罗曼·罗兰

第九卷

贝多芬传
米开朗琪罗传
托尔斯泰传
亨德尔传
甘地传

[法] 罗曼·罗兰 著
张冠尧 等译
艾珉 主编

人民文学出版社

译本序*

“打开窗子吧！让自由的空气重新进来！让我们呼吸英雄的气息。”——这是罗曼·罗兰(1866—1944)在他的《名人传》卷首语中开宗明义的一句话。或许,这也是他为自己全部作品所作的诠释。

自十九世纪以降,英雄主题在法国文学中已日趋式微,至二十世纪则近乎绝迹了。从文艺复兴到二十世纪,人的形象在文学作品中愈缩愈小:文艺复兴时期是顶天立地的“巨人”;启蒙时代是叱咤风云的大写的“人”;十九世纪前期,在司汤达、巴尔扎克、雨果等作家笔下,大都是精力旺盛、雄心勃勃的出类拔萃的人;十九世纪中期的福楼拜则主要描写平庸的人;十九世纪后期,从自然主义流派开始,更多的是描写病态、丑恶甚至动物性的人。愈走向世纪末,文学上的颓靡之风愈盛,人的形象也愈来愈猥琐、渺小……在这样的背景下,罗曼·罗兰的《贝多芬传》(1902)于一九〇三年面世时,真仿佛是奇峰突起,使人们的精神为之一振。

罗曼·罗兰的文学创作由戏剧①发端,读者观众反应平平,没想到《贝多芬传》这本三万来字的小册子突然为他赢得了文学声誉。接着,

---

* 本文原系为人民文学出版社“名著名译版”《名人传》(张冠尧、艾珉译)所写的译本序,兼作教育部“语文新课标必读丛书”中《名人传》中译本导读。此次收入作者的《传记丛书》时作了修改补充。本文注释所标“原注”为罗曼·罗兰所注。

① 他一生写了二十一个剧本,最重要的是《群狼》(1898)、《丹东》(1900)、《七月十四日》(1912)、《罗伯斯庇尔》(1939)等。

他又陆续发表了《米开朗琪罗传》(1905)、《托尔斯泰传》(1911)、《亨德尔传》(1910)和《甘地传》(1924)。同样的英雄旋律,在他以毕生心血浇铸的两部长河小说《约翰·克利斯朵夫》(1903—1912)和《欣悦的灵魂》(又译《母与子》1922—1933)中得到了更丰满、更深入的发挥,作者在文学史上的地位,主要便是由这两部长河小说奠定的。而他那部精美俏皮、文采出众的中长篇小说《哥拉·布勒尼翁》(1919),在成功刻画法国高卢民族健全的理性和特殊精神气质的同时,同样给小说主人公注入了坚强且富有生命力、创造力的灵魂。

显然,罗曼·罗兰所说的英雄,并不是走遍天下无敌手的江湖豪杰,也不一定是功盖千秋的大伟人,甚至不一定是个胜利者,但他们肯定具有一种内在的强大生命力,使他们在任何逆境中都不放弃奋斗;他们饱经忧患,历尽艰辛,却始终牢牢把握着自己的命运,以顽强的意志去战胜一切困难,竭尽努力使自己成为无愧于"人"的称号的人。

何谓英雄品格,怎样才算无愧于"人"的称号?按罗曼·罗兰的观念,首先就是有百折不挠的进取精神,亦即他所说的大江大河般①奔腾不息的强大生命力②;二是永远保持人格的尊严,恪守个性的独立,既不屈从于强权,也不盲目地随大流;三是具有关怀人、爱护人的博爱精神,甘心为人类的福祉奉献自身。他为之立传的贝多芬、米开朗琪罗、托尔斯泰是这样的人,亨德尔和反暴力斗争的甘地也是这样的人,两部长河小说的主人公约翰·克利斯朵夫③和安乃德当然是这样的人,甚至那位表面上嘻嘻哈哈、玩世不恭的高卢木匠哥拉·布勒尼翁,骨子里也潜藏着这种大灾大难压不垮的英雄素质。

---

① 《欣悦的灵魂》的主人公安乃德的姓氏李维埃,即河流之意。

② 罗曼·罗兰是"力"的崇拜者,他将强有力的生命力视为英雄人物的本质特征,约翰·克利斯朵夫的姓氏克拉夫脱在德语中即"力量"之意。

③ 约翰·克利斯朵夫青少年时期的生活,有不少素材取自贝多芬的经历。

罗曼·罗兰的英雄理想，究其实仍是文艺复兴以来人本主义思想传统的继承和发扬①。五百年来的欧洲历史表明，作为近代西方文化思想基础的人本主义，对欧洲历史的飞跃曾起过难以估量的作用。在停滞不前的中世纪，统治欧洲达千年之久的基督教文化，以“原罪”说②束缚人的灵魂，让人们相信自己生来是为了“赎罪”，只有通过现世的忏悔、苦修和受难，求得上帝的宽恕，死后才能升入天堂，获得永生的幸福。“神”的统治窒息了人的自我意识，把天地万物中最富创造力的生灵，变成消极无为，听凭命运摆布的可怜虫。直到十五、十六世纪，随着古希腊、罗马文化的被发掘，人文主义思想家在复兴古代文化的口号下，提出了“**人为万物之本**”的新观念，才启动了人类历史上第一次伟大的思想解放运动。这些思想敏锐、才华出众的知识巨人，以新兴阶级的青春锐气，大胆地以“**人本**”观念取代“**神本**”观念，以“**人**”来对抗“**神**”；他们歌颂**人的力量、尊严与价值**，鼓吹猎取知识、发掘人的聪明才智，提倡进取精神、创造精神和开拓精神，以推动科学文化的迅速发展……

如果说，文艺复兴还只是“**人**”的意识的初步觉醒，矛头仅仅指向教会的“神权”统治，那么，第二次思想解放运动——十八世纪的启蒙运动，则是对封建时代整个上层建筑的全面宣战。启蒙时代的思想家们提出“天赋人权”的口号，将矛头直指君主专制制度和贵族僧侣的特权，他们以“理性”为武器，批判一切宗教偏见和迷信，把认识世界和主宰世界的权力归还给“**人**”自身。应该承认，没有“**人**”的思想解放，就没有现代生产力的解放，没有人的“自我意识”的觉醒，就无法解释近二三百年来欧洲历史的飞跃发展。时至今日，个人的尊严感和价值理念，仍是西方社会促进生产力发展的一种活跃的精神因素。在他们的

① 对罗曼·罗兰影响甚深的尼采超人哲学和柏格森生命哲学，归根结底也是人本主义思想的延伸。

② 按基督教传说，亚当、夏娃因偷食禁果被逐出伊甸园，从此注定人类必须为赎罪终身受苦。

观念中,工作上的责任心是自尊心的体现,一个人的创造性是他自身价值的体现,而现代科技的进步,则有赖于每个人的潜能及价值的充分发挥。

然而随着资产阶级上升为统治阶级,金钱取代“神权”和“君权”成为主宰一切的力量,在推翻封建制度的漫长过程中形成的一整套非常革命的观念,与革命后建立的新制度形成了尖锐的对立。正当人们试图向新制度索取“理性王国”曾允诺的一切权利时,却发现无比高贵、尊严的“人”正在沦为“商品”;所谓“自由、平等、博爱”,在实践中只能是人与人之间的竞争角逐。幻想破灭了,人们发现自己孤立无援地置身于一个以金钱为杠杆的动荡不宁的社会。而且资本主义秩序愈是巩固,人们感到距离“人”的理想愈遥远,“人”愈来愈失去自己的本质,变成了物的奴隶。文学作品中“人”的贬值,恰是现实社会中这种异化感和屈辱感的反映,唯其向往崇高,才痛感其丑恶渺小;唯其企盼有所作为,才痛感自身的无能为力。可是消极、颓废毕竟不是出路,于是罗曼·罗兰试图以他的名人传记给人们传递英雄的气息,鼓舞人们恢复对生活的信念和奋斗的勇气。

罗曼·罗兰想要告诉人们,任何成就都伴随着艰辛的拼搏和痛苦的考验,他为之作传的这些人,“他们的伟大固然来自坚强的毅力,同时也来自所经历的忧患”。他告诫人们:“不幸的人们啊,切勿过分怨天尤人!人类最优秀的人物与你们同在。从他们的勇气中汲取营养吧!”

事实的确如此,古往今来许多大有作为的人,并不曾从社会或自然那里得到任何特殊的惠顾,从来不曾有一位好心的神明为他们安排通向胜利的坦途。相反,不公正的命运常常给他们设下种种意想不到的障碍。贝多芬(1770—1827)出身贫寒,十三岁辍学,十八岁挑起整个家庭的生活重担,二十五岁时他刚刚在乐坛崭露头角,耳朵又开始失聪。这种对音乐家而言十分致命的疾病给他带来的痛苦,非常人所能想象,谁能想到他那些不朽的传世之作,绝大部分竟是耳聋以后写成的?在生活上,他一直是不幸的,由于贫穷和残疾,他的感情生活充满了凄苦和遗憾……尽管他的天才征服了全世界,尽管维也纳的精英人物将他视为国宝,尽管皇亲国戚在他面前都会礼让三分,他的生活境况却没有多大改善。他呕心沥血创作的乐曲,常常拿不到分文报酬。全世界都在演奏他的作品,而他为出版这些作品反倒欠了出版商许多债。不错,他的艺术是无价的,于是人们慷慨地用掌声和欢呼酬谢他,却没想到他的鞋子破得上不了街……然而所有的磨难只是使他变得更加坚强:他痛苦,却不肯屈服于命运;他贫穷,却既不趋炎附势,亦不迎合潮流,始终保持独立的人格;他孤独,却能以热诚的赤子之心爱人类;他从未享受欢乐,却创作了《欢乐颂》奉献给全世界。他终于战胜了!战胜了疾病,战胜了痛苦,战胜了听众的平庸,战胜了所有的磨难和障碍,攀登上了生命的巅峰。第九交响乐在维也纳首演时,听众如醉如痴,许多人都流了泪,演出结束,掌声雷动,当他转身面向听众,全场突然起立,挥动帽子向他致敬,场面之热烈,恍如暴动。

米开朗琪罗(1475—1564)看上去比贝多芬幸运,他既无残疾,也不贫穷,他出生于佛罗伦萨颇有声望的市民家庭,从小接受精英阶层的教育,有较高的文化素养和艺术功底,然而他在精神上也许比贝多芬更受折磨:他的祖国多灾多难,他眼见外族入侵,人民受奴役,自己的作品毁于战乱,共和主义的理想也化为泡影;他和贝多芬同样孤独一生,没有妻儿,没有爱情,他的家族不曾给他任何温暖,只想从他身上榨取利益;他到处遭遇嫉妒和倾轧,在同行中很难遇上知音……更可悲的是,他的处境与奴隶相差无几。贝多芬至少精神上是自由的,他不依附任何人,他想说什么就说什么,想做什么就做什么;米开朗琪罗却没有自由,他不得不依附他所不愿依附的教皇,①不得不为教皇们

① 在那个时代,无人能对抗教皇的淫威。而且,除了教皇无人有财力支撑大型的艺术创作。

的光荣劳碌终身。当然,教皇们并非一无是处,至少他们承认他的天才,且不止一次保护他的艺术免遭破坏,可是他们剥夺了他的自由,拿他当牛马般使唤,他一辈子都像拉磨的驴一样拴在教皇的磨坊里,七十余岁高龄还得爬上脚手架作画……

如果米开朗琪罗没有自己的理想追求,也许他就不痛苦了,就会以受教皇赏识为荣了。然而他是沐浴着文艺复兴的春风长大的,没有人比他更深刻地领悟到这场思想运动的精髓。他比同时代的艺术家更不满足于宗教艺术,更醉心于表现人的力量、尊严与意志。[①]他是文艺复兴时代的“巨人”之一,他的艺术理想也是巨人式的。他想要制造山一般的巨型作品,甚至想把一座山头雕刻成俯瞰大海的人像。这就决定了他和那些只关心为自己树碑立传的教皇们永远不能达成一致,决定了他将终生为理想无法实现而痛苦。

托尔斯泰(1828—1910)的境况完全不同,他是名门贵族,地位优越,衣食无忧,既不需依附任何人,也不必像贝多芬和米开朗琪罗那样终日劳碌;他身体健康,婚姻美满,有深爱他的妻子和可爱的孩子;他有很高的文学天赋,几乎没有经历过艰难的习作阶段就获得了成功……总之,在一般人看来,他是个“什么也不缺”的人,然而他的痛苦恰恰由此而生。他蔑视已经拥有的一切,包括他的文学声誉,唯独渴望拥有他所未知的——生命的真谛,于是他以毕生的精力去求索、去探寻。多少和他地位相当的人都活得志得意满,唯独他苦恼不安。旁人眼里的幸福生活非但不能给他带来幸福感,反而成为他精神上的沉重负担。他对城市贫民的凄惨处境感到震惊,为农民的贫困和愚昧而痛苦,因自己不劳而获的优裕生活而愧疚,为难以摆脱家庭的羁绊而烦恼……他若像旁人一样心安理得地享受命运的安排,也许就没有烦恼了,然而托尔斯泰的伟大就在于不肯安享富贵,不肯虚度年华,他想

① 他之所以对雕塑艺术情有独钟,正是由于他认为雕塑比绘画更能表现人类的“力”。

要通过造福于人类来实现自身的生命价值，于是烦恼接踵而至：他因批判教会的谬误，弘扬真正的基督精神而不能见容于东正教教会，受到开除教籍的处分；他因执着于自己的信念而受到来自压迫者和被压迫者两方面的压力，甚至得不到亲人的认同和理解……

亨德尔(1685—1759)曾经过着宫廷音乐家的生活，宁静且安逸，但却生活在王公们的阴影之下，为少数精英写作。直到一七二〇年才得以摆脱这种处境，以其全部艺术为大众服务。从此他生活中充满艰险、坎坷，不断遭遇阴谋诡计的骚扰和破产的威胁。他领导一个剧社，为剧团的生存耗费了难以估量的生命力。他曾是战败者，但在不肯言败的坚强意志驱使下，始终不屈不挠地奋斗。他在戏剧事业初期，曾有一笔高达一万英镑的积蓄作基金。这笔积蓄不仅消耗殆尽，且又欠下一万英镑的债务。所幸他一以贯之的大无畏精神，使他在任何情况下都绝不服输；在任何情况下其作品总是积极向上、充满阳光、催人奋进、鼓舞人心的。

过度的劳累和忧虑损害了他铁打的身躯。一七三七年四月，他中风瘫痪，右半身体不遂，右手做不了任何事，甚至智力也受到影响。他缺席期间，剧院关门，宣布破产①。好不容易摆脱第一次破产。一七四五年又重新被逼到破产的边缘。精力的超常透支，又一次使他处于神经即将崩溃的地步，一七四五年三月至十月，精神错乱延续了八个月之久。然而像一七三七年那样，他又奇迹般从破产的深渊中爬了出来。

在伟人的生活中，我们常常会看到这样一种现象：当他们似乎一切都已完蛋，一切都跌入谷底的时候，事业的顶峰却近在咫尺。亨德尔似乎被打败了。就在这同一时刻，他却写出了将为他在全世界赢得崇高声誉的作品——《弥赛亚》。他始终坚持走自己的路，从不随大

① 一七三七年六月一日剧院破产关门。六月十一日跟他们竞争的剧院也因破产而关门。亨德尔把他想扼杀的敌人也拖垮了。——原注

流,最终成了一位为欧洲乐坛巨擘贝多芬、柏辽兹、李斯特和马勒等人开辟道路的音乐家。

亨德尔终身未娶,把一生献给了音乐事业,经过数度经营的失败,破产,他却从不怨天尤人,直到晚年他的经济状况才有所好转。由于没有子嗣,他在遗嘱里把自己的积蓄或捐赠给孤儿院,或为伦敦音乐家协会设立基金,资助年老贫困的音乐家或馈赠给许多曾经帮助过他的友人。总之,尽管他终身劳碌,经历了无数刁难、挫折,衣食之忧曾令他苦不堪言;但他对人民大众——尤其是不幸者——的慈悲心肠从未稍减,总是全身心地以他的音乐为大众服务。直至临终,他每年仍组织为孤儿院募捐的义务演出。

罗曼·罗兰写的传记主人公中,距离一般人心目中的英雄最遥远的,大约要数印度的甘地了。他瘦弱、矮小、毫不起眼,待人谦和,温文有礼,谨慎小心得仿佛总在犹豫不决。他从不突出自己,不争当领袖,不追求演说效果(或者说根本没考虑演说技巧问题),更不喜欢由于自己出现而引起民众轰动。他甚至对群众怀有戒心,对暴力活动、暴民政治尤为反感。

可这就是唤起三亿人民,震撼大不列颠帝国,开创两千多年来人类政治史上最波澜壮阔的运动的那个人。他思想上最重要的信条就是非暴力(Ahimsâ[①]),且以自己的一生成功地贯彻了这个济世信条。

非暴力抵抗是甘地的一贯主张,“我相信印度教的这句格言:无论是谁,如果没有达到不杀生(Ahimsâ)、真实(Satya)和克己(Brahmacharya)的完美境界,没有放弃获得或拥有任何财富,就无法真正理解教规(Shâstras)。”

① Ahimsâ:非暴力,即不杀生、不伤害、不以暴抗暴。印度教最古老的信条之一,尤为耆那教创始人摩诃毗罗,以及菩萨和崇奉毗湿奴的教徒所信奉。甘地亦为笃信毗湿奴的教徒。——原注

他在约翰内斯堡本有收入丰厚的律师工作①,而他却放弃了自己的业务,像圣弗朗索瓦一样安贫乐贱,和受苦受难的印度人同生活、共患难。他要求他们不以暴抗暴,从而使他们的精神得到升华。

他认为**非暴力**远比**暴力**高明,宽恕比惩罚更有男子气概。非暴力不是对邪恶的温良顺从,而是以灵魂的全部力量对抗暴君的意志。他想使统治者们意识到:**暴力**从来不能服人②,任何武器对受压迫者都无能为力。他不相信力量来自包括武力在内的物质手段,而是深信不屈不挠的意志力和坚持不懈的斗争。

不合作运动(Satyâgraha)一词是甘地在南非时的创造,用以强调他的做法与消极抵抗的区别:因为欧洲人正是以"消极抵抗"或"不抵抗"来形容甘地领导的运动。这实在是大谬不然。世界上没有比这个英勇的"抵抗者"更讨厌消极的人了。他所领导的运动之魂就在于,通过爱、信仰和牺牲迸发的火热能量进行积极对抗。这三重能量就体现在**不合作运动**(Satyâgraha)里。

为了**不合作运动**,甘地曾数度入狱③(甚至就在政府因他对国家的贡献正式向他致谢后不久),被判徒刑和劳役、被愤怒的同胞棒打,受尽种种痛苦和屈辱。但他的信念没有改变,历经磨难而弥坚。一九〇八年,作为对南非暴力派别的回答,他写了著名的小册子《印度自治》(Hind Swarâj)。

这场斗争持续了二十年,于一九〇七年和一九二四年之间达到艰苦的顶点。南非政府不顾若干开明英国人的反对,匆匆通过了新的《亚洲人法》。于是甘地组织了大规模的**非暴力抵抗运动**。不可征服

① 戈哈勒说他每年能挣五六千英镑。那以后他每个月只靠三英镑为生。——原注

② 更糟糕的是,暴力使施暴者堕落。甘地说,协约国对德国的暴力的结果是,使协约国和德国没有两样,尽管他们在大战开始时曾经抨击德国的暴力行径。(1920年6月9日)。——原注

③ 他在一篇平和善良的趣文里讲述过他的牢狱生活,该文收入马德拉斯 Natesan 出版社的《甘地讲演、文章集》,见一五二页至一七八页。——原注

的坚韧意志和“伟大灵魂[①]”的魅力终于奏效,柔能克刚[②]。经过二十年的卓绝牺牲,**非暴力抵抗运动**终于取得了胜利。

他本质上是宗教家,出于需要才成为政治家。印度的民族独立运动早在世纪初就已展开,随着事态的演变及其他全国性领袖的消失,迫使他在印度承担起引导航船穿越急风暴雨的责任。他力图控制事态的发展,引领群众运动走和平的道路。他所谓的和平之路当然不是软弱之路(他反对软弱,甚于反对暴力),唉声叹气的和平主义只会葬送和平:“我宁愿看到印度拿起武器捍卫自己的荣誉,远比怯懦地眼看她忍受耻辱好得多[③]……”由此可见,甘地的思想本质和普世的人道主义(亦即文艺复兴以来的人本主义)观念一样,把人的价值和人格的尊严看得高于一切。

当然,印度并非从未发生暴力事件。并非从未出现斗殴。不止一次,流血冲突十分激烈,上千人遭逮捕。印度的精英中也有一部分人刻意提倡暴**力**,他们不理解甘地的想法,更不知道其政治效力。自以为看透一切地表示相信他的言论只是为了欺骗敌人的门面话。事实上这正是甘地真实的信念。他对政府的暴力毫不畏惧,仅仅担心民众的暴力。他宁愿承受所有事件带来的羞辱、刑罚、摒弃,乃至死亡,一个人揽下众人的全部责任,坦然地走进监狱,以阻止民众走上暴**力**道**路**。现时事态的发展趋势与他的愿望固然背道而驰,他却一如既往,坚持自己的主张,从不因遇到挫折而动摇。

甘地的见解并未得到所有人的认同,甚至经常处在少数派地位。奇怪的是,在实际生活中,他的**非暴力**斗争方式常常比暴**力**行动更奏

① 原文为法文 grande âme:“伟大灵魂”,即印度人对甘地的称呼 Mahatma(玛哈特玛)的法语直译。

② 两位高尚的英国人,C. -F. 安德鲁斯和 W. -W. 皮尔逊的干预,也有效地帮助了甘地。——原注

③ 见甘地一九二〇年八月十一日在《青年印度》发表的文章。甘地创办的“真理讲习所”(Satyâgraha Ashram)的一条校规就是“无畏”,“让灵魂摆脱对君王、种姓、家族、他人、野兽,以及死亡的恐惧。这也是《印度自治》里,非暴力抵抗的第四条件(其他三条是:贞洁、安贫、求实)”。——原注

效，更容易占领道德的制高点，并迫使对方让步。这种情况，无疑与二战后英国国力衰落，非殖民化浪潮风起云涌的形势有关，也和英国人善于妥协的政治观念有关；加上印度人的宗教文化传统，终于使多数印度人信服了甘地的非暴力主张和自我牺牲精神，并将他奉为领袖。

尽管在某些迷信暴力的人们眼中，他领导的印度**不合作运动**，他的**非暴力**原则，纯粹是幻想或“右倾机会主义”，但两千年来已经铭刻在印度人心中：马哈维亚、菩萨和毗湿奴崇拜，早已把**非暴力**原则变成亿万人的性格。甘地只是把他的英雄气质灌输进去，成为印度人的化身。三亿人民不懈的坚持，终于迫使英国统治者退让，印度毕竟转型为一个独立的主权国家。可以说，甘地的非暴力抵抗运动在印度获得成功，或许是难以复制的个案，但这毕竟是个无法否认的历史事实，值得人们研究和借鉴。

罗曼·罗兰为之立传的所有人，无论生活在哪个时代，从事何种行业，其共同特点都是意志坚韧顽强，活力充沛，具有百折不挠的毅力和强大生命力。他们不仅在事业上有其坚定的理想追求，更有一颗热爱人类、向往光明、愿为人民大众的福祉毕生奋斗的雄心。所以在他们的词典上，从来没有出现“退缩”“放弃”之类字眼，只有“坚持不懈”“持之以恒”“孜孜不倦”“一往无前”……等等。

罗曼·罗兰说得不错：“生活是严酷的，对那些不安于平庸的人说来，生活就是一场无休止的搏斗，而且往往是无荣誉无幸福可言的、在孤独中默默进行的一场可悲的搏斗。”

罗曼·罗兰还想告诉人们，英雄并非没有弱点，也并非无往不胜——毕竟他们是人，而不是神——但这无损于他们的伟大。以米开朗琪罗为例，此人有许多弱点：软弱、多疑、优柔寡断，做事常常有始无终，不止一次屈服于强权……他不属于贝多芬那种具有完美人格的人。罗曼·罗兰认为他的悲剧是性格悲剧，其实不尽然，他的弱点有更深层的社会历史原因。他身处两种文化的交汇处，以他的聪慧和敏感,不可能意识不到两种文化之间的冲突及其与政治斗争的紧密联系。人文主义无疑符合他的天性,是他发自内心的信仰,这从他的许多作品中可以看出来(特别是他在教皇下达的任务之外制作的那些带有异教色彩的作品);且他也没能挣脱宗教思想的束缚,和其他许多人文主义者一样,他对“神权”并非没有忌惮心理,何况以五百多年前的科学水平,要摆脱对神的敬畏几乎是不可能的。他处于两种意识形态的争夺之中,终生为矛盾心理所纠缠,他的神经质,他的迟疑、摇摆、迷信、恐惧不安……都和这一背景有关。①

米开朗琪罗的本质性格其实是骄傲自信且固执的,他为维护自己的尊严,不止一次与教皇发生正面冲突。他的软弱并非缺乏主见或判断力,而是不能超脱现实的利害关系。他的家族观念、根深蒂固的光宗耀祖思想和“长子”的责任感,使他不能置身家性命于不顾,这就决定了他在关键时刻必然会逃跑,或者选择明哲保身,向权力屈服。他计划中最伟大的作品都半途而废,并不是他没有足够的耐心,而是他永远受着在任教皇的辖制,上一届教皇下达的任务还没完成,这一届教皇又十万火急地要他接受别的任务。他一生都在超负荷地工作,还时时刻刻为他那些没有完成的作品遭受良心的谴责。所以,与其说他是性格悲剧,不如说是时代的悲剧。特定的时代条件成就了他的伟大,却也限制了他天才的发挥。人是很难超越时代的,观念的更新也不是一次思想运动的冲击所能完成。尽管他到晚年已成为文艺复兴硕果仅存的最后一位艺术大师,其权威无人能与之匹敌,他在上帝面前却总是惴惴不安。他越来越虔诚,他七十多岁接受圣彼得大教堂总建筑师的任命时,坚决拒绝一切薪酬,因为他认为这是为神服务,是一项神圣的使命。

① 自五世纪古罗马帝国宣布基督教为国教,基督教成为欧洲封建统治工具已有千年之久,一切触犯其宗教信条或有悖于该神学体系的思想行为,均被目为异端,受到残酷的迫害。所以资产阶级和封建统治者的较量,最初必然是以宗教改革的形态展开。直到资产阶级取得胜利,政教分离,近代欧洲才逐步使基督教人性化,融入其人文主义思想体系。

尽管米开朗琪罗有这样那样的弱点，尽管他没能实现自己最宏伟的计划，可谁也不能否认他的艺术代表了文艺复兴时代伟大的人文精神：他在《大卫》身上，表现了人的理想（这尊气概非凡的人像，无疑是人的力量、尊严与意志的化身）；在《摩西》和《奴隶》身上，表现了人和命运的抗争；他的西斯廷天顶画《创世记》中，被逐出乐园的亚当丝毫没有对“原罪”的负罪感；他的《最后的审判》，以悲壮的场景刻画了人类的痛苦和挣扎；他为洛伦佐·梅迪契和尤利乌斯二世制作雕像时根本不考虑是否像他们本人，而只是用来表现他所想要表现的东西——行动和思想；他的《晨》《昼》《暮》《夜》无比精妙地表现了人的苦恼和感情……有了这些震撼人心的不朽丰碑，谁还会去计较他的软弱和恐惧呢？应当承认，他在艺术追求上，还是勇敢而且顽强的，哪怕民众往《大卫》身上扔石头，哪怕他的《最后的审判》被指控为“路德派的垃圾”，他都没有做丝毫让步。在这方面，他和贝多芬一样从未放弃自己的信念。如果说他在艺术上常有举棋不定的时刻，常常质疑和否定自己，那可不是因为在艺术上缺乏自信，而是由于他总是无止境地追求完美，由于总有新的创意在他的头脑中产生。艺术是他的偶像，他愿意为之付出一切，他固然有惊人的天赋，但我们读了这本小书后会明白，为了艺术他曾经历过多少磨难、多少挫折，做过何等艰苦的登攀！五六百年前艺术家的工作条件，今天的艺术家们是想象不出的：为了运送他精心挑选出的石料，米开朗琪罗不得不亲自开山筑路；为了绘制壁画，得首先摸索各种用料的配方；为了铸造铜像，得从头开始学习炼铜；为了掌握人体的结构，他用尸体来研究解剖学①，且为此累得大病一场……他也许有时软弱、胆怯，而在艺术探索上，他是勇气十足的，什么也没能难倒他。

米开朗琪罗不是完人，而作为艺术家，他是人类的骄傲。

---

① 十五世纪尚无此类学科，这种研究可说是惊世骇俗之举。

托尔斯泰人格的高尚是众所周知的,他敢于挑战一切权威,对沙皇也不曾笔下留情;他绝不盲从、迷信,敢于用批判的眼光审视一切;他敢于坚持自己心目中的真理,哪怕为此受到孤立……但他也有弱点,他的知识和视野受到停滞落后的俄国乡村生活的局限,自己却浑然不觉,这就大大妨碍了他对事物做出正确的判断。他对现代科学的发展几乎一无所知,却轻率地把物种起源、光谱分析、镭的本质、数的理论、动物化石……等对人类社会有重大意义的研究,统统斥为"无聊";他根本不理解文艺复兴运动唤醒人们的"自我"意识,对人类社会的发展有多么重要,所以对米开朗琪罗的作品无动于衷,把莎士比亚贬得一文不值;他体会不到人类为了生存、发展,需要以怎样的毅力去奋斗、去拼搏,以致贝多芬那种充满战斗激情、催人奋发向上的音乐让他惊愕和反感,他不去批判靡靡之音,反倒把贝多芬当作洪水猛兽,……总之,他意识不到自己知识结构的缺憾,往往武断地否定自己所不了解的一切。这样的固步自封使他无法通过学习把握较科学的历史观,无法对人类社会的发展形成一个较客观、较实在的概念。

在托尔斯泰的思想体系中,评断事物的唯一标准就是"道德"——即爱心、真诚和善良。只要符合他的道德准则,再平庸的作品或人都会受到他的赞扬;而对俄国历史起过重大推动作用的彼得一世,在他眼里便只是一个品质恶劣的小人,至于其改革给俄国带来的进步,他则根本不予承认。他曾两度访问欧洲,对欧洲的进步同样不屑一顾,仅仅在巴黎观看了一次死刑犯的处决,便宣布"对进步的迷信纯属虚妄"。不错,托尔斯泰真诚地希望社会日益完善,对俄国民众的悲惨处境由衷地感到怜悯和同情,但他既不满现状,又惧怕社会动荡,他对经济的变革心存恐惧,对任何一种改革社会的主张或企图都深恶痛绝。说到底,他是不愿意他所心爱的封闭式宗法制庄园经济受到触动和破坏。因而他对社会的批判无论多么猛烈,都只停留在道德的层面,从未深入到社会的根部;他所开具的"济世良方",当然也无助于解决错综复杂的社会问题。他那一厢情愿的善良,把一切都简单化了:他相信完善社会的唯一途径，是强化宗教意识，普及道德教育，只要每个人在道德上自我完善，消除一切欲念，人人爱上帝、爱他人（包括爱自己的敌人），自然能达到全社会的和谐，实现人类的大同。可见托尔斯泰虽则很早就开始研究哲学，却缺乏哲人的睿智。他沉溺于自己的宗教信念，甚至推演出许多偏激、荒谬的观点，诸如婚姻是一种堕落，爱情、婚姻都有违基督教精神，妨碍了人类理想的实现等等……他的禁欲主义简直比中世纪还有过而无不及，但却没有想到，一旦人类无欲无求，社会也就失去了活力。他似乎也不曾考虑过，像俄国那样落后的生产方式和低下的生产水平，大多数人连温饱问题都难以解决，怎能达到和谐与安定？爱心、真诚和善良固然是永远值得提倡的美德，却解决不了人类生存发展中的根本问题。他更没有想到，社会的发展有其不以人的主观意志为转移的客观规律，真正的仁人志士应当认识和顺应客观规律，积极推动社会向前发展，而不是幻想按自己的乌托邦来重新安排社会秩序，甚至牵制或阻挠社会的发展。

托尔斯泰作为小说家的伟大成就是无可争议的，他是世界文学中巍然耸立的高峰之一。他不仅为读者展示了俄罗斯近代历史的广阔画面，还精彩地谱写了俄罗斯民族之魂，他是欧洲文学中继巴尔扎克之后最伟大的塑造形象的大师，创造了俄罗斯文学中最丰富、最壮观的人物画廊……然而他苦心孤诣创立的“爱”的宗教，境遇就不那么辉煌了。我们相信随着人类社会从低级往高级阶段发展，普遍的博爱精神将逐步成为人类共同的生活准则。但在托尔斯泰生活的时代，这种主张的可行性比一百年后的今天更加微弱，因此他作为思想家声名远播，而追随者寥寥。尤其他的“勿抗恶”主张，在实践中处处碰壁。他屡战屡败，却始终不肯放弃。在罗曼·罗兰看来，这正是托尔斯泰值得敬佩的地方。作者写他的失败和孤立，恰恰是想阐明不应以成败论英雄。英雄也是人，也有弱点和谬误，他们并不总是胜利者，但他们勇于承受挫折，承受失败，绝不会因失败而气馁，这便是他们高于常人的地方。托尔斯泰虽然提倡无欲无求，平和宁静，他本人却是个精力旺盛、生命力极强的人,他永远有所追求,而且孜孜不倦。他勇于挑战,勇于探索,也勇于实践,为了他心中的真理,他单枪匹马,孤军奋战,不吝惜代价,也不考虑成败,这,就是罗曼·罗兰所说的英雄气质。托尔斯泰的思想、主张,不可避免地要受到他自身生活环境和认识水平的局限,重要的不是他的主张是否完全正确,而是他那种不以坐享富贵为荣、坚持不懈为人类的未来上下求索的精神,那种愿为信念献身的无所畏惧的精神。一切有志于开创未来的人们,难道不能从这位可敬的老者身上学到点什么吗?包括他的弱点和谬误在内,不也能使我们从中获得某种有益的教训或启迪吗?

读者们!生活是广阔的,但并非处处开满鲜花,更不能指望处处都有林荫道,有的地方会是崎岖陡峭的小路,有的地方甚至荆棘丛生。这里记述的几位伟人虽然出身经历不同,性格特点迥异,但为了实现生命的价值,同样都需要面对这样那样的困难、障碍,承受这样那样的磨难、挫折或失败的打击,从这个意义上讲,人是生而平等的。人生就是奋斗,幸福就产生在奋斗的过程之中。不经奋斗得来的享受不会给人带来任何快乐,只有战胜种种困难险阻攀登上生命的巅峰,才能感受到灵魂升华的喜悦。人生的价值是由自己创造的,要想让生命迸出火花,没有任何捷径,也不必乞灵于神明。

可以视为神示的只有一句话,那就是贝多芬所说的:“人啊!靠你自己吧!”

艾　珉

二〇〇三年八月 初稿

二〇一四年十月修改补充

目 次

序 言*

我愿证明，谁若行为高尚、善良，
必同样能承受苦难。①

——贝多芬

我们周围的空气多么重浊。古老的欧洲在沉重、污浊的氛围中已变得麻木迟钝。猥琐的物质主义压抑了思想，阻碍了政府和个人的行动。人们在卑劣和谨小慎微的自私自利中憋闷至死。人们已经呼吸困难。——打开窗子吧！让自由的空气重新进来！让我们呼吸英雄的气息。

生活是严酷的。对那些不安于平庸的人说来，生活就是一场无休止的搏斗，而且往往是无荣誉无幸福可言的、在孤独中默默进行的一场可悲的搏斗。贫困、日常的忧烦、愚蠢的超负荷劳作，把他们压得喘不过气，徒劳无益地消耗他们的精力，没有希望，没有一线欢乐之光，而且绝大多数都彼此隔离，连给患难兄弟伸出援手的慰藉都不可得，因为他们既不知道他人，也不为他人所知。他们只能靠自己，而有时

---

* 本文原系一九〇三年《贝多芬传》的初版序言，但从内容看则是为《贝多芬传》《米开朗琪罗传》《托尔斯泰传》系列作品所作的说明，故在译本中将此文作为《序言》置于上述三部作品之前。

① 一八一九年二月一日，贝多芬在维也纳市政府的讲话。

最强的人也会被苦难压倒。他们也呼唤援助,也呼唤朋友。

正是为了援助他们,我才在他们周围集合起这些英雄的友人,这些为了善而受苦的伟大心灵。这些名人传记并非诉诸野心家的骄傲,而是献给受难者的。何况,谁又不是受难者呢?让我们把神圣的痛苦油膏献给受苦的人们吧!我们在搏斗中并不孤立。人世的黑夜已为神圣之光所照亮。目前,在我们身边,就能看见两朵最纯洁的火花——正义和自由的火花——在闪耀:皮卡尔上校①和布尔的人民②。即使他们还未能烧毁那浓密的黑暗,至少他们的光焰一闪,给我们指明了道路。跟着他们朝前走吧,跟着那些分散在各个国家,各个时代,和他们一样孤军奋战的人们朝前走。让我们扫除时间的障碍,让英雄的民族获得重生。

我称之为英雄的,并非以思想或力量取胜的人,而仅仅是因其心灵才伟大的人。正如他们中最伟大的一个,亦即我们将叙述其生平的那个人所说:“除了善良,我不承认还有其他高人一等的标志。”③没有伟大的品格,就没有伟大的人,同样也没有伟大的艺术家、伟大的行动者;而只有一些为群氓而立的腹中空空的偶像,时间会将它们统统摧毁。成败无关紧要,重要的是伟大,而不是显得伟大。

我们试图在此为之立传的这些人,他们的人生几乎都是一种长期

---

① 一八九四至一九〇六年间,法国发生了一起大冤案,即著名的“德雷福斯案件”。犹太裔的德雷福斯上尉被诬将秘密军事文件出卖给德国,被判终身监禁。一八九五年,陆军部秘密警察长皮卡尔上校发现真正的罪犯另有其人,主张为德雷福斯上尉平反。结果触怒军方,牵累自己下狱。一八九八年,著名作家左拉为此事发表致总统的公开信《我控诉》,以伸张正义。由此掀起民主派和当局顽固势力的激烈斗争,酿成社会危机。一八九九年,法国政府在强大的舆论压力下,被迫重审此案,并由总统下令特赦。一九〇六年,最高法院宣告德雷福斯无罪,恢复其名誉及军职。作者将此事件喻为正义的火花。

② 布尔,非洲南部好望角一地名,原属荷兰,维也纳会议后,荷兰将好望角割让给英国。由于英人残酷压迫,激起布尔人的反抗,演成一八九九至一九〇二年的布尔之战。最后,英国让步,南非联盟成立,成为英国一自治领地。作者将此事喻为自由的火花。

③ 贝多芬语。

的受难。或是悲剧性的命运使他们的灵魂在肉体和精神、贫困和疾病的磨难中经受锤炼；或是目睹同胞遭受不可名状的苦难和羞辱的折磨，从而使他们的生命受到摧残，心灵为之撕裂，使他们每日都在痛苦中受煎熬。他们的伟大固然来自坚强的毅力，同时也来自所经历的忧患。不幸的人们啊，切勿过分怨天尤人！人类最优秀的人物与你们同在。从他们的勇气中汲取营养吧；如果我们太虚弱，就把头枕在他们的膝上稍事休息。他们会抚慰我们，在这些神圣的心灵中，涌流着公正之力和强大之善的激流。甚至无须询问他们的作品、倾听他们的声音，仅从他们的眼睛、从有关他们生活的记述中，我们就能读懂：生活从来不曾像在患难中那样伟大、丰盈和幸福。

* * *

在这英雄队伍的前列，我将首席位置给了坚强而纯粹的贝多芬。他在受苦时，曾祝愿他的事例能给其他不幸者提供支撑，“但愿不幸的人，看到一个与他同样的不幸者，不怕自然设下的障碍，竭尽所能使自己成为一个无愧于人的称号的人，能从中获得慰藉”。经过多年超人的奋斗与努力，克服了困难，完成了他所谓的“向可怜的人类吹送勇气”的大业后，这位胜利的普罗米修斯①，回答一个乞灵于神明的朋友说：“人啊，靠你自己吧！”

他这句豪言壮语，应对我们有所启迪。让我们以他为榜样，重新恢复对生活、对人类的信念吧！

罗曼·罗兰

一九〇三年一月

① 普罗米修斯，希腊神话中的巨人，因盗天火给人类而触怒宙斯，宙斯将他锁在高加索山上，每日派神鹰来啄食他的肝脏，直到赫剌克勒斯射死神鹰，解救了他。后来文学作品中均将普罗米修斯作为造福人类并为人类受难的艺术形象。

贝多芬传

张冠尧　艾　珉 译

序

二十五年前，当我写这部小小的《贝多芬传》时，我并不想写成一部音乐学方面的著作。那是一九〇二年，我正处于苦恼不堪的时期，经受着既能摧毁又能更新一切的暴风雨。我逃离巴黎，来到我儿时的伴侣贝多芬身边，寻求十天的庇护，在人生的战场上，他曾多次给予我支持和帮助。我来到他的故乡波恩，重新觅得他的影子和他的老朋友：在科布伦茨的访问，我从韦格勒的孙儿们身上，又见到了韦格勒夫妇。在美因兹，我听到了由韦恩加特纳①指挥的贝多芬交响乐演奏会。在这浸透了他的苦难、勇气、欢乐与悲哀的灰暗潮湿的四月天，在雾气弥漫的莱茵河畔，我与他单独相处，倾诉衷肠；我跪倒在地，他以强有力的手将我扶起，为我的新生儿《约翰·克利斯朵夫》施洗。在他的祝福之下，受到鼓舞的我，与人生重新缔约，踏上了重返巴黎的路程，一路上向上帝唱着痊愈者的感恩曲。那感恩曲就是这篇传记，起先由《巴黎杂志》发表，继而由贝玑②拿去刊载。我没想到它的声音会传到朋友们的圈子之外。但是，“命运就这样注定了……”③

赘述诸多枝节，恳请读者见谅。因当今有些人会在这首颂歌中寻

---

① 韦恩加特纳（1863—1942），奥地利指挥家和作曲家，以指挥贝多芬及瓦格纳的作品闻名于世。

② 贝玑（1873—1914），法国作家、诗人，罗曼·罗兰的好友。《贝多芬传》曾在他所主编的《半月刊》上刊载。

③ 原文系拉丁文。

求按严格的史学方法撰写的学术著作,我不得不对此做出回答。我在某些时刻,也会充当史家。在《亨德尔》和有关歌剧研究等若干著述中,我也曾为音乐科学做过认真的奉献。然而《贝多芬传》却不是为学术而写作的。这是受伤的、被窒息的心灵之歌,是它复苏后,重新振作起来,向救主感恩的歌。我知道,这救主已被我改头换面,但一切从信与爱出发的行为无不如此。我的《贝多芬传》便是这样一种行为。

人们踊跃购买,给这本小书带来它所不曾企求的好运。这个时代,法国成千上万的生灵,受压制的理想主义的一代,都焦虑地期待着那一声解放的号令。这号令,他们在贝多芬的音乐中听到了,于是他们从中寻求支持。从那个时代过来的人,谁不记得那些四重奏音乐会,真像是唱天主的羔羊[①]时的教堂,——谁不记得那些注视着祭祀礼的痛苦的脸,因受到启示而满面生辉?今日的生者与昔日的生者已相距很远了。(但他们能否距明日的生者更近呢?)本世纪初的这代人里,多少队列已被横扫:战争好比一个无底深渊,他们和他们最优秀的儿子都在那里面失去踪影。我这小小的《贝多芬传》保留着他们的形象。出自一个孤独者手笔的小书,竟无意中与他们相似,而他们也从中认出了自己。一个藉藉无名者写的小册子,从一家默默无闻的小店出来,几天之内便广为传播,它已不再属我所有了。

我刚把此书重读了一遍,虽说写得还不够充分,我也不打算再改动了[②]。因为它应当保留最初的特色,以及伟大一代的神圣形象。在贝多芬百年祭之际,我要把对一代人的怀念,和对他们的伟大同伴,正直坦诚的大师的祭奠结合在一起,是他,教给了我们如何生,如何死。

罗曼·罗兰

一九二七年三月

---

① 天主教弥撒曲的开头。

② 作者拟另写专著,研究贝多芬的艺术及其创造性的人格。

善事应尽力而为，
爱自由甚于一切，
即使为了帝王的宝座，
也绝不出卖真理。①

——贝多芬

他身材矮胖，脖子粗壮，一副运动员的骨架，红砖色的宽大脸庞，只是到了晚年，皮肤才变得萎黄和病态，尤其是冬天，远离田野、足不出户时，更是如此。他前额宽广且隆起，深黑色的头发异常浓密，乱蓬蓬地竖着，似乎从未梳理过，颇像“美杜莎②的蛇发”。他眼中燃烧着一种奇异的力量，使见到他的人无不为之震惊，但大多数人辨别不出其中细微的差别。因为这双眼睛闪烁着一种野性的光芒，衬上古铜色而略显悲壮的脸，看上去像是黑的，其实是蓝灰色。③ 一旦感情冲动或者生气，这双小且深陷的眼睛便突然睁大，眼珠在眼眶中滴溜溜地转

① 见贝多芬：一七九二年《手记》。

② 美杜莎(又译墨杜萨)，希腊神话中的蛇发女妖，人被其目光触及即化为石头。

据罗素一八二二年记述，一八〇一年，当卡尔·采尔尼还是孩子的时候曾经见过他。当时，他的胡子好几天没刮了，披头散发，穿着生山羊毛织的上衣和长裤，猛一看，几乎以为遇见了鲁滨逊。——原注

③ 这段描写取自画家克莱贝尔的笔记。克莱贝尔曾于一八一八年前后为贝多芬画像。

动,如实地反映出其中全部思想。[①] 他忧郁的目光常常转向上空。阔大的鼻子,又短又方,真是狮子的相貌!嘴倒长得颇秀气,但下唇有比上唇前突的倾向。牙床刚劲有力,似乎可以磕碎核桃,右下巴有个深深的小窝,使整个面部显得古怪而不对称。据莫舍勒斯[②]说,“他的微笑很美,谈话时神态亲切可爱。而笑起来却不讨人喜欢,粗鲁、难看,而且短促”,好像那种对快乐不甚习惯的笑。他脸上的表情总是落落寡合,仿佛患了“无法治愈的忧郁症”。一八二五年,雷尔斯托普曾说,看到他温柔的眼睛里那种极度痛苦的神情,好不容易才忍住没让眼泪流下来。一年以后,勃劳恩·封·勃劳恩塔尔在一家啤酒店遇见他,他坐在一个角落里,抽着一根长长的烟斗,闭着眼睛,那是他晚年时愈来愈常见的姿态。一位朋友和他说话。他凄然一笑,从口袋里掏出一个记录本,像聋子经常做的那样,尖着嗓子叫对方把想说的话写出来。他面部表情常常变化,有时因抓住了突如其来的灵感,哪怕在大街上,那表情也会让行人吓一大跳;有时无意中撞见他坐在钢琴面前,“整个脸部肌肉膨起,血脉奋张,狠巴巴的眼睛变得加倍可怕,嘴唇抖动着,像把鬼神召来却又请不走的魔法师。”十足一个莎士比亚剧中的人物![③] 尤里乌斯·贝内狄克特说:是“李尔王”。

* * *

路德维希·范·贝多芬,一七七〇年十二月十六日出生于科隆附近,波恩的一所破房子简陋的小阁楼上。他原籍弗朗德勒[④],父亲是个

① 根据医生缪勒一八二〇年的描述:“他的眼睛既美又富有表情,目光时而温柔动人,时而迷惘、严厉,咄咄逼人。”——原注

② 莫舍勒斯(1794—1870),英国钢琴家,曾将贝多芬的歌剧《费德丽奥》改编为钢琴曲。

③ 画家克莱贝尔却说:“是莪相(中世纪著名的苏格兰游吟诗人)的面孔。”以上所有细节均引自贝多芬的朋友和见过他的采尔尼、莫舍勒斯、克莱贝尔等人的描述。

④ 弗朗德勒,今为比利时西部地区,与法国交界。贝多芬的祖父路德维希是其家族中最杰出的人物,出生于马利内斯,二十岁后定居波恩,当上了王室大公的唱诗班指挥。贝多芬与他最为相像。我们必须记住这一事实,才能理解为何贝多芬天生的桀骜不驯和他性格中的许多特点并非完全属于德国气质。

庸庸碌碌、嗜酒如命的男高音歌手。母亲是女佣，一个厨师的女儿，最初嫁给一个官宦之家的侍从，丈夫死后跟了贝多芬的父亲。

贝多芬的童年充满艰辛，缺少家庭温暖，不像莫扎特有家人的呵护。从一开始，生活于他就是一场悲壮的战斗。他父亲想开发他的音乐天赋，好把他当神童来炫耀。儿子刚四岁，父亲就一连几个小时把他钉在羽管键琴面前，或者把他关在房间里，逼着他练小提琴，繁重的作业把他累得死去活来，差一点让他恨死了音乐这门艺术，以致必得使用暴力才能强迫他学下去。贝多芬从少年时代便需为生计发愁，不得不过早地承担养家糊口的重任。十一岁那年，他加入剧院的乐队，十三岁当上管风琴乐手，一七八七年，他失去了他所热爱的母亲。“她对我那么慈祥，那么值得我爱，她是我最知心的朋友！啊！当我能够喊出母亲这个温馨的名字，而她又听得见的时候，有谁能比我更幸福呢？”[①]她是患肺病死的，贝多芬以为自己也染上了这种病，常常感到不舒服。除此以外他还患有比病更折磨人的忧郁症。[②] 十七岁时，他已经是一家之长，担负起两个弟弟的教育之责。酗酒的父亲无法撑持门户，他只好羞惭地请求剧院让他的父亲退休。人家担心做父亲的拿了钱去挥霍，便将退休金交给儿子。这些伤心事在他内心留下了深深的烙印。所幸他在波恩的一个家庭里找到了感情上的依傍。他一直非常珍惜勃罗宁一家的情谊。他们可爱的女儿埃莱奥诺尔比贝多芬小两岁。贝多芬教她音乐和诗歌。她成了他儿时的友伴，两人之间也许产生过感情。后来埃莱奥诺尔嫁给了韦格勒医生。他也成了贝多芬最要好的朋友。[③] 他们之间终生维持着恬静的君子之交，这一点，从韦格勒和埃莱奥诺尔与他来往的书信中可以看得出来。信写得很恳切。韦格勒夫妇称他为忠诚的老友，他则称对方为亲爱的好韦格勒。

① 贝多芬：《致奥斯堡沙德医生的信》（1787），《贝多芬书信集》卷Ⅱ。

② 稍后，他在一八一六年写道：“不懂得死的人是个可怜虫，而我在十五岁时就已经懂了。”

③ 贝多芬了不起的恩师C. G奈夫也是他的好朋友和指导。此人品德高尚、学问渊博，同样给了贝多芬许多良好的影响。

更令人感动的是，后来三人年纪老了，但心灵的青春依旧，热忱不减当年。

尽管童年时代悲惨凄凉，但贝多芬忆起这段时日和儿时住过的地方，凄凉中依然透着一丝温馨。后来他虽不得不离开波恩，在维也纳这个花花世界及其贫困的郊区度过了几乎整整一生，内心却从未忘怀莱茵河流域的故乡，还有那条汹涌澎湃的大河。他称这条河为我们的父亲河。的确，莱茵河生机勃勃，几乎赋有人性，仿佛一个巨大的生灵，具有无穷的思想和力量。莱茵河流域中，没有任何一段比流经风光旖旎的波恩这一段更壮丽、更温馨、也更美妙的了。强劲的河水，冲刷和抚爱着浓荫覆盖、鲜花盛开的岸边坡地。在这里，贝多芬度过了他生命中的头二十年，在这里，形成了他少年时代心中的梦想。那仿佛懒懒地浮在水面的草地，笼罩在薄雾中的白杨，矮矮的灌木，还有垂柳和各种果树，都把根须浸泡在这静默而湍急的水流里。星星点点的村落、教堂，乃至墓地，以好奇的目光慢悠悠地俯瞰河岸。远处，蓝色的七峰在天空中勾勒出参差不齐的侧影，颓圮的古堡耸立其上，形状瘦削且怪异。他永远心系故乡，直到生命的最后时刻，他还梦想重返故园而未能如愿。“我的家园，那块我初见光明的故土，在我眼前始终是那么美，那么清晰，就像我离开时那样。”①

* * *

革命②爆发了，开始席卷全欧，也占据了贝多芬的心。波恩大学是新思想的熔炉。贝多芬于一七八九年五月十四日注册入学，听那位有名的奥洛格·施奈德的德国文学课。此人后来当上了下莱茵省的检察官。当人们在波恩听到攻占巴士底监狱的消息时，施奈德在讲台上朗诵了一首热情洋溢的诗，使学生们群情激昂。③ 第二年，他出版了一

① 贝多芬：《给韦格勒的信》（1801 年 6 月 29 日）。

② 指一七八九年的法国大革命。

③ 这首诗的开头是这样的：“专制的枷锁已经打碎……幸福的人民！……”——原注

部革命诗歌集[①]。订购者名单中有“贝多芬和勃罗宁”的名字。

一七九二年，战火[②]蔓延到波恩，贝多芬离开家乡，去音乐之都维也纳定居。路上，他遇到了开赴前线与法国作战的黑森州[③]部队，此事无疑激发了他的爱国热忱。一七九六至一七九七年间，他将弗里德堡的战斗诗篇谱成了音乐，即《出征歌》和一首爱国主义大合唱：《我们是伟大的德意志民族》。可是，尽管他讴歌了法国革命的敌人，革命仍征服了世界和他的心。从一七九八年起，虽然奥地利和法国关系紧张，贝多芬却与法国人及其使馆，还有刚来到维也纳的贝纳多特将军[④]有亲密的交往。言谈间贝多芬常流露出倾向共和的情绪。这种倾向在他以后的生活中变得益发强烈。

这个时期施泰因豪森为他画的肖像，相当精确地反映出他当时的风采。较之后来的几幅，恰如盖兰[⑤]画的波拿巴之于后来的那些拿破仑肖像。拿破仑在那张画上，面部表情严峻，激情似火，野心勃勃。贝多芬在这张画上显得比真人年轻、瘦削、挺拔，上衣的高领使脖颈显得有些僵直，目光似乎睥睨一切而又有点紧张。他深知自己的价值，非常相信自己的力量。一七九六年，他在记事本上这样写道：“拿出勇气来！尽管身体不佳，但我的才华必将获胜！……二十五岁！现在已经到了！我二十五岁，到时候了……今年我非大显身手不可。”[⑥]德·伯恩哈德夫人和格林克都说，他目空一切，举止放肆，让人讨厌，说话时外省口音很重。只有他的至交好友才知道在这生硬倨傲的外表下，隐

① 其中一首这样写道：“藐视狂热的信仰，砸碎愚蠢的王权，为人权而战……嘿，这一切，没有一个王公的奴仆能做到。只有自由的灵魂方可当此重任，他们宁死而不阿谀奉承，宁穷而不愿受奴役……须知这样的灵魂中，我并非最后一人。”——原注

② 指欧洲各国为干涉法国革命发动的战争。

③ 黑森州系当时日耳曼三联邦之一，后并入德意志联邦。

④ 贝纳多特，法国元帅，在捍卫革命的战役中屡立战功。后被瑞典国王认为义子，于是倒戈，加入联军，与拿破仑为敌。一八一八年继承瑞典王位，称查理十四。

⑤ 盖兰（1774—1833），法国名画家，德拉克洛瓦和籍里柯的老师。所绘拿破仑像系拿破仑的青年时代。

⑥ 此时他初露头角。一七九五年在维也纳举行了首场钢琴独奏音乐会。——原注

藏着一颗十分善良的心。他将自己获得的成功写信告诉韦格勒时,脑子里出现的第一个念头是:“比如我看见某个朋友经济困难而我又没钱帮助他的时候,我只须伏案工作,用不了多久,便能帮他摆脱困境……你瞧,这多好。”[①]稍后,他还说:我的艺术应该造福于穷人。

此时,病痛已在叩门,且一旦上身便不再离开。一七九六至一八〇〇年期间,耳聋症开始肆虐[②],耳鸣不分昼夜地折磨他,内脏也疼痛不已。听觉逐渐衰退。一连好几年,他都不告诉任何人,即使对至爱亲朋也讳莫如深。他避免与人交往,怕自己的毛病被人发现,将这种可怕的秘密深藏胸臆。可是到了一八〇一年,他再也忍不住了,在绝望之中,他把这个秘密告诉了两个朋友——韦格勒医生和阿曼达牧师:

> 我亲爱的、善良的挚友阿曼达,……我多希望你能常在我的身旁啊!你的贝多芬痛苦极了。要知道,我身心最高贵的一部分,我的听力已经大大下降,就在咱们在一起的那个时候,我已感觉到此病的先兆,但我没有说出来,打那以后,更是每况愈下……我能好起来吗?我当然盼着这一天,但希望很渺茫,因为这种病是没法治的。我必须过着痛苦的生活,避开我所热爱和珍惜的一切,在这如此悲惨而又自私的世界上!……我只能遁世隐居,听天由命。我何尝不想摆脱病痛,但这可能吗?……[③]

---

① 贝多芬:《给韦格勒的信》(1801年9月29日)。一八〇一年前后,他在给里斯的信中也写道:“只要我有钱,我的朋友就什么都不缺。”——原注

② 一八〇二年他在《遗嘱》中写道,这种病六年前已经开始,也就是说一七九六年就有了。我们注意到,他作品的目录中,只有作品第1号(即三支三重奏)是一七九六年以前创作的。作品第2号头三支钢琴奏鸣曲则是一七九六年三月出版。因此可以说,贝多芬的作品大都是耳聋后写的。当时他耳聋日甚一日,但还没到完全听不见的程度,对低沉的声音,高亢的声音听得较清楚。据说到了晚年,他将一根木棒的一端插进钢琴的音箱,另一端则用牙咬着,作曲时就用这种方法来听。今天在波恩的贝多芬博物馆里还保存着机械师迈尔塞一八一四年前后为他制作的助听器。——原注

③ 《贝多芬书信集》第十三。

在给韦格勒的信中，他这样写道：

> ……我过着凄惨的生活。两年来，我谢绝一切社交，因为我无法与人交谈，我是个聋子。如果我从事的是另一种职业，那还有几分可能；但以我目前的职业来说，情况就太可怕了。我有不少敌人，他们会怎样说呢？在剧场，我要尽量靠近乐队才能听明白演员说的话。离得稍远一点，我便听不见乐器和演员高亢的声音……别人说得慢，我勉强能听见，如果一嚷嚷我就受不了……我常常诅咒自己为什么还活着……普卢塔克①教导我忍受一切。如有可能，我倒愿意向命运挑战；有时候，我活得真像上帝的一个最可怜的造物……忍！多么叫人难受的避难所啊！但我别无选择！②

这种悲苦的情绪流露在当时的几部作品里，如作品第十三号《悲怆奏鸣曲》（1799），尤其作品第十号《第三钢琴奏鸣曲》中的“广板”。奇怪的是，并非所有作品均如此，还有许多乐曲反映的是青年人无忧无虑的情怀，像充满欢欣的《七重奏》（1800）、清澈明净的《C大调第一交响乐》（1800）等。毫无疑问，心灵需要时间来适应痛苦。它那么需要快乐，所以没有快乐的时候，只能自己来制造。现实太残酷时，它便回到过去的生活中去。昔日快乐的时光不会一下子抹掉，即使欢愉不再，其光辉也会久久留存。贝多芬在维也纳孤苦伶仃，往往遁入对故乡的回忆中寻求慰藉。此时的思想都深深印着这样的痕迹。《七重奏》中带变奏曲的“行板”，其主题便是一支莱茵地区的歌曲。《C大调交响乐》也是关于莱茵的作品，一首青年人满怀梦想的诗篇，既欢快又

① 普卢塔克，公元一世纪希腊历史学家和伦理学家，著有《希腊和罗马名人传》和《道德篇》。

② 《贝多芬书信集》第十四。

为爱情而苦恼,令人感觉到有一种取悦心上人的愿望与希冀。但在某些段落和引子里,在某几种低音乐器的明暗对比和古怪的谐谑曲中,我们会多么激动地在那张青春的脸上看到未来天才的目光!那是波提切利的《圣家庭》中婴儿的眼睛,从中已可窥见未来的悲剧。[①]

除了肉体的痛苦,他还受着别的困扰。韦格勒说过,他看到的贝多芬总是充满爱的激情。这种爱看来始终十分纯洁,其激情与欢愉之间无任何联系。现在人们往往将两者混淆,只能证明大部分人对爱的无知以及这种爱的罕见。贝多芬内心多少有点清教徒的色彩,他讨厌下流的谈吐和思想,对爱情的神圣深信不疑。据说他不能原谅莫扎特,因为莫扎特不惜糟蹋自己的天才去写《唐璜》[②]。他的挚友辛德勒很有把握地说,"他一生洁身自爱,从未有过越轨的行为。"这样的人注定要上爱情的当,成为其牺牲品。果然如此。他一再为情颠倒,不断憧憬着幸福,但很快又情场失意,随之而来的便是痛苦的煎熬。如果要对贝多芬丰富的创作灵感追根溯源,就必须到轮番出现的爱情和骄傲的反抗中去寻找,直到年事已高,与生俱来的激情逐渐消退,他才无可奈何地怏怏作罢。

一八〇一年,他钟情的对象似乎是朱列塔·圭恰迪尔。他那支著名的《月光奏鸣曲》(作品第27号,1802)因题献给这位女士而使其芳名不朽。他给韦格勒写信说:"现在我生活有意思多了,和别人来往也多了……这种变化完全是一位可爱而有魅力的姑娘促成的;她爱我,我也爱她。两年以来,我第一次享受到幸福的时光。"[③]可是他为此付出了高昂的代价。首先,这段爱情使他更深地感觉到自己残疾的可悲,而艰苦的生活条件也使他无法娶他所爱的人。其次,朱列塔风骚、幼稚,而且自私,给贝多芬带来了不少烦恼。一八〇三年十一月,她竟

---

① 波提切利(1445—1510),意大利文艺复兴前期的名画家,所画《圣家庭》中的婴儿即耶稣,故提及未来的悲剧。

② 唐璜,欧洲传说中的风流浪子,莫扎特曾为歌剧《唐璜》谱曲。

③ 贝多芬:《致韦格勒的信》(1801年11月16日),《贝多芬书信集》第十八。

嫁给了加仑贝格伯爵。[①] 这样的爱情使人的心灵受尽折磨，贝多芬原已饱受疾病的摧残，经此变故，精神竟濒临崩溃。一生之中，只有这一次，他似乎已经到了死亡的边缘。他悲观绝望，从他留给兄弟卡尔和约翰的《海利根遗嘱》便可以看出，《遗嘱》上标明："等我死后拆看并执行。"[②]那是撕心裂肺的痛苦呼喊，也是抗争的呼喊，听见的人无不为之动容。他几乎想自杀，但他那种百折不挠的道德观念阻止了他。[③]不过他病愈的最后一线希望也破灭了。"连一向支撑我的非凡勇气也无影无踪了。啊，主啊，给我一次真正的欢乐吧，哪怕只一天！我听不见深沉的欢乐之声已经太久了！啊，上帝，什么时候我能再听见呢？……永远也听不见吗？……不，这太残酷了！"

这是垂死的哀鸣；但贝多芬又活了二十五年。他性格刚强，不甘心在磨难面前屈服：

> 我的体能和智力比以往任何时候都有增无已……我的青春，是的，我感到我的青春才刚刚开始。我已隐隐约约看到目标在前，虽然尚不清楚，但正在一天天地接近……啊！如果我能摆脱这种疾病，我一定能拥抱整个世界！……除了睡眠，我不知道有其他的休息。可惜，我不得不花更多的时间睡觉。但愿我能摆脱疾病，哪怕一半也好，那时候！……不，我不能忍受下去。我要扼住命运的咽喉，它永远不能使我完全屈服。啊，如果能活上千百

---

① 稍后她还厚颜无耻地利用贝多芬对她的感情帮助丈夫摆脱困境。贝多芬后来告诉辛德勒："他过去是我的情敌，只是出于理智我才尽力帮助他。"但他因此更看不起这个女人。"她一到维也纳便来找我，"贝多芬用法语写道，"哭哭啼啼的，但我对她不屑一顾。"（见 1821 年的谈话记录）——原注

② 贝多芬：《遗嘱》（1802 年 10 月 6 日）。

③ "嘱咐你们的孩子要有道德。唯一能使人幸福的是道德而不是金钱，这是我的经验之谈。是道德使我在苦难中有所依傍。全亏了道德和我的艺术，我才不以自杀来结束我的生命。"他在一八一〇年五月二日写给韦格勒的信中又说："如果不是在某本书上看到，人只要还有能力去做有意义的事就不应贸然轻生的话，恐怕我早已不在人世了，当然是自行了断喽。"——原注

次那就太好了!①

这爱情、这痛苦、这意志、这时而沮丧时而高傲的情绪、这内心的悲剧,都反映在一八〇二年所写的伟大作品之中。如《丧礼奏鸣曲》(作品第26号)、《幻想奏鸣曲》和《月光奏鸣曲》(作品第27号)、《第二奏鸣曲》(作品第31号),其中戏剧性的宣叙调宛如崇高而凄婉的独白。还有献给亚历山大大帝的《小提琴C小调奏鸣曲》(作品第30号)、《克莱采奏鸣曲》(作品第47号)、为盖勒特②的歌词所谱写的六首悲壮的宗教歌曲(作品第48号)。《第二交响乐》(1803)则更多地反映了他青春的爱情,从中可感觉到压倒一切的坚强意志,一股不可抗拒力量将愁绪一扫而空。曲终涌起沸腾的生命力。贝多芬希望幸福,不愿相信自己的不幸无可挽回:他渴望病愈,渴望爱情,心中充满了希冀。③

* * *

上述作品中,让人产生强烈印象的是,不少作品充满雄壮有力的行进和战斗的节奏,《第二交响乐》中的"快板"和"终曲"尤其如此,《献给亚历山大大帝的奏鸣曲》中的第一章,其慷慨激昂更不待言。音乐的战斗气息使人不禁回想起产生它的年代。大革命波及维也纳,贝多芬也被卷了进去。骑士德·赛弗里德说:"他和挚友在一起时喜欢指点江山,且头脑清晰、目光敏锐、极有判断力。"他所有的同情都倾向于革命。他晚年最了解他的朋友辛德勒也这样说:"他挚爱共和原则,赞同无限制的自由和民族独立……他盼望大家齐心协力,共同管理国

① 贝多芬:《给韦格勒的信》,《书信集》第十八。

② 盖勒特(1715—1769),德国启蒙运动作家、诗人,成长于贫穷而虔诚的牧师之家,其作品及人品均为世人所称道,作品的普及程度仅次于《圣经》,其中《寓言故事集》《宗教圣歌和歌曲》尤广受欢迎。贝多芬为之谱曲的,正是《宗教圣歌和歌曲》中最有名的诗篇。

③ 一八〇二年赫内曼为贝多芬制作的袖珍画像上,贝多芬打扮入时,留着下鬓角,前后一样短的头发,神情颇似拜伦式的英雄,同时又具有拿破仑式不屈不挠的坚强意志。——原注

家……盼望法国实行普选，盼望拿破仑建立普选制度，从而营造全人类幸福的基础。”他像一个受普卢塔克思想熏陶的古罗马革命者，满怀豪情，梦想有一个由胜利之神，即首席执政缔造的英雄共和国。于是他接连写出了帝国的史诗，曾题为《波拿巴》的《英雄交响乐》(1804)①以及光荣史诗《C 小调交响乐》，即《第五交响乐》(1805—1808)的终曲。这是第一阕真正的革命音乐：时代精神在其中得以再现，强烈而且纯真，恰如当时的重大事件在孤独的巨人心中激起的强烈而纯真的回响，其印象即使接触到现实也不会有所减损。作品里贝多芬的形象也染上了那些史诗式战争的色彩。这一时期的作品对这些战争都有所反映，尽管贝多芬自己可能没有意识到，在《科里奥兰纳斯序曲》(1807)中，我们会听到狂风呼啸，暴雨喧腾；《第四四重奏》(作品第 18 号)第一章也与上述序曲不相上下。关于《热情奏鸣曲》(作品第 57 号，1804)，俾斯麦曾说：“如果我能经常听到这支曲子，我一定会勇气倍增。”②这支奏鸣曲，还有《哀格蒙特》的总谱，直到他的钢琴协奏曲及《降 E 调协奏曲》(作品第 73 号，1809)，精湛的技巧表现英雄气势，仿佛千军万马奔腾而过。而这一切又何足为怪呢？在写《英雄的葬礼

---

① 《英雄交响乐》原是写波拿巴并题献给他的。初稿的标题是《波拿巴》。当贝多芬获悉拿破仑加冕称帝，便怒不可遏地叫道：“这样说来，他也不过是凡夫俗子而已！”盛怒之下，他撕掉原来的献词，换上一个有报复意味的动人标题：《英雄交响乐……纪念一位逝去的伟人》。据辛德勒说，后来他对拿破仑的气慢慢消了，只把他看作一个值得同情的可怜虫、英雄末路的倒霉蛋。一八二一年他获悉拿破仑兵败，被囚于圣赫勒拿岛时，他说：“十七年前我写的这段音乐正适用于这一可悲事件。”他欣然承认他写这支交响乐中的《葬礼进行曲》时，已预感到这位征服者的悲剧下场。——很可能在贝多芬思想中，《英雄交响乐》，尤其是其中的第一乐章里所出现的拿破仑形象与真人很不相同，他的确想将拿破仑按他的想象和希望描绘为革命之神。一八〇一年，他曾为真正的英雄、自由之神普罗米修斯谱过曲，后来在《英雄交响乐》的终曲里又采用了此曲的主旋律。——原注

② 俾斯麦(1815—1898)，德意志政治家，号称普鲁士的“铁血宰相”。参看前德国驻意大利大使罗贝尔·德·康德尔所著《俾斯麦及其一家》(1901)。一八七〇年十月三十日，康德尔在凡尔赛用一架很蹩脚的钢琴给俾斯麦演奏这首奏鸣曲。俾斯麦就这部作品的最后一句发表评论说：“这一句道出了整个人生的斗争和悲恸。”在所有音乐家中，他最欣赏贝多芬，并不止一次说：“贝多芬最适合我的神经。”——原注

进行曲》(作品第26号的奏鸣曲)时,比波拿巴更接近于《英雄交响乐》所讴歌的理想英雄的奥什[①]将军,刚刚战死在莱茵河畔,其纪念碑至今仍耸立在科布伦茨和波恩之间的一座小山上。即使当时贝多芬还不知道奥什牺牲的消息,但在维也纳,他曾亲眼目睹革命的两次胜利。一八〇五年十一月,法国军官出席观看他的歌剧《费德丽奥》的首演。他还将《英雄交响乐》和《第五交响乐》题献给攻陷巴士底狱的于兰将军,当时这位将军正住在贝多芬的朋友兼保护人洛布科维茨家里。一八〇九年五月十日,拿破仑驻军舍恩布伦[②]。不久,贝多芬便对法国征服者产生了憎恨之情,但仍然狂热地崇拜他们史诗般的业绩,没有他这种感情的人,对他那歌颂赫赫军功和凯旋的音乐只可能一知半解。

* * *

贝多芬突然中止了《第五交响乐》的创作,一反往日的习惯,连草稿也不打,一气呵成地写下了《第四交响乐》。他眼前出现了幸福的曙光。一八〇六年,他和特蕾泽·德·布伦瑞克[③]订了婚。贝多芬移居

---

① 奥什(1768—1797),法国将军,法国大革命中最忠诚勇敢的军事将领。

② 贝多芬的住处距维也纳城垣附近的工事不远。拿破仑攻陷维也纳时将此类工事悉数炸毁。一八〇九年六月二十六日,贝多芬给出版商布赖特科普夫和海尔特尔写信说:"我周围全是废墟,听见的只是乱七八糟的金鼓之声,真是非人的生活!"一个一八〇九年见过贝多芬的法国人给我们保留下来一幅他的肖像。此人是德·特雷蒙特男爵,当过最高行政法院助理法官,曾经描写贝多芬住所里零乱的情形。他们一起谈哲学、宗教、政治,"尤其是他的偶像莎士比亚"。贝多芬打算跟德·特雷蒙特去巴黎,因为他知道巴黎音乐学院此时正演奏他的交响乐,那里也有热情的听众。(见1906年5月1日《音乐信使报》上男爵写的文章:《贝多芬访问记》)——原注

③ 一七九九年,贝多芬在维也纳认识了布伦瑞克一家。朱列塔·圭恰迪尔是特蕾泽的表妹。贝多芬一度还爱上了特蕾泽的一个妹妹约瑟芬。后来约瑟芬嫁给了戴姆伯爵,稍后又嫁给斯塔刻堡伯爵。我在新出版的《贝多芬:创作的伟大时代》一书中,详细描述了贝多芬和布伦瑞克一家的亲密交往。我在其中一章《布伦瑞克姊妹及其月光般可人的表妹》中,曾试图详细描写这一家人,尤其是这位高贵的特蕾泽。根据其未出版的《回忆录》和《私人日记》,贝多芬的这位女友和他十分般配。她活了很久,直到一八六一年才去世,一生中经历过许多苦难,也留下了不少作品。——原注

维也纳初期，特蕾泽还是小姑娘，跟他上过钢琴课。从这个时候起，她便爱上了他。贝多芬是她哥哥弗朗索瓦伯爵的朋友。一八〇六年，贝多芬在匈牙利玛尔托伐萨他们家做客时，两人才彼此相爱。特蕾泽回忆这段幸福的日子时，曾经这样写道：[①]

> 一个星期日的晚上，晚饭以后，月华如水，贝多芬坐到钢琴面前，将手掌平放，轻抚琴键。弗朗索瓦和我都知道，这是他弹琴的前奏。接着，他弹了几个低音和弦，然后以一种神秘而庄重的神色，缓慢地弹了塞巴斯蒂安·巴赫的一支歌：如你以心相许，不妨秘而不宣；我俩灵犀相通，谁能猜出端详。[②]
>
> 母亲和神父都已就寝，家兄正严肃地定睛思考。他的歌声和目光渗入我心深处，让我觉得生活格外充盈丰满。翌日早上，我们在公园相遇，他对我说："我正在写一部歌剧。主人公仿佛就在我心中，在我眼前。我走到哪儿，停在哪儿，他总是与我同在。我从未达到过这样高的境界。一切都那么明亮、纯净、清晰。在这以前，我像神话中的那个孩子，只顾拾石头而看不见路上美丽的鲜花……"一八〇六年，我和他订婚时，只有我亲爱的兄长弗朗索瓦同意。

这一年写的《第四交响乐》是一朵清纯的花，散发着他生命中这段较平静的日子的芬芳。人们可以发现，"这时候的贝多芬所关心的是尽可能使他的天才，和前人留传下来的、为一般人所理解和喜爱的艺术形式协调起来。"[③]这种源自爱情的和解精神，对他的生活态度和生活方式都产生了影响。伊雅茨·封·赛弗里德和格里尔帕策[④]说，他

---

① 玛丽安姆·滕格尔：《贝多芬的永恒情人》。（波恩，1890）——原注

② 这首美丽的歌，出自巴赫的夫人安娜·玛格达兰娜的纪念册（1725），标题为《乔瓦尼尼之歌》。但有人质疑，云非巴赫所作。

③ 见诺尔《贝多芬传》。

④ 二人均为当时德国著名诗人。

精力充沛、积极乐观、很风趣、待人接物彬彬有礼、穿着讲究、对不知趣的人也很有耐心,甚至能让人误以为他耳朵并不聋。他们说他身体很好,只是视力稍差罢了[①]。迈勒给他画的一幅肖像也让人有同样的感觉,他显得颇为风雅浪漫,只是稍稍有点不自然。贝多芬希望别人喜欢他,而且知道自己能博得别人的欢心。狮子谈恋爱也会收起利爪。但在这一切手腕和《第四交响乐》的梦幻与温柔所营造的氛围之中,人们仍可以感觉到一股可怕的力量,一种任性而易怒的气质。

这种恬静的心境维持时间并不长,但爱情的美好影响一直延续到一八一〇年,这无疑能使贝多芬心神安定,有利于其才华结出最丰硕的果实,如古典悲剧般的《第五交响乐》,夏日的天堂幻梦《田园交响乐》(1808),[②]还有受莎士比亚悲剧《暴风雨》的启发而作的《热情奏鸣曲》。这是他自认为其奏鸣曲中最壮美的一首,出版于一八〇七年,题献给特蕾泽的兄长。对特蕾泽本人,则献上那首充满梦幻和奇想的奏鸣曲(1809,作品第78号)。他还给"永恒的心上人"写过一封没有标明日期的信,其中表达的爱意较之《热情奏鸣曲》毫不逊色:

> 我的天使,我的一切,我的我……我想要对你说的话实在太多了……唉!不管我在哪里,你都和我形影不离……当我想到你很可能在星期日之前收不到我的消息时,我哭了。……我爱你,像你爱我一样,但更加热烈……唉!上帝!没有你,那该是一种什么样的生活!——真是咫尺天涯。……我的万千思绪一齐向你奔去,我永恒的心上人,这些思绪时而欢欣,时而哀愁,仰问幸运之神,能否成全我们。——只有和你一起,我才能活着,否则就活不下去……除了你,没有任何人能占有我的心……永远不能!

---

① 贝多芬是近视眼。伊雅茨·封·塞弗里德说,他视力低下是他曾患天花所致,故而从小便戴眼镜。近视使他目光显得有点茫然。他在一八二三至一八二四年间所写的信中总为自己的眼睛长吁短叹,感到很痛苦。

② 为歌德的《哀格蒙特》谱写的舞台音乐是一八〇九年开始创作的,贝多芬还想为《威廉·退尔》谱曲,但未被接受。——原注

永远不能！啊，上帝！为什么相爱又要分离？而我的生命，此刻的生命却充满了忧伤。你的爱情使我成了最幸福，同时也最苦恼的人。……平静下来……平静下来……爱我吧！今天，昨日，多少热情的希冀，多少眼泪，都洒向你！你——你——你是我的生命——我的一切！再见！啊！继续爱我吧，千万别误解你所爱的人的心。

——对你、对我、对我们都矢志不渝的人上。①

是什么神秘的原因使这对相爱的恋人难圆幸福的好梦呢？——也许是缺乏财产和地位不同的缘故；也许是他等待的时间过长，或是严守爱情秘密的要求使他感到屈辱，由此产生了逆反心理。

也有可能是由于他的暴躁、多病和愤世嫉俗，不自觉地给心爱的人带来痛苦，从而使他自己也伤心绝望。——婚约解除了，但看来两人谁都没有忘记这段感情。特蕾泽·德·布伦瑞克直到生命的最后一天(1861)还爱着贝多芬。

一八一六年，贝多芬曾经说：“一想到她，我的心便像第一次看见她时那样怦怦直跳。”这一年，他写了六支感人至深的“献给远方恋人”的曲子(作品第98号)。他在手记中写道：“一见这位佳丽，我便心潮澎湃，但咫尺天涯，她并不在我身边！”——特蕾泽曾将自己的一幅肖像②送给贝多芬，上面的题词是：“送给罕见的天才、伟大的艺术家、善良的人 T. B.”。贝多芬死前一年，他的一位朋友无意中撞见他边吻这幅肖像边哭，像惯常那样大声说道：“你这样美、这样伟大，简直和天使一样！”那位朋友退了出去，过了一会儿又回来，看见他坐在钢琴前面，便对他说：“老朋友，今天你的脸色一点也不可怕。”贝多芬回答：“因为我那位善良的天使来看过我了。”——他的创伤太深了。他对自己说：“可怜的贝多芬，这个世界没有什么幸福给你。只有在理想

① 《贝多芬书信集》第十五。

② 这幅肖像今天仍保存在波恩贝多芬故居。——原注

的领域,你才能找到朋友。”①

他在手记里写道:“顺从,无保留地顺从你的命运:你不复为你自己生存,而只能为其他人生存;对你说来,只有在艺术里才能找到幸福。啊,上帝,请给我力量让我战胜自己吧!”

* * *

就这样,他为爱情所抛弃。一八一〇年,他又成为孑然一身,但荣誉纷至沓来,他意识到了自己的力量。此时,他正当盛年,一任激烈而粗犷的性格充分展现,他无所畏惧,不再顾忌社会、习俗和他人的评判。有什么可顾忌、可斟酌的呢?爱情没了,野心也没了,剩下的只有力量和对力量的陶醉,他需要运用,几乎毫无节制地运用他的力量。“力量,就是使人有别于一般人的气势!”他又故态复萌,不注意衣着,举止比以前更加放肆。他知道自己有权爱说什么就说什么,即使在地位最高的人物面前也是如此。一八一二年七月十七日,他曾这样写道:“除了善良,我不承认还有其他高人一等的标志。”②当时见过他的贝蒂娜·勃伦塔诺③说:“没有一位皇帝,没有一个国王像他那样意识到自己的力量。”她被贝多芬的气势震慑住了,写信对歌德说:“我第一次看见他的时候,觉得整个宇宙突然都消失了,贝多芬使我忘记了世界,也忘记了你,啊!歌德……我认为,我没有弄错,我敢断言此人远远走在现代文明的前面。”

歌德想方设法结识贝多芬。一八一二年,两人在波希米亚的特普利兹浴场相遇,但并不十分相投。贝多芬非常赞赏歌德的才华,④但他

---

① 贝多芬:《致格赖钦斯泰因书》,《贝多芬书信集》第三十一。

② “心灵是一切伟大事物的关键。”见《贝多芬书信集》第一五三:《给吉亚纳塔西奥·德尔·里奥的信》。

③ 贝蒂娜·勃伦塔诺,歌德的女友,其母曾与歌德相爱,贝蒂娜成年后亦追求歌德,后嫁给名诗人阿尔尼姆。她对贝多芬极为崇拜,且对其音乐有较深理解。——原注

④ 一八一一年二月十九日,他写信给贝蒂娜·勃伦塔诺说:“歌德的诗使我陶醉。”在别的地方他又说:“歌德和席勒是我最喜欢的诗人,还有莪相和荷马,可惜后两位的作品我只能看译本。”(见《贝多芬书信集》第五三:1809 年 8 月 8 日给布(接下页)

的性格太狂放也太冲动，难以和歌德相处融洽，还难免会伤害他。他曾讲述，有一次，他们一起散步，这位心高气傲的共和派就人的尊严的问题，教训了那位魏玛大公的枢密顾问官，歌德对此一直耿耿于怀。

王公贵人尽可以造就一些教授和枢密顾问，可以赐给他们头衔和勋章，但却培养不出伟大的人物和超群脱俗的英才……像我和歌德这样两个人在一起的时候，那些老爷们应该意识到我们的伟大。——昨天在回来的路上，我们遇上皇室一家出游。远远望见，歌德便甩开我的胳臂，在路边垂手而立，无论我怎么劝说他都不肯再往前走一步。于是我将帽子按了按，系好礼服的扣子，两手往后一背，径直往密麻麻的人群中走去。王公贵族们此时已分列两旁。鲁道夫公爵①向我脱帽致敬；皇后第一个和我打招呼。那些大官们都认识我。——我看见皇室一行在歌德面前走过时不禁好笑。歌德站在路边，深弯着腰，帽子拿在手里。事后我老实不客气地说了他一通。②

歌德本人也没有忘记此事。③

（接上页）赖特科普夫和海尔特尔的信）值得注意的是，贝多芬受教育不多，但文学品味很高。他认为歌德的诗“庄严、博大、永远像音乐中的D小调”。在歌德之外，他喜欢三个人，即荷马、普卢塔克和莎士比亚。在荷马的作品中他最欣赏《奥德赛》。他手不释卷地阅读莎士比亚作品的德文译本，并将其中的《科里奥兰纳斯》和《暴风雨》写成悲壮的乐曲。至于普卢塔克，他和当时的革命者一样深受其思想的启迪。布鲁图（公元前四四年刺杀罗马独裁者恺撒的密谋集团领袖）是他崇拜的英雄，这一点和米开朗琪罗一样。他还在房间里摆放了一尊这位弑君英雄的小雕像。他喜欢柏拉图，梦想在全世界建立柏拉图式的共和国。他还说过：“苏格拉底和耶稣是我的典范。”（1819年至1820年谈话记录）——原注

① 鲁道夫公爵即皇太子，是贝多芬的学生。

② 见贝多芬《致贝蒂娜》。有人曾质疑该信的真实性。此事虽有点夸大，但基本上是准确的。——原注

③ 歌德对采尔特说：“可惜贝多芬是个桀骜不驯的人。他觉得这个世界可憎，这没有错。他这样做并不能使世界变得可爱呀。我们应该原谅他、同情他，因为他是个聋子。”——歌德并不攻击贝多芬，但也不为他做什么。对贝多芬的作品，甚（接下页）

第七和第八《交响乐》也是这个时期写的。一八一二年在特普利兹,几个月便完成了这两部作品。前者是狂欢的节奏曲,后者是诙谐的交响乐。在这些作品里,他表现得也许最自然,用他自己的话说,“最放得开”。尽情地欢乐,尽情地疯狂,出其不意的对比、宏伟而令人惊愕的跳跃,使歌德和采尔特惊骇不已的爆发,①这一切使德国北方人说,《第七交响乐》是一部醉鬼的作品。的确,作者是醉了,陶醉于力量和才华之中。

他自己也说:“我是为人类酿造美酒的酒神。是我给予人类狂热的思想。”

我不知道他是否像瓦格纳所说的那样,想在这部交响乐的终曲里描写一个酒神的盛会。② 但我突出地看到,在这豪放的乡村节日狂欢曲中,有弗朗德勒人的遗传基因,同样,我找到了与这个崇尚纪律和服从的国家显得很不协调的、他那肆无忌惮的举止谈吐的渊源。无论哪部作品里,都没有《第七交响乐》中表现得如此坦率和狂放的力量。这是超人精力的疯狂发泄,无任何目的,只是为了欢乐,宛如泛滥的河水淹没一切的欢乐。在《第八交响乐》中,力量没有那么宏大,但更加奇特,更具有作者本人的特色,混合着悲剧和闹剧、力士般的刚毅和孩子

(接上页)至贝多芬的名字,他保持绝对的缄默。说到底,他既欣赏又害怕他的音乐,这种音乐引起他的困扰,他担心会使他失去好不容易才得到的精神安宁。年轻的门德尔松(德国作曲家,钢琴家和指挥家)一八三〇年途经魏玛,他写的一封信,无意中披露了歌德如何极力用理智控制自己烦乱的心绪。他写道:“最初他不想谈到贝多芬,但不谈又不行。听了《第五交响乐》的第一乐章以后,他大为激动,却又故作镇静,只是对我说:‘这并不使人感动,只不过令人吃惊罢了。’过了一会儿,他又说:‘气魄很大,跟疯了一样,震得连房子也要塌了。’这时,晚饭端上来了,他边吃边若有所思,后来又提到贝多芬,他便询问我,看我的反应。看得出,音乐已经产生效果……”——原注

① 见一八一二年九月二日歌德致采尔特书和一八一二年九月十四日采尔特致歌德书:“我也是,在欣赏之中带着惊惶。”一八一九年,采尔特写信给歌德说:“他简直是疯了。”——原注

② 贝多芬的确曾经有过这种想法,因为我们在他的笔记,特别是他《第十交响乐》草稿中发现了这个主题。

般的任性。①

一八一四年，贝多芬的声誉达到巅峰。在维也纳会议上，他被视为欧洲的光荣，他活跃于各种喜庆活动中。王公贵族对他尊敬有加，正如他向辛德勒吹嘘的那样，他骄傲地听任他们奉承。

他为独立战争所鼓舞，一八一三年，写了《惠灵顿大捷交响乐》，一八一四年初又写了一首战斗大合唱：《德国的复兴》。一八一四年十一月二十九日，他在各国君主面前，指挥演唱了爱国歌曲《光荣的时刻》，并为一八一五年攻陷巴黎谱写了一首大合唱：《大功告成！》。这些应时的作品使他声名大噪，超过了他创作的其他音乐。布拉西乌斯·赫菲尔根据法国人勒特奥讷的一幅素描制作的雕刻，以及一八一二年法朗兹·克莱因模塑的脸型，生动逼真地塑造了维也纳会议时期贝多芬的形象。雄狮般的面容，牙关紧咬，布满愤怒而痛苦的皱纹，而凌驾于这一切之上的，是意志，拿破仑般的意志。人们一看便能认出贝多芬其人。他在耶拿②之役后对拿破仑有过如下言论："真可惜，我对打仗不如对音乐内行！否则我一定能打败他！"

但他的王国不在这个世界。恰如他给弗朗索瓦·德·布伦瑞克的信中所说："我的帝国在空中。"③

* * *

光荣的时刻过后，接踵而来的是艰难困苦的时期。

维也纳对贝多芬从来没有好感。这个城市浮华造作，为瓦格纳所

---

① 一八一一年到一八一二年期间，贝多芬在特普里兹结识了一位柏林的歌剧女伶阿玛丽厄·塞巴尔德。二人过从甚密，贝多芬这个时期的创作灵感可能便源于此。其间还有另一段痛苦的恋情，对象为谁不得而知。贝多芬此时已年老多病，情场失意使他失去了希望。关于这一切，他曾告诉他的女友法妮·德尔·里奥，详见法妮之私人《日记》。——原注

② 耶拿，德国图林根州城名，一八〇六年拿破仑曾在此大破奥军。

③ 贝多芬在维也纳会议期间曾写信对考卡说："关于咱们那些君主和他们的王国，我就不说了。"接着又说："我认为，精神的帝国最值得珍惜，在一切世俗的和宗教的王国中，它才是首要的。"——原注

不齿,[①]在这样的地方,一个恃才傲物、狂放不羁的天才人物是不会心情舒畅的。贝多芬一有机会便想远离维也纳。一八〇八年前后,他曾经认真考虑过离开奥地利,去威斯特发利王吉罗姆·波拿巴(拿破仑之弟)的宫廷。[②] 但维也纳毕竟有丰富的音乐源泉,说句公道话,那里总有一批高贵的音乐爱好者,他们深感贝多芬是个伟大的音乐家,不愿他们的祖国蒙上失去贝多芬的耻辱。一八〇九年,维也纳三位最有钱的皇亲国戚,即贝多芬的学生鲁道夫王子、洛布科维茨亲王和金斯基亲王答应每年给他四千弗罗林生活费,唯一的条件是要他留在奥地利。他们说:"显然,一个人只有在物质生活上没有困难时,才能全心全意地献身艺术,才能创作出为艺术增光的美妙作品。我们决定向路德维希·范·贝多芬提供生活的保证,以消除妨害他的天才得以发挥的一切障碍。"

不料诺言没有兑现。生活费未能如数提供,不久便干脆停发了。其次,一八一四年会议之后,维也纳的风气大变,社会重政治而轻艺术,音乐的品味被意大利化给破坏了,时人崇尚的是罗西尼[③],贝多芬被目为迂腐。

贝多芬的朋友和保护人散的散,死的死。金斯基亲王死于一八一

---

① "维也纳,这不就说明一切了吗?——德国新教的痕迹已荡然无存,甚至连民族的口音也没了,意大利化了。德国的精神、德国的举止和风俗也要用从意大利和西班牙进口的书本来解释……成了一个从历史、学术乃至宗教都被篡改了的国家……轻率的怀疑毁掉并埋葬了热爱真理、荣誉和独立的精神!……"(见1870年瓦格纳所著《贝多芬传》)格里尔帕策曾经写道,生为奥地利人实在是不幸。十九世纪末伟大的德国作曲家,凡是在维也纳住过的,都深为弥漫在这个城市的勃拉姆斯式的伪善气息所苦恼。布鲁克奈在那里遭受过长期折磨。雨果·沃尔夫苦苦挣扎,临死前对维也纳提出了严厉的批判。——原注

② 国王吉罗姆提出给贝多芬六百杜加金币的终生年俸和一百五十银币的旅行补助,唯一条件是不时为他演奏并在他的室内音乐会担任指挥。音乐会不长,也不经常举行。贝多芬几乎答应了。——原注

③ 罗西尼(1792—1868),意大利作曲家,他的《唐克莱德》问世,震动了德国乐坛。鲍恩费尔德在其日记中记录了一八一六年维也纳沙龙里流传的看法:"莫扎特和贝多芬都是老气横秋的学究,只有老一代的傻瓜才欣赏他们。罗西尼一出来大家才知道什么是乐曲。《费德丽奥》是垃圾一堆,真不明白大家为什么不厌其烦地去听。"贝多芬举行最后一次钢琴演奏会是一八一四年。——原注

二年，利希诺夫斯基死于一八一四年，洛布科维茨死于一八一六年。贝多芬为其谱写美妙的《四重奏》(作品第59号)的拉苏莫夫斯基，于一八一五年二月举办了最后一场音乐会。一八一五年，贝多芬与他的儿时好友，埃莱奥诺尔的兄长斯蒂凡·封·勃罗宁失和，从此更加孤独了。[①] 他在一八一六年的手记里写道："我一个朋友也没有了，在这个世界上，成了孤零零的一个人。"

此时他已完全失聪。[②] 从一八一五年秋天起，他和其他人的沟通只能靠笔谈。最早的谈话记录是一八一六年。[③] 关于一八二二年《费德丽奥》的演出，辛德勒有一段痛苦的描述：

> 贝多芬要求指挥彩排……从第一幕的二部唱起，他显然已听不见舞台上的演唱。他将乐曲速度大大减慢。乐队跟随着他的指挥，而歌唱演员径自向前赶。然后是一阵大乱。常任乐队指挥乌姆劳夫建议休息一会儿，并没有说明什么理由，只是和歌唱演员谈了几句又开始了。接着又是一场混乱，只好再次暂停。很明显，不能让贝多芬继续指挥下去了，但怎样才能让他明白呢？谁也不忍心对他说："你退下吧，可怜的人，你不能指挥了"。贝多芬迷惑不安，看看左面，又看看右面，想从每个人的脸部表情找到问

---

① 同年，贝多芬还失去了他的兄弟卡尔。他写信对安东尼娅·勃伦塔诺说："他想生而我却愿死。"此时唯有玛丽亚·封·艾尔多迪伯爵夫人与他友情甚笃，夫人和他一样也染上了不治之症，非常痛苦，一八一六年，独子又暴卒。贝多芬题赠给她的作品有一八〇九年的两个三重奏(作品第70号)、一八一五年到一八一七年的两首大提琴奏鸣曲(作品第102号)。——原注

② 除了耳聋，他的健康也每况愈下。从一八一六年十月起，他患上严重的气管炎。一八一七年夏天，医生说他患的是肺病，一八一七年冬季，他深受这所谓的肺病困扰。接着一八二〇年到一八二一年是急性关节炎，一八二一年是黄疸病，一八二三年又患结膜炎。——原注

③ 要注意，从这一年的一首奏鸣曲起(作品第101号)，他的音乐风格变了。贝多芬的谈话记录手稿共一万一千页，现存于柏林三家图书馆。一九二三年，瓦尔特·诺尔着手出版一八一九年三月到一八二〇年三月的谈话记录，可惜只出了一卷便停了。——原注

题的所在。但大家都鸦雀无声。忽然,他用命令口吻喊我过去,我走到他身边,他把记录本给我,作势让我写。我写了下面这几句:“我求您别继续了,回家我再给您解释。”他一跃跳下台,冲我叫道:“咱们快回家!”他一口气跑回寓所,一进去便倒在沙发上,一动也不动,两手捂着脸,就这样一直待到吃晚饭的时候。进餐时他一言不发,脸上一副沮丧和极度痛苦的表情。饭后,我欲告辞,但他挽留我,告诉我他不想孤零零一个人待着。分手时,他求我陪他去看医生。那医生看耳科很有名……在我和贝多芬交往中,没有一天能和十一月这致命的一天相比。他内心受到打击,至死也抹不掉这可怕的一幕留给他的印象。①

两年后,一八二四年五月七日,他指挥《合唱交响乐》②(或者如节目单上所说,“参与音乐会的指挥”),全场一致鼓掌,但他一点也听不见。直到一位女歌唱演员拉起他的手,请他转过身来面向听众时,他突然看见全场起立,挥动帽子向他致敬,这才明白过来。一位英国旅行家名叫罗素的,一八二五年看见过他弹钢琴,说他想轻轻弹奏柔音的时候,琴键没能发出声音,寂静中只见他情绪激动,面部和手指都抽搐起来,此情此景,真让人感到揪心。③

他离群索居,自我封闭,唯有大自然能给他一些安慰。特蕾泽·德·布伦瑞克说,“大自然是他唯一的知己”,是他的庇护所。一八一五年认识他的卡尔·纳特说,从未见过一个人像他那样热爱花草、云霞和大自然,④他似乎是靠这些活着。贝多芬自己也写道:“世界上没

① 辛德勒从一八一四年起便和贝多芬有来往,一八一九年成为他的密友。但贝多芬最初对他并不以朋友相待,自高自大地看不起他。——原注

② 即著名的《第九交响乐》。

③ 关于贝多芬耳聋的事,瓦格纳有很精彩的描述,详见他一八七〇年出版的《贝多芬传》。

④ 他喜爱且怜悯动物。历史学家封·弗里梅尔的母亲说,她小的时候喜欢捉蝴蝶,而贝多芬总用手帕把蝴蝶统统赶跑,所以她长期以来都不由自主地怨恨贝多芬。——原注

有一个人像我这样爱田野……我爱一棵树甚于爱一个人……”——在维也纳时,他每天都要沿着城墙转一圈。从黎明到黑夜,在田野里,他独自散步,帽子也不戴,顶着太阳,或者冒着雨。“全能的上帝！在树林里我很快乐,很快乐,因为那里的每一棵树都传递着你的声音。——上帝啊,这真是太美了！森林里,山丘上,一片宁静,——这是奉献给你的宁静。”

他精神上的焦虑于是得到了暂时的缓解,但金钱的烦恼却不断袭来。一八一八年,他这样写道:“我几乎沦为乞丐,却必须装作并未捉襟见肘。”接着又说:“作品第106号的奏鸣曲是在紧迫的情况下写出来的,为糊口而干活实在是件苦事。”施波尔说,他常常不能出门,因为鞋子有破洞。他欠出版商很多债,作品又卖不出钱。《D调弥撒曲》征订时只有七个订户(其中没有一个是音乐家)。[①] 他写了好几首优美的奏鸣曲,每首都花了他三个月的时间,但总共才挣得三四十个杜加。加利钦亲王要他写的四重奏(作品第127、130、132号),也许是他作品中最深刻的,是他的呕心沥血之作。写完了却分文不给。家庭生活的困窘和没完没了的诉讼——或是为了得到拖欠他的津贴,或是为了保住他侄子的监护权——耗尽了贝多芬的精力。

他兄弟卡尔一八一五年死于肺病,遗下一个儿子。他把自己对兄弟的满腔热忱都倾注到这个孩子身上。为此,他又遭受了残酷的折磨。——似乎是境遇的惠顾,故意一再增加他的劫难,使他的天才不致缺乏营养。——他首先要和那个不称职的母亲争夺小卡尔的监护权。他写道:

> 啊,我的上帝,我的城墙,我的防卫线,我唯一的庇护所！你洞悉我灵魂深处的思想。当我不得不使和我争夺我的宝贝卡尔

① 贝多芬曾亲自写信求助于切鲁比尼,此人是他的同龄人中他最敬重的,但却没有回音。——原注

的人们难受时，你知道，我也是非常痛苦的。[①] 我不知如何称呼的神灵啊，请听我诉说，请答应我这个最苦的苦人儿的祈求吧！

啊，上帝！救救我吧！你看呀，因为我不愿和不公正的现象妥协，我遭到了全人类的抛弃！请满足我的请求，至少将来让我和我的卡尔生活在一起！……啊！残酷无情的命运！哦，哦，我的苦难永远没完没了！

可是他心爱的侄儿却辜负了伯父的信任。贝多芬写给他的信充满悲愤，如同米开朗琪罗写给他兄弟们的信一样，但更加天真，更加感人：

难道我得到的竟又是卑鄙无耻的忘恩负义？好嘛，如果咱们之间要一刀两断，那就随便吧！一切有正义感的人知道了这个情况一定会痛恨你。……如果我们的关系成了你的负担，以上帝的名义，——就按上帝的意愿去办好了！——我把你交给上苍了，我已做了我力所能及的一切；我敢于面对上帝的审判……[②]

你是个惯坏了的孩子，但努力做一个朴实真诚的人对你绝无坏处。你对待我的虚伪行径，让我心痛万分，难以忘怀……上帝可以做证，我但愿能离你十万八千里，离开我可怜的兄弟和这可厌的家庭……我再也不能相信你了。

下面落款是："你可怜的父亲，——或者最好不是你的父亲。"[③]

---

① 他曾经写信给斯特莱歇尔夫人说："我从不报复。当我不能不采取行动对付别人时，那纯粹出于自卫，适可而止，或者仅仅为了不让他们作恶而已。"——原注

② 《贝多芬书信集》第三四三。

③ 《贝多芬书信集》第三一四。

紧接着又是宽恕：

> 我亲爱的儿子！——不要再说了，——到我怀抱里来吧，我不再说你什么了……我会像从前那样爱你。你将来的事情该怎么办，咱们好好地从长计议。我以名誉担保，绝不责怪你！责怪已经没有用了。我只会给你最深情的关怀和帮助。——来吧，到你父亲贝多芬温暖的怀抱里来吧。——来吧，一收到这封信便来吧，到家里来。（地址旁边又用法文写了两句："如果你不来，可就要了我的命了。"①）

"别撒谎，"他哀求道，"要永远做我的好孩子！你若用虚伪来回报我，像别人想让我相信的那样，那就太不成话了！……别了，你虽然不是我亲生的孩子，但我养育了你，悉心指导你精神上的成长，我对你的爱超过了父爱，我打心眼里希望你走上善良和正直的唯一道路。你忠诚的父亲。"②

这个侄儿不乏聪明，贝多芬为他的前途有过诸多考虑，想要让他受高等教育，最后却只好答应他经商，但卡尔经常出入赌场，欠下不少赌债。

说也奇怪，有些现象常常出人意料，伯父伟大的情操非但对他无益，反而对他有害，他因恼怒而产生逆反心理，下面这句忤逆的话足见此子已丧尽天良，他说："因为伯父要我上进，我倒变得更坏了。"一八二六年夏天，他终于往自己头上开了一枪。他没有死，却要了贝多芬的命。这一可怕的打击使他从此一蹶不振。③ 卡尔的伤好了，活了下

---

① 《贝多芬书信集》第三七〇。

② 《贝多芬信集》第三六二和三六七。卡利歇尔在柏林还发现了另一封信，从信中可以看出，贝多芬热切希望把他的侄儿培养成"一个对国家有用的公民"。——原注

③ 辛德勒当时看见他，说他一下子变成了一个七十岁的老人，步履蹒跚，浑身乏力，一点情绪都没有。如果卡尔死了，他也必死无疑。——事实上他几个月后便死了。——原注

去,好让伯父继续受折磨。伯父的死,未始与他毫无关系。伯父临终前他也不在身边。——贝多芬去世前几年,曾写信对侄儿说:“上帝始终没有抛弃我。将来总会有人送我的终。”——当然不是他称之为“我儿”的那一个。[①]

* * *

即使身处悲哀的深渊,贝多芬仍然讴歌“欢乐”。

这是他毕生的打算。从一七九三年他在波恩时便有这个想法。[②]他一辈子都想谱写《欢乐颂》,并想以此作为他某部伟大作品的结尾。他一直拿不定主意,这样的颂歌用什么样的形式好呢,放在哪部作品里才合适呢。甚至在创作《第九交响乐》时还在犹豫。直到最后一刻,还想将《欢乐颂》挪到第十或第十一交响乐里去。值得注意的是,《第九交响乐》的原题,并非人们所说的《合唱交响乐》,而是《以欢乐颂为结局的合唱交响乐》。《第九交响乐》可以,也几乎有另一种结尾。一八二三年,贝多芬曾考虑加一个用乐器演奏的《终曲》,后来却用在作品第132号的四重奏里。采尔尼和松莱纳很肯定地说,演出(指1824年5月《第九交响乐》的演出)以后,贝多芬还没有放弃这种想法。

将合唱引入交响乐,技术上有很大的困难,这一点从贝多芬的草稿本上可以看出来。他做过许多试验,想将歌声用别的方式引入作品的其他段落。在《柔板》第二旋律的草稿本上,他写道:“也许在这里引入合唱较合适。”但他下不了决心甩开他忠诚的乐队。他说:“当一个灵感来的时候,我总是听见乐器演奏的声音,而不是人唱的声音。”因此他总是把引入人声的时刻尽量往后推。他甚至用乐器先行,不单

① 我们时代有些人宽宏大量,想方设法为这个混蛋开脱,这也是不足为奇的。——原注

② 见菲歇尼希给夏洛蒂·席勒的信(1793年1月)。席勒的《欢乐颂》写于一七八五年。贝多芬的音乐主题先后出现在一八〇八年作品第80号的《钢琴、乐队和合唱幻想曲》及一八一〇年为歌德诗歌谱成的《歌曲》中。

《终曲》的宣叙调如此,[1]《欢乐颂》的主题音乐也一样。

对这些推迟和犹豫,还应该作进一步的解释。因为还有更深远的原因。可怜的贝多芬饱经忧患,总想歌颂欢乐的美妙境界。但是他不断陷入激情和忧伤的旋涡,年复一年,这项工作一拖再拖,直到生命的最后时刻,才了结这桩心愿,并成就了一部伟大的杰作。

当欢乐的主题即将首次出现时,整个乐队戛然而止,全场一片寂静,给引入的歌声带来一种神秘的、天上人间般的气氛。的确,这一主题简直是神明。欢乐之神在一种超自然的宁静氛围中自天而降,用轻柔的气息抚慰人间的伤痛。拂入病痛初愈的人心里时,第一次爱抚又是那样的温柔,恰如贝多芬的一位朋友所说,"他温柔的眼睛真是催人泪下。"当主题转由人声唱出时,最先听到是一阵严肃而稍带压抑的低音。逐渐地,欢乐传遍全身。这是一场与痛苦对垒的征战。接着是进行曲的节奏,浩浩荡荡的军队在行进,男高音传出激越急促的歌声,在所有这些沸腾的乐章里,我们可以听到贝多芬的气息,他呼吸的节奏和他发出的呼唤,似乎他在谱写这部作品时,正疯狂地在原野上奔跑,如同暴风雨中年迈的李尔王。战斗的酣畅之后,是宗教般的如醉如痴。接着是天宫的饮宴、爱的癫狂。全人类向天空伸出臂膀,发出洪钟般的欢呼,飞奔向前,将欢乐紧紧揽入怀中。

巨人的杰作征服了庸俗的听众。刹那间,动摇了维也纳在罗西尼和意大利歌剧影响下形成的轻佻浮华之风。那时,受冷落的贝多芬悲伤之余,正打算移居伦敦,到那里演奏他的《第九交响乐》。又像一八〇九年那样,几位贵族朋友再次修书挽留,求他不要离开祖国。他们说:"我们知道,您写了一部圣乐[2],表达深沉的信仰在您心中激发的感情。圣洁的光辉照进您伟大的心灵,也照亮了这部作品。而且您也知道,您伟大的交响乐编织的花冠上又增添了一朵不朽鲜花……您这

① 贝多芬说:"完全像乐中有词。"——原注

② 指《D 调弥撒曲》(作品第 123 号)。

几年的沉默使寄望于您的人感到伤心。[1] 大家都悲哀地想,正当一种外国音乐反客为主,企图在我们的土地上站稳脚跟,使人忘记德国的艺术作品时,在芸芸众生中占有如此崇高地位的天才人物竟然悄悄无声……整个民族都把希望寄托在您身上,期望您能为他们带来新的生活,新的光荣,撇开时尚,建立一个真与美的世界……但愿您不久就能让我们看到希望的实现……为了我们,也为了全世界,但愿即将来临的春天因您的天才绽开更多的鲜花!"[2]从这封慷慨激昂的信中,可以看到贝多芬在德国的精英人物中享有多高的威望,不仅艺术上如此,道德上也是如此。崇拜他的人赞誉他的天才时,想到的第一个词既不是学问,也不是艺术,而是信念[3]。

贝多芬被这些言辞打动了,便留了下来。一八二四年五月七日,《D调弥撒曲》和《第九交响乐》在维也纳举行首演,获得极大的成功。场面之热烈,恍如暴动。贝多芬出场时,受到听众一连五次的鼓掌欢迎,而在这个尊重礼节的国家,按习惯,皇族出场也不过鼓掌三次罢了。最后警察不得不出面干预。交响乐使听众如醉如狂,许多人都哭了。音乐会结束后,贝多芬激动得晕了过去。众人把他抬到了辛德勒家。他迷迷糊糊,和衣躺下,整整一夜和第二天的早上,不吃也不喝。

胜利是短暂的,贝多芬没得到任何好处。音乐会无盈利可言,他生活的窘迫状况无任何改变。他依然疾病缠身,[4]贫困而孤独,——然而他是个胜利者。他战胜了人类的平庸,战胜了自己的命运,战胜了

① 贝多芬家事缠身,穷困潦倒,为种种忧烦所困扰,从一八一六年到一八二一年五年间,只写了三部钢琴曲(作品第101、102、106号)。他的敌人说他已经才思枯竭。但一八二一年他又投入了创作。——原注

② 这封信写于一八二四年二月,签名的多是当时的显贵和皇亲国戚。——原注

③ 一八一九年二月一日,贝多芬为要求对其侄享有监护权一事,在维也纳市府大厦自豪地说:"我的道德人品是有目共睹的。甚至杰出的作家如魏森巴赫也认为值得为之大书特书。"——原注

④ 一八二四年八月,他一直担心自己会突然暴卒,"像我亲爱的祖父一样,我在各方面都太像他了。"(见1824年8月16日给巴赫医生的信)他胃痛得很厉害。一八二四年冬季,病情转剧。到了一八二五年五月,他开始吐血和鼻衄。他写信给侄儿说:"我衰弱到了极点……想来已经不久人世了。"——原注

自己的痛苦。[1]

“你要抛弃，抛弃生活中的庸俗与无聊，为了你的艺术——这个至高无上的上帝！”

* * *

他已达到了他一生追求的目标。他获得了欢乐。但他能一直稳坐在这凌驾于暴风雨的心灵顶峰上吗？不错，有些日子，他不得不重又跌入昔日的苦海；不错，他最后的几首四重奏充满异样的阴影。但《第九交响乐》的胜利似乎在他心上留下了光荣的印记。他未来的计划[2]是：《第十交响乐》[3]《为巴赫的名字谱写的序曲》、为格里尔帕策的《美卢西娜》、克尔纳的《奥德赛》和歌德的《浮士德》[4]谱写的音乐，还有《扫罗与大卫的清唱剧》。这一切表明，他的思想仍然被巴赫、亨德尔等老一辈德国音乐大师那种明净有力的境界所吸引，甚至神往于阳光明媚的法国南方和他朝思暮想的意大利。[5]

---

① 《第九交响乐》一八二五年四月一日在法兰克福（德国）首演；一八二五年三月二十五日起在伦敦演出；一八三一年三月二十七日在巴黎音乐学院演出。一八二六年十一月十四日，当时十七岁的门德尔松在柏林的雅格尔大厅以钢琴弹奏。乐谱由当时尚在莱比锡学习的瓦格纳全部手抄一遍，并在一八三〇年十月六日致出版商肖特的信中，建议将该交响乐缩编为钢琴曲。可以说，《第九交响乐》决定了瓦格纳的艺术生涯。——原注

② “阿波罗和缪斯还不愿死神将我带走，因为我欠他们还太多了！在我魂归天国之前，我身后必须留下神灵启发我并要我完成的作品，而我目前似乎才写了几个音符。”（1824 年 9 月 17 日致肖特兄弟的信，见《书信集》第二七二）——原注

③ 一八二七年三月十八日贝多芬写信给莫舍勒斯说：“我已完成一部交响乐的草稿，此外还有一首新的序曲。”但此草稿从未发现。根据他的笔记，终曲大合唱留给《第十交响乐》而非《第九交响乐》。稍后他说，他想通过《第十交响乐》实现“现代世界与古代世界的和解”，这正是歌德在其《浮士德》第二部中企图达到的目的。——原注

④ 从一八〇七年起，贝多芬曾打算为《浮士德》（1807 年秋天，歌德的《浮士德》第一部发表）谱曲。这是他最重视的计划。——原注

⑤ “法国南方！正是！正是！”（见柏林图书馆所藏贝多芬的手记）——“……从这里出发。只要做到这一点，你便能重登你艺术的最高境界……写一部交响乐，然后出发，出发，出发……夏天工作，为旅行筹集路费……和某个艺术家一起遨游意大利和西西里。”（出处同上）——原注

斯皮勒医生一八二六年见过他,说他已经变得快活起来。同年,格里尔帕策和他见最后一面时,反倒是贝多芬给这位沮丧的诗人打气。诗人慨叹道:“唉!我要是有你的毅力和决心的千万之一就好了!”时世艰难,反动的保王势力钳制着人们的思想。格里尔帕策呻吟道:“书报检查真要了我的命。言论和思想要有自由,只好到北美洲去。”但任何政权都休想限制贝多芬的思想。诗人库弗雷写信对他说:“文字可以禁锢,所幸声音还是自由的。”贝多芬就是伟大的自由之声,也许是当时德国思想界唯一的自由之声。他感觉到这一点。他经常谈到他有责任用他的艺术去为“可怜的人类”,“未来的人类”做奉献,为他们造福,鼓励他们,把他们从迷梦中唤醒,斥责他们的怯懦。他给侄儿写信说:“我们的时代需要强有力的思想来振聋发聩,唤醒人类那些可怜虫。”一八二七年,缪勒医生说:“贝多芬总是肆无忌惮地议论政府和警察、贵族,甚至在公共场合也是这样。”①警察局知道这个情况,但认为他的批评和挖苦不过是无害的梦呓,可以容忍,因此对这位光芒四射的天才不予深究。②

就这样,什么都不能使这股桀骜不驯的力量屈服。现在他似乎要玩弄痛苦的游戏了。在他最后那几年谱写的音乐里,尽管创作时境况很糟③,却总具有一种全新的嘲讽、不屑和快乐的特性。他去世前四个

① 他的谈话记录簿里,可以看见下列词句:“欧洲政治走上了这样一条路,离开金钱和银行就什么也干不了。”“处于统治地位的贵族什么也没学会,什么也没有忘记。”“五十年后,世界上到处都将成立共和国。”——原注

② 一八一九年,他几乎被警察局缉捕,因为他公然宣称,“归根结底,基督不过是一个被钉死在十字架上的犹太人。”当时,他正在写《D调弥撒曲》。可见他的宗教思想是十分自由的。在政治方面,他也一样肆无忌惮。他大胆抨击政府的弊端,如司法方面独断专行,唯权贵之言是听,而且程序繁琐,旷日持久;警察仗势欺人;官僚体制死板而毫无生气,扼杀个人的创造性和行动的积极性;贵族腐化而顽固,垄断政府里的最高职位。从一八一五年起,他在政治上倾向英国。辛德勒说,他贪婪地阅读英国的国会记录,十分同情英国的反对派。英国的一位音乐指挥西普里亚尼·波特一八一七年到维也纳,他说:“贝多芬用各种字眼大骂奥地利政府,非常想到伦敦看看下议院。他说:‘你们英国人头脑才正常’。”——原注

③ 指他侄子自杀的事。

月，即一八二六年十一月完成的最后一首作品，为四重奏重写的《终曲》（作品第130号）非常欢快。其实这并非一般人所说的欢快，而是如莫舍勒斯所说，时而是断断续续的苦涩的笑，时而是战胜痛苦后感人的微笑。不管怎样，他胜利了。他不相信死亡。

可是死神终于来了。一八二六年十一月底，他患了胸膜炎。前一年冬天，他为了侄儿的前程出外奔走，回到维也纳便病倒了。[①] 他的朋友住得都很远。他叫侄儿去找医生。据说，那个没心没肺的家伙忘了，两天后才想起来。医生来迟了，而且对病人的治疗很不得力。贝多芬凭着自己运动员般的体格和疾病斗争了三个月。一八二七年一月三日，他立心爱的侄儿为全部遗产的继承人。此时他想起了莱茵河畔的好友，于是写信给韦格勒说："……我多想和你谈谈啊！可惜我的身子太虚弱了。我只能从心眼里拥抱你和你的太太洛亨[②]。"他最后的日子一直为贫困的阴影所笼罩，若非几位英国朋友慷慨解囊，窘况会更为严重。他变得很温和，脾气也不急躁了。一八二七年二月十七日，他动了三次手术，正等着做第四次。[③] 在他弥留期间，他很清醒地写道："我耐着性子，心想：任何痛苦必会带来善果。"善就是解脱，正如他临终时所说："是喜剧的收场。"但我们说，是他一生悲剧的收场。

正当风狂雨骤，暴风雪席卷大地，电闪雷鸣一声响，他离开了人

① 他的病分两个阶段：(1)肺部偶发症，六天后似有得到控制的迹象。"第七天，他感到好多了，可以起床走动、看书和写作了"；(2)消化系统紊乱，循环系统也出了毛病。"第八天，我发现他精神委顿，全身发黄。夜里上吐下泻，几乎送了命。"从这时起，水肿现象加剧。这次病情反复有迄今为止尚未弄清的精神上的原因。瓦夫鲁赫医生说："（侄子）不听话，他很生气也很痛苦，还无端挨了骂，这一切造成了病情急转直下。他浑身打战，四肢发抖，肠胃疼得直不起腰来。"综合观察的结果，科洛兹—福雷斯特诊断为肺部充血后，出现萎缩性肝硬化，伴有腹水和上肢浮肿，认为是饮酒过度所致。以上均根据当时为贝多芬诊治的医生所述。——原注

② 洛亨即埃莱奥诺尔的昵称。

③ 四次手术分别在十二月二十日、一月八日、二月二日和二月二十七日。可怜的贝多芬在病床上饱受臭虫的叮咬（见格尔哈德·封·勃罗宁的信）。——原注

间。一只陌生的手给他阖上了眼睛,①时为一八二七年三月二十六日。

* * *

亲爱的贝多芬!多少人都赞颂他伟大的艺术。但他何止是音乐家中的翘楚,他是现代艺术最英勇的一股力量,他是受苦而不屈的人们最伟大、最优秀的朋友。当我们为世界上的苦难感到悲伤的时候,他来到我们身旁,仿佛坐在一个失去爱儿的母亲旁边,默默地,在钢琴上用强忍的悲声唱起哀歌,安慰伤心落泪的人。当我们与道德沦丧的丑恶现象作斗争,因收效甚微而感到厌倦的时候,到这个意志与信念的海洋中再浸润一下,必将得到不可言喻的收获。他身上散发出来的是有感染力的勇气,是斗争的欢欣②、是意识到心中自有神灵的陶然醉意。他似乎与大自然息息相通③而终于领悟了其深邃的力。格里尔帕策几乎以一种惊恐的心理欣赏贝多芬,他谈到贝多芬时说:"他达到一种可怕的境界,艺术竟和原始且变幻莫测的自然元素融为一体。"同样,舒曼谈到《第五交响乐》时也说:"尽管经常听到,但这支交响乐总对我们有一种永恒的威力,好比自然界的各种现象,虽然常常发生,但总使我们充满恐惧和惊讶。"他的密友辛德勒也说:"他抓住了大自然的精髓。"此言不假:贝多芬是一股自然力。自然界强大的本原力量和其他力量碰撞的结果,便产生了荷马史诗般壮观的现象。

他整个一生好比风雨交加的一日。最初是一个明净的早晨,只有几阵懒洋洋的熏风。但在静止的空气中,已隐伏着一种威胁,一种沉

---

① 这个陌生人即青年音乐家安塞姆·胡滕勃瑞奈。勃罗宁曾写道:"赞美上帝,感谢他终于结束了这段长期而痛苦的受难历程。"

贝多芬的全部手稿、书和家具共拍卖了一千五百七十五弗罗林。目录上登记着的二百五十二件音乐手稿和乐谱售价不超过九百八十二弗罗林,他的谈话记录册售价仅一弗罗林。——原注

② "每当我战胜什么便很高兴。"(《致"永恒的心上人"书》)"我真愿能活上一千次……我注定不能过安定的生活。"(《致韦格勒书》,1801 年 11 月 16 日)——原注

③ "贝多芬传授我大自然的学问,像指导我研究音乐一样引导我研究大自然。并非大自然的规律,而是他所醉心的自然中五行的威力。"(辛德勒)——原注

甸甸的预感。突然间，巨大的黑影掠过，悲壮的雷声使沉默的空间可怕地轰鸣，疾风怒吼，这就是《第五交响乐》和《英雄交响乐》。可是，纯净的天光并未受损，欢乐依然是欢乐，悲戚中总保留着希望。不过，一八一〇年以后，心灵失去了平衡。光也显得有些异样。明净如镜的思想里仿佛升起阵阵烟雾，时聚时散，忧郁和变化无常的烦恼使心灵蒙上了阴影。往往，乐思从浓雾中浮现一两次之后，又完全隐匿和被淹没，直到曲终才像狂飙般重新出现。而快乐本身也带有苦涩和粗野的性质，各种感受中都混有狂热这种毒素。[①] 随着夜幕降临，暴风雨也在积聚。大块的乌云挟带着闪电，天色漆黑，暴雨倾盆，这就是《第九交响乐》的开始。风狂雨骤之际，忽然，黑幕被撕裂，黑夜被驱逐，天空重又晴空万里，意志的力量使我们重见光明。

有哪种胜利能与此相比？拿破仑的哪场战役，奥斯特利茨哪天的太阳[②]能达到这一超人努力的光荣？这种胜利是精神力量所从未取得过的殊荣。一个穷困潦倒、残废而孤独、生而痛苦、世界从未给予他欢乐的人，却创造了欢乐奉献给全世界！他用自己的苦难锻造欢乐。他以一句充满豪情的话概括了他的一生，这句话今天已成了一切勇敢人的座右铭：

“唯其痛苦，才有欢乐。”[③]

---

① “啊，生活是多么美好，可惜我总是命途多舛！”（见《致韦格勒书》，1810年5月2日）——原注

② 奥斯特利茨，地名，在今捷克境内，一八〇五年十二月二日，拿破仑曾在此大破俄奥联军，是拿破仑所指挥的最辉煌的一次战役。此次战役初始并不乐观，至太阳升起时才扭转局面，大获全胜。故后人常以奥斯特利茨的太阳喻指伟大的胜利。

③ 一八一五年十月十日致艾尔多迪夫人书。

米开朗琪罗传

张冠尧　艾　珉 译

引　言

佛罗伦萨的国家博物馆里，有一座米开朗琪罗[①]称之为《胜利者》的大理石雕像，这是一个裸体青年，长得身材匀称，低低的前额上覆盖着拳曲的头发。他笔直地站着，单膝跪在一个大胡子俘虏背上。俘虏蜷曲着身躯，头像牛一样伸向前方。但胜利者并没瞧着他。正要手起刀落之际，胜利者住手了，把略显凄苦的嘴巴和犹豫不决的目光转了过去，手臂弯向肩膀，身子后仰。他不再需要胜利，胜利让他恶心。他虽是征服者，而他自身也被征服了。

这个表示怀疑的英雄形象，这位折了翅翼的胜利之神，是米开朗琪罗的全部作品中，唯一他至死还留在佛罗伦萨画室里的作品。他推心置腹的密友达尼埃尔·德·沃尔泰拉想用它装饰他的灵台，因为那正是米开朗琪罗自己，是他全部生涯的写照。

* * *

痛苦是没有止境的，它有各种各样的形式。有时是由于世事无常，如贫困、疾病、命运的不公、人类的恶意相向等。有时则源于人的本身，他也同样可悲和无奈，因为人无法选择自己的存在。他不曾要求活着，也不曾要求成为他现在这个样子。

---

① 米开朗琪罗（1475—1564），意大利文艺复兴时期的艺术大师，和达·芬奇一样博学多才，既是雕塑家、建筑家，又是画家和诗人。

米开朗琪罗的痛苦属于后一种。他有力量,得天独厚地生来能战斗,且能战而胜之。他胜利了。可是,怎么回事?他不想胜利,这不是他的愿望。真是哈姆雷特式的悲剧!有英雄的才能,却没有英雄的意志,有强烈的激情,却没有这样的愿望,这是多么令人痛心的矛盾!

不要以为我们在许多伟大之外又看到了另一种伟大!我们永远不会说因为一个人太伟大,世界就不能让他感到满足。精神焦虑并非伟大的标志。甚至在伟大人物身上,如果个人与世界之间、生命与生命法则之间缺乏和谐,则难以成就其伟大,反而是其弱点。——为什么要竭力掩盖这种弱点呢?软弱的人难道就不值得爱吗?——其实他更值得爱,因为他更需要爱。我绝不会把英雄抬到高不可攀的高度。我讨厌怯懦的理想主义者,他们不敢正视人生的苦难和心灵的弱点。应该告诉太容易被响亮的词句和幻想蒙骗的民众,唱高调的谎言不过是怯懦的表现。世界上只有一种英雄主义,那就是按世界的本来面目去看待它,并且爱它。

* * *

我要在此介绍的悲剧性命运,表现了一种与生俱来的痛苦,这种痛苦来自人的内心,不断啮噬着人的生命,直到将它完全毁灭。这是人类伟大族群最强有力的典型代表之一,一千九百年来,我们西方世界充斥着他痛苦与信仰的呼号。他,便是基督徒。

将来,多少个世纪过去之后,会有一天,——如果人们还记得我们这个尘世的话——总有一天,未来的人类会俯身在这个种族绝灭的深渊旁,如同但丁俯身在第八层地狱的火坑边一样,心里怀着感叹、厌恶和怜悯。

但是谁能比我们对此感受更深呢?从孩提时代起,我们便对这种苦恼深有体会,我们亲眼看到我们最亲爱的人在那儿苦苦挣扎,我们的喉咙已经尝到了基督教悲观主义呛人而又醉人的味道,有时,在怀疑的时刻,我们不得不做出努力,才不像其他人那样被天国虚无的幻象弄得头晕目眩!

上帝啊!永恒的生命啊!你是下界受难的人们的庇护所!信仰往往只是生活中缺乏信心的表现,对将来、对自己缺乏信心、失去勇气和欢乐的表现!……我们知道,痛苦的胜利是多少次失败才换来的!……

基督徒啊,正是为了这一点我才爱你们,因为我可怜你们,同情你们,赞赏你们的忧伤。你们使世界变得愁苦,却又把它装点得更加美丽。如果你们的痛苦不复存在,世界便会显得更落寞。现在是懦夫的时代,他们在痛苦面前瑟瑟发抖,大叫大嚷地索要幸福的权利,而这种幸福往往是他人的不幸。我们应该敢于正视痛苦。尊敬受苦的人!欢乐固然值得赞颂,痛苦何尝不该获得赞颂!这两者是姐妹,同时也是圣者。他们锻造世界,充实伟大的灵魂。他们是力量,是生命,是神明。谁要是不兼爱欢乐和痛苦,便是两者都不爱。谁懂得品尝它们,便能体会活着的价值和离开人生的甜蜜。

罗曼·罗兰

米开朗琪罗

他是佛罗伦萨一市民。

——这佛罗伦萨，到处是阴沉沉的宫殿，塔楼高耸，酷似长矛；起伏的山峦，线条柔和而清晰，仿佛精工裁剪出来置于紫色的天际；低矮的柏树像黑色的纺锤，橄榄树似银色的披巾，波浪般微微颤动着。

——这佛罗伦萨，典雅异常，面色苍白而带有讥讽表情的洛伦佐·德·梅迪契[①]，嘴巴阔大、神态狡黠的马基雅弗利[②]，与波提切利的《春》及颜色萎黄的金发维纳斯[③]在那儿相聚在一起。

——这佛罗伦萨，是一个狂热、骄傲、神经质的城市，动辄耽于盲目的信仰，不断因宗教与社会的歇斯底里动荡不宁。在这个城市里，人人都有自由，人人都是暴君，在这儿生活既快乐逍遥，又如同下了地狱。

——佛罗伦萨的居民聪明、偏执、热情、易怒，嘴尖舌利，生性多疑，动不动相互窥伺，彼此嫉妒，互相吞噬。这个城市容不下具有自由

---

① 洛伦佐·德·梅迪契（1449—1492），佛罗伦萨政治家、执政者和文学艺术的保护人，也是梅迪契家族最出色的人物。他领导佛罗伦萨市民与罗马教廷较量，并取得胜利，因而享有崇高威望。他去世前不久开办了一所雕塑学校；十五岁的米开朗琪罗成为该校的学生。

② 马基雅弗利（1469—1527），意大利政治家，思想家，历史哲学的奠基人之一，出生在佛罗伦萨，曾多次参与捍卫佛罗伦萨共和国的斗争，其著作《君主论》和《论李维》在欧洲产生了很大影响。

③ 即波提切利的名画《维纳斯的诞生》，此画和《春》均系波提切利的代表作。

思想的达·芬奇[①],波提切利也只好在苏格兰清教徒的神秘主义幻觉中了其一生。目光灼灼形似公羊的萨伏那洛拉[②]焚烧艺术品并要僧侣们围着火堆跳舞,三年之后,火堆重又燃起,烧死的却是他这位先知。

* * *

他就是当时那个充满偏见、激情和狂热的城市的居民。

当然,他对他的同胞也不温情。他眼光开阔、志存高远,看不起他们那个艺术圈子,看不起他们矫揉造作的心态、平淡的写实主义风格、他们的感伤主义和病态的精雕细刻。他对他们态度粗暴,但他爱他们。他不像达·芬奇那样用含笑的冷淡态度对待祖国。离开了佛罗伦萨,他会为思乡所苦。[③] 他一生都千方百计,设法留在佛罗伦萨,却往往不能如愿。在战争的悲惨岁月,他曾想,“既然活着的时候不能在那里,至少死后要回去”。[④]

他们家在佛罗伦萨历史悠远,他对自己的血统和家族甚至比对自己的天才还感到自豪。[⑤] 他不允许别人把他看作艺术家:“我不是雕塑

① 达·芬奇(1452—1519),意大利文艺复兴时期最杰出的画家。他知识广博,对科学与哲学也有浓厚兴趣,《蒙娜丽莎》和《最后的晚餐》是他最著名的作品。

② 萨伏那洛拉(1452—1498),意大利宣教士、改革家和殉道者,既与梅迪契家族的统治为敌,亦对抗罗马教廷,当权时曾在佛罗伦萨发动“焚烧虚妄”运动,首饰、纸牌、淫画一概投之于火,也毁掉了若干书籍和艺术品,后在一次暴乱中被判处绞刑及火刑。

③ “像远离家乡的人一样,我心里不时涌起阵阵哀愁。”(1497 年 8 月 19 日的信,寄自罗马)——原注

④ 他曾托人带话给被放逐到罗马的切奇诺·戴·布拉齐说:“死亡是我难得的机会,因为死后我便有幸回到生时对我紧关大门的故乡了。”(米开朗琪罗:《诗集》卷七十三,第二十四)——原注

⑤ 博纳罗蒂·西莫尼家族祖籍塞蒂雅诺,从十二世纪起在佛罗伦萨地方志上已有记载。米开朗琪罗很清楚这一点:“我们是有产者,是高贵的家族。”(1564 年 12 月给侄儿利奥纳多的信)他的侄儿想成为贵族,他很生气:“这是自己不尊重自己。人人都知道我们是佛罗伦萨历史悠久的资产阶级,比谁都高贵。”(1549 年 2 月)他试图重振家业,使家人恢复西莫尼这个旧姓,并在佛罗伦萨创立一个家族组织。但他的兄弟们胸无大志。他一想起其中一个(吉斯蒙多)还在扶犁当农民,便感到脸红。一五二〇年,阿历山德罗·德·卡诺萨伯爵写信告诉他,在家族档案里找(接下页)

家米开朗琪罗……我是米开朗琪罗·博纳罗蒂……”①

他是精神上的贵族，具有这个等级的一切偏见。他甚至说：“从事艺术的应该是贵人，而不是平民。”②

他对家族怀有一种宗教般的、古老的，几乎是未开化蛮族的观念。他愿为家族牺牲一切，且要求别人也这样做。据他的说法，“为了家族，他卖身为奴也在所不惜。”③在这方面，一点小事他也会动感情。他看不起他没出息的兄弟。看不起他的侄子——他的继承人，虽然仍尊重他们作为家族代表的身份。他在信里不断提到他的家族：

“我们的家族……La nostra gente④……维护我们的家族……好使我们的家族不致后继无人……”

这个家族所具有的一切迷信、狂热，他都具备。他整个人就是用这些迷信和狂热的泥土塑造出来的。但从这泥土里迸射出一道光焰，将这一切都净化了，这就是：天才。

* * *

不相信天才，亦不知何谓天才的人，请看看米开朗琪罗吧。从来没有人像他那样为天才所俘虏。这天才似乎不同于他的本性：那是一个征服者，冲进他的内心，将他牢牢抓住。他的意志对此无能为力。几乎可以说：他的精神和他的心灵无能为力。这是一种狂热的亢奋状

（接上页）到了他们是亲戚的证据。这资料是假的，但米开朗琪罗深信不疑，他甚至想买下卡诺萨古堡，据说那是他家祖先的发祥地。他的传记作者龚迪维在他的指引下，将亨利二世的姐姐，那位赫赫有名的玛蒂尔德伯爵夫人也归入了他的祖先之列。一五一五年，教皇利奥十世（出身梅迪契家族）莅临佛罗伦萨，米开朗琪罗的兄弟博纳罗托被册封为帕拉蒂诺斯伯爵，获准在家族族徽上添加梅迪契的圣爵盖纹章，三朵百合花和教皇名字的缩写。——原注

① 他还说：“我不是从事艺术买卖的雕塑家或画家。为了家族的荣誉，我一直避免成为这样的人。”——原注

② 据其传记作者龚迪维记述。

③ 见一四九七年八月十九日给父亲的信。直到他三十三岁（即1508年3月13日），他父亲才解除对他的监护权。（见翌年的3月28日登记的正式文件）——原注

④ 意大利文：我们的家族。

态，一种可怕的生命力，他的身心过分疲弱，无法控制。

他不断生活在亢奋的状态之中。体内聚积着的旺盛精力让他痛苦，迫使他行动，不断地行动，难得有一小时的休息。

“我干得精疲力竭，从来没有人这样干过。”他写道，“我日夜工作，其他什么也不想。”

这种病态的活动需求不仅使他工作量日增，还使他接受了许多难以兑现的订单。他简直成了工作狂。他甚至想雕刻整座山。如果要建造某个纪念性建筑，他会经年累月地跑到采石场里挑选石头、修筑道路运输石头。他什么都想做：工程师、操作工、凿石工。他事必躬亲，修建宫邸、教堂，样样自己动手。简直是苦役犯的生活！连吃饭、睡觉的时间都没有。在他写的信里，经常可以看到这样的字句：

> 我几乎连吃饭的时间都没有……没有时间吃饭……十二年来，我累垮了身体，连日常必须的东西都没有……我一文不名，身无长物，浑身是病……生活在贫困和痛苦之中……我在和贫困作斗争……

这种贫困纯属臆造。他有钱，挣了很多钱，非常富有。[①] 可钱对他有什么用？他日子过得像穷光蛋，干起活来像拉磨的马。没有人明白他这样自虐的原因。谁也不明白他为什么不能适可而止地工作，谁也不明白这样自讨苦吃已成为他的一种需要。甚至许多特点与他极为相似的父亲也来信责备他：

---

① 他死后，人们在他罗马的家里发现了七千到八千杜卡托（意大利金币）藏金，约合今日的四五十万法郎。瓦萨里说他还曾分两次给了他侄子七千埃居，给了他的学徒乌尔比诺两千埃居。他在佛罗伦萨还有大量存款。一五三四年在佛罗伦萨及附近各地置有房产六处，田产七处。他酷爱田产。一五〇五至一五二〇年间购置了不少田地，这是乡下人的传统。然而，他攒钱并非为自己，而是为别人，他自奉甚薄，什么都舍不得享用。——原注

> 你兄弟告诉我,你生活非常节省,甚至到清苦的地步。节俭固然好,自虐就不好了,这是上帝和人类都不喜欢的事,会损害你的身心健康。年轻时还过得去,待年纪一大,贫苦生活带来的病痛会一起冒出来。别再过苦日子,生活要有所节制,必须的营养还是要的,千万别过分劳累……①

但怎么劝也没用,他不想改善自己的生活,他只吃面包,喝点葡萄酒。每天只睡几个小时。在波伦亚忙着为尤里乌斯二世②塑铜像时,他和三名助手只睡一张床。睡觉时衣服靴子都不脱。有一次他腿肿了,只好将靴子割开。脱靴时,腿上的皮也被扯了下来。

这种可怕的卫生习惯,恰如他父亲警告过的那样,使他经常生病。从他的信中可以看到,他患过十四或十五次大病。③ 有几次高烧,差点要了他的命。他的眼睛、牙齿、头部、心脏,都有病。他常被神经痛所

① 后面还有几句有关卫生的劝告,足见当时不文明的程度:"首先要注意你的头,要暖和一些,千万别洗澡。叫人给你擦擦身就可以,千万别洗。"(1506 年 12 月 19 日)——原注

② 尤里乌斯二世(1443—1513),罗马教皇,为政教合一而奋斗的政治家。他出生于意大利,一四七一年成为枢机主教,因受教皇亚历山大六世迫害,逃往法国,一五〇三年亚历山大六世去世后,当选为教皇。他是著名的艺术保护人,曾对拉斐尔、米开朗琪罗等的艺术创作鼓励有加,并采纳了修建圣彼得大教堂的宏伟计划。

③ 一五一七年九月,他雕刻圣洛朗佐宫的正面和弥涅尔维的基督像时,他"病得几乎死去"。一五一八年九月,在塞拉维扎采石场,他因劳累过度和心情不佳而病倒。一五二〇年拉斐尔(意大利文艺复兴时期著名的画家、雕刻家)去世时他又病了。一五二一年年底,一位名叫利奥纳多·塞拉约的朋友祝贺他:"居然能从一种很少有人可以幸免的大病中死里逃生。"一五三一年六月,佛罗伦萨被攻陷,他睡不着,吃不下,心脏和头部都感到不适。这种情况一直延续到年底。他的朋友以为他不行了。一五三九年,他从西斯廷教堂的脚手架上摔下来,腿部骨折。一五四四年六月,他突发高烧,被送到佛罗伦萨的斯特罗兹家,由他的朋友里契奥为他治疗。一五四五年十二月和一五四八年一月,两次旧病复发,身体虚弱不堪,再次住进斯特罗兹家。一五四九年三月,他患上石粉过敏症,受尽折磨。一五五五年七月又患痛风症。一五五九年七月,石粉症复发,各种痛楚纷至沓来,身体衰弱到极点。一五六一年八月,再度病倒,"他不省人事,浑身抽搐"。——原注

折磨，尤其是睡觉的时候，真是苦不堪言。他未老先衰，四十二岁便感到老了。[①] 四十八岁时，他写信说，如果他工作一天，就要休息四天。[②]但他顽固地拒绝就医。

这种工作狂的生活，对他精神的影响比对身体的影响更甚，悲观主义侵蚀着他。这是一种遗传病。青年时期，他想尽办法去安慰不时突发受迫害妄想的父亲。[③] 米开朗琪罗自己比父亲的症状更重。永无休止的工作，难以承受的疲劳，使他从来得不到恢复，总是处于多疑的精神误区之中。他猜疑他的敌人，猜疑他的朋友[④]、父母、兄弟和养子，总怀疑他们盼着他早死。

一切都使他不安[⑤]；家人对他整天心神不定感到好笑[⑥]。他自己也说，他总处于“一种忧郁甚至疯狂的状态”[⑦]。久而久之，他竟把痛苦变成了一种嗜好，似乎从中找到了一种苦涩的快感：

> 越是加害于我，我越快乐。[⑧]

---

① 自卡拉雷写给多梅尼科·博宁塞尼的信(1517 年 7 月)。

② 致巴尔特·安吉奥利尼的信(1523 年 7 月)。

③ 他常给父亲写信说：“您别自寻烦恼……”(1509 年春)——“您老是这么烦恼让我很难过，我求求您别再这么想了。”(1509 年 1 月 27 日)——“您别惊慌，也别发愁。”(1509 年 9 月 15 日)他的老父亲似乎和儿子一样，经常会神经错乱，惊惶不安。一五二一年(下文另有交代)，他突然离家出走，大声疾呼说是儿子把他赶出了家门。——原注

④ “表面是温馨的友情，其实却隐藏着损害你名誉和生命的祸心……”(致朋友里奇奥的一首十四行诗，《诗集》第四十四首)参看被他冤屈了的朋友托马索·德尔·卡瓦列里给他写的申辩信(1561 年 11 月 15 日)。信里有这样的话：“我确信自己从未伤害过你。你太轻信那些不值得相信的人了。”——原注

⑤ “我生活在不断的猜疑之中……不相信任何人，睡觉也睁着眼……”——原注

⑥ 一五一五年九月和十月他写给兄弟博纳罗托的信中说：“……不要对我写的嗤之以鼻……不该嘲笑任何人。在这个年头，为自己的肉体和灵魂提心吊胆没有什么坏处……不管什么时候，小心一些总是好的……”——原注

⑦ 他常常自称为“忧郁和疯狂的人”“年迈和疯狂的人”“疯子和恶人”。在别的地方，他又为这种疯狂辩护，说“疯狂只对自己有害”。——原注

⑧ 米开朗琪罗：《诗集》卷四十二。

一切的一切,乃至爱和善①,都成了他痛苦的主题:

忧伤是我的享受。②

没有一个人比他更乐少忧多的了。在广阔的宇宙中,他看到和感觉到的只有痛苦。世界上一切悲观情绪都概括在下面这声绝望和极度不平的呼喊之中:

万千欢乐比不上一种苦恼!……③

* * *

"他无处发泄的精力,"龚迪维说,"几乎使他与整个人类社会隔绝。"

他是孤独的。——他恨人,也遭人恨。他爱人,但无人爱他。人们对他既钦佩,又惧怕。最终他在人们心中引起了一种宗教般的崇敬。他凌驾于他的时代。于是,他稍稍平静了一些。他从高处看人,而人们则从低处看他。他始终是单身。他从不休息,连最卑贱的人都能享受到的温柔他也尝不到,他一生中连一分钟都不曾在另一个人的温柔怀抱里入眠。他从未得到过女人的爱。在这荒漠般的天地里,只有维多利亚·科洛纳的友情,曾闪过一道纯洁而冷峻的星光。周围是一片黑夜,只有他炽热的思想流星——他的欲望和疯狂的梦境——飞驰而过。贝多芬从未经历过这样的黑夜。因为这黑夜就在米开朗琪罗的内心。贝多芬的悲愤是社会的过错,他本人却天性快活,且渴望快乐。米开朗琪罗则忧郁成性,令人害怕,使人本能地躲开他。他在

① "爱恋着的人只要稍尝幸福便会感到美满,而不再有其他欲望;不像困苦,会增加一个人的希望。"(十四行诗卷五十九,第四十八)"任何事物都让我感到悲哀,甚至善,因为它转瞬即逝,对我心灵的伤害和压抑不下于恶。"——原注

② 米开朗琪罗:《诗集》卷八十一。

③ 米开朗琪罗:《诗集》卷七十四。

自己周围造成了一片空虚。

这还不算什么。最糟的并不是孤独,而是和自己过不去。他不能好好地生活,自控能力极差,总是否定自己、反对自己、摧残自己。他有天才,却长着一颗背叛这种天才的心。有人说这是他的宿命,命运使他激烈地反对自己,阻止他实施任何伟大的计划。这所谓的命运,其实是他自己。他不幸的关键,他一生的悲剧之所在——人们往往很少看到或最不敢看到的——是缺乏意志力和坚定的性格。

他在艺术上、政治上,在一切行动和思想上都优柔寡断。如果有两件作品、两个打算、两种决定,他便无所适从。尤里乌斯二世的纪念碑、圣洛伦佐宫的正门、梅迪契家族陵园等的修建足可证明。他开始,开始,总到不了头,既想又不想。刚做出选择又开始怀疑。直到生命结束,他什么也没有完成:他厌倦了一切。有人说,他的工作是别人强加给他的。有人说这种计划来回变的情况,应由他的东家负责。可是人们忘了,如果他拒绝,东家是毫无办法的。但他不敢。

他软弱,无论从哪方面说都是这样,既由于道德,也由于胆怯,亦因为过分认真。什么事他都要反复考虑,辗转不安,而换一个性格果断的人,这些考虑都可以抛开。他往往夸大自己的责任,自认为不能不干那些一般性的工作,①其实,这类事情换了任何一个工头,没准都比他干得更好。他不懂如何履行承诺,却又不肯放手让别人去做。②

他因谨慎和恐惧而变得软弱。尤里乌斯二世称他为“可怕的人”,瓦萨里③却说他是“谨慎的人”。他实在太谨慎了。这个“使所有人,

① 为了修缮圣洛伦佐宫的正门,他在塞拉维扎采石场待了若干年。——原注

② 一五一四年,他接受了订单,雕塑弥涅瓦的基督像,但到一五一八年尚未动手。他很抱歉地说:“我十分痛苦……我的行径无异于盗贼……”一五〇一年,他签约承建锡耶纳的彼科洛米尼教堂,讲明三年内交工。六年后,即一五六一年,他还在为未履行合同而苦恼。——原注

③ 乔治·瓦萨里(1511—1574),意大利著名画家和艺术史家,其著作《美术家传记》于一五五〇年出版,引起极大轰动。

甚至教皇害怕的人”[①]却害怕所有人。他在王公贵族面前很软弱。但却比任何人都看不起在王公贵族面前软弱的人,把他们称作“为王公贵族负重的驴”[②]。——他曾想躲开教皇,却始终没走,且十分驯服。[③]他容忍东家带侮辱性的信,回复时还低声下气。[④] 有时,他也反抗,说话态度强硬,但最后总是让步。一直到死,他都在自我挣扎,却无力抗争。克雷芒七世是所有教皇中待他最宽厚的一个,和一般的看法相反,他知道他的弱点,对他颇有怜悯之心。[⑤]

他在爱情方面完全丧失了尊严。他在费博·迪·波吉奥之类混蛋面前低三下四,将托马索·德尔·卡瓦列里那样一个可爱却平庸的人称作“伟大的天才”。

至少,爱情还使这些弱点颇为感人。而这些弱点来自恐惧时,那不过是可悲的痛苦表现——若不敢说是可耻的话。他会突然惊惶失措,由于恐惧在意大利到处乱窜。一四九四年,他被一种幻象吓得逃出了佛罗伦萨。一五二九年,佛罗伦萨被围,他受命承担城防重任,而他又逃跑了,一直逃到威尼斯,几乎想逃往法国。稍后,他觉得这种行为很可耻,决心弥补,便返回被围的佛罗伦萨,一直坚守到围城结束。佛罗伦萨沦陷以后,许多人被流放,他又吓得魂不附体!竟去巴结那个刚刚处死了他的朋友——高贵的巴蒂斯塔·戴拉·帕拉——的法官瓦洛里。他甚至和朋友划清界限,与佛罗伦萨的流亡者断绝联系。[⑥]

---

① 见塞巴斯蒂安诺·德尔·皮翁博给他的信(1520 年 10 月 27 日)。

② 与瓦萨里的谈话。

③ 一五三四年,他想躲开保罗三世,但最终还是被他用工作拴住。——原注

④ 一五一八年二月二日,红衣主教尤利乌斯·德·梅迪契(即未来的克雷芒七世)给他写了一封带侮辱性的信,怀疑他被人收买。米开朗琪罗回信说,他“一心只想讨他的欢心”。——原注

⑤ 参看佛罗伦萨被攻陷后,他和塞巴斯蒂安诺·德尔·皮翁博的来往信件。克雷芒七世关心他的健康和他的苦恼。一五三一年还发布敕书,替他辩护,为他说好话。——原注

⑥ 他侄儿给他发出警报:有人在佛罗伦萨告发他,说他和第二任佛罗伦萨大公科斯梅一世刚刚严令惩治的流亡者有来往。他回信说:“……到目前为止,我一(接下页)

他怕,同时对自己的惧怕感到羞愧。他鄙视自己,因厌恶自己而病倒。他想死。大家都以为他快死了①。

但他死不了,他体内有一种强烈的求生的力量,每天都周而复始,痛苦则日甚一日。如果能无所作为该多好!但是办不到。他不能不干事。他必须干事。他干了吗?干了,但却是被动地干。他像但丁笔下的罪人,被卷进激烈而矛盾的感情旋风之中。

他不得不受苦!

哦,哦,我真不幸!
在我过去的日子里,
没有一天属于我自己!②

他向上帝发出绝望的呼号:

啊,上帝!啊,上帝!啊,上帝!
谁能比我更了解我自己?③

他之所以渴望死,是因为他认为死可以结束这种使人发狂的奴隶

(接上页)直注意不与流亡者谈话,不与他们有任何来往。将来,我要更加注意……我不与任何人谈话,尤其是不与佛罗伦萨人谈话。如果有人在大街上和我打招呼,我只友善地点点头,然后赶快走过去。如果我知道谁是被流放的佛罗伦萨人,我根本就不还礼。"(见1548年给侄子利奥纳多的信,寄自罗马)更有甚者,他否认他生病的时候曾经得到斯特罗兹一家的照顾:"至于有人责怪我生病时曾得到斯特罗兹一家的照顾,但我不认为我是在他们家里,而是在与我有深交的路易吉·德尔·里奇奥的房间里。"(里奇奥为斯特罗兹家族工作)其实,毫无疑问,米开朗琪罗的确曾得到斯特罗兹的照应。他两年前曾送给罗伯托·斯特罗兹两座题为《奴隶》的雕像(现存巴黎卢浮宫博物馆),以感谢他的盛情接待。——原注

① 那是一五三一年,佛罗伦萨被攻陷之后,他重新归顺克雷芒七世并讨好瓦洛里。——原注

② 米开朗琪罗:《诗集》卷四十九,约写于一五三二年。

③ 米开朗琪罗:《诗集》卷六,约写于一五〇四至一五一一年间。

生活。他谈到已死的人时是多么羡慕啊！

> 您不必再担心生存状态和欲念的改变……
> 今后的日子不会再对您行使暴力，
> 需要和偶然不会再操纵您……
> 写到这里，我怎能不羡慕呢？①

死！不再活着！不再是自己。逃出天地万物的掌心！摆脱自己的幻觉！

> 啊！使我，使我不再回复为我自己吧！

*　*　*

卡皮托勒博物馆里，他不安的目光还注视着我们，从他痛苦的脸上，我似乎听见发出了这凄怆的呼声。②

他中等身材、宽肩、骨骼和肌肉发达。由于工作过于劳累，体形变了样。他走路时仰着头，后背凹陷，腹部前突。这便是荷兰画家弗朗索瓦给他画的肖像：他侧身站着，身着黑衣，肩披罗马式大氅；头缠布巾，巾上一顶宽宽的黑毡帽，压得很低。③ 他颅圆额方，眼睛上方的脑门布满皱纹，黑色的头发有点稀疏，蓬松而略带拳曲。眼睛很小，目光忧郁而锐利，颜色像牛角，经常在变化，时而泛黄，时而发蓝。鼻阔且直，中间隆起，曾被托里吉雅尼④一拳打破。从鼻孔到嘴角有很深的皱纹。嘴唇不厚，下唇略向前突。鬓毛很稀，牧神般的胡须不算浓密，长

---

① 米开朗琪罗：《诗集》卷五十八，一五三四年悼念他父亲去世的诗篇。

② 这种描写乃根据后世众多画家、艺术家所画米开朗琪罗的肖像。——原注

③ 一五六四年他的遗体从罗马运回佛罗伦萨，打开棺椁时看到的就是这个样子。他像是熟睡着，头上盖着他的毡帽，脚穿带马刺的长靴。——原注

④ 托里吉雅尼（1472—1528），佛罗伦萨派画家，雕刻家，一五一一年移居英国，成为英国文艺复兴的倡导者。

约四至五寸，环绕着颧骨突出、两腮凹陷的脸颊。

整个脸部笼罩着忧郁和游移不定的神情，这是诗人塔索时代典型的脸庞，显得疑虑重重。凄凉的目光不由得唤起人们的同情。

* * *

我们别和他斤斤计较了。就把他盼望了一生，而始终未能得到的爱给他吧。他经历过一个人所能遭受的最大苦难。他曾目睹祖国受奴役，整个意大利沦入蛮族之手达好几个世纪。他眼见自由泯灭，他所爱的人一个接一个地死去，眼见艺术的明灯一盏盏地熄灭。

在黑夜降临之际，他孤零零地留在最后。临死前，他回顾已往，甚至不能对自己说，已经做了该做的和能够做的一切来安慰自己。他似乎虚度了一生。他白白放弃了欢乐，白白为艺术这个偶像牺牲了自己。①

他活了九十岁，一辈子没休息过一天，没享受过一天真正的生活，艰苦的劳作竟实现不了一项伟大的计划。他认为最重要的作品没一件能够完成。命运嘲弄的结果，使这位雕塑家②只能完成一些他所不愿意画的绘画。曾经给他带来过希望、自豪和苦恼的伟大作品之中，有的在他生前已经被毁，如《比萨之战》的图稿、尤里乌斯二世的青铜雕像等，其他的可惜也都流产了，如尤里乌斯二世的陵墓、梅迪契家族的教堂等，留下的只是纸上谈兵的构思。

雕塑家格依贝尔蒂③在其《回忆录》里，讲述了安茹公爵手下一位德国金银匠的故事。此人“足可与希腊的古雕塑家媲美”，到了晚年，却目睹耗去他毕生精力的作品被毁掉。——他看到他的全部辛劳均

① “……热烈的幻想使我把艺术当作偶像和君王……”（《诗集》卷一四七，1555 年至 1556 年）——原注

② 他称自己为“雕塑家”而非“画家”。一五〇八年三月十日他写道：“今天，我，雕塑家米开朗琪罗开始西斯廷教堂的绘画。”一年之后，他写道：“那不是我的职业……我白白地浪费了光阴。”（1509 年 1 月 27 日）他这种想法始终未变。——原注

③ 洛伦佐·格依贝尔蒂（约 1378—1455），十五世纪前期佛罗伦萨著名的青铜雕刻家。

属徒劳,便跪下喊道:“主啊,你是天地的主宰,万物都是你的创造,别让我再误入歧途,除了你我再也不追随其他人了!可怜可怜我吧!”他随即将所有的一切都给了穷人,从此隐居山林,了其余生……

米开朗琪罗如同那位德国金银匠,到了晚年,痛苦地看到他的一生犹如虚度,他的努力全是徒劳,他的作品不是未曾完工,便是遭到毁坏,等于一事无成。

于是他隐退了。文艺复兴时代的骄傲,宇宙间自由且至高无上的灵魂,无比自豪地与他一起返璞归真,

> 遁入上帝的爱的怀抱,
> 他正在十字架上张开双臂欢迎我们。[①]

《欢乐颂》壮美的呼声没有喊出。直到最后一息,依然是“痛苦颂”和让人得到解脱的“死亡颂”。他整个地被击败了。

* * *

这就是世界的征服者之一。我们在享受他天才的作品时,如同享受我们祖先的丰功伟业一样:

> 再也想不起
> 流过多少鲜血。

我愿将这鲜血摊开在所有人眼前,我愿举起英雄们红色的战旗,让它在我们头上飘扬。

---

① 米开朗琪罗:《诗集》卷一四七。

上篇　搏斗

一　力

大卫用他的弹弓，
我用我的弓箭。
——米开朗琪罗[①]

一四七五年三月六日，他出生在加森汀省的卡普雷塞镇。崎岖不平的土地，“空气清纯”[②]，到处是岩石和山毛榉，远处耸立着亚平宁怪石嶙峋的山脊。离此不远便是弗朗索瓦·达西斯看见基督在阿尔维尼亚山上显圣的地方。

他父亲是卡普雷塞和丘乌西的最高行政官，是个性情暴躁、焦虑不安，“敬畏上帝”的人。米开朗琪罗六岁丧母[③]，留下他们兄弟五人：利奥纳多、米开朗琪罗、博纳罗托、乔凡·西莫内和吉斯蒙多。[④]

他幼时寄养在塞蒂雅诺一个石匠的妻子那里。后来，他打趣说，

---

① 卢浮宫《大卫》像旁边的诗句。

② 米开朗琪罗常说他的天才得自故乡“清纯的空气”。——原注

③ 母亲名弗朗切斯卡·迪·奈丽·迪·米尼亚斯托·德尔·塞拉。数年后，父亲续弦，继母名卢克蕾基亚·乌巴尔迪尼。

④ 利奥纳多生于一四七三年，博纳罗托生于一四七七年，乔凡·西莫内生于一四七九年，吉斯蒙多生于一四八一年。利奥纳多当了教士，故米开朗琪罗成为长子。——原注

皆因吃了这个乳母的奶,他才选择当雕塑家。家人将他送进学校,但他在学校里一心一意画画。“为此,父亲和叔伯们认为他没出息,经常狠狠地揍他,因为他们讨厌艺术家这个行业,觉得家里出了个艺术家是一种耻辱”。[1] 就这样,他从小便备尝人生的无情和精神的孤独。

他的执着战胜了父亲的顽固。十三岁就进当时佛罗伦萨最大也最正规的多梅尼科·吉兰达约[2]画室学艺。他最早的习作便获得极大成功。据说连他师傅也嫉妒他。[3] 一年之后,两人便分道扬镳了。

此时他已厌倦绘画,而心仪另一种更壮美的艺术。他转学到洛伦佐·德·梅迪契在圣·马可公园开办的雕塑学校[4]。这位王公赏识他,让他住到王宫里,和自己的孩子们同席。就这样,他一下子置身于意大利文艺复兴的心脏,为古代的珍藏品所环绕,沐浴于伟大的柏拉图派艺术家——如马西利奥·菲奇诺[5]、贝尼维耶尼[6]、安琪·波利齐亚诺[7]等——营造的博学多闻和诗情画意的氛围中。他醉心于他们的思想,呼吸着古代的气息,怀古之情也油然而生,他成为一位崇尚希腊文明的雕塑家。在“非常疼爱他”的波利齐亚诺指引下,他雕了《马人与拉庇泰人之战》这组雕像。[8]

---

① 据龚迪维记述。

② 吉兰达约(1449—1494),意大利文艺复兴前期佛罗伦萨的著名画家。

③ 一位如此伟大的艺术家会产生这样的嫉妒心,实在令人难以置信。我无论如何不相信那是米开朗琪罗匆匆离开的原因。他直到晚年都对他的第一位老师怀着尊敬之情。——原注

④ 学校的校长是多那太罗(1386—1446,十五世纪前半期意大利最伟大的雕塑家)的学生贝托尔多。

⑤ 马西利奥·菲奇诺(1433—1499),意大利哲学家、神学家和语言学家,他对柏拉图及希腊书籍的翻译、注释促成了佛罗伦萨的文艺复兴,影响欧洲思想文化达两个世纪之久。

⑥ 贝尼维耶尼(1453—1542),意大利诗人,因将菲奇诺的精神恋爱理论演绎为诗歌而闻名。

⑦ 波利齐亚诺(1454—1494),意大利诗人,人文主义者。

⑧ 这件浮雕在佛罗伦萨博纳罗蒂府。《欢笑牧神的面具》也是这一时期之作,正是它使米开朗琪罗赢得了洛伦佐·德·梅迪契的友谊。《楼梯上的圣母》亦是同期博纳罗蒂府中的浮雕。——原注

这件英气勃勃的浮雕里,压倒一切的是无情的力与美,反映了作者的少年气盛以及与他那些粗野的伙伴们所玩的野蛮游戏。

他和洛伦佐·迪·克雷蒂、布吉阿迪尼、格拉纳契和托里吉雅诺·戴·托里吉雅尼一起到卡米内教堂临摹马萨乔①的壁画,对不如他手巧的同学极尽讥讽之能事。有一天,他攻击虚荣心重的托里吉雅尼,被对方一拳打在脸上。后来,他在班韦努托·切利尼②面前吹嘘:"我捏紧拳头,狠狠地打在他的鼻子上,只觉得他的骨头和松骨像蛋卷一样被打得粉碎。就这样,我给了他一个终生难忘的纪念。"③

* * *

异教思想未能扑灭米开朗琪罗心中基督教信仰的圣火。两个敌对的世界展开了对他灵魂的争夺。

一四九〇年,宣教士萨伏那洛拉开始就《启示录》作热情洋溢的宣讲。当时他三十七岁,米开朗琪罗十五岁。他看见这位矮小羸弱的宣道者,全身透着圣灵之气,在讲台上用可怕的声音猛烈抨击教皇,将上帝血淋淋的宝剑悬挂在意大利的上空,不禁吓得浑身冰凉。佛罗伦萨发抖了。人们在街上乱窜,发疯似的又哭又喊。最有钱的公民如鲁切莱、萨尔维亚蒂、阿尔比兹、斯特罗兹等,都要求加入他的教派。博学之士和哲学家如皮克·德·拉·米兰多勒、波利齐亚诺都抛开了自己的理性④。米开朗琪罗的兄长利奥纳多也加入了多明我会。⑤

米开朗琪罗同样没能逃脱这种惊恐情绪的感染。当法王查理八世逼近佛罗伦萨时,他吓坏了,因为这个丑陋的小魔头,曾被那位先

① 马萨乔(1401—1428),十五世纪初意大利著名画家,率先将人文主义引入艺术。

② 切利尼(1500—1571),意大利佛罗伦萨著名镂金匠和雕刻家。

③ 这是一四九一年前后的事。

④ 不久以后,一四九四年,他们相继去世。波利齐亚诺要求死后作为多明我派教徒葬在圣马克教堂(即萨伏那洛拉教堂),皮克·德·拉·米兰多勒死时穿上多明我教派的长袍。——原注

⑤ 此乃一四九一年之事。

知宣布为上帝之剑，居鲁士大帝[①]再世。有一个梦尤其使他惊惶不安。

他的朋友，诗人和音乐家加迪埃尔，某天夜里看见洛伦佐·德·梅迪契的阴魂[②]出现，衣衫褴褛，几近半裸，还戴着孝。鬼魂命他预先通知他的儿子皮埃罗，他将被逐出国土，永远难回故里。加迪埃尔把幻象告诉米开朗琪罗。后者劝他把这一切报告大公。但加迪埃尔惧怕皮埃罗，不敢这样做。另一天早上，他又来找米开朗琪罗，慌慌张张告诉他那鬼魂再次出现，穿着同样的衣衫。加迪埃尔躺着，一声不响地盯着他，那鬼魂扇了他一个耳光，责怪他没有听从命令。米开朗琪罗把加迪埃尔埋怨了一通，要他立即徒步赶往佛罗伦萨附近加莱吉的梅迪契庄园。半道上，加迪埃尔遇见了皮埃罗，拦住他报告了事情的始末。皮埃罗听后哈哈大笑，命侍从揍了他一顿。大公的总管比比埃纳对他说："你真傻。你以为洛伦佐最爱谁，他儿子还是你？如果洛伦佐要显灵，当然是向他儿子而不是向你显！"加迪埃尔挨了一顿责备和奚落，回到佛罗伦萨，将此行的失败告知米开朗琪罗，并使他相信佛罗伦萨即将大祸临头。米开朗琪罗闻言，两天后便逃走了。[③]

这是米开朗琪罗第一次因迷信而惊恐情绪大发作，类似的事情后来又发生过多次，尽管他为此感到羞愧，但却不能自已。

---

① 居鲁士大帝，公元前六世纪的波斯政治家和阿契美尼德王朝的开国君主，依靠外交手段和军事实力建立起一个规模空前的大帝国，不但美索不达米亚平原，包括叙利亚和巴勒斯坦地区，都成为他的领土。

② 洛伦佐·德·梅迪契于一四九二年四月八日去世。其子皮埃罗继承王位。米开朗琪罗离开宫廷，回到父亲家。不久皮埃罗又召他回宫，命他去购买浮雕玉石和凹雕的石料。于是他雕成巨大的大理石塑像《赫剌克勒斯》，最初放在斯特罗兹府，一五二九年被法国弗朗索瓦一世购藏在枫丹白露。但到十七世纪作品失踪了。这一时期，米开朗琪罗还雕成耶稣受难的木质十字架，为此他用尸体研究解剖学，用功太甚乃致大病一场(1494)。——原注

③ 据龚迪维的记述，米开朗琪罗是一四九四年十月逃跑的。一个月之后，皮埃罗·德·梅迪契大公也因人民起义而逃跑。佛罗伦萨建立起人民政府，得到了萨伏那洛拉的支持，他预言，佛罗伦萨将把共和国扩展到全世界。这个共和国只承认一个国王：耶稣基督。——原注

* * *

他一直逃到威尼斯。

一离开烽烟四起的佛罗伦萨,他惊恐的情绪便冷静了下来,他折回波伦亚,在那儿过了一个冬天,[①]把那位先知和他的预言忘得干干净净。美丽的世界再度使他心醉。他阅读彼特拉克、薄伽丘和但丁的作品。[②] 一四九五年春天,他重返佛罗伦萨,其时正值宗教节日嘉年华会,各党派斗争十分激烈。但他对周围那些你死我活的激情已经不感兴趣,而且为了挑战萨伏那洛拉派的狂热,他雕塑了著名的《熟睡的丘比特》,被时人评为颇具古风。他在佛罗伦萨住了几个月,旋即赴罗马,直到萨伏那洛拉去世,他一直是艺术家中最具异教色彩的一个。萨伏那洛拉下令焚烧散布"虚荣和邪说"的书籍、装饰品、艺术品的那一年,他雕塑了《醉酒的巴克科斯》《垂死的阿多尼斯》和巨型的《丘比特》。[③] 他的哥哥,教士利奥纳多,因相信预言而被追究。萨伏那洛拉四面楚歌。米开朗琪罗没有返回佛罗伦萨去捍卫他,萨伏那洛拉被焚而死[④],米开朗琪罗不置一词。在他的书信中找不到这个事件的任何痕迹。

米开朗琪罗一声不响,但他雕制了《耶稣之死》。

死去的基督躺在永远年轻的圣母膝上,似乎睡熟了。清纯的女神

---

① 他住在大贵族乔凡尼·弗朗切斯科·阿尔多弗兰迪家里,他和波伦亚的警察局有麻烦时,乔凡尼便给予援手。这时,他雕了几座宗教题材的塑像——圣彼德罗尼奥,以及为圣多明我的圣体龛制作的天使塑像,但毫无宗教色彩,仍是傲气十足的力的表现。——原注

② 彼特拉克(1304—1374),意大利诗人;薄伽丘(1313—1375),意大利短篇小说家,《十日谈》的作者;但丁(1265—1321),意大利诗人,《神曲》的作者。三位作家均系意大利文艺复兴运动的先驱。

③ 一四九六年六月,米开朗琪罗到达罗马。《醉酒的巴克科斯》《垂死的阿多尼斯》(巴勒莫博物馆)和《丘比特》(南肯辛顿)均为一四九七年之作。全都以古希腊罗马神话为题材。这一时期,他似乎还在蒙托里奥为圣彼得教堂画了《圣弗朗索瓦五伤图》的图稿。——原注

④ 此乃一四九八年五月二十五日。

和髑髅地[1]的神灵，线条中透着希腊古典艺术的朴实无华，却又渗入了一种难以言状的哀愁，浸润着这些美丽的躯体。此时忧伤已完全控制米开朗琪罗的灵魂。

* * *

让他变得忧心忡忡的，还不只是当时那种充满忧患和罪恶的景象。一股专横的力量进入他内心，而且再也不放松。天才的狂热控制了他，到死也没让他喘一口气。他对胜利并不抱幻想，却发誓要赢得胜利，既是为自己的荣誉，也是为家族的荣誉。整个家庭重担压在他一人肩上。他们缠着他要钱，他没那么多钱，但傲气使他从不拒绝他们，他宁肯把自己卖掉，也要把他们索要的款项给他们。他的健康已经受到损害，营养不良，居处阴冷潮湿，工作过度劳累，他的身体开始垮下来。头疼、肋胀，父亲责备他的生活方式[2]，他却认为这不能怪他。

"我所受的罪，都是为你们受的。"[3]后来米开朗琪罗写信对父亲说。

"……所有我操心的事，都是由于爱你们才有的。"[4]

* * *

一五〇一年春，他回到佛罗伦萨。

四十年前，佛罗伦萨大教堂管理机构曾委托阿格斯蒂诺·迪·杜乔雕制一座先知像，作品刚刚画出草图就停下来了。这样一块巨型大理石，没有人敢接手，此时便交给了米开朗琪罗，[5]硕大的《大卫像》由

① 髑髅地，耶稣受难之地。

② 一五〇〇年二月十九日父亲给他的信。

③ 一五〇九年春给父亲的信。

④ 一五二一年给父亲的信。

⑤ 一五〇一年八月，他曾和红衣主教弗朗切斯科·彼柯洛米尼签订合同，承做锡耶纳大教堂彼柯洛米尼祭坛的装饰雕刻，但一直没有动工，他一生都为此事深感内疚。——原注

此诞生。

据说，决定将任务交给米开朗琪罗的旗官[①]皮尔·索德里尼去看雕像时，为了表现自己有品味，曾对雕像提出若干批评，他说鼻子显得有些笨拙。米开朗琪罗于是拿了一把凿子和一点石粉爬上脚手架，用凿子轻轻晃动几下，慢慢撒下一些石粉，根本没碰那只鼻子，仍让它保持原样。然后转身问旗官：

"请看看现在如何。"

"现在嘛，"索德里尼说，"我觉得好多了，您让它显得活了。"

"米开朗琪罗走下脚手架，心中暗暗好笑。"[②]

在这件作品里，似乎可以看出默默的轻蔑。这是休憩状态下的一种骚动的力，饱含着鄙视与悲哀。这种力在美术馆的围墙之内感到窒息，它需要户外的空气，恰如米开朗琪罗所说，"需要直接照射的阳光"。[③]

一五〇四年一月二十五日，有菲利比诺·利比[④]、波提切利、佩鲁吉诺[⑤]和达·芬奇参加的艺术家委员会，认真讨论了安放《大卫》像的位置，依照米开朗琪罗的请求，决定将它立在市政议会大厦前。[⑥] 这座巨像的搬迁工作，交由教堂建筑师们去完成。五月十四日晚，人们拆除了大门上方的墙壁，将这个庞然大物从板棚中移出。夜间，当地民众向石像投掷石块，想把它击碎，有关方面不得不严加防范。塑像慢慢移动，吊得笔直，以免摆动时碰到泥土。从多莫广场搬到故宫，整整花了四天。五月十八日正午，终于到达指定的地方。夜间的防护工作

---

① 旗官，中世纪佛罗伦萨共和国首脑的称号。

② 据瓦萨里记述。

③ 一位雕塑家想要重新安排工作室的光线，以便作品显得更完美。米开朗琪罗说："何必如此费事，最重要的，是直接受阳光照射。"——原注

④ 菲利比诺·利比（1457—1504），佛罗伦萨画家。

⑤ 佩鲁吉诺（1450—1523），意大利文艺复兴时期画家，拉斐尔之师。

⑥ 到一八七三年为止，《大卫》像一直留在米开朗琪罗指定的位置，后来人们把它迁移到美术研究院一个为它特建的圆亭中，因为风雨的侵蚀已经令人十分担忧了。佛罗伦萨艺术家协会当时还建议制作一个白色大理石摹本安置在原来的地方。

不敢有丝毫懈怠，尽管如此，一天晚上它仍然被石块击中。①

这就是佛罗伦萨人，人们不时引以为典范的佛罗伦萨人。②

* * *

一五〇四年，佛罗伦萨市议会使米开朗琪罗和莱奥纳多·达·芬奇成为死对头。

这两人原本不相投。同样的孤独本应使他们相互接近，他们彼此间却感到比其他人距离更远。两人中更孤独的是达·芬奇，他那时五十二岁，长米开朗琪罗二十岁。从三十岁起，他就离开了佛罗伦萨，这个城市极端的狂热让他难以忍受，他的天性柔和细腻，略有点腼腆，他那平和而又带有怀疑色彩的智慧，能接受一切，理解一切，实难与佛罗伦萨的偏激相契合。这位伟大的艺术爱好者，绝对自由且绝对孤独的人，对他的故国、宗教乃至全世界都很淡漠，只是在像他一样有自由思想的君主身边，他才感到自在。一四九九年，他的保护人卢多维克·勒·莫雷倒台，他被迫离开米兰。一五〇二年，他投身凯撒·波基亚门下效力。一五〇三年，这位亲王的政治生涯宣告结束，他不得不回到佛罗伦萨。在这儿，他讥讽的微笑迎面遇上米开朗琪罗的阴沉和狂热，大大激怒了后者。米开朗琪罗沉溺于他的激情和信仰之中，痛恨与之敌对的人，尤其痛恨那些毫无激情且无任何信仰的人。莱奥纳多·达·芬奇愈是伟大，米开朗琪罗对他就愈反感，而且绝不放过表示其反感的机会。

莱奥纳多长相俊美，举止温文尔雅。一天，他和一个朋友在佛罗伦萨街上闲逛，他身穿一件长达膝盖的玫瑰色上衣，修剪得

① 见皮耶特罗·迪·马尔可·帕朗蒂的《佛罗伦萨史》。

② 大卫圣洁的裸体大大触犯了佛罗伦萨人的羞耻心，阿雷蒂诺还因《最后的审判》指责米开朗琪罗下流。一五四五年他写信给米开朗琪罗："学学佛罗伦萨人的端庄吧，把他们身上可羞的部分用金叶遮起来。"——原注

> 极为美观的鬈曲长须在胸前飘动。在圣三一教堂附近,几个市民正聊天,他们讨论着但丁的一段诗。他们唤住莱奥纳多,请他为他们阐明这段诗的含义。正巧此时米开朗琪罗从这里路过,莱奥纳多便说,"米开朗琪罗会给你们解释这些诗句的。"米开朗琪罗以为这是有意嘲笑他,尖刻地答道:"你自己去解释吧,你这做了铜马的模子却铸不成铜马的人[①],居然不知羞耻,在半路上停下。"说完,他转身走了。莱奥纳多站在那儿,脸红了。米开朗琪罗意欲未尽,还想进一步伤害他,嚷道:"那些米兰阉鸡居然相信你做得了这样的活计!"[②]

就是这样两个人,旗官索德里尼居然安排他们共同做一件工作:市政议会大厅的装饰画。这是文艺复兴两支最强大的力量之间的奇特较量。一五〇四年五月,莱奥纳多着手他的《安吉亚里战役》[③]画稿。一五〇四年八月,米开朗琪罗接到了《卡西纳之役》(又名《比萨之役》)的定单。佛罗伦萨为这两个对手分成了两派。——但时间把一切都扯平了,两件作品都已消失。[④]

* * *

一五〇五年三月,米开朗琪罗被教皇尤利乌斯二世召到罗马,从

---

① 指达·芬奇未能完成弗朗切斯科·斯伏尔扎的雕像。——原注

② 根据当时人们的记述。

③ 安吉亚里战役中,佛罗伦萨人打败了米兰人,这个画题显然是想让莱奥纳多难堪,因他在米兰有许多朋友和保护人。

④ 米开朗琪罗的画稿于一五〇五年画成壁画,在一五一二年梅迪契卷土重来引起的动乱中被毁。这件作品只能从零星的摹本中窥见一斑,其中最著名的是马可—安东尼的浮雕。至于莱奥纳多的那一幅,却是他自己毁掉的。他想要完善壁画的技巧,试用了一种油料,结果不能持久,一五〇六年他终因灰心而放弃了这件作品,至一五五〇年,作品已不复存在。在这个时期(1501—1505),米开朗琪罗的作品还有《圣母》和《圣子》两座浮雕,现存伦敦皇家美术院和佛罗伦萨巴尔杰洛博物馆;《布鲁日的圣母》,一五〇六年被弗朗德勒商人买去;现存乌菲齐的大型胶画《圣家庭》,是米开朗琪罗精心绘制的最美的作品。他那清教徒式的严肃,英雄的格调,与莱奥纳多式艺术的柔弱倦怠形成鲜明的对比。——原注

此开始了他生活中的英雄岁月。

这两位都是气魄宏大且急躁的人，只要不发生激烈的冲突，教皇和艺术家还是很相投的。他们的头脑中涌动着宏伟的计划，尤利乌斯二世要他建造一座与古罗马城相称的陵墓。米开朗琪罗为这个气势磅礴的设想而热血沸腾。他胸怀巴比伦式的计划，想造出一座山一般的建筑，上面要安放四十多座硕大无朋的雕像。教皇兴奋非凡，把他派往卡拉雷采石场，去开采所有必须的石料。米开朗琪罗在山中待了八个月，完全为一种超人的狂热所控制。“一天他骑马游逛，看见一座俯临海岸的山头，雕塑家突发奇想，要将它整个雕成一座巨像，让海上的航行者从远处也能望见……如果他有时间，如果人们允许，他定会这样做的。”①

一五〇五年十二月，他回到了罗马，他所选的石料也开始从海路运抵，堆放在米开朗琪罗居住的桑塔-卡捷琳娜后面的圣彼得广场上。“石块堆得那么高，惊呆了所有的人，教皇为之狂喜。”米开朗琪罗开始工作，性急的教皇不断来看望他，“和他聊天，像兄弟般亲热”。为了便于来往，他命人在梵蒂冈的走廊和米开朗琪罗的住所之间搭了一座吊桥，作为他的秘密通道。

但这样的优遇并不持久，尤利乌斯二世的性格和米开朗琪罗一样不稳定。他热衷于这样那样的计划。另一个计划在他看来更能让他的荣名永垂不朽：他要重建圣彼得大教堂。这是受了米开朗琪罗的对手们的怂恿。他们人数众多，实力雄厚，为首者是一个才能与米开朗琪罗不相上下，而意志更坚强的人：乌尔比诺的布拉曼特②，教皇的建筑师和拉斐尔的朋友。在两个极其理智的翁布里亚③伟人和佛罗伦萨那位带有野性的天才之间，是不可能产生好感的。但他们之所以决心

① 据龚迪维记述。
② 布拉曼特(1444—1514)，意大利文艺复兴时期卓有成就的建筑师和画家。
③ 意大利一地区。

打倒他，[1]无疑是由于他曾向他们挑战。米开朗琪罗曾不谨慎地批评布拉曼特，也许有理也许无理地控告他在工程中舞弊。[2] 布拉曼特当即决定要除掉他。

他使米开朗琪罗在教皇那里失宠。他利用尤利乌斯二世的迷信，提起人们普遍认为，生前建造陵墓是不吉利的。他居然成功地使他搁下了其对手的计划，而用自己的计划取而代之。一五〇六年一月，尤利乌斯二世决定修建圣彼得大教堂，陵墓的修建搁置了下来，米开朗琪罗不仅受到羞辱，还为作品上的花费欠下不少债。[3] 他辛酸地诉苦了。教皇却不再接见他，他再次求见时，尤利乌斯二世让他的马弁把他赶出了梵蒂冈宫。目击这幕场景的卢奎斯主教对马弁说：

"你难道不认识他么？"

马弁对米开朗琪罗说：

"请原谅，先生，我只是奉命行事。"

米开朗琪罗回去后立即上书教皇：

"圣父，按教皇陛下的旨意，今晨我被逐出宫。现在我通知您，自今日起，如您对我有何差遣，可令人到罗马之外的任何地方找我。"

他把信发了，唤来一个住在他家的石材商和一个石匠，对他们说：

"去找一个犹太人，把我家里的一切全卖给他，然后你们到佛罗伦

---

① 至少是布拉曼特有此决心。拉斐尔和布拉曼特交情太深了，不得不和他采取一致的行动，但没有任何证据表明拉斐尔个人有反对米开朗琪罗的行为。而后者却以确定无疑的口吻指责他："教皇尤利乌斯和我之间的争执，全是布拉曼特和拉斐尔的嫉妒造成的。他们想要整垮我。拉斐尔这样做的确有他的理由，因为他在艺术上的那点东西，都是从我这儿学去的。"（1542 年 10 月米开朗琪罗给某人的信）——原注

② 龚迪维出于对米开朗琪罗盲目的友谊，也猜疑地说："驱使布拉曼特去损害米开朗琪罗的，一是嫉妒，二是害怕米开朗琪罗对他的判断。因米开朗琪罗知道他的过失。"——原注

③ "教皇改变了主意，而船只仍继续从卡拉雷运来石块，我不得不自己付钱。与此同时，我从佛罗伦萨雇来的石工也到达了罗马，我安排他们在我的住所住下，为他们准备必要的用具，我的钱花完了，处于极大的窘境中……"（1542 年 10 月的信）——原注

萨来。”

接着，他骑马出发[1]。教皇收到信，派出五名骑手去追他，晚上十一时许终于在波吉彭西追上了，交给他一纸命令：“接到此令，立即返回罗马，否则严惩不贷。”米开朗琪罗回答，他可以回来，只要教皇遵守诺言，否则，尤利乌斯二世永远不必希望再看到他。[2]

他寄给教皇一首十四行诗：

大人，如果俗谚说得不错，
那正是所谓非不能也，是不欲也。
你听信了谗言和无稽之谈，
还酬谢说假话的人。
至于我，我过去是，现在也是你忠实的老仆，
我依附你犹如光依附太阳；
我所浪费的时间不曾让你痛惜，
我愈辛苦，你愈不爱我。
我曾希望靠你的伟大而伟大，
曾希望你公正的天平和强有力的利剑
成为我唯一的仲裁者，而不是谎言的回声。
然而上天把德行投放人世后，
却又嘲弄它们，
似乎德行应该在一棵干枯的树[3]上等待果实。

遭受尤利乌斯二世的侮辱还不是他决定逃离的唯一原因。在给朱利阿诺·达·圣·伽洛[4]的一封信中，他透露了布拉曼特想派人暗

① 一五〇六年四月十七日。
② 以上叙述均引自一五四二年十月的一封信。
③ 干枯的树喻指尤利乌斯家族族徽上的图案。——原注
④ 朱利阿诺·达·圣·伽洛（1445？—1516），意大利文艺复兴时期的建筑师，雕刻家和军事工程师。

杀他的信息。[1]

米开朗琪罗走了，布拉曼特成为唯一的大师。他的敌手逃离的第二天，他举行了圣彼得大教堂的奠基仪式[2]。无可缓解的仇恨使他对米开朗琪罗的作品穷追猛打，其举措是要永远摧毁他的事业。他让人将堆放在圣彼得广场的工地上、为尤利乌斯陵墓准备的石料抢劫一空。

此时，教皇正因雕塑家的反抗大为震怒，接连向佛罗伦萨市政议会发出敕令，米开朗琪罗此时正躲在佛罗伦萨，市议会把他召来，说："你居然跟教皇捣乱，连法兰西国王也不敢这么干。我们可不愿意为了你和教皇发生争端。因此你得回罗马，我们会给你带去有相当分量的函件，说明对待你的一切不公正，无异于对佛罗伦萨市政议会不公正。"

米开朗琪罗很固执。他提出条件，要求尤利乌斯二世让他继续建造陵墓，且不在罗马而在佛罗伦萨工作。到尤利乌斯二世出征佩鲁斯和波伦亚时，他的警告愈来愈严厉了，米开朗琪罗想溜往土耳其，那里的苏丹曾托方济各派教士请他去君士坦丁堡[3]，为佩拉河修建一座桥。[4]

终于，他让步了。一五〇六年十一月末，他心里别别扭扭地去了波伦亚，尤利乌斯二世刚刚攻陷了该城，正作为征服者入驻。

一天上午，米开朗琪罗去圣彼得罗尼奥教堂望弥撒，教皇的马弁瞥见并认出了他，把他带到正在赛泽宫用膳的尤利乌斯二世

① "这并不是使我动身的唯一原因，还有别的事，我想还是不说的好。只需告诉你，此事让我想到，如果我留在罗马，这个城市将成为我的坟墓，而不是教皇的坟墓了。这就是我突然离开的主要原因。"——原注

② 一五〇六年四月十八日。

③ 即今伊斯坦布尔。

④ 据龚迪维记载，一五〇四年米开朗琪罗曾有去土耳其的念头；一五一九年，他与安德里亚堡的领主老爷有来往，后者邀请他去为他作画。——原注

> 面前。教皇怒气冲冲地对他说:"本当是你到罗马来晋谒我们,你倒等着我们来波伦亚找你!"米开朗琪罗跪倒在地,高声请求宽恕,说他的行为并非出于恶意,而是因为忍受不了被逐,一怒之下才出走的。教皇端坐在那里,垂着头,满脸怒气,索德里尼派来为米开朗琪罗说情的一位主教想居间调停,说道:"望教皇陛下不要把他干的蠢事放在心上,他因愚蠢而犯错误。除了他们的艺术,所有艺术家都这样。"教皇雷霆大发,吼道:"你竟对他说连我们都不曾对他说的粗鲁话,愚蠢的是你……滚!你给我见鬼去!"他待在那儿不走,教皇的侍从便一顿老拳撵走了他。教皇把气撒在主教身上以后,令米开朗琪罗走到他跟前,宽恕了他。①

不幸的是,为了与尤利乌斯二世和睦相处,必须听从他任意摆布。他那具有绝对权威的意志又转了向,他不再提陵墓,而要在波伦亚为自己铸造一座巨型铜像。米开朗琪罗一再申明他不懂铸铜的事,可是没用。他只好从头学起,这又是一段顽强拼搏的生活。他住在一间很糟糕的屋子,总共只有一张床,他和两个佛罗伦萨助手——拉波和洛多维科,还有铸铜匠贝纳尔迪诺,四个人睡在一起。十五个月在数不尽的烦恼中度过,拉波和洛多维科偷盗他,他和他们闹翻了。

"拉波这无赖,"他写信告诉父亲,"到处说整个作品都是他和洛多维科做的,至少是与我合作的。他那颗脑袋怎么也不明白他并非这儿的主人,直到我把他撵出门,他才头一次发现他是我雇来的。我把他像畜生一样赶走了。"②

拉波和洛多维科大声抱怨,他们在佛罗伦萨散布谣言,攻击米开朗琪罗,借口米开朗琪罗食言,跑到他父亲那儿勒索钱财。

接着,铸铜匠暴露出自己是个无用的家伙。

---

① 龚迪维的记述。

② 一五〇七年二月八日给父亲的信。

“我原本以为贝纳尔迪诺师傅会铸铜,甚至没有火都行,我真是太信任他了。”

一五〇七年六月,浇铸失败,铜像只铸到腰部。一切得从头开始。直到一五〇八年二月,米开朗琪罗还在忙这件事。他的健康几乎毁在这上面了。

“我几乎没时间吃饭,”他写信向弟弟诉说,“我在极不舒服,极艰难的环境中生活;除了夜以继日地工作,我什么也不想;我已受过那么多磨难,而今还得这样忍受下去,我觉得,如果再让我做一座这样的雕像,我这条命都不够用了:简直是一桩巨人的工作。”①

这样辛苦的劳作,结局却是可悲的。尤利乌斯二世的铜像于一五〇八年二月落成,可惜在圣彼得罗尼奥教堂的正门前仅仅立了四年。一五一一年十二月,铜像毁于尤利乌斯二世的敌人班蒂沃利党人之手,其碎片被阿尔封斯·德·埃斯特买去,铸成了大炮。

* * *

米开朗琪罗回到罗马。尤利乌斯二世命他承担另一项同样意想不到,却更加艰巨的任务。教皇命令这位根本不懂壁画技术的画家,去画西斯廷教堂的穹顶。人们会说他这是在发布不可能执行的命令,而米开朗琪罗居然执行了。

好像又是那个布拉曼特,看见米开朗琪罗回来重新得宠了,便想出这一招来刁难他,好让他荣誉扫地。② 正是一五〇八年,米开朗琪罗的对手拉斐尔开始了梵蒂冈宫大厅的那组壁画,获得无与伦比的成功。③ 这一来,米开朗琪罗面临的考验就更加严重了。他竭力推辞这

---

① 一五〇七年九月二十九日及十一月十日给弟弟的信。

② 这至少是龚迪维的看法,但在米开朗琪罗逃往波伦亚之前,要他画西斯廷壁画的问题已经提出来了,那时布拉曼特对这个计划并不感到高兴,因为他正设法逼他离开罗马。(1506 年 5 月皮耶特罗·罗赛里给米开朗琪罗的信)——原注

③ 一五〇八年四至九月,拉斐尔完成了签字厅著名的组画《雅典学派》和《圣礼的辩论》。——原注

份可怕的光荣任务，甚至建议由拉斐尔取代他，他说这不属于他的艺术，肯定是做不好的。然而教皇十分固执，他只好让步。

布拉曼特在西斯廷教堂为米开朗琪罗造了一个脚手架，还从佛罗伦萨召来几个有作壁画经验的画家给他帮忙。但前文已提到米开朗琪罗不能有任何助手，他先是说布拉曼特造的脚手架根本不能用，自己另外造了一个；至于从佛罗伦萨来的那些画家，他打心眼里讨厌他们，不作任何解释就把他们赶出门外。“一天早晨，他让人把他们画的东西一概毁掉；他把自己关在教堂里，不愿再开门让他们进来，甚至在家里也不让人见到他。看来这场玩笑持续时间够长的了，那些画家深感受辱，决定回佛罗伦萨去。”①

米开朗琪罗独自留下，只有几个工人和他在一起。② 巨大的困难丝毫没有拦住他的大胆，他扩大了规模，决意在原定的穹顶之外，还要画周围的墙壁。

一五〇八年五月十日，宏伟的工程开始了。幽暗的岁月，他一生中最黯淡也最崇高的年代！这是西斯廷的英雄，传奇式的米开朗琪罗，他伟大的形象应当永远铭刻在人类的记忆中。

他在烦恼中受尽折磨。那时的信件表明，一种激愤的绝望情绪，并不能从他那些神奇的构思中获得满足：

“我的精神极度沮丧，整整一年我没从教皇那儿拿到一文钱。我什么也没向他要，因为我的工作还没进展到一定的程度，似乎还不够资格索取报酬。工作中困难重重，皆因这并非我的本行，因此我白白浪费了许多时间而未见成效。上帝佑我！”③

他刚画完《洪水》，作品就开始发霉，人物的面貌都辨别不清了。他拒绝接着画下去。但教皇不听任何辩解，他只得继续投入

---

① 据瓦萨里的记述。

② 一五一〇年给父亲的信中，他曾哀叹一个助手什么也干不了，“只等着别人伺候……我当然管不了这么多！”——原注

③ 一五〇九年一月二十七日给父亲的信。

工作。

在疲劳与焦虑之外，还有家人那些可恶的纠缠。他们全家都靠他养活，滥用他的钱，拼命压榨他。他父亲不断为钱的事情唉声叹气、焦虑不安。在他自己早已不堪重负的情况下，还不得不花许多时间为老父排忧解难。

> 您别着急，这不是什么性命攸关的事……只要我有，就不会让您短少什么……即令您所有的一切都让人夺走了，只要我活着，您就什么也不会缺……我宁愿一贫如洗而您好好活着，也不愿拥有世上所有的财富而您不在人世……如果您不能像别人那样获得尘世的荣誉，尽可满足于有自己的一份面包，善良而贫穷地和基督生活在一起，如同我在此地这样。我是个可怜人，但我既不为生活也不为荣誉焦虑，而是为了世界。我在极度的艰难困苦和无穷的猜忌中度日。十五年来，我不曾有一天好日子，我竭尽全力支持您，而您从未意识到，也从不相信。上帝宽恕我们所有的人！将来，我准备在我的有生之年，永远这样行事，只要我做得到！[1]

他的三个弟弟都盘剥他。他们指望着他的钱，指望一个好地位，毫无顾忌地挥霍他在佛罗伦萨攒下的那点小资产。他们还跑到罗马来投靠他，博纳罗托和乔凡·西莫内要他替他们盘下一家商店，吉斯蒙多则要求买佛罗伦萨附近的地产。他们根本不管他是否愿意，仿佛这都是欠他们的。米开朗琪罗知道他们在盘剥他，但他太骄傲了，不愿阻止他们。而这些家伙还不肯就此罢休，他们行为不端，趁米开朗琪罗不在的时候虐待父亲。于是米开朗琪罗大发雷霆，把弟弟们当顽

① 一五〇九年至一五一二年给父亲的信。

童一般敲打,必要时,甚至要杀了他们。[1]

乔凡·西莫内:

常言道,对善者行善使其更善,对恶人行善会使其更恶。多少年来,我对你一直好言相劝,善行相助,只望把你引回正道,与父亲及我们大家和睦相处,而你却越变越坏……我可以对你苦口婆心,但这只会成为废话。简单说吧,你得清醒地知道,你在世上一无所有,是我出于对上帝的爱来维持你的生活,因为我相信你和旁人一样是我的兄弟。可是现在,我肯定你不是我的兄弟,因为,如果你是,就不会威胁我的父亲。你毋宁是一头畜生,我将像对待畜生般对待你。要知道,一个人眼见父亲受到威胁和虐待时,应当不惜为他冒生命危险……够了!……我告诉你,世上没有任何东西属于你,只要我再听说哪怕一点点小事,我会教你如何挥霍你的财产,我要把不是你挣来的房屋、产业一把火烧掉。你并不是你自认为的那个人。如果我来到你跟前,我会给你看一些能使你热泪滚滚的东西,让你明白你凭什么敢这样飞扬跋扈……如果你愿改过自新,尊重和敬爱你的父亲,我仍会如帮助别的兄弟一样帮助你,不久后,还可为你盘下一家好店铺。但你若不这样做,我会回来好好收拾你,让你明白自己是个什么东西,让你确切地知道自己在世上究竟拥有什么……不多说了!没说到的地方,我会用行动来补足。

米开朗琪罗　于罗马

① 乔凡·西莫内对父亲施暴后,米开朗琪罗写信给父亲:"读了您最近的信,我知道了事情怎样发生及乔凡·西莫内的所作所为。十年来,我还不曾得到过这样坏的消息……如果我能够,收到信的当天我就会骑马回来,把一切都整治好。既然不能这样做,我就写信给他,如果他还不改变性情,如果他哪怕只拿走家里的一根牙签,或做了任何使您不高兴的事,请您务必告诉我,我将向教皇请假,立刻回家。"(1509年春)——原注

又及：十二年来，我在意大利各地过着凄惨的生活，我忍受着种种羞辱，经受着种种磨难，因劳累而毁坏了健康，无数次拿生命去冒险，为的只是帮助我的家庭。现在我刚刚使家业略有起色，你就想把我多年来千辛万苦建立起来的事业毁于一旦！……哼！这不算什么！如有必要，我可以把你这样的人碎尸万段。因此，你得放明白点，不要把具有与你完全不同的激情的人，逼到无路可走！①

随后，轮到吉斯蒙多：

我在这里过的是极度苦闷、极度劳累的生活。没有任何朋友，我也不想有……很少有时间让我停停当当用餐。别再对我说烦心的事了，我已经不能再承受分毫烦恼了。(1509 年 10 月 17 日)

最后，是第三个兄弟，博纳罗托，斯特罗兹商店的店员，没完没了地肆意挥霍从米开朗琪罗那里弄来的钱，还以花得比收到的更多自诩。米开朗琪罗写信对他说：

我很想知道，你这个什么也不会干的人，你的钱是从哪儿来的；我很想知道，你从新圣马利亚银行支取我的二百二十八杜加金币，以及我寄回家的另外好几百金币时，是否意识了到我为养育你们操了多少心，受了多少苦。我很想知道你是否意识了到这一切！如果你有足够的聪明承认事实，就不会说“我花掉了自己那么多钱”，也不会跑到这儿来和我纠缠，拿你那些事来烦扰我，

① 一五〇八年七月或一五〇九年春。

> 而把我过去为你们做的一切忘得干干净净。你本可以说:“米开朗琪罗知道他对我们说过什么,如果他现在还没做,肯定是被什么我们不知道的事情耽搁了。耐心等等吧!”当一匹马正在尽全力奔跑时,还用马刺去激它是不好的,不能要求它跑得比它所能达到的速度还要快。可是你们过去不了解我,现在也不了解我。愿上帝宽宥你们!是他赐我恩宠,使我得以帮助你们。但只有到我不在人世时,你们才能认识到这一点。①

就是这样一个薄情寡义、充满嫉妒的环境,一边是毫无见识、只知盘剥他的家庭,一边是不断窥伺他、期待着他失败的顽强的敌手,米开朗琪罗只能在其间挣扎苦斗。在这段时期,他完成了西斯廷的英雄作品。可是他付出了何等绝望的努力!他几乎要放弃一切再次逃跑。他相信自己快要死了。② 也许这正是他的愿望。

教皇因他的迟缓和固执地不让他看作品而发怒,这两个人高傲的性格,像两团挟带着暴风雨的乌云,不时会发生冲突。“一天,”龚迪维述说,“尤利乌斯二世问他何时能画完,米开朗琪罗按他的习惯回答:‘当我能够的时候。’教皇怒不可遏,用手中的权杖打他,连连重复:‘当我能够的时候!当我能够的时候!’米开朗琪罗跑回家,打点行装准备离开罗马。尤利乌斯二世赶紧派人去见他,带给他五百杜加金币,尽其所能地抚慰他,并代表教皇道歉。米开朗琪罗接受了道歉。”

但是第二天,冲突再次重演。一天,教皇终于怒气冲冲对他说:“你是想要我命人把你从脚手架上扔下来吗?”米开朗琪罗只好让步,他让人撤去脚手架,展露出他的作品,这天恰是一五一二年的诸圣瞻礼节。

盛大而阴郁的节日,接待着亡灵节忧伤的幽灵,与这件骇人的作品的落成礼正好相配。作品充满掌握生杀予夺之权的神灵,神明如急

---

① 一五一三年七月三十日给博纳罗托的信。

② 一五一二年八月的信。

风暴雨般横扫一切,吞没了所有生的力量。

二 力的崩溃

高大的支柱。①

从这桩赫剌克勒斯式的作品中解脱出来时,米开朗琪罗既满载荣誉,又精疲力竭。经年累月仰面朝天地画西斯廷教堂的天顶画,“他的视力已经坏到极点,以致很久以后,他读一封信或看一件东西时,必须把它们放在头顶才能勉强看清楚。”②

他拿自己病态自嘲:

这宗苦刑把我变成了臃肿的怪物,
好似那些让水泡胀的伦巴第猫
……我的肚子几乎抵住下巴,胸部像鹰隼般肥厚,
我的胡子朝天,头倚着后背;
画笔上滴下的颜料,
给我的脸涂上了五颜六色的彩绘。
我的腰部缩进身体,全靠臀部维持平衡。
我偶尔也走路,却看不见自己的脚背。
我的皮肤在前身拉长而在后背缩短,
活像拉开的叙利亚弯弓。
我的智力也和身体一样古怪:
因为已折弯的芦苇很难耍弄……③

① 原文系意大利文。
② 据瓦萨里的记述。
③ 米开朗琪罗:《诗集》卷九,一五一〇年七月。

我们可别被这种幽默口吻所欺骗,米开朗琪罗因变得这般丑陋着实苦恼。像他这样的人,比任何人都醉心于形体美,丑陋简直是一种耻辱。[①] 在他的某些恋歌中,可以找到其自卑心理的痕迹。[②] 他终生为爱情备受折磨,似乎从未得到回报,因而他的痛苦格外深。于是他变得内向,只在诗歌中倾诉他的柔情和悲苦。

他从童年时代就开始写诗,写诗成为他欲罢不能的需要。他的素描、信件、散页上,涂满了他反复修改加工的思想。不幸的是,一五一八年他把青年时代大部分诗稿都焚毁了,还有一些在他死前也销毁了。但留存下来的少量诗歌,已足以展现他对诗歌的激情。[③]

最早的诗似乎是一五〇四年前后在佛罗伦萨写的[④]:

> 爱啊! 只要成功地抵挡住你的狂热,
> 我的生活便多么幸福!
> 唉! 而今我涕泪沾襟,
> 皆因感受到了你的力……[⑤]

写于一五〇四年和一五一一年的两首情诗,很可能是给同一位女子的,其中包含极为伤心的表白:

> 是谁硬把我带到你面前,

---

① 亨利·托德在他的《米开朗琪罗与文艺复兴的终结》第一卷中,准确地指出了米开朗琪罗这一性格特征。——原注

② "……既然上帝把人死后的肉体交付灵魂,让它们去享受安宁或永远受难,我祈求他把我的留在你身边,尽管它在天上和在人间一样丑陋,因为一颗爱心顶得上一张漂亮的脸。"……(《诗集》卷一〇九,第十二首)"上天似乎因我在你美丽的眼中如此丑陋而震怒。"(《诗集》卷一〇九,第九十三首)——原注

③ 米开朗琪罗的《诗集》于一六二三年首次付印,但错误很多。目前最优秀、最完整的版本,首推一八九七年卡尔·弗雷博士在柏林出版的《米开朗琪罗诗集》,本书引用的诗句,均以此版本为准。——原注

④ 在这张纸上画有战斗中的人和马。——原注

⑤ 米开朗琪罗:《诗集》卷二。

唉,唉,唉,
使我紧紧套上锁链?
而我还是自由的!①

我怎会不复属于我自己?
啊,上帝!啊,上帝!啊,上帝!
是谁把我和我自己分离?
……是谁占据我胜于我自己?
啊,上帝!啊,上帝!啊,上帝!……②

一五〇七年十二月从波伦亚发出的一封信的背面,写有一首充满青春气息的十四行诗,诗中故作风雅的肉欲表白,令人想起波提切利笔下的幻象:

鲜艳的花冠戴在她的金发上,它是多么幸运!
谁能第一个亲吻她,如同鲜花紧贴她的天庭!
下摆撒开的长袍终日紧裹她的胸脯,它真幸福!
金丝般的长发永不厌倦地轻抚她的脖颈和脸颊。
金丝织成的饰带更加走运,它温柔地轻压她的胸部,
似乎在说:"我愿永远搂紧她……"
啊!……那么我的手臂又当如何!③

在一首含自省意味的带隐私性质的长诗中——在此很难精确地引述,米开朗琪罗以格外露骨的词句描述了他的爱情苦恼:

① 米开朗琪罗:《诗集》卷五。
② 米开朗琪罗:《诗集》卷六。
③ 米开朗琪罗:《诗集》卷七。

我一日不见到你,便处处不得安宁。
若是见到你,我便仿佛久旱逢甘霖……
每当你向我微笑,或在街上向我致意,
我便如火药般燃起……
每当你和我说话,
我总是红着脸,一句话说不出,
我强烈的欲念顷刻间无影无踪……①

接着是痛苦的呻吟:

……啊! 无休止的痛苦,
撕裂着我的心,
想到我如此爱恋的人儿根本不爱我,
我怎能在人世苟活? ……②

在梅迪契圣堂的圣母像画稿的白边上,还写有这样几行:

当阳光普照大地,
唯我独在黑暗中受煎熬。
人皆欢乐,我却躺倒在地,
在痛苦中呻吟、哭泣。③

---

① 米开朗琪罗:《诗集》卷三十六。

② 米开朗琪罗:《诗集》卷十三。同时期的另一首著名情诗,由作曲家巴托洛梅奥·托罗姆彭奇诺于一五一八年前谱曲,诗中写道:没有您,我哪有活下去的勇气? /我心爱的人儿,如果我启程时没能求得您到场,/我可怜的心仍紧随着您,用呻吟、哭泣和叹息,/向您表明我的受难和死的临近。/但离别绝不会让我忘却作为奴仆的忠诚,/我让我的心和你在一起,这颗心已不再属于我自己。(《诗集》卷十一)——原注

③ 米开朗琪罗:《诗集》卷二十二。

在米开朗琪罗强有力的雕刻和绘画中,爱是缺席的;他只让人们看到他最具英雄气质的思想。他似乎羞于在作品中流露感情的软弱,而只在诗歌中倾诉。正是在这儿,应该探寻他粗犷外表下温柔而怯懦的内心秘密:

我爱,为何我来到人世?[①]

* * *

西斯廷工程大功告成,尤利乌斯二世也去世了[②]。米开朗琪罗返回佛罗伦萨,回到他念念不忘的计划——尤利乌斯二世的陵墓上。他签订了七年之内完工的合同[③]。三年之中,他几乎全力以赴从事这项工作[④]。在这段相对平静——伤感而宁静的成熟时期,西斯廷时期沸腾的热情平复了下来,犹如波涛汹涌的大海重归平静,米开朗琪罗制作出了他最完美的作品,其热情与意志达到最佳均衡状态的作品:《摩西》和现藏卢浮宫的《奴隶》。[⑤]

然而这只是短暂的平静,生命的狂澜几乎立即卷土重来,他再度陷入黑暗。

新任教皇利奥十世力图把米开朗琪罗从颂扬其前任的事业中拉出来,转而为自己那个家族树碑立传。这对他来说只不过是自尊心问题,并不意味他对米开朗琪罗有特别的好感。以他那种伊壁鸠鲁般的

---

① 米开朗琪罗:《诗集》卷一〇九,第三十五。

② 尤利乌斯二世死于一五一三年二月二十一日,正是西斯廷天顶画完成后三个半月。——原注

③ 合同于一五一三年三月六日签订,新计划比当初的计划更加令人吃惊,其中包括三十二座巨型雕像。——原注

④ 在此期间,他仅仅接受了《弥涅瓦的基督》这一项额外任务。——原注

⑤ 《摩西》是计划中置于尤利乌斯二世陵墓第一层的六座巨型塑像之一,直到一五四五年,米开朗琪罗还在加工这件作品;《奴隶》制作于一五一三年,一五四六年赠予佛罗伦萨共和党人罗伯特·斯特罗兹,此人流亡法国时将它赠送给法王弗朗索瓦一世,现藏巴黎卢浮宫。——原注

气质,绝不可能理解米开朗琪罗这种忧郁的天才,[①]他的全部恩宠集于拉斐尔一身。然而完成西斯廷大教堂的人是意大利的光荣,利奥十世想要这个人成为他的奴仆。

他要米开朗琪罗建造圣洛伦佐教堂——即梅迪契教堂的正门。米开朗琪罗见拉斐尔趁他不在时成为罗马的艺术权威,想要和拉斐尔一比高低,便不由自主地让人给套上了新任务的锁链。事实上,要完成新任务而又不放弃原来的工作是不可能的,这又成了他那无穷烦恼的原因。他竭力让自己相信他可以同时进行尤利乌斯二世的陵墓和圣洛伦佐教堂这两项工作。他打算把大部分工作交给助手,自己只做那些主要的雕像。然而按他的老习惯,他越来越为他的计划着迷,不久他就不能容忍和旁人分享荣誉,何况他还担心教皇收回成命,于是他央求利奥十世把这条新锁链给他锁上。[②]

当然,他不可能继续尤利乌斯二世的纪念性建筑了。最可悲的是,他也没能更多地完成圣洛伦佐教堂的建设。他赶走了所有的合作者还不算,以他事必躬亲的可怕怪僻,他不待在佛罗伦萨制作他的作品,却跑到卡拉雷去监督采石工作。在那儿他遇上了各种各样的麻烦。梅迪契家族想用佛罗伦萨最近购得的皮耶特拉桑塔采石场的石材,而不乐意用卡拉雷的。由于米开朗琪罗主张用卡拉雷石材,被教

① 他并非对米开朗琪罗完全没有关爱的表示,但米开朗琪罗让他害怕,和这位艺术家在一起让他感到不自在。皮翁博给米开朗琪罗的信中说:"教皇讲起你时,仿佛是讲起他的一个兄弟,眼睛里几乎含着泪水。他对我说,你是和他一起长大的,但他不认为自己了解你和爱你,你让所有的人感到害怕,教皇也不例外。"(1520年10月27日)在利奥十世的宫廷中,人们常把米开朗琪罗当作取笑的对象,他给拉斐尔的保护人比比埃纳大主教的一封信,因措辞不当,使他的敌人们乐不可支。皮翁博告诉米开朗琪罗,"在宫里,人们只谈论你的信,它成为所有人的笑料。"(1520年7月3日)——原注

② 他在一五一七年七月给多梅尼科·博宁塞尼的信中说:"我要把这个教堂的正门,做成全意大利的建筑与雕刻可资借鉴的一面镜子,教皇和大主教(即未来的教皇克雷芒七世,尤利乌斯·德·梅迪契,)必须从速做出决定,是要我做还是不要我做。如果他们要我做,就得和我签订合同……多梅尼科阁下,关于他们的意向,望给我一个明确的答复。这将给我带来最大的快乐。"——原注

皇指为受到卡拉雷人收买；[1]为了服从教皇的命令，他又受到卡拉雷人的刁难，他们和航运人员串通一气，从热那亚到比萨，他找不到一条船肯为他运石料。[2] 他不得不在崇山峻岭之间和遍地沼泽的平原之上修筑一条道路做运输线。当地人不肯拿出钱来帮助筑路，工人也不懂怎样干活。采石场是新的，工人也都是新手。米开朗琪罗不禁诉起苦来：

> 我想要开山筑路，好把艺术运到此地，这真好比是做一件让死人复活的事情。[3]

然而他一直坚持着：

> 我所承诺的，必不惜一切代价去做；我将做出意大利从未有过的最美的作品，愿上帝助我！

多少努力，多少热情，多少才华，都白白浪费了！到一五一八年九月末，由于劳累过度，加上烦恼多多，他在塞拉维扎病倒了。他知道他的健康和梦想在这操劳的生活中已日趋衰竭。他因渴望有朝一日重新工作而焦虑，为迟迟不能如愿而悲哀。他一直为他那些未能履行的

---

① 尤利乌斯·德·梅迪契于一五一八年二月二日致函米开朗琪罗："我们怀疑你出于私利庇护卡拉雷人，而不愿用皮耶特拉桑塔的石材……我们告诉你，不需要任何解释，圣上的旨意是全部采用皮耶特拉桑塔的石料，其他的一概不要……如果你自行其是，便是违抗圣上和我们的意愿，我们有理由对你表示震怒……把你的固执从头脑中清除掉吧！"——原注

② "我为了找船一直跑到热那亚，卡拉雷人买通了所有的船主……我不得不到比萨去……"（1518 年 4 月 2 日致乌尔巴诺书）；"我在比萨租的船一直没来，我想我是让人给耍了。这就是我在所有事情里的命运！啊，真该上千次地诅咒我离开卡拉雷的那个日子和那个时辰，这就是我一败涂地的缘由……"（1518 年 4 月 18 日书）——原注

③ 一五一八年四月十八日的信，一五一八年八月致贝尔托·菲利加亚的信中又说："山路崎岖，工人极其无知，要有耐心！要制服高山、教化人们。"——原注

契约[①]受折磨。

> 我烦得要死,因为我那该死的命运总是不让我做我想做的事情…… 我痛苦得要死,我的行为像个骗子,尽管这不是我的错……[②]

回到佛罗伦萨,他心急如焚地等待石材运抵码头。谁知阿尔诺河干涸,满载石材的船只无法溯河而上。

终于,石材运到了。这次,他可以开工了吗? 不,他又回到了采石场。和上次为尤利乌斯二世修建陵墓一样,在石材堆积如山之前,他固执地不肯动工。他一再推迟开工的日期,也许他是害怕。他是否不慎夸下了海口? 是否过于鲁莽地签下了这项宏伟建筑的修建合同? 这可不是他的本行,他上哪儿去学习这一行呢? 现在,他已没有退路,不进也不能退了。

历尽千难万苦,仍然未能保障石材的安全运送。运往佛罗伦萨的六根整体立柱中,有四根在路上断裂,有一根在佛罗伦萨当地折断。他受到他那些工人的欺骗。

那么多宝贵的时间白白浪费在采石场和泥泞的道路上,教皇和梅迪契大主教终于不耐烦了。一五二〇年三月十日,教皇一道敕令,取消了一五一八年与米开朗琪罗签订的建造圣洛伦佐教堂正门的合同。直到派去接替他的工人队伍到达皮耶特拉桑塔,米开朗琪罗才得知这一消息,他深深地受到了伤害。

“我不跟大主教计较我在此花掉的三年光阴;”他说,“我不跟他计较我为这圣洛伦佐教堂的作品破了产;我也不跟他计较对我的侮辱:一会儿委任我做这件事,一会儿又不让我做;我只是不明白,这究

---

① 指《弥涅瓦的基督》和尤利乌斯二世的陵墓。

② 见一五一八年十二月二十一日致阿让大主教的信。在这个时期,似乎有四座巨型塑像刚刚开始动工,这是为尤利乌斯二世的陵墓设计的四座奴隶像。——原注

竟是为什么！我不跟他计较我所损失的一切、所耗费的一切……现在，此事可归结为：教皇利奥把采石场和那些切割好的石块收回，我手中是他给我的五百杜加金币，还有人家还给我的自由！”①

可是米开朗琪罗应该指责的不是他的保护人，而是他自己。他心里很明白，这正是他最大痛苦之所在。他和自己搏斗，从一五一五到一五二〇年，正当他精力充沛、才华横溢的时期，他干了些什么？——平淡无奇的《弥涅瓦的基督》，一件毫无米开朗琪罗特色的米开朗琪罗的作品！而且还没有完成。②

一五一五至一五二〇年，伟大的文艺复兴运动最后几年中，在大动乱尚未葬送意大利的春天之前，拉斐尔创作了《画室》《火室》《法内西娜》等各种各样的杰作，建造了圣母宫，主持了圣彼得大教堂的修建，领导着文物的发掘、节日的庆典、纪念性建筑的建立，掌管着艺术，创立了一个从者无数的画派，然后在他的辉煌业绩中去世。③

* * *

幻灭的苦涩，枉费时日的绝望，希望破灭，意志被摧毁，在后来那些阴郁的作品中反映了出来：梅迪契的陵墓、尤利乌斯二世纪念碑上的新雕像④。

自由的米开朗琪罗，终其一生，总是从这副桎梏转到另一副桎梏，不断更换着主人。红衣主教尤利乌斯·德·梅迪契，不久后成为教皇克雷芒七世，从一五二〇至一五三四年一直主宰着他的命运。

---

① 见一五二〇年的书信。

② 米开朗琪罗把这件作品的收尾工作交给他笨拙的学生乌尔巴诺，他把它给弄坏了（见皮翁博给米开朗琪罗的信，1521 年 9 月 6 日）。罗马雕塑家弗里兹好歹把它修理了一通。所有这些挫折，都没能阻挡米开朗琪罗在这些令他不堪重负的工作之外寻求新的任务。一五一九年十月二十日，他代表佛罗伦萨科学院院士致函利奥十世，请求将拉韦讷的但丁遗物运回佛罗伦萨，并请命“为这位神圣的诗人建造一座配得上他的纪念像”。——原注

③ 一五二〇年四月六日。

④ 指《胜利者》。

人们对待克雷芒七世颇多非议，但他也和所有教皇一样，想把艺术和艺术家用作显耀其家族的工具。不过米开朗琪罗对他没有太多怨言，任何一个教皇都不像这位教皇那么喜爱他。没有一个教皇曾对他的作品怀有如此持久的兴趣和热情。① 没有人比他更了解米开朗琪罗意志的薄弱，知道必须时时给他鼓励，阻止他浪费精力。甚至在佛罗伦萨叛乱和米开朗琪罗造反以后，克雷芒对他的态度也没有改变。②然而平息他内心的焦虑却不取决于教皇，狂热、悲观、致命的忧郁，啮噬着这颗伟大的心。一个主人的仁慈有什么用？他毕竟是主人啊！……

“我为教皇服役，”米开朗琪罗后来说，“完全是不得已。”③

少许的荣名和一两件美丽的作品算得了什么？这和他的梦想相距太远了！老境将至，他周围的一切都黯淡下来。文艺复兴正在消亡，罗马即将遭受蛮族的蹂躏。一个哀神的可怕阴影渐渐压住意大利的思想。米开朗琪罗感觉到悲剧时刻的来临，他忍受着令人窒息的哀伤。

把米开朗琪罗从令他焦头烂额的困境中拔出以后，克雷芒七世决心把他的天才引上一条新路，还要就近监督他。他让米开朗琪罗承建梅迪契教堂和陵园的建筑④，要他全身心为他服务。他甚至建议他参加教派⑤，好送他一笔教会的俸禄。米开朗琪罗拒绝了；但克雷芒七世

① 一五二六年间，米开朗琪罗必须每周给他写信。

② 皮翁博写信告诉米开朗琪罗：“他热爱你所有的作品，没有人比他更喜爱你，他谈起你时是那么亲切、慈爱，一个父亲谈起儿子也达不到这样的程度……”（1531 年 4 月 29 日）“如果你愿意来罗马，你想要什么就能有什么，大公或者王侯……在这位教皇治下你可以有自己的名分，你是主人，可以想干什么就干什么。”（1531 年 12 月 5 日）——原注

③ 一五四八年给侄儿利奥纳多的信。

④ 这项工程在一五二一年就动工了，但直到一五二三年十一月十九日尤利乌斯·德·梅迪契大主教登上教皇宝座，成为克雷芒七世后，才积极推动其建设。与此同时，米开朗琪罗还承担了圣洛伦佐图书馆的建筑工程。——原注

⑤ 根据一五二四年一月二日法图契以克雷芒七世的名义给米开朗琪罗的信，这里指的是方济各教派。——原注

仍然按月给他薪俸，三倍于他要求的数额，还送给他一座邻近圣洛伦佐教堂的房子。

一切似乎很顺利，教堂的建筑也在积极进行，这时米开朗琪罗突然放弃了住房，拒绝接受克雷芒七世给他的薪金。① 他又在经历一次灰心丧气的新危机。尤利乌斯二世的继承人不能原谅他放弃已经着手制作的作品，他们宣称要控告他，要对他的品格提起诉讼。一想到打官司，米开朗琪罗害怕了；他的良心承认对手们占着理，责备自己没有遵守诺言，他觉得在没有清偿尤利乌斯二世这笔欠账之前，绝不能接受克雷芒七世的金钱。

“我干不下去，也活不下去了。”他写道，②他恳求教皇在尤利乌斯二世的继承人面前为他居间调停，并帮助他偿还他欠他们的一切：

> 我要卖掉一切，我会竭尽所能去补偿他们。

或者，允许他全力以赴去从事尤利乌斯二世的纪念性建筑：

> 我企盼从这桩义务中解脱出来，比求生的愿望更强烈。

想到克雷芒七世一旦驾崩，他将受到敌人们的追诉，竟像孩子般绝望地哭了起来：

> 如果教皇扔下我，我也不会再活下去……我不知道我在写些什么，我的脑子全乱了……③

克雷芒七世倒没把艺术家的绝望看得多么严重，只是坚持不让他

① 一五二四年三月。

② 一五二五年四月十九日给教皇的管事乔凡尼·斯皮纳的信。

③ 一五二五年十月二十四日给法图契的信。

中断梅迪契教堂的工作。他的朋友们也不理解他那些顾虑,都劝他别闹出拒绝薪俸的笑话。有的人对他这种欠考虑的行为很不以为然,请求他今后千万别再这么任性。[①] 有的人写信对他说:

听说你拒绝你的薪俸,放弃了你的住房,还中止了你的工作,在我看来这纯粹是疯狂行为。我的朋友,我的伙伴,你这是在和自己作对……别再管尤利乌斯二世的陵墓,收下你的俸银吧,他们给你薪俸完全是好心。[②]

米开朗琪罗十分固执,教皇的司库戏耍他,当真按他的请求撤销了他的薪俸。可怜的人,陷入了绝境,几个月后他不得不重新申请他曾拒绝的钱。起初他很胆怯,羞答答地说:

亲爱的乔凡尼,既然羽笔总是比舌头更大胆,我就把近来屡次想对您说,却又没勇气亲口说出的话写信告诉您:我还能得到月俸么?……即使我确信不再有薪俸,我也不会改变自己的安排,我将一如既往尽力为教皇工作;但我将相应地调整我的业务。[③]

接着,因生活所迫,他再次写信:

经过仔细考虑,鉴于教皇如此关注圣洛伦佐教堂这件作品,且主动给我一笔月俸,想让我更有条件加快工程进度,那么我若不接受月俸便无异于延宕工期了,所以我改变了主意。迄今不曾申请薪俸的我,现在,出于一言难尽的理由,我要提出申请了……

① 一五二四年三月二十二日法图契给米开朗琪罗的信。
② 一五二四年三月二十四日利奥纳多·塞拉约给米开朗琪罗的信。
③ 一五二四年给教皇管事乔凡尼·斯皮纳的信。

您能否从答应我的那一天算起，把这笔钱给我……请告诉我何时能拿到这笔钱。①

人家想给他点教训，便装聋作哑。两个月以后，他还什么也没拿到。后来他只好再三提出申请。

他在烦恼中工作，他抱怨这些烦心事把他的想象力都扼杀了：

……烦恼对我有很大影响……一个人不可能手上做一件事，脑子里想着另一件事，尤其是雕刻。听说这是为了给我点刺激，可我觉得这是一种不好的刺激，它使人退而却步。我已经一年多没拿到月俸，我在贫困中挣扎，我独自一人应对这些困难；何况麻烦事那么多，令我无暇顾及艺术，我找不到一个给我帮忙的人。②

克雷芒七世有时被他的痛苦所打动，让人向他转达深切的同情，向他保证，“只要他活一天”就一定会善待他。③ 但寻事成性的梅迪契族人又来找他的麻烦。他们非但不减轻他的工作负担，反而给他压上一些新的任务。其中一座荒谬的巨像，头顶一座钟楼，手臂是根烟囱，④为这件古怪的作品，米开朗琪罗又耗费了若干时间。此外，他那些工人、泥瓦匠、车夫，受到宣传八小时工作制的诱惑，也不断和他闹纠纷。⑤

与此同时，他家里的麻烦事有增无减。他父亲岁数越大，脾气越坏，也越不讲理。一天，他竟从佛罗伦萨家中出逃，说是他儿子将他逐出家门。米开朗琪罗给他写了这封动人的信：

---

① 一五二五年八月二十九日给乔凡尼·斯皮纳的信。
② 一五二五年十月二十四日给法图契的信。
③ 一五二五年十二月二十五日皮埃尔·帕洛·马尔兹以克雷芒七世的名义给米开朗琪罗的信。
④ 见一五二五年十至十二月的书信。
⑤ 一五二六年六月十七日给法图契的信。

我至爱的父亲,昨天回家没看见您,我感到非常惊异。今天我听说您怨怪我,说我把您赶出了家门,我就更加惊异了。自我出生到现在,我自问不曾做过任何——无论是大还是小——使您不快的事;我所受的一切磨难,都是为爱您而受的……我一直为您着想……不几天以前,我还对您说过,只要我活着,就会以我全部精力为您做奉献,在此我不妨再对您说一次。您这么快就忘了这一切,真让我惊骇。三十年来,您已经考验了我,您和您的儿子们,都知道我一直待您很好,无论思想上还是行动上,我都已尽我所能。您怎么能到处说,是我把您赶走的呢?您难道看不出这会给我带来什么样的名声吗?现在,我的烦心事够多的了,实在不能再增添任何烦心的事;而所有这些烦心事,都是因爱您才揽上的!您真是给了我一个好回报!……唉,爱怎么着就怎么着吧!我愿意使自己相信我不断地给您带来羞辱和损害,我请求您原谅这一切,好似我真的做过这种事一样。宽恕我吧!如同对待一个生活一贯放荡、对您做尽世上所有坏事的儿子那样。我再次请求您,原谅我这个可怜人,别给我造成逐您出门的名声,名誉对我的重要性是您所意想不到的。无论如何,我总还是您的儿子吧!

这样的爱心,这样的恭顺,只能暂时安抚老人乖戾的个性。过了些时日,他又说儿子偷了他的钱,米开朗琪罗忍无可忍,写信对他说:

我不知道您究竟想要我怎么样。如果我活着成了您的负担,您已经找到了摆脱我的好办法,您不久就可以拿到您认为由我掌管的金银财宝的钥匙。您做得对,因为佛罗伦萨人人知道您是一位巨富,我一直在偷您的钱,我应该受到惩罚,为此您会受到高度赞扬!……您愿说我什么,嚷嚷什么,尽管去说,去嚷吧,就是别再给我写信,因为您让我没法工作。您逼得我想起二十五年来您从我这儿得到的一切。我不愿说起这个,但终于被逼得不能不说!……请注意……人只能死一次,他不可能死后再回来补赎他的不公正行为。您是要等到临终时才肯改正错误了,愿上帝助您![1]

这,就是他从家庭得到的支持帮助。

"忍耐!"他给一个朋友的信中这样叹息着说,"但求上帝别让使他不快的事搅得我不痛快!"[2]

在这些痛苦忧烦中,工作难有进展。到一五二七年意大利发生政治大动荡时,梅迪契教堂的雕像一座也没有完工。[3] 这样,一五二〇至一五二七年这个新阶段,只是在他前一时期的幻灭和疲惫上增添了新的幻灭和疲惫。十年来,没有一件成品,没有一个完成了的草图,给米开朗琪罗带来欢乐。

三 绝 望

哦,哦,我背叛了他……[4]

对自己和对一切事物的厌恶,使他卷入了一五二七年佛罗伦萨爆发的革命。

迄今为止,米开朗琪罗在政治思想方面,同样是犹疑不定的,他在生活和艺术上一直处于这种痛苦的精神状态。他个人的感情和他对梅迪契家族承担的责任从来不曾协调一致。这位强劲的天才在行动上总是畏缩不前,他不敢对抗人世间政治和宗教的权势。他的书信总

① 一五二三年六月给父亲的信。
② 一五二六年六月十七日给法图契的信。
③ 一五二六年六月,同一封信内谈到,一座雕像已开始,其他四座雕像和圣母像也已动工。
④ 原文为意大利文。

是流露出对自己、对家庭的担忧,唯恐一时冲动,说出反对某个专制行为的大胆言词而惹祸上身。[①] 他时时刻刻写信给家人,嘱咐他们多加小心,别多嘴多舌,一有风吹草动就赶快逃:

> 要像流行瘟疫的时候那样,尽早逃跑……性命比财产重要……安分守己,切勿树敌,除了上帝,别信任任何人,不要议论任何人的短长,因为事情的结局无法逆料……最好独善其身,不要介入任何事端。[②]

他的兄弟和朋友们都笑话他的惊恐不安,拿他当疯子看待。[③]

"你别嘲笑我,"米开朗琪罗伤心地回答,"不应该嘲笑任何人。"[④]

这个伟人无休止的提心吊胆的确没什么可笑之处,倒是他那可怜的神经很值得同情,它使他成为恐怖玩弄的对象,尽管他一直与之搏斗,却从未战胜过。遇到危险时,他第一个举动就是逃跑,这丢脸的冲动过去以后,他会更着意强制他病态的身心去面对危险。何况他比别人更有理由恐惧,因为他比别人聪明,他的悲观主义也只会让他对意大利的厄运看得更清楚。但是,以他怯懦的天性,要卷入佛罗伦萨这场革命,真得有一种绝望的激愤,才会揭开他灵魂的底蕴。

这颗灵魂,那么战战兢兢地深藏不露,却满怀热烈的共和思想。有时候,在知己朋友面前,或情绪格外激动时,这种思想会在火热的言辞中流露出来。特别是后来与他的朋友路易吉·德尔·里奇奥、安东尼奥·佩特莱阿和多纳托·吉阿诺蒂[⑤]的谈话,吉阿诺蒂在他的《关

① 一五一二年九月的信中,谈及梅迪契的同盟者——罗马帝国士兵劫掠普拉图一事。

② 一五一二年九月给弟弟博纳罗托的信。

③ "我不是你们以为的疯子……"(1515 年 9 月给博纳罗托的信)

④ 一五一二年九月至十月给博纳罗托的信。

⑤ 米开朗琪罗的《布鲁图胸像》就是为吉阿诺蒂制作的。在《对话》前几年,即一五三六年,洛伦佐刚刚谋杀了亚历山大·德·梅迪契,洛伦佐因而被视为另一个布鲁图。——原注

于但丁〈神曲〉的对话》中曾加以引述。[①] 朋友们奇怪但丁为何把布鲁图和卡西乌置于地狱最后一层，而恺撒倒在他们之上。米开朗琪罗被问及此事，便为弑君者辩护道：

> 如果你们仔细读一读前面几章，就会看出但丁非常了解暴君的天性，他知道他们该受到上帝和人类何等样的惩罚。他把他们归入“对他人施暴”一族，罚入第七层地狱，将他们投入沸腾的血海之中……既然但丁这样认为，那就不可能不认同恺撒是该国暴君和布鲁图与卡西乌杀他属正义行为的说法。因为杀死暴君的人并不是杀了一个人，而只是杀了一头人面野兽。所有的暴君都丧失了人所共有的人类之爱，他们已失去人的本性，而只有兽性。他们显然对同类没有任何爱心，否则不会强取豪夺他人之所有，也不致成为蹂躏他人的暴君……显然，杀死暴君并未犯杀人罪，既然他没有杀人，而只是杀了一头野兽，因此，杀死恺撒的布鲁图和卡西乌并没有犯罪。首先，他们杀掉的是每个罗马公民依照律法坚持要杀的人；其次，他们杀掉的不是人，而是一只人面野兽。[②]

因此，随着罗马被查理五世大军攻陷（1527 年 5 月 6 日）、梅迪契王族被逐（1527 年 5 月 17 日）的消息传到佛罗伦萨，唤醒了民族意识及共和观念，佛罗伦萨人揭竿而起，米开朗琪罗冲到了起义队伍的前列。同样是这个人，平日嘱咐家人远离政治犹如逃避瘟疫，此刻竟兴奋狂热到天不怕地不怕的境界。他留在瘟疫与革命肆虐的佛罗伦萨，他的弟弟博纳罗托染上瘟疫，死在他的怀抱里（1528 年 7 月 2 日）。

① 朋友们讨论的问题是，但丁在地狱里究竟度过了多少日子，是从星期五晚到星期六晚，还是从星期四晚到星期天早晨？于是他们请教米开朗琪罗，他比任何人都熟悉但丁的著作。——原注

② 米开朗琪罗还小心地把暴君和世袭君王及合法的王公区别开：“这里我不是指那些拥有百年权威或民意所属的大公，他们以与人民协调一致的精神统治着城市……”——原注

一五二八年十月,他参加了守城事宜的讨论,一五二九年一月十日,他被选为城防工作民兵组委会委员,四月六日,被任命为佛罗伦萨城防工事的总督造,任期一年。六月,他去视察比萨的城堡和阿雷佐、里窝那的防御工事。七月和八月,他被派往费拉拉,考察那儿著名的防御工程,和当地的大公,著名的防御工程专家一起讨论问题。

米开朗琪罗认定佛罗伦萨城防最重要的地点是圣米尼亚托山岗;他决定在这个地方建棱堡。但是,不知什么原因,他和佛罗伦萨的旗官卡波尼发生了冲突,后者甚至试图打发他离开佛罗伦萨。米开朗琪罗怀疑卡波尼和梅迪契余党想把他撵走,以阻碍城防工作,便干脆待在圣米尼亚托不再动弹。他病态的猜疑,助长了这个被围之城中的流言,而这一次的流言还并非毫无根据,受到怀疑的卡波尼被撤职了,弗朗切斯科·卡尔杜切取代他担任旗官,同时任命让人不大放心的马拉特斯塔·巴利奥尼为佛罗伦萨守军的统领和总司令,此人后来果然向教皇献城投降。米开朗琪罗预感到这一罪行,且将他的疑虑告诉了市政厅。“旗官卡尔杜切非但不感谢他,反责骂了他一顿,责备他总是这样多疑和胆怯。”①马拉特斯塔听说米开朗琪罗告发了他,一个具有这等素质的人,为了除掉一个危险的对手,是什么事都干得出的。何况他是佛罗伦萨的总司令,其权势自然炙手可热。米开朗琪罗觉得自己完蛋了。他写道:

> 我已决定无所畏惧地等待战争结束。但九月二十一日,星期二早晨,有人来到圣尼古拉城门外我所在的棱堡,悄悄对我说,如果我想逃命,就得赶快离开佛罗伦萨。他随我回到家里,和我一起用餐,为我弄来马匹,直到目送我走出佛罗伦萨才离开我。②

① 龚迪维记述,并说:卡尔杜切真应该听进这好意的忠告,因为梅迪契卷土重来时,立即处死了他。——原注

② 一五二九年九月二十五日给巴蒂斯塔·戴拉·帕拉的信。

瓦尔奇对这些消息做了进一步的补充，他说米开朗琪罗“在三件裙式衬衣中缝进了一万二千弗洛林金币，而且他和里纳尔多·柯尔西尼及安东尼奥·米尼一起从防守最松的正义门逃离佛罗伦萨时，并非没遇到困难”。

几天以后，米开朗琪罗写道：“天知道究竟是神灵还是魔鬼在驱使我。”

这是习惯性的恐怖精灵在作怪。如果人们所说的属实，他在路过卡斯泰尔诺沃时，曾在前旗官卡波尼处停留，他把自己的遭遇讲得那么惊心动魄，吓得老人几天后便一命归西①。

九月二十三日，米开朗琪罗到了费拉拉。由于精神紧张，他拒绝了当地大公的邀请，不肯住进大公的城堡，而是继续逃窜。九月二十五日，他抵达威尼斯。当地市政厅获悉，立即派遣两名使者去见他，表示愿提供一切服务以满足他的需要。但米开朗琪罗一则心有愧疚，二则性情孤僻，拒绝了人家的好意，躲到了吉乌得卡。他唯恐躲得不够远，想要逃往法国。就在他抵达威尼斯的那一天，就发了一封忧心忡忡且十万火急的信件，给法王弗朗索瓦一世在意大利采购艺术品的代理人——巴蒂斯塔·戴拉·帕拉：

> 巴蒂斯塔，我亲爱的朋友，我已离开佛罗伦萨，打算去法国。到威尼斯后，我打听了一下路径，人家告诉我，要去那儿必须经过德国国土，这对我来说既危险又困难。你还有意去趟法国么？……望能告诉我，你希望我在哪儿等你，我们好一道去……收到我这封信后，望尽快给我一个回音，因为我急于到那边去。如果你不打算再去，也望告诉我一声，以便我做出决定，不惜一切代价，独自前往……②

---

① 据塞尼记述。

② 一五二九年九月二十五日给巴蒂斯塔·戴拉·帕拉的信。

法国驻威尼斯大使拉扎尔·德·巴依夫,赶紧写信给弗朗索瓦一世和蒙莫朗西的陆军司令,催促他们利用这个机会,将米开朗琪罗留在法国宫廷。法王立即表示,愿给米开朗琪罗提供一笔年俸和一所房屋。但信札往返毕竟需要一段时间,弗朗索瓦一世的复信到达时,米开朗琪罗已经回到了佛罗伦萨。

紧张情绪放松下来,在吉乌得卡的幽居生活中,他有了闲暇为自己的恐惧感到脸红。他的逃亡在佛罗伦萨已传得沸沸扬扬。九月三十日,市政厅宣布:所有逃亡者如在十月七日前不返回,将以叛逆罪论处。到了指定的那一天,逃亡者果然被判为叛逆,其财产一概没收。然而米开朗琪罗的名字没有列入名单,市政厅给了他一个最后期限,佛罗伦萨驻费拉拉大使加莱奥托·吉乌尼通知佛罗伦萨共和邦,说米开朗琪罗得悉命令太晚了,如能对他网开一面,他准备回来。市政厅答应原宥他,还让石匠巴斯蒂阿诺·迪·弗朗切斯科把一张安全通行证带到威尼斯交给他。巴斯蒂阿诺还转交给他十封朋友们的信,都是求他回去的。[①] 在这些人当中,仁厚的巴蒂斯塔·戴拉·帕拉对他的召唤尤其充满爱国热忱:

> 你所有的朋友,不管政见如何,都毫不犹豫、异口同声地劝你回来,为了保住你的性命,你的故土,你的朋友、财产和你的幸福,为了享有一个你曾热烈渴望和企盼的新时代。

他相信佛罗伦萨回到了黄金时代,毫不怀疑美好的事业已经成功。而梅迪契家族重新上台以后,这可怜人却成为第一批受害者之一。

他的话对米开朗琪罗起了决定作用。他回来了,但行动迟缓。巴蒂斯塔·戴拉·帕拉先于他到达卢奎斯,等了他许多天,简直开始绝

① 一五二九年十月二十二日。

望了。[1] 终于，十一月二十日，米开朗琪罗回到了佛罗伦萨。[2] 二十三日，市政厅撤销了对他的判决，但三年之内，他不得进入议会。[3] 从此，米开朗琪罗勇敢地恪尽职守，直至最后。他重返圣米尼亚托的岗位，那儿已被敌人炮击了一个月，他重新加固了山冈上的工事，创造了一些新的器械，听说他还将羊毛和被褥挂在绳上，保护钟楼幸免于难。[4] 关于围城期间他最后的活动，一五三〇年二月二十二日得到的消息是，他爬到教堂的圆顶上，窥测敌人的动向，或者是检查穹顶的状况。

预感到的灾祸终于成为事实。一五三〇年八月二日，马拉特斯塔·巴利奥尼叛变，十二日，佛罗伦萨投降，当局把城市交给了教皇的使者巴乔·瓦洛里。屠杀开始了。最初几天，什么也不能阻止战胜者的报复行为，米开朗琪罗最好的朋友巴蒂斯塔·戴拉·帕拉，是第一批被杀害的。据说，米开朗琪罗躲进了阿尔诺河对岸圣尼古拉教堂的钟楼。他的确有害怕的理由，因为流言说他想要捣毁梅迪契宫。不过克雷芒七世并没失去对他的喜爱。据塞巴斯蒂安·德尔·皮翁博说，教皇知道了米开朗琪罗在围城期间的表现后，非常不高兴，但只是耸耸肩说："米开朗琪罗不该这样，我从没有伤害过他。"[5]一待最初的怒气缓解，克雷芒七世立刻写信到佛罗伦萨，命人寻找米开朗琪罗的下落，且说只要他愿意继续为梅迪契陵墓工作，便可获得应有的待遇。[6]

---

① 他又写信给米开朗琪罗，再次敦促他回来。——原注

② 四天前，他的薪俸被市政厅下令取消了。——原注

③ 从他给塞巴斯蒂安·德尔·皮翁博的一封信中可看到，他还被罚缴纳一千五百杜加的罚金。——原注

④ 米开朗琪罗对弗朗索瓦·奥兰德说："当教皇克雷芒和西班牙人围攻佛罗伦萨时，敌军被我安置在塔楼上的机器阻挡了许久。一天晚上，我让人在墙外覆盖了一些羊毛袋；又一天，我让人挖了一些壕沟，充填了火药，准备炸死卡斯蒂利亚人，我要让他们炸碎的肢体飞上半空……瞧瞧绘画有怎样的用途！它可以用来为制造机器和战争器械服务，可以给炮弹和火枪以适当的形状，还可以用以建造桥梁、制作云梯，尤其可以用来设计要塞、棱堡、壕沟、坑道和反坑道……"——原注

⑤ 见一五三一年四月二十九日塞巴斯蒂安·德尔·皮翁博给米开朗琪罗的信。

⑥ 据龚迪维记述，一五三〇年十二月十一日，教皇便恢复了米开朗琪罗的月俸。——原注

米开朗琪罗走出他的隐蔽所,重新为他反对过的人们的荣耀工作。不仅如此,这可怜人还答应为巴乔·瓦洛里——那个为教皇干坏事的工具,那个杀害其好友巴蒂斯塔·戴拉·帕拉的刽子手,雕刻一座《拔箭的阿波罗》。不久,他还进一步和那些佛罗伦萨的流亡者断绝了关系(1544)。一个伟人可悲的弱点,竟迫使他卑怯地在凶残的物质暴力面前低头,为的是保全其艺术梦想的生命,而这种暴力恰可以任意扼杀他的梦想!他将自己的晚年完全奉献于为使徒彼得建造一座超人类的纪念碑,并不是没有道理的;和彼得一样,他不止一次听见鸡鸣而痛哭。

被逼说假话,迫不得已去讨好瓦洛里,颂扬洛伦佐和乌尔比诺大公,他痛苦和羞愧得要崩溃了。他只好全身心投入工作,把他毫无作用的狂怒发泄在工作中。① 他并没有雕刻梅迪契们的像,而是雕刻他绝望的形象。当人们提出他的尤利乌斯和洛伦佐与他们本人并不相像时,他傲慢地回答道:"十个世纪以后,谁能看出像不像?"一个,是表现行动;另一个,是表现思想。底座上的那些雕像,给它做着注释——《昼》与《夜》,《晨》与《暮》——道出了生活中全部令人精疲力竭的苦恼及其可鄙。这些人类痛苦的不朽象征于一五三一年完成。② 这真是莫大的讽刺!可惜没有人懂。意大利诗人乔凡尼·斯特罗兹看到那座妙不可言的《夜》,写下了这样的诗句:

---

① 在他一生最惨淡的这几年中,米开朗琪罗那一向为基督教悲观主义所压抑的狂放天性产生了逆反效应,他制作了一些大胆的带异教色彩的作品,如《受天鹅抚爱的勒达》(1529—1530,题材取自希腊神话,传说宙斯为勒达的美貌所迷,趁勒达在欧洛塔斯河洗澡时,化为天鹅与之相会。)本是为费拉拉大公画的,后来却送给了他的弟子安东尼奥·米尼,并被米尼带往法国,据说一六四三年,以其色情性质为由,被诺瓦耶的苏布莱特所毁。稍后,米开朗琪罗为巴托洛梅奥·贝提尼画了一幅壁画图稿《厄罗斯爱抚维纳斯》(厄罗斯是希腊神话中的小爱神,在罗马神话中,称丘比特或阿摩尔,传说系宙斯与阿佛洛狄忒——即罗马神话中的维纳斯——所生,也有一说系战神与阿佛洛狄忒所生),后由蓬托莫画成壁画。还有几幅素描,极其放荡不羁,很可能是同一时期的作品。——原注

② 《夜》可能于一五三〇年秋雕刻,一五三一年春完成;《晨》完成于一五三一年九月;《日》与《暮》稍后。

夜,你所看到的
妩媚地熟睡着的夜,
由一位天使在岩石上雕刻而成,
她熟睡着,
却充满生命活力。
你若唤她醒来,
她将和你说话。

米开朗琪罗回答:

睡眠是甜蜜的。
成为顽石却更有福,
只要世上还有罪恶和耻辱,
不见不闻,才是最大的幸福。
因此,别叫醒我,
啊! 轻声说![①]

在另一首诗中,他又写道:

人们只能在天上安睡,
既然那么多人的幸福只有一个人能体会。

被奴役的佛罗伦萨也与他的哀鸣相呼应。[②]

---

① 米开朗琪罗:《诗集》卷一〇九,第十六,十七。——弗雷博士推定以上两诗写于一五四五年。——原注

② 米开朗琪罗在想象中与佛罗伦萨及其流亡者对话。——原注

你圣洁的思想切勿迷惘，
相信把我从你那儿夺走的人，
由于心怀恐惧，
并不能从他的滔天罪行中获得享受。
些许欢乐就能使情人们无比快乐，
从而平息欲念，
而不幸则使希望膨胀，欲念增强。①

应该想一想罗马被掠和佛罗伦萨失陷给人们心灵带来的影响：理性的彻底破产和崩溃，使许多人从此一蹶不振。

塞巴斯蒂安·德尔·皮翁博成为一个追求享乐的怀疑主义者：

我已到了这种地步，哪怕宇宙崩裂，我也无动于衷，我嘲笑一切……我觉得我已不是那场浩劫前的巴斯蒂阿诺，我再不能还原为过去的我。②

米开朗琪罗想自杀：

如果允许自杀，那么，满怀信仰，却过着悲惨的奴隶生活的人，最应享有这个权利。③

① 米开朗琪罗：《诗集》卷一〇九，第四十八。

② 见一五三一年二月二十四日皮翁博写给米开朗琪罗的信，这是罗马浩劫后写给他的第一封信：“天知道经历了那么多苦难、灾祸和危险以后，我还能这么快乐，全能的上帝以他的仁慈和恻隐之心，让我们健康地活了下来，我想到这个，真觉得是奇迹……现在，老兄，既然我们曾出入水火之中，经历了种种意想不到事变，无论如何该感谢上帝，至少要尽可能使自己安度余生。命运是那么险恶和令人痛苦，不必过多指望命运的惠顾……”当时，他们的来往信件要受检查，皮翁博还嘱咐米开朗琪罗伪造自己的笔迹。——原注

③ 米开朗琪罗：《诗集》卷三十八。

他一直处于精神的高度紧张中,一五三一年六月终于病倒。克雷芒七世竭力抚慰他,却毫无效果。他命秘书和塞巴斯蒂安·德尔·皮翁博转告他切勿过劳,要有所节制,工作不妨从容一些,不时散散步,别把自己弄得像个服刑的犯人似的。[①] 一五三一年秋,人们为他的生命担忧。他的一个朋友写信给瓦洛里:"米开朗琪罗衰弱且消瘦,我最近和布吉阿迪尼及安东尼奥·米尼谈过,我们认为如不仔细照料他,他将活不了多久。他工作太累,吃得太差太少,睡得更少。一年来,他老是头痛、心痛。"[②]克雷芒七世真的不放心了,一五三一年十一月二十日,教皇下令禁止米开朗琪罗在尤利乌斯二世陵墓和梅迪契陵园之外再承担别的工作,否则以逐出教门论处,为的是爱惜其健康,"以便更长久地为罗马、为梅迪契宗族以及他自己的光荣做奉献"。

他保护他,使他免受瓦洛里和一些有钱的化缘者纠缠,这些人老是向米开朗琪罗讨艺术品,强制他承担新的工作。"人家再向你求画,"教皇让人写信告诉他,"你就把画笔绑在脚上,随意画上四条线,便说:画完了。"[③]尤利乌斯二世的继承人对米开朗琪罗施压时,教皇还出面居间调停。[④] 一五三二年,乌尔比诺大公(即尤利乌斯二世的继承人)的代理人和米开朗琪罗签订了第四份契约,米开朗琪罗答应为他们制作一个新的小型陵墓模型,[⑤]三年之内完成,费用由米开朗琪罗个人负担,还要付两千杜加金币,以偿还尤利乌斯二世及其继承人过去所付的款项。塞巴斯蒂安·德尔·皮翁博在信中说,"只要在作品中闻到你的一点气息就行了。"[⑥]可悲的条款!既然米开朗琪罗所

① 见一五三一年六月二十日皮埃尔·帕洛·马尔兹给米开朗琪罗的信和一五三一年六月十六日皮翁博给他的信。——原注

② 一五三一年九月二十九日乔凡尼·巴蒂斯塔·迪·帕洛·米尼给瓦洛里的信。

③ 见一五三一年十一月二十六日班韦努托·戴拉·沃尔帕雅给米开朗琪罗的信。

④ 一五三二年三月十五日皮翁博写信对他说:"你要是没有教皇当盾牌,他们非像毒蛇一样跳起来把你吞掉不可。"——原注

⑤ 这里,为陵墓交付的作品只有后来立在梵柯利圣彼得大教堂的六座未完成的雕像:《摩西》《胜利》《奴隶》《博博利石窟的群像》等。——原注

⑥ 一五三二年四月六日皮翁博给米开朗琪罗的信。

签的契约说明了大计划的破产,他就只好为此付出代价!年复一年,米开朗琪罗在他每件绝望的作品中,事实上表明了他生命的破产,人生的破产。

尤利乌斯二世陵墓的计划流产后,梅迪契陵园的计划也坍塌了。一五三四年九月二十五日,克雷芒七世驾崩,所幸米开朗琪罗当时不在佛罗伦萨。很久以来,他在佛罗伦萨一直惶惶不安,因为亚历山大·德·梅迪契大公恨他,若不是出于对教皇的尊重,早就让人把他杀了。① 自从米开朗琪罗拒绝帮他建造一座君临佛罗伦萨的要塞,他益发怀恨在心。对米开朗琪罗这样一个胆怯的人而言,这算得上是一个勇敢之举,表明了他对祖国崇高的爱。② 从这时起,米开朗琪罗便随时准备面对来自大公的一切打击。克雷芒七世死时,他凑巧不在佛罗伦萨,他认为完全是托天之福。他不再回佛罗伦萨,他不打算再见到它。梅迪契教堂算是完了,它永远不会完工。我们今日所谓的梅迪契陵园,和米开朗琪罗原来的构想相距万里,只剩下极少的一点联系。它留给我们的,只有壁上装饰的大致轮廓。米开朗琪罗不仅没能完成计划中雕塑和绘画的一半,③而且他的弟子们后来努力寻回和补全他的设想时,他甚至说不清原来的设想是怎么回事了。④ 他就这样放弃了他的一切事业,把一切都忘记了。

---

① 好几次,克雷芒七世不得不在他侄儿亚历山大大公面前回护米开朗琪罗。皮翁博曾对米开朗琪罗讲述了其中一个场面:"教皇说话时,情绪激烈,充满愤怒和不满,语气十分严厉,简直无法形容……"(1553 年 8 月 16 日)——原注

② 因为这样一座要塞意味着对佛罗伦萨的奴役和压迫。——原注

③ 米开朗琪罗只为洛伦佐·德·乌尔比诺和尤利乌斯·德·内穆尔墓及圣母宫雕刻了七座雕像的一部分;计划中的江河四雕像根本没开始;为宏伟的洛伦佐墓和洛伦佐的兄弟尤利乌斯墓制作的雕像,他也让给别人做了。——原注

④ 人们甚至不知道已塑好的雕像该安放在何处,也不知道他打算在空的壁龛中安放哪些雕像。受科斯梅一世之命,负责完成米开朗琪罗未竟作品的瓦萨里和阿马纳蒂曾写信问他,他竟什么也想不起来。一五五七年八月,他在信中写道:"记忆和思想跑在了我前面,到另一个世界等我去了。"——原注

* * *

一五三四年九月二十三日，米开朗琪罗回到罗马，在那儿一直住到去世。① 他离开这个城市已经二十一年了。在这二十一年中，他为未完工的尤利乌斯二世陵墓制作了三座雕像，为未完工的梅迪契陵园制作了七座未完成的雕像，还有洛伦佐教堂未完成的过厅，弥涅瓦圣马利教堂未完成的基督像，为巴乔·瓦洛里制作的未完成的《阿波罗》。他丧失了他的健康，他的精力，失去了对艺术、对祖国的信仰，还失去了他最爱的那个弟弟②，失去了他所热爱的父亲③。他为他们各写了一首痛苦感人的悼念诗，和他其他的作品一样没有写完，但充满火一般的对死亡的憧憬：

> 上天把你从我们的苦海中救出，/可怜可怜我吧，我这虽生若死的人！……/你是死去的死者，你已成为神明，/你不用再担心生存状态和欲念的改变。/写到这里，我怎能不羡慕呢……/命运和时代，只给我们带来不可靠的快乐/和确切无疑的苦难，却不敢跨进你们的门槛。/没有一片云彩使你们的光明变得晦暗，/今后的日子不会再对你们行使暴力，/需要和偶然不能再操纵你们的行为。/黑夜不能扑灭你们的光辉，/白昼无论怎样明亮，也不会增加它的光度……/我亲爱的父亲，你的去世让我学习了死亡……/死，并不像人们想象中那样是件坏事。/对死者而言，在人世的最后一天，/就是在天国永生的第一日。/我希望，且相信，我能靠上帝的恩宠再见到你，/只要我的理性将我冰冷的心从尘世的污泥中拔出，/只要理性如同所有德行一样，/能在天上增进

① 米开朗琪罗于一五四六年三月二十日取得罗马市民的身份。——原注

② 博纳罗托死于一五二八年的瘟疫。——原注

③ 其父死于一五三四年六月。——原注

父子间至高无上的爱。[1]

人世间他已无所留恋,无论艺术、雄心、温情,还是任何一种冀望。他已经六十岁,他的生活似乎结束了。他孤独,不再念及他的作品,内心只想着死亡,热切渴望能最终避开“生存状态和欲念的改变”“时代的暴力”及“需要和偶然”的专制。

唉!唉!我被已逝的生活抛弃……我有过太多等待……时光飞逝,我已垂垂老矣。我不复能在死者身旁忏悔和自省……哭也徒然,没有什么不幸能与失去的时间相比……

唉!唉!回顾以往,我找不出一天曾属于我自己!扭曲的希望,虚妄的欲求——我现在算是认识到了——把我羁绊,哭,爱,激情燃烧,悲哀叹息(没有一种致命的情感我不曾体验过),都远离了真理……

唉!唉!我不知何去何从;我害怕……如果我没弄错的话,(啊!上帝让我弄错吧!)我看到,主啊,我看到了永恒的惩罚,因为我明知有善却去作恶。我只能希望……[2]

---

① 米开朗琪罗:《诗集》卷五十八。

② 米开朗琪罗:《诗集》卷四十九。

下篇　放弃

一　爱

我爱死亡，我的生命就在其中。[①]

在这颗遭蹂躏的心里，当给他带来生机的一切都舍弃以后，一种新的生活出现了。仿佛鲜花盛开的春天，燃起了明亮的爱的火焰。但这爱几乎没有任何自私和肉欲的成分。这是对卡瓦列里的俊美的神秘崇拜，对维多利亚·科洛纳的虔诚友谊——在上帝面前两个灵魂热诚的沟通；这是对成为孤儿的侄儿们慈父般的温情，对穷人和弱者的怜悯，即神圣的爱德。

米开朗琪罗对托马索·德尔·卡瓦列里的爱，一般人——不论是正派人还是不正派的人——是会感到困惑的。即使在文艺复兴末期的意大利，也会引起一些令人恼火的流言。阿雷蒂诺[②]写了侮辱性的讽喻诗影射此事。[③] 但是阿雷蒂诺的诬蔑（他向来如此）不能伤及米

① 原文为意大利文。

② 阿雷蒂诺（1492—1557），意大利诗人，散文家，剧作家，以其辛辣的讽刺著名。

③ 米开朗琪罗的侄孙于一六二三年首次刊印其诗集时，不敢把他致卡瓦列里的诗按原样刊出，而是设法让人以为这些诗写给一位女性。直到最近，谢弗莱和西蒙的研究中，还把卡瓦列里当作维多利亚·科洛纳的化名。

开朗琪罗,“他们以自己的小人之心来捏造一个米开朗琪罗”[1]。

没有一个灵魂比米开朗琪罗的更纯洁,没有一种爱的观念比他的更虔诚。

龚迪维说:

> 我常听米开朗琪罗谈起爱,在场的人都说他所谈的全然是柏拉图式的。就我而言,我不知道柏拉图说了些什么,但我知道,在与米开朗琪罗那么长时间的亲密交往中,我从他口中只听到最值得尊敬的言谈,这些言谈能够消除那些使年轻人心神不定的越轨欲念。

可是这种柏拉图式的理想并无文学的或冷酷的成分,米开朗琪罗迷恋一切美的事物,对柏拉图的思想也是这样。他自己知道这一点,有一天,他谢绝了友人吉阿诺蒂的邀请:

> 每当我看见一个具有某种才能或某种智力天赋的人,一个其言或其行胜过旁人的人,我都会为他着迷,我会完全献身于他,而不再属于我自己……你们都是那么才华横溢,我若结束您的邀请,必将失去我的自由;你们每个人都将分去我的一部分。乃至跳舞和弹琴的人,只要他们精通自己的艺术,也可以对我为所欲为。你们的聚会非但不能使我休息、振奋和恢复平静,反会使我的灵魂化为碎片,随风飘零,以致几天之后,我不知会死在何处。[2]

既然思想、言谈或声音的美都能如此这般地征服他,肉体的美对他的影响又当如何!

① 根据一五四二年十月米开朗琪罗的一封信,收信人不详。

② 见多纳托·吉阿诺蒂《对话录》,一五四五年。

美貌的威力，怎样地刺激着我！
世间没有任何事物能让我这样快乐！[①]

这位伟大的美妙形体的创造者，同时又是一位伟大的信徒，对他而言，美的躯体是神圣的，一个美丽的躯体，是神灵在肉身覆盖下的显现。如同摩西面对火棘树丛，只能颤抖着走近它。他所崇拜的对象，恰如他自己所说，真正是他的偶像。他匍匐在他脚下，这位伟人有意识的卑躬屈节，让高贵的卡瓦列里难以忍受。更难理解的是，美的偶像常常灵魂庸俗卑鄙，如费博·迪·波吉约，而米开朗琪罗什么也看不见……真的什么都看不见么？——他是什么都不愿意看见，他要在心中完成已勾画出轮廓的雕像。

他那些美梦中最早的理想情人，是一五二二年前后的格拉尔多·佩里尼[②]。后来，一五三三年，米开朗琪罗迷上了费博·迪·波吉奥，一五四四年，是切奇诺·戴·布拉齐[③]。所以米开朗琪罗对卡瓦列里的友谊并不是专一的或排他的，但却最持久且达到了狂热程度。这位朋友不仅长得美，道德的高尚也值得他尊重。

瓦萨里曾经说：

他爱托马索·卡瓦列里甚于其他所有的人。卡瓦列里是一位罗马绅士，年轻，热爱艺术，米开朗琪罗曾为他画过一帧肖像，这是他一生中唯一的一帧肖像画，因为他讨厌描绘活人，除非此

① 米开朗琪罗：《诗集》卷一四一。

② 佩里尼尤为阿雷蒂诺猛烈攻击的对象。弗雷曾刊出一五二二年米开朗琪罗写给佩里尼的几封很温柔的信："我读你的信时，仿佛和你在一起，这正是我唯一的愿望。"底下的署名是，"你的如儿子般的……"米开朗琪罗还有一首美丽的抒写离别和遗忘之苦的诗，仿佛也是献给他的。——原注

③ 米开朗琪罗与卡瓦列里结交一年多以后，又爱上波吉奥，曾给他写过狂热的信与诗，而那个下流坯却向他讨钱；布拉齐是佛罗伦萨一个流亡者的儿子，是路易吉·德尔·里奇奥的友人，米开朗琪罗与卡瓦列里结交十年后才认识他，一五四四年他在罗马夭折，米开朗琪罗为他写了四十八首悼诗。——原注

人的确美貌无双。

瓦萨里还说：

我在罗马看见托马索·卡瓦列里先生时，他不仅绝顶俊美，而且举止谈吐温文尔雅，思想出众，行为高尚，的确值得人爱，特别是当人们越来越了解他的时候。①

米开朗琪罗在罗马与他相识，那是一五三二年秋天。他写给他的第一封信充满热情的表白，卡瓦列里的复信则极其庄重：

收到您的来信，由于完全出乎意料而倍感珍贵。我说出乎意料，是因为我实在不配让您这样的人给我写信。至于您对我的赞扬，您对我的工作相当高的评价，我以为，像您这样一个举世无双的天才——我的意思是除您以外世上没有第二个，给一个刚刚起步，还十分无知的青年写信，是不大合情理的。我当然不会认为您在说谎，是的，我确信您对我的情感，正是您这样一个作为艺术化身的人，对那些献身艺术、热爱艺术的人必然会有的情感。我是这些人中的一个，在热爱艺术方面，我的确不下于任何人。我会回报您对我的盛情，我向您保证，我从未像爱您那样爱过别人，从未像希冀您的友情那样希冀过别的……我请求，在有机会为您效劳的时候，尽管吩咐我，我永远仰仗着您的帮助。

您忠实的托马索·卡瓦列里②

卡瓦列里对他似乎一直保持着这种尊敬且有分寸的感情。直到

① 见贝内德托·瓦尔奇《讲稿二篇》，一五四九年。

② 此信写于一五三三年一月一日。

米开朗琪罗临终,他一直忠实于他,且为他送终。他一直为米开朗琪罗所信任,且被认为是唯一能对他施加影响的人,他罕有的长处就是永远为他朋友的伟大与利益尽心竭力。是他使米开朗琪罗决定完成圣彼得大教堂的木雕模型,是他为我们保存了米开朗琪罗为卡皮托勒山①的建筑所画的图样,并努力使之实现。最后,也正是他,在米开朗琪罗死后,按亡友的意愿,监督工程的实施。

但米开朗琪罗对他的友谊犹如一种爱情的疯狂。他给他写一些癫狂的信,把他当偶像般顶礼膜拜。② 他称他为"强有力的天才,……一个奇迹,……本世纪的光明";他恳求他"不要蔑视他,因为他不能与他相比,没有人能达到他的高度"。他把他的现在与未来全部献给他,他又说道:

> 不能把我的过去也奉献给你,不能更长久地为你效劳,于我是一桩无尽的痛苦,因为来日不多,我太老了……③我不相信有什么东西能摧毁我们的友谊,我这样说有点出言不逊——因为我远不如你。……我可能忘记你的名字,犹如忘记我赖以生存的食粮,是的,比起滋养着我的身体和灵魂的你的名字,我更易忘记那毫无乐趣的、仅仅使我的肉身得以存在的食粮。你的名字使我全身心充满甜蜜,只要想着你,我就感觉不到痛苦,也不畏惧死的来临。④ 我的灵魂掌握在我把它给予的人手中……⑤如果我必得停止思念他,我相信我会当场死去。⑥

---

① 卡皮托勒山,朱庇特神殿所在地。

② 卡瓦列里的第一封信,米开朗琪罗是当天就回复的。这封信留下了三份兴奋若狂的草稿,其中一份的补白中,米开朗琪罗写道:"一个人献给另一个人的礼物,确有一个名词,但为体统起见,这封信里就不用了。"这个词显然就是"爱情"。——原注

③ 一五三三年一月一日给卡瓦列里的信。

④ 一五三三年七月二十八日给卡瓦列里的信。

⑤ 给巴托洛梅奥·安吉阿利尼的信。

⑥ 给塞巴斯蒂安·德尔·皮翁博的信。

他送给卡瓦列里最精美的礼物：

> 令人惊叹的素描，用红黑铅笔画的精美头像，是他想要教他素描时勾画的。他还为他画了一幅《伽倪墨得斯被化为鹰的宙斯掠到上空》①，一幅《被鹰啄食肝脏的提堤俄斯》②，还有法厄同驾着太阳神的金车坠落，③儿童的酒神节等，所有的作品都美妙非凡，难以想象的完美。④

他还寄赠他一些十四行诗，有时极美，但经常显得晦暗，其中一些不久就在文学圈内广为传诵，闻名于全意大利。⑤ 人们说下面这首十四行诗是“十六世纪意大利最美的抒情诗”：

> 你的慧眼，使我看到了，
> 我这盲眼所不能见的柔和光线；
> 你的足，
> 助我承受
> 我这行动困难的双足难以承受的重负；
> 你的智慧，
> 使我感到正向天上飞升；

---

① 伽倪墨得斯是希腊神话中特洛亚王的儿子，为宙斯所爱，掠去当侍酒童子。

② 提堤俄斯系希腊神话中的巨人，宙斯和瑞亚的儿子，因强奸勒托，被宙斯罚入地狱受被鹰啄食肝脏的酷刑。

③ 法厄同系希腊神话中太阳神之子，一天，他驾太阳神的驷马金车出游，因不善驾驭，离地球太近，几乎将地球烧毁，被宙斯用雷击毙。

④ 据瓦萨里的记述。

⑤ 瓦尔奇将其中两首发表了，后又在他的《讲稿二篇》中刊出。米开朗琪罗对自己的爱并不保守秘密，他讲给巴托洛梅奥·安吉阿利尼和皮翁博听。对这样的友情没有人大惊小怪。切奇诺·戴·布拉齐去世时，里奇奥对所有的人嚷嚷他的爱和绝望：“啊！我的朋友多纳托！我们的切奇诺死了，整个罗马在为他哭泣，米开朗琪罗为我设计他的纪念碑。我求你为他写墓志铭，再寄给我一封能给我慰藉的信，悲哀已经使我六神无主了。”（1544 年 1 月里奇奥给多纳托·吉阿诺蒂的信）——原注

你的意志，
包括了我所有的意志。
我的思想在你的心中形成，
我的话语在你的呼吸中诞生，
我只身一人犹如月亮，
唯有太阳照射到它时，
人们才能看见它在天上。①

另一首更著名的十四行诗，是赞颂完美友谊的最美的诗篇之一：

如果两个情人之间，
存在着贞洁的爱情，
最高的敬爱，同等的处境，
如果残酷的命运打击一个也打击另一个，
如果同一种精神、同一种意志驾驭着两颗心，
如果两个肉身的同一灵魂成为永恒，
以它的双翼将两人都带往上空，
如果爱神以它的金箭
一下子同时射中两颗心，燃起它们的激情，
如果一个热爱另一个，谁也不爱他自己，
如果两人都把他们的欢愉和快乐寄望于同一憧憬，
如果千千万万的爱情都不及这桩爱情的百分之一，
那么一个气恼的举动，
会不会永远割断和解除他们的联系？②

这种忘我，这种全身心融入他之所爱的献身热情，并非总是这么

① 米开朗琪罗：《诗集》卷一〇九，第十九。
② 米开朗琪罗：《诗集》卷四十四。

平静安详。忧郁重又控制了他,为爱情着魔的灵魂,在呻吟中挣扎。

> 我哭泣,我在燃烧,我已被毁,
> 我的心沉浸在痛苦中……①

他对卡瓦列里说:

> 你带走了我生的欢乐,②

对这些过于热情的诗,那位"温和的被爱的主"——卡瓦列里,却报以冷淡而平静的感情。这种过分夸张的友谊使他暗中不快,米开朗琪罗求他原谅:

> 我亲爱的主,你别因我的爱而生气,这不过是谈及你身上最优秀的品质,因为一个人拥有思想才智,全靠他能热爱他人的思想才智。我从你美丽的容貌中所想望、所获得的,绝非常人所能理解。谁要想理解就得先理解死亡。

不用说,这种对美的激情毫无虚假的成分。然而这有着热烈、癫狂,③却又纯洁端正的爱的狮身人面怪物,没有流露丝毫令人不安的迷惘心态。

这种病态的友谊——可说是为了否定生命的虚无,试图创造他所渴望之爱的绝望的努力——之后,幸而有一位女性明朗安详的友情(这位女性善于理解这个孤独的、在世上迷失了方向的老小孩),给他

① 米开朗琪罗:《诗集》卷五十二。

② 米开朗琪罗:《诗集》卷一〇九,第十八。

③ 在一首十四行诗中,米开朗琪罗要把他的皮蒙在他所爱的人身上,还要变成他的鞋子,载着他去踏雪。

那垂死的灵魂注入了些许平静、信心、理性,以及令人伤感的对生与死的承受。

* * *

一五三三和一五三四年间,米开朗琪罗对卡瓦列里的友情发展到巅峰①。一五三五年他开始结识维多利亚·科洛纳。

她生于一四九二年。她的父亲是帕利阿诺地方的领主,塔利阿柯佐亲王法布里齐奥·科洛纳。她的母亲阿涅丝·德·蒙特费特罗,是乌尔比诺亲王——伟大的费德里戈的女儿。其家族属于意大利最高贵的门第之一,也是受文艺复兴精神熏陶最甚的家族之一。十七岁时,她嫁给了佩斯卡拉侯爵,帕维亚的征服者,大将军费朗特·弗朗切斯科·达瓦洛斯。她爱他,他却完全不爱她。她长得不美。从纪念章的浮雕上,人们看出她长着一张男性的脸,显得很有主见,略有些严厉,额头很高,鼻子长且直,上唇较短且后缩,下唇稍稍前突,嘴紧闭,下巴突出。认识她且为她作传的菲洛尼科·阿利卡纳塞奥尽管措辞委婉,仍让人明白她的长相颇丑。"她嫁给佩斯卡拉侯爵的时候,"他说,"正致力于提高自己的聪明才智,因为她不算很美,于是她研修文学,以获得不朽的美,这种美不会像别的美那样易于消逝。"她是热切追求心智发展的人,在一首十四行诗中,她写道:"粗俗的感官,不能促成产生纯洁爱情和高贵心灵的和谐,既不能唤起她的欢愉,也不会使她痛苦……明亮的火光,使我的心灵升华,它上升得那么高,以致卑下的思想会使它难受。"从任何一个方面,她都不适于为那位引人注目且纵欲无度的佩斯卡拉所爱;然而,毫不理智的爱情却要她始终爱他,为他受苦。

她忍受着残酷的折磨,她丈夫甚至在自己家里欺骗她,对她不忠实,闹得整个那不勒斯传得沸沸扬扬。可是,当他一五二五年去世时,她丝毫没有因此减轻痛苦。她遁入宗教和诗歌,在罗马,稍后在那不

① 尤其是一五三三年六月至十月,米开朗琪罗离开卡瓦列里回佛罗伦萨期间。——原注

勒斯,过着修道院式的生活。[1] 一开始她并没有弃绝尘世的意思,她只不过是寻求孤独,以便沉浸在爱情的回忆中,如她在诗中所吟咏的。她和意大利所有的大作家都有来往,如萨多莱特、班博、卡斯蒂廖讷,后者把他的《侍臣》手稿赠送给她,阿里奥斯托在他的《疯狂的奥兰多》里称颂她,还有保罗·若维、贝尔纳多·塔索、洛多维科·多尔切等。自一五三〇年以来,她的十四行诗在整个意大利传诵,在当时的女作家中,唯有她享有这份光荣。隐居到伊西亚后,在那发出悦耳声响的大海中,在那荒僻而美丽的岛上,她仍然不倦地歌唱她那已经改头换面的爱情。

可是一五三四年以后,宗教把她整个俘获了。宗教改革思想,试图改革教会,同时又避免教会分裂的宗教自由思想征服了她。我们不知道她是否在那不勒斯认识了胡安·德·瓦尔戴斯[2],但她确实被锡耶纳的贝尔纳迪诺·奥基诺[3]的宣道鼓动了起来。她是皮耶特罗·卡尔内塞基[4]、吉贝尔蒂、萨多莱特、高贵的雷吉纳尔德·波莱,以及改革派最伟大的高级教士,一五三六年建立教会改革协会的红衣主教加斯帕雷·孔塔里尼[5]的朋友,孔塔里尼主教曾徒劳地设法与新教徒达成

① 当时她的精神导师是维罗纳的主教马泰奥·吉贝尔蒂,宗教改革运动的前驱之一,他的秘书即诗人弗朗切斯科·贝尔尼。

② 胡安·德·瓦尔戴斯,西班牙王查理五世的私人秘书之子,自一五三四年起成为那不勒斯宗教改革运动的领袖,发表过许多演说和著作。他死于一五四一年,据说他在那不勒斯的信徒有三千余人之众。——原注

③ 贝尔纳迪诺·奥基诺,著名的宣教士,嘉布遣教派的副司铎,一五三九年成为瓦尔戴斯的朋友,他在那不勒斯、罗马、威尼斯等地进行大胆的宣传,一五四二年,因被控为路德派将被治罪,遂从佛罗伦萨逃往费拉拉,转道日内瓦,在那里加入了新教。他是维多利亚·科洛纳的知己,离开意大利时,在一封密信中,把自己的决心告诉了她。——原注

④ 皮耶特罗·卡尔内塞基,克雷芒七世的秘书,也是瓦尔戴斯的朋友与信徒,一五四六年被列入异教罪人名单,一五六七年在罗马被处火刑。他和维多利亚·科洛纳过从甚密。——原注

⑤ 加斯帕雷·孔塔里尼,威尼斯的世家子弟,曾出任威尼斯驻荷兰、英国、西班牙等国的大使,一五三五年被教皇保罗三世任命为红衣主教。一五四一年出席北欧的国际宗教会议,他始终未能与新教徒达成谅解,同时又受到天主教徒的猜疑。失望归来,一五四二年八月死于波伦亚。——原注

妥协,他居然敢写出这样大胆的语句:

> 基督的律法是一种自由的律法……凡以一个人的意志为准绳的政府均不能称之为政府,因它实质上倾向于恶,而且为无数情欲所驱动。不!任何最高权力都是理性的权力。其目的是以正确的途径,引导服从它的人达到正确的目标:幸福。教皇的权威,也是理性的权威。一个教皇应该知道,这权威是行使于自由人的。他不应该随心所欲地下命令,或禁止,或豁免,而只应根据理性的规则、神明的戒律和爱——一种将一切引向上帝,引向共同幸福的准则行事。

维多利亚是这个理想主义小团体最狂热的分子中的一员,这个小团体联合了意大利最纯粹的良心。她和费拉拉的勒内、纳瓦尔的玛格丽特的通信,被后来变成新教徒的皮埃尔·帕洛·维尔杰里奥称作“一道真理的光”。但是,由残忍的卡拉法①领导的反改革运动开始以后,她陷入致命的怀疑中。她和米开朗琪罗一样,有一个狂热却软弱的灵魂:她需要信仰,她无力抗拒教会的权威。“她持斋、节食以苦修,饿得只剩皮包骨。”②她的朋友,红衣主教波莱③叫她克制智者的高傲,强迫自己归顺,在神的面前忘掉自我,这才使她渐渐平静下来。她以一种献祭的热忱做着这一切……但愿她只是拿自己献祭!然而她却

① 卡拉法,基耶蒂的主教,于一五二四年创立台阿廷教派,从一五二八年起,在威尼斯组织反宗教改革的团体。他先是作为红衣主教,继而作为教皇保罗四世,无情地打击新教徒,严厉惩治改革运动的参与者。——原注

② 一五六六年卡尔内塞基在异教徒裁判法庭的供词。——原注

③ 雷吉纳尔德·波莱,出生于约克家族,因与英王亨利八世发生冲突而逃离故土,一五三二年途经威尼斯,成为孔塔里尼的挚友,后由保罗三世任命为红衣主教和圣彼得教区的教皇特使。其人和蔼可亲,后来终于屈服于反改革运动,且劝说许多打算改信新教的孔塔里尼派的自由思想者重新皈依天主教。从一五四一年到一五四四年维多利亚·科洛纳完全听从他的指导。一五五四年,波莱作为教皇特使返回英国,成为坎特伯雷大主教,一五五八年去世。——原注

要朋友们和她一起牺牲,她背弃奥基诺,把他写的东西交给罗马异教裁判所。和米开朗琪罗一样,这伟大的灵魂被恐惧吓破了胆。她把良心的责备埋入一种绝望的神秘主义中:

> 您看见我处在无知的混沌之中,迷失于错误的歧路;为了寻求休息,肉体一直不停地活动;为了觅得平静,灵魂总是动荡不宁。上帝要我意识到,我一文不值,要我明白,一切在于热爱基督。[1]

她呼唤死亡,犹如呼唤解放。——一五四七年二月二十五日,她告别了人世。

* * *

正当她受瓦尔戴斯和奥基诺的神秘主义自由思想影响最深的时候,她认识了米开朗琪罗。这个女子,忧伤,苦恼,永远需要一个可依傍的向导,同时也永远需要一个比她更软弱、更不幸的人,以便在他身上倾泻洋溢在她心中的母爱。她在米开朗琪罗面前藏起她的惶恐不安,表面上显得安详、持重,稍有点冷淡,她将自己求之于人的平静传递给了米开朗琪罗。他们的友谊始于一五三五年,自一五三八年秋趋于亲密,但完全建立在对神的信念上。那时维多利亚四十六岁,米开朗琪罗已六十三岁了。她住在罗马平乔山下的圣西尔维斯特罗修道院。米开朗琪罗住在卡瓦洛山附近。每星期日,他们在卡瓦洛山圣西尔维斯特罗教堂聚会。修士阿姆昂勃罗吉奥·卡泰里诺·波利蒂给他们朗读《圣保罗书简》,他们一起讨论。葡萄牙画家弗朗索瓦·德·奥朗德在他的四部《绘画对话录》中,为我们留下了这些谈话的记忆。这些生动的画面,反映了他们之间严肃而亲切的友谊。

① 一五四三年二月二十二日维多利亚致红衣主教莫罗内。——原注

弗朗索瓦·德·奥朗德第一次去圣西尔维斯特罗教堂,看见佩斯卡拉侯爵夫人和几个朋友在那里聆听诵读圣书。米开朗琪罗当时不在场。诵读完毕后,可爱的夫人微笑着对画家说:

“和讲道相比,弗朗索瓦·德·奥朗德大约更乐于听米开朗琪罗的谈话。”

弗朗索瓦被这句话刺伤,傻呵呵地回答:

“怎么,夫人,阁下您以为我除了绘画,对其他任何事情都麻木不仁么?”

“别多心,弗朗索瓦先生,”拉唐齐奥·托洛梅说,“侯爵夫人恰恰深信画家在任何方面都很优秀。我们意大利人多么敬重绘画!她说这句话可能是想让您听听米开朗琪罗的谈话,好使您更加高兴。”

弗朗索瓦尴尬地道了歉,侯爵夫人对她的一个仆人说:

“到米开朗琪罗那儿去,告诉他宗教仪式结束后,我和拉唐齐奥先生还待在教堂里,这儿舒适凉快,如果他愿意耗费一点时间,我们将获益匪浅……但是,”她深知米开朗琪罗的性格孤僻,便补充道,“别告诉他西班牙人(应为葡萄牙人)弗朗索瓦·德·奥朗德也在这儿。”

等待仆人回来的时候,他们商量用什么办法把谈话引到绘画上,而不让他察觉他们的意图。因为他一旦发现他们的用意,会立刻拒绝继续谈下去。

> 静寂了片刻,有人敲门了。这么快就有了回音,大家都很担心大师不来。原来我的福星高照,使住在附近的米开朗琪罗正巧往圣西尔维斯特罗教堂的方向走,他沿着埃斯齐丽娜街往台尔梅斯走去,一路上和他的学生乌尔比诺聊着哲学。我们派去的仆人遇见他,便把他带来了,此刻正是他本人站在门槛上。侯爵夫人立起身,站着和他谈了好一会儿,才请他在她和拉唐齐奥之间就座。

弗朗索瓦·德·奥朗德坐在他旁边,可是米开朗琪罗根本没有注意到他的邻座,奥朗德大受刺激,愤愤地说:

> 真是,要让人看不见他的最好办法,就是直挺挺站在这个人的眼前。

米开朗琪罗吃惊地瞧着他,立刻向他道歉,态度十分谦恭:

> 对不起,弗朗索瓦先生,我真的没看见您,因为我的眼睛一直望着侯爵夫人。
>
> 侯爵夫人稍稍顿了一下,这时开始用一种怎样吹嘘都不算过分的艺术,谈起这样那样的事情,巧妙而且谨慎地避开绘画的话题。真像是围攻一座防守严密的城市,既费力又需施巧计。米开朗琪罗则像一个强壮且保持警惕的被围困者,处处设岗,扯起吊桥,遍布陷坑,警惕地在房门和墙壁上都安排了驻军。但侯爵夫人最终还是把他攻下了。真的,没有人能抵抗住她。
>
> "那么,"她说,"应该承认,当我们用与他同样的武器,即诡计,去攻击米开朗琪罗时,我们总是失败的。所以,拉唐齐奥先生,如果想要使他开口不得,由我们来下结论,就应当和他谈诉讼,教皇的敕令,或者……绘画。"

这巧妙的绕弯把话题引向了艺术领域。维多利亚和米开朗琪罗谈及她计划建造的宗教建筑物,米开朗琪罗立刻自告奋勇去察看场地,草拟图样。侯爵夫人回答:

> 我可不敢对您提出这么多的要求,虽然我知道您在一切问题上都听从抑强扶弱的救世主的教导……因此,了解您的人都尊重米开朗琪罗的为人,更甚于尊重他的作品,而不似那些不了解您

的人，只称颂您最弱的一部分，即您用双手制成的作品。不过我也没少赞扬您经常抽身躲到一旁，避免参与我们无聊的谈话，您并不是老画那些向您求画的王公贵人，而是几乎把整整一生都奉献给一件伟大的作品。

对这些恭维话，米开朗琪罗谦虚地表示婉谢，并表达了他对那些多嘴且有闲者——大贵人或教皇的反感，在他终其一生还完成不了任务时，这些人居然自以为可以把他们的社会强加于一个艺术家。

接着，谈话转到艺术的最高主题上，侯爵夫人以虔诚的严肃态度对待这个问题。对她而言，如同对米开朗琪罗一样，一件艺术品，就是信念的行动表现。米开朗琪罗说：

好的绘画，必走近神并与之结合……它只是复制了神的完美形象，只是神的画笔、音乐、旋律的影子……因此画家成为一个伟大而灵巧的大师还不够，我想他的生活也应当尽可能是圣洁的，以便圣灵能控制他的思想……①

日子就这样在圣西尔维斯特罗教堂里，在庄严平静、真正神圣的谈话中度过。有时，朋友们喜欢到花园里继续谈，弗朗索瓦·德·奥朗德描绘道："在喷泉旁，在月桂树的浓荫下，我们坐在石凳上，背靠爬满常春藤的墙壁。"在那儿，他们俯瞰罗马，整个古城展现在他们脚下。②

遗憾的是，这些美妙的谈话没有延续多久，佩斯卡拉侯爵夫人的宗教信仰危机使之突然中断。一五四一年，她离开罗马，把自己幽禁

① 奥朗德：《罗马城绘画对话录》第一部分。

② 奥朗德：《罗马城绘画对话录》第三部分。那天，教皇保罗三世的侄儿奥克塔夫·法尔奈兹娶亚历山大·德·梅迪契的寡妇为妻，包括十二驾古式彩车的盛大仪仗队从纳沃内广场通过，观者如潮。米开朗琪罗和朋友们则藏身在高处圣西尔维斯特罗教堂的宁静中。——原注

在奥尔维耶托的一个隐修院,继而又转至维特尔贝隐修院。

> 但她常常离开维特尔贝回到罗马,仅仅是为了看望米开朗琪罗。他为她超凡脱俗的气质而着迷,她则使他得到抚慰。他收到且保存着她的许多信,这些信充满圣洁而温柔的爱,恰如这样一个高洁的心灵所能写出的。①
>
> 按照她的意愿,他画了一幅裸体的基督像,基督已从十字架上放下来,如果没有两个天使扶掖着他的胳膊,他会像一具毫无生气的尸体般倒在圣母脚下。圣母坐在十字架下面,痛苦的脸上淌着泪,她张开双臂,举向上天。在十字架的木头上,可以看见这样一行字:Non vi si pensa quanto sangue costa.②由于对维多利亚的爱,米开朗琪罗还画了一幅十字架上的基督,和人们惯常表现的不同,基督不是死的,而是还活着,他把脸转向圣父,喊道:"Eli! Eli!"他的身体并未瘫软,而是痉挛着在临终时最后的痛苦中挣扎。

现藏卢浮宫和大不列颠博物馆的两张出色的素描《复活》,很可能也是受维多利亚的启发创作的。卢浮宫的那一张,大力士般的基督,正在奋力掀开盖在坟墓上的沉重石板,他还有一条腿埋在墓穴里,抬着头,举着臂,在热情冲动中欲奔向上空,令人想起卢浮宫所藏的《奴隶》。回到上帝身边!离开这个世界,离开他不屑一顾的这些愕然且惊骇的人们!终于,终于摆脱这可厌的人生!……大不列颠博物馆的那张素描比较宁静祥和,基督已经走出坟墓,翱翔在天上,健壮的身躯在轻抚他的熏风中飘浮,两臂交叉,头向后仰,双目紧闭,犹如心醉神

① 龚迪维记述。

② 意大利文:再也想不起流过多少鲜血。——这幅画启发米开朗琪罗后来创作了一系列圣母哀恸耶稣之死的作品,如佛罗伦萨的《圣母哀恸基督》(1550—1555)、隆达尼尼的《圣母哀恸基督》(1563),还有在帕莱斯特里纳发现的《圣母哀恸基督》(1555—1560)。——原注

迷，他像阳光一样，上升到那光明的世界。

维多利亚就这样为米开朗琪罗的艺术重新开启了信仰之门。不仅如此，她还激励他的诗才，那由于对卡瓦列里的爱而被唤醒的诗才。[①] 她不仅为对宗教怀有阴暗预感的米开朗琪罗揭示了宗教的默启，而且恰如托德所说，还为他在诗歌中歌唱宗教激情作了示范。在他们结交的初期，维多利亚就写出了《灵性的十四行诗》。她一面写，一面寄送给她的朋友。[②]

他从这些诗中汲取到一种温柔的慰藉，一种新的活力。在一首回赠她的优美的十四行诗中，他表白了动人的感激之情：

令人幸福的精灵，以热烈的爱
使我垂死的衰老心灵保持活力，
在你的善举和乐趣中，
于诸多高贵的生灵之间，
竟对我另眼相待。
过去你这样出现在我眼前
现在你又这样显现于我的心灵，

① 这时，米开朗琪罗想到出版自己的诗集。此前，他一直没把他写的东西当回事，是他的朋友路易吉·德尔·里奇奥和多纳托·吉阿诺蒂给他出了这样的主意。由吉阿诺蒂操办出版事宜。一五四五年前后，米开朗琪罗从自己的诗稿中遴选了一部分，朋友们替他重新抄录。但是，一五四六年里奇奥去世，一五四七年维多利亚去世，使他改变了想法，他觉得这无非是一种毫无意义的虚荣。因此他的诗在他生前一直没有出版，只有很少一部分在瓦尔奇、吉阿诺蒂、瓦萨里等人的著作中引用。但他的诗到处传抄，其中有不少已被一些大作曲家谱成了乐曲。瓦尔奇曾在佛罗伦萨学士院朗读并介绍他的一首十四行诗，誉之为具有“古代诗人的清纯和但丁的丰富思想”。米开朗琪罗深受但丁影响。吉阿诺蒂说：“没有人比他更理解但丁，没有人比他更熟悉但丁的著作。”米开朗琪罗对其他意大利古典作家同样熟悉，如著名诗人彼特拉克、卡瓦尔坎蒂，法学家兼诗人皮斯托亚的奇诺等。他的诗风格简洁精炼，而使之富有活力的思想感情则是柏拉图式热烈的理想主义。——原注

② 一五五一年三月七日，米开朗琪罗在信中告诉法图契：“十余年前，她送给我一本羊皮封面的小书，收有一〇三首十四行诗，她在维特尔贝寄给我的四十首还不在内。”——原注

为的是给我以安慰……
你想到了生活在忧患中的我，
我也当感谢得之于你的恩惠。
如果我以为送给你几幅微不足道的绘画
就足以回报你那些美丽且生动的创作，
那真是最大的耻辱和妄自尊大。

一五四四年夏，维多利亚回到罗马，住进圣安娜修道院，直到去世。米开朗琪罗不时去探望她。她深情地思念他，总想暗地送他一些小礼物，好让他的生活稍稍惬意和舒适一些。可是这位多疑的老人“不愿接受任何人的礼物”，①哪怕送礼者是他的至爱，他拒绝了她的馈赠。

她死了。他眼睁睁看着她死去，他所说的几句感人肺腑的话，表明他们之间伟大的爱情是何等纯洁和克制：

“我看着她死去，而我不曾如吻她的手那样吻她的额和脸，每念及此，我都感到悲痛欲绝。”②

“维多利亚之死，”龚迪维说，“使他长时间处于痴骇状态，似乎失去了知觉。”

“她希望我成就大的事业，”后来他哀痛地说道，“我也一样，死亡夺去了我一个伟大的朋友。”

他为她的死写了两首十四行诗。一首渗透着柏拉图学派的思想，仿佛黑夜中划过一道闪电，表现了一种狂热的理想主义和极其高雅讲究的风格。米开朗琪罗把维多利亚喻为神明的雕刻家手中的锤子，它使物质材料中迸发出崇高的思想：

① 据瓦萨里记述，某次他与好友路易吉·德尔·里奇奥发生龃龉，原因是后者送给他礼物。米开朗琪罗指责他：“你过分的好意，比你偷盗我更让我难堪。朋友之间应平等相处，如果一个施予多，一个给得少，就会发生争执了。好比一个是征服者，另一个绝不会原谅他。”——原注

② 据龚迪维记述。

如果我粗重的锤子,把坚硬的岩石
时而打造成这样,时而打造成那样,
这是握着它的那只手在引导和操纵,
锤子接受着手的运动,驱动它的是一种外力。
但神明的锤子在上空举起,
仅凭它自身的力量,
创造着自身的和其他事物的美丽。
没有任何别的锤子能不用锤子就打造自己,
唯有它能使其他所有的一切富有活力。
作坊里的锤子举得越高,
打击在铁砧上就更有力,
神锤高举在上空,直达天庭。
只要神锤助我,便能引导我的作品获得完美的结果。
迄今为止,在这大地上,它仍是唯一的。①

另一首十四行诗更温柔,且宣告了爱情对死亡的胜利:

当那引起我频频叹息的人儿,
从人世,从她自身,从我眼前消遁,
对她有过恰当评价的天理为之愧疚,
所有见过她的人为之哭泣。
死亡啊,而今你且慢得意!
你扑灭了这一太阳的光辉,她却衍生出别的!
爱战胜了,使她在大地,在天庭,
在圣者的行列中重生。

---

① 米开朗琪罗曾说:“在这世上,唯有维多利亚能以她至高的德行激起他人的德行,没有人能像她那样给人鼓励。”——原注

万恶的不公正的死亡，
自以为磨灭了她灵魂的美丽，
遏制住了她德行的回响。
她的诗文却得出相反的结论：
它们使她比生前焕发出更明亮的光华，
死亡让她征服了以往未能征服的天国。

* * *

在这严肃而平静的友谊中，米开朗琪罗完成了他最后的伟大绘画与雕塑作品：《最后的审判》、保利内教堂的壁画和尤利乌斯二世的陵墓。

米开朗琪罗于一五三四年离开佛罗伦萨赴罗马时，心想克雷芒七世一死，他终于可以摆脱其他工作，安安静静完成尤利乌斯二世的陵墓，卸下他这辈子一直压在良心上的重担之后再死去。哪知他刚到罗马，立刻被新主人的锁链缚住。

> 保罗三世召见他，要他为他工作……米开朗琪罗拒绝了，说他不能这样做，因为合同规定他必须受乌尔比诺大公的约束，直到尤利乌斯二世的陵墓完成为止。教皇发怒了，说道："三十年来，我一直有这个愿望，现在我成为教皇了，难道愿望还不能得到满足么？我可以撕掉那张合同，无论如何，我要你为我服务。"①

米开朗琪罗差一点又要逃跑。

> 他想躲进热那亚附近的一座修道院，那里的主教阿莱里亚是他的朋友，也是尤利乌斯二世的朋友，他或许能在邻近的卡拉雷

① 据瓦萨里记述。

> 采石场很方便地完成他的作品。他也曾想过躲到乌尔比诺，那是个安静的去处，他希望那儿的人能因怀念尤利乌斯二世而善待他。他已经派去一个人，想在那里买一所房子。①

但是，正当要做出决定的时候，他又像往常一样拿不定主意，他在担心行动的后果，他本可借助某个折中方案从那儿溜走，却仍为永恒的幻想，永远破灭的幻想所蒙骗。他重又让人捆绑着，继续承受着沉重的负荷，直至生命终止。

一五三五年九月一日，保罗三世一道敕令，任命他为使徒宫雕塑与绘画的总建筑师。此前，从四月以来，米开朗琪罗已经接受了《最后的审判》的工作。② 从一五三六年四月至一五四一年十一月，也就是说，正是维多利亚在罗马小住的时候，他全副精力都投入了这件作品。在从事这项宏伟事业的过程中，大概是一五三九年，老人从脚手架上摔下来，腿部受了重伤。“他又痛苦又气恼，不让任何医生为他治疗。”③他讨厌医生，听说亲友中有人冒失地求医时，他的信中便表现出一种可笑的担心。

> 所幸他跌下以后，佛罗伦萨的巴乔·隆蒂尼，他的朋友，一个极聪明的医生，他爱慕米开朗琪罗，对他极为同情，一天，他去敲米开朗琪罗的房门，没有人应声，他上楼，挨个房间去找，一直找到米开朗琪罗睡觉的那一间。艺术家一看是他，老大不高兴。但巴乔却再也不愿离开，直到把他治愈为止。④

和从前的尤利乌斯二世一样，保罗三世也来看他作画，参加意见。

---

① 据龚迪维记述。
② 一五三三年，他已经想过，用这样一幅巨型壁画占满西斯廷教堂入口处的墙壁。——原注
③ 据瓦萨里记述。
④ 据瓦萨里记述。

他的司仪长比阿吉约·达·切塞纳陪着他。一天,教皇问司仪长对作品有何看法。这位比阿吉约,据瓦萨里说,是一个极迂腐的人,宣称在这样一个庄重的场所,画上这么多下流的裸体是极不恰当的;还说这种画只好装饰浴室或者旅店。米开朗琪罗给激怒了,待他走出门,便凭着记忆,把他画进了地狱,成为弥诺斯的形象,在一座魔鬼的山中,一条巨蛇缠着他的腿。比阿吉约到教皇面前告状,保罗三世嘲弄地说:"倘使米开朗琪罗把你放在炼狱,我还可以想想办法救你;可是他把你放进了地狱,那我就无能为力了:在地狱里肯定是没救的了。"①

认为米开朗琪罗的绘画下流的,可不止比阿吉约一个人。意大利正在整肃世风,那时离韦罗内塞②因《西门家的最后晚餐》被异教裁判所传讯已为时不远。不少人在《最后的审判》面前大呼有伤风化,叫得最响的是阿雷蒂诺。这位诲淫诲盗的作家,想要给纯洁正派的米开朗琪罗上修身课,③给他写了一封无耻的答尔丢夫式④的信,指责他描绘"一些让娼家也会脸红的东西"。他向新设立的异教裁判所控告其亵渎宗教的罪行。"因为,"他说,"侵害他人的信仰,其罪恶更甚于自己无信仰。"他请求教皇毁掉这幅壁画;他指控米开朗琪罗是路德派教徒,卑鄙地暗示他道德败坏,⑤临了还谴责他偷盗了尤利乌斯二世的钱。这封信侮辱和败坏了米开朗琪罗灵魂深处最珍视的虔诚、友谊、爱惜名誉等情操,他读时不禁报以轻蔑的微笑,又因受辱而痛哭,对这封卑鄙的讹诈信,米开朗琪罗不予理睬。他大概想起了自己提及某些敌人时,以压倒人的蔑视说过的话:"不值得和他们去斗,胜了他们也不是什么了不得的事情。"到阿雷蒂诺和切塞纳对《最后的审判》的意

① 据瓦萨里记述。

② 韦罗内塞(1528—1588),威尼斯画派的著名画家,运用色彩的大师。

③ 这是一种报复行为。阿雷蒂诺多次向米开朗琪罗索要艺术品,米开朗琪罗未予理睬,他曾为《最后的审判》设计了一幅草图,也被客客气气地拒绝了。因此他要米开朗琪罗因蔑视他而付出代价。——原注

④ 阿雷蒂诺的喜剧《伪君子》,是莫里哀的《答尔丢夫》的源头。

⑤ 信中还含沙射影地侮辱了无辜的格拉尔多·佩里尼和托马索·德尔·卡瓦列里。——原注

见日益得势，他仍不置一词，也不采取任何行动去阻止他们。他的作品被视为“路德派的垃圾”，他什么也不说。保罗四世想要除掉他的壁画，[①]他依然什么也不说。到达尼埃尔·沃尔台雷奉教皇之命，来给他的主人公们“穿裤子”时，[②]他还是什么话也不说。人家征询他的意见，他毫无怒气地回答，语气中交织着嘲讽和怜悯：“告诉教皇，说这只是小事一桩，很容易整治，只要圣上愿意把世界整治一下，修理一幅画不过是举手之劳而已。”他知道，在和维多利亚虔诚的交谈中，在这颗纯洁无瑕的灵魂庇护下，自己是怀着何等热诚的信仰完成这幅画的。他羞于为这些寄予了他的英雄思想的纯洁裸体辩护，以反驳那些下流的猜度和伪君子及小人的含沙射影。

西斯廷的壁画完工以后，[③]米开朗琪罗以为终于有权去完成尤利乌斯二世的陵墓了。而不知足的教皇却逼着这位七十岁的老人画保利内教堂的壁画。[④] 他差一点没能制作预定安放在尤利乌斯二世陵墓的几座雕像，那是用来装饰其小圣堂的。米开朗琪罗庆幸自己得以和尤利乌斯二世的继承人签订了第五份，也是最后一份合同，根据这份合同，他交付出已经完成的那些雕像，[⑤]并出资雇用两名雕刻家完成陵墓的扫尾工作。这样一来，他便永远卸下了其他一切义务。

他的苦难还没有到头。尤利乌斯二世的继承人贪婪地不断索要他们认定他以往收下的预付款。教皇让人告诉他，不要为这些事分

---

① 一五九六年，教皇克雷芒八世也曾想把《最后的审判》涂掉。——原注

② 这是一五五九年的事。沃尔台雷把他的修改工作称作“穿裤子”。沃尔台雷是米开朗琪罗的朋友，还有另一个朋友，雕塑家阿马纳蒂，同样认为表现裸体很下流。在这件事情上，他的信徒们也不支持他。——原注

③ 《最后的审判》落成礼于一五四一年十二月二十五日举行，全意大利、法国、德国、弗朗德勒，各处都有人来参加。——原注

④ 这些壁画包括《圣保罗谈话》《圣彼得殉教》等，米开朗琪罗从一五四二年着手工作，一五四四年和一五四六年两次因患病中断，一五四九年至一五五〇年间才勉为其难地完成。瓦萨里说：“这是他一生中最后完成的一组绘画，且付出了极大的努力，因为绘画，特别是壁画，对老年人是很不相宜的。”——原注

⑤ 这组雕像首先是《摩西》和两座《奴隶》，后米开朗琪罗觉得《奴隶》对这一简缩了的建筑不适宜，便换了另两座雕像：《行动生活》和《冥想生活》。——原注

心,专心做好保利内教堂的事情。他回答道:

> 但是,我们是用脑子而不单是用手作画。做事不动脑子的人是要丧失荣誉的。因此只要我有这些操心事,我就做不出好作品……我这辈子给捆在这座陵墓上了,我因在利奥十世和克雷芒七世面前竭力表明自己无罪而葬送了全部青春,我因为过分讲良心而毁了自己。这就是我的命运使然!我看见许多人年收入高达两三千埃居;我呢,历尽艰辛,却仍然贫穷。而别人还把我当窃贼!……在人前——我不说在神面前——我自认为是个诚实的人,我从未欺骗过任何人……我不是窃贼,我是佛罗伦萨的士绅,出身高贵,是一个受尊敬的人的儿子……当我不得不在那帮混蛋面前自卫时,我真要发疯了![①]

为了补偿他的对手,他亲手制作了《行动生活》和《冥想生活》这两座雕像,虽说合同上并没要求他这样做。

一五四五年一月,尤利乌斯二世的纪念建筑终于在文柯利的圣彼得教堂落成。最早的美妙规划现在剩下了什么?只有《摩西》,原计划中只是一个陪衬的雕像,现在却占据了中心的位置。一个伟大计划的讽刺画!

毕竟,这件事了结了。米开朗琪罗从他一生的噩梦中解脱了出来。

二 信 念

> 亲爱的主啊,我的太阳,
> 消除了我无谓的盲目烦恼。[②]

维多利亚死后,他曾想回佛罗伦萨,“在父亲身边,休息他疲惫的

---

① 一五四二年十月的一封信,收信人不详。

② 原文为意大利文。

筋骨”。他这一生侍奉了几代教皇以后，想将余年奉献给上帝。也许他是受到女友的推动，想要完成她最后的一个遗愿。维多利亚去世前一个月，一五四七年一月一日，米开朗琪罗被保罗三世任命为圣彼得大教堂的总建筑师兼总监，全权负责教堂的修建。他接受这项任务并非没有困难，也不是教皇的坚持，才使他下决心以七十余岁的老迈之身，担负起这副他从未承受过的重担。他把这看成一种责任，是神交给他的使命：

“许多人认为，我也相信，是上帝把我安置在这个岗位上的，”他写道，“不管我多么老，我都不愿放弃，我是出于对上帝的爱而效劳的，我所有的希望都寄托在上帝身上。”①

为了这项神圣的事业，他不接受任何薪酬。

这件事情上，他又得和众多的敌人交手。如瓦萨里所说，敌人就是“圣·伽洛的党羽”②，还有所有的管理员、供应商、工程承包人等，他揭出他们营私舞弊的劣迹，而圣·伽洛过去一直装聋作哑，从不过问。瓦萨里说：“米开朗琪罗把圣彼得教堂从窃贼和强盗手中解救了出来。”

一个反对他的联盟渐渐形成。为首的便是那个厚颜无耻的建筑师纳尼·迪·巴乔·比吉奥，瓦萨里指责他曾盗窃米开朗琪罗，现在又一心要排挤他。他们散布流言，说米开朗琪罗对建筑全然外行，只会浪费金钱，毁坏前人的作品。教堂建筑管理委员会也参与反对他们的总建筑师，于一五五一年发起组建一个正式的调查组，由教皇亲自主持。监察人员和工人们在两位红衣主教——萨尔维亚蒂和切尔维尼的支持下，都来控告米开朗琪罗。米开朗琪罗不屑于为自己辩解，他拒绝和他们辩论。“我没有义务把我应该做，或想要做的事，”他对

---

① 一五五七年七月七日给侄儿利奥纳多的信。

② 安东尼奥·德·圣·伽洛从一五三七年直至一五四六年去世，一直是圣彼得大教堂的总建筑师。他一向是米开朗琪罗的敌人，为了梵蒂冈的城堡设计，两人曾针锋相对，互不相让。

红衣主教切尔维尼说,“通知您,或其他任何人。你们的任务是监督财务支出,剩下的事仅仅与我有关。”①他那改不了的骄傲禀性,从不肯把他的计划告诉任何人。对那些怨声载道的工人,他的回答是:“你们的任务是干泥瓦活、木工活、斫石、筑墙,执行我的命令,干你们的本行。至于弄清我脑子里的想法,你们永远做不到,因为这是侵犯我的尊严。”②

他这套办法当然激起了更多的怨恨,如果没有教皇们的保护,他一刻也支撑不下去。③ 因此,尤利乌斯三世晏驾,红衣主教切尔维尼成为教皇以后,米开朗琪罗差一点就要离开罗马。然而马尔赛鲁斯二世刚登基就驾崩,由保罗四世继位。④ 最高权威的保护重新确立,米开朗琪罗也就继续奋斗下去。他认为如果放弃作品,就会丧失名誉,灵魂的得救也会成为问题。

“我是不由自主地挑上这副担子的,”他说,“八年来,我白白在无尽的烦恼和劳累中耗得筋疲力尽。如今,工程已颇有进展,可以开始建造穹顶了,这时我若离开罗马,作品将前功尽弃,这于我不啻为一大耻辱,也是灵魂的一大罪孽。”⑤

他的敌人们当然不肯善罢甘休,争斗有时竟会酿成悲剧。一五六

---

① 据瓦萨里记述。

② 据博塔里记述。

③ 一五五一年调查结束后,米开朗琪罗转身对主持会议的教皇尤利乌斯三世说:“圣父,您看看我赢得了什么!如果我所忍受的烦恼无助于我的灵魂得救,我就算是白白浪费了时间,白白受了苦。”教皇把手搁在他肩上,说道:“别担心,你是双赢,灵魂和肉体你都赢了。”——原注

④ 保罗三世死于一五四九年十一月十日;和他一样看重米开朗琪罗的尤利乌斯三世于一五五〇年二月八日至一五五五年三月二十三日在位;一五五五年五月九日切尔维尼成为教皇,号称马尔赛鲁斯二世,登基刚几天就去世;一五五五年五月二十三日,保罗四世登基成为教皇。——原注

⑤ 一五五五年五月十一日给侄儿利奥纳多的信。一五六〇年,因受朋友们批评意见的影响,他要求“解除他领教皇之命,十七年来义务承担的重负”,然而他的辞呈未能获准,保罗四世下令再次肯定了他的权力。这时他才下决心答应卡瓦列里的要求,制作穹顶的木制模型。此前他一直把全部计划藏在自己头脑里,不愿向任何人透露。——原注

三年，圣彼得教堂工程中最忠诚于米开朗琪罗的助手，皮埃尔·路易吉·加埃塔，被诬盗窃而入狱；他的工程总管，切萨雷·达·卡斯台杜朗特被刺身亡。米开朗琪罗的回应是，任命加埃塔接替切萨雷的职位。管理委员会赶走了加埃塔，任命米开朗琪罗的敌人纳尼·迪·巴乔·比吉奥担此职务。米开朗琪罗大怒，不再去圣彼得教堂视事。人们传播流言，说他已经辞职。管委会迅即任命纳尼取代他，纳尼也立时摆起主管的架势。他指望使这个疾病缠身，离死不远的八十八岁高龄的老者以灰心丧气告终。可他对这位敌手估计不足。米开朗琪罗当即去找教皇，表示若不还他以公道，他就离开罗马。他要求重新做调查，证明纳尼的无能和欺骗，把他赶走。这是一五六三年九月，他去世前四个月的事，[①]就这样，直到他最后的时日，他还在与嫉妒和仇恨搏斗。

我们不必为他抱屈，他知道怎么自卫，直到临死的时候，他还能——如他以往对他兄弟乔凡·西莫内所说——“把这个败类碎尸万段”。

* * *

除圣彼得大教堂的巨型作品，还有其他一些建筑工程占用着他的暮年：卡皮托勒教堂、圣马利亚·德利·安杰莉教堂、佛罗伦萨洛伦佐教堂的楼梯、皮亚门，尤其是佛罗伦萨的圣乔凡尼教堂——他的宏伟计划中的最后一个，也和其他宏伟计划一样流产了。

佛罗伦萨人曾请求他在罗马为该邦建造一座教堂，科斯梅大公还亲自给他写了一封极尽恭维的信。米开朗琪罗为乡恋之情所激励，以年轻人般的热情投入了这项工作。他对同乡们说，“如果他们能实现他的设计方案，无论罗马人还是希腊人都将无法和他们媲美。”瓦萨里说，“他从来不曾说出这样的话，以前没有，以后也没有，因为他是极其

① 米开朗琪罗死后第二天，纳尼就去求科斯梅大公，要求继任米开朗琪罗在圣彼得教堂的职位。——原注

谨慎的。”佛罗伦萨人接受了他的方案,未做任何修改。米开朗琪罗的一个朋友,蒂贝里奥·卡尔卡尼,在他的指导下制作了一个教堂的木制模型,“这是一件罕见的艺术珍品,无论就其壮美、富丽,还是多姿多彩而言,都从未见过这样的教堂。人们开始建造,花了五千埃居,尔后,钱没有了,工程停顿下来,米开朗琪罗伤心到极点。”①教堂始终没有建成,连模型也不知去向了。

这是米开朗琪罗对艺术创作的最后失望。行将就木之际,他怎能幻想刚刚起步的圣彼得大教堂有朝一日能够建成,他的作品中还能有一件永存于世吗?如果他能做主,很可能他自己就会把一切都砸碎。他最后一件雕塑,佛罗伦萨教堂里的《耶稣降下十字架》,②表明他对艺术已冷漠到何等地步。他之所以还在继续雕刻,已不再是出于对艺术的信仰,而是出于对基督的信仰,因为“他的精神和力使他不能不创造”③。但作品一旦完成,他就会将它砸碎。(1555)“若不是他的仆人安东尼奥恳求将它赐给他,这件作品就全毁了。”④

这就是米开朗琪罗最后的岁月对自己的作品漠不关心的表现。

* * *

自维多利亚死后,再没有任何伟大的情感照亮他的生命。爱已离他而去:

> 爱的火焰没在我的心中停留,
> 我已折断灵魂的翅膀,

① 据瓦萨里的记述。

② 一五五三年,他开始制作这件他所有的作品中最动人的作品,因为它最亲切,人们觉得他在其中只谈到他自己,他痛苦着,完全沉没在痛苦之中。此外,那个扶着基督的老人,面容痛苦,仿佛就是他本人。——原注

③ 瓦萨里语。

④ 蒂贝里奥·卡尔卡尼从安东尼奥手中买下了这件作品,并请求米开朗琪罗允许他将它修复。米开朗琪罗同意了,卡尔卡尼整理了群像,但他去世了,作品最后仍未完成。——原注

巨大的病痛(衰老)总能驱除微不足道的忧伤。①

他失去了他的弟弟们和最好的那些朋友。路易吉·德尔·里奇奥死于一五四六年,塞巴斯蒂安·德尔·皮翁博死于一五四七年,他的弟弟乔凡·西莫内死于一五四八年。最小的弟弟吉斯蒙多——他和他一向联系不多——死于一五五五年。他将他对亲情的需要和易怒的情感一齐倾泻在成为孤儿的侄儿们——他最爱的弟弟博纳罗托的两个孩子身上。一个女孩,叫切卡(弗朗切斯卡),一个男孩,叫利奥纳多。米开朗琪罗把切卡安置在修道院,给她置办了行装,供给她一切食宿费用,不时去看她。她出嫁的时候,②他给了她一份产业③做嫁妆。他亲自负责利奥纳多的教育。博纳罗托去世时,这孩子才九岁,长篇大论的通信,令人想起贝多芬和他侄儿的通信,表明他是何等严肃地在尽父辈的责任,当然也时有勃然大怒的情况发生。利奥纳多经常会考验他伯父的耐心,而这耐心却不是很大的。这年轻人糟糕的书法就足以使米开朗琪罗暴跳起来,他认为这是对他不敬:

收到你的信,没有一次不是读信之前就让我恼怒万分。不知你从哪儿学来这样的书法!简直是毫无情意!……我相信,即便是给世界上最大的一头驴写信,你也会写得更认真一些……我把你最近的来信扔进火里了,因为我没法读它,也没法回信。我已对你说过,现在不妨再说一遍,每次我收到你的信,总是不等读信就要发怒。从今往后,你别再给我写信了。你有什么事要对我说,就去找个会写字的人替你写,我的脑子需要派别的用场,不能耗费于猜测你那些无法辨认的字迹。④

---

① 米开朗琪罗:《诗集》卷八十一,约写于一五五〇年。然而他暮年的某些诗表明,他的火焰并没有完全熄灭,他所谓的“燃过的朽木”仍时有火焰蹿出。——原注

② 一五三八年,她嫁给了米凯莱·迪·尼科洛·圭恰尔迪尼。

③ 即他在波佐拉迪科地区的产业。

④ 伯侄间的通信始于一五四〇年。

天性多疑,加上兄弟之间的种种纠葛,使他益发多心,他对侄儿的讨好和奉承并未寄予太多幻想,在他看来,这种情感主要是冲着他的银箱,那小子知道,自己是他的继承人。米开朗琪罗老实不客气地对他挑明了这一点。有一次,他病重垂危,听说利奥纳多去了罗马,干了些不得体的事,十分恼怒,写信对他说:

> 利奥纳多!我病倒时,你跑到乔凡·弗朗切斯科先生那儿打听我是否还留下了什么。难道你有了我放在佛罗伦萨的钱还不够么?真是有其父必有其子,你父亲把我赶出了佛罗伦萨我自己的家!须知我已备下了一份遗嘱,根据遗嘱你别再指望从我这里得到什么。去你的吧!别再到我跟前来,永远别再写信给我![①]

这怒气丝毫不能触动利奥纳多,因为通常随之而来的是温情的信和这样那样的礼物。[②] 一年以后,他为赠送三千埃居的诺言所吸引,重新赶赴罗马。米开朗琪罗被他这种情急的表现所刺痛,写道:

> 你这么急匆匆地赶到罗马来,我不知道倘我处于贫困之中,连面包都不够吃的时候,你能否这样快地赶来!……你说你来是出于责任,是因为爱我。是啊!蛀虫的爱!如果你真的爱我,你会写信对我说:"米开朗琪罗,留着你的三千埃居,自己花吧!你已经给了我们那么多钱,足够我们用了,你的生命对我们来说比财产更重要……"但是,四十年来,你们靠我养活,我却从来不曾

① 一五四四年七月十一日给侄儿的信。

② 一五四九年,米开朗琪罗病倒,首先是通知侄儿,说已将他写入遗嘱。遗嘱大体是这样的:我将所有的一切,遗留给吉斯蒙多和你。你,我的侄儿,和我的兄弟吉斯蒙多享有同等的权利,两人中任何一人如无另一人的同意,不得私自处分我的财产。——原注

从你们那里听到一句好话……①

利奥纳多的婚姻又是一大严重问题。此事让伯侄二人操心了六年之久(自1547年至1553年)。利奥纳多惦记着伯父的遗产,表现得温顺听话。他接受他的一切劝告,让他去挑选、评议,自己不表示任何意见,似乎什么都无所谓。反之,米开朗琪罗十分投入,仿佛是他自己要结婚。他将婚姻视为一件严肃的大事,其中爱情是最次要的条件,财产也不在他的盘算之中,他认为最重要的,是健康和名声。他提出苛严的建议,毫无诗意,坚定且讲求实际:

这是一项重大的决策:你得牢记,在男人和女人之间,必须有十岁的差距;注意你所选择的女子不仅要贤惠,而且要健康……人们和我谈起好几个,有的我满意,有的不行。你考虑考虑,如果这里面有你中意的,就来信告诉我,我再告诉你我的意见……你有选择这个或那个的自由,只要对方出身高贵,有教养。为了今后和睦相处,与其有巨额奁产,还不如没有妆奁。一个佛罗伦萨人告诉我,有人向你提过吉诺里家的女儿,你也很中意。可我不愿意你娶一个只要有钱备下奁产,就不会把女儿嫁给你的父亲的女儿。我希望选择愿将女儿嫁给你,而不是嫁给你的财产的人……唯一需要你仔细考察的,是她灵魂和肉体的健康、血统和品行的纯正,还要了解其父母是何等人,因为这很重要……你得用心找一个必要时不耻于洗濯碗碟、管理家务的女人……至于美貌,既然你肯定不是佛罗伦萨最漂亮的男子,你就不必担心,只要她不是残废,不是丑得吓人就行……②

搜寻了许久,似乎觅得了那只珍奇的鸟。可是在最后一刻,又发

① 一五四六年二月六日给侄儿的信。
② 一五四七年至一五五二年间的信。

现了足以造成严重障碍的缺点：

听说她是近视眼，在我看来这不是小毛病。因此我什么也没应承。既然你也没有表态，我看你还是作罢吧，假如你确信真有其事的话。（1551年12月19日）

利奥纳多泄气了。他奇怪伯父干吗非要他结婚不可。米开朗琪罗回答：

不错，我希望你结婚。这是好事，是为了我们家族香火不断。我知道，即使我们这一族绝灭了，对世界不会有任何影响，但是每种动物终归要努力保存自己的族类。因此，我盼着你结婚。①

终于，米开朗琪罗也厌倦了。他开始觉得自己可笑，老是他在忙活侄儿的婚事，利奥纳多本人倒漠不关心。他宣称再也不插手这件事了：

六十年来，我一直操心你们的事，现在我老了，我该想想自己的事了。

正是此时，他听说侄儿和卡桑德拉·里多尔费订了婚。他很高兴地祝贺他，答应送给他一千五百杜加金币。利奥纳多结婚了，米开朗琪罗向年轻夫妇写信致贺，许诺送给卡桑德拉一条珍珠项链。然而快乐不能阻止他提醒侄儿，“虽然他不太了解这些事，但他觉得利奥纳多把女人带回家以前，应该把所有的金钱问题作个明确的安排。因为在这些问题上，常常埋有不和的种子。”作为结尾，他添上了一个带有嘲

① 他又补充道：“如果你觉得自己不太健康，那就听其自然吧，不必再给这个世界增添其他的不幸者了。”——原注

讽意味的劝告：

“好吧！现在，好好过日子，也要好好动脑子，因为寡妇的数量总是比鳏夫多。”①

两个月以后，他给卡桑德拉寄去的，并不是曾许诺的项链，而是两枚戒指，一只镶着钻石，另一只镶着红宝石。卡桑德拉谢了他，随信寄去了八件衬衣。米开朗琪罗回信道：

> 这些衬衣真好，尤其是布料，我很喜欢。但我不高兴你们为我花钱，因为我什么也不缺。我感谢卡桑德拉为我做的一切，告诉她我可以给她寄去在这儿能找到的一切，无论是罗马的产品还是其他地方的。这次，我只寄了点小东西；下次，我会送给她更好的、更讨她喜欢的东西。只是你得告诉我。②

不久，孩子诞生了：第一个，按米开朗琪罗的意思，取名博纳罗托（1554 年）；第二个，取名米开朗琪罗，可惜出生不久就夭折了（1555年）。一五五六年，老伯父邀请年轻夫妇到他在罗马的家里做客，他一直深情地和家庭同甘共苦、悲喜与共，但从不让家人操心他的事情，乃至他的健康。

* * *

除了和家庭的联系，米开朗琪罗还有不少知名的或出类拔萃的朋友。③ 尽管他性格孤僻，但若以为他像贝多芬一样，表现得像个多瑙河

① 一五五三年五月二十日的信。

② 一五五三年八月五日的信。

③ 在他漫长的生涯中，有备受冷落的孤独时期，也有充满友情的时期。一五一五年在罗马，有一伙具有自由思想、生气勃勃的佛罗伦萨人：多梅尼科·博宁塞尼、里奥纳多·塞拉约、乔凡尼·斯佩蒂亚勒、巴托洛梅奥·韦拉扎诺、乔凡尼·杰莱西、卡尼吉阿尼等。稍后，在克雷芒七世治下，有弗朗切斯科·贝尔尼和塞巴斯蒂亚诺·德尔·皮翁博等思想精英，皮翁博是他忠诚却有害的朋友，是他向米开朗琪罗报告了外界有关他的流言，并挑起他对拉斐尔的仇恨。特别是，在维多利亚·科（接下页）

的农民,那就大错特错了。他是意大利的上层人物,有很高的文化修养和世家子弟的优雅气质。他的青少年时代是在圣马可花园,在卓越伟大的洛伦佐身边度过的。从那时起,他就和意大利的大贵族、亲王、主教、文人①、艺术家②中所有的佼佼者有联系。他和诗人弗朗切斯科·贝尔尼斗智③,和贝内代洛·瓦尔奇通信,和路易吉·德尔·里奇奥、多纳托·吉阿诺蒂交换诗稿。人们收集研究他的谈话、他对艺术的深刻论述,还有无人能与之匹敌的对但丁的理解和看法。罗马的一位贵妇④写到他时说,在他愿意的时候,他是"一位温文尔雅,很有魅力的绅士,这样的人品在欧洲都很罕见"。在吉阿诺蒂及弗朗索瓦·德·奥朗德写的《对话录》中,可以看出他周到的礼貌和待人处事的习惯。从他给亲王们的某些信中,甚至能看出他不难成为一位无懈可击的廷臣。社会从未规避他,是他自己要和社会保持距离,他全凭自己去赢得生活的胜利。对意大利而言,他是天才的化身。到他艺术生涯的最后几年,已是伟大的文艺复兴运动硕果仅存的巨人,他是文艺复

(接上页)洛纳时期,有路易吉·德尔·里奇奥等一圈人。里奇奥是佛罗伦萨一商人,在银钱事务方面常充当他的顾问,是他最亲密的朋友。在他家里,米开朗琪罗遇见了多纳托·吉阿诺蒂、音乐家阿尔卡德尔特和漂亮的切奇诺。他们都爱好诗歌、音乐和美食。因里奇奥为切奇诺的死悲痛欲绝,米开朗琪罗为他写了四十八首悼诗;里奇奥则每收到一首诗,就寄给米开朗琪罗许多美食……一五四六年里奇奥死后,米开朗琪罗几乎不再有朋友,而只剩下信徒了:瓦萨里、龚迪维、达尼埃尔·德·沃尔台雷、布隆齐诺、莱奥内·莱奥尼、班韦努托·切利尼等。他从他们那里感受到强烈的求知欲,他则对他们表示出动人的关切。——原注

① 如马基雅弗利。

② 他在艺术界当然朋友最少。但晚年有不少信徒环绕着他。他对大部分艺术家都没有好感,和达·芬奇、佩鲁吉诺、弗朗奇亚、西纽雷利、拉斐尔、布拉曼特、圣·伽洛等关系都不好。他对自己的艺术太执着,不可能像爱自己的艺术那样去爱他人的艺术;他也太真诚,不可能假装爱他其实不爱的东西。不过,一五四五年提香访问罗马时,米开朗琪罗对他十分谦恭有礼。总的说来,他更愿意和文学界、实业界,而不是艺术界交往。——原注

③ 他们交换许多充满友谊和戏谑的小诗。贝尔尼高度评价米开朗琪罗,称他为"柏拉图第二",他曾对别的诗人说:"安静点吧,你们这些音韵的工具!你们说的是字词,唯有他言之有物。"——原注

④ 指阿尔让蒂娜·玛拉斯皮纳夫人。

兴的代表人物，整个世纪的光荣都体现在他身上。不仅艺术家们将他视为超人[①]，王公们在他的权威面前，也得礼让三分。法王弗朗索瓦一世和卡捷琳娜·梅迪契向他致敬。[②] 科斯梅·德·梅迪契大公想任命他为贵族院议员，[③]他到罗马的时候，以平起平坐的礼节对待米开朗琪罗，请他坐在他身边，和他亲密地交谈（1560 年 11 月）。科斯梅大公的儿子弗朗切斯科·德·梅迪契接待他时，把帽子拿在手中，“对这位旷世奇才表示莫大的敬意”（1561 年 10 月）。人们对他“崇高的德行”如对他的天才一般敬重。他的晚年像歌德、雨果一样为荣誉所环绕。但他是另一类型的人，既不像歌德那样渴望成为众所周知的人，也不像雨果那样尊重资产者；他独立不羁，不受社会和现存秩序的约束。他蔑视光荣，蔑视社会，若说他为教皇们服务，那只是“迫不得已”，且不说他还毫不讳言“甚至教皇们和他谈话或派人去请他时，有时也招他厌烦和生气”，而且，“哪怕他们下命令，他要是没安排出时间，照样不去”。[④]

> 当一个人因天性和教育的结果，成为憎恨虚礼俗套的人，倘若不让他按适合于自己的方式生活，那就大不通情理了。倘若他既不向你要求什么，也不招惹你那个群体，为什么你要去招惹他呢？为什么要强迫他去迁就那些与他的远离社会相抵触的无聊小事呢？不顾及自己的天才，而只想取悦于一般傻瓜的人，绝不

---

① 龚迪维的《米开朗琪罗传》，是这样开头的：“自从上帝赐我恩宠的那一刻，不仅让我见到了那独一无二的雕塑家、画家，米开朗琪罗·博纳罗蒂——这是我所不敢有的奢望，而且让我有幸聆听他的谈话，感受他的真情与信念，出于对这份恩宠的感激，我着手收集他生命中值得赞颂的一切，以便他人以这样一位伟人为榜样。”——原注

② 一五四六年，弗朗索瓦一世曾写信给他；一五五九年，卡捷琳娜·德·梅迪契给他的信中说：“我和全世界都知道，他在这个世纪比任何人都卓越。”因此要请他雕一座亨利二世骑在马上的像……——原注

③ 一五五二年，科斯梅大公有此动议，米开朗琪罗置之不理，使大公大为不悦。——原注

④ 见弗朗索瓦·德·奥朗德：《关于绘画的对话》。

是一个高尚卓越的人。①

他和社会只保持必不可少的联系，或者单纯思想文化上的交往。他不让人进入他的内心世界，教皇、王公也好，文人、艺术家也好，在他的生活中都只占很小的位置。甚至他们当中他真正抱有好感的一小部分人，他也很少与之建立持久的友谊。他爱他的朋友，很宽厚地对待他们，但是他的暴躁、骄傲和多疑，常常把那些最感激他的朋友变成他的死敌。有一天，他写了这样一封优美而感伤的信：

可怜的忘恩负义者，天性就是如此，你在他陷于困境时帮助他，他说你给予他的他早就给过你了。你给他工作以示关心，他认为你是不得不委托他做这件事，因为你自己不会。他受到的所有恩惠，他都说施恩者是迫不得已。如果这些恩惠太明显，他不可能加以否认时，忘恩负义者会长时间地等待着，直到有朝一日给他好处的人犯了一个明显的错误，他便抓住借口说他的坏话，而且就此摆脱他所欠下的所有情分。人们总是这样对待我，可是没有一个艺术家来求我时，我不给他一些好处的，而且总是出自真心。尔后，他们便借口我脾气古怪，性格癫狂，把我说成精神病患者，只会干错事，借此诬蔑、诽谤我：这就是对所有善良人的奖励。②

* * *

在他自己家里，他有一些相当忠实的助手，但大都是平庸的人。人们猜测他挑选平庸之辈，是为了要他们充当驯服工具，而不是合作者，何况，这是合理合法的。但是，龚迪维说：

---

① 见弗朗索瓦·德·奥朗德:《关于绘画的对话》。

② 一五二四年一月二十六日给皮埃罗·贡蒂的信。

许多人责备他不愿教他那些助手,事实不是这样:相反,他很愿意教他们,倒霉的是他不是遇上低能儿,就是遇上有能力而没有恒心的人,他们刚跟他学了几个月,就自以为是大师了。

毫无疑问,他对助手的要求首先是绝对的服从。对那些桀骜不驯的人,他冷酷无情;而对那些谦恭而忠实的信徒,则无比的宽厚仁慈。懒惰的乌尔巴诺"简直不愿干活"①,而他还振振有词:因为他一干活,就会笨手笨脚地把作品弄坏,乃至根本无法补救,弥涅瓦的《基督像》就是一例。某次他生病,受到米开朗琪罗慈父般的照顾,所以他称之为"亲爱的,最好的父亲般"的米开朗琪罗。② 皮埃罗·迪·吉阿诺托被他"爱之若子";西尔维奥·迪·乔凡尼·切帕雷洛转到安德烈·多里亚处服务时,伤心地恳求重新回到他这儿来;安东尼奥·米尼的动人故事,是米开朗琪罗对待助手们慷慨大度的一例。据瓦萨里描述,米尼在他的学徒中,算是很有毅力,却不大聪明的一个。他爱着佛罗伦萨一个穷寡妇的女儿。按他父母的意见,米开朗琪罗要他离开佛罗伦萨。安东尼奥愿意去法国,米开朗琪罗送给他一份可观的大礼:"所有的素描,所有的画稿,还有《勒达》③,包括为此做的全部模型,无论是蜡制的还是黏土制的。"他带着这批财宝动身了(1531 年)。但是,打击米开朗琪罗宏伟设想的厄运,更严峻地落到了他卑微的朋友身上。安东尼奥到了巴黎,想将《勒达》面呈法国国王。弗朗索瓦一世当时不在,他便将画寄存在一个朋友,意大利人朱利亚诺·博纳科尔西那里,回到自己所在的里昂。几个月后,他返回巴黎,《勒达》却不见了:原来博纳科尔西私自把它卖给了弗朗索瓦一世。安东尼奥气坏

---

① 瓦萨里描写米开朗琪罗那些助手:"皮耶特罗·乌尔巴诺聪明,却不用功;安东尼奥·米尼用功却不聪明;阿斯卡尼奥·戴拉·里帕·特兰索内也肯用功,但一事无成。"——原注

② 米开朗琪罗对他手指上的一点小伤口也要担心。——原注

③ 即《天鹅抚爱勒达》,原系应费拉拉大公的请求而作,因费拉拉驻佛罗伦萨大使对他不敬,米开朗琪罗便没有给他。

了,没有了经济来源,无法自卫,流落在这异域的城市中,于一五五三年末忧愤而死。

在所有的助手中,米开朗琪罗最喜爱,且因他的关爱而成为不朽的,则是弗朗切斯科·达马多雷,别号乌尔比诺,来自卡斯台尔·杜朗台。他从一五三〇年来到米开朗琪罗工作室,在米开朗琪罗指导下修建尤利乌斯二世的陵墓。米开朗琪罗为他在自己身后的前途操心。

“如果我死了,你怎么办?”他问他。

“那我就去给别人干。”乌尔比诺回答。

“喔,可怜的人!”米开朗琪罗说,“我要把你救出苦海。”

于是他一下子给了他两千埃居,这样的馈赠只有皇帝和教皇才做得到。①

可是乌尔比诺死在了他前面②。他死后第二天,米开朗琪罗写信给他的侄儿:

> 乌尔比诺死了,昨天傍晚四点左右。我是那样伤心和心烦意乱,我还不如和他一道死去,反倒好过些。我深爱着他,他也值得我爱:这是一个高尚、正直且忠诚的人。他的死令我痛不欲生,我无法觅回平静的心情。

他的痛苦是那样深,以致三个月后,在写给瓦萨里的一封著名的信里,这痛苦仍使他备受煎熬:

> 吉奥尔吉奥,我亲爱的朋友,我本无心提笔,为了给你回信,权且胡乱写几行。你知道,乌尔比诺死了,这对我是极残酷的折磨,却也是上帝赐予我的极大恩惠。就是说,他活着的时候,使我也能存活,他一死,教我也懂得了死,并非不乐意而是很乐意死。

---

① 据瓦萨里记述。

② 乌尔比诺死于一五五五年十二月三日。

他在我身边二十六年，我一直觉得他十分忠实、可靠。我让他挣得了一些财产，现在正想把他当作我老来的依傍，他却离我而去，只给我留下在天堂与他相见的希望。既然上帝使他幸福地死去，就表明他一定会在天堂。对他说来，比死更难以忍受的，是让我苟活在这充满谎言的世界上，在数不清的烦恼之中。我身上最精华的部分已随他而去，剩下的只有无穷尽的苦难。①

在情绪紊乱之际，他请侄儿来罗马看望他。利奥纳多和卡桑德拉很为他的忧伤担心，来罗马后，发现他极其衰弱。乌尔比诺临终前托孤给他，请他担当孩子们的监护人，其中一个是他的义子，以他的名字命名。他从这一职责中汲取了新的力量。②

* * *

他还有其他一些奇特的友情。顽强的天性，猛烈对抗一切强加于人的社会约束，常有一种反其道而行之的需要。他喜欢和一帮思想单纯的人厮混，这种人常有些出人意料和不拘一格的奇想：他们是些与众不同的人。一个托波利诺人，卡拉雷地方的采石匠，“自以为是位出众的雕刻家，从不放过一条驶往罗马的运石船，每次都要带给米开朗琪罗三四件他制作的小小的人像，往往逗得他捧腹大笑”；梅尼盖拉，瓦尔达尔诺的画家，“不时到米开朗琪罗这里来，要他画一张圣洛克或圣安东尼，然后他涂上颜色，拿去卖给乡下人。而米开朗琪罗，连王侯们向他讨得一点小作品都很不容易，却肯按照梅尼盖拉的指示画那些素描，这些作品中，还有一个精美的带耶稣像的十字架”；一个理发匠，也混迹于画家之中，米开朗琪罗为他画了一幅《圣弗朗索瓦五伤图》；

① 一五五六年二月二十三日的信。

② 他给乌尔比诺的遗孀科尔内莉娅写了一些充满关切的信，答应将小米开朗琪罗接过来抚养，“要给予他比给予侄儿利奥纳多的孩子们更多的爱，要教给他乌尔比诺希望他学会的一切”。科尔内莉娅于一五五九年再嫁，米开朗琪罗永远不原谅她。——原注

他的一个罗马工人，为尤利乌斯二世陵墓工作，自以为不知不觉间已经成为大雕塑家，因为顺从地遵循米开朗琪罗的指示，居然在白石中雕出一座美丽的人像，把他自己都吓呆了；还有一个外号叫拉斯卡的滑稽的镂金匠皮洛托；游手好闲的因达柯，这个奇怪的画家，“他爱聊天的劲头，正好和厌恶作画的程度差不多”，他常说，“老是工作，不会寻乐，是不配做基督徒的”；尤其是那个可笑但从无恶意的朱利亚诺·布加尔迪尼，米开朗琪罗对他有特殊的好感。

> 朱利亚诺天性善良，生活方式简单质朴，既无恶念亦无欲念，让米开朗琪罗无限喜爱。他唯一的缺点是大爱自己的作品。但米开朗琪罗往往把这看成他的幸福，因为他自己之所以十分不幸，正是由于任何作品都不能使他完全满意……有一次，奥塔维亚诺·德·梅迪契要朱利亚诺为他画一幅米开朗琪罗的肖像。朱利亚诺开始工作了，他要米开朗琪罗一声不响地端坐了两小时之后，嚷道：“米开朗琪罗，来瞧瞧，你起来吧，我已经抓住你脸部的主要特征了。”米开朗琪罗站起身，看了肖像，边笑边问朱利亚诺：“你搞什么鬼？你把我的一只眼嵌进太阳穴了，瞧瞧吧！”朱利亚诺听了他的话，大感意外。他把肖像和他的模特来回瞧了好几遍，大胆地回答：“我不觉得是这样，可你再去坐下吧，如果是这样，我将修改。”米开朗琪罗知道他是怎么回事，便微笑着在他对面坐下，朱利亚诺对他、对绘画反复看了一阵，然后站起来，说道：“这只眼就是我画的这个样子，是自然使它显得如此。”“那好吧，”米开朗琪罗笑道，“这是自然的错，继续吧，不用吝惜颜料。”①

这样的宽容，米开朗琪罗对待其他人是不大会有的，却慷慨地施

① 据瓦萨里记述。

于这些小人物，其间未尝不含有拿这些可笑的人寻开心的玩笑式的幽默，同时也包含着对这些以大艺术家自居的可怜疯子的怜悯之情。或许他们也令他回想起自己的疯狂。这里面，确有许多既滑稽又悲凉的讽刺成分。

三　孤　独

我的灵魂，死神说了些什么……[①]

他就这样单独和那些卑微的朋友——他的助手和那些痴狂的人——生活在一起，与之相伴的，还有更加卑微的朋友——他的家畜，他的母鸡和猫。[②]

实际上，他很孤独，愈来愈孤独。“我一直是一个人，”一五四八年，他写信对侄儿说，“不和任何人说话。”他不仅渐渐脱离社会，而且对人类的利害、需求、乐趣、思想，也都淡漠了。

他最后的激情，把他和那个时代的人们联结在一起的共和主义的激情，也泯灭了。一五四四年和一五四六年两次大病期间，在共和主义者和流亡者斯特罗兹家受他朋友里奇奥照料时，他又一次，也是最后一次放射出风暴般的闪光。米开朗琪罗病愈时，请流亡法国里昂的罗伯托·斯特罗兹去提醒法王履行诺言：他补充说，如果弗朗索瓦一世能使佛罗伦萨恢复自由，他将自费为他铸造一座骑马铜像，立在佛罗伦萨的议会大厦广场上。[③] 一五四六年，为感谢斯特罗兹所尽的东道主之谊，他把两座《奴隶》像赠送斯特罗兹，后者又转献给了弗朗索瓦一世。

但这只是政治狂热的一次爆发——最后一次爆发。一五四五年

---

① 原文为意大利文。

② 一五五三年，米开朗琪罗不在家的时候，安吉阿利尼写信告诉他：“母鸡和公鸡老爷都很得意扬扬，但猫们看不见你显得颇忧伤，虽说它们并不缺吃的。”——原注

③ 见一五四四年七月二十一日里奇奥给罗伯托·迪·菲利波·斯特罗兹的信。——原注

他和吉阿诺蒂的谈话中,好几次表露出类似托尔斯泰的斗争无用论和勿抗恶思想:

> 敢于杀掉某个人是一种极端轻率自负的行为,因为我们无法判断他的死能否生出善,他的存在是否有碍于善的产生。所以我很受不了那种人,他们认为若不从恶——即杀戮——开始,就不可能获得善果。时代在变,新的事件不断产生,欲念也在转化,人类厌倦了……总之,总会有人们没有料想到的事情发生。

同一个米开朗琪罗,当初为刺杀暴君者辩护;如今却斥责那些幻想以行动改变世界的革命者。他知道自己曾是他们中的一员,他以苦涩的心情责备的正是他自己。像哈姆雷特一样,他现在怀疑一切,怀疑他的思想、他的怨恨,怀疑他曾经信仰的一切。他放弃了行动。

“这个老实人回答,”他写道,”我不是政坛人士,我是个正直的人,一个凭良知行动的人。’他说的是真话。但愿我在罗马的工作如同政治一样不需要我多操心。”①

事实上,他已不再仇恨什么了。他不能恨。因为要恨也晚了:

> 不幸的我,已倦于太漫长的等待,
> 不幸的我,达到我所渴望的已经太迟!
> 而今,你可知晓?
> 一颗勇敢、高傲而高贵的心已经懂得宽恕,
> 他对侮辱他的人将报以爱。②

---

① 一五四七年给侄儿利奥纳多的信。

② 《诗集》卷一〇九,第六十四。可能写于一五三六年,亚历山大·德·梅迪契被洛伦奇诺刺杀以后。米开朗琪罗在此设想了诗人和一个佛罗伦萨流亡者的对话。——原注

* * *

他住在特拉扬广场上的马赛尔·德·柯尔维。他在那儿有一座房子,带有小花园。他和一个男仆、一个女佣,还有他那些家畜占据着这所住宅。他和仆人们在一起过得并不舒服。据瓦萨里说,这些仆人“个个粗心大意,且不讲卫生”。米开朗琪罗经常换仆人,经常叫苦不迭。[①] 他和仆人之间的纠葛,绝对不比贝多芬少。他的《手记》和贝多芬的《谈话记录册》一样,留下了这些家务争端的痕迹:一五六〇年,他打发走一个叫吉罗拉玛的女仆后,不禁嚷道:“但愿她根本没有来过!”

他的卧室像坟墓般幽暗。“蜘蛛们在里面忙碌,纺造着它们小小的织物。”[②]在楼梯中段,他画了一幅肩扛棺材的死神像。[③]

他像穷人一样过日子,吃得很少,[④]而且“睡不着觉,常常夜里起身,用凿子工作。他用硬纸板给自己做了一顶头盔,中间插上蜡烛,戴在头上,这样,既给工作照明,两只手还不受妨碍”。

他愈老,就愈孤独。整个罗马城都入睡的时候,他却躲在那儿打夜工,这于他已是一种需要。寂静于他是恩惠,黑夜则是他的朋友:

> 噢,夜,噢,温柔的时刻,
> 尽管一片黝暗,而一切奋斗
> 最终都能在此达到平和,

---

① 一五五〇年八月十六日,他给侄儿利奥纳多的信中说:“我想找一个善良且爱卫生的女仆,但十分困难,这种人全都那么肮脏和放荡……”——原注

② 米开朗琪罗:《诗集》卷八十一。

③ 棺材上写有这样一首诗:“我告诉你们,告诉将灵魂、肉体和思想同时交给了人世的你们,在这黑暗的匣子里,你们便拥有了一切。”——原注

④ 瓦萨里说:“他吃得极少,年轻时只吃一点面包和酒,为的是用全部时间工作。上年纪以后,从画《最后的审判》开始,他习惯于喝些酒,但仅仅是在晚上,一天的工作结束以后,而且极有节制。尽管他富有,却像穷人一样过活。他从来不,或很少和朋友一起吃饭,也不愿接受任何人的馈赠,因为这让他觉得受惠于人就必须报答。俭朴的生活使他总是很清醒,只需要很少的睡眠。”——原注

那称颂你的人有眼光也善理解，
那赞美你的人判断力很出色。
你剪除了所有为潮湿的阴影和休息
所渗透的疲乏的思虑；
你经常把我从尘世带往高空
我所希冀的去处。
哦，死亡的阴影，
治愈痛苦的至高无上的良药，
你阻挡住灵魂和心灵的卑鄙敌人，
使我们有病的肌体重获健康，
你拭干我们的泪水，卸去我们的疲劳，
洗掉善良人的怨恨和憎恶。[①]

一天夜里，瓦萨里去看望这位老人，他独自待在凄凉的屋子里沉思，面对着他那悲怆的《圣母哀悼耶稣》。

瓦萨里敲门，米开朗琪罗站起身，拿着蜡烛去开门。瓦萨里想要看看雕像，米开朗琪罗的蜡烛掉到地上，熄灭了，让他什么也看不见。乌尔比诺去找另一支蜡烛时，大师转身对瓦萨里说："我太老了，以致死神常来拽我的裤腿，要我随她同去。有一天，我的躯体也会像这支蜡烛一样倒下，像它一样，熄灭我的生命之光。"

死的念头吸引着他，一天比一天更阴暗，也更诱人。

他对瓦萨里说："我的任何想法，无不刻有死亡的印记。"[②]

死现在似乎成了他生命中唯一的幸福：

当我的过去重现在眼前，
　　——这是常有的事，

① 米开朗琪罗：《诗集》卷七十八。

② 一五五五年六月二十二日给瓦萨里的信。

我这才认清了人类的谬误和过错。
　　喔，虚伪的人世！
谁若相信了你的谄媚和虚妄的快乐，
必为自己的灵魂备下悲痛忧伤的苦果。
有过亲身体验的人非常明白，
你经常许诺你没有，也永不会有的
　　安宁与福祉。
因此在世上羁留最久的人，是最不受恩宠者；
寿命较短的人，
则比较容易回到天国……①

漫长的岁月把我引向最后的时日，
我很晚才看出你的逸乐，啊，人世。
你许诺你所没有的太平，
你许诺尚未出生便已死去的安宁……
是经验让我明白和让我说：
出生后旋即死去的，
才是上天所选中的人。②

他的侄儿利奥纳多，为儿子的出生大宴宾客，受到米开朗琪罗严厉的呵责：

这样的铺张令我不快。当整个世界都在哭泣的时候，不应该欢笑。为了某个人的出生举行庆典是一种麻木不仁的表现。应该把他的喜悦，留到一个活够了的人死去的那一天再发泄。③

---

① 米开朗琪罗：《诗集》卷一〇九，第三十二。
② 米开朗琪罗：《诗集》卷一〇九，第三十四。
③ 一五五四年四月给瓦萨里的信。

翌年,当侄儿的次子幼年夭折时,他竟写信道贺。

*　*　*

大自然,迄今为止一直为他喷涌的激情和颖慧的天赋所忽略,[①]却成为他晚年的一种慰藉。一五五六年九月,阿尔贝大公的西班牙军队威胁罗马,米开朗琪罗出逃,途经斯波莱泰,在那里驻足五周,置身于橡树和橄榄树林中,尽情享受秋日的灿烂。十月末,他被召回罗马,临行还依依不舍。他写信告知瓦萨里:“大半个我还留在那里,因唯有在树林里才能觅得真正的安宁。”[②]

回到罗马后,八十二岁高龄的老人赋诗一首,歌颂田园和田园生活,对照城市的虚妄欺骗,这已是他最后的诗作,但却充满了青春朝气。[③]

但是,如同在艺术中一样,他在自然中探寻的仍然是神,他日甚一日地向上帝靠近。他一直是有信仰的。虽说他不受教士、僧侣的蒙骗,也不受善男信女们的愚弄,而且一有机会就刻薄地挖苦他们,[④]可是对他的信仰似乎从未有过丝毫怀疑。他的父亲和兄弟们生病或临终的时候,他首先操心的总是他们的圣事。[⑤] 他把自己遇上的一切好

---

① 米开朗琪罗虽在乡间度过不少岁月,却一向忽视自然,在他的作品中,描绘风景的十分罕见。这一点和同时代的达·芬奇、拉斐尔、佩鲁吉诺、提香等人大异其趣。当然,他也瞧不起当时十分时髦的弗朗德勒风景画。——原注

② 一五五六年十二月二十八日给瓦萨里的信。

③ 米开朗琪罗:《诗集》卷一六三。这是一首未完成的长诗,诗的开头是这样写的:看着大胆的山羊登上悬崖,时而在这儿,时而在那儿吃草,真是一种新的赏心乐事。——原注

④ 一五四八年,他的侄儿利奥纳多曾想加入朝山进香的行列,米开朗琪罗阻止了他,劝他不如把这笔钱用于施舍。“因为,把钱交给教士们,天知道他们拿去派什么用场!”他为侄儿张罗婚事时,一个女信徒找他,劝他为利奥纳多娶一个信女,米开朗琪罗写信告诉侄儿:“我回答她,她最好还是回家纺纱织布,不要这样围着人转,拿神圣的事做交易。”他还写过辛辣的讽刺诗,攻击罗马的宗教骗子和买卖圣物的人。——原注

⑤ 一五一六年十一月二十三日,他为父亲的病致信博纳罗托,一五四八年一月为兄弟乔凡·西莫内之死致信利奥纳多,都是关心他们是否做了忏悔,是否行了圣礼。他对祈祷有无限的信心,“他相信祈祷比所有的药物都有效”。(1549 年 4 月 25 日给利奥纳多的信)——原注

事和没有遇上的倒霉事，统统归功于祈祷。在孤独中，他多次发作神秘主义的狂热崇拜，偶然给我们留下了其中一次的记忆：当时的一篇报道，描述了这位西斯廷英雄心醉神迷的脸，夜深人静之际，在罗马家中的小花园内，他独自一人在祈祷，痛苦的眼睛乞求地望着繁星点点的上空。①

有些人试图让人相信他对圣徒、圣母的礼拜十分淡漠，这不符合事实。他生命的最后二十年全部奉献给圣彼得大教堂的修建，他最后一件作品，因他去世而未能完成的，是圣彼得的雕像，把这样一个人说成新教徒是滑稽可笑的。别忘了他还好几次想去朝山进香，一五四五年想去朝拜孔波斯泰雷的圣雅各教堂，一五五六年想去洛雷特，还参加了圣乔凡尼·代柯拉托（即圣约翰·巴蒂斯特）协会。像所有伟大的基督徒一样，他活着和死去都和基督在一起。他写信告诉父亲，从一五一二年起，"我和基督一同过着清贫的生活"；临终时，他要求人们让他回忆基督的受难。自从和维多利亚·科洛纳建立友谊，特别是在她死后，这种信仰益发热诚。同时他的艺术几乎完全专注于颂扬基督的受难，他的诗也沉溺于神秘主义的氛围。他撇弃艺术，投入了十字架上的殉道者张开的臂膀：

> 在波涛汹涌的海上，一叶脆弱的扁舟
> 把我的生命，送达共同的彼岸，
> 在那儿，人们卸下所有虔敬和渎圣的作品，
> 为的是对它们作出解析和评判。
> 因此，使我将艺术视为偶像，视为君主的热情幻想，

① 据弗拉·贝内德托记述：一五一三年，利奥十世登基的第一年，秋天的一个夜晚，米开朗琪罗在罗马家中的小花园里，抬眼祷告上苍。突然，他看见美妙的流星奇观，构成三角形的三道光，一道向东，如剑刃般射出明亮平滑的寒光，末端弯成钩状；另一道呈绛红色，红中带蓝，一直展向罗马；还有一道呈火红色，有分岔，非常长，长到可达佛罗伦萨……米开朗琪罗看到这神圣的征兆，忙进屋拿出纸笔、颜料，画下这幅图景，待他画完，异象也消失了。——原注

今日看来是多么大谬不然；
我清楚地看到所有人为准备自身苦难的欲求，
在我走近双死(指精神和肉体的死亡)之际，
它们此刻究竟意味着什么？
那爱情的念头，虚妄的寻乐意图，
一个确定无疑，另一个却预示着灾难。
无论绘画还是雕塑，都不能抚慰我的灵魂，
它已转向神圣的爱，
这神圣的爱正在十字架上
为迎接我们而张开了双臂。[1]

* * *

在这个老人不幸的心灵中，信仰与受难使之绽开了最清纯的花朵，这就是神圣的恻隐之心。

被仇敌们诬为吝啬、贪婪之徒[2]的这个人，终其一生，从未间断施惠于穷人，无论是认识的，还是不认识的。他不仅对他的老仆和他父亲的仆人表露了动人的感情，而且经常周济穷人，尤其是那些羞于启齿的穷人。他的父亲，老博纳罗蒂死后，他的一个名叫莫纳·玛格丽塔的老女佣由他收留，后来她的死让他十分悲伤，“仿佛死了亲姐妹一样”；[3]他还帮助一个在西斯廷教堂造脚手架的可怜木工，为他女儿出

① 米开朗琪罗：《诗集》卷一四七，约写于一五五五年至一五五六年。

② 这些流言主要是阿雷蒂诺、班迪内利散布的。米开朗琪罗虽然生活俭朴，习惯于攒钱，但他不记账，亦不清楚财产究竟有多少。他大把大把地施舍，他的家族一直花他的钱，他对朋友们、仆役们的馈赠，往往是只有帝王才会拿出的珍贵礼物。他的作品，大部分是送掉的而不是卖掉的；他为圣彼得大教堂工作完全是义务的。没有人比他更严厉地斥责贪财的癖好，他写信对弟弟说：“贪财是一大罪恶。”瓦萨里把米开朗琪罗一生中赠送给朋友和信徒的作品列举出来，说：“这个将每件各值好几千金币的作品随意送人的人，我不懂人们怎能把他当作一个贪财的人。”——原注

③ 见一五三三年给乔凡·西莫内的信和一五四〇年十一月给利奥纳多的信。

嫁资……[1]他喜欢让侄儿、侄女参与他的施舍活动，启发他们的爱心，有时他让他们替他施舍，且不让他们说出他的名姓，因为他愿意隐姓埋名地做好事。[2]“他喜欢行善，而不喜欢显出是行善。”[3]出于一种美好细腻的情感，他尤其顾念那些贫穷的少女，总是设法暗中送给她们小小的奁产，让她们能够结婚或进修道院。

“设法了解有女儿要出嫁或送修道院而急需钱用的人——我说的是那种需要钱，却又羞于乞讨的人，”他写信对侄儿说，“把我寄给你的钱给他，但要暗中给，而且要防备受欺骗……”[4]

此外，又写道：

“告诉我，你还认识别的陷于经济困境的高尚市民么，特别是家中有女儿的家庭。为了灵魂的得救，我很乐意给他们帮忙。”[5]

---

① 据瓦萨里记述。

② 一五四七年八月给侄儿的信：“你来信说，为了爱上帝，你愿给那女人四个金币，这让我很高兴。”一五四九年三月二十九日的信中说：“要注意，应该把钱给那些真正需要的人，而且不是为了友谊，而是为了对上帝的爱……不要说出钱是从哪儿来的。”——原注

③ 龚迪维语。

④ 一五四七年八月给利奥纳多的信。

⑤ 一五五〇年十二月二十日给侄儿利奥纳多的信。

尾　声

死

……归宿，即死亡……①

——米开朗琪罗

死，如此被渴望，而又这样姗姗来迟——

因为，对不幸者而言，死总是显得懒洋洋……②

它来了。

严格的僧侣般的生活，固然使他保持了结实的体格，却未能免除疾病的入侵。一五四四年和一五四六年两次患恶性疟疾以后，他一直没有完全复原，结石、痛风，各种各样的痛楚终于把他击垮了。他暮年的一首凄惨的谐趣诗里，描写了他那为病痛所侵蚀的可怜身体：

我独自凄惨地生活，
好似树髓裹在树皮之中……

---

① 原文为意大利文。
② 米开朗琪罗：《诗集》卷七十三，第三十。

我的声音仿佛关闭在皮囊里的胡蜂……
我的牙齿已经松动，
犹如乐器上的按键……
我的脸丑得吓人……
我的耳朵里不断响嗡嗡：
一只耳里，蜘蛛在结网；
另一只耳里，蟋蟀整夜在吟唱……
重伤风引起的哮喘，使我不能入眠……
瞧瞧赐予我光荣的艺术，
把我导向了怎样的结局。
可怜的老朽，死亡若不快来救我，我就完了……
疲劳已将我肢解，撕裂，击碎，
死，就是我所等待的最后归宿……①

"亲爱的吉奥尔吉奥，"一五五五年六月，他写信对瓦萨里说，"从我的字迹，你可以看出我已经到二十四点了……"②

一五六〇年春，瓦萨里来看他，觉得他极为衰弱。他很少出门，几乎不睡觉，一切都让人感到他将不久于人世。他愈是衰老，愈是温柔，动不动就掉眼泪。

"我去看望了我们伟大的米开朗琪罗，"瓦萨里写道，"他没想到我会去，表现出的那份热情，犹如一个父亲重新找到了丢失的儿子。他搂着我的脖颈，亲个没完，快活得哭了起来。"③

然而他丝毫没有丧失他清晰的思维和活力。在瓦萨里所说的这次会面中，他就艺术的多方面问题与他谈了许久，还对瓦萨里的工作提出好些建议，接着又骑马陪他去圣彼得教堂。④

---

① 米开朗琪罗：《诗集》卷八十一。
② 一五五五年六月二十二日给瓦萨里的信。二十四点意谓终点。
③ 一五六〇年四月八日瓦萨里给科斯梅·德·梅迪契的信。
④ 此时他已八十五岁。

一五六一年八月，他得过一次病。连续三个月，他赤着脚工作，到他突然感到疼痛时，已经痉挛着跌倒在地。仆人发现时他已失去知觉。卡瓦列里、班迪尼和卡尔卡尼也赶来了。这时，米开朗琪罗已苏醒过来。几天以后，他又开始骑马外出，为皮亚门绘制图稿。

性情古怪的老人说什么也不让旁人照顾他。朋友们得知他孤单单地遭受新的疾病折磨，只有粗心大意、不太认真的仆人和他在一起，都十分难过。

他的继承人，利奥纳多，从前因伯父健康不佳跑到罗马来，挨过他一顿臭骂，如今再也不敢贸然往这儿跑了。一五六三年七月，他托达尼埃尔·沃尔台雷问米开朗琪罗，是否乐意让他来看他，而且，预见到多疑的米开朗琪罗对他的来意会有怎样的猜疑，特地补充说，他的买卖顺利，他现在很富有，不再需要什么了。狡黠的老人让人回答他，既然如此，他很高兴，他将把留在手上的少量钱财分给穷人。

一个月后，对答复不太满意的利奥纳多，又托人表达了对他的健康及周围仆人的担心。这一次，米开朗琪罗回了一封怒气冲冲的信，表明这位离死期仅六个月的八十八岁高龄的老人，还有多么强的生命力：

> 从你的来信，我看出你相信了某些心存嫉妒，却无法偷盗我，又不能任意摆布我的坏蛋们的谎言。这是一群无赖，你居然会傻到听信他们所说的有关我的情况，似乎我成了个小孩子。去他们的吧！这些人只会给人带来烦恼，整日除了嫉妒便是鬼混。你信中说担心仆役们让我受罪，我呢，我告诉你，我所得到的服侍，无论从哪方面说，都是不可能更忠诚、更周到的了。至于你隐隐提到的偷盗问题，我也可以告诉你，家里所有的人，都让我很放心，我对他们很信任。因此，你尽可专心干你自己的事，不要为我的事情操心。必要时，我自会保护自己，我可不是小孩子。你自己保重吧！①

① 一五六三年八月二十一日给利奥纳多的信。

牵挂他的遗产的,远不止一个利奥纳多,整个意大利都是米开朗琪罗的遗产继承人。尤其是托斯卡纳大公和教皇,惦记着不让圣洛伦佐和圣彼得教堂的建筑图纸和素描丢失。一五六三年六月,在瓦萨里推动下,科斯梅大公命他的大使阿维拉尔多·赛里斯托里密奏教皇:鉴于米开朗琪罗日渐衰老,需要暗中监视他的起居以及所有出入他家中的人。在突然去世的情况下,必须立即将他所有的财产登记造册:素描、图稿、文件、金钱等,并警惕有人在他死后最初的混乱中,趁机拿走什么东西。为此,他们采取了一些措施。不用说,这一切都是在米开朗琪罗本人毫不知情的情况下进行的。①

这些谨慎的措施并非是无益的。时刻已经到了。

米开朗琪罗最后写的一封信写于一五六三年十二月二十八日。一年来,他几乎不再亲自写信,而是口授、签名。达尼埃尔·德·沃尔台雷为他处理信件往来事宜。

他一直工作。一五六四年二月十二日,他站了一整天,做他的《圣母哀悼基督》②。十四日,他发烧了。蒂贝里奥·卡尔卡尼闻讯赶去,在家里没找着他。虽然下着雨,米开朗琪罗竟到田野里散步去了。他回来时,卡尔卡尼对他说,这样的天气外出是不明智的。

“有什么办法?”米开朗琪罗回答,“我病了,而我不论在哪儿都得不到休息。”

他说话时的犹疑,他的目光、脸色,都让卡尔卡尼十分不安。他立刻写信给利奥纳多:“结局即便不会马上到来,可我担心已经不远了。”③

同一天,米开朗琪罗让人把达尼埃尔·德·沃尔台雷请来,要他留在自己身边。达尼埃尔找来了医生费德里戈·多纳蒂。二月十五日,他按米开朗琪罗的意思,写信给利奥纳多,告诉他可以来看他的伯

① 瓦萨里记述。

② 指隆达尼尼府的那座未完成作品。

③ 一五六四年二月十四日卡尔卡尼给利奥纳多的信。

父,“但一路要多加小心,因为路况很糟”①。

“八点刚过,我从他那儿走开,”他补充道,“他神志清楚,思绪平静,只是为一种顽固的痹症所苦。他是那么不舒服,本来下午三点到四点之间,他极想骑马外出,如同平日天气好的时候每天傍晚习惯于做的那样。可是天气寒冷,他头晕,腿部虚弱无力,只得折回,坐在炉边的扶手椅上。他觉得坐在这儿远比卧床惬意。”

忠实的卡瓦列里守在他身边。

直到去世的大前天,他才答应躺到床上。当着朋友和仆人们,他神志清楚地口授了遗嘱。他将“灵魂交给上帝,肉体留给尘土”,他要求“至少死后回到”他亲爱的佛罗伦萨。接着,他

从可怕的暴风雨转入极其甜美的宁静。②

这是二月的一个星期五,约下午五时,正是日落时分……③“他生命的最后一天,亦即进入和平天国的第一天! ……”④

他终于休息了。他到达了他所企盼的目标:超越了时间。

幸福的灵魂,在他那儿,时光不再流逝!⑤

---

① 一五六四年三月十七日达尼埃尔·德·沃尔台雷给瓦萨里的信。

② 米开朗琪罗:《诗集》卷一五二。

③ 这是一五六四年三月十八日,星期五。当时在场的有托马索·德尔·卡瓦列里、达尼埃尔·德·沃尔台雷、狄奥梅德·莱奥尼、医生费德里戈·多纳蒂和格拉尔多·费德利西米,还有仆人安东尼奥·德尔·弗朗切斯。三天以后,利奥纳多才到达罗马。——原注

④ 米开朗琪罗:《诗集》卷一〇九,第四十一。

⑤ 米开朗琪罗:《诗集》卷五十九。

这就是他神圣的痛苦生涯

我若是他，会有怎样的宿命，
他艰辛痛苦的颠沛流离和他的美德
给这个世界带来了福运！①

在这个悲剧故事结束时，我却因一种顾虑而惴惴不安。我自问，当我想要给受苦的人们列举一些受苦的伙伴作为他们的精神支柱时，会不会在这些人的痛苦之上，又加上那些人的痛苦。是否还是应当像别人那样，只表现英雄们英雄的一面，而掩盖其悲哀的深渊？

——然而不！这是实情！我从不向朋友们许诺以谎言换取的幸福，其实幸福，是要不惜一切代价去争取的。我许诺给他们的是事实，哪怕是以幸福为代价得来的，铁一般的事实，它所刻下的，是那些永恒的灵魂。它的气息是无情的，却又是纯洁的：让我们软弱的心灵沐浴其中吧。

伟大的灵魂有如峻拔的山峰，那里风疾云绕，却比别处让人呼吸得更加顺畅、有力。纯净的空气，可洗涤心灵的污垢；一旦云开雾散，便能俯瞰人类世界。

这座巍峨的高峰，耸立在文艺复兴时期的意大利，我们从远处就

① 原文为意大利文。

能望见它险峻的轮廓，隐没在无垠的天空。

我并不认为一般人都能生活在高山之巅。但不妨一年一度登高礼拜。他们可以在那儿更新肺部的气息和脉管中的血液。在高处，他们会感到更加接近永恒。待回到人生的平原，他们将满怀勇气面对日常的搏斗。

罗曼·罗兰

托尔斯泰传

张冠尧　艾　珉　译

一百年前，俄罗斯一位伟人为我们这一代点燃了一支最纯真的火炬，照亮了我们的青春。在即将结束的十九世纪阴霾蔽日的黄昏，他像一颗能抚慰人的星星，以他的目光吸引并安慰我们年少的心。法国有许多人不仅将托尔斯泰看作一位受人爱戴的艺术家、朋友、知己等等，还将他视为欧洲艺术中唯一真正的朋友。我就是其中之一。在缅怀他的同时，我愿向他表示由衷的感激和敬爱之情。

我永远忘不了我初次听说托尔斯泰的那些日子。那是一八八六年。经过几年默默地发芽生长，俄罗斯艺术的美妙鲜花忽然绽开在法兰西大地之上。托尔斯泰和陀思妥耶夫斯基作品的译本来势迅猛地同时在所有的出版社印行。从一八八五到一八八七年，巴黎出版了《战争与和平》《安娜·卡列宁娜》《童年与少年》《波利库什卡》《伊万·伊里奇之死》及高加索短篇小说和民间故事。在几个月、几个星期之内，我眼前出现了整个伟大人生的作品，反映出一个民族，一个崭新的世界。

我刚刚进入高等师范大学。我和我的同学人人各有一套主张。我们这个小圈子里，有现实主义者和讽刺家，如哲人乔治·杜马[①]，有热情歌颂意大利文艺复兴的诗人如苏亚雷斯[②]、有古典传统的忠实信

① 乔治·杜马(1866—1946)，法国心理学家。

② 苏亚雷斯(1868—1948)，法国作家，《人就是这样的》一书的作者。

徒、司汤达派和瓦格纳派、无神论者和神秘主义者。我们争论不休,互不相让。但几个月之后,我们的矛盾几乎都在喜爱托尔斯泰作品这一点上统一了。每人喜爱的理由各各不同,因为每个人都在其中找到了自己,而对所有人来说,那是生命的一种启示,一道通往无垠宇宙的大门。我们周围,在我们的家庭、我们的外省,来自欧洲边陲的这个伟大声音都获得了同样的、有时甚至是意想不到的好感。有一次,我听见我故乡尼弗奈有几个对艺术根本不感兴趣、几乎从不看书的市民居然兴致勃勃地谈论《伊万·伊里奇之死》。

我在一些著名评论家的文章里曾看到这样的观点,即托尔斯泰思想中的菁华都来自我们的浪漫派作家,如乔治·桑和雨果。且不说根本受不了乔治·桑的托尔斯泰是否有可能接受她的影响,也不必讳言卢梭和司汤达对他确有影响这个事实,但若不相信托尔斯泰的伟大人格和使我们深受吸引的魅力应归功于他的思想,则是大谬不然了。艺术活跃其中的思想是有限的。艺术的力量不在思想本身,而在于如何去表现这些思想,如何去表现他个人的特点、艺术家的印记和他独特的生活气息。

托尔斯泰的思想是否来自别人,这一点有待讨论。反正在欧洲还从没听见过他那样的声音。当我们听到我们长期企盼且迫切需要的这种心灵乐音时,不由得心情激动,其原因除了上述那句话还能有什么解释呢?流行的说法对我们的感受不起作用。大部分人和我一样,只是在读过托尔斯泰的作品之后,才接触到欧仁·梅肖·德·沃居埃[1]谈俄罗斯小说的那本书,他对托尔斯泰的赞赏比我们逊色多了。德·沃居埃先生主要以文学家的眼光去品评作品,而我们认为单单欣赏其作品还不够,我们置身于他的作品之中,他的作品成了我们自己的作品。是我们的,因为其中有热烈的生活气息和真诚的青春感受;是我们的,因为那里有带讽刺意味的醒悟、无情的远见和死亡的纠缠;

① 欧仁·梅肖·德·沃居埃(1848—1910),法国作家,曾发表研究俄罗斯小说的专著。

是我们的,因为那里有对博爱和人类和平的梦想,有对文明谎言的猛烈声讨;还因为他的现实主义、神秘主义、自然的气息、对无形力量的感觉,对无限的目眩神迷般的感受。

这些作品对我们犹如维特[1]之于他的同代人:犹如我们的力量、弱点、希望与恐惧的一面明镜。我们不打算调和这些矛盾,尤其不打算将这颗包罗万象的心纳入狭隘的宗教或政治范畴,不会像某些效法保罗·布尔热[2]的人那样,在托尔斯泰去世的第二天便将这位曾经写出《战争与和平》的荷马式诗人归入党派的褊狭激情,仿佛我们的小团体一日间就能成为衡量天才人物的准绳!……托尔斯泰是否属于我这一派,和我有什么关系?我会先弄清楚但丁和莎士比亚属于哪一派,才去呼吸他们的气息和接受他们的启迪么?

我们不会像今天的评论家那样,认为"有两个托尔斯泰,一个是转变以前的,一个是转变以后的。一个好而另一个不好"。对我们而言,只有一个托尔斯泰,我们始终敬爱他,因为我们本能地感觉到,在这样的人心里,一切都站得住,一切都前后关联。

* * *

过去我们凭本能感觉而未加解释的事,今天我们可以用理智来证明。这完全做得到,因为现在托尔斯泰漫长的生命已经到达了终点,毫无遮掩地展示在大众眼前,变成了思想宇宙的太阳。我们首先感到惊讶的是,他的为人自始至终一点没变,尽管有人不时在这儿那儿设置障碍,尽管托尔斯泰本人由于热情洋溢,当他爱和信的时候总倾向于相信自己是第一次爱,第一次信,以为这才是他生命的开始。开始,重新开始。他身上发生过多少次同样的改变和同样的斗争啊!我们不能说他的思想是一贯的。他的思想从来没有统一过。但可以说,他

① 指歌德的《少年维特的烦恼》中的维特。
② 保罗·布尔热(1852—1935),法国作家、批评家。

的思想中始终有各种同样的因素，时而相互妥协，时而彼此对立，但彼此对立的时候居多。托尔斯泰的思想和心灵中，统一从来是不存在的，统一只存在于他内心感情的搏斗之中，存在于他的艺术和生命的悲剧之内。

艺术和生活是统一的。作品与生活的关联从没有像在托尔斯泰身上那么紧密。他的作品几乎总带有自传的性质。从他二十五岁的时候起，他的作品便让我们一步步地紧随他冒险生涯的各种不同经历。他从二十岁以前一直到去世为止的《日记》[①]，以及他提供给比鲁科夫的笔记[②]，补充了我们对他的认识，不仅使我们看到他内心逐日的变化，也看到了他的天才植根的世界以及启发他思想的人物。

他的家族历史悠久，堪称世家（托尔斯泰和沃尔孔斯基两姓），是非常高贵和古老的家族，其渊源可以自豪地上溯到留里克[③]，世系中有彼得大帝[④]的重臣、七年战争[⑤]的将军、拿破仑战役的英雄、十二月党人[⑥]和政治流放犯。《战争与和平》一书中好几位很有特点的典型人物，就来自对家族的回忆，如老公爵博尔孔斯基的原型就是他的外祖父，叶卡捷琳娜二世时代伏尔泰式刚愎自用的末代贵族的代表；尼古拉·格雷戈里维奇·沃尔孔斯基公爵的原型是他母亲的一个堂兄弟，

① 托尔斯泰的日记除了几次中断，尤其是一八六五年和一八七八年之间中断过一段相当长的时期之外，几乎可以说十分完整。——原注

② 比鲁科夫为了给托尔斯泰作传，收集、编辑及注释了托尔斯泰的《生活与作品》《回忆录》《回想录》《书信集》《日记选》《传记资料汇编》，并由托尔斯泰本人对全部资料进行了校订。比恩斯托克根据这些手稿译成了法文，共四卷，由法兰西信使报社出版。——原注

③ 留里克，公元九世纪俄罗斯帝国的奠基人。传说伊戈尔王即留里克之于。

④ 彼得大帝，公元十八世纪以雄才大略、文治武功著称于世的俄国沙皇。

⑤ 七年战争，一七五六年至一七六三年间发生在欧洲、美洲、印度及海上的一次争夺殖民地及商业霸权的战争，英、普鲁士和汉诺威为一方；法、奥、俄、萨克森、瑞典、西班牙为另一方，最后普鲁士、英国取得了胜利。

⑥ 十二月党人，俄国的贵族革命者，因于一八二五年十二月（俄历）发动反对沙皇专制制度的武装起义，故名十二月党人。

此人在奥斯特利茨一役负伤，被人从拿破仑眼皮底下像救安德烈公爵那样救了回来；他的父亲和尼古拉·罗斯托夫①有点类似；而他母亲则宛若那位温柔的玛丽郡主，其貌不扬而眼睛很美，她仁慈的光辉照耀着整部《战争与和平》。

他不大了解他的父母。因此我们知道，《童年》和《少年》中动人的叙述很少属实。母亲去世时，他还不到两岁，只能通过哥哥小尼古拉·伊尔捷尼耶夫含泪的讲述，才能依稀忆起母亲的慈容，她满脸洋溢着灿烂的微笑，在她周遭洒下无尽的欢乐……

> 唉！如果我在痛苦的时刻看见这种笑容，我便不知道什么是哀愁了……②

但他母亲无疑已将自己毫无保留的坦率、对舆论的满不在乎和编造故事的奇妙天赋都传给他了。

对父亲，他多少还记得一点。此人和蔼、诙谐、眼神忧郁，在他的土地上过着淡泊的、与世无争的生活。托尔斯泰九岁丧父。父亲之死使他“第一次意识到苦涩的现实，感受到了绝望”③。小小年纪的他，第一次与恐惧的幽灵相遇。他一生中有时要与这个幽灵搏斗，有时则对它加以改装和颂扬……这种焦虑不安的心情在《童年》的最后几章有令人难忘的描绘，在那里面，这部分记忆被用于叙述母亲去世和下葬时的情景。

他们一共五个孩子，住在亚斯纳亚·波利亚纳④那座古老的宅子

① 尼古拉·罗斯托夫也参与了拿破仑的那些战役，一八一四年至一八一五年间曾被关押在法国。——原注

② 见《童年》第二章。中译本见《托尔斯泰文集》第一卷，人民文学出版社出版。

③ 见《童年》第二十七章。

④ 亚斯纳亚·波利亚纳，莫斯科南部距图拉镇十几公里的小村，所在之省份为俄罗斯色彩最浓厚的省份，居民清一色为俄罗斯人。

里。列夫·尼古拉耶维奇[①]一八二八年就出生在这里,直到八十二年后去世,一直没有离开。最小的那个孩子是女儿,名叫玛丽,后来当了修女(托尔斯泰去世前逃出家庭,离开家人,就是躲到她那里去的)。其余三个孩子是:谢尔盖,长得可爱但有点自私,"其真诚的程度是我从未见过的";德米特里,热情、专一、大学时代狂热地投身宗教事业,不顾一切地节衣缩食,访贫问苦,收容伤残人,后又突然放荡不羁,接着又痛悔不已,为一个在妓院认识的青楼女子赎身并与之同居,二十九岁患肺病去世[②];长兄尼古拉,是兄弟中最受宠爱的一个,从母亲身上继承了想象力,善讲故事[③],诙谐、腼腆而机智,后当了军官,派驻高加索,在那儿染上酗酒的习惯,他充满基督徒的爱心,身居陋室,与穷人分享自己的一切。屠格涅夫谈到他时说,"他在生活中真正做到了谦逊克己,不像他兄弟列夫只从理论上探讨而已"。

有两位热心肠的女人照顾这五个孤儿:塔季扬娜姑姑[④]。托尔斯泰说,"她有两种优秀的品质:镇定和爱"。她一生只知有爱,永远为他人奉献一切……

她使我懂得了,爱是一种精神上的快乐……

另一位是亚历山德拉婶婶。她总是助人为乐,而不愿有求于人,有仆人也不用。唯一的嗜好是阅读《使徒行传》,再就是与朝圣者和天真的人聊天。这些天真的男女中,有不少人住在他们家里。其中一位会唱圣诗的女朝圣者是托尔斯泰妹妹的教母,另一位男的叫格里沙,只会祈祷和哭泣……

---

① 即托尔斯泰。列夫·尼古拉耶维奇是他的名字。

② 托尔斯泰的小说《安娜·卡列宁娜》中列文的兄弟便以他为原型。

③ 他曾写过一部《猎人日记》。

④ 其实她不过是一个远房亲戚。她和托尔斯泰的父亲曾经彼此爱恋。但她后来悄然退出了,像《战争与和平》中的梭尼亚一样。——原注

啊,伟大的基督徒格里沙!你信仰虔诚,常感上帝之临近,你爱心热烈,不需理性指挥,话语自会汩汩流出,你赞颂神的荣光。如果言语难以表达,你便泪流满面,伏地不起!……[①]

这些卑微的人对托尔斯泰成长的影响不是显而易见的吗?看来晚年的托尔斯泰早已在他们身上出现和形成了。他们的祈祷,他们的爱心,在孩子的心灵中播下了信仰的种子,而老来不过是收获罢了。

除了格里沙,托尔斯泰在《童年》里没有提及其他对他心灵成长起过作用的那些谦卑的人。然而透过这本书可以感觉到,托尔斯泰那颗童心,"那颗充满爱的纯洁心灵,像一道明亮的光,总是看到别人的优点",总是充满温柔的感情!他幸福,却想着他所知道的那唯一的不幸者,他流泪,总想为他做些奉献。他亲吻一匹老马,为了曾经使它受苦而求它原谅。他因爱他人而感到幸福,哪怕别人并不爱他。此时他未来的才华已露端倪:他有想象力,常为自己想象的故事伤心落泪;他那从不休息的大脑,总是努力去思索人们内心之所想;他早熟的观察力和记忆力[②];他锐利的目光,能在丧礼参加者的脸上看出他们是否真的悲痛。他自己说,他五岁时便已经第一次感到,"人生并非一种享乐而是十分沉重的苦役"[③]。

幸而他很快就忘记了这种想法。这时,他陶醉在俄罗斯民间故事、带有幻梦色彩的神话传说和圣经故事之中,尤其是高尚的圣约瑟行传,直到晚年,他还视之为艺术典范而向人推荐。还有《一千零一夜》,每天晚上,在他祖母房里,总有一个盲人坐在窗台上为他娓娓述说。

---

① 见《童年》第十二章。

② 在一八七八年写的自传体笔记中,托尔斯泰说他清楚地记得襁褓时在木桶里洗澡的感受(见《儿时记趣》)。

③ 见《儿时记趣》。

* * *

他在喀山上学[①],成绩平平。别人对他三兄弟有这样的评语[②]:“谢尔盖想学也能学;德米特里想学但学不好;列夫既不想学也学不好。”

他称自己的少年时代为荒漠时期。一片黄沙,吹来阵阵炽热的狂风。关于这个时期,《少年》,尤其是《青年》中有不少内心的独白。他很孤独,头脑总处于狂热状态。一年中,他为自己寻觅并探索了各种学说。[③] 他曾是斯多噶主义者,故意让自己经受肉体的折磨;又曾是伊壁鸠鲁的信徒,纵欲享受;[④]接着又相信灵魂能够转世;最后坠入荒唐的虚无主义,相信如果迅速转身,便可面对面地看见虚无。他分析自己,分析……

我只想着一件事,我想着我所思考的一件事……

无休止的分析,像一部空转的推理机器,这种危险的习惯,据他说,“往往给他的生活带来危害”,但他的艺术却从中汲取了无限的源泉。[⑤]

这种游戏使他失去了一切信念,至少他认为是这样。从十六岁起,他再也不祈祷,再也不去教堂了。[⑥] 但信仰并未泯灭,而只是孕

① 从一八四二到一八四七年。

② 比他大五岁的尼古拉已在一八四四年毕了业。——原注

③ 他爱作形而上学的谈话。他说:“因为这种谈话比较抽象,隐晦到以为说出了自己之所想,其实是说非所想。”(见《少年》第二十七章)——原注

④ 斯多噶主义,指古希腊罗马哲学的一个重要学派,创始人是芝诺。该学说强调人的社会职责和义务,强调以心灵平静和坚持道德价值的行为准则。世人常以其代表坚忍和苦行主义;伊壁鸠鲁(前341—前270),古希腊哲学家,唯物主义的感觉论者,提倡一种“乐生”哲学,世人常以其代表纵欲享受。

⑤ 尤其是他早期的作品,如《塞瓦斯托波尔杂记》。

⑥ 此时他正饶有兴趣地阅读伏尔泰的作品(《忏悔录》第一章)。——原注

育着:

> 可是,我仍然有信仰。信什么?我说不清。我仍然信上帝,或者换句话说,我不否认上帝的存在。但上帝是什么样?我不知道。我不否认基督和他的学说。但这种学说是什么,我也说不出。[①]

有时候,他会忽发善念,想把马车卖掉,把钱分给穷人,拿出十分之一的家财为他们谋福利,遣散家里的仆人……"因为他们像我一样都是人。"[②]他曾在一次病中[③]写下《生活守则》。天真地给自己规定:"学习并钻研一切:法律、医学、语言、农业、历史、地理、数学,在音乐和绘画方面要达到最完美的水准……"他确信,"人的宿命在于不断地完善自己。"

然而,在少年的欲念、强烈的感官需要和自尊心[④]驱使下,这种自我完善的信念不知不觉地偏离了轨道,失去了无私的性质,变得讲求实用且物质的了。他之所以想完善他的意志、体魄和精神,那完全是为了征服世界,获得别人的爱戴[⑤]。他想要人人都喜欢他。

做到这一点可不大容易。他那时长得像猴子一样丑:脸又长,模样粗野,短发长得很低,一双小眼睛看人的时候狠巴巴的,深眼窝,阔

---

① 《忏悔录》第一章。

② 《青年》第三章。

③ 指一八四七年三月至四月。

④ 《少年》中,涅赫柳多夫说:"人所做的一切均出于自尊"。一八五三年,托尔斯泰在《日记》中写道:"我的一大缺点是骄傲。一种扩大了的毫无理智的自尊。……我野心勃勃,如果要我在荣誉和我喜爱的德行之间选择,我认为我会选择前者。"——原注

⑤ "我希望所有人都了解我和爱我。我希望所有人只要听到我的名字便对我刮目相看,而且感谢我。"(《青年》第三章)——原注

鼻,厚嘴唇向前突出,还有一副兜风耳。① 他自知长得丑,从小就伤心欲绝②,由此产生成为“体面人”的理想③。为了和别的“体面人”一样,他也去赌博,糊里糊涂地欠了一身债,那真是彻头彻尾的放荡④。

有一个因素救了他,就是绝对的真诚。

“你知道为什么我爱你胜过爱其他人吗?”他的朋友涅赫柳多夫对他说,“因为你有一种惊人而罕见的品质:坦率。”

“是的,我连说出来自己都感到脸红的事也照说不误。”⑤

在他行为最放荡的时候,他也能头脑清晰地对自己作出毫不留情的批判。

“我像畜生一样生活,”他在《日记》里写道,“我完全堕落了。”

接着,按照他酷爱分析的习惯,他仔细写下了他犯错误的原因:

> 1. 优柔寡断,或缺乏魄力;2. 自己骗自己;3. 操之过急;4. 妄自菲薄;5. 心绪不佳;6. 是非不分;7. 好模仿;8. 浮躁;9. 缺乏深思熟虑。

这种独立判断的做法,他在念大学时候已经用来批判社会习俗和思想上的迷信。他看不起大学传授的知识,不愿做正规的历史研究,因思想大胆而被停学。在这个时期,他发现了卢梭:《忏悔录》《爱弥

① 以上描述系根据一八四八年他二十岁时的一幅肖像。——原注

② “我想象一个像我鼻子这样阔、嘴唇这样厚、眼睛又这样小的人在世界上是找不到幸福的。”(《童年》第十七章)另外他还悲伤地谈到自己“没有表情的脸,软弱、怯懦,优柔寡断,缺乏高贵的气质,粗手大脚,十足一个庄稼汉。”(《青年》第一章)——原注

③ “我把人类分为三级:体面的人,只有这种人值得尊敬;不体面的人,这种人让人看不起,招人讨厌;最后一种是贱民,现在没有了。”(《青年》第三十一章)——原注

④ 尤其是一八四七年到一八四八年他在彼得堡那段日子。——原注

⑤ 《与保罗·布瓦耶先生的谈话》,见一九〇一年八月二十八日巴黎《时代》杂志。——原注

儿》。这简直是当头棒喝。

我崇拜他，将他的肖像似圣像一样挂在脖子上。

他最初写的几篇哲学论文都是评论卢梭的（1846—1847）。

然而大学和“体面人”都已令他厌烦，于是他回到亚斯纳亚·波利亚纳村自己的家园（1847—1851），与老百姓恢复了接触，他打算帮助他们，为他们做好事，教育他们。这一时期的经历在他的初期作品《一个地主的早晨》（1852）中有所述及，那是一部优秀的小说，主人公便是他最爱用的化名涅赫柳多夫公爵①。

涅赫柳多夫二十岁。他放弃上大学，想为他的农户谋福利。为他们办了一年好事之后，他来到村里，却遭到嘲笑和冷遇、根深蒂固的不信任、因循守旧、浑浑噩噩、为非作歹、忘恩负义。他的一切努力都白费了。他绝望地回到家中，想起一年前的梦想、自己的抱负、想到他以前的理念，即“爱和善是这个世界上唯一可能的幸福和真理”。他认为自己失败了，心中羞愧，万念俱灰。

他坐在钢琴前，手指下意识地轻抚琴键，弹出了一个和弦，接着第二个，第三个……他弹了起来。和弦并不完全有规律，往往很平淡，甚至很庸俗，丝毫显露不出音乐的才华，但他从中感到了一种难以名状而略带哀愁的乐趣。每当和声变化，他便心中一动，等待下一个和声的出现，他以想象模模糊糊地弥补了自己的不足，觉得耳边响起了合唱和交响乐的声音……而他主要的欢乐却来自强行加入的想象，虽然毫不连贯，但异常清晰地使他看到

① 在《少年》、《青年》（1854）、《军旅相遇》（1856）、《射手日记》（1856）、《卢塞纳》（1857）和《复活》（1899）等作品中都有这个人物出现。但必须注意，这个名字指的人物各不相同，托尔斯泰没有赋予他们相同的体貌特征。在《射手日记》的结尾是自杀身亡的。这个名字是托尔斯泰的不同化身，有时是好人，有时又相当坏。——原注

了过去和将来变幻莫测的形象和画面……

他又看到了刚才和他谈话的那些下流、多疑、爱撒谎、懒惰和固执的乡下人。但这次他只看见他们的长处,而不再看见短处了。他用爱的直觉进入他们的内心,看到他们的忍耐、乐天知命、逆来顺受,看到他们对家庭的感情、一贯真心实意地依恋过去的原因。他想起他们勤勤恳恳、辛苦而有收获的劳动……

他喃喃地说道:"这真美……为什么我不能成为他们中间的一员呢?"①

整个托尔斯泰活灵活现地显现在这第一篇小说的主人公身上②,他眼光清晰,幻觉依然。他以地地道道的现实主义眼光去观察,可是只要闭上眼睛,梦想和对人类的爱重又在他心中涌现。

* * *

但一八五〇年的托尔斯泰不像涅赫柳多夫那么有耐心。亚斯纳亚让他很失望;对那里的老百姓和上层人物也已感到厌倦。他扮演的角色成了沉重的负担,简直无法再坚持下去。另外,债主们也纠缠不休。一八五一年,他逃往高加索,去投奔当军官的哥哥尼古拉。

一到天朗气清的山区,他精神为之一振,又恢复了对上帝的信仰:

昨夜③,我几乎通宵不眠……我向上帝祈祷,而祈祷时心中那种惬意简直无法形容。我默诵了传统的经文之后又祈祷了很长时间。我期待着非常伟大、非常美好的东西出现……到底是什

① 引自《一个地主的早晨》。

② 此小说与《童年》同时发表。

③ 一八五一年六月十一日在高加索的斯塔里—伊乌特军营。——原注

么？我说不清。我想与上帝融为一体，求他宽恕我的过失……不，不必请求了，我觉得，既然他赐予我这幸福的一刻，就等于原谅我了。我继续恳求，同时又觉得无事可求，我既不能也不懂得恳求。我感谢他，不是用言语，也不是用思想……这样过了不到一个小时，我又听到了罪恶的声音。原来我睡着了，又梦见了名利和女人，真是毫无办法。没关系，我感谢上帝赐予我这幸福的时刻，让我看到了自己的渺小和伟大。我想祈祷，却又不懂得如何祈祷，想要大彻大悟，却又不敢。我还是听从上天的安排吧。[①]

肉体并没有被征服（永远没有）；斗争继续在内心秘密地进行，在七情六欲与上帝之间进行。托尔斯泰在《日记》中记录了三个吞噬他的魔鬼：

1. 赌博欲。可以克服。
2. 情欲。很难克服。
3. 虚荣心。这是最可怕的一种欲念。

正当他梦想奉献自我，一心只为他人的时候，肉欲和其他莫名其妙的想法又向他袭来，眼前又出现了某个哥萨克女人的形象，或者胡思乱想，“如果他左面的胡子翘得比右面的高，那多叫人失望啊！”[②]——“管他呢！”上帝在此，绝不离他左右。即使斗争激烈也会绝处逢生，因为一切生机都动员起来了。

我想，我轻率地决定到高加索去的想法其实来自上苍。是上帝的手在引导我。为此，我对他感恩不尽。我觉得，我在这里变好了。我确信可能发生在我身上的一切都是为我好，因为那是上

---

①② 见《日记》。

帝的意旨……[1]

这是大地在春天感谢神恩的歌。大地开满鲜花。一切都十分美好。一八五二年,托尔斯泰的天才初次开花结果,写出了:《童年》《一个地主的早晨》《袭击》《少年》;他感谢生命之神使他有这样的收获。[2]

* * *

《童年》于一八五一年秋天在蒂弗利斯着手写作,一八五二年七月二日在高加索的皮亚蒂戈尔斯克完成。奇怪的是,当时托尔斯泰正陶醉在大自然的怀抱,过着全新的生活,周围充满惊心动魄的战争风险,他正忙于发现一个他尚不了解的人物与感情的世界,却居然在这第一部作品里追忆生活的往事。不过,写作《童年》的时候,他正在患病,在军队里的活动突然停了下来。漫长的复原过程中,他无事可做,孤寂而痛苦,于是多愁善感起来。温情的眼睛面前便展现出往日的景象[3]。经历了近几年徒劳无功却令人筋疲力尽的紧张生活,再重温早年"天真、美妙、富有诗意而快乐的日子",使心境重又变得"像孩子般善良、敏感而有爱心",当然别有一番温馨的滋味。再说,他青春年少,热情似火,心中有无限的打算,理想如诗,周而复始,难得考虑一个孤立的题材,而伟大的小说不过是历史长链中的几个环节,是他永远难以实现的巨大规划的几个片段而已[4]。此时的托尔斯泰把《童年》的叙述仅看作《四部曲》的前几章,这《四部曲》也应该包括他在高加索的生

① 一八五二年一月给姑姑塔季扬娜的信。

② 一八五一年的一幅肖像已表露出他思想发生了变化:他仰着头,脸色较前开朗,眼窝没有以前深,目光仍然凝重,嘴微张,唇髭刚长出来,显得有点忧郁。神色还是有点倨傲和轻蔑,但多了几分青春的朝气。

③ 这个时期他写给塔季扬娜姑姑的信充满感情,可谓一字一泪。他也说自己是"爱哭的列夫"。——原注

④ 《一个地主的早晨》是《一个俄罗斯地主》写作计划的片断。《哥萨克》是一部有关高加索的长篇小说的第一部分。长篇巨著《战争与和平》按照作者本人的想法不过是一部现代史诗的开头,而《十二月党人》则是小说中的一段。——原注

活，可能直到大自然向他显示上帝的存在为止。

《童年》对他的成名颇有帮助，但他后来对这部作品却有诸多挑剔。他对比鲁科夫说：

“写得糟透了，一点文学味也没有！……简直毫无可取之处。”

但持这种看法的只是他一个人。作品的手稿没有署名，寄给了鼎鼎大名的《现代人》杂志，很快便刊出了（1852 年 9 月 6 日）。获得极大的成功，欧洲各国读者一致赞扬，可是，尽管作品颇有诗的魅力，笔触精妙、感情细腻，托尔斯泰后来却很不喜欢。

他不喜欢的理由正是别人欣赏的原因。确实，书中除了某几个当地人物的描写和少量感情真挚并具有宗教意识的篇章①之外，托尔斯泰本人的个性并不突出。这部作品温情脉脉，多愁善感的情调，托尔斯泰后来很反感，在其他小说中，他完全排斥了这种写法。这种感伤情调我们亦不陌生，其间的幽默和眼泪我们似曾相识，它们来自狄更斯。托尔斯泰十四到二十一岁时最喜欢读的书正如他在《日记》中所说，是“狄更斯的《大卫・科波菲尔》，我受其影响颇大”。在高加索时，他把这部小说又看了一遍。

他还曾谈到两个人对他的影响，这就是斯特恩②和托普费尔③。他说：“当时我完全受他们的启发。”④

谁会想到《日内瓦小说集》竟是他写《战争与和平》的第一个范本呢？由此不难在《童年》中发现同样的亲切、乐观而略带嘲讽的口吻，只不过搬了家，移植到一个比较有贵族气息的环境里罢了。

因此，托尔斯泰从一开始便似乎以一个公众熟悉的面目出现。但很快就显露了个性。《少年》（1853）没有《童年》那么单纯，那么完美，展示出一种独特的心理状态，一种对大自然的强烈感受和一颗饱受困

---

① 指朝圣者格里沙或母亲之死。

② 斯特恩（1713—1768），英国小说家，以《项狄传》和《感伤旅行》闻名于世。

③ 托普费尔（1799—1846），瑞士小说家，画家。《日内瓦小说集》的作者。

④ 见给比鲁科夫的信。

扰的心,这是狄更斯和托普费尔的作品所没有的。在《一个地主的早晨》(1852 年 10 月)中,托尔斯泰的个性似乎已经完全形成,观察大胆而率真,对爱也充满信念。在这个短篇中,他出色地刻画了几个农民形象,他后来写的《民间故事》中描绘得最妙的一个人物养蜂老人①,此时已略见端倪。老人身材矮小,站在桦树下,伸出双臂,眼睛看着天空,光秃的头在阳光下闪闪发光,周围有一群金色的蜜蜂,不仅不螫他,反而在他头顶飞绕,仿佛一个花环……

但这个时期的代表作却是直接记录他当时那些感受的作品——高加索纪事。其中第一篇《袭击》(1852 年 12 月 24 日完稿)所描写的壮丽景色,给人留下了深刻的印象:河边的山中日出;暗影与声音都表现得极为卓越的夜景;途中,夜色苍茫,远处积雪的群山逐渐在紫色的暮霭中隐没,透明的空气中响起了士兵们优美的歌声。《战争与和平》中的好几个典型人物其实已经在这些作品中出现。如赫洛波夫大尉,一位真正的英雄,他打仗并非出于个人的兴趣,而是尽他的责任。他那张脸是"典型的俄罗斯人的面庞,纯朴、镇静,是那种让人乐于直视的脸"。他笨重、不灵活、有点可笑、对周围的事不太理会,打仗时,其他人都有所变化,只有他依然故我,"跟平日所见的一样:动作沉稳,声音不高也不低,脸上还是一副朴实、憨厚的表情"。比起他来,那个中尉则是莱蒙托夫②式的英雄,心地善良,却装作十分凶狠。而那个可怜的小个子少尉,第一次打仗高兴得了不得。恨不得搂着每个人的脖子亲吻,可爱复可笑,像彼佳·罗斯托夫那样莫名其妙地送了命。画面的正中是托尔斯泰的面孔,他只是观察而不介入伙伴们的思想;实际上,他已发出了反对战争的呼声。

> 世界是这样美好,头上是一望无际的星空,难道人类就不能自由自在地活着吗?在这里,他们怎能怀有恶意,怀有复仇和消

① 见《两个老头》(1885)。

② 莱蒙托夫(1814—1841),俄国才华出众的抒情诗人。

灭同类这种疯狂的心理呢？大自然是善与美最直接的体现，一经和大自然接触，人类心中所有的恶念都应该烟消云散。①

这个时期所观察到的有关高加索的故事，都是稍后写的，如：一八五四到一八五五年的《伐林》，叙事准确，虽然有点冷峻，但对俄罗斯士兵的心理刻画得十分有趣——这是未来作品的笔记；一八五六年的《一个被贬谪的军官》②，写一个堕落的上流人士，被降了职的下级军官，酗酒、撒谎的懦夫，他怎么也想不通自己竟会像这些他所看不起的士兵那样去送死，其实这些士兵里最差的一个也胜过他一百倍。

凌驾在这一切作品之上，成为这第一道山脉最高峰的作品，是托尔斯泰最美的抒情小说之一，也是他的青春之歌的高加索诗篇《哥萨克》③。在明亮的天空衬托下，灿烂的雪山连绵伸展，和谐的乐韵贯串全书。这部作品闪耀着才华，正如托尔斯泰所说，才华是"青春万能之神，逝而难再的冲动"。从这一点来看，此书是独一无二的。简直是春天的滔滔急流！爱情的娓娓倾诉！

"我爱，爱极了！……勇敢之士！善良的人！……"他反复地说，他想流泪。为什么？谁勇敢？他爱谁？他不知道。④

这种心灵的醉意毫无节制地流淌。主人公奥列宁像托尔斯泰一样也来到高加索，在冒险的生活中锤炼。他爱上了一个年轻的哥萨克姑娘，陷入乱糟糟的、相互矛盾的希望之中，时而认为，"幸福就是为别人而活着，自我牺牲"，时而认为，"自我牺牲不过是愚蠢的行为"；于是他差不多和那个哥萨克老人叶罗什卡一样相信，"一切都是值得的。

① 引自《袭击》，中译本见《托尔斯泰文集》第二卷，人民文学出版社出版。
② 中译本见《托尔斯泰文集》第二卷。
③ 此书虽然一八六〇年才完成（1863 年出版），但内容的大部分却是这个时期写的。——原注
④ 引自《哥萨克》，《托尔斯泰文集》第三卷。

上帝创造一切,为的是使人类快乐。这是灵魂得救而不是什么罪孽”。那么还用得着思考吗?只要活着就行了。生活就是善,就是幸福,生活是全能的,无所不在的:生活就是上帝。一种狂热的自然崇拜煽动并吞噬着他的心。奥列宁在森林中迷了路,周围都是“野生植物、无数的飞禽走兽、成群的蚊蚋、幽暗的树木、温暖而芬芳的空气、小沟中的浊水在枝叶下汩汩流淌”,两步之外,就有敌人的埋伏,他“突然产生一种没来由的幸福感,便依着小时候的习惯,画了个十字,感谢起某个人来”。像一个印度托钵僧般满足地对自己说,他独自迷失在生命的轮回之中,越陷越深,藏在周围的无数看不见的生物此时正窥伺着他的死亡,成千上万的昆虫在他四周嗡嗡地彼此招呼:

> “哥儿们,到这儿来,到这儿来!有人可叮咬了!”
>
> 他很清楚,在这里,他已经不再是俄国贵族,莫斯科上流社会里的人,或者某某人的朋友和亲戚,而只是一个像苍蝇、野鸡、麋鹿般的生物,和现时在他周围生活着并转来转去的鸟兽昆虫一样。
>
> “像他们一样,我活着,死去,然后,上面长出草来……”

于是,他心里充满欢乐。

在青年这段时光,托尔斯泰疯狂般陶醉在对力量和生活的热爱之中。他拥抱大自然并与之融为一体,向大自然倾诉、宣泄他的哀愁、欢乐和爱情。但这种浪漫的陶醉从未影响他清晰的目光。在这热情的诗篇里,景物描写之雄浑,人物刻画之逼真,是别的作品所难以比拟的。自然与人世的对立是全书的背景,也是托尔斯泰一生中最爱采用的思想主题和信条。这种信条已经使他找到《克莱采奏鸣曲》中的严酷冷峻之音,并用以鞭挞世界这个舞台上的人间百态。而且对他所喜爱的人,他的描写也同样真实。自然界的生物、美丽的哥萨克姑娘和他的朋友,都被放在光天化日之下观察,他们的自私、贪婪、诡诈和毛病，他都照写不误。

更重要的是，高加索向托尔斯泰揭示了他本人深厚的宗教意识。这种真理精神的初次宣示说来话长。他自己也是以保守秘密为条件才告诉他青年时代的知己，他年轻的婶婶亚历山德拉·安德烈伊夫娜。他在一八五九年五月三日写给她的信中“表明了他的信仰”①。他说：

“小的时候，我并没有思考，只凭热情和感受去信仰。十四岁左右，我开始思考人生。由于宗教和我的理论不一致，我把消灭宗教看成一件好事……我觉得一切都很清楚、合乎逻辑，一切都安排得很妥当，没有宗教的地位……后来到了这样一个时期，生活于我已经没有什么秘密，而且也开始失去其一切意义。这时我正在高加索，感到既孤独又烦恼。我聚集起全部精神力量，这样做一辈子只能有一次的啊……这是一个既苦也乐的时期：真是空前绝后，我的思想从没达到过这样的高度，只在这两年我才看得那样透彻。当时我发现的一切将永远成为我的信念……这两年坚持不懈的脑力劳动之中，我发现了一条简单、古老、现在我知道而别人尚不知道的真理：我发现，世界上有一种不朽的东西，有一种爱，要永远幸福就必须为他人活着。这些发现使我很惊讶，因为它和基督教很相像。于是，我不再向前探寻，转而到福音书里求索。可惜发现不多。既找不到上帝，也找不到救世主，亦找不到圣体，什么都找不到……但我尽我心灵的一切、一切、一切力量去探索。我哭泣，我痛苦，我只要真理，其他什么都不要……就这样，只有我的宗教和我在一起。”②

① 原文为法文。

② 在信的末尾，他又补充道：

“你要明白我的意思！……我认为，如果没有宗教，人便既不能善良，也不能幸福；我想掌握宗教的愿望超过想掌握世界上的任何东西。我觉得，如果没有宗教，我的心田将会枯竭。……但我并无信仰。是生活使我心中产生了宗教，而不是宗教创造了我的人生……我此时只感到心灵非常枯竭，非有一种宗教不可。上帝会帮助我。这一天必将到来……大自然是我的领路人，会将我引向宗教，每一个人都有其不同的未知的道路，只能到自己内心深处去探寻……”——原注

*　*　*

一八五三年十一月,俄国向土耳其宣战。托尔斯泰应召到罗马尼亚军中服役,后转到克里米亚。一八五四年到达塞瓦斯托波尔。他爱国热情高昂,作战勇敢,经常置身险境,尤其是一八五五年四五月间,他三天中便有一天到第四号棱堡的炮台值勤。

一连几个月,他生活在激奋、紧张的情绪中,面对着死亡。此时他的宗教神秘主义又油然而生。多次和上帝对话。一八五五年四月,他在日记中记述了一段祷文,感谢上帝在危险中保护他,并希望上帝继续保佑他,"以便我能够达到我尚未知晓的生活之永恒和光荣的目标……"这里的生活目标,并非艺术,而是宗教。一八五五年三月五日,他写道:

> 我被引向一个伟大的想法,我觉得,为了实现这一想法,我可以贡献出我的一生。那就是创立一种新的宗教,基督的宗教,清除了教条和迷信的宗教……完全按明晰的良知行动,以便用宗教将人类团结起来。①

这便是他老年时的打算。

但是,为了转移自己对周围景象的注意力,他又重新拿起笔来写作。在枪林弹雨之下,他怎能集中精神来写他《回忆录》的第三部分《青年》呢?书的内容杂乱,可归咎于当时的客观环境使他心乱如麻,有时抽象的分析也有些枯燥,像司汤达那样,动辄大类之下又分小类。② 但他居然能冷静地参透一个青年人头脑里错综复杂的思虑和梦

---

① 见托尔斯泰《日记》。

② 在同一时期的作品《伐林》中,也有类似手法。例如:"爱有三种:第一种,美学的爱;第二种,忠诚的爱;第三种,积极的爱,等等。"(《青年》)又例如:"士兵有三种:第一种,听话的;第二种,专横跋扈的;第三种,喜欢吹牛的。其下又分:一、冷静服从的;二、为拍马而服从的;三、既服从又酗酒的。"(《伐林》)——原注

想，倒也值得欣赏。作品对待自己罕有地坦率。在描写春到城市的美丽画面、在叙述忏悔以及为忘记交代的罪孽赶往修道院的时候，又有多少清新的诗意啊！某些篇章洋溢着热烈的泛神论，有一种抒情的美，其笔调令人不禁想起高加索的札记来。下面是其中描写夏夜的一段文字：

> 明亮的新月静静地照耀着。池水波光粼粼。老桦树茂密的枝叶在月光照射下，一面显出银白色，另一面则暗影幢幢，覆盖着灌木丛和大路。池塘后面传来鹌鹑的鸣声。还可听见两棵老树枝叶摩挲的轻微声响。蚊蚋嗡嗡，一只苹果坠落在枯叶上，青蛙一直跳上台阶，绿色的脊背在月光下闪闪发亮……月儿升起来了，悬挂在万里晴空上，将光芒洒满宇宙。池水显得益发明亮。暗影益发黝黑而光亦更加透明了……我像渺小的虫豸，早已感染了人类的七情六欲，但尚有一股巨大的爱的力量，此时，我感觉到大自然、月亮和我已经完全融合在一起。[1]

但当前的现实盖过了以往的梦想，迫使人不得不关注。《青年》因此没有写完。副队长列夫·托尔斯泰伯爵在棱堡的屏障下，在隆隆的炮声和同伴们中间，观察着生者与死者，并将他们和自己的苦恼记录在令人难忘的《塞瓦斯托波尔纪事》之中。

这三篇纪事——《一八五四年十二月之塞瓦斯托波尔》《一八五五年五月之塞瓦斯托波尔》《一八五五年八月之塞瓦斯托波尔》一般总是被人相提并论的。其实，三篇各各不同。尤其是第二篇，以对艺术的感受而有别于其他两篇。第一和第三篇以爱国主义为主体，而第二篇则翱翔着无情的真理。

据说沙俄皇后看了第一篇[2]之后落泪了，沙皇在赞赏之余，下令将

① 引自《青年》第三十二章。

② 此文寄给《现代人》杂志，立刻就刊登了。——原注

其译成法语,并将作者调离危险地带。道理很容易明白,文中全是对祖国和战争的赞颂。托尔斯泰初来乍到,情绪高昂,陶醉在英雄主义之中。在塞瓦斯托波尔的保卫者身上,他尚未发现野心、自大和庸俗的感情。对他来说,这是一首崇高的史诗,其中的英雄"堪与古希腊的英雄媲美"。另外,这些纪录丝毫看不出做过任何想象方面的努力,亦没有任何客观再现的尝试。作者在城里漫步,看事物头脑很清醒,但叙述的方式却很拘谨:"你看……你进去……你发现……"简直是长篇的报导,只不过加上一些对自然的观感而已。

第二篇的场景便完全不同了:《一八五五年五月之塞瓦斯托波尔》,一开始便可以读到这样的字句:

> 千万种人类自尊的心理在这里彼此碰撞,或者在死亡中趋于沉寂……

稍后,他又写道:

> ……由于人多,虚荣心也多……虚荣、虚荣,到处都是虚荣,甚至到了坟墓的门口也是虚荣!这是我们这个世纪特有的疾病……为什么荷马和莎士比亚他们要大谈爱情、荣耀和痛苦呢?为什么我们世纪的文学只是爱慕虚荣的人和冒充高雅之徒没完没了的故事呢?

纪事已经不再是简单的记述,而是让情欲和人类直接登台,将隐藏在英雄主义背后的东西揭示出来。托尔斯泰清醒的目光在他战友们的内心搜索,在他们的和自己的心里看到了骄傲、恐惧,看到了死亡近在咫尺时,人间还在继续上演的喜剧。尤其是恐惧已被供认,已被他揭开了面纱,赤裸裸地暴露在眼前。托尔斯泰毫无顾忌、坦率而无情地分析了这挥之不去的恐惧心理[1]和畏死情绪。在塞瓦斯托波尔，他学会了抛开一切多愁善感的心态。他轻蔑地称之为一种“哭哭啼啼、女性才有的泛泛的同情”。他善于分析的天赋在少年时代已经显露，有时还带点近乎病态的性质[2]。在叙述普拉斯库金之死时更达到了登峰造极、出神入化的程度。他足足用了两页来描写当炮弹落下，嘶嘶作响而尚未炸开的一刹那，普拉斯库金脑子里闪过的念头，又用一页写炮弹炸开，可怜的人“胸部被一块弹片击中立即丧命”之后，他内心的想法。

如同剧中休息时的乐队暂停，在战斗的场景中豁然展露出大自然的景色，道道日光刺透乌云，白昼的乐章奏起并洒落在如此壮观的沙场上，地面躺着成千上万即将死去的人。于是基督徒托尔斯泰忘记了他第一篇纪事中的爱国主义，诅咒起离经叛道的战争来：

> 这些人，这些基督徒，他们宣扬同一种爱和牺牲的伟大法则，但看见自己的所作所为，竟不在上帝面前跪下忏悔！正是上帝在赐予他们生命的同时，在他们每一个人的内心除了放进对死亡的恐惧之外，还有对善与美的爱！他们竟不含着欢乐和幸福的眼泪，像兄弟一样互相拥抱！

在完成这部短篇小说——其口吻比他以往任何作品都更尖刻——时，托尔斯泰突然产生了怀疑。他是否不应该说这些呢？

> 我产生了怀疑，心像被揪着一样。也许我不应该说这些。也许我说的是令人讨厌的真心话，人人都下意识地藏在心里不说，

① 很久以后，托尔斯泰在与他的朋友捷涅罗莫谈话时还提到这种恐惧，说到有一次，他在城墙边的掩蔽所里战战兢兢度过一宵的情形。——原注

② 稍后，德鲁吉宁出于友谊叫他注意这种危险：“你在分析方面有过分细微的倾向，会发展成一大弱点。有时你竟会说：看某某人的腿肚子就知道他想去印度旅行……你应该抑制这种倾向，尽管不必完全杜绝。”——原注

也不应该说，否则有害无益，如同酒滓一样，不能搅动，否则酒质就坏了。什么是应避免说出的坏事？什么是应该模仿的好事？谁是坏人，谁是英雄？人人都好，人人都坏……

但他骄傲地镇定下来：

我这部短篇小说的主人公是我最心爱的人物，我打算将他的美全部表现出来，使他过去、现在和将来都美，这就是真实。

《现代人》杂志的主编涅克拉索夫看了这几页[①]之后，写信给托尔斯泰说：

这正是今天俄罗斯社会所需要的：真实。自从果戈理去世以来，俄罗斯文学里真实的东西太少了……您给我们的艺术带来的这种真实性对于我们是全新的东西。我只担心一件事：时间和人生的怯懦、我们周围装聋作哑的人们会像对待我们大部分人那样对待您，担心他们会扼杀您的锐气。[②]

这事一点不用担心。时间会消磨一般人的锐气，但却锻炼了托尔斯泰的意志。然而，当时祖国的磨难，塞瓦斯托波尔的失守，使他那颗虔诚的心感到痛苦，他后悔自己的坦率直言有点过分苛严了。在第三篇纪事——《一八五五年八月的塞瓦斯托波尔》中，他正讲述军官们赌钱吵架时，突然中止了叙述，说道：

这场戏赶紧落幕吧。明天，也许今天，这些人中的每一个都可能慷慨赴死。每个人的心中都埋藏着一星会使他们成为英雄

① 这几页被书刊检查处删掉了。——原注
② 此信写于一八五五年九月二日。

的高尚火花。

这种考虑并没有损害故事本身现实主义的力量，而人物的选择却相当明显地道出了作者的倾向。马拉科夫史诗般的战斗和悲壮的沦陷，通过两个感人和高傲的形象表现出来。这两个形象是两兄弟，哥哥是科泽尔佐夫上尉，颇有几分像托尔斯泰①；弟弟是旗手沃洛佳，此人腼腆而热情、好作激动的独白、一脑子梦想、一点小事就会掉眼泪，有时是温情的泪，有时是委屈的泪，刚到棱堡时很害怕（可怜的小家伙还怕黑，睡觉时总用军大衣蒙头），因为孤独和旁人的冷淡，他感到苦闷，但时候一到，却能高高兴兴地面对危险。他属于那种颇具诗意的少年（《战争与和平》中的彼佳、《袭击》中的少尉），心中充满爱，能够笑傲沙场，然后突然莫名其妙地倒下。这两兄弟同一天（守城的最后一天）中弹身亡。小说在爱国的激愤中结束：

> 军队撤出了城市。每个士兵眼看不得不放弃塞瓦斯托波尔，心里有说不出的痛苦。他们叹着气，向敌人伸出拳头。②

* * *

他在这个活地狱里待了足足一年，摸透了情欲、虚荣和人类痛苦的底蕴。出来以后，一八五五年十一月，他回到彼得堡的文人圈里。他对这些人既憎恶，又蔑视，觉得他们庸俗、市侩，而且谎话连篇。这些人远看似乎戴着艺术的光环——像屠格涅夫，托尔斯泰曾经很欣赏他，而且刚把自己写的《伐林》题赠给他——近看却让他大失所望。一

① “他的自尊心就是他的生命，他看不到还有别的选择：要成为第一，否则就自我毁灭……他爱跟别人较量，喜欢自己是第一。”——原注

② 一八八九年，托尔斯泰为 A. J. 叶尔绍夫的《一个炮兵军官对塞瓦斯托波尔的回忆》写前言，又想起了当时的场面。一切英勇的往事都消逝了，只记得担惊受怕了七个月。害怕有两个方面，一是怕死，二是怕丢脸。真是可怕的精神折磨。对他来说，围城的一切英雄业绩可以概括为一句话：当过炮灰。——原注

八五六年的一张照片中,托尔斯泰和他们在一起,有屠格涅夫、冈察罗夫、奥斯特罗夫斯基、格里戈罗维奇、德鲁吉宁。旁人都很自然,唯有他显得特别:神情严峻、生硬,头骨嶙峋、两腮凹陷、姿态僵硬地交叉着双臂。他穿着军服,站在这些文学家后面。苏亚雷斯很风趣地写道:"他像是看守着这些人而不是他们中间的一员,似乎随时准备将他们押回监狱。"①

可是所有人都殷勤地围着这个刚来到他们中间的年轻同道。他拥有双重光荣:作家和塞瓦斯托波尔的英雄。读到塞瓦斯托波尔的场面时曾经含泪大呼乌拉的屠格涅夫,友好地向他伸出了手。但这两个人合不来。尽管两人都能精细地观察这个世界,内心色彩却大不相同。一个爱嘲讽、敏感、多情、头脑清醒,酷爱美,另一个则粗暴、骄傲、经常为道德思想所苦恼,心中总蕴藏着一个神明。

托尔斯泰尤其不能原谅这些文学家的是,他们自以为是天之骄子,人类大军的排头兵。他对他们的反感还出于他贵族和军官的骄傲,看不起这些自由主义的市民阶级文人②。他还有一个性格特点——他自己也承认——就是"本能地反对所有普遍认可的推理"③。对人类不信任,对人类理性潜在的蔑视,使他到处都发现人类自欺欺人,也就是撒谎。

> 他从不相信人类的真诚。认为任何道德的冲动都是虚伪。他惯于以异常锐利的目光鞭挞他认为不讲真话的人……④
>
> 看他听人说话的样子!看他用深深嵌在眼眶里那双灰色的

① 见一八九九年苏亚雷斯所著《托尔斯泰》,此书重版后标题改为《托尔斯泰生平》。——原注

② 在一次谈话中,屠格涅夫抱怨"托尔斯泰有贵族愚蠢的骄矜和容克人的自吹自擂"。——原注

③ "我性格有一个特点,不管是好是坏,反正永远如此,就是不由自主地总反对外部流行的影响……我讨厌随大流。"(致比鲁科夫的信)——原注

④ 屠格涅夫语。——原注

眼睛怎样看着和他说话的人！他抿着的双唇透出多少讥讽的味道！[1]

屠格涅夫说，托尔斯泰刺人的目光，再加上两三句恶毒的词句，足以令人暴跳如雷，看见这种目光，他感到从未有过的难受。[2]

托尔斯泰和屠格涅夫之间，头几次会面，便发生激烈的争吵[3]。离得远的时候，他们便冷静下来，努力给对方一个公正的评价。但随着时间的推移，托尔斯泰对他那些文学界的朋友越来越反感。他不能原谅这些艺术家生活堕落，嘴里却大谈仁义道德。

我确信几乎他们所有的人都不道德、邪恶、品格低下，比我在军旅生涯中遇见的那些人还差劲。可他们却像身心健全的人那样，非常自信，心满意足。我讨厌他们。[4]

他离开了他们。但在一段时间内还保留着和他们一样的艺术上的功利观念[5]，他的骄傲心理从中获得了满足。那是一种报酬丰厚的宗教，它可以带来“女人、金钱、荣誉……”。

---

① 格里戈罗维奇语。——原注

② 见欧仁·加尔辛所著《回忆屠格涅夫》(1883)。参看比鲁科夫著《托尔斯泰生平及作品》。——原注

③ 最激烈的一次争吵发生在一八六一年，导致两人彻底决裂。屠格涅夫表示他有博爱的感情，还大谈他女儿从事的慈善事业。托尔斯泰对上流社会的慈善活动是最恼火的。“我认为，”他说道，“一个穿着华丽的少女，膝上放些肮脏发臭的破衣服，是在演一出言不由衷的戏。”争论愈演愈烈，屠格涅夫气坏了，威胁说要扇托尔斯泰的耳光。托尔斯泰要求立即以步枪决斗，好挽回自己的名誉。屠格涅夫对发火一事后悔不迭，给他写了一封道歉信。但托尔斯泰毫不原谅。众所周知，差不多二十年以后，在一八七八年，他表示了歉意，因为那时他已抛弃过去的生活，克服骄矜，皈依上帝了。——原注

④ 见托尔斯泰《忏悔录》。

⑤ 他说：“我们和一群疯子没有什么分别。甚至在那个时候，我已模模糊糊地猜到了。不过和所有的疯子一样，我将每个人都看作是疯子，除了我。”(《忏悔录》)——原注

> 我是这种宗教的大祭司之一。地位舒适而优越……

为了更好地投身文学,他辞去了军职(1856年11月)。

但像他那种气质的人是不会闭上眼睛的。他相信,他愿意相信进步,觉得"这个词是有含义的"。从一八五七年一月二十九日到七月三十日,他去国外旅行。到法国、瑞士和德国,结果推翻了这个信念。[①]在巴黎,一八五七年四月六日,他观看了一次处决犯人,"使他认识到对进步的迷信纯属虚妄……"

> 当我看见犯人身首异处,脑袋滚到筐里的时候,我浑身一震,心想没有任何维持现存秩序的理论能够证明这种行为是合理的。即使全世界的人根据某种理论认为这样做有必要,我也觉得不好,因为决定或善或恶并非人类的言与行,而是我的心。[②]

一八五七年七月七日在卢塞恩[③],他看见一个流浪的小歌手。寓居施韦茨霍夫的英国有钱人不愿掏钱施舍,于是,他在《D.涅赫柳多大公爵日记》中写道,他鄙视自由主义者死抱着一切幻想,也鄙视那些"在善与恶的海洋上划出假想界线"的人。

> 对他们来说,文明是善,野蛮是恶。自由是善,奴役是恶。这种假想的认识摧毁了本能的、原始的,也就是最美好的需要。但谁能界定何谓自由、何谓专制、何谓文明、何谓野蛮?又有什么地方不是善恶共存的呢?我们心里只有一个万无一失的领路人,那

---

① 参看这一时期他写给婶母亚历山德拉伯爵夫人的信。这些信写得很动人,充满青春活力。——原注

② 见托尔斯泰《忏悔录》。

③ 卢塞恩,瑞士小城。

就是鼓励我们彼此接近的宇宙之神。

回到俄罗斯的故乡亚斯纳亚之后，他重又关注起农民问题，[①]这并非他对民众已经不抱幻想。他写道：

> 不管声称民众通情达理的卫道士们怎么说，民众或许是个好人的集合体，但他们凑在一起只是因为他们都有兽性和可耻的一面，这恰恰反映出人类天性的弱点和残酷。

因此，他的工作对象并非群体，而是每一个人、每一个孩童的个人良知。因为这才是希望之所在。他创办了几所学校，但不知道教什么。为了解决这个问题，从一八六〇年七月三日到一八六一年四月二十三日，他又一次旅居欧洲。[②]

他研究了多种教育理论。不用说，都没有采纳；他去过两次马赛，发现真正的民众教育是在校外——他觉得学校很可笑——通过报刊、博物馆、图书馆、街道和现实生活来进行，他称这一切为“意识不到的”，或者“自发的学校”。自发的学校是相对于他认为有害而愚蠢的强制性学校而言。这就是他想回亚斯纳亚·波利亚纳创建和试办的学校[③]。他的宗旨是自由。他不允许一小撮所谓精英分子，即“自由主义特权社会”将自己的学问和错误强加给他们所不了解的民众。他

① 从瑞士直接回到俄罗斯时，他发现，“在俄罗斯，生活是一种永久的折磨！……”“幸亏在艺术、诗歌和友谊的天地中有个避难处。在那里，没有人来打扰我……我一个人，风在吼；外面又冷又脏；我用冻僵的手指弹一曲贝多芬的行板，激动得流下了眼泪；或者看几页《伊利亚特》；或者想象出一些男人和女人，和他们生活在一起；我在纸上乱画，或者像现在那样，思念我所爱的人……”（1857年8月18日致亚历山德拉伯爵夫人的信）——原注

② 他此行在德累斯顿认识了德国小说家奥尔巴赫，第一次受到了全民教育的启发。在基辛根认识了德国教育家福禄培尔，在伦敦认识了俄国作家赫尔岑，在布鲁塞尔认识了法国无政府主义者蒲鲁东，似乎给他留下了深刻的印象。——原注

③ 尤其是在一八六一年至一八六二年。——原注

们无权这样做。这种强迫性的教育方法在大学里从来培养不出“人类需要的人才,而只能培养出堕落社会需要的人:官吏、官吏式的教授、官吏式的文学家,或者毫无目的地离开了原来的环境、虚度了青春、在社会上找不到位置的人——病态的、易怒的自由主义分子”①。该让人民说说他们需要什么!如果他们不看重“知识分子强迫他们学习的阅读和书写艺术”,是完全有理由的:他们有其他更迫切、更合理的精神需要。你就想办法了解这些需要,并帮助他们去满足这些需要吧!

托尔斯泰一直是革命的保守派,他努力想将这些自由的理论在亚斯纳亚付诸实践,说他教学生,倒不如说他和学生一起学习。② 同时,他还努力将一种更人道的精神引进农业经营之中。一八六一年,他被任命为克拉比夫纳县的土地仲裁人,保护老百姓反对地主和国家滥用职权。

我们别以为这项社会活动能给他带来满足,使他全身心地投入。他仍然摆脱不了与此对立的一些欲望。尽管他努力接近民众,却一直喜欢社交,他有这方面的需要。有时寻欢作乐的愿望会重新萌发,有时是由于好动。他曾因猎熊几乎送命。赌起钱来输赢很大。甚至被他看不起的彼得堡文学界也仍然能对他产生影响。从这些误区走出来,由于厌恶,他深深陷入烦恼。这个时期的作品不幸也带有这种艺术上和思想上不稳定的痕迹。《两个骠骑兵》(1856)有追求风雅的倾向,一派纨绔子弟的浮华浪荡作风,让托尔斯泰自己看了很不舒服;一八五七年在第戎写的《阿尔贝特》,单薄、古怪,缺乏托尔斯泰惯有的深度和精确度;《记分员笔记》(1856)③比较引人注目,但写得匆忙,似乎反映出托尔斯泰对自己感到厌恶。他的化身涅赫柳多夫公爵在赌场里自杀了:

① 见《教育与文化》,《托尔斯泰生平与作品》第二卷。

② 托尔斯泰一八六二年曾在《亚斯纳亚·波利亚纳》杂志上阐明这些理论。——原注

③ 即《台球房记分员笔记》,见人民文学出版社版《托尔斯泰文集》第二卷。

他什么都有:财富、名望、才气、崇高的理想;他没有犯过任何罪;但他做了更糟的事:他扼杀了自己的心灵、自己的青春;他的堕落甚至没有强烈的欲望作借口,而是由于意志薄弱。

即使大限临头也不能使他改变……

同样奇怪的言行不一,同样的游移不决,同样轻浮的思想……

死亡……这时,死亡开始经常在托尔斯泰的脑际萦回。《三死者》(1858—1859)已经预示了《伊凡·伊里奇之死》中那种阴暗的分析,垂死者的孤独感、对生者的仇恨,他绝望地询问:"为什么?"这部描写三个死者的三部曲(三个死者是有钱的贵妇、患肺病的老车夫和被伐倒的白桦树)确有其伟大之处;肖像刻画细腻,形象相当动人,尽管作品享誉过高,但结构松散,白桦树之死也缺乏使托尔斯泰的风景描写产生美感的那种清晰确切的诗意。从整体来看,我们还不清楚其中占主导地位的,是为艺术而艺术的思想还是道德的意图。

托尔斯泰自己也不知道。一八五九年二月四日,他在莫斯科俄罗斯文艺爱好者协会举行的招待会上发表演说,颂扬为艺术而艺术[①]。倒是该协会的会长向他这位"纯艺术的文学代表"致敬之后,与他唱反调,捍卫为社会和道德而艺术。[②]

一年以后,即一八六〇年九月十九日,他心爱的哥哥尼古拉因肺病在耶尔去世[③],托尔斯泰受此打击,几乎"动摇了对善、对一切的信念",

---

① 演说的题目是:《论文学中艺术成分优于一切暂时的文学潮流》。——原注

② 他举托尔斯泰自己的例子,以《三死者》中的老车夫来驳斥托尔斯泰。——原注

③ 托尔斯泰的另一个兄弟德米特里已于一八五六年患肺病身亡。托尔斯泰本人于一八五六年、一八六二年和一八七一年以为自己亦患此疾。正如一八五二年十月二十八日他所说的那样,他"体质虽好而健康不佳",经常感冒、嗓子疼、牙疼、眼睛疼,还有关节炎。一八五二年在高加索时,"一星期至少有两天要卧床"。一八五四年,(接下页)

并放弃了艺术：

> 真相是可怕的……当然，只要存在想知道真相并将其说出来的愿望，人们总会想办法知道真相并将其说出来。这是我道德观念中剩下的唯一东西，是我唯一要做的事情，但并不以艺术的形式去做。艺术是撒谎，而我再也不能爱美丽的谎言了。①

然而，不到六个月以后，他写了《波利库什卡》②，重又回到“美丽的谎言”中，这部作品除了隐含着对金钱及其罪恶势力的诅咒之外，也许是他的道德意图最少、纯粹为艺术而写的作品了，当然也不失为一部杰作。其缺点只是观察过分纷繁，素材过多，足可写一部长篇巨著，结尾也太惨烈，与充满幽默感的开头形成过分强烈、甚至有点残酷的对照。③

* * *

这是一个过渡时期，天才的托尔斯泰在摸索，对自己产生怀疑，还

(接上页)他由于患病，在从西利斯特里到塞瓦斯托波尔路上耽搁了好几个月。一八五六年在亚斯纳亚，肺部患过十分严重的疾病。一八六二年，他担心得肺结核，便到萨马拉的朋友巴什基尔家用奶酒疗养。一八七〇年以后，他几乎每年都去一次。他和费特的来往信件经常谈到这件事。他这样的健康情况使人更能够理解为什么他脑子里常常出现死这个字眼。稍后他谈起他的病时仿佛谈起他最好的朋友一样：“人生病时就像顺着一个斜坡慢慢往下走，到一定地方便有轻纱薄帐拦路，纱帐的这边是生命，另一边是死亡。在精神价值上，病要比健康强得多！你别跟我谈那些从未生过病的人！他们可怕极了，尤其是女人。一个身体健康的女人简直是只地道的猛兽！”(《与保罗·布瓦耶的谈话》，《时代》杂志 1901 年 8 月 27 日)——原注

① 一八六〇年十月七日致费特的信，《未发表的书信集》第二十七至三十页。——原注

② 《波利库什卡》，一八六一年写于布鲁塞尔，见《托尔斯泰文集》第三卷，人民文学出版社。

③ 这个时期他还写了一部短篇小说，其实是篇游记，写个人的回忆，题为《暴风雪》(1856)，其中优美的描写颇具诗情画意和音乐感，稍后在《主与仆》一书中，托尔斯泰借用了这篇游记的背景。——原注

有点自寻烦恼，像《记分员笔记》中的涅赫柳多夫一样，“没有强烈的欲望，没有主宰一切的意志”。但这个时期他写出了他以前从未创作过的最清纯的作品《家庭幸福》(1859)。这简直是爱情的奇迹。

多年以来，他一直是贝尔一家的朋友，先后爱上过这家的母女四人，[①]最终却倾心于第二个女儿。但他不敢承认。苏菲·安德烈耶夫娜·贝尔还是个孩子，十七岁，而他已经三十多岁了。他觉得自己已经是个老头，无权将自己残旧、污秽的生命与一个天真烂漫的少女结合在一起。他内心斗争了三年之久。[②] 后来，他在《安娜·卡列宁娜》这部小说里描述了他如何向苏菲·贝尔表白，而少女又如何回应他的情形：两个人用粉笔在桌子上写出他们不敢明言的话语的第一个字母。像《安娜·卡列宁娜》中的列文一样，他诚实地将自己的私人日记交给未婚妻，好让她知道他以前做过的令人脸红的事，而苏菲也和《安娜》中的基蒂一样，内心非常痛苦。一八六二年九月二十三日，他们举行了婚礼。

但这场婚礼早在三年前写作《家庭幸福》的时候，[③]就已在诗人的脑海里举行了。三年以来，在这爱情刚刚萌发，尚未被察觉时，他已提前享受了刻骨铭心、如痴如醉的爱情生活，卿卿我我的温馨时刻，落下过“幸福一去不复返”的眼泪；还有新婚宴尔时的得意忘形，爱情的自私，“没完没了和无缘无故的欢乐”；然后是厌倦，模模糊糊的不快，单调生活的烦闷，两颗结合在一起的心慢慢地分开，彼此越离越远，交际

① 托尔斯泰小的时候，有一次由于嫉妒，将一个和他一起玩的、年仅九岁的小女孩从阳台上推下，使她瘸了很久。这个小女孩就是后来的贝尔夫人。——原注

② 参看《家庭幸福》中谢尔盖的表白：“假设有一位 A 先生，一个曾经沧海的老人，和一位 B 小姐，一位年轻、快活、既没有和男人打过交道，也没有生活阅历。由于家庭的种种环境，A 先生爱 B 小姐像爱自己女儿一样，从未考虑过有其他非分之想……等等。”——原注

③ 也许他在作品里加入了一八五六年他在亚斯纳亚和一个少女间一段爱情故事的回忆。这个少女和他很不一样，既轻佻又爱交际。他们虽然彼此真诚相爱，但最终还是分手了。——原注

场上对少妇包含着危险的陶醉——卖弄风情、嫉妒、要命的误解，——爱情蒙上阴影，消失；终于，心灵的秋天降临，带着脉脉温情的哀愁，再度露面的爱情已经苍老褪色，带着眼泪、皱纹、苦难的回忆，怀着对相互伤害和虚度年华的遗憾，显得益发动人，——再后是明净清澈的夜，从爱情庄严地过渡到友谊，从浪漫的激情过渡到母爱……这一切该发生的事，托尔斯泰早已想象到，也体会过了。为了更好地体验这一切，他在他所爱的人身上付诸实践。第一次——也许是托尔斯泰的作品中第一次——小说的故事在一个女人的心中展开，由她讲述。讲得太妙了！美丽的心灵蒙着羞答答的轻纱……这一回，托尔斯泰分析时不用强光，也没有固执地要暴露赤裸裸的真相，不是直接说出内心生活的秘密，而是让读者自己去猜测。托尔斯泰的心灵和艺术变得温柔了，形式和思想达到了和谐的平衡：《家庭幸福》具有拉辛作品那种完美的境界。

托尔斯泰清醒地预感到婚姻会给他带来甜蜜温馨，也会给他带来困扰，但毕竟是一个喘息的机会。当时，他身心疲惫，病魔缠身，对自己和自己所做的努力也都感到厌烦。继第一批作品获得巨大成功之后，随之而来的是批评界的沉默①和公众的冷淡。他骄傲地装作对此颇为得意。

> 我的名声已大大失去了群众基础，对此我很担忧。现在，我心境平静，我知道自己有话要说，也有力量大声说出来。至于群众，他们愿怎么想随他们的便好了！②

但这不过是自夸而已。他对自己的艺术并没有把握。诚然，文学这个工具他用得很娴熟，但不知该用来干什么。正如他谈到《波利库什卡》的时候说，“这是一个会舞文弄墨的人，就随便碰到的一个主题

① 一八五七年到一八六一年，批评界对他很少评论。——原注

② 托尔斯泰《日记》(1857)。

乱说一通罢了。”[1]他的社会事业流产了。一八六二年，他辞去了土地仲裁员的职务。同年，警察来亚斯纳亚·波利亚纳大肆搜查，把学校也查封了。托尔斯泰当时没在家，因疲劳过度，他担心染上了肺结核。

> 仲裁纠纷对我说来是太困难了，学校工作也茫无头绪，想教人又不想让别人知道自己根本不懂得教什么，这一切使我产生怀疑，使我心灰意冷，我的病就是这样来的。若不是生活中我尚未知的一面救了我，我早就像十五年后那样陷于绝望了。这就是：家庭生活。[2]

* * *

他对一切都很用情，因此起初他尽情享受家庭生活[3]。托尔斯泰伯爵夫人对他的艺术也起了宝贵的影响。她在文学方面很有天赋[4]，所以，像她所说的那样，她是一位“地道的作家太太”，因为她总把丈夫的事业放在心上。她和丈夫一起工作，把他口授的记录下来，为他誊清草稿[5]。保卫他不受宗教这个魔鬼的骚扰，这个可怕的精灵已经不时要他放弃艺术了。她还努力使他向社会乌托邦关上大门，[6]重新点燃他的创作天才之火，还进一步用她女性的心灵给这位天才带来新的、丰富的创作源泉。除了《童年》和《少年》中几个美丽的侧影之外，托尔斯泰早期的作品几乎没有女性的地位，即使有，也是次要角色。但他爱苏菲·贝尔，在这种爱的影响下，女性在《家庭幸福》中出现了。

---

① 托尔斯泰：致费特的信(1863)，见《托尔斯泰生平及作品》。——原注

② 见《忏悔录》。

③ “我整个身心都陶醉在家庭幸福之中。”(1863 年 1 月 5 日)“我多么幸福！多么幸福！我太爱她了！”(1863 年 2 月 8 日)——见《托尔斯泰生平与作品》。——原注

④ 她写过几篇短篇小说。——原注

⑤ 据说她将《战争与和平》誊写了七遍。——原注

⑥ 婚后，托尔斯泰立即中止了教学工作，关闭了学校，杂志也停办了。——原注

在随后的作品中,少女和女人的形象越来越多,而且其生活内容之丰富超过了男性。大家认为,托尔斯泰伯爵夫人是她丈夫的模特儿,在描写《战争与和平》中的娜塔莎是如此,①在刻画《安娜·卡列宁娜》中的基蒂时也如此,不仅这样,她还以提供个人意见和看法的方式,成为她丈夫宝贵而慎重的合作者。《安娜·卡列宁娜》的某些段落②似乎完全是女性的手笔。

婚姻美满,使托尔斯泰在十到十五年间尝到了多年没有的和平与安宁。③ 于是,他在爱情的庇护下从容考虑和实现他脑子里的杰作、执十九世纪小说之牛耳的鸿篇巨制《战争与和平》(1864—1869)和《安娜·卡列宁娜》。

《战争与和平》是我们时代最宏伟的史诗,现代的《伊利亚特》,汇聚了无数的人物和感情。在这个波澜壮阔的人类海洋上,翱翔着一个凌驾一切的灵魂,从容掀起又平息一阵阵暴风雨。不止一次,当我看着这部作品时,不禁想到荷马和歌德,尽管时代和思想有很大的不同。后来,我发现,的确,在写这部小说的时候,托尔斯泰从荷马和歌德的

① 还有她的妹妹塔季扬娜,既聪明,又有艺术素质,托尔斯泰非常欣赏她的智慧和音乐天赋。托尔斯泰说:“我把塔尼娅(塔季扬娜)和索尼娅(苏菲·贝尔)糅合起来,便成了娜塔莎。”(比鲁科夫记述)——原注

② 如多莉搬进残破的乡间别墅、多莉和她的孩子们穿着上的细致描写,还有一些如果女子本人不说的话,无论一个男人有多高的天分也参透不出的女人内心的某些秘密。——原注

③ 创造精神对托尔斯泰思想影响的典型标志是:从一八六五年十一月一日他投入《战争与和平》一书的创作起,他的日记中断了十三年。艺术创作不能一心两用的现象使心灵的独白暂时停止了。这不仅是个劳心时期,同时也是个劳力时期。托尔斯泰疯狂般爱上了打猎。“打猎时,我把一切都忘了……”(1864 年的信)在一次出猎中,他摔断了胳臂(1864 年 9 月),就在疗伤时,他口述了《战争与和平》的前几部分。“我从昏迷中醒来的时候,我对自己说:‘我是个艺术家。’我的确是艺术家,但却是一个孤立的艺术家。”(1865 年 1 月 23 日致费特的信)这个时期他写给费特的信都洋溢着创作的欢乐。他说:“我直到目前为止所发表的一切,我认为都不过是试笔而已。”(1865 年 1 月 23 日致费特的信)——原注

作品中吸取了许多营养。[①] 而且更进一步,他在一八六五年的笔记中,在将不同文学形式分类的时候,把《奥德赛》《伊利亚特》《一八〇五年》[②]都归入同一类。他的思想活动自然而然地把他从描写个人命运的小说导向描写军队和各国人民、千万人的意志所植根的人类巨大群体。塞瓦斯托波尔之围的悲惨经历使他了解了俄罗斯民族之魂及其古老的生活。宏伟的《战争与和平》在他的创作计划里,只不过是展现从彼得大帝到十二月党人这组俄罗斯史诗般的壁画里的中心画面罢了。[③]

---

① 托尔斯泰指出,从他二十到三十五岁期间对他有影响的作品有:
"歌德的《赫尔曼和多罗泰》……影响很大。"
"荷马的《伊利亚特》和《奥德赛》(俄文版)……影响很大。"
一八六三年六月,他在《日记》中写道:
"我看歌德的作品,心中产生了好几个想法。"
一八六五年春天,托尔斯泰又重读歌德的作品,说《浮士德》是"思想的诗、能表现其他任何艺术所不能表现的诗"。后来,他为了他的上帝放弃了歌德和莎士比亚,但对荷马依然赞赏如故。一八五七年八月,他以同样的专注阅读《伊利亚特》和《福音书》。后来他在一九〇三年写了一个攻击莎士比亚的小册子(他晚期作品之一),将荷马与莎士比亚对立起来,说荷马是真诚、有分寸和真正艺术的典范。——原注

② 一八六五年到一八六六年间出版了《战争与和平》的头两部分,标题为《一八〇五年》。——原注

③ 一八六三年,托尔斯泰开始写《战争与和平》,先写《十二月党人》,完成了三个片段。但他发现这座大厦的基础不够牢固,于是继续掘进,到拿破仑战争时代,便写了《战争与和平》。一八六五年一月开始在《俄罗斯导报》杂志发表;最后一卷于一八六九年秋脱稿。这时托尔斯泰又上溯历史,计划写一部有关彼得大帝的史诗般的长篇小说,接着再写一部有关十八世纪各代俄国女皇临朝及其宠臣们的小说《米罗维奇》。他从一八七〇年到一八七三年投入此项工作,参考了许多文件,设置了不少场面,但出于现实主义的考虑,又放弃了。他知道要如实地再现这遥远年代的风貌是永远不可能的。稍后,一八七六年一月,他又打算写一部有关尼古拉一世的小说。接着,一八七七年,他又满怀热情地投入《十二月党人》的写作,搜集仍然活着的当事人的证词,走遍事件发生的地方。一八七八年,他写信给他的姑母说:"这部作品对我太重要了!其重要程度您是想象不到的:如同信仰之于您那么重要,我的意思是:甚至有过之无不及。"(《未发表的书信》第九页)但随着对主题的深入挖掘,他偏离了初衷:他的心思已不在这上面了。一八七九年四月十七日,他写信给费特说:"十二月党人?天晓得他们在哪儿!……如果说我过去想过,也写过这个主题,现在我倒十分希望,为了对人类有好处,那些向人开枪的家伙闻到我思想的味道就会受不了。"(《未发表的书信》第一三二页)在他生命的这一时刻,宗教歇斯底里开始发作:他即将把他从前的偶像全部销毁。——原注

要感受这部作品强大的力量，就必须了解隐藏其中的整体性。大部分法国读者都有点短视，看见成百上千的细节，只觉眼花缭乱，无所适从，在这座生活的丛林中茫无头绪。殊不知必须攀登到高处，浏览一下广阔的天际，环顾周遭的树林和田野，才能感知作品荷马式的气魄、永恒法则的宁静、命运威严的呼吸节奏、将一切细节联系起来的总体感情，以及涵盖整部作品的艺术家的天才、像《创世记》中的上帝般君临于汪洋大海之上。

开始是一片波平如镜的海洋。战争前夕俄罗斯社会一派和平氛围。头一百页的客观、准确和高超的讽刺手法，刻画着上层社会人们心灵的空虚。只是到了第一百页左右，那些虽生犹死的人当中最坏的一个——巴西尔公爵才大声喊道：

> 我们作孽，我们骗人，这一切为的是什么？我的朋友，我已经五十多岁了……一切都以死亡结束……死亡，多可怕啊！

在这些毫无情趣、谎话连篇、游手好闲、敢于作奸犯科的人中间，也有几个天性比较纯良的人。诸如诚恳直率、天真憨厚的皮埃尔·别祖霍夫，独立不羁、具有古俄罗斯情操的玛丽·德米特里耶夫娜，朝气蓬勃的罗斯托夫兄弟，善良忍让的玛丽郡主；还有并非善良，但却自尊，深为这种不健康的生活而苦恼的安德烈公爵。

大海开始泛起波涛。行动开始了。俄国军队开进了奥地利。一切都是天数，没有任何地方比在两军相交的战场更能显示命运的主宰力量。真正的领袖并不刻意指挥，而是像库图佐夫或者巴格拉季昂[①]那样，“设法使人相信，他们的个人意图与当时的情势、部下的意志和命运的摆布是完全协调一致的。”这就是听天由命的好处！纯粹的行动所带来的幸福，是正常合理的。困惑的人会恢复精神上的平

① 库图佐夫和巴格拉季昂均系俄罗斯名将，一八一二年拿破仑进军莫斯科时，二将率军抗击，卒败法军，巴格拉季昂阵亡。——原注

衡。安德烈公爵松了一口气,又活了下去……而在另一边,神圣的暴风雨充满生机的气息吹不到的地方,两个最优秀的人皮埃尔和玛丽郡主正面临着时下浊流的威胁和爱情的欺骗。安德烈在奥斯特利茨负了伤,战斗正酣之时行动突然中止,获得了上天清晰的启示。他仰面躺着,“只见头上的天空深邃无垠,懒洋洋地飘浮着几块灰色的云彩”。他心想:

> 多么宁静!多么平和!和我发疯般的驰骋多么不同!这高远的天空,我为什么早没看见呢?现在终于有幸看到了!是的,一切皆空,一切都是欺骗,除了他……除了他,什么都没有……让我们赞美上帝吧!

然而,波涛回落,生活恢复原状。在城市颓靡的氛围中,沮丧且心绪不宁的人们重又自暴自弃,在黑夜里彷徨。有时,尘世污浊的气息中,会融入大自然醉人的、使人心荡神驰的熏风,那就是春天、爱情和盲目的力量,它们使迷人的娜塔莎走向安德烈公爵,不久之后,又将她投入第一个追求她的男人的怀抱。尘世已糟践了多少诗意、温情和心灵的纯洁!只有“高高的天空依然俯瞰着充满罪孽的人间”。但人们却看不见。甚至安德烈也忘记了奥斯特利茨的光明。对他来说,天空只不过是“一个灰暗沉重的苍穹”,覆盖着虚无的世界。

是时候了,该让战争的飓风再次把这些贫血的心灵唤醒。祖国遭到了入侵。鲍罗金诺[①],伟大庄严的日子。人们之间的敌意消失了。道洛霍夫拥抱他的敌人皮埃尔。受了伤的安德烈为他往日最憎恨的人、现在躺在救护车上他身旁的阿纳托里·库拉金流下了同情和怜悯的眼泪。为祖国甘愿牺牲的精神和听从上帝安排的意愿,将所有人的心联结在一起。

---

① 鲍罗金诺,莫斯科和斯摩棱斯克之间的小村,一八一二年九月七日,俄军与入侵的法军在此展开殊死的战斗,揭开了莫斯科战役的序幕。

> 严肃认真地接受无法规避的战争……最艰苦的考验是将人类的自由交给上天去安排。心灵是否纯朴要看它是否服从上天的意旨。

库图佐夫元帅代表着俄罗斯人民的意志和他们服从命运安排的决心：

> 谈到激情，这个老人只有激情的产物——经验，在他身上，从收集到的事实中得出结论的那种智慧，已经被对事件进行哲理思考所取代。他并无创造发明，绝不轻举妄动，而只是注意谛听，考虑一切因素，到适当的时刻加以利用。有利的绝不阻拦，有害的绝不允许。他从将士的脸上搜寻难以捉摸的力量，亦即决战决胜的意志。他承认有些东西比他的意愿更强大，那就是眼前事态的无法规避的进程。他观察、跟随这些事态的发展。他懂得将他个人的因素排除在外。

总之，他有一颗俄罗斯人的心。俄罗斯民族冷静悲壮的宿命意识，也体现在可怜的庄稼汉普拉东·卡拉塔耶夫身上。此人朴实、虔诚、安分，即使在痛苦和死亡面前也含着善良的微笑。经历了种种磨难、家园残破、临终时的痛苦，书中的两个主人公皮埃尔和安德烈凭着爱情和信仰，看见了活生生的上帝，终于达到了精神解脱和神秘的欢乐境界。

托尔斯泰并不到此为止。结尾部分发生在一八二〇年，是从拿破仑时代到十二月党人时代的过渡时期。给人的感觉是生活正承上启下。托尔斯泰并不在危机中开始和结束，像开头一样，结尾也安排在一波正平，一波继起的时刻。读者已经看到未来的英雄，他们之间将要发生的冲突,以及死者在生者身上复活的情形[1]。

我曾经试图理出这部小说大致的脉络,因为难得有人肯去费这番功夫。但是说些什么好呢?这上百的主人公都有巨大的生命力,他们各有个性,刻画的手法实在令人难忘,其中有士兵、农民、王公贵族、俄罗斯人、奥地利人和法国人!一切都不是随意编造的。这个画廊中的人物肖像,在欧洲文学中还找不到一个类似的。托尔斯泰曾为这些人物勾勒过不知多少素描。他说:"还制订了千百万个计划",到图书馆搜寻,端出自己的家族档案、以前的笔记、个人的回忆。这种细致入微的准备工作使作品经得起推敲,同时亦无损作品的浑然天成。托尔斯泰写作时的激情与欢欣感染着他的读者。特别是《战争与和平》,最大的魅力在于作者有一颗年轻的心。托尔斯泰的其他作品没有一部有这么多有关孩子和少年的描写,他们每一颗心都是一段音乐,像泉水般明净,像莫扎特的韵律般优美动人,例如年轻的尼古拉·罗斯托夫、索尼娅、可怜的小彼佳。

最迷人的是娜塔莎。这个娇憨的小姑娘,任性、乐观、有爱心,我们眼看着她在我们的身边长大,伴着她进入生活,像带着纯洁温柔的感情去爱小妹妹那样爱她。谁对她没有似曾相识之感呢?……明媚的春夜,娜塔莎在月光中靠在窗前。她浮想联翩,热情地诉说;而与她

---

① 皮埃尔·别祖霍夫娶了娜塔莎,后来成为十二月党人。他建立了一个秘密团体以维护公众的利益。娜塔莎积极参与他的计划。戴尼索夫对和平革命一窍不通,只准备武装起义。尼古拉·罗斯托夫依然保持士兵愚忠的思想。奥斯特利茨一役之后,他说过:"咱们只有一件事可做,就是履行咱们的义务去作战,其他的别去想。"此刻,他向皮埃尔发脾气,说:"首先是我发过誓!如果命令我带着我的小队向敌冲锋,我会冲上前,照打不误。"他的妻子玛丽郡主同意他的说法。公爵的儿子小尼古拉·博尔孔斯基时年十五岁,纤弱可爱,有点病态,大眼睛、金头发,全神贯注地听着他们争论。他一心只爱皮埃尔和娜塔莎,一点也不喜欢尼古拉和玛丽。他崇拜他父亲,但父亲长得怎么样却几乎想不起来了。他梦想长得和父亲一样,身材高大,能完成伟大的事业。……什么事业?他不知道……"不管他们怎么说,我都要那么做……是的,我都要那么做。他如果在,也会赞成的。"作品最后以孩子的梦想结束,孩子想象自己成了普鲁塔克式的伟大人物,和皮埃尔叔叔在一起,光荣的旗帜作前导,后面跟着军队。——如果《十二月党人》继续写下去,毫无疑问,小博尔孔斯基一定会成为其中一位英雄。——原注

仅隔一层楼的安德烈公爵则在凭窗倾听……第一场舞会的激动、爱情、爱的期待、欲望的萌生和杂乱无章的梦境，深夜，雪橇在雪盖冰封、鬼火磷磷的森林里飞驰。大自然以它扰乱人心的温柔拥抱着你。歌剧院之夜，奇特的艺术世界，理性为之沉醉；心灵为之疯狂，连厌倦了爱情的肉体也为之疯狂；洗涤灵魂的痛苦、守护着心爱的垂死者的神圣怜悯……提起这些回忆便难免激动，就像谈到最心爱的女友时那样。唉！这样的创作和充斥在几乎所有现代小说和戏剧中的女性典型相比，就衬出后者的弱点了。生活被捕捉住了，而且那么富有弹性、那么流畅，纤毫毕现，以至于似乎能看到它在颤动，在变化。——玛丽郡主外貌丑陋，心地善良，同样是个完美的形象，这位腼腆笨拙的姑娘，眼见深藏内心的秘密被揭露了出来，和其他与她类似的女子一样，脸倏地红了。

总的说来，正如我以前指出过一样，女人的个性比男子的个性高出很多，大大超过了托尔斯泰注入自身思想的那两个男主人公：优柔寡断的皮埃尔·别祖霍夫，热情然而生硬的安德烈·博尔孔斯基公爵。他们都是没有主见的人，总是踟蹰不前，在两极之间摇摆，无法前进。人们会说，这正是地道的俄罗斯人。但我发现，有些俄罗斯人也提出过同样的批评。屠格涅夫责怪托尔斯泰这种静止不动的心理。“没有真正的发展。总是犹豫，感情摇摆不定。”[①]托尔斯泰自己也承认有时是牺牲个人的性格[②]，去迁就整体的历史。

的确，《战争与和平》的光荣成就，在于再现了历史上整整一个时代、民族的迁徙、各国的战争。书中真正的英雄是人民，在他们后面，也和荷马的英雄一样，是指引他们的诸神：看不见的力量，“指挥大众的是无穷小”，是“无限”的气息。在这些波澜壮阔的战争之中，隐藏着的命运之神使各国盲目地兵戎相向，而战争本身却具有一种神秘的

---

① 一八六八年二月二日的信。（比鲁科夫转述）——原注

② 他说，特别是第一部分安德烈公爵的性格。——原注

伟大。除了《伊利亚特》,更令人想到了印度的史诗。[1]

* * *

《安娜·卡列宁娜》和《战争与和平》,标志着这一成熟时期的顶峰。这是一部更完美的作品,说明作者对其艺术已经更加得心应手,经验也更丰富,内心世界对他已没有任何秘密。可惜其中缺乏青春的火焰,热情的朝气,而这正是《战争与和平》高飞的双翅。托尔斯泰已经不能创造出同样的欢乐。新婚初期那种暂时的平静消失了。精神上的焦虑不安又开始溜进托尔斯泰伯爵夫人在他周围营造的爱情和艺术的迷人氛围。

在《战争与和平》的前几章里,婚后一年,安德烈公爵对皮埃尔说的有关婚姻的心里话,已经暴露了一个人的幻灭情绪,他把自己所爱的女人看作外人、一个无心的敌人,无意中已成为自己思想发展的障碍。从一八六五年的信件中可以看到宗教困惑的回潮。他这还只是一些短暂的威胁,生活的幸福完全可以将其抹去。但在托尔斯泰即将完成《战争与和平》的几个月里,即一八六九年,却发生了一次比较严重的震撼:

他离开家人几天,去视察一块领地。一天夜里,他已经躺下,时钟刚敲过凌晨两点:

> 我累极了,很困,倒没觉得身体不舒服。突然间,我悲从中来,感到从未有过的恐惧。详细情况,我以后会告诉你。[2] 那真是

---

① 令人惋惜的是,美丽的诗一般的构思往往被连篇累牍的哲学空谈冲淡了,尤其在最后几部分。托尔斯泰本想发表他的历史宿命论,可惜他翻来覆去,谈个没完。福楼拜在看头两卷时"啧啧称奇",认为"美极了",而且"充满莎士比亚的成分",但看到第三卷便扔在一旁,说:"他已经江河日下,重复又重复,净谈哲学了。以前,我们见到的只是'自然和人类',可现在,我们却看到这个人,他是书的作者,俄罗斯人,仅此而已。"(1880 年 1 月福楼拜致屠格涅夫的信)——原注

② 比鲁科夫在《托尔斯泰的生平与作品》中引述的托尔斯泰给他妻子的信。(见托尔斯泰伯爵夫人档案)

> 吓人。我立即跳下床,吩咐套马。仆人套马时,我又睡着了。到别人喊醒我的时候,我已经完全恢复。昨天,同样的情况又再次出现,不过远没有那么厉害……①

托尔斯泰伯爵夫人用爱情苦心建造的幻想之宫出现了裂缝。《战争与和平》的完成让作家的头脑有了些空闲,哲学和教育的思考重又乘虚而入②:他想为老百姓写一部《启蒙课本》③,埋头苦干了足足四年,比《战争与和平》更让他得意。一八七二年写第一部,一八七五年写第二部。接着,他迷恋起希腊文来,从早到晚地研读,把其他事都抛在一边。他发现了"美妙的希腊语言"和荷马,真正的荷马,不是翻译家所表现的荷马④,不是茹科夫斯基和沃斯⑤之辈那种如泣如诉、甜腻腻软绵绵的腔调,而是"另一个引吭高歌,旁若无人的魔头"。

> 不懂希腊文就谈不上有学问!……我确信,迄今为止,我对所有人类文学中最美、最朴实的文字可说一无所知。⑥

这简直是荒唐,他自己也承认。他重新投身学校的事业,由于过分投入而病倒,一八七一年,只好到萨马拉的巴什基尔家做奶酒治疗。除了希腊文,他对一切都不满意。一八七二年,他打了一场官司,之后他郑重地提出:将在俄罗斯的一切都卖掉,去英国定居。托尔斯泰伯

---

① 这一可怖之夜的回忆载于一八八三年出版的《狂人日记》中。(《遗著》)——原注

② 一八六九年夏天,他的《战争与和平》将要大功告成之际,他发现了叔本华,立即为之着迷。他说:"叔本华是人类中最有天才的人。"(1869 年 8 月 30 日致费特的信)——原注

③ 这部长达七百到九百页的《启蒙课本》共分四册,除各种教学方法外,还包含许多短篇读物,后编为四部《阅读课本》。——原注

④ 一八七〇年十二月他给费特的信中谈到,荷马和他的翻译者之间的区别,好比"煮沸后蒸馏出的水和从源头流出的凉水之间的区别,后者会引起牙痛,但晶莹而洒满阳光,虽然有时带着沙子,但它更纯净,更清冽"。——原注

⑤ 茹科夫斯基(1783—1852),俄国诗人;沃斯(1731—1826),德国批评家兼翻译家。

⑥ 见《未发表的书信》。

爵夫人深感忧虑：

> 如果你把心思都放在你那些希腊人身上，你的病便好不了。他们给你带来了烦恼，使你对现世生活不感兴趣。人称希腊文为死文字一点没错：它能使人心如死水。①

多次放弃已拟定的计划之后，一八七三年三月十九日，伯爵夫人喜出望外地看到，托尔斯泰终于动手写《安娜·卡列宁娜》了②。可是正当他投入工作的时候，家里出了一连串丧事③，生活又蒙上了愁云；他妻子也病了。“这个家真没有福运可言……”④

作品里约略可以看见这些凄惨的经历和激情幻灭的痕迹⑤。除了列文订婚那几章美妙的描写以外，爱情已经没有能与《战争与和平》某些篇章媲美的青春诗意，而这些篇章却是所有时代最美的抒情诗。相反，爱情在这里具有刺激、肉欲和专横的性质。贯串整部小说的宿命色彩不再像《战争与和平》那样，是一个公正而有杀伤力的神、帝国的命运之神，而是疯狂的爱，“整个一维纳斯⑥……”正是她，在那激动人心的豪华舞会上，当安娜和弗龙斯基不知不觉间产生情愫的时候，赋予身穿黑丝绒衣衫的美丽无邪而又富有思想的安娜“一种几乎无法抗拒的吸引力”。正是她，当弗龙斯基刚表白完心迹，安娜立刻容光焕发，“那不是快乐的光芒，而是黑夜中骤然燃起的熊熊大火”。正是她，在这位忠诚而理性的女人，这充满爱心的年轻母亲的血管里注入了强有力的情欲之津，并驻守在她心里，直至毁灭它为止。接近安娜的人

① 见托尔斯泰伯爵夫人的档案。(《生平与作品》)

② 《安娜·卡列宁娜》的创作至一八七七年才完成。——原注

③ 三个孩子早夭(1873 年 11 月 18 日，1875 年 2 月，1875 年 11 月底)，养母塔季扬娜姑姑(1874 年 6 月 20 日)和佩拉吉姑母(1875 年 12 月 2 日)相继去世。——原注

④ 见一八七六年十二月二十二日致费特的信。

⑤ “女人是男人事业的绊脚石。爱一个女人同时又做好事是很困难的。要不经常受到爱情的困扰和妨碍，唯一的办法就是结婚。”——原注

⑥ 维纳斯，罗马神话中的美神。

无一不感觉到这既诱人又令人心惊胆战的潜伏着的魔鬼。首先是基蒂惊惶地发现了它。当弗龙斯基去看安娜时，心中既高兴，同时又有一种神秘的恐惧感。只要安娜在场，列文便六神无主。连安娜也知道再也没法控制自己。随着故事的发展，无法驾驭的情欲将这个矜持的女人心中那座道德大厦一点一点地腐蚀掉。她身上最好的东西，她勇敢而真诚的灵魂也破裂瓦解：她再也没有力量放弃世俗的虚荣，她的生命除了取悦情人之外没有任何其他目的。她提心吊胆、羞愧难当地不让自己怀上孩子。她受着嫉妒的煎熬。肉欲支配着她，强迫她无论在行动、声音或者眼神中弄虚作假。她堕落成了只想吸引男人——不拘何种男人——注目的女人。她用吗啡来麻醉自己，直到有一天，再也忍受不了痛苦的折磨，感到无颜面对世人，终于含恨投身到车轮之下。“而那个胡子拉碴的小乡下人，”——她和弗龙斯基梦里常常看见的可怕的幻象——“正站在车厢的踏板上，俯视着铁轨”；据带有预言性质的梦境所云，“他弯腰俯向一个口袋，将一些零碎往口袋里塞，这就是她往日的生活，连同她的烦恼、背叛行为和痛苦……”

“我保留报复的权利。”①上帝说道……

这是一个为爱情耗尽精力，被上帝的戒律所压垮的人的悲剧；托尔斯泰写来一气呵成且惊人的深刻。围绕这个悲剧，他像在《战争与和平》中一样，安排了另外几个人的故事。可惜在这里，各个故事此起彼伏，交替得生硬而造作，达不到《战争与和平》中像交响乐那样有机的统一。人们也会觉得其中某些真实的画面，如彼得堡的贵族圈子和他们无聊的谈话，有时完全不必要。总之，较之《战争与和平》，托尔斯泰在这部作品里更鲜明地将他的道德人格和哲学思想与生活的景象交织在一起。但作品依然非常丰满。和《战争与和平》一样有各式各

① 卷首的箴言。

样的典型人物，而且每一个都刻画得极其准确。我觉得男人的形象甚至更突出。托尔斯泰喜欢将斯捷潘·阿尔卡季奇描写成自私而可爱的人，谁见了都会对他亲切的微笑作出回应。还有卡列宁，他是高官的典型，地位显赫而才识平庸的国家要员，惯于以嘲讽掩藏自己的真实情感，此人既庄严又怯懦，既假仁假义又有基督徒的感情，是一个虚伪世界奇特的产物。虽然他聪明，也慷慨大方，但始终难以摆脱这个虚伪的世界。而他也有理由不信任自己的心，因为，只要他处于放松状态，最终必坠入神秘的迷茫之中。

小说写了安娜的悲剧和一八六〇年俄罗斯社会各个不同的画面，如沙龙、军官俱乐部、舞会、剧院、赛马等，但其主要特点却是其自传性质。康斯坦丁·列文比托尔斯泰笔下的任何人物都更像是托尔斯泰的化身。托尔斯泰不仅在他身上寄寓了自己既保守又民主的思想，以及乡村贵族老爷蔑视知识分子的反自由主义观点①，而且将整个生命都给了他。列文和基蒂的爱情，他们婚后头几年的生活，完全是他自己家庭回忆的翻版。同样，列文的兄弟之死也是托尔斯泰的兄弟德米特里之死的痛苦再现。这最后一部分完全是多余的，只能使我们看到作者当时心中的困惑。如果说，《战争与和平》的结尾是计划中的另一部作品的艺术过渡，那么，《安娜·卡列宁娜》的结尾便是两年后表现在《忏悔录》中思想变革的自传性过渡。书中已经常常以讽刺或激烈的形式批判当时的社会，在后来的作品中，这种攻击一直在继续。他攻击谎言，所有的谎言——无论是出于道德还是出于罪恶的目的；他攻击自由主义的空谈、假惺惺的慈悲、沙龙里的宗教和所谓的博爱！他向上流社会宣战，因为它扭曲一切真实的感情，扼杀心灵高贵的冲动！死亡突然将一线光明投射到社会习俗之上。面对垂死的安娜，骄矜的卡列宁动了恻隐之心。一道爱情之光和基督徒的宽恕之情终于进入了这个毫无生气、矫揉造作的心灵。所有三个人，丈夫、妻子和情

① 请注意，在小说的最后一部分，还有反对战争、民族主义和泛斯拉夫主义的思想。——原注

人顿时都发生了变化。一切都变得单纯和坦然。但随着安娜的逐渐复原,三个人都意识到,“面对在内心指引着他们的近乎神圣的道德力量,还有一股粗暴而强大无比的力量不由分说地操纵着他们的生活,使他们不得安宁”。他们已预见到,在这场斗争中他们是软弱无力的。“他们将不得不做社会认为有必要做的坏事①。”

倘若列文如同他所表现的托尔斯泰一样,在书的结尾也自我净化的话,那是因为死亡也把他触动了。直到那时为止,“他一直不能信仰,也不能完全怀疑”。自从眼见自己的弟弟死去,他便对自己的无知②感到恐惧。结婚曾经一度遏制住他的焦虑。但随着第一个孩子的出生,焦虑又出现了。他时而拼命地祈祷,时而又否定一切。看哲学著作也无济于事。精神狂乱之时,他真害怕顶不住自杀的诱惑。体力劳动使之有所缓解,在劳动里无所谓怀疑,一切都是清楚明了的。列文和农民聊天。其中一个谈到有些人“并非为自己而是为上帝而活着”。这对他来说不啻为一种启示。他看到了理性与心灵的矛盾。理性教人为生活去进行残酷的搏斗,爱你周围的人是全然不合理的:

> 理性什么也没有教我。我所知的一切都是心灵之所赐,是心灵的启示。

从那时起,他恢复了平静。以心灵为唯一向导的卑微农民的那句话,把他又领回到上帝面前……什么上帝?他不想去探究。此时的列文,如同托尔斯泰一样,很长一段时期对教会毕恭毕敬,对教义也毫不反感。

> 即使在苍穹的幻象和星球的表面运动中,也存在着真理。③

---

① “坏事就是社会认为合理的事。牺牲、爱情,都是不理智的。”——原注

② 指对上帝的无知。

③ 见《安娜·卡列宁娜》。

* * *

列文的这些焦虑和他向基蒂隐瞒的自杀意图，亦即托尔斯泰在同一时期向妻子隐瞒的，但他还未达到他赋予主人公的那种镇静。说真的，这种镇静没有什么感染力。人们觉得那只是意图而不是事实，所以列文不久又将陷入怀疑。托尔斯泰很清楚这一点。他好不容易才把作品写完。在完成以前，《安娜·卡列宁娜》让他烦透了。[①] 他写不下去，待在那里不能动弹，没有任何意愿，对自己感到又厌恶又害怕。于是，在生命的这种真空中，从深渊刮来了一阵大风，他感到了死亡的眩晕。稍后，在逃离深渊之后，托尔斯泰叙述了这几年可怕的岁月。[②]

"我不到五十岁，"他说道[③]，"我爱，也被爱。我有听话的孩子、一大片领地，有荣誉、健康、精力充沛，能像农民一样割草，一连干活十个小时也不累。忽然间，我的生活停顿了。我能够呼吸、吃东西、喝水、睡觉，但这并不是生活。我再也没有欲望。我知道我什么都不想要，甚至也不想认识真理。所谓真理就是，人生不过是胡闹。我已经到达深渊的边沿，清楚地看见前面除了死亡，一无所有。我是个健康而幸福的人，却感到再也活不下去了。一股无形的力量拽着我，要我摆脱生命……我不说我想自杀，但我无法抵挡要将我推出生命之外的那股力量。这是一种憧憬，和过去对生活的憧憬类似，只不过相反罢了。我不得不对自己要点诡计，以便不过快地让步。于是，我这个幸福的人，要将绳子藏起来不让自己找到，以防自己在每夜脱衣独寝的房间

① "现在，我又套在《安娜·卡列宁娜》这部令人厌烦和庸俗不堪的马车上了。我唯一的希望就是尽快摆脱……"（见《未出版的书信》第九十五页，1875 年 8 月 26 日给费特的信）"我必须结束这部烦人的小说。"（1876 年 3 月 1 日致费特的信）——原注

② 见《忏悔录》(1879)。

③ 在此，我将《忏悔录》中的若干篇章作了概括的引述并保留托尔斯泰的原话。——罗曼·罗兰

里,在衣柜之间悬梁自尽。我再也不带枪去打猎了,担心经受不起诱惑。[1] 我觉得,我的生活是一出愚蠢的闹剧,别人在耍我。四十年工作,辛辛苦苦,也有进步,可到头来看见的却是一无所有!什么也没有。将来我留下的只是个臭皮囊和一堆蛆虫……人只有醉心于生活才能生活,但一旦醉醒了,便会发现,一切都不过是一场骗局,愚蠢的骗局……家庭和艺术已经不再能使我满足。家庭是一群像我一样的可怜虫。艺术是人生的一面镜子。当人生已没有意义时,镜子的游戏也就没有什么趣味了。最糟糕的是,我不甘心。我像一个在森林中迷了路的人,因为迷路而惊恐万分,虽然明知越跑越找不着路,却仍然不停地四处乱闯……"

出路来自人民。

托尔斯泰对人民一直怀有"异样的亲情",尽管对社会的幻想屡屡破灭,这一点也没有动摇。到了晚年,他和列文一样更接近人民了[2]。他开始想到他那个狭小圈子之外的亿万生灵。这小圈子里的学者、富豪和有闲者,或自杀,或醉生梦死,或者像他一样,绝望却苟且偷生,他心里纳闷,为什么那亿万生灵能够避开绝望的命运,为什么他们不自杀。他发现,他们活着靠的不是理性,且根本不去考虑理性,他们靠的是信仰。这不知理性为何的信仰究竟是什么呢?

---

① 《安娜·卡列宁娜》中有一段:"列文有人爱、感到幸福,又做了父亲,但亲自将一切武器拿开,仿佛担心受不了诱惑,会结束自己的苦难。"这种心态并非托尔斯泰和他的主人公所特有。他惊讶地发现在全欧洲,尤其是俄罗斯的富裕阶层中,自杀的人越来越多。在这一时期的作品中,他经常暗示这一点。据说一八八〇年,欧洲刮起了一阵忧郁症的浪潮,卷走了数以千计的人的生命。当时还是少年的人都会像我一样记得很清楚。对他们来说,托尔斯泰对这次人类劫难的描述是有历史价值的。他写出了整整一代人鲜为人知的悲剧。——原注

② 这个时期他的肖像总有这种平民的特点。克拉姆斯科依给他画的那幅(1873),身穿农民服装,像德国的基督般俯着头。前额靠近太阳穴处开始秃了;两腮凹陷,留着胡子。一八八一年画的另一幅,神气像穿着节日服装的工头,头发剪短了,胡子和鬓角却很长。一张脸下宽上窄,皱着眉,眼神忧郁,犬鼻,还长着两只大耳朵。——原注

信仰是生命的力量。人没有信仰就不能生活。宗教的概念早在远古时期人类的思想里便产生了。信仰对生命之谜的回答就包含了人类最深刻的智慧。

那么,知道宗教的经书里所记录的智慧箴言是否就够了呢?——不够。信仰并不是一门学问,信仰是一种行动。只有付诸实践它才有意义。看见一些富人和思想正统者把信仰当作"生活中一种令人惬意的慰藉",托尔斯泰感到十分恶心,这使他决心投身于普通人之中,只有这些人的生活才和其信仰一致。

于是他明白了,劳动人民的人生就是生活本身,而赋予这种生活以意义的就是真理。

可是,怎样才能成为人民中的一员,并分享其信仰呢?只知道别人有理是没用的,要像他们一样,并不取决于我们自己。我们徒然向上帝祈祷;徒然把祈求的双臂伸向上空。上帝避开了。在哪里才能逮住他呢?

一天,上帝的恩宠来了。

早春的一天,我独自在森林里,谛听着各种声音。我想到近三年来的困惑,对上帝的追寻,想到自己总是从欢乐突然变成绝望……忽然间,我发现自己只在信仰上帝时才活着。一想到上帝,心中便涌起生之欢乐的波涛。周围的一切都生动起来,一切都有了意义。而一旦我不再相信上帝,生命便会戛然而止。

"那么,我还找什么?"我内心一个声音大叫道,"就是他,这个没有便不能生活的'他'!认识上帝和生活是一回事。上帝就是生活……"

从那以后,这种光明的启示便再也没离开过我。①

他得救了。上帝已经向他显灵。②

然而,他不是满足于出神入定的印度修行者,他内心既有亚洲人的幻梦,也有西方人对理性的酷爱和对行动的需要,他必须将他获得的启示化为切实奉行的信仰,并从神明的生活中觅得日常生活的守则。他毫无成见,真诚地愿意相信家人的信仰,于是开始研究他信奉的罗马东正教的教义③。为了更好地体察教义,三年之中,他参加所有的宗教仪式,忏悔,领圣体,遇上看不惯的事决不妄加评断,遇上晦涩不明、难以理解的事便找些理由给自己解释,对一切他所爱的人,无论是活着的还是已经去世的,他都认同他们的信仰,总希望到了某个时候,“爱会给他打开真理的大门”。但这一切毫无用处:他的理智和心灵相互抗争:洗礼和领圣体之类,让他觉得无聊透顶。别人强迫他一再重复圣体是基督真正的血和肉时,“他心里像挨了一刀”。然而在他和教会之间垒起一堵难以逾越的高墙的并非教义,而是一些实际问题,特别是其中的两个问题:一是各教会之间的

① 见《忏悔录》。

② 说真的,这并不是第一次。那个去高加索的志愿兵、塞瓦斯托波尔的军官,《高加索》中的奥列宁、《战争与和平》中的安德烈公爵和别祖霍夫,都曾经有过同样的梦幻。但托尔斯泰非常虔诚,每次看到上帝时,总觉得是第一次,已往的一切都不过是黑暗与虚无。回顾过去,只看见阴影和羞耻。通过他的《日记》,我们对他的心路历程,知道得比他自己还清楚。我们知道,即使在彷徨的时刻,他的心也总是笃信宗教的。而且,在《教义神学批判》的序言中,他也承认:“上帝啊,上帝!我错了,我到不该去的地方去寻找真理。我知道我错了。我明知我的欲念是坏的,也多方迁就。但我从未忘记过你。即使我在歧路上彷徨的时候,我也感觉到你的存在。”——一八七八年至一八七九年间的精神波动,比其他时候来得更猛烈,这也许是屡逢丧事和年事渐高的影响,唯一不同的是,心醉神迷的激情回落之后,上帝的幻象并没有完全消失,托尔斯泰根据过去的经验,赶紧“趁光明的启示还在,快步前行”,并从信仰中总结出一整套人生哲理。以前他并非没有尝试过这样做(我们记得他在念大学时候已考虑过“生活守则”),不过,到了五十岁,被欲念引入歧途的机会相应地少了。——原注

③ 《忏悔录》的小标题是《教义神学批判及基督教教义研究入门》。——原注

仇恨和水火不容[①]；二是赞同杀人——不论是正式或是默许——也就是说，赞成战争和死刑。

于是，托尔斯泰不干了。思想受了足足三年的压制，一旦决裂更显得其势汹汹。他再也不留情面，怒气冲冲地将昨天还坚持信奉的宗教踩在脚下。在《教义神学批判》（1879—1881）里，他不仅把神学说成一派胡言，而且是有意识有目的的谎言[②]。在他的《四福音书的统一性与演绎》（1881—1883）中，还将神学与《福音书》对立起来。总之，他的信仰是建筑在《福音书》的基础上的[③]。

这一信仰可以归纳为下面这两句话：

> 我相信基督的学说。我相信只有当所有的人都获得了幸福，这个世界才能幸福。

信仰的基石是基督的山上宝训，托尔斯泰将其主要的教导归纳为五诫：

Ⅰ、戒生气。

Ⅱ、戒通奸。

Ⅲ、戒起誓。

Ⅳ、戒以怨报怨。

Ⅴ、戒与人为敌。

这是基督学说的消极部分，而积极部分则只有一条：

爱上帝和你的邻人像爱你自己一样。

---

① “我一直将真理放在爱的范畴，但我惊讶地发现，宗教将它想创造的东西亲手毁掉。”（《忏悔录》）

② “我确信，就理论而言，教会的教导是狡猾和有害的谎言；就实践而言，是粗俗的迷信和惑众妖言的大杂烩，这样一来，基督教教义的精神已荡然无存。”（《致东正教最高会议的答复》，1901 年 4 月 4 日至 17 日；同时请参看《教会与国家》（1883））托尔斯泰认为教会最大的罪恶是与世俗权力的“无耻勾结”。教会不得不肯定国家是神圣的；暴力也是天经地义。这是“强盗与说谎者的联盟”。——原注

③ 见《什么是我的信仰》（1883）。

基督说过，谁违反这些戒律中哪怕最轻的一条，他在天国中的地位就最低。

托尔斯泰又天真地加了一句：

说来奇怪，我在十八个世纪之后才像发现新鲜事物那样发现了这些戒律。

那么托尔斯泰相信基督是神吗？——才不哩！他把基督当什么来供奉呢？当作圣贤中最伟大的一位，——婆罗门、释迦牟尼、老子、孔子、琐罗亚斯德①、以赛亚②——他们都给人类指出了他们所向往的真福和该走的道路。③ 托尔斯泰是这些伟大的宗教创立者、这些印度、中国和希伯来的半人半神人物及先知们的信徒。他维护他们，且懂得以进攻的手法去维护，他攻击他所谓的"法利赛人"和"律法家"；攻击已建立的各个教派，攻击傲慢的科学或伪"科学的哲学"④的代表。他

① 琐罗亚斯德（约前628—约前551），伊朗先知，宗教改革家，琐罗亚斯德教创始人。

② 以赛亚，古代以色列先知，《圣经·旧约》中的《以赛亚书》据说是他的著述。

③ 随着年龄的增长，他越来越觉得宗教的真理是统一的，这点感知他是通过人类的历史，基督与其他贤人——从释迦牟尼一直到康德和爱默生（1803—1882，美国思想家，诗人，散文家）——的一脉相承而获得的。因此到了晚年，托尔斯泰"并不偏爱基督教"。他在一九〇九年七月二十七日写给画家扬·斯蒂卡的信中写道："耶稣的学说对我来说，不过是我们从古代埃及、犹太、印度、中国、希腊继承下来的美丽的宗教学说之一。耶稣的两大原则：爱上帝，也就是爱绝对的完美；爱邻人，也就是一视同仁地爱所有人。这两种爱也是全世界所有的圣贤所提倡的，如：克里希纳（印度圣者）、释迦牟尼、老子、孔子、苏格拉底、柏拉图、爱比克泰德（约55—约135，古罗马哲学家），以及现代人中的卢梭、帕斯卡尔、康德、爱默生、钱宁（1780—1842，美国伦理学家）等人。宗教和道德的真理无所不在，而且都是统一的……我对基督教并无偏爱。如果说我曾经一度对耶稣的学说特别感兴趣，那是因为：一、我在基督徒中间出生和长大；二、我从各个教派惊人的篡改之中总结出纯洁的学说，心里感到莫大的安慰。"——原注

④ 托尔斯泰声明，他并不攻击真正的科学，因为真正的科学是谦逊而有节制的。（见《生命论》第四章）

并不求助于神的启示来对抗理性。自从摆脱《忏悔录》中述及的困惑时期以后，他便基本上成了理性的信徒，也可说是理性的一位法师了。他重复圣约翰的说法：

> 初始是圣言，圣言即逻各斯[①]，也就是理性。

他的《生命论》(1887)一书结尾部分引述了帕斯卡尔的名言：[②]

> 人不过是大自然中一根最脆弱的芦苇，但却是一根会思考的芦苇……我们的尊严全在于思想……让我们努力去思考吧：这就是道德的本原。

全书不过是一首对理性的颂歌。

诚然，他所谓的理性并非科学的理性、有限的理性，"将部分变做整体，将动物性生活当作生活整体"的理性，而是主宰人类生活的至高无上的法则，"有理性的生灵，也就是人类在生活中必须遵循的法则"。

> 这一法则类似那些决定动物的营养与繁殖、花草树木的生长与开花、地球和星球运动的法则。只有奉行这一法则、使我们的动物性从属于理性法则以获得善，我们的生命才能存在……很难给理性下定义，而且我们也不必给它下定义，因为我们不仅都知道它，而且只知道它……人类知道的一切都是靠理性而不是靠信

---

① 逻各斯，希腊语中的"理性""明智""道"。

② 托尔斯泰在写《忏悔录》之前的精神苦闷期间，经常阅读帕斯卡尔的《思想录》。他在致费特的信中(1887年4月14日和1879年8月3日)曾提及此事，还劝这位朋友也读一读。——原注

仰知道的。[1] 真正的生活只是在理性出现时才开始的。唯一真正的生活是理性的生活。

我们看到的生命,我们个体的生命是什么呢?“它不是我们的生命,”托尔斯泰说道,“因为它不依赖我们而存在。”

动物人的活动是外在于我们进行的。……人类已经不再将生命看作是个体的存在。对我们时代所有非理性的人来说,个人善行之不可能,已成为颠扑不破的真理。[2]

这里面有一大串公设,不必在此一一讨论,不过,这表明了托尔斯泰是以何等样的激情为理性着迷。实际上,理性也是一种激情,和前半生主宰他的那些激情同样盲目和妒忌。一堆火灭了,另一堆又燃了起来。换种说法,火还是同样的火,不过换了燃料而已。

“个人的”欲望和这种“理性的”激情更加相似的一点是,二者都不满足于爱,而且要行动,要使之成为现实。基督说过:

不应空谈,而应行动。

那么理性的行动是什么?——爱。

爱是人类唯一理性的行动,爱是最合理、最光辉的灵魂闪光。它所需要的,是没有任何东西挡住理性的阳光,只有理性的阳光能使爱成长……爱是真正的善、至高无上的至善,能解

① 在一八九四年十一月二十六日写给X男爵夫人的一封谈论理性的信中,托尔斯泰写道:“人类直接从上帝那里只得到过一种工具,即认识自己和自己与世界之间关系的工具。仅此一种,没有其他。这工具就是理性。理性来自上帝。理性不仅是人类崇高的品质,而且是认识真理的唯一工具。”——原注

② 托尔斯泰:《生命论》第十章、第十四到第二十一章。

决生活中的一切矛盾,不仅能驱除对死亡的恐惧,而且能促使人为他人做出牺牲,因为除了为所爱的人献出生命之外,无所谓爱;只有牺牲自己,爱才配被称为爱。因此,只有当人类明白,要获得个人幸福是不可能的时候,真正的爱才能实现。这时,他生命中的一切精髓便一起来将养分供应给真爱这株嫁接过来的高贵幼芽,而为了生长,这株幼芽会从动物人这棵粗犷的树干上吸取活力……

就这样,托尔斯泰达到信仰的方式,并不像一条水流枯竭的河流最终消失在沙土里,他带到信仰里去的是在强有力的生命中积聚起来的一股汹涌的激流。这一点我们马上便可以看到。这种热烈的信仰,将理性和爱紧紧地结合在一起,从他写给将他逐出教门的神圣宗教会的著名复信中,可以看到其完满的表白[①]:

我信仰上帝,对我来说,上帝就是灵性、爱、一切事物的本原。我相信上帝在我心中,如同我在上帝心中一样。我相信,上帝的意志从来没像在基督作为人时所提出的学说中表达得那么清楚。可是,如果将基督看作是上帝而向他祈祷,那就犯了最大的渎圣罪了。我认为,人类的真福在于执行上帝的意愿,我认为上帝的意愿就是任何人都爱其同类,其行动也永远是我为人人,人人为我。福音书说这就是一切法则和一切预言的概括。我相信,对我们每一个人来说,生命的意义只在于增加爱心。我相信,发展我们爱的力量,在今生,能够日渐幸福,到了另一个世界,则能获得更完美的幸福。我相信,这种爱的增长比任何其他力量更有助于在这个地球上建立上帝的王国,也就是说,以一种和谐、诚实和博爱的新秩序,取代那种分裂、欺骗和残暴大行其道的生活组织。

① 这一宗教思想肯定在谈到多个问题,尤其是关于未来的生活观时,已有所发展。

> 我相信,我们要在爱的领域里获得进步只有一种办法:祈祷。并不是基督所反对的在寺庙里做的公开祈祷(《马太福音》,第六章第五至一三〇节),而是那种他给我们做出过榜样的祈祷,单独的祈祷。这种祈祷能坚定我们内心对生命意义的感受,以及我们只听命于上帝意志的感情……我相信生命永恒,我相信普天之下,现在和将来永远是善有善报。我对这一切坚信不移,所以到了我这行将就木的年纪,我得经常做出努力,以阻止自己盼望肉体的消亡,也就是说,我的新生……①

* * *

他以为已经到达港口,来到他不安的心能够稍事休息的避难所。其实不过是一种新活动的开始。

他在莫斯科过了一冬(对家庭的责任使他不得不随家人去到那里)②,一八八二年一月参加了人口普查工作,使他有机会目睹了大城市穷困的一面,所得的印象实在触目惊心。他第一次接触到文明中隐藏的伤疤。当天晚上,他把白天所见告诉一位朋友,"他大声喊叫,哭泣,挥舞拳头"。

"这样生活怎么行!"他哽咽着说道,"这不可能! 这不可能!"③一连数月,他都处于可怕的绝望之中。一八八二年三月三日,托尔斯泰伯爵夫人写信给他:

> 不久前你说过:"因为没有信仰,我曾想上吊。"现在你有了信仰,为什么仍然苦恼呢?

因为他没有伪善者的信仰,那种自得自满的信仰;因为他没有神

① 见巴黎《时代》杂志,一九〇一年五月一日。

② ③ "直到那时我一直在城外生活……"(《我们该怎么办?》)——原注

修者的自私,只顾自己灵魂得救而不管他人;[①]因为他心中有爱,现在他再也忘不了曾亲眼目睹过的穷人,在他热情善良的心里,总觉得自己对他们的悲苦与堕落负有责任:这些人是文明的牺牲品,文明仿佛是个魔鬼般的偶像,牺牲了千万人以造就一个特殊等级,而他却拥有这个等级的特权。接受这种以罪恶换来的利益,无疑参与了罪行。若不揭发这些罪恶,他的良心便再也得不到安宁。

《我们该怎么办?》(1884—1886),就是这第二次精神动荡的表白,比第一次更带悲剧性,后果也严重得多。比起这人类的苦海,真正的、并非一个闲得发慌的人臆造出来的苦海,托尔斯泰个人的宗教苦闷又算得了什么?看不见这种苦难是不可能的。看见了以后不想办法付出任何代价去消除它也是不可能的。唉!这办得到吗?……

一幅惟妙惟肖,不能不令我感动的照片[②]说明当时托尔斯泰心里很痛苦。他正面坐着,两臂交叉,穿着农民的服装,神情沮丧。头发还黑,唇髭却已花白。胡子和两鬓则全白了。两条皱纹在宽宽的脑门上划出和谐的线条。巨大的犬鼻,坦率、明亮而忧郁的眼睛显得多么善良!这双眼睛能看透你的心!仿佛在怜悯你,恳求你。他眼眶下有宽宽的皱褶,两颊凹陷,留着痛苦的痕迹,他曾经哭过,但很坚强,正准备战斗。

他有英雄般的逻辑。

我常常听见下面这几句话,总觉得很奇怪。这些话是:“不错,理论上这很好,但实际又会怎样呢?”仿佛理论是谈话中必须

---

① 托尔斯泰曾多次表示对“那些只顾自己不管他人的苦行僧”的反感,并将他们与那些无知、骄傲、“宣称为他人做好事,其实连他人需要什么也不知道”的革命党相提并论。他说:“对这两类人我同样都爱,但对他们的学说,也同样都恨。天下只有一种学说,即主张经常展开活动、生活符合心灵的需要,并努力使他人真正获得幸福。这就是基督的学说,既不是宗教式的清静无为,也不是企图改造世界,但连真福是什么都不知道的革命党人那种好高骛远”。(致一个友人的信,见《残酷的欢乐》)——原注

② 即一八八五年的照片,《我们该怎么办?》中的插图。——原注

> 说的漂亮词句，而实践并不需与之统一！……当我考虑过并明白了一件事，我就只能按我明白了的道理去做。[①]

他开始以照相般精确的方式，将他参观贫民窟或夜间收容所时亲眼所见的莫斯科贫困景象一一描绘出来。[②] 他确信，不能像他最初想象的那样，用钱去救助那些多少都被城市腐败所害的苦人儿。于是，他勇敢地去探寻祸害的根源。沿着可怕的链条一个环节一个环节去找该对此负责的人。首先是有钱人，他们该死的穷奢极欲，像传染病一样吸引人，使人堕落[③]，此即具有普遍诱惑性的不劳而获的生活。其次是国家这个由强人为一己私利去剥削、奴役他人而建立的残暴的实体。教会是其同谋；科学艺术是其帮凶……这为非作歹的各路大军该如何对付呢？首先，不要同流合污，拒绝参与剥削人的行动。放弃钱财和田产[④]，不为国家服务。但这还不够，必须“不说假话”，不害怕真理。应该“幡然改过”，将由教育带来的骄傲连根拔除。最后必须用双手去劳动。“你要靠额上的汗水去挣你的口粮”：这是第一也是最基本的法则[⑤]。托尔斯泰提前回答精英分子的嘲笑：体力劳动并不妨碍智

---

① 见《我们该怎么办？》第二一三页。

② 这头一部分（前十五章）有许多典型例证，被俄罗斯的书刊检查机构删去了。——原注

③ “贫困的真正原因是由于财富都掌握在不事生产的人手里，而且都集中在城市。有钱人都聚居在城市，以便享乐和自卫。穷人只能靠富人的残羹剩饭过活。奇怪的是许多人依然当工人而不去干些容易赚钱糊口的事，如：经商、囤积、行乞、卖淫、诈骗，甚至抢劫。”——原注

④ “罪恶之源是所有权。所有权不过是享受他人劳动成果的手段。”托尔斯泰又说：“所有权并不是属于我们，而是他人的东西。男人将自己的妻子、孩子，奴隶和其他物品都看作属于自己的东西。但事实证明他错了。他应该放弃这一切的所有权，否则苦了自己，也苦了别人。”托尔斯泰已经预感到俄国革命，他说：“三四年来，有人在大街上骂我们，叫我们懒虫。被压榨的老百姓心里的仇恨和蔑视正与日俱增。”（《我们该怎么办？》第四一九页）——原注

⑤ 农民革命家邦达列夫很希望这条法则被公认为普遍法则。托尔斯泰当时受到他和另一位农民革命家苏塔耶夫的影响。他说：“在我一生中，有两位俄国思想家在道德上给过我很大的影响，充实了我的思想，给我解释了我自己的世界观。他们是两个农民，苏塔耶夫和邦达列夫。”（《我们该怎么办？》第四〇四页）——原注

力，反而能增进智力，这是符合自然的正常要求，只会有助于健康，艺术就更不在话下了。而且，体力劳动还能使人类重新团结起来。

在随后的作品中，托尔斯泰又将这些保持精神健康的训诫加以补充。他殚精竭虑于治疗心灵，使之恢复活力，同时排除罪恶的寻欢作乐，因为它能麻醉人的良知[1]，更要摒弃残酷的寻乐，因为它能灭绝人性。他身体力行。一八八四年，他牺牲了自己最根深蒂固的嗜好：打猎[2]。他节制饮食以锻炼意志。像一个竞技者般给自己订下严格的规则，以便战而能胜。

《我们该怎么办?》标志着托尔斯泰离开宗教冥想的相对宁静，准备进入纷纷扰扰的社会的第一段艰苦历程。从此便开始了二十年的战斗。这位亚斯纳亚·波利亚纳村的老先知以《福音书》的名义，置身于一切政党之外，并谴责这些政党，孤军奋战，和文明的罪恶及谎言抗争。

* * *

托尔斯泰的道德革命在他周围没有博得多少同情，而且还伤了家人的心。

长期以来，托尔斯泰伯爵夫人忧心忡忡地观察到他这种病态越来越严重而无法阻止。从一八七四年起，她眼看丈夫浪费那么多的心力和时间去办学，感到十分恼火。

> 这识字课本、教学书、语法书，我一点也看不上眼，没法装作对它们感兴趣。

---

① 见《为什么人会自我陶醉》。

② 托尔斯泰终于下决心将这种爱好戒掉了。这种家传的爱好，由父亲遗传给他。他对兽类似乎从来没有多大的恻隐之心。他炯炯的目光根本看也不看兽类有时极富表情的眼睛，除了马，他作为大贵族，对马有偏爱。说到底，他本性是残酷的。他讲过曾经用棍子猛击一只狼的鼻根，使其慢慢死去。他说：“想起那只慢慢疼死的畜生，我便有一种快感。”他很晚才对这种行为感到后悔。——原注

教育过后轮到宗教时，情况又不同了。伯爵夫人觉得皈依宗教的托尔斯泰所说的那一套十分可厌，以致他再提到上帝时，不得不做些解释：

> 当我提到上帝时，请你别生气。你老生气。我不能回避不谈，因为上帝是我思想的基础。①

伯爵夫人大概被打动了。她努力掩盖不耐烦的情绪，忧心忡忡地观察她的丈夫：

> 他的眼睛很奇怪，一动也不动。他几乎不说话，仿佛不是这个世界上的人似的。②

她想托尔斯泰一定是病了：

> 列夫说，他一直在工作。唉！他在写一些宗教方面的思辨文章。又是看书，又是思考，直到头疼为止，而这样做是为了证明教会与福音书的教义并不一致。在俄罗斯，顶多只有十来个人对这个感兴趣。但毫无办法。我只希望一件事，就是这一切尽快结束，像一场病那样过去算了。

病没有过去。夫妻之间越来越不好相处了。他们感情好，彼此非常尊重，但却不能相互理解。他们努力想相互做些让步，但是像通常那样，让步成了对双方的折磨。托尔斯泰不得不随家人到了莫斯科。他在日记中这样写道：

---

① 一八七八年夏天。见《生平与作品》。
② 一八七八年十一月十八日。见《生平与作品》。

我一生中最难熬的一个月。移居莫斯科。大家都安顿好了。那么他们什么时候开始生活呢？这一切并非为了生活，而是因为别人都这样做！可怜的人们！……①

同一期间，伯爵夫人写道：

莫斯科。到了明天，我们来此就足足一个月了。头两个星期，我每天都哭，因为列夫不仅闷闷不乐，而且非常沮丧。他睡也睡不着，吃也吃不下，有时甚至掉眼泪。我想，我真要疯了。②

他们只好彼此离开一个时期。两人都因使对方痛苦而相互致歉。他们的感情总是那么好！……托尔斯泰给她写信说：

你说："我爱你，而你却不需要。"不，这是我唯一的需要……你的爱比世界上的一切都教我高兴。③

可是，两人只要在一起，龃龉就愈演愈烈，伯爵夫人不能接受这种宗教癖，而且，托尔斯泰还进一步跟一个犹太教教士学起了希伯来文。

他对别的什么都不再感兴趣，却将精力耗费在这些蠢事上。我的不满情绪再也掩盖不住了。④

伯爵夫人给他写信道：

---

① 一八八一年十月五日。见《生平与作品》。

② 一八八一年十一月十四日。见《生平与作品》。

③ 一八八二年三月。见《生平与作品》。

④ 一八八二年。见《生平与作品》。

将这样的智力耗费在劈柴、伺弄茶炊和缝靴子上,我只感到可悲。

接着,她像一个看见自己的孩子玩疯了的母亲一样,亲切而略带嘲讽地微笑着说:

算了,想起这句俄罗斯成语,我也就平静了:"孩子只要不哭,玩什么都行"①。

信还未发出,她脑子里便浮现出她丈夫看到这几行时,憨厚善良的眼睛被嘲笑的语气弄得很不舒畅的神情,于是又把信打开,感情冲动地写道:

忽然间,你的身影又清楚地出现在我的眼前,我感到自己是多么的爱你!你是那么乖,那么善良,那么天真,那么执着,这一切,都被你那颗同情博爱之心照亮着,还有那一直看到人心窝里的目光……这都是你所独具的。

就这样,两个人既相爱又互相折磨,接着又为自己情不自禁造成的伤害感到痛苦。这无法改变的局面延续了近三十年,直到最后,垂死的老李尔王在昏乱中出走茫茫大草原,事情才算结束。

大家还应该注意到《我们该怎么办?》结尾部分向女性发出的感人召唤。——托尔斯泰对现代女权主义并无好感。但对他所谓的"为人母者",对懂得生命真谛的女性,言语间都充满崇敬,极力赞扬她们的痛苦和快乐,赞颂她们怀孕产子、养雏育幼、终年不息、受尽煎熬、默默无闻地工作、劳累而不计报酬,而一旦厥尽天职、脱离苦海之后,心灵

① 一八八四年十月二十三日。见《生平与作品》。

上又感到如此快慰。他刻画妻子勇敢的形象,她是丈夫的贤内助而非绊脚石。她知道,“只有不计报酬,为他人的生命默默做出牺牲才是人类的使命”。

> 一个这样的女人不仅不会怂恿丈夫去干欺世盗名的勾当,不会让他享受别人的劳动成果,而且对这种会把她的孩子引入歧途的行为深恶痛绝。她会要求她的男人自食其力不怕危险地工作……她知道,孩子们,也就是未来的一代,是人类所看到的最健康的一代,而她生命的目的就是全身心地去完成这一神圣的使命。她在丈夫和孩子们身上开发牺牲精神……正是这样的女人统领着男人,成为指引他们的明亮星星……啊,既是妻子又是母亲的女人啊!世界的命运就掌握在你的手里![①]

这是一个正在祈求和仍然满怀希望的人发出的呼吁……难道没有人听见吗?……

几年后,最后的一线希望之光熄灭了:

> 也许你不相信,你想象不出我是多么孤立,真正的我被周围的人蔑视到什么程度。[②]

既然他的至爱亲朋这样不理解他思想的伟大转变,就更不能指望其他人对他有更高的信任和敬重了。托尔斯泰出于基督徒忍辱负重的精神,而不是由于感情发生了变化才坚持要与屠格涅夫和解,[③]但后者依然嘲讽地说:“我很可怜托尔斯泰,不过,正如法国人所说,每人都

---

① 这是《我们该怎么办?》一书的最后几行,写于一八八六年二月十四日。——原注

② 见《残酷的取乐》中致友人的一封信,标题是:《信仰的职业》。——原注

③ 二人于一八七八年和解。托尔斯泰写信向屠格涅夫致歉。一八七八年八月屠格涅夫造访亚斯纳亚·波利亚纳。一八八一年七月,托尔斯泰去拜访他,态度有了改变,既随和,又谦逊,简直换了一个人。——原注

有自己一套捉虱子的办法。”①

几年后,屠格涅夫垂死的时候,给托尔斯泰写了那封著名的信。他在信里恳求“他的朋友,俄罗斯土地上的伟大作家”“回到文学中来”。②

所有欧洲的艺术家都对屠格涅夫临终时所怀的忧虑、所提出的恳求抱有同感。欧仁·梅肖·德·沃居埃一八八六年完成对托尔斯泰的研究时,凭着托尔斯泰穿着农民的装束正在锥鞋的一幅肖像,雄辩地提醒他道:

> 制造杰作的大师,您的工具不是这个!……我们的工具是笔,我们的田地是人类的灵魂,灵魂也是需要庇护和抚育的。请允许我提醒您,当一个俄罗斯农民、莫斯科第一位印刷工人被强迫回去扶犁种地的时候,他曾经这样高喊:“我的工作不是播种小麦,而是在世界上播种精神的种子。”

仿佛托尔斯泰不愿当思想食粮的播种人似的!……在《我的信仰是什么?》一书的末尾,他写道:

> 我认为,我的生命、我的良知、我的智慧,都是上天所赐,完全是为了开导世人。我认为,我认识真理是上天为此目的而赐予我的才能,这种才能是火,但只有燃烧起来时才是火。我认为,我生命的唯一意义就是生活在我内心的这盏明灯之中,并在人类面前将之高高举起,好使人人都能看见。③

---

① 见屠格涅夫给波隆斯基的信。

② 见一八八三年八月二十八日屠格涅夫寄自布吉瓦尔的信。

③ 注意,德·沃居埃先生在责怪托尔斯泰的同时,不知不觉地又用了托尔斯泰的语言。他说:“不管对与不对,也许为了惩罚我们,上天赐予我们这种既必须又美妙的毛病:思考……扔掉这个十字架是大逆不道的事。”(见《俄罗斯小说》(1886))——然而,一八八三年托尔斯泰写信给他的姑母说:“每个人都应背起自己的十字架……我的十字架是思想的工作,这工作不好,骄傲而又充满着诱惑。”(《未曾发表的书信集》第四页)——原注

但这盏明灯,这把“只有在燃烧时才是火”的火,使大多数艺术家深感不安。其中最聪明的并非没预见到他们的艺术很可能会首先被焚毁。他们假装相信整个艺术都受到了威胁,相信托尔斯泰会像普罗斯彼罗①一样永远折断他那根具有创造力的幻想的魔棒。

可是,事实并非如此。我一定要证明,托尔斯泰并没有毁灭艺术,而是把艺术本身静止的力量激发出来,他的宗教信仰不仅没有扼杀他的艺术天才,反而使之获得了更新。

* * *

奇怪的是,当人们谈到托尔斯泰对科学和艺术的想法时,一般总忽略了表达这些思想最充分的那本书:《我们该怎么办?》。在这本书里,托尔斯泰第一次向科学与艺术发起攻击,此后的战斗在激烈程度上无一能与之相比。我奇怪法国最近对科学和知识阶层的虚荣心发动的攻击中,竟无人想起这本书中的有关章节。那才是一份最猛烈的控诉书,矛头直指“科学殿堂里的宦官”和“艺术领域的强盗”,以及思想界的上层——他们在摧毁或降服过去的统治阶层,如教会、国家和军队之后,自己取而代之,既不愿也不能为人类做些许有益的事,却妄想别人崇拜他们、盲目为他们效劳,将为科学而科学、为艺术而艺术这种无耻的信仰作为教条昭告天下。其实那不过是骗人的假面具,借以肯定自己,为他们丑恶的自私自利和空虚辩解而已。

托尔斯泰又说:“不要说我否定艺术和科学,我不仅不否定,反而想以艺术和科学的名义赶跑那些出卖神庙的人。”

> 科学和艺术之必需犹如面包和水,甚至超过面包和水……真正的科学是对使命的认识,因此也是对人类真福的认识。真正的

① 普罗斯彼罗,莎士比亚的《暴风雨》中的人物。

艺术是关于认识使命的表白,是认识人类真福的表白。

他赞扬这样的人,“自有人类以来,他们或用竖琴和古琴,或通过形象和语言,表现人类对欺罔的斗争、在斗争中经受的苦难、对善战胜恶的希望、对恶取得胜利的失望,以及憧憬未来的热情。”

于是,他描绘出一位真正艺术家的形象,字里行间充满痛苦而神秘的炽热激情。

> 科学和艺术活动只是在不窃取任何权力而只知有义务的时候才能取得成果。这种活动的实质是奉献,因而才得到人类的赞誉。以智力劳动为他人服务的人注定要为完成这项使命而受苦,因为唯有在痛苦和折磨中才能产生精神境界。奉献和受苦就是思想家和艺术家的命运,这种命运的目的就是人类的福祉。人是不幸的,他们受苦,他们死亡;根本没有时间去游逛和寻乐。思想家或艺术家并不像我们惯常认为的那样,高踞在奥林波斯山的高处,而总是处在困惑和激动之中。他们必须决定并说出能为人类谋福利和解除痛苦的话。如果他今天不做出这样的决定,不说出这样的话,明天可能就来不及了,他自己也许死去了……他们并不是在造就艺术家和科学家的机构中培养出来的人(说真的,这些机构只能制造出一些科学和艺术的破坏者),也不是获得一纸文凭或领取俸禄之辈。而是想要不思索、不吐露心声而做不到的人,因为他们受到两种无法战胜的力量所驱使,即内心的需要和对人类的爱。世界上不存在心广体胖、养尊处优、志得意满的艺术家。①

这辉煌的一页在托尔斯泰的天才上投下了一抹悲剧的光华,是

① 见《我们该怎么办?》第三七八页至三七九页。

托尔斯泰目睹莫斯科的贫困、内心痛苦才奋笔疾书的。他相信科学和艺术是造成当今社会伪善和不公平的帮凶。他终其一生都没改变这个看法。但第一次与贫困接触的印象逐渐淡化,伤口也不那么流血了。所以后来的作品中,再也没有看到像这本书那样充满痛苦和渴望报复的愤怒情绪。再也听不到一个用鲜血来写作的艺术家对自己主张的崇高表白、对"思想家所必须付出的"牺牲和痛苦的赞颂,以及对歌德式的艺术至上主义的鄙视。在后来的作品中,他对艺术的批评多是从文学的角度,也显得不那么虚玄了。他把艺术与人类的悲惨处境分开来说。因为每当想起人类的疾苦,他便陷于精神狂乱,比如一天晚上,他访问了一个夜间收容所,回到家里,便伤心绝望地又是哭,又是喊。

这并不是说,他那些有教育意义的作品是冷峻的。冷峻不可能属于他。直至去世,他仍然是在给费特的信里这样写的那个人:

> 如果一个人不喜欢他笔下的人物,哪怕是最卑微的人物,就应该痛骂他们,骂到连上天也为之脸红,嘲笑他们,直到笑破肚皮。①

在有关艺术的文章里,他果然实践自己的主张。涉及他要否定的内容,其斥责和挖苦总是写得尖酸刻薄,以致艺术家们只注意到这一部分。托尔斯泰过分猛烈地抨击他们的迷信与敏感,致使他们将托尔斯泰视为他们,乃至一切艺术的敌人。但托尔斯泰从来都是既批评又建设,从不为破坏而破坏,而是为立而破。他谦虚,从不奢望建立什么新的东西。他只是捍卫艺术,欲使艺术永存,不让那些冒牌的艺术家去利用和玷污艺术的名声。一八八七年,即在他那部著名的《艺术批

① 见《未发表的书信集》中一八六〇年二月二十三日的信。——正因如此,他不喜欢屠格涅夫那种"忧郁而病态"的艺术。——原注

评》发表前十多年，他曾经写信[①]对我说：

> 真正的科学和真正的艺术过去一直存在，今后亦将永存。要否定它们是不可能的，也是不必争论的。今日一切弊病皆因那些所谓的文明人，加上他们身边那帮学者和艺术家，构成了一个僧侣般的特权阶层之故。这个阶层具有一切阶层都有的通病。它按照自己的需要去破坏和降低社会准则。我们这个世界所谓的科学和艺术不过是一个弥天大谎，一种大迷信。自我们从教会的古老迷信中解脱出来，通常便会堕入其中。想认清我们应走的道路，就必须从头开始——掀开为我们保暖，却遮住我们视线的风帽——诱惑是巨大的，我们不是生来如此，就是沿着梯子一级一级爬上去，爬到享有特权的文明神甫——用德国人的话说，文化神甫——当中。要质疑保证我们拥有特权的那些原则，必须像对待婆罗门教或天主教神甫那样，具有极大的诚意和对真理的热爱。但是，一个严肃的、给自己提出人生问题的人是不能犹豫的。为了明察一切，必须从他所处的迷信状态解放出来，尽管迷信于他有利。这里必不可少的条件……没有迷信。让自己处于孩童状态或者笛卡儿的理性中……

特权阶级所津津乐道的这种现代艺术迷信，这一“弥天大谎”，托尔斯泰在《什么是艺术?》一书中已有所揭露。他以咄咄逼人的词锋指出其可笑、贫乏、虚伪和极其腐朽堕落之处，将其全盘否定，彻底捣毁，像小孩子砸碎玩具时那么兴高采烈。这些批评往往很诙谐，但也有欠公允，如同打仗一样；托尔斯泰使用各种武器四面出击，根本不看对手是谁。像在一切战争中都会发生的那样，往往伤害了他本应保护的人，如易卜生或贝多芬。这方面应归咎于他冲动的性格，行动之前缺

① 此信写于一八八七年十月四日，曾载于一九〇二年的《半月谈》和一九〇七年出版的《未发表的书信集》中。

乏深思熟虑,他的激情往往使他看不到自己理亏的一面,还有,应当说,也因他的艺术修养有欠缺之处。

除了浏览文学书籍之外,他对当代艺术能有什么认识呢?这个乡绅一生中有三分之一的时间在莫斯科近郊的乡村度过,从一八六〇年起再也没有去过欧洲,他能见识过多少绘画,听到过什么欧洲音乐呢?还有,他只对学校感兴趣,此外,他曾见识过什么?关于绘画,他只是人云亦云,乱七八糟地将皮维斯、马奈、莫奈、勃克林、斯狄克、克林格[1]都归入颓废派,信心十足地欣赏于勒·布勒东和莱尔米特[2],只因这些人有善良的感情,倒对米开朗琪罗嗤之以鼻,在描写心灵的画家中,连提都不提伦勃朗。对于音乐,他的感觉要好一些[3],但理解不深,单凭儿时的印象,只知道几位到一八四〇年前后成为古典派的音乐家,往下的就不知道了(柴可夫斯基是例外,他的音乐能使他感动得流泪)。他对勃拉姆斯和理查·施特劳斯同样不屑一顾,还对贝多芬指手画脚。[4] 在评价瓦格纳时,他只看了《西格弗里德》的一次演出便自以为有了足够的了解,其实演出开始以后他才到场,第二幕看了一半就走了。[5] 至于文学,不用说,他了解得多一些。但是不知怎样阴差阳错,他竟不去评论自己熟悉的俄罗斯作家,反而去对外国诗人评头论足,其实这些诗人的思想与他相距甚远,他们的作品,他也只是高傲而漫

① 皮维斯(1824—1898),法国十九世纪后期重要的壁画家;马奈(1832—1883),法国画家;莫奈(1840—1926),法国画家;勃克林(1827—1901),德国画家;克林格(1857—1920),德国画家、雕刻家。

② 于勒·布勒东和莱尔米特都是名不见经传的画家。

③ 这一点,待论及《克莱采奏鸣曲》时再谈。——原注

④ 从一八八六年起,他变得更偏执了。在《我们该怎么办?》中,他还不敢碰贝多芬(也不敢碰莎士比亚),甚至责备当代的艺术家敢于向他挑战。“伽利略、莎士比亚和贝多芬等的行动与廷德耳、雨果和瓦格纳之辈毫无共同之处。正如圣徒们不承认与教皇有什么关联一样。”(见《我们该怎么办?》第三七五页)——原注

⑤ 他在第一幕结束之前便想走了。“对我来说,问题已经解决。我再也没什么疑问了。对一个居然能想象出这种场景的作者,还能有什么指望。我们大可预言他写的东西绝对都是次品。”——原注

不经心地翻了几页[①]！

这种武断随着年龄不断增长。他甚至写了一本书证明莎士比亚“并非一个艺术家”。

> 他可能什么都是，但绝不是艺术家。

诸位请看，他多么肯定。托尔斯泰毫不怀疑，他不允许讨论。他掌握着真理。他会对你们说：

> 第九交响乐是分裂人的作品。[②]

或者这样说：

> 除了巴哈那支著名的小提琴曲、肖邦的E调夜曲和海顿、莫扎特、舒伯特、贝多芬和肖邦等人作品中精选出来的十几段，还不是全部……其余的都是分裂人的艺术，理应受到排斥和鄙视。

或者：

> 我会证明，莎士比亚连四流作家都不是。在描写人的性格方面，他完全无能为力。

即使世界上其他人都不同意他的意见，也无法阻止他：恰恰相反。他骄傲地写道：

① 为了在新流派的法国诗人中作选择，他突发奇想：“将每本诗集第二十八页上的诗抄录下来！”——原注

② 准确一点应该是：“第九交响乐并非团结所有人，而只联合少数人，且将他们与其他人分开。”——原注

我的看法与全欧洲对莎士比亚的一致看法截然不同。

他总认为别人在撒谎，谎言无所不在。大家越是看法一致他就越要反对。他怀疑，他不相信，如谈到莎士比亚的声誉时，他说，“那不过是人类常有的传染病般的影响，诸如中世纪的十字军，对巫术的信仰，寻找点金石，对郁金香的喜爱等等。人类只有摆脱这些影响才能看清这是一种疯狂。随着报刊业的发展，此等传染病更形猖獗。”他还举出了这种传染病最近的一个典型例子——德雷福斯事件①。他一向反对世间的不平，保卫所有受压迫的人，对这件事倒抱着轻蔑的淡漠态度②。这个突出的例子，说明他怀疑别人撒谎和对“思想传染病”本能的厌恶已达到何等极端的地步。他明知不对却又无法克服。人类道德的背面，难以想象的盲目性，竟引导这位灵魂的洞观者，热情的召唤者，将《李尔王》称作“荒谬的作品”；将高傲的考狄利娅说成“没有任何性格的女人”。③

---

① 德雷福斯事件是发生在法国的一起著名冤案，当局为找借口掀起反犹运动，无端指控一名犹太军官出卖国家机密，真相大白后当局仍拒绝改正错误，引起社会公愤，左拉发表了著名的《我控诉》。

② “这是司空见惯的事，引不起任何人的注意，甚至连法国军方——我不说全世界——也不感兴趣……”稍后他又说：“需要过若干年，人们才能从迷惘中醒来，明白他们绝弄不清楚德雷福斯有罪还是没罪，而每个人都有比德雷福斯事件更重要、更迫切的事情要关心。”（见《论莎士比亚》）——原注

③ “《李尔王》是一出很糟的戏，粗制滥造，看了只能叫人恶心和讨厌。”对《奥瑟罗》，托尔斯泰倒有点好感，因为作品在婚姻和嫉妒方面与他的想法一致，尽管是莎士比亚的坏戏中稍好的一部，但也不过是夸张性语言的堆砌；哈姆莱特这个人物没有任何性格，“不过是作者的一架留声机，陆陆续续地重复着作者的全部想法”；至于《暴风雨》《辛白林》等都因为“荒谬”才被托尔斯泰提到。他认为莎士比亚笔下最自然的人物是《亨利四世》中的福斯塔夫，“因为在这个人物身上，莎士比亚的语言充满冷酷而愚蠢的插科打诨，与这个令人生厌的醉鬼那种伪善、虚荣、堕落的性格一拍即合”。托尔斯泰并非一直这样认为。一八六〇年至一八七〇年之间，尤其是在他想写一部有关彼得大帝的历史剧那个时期，他倒是挺喜欢看莎士比亚的作品的。从他一八六九年的札记里甚至可以看到他将《哈姆莱特》看作是他写作的典范和导向。在提到他完成的作品《战争与和平》接近荷马史诗的理想之后，托尔斯泰又加了一句：“《哈姆莱特》和我未来的作品是小说家将诗运用到人物性格的描写上的结果。”——原注

请注意,莎士比亚某些真正的缺点,他还是看得很清楚的,而我们却不敢坦率地承认。如所有人物都说一种矫揉造作的诗的语言,无论谈爱情,表现英雄主义,乃至很简单的事情,都要咬文嚼字。我完全理解,托尔斯泰是作家中文学气质最少的,对文艺界最有天才者的艺术,自然缺乏好感。可是又何必浪费时间去谈论自己不懂的事呢?对一个你尚未进入的世界妄加评论有什么价值呢?

如果我们从这些批判中寻找了解外国文学的钥匙,那是毫无价值的。但如从中探索托尔斯泰的艺术奥秘,则其价值无可估量。当瓦格纳或托尔斯泰谈论贝多芬或莎士比亚时,他们谈的并非贝多芬或莎士比亚,而是他们自己:他们在阐述自己的理想。他们甚至不打算欺骗我们。在评价莎士比亚时,托尔斯泰并不企图“客观”,甚至责怪莎士比亚的艺术太客观。这位描写《战争与和平》的画家,无人称艺术的大师,对那些德国批评家们倒是手下留情,仅指责他们在歌德之后“发现了莎士比亚”和“艺术应该客观的理论,也就是说,应该再现事实而不理会任何道德价值,——这是对艺术的宗教目的恣意否定”。

就这样,托尔斯泰从一种信仰的高度发布他在艺术方面的评论。诸位别认为他评论中有什么个人的打算。他并不将自己看成楷模。他对自己的作品和其他人的作品一样毫不留情。[①] 那么,他追求的是什么?他提出的宗教理想对艺术又有什么价值呢?

这种理想辉煌灿烂。“宗教艺术”一词在其含义的广度上会使人产生误会。托尔斯泰其实没有缩小艺术的领域而是将其扩大了。他说,艺术无所不在。

> 艺术渗透我们全部生活。我们名之为艺术的东西,像戏剧、音乐会、书本、展览等不过是艺术十分微小的一部分。我们的生

① 他把他的幻想之作归入“坏艺术”之列(见《什么是艺术?》)。在谴责现代艺术时,他也毫不例外地谴责自己写的戏剧,说“它们缺乏构成未来戏剧基础的宗教意识”。——原注

> 活充满各种各样的艺术表现,从孩子们的游戏一直到宗教仪式。艺术和言语是人类进步的两个有机体。一个沟通心灵,另一个沟通思想。如果其中一个误入歧途,社会就出现病态。今天的艺术就误入歧途了。

自文艺复兴以来,已经谈不上基督教艺术了。阶级已经分化。有钱人和有特权者妄图垄断艺术,他们任意规定美的标准。艺术远离穷人,于是变得贫乏。

> 无需为谋生而工作的人,其思想感情比劳动者狭隘得多。我们现代社会的感情可以归为三类:骄矜、淫欲和厌世。这三种感情和它们的分支几乎构成了富裕阶层艺术的唯一主题。

这一主题污染世界,腐蚀人民,宣扬色欲,成为实现人类福祉的最大障碍。再说,这样的主题既无真正的美,也缺乏自然和真诚,是一种凭空想出来的矫揉造作的艺术。

面对这种美学家的谎言和富人的消遣之作,让我们建立起活的艺术,人性的艺术,团结一切阶级、一切民族的艺术。在这方面,过去有过光荣的范例。

> 我们心目中最崇高的艺术,永远为人类的大多数所理解和喜爱,如创世记的史诗,福音书的寓言、传说、故事、民歌。

最伟大的艺术是反映时代宗教意识的艺术。但别以为这是教会的一种教义。“每个社会都有一种对人生的宗教看法,那就是这个社会所追求的最大幸福理想。”大家都有一种明确或不明确的感情。若干先行者便清楚明确地将它表达出来。

始终存在着一种宗教意识。这是大河的河床[1]。

我们时代的宗教意识,便是通过人类博爱达成幸福的企望。只有为实现这一大同境界而奋斗的艺术才是真正的艺术。最崇高的艺术是直接通过爱的威力完成这项事业的艺术。但有另一种艺术同样参与完成这一任务,它通过愤怒和鄙视的力量打击一切反对博爱的事物,像狄更斯和陀思妥耶夫斯基的小说、雨果的《悲惨世界》,米勒的油画。一切即使达不到上述高度,但以同情和真实的方式来再现日常生活的艺术也能使人类彼此接近。像《堂吉诃德》和莫里哀的戏剧便属于这一类。诚然,这后一种艺术往往由于描写现实过于琐碎,主题过于贫乏而有所欠缺,"当我们将它与古代的经典著作,如约瑟的美妙故事相比的话"。对细节过分精确的描述反而有害,使作品因此缺乏普遍意义。

现代作品被一种现实主义糟蹋了,这种现实主义更确切地说不过是艺术的地方主义罢了。

就这样,托尔斯泰毫不犹豫地否定了他自身天才的要素。为了未来牺牲自我,即便自己一无所有又有何妨?

未来的艺术并非当前艺术的继续,而是建立在别的基础上,它将不再属一个阶级所有。艺术不是技艺,而是真情的流露。艺术家只有过着淳朴自然的生活,不脱离民众,才能有真实的感情。所以脱离生活的人创作条件最差。

将来,"一切有天赋的人都将是艺术家。随着音乐、绘画和基本语

① 或者更精确地说,"这是大河的流向"。——原注

法一起被纳入小学的教学计划”,艺术成为人人都可参与的活动。另外,艺术已不再需要目前那些复杂的技巧,而是趋于简洁、明了、精确,这正是古典而健康的艺术、荷马式艺术的精髓①。以这种线条纯净的艺术去表现普遍的感情该多美啊!为千百万人创作一个故事或者谱写一首歌、画一幅画,要比写一部小说或者一首交响乐重要得多,也困难得多。② 这是一片辽阔的几乎未被开垦的处女地。有了这样的作品,人类将能知道什么是博爱社会的幸福。

> 艺术应该消除暴力,而且唯有艺术能做到。它的使命就是使天国,亦即是爱,统治一切。③

这样的慷慨陈词谁会不赞同呢?谁看不到托尔斯泰的观念尽管有不少空想和幼稚之处,却始终充满活力,有着丰富的内涵呢?是的,我们的全部艺术表现的不过是一个阶级。这个阶级在这个国家、那个国家又分化为一些敌对的小派系。在欧洲,没有一个艺术家的思想能体现各党派、各种族的联合。在我们的时代,最有包容性的就是托尔斯泰的灵魂了。我们虽然分属不同种族和不同阶级,但在托尔斯泰心中,我们彼此相爱。而他也和我们一样,体尝到了这种博大之爱的极大喜悦,再也不会满足于欧洲艺术流派给予我们的那些星星点点的有

---

① 从一八七三年起,托尔斯泰便这样写道:“你怎么想都可以,但你的每一个字都应该让运送印刷厂书籍的马车夫也能读懂。用简单明了的语言写出来的东西一定错不了。”——原注

② 托尔斯泰自己做出了榜样。他为乡下孩子写的《读物四种》为全俄罗斯的宗教和世俗学校所采用。他的《民间故事集》为千万人提供了精神食粮。国家杜马的前议员斯捷潘·阿尼金曾经写道:“在下层老百姓中间,托尔斯泰的名字是和‘书’的概念连在一起的。经常可以听见一个乡村小孩子在图书馆里这样天真地说:‘请给我一本好书,托尔斯泰写的!’他的意思是要一本厚书。”(见阿尼金1910年12月7日在日内瓦作的《纪念托尔斯泰》的讲话)——原注

③ 对托尔斯泰来说,人类兄弟般的友爱还不是人类活动的归宿。他永不满足的灵魂使他除爱之外尚有一个不为人知的理想:“也许有一天,科学会发现一种更崇高的艺术理想。且由艺术去实现。”——原注

关人类伟大心灵描写了。

* * *

最美的理论只有在作品中表现出来才有价值。在托尔斯泰身上，理论与创作正如信念与行动一样永远是统一的。在构思他的《艺术批评》时，他提出自己心目中新艺术的模式。这艺术有两种形态，一种更崇高，另一种纯度稍逊，但在最富人性的意义上，两种都带有“宗教性”。一种以爱来缔造人类的联合，另一种则向爱的敌人作战。他写了下述杰作，即：《伊万·伊里奇之死》(1884—1886)，《民间故事集》(1881—1886)，《黑暗的势力》(1886)，《克莱采奏鸣曲》(1889)和《主与仆》(1895)。这个艺术创作阶段的巅峰和终极，出现了《复活》，仿佛一座有两个塔楼的圣母院，一个象征永恒的爱，另一个象征对世界的憎恨。

所有这些作品都具有新的艺术性格，与以前的完全不同。托尔斯泰的想法变了，不仅对艺术的目的而且对艺术的形式也有了新的见解。在《什么是艺术?》或《莎士比亚论》中，他提出的赞赏和表现原则都使人感到惊讶。这些原则大都与他先前最伟大的作品互相抵触。在《什么是艺术?》里，他提倡的是简洁、质朴、明晰。他蔑视物质效果，反对刻画入微的现实主义手法。在《莎士比亚论》中，他又追求完美、有分寸的纯古典主义理想。“没有分寸感就不可能有艺术家。”即使在他的新作里，这位老人也未能抹掉自己的影子，其分析的天赋和孤傲的天性甚至在某些方面表现得更为明显。但艺术手法的确大大地改变了，线条更清晰更有棱角，中心思想更加突出，内心活动的发展变化也更加集中，宛如一头困兽[①]，蓄势出击。具有普遍意义的感情，从带地方色彩的写实主义细节描写中抒发出来，总之，语言更富形象，更有韵味，散发着泥土的气息。

---

① 表现在《克莱采奏鸣曲》和《黑暗的势力》之中。——原注

他热爱人民，向来欣赏大众语言之美。从儿时起，他便受到流浪说书人的熏陶。长大成为名作家后，仍觉得和农民谈话是一种艺术的享受。稍后他曾对保罗·布瓦耶说①：

> 这些人都是语言大师。从前，当我和他们或者背着褡裢流浪乡间的人聊天时，我把从他们嘴里第一次听到的词语仔细地记录下来。这些词语早已为我们现代文学语言所遗忘，却一直流传在俄罗斯古老而偏僻的地方……是的，语言的精灵一直生活在这些人中间……

他的头脑还没有被文学塞满②，因而对这些词语更加敏感。他远离城市，生活在农民中间，所以思维方式也有点像普通老百姓。辩证思维迟钝，理解力跟不上，动不动激动起来，令人不知其所以然，老是重复一些众所周知的想法，不厌其烦地使用同样的词语。

不过，这些实乃缺点而非长处。但假以时日，他渐渐领会到民间语言中的精华，其生动的形象，粗俗中的诗意，以及丰富的传奇般的智慧。从写《战争与和平》的年代起，他便开始接受这种影响。一八七二年，他给斯特拉科夫的信中这样写道：

> 我改变了我语言和文字的风格。民众的语言丰富多彩，足以表达诗人要说的一切，这对我来说十分宝贵，它是诗歌最好的调音器。谁要想说装腔作势、虚情假意的话，这种语言绝对与之不相容。它不像我们没有骨气的文学语言，听任摆布，就

---

① 见巴黎《时报》一九〇一年八月二十九日。

② 一八五六年，他的朋友德鲁吉宁对他说：“您的风格很不讲究，时而像一个革新派、一个大诗人，时而又像一个军官给同伴写信。如果您用爱去写则文风很美，但只要您态度冷漠，您的风格便混乱不堪，简直糟透了。”——原注

像文学一样。[1]

他不仅在风格上从民间寻求模式,而且从中汲取了不少灵感。一八七七年,一位说书艺人来到亚斯纳亚·波里亚纳村,托尔斯泰记录下他讲的许多故事。其中有传说《人靠什么活着?》和《三老者》。这两段故事几年后成了托尔斯泰这个时期出版的《民间故事集》中最美的篇章。

这是现代艺术中独一无二的作品,比艺术更高的作品。在读它的时候,谁会想到文学呢? 福音书的精神,全人类同胞般的纯洁之爱,与民间智慧的纯朴微笑结合在一起。单纯、清澄、不可磨灭的善良心地、不时自然而然地洒落在画面上的一抹超自然的天光,这道光为中心人物叶利赛老人罩上了光环[2],飘浮在鞋匠马丁——那个从与地面相平的天窗看着人们的脚匆匆走过、上帝装扮成被善心的鞋匠救过的穷人去看望的那个人[3]——的鞋摊上。在这些故事里,福音书的寓言往往混有东方传说难以名状的幽香,犹如托尔斯泰儿时便爱看的《一千零一夜》[4]。有时候,神奇的光变得阴森恐怖,使故事产生令人惊恐的效果。如《农民帕霍姆》,帕霍姆想在一天之内圈下尽可能多的土地,结果在走完一天时倒地身亡。[5]

在小山上,巴什基尔人的头头席地而坐,看着他跑,接着双手捧腹大笑。帕霍姆倒了下来。

“噢,好极了,老兄,你得了很多地。”

---

① 见《生活与作品》。一八七九年夏天,托尔斯泰与农民来往密切。斯特拉科夫说,除了宗教之外,“他对语言也很感兴趣,他觉得人民的语言很美。每天,他都发现一些新词,每天他都把文学语言骂一通”。——原注

② 《两个老头》(1885)。

③ 《哪里有爱,哪里便有上帝》(1885)。

④ 见《人靠什么活着?》(1881)——《三个老头儿》(1884)——《干儿子》(1886)。

⑤ 该故事又称《一个人是否需要很多土地?》(1886)。巴什基尔人答应以一千卢布的价钱,卖给帕霍姆在一天之内能圈下的所有土地,帕霍姆由于贪心,跑的圈太大,结果在太阳落山之时累得吐血而亡,最后他的归宿只是一个三俄尺长的小小墓穴。

巴什基尔人的头头站起身来,扔给帕霍姆的雇工一把镐,说道:“喂,把他埋了吧。”

仆人剩下孤身一人。他给帕霍姆刨了一个坑,三俄尺[①]长,正好是从头到脚的长度,然后把他埋了。

几乎所有的故事都在诗一般的外壳下裹着福音书的道德训诫:克己和宽容:

不要报复得罪你的人[②]。
不要反抗伤害你的人[③]。
“报复是我的事。”主说道。

无论何时何地,结论永远是爱。——托尔斯泰想为人类创造一种艺术,一下子便达到大同的境界。在全世界,他的作品获得了无止境的成功:因为他的作品剔除了艺术中一切可以磨灭的成分,剩下的只有永恒。

《黑暗的势力》达不到,也不企求达到心灵净化这一庄严的高度:那是双刃剑的另一刃。一面是天人之爱的梦想,另一面是残酷的现实。在读这部戏剧时,我们可以看到托尔斯泰的信念以及他对人民的爱,能否做到把民众理想化并揭示出真理。

托尔斯泰对戏剧的尝试大都很不高明[④],这一次却达到了得心应

---

① 一俄尺相当于0.71米。

② 见《纵火容易灭火难》(1885)。

③ 见《蜡烛》(1885)及《傻子伊万的故事》。

④ 他对戏剧直到一八六九年至一八七〇年冬季才产生兴趣,但立即乐此不疲。“整整一个冬天,我放下一切,只从事戏剧,好似一个人到四十岁才发现某个一直被忽略的主题,从中看到不少新鲜东西……我读莎士比亚、歌德、普希金、果戈理和莫里哀的剧作……我还想读索福克勒斯和欧里庇得斯的作品……我卧病已久,在这种情况下,悲剧或喜剧人物便在我脑海里出现,栩栩如生……”(1870年2月17日至21日给费特的信)——原注

手的境界。人物性格和情节安排得颇为自然:自以为是美男子的尼基塔,淫荡的阿尼西娅,貌似善良、实则阴险甚至纵子通奸的老婆子马特廖娜,口齿不清、长相可笑却有着圣人心肠的老头子阿基姆等。接着是尼基塔的堕落,他并非恶人,但意志薄弱,尽管想努力悬崖勒马,仍在母亲和妻子的驱动下,滚进了罪恶的深渊……

> 男的是不值个啥。可这帮娘儿们呢!简直是帮野兽!她们什么事都干得出……这种娘儿们,在俄国有成千上万,都像些瞎眼的土拨鼠,什么都不懂,什么都不知道!……男的嘛,在小酒馆,或者,谁知道呢?在监狱或者在军营;好歹还能学到点什么,可是女的呢?什么都没见识过,什么都没听说过。生下来咋样,到死还是咋样……她们像些瞎眼的小狗,到处乱窜,拿脑袋往粪堆里钻。只会扯着嗓子傻唱:"嗬—嗬!嗬—嗬!"……什么是嗬—嗬?……她们自己也不知道。[①]

接着是初生婴儿被杀害的恐怖场面。尼基塔不愿下手。阿尼西娅曾为他杀死亲夫,此后一直为自己犯下的罪行受精神折磨,变得像野兽般凶狠,发疯似的威胁着要告发他,她大喊道:

> 至少,不止我一个人犯罪。他也是杀人犯。让他尝尝当杀人犯的滋味吧!

尼基塔用两块木板将孩子夹死,却又吓得逃开了。他威胁要杀掉阿尼西娅和他母亲。他号叫着央求道:

> 我的好妈妈,我再也受不了啦!

① 见《黑暗的势力》第四幕。

他似乎听见被夹死的孩子在叫喊。

我该往哪儿逃？……

这是莎士比亚式的场景。第四幕没那么野蛮，但更加刺心，那就是小女孩和老仆人的对话。他们两人夜里在家听见喊叫，猜到外面正发生一幕惨案。

最后是自愿赎罪的仪式。尼基塔在他父亲阿基姆老头的陪同下，赤足走进正在举行婚礼的大厅。他跪下，向所有人请求宽恕，供认了所有罪行。阿基姆老头儿鼓励他，用恍惚的充满痛苦的微笑注视着他：

上帝！噢，他在这儿，上帝！

使全剧具有特殊艺术韵味的，是剧中农民的语言。

托尔斯泰告诉保罗·布瓦耶："为了写《黑暗的势力》，我用尽了小本子上记录下来的语言。"

这些意想不到的形象，从俄罗斯人民抒情而谐谑的灵魂中喷涌而出，丰满且富有活力，与之相比，一切文学形象都黯然失色。这正是托尔斯泰的兴之所至。人们感觉到，艺术家写剧本的时候，以记录这些词语和思想为乐，他能抓住其中的喜剧成分①，同时为灵魂的阴暗感到忧伤。

他在观察民众，从天际投射出一道光照亮黑夜的同时，托尔斯泰针对富有阶层和资产者更浓重的黑暗，又写了两部悲惨的小说。可以

① 这个悲剧的创作对托尔斯泰来说并非一件痛苦的事，他给捷涅罗莫写信说："我生活很好，很快乐。这阵子我一直在写我这个剧本(《黑暗的势力》)。现在完成了。"(1887 年 1 月)——原注

看出,这一时期,他的艺术思考专注于戏剧形式。《伊万·伊里奇之死》和《克莱采奏鸣曲》这两部小说都是描写内心世界的真正悲剧,情节紧凑且集中。在《克莱采奏鸣曲》中,故事由悲剧主人公自己叙述。

《伊万·伊里奇之死》(1884—1886),是最能打动法国公众的俄罗斯作品之一。我在本书的开头已谈到,我曾亲眼目睹法国外省那些平时并不关心艺术的市民,读了这部作品无不为之动容的情形。因为这部作品以骇人的真实刻画了市民阶级中的一个典型。一个尽职的公务员,没有宗教意识,没有理想,几乎没有任何思想,只知埋头工作,过着机器人般的生活,直到临死才惊慌地发现自己虚度了此生。伊万·伊里奇是一八八〇年欧洲资产者的代表,他们阅读左拉的作品,听萨拉·伯恩哈特的演唱,没有任何信念,甚至并非反宗教者:因为他们懒得去信,也懒得不信,根本从来不曾想过。

《伊万·伊里奇之死》对人世,尤其是对婚姻的猛烈攻击极尽嬉笑怒骂之能事,开了一系列新作品的先河,预告了他在《克莱采奏鸣曲》和《复活》中将有更加愤世嫉俗的描写。可悲复可笑的空虚人生(这样的人生何止千千万万)、畸形的野心、贫乏可怜的自满自足,这一切都不会带来欢乐——“只不过略胜于和妻子晚上相对而坐罢了”,——职业上的挫折,受到亏待时的沮丧,真正的幸福不过是玩玩纸牌。这种可笑的生活偏偏被一种更可笑的原因破坏了:有一天伊万在挂客厅的窗帘时不慎从梯子上跌了下来。生活是欺骗,疾病是欺骗。一心只为自己打算的健康的医生在欺骗,让疾病折腾烦了的家庭在欺骗,假装忠诚其实内心盘算着丈夫死后如何生活的妻子也在欺骗。所有的人都在撒谎,只有一个富于同情心的仆人不肯撒谎,他不向垂死者隐瞒他的病情,而且像兄弟般照顾他。伊万·伊里奇“对自己痛惜不已”,为本身的孤立无援和人类的自私而伤心落泪。他痛苦异常,直到有一天,他发现自己过去的生活只是一场骗局,但这骗局还可以补救。于是,在他死前一小时,一切都豁然开朗。他不再只考虑自己而是想到他的家人,他可怜他们,他“必须”以死来解除他们的负担。

——痛苦啊,你在哪里?——啊?就在这里……那么,你待着吧。——死亡,它在哪里?……他再也找不到死亡了。没有死亡,只有光明。……“完了。”有人说。——他听见了这些话,心里一再重复。——“死亡不复存在了。”他自言自语道。

在《克莱采奏鸣曲》中,甚至这道“光”也不再出现了。这是一部残忍的作品,像一头受伤的野兽,被放出来报复社会,报复自己曾经受到的伤害。别忘了,那是一个丧失人性者的忏悔录,他受到嫉妒这种病毒的侵袭,刚刚杀了人。托尔斯泰隐藏在他的人物背后。但在对普遍存在的虚伪提出的愤怒谴责中,无疑可以看到他的思想,他提高声调,痛骂女子教育的虚伪、爱情的虚伪、婚姻(这家庭里的卖淫)的虚伪、社会、科学、医生(这些罪恶的散播者)的虚伪。他书中的主人公驱使他使用粗鲁的言辞,暴戾而肉感的形象——那是一个骄奢淫逸之徒的全部狂热。而与之相对照的,是疯狂的禁欲主义,对情欲的又恨又怕,受肉欲煎熬的中世纪僧侣对生活的诅咒。书写成之后,托尔斯泰本人也为之惊惶不已。他在《克莱采奏鸣曲》的《跋》中写道:

我绝没有料到,写这部作品时,一种强有力的逻辑会把我推到现在的境地。我得出的结论最初把我自己也吓了一跳,我不愿意相信,但由不得我不信……我不得不接受了它。

事实上,他明确无误地通过凶杀犯波兹内舍夫的口,对爱情和婚姻发出愤怒的叫喊:

一个人用色迷迷的目光注视女人——尤其是自己的妻子——时,便已经犯下了奸情。

当情欲消失,人类再也没有存在的理由时,神示才能实现,人类的大同才能形成。

他依据《马太福音》指出，基督教的理想并非婚姻，不可能存在什么基督教婚姻，按基督教的观点，婚姻并非进步，而是一种堕落，爱情及其前前后后发生的事都是实现人类真正理想的障碍。

但这些想法由波兹内舍夫嘴里说出来之前，在作家头脑里从没有如此明确。如同许多伟大的创造者那样，是作品在推动着他们，先做艺术家，然后才能成为思想家。这丝毫无损于艺术。从效果的力度、热情的浓度、景象的鲜明突出、形式的丰富和成熟上看，托尔斯泰的作品中，没有一部能比得上《克莱采奏鸣曲》。

我还要对这部作品的题目作些说明。——其实，这部作品并不切题，容易令人产生误解。音乐在其中只占次要地位。去掉奏鸣曲这个词，作品不会有任何改变。托尔斯泰一直认为音乐和爱情都具有使人堕落的力量，但他错误地将两者混为一谈了。音乐的魔力应该另写专著讨论。托尔斯泰在作品中给予它的地位，不足以证明他揭露出来的危险。在这个问题上，我必须稍稍说明一下，因为我认为人们还不明白托尔斯泰对音乐的态度。

说他不喜欢音乐是不对的。一个人爱得深才怕得厉害。人们该记得对音乐的回忆在《童年》，尤其是在《家庭幸福》中所占的地位吧。在后一部作品里，爱情的四季从春天到秋天都在贝多芬《月光曲》的各个段落中展现。我们还别忘了涅赫柳多夫[1]和小彼佳在临终前夜，内心深处所听见的美妙乐曲[2]。托尔斯泰对音乐知之不多[3]，但音乐确使他感动得流下眼泪。他一生中有几个阶段也曾热情地投入音乐。一八五八年，他在莫斯科创办了一个音乐社团，后来成为莫斯科音乐学院的前身。他的妻弟别尔斯曾经这样写道：

---

① 见《一个地主的早晨》最后部分。

② 见《战争与和平》。且不谈《阿尔贝特》（1857）这部描写一个天才音乐家的短篇小说。那是篇水平不高的作品。——原注

③ 《青年》中有关于他如何艰苦学钢琴的幽默的叙述。——“钢琴是我用我的感情打动小姐们的手段。”

> 他很喜欢音乐,能弹钢琴,酷爱古典音乐大师的作品。常常在工作之前弹上几段①。也许是要从中找到灵感。他喜欢我妹妹的歌喉,总给她伴奏。我注意到音乐在他内心激发出的感受使他脸色变得有点苍白,还有一种难以察觉的怪样,似乎带点恐惧。②

这正是在震撼他全身心的无名力量冲击下,他所感受到的恐惧。他觉得他的意志、良知、生活的全部现实,都融入了这个音乐的世界。让我们重温一下《战争与和平》第一卷尼古拉·罗斯托夫刚刚赌输了钱,垂头丧气地回家那一幕吧。他一听见他妹妹娜塔莎的歌声,便把一切都忘了。

> 他不耐烦地等待那即将奏出的音符,一时间,世界上只有三拍的节奏:*Oh! Mio crudele affetto*!③

——"我们的生活真是荒谬无比,"他心想,"不幸,金钱,仇恨,名誉,一切都是虚的……这才是实的!……娜塔莎,我的小鸽子!……看她能否唱到高音B……唱出来了,感谢上帝!"

他不知不觉也在唱。为了加强B音,他应和着她的三度音程。

——"啊!我的上帝,太棒了!难道是我赋予她的?我真高兴!"他心里想道。这三度音程的颤音,使他心里产生了最美好、最纯洁的感觉。比起这种超凡的感觉来,输掉的钱、发过的誓又算得了什么呢?……简直是疯狂!一个人可以杀人,偷盗,而仍然感到幸福。

其实尼古拉既不杀人,也不偷盗,音乐于他不过是一时的激动,而娜塔莎却已痴迷其中。在歌剧院度过整整一晚以后,在这个失去理性的奇特世界里,远离现实,善与恶、怪诞与理性混淆在一起,她听着阿

---

① 那是一八七六至一八七七年的事。
② 见别尔斯的《回忆托尔斯泰》。
③ 意大利文:啊,我痛苦的爱情!

纳托里·库拉金使她癫狂的表白，便同意和他私奔了。

托尔斯泰年纪越老越害怕音乐①。一八六〇年，他在德累斯顿遇见了一个曾对他产生影响的人——奥尔巴赫②，无疑更加深了他对音乐的戒心。“他谈到音乐，仿佛是一种放纵的享受。据他看来，音乐是走向堕落的转捩点③。

卡米尔·贝兰格先生问，为什么在众多使人堕落的音乐家中，为什么偏偏选上最纯粹、最洁身自好的贝多芬呢？④——因为他是最棒的。托尔斯泰一直很喜欢他。《童年》中最遥远的回忆就和那支《悲怆奏鸣曲》联系在一起。在《复活》的结尾，涅赫柳多夫听到奏起《C小调交响曲》的行板时，忍不住落下泪来。他感怀自己的身世。——可是，在《什么是艺术？》一书中，托尔斯泰谈到“聋子贝多芬的病态作品”时，又是何等深恶痛绝⑤。早在一八七六年，他便恶狠狠地要“打倒贝多芬，使人怀疑他的天才”。这种态度使柴可夫斯基大为反感，以致对托尔斯泰的赞赏也慢慢冷却下来。《克莱采奏鸣曲》让我们清楚地看到托尔斯泰这种狂热之不公平。他责怪贝多芬什么呢？是怪他太强有力了。托尔斯泰像歌德一样，听着C小调交响曲，深受震撼，竟生起气来，深怪作曲的大师将自己随意摆布⑥。托尔斯泰说：

> 这种音乐立刻将我带到作曲家的精神境界……音乐应该是

---

① 但他一直都很喜爱音乐。他晚年的朋友中就有音乐家戈登魏泽。此人一九一〇年到亚斯纳亚附近消夏。在托尔斯泰生病的后期，几乎每天都来给他弹奏音乐。（详见1910年11月18日法国《辩论报》）——原注

② 奥尔巴赫（1812—1882），德国小说家，以描写农村生活闻名。

③ 见一八六一年四月二十一日信。

④ 见卡米尔·贝兰格著《托尔斯泰与音乐》，一九一一年一月四日《高卢人》报。

⑤ 这里并不单指贝多芬后期的作品，即使他认为有“艺术性”的早期作品，托尔斯泰也认为“形式太造作”。——在一封写给柴可夫斯基的信中，他将贝多芬、舒曼、柏辽兹和莫扎特、海顿相比，说他们“太肤浅，只注意效果”。——原注

⑥ 据保罗·布瓦耶所述：“托尔斯泰叫人给他弹奏肖邦。到第四支叙事曲终了时，他已经满噙着眼泪。——‘噢！畜生！’他喊着，突然站起来走了。”（见巴黎《时代》杂志，1902年11月2日）

国家的事业,如在中国那样。我们不应允许随随便便一个人拥有如此可怕的催眠力量。这些东西(指奏鸣曲的第一段急板),只能在某些重要场合才能被允许演奏……

尽管发了这一通牢骚,他仍然被贝多芬的力量所降伏,他自己也承认,这种力量能使人变得高尚,净化人的灵魂。波兹内舍夫听到这段音乐,精神堕入了他自己也无法分析的难以名状的状态,这时他心情舒畅,嫉妒心跑得无影无踪。女人的容貌也变了。演奏时,有“一种庄严肃穆的表情”,弹奏完了,“脸上露出楚楚动人的幸福的微笑”……这一切哪有什么堕落之处?……有的只是心灵被其俘虏,任由声音的无名力量所摆布,如果这种力量愿意,真能将灵魂毁掉。

这倒不假。但托尔斯泰忘记了一点:就是大部分听音乐或者从事音乐的人,生活都很平庸,或者生活极为贫乏。对缺乏感受力的人来说,音乐并不构成威胁。在《莎乐美》的一场演出中,歌剧院大厅的戏安排得很好,使音乐最不健康的感情根本伤害不了观众,而只有像托尔斯泰这样有丰富生活阅历的人才有被影响的危险。事实上,托尔斯泰虽然对贝多芬的评价尖酸刻薄,有欠公允,但他比今天大部分盛赞贝多芬的人对其音乐有更深的感受。至少他听得出躁动在“老聋子”艺术中的那种狂热感情,带有野性的气势,而这一切是今天任何演奏家,任何乐队所感受不到的。如果贝多芬还活着,托尔斯泰对他的恨,比起崇拜者们对他的爱,也许更让他高兴。

* * *

《复活》与《克莱采奏鸣曲》相隔十年①,这十年他越来越醉心于道

① 《主与仆》(1895)有点像是从《复活》以前所写的愤世小说向闪烁着天国仁慈光辉的《复活》的过渡。但人们觉得这部作品更接近《伊万·伊里奇之死》和《民间故事》而不是《复活》。直至小说的结尾,主人公才在牺牲精神的感召下,从一个自私怯懦的人转变为高尚的人。《主与仆》的故事,大部分采用写实手法描写一个缺乏善心的主人和一个逆来顺受的仆人。一天夜里他们在草原上遇到暴风雪,(接下页)

德的宣传。《复活》与他渴求生命永恒而期待的终结也是相隔十年。在某种意义上,《复活》可说是托尔斯泰在艺术上的遗嘱,恰如《战争与和平》是他艺术上成熟的标志。《复活》是他晚年的最大成就,是最后——如果不算最雄伟——可能也是最高的巅峰,峰顶云遮雾绕,高不可见。此时托尔斯泰已经七十岁。他放眼世界,他的生活、他过去的错误、他的信仰、他的愤世嫉俗,他高屋建瓴地审视这一切。思想依旧是以前作品中的思想,对虚伪仍然持疾恶如仇的态度。但艺术家的精神像在《战争与和平》中一样,翱翔于作品的主题之上;在《克莱采奏鸣曲》和《伊万·伊里奇之死》的辛辣讽刺和躁动心情之外,又掺入了超脱俗世——正是他所精确反映的俗世——的宗教式宁静心境。可以说,有时候竟成了基督徒式的歌德。

我们从他后期作品中发现的艺术手法,在这里再度出现,尤其是故事非常集中,这在长篇小说里比在一般短篇小说里显得更为突出。作品浑然一体,几乎没有任何插曲,这一点,与《战争与和平》和《安娜·卡列尼娜》大不相同。全书只有一个情节,所有细节都紧紧围绕着这个情节。像在《克莱采奏鸣曲》中一样,人物形象刻画得淋漓尽致,很有力度。观察越来越清晰、敏锐,完全是无情的写实手法,从人性中看到了兽性,——“人性中可怕地存在着兽性,如果这种兽性没有袒露出来,而是深藏在所谓诗意的外表之下时,则更加可怕。”①沙龙里的谈话,目的不过是满足身体的需要,即“需要活动活动舌头和口腔的肌肉,以帮助消化”。这种严厉的看法针对所有的人,谁也不能幸

(接上页)迷了路。做主人的最初想扔下仆人独自逃生,后来却折了回来,发现仆人冻得半死,便扑到他身上,用自己的身体暖着他,这种自我奉献完全出自本能,连他自己也不知是为什么。但他眼里充满泪水,似乎自己变成了被他救援的尼基塔,他的生命也已成了尼基塔的生命。——“尼基塔活着,因此我也仍然活着。”——他几乎忘记了自己是瓦西里。他想:“瓦西里可不知道该怎么办……不知道,可我,我现在知道了!……”这时他听见了他所等待的声音(这里,他的梦境使人想起了《民间故事》中的一幕),那个刚才命令他扑到尼基塔身上的声音。他快活地喊道:“主啊,我来了!”于是他感到自己自由了,什么也拽不住他……他死了。——原注

① 见《复活》。

免,美丽的科尔恰金娜也一样,“她肘部突出的骨头和大拇指宽宽的指甲”,还有领口很低的衣着,使涅赫柳多夫觉得“既可耻又恶心,既恶心又可耻”,女主人公马斯洛娃也不例外,她的堕落,她的未老先衰,她粗俗下流的谈吐、富有挑逗性的微笑、散发着酒味的气息,还有那张激情燃烧、涨得通红的脸。完全是自然主义的粗野的细节描写:诸如女人蹲坐在粪桶上,聊着天。诗意的想象、青春的气息都消失了,只有初恋的回忆还能在我们心中唤起一种乐音的震颤,复活节的前夜和复活节当晚,解冻之时的浓雾白蒙蒙的,“离房子五步以外,只看见漆黑的夜色中射出一盏灯的红光”,半夜鸡鸣,冰封的河面发出爆裂声,哗啦啦地,崩塌着,仿佛玻璃杯给打碎时的声响。年轻人从屋外透过玻璃窗注视着少女。少女没看见他,只是坐在那里,面对闪烁的灯光,——卡秋莎若有所思的脸上绽出了微笑。她沉入了幻梦。

作者的抒情并没占多少位置,艺术手法也更趋客观,与他本人的生活距离也更远了。托尔斯泰想努力改变他的观察范围。他在这里研究的罪犯和革命者的社会,都是他所不熟悉的。[①] 他进入他们的社会,只是努力使自己对他们产生由衷的同情。他甚至承认,在仔细观察他们之前,革命者令他产生无法克制的厌恶。特别让人钦佩的是,他真切的观察简直有如一面无瑕的镜子,典型多么丰富,细节描写又多么准确!无论卑劣还是美德,一切都以明智的平和态度和博爱的胸襟去对待,既不苛严,也不姑息!……作者描写妇女在监狱中的景象,画面十分凄惨!女人之间彼此冷酷无情,艺术家却是仁慈的上帝:他从她们每一个人的内心看到卑鄙掩盖下的痛苦,无耻的面具下那一张张涕泪纵横的脸。马斯洛娃邪恶的灵魂中逐渐露出纯洁的微笑,终于化为一道牺牲精神的火焰,照亮了她的灵魂,犹如一缕美丽动人的阳光,照亮了伦勃朗笔下阴暗的画面。作者甚至对刽子手也不曾正言厉

① 相反,他在《战争与和平》《安娜·卡列宁娜》《哥萨克》《塞瓦斯托波尔》等书中描写过的各种社会,他都曾涉猎,像贵族的沙龙、军队、农村生活等。他只需回忆一下就行了。——原注

色:“宽恕他们吧,主啊,他们并不明白自己的所作所为”……最糟的是,往往他们明白自己的所作所为,为此感到后悔,却又不能不这样做。书中表现出一种压垮一切的宿命,无论受苦者还是使人受苦的人都难以承受其重压,如天性仁慈的典狱长,对狱吏生活已经感到厌倦,他那个身材瘦小、脸色苍白、眼圈发黑的女儿,同样厌烦不堪地练习钢琴,没完没了地敲击李斯特的狂想曲;还有那位西伯利亚小城的总督,聪明而且善良,在欲行善事与被迫作恶之间进行着无法解决的内心斗争,三十五年来只好借酒消愁,但头脑依然清醒,即使酒后也不失态;更有一些家庭温馨和睦的人,由于职业的原因,对他人毫无心肝。

唯一缺乏客观真实性的人物是书中的主人公涅赫柳多夫,因为托尔斯泰将自己的思想给予了他。这已经是《战争与和平》或《安娜·卡列宁娜》中众多著名人物——如安德烈公爵、皮埃尔·别祖霍夫、列文等——的缺点乃至危险,但还不那么严重,因为他们的处境和年龄,比较接近托尔斯泰的精神状态。而在这部作品里,作者将一个七十老翁的灵魂硬塞进一个三十五岁的浪荡公子的躯体之中。我并不是说涅赫柳多夫的精神危机不真实,也不是说危机不能来得那么突然①,而是根据托尔斯泰的描绘,这个人物的气质、性格和过去的生活经历,既找不出,也解释不了这种精神危机的起因。而且,此病一旦发作,便再也制止不住。当然,托尔斯泰深刻指出了涅赫柳多夫的牺牲思想一开始就有不纯的成分,那些顾影自怜和自我欣赏的眼泪,稍后是在现实面前产生的恐惧和厌恶感。但他的决心从未动摇过。这次精神危机与先前那些来势凶猛却时间短暂的危机②毫无关联。什么也阻止不了

① “人类身上总带有人类一切优点的萌芽。有时露出一种,有时露出另一种,因而往往变得和本身惯常的表现不同。在某些人身上,这些变化特别快。涅赫柳多夫就属于这类人。在肉体和精神的原因影响下,他内心会产生突然和彻底的变化。”(第一卷第二五八页)托尔斯泰也许想起了他的兄弟德米特里,他也娶了一个马斯洛娃般的女人。但德米特里粗暴而失常的气质,和涅赫柳多夫是有所不同的。——原注

② “他一生中,曾多次进行‘心灵的清扫’。他称之为精神危机。每当他发现内心生活节奏放慢,有时甚至停顿,便决定将堵塞在灵魂中的垃圾清除掉。危机过后,他必定给自己订立一些他发誓永远遵循的规则。于是写日记,开始新的生活。但每次都很快又跌回原来的起点,甚至比起点还低。”——原注

这个优柔寡断的人了。这位王公有钱、受人尊敬、很在意社会对他的满意程度。他正要娶一位爱他，而他也颇喜爱的姑娘，却突然决定抛弃一切，抛弃财富、上流社会、地位，去娶一个妓女，为的是弥补过去的一个错误。他的狂热毫不动摇地延续了好几个月，经受住了一切考验，即使听说他打算娶为妻子的女人继续过着腐化堕落的生活时，也不曾气馁[①]。——这里有一种神圣感，完全可以运用陀思妥耶夫斯基的心理分析理论，从作品主人公阴暗的心灵深处直到机体组织中找到其根源，但涅赫柳多夫与陀思妥耶夫斯基笔下的人物毫无共同之处。他是个普通人的典型，庸庸碌碌，身体健康，正是托尔斯泰惯常写的人物。事实上，我们清楚地感到，这是一个非常讲求实际的人[②]，与属于另一个人的精神危机相叠合，这另一个人，就是托尔斯泰老头。

同样给人以双元并立印象的，是书的末尾，以严格的写实手法写成的第三部分，出现了不必要的福音书式的结论——个人发自信仰的行为，把这种行为写成观察生活的结果是不符合逻辑的。托尔斯泰将宗教思想注入现实主义之中，已经不是第一次了。但在此前的作品中，两者结合得比较好，而在这里，两种因素却并存而不融合。对比更加明显的原因是，托尔斯泰的信仰越来越脱离实证，而他的现实主义艺术则日益放肆和尖锐。这并非疲倦而是衰老的迹象——可以说，关节有点僵硬了。宗教的结论并非作品自然发展的结果，而是 Deux ex machina[③]……我深信，在托尔斯泰内心，不管他如何表白，他不同的天性，即艺术家的真诚和信徒的真诚并非水乳交融。

尽管《复活》没有他青年时期作品的丰满与和谐，尽管我个人更喜欢《战争与和平》，但它不失为描写人类同情心的最美丽的，可能还是

---

① 听说马斯洛娃又与一个男护士通奸时，涅赫柳多夫更下定决心要“牺牲自己的自由来补赎这个女人的罪愆”。——原注

② 托尔斯泰描绘初期的涅赫柳多夫时，笔触雄健有力，充满自信，这是写其他人物时从没有过的。请看他描写涅赫柳多夫在法院第一次出庭前如何起床，又如何度过那天早晨的情形，真是精彩非凡。——原注

③ 拉丁文：上帝外在于有机体。

最真实的诗篇。在这部作品里,我比在任何其他作品中更清楚地看到托尔斯泰那双明亮的眼睛,那双“能直接看透人心”的、浅灰色的眼睛。他在每一个人的灵魂中都看到了上帝的存在。

* * *

托尔斯泰从未舍弃艺术。一位伟大的艺术家,即便他愿意,也不可能抛弃自己生活的宗旨。为了宗教的原因,他可以不出版作品,但却不能不写作。托尔斯泰从未中止过艺术创作。曾经在他晚年去亚斯纳亚·波里亚纳拜望他的保罗·布瓦耶说:他一面写宣道或论战的作品,同时也进行文艺创作,交替进行,作为调剂。写完一篇有关社会的论文,或者某篇《致领导者书》《告被领导者书》之后,他便心安理得地继续写某个给自己讲述的优美故事——如《哈吉穆拉特》。这是一部军事史诗,咏唱高加索战争一段插曲和山民们在沙弥尔领导下反抗沙皇的斗争①。艺术依然是他的消遣、他的乐趣,但认为以此炫耀便是虚荣。他编过《每日必读》(1904—1905)②,其中收集了许多作家有关真理和生命的看法,真正是一套集东方经书到当代艺术家的如诗智慧之大成的文选。一九〇〇年以后,他所有的艺术作品留下来的都只是手稿③。

相反,他果敢而热情地以他论战性的、含有狂热信仰的文章参与社会的大论战。从一九〇〇年到一九一〇年,他几乎全力以赴。当时,俄国处于可怕的危机之中,沙皇帝国一时间似乎分崩离析,摇摇欲

① 见巴黎《时代》杂志。(1902 年 11 月 2 日)

② 托尔斯泰视之为自己的重要作品之一:“我的那本书——《每日必读》文选是我的得意之作……”(见 1909 年 7 月 27 日至 8 月 9 日之间写给斯迪卡的信)——原注

③ 这些作品大部分在托尔斯泰去世后出版。书月很长,其中主要有《日记——费奥多尔·库斯密奇老头遗作》《谢尔盖神父》《哈吉穆拉特》《魔鬼》《活尸》《伪票据》《破罐子阿廖沙》《狂人日记》《光在黑暗中闪烁》《一切优点都来自她》(民间短剧)以及一系列优秀的短篇小说:《舞会以后》《我的梦境》《科丁卡》等等。还有他的《日记》。从高加索时期一直到他死的前一天,包括他一生的四十多年,是一个伟大人物所写的最坦率的忏悔录。———原注

坠。日俄战争、大溃败,接着是革命动乱、陆海军的叛变、大屠杀、农村骚动,一切都像是"世界末日"的征兆。——托尔斯泰有一部作品用的就是这个标题。一九〇四至一九〇五年间,危机达到了顶峰。在这些年月里,托尔斯泰发表了一连串响当当的作品:《战争与革命》[①]《弥天大罪》《世界末日》等。在这最后的十年中,他不仅在俄罗斯,而且在全世界占有独一无二的地位。他孤军奋战,不加入任何党派,不倾向任何国家,脱离了教会,被开除教籍[②]。他理性的逻辑、执着的信仰,将他"逼到两难的境地:离开其他所有人,还是离开真理"。他想起了这句俄罗斯谚语,即:"老人撒谎等于富人偷窃。"于是,他离开众人而去宣示真理。他将全部真理告诉所有人。这位与谎言不共戴天的老人,坚持不懈地抨击一切宗教和社会迷信,一切被人盲目崇拜的偶像,而不限于攻击古代暴虐的政权、迫害异己的教会、沙皇的贵族统治。而今大家都向这些扔石头了,也许他反而会手下留情。因为人们对这一切已有所认识,便不那么可怕了。总之,他们干他们的事,再也骗不了人了。托尔斯泰曾给沙皇尼古拉二世写过一封信[③],实话说,这封信对作为君主的沙皇是不大客气的,但对作为人的尼古拉二世,态度却很温和,他称沙皇为"亲爱的兄弟",并且说,如果自己"无意中给他带来不快,务请他原谅"。落款是:"祝愿您获得真福的兄弟上。"

托尔斯泰最难以宽恕并坚决予以揭露的,是新出现的,而不是过去已经被揭穿的谎言。不是专制主义而是对自由的幻想。人们弄不清,在新偶像的信徒中,他最恨的是社会主义者还是"自由派"。

他对自由派的反感由来已久。他在塞瓦斯托波尔当军官和处在彼得堡的文人圈中的时候,这种反感已经产生了。这正是他与屠格涅夫不和的原因之一。这个骄傲的贵族和世家子弟,难以认同那些知识

① 这部作品的原标题是:《只有一点是必须》。(《路加福音》第十一章四十一节)——原注

② 一九〇一年二月二十二日,托尔斯泰被东正教最高会议逐出教门。原因是《复活》中有一章讽刺弥撒和圣体圣事。——原注

③ 写的是有关土地国有化的事,见《弥天大罪》(1905)。——原注

分子及其抱负，他们侈言不管愿意与否，只要接受他们的乌托邦，必能给国家民族带来幸福。托尔斯泰是地道的俄罗斯人，家世悠远[①]，对有自由色彩的新事物和来自西方的立宪思想一贯抱怀疑的态度。两次旅欧更加深了他的警惕。第一次游历归来时，他曾经写道：

> 要警惕自由主义的野心。(1857)

第二次旅欧归来，他指出："特权社会"，毫无权利以其方式教育他们所不了解的人民大众(1862)……

在《安娜·卡列宁娜》中，他充分表达了对自由主义者的蔑视。列文拒绝参与省里民众教育机构的工作，以及提到议事日程上的各种改革。省士绅议会的选举，充分表明这是地方上一次骗人的交易，不过是以自由派政府取代先前的保守政府而已。一切毫无改变，只是一个新的谎言，绝对得不到今后几个世纪的原谅和认可。

"我们也许不怎么样，"这位旧制度的代表说道，"但我们延续了不下一千年。"

托尔斯泰对自由派滥用"人民，人民的意志……"这些词句感到愤慨。哼！关于人民，他们懂得什么？什么叫人民？

尤其是当自由主义运动接近胜利，打算召开国家杜马的时候，托尔斯泰发表意见，强烈反对君主立宪主张。

> 近来，对基督教教义的歪曲导致一种新的骗局产生，使我们各族人民更加处于被奴役的地位。有人利用一整套复杂的议会选举制度告诉他们，如果他们直接选出自己的代表，就等于他们参加了政府，听命于这些代表就等于听命于自己的意愿，他们是

① 勒鲁瓦·博里厄说，他是"地道的俄罗斯人，祖居莫斯科，也是斯拉夫血统混有芬兰种的大俄罗斯人，从体型看，更接近平民而不是贵族"。(巴黎《两世界》杂志，1910年12月15日)——原注

> 自由的。这是一种欺骗。即使全民普选,人民也表达不了自己的意愿:首先,在一个有数百万居民的国家里,这样一种集体愿望不可能存在;其次,即使存在集体愿望,也反映不了大多数选民的意愿。先别说当选人制订法律、管理行政并非为广大人民的利益,而是为了自己的权力,也姑且不提民众由于受到压力和选举舞弊而腐化堕落的事实,尤其有害的是,这种谎言,使相信它的人做了奴隶还沾沾自喜……这些自由人令人想起那些囚犯,当他们有权选举被责成管理监狱内部安全事务的狱卒时,便以为享受到自由……一个专制国家的人即使遭受最残酷的暴力压迫,也完全可以是自由的。但立宪国家的人则永远是奴隶,因为他承认了对他行使暴力的合法性……而现在却有人想将俄罗斯人民引入欧洲其他各国所处的立宪制奴隶状态!①

他之所以疏远自由主义,主要是不屑其所为。而对社会主义,若不是他禁止自己憎恨任何事物,则是,或很可能是恨。他格外讨厌社会主义,是因为其中混合着两种谎言:自由的谎言和科学的谎言。难

---

① 见《世界末日》(1905—1906年1月)。托尔斯泰致一家美国报纸的电文中有这样的话:"地方自治会闹事的目的是限制专制政府的权力,并建立起一个代议制政府。不管其成功与否,结果必然会导致拖延真正的社会改革。政治动荡使人产生可以通过外部手段改善社会的有害幻想,阻碍真正的进步,这一点从所有立宪国家如法国、英国、美国的先例可以看到。"(《俄罗斯的社会运动》)一位夫人要求托尔斯泰参加一个普及民众教育促进委员会,他写了一封很有意思的长信答复这位夫人,信中对自由派还提出了其他非难:他们总扮演上当受骗的角色;出于害怕他们又成了贵族阶级的帮凶;他们参加政府使政府增加道义上的威望,而他们也习惯了妥协,很快便成为政权的工具。亚历山大二世说过,所有的自由主义者不是为名便是为利而出卖自己。亚历山大三世毫无风险地消灭了父亲的自由主义事业:"自由主义分子们彼此低声说他们不喜欢这样做,但他们依然参与审讯,为国家服务,发行报刊。在报界,允许暗示的东西他们便暗示,禁止谈论的则缄口不谈,登载一切受命登载的文章。"尼古拉二世登基,他们仍然这样做。"当这个什么也不懂什么也不明白的年轻君主傲慢无理地回答人民的代表时,自由派们抗议了吗?根本没有……从四面八方传来的只是对这位年轻沙皇的阿谀谄媚的祝贺声。"(《未发表的书信集》第二八三页至三〇六页)——原注

道社会主义不是侈言自己是建立在某种经济科学之上，这种科学的绝对法则支配着世界的进步吗？

托尔斯泰对待科学的态度是非常严厉的。他写过不少文章，尖刻地讽刺这种现代的迷信和“那些毫无意义的问题，诸如物种起源、光谱分析、镭的本质、数的理论、动物化石以及其他种种无聊的课题等等。今天人们煞有介事地对待这一切，其重视程度犹如中古时代对待圣母无玷而孕或物质的二元论一样”。——他嘲笑“那些科学的奴仆，他们和教会的奴仆一样，自诩并说服其他人相信他们正在拯救人类，他们和教会一样，相信自己做的一切都是对的。但他们彼此总难取得一致，于是便分成帮派。他们和教会一样，是粗俗、道德上无知的主要根源，也是延误人类从所受的苦难中摆脱出来的主要根源，因为他们抛弃了唯一能实现人类大同的东西，即宗教意识”①。

当他看见这种新狂热的危险武器，落到自称能使人类获得新生的人手里时，他心中备感忧虑，怒火也随即爆发。任何革命者只要使用暴力，他便感到不快。革命的知识分子和理论家则使他厌恶，说他们是迂腐有害的学究、骄傲而僵化的人，不爱人类而只爱自己的想法②。

何况还是低级的想法。

> 社会主义的目标是满足人的最低级的需求：物质福利。即使

① 见《战争与革命》。在《复活》中，当最高法院审理马斯洛娃的案件时，参议院里有一个唯物主义的达尔文派坚决反对重新审理，因为他内心对涅赫柳多夫出于责任感竟诚心诚意地愿娶妓女一事很不以为然。一切对责任乃至宗教感情的表示，他都视为对他本人的侮辱。——原注

② 《复活》里有这方面的典型，像诺沃德沃罗夫，此人煽动革命、极端虚荣和自私、既缺智慧又没有想象力，头脑简单、美丑不分，因而从不怀疑。还有如影随形跟在他后面的马尔盖，是因受到侮辱，渴望报复而走向革命的工人，热爱他根本不懂的科学，盲目反对教会，崇尚苦行主义。在《又是三个死者》或《神与人》(1906)中，也有几个新一代革命者的样本，如罗曼和他的朋友，他们看不起老一代的恐怖主义者，企图以科学的方法达到他们的目的，将从事农业的老百姓转变为从事工业的人民。

这种目标也无法用它鼓吹的方法达到。[1]

归根结底,它没有爱,有的只是对压迫者的恨和"对富人们温馨富裕生活的艳羡,如同围着粪堆乱飞的苍蝇,只想吃个饱"[2]。如果社会主义有朝一日取得胜利,世界将出现可怕的景象。欧洲那群强盗将变本加厉地扑向弱小的野蛮民族,好让欧洲以往的无产者能够像古代的罗马人一样过上骄奢淫逸、优游快乐的生活。

幸运的是社会主义者将最大的精力都耗费在夸夸其谈之中,若莱斯[3]的演说便是一例……

真是个了不起的演说家!他的演讲包罗万象,却又什么也没有……社会主义有点像我们俄国的东正教:你攻它,将它逼得无言以对,你以为抓住它了,而它突然转过身来,对你说:"不,我并不是你以为的那样,我是另一回事。"于是从你手里溜走了……耐心点!让时间来判断吧。有的社会主义理论就像女人的时装一样,很快便会从客厅退到门厅的。[4]

托尔斯泰这样攻击自由派和社会主义者,绝不是让贵族阶级乘虚而入。恰恰相反,为的是从军队里清除危险的捣乱分子以后,让新旧两个世界的战斗全面展开。因为,他也相信革命,但他的革命与革命者的革命有很大的不同,像中世纪的神秘主义信徒那样,期待着圣灵统治的未来:

我相信,就在这个时刻,基督教世界里酝酿了两千年的大革

① 致日本友人阿部畏三的信(《未出版的书信集》1904年版)。
② 见捷涅罗莫记录的《托尔斯泰隽语录》中有关社会主义的章节。
③ 冉·若莱斯,二十世纪初法国社会党领导人,第一次世界大战前夕(1914)被暗杀。
④ 《托尔斯泰与保罗·布瓦耶谈话录》,见巴黎《时代》杂志,一九〇二年十一月四日。

命已经开始。这一革命将以真正的基督教取代腐朽的基督教及其衍生的统治制度。真正的基督教才是人类平等和一切有良知者所企望的真正自由的基础。①

那么,这位能看到未来的先知选择什么时刻宣布幸福和爱的新纪元呢?是在俄罗斯最黑暗的时刻,灾难和耻辱的时刻。啊!具有创造性的信念能发挥多大的能量啊!周围一片光明,即使在夜里也如此。托尔斯泰在死亡中看到了新生的迹象,在满洲战争②的灾难中,在俄国军队的溃败中,在可怕的无政府状态和血淋淋的阶级斗争中也一样。他梦想的逻辑使他从日本的胜利里得出了奇怪的结论,即俄罗斯应该不参与任何战争,因为在战争中,非基督徒民族往往比"经历过奴隶般服从阶段"的基督徒民族占有优势。这么说他的民族就该退让?不是,那是最大的骄傲。俄罗斯必然抛弃任何战争,因为它要完成"伟大的革命"。瞧,这位亚斯纳亚·波利亚纳的宣道者,暴力的死敌,竟在无意中预言了共产主义革命的到来!

一九〇五年的革命,将把人类从野蛮的压迫中解放出来。这场革命应当在俄罗斯爆发。果然如此。

为什么俄罗斯必须扮演这个上帝选民的角色呢?因为新的革命首先必须弥补"弥天大罪",所谓弥天大罪就是少数富人垄断土地、千百万人被奴役,而且是最残酷的奴役③。还因为没有一个民族对这种

① 见《世界的末日》。

② 指日俄战争。

③ "最残酷的奴役就是被剥夺了土地,因为做一个主人的奴隶不过是受一个人奴役。如果被剥夺了对土地的权利便成了所有人的奴隶。"(《世界的末日》第七章)——原注

不公平感受之深比得上俄罗斯人民。[①]

尤其是因为，俄罗斯民族是所有民族中最能体会基督精神的，而即将到来的革命必须以基督的名义实现博爱和联合的法则。可是，如果不遵循勿抗恶的原则，这个博爱的法则也实现不了[②]。这种不抵抗主义（注意，我们往往错误地将这种态度视为托尔斯泰和几个空想家所特有的乌托邦思想）一直是俄罗斯人民的基本特点。

> 俄罗斯人对政府的态度，一贯与欧洲其他国家不同。他们从不反对政府，尤其不参加政府，因而没有被污染。他们认为参政是应当避免的坏事。有一个古代传说，讲到俄罗斯人祈求瓦里亚基人[③]来统治他们。大部分俄罗斯人素来宁愿忍受暴力行为，而不愿作出反应或参与暴力。因此他们一直都是顺民……

自愿地服从，和奴隶般的听命于人毫无共同之处。[④]

---

① 其实俄罗斯情况特殊。如果说，托尔斯泰的错误在于将俄罗斯的情况扩大到所有欧洲国家，那么他对自己身旁的痛苦感受最深，是不足为奇的。我们可以看看《弥天大罪》中他在去图拉的路上和农民的谈话。这些农民都缺吃少穿，因为他们没有土地。他们心底里都希望能把土地还给他们。农民占俄罗斯人口百分之八十。托尔斯泰说，由于地主占领了土地，一亿人没有饭吃。如果你跟他们说，为了改变这种不合理现象，必须有新闻自由，政教分离，国家代议制度，甚至八小时工作制的话，不等于肆无忌惮地开他们的玩笑么。“有些人似乎到处寻找改善人民群众现状的办法，使人想起戏台上的情景，当所有观众都看得见藏着的演员时，同演这场戏的其他演员当然也看得见，但都装作看不见，反而努力想分散彼此的注意力。”

只有还地于民，除此别无他法。为了解决这个土地问题，托尔斯泰鼓吹亨利·乔治的理论和他对土地的价值实行单一税制的计划。这是他的经济福音书，以后还不断地提到。他笃信这一理论并经常在作品里大段引用亨利·乔治的言论。——原注

② “勿抗恶原则是整幢大厦最重要的拱顶。接受互助法则而不懂得勿抗恶的道理，无异于盖房子而不将拱顶放在中间位置，这是不行的。”（《世界的末日》）——原注

③ 瓦里亚基人，古代俄国对诺曼人的称呼。该民族于八世纪出现在东欧平原，惯于抢劫、掳掠。

④ 在一九〇〇年写给一位朋友的信中（《未发表的书信集》第三一二页），托尔斯泰抱怨别人曲解了他的不抵抗原则。他说，人们将“勿以恶抗恶”……和“勿抗恶”也就是说，“不要理会恶”混淆了“……其实反对恶是基督教的唯一目标，而勿抗恶则是最有效的斗争手段。”——原注

> 真正的基督徒可以逆来顺受，根本谈不上非经过斗争才向暴力屈服。但他不能接受或承认暴力的合法性。①

托尔斯泰写这几行文字的时候，正因目睹一个民族以英雄主义的不抵抗态度做出的壮举而激动不已。这就是一九〇五年一月二十二日圣彼得堡的流血示威。手无寸铁的群众在东正教神甫加博内率领下，任由军警开枪镇压，没有一声仇恨的呼喊，没做出任何自卫的行动。

长期以来，在俄罗斯，被人称为“顽固派”的老信徒尽管备受迫害，仍顽强地对政府采取不服从态度，拒绝承认政府的合法性。②随着日俄战争的失败，这种心态不胫而走，蔓延到乡下农民之中。拒绝服兵役的案件不断增加。民众越是遭到残酷的镇压，内心的反叛情绪便越高涨。另外，各个省，各个民族，虽然不认识托尔斯泰，也纷纷起来主动或被动地拒绝服从政府的法令。从一八九八年起，高加索的杜霍博尔人，一九〇五年前后古里的格鲁吉亚人，都是这样。这些运动对托尔斯泰的影响超过了托尔斯泰对它们的影响。而他的作品的意义，恰恰和革命党党员作家高尔基等所说的相反③，他喊出了古俄罗斯民族的声音。

他对甘冒生命危险实行他所倡导的原则的人保持着非常谦恭有礼的态度。对杜霍博尔人、古里人和逃避服役的士兵，他全无教训的口吻。④

---

① ② 见《世界的末日》。

③ 托尔斯泰谴责地方自治会的动乱以后，高尔基说出了朋友们的不满，写道：“此人已成为他思想的奴隶。他孤立于俄罗斯生活之外已经很久了，他不再倾听人民的声音。他翱翔于俄罗斯之上，他飞得太高了。”——原注

④ 没有受到迫害使他极其痛苦。他渴望受苦受难，但政府很聪明，不满足他的愿望。“在我周围，我的朋友在受迫害，唯独饶了我，虽然我是他们中间最有害的。显然，我不值得受迫害。我为此感到惭愧。”（《致捷涅罗莫书》，1892，《未发表的书信集》第一八四页）“我仍自由，这使我很痛苦。”（《致捷涅罗莫书》，1894 年 6 月 1 日，同上，第一八八页）天晓得他干了那么多事怎能太平无事。他辱骂历代沙皇，（接下页）

没有经受任何考验的人，没有什么可教导正在接受考验的人。①

他恳求一切因他的话语和文章而招致受难的人宽恕他。他从不鼓动人拒绝服兵役。每个人都应自己做出决定。如果他遇见某个人犹疑不决，“他总是劝人参军服役，只要不是思想上想不通就不要拒绝服从。”因为如果犹豫就说明还不成熟，“多一个士兵总比多一个伪君子或叛徒好，不自量力的人往往就是这样”②。他怀疑逃兵龚察连科的决心。担心“这个年轻人这样做是自尊心和虚荣心作怪，而不是出自对上帝的爱”③。他写信给杜霍博尔人，叫他们不要因骄傲和对舆论的顾忌而固执地拒绝服从，但“如果办得到，将他们的妻子儿女从痛苦中解救出来。谁也不会因此而责怪他们”。他们只应“当基督精神已经在他们心里扎根的时候才坚持，因为此时他们才会以受苦为乐”④。在任何情况下，他都恳求受迫害的人“无论如何不要断绝与迫害他们的人之间的感情”⑤。如他在一封致友人的信中所说，连希罗德⑥也应该爱：

(接上页)他攻击国家，“这个人们为之牺牲生命、自由和良知的讨厌偶像”(《世界的末日》)——请看《复活》中他叙述的俄罗斯简史吧。简直是一大串魔鬼：“伊凡雷帝精神失常，彼得大帝是酒鬼，叶卡捷琳娜是无知的厨娘，伊丽莎白腐化堕落，保罗蜕化变质，亚历山大一世是弑父凶手”(他是托尔斯泰唯一手下留情的人)，“尼古拉一世残忍而无知，亚历山大二世毫不聪明，是个坏蛋，亚历山大三世肯定是个愚蠢、粗暴和无知的人，尼古拉二世是个天真的骑兵军官，周围有一群流氓，是个什么都不懂、什么都弄不清楚的年轻人。”——原注

① 见一九〇五年一月十九日致逃兵龚察连科的信，《未发表的书信集》第二六四页。——原注

② 一九〇〇年致友人的信。(《书信集》第三〇八页至三〇九页)——原注

③ 一九〇五年二月十二日致龚察连科的信。(同上，第二六五页)——原注

④ 一八七九年致高加索杜霍博尔人的信。(同上，第二四〇页)——原注

⑤ 一九〇五年一月十九日致龚察连科的信。(同上，第二六四页)——原注

⑥ 希罗德(又译希律)，公元前一世纪古罗马帝国派驻巴勒斯坦属地的分封王，在位期间曾审判耶稣，处死施洗者约翰。——原注

> 你说:“人们不能爱希罗德。”——我不知道,但我感到,你也一样,必须爱他。我知道,你也知道,如果我不爱他,我会痛苦,我心中便失去了生命。[①]

这种爱无比纯洁,又永远那么热烈,即使《福音书》里“爱你的邻人像爱你自己一样”这样的词句,也不能让他感到满足,因为这句话里散发着自私自利的浊气[②]!

在某些人看来,这种爱太泛了,把人类一切自私的成分都剔除干净,岂不流于空泛!可是又有谁比托尔斯泰更厌恶“抽象的爱”呢?

> 当今最大的罪过是抽象地去爱人类,对离得很远的人泛泛地爱……爱我们所不认识也永远遇不上的人,那太容易了!不需做任何牺牲。同时还可对自己十分满意!简直是自欺欺人。——不!必须爱邻人,——和你一起生活而又妨碍你的人。

我读过大部分研究托尔斯泰的著作,其中都说,他的哲学和他的信仰并非他的首创。不错,这些思想太美了,而且有永恒的价值,不可能像时下流行的新玩意儿……有些文章指出这些思想有乌托邦的性质。这也对:是乌托邦式的,和福音书一样。先知是理想主义者,在尘世便已过着永恒的生活。既然我们已经看到这种景象,既然我们发现最后一位先知已经来到我们中间,既然我们最伟大的艺术家额头戴上了光环,我觉得,这对世界来说,是一件比增添一门宗教或者一种新的哲学更特殊、更重要的事实。只有瞎子才看不见这个伟大的灵魂出现的奇迹,因为在这个由于仇恨使人民血流遍野的时代,他是人类博爱

① 一九〇一年十一月致友人的信(《书信集》第三二六页)。

② 他拚命想证明原文的意思被歪曲了,第二诫精确的句子应该是:“像爱他(上帝)一样爱你的邻人。”(《与捷涅罗莫的谈话》)——原注

的化身!

* * *

他的面貌有了固定的特征,永远铭刻在人类的记忆之中。宽广的前额上两道微弯的皱纹,白色的双眉异常浓密,一部忠厚长者的胡须,使人想起第戎的摩西像。苍老的面庞变得平静、温和,留着病痛、忧伤和慈祥的痕迹。从二十岁时的粗野豪放、塞瓦斯托波尔从军时的呆板严肃,到现在的他改变有多大啊!但明亮的眼睛仍然锐利深沉,显得坦白直率、胸无城府,却又明察秋毫。

他去世前九年给东正教最高会议的一封复信(1901 年 4 月 17 日)中,托尔斯泰这样写道:

> 我之能够平静快乐地活着,并平静快乐地走向人生的终点,完全是我的信仰使然。

听到这句话,我想起一句古谚:“人在未死之前绝不能称之为快乐。”

但他自诩的这种平静与快乐,始终忠实地与他相伴吗?

一九〇五年“伟大的革命”带来的希望破灭了。黑暗重重,期待的光明未能喷薄而出。革命的动荡过去,随之而来的是精力衰竭。已往不公平的现象丝毫没有改变,苦难却更加深重了。一九〇六年,托尔斯泰对俄罗斯斯拉夫人民的历史使命已经有点失去信心。他怀着坚强的信念向远方寻找其他可以担负这一使命的民族。他想到了“伟大而智慧的中国人民”。他相信“东方民族可以觅回西方民族几乎已经永远失去的自由”,相信中国将能引导亚洲各族人民,循着“道,非常道”的道路去完成人类转变的大业。①

但他的希望很快便成为泡影：信奉老子和孔子的中国一如此前的日本，否定了自己古老的智慧，模仿起欧洲来②。被迫害的杜霍博尔人移民到了加拿大，到了那里便立即恢复了私有制，③引起托尔斯泰极大的愤慨；古里人刚刚摆脱国家的桎梏，便打击与他们持不同意见的人；俄国军队，使一切都恢复了秩序。甚至犹太人，“他们的祖国直到那时还是圣经④，是一个人所能希冀的最美丽的国度”，也染上了复国主义的恶疾，这种错误的民族主义运动，是“当代欧洲主义产下的畸形儿”。⑤ 托尔斯泰忧伤却没有失去勇气。他相信上帝，相信未来：

> 如果在一瞬间能使一片森林长起来，那就太好了，可惜这是不可能的，必须等待种子发芽，出苗，然后抽枝发叶，最后才长成一棵树。⑥

要有许多树才能成为森林，而托尔斯泰只是孤身一人。他满载荣誉却势单力薄。人们从世界各地写信给他：回教各国、中国、日本，人们翻译《复活》，他“还地于民”的思想在这些国家中广泛流传。美国报章访问他，法国人就艺术或政教分离的问题咨询他的意见⑦。但他

---

① 一九〇六年致一个中国人的信（《未发表的书信集》第三八一页）。

② 在一九〇六年的信中，托尔斯泰已表示了这种担心。——原注

③ “既然接受私有制，就大可不必拒绝服兵役和警役了，因为私有制全靠兵役和警役维持。服兵役和警役，同时又从私有制中获得好处的人，比起享受私有制而又拒绝一切服役的人，行为要高尚得多。”（1899 年致加拿大杜霍博尔人的信，《未发表的书信集》第二四八页至二六〇页）——原注

④ 《与捷涅罗莫的谈话》中，有这样一段精彩的话：“智慧的犹太民族，沉浸在圣经里，看不见千秋万代在他的头上坍塌，看不见各个民族在地球上出现又消失。”——原注

⑤ “在现代国家血淋淋的国家恐怖行为中，看到了欧洲的进步，想建立一个新的犹太国，这是滔天的罪行。”（1899 年致加拿大杜霍博尔人的信，《未发表的书信集》第二四八页至二六〇页）——原注

⑥ 《告政治家书》（1905）。

⑦ 一九〇六年十一月七日致保罗·萨巴蒂埃书（《未发表的书信集》第三七五页）。

的信徒不到三百,这一点他自己也知道,且并不刻意去追求。他的朋友想要组织托尔斯泰小组,他拒绝了。

> 不必你找我,我找你,而应该都走向上帝……你说:“只要万众一心,什么都好办……”——什么?……一齐耕地,割草,这都好办。可是要接近上帝,只能独自前行……我想象世界好比一座巨大的庙堂,光明自上而下照射下来,正好在中央。想要聚在一起,大家就必须走向光明。在那儿,我们来自四面八方的人,我们将和其他人不期而遇:快乐就在于此。①

从穹顶投射下来的光线里,有多少人聚集在一起呢?……无所谓!只要和上帝在一起,一个人也够了。

> 正如唯有燃烧着的物质才能将火传给别的物质,唯有一个人真正的信念和真正的生活,才能感染其他人并将真理传播开来。②

也许吧。不过,这种一个人的信念到底在多大程度上能给托尔斯泰带来幸福呢?——直到晚年,他与歌德所推崇的清静平和相距何止万里!他似乎对这种心境抱有反感,避之唯恐不及。

> 能够做到不自满应该感谢上帝。但愿能永远如此!生活与理想的不统一恰恰是生命的标志,是从最渺小到最伟大、从至恶到至善这种上升运动的标志。这种不统一是善的前提。当人平静而自满自足时,恶也就来了。③

---

① 一八九二年六月和一九〇一年十一月致朋友书。
② 《战争与革命》。
③ 给一个朋友的信(《未发表的书信集》第三五四页至三五五页)。

于是他考虑这一小说题材,很奇怪,这正说明,列文或者皮埃尔·别祖霍夫难以释怀的焦虑依然在他耳上作祟。

> 我常常设想,一个人在革命的圈子里长大,最先是革命者,继而成了民粹派、社会主义者、东正教徒、阿多斯山的僧侣,然后又成了无神论者、好父亲,最后是杜霍博尔人。他样样尝试,样样放弃;大家都嘲笑他。他什么也没做,默默无闻地在一个收容所死去。临死时,他想,这一辈子白过了。可是,他是个圣人。①

满怀信念的他,难道还有怀疑么?——谁知道?对一个直到老年还身心强健的人来说,生命是不会停止在思想的某一点上的,它必须前进。

> 运动就是生命。②

在最后几年,他身上发生了许多变化。他对革命者的看法是否有所改变?谁能说他的勿抗恶的信念丝毫没有动摇?——在《复活》中,涅赫柳多夫与政治犯的交往已经完全改变了他对俄国革命党的想法。

> 直到那时,他一直讨厌他们,他们残忍、隐瞒罪恶、行凶杀人,而且自满、虚荣得令人无法忍受。但当他就近仔细观察,看见当局如何对待他们的时候,便明白了他们这样做是不得已而为之。

他赞赏他们崇高的责任感,能无私奉献。

---

① 也许这是指《一个杜霍博尔人的故事》,该小说是托尔斯泰未发表的作品。——原注

② “你想象一下,所有掌握真理的人聚在一起,定居在一个岛上。难道这就是生活?”(1901 年 3 月给朋友的信,《未发表的书信集》第三二五页)——原注

但自一九〇〇年起，革命浪潮汹涌澎湃，从知识分子开始，波及全国人民，鼓动起数以千计的贫苦大众。这支具有威胁性的大军，其先头部队就在亚斯纳亚·波利亚纳托尔斯泰窗下列队走过。《法兰西信使报》刊登了托尔斯泰晚年创作的三个短篇，从中可以隐约看到这种景象在他思想上引起的痛苦和惶惑。图拉乡下纯朴虔诚的进香者列队巡游的时代已经一去不复返，取而代之的是饥饿的流浪人群。他们每天不断涌来。托尔斯泰和他们谈话，惊讶地发现他们心中充满仇恨。他们不再像过去那样，将富人看作"施舍财物以求灵魂得救的善人，而是喝劳动者鲜血的强盗和暴徒"。这些人中，许多是受过教育、破了产、濒临绝境的人，他们什么都干得出来。

> 将来对现代文明做出昔日匈奴和汪达尔人[1]对古代文明所做的那种事的野蛮人，并非在荒漠和森林之中产生，而是在城郊陋屋和大路上出生和长大的。

亨利·乔治就是这样说的，托尔斯泰更加以补充：

> 在俄罗斯，汪达尔人已经整装待发。在我们笃信宗教的民众中，这些人显得格外可怕，因为我们不懂适可而止，而欧洲民众中，行为法度和公众舆论已发展得相当成熟。

托尔斯泰经常收到造反人士的信，抗议他的勿抗恶理论，他们说，对统治者和富人给民众造成的伤害，只能这样回答："复仇！复仇！复仇！"——托尔斯泰还谴责他们吗？我们不得而知。但几天后，当他看见村里的穷人因茶炊和羊只被抢而哭哭啼啼，当局却无动于衷时，他

① 汪达尔人，古日耳曼族的一个部落，曾于公元四二九年进入北非，四三九年攻占迦太基，建立汪达尔国。四五五年渡海攻陷罗马，掠城十四天，毁坏大批文化艺术珍品。故后世将毁坏文物、艺术品者称作汪达尔人。

也不禁发出抗议的吼声,反对刽子手,反对"那些高官和他们的爪牙,这些人只忙于贩酒谋利,或者教唆屠杀,或者判处他人流放、入狱、服苦役或上绞刑架。这些人深信从穷苦人那里没收来的茶炊、牛羊、布帛,更适宜用来蒸馏酒精毒害人民、制造杀伤武器、修建监狱、苦役场,尤其是用来犒赏他们的帮凶,给予封官加薪。"

令人痛心的是,当你一辈子都在期待和宣布爱的世界必将来临,而看到可怕的景象并感到惶惑时,却不得不闭上眼睛。更令人伤感的是,当一个人如托尔斯泰那样具有真正的良知,也不得不承认,他的生活与他的原则并不相符。

这里,我们触及了他晚年(是否该说他最后三十年呢?)的最大痛处,我们只能用虔敬的手小心翼翼地轻轻触碰,因为这是托尔斯泰力图不让人知道的痛楚,它不仅属于已故者,也属于其他仍然活着、为他所爱且也爱着他的人。

他始终未能以他的信念感染他的至亲至爱者,他的妻子和他的孩子。我们已经看到,他忠实的伴侣勇敢地与他分担生活的重负和艰苦的艺术创作,但对他放弃艺术的信念,而选择另一种她所不理解的信念感到痛苦。托尔斯泰本人又何尝不因自己最好的伴侣不理解他而倍感哀伤呢。他曾经写信给捷涅罗莫说:

> 我深切感受到下面这几句话所道出的真理:夫妻并非分离的个体,而是一个整体……我热切希望能把我有可能借以超脱人生痛苦的宗教意识传递一部分给我妻子。我希望不是由我来传递,而是由上帝来传递,尽管这种意识难以为女人所接受。①

这一愿望似乎始终未能达到,托尔斯泰伯爵夫人欣赏并热爱这位和她"合而为一"的伟大人物,爱他的心地纯洁、英勇憨直、宅心仁厚。

① 一八九二年五月十六日,托尔斯泰看见他妻子因一个小男孩之死而感到伤心,想安慰她,但毫无办法。

她看见“他走在人群的前面并指出人类该走的道路”①。当东正教最高会议将他逐出教门的时候，她勇敢地为他辩护，和他分担威胁他的危险。但她不能勉强自己相信她并不相信的东西。托尔斯泰太真诚了，决不会强迫她佯装相信，在信仰和爱的问题上，他恨虚伪甚于根本否定信仰和爱②。她既然不信，又怎能强迫她改变她的生活，牺牲她自己和她儿女的前途呢？

和孩子们之间，龃龉就更深了。勒鲁瓦-博里厄曾去亚斯纳亚·波里亚纳的托尔斯泰家。他说：“餐桌上，做父亲的说话时，几个儿子便掩饰不住不耐烦和不相信的表情”③。他的信念只能稍稍打动他的三个女儿，其中一个名叫玛丽的已经死了。他在家人中精神上很孤立。理解他的“只有他的小女儿和他的医生”④。这种思想上的距离使他十分痛苦，还有强加于他的那些社交活动，来自世界各地的让人厌烦的客人，令他疲于应付的美国人和时髦人士。还有他不得不过的“豪华”的家庭生活，也让他受不了。而根据去过他家的人叙述，这种“豪华”实在很有限。屋里的家具十分简单，他们卧室很小，只有一张铁床，几把可怜巴巴的椅子，四壁空空，什么也没有！但这样的舒适也已成为他的负担，总是耿耿于怀。他发表在《法兰西信使报》上的第二篇文章里，他将周围穷困的景象和自己家的豪华痛苦地作了对比。一九〇三年，他曾经这样写道：

> 我的活动不管某些人看来如何有益，其意义已丧失过半，因为我的生活并不完全符合我所倡导的原则。⑤

---

① 见托尔斯泰夫人一八八三年一月的信。

② “我从来不责怪人不信仰宗教。最坏的是一面撒谎，一面假装信教。”稍后又说：“但愿上帝别让我们假装有爱心，因为那比恨更糟糕。”（《未发表的书信集》第三四四、三四八页）——原注

③ ④ 见法国《两世界》杂志，一九一〇年十二月十五日。

⑤ 一九〇三年十二月十日致朋友书。

为什么不实现生活与原则一致呢？如果不能够强迫家人离开上流社会，他自己为何不离开家人和他们的生活呢？这样不就可以使那些喜欢拿他做例子，肆意否定其理论的敌人们，无法再揶揄他，说他虚伪了吗？

这一点他早想过了。很久以前，他就曾下过决心。最近，有人找到并出版了一八九七年六月八日他写给妻子的一封精彩的信，应该在这里全文抄录出来。没有什么比这封信更能披露这个充满爱心而又被痛苦折磨的人心中的秘密了：

> 亲爱的苏菲，我一直为我的生活与我的信仰不一致而苦恼。我不能强迫你改变你的生活和习惯。直到现在，我也不能离开你，因为我想：孩子们还小，如果我一走，连我对他们的一丝丝影响也被剥夺了，而且这样我会给你们大家带来很大的痛苦。但我又不能继续这十六年所过的生活，时而和你们怄气，招你们不高兴，时而屈服于周围我已习惯的影响和诱惑。我现在决定做我长久以来想做的事。就是：走……像印度人一样，到了六十岁便到树林里隐居，像每一个笃信宗教的老人那样，自愿将余年奉献给上帝，而不是消磨在开玩笑、耍文字游戏、说闲话、打网球之类的事上。我已年届七十，总想尽我的心力去获得宁静、孤独，即使我整个生活还未能完全符合我的良知，至少不致和我的良知大相径庭。如果我公开出走，你们一定会求我留下，一番争论后，我又会软下来，也许就不会再去实践应该实践的决心。因此，如果我的行动使你们不快，我请求你们原谅。尤其你，苏菲，让我去吧，不要去找我，不要恨我，也不要责怪我。我离开你这个事实，并不说明我对你不满……我知道，你不可能，不可能与我的看法和想法一致。因此你不能改变你的生活，不能为你们不承认的东西作出牺牲。我不怪你。相反，我怀着挚爱与感激之情回忆起我们三十五年的共同生活，尤其是这个时期的前半部分，你以天生的做母

亲的勇气和忠诚，毅然担负起你的使命。你将你能付出的一切给予了我，给予了世界。你付出了巨大的母爱，作出了伟大的牺牲……但是，在我们生活的后期，在最近这十五年，我们分道扬镳了。我不认为这是我的错。我知道我变了，并非为我自己，也不是为别人，而是因为我不能不这样做。我不能责怪你没有跟随我。我感谢你。我将永远怀着真挚的爱回忆起你给予我的一切。——别了，我亲爱的苏菲。我爱你。

"我离开你这个事实……"实际并没有离开。——可怜的信！他似乎觉得只要写了这封信，他的决心也就完成了……信写完，他下决心的全部力量也已经用尽。——"如果我公开出走，你们一定会求我别走，我会软下来……"其实不需要求，不需要争论，片刻工夫之后，只要看看他想要离开的人们，他便觉得他不能，不能离开他们。他将放在口袋里的信塞进抽屉，上面写道：

我死后，请将这封信交给我妻子苏菲·安得烈叶夫娜。

他出走的计划便到此为止。

难道他只有这点力量？难道他不能为上帝牺牲他的温情？——诚然，在基督徒的名人谱中，不乏心坚如石的圣者，他们毫不犹豫地抛弃自己的和别人的感情……有什么办法？他不是这种人。他软弱。他是人。正因如此，我们才爱他。

十五年前，在撕心裂肺的一页中，他问自己：

——喂，列夫·托尔斯泰，你是否按照你标榜的原则去生活呢？

接着，他心情沉重地回答：

我羞愧欲死,我有罪,我应该受到蔑视……不过,请比较一下我从前的生活和今日的生活,你就会知道,我在努力按上帝的律法生活。我做的还不到该做的千分之一。我感到羞惭,并不是我不想做,而是因为我做不到……责怪我吧,但别责怪我所走的道路。如果我认识通向我家的道路,而我像醉鬼一样走得跌跌撞撞,难道这意味着道路不好吗?要么给我指出另一条路,要么支持我走真正的路,就像我打算支持你一样。但请不要打击我的信心,不要对我的挫折幸灾乐祸,不要大叫大嚷说:"瞧呀!他说要往家走。却掉进泥淖里了!"不,不要幸灾乐祸,要帮助我,支持我!……帮助我吧!我们大家都迷失了方向,我的心绝望得要碎了。当我竭尽全力想走出泥淖时,你对我的每次差错非但不同情,反而指着我大喊:"看呀,他也和我们一起掉进泥坑了!"①

快要去世时,他又说:

我不是圣者,我从不自命为这样的人。我是一个随大流的人,有时我没有把自己的思想和感受全部说出来,并非是不愿,而是不能。因为常常会夸大或弄错。我的行动就更糟了。我是一个非常软弱的人,有好些坏习惯,想要供奉真理之神,却总是磕磕绊绊。如果把我当成不会犯错误的人,那么我的每一个错误就像是一段谎言或者一种虚伪了。假如把我看作一个软弱的人,那么就能反映我的真实面貌:一个可怜但真诚的人,一直全心全意地想要成为一个好人,一个上帝的忠仆。

就这样,他为悔恨所折磨,为比他更刚毅但不如他那么有人情味

① 致友人书。

的门徒无声的责备所困扰[①],为自己的软弱和优柔寡断而伤心,在爱家人与爱上帝之间左右为难,直到有一天,一时的绝望,也许是临死前的一阵炽热的狂风将他刮出家门,来到路上,流浪、逃走、敲一座修道院的门。然后继续上路,终于在一个不知名的小地方倒在路上,再也站不起来。[②] 在弥留的床上,他哭了,不是哭自己,而是哭天下不幸的人。他一面号啕大哭,一面说:

> 大地上有千百万生灵在受苦,你们为什么都在这儿照顾一个列夫·托尔斯泰呢?

于是,一九一〇年十一月二十日,早上六时过后不久,他称之为"解脱"的时刻来了,"死亡,值得赞美的死亡……"

---

① 他似乎在晚年,尤其是最后几个月,受到其挚友契诃夫的不少影响。契诃夫旅居英国多年,曾经拿出全部家财出版并宣传托尔斯泰的全部著作。他受到托尔斯泰一个儿子莱翁的猛烈攻击。尽管有人怪他思想偏执,但谁也没有怀疑他对朋友的侠肝义胆。我们并不认为托尔斯泰某些不近人情的狠心举动(例如立遗嘱褫夺妻子对他所有著作,包括私人信件的继承权)是受这位朋友的影响,但我们完全可以相信,契诃夫比托尔斯泰更看重托尔斯泰本人的荣誉。——原注

② 《真理联盟》在其一九一一年一月一日的《通讯栏》中刊登了关于这次逃亡的记载:

一九一〇年十月二十八日(实为十一月十日)凌晨五点,托尔斯泰突然离开了亚斯纳亚·波里亚纳。和他在一起的是医生马科维茨基。被契诃夫称作"他最亲密的同党"的女儿亚历山德拉知道这次秘密出走。当晚六点钟,托尔斯泰来到俄罗斯最著名的寺院奥普蒂纳修道院。此前他曾到此进香。他在这里过了夜。第二天早上,他写了一篇有关死刑的长文。十月二十九日(实为十一月十一日)晚,他到达他妹妹玛丽出家的沙莫基诺修道院。他和妹妹一起吃了晚饭,并向妹妹表示想在奥普蒂纳度过余生,"做什么低贱的工作都行,条件是别强迫他上教堂"。他在沙莫基诺住了一晚,第二天早晨到附近的村庄散步,想找个住所。下午又见到他妹妹。五点钟,他女儿亚历山德拉出乎意料地来了。大概想通知他,他的出走已被发现,人们正到处找他。他们忙连夜动身。"托尔斯泰、亚历山德拉和马科维茨基起程去科塞尔斯克东站,大概想去南方各省,也许是去高加索杜霍博尔人的聚居点。"途中,托尔斯泰在阿斯塔波沃车站病倒,不得不卧床休息,不久在那里去世。——原注

* * *

战斗结束了，这场以八十二年的生命为战场的战斗。生命的全部力量，所有的罪过和德行都参与了这场既光荣又具悲剧性的混战。——一切罪过，除了一种，那就是他穷追不舍，即使到了最后的避难所也不肯放过的谎言。

首先是醉人的放任自由，在远处电光闪闪的风雨之夜中互相碰撞的七情六欲，——爱情与魂不守舍的癫狂，永恒的幻象，在高加索、塞瓦斯托波尔的岁月，动荡不宁的青年时代……接着是结婚头几年平静的生活。爱情、艺术、大自然带来的幸福——《战争与和平》。天才的光辉笼罩整个人类和对他已成为过去的斗争景象。他支配着这一切，是这一切的主宰。但这些已满足不了他。他像安德烈公爵一样，将眼睛转向奥斯特利茨广阔无垠的上空。正是这片天空吸引着他：

> 有的人长着强有力的翅膀，因凡心未泯而坠落人间，折断了翅膀，例如我就是。后来，他们扇动折断的翅膀，奋力飞起，却又跌了下来。翅膀一定会痊愈，我仍会振翅高飞。愿上帝助我！[①]

这些话是在最惊心动魄的暴风雨时代写下的，《忏悔录》就是这个时期的记忆与回声。托尔斯泰曾不止一次摔倒在地，折断了翅膀。但他总是顽强地重新起飞，用理性与信念这两只巨大的翅膀翱翔在广阔深邃的天空。可是，他找不到他所寻找的安宁。天空并非在我们体外，而是在我们心中。托尔斯泰在心中激起感情的风暴。这一点使他

① 一八七〇年十月二十八日的《日记》中，有一段写得很美："世界上有些人没有翅膀，身子沉重。他们在人间骚动。其中亦有强者如拿破仑。他们在人类留下可怕的痕迹，制造不和，但总飞不起来。——有的人让自己长出翅膀，慢慢飞起并翱翔，这是僧侣。有的人身体很轻，容易升空，但又会掉下来，那是好心的理想主义者。——有的人长着强有力的翅膀……——有的是天上的人，因为爱人类而收起双翼，落到人间，教人飞翔。然后，等用不着他们了便返回天上。那是基督。"——原注

有别于舍弃红尘的使徒。他能满怀热情地舍弃，也能满怀热情地生活。他总是如情人般热烈地拥抱生命。他“为生而疯狂”，“为生而陶醉”。没有这种醉意他便活不下去。[①] 为幸福而醉，也为不幸而醉。醉于死，亦醉于永生。[②] 他放弃个人的生活不过是情系永生而发出激情的呼声。不，他所达到的安宁，他们祈求的灵魂安宁，并非死的安宁，而是旋转在无限空间的火热世界的安宁。在他身上，愤怒是平和的[③]，而平和则是炽热的。信仰给了他新的武器，使他能够更坚定地不断投入对现代社会谎言发动的进攻，那是从他初期的作品便已开始的。他不再仅仅写几个小说中的典型人物，而是攻击所有巨大的偶像：虚伪的宗教、国家、科学、艺术、自由主义、社会主义、平民教育、慈善事业、和平主义等等，他都给予鞭挞和无情的痛击。

古往今来，世界上出现过许多伟大的思想叛逆，他们像先驱者约翰那样咒骂腐败的文明。最近的一位是卢梭。他热爱大自然，[④]仇恨

① “人只有在为生活而陶醉时才活着。”（《忏悔录》，1879）“我为生活而疯狂……这是夏天，美好的夏天。今年，我斗争了很久。但大自然的美征服了我。我感到了生的欢乐。”（1880 年 7 月致费特书）——这几行是他正为宗教而苦恼的时候写的。——原注

② 他在一八六五年十月的《日记》中写道：“死的念头……”“我希望并喜欢永生。”——原注

③ 我为在我内心汹涌澎湃的怒潮感到高兴和陶醉。当我感觉到时，我故意推波助澜，因为它对我能起镇静的作用，使我至少在短期内具有巨大的弹性、精力，使我全身心的能量都迸发出来（见《涅赫柳多夫公爵日记》，1857，即《卢塞恩》）。——原注

④ 大自然一直是托尔斯泰“最好的朋友”。他常爱这样说：“有朋友当然好，但朋友会死，会到别的地方，你不能总跟着他，而大自然，可以通过买卖契约或遗产继承的方式拥有，比朋友好多了。我的自然冷酷、累赘、又有诸多要求，但它一直到死都是你的朋友，你死了以后，便可以进到它里面去。”（1861 年 5 月 19 日致费特书，《未发表的书信集》第三十六页）他与大自然共生死，至春天而复苏（“三月和四月是我工作的最好时光。”——1877 年 3 月 23 日致费特书）；到了秋末便变得迟钝（“对我来说，这是死一般的季节，我不思考，也不写作，我浑浑噩噩，但很舒服。”——1869 年 10 月 21 日致费特书）。

但与他心灵相通的自然是亚斯纳亚他家里的自然。虽然在他出游瑞士的时候，他写过很优美的日内瓦湖游记，但那到底是异乡，而他与故乡的关系则显得更亲密、更融洽：“我躺在自然的怀抱，暖风吹拂在无垠的大地，周围绿草如茵，覆盖着连绵的原野。树影摇曳，照到我的脸上。远处林木，其色如黛，天空蔚蓝，（接下页）

现代社会,珍惜独立,极力推崇福音书和基督教的伦理道德。可以说,他是托尔斯泰的前身,托尔斯泰也自称师承卢梭。他说:“他的文章有许多地方深深打动我的内心,我觉得仿佛就是我写的。”①

但这两人毕竟有很大的区别。托尔斯泰是更纯粹的基督教精神!请看日内瓦人卢梭在其《忏悔录》中的这句话有多么傲慢,简直是出自法利赛人之口:

> 永恒的上帝!天下只有一个人敢对你说:我比那个人强多了!

他还挑战般向世人说:

(接上页)一望无际。我并非孤单一人享受这自然,我身旁有千百只唧唧鸣叫的昆虫,婉转歌唱的鸟雀。此时此地,我爱自然。而我从自然中得到的最大享受,就是成为自然这个整体的一部分。——这里(瑞士),美景一望无际,但我却与它们毫无关联。”(1857 年 5 月)——原注

① 和保罗·布瓦耶的谈话(巴黎《时代》杂志,1901 年 8 月 28 日)。

事实上,人们往往的确会弄混。如卢梭小说中的女主人公朱丽临死时有关信仰的那番话:“我不能相信的,我不能说我相信,但我说相信的,我一直都相信。这就是属于我的一切。”

试将这一段与托尔斯泰给东正教最高会议的信相比较:“我的信仰可能使人感到不自在和不高兴。我不能改变信仰就如同我不能改变自己的身体一样。我来自上帝,而在准备回到上帝身边的时刻,我只能相信我相信的东西。”

我们也可以比较一下《答克利斯朵夫·德·博蒙书》,那简直是托尔斯泰的手笔:“我是耶稣基督的信徒。我主告诉我,凡是爱兄弟同胞的人便符合了戒律。”

请再看下面这一段:“整段主日祈祷可归纳为这句话:诚心所愿!”(卢梭《山中来信》之三)

再与下面这段比较:

“我用‘天主经’代替一切祈祷文。我们能向上帝祈求的,可以更高度地概括为一句:‘诚心所愿!”’(托尔斯泰高加索《日记》,1852—1853)

二人在思想上的相似不仅在宗教方面,在艺术上也如此。卢梭说:“写作艺术的第一条规则是要说得清楚,将思想准确地表达出来。”

托尔斯泰则说:“你怎样想都可以,但要使大家懂得你写的每句话。文字清楚,写出来的东西一定错不了。”

我还说过,卢梭在《新爱洛伊丝》中对巴黎歌剧院的讽刺性描写与托尔斯泰在《什么是艺术?》一书中的批评文字非常相像。——原注

我无畏地大声宣告：谁敢认为我是不诚实的人，他自己便是个该死的东西。

托尔斯泰却为他自己过去生活中的“罪过”痛哭流涕：

我感受到入地狱般的痛苦。我想起了过去所有的卑鄙行径，这些回忆如影相随，使我难以安宁。一般人都遗憾死后记忆便烟消云散。其实能这样该有多好！如果死后我还能回忆起在人间作过的孽，那该多么痛苦！……①

他不会像卢梭那样写《忏悔录》，因为卢梭说：“我觉得我行的善超过我作的恶，将一切说出来对我有好处。”（《第四次散步》）托尔斯泰曾尝试写回忆录，后来放弃了。笔从他手中坠落：他不愿人们将来读后会耻笑他：

有人会说：被人抬得那么高的人原来是这么回事！简直是个卑怯的小人！而我们是些普通人，是上帝安排我们成为小人的。②

卢梭从来没有基督教信仰中美好纯洁的道德观念，以及使老托尔斯泰自始至终憨厚诚实的谦逊美德。在卢梭背后，在天鹅岛铜像的周围，我们看见的是日内瓦的圣彼得和加尔文的罗马。而在托尔斯泰身上，我们却看到了朝圣者、虔诚的教徒，他们天真的忏悔和眼泪曾使童年时代的托尔斯泰感动不已。

---

① 一九〇三年一月六日的《日记》，比鲁科夫：《托尔斯泰的生平和作品》第一卷《回忆录》的前言。

② 致比鲁科夫书。

他和卢梭有一点是共同的，就是反对社会，但托尔斯泰生命的最后三十年还进行过另一场战斗，那就是他头脑中两股最强的力量——真理和爱情之间动人心魄的一场斗争。

真理——“这看到灵魂深处的目光”，这看透你内心的、明亮的灰色眼睛……真理是他最早的信仰，他艺术的王后。

> 我著作中的女主人公，我全心全意爱恋的，过去、现在、将来、永远美好的女主人公就是真理。[①]

真理是他兄弟死后，漂浮在海面上的沉船。[②] 真理是他生命的中轴，大海中央的礁石……

但不久，“残酷的真理”对他已经不够。爱取代了它的位置。爱是他童年时代的生命之源，“他灵魂的自然境界”[③]。一八八〇年他思想出现混乱时，他并未舍弃真理，而是向爱敞开真理的大门。[④]

爱是“力量的基础”[⑤]。爱是“生存的意义”唯一的意义，当然还有美[⑥]。爱是被生活磨炼成熟后的托尔斯泰——《战争与和平》《致东正教最高会议书》的作者生命的真谛。[⑦]

---

① 《五月的塞瓦斯托波尔》(1855)。

② “真理，……是我道德观念留下的唯一东西，是我还要完成的唯一事业。”(1860 年 10 月 17 日)——原注

③ “对人类来说，爱是灵魂的自然境界，但这一点，我们并没有注意到。”(在喀山念书时的《日记》)——原注

④ “真理向爱敞开大门……”“我将真理放置在爱的统一上……”(《忏悔录》，1879—1881)

⑤ “你总提力量？力量的基础是爱，”安娜说，“爱可不是随随便便给的。”(见《安娜·卡列宁娜》第二卷第二七〇页)——原注

⑥ “美和爱是生命的两大意义。”(见《战争与和平》第二卷第二八五页)——原注

⑦ “我信仰上帝，上帝对我来说，就是爱。”(见《致东正教最高会议书》，1901)——“是的，爱！……不是自私的爱，我生平第一次感受到的爱。当我看到我身旁垂死的敌人，我爱他……这种爱是灵魂的本质。爱邻人、爱敌人、爱大家和每一个人这是爱上帝的种种表现！……爱一个我们爱的人，这是人的爱，而爱敌人则几乎是神的爱了！……”(《战争与和平》中安德烈公爵临终前的话)——原注

爱深入到真理之中，这就是他中期——nel mezzo del cammin[①]——创作的独特价值，他的现实主义与福楼拜的现实主义区别就在于此。福楼拜尽力不去爱他书中的人物。这样，不管他多么伟大，他总缺少 Fiat lux![②] 太阳的光还不够，必须要有心灵之光。托尔斯泰的现实主义体现在每一个人物身上，以他们的眼光去看他们时，在最坏的人身上，都能看到爱他们的理由，并且使我们感觉到我们和所有人之间都存在兄弟般的关系[③]。通过爱，他参透了生命的根源。但这种关系很难维持。有时，生命的景象和痛苦是那么难于承受，简直成了对爱的一种挑战，为了挽救爱，挽救信仰，不得不将信仰提高到社会之上，以至于产生脱离社会的危险。而这位天赋慧根，注定能看到真理和不能不看到真理的人怎么办？托尔斯泰晚年时，锐利的目光看到了现实的可怖，而热诚的心仍继续等待和证明有爱的存在。眼睛所见和心之所感总在矛盾之中，托尔斯泰的痛苦，谁又能说得出来呢？

我们都体验过这类悲剧性的内心斗争。多少次我们曾面临要么不看，要么去恨的抉择！多少次，一个艺术家——一个名副其实的艺术家，一个懂得书面语言之美妙及其可怕力量的作家——在写出某种真理时，感到忧心忡忡！[④] 在现代的谎言，文明的谎言当中，健全而有力的真理如同我们呼吸的空气一样必要……而我们发现，多少人的肺部承受不了这种空气，多少人被文明害得孱弱怯懦，或者因宅心仁厚而变得软弱！我们怎能不加以考虑地将这致命的真情甩给他们呢？难道上天没有一种如托尔斯泰所说的"向爱敞开大门的"真理？——什么？我们能同意以慰藉人的谎言去安抚人类，像培尔·金特[⑤]那样，

---

① 意大利文：生命旅程的中段。

② 拉丁文：要有光。原系《旧约·创世记》中上帝所言，指照耀人类心灵之光。

③ "艺术家对其题材的热爱是艺术的心灵。没有爱就不可能有艺术品。"（1889 年 9 月的信）——原注

④ "我写书，因此我知道书的害处……"（1897 年 11 月 29 日致杜霍博尔人的领袖韦里金书，《未发表的书信集》第二四一页）——原注

⑤ 培尔·金特，易卜生的同名戏剧中的主人公。

用故事来哄他垂死的老母入睡么？……社会不断面临两难的选择：要真理，还是要爱。而通常的解决办法是既牺牲了真理，也牺牲了爱。

托尔斯泰从未背叛过这两种信念中的任何一种。在他成熟时期的作品中，爱是真理的火炬。而在晚期的作品中，爱是天上的光，一道上帝恩宠的光，照亮人生，但不再和人生融合在一起。这一点我们在《复活》中可以看到：信念控制着现实，但始终在现实之外。每当托尔斯泰注视他所描绘的那一张张个别的脸时，这些人显得软弱、平庸，但他一旦进行抽象的思考，这些人便圣洁得像天神一样①。——他的日常生活也和他的艺术一样出现这种矛盾，而且更为严重。尽管他知道爱要他干什么，他的行动总是背道而驰。他并不按照上帝的规定生活，而是按照社会的习惯生活。就说爱吧，怎能把握住爱呢？爱的面目千变万化，种类各各不同，教人如何辨别？是家庭的爱，还是全人类的爱？……直到最后一天，他都在这些选择中彷徨。

解决的办法在哪儿？——他没找到。让那些骄傲的知识分子去轻蔑地给他下结论吧。诚然，他们找到了解决的办法，找到了真理，而且很有信心地牢牢把握住。对他们来说，托尔斯泰是一个弱者，一个多愁善感的人，不足为训。当然，他不是他们能效法的榜样：他们没有足够的生命力。托尔斯泰不属于有虚荣心的精英，不属于任何教会。不是他称之为律法家的那一派，也不是有这样那样信仰的法利赛人。他是自由基督徒最崇高的典型，终其一生都努力追求一个愈来愈远的理想②。

托尔斯泰的话不是说给那些思想上的特权者听的，而是说给普通

① 参看《一个地主的早晨》或《忏悔录》中的人物。这些人普普通通，心地善良，满足于自己的命运，心安理得，乐天知命，完全是极度理想化的描写。又如《复活》第二部分的结尾，当涅赫柳多夫遇见干活回来的工人时，眼前便出现"一种新的人类，一个新的世界"。——原注

② "一个基督徒在精神上不可能比别人高或者低。但是在特定的时间内，不管处于何等层次，在自我完善的道路上前进得越快，便越是基督徒。那个法利赛人在德行上停滞不前，比之在十字架上追思己错而感到后悔、灵魂还不断追求理想的强盗，更缺乏基督徒的意味。"（《残酷的取乐》）——原注

人听的——hominibus bonae voluntatis.[①]——他是我们的良知。他说出我们这些普通人的想法和我们所不敢正视的内心的声音。对我们来说,他不是一位骄傲的大师,不是高踞艺术和智慧宝座之上傲视一切的天才。正如他在信中喜欢自称的那样,他有一个最美、最温馨的名字,就是"我们的兄弟"。

一九一一年一月

① 拉丁文:人类的良知。

亨德尔传

张裕禾 译

卷首语

亨德尔的音乐作品卷帙浩繁，不是经过几年研究，用两百多页篇幅就能将其概貌说清楚的。若要好好介绍这个人，必须花一辈子功夫。勤奋而热心的克里桑德[1]，在亨德尔身上花的研究时间，也不过是勉强够用罢了。我们已花尽一切可能付出的努力，不足之处，敬请原谅！这本小册子，没有任何奢求，只想对亨德尔的生平和作品欣赏做个简略的介绍。我在下一部作品里将比较详细地研究亨德尔的个性、作品和时代。

罗曼·罗兰

一九一〇年四月

---

① 克里桑德(1826—1901)，德国十九世纪音乐学的先驱之一，杰出的音乐史家和音乐评论家。他出版的亨德尔的音乐作品和对诸多音乐家的评论在乐坛具有权威性。

生　平

亨德尔[1]家祖籍西里西亚[2]。祖父瓦朗坦·亨德尔是布雷斯劳[3]生产铁锅的制造商。父亲乔治·亨德尔是理发师兼外科医生。先后效力于萨克森军队,瑞典军队,神圣罗马帝国皇帝,最后效力于萨克森公爵奥古斯特。他相当富有,一六六五年在哈勒买下一幢漂亮的住宅,至今仍然存在。他结过两次婚:第一次娶了一位比他大十岁的理发师的寡妇,和她生了六个孩子;第二次娶了一位比他小三十岁的牧师的女儿,和她生了四个孩子,其中第二个就是乔治-弗雷德里克。

双亲都出身于十七世纪殷实的市民世家,这种世家是培育才智和信仰的膏腴之地。身为外科医生的亨德尔是个身材魁梧的彪形大汉,严肃认真,精力充沛,克尽职守,而且乐善好施,助人为乐。他的画像呈现的是一张光头的大脸,看上去不苟言笑:昂首自负,眼神忧郁;大鼻子,双唇紧闭;长长的白色卷发一直拖到肩头;黑色无边软帽,花边

---

① 亨德尔在萨勒地区是个非常普通的姓氏,有不同的拼写形式(Hendel,Hendeler,Händeler,Hendtler)。该姓的原意是商人。乔治-弗雷德利克·亨德尔用意大利文签名时写成 Hendel,用英文和法文签名时写成 Handel,用德文签名时写成 Händel。福斯特曼(1804—1847),曾编撰亨德尔氏家谱:《Georg Friedrich Haendel's Stammbaum》,一八四四年由布雷特考夫出版社出版。——原注

② 西里西亚,中欧的一个历史地域名称。由于自然资源丰富,历史上是诸王侯争夺的对象,曾先后属于波兰皮亚斯特王朝,波希米亚王国,奥地利哈布斯堡王朝,普鲁士王国。一九四五年后,西里西亚的大部分划归波兰所有。

③ 布雷斯劳,即今波兰的弗罗茨瓦夫市,波兰的第四大城市,工业、经济、文化中心。

做的翻领，黑色绸缎袍子：一副温文尔雅的神态。母亲身体之结实毫不逊色。母亲的双亲都出生在牧师家庭，满脑子浸透了基督教的圣经精神，所以她在鼠疫横行期间，表现得沉着勇敢。她的姐姐和兄长都被瘟疫夺去了生命，父亲也感染了鼠疫。可是，她拒绝离开，镇定地留在家乡。她当时已经订婚。她和丈夫把健康的身心，高大的身材，讲求实际的精明，兢兢业业的工作态度，冷静且不可摧毁的坚强意志，都遗传给了他们引以自豪的儿子。儿子缺少的仅仅是他们没有的美貌，可他们一点也不为此操心。

* * *

一六八五年二月二十三日，星期一，乔治-弗雷德里克·亨德尔诞生于哈勒[①]。他的父亲当时六十三岁，母亲三十四岁[②]。

哈勒城当时处于政治上的特殊地位。该城本属于萨克森公国的选帝侯[③]。后来，《威斯特伐利亚和约》把该城划归勃兰登堡选帝侯所有，但萨克森的奥古斯特公爵享有终生使用和收益权。奥古斯特公爵于一六八〇年去世后，哈勒才最终划归勃兰登堡。一六八一年，勃兰登堡选帝侯亲临哈勒正式接管。于是亨德尔生下来就成了普鲁士人。但他父亲是萨克森公爵的仆从，跟奥古斯特的儿子约翰-阿道尔夫一直保持来往。约翰-阿道尔夫在哈勒城并入普鲁士之后，把他的宫廷迁到附近的城市魏森费尔斯。所以，童年亨德尔处在萨克森和普鲁士这两大文化策源地之间。两者之中，萨克森最富艺术氛围，而且最邻

① 一个月后，一六八五年三月二十一日，约翰-塞巴斯蒂安·巴赫(1685—1750)出生于爱森纳赫。——原注

② 父亲再婚后生有四个孩子。第一个孩子出生时即夭折。乔治·弗雷德里克有两个妹妹，一个比他小两岁，一个比他小五岁。——原注

③ 德意志帝国中古时期选择皇帝的制度规定，皇帝由享有选举权的教会首领和诸侯选举产生，从开始时的七名选举人，逐步增至九名选举人。这九名选举人由三名僧侣和六名世俗王侯组成：科隆大主教、美因兹大主教、特里尔大主教、波希米亚国王、萨克森公爵、布兰登堡总督、莱茵有王权的伯爵，以及后来的巴伐利亚总督和汉诺威总督。

近。大部分艺术家都随着公爵迁居到魏森费尔斯。天才的海因里希·舒茨即生于斯,殁于斯[①]。也是在这里,亨德尔获得了最初的支持,童年的志向获得了承认。

小乔治-弗雷德里克过早的音乐倾向遭到父亲毫不含糊的反对[②]。老实的外科医生对艺术家行当不仅心存疑虑,且抱有一种反感。当时几乎所有正派的德国人都有这种感情。在三十年战争[③]结束后的宽松岁月里,某些艺术家上演的思想内容不佳的戏剧,使音乐家的职业声誉扫地。再说,十七世纪德国市民对音乐的看法和十九世纪法国市民的看法没有太大差别:对他们来说,音乐是个消遣活动,不是严肃的职业。当时的许多大师,如舒茨,罗森缪勒[④],库诺[⑤],在献身音乐之前,都曾是法学家或神学家。他们甚至在一个时期内同时从事两种职业。亨德尔的父亲也希望自己的儿子成为法律界人士。可是,一趟去魏森费尔斯的旅行让他打消了抵触情绪。约翰-阿道尔夫公爵听到七岁的小亨德尔演奏管风琴,派人叫来孩子的父亲,建议他不要反对孩子的志向。由于这建议来自一位王侯,父亲无疑觉得很好。提这种建议的若是其他人,他可能会觉得很荒唐。他没有放弃要儿子学法律的打算(因为他跟儿子一样固执己见),但同意让他学音乐。回到哈勒之后,他把儿子领到城里最优秀的乐师,管风琴手弗雷德里希-威廉·扎硕[⑥]那里。

---

① 海因里希·舒茨(1585—1672),是约翰-塞巴斯蒂安·巴赫之前德国最重要的作曲家之一。——原注

② 到处可以听到关于小亨德尔这样的传说:夜里从床上起来偷偷弹奏藏在顶层阁楼里的古钢琴。——原注

③ 十七世纪上半叶,神圣罗马帝国式微,马丁·路得新教兴起。欧洲中部各诸侯王国为争夺霸权和拓展宗教势力而进行的内战,从一六一八年至一六四八年,历时三十年之久,日耳曼诸王国损失惨重,人口锐减,财政空虚,遂于一六四八年签订《威斯特伐利亚和约》,结束旷日持久的战争。

④ 罗森缪勒(1618—1684),日耳曼巴洛克风格作曲家。

⑤ 库诺(1660—1722),日耳曼作曲家,管风琴和竖琴演奏家。

⑥ 弗雷德里希-威廉·扎硕(1663—1712),日耳曼巴洛克风格作曲家,管风琴演奏家。

* * *

扎硕是个长相俊秀、心胸开阔的音乐家。他的价值直到近几年才得到赏识[①]。他对亨德尔的影响至关重要。亨德尔自己也毫不忌讳[②]。乐师通过两种方式对学生施加影响:一是通过教学,二是通过艺术家的人品。

"此人精通音乐艺术,"马特森[③]写道,"他既有才华也心地善良……他喜欢亨德尔,以至从不认为向后者表示了足够的爱,足够的善意。他首先努力让他知道和声的基础理论,然后把他的注意力引向创作技巧,教他如何使乐思具有完善的形式,提高他的鉴赏能力。扎硕私人藏有数量可观的意大利音乐作品和德国音乐作品。他向亨德尔指出不同国家民族的人作曲和写作的种种差别,以及每个作曲家的优点和缺点。他为了让他的教育既有理论又有实践,经常给亨德尔布置作业,让他练习写作这种或那种风格的曲子……"

这种具有真正欧洲人开阔胸襟的音乐教育,不囿于一门一派,而是超然置身于所有学派之上,努力博采众长。谁都看到,这正是亨德尔的一贯做法:吸收百家才智造就自己才智的精华!他有一本保存了终生的一六九八年的手稿,克里桑德说,上面记满了扎硕、阿尔贝蒂

---

① 扎硕的作品于一九〇五年被马克斯·塞弗尔特(1868—1948)先生收入《德意志音乐作品典藏》的第二十一卷和二十二卷,布雷特考夫出版社出版。——原注

② 马特森也曾明确肯定这一点。但是今天的音乐史家,如克里桑德,克列茨施马尔,沃尔巴赫,塞德来·泰勒,对这些说法置若罔闻,认为是亨德尔的宽宏大量或是马特森的不怀好意。他们对扎硕苛刻的评价,说明他们不了解扎硕的作品。自从《德意志音乐作品典藏》问世以来,任何一位不怀成见的人都不可能不承认扎硕的作品是亨德尔风格的,甚至可以说,亨德尔才智的真正源泉。——原注

③ 马特森(1681—1764),德国作曲家,音乐学家,歌唱家。精通多国语言,曾任英国驻汉堡大使的秘书。亨德尔青年时代的好友,莫逆之交,延续终生。亨德尔逝世后第二年,一七六〇年,英国剑桥大学神学教授约翰·曼讷陵(1735—1807)匿名出版了亨德尔的首部传记,对亨德尔一七一二年去英国之前的情况有详细的记载。马特森立即将此书译成德文,于一七六一年出版,并以亨德尔老友的身份对原著作了许多补充和评注。引文即出自此书。——原注

(海因里希·阿尔贝)、弗洛贝格、克里格、凯尔勒、埃布纳、斯特隆克[①]的咏叹调、合唱曲、随想曲和赋格曲,都是在他跟扎硕学习时抄录下来的。他从不曾忘记这些老师,在他最著名的音乐篇章里,保留了这些老前辈的明显印记[②]。库诺为键琴创作的作品集当时已经出版[③],亨德尔在扎硕那里无疑读到了。最后,扎硕似乎了解阿高斯蒂诺·司黛伐尼[④]的作品。司黛伐尼后来跟亨德尔结成了忘年交,待他情同父子,并怀着极大的兴趣,关注汉堡音乐剧的发展。多亏他的老师,小亨德尔对新老德国音乐资源的生动面貌有了大致了解。在老师的指导下,他掌握了过去大型对位作品结构的秘密,也掌握了汉诺威和汉堡的诸家意大利-德国流派旋律动听、表现力强的秘密。

但是,扎硕对亨德尔在思想和艺术上所产生的个人影响,并不亚于他的教学方法。我们惊讶地发现,扎硕的作品[⑤]与亨德尔的作品有相似之处:个性相似,风格也相似。不仅乐曲的动机、构思或主题似曾相识[⑥]。而且两人艺术的本质相同:阳光和快乐的艺术。其中没有巴

---

① 海因里希·阿尔贝(1604—1651)、弗洛贝格(1616—1667)、克里格(1651—1735)、凯尔勒(1627—1693)、埃布纳(1612—1665)、斯特隆克(1601—1694)都是亨德尔的前辈,日耳曼巴洛克风格的作曲家,他们常常同时担任当地教堂管风琴师的职务。

② 有人注意到,在亨德尔的一首管风琴协奏曲和一首大协奏曲里,出现了凯尔勒乐曲的动机,在《以色列人在埃及》的两首合唱里,甚至完整地采用了凯尔勒的一首抒情歌曲和斯特隆克的一首随想曲(马克斯·塞弗尔特著:《亨德尔与前辈德国音乐大师的关系》,彼得斯音乐图书馆年鉴,1907)。——原注

③ 库诺在一六八九年和一六九二年出版了《键琴练习曲集》的第一、第二部分,一六九六年出版《键琴作品新成果》,一七〇〇年出版《圣经故事》。请见卡尔·帕斯勒编辑的库诺键琴作品,刊载于《德意志音乐作品典藏》,一九〇一年。——原注

④ 阿高斯蒂诺·司黛伐尼(1654—1728),意大利僧侣,外交家和作曲家。

⑤ 已经发表的作品集包括十二首为管弦乐、独唱和合唱写的康塔塔,一首弥撒曲,一首为长笛、巴松管和通奏低音写的室内三重奏,八首为羽管键琴或管风琴写的序曲、赋格曲、幻想曲和随想曲,四十四首各种不同的合唱曲。——原注

⑥ 请将上述作品集中第七十一页男高音独唱曲“哦,你宝贵的欢乐的节日”,和第四首康塔塔《宁静,平和,欣悦与欢乐》中的伴奏和小提琴齐奏的迭句,跟亨德尔的两幕歌剧《阿喀斯与伽拉忒亚》中波吕斐摩斯的独唱曲相比较;请将第八首康塔塔中低音部的曲调(第一八九页),跟亨德尔的《赫剌克勒斯》第二幕的序曲相比较;请将第八首康塔塔《赞美主,我的灵魂》中(第一八一页),用法国号伴奏的男高音独唱曲“来吧,欢呼吧”跟《弥赛亚》中的女高音独唱曲相比较。我们在康塔塔(接下页)

赫那种虔敬的沉思和反省,进入思想深处,乐于搜肠刮肚,苦思冥想,默默地独自与上帝交谈。扎硕的音乐回响在万里长空,是令人心荡神迷的巨幅壁画。就像我们在十六、十七世纪意大利教堂的圆形穹顶下,仰头欣赏巨幅壁画,不过怀着更加虔诚的心罢了。这种催人奋进的音乐需要强有力的节奏支撑,才能跌宕起伏。他的音乐里有热烈欢快的动机,有庄严宏大的呈示部①,有勇往直前、所向披靡的胜利进行曲,并用欢乐和舞动的布局将进行曲加以渲染和烘托②。他的音乐有田园的动机,有纯净怡人的梦境③,有长笛伴奏的歌舞;他的音乐透出一种古希腊的芬芳④,一种令人莞尔的精湛技巧,一种自我陶醉的喜悦;他的音乐有盘桓的旋律,练声曲的装饰音,用琶音和小提琴的涓涓声波奏出的人声颤音⑤。请把以下两个特征结合起来:威武雄壮和田园牧歌,战士行军和欢乐舞蹈,你会看到一幅幅亨德尔作品的画面:以色列人和在凯旋归来的军队面前跳舞的妇女。亨德尔的不朽巨制,他的《哈利路亚大合唱》(为以色列人的狂欢烘云托月的巅峰之作),他的清唱剧的终曲——气势磅礴的《阿门大合唱》(像梵蒂冈圣彼得大教堂圆形穹顶一样),你在扎硕的作品里统统都会找到它们的雏形⑥。

加之,扎硕对器乐曲特有兴趣⑦,他怀着偏爱,把人声的独唱和乐

(接上页)《宁静,平和,欣悦与欢乐》中(第八十三页),也会找到《约书亚》清唱剧中攻陷杰利科城的著名大合唱的雏形。——原注

① 参阅上述作品集第一五九页和二六〇页。

② 参阅上述作品集第七十九页,由四支单簧管和冬不拉拨弦琴奏出的低音曲调;第二六九页以及随后诸页的大型合唱和三拍的战士进行曲,我们已经可以听到亨德尔的《犹大·马加比》乐曲的声调。

③ 参阅上述作品集第一二二页。

④ 参阅上述作品集第一一三页和一八三页。

⑤ 参阅上述作品集第一一〇页,一四一页,二五四页,二六三页。

⑥ 参阅上述作品集第一六六页第八首康塔塔《赞美主,我的灵魂》,德语的《哈利路亚大合唱》,欢乐的声浪汹涌澎湃,尤其是一九二页的大合唱的终曲。——原注

⑦ 参阅上述作品集第三一三页他为长笛、巴松管和羽管键琴写的美丽的三重奏。这是一部分为四个乐章的短小作品(1. 深情地 Affettuoso; 2. 活泼地 Vivace;3. 柔板 Adagio; 4. 快板 Allegro),把意大利的清丽优雅和德国的思想感情巧妙地(接下页)

器的独奏结合在一起，经常把人声当成乐器，跟其他乐器一起协同演奏，和谐地交织在一起，共同形成装饰性的花边。

总之，这是一种不那么内敛的、更多是外露的艺术，是一种充满阳光的艺术。并非没有内心的激动①，但首先是使人得到休息，感到充实和幸福的艺术。跟亨德尔的艺术一样，是一种乐观向上的艺术。

确实，与亨德尔相比，扎硕的灵感要少很多，创意也不那么丰富，特别是发挥主题的能力较差。所以他是个袖珍版的亨德尔。能写出军队一边前进一边跳舞的宏大乐章是不够的，还要有相当结实的腰板，不弯腰，把宏大的结构扛到最后。可是，扎硕在半路上就扛不下去了，因为他没有亨德尔的气力。但是，他反而比亨德尔更老实，更稚嫩而天真，有一种难以言表的童贞和羞怯，一种合乎福音的优雅②。

这正是亨德尔所需要的导师。不止一位艺术大师曾有幸遇到过这样的导师，如乔凡尼·桑迪③之于拉斐尔，奈弗④之于贝多芬。扎硕

(接上页)混合在一起。

演奏康塔塔的管弦乐队有时只用弦乐和管风琴或羽管键琴。但是，一般地说，扎硕作品的的色调相当丰富，包括维奥尔琴(又译古小提琴)、小维奥尔琴(又译古中提琴)、大提琴、竖琴、双簧管、长笛、猎号、巴松管和小巴松管，以至四把高音号和小冬不拉拨弦琴。请参阅康塔塔《众天使从天上来》。扎硕喜欢在独唱曲中把这些乐器的音色和人声结合起来。譬如男高音的曲子用一把大提琴伴奏，另一首男高音曲子用两把猎号伴奏；一首男低音的曲子用巴松管伴奏，另一首男低音曲子用四把高音号和小冬不拉拨弦琴伴奏；一首女高音的曲子用巴松管和两把小巴松管伴奏，且不说许许多多非常精致的曲子用双簧管或笛子伴奏。

多亏扎硕的教导，亨德尔很早就熟悉了管弦乐队。在扎硕那里，乐队所有的乐器他都学，但主要是学双簧管。他曾为双簧管写过许多好听的曲子。从十岁起，他就为双簧管写过多首三重奏，由两支双簧管和一把低音乐器演奏。一位英国贵族，在德国旅游时，曾买到一本亨德尔这个时期创作的六首三重奏的集子《六首为两支双簧管与低音提琴写的三声部奏鸣曲》。(请见亨德尔全集第二十八卷)——原注

① 参阅上述作品集第一六四页康塔塔《赞美主，我的灵魂》里动听的低音曲调。

② 某些非常简单的乐句有一种女孩儿谦恭的韵味，如上述作品集第一一二页圣母往见瞻礼康塔塔《我的灵魂赞颂天主》中的女高音宣叙调“他看着他那可怜的姑娘”那样，在亨德尔的作品里就再也找不到了。——原注

③ 乔凡尼·桑迪(1435—1494)，意大利画家，拉斐尔的父亲。

④ 奈弗(1748—1798)，德国歌剧作曲家和乐队指挥，是贝多芬的钢琴和作曲老师。

善良朴实,说话言简意赅,脸色有点苍白,待人平等温和。在他身边,少年亨德尔可以胡思乱想而不受打扰,放心地遵从他的指导——几乎是兄长对弟弟的指导。他不企图驾驭这位少年,而是试图用他的星星之火去点燃一盆熊熊大火,把他的音乐溪流投入天才的长江大河之中。

*　*　*

小亨德尔在跟扎硕学习时,到柏林去了一次。他拜见了原来的主子,萨克森选帝侯,然后,为谨慎起见,他又拜见了新主子,勃兰登堡的选帝侯。这趟旅行好像发生在一六九六年左右。孩子当时十一岁。父亲因病没有陪他去。

柏林的宫廷在大选帝侯战争与军曹国王①战争的间隙期间,有过一段短暂的艺术繁荣。多亏著名的汉诺威选帝侯夫人索菲的女儿——索菲-夏洛特公主,音乐受到特别重视。她把意大利最优秀的器乐演奏家、歌唱家和作曲家都吸引到柏林来。她创建了柏林歌剧院②,并亲自指挥宫廷的音乐会。无疑,这种繁荣是表面的,只是由于公主的推动,而公主的聪颖甚于认真:艺术对她来说仅仅是个令她热衷的消遣而已。一旦她过世,柏林的音乐盛会便销声匿迹了。但她能使意大利的音乐艺术在柏林一度闪闪发光,这已经很了不起了。正因为如此,小亨德尔才在柏林第一次接触到了南方的音乐。

这小孩在一群王公贵族面前演奏羽管键琴,获得巨大成功,以致勃兰登堡选帝侯愿意把他留下,为自己服务。他向孩子的父亲提议,

① 这里大选帝侯指腓特烈·威廉(1620—1688),他十岁继承爵位,成为勃兰登堡选帝侯兼普鲁士公爵。由于站在神圣罗马帝国一边,参与反对法国路易十四军事扩张的荷兰战争和阻止瑞典军队南下进攻勃兰登堡的战争。他亲自指挥,骁勇善战,战绩辉煌,获得欧洲大小朝廷的赞誉,尊称其为大选帝候。军曹国王是指腓特烈·威廉一世(1688—1740),曾参加西班牙王位继承战争。一七一三年父亲去世后继承王位,实行军国主义政策,大力扩张军事实力,成为欧洲第三大军事强国,绰号军曹国王。他是腓特烈一世和汉诺威选帝侯的长女索菲·夏洛特结婚所生的次子。

② 一七〇〇年六月一日歌剧院举行首场演出,公演了阿里奥斯蒂的田园芭蕾剧。德国十七世纪著名的哲学家和数学家莱布尼茨(1646—1716)出席观看。——原注

愿送小亨德尔到意大利去完成学业。老亨德尔没有接受,他有自尊:不愿儿子过早地依附于一位王侯,曼讷陵写道。何况,他自己感到来日无多,希望看到孩子。

小亨德尔赶忙回家。还是太晚了。他在半路上得知,父亲已于一六九七年二月十一日去世。现在选择以音乐为业的主要障碍已经不存在了。但他严格遵从父亲的遗愿,勉强自己学了几年法律,既然父亲希望他这样做。他不急不忙地完成了中学课程,于一七〇二年二月十日——父亲去世五年后,在哈勒大学法学院注了册。

哈勒的大学生活,风气粗野,令人厌恶。不过那儿也有思想和信仰活跃的生活。哈勒大学的神学院是虔信派的策源地①。大学生中有人进行宗教活动,达到了痴迷的程度。亨德尔一向特立独行,从不参与诸如神秘静修②之类活动。他信教,但一点也不感情用事。再说,一个艺术家很难跟虔信派教徒谈得拢,因为虔信派的虔诚对艺术来说常常太过压抑。甚至内心是虔信派的巴赫,在公开活动时不得不声称反对虔信派,因为虔信派在某些场合敌视他的音乐③。更不用说亨德尔了,他没有任何神秘主义倾向。

他对宗教不感兴趣,对法律显然也不感兴趣。然而,克里斯蒂安·托马西乌斯④是他的老师。这是当时德国最杰出的教授。他反对

---

① 由于勃兰登堡的历代选帝侯实行聪明的宽容政策,把德国最具独立思考能力的人士、在其他地方受到迫害的人士都吸引到哈勒大学来了。虔信派也因此从莱比锡被赶到了哈勒。他们从这儿起家,扩散到整个德国、瑞士和荷兰。(请参阅沃尔巴赫著《亨德尔传》和莱维-布鲁尔著《莱布尼茨以来的德国——论1700年至1848年间德国民族意识的发展》,1890年版)——原注

② 虔信派或虔信主义是十七世纪路德新教的一个宗派,主张禁欲苦行。苦行主义者的一种修炼方法是长时间独自静思冥想,排除欲念,寻求与上帝对话,获得上帝的启示,达到心泰神安。

③ 参阅安德烈·皮罗(1869—1943)一九〇七年论述约翰-塞巴斯蒂安·巴赫的精彩篇章:《巴赫的审美观》。——原注

④ 克里斯蒂安·托马西乌斯(1655—1728),德国法学家和哲学家。曾协助创办哈勒大学,并是法学院首位法学教授,后来担任哈勒大学校长。他是自然法专家,也是虔敬派,在当时是德国最著名的教授和最具社会影响力的作家之一。

对巫婆进行起诉[①],他改革法律教育,不断与大学粗暴或愚蠢的滥权行为作斗争,跟等级观念、学究气、愚昧无知、虚伪和司法与教规的苛严进行斗争。如果这样的教育没能留住亨德尔,这肯定不是教授的错:当时整个德国,没有任何一种较为生动活泼的课程,能给一位年轻人的思想提供比较丰富的活动天地。请相信,哪怕是贝多芬,可能也不会保持无动于衷。而亨德尔是个纯粹的音乐家。他就是音乐本身,任何东西都不能够让他分心。

从他在法学院读书的那年起,就在哈勒找到了一份弹奏管风琴的职务:这是在一座"改革过"祭仪的教堂里,这里的管风琴师按规定一定得是新教教徒。尽管他是路德主义的信徒,而他当时只有十七岁[②]。这件小事说明,这位年幼的法学院学生在他的故乡哈勒已经享有何等的音乐盛名[③]。他不仅是教堂管风琴演奏师,而且也是新教教会中学的音乐教师,每周教两小时的歌唱课。学生中唱得最好的,他收入门下,把他们组成合唱合奏队,礼拜天带他们到市区的这个或那个教堂去演出。曲目由他提供:合唱,圣诗歌,经文歌,康塔塔等,而且每星期都更换节目。这是个很好的锻炼,可以学会写得又快又好。这样的锻炼培养了亨德尔多产的创作能力[④]。他当时已经创作了数百首康塔塔,自己一首也没有保留。但可以肯定的是,这些康塔塔的乐思储存在他记忆里的可不止一个,在他后来的作品里都用上了:他是从不丢弃任何东西的。他一生中,不停地把他从前的创意重新拿来使用。这

---

① 众所周知,起诉巫婆是当时造成大量死亡的怪癖之一。在一个世纪内,被送上火刑台的巫婆受害者估计有十多万人。普鲁士国王弗雷德里克二世说过:"如果说德国的妇女现在能够平安地活到老死,那要感谢托马西乌斯。"——原注

② 他在法学院注册一个月后,于一七〇二年三月跟教堂签了一年的合同。——原注

③ 泰勒曼(1681—1767),德国当时最著名的巴洛克风格作曲家之一,精通多种乐器的演奏。他说,一七〇一年路过哈勒时结识了亨德尔,说亨德尔"已经是个要人——一个杰出人物"。用这样的形容词来形容一个十六岁的孩子,实属罕见!克里桑德强调亨德尔早熟是有道理的:"在这方面,没有人比得上他,甚至巴赫也比不上他。巴赫成熟得比较慢。"——原注

④ 他自己说,他像"魔鬼"一样作曲已经有好几年了。——原注

不应该归咎于工作草率,而应该归咎于他思想一贯,追求尽善尽美。

亨德尔第二年没有跟教堂续签合同,也没有继续在大学注册。管风琴师的实践让他意识到自己的音乐才干。他的音乐才干不能再受抑制了,必须寻找一个较为活跃的环境。一七〇三年春,他在本能的驱使下,在扎硕老师个人爱好的指引下①,来到了德国的歌剧之都汉堡。

* * *

汉堡当时是德国的威尼斯,一座自由的城市,可免受兵燹之灾,是艺术家和大财主安身立命之地,北欧商业的仓库,国际性的大都会。那里的居民什么语言都说,特别爱说法语。汉堡跟英国和意大利的关系从未中断,特别是跟威尼斯的关系。威尼斯对汉堡来说是个竞争的对手。英国的思想意识在德国通过汉堡打开道路。德国最早的报纸就出现在汉堡②。从亨德尔时代起,汉堡和莱比锡就是德国的文化中心。德国其他任何地方都不及汉堡这样重视音乐③。艺术家和富有的市民在汉堡平起平坐。舒茨的学生克里斯托夫·贝恩哈德④在汉堡创办了著名的音乐学社(Collegium Musicum),一个音乐家的社团。一六七七至一六七八年间,汉堡建成了德国第一座歌剧院——不是王公

① 豪斯先生是第一个指出扎硕是如何爱好音乐剧的人。扎硕甚至把音乐剧引进教堂。比如,他的第四首康塔塔:《宁静,平和,欣悦与欢乐》(克里桑德评价甚差),是幻想剧的一个片断。观众在剧中看到受地狱魔鬼折磨的大卫。演员的说白富有表现力,合唱非常有戏剧效果。因此可以说,亨德尔写作歌剧的生涯,早在哈勒期间就有了准备。也许是扎硕亲自叫他到汉堡去的。

豪斯(1877—1934),德国音乐学博士,十七世纪器乐作品研究专家,音乐评论家,国际音乐协会杂志主编。

② 部分受到英国出版物的影响,特别是艾迪森的《目击者报》(1711)。一七一三年《理性人报》在汉堡问世。《爱国社》在一七二四年至一七二七年间创办汉堡的《爱国者报》,原本想印四百份,仅仅在上萨克森就预订了五千份。——原注

③ 一七二八年左右,世俗音乐有五十位乐师,一百五十位教师。除了德国北部的大城市,从事宗教音乐的人少得可怜。——原注

④ 贝恩哈德(1628—1692),德国作曲家、教堂乐师和音乐理论家。

的歌剧院,仅仅向王公的贵宾们开放的歌剧院,而是老百姓可以买票看戏的国家歌剧院。这应当是学意大利创办的歌剧院,像威尼斯那样。

但这两处剧院的精神很不相同。威尼斯热衷于上演根据古代历史或神话故事胡编乱撰、充满幻想的情节剧,至于汉堡,尽管趣味粗俗、风气放荡,仍保持了古老的宗教底蕴。汉堡歌剧院一六七八年开张,演出的是舒茨的学生约翰·泰勒的《创世记》[①]。一六七八至一六九二年间,这里上演了数量可观的宗教剧,有的具有警世性质,有的出自圣经。有些主题的宗教剧已经显露了亨德尔清唱剧的影子。这些音乐剧尽管很不成熟,却是正在形成的德国特有的戏剧。这似乎也曾是艾尔蒙豪斯特牧师的想法,他是一位诗人,想使宗教剧具有古典艺术形式的价值。不幸,大众的思想日趋颓废。宗教的推动力已经十分微弱。除了少数人,当他们感到心力交瘁时,信仰还能使他们具有进取心。汉堡的公众形成了两派:一派对宗教感到厌烦,他们到剧院来是寻乐的,他们人数最多;另一派是教徒,他们不愿意看歌剧,认为歌剧是撒旦的玩意儿,是“opera diabolica”(妖魔鬼怪剧)。两派之间斗争十分激烈。宗教剧当然注定要被打得落花流水。事实正是这样。宗教剧的最后一场演出发生在一六九二年。当亨德尔来到荒诞不经、生活放荡的汉堡时,汉堡正是 l’opera diabolica 的一统天下。

我在其他地方谈过这段时期的汉堡戏剧[②]。准确地说,从一六九二年到一七〇三年,这是汉堡戏剧的黄金时期。汉堡具备上演好戏的许多条件:有钱,有赞助文学艺术事业的王公富贾随时准备出钱;有一支优秀的乐队,虽说乐队人数不多;演出的技术却相当先进,有豪华的机关布景;有著名的诗人和才华出众的音乐家,而且诗人和音乐家相

① 约翰·泰勒(1646—1724),德国巴洛克时代的作曲家和指挥家。他的歌剧《创世记》,又题为《亚当和夏娃》。

② 请参阅拙著《吕利和斯卡拉蒂之前的欧洲歌剧史》,一八九五年,第二一五页至二二二页。——原注

处十分融洽——这是极少见的，如马特森所说：“他们相互理解”(die sich wohl verstanden)。诗人有受法国戏剧影响的沃尔芬比特尔[①]的布雷桑[②]和克里斯蒂安·博斯岱尔[③]，克里桑德对此人大加恭维，称他为德国的梅塔斯达兹[④]。最弱的是歌唱部分。汉堡歌剧院有很长时间没有专业歌唱家：唱歌的角色都是由学生和手艺人担任，比如鞋匠，裁缝，还有卖水果的女郎，以及既无才又缺德的女孩子。通常，手艺人觉得他们自己扮演妇女角色歌唱更合适。不论男女，大家对音乐都一窍不通。幸好，一六九三年左右，著名的教堂乐师西吉斯蒙·库塞尔[⑤]对汉堡歌剧院进行了彻底改组。他按照法国的模式改组管弦乐队，按照意大利的模式改组歌唱部分。他跟所有外国音乐家一样，认为吕利[⑥]代表了法国。库塞尔曾在巴黎跟吕利学习过六年音乐。代表意大利的是来自威尼斯省的杰出艺术家阿高斯蒂诺·司黛伐尼。他住在汉诺威，一六八九至一六九六年间，他在那里上演过十部歌剧。

意大利和法国的双重榜样以及库塞尔的以身作则，为培养汉堡歌剧院的最佳音乐家莱因哈德·凯塞尔[⑦]做出了贡献。此人缺少个性，可能也缺少足够的学问，但肯定是个有才华的人。

亨德尔来到汉堡时，凯塞尔不到三十岁，但已经誉满天下。他从一六九五年起任汉堡歌剧院的乐队指挥，从一七〇二年年末任剧院经理。他非常有天赋，但，是个早熟的公子哥儿，漫不经心，贪图享乐，无

① 沃尔芬比特尔是德国下萨克森的一座小镇，曾经历三十年战争，以收藏古籍图书馆著称于世。

② 布雷桑(1670—1699)，德国巴洛克时期的诗人，歌剧脚本作者。

③ 克里斯蒂安·博斯岱尔(1658—1705)，德国诗人，剧作家，律师。

④ 梅塔索达兹(1698—1782)，著名意大利诗人，剧作家，被任命为维也纳宫廷帝国诗人，有意大利的拉辛之美誉。

⑤ 西吉斯蒙·库塞尔(1660—1727)，生于匈牙利，卒于都柏林。法国著名音乐家吕利的学生。曾任德国多位公爵的宫廷乐师，斯图加特和汉堡歌剧院的指挥。

⑥ 吕利(1632—1687)，生于意大利佛罗伦萨，卒于巴黎。是法国路易十四时代最著名的宫廷音乐师，巴洛克风格作曲家。他的音乐作品对当时的法国和欧洲产生过巨大影响。

⑦ 莱因哈德·凯塞尔(1674—1739)，德国巴洛克风格作曲家，曾写过上百部歌剧。

忧无虑，是汉堡歌剧院无可争议的霸主，物质生活富裕、疯狂享乐时代的典型艺术家。

有人指出，他早期的歌剧受吕利和司黛伐尼的影响。但是他的个性在那些仿效的部分还是很容易辨认出来的。他对乐器的音色有非常细腻的识别力。在这方面，他跟吕利学派的作曲家有很大不同。吕利学派的作曲家有点藐视管弦乐的表现力，总是随时准备管弦乐而突出声乐①。他跟欣赏和评论他的马特森一样，认为单凭管弦乐就能表达感情②。此外，他还是写作宣叙调的能手。简直可以说，他是德国宣叙调的创始人。他极为重视宣叙调，认为“宣叙调中的表达给聪明的作曲家带来的困难常常不亚于创作一首曲子。”③他在宣叙调中准确地标注出重音，断句，换气，而丝毫不牺牲音乐的美。他的宣叙－咏叙调介于法国人的清唱宣叙调和意大利人的干唱宣叙调之间，是巴赫宣叙调的模式之一。甚至在巴赫和亨德尔身后，马特森还坚持认为凯塞尔是写作此种乐曲的大师。——而他的过人天赋在于创作旋律。在这方面，他是德国的早期艺术家之一，是十八世纪上半叶的莫扎特。他灵感丰富，充满深情。正如马特森所说的那样，“他真正的天性是温柔，是爱……。在他的职业生涯中，自始至终，他都善于用极其自然美妙的方式来表达令人愉悦的快感，以致这样的音乐画面，没有人能超过他。”他的曲调风格比亨德尔要先进，不仅在当时，而且在他生命的

① 吕利派的理论家勒塞尔·德·拉维埃维勒(1674—1707)问：“管弦乐队是主角吗？”“不是，歌手是…… 那么，歌手自己打动我，歌手是不会把感动我的事交给乐队的，乐队在那儿只是出于悲悯，出于意外。Si vis me flere(如果你想要我哭)… ”(引自勒塞尔·德·拉维埃维勒著：《意大利音乐与法国音乐比较》，1705，普鲁塞尔)——原注

② 马特森说：“用简单的乐器可以很好地表现心灵的高尚，爱，嫉妒等等，还可以用简单的和弦及和弦的连接，不用歌词，来表现内心的一切活动，以致听众能够领会和懂得音乐语言的行进，及其含义和思想，好似真正的话语那样。”(请参阅他的著作：《德国小歌剧之最新研究》，1744 年版)——原注

③ 马特森在一七〇六年版的《音乐作品集》一书的序言中进一步强调：“要写好一首宣叙调，像凯塞尔所做的那样，考虑感情和断句，比创作十首普通的曲子所需要的手段和技巧还多。” ——原注

任何时期,都是自由的,完全不受对位风格的约束。而且,他跳过亨德尔,跟受此种风格滋养的哈斯①、曼海姆②的交响曲作者们和莫扎特同属一类。亨德尔虽然更伟大,更完善,但从来都不具有大家在凯塞尔的旋律里感受到的那种优美和自然,那股田野小花的清香③。凯塞尔喜欢民歌和田园风光④。可是,他也善于攀登古典悲剧的巅峰:而且他写的某些大悲大痛的咏叹调好似出自亨德尔的手笔⑤。

凯塞尔的作品全是可以学习和效法的,因此,亨德尔后来不会不从他的作品里得到启发⑥。不过,凯塞尔也给他提供了不好的榜样。最糟糕的,是否认民族语言。只要博斯岱尔和斯考特⑦领导着汉堡歌剧院,他们就会一直对意大利语敬而远之。但是,凯塞尔做了剧院领导之后,一切都变了。他在一七〇三年上演的歌剧《克洛迪乌斯》中,第一次进行野蛮的尝试,把意大利语文本和德语文本混在一起使用。对他来说,这纯粹是名人的虚张声势,说大话。他要显示他能在意大利人的强项里打败意大利人,如同他在剧本序言中表达的那样。他不考虑这样做是否会损害德国的歌剧。亨德尔后来学他的样,在早期歌剧作品里把意大利语歌词的曲子和德语歌词的曲子混在一起使用。随后他又只写意大利语的歌剧了。从那时起,他的戏剧音乐就失去了

---

① 哈斯(1699—1783),德国作曲家,音乐教育家。

② 曼海姆,德国西南部的一座小城,介于法兰克福和斯图加特之间,交通枢纽要地,经济文化中心,以收藏古籍的图书馆闻名。曼海姆于一七五〇年建立音乐学校,有德国作曲家摇篮的美誉。

③ 请听歌剧《克洛苏斯》(1711年)中笛子伴奏的埃尔米拉唱的曲子,使人想起格鲁克(1714—1787)的《厄科和那喀索斯》中类似的曲子。——原注

④ 《克洛苏斯》中有个这样的场景,是篇杰作,有十八世纪末的田园风格,几乎是贝多芬的风格。——原注

⑤ 譬如成为俘虏的国王克洛苏斯唱的曲子,让我们想起亨德尔的《弥赛亚》中的某些曲调。——原注

⑥ 我只想举一个例子。由两支长笛轻声伴奏的奥克达维唱的曲子,“热烈而不过分喧闹”是凯塞尔最富诗情画意的篇章,亨德尔多次重复使用在自己的作品里,直至用到歌剧《阿喀斯与伽拉忒亚》(1720)里。——原注

⑦ 斯考特(1641—1702),一位律师,汉堡市议员。他是德国第一座面向公众的剧院——汉堡白鹅市场歌剧院的主要赞助人,创办人,剧院经理和艺术指导。

根,失去了人民。对这种错误的惩罚,就是凯塞尔的歌剧,甚至亨德尔的歌剧,都被德国遗忘了,虽说这两个人都很有才。

* * *

一七〇三年夏,亨德尔来到汉堡。这时的他,就像托恩西尔[①]给他画的肖像画(现藏于剑桥费茨威廉博物馆)那样:一副安详的长脸,有点儿像马脸;一双大眼,表情严肃;鼻长而挺拔,天庭开阔,厚唇抿嘴,双颊和下巴已显肥厚;端坐琴前,头上无假发,像瓦格纳那样戴一顶贝雷帽。"他精力充沛,满怀诚意。"(马特森语)

他在汉堡结识的第一个人就是约翰·马特森。

马特森当时二十二岁,比亨德尔大四岁,出生于汉堡一有钱人家,知识广博,能操英语、意大利语和法语,学过法律,精通音律,会演奏几乎所有乐器,他创作歌剧,亲自写诗歌剧本,亲自作曲和当演员。后来他成为德国音乐界最严格的批评家和音乐理论大家。

他自尊心极强,对人的评价多有偏颇和不公,但他思想坚定,身心健康,为人十分诚实,是《汉堡剧评》出版之前半个世纪里音乐评论界的波瓦洛[②]和莱辛[③]。一方面,他以自然的名义反对学院派的陈规陋习和深奥的理论。他的座右铭是"音乐就是要好听。"他为抛弃过时的理论(古代六音音列制唱名法,教会模式)和阐明现行的方式做出了贡献[④]。另一方面,他是德国艺术和德国精神的捍卫者。他具有莱辛

---

① 托恩西尔(1676—1734)英国画家,擅长历史题材绘画。一七一八年成为宫廷画师,一七二三年选为英国皇家协会会员,一七二二年至一七三四年为议院议员。

② 波瓦洛(1636—1711),法国诗人、作家和评论家。十七世纪古典美学的主要理论家之一。他的专著《诗艺》被视为古典主义的法典。

③ 莱辛(1729—1781),德国作家、剧作家和戏剧理论家。他的美学论著《拉奥孔》和《汉堡剧评》(1767—1768)等曾对当时德国的启蒙运动产生影响。

④ 特别是在《新型管弦乐》(1713)、《受保护的管弦乐》(1717)和《管弦乐基础研究》(1721)这三部著作里。我们可以说,他的理论著作中最为珍贵的是《完美的乐队指挥》(1739),此书今天仍可以作为音乐美学的基础,我们音乐学的很大一部分都来源于此书。——原注

的爱国热情,顽强的独立性,咄咄逼人的坦率,而且比莱辛更强烈,更厉害。他所有的著作都在叫喊"Fuori Barbari!"(野蛮人,滚出去!)[①]他有一本著作的书名叫《音乐爱国者》(1728 年出版)。一七二二年,他创办了德国第一份音乐杂志 Critica Musica[②](音乐评论)。他为理性,为优美动听的音乐,为"通过听觉向心灵倾诉,用崇高的思想和悦耳的旋律打动人心的音乐,使通情达理的人内心感到振奋的音乐",艰苦奋斗了一辈子。他视音乐若宗教[③]。他知识广博,了解过去的艺术理论,熟悉意大利和法国的重要音乐作品,跟德国主要的音乐大师凯塞尔、亨德尔和巴赫有交往;他有丰富的实践经验,敏锐的鉴赏能力,热烈的爱国情怀,纯正而风趣的语言。凭着这一切,他被认定是德国伟大的音乐教育家。确实如此。当时德国艺术家分散在各地,他们的作品由于缺少中央集权政府的支持而饱经沧桑,且受到诸小城市和小朝廷朝三暮四的趣味的影响。在这种情况下,马特森独自一人几乎在半个世纪里,成了德国音乐的代言人,来自德国四面八方的音乐思想都集中在他的头脑里,随后从他那里扩散到全国。正因如此,凯塞尔的思想才没有消失得无影无踪,而是保存了下来,由于马特森没有忘记他。正因如此,我们今天才能史海钩沉,把马特森收集出版在他的

---

① 他劝德国音乐家不要到意大利去旅游,因为从那里回国后有那么多的人变成了"装饰着孔雀毛的呆鹅。我的意思是说,这些人把自己的重大缺点掩盖起来,狂妄自大得令人难以忍受"。他指责德国人不能给予因受压制而萎靡不振的民族音乐家更多的帮助。(请参阅《完美的乐队指挥》和《音乐评论》)——原注

② 从一七二二到一七二五年,作为月刊,在汉堡断断续续一共出过二十四期。里面登载有关音乐的论战,音乐家的通信和采访,音乐书籍和作品的分析,以及大量有关最新歌剧、最新音乐会、最新羽管键琴、最新女歌唱家……之类的信息。特别是登载很有份量的音乐评论,也许是现存最为古老的音乐评论了。对亨德尔的《耶稣受难曲》的详细分析仍很知名,因为该曲已经被人遗忘了。一七六〇年,马尔普尔格写道:"自从合唱音乐出现以来,这也许是对合唱音乐所做的第一篇优秀评论。"——原注

③ 他写道:"当我想到 Tondichter(作曲家,音乐诗人)时,我就想到了远胜于大道德家、大思想家的东西。过去,音乐家是诗人和先知。"他在另一处又说:"在所有学科中,音乐的本性是一所教人诚实正直的学校。"(请参阅《完美的乐队指挥》)——原注

巨著《音乐家传记汇编》[①]里，发掘出许许多多对十八世纪音乐史来说极其珍贵的记忆。他对他所生活的时代具有重大影响。当时的乐队指挥、歌唱家、管风琴演奏家和音乐教师都把他的书籍奉为圭臬。

他对歌唱风格和演员表演的评论和建议，效果也很不错。他有戏剧意识，要求舞台上有生活，有情节。他对演员在舞台上的表意动作非常重视，因为“那是无声的音乐”[②]。他发动舆论，反对德国歌唱演员和合唱演员没有表情或不动之以情的表演。他要求作曲家在作曲时要想到演员的表演。他说：“知道演员在舞台上的面部表情，常常可能是创作出好乐曲的源泉。”[③]——这才真正是戏剧人的语言[④]。再说，马特森对音乐太精通了，他是不会让音乐受制于歌词的。他试图把这两者结合在一起，同时保持它们各自的独立性，让心随着身体律动，曲随着歌词律动。他写道：“词是话语的身体，思想是话语的灵魂，旋律是灵魂的金色太阳（güldene Sonne diser Seelen）”，是笼罩在灵魂四周美妙的空气。

这位聪明无畏的著名评论家的概况，我们已经说得够多了。他犯过很多错误，也传播了许多真理。年轻的亨德尔遇到这样一位引路人是多么重要，我们已经看得相当清楚了，虽说他们俩都过于特立独行，过于自负，以致他们的结合不可能历时长久。

* * *

亨德尔来到汉堡，马特森对他尽地主之谊，领他去见识歌剧院和

① 德文全名为《Grundlage einer Ehren – Pforte》，汇集了他接触过的一百四十九位著名音乐家的传记和自传，留下了宝贵的音乐史资料。一七四〇年出版。

②③ 《完美的乐队指挥》（1739）。——他在这部著作里对他所谓的表意动作做了重要的研究。——原注

④ 如果不是在实践上，至少是在理论上，因为他写的歌剧很一般。另外，他很快便对戏剧倒胃口了。他又有了宗教上的顾虑。他先是想要净化歌剧，把歌剧变成一种严肃和神圣的东西，以道德说教的方式影响群众（见《音乐爱国者》，1728 年版）。接着他发现，他用歌剧进行道德说教的想法，没有任何可能变成现实。于是，他对歌剧失去了兴趣。一七五〇年汉堡歌剧院最终破产，他甚至感到高兴。——原注

音乐会。通过他,亨德尔第一次跟后来成为他第二祖国的英国发生了关系。他们互相学习。亨德尔在演奏管风琴、赋格曲和对位作品方面,特别是即兴演奏方面,已经表现出非凡的才能。他把他的演奏技巧教给马特森,而马特森则帮助亨德尔改进曲调的风格。据马特森说,亨德尔写的咏叹调非常差劲。“他当时写的咏叹调长呀,长呀,长呀(sehr langelange Arien 很长很长的咏叹调),写的康塔塔没完没了,既没有技巧,也没有风格,但和声非常完美。[①]”原来旋律不是亨德尔天生就有的语言,这一点相当值得注意。而今天,在我们眼里,他好像是个旋律的天才。但是,不要相信天才不经努力就能写出简单动听的旋律。贝多芬那些看似极为流畅自然的旋律,在他心里常常要用数年的心血进行酝酿。虽说亨德尔最终掌握了铺展旋律的本领,那也是经过多年严格训练之后的事。在这之前,他像个镂刻金银器皿的学徒,学习制作美丽的造型,不留下丝毫的繁琐,也不留下丝毫的平庸。

亨德尔和马特森兄弟般亲密无间,一起生活了几个月[②]。亨德尔跟马特森同桌用餐。他们在一七〇三年的七至八月间,一同去吕贝克听管风琴演奏家迪特里克·布克斯特胡德的演奏[③]。布克斯特胡德想退休,正在寻找一位接班人。这两位年轻人惊叹他的才华,但都没有做他接班人的欲望,因为若要继承他在教堂当管风琴师的职位,就得娶她的女儿为妻[④]。两年后,他们可能会在去吕贝克的路上遇到一位

---

① 亨德尔的同学泰勒曼也说,亨德尔和他(马特森),他们总是研究旋律。(参阅《音乐家传记汇编》)。——原注

② 马特森对待亨德尔有一点儿保护人意味。在最初几个月里,亨德尔不想为此生气。他在一七〇四年三月写给马特森的信里,语气还是极为谦恭的。事实上马特森当时的社会地位比他高,是他的上级。——原注

③ 请参阅《音乐家传记汇编》中关于此次旅行的记述和这两个开心的旅伴在路上做的荒唐事。布克斯特胡德(1637—1707),丹麦人,一六三七年生于赫尔辛格,三十岁移居德国北部波罗的海的港口城市吕贝克,在那里的圣马利亚教堂任管风琴师,直到一七〇七年去世。——原注

④ 管风琴师的女儿或遗孀要随着教堂的管风琴一道传给接班人,这在当时是常见的事儿。布克斯特胡德自己在接任管风琴师腾德尔(1642—1667)时就娶了他的女儿。——原注

跟他们一样去拜访布克斯特胡德的年轻音乐家。此人即是约翰-塞巴斯蒂安·巴赫[①]。他不像他们那样乘车去,而是一本正经地步行前往。布克斯特胡德对这些将对十八世纪德国所有艺术产生巨大影响的人,具有这样的吸引力,没有什么比这一点更能使人感到他对德国音乐的重要性了。皮罗先生很久之前就指出他对巴赫管风琴风格的影响。我认为他对亨德尔清唱剧风格的影响也不小,尽管影响的方面完全不同。

布克斯特胡德根据吕贝克热爱音乐的商人同业公会的愿望[②],于圣马丁节和圣诞节之间的礼拜天,在圣马利亚教堂举办著名的晚间音乐会[③]。他的数量众多的康塔塔,就是为此活动创作的[④]。他是为音乐会的听众写作,而不是为宗教仪式写作,所以他的音乐作品要写得能让大众接受。亨德尔后来也遇到类似的情况。同样需要导致他们俩使用相似的技术。在这些作品中,布克斯特胡德丢开洋溢的、浓郁的复调音乐手法(这可是他的强项),只保留清晰、强烈、线条奔放、甚至产生戏剧效果的手法。他故意不用许多创作手法,而集中使用少数几种。他在丰富性上失去的,却在紧凑精炼上赢了回来。作品几乎以齐唱为主,动听的旋律线清清楚楚,色彩明亮,听众喜欢[⑤];节奏和乐句

① 一七〇五年十月巴赫去吕贝克。在那里,他本该停留四个礼拜,可是竟待了四个月。这使他差一点儿失去在阿恩斯塔特的工作。——原注

② 大家会注意到,汉堡、吕贝克这样的自由市——聪明又爱冒险的商业城市,在德国音乐史上所起的作用,如同威尼斯和佛罗伦萨对意大利的绘画,甚至音乐所起的作用那样。——原注

③ 吕贝克的圣马利亚教堂的晚间音乐会,由腾德尔和布克斯特胡德创办于一六四六年。在圣三节前两个礼拜天和圣诞节前的三个礼拜天的晚上,举行音乐会,演唱根据宗教故事创作的清唱剧或康塔塔。参加演唱的群众非常多,场面宏大。后来成了吕贝克市的传统活动,每年由商人的同业公会出钱赞助演出。随着时间的推移,这项活动的内容逐渐从宗教转向世俗,从大规模转向小规模,一直坚持到一八〇一年才停止。

④ 现在在吕贝克、乌普萨拉、柏林、沃尔芬比特尔和布鲁塞尔的图书馆里还保存了一百五十部手稿。——原注

⑤ 请看康塔塔《你们用语言和作品所做的一切》里,甜美的旋律,撼动心弦;美丽的康塔塔《上帝助我》里,用如此简单的手段表达了悲剧的庄严。——原注

反反复复不停重现，钻进听众的脑子，在听众耳边萦回。这些基本上是亨德尔作品的特点。诸声部的宏伟辉煌，那种用明暗交错的豪放笔触描绘的方式[①]，布克斯特胡德的作品中也不缺少。像亨德尔的艺术一样，这是一种在最高层次上为全体人民大众创作的音乐。

可是，直到多年之后，亨德尔才效法布克斯特胡德的榜样。他从吕贝克回来之后，似乎不再想到布克斯特胡德的写作方法了。但他并没有忘记。他是从来不会忘记任何东西的。

一七〇三年八月末，亨德尔作为第二提琴手进入了汉堡交响乐团。他喜欢捉弄人，装作什么也不懂的样子。马特森说："他在人前好像连数数也不会，至多数到五：因为他是个冷面滑稽[②]。"——那年汉堡歌剧院上演凯塞尔的《克洛迪乌斯》，亨德尔记忆里录下了此歌剧的一些乐句[③]。

演出季节结束后，马特森去荷兰旅游。亨德尔趁他年轻的指导员不在，释放了一下自己。他早就结识了诗人博斯岱尔。这位又老又病，备受宗教顾虑的折磨，已经不再写歌剧脚本的诗人，只愿意写一些虔诚的宗教作品。这时博斯岱尔给亨德尔提供了一个根据约翰福音创作的耶稣受难（Passion selon Saint Jean）的文本。亨德尔谱成了音乐，并在一七〇四年的耶稣受难周上演了[④]。马特森对他的被保护人不征求他意见的放肆行为很不满意，不客气地批评这部作品，且批评

---

① 在《德意志音乐作品典藏》布克斯特胡德卷第一六七页，有一首他写的《哈利路亚》（由两把小号、两把中音提琴、数把小提琴、一架管风琴、五个歌唱的声部演奏演唱），是纯粹的亨德尔风格，是最美的。——原注

② 马特森补充说："我可以肯定地说，如果他读到这里，一定会心中暗笑。因为，从外表看他是很少笑的。"——原注

③ 此剧中小步舞曲的要旨（动机），他在《参孙》序曲的小步舞曲里完全照搬，其他的就不说了。——原注

④ 在同一个星期里，凯塞尔和诗人胡诺尔德合作创作另一首耶稣受难曲《血淋淋的濒临死亡的耶稣》，听众听了哗然，成为丑闻。因为他们以歌剧的方式处理这一主题，取消了合唱，宗教歌曲，福音传播者这个人物以及他的叙述。亨德尔和博斯岱尔比较谨慎，仅仅删除了圣歌，但保留了福音传播者的经文。——原注

得并非没有道理[①]。这部作品尽管具有感情丰富的篇章和激动人心的合唱,但是没有个性,常常缺少品味。

从这件事开始,亨德尔跟马特森之间良好的和谐关系就结束了。亨德尔意识到自己的能力,再也受不了马特森跟他说话时那种保护人的语气。其他一些小事更加重了他们之间的误解,以致发生争吵,争吵的结果差一点造成不可挽回的灾难[②]。一七〇四年十二月五日,在一场争吵之后,他们到汉堡商业中心广场上去决斗,亨德尔差一点儿送了命。马特森的剑刺到对手紧身外套的大铜扣上,折断了剑头。之后,他们互相拥抱,在凯塞尔的调解下重归于好,并一起参加《阿勒米拉》——亨德尔第一部歌剧的排练[③]。

这出戏于一七〇五年一月八日首次公演,获得巨大成功。亨德尔的第二部歌剧《奈龙》[④],于二月二十五日上演,效果也不差。在整个

① 这篇评论肯定是马特森一七〇四年写的,他在一七二五年把这篇文章发表在他的刊物《音乐评论》上。二十年后,一七四〇年,又发表在他的《完美的乐队指挥》里。——原注

② 两位年轻人负责英国大使公子的教育工作,马特森任家庭教师,亨德尔任音乐教师。马特森凭借自己的优势地位,把亨德尔训斥羞辱了一番。亨德尔用使马特森出丑的办法来报复他。马特森的歌剧《克莱奥帕特拉》正在歌剧院上演。马特森负责乐队指挥,弹羽管键琴并扮演安东尼一角。当他演安东尼这个角色时,他让亨德尔弹羽管键琴。可是,安东尼这个人物死后,离歌剧结束还有半个小时,马特森赶忙回来弹羽管键琴,戏装也没脱,以便戏结束时上台接受观众的鼓掌欢呼。在前两场演出时,亨德尔接受了这个可笑的安排,可是在第三场演出时,他拒绝把位子让给马特森。散戏的时候,两个人动手打了起来。——这故事马特森在他的《音乐家传记汇编》里讲得相当模糊,曼讷陵讲的来自亨德尔。——原注

③ 歌剧《阿勒米拉,卡斯蒂亚王后》的台本是由一位叫弗斯特金的作者根据罗佩·德·维伽的一出喜剧改编的。克里桑德讲过这位作者的生活丑闻和他跟巴道尔德·费恩德(1678—1721)就这出戏互相谩骂、打笔墨官司的故事。《阿勒米拉》的音乐本该由凯塞尔来写的,但他自己的事儿太忙,享乐的事儿太多,就把剧本给了亨德尔。

我最后再说一次,该书的篇幅有限,不允许我分析亨德尔的歌剧。我在另一本书——《亨德尔和他的时代》里再做详细的分析(《往日的音乐家,系列二》)。——原注

④ 《奈龙——用流血与犯罪获得的爱情》,剧本由弗斯特金编写,马特森扮演奈龙这个人物。音乐分谱已经遗失。——原注

冬季的演出期间,汉堡歌剧院的海报被亨德尔一个人独占了。这是个很棒的开始。太棒了,凯塞尔变得嫉妒了。

汉堡歌剧院像条船似的正在下沉。凯塞尔领导的歌剧院迅速走向破产。他过着放纵的贵族生活,他身边的所有艺术家一个比一个挥霍无度。只有亨德尔一个人洁身自好,勤奋创作,只在必不可少的需要上花钱①。在两部歌剧获得成功之后,他只是放弃了乐队第二提琴手和羽管键琴演奏的工作,但教起了音乐课。他的作曲家名声加上了音乐教师的名声。凯塞尔开始感到不安起来。这个新崛起的名人唤起了他的自尊心。没有什么比他的嫉妒更愚蠢的了。他是歌剧院的经理,上演成功的作品,把幸运的作者留在自己身边,对他是有好处的。可是嫉妒是不讲道理的。为了把亨德尔比下去,他重新为《阿勒米拉》和《奈龙》谱曲②。他虽然没有发表自己歌剧的习惯,却急于出版这些歌剧里最好听的曲子③。

尽管他急于出版自己的作品,可是破产来得更快。他的歌剧歌曲集还未问世,就不得不在一七〇六年年底逃之夭夭④。亨德尔和他以后再也没有见过面。

* * *

凯塞尔搞垮了汉堡歌剧院。亨德尔在这座城里没有什么可做的

① 一七〇三年圣诞节,他把母亲给他的生活费寄还母亲,还加上了几件礼品。一七〇四年,一七〇五年,一七〇六年,他节省下了两百杜卡托(意大利货币名),去意大利旅游。——原注

② 新谱曲的《奈龙》上演时用的题目是《罗马的混乱或宽宏大量的奥克大卫》。马克斯·塞弗尔特先生把该歌剧作为附录重刊在他编辑的亨德尔全集中,由布雷特考夫音乐出版社出版。《阿勒米拉》的新题目是《国务卿先生阁下,或卡斯蒂亚王后阿勒米拉》。除了这两部作品,凯塞尔在两年里写了七部歌剧,而且都是他写得最好的作品。这显然表明他是很有才气的,只是缺了与其相称的人品。

③ 一七〇六年在汉堡出版《音乐作品选:德语和意大利语歌曲,以及《阿勒米拉》和《奥克大卫》歌剧中的不同宣叙调》。——原注

④ 在两年时间里,谁也不知道他上哪儿去了,因为他十分注意躲开一大群讨债的人。一七〇九年开始,他又悄悄地在汉堡露面,恢复了他的地位,重新获得尊重和声誉,谁也没有对他进行任何责备。而此时,亨德尔已经不在汉堡很久了。——原注

了。歌剧院的领导权落到了一位不懂艺术的人手里。此人为了挣钱，上演一些音乐闹剧。他确实向亨德尔订购了一出歌剧:《弗罗林多与达弗涅》。他把剧本删节得支离破碎，在剧本序言中说:“怕音乐使听众感到疲倦”;他又怕观众觉得剧情太严肃，而在剧中插进了一段低地德语[1]的闹剧《快乐的婚礼》。我们理解为什么亨德尔对遭到如此歪曲的作品不再感兴趣，他甚至不等自己的作品上演就离开了汉堡。一七〇六年秋，他好像去了意大利[2]。

可是，他并不是为意大利所吸引才去的。奇怪的是，在艺术史上他并非唯一，他当时对外国佬的艺术十分反感，虽说他后来迷上了意大利并使优美的拉丁风格风行欧洲乐坛。在《阿勒米拉》上演期间，他结识了一位意大利亲王:托斯卡纳大公的兄弟，冉·加斯东·德·梅迪契[3]。他惊讶于亨德尔对意大利音乐家丝毫不感兴趣，便借了一套意大利最佳音乐作品集给他，并提出愿意带他到佛罗伦萨去听音乐。可是亨德尔拒绝了他的邀请，认为在这些作品中找不到任何值得亲王称赞的东西，演员必须是天使才会让这些如此平庸的作品显得好听一些[4]。

这种对意大利的蔑视不是亨德尔特有的。他显示了他那一代人的特点，尤其是生活在汉堡的那一小撮音乐家的特点。在他们之前和在他们之后，德国都为意大利着迷。跟哈斯勒和舒茨一样，哈斯、格鲁

---

① 低地德语，或称古萨克逊语，是德国北部、丹麦南部和荷兰东部使用的一种区域性语言。

② 在汉堡，亨德尔除了谱写歌剧和《耶稣受难曲》之外，还创作了大量康塔塔、钢琴伴奏独唱曲和羽管键琴作品。曼讷陵肯定亨德尔有满满两箱子作品。马特森对此表示怀疑。但马特森在这个问题上表现出的无知丝毫不证明什么，只证明他当时跟亨德尔非常疏远。因为后来无论在《少儿键琴作品集》(全集第四十八卷)或在《奏鸣曲集》(全集第二十七卷)里都找到了许多一七〇五年或一七〇六年在汉堡创作的作品。——原注

③ 这是梅迪契家族的最后一位亲王。一七二三年执政，辉煌了几年之后，因身心俱病而退隐。——原注

④ 后来亨德尔还说，在来意大利之前，他从来没有想到，在五线谱上如此平庸和空洞的意大利音乐，竟能在舞台上产生那样的效果。——原注

克和莫扎特都曾到意大利去进行长时间的虔诚朝圣。但也不比巴赫、凯塞尔、马特森、泰勒曼去得更多。汉堡的音乐家很想把意大利艺术化为己有,但又不肯向意大利学习。他们有善良的愿望和雄心壮志:创造不仰仗外国的独立的德国艺术。汉堡剧院一时间曾激起音乐家的巨大希望,亨德尔也同样抱有巨大希望。可是,剧院的突然破产使他看到按照德国公众口味创作是不能积累精神财富的。他不由自主地把目光转向德国艺术家习以为常的避风港——他之前还装作看不起的意大利。不管意大利的音乐如何,至少,在那儿,音乐在阳光下像鲜花一样怒放。人们不会像汉堡的虔信派那样,对音乐的生存权横挑鼻子竖挑眼。音乐在意大利的所有城市,在社会的所有阶层,都掀起爱好的狂潮。在音乐四周,是盛开的艺术之花,是高尚的文明,是光辉灿烂、喜气洋洋的生活。亨德尔在与路过汉堡的意大利贵族的交谈中,已经预先尝到了这种滋味。

他扬长而去。他走得如此突然,以致他的朋友们都一无所知。他甚至没有跟马特森说声再见。

他到达意大利的时间并不是最好。当时正值西班牙王位继承战争。一七〇六年冬,亨德尔在威尼斯只能见到欧根亲王①和他的幕僚。欧根亲王在取得伦巴第战役的胜利之后,正在那里休整。他没有停留便直奔佛罗伦萨而去,年底到达那儿。无疑,他还记得加斯东·德·梅迪契亲王曾向他提出要给他支持。但是他的支持是否如他所期望的那样有效呢?这是值得怀疑的。实际上,托斯卡纳大公的公子费迪南是个音乐家。他演奏羽管键琴水平很好。他在普拉托利诺别墅②里造了一个剧场。他选择歌剧脚本,给作曲家提建议,跟阿历桑德罗·

① 欧根亲王(1663—1736),哈布斯王朝军事将领,民族英雄,神圣罗马帝国的陆军元帅。在西班牙战争中联合英国名将马尔博罗公爵,接连打败法国军队,取得意大利北部。

② 普拉托利诺别墅位于佛罗伦萨北面十二公里处,由梅迪契家族的托斯卡纳大公弗朗索瓦一世于一五七八年至一五九九年间建成,是文艺复兴时期的典型建筑。由于年久失修,到一八一九年只剩下主要建筑。

斯卡拉蒂通信。但他的趣味不很可靠。他觉得斯卡拉蒂的风格过于学究气,并要求他把音乐写得“简单些,尽可能欢乐些”。他也不像梅迪契家的老祖宗那样喜欢讲排场。他在音乐上舍不得花钱。他下不了决心任命斯卡拉蒂为他的乐师。对当时手头拮据的这位大艺术家提出的金钱要求,他的回答是“他为他祈祷”。——我们可以相信,他对亨德尔是不会很大方的。亨德尔当时远远不及斯卡拉蒂有名。他是第一次来意大利,人家似乎很少关注他。在这个新天地里,他大概也晕头转向了。他需要时间来恢复镇静。毋庸说,他仅仅写了几首康塔塔,其中有一首叫《鲁克雷齐娅》,后来在意大利和德国非常受欢迎①。这首作品几乎还是十足的日耳曼风格。

一七〇七年四月的复活节,亨德尔从佛罗伦萨来到罗马。到这儿来,对他来说,也不是个很好的时机。罗马大剧院十年前被教皇依诺森十二世以不道德的名义拆毁。从一七〇〇年起,对音乐家来说,事情略有好转,可是一七〇三年意大利遭到一场可怕的大地震,又引起了人们极大的焦虑不安②。直到一七〇九年,也就是说,亨德尔逗留意大利的整个期间,罗马没有歌剧演出。相反,宗教音乐和室内乐则大放光彩。亨德尔在头几个月里欣赏、研究罗马的宗教音乐,并试着写点类似的作品。他为圣诗配乐的作品就写于这一时期。凭了梅迪契家给他开的介绍信,他也进入了罗马的文艺沙龙。他在沙龙里变得有名,主要是由于他的演奏才能,而不是他的作曲才能。他在罗马一直待到一七〇七年秋天③。

① 有人认为这部《鲁克雷齐娅》是为托斯卡纳宫廷中一位叫鲁克雷齐娅的女歌唱家写的,这位女歌唱家是向亨德尔展现意大利歌美人也美的第一人。

② 十八世纪初虔信主义像巨浪一样席卷整个欧洲。历史学家们只注意到局部的影响。因此,他们把法国宗教情绪的重新抬头仅仅归咎于日趋年迈的路易十四和他周围的僚属。同样的现象也发生在当时的意大利、德国和英国。这种思想道德上的潮流像高烧发作,突然袭击整个文明世界。——原注

③ 新近斯特雷特菲尔德先生发表的阿尼巴勒·梅尔利尼致费迪南·德·梅迪契的信,表明一七〇七年九月二十四日,著名的萨克森人——人们已经这样叫他,还在罗马的音乐晚会上演出。

无疑,他在十月份回到了佛罗伦萨。他的歌剧《罗德里格》的首演好像就在这个时期。他在意大利待了几乎一年,写了一部意大利语的歌剧。《罗德里格》获得了成功,他的大胆得到了回报。亨德尔得到了大公的宠爱,同时也收获了第一位女歌唱家维托利娅·塔尔奎尼对他的爱情。凭借这两项初步的成功,他前往威尼斯碰运气。

当时的威尼斯是意大利的音乐之都,可以说是歌剧的故乡。半个世纪前,第一座面向公众的歌剧院就开在这里,后来又陆续开了十五座歌剧院。在这里的狂欢节期间,每天晚上有七家歌剧院上演剧目。每天晚上也举办音乐研讨会,也就是说音乐聚会,有时一个晚上会有两个或三个音乐研讨会。每天教堂里都有盛大的音乐演出,历时数小时的音乐会,由数个管弦乐队、数架管风琴、数个合唱队协同演出[①]。著名的收容所晚祷演唱队(这是妇女的音乐学校,专门培养失去父母的女孩子,捡来的被遗弃女童,抑或仅仅因为有副好嗓子的姑娘,教她们学音乐练唱歌),每个礼拜六和礼拜天都举办管弦乐、声乐音乐会。所有威尼斯人都乐此不疲。威尼斯笼罩在音乐气氛之中,威尼斯的全部生活都围绕着音乐来组织安排。这是一种终身的享乐。

亨德尔来到威尼斯时,意大利最伟大的音乐家阿历桑德罗·斯卡拉蒂(1660—1725)刚在圣乔瓦尼·葛里索斯托姆剧院[②]上演过他的杰作《米特里达泰·欧帕托雷》[③]。这是一部罕见的意大利歌剧,其剧情之动人与音乐之优美相得益彰。亨德尔到威尼斯时,阿历桑德罗·斯卡拉蒂还在那儿吗?不知道。反正仅仅几个月后,他们在罗马肯定相会了。好像从这个时期起,亨德尔跟阿历桑德罗的儿子米莫(多姆

---

① 有时威尼斯的圣马可教堂有六个管弦乐队参加演出:两个人数众多的乐队在两架大管风琴所在的长廊里,四个人数较少的乐队,两个一组,分布在两边的下方,每个乐队有两架小管风琴。——原注

② 圣乔瓦尼·葛里索斯托姆剧院,始建于一六七八年,一八三七年为纪念西班牙女高音歌唱家玛丽亚·玛丽布朗而改名玛丽布朗剧院。

③ 《米特里达泰·欧帕托雷》五幕歌剧,一七〇七年一月五日首演于该剧院。

尼科)结下了友谊[1]。他在威尼斯也会见了其他一些在未来改变他生活的人,如汉诺威亲王埃尔内斯特·奥古斯特和英国驻威尼斯的特派大使曼彻斯特公爵。这两位都热爱音乐,对亨德尔感兴趣。最早劝他去汉诺威和伦敦的邀请,无疑就发生在那里。

虽说威尼斯之行对亨德尔的未来并非无益,但就眼下来说,他得益不多。在七座歌剧院里,他不能上演任何作品。

一七〇八年三月初,他回到罗马。在罗马他比较开心。《罗德里格》的成功消息已经先他传到了罗马。现在意大利所有文学艺术的赞助人都以能接待他为荣。他是卢斯珀利侯爵的客人。侯爵位于埃斯奎利诺山上的花园是阿伽迪亚学会[2]的聚会处。亨德尔进入了意大利文学艺术界和王公贵族中最显赫的人群。阿伽迪亚学会把意气相投的艺术家和王公们汇聚在一起[3],其成员有阿历桑德罗·斯卡拉蒂,阿冈杰罗·柯雷利,贝纳多·帕斯奎尼和贝内岱多·马尔切罗[4]。在红衣主教奥拓波尼[5]主办的晚会上参加的同样是这群精英。每个礼拜一

① 曼讷陵曾说,亨德尔是隐姓埋名来到威尼斯的。他在一个化装舞会上弹奏羽管键琴,被人认了出来。多姆尼科·斯卡拉蒂大声叫道:“这人一定是那个有名的萨克森人,否则就是鬼。”这个故事说明亨德尔作为演奏的能手已经多么有名,而且跟他喜欢故弄玄虚的个性也是相当吻合的。——原注

② 阿伽迪亚学会成立于一六九〇年,宗旨是捍卫民众诗歌的声誉和表现力。——原注

③ 学会的会员名单中,宗教界有四位教皇赫然在列:克雷芒十一世,伊诺森十三世,克雷芒十二世,本笃十三世,以及几乎所有的枢机主教团的全体成员,还有巴伐利亚、波兰和葡萄牙的亲王,托斯卡纳的大公夫人,以及一群著名的贵族老爷和夫人。——原注

④ 斯卡拉蒂化名泰班德罗,柯雷利化名阿雷梅罗,帕斯奎尼化名普罗迪果,马尔切罗化名德里扬泰。亨德尔没有注册登记,因为他还没有达到入会规定的年龄二十四岁。——原注

⑤ 红衣主教奥拓波尼是威尼斯人,教皇亚历山大八世的侄儿。他是仁慈的神甫,文学艺术慷慨的赞助人,非常乐善好施。他的阔气,名声遐迩,传至英国。英国著名诗人约翰·德莱顿(1631—1700)一六九一年为普塞尔的歌剧《亚瑟王》写的序言中对此大加赞扬。红衣主教奥拓波尼是著名的音乐爱好者,曾亲自写过一部歌剧:《哥伦布:发现印度》(1691)。阿历桑德罗·斯卡拉蒂为他的剧本《斯妲泰拉》谱曲,并为他作过一首《罗索拉》和一首圣诞清唱曲。他跟柯雷利尤为亲密,留他住在自己的府邸里。——原注

晚上，在奥拓波尼府邸，有音乐会和诗歌朗诵会，跟在阿伽迪亚的聚会一样。红衣主教－亲王是教皇的后勤总监，手下有意大利一流的管弦乐队[①]和西斯廷礼拜堂[②]的唱诗班为他服务。在阿伽迪亚的聚会上也有一个人数众多的管弦乐队在柯雷利、帕斯奎尼或斯卡拉蒂的指挥下演奏乐曲。诗人们即兴作诗，音乐家即兴演奏乐曲。这在诗人和音乐家之间引起了竞争[③]。亨德尔的两首天主教清唱剧《耶稣复活》[④]和《时间和幻灭的胜利》[⑤]就是为奥拓波尼府邸的音乐会创作的。这是些经过乔装打扮的歌剧。我们也能从亨德尔这段生活时期最富特征的作品里，找到阿伽迪亚的影子。如《意大利的康塔塔》名声遐迩：巴赫在一七一五年之前曾手抄过其中的一部[⑥]。

亨德尔在罗马待了三四个月。他跟柯雷利和斯卡拉蒂父子，特别跟小斯卡拉蒂多姆尼科过从甚密。多姆尼科跟亨德尔比赛演奏技巧[⑦]。亨德尔也跟贝纳多·帕斯奎尼进行过比赛。亨德尔在圣马利亚教堂听他演奏管风琴可能不止一次。在梵蒂冈的社交圈子里，大家对他感兴趣，并试图让他皈依天主教。但他不肯。当时罗马教廷笼罩在十分宽容、客气的氛围里，以致这一拒绝并没有影响德国

---

① 柯雷利演奏第一小提琴，法兰西切罗演奏大提琴。——原注

② 西斯廷礼拜堂是梵蒂冈教皇官邸里的一个小教堂，以文艺复兴时期的壁画闻名于世。

③ 一七〇六年四月，在一次阿伽迪亚学会的聚会上，阿历桑德罗·斯卡拉蒂坐在羽管键琴前，诗人扎皮即兴朗诵了一首诗。扎皮刚朗诵完最后一句，斯卡拉蒂便开始弹奏根据即兴诗谱的曲子。在奥拓波尼红衣主教的府邸里也一样，当亨德尔正即兴弹奏世俗内容的康塔塔时，潘菲利红衣主教便即兴朗诵起诗来。其中一首充满了对亨德尔的溢美之词。而沉着镇静的亨德尔高兴地将其配上音乐，并高兴地唱了起来。——原注

④ 《耶稣复活》的手稿上标注着：一七〇八年四月十一日，复活节，在卢斯珀利侯爵府邸。——原注

⑤ 《时间和幻灭的胜利》，三十年后，亨德尔将此曲改名为《时间和真理的胜利》。

⑥ 巴赫手抄的亨德尔的意大利康塔塔是《被遗弃的阿米达》。手抄本非常细致整洁，归布雷考夫音乐出版社所有。——原注

⑦ 传说在奥拓波尼府邸的一次晚会上，多姆尼科·斯卡拉蒂和亨德尔比赛羽管键琴和管风琴。在羽管键琴上胜负难分，但在管风琴上，斯卡拉蒂率先宣布亨德尔为赢家。后来当他谈起亨德尔时，他就在胸前画十字。

路德派青年与他的资助人红衣主教们之间的友谊,也没有影响到教皇和皇帝之间的战争。他是如此热爱罗马,当战争临近罗马城,迫使他不得不于一七〇八年五月或六月去那不勒斯时,他真舍不得离开。他的意大利康塔塔中有一首题为《离去》,表达的就是他此时的离愁别恨:“离开第伯河鲜花盛开的河畔,离开珍贵的砖堤,离开亲爱的石岸。”

亨德尔到达那不勒斯不久,离开这里七年之久的阿历桑德罗·斯卡拉蒂又回到这里定居①。凭借跟斯卡拉蒂的友谊和跟阿伽迪亚学会的关系,亨德尔受到那不勒斯贵族的最佳接待。从一七〇八年六月到一七〇九年春,他在那不勒斯逗留了将近一年,曼讷陵说他享受到公子王孙般的优厚待遇:有公馆、膳食和马车供他享用。虽说温馨的意大利生活对他来说令人陶醉,但他不浪费时间。他不仅效法他的朋友柯雷利,爱上了意大利的绘画②,而且作为关心艺术的爱好者,风格迥然不同的作品他都试着看看。那不勒斯国际性的社会总能满足他散淡不羁的好奇心。西班牙影响和法国影响在争夺这座城市。至于这两个民族谁胜谁负,亨德尔跟斯卡拉蒂一样漠不关心。他尝试用这两个民族的风格创作。他也对意大利的民歌感兴趣,并记下卡拉布里亚牧民的山歌③。他为那不勒斯阿伽迪亚学会的会员创作了他那首动听的小夜曲:《阿喀斯、伽拉忒亚和波吕斐摩斯》最后,他有幸讨得那不勒斯总督、红衣主教葛里马尼的喜爱。葛里马尼是威尼斯人。威尼斯的圣乔瓦尼·葛里索斯多姆剧院是

---

① 斯卡拉蒂于一七〇八年十二月任那不勒斯皇家教堂的首席管风琴师,一七〇九年一月重新就任皇家教堂唱诗班的领班,同一年被任命为那不勒斯音乐学院院长。——原注

② 他一辈子跟柯雷利和哈斯一样,心爱的消遣之一是参观画展。值得一提的是,那时代德国和意大利的大音乐家都有这种视觉上的悟性,在十八世纪末的大音乐家身上,我们就看不到这种悟性了。——原注

③ 其中一首为《弥赛亚》中的田园序曲提供了灵感。亨德尔从意大利也带回了对西西里舞曲的爱好。西西里舞曲当时在那不勒斯非常盛行。他将其用在歌剧《阿格丽品娜》里,用在几乎所有的歌剧里,甚至用在他的清唱剧里。——原注

他家拥有的。葛里马尼为亨德尔写了《阿格丽品娜》歌剧的台本。该剧本的部分音乐可能是在那不勒斯创作的。这样的合作能确保该剧在威尼斯顺利上演。

一七〇九年春，亨德尔离开那不勒斯，重返罗马。他在当地红衣主教奥拓波尼府邸结识了阿高斯蒂诺·司黛伐尼。此人身兼数职，同时担任汉诺威宫廷的音乐总监和德国多位王侯的秘密使臣①。司黛伐尼是当时最完美的音乐家之一，是亨德尔的知交。也许他们同路去威尼斯。一七〇九至一七一〇年威尼斯狂欢节从开幕起，亨德尔的歌剧《阿格丽品娜》便在圣乔瓦尼·葛里索斯多姆剧院上演②。

《阿格丽品娜》的成功超出了人们的预料。曼讷陵写道："听众简直疯了。他们鼓掌，欢呼：亲爱的萨克森人万岁③！欣喜若狂，无法描述。该剧的磅礴气势好似雷霆般震撼了全场听众。"意大利人这样高兴是有道理的。他们把亨德尔视作他们引进的最令人自豪的人才，《阿格丽品娜》是意大利歌剧中最好听的一部。威尼斯可造就一个人的声誉，也可毁掉一个人的声誉。圣乔瓦尼·葛里索斯多姆剧院演出掀起的狂热传遍了欧洲乐坛。

整个冬天亨德尔都在威尼斯度过。该走哪条路回国，他似乎拿不

---

① 亨德尔所讲的有关奥拓波尼府邸一场音乐会的故事，很可能就发生在一七〇九年跟司黛伐尼在罗马邂逅期间。音乐会上，司黛伐尼出其不意地顶替一位主要的歌唱演员，歌唱技巧之娴熟无与伦比。克里桑德把这个故事发生的时间放在一七二九年亨德尔第二次去意大利旅行期间。但这是不可能的，因为司黛伐尼已于一七二八年二月去世。——原注

② 也就是说，在一七〇九年十二月二十六日上演。这是阿德莫罗先生和斯特雷特菲尔德先生新近研究考订的日期，跟研究亨德尔的当代音乐史家（马特森，马普尔格，伯内）提供的说明以及剧本上注明的日期一致，但与克里桑德的论点相左（我们现代大部分音乐学家追随其后，采纳他的论点）。按照他的说法，歌剧《阿格丽品娜》从一七〇八年的狂欢节开始就在威尼斯上演了。——原注

③ 《阿格丽品娜》演出的成功使亨德尔从此获得了亲爱的萨克森人的荣誉称号。二〇〇〇年一月九日，美国普林斯顿大学图书馆举办亨德尔作品展览会，展览会的标题即为：亲爱的萨克森人——亨德尔。今天在市场上可以买到他在意大利旅行期间创作的咏叹调、康塔塔等独唱歌曲的光盘，其标题也是亲爱的萨克森人——亨德尔在意大利。

定主意。他想经过巴黎,这也是可能的①。如果他当时来到巴黎,如果他能在巴黎定居,在吕利与拉摩之间群龙无首之际②,法国乐坛该会有多大变化啊!他所具有的丰富无比的音乐素材,没有一个法国音乐家具有;法国音乐家所具有的对音乐剧真正本质及其命运的清晰而深刻的理解,亨德尔则一点也没有。当时正是勒塞尔·德·拉维埃维尔撰写《法国音乐与意大利音乐比较》的时候,其中某些篇章预示了格鲁克的改革。如果亨德尔来到法国,我确信这场改革会提前六十年完成,而且会出现格鲁克不曾有过的壮丽的音乐作品。亨德尔谙熟法国语言③。后来他对法国悲剧的最佳主题表现得特别感兴趣。凭其罕见的灵活性,凭其全部拉丁民族的优点:清晰的思路,令人信服的理性,对形式的酷爱,他如果将我国的传统化为己有,并以排山倒海的气势加以运用,那会是易如反掌的④。

可是,在威尼斯,他对该做什么还在犹豫不决时,遇到了汉诺威的贵族,其中包括吉尔曼赛格男爵。他们邀请他跟他们一起回去。司黛伐尼曾真心诚意地向他表示,要把汉诺威宫廷音乐总监的职位让给他。亨德尔去了汉诺威。

---

① 这也许就是他为了熟练掌握法国歌曲的风格而创作七首法语歌曲的理由,这些歌曲的手稿经过他仔细修改,并留有铅笔修改的痕迹。巴黎音乐学院图书馆藏有这七首法语歌曲手稿的复印件。——原注

② 吕利(1632—1687),法国巴洛克风格作曲家的代表,路易十四国王的宫廷乐师。拉摩(1683—1764),法国古典主义巅峰时期的代表作曲家,被认为是法国十九世纪前最伟大的作曲家和音乐理论家。吕利去世时,拉摩只有四岁,法国音乐人才出现断代现象。

③ 他通信时使用法语,甚至跟家人通信也用法语。他的文笔工整,具有路易十四时代谦恭的文风。——原注

④ 一七三四年,塞雷·德·里欧(1668—1747)谈起亨德尔时就说:"他的音乐作品极其庄重典雅,听起来比欧洲任何一个音乐家都更接近我们的趣味。"(引自《拉多内的孩子,献给国王的诗》第二九九页)法国人特喜欢亨德尔,因为他的意大利风格受到理性的驾驭,也因为法国音乐家乐于相信十足的法兰西理性。"他性格刚强,初出茅庐,才华出众,平易近人//始终沿着理性的足迹前进//从不胆大妄为,咄咄逼人"。(同上,第一〇二至一〇三页)——原注

* * *

克里斯蒂安-路易，乔治-纪尧姆，冉-弗雷德里克和埃尔内斯特-奥古斯特，是四兄弟，先后做了汉诺威公爵。四兄弟都为法国和意大利着迷。他们一生中最好的时光都是在他们国家之外度过的，尤其喜欢在威尼斯。乔治-纪尧姆降低身价，娶了一位法国普瓦图贵族家庭出生的女子埃莱奥诺·道尔布娄兹为妻。冉-弗雷德里克领取路易十四的年俸，变成了天主教徒。他按照凡尔赛宫的样子，于一六七二年建立了汉诺威歌剧院。而且他很明智，把莱布尼茨①招揽到他的公国。可是，他自己却避免待在自己的公国里。他在一次去威尼斯的旅途中去世。一六八〇年继承他爵位的埃尔内斯特-奥古斯特，是司黛伐尼的保护人。他娶了一位聪明美丽的索菲亚为妻。公爵夫人索菲亚是有王位继承权的公主，斯图亚特·雅克一世②的孙女，有王位继承权的法国王后的姑姑，笛卡儿的女友伊丽莎白公主的姐妹。她自己是莱布尼茨的女友，跟莱布尼茨有书信往来。她无比聪慧，能说七种语言，博览群书，生性喜爱美好的东西。她的侄女法国王后说，"没有人比她更精通米歇尔·德·蒙田③了。"她思想极开放，说话过于随便，宣扬高智慧的伊壁鸠鲁式物质主义。她的丈夫跟她很不一样，但他很惹眼，很讲究排场。他们把汉诺威的宫廷建设成 德国最讲礼仪和最高雅的宫廷④。他们俩都喜欢音乐。可是埃尔内斯特-奥古斯特似乎没想到意大利之外也是有音乐的。也许他既可以称作汉诺威公爵也可称作威尼斯公爵了：因为他总是待在

① 莱布尼茨(1646—1716)，德国著名哲学家和数学家。一六七六年，他三十岁，被任命为顾问和宫廷图书馆馆长。——原注

② 斯图亚特·雅克一世(1566—1625)，一五六七年，刚一岁即任苏格兰国王，一六〇三年起任英国国王。

③ 米歇尔·德·蒙田(1533—1592)，法国文艺复兴时期的重要作家。他的三卷《随笔》在西方文学史上占有重要地位。

④ 岛朗神甫，一位法国旅行者，于一七〇二年这样说。——原注

威尼斯,不想离开那里①。汉诺威的老百姓已经开始私下发牢骚。为了把这位王爷留在家里,人们也想不出其他办法,只好为他造了一座豪华的歌剧院。他可以像在威尼斯一样,在那里举办演出和庆祝活动。这个想法很好。埃尔内斯特-奥古斯特非常热衷于建造他的新剧院。该剧院由意大利人承建和装潢,一六八七年始建,一六九〇年完工,是德国最美的剧院②。司黛伐尼应聘做了该剧院的音乐总监③。

阿高斯蒂诺·司黛伐尼是那时代最好学的人物之一。一六五三年,他出生于威尼斯附近的卡斯岱罗弗朗哥一个贫穷人家,曾是圣马可教堂唱诗班成员,一六六七年被塔登巴赫伯爵④带到慕尼黑,在那里他曾做过埃尔科尔·贝尔纳倍⑤的学生。这是位受过最纯粹的罗曼艺术熏陶的音乐大师⑥。在这同时,司黛伐尼接受完整的教育:文学,科学和神学,因为人家打算让他将来做神甫。而且后来他变成神甫的同时,又被任命为宫廷的管风琴师和音乐总监。从一六八一年起,慕尼黑上演了一系列他的歌剧,特别是一六八五年的《塞尔维乌斯·图里乌斯》⑦使

---

① 他一六八〇年继任公爵爵位,当年就去了威尼斯。一八六四年末,他又去那里,一直待到一六八五年八月。三个月后,十二月份,他又去了威尼斯,到一六八六年九月才回来。他住在福思卡丽尼宫,陪着他的有人数众多的随从,部长,诗人,音乐家,唱经班。他在那里大肆挥霍,大摆筵席招待威尼斯人,在威尼斯的五家剧院里常年租有包厢。相反,他把自己的臣民在威尼斯当士兵出售,而他的儿子马克西米廉是共和国的将军。当汉诺威宫廷的大元帅写信给他,告诉他老百姓的不满时,埃尔内斯特-奥古斯特回信说:“我很想让大元帅先生到这儿来,为了他不再如此频繁地给我写信,让我回家。大元帅先生不知道这儿多么好玩,他只要来一次,就不再想回德国了。”——原注

② 巴道尔德·费恩德一七〇八年写道:“德国的歌剧院,莱比锡的最寒酸,汉堡的最大,布伦茨维克的最完善,汉诺威的最美。”——汉诺威歌剧院有四层包厢,可容纳一千三百名观众。——原注

③ 管弦乐队大部分成员是法国人,乐队指挥是冉-巴蒂斯特·法里内尔,也是法国人,法国歌剧作曲家康贝尔(1628—1677)女婿的兄弟。——原注

④ 塔登巴赫伯爵是巴伐利亚公国的一位亲王。

⑤ 埃尔科尔·贝尔纳倍(1622—1687),意大利作曲家和管风琴演奏家。

⑥ 自从选帝侯费迪南在一六五二年跟意大利公主阿黛拉伊德·德·萨瓦结婚之后,慕尼黑成了德国的意大利音乐之家。——原注

⑦ 《塞尔维乌斯·图里乌斯》,传说中的古罗马第六位国王,公元前五七八至五三五年间在位。

他的名声传遍了德国。汉诺威公爵招募他进入自己的宫廷。一六八九年，汉诺威新剧院落成，开幕式上演的就是司黛伐尼的一部歌剧。传说该剧的爱国主题《雄狮亨利》[①]即索菲亚公爵夫人建议的。后来又上演了他的十五部歌剧。这些歌剧的音乐和演出在德国誉满天下[②]。库塞尔把这些歌剧当作意大利歌曲的典范引进汉堡。凯塞尔的成长就部分得益于这些作品。轮到亨德尔跟凯塞尔学习已是十多年之后的事了。歌剧在汉诺威上演的时间不长。只有公爵喜欢歌剧。公爵夫人索菲亚对这种艺术的兴趣要小得多[③]。芭蕾舞和假面舞有损歌剧的声誉。而且司黛伐尼忙着更重要的事情。在奥格斯堡联盟中[④]，汉诺威的埃尔内斯特-奥古斯特公爵站在皇帝一边。为了回报他的忠诚，皇帝赐予他选帝侯的头衔。但是，在帝国混乱之中，局势很难恢复正常。必须派一特使游说德国的各大宫廷。大家一致推选司黛伐尼为特使，因为他是天主教神甫，在信仰新教的汉诺威宫廷和信仰天主教的宫廷之间充当中间人比较方便[⑤]。他把使命完成得如此圆

---

① 该剧的演出是为了纪念雄狮亨利于一〇八九年围困巴尔多维城五百周年（原文如此）。布兰登堡选帝侯出席了首演。司黛伐尼还写过其他日耳曼主题的歌剧，如一七〇九年上演的《塔西罗恩》。——原注

② 这些歌剧的大部分手稿保存在柏林、慕尼黑、伦敦、维也纳和施韦林的图书馆里。尽管这些歌剧在德国歌剧史上起过重要作用，但至今一部也没有发表，这是不可思议的。克里桑德列举过几部剧本的样品。歌剧的音乐很少有人研究，除了奈瑟先生。而奈瑟先生错在对司黛伐尼同时代作曲家的作品不够了解，因而对司黛伐尼的评价经常发生错误。——原注

③ 莱布尼茨对歌剧也不怎么感兴趣，虽然他有些直观的感受，认为这种戏剧形式“汇聚了一切表现手法：语言、韵脚、音乐、绘画、动作协调的美”。（摘自一六八一年的信件）一般来说，他对音乐的态度跟拉摩时代的百科全书派一样。他理想的音乐是单纯的曲调。“我常常注意到，专业人士最为看重的，丝毫不感动人。单纯常常比外加的装饰更有效果。”（致亨弗陵的信）——原注

④ 奥格斯堡联盟是欧洲国家为反对法国国王路易十四的对外扩张政策而组织起来的联盟。联盟与法国的战争始于一六八六年，直到一六九七年才全部结束。

⑤ 司黛伐尼同时代人的见证材料一致把他描绘为一个长相讨人喜欢的人：个子矮小，由于学习过于勤奋而身材瘦弱；天性严肃，但待人接物总是和蔼可亲，充满机智和温柔；说话心平气和，口齿清晰，极有分寸；礼貌周全，从不失误；是个十全十美的宫廷人物；而且知识渊博，对哲学和数学都十分感兴趣。莱布尼茨教过他德国政治法。——在费舍著的《汉诺威的音乐》一书里，有一张司黛伐尼肖像的复制品，是一张十分罕见的穿着主教法衣的肖像。——原注

满，以致汉诺威公爵在一六九七年获得了选帝侯的头衔。这位出色的外交家，在完成外交任务的同时，竟能有办法谱写歌剧。

一六九八年，汉诺威公爵埃尔内斯特-奥古斯特去世。之后，司黛伐尼便不再写歌剧，但继续关心政治。一七〇三年，他成了选帝侯的秘密顾问，宗教会议主席，被封为贵族。同时，教皇伊诺森十一世于一七〇六年任命他为斯皮伽的主教[①]。汉诺威选帝侯任命他为大指导神甫[②]，并负责用意大利文和拉丁文跟布伦斯维克公爵通信。从一七〇八年十一月到一七〇九年四月，司黛伐尼住在罗马，教皇给足了他面子，任命他为教廷高级教士，教宗助理，卡拉拉教区司黛伐尼神甫，德国北部宗座代牧区主教并拥有视察有王权的伯爵领地、布伦斯维克和布兰登堡的天主教徒的权利[③]。正在此时，如上所说，他遇见了亨德尔。

我们在这里概述这位非凡人物的一生是有必要的。他既是神甫、主教和宗座代牧区主教，又是王侯们的私人顾问和使臣，既是管风琴演奏家、宫廷音乐总监，又是音乐批评家[④]、著名歌手[⑤]和作曲大家。我们不仅对这位人物感兴趣，而且因为他对亨德尔产生过重大影响。亨

---

① 斯皮伽是当时西属西印度群岛，即今安第斯群岛的一个地方。根据天主教的习惯，教皇有权任命主教但没有教区归其管辖，这种主教称为领衔主教。

② 宫廷里职位最高的主教，可为国王加冕。

③ 宗座代牧区主教的职务带给他的烦恼多于快乐，他最终辞去了这一职务。一七二二年，他重游意大利。一七二四年，他被任命为他学生伽里亚尔在伦敦创办的《古乐学会》的终身会长。他有好几首作品是赠送给该学会的。但自他担任主教之后，就不再在自己作品上签名了，出版时用他秘书格雷高利奥·皮法的名字。一七二五年，他重返汉诺威，过了一段收入不足以支撑的豪华生活，便陷入窘境，不得不变卖自己珍藏的绘画和雕塑。据说，其中有米开朗琪罗的作品。最后英国国王帮他还了部分债务。司黛伐尼于一七二八年二月十二日在去法兰克福的旅行中死于脑溢血。——原注

④ 一六九五年，他在阿姆斯特丹出版了一本书信体小册子，题为：《Quanta certezza habbia da' suoi Principii la Musica ed in qual pregiò fosse perciò presso gli Antichi》。一七〇〇年，德文版出版。他在书中捍卫音乐的价值，不仅是作为艺术的价值，而且也作为科学的价值。——原注

⑤ 他唱歌是出了名的。按亨德尔的说法，虽然他的嗓子不洪亮，但唱得纯净，优美，表达细腻，真切。

德尔一直以感恩的心情怀念他①。

司黛伐尼的特点,他较之同时代音乐家的过人之处,在于他掌握唱歌的艺术。虽然所有意大利音乐家都是写歌曲的能手,但是没有一个是完完全全为人声写的。斯卡拉蒂出于表达的意图或与乐队协调的意图,会毫无顾忌地试图冲击嗓音的极限。司黛伐尼的作品,如同雨果·戈登施密特②说的那样,“歌手唱起来很轻松。”他的作品是黄金时代意大利歌曲最完美的汇编。亨德尔从他那里学到了美声唱法(Bel Canto)的精髓。坦言之,司黛伐尼的歌剧很少达到这种技巧的高度。从戏剧的观点来说,他的歌剧很平常,表现力相当差,滥用无词哼唱的美声技巧,因此他的歌剧基本上是为歌手创作的③。但他乐于对和声进行探索,而且他巧妙地使用对位,这跟吕利几乎是同声齐唱的写法形成鲜明的对比④。但是,司黛伐尼真正的荣誉,来自他的室内声乐作品,尤其是他的二重唱歌曲⑤。这些二重唱各有特点,长短不一。有的二重唱是单独的作品,有的有反始唱的分段,有的是不折不扣的康塔塔,包括宣叙调、独唱和二重唱。有的首尾相连,形成一种短小的组曲(Liedkreise)。二重唱的写法从舒茨和贝尔纳倍到亨德尔和泰勒曼,逐步在变化。但从相当普遍的情况来说,其内部结构是一样的。

---

① 一七一一年亨德尔和司黛伐尼同时在汉诺威,这使亨德尔获得极大教益。——原注

② 雨果·戈登施密特(1859—1920),德国音乐学家,柏林音乐学院教授,声乐史专家。此话引自《声乐装饰音的学问》,一九〇七年版。

③ 他在歌剧中使用人数众多的歌唱演员,只在《塞尔维乌斯·图里乌斯》中使用了二十五名歌唱演员,其中有十名女高音。不过,雨果·里曼(1849—1919)新近的研究指出,司黛伐尼为汉诺威写的歌剧与早期为慕尼黑写的歌剧,需要区别对待。前者技巧占了上风,后者则非常动听,为反始唱的咏叹调提供了范例。——原注

④ 相反,他的交响曲,特别是序曲,则是吕利的风格,可以当作亨德尔的范例。在汉诺威的交响乐队里,法国风格占了统治地位。泰勒曼说:“汉诺威是法国知识的中心。”——原注

⑤ 司黛伐尼在担任宫廷贵妇人的乐师时,好像就写过这种重唱,而且有几首重唱是为布兰登堡选帝侯夫人索菲-朵萝黛创作的。歌词是公侯爵爷们或意大利神甫们的作品。这些重唱当时被视为优秀作品,并被人广泛抄录流传。在布雷考夫出版社出版、爱因斯坦和桑德伯格编辑的《司黛伐尼作品选》第一卷作品目录中可以找到。司黛伐尼的六卷本重唱手稿,只有巴黎音乐学院拥有。——原注

第一声部单独呈现第一乐句,显示曲子的诗情;第二声部重复了动机,同声齐唱或高八度重唱;随着第二动机的出现,各声部便不再齐声合唱,而是开始卡农式的模仿,以自由的赋格手法模仿,然后再回到第一(呈现)部结束。当重唱充分展开,第二首大调曲子接着第一首小调曲子之后出现,充分展示作者的技艺,然后再回到第一首小调曲子。这些作品,旋律优美动听,令人赞叹;表情达意,常常颇有深度。在主题快乐的作品里,司黛伐尼具有灵动的典雅,斯卡拉蒂式的风流倜傥。在忧伤的作品里,他接近舒茨、普罗旺扎尔、巴赫的最高典范①。他是十七世纪最伟大的抒情音乐家之一。这些重唱歌曲把这类歌曲的风格和形式固定了下来。我很乐意把司黛伐尼在音乐上的作用跟弗拉·巴托洛美奥②在绘画上的作用相比。这两位都凭其完美的技巧和极冷静的头脑,在有限的艺术品种里,致力于寻找作品的规律。弗拉·巴托洛美奥在一幅圆形的画面上聚集着三四个人物的场景里,寻求群像的平衡和线条的和谐;司黛伐尼在重唱的狭窄框架里,集中一切努力发挥创造性,想象力和艺术技巧。这两位宗教艺术家创造的是一种阳光而自信的艺术,简单而深奥的艺术,少有或没有偏见的艺术,因为他们都有一颗高贵的心,纯洁的心,有点平常的心。他们生来就是为别人铺路的。如同克里桑德说的那样,亨德尔踏着司黛伐尼的足迹向前走,但他的脚印更为宽大。

* * *

一七一〇年,亨德尔在汉诺威只做了短暂的过渡。他刚获得汉诺威宫廷音乐总监的职位便申请休假,前往给他提出建议的英国,并获得了批准。他在一七一〇年秋末,穿过荷兰,抵达伦敦。这年他二十五岁。

---

① 普罗旺扎尔(1624—1704),意大利巴洛克风格作曲家和音乐教育家。

② 弗拉·巴托洛美奥(1472—1517),意大利画家,在绘画的色彩和立体感方面有贡献,是拉斐尔的先驱。

英国的音乐世纪已经结束。十五年前,英国失去了自己最伟大的音乐家亨利·普塞尔。他三十二岁便英年早逝。

他在短暂的一生中创作了数量可观的作品:歌剧,康塔塔,宗教音乐,器乐作品。这是位有教养的才俊,非常熟悉吕利和卡里希米[①]的作品,通晓意大利奏鸣曲,同时也具有浓浓的英国味,写的曲调流畅自然,很有天赋,从不脱离自己的民族精神。他的作品美不胜收,韵味十足,跟吕利的作品相比,更显贵族气派。这是音乐上的梵·迪克[②]。作品中的一切都极其雅致,精细,自如,有一点缺少生气。他的高雅不做作,总是不断地精益求精,就像英国人在乡村生活中那样乐此不疲。在十七世纪歌剧里,出于灵感或民间元素的清新曲调,没有比他的作品里更多的了。这位可爱的艺术家,病病歪歪,体质虚弱,弱不禁风,有点娘娘腔。缠绵悱恻既是他的魅力又是他的弱点,使他在艺术上不能继续取得进步,因为他像亨德尔一样固执。他在自己的作品中几乎处处留下缺陷,他也不试图克服障碍,以臻完善。他的作品都是才气横溢的草稿,带着奇怪的缺陷,有许多草率之处,人声和器乐的处理方式特别笨拙,断句笨拙,节奏单调,和弦结构松弛,特别是在大作品里,使人觉得他气力不足,体力不支,以致不能把美妙的乐思发展到底。然而,我们应该按他原有的样子接受他:他是音乐上最富诗情的人物之一(微笑中透出淡淡的哀愁),一个童年的莫扎特,总是处在养病之中。一点不平庸,一点不粗俗。出自内心的优美曲调反映了最纯洁的英国灵魂。轻柔的和弦,微弱的不协和和弦,喜欢用七度和二度造成沙沙声,喜欢不停地从大调浮向小调,喜欢音色细腻的变化,喜欢淡淡的、朦胧的、笼罩着的光线,就像穿过一层薄雾的春天的太阳[③]。

他只写过一部真正的歌剧:一六八〇年上演的可爱歌剧《狄忒与

① 卡里希米(1605—1674),意大利巴洛克时代最著名的作曲家之一,罗马学派的主要代表之一。——原注

② 梵·迪克(1599—1641),比利时弗朗德勒画家,英王查理一世时期的宫廷画师,以肖像画著称。——原注

③ 请听他的《狄克里贤》的前奏曲或舞曲,《朋杜卡》的序曲。——原注

埃涅阿斯》[1]。他的其他为数众多的戏剧作品,都是舞台音乐。其中最好的典型是一六九一年为德莱顿[2]的《亚瑟王》谱写的曲子。这部作品几乎全是插曲,即使删去,也不会影响基本情节。英国人对反始唱到尾的歌剧没兴趣,很抵触。在亨德尔时代,艾迪森在他的《旁观者》[3]里少不得要反映英国人这种反感。

虽然亨德尔对歌剧另有想法,虽然他的个性跟普塞尔迥然不同,但这并不妨碍他从这位前辈的才能中获益,如同他向其他前辈学习一样。来到一个陌生的国家,既不懂语言,又不识人头,他把英国的乐师当引路人是再自然不过的了。因此,在他们两人之间,我们看到不少雷同之处。普塞尔的颂歌有时好像是亨德尔的康塔塔和宣叙调的草稿。我们从中看到同样的结构风格,同样的速度对比,同样的器乐音色反差,同样的全体合奏与独奏的衬托。某些舞曲,某些军旅歌曲,节奏铿锵,气吞山河,军号齐奏,凯旋而归[4],已经有点亨德尔作品的味道了。不过在普塞尔的作品里,这仅仅一闪而过。他的个性、艺术,是不一样的。他也跟当时其他音乐家一样被亨德尔所掩盖,好似涓涓细流注入了江河。然而这涓涓细流中所包含的英格兰诗情,是亨德尔全部作品中所没有的,也是不可能有的。

自普塞尔去世后,英国的音乐就完蛋了,被外来人淹没了[5]。清教徒的反对大势回潮。他们攻击戏剧,终于使灰心丧气的英国艺术家放

---

① 《狄忒与埃涅阿斯》,普塞尔所作三幕歌剧。除了狄忒死亡那场戏,英国艺术从不曾产生过堪与意大利艺术媲美的作品。——原注

② 德莱顿(1631—1700),英国著名诗人,文学批评家和翻译家。

③ 艾迪森(1672—1719),英国散文家,诗人,剧作家和政治家。在一七一一至一七一二年间,他与人合作在伦敦出版小报《旁观者》,介绍伦敦中产阶级(白领,中小商人)的生活习惯、时尚、价值观。文章短小,文笔犀利,反映社会生活的方方面面,深受伦敦上班族的欢迎。每期虽然只印三千份,但估计读者有六万之多,这相当于当时伦敦人口的十分之一。——原注

④ 特别是《亚瑟王》里那著名的圣乔治颂歌:“圣乔治,我们岛国的保护神,士兵和圣人……”——原注

⑤ 斯图亚特时代,法国人非常有影响。自一六八八年革命以来,法国人的影响几乎消失殆尽。现在不再是法国人,而是意大利人。——原注

弃了戏剧创作[①]。伟大时代的最后一位大师约翰·布罗[②]已经退出乐坛,回归宗教思想。在那时代,约翰·布罗是一位声誉卓著、受人尊敬的艺术家。他虽然个性灰暗,不事张扬,但不失高雅,也不缺乏表现力。

在英国没有作曲家的情况下,意大利人占据了英国的地盘。王宫教堂原来的乐师托马·克莱腾[③]从意大利带回一些歌剧剧本、乐谱和歌唱演员。他选了一部博罗尼亚[④]的老剧本,请一位法国人译成英文,笨拙地配上了一文不值的音乐。这就是《塞浦路斯的王后阿西诺》,他骄傲地称之为"第一部完全由英国人作曲、在英国上演的意大利风格的音乐剧"。这部毫无价值的作品于一七〇五年在特鲁里街皇家剧院上演,获得巨大成功。翌年,另一部真正的意大利歌剧在伦敦上演,获得的成功更大。这是马克-阿布东尼奥·波农齐尼[⑤]的《福尔希王后伽米拉》。焦急不安的艾迪森试图反对意大利音乐入侵。他对公众追求时髦进行挖苦讽刺,并拿出一部英格兰民族风格的歌剧[⑥]和意大利歌剧抗衡。但这都是白费力气,他被打败了,连同整个英国戏剧也被打败了[⑦]。一七〇七年,《托米丽丝》开启了一半用英文一半用意大利文

① 一六八八年,杰瑞米亚斯·科里埃牧师的著名小册子:《略论英国戏剧舞台的伤风败俗和低俗下流》,是篇划时代的谤书,因为作者以其强烈的信念,表达了英格兰民族隐蔽的感情。德莱顿是第一个主动认错,自愿苦行赎罪的作家。——原注

② 约翰·布罗(1648—1708),英国巴洛克时期的作曲家和管风琴师。曾任伦敦圣保罗大教堂唱经班和王宫教堂唱经班的指挥。一生创作了为数众多的宗教音乐作品和羽管键琴作品。普塞尔是他的学生。

③ 托马·克莱腾(1673—1725),英国作曲家和提琴演奏家。曾在意大利学习音乐。

④ 博罗尼亚,意大利北部最大城市,工商业中心,文化艺术中心,拥有欧洲开办最早的大学(1088),意大利历史名城之一。

⑤ 马克-安东尼奥·波农齐尼,著名的乔瓦尼·波农齐尼的弟弟。——原注

⑥ 这就是一七〇七年上演的《罗萨蒙德》,只演了三场。艾迪森对音乐不很在行,找了平庸的克莱腾与他合作。他对意大利歌剧的挖苦讽刺在一七一〇年的三至四月间刊登在《旁观者》上。——原注

⑦ 一七〇八年,失败已经显而易见。三年前,为了上演英国古老的戏剧,诗人康克里夫在王后的赞助下创办了干草市场的皇家剧院。一七〇八年,英国戏剧不得不给意大利歌剧让出地盘。——原注

演出的先例。从一七一〇年一月上演的《阿尔玛海德》起，就全部用意大利语演出了①。没有一个英国音乐家出来反对。

一七一〇年末，亨德尔来到时，英国的民族音乐已经死亡。因此，人们常说亨德尔扼杀了英国音乐。这种说法是荒谬的，因为已经没有什么可扼杀的了。伦敦没有一位作曲家。相反，伦敦倒拥有很多杰出的演艺人才。特别是，伦敦拥有一支歌唱队伍，这是欧洲所能找到的最优秀的意大利歌唱队伍之一。亨德尔被介绍给了热爱音乐并弹得一手好琴的安娜王后，受到皇家歌剧院院长阿隆·希尔的热烈欢迎。阿隆·希尔是个不简单的人物。他旅游东方，撰写了一部奥图曼帝国史，创作戏剧，翻译了伏尔泰的作品，创办了“山毛榉油公司”（Beech Oil Compagny），为了从山毛榉果实中萃取油脂，而介入化学，并忙于建造船只②。这位身兼数职的院长根据《被解放的耶路撒冷》的故事，当场拟定了一部歌剧的大纲，这就是《里纳尔多》，诗歌台本和谱曲都在十四天内完成，并于一七一一年二月二十四日在干草市场的皇家剧院首演③。

演出获得巨大成功，决定了意大利歌剧在伦敦的胜利。当扮演里纳尔多的歌唱演员尼科利尼离开英国时，他把曲谱带到了那不勒斯。在年轻的莱奥纳多·莱奥④的帮助下，他于一七一八年在那里上演了这出戏。《里纳尔多》成了音乐史上的转折点。曾经征服欧洲的意大利歌剧，现在轮到被它培养起来的外国音乐家，德国的意大利化的音乐家征服了。亨德尔之后是哈斯，然后是格鲁克，再后是莫扎特。但

① 巴黎音乐学院图书馆藏有一本一七〇六至一七一〇年伦敦上演的主要意大利歌剧的曲谱集子。（伦敦，瓦尔希出版社。）——原注

② 阿隆·希尔（1685—1750），英国作家、剧作家。二十四岁时被任命为皇家剧院院长，创作或改编过十七部剧本。一般都以失败告终。——原注

③ 《里纳尔多》是根据塔索的史诗《被解放的耶路撒冷》改编的三幕歌剧。故事背景是第一次十字军东征从伊斯兰教徒的围困中解救被围困的耶路撒冷。故事主题是表现爱情与责任之间的冲突。阿隆·希尔确定故事梗概，加科姆·罗西用意大利文编写诗歌剧本，亨德尔谱曲。

④ 莱奥纳多·莱奥（1694—1744），意大利巴洛克时期作曲家，那不勒斯人。——原注

亨德尔是第一位征服者[1]。

* * *

在《里纳尔多》上演之后，直到亨德尔最终定居伦敦，也就是说一七一一年到一七一六年年终，有一段迟疑不决的时期。在这段时期里，他在德国和英国之间，在宗教音乐和歌剧之间摇摆不定。

亨德尔作为汉诺威宫廷的音乐总监，不得不于一七一一年六月回去就职[2]。他在汉诺威又见到了司黛伐尼主教，并试图按他的风格写作。他模仿司黛伐尼作品创作了二十首左右室内二重奏，但都比不上司黛伐尼的作品，也比不上根据布洛克斯[3]的诗歌谱写的动听的德国艺术歌曲[4]。其中某些最好的篇章是器乐，他早期的双簧管协奏曲，长笛和低音奏鸣曲[5]似乎也写于这一时期。汉诺威宫廷的骑士们都热衷于吹笛。法里奈尔指挥的乐队堪称一流。特别是双簧管的演奏已经技巧纯熟，即使今人也难以企及。相反，汉诺威的歌剧院已经关闭。亨德尔甚至不能上演《里纳尔多》。

他已尝到戏剧的甜头，不甘心就此放弃。所以他寄望于伦敦。他已经在英国试过水的深浅，认为环境有利，下决心去那里定居。他定期收到那里寄来的信息[6]。自他离开伦敦，除了《里纳尔多》，没有一

① 当诗人巴道尔德·费恩德于一七一五年在汉堡翻译出版《里纳尔多》时，没有忘记指出，"世界闻名的亨德尔先生被意大利人称之为我们世纪的音乐之神和杰出的天才。"他又补充说，这是罕见的荣誉，"因为没有一个德国人受到意大利人或法国人如此的对待，习惯上这些人是瞧不起我们的。"——原注

② 他一点不急于回到汉诺威。他在杜塞尔多夫的选帝侯府邸稍事停留，（见《国际音乐协会简报》，1907 年 4 月号，A. 埃因斯坦著"亨德尔传记初稿"。）然后在当年的最后几个月里又去哈勒看望自己的家人。——原注

③ 布洛克斯(1680—1747)，德国诗人。他写的《耶稣受难记》曾被他同时代的音乐家凯塞尔、泰勒曼、马特森、亨德尔等人谱成清唱剧。

④ 坦言之，与其说是艺术歌曲，不如说是短小的康塔塔。巴黎音乐学院图书馆斯科尔彻丛书中藏有复本。——原注

⑤ 见全集第二十七卷和四十八卷。

⑥ 从亨德尔一七一一年的书信中，我们得知他在德国努力改善他的英语知识水平。——原注

部歌剧能够维持下去。英国的歌剧爱好者希望他回去。心急火燎想走的亨德尔,向汉诺威宫廷又一次请假。汉诺威宫廷用最客气的言辞答应了他的请求:“条件是在合理的时间内回来。”[1]

一七一二年将近十一月末,亨德尔回到伦敦,正好赶上监督《忠实的引路人》[2]演出。这一仓促完成的作品,其中的最佳歌曲,他后来进行过修改。二十天后,他写完了《忒修斯》。这是一出很短的五幕悲剧,匆匆忙忙赶出来的,但才气横溢,于一七一三年一月上演。

亨德尔力图在英国安顿下来。他效忠英国,为英国骄傲,为英国的政治节庆谱曲。乌德勒支和约[3]签订的日子快到了,这是英国的荣耀。亨德尔准备了一首《上帝,我们赞美你》[4]。这首歌在一七一三年一月已经写就。可是英格兰王国的法律不允许外国人为正式庆典承担乐曲的创作。只有议会有权允许违背这一习惯。精明的亨德尔为安娜王后的生日写了一首讨好的颂歌(《安娜王后生日颂》)。一七一三年二月六日,颂歌在圣詹姆斯教堂演奏,王后大喜,遂让亨德尔为乌德勒支和约写赞美歌和欢乐颂,以便一七一三年七月七日在圣保罗大教堂举行的隆重庆典上演奏,届时议院的全体成员都将出席。亨德尔写这两首作品时借鉴了普塞尔的榜样[5]。这是他首次谱写纪念性作品的重大尝试。

亨德尔不顾惯例的阻扰,成功地当上英国宫廷的御用作曲家。但是对本来为之效力的汉诺威王公们来说,不能不是严重的失职。汉诺

---

① 众所周知,汉诺威王室盼望继承英国王位,不得不照顾他们的亲戚安娜王后,因为她喜欢亨德尔。

② 这是一部三幕歌剧,加科姆·罗西写的剧本,一七一二年十一月二十二日在干草市场的皇家剧院演出,前后演了六场。一七三四年,亨德尔对该剧进行了修改,加进了合唱。——原注

③ 一七三一年四月十一日,法国和英国在荷兰的乌德勒支签订和约,以结束西班牙的王位继承战争。英国在北美和安第斯群岛获得众多殖民地及垄断奴隶买卖的特权。——原注

④ 《上帝,我们赞美你》是基督教的颂歌,周末望弥撒,节日或节庆活动时唱的赞美上帝的歌。

⑤ 普塞尔在一六九四年写过赞美歌和欢乐颂。——原注

威的穷亲戚们跟英国女王的关系极为紧张。安娜王后对他们很反感，特别是不能忍受聪明的索菲亚公爵夫人。她暗中跟觊觎王位的斯图亚特串通一气，想要立他为继承人①。亨德尔在为安娜王后服务的同时，也就站在了反对汉诺威主公的一方。给他写传记的某些作者甚至用上背叛的词儿。这是他一生中唯一的错误，他的传记作者克里桑德也毫不原谅，因为德国的爱国主义受到了伤害。不过，说到德国的爱国主义，亨德尔倒是不大有的。他跟他那时代的德国艺术大师们的思想状态一样，对他们来说，艺术和信仰就是祖国。国家对他来说不重要。

当时，他寄居在英国的艺术赞助人家里。他先在萨利郡的一位富有的音乐迷家里住了一年，然后搬到位于皮卡迪利街的柏灵顿伯爵府，一住就是三年。蒲柏和斯威夫特是盖伊描写过的伯爵府的常客②。亨德尔在这些伦敦的精英面前演奏管风琴和羽管键琴，很受赏识，除了不喜欢音乐的蒲柏。他写的不多，懒懒散散，随遇而安，就像在那不勒斯逗留期间那样；他从容不迫，让自己的思想感情接受英格兰氛围的熏陶。亨德尔属于这样一类音乐家，他们可以两个月内写出三部歌剧，然后在一年剩下的时间里什么事也不干。这好似一种急流湍滩的状况，时而泛滥，时而干涸。

他也等待着事件的发展。汉诺威的王位继承人似乎肯定会被排除出局了。索菲亚公爵夫人于一七一四年六月七日去世。克里桑德

① 索菲亚是汉诺威选帝侯夫人，也称公爵夫人。安娜王后是索菲亚的表侄女。安娜没有孩子。英国担心安娜去世后，王位落入信仰天主教的后裔手中，故于一七〇一年颁布王位继承法，明确规定王位应由信仰新教的子孙继承。虽然索菲亚比安娜年长许多，但按照宗教信仰给王族子孙排序，轮着索菲亚继承英国王位。并写进了继承法。可是索菲亚死于安娜王后之前数星期，她的儿子格奥尔格·路德维希在安娜王后去世后继承了英国王位，加冕为乔治一世。

② 蒲柏(1688—1744)，英国十八世纪最伟大的诗人和古典文学翻译家。斯威夫特(1667—1745)，英国－爱尔兰作家，讽刺文学大师，以《格列佛游记》和《一只澡盆的故事》闻名于世。盖伊(1685—1732)，英国诗人和剧作家。他们三人都是当时伦敦著名的“胡编乱撰俱乐部”的主要成员，他们不仅抨击时弊，也对卖弄博学多才的劣质文学作品加以无情的揭露和讽刺。

说是气死的,实际也是中风而死,因为她本以为斯图亚特会继承觊觎的王位。亨德尔只字不提回汉诺威之事,从来不提。然而,一切计划都被没有料到的意外事件打乱了。索菲亚公爵夫人去世后两个月,一七一四年八月一日,安娜王后突然驾崩。这一料想不到的事件使斯图亚特家族陷入惶惶不安之中。就在当日,汉诺威的乔治被秘密委员会宣布为英国国王。九月二十日,乔治来到伦敦。十月二十日,在威斯敏斯特大教堂加冕登基。亨德尔十分尴尬,他为讨好安娜王后而写的颂歌白写了。他不无懊恼地对自己说,如果等一年的话,《上帝,我们赞美你》就会用在新王朝登基庆典上了。

应当说,亨德尔好像没有为这件倒霉事太过动情,也没有白费气力寻求新国王的宽恕,而是投入创作,写了《阿玛迪基》。这是卫护自己的最好方式。乔治一世国王虽然有许多缺点,但他有个很大的优点:真心地喜欢音乐,他身边的许多人也有同样的爱好,这些都是他宫廷里或多或少值得称赞的人。音乐在德国向来是洗涤被玷污心灵的清泉,是对日常生活中卑劣行为的救赎。不管乔治国王如何看待亨德尔,如果他不自罚,就不能惩罚亨德尔。在一七一五年五月二十五日精巧的《阿玛迪基》首演之后,他就没有勇气继续对他的音乐家怀恨在心了。他们和好了①。亨德尔恢复了汉诺威音乐总监的待遇,同时期待着成为小公主们的音乐老师。而且,当一七一六年七月国王巡幸汉诺威时,亨德尔也随行左右。

这并不是因为他在宫廷有许多事要做。国王忙于公务和打猎,甚至没有时间关心他的老臣莱布尼茨。莱布尼茨于一七一六年十一月

① 传说亨德尔为了重新获得国王的宠信,于一七一五年八月创作了著名的《水上音乐》。当乔治一世乘船在泰晤士河上漫游时,亨德尔在船上让乐队演奏了他的作品。国王大喜,遂恢复了对他的友谊。可是,《水上音乐》的写作似乎应当是重新获得国王宠信的两年之后。克里桑德在他写的《亨德尔传》第一卷里,把游泰晤士河的时间定在一七一五年八月二十二日(费舍在他的《汉诺威的音乐》一书里定为1715年10月),在第三卷里,他又把时间改在一七一七年七月十七日,并引证了当时一家报纸的报道,这日期好像也不是最可靠的。不管怎样,这部作品是这一时期创作的,首次印刷出版在一七二〇年左右。——原注

十四日在汉诺威去世,宫里没有人注意到这件事。亨德尔利用这段空闲时间重新沉浸在德国艺术里。

当时德国有个时尚:用音乐来表现耶稣受难的故事。这既是宗教潮流,也是戏剧的潮流。我们可以从中看到虔信派的影响和歌剧的影响。凯塞尔、泰勒曼和马特森都根据上议院议员布洛克斯著名的故事文本,在汉堡谱写过轰动一时的耶稣受难曲①。亨德尔学他们的样,也许为了跟这些人比试比试——他们三人都曾经是他的竞争对手或朋友②,也根据同一故事文本谱写了一首耶稣受难曲。这部作品厚重而不匀称,其中粗俗与高雅并存,矫情与夸张混进了最深刻又最朴实的艺术。巴赫非常熟悉这部作品,并且记得起来。对亨德尔来说,这部作品是个决定性的经验。他在写作这部作品时,认识到了他跟德国虔信派艺术之间存在的全部差别。回到英国后③他便谱写了《圣诗》曲和《以斯帖》清唱剧。

① 凯塞尔首先于一七一二年写了《为世人的罪孽而殉身的耶稣》。然后,泰勒曼在一七一六年,亨德尔到来年之前几个月,写了耶稣受难曲,稍后不久,马特森也写了。亨德尔的耶稣受难曲于一七一七年的封斋节期间在汉堡首演。当时,亨德尔已经回到英国。他们四个人的四首受难曲于一七一九年汉堡狂欢节期间一起演出。——原注

② 当时亨德尔和马特森交换过几封信。马特森和管风琴演奏家及音乐理论家巴特斯泰德(1666—1727)刚刚展开了一场有关音乐的论战。他感到需要得到德国音乐界权威的支持,他给他们寄去了一张问卷,(就希腊调式和六音音列唱名法等问题)进行调查。亨德尔为问题所苦恼,直到一七一九年才迟迟给予回答。他赞成声称现代派的马特森,反对支持主张古代调式的人。马特森也向他询问了一些他生平的细节,以便写进他计划之中的音乐家传记辞典。亨德尔没有给予回答,因为没有时间静下心来回想,他仅仅含糊其辞地答应"以后再回顾他职业生涯中经历过的主要时期"。可是,马特森再也没有从他那里获得更多的资讯。——原注

③ 指一七一六年末。在这次回德国的旅行中,他曾资助过扎硕老师穷困潦倒的遗孀。他从昂斯巴赫小镇带走他大学时代一位老朋友约翰-克里斯多夫·施密特(?—1763)。这位从事毛织品贸易的老朋友丢下一切,家财,老婆,孩子,随他来到伦敦。施密特一生伴随亨德尔,照料他的生活起居,誊写他的手稿,保存他的作品。施密特去世后,他的儿子小施密特接替父亲的位子,表现出同样的忠心耿耿。这是个很突出的例子,说明亨德尔能够对人产生多大的吸引力。——原注

*　*　*

这是他生命中的重要时期。一七一七至一七二〇年间,当他为常道斯[①]公爵服务时,对自己的个性有了充分认识,并在音乐与戏剧上创造了一种新风格。

亨德尔的《常道斯颂歌》[②]与其清唱剧的关系,好比他的意大利康塔塔与其歌剧的关系:是华丽篇章的初稿,英雄史诗的片断。在这些为公爵的小教堂写的宗教性声乐套曲里,亨德尔把合唱放在首要地位:合唱是圣经自身的声音在歌唱。这是一种指点江山、感情喷发的声音,雄浑而豪迈的声音(德国人的虔信已经使这种声音变得索然寡味了)。这已经是《以色列人在埃及》的思想和风格:雄伟宏大的旋律线,万众一心的生命力。

从这些圣经中的史诗过渡到舞台剧,就只差一步了。亨德尔在写《以斯帖》时迈出了这一步。《以斯帖》的初版题为《哈曼与莫尔德彩,假面剧[③]》。一七二〇年八月二十九日,作品在常道斯公爵府邸首演,也可能是在舞台上进行的。不管怎样,这是最伟大的古代悲剧之一,自希腊时代就有人写了。好像这部戏把亨德尔的思想引向了希腊的理想,他几乎同时谱写了田园剧《阿喀斯与伽拉忒亚》,他也称之为假面剧[④],

---

① 常道斯公爵是一富豪,在安娜治下担任军队的财务主管并在南海公司的投机买卖中发了财。他在距伦敦不远的坎能斯地方建造了一座豪华宫堡,过着王公的奢侈生活,还雇了百余个瑞士兵做卫队。他的炫富行为成了别人的笑料。蒲柏当然少不得要嘲笑他。

② 在亨德尔全集中,《颂歌》占了三卷。第三卷是这里所说的时期以后的作品。前两卷刊有十一首《常道斯颂歌》,其中两首有两个版本,一首有三个版本。——亨德尔在同一时期写了三首《上帝,我们赞美你》。——原注

③ 众所周知,假面剧是世俗音乐作品,斯图亚特时代在英国非常流行。假面剧一部分像戏剧一样表演和跳舞,一部分像音乐会的曲子一样歌唱。请参阅保尔·雷耶尔著:《英国假面剧》,巴黎,一九〇九年版。——原注

④ 他在一七三三年修改此剧时,甚至称之为英国歌剧。——原注

但此剧并没有完全摆脱自由剧的概念。此剧无论从诗歌①,还是从音乐来说,都是一件精品。西西里的美丽传说中喜悦与哀怨的场景相继展现,达到古典美的最佳水平。亨德尔此后从未超过该水平。

《以斯帖》和《阿喀斯》表明了亨德尔要把合唱和交响乐的全部能量用来为剧情服务的愿望。甚至在这两部作品里,他无意间为自己未来的清唱剧开辟了道路,他的目标仍不是清唱剧,而是歌剧。他一向为戏剧所吸引。仅仅由于一系列失败和屡屡破产,后来他才很不情愿地离开戏剧。因此,甚至在他谱写《以斯帖》和《阿喀斯》的时候,我们看到他的音乐创作向戏剧企业——意大利歌剧社②发展,是合乎常情的。他在这件事上耗费了相当一部分精力和生命。

据说,亨德尔在一七二〇年看到自己的学徒年代结束了。他结束的——他一点也不知道——是他的安静岁月。在这之前,他过的是那些无数宫廷音乐家的生活。他们生活在王公的阴影之下,为少数精英写作。他们只能写几首宗教乐曲或大众歌曲,来表达人民的心声。直到一七二〇年他才有机会摆脱这种处境。从此直到去世,他的全部艺术都是属于大众的。他领导一个剧社,同公众一起战斗,为此耗费了惊人的生命力,一年谱写两到三部歌剧,殚精竭虑,领导一个由狂妄自大、不守纪律的演艺高手组成的演员队伍,不断遭遇阴谋诡计的骚扰,受到破产的威胁。在二十年时间里,他把才智用于在伦敦培育意大利歌剧这个荒谬的任务。意大利歌剧发育不良,面黄肌瘦,在不适合它的土地上和空气里是不能存活的。这场斗争结束时,他是战败者,又

① 精美的诗歌台本出自盖伊的手笔。——原注

② 这是一个公司,资本五万英镑,认购每股一百英镑,为期十四年。每股可获得剧场一个席位。领导公司的首任董事长是新堡公爵张伯伦爵士(直到一七二三年,他做了政府部长才让位给格拉夫腾公爵)。第二任董事长(真正的领导)是秉雷爵士。他得到一个有二十四位经理组成的董事会的协助。这二十四位经理每年都要重新选举。一切都得到国王的支持,国王为他的包厢每年支付一千英镑。一七二四年支付给股东的红利是百分之七。投机倒把危害了这项事业,并导致其破产。亨德尔仅仅负责音乐部分,直到一七二八年,他自己才独自承担了歌剧社的全部领导工作。——原注

是不屈不挠的人，因为他在前进的道路上播撒了他杰出的作品。他将达到他的艺术巅峰——使他名垂千古的大型清唱剧。

为了招募一支能用意大利语唱歌的演员队伍，亨德尔去了德国，到了汉诺威，哈勒，杜塞尔多夫和德累斯顿①。他在这次招募旅行之后，于一七二〇年四月二十七日，在干草市场的伦敦歌剧院首演了献给国王的《拉达米斯多》②，观众十分踊跃，但主要是出于好奇和赶时髦。不久，追求时髦的音乐爱好者就不再满足于一个意大利化的德国人来上演意大利歌剧了。于是，亨德尔原来的东家，柏灵顿伯爵，去罗马寻找意大利时尚的巨擘乔瓦尼·波农齐尼③。

波农齐尼五十来岁④，摩德纳人。他父亲，乔瓦尼-玛丽娅·波农齐尼⑤是个颇有成就的艺术家，由于英年早逝，未能名扬天下。意大利首批音乐大师之一乔瓦尼-保罗·科隆纳，是崇拜和掌握过去（音乐）知识的少数音乐家之一，当时任特罗尼亚教堂的管风琴师。他像父亲一样关怀波农齐尼，教他音乐。波农齐尼很早就获得王公的特别保

① 这次旅行从一七一二年二月到当年年终。当亨德尔抵达哈勒时，巴赫在离哈勒四英里的科森，得知消息后便去看望他。可是巴赫到达哈勒时，亨德尔当天刚刚离去。——至少，佛盖尔是这样说的。——原注

② 歌剧的诗歌剧本是海姆（1678—1729）写的，从一七二二年起经马特森译成德文在汉堡上演。——原注

③ 在他之前，多姆尼科·斯卡拉蒂已经来过伦敦，演出了他的歌剧《纳尔奇索》（1720），但未获成功。——原注

④ 他生于一六七一年或一六七二年，因在一六八四年或一六八五年发表的作品 Op. 1 里，他说他十三岁多一点。乔瓦尼·波农齐尼远不为人知晓。他不是著名音乐家，人家对他的记述错误甚多。波农齐尼是一个音乐世家的姓氏。人们总是把他们张冠李戴，混淆不清。这些错误不仅在埃特纳编纂的作品目录评介（阅读粗心大意）里有，在意大利音乐评论家的最新研究成果里也有，如路易吉·托尔奇先生在他的《意大利器乐作品》里（1901），把所有的波农齐尼当成了一个人。比较准确的——虽然不太完整，是路易吉-弗朗切斯科·瓦尔德里吉的专著《摩德纳的波农齐尼》（1882）。——原注

⑤ 乔瓦尼-玛丽娅·波农齐尼是摩德纳大教堂的唱经班指挥，在弗朗索瓦公爵二世麾下效力。优秀的提琴演奏家，创作过奏鸣曲和器乐组曲。托尔奇先生和帕里先生称其作品在音乐史上具有重要意义。他是个思考缜密的才子，一六七三年，他把一本有关和声和对位的论著《实用音乐》，题献给皇帝莱奥波德一世。该书经常重印。他于一六七八年去世，享年不到四十岁。——原注

护,甚至皇帝的特别保护[1]。他比亨德尔还要早熟,十三岁发表首批作品,十四岁成为波伦亚爱乐乐社的成员,十五岁任教堂唱诗班指挥。他最初写的是器乐作品:他擅长于此,继承了父亲的专业[2]。他是尝试了所有的音乐样式后才谱写歌剧的。谱写歌剧对他来说不是他本来的志向。他生来就是个写交响曲的音乐家,直到投身歌剧时仍是如此。多次到德国和奥地利去巡演,使他在欧洲建立了声誉。一七〇〇年他在德国和奥地利旅行演出时被称为皇帝的作曲家。一七〇三年,他在柏林上演了他的《波吕斐摩斯》。他的音乐作品从一七〇六年起在法国传播,很快便在法国掀起巨大的热潮。至于在意大利,他的名声从那时起已超过斯卡拉蒂。按丹特先生的说法,斯卡拉蒂甚至也受过他的一些影响。他在欧洲流行了十至十五年,说真的,他用音乐解读了一个社会和一个时代。

按勒塞尔·德·拉维埃威尔[3]的说法,他的作品引人惊羡之处,在于大胆使用变调,歌唱时装饰音超多,思想不受任何成规的约束。在吕利派眼里,他属于违背常理、矫揉造作和别别扭扭的音乐流派,也是主张和声、抗拒对位的流派。波农齐尼是当时的"纵向派",反对以前的"横向派"[4]。他基本上是音乐上的感觉派和反理智派。从一开始他就是器乐曲作曲家,以后一直如此。对诗歌,主题,以及所有非音乐的东西,一概不感兴趣。他在音乐中首先寻求的是罕见的、悦耳的音响效果。显然,正因如此,他讨得同代人的喜欢,因为斯卡拉蒂严格推理的艺术或吕利宣叙的和传情的艺术,需要听众动脑子,他们对此已

---

① 他早期的作品,有好几首是题献给弗朗索瓦公爵二世的,作品 Op. 8《室内乐》(1691)是题献给皇帝莱奥波德一世的。皇帝立即把他雇进宫廷教堂。——原注

② 他父亲是著名的大提琴演奏家。

③ 勒塞尔·德·拉维埃威尔(1674—1707),法国法官,曾任诺曼底议会的掌玺大臣。他也是音乐学家,有意法音乐比较专著二卷本问世(1704 年,1705 年,布鲁塞尔),一直流传至今。

④ 勒塞尔说:"在其他意大利音乐家的作品里常用的赋格、反行赋格、顽固低音,但他跟柯雷利一样,很少使用。他每每喜欢使用最不常见、最不协调和最古怪的音程……令人害的不协和……"——原注

经感到厌倦①。在波农齐尼身上体现的是世俗情趣对学究情趣的反动②。本来多少是用对位法大势展开的反始(Da Capo)大曲,现在是小小曲,仍旧反始,但很袖珍,易于消化,有大众歌曲的味道,仔细喷洒过香水,符合高雅听众的时尚③。这种不同凡响的简单,这种微妙而平淡的感觉,总是放肆而不失态、快乐而不忘形的感觉,使波农齐尼成了沙龙里的大名人,世人眼中的革命者。随着渐渐变老,他的面孔皱纹增多,表情呆滞。跟许多获得太多成就的艺术家一样,成就掌控了他的艺术,迫使他不得不重复某些固定模式。天生懒惰的他,这样谱曲太合适不过了。于是,一年又一年,他的艺术不给力,显得越来越突出。他谱曲有些机械化了。这种音乐作品常常优美动听,总是和谐悦耳,从来不传达感情,从此就像一组漂亮而干瘪的动机,用剪刀按同一模型剪出来,可以无限量地复制。

在伦敦,起初人们只感到他有魅力。音乐家的魅力加上他作品的吸引力。温顺的意大利人彬彬有礼,说起话来既和蔼可亲又充满自信。跟亨德尔一样,他是演奏乐器的好手,而且是演奏比羽管键琴高雅的乐器——大提琴的高手。他在贵族沙龙里演奏大提琴,并不张扬。他很快就成了时髦的作曲家。他的歌剧《阿斯塔尔多》④于一七二〇年末上演,让人忘记了亨德尔的歌剧《拉达米斯多》。

---

① 一七二二年二月二十四日,伦敦日报说,音乐作品要有的“是能够使人忘却烦恼,使精英人士从思考的忧虑中解脱出来的东西”。——原注

② 这是学院派艺术与伪大众艺术之间没完没了的斗争。稍后不久,卢梭也卷进了这场斗争。这场斗争两个阶段的主要差别是,在我们关注的这个时代,反学院派艺术的主要旗手是位博学多才的音乐家,他不坚持这场斗争不是出于无知,而是出于懒惰和狡猾。——原注

③ 雨果·戈登施密特说:“仔细看一看,波农齐尼的歌曲其实就是艺术歌曲,勉勉强强套用了反始咏叹调或卡伐蒂纳咏叹调的古老形式。”(请参阅《声乐装饰音的学问》第一卷,1908年)对以艺术歌曲形式出现的小咏叹调的兴趣,自十七世纪末以来,在德国和意大利流行甚广。波农齐尼谱写此类曲子本来是赶时髦,贪图方便;尤其因为他身在英国,此类曲子又符合英国人的趣味,他便更加沉醉其中了。——原注

④ 该剧一七一四年左右曾在意大利上演。当时柏灵顿伯爵听过这出戏,所以成了波农齐尼的赞助人,波农齐尼也就决定来伦敦。——原注

亨德尔遇到了劲敌。跟波农齐尼在意大利风格上竞争可不简单。然而，他别无选择。英国听众喜欢斗熊，斗鸡，斗才能。他们以组织波农齐尼和亨德尔之间的比赛取乐。他们给两位音乐家同一个剧本，要他们共同谱写歌剧。亨德尔接受了挑战，但被比下去了。他的《穆齐奥·谢弗拉》①(1721)写得很差劲。接着是一七二一年十二月九日上演的《弗罗里丹忒》②，也好不了多少。这更加反衬了意大利人的成功。一七二二年上演的美丽的《格丽赛妲》③使波农齐尼的声誉得到了公认。英国文人和上层贵族对汉诺威宫廷和德国艺术家的敌视和反对，给波农齐尼帮了大忙。

这大大动摇了亨德尔的地位。但是，一七二三年一月十二日，他上演动听的歌剧《奥托内》④，扳回了一局。这是他最受欢迎的歌剧之一。从这时起，获得成功的亨德尔，勇往直前，不再关注波农齐尼⑤。亨德尔接连谱写了三部优秀作品，从而开启了一种新型的音乐剧，比起十年后拉摩的戏剧，音乐一样丰富，且更富于戏剧性。这三部作品是：一七二四年二月二十日上演的《约里奥·恺撒》，一七二四年十月三十一日上演的《塔迈尔拉诺》，一七二五年二月十三日上演的《罗德琳妲》⑥。《塔梅尔拉诺》的最后一幕是大型音乐剧的光辉典范，热烈

① 《穆齐奥·谢佛拉》是一部三幕歌剧。亨德尔谱写第一幕，波农齐尼谱写第二幕，菲利波·马岱写第三幕。第二幕写得最好，波农齐尼是赢家。——原注

② 《弗罗里丹忒》，亨德尔独立谱写的三幕歌剧，描写波斯国王领养小女孩的故事。

③ 《格丽赛妲》，三幕歌剧，歌颂农家女格丽赛妲的耐心和忠贞。

④ 《奥托内》，三幕歌剧，剧本由海姆改编。

⑤ 亨德尔的成功，听众对他新雇的演员弗朗切丝卡·库佐尼(1696—1778)的迷恋起了很大作用。这是位高大而桀骜不驯的艺术家，脾气火爆而热诚。她那女高音的嗓子善于演唱悲怆动人的歌曲。她二十二岁，刚到伦敦。在《奥托内》里，她是首次扮演角色。大家知道她和亨德尔的争吵，以及亨德尔是如何制服她的——亨德尔威胁要把她从窗口扔出去。一七二三年五月，亨德尔又上演了一部不重要的歌剧《弗拉维奥》。波农齐尼这边上演了《埃尔米尼亚》，而阿蒂里奥·阿里奥斯蒂(1666—1729)上演了《科里奥拉诺》——其中监狱一场赚得了太太们的眼泪。亨德尔从中得到启发，以致在后来的歌剧中有许多类似的牢狱场景。——原注

⑥ 以上三部歌剧都是亨德尔为他的剧团创作的三幕歌剧，首演都在干草市场的国王剧院，编剧都是海姆。——原注

而动人,在格鲁克之前几乎是独一无二的。

波农齐尼派最终破产了①。可是对亨德尔来说,最糟糕的麻烦也开始了。伦敦歌剧院遇到卡斯特拉演员②、首席男女主角演员的要求和他们捍卫者的荒唐行为。一七二六年,当时意大利最著名的女歌唱家弗斯蒂娜来到伦敦③。从这时起,伦敦的歌剧演出成了弗斯蒂娜和库佐尼的歌喉比赛,在各自敌对方的喧哗声中进行练声比赛。亨德尔不得不谱写了歌剧《阿莱桑德罗》(1726 年 5 月 5 日)让剧团里这两位巨星扮演亚历山大的两位情妇,[在舞台上]进行艺术上的决斗④。不管怎样,一七二七年一月三十一日上演的三幕歌剧《阿德墨托斯》的几个华丽场景充分展露了亨德尔的戏剧才华。场景的宏伟,令观众感到震惊。可是演员们的竞争,不仅远远没有因此而平息,反而变本加厉了。每一派都雇用枪手,写诽谤性文章,以下流的语言攻击对方。库佐尼和弗斯蒂娜竟然气到如此程度,以致一七二七年六月六日,在舞台上互相揪头发,拳打脚踢。台下一片吼叫声,威尔士公主就坐在观众席上⑤。

从这时起,整个剧团走向崩溃。亨德尔确实试图重新驾驭剧团。

① 波农齐尼的最后一出歌剧《卡尔伏尔尼亚》于一七二四年四月十八日演出。阿里奥斯蒂于一七二五年停止了战斗。相反,莱奥纳多·芬奇(1690—1730)和尼可罗·珀尔珀拉(1689—1768)的作品开始在伦敦上演。这两位那不勒斯作曲家是亨德尔亲自请来的。——原注

② 卡斯特拉是男性歌唱演员。为保存其尖利的童声,在发育前为其做了生殖腺切除术。——原注

③ 弗斯蒂娜·鲍尔道尼一七〇〇年生于威尼斯,在马尔切罗音乐社接受过训练。一七三〇年跟德国音乐家哈斯结婚,成为哈斯歌剧的主要演员。她唱歌极其灵活,没有一个人能以这般速度达到同样的音高,而且她能把一个音无限延长。她的声音不及库佐尼浑厚深沉,但有更多的颤动,更多的闪光。——原注

④ 两个月前,一七二六年三月十二日,亨德尔上演了三幕歌剧《西庇阿》。——原注

⑤ 特鲁里街剧院经理科莱·希伯在下个月上演了一出滑稽戏《不合时宜,或两后相争》,观众看到两个歌唱演员在戏中互揪头发。亨德尔对想把她们拉开的人冷静地说:“让她们去打。等她们打累了,她们的气就会消了。”为了让她们的战斗快些结束,他使劲敲定音鼓,给战斗打气。亨德尔的朋友阿巴斯诺特医生就此问题发表了一篇评论“魔鬼在圣-詹姆斯放出来了”(请参阅克里桑德著作第二卷)。——原注

可是，如同他的朋友阿巴斯诺特说的那样，“魔鬼放出来了”，再也不可能把它关进笼子里去。尽管亨德尔又写了三部才华闪烁的作品：一七二七年十一月十一日上演的《理查一世》，一七二八年二月七日上演的《西罗埃》和一七二八年四月三十日上演的《多罗梅奥》，赌局还是输了。约翰·盖伊和佩珀施[1]射出的一支利剑——《乞丐歌剧》最终结束了伦敦歌剧社的生命[2]。这部以口语和流行歌曲演唱的轻歌剧精品，既对沃波尔[3]进行了辛辣的讽刺，也对歌剧舞台上滑稽可笑的人和事进行了风趣的模仿[4]。此剧获得的巨大成功，具有民族宣言的性质。这是民众的良知对意大利歌剧愚蠢的浮夸，以及企图把意大利歌剧强加给其他民族的时尚作出的反应。无往不胜的意大利风格出现了最初的裂缝。民族意识觉醒了。一七二九年，根据马太福音谱写的《耶

① 佩珀施（1667—1752），德裔作曲家，出生柏林，曾供职普鲁士宫廷，一七〇〇年移居英国。一七一〇年在英国与友人共同创办“声乐社”，一七二六年该社更名为“古乐学会”。《乞丐歌剧》由他编曲。

② 伦敦歌剧社以《阿德墨托斯》一剧于一七二八年六月一日举行最后一场演出。《乞丐歌剧》由约翰·盖伊写剧本，佩珀施编曲，对话和歌唱交替使用，内容一反意大利歌剧以古代王公贵族或神话传说为题材，而是以社会底层的小人物（妓女、乞丐、盗贼、无赖和无业流民）为主角，描写他们的屈辱、痛苦、失望和无奈，以讽刺社会的不公与混乱。此剧的出现，开创了一个新剧种，即叙事剧。这是一种讽刺音乐剧，虽然遵循歌剧的某些成规，但没有宣叙调。谱曲时常使用宗教歌曲、当时的流行歌曲、知名的歌剧曲调，主要是使用抒情曲和民间的叙事曲，叙事剧名称即来源于此。也有人认为这就是现代音乐喜剧的源头。该剧上演后获得巨大成功，连演了六十二场，创下了当时戏曲演出的历史纪录。二十世纪德国著名戏剧家布莱希特的《三文钱歌剧》即根据此剧改编而来。一九二八年八月三十一日在柏林上演，通过荒诞的喜剧形式讽刺资本主义社会。

③ 沃波尔（1676—1745），英国辉格党政治家。是英王乔治一世和乔治二世治下内阁的实际掌权人，英国史上的第一位首相。由于他任职期内树敌甚多，《乞丐歌剧》对他进行了辛辣的讽刺，将他比喻为当时英国最著名的盗贼头目乔纳森·怀尔德。

④ 佩珀施在编曲时模仿有伴奏的宣叙曲、反始曲、歌剧中的二重唱、生离死别的场面、牢狱的巨幅背景、荒诞的芭蕾舞场景，出于嘲笑的意图，使用亨德尔的一首曲子。第二幕里，一群聚集在酒吧里的盗贼，在《里纳尔多》里的十字军进行曲的乐声中，庄严地在他们的头头面前列队走过。一七二八年一月二十九日《乞丐歌剧》在伦敦首演后，演遍了全英格兰，引起热烈的争论。斯威夫特热烈支持该剧。由于该剧的成功，在后来的岁月里出现了大量的叙事剧。——原注

稣受难曲》上演①。几年后亨德尔最初几部清唱剧和拉摩的最初几部歌剧上演。一七二八至一七二九年间,马丁-海因里希·弗尔曼②以其著名的评论文章抨击意大利歌剧。在他之后,马特森“把外国佬以及他们的半马半鹰的有翅怪兽,扔到荒凉的阿尔卑斯山的那边去,扔到埃特纳山的火炉里去净化”。③ 可是,反意大利歌剧的民族情绪,没有一个地方比在英国更孚民望,更具自发性。随着专事拆穿谎言的斯威夫特和蒲柏这些人的出现,英国人强劲犀利的幽默感复苏了④。

* * *

亨德尔已经感觉到了。从一七二七年起,他就慢慢试图扎根在英格兰民族的地盘上。一七二六年二月十三日,他加入了英国籍,为新国王乔治二世创作了加冕经文曲⑤(1727 年 9 月 11 日)⑥。他又重新捡起英国清唱剧的计划。

但是,无论是对英国的地盘,还是对观众的趣味,他都还没有足够的把握,以致可以下决心完全放弃意大利歌剧。因为他比任何人都更明白歌剧样式的资源,以及他能够用来做什么。再说,伦敦歌剧社的破产丝毫没有损及他个人的声誉。他不仅在英国,而且在法国,被视为最著名的歌剧大师。他在伦敦上演的歌剧传遍了整个欧洲。

---

① 这里是指约翰-塞巴斯蒂安·巴赫(1685—1750)根据马太福音谱写的《耶稣受难曲》。这是一部大型清唱剧(或称神曲),首演于一七二九年四月十五日柏林圣托马大教堂。巴赫是该教堂的唱经班指挥。全曲演奏需两小时四十五分,是古典音乐中最著名的作品之一。

② 马丁-海因里希·弗尔曼(1669—1745),德国音乐理论家。

③ 这里外国佬是德国人对意大利人的篾称。埃特纳火炉是指意大利西西里岛上埃特纳山顶上的活火山口。犹如说,要把意大利音乐家扔到炼狱里去赎罪。

④ 蒲柏的《群愚史诗》三卷本于一七二八年出版。《格列佛游记》出版于一七二六年。斯威夫特在他讽刺拉普塔王国时没有忘记音乐的荒唐。——原注

⑤ 加冕经文曲包括四首颂歌,其次序如何已无从准确知晓。亨德尔在威斯敏斯特大教堂举行的加冕典礼上演奏此曲时,使用了四十七名歌唱演员和一个相当庞大的乐队。——原注

⑥ 在同一年十一月上演的《理查一世》也是一出民族歌剧,是献给国王乔治二世的,同时歌颂古代英国的勇敢国王理查一世。——原注

弗拉维奥，奥托内，塔梅尔拉诺，雷诺，恺撒，
阿德墨托斯，西罗埃，理查一世，罗德琳妲
都是纪念他的不朽丰碑，
都超越了罗马歌剧的声誉，
威尼斯有谁能跟他媲美？

因此，他想独自重操意大利歌剧业，不受妨碍其自由的控制。亨德尔受到这一欲望的诱惑，我们应该能够理解。一七二八年夏末，他去意大利寻找新的斗争武器。在这趟将近一年的长时间旅行中[①]，他招募歌唱演员，收集新的歌剧台本和意大利曲谱。主要是，他要用歌剧新流派的第一手资讯来刷新他的意大利风格。该流派是莱奥纳多·芬奇[②]创立的，旨在恢复歌剧的戏剧性，反对戏剧舞台上的音乐会风格，冒着可能使歌剧在音乐上失去丰富性的风险。

亨德尔没忘记把意大利新流派的范例运用到自己歌剧的新作中去，也没牺牲自己风格的丰富性，如《罗塔里奥》（1729 年 12 月），《帕特诺佩》（1730 年 2 月），《珀罗》（1731 年 2 月）和《埃齐奥》（1732 年 1 月）。这些新创作的歌剧，特别是后两部的某些篇章，以其旋律的优美和戏剧性给观众留下深刻的印象。这一时期最优秀的作品是一七三三年上演的《奥兰多》。该作品音乐的丰富和完美，跟人物性格的理解和人物精神生活或感情生活相得益彰。如果说一七二四年的《塔梅尔拉诺》让我们想起格鲁克的悲剧，《奥兰多》则让我们想起莫扎特的精

① 在这趟旅行中，他在威尼斯逗留了相当长时间。他在那里得知母亲中风，立即赶回哈勒，得以又见了母亲一面。可母亲再也没有看见他，因为母亲双目失明已经数年。这次见面后的第二年，一七三〇年十二月二十七日，她便离开了人世。——当亨德尔在哈勒时，他在母亲的病榻前接待了威廉-弗里德曼·巴赫的来访。来访者受其父（约翰-塞巴斯蒂安·巴赫）之托前来邀请他去莱比锡。在这样的情况下，亨德尔不可能接受邀请，我们能够理解。——原注

② 莱奥纳多·芬奇（1690—1730），是那不勒斯王宫教堂的唱诗班指挥，贝尔高来兹和哈斯的先驱。——原注

彩歌剧。

亨德尔在为意大利歌剧奋斗的同时，重新上演用英文歌词写的《阿喀斯与伽拉忒亚》和《以斯帖》①。英国的民族主义使亨德尔大为受益，使这次重演获得意想不到的成功。他以比十年前在常道斯更加自觉的方式，再次尝试创立一种比较自由、比较丰富的音乐剧形式，让合唱的抒情性有可能得到广泛使用。一七三二年重演《以斯帖》时，他在一七二〇年的曲谱中加入了《加冕颂》里最动人的合唱。翌年，他写了清唱剧《底波拉》(1733 年 3 月 17 日)和《亚他利雅》，合唱在其中占据了首要位置。但是，这两部根据圣经写成的大戏本该获得英国人的热情回应，可是出人意料，却遭到了一帮恶人的暗算。这完全是出于个人的理由，跟艺术没有一点关系。观众罢看《底波拉》②。《亚他利雅》③虽然在牛津大学成功上演，可是亨德尔直到两年后才在伦敦成功上演。

亨德尔不得不再次捡起意大利歌剧。——在歌剧领域，观众的敌意也对他紧跟不舍。英国人憎恨汉诺威王室。国王跟王子之间争权夺利的丑闻使王室更加信誉扫地。威尔士亲王是个心胸狭隘的人，知道父亲喜欢亨德尔，为了对他父亲进行报复，以使亨德尔破产为乐。在反对派的支持下——反对派为挫败国王着了迷，王子创办了一家与亨德尔竞争的剧院。由于波农齐尼的一桩抄袭事件曾在欧洲引起反

① 《阿喀斯与伽拉忒亚》一七三一年在干草市场重新上演，配有机关布景，加了英文副标题《英国田园歌剧》，接着一七三二年又上演。重演此清唱剧，没有征得亨德尔的同意。为了回应竞争，他在一个月之后亲自指挥了自己的作品。至于《以斯帖》，贝恩哈德·盖茨于一七三二年二月二十三日，在王冠和铁锚大酒店上演。他是古乐学会的一位成员，过去曾在常道斯公爵府邸演出时扮演过一个角色，手中保留了一份清唱剧的拷贝。于是，亨德尔又于一七三二年三月二日在干草市场剧院以《英国清唱剧》的标题指挥演出该作品。演了六场也未能满足公众的好奇心。——原注

② 一篇评论说，首演时，“共有二百六十位观众，其中没有一个人是付半价的，有几个人甚至收到了钱才来的。”亨德尔尝试用低于半价的门票再演该剧，也没有更多的人来看戏。英格兰的爱国者们欣喜若狂，已经互相传言，泄了气的萨克森人要回德国去了。——原注

③ 《亚他利雅》是亨德尔应邀为牛津大学的校庆创作的。人家本来要授予他大学博士头衔，可是不知道究竟发生了什么事，因为亨德尔后来一直不肯就这件事作解释。可以肯定的是，亨德尔没有获得博士头衔。——原注

响而声誉扫地[1],不再能用来跟亨德尔抗衡,他们找来珀尔珀拉领导剧院。当时,海尔维爵士说,“事情变得跟查斯丁尼治下康斯坦丁堡绿队与蓝队事件一样严重[2]。反对亨德尔的人被视为反对国王派。在议会里投票反对宫廷,几乎不比说反对亨德尔的话更危险。”然而,国王的不得人心,都被转嫁到亨德尔身上了。贵族们联合起来要把他搞垮。

亨德尔接受了挑战。为了招募新的歌唱演员,他于一七三三年夏,第三次出行意大利。他勇敢地跟珀尔珀拉战斗,一七三四年哈斯加入了珀尔珀拉一方。亨德尔跟两个最强大的劲敌进行较量。哈斯和珀尔珀拉有强烈的戏剧感。特别是他们俩都是意大利旋律和歌唱艺术最好的大师[3]。

尼可罗·珀尔珀拉,那不勒斯人,四十七岁。沉着冷静,但精力充沛,聪明,和少数音乐家一样,掌握艺术的所有资源,特别是掌握意大利歌曲的所有资源(除了哈斯,没有一个人能够做到)。他的风格优美,恢宏的程度不亚于亨德尔。当时意大利没有别的音乐家有他那样深深的、平静的呼吸[4]。他创作的好像是后亨德尔时代的作品,格鲁克和莫扎特时代的作品。尽管亨德尔具有绝妙的造型美感,可是他常常把歌喉当乐器使用,在展开部分,意大利优美的旋律线有时会被德国

① 波农齐尼被接纳为伦敦古乐学会的成员。为了感谢古乐学会,他于一七二八年赠送了一首五声部的牧歌。三年后,古乐学会的一位成员在一七〇五年威尼斯出版的安东尼奥·洛蒂的一本作品集里发现了这首牧歌。波农齐尼坚持说自己是这部作品的作者。人们就此事进行了长时间的调查,并询问了洛蒂本人和许多见证人。结果对波农齐尼来说十分悲惨,大家都不再理他。一七三二年末,他便从伦敦消失了。有关这一事件的全部通信,古乐学会用拉丁文、意大利文、法文和英文全部公开发表了出来,题为《伦敦古乐学会跟威尼斯安东尼奥·洛蒂先生的信件往来及旁证》(伦敦,1732 年)。——原注

② 拜占庭帝国时期,查斯丁尼一世(483—565)治下,经常在康斯坦丁堡的战车竞赛场观看绿队战车和蓝队战车的比赛。皇后黛奥道拉偏袒蓝队,从而引起绿队的不满。两队一度十分对立,发生冲突,形成骚乱。

③ 珀尔珀拉是十八世纪意大利最著名的声乐教师。哈斯自己是著名的歌唱演员,并跟前所未有的最著名的女高音歌唱家弗斯蒂娜结婚。——原注

④ 请比较贝内岱多·马尔切罗(1686—1739)在《阿里阿德涅》中轻微而短促的呼吸和珀尔珀拉同一主题作品的雄浑风格。——原注

的复杂变化弄得很臃肿,而珀尔珀拉的音乐则始终保持古典的纯净和构思的清晰——略显干瘪的清晰。历史还没有给予他公正的评价①。他和亨德尔较量,完全旗鼓相当。亨德尔的《阿里阿德涅》和珀尔珀拉的《阿里阿德涅在那克索斯岛》先后上演,相隔仅有几周时间②。两剧相比,亨德尔并不占优势。亨德尔的音乐很优美动听,但在规模上,没有什么可以跟珀尔珀拉的《阿里阿德涅在那克索斯岛》里的某些歌曲媲美。这些歌曲形式工整,也许过于传统,但有一股强大的气势在罗马的庙宇里回旋。好像出自格鲁克的意大利学生的手笔——某些先辈有时会让人产生这种奇怪的印象,譬如雅各布·戴拉·奎尔查③,他分明启发了米开朗琪罗,却好像得到了米开朗琪罗的真传。

哈斯的旋律之迷人超过了珀尔珀拉,只有莫扎特可以与之媲美;他写交响乐的才能也超过珀尔珀拉,这表现在他丰富的器乐伴奏上,其音调之优美不亚于他的歌曲④。

亨德尔很快感到,在意大利歌剧上跟别人竞争对他来说是不谨慎的。他的优势是合唱,因此他要按照法国的模式把合唱引进歌剧。

威尔士亲王的妹妹安娜公主是亨德尔的最佳保护人⑤。她的出嫁

---

① 克里桑德对他不了解,谈起他时口气颇为轻蔑,这是不公正的。——原注

② 亨德尔的《阿里阿德涅》上演于一七三四年一月二十六日。珀尔珀拉的《阿里阿德涅在那克索斯岛》过后不久即上演。——原注

③ 雅各布·戴拉·奎尔查(1374—1428),意大利中世纪雕塑家。

④ 约翰-阿道尔夫·哈斯出生于一六九九年三月二十三日,汉堡附近的包格道夫。一七八三年十二月十六日在威尼斯去世。他于一七三四年十月来伦敦并上演他的歌剧《阿尔塔塞尔斯》,此剧一直演到一七三七年。在英国也上演了他的歌剧《西罗埃》和两首诙谐的间奏曲。——我不想在他身上多花笔墨,因为他的生平和艺术离开了我们研究的主题。虽然亨德尔的敌人努力对抗,针对他著名的同胞,哈斯总是避免摆出竞争对手的架势。他们的艺术保持了彼此的独立,互不干扰。我打算另外对这位令人钦佩的艺术家的作品进行详细的研究。后世没有给予这位艺术家公正的评价,比对珀尔珀拉的评价还要差,因为从来没有人对旋律美的感受力达到他的水平。从他作品中最优秀的篇章来看,他可以跟最伟大的作曲家媲美。——原注

⑤ 安娜公主是国王乔治二世的长女,王子弗雷德里克的妹妹。她是亨德尔的学生和朋友。作为杰出的音乐家,她在荷兰每晚举行的公开音乐会上亲自指挥管弦乐队。——原注

对亨德尔来说形势变得更加暗淡。她曾热情地为亨德尔辩护,这反而连累了他。现在她要随丈夫奥润基亲王前往荷兰定居[1]。她于一七三四年四月离开英国,留下亨德尔和她给他制造的敌人们吵架。亨德尔发现昔日的朋友抛弃了他。他的合伙人,干草市场剧院的业主,把剧场租给了竞争对手的剧团。亨德尔被赶出为之工作了十四年的剧院,不得不和他的剧团转移到科芬花园约翰·瑞奇[2]的剧院。这是一种杂耍歌舞剧场。歌剧跟芭蕾舞、哑剧、滑稽剧等其他种种演出,共同租用这个剧场。瑞奇的剧团里有法国舞蹈演员,其中的玛丽·萨莱[3],以两出舞剧《皮格马利翁》和《卜伽丘与阿里阿德涅》[4]激起了英国观众的热情。了解法国艺术由来已久的亨德尔[5],看到这些新招聘的演员可以为其所用,便在一七三四年的演出季节首次尝试以一出法国歌舞剧开场。一七三四年十一月九日首演《忒耳西科瑞》,由玛丽·萨莱扮演主角。一个月后接着上演了一部由旧作拼凑起来大杂烩:《俄瑞斯忒斯》。他在其中也给玛丽·萨莱小姐和她的舞蹈留下了表演空间。最后,他把舞蹈和合唱与剧情紧密接合在一起,写出了两部动听的音乐作品——两首杰出的交响诗:一七三五年一月八日上演的《阿里奥丹

① 亨德尔为安娜公主的婚礼创作了《婚礼颂》(1734 年 3 月 14 日)。这是一部由以前的作品,特别是《亚他利雅》里的作品拼凑起来的。他也为婚庆活动写了小夜曲《欢乐的巴那斯山》,重新改写了《忠实的引路人》并加进了合唱。——原注

② 约翰·瑞奇就是那位用亨德尔的歌剧来进行滑稽模仿的人,一七二八年,他在剧院上演盖伊和佩珀施的《乞丐歌剧》。——原注

③ 玛丽·萨莱(1707—1756),法国舞蹈家,普雷沃小姐的学生,一七二五年在瑞奇的剧院里开始她的职业生涯。一七二七年回巴黎,进国家歌剧院跳芭蕾舞。一七三四至一七三五年间她和他的弟弟重返伦敦,演出舞剧《皮格马利翁》和《卜伽丘与阿里阿德涅》,轰动伦敦,接着又在亨德尔的作品中担任舞蹈演员。

④ 大家会注意到,冉-雅克·卢梭和乔治·本达就是用《皮格马利翁》和《卜伽丘与阿里阿德涅》相同的主题在一七七〇至一七七五年间开启了音乐剧或称“没有歌唱演员的歌剧”。——原注

⑤ 有人甚至说他对法国艺术太过了解了。普雷伏神甫于一七三三年在一篇题为“利与弊”的文章中写道:“……有几位批评家指责他借用了吕利大量好东西的内容,特别是我们法国的大合唱,”他们说,“他巧妙地用意大利方式加以乔装改扮。”——原注

忒》,特别是一七三五年四月十六日上演的《奥奇娜》。

亨德尔运拙时乖。民族主义粗暴的抗议活动迫使玛丽·萨莱和法国舞蹈演员离开了伦敦[1]。亨德尔不得不放弃歌舞剧。从这时起,如果说他继续奋斗在戏剧舞台上,那仅仅是受到不肯言败的坚强意志驱使。他在戏剧事业初期,据说,有一笔高达一万英镑的积蓄作基金。这笔积蓄不仅消耗殆尽,而且他已经另外欠下一万英镑的债务。朋友们对他的固执一点也不理解,因为固执最后只会让他破产。霍金斯说:"不过,这个人具有大无畏精神,绝不会做利益的奴隶;在斗争中,他勇往直前,而不会向那些他认为远不如他的人认输。"他不能成为赢家了,至少也要打断对手的脊梁骨。他要置他们于死地,可是自己也差点儿同时送了命。

因此他坚持谱写歌剧,写了一出又一出,一直写到一七四一年[2],作品越来越明显地趋向喜歌剧和浪漫曲的风格[3]——十八世纪下半叶非常被看好。可是我们明显地感到,自一七三五年以来,对他来说,真正的音乐剧是清唱剧。他重新回到清唱剧,旗开得胜,根据德莱顿[4]的《圣塞西尔颂》谱写了《亚历山大节》,一七三六年二月九日首演于科芬花园剧场。

---

① 玛丽·萨莱回到巴黎,从一七三五年八月起,进入巴黎皇家音乐学院(即巴黎歌剧院),在拉摩的歌舞剧《西印度的风流故事》里演出。这部作品的结尾部分,那绝妙的西班牙慢三步舞曲,跟亨德尔的风格是如此相像,相当引人注目。——原注

② 一七三六年五月二日上演《阿塔兰忒》;一七三七年一月十二日,《阿米尼奥》;一七三七年二月十六日,《久斯蒂诺》;一七三七年五月十八日,《贝雷妮丝》;一七三八年一月七日,《法拉蒙多》;一七三八年四月十五日,《塞尔塞》;一七四〇年十一月二十二日,《伊梅内奥》;一七四一年一月十日,《得伊达弥亚》。——原注

③ 特别是在《塞尔塞》和《得伊达弥亚》里。

④ 德莱顿(1631—1700),英国诗人,批评家和剧作家。一六九七年,他热情澎湃,一夜之间,写成这首辉煌的诗篇。一七一一年,克莱登(1673—1725)将其谱成乐曲。随后,一七二〇年,贝内岱多·马尔切罗根据孔迪神甫从英文改编成意大利文的颂歌文本,写了一首老式的康塔塔。亨德尔的一位朋友,纽伯格·汉弥尔顿,为他的清唱剧非常慎重地将德莱顿的文本进行了改编。亨德尔已经多次为圣塞西尔写颂歌。在布雷特考夫出版社出版的全集第五十二卷中,可以找到四首歌颂圣塞西尔的康塔塔片断,这四首都写于伦敦,第一首写于一七一三年。——原注

亨德尔在忧愁悲伤的时刻，在行将破产和生大病之时，理智几乎就要崩溃之际，好像轻而易举，用二十天时间谱成了这部特别充实健康的作品，有谁会相信呢？

* * *

多年来，疾病潜伏在他身上。过度的劳累和忧虑损害了他铁打的身子骨。一七三五年夏季，他曾尝试登布瑞基的温泉浴，一七三六年夏季可能也试了，但没有效果。他不能休息，因为他的剧团快要破产了。要支撑剧团，就要付出超人的努力。从一七三六年一月到一七三七年四月，他指挥两个季度的歌剧演出，两个季度的清唱剧，他写了一部清唱剧，一首圣诗曲，四部歌剧[1]。

一七三七年四月十二或十三日，身体垮下来了。他中风瘫痪，右半边身体不遂，右手做不了任何事，甚至智力也受到损害。他缺席期间，剧院关门，宣布破产[2]。整个夏天，亨德尔精神抑郁，十分可怜；但他拒绝接受治疗，人们以为他完蛋了。八月末，他的朋友们终于成功地将他送到埃森温泉疗养。温泉治疗产生了奇迹般的效果。只用了几天时间他的病就好了。十月，他回到伦敦。这位复活了的巨人立即恢复奋斗，在三个月内，写了两部歌剧和一部为王后去世而写的出色挽歌[3]。

悲哀的日子。债主们向他追讨债款，威胁要送他去坐牢。幸好，厄运连连的艺术家激起了广泛的同情。一八三八年三月末，大家为他

---

① 《亚历山大节》(1736 年 1 月)，《阿塔兰忒》(1736 年 4 月)，《婚礼颂》(1736 年 4 月)，《久斯蒂诺》(1736 年 8 月)，《阿米尼奥》(1736 年 9 月)，《贝雷妮丝》(1736 年 12 月)。——原注

② 一七三七年六月一日破产关门。六月十一日跟他们竞争的剧院也因破产而关门。亨德尔把他想扼杀的敌人也拖垮了。——原注

③ 一七三七年十一月十五日，亨德尔开始写《法拉蒙多》，十二月七日到十七日，写挽歌，十二月二十四日写完《法拉蒙多》，十二月二十五日开始写《塞尔塞》。——原注

做了一次义演(他出于自尊,接受得很勉强[①]),获得意想不到的成功:他得以还清最迫切的债务。一个月后,公众向他表达了对他的赞赏,在富克索游乐园[②]树立了他的全身像。

一七三八年春天,他感到体力恢复了,对未来有了信心,天空一片光明。拥护他的听众的同情支持着他。他恢复健康了。——我们在下面会发现。

七月二十三日,他开始写作清唱剧《扫罗》。八月八日,他写出了两幕。九月二十七日,写完该剧。十月七日,他开始写作《以色列人在埃及》,十月二十八日写完。其间,十月四日,他在威尔士出版社发行《管风琴协奏曲》第一集。十月七日,他交给威尔士出版社《七首三重奏,或两声部加通奏低音奏鸣曲,op. 5》——对熟悉这些充满欢乐的作品的人来说,其中占主要地位的是两部巨著:两部欢庆胜利的清唱剧。这种常人难有的写作劲头好像是出于一股大自然的威力,好像是春天一夜之间开满鲜花的田野。

《扫罗》是一部著名的史诗剧,丰富无比,充满激情,悲与喜交织在一起。《以色列人在埃及》是一部合唱的史诗,清唱剧中从未见过的最大规模的尝试,不是带有合唱,而是从头至尾都是合唱[③]。这部作品大胆独特的构思,庄严伟大的气势,没有引起他那时代听众的注意。在他生前,该作品一直未获成功。

亨德尔寄托在英国的希望不久又一次受到打击。时事维艰,气候

① 他说这样的音乐会是一种乞讨。——原注

② 富克索游乐园是泰晤士河畔一座美丽的公园,伦敦人的聚会场所。每年四月末到八月初,每天晚上(星期天除外)都举行各种音乐会,有管弦乐的,有唱歌的,也有管风琴的。娱乐场的业主泰伊厄斯请法国雕塑家卢比里亚克(1702—1760)用白大理石雕了一尊亨德尔的坐像放在大洞穴的壁龛里,供游人瞻仰。后来放在威斯敏斯特大教堂里的亨德尔墓前的大理石雕像也是同一个人雕刻的。——原注

③ 在《以色列人在埃及》的第一部分,只有一首独唱曲,而且被淹没在合唱之中。全曲有十九首合唱,四首独唱,三首重唱。《扫罗》的诗歌剧本,克里桑德起初认为是简嫩斯(1700—1773)写的,后来他承认,似乎是出于纽伯格·汉弥尔顿的手笔。至于清唱剧《以色列人在埃及》,他不需要剧本,而是直接使用地道的圣经。——原注

恶劣。一七三九年冬,由于战争和寒冷,看戏和听音乐会的活动甚至停了几个月。为了取暖,亨德尔八天写出了《圣塞西尔颂》(1739年11月29日),十六天写出清唱剧《快乐、哀愁和中庸》(1740年1至2月),一个月写出《大协奏曲,op.6》。这些可爱的作品,是亨德尔怀着感情精雕细刻出来的,他在其中投入的个人感受和对大自然浪漫而幽默的解读①,胜过所有其他的作品。可是这些作品的成功仍不足以挽救又一次陷入困境的生意。跟上演《底波拉》和《阿里阿德涅》时期一样,他遇到上流社会的联合抵制。他不知道什么地方得罪了他们②。但他们决心搞垮他,罢听他的音乐会,让他的音乐厅空无一人。他们雇人到街上去扯掉音乐会的广告。感到心灰意冷的亨德尔突然放弃战斗③,决定离开生活了将近三十年的英国,他曾用自己的声誉使其增光添彩的英国。他宣布一七四一年四月八日是他的最后一场音乐会④。

* * *

在伟人的生活中,我们常常会看到这样一种现象;当他们似乎一切都已完蛋,一切都已跌入谷底的时候,事业的顶峰却近在咫尺。亨德尔似乎被打败了。就在这同一时刻,他却写出了将为他在全世界建

① 特别是在清唱剧《快乐、哀愁和中庸》以及几首《大协奏曲》里。——原注

② 一七四一年四月四日《伦敦每日邮报》刊载的一封匿名信中影射一件具体事件说:“仅仅走错了一步,而且不是预先考虑到的。”——原注

③ 他在穷困的时候,想到比他还要穷苦的人。一七三八年四月,他跟其他几个英国的知名音乐家,如阿纳、格林、佩珀施、凯瑞等人,成立了《音乐家协会》,旨在救助贫困年老的音乐家。虽然他很拮据,但他比所有其他人都慷慨。一七三九年三月二十日,他为《音乐家协会》举行义演,亲自指挥《亚历山大节》和一首新创作的管风琴协奏曲。一七四〇年三月二十八日,他指挥《阿喀斯与伽拉忒亚》和《圣塞西尔颂》。一七四一年三月十四日,在他最糟糕的日子里,他举行了一场盛大的演出,演奏了《欢乐的巴那斯山》和五首最著名的器乐协奏曲。他后来给协会遗留了一千英镑的馈赠。——原注

④ 一位笨头笨脑的友人在给《伦敦每日邮报》寄去的一封匿名信中试图唤起公众的慈善心,表示要原谅亨德尔,而这正是对他可能做到的最残忍的羞辱——好心办了坏事。在克里桑德所著亨德尔传第三卷的末尾可以找到这封信。——原注

立声誉的作品。

他离开了伦敦[1]。爱尔兰总督请他去指挥在都柏林举行的音乐会。这是"为了给这个慷慨而有礼貌的民族送去一点新东西"(他是这样说的),他才根据友人简嫩斯的诗稿创作了《弥赛亚》[2]。都柏林的慈善募捐音乐会[3]已经演出过好几部亨德尔的宗教作品,所以他受到热情的接待。十二月九日,他在写给简嫩斯的信中,喜悦之情溢于言表。他在都柏林度过的日子,以及他年轻时在意大利度过的日子,是他一生中最幸福的时光。从一七四一年十二月二十三日到一七四二年四月七日,他举行了两个系列的音乐会,每个系列六场,场场获得同样的成功。最后,四月十二日,《弥赛亚》在都柏林举行首场演出。音乐会获得巨大成功[4],演出收入用于慈善事业。

写完《弥赛亚》八天之后(这就是说他还没来到爱尔兰),亨德尔

---

① 一七四一年十一月四日。他离开前,还有时间看到英国贵族支持的意大利歌剧院在伽路比领导下重新开张。——原注

② 亨德尔谱写《弥赛亚》是在一七四一年八月二十二日到九月十四日期间。某些音乐史家认为诗歌也是他写的。我们没有理由剥夺简嫩斯先生创作的荣誉。简嫩斯先生是位聪明人,他是清唱剧《伯沙撒》杰出的诗歌剧本的作者,而且他把剧本交给亨德尔后是不允许他对文本作任何改动的。他在一七四五年三月三十一日给友人的一封信中说,他觉得《弥塞亚》的音乐勉强配得上他的诗歌。(斯科尔彻引证)——原注

③ 都柏林著名的音乐社团——爱乐乐团只为慈善事业举行音乐会。他们为亨德尔做了特殊的安排。大家同意亨德尔只举行一场慈善音乐会。亨德尔欣然接受,并允诺拿出他"最好的东西"。最好的东西就是《弥赛亚》。请参阅 W. H. 格莱坦·弗鲁德(1857—1928)的文章:"一七三〇年至一七五四年间都柏林的音乐"(发表于《国际音乐协会会刊》1910 年 4 至 6 月合刊)。——原注

④ 但不是在伦敦。亨德尔于一七四三年上演过三次《弥赛亚》,一七四五年上演过两次,以后直到一七四九年,一次也没演过。虔诚信徒们的阴谋是企图将其扼杀,不准在广告上使用清唱剧这个名字,他们称之为《神圣的清唱剧》。仅仅从一七五〇年开始,《弥赛亚》才取得决定性胜利。亨德尔一辈子都只把该曲用于慈善事业。他为儿童救济院一年举行一次义演,指挥该曲。甚至双眼失明之后,他仍遵守这个高尚的习惯,而且为了能够让救济院更有效地单独拥有这部作品的演奏权,他禁止在他去世前出版该作品的任何部分。自从他去世后,大家知道《弥赛亚》出版了多少版本。巴黎音乐学院的斯科尔彻丛书收集了一七六三年至一八六九年间出版的《弥赛亚》,有七十种之多。——原注

已经开始写作《参孙》,用了五个星期时间写完这首清唱剧(1741 年 9 月末到 10 月末)。然而,他并没有在都柏林演出这部作品。无疑是他没有找到他想要的歌唱演员来表演这出合唱场面多、角色难度大的巨型清唱剧①。也许是他想把这部作品留到下一个年度的演出季节再用,因为他想明年再来都柏林。可是,他在伦敦期待的邀请没有来,所以《参孙》的首演是在伦敦举行的,时间是一七四三年二月十八日。

这部歌颂英雄的清唱剧是在弥尔顿的诗剧《角斗士参孙》的基础上写成的②。接着他在一七四三年六月三日至七月四日之间,根据孔格雷夫的一首诗编成的剧本谱写了一部轻松的歌剧,不过仍被称作清唱剧:《塞墨勒》。这是在两部力作之间的消遣之作。在写完《塞墨勒》的当月,为庆祝坎柏兰公爵战胜法国人③,亨德尔写了他的不朽巨著《戴廷格胜利颂》。当年八至九月间,他根据詹姆斯·弥勒一首相当动人的诗歌谱写了《约瑟》。这是一首忧伤温柔的诗歌,有点平淡,衬托了西门④孤僻的身影。

一七四四年对亨德尔来说是创作最为丰收的一年,也是获得成功最少的一年。他几乎同时写出两部最为悲情的清唱剧:一七四四年七至十月间,根据友人简嫩斯提供的绚丽诗篇⑤,创作出莎士比亚式的大

---

① 大利拉是亨德尔描绘的最复杂的个性之一。参孙和哈拉法的角色要具有特殊的嗓子。——原注

② 弥尔顿的诗作经过纽堡格·汉弥尔顿的改编。——原注

③ 坎伯兰(1721—1765)公爵,又称威廉王子,骁勇善战,率军参与奥地利王位继承战争,与法国军队战于戴廷格。一七四三年六月二十七日,在战斗中受伤而成为英国的民族英雄。亨德尔在七月十七日已经写完颂歌,于当年十一月二十七日在威斯敏斯特大教堂隆重演出。——原注

④ 据《圣经·路加福音》记载,西门受到神的启示,死前会见耶稣。他在圣殿遇到耶稣的父母约瑟和马利亚正抱着耶稣进来。他用手接过耶稣,称颂神说:“主啊!如今可以照你的话,释放仆人安然去世。因为我的眼睛已经看见你的救恩,就是你在万民面前所预备的:是照亮外邦人的光,又是你们以色列的荣耀。”

⑤ 按亨德尔的意愿,写得太慢,因为他是逐步写出来的,收到一幕稿子写一幕。现在保存有五封他写给简嫩斯的信,分别是一七四四年六月九日,七月十九日,八月二十一日,九月十三日,十月二日。亨德尔信中恳切地催简嫩斯给他寄接下(接下页)

型诗剧《伯沙撒》和古代的英雄悲剧《赫剌克勒斯》——“a musical drama”[①],标志着亨德尔音乐剧的最高峰,甚至可以说,是格鲁克之前所有音乐剧的最高峰。

英国公众的敌对情绪从来没有像现在这么强烈。心怀忌恨的人已经三次试图扼杀亨德尔,现在又启动同样的阴谋诡计来打击他。他们商量好在亨德尔演出清唱剧的日子里,邀请上流社会人士出席种种聚会和节庆活动,旨在抢走他的听众。博林布鲁克和斯莫利特谈到某些贵妇人极力要把亨德尔弄得破产为止。霍拉斯·沃波尔[②]说,当亨德尔指挥清唱剧音乐会时,去意大利歌剧院听音乐会是当时的时尚。亨德尔由于他的才干和精力,摆脱了一七三五年的第一次破产,现在,一七四五年初,又重新被逼到要破产的地步。他的痛苦,他的不安,精力超常的透支,又一次使他处于神经即将崩溃的边缘。他陷入精疲力竭的消沉状态,精神错乱从一七四五年三月至十月,延续了八个月[③],像一七三七年那样。他奇迹般又从破产的深渊中爬了出来。一些音乐仅仅扮演配角的大事件,使他的声望变得比任何时候都高。

觊觎英国王位的查理-爱德华刚在苏格兰登陆,苏格兰便全国起义。苏格兰高地氏族的军队向伦敦进军[④]。伦敦全城一片惊慌。一场

(接上页)去的诗稿,表达他对第二幕的赞赏,因为第二幕“使他获得了新的表达方法,提供了机会来表达特殊的思想”,还请他把剧本缩短一点,因为太长了。——原注

① 此剧上演于一七四五年初。——原注

② 霍拉斯·沃波尔(1717—1797),英国作家,首相罗伯特·沃波尔的小儿子。——原注

③ 新近发表的信件让我们了解到亨德尔生平中这一不平静的时期。(请参阅威廉·巴雷-斯夸尔著《1745 年的亨德尔》,载《雨果·里曼纪念文集》,1909 年,莱比锡。)——原注

④ 查理-爱德华·斯图亚特(1720—1788)是英国国王詹姆斯二世之孙,于一七四五年带领两艘军舰在苏格兰登陆,试图夺回王位,建立绝对君主制。查理-爱德华代表的詹姆斯党得到苏格兰高地氏族的支持,受到苏格兰人的热烈支持。开始,起义军在军事上取得一定进展,但在卡洛登沼泽地带的战役中,被乔治国王二世的儿子坎伯兰公爵率领的军队对打败。查理-爱德华起事失败后,流亡法国。

声势浩大的爱国运动席卷英国。亨德尔加入了这场运动。一七四五年十一月十四日,他自己在德鲁里大街的剧院演奏了一首《志愿军军歌》[①]。他写了两首清唱剧,可以说这是两首爱国歌曲的鸿篇巨制:《庆典清唱剧》[②],亨德尔在歌中号召英国人反抗侵略;《犹大·马加比》[③](1746年7月9日到8月11日),这是在卡洛登打败了反叛者之后,为庆祝骁勇善战的坎伯兰公爵凯旋归来而创作的胜利颂歌,诗歌是献给坎伯兰公爵的。

这两首爱国的清唱剧证明亨德尔跟英国人已经同心协力,同气相求。特别是第二首《犹大·马加比》,由于曲风浑厚,气势磅礴,至今仍是一首深受大众欢迎的作品[④]。这两部作品使亨德尔受到英国大众的欢迎远胜于他所有的其他作品。经过三十五年的奋斗,他终于取得了最后的胜利。事实胜于雄辩,他已经变成英国的民族音乐家。

---

① 这首歌的原名是:A Song made for the Gentlemen Volunteers of the City of London。这首歌曲,巴黎音乐学院斯科尔彻丛书中藏有两本。亨德尔在一七四六年七月为坎伯兰公爵的凯旋归来创作了一首《胜利颂歌》,该曲子在富克索游乐园上演。斯科尔彻丛书中藏有一本。——原注

② 这首歌于一七四五年十二月初写作完毕,于一七四六年二月上演。歌曲的歌词一部分借用弥尔顿的赞美诗,一部分来自圣经。亨德尔在歌曲的第三部分采用了《以色列人在埃及》中的好几首最动听的篇章。我们也在一首曲调中发现不久前由托马斯·阿恩创作的爱国歌曲《统治吧,不列颠尼亚!》的主要动机。——原注

③ 诗歌台本写得很平庸,出自托马斯·莫雷尔牧师的手笔。莫雷尔牧师是亨德尔最后几部清唱剧的台本作者。——原注

④ 亨德尔清唱剧的风格没有比此更受欢迎的了,其中有更多的大型合唱,以及跟合唱紧密结合的独唱。从一七四五年年末以来,格鲁克暂住伦敦。他当时三十一岁,在伦敦演出了两部歌剧:《巨人倒台》和《阿塔门尼》。(在伦敦威尔士出版社出版的《歌剧名曲集》两卷本中可找到这两部歌剧的几首曲子。巴黎音乐学院藏有这个集子的稀世版本。)格鲁克旅居英国,对亨德尔的生平没有任何影响,因为他对格鲁克的音乐作品不太重视。可是对格鲁克来说就不一样了,他一辈子都声称,对亨德尔怀有深切的敬意。他把亨德尔视同自己的师长,甚至自己认为是仿效亨德尔进行创作。(请参阅马克·凯利著:《往事追忆》卷一,第二五五页。)而事实是,亨德尔在一七四四年至一七四六年间上演的清唱剧,特别是《赫剌克勒斯》和《犹大·马加比》,其中某些篇章跟格鲁克的著名歌剧有惊人的相似之处。在《犹大·马加比》第一幕和第二幕的两场葬礼上,我们会找到《俄耳甫斯》的悲歌与和声。——原注

*　*　*

物质上的忧虑曾经使亨德尔的生活苦不堪言。现在他摆脱了物质上的忧虑[①],以较为平静的心态,恢复他的创作活动。随后的几年里,他有几首最为欢乐的作品像鲜花一样绽放。一七四七年六月一日至七月四日创作的清唱剧《亚历山大·巴鲁斯》[②],跟《塞墨勒》一样,经过精雕细琢,是歌剧-音乐会[③]。管弦乐的配器罕见的丰富多彩,惟妙惟肖。一七四七年七月三十日至八月十八日创作的《约书亚》[④]是类似《犹大·马加比》的作品,稍稍逊色,在史诗般的合唱中有一首情歌独占花魁。一七四八年六月创作的《所罗门》[⑤]是一场音乐盛会,充满了诗情和欢乐。一七四八年七月十一日至八月二十四日创作的《苏珊娜》,是一部有点儿两栖,但十分独特的作品,既沉重又快乐,既讲求实际又富激情。最后,一七四九年春——这似乎标志了亨德尔幸福的终结,他创作了精彩的《烟火音乐》[⑥](放烟火时演奏的音乐)。这是一部为大众露天庆祝活动进行音乐创作的范本。一七四九年四月二十七日,为庆祝英法签订《亚琛和约》[⑦]伦敦绿色公园举行烟火晚会,一

---

① 自一七四七年以来他放弃了预订戏票的制度,不再理睬贵族听众——贵族对待他的态度太不光彩了。他自己开办了面向大众的剧院。他成功了。伦敦的资产阶级给予积极的回应。从一七四八年起,亨德尔举办的音乐会几乎场场座无虚席。——原注

② 该剧的诗歌台本来自托马斯·莫雷尔,首演于一七四八年三月二十三日。——原注

③ 歌剧-音乐会是指在音乐厅里演奏歌剧的主要曲调,没有舞台布置,没有布景,歌唱演员也没有化妆和所扮角色的服装。——原注

④ 托马斯·莫雷尔写诗。一八七四年三月九日首次演出。——原注

⑤ 托马斯·莫雷尔虽然在笔记中没有提及,诗歌台本似乎出自他的手笔。——原注

⑥ 《烟火音乐》发表在亨德尔全集第四十七卷。为了一七四九年四月二十七日的演出,乐队用了一百名吹奏人员。斯科尔彻发表了炮兵首席将领蒙塔古爵士跟国王烟火总监查理·弗雷德里克有关这部作品交换的信件。我们从中看到亨德尔跟蒙太古爵士之间的意见分歧相当严重。——原注

⑦ 《亚琛和约》由英、法、荷、奥于一七四八年十月十八日在法国的艾克斯-拉夏贝尔,即亚琛签订,以结束奥地利王位继承战争和解决在西印度群岛、非洲和印度的贸易冲突问题。——原注

个由小号、园号、双簧管和低音号(没有弦乐乐器)组成的庞大乐队,首次演奏此曲。

在这几首欢快的曲子之后,他写了几首比较低沉的作品。这位身板结实的老人,在生命的这一时刻,出现了忧郁的情绪,好像有大病即将降临的预感。

一七四九年五月二十七日,他在"孤儿院"[①]指挥演出了《孤儿院颂歌》[②],为弃儿们募捐。他对不幸人们的慈悲之心给了他写这首曲子的灵感。从六月二十八日到七月三十一日,他写出了一部真正的杰作:《狄奥多拉皇后》[③]。这是他写的最为深刻的音乐悲剧,是除了《弥赛亚》之外的唯一一部基督教的悲剧[④]。为托拜厄斯·斯莫利特的《阿尔刻提斯》谱写的舞台音乐也是写于同一年年末,但从未公开演出过[⑤],后来亨德尔把该作品的主要部分用到了他的清唱剧《赫剌克勒斯的选择》[⑥]里。

这之后不久,他去哈勒做了最后一次旅行。一七五〇年七月二十八日,他踏上德国的土地时,正好约翰-塞巴斯蒂安·巴赫去世。同一个星期里,他遇到车祸,差一点儿送了命[⑦]。

他很快恢复了健康。一七五一年一月二十一日,当他开始写作

---

① 一七三九年,"为了养活和教育被遗弃的儿童",一位名叫托马斯·科拉姆的老水手创办了这所"孤儿院"。亨德尔献身于这项慈善事业,每年为孤儿院义演《弥赛亚》。一七五〇年,他赠送一架管风琴给孤儿院,并被选为孤儿院董事会的成员。——原注

② 该作品收入全集第三十六卷。《孤儿院颂歌》部分音乐用到了《挽歌》里,结尾部分是原封不动搬用了《弥赛亚》里的《哈利路亚》。——原注

③ 狄奥多拉皇后是拜占庭帝国(东罗马帝国)皇帝查士丁尼一世的皇后,也是东正教的女圣人。

④ 台本受到法国悲剧大师高乃依的剧作《贞女烈士狄奥多拉》的启发。——原注

⑤ 该剧创作于一七四九年十二月二十七日至一七五〇年一月八日之间,是一部英国式的假面舞剧。

⑥ 写于一七五〇年六月二十八日至七月五日,首演于一七五一年三月一日,作为"新加的一幕",接在《亚历山大节》后面演出。——原注

⑦ 一七五〇年八月二十一日伦敦的一家报纸"通报"的一则通告称,亨德尔在海牙和阿姆斯特丹之间[因车祸]受了重伤,但已脱离危险。——原注

《耶弗他》分谱时，虽然已经六十六岁，看上去非常健康。用了十一天时间，他已写到第二幕倒数第二场。写到这里，他不得不停下来。在这之前的篇章里，他写得已经很吃力。他的笔迹，开始时多么清晰稳健，现在变得粗大了，模糊了，颤抖了[①]。第二幕的最后合唱，他是这样开始的："主啊，您的意图多么阴暗！"他刚写好开头的广板就不得不搁下笔。他在稿子上注明："二月十三日星期三写到这里；由于我的左眼视力，无法继续写下去。"

他停了十天。二月二十三日（这天是他的生日），他在乐谱手稿上注明："身体好了一些，恢复工作。"他在作品中写下这些警示的歌词："我们的快乐走向痛苦，如同白天走向黑夜。"

他用五天时间艰难地结束了这部合唱，而且是一部了不起的合唱。写到这里，他停了四个月[②]。六月八日，他重新拿起笔来开始写第三幕。写到当中，他又不得不停下来[③]。他在最后四首歌曲和终曲大合唱上所花的时间，比平常写一部清唱剧的时间还要多：一七五一年八月三十日才写完。他双目失明了。

* * *

这之后，一切都已结束。亨德尔的双眼闭上了[④]。太阳熄灭了。《日全蚀……》，世界消失了。

在生病的第一年，眼睛还没有全部看不见时，他的痛苦是前所未有的。一七五二年，在演出他的清唱剧时，他已没有气力演奏管风琴。听众十分感动，眼看他面色发青，双手颤抖，耳听他们失明的

① 一八八五年，为纪念亨德尔诞辰二百周年，克里桑德发表了他的手稿真迹的复印本。——原注

② 为了有点事做，他在四月十八日和五月十六日，为孤儿举行义演，两次亲自指挥《弥赛亚》，并"即兴演奏管风琴"。他也尝试去切尔滕纳姆进行温泉治疗。——原注

③ 参阅手稿复印本第二四四页。

④ 他做了三次白内障手术。第三次是在一七五二年十一月三日。一七五三年一月，一则报纸消息说："亨德尔双眼完全失明。"——原注

参孙[①]可敬可佩的哀鸣。从一七五三年起,眼病已经医治无望,亨德尔重新振作起来,在每年封斋节演出十二场清唱剧期间,又亲自弹奏管风琴,而且直到去世,年年如此。但是,他在失去视力的同时,也失去了灵感的最佳源泉。这不是一个勤于思考的人,也不是一个深不可测的人。这是个热爱光明,热爱大自然,热爱美丽画面,热爱景物的人。跟大部分德国音乐家相比,他更多地是靠眼睛生存,可是现在他的四周是一片漆黑。从一七五二年到一七五九年,他陷入去世前的半睡眠状态。一七五八年,他仅仅为《犹大·马加比》写了一首重奏和一首合唱:"锡安现在要昂起头[②]"。他忆起往昔的幸福时光,重新捡起年轻时的一部作品:清唱剧《时间幻灭的胜利》[③],在一七五七年三月演出了新版本:《时间和真理的胜利》[④]。

一七五九年四月六日,演出《弥赛亚》时,他还演奏管风琴。在演奏到一曲当中时,他感到精力不济,可是,随即又振作起来。据说,他以惯有的尊严,即兴演奏下去。回到家里,他便卧床不起。四月十一日,他在遗嘱上追加了最后一条[⑤],慷慨地馈赠给音乐家协会一千英镑,为贫穷的音乐家纾困,并平静地表达了死后葬在威斯敏斯特教堂的愿望。他说:

---

① 《圣经·士师记》第十三、十四章载,参孙力大无比。他的力气来自他的长发。他把此秘密告诉了情妇大利拉。大利拉在他熟睡时剃去他的头发,把他交给了非利士人。非利士人挖去他的双眼,将他囚在牢里,让他推磨并羞辱他。

② 锡安,天主教圣经译名,即今耶路撒冷。

③ 一七〇八年写于罗马。

④ 这部原来用意大利文台本写的清唱剧在一七三七年就已经经过改编和增添上演。托马斯·莫雷尔把意大利文译成英文,并将两幕改成了三幕。——原注

⑤ 一七五〇年他立了遗嘱。一七五六年八月,一七五七年三月和八月,一七五九年四月,他在遗嘱上增加了新的条款。他指定他的侄女约翰娜-弗里德里卡-弗娄臣·德·高达为他的遗嘱执行人。他把许多遗产赠给了他的友人,其中包括克里斯托弗·史密斯、约翰·里希、简嫩斯、纽堡格·汉弥尔顿和托马斯·莫雷尔。他所有的仆人都分得了一份,没有落下任何人。他去世时留下了一笔大约五十万法郎的财富,全是在他生命的最后十年里赚来的。他还收藏有一批精美的乐器和油画,其中包括两幅伦勃朗的作品。——原注

我要死在礼拜五耶稣受难日,希望在他复活的日子去见我的上帝,我亲爱的主和救星。

他的愿望实现了。四月十四日耶稣受难周的礼拜六早晨八点钟,《弥赛亚》的歌手在他上帝的怀里安眠了。

* * *

他的声誉在死后剧增。四月二十日,如他所愿,被安葬在威斯敏斯特大教堂[①]。他的清唱剧每年封斋节期间在他朋友克里斯托弗·史密斯[②]指挥下继续演奏。不久,他的清唱剧便面向广大群众。一七八四年五月二十六日至六月五日,为纪念亨德尔诞生一百周年[③],在威斯敏斯特大教堂和先贤祠娱乐场举行了大型纪念演出活动,其影响遍及整个欧洲。一七八五年,一七八六年,一七八七年,一七九〇年,一七九一年,伦敦都举行了纪念亨德尔的演出活动。在这些年的演出活动中,每次参加演奏、演唱的人数多达千人以上[④]。海顿看演出时感动得流下了眼泪,并说:"他是我们所有人的大师。"

---

① 人们为他立了一尊相当平庸的塑像,是卢比里亚克的作品。富克索游乐园里的亨德尔塑像也是他做的。——原注

② 克里斯托弗·史密斯(1712—1795),英国作曲家。他跟父亲同名,童年时跟随父亲来到英国,因此姓名的拼写都采用英文了。他父亲一辈子为亨德尔服务,做他的秘书,为他抄写乐谱。子承父业,他也成为亨德尔的秘书。在亨德尔失明之后,他成为亨德尔的音乐助理,一七五三至一七五九年间帮亨德尔记谱,代他演奏管风琴。亨德尔死后,他继续为孤儿院演奏亨德尔的《弥赛亚》。

③ 亨德尔诞辰一百周年纪念活动,实际上提前一年就举行了。英国音乐史家伯尼(1716—1814)为记述这些庆祝活动写了一本书。——原注

④ 从一七八四年的纪念活动举办以来,参演的人数不断增加。一七八四年是五百三十人或五百四十人,到一七八五年在悉登汉水晶宫举行的著名音乐节上,参演人数达一千六百三十五人;一八五七年,达二千五百人;一八五九年,达四千人。我们记得,他生前,《弥赛亚》演出时,只用了三十三名乐器演奏人员和二十三名歌唱人员。为了这些巨型的演唱活动,人们制造了奇大无比的乐器,比如双倍的巴松管(1727 年已经造出),一款超大的低音提琴,低音号,调低八度的定音鼓等等。——原注

英国的纪念演出活动,引起了德国的关注。英国为纪念亨德尔一百周年诞辰举行演出活动之后两年,亚当·希勒[①]先在柏林路得大教堂,后在莱比锡和布雷斯劳指挥演出《弥赛亚》。三年后的一七八九年,莫扎特把《弥赛亚》《阿喀斯与伽拉忒亚》《圣塞西尔颂》和《亚历山大节》改编成钢琴曲[②]。亨德尔作品全集于一七八六年开始出版。在英国举行亨德尔音乐节之后,一种热衷于争强好胜的心理,促使德国恢复合唱活动和创办合唱协会,以表示对民族荣誉的敬仰[③]。听了亨德尔的清唱剧后,海顿着手写了《创世记》。贝多芬去世前谈起亨德尔时曾说:"这就是真情。"[④]。亨德尔的声望对诗人的影响也不亚于音乐家。歌德欣赏亨德尔。赫尔德[⑤]在他一八〇二年出版的《阿德拉斯托斯》中用了整整一章来论述亨德尔。独立战争使赞美自由的清唱剧《犹大·马加比》重新获得听众的青睐。

随着浪漫主义的兴起,人们对亨德尔才能的感受渐渐消失。柏辽兹从来不懂亨德尔的作品。如果他非常了解亨德尔,他可能会在亨德尔身上看到大众艺术的伟大楷模——这是他梦寐以求的。在当时所有的音乐家中,跟亨德尔思想最接近的是舒曼和李斯特[⑥]。可是,他们

---

① 亚当·希勒(1728—1804),德国作曲家,指挥家。

② 为了演奏给冯·斯威滕男爵听,莫扎特所做的改编远远不是无懈可击的。不管洛克里茨怎么说,莫扎特的改编表明,他对亨德尔的艺术没有内心的感受。然而,他写过一首"亨德尔风格的序曲",当他创作他著名的《安魂曲》时,肯定想起了亨德尔。——原注

③ 法希于一七九〇年成立第一个《柏林合唱协会》。——原注

④ 在伦敦出版的音乐月刊《哈默尼肯》一八二四年一月号里,我们可以找到贝多芬的这一判断(被佩尔西·罗宾森引证):"亨德尔是空前伟大的音乐家。我要跪在他的墓前。"贝多芬在给一位英国贵妇人的信中说:"我崇拜亨德尔。"(发表在《哈默尼肯》月刊1725年12月号上。)我们知道,贝多芬在写了第九交响曲之后,曾有计划创作亨德尔式的大型清唱剧。——原注

⑤ 赫尔德(1744—1803),德国哲学家,路得派神学家,诗人。——原注

⑥ 一八五五年,舒曼在致珀尔的信中写道:"《以色列人在埃及》是他理想的合唱作品",他想写一部《马丁·路德》。他给这种音乐下了这样的定义:"一部农民和市民能够听得懂的、受大众欢迎的清唱剧……一部想法单纯,效果只有赖于旋律和节奏而不是对位技巧的作品。"他觉得这种音乐的理想被亨德尔实现了。(接下页)

都是稀有人物，头脑清醒，情感丰富。亨德尔的艺术遭到出版社和浮夸演出的歪曲。不管是德国的演出，还是英国的演出，都庞大到可笑的程度。如果没有一八五六年创立的《亨德尔学社》准确无误地、完完整整地出版大师的作品，我们可以说，亨德尔的艺术有可能就完全失传了。盖尔维诺斯是这一社团的创办人①，而弗里德里希·克里桑德则独自执行这一任务。他对别人评价亨德尔的文章并不放在心上。他以使徒传教的热忱，用生气勃勃的演出来复活亨德尔的作品。他得到德国北部诸合唱协会的帮助，特别是柏林歌唱协会的帮助。该协会在一八三〇至一八六〇年间不断地演出亨德尔的所有清唱剧。相反，奥地利则长期落在后面。一八七三年，勃拉姆斯首次在维也纳指挥演出清唱剧《扫罗》。然而，亨德尔艺术的真正复苏仅仅是近十来年的事。人们感受到他的伟大，但对他的生平则不甚了了。我们觉得，主要是在一八九五年美因兹举办了第一届亨德尔音乐节之后，亨德尔的戏剧才华才以不可抗拒的方式被人接受。这次音乐节上，演出了清唱剧《底波拉》和《赫剌克勒斯》。

现在该轮到我们法国人，像希腊人那样，来亲身感受这伟大光辉灿烂的悲剧艺术了②。

(接上页)李斯特在谈及亨德尔的《神甫扎道克颂》时，对"誉满天下的亨德尔的才能"赞不绝口，并且在《快乐、哀愁和中庸》和《以色列人在埃及》的作者身上，非常准确地看到了一个描绘音乐的先行者。——原注

① 盖尔维诺斯(1805—1871)，德国十九世纪历史学家和自由派政治家。——原注

② 一九〇九年巴黎刚刚成立了一个亨德尔协会。协会的两位领导是充满热情和智慧的柏雷尔先生和罗杰尔先生。为了唤醒法国人对亨德尔的热爱，协会已经做了许多努力，演出了至今在法国无人知晓的大部头作品，如清唱剧《赫剌克勒斯》《孤儿院颂歌》，或者在特罗卡代洛宫举行《弥赛亚》的示范演出。——原注

作品评析

没有一位著名音乐家像亨德尔那样,无法用一个,甚至几个特性来加以说明。虽然他很早(比巴赫早很多)就熟练掌握了自己的风格,但从来不把自己固定在一种艺术形式里。甚至很难在他身上看到有意识的和合乎逻辑的演变。有些有才能的人认准一条路,只顾向上攀登,最终达到目的。亨德尔不属于这种人。他的目标只有一个,就是做好他所做的一切。从起步开始他就立在四叉路口,俯视天下,光芒四射,没有选定任何发展方向。有些有才能的人把自己的主观意志,不论是刚性的还是柔性的,强加给生活和艺术,把自己的生活方式记录在生命的书本里。亨德尔也不属于这种人。他吮吸百家的乳汁,化为己有。他在艺术上的意向显然是不带偏见的。他的艺术意向顺应千变万化的场景和转瞬即逝的事物,顺应民族,顺应他生活的时代,甚至顺应时尚;他的艺术意向迁就权势,必要时跟阻力妥协;他的艺术意向附和他人的风格和他人的思想。这就是吸纳百家之长的力量。而这种个性的人的最大平衡是,外来的一切立即被归类,被驾驭,被吸收。任何时候我们都不会觉得他被众多的外来因素所淹没。这位胸怀博大的人好似汪洋大海,世上所有河流的水都不能解除他的焦渴,也不能搅乱他心灵的平静。

德国才子们通常都有这种吸收外来思想和形式的能力[①]。但是他

---

① 莱辛在《历史与戏剧论丛》(1750)一书的序言中认为德国人的主要特性是,"不管是哪里发现的,只要是好的东西,就赞赏,并加以利用"。——原注

们当中像亨德尔这样海纳百川的客观态度,这种高瞻远瞩的包容性(可以说,这成了亨德尔的招牌),是极为罕见的。德国才子们的抒情方式更适合于歌唱他们的精神世界,而不适合于描绘生气勃勃的节奏和形式的世界。亨德尔跟他们完全不同。他比德国任何一个音乐家都更接近地中海地区的才子——那种歌德一到那不勒斯[①]就蓦然发现的荷马式才子;那是一双看到宇宙万物的大眼睛,而那里的宇宙万物看上去好像一张面孔,映照在一泓平静清澈的海水里。亨德尔这种客观的态度很大程度上得益于他曾游历数年的意大利——意大利的魅力,他是永远不会忘怀的;同时也得益于雄健的英格兰。英国人出于自尊,始终控制住自己的感情,鄙视饶舌和情感外露,而德国人在笃信宗教和艺术创作上,则常常乐此不疲。所有这些苗头在亨德尔身上都存在,因为我们在他写于汉堡的早期作品里就已经看出了端倪。

从他在哈勒的童年时期起,扎硕教给他的就不是一种风格,而是不同民族的各种风格。扎硕不仅训练他懂得每个大作曲家的思想,而且训练他用他们的风格写作,使之能化为己有。这种基本上是博采众长的教育,以三次游历意大利和半个世纪侨居英格兰而最终完成。根据在哈勒受到的教育,他在所到之处不断将当地艺术家及其作品的优点化为己有。虽说他没有去过法国(这点有待证实),但对法国的了解并不少,他以极大的兴趣学习法国的语言和音乐风格:这方面的证据,我们在他的手稿中可以看到[②],甚至从某些法国批评家对他进行的指责中也可看到[③]。他每到一处,就为自己建立一个音乐记忆的宝库,购买收集外国的音乐作品,在阅读乐谱的过程中抄录或者匆忙地、常常不准确地记下给他留下深刻印象的乐句和乐思——因为巴赫的专注和耐心,他一点也没有。巴赫曾一丝不苟地亲手抄写法国管风琴师和

① 参阅一七八七年五月十八日歌德致赫尔德的信,《游意大利》。——原注

② 指法国歌曲。(请参阅藏于剑桥大学费茨威廉博物馆的手稿,和藏于巴黎音乐学院斯科尔彻丛书中的手稿复印件。)——原注

③ 请参阅普雷沃神甫著:《利与弊》,一七三三年。——原注

意大利小提琴手的完整乐谱。这些欧洲音乐名句的丰厚收藏（今天只在剑桥大学的费茨威廉博物馆里保存了少数残片）曾是这位创作天才从中汲取营养的宝库。从种族和性格上说，亨德尔是个十足的德国人，可是在艺术上他已变成了一个世界公民，如同他在汉诺威认识的同胞莱布尼茨一样，变成了以拉丁文化为主的欧洲人。十八世纪末的德国名人，如歌德和赫尔德这一辈人，也不比乐坛上的这位萨克森人更自由，更具有世界性，因为他头脑里浸透了西欧的所有艺术思想。

他不仅从专业的、高雅的作品中汲取营养，从其他音乐家的作品中汲取营养，也从最纯朴、最乡土的民间音乐中汲取营养①。他喜爱民间音乐。我们发现他在手稿上记录有伦敦市井的叫卖声。他曾对一位女友说，他歌曲中的好几首佳作，其灵感都来自市井的叫卖声②。他的某些清唱剧，如《哈利路亚》和《快乐、哀愁和中庸》，都是根据在英国乡间散步的回忆编创出来的。《弥赛亚》中牧羊人的芦笛和风笛声，《扫罗》中弗朗德勒地区教堂排钟的声响，《赫剌克勒斯》和《亚历山大·巴鲁斯》中欢乐的意大利民歌，有谁不记得呢？亨德尔不是个自我封闭的艺术家，他看，他听，他观察。视觉对他来说是灵感的源泉，其重要性仅次于听觉。我不知道德国著名音乐家中有谁具有和他一样的“直观”能力。他跟哈斯和柯雷利一样热爱精美的画作。他很少出门，出门仅仅是为了去剧院或去绘画作品展销会。他是绘画的行家，自己有收藏。他去世之后，人们发现他的收藏中有伦勃朗的作品③。我

---

① 这并不是亨德尔特有的特征。一方是深奥的学院派，另一方是通俗的大众派或伪大众派，这两派在亨德尔时代的音乐家中都有，在伦敦显得更为对立。在《古乐学会》圈里盛行古代的折中主义（兼收并蓄）。最好的例子是作曲家罗辛格雷夫。他是帕列斯特里纳的狂热爱好者，他在自己卧室的所有家具和墙上贴满了五线谱，都是帕列斯特里纳作品的片断。在这同时，大众趣味与专业趣味的对抗，在整个欧洲都感觉得到：波农齐尼式或凯塞尔式的浪漫小曲成为当时的流行歌曲。亨德尔没有陷入任何的夸大。两派作品中生动活泼的东西，他都汲取。——原注

② 克里桑德引自拉克斯波洛太太一七四八年致诗人申斯通的信。——原注

③ 亨德尔的收藏热情随着年龄和财富的增长而增长。我们从他一七五〇年的一封信中得知，他购买了多幅绘画，其中有一幅大尺寸的伦勃朗的油画。——原注

们注意到,一个全神贯注在声响梦幻中的人,一个完全靠听力生存的人,失明有可能使其创作能力处于过度兴奋的状态,但很快就会使其失去写作的能力,因为失明使其创作新作品的主要源泉枯竭了。

他吸足了那时代欧洲音乐的全部精华,脑袋里装满了音乐家们的作品和漂浮在大自然中、在光与影中到处弥漫的丰富音乐——泉水叮咚,森林歌唱,鸟儿鸣叫,充满了他的作品,给他灵感,让他写出那么多略带浪漫色彩的美妙篇章①。因此,他写作如同人们说话,作曲如同人们呼吸。为了写出定稿的作品,他不在五线谱纸上打草稿,而是一气呵成,好像即兴演奏一样。事实上,他好像是前所未有的伟大作曲家,乐思敏捷、下笔成章。在圣保罗大教堂举行的午后弥撒上,或者在科芬花园演出他的清唱剧的幕间,当他演奏《随想曲》时,他在管风琴上即兴演奏;他在汉堡和伦敦歌剧院的乐队里,“当他以令人赞叹的方式为歌唱演员弹伴奏时,他一面适应演员的气质和歌唱技巧,从来不写谱子”,一面在羽管键琴上即兴弹奏。他使他那时代的行家们惊讶得目瞪口呆。鲜有溢美之嫌的马特森声称,“在这方面从来不曾有人跟他旗鼓相当。”我们可以毫不夸张地说,“他在生命的每一分钟都在即兴创作。”他以如此狂热的激情和如此完整的乐思来写音乐作品,以致他的乐句总是走到了前面,而为了跟上乐句的发展,他不得不用缩写的方式记录下来②。

可是,他同时具有绝佳的形式感,这看起来几乎有些矛盾。就动听的旋律线技巧而言,没有一个德国人超过他。只有莫扎特和哈斯可

① 从《阿勒米拉》中的“高高的椴树”直到《所罗门》中夜幕下的合唱。——原注

② 研究《耶弗他》的手稿,我们会确切地体会到亨德尔的作曲工作。在同一张五线谱纸上我们会看到亨德尔亲笔写下的种种说明。例如,第一幕的结尾,他注明“二月二日结束”。然后在同一页上,我们读到:“一七五一年八月十三日全部完成。”那么,有两种不同的工作:一是创作,二是完成。由于从一七五一年二月十三日起,亨德尔的笔迹因眼病有所改变,这两种工作在手稿上很容易分辨出来。鉴于这种情况,我们注意到,在写大合唱时,他最初先在每个声部写好完整的动机,然后在当中,他丢下一个声部去写另一个声部;他仓促结束时只保留了一个声部,甚或只用低音来结束。——原注

以跟他媲美。尽管他有丰富的创新，他还是多次使用同样的乐句，从最著名的乐句到他最喜爱的乐句，每次重复使用，他都悄悄做些改动，轻轻一笔就使乐句变得更好听了。此一事实应当归咎于那种对完美的热爱。研究音乐上的这些（硝镪水）腐蚀铜版法，比较前后不同的状况，对热爱造型美的音乐家来说是最富教益的①。这种研究会显示，某些曲调一旦写出会在亨德尔的心里沉睡多年，直到他对其有了深刻的感受。这些曲调先是随着偶然的灵感用于大体适宜的这样或那样的情景，它们可以说是在寻找投胎的肉身，寻找真正的情景，寻找可表达的最佳感情。一旦找到，它们就会充分展其所长②。

亨德尔在自己的作品中不大这样运用外国乐曲。如果我们在这里有空间研究那些肤浅的读者所谓的抄袭之事——特别举《以色列人在埃及》为例，其中此种借用一清二楚，毫不遮掩——我们会看到，富有想象力的亨德尔用怎样的才华从这些乐句深处挖掘出原创者甚至没有预感到的隐蔽内涵。必须有亨德尔的眼睛或者耳朵才能从斯特拉岱拉的《小夜曲》中发现圣经记述的灾难。一部艺术作品，每个人按自己的方式，而不是按作品的方式去阅读和聆听。有时对一部作品的想法最丰富的并不是原创者。亨德尔的例子就可为此作证。他不仅自己创作，而且常常将别人的作品进行再创作。斯特拉岱拉和埃尔巴③之于亨德尔，就像炉中的火焰和墙壁上的裂缝之于莱奥纳尔·达·芬奇（虽说这样的比较羞辱了他们）。莱奥纳尔·达·芬奇从火焰和裂缝中看到了生动的形象，而亨德尔从斯特拉岱拉吉他的琶音中

① 请看《罗德里格》中的咏叹调“温馨的爱，抚慰我心”变成了《阿格丽品娜》中的“只被欺骗一次”，或者《阿格丽品娜》中的“我的灵魂”重新用于《耶稣复活》《里纳尔多》《约书亚》中。——原注

② 因此，《阿勒米拉》中的亚洲人舞曲变成了《里纳尔多》中著名的《让我哭泣吧》；或者《忠实的引路人》里一首普通的欢乐曲调改变成了《丧礼哀歌》中的动人乐句：“哪些人听过她歌唱”。——原注

③ 斯特拉岱拉（1639—1682），意大利十七世纪著名巴洛克风格作曲家。埃尔巴（？—1729），意大利贵族家庭出生，神甫兼作曲家。

听到了暴风雨奔腾而过[1]。

我们任何时候都不应忘记,亨德尔才能的特点是能唤起人们的联想。谁满足于听这种音乐而看不到表达的是什么,谁认为这种音乐是一种纯形式的艺术,谁感觉不到这种音乐的表现力和引起联想的能力,以致有时产生幻觉,谁就永远听不懂这种音乐。这是一种描绘性的音乐:描绘感情,描绘内心,描绘境遇,甚至描绘为感情提供背景的时代和地域,为感情涂上诗意和道德的色彩。总之,基本上是一种画面生动的戏剧艺术。

在德国,仅仅在近二三十年里,由于举办了《亨德尔音乐节》,人们才重新找回了理解这种艺术的关键。如豪斯谈起最近在莱比锡上演的《参孙》时所说,"没有一位大师像亨德尔那样,其作品需要演奏和正确地演奏,才能被正确地理解。我们可以在自己家里研究巴赫的作品,能够比在音乐会上更好地享受他的作品。谁若是从来没有很好地听过亨德尔作品的演奏,就很难想象他的作品是怎么回事儿。"然而,好的亨德尔作品演奏会是极其罕见的。在他去世后的一个世纪里,亨德尔作品的内在含义被英国人的演出给歪曲了,而门德尔松和他的无数学校在德国的演出,又强化了英国人的演出方式。由于固执地排斥和藐视亨德尔的所有歌剧,由于排除几乎所有(最有气势的和最新的)富于戏剧色彩的清唱剧,由于越来越把选择的范围限制在四五部清唱剧上,而且在这几部清唱剧里,《弥赛亚》过分地处于优先地位,最后,由于这少数几部作品的演出,特别是《弥赛亚》的演出,场面豪华浮夸,一个乐队,几个人数众多、声部不平衡的合唱队,歌唱演员端庄虔诚,但没有任何激情,没有任何亲切感,下面的传说便成立了:亨德尔是路易十四时代的宗教音乐家,(舞台上)一切皆为布景:豪华的柱廊,典雅

① 应该能够在这里详细研究,比如说,斯特拉岱拉的小夜曲里的两首鲜有个性的器乐间奏曲,怎么到了《以色列人在埃及》里能够变成令人震撼的大合唱,好似飞蝇遮日,冰雹倾盆。我已努力把此项研究写成一篇文章,发表在一九一〇年五月和七月号《国际音乐协会会刊》上,题目是:"亨德尔抄袭之我见"。——原注

冷漠的大理石雕像，勒布伦[①]风格的绘画。《弥赛亚》成为少数几部根据这些原则来演出的作品之一，由此，观众感到极其厌烦，就像勒布伦画的戴假发的亚历山大和思想正统的基督让我们感到厌烦一样，这就毫不奇怪了。

还要回到这个话题上来：亨德尔从来不是宗教音乐家，而且他从来不曾为教堂写过作品。除了为王公贵族的小教堂或为特殊情况创作的《圣诗曲》和《上帝，我们赞美你》之外，他只为音乐会或广场节庆活动写过器乐曲、歌剧和人们称之为《清唱剧》或《神曲》的作品，这些都是为舞台创作的。他早期创作的清唱剧真正被搬上舞台的是一七三二年五月在干草市场剧院上演的《阿喀斯与伽拉忒亚》，有机关、布景和服装，戏名下面标明英国田园风格歌剧，以及一七三二年二月在《古乐学会》按古代悲剧方式上演的《以斯帖》，合唱队放在舞台和乐池之间。后来，虽说他坚决拒绝舞台演出[②]——只有舞台演出才能充分展现某些场面，如《伯沙撒》里专门为演员的表演设计的狂欢和显圣，相反，他不顾众人反对，总是坚持要在剧院里而不是在教堂里演出他的清唱剧。可是，要演出他的作品，教堂是不会没有的，至少在不信国教的市民那里。不在教堂里演出他的作品，激起宗教人士反对他的舆论，认为把虔诚的宗教主题搬上舞台是亵渎行为[③]。不过，亨德尔坚持说他写的不是宗教作品，而是戏剧作品，自由的戏剧作品[④]。

亨德尔作品这种明显的戏剧特点，近年来对亨德尔进行过研究的

---

① 勒布伦（1619—1690），法国画家，艺术理论家，十七世纪法国绘画的代表人物。

② 有理由相信这不是出于他的自愿。一七三二年，安娜公主希望在歌剧院上演《以斯帖》，可是大主教吉布森博士反对。只好求其次，用音乐会的形式来演出该作品。——原注

③ 一七三九年，《伦敦每日邮报》发表了一封未署名的读者来信，谈及《以色列人在埃及》，为亨德尔辩护，谴责当时十分强烈的宗教迷的反对意见。匿名信的笔者抗议说："人们去看演出是崇敬上帝的最佳方式。不是庙堂使祈祷变得神圣，而是祈祷使庙堂变得神圣。"——原注

④ 他不是亲自把《约瑟》题为"一出圣剧"，把《赫剌克勒斯》题为"一出音乐剧"吗？——原注

德国音乐史家克里桑德是非常明白的。他把亨德尔比作莎士比亚[①]。克列茨施马尔[②]先生称他是音乐剧的革新者。沃尔巴赫先生[③]和豪斯先生认为他是戏剧音乐家,要求用戏剧演员来演他的清唱剧。理查德·施特劳斯[④]先生在为柏辽兹的《配器概论》一书所写的引言中,用亨德尔的同声戏剧流派跟巴赫的多声交响流派进行对比。我们希望这本小册子的读者在亨德尔的所有作品中都能证实这些观点。

一、歌　剧

我们已经指出亨德尔艺术的一般特征,现在要对他的各种类型作品的艺术性略加评述。

坦言之,从整体上谈论亨德尔的歌剧或清唱剧是很难的,而应该说某些歌剧或者某些清唱剧,因为我们无法把它们归纳为同一个类型。这里我们要检验本章开头所说的:在艺术形式和当时不同音乐流派的选择上,亨德尔是完全漠不关心的。

当时欧洲所有的流派在他的歌剧里都有所反映:初期作品中的凯塞尔模式;《阿格丽品娜》中的威尼斯模式;伦敦初期歌剧中的司黛伐尼和斯卡拉蒂模式,但英国影响很快就体现在作品里,特别是节奏上;接着是他的竞争对手波农齐尼的影响;随后为创立新型音乐剧所做的出色尝试:《约里奥·恺撒》《塔迈尔拉诺》《奥兰多》;接着是向法国学习的可爱的芭蕾歌剧:《阿里奥丹忒》《奥奇娜》;随后,这些歌剧里出现了十八世纪下半叶的喜歌剧和轻歌剧的风格:《塞尔塞》《得伊达弥亚》…… 亨德尔可能还会继续尝试其他类型,像格鲁克那样(不选择

① 在他的《亨德尔传》第二卷的结尾。——原注

② 克列茨施马尔(1848—1924),德国音乐学家,曾任教莱比锡音乐学院和柏林音乐学院。著有《德国新近歌曲史》(1911)、《歌剧史》(1919)、《音乐史导论》(1920)。

③ 沃尔巴赫(1861—1940),德国作曲家,指挥家,音乐理论家。

④ 理查德·施特劳斯(1864—1949),出生德国音乐世家,十九世纪末德国最著名的作曲家和小提琴家之一。以写交响诗和歌剧著称。

单一的类型为己所用)进行创作。

不用说,这是其剧作的最大缺点,他受到当时意大利歌剧成规的制约,也受到他的歌唱队伍成员结构的制约,不能写合唱,只能写单人唱的歌剧,主要角色由主要女演员和次女高音担任[①]。但是,每次只要有可能,他就写带合唱的歌剧,如《阿里奥丹忒》《奥奇娜》。他没有在合唱中给男高音和男低音应有的地位,这不能全怪他。如果说他不能用添加合唱的办法来打破单调的独唱,至少他通过丰富多彩、千变万化的器乐伴奏使独唱变得生动活泼起来。例如在他最著名的歌曲里,像《里纳尔多》里花园那场戏:《百鸟争鸣》实际上只是一幅管弦乐的绘画,人声只是作为一种器乐混在乐队里[②]。亨德尔善于构思旋律,从中突出最美的旋律线,尽可能使每种乐器和人声充分展现其纯正的音色,不论是分开,还是合在一起,甚至休止的时候,这是何等的技巧啊!

至于曲调的分段,其变化要比我们通常想象的多得多。如果说反始再奏的形式在他的作品中用得很多[③],却远不是他使用的唯一形式。从《阿勒米拉》起,亨德尔就学凯塞尔的模样,成功地使用分段的小浪漫曲。而且这些短小的歌曲,简单,动听,几乎不加修饰,纯粹是心灵

---

① 下面是他在英国上演的几部歌剧角色的分配情况:《拉达米斯多》(1720):四个女高音(其中三个男角),一个女中音,一个男高音和一个男低音;《弗罗里丹忒》(1721):两个女高音,两个次女高音,两个男低音;《约里奥·恺撒》(1724):两个女高音,两个女中音,一个次男高音(恺撒角色),两个男低音;《塔迈尔拉诺》(1724):两个女高音,一个次女高音(男角),一个女中音(塔迈尔拉诺),一个男高音,一个男低音;《阿德墨托斯》(1727):两个女高音,两个女中音,一个次男高音(阿德墨托斯),两个男低音;《奥兰多》(1732):两个女高音,一个男中音(麦道尔),一个次男高音(奥兰多),一个男低音;《得伊达弥亚》(1741):三个女高音(其中包括阿希尔角色),一个次女高音(尤利斯),两个男低音。甚至在清唱剧里我们也会找到这样的作品,如《约瑟》(1741):两个女高音,两个女中音,一个次男高音(约瑟),两个男高音和两个男低音。因此,且不说这样女唱男角,似像不像,听了很不自在,角色声音之间的平衡总是倾向于不是偏高,就是偏低。——原注

② 请欣赏《阿里奥丹忒》《阿塔兰忒》或《塞尔塞》。——原注

③ 特别是用在带合唱的歌剧《奥奇娜》(1735)里,也用在他的最后一部作品《时间的胜利》里。——原注

的倾诉,他从来没有放弃过使用。在他最后几部歌剧里(《阿塔兰忒》《久斯蒂诺》《塞尔塞》《得伊达弥亚》),他似乎怀着偏爱再度使用小浪漫曲[①]。他也给哈斯和格劳恩[②]提供了这种卡伐蒂娜咏叹调(分成两段的曲调[③])的典范,后来他们把卡伐蒂娜咏叹调发扬光大了。我们在亨德尔的作品中也找到了一些没有第二段、也不重复的戏剧歌曲[④]。

甚至在反始再奏的形式里,有那么多形式上的变化!不仅亨德尔在其中使用所有的风格:有时让人声和乐器共演才华横溢、自由奔放的曲调[⑤],有时喜欢使用动听而严谨的对位来铺陈,如《里纳尔多》里的“亲爱的妻啊”或者《拉达米斯多》里的“我爱妻的幽灵”,而且他在古老的形式里寻找新的组合。十八世纪初,好像是波农齐尼使反始唱的小咏叹调成了时尚,亨德尔是最早采用的音乐家之一。《阿格丽品娜》和《奥托内》提供了精彩的范例[⑥]。咏叹调的第二段,他会赋予不同于第一段的个性和速度[⑦]。甚至在每一段里,几种速度会交错在一起[⑧]。

---

① 甚至在清唱剧里,他在需要的时候会大胆地插入短小的民歌,如同《苏珊娜》(1749)里的心腹侍女唱的民歌。——原注

② 格劳恩(1704—1759),德国作曲家和男高音歌唱家。他和阿弗雷德·哈斯一起被视为当时德国最著名的意大利歌剧作曲家。

③ 《忒修斯》第二幕开始美狄亚唱的咏叹调“好好睡吧”就是这样。请参阅《阿里奥丹忒》和《赫剌克勒斯》。——原注

④ 如《拉达米斯多》开头的咏叹调“至高无上的上帝”。我也要指出,在通奏低音伴奏基础上写的咏叹调,没有反始再奏,《珀罗》中克莱奥菲德唱的“可爱的精神”是最好的范例。——原注

⑤ 例如《罗德里格》中的咏叹调“请珍惜我的爱”。双簧管在这样的音乐竞技中起了很大作用。例如《忒修斯》的咏叹调像是一首为双簧管写的小协奏曲。——原注

⑥ 这两部歌剧的小咏叹调都极其短小。有些小咏叹调是民歌。《阿格丽品娜》里有些小咏叹调只有一句。《忒修斯》和《奥托内》里,有几首反始小咏叹调使我们想到格鲁克的歌剧《伊菲革涅亚在陶里斯》中的小咏叹调。——原注

⑦ 在《里纳尔多》里,咏叹调“我凄惨的泪水啊”的第一段是痛苦的广板,第二段是愤怒的快板。这种自由最漂亮的例子是《亚历山大节》第二段的开头蒂莫黛唱的咏叹调。该曲的上下段,不仅速度相同,而且乐器的音色、和弦的特性和思想内涵的本身都没有不同:这是两首不同的诗歌相互连接在一起,但每一首自身又是完整的。——原注

⑧ 例如,《忒修斯》中美狄亚唱的咏叹调“我将死去,但会报仇”;阿玛迪基唱的咏叹调“我的心是多么爱你”。——原注

有时候,第二段是宣叙调[①],或者变得极短[②]。当亨德尔在清唱剧中能够使用合唱时,他常常把反始演唱的任务交给合唱[③]。在《参孙》里,他走得比较远,弥伽在第二幕唱完咏叹调“啊,来吧,上帝”的前两段之后,合唱反始唱第二段,而弥伽则反始唱第一段。最后,亨德尔还尝试让两个人物分享反始部分。因此,在《扫罗》第二幕,乔纳森的咏叹调“哦,父王,请不要错罚了这个从来没有冒犯过你的年轻人”之后,接着是一支精彩的扫罗的咏叹调,然后又逐字逐句重复了一遍。

但是,亨德尔在独唱上的最大成就是叙事的情节。

这种采用乐队伴奏、打动人心的叙事性咏叙调[④]艺术,他是从凯塞尔那里学来的。他在《阿勒米拉》里就已经使用了。巴赫步他的后尘,也接着使用这一艺术风格。亨德尔在伦敦创作的歌剧里,从未停止使用,而且他使咏叙调的运用变得非常广泛。现在咏叙调已不再仅仅是孤立的宣叙调或大曲的前奏[⑤]。《约里奥·恺撒》第三幕恺撒的故事“我摆脱了大海的风险”,是一幅宏大的音乐画面,画面里容纳了一首交响乐的前奏,一首宣叙调,一首咏叹调的前两段(根据开头的交响伴奏写成),第二首宣叙调和接下去的反始再唱。在《塔迈尔拉诺》的最后一幕,巴加宰去世那场戏,是一系列由乐队伴奏的宣叙调和咏叹调融合而成,表达了所有层次的细腻感情,从头至尾形成一个生命的整体。《阿德墨托斯》歌剧的开头,阿德墨托斯濒临死亡的那场戏,无论感情表达的深度还是戏剧表达的自由度,都堪与格鲁克创作的最凄美

---

① 《理查一世》里,理查一世唱的咏叹调“来吧,死神”。——原注

② 在《阿里奥丹忒》的反始演唱歌曲中,第二段限制在五小节,甚至三小节。——原注

③ 在《快乐、哀愁和中庸》里,第三段的第一首咏叹调“来吧,带着你固有的灿烂光芒”;接在第二段后面的是一首宣叙调,然后合唱队唱反始部分。在《亚历山大节》里,咏叹调“他歌颂伟大仁慈的大流士”的第二段之后是一首宣叙调,然后合唱队唱反始部分,但十分自由,说实话,反始部分只在乐器伴奏当中。——原注

④ 咏叙调是介于咏叹调与宣叙调之间的调式。——原注

⑤ 亨德尔寻找一种能根据感觉的程度,从宣叙调到伴奏宣叙调,再到咏叹调的音乐语言。在《西庇阿》(1726)里,伴奏宣叙调的乐句作为无伴奏宣叙调片断的韵脚,衬托无伴奏宣叙调。该剧第一幕的终曲是说与唱的折中。伴奏宣叙调自然地过渡到咏叹调。——原注

的宣叙场面媲美。《奥兰多》中发疯的场面①,《赫剌克勒斯》第三幕得伊阿尼拉绝望的场面,在大胆的现实主义和狂热激情的表达上都超过了格鲁克的最佳作品。发疯的场面,亨德尔以莎士比亚的艺术手法,把滑稽可笑跟悲惨可怜掺杂在一起。绝望的场面,像一条无法驾驭的江河,愤怒而痛苦地奔腾而下。这两场戏,无论哪一场,在十八世纪的所有音乐剧中都找不到与之雷同之处。《忒修斯》《罗德琳妲》《阿莱桑德罗》《奥奇娜》《塞墨勒》《约瑟》《亚历山大·巴鲁斯》《耶弗他》呈现的宣叙场面,或由宣叙调、咏叹调加上器乐间奏曲十分自由地组合成的同一场面,很难说就没有特色。最后,我们要指出,在《伯沙撒》里,有主导动机的先兆和在心理上的运用,某些器乐曲和宣叙调的乐句好像跟尼托克里斯的个性有关②。

* * *

研究亨德尔的咏叹调和宣叙调引起艺术表达的一个相当大的问题:即歌唱的装饰音问题。

我们知道,歌唱演员们给亨德尔的旋律加上了装饰音,花腔,或抑

---

① 在一连串各种各样的宣叙调和咏叹调中,亨德尔不怕使用罕见的节奏,比如5/8的节奏,给人一种主人翁疯了的印象;这些宣叙调和咏叹调,以惊人的自由方式相继或重叠出现,先后或同时反映失恋的奥兰多脑子里产生的矛盾思想。——原注

② 也需要对亨德尔的诙谐歌曲作另外的研究。有人不承认亨德尔有喜剧才能。这是对他不够了解。他是个充满幽默感的人,而且经常表现在他的作品里。他的第一部歌剧《阿勒米拉》里的塔巴尔科就具有凯塞尔和泰勒曼的喜剧风格。根据布洛克斯脚本写的《耶稣受难曲》中,圣彼得的角色有点漫画式特点,也属于同一种表现风格。《阿喀斯与伽拉忒亚》里的珀里菲姆斯有大量粗野的笑料。但从《阿格丽品娜》起,他在嘲讽上学会了意大利式的精明,而且那种还不成熟的芬奇式和佩尔高来锡式的小动作和说话结结巴巴的轻松风格,已经出现在他的歌剧《忒修斯》(1713)里。《拉达米斯多》《罗德琳妲》《阿莱桑德罗》《多罗梅奥》《帕特诺佩》《奥兰多》《阿塔兰忒》都提供了许多幽默的例子。亚历山大和睡着了或假装睡着的罗克萨娜那场戏,是一场袖珍的音乐喜剧。《塞尔塞》和《得伊达弥亚》是两出悲喜剧,其情节和风格都可拿到巴黎喜歌剧院去演出。但是戏剧才能在清唱剧里则有不一样的规模,亨德尔不仅描绘了《参孙》里的大利拉和哈拉法,或者《苏珊娜》里的两个老人这些复杂或巨大的典型,而且《快乐、哀愁和中庸》里的合唱充满了神仙们的笑声,富有感染力的欢乐撼动了整个音乐大厅。——原注

扬顿挫,有时数量很可观,今天大部分已经消失。克里桑德在重印亨德尔的作品时,处于两难的选择之中:或者将其删除(这就歪曲了乐谱的历史面貌),或者自己重写。他作了后一种选择,同时尽一切可能保证作品准确无误,或者至少看上去像是那样。但是他的重建主张很少有人支持。德国音乐学家们最近就此问题打了一场笔墨官司。由于本书篇幅有限,我们不能详谈,但从这场辩论中,我们似乎可以得出以下结论:一是,曲调上的装饰音不是演唱时临时加上的,也不是像有些人以为的那样,是歌唱演员随心所欲要加就加的,而是在歌唱演员的角色上和作伴奏的羽管键琴的琴谱上明确标注的①;二是,装饰音不是毫无意义的单纯卖弄技巧,而是符合歌曲的总体风格并在技巧上慎重选择的结果。装饰音用来更加深刻地表达主要的旋律线②。

现在恢复这些装饰音有好处吗?从那时以来,我们的趣味已经变了。过于狭隘的虔诚,谦卑地依恋装饰习惯的某些细节,而这些细节已经变得陈旧过时,有可能损害过去的伟大作品。是把经历了数百年沧桑而变得满脸皱纹的老作品强加给今天的听众好呢,还是让过去的作品有分寸地适应目前的感觉方式,以便它们继续对我们施加良好影响好呢?这两种说法都有人支持③。就我而言,我认为,出版乐谱时必须按第一种说法来做,作品演奏时则按第二种说法来做。思想上应当力求准确地知道过去是什么样子,一旦做到这一点,生活就能够且应该恢复自己的权利,允许生活抛弃陈腐的方式,并且只保留才子们作品中一直有生命力的东西。

---

① 塞弗尔特先生指出,剑桥大学威廉博物馆的莱纳尔丛书中有一系列亨德尔歌剧和清唱剧的复本,人们可以从中找到用铅笔注明的歌唱演员演唱时的装饰音和经过的音群。按塞弗尔特先生的说法,这些标注出自亨德尔的友人和管家克里斯托弗·史密斯的手笔。戈德施密特先生认为,这些标注是十八世纪末写上去的。不管怎样,这些标注证明了声乐的一个传统,有幸为我们保留了亨德尔时代作品演奏的面貌。——原注

② 有一点对清唱剧来说尤为真实。对歌剧来说,装饰音要丰富得多,而对表达更为无关紧要。——原注

③ 弗尔特先生支持第一种说法,戈德施密特先生支持第二种说法。——原注

* * *

意大利歌剧中人声重唱的作品所占的地位是极其有限的。亨德尔在这一领域的革新不及在声乐独唱领域多。然而我们在他的作品中发现了一些奇怪的尝试。他的二重唱常常是模仿意大利古老学派的风格,模仿普罗旺萨尔和司黛伐尼[①]的风格,沉重并稍有点忧伤;或者模仿吕利的风格,两个声部齐头并进,音贴着音,呆板不自然[②]。但《阿塔兰忒》和《珀罗》里也有二重唱,写得舒卷自如,又很精致,不可多得。在《奥兰多》第三幕里的二重唱里,亨德尔努力突出哭泣的安吉丽克和愤怒的奥兰多不同的性格。同样,除了模仿学院派风格写的三重唱(比如《奥齐娜》第三幕里的三重唱)之外,《阿喀斯与伽拉忒亚》里的三重唱,在一对情人中成功地突出了珀里菲莫斯的高大形象;《塔迈尔拉诺》里的三重唱,被激怒了的塔迈尔兰跟激怒他的巴加宰和阿斯泰丽娅形成对比;《所罗门》里审判三重唱,描绘出三个不同的个性:所罗门镇静的威力,假母亲咄咄逼人的狂呼乱叫,真母亲痛苦的哀求。《苏珊娜》里的三重唱,其流畅程度也不逊色,而且是用喜剧手法写的:一个老人甜言蜜语,另一个老人危言相逼,总体构成一场生动活泼的小戏,莫扎特大概也不会否认的[③]。四重唱比较少见。在罗马写的《时间的胜利》里有两首短小的四重唱。在《拉达米斯多》里,亨德尔做了一次戏剧性的四重唱实验,但写得很笨拙,而且重复反始唱[④]。《耶弗他》第二幕里的四重唱是写得最动人的。据我们所知,他创作的

---

① 《忒修斯》中的二重唱:“再见,我亲爱的人儿”;《以斯帖》中的以斯帖和亚哈随鲁的二重唱:“谁在呼唤人生”。——原注

② 《阿米尼奥》(1737)第三幕的二重唱。值得注意的是,《阿米尼奥》也是以二重唱开始的,这是很个别的现象。其他的二重唱都是西西里岛的风格,如《约里奥·恺撒》里的二重唱,或者是英国民歌的风格,如《奥托内》里泰奥芬和奥东的二重唱:“献给温柔的爱人”。——原注

③ 根据布洛克斯文本写的《耶稣受难曲》和《常道斯赞歌》里也有动听的三重唱,朴实无华,有阳刚之气,如信徒三重唱:“啊,永生,令人敬畏的语言!”

④ 请参阅《塞墨勒》第一幕里的四重唱。——原注

唯一一首五重唱,也在《耶弗他》的第三幕里。

在十八世纪意大利歌剧中,合唱跌到了谷底①:只不过是剧终时独唱演员的齐声同唱,或者是情节当中的几次欢呼声,平庸而嘈杂。可是,亨德尔在《奥奇娜》里写过非常好听的合唱。《约里奥·恺撒》《阿里奥丹忒》《阿塔兰忒》里的合唱在当时的歌剧中也是出类拔萃的。甚至在歌剧最后的合唱中,亨德尔总设法走出常见的平庸:《塔迈尔拉诺》的终曲写出了悲剧的忧伤情调。《奥兰多》的终曲试图在每个人的性格里都保持他们的人格。《约里奥·恺撒》的终曲里嵌进了一首二重唱。也有群众性的合唱,如《久斯蒂诺》里的水手大合唱,《得伊达弥亚》里的猎人大合唱,当合唱队唱副歌时,由独唱演员领唱。在《阿莱桑德罗》里也一样,战士们的大合唱是在城墙的缺口上重复对亚历山大的颂歌。

最后,亨德尔曾多次试图建造由独唱加齐唱再加合唱的多层次音乐结构。《阿里奥丹忒》第一幕的结尾,先是一首伽沃特舞曲风格的二重唱,接着用合唱重复,然后是跳舞而不唱歌,接下去是又唱又跳。第三幕的结尾有一连串欢迎队伍,跳舞和合唱。《阿莱桑德罗》的最后几个场面,是按真正的歌剧结局谱写的:两首二重唱,一首三重唱,和一首大合唱首尾相连。

但亨德尔比较大规模地尝试这种人声重唱的组合,是在清唱剧里,特别是独唱和合唱的那种融合,或那种强烈的对比,都组合在同一个画面里。

我们看到了亨德尔所采用的形式和风格的多样性。他过于兼收并蓄,采纳百家之长,过于客观,以致不认为单一种类的艺术是真正的艺术。他只相信有两种音乐:好的音乐和不好的音乐。除此之外,所有的音乐种类,价值都是一样的。因此,他在所有的音乐种类里都留下了杰作。可是,他没为歌剧开辟新的道路,虽然他在几乎每一部歌

① 在威尼斯上演的歌剧除外。那里多亏富克斯(1660—1741),维持了复调歌曲的传统,后来哈斯,特别是乔梅利(1714—1774)巧妙地利用了这一传统。——原注

剧里都作了探索,而且走得很远。他不断地尝试,不断地创新,总是特别自信。好像他明确地意识到自己在创新。然而,他在艺术上取得的成就,对他来说,几乎没有一项是一劳永逸的。他尽管大量使用了宣叙调,后来成为格鲁克的特色,或者出色地使用了咏叙调,后来成为莫扎特的特色;他尽管谱写了《塔迈尔拉诺》里的几幕戏——最紧凑、最动人的戏,后来成为《伊菲革涅亚在陶里斯》①的谱写方式;他尽管谱写了激情洋溢的音乐场面,如《阿德墨托斯》和《奥兰多》里那些悲喜交加的篇章,后来成了《唐·乔伐尼》②的谱写方式;他尽管在这里尝试新节奏,在那里尝试新形式:戏剧里的二重唱或四重唱,歌剧开头描写性的交响序曲,精致的配器,合唱和舞蹈……但他从来不坚持下去。到了下一部歌剧,我们发现他又回到了他那时代的意大利歌剧或德国歌剧的常规形式。

二、 清唱剧

可以说,他之所以在歌剧里总是变化多端,是因为他不得不适应戏剧观众不断变化的趣味,不得不适应他手下能够支配的歌唱演员。可是,当他丢下歌剧,创作清唱剧时,他也没有少变化。这是在这种自由戏剧的大框架里,戏曲音乐会的大框架里,不停地尝试新形式。他在创作时,一种本能的节奏驱使他在写完一部作品之后接着要写一部感情和风格不同、或者几乎相反的作品,而不是按照内容相同或近似的作品,一部接一部地写下去。在每部作品里,亨德尔即时释放出一部分激情,当做到这一点,他又面临释放前一种激情时积累起来的另一种激情。他就这样永不休止地来回摆动,恰像生命的脉搏。在写实的《扫罗》之后,是客观的史诗《以色列人在埃及》。在这部宏伟的合唱巨制之后,出现了两小幅世俗画:《圣塞西尔颂》和《快乐、哀愁和中

① 格鲁克写作此歌剧,于一七七九年在巴黎歌剧院首演,获得巨大成功。
② 此即歌剧《唐·璜》,莫扎特谱写此剧,于一七八七年在布拉格首演成功。

庸》。在大众喜爱、歌颂英雄的悲喜剧赫剌克勒斯式的《参孙》之后，是浪漫风流的歌剧，是如花似玉、讨人怜爱的《塞墨勒》。

但这些清唱剧尽管变化多端，却有一个共同的特点：都是音乐剧，而且比歌剧更是音乐剧。亨德尔不是出于宗教思想才为一部分作品选择圣经里的故事，而是，像克列茨施马尔注意到的那样，因为圣经中的英雄故事已经渗透到亨德尔欲与之对话的民众的血液里。这些故事众所周知，而那些浪漫的古代传奇只会让一群口味讲究、精神颓唐的音乐爱好者感兴趣。毋庸说，这些清唱剧由于并非为舞台创作，所以不寻求舞台效果。只有少数例外，如《伯沙撒》里的狂欢场面，我们从中感到亨德尔受到剧情直观的影响。不过，爱恨情仇与心境是用戏剧的方式来表现的。亨德尔是描绘人物个性的大家。《参孙》中的大利拉，《伯沙撒》里的尼托克里斯，《亚历山大·巴鲁斯》里的克莱奥帕特拉，《所罗门》里的真母亲，《赫剌克勒斯》里的得伊阿尼拉，以及狄奥多拉，都证明他具有灵活而深入地表现人物心理活动的才华。虽说在情节的发展过程中，在描绘普通的感情时，他往往会沉醉于滔滔不绝的纯音乐，但在激情爆发的时刻，他跟最著名的音乐剧大师相比毫不逊色。《赫剌克勒斯》第三幕的可怕场面，《亚历山大·巴鲁斯》的结束场面，《伯沙撒》里的显圣，朱诺的场面和塞墨勒之死，约瑟跟他兄弟的相认，《参孙》里庙宇的坍塌，《耶弗他》的第二幕，《狄奥多拉皇后》里的狱中场面，或者《扫罗》的第一幕，以及高于一切的《以色列人在埃及》《以斯帖》《约书亚》和《常道斯赞歌》里的某些大合唱，好似激情的风暴，被掀起又被制服的大自然的灾难。所有这些段落，我们只要听过就不会忘记。

这些合唱，清唱剧从本质上说有别于歌剧。首先，清唱剧是一出合唱的悲剧。从巴尔贝里尼[1]时代起，这些合唱就几乎从意大利歌剧中被排除了，而在法国歌剧中却还占据着重要位置，但作用只限于

① 巴尔贝里尼是十七世纪意大利最有势力的贵族家庭，由于该家族出了一个教皇和几位大主教，曾对意大利的政治、经济和文化生活产生重大影响。

次要的和装饰性的。在亨德尔的清唱剧里,合唱则是作品的灵魂。这些合唱的作用,有时像古时候的合唱那样,点出戏剧的思想,显示暗中驱使主人公的厄运,如在《扫罗》《赫剌克勒斯》《亚历山大·巴鲁斯》《苏珊娜》里那样;有时从感情冲突中迸发出一声强大的信仰的呼唤,给人间的悲剧罩上超自然的光环,如在《狄奥多拉皇后》和《耶弗他》里那样;有时体现了悲剧的主角本身——民众(或敌方的民众)和引导民众前进的上帝。非常了不起的是,亨德尔从他创作第一部清唱剧《以斯帖》开始,就有了这个天才的想法。一个被压迫民族的悲剧和上帝响应召唤前来救助的戏,在《以斯帖》的合唱里,被惟妙惟肖地表现了出来。在《底波拉》和《亚他利雅》里,有两个民族的对垒,在《伯沙撒》里有三个民族的对垒。这一类作品的杰出代表是《以色列人在埃及》,是现存的最伟大的清唱剧史诗,从头至尾充满了耶和华和他的子民。

这些合唱的风格各不相同。有些是略嫌过时的教堂音乐风格①,有些比较接近歌剧,甚至滑稽歌剧②,还有一些散发出十六世纪末牧歌的芬芳③,伦敦古乐学社大力提倡这种艺术。亨德尔跟流行的想法相反,多次使用合唱形式,不论是简单的还是变化的④。尤其是,他巧妙地运用合唱的重叠手法⑤,操作自如,才华横溢,连他那时代最吹毛求疵的鉴赏家,如马特森,都赞叹不已。他出于大作曲家的本能,喜欢在重叠的层次上交替运用主调歌曲和赋格式歌曲⑥,和声合唱的强大纵列和对位声部的整体运动;或者他把戏剧性的合唱镶嵌在具有装饰性的、无个性的庞大结构里。他的合唱有时是悲剧场面⑦,有时是喜剧场

① 如《以色列人在埃及》和《耶稣受难曲》。
② 如《伯沙撒》《苏珊娜》《快乐、哀愁和中庸》《参孙》。
③ 如《扫罗》《狄奥多拉皇后》《亚他利雅》。
④ 如根据布洛克斯文本写的《耶稣受难曲》《常道斯赞歌》《挽歌》《孤儿院颂歌》。
⑤ 如《赞歌》《欢乐颂》(即为乌德勒支和约而写的赞美歌和欢乐颂)和《以色列人在埃及》。
⑥ 如《以色列人在埃及》《弥赛亚》《伯沙撒》《常道斯赞歌》。
⑦ 如《参孙》《扫罗》《以色列人在埃及》。

面,甚至是滑稽歌舞剧场面[①],有时是风俗画面[②]。亨德尔在合唱中利用民歌动机[③],或者舞蹈结合唱歌[④],达到令人仰慕的程度。

然而,属于他本人特有的东西(不是他创新的,而是他天才地加以运用的),是独唱和合唱交替使用或混合使用的结构。普塞尔和法国人可能曾给他启发。他在早期的宗教作品里就做了尝试,特别是从《安娜王后生日颂》(1713)开始,这首曲子里每一首独唱歌曲都被接下去的合唱重复[⑤]。他热爱光明,喜欢在大段的合唱中插进独唱,使得大段的合唱变得疏朗[⑥]。他的戏剧才能使他有机会从这种结合中获得惊人的效果。因此,在根据布洛克斯文本写的《耶稣受难曲》(1716)中,锡安的女儿跟合唱的对话"快走,你们这些备受折磨的人",有问,有答,有埃斯库罗斯[⑦]式的惊叹,成为巴赫根据马太福音创作的《耶稣受难曲》的范本。《以色列人在埃及》的结尾,山顶上的大合唱,一支无伴奏的女声独唱高高升起,她的赞歌跟重复赞歌的合唱交替出现,形成强烈的对比。在《圣塞西尔颂》里也一样。在《庆典清唱剧》里,女高音和男高音的二重唱跟大合唱交替。但,独唱和合唱融合得最好的是《犹大·马加比》。一个被侵略民族奋起消灭压迫者,在这样的英雄壮举中,个人是很难从民族的勇敢精神里突显出来的。人民的领袖仅仅是领唱人而已,他们的歌声启动了那些规模宏大的合唱,而大合唱则以雄赳赳、气昂昂、不可抗拒的气势向前推进,就像攀登胜利阶梯的巨大台阶。

---

① 如《快乐、哀愁和中庸》《苏珊娜》《伯沙撒》《亚历山大·巴鲁斯》。

② 如《所罗门》和《快乐、哀愁和中庸》。

③ 如《赫剌克勒斯》《扫罗》《塞墨勒》《亚历山大·巴鲁斯》《所罗门》。

④ 我在上面指出,在《约里奥·恺撒》《奥兰多》《阿里奥丹忒》和《奥奇娜》里有伴舞的合唱。在《赫剌克勒斯》《伯沙撒》《所罗门》《扫罗》(排钟奏响的场面)和《约书亚》(第二幕里在顽固低音伴奏下的圣舞)里有歌声伴唱下的各种舞蹈。——原注

⑤ 在《亚他利雅》《亚历山大节》《快乐、哀愁和中庸》《参孙》里也一样。

⑥ 如《欢乐颂》和《挽歌》。

⑦ 埃斯库罗斯(前525—前456),古希腊悲剧诗人,与索福克勒斯和欧里庇得斯一起被称为古希腊最伟大的悲剧作家,有"悲剧之父"的美誉。

最后,管弦乐队有时会给独唱和合唱的对话加上第三个戏剧心理的成分,偶尔会以表面上跟前两个成分对立的形式出现。因此,在《犹大·马加比》第二幕,吹响战斗号角的管弦乐队和与之重叠的、几乎是挽歌的合唱形成对照:“果真如此,多美啊,自由!”。或者,说得准确些,管弦乐为合唱做了补充,完成了画面,在死亡的身边是光荣。

清唱剧是“自由的戏剧”,所以音乐自身必须是背景。因此,描写的画面部分非常丰富;主要因为这一点亨德尔才得以给英国观众留下深刻的印象。卡米·圣桑[①]在给贝莱格[②]先生的信中说:

> 我终于确信,亨德尔正是由于描写的画面部分——这在当时是全新的和出乎意料的——才获得听众的青睐,受到热烈的欢迎。这种谱写合唱和处理赋格的巧妙方式,过去其他人也像他一样使用过。他的贡献在于当时还是现代成分的音乐色彩,我们现在不再看得出他作品中的这一点……,那不可能是异国情调问题。不信,请听听《亚历山大节》《以色列人在埃及》,尤其是《快乐、哀愁和中庸》吧,并试着忘记那时以来人们所做的一切。你每一步都会发现他对优美画面的探索,对模仿效果的寻求。这种探索和追求就其产生的环境来说是真实的,强烈的,好像以前未曾见过。

圣桑先生对“这种谱写合唱的……巧妙方式”可能过于低估了,而这种方式在英国并不那么普通,甚至在普塞尔的作品里也不常见。他对法国人在美丽如画的描绘音乐上实实在在的贡献和他们对亨德

---

① 卡米尔·圣桑(1835—1921),法国十九世纪后期浪漫主义时代的作曲家,钢琴家和管风琴家。

② 贝莱格(1858—1930),法国《两世界杂志》的音乐评论家,多位音乐家的传记作者。引文摘自他的著作《不同时代的音乐》(1920)。

尔所能产生的影响①,可能过于低估了。最后,不该把亨德尔在创作上的描写倾向想象成他那个时代的例外。当时德国乐坛刮过一阵巨大的自然之风,推动德国音乐向着Tonmalerei(用声音绘画或拟声)发展。泰勒曼更胜过亨德尔,是个音乐画家,他的音画效果比亨德尔更著名。可是,十八世纪的英国在音乐上仍是保守的,沉湎于对过去大师的崇拜。亨德尔的艺术以其"音乐色彩"和"模仿效果"在英国比在其他地方应该更加引人注目。我不会像圣桑先生一样,说"不可能是异国情调的问题。"这种异国情调,似乎是他多次追求的,尤其是在《约里奥·恺撒》和《亚历山大·巴鲁斯》里两个克莱奥帕特拉的某些场面的配器上。但他作品中常见的,则是Tonmalerei,音乐的风景画,大自然的印象画,风格别致的绘画。如同贝多芬说的那样,"与其说是一种感觉的表达,不如说是一幅绘画",唤起听众诗意的联想:冰雹倾盆而下,大海或平静或翻腾,黑夜投下的巨大阴影,暮色降临英格兰的乡村,月光笼罩下的公园,春天的黎明和小鸟早晨醒来的雀跃。《阿喀斯与伽拉忒亚》《以色列人在埃及》《快乐、哀愁和中庸》《弥赛亚》《塞墨勒》《约瑟》《所罗门》和《苏珊娜》是展品丰富的画廊,呈现一幅幅风景画,同时显示亨德尔身上具有的弗朗德勒画家的天赋和浪漫诗人的情怀。这种浪漫风格,在他那个时代给听众留下强烈的印象,使听众感到意外。他因而受到听众的激赏,也招来猛烈的批评。一七五一年,有一封信把他描绘得像后来的柏辽兹或瓦格纳,因为他掀起了交响乐和大合唱的风暴。这封信的匿名作者写道:

> 他本可用他自己的方式讨人喜欢,可是不知受到什么鬼使神差,他竟没有这样做。他想象出一种新的大型音乐作品。为了造成更加强烈的轰动,他用如此多的人声和乐曲来演奏他的作品,

① 在吕利和他的学派盛行的时代,法国人已经掌握了音乐绘画的技术,特别是模仿暴风雨。艾迪森为此感到高兴,集市上的草台戏常常喜欢以夸张的手法模仿歌剧院里的暴风雨。——原注

以致这样的演出以前在剧院里闻所未闻。他以为这样做不仅可以跟音乐之神竞争，而且可以跟其他的神灵竞争：如风神埃俄罗斯，海神尼普顿，闪电之神和众神之王朱庇特，因为，有时候我以为风暴刮倒了房子，有时候我以为大海吞没了长凳。然而更叫人难以忍受的是，一切都成了轰鸣的雷声。那可怕的雷鸣声我永远不会忘记①……

所以，歌德听了贝多芬的C小调第五交响曲（即命运交响曲）之后感到震惊而生气地说："荒唐荒唐！好像房屋快要坍塌了！"

我把亨德尔和贝多芬的名字拉在一起并非出于偶然。亨德尔是个被链子锁着的贝多芬。他像围绕在他周围的意大利著名艺术家珀尔珀拉、哈斯们一样，看上去沉着冷静，可是，他与他们之间有着天壤之别②。在古典理想覆盖下的亨德尔，是"狂飙突进运动"③时代的先驱，内心燃烧着浪漫的天性，而这个隐藏的精灵出于突然冲动，也许是不由自主地，有时候会出人意料地冒出头来。

三、 器乐作品

亨德尔的器乐作品值得我们驻足片刻，稍稍花点笔墨，因为音乐史家几乎总是对其做出不正确的评价，而艺术家们几乎总是对其产生

---

① 引自一七五一年伦敦出版的一本小册子《甚至最没有才能的人也会使用的新作曲法》。一七四二年，蒲柏就已经拿亨德尔跟希腊神话中的百臂巨人布里陌瑞俄斯相比。从《里纳尔多》（1711）时代起，艾迪森就责备亨德尔喜欢使用噪音。——原注

② 阿巴思诺特医生（1667—1735）的一本著名的小册子里，赫罗斯伦伯-约翰森对亨德尔说："您拒绝服从规则，您拒绝让规则束缚您的天性……啊你，哥特人和汪达尔人！我们既可以从加那利群岛把夜莺和麻雀带到后台，让它们演奏富有野趣的大自然的歌剧，也可以同意您是个作曲家。一个使用长尺和角尺的木匠作起曲来也会比你走得远，而你，你是个十足的不守规矩的人！"（造反中的和声——赫罗斯伦伯-约翰森致弗雷德里克·亨德尔绅士的一封信，1734年2月。）——原注

③ 狂飙突进运动（德文：Sturm und Drang）指一七六〇至一七八〇年间德国文学和音乐创作领域发生的变革运动，是文学艺术从古典主义向浪漫主义过渡时期的标志。

误解。他们当中的大部分人只看到亨德尔器乐作品的外在形式。

亨德尔器乐作品的首要特点是频繁的即兴之作。虽说这些作品被发表了，但在很多情况下是由不得他，或者瞒着他[①]发表的。他的器乐作品不是用于给人阅读或作冷静评价，而是让听众趁热飨用的。这是一些随性的草稿，其形式从未完全确定，而是一直处于鲜活的变动状态，在演出中按双方面对面的感觉——作曲家的感觉和听众的感觉——而随时改变[②]。因此应该在一定程度上保留这些作品鲜活的即兴创作特色。可是，相反，人家提供给我们的，是些呆板僵化的东西。我们甚至不能说是丑化亨德尔的作品，而是否定亨德尔的作品。你可能已经仔细研究了作品的每个细节，获得了乐队演奏时总体上的精准和无懈可击，但只要你没有把天才即兴作曲家的形象从作品中显露出来，那你还是什么准备工作也没有做。

此外，这些器乐作品跟亨德尔的声乐作品一样，几乎总是一种内心的表述或画面的描绘。亨德尔跟他的友人杰米尼亚尼一样，认为“器乐曲的目的不仅仅是悦耳，而且是表达感受，感动，描绘激情。”[③]器乐曲不仅反映内心世界，而且也针对事物的景象[④]。器乐曲是含义具体的诗歌。如果我们能成功解读提供启示的乐谱，我们就可能在这样的器乐作品中找到亨德尔曾亲历和目睹过的场面、景色和日常生活

---

① 有时候，亨德尔不得不发表他的器乐曲，因为有人非法出版这些作品，且错误百出。(1720年发表的《羽管键琴组曲》第一集，或1738年出版的《管风琴协奏曲》第一集就是这样的。)有时候，干脆是出版商偷去作品之后发表的，跟亨德尔一点关系也没有。(瓦尔希偷去并于1733年发表的《羽管键琴组曲》第二集，就是如此，亨德尔甚至没有能够纠正其中的错误。)值得引起注意的是，虽然羽管键琴组曲第一集出版后在欧洲受到广泛欢迎，他也不想发表其他的羽管键琴曲。——原注

② 亨德尔的同时代人一致称赞亨德尔在即兴弹奏时本能地适应听众心境的才能。像那些非常著名的演奏能手一样，能立即和自己的听众心心相印，简直可以说，他和听众在一起创作。——原注

③ 引自杰米尼亚尼的《小提琴演奏艺术》，一七一五年，伦敦。——原注

④ 吉米尼亚尼曾亲自尝试用音乐来表现拉斐尔的绘画和塔索的诗歌。

塔索(1544—1595)，意大利诗人，以描写第一次十字军东征的长诗《被解放的耶路撒冷》而名垂青史。

的记忆。有些作品显然受到大自然的启发[①]。有些作品跟声乐作品和戏剧作品有亲缘关系。在《键琴作品》第四集里,有几首歌颂英雄的赋格曲被亨德尔在《以色列人在埃及》里重新使用,并填上新词,以表达内心的活动。一七三五年出版的《管风琴协奏曲》第一集第四首的第一首快板,几乎立即变成《奥奇娜》里最动听的合唱曲之一。第二首宏伟壮观的F大调二重协奏曲[②]是《以斯帖》里最美篇章的再现。这些作品对当时的听众来说都表达了一定的含义,这是显而易见的,正如杰米尼亚尼所说,“凡是好的音乐都应当是美好言辞的模仿”。以致出版家瓦尔希出版了六卷亨德尔最受听众喜爱的歌剧曲调和清唱剧曲调,改编成长笛、小提琴和羽管键琴奏鸣曲。亨德尔自己或他的学生巴贝尔[③]也非常出色地把歌剧里的组曲改编成羽管键琴演奏的序曲、间奏曲或变奏曲。我们千万不要忽视亨德尔的器乐作品跟他的其他作品的这种亲密关系。而这种亲密关系应当引导我们对这些器乐作品所表达的内容加以关注。

* * *

亨德尔的器乐作品分为三大类:

1. 键琴作品(包括羽管键琴和管风琴);

2. 室内乐作品(包括奏鸣曲和三重奏);

3. 管弦乐作品。

键琴作品

在亨德尔创作的所有音乐作品中,为键琴写的乐曲是最受欢迎的,也是在欧洲出版得最多的作品。虽然这些作品有三个集子,但只

---

① 如一七四〇年出版的《管风琴协奏曲》第二集第一首的快板,及其夜莺和杜鹃可爱的对话;同一集里的第二首管风琴协奏曲的第一首曲子;还有其他几首大协奏曲(请看后面的分析)。——原注

② 指管乐声部和弦乐声部的二重协奏曲。

③ 巴贝尔(1689—1723),英国作曲家。

有一个集子——第一集,能借以正确评价亨德尔,因为这是唯一一个由他亲自改编和监督出版的集子。其他两个集子,或多或少是偷偷出版的,多有不符合作者原意之处。

这第一集出版于一七二〇年,法文标题是:Suites de pièces pour le clavecin composées par G. F. H. (G. F. 亨德尔为羽管键琴创作的组曲)。我们可以从该集中看到亨德尔两个最显著的特征:他的早熟和具有欧洲普遍性。第一个特征在他后来的岁月里几乎不再发展;第二个特征使他的艺术别具一格,即使在那著名艺术家不如今天民族化的时代。就第一个特征而言,我们注意到,这些发表于一七二〇年的羽管键琴作品,很早之前就已写成了,某些曲子甚至写于一七〇〇年之前。在莱纳尔收藏的《青年篇章》里,我们找到一部分这类羽管键琴作品[①]。还有一些曲子来自《阿勒米拉》。当然,亨德尔在一七二〇年出版的集子里对作品进行了发展,加工,特别是进行了不同的组合。对我们来说,青年时代作品的意趣,在于向我们展示这些作品最早的草稿,以及亨德尔是如何对它们进行加工完善的。除了这些较早期的作品外,还有其他一些较近期的作品,或者写于意大利,或者写于英国[②]。我们可以通过这些作品追踪亨德尔接受各种不同影响的痕迹。塞弗尔特先生和弗莱舍先生已经指出了一些影响[③],有德国的,法国的,也

① 这是一本二十一页的手稿,从笔迹看似乎写于一七一〇年,可是这肯定是更早作品的抄本。克里桑德把这部手稿刊印在亨德尔全集第四十八卷里。亨德尔很可能把他早年的作品交给一位英国朋友,让他进行选择。这些作品转手相抄,甚至被偷偷发表,如同亨德尔在一七二〇年版的序言里所说的那样,"我不得不发表下面几首作品,因为一些有错误的版本在国外偷偷摸摸地流传。"例如,第三组曲,第七组曲的萨拉班德舞曲,等等。——原注

② 有人说这些在英国创作的作品是亨德尔为安娜公主写的,他是安娜公主的羽管键琴老师。但是,克里桑德指出,公主当时只有十一岁。这些作品可能是为常道斯公爵或柏灵顿伯爵写的。在键琴作品第二集里我们才找到一些为公主们写的简易曲子。——原注

③ 在他们再版的魏茨曼著《键琴史》(1899 年,莱比锡,布雷特考夫出版社)里。其中论及亨德尔的那一章最主要的内容是关于他的键琴作品。——原注

有意大利的[①]。在英国本土,有时是意大利影响占上风,有时是德国影响占上风[②]。舞曲出现的先后顺序随着每首组曲的不同而变化,也随着作品的中心——核心的不同而变化。引子部分,有时是前奏曲,有时是赋格曲,有时是序曲,等等。舞曲与主曲之间,时而相互关联,时而相互独立。可是,这种变化多端的作品给人的主要印象是整体上十分统一。亨德尔的个性特点是把种种极不相同的成分:“德国的复调音乐同饱满的和声、意大利的主调音乐同斯卡拉蒂的技巧、法兰西的节奏同装饰音[③]”凝聚在一起,融合成一体。正因如此,亨德尔的作品才为他那时代的人所接受。在亨德尔的作品之前,曾经出版过也许较有特色的键琴作品集,但它们的灵感几乎总是局限在民族艺术的范围。十八世纪德国古典音乐大师们在音乐上做了我们法国十七、十八世纪的作家和思想家们为文学所做的事,而亨德尔是这些大师中的第一人:为大家写作。而他的第一个集子,从出版之日起,直到如今,仍旧是一部欧洲的古典杰作。

我们对后来的集子兴趣不大,理由我们在上面已经说过。一七三三年,瓦尔希在亨德尔不知情的情况下出版的第二集错误百出,其中包含《青年篇章》中的小奏鸣曲或汉堡时期和哈勒时期的小奏

① 哈勒时期主要是克里格和库诺的影响(请看亨德尔全集的第四十八卷,第一四六页,一四九页);在汉堡时期是法国的影响(同上,第一六六页,一七〇页);旅居意大利期间是帕斯奎尼的影响(同上,第一六二页)和斯卡拉蒂的影响(同上,第一四八页,一五二页)。库诺的影响非常明显。亨德尔的记忆里,一辈子都装着库诺的音乐,尤其是他的《键琴练习曲》(1689—1692)和《键琴新作品集》(1696)。这两部作品当时非常著名,有众多版本在各处流传。一样的风格明朗,一样的线条简洁而清晰。尤其是库诺的萨拉班德舞曲,已经是后来亨德尔的风格了。同样,某些序曲,某些快步舞曲,以及有点儿民歌风的曲调。——原注

② 德国影响,请看一、四、五、八组曲(四首舞曲,前面有个引子)。意大利影响,请看二、四、六、七组曲(其形式属于室内奏鸣曲 Sonata da camera)。——原注

③ 塞弗尔特先生补充说,这些成分,没有一个是占据主导地位的。我比较同意克里桑德的看法,他指出,在这种三个民族融合在一起的风格里,意大利风格的倾向是主要的,如同在巴赫的作品里,法国风格的倾向是主要的。——原注

鸣曲[①]。第二集里缺少支柱作品,如前奏曲和赋格曲,如果是亨德尔自己编选的话,他是一定会插进去的。

这种支柱作品是现成的。出版商令他失望。他不得不忍气吞声,让出版商随后把《六首为管风琴或羽管键琴创作的赋格曲或随意曲》(Six Fugues or Voluntarys for organ or harpsocord,1735,Op. 3)作为第二集的附录一起出版。这些赋格曲写于一七二〇年以前亨德尔在坎能斯的时期。第二首 G 大调赋格曲甚至是初到英国时写的。这些赋格曲一经问世便立即出名,并以手稿形式传播,一直流传到德国[②]。亨德尔学习库诺的赋格,特别是学习约翰·克里格的赋格[③]。跟他们一样,他让自己的赋格曲具有基本上是旋律的特点:它们写得如此之好唱,以致其中有两首,像我们说过的那样,用到了《以色列人在埃及》第一部分的两首合唱里[④]。然而亨德尔作品的生命跟他前辈们作品的生命相比,是非常不同的。他的作品具有他所特有的英勇无畏的气概,热情洋溢,如火如荼。他的作品是有生命的。马特森说,他的作品的“每一音符都会说话。”这些赋格曲具有才华横溢的即兴曲特点。实际上,它们就是即兴创作的。亨德尔称其为随想曲,随心所欲、技巧精湛的随

---

① 其中有根据小步舞曲、伽沃特舞曲,特别是根据西班牙慢三步舞曲编写的变奏组曲和许多意大利的形式。第六首 G 小调组曲中的快步舞曲改编自《阿勒米拉》(1705)里的一首曲子。我们也注意到第八首 G 大调组曲是法国风格(尤其是伽沃特园舞曲及其五种变奏)。除第二集之外,还要加上包含了亨德尔年轻时代不同时期作品的第三集:幻想曲,随想曲,前奏曲和快板,奏鸣曲,一七三二年发表于阿姆斯特丹(第二组曲的灵感来自一首马特森的德国歌曲);为路易莎公主(当时十二、三岁)编的练习曲,写于一七三六年左右;G 小调随想曲,是同时期的作品;C 大调奏鸣曲,写于一七五〇年左右。最后,除这些集子外,还要加上各种键琴作品,刊登在全集的第四十八卷里,题为《键琴作品和改编的羽管键琴作品》。我们注意到,在这个集子里,巴贝尔选刊了改编得最好的亨德尔的歌剧曲调和交响曲(1713 或 1714 年左右)。——原注

② 马特森在一七二二年作为最新作品提到第四首 E 小调赋格曲。——原注

③ 亨德尔把克里格在一六九九年出版的《优美键琴练习曲集》送给他的朋友贝纳尔·格兰维尔时,亲自对他说的。——原注

④ G 小调赋格曲构成了合唱《他让埃及所有头胎生的死去》。A 小调赋格曲构成了合唱《他们不愿喝河里的水》。另一首(第四首)用到根据布洛克斯的故事文本写的《耶稣受难曲》的序曲里。——原注

想曲。他经常使用二重赋格，而且用得十分娴熟自如。马特森又说，“这样的艺术使听众高兴，使作曲家和演奏家热血沸腾。”他听了巴赫的作品之后，认为亨德尔在使用二重赋格和即兴作曲方面是最为出色的。

这种即兴作曲的习惯（我们可以说，这种即兴作曲的需要）成了亨德尔创作他的著名管风琴协奏曲的源泉。按当时的风尚，亨德尔一面弹着羽管键琴，一面指挥歌剧或清唱剧。他以高超的技艺为歌唱演员伴奏，屈从他们一时的兴致，当歌声结束，他便开始即兴演奏①。他在歌剧演出时用羽管键琴即兴弹奏间奏曲，也在清唱剧演出的幕间用管风琴即兴演奏幻想曲或随想曲，获得的成功是如此巨大，以致从那以后他就从未放弃过这一习惯。简直可以说，来听清唱剧演出的观众受到亨德尔用管风琴即兴演奏的吸引，要大大超过清唱剧本身对他们的吸引。亨德尔生前发表了两本管风琴协奏曲集，一本在一七三八年，一本在一七四〇年；第三本在一七六〇年，他去世后不久②。

要评价这些作品，重要的是要记住这些作品是为舞台演出而写的。期望这些作品具有巴赫那样的严肃、严谨和紧凑的风格是荒谬的。这是一些精彩的消遣作品，十分流畅，鲜有深意，但是明亮而大气，保留了出口成章的即兴特点，旨在对广大听众产生即时的效果。

---

① 我们在他的总谱上不时会看到 ad libitum（即兴）或 Cembalo（羽管键琴）的标注，表示那是留给即兴演奏的地方。亨德尔尽管身强力壮，可是琴弹得极其温柔而匀称。柏尼说：“他十指卷曲，并拢在一起，以致我们看不到他手的任何移动，甚至很难看到他手指的移动。”塞弗尔特认为，“他的弹奏技巧把拉摩的愿望变成了现实，就现代意义来说，这肯定是需要经常运用大拇指的”，而且“在亨德尔来到英国和不久即到处采用意大利指法之间，我们可以找到某种关系”。——原注

② 第四集是由阿尔诺在一七九七年出版的，但其中一部分作品并不是原作。第二卷的发表，当时就和亨德尔没有任何关系。全集第二十八卷包含第一集的六首协奏曲，op. 4（1738）和第三集的六首，op. 7（1760）。全集第四十八卷包含第二集的协奏曲（1740），一首乐队与两部管风琴的协奏曲（试验作品），以及两首第四集的协奏曲（1797）。许多协奏曲都注有写作日期。大部分写于一七三五年到一七五一年之间，有几首是为特殊活动创作的；第一集的第六首协奏曲是《亚历山大节》的幕间曲；第一集的第四首，写于《奥奇娜》之前不久；第三集的第三首是为孤儿院创作的。降 B 调协奏曲（NO. 3）在英国人的思想里是跟《以斯帖》有连系的，既然小步舞曲称之为以斯帖小步舞曲。——原注

霍金斯说，"一般说来，亨德尔以一段庄严的、长长的、不拘形式的序曲开始，序曲的和声组织紧密，尽可能的丰满，总体上非常易懂，总是保持着非常简单的样子。接下去是协奏曲。他弹奏得很用心，很自信，很热烈，从来没有人比得上他。他驾驭键琴的非凡能力，风格的大气和庄重，乐队和声之饱满，跟管风琴独奏形成的对照，延长了的终止，使耳朵处于愉快的期待之中，这一切产生了一种奇妙的效果…… 一旦亨德尔准备弹管风琴了，场内便鸦雀无声，安静得使人们都屏住呼吸，生命似乎暂时停止了。"

甚至在反对亨德尔的阴谋最为猖獗的时候，《格拉布街[①]日报》发表了一首热情赞扬亨德尔管风琴演奏音乐会的诗歌[②]：

啊，风儿，你轻轻地，轻轻地，
摇动树枝上你的金色翅膀！
让微风停止窃窃私语，
愿万物不要发出声响。
生命之泉，请你暂停流淌……
请听，请听亨德尔弹琴，举世无双！……
哦！请看，这位强壮的男子汉，
当他让管风琴发出轰鸣的声音，
欢乐招拢人群，怨恨一扫而光……
他的双手犹如造物主的双手，
演奏他尊贵的作品，
有条不紊，庄重辉煌，
轻重缓急，拿捏有方……

---

① 格拉布街是当时伦敦穷人区的一条街道，因那里是不出名的文人、作家、诗人、艺术家和出版商集中居住和活动的地方而知名，成为伦敦的一条文化街，今已不复存在。

② 一七三五年五月八日。亨德尔创作和演奏第一集里的前几首协奏曲就是在这一年。——原注

艺术上粗制滥造的工匠们，别嚷嚷！
在这里，贵族的宠信帮不了忙。
在这里，亨德尔是国王。

在这些管风琴的协奏曲里，要看到真正意义上的为人民大众演出的精彩“音乐会”[①]。大片的灯光，大片的阴暗，强烈而欢乐的对比，所有的设计都是为了达到壮观的效果。乐队一般配有两支双簧管，两把小提琴，一把中提琴，以及低音琴（大提琴，大管，羽管键琴），有时有两支长笛，几把低音提琴，一架竖琴[②]。协奏曲由三个或四个乐章构成，习惯上两个乐章跟两个乐章相衔接。一般开始是一段彭泊索或断奏，法国序曲的风格[③]；后面常常跟着风格相同的快板。最后是中速的快板或相当活跃的行板，有时是舞曲。乐曲当中的柔板常常留给管风琴即兴演奏。形式跟三个乐章的奏鸣曲有某些相似之处：快板，柔板，快板，前面有一段引子——序曲。全集第四十八卷（第二册）里前两首协奏曲开始的部分都是描写性的绘画风格。同一册里的 F 大调协奏曲则有节日音乐——几乎是露天音乐的风采。最后，必须指出，亨德尔为两架管风琴写协奏曲是很好的尝试，可惜没有继续试下去[④]——更令人吃惊的是，有首管风琴协奏曲以一首合唱来结尾[⑤]，——这样就为

---

① 霍金斯又说：“在那个音乐不像今天广为传播的时代，许多人老老实实承认，他们对音乐一窍不通：‘我的耳朵不会欣赏音乐。’然而，亨德尔的演奏不仅使这些人陷入沉默，为之着迷，而且通常他们也是鼓掌最热烈的人。”——原注

② 在第十首协奏曲里，有两把大提琴和两支大管，在为两架管风琴写的协奏曲里也一样。在全集第四十八卷 F 大调大协奏曲里，我们发现有两支法国圆号。——原注

③ 有时乐谱上注着名称。如全集第二十八卷第八首协奏曲，第四十八卷 F 大调协奏曲。——原注

④ 第四十八卷第五十一页。

⑤ 我认为，斯特雷特菲尔德先生是在第四管风琴协奏曲的手稿上发现该曲结尾是一首合唱的第一人。

合唱是以该协奏曲主旋律为基础写成的哈利路亚大合唱。这本手稿现藏大英博物馆，手稿上注明的日期是一七三五年。该手稿似乎在一七三七年写作清唱剧《时间的胜利》时被重新使用，作为清唱剧的结尾。——原注

写作第九交响曲的贝多芬开辟了道路,也为他的后来者柏辽兹、李斯特和马勒开辟了道路。

室内乐作品

亨德尔的室内乐作品像他的键琴作品一样显得早熟。

《六首为两支双簧管和一架羽管键琴写的三重奏鸣曲》①可能写于一六九六年左右,亨德尔当时十一岁,还在哈勒。他回忆说,他在那儿“为他偏爱的乐器双簧管”写作,“就像着了魔一样”。这些三重奏有四个乐章:柔板,快板,柔板,快板。慢乐章非常短,第二乐章有时作为简单的过渡。

《C大调冈巴提琴与羽管键琴协奏奏鸣曲》②可能写于一七○五年亨德尔生活在汉堡期间。在亨德尔的作品中是一首独一无二的曲子,亨德尔在其中显示了他是约翰-塞巴斯蒂安·巴赫的先行者。这首奏鸣曲是三重奏。除了低音部分,琴师还要弹奏必须弹奏的第二部分③。正如塞弗尔特指出的那样,“巴赫创作羽管键琴伴奏(键琴必弹部分clavecin obloigé)的奏鸣曲之前十年,亨德尔已经清楚明确地意识到了这种需要。”

三首长笛和通奏低音奏鸣曲犹如优雅的哀歌④,写作时间大概要追溯到哈勒时代,据克里桑德考证,一七一○年左右已经在汉诺威传播。

但是,亨德尔创作的室内器乐主要作品,在一七三二年到一七四

---

① 刊于全集第二十七卷。英文名为《6 Sonatas on Trios for tow Hoboes with a thorough bass for the Harpsicod》。——原注

② 见全集第四十八卷,第一一二页。

③ 在巴洛克音乐中,当羽管键琴为一种或多种乐器伴奏时,有两种做法:一是键琴的左手部分和右手部分完全由作曲家写好谱子,演奏家照着弹奏,故称必须弹的羽管键琴(clavecin obligé ou cembalo obligé);另一种是作曲家只写好左手的低音谱子,右手部分,演奏者要根据低音谱上标明的数字来使用和弦,如果没有标明数字,则要根据自己的和声知识和耳朵来决定使用什么和弦,进行即兴弹奏。

④ 见第四十八卷,第一三○页。

〇年间发表于伦敦,分为三个集子①:

1. 十五首为长笛、双簧管或小提琴谱写的独奏曲,带有羽管键琴或低音提琴伴奏的通奏低音,Op. 1(15 Sonatas or Solos for a german Flutes, Hoboe or Violin, with a thorough bass for the Harpisicord or Bass Violin, op 1);

2. 九首为两把小提琴、两支长笛或两支双簧管谱写的三重奏,带有羽管键琴或大提琴伴奏的通奏低音,Op. 2 (9 Sonatas or Trios for tow violins, flutes, or hoboes, with a thorough bass for Harpsicord or Violon cello, op 2);

3. 七首为两把小提琴或德国长笛谱写的三重奏,带有羽管键琴或大提琴演奏的通奏低音,op. 5(7 Sonatas or Trios for tow violins or german flutes, with a thorough bass for the Harpsicord or Violoncello, op. 5)。

第一卷里包含一些相当老的作品,其中有一些写于亨德尔寄居在柏灵顿伯爵府邸和常道斯公爵府邸的时代;有一些可能是为威尔士亲王写的,大概在一七三〇年左右。威尔士亲王的小提琴老师约翰·杜布尔是亨德尔的一位友人。

第二卷首先在阿姆斯特丹出版,然后在伦敦由瓦尔希出版社于一七三三年出版,并用了一个法文标题:VII Sonates à 2 violons, 2 hautbois, ou 2 flûtes traversières et basse continue, composées par G. F. Handel. Second ouvrage(亨德尔为两把小提琴、两支双簧管或两支横笛和通奏低音创作的七首奏鸣曲)。

第三卷作于一七三八年,出版于一七三九年初②。

要指出的第一个特点是,一般说来,作品为何种乐器而写并不确定。按照当时有点抽象的审美习惯,作曲家让演奏家来决定采用何种

① 见第二十七卷。

② 后来瓦尔希请人把亨德尔最受欢迎的歌剧曲调和清唱剧曲调改编成六卷长笛、小提琴、羽管键琴《奏鸣曲集》。——原注

乐器演奏。然而,在亨德尔最初的想法里,有些作品是为笛子写作,有些是为小提琴写作,还有一些是为双簧管写作,那是毫无疑问的。

在第一集(op. 1)伴有通奏低音(羽管键琴或大提琴)的为长笛或双簧管,或小提琴写的独奏曲里,最常见的分段是四个乐章①:柔板,快板,柔板,快板。慢节奏的乐章很短。其中有几首借鉴了意大利的康塔塔曲调和歌剧曲调,有几首曲子彼此间有亲缘关系②。和声常常很单薄,需要充实。

第二集和第三集价值要大许多。其中包括伴有通奏低音(羽管键琴或大提琴)的为两把小提琴,或两支双簧管,或两支长笛写的两个声部的三重奏或奏鸣曲。第二集的所有奏鸣曲,除了一首例外③,都分为四个乐章:二慢二快,相互交替,跟第一集一样。有时奏鸣曲借鉴了歌剧的曲调或清唱剧的曲调,有时则为歌剧曲调或清唱剧曲调提供了初稿。第一首奏鸣曲开始悲哀的广板又出现在《阿莱桑德罗》里;第三首奏鸣曲结尾的快板构成《亚他利雅》序曲中的一个乐章;第四奏鸣曲的小广板用作《以斯帖》序曲的第二乐章。还有一些乐曲重新用于键琴作品,或者用于其他的器乐作品。这些三重奏中最美的是第一首和第九首,浸透了诗情画意。在第九首的第二乐章里,亨德尔成功地运用了一首英国民歌的旋律。

第三卷中的七首三重奏在乐章分割和数目④上,变化比较多。舞曲占据很大地位⑤。这都是真正的组曲,创作于亨德尔对歌舞剧形式

① 在十六首奏鸣曲中,十一首有四个乐章,一首(第三首)有三个乐章,三首有五个乐章(第一,第五和第七首)。一首有七个乐章。——原注

前文说第一集有十五首,恐非作者笔下有误,而可能是一首奏鸣曲有两个不同的版本。注③ 中提到奏鸣曲 I – a,极有可能存在奏鸣曲 I – b。这有待大家查证。

② 在奏鸣曲 I – a,最后 4 拍的急板重复了 3/4 拍慢板的主题,稍稍做了一点改变。

③ 第五首奏鸣曲分五个乐章:小广板,3/8 拍快板,柔板,C 快板,12/8 拍快板。

④ 五到七个乐章。

⑤ 三重奏的第一、第二和第三首以伽沃特舞曲结尾;第四、第六和第九首以小步舞曲结尾。此外,我们在第二首三重奏里,发现两首风笛舞曲,一首进行曲;在第三首里发现一首萨拉班德舞曲,一首德国舞曲,一首圆舞曲;在第四首里,发现一首帕萨卡里亚舞曲和一首快步舞曲。——原注

感兴趣的年代。第二首奏鸣曲的风笛舞曲和快板来自《阿里奥丹忒》。其他庄重豪华的乐章是从清唱剧中借来的,如第四首奏鸣曲开始的两段快板是从《亚他利雅》挪来的。相反,亨德尔在《伯沙撒》最后乐章里又重复使用了第一首奏鸣曲开始的美妙行板。

谁以音乐史家的身份和书生的观点来评价这些作品,谁就会像克里桑德一样,认为亨德尔在这些作品里没有创造新的形式,而是随着年龄的增长,反而回到已经过时的组曲形式上去,却没能继续朝未来奏鸣曲的方向前进。但是,谁以艺术家的身份来评价这些作品,就这些作品各自的魅力来说,谁就会在这些作品里看到一些纯属亨德尔的创造,始终保持清新的创造:这些作品里动听的意大利风格的旋律线,细腻的感觉,高雅的简朴,对心和智都是一帖清凉剂。我们这个被后贝多芬艺术或后瓦格纳艺术弄得疲惫不堪的时代,可以从这些作品中,如同从莫扎特的室内乐作品中,寻找到充满诗情画意的洞天福地,来平息我们毫无意义的躁动不安,重新恢复平静和健康。

管弦乐作品

亨德尔的管弦乐作品包括十二首大协奏曲(1740),六首双簧管协奏曲(1734),歌剧和清唱剧中的交响曲和他的露天音乐作品:水上音乐(1715 或 1717),烟火音乐(1749)和二重协奏曲。

尽管亨德尔在艺术上是直观的,他的作品具有摹写和唤起听众联想的能力,他对乐器的音色只做有限的使用[①]。可是,一有机会,他在乐器音色的运用上,也会表现得非常讲究。两部在罗马创作的清唱剧《时间的胜利》和一七〇八年的《耶稣复活》,音色细腻而变化

① 这是当时的审美观。就像门尼克先生说的:“管弦乐的音色保持中性是巴赫-亨德尔时代的特点。配器法是跟管风琴的音域相适应的。”交响乐队主要由弦乐构成,管乐主要用于齐奏。当乐队使用木管乐器时,那是在一曲的从头至尾都用,而不是为了在这儿或那儿添加色彩。——原注

多端[①],当时他正处于奥托博尼红衣主教及其著名的音乐才子们的社交圈里。在伦敦,他是最早把圆号引进歌剧院管弦乐队的音乐家之一[②]。如同沃尔巴赫先生说的那样,展现大提琴演奏个性的第一人是他[③]。他善于从中音乐器获得犹疑朦胧的中等响度的奇特效果[④]。他使大管具有凄凉和怪异的特点[⑤]。他尝试使用新乐器,或者较小的[⑥],或者较大的[⑦]。在《塞墨勒》里,他戏剧性地使用定音鼓单独敲击来表现丘比特在宣誓。在有些情况下,他要求乐器的音色不仅要有戏剧效果,还要具有异国情调和地方色彩。在歌剧《约里奥·恺撒》(1724)

① 在《时间的胜利》中间,有一首器乐奏鸣曲,用了两支双簧管,两把小提琴,一把中提琴,一把大提琴,一把低音提琴和一架管风琴。在《耶稣复活》里玛德莱娜的歌唱中,亨德尔用了两支长笛,两把加了弱音器的小提琴,一把冈巴琴和一把大提琴。大提琴奏了一个39拍的延长音,然后跟羽管键琴合并在一起,在曲调当中,只有冈巴琴和长笛参加合奏。——原注

② 参阅《拉达米斯多》(1720)里,蒂里达特唱的咏叹调:《我踌躇满志,心比天高》和最后的合唱;在《约里奥·恺撒》里,有四把圆号。有人认为亨德尔是在乐队中最早使用单簧管的音乐家之一。我觉得此说不可靠。持有这样看法的依据是,史密斯的《塔迈尔拉诺》抄本上写着:clar e clarini(一把和数把单簧管),而不是亨德尔手稿上写的*cornetti*(数把小号)。但是,要相信,跟拉摩在《阿康特与赛菲斯》里使用了clarinettes(单簧管)一样,那其实是声音尖厉的小号。——斯特雷特菲尔德先生也提到有一首为两支单簧管和圆号写的协奏曲,该曲手稿保存在剑桥费兹威廉博物馆。——原注

③ 参阅《奥奇娜》《塞墨勒》《快乐、哀愁和中庸》《亚历山大节》《圣塞西尔颂》等。一般说,他赋予大提琴爱慕和慰藉的个性。——原注

④ 因此,在《亚历山大节》第二幕开始时的著名场景里,G小调曲调的第二部分,使人联想到一批没有坟墓、在黑夜游荡的幽灵。既没有小提琴,也没有铜管乐器,只有三支大管,两把中提琴,一把大提琴,一架管风琴。——原注

⑤ 在《扫罗》里,巫婆家的那场戏,出现了萨缪埃尔的影子。——原注

⑥ 在《奥兰多》里,非常温柔的小维奥尔中提琴。——原注

⑦ 为在威斯敏斯特教堂里举行大型演奏会而试用了庞大无比的乐器。一七二七年为了给乔治二世举行加冕典礼,在征得亨德尔的同意后,弦乐器制造商斯坦斯比,造了一把十二英尺长的低音大管。为了《扫罗》和《戴廷格胜利颂》的演出,亨德尔向炮兵后勤总管借了保存在塔楼上的最大的定音鼓。尤有甚者,他跟柏辽兹一样,不怕在管弦乐里使用火器。伊莉莎白·卡特太太(1717—1806)在书信中写道:"亨德尔不折不扣地把火器搬上了清唱剧《犹大·马加比》的舞台,并收到很好的效果。"(《卡特书信集》,第一三四页。)谢里丹(1751—1816)在一部喜剧草稿里描写一位作者下令在舞台后面开一枪,一面说:"我这是跟亨德尔学的。"——原注

和清唱剧《亚历山大·巴鲁斯》(1748)里，两位克莱奥帕特拉的两场戏就是这样[①]。

可是，不管亨德尔是多么伟大的画家，他既不依赖色调的鲜明、多样和新颖，也不依赖画面的美丽和光影的效果。他心甘情愿，凭着有限的调色板，满足于弦乐器的平淡，成功地创造出感情表达细腻的惊人效果。沃尔巴赫先生指出[②]，他很少求助于增加乐器的品种，而更多地是把同一类型的乐器分成几个小组。在第二个版本的《以斯帖》(1732)的引子里，小提琴分成了五个小组[③]，在《耶稣复活》(1708)里，分成四个小组[④]。中音提琴有时分成两个小组，第二小组得到第三小提琴和大提琴的加强[⑤]。相反，亨德尔会削减乐器的力度，取消中音提琴和第二小提琴，用羽管键琴取而代之，当他认为这样做比较好的时候。亨德尔管弦乐的全部技巧，在于他具有合理的配置与平衡的天赋，善于以非常有限的手段，精心设置某些色调，当这些色调出现时，获得的效果跟我们今天的音乐家使用过于丰富的调色板[⑥]所获得的效

---

① 在《约里奥·恺撒》第二幕开始，克莱奥帕特拉出现在巴那斯山上的那场戏，亨德尔用了两个管弦乐队，一个在台上：有双簧管，两把小提琴，一把中提琴，一把竖琴，一把冈巴琴，一把拨弦琴，几支大管和几把大提琴。另一个乐队在演奏厅里。《亚历山大·巴鲁斯》里的克莱奥帕特拉唱第一首曲子时，伴奏的乐器有：两把长笛，两把小提琴，一把中提琴，两把大提琴，一架竖琴，一把曼陀林，几把低音提琴，几支大管和一架管风琴。——原注

② 参阅沃尔巴赫(1861—1940)著《亨德尔作品的演出实践》，一八九九年。——原注

③ 加上两组长笛，两组双簧管，两组大管，一组中提琴，一组大提琴和低音提琴，一架羽管键琴，一把拨弦琴和一架竖琴，一架管风琴，一共构成乐队的十五个部分来为以斯帖的独唱伴奏。——原注

④ 天使唱歌部分。——原注

⑤ 在清唱剧《扫罗》中，乐谱上注明“第二中提琴组由两把大提琴充实加强”。请参阅沃尔巴赫著《亨德尔作品的演出实践》。——原注

在清唱剧《所罗门》(1784)的乐谱中也有类似的标注。请参阅普罗特著《亨德尔的配器》，载《音乐时报》，一八八四年六月一日，第三二八页。

⑥ 就此观点，请研究《亚历山大节》里乐器使用逐渐增加的过程，开始是多么简单，只用了两支双簧管和弦乐乐器，然后依次出现两支大管(曲调 No.6)，两支圆号(曲调 No.9)，两支小号和定音鼓(第二部分)，最后随着圣塞西尔在天空的出现，两支长笛。——原注

果一样强烈。因此,如果有人想要准确地再现这些作品,就不要借口为了丰富乐队和让乐队现代化而改变乐队配置规模的平衡。最糟糕的是,过分增加调色板上的色彩,不仅于事无补,反而使乐队失去了色调变化的灵活性,而色调变化的灵活性正是乐队的主要魅力所在。

有人过于一厢情愿,认为色调的变化是现代音乐艺术的特权,而亨德尔的乐队只知道在刚柔之间进行戏剧性对比的大效果。其实不是这么回事。亨德尔色调变化的层次极其多样。在他的作品里有:最弱(le pianissimo),弱(le piano),中度弱(le mezzo piano),中度强(le mezzo forte),稍强一点儿(un poco più F),稍强(un poco F),强(forte),最强(fortissimo)。我们看不到乐队渐强(le crescendo)和渐弱(le decrescendo)的标记,因为仅仅从约迈利和曼海姆学派起,才开始明确标注,出现在总谱上①。但是,毫无疑问,实践在标注出现之前很久已经存在②。一七三九年布罗斯院长③写道:“歌喉,以及小提琴,利用这种明暗对比,这声音不知不觉地升高,一个音符一个音符地增加强度,直到最高点,然后又回到极其温柔、极其感人的色调。”在亨德尔的作品中大段大段的渐强或渐弱的例子不胜枚举,虽说这种表达方式并未标注在总谱上④。

在亨德尔时代,另一种表示渐强和渐弱的符号经常在同一音符上

---

① 德国音乐史家海尔曼·阿伯特博士(1871—1927)发现第一个明确的标注:渐强(crescendo il forte)是在尼科罗·约迈利(1714—1774)的歌剧《阿塔塞尔斯》(1749年首演于罗马)里。在十八世纪,弗格勒神甫和舒巴尔特已经把 crescendo 的发明权赋予了约迈利。——原注

② 参阅音乐史家和评论家吕西安·卡敏斯基(1885—1964)著:“曼海姆与意大利歌剧”,载《国际音乐协会文选》,一九〇九年一至三月号合订本。——原注

③ 布罗斯院长(1709—1777),法国勃艮第人,著名作家,历史家和语言学家,曾任勃艮第议会议长和法国最高法院院长。这段引证当出自他的名著《意大利信札》。

④ 沃尔巴赫在清唱剧《赫剌克勒斯的选择》的第二段里注明:弱(le piano),中强(le mezzo forte),稍强(un poco più F),强(forte),中度弱(le mezzo piano),弱(le piano),总共十四拍。在《阿喀斯与伽拉忒亚》的合唱里,我们读到:强(forte),弱(le piano),很弱(pp.)。《加冕颂》的引子里有很长一段渐强的乐段,在《底波拉》最后合唱的引子里,有很大一段渐弱的乐段。——原注

使用。亨德尔的友人吉米尼亚尼为这种符号的流行作出了贡献。沃尔巴赫先生和他后来的雨果·李曼先生都曾指出,吉米尼亚尼在一七三九年再版他的早期小提琴奏鸣曲时,还有一七五〇年在他的小提琴学校里,都使用了下面两个符号:

增强——[/]

减弱——[\]

(谱例1)

如同吉米尼亚尼解释的那样:"声音要轻轻地开始,并以均匀的方式增强至一半,随后从那儿逐渐减弱,直到结束。弓要像流水一样不断。"

有时候,为了过于细腻的表达,变成曼海姆派的矫揉造作,但也会产生贝多芬式的强烈对比,甚至增强突然中止,并突然转弱,如吉米尼亚尼三重奏奏鸣曲里那样:

(谱例2)

亨德尔乐队的演奏人员也用这些表达手段,那就不仅是可能的问题了,但我不相信亨德尔自己也会用得跟吉米尼亚尼一样多,或者和曼海姆的交响乐队的演奏人员一样多,因为曼海姆的演奏人员的趣味在他眼里大概显得有些做作和不自然。但可以肯定的是,对他来说,如同对吉米尼亚尼以及他那时代所有的艺术家,特别是意大利人和意大利化的人来说,音乐就是说话,应该表现得跟话语本

身一样灵活多变[1]。

这种说话的灵活性，乐队怎样才能做到呢？要了解这一点，必须想象一下当时乐队的布局。当时乐队不像今天集中在一个指挥手里。如塞菲尔特先生说的那样，在亨德尔时代，流行分散指挥的原则[2]。合唱队员有自己的指挥，与管风琴手合作，听从管风琴手的手势，管风琴手支持合唱。管弦乐队按意大利方式一分为三：1. 小协奏组（le Concertino），包括独奏的第一、第二小提琴和大提琴；2. 大协奏组（le Concerto Grosso），包括全体弦乐演奏人员；3. 加强大协奏组的充实组的演奏人员（les Ripienistes）[3]。

伦敦大英博物馆有一幅画，据说，画的是亨德尔在乐队队员当中[4]。我们从画面上看到作曲家坐在羽管键琴前（这是一架两排琴键的萨姆巴洛 cembalo 键琴，琴盖已经打开），他右边是一位大提琴手，两位小提琴手和两位长笛手站在他面前，在他的注视之下。几位独唱演员在他左边，靠近羽管键琴站着。余下的乐队成员站在他后面，他看不见他们。这样，他靠指令和眼神指挥小协奏组，小协奏组再把指

---

① 吉米尼亚尼谈起强和弱时说："强和弱对表达旋律是绝对必要的，因为一切好的音乐都应该模仿动听的声音。这两种装饰的目的是产生说话时嗓音增大和减弱的效果。"泰勒曼写道："唱歌是一切音乐的基础。演奏乐器的人应该完全熟悉唱歌。"沃尔巴赫先生指出，在当时的德国音乐家中，不管是什么类型的音乐家，这些原则都非常盛行。譬如小号专家阿尔滕伯格（1734—1801），他的小号学校的基本原则就是吹号要像唱歌一样。——原注

② 参阅马克斯·塞菲尔特著："亨德尔弥撒曲中独唱、独奏曲里的装饰技巧"，载《国际音乐协会文选》一九〇七年七至九月号合订本。——原注

③ 沃尔巴赫先生认为大协奏组计有八把第一小提琴，八把第二小提琴，六把中音提琴，四到六把大提琴。

四把低音提琴；充实组计有六把第一小提琴，六把第二小提琴，四把中音提琴，三到四把大提琴，三把低音提琴。这些数字显然高于亨德尔平常演奏时的数字。亨德尔去世不久，一七五九年五月三日在伦敦孤儿院演出《弥赛亚》时，仅仅用了五十六位演奏演唱人员，其中三十三位器乐演奏人员，二十三位歌唱人员。器乐演奏人员分为：十二把小提琴、三把中音提琴、三把大提琴、两把低音提琴、四支双簧管、四支大管、两支小号、两支自然号和几只定音鼓。（请参阅 1902 年 5 月号《音乐时代》）——原注

④ 这幅画被塞菲尔特先生复制在他的文章之中（《国际音乐协会文选》1907 年 7 至 9 月合刊，第六八八页）。——原注

挥的意图传达给大协奏组,大协奏组再传给充实组队员。亨德尔乐队的各个组成部分,没有现代乐队那种近乎军人的纪律,按照指挥棒的指挥演奏,而是彼此灵活地相互配合,小小羽管键琴的节奏启动庞大的乐队。这种办法避免了我们演出的呆板与被动。没有了指挥的强大和富有感染力的意愿——尤其当这位指挥称作亨德尔时,没有了他和他聪明的小协奏组指挥和大协奏组指挥之间在思想上的一致,危险很可能是某种迟疑不定。

当今天我们演奏亨德尔的器乐作品时,应该争取把这种灵活性还给这些作品①。

* * *

首先要把灵活性还给他的大协奏曲②。他的其他任何作品都不及这些大协奏曲知名,而且也不及这些大协奏曲好懂。亨德尔对这些大协奏曲特别重视:他以预约订购的办法亲自出版——这在当时是常用的办法,不过他仅仅例外地用了这一次。

我们知道,大协奏曲的形式主要是一组独奏乐器(小协奏组)跟许多乐器(包括羽管键琴③)合奏(大协奏组)之间的对白。这一形式如果不是柯雷利发明的,至少是他加以完善并使之变成经典的④。柯雷

① 如同沃尔巴赫先生所说,“速度的灵活和表达的流畅”是演奏亨德尔作品所要求的两个最基本的资质。——原注

② 十二首弦乐和羽管键琴大协奏曲(全集第三十卷)写于一七三九年九月二十九日至十月二日间,在创作《圣塞西尔颂》之后,创作《快乐、哀愁和中庸》之前。一七四〇年四月出版。另一集(我们后面会谈到)题名《双簧管协奏曲》,包括六首大协奏曲(全集第二十一卷)。马克斯·塞弗尔特先生由布雷特考夫出版社出版过一个精美实用的协奏曲版本。——原注

③ 小协奏曲是个三重奏,由独奏的两把小提琴和羽管键琴必奏的通奏低音组成。德国人在小协奏曲里引进木管乐器,这样就把一把小提琴,一支双簧管或一支大管结合在一起了。一般地说,意大利音乐家还是忠于仅仅是弦乐器的组合。——原注

④ 柯雷利出版于一七一二年的《大协奏曲集 op. 6》代表了他一生的经验。从一六八二年起,乔治·穆法特路过罗马时就在那里得知柯雷利创作的大协奏曲形式。柯雷利已经为众多的乐器组合写作大协奏曲。伯尼谈起一六八〇年柯雷利在瑞典女王克里斯蒂娜的府邸指挥过一百五十种弦乐器的音乐会。请参阅阿尔诺·谢林(1877—1941)著《器乐协奏史》,一九〇五年,布雷特考夫出版社。——原注

利的作品和他的门生们把这一形式,传播到欧洲。吉米尼亚尼把这一形式引进英国[①]。无庸说,亨德尔并非没有效法他的朋友吉米尼亚尼[②]。不过,如果认为他在一七〇八年逗留罗马期间,从柯雷利那里,从源头学到了大协奏曲,这样似乎更加合情合理。在他的协奏曲第三集,有好几首注明写作年代是一七一〇年,一七一六年,一七二二年[③]。同样有些作品似乎可追溯到他在汉堡学习的时代:在这种情况下,由于很早就在德国传播这种形式的穆法特的宣传,亨德尔可能已经得知柯雷利的写作方式[④]。柯雷利以后,洛伽岱利[⑤],特别是威瓦尔第[⑥],对大协奏曲进行了重大的改革,有意识地使之具有标题音乐的特点[⑦],使之最终走向有三个乐章的奏鸣曲形式。但是,虽然从一七二三年起威瓦尔第的作品就在伦敦上演,并受到普遍欢迎,肯定也为亨德尔所知晓,亨德尔总是喜欢跟柯雷利一脉相承,甚至在某些方面,他比柯雷利还保守。他的协奏曲乐章数目在四乐章到六乐章之间,其形式在组曲,奏鸣曲,甚至歌剧序曲之间摇摆。这一点,亨德尔受到音乐理论家

① 吉米尼亚尼出版了三个协奏曲的集子:op. 2 (1732), op. 3 (1735), op. 7 (1748)。——原注

② 谢林先生指出亨德尔的第四大协奏曲跟吉米尼亚尼的一个主题非常相似。——原注

③ 见全集第二十一卷。

④ 从一六八二年起,穆法特在萨尔兹堡发表了他的室内奏鸣曲集《和声学的贡献》。他在作品中把吕利的三重奏方式跟意大利的小协奏曲方式混在一起。一七〇一年,他在帕索发表了按柯雷利的样子创作的意大利式大协奏曲。——原注

⑤ 洛伽岱利(1695—1764),意大利巴洛克音乐作曲家,小提琴演奏家,柯雷利的学生。一七二九年移居阿姆斯特丹,并在那儿开办弦乐学校。请看他一七二一年在阿姆斯特丹出版的《大协奏曲集,op. 1》。——原注

⑥ 威瓦尔第(1678—1741),生于威尼斯。意大利巴洛克音乐作曲家和小提琴家。一七一四年起任威尼斯皮耶塔医院教堂乐师。一七二六年起任安格洛剧院音乐总监。一七四一年在维也纳去世。一七一〇至一七二〇年间,在德国开始知名。巴赫于一七〇八年至一七一四年在魏玛期间,改编过他的《大协奏曲集》。——原注

⑦ 洛伽岱利和威瓦尔第受意大利歌剧影响。威瓦尔第自己写了三十八部歌剧。洛伽岱利的一首协奏曲题为《阿里阿德涅的泣诉》。在威瓦尔第的《和声与创作之争》(le Cimento dell'Armonica e dell'Inventione, op. 8)里有四首协奏曲是描写四季的,第五首描绘暴风雨(La Tempesta),第六首描绘欢乐。在威瓦尔第《六首横笛协奏曲 op. 10》(1728)里,有一首协奏曲题为《夜》,另一首题为《金翅鸟》。——原注

的责难。而我要赞扬他的正是这一点。因为他没有试图把一个统一的框框强加给他的思想,而是让他的思想自己造就一个它所需要的框框。而这个框框跟思想一样,随着感情和岁月而变化。

亨德尔创作这些协奏曲的极快速度(每天一首,一气呵成,或每周数首①),已经向我们显露了这种思想的自发性。而这种思想的自发性则构成了这些作品的魅力。按克列茨施马尔的话来说,这是一幅幅大型的心境或情绪的画面,展现在一种准确而灵活的形式里,其中感情上哪怕是最细微的变化也会被人感觉到。

诚然,这些画面的质量并非每幅都一样。这些画面都出自一时的感受,这一事实本身就说明了质量高低差别极大的原因。应该承认,比如说,降 B 大调第七协奏曲以及最后三首就很平庸②,且不是演奏得最少的作品。但是,如果要做人公道,就应该直奔他的优秀作品,并且首先直奔 F 大调第二协奏曲——我称之为贝多芬式的协奏曲。因为我们从中得到一点波恩大师③的灵气。克列茨施马尔先生认为,整个曲子使人想起一个晴朗的秋日:早晨,太阳还挣扎着推开些许浮云;下午,在森林里愉快地散步,休息;最后高高兴兴、心满意足地返回。在听这首曲子时,确实很难没有身处大自然之中的感受。时而使人想起《田园交响曲》的第一首徐缓的行板(andante larghetto),是个白日的美梦。心灵荡漾在万物的细语微声之中,慢慢失去知觉而进入梦乡。音调在浮动,从 F 大调到降 B 小调,再到 G 小调。要演奏好这首曲子,必

① 请看以下几个创作的日期:一七三九年九月二十九日,G 大调第一协奏曲;十月四日,F 大调第二协奏曲;十月六日,E 小调第三协奏曲;十月八日,A 小调第四协奏曲;十月十二日,降 B 大调第七协奏曲;十月十五日,G 小调第六协奏曲;十月十八日 C 小调第八协奏曲;十月二十日,B 小调第十二协奏曲;十月二十二日,D 小调第十协奏曲;十月三十日,A 大调第十一协奏曲(全集第三十卷)。——原注

② 人们从中感觉到法国的影响,特别是 D 小调第十协奏曲,有一段(四拍子慢节奏和 6/8 拍赋格式的)序曲,其总体没有摆脱抽象性和不连贯性。六首曲子的最后一首,带变奏的中等快板,似乎是八音盒的曲调。——原注

③ 指贝多芬,因为他于一七七〇年十二月六日出生在波恩,故称其为波恩的音乐大师。

须从容不迫,经常减速,不急不忙,自然放松,跟着梦幻展开。

(谱例 3)

接下去的 D 小调快板是轻快而细腻的乐段:先是小协奏组的两把独奏小提琴之间,后是小协奏组与大协奏组之间,时起时落的对话。在这里,某些粗壮的和乡野风味的低音乐段,又使我们想起了《田园交响曲》。

(谱例 4)

第三段,降B大调广板是亨德尔写作时最为投入的器乐篇章之一。在广板开头的七拍里,小协奏组和全体乐队梦幻般地交替演奏,(谱例5)

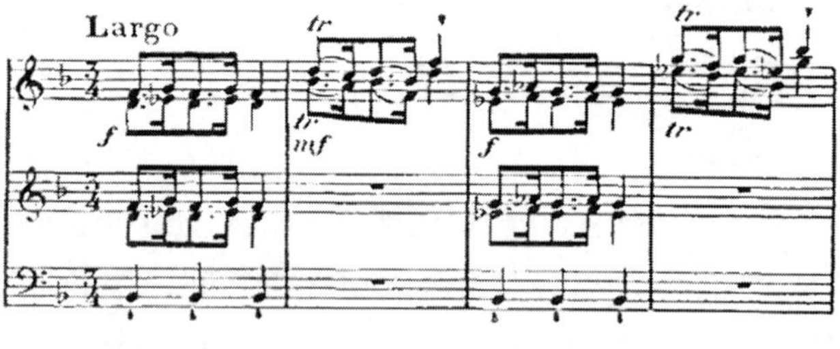

接着,两节柔板懒洋洋地延伸,令人想入非非,心醉神迷。

(谱例6)

随后,从容的行板和弱音(larghetto andante e piano)吐出温柔而忧伤的歌声。

(谱例7,8)

再回到广板。在这段小诗里有一种好像勾起个人回忆的忧伤。相反,结束该曲的适度的快板(Allegro ma non troppo),是一种快乐的天真,又是十足贝多芬式的;好像一边哼唱,一边按十分明显的、用右手指拨弦的3/4拍的节奏行进。

(谱例9)

在这进行曲的中间,小协奏组的两把小提琴奏出一个乐句,好似既温柔又虔诚的感恩颂歌。

(谱例 10)

A 小调第四协奏曲的内涵并不缺乏深度。深情的小广板(larghetto affectuoso)应该用自由的加速(rubato)、减速(rallentando)和二分休止符(demi - pauses)来演奏;赋格式的快板以其强大的进行曲速度斩杀和压垮一切;在古朴庄重的广板之后,结尾的 3/4 拍快板是真正贝多芬式奏鸣曲的最后乐段,越靠近结尾,越浪漫,越随意,越奔放,要用非常自由的、加速的(accelerando)、几乎是极快的(prestissimo)、令人

陶醉的速度来演奏①。

（谱例 11）

但是，我们应该特别读一读 G 小调第六协奏曲。这首曲子，由于出色的风笛舞曲，在所有协奏曲中知名度最高。该曲的开头是一段动听的小广板（larghetto），充满感伤之情——这是亨德尔表达的主要感情之一，而且是最不引人注意的。那是丢勒或贝多芬意义上的那种感伤（Melinconia），心绪不太乱，但很深刻。我们在第二、第三、第四协奏曲里，已经见过。在这里，这种感伤之情用悲哀的独白来表达，用音符的延长号来中断。

（谱例 12）

① 请再看一看 E 小调第三协奏曲是多么生动活泼。3/2 拍的小广板（larghetto）忧伤而平静；12/8 拍的赋格式行板（andante 12/8 fugué），主调复杂，心意动荡不安，好像进入了迷宫般任性而阴暗的内心世界；四拍子的快板（allegro），有点滑稽的幽默；美丽的波兰舞曲用了嗡嗡作响的踏板；最后作为结尾的 6/8 拍的适度快板（allegro ma non troppo），其节奏和出乎意料的变奏使人想起贝多芬最后几首四重奏的某些舞曲。D 大调第五协奏曲可以称作圣塞西尔协奏曲，因为其中六段曲子有一半（开头两段和最后的小步舞曲）都用在了《圣塞西尔颂》序曲里。——原注

然后又表现为小协奏组跟整个乐队的对话,像古代合唱组之间的彼此呼应一样。接下去,赋格式的适度快板(Allegro ma non troppo)奏出半音阶的动荡的主题,色彩一样暗淡,但赋格主动的展开约束了古怪的影子。

(谱例13,14)

这时候出现了降E大调3/4拍的小广板(larghetto)——亨德尔称之为风笛舞曲(Musette)①,是有关田园幸福最明亮的幻觉之一。整整一个白天,充满诗情,随意随性,在动听而嘈杂的叠句乐声中消磨过去:

(谱例15)

① 阿尔诺·谢林先生认为,莱奥纳多·莱奥(1694—1744)的清唱剧《圣海伦受难曲》里的一首间奏曲,使亨德尔产生了这首风笛舞曲的想法。——原注

速度有时变慢，几乎是睡着了，有时变得急迫；这是一种强有力的欢乐节奏，身材优美、健康结实的年轻人跳着蹦着向前行进。

（谱例 16，17）

在这幅画面当中，插进了一段田园风格的、欢跃的 C 小调。

（谱例 18，19）

然后,又回到乐曲开始的宏大动机及其明朗欢乐的叠句——大自然的微笑①。

这样的作品是不折不扣的音乐绘画。要懂得这些作品,有一副好

① G小调第六协奏曲最后由两首快板结束,显得有些突然。在亨德尔的作品里,乐段的顺序常常让人感到惊讶。这是因为他依从了自己一时的任性。——原注

耳朵是不够的，还要用双眼去看，用心去感受[1]。

* * *

亨德尔歌剧和清唱剧的序曲，其形式极其丰富多彩，虽然吕利的形式占据主导地位[2]。众所周知，这种形式在于第一章缓慢，庄重，大气，接着是快速、活跃的第二乐章，通常是赋格式的，最后回到庄重的第一乐章结束。这种形式在一七〇五年写的《阿勒米拉》里就出现了。亨德尔在他成熟时期最著名的作品中也使用，只做少许的变化，例如《弥赛亚》和《犹大·马加比》。在一七五七年写的最后作品《时间与真理的胜利》里，他还是使用这种形式。但他也不局限于这唯一的形式。一七〇七年，他创作《罗德里格》序曲时，在吕利风格的序曲里加进了意大利风格的芭蕾舞曲，真正是一个舞曲接一个舞曲：吉格舞曲，

---

① 亨德尔其他的管弦乐协奏曲集，我们不能在这里一一分析了。我只举例如下：

《六首管弦乐大协奏曲 op. 3》(Concerti grossi. Con due violini e violoncello di concertino obligati e due altri violini viola e basso di concerto grosso)，以《双簧管协奏曲》知名——虽说双簧管在这些协奏曲中并不占主要地位，一七三四年由瓦尔希出版社出版，好像在一七三三年奥朗吉亲王和安娜公主的婚礼上首演过。*但是我们已经说过，这些作品的写作时间在这之前，因为我们不仅在他的《键琴作品集》(Klavierstücke)的第三、第五首里发现同样的赋格曲，而且第四首在一七一六年用作歌剧《阿玛蒂吉》的第二序曲，第五首的第一乐章在一七二二年用在歌剧《奥托内》里。这些协奏曲的形式还没有以前的大协奏曲的形式稳定，摇摆在两个乐章到五个乐章之间，配器包括弦乐，两支双簧管，有时加上两支长笛，两支大管，管风琴和羽管键琴。双簧管在协奏曲中独奏只是例外现象，绝大部分情况下只用来加强小提琴。

在这个集子里，应该加进一些其他的管弦乐协奏曲，它们出版的时期不同但已在全集里收在同一卷里(第二十一卷)：首先，那首《亚历山大节》里的著名协奏曲，写于一七三六年，其风格是清唱剧庞大结构的一部分；其次，四首小协奏曲，其中有两首因为是亨德尔青年时代的作品而较有意思，按克里桑德的说法，一首写于一七〇三年，另一首写于一七一〇年。——原注

按：据历史记载，安娜公主跟奥朗吉亲王威廉四世结婚的时间是在一七三四年三月二十五日。

② 亨德尔的这些序曲受到听众的热烈欢迎，以致出版商瓦尔希为键琴出了一个集子，收了六十五首序曲。在全集的第四十八卷，大家可以看到这些改编作品的标准样本。——原注

萨拉班德舞曲，水手舞曲，小步舞曲，布雷舞曲，小步舞曲，大帕萨卡里亚舞曲。一七〇八年的《时间与幻灭的胜利》是一首出色的协奏曲，其中小协奏组与大协奏组的对话最为活泼、优美。一七一二年的《忠实的引路人》序曲是由八个部分组成的。一七一三年的歌剧《忒修斯》序曲包括两段广板，每段广板后面都跟着一段模仿风格的诙谐曲。一七一六年根据布洛克斯文本所作《耶稣受难曲》的序曲是单独一首赋格式快板①，通过双簧管的独奏跟第一首合唱曲连接②。一七二〇年的《阿喀斯与伽拉忒亚》也是单独一个乐章。一七二四年的《约里奥·恺撒》序曲跟第一首合唱曲连接，并构成清唱剧的第三乐章：小步舞曲。一七三六年的《阿塔兰忒》序曲是首值得赞赏的欢快乐曲，像一首节日的器乐组曲，跟《烟火音乐》一样（我在后面将谈及）。一七三八年的《扫罗》序曲是一首真正的管风琴与管弦乐队的协奏曲，在第一乐章里就显示了奏鸣曲的形式。因此，亨德尔每写一首序曲，为了使其形式有所变化，在作品里所作的努力是非常明显的，尤其是在他青年时期的作品里。

甚至当他使用吕利式的序曲（而且随着逐渐成熟，他使用的决心越来越大），他也想要改造它。他不放弃序曲纯装饰性特点，但他在序曲中引进了表述和戏剧的意图③。虽然我们不能说《阿格丽品娜》(1709)辉煌的序曲已经是一首标题序曲，可是多么具有戏剧性啊！第二乐章充满生活气息。这不再是复杂的赋格套曲，与情节无关的嬉戏曲，而是具有悲剧性格的乐章。赋格的答题跟第一乐章严肃又有点不安的动机非常相似。通过双簧管悲怆的独奏（像巴赫的某些宣叙调一样）再回到慢乐章，结束序曲。

---

① 另外两个乐章都很简单。

② 亨德尔经常使用这个方法在管弦乐与歌唱之间过渡。——原注

③ 谢柏(1708—1776)，亨德尔时代德国最著名的音乐批评家之一，跟马特森齐名。他说，序曲在开始的两个乐章里就应该“指出乐曲最主要的特点”，并在第三章为作品的第一场戏作铺垫(《音乐批评》，1745)。谢柏从一七三八年起亲自创作“可以说是表达了剧本内容的序曲”。——原注

（谱例20,21）

有人想要在《以斯帖》（1720）序曲的三个乐章[①]里看到作品的完整纲领。克里桑德做了这样详细的解释：1. 哈曼的凶恶；2. 以色列人民的哀怨；3. 以色列人民获得解救。我只想说，整个序曲具有悲剧的色彩和精神。但是，到了《底波拉》序曲或《伯沙撒》序曲，亨德尔想要在序曲中表达整个曲子的纲领，那就不可能有疑问了。因为《底波拉》序曲的四个乐章中的第二乐章后来成了以色列人的大合唱，第四乐章成了巴尔神甫们的大合唱。这样，从序曲一开始就出现两个民族，两个民族之间的对立成了悲剧的主题[②]。《伯沙撒》序曲似乎也是要描写西莎克节日的狂欢和书写火文的圣手的出现。不管怎样，戏剧的意图是明显的：乐队音响好像四处横溢的流水，三次被断奏的和弦轻轻切断，在突如其来的寂静中升起三拍庄重而微弱的音响，好似宗教的

---

① 行板（Andante），小广板（Larghette），赋格式快板（Allegro fougué）。

② 不过，现代作曲家一定会有条不紊地表达自己的思想要领，先后呈现两个对立的主题，然后两个主题相互纠缠，最后以色列主题胜利，结束序曲。而亨德尔只满足于呈现两个主题，而不寻求呈现两个主题之间纠缠的进程。他之所以用巴尔主题来结束序曲，是因为那是吉格速度，吉格舞曲结束序曲正是适得其所，而以色列人的歌声是柔板的合唱，放在第二乐章比较好。这是引导主题的结构上的理由，而不是剧情上的理由。十八世纪几乎所有写作交响乐的人都是这样做的。贝多芬也一样，在《英雄交响曲》中，他在第二乐章就让英雄死去并埋葬，然后在第三、第四乐章中歌颂他的壮举和胜利。——原注

歌声①。

(谱例22,23)

① 在其他作为作品引子的序曲中,《亚他利雅》的序曲跟悲剧完全和谐一致;《阿喀斯与伽拉忒亚》序曲是一首田园交响曲,使人想起生活在大自然中不信教的生活;《庆典清唱剧》的序曲是威武雄壮的序曲,有两段进行曲,有军号的召唤,求救的祈祷;在《犹大·马加比》的序曲里,也有纲领的雏形,其中第一乐章跟第一幕开始的丧礼场面相似,赋格式的第二乐章跟第一幕的好战的合唱相似。

由两个乐章构成的《理查一世》(1727)序曲跟第一幕开始以强大而浪漫的方式描写的暴风雨音乐相连接,就像《伊菲革涅亚在陶里斯》中的暴风雨一样,在暴风雨最后的轰鸣声中开始英雄之间的对话。

最后,有时候,我们会在作品里发现其他具有戏剧性的序曲。最令人震惊的是《赫剌克勒斯》第三幕的序曲,先后描绘赫剌克勒斯的狂怒和压在心头的命运之神的悲哀与伟大。——原注

露天音乐作品

最后,亨德尔的器乐作品还有一个种类,音乐史家们好像没有给予足够的重视,而亨德尔则显示他是个先行者和模范:这就是露天音乐。

露天音乐在英国人的生活中占据着重要地位。伦敦的城厢有许多公园,如佩皮斯[①]曾经说的那样,那里的声乐和器乐音乐会跟百鸟争鸣,相映成趣。在富克索游乐园,兰柏宫之南,泰晤士河上,在离城两英里处切尔西皇家荣军院附近的兰尼乐公园,在玛丽波恩公园,有人举行音乐会。亨德尔在这些音乐会上总是受到热烈欢迎。从一七三八年起,富克索游乐园的业主泰伊厄斯在他的游乐园里为亨德尔塑了雕像。他的大协奏曲一出版,立即成为玛丽波恩公园、富克索游乐园和兰蕾公园音乐会上最受欢迎的作品。伯尼在那些地方常常听到许多乐队演奏亨德尔的作品。亨德尔专门为这些公园音乐会写作品。一般说来,他对这些作品不大重视,因为都是些短小的序曲或普通的舞曲,比如一七四〇年为富克索游乐园音乐会创作的号笛舞曲[②]。珀尔[③]和克里桑德讲过一个小故事:亨德尔拿自己的作品打趣,说这些作品没有费他什么劲儿。

可是,在这类作品中,他从一七一五年或一七一七年起,创作了一些规模宏大的作品,其中就有著名的《水上音乐》,是为国王漫游泰晤士河写的[④]。而《烟火音乐》则是为烟火晚会增光而写的,如果可以这

---

① 佩皮斯(1633—1703),英国政治家、国会议员和皇家学会主席。他的日记,由于记录了英国复辟时期的社会现实和重大历史事件而传诸后世,成为重要的历史资料。

② 请看全集第四十八卷。

③ 珀尔(1826—1896),德国音乐评论家。

④ 该作品很早就出名了。瓦尔希出版社于一七二〇年左右首次印刷该作品,但有很多错误,也不完整。有人把作品进行简化,供羽管键琴演奏,吉米尼亚尼还加进了变奏。《水上音乐》和《烟火音乐》都刊载于全集的第四十七卷里。——原注

么说的话[1]。一七四九年四月二十七日在格林公园放烟火是为了庆祝亚琛和约的签订[2]。

《水上音乐》是一首以组曲形式出现的大型小夜曲,包括二十多个乐章。开始是一首气势磅礴的歌剧序曲,接着圆号和小号(或铜管乐器),以回声的形式跟乐队的其余部分进行对话,好似两个乐队相互应答。随后是轻松愉快的歌声,舞曲,布雷舞曲,号笛舞曲,小步舞曲,民歌曲调,在快乐和响亮的铜管乐器的伴奏下,交替出现,形成对照。管弦乐队跟惯常演奏序曲的乐队几乎是一样的,只是铜管乐器占了相当大分量。在这首作品里,我们还看到有几个乐章是用室内乐风格或戏剧风格创作的。

《烟火音乐》使露天音乐的特点明显地表现了出来,无论是从乐章的恢宏气势,还是从只用铜管乐器的配器方法来说[3]。该作品分为两

---

① 可以归在这类大型作品里的作品,还有各种序曲(第四十八卷第一四〇至一四三页),以序曲和组曲形式出现的F大调协奏曲(同上,第六十至一百页),但主要是为大型乐队写作的三首协奏曲和两首二重协奏曲(第四十七卷:大型器乐作品)。为大型乐队演出用的协奏曲,可以说,是《水上音乐》和《烟火音乐》的初稿。第一首协奏曲写于一七一五年左右,为《水上音乐》提供了两个乐章:本来是为两把圆号、两支双簧管、一支大管、两把小提琴、数把中提琴和低音琴写的。第二首协奏曲是F大调(用四把圆号,两支双簧管,数支大管,两把小提琴,一把中提琴,一把大提琴,数把低音提琴和管风琴演奏)。第三首协奏曲是D大调(用两支小号,四支圆号,数只定音鼓,两支双簧管,数支大管,两把小提琴,数把中提琴,一把大提琴和一架管风琴演奏)。这后两首协奏曲几乎包括了《烟火音乐》的全部内容,只是乐队规模没有那么大,而且还用了管风琴。

两首二重协奏曲是由清唱剧的大型合唱改写而成的,由分成两组的乐队来演奏(第一组有十个乐器小组,第二组有十二个乐器小组,有四支圆号,八支双簧管,数支大管等等)。这样,在《以斯帖》里出现了上帝:“耶和华,头戴王冠”,和接下去的合唱:“他来了”。两个乐队之间有大规模的对话。——原注

② 法国、荷兰、奥地利和英国为结束奥地利王位继承战争,于一七四八年十月十八日在德国亚琛签订和约,史称《第二亚琛和约》。

③ 发表在全集第四十七卷里的手稿包括两组小号,每组三支,共六支;三支长号,三只定音鼓;三组圆号,每组三支,共九支;三组双簧管,第一组十二支,第二组八支,第三组四支,共二十四支;两组大管,第一组八支,第二组四支,共十二支;总共七十件铜管乐器。一七四九年四月二十七日的演出,用了一百件乐器。后来在音乐会上再演奏这部作品时,亨德尔加进了弦乐乐器。——原注

部分:序曲(应当在放烟火之前演奏)和组曲(由小乐章构成,在放烟火的过程中演奏,并跟某些有寓意的烟火同步演奏)。序曲是一种气势磅礴的D大调进行曲,跟贝多芬的《骑士芭蕾》序曲并非没有相似之处:跟《骑士芭蕾》的序曲一样,欢欣快乐,侠义豪情,爽朗嘹亮。短小的乐章包括一首布雷舞曲,一首题为《和平》的西西里岛风格的广板[①],犹如英勇美惠的女神,晃着晃着便进入了梦乡;一首题为《欢庆》的快乐快板;最后为两首快步舞曲。对大众节庆活动和露天演出活动的组织者来说,这是一部值得研究的稀有佳作[②]。在一七四〇年之后,除了《烟火音乐》和两首大型《二重协奏曲》之外,亨德尔已经不大写器乐作品了。注意到这一点,我们就会感到,他在思想上和器乐风格上最后的演变,使他走向运用大型器乐组合来创作一种在广阔的空间、为广大听众演出的音乐。

亨德尔身上总是保持着跟普通百姓的血缘关系。我刚才重新提到他记忆里充满了老百姓给他的启示,这些启示使他的清唱剧生动活泼。他的艺术从这些乡野的源泉里汲取灵感,不断更新,受到他那个时代的大众非同寻常的喜爱。他的歌剧《奥托内》《西庇阿》《阿丽雅娜》《贝雷妮丝》以及其他歌剧中的某些曲调,不仅在英国全境传播和普及[③],而且在国外——甚至在极为抗拒外来影响的法国——传播和

① 由分成三组的九支圆号、分成两组的二十四支双簧管和十二支大管演奏。——原注

② 把亨德尔和贝多芬的其他类似作品加进去,大概不会是难事。因为在大众喜爱的古典音乐作品中,为了举行露天的节庆活动,一个很不错的保留曲目已经存在。但直到如今,还没有人关心罢了。——原注

③ 《奥托内》序曲中伽沃特舞曲的曲调,演遍整个英国,演遍所有的乐器,“从管风琴直到街头艺人用来搞笑逗乐”。十八世纪末,有人还发现该曲被用在法国滑稽歌舞剧里一首歌的调儿(请参阅《法国歌曲选》,莫内出版社,1765年,第一卷,第二八六页)。《西庇阿》里的进行曲跟《里纳尔多》里的进行曲一样,作为皇家卫队检阅用乐曲,用了半个世纪之久。《阿里阿德涅》和《贝雷妮丝》序曲里的小步舞曲,在长时间里一直未为群众所喜爱。在当时的英国小说里,特别是在菲尔丁的小说《汤姆·琼斯》里,我们看到亨德尔的音乐在英国农村普及到何等程度,一直传播到那些跟故事中的斯夸尔·威斯顿一样对艺术一窍不通的乡绅们的家里。——原注

普及①。

我想要说的,不仅仅是这种在群众中享有的一般声誉(虽然这也是不可忽视的,因为只有愚蠢傲慢的人和心胸狭隘的人才会认为受普通老百姓喜爱的艺术没有任何艺术价值)。亨德尔音乐作品的群众性,按我的理解,主要是他的作品是真正为所有人创作的,而不是像吕利和格鲁克时期的法国歌剧那样,为少数爱好音乐的精英创作。亨德尔的音乐作品从不放弃至善至美的形式,向群众做任何让步,而是用人人明白易懂的音乐语言表达人人可以分享的思想感情。

这位天才的即兴作曲家一辈子(半个世纪的创作生涯)不得不站在舞台上,用音乐语言跟芸芸众生交流,并要做到立即被他们听懂,就像那些古代的演说家那样崇拜形式,具有立即获得生动效果的本领。我们的时代失去了这种技巧和这样的人才:跟人民交谈的纯粹艺术家,为人民而不仅仅为自己和同行说话的纯粹艺术家。今天,纯粹的艺术家把自己关在家里,而跟人民交谈的往往是街头艺人。十八世纪自由的英格兰在某种程度上类似古罗马共和国。在那里的广场上,挤满了闲逛的情绪激动的平民,回荡着演说家们一段段热情洋溢、文意深远的演说。亨德尔用他的乐曲跟人民交谈的才能,跟那些口若悬河的古代演说家们的口才并非没有共同之处。这种用音乐与人民交谈

① 保尔-玛丽·马松(1882—1954)先生曾向我指出,从一七一六年起在一部《严肃易懂歌曲集》(藏国家图书馆,编号 Vm7— 549)里有一首亨德尔先生的咏叹调,"加在《风流欧洲》的芭蕾舞里"。一七二八年巴拉尔出版《法国和意大利拉丁音乐作品集》,在意大利歌曲里有两首亨德尔的咏叹调(第六十一页)。里欧(1668—1747)于一七三四年出版的《捕猎梅花鹿》中的所有歌曲都是亨德尔的,但被填上了法文歌词。米歇尔·布赫内(1858—1918)一九〇七年在《国际音乐协会文选》上发表题为"一六五三至一七九〇年间法国注册登记的音乐出版社"一文,指出法国在一七三六年、一七三九年、一七四九年、一七五一年和一七六五年,出版了一系列亨德尔作品。一七三六年和一七四三年的宗教音乐会,演奏过几首亨德尔的歌曲和大协奏曲(米歇尔·布赫内著:"旧制度下的法国音乐会",1900 年)。亨德尔数量众多的曲调被米歇尔·布拉维(1700—1768)改编成长笛独奏曲,并收入他于一七四〇年和一七五〇年出版的三本改编曲集里。亨德尔在巴黎相当受欢迎,以致在一七三九年有人在巴黎出售他的画像。(请参阅 1739 年 6 月《法国信使杂志》刊登的商业广告,第二卷,第一三八四页)——原注

的才能,在一定的时候甚至也能打动民族的良心:如在詹姆斯党人入侵期间[①],《犹大·马加比》[②]就成了祖国的化身。《以色列人在埃及》上演之初,有些听众就赞扬这部作品具有可以把人民群众鼓动起来并引导军队赢得胜利的英雄气概。

鉴于这种能把群众鼓动起来的影响力,以及他在其他方面的种种才能,亨德尔是卡瓦利[③]和格鲁克[④]一路的实力派音乐家,而且超越了他们二位。唯有贝多芬踩着他宽大的脚印向前走,在他开辟的道路上继续前进。

---

① 这里是指詹姆斯党人在一部分苏格兰人和爱尔兰人的支持下试图恢复斯图亚特家族在英伦三岛的统治地位和王位的战争。此次战争以英军胜利,詹姆斯党人失败告终。斯图亚特家族最后一位觊觎王位的查尔斯·爱德华·斯图亚特此后便一直流亡国外,再也没有回来。

② 犹大·马加比是公元前二世纪犹太民族的战斗英雄,领导人民反对外族侵略,把犹太民族从外族侵略和压迫下解放出来的民族英雄。亨德尔的清唱剧《犹大·马加比》即以歌颂这位民族英雄为主题。

③ 卡瓦利(1602—1676),意大利巴洛克音乐早期最重要的作曲家之一。

④ 格鲁克(1714—1787),德国巴洛克时期的重要歌剧作曲家之一,提倡歌剧自然纯朴,有深刻内容和戏剧的真实性,被音乐史家称赞为现代歌剧的奠基人。

亨德尔主要作品中外文对照表

作品种类	一、歌剧(OPERA)				卷号
序号	作品名称		首演		
	中文	外文	年份	地点	
1	阿勒米拉	Almira	1705	Hambourg	55
2	罗德里格	Rodrigo	1707	Florence	56
3	阿格丽品娜	Agrippina	1709—10	Venise	57
4	里纳尔多	Rinaldo	1711	Londres	58
5	忠实的引路人第一版	Pasteur fido 1er v.	1712	Londres	59
6	忒修斯	Teseo	1712	Londres	60
7	席亚	Silla	1714	Londres	61
8	阿玛迪基	Amadigi	1715	Londres	62
9	拉达米斯托	Radamisto	1720	Londres	63
10	穆齐奥·谢佛拉	Muzio Scevola	1721	Londres	64
11	弗罗里丹忒	Floridante	1721	Londres	65
12	奥托内	Ottone	1723	Londres	66
13	弗拉维奥	Flavio	1723	Londres	67
14	约里奥·恺撒	Giulio Cesare	1724	Londres	68
15	塔梅尔拉诺	Tamerlano	1724	Londres	69
16	罗德琳妲	Rodelinda	1725	Londres	70

17	西庇阿	Scipione	1726	Londres	71
18	阿莱桑德罗	Alessandro	1726	Londres	72
19	阿德墨托斯	Admeto	1727	Londres	73
20	理查一世	Riccardo I	1727	Londres	74
21	西罗埃	Siroe	1728	Londres	75
22	多罗梅奥	Tolomeo	1728	Londres	76
23	罗塔里奥	Lotario	1729	Londres	77
24	帕特诺佩	Partenope	1730	Londres	78
25	珀罗	Poro	1731	Londres	79
26	埃齐奥	Ezio	1732	Londres	80
27	索萨姆	Sosarme	1732	Londres	81
28	奥兰多	Orlando	1733	Londres	82
28	阿里阿德涅	Arianna	1734	Londres	83
30	忠实的引路人 第二版	Pasteur fido 2e v.	1734	Londres	84
31	阿里奥丹忒	Ariodante	1735	Londres	85
32	奥奇娜	Alcina	1735	Londres	86
33	阿塔兰忒	Atalanta	1736	Londres	87
34	阿米尼奥	Arminio	1737	Londres	88
35	久斯蒂诺	Giustino	1737	Londres	89
36	贝雷妮丝	Berenice	1737	Londres	90
37	法拉蒙多	Faramondo	1738	Londres	91
38	塞尔塞	Serse	1738	Londres	92
39	伊梅内奥	Imeneo	1740	Londres	93
40	得伊达弥亚	Deidamia	1741	Londres	84
二、清唱剧(ORATORIOS)					
1	耶稣受难曲 (约翰福音)	Passion nach Johannes	1704	Hambourg	9
2	耶稣复活	Resurrezione	1708	Rome	39

3	时间与幻灭的胜利	Trionfo del Tempo e Disinganno	1708	Rome	24
4	阿喀斯、伽拉忒亚与波吕斐摩斯	Acis, Galatea e Polifemo	1709	Naples	53
5	耶稣受难曲（布洛克斯文本）	Passion nach Brokes	1716	Hanovre	15
6	以斯帖 第一版	Esther 1er v.	1720	Londres	40
7	阿喀斯与伽拉忒亚	Acis and Galatea	1720	Londres	3
8	以斯帖 第二版	Esther 2e v.	1732	Londres	41
9	底波拉	Deborah	1733	Londres	29
10	亚他利雅	Athalia	1733	Oxford	5
11	亚历山大节	Alexander fest	1736	Londres	12
12	扫罗	Saül	1738—39	Londres	13
13	以色列人在埃及	Israël in Egypten	1738—39	Londres	16
14	圣塞西尔颂	Caecilien ode	1739	Londres	23
15	快乐、哀愁和中庸	Allegro, Penseroso e Moderato	1740	Londres	6
16	弥赛亚	Messiah	1742	Dublin	45
17	参孙	Samson	1743	Londres	10
18	塞墨勒	Semele	1743	Londres	7
19	约瑟	Joseph	1743	Londres	42
20	伯沙撒	Belsazar	1744	Londres	19
21	赫剌克勒斯	Herakles	1744	Londres	4
22	庆典清唱剧	Occasional Oratorio	1746	Londres	43
23	犹大·马加比	Judas Maccabäus	1746	Londres	22
24	亚历山大·巴鲁斯	Alexander Balus	1747	Londres	33
25	约书亚	Joshua	1747	Londres	17
26	所罗门	Salomo	1748	Londres	26
27	苏珊娜	Susanna	1748	Londres	1

28	狄奥多拉皇后	Theodora	1749	Londres	8
29	阿尔刻提斯	Alcestes	1749	Londres	46b
30	赫剌克勒斯的选择	Choice of Hercules	1750	Londres	18
31	耶弗他	Jephtha	1751	Londres	44
32	时间与真理的胜利	Triumph of Time and Truth	1757	Londres	20
三、宗教音乐(MUSIQUE RELIGIEUSE)					
1	天主教教堂音乐	Lateinische Kirchenmusik	1707	Rome	38
2	安娜王后生日颂	Birthday Ode for queen Anne	1713	Londres	46b
3	为乌德勒支和约而写的赞美歌和欢乐颂	Utrechter Te Deum and Jubilate	1713	Londres	31
4	圣歌(颂歌)	Anthems(Psaumes) 3 vol.	1717—1749	Londres	34—36
5	加冕颂	Coronation Anthems	1727	Londres	14
6	挽歌	Funeral Anthems	1737	Londres	11
7	戴廷格胜利颂	Dettinger Te Deum	1743	Londres	25
8	3 首赞美歌	3 T Deum	s/o	s/o	38
四、室内声乐(MUSIQUE VOCALE DE CHAMBRE)					
1	意大利康塔塔(独唱和低音),两卷	Cantates italiennes (soli con basso), 2 vol.	1708—1709	Rome	50
2	意大利康塔塔(合唱),两卷	Cantates italiennes (con stromenti), 2 vol.	1708—1709	Rome	52a
3	22 首二重唱和 2 首三重唱	22 Duos italiennes et 2 Trios	1711	Hanovre	32

五、器乐曲(MUSIQUE INSTRUMENTALE)					
1	键琴作品,两卷	Compositions pour clavier,2 vol.	s/o	s/o	2;48
2	管风琴协奏曲,两卷	Concertos d'orgue, 2 vol.	s/o	s/o	28;48
3	室内乐(37 首奏鸣曲和 3 首小提琴、长笛或双簧管带低音伴奏奏鸣曲)	Musique de chambre (37 sonates et trois pour violons,flûtes ou hautbois avec basse)	s/o	s/o	27
4	12 首大协奏曲	12 Concerti grossi	1739	Londres	30
5	5 首管弦乐协奏曲	5 Concerti pour orchestre	s/o	s/o	21
6	6 首大型管弦乐队作品(水上音乐,烟火音乐,协奏曲等。)	6 Compositions pour grand orchestre (Watermusic, Firework Music, Doppelkonzerte, etc.)	s/o	s/o	47

译后记

艾珉兄来信告知，国内要出一套《罗曼·罗兰文集》，并邀笔者参与其事，承担《亨德尔传》的翻译工作。笔者喜欢听巴洛克音乐由来已久，但从未做过深入研究，对亨德尔的生平和作品也不甚了了。为了对这位巴洛克音乐大师有些了解，笔者从图书馆借来几本当代作者写的亨德尔传记阅读。翻阅了几本之后，笔者发现亨德尔传记作者有两种不同的倾向：一是，过于专业，考证繁琐，非一般初识巴洛克音乐的读者所能接受；二是，作者的生花之笔常常使亨德尔的生平叙述过于小说化，成了一种“演义”。而罗曼·罗兰的《亨德尔传》则没有这两种缺点。罗曼·罗兰的《亨德尔传》有许多版本，现代出版的普及版多为删节版，省略了管弦乐作品分析中的举例说明。在征得艾珉兄的同意之后，笔者选择了一九一〇年菲利克斯·阿尔康（Félix Alcan）出版社初版时的全文版作为翻译的依据，并参照二〇〇五年法国阿克特南方出版社（Actes Sud）的删节版，以纠正初版中某些印刷上的错误。罗曼·罗兰不仅是“长河小说”的著名写手，诺贝尔文学奖得主，而且是音乐学家，对十七、十八世纪的欧洲音乐史有专门的研究，出版过《吕利和斯卡拉蒂之前的欧洲歌剧史》和《贝多芬传》等音乐专著。他曾任巴黎大学艺术史课程的兼职教授。《亨德尔传》当是他给大学生授课的讲义，深入浅出，条理清晰，文字流畅，史料的选择和辨伪恰如其分，对亨德尔在欧洲音乐发展史上的地位，评价公允，至今仍为法国音乐史家所称道和引证。

当笔者译完罗曼·罗兰的《亨德尔传》之后，眼前浮现的是一位身材魁梧、精力充沛、才思敏捷、能即兴演奏和作曲的巴洛克音乐家。他天资聪颖，精通德、法、意、英四国语言，出道前受过专家严格的训练，打下了扎实的和声与对位的理论基础，积累了丰富的创作经验。当他在汉堡歌剧院初试身手，挣得第一笔报酬之后，便于一七〇六年去意大利游学，在佛罗伦萨、威尼斯、罗马和那不勒斯等地结识了意大利乐坛的名流，如斯卡拉蒂父子，柯雷利，帕斯奎尼，马尔切罗等巴洛克音乐的前辈，同时争取到当地贵族和宗教界人士的支持和赞助。他游学三年后，回到汉诺威，在宗教界名人兼音乐家司黛伐尼的推荐下，获得汉诺威宫廷音乐总监的职位。但他没有久留，一七一〇年便去英国闯荡。从此，伦敦成了他音乐创作活动的主要舞台。他在那里曾经得到英国王后安娜的支持，安娜死后也曾经受到与国王对立的英国贵族的抵制，数次破产，被逼得走投无路。他在英国生活了几乎半个世纪，他的职业生涯主要是在伦敦度过的。他努力融入当时的英国社会，与英国人民同命运，共呼吸，努力使自己的作品反映英国人民的心声，甚至加入了英国国籍。这位德裔英国音乐家，以其坚持不懈的努力，终于被广大的英国群众接受和赞赏。他活着的时候，伦敦著名的富克索游乐园就为他在游乐园里塑了一尊大理石雕像，供游客瞻仰。伦敦众多的公园音乐会上都演奏他的作品。我们不知道世界上还有哪位音乐家生前就享受到这样的殊荣。

英国给他提供了从事音乐创作的空间，成就了他个人的音乐事业，而他也把他的爱心回馈给了接纳他的英国社会。他不仅活跃了当时英国的戏剧舞台，而且为英国留下了丰富的音乐遗产。他为孤儿院创作的《弥赛亚》成了旷世经典，二百七十年来久唱不衰；他为皇家盛典创作的《戴廷格胜利颂》，宣扬爱国主义的《庆典清唱剧》和《犹大·马加比》成为英国人的骄傲；他为国王漫游泰晤士河编写的《水上音乐》和为庆祝战争结束、和平来临而写的《烟火音乐》，远远超出了写作的初衷,开创了音乐作品的新品种——露天音乐。亨德尔的各种音乐作品,至今受西方大众的喜爱,在现代传媒手段帮助下传播得更广、更远。他的所有重要作品都能在网络上找到、听到。他在欧洲音乐发展史上,有两点是值得一提的:

一、 在十八世纪上半叶,欧洲音乐逐步从宗教祭祀活动走向世俗。亨德尔为此做出了积极贡献。只要拿他的作品跟他的同龄人,另一个巴洛克音乐大师巴赫的作品作一比较就能知晓。他没有巴赫的严谨,但也没有巴赫那种宗教的沉重、虔敬的沉思和内省。亨德尔虽然也为宫廷的小教堂写过作品,虽然他的许多作品题材来自圣经故事,但他认为,他写的不是宗教作品,而是为"自由的戏剧"创作的戏剧作品,所以他不同意在教堂里演出他的清唱剧,宁愿在剧院举行"有剧情的音乐会"。说他是标题音乐或交响诗的先驱之一,是不算夸张的。

二、 亨德尔从早期依赖王公贵族的赞助从事音乐创作和演出,逐渐走向自主经营剧团和演出,以商业化的模式来运作音乐艺术活动,用票房收入来养活自己和剧团,逐步摆脱王公贵族的庇护,使音乐艺术走出高雅的殿堂和神圣的庙宇,走向商业性的戏剧舞台,走向广场,走向人民大众。毋庸说,在资本主义上升时期、商业繁荣的伦敦,为亨德尔提供了有利的社会条件,使他为音乐艺术平民化的努力有了实现的可能。

罗曼·罗兰欣赏亨德尔,称他的作品是积极向上、阳光快乐、催人奋进、鼓舞人心的,军人听了会打胜仗的。罗曼·罗兰认为,亨德尔是个真正为大众写作的音乐家,用作品和大众交谈的音乐家;是个不囿于一家一派,善于吸纳百家之长来丰富自己创作的音乐家。他不介意塑造个人的特色,但在他所涉猎的音乐样式里,他都达到了那个时代的高峰。在音乐上,他是个世界公民,所以他的作品能为欧洲各国的听众接受,受到欧洲各国听众的欢迎。他的作品生前就被出版商和其他音乐家或改编,或盗印,在欧洲各国广为流传。他一方面向前辈和同辈学习,另方面向民间学习,甚至从市井的叫卖声中获得灵感和启发。他始终走自己的路,最终成了一位为欧洲乐坛巨擘贝多芬、柏辽兹、李斯特和马勒等人开辟道路的音乐家。

亨德尔终身未娶,把一生献给了音乐事业,经过数次经营的失败、破产,但他从不怨天尤人,直到晚年他的经济状况才有所好转。由于没有子嗣,他在遗嘱里把自己的积蓄或捐赠给孤儿院,或为伦敦音乐家协会设立基金,资助年老贫困的音乐家,或馈赠给许多曾经帮助过他的友人。

这位德艺双馨的艺术家生前就享誉欧洲,可是在自己的祖国曾一度被人淡忘。直到十九世纪下半叶,在《德国亨德尔学社》的倡议下,特别是在音乐史家克里桑德的努力下,收集、整理和出版亨德尔作品全集,先后经历数十年,共出版了一〇五卷,终使人类这笔宝贵的音乐财富得以传承至今。本书附录的亨德尔主要作品目录就是罗曼·罗兰根据克里桑德先生编辑出版的全集标注卷数的。

罗曼·罗兰于一九一〇年出版这部著作,离亨德尔出生已经二百二十五年,离他去世已经一百五十一 年。二十世纪初的法国青年读者对亨德尔生活的那个时代已经相当陌生,许多人与事,已经不再熟悉。为方便青年人的阅读和理解,罗曼·罗兰在书中做了许多注释。笔者在开始翻译此书时,对注释之多之详细,颇不以为然。但随着译事的进展,译者对罗曼·罗兰治学之认真和严谨,越来越感到钦佩。本来还打算对注释作些删繁就简的工作,结果,发现那些注释有助于扩大读者的眼界,了解历史背景,以致被删去的注释寥寥无几,反而受作者治学精神的感染,增加了不少注释,以方便二十一世纪中国青年读者的阅读和理解。

为了译好本书的正文和注释,笔者没有少查资料,也没有少向朋友们请教。注释中,罗曼·罗兰引用了许多例证来支持自己的论点,而这些例证常常是德文、意大利文或英文,一本书名,或一首曲名,或一个古地名。笔者在这里要特别感谢《浮士德》《格林童话》《海涅诗集》的译者、笔者的好友天津大学外文系的潘子立教授,北京外国语大学意大利语言文学专家、翻译家沈萼梅教授,以及笔者的北大校友许世敏和郑培蒂夫妇。没有这些朋友的热心帮助,笔者就不能完成这本小册子的翻译工作。

近二三十年欧洲乐坛的复古浪潮已经波及东方的中国乐坛。二〇一〇年,英国当今最著名的古乐大师、巴洛克音乐研究专家克里斯托弗·霍格伍德(Christopher Hogwood,1941—)先生,应邀到北京参加中国国际音乐节,首次把原汁原味的巴洛克音乐介绍给中国听众。这是近十年来,中国音乐界的一件盛事。笔者相信,罗曼·罗兰的《亨德尔传》的重新发表一定会对巴洛克音乐在中国的普及起到推动作用。

张裕禾

二〇一三年四月

甘 地 传

何友齐 译

伟大的灵魂

MAHATMA…①

——与神为伍的人

一

安详、深沉的眼睛，矮小、羸弱的身子，瘦削的脸，一对大招风耳。头戴白色小帽，身裹白色粗布，赤着双脚。只吃米饭、水果，喝白水。睡地板，睡得很少，工作不息。他的肉体似乎可有可无。首先给人留下深刻印象的，唯有他的无限耐心和无穷爱心。一九一三年皮尔逊在

① 印度人民对甘地的称谓“玛哈特玛”（Mahatma），直译为“伟大的灵魂”：Mahd 意为伟大；Atmd 意为灵魂。有人意译为“圣雄”。这个词来自印度教经典，用以称谓印度教大神［印度教三大主神为大梵天（Brahm），又译“梵天”；大自在天（Shiva），又译“湿婆”；和遍如天（Vishnu），又译“毗湿奴”］，指大知大爱有如大神，且与神为伍的人：

光芒万丈的大神、万物创造者玛哈特玛，
万民心中
　　永远思念他；
受心灵、直觉和智慧的启示
认识了造物主的人
　　不老永生。

泰戈尔一九二二年十二月造访甘地最喜爱的隐修所时，曾引用这段美好的诗句来颂扬甘地。——原注

南非见到他时,不由得想起圣弗朗索瓦·达西斯[①]。他单纯如赤子[②],待人温文有礼,连对反对者也一视同仁[③]。他任何时候都坦诚布公[④],谦和为怀,总是谨慎小心得仿佛仍在犹豫不决,似乎要说:“我弄错了!”他从不文过饰非,从不和稀泥,从不拐弯抹角,从不追求演说效果,或者说根本没考虑演说技巧问题[⑤]。他不喜欢由于自己出现而引起民众轰动。有时候,若没有他的朋友莫拉纳·绍喀·阿里用健壮的身躯遮挡着他,他那虚弱的身子骨真会被挤垮,“真要被仰慕他的群众弄病[⑥]”。其实,他对群众怀有戒心,对暴民政治、对如同猛虎出柙的群氓更是反感。唯有在少数人中间他才感到自在;只在独处的时候,听从良知轻言细语(the still small voice[⑦])的指引[⑧],才感到幸福。

这就是唤起三亿人民,震撼大不列颠帝国,开创两千多年来人类政治史上最波澜壮阔的运动的那个人。

他本名莫翰达斯·喀然昌德·甘地。一八六九年十月二日生于印度西北部一个半独立小邦,濒临安曼海的波邦达尔城,即白城。这

---

① 圣弗朗索瓦·达西斯(1181/1182—1226),意大利天主教徒,圣方济会创始人,以清贫为特点,一二二八年由教皇格利哥里九世封圣。

② 英国新教教士安德鲁斯(1871—1940)说:“他笑颜如赤子,且喜爱儿童。”——原注

③ 南非浸礼派教士窦克(1861—1913)说:“几乎无人能够抵挡他的人格魅力。最激烈的反对者也会由于他的彬彬有礼而变得客气起来。”——原注

④ 安德鲁斯说:“任何背离真实的说法,哪怕一时半会儿,他都无法忍受。”——原注

⑤ 窦克说:“他不是个充满激情的演说家,他的演讲风格平静而缓慢,诉诸听众的理解力。他的平静使演讲主旨变得无比清晰。他的声音没那么抑扬顿挫,但充满诚挚的感情。他说话时从不挥舞胳膊,也极少动手指。他那明白晓畅的语言,铿锵有力的警句,令人信服。他不放过任何要点,直到确信听众完全理解为止。”——原注

⑥ 《青年印度》一九二二年三月二日。本书以下所有脚注里的日期,均为《青年印度》发表的甘地文章的日期。

⑦ ⑧ 出自甘地名言:“The human voice can never reach the distance that is covered by the still small voice of conscience.”(人类的声音永远无法达到良知的轻声细语所达到的距离。)——原注

个家族热情似火、喜欢折腾,不久前还参与了动乱的内战;头脑实际,有生意人眼光,买卖远达亚丁城[①]到桑给巴尔岛[②]一带。他的祖父和父亲都当过首席部长,同样由于个性太独立而下台,生命遭到威胁,被迫逃亡。他出身富裕,聪明、有教养,却并非高级种姓。他的家族属于印度教的耆那教派,其最重要的信条就是非暴力(Ahimsâ[③]),后来他成功地贯彻了这个济世信条。

对于耆那教徒来说,爱心比智慧更能引导人接近上帝。玛哈特玛的父亲对金钱视若粪土,几乎把钱财全都用于慈善施舍,没给家人留下多少。他母亲是个虔诚的信徒,印度教的圣伊丽莎白[④],经常斋戒、施舍、照料病人。他们在家里时常诵读《罗摩衍那》。他的启蒙教师是个婆罗门,教他背诵毗湿奴的经文[⑤]。但是后来他常常惋惜自己没有精通梵语,这是英式教育给他留下的一个缺憾,使他失去领略自己母语精华的能力。他其实通晓印度教的经典,不过他只能读《吠陀》[⑥]和《奥义书》[⑦]的译文[⑧]。

他在求学期间经历过一场严重的信仰危机。由于对狂热和堕落的印度教的反感,他一度变成,或自以为变成无神论者。他和同学们不敬神灵到了不顾禁忌偷吃猪肉的地步,这在印度教里是最大的亵渎行为!他因此感到害怕、恶心之极[⑨]。

---

① 亚丁城,在阿拉伯半岛。

② 桑给巴尔岛,在东非,今属坦桑尼亚。

③ Ahimsâ:非暴力。即不杀生、不伤害、不以暴抗暴。印度教最古老的信条之一,尤为耆那教创始人摩诃毗罗,以及菩萨和崇奉毗湿奴的教徒所信奉。甘地亦为笃信毗湿奴的教徒。——原注

④ 圣伊丽莎白,施洗者圣约翰的母亲。

⑤ 他在波邦达尔上小学至七岁,然后上拉吉科特公立学校,十岁以后上卡特雅瓦尔中学,十七岁上大学。——原注

⑥ 《吠陀》,印度教经典,梵文 veda 的音译。

⑦ 《奥义书》,婆罗门教哲学经典,梵文 Upanisad(音译乌婆尼沙昙),原意:“近坐”。

⑧ 他在一九二一年四月十三日的印度贱民大会上曾经谈及自己童年生活。——原注

⑨ 他后来曾对约瑟夫·窦克谈到他惶恐不安的心情:他夜不成寐,觉得自己简直是个谋杀犯。

他童年时期便已成婚[1],十九岁去英国伦敦大学和法学院完成学业。他母亲要他先发下三个耆那教徒的誓言:戒酒、戒猪肉、戒女色,才准许他出发。

他于一八八八年九月抵达伦敦。最初几个月,他难以适应、灰心丧气:他说他为变成一个英国式绅士浪费了许多时间和金钱。后来他过起严格自律、刻苦学习的生活。有些朋友介绍《圣经》给他看,但他当时还没到能够理解《圣经》的火候。他看了前几章,到"出埃及记",就懒得往下看了。相反,他是在伦敦才发现《薄迦梵歌》[2]之美,并为之陶醉。它是这个漂泊他乡的印度游子所需要的光明,使他重获信仰。他认识到"对他而言,只有印度教才是能使他获救的宗教[3]"。

他于一八九一年回到印度。悲伤的归程。他母亲刚刚去世,家里早先对他隐瞒了噩耗。他成为孟买高等法院的律师。几年后他放弃了这个他认为不道德的职业。即使在执业期间,他也保留了只要他觉得不公道就放弃案子的权利。

在那个时期,印度的一些伟大人物已经唤醒了他心中对未来使命的预感。孟买的"无冕之王"帕西人[4]达达拜和戈哈勒教授,两人都对印度怀有宗教般狂热的爱。戈哈勒是印度最优秀的政治家和首先恢复印度教育的人之一;达达拜是印度民族主义的奠基人(甘地如是说)[5]。两人也都是明智、温和的大师。达达拜在一八九二年约束年轻气盛的甘地,给他上了第一堂运用非暴力于公共生活的实践课:那

---

① 八岁订婚,十二岁完婚。他后来反对童婚,认为那是造成种族退化的原因。然而他补充道,在少数例外情况下,性格还未定型就终身结合,会使夫妻产生灵魂的契合无间。他自己的婚姻就是一个完美的例子。甘地夫人和丈夫始终患难与共,其勇气和忠诚从不稍减。——原注

② 《薄迦梵歌》,印度教经典之一,源于史诗《摩诃婆罗多》。

③ 见甘地在一九二一年四月十三日《青年印度》发表的文章。

④ 帕西人是定居印度的波斯人后裔的称呼。

⑤ 这些先驱者的政治胆略被后人远远超越,而遭到后代的轻忽和遗忘。但甘地始终对他们忠贞不渝,尤其是戈哈勒,甘地对他崇敬有加。他曾数度要《青年印度》在致敬名单里加上他俩的名字。见"致帕西人"、《印度自治》一九二一年三月二十三日,以及一九二一年七月十三日的"宣言书"。——原注

就是英勇不屈的消极抵抗,如果这两个字能放在一起的话。全身心热情投入,不以恶抗恶,而是以爱抗恶。我们在下文里还要提到这个富有魔力的警句、印度传递给全世界的崇高信息。

甘地的印度人抗争行动始于一八九三年,分两个阶段:从一八九三年到一九一四年以南非为战场;一九一四年以后在印度展开。

甘地在南非开始发动的二十年抗争行动,并未在欧洲引起太大反响,足证我们的政治人物、历史学家、思想家和宗教界人士,眼界不可思议的狭隘。因为这是我们时代无与伦比的灵魂史诗,不仅由于其牺牲之巨大而持久,而且由于其最后获得的胜利。

一八九〇年至一八九一年,十五万印度人在南非、主要是纳塔尔省定居。这个外来民族的涌入,引起了白人居民的仇外情绪。政府因而采取了一系列排外措施,禁止亚洲人移民,并迫使已经在当地定居者离开。有系统的迫害使他们的生活变得难以忍受:沉重的赋税、警方侮辱性的要求、公众场合引起公愤的事件,不久后演变成在白人文明之下的私刑、抢掠和毁灭。

甘地一八九三年来到南非,应邀到比勒陀尼亚打一场重要官司。他对印度人在南非的境遇一无所知。初到纳塔尔,尤其是荷兰德兰士瓦,他就遭受到横暴的对待。这个印度上流人士在英国一直受人善待,直到那时都把欧洲人看作朋友,却在南非受到公然的粗暴凌辱:在旅馆里、火车上遭到驱逐、辱骂和拳打脚踢。要不是他跟客户签订了为期十二个月的合同,他早就返回印度了。在这十二个月期间他学会了控制自己。但期限一到,他就急于离开。正当此时,他听说政府在起草一个法案,要剥夺印度人最后的一些权利。南非的印度人既没有力量,也没有意愿进行反抗。他们没有组织、没有斗志。他们需要领袖、需要灵魂。甘地毅然自任,留了下来。

一场良知对抗政府和群氓暴力的史诗般斗争于焉展开。他当时仍是律师,于是开始从法律上证明排亚法案为非法。尽管遇到极其凶猛的攻击,他在法律上,虽然还不是事实上,赢得了纳塔尔和伦敦的公众舆论。他发动大规模签名请愿,发起纳塔尔印度人大会,成立印度人教育协会。稍后还创办了一份报纸《印度人舆论报》,用英语和三种印度语言出版。后来,为了让他的同胞在非洲能受到公平的对待,为了更好地保护他们,他和他们同甘共苦。他在约翰内斯堡本有收入丰厚的律师业务[①],但他却放弃了自己的业务,像圣弗朗索瓦一样安贫乐贱。他和受苦受难的印度人同生活、共患难。他要求他们不以暴抗暴,从而使他们的精神得到升华。一九〇四年他在德本附近的凤凰镇,按他所欣赏的托尔斯泰[②]方案,创办了一个农场。他募集印度人,提供土地,要他们立下安贫乐贱的庄严誓言。他自己承担最低贱的工作。这些印度人数年间就在该农场默默对抗政府的不公平待遇。他们退出城市,使当地的工业陷于瘫痪。这是一种宗教式的罢工,任何暴力都对之无能为力,就像古罗马帝国的暴力之于最初的基督教徒。但极少基督教徒能像甘地那样,将宽恕和博爱的学说,推及救助陷入困境的迫害者的极致。每当南非国家遇到严重的危险,甘地就暂停印度人不参加公共服务的做法,而伸出援手。一八九九年布尔战争期间,他组织了一支印度人红十字医疗队,该队两次获得嘉奖,以表彰其火线上的勇敢表现。一九〇四年约翰内斯堡爆发瘟疫,甘地组建了一所医院。一九〇六年纳塔尔省土著起义,甘地率领担架队参战,获得纳塔尔省政府的公开致谢。

这些见义勇为的援助,并没有使仇外气氛稍减。甘地曾数度入狱[③](甚至就在政府因纳塔尔战争而正式向他致谢后不久),被判徒刑

---

① 戈哈勒说他每年能挣五六千英镑。那以后他每个月只靠三英镑为生。——原注

② 凤凰镇一九一四年出版的《印度人舆论报》发表了一九一〇年九月七日托尔斯泰去世前不久写给甘地的一封长信,他读了《印度人舆论报》,从中了解到不以暴抗暴的印度人的情况,深感欣慰。他说"不以暴抗暴是爱的法则,亦即对人类灵魂大同的向往"。这是基督和全世界智者所倡导的法则。我的友人保尔·毕如科夫在莫斯科托尔斯泰的档案里发现了其他托尔斯泰致甘地的信件。他将收集托尔斯泰给甘地和其他亚洲人士的信件,出版一本题为《托尔斯泰与东方》的信件集。——原注

③ 他在一篇平和善良的趣文里讲述过他的牢狱生活,该文收入马德拉斯 Natesan 出版社的《甘地讲演、文章集》,见一五二页至一七八页。——原注

和劳役、被愤怒的同胞棒打[①](有一次还以为把他打死了)。甘地受尽种种痛苦和屈辱。他的信念没有改变,却历经磨难而弥坚。一九〇八年,作为对南非暴力派别的回答,他写了著名的小册子《印度自治》,这是一本英雄之爱的圣经[②]。

这场斗争持续了二十年,于一九〇七年和一九二四年之间达到艰苦的顶点。南非政府不顾开明英国人的反对,匆匆通过了新的《亚洲人法》。于是甘地组织了最大规模的非暴力抵抗运动。一九〇六年九月,在约翰内斯堡集会的印度人庄严宣誓,开展不可征服的坚韧意志和"伟大灵魂[③]"的魅力终于奏效,柔能克刚[④]。激烈反对印度人解放事业的斯玛茨将军,在一九〇九年曾宣称永远不会从法典里抹去针对印度人的侮辱性条款,五年后却表示乐于取消这个条款[⑤]。帝国委员会几乎认可了甘地的所有观点。一九一四年,法律取消了三英镑捐税的规定,给予愿意作为自由劳工留在纳塔尔省的印度人自由居住的权利。经过二十年的卓绝牺牲,非暴力抵抗运动终于取得了胜利。

所有亚裔,不分种族、种姓、宗教、贫富,同心合力、忘我牺牲,非洲的华裔也和印裔紧密团结。数千人遭受关押,牢房不够大,就关到矿洞里。但坐牢似乎对他们有吸引力。迫害他们的斯玛茨将军称他们为"自觉自愿的反对派"。甘地给关了三次[⑥]。有些人死去,成为殉道者。运动日益壮大。到了一九一三年,已经从德兰士瓦扩展到纳塔尔。声势浩大的罢工、群情激昂的大会、印度人浩浩荡荡穿越德兰士

---

① 此事发生在一九〇七年。他夹在压迫者和被压迫者之间,两头受气。被压迫者认为他的一味忍让令人生疑,而政府则尽力使他有口难辩。——原注

② 下文中还将谈及。——原注

③ 原文为法语:"伟大灵魂",即印度人对甘地的称呼 Mahatma(玛哈特玛)的法语直译。

④ 两位高尚的英国人,C.-F.安德鲁斯和 W.-W.皮尔逊的干预,也有效地帮助了甘地。——原注

⑤ 甘地在一九二〇年五月十二日的文章中提到过这件事。——原注

⑥ 约瑟夫·窦克和甘地在德兰士瓦的谈话发人深省,他的书以一九〇八年十月甘地身穿苦役犯囚服被押送到约翰内斯堡的要塞,打入地牢,与低贱的中国罪犯为伍的画面作为结束。——原注

瓦的游行,使得非洲和亚洲舆论鼎沸。印度人心激愤,在马德拉斯的印度总督哈定勋爵也顺应民心,大声疾呼。

甘地挟领袖人物之威望回到了印度。

印度民族独立运动从世纪初就已宣告展开。A. O. 休姆、威廉·魏德本勋爵等睿智的英国人、维多利亚时代的自由派,在三十年前创立了印度国大党,使其长期保持效忠英国的特质,试图调和印度的利益与英国的主权。日本战胜俄国的消息唤醒了亚洲人的自豪,而寇松勋爵[①]的挑衅则伤害了印度爱国者的感情。国大党内形成了一个极端派别,其咄咄逼人的民族主义主张在全国引起了反响。然而这个忠于宪法的老党直到世界大战仍一直处于J. K. 戈哈勒的影响之下,赤诚爱国,但也效忠于英国。那以后,民族主义情感渗入这个印度代表者们的大会,代表们一致要求自治(Swarâj[②]),但他们对自治的意义却有不同理解:有人主张与英国人合作,有人要把欧洲人赶出印度;有人仿效加拿大和南非模式,有人学习日本模式。甘地带来他的解决办法(即印度地方自治),其宗教性甚于政治性,实质上比其他办法更为激进。但要实践这个主张,把它应用于实际,他还缺乏对环境的精确认识。他在南非的长期斗争,诚然给了他运用印度精神和战无不胜的非暴力武器的非凡经验,但他毕竟远离祖国二十三年了。他静思默虑,深入观察[③]。他还远没想到要反叛大英帝国。一九一四年大战爆发时,他还奔赴英国组织担架队。他在一九二一年写道"他真心以为自己是帝国的子民"。一九二〇年他在《致全印度的英国人》的信中多次回忆这一点:

亲爱的朋友们,在二十年的公共活动中,没有一个英国人比

① 寇松勋爵(1859—1925),时任印度总督。

② 梵文:指地方自治,简译自治。

③ 他的恩师戈哈勒曾要他保证,在投入政治活动之前,至少先用一年环游印度,近距离观察他久未接触的印度人民。——原注

我更紧密地与帝国合作。我四度为英国甘冒生命危险…… 直到一九一九年，我仍然真心实意相信合作……

相信的岂止他一人。整个印度在一九一四年都受到所谓正义之战的虚假理想愚弄。英国政府为争取印度的帮助而诱以巨大的希望。梦寐以求的地方自治，被说成战争的目标之一。一九一七年八月，聪明的印度事务大臣 E. S. 蒙塔古许诺，将给印度一个责任制政府，还举行了协商会议。一九一八年七月，印度总督切姆斯福德与蒙塔古共同签署了宪法改革的正式报告。一九一八年的最初几个月正是协约国军队形势危急的时候。劳埃德·乔治[1]在四月二日向印度人民发出呼吁，而同月月底在德里召开的战争会议，则暗示印度的独立为期不远。因而印度人民群起响应，甘地又一次向英国提供了忠诚的援助。印度提供了九十八万五千人，做出了巨大牺牲。于是印度满怀信心地等待对其忠诚的回报。

一朝梦醒，分外痛心。到年底时，危险过去了，印度人的慷慨相助也就被抛诸脑后。停战协定缔结之后，政府不再费力装模作样，不但根本没有给予印度自由，连原来已有的自由权利都中止了。一九一九年二月提交德里帝国立法委员会的《罗拉特法》，处处体现出对这个曾对英国赤诚相助的国家的严加防范，这令人倍感屈辱。该法无限期延长战时印度国防法的条款，恢复秘密警察和审查制度和一整套仅在戒严状态下才有的暴虐扰民措施。

大失所望的印度人惊怒交加，奋起反抗[2]，甘地组织了反抗行动。

此前数年，他致力于社会改革，尤其是改善农业工人的境遇。他在一九一八年的农业灾荒中，在古加拉特邦的凯拉和比哈尔邦的羌巴兰，组织独特的、充满激情的非暴力抵抗运动，出其不意，获得成功。他不久将运用这个了不起的武器进行全国范围的斗争，我们将在下文

① 劳埃德·乔治(1863—1945)，英国时任首相。

② 可以把一九一九年二月二十八日看作不合作运动的开始。——原注

研究他这个称之为不合作(Satyâgrapha[①])的武器。

然而直到一九一九年他仍处于二线,与印度全国运动有点距离。这个运动的先进分子于一九一六年聚集在安妮·贝森特夫人[②]麾下,但不久她就落后于运动。他们于是奉巴勒·甘嘎哈尔·提拉克[③]为领袖。他精力过人,智慧、意志和个性三者兼具,就像三支利箭扎成一束。头脑比甘地更广阔,亚洲古老文化的根底更扎实,博闻强记,精通数学,把他的天赋完全奉献给祖国,跟甘地一样毫无个人野心,只等事业胜利便功成身退,潜心研究科学。他在有生之年一直是印度无可争议的领袖。如果他不是在一九二〇年八月猝然早逝,将是怎样一种光景?甘地对他的天纵奇才五体投地,但在政治手法上和他大不一样。倘若提拉克在世,甘地也许只会承担某种宗教意义上的领导责任。在这样的双重领导下,印度人民会如何奋起!他们将无往不胜,因为提拉克于行动得心应手,而甘地善于唤起心灵的力量。命运做出了不同的决定,对于印度、对于甘地,可能都是一件憾事。作为少数精神精英领袖的角色,会更适合他的天性和私愿。他会心甘情愿地把对于多数人的领导让给提拉克。他从来就缺乏对多数人的信念。提拉克具有这种信念。这位行动的数学家相信数量。他是天生的民主派,也是果决的政治家,从不顾及宗教的要求。他说"政治不是圣人(Sâdhus[④])的事"。这位学者声称为了祖国的自由,连真理都可以牺牲。这个正直的人私生活纯洁无瑕,却毫不犹豫地宣布在政治上任何做法都是对的。这不由令人想到他的性格和莫斯科的独裁者性格之间,可能有某些思想上的联系。但甘地的思想则与之格格不入[⑤]。提拉克和甘地的

---

① 印地语:意为不抵抗、不合作。

② 安妮·贝森特夫人(1847—1933),英国社会主义者,印度独立运动初期领袖,一九一七年任印度国大党主席。

③ 巴勒·甘嘎哈尔·提拉克(1856—1920),人称印度民族运动之父,其尊称 Lokamanya,意为"受人爱戴的"。

④ 梵文:圣人。

⑤ 他曾明确反对布尔什维主义(《青年印度》1921 年 11 月 24 日)。——原注

讨论,尽管表明他们相互深怀敬意,却也显示出他们方法的迥然不同。这两个绝对真诚的人,其行为方式既然和思想方式完全一致,这种分歧也就反映了他们生活最高宗旨的不同。面对提拉克,甘地宣称如果不得不做出抉择,他会为了真理而牺牲自由。不管他对祖国多么挚爱,他还是把宗教放在比祖国更高的位置:

> 我的终身许给了印度,我的一切属于她。我认为她有一个使命。如果她不能完成,考验我的时刻便到了,我希望我能不辱使命。我的宗教没有地理限制。我的信仰超越我对印度的热爱[1]……

这豪言壮语,以其全部人道意义,赋予我们行将描写的斗争,从而使这个印度的使徒成为世界的使徒,成为我们所有人的同胞[2]。而玛哈特玛这四年来的斗争,也是为了我们所有人而进行的。

值得注意的是,即使他现在成为反抗《罗拉特法》运动的领导人,他也是"为了使运动离开暴力的方向"[3]。既然无论如何反抗都会发生,因此必须对反抗加以引导。

为了充分理解下文叙述的事件,我们应该记住,甘地的思想有两个层次:巨大的宗教底层结构,以及他建立在这个肉眼看不见的基础上的社会行动。既顾及现实可能性,又顾及国人的意愿。他本质上是宗教家,出于需要才成为政治家。事态的演变,以及其他全国性领袖的消失,迫使他承担起引导航船穿越急风暴雨的责任,而他行为的政

---

① 甘地反对主张暴力反抗的"宝剑理论"(见《青年印度》1920年8月11日甘地文)。——原注

② "人类只有一个。种族有不同,但越是高等种族,就越负有更多责任。"——引自《伦理宗教》。

③ 见甘地一九一九年十一月五日在《青年印度》发表的文章。

治性和实践性也随之加强。然而他的大厦,本质上还在于其既广且深的宗教基础,那原本是为兴建全然不同的宏大庙宇而准备的,却只好匆匆盖成另一种房子。唯有宗教基础是持久的,其余都是临时的、供过渡性岁月暂用。因此了解这个宗教基础至关重要,这是甘地思想的坚实根基之所在。他每天都要返回那里,从中汲取力量,以便重新投入斗争。

甘地热烈信仰他同胞们的宗教——印度教,但他不是学者式地专啃经典,也不是像虔诚信徒那样,毫无批判地盲目接受一切传统。他的宗教信仰,受良知和理智的双重控制。

> 我不会把宗教当成盲目崇拜的偶像,不会原谅以宗教的神圣名义所干的坏事[①]……
>
> 我不愿让任何人追随我,假如我不能诉诸他的理智。我会否定最古老的教规(Shâstras[②])的神圣性,假如它们不能说服我的理智[③]……

另一方面,他不承认也不允许印度教有任何排他性:

> 我不相信《吠陀》是独一无二的圣典,我相信《圣经》《可兰经》《阿维斯陀经》及《吠陀》一样出自神授……印度教不像传教士那样对待其他宗教。它有敬仰世界上所有先知的余地……它教每个人根据自己的信仰或法则(Dharma[④])去崇拜神明(Dieu),

① 见甘地一九二〇年十月二十七日在《青年印度》发表的文章。

② 来自梵文Śāstra:规则,法规。

③ 见甘地一九二〇年七月在《青年印度》发表的文章。

"我的信仰并不意味着我必须认为所有的经文都出自神意……我不受任何解释的束缚,不管这种解释有多博学,假如它有悖于理智和道德……"(《青年印度》1921年10月6日)——原注

④ 梵文:宇宙法规、法则(包括自然法则和道德法则)。

因此它与所有的宗教和平共处[1]。

他并非没有看到数百年来印度教产生的谬误或弊病，并且也曾加以抨击。但是……

……要形容我对印度教的感情，无过于我对我妻子的感情。世上任何别的女人，都不能比她更使我动情。不是因为她毫无缺点：我敢说她的缺点远多于我所能看到的，但我们之间有不可分离的缘分。印度教也是如此，不管它有多少缺点和局限性。没有任何音乐比《薄伽梵歌》和《罗摩衍那》[2]的音乐更使我心醉神迷，这是我能自诩了解的，仅有的两本印度教经典……我知道那些玷污了伟大印度教神殿的恶行，尽管如此我还是热爱那些神殿……我是彻底的改革派，然而我并不摒弃任何印度教的基本教义。[3]

那么，哪些是他所服膺的基本真理呢？他在一九二一年十月六日的一篇文章里明确列举出他的公开信条：

1. 我相信《吠陀》《奥义书》《往世书》[4]和所有印度教典籍所包括的经文，因此我也相信天神下凡和轮回转世；

2. 我相信种姓和人生阶段法（Varnâshrama Dharma[5]），但严格按照《吠陀经》的原义，而不是现在的、民间的、粗俗的意义；

---

① “所有的宗教殊途同归，趋向同一个目标。”（《印度自治》）“所有的宗教均建立于同样的道德原则之上。我的伦理宗教由联系世界所有的人类法则构成。”（《伦理宗教》）——原注

② 《罗摩衍那》，印度古代梵文叙事诗，印度教经典之一，与《摩诃婆罗多》并称印度两大史诗。

③ 见甘地一九二一年十月六日在《青年印度》发表的文章。

④ 《往世书》，亦称《古事记》，古代印度神话传说汇集，印度教经典之一。

⑤ 就词源论，Varna 意为色彩，阶级或种姓；Ashrama 意为秩序；dharma 意为宗教。社会被看作一种等级秩序。这是印度教的基础。——原注

3. 我相信应该保护母牛,其意义远比民间信仰的意义广阔;

4. 我不否定偶像崇拜。

任何欧洲人在读到这些信条时,都会认为其中表达的观念和我们大相径庭,完全局限于其宗教和社会学说,在时间和空间上相距万里,跟我们的观念毫无共通之处,没有必要再看下去。请他还是看下去吧! 下面几行中他会发现他比较熟悉的说法:

> 我相信印度教的这句格言:无论是谁,如果没有达到不杀生(Ahimsâ)、真实(Satya)和克己(Brahmacharya)的完美境界,没有放弃获得或拥有任何财富,就无法真正理解教规(Shâstras)。

这里,印度教的语言与福音的语言不谋而合。甘地也意识到两者之间的联系。他的《伦理宗教》以引用基督的名言作为结束[①]。一九二〇年有个英国牧师问他受哪些书影响最大,他首先说的就是《新约》[②]。更有甚者,他自己承认,他在一八九三年发起非暴力抵抗运动,是受到《登山宝训》的启示[③]。当时对方听他此言甚感惊讶,问道:

"你以前读印度教经典没有得到过这种启示吗?"

"没有,"甘地强调,"我原来就熟知并欣赏《薄伽梵歌》,但《新约》使我领悟到非暴力抵抗的价值。我读《新约》的时候欣喜万分。《薄伽梵歌》加深了这个印象,而托尔斯泰的'上帝之国在你心中'则赋予它持久的形式[④]。"

---

① "先求上帝的国和上帝的义,其他的东西上帝都会加给你们。"——马太福音。

② 见甘地一九二〇年二月二十五在《青年印度》发表的文章。

③ 见一九〇八年甘地与窦克的谈话。

④ 他还对约瑟夫 J. 窦克说过:

"上帝曾在不同时代化身为各种形象。在《梵歌》里,克利须那神说:当宗教衰落,当不信教成风,我将现身。为了扬善惩恶,为了弘扬宗教,我一再转世,直至永远。""基督教义是我神学的一部分。基督是上帝的灿烂化身,但不是唯一的化身,他不是独自坐在孤独的宝座上……"——原注的确，我们别忘了这个亚洲宗教的信徒熟知托尔斯泰[①]，翻译过拉斯金[②]和柏拉图[③]，他引证梭罗[④]，欣赏玛志尼[⑤]，阅读爱德华·卡本特[⑥]，他的思想浸淫于欧、美思想之中。如果一个欧洲人愿意花点功夫了解他的思想，是没有任何理由仍然觉得陌生的。那时他将透过使他惊讶的文字，认识到《信条》的深刻含义。其中有两条特别构成印度宗教精神与欧洲宗教精神之间不可逾越的障碍，一是对母牛的崇拜[⑦]，二是种姓制度。我们还是看看它们对甘地而言意味着什么吧：

诚然，甘地认为这两条在整个印度教教义中绝非次要的信条。保护母牛是印度教的特色。甘地甚至把这看作人类进化的一个最高体现。何以见得？因为这是人类与"低于人类的整个世界"结盟的一个象征。它意味着"人类与动物的博爱精神"。甘地说得好："它把人类带到自己物种的界限之外，实现了人类和一切生灵的共同身份。"母牛之所以在众多动物里优先中选，是因为它在印度是人类最好的伙伴，是丰衣足食的源泉。而甘地视"这个温和的动物为怜悯的诗歌"。但他的崇拜没有丝毫偶像崇拜的成分，没有任何人比他更严厉批评印度人缺乏善心的偶像崇拜，只在字面上遵守，而不身体力行"对上帝创造

---

① 甘地在《印度自治》这本小册子的末尾，列有他推荐阅读的托尔斯泰的六本著作（尤其是《上帝之国在你心中》《什么是艺术？》和《我们该怎么办？》）。他对窦克说到托尔斯泰给予他的深刻影响。但他说他没有追随托尔斯泰的政治思想。对于一九二一年的一个提问："你跟托尔斯泰伯爵是什么关系？"甘地在《青年印度》（1921 年 10 月 25 日）里答道："我是他忠诚的崇拜者，我在生活中受益良多。"——原注

② 他尤为喜欢拉斯金（1819—1900）的《野橄榄枝花冠》。——原注

③ 甘地翻译的《苏格拉底的申辩》在一九一九年属于印度政府的禁书。——原注

④ 梭罗（1817—1862），美国作家、哲学家，著有《论公民的不服从权利》（又译《消极抵抗》）。

⑤ 玛志尼（1805—1872），统一意大利的缔造者。

⑥ 卡本特（1844—1929），英国社会主义者。

⑦ 关于偶像崇拜问题没什么可讨论的。"我不崇敬偶像，"甘地写道，"但这是人类的天性。"他把这看作一种应予尊重的，人类孱弱智力的内在需要，有些人只有把信仰形象化才能更好地崇拜。因此这一点也不比我们在天主教堂里所看到的过分。——原注

的哑巴牲口”的爱。人们一旦理解了他(谁又能比达西斯的 poverello[1]更能理解他!),就不会奇怪甘地为什么对此看得那么重要。他说对母牛的保护(按照他的定义)是“印度教给予世界的礼物”,真是一点没有说错。因为《福音》教导我们:“爱你的邻人就像爱你自己”。而甘地补充道:“一切生灵皆汝邻人[2]。”

对于欧洲智慧来说,种姓制度也许更难以接受(至少对于今日的欧洲而言,因为天知道我们名存实亡的民主将来会演变成什么样子),我毫不指望通过阐述甘地的解释,使读者接受这个制度,我也毫无这种愿望。但甘地的解释清楚表明,他的信仰并非出于任何傲慢和社会优越地位,而是对于各等级所担负的责任的思考。

“我倾向于认为,”甘地说,“遗传法则是永恒的,企图改变这个法则,只会带来极大混乱……种姓秩序(Varnâshrama)属于人的本性,印度教只不过把它简化成了教义而已……”

但他把种姓减少为四个等级:婆罗门(知识和宗教级),刹帝利(军人和行政官员级),吠舍(商人)以及首陀罗(劳动服务级)。他不承认这些等级有高低之分。只有分工不同,没有别的不同。没有任何特权[3]。

> 自封为更高等级,或把别人归为较低等级,都是违背印度教教义精神的。人人生来都是为了荣耀神的创造,婆罗门以其知识,刹帝利以其保护力量,吠舍以其生意技能,首陀罗以其体力劳动。这并不是说婆罗门不需要做体力劳动,而是说他更适于求知。也不是说首陀罗不能求知,而是说他更擅长干体力活,并不

---

① 意大利文:穷人。“达西斯的穷人”是圣弗朗索瓦·达西斯的绰号。

② 关于母牛崇拜,参阅甘地一九二〇年三月十六日、六月八日、六月二十九日、八月四日,和一九二一年十月六日在《青年印度》上发表的文章。关于种姓,参阅他一九二〇年十二月八日和一九二一年十月六日在《青年印度》发表的文章。——原注

③ 当最初的等级随着岁月推移变成尊卑分明的种姓制度时,《奥义书》曾对此发出抗议。——原注

需要嫉妒别人的职责。婆罗门如果因为有知识而自以为高人一等，就会自贬身份，没有真知……种姓制度的长处在于节省社会力量（合理分工）和出于自愿的、健康的自我克制……

这么说，种姓制度是建立于自我克制，而不是特权之上。此外，别忘了在轮回信仰里，婆罗门可以投生变成首陀罗，反之亦然，一代一代地自然形成平衡。

贱民问题，跟四个不同而平等的种姓毫无关系。我们将看到甘地如何激烈地抨击这个社会不公平现象，这是他宣传的教义中最动人之处。他认为这是印度教的耻辱，是对真正教义的无耻歪曲和玷污，他对此深恶痛绝：

"我宁愿粉身碎骨，"他写道，"也不愿背弃受欺压种姓的兄弟们……我不想转世，但如果要转世，我要转世到不可接触的贱民当中，跟他们一起受凌辱，跟他们一起求解放……"[①]

他收养了一个不可接触的贱民小女孩，谈起这个七岁的可爱的小精灵在他家如何呼风唤雨，他充满温情。

关于他印度教《信条》外衣下的《福音》之心，我已经说得够多了。这是个更温和，更平静的托尔斯泰，而且我敢说是个更自然的，广义的基督徒，因为托尔斯泰的基督精神出于意志远过于天性。

两人最为神似之处，也是托尔斯泰的影响最真实之处，在于甘地对欧洲文明的谴责。

自卢梭以降，欧洲最自由的思想家不断对欧洲文明提出控诉，觉醒的亚洲只须从他们的控诉状中汲取精华，就能构成起诉其侵略者的，铁证如山的档案。甘地也正是这么做的，《印度自治》列举了这些批判文献的书目，其中许多是英国人写的。但最无可辩驳的书，是欧洲文明本身，以骗人的原则为名，用被压迫、被剥夺、被玷污的种族的

① 见甘地一九二一年四月二十七日在《青年印度》发表的文章。

鲜血写下的。尤其是最近一次所谓捍卫文明的大战,将其谎言、贪婪、残忍暴露无遗,赤裸裸地展现在世人面前。欧洲如此没有自知之明,竟然还邀请亚洲和非洲人民观看其赤身裸体。他们看了,也做出了评判。

> 最近一次大战,暴露了今天在欧洲占据统治地位的文明的恶魔①本质。战胜国以道德之名打破了所有的公共道德法则。任何谎言都不嫌太下流而大行其道。所有罪行的动机都是赤裸裸地追求物质财富……

> 欧洲不是基督徒。它崇拜的是财神②……

他这些想法,五年来在印度和日本表达了不下二十次。即使出于谨慎而没有把这些想法大声说出的人,现在也都牢记在脑中了。这对于一九一八年的值得怀疑的胜利是不小的打击。其实甘地没有等到一九一四年就看清欧洲文明的真面目了。他在南非的二十年间,就看到了除去面具的欧洲文明。在他一九〇八年发表的《印度自治》中,就直斥"现代文明"为"大恶"。

甘地说,文明只不过是名义上的称呼。实际上,按印度教的说法,它是"黑暗时代"。它以物质财富为生活的唯一目的,根本不管灵魂的福祉。它使欧洲人丧失理性,成为金钱的奴仆,内心失去安宁,甚至没有精神生活,它是弱者和劳工阶级的地狱,它破坏种族的生命力。这个恶魔般的文明将自我毁灭。它是印度的真正敌人,远甚于英国人。英国人就个人而言并不是坏人,但是中了他们文明的毒。所以甘地反对那些想要把英国人赶走,而把印度变成欧式"文明"国家的印度同

① 这是甘地笔下经常使用的字眼:"所谓贱民不可接触的迷信,是恶魔的发明。"(《青年印度》1921年6月19日)——原注

② 见甘地一九二〇年九月八日在《青年印度》发表的文章。

胞。他说这无异于“不要老虎,却要虎性”。“唯一要做的大事是驱逐西方文明”。

甘地特别激烈反对的有三类人:法官、医生和教师。

他对后一类人的排斥可以理解,因为他们教的不是印度人自己的语言和思想,他们误人子弟,造成民族退化。而且他们只重智育,无视心灵,忽略个性。他们轻视体力劳动:在农民占人口百分之八十,工人占人口百分之十的国家里只教文学,是真正的犯罪。法官这个职业是不道德的。印度的法庭是英国政权的工具,他们挑起印度人内讧。总的说来,他们在所有国家都是以制造和维持争议及争吵的手法,利用人类的劣根性牟取厚利。至于医生,甘地承认他起先曾受这个职业吸引,但很快就认定这不是个正派的行当。西医只管头痛医头、脚痛医脚,根本不管根除病因,而病因多半来自恶习:甚至可以说西医是在培养恶习,使有恶习者得以降低享受恶习的风险。因此它在助长民族的萎靡之风,以旁门左道①的药方使之失去阳刚之气,而不知奋发自律、强健身心。甘地经常抨击西医,激烈得过火,他以预防为主的真医学取代西方的伪医学,发表了一本简明通俗的小册子《健康指南》,这是他二十年经验的结晶。这是一本道德与医疗并重的论著,因为“疾病不但是我们行为的结果,也是我们思想的结果”。制定规则预防疾病比较容易,“所有疾病的共同根源,是因为不遵守健康的自然法则。身体是上帝的居所,应该保持洁净。”甘地的救世良方颇有道理(否定业已证明有效的医药,则未免失之固执),但其道德说教过分严苛②。

现代文明的心脏(黑铁时代:黑铁心脏)是机器。机器是可怕的偶像,必须抛弃。甘地的热切愿望,是在印度根除现代机器至上主义。相较于自由而继承了英国机器至上主义的印度,他宁肯要一个从属于英国市场的印度:

---

① 不要忘记,甘地对欧洲医学的一个主要批评,是借助活体解剖,“这个人类最邪恶的罪行”。——原注

② 尤其是关于性关系的论述,其严苛的学说令人联想到圣保罗。——原注

> 宁愿购买曼彻斯特的纺织品,也比在印度开设曼彻斯特的工厂要好。印度的洛克菲勒并不比洛克菲勒本人好。机器至上主义是极大的罪过,是对人的奴役……而金钱是毒药,和淫乱一样……

但是接受了现代思想的印度人会问:印度没有铁路、电车和大工业,会变成什么样? ——过去不是也没有吗? 甘地反问。"几千年来,印度在帝国更迭的浪潮中独自屹立。俱往矣! 几千年来,印度学会了自我克制和知足常乐。在这一点上,印度不需要向任何人学习。印度没有要机器和大城市。古老的犁、纺车、传统的本土教育,保证了其智慧与福祉。我们应该回归古代的简朴生活,也许不能一蹴而就,而是要耐心地一点点来,人人以身作则①……"

这就是他思想的实质,这很严重。它否定了欧洲的进步,几乎也完全否定了欧洲的科学②。这种中世纪式的信念,有与火山爆发般喷薄而出的人类精神相冲突而粉身碎骨的危险。不过,首先,也许说"一种人类精神",比单说"人类精神"更为稳妥,因为如果我们相信(我就相信)普世精神是犹如交响乐般的统一体,那么它就是由不同的声响组成的,这些声响各自跟随着其声部的节奏。我们年轻的欧洲在跟随着自己的节奏的同时,却没有细想它并未始终引领整个交响乐,而且它自身的进步规律,也使它在人类文明史中(更确切的说,在众多人类文明史中)时隐时现,有时倒退,有时重新出发。如果在每个文明中我们都看到进步(多种多样,混乱、断续,时而停顿的进步),我们却完全不能断定,有从一大文明到另一大文明的进步。

---

① 这个思想自始至终贯穿于《印度自治》。——原注

② 甘地试图在没有欧洲科学的情况下,维持科学研究及严格区分学科的必要。他欣赏欧洲科学家的热忱和献身精神,认为印度的宗教家往往有所不及。他尊敬他们的精神,只是不赞成这种精神所选择的道路。但即使有这些保留,对立还是显而易见的。我们将看到泰戈尔就此正确批评了甘地的中世纪情结。——原注

这里我们暂不讨论欧洲关于进步的理论。现时的发展大势与甘地的愿望固然背道而驰,但我们不能简单地依据这一点就以为甘地的信念会因此破灭。那就太不了解东方人的精神了。戈比诺[①]说:“亚洲人在所有事情上都比我们执着得多。必要的话,他们能等几个世纪,而在这么长时间的沉睡之后,他们的思想仍然没有衰老而丧失其力量”。区区几个世纪吓不倒印度人。甘地既有准备当年就取得胜利,也有准备过几个世纪才能胜利。他不操之过急。如果时机不到,就等候时机。因此,如果他在行动中发现,印度还没有达到能够理解和实行他想加之于印度的彻底改革的程度,他就会根据可能性调整他的行动。难怪这个与机器至上主义势不两立的人,会在一九二一年说:

我不会为机器消失而哭泣,但我目前没有任何反对机器的计划[②]……

或者:

大爱的原则(没有例外,没有限制)是我为人的原则,但我不以我主张的政治措施来宣扬这个终极原则……那会自取失败。指望大众现在就遵从这个原则,是不明智的[③]……

我不是幻想家,我自认是个尊重实际的理想主义者[④]。

这个定义是确切的:他从来都只要求人们践其所能。但他要求他们竭尽所能。而这个“尽”字,以印度人口之众,就很可观。从人口数

① 戈比诺(1816—1882),法国小说家。
② 见甘地一九二一年一月十九日在《青年印度》发表的文章。
③ 见甘地一九二一年三月九日在《青年印度》发表的文章。
④ 见甘地一九二〇年八月十一日在《青年印度》发表的文章。

量、历史、深不可测的心灵来说,这是个了不起的人民。在这样的人民和甘地之间,从一开始接触,就产生了默契。无须言传,就心领神会。甘地知道什么是他可以期望于人民的,而人民则等候着甘地提出要求。

首先,两者之间的明确共识是自治(Swarâj①),印度的地方自治。

"我知道,"他写道,"民族的目标是自治,而不是非暴力……"

他甚至添上一句:

> 我宁可看到印度通过暴力而得到自由,总比在统治者的暴力下做披枷带锁的奴隶强。

这样的话出自甘地之口,令人震惊。

但他立刻更正道,这种假设并无可能,因为暴力解救不了印度。自治只能依靠灵魂之力(这是印度独特的武器)、爱的武器、真理的力量,才能达到——这就是不合作主义(Satyâgraha②)。甘地的天才之处在于,他向人民宣扬这些道理时,使人民认识到自己的真正本性和潜在的力量。

不合作运动(Satyâgraha)这个词是甘地在南非时创造的,以强调他的做法与消极抵抗的区别。必须大力强调这种区别:因为欧洲人正是以"消极抵抗"或"不抵抗"来形容甘地领导的运动。这实在是大错特错。世界上没有比这个不屈不挠的斗士、最英勇的"抵抗者"更讨厌消极的人了。他所领导的运动之灵魂就在于,通过爱、信仰和牺牲迸发的火热能量进行积极对抗。这三重能量就体现在不合作运动这个

---

① 就词源论,Swa 意为自我,râj 意为统治,Swarâj 意为自治。这个词与 Vedas(吠陀)同样古老,但重新发现并将此词引进政治词汇的是甘地的导师、帕西人达达拜。——原注

② 就词源论,Satya 意为真理、正确,Agrapha 意为尝试、坚持。Satyâgraha 尤其应用于对不公正的拒绝。甘地的定义是"执着于真理;真理的力量;爱的力量或灵魂之力";"通过爱和灵魂的力量来争取真理的胜利"。——原注

词里。

所以胆小鬼别以甘地做其怯懦的挡箭牌！甘地身边容不得这种人。连暴力都比怯懦好！

倘若只能在怯懦和暴力之间两者择一，我会建议暴力[①]……

我养成宁死也不杀人的宁静勇气。但没有这种勇气的人，我希望他学习杀与被杀之道，而不是可耻地躲避危险。因为躲避就是犯下精神暴力[②]，躲避就是没有勇气在杀人时被杀[③]……

我甘冒上千次暴力的风险，而不愿整个种族失去男子气概[④]……

我宁愿看到印度拿起武器捍卫自己的荣誉，远比怯懦地眼看她忍受耻辱好得多[⑤]……

他又说：

然而，我知道非暴力远比暴力高明，宽恕比惩罚更有男子气概。宽恕是士兵的装饰品。但不施惩罚，只在拥有惩罚权力的时候，才是宽恕。不施惩罚对于弱者来说毫无意义 ……

我不认为印度是弱者。十万英国人吓不住三亿人民 ……

况且力量并不来自物质手段，而是来自不屈不挠的意志 ……

---

① 见甘地一九二〇年八月十一日在《青年印度》发表的文章。

② 甘地以梵文 himsa 泛指一切形式的暴力，包括身体、精神和感情上对他人的一切伤害。

③ 见甘地一九二一年十月二十日在《青年印度》发表的文章。

④ 见甘地一九二〇年八月四日在《青年印度》发表的文章。

⑤ 见甘地一九二〇年八月十一日在《青年印度》发表的文章。甘地创办的“真理讲习所”的一条校规就是“无畏”，“让灵魂摆脱对君王、种姓、家族、他人、野兽以及死亡的恐惧。这也是《印度自治》里，非暴力抵抗的第四条件（其他三条是：贞洁、安贫、求实）”。——原注

非暴力不是对于邪恶的温良顺从。非暴力以灵魂的全部力量对抗暴君的意志。一个人能够这样单独挑战整个帝国,并使之崩溃……

但要什么代价?忍受苦难。苦难,人世间之大道……

这是人类社会的标志[①]……生存的必要条件。

生来自死。种子消亡了麦苗才能成长。没有人不是经过痛苦的淬炼而成长的……没有人能躲避痛苦……进步无非是净化痛苦并避免造成痛苦……个人的痛苦越是纯净,进步就越大[②]……

非暴力就是自觉地受苦……我斗胆向印度介绍古老的自我牺牲之道、受苦之道。在暴力肆虐的时代发现了非暴力之道的古圣人[③],是比牛顿更伟大的天才,比威灵顿更伟大的战士。他们意识到,他们见过的武器对他们无能为力……非暴力的宗教不仅是圣者的宗教,也是普通人的宗教。这是我们的大道,而暴力则是野蛮人之道。野蛮人的精神处于昏睡状态。人类的尊严需要更高的道:精神的力量……我愿印度奉行此道,我愿印度觉悟其能力。印度有不灭的灵魂,能战胜全世界的物质力量。[④]

何等的高傲!他对印度自豪的爱,要求印度摒弃可耻的暴力,勇于牺牲。非暴力是她的贵族头衔。如果她放弃这个头衔,她就自贬身份了。甘地无法忍受这种想法:

---

① 见甘地一九二〇年三月九日在《青年印度》发表的文章。

② 见甘地一九二〇年六月十六日在《青年印度》发表的文章。

③ 原文为 Rishi,梵文:受神灵启示的诗人、智者,有的 Rishi 被看作圣者。

④ 见甘地一九二〇年八月十一日在《青年印度》发表的文章。

> 若是印度将暴力当作自己的信仰,我就不想待在印度了。我将不再以印度为傲。我的爱国情怀从属于我的宗教信仰。我攀着印度,就像婴儿攀着母亲的奶头,因为我觉得她给予我所需要的精神食粮。没有这种精神食粮,我就像孤儿一样……我将隐退到喜玛拉雅山,在孤独中荫庇我流血的灵魂……①

但他毫不怀疑,他相信印度,一九一九年二月他决定开展不合作运动。在一九一八年的农民运动中,他已经初试这个武器的威力。

毫无政治反叛的色彩。甘地仍然忠于英国。只要他还对英国的公正存一丝希望,他就仍然效忠于英国。直到一九二〇年一月,他仍然维护与英国合作的原则,印度的民族主义者对他这种态度痛心疾首,痛加责备②。他坚信自己这样做问心无愧。在开展反抗运动的第一年,他还真诚地向亨特勋爵表示,他视不合作主义的信徒为政府的守法良民。是顽固、狭隘的印度政府,迫使这个印度人的精神导师放弃了效忠的念头,他原以为效忠这个政府是他的义务。

这样,不合作运动起初表现为一个体制内的反抗运动,一种对政府恭敬的敦促。政府却颁布了一条不公正的法律。不合作主义的信徒平素遵纪守法,这时则故意不服从这条侮辱人的法律。如果这样还不足以讨还公道,他们保留把不服从运动范围扩展到其他法律条文的权利,以至取消与国家的全部合作。但是这种不服从的性质,和西方对这个词的理解是多么不同!具有多么不寻常的宗教英雄主义色彩!

不合作主义的信徒不准以暴力加于对立面,因为必须承认,对方

---

① 见甘地一九二一年四月六日在《青年印度》发表的文章。

② 甘地在入狱前几个月曾就人们对他“不合逻辑”的对策的严厉指责做出回应。人们讥讽地提及他在南非和世界大战期间给予英国的帮助。当时他仍然没有否定他过去的做法。他说他真心认为自己是英帝国的子民,评判政府不是他的分内事情。如果人人都以政府的评判者自居,他会感到不成体统。他尽可能信赖政府的智慧和诚信。政府的荒谬行径使他失去了这种信赖。应该负责任的是政府!(《青年印度》1921 年 11 月 7 日)——原注

也是真诚的:一方认为是真理,在另一方看来可能是谬误,而暴力从来就不能服人①。他们应该以他们信念里流露出的爱,以忘我精神,以自然、欣然接受的痛苦②,来说服对方。这样的宣传是无法抵抗的。通过这样的宣传,基督和他的一小群门徒征服了罗马帝国。

为彰显印度人民为争取永久的福祉:正义和自由,而甘愿自我牺牲的宗教热情,甘地把一九一九年四月六日定为祈祷和禁食日,亦即全印度的停业日(Hartal③),以此拉开整个运动④的序幕。这是他的第一个行动。

这个行动触及印度人民的灵魂深处,产生了闻所未闻的效应。所有的阶层第一次团结一致,行动起来。印度找到了自我。

全国几乎一片宁静。只有德里发生了几起殴斗⑤。甘地赶去开导大众严守誓约。但政府却在他赶赴德里途中将他逮捕,带回孟买。他被逮捕的消息在旁遮普邦激起数处民变。阿木里查发生了几起抢劫和杀人事件。戴尔将军⑥于四月十一日夜间率部赶到并占领该城。秩序全面恢复。十三日是印度教的重大节日。一大群印度人到一个叫作贾良瓦纳花园的地方参加集会。那是个和平的集会,其中有许多妇女和儿童。戴尔将军在前一天夜里下令禁止任何集会,可是谁也不知道有这个禁令。将军带着机关枪来到集会。没有任何警告。部队到达三十秒之后就朝毫无自卫能力的人群开火,长达十分钟,直到子弹打光。花园四周是高墙,无路可逃。五六百印度人被杀,更多的人受

① 更糟糕的是,暴力使施暴者堕落。甘地说,协约国对德国的暴力的结果是,使协约国和德国没有两样,尽管他们在大战开始时曾经抨击德国的暴力行径。(1920年6月9日)——原注

② “再冷酷的天性,也会在爱的火焰中融化。如果没有融化,那是因为火候没到。”(1920年3月9日)参加Satyâgraha者集体签约,对于Satyâgraha委员会所指责的恶法决不服从,坚守真理,不以暴力危害他人生命财产。

③ 印地语,源自穆斯林,意为“中止工作”,停业,罢工,罢市 。

④ 一九一九年三月二十三日。——原注

⑤ 德里把Hartal的日期也弄错了,从三月三十日就开始Hartal。——原注

⑥ 雷吉纳德·戴尔,英国将军,贾良瓦纳花园惨案元凶。

伤。死者、伤者被弃之不顾。当地宣布戒严。旁遮普陷入恐怖。飞机向手无寸铁的人群投掷炸弹。德高望重的人士被拖到军事法庭受到鞭笞,被迫在地上爬行,忍受种种凌辱……英国统治者简直疯了。好像印度宣布的非暴力运动首先产生的作用,是激怒欧洲的施暴者,直至丧心病狂的地步!甘地并非对此毫无预料。他没有对人民许诺过毫无代价地获得胜利。他许诺的是一条浸透鲜血的道路。贾良瓦纳花园惨案只不过是个洗礼……。那是个和平集会,其中有许多妇女和儿童。

“直到印度在世界上达到不可超越的地位之前,”他对他们说,“我们要准备好以平常心对待不是一千、而是几千个无辜男女被杀……人人都要把绞刑看作生活中的家常便饭!……”①

军队的新闻检查使旁遮普的惨案数月不为外界所知。可是当关于惨案的传闻在印度传开,愤怒的浪潮波及全国,连英国本土也为之震动。亨特勋爵主持的一个委员会展开了调查。与此同时,印度国大党也组成一个小组委员会进行复核调查。所有聪明的英国人都明白,对于政府来说,显然以严惩阿木里查屠杀案元凶为最有利的做法。甘地甚至连这个都没有要求。他表现出令人赞叹的克制,在严厉谴责戴尔将军和其他犯下屠杀罪行的军官的同时,并没有要求惩罚他们。他不要复仇,也没有怨恨。“我们不恨疯子,但必须使他不能再伤害人……”因此他仅要求召回戴尔。然而 quos vult perdere…②调查还没有结论,印度政府就匆匆通过一项旨在保护政府官员的赔偿法,于是犯罪的军官不但没有被撤职,而且反而受到奖赏。

正值印度动荡之际,又一个比这严重得多的事件、一个公然违背英国政府首脑庄严承诺的事件,彻底毁掉了对欧洲人的诚意也许还残存的最后一点信任,导致了大反抗。

---

① 见甘地一九二〇年四月七日在《青年印度》发表的文章。

② 拉丁文:“天欲其亡 ……”来自古希腊悲剧作家欧里庇得斯的名句:神欲使之灭亡,必先使之疯狂。

欧战曾给印度穆斯林的良心提出一个棘手的难题。他们既要效忠英帝国,又要忠于自己的宗教领袖。在英国保证不会损害苏丹或哈里发的权力后,他们才决心效忠英国。穆斯林的舆论要求让土耳其保留其欧洲部分,并让苏丹保有按照穆斯林学者所定义的、对于从叙利亚到巴勒斯坦,连同美索不达米亚飞地的阿拉伯的宗主权,包括对伊斯兰教圣地的控制权。劳埃德·乔治和印度总督还正式做了保证。欧战结束后,诺言被抛诸脑后。一九一九年夏天,对拟议中的事关重大的和议深感焦虑不安的印度穆斯林开始怒吼。哈里发运动于是发端。

运动从一九一九年十月十七日(哈里发日)一场声势浩大的和平示威开始。一个月以后(十一月四日),全印度哈里发大会在德里召开。甘地主持大会。他以敏锐的眼光抓住穆斯林问题,作为实现印度团结的最佳手段。这是个大问题。英国人一直指望利用印度教徒和穆斯林之间天生的敌意,甘地甚至指责他们在很大程度上制造了这种敌意。总之他们没有做任何事来减轻敌意。两大宗教幼稚地相互挑衅。印度教徒走过清真寺前面总要唱歌,而照规矩在清真寺面前应该肃静。穆斯林则很容易利用印度教徒对母牛的崇拜来侮辱他们。于是双方争吵、殴斗不断,使得敌意有增无减。双方互不来往,也不能通婚或聚餐。印度政府深信双方会永久分裂,因而高枕无忧。甘地在哈里发大会上宣告团结的声音使之惊觉。甘地真诚大度、灵活机智,大声疾呼印度教徒和穆斯林应该团结一致。

“印度教徒,帕西人,基督徒或犹太人,”他说,“不管我们是什么人,如果我们希望生活在同一个国家,个人利益应该与全体的利益一致。唯一要考虑的,是事业的正义性。”

穆斯林的血和印度教徒的血已经在阿木里查屠杀中混到一起。现在,是歃血结盟的时候了。一个无条件的联盟。穆斯林是印度人民最大无畏的成员。他们在哈里发大会上第一个决定,如果要求得不到满足,就拒绝与政府合作。甘地表示赞成。不过,秉承他一贯的温和精神，他不想抵制英国货，因为他认为那是一种报复行为和软弱的标志。一九一九年十二月底在阿木里查召开的第二次哈里发大会决定派遣代表团去欧洲，并向总督递交最后通牒，要求和议不得违背印度人民意愿。一九二〇年二月在孟买召开的第三次大会发表穆斯林宣言，谴责英国的政策，宣告风暴来临。

甘地看到风暴即将来临，他远未推波助澜，而是竭力加以约束。

英国似乎终于理解到了危险，企图用为时已晚的让步来阻止事态发展。以蒙塔古-切姆斯福德报告为基础的《印度改革法》，给予印度人民更多权力和中央及省级政府的职务。国王在一九一九年十二月二十四日的诏书里予以肯定，邀请印度人民和官员共襄大事，并要求总督大赦政治犯。甘地向来投桃报李，对此当然不会无动于衷，他把这些步骤看作英国还印度以公道的心照不宣的保证，因而建议接受改革。他认为虽然这些改革并不全面，却可以作为更加广泛的法律改革的起点，应该坦诚参与。经过激烈争论，他的意见在全印度大会上占了上风。

但这最后的希望也和其他希望一样化为泡影。总督对于宽赦政治犯的呼吁置之不理，他打开监狱牢门只是为了处决犯人。印度群情沸腾。改革的承诺显然是场骗局。

正当此时，一九二〇年五月二十四日，印度获知土耳其灾难性的议和条件。总督的咨文承认这对穆斯林是难以承受的心头之痛，但还是要求他们逆来顺受。

最后，就在这个当口，姗姗来迟的阿木里查惨案调查委员会的正式报告公布，使国人终于彻底醒悟。

一切全完了。印度和英国之间的联系一刀两断。

一九二〇年五月二十八日在孟买举行的哈里发委员会会议，通过了甘地提出的不合作运动决议。一九二〇年六月三十日在艾拉哈巴德举行的印度教-伊斯兰教大会一致投票赞同这个决议，并在实施最后通牒之前给予总督一个月期限。

甘地本人也写信给总督,通知他将开展不合作运动,并解释了为什么要出此下策。其理由相当有意思,因为即使在这最后关头,他还是表现出不愿与英国决裂的态度,还是期望能通过合法斗争使英国幡然悔改:

"我只剩下两个选择,"他写道,"或者与英国分手;或者(如果我还能相信英国宪法优于其他宪法)迫使政府还我们公道。而我仍然相信英国宪法的优越性。正因为如此,我选择了不服从。"

我们看到,英帝国盲目的狂妄自大,使它未能挽留一个多么伟大的帝国公民!

二

一九二〇年七月二十八日,甘地向全印度宣布,不合作运动将于八月一日宣告展开。他把此前一天,即七月三十一日,定为庄严的停业日,以禁食和祈祷为不合作运动热身准备。他毫不畏惧政府的愤怒,倒更担心民众的怒火。于是他采取了一些措施来保证印度人队伍遵守秩序和纪律。

"整个不合作运动要求完全的组织。混乱来自愤怒。必须绝对制止暴力。任何暴力都将造成事业倒退和无辜生命的无谓牺牲。第一要务就是遵守纪律!"

不合作运动的战术,已由甘地和他的不合作委员会在两个月前确立。

1. 放弃所有荣誉头衔和职务;

2. 不参加政府借款;

3. 法庭和法律从业人员罢工,由非官方仲裁组织调解争端;

4. 学生及其家庭抵制官办学校;

5. 抵制宪法改革委员会;

6. 不参加政府的招待会,不担任官方职务;

7. 拒绝任何公职或军职;

8. 推广 Swadeshi[①],也就是说,在消极措施之外,还有建设性措施。重建新秩序,在此基础上建设新印度。我们下文还要谈到这一点。

这还只是第一阶段,我们可以看到甘地谨慎的智慧——对于欧洲革命者而言,的确令人惊讶——这人发动了印度人民抗争的庞大机器,而又把它控制住,停在第一档。这不是公民不服从(甘地知道什么是公民不服从)。他在梭罗的作品里研究过,在自己的文章中引用过,并仔细将不合作与之区别。公民不服从不只是拒绝服从,而且是违反法律。"公民不服从是犯法,只有精英才能成功地加以运用,而不合作可以并且应当是群众性的运动。"甘地愿意让印度人民学习不服从,但要循序渐进。他知道印度人民还未到火候,在确定他们拥有自制能力之前,不能松开缰绳。在这个不合作运动的第一个纲领里,甚至连抗税都没有提及。甘地在等待时机。

一九二〇年八月一日,他以一封著名的致总督书,发出运动的信号。他退回了自己获得的勋章和荣衔。

"我不无伤感地退回我在南非履行人道主义使命而获得的印度帝国金质勋章,"他写道,"以及我在一九〇六年担任印度自愿者救护队领队而获得的祖鲁战争勋章,我在一八九九年到一九〇〇年担任印度担架队助理总管而获得的波尔战争勋章…… "他在回顾旁遮普事件和哈里发运动起因后说,"我对于一个如此不道德,不公平的政府无法保持尊敬和感情……必须使政府悔过……我提出不合作运动,与政府分道扬镳,并以非暴力方式对政府施压。"甘地表明希望政府与人民公认的领袖协商,补偿不公。

甘地的榜样立即引起印度人的响应。几百名法官提出辞呈。几

---

① 就词源论,Swa 意为自我;Deshi 意为国家。Swadeshi 意为国家独立。不合作主义的信徒主要取其狭义,即经济方面的"独立",在有些场合可译为"国货运动"。但从下文可以看出甘地的门徒从中引申出怎样一种"社会福音"(The Gospel of Swadeshi)。——原注

千名大学生退学。法庭空无一人。学校无人上学。全印度大会九月初在加尔各答召开特别会议,以绝大多数批准了甘地的决定。甘地和他的朋友莫拉纳·绍喀·阿里在欢呼声中走遍印度大地。

甘地从来没有像这个运动的第一年那样成为数百万人的主心骨。他必须制约一触即发的暴力。他尤其厌恶暴民无法无天的暴力。他鞭挞"暴民统治[①]"从不假以辞色,认为那是印度最大的危险。他憎恶战争,但他觉得战争也比听凭凯列班[②]们为所欲为要好。"印度若须求助于暴力,那就求助于有纪律的暴力,求助于战争!无论如何不可求助于群氓[③]!"他甚至对欢乐热闹但乱糟糟的游行都不放心,天知道会不会闹出乱子和不法行为。"应该化乱为治。应该以守法人民取代群氓。"于是这个目光精准的神秘人物——其强大的现实感不亚于我们欧洲的秩序缔造者和统摄人心的伟大神秘人物——制定了详细的行为准则,以将人民示威的洪流纳入正轨。

"我们的一个大错,"他说,"就是忽视音乐。音乐意味着节奏和秩序。可惜在印度,音乐还是少数人的特权,从来没有普及全国……应该组织队伍,演唱印度歌曲。要让大音乐家们参加所有大会,教唱大众音乐!没有比这更容易唤起缺乏恒心的大众……"

其后是一连串的具体做法:

1. 在大示威时不要接受新志愿者,把久经考验者放在队伍前头;

2. 发给每个志愿者一本行动守则;

3. 约定志愿者之间的联络口哨;

4. 要求群众无条件服从志愿者指挥;

---

① 马克思称之为"痞子政治"。——原注

② 凯列班是莎士比亚剧《暴风雨》中的半人半兽形怪物,喻丑恶而残忍的人。这里指暴民。

③ 见甘地一九二〇年九月八日在《青年印度》发表的文章。

5. 确定民族口号以及应该呼口号的确切时机，不允许任何违反规则的做法；

6. 要求群众在路上列队前进，不妨碍车辆通过；不得进入车站；游行队伍里不允许携带小孩……

总而言之，甘地成了这片人海的总指挥。

民族最艰巨的任务，是遵守游行纪律[①]。

群众只是间或诉诸暴力，或者不如说，他们不知道想干什么，只是受突如其来的，自相矛盾的冲动支配。但印度的精英中有一部分人刻意要搞暴力，他们不理解甘地的想法，更不知道其政治效力。甘地收到一些匿名信，要求他别反对暴力，或是自以为看透一切地表示相信他的言论只是为了欺骗敌人的门面话，并催促他发出战斗的信号，这对他真是莫大的侮辱！甘地做出针锋相对的回答。他进行激烈争辩。他发表雄辩的文章抨击“宝剑理论[②]”。他否认印度教经典和可兰经都主张暴力的说法。暴力不是任何宗教的信条。耶稣是非暴力抵抗的王子。《薄伽梵歌》教导的并非暴力，而是不惜牺牲生命去完成责任[③]。“人没有创造的能力，所以没有毁灭的权力……”哪怕做坏事的人我们也要去爱，这并不意味着容忍坏事。如果戴尔将军病了，甘地会照料他。但如果他自己的儿子过着无耻的生活，“我的父爱会要我收回对他的支持，”他写道，“哪怕这意味着他的死亡。”我们没有以暴制恶的权力。但我们有义务抵抗恶人，不惜代价与之分道扬镳。而如果敌人悔悟，就要张开双臂欢迎[④]。

① 见甘地一九二〇年九月八日、二十四日和十月二十日在《青年印度》发表的文章。

② 见甘地一九二〇年八月十一日、二十五日在《青年印度》发表的文章。

③ 至少甘地是这么理解的。以一个欧洲人的理解，或可说他在《薄伽梵歌》中看到了一种对施加和承受暴力毫无区别的宁静态度。——原注

④ 见甘地一九二〇年八月二十五日在《青年印度》发表的文章。

在约束暴力倾向的同时,他又鼓励那些畏缩不前者。他劝谕那些在行动面前退缩的人:

> 世上没有不经过行动而能成功的事情。我摒弃消极抵抗的提法,因为那不足以成事……是直接行动在南非改变了斯玛茨将军……什么是基督和菩萨所实现的最大奇迹?是力量和悲悯心共存的奇迹。菩萨把战争带到敌营,使狂妄的教士屈膝。基督把商人逐出神庙,鞭笞伪君子和法利赛人。这些都是最激烈的行动……与此同时,这些行动包含着无限温情……①

他也诉诸英国人的心灵和理智②,称他们为"亲爱的朋友",提醒他们他曾是他们长达三十年的忠实伙伴,要求他们对政府的背信弃义还以公道。

> 政府的背信破坏了我对它的信任。但我仍寄望于英国人的勇气。印度现在只能以精神勇气来与你们对抗。不合作运动是自我牺牲。我要以我的痛苦来征服你们……

他这四五个月运动的目的,不只是要以不合作来瘫痪英国政府,而且是要组织一个新印度,能够,并在物质上和精神上创造独立的活力。第一就是要保证印度的经济独立。甘地称之为独立(或不如说,是这个词的各种意义中最常用、最实用的一个意义)。

显然,印度人需要学会舍弃许多物质享受,无怨无悔地忍受诸多不便。有益健康的纪律。必要的卫生。这有利于民族的健康和道德水准。首先要在印度根除"饮料的危害",组织戒酒队,抵制欧洲酒类,

① 见甘地一九二〇年五月十二日在《青年印度》发表的文章。

② 见《致全体旅印英国人书》(1920年10月27日)。

劝告酒商们放弃售酒许可证[1]。印度人理解玛哈特玛的号召。全国戒酒成风。甘地不得不进行干预，以免群众强行关闭酒店、抢劫商场。因为“不能以暴力迫使他人变纯洁”。

然而戒除害人的饮料相对容易，要保障印度的生存物资则极不易。印度如何养活自己？抵制欧洲产品以后如何穿衣？甘地的药方极其简单，凸显了他思想的中世纪倾向：他要求所有印度家庭重新置备传统家庭手工业使用的纺车（Charkâ）。

确曾有人把这种对社会问题的古朴解决办法当作笑料[2]。但我们要理解印度的特殊条件和甘地赋予纺车的准确意义。他从来不曾以为纺纱是足以谋生的手段（除非是对于赤贫者），而是当作农闲时的一种副业。这不是个理论问题，而是个尖锐而急迫的实际问题：百分之八十的印度人口是农民，他们一年里有四个月没有农活。十分之一的人口经常挨饿。中间阶层营养不足。英国没有做任何事情来改善这种状况，却使之大为恶化。英国公司使当地的工业破产，攫取了印度的资源，每年吸走六千万卢比。印度生产的棉花不但能满足自身需要，还出口几百万包棉花到日本和兰开夏，然后又以成品印花布的形式返销印度。显而易见，印度应该学会摆脱外国令人倾家荡产的服务，尽快建立自己的工场，尽快找到为每个人提供工作和生存物资的办法。没有比印度古老的茅屋纺织业更迅速、更经济的办法了。不是让忙碌和收入不错的农民去从事纺织，而是让失业和游手好闲者以及妇女、儿童，总而言之所有空闲的印度人去做。甘地的方针是：1. 抵制外国纺织品；2. 重新使用、推广简单易学的纺纱技术；3. 保证只穿如

---

① 见甘地一九二〇年四月二十八日、六月八日和一九二一年九月一日在《青年印度》发表的文章，甘地在“致帕西人”（帕西人多为富商大贾）的信中，劝谕他们关闭酒店（1921 年 3 月 23 日）；在一九二一年六月八日“致温和派”的信中，要求他们在这一点上支持他，哪怕他们不同意他的纲领的其他方面。除了戒酒，他还反对毒品、麻醉品买卖和鸦片铺。——原注

② 甘地也知道有人会嘲笑他。“但是，”他说，“针线有没有让位给缝纫机，手有没有让位给打字机？纺车一点也没有失去用处。而现在它是一个全国性的必要手段，为几百万饥民提供生计的唯一办法。”（《青年印度》1920 年 7 月 21 日）——原注

此纺织出来的布匹。他孜孜不倦地致力于宣传这些方针。他要把纺纱作为全印度的义务[①],在学校里学,让穷人的孩子以纺纱的时数来缴学费,让每个男人、女人每天做好事,贡献一个小时。他巨细无遗,提供关于棉花、棉线、织布的各种技术操作,对织匠、买家、一家之长、学生的实用建议,以具体数字说明如何用一小笔资本开设一家印度国货店并获得百分之十的利润,等等。他在颂扬《纺车之曲》[②]时变得抒情意味十足,那是印度最古老的乐曲,织匠诗人卡比尔和自己为自己做便帽的奥朗则布大帝都极为喜爱……他成功地炒热了舆论。在孟买,出身名门的贵妇也摇起了纺车。印度教徒和穆斯林教徒发誓只穿本国生产的布匹。手工纺织的棉布[③]成了时髦的抢手货,连拉宾德拉纳特·泰戈尔也觉得很有品味。订单源源而来,有的甚至远自俾路支斯坦和亚丁。

在抵制外国纺织品的时候,这种热情有点过头,连平素自制力极强的甘地也显得失去了分寸。他下令烧掉这些作为奴役象征的纺织品。于是,在一九二一年八月的孟买,就像在基督再世的萨佛那罗拉[④]时代一样,领主广场上一堆堆漂亮的名牌布匹在震耳欲聋的欢呼声中熊熊燃烧。泰戈尔的朋友、思想最宽容的旅印英国人之一 C.-F. 安德鲁斯,写了一封感情冲动的信给他素来赞赏的甘地,对于不把这些布匹送给穷人而是烧掉,以及对于坏的种族本能加以利用的做法表示遗憾。他反对这种民族主义,那是暴力的另一种形式。他不能容忍有人把破坏当成宗教:破坏劳动成果是一种犯罪。安德鲁斯起先赞同甘地的改革,甚至也穿上手工纺织棉布,现在他不知道该不该继续穿下去,看到燃烧的布匹使他对甘地的信仰受到伤害。但甘地发表了这封信,被他流露的忧心所感动,并给予他亲切的回应。他声称自己毫不后

① 见甘地一九二一年二月二日在《青年印度》发表的文章。

② 见甘地一九二〇年七月二十一日在《青年印度》发表的文章。

③ 原文为 khaddar 或 khādī,即印度手工纺织的棉布。

④ 吉罗斯莫·萨佛那罗拉(1452—1498),文艺复兴时期意大利佛罗伦萨的圣多明各修道士和传教士,因其改革主张而被逐出教门,并处以绞刑和火刑。

悔。他对任何种族没有丝毫敌意,也不要求毁坏所有外国产品,而只毁坏那些表现出恶劣影响的产品。几百万印度人被英国制造商逼得倾家荡产,许多人沦落为贱民或雇佣兵,他们的妻子沦为妓女。穿这种罪恶的布料岂能问心无愧！印度人太有可能仇恨剥削他们的英国人。甘地把他们的怨恨从人转移到物。有罪的不单是卖布的英国人,买布的印度人同样有罪。烧布并非出于仇恨,而是出于悔过。这是必要的外科手术。把这些被玷污的布匹送给穷人并不合适,穷人也有穷人的尊严。

在物质生活方面从外国奴役下解放出来不算什么,还得在思想上解放出来。甘地想让他的国家摆脱欧洲文化的桎梏,他的一个最可引以自豪的努力,便是奠定真正印度教育的基础。

原先有几所大专院校在英国人指导下保存了古老亚洲文化的火种。阿里格尔穆斯林大学四十五年来就是个印度穆斯林大学,是印度的穆斯林文化中心。尔萨学院是锡克文化中心。印度教徒有贝那勒斯大学。不过这些教育机构有点落后,而且得听政府的话,因为它们受政府补助。甘地恨不得把它们摧毁,代之以更加纯粹的中心。一九二〇年十一月,他在艾哈迈德巴德创办了古加拉特国立大学。这所大学以大一统印度的理想为指导。其两大宗教支柱是印度教徒的教规和穆斯林的伊斯兰教义。其宗旨是复活印度的方言,使之作为民族复兴的源泉。甘地正确地认为①:“对于完整的教育而言,系统学习亚洲文化的重要性并不亚于学习西方科学。应该发掘梵语、阿拉伯语、波斯语、巴利语和摩揭陀语的宝藏,以便重新发现民族力量的秘密。”但这并非要重复过去所说、所做。“应该在过去文化的基础上,吸取过往岁月的丰富经验,建立一种新文化。这种新文化应该综合所有影响过印度,并受到本土精神改造的不同文明。这种新文化绝非照抄美国模式,以一个占统治地位的文化压倒和吃掉其他文化。每个文化都会有

① 见甘地一九二〇年十一月十七日在《青年印度》发表的文章。

其合法地位。其目的在于和谐一致,而不是强制造成人为的统一。”所有学生都要了解印度的所有宗教。印度教徒要熟悉可兰经,而穆斯林要熟悉印度教教规。这个国立大学除了排外思想不排除任何东西,也绝不承认在全人类中有所谓“不可接触的贱民”。印度斯坦语为其指定用语,因为这是真正的全国性语言,糅合了梵语、印地语和波斯化的乌尔都语。

知识分子将接受专业教育,其他人接受文学教育。这样可以淡化阶层的区别。独立精神不但通过学习,而且通过甘地所说的“志向教育”①来维系。与轻视体力劳动、片面发展智力的欧洲教育相反,甘地要求学校教育包括体力劳动,从低年级就开始。让孩子用纺纱劳动来支付自己的学费是件好事,可以使他们学会谋生和独立。至于欧洲完全忽视的心灵教育,则必须从头做起。在培养学生之前,先得培养教师。

这是高等院校的目标,甘地似乎想以此作为新型教育的顶梁柱,它们远非仅是学校,而且是保存并传播印度圣火的真正修道院,就像西方的本笃会修道院、尘世和灵魂的宗教先驱那样。

我们手头有甘地为他最得意的艾哈迈达巴德真理讲习所②拟定的规则。其中为教员制定的规则远多于为学员制定的规则,而且前者要受修行誓愿的约束。但在一般的修道院,这些誓愿随着时光流逝蜕变成纯属消极防范性质的纪律。这个真理讲习所的誓愿却洋溢着牺牲精神和圣人般纯粹的爱。导师们要遵守以下誓愿:

1. 发誓说真话——不说谎还不够。“不该说任何谎,哪怕是为了国家的利益。”说真话可能需要违逆父母和年长者。

2. 发誓不杀生(Ahimsâ)——不杀另一个生物还不够。连公认为

① 这个词(vocationnelle)不应译为“职业教育”,因为它恰恰是要将灵魂从职业中解放出来。——原注

② 真理讲习所,梵文原文为 Satyâgrah Ashram。Satyâgraha:坚持真理;Ashram:隐修所。——原注

不公正的人也不应伤害。不该憎恨他们，应该爱他们。反抗暴政，但不要伤害暴君。以爱征服他。至死拒绝服从他。

3. 发誓独身，没有这一条就几乎无法遵守前两条——戒色欲还不够。还要始终克制自己的动物本能，即使是念头。已经结婚的人要把妻子看作终身的朋友，并与之保持完全纯洁的关系。

4. 发誓“克制口腹之欲”——要饮食有度而且洁净。逐渐放弃不必要的食物。

5. 发誓不偷窃——不仅指不偷别人的财产。“使用我们并不真正需要的东西就是偷窃”。大自然日复一日供给我们刚好而非多于我们日常需要的东西。

6. 发誓不拥有——不拥有还不够。除了绝对属于身体需要之外不该保存任何东西。不断摒弃多余之物。使生活变简单。

在这些根本誓愿之上，还有两个“补充性”守则：

1. Swadeshi——不使用有欺诈可能的东西。这个戒条导致禁用外国制造的东西。因为它们是剥削穷人的产物，是欧洲工人痛苦的产物。所以外国商品对于非暴力的信徒是禁用之物。这就造成对国产简单衣服的需求。

2. 无所畏惧——因为有所畏惧者就不能遵循以上训诫。必须无所畏惧于帝王、众人、家庭、凶残的人或兽、死亡。无畏者以“真理的力量”或“灵魂的力量”自卫。

一旦在这样的钢铁骨架上打造出学员的个性，甘地马上论及其他教育方法，其中最令人印象深刻的有：教员必须在体力劳动方面以身作则（尤其是下地劳动）；他们应该学会印度的主要语言。

至于孩子们，他们一进讲习所（四岁就可以入学[①]）就要受戒条约束，直至结业（学制大约长达十年）。他们与家庭隔绝。家长放弃所有的控制权。孩子们不回家探亲。他们衣着简单，食物简单，严格吃素，

① 但任何年龄都可以入学。——原注

没有通常意义的假日，但每周有一天半处理私人事务，每年用三个月徒步旅行印度各地。印地语和一种属于达罗毗荼语系的语言为必修课。他们还必须学习英语作为第二语言，认识五种印度语言的字母（乌尔都语、孟加拉语、泰米尔语、泰卢固语和梵文字母）。教员以学员的方言教授历史、地理、数学、经济科学和梵语。与此同时，他们还从事农活和手工纺织。整个教学笼罩于宗教精神之中自不待言。学业结束后学员们可以选择跟教员们一样遵守誓愿，或者退出。整个教学完全免费。

我有点冗长地介绍这个教育大纲，因为它表现出甘地倡导的运动的高度宗教精神，而且按照他的意图，这种精神是运动的主要动力。为了缔造新印度，必须塑造新灵魂，强壮纯洁的灵魂，真正印度的灵魂。为此必须培养一支神圣使徒的队伍，就像基督的使徒们一样，成为大地之盐。甘地不像我们欧洲的革命者是法律和法令的制造商，他是新人类的塑造者。

英国政府当然像所有在这种情况下的政府一样，丝毫没有理解正在发生的事情。其最初反应是居高临下的嘲讽。印度总督切姆斯福德勋爵在一九二〇年八月说："这真是所有蠢事里面最愚蠢的事情。"他不久就不得不从这种轻蔑而自得的状态走出来。政府已经相当困扰，但还举棋不定，于一九二〇年十一月六日发布了一个恩威并重的公告，声称因为不合作运动的发动者主张非暴力，所以没打算立案进行刑事追究，但已命令对越过既定界限煽动暴力和武装不服从者执法。

界限很快越过了，然而越界的是政府。运动之日益壮大令其不安。一九二〇年十二月发生了一个极其严重的事件。非暴力不合作直至那时仅仅是个临时性质的试验性战术，政府指望印度全国大会在年底的会议上放弃这个战术。但是全印度国民大会在那格浦尔召开时却反而把它写进宪法第一条里：

第一条，"全国大会的目标，在于使用一切和平、合法的手段实现印度人民的自治。”

这次会议肯定并扩大了一九二〇年九月特别会议通过的不合作决议，强调非暴力原则，指出为了争取胜利，全国各种成分应当和谐一致，因而主张印度教徒和穆斯林加强团结，更主张特权阶级和受压迫阶级相互靠拢。尤其是会议对宪法做出了根本性的改变，确立了代表印度所有部分的体制①。大会毫不讳言，现阶段不合作运动只是已经展开的斗争的第一步。大会宣布，将完全与政府脱离关系并拒交捐税，生效时刻将在以后确定。在此之前，为了使全国人民做好准备，大家要扩大抵制范围，提倡印度土布，号召学生、家长、法官，以更大热情投入不合作运动。不服从大会规定者将被排斥于公共生活之外。

这是在面对英国政府宣告国中之国，真正的印度国。英国政府无法再按兵不动了。不是谈判，就是弹压。若有一点妥协精神，谅解还是有可能的。大会已经宣称必将达到目的，“如果英国愿意协作，就与英国一起，否则就算没有英国也要达到目的”。欧洲政治在对待其他种族时总是一如既往以暴力相向。要找寻借口何患无辞！

尽管甘地和大会强调非暴力的意愿，在印度的不同地点还是发生了一些严重失序的事件，这些事件与不合作运动其实并无直接关系。在联合省（安拉哈巴德）的农村发生了几起纠纷，雇农反抗地主，警察

---

① 有四千七百二十六个代表出席了那格浦尔的会议，其中有四百六十九个穆斯林，六十五个锡克教徒，五个帕西人，两个不可接触的贱民，四千〇七十九个印度教徒，一百〇六个妇女。

新宪法决定：每名代表由五万居民选出，这样共将选出六千一百七十三名代表。全印度国民大会每年（临近圣诞节时）举行一次会议。全印度大会委员会由约三百五十个委员组成，负责根据对于大会决议的理解执行大会的政治路线，并在休会期间拥有与大会同等的权威。一个十五人的执委会扮演内阁相对于议院的角色，并可被大会委员会罢免。

那格浦尔会议规划出代表二十一省、十二种语言的省级国民大会委员会的从属关系图。其下还有村级地方国民大会委员会或数村联合的地方国民大会委员会。以及“工人”或曰国家公务员队伍（印度国家服务局），由全印自治组织一个纪念提拉克的基金维持经费。任何拥有四 annas（印度货币单位，四 annas 等于一卢比）的成年男子或妇女均为选民，前提条件是在宪法信条上签名。合格年龄是二十一岁。条件是接受宪法第一条，以及大会的规则和方法。——原注

血腥镇压。然后是锡克人的阿卡利运动,起初是纯粹宗教性质的,采用不合作方式,终于在一九二一年二月演变成导致二百名锡克人丧生的大屠杀。说实话这类宗教狂热造成的悲剧,是不能归咎于甘地和他的信徒们的。但这是个好机会。镇压于一九二一年三月初开始,愈演愈烈,直至年底。反对饮料商的示威游行成为镇压开场所选择的借口。酗酒和欧洲文明已经不是第一次携手并肩了。不合作运动的自愿者组织遭到禁止。当局颁布了一条严禁煽动性会议的法令。有些省份授予警方不受限制的权力,以镇压他们称之为革命或无政府的运动。数千名印度人被捕,对德高望重者也毫不留情。这些措施理所当然地引起暴乱,到处是警方与群众的冲突、谋杀、纵火。三月的最后一周,全印度大会委员会在贝兹瓦达召开,讨论是否要宣布"文明不服从"①。会议以罕有的明智认为印度人民还不够成熟、不够遵守纪律,还不适于使用不服从这个双面刃武器,因而决定等待,同时进行公民和金融方面的动员。

甘地以更大劲头重新投入促进印度统一——宗教、种族、政党、种姓团结的战斗。他向帕西人发出召唤②,帕西人是富有的大商人、大工业家,如他所说,是或多或少带有洛克菲勒色彩的人。印度教徒和穆斯林的团结不断受到古老的成见、恐惧和相互猜疑的威胁。他全身心地致力于此③,不是寻求两者事实上不可能的融合,他自己也根本不会愿意,而是寻求建立在友谊基础上的坚固联盟④。

---

① 即拒绝遵守政府政策、法令、拒绝纳税等。

② 见甘地一九二一年三月二十三日在《青年印度》发表的文章。

③ 见甘地一九二〇年十月六日、一九二一年五月十一日、五月十八日、七月二十八日、十月二十日在《青年印度》发表的文章。

④ 他以自己和穆斯林朋友毛拉穆罕默德·阿里的亲密友情为例,证实双方仍然忠于各自的信仰。甘地不会把女儿嫁给阿里的儿子,不分享他朋友的饭食,他朋友也是如此。这并不妨碍他们相互敬爱、相互信赖。甘地不认为印度教徒和穆斯林之间通婚和共同进餐应当受到谴责,但要经过一个世纪才能达到这样的融合。讲求实际的政治不应进行这种改革。甘地并未遇到阻力,但他认为时机尚未成熟。(《青年印度》1921 年 10 月 20 日)——原注

他的最大努力是让被摒弃的阶级重回印度教的大家庭。他热情洋溢地为贱民争取权利,他对这个骇人听闻的社会不公发出愤慨和痛苦的呼声,足以使他的名字永垂青史。这个被他称之为"印度教最可耻的污点"给他造成的痛苦,源自他童年时期的情感经历。他回忆说[①],他小时候有个贱民到他家做粗活,大人不许他碰这个贱民,否则就要斋戒沐浴。他不听从,还和父母争辩。在学校里他也经常触碰不可接触的贱民。他母亲教他在碰过贱民以后去碰一个穆斯林,以摆脱污秽。但是他在十二岁就有了自己的见解。他发誓要从印度人的良心上抹去这个罪过。他立志要帮助那些被人贬抑的弟兄。他的精神在为他们的事业服务时变得从未有过的自由。由此我们可以断定,如果有人向他证明,不可接触贱民是印度教的应有之义,他甚至会舍弃自己的宗教。在他眼里,单是这个不公平,就使印度人在全世界所受到的不公平待遇成为咎由自取……

> 印度人成为英帝国内的贱民,那是天公地道的报应。印度人先要洗干净自己沾满鲜血的手……贱民制度使印度自贬身价。在南非、东非、加拿大,轮到印度人自己被当成贱民。只要贱民制度还存在,自治(Swarâj)就不可能实现。印度自身有罪。英国没有做过任何比这更黑暗的事情。首要的义务是保护弱者,不做有悖人类良知的事情。只要我们没有洗清这个罪孽,我们就不比野蛮人强。Swarâj 应该全球公正……[②]

甘地希望全国立法机构尽早改善贱民兄弟的境遇,向他们提供大量学校和水井,因为公共水井不准他们使用。然而在此之前呢?……他急不可耐,无法袖手等待特权阶级弥补其不公不义。这使他加入贱

① 见甘地一九二一年四月二十七日在《青年印度》发表的文章。

② 见甘地一九二〇年十月二十七日,一九二一年四月二十七日在《青年印度》发表的文章。

民的阵营,领导他们,并设法把他们组织起来。他和他们一起研究各种不同的策略:他们能做什么?向印度政府呼吁?那等于更换一种奴隶制度……抛弃印度教,转信基督教或者伊斯兰教?(请注意这对于一个笃信印度教的人是何等大度且大胆的想法!)如果印度教和贱民制度真的不可分离,甘地会建议他们这样做。但他坚信贱民制度不过是印度教的赘疣,应该彻底根除。贱民们应该组织起来保护自己。他们可以运用不合作的武器对付印度教,与其他印度教徒中止所有关系。从这个爱国者嘴里说出这种反叛社会的建议,真是少有的大胆!但是贱民们没有办法成立任何组织,他们没有任何领袖。唯一剩下的办法就是加入印度全民不合作运动,这个运动的首要条件就是各阶级的大联合!真正的不合作运动是一个宗教净化行为。如果贱民被排除在外,那就谁也不能加入这宗教净化过程,那会是极大的罪过。甘地就这样使宗教、国家和人道达成了一致①。

组织起来的初步尝试,以在艾哈迈达巴德召开的"受压抑阶层大会(Suppressed Classes Conference)"庄严发端,甘地于一九二一年四月十三、十四日主持了大会。他发表了一个极其美好动人的演说。他不仅要求废除社会不平等制度,而且期望贱民在复兴的印度社会生活里起重大作用。他鼓舞他们恢复自信,把自己怀有的火热希望输送给他们。他说,他在他们身上发现了无穷的潜在可能。他期待不可接触的阶层在五个月内以自己的尊严赢得在印度大家庭应有的位置。

甘地高兴地看见他向印度人心灵发出的号召打动了他们,许多地区实现了对贱民的解放②。他在被捕前夜还在关注这个事业,并描述其进展。有些婆罗门也致力于这个事业。特权阶级做出了悔过和博

① 见甘地一九二〇年十月二十七日在《青年印度》发表的文章。

② 从一九二一年四月底以后,贱民数目开始减少。在许多村庄里,贱民和其他印度教徒住在一起,享有同等的权利。(《青年印度》1921 年 4 月 27 日)在其他地区,尤其是马德拉斯地区,他们的境遇仍然悲惨。(《青年印度》1921 年 9 月 29 日)这个问题从此写入印度全国大会的议程。一九二〇年十二月的那格浦尔会议,已表达出消灭罪恶的贱民制度的愿望。——原注

爱的动人榜样。甘地提到一个十九岁的婆罗门青年的例子,他甘当扫地工人,和贱民一起生活[1]。

甘地以同样的高贵精神参与了另一个伟大的事业:妇女解放事业。

性问题在印度特别严重,肉欲泛滥、压力沉重、毫无节制。童婚过早耗尽了人民的身体和精神力量。挥之不去的欲念形成思想重压,妇女的尊严因之饱受屈辱。甘地发表了印度妇女对印度民族主义者蔑视妇女态度的怨言[2]。他认为这些责备言之有理。他说这是印度的一个创伤,与贱民制度同样严重。但他补充说全世界都有这个问题。这个问题是普遍存在的。就像贱民问题一样,他把进步的希望寄托在受压迫者身上,远甚寄望于压迫者。他向妇女们发出呼吁,要她们不再把自己看作男人发泄性欲的对象,赢得尊重。要她们直面各种风险、危险,毅然决然投入社会活动。要她们不但舍弃豪华,焚烧外国纺织品,而且要分担男人的一切苦难。已经有些贵妇在加尔各答坐牢。这很好。她们应该拒绝接求优待,和男人一起忍饥挨饿、承受苦难!在这方面,妇女一直胜过男人。她们不要任何恐惧!最弱者也能保持尊严。只要死得其所[3]。

他丝毫没有忘记"我们倒下的姐妹[4]"。他描述他与安德拉省和巴里萨尔数百集会妇女的交谈。他和她们谈话、她们与他谈话、向他倾诉、向他讨主意时,是多么平易而又高贵!他为她们寻找一个高尚的职业,建议她们使用纺车,她们答应只要有人帮助,第二天就可以投入。而对印度男人,他要求他们尊重妇女:

---

① 见甘地一九二一年四月二十七日在《青年印度》发表的文章。

② 见甘地一九二一年七月二十一日、一九二〇年十月六日在《青年印度》发表的文章。

③ 见甘地一九二一年七月二十一日、八月十一日、十二月十五日在《青年印度》发表的文章。

④ "我们倒下的姐妹"(Our fallen sisters)是甘地一篇文章的题目(1921 年 9 月 15 日)。

> 这种淫乐方式为我们的革命所不容。自治就意味着我们把所有的印度居民看作兄弟姐妹……尊重所有的人！……女性不是软弱的性别，而是两性中最高贵的，因其自我牺牲、默默受苦、谦卑、信仰和知识。妇女的直觉常常胜过男人自以为高人一筹的知识……

他发现印度妇女、首先是他的妻子，是他聪明的助手和最优秀的门徒。

三

一九二一年是甘地威望如日中天的一年。他拥有无限的道义力量，而且无须他追求，人们把几乎无限的政治权力交到他手中。人民把他当作圣人，有人把他画成圣奎斯那的模样[①]。一九二一年十二月，全印度大会授予他全权，将大会的全部权力交给他，包括指定接班人的权利。他成了印度无可争议的主人。发动政治革命，或者他愿意的话，发动宗教改革，全都在他。

他没有那么做。他不愿意那么做。是缘于道德伟大？还是道德上的羞怯心？也许是两者兼有之。要看到一个人心灵深处是很难的，尤其是对另一种文明的人而言，更何况是甘地那样深邃、细腻的心灵。在这动荡的一年中，在将印度引向各种方向的事件的旋涡里，要判断舵手是否始终把稳了舵轮，既未出错又未颤抖地驾驭着巨轮，真是谈何容易！但我还是要尝试说出我自以为从这活生生的谜团中解读出来的东西，带着我对这个伟人的宗教式崇敬，以及面对他的真诚所应有的真诚。

甘地的权力有多大，使用这个权力的危险就有多大。随着公众行

① 甘地一九二一年六月在《青年印度》发表的文章中曾对此表示反对。——原注

动的扩大,其悸动波及数亿民众,领导公众行动并在这片汪洋大海上保持自身平衡也就越发困难。既要保持温和精神,又要眼界开阔,顾及脱缰野马般的大众,实在是个超乎常人能力的问题!温良虔敬的舵手祈祷、依赖神明。但他听到的奔他而来的那个声音,别人能否在暴风雨的喧嚣声中听见它呢?……

他绝不会有骄傲自大的危险。任何崇拜都不会冲昏他的头脑,却只会使他的谦卑和良知受伤。他没有见到神的显灵或受到神的启示,他也不愿相信或是使人相信这类故事。这在先知和伟大神秘人物的历史上,也许是唯一的例子。毫无瑕疵的真诚!他的面容从不陶醉,心里没有任何虚荣。他是,并且一直是和所有人一样的人……不,别称他为圣人!他不愿被人这么称呼(正因为如此,他才是圣人……)。

"圣人这个词应该从现实生活中取消……"他写道,"我跟所有好教徒一样祈祷,我相信我们都能成为神的信使,但我没有任何来自神的特别启示。我的坚定信仰是,他向任何人显灵,但我们却对自己内心的轻声细语充耳不闻……我自认是印度和人类的卑微工人,卑微仆人。我没有任何建立教派的愿望。我实际上太野心勃勃。我并不代表新的真理,仅试图代表并追随我所知道的真理。我只是对许多古老的真理做出新的阐释。"①

就他自己而言,他总是谦虚、谨慎,不论是作为印度爱国者或是不合作理论家,都没有排外主义。他不接受任何暴政,哪怕是为了正确的事业。"不合作者永远不可以取代政府而成为奴役者。"②他也不肯把自己的国家与其他国家对立起来,他的爱国主义不局限于印度的边界之内。"对我来说,爱国主义和人道主义是密不可分的。我是爱国者,因为我是人、具有人性。我不是排外主义者,我不会为了印度的利益而伤害英国或者德国。帝国主义在我的生涯规划中毫无位置……

① 见甘地一九二〇年五月十二日、一九二一年五月二十五日、七月十三日、八月二十五日在《青年印度》发表的文章。

② 见甘地一九二〇年十二月八日在《青年印度》发表的文章。

爱国者越是一个温和的人道主义者,就越是没有爱国狂热。”①

然而他的门徒是否也总是这么克制?在他们当中有些人手里,他的理论会变成什么样?而通过这些人的宣传,群众又会怎么样?

罗宾德拉纳特·泰戈尔在欧洲旅行几年以后,于一九二一年八月回到印度,看到人们的精神变化,使他深感不安。他没等回国,就在从欧洲寄给印度友人的一系列信件中表达了他的焦虑,其中有几封发表在他的《现代杂志》上。我们有必要在此说明两个伟大的思想家之间的歧见,他们相互尊重、赏识,但又注定会产生分歧。因为一个是哲人,另一个是使徒;一个是圣保罗,另一个是柏拉图;一方是信仰和慈善的宗师,立志成为新型人类的催化剂;另一方是智慧的大师,自由自在、浩茫而祥和,包罗众生。

泰戈尔一直视甘地为圣人,我曾听他崇敬地对我谈到甘地。在谈论玛哈特玛的时候我提及托尔斯泰的形象,泰戈尔的回答表明他觉得甘地更亲近,而且在他眼里形象更光辉(我现在对甘地有了更多了解,对他也有同样的评价),因为在甘地身上一切都更自然、更单纯、更谦虚、更纯洁,而且他的斗争也是平和的。而托尔斯泰却是以高傲反对高傲,愤怒反对愤怒,激情反对激情,一切都是暴力,直至非暴力……泰戈尔一九二一年四月十日的伦敦来信说:“我们感激甘地给了印度一个机会,证明它对人类神圣精神的信仰依旧鲜活。”尽管他对甘地的运动已经表示保留,在他离开法国踏上归程时,他还是准备提供帮助。即使造成两人不和的一九二一年十月的惊人宣言《真理的召唤》(我在下文中将予以引用),也是以对甘地从未有人写过的华美颂词开头的。

甘地也对泰戈尔表现出亲切敬重,即使意见不合,也努力避免分道扬镳。可以感觉到,与泰戈尔论战使他很难过。在好友们把有些私下说的话来回传递,试图引发争论时,甘地制止他们说下去,说他欠泰

① 见甘地一九二一年三月十六日在《青年印度》发表的文章。

戈尔的情。

但他们精神的差异注定要明朗化。从一九二〇年夏开始，泰戈尔就感到遗憾，甘地的爱和信仰的无穷力量在提拉克去世后被用于为政治服务。当然甘地自己也并非甘心乐意做出这个决定，但提拉克死后印度政治群龙无首，必须有人接替。

“我看上去介入了政治，”他在决定参政时明确表示，“那只是因为如今政治纠缠着我们，就像蟒蛇一样：不管怎样挣扎也无法脱身。所以我要跟政治搏斗……设法把宗教引进政治。”①

但泰戈尔对这种必要性深表惋惜。他在一九二〇年九月七日写道：

> 玛哈特玛·甘地一生代表的道德热诚，在全世界所有人当中，唯有他能够代表的道德热诚，于我们是不可或缺的。把这样一件珍宝放在我们的政治航船上，颠簸于无穷无尽愤怒指控的惊涛骇浪，对于我们国家是一个严重的灾难。我们国家的使命是以灵魂的火焰使人们浴火重生……把我们的精神资源浪费于政治冒险实在令人痛心，从道德的高度来看，这些冒险是肮脏的。②

这些话是有感于震撼全国的不合作运动初期，以哈里发运动和旁遮普惨案的名义在印度掀起的骚乱而发的。他担心这些骚动对一个脆弱而容易神经质愤怒发作的人民造成的后果。他希望能引导人民远离复仇或要求毫无可能的赔偿的念头，忘却无法补偿的事情，而只想培育伟大国家的灵魂。他越是欣赏甘地言行中散发的热烈牺牲精神（他在一九二一年三月二日的一封信里这么说过，我将在下文中加以引用），就越是反感不合作运动这个新信念里的负面因素。他讨厌

---

① 见甘地一九二〇年五月十二日在《青年印度》发表的文章。

② 后来泰戈尔又写道（1921年10月1日）：“一切荣耀归于玛哈特玛！但我们的政治家老是忘不了把他当作棋盘上的一个秘密妙招来加以利用。”——原注

一切带“不”的字眼！这于他是个机会，以婆罗门主义的积极理想、以净化的生活乐趣，来反对[1]佛教摈除生活乐趣的消极理想。甘地对此答道[2]，摈弃的必要性，并不亚于接受。人类活动包括这两者。《奥义书》的最后一个词就是否定意义的。而《奥义书》的作者们对于婆罗门的定义就是：不！(Neli) 印度已经失去太多说“不！”的能力，甘地把这能力还给了她。“在播种之前，先要除草……铲除邪恶。”

但泰戈尔显然不愿意铲除任何东西。他的诗意沉思对于存在的一切都能适应并品味其和谐。他以一页页天才而美好的诗篇加以表达，但却与行动极度绝缘。这是舞神娜塔罗伽的舞蹈，如幻似梦。

> 我努力，尽我所能，使我的思想方法与我的国家那情绪高昂激奋的主旋律合拍。然而，为什么尽管我极力想要摆脱，在我身上却总有一股挥之不去的抵触情绪？我找不到明确的答案，但在我坠入黑暗之中的时候，却看到一个绽开的笑容，有个声音说道：‘你的位置是和孩子们一起，在世界的海滩上，那里你能找到平静，我和你一起在那里。’这就是为什么我近来以发现新韵律为乐。这只是些小玩意，我卷入当前的时光随波逐流、自得其乐，在阳光下跳舞，在笑声中消逝。但在我游戏的时候，万物也在消遣：那些花花草草不都是些永无穷尽的韵律试验吗？我的神不也是永恒地浪费时间吗？他把满天繁星扔进变化无穷的旋涡，把满载奇思异想的年岁的纸船扔进外貌的急湍。当我纠缠他，祈求他准许我做他的小学徒，并接受我几件微不足道的作品，放在他的游戏之舟上时，他微微一笑。于是我抓住他袍子的边缘，跟着他一路小跑……而我在人群中却被人在后面推着、从四面八方挤着，我的位置在哪里？包围着我的又是什么声音？如果这是一首歌，那么我的西塔琴应当能够抓住它的旋律，加入合唱，因为我是个

① 见一九二一年三月五日泰戈尔给甘地的信。

② 见甘地一九二一年六月一日在《青年印度》发表的文章。

歌手。但如果这是喧闹声,那么我的声音就会被淹没,而我也茫然失措。这些天我一直竖着耳朵企图找出一个旋律,但不合作运动的理念,连同其震耳欲聋的音量,其乌合之众的威吓、其否定色彩的叫嚷,根本听不出个调来。于是我对自己说:你要是在这个历史大危机中不能和你的同胞步调一致,千万别说他们错了而你是对的。放弃你的战士角色,回到你诗人的角落,做好准备,接受人民的奚落和冷落!①

一个歌德——印度的酒神歌德,如此说道。看来所有的话都已经说出来了:诗人不再参加否定性的行动,以创作的快感将自己与世隔绝。——但泰戈尔并没有坚持。正如他写的,“命运选择了他,要他驾小舟逆潮流而行!”他不单是诗人,他在他生命的这个时刻,是亚洲驻欧洲的精神大使。他来欧洲要求给他想在森蒂尼盖登创办的世界大学提供合作。

我此时来到大海此岸,宣传东、西方文化合作,而彼岸正在宣传不合作,真是命运的嘲弄!②

不合作运动对他的活动和信仰都是直接的伤害:

我信仰东、西方文化之真正结合③。

不合作运动对于他博采世界所有文化精华的丰富精神也是一种伤害。

人类所有的光荣也是我的光荣……人的无限人格(如同《奥

① 见一九二一年三月五日泰戈尔的信。
② ③ 见一九二一年三月五日泰戈尔的信。

义书》所说)只是在人类所有种族的伟大和谐中才会实现……我的心愿,是让印度代表全世界人民的合作。为此,团结是真理,而分裂是错觉(Mâyâ[①])。团结包含一切,因此不能通过否定来达到……当前想把我们的精神与西方精神分开的做法无异于精神自杀……西方牢牢掌握了当今时代。只因天降人类大任于西方,这才成为可能。我们东方要加以学习……我们长期以来不再接触自己的文化,因而西方文化也没有摆对位置,这无疑很糟糕……但是说与西方文化保持关系是坏事,那就是鼓动最糟糕的地方主义,只会造成精神的贫乏……今天的问题是世界性的。任何国家人民离开其他国家人民都无法得救。不是一起得救,就是一起消失。[②]

就像歌德一八一三年拒绝仇视法国文明,泰戈尔也不能同意排斥西方文明。尽管甘地思想的实质并非如此,但他知道印度民族主义热情高涨后会导致这样的后果,很担心这种野蛮精神会甚嚣尘上。

学生们献上牺牲祭品,给哪个?不是给更完善的教育,而是给不教育……我记得在第一次国货运动中,一群年轻学生来看我,对我说如果我命令他们离开学校,他们会立即听从我的命令。我严词峻拒,他们离开时非常生气,怀疑我是否真的爱国[③]。

而正是在一九二一年春天的这些日子里,泰戈尔刚得知印度抵制英文学习的消息,又听说连伦敦也发生了民族主义咄咄逼人的例子,在他朋友英文教授皮尔逊的讲座上,有些印度学生做出不恰当的示威

① 在印度教里,Maya是illusion(错觉、幻觉)的意思。

② 泰戈尔一九二一年三月十三日的信。他在一九二一年十一月号《现代杂志》发表的文章“文化的团结”重申并进一步发挥了这个思想。——原注

③ 一九〇七年至一九〇八年,由于英印总督将孟加拉分割为东孟加拉和西孟加拉两省,引发第一次印度民族自治运动。——原注

行动。泰戈尔很生气。他在一封致森蒂尼盖登大学校长的信里，痛斥这种不宽容的狭隘精神。他将此归咎于不合作运动。甘地对这个指责做出了答复。虽然他对欧洲文学教育的道德价值有所保留，因为那跟性格教育毫无共同之处，而且他认为有损于印度青年的男子气概，但他谴责那些粗暴行为，并申明他的自由精神：

> 我并不想把我的房子四面砌死，把所有的窗子统统堵上。我想让所有国家的文化气息在我住处自由流通，但我不愿被它刮跑。我的宗教不是一个监狱。神的最微小的造物在其中也有容身之处。她只把无礼的种族、宗教和肤色偏见拒之门外。

这些高贵的言辞没有打消泰戈尔的疑虑。他不怀疑甘地，却害怕甘地主义者。他一九二一年八月刚在印度下船，就被人们对甘地言论的盲目信仰弄得透不过气。他看到精神专制的危险迫在眉睫。于是，他在十月一日的《现代杂志》发表了一篇真正的宣言："真理的召唤"，反对这种奴隶般的精神状态。这个抗议书因其开头对玛哈特玛其人的美好赞颂而更显精彩。泰戈尔回忆了一九〇七年至一九〇八年印度解放运动初期，说印度政治领袖当时的眼界还来自书本，受到伯克、格拉德斯通、玛志尼、加里波的等人的启发和影响，无法超越讲英语的精英们的范围。

> 这时候玛哈特玛甘地来了。他来到成千上万穷人的茅屋，穿着、打扮和他们一模一样。用他们的语言对他们说话。而且讲的都是些实在话，不是引经据典。因而称他为玛哈特玛是实至名归。除了他还有谁把所有印度人当作自己的骨肉兄弟？接触到真理，灵魂中压抑的力量便显露出来。一旦真爱来到印度门口，大门就豁然洞开。所有的犹豫都烟消云散。真理唤醒了真理……荣耀归于玛哈特玛，他使真理的威力有目共睹！……菩萨

以自律修行而悟到的大慈大悲真理晓谕众生，印度在生机勃勃中苏醒过来。其生命力遍及科学、艺术、财富，超越大洋大漠……无论经商、征战都从来不能达到这种成就……爱才是唯一真实的。爱所给予的自由，放在我们心中。

但这种颂扬的调门突然中断。继之而来的是失望的口吻。

印度被爱所奇妙唤醒的乐曲的若干篇章，漂洋过海传进我的耳朵……满心期待呼吸新自由的和风，我充满喜悦归来。但我到达以后的所见所闻，使我大失所望。全国笼罩着令人窒息的气氛。不知何种外部压力，使每个人千篇一律、千部一腔。我到处听到的说法是，理性和文化应该束之高阁，只要盲从就行了。以外在自由的名义，压制人的内心自由，是多么容易！

我们熟悉这种焦虑和抗议。任何时代都有这种焦虑和抗议。行将消失的古代社会的最后一批自由思想者，曾经面对基督教世界的来临发出这种焦虑和抗议。面对汹涌人潮盲目的社会或民族信仰，我们也感受到内心涌起的反感。这是自由灵魂对信仰的永远反抗，那是它自己一手造成的：因为信仰对于极少数精英是无限自由，而对人民大众则是又一种奴役。

但泰戈尔的指责不仅是针对狂热的群众而发。他说的是在如痴如醉、盲目服从的大众之上的玛哈特玛。甘地再伟大，他享有的权威不是超过了一个人的能力范围吗？像印度这样的事业不能交到一个大师手里。玛哈特玛是真理和爱的大师。诚然，“能够唤醒我们国家向往真理和爱的金权杖，不是我们隔壁的金匠所能打造出来的……但建立自治的科学和艺术是个宏大的课题。道路崎岖，费时费力。这样的使命、冲劲和激情必不可少，但研究和思想也同样需要。为了这个使命，经济学家要思考，工人要劳作，教育家要教导，国务活动家要殚思极虑。总而言之,全国要集思广益,群策群力。要处处保护研究精神,使之完整无缺,不受阻碍。不应当通过公开或隐蔽的压力使智慧畏首畏尾"。

于是泰戈尔号召印度所有自由力量精诚合作。

"远古高瞻远瞩的智者,曾在古林中对所有寻找真理的人发出号召……为什么现在我们的智者,既然要带领我们走上行动之路,却不发出号召?"

但是智者甘地却只对所有人发出唯一的号召:"纺纱、织布!"

"这是否新时代创新的号召?如果大机器对西方精神是个危险,这些小机器对我们不是更大的危险吗?"

印度所有力量之间的精诚合作还远远不够,他们还应该与普天下的所有力量合作。"印度的觉醒与世界的觉醒息息相关……从今往后,任何闭关自守的民族都将违背新时代的精神。"

泰戈尔刚在欧洲度过几年,他忆及在那里遇到的人,那些心灵挣脱了民族主义锁链、全心全意为全人类服务的好欧洲人,那些受迫害的少数世界公民——ives totius orbis——他把他们归类于献身者(Sannyasins①),"在灵魂内实现了人类大同的人……"

> 而我们,我们将是唯一只知数着否定的念珠,没完没了地数落别人过错的人,在仇恨的基础上建立自治的大厦!……小鸟在黎明醒来时,不是一心只想着寻找食物。它的翅膀不知疲倦地响应天穹的召唤。它的歌喉倾诉着新的光明带来的喜悦。新人类向我们发出了号召。让我们的精神以同样的语言与之呼应!……黎明时我们的首要任务,是要记住他是元一,无阶级、无肤色差别,以其各种各样的力量在必要时满足每个和所有阶级的需要。让我们祈求他赐予我们智慧,使我们正确领悟而归于一②!

① 意即抛弃个人生活而为人类大同献身的人。

② 这是对《奥义书》第一节的铺陈。——原注

这样华美的语言,实在是人们所能听到的最高超的语言,这充满阳光的诗句凌驾于人类的所有争论。对此唯一能作的批评,是它实在过于高超。从跨越数世纪的高度来说,它是对的。云雀诗人,如鹰一般大的云雀(就像海涅形容我们的一位音乐界巨人时说的),在时间的废墟上空高歌。它生活于永恒之中。然而现实是紧迫的。飞逝的时光要求给予难忍的苦痛以适时的抚慰,虽不完美,但不惜代价!关于这一点,甘地虽然没有泰戈尔那么超凡脱俗(或者,阿弥陀佛,他是放弃超脱而与被剥夺者共患难),却不难予以回答。

这次他的回答,比以往在这场高贵的争论中更带情感。他的回答毫不迟延,就发表在十月十三日的《青年印度》,情词感人肺腑。甘地感谢伟大的哨兵①提醒印度防范某种危险,他也同意自由判断的必要性:

> 我们不应该将自己的理性交给任何人代为看管。盲从往往比在暴君鞭子下被迫服从更有害。暴君的奴隶还有希望,爱的奴隶却没有希望。

泰戈尔是个好哨兵,在通名报姓的敌人迫近时,他能提醒大家:偏执,昏睡,不宽容,无知,惰性。但甘地不承认泰戈尔的指责言之有理。甘地一直诉诸理性。印度存在盲从的说法也绝非事实。国人决定使用纺车是经过漫长、艰难的思索。泰戈尔谈论耐心并满足于漂亮的诗歌。但这是一场战争!请诗人还是放下他的七弦琴吧!以后再吟诗不迟。“房子着火的时候,人人都要提水救火……”

> 当我周围的人正在饿死的时候,我唯一应该做的是给饥民食物……印度是座着火的房子……印度忍饥挨饿,因为没有工作,

① “伟大的哨兵”,甘地一九二一年十月十三日发表的文章的题目。

挣不到吃的。库尔纳在闹饥荒……割让区已经是第四次闹饥荒了。奥里萨邦长期性地挨饿……印度日复一日越来越精疲力竭。她的四肢血液几乎不再流动。我们再不想办法,她就要倒下了……对于饥饿而没有事干的人民,神能够现身的唯一方式,就是给予工作并许诺以吃饭作为报酬。神创造了人,让他工作以换取食物,并说不劳而获者是小偷……想想今天连牲口还不如的几百万人,挣扎在死亡的边缘!纺车对于几百万快饿死的人就是生命。是饥饿把印度推向纺车……诗人为明日而活,并要我们也为明日而活。他向我们展现清晨莺歌燕舞令人眼花缭乱的美妙景象。这些鸟儿是吃饱了的。它们每天有东西吃,它们飞舞时翅膀是歇息过的,夜间血液经过了新陈代谢。但我不幸看到有些精疲力竭的鸟儿,连轻拍翅膀的愿望都没有。印度天空下的人鸟,貌似夜里歇息过,在起身时却比前一天更虚弱。对于几百万人来说,生活是永不休眠的守夜,或是永久的腊屈症……我发现根本无法用卡皮尔的诗歌减轻挨饿者的痛苦……给他们工作,让他们有饭吃!……有人问,我不需要靠工作来挣饭吃,为什么也要纺纱?因为我吃的是不属于我的东西。我靠榨取我的同胞为生。追踪你口袋里所有钱的来历,你就会看到我所言不虚……要纺纱。人人都要纺纱!泰戈尔也要和别人一样纺纱!而且要烧掉他的外国衣服!……这是今天的义务。神会操心明天。就像梵歌里说的:对的事就该去做!

阴沉、悲剧性的语言!是人世间的苦难站到艺术面前,叫道:“敢否认我吗!”谁不理解甘地的心情并怀有同感!

然而,这个高傲而动人心弦的回答,却包含了使泰戈尔的担心不无道理的东西:一个 Sileat poeta①,一个不容违抗的战斗号召。没有二

① 拉丁文:“让诗人闭嘴”。

话地服从国货运动的纪律,而其每天的首要责任对于每个人来说就是使用纺车。

在人类的战斗中,纪律无疑是不可或缺的。但不幸的是,负责执行纪律的人,大师的助手们,往往是些思想狭隘的人:他们把实现理想的手段当作理想本身,强加给他人。他们由于自身的狭隘而喜欢清规戒律,因为他们只是在狭窄的路上才觉得自在。对于他们来说,国货运动成了天条,神圣不可侵犯。甘地的一个大弟子,在他心里最珍爱的学校,位于艾哈迈达巴德的真理讲习所任教的 D. B. 卡勒卡发表了题为《Swadeshi 福音》①的小册子,并获得甘地在卷首加以肯定。这小册子是写给人民大众看的。请看这位亲聆甘地学说并得其真传的弟子,教给大众的信条:

> 神在不同时代均曾化身下凡救赎世界……但他并非一成不变地化身为人……他既能化为抽象的原则,也能化为一个深入人心的伟大理念……而其最新形式就是《Swadeshi 福音》。

福音派会赞同对这种说法置之一笑,如果仅仅把国货运动看作抵制外国纺织品问题的话。但这问题不过是一个广泛的"旨在使全世界摆脱仇恨、分歧,并解放全人类的宗教原则"的一个小小实际应用而已。其精华包含在印度教的经典里。

> 你自己的宿命(Dharma②),即使一事无成,也是最好的。想实现另外一种命运,则会险象环生。一心放在自己的责任上,才能获得幸福。

---

① The Gospel of Swadeshi(《Swadeshi 福音》),一九二二年,马德拉斯。——原注

② Dharma,宇宙法则、定数,即印度教意义的命运、宿命。如《Swadeshi 福音》所说:"神给予每个人一个合适的位置","人的所有行为必须符合他在生活中所处的位置","神给了我们什么,我们就只能接受什么"。

国货运动的基本道理所依据的是，信仰“一个永远照料宇宙幸福的神。这个神给予每个人一个合适的位置，以完成其特定使命。人的所有行为必须符合他在生活中所处的位置……我们的文化不是我们自己能够选择的，一如我们不能选择出身、家庭、国度，神给了我们什么，我们就只能接受什么。我们只能接受我们的传统，当作来自神的意旨，我们的责任是严格遵守，否定传统将是一个罪过”。

这样的信条，导致了一个国家的人不必去管其他国家的结论。

> 国货运动的忠实信徒从不徒劳地试图承担改造世界的重任，因为他相信世界从前是、将来依然是按照神的既定目标发展……我们不应该期待一国人民为另一国人民的需要提供保障，即使是出于慈善的动机。而且即使有此可能，也不该有这种期望……国货运动的真正忠实信徒不会忘记四海之内皆兄弟，但他必须完成他自己生来注定的使命……正如我们必须为我们所处的世纪服务，我们也必须竭尽全力为自己的出生之地服务……我们灵魂的解放，应当通过我们自己的宗教和文化去寻求。

是否至少能允许一国人民发展一切成长的手段，诸如商业、工业？绝对不行。想让印度拥有大工业是非分之想！这会侵犯到别人的Dharma。出口自己的产品和进口别人的产品都同样是罪过。因为“改换门庭不合乎国货运动的原则”。这条戒律合乎逻辑的结论（尽管对欧洲人而言匪夷所思），就是既不应该出口产品，也不应该出口思想。印度受到历史性的严酷压抑，是为远祖的罪过赎罪，因为远祖与埃及人和罗马人做生意，而子孙后代不知悔改而一再重犯。每个国家、每个阶层都要谨守本分，依靠自己的资源，按照自己的传统生活！

> 要避免与那些社会习惯和我们不同的人过于亲近。不要跟理想和我们不一致的人或人民的生活缠夹不清……每个人是一

条溪流。每个人种是一条大河。他们应该沿着自己的河床奔流，清澈见底，直到抵达获救的大海，在那里它们将通通汇合在一起。

这是民族主义的凯歌。最纯粹的民族主义。最狭窄的民族主义。关上所有的门。一成不变。保留一切。不对外卖任何东西。不买任何东西。自我净化。闭门修行的僧侣的中世纪福音[①]。而胸怀开阔的甘地却让这本书冠上自己的名字。

可以理解，泰戈尔在这些反动民族主义附身的神汉面前感到震惊，他们自以为能停止时代的演变，把精神的飞跃关进笼子，并且割断与西方的联系[②]。实际上，这根本不是甘地的真正思想。他曾在给泰戈尔的信中说："国货运动是给全世界发出的信息。"（因而他重视世界，也不排斥"改换门庭"。）"不合作运动并非反对西方，而只是反对物质主义的文明，和由此产生的对弱者的剥削。"（因此它只反对西方的错误，而有益于西方的福祉。）"这是退缩自守。"（但是暂时的退缩，以便聚集力量，然后才有余力为人类服务。）"印度必须先学会求生，然后再学会为人类而死……"而且甘地毫不拒绝与欧洲人合作，条件是必须符合他向所有人提出的人类获得拯救的理想。

甘地的真正思想，比打着他旗号的《Swadeshi 福音》的思想远为广

① 时不时还能看到妙不可言的道德说教：不要复仇！"过去的已经过去。过去无法挽回，成为了永恒的一部分，对之无计可施。不要想对过去的不公和冒犯施加报复！让死去的过去埋葬它的死者！在活着的当下，要以我们的心灵和上帝为我们行为的向导！……"全书从头至尾如冰山一样纯粹。——原注

② 由于甘地的讲习所（发表《Swadeshi 福音》的地方）与泰戈尔的森蒂尼盖登学校之间产生的，两人都极力避免的竞争关系，泰戈尔应该对这一类文章尤为敏感。从甘地在一九二二年二月九日发表于《青年印度》的一篇文章就可以看出这一点：甘地对于有位记者将某些关于讲习所的言论说成是他讲的表示不满，这些言论对于森蒂尼盖登学校颇不友好。他辩称他对泰戈尔的学校怀有敬意，却不无一丝含蓄的幽默："若是一定要对两所学校分出高下，我投森蒂尼盖登学校一票，虽然讲习所的纪律和早起习惯较优。森蒂尼盖登学校是长兄，年龄和智慧大得多。"他又狡黠地添上一句，"不过，森蒂尼盖登的人要当心小讲习所的追赶！"——原注

阔、人道、普世[①]。

为什么他让人利用他的名字？为什么他让人把他宏大的、面向全球的理想禁锢在一个印度神学家的狭窄范围？可怕的弟子们！他们越是纯粹，就越是不祥。上帝保佑这个伟人，别受他的友人之累，他的友人只抓住他思想的一部分！他们在诠释他的思想时，破坏了它的和谐，而和谐正是他活生生的思想的主要优点！

不仅如此。那些生活在导师身边的、嫡传的弟子们，至少还耳濡目染了他的高尚品性。但那些弟子的弟子们，以及其他人，那些以讹传讹的人，他们能从他净化的内心和创造性克己的理论中得到什么？最外在的、最物质性的东西：以为纺车会像救世主一样带来自治！对进步的否定。Le fuori barbari![②] 泰戈尔不无理由地担心非暴力的信徒对西方的东西（而不是西方人）表现出的暴力倾向（甘地本人也不例外）。甘地确曾小心地说过“他会退出斗争，如果他感到其中有仇恨英国人的味道”，说要爱自己与之斗争的对象，说要恨的是他们的不公不义，“恨撒旦的行为而爱撒旦”。然而这种道理对老百姓的思维能力而言未免太难把握。在每次大会上，运动领袖们满腔激愤地回顾英国人的罪行和背信弃义，例如旁遮普惨案和哈里发运动时，愤怒在闸门后高涨，一旦闸门崩塌，后果不堪设想！甘地一九二一年八月在孟买主持焚毁高级布匹，并以“焚布的道义”[③]一文回应泰戈尔的朋友安德鲁斯的叹惋和恳请时，他认为“他把人民的怨恨从人转移到物”。但他没有觉察到人民的泄愤是以此练手，他们想的是：“先东西，后人！”他没有预见到就在这同一个孟买，不到三个月以后，人民杀人了。他过

① 我感到甘地和泰戈尔一样普世，但方式不一样。他是就道德意识而言，泰戈尔是从知性的角度。甘地不排除任何人于祈祷和日常劳作的共同体之外。正如最初的使徒也不区分犹太人和外邦人，但他对所有人都以同样的道德纪律相要求。这也是甘地的要求。但这正是甘地的狭隘之处：不是说他的心胸，他的心胸与基督一样宽广，而是指他精神上的苦行主义和俭朴作风。（这也和基督一样！）甘地是中世纪的普世主义者。我们尊敬他，但站在泰戈尔一边。——原注

② 应为“Fuori i barbari！”，意大利文：“野蛮人滚出去！”

③ 甘地的文章，一九二一年九月一日发表于《青年印度》。

于圣洁、纯粹,太缺少潜藏于人类身上的动物情感。他没有充分意识到他们身上的动物情感在倾听和吞下他的话语。泰戈尔比他明智,看出不合作分子的不慎,他们不停地诉说欧洲犯下的罪行,既宣扬非暴力,又在人民思想里灌输会导致暴力的狂热病毒。他们没有料想到这一点,这些使徒丝毫没有感受到人民心中的暴力!然而既要行动便应该听到别人的心声,而不是自己的心声。小心老百姓! Cave canem![1]单凭一个甘地的道德禁令不足以约束他们。也许只有一个机会可以叫他们一丝不苟地遵循导师的严格戒条:那就是这个导师同意被神化,就像那些早已把他说成奎师那神的人私下请求的那样。但以甘地的真诚和谦卑根本无法接受这种要求。

于是只剩下最纯洁者的孤独声音在怒吼的人海上空盘旋。这声音还能维持多长时间让大家听见呢?伟大而悲剧性的等待!

四

整个一九二一年,行动在加速,却充满风云变幻和此起彼伏的暴力。甘地也不能置身事外。

暴乱在酝酿,政府的粗暴镇压使之加速到来。纳西克县马勒冈镇发生流血骚乱,比哈尔省的吉里迪也在动乱。一九二一年五月初,阿萨姆地区发生了更严重的事态:一万两千名苦力抛下茶园的工作,在半路受到效力于政府的廓尔克人袭击。东孟加拉的铁路和邮轮职工举行整整两个月的罢工,以表示抗议。甘地还力图居间调解,他在五月里与印度总督瑞定爵士进行了长时间会谈,向他表示愿意居间调解被控煽动暴力言论的阿里兄弟,他获得他的穆斯林朋友们正式声明,决不诉诸暴力。

但运动的力度并未因此稍减,而印度的穆斯林成员继续采取大胆

① 拉丁文:小心有狗!

的行动。七月八日在卡拉奇举行的全印度哈里发大会重申忠于伊斯兰,声称“在军队里供职或协助募兵为非法”,并威胁英国政府,如果继续对安卡拉[1]政府作战,全印度大会的年底会议将宣布开展公民不服从运动和成立印度共和国。七月二十八日,全印度大会委员会(第一个按照新宪法选出的委员会)在孟买召开会议,声言所有印度人的责任,是抵制即将来访的威尔士亲王,决定在九月三十日以前全面抵制所有洋布,鼓励并规范民族纺织业,无视政府对酒商的保护而促进禁酒运动。但他们比穆斯林的哈里发大会谨慎,委员会谴责了骚乱,并暂时不建议展开公民不服从运动,同时扩大非暴力宣传。

八月里发生的莫普拉流血暴乱持续了数月。甘地与莫拉纳·默哈麦德·阿里想从加尔各答去马拉巴平息暴乱。政府不准他们前去,并在九月份逮捕了莫拉纳·默哈麦德和他的兄弟莫拉纳·绍喀·阿里,以及几名穆斯林头面人物,因为他们提出并在哈里发大会上通过公民不服从建议。位于德里的哈里发大会中央委员会立即重申哈里发大会的决议,数百个集会对此表示强有力的支持。十月四日甘地宣布与穆斯林弟兄们团结一致。他和五十名国民大会重要成员发表了一个声明,主张任何一个公民都有权对于不参加政府工作发表意见,并认为任何印度人都不应作为文职人员或士兵服务于一个造成印度道德、经济和政治堕落的政府,宣称每个人均应与之一刀两断。

阿里兄弟在卡拉奇受到起诉。他们和其他同案被告被判处两年严格监禁。印度以更大的力度进行反击。甘地的宣言十一月四日由德里全印度大会委员会批准。委员会迈出了决定性的一步,准许各省自行负责开展公民不服从运动,以不缴税作为开始。委员会提出的先决条件是,参加者必须先行表态绝对遵从国货运动和不合作运动的纲领,包括手工纺纱和非暴力的必要承诺。这是为了试图将反抗运动与纪律和自我牺牲精神糅合在一起。为了强调自我牺牲精神,委员会告

① 安卡拉,土耳其首都。

诉参加者及家属不要指望得到大会的金钱资助。

在印度的欧洲人对孟买的骚乱,还不及对全印范围沉默的罢工、罢市那令人胆寒的一致性更害怕。他们敦促总督采取行动。各省政府采取了一系列无视法律的激烈措施。他们找出一九〇八年一条针对无政府主义和秘密会社的旧法,用来对付全印度大会和哈里发会议的自愿者组织。几千人遭到逮捕。作为回答,几千名新的自愿者在公开名单上签名。各省委员会奉命组织自愿者队伍,执行统一的纪律。人们决定在十二月二十四日威尔士亲王访问加尔各答那天举行罢工、罢市。于是到了那天,亲王穿过一个空无一人的加尔各答。

值此似乎正在酝酿革命的时刻,全印度大会在艾哈迈达巴德举行。大会像一七八九年的三级会议一样庄严感人。主席刚遭囚禁。讨论非常简短。大会重申了不合作理论;要求所有公民挺身而出,充当“自愿者”,让政府逮捕;号召印度人民到处举行集会,表示对公民不服从运动的信仰。公民不服从运动与武装暴动同样有力,而在人道上更高一筹。大会建议,一旦群众对非暴力抗争的方法有足够理解,就展开公民不服从运动。大会预见到会议结束后大多数成员将遭到逮捕,于是将全部权力交给甘地,实际上等于一人专政,并拥有选择继承人的权力,让他成为印度政治的唯一主宰,仅有的保留条款是,未经大会委员会同意不能更改信条,也不能与政府缔结和约。大会的一个派别曾提出动议,其主张倾向于暴力行动,以便尽早实现印度的完全独立。大多数人坚持甘地的非暴力原则,否决了这个动议。

随后几星期展现出了席卷全印度的宗教热情。两万五千男女高高兴兴地自愿入狱。

在他们身后,成千上万其他人站了起来,等待轮到他们表达自己信念的时刻。甘地又一次准备发出群众性公民不合作运动的命令。信号应该由一个在他心中一直视为首选之地的模范地区发出,那就是孟买省的巴多黎[①]。甘地在一九二二年二月九日一封致总督的公开信

① 巴多黎有一百四十个村,八万七千居民。——原注

中宣布,再次发动不合作运动。措辞彬彬有礼,然而是明确无误的宣战书。他说他是对运动负责的领袖。巴多黎是印度群众性反政府运动的前锋,因为政府粗暴侵犯了言论、结社和出版自由。甘地给瑞定爵士七天时间改变其政策。否则,命令已经发布,反抗运动将如期举行①。

致总督信刚刚发出,一个比先前几次更加血腥的惨剧,在哥拉浦县的曹里曹拉发生。警察攻击了一支宗教游行队伍,并在他们自己也受到攻击后开了枪,躲入了警署。暴民纵火焚烧警署。受袭的警察们白白求饶,他们不是给杀死,就是给烧死。挑衅者是他们自己,而且没有任何不合作运动自愿人员参与杀戮事件。因此甘地完全有权撇清责任。但他已经真正成为印度良心的化身。任何印度人的罪行都会使他沾上血迹。他一身承担了印度人民的所有罪过。他心如刀割,立刻再次停止了他刚发布的不服从运动令。这一次,处境要比孟买暴乱以后艰难得多。他几天前刚发出致总督书。现在收回成命怎能不惹人讥笑?骄傲,或如他所称:“撒旦”,不让他这样做。正因如此,他更下定决心要这样做。

一九二二年二月十六日,《青年印度》发表了他一生中最不寻常的一篇文章②,他的认罪书,他的公开忏悔。他从深深的痛悔中发出的第一句话,是欢呼感谢神明令他谦卑:

> 神真是对我无比眷顾(God has been abundantly kind to me)。他第三次提醒了我,印度还不具备非暴力和追求真理的氛围,唯有这种氛围才能使群众性的公民不服从运动理直气壮。唯有这样才配称为公民,也就是说,温和、谦卑、智慧,既有意志又有爱

---

① 在当日的《青年印度》发表的一个通知,向全印度宣布了这个最后通牒,其措辞更为激烈。如果总督不予回应,命令将不可挽回,公民不服从运动将不惜任何代价展开,哪怕届时多数人表示反对。——原注

② 文章题为“曹里曹拉的罪行”。——原注

心,永不犯罪和仇恨任何人。他第一次提醒我是在一九一九年,反对《罗拉特法》的骚动初期。艾哈迈达巴德、维冉甘和克达陷入歧途。阿木里查和卡苏尔陷入歧途。我迷途知返,我把我的失误称为天大的计算错误,我在上帝和世人面前蒙受耻辱,不但停止了群众性的公民**不服从运动**,也停止了我自己的不服从行动……第二次,是通过孟买事件提醒我……上帝让我充当了见证人……我停止了预定在巴多黎开始的群众性**不服从运动**。这次的羞辱更大,不过对我有好处。我深信这个迟延对民族有益:这样,印度仍然是真理和**非暴力**的代表。但最苦涩的羞辱是今天这次……神通过曹里曹拉事件清楚地表明了态度……正当印度自以为通过非暴力方式登上自由的宝座之时,群众的暴力是个不祥之兆……**不合作运动**参加者必须控制全国的暴力行为。只有制服印度的不法之徒(hooligans)才能控制暴力……

于是他二月十一日在巴多黎召集大会行动委员会,和盘托出他的烦恼。他的几位同人并未同意他的看法。但他说他真是得到上天"保佑",他们对他如此宽容和尊重。他们理解他的顾虑,并且在他极力要求下同意暂停不服从运动,同时要求所有组织创造非暴力的氛围。

甘地说:我知道,这个做法似乎不太明智,但这在宗教上是合乎情理的。我的羞辱和认错,于国家有利。我追求的唯一德行,是**真理**和**非暴力**。我毫不假装拥有超乎常人的能力。我根本不想那样。我的肉身和最软弱的人一样易朽,而且我也会犯错误。我做的事有很多局限性,但是神迄今为止没有因其不完善而未予庇佑……承认错误,是打扫庭院……我因自己忏悔而觉得更加坚强,事业也会因后退而获得进展。没有人曾因为坚持偏离正道而达到目的地……有人反驳我说,曹里曹拉发生的罪行,与预定在巴多黎展开的行动毫不相干。我完全同意。依我看,巴多黎人是印度最和平的人。但是巴多黎只不过是一个点。巴多黎人的努力必须跟印度其他部分紧密契合，才能获得成功…… 一罐牛奶里有一粒砒霜就会变成毒奶……曹里曹拉就是剧毒的砒霜……它不是个别和孤立的。它是此起彼伏的、零零星星民众暴力的一个严重征兆……真正的公民不服从并不包含任何激情成分，而是作好准备双方都要受到磨难。其效果极好，虽然效果温和而难以察觉……曹里曹拉的悲剧，是我们路途上的一个指示牌。如果我们不愿意让非暴力变成暴力，我们就该赶快后退，重新营造安静的气氛，而且在确保不管怎样都能保持平静之前，不要考虑重新展开群众性不服从运动……让对手指责我们胆怯好了！宁愿遭人曲解也不要违逆神意……

而这个使徒想要救赎别人造成的血债。

我应该净化自身。我应该具有更好地感受我周围气氛最细微变化的能力[①]。我的祈祷应该更真诚、更谦卑。没有任何方法比斋戒更能净化人心，而更完整地表达自己，让精神控制肉体……

他公开宣布自己要禁食五天。谁也不要学他的样！他应该惩罚他自己一个人。他这个外科医生把手术做坏了。他应该或是辞职或是获取更加坚实的经验。他的绝食既是苦行又是惩罚，既是为自己又是为曹里曹拉那些也许曾以他的名义犯罪的人。甘地希望一身承担他们的罪孽，但他建议他们去向政府自首。因为他们对他们想要效劳的事业造成了可怕的损害。

① 请大家注意这句使我们理解他灵魂的神秘力量的话，他的灵魂记录着人民的心灵颤动！——原注

我愿承受所有的羞辱、刑罚、摒弃,乃至死亡,以阻止我们的运动变成暴力,或暴力的先导……

人类良心的历史极少见到如此崇高的篇章。这个行为的道德价值是绝无仅有的。然而作为政治行为,则令人困惑。甘地自己也承认,大家会认为这是“政治上荒谬和不明智的”。危险的是,把人民的所有潜力绷紧弓弦,让他们屏息以待预定的行动,举起手臂发出号令,而当庞大无比的机器已经开动起来,又三次喊停。那会磨损齿轮,打断势头。

大会委员会一九二二年二月二十四日在德里召开,在通过十一日于巴多黎做出的决定时,甘地并非没有遇到激烈的反对。甘地要在重新出发前进一步严格组织,他带来了一个组织章程。但很多人对行动缓慢表示不耐,他们抗议暂停反抗的命令,说那扼杀了全国民众的热情。有个党派提出谴责行动委员会的提案进行表决,并要求取消成命。甘地占了上风,但他深感痛苦。他对追随他的多数也不抱幻想。他没有感受到他们的诚意。不止一个投了他票的人在背后称他为独裁者。他心知肚明自己与国人意见不合。一九二二年三月二日他大胆而坦率地指出这一点:

在多数派里有那么多隐蔽的、自觉或不自觉的暴力派别,我只能求神保佑不要遭受灾难性的失败。我总是处于少数。在南非,我起初得到一致拥护,后来下降到六十四人,成为少数,甚至只剩下十六人,然后又上升到极大多数。最好、最踏实的事情,是在处于少数的处境时做的……我害怕多数。我讨厌大众不加判断的崇拜。如果他们对我吐唾沫,我倒会感到脚下的土地更加坚实一点……有位朋友告诫我,不要利用我的专政……我远远不曾利用过我的权力,我倒是要自问,我自己有没有受“利用”!我承认我对此比任何时候都感到害怕!我唯一的出路,是厚颜无耻。

我告诉大会的朋友们，我不可救药。只要民众犯下过失，我就将继续进行忏悔。我在世上唯一承认的暴君，就是我们内心深处“良知的轻声细语”。哪怕我面临成为形影相吊的少数的局面，我仍将有勇气，当这个处于绝境的少数。那是我唯一的真诚抉择。我今天是个更加忧伤、但自认也更明智的人。我看到我们的**非暴力**只是表面文章。我们怒火中烧。政府则以其倒行逆施火上浇油。简直可以说是恨不得看到这个国家到处在烧杀抢掠，好以唯一有能力平定动乱者自居。我们的**非暴力**显得好像是由于软弱无力：似乎我们心里一直在想，一有机会就进行报复。自觉自愿的**非暴力**，能否产生于这种弱者的迫不得已的**非暴力**？我是否在进行一个无谓的试验？……而如果怒气爆发，无一幸免，人人都对邻人暴力相向，在那样的灾难之后，我就是绝食送命又有何用？……如果你们实在不能**非暴力**，那就正大光明地采用**暴力**吧！不要口是心非①！大多数人都说赞成**非暴力**……那么就要明白自己的责任！现在就要延迟公民**不合作运动**，而首先进行建设性的工作……否则我们将会在不知深浅的水中淹死……

继而他又对少数派说：

你们不赞成**非暴力**吗？那就离开大会党！建立一个新党！公开宣布你们的信条！让全国在我们中间作选择！……不要模棱两可！要开诚布公！……

这些重话里有苦涩、忧伤，却有男子气概。那是橄榄园之夜。甘

① 甘地看到了在他的非暴力多数派里，有一部分人暗地里把非暴力看作权宜之计，用以掩盖为暴力所做的准备。甘地说，他们甜言蜜语地谈论什么“进行非暴力打击”！甘地看出了这种暧昧语言的危险性，泰戈尔早已觉察到这种危险性，并感到无法容忍。他现在比泰戈尔更加严厉地揭露其暧昧性，对之口诛笔伐。——原注

地行将被捕……谁知道在他内心深处,是否把这当作一种解脱?……

他对此早有思想准备。打从一九二〇年十一月十日,他已经采取一切措施。他已口授对人民的指示,以备他有朝一日被捕。他在一九二二年三月九日的一篇文章里又谈到这些指示,当时他被捕的传言甚嚣尘上。他说,他对政府的暴力毫无畏惧,只担心一件事,那就是民众的暴力。他将因此身败名裂。“人民要把我被捕的日子当作欢乐的日子!政府以为甘地抓起来了,印度就完了。要向它证明,事实恰恰相反!让它见识见识人民的力量!”人民能够向它做出的最漂亮证明,就是保持完美的平静。如果以为政府迟迟没有逮捕甘地,是害怕流血暴乱,那就是对甘地的侮辱。所以,大家要保持冷静,不要停止工作,不要聚众集会!但法庭要一概关闭,政府服务机构都要空无一人,官办学校要罢课,秩序井然、纪律严明、不折不扣地执行不合作运动的纲领!如果人民这样行动,就会取得胜利。否则就会遭致失败。

一切准备就绪,甘地就到他最喜爱的隐居处、艾哈迈德巴德郊区的萨巴尔马蒂讲习所,在那里沉思默想,在爱徒们的环绕下等待逮捕他的人到来。他渴望坐牢。没有他,印度的信念会表现得更明显。“而他将能得到休息,也许,是他应得的休息……”[1]

三月十日晚上,晚祷后不久,警方的人来了。讲习所事先接到通知说他们会来。玛哈特玛从容就捕。在去监狱的路上,他遇到他的穆斯林朋友莫拉纳·哈斯拉·莫哈尼自远处赶来,正赶上与他拥抱告别。他和《青年印度》的编辑班克一起被带到牢房。他妻子获准陪他到牢房门口。

三月十八日星期六中午,“大审判[2]”在艾哈迈德巴德地区法官的主持下开庭。整个过程客套之至。法官与被告极尽谦恭之能事。英国在斗争中从未上升到比这更高的大度和不偏不倚。C. N. 布鲁姆菲尔德法官这一天补救了政府的许多错误。甘地的朋友们发表的审判报道,已

① 见甘地一九二二年三月九日在《青年印度》发表的文章。

② 见 The Great Trial(大审判),《青年印度》一九二二年三月二十三日。

经由欧洲报界摘要转载，反响波及法国。因而我仅在此加以综述。

政府为什么下决心逮捕甘地？在迟疑不决两年之后，它怎么会选择玛哈特玛刚刚制止人民的暴乱，且显然成为暴力的唯一障碍的时候下达逮捕令？这是个决策失误？还是想证实甘地的可怕说法："政府似乎是想看到这个国家到处在烧杀抢掠，好找到一个镇压的借口！"实际上，政府处境困难。它尊敬并忌惮甘地。它本想放过甘地，但甘地不放过它。玛哈特玛谴责暴力，但他的非暴力比所有的暴力更具革命性。就在他喊停群众性公民不服从运动的日子里，二月二十三日，德里大会前夕，他发表了一篇对英国势力最具威胁的文章。当时伯肯黑德爵士和蒙塔古先生一封傲慢无礼的电报刚给印度一记耳光。[①] 甘地勃然大怒，对这个侮辱性的挑衅做出回答：

> 只要大不列颠狮子还在我们面前舞动血腥的爪子，跟英帝国就毫无妥协余地！……如果有个公平的神统治宇宙，那么建立在对地球弱小种族的有系统剥削基础上，耀武扬威地展示暴力的英帝国就无法延续。是时候了，英国人民要了解，一九二〇年开始的战斗，将一直进行到底，不管一个月，一年，还是几个月，几年……我祈求神赐予印度足够的谦卑和力量，把非暴力坚持到底。但要我们屈服于这种傲慢无礼的挑衅是不可能的……

对甘地的指控就是基于这篇文章和其后发表的另两篇文章[②]。甘地的罪名是"煽动不满情绪，煽动对依法成立的国王陛下政府的仇恨

① 电报称："如果我们帝国的生存受到威胁，如果有人阻碍英国政府履行对印度的责任，如果有人以为我们想退出印度，印度将徒劳无功地挑战世界上最坚定的人民，我们将做出必要的有力回答。"——原注

② 指分别发表于一九二一年九月十九日和十二月十五日的甘地文章：一篇是关于对阿里兄弟的指控；另一篇是对瑞定爵士的令人生气的演说的回应。两篇文章都宣布"要将战斗进行到底"，"我们要推翻政府，迫使它屈服于人民的意志。我们决不求饶，我们决不等待……"——原注

和蔑视”。他根本没有辩护律师。他接受所有控罪。

孟买的总检察长J.T.斯特朗曼声称控方提出的这三篇文章并非孤立,而是两年来反政府运动的组成部分,他并引用一些段落加以证明。他承认甘地的高尚品质。这些文章所造成的恶劣影响因而更加严重。他把孟买和曹里曹拉的流血事件归罪于甘地。甘地也许的确主张非暴力,但同时也在煽动不满情绪。因此他应该对民众的暴力负责。

甘地要求发言。他的思想斗争、他的担忧、他近几个星期对自己不得已做出的决定的正确性,以及这些决定会在人民中产生的反响的疑虑,已经烟消云散。他恢复了对自己灵魂的安详自制。他接受势所难免的所有已经发生的事件,所有还将发生的事件,虽然遗憾,但他应该承担。他宣布同意总检察长的看法。是的,他有责任!他要负完全责任。他煽动不满,比控方所说的时间还要长得多。这是他情之所系。他把玛德拉斯动乱、曹里曹拉“邪恶的罪行”和孟买“丧失理智的暴行”全都揽到自己身上……

> 总检察长说得对,作为负责人,受过良好教育,并拥有丰富的人生经验,我理应知道我行为的后果。我知道我在玩火。我甘冒玩火的风险;而且如果我重获自由,我还会再一次玩火。最近几夜我对此深思熟虑。今天早上我觉得我若不说出我现在说的话,就没有尽到我的责任。我过去和现在都极力避免暴力。非暴力是我唯一的信念。但我必须做出抉择:或是屈从于一个我认为对我的国家做出无法弥补的损害的政治系统;或是甘冒人民从我嘴里得知真相后爆发无名怒火的风险。我知道人民有时会失去理智。我对此深感遗憾,因而我甘愿接受不是轻罚,而是最重的惩罚。我不请求宽恕,也不要求从轻发落。我在此要求并乐于接受对法律而言属于蓄意犯罪的最高刑期,我认为这是作为公民的首要责任。法官们,你们没有选择余地:不是辞职,就是给予我惩

罚！……

这个铿锵有力的即席发言，是其宗教信仰原则与作为政治领袖的英勇、坚定品质的完美平衡。随后甘地宣读了一份致印度和英国公众的书面声明。他说，他有责任让他们知道“为什么他从忠于英国政权的热忱合作者”，变成“不满且毫不妥协的不合作者”。他再次描绘了他自一八九三年以来的公共生涯。他回顾了他作为印度人经受过的英国体制造成的所有痛苦，他二十年来为改善这个体制所做的努力，痴心梦想能够不让印度脱离英国而做到这一点。直到一九一九年，尽管一再失望，他仍然为合作而辩护。但种种倒行逆施超过了限度。而政府不仅不予以弥补，反而给罪犯以荣誉、年金和奖赏，这是对印度人良知的极大挑衅。政府自己割断了与臣民的联系。现在甘地终于确信，连英国提出的改革，也会置印度于死地。这个政府建立在剥削大众的基础上。法律是为这个目的而设的。执法机构是为剥削者服务的妓女。一整套精微、有效的恐怖统治手法，使老百姓苟且偷生，学会了掩饰自己。印度破落、饥饿、堕落，因而有些人说，印度要过若干世代才能成为自己治理自己的主权国家。历来曾经压迫过印度的政权中，没有一个比英国对印度造成的苦难更多。不与罪恶合作乃是一个使命。甘地完成了这个使命。然而迄今为止，暴力一直都是终极手段，而甘地则给予人民另一种强大武器，即非暴力。

布鲁姆菲尔德法官与玛哈特玛之间极具骑士风度的过招于焉展开：

甘地先生，您承认事实，在某种程度上使我的工作变得容易。然而正确量刑是法官最难办的事情……无法佯作不知，您在几百万人眼里是个伟大的领袖和伟大的爱国者。就连在政治上与您意见相左的人，也视您为有崇高理想、生活情操高贵的人，甚至是个圣人……但我的职责是把您当作受法律约束的人来审判……

印度很可能极少有人不真心遗憾您使得政府无法让您自由。但事情就是如此……我试图在您所应得的公正,与公众利益之间取得平衡……

他客气地询问被告应该如何判刑,建议他考虑十二年前提拉克的判例:六年监禁……“您不觉得不合理吗?……如果以后时势变化而有可能减刑,没有人会比我更感到高兴……”

甘地也礼尚往来。他认为能和提拉克的名字相提并论,是无上的荣耀。这是法官能判的最轻刑期,而在整个审判过程,他所受的礼遇更是无以复加。①

审判结束了。甘地的朋友们扑到他脚下,痛哭失声。玛哈特玛微笑着和他们告别。萨巴尔马蒂监狱的门在他身后关上。②

五

使徒的声音从此沉默。他的身体像在坟墓中一样被封闭起来。但坟墓从来无法关闭思想。他不可见的灵魂继续引导着印度庞大无

① 《青年印度》编辑班克在审判中虔诚地追随甘地的榜样,同意他所说的一切,被判处一年监禁加上罚款。——原注

② 甘地夫人向印度人民发表了庄严的公告,公布对甘地的判决,要求人民保持平静,集中精力完成甘地的建设性纲领。

甘地没有留在萨巴尔马蒂监狱,他被转移到一个秘密地点,然后转到浦那附近的耶拉瓦达监狱。N. S. 哈迪克的文章“甘地在狱中”(《团结》杂志 1922 年 5 月 28 日)说他关在刑事犯人牢房,没有任何特殊待遇,他虚弱的身子倍受折磨。但据我们现在所知,他的待遇有所改善。甘地获准阅读和写作。

据 C.-F. 安德鲁斯告诉我,玛哈特玛在狱中精神状态很好。他要朋友们别来看他,让他独自一人待着。他在净化自己,做祈祷。他坚信他这样行事更有效于印度的大业。实际上,C.-F. 安德鲁斯认为甘地的党因甘地入狱而大有收获。印度人民对甘地的信仰比任何时候都更热烈,把他看作圣奎斯那转世,在狱中渡劫飞升。而身在囹圄的甘地比自由的甘地更有把握阻止他感到迫在眉睫的暴力发生。——原注

比的身躯。和平、非暴力和受苦是从狱中传出的唯一信息[①]。他的声音被人民听进去了。这口号从国家的一头传到另一头。三年前,甘地被捕会使印度血流遍地。一九二〇年三月,甘地被捕的传言引发了多处民众暴乱。这次迎接艾哈迈德巴德的判决的,是印度的宗教式沉默。成千上万印度人高高兴兴地入狱。非暴力与受苦……一个非同寻常的例子说明了这神圣的教导是如何深入人民的灵魂。

众所周知,锡克人一直是印度最好战的民族之一,他们在大战中曾经大批服役。在过去的一年里,他们中间出现了严重分歧。其起因在我们欧洲人眼里微不足道。锡克人的宗教复兴运动,使要求净化谒师所[②]的阿卡里教派应运而生。这些谒师所变成了声名狼藉的僧侣领地,被他们霸占着不肯撒手。政府出于法律上的原因维护他们的地位。于是在一九二二年八月,古鲁卡巴[③]就日复一日地上演教徒受难的场景。阿卡里教徒们已经接受了不抵抗的理论。上千名教徒驻扎在离古鲁卡巴四英里的阿木里查金庙。每天有一百名自愿者(多数达到当兵年龄,许多人在大战时服过役)在起誓无论言语、行动都不使用暴力后,从金庙出发,到达古鲁卡巴,或失去知觉被人从那里抬回来。另外一个上千人的队伍里,有二十五个阿卡里教徒发了同样的誓。英国警察在离谒师所不远处的桥上等着,手持包有铁头的长竿。每天展现一个令人难以相信自己眼睛的场景。泰戈尔的朋友;森蒂尼盖登的教授安德鲁斯的难忘记述[④]为我们再现了这个场景。阿卡里教徒头戴缀有白色小花饰的黑色头巾,走到警察队伍面前,不言不动,祈祷神明。警察用包着铁头的长竿猛击他们。锡克人倒下,只要有力气就又站起来,重新开始对峙,再次被打倒,有时被践踏直至失去知觉。安德鲁斯没

① 《团结》杂志一九二二年八月三日发表了一篇"狱中来信",抨击现代文明。我怀疑是篇伪作,似乎是对《印度自治》中一些段落的模仿。——原注

② 谒师所,印度锡克教徒的礼拜场所。

③ 古鲁卡巴是离阿木里查十英里的一个谒师所。

④ "阿卡里的斗争",载于马德拉斯《地方自治报》并于一九二二年九月十二日独立成册出版。——原注

听到一声叫喊,没看到一个挑衅的目光。上百个围观者在一定距离之外面容焦虑紧张,默默祈祷,神情充满崇敬和痛苦。安德鲁斯说:“他们使我想起十字架的影子。”在他们的报纸上叙述这些场景的英国人感到大惑不解[①],遗憾地发现这种荒唐的自我牺牲行为,竟造就不合作大军的辉煌胜利,而旁遮普的民众竟为之如痴如狂。然而高尚的安德鲁斯因其纯粹的理想主义而学会了理解印度人的灵魂,如同歌德之于瓦尔米战役[②],他从中看到了一个新纪元的开端:“一个崭新的英雄主义,产生自受苦受难,屹立在这片土地。一个全新的精神战争……”

人民似乎比受委托指导人民的那些人更忠于玛哈特玛的思想。我们见识过在导师被捕前二十天,在德里大会委员会上发生过的对立。大会委员会于一九二二年六月七日在勒克瑙召开时,又重演了这一幕。会上弥漫着对甘地强加的耐心经营和等待的纲领的强烈不满,表明了开展公民不服从运动的意图。会议任命了一个调查委员会,以审视印度是否已做好公民不服从运动的准备。这个委员会走遍印度大地,当年秋天提出的报告令人气馁:其结论不但认为当前无法开展不服从运动,而且半数的调查委员(均为信仰坚定、久经考验的人)主张放弃甘地的不合作、抵制政治职位等做法,在政府议会中成立一个自治党(Home Rule[③]),总之要把不合作运动变为实际上的议会反对派。甘地的理论就这样一方面被暴力派、另一方面被温和派打开了缺口。

然而印度人民表示抗议。印度全国大会一九二二年十二月底在加雅召开的年会,强有力地重申了对身系囹圄的导师的忠诚和对不合作理论的信仰。大会以一七四〇票对八九〇票否决了参加立法会的动议[④]。大会终于重新一致同意继续政治罢工,只是在方法上有些细

① 见一九二二年十月十三日的《曼彻斯特卫报周刊》。——原注

② 一七八九年十月一日,普奥联军于瓦尔米战役中失利后完全撤出法国,标志外国干涉法国革命的第一次进攻的失败。德国诗人歌德热情赞颂法国人民的胜利:“这是开始了世界史的一个新纪元,是人民对国王的第一次胜利。”

③ 英文:地方自治。

④ 至于暴力革命分子,他们出席加雅大会的人数很少,只起次要作用。——原注

节的不同。只有一个抵制所有英国货的方案被排除,那是出于避免引起欧洲工人敌对情绪的明智考虑。穆斯林的哈里发会议一如既往更加大胆,以绝大多数投票通过了这个抵制所有英国货的方案。

我们对伟大的甘地运动的描述就止于这个历史节点。尽管运动因导师和他最优秀的弟子及助手(尤其是阿里兄弟)被监禁,而遭受一些不可避免的挫折,却胜利通过了没有领袖的第一年的严峻考验。而英国报界在加雅会议后承认感到失望,这清楚表明了这个胜利的重要性①。

① 勃朗絮·华生的一篇文章(见《团结》杂志1922年11月16日)列举了"印度从非暴力抵抗斗争中获得的好处"。她认为印度的内部收入减少了约七千五百万美元,抵制英国纺织品使英国一年内损失了两千万美元。她估计迄今为止有三万印度人遭受监禁,政府的管理机制已经完全瘫痪。然而勃朗絮·华生是个甘地主义的热诚信徒,也许不知不觉中夸大了成绩。别人的证词没有这么令人满意。他们说自我牺牲运动在自私的商人和富裕阶层受挫,许多一时冲动而递出的辞呈后来又被收回。其实以为情形与此相反倒是不符合人性的。在任何革命中,都会有许多人留在后面,或者退缩。问题是潮流是否在深层次维持住了。以下证言的重要性和不偏不倚则是不容置疑的:《曼彻斯特卫报周刊》以其睿智的自由主义著称,却是直接受到甘地不合作运动威胁的强大利益集团的喉舌。该周刊刚在印度各地进行了详细调查,调查结果发表于一系列文章。尽管对印度的运动显然缺乏同情(那是极其自然的),而且拿定主意对运动加以贬低,我们还是能从一篇比一篇更加增长的忧虑中感觉到形势对英国的严重性。在此我对一九二三年二月十六日发表的结论性文章加以简述。调查者想说服自己,甘地的策略已经遭受重大挫折,不合作运动必须制定新的计划,重起炉灶。"但是,他说,不合作精神依旧存在。到处可见的,即便不是纯粹的甘地主义,也是对外国人政府的不信任,和摆脱这个政府的强烈愿望。有教养阶级和城市平民的思想状况皆是如此。农民(ryot)所受影响还比较表面,但农村的形势使他们终将被争取过去。军队看来还没有受影响,但士兵是从农村招募来的,所以军队早晚也会加入运动。温和派仅仅是反感革命的方式,但国人并不反感这种方式。国人同情不合作主义者的大胆,甚于温和派的谨慎。"英国观察家估计要十年左右才能把印度农民组织起来,达到拒绝交税和暴动的程度。但在此期间形势会不断恶化,不再可能以监狱来威吓约束印度人:对监狱的恐惧已不复存在,必须采用更严厉的压制手段,而这只会使仇恨日益增长。"只有一种可能的和平解决办法,如果还有解决办法的话":英国必须主动开展改革印度的运动。不能再是半吊子的改革,就像一九一九年颁布、试行了将近一年的那种改革。这种改革已经不够了,而时间紧迫。英国应该召开一个印度全国代表大会,让印度各种利益、各种思潮流派均有代表参加:既有甘地及其门徒,也有印度王公和欧洲资本家,又有穆斯林、印度教徒、帕西人、欧亚人、基督徒、不可接触的贱民……(接下页)

这以后的事态将如何发展？英国受到过去所犯错误的教训之后，会不会变得较善于把握印度人民求变的势头？印度人民的劲头会不会衰竭？人民不大有记性，我很怀疑印度人民能长久记住玛哈特玛的教导，如果这些教导不是长久以来早已铭刻于民族灵魂深处。因为如果说一个天才之所以伟大，仅仅是由于其伟大，不管他是否与周围的人一致，那么只有能够顺应其民族本能、时代的需求和世界期待的天才，才是个行动的天才。

玛哈特玛甘地便是如此。他的非暴力原则，两千年来已经铭刻于印度人的心中：马哈维亚、菩萨和毗湿奴崇拜，早已把非暴力原则变为亿万人的本性。甘地只是把他的英雄气质灌输进去。他召唤那些因死一般沉睡而麻木，匍匐着的浩浩荡荡的魂魄和昔日的力量。他们在他的召唤下应声而起。因为他们在他身上认出了自己。他不但言传，而且身教。他是他们的化身。以一身而成为人民化身的人有福了——他那埋于墓中的人民，在他身上复活了！

这种复活绝非偶然。若说印度的精神从庙宇和森林中现身，那是因为他带来了世界所等待的早已注定的答案。

的确，答案远远超出了印度的范围。只有印度能给出这个答案。但这个答案既造成它的伟大，也造成它的牺牲。这个答案险些成为它的十字架。

似乎总要有人为世界的更新做出牺牲。犹太人就为他们的先知

(接上页)由这个大会准备在帝国之内的印度自治宪法，制定 Home Rule 的实行步骤！这样，也只有这样，才能避免帝国分裂。

我不知道印度政府和英国官方在何种程度上接受这个建言。《曼彻斯特卫报周刊》的记者和报社先后大力支持这个方案。我不大相信甘地和不合作主义者们会同意与欧洲和印度资本家一起参加大会！但是看来印度的 Home Rule 如今不再成为问题。不管是这种或那种方式，印度的地方自治都无法避免。最令人印象深刻的是，自从甘地开展行动以来，英国对印度人的口吻发生的变化。欧洲人对印度人的轻蔑不见了。他们尽量在谈论印度人时表现出尊重，并一致抨击弄巧成拙的暴力行为。不久前，这还是政权的终极手段，甚至是首要手段。印度在道德上已经占了上风。——原注

做出了牺牲，他们以数世纪的祈望，孕育哺养了他们的先知，却没有认出他来，直至他终于在血染的十字架上成了正果。印度人比他们幸运，他们认出了自己的先知。他们是欢欢喜喜地迎接牺牲的，因为牺牲将带来解放。

但就像最初的基督徒，并非所有人都理解这个解放的真正意义。他们久久在自己的土地上等待 adveniat regnum tuum[①]。大部分印度人的期望不超出印度的地方自治。而我认为这个政治理想很快即将实现。欧洲因战争和革命而失血过多，穷困而疲乏，在受它压迫的亚洲眼里失去威望，已不能在亚洲的土地上面对觉醒的伊斯兰人民、印度、中国和日本人民再撑持多久。

然而，如果这些亚洲的力量，没有成为新的生活、死亡，和(尤为重要的是)为人类而行动的理由的传播工具，如果它们没有为精疲力竭的欧洲带来新的成功之道，那么仅仅多几个国家——哪怕它们以其和声丰富了人类的交响乐——也算不了什么。

暴力之风扫遍世界。这场毁坏我们文明成果的风暴绝非意外。数世纪横暴的民族骄傲，受了革命的偶像崇拜式意识形态的煽动，被民主国家盲目模仿、扩散。而使之登峰造极的是，一个世纪以来不人道的工业化和贪婪的寡头政治，令人降为奴隶的机器至上主义，经济上的唯物质主义，使灵魂窒息而死，不可避免地带来了一场混战，使西方的珍宝毁于一旦。说有其必然性还不够。那是该当如此[②]。各国人民相互残杀，以相同原则之名，掩盖着的同样是利益和同样的该隐[③]杀弟的本能。每个人——民族主义者、法西斯分子、布尔什维克、被压迫人民和阶级——每个人都要求有使用暴力的权力，以为是天经地义，却否认别人有这个权力。半世纪以前，力量胜过权利。如今每况愈下：力量就是权利。力量吞噬了权利。

---

① 拉丁文：愿你的国降临。

② 原文 Dikè，来自希腊语 δ ίκη，意为自然而然，本该如此。

③ 该隐，圣经人物，亚当与夏娃的长子。因嫉妒而杀其弟亚伯。

在这个崩溃的旧世界,无地藏身,毫无希望。没有任何大光明。教会提供的建议不痛不痒,道貌岸然而不轻不重,小心翼翼绝不得罪强者。况且它只提供建议,根本不提供榜样。乏味的和平主义者在有气无力地咩咩叫,可以感觉出他们在犹豫不决,他们谈论信仰,却不能确知自己到底有没有信仰。谁能向他们证明这个信仰的正确性?在这个否定信仰的世界,又怎么证明它?——信仰是要以行动来证明的!

而印度发出的信息、甘地称之为给世界的信息,则是:"牺牲自我!"

泰戈尔以铿锵有力的语言对此进行了复述[①]:在这个原则上,泰戈尔和甘地是完全一致的:

> ……我希望这种牺牲精神、这种甘愿受苦的精神将会蓬勃发展……这是真正的自由……没有比这更高的价值,连民族独立也没有它高……西方对实力和物质财富笃信不疑:因此,它尽管高喊和平与裁军,其残暴却会永远变本加厉。犹如得其所哉的水中之鱼却想飞翔:绝妙的想法!然而对鱼来说毫无实现的可能。我们印度人需要对世界指出这个真理的实质,这个真理不仅使裁军成为可能,而且能化裁军为力量。没有武装的人民将证明,道德力量高于暴力。生命的演化过程告诉我们,生物逐步抛却了重得可怕的武装和多得吓人的肌肉,直到人类征服暴力世界的那一天。终将会有那么一天,完全摆脱了武装而仅余心灵的脆弱人类,会证明温良者才是地球的继承人。因此,合乎逻辑地,身体羸弱且物质匮乏的玛哈特玛·甘地,唤醒了隐藏于倍受凌辱和压抑的印度那些蓄势待发的,温良谦恭的人们的无穷力量。印度的命运选择了大神(Nârâyana[②])而不是大神的军队(Nârâyani -

① 见一九二一年三月二日泰戈尔的信,发表于一九二一年五月的《现代杂志》。

② Nârâyana(那罗延),通常指印度教大神毗湿奴。

senâ[①]),即灵魂的力量而非肌肉的力量。灵魂力量应将人类历史从物质纷争的泥淖,提高到精神之争的顶峰……虽然我们有可能弄错从西方学来的词句,地方自治并非我们的目的。我们的战斗是一场精神之战。是为人类而战。我们应当把人类从自己织的网罗中解放出来,从自私的国家组织中解放出来。我们要说服蝴蝶,自由的天空远比茧子的安逸更有价值……在我们的语言里没有 nation[②] 这个词。我们从其他人民借用这个词的时候,总感到格格不入,因为我们应该与 Nârâyana,最高主宰结盟;而我们的胜利无非是神的世界的胜利……如果我们能挑战强者、富人、军队,向世界显示不朽的神的威力,肉体巨人的城堡就会灰飞烟灭。那时人类将发现真正的自治。我们这些东方的乞丐将为全人类赢得自由……

啊!泰戈尔、甘地,印度的大河,像印度河与恒河一样,你们同时拥抱东方和西方。一个是英雄行为的悲剧;一个是光明的浩茫梦想——两人都洋溢着神的光辉,在被暴力之犁翻遍的世界,你们在播下神的种子!

"我们的斗争,"甘地宣布,"目的在于与世界为友……非暴力来到了人间,并将永留人间。它宣告世界和平的到来……"

世界和平还很遥远。我们对此不抱幻想。我们半世纪以来饱尝人类的谎言、卑怯和残忍。这并不妨碍对人类的爱。因为,即使是最下贱的人,身上也有 nescio quid dei…[③]我们并非不了解笼罩二十世纪欧洲的物质劫运、欧洲经济条件造成的劫数难逃的沉重定数、数世纪的激情和错误的化石,在我们这个时代的灵魂外面结成无法透光的硬壳。但我们也知道精神的奇迹。作为历史学家,我们见过精神的闪电

---

① Nârâyani - senâ,按词义意谓"大神(那罗延)的军队"。
② 英文:国家,民族。
③ 拉丁文:难以言传的神性。

穿透比我们时代更为阴暗的天穹。一时间,我们听到印度传来大自在天①的鼓声:

> 宇宙舞神掩住炯炯如炬的眼神,小心地轻移脚步,以免宇宙再次堕回深渊②……

鼓吹(革命的或反动的)暴力的现实政治的信徒(Realpolitiker③)嘲笑这个信念,这正暴露了他们对深刻现实的无知。让他们嘲笑吧!我有这个信念。我看到这个信念在欧洲遭到嘲弄或迫害,而且我们在自己的国家里也是极少数……(我们算不算极少数?……)但就算只有我一个人相信,又有何妨?信仰的本质在于——远非否认世界存在的敌意——看到敌意并坚持信仰——挑战敌意:这更好!因为信仰是一场战斗。而我们的非暴力主义是最为艰巨的战斗。和平之路不是一条软弱的路。我们反对软弱,甚于反对暴力。不管是好是坏,没有力量都不成事。宁愿要十足的坏,也不要阉割的好。唉声叹气的和平主义只会葬送和平:因其懦怯和缺乏信念。没有信念者或心怀恐惧者走开!和平的道路是自我牺牲的道路。

这就是甘地给予我们的教益④。他只缺一个十字架了⑤。众所周知,没有犹太人,罗马不会给基督十字架。英帝国就等于罗马帝国。而印度已经发动起来了。东方人民的灵魂深处受到了它的震撼,其余波遍及全球。

在东方,宗教大人物的出现有其节奏。两者必居其一,或是甘地的出现带来胜利;或是这样的人物将一再出现——就像数世纪之前弥

① 大自在天,又译"湿婆",印度教三大主神之一,为毁灭之神。

② 摘自维沙卡达他的戏剧 Mudra - Râkshasa(《大臣的私章》),最早表现大自在天的戏剧。

③ 德文:现实政治的信徒。

④ 这也是"自觉的反对者"们做出的榜样,他们从英国发端,现已遍布欧洲所有国家。

⑤ 意谓甘地与基督的差别仅在于没上十字架。

赛亚和菩萨先后出现一样——直到生命的法则完全体现于一个半神半人身上，并引导人类走向新的阶段。

一九二三年二月

参考书目

1. 玛哈特玛 · 甘地:《青年印度(1919—1922)》,巴布 · 拉金德拉 · 普拉萨德序。16 开本 1 卷,LXIV + 1200 页,一九二二年,马德拉斯 S. Ganesan 出版社。(甘地发表于《青年印度》的文章结集。法文版即将出版,题为:La Jeune Inde,Stock 出版社)。

2. 玛哈特玛 · 甘地:《甘地讲演、文章集(1896—1922)》,C. – F. 安德鲁斯序,附简历。16 开本 1 卷,848 + 47 页,一九二二年,马德拉斯 Natesan 出版社。

3. 玛哈特玛 · 甘地:a) Hind Swaraj(《印度自治》),一九二一年 S. Ganesan 出版社;b) Neethi Dharma(《伦理宗教》),J. – H. 福尔摩斯序,S. Ganesan 出版社;c) A Guide to Health(《健康指南》),一九二一年,S. Ganesan 出版社。

4. 约瑟夫 · J. 窦克:M. K. Gandhi, an Indian Patriot in South Africa,安特希尔爵士序。一九〇九年,伦敦,Indian Chronicle.

5. Souvenir of the Passive Resistance Movement in South Africa (1906—1914), Golden Number of Indian Opinion,一九一四年,纳塔尔省凤凰镇。

(这本珍贵的小册子由甘地在纳塔尔省的托尔斯泰式农场印刷所出版,提供了关于南非“消极抵抗”时期的文字及摄影文献最完整的结集)。

6. 凯尔喀教授:The Gospel of Swadeshi（《国货运动福音》），一九二二年，Ganesan 出版社。

7. W. – W. 皮尔逊:The Dawn of a New Age，一九二二年，S. Ganesan 出版社。

8. C. – F. 安德鲁斯:To the Students，一九二一年，S. Ganesan 出版社。

9. J. H. 福尔摩斯:Mohandas Karamchand Gandhi，（《伦理宗教》序言）。

10. “M. K. 甘地生平及著作简述”（原载《印度杰出人物传记》），马德拉斯，Natesan 出版社。

11. 玛纳班德拉・纳思・罗依:《印度转型》，（与阿巴尼・穆克吉合著），一九二二年，日内瓦，J. B. Target 出版社。

12. 玛纳班德拉・纳思・罗依与艾芙琳・罗依:One Year of Non – Cooperation—from Ahmedabad to Gaya，published by Communist Party of India，一九二三年，加尔各答。（这两本小册子的作者为流亡欧洲的印度人，深受欧洲精神熏陶，资料丰富，从与甘地参阅以下两种刊物甚有帮助:1. 甘地创办的报纸《青年印度》，现仍在艾哈迈达巴德继续出版，他的儿子现为该报的印刷出版者；2. The Modern Review，由拉蒙达・恰特吉在加尔各答出版，表述拉宾德拉纳特・泰戈尔的思想观点。——芝加哥的 Unity 杂志怀着热烈的同情密切关注甘地主义运动的进展。其主编约翰・海因斯・福尔摩斯曾为印度版的《伦理宗教》作序。

罗曼·罗兰

第八卷

丹东
群狼
爱情与死亡的游戏
罗伯斯庇尔

【法】罗曼·罗兰 著
李玉民 赵克非 译
艾珉 主编

人民文学出版社

革命大乐的泛音

这里选译的四种剧作,足以体现由十二出剧本组成的法国大革命史诗剧的精神。这套史诗剧,在作者的眼里,与他的小说创作比肩并重,而且在法国戏剧史上,也是独树一帜的。

大革命史诗剧由《丹东》开场,最终以《罗伯斯庇尔》结幕,表现的是法国大革命的高潮阶段,两位革命巨人相继上了断头台(前后相隔仅仅三个半月)。罗曼·罗兰三十岁构思这套革命系列剧,创作出《丹东》,直到七十二岁高龄才酝酿成熟,写出《罗伯斯庇尔》。整体创作跨越四十二年,足见重视的程度和态度的严谨。

一九〇〇年,在剧场观看《丹东》排练时,罗曼·罗兰写道:

> 我一步步走进这个超凡痛苦和强力的世界,感到正在构成一部庞大的诗剧;我听见汹涌海洋在怒吼:法兰西人民的《伊利亚特》。良心的门扉,从来没有如此猛烈地从户枢拔走。人从未如此贴近地俯瞰灵魂的深渊。居住在头脑洞穴的无形神灵鬼怪从夜里显现,从来没有像这一时刻,如霹雳一般壮丽而可怕,或这样鲜明。我要尝试的不仅是此前习见的英雄剧,更是源自生命和极限的考量。

作者明确表示,大革命这个强力世界,充满了超凡的苦痛,可以说革命的深度不外乎人类苦难的深度,正是这种双重的深度,构成了法兰西人民的《伊利亚特》。大革命的血雨腥风,将“良心的门扉”刮得无影无踪。人类灵魂的深渊,再也没有任何遮拦,蛰伏于头脑洞穴的神灵鬼怪,在霹雳闪电中现形,同狂热而又恐惧的人们一起登场,串演了这一台台空前壮丽、震惊寰宇的大戏。因此,这种对生命能力的极限考验,远非传统意义的英雄剧可与比拟。

罗曼·罗兰不止一次阐述他的历史艺术观,他在《爱情与死亡的游戏》的序言中就写道:

> 对我而言,历史就是一个大容器,积蓄着情感和自然的力量,我愿从中汲取;我又从兽穴深处赶出人类大猛兽,千头野兽:人民,也赶出斗兽士。我丝毫不担心他们的描写彼此相像:因为,他们的形象是永恒的。

历史这个大容器所积蓄的情感和自然的力量,远比历史事件更加丰富多彩,也更能生动鲜明地勾画出历史的真相。至于从兽穴深处赶出来的人类两大怪物,统称为民众的“千头野兽”,以及史称领袖人物的“斗兽士”,我们见了会觉得似曾相识,照作者的意思这并不奇怪,“因为,他们的形象是永恒的”,或者说他们不断地转世再生,由此产生的一些联想,无损于史诗剧的艺术性。

革命剧对话内容的一大特点,就是极富激昂豪放的格调。那些宏旨大词,堂而皇之地进入寻常百姓家。大家开口闭口“世界”“人类”“祖国”“共和”“阴谋”“叛国”,哪怕是谈家常,哪怕是亲友闲聊天。不管愿意不愿意,革命绑架了所有人,也绑架了一个时期的历史剧。这种演说式的台词,自然而然设下不少误区,如果不了解法国人感觉方式的本能传统,我们就容易产生误解,尤其排除不掉虚假的感觉。当然,这种感觉也不是毫无道理,革命中的人已非常人了。对演员、观众和读者,罗曼·罗兰寄予这种希望:

……能在学院式夸饰的词语和节奏下面，或者在词义之争的云山雾罩中，读出国民公会的那些雄辩家一只手执斧，另一只手提着脑袋——身首异处的圣约翰们！——所表达的消陨生命的激情、令人胆寒的坦诚！要想理解这种音乐，就必须倾听泛音系列：仇恨、爱情、死亡……每种和弦的震颤。你们要拿在手上！掌心便觉得炽热……

作者将打开理解大门的钥匙交给了我们。大革命中的那些风云人物，为什么偏爱夸饰的语言，为什么一开口便要演说，进入咄咄逼人的节奏，有些词早已十分明确，又为什么继续争执不休，将人置于五里雾中呢？且看《群狼》中，国民公会派驻军队特派员凯斯奈，面对要求他主持公道的正直军官特利埃，就用大话搪塞："我爱祖国胜过爱正义！"再看《丹东》中，罗伯斯庇尔拒绝丹东的求和，朗声抛出："没有德行，何来祖国！""祖国""正义""德行"，这些挂在口头的词语，换换位置就赋予不同的涵义，能说他们在玩弄辞藻吗？这些提着脑袋干革命的人深知，一句话讲得不当，人头真的就要落地了。这种坦诚令人胆战心寒，如此激情又在耗损生命，我们就是应该尽量理解，那种动荡年代的思想激荡，同时也会明白，他们何以那么疲惫不堪，甚至心力不支而萌生退意。

这里所说的泛音系列，就是历史这个大容器所积蓄的情感和自然的力量，作者信手拈来，丰满剧中人物和事件。随着剧情展开，爱恨情仇、生死考验、喜悦和悲伤、无奈和绝望，人物之间剪不断、理还乱的情感纠葛和隐患，这些震颤共鸣的和弦，就构成了革命大乐的泛音系列。这是复现历史真相的潜台词，我们应当用心品读，才能真正看懂法国革命的这场大戏。诚如作者所言：这种史诗剧拿手掂量，掌心必会感到灼热。

打破旧秩序，应是革命最难忘的欢乐时刻，那是全民大联欢。《爱情与死亡的游戏》中的女主人公索菲，正是以那段日子抚慰她赴死的决心:“在解放的最初日子,忘情地拥抱全国所有人,真是件快事。我们有必要懊悔吗? 谁不会羡慕我们在世感受过这种幸福呢?”

尤其巴黎的普通市民,在革命初步胜利的鼓舞下,他们纷纷从军,开赴前线,保家卫国。《群狼》中几个小人物的对话很有代表性。一个不必在旅馆里清扫马粪了,另一个也不必伏案誊写诉讼文件了:

布　凯　可是现在呢,我们不干这种活儿了,而是走在祖国的前头;我们沿着莱茵河岸拖着大炮,让专制统治的鹰犬迎着我们的战刀,撞得头破血流!

维达洛　对呀,这是一场神圣的冒险……也正是这种冒险,让全欧洲的奴隶在我们的脚下发抖!

约翰-阿马布尔　……这是一种令人沉醉的快乐。做自由人,保卫自由的祖国,欧洲唯一自由的国度,——形同国王们行进在遭到重创的欧洲大地上,心灵摆脱了一切恐惧、一切偏见,紧紧搂抱着这个属于我们的大世界,打破各国人民的枷锁,只感到头顶是一片青天,廓清了上帝重压的谎言! ……还有谁体会过我们这样一种喜悦呢?

布　凯　我们的敌人也猜出了这种愉悦,无不开始艳羡了。你知道卡尔克路特是怎么说的吗? 他说:“世界的末日来临了。那些雅各宾党人,个个讲话都是国王的口吻。”

约翰-阿马布尔　世界的一群国王,他说对了! 世上没有什么不归属于我们。一切都属于我们:只要动手去拿就是了。

对革命的认识,只有一个“自由”,其余思想一片混乱,讲话口气却大如天,俨然世界的主宰。这种毫无理智的思想状态,我们这一代人何尝没有经历过,比起那段“史无前例”的时期,一点儿也不觉得奇怪。不过,他们的喜悦和激情,也确实发自内心,可以说这是革命的一种幸福通感,也是革命最富朝气和活力、值得怀念的阶段。

这个阶段的最鲜明的特点，就是革命最活跃的力量之间形成的默契：一呼百应，聚为合力，打击真正的敌人。热月政变期间，大势已去的罗伯斯庇尔万分感慨地说：今天不比当年了，一切都变了，那时，大革命最活跃的力量之间，即在马拉、丹东和埃贝尔之间是有默契的。曾几何时，这种难能可贵的默契关系，随着革命夺取了政权，就荡然无存了。

没有了默契，革命的机体就丧失了信任这种免疫力，于是，上面援引的对话中所提到的一切恐惧、一切偏见，暂时摆脱却又卷土重来，改头换面，其腐蚀的威力百倍胜过敌人的进攻。信任感退缩到了极小的圈子；罗伯斯庇尔，只有跨进房东的家门，才能在满院弥漫的锯开木材的清香气味中，呼吸到和平和希望：

罗伯斯庇尔　杜普莱忠厚的面孔、您母亲的热情声音，还有您的手，爱莱诺珥，带着亲如手足的微笑伸向我：这么多忠诚的情谊，让我认识到这世间最稀有的无价财富，啊！正是我最缺乏、最需要的财富。

爱莱诺珥　什么财富？

罗伯斯庇尔　信任。

爱莱诺珥　您怀疑什么人吗？

罗伯斯庇尔　我怀疑所有人。我从人的眼神里就能看出谎言，从争辩的背后看出隐藏的阴谋。他们的眼睛、他们的嘴、他们握手的方式，他们全身，无一不在欺骗。怀疑就这样毒化了我的所有思想。

表情一贯严厉而严肃的罗伯斯庇尔，只有在这二十五岁的美丽女子面前，才表现出温柔的一面，坦吐他的苦衷，讲出来的话句句发自肺腑，不会掺进半点虚假。大革命最活跃的力量之间曾普遍存在的默契和信任，现在却成为最稀缺的无价财富。明知怀疑毒化了思想，他还是要怀疑所有人。这便是作者所说的"宿命"。

说来也怪,革命最不讲宿命,就是要打破宿命的牢笼。这些起来造反的共和主义者,攻破了杜伊勒里宫,投票赞成处决国王,就为自己安排了新的命运,同共和国休戚与共的命运,却又难以摆脱俄狄浦斯的那种宿命。作者这样解释道:"然而,他们又要极力地去摧毁自己创造的东西:共和国。他们处于真正的狂热之中,为自己的激情、愤怒和怀疑所左右;这种狂热使他们再也看不清自己正走向何方,甚至会使他们投入共和国凶恶敌人的怀抱。"

罗曼·罗兰在《群狼》的前言中,援引了拿破仑对歌德讲的一句话:"政治,就是现代的劫难。"随后作者又补充道:"政治也恰恰是我们时代的悲剧。"三十余年后,他在《罗伯斯庇尔》前言中,重提拿破仑的这句话:"政治是现代的宿命……"可见十分重视。"劫难"、"宿命",随着语境译法不同,其意并无差异,也非常明确,用以解释大革命中的那些精英何以那么疯狂,自噬相残,将自己阵营的人一批一批送上断头台,最终也断送了共和国:这就是保卫共和国的政治。

人类思想一进入革命阶段,就会陷入政治的怪圈,在荒诞和逻辑之间,以超常的频率旋转起来,直到分不清两者的界线,荒诞亦逻辑,逻辑亦荒诞,在自己的营垒中,不断地化同为异,化异为敌,最终成为孤家寡人,任人宰割了。

继续节录上面的对话,看看罗伯斯庇尔陷入政治怪圈的思维。

罗伯斯庇尔　最优秀的人也身不由己,相继受到了(罪恶的)传染。前天有菲力波,昨天有丹东,今天有戴木兰……戴木兰:我的发小,我的兄弟……明天还会有谁背叛呢?

爱莱诺珥　这可能吗?这么多人叛国!您有证据吗?

罗伯斯庇尔　有,而且胜过证据:精神上的确认,这种万无一失的灵光从来不骗我。

“精神上的确认”，无需任何证据，仅凭头脑“灵光”一闪，丝毫不管常情常理的判断，这就是到了革命的关头，处于关键地位的几个人的思维方式。一个掌握革命全局的人，最信任的人也只有三个，拿他自己的话说：“就是两个孩子和一个垂死的人。”即大病在身的库东，他于一七九四年六月推动通过法案，实施“大恐怖”政策；还有两个不到三十岁的青年，整治北方军很有魄力的勒巴，以及小罗伯斯庇尔。爱莱诺珥就问，还有圣茹斯特呢？罗伯斯庇尔坦率地回答：“这一位，可令我畏惧。圣茹斯特，活脱脱的革命利剑，毫不留情的武器，为他那钢铁的法律，他像牺牲别人那样，也能牺牲我。——其余所有人，都背叛了。圣茹斯特远离巴黎、去掌控军队。只剩下我一个人，与这些叛徒周旋：他们围着我转悠，伺机从背后偷袭我。我稍一倦怠就完了；共和国也就完了。他们迟早会要我的命。”

从怀疑所有人到认定所有人都背叛了；似乎没有什么论证，这正是政治怪圈的魔力。共和国的重量级人物丹东、戴木兰等还在，成为他们实行“大恐怖”政策的障碍。于是，一七九四年三月至七月，大革命的政治怪圈进入最后的疯狂旋转，罗伯斯庇尔冒着难耐的酷暑，拖着疲惫的病身，鞠躬尽瘁地完成了敌人办不到的事情：将丹东送上断头台，“拆毁了共和国和这座堡垒”（罗伯斯庇尔语），这就为热月政变扫清了道路。热月党人正是照他的话办的，从背后偷袭了他，也不经过法律程序，就把他和圣茹斯特等五人送上断头台，从而断送了共和国。

然而，就在这疯狂的阶段，也还是不乏理解的声音：有罗伯斯庇尔的政敌丹东极高亢的警告，也有国民公会议员、正直的科学家库瓦锡极深沉的叹惋。他们都是大革命精神的杰出代表，他们出场的戏也都非常精彩。我们先看看罗伯斯庇尔和丹东的对手戏：

丹　东　但是，忧虑共和国高于一切：共和国需要我的魄力和你的德行。如果说你憎恶我的魄力，我何尝不讨厌你的德行。

咱们俩扯平了。你就照我这样做，捂住你的鼻子，咱们一起拯救祖国。

罗伯斯庇尔　我根本就不相信，祖国就少不了哪个人。

丹　东　这是所有嫉妒者的说词。他们借助这种堂而皇之的推理，极力阉割国家，消除一切增强国家的力量。

…………

罗伯斯庇尔　你迁就所有党派。

丹　东　我有一颗博爱的心，以博爱对待所有不幸的人。

罗伯斯庇尔　炫耀自己绝没有仇恨，也的确根本不仇恨共和国的敌人，从而也就毁掉共和国。……

丹　东　在你的眼里，到处是罪恶。……共和国在自残，现在还来得及，停止这种损耗法国的荒谬而凶残的恐怖政策吧。你若是不尽快收手，同我们合作，那么要不了多久，你就控制不住这场燎原大火。事与愿违，你会同其他人一起烧死，而且会首先烧死你。你这丧失理智的人，难道你还看不出来，丹东一旦不在了，你会头一个遭受打击吗？正是我还在为你阻挡火势。

罗伯斯庇尔　（冷淡地）那就让大火烧死我吧！

丹　东　以祖国为重，罗伯斯庇尔，我们以同样的热忱深爱这个国家，为国献出了一切，我们要以祖国为重，全体休战吧，无论敌友，完全休战，只要大家都爱法兰西！

其实，革命阵营的党派之争导致的清洗，尤其两次大规模的清洗，温和的吉伦特派和激进的埃贝尔派，都已经覆灭了。共和国元气大伤，中坚力量仅剩下两小股，各以丹东和罗伯斯庇尔为首领。这两根支柱再倾倒一根，那就独木难支了。共和国的这种境况，王党间谍分子和革命的投机分子都十分清楚，罗伯斯庇尔也未必不了解。公安委员会四人密谋清除丹东及其追随者时，罗伯斯庇尔和圣茹斯特志在消灭政敌,而比洛·瓦雷纳和瓦狄埃则心怀叵测。罗伯斯庇尔清醒地指出:这样一颗脑袋掉下来,必然会动摇国本。比洛便拿话激他,他是不是害怕了。瓦狄埃又阴险地从旁挑动:

瓦狄埃　你就问问他,比洛,他是不是把丹东当作厚床垫,自己躲在后面避枪弹?

比　洛　(粗暴地)你老实说吧,你怕丹东一倒台,就暴露了你自己,你拿他当盾牌,紧紧贴着保护自身。丹东替你转移视线和利箭。

罗伯斯庇尔　我鄙视这种罪恶的诽谤。我还在乎什么危险?我并不吝惜自己的生命。然而,我是过来人,有经验,又能观测未来。你们太疯狂了,仇恨搅乱了你们的神经。你们只想着自己,根本不考虑共和国。

就是这样四个人,两名共和国的忠城卫士、两个别有用心的人,聚在一起角斗,各怀鬼胎,各有图谋,相互妥协,做出一项关系共和国命运的重大决定:签署命令逮捕丹东。是阳谋还是阴谋,是维护还是毁掉共和国,两者还有什么差异吗?从这段历史来看,革命似乎沿着反革命给划出的路线行进。罗伯斯庇尔好像在据理力争,其实是在一步一步达到他既定的目标:除掉敢于同他分庭抗礼的丹东,从而客观上正中敌人的下怀。瓦狄埃就嘲讽地说他:“你这布鲁图斯,大度的君子,品德高尚的人,我早就知道,你甩掉一个朋友,绝不会犹豫的。”他们决定由圣茹斯特起草对丹东的控述状,罗伯斯庇尔当场就拿出一份现成的材料,交给圣茹斯特。瓦狄埃便旁白:“像这样的材料,他给自己的每位朋友都准备了一份。”

这里对比两个细节,多少能看出丹东和罗伯斯庇尔这两个伟人的风格。罗伯斯庇尔同丹东和戴木兰话不投机,拒不和解,走了之后,丹东十分伤感,他非常亲热地请求戴木兰的妻子:

丹　东　吕西尔，给我读点什么吧，给我弹一段音乐，安慰安慰我吧。

吕西尔　你怎么啦？

丹　东　共和国哟！自行毁灭。亲手毁掉自己的事业，毁掉共和国！胜者还是败者，又能怎么样？这两种情况，全归于失败！

卡米尔　这两种情况，全是胜者，都戴上光荣的桂冠！

丹　东　（猛地站起来）咱们走吧，让共和国訇然倒塌的巨响震惊世界吧！

作者似乎意犹未足，在《丹东》终场时又补上一小段对话：

魏特曼　倒是行动啊！

丹　东　太迟了。——况且，我也不在乎了。共和国已经完了。我宁愿死在前面。

魏特曼　这正是你犹豫不决的后果。你怎么不抢在罗伯斯庇尔前面！

丹　东　没有我们两颗脑袋，革命就不可能存活。我只有除掉他才能自保，但是，我爱革命胜过爱我自身。

罗伯斯庇尔那边则抢在前头，紧张策划，敲定行动的步骤，计划十分周密，尤其采取紧急措施，不让丹东再同群众接触。

比　洛　也许，就在此刻，共和国已经窒息，我们的理念流产了，理性这回要死去多少世纪……火速行动！

罗伯斯庇尔　派人逮捕丹东。

〔他签字。比洛焦躁不安地签了字。

圣茹斯特　这是为你呀，自由之神！（他签了字）

比　洛　国民公会不会质疑吧？

罗伯斯庇尔　(鄙夷地)国民公会为了公众的利益,一贯善于牺牲自己的成员。

瓦狄特　(签字)这事包在我身上。

罗伯斯庇尔　(长叹一声)在我们的肩上,革命的担子更加沉重了。

瓦狄特　(旁白)这只虎猫,总这么装模作样,他也忍不住舐嘴唇了。

罗伯斯庇尔　可悲的必要之常。我们给共和国断腔,是为拯救共和国。

丹东和罗伯斯庇尔,从各自的角度发出最强音,听来腔调不同。丹东不由自主,一吐胸中的块垒,有一股痛心疾首的悲壮豪气。罗伯斯庇尔则相反,始终沉稳地进行政治的考量,显示一种自圆其说的冷面权谋。他们身边的人当场的反应,也起到画龙点睛的效果。菲力波对丹东说:"走吧,丹东,生而无憾,死而无怨。"而瓦狄埃拿着丹东的逮捕令,要去国民公会,旁白道:"他们(指罗伯斯庇尔和圣茹斯特)简直疯了,该送进疯人院。用不了多久,就得把他们关进小屋子里。"

在大革命的恐怖时期,还能发出理智的声音的人物中,我特别喜爱《爱情与死亡的游戏》里的男主人公库瓦锡。他是一位科学家,法兰西学院院士,从前《百科全书》的顾问,现今为国民公会议员,又当公安委员会的顾问。他凭着独一无二的全才的优势,目睹社会制度更迭,在党派疯狂的厮杀中,始终能立足,保持自己的人格。他还经常利用自己的影响救济别人,甚至出面保护受威胁的朋友。然而这次国民公会开会,所有议员,甚至包括得到过丹东保护和恩惠的那些人,在握着生死大权的罗伯斯庇尔的监视下,都乖乖署名投票赞成审判丹东。库瓦锡与丹东原本就不是朋友,他也憎恶这个狂躁的"魔头",讨厌他夸夸其谈,以及"卑劣"和"狡诈"的本能。然而,"他那争得荣光的胆量,为共和国所做的光辉贡献","好像革命的守护天使",不应该一笔抹杀。基于这种理性的考虑,库瓦锡虽不能公然反对,却勇敢地拒绝投票,夺门离开会场。

杰罗姆·库瓦锡的年轻妻子索菲,是个有见地、识大体的善良女子。她在家中接待几位朋友,他们闲谈中,讲到饥寒交迫的日子。一个说:冻得太厉害了,就觉得烧死也是好的。另一个也说:所谓的地狱,就是一个能取暖的地方。一个青年则说:地狱,就是腹中空空,冲向敌人。日子艰难,还生活在恐惧之中,一提到公安委员会,就赶紧用手按住嘴唇,人人自危。他们说:在这种丧失理智的时期,唯独杰罗姆还依然起着调解作用,同掌握生杀大权的主人们周旋。索菲虽有地位,也同样担惊受怕:会开多长时间,从来就无法预料,我等他时常就是一个通宵。这年头,谁敢断言一小时之后会怎样呢?果然,情况突变:索菲的前男友瓦莱,受通缉的吉伦特派议员忽然闯来。他为见索菲最后一面,历经五个月,冒死返回巴黎。做客的几位朋友怕受牵连,都匆匆避开。

正巧丈夫也回来,索菲先让瓦莱躲进里屋,她见丈夫神态异常,便问是什么意外的打击,能动摇他的意志。一向温文尔雅的杰罗姆,终于讲出积压在心头的真话:

杰罗姆　他们已经不是人了(指国民公会议员)!就是一群牲口,又温顺又凶残。所有卑鄙的、残暴的本能,全都暴露无疑。屠宰场里的一堆肉,一些走狗,匍匐在那里、嗅着血腥的气味。在场子中央,狼和鬣狗来回走。大厅里空出许多座位。二百多位逃掉,死了,消失了。右边空无一人。原先坐在右面苟活下来的议员,都逃离座位,爬上了山顶。坐什么位置都不保险了,甚至极其谨慎的人也不断换座席:因为,谁也说不准,要打击到哪里,是上面还是下面?……六个月前,也是在这场地,相对它的激昂辩论,如同浪涛一样轰鸣:吉伦特派、山岳派两个阵营交锋,手上拿着武器,用言语和手势较量;在那种混战中,看台上雷声滚滚,两千颗脑袋都在吼叫。如今呢;这成了一座坟墓。……一旦跨进门槛(还必须跨进去,不可以躲避,否则就引起注意),谁也不再是本人了。同事、朋友,刚才还挽着您的手臂,现在就成了陌生人……每个人对另一个人都是一个谜。也许片刻之后,我会看见他站起来,眼睛射出凶光,唾沫星四射,同一群猎犬冲我狂吠……

索　菲　您不要冲动！恢复您一贯的平静！……对我讲讲,发生了什么情况……又新整掉一批人吗？您不在其中吧？

杰罗姆　(点头称是)对,又新整掉一批人。

索　菲　可是,还整谁呢？他们已经打击了所有敌人。左派的对头、右派的对头。遭殃的吉伦特派彻底咽气了。公社也已破碎了。埃贝尔、肖梅特、克洛特掉脑袋还不到一周时间,他们还剩下什么要消灭的呢？

杰罗姆讲述了国民公会投票批准审判丹东的过程:所有人都投了票,落井下石。他知道他拒不投票会有人找他算账。况且近两个月来,他的思想已经引起怀疑,每走一步都有人跟踪,每说一句话都记录在案,甚至记下他多次保持沉默。暗中一直监视他的告密者,有的还是他们的朋友,今天他拿到了确凿证据,正是那个常来的老家伙德尼·巴约,刚才他看见了放逐者瓦莱寻求避难……

瓦莱这个革命青年,当年巴黎公社战斗营列队前进,他冲在前头,英勇夺取了杜伊勒里宫。他在国民公会上台演讲,叱责敌对者妙语连珠,那种残忍的狡黠,让罗伯斯庇尔十分恼火。吉伦特派遭到清洗之后,传说他惨死在逃亡的路上,他意外现身,又带来了外省实施恐怖政策的成效。他们七名受通缉的吉伦特议员,逃至多尔多涅省,那里有他们三十来位朋友,他们挨家敲门,报了姓名,可是,没有一个朋友敢开门接待他们。他们的脚步拖着断头台的影子,谁见了都惊慌失措。有一家他们突然闯进去,那人就要杀了他们,可是他又不强壮,只好威胁说，他们不走他就自杀！最后一线希望，他们去投奔一户对瓦莱感恩而通好的人家，冒着凄风苦雨，漆黑的夜黑又迷失在田野，泥泞中跋涉了六小时才找到。那家人虽然知道了恩人上门，还是合计了一个小时，实在害怕，不敢接待他们。他们筋疲力尽，瓦莱还冻得失去了知觉，央求那家人让他们避一小时雨，回答不行，讨碗水喝，要一点醋，也答说不给。瓦莱愤慨地说：

“在我们的周围，一切都死去，一切都毁掉，一切，维系人类社会的所有纽带和法律、对不幸的尊重、真诚、善良。在一片废墟上，唯独爱还闪光。其余的一切全是黑夜。”

妇女们更加怨怪，不给女人的幸福留下一点空间。十七岁的克洛丽丝就抱怨：

“我也一样，很年轻啊！可是幸福，我却没有，从来没有过……噢！我甚至不要求一个月……只求一天，只求一天的幸福！”

索菲便劝慰，说她的年龄比她这少女大一倍，生命还长着呢。克洛丽丝却说生命很短暂：

“您生活的年代……恕我直言！……可是今天，就大不一样了。谁能确保明天呢？”

然而，被人视为幸福的索菲，拥有了全部财富：爱情、声望、权力，以及对这场革命的信念，但她在感情受到冲击时，是这样向女友坦吐苦衷的：

“所有那些信仰，我全恨，无不是空想幻影，男人投身进去，犹如耽于一种恶习，最终毁了生活。生活，本就在那儿，在我们身边，简简单单，又多么温馨！只要一俯身，就能采撷生活的花朵。然而，男人变了，没有能力品味生活了。他们的信仰成了一种怪癖，一种毒药，使他们沉迷在一种狂热而致命的麻木迟钝状态。他们把我祭献给信仰……哼！这还不算什么！……他们还祭献了自身。”

索菲指的是她前男友瓦莱。她不忘旧情，不顾自身安全，决意救瓦莱的命。她丈夫杰罗姆在国民公会拒绝投票之后，又不计较瓦莱的误解和责难，要把生的机会给索菲和瓦莱，显示他超凡的人格和善良的本性。送来生的机会的是另一位科学家，身居安全委员会委员要职的卡尔诺。在那疯狂的时期，卡尔诺虽处政治旋涡的中心，难得还能保持一定的理性和人性。

卡尔诺来见库瓦锡，首先打断一出闹剧。区安全委员会代表，小混混克拉帕尔，带领更小的混混和妓女，借例行检查之机报复库瓦锡，到家里打砸，戳破绘画，甚至还让妓女搜索菲的身。这种小插曲，在这套戏剧中绝无仅有，却反应了革命中的一个普遍现象：大浪潮泥沙俱下，总有一些卑劣的小人投机进来，仗革命之势欺侮并整治好人。这也是革命招人痛恨的一处硬伤。

卡尔诺与库瓦锡的交谈，是革命的两个重要人物之间不戴政治面具的谈话，因而属革命大乐的泛音系列，不是主旋律，胜似主旋律，更能传达历史真实的声音。

卡尔诺　我们开诚布公，库瓦锡！我们是科学家，两个人都了解，自然法则多么严酷，根本不顾忌脉脉温情，要踏着人的德行去达到目的。德操，就是结果。我要结果，不管付出多大代价。这种代价，并不是我本人确定的，但是我接受。我同你一样，也许比你还要憎恶那些狡猾的、草菅人命的人，我还是迫不得已，比你要更多地同他们相处，混在一起。我憎恶他们每天让我签署的暴力法令。然而，我绝不可以认为自己可以拒绝、逃避这种行动，因为这种行动弄脏了我的双手。我看重投入战斗的目标。人类进步，哪儿在乎几件肮脏事，如果需要，也不在乎几桩罪行。

杰罗姆　我理解你，卡尔诺……我同你一样，信不过感情用事，但是也信不过思想意识。我比你年长，对人类进步再也没有你这种信念了。我搞科学太投入，不会无保留地相信我们的一种假设（因为，这无非是一种假设）。而这种假设再怎么迎合人的才能及其热切的希望,我也绝不奉为神明,祭献血腥的供品。在我看来,只有生命,现世生命才是神圣的。

卡尔诺　你却奉上自己的生命?

杰罗姆　我绝不为自己的命,献上别人的命。

卡尔诺　归根结底,他们的命已死定了。

杰罗姆　我的命则不然,只要以自由灵魂为榜样,对抗懦夫和暴君当道的卑劣时期。

卡尔诺　我才不管你的灵魂呢!不过,我看重你的性命,需要你的头脑。库瓦锡,我们真的需要你的劳作、你的才能。这是祖国的需要。你是应召人员,无权逃避,你逃避就等于剥夺国家应有的果实。

这段对话真诚地表明了,在大革命的政治怪圈中,卡尔诺式革命的底线,库瓦锡式做人的底线,作者意在同时肯定正派人的这两种理性的态度,即卡尔诺的不拒绝(与主动采取的本质差异)肮脏的行动,杰罗姆的不害别人的性命。有意思的是,作者似乎觉得对革命行动的肯定还不足以服人,在演出本上又增补了一段戏文,节选如下:

卡尔诺　……你否定行动,从精神上反对的角色,扮演起来很占便宜。你仅仅冒生命危险……生命!……我们委员会的人则不然,我们甚至没有时间,也没有权利考虑自己的性命!我们日复一日,一小时又一小时,要拯救我们的革命——拯救孕育这场革命的国家,法兰西正遭受世界反动势力的所有鹰犬的血腥围攻。落后或者迟疑一分钟,那些疯狗就会扑到我们身上,野蛮地撕烂你我热爱并敬重的一切……行动起来,必须行动,刻不容缓,毫不容情地打击……

杰罗姆　我理解你,卡尔诺。我根本没有资格责备你。但是也别要求我赞同你的话!……我疲倦了……

卡尔诺　我们呢，你以为我们不疲倦！疲软得往往要倒下去，我们感到被绑在制造恐怖的不可抗拒的机器上，也常常不堪忍受！……那又怎么样！如果这台机器停止运转了，那么另一种恐怖，黑色的、白色的，——裹尸布，就会笼罩世界……我不希望他们将光明埋葬！我也不希望我们的革命死亡。我要千方百计，不惜任何代价，让人类活下去，高高扬起额头，戴上自由的桂冠活着！如果需要，我可以付出名誉，亲手干那些无耻的事情。因为我知道，要想解放人民，开导人民，代价非常巨大！对立面是人民，他们头一波冲动过，又消沉下去，还得违背他们的意志才可能拯救他们！对立面还有未来，正是未来几代人，我们的子孙，将从我们的劳苦和成果中受益。后代的废物，他们继承我们的财富还要脸红。他们会站在道德的高点，审判我们的过错和罪恶。他们会否认自己的祖父……

罗曼·罗兰特意选择卡尔诺，恐怖政策的随从者，而不是主导者罗伯斯庇尔，出面阐明制造恐怖的这台机器一旦停止运转，光明必将埋葬，革命也必定死亡，那将是另一种恐怖肆虐了。这种观点并不是危言耸听。他还通过相对客观的卡尔诺之口，提出解放人类大业的两大障碍：人民和未来。人民体现蒙昧的惰性，而未来代表道德的审判，因此，革命的代价非常巨大。这段增补部分摆明这两点，革命的一切行动，包括过错和罪恶，就有了历史的解释，不是无谓而荒诞的了。这是自占田地。提醒后世，评价法国大革命，不要从政治的怪圈又钻入道德的怪圈。法国大革命的精神，主要不在于纷乱的史实，而在于它永久的存在和不断的再生。

永久的存在，不断的再生，只因革命的目标不会一蹴而就，需要多少世纪的奋斗，不是狭义所说的革命成功，即推翻了一种制度，夺取了政权。我们还记得作者所说，革命的暴风雨从头脑洞穴赶出的无形神灵鬼怪吧？“从兽穴深处赶出人类大猛兽，千头野兽：人民”吧？经历过轰轰烈烈革命的人，对此都应该有深刻的体会。一向与人为善的杰罗姆·库瓦锡就愤慨地说：

“……厌恶，厌恶世人，也厌恶自己。人性、理性、自由……笑话！我的信念，笑话！人天生就该受奴役。人天生就要背叛。为使人自由的一切努力，为把人扶起来的一切尝试，只能促使人展现其兽性。我做了什么？我丢了性命！……”

索菲完全理解，这是她丈夫气头上的话，并非本意。值得注意的是，他们抱着什么信念投身革命的呢？就是“解放并提高人类”。解放容易提高难啊！有多么艰难，又有多大危险，真正抱着这种信念投身革命洪流中的人，都会有痛定思痛的体验。人身上着附了“多少怪物、多少不远的意念”，在特定的政治环境中，展现出的兽性确实极其卑劣，残忍的程度甚至令人费解。就连大革命中两个最坚强、最纯粹的人，罗伯斯庇尔和圣茹斯特，都发出了无可奈何的疑问。

罗伯斯庇尔　有时我也厌倦了这种斗争。敌人太广泛了。我们能改变人类吗？能让我们的梦想统治世界吗？

圣茹斯特　等有那么一天，我确信不可能实现这一梦想，我就自尽，了此一生。

其实，他们二人不约而同，都把目光投向未来了。他们所说的改变人类的梦想，正是“人类精神的进步”，这也是库瓦锡夫妇决意殉难的最后时刻，重又找回的信念。索菲劝慰丈夫时说，他们的过错，或许过早相信这场仗打赢了，他们采摘最初解放的幸福之花，这朵花很快凋谢，他们为一时的欢乐付出了代价，思想上很难接受，然而事情本该如此。下面节录的一段对话，是革命大乐泛音部分最为浪漫，也最富史诗意味的场景：

索　菲　您在科学的研究中，懂得了承认自然不可改变的法则，难道这可以成为您怀疑或者放弃的理由吗？您要有勇气，攀登得相当高，视野开阔，一览群山以外的大地、蜿蜒曲折的河流：人类精神的进步。您从来就不相信，追随这种进步的行程，有几年时间就够用了。您预见需要几个世纪，还会遭遇停顿和倒退。是的，我们亲眼看不到人间福地了。不过，知道福地何在，并指出通往之路，这不已经是很大收获了吗？其他人，青年一代会跟上来，继续中断的行程。我们同现时连接在一起，只能从他们身上获得安慰！……

杰罗姆　……唔！这话让人感觉好多了！……这些思想，从您的口中讲出来……这种信念，我已丧失的信念，又通过您失而复得……

索　菲　我们两个人，都迷失在这纷扰的世界的迷宫里……感谢这最后时刻，让我们相互找回对方，也找回自己！

杰罗姆　我们到达了……你听！在寂静的街道，那些人起来的脚步声……

索　菲　（惶恐的情绪又苏醒了）可是，我们所有那些大计划、所有那些落空的希望、我们所有毁掉的工作、这一切都随我们而死去……

为什么，为什么给了我们这种生活？

杰罗姆　（坚决地）就是为了战胜这种生活。

罗曼·罗兰说："我也希望在我的人物形象中保存消逝那一刻的特别光亮。我写这些革命剧，披上这些激情的格调色彩。"

作者的希望，在这段戏文中完全达到了：这是对人类命运的信念之光，照亮了两颗飞升的纯洁的灵魂；而这样一首"牧歌的小巢"，同样也披上了革命激情的格调色彩，让我们读来倍感温馨，可以说这是革命交响乐中的一支小夜曲。

丹东这个大革命的重量级人物,在进入历史的那一刻,仅仅留下激昂高亢的声音,亮度就不够了,他抛出粗辣的一段话,那语气和用词浓墨重彩,除了丹东,任何别的人物张口也讲不出来:

丹　东　我为了自由,可以说无恶不作。我背负着其他人虚伪逃避的可怕任务。我为革命牺牲了一切,如今我才明白,这完全徒劳。革命这个浪货欺骗了我:这个浪货今天牺牲我,明天就要牺牲罗伯斯庇尔。随便一个冒险家上了她的床,她就乐得委身。无所谓!我无怨无悔:我爱她,能为她名誉扫地,我也心甘情愿。那些可怜的家伙倒让我怜悯,他们的肌肤连沾也没有沾着自由的肌肤。只要吻过一次这个神化的浪货,那就不枉此生,死而无憾了。

圣茹斯特与丹东是两路人,却同样是共和国的创建者和坚定的卫士。圣茹斯特,这把"活脱脱的革命利剑",直到折断,始终那么明亮锋利。他最后一句话跟剑折似的,咔嚓一声非常清脆:"牺牲摆脱束缚,在后世和天地间留下独立不羁的精神。"

不过,圣茹斯特短暂的革命一生,每时每刻都像最后一刻,总那么光辉闪亮。因此,我还是愿意和读者一起,深切地体会他三个多月前讲的一段话,用心灵去感受他那颗坚毅而敏感的心灵的震颤:

圣茹斯特　……在前线,思想和行动混为一体,如同乌云相撞,发出电闪雷鸣。每人的意志,在世界的命运和人的血泊中,永远铭刻在战场上……多么伟大的任务!多么神圣的惶恐!……在深夜里,在雪地上,在大军营盘的前哨,在佛光德平原,一片肃杀的氛围中,在一望无际的冰天之下,我感到一种快乐的颤栗传遍周身,心潮汹涌,撞击着我的胸膛。我们孤零零的,迷失在天宇的黑暗之中,四面受敌,我们是活生生的光明，在欧洲捍卫理性。我们每个决定，都关联着世界的命运。我们正在重新创造人类。

殊途同归，被他们(他和罗伯斯庇尔)砍了头的人，以及三个半月后把他们砍了头的人，一波又一波人，虽然势同水火，要拼个你死我活，可是他们近建共和，远要重新创造人类的大目标却是一致的，只是理念、政见不同，品德、性情各异。当初他们起事，推翻封建统治，创建共和，行动配合非常默契。一旦夺取了政权，新生的共和国就陷入欧洲反动势力和王党武力的包围之中，危机重重，如何保卫共和，他们就产生了分歧，突显出他们理念、政见、品德和性情的差异。大家都血气方刚，在国民公会的讲坛上各执一词，互不相让，甚至意气用意，图一时之快，逞舌剑唇枪之犀利，不惜伤害了对方，积怨结仇，终于势不两立了。相残自噬的结果，是由许多无法排除的因素造成的，这样不断地化同为异，化异为敌，扣上叛国的罪名送上断头台，共和的基本力量自行锐减，于是发生了热月政变，葬送了共和。

这样概述，太过简略而平淡，本意不在于描绘，阅读这些剧本，就能走进那种激情澎湃的革命年代 。我只是觉得短短五年，那些共和主义者，为革命献出一切，前仆后继，不是几代人，而是同时代人，一波又一波，被献身的革命浪潮所吞没：革命浪潮就这么盲目，吞没了如此多的革命者！

罗曼·罗兰在《罗伯斯庇尔》前言中写道：

“我没想把这些人理想化。对他们中间任何人的缺点和错误，我都不予开脱。卷走他们的巨浪把我也裹挟住了。我看到了这些互相残杀者的真诚，也看到了革命的可怕宿命。——革命的可怕宿命不是一个时代的，而是一切时代的。我要尽力将这一点阐释清楚。”

我在前面略提过革命的这种宿命，试图弄清楚这是怎样的政治怪圈，那么多革命意志鉴定、见多识广又绝顶聪明的领导者，无一例外地陷入政治怪圈而不能自拔，在逻辑分析和荒诞决定之间疯狂地旋转，分不清了事物的界线，荒诞亦逻辑，逻辑亦荒诞，他们严重患上了疑心病和被迫害的妄想症，可以说无一幸免，就连力图救助库瓦锡的卡尔诺，也同样是这种心态："落后或者迟疑一分钟，那些疯狗就会扑到我们身上，野蛮地撕烂你我热爱并敬重的一切……行动起来，必须行动，刻不容缓，毫不容情地打击……"

所有党派，所有领袖人物，都受这种心态的驱使，不待远处的疯狗冲来，就急不可待清除身边的所谓"疯狗"。没有人能站出来制止这种相残自噬，就连被罗伯斯庇尔斥责为"迁就所有党派"的丹东，自称"我有一颗博爱的心"的丹东，也没有或者也未能尽全力调解各党派的冲突。同样，与丹东绑在一起的戴木兰，一再追悔他一篇文章就导致吉伦特派三十颗年轻脑袋落地，他们在山岳派和吉伦特派大辩论中，非但没有釜底抽薪，起到灭火和解的作用，反而火上浇油，助长火势了。

人在得势的时候，更加听不进失势之人的劝告。丹东警告罗伯斯庇尔，拒绝合作，不控制这场燎原大火，他自己也要被烧死。罗伯斯庇尔却不以不然，轻易就说"让大火烧死我吧"。果然，火势越烧越猛，接连吞噬了吉伦特派、埃贝尔派、丹东派、罗伯斯庇尔派，最后也吞噬了参加热月阴谋的共和派的头头们。

热月政变的头头之一，极力怂恿罗伯斯庇尔和圣茹斯打垮丹东派的比洛－瓦雷纳，为自己的错误付出代价，流放海外，发配到海地，他懊恼地写道：

"那天，我们实在大错特错了！……大革命失败于热月九日。从那以后，我无数次地悔恨，悔恨那天逞一时之怒行事！我们为什么就不能丢掉那些不合时宜的激情、所有那些庸人自扰的担忧呢？……一切革命的不幸都在于，你必须尽快地采取行动，来不及研究，只能完全凭着热情行动，我的意思是，深恐看着自己的思想付之东流……如果丹东、罗伯斯庇尔和卡米尔·戴木兰一直团结一致，就不可能有雾月十八日的政变。"

多么切中要害的悔悟,但是事后的悔悟,却改变不了历史的进程了。这是代表罗伯斯庇尔、圣茹斯特等身首异处后,再也没有机会的悔悟。其实,除掉政敌的冲动,并不是真正的革命狂热的激情,主要还是抑制不住的怨恨。比洛在其他场合就诅咒说,这是一种“可怕的怨恨”。一位政治家承认这一点实属不易,不是翻了大筋斗,不会从灵魂深层挖出这种微妙的省察。我引述这么多,总想弄明白革命的宿命,这种政治怪圈如此厉害,究竟有什么必然的根由,能否找出破解之迷;结果完全徒劳,除非不走革命之路。

不走革命之路,这可能吗?还有别的什么路可走吗?

罗曼·罗兰就认为,革命也是可能避免的。

意味深长的是,他的这种设想,正是在这套革命史诗剧的序幕,《圣枝主日》中表达出来的。

《圣枝主日》作为革命系列剧的序幕,剧情发生在一七七四年,十五年之后,大革命的精灵才开始大闹法兰西。作者在前言中写道:

“这位亲王独立不羁,拥护国家权利,同王权分庭抗礼,而国家权利,正是不折不扣的民主。只因他将王朝和国家等同起来了,他绝不可以违背;国家建立在宪法之上,他决意保卫国家而反对他本人的专权。他连接起了过去和未来;如果革命可能避免的话,那必是有一位像他这样的国王当政。”

这位亲王,便是《圣枝主日》中亲王这个人物的原型,即孔蒂亲王,路易-弗朗索瓦·德·波旁,路易十五的表兄弟。他是整个王族中,天生最适合治国兴邦的人,比真正的国王更像国王。高贵伟岸的外表自不必说,而且天赋神授,文武全才,立过赫赫战功,亲王中唯独他喜爱科学和文学,善于当众演说。然而,朝中大员,也唯独他不肯向国王的情妇(如蓬巴杜尔侯爵夫人等)低头,因而被排挤出国事。于是,在一七七〇年分裂王国的那场危机中,孔蒂亲王决意站到议会一边,反对国王。他牵头,带领十六位公爵和贵族院议员,公开要求国家的基本权利,以及他们的权利,还要求维护保证这些权利的法律。

不过，反对派很快被分化瓦解，就连他的亲生儿子拉马尔什伯爵，也投靠了国王。孔蒂亲王虽陷入孤立，却坚持己见，失去盟友，却大得民心，他始终那么平静而笑容可掬，活得潇洒，死得从容，不做临终圣事，既不把国王，也不把上帝放在心上。他就像国王一样，居住在神庙区，过着十分充实的精神生活：他在四镜大厅喝英式茶时，请来年轻的莫扎特演奏音乐，他给狄德罗发养老金，他欣赏并收留保护受追捕的卢梭，他还同喜剧作家博马舍合作，而他的指导神甫，正是不务正业、创作了著名小说《玛侬·列斯戈》的小说家普莱服神甫。

作者在《圣枝主日》中塑造这样一个不是国王，远胜国王的人物形象，并且断言当朝的如果是把国家权利放在首位的开朗君主，就可能避免爆发革命了。这就跟吉罗杜的历史剧《特洛伊战争不会爆发》一样，卡珊德拉虽然到处宣告她的预言，特洛伊战争不会爆发，但是什么力量都更改不了史实了。

早在三十年前，大革命的启蒙者，让-雅克·卢梭，就在《忏悔录》第十一卷中，以他那火一般的美目，穿透了重重表象，洞见了将要兴风作浪的各种妖魔鬼怪：积蓄的仇恨和相互的鄙夷，在“哲学”掩饰下的近乎残忍的不宽容，打着“自由”旗号的专制独裁的欲望，上升的一代专制者，仿佛涌起的浪涛，由共同仇恨聚拢的人群，无不处心积虑，进行密谋策划，酝酿着不可避免的内战，“命运之神拖着欢乐的社会，一步步走向毁灭，这便是反抗和报复的上帝——革命。”

天才的卢梭在《忏悔录》中，描绘了酝酿革命的各种因素，那些社会问题如何生成，化为罗曼·罗兰所说的从兽穴里赶出来的野兽怪物，终于成了气候，上演了一幕幕惊心动魄的革命大戏。

罗曼·罗兰写完这套革命史诗剧，最后得出的是悲观的结论：“革命的可怕宿命不是一个时代的，而是一切时代的。”

一九五一年十月，加缪出版的哲学论著《反抗者》，有点像罗曼·罗兰革命史诗剧的续篇，至少呼应了罗曼·罗兰的观点。加缪在通信中谈起《反抗者》时写道：

我们这几代人，除了革命没有其他的信仰，这正是悲剧所在，因为革命即使在取得成功的时候，也仍然向我们展现出它恐怖的一面……在一百五十年时间里，法国经历了四次流血革命，还有一定数量的暴动，而在同一时期，英国没有发生过一次暴动[①]，却和斯堪的纳维亚人一道，实现了一种无可辩驳的，应当是世界上最先进的社会民主制度。因此，革命既不是目的，也不应该成为信仰的对象，而是服务于正义和真理的一种方式。

一百五十年，当从法国大革命算起，总结这一百五十年的革命史，政治怪圈、可怕的宿命贯穿了历次革命，使其展现恐怖的一面，这就是以革命为信仰的悲剧所在。加缪和罗曼·罗兰以不同的表述方式，引出了同样的结论，他们也以不同的方式，将革命送还给历史。现实版的革命不复存在了，如果有也是冒牌货。若想了解真正的革命，只有去看相关的论著，或者阅读罗曼·罗兰的这套革命的史诗剧。

李玉民

二〇一五年十一月　于广西北海

① 他没有把宪章运动和十五世纪大不列颠工人暴动算进去。

目　次

丹　东

李玉民 译

——献给我父亲

本剧于一九〇〇年十二月二十九日，
由埃克利埃剧团在巴黎新剧院首次演出。

人　物

丹　东　三十五岁。莎士比亚式的卡冈都亚[①]乐观开朗，气度恢宏。一副凶猛的看门狗脸型，一副公牛般的嗓音。天庭欠缺饱满，开始拔顶；浅蓝色的眼睛、目光炯炯；鼻子宽而短；上嘴唇因一道伤疤而变形；两腮厚重而带凶相。身强力壮，血气方刚。

罗伯斯庇尔　三十六岁。中等身材，体质单弱。棕褐色头发。一对暗绿色的近视大眼睛，目光专注；一副大眼镜推到额头上。鼻子端正，鼻头微微上翘。脸色苍白。一双薄薄的嘴唇，透出一副不屑而令人不安的神情，但是不乏魅力。

卡米尔·戴木兰　三十四岁。褐色眼睛，目光略显乜斜。蓄一头黑色长发。脸色苍白而透黄，不大匀称，鬓角微微凸起。表情变幻不定，有时显得诡异，既迷人又令人惶惑，内心的冲动无不形于色，从温文尔雅直到怪模怪样。极富女性特点，时而大笑，时而流泪，有时还又哭又笑。说话有些结巴，在场上不必刻意表现。不过，他的言语、举止和表情，总流露出一点优柔寡断和矛盾的心理。

圣茹斯特　二十七岁。一头敷了粉的金色长发，一对蓝眼睛。脸蛋呈椭圆形，下颏儿颇长，相貌颇似英国贵族青年。沉稳冷静，具有不可动摇的意志，内心沸腾着一种狂热的信念。

---

① 卡冈都亚，法国作家拉伯雷的小说《巨人传》的主人公之一，乐天派的巨人国王。

埃罗·德·塞舍尔　三十四岁。美男子，仪表堂堂。他在国民公会是旧制度才情和风度的最后一个代表。神态中掺杂着讥讽和宽宏大量。老成持重，自控能力很强。

比洛·瓦雷纳　三十八岁。身材高大，宽脸膛，面色苍白。戴一副红假发。宽肩膀。神情沉郁，有挥之不去的重重心事；处于疲惫不堪的状态，时常神不守舍，伴随着内心的狂怒激发的惊跳。

瓦狄埃　五十八岁。“喜欢讲大话的伏尔泰式人物”，个头儿高挑瘦削的老者；鹰钩鼻子，尖下颏儿，两道浓眉；大嘴，两片薄嘴唇紧紧抿着，脸色蜡黄。“腰弓成两截，时而抬起白发苍苍的头，低声冷笑，笑声短促而刺耳，并不响亮。”

菲力波　三十八岁。身形瘦小，一副严峻的冷面。一对黑色大眼睛；长鼻子；头发稀疏，贴在头皮上。一副过度禁欲苦修的形象。

法布尔·德·埃格朗蒂纳　三十九岁

魏特曼将军　四十三岁

富基叶·丹维尔　检察官

埃尔曼　革命法庭庭长

昂里奥将军

吕西尔·戴木兰　二十二岁。金发女郎，秀发微微弯曲；身形娇小，黑黑的眼睛。“好似个小淘气，总不消停；又像只猫，不时露出牙齿。”

爱莱诺珂·林普莱　二十五岁。修长身材，眼神宁静，脸型纯正，宛若古画上的仕女。她那冷静的神色时而造出一颗红火的心灵。

杜普莱夫人　五十九岁

群　众

地　点：巴黎

时　间：一七九四年三月至四月

第一幕

〔戴木兰家中。

〔富裕市民家庭的客厅，陈设格调怪异，混杂着各种风格式样。墙上挂着几幅十八世纪版画，画面是猥亵的场景。壁炉台上摆着一尊古代哲学家的半身雕像。桌子上则摆放着微型巴士底狱堡。一个婴儿的摇床，还安放在客厅角落。有一扇窗户敞着。户外天空灰暗愁惨，正下着雨。卡米尔和怀抱孩子的吕西尔都望着窗外。菲力波踱来踱去，经过窗口时朝外瞥一眼。埃罗·德·塞舍尔坐在靠壁炉的扶手椅上，观察着他的几位朋友。户外传来民众的欢呼声。

第一场

〔吕西尔、卡米尔、埃罗、菲力波。

吕西尔　（俯在窗口）他们过来啦！他们过来啦！已经到了街口啦！

卡米尔　（高喊）一路顺风，杜舍纳老爹[①]！别忘带了你的烟斗！

---

① 雅克·埃贝尔（1757—1794），法国政治家、公法专家。他于一七九〇年创办《杜舍纳老爹报》，一七九二年成为巴黎公社代理检察官。他在大革命中是左派马拉的继

埃　罗　（轻声细语）卡米尔，别露面呀，我的朋友。

卡米尔　过来瞧瞧我们那些老朋友哇，埃罗！俱乐部[1]的将军，隆散[2]；还有万桑，就是总想要你脑袋的那个家伙，菲力波；还有那个埃贝尔，总是充好汉，天天要拿我的头当晚餐；还有那个普鲁士人克洛茨[3]、那个英俊的阿纳沙尔西！……这是年轻的阿纳沙尔西最后一趟旅行了！现在人类，落到多么难堪的地步：连他们的演说家都给清洗啦！断头台今天可真够忙乎的，收获也太大啦！

吕西尔　（对他的孩子）你瞧瞧，贺拉斯，瞧瞧那帮坏蛋。小宝贝，瞧见了吗，司令官昂里奥骑马奔跑，挥着他那大马刀？

菲力波　他也太卖力气啦！他也同样，就应该装进囚车里。

卡米尔　就跟过节一样热闹：民众都兴高采烈。

〔外面传来一只簧管演奏的粗俗乐曲，民众哄笑声。

卡米尔　那是怎么回事儿？

吕西尔　就是那个驼背的小矬子，吹着单簧管，走在囚车的旁边！

卡米尔　哈！这主意太逗啦！

〔二人哈哈大笑。

卡米尔　你怎么不过来瞧瞧啊，埃罗？难道这事儿你都不感兴趣？看你愁眉苦脸的样子，心里想什么呢？

〔街头上的喧闹声渐行渐远。

埃　罗　卡米尔呀，我心里在想，阿纳沙尔西今年三十八岁，埃贝尔三十五岁，与你同龄，菲力波；而万桑呢，才二十七岁，比我小六岁，也比你小六岁，戴木兰。

承人，以他为核心组成埃贝尔派。后来，该派同罗伯斯庇尔、丹东、戴木兰见解分歧很大，艾贝尔号召人民再次起义，反对公安委员会。结果，埃贝尔、隆散、万桑、克洛茨等人被送上断头台。

① 俱乐部指雅各宾俱乐部，法国一七八九年大革命的摇篮，但是成分很复杂。

② 隆散（1752—1794），法国将军，一七九三年任旺代地区革命军司令，因残暴的行为被捕处死，上了断头台。

③ 克洛茨（1755—1794），男爵，别名阿纳沙尔西，法国国民公会议员，狂热的反教权者。一七九四年，他同埃贝尔派分子一起被送上断头台。

卡米尔　一点儿不假。

〔戴木兰神态忽然严肃起来，他离开窗口，走到客厅中央，手托着下颏儿，伫立了片刻。

吕西尔　（在窗口）下雨啦！噢！真不凑巧！

卡米尔　（不悦）别待在窗口啦，吕西尔，天儿凉了。过来吧。

吕西尔　（关起窗户，抱着孩子回来，轻声哼唱着）

下雨下雨牧羊女，
赶你白羊回家去。
速速赶羊回羊圈！
快点快点牧羊女……

卡米尔　吕西尔，吕西尔，惹人心烦的女人，你怎么能唱这支歌曲呢？听你一唱，我就不免想到作这支歌的人，此刻正在牢房里受罪呢。

吕西尔　法布尔吗？还真是那样！我们的埃格朗蒂娜真可怜，病成那样子，他们还把他关进卢森堡监狱。唉！不管怎样，总会把他放出来的。

埃　罗　Pur troppo[①]！

吕西尔　这话什么意思？我敢肯定，不是什么好听的话吧？

菲力波　千真万确，是句伤心的话。

吕西尔　您住口，报丧的鸟儿！跟您说吧，法布尔准能出狱。难道我们会袖手旁观吗？

埃　罗　为了救他出狱，就连丹东本人都无能为力。

吕西尔　唔！是啊！丹东也许无能为力。可是，卡米尔一拿起笔来，把压在他心头的话一股脑儿写出来，你们就瞧好吧，监狱大门会不会自动打开！

埃　罗　为谁打开？

---

① 意大利文：真不幸。

吕西尔　为那些专制暴君哪！

埃　罗　粗心大意的牧羊女啊，你看管羊群糟糕透了！……“速速赶羊回羊圈！”还是照你唱的歌去做吧。

〔一名女仆上，从吕西尔手里接过孩子抱走了。在整个这场戏过程中，她出出进进，同女仆小声说话，一直在走动，操持无休无止的家务琐事，只是没头没脑地插上几句话。

卡米尔　吕西尔说的对，一定得斗争。革命是我们发动起来的，应当由我们来领导。这声音，还没有丧失对群众的影响力。只要讲了话，就能把那些狂徒送上断头台。我们从来没有如此强大，要继续下去，成功再成功：卢森堡监狱，不见得比巴士底狱更难攻取。历时九百年的君主制度，都让我们给打翻在地；一个由无赖组成的委员会①，我们也一定能解决掉。这帮无赖的权力，完全是我们赋予的，他们胆敢滥用职权，来勒索国民公会和法兰西！

菲力波　（激动地来回踱步）这帮恶魔！他们仅仅谋杀，那就好啦！不然。他们栽赃陷害法布尔，把他扯进印度公司贪污和巧取豪夺案中。他们编造这种没影儿的故事，说什么犹太人、德国银行家收买了我们这位朋友，让他去腐蚀议会。他们明明知道自己满口谎言，然而在杀害之前，不给他们的敌手抹黑，他们是不会甘心的。

埃　罗　我们的敌手多讲道德：要砍谁的头，是依据正当的原则，这样，掉脑袋也是一种慰藉。

卡米尔　法兰西就痛恨伪君子。咱们打那自命不凡的家伙的屁股，棒打那个巴吉勒②！

菲力波　我尽了自己的责任，大家也都各尽其责吧！我把西路军的那

---

① 委员会，指“公安委员会”，成立于一七九三年四月六日。背景是革命阵营中吉伦特派将军叛变，国民公会决定成立公安委员会，以便监督部长们的行为，危急时刻采取措施，肃清内敌，保卫国家。丹东原是委员会的首领，后来被罗伯斯庇尔替代。本剧正处于这个当口。

② 巴吉勒，法国十八世纪剧作家博马舍的喜剧《塞维利亚的理发师》中的人物，是个受雇于人的愚蠢的诽谤者形象。

些强盗，索米尔城的参谋部，全都拖到光天化日之下。我咬住了那些恶棍的喉咙，绝不会松口，除非我脑袋掉了。我并不抱幻想，知道攻击罗尼尼奥将军及其拥护者，要付出多大代价。此刻，委员会正在处心积虑，想要出什么好办法除掉我。他们要用什么卑劣的手法，败坏我的名声呢？想一想，我的脑袋就发胀。他们非要这么干，就把我的头砍掉吧，但是休想败坏我的名誉！

埃　罗　我倒比你安心些，菲力波。我已经知道了，他们要用什么借口来清除我。我的不幸就在于，认为我们可以同欧洲各国政府为敌，却不必仇视法国人之外的所有人。我在外国有些朋友，我看就没必要断绝友情，以便附和比洛·瓦雷纳及其同类病鬼们的疯狂。有人曾潜入我的家，撬开我的抽屉，偷走了几封纯粹表达情感的书信：这就足够了。现在，我就算参与了那种惊天大密谋，由皮特①出金钱，扶持法国国王复辟。

卡米尔　你这么讲靠谱吗？

埃　罗　完全靠谱，卡米尔。我这颗脑袋保不住了。

卡米尔　你倒是找个地方避避呀。

埃　罗　在这世界上，哪儿有一个共和分子的避难所。各国国王要追捕，而共和国也恨不得把他吞噬。

卡米尔　您还是缺乏勇气。我们在共和国，始终是最得民心的人物。

埃　罗　从前拉法耶特②也得民心啊，还有佩蒂翁③，还有罗兰④，也都

---

① 威廉·皮特（1759—1806），英国政治家。一七八三至一八〇一年任英国首相，极力反对法国革命。

② 拉法耶特（1757—1834），法国将军和政治家。曾去美国支持独立战争，法国大革命初期，任国民卫队司令，后转为保王党中的自由派。

③ 佩蒂翁（1756—1794），曾与罗伯斯庇尔合作，要求给下层阶级以公民权。一七九一年十一月任巴黎市长，一七九二年九月任国民公会主席。因嫉妒罗伯斯庇尔在山岳派的影响，投入了吉伦特派。一七九三年六月，山岳派发动政变，将他和二十八名吉伦特派领袖赶出国民公会。他逃亡并自杀。

④ 罗兰（1734—1793），法国工业科学家。由于妻子，著名的罗兰夫人的野心，在法国大革命期间，他成为吉伦特派的首领。雅各宾政变后，他逃出巴黎，听说妻子被处决后便自杀。

一样。就连卡佩[1]本身,当初也得民心。刚才过去的那位,八天前还是民众的偶像呢。谁能夸口,受到这样粗鲁的群氓爱戴呢?有时候,他们在民众暧昧的眼神里,以为捕捉到自己内心的闪念。在自己的一生中,总有那么一天,哪种意识不会同民众的意识契合呢?然而,这种契合不能持续:执意追逐这种契合,就未免太愚痴了。人民的头脑就是汪洋大海,海里攒动着各种怪物和噩梦。

卡米尔　净用大字眼!我们一讲"人民"这个词,就大大鼓起腮帮子,发出声音来,总带着一种可笑的庄严意味,以便让欧洲相信,这是一种神秘的力量,而我们正是这种力量的工具,这些人,曾经为我做过事。寓言中的驴子说:"我总不能安两副驮子";可是他根本没有意识到,它可以什么也不驮。我们也颇费周折,才促使人民完成了我们的革命:人民进行这场革命,完全是勉为其难。我们才是这一崇高运动的工程师和机械师;没有我们的操纵,人民一动也不会动。他们根本没有要求创建什么共和国:是我带领他们走上这条路。我说服他们相信,他们原本就要争取自由,好让他们把自由当作自己的产品一样珍视。这是驾驭软弱群体的不二法门。说服他们相信,他们不想的东西,原本就是他们的渴望的东西。果不其然,就跟狮子一样,他们很快就想要了。

埃　罗　你要当心,卡米尔,你还是个孩子,却在玩火。你以为人民跟随你,因为你们奔向同一目的。现在,他们赶到你前头去了,你可别试图让他们止步:谁也不会去抢狗啃的骨头。

卡米尔　只要再扔给狗一根骨头就行了。好了,我的《老科尔德利报》发出的声音,别人没有听见吗?这声音,不是响彻共和国内地腹心吗?

卡希尔　您哪儿知道,最近一期报反响多大!书信从四面八方给他写来:有泪痕,有吻印,还有示爱的表白……哼!能不让我嫉

① 卡佩,法国十世纪时有卡佩王朝。法国大革命期间,以"卡佩"称呼路易十六。

妒！……他们恳求他继续办下去，拯救国家。

埃　罗　假如他遭人袭击，他那些朋友有多少肯来救援呢？

卡米尔　我不求助于任何人。我自有笔墨。大卫的弹弓（指着他的羽毛管笔），刚刚打翻那个靠断头台耍威风的人，那个在无赖恶棍中间称王的家伙。我也打碎了“杜舍纳老爹”的烟斗：那只著名的烟斗，好似杰里科的大喇叭[1]，如果围绕着一个有名望的人喷出三次烟雾，那名望便灰飞烟灭！从这里射出的弹子，正中那个无耻而胆怯的歌利亚[2]的脑门儿。我煽动起他的民众笑骂他。杜舍纳老爹的烟筒，绕着囚车转，刚才你不是看见了吗？那是我出的主意，让人抬去的。我这点子，产生多大的轰动效果。你干吗这么看我？

埃　罗　有个念头。

卡米尔　说说看。

埃　罗　你有时候想到死了吗？

卡米尔　想到死？没有，没有，我不喜欢这种念头。呸！死亡的气味多难闻！

埃　罗　你就从来没有想过，人死的时候有多痛苦吗？

吕西尔　太可怕啦！这也叫谈话！

埃　罗　你是个好孩子，是个可爱的宝贝，然而你挺残忍，同小孩子一样残忍。

卡米尔　（动情）我挺残忍，你真的这么认为？

吕西尔　瞧他现在，眼里不是漾出泪水了吗？

卡米尔　（动情）的确如此，那个人，遭受了痛苦。惶恐冒出了冷汗，心

---

① 杰里科，中东地区古城，现为约旦城镇。约公元前九千年，中石器时期，该地就有人定居。这里指《圣经》中的记载，约书亚率领犹太人渡过约旦河后，攻打的头一个城池就是耶利哥（《圣经》中译名）。相传七位祭司吹着喇叭作前导，民众紧随其后，每日绕城一周，至第七日，众人齐声高呼，城墙应声倒塌。

② 歌利亚，《圣经·旧约》人物，非利士勇士，身材魁伟，头戴铜盔，身穿重甲，作战所向披靡。后来被大卫所杀。这里指埃贝尔。

里惧怕极了,就等着生命被碾碎……噢!那种痛苦,一定特别难以忍受!他再怎么是个恶人,也得像好人一样遭罪,也许遭的罪更大些。可怜的埃贝尔!

吕西尔　(双臂搂住卡米尔的脖子)可怜的心肝宝贝,你总不会为死了的混蛋伤心吧?他可是想要砍你的头呢!

卡米尔　(气愤地)是的。因此我要问,他为什么要那样无耻地攻击我呢?这句拉丁文说得好:“在残忍的牙齿下,我会像个无耻的孩子那样哭泣①。”

吕西尔　怎么样?您还敢说,我的卡米尔残忍!

埃　罗　当然敢说了,这个可爱的小伙子!也许在我们所有人当中,是最残忍的一个。

卡米尔　噢!埃罗,不要这么说,你总这么讲,到头来我会信以为真的。

吕西尔　(用手指指向埃罗,威胁说)快点儿说,这不是真的;否则,我就抠出您的眼珠子!

埃　罗　那好吧,不是真的:最残忍的人,是您。

吕西尔　行啊!这我可以接受。

卡米尔　埃罗,你讲这种话,让我心里五味杂陈。不错,我干了许多损害人的事,然而,我并不是歹毒的人。我自诩为绞刑架检察官,不知道是什么小魔头驱使我那么干。正是通过我的手,那些吉伦特党人,现在就在浸透冰冷雨水的荒郊野外的土里腐烂呢。我那篇《揭开真相的布里索》的文章,让三十来人掉了脑袋:那三十个年轻人非常可爱,又都急公好义。他们跟我一样热爱生活:他们是为生活而生,为幸福而生,跟我一样。他们同样有自己的温柔而亲爱的吕西尔。吕西尔呦,咱们逃开吧,咱们从这种杀人的行为中解脱出来:这种行为害人,也可能害己。万一我们也,万一你

① 原文为拉丁文。

也，万一我们的小贺拉斯也有个好歹！……唉！但愿我能变回去，还像原先那样默默无闻！哪儿有避难所，哪儿有地洞？我好带着妻儿和书籍躲进去，避开所有目光！“何处寻得温柔乡！”①……

菲力波　既已卷入旋涡，你就再难脱身了。

埃罗　不要勉强把他留在这场战争中：这种战争对他不适宜。

菲力波　刚才他就说过：应当各尽其职。

埃　罗　（指着正同吕西尔接吻的卡米尔）你瞧他：我们卡米尔的职责；你不觉得就是幸福吗？

卡米尔　的确如此。追求幸福，是我的一种美妙使命。有些人天生就是受罪的命。而我，憎恶受罪：我绝不愿意受罪。

吕西尔　我妨碍了你的使命吗？

卡米尔　我的乖乖，我的宝贝，我的心肝！……你罪莫大焉！你让我幸福过分了。

吕西尔　哼！你这懦夫，还在抱怨！

卡米尔　要知道，为此我丧失了全部力量、全部信仰。

吕西尔　怎么会这样？

卡米尔　从前我相信灵魂不死。然而，我目睹人世间的苦难，心里不免想道：善行在别处如果得不到善报，人世间也太荒唐了。可是现在，我这么幸福，这么幸福美满，真害怕在世间就得到了善报；我论证不了灵魂永生了。

埃　罗　就此罢手，永远也不要再去证明了。

卡米尔　生活幸福，是多么简单的一件事！而懂得幸福生活的人却寥寥无几！

埃　罗　事情越简单，越容易被人忽视，有人断言，人愿意过幸福生活。大谬不然。人就是想要生活不幸，而且执意如此。古埃及那

---

①　这句话原文为拉丁文。

些法老和国王,那些鹰头虎爪的国王、宗教裁判所的火刑、巴士底狱腐尸的地牢、杀戮和毁掉家园的战争,这才是人们所喜欢的。非得神秘的黑暗才能取信,非得荒唐透顶的受罪才能见爱。然而,理性、宽容、相爱、幸福……去他的!这简直是侮辱他们!

卡米尔　你这是发牢骚。不管人怎么样,总得为他们谋幸福。

埃　罗　如今,所有人都参与进来,结果却平常得很。

卡米尔　可怜的共和国!他们把你弄成什么样子啊?……鲜花盛开的田野啊,焕发青春的大地啊,自从清明的理性刮起清风,扫尽法国天容愁惨的迷信和哥特古老的偶像以来,田野的空气就更为清爽了,阳光也更加透明了……男女青年在芳草地上跳迴旋舞。英勇的军队,兄弟情谊的胸怀,构成铜墙铁壁,全欧洲的矛戈击上去都会折断……美的欢乐啊,万物和谐的欢乐啊,门廊派①的谈话,崇高的雅典娜女神节,臂膀白皙的少女,身着轻柔的衣裙,步履轻盈地走过……自由自在的生活,清除一切丑陋、虚伪和沉闷的胜利欢乐啊,阿斯帕西娅②和英俊的亚西比德③的共和国啊,你现在变成了什么样子?——只剩下一顶红帽子、一件脏衬衫、一副嘶哑的嗓子、一个躁狂者的痴心妄想、一个阿拉斯省学究的戒尺!

埃　罗　你是个文明的雅典人,身处野蛮人中间,你是奥维德④,来到黑海北岸的斯基泰人部落,你休想改变他们。

卡米尔　至少我要试一试。

---

① 门廊派,也称斯多葛派,创始于公元前四世纪至前三世纪。公元前二世纪至前一世纪引进罗马。斯多葛哲人讲究“完美主义”,承认统治世界的精神理性,接受神指定给个人的使命。斯多葛派逻辑学是古代西方两大逻辑学派之一(另一个是亚里士多德学派),以其关于义务的道德准则和承认命运而著称。

② 阿斯帕西娅(约公元前五世纪),交际花,雅典政治家伯里克利的情妇。私生活糜烂,常常成为希腊喜剧的讽刺对象。

③ 亚西比德(约前450—前404),雅典政治家,虽然仪表堂堂,机敏过人,但是自私,缺乏责任感。曾与苏格拉底并肩作战,公元前四二〇年当选为将军,他以挥金如土、作战如虎而著称。

④ 奥维德(前43—18),古罗马最伟大的诗人之一,他的诗对欧洲文学影响极大。在他的笔下,爱情的主题具有新的范围与意义,其杰作《变形记》达到史诗的高度。

埃　罗　白耽误工夫,也许还浪费你的生命。

卡米尔　我有什么可担心的?

埃　罗　要防备罗伯斯庇尔。

卡米尔　我跟他是发小:这样的朋友,有权无话不讲。

埃　罗　难听的实话,讲给敌手犹可,讲给朋友就难饶恕。

吕西尔　您住口。他必须成为伟人,必须拯救祖国。——跟我的想法不一致的人,我就不给吃巧克力茶。

埃　罗　(微笑)那我什么也不讲了。

〔吕西尔下。

菲力波　这么说,你决定行动了,戴木兰?

卡米尔　对。

菲力波　既然如此,就不要休战!你要手持笔杆子,步步紧逼,不给他们喘息的时机。你进行的小打小闹的战争,才是最危险的。你只满足于射出一支支利箭骚扰他们:这无异于增添他们对付你的力量。如有可能,你就瞄准心口窝儿:一举成功!……

埃　罗　朋友们,我不同意你们采取这种办法;不过,如果你们主意已决,那么至少全面审视机会,必须胜券在握。再者,要开赴战场,这样还不够,——(恕我直言,卡米尔——光靠戴木兰的笔杆子还不够。民众并不看报。《老科尔得利报》办得成功,让你们产生了幻想;那报纸并没有深入群众,读者是另一群人。你完全清楚,卡米尔;你也亲口抱怨过,你的报纸有一期,出版商卖到一法郎;其实,买得起报的,就是像我们这样的贵族,而民众只了解俱乐部那些演说家对他们讲的话,他们自然不会站到你这边。你再怎么大声疾呼,满脑子都是市井语言,永远也不会成为民众一分子。影响民众的唯一办法,就是把丹东抛给他们。只要丹东一声雷吼,就能轰动这一大堆浑浑噩噩的人。只要丹东抖一抖他那鬣毛,就能把市民鼓动起来。可是,丹东却自暴自弃,他远离巴黎,睡起大觉了,不愿意到国民公会上去讲话了。不知道他怎么样了。近来谁见过他的面呢？他在哪里？他在做什么？）

〔丹东和魏特曼上。

第二场

〔吕西尔、卡米尔、埃罗、菲力波、丹东和魏特曼。

丹　东　丹东大吃大喝。丹东整天跟那些粉头亲热。丹东撂下自己的工作，去干别的事儿，就像赫丘利①那样！

〔戴木兰迎上去，笑着同丹东握手。魏特曼停在一旁，保持一副忧虑的神态。

卡米尔　只要还有妖魔未杀尽，赫丘利就绝不丢下大头棒。

丹　东　不要讲杀字！这个词令我反感。法兰西弥漫着血腥气，被杀的人腐肉味，从地下冒出来，好似从屠宰场飘散出来。刚才我渡过塞纳河，正好夕阳西下：塞纳河水一片血红，一副血流成河的景象。我们的江河若是也都污染了，到哪儿才能洗干净呢？又去哪儿洗净我们的手呢？死的人够多的了。让我们来生息繁衍共和国吧！让焕发青春的祖国五谷丰登，人丁兴旺！我们要做爱，要耕种我们的田地。

卡米尔　但愿有个上帝给我们这样的闲暇，丹东哟！我们全指望你了。

丹　东　你们想怎么样呢，孩子们？

菲力波　要你帮助我们斗争。

丹　东　你们需要我干什么？难道总要我包打天下？你们全都一个样。还有这个魏特曼，按说他还是个男子汉大丈夫呢！他在战场上厮杀过，三四次拯救了祖国；上桌吃饭之前，他先要宰个人来开胃

① 赫丘利，即希腊神话中的伟大英雄赫剌克勒斯，宙斯和阿尔克墨涅所生的儿子。

口。他也得让我助一臂之力！难道要我跨上马，替他挥刀杀敌吗？

魏特曼　只要是打仗的事，我不会推让给任何人。带我到一片平野，指给我说，要扫荡那队人马，你就瞧我能不能马到成功。然而，要我讲话，回答国民公会那帮耍嘴皮子的人问话，挫败委员会那些恶棍极力除掉我的卑鄙阴谋，这可是我的短板。进入这座城市，我就迷失了方向：他们放出一群猎犬，专咬我的屁股，还不准我动弹；我必须忍受这一切，不能做任何事情为自己辩解。难道你们见死不救，看着我被吞噬吗？天打五雷轰的！从前我为你们冲锋陷阵，我们有共同的敌人。我这官司也是你们的——也是你的呀，丹东——是你的呀，菲力波，这一点你心里明白！

菲力波　我当然明白，魏特曼，就因为你跟我一样，攻击了罗西尼奥、隆散①，攻击了所有那些败坏军队名誉的恶徒，于是雅各宾分子狂呼乱叫，绝不放过你。我们不会抛弃你的。

卡米尔　（对丹东）一定得行动了。我把我的笔给你拿来了。魏特曼也把他的剑带来了。你就带领我们干吧，丹东。你是轻车熟路，有发动群众的经验；你也了解革命的战略。你就站到我们前头吧，再制造一个八月十日事件②

丹　东　再等一等。

菲力波　你从竞技场上消失了，让人们把你忘记了。你得露面。好几周时间，你躲到外省的家乡，究竟干什么呢？

丹　东　我亲吻家乡的土地，就像神话中的安泰俄斯③那样，从大地汲

---

① 一七九三年，因吉伦特派一将军叛变，公安委员会成立，着手改组军队，撤换大多数不受士兵信任的贵族出身的将军，代之以雅各宾派的下级军士。罗西尼奥和隆散就是这样提拔的。

② 八月十日事件，一七九二年七月，路易十六引奥普联军入侵法国，企图借外国势力扼杀革命政权。巴黎四十八个区代表组成新的革命机构“巴黎公社”，宣布“祖国在危难中”，于八月九日，领导人民攻下杜伊勒里王宫，逮捕国王和王后，史称八月十日事件。

③ 安泰俄斯，希腊神话中的利比亚巨人，海神波塞冬和地神该亚的儿子。他在格斗时，只要身不离地，就能从大地母亲身上不断汲取力量。

取新的力量。

菲力波　你是找借口,以便脱离战斗。

丹　东　我不会说谎——的确是那样。

卡米尔　你这是怎么啦?

丹　东　我对人餍足了,只想吐出去。

埃　罗　看起来,你对女人倒挺信赖。

丹　东　女人至少坦率,纯粹原本原样,即我们所有人的本相:禽兽。她们直截了当寻欢作乐,绝不自欺欺人,绝不给自己的本能披上理性的外衣。因而,我憎恨那些聪明人的虚伪、那些理想主义者血腥的痴愚,也憎恨那些患阳痿的独裁者:他们把人的正当需求的坦诚表现称为腐化堕落,装模作样否认人的天性,要假借美德的名义,去餍足他们无限膨胀的自尊心,以及他们一味毁灭的疯狂。唔!不如做一个乡野村夫,一个善良而坦诚的村夫,只求爱别人,只求阳光下一席之地!

卡米尔　不错,我们被虚伪给啃噬了。

丹东　最卑劣的虚伪,就是匕首的虚伪,就是道德伪装的断头台!

菲力波　我们消灭了那个卡佩,却为塔利安①、富歇②、科洛·德布瓦③开了路,让他们在波尔多和里昂,重建龙骑兵的神威④!

卡米尔　这些乖张的人创立一种新宗教,一种强制的世俗家教,准许官员以道德的名义吊死人,砍头割喉,处以火刑。

丹　东　在一个国家里,恪守原则的人比什么都危险。他们不求谋福

---

① 塔利安(1767—1820),法国革命家。初任巴黎公社秘书,后选入国民公会,与山岳派一起反对吉伦特派,投票赞成处决国王。后任公安委员会委员,派到波尔多镇压叛乱。一七九四年七月,他受到罗伯斯庇尔公开谴责,于是与巴拉斯、富歇合谋,发动热月政变(7月27日),推翻罗伯斯庇尔,成为热月党首领。

② 富歇(1759—1820),法国政治家,国民公会议员,公安委员会委员,派到里昂,残酷镇压暴乱。

③ 科洛·德布瓦(1749—1796),他与富歇去里昂镇压暴乱,处决许多里昂市民,有“血腥屠夫”恶名。

④ 指一六八五年,路易十四派龙骑兵部队屠杀新教徒,惨绝人寰。

利，但求有道理；任何痛苦都触动不了他们。对他们来说，唯一的道德、唯一的政治，就是把他们的思想强加给人。

埃　罗　（以嘲弄的声调背诵）

一个正派人，
欲望自不同！
唯有悦于人
方始是正宗……

吕西尔　（回到客厅，听见最后一句，便冒冒失失地接着背诵）

神甫本随意，
欲催坐下驹，
不问当脚力，
是乐还是苦。

埃　罗　嘿！您记得住喜欢的作者。

吕西尔　怎么啦，有什么不好吗？谁都知道《贞女[①]曲》

丹　东　你说得对，小姑娘。这是正经女人的日课经。

埃　罗　您有时背诵给罗伯斯庇尔听过吗？

吕西尔　我可绝不会。

卡米尔　有人当着他的面开一句粗俗的玩笑，他那神情您看到了吧？他的额头堆起深深的皱纹，一直爬到头顶，双手抽搐起来，脸上那副怪样，就像一只猴子牙疼得厉害。

埃　罗　那是父亲的遗传。他痛恨伏尔泰，正是接过卢梭的衣钵。

吕西尔　（懵头懵脑地）怎么！他是卢梭的儿子？

① 贞女，即奥尔良贞女，英法百年战争末期，抗击英国侵略军的法国女英雄贞德的称号。

埃　罗　（嘲讽地）你还不知道？

丹　东　纯粹虚伪透顶！他比别人还要腐败。一个人掩饰自己爱寻欢作乐，就表明生活糜烂。

菲力波　有可能。不过，如果说他爱寻欢作乐，又能很好地掩饰，那么，他就做对了。丹东，你呢，也张扬得太过分了。如能在王宫过一夜，你挥霍掉全部家产也在所不惜。

丹　东　就因为我更喜欢艳福，而不是财运。

菲力波　你自作自受，毁了自己的名望。舆论追随您的行为；而后世的人，将来得知在决定国家命运的战斗前夕，丹东还只顾寻欢作乐，又该怎么评说呢？

丹　东　舆论是一个臭婊子……名望是一根鸡毛，后世也是一个烂泥坑。

菲力波　那么德行呢，丹东？

丹　东　你就去问问我妻子，她是否满意我的德行。

菲力波　你口是心非。你随意诽谤自己，给你的仇敌帮忙。

魏特曼　（竭力忍住气，终于爆发了）你们全都夸夸其谈，全是言语的巨人，行动的矮子。一些人炫耀自己的德行，而另一些人吹嘘自己的恶习。你们只会耍嘴皮子。你们这座城市，就是一窝子律师和检察官。敌人在威胁我们。丹东，怎么个意思，究竟冲不冲？

丹　东　让我安静些！为了拯救共和国，我损失了生活和安逸：共和国不值我为它牺牲那么多时间的。一小时，够了！丹东付出了代价，终于买了为自己生活的权利。

卡米尔　丹东没有买下当个西哀士①的权利。

---

① 西哀士（1748—1836），法国教士和宪法理论家。他曾投票要求处决国王（1793 年 1 月），当雅各宾派于一七九三年六月控制革命时，西哀士退出政坛。事后有人问他那个时期做了什么，他仅仅回答：“我生活了。”不过，一七九九年五月，他同拿破仑、富歇、塔列朗密谋，发动雾月十八日政变，和拿破仑任临时执政，起草一部新宪法。

丹　东　难道我是瞎了一只眼的马，要被罚去拉磨，一直到断气为止吗？

卡米尔　你已经走上一条崎岖山路，两侧就是深渊。要原路返回根本不可能，必须往前走。敌人紧追不舍，气息已经扑背：你稍一停步，就要被他们推下去。敌人已经扬起手，算准了打击你的部位。

丹　东　我只要一个转身，冲他们亮出我这颗猪脑袋，就能把他击倒在地。

魏特曼　那就行动吧，还等什么呢？

丹　东　稍等一等。

菲力波　你的敌人非常活跃。比洛·瓦雷纳很疯狂，到处诽谤你。那个瓦狄埃也笑话你快要垮台了。巴黎城已经风传要逮捕你了。

丹　东　（耸耸肩）蠢话！他们不敢。

菲力波　瓦狄埃说的话你知道吗？他那无耻言论，我真难启齿向你复述。瓦狄埃这样说你：“这条塞了馅儿的大嘴胖鳒鱼，很快就要让我们掏空肚子。”

丹　东　（声如雷鸣）瓦狄埃敢这么说？那好，回答他，回答那个恶棍，我要敲碎他的脑壳儿，吃他的脑子！我一害怕性命难保，就会变得比食人兽还要凶残。

〔丹东狂怒，唾沫乱飞。

魏特曼　终于发作了！……走吧！

丹　东　去哪儿？

魏特曼　到俱乐部去演说，鼓动起人民，推翻公安委员会，打倒罗伯斯庇尔。

丹　东　不去。

菲力波　为什么？

丹　东　我不愿意。稍等一等。

卡米尔　你这是毁了自己，丹东！

魏特曼　我在这里看到，畏惧行动的思想压在正派人的头上，太让我气闷了。这空气中,不知弥漫着什么毒雾妖气,熏昏了你们这样杰出的人,到了要上绞刑架的时候,还叉着手臂等待,根本不敢行动,怎么既不战斗,又不逃命呢?我实在无法容忍了。恕不奉陪,我要抛下你们单独行动,直接去找罗伯斯庇尔,你们全都害怕的那个人。你们还真的怕他,尽管拿他开玩笑;恰恰是你们的胆怯,赋予那恶棍全部力量。我要把真相啐到他的脸上,让他开开眼,头一回看到有个人同他对抗。我要击碎偶像!

〔他怒气冲冲地下场。

菲力波　我跟你一起去,魏特曼。

丹　东　(平静地,略带鄙夷的口吻)他什么也击不碎。罗伯斯庇尔会直面瞧他——就像这样——随即就完蛋了。可怜的家伙!

菲力波　丹东啊!丹东!你在哪里?革命的大力士跑到哪里去啦?

丹　东　你们是胆小鬼。没有什么可怕的。

菲力波　上帝要灭的人[①]……

〔菲力波下。

〔埃罗起身,拿起帽子,准备离去。

卡米尔　你也要走,埃罗?

埃　罗　卡米尔,魏特曼式的那种战争,你生来就不适宜,这一点我清楚。因此,你要全身而退,让世人忘记你。光发议论有什么用呢?

卡米尔　要对得起良心。

〔埃罗微微耸肩,接着吻了吻吕西尔的手。

埃　罗　别了,吕西尔。

吕西尔　再见。

埃　罗　(微笑)谁知道能否再见到面?

卡米尔　你去哪儿?

埃　罗　圣奥诺雷街。

① 原文为拉丁文,句子补全后的大意为:“上帝要灭的人,必先使之发狂。”

丹　东　你也去拜会罗伯斯庇尔？

埃　罗　不，那是我日常散步的地方，看得见囚车驶过去。

卡米尔　我还以为你讨厌那种景象。

埃　罗　也是为了学学如何赴死。

〔埃罗下，吕西尔送客。

第三场

〔丹东、卡米尔。

丹　东　（目送埃罗下场）可怜虫，他惊慌失措了。他责备我按兵不动。你也同样，卡米尔，你很想指责我，从你的眼神儿里我看得出来。好了，小伙子，也别不好意思。你把我当成懦夫了吧？你以为我为了口福，就肯牺牲我的朋友和荣耀？

卡米尔　丹东，你为什么不肯行动？

丹　东　全是孩子，丹东根本不是按照一般人尺码锻造出来的。这胸中燃烧着火山的激情，不过，这种激情，只能按照我的意愿来摆布我。我的心欲望极大，我的感官像狮子一般吼叫；但是驯服者在这儿呢。

〔他指了指脑袋。

卡米尔　你到底是怎么个想法？

丹　东　想保全祖国。不惜任何代价，也要把祖国从骨肉相残的斗争中解救出来。你知道吗，共和国患了什么病，奄奄一息？国家缺少庸才，而操持国事的能人太多了。一国中有米拉波[①]、布里索、

① 米拉波（1749—1791），法国大革命初期，国民议会中最雄辩的演说家，最有才能的政治家。他在第三等级对特权阶层的斗争中起过决定性作用。一七九一年一月，他作为外交委员会发言人所发表的演说，表明他是一个真正的大政治家；次日他成为国民议会议长，任职两周就一病不起。

韦尼奥[①]、马拉[②]，还有丹东，还有戴木兰，还有罗伯斯庇尔，这就太多了。这种天才人物，只需有一位，就足以保证自由获取胜利。然而，这么多人聚首，就要相互吞噬；他们的仇恨血染了法兰西。我本人也陷得太深了，尽管平心而论，如果不是性命攸关，被迫自卫，我绝对不会同一个法国人交手，即使在战斗最激烈的时候，我也尽量救护被我打倒的敌人。现在，我不会为个人利益，去同仅次于我的共和国最伟大人物搏斗。我们周围的林木逐渐稀疏了，我不愿意看着共和国人口减少。我深知罗伯斯庇尔：我是看着他从地下冒出来，一天天长大，有了坚忍的意志，勤奋的品质，也有了思想的信念；与此同时，他的野心也随之膨胀，征服议会，将自己的意志强加给法兰西。只有一个人还让他心神不安：我深孚众望，和他旗鼓相当；于是，他那病态虚荣心便涔涔流血。我也说句公道话：有好几回，他也试图遏制他那嫉妒的本能。怎奈事态发展不利，他那妒忌心胜过了理性，疯狂反对我的那些敌人又百般挑唆，所有这些原因导致我们势同水火。不管结果如何，恐怕要动摇共和国的根基。那好吧，由我来做出自我牺牲的表率，让他那野心不必再顾虑我的野心！这种苦酒，我已经喝得够多了，满口都是苦涩的味道。罗伯斯庇尔如果愿意，就喝干了这杯酒！我要退进我的营帐，还不会像阿喀琉斯[③]那总念旧恶，只是耐心地等待他向我伸出手来。

卡米尔　你们二位，如果必得有一位做出牺牲，那么为什么是你，而不

---

① 韦尼奥（1753—1793），法国大革命期间，温和的吉伦特派最雄辩的发言人。他曾任国民议会议长，被迫提议暂停国王的职权，最终投票赞成处决国王。一七九三年七月二十六日，他与吉伦特派二十八名领袖一起被捕，十月三十日经革命法庭判决，次日被押上断头台。

② 马拉（1743—1793），法国政治家、医生和新闻工作者，因编辑《人民之友报》，被民众称为“人民之友”，他成为激进的山岳派的象征。一七九三年七月十三日，他在家中被吉伦特派支持者刺杀。

③ 阿喀琉斯，希腊神话中的英雄。在特洛伊战争中，他与希腊联军统帅阿伽门农发生争执，退出战斗，致使特洛伊人连连胜利。他只是为好友报仇，才肯与阿伽门农和解，重新出战，为好友报了仇。

是他呢？

丹　东　因为只有我做得到；（沉吟片刻）——还因为我是最强者。

卡米尔　然而，你挺憎恶罗伯斯庇尔。

丹　东　我的心容不下仇恨。我不念旧恶，并非品德高尚，——我不晓得何为德行——而是由于我的秉性。

卡米尔　你退出战场，任由敌人自由驰骋，难道就不担心吗？

丹　东　哎，没关系！我探过他的实力：这出戏，他也就只能导演到第四幕；可是到了终场，他非演砸了不可。

卡米尔　不过在演砸之前，他能干多少坏事！只有你的力量，才能同他那残暴的狂热恐怖的体系分庭抗礼。还有，如何安置你这些朋友呢？难道你要把他们抛给威胁他们的命运吗？

丹　东　我在一段时间积蓄力量，可以更好地为朋友效劳。我引起的忧虑，现在成为他们的思想负担。罗伯斯庇尔等到嫉妒缓解了，他会听进我的话。至于我，等我不再代表一个党派，而是代表人类的时候，我就会腾出双手，更加放开行动。跟人打交道，就必须像对待孩子那样，善于退让，把他们贪婪讨要的玩具给他们，以免他们犯傻跟你拼命。

卡米尔　你太慷慨大度了。像你这样金盆洗手，任何人都不会理解。罗伯斯庇尔也不会相信你退却的诚意：他那多疑的头脑要从中寻找问题，一定能找出耍权术的伎俩。要当心，你的敌人会利用你放弃的机会来打击你。

丹　东　丹东绝没有放弃，不过暂时离开战场，但是随时准备回去战斗。你放心好了，我单独一个人，就比他们所有人加在一起强大。而像我这样的人，根本不惧怕被人遗忘；我们只要沉默片刻，不再用声音充实这个世界，世人就会感到极大的空虚。我引退了，反而会民心所向，众望所归。我不去争夺，就让权力压垮亚该亚人①

① 亚该亚人，古代希腊民族的统称。在荷马咏唱的史诗中，这一民族同达奈人和阿尔戈斯人联手围攻特洛伊。这里指雅各宾派。

羸弱的肩膀。

卡米尔　他们掌了权,首先就用来反对你。由瓦狄埃之流组成的那群猎犬,就会蜂拥扑上来撕咬你。

丹　东　多少我也能对付得了! 同怪物搏斗,我已经习以为常。我在少年时,就跟公牛打斗过。我这塌鼻子、有撕裂伤疤的嘴巴、这副嘴脸,还留着血淋淋牛角的印迹。有一天在牧场,我大声驱赶这带野性的猪群,被猪狠狠咬破我的肚皮。我根本不怕瓦狄埃那类东西。况且,他们都怯懦得很。

卡米尔　万一他们真有那么大胆呢? 他们刚刚从军队里调回圣茹斯,好给自己壮胆;据说单等他一到,他们就要动手了。

丹　东　那好,他们对我若是把事做绝,挑起内讧的责任就会把他们压垮! 我这张皮很硬,经得住反复的冲击。可是,到了我反击的那一天,不把他们全部打倒,我誓不罢休。这帮无耻之徒! 我要把他们一勺烩! ……

第四场

〔丹东、卡米尔、吕西尔上场。

吕西尔　(急匆匆跑上,跑向卡米尔,声调惊恐地)罗伯斯庇尔来啦!

〔罗伯斯庇尔上,冷着脸,不动声色。他目光敏锐,迅速扫视了全屋,没有任何举动。

卡米尔　(殷勤地迎上去,略带嘲讽的语气)哦! 亲爱的马克西米连,你来得真巧,有一个小时了,你虽不在场,却主持了我们的谈话。

丹　东　(尴尬地)你好,罗伯斯庇尔。

〔他颇犹豫,要不要伸手给罗伯斯庇尔,等着对手主动向他示意。

〔罗伯斯庇尔未予理睬,冷淡地同吕西尔和卡米尔握手,只是冲丹东微微点点头，随即坐下。卡米尔和丹东仍然站着。吕西尔则一直寒暄。

吕西尔　你真好，在百忙中，还抽时间来看我们！坐过来，靠炉火边些。外面下雾，寒气刺骨。你那些亲爱的房东都好吧？女公民杜普莱，还有我那小女友爱莱诺珥，她们都好吧？

罗伯斯庇尔　谢谢，吕西尔。——卡米尔，我要同你谈谈。

吕西尔　你是要我回避吧？

罗伯斯庇尔　不是要你回避。

卡米尔　（伸手拉住作势要退出的丹东）在我们全部思想里，丹东占了一半。

罗伯斯庇尔　外面就是这样传言，我还不大相信。

丹　东　这令你不快吧？

罗伯斯庇尔　有可能。

丹　东　有什么办法呢？有一种情况，你永远也阻止不了，那就是丹东受人爱戴。

罗伯斯庇尔　（鄙夷地）“爱”这个词实在庸俗，鲜见成为现实。

丹　东　（恶意地）据说，有些人根本不了解“爱”为何物。

罗伯斯庇尔　（略一沉默，双手微微颤动，冷淡地）我不是来谈丹东放荡生活的。——卡米尔，你不顾我的警告，执意听从别人的坏主意，糊里糊涂走入歧途。你那诽谤的小册子，要在全法国播下分裂的种子。你耗费才智，诋毁共和国所需之人的信誉。反动势力无不以你的冷嘲热讽为武器来反对自由。长期以来，我消除了你挑起的仇恨，救过你两次，不会总能救得了你。乱党搞各种阴谋，国家动荡；我毫无对抗国家的意志。

卡米尔　（受了伤害而不惜伤人）用不着你这么劳神想着我。你的关怀令我感动，马克西米连，可是，我不需要任何人，独自会保护自己的，我走自己的路。

罗伯斯庇尔　虚荣心作祟，不要辩解了。你就是糊涂，这是唯一有情可原的地方。

卡米尔　我用不着什么原谅。我完全对得起祖国。我反对共和分子，是为了保卫共和国。我自由发表言论，讲出事实真相。到了什么真话都不能讲的时候，那么共和国就不复存在了。共和国的铭言，就是风吹海浪：Tollunt, sed attollunt①！风吹浪涌，而且风吹浪高！

罗伯斯庇尔　共和国还不存在，戴木兰。我们正在创建。用自由并不能创立自由。正如处于危难时期的罗马，面临威胁的国家由一个独裁政权统治，以便粉碎障碍，战胜敌人。在欧洲和乱党图谋永远扼杀共和国的时候，还主张有权无不可以言，无不可以干，以所言所行向敌人提供武器，这真是可笑极了。

卡米尔　我究竟向敌人乔治提供什么武器啦？我一直捍卫这世间最纯洁的东西：博爱、神圣的平等、共和格言的温馨，这种"神圣的贫困"，我们最高宪法得以制订的这种原则。我一直宣扬爱自由，就想让民众的眼中闪耀着幸福的灿烂形象。

罗伯斯庇尔　幸福！这个词是祸根，你们用来把所有私心所有贪欲都吸引到你们身边。谁不想要幸福呢？然而，我们提供给世人的，不是斯巴达式的幸福，而是波斯波利斯②式的幸福。幸福，就是美德。可是你们，你们滥用了这个词的神圣表意，以便在怯懦者的头脑里，唤起这种罪恶财富的欲望，即忘记别人，只顾贪图享受多余的东西。可耻的思想，很快就会熄灭革命的火焰！法兰西要知道受苦，要知道以苦为乐，以求自由，还乐于牺牲自己的安逸、自己的安宁和情感，以求世界的幸福！

卡米尔　（语调先是揶揄而客气，在这段道白临近末尾，就突然变为辛

---

① 拉丁文：随后一句话。

② 波斯波利斯，古波斯语亦称帕尔萨，古代伊朗阿契美尼德王朝的都城，为大流士一世所建，定为波斯国都，公元前三三〇年遭亚力山大大帝的劫掠，宫殿被焚毁。遗迹中的石柱特别令人赞叹，有"百柱大殿"之称。

辣而直冲了）马克西米连，听你这么说，我就想起柏拉图的一段话："善良的拉凯斯[1]将军说：'我听到一个人谈论品德谈得很好，他是个名副其实的长裤汉[2]，配得上他所讲的话，在我听来是一种无比美妙的享受：他似乎是唯一的音乐家，达到了完美的和谐。因为，他的所有行为同他的话语，完全合辙押韵，但不是按照雅各宾或日内瓦的风尚，而是合乎法兰西的声调：唯独这种声调，才称得上共和国的和谐。这样一个人对我讲话，就让我满心愉悦；谁也不会相信我酷爱听他讲话，一字一句听得我入迷。然而，一个人高唱德行而不实践，就会让我万分难过：他说得越动听，就越让我憎恶他的音乐。'"

〔这段道白讲到最后，戴木兰转身背对罗伯斯庇尔。罗伯斯庇尔则站起身，没有任何举动，不声不响准备离去。吕西尔看到他们话不投机，不免担心，目不转睛地注视罗伯斯庇尔，拉起他的手，还试图打趣。

吕西尔　这个大男孩够坏的，总要同人抬杠。你哪儿知道，有时他能把我气疯了！亲爱的马克西米连，你们俩总是老样子，还跟在阿拉斯中学念书似的争吵不休。

〔罗伯斯庇尔冷冰冰的，根本不搭茬儿，准备离去。

丹　东　（主动走向罗伯斯庇尔，改变声调，真诚热情地）罗伯斯庇尔，我们三人全不对。我们男子汉，只应该遵从理性，为了祖国抛弃我们的恩怨。我来讲和吧，主动把手伸给你。原谅我刚才一时不耐烦。

罗伯斯庇尔　丹东以为，随口一句话，就能抹掉对别人的侮辱。冒犯人的人，倒是能轻而易举地忘掉自己的冒犯行为。

丹　东　恐怕我又失策了，把我的宽宏大度传给我的对手。但是，忧

---

① 拉凯斯（约前475—前418），雅典富有的贵族，曾当选为将军，任雅典军队的司令官，在伯罗奔尼撒战争中起过重要作用。这里当然借古喻今。

② 长裤汉，法国大革命期间，贵族对穿长裤的共和派的轻蔑称呼。

虑共和国高于一切:共和国需要我的魄力和你的德行。如果说你憎恶我的魄力,要想一想,我何尝不讨厌你的德行。咱们俩扯平了。你就照我这样做,捂住你的鼻子,咱们一起拯救祖国。

罗伯斯庇尔　我根本不相信,祖国就少不了哪个人。

丹　东　这是所有嫉妒者的说词。他们借助这种堂而皇之的推理,极力阉割国家,清除一切增强国家的力量。

罗伯斯庇尔　缺乏信任,就根本谈不上力量。

丹　东　你信不过我?你就相信别人散布到我头上的蠢话,就相信比洛·瓦雷纳的疑神疑鬼的幻觉?你仔细瞧瞧我。我这副面孔,像个假仁假义的人吗?您尽可以恨我,但是不要怀疑我!

罗伯斯庇尔　要根据行为来判断人。

丹　东　我的行为,你有什么可指责的?

罗伯斯庇尔　你迁就所有党派。

丹　东　我有一颗博爱的心,以博爱对待所有不幸的人。

罗伯斯庇尔　炫耀自己绝没有仇恨,也的确根本不仇恨共和国的敌人,从而也就毁掉共和国。怜悯刽子手,就是对受害者的残忍。这种宽容,将我们置于不得不铲平一些城市的地步,有朝一日让我们付出的代价,相当于三十年内战。

丹　东　在你的眼里,到处是罪恶。你若是有病,就治病好了,但是不要强迫健康的人也吃药。共和国在自残。现在还来得及,停止这种损耗法国的荒谬而凶残的恐怖政策吧。你若不尽快收手,同我们合作,那么要不了多久,你就控制不住这场燎原大火。事与愿违:你会同其他人一起烧死,而且会首先烧死你。你这丧失理智的人,难道你还看不出来,丹东一旦不在了,你会头一个遭受打击吗?正是我还在为你阻挡火势。

罗伯斯庇尔　(离开丹东一点儿,冷淡地)就让大火烧死我吧!

卡米尔　(低声对丹东)你说得太多了,丹东,挫伤了他的自尊心。

丹　东　以祖国为重,罗伯斯庇尔,我们以同样的热忱深爱这个国家,为国献出了一切，我们要以祖国为重，全体休战吧，无论敌友，完全休战，只要大家都爱法兰西！但愿这种爱荡涤一切猜疑、一切过错！没有这种爱，就根本谈不上德行！有了这种爱，也无所谓罪行！

罗伯斯庇尔　没有德行，何来祖国！

丹　东　（进逼而威胁地）再说一遍，我向你求和。想一想吧，我主动向你示好，该有多么不容易。不过，我吞下这种耻辱，只求有利于共和国。跟我握手言和吧；请释放法布尔，再把魏特曼调回军队；请保护埃罗和菲力波，免遭那些暴徒的毒手！

罗伯斯庇尔　我生来只为打击罪恶，而不是为了处理犯罪。

丹　东　（正欲发作，又克制住了）你不惜一战啦，罗伯斯庇尔？你要想清楚了。

罗伯斯庇尔　（不为所动，转身背向丹东，对戴木兰说话）卡米尔，最后说一句：你停止攻击公安委员会吧。

卡米尔　也让委员会停止招来攻击的举动。

罗伯斯庇尔　你应该跟别人一样，服从国家的秩序。

卡米尔　我是国民代表，有权替国民说话。

罗伯斯庇尔　你应当服从法律，为国民做出榜样。

卡米尔　我们都再清楚不过，法律是如何制订出来的。我们全都是律师、检察官、法律界人士，罗伯斯庇尔，我们都了解法律的尊严意味什么。看着我们聚在一起，如果不是想到我们演出的喜剧所引出的眼泪，就必定会失声大笑。我们太让人民破费了。德行本身并不值我们为它要的价钱，更何况罪恶了。

罗伯斯庇尔　没有能力承担任务者，根本就不应该接受任务。既已接受，就应该前进，忍辱负重，直到不堪重负而倒下为止。

卡米尔　牺牲我自己可以，但是不能同意牺牲别人。

罗伯斯庇尔　别了。想想埃罗吧。

卡米尔　为什么向我提起埃罗？

罗伯斯庇尔　埃罗被捕了。

丹东、卡米尔　被捕啦！他刚离开这儿。

罗伯斯庇尔　我知道。

吕西尔　可是，他做什么啦？马克西米连，他犯了什么罪？

罗伯斯庇尔　他在家中窝藏了一名通缉犯。

卡米尔　他在尽自己的职责。

罗伯斯庇尔　委员会也是履行职责。

丹　东　（怒不可遏）恶棍！你向我挑战！这么说，你要一个接着一个，把我们全杀害啦？你先砍掉大橡树壮枝，再直捣树心喽？……我的老根深深扎在地里，扎在法兰西人民的心里。你只有扼杀共和国，才能把我的老根拔出来。我这棵大树一倒下，就会砸死你们所有人，首先毙命的就是啃噬我的那些邪恶的鼠辈。是我的容忍给了你们胆量吗？蛀虫放肆地爬上我身子……太猖狂啦！狮子要抖动全身。怎么，小家伙，我若是愿意，就用手指像摆虱子一样，能把你捏死，难道你不知道吗？既然你们要战争，那我就高呼：战争万岁！从前战斗的热血，又升腾到我的头脑。我这憋了太久的嗓门儿，终于要吼起来，号召国民冲向专制暴君。

卡米尔　我们要攻陷新的杜伊勒里宫。“老科尔得利俱乐部”的成员，又要敲起进攻的战鼓了。

〔罗伯斯庇尔眉头皱也不皱一下，径直走向房门。吕西尔担心得要命，刚才又插不上话，消失了片刻，从隔壁房间匆忙抱着孩子回来，递给罗伯斯庇尔。

吕西尔　马克西米连！……

〔罗伯斯庇尔转过身，瞪见小贺拉斯，犹豫了一下，冲孩子笑笑，接过来坐下。他亲着孩子，瞧了瞧吕西尔和卡米尔。他始终沉默不语，又将孩子还给吕西尔，不看任何人便走出去了。这场戏的表演非常简约，除了吕西尔，人物都毫无外露的表情。

第五场

〔吕西尔、卡米尔、丹东。

卡米尔　可怜的吕西尔,让你担心了吧?

吕西尔　卡米尔啊,卡米尔,你也太不谨慎啦!

卡米尔　那会儿你还用话激励我呢。

吕西尔　噢!现在我可后悔啦!

卡米尔　就应该讲出心里的想法。再者说……(耸了耸肩)无所谓!我嘛,无需怕什么:他从心底里喜欢我,总要保护我的!

吕西尔　我可害怕。

卡米尔　他比我们还要害怕;丹东的声音,已经产生效果了。他这类人,就是需要怕他们所爱的人。咱们走吧!应当去看看咱们的朋友,跟他们商量办法。别再耽误时间了……走吧,丹东。

丹　东　(坐着不动,心事重重)好哇。咱们去哪儿?

卡米尔　去会合菲力波、魏特曼,营救埃罗。

丹　东　明天……明天吧。

卡米尔　那就太晚了。

丹　东　(十分伤感,又十分亲热地)吕西尔,给我读点什么吧,给我弹一段音乐,安慰安慰我吧。

吕西尔　你怎么啦?

〔吕西尔站在丹东身后,俯在他的肩膀上。丹东拉起她的手,按在自己的面颊上。

丹　东　共和国哟!自行毁灭。亲手毁掉自己的事业,毁掉共和国!胜者还是败者,又能怎么样?这两种情况,全归于失败!

卡米尔　这两种情况,全是胜者,都戴上光荣的桂冠!

丹　东　(猛地站起来)咱们走吧,让共和国訇然倒塌的巨响震惊世界吧!

第二幕

〔罗伯斯庇尔的房间。

〔罗伯斯庇尔在杜普莱家中所住的房间。一扇窗户。两扇房门。光秃秃的白墙壁。一张核桃木床,挂着白花蓝锦缎帐幔。一张很小的写字台。当作书橱的木格子。窗台上的玻璃杯里插着几朵鲜花。近台正中安放一个小火炉,两侧各有一把椅子和一张凳子。左侧房门通向杜普莱家的盥洗室。窗户对着院子。一些木匠正在院子里干活,传来工人钉钉子、锯木、刨木的声响。罗伯斯庇尔对着写字台独坐。

第一场

〔杜普莱太太、罗伯斯庇尔。

杜普莱太太　(推开房门)我打扰了你吗,马克西米连?

罗伯斯庇尔　(友好地微笑着)不打扰,杜普莱公民。

〔他朝对方伸过手去。

杜普莱太太　总是在工作。你一夜没有睡觉。

罗伯斯庇尔　昨晚我在委员会。

杜普莱太太　我听见你回来了，是夜里三点多。可是今儿早晨，你还不能休息一会儿吗？

罗伯斯庇尔　你也知道，我睡眠少：我就是让身体养成习惯，听从我的安排。

杜普莱太太　你可答应过我，不再熬夜了。你这样劳累，会病倒的，那我们该怎么办啊？

罗伯斯庇尔　我这些可怜的朋友，也总得习惯没有我的日子。我不会总守在这儿啊。

杜普莱太太　怎么，你要离开我们？

罗伯斯庇尔　（五分诚恳，又五分夸张地）不是。不过，我离开你们，会比你们预计的要早些。

杜普莱太太　我不准你先走：我是打算头一个离开的，现在并不着急。

罗伯斯庇尔　（微笑）我若是想到别人不怎么惦记我，就会放心多了。

杜普莱太太　怎么？你不高兴别人爱你吗？

罗伯斯庇尔　法兰西若是少想罗伯斯庇尔，多考虑些自由，那就会强壮多了。

杜普莱太太　自由跟罗伯斯庇尔融为一体。

罗伯斯庇尔　这正是我担忧的。我为共和国的健康担忧。

杜普莱太太　（走近窗口）他们在院子里，搞出这么大动静！可以肯定，那锤子和刨子的声响让你疲倦。我跟杜普莱说过多少回，不要让工人那么早干活，免得你正睡觉吵醒你。可是他说，你不准别人改变任何习惯。

罗伯斯庇尔　他说得对。这种干活的声响有规律，倒能让我得到休息。劳动对人对己都有好处。我们不得不过夜生活，一夜紧张思考之后，劳动就能更换恶浊有害的空气。

杜普莱太太　昨晚你干什么工作，熬了一夜？

罗伯斯庇尔　不是工作，是忧虑。

杜普莱太太　看你样子心事重重，好像大难临头了。

罗伯斯庇尔　对,是大难。

杜普莱太太　你能阻止吗?

罗伯斯庇尔　我不但不阻止,还要成全这场大难。

杜普莱太太　我没有权利多问你,可是今天,不应该这样愁眉苦脸。家里过节,勒巴和圣茹斯特,昨夜从军队回来。

罗伯斯庇尔　圣茹斯特回来啦?好极了,我正需要他的坚强意志。

杜普莱太太　忘记告诉你了:有一位将军要同你谈谈,是魏特曼将军。天不亮他就来了,让我拦住没上楼。他说过一小时再来。要不要接待他呢?

罗伯斯庇尔　我也不知道。

杜普莱太太　他在院子里等过好久,当时还下着雨。

罗伯斯庇尔　好吧。

杜普莱太太　昨晚天气真坏,我回家时浑身都淋透了。

罗伯斯庇尔　你去哪儿啦?

杜普莱太太　去菜市场啊。我从半夜就排队。人真多,前拥后挤,闭一闭眼睛都不成,位置马上就给人占了。铁栅门打开的时候,有人打起架来。好在我知道怎么保护自己的权利。最后,我终于买到三个鸡蛋、四分之一块黄油。

罗伯斯庇尔　全家人三个鸡蛋,不够分的。

杜普莱太太　一个给爱莱诺珥,一个给伊莉莎白,一个给你,——我的三个孩子。

罗伯斯庇尔　好妈妈杜普莱,你总不会以为,我要从你的嘴里抢面包吃吧?

杜普莱太太　你可不能拒绝啊:我是为你才去排队的。你身体不舒服,胃也不好。你若是想吃肉也行!可是,你不准大家买肉。

罗伯斯庇尔　肉越来越少,必须留给士兵和病人吃。我们颁布了全民斋戒法令。我和同事们要节俭素食,应当作出表率。

杜普莱太太　不是所有人都守规矩,这样一丝不苟。

罗伯斯庇尔　这我知道，我看见他们有些人，不顾大家过苦日子，还大摆酒宴，真让我痛恨极了。他们每一餐饭，都从祖国掠起三十多名卫士的战斗力。

杜普莱太太　日子真苦啊！没肉吃，连鸡鸭都没有，乳制品也不见了。蔬菜全让军队包购去了。这还不算，都不能取暖了；杜普莱等他那艘运煤船，连续两夜没等到，又空手回来。至于劈柴，连想都不要想。一考得[①]劈柴，你知道要多高价吗？——四百法郎啊！——幸好春天来了。若是再熬一个月，我们全得冻死。从我来到这世上，还不记得有过这样严寒的冬天。

罗伯斯庇尔　是啊，你受苦了，你们都受苦了，可怜的妇女，表现出多大的勇气！不过，你也得承认，生活虽然这么艰辛，你们也尝到了原先不知道的快乐：从最渺小到最伟大的人，为了崇高的事业，争取世界的自由！

杜普莱太太　当然，我很快乐。现在不管发生什么事情，这段苦难的时期，将是我们一生最美好的时光：这不是寻常的、荒谬的、毫无意义的苦难。我们每顿节食，都在富足国家。多亏你呀，马克西米连，我们感到多么自豪！昨天傍晚，我洗衣服的时候还在想，别看我是个小小的市民，有今儿个没明儿个，每天都得去夺抢面包，折腾得烦透了，可我这是为保卫祖国而干事，丝毫也没有白受苦：我每一点努力，都记入功劳薄上，和你们一起，走在人类的前头！

工人们　（在院子里高唱）

锯木头，钉铁钉，
造枪托，造矛柄。
我们干活要抓紧。
你们一样不会缺，

---

① 合四平方米。

共和战士请放心。

杜普莱太太 (微笑着)他们刚刚做好北路军定制的军械;他们都饿着肚子,可是还兴高采烈。

罗伯斯庇尔 多高尚的人民!成为他们当中一员该有多好!企图腐蚀这种克己和奉献精神的源泉的那些人,谁能饶恕呢?

杜普莱太太 是那位将军,他等得不耐烦了。

罗伯斯庇尔 叫他上楼吧。

〔杜普莱太太下。——罗伯斯庇尔照了照镜子。霎时间,他脸色变了,显出一副严峻、冰冷的铁面。

第二场

〔罗伯斯庇尔、魏特曼。

魏特曼 (一阵旋风似的上场)天打五雷轰!这么慢腾腾。我在你门口足足站了两个钟头。真见鬼,进你这房门,比攻开旺岱地区一座城门还难。

〔罗伯斯庇尔背着双手,一动不动,板着面孔。抿着嘴唇,定睛注视着魏特曼。魏特曼一时语塞,继而又说下去。

魏特曼 我还以为你不愿意见我呢。戴木兰跟我说过,有人会挡道,不让我进来。当时我也发誓非进来不可,哪怕用大炮轰开你的房门……(笑)你能原谅我这军人的豪爽吗?(罗伯斯庇尔依然沉默不语。魏特曼越来越尴尬,还强装出一副满不在乎的样子。)好家伙!你这儿把守得真严啊!一位美丽的少女在你的门口站岗,边站岗边补袜子。那小姐,真不好说话!跟你一样,拉拢腐蚀不了。看起来,一定得从她身上跨过去了。如果是在敌国,这也不算是多么讨厌的事……(他笑起来,笑得十分勉强。罗伯斯庇尔默不作声，而两手却不耐烦地搓动。魏特曼坐下，想要放松下来。罗伯斯庇尔仍然站着，魏特曼又站起身）有些蠢蛋硬说你是我的敌人。我耸耸肩膀。美德会同美德为敌！胡说八道！阿里斯提得斯[①]能与莱奥尼达斯[②]为敌？共和国的堡垒和祖国的壁垒，不是相互依靠建造起来的吗？像我们这样的人，把国家的荣耀置于一切之上，总能够志同道合，这难道不是真的吗？（伸手过去，罗伯斯庇尔却一动不动，不理不睬）你不愿意把手伸给我吗？……天打雷劈！真是这样吗？你是我的仇敌？你密谋除掉我？真是蠢到家啦！早知如此！……何必跟个傻子似的，愣是让你把我晾在院子里，受两个钟头罪？进到屋来，你连个座位都不让一让，就叫我干站在这儿，一个人说话，你根本不答理？简直活见鬼！

〔他连连在地板上跺脚。

罗伯斯庇尔　（冷冰冰地）将军，您走上歧途。从莱奥尼达斯到杜舍纳老爹，相距就太远了。您到一个危险的地方寻找榜样。

魏特曼　（诡异）什么地方？

罗伯斯庇尔　革命广场[③]。

魏特曼　可是，公民，我究竟干了什么呀？你究竟控告我什么罪呀？

罗伯斯庇尔　公安委员会自然会告诉您。

魏特曼　我有权利要求，事先告知我。

罗伯斯庇尔　您就问问自己的良心吧。

魏特曼　我问心无愧。

罗伯斯庇尔　再也听不进悔恨之声的人，实在令我怜悯。

---

① 阿里斯提得斯（公元前五世纪），雅典政治家和将军，提洛同盟的创始者。传说他是一个民主改革家，但事实并非如此。

② 莱奥尼达斯（？—前480），斯巴达国王。公元前四八〇年，他率领一小支希腊军队，到温泉关抵御波斯王率领的大军，奋战两日，阻止了波斯大军的前进。他命令大部分人撤退，只留他和三百名禁卫军，浴血奋战到最后一人，因而产生了斯巴达人永不投降的神话。

③ 革命广场，设置断头台的地方。

魏特曼 （极力保持镇静，但是因为痛心和盛怒，声音不由得颤抖了）我只有一种悔恨：我这一生奉献给了如此忘恩负义的祖国。这三十年来，我为祖国受尽了苦难，把她从入侵者的手中救出过多少次，可她从不承认我的功劳。随便什么告密者一举报，你们就听信我惩罚过的怯阵士兵所写的匿名信，指控我，威胁我，抹掉我的军衔；于是，那帮蠢物、那帮病夫、那帮流氓恶棍，就纷纷欺侮到头上；我必须服从一个叫罗西尼奥的家伙，一个笨到家的金银首饰匠，毫无军事常识，只会一味蛮干：他的所有头衔，全赖他的出身和雅各宾派的保护。而多少将领，如克莱伯、杜巴耶和马尔索，都在低微的职位上苦熬着，让尼奥尔城的一个店主当了两路大军的总司令！

罗伯斯庇尔 对于部队的将领，共和国更看重其共和主义的信念而不是军事才能。

魏特曼 共和国也看重罗西尼奥打败仗的本领吗？

罗伯斯庇尔 罗西尼奥吃败仗的责任，根本不由他个人承担，而是落到他周围的人头上。克莱伯、杜巴耶和魏特曼，既然自恃那么有军事才能，就应该让国家派给他们的统帅充分利用！

魏特曼 这样说来，你们是想窃夺我们战事的光荣？

罗伯斯庇尔 不错。

魏特曼 你们就承认吧：军事的光荣令你们恐惧，你们就凌辱这种光荣吧？

罗伯斯庇尔 不错。

魏特曼 （侮辱的语气）这种光荣妨碍律师们的野心吧？

罗伯斯庇尔 军事光荣辱没理性，威胁自由。谁让你们如此傲慢？你们不过尽职尽责而已。非说你们冒着生命危险吗？在这法兰西，我们同专制政权进行豪赌，所有人的脑袋全是赌注。大家都把生死置之度外，你们又比我们多出什么功劳？我们大家都献身，要么就是一死，要么就是争取胜利。你们同我们一样，都是革命的工具，都是大斧头，扫荡敌人的营盘，为共和国开路。这是一种极其艰难的任务,接受这任务就不能软弱,可也不能骄傲。我们没有理由炫耀断头台,你们也同样没理由卖弄枪炮。

魏特曼　你侮辱了战争的伟大。

罗伯斯庇尔　唯有德行才伟大。德行所在,无论在士兵,在工人,还是在立法机构成员那里,共和国都会敬重。然而,犯罪的人却要胆战心惊!无论什么,头衔也好、刀剑也好,都不能保护他们免遭共和国的打击。

魏特曼　你是在威胁我吗?

罗伯斯庇尔　我没有点出任何人的名字。谁对号入座,谁就活该倒霉!

魏特曼　天打雷劈!(他以威胁的姿态,注视着不动声色的罗伯斯庇尔;他气得浑身颤抖,准备离去,但步伐乱了。他转过身来)当心你自己,独裁者苏拉[①]。我的脑袋可比居斯廷[②]的头结实多了。还有一些人,丝毫也不惧怕你的专制,我去找丹东。

〔他先撞了墙,随后才找着房门,弄出一阵响动,摔门而去。

第 三 场

〔罗伯斯庇尔、爱莱诺珥·杜普莱。

爱莱诺珥　(从杜普莱家套间出来)哎呀!他总算走啦!马克西米连,他在这儿的时候,让我担心极了!

罗伯斯庇尔　(微笑着,亲热地)亲爱的爱莱诺珥!您在隔壁倾听来着?

爱莱诺珥　那人的声音让我害怕,我就禁不住进来,待在隔壁,在我妈的梳妆室里。

---

① 苏拉(前138—前78),罗马将军和独裁者。曾任独裁官,即拥有立宪、立法、司法和军事的大权,并且没有任期限制。

② 居斯廷(1740—1793),法国将军,任北方军司令官时,曾攻占德国的施派尔,并收复法国马耶纳省,但又在一七九三年丢失了马耶纳省,被革命法庭审决,走上断头台。

罗伯斯庇尔　万一他起了歹意,您又能怎么办呢?

爱莱诺珥　(局促地)我也不知道。

罗伯斯庇尔　(拉出她藏在背后的手)这是什么?

爱莱诺珥　(满脸通红)这支手枪,是昨天夜里,菲力普回来时撂在桌子上的。

罗伯斯庇尔　(夺过手枪,握住她的手)不,不,千万别让这种杀人的玩意儿,玷污了你这双手!即使为了救我的命,这双手也绝不可以染上血腥。但愿在这世界上,至少还剩下一双友爱的手,一双清白的手,以便纯净这世间和罗伯斯庇尔的心灵,洗涤血淋淋的命运,——不过要等到事业完成之后。

爱莱诺珥　您为什么这样冒险呢?您向那人挑战,而别人说他很凶残。

罗伯斯庇尔　我根本不怕舞刀弄剑的人。一旦把他们调离战场,他们的力量就完全化为一种空洞的喧闹;他们一旦面对这种新的权力:法律,他们的刀剑在战场上从未见识过的权力,他们的双膝就发软发抖了。

爱莱诺珥　富歇公民也来过,可是按照您的吩咐,没有接待他。

罗伯斯庇尔　我的门对他永远关闭:他在里昂大屠杀中,污辱了恐怖政治的尊严。

爱莱诺珥　他根本不愿走;他还流泪了。

罗伯斯庇尔　(刻薄地)鳄鱼也能流泪。

爱莱诺珥　他去您姐姐家了,求您姐姐为他说情。

罗伯斯庇尔　(表情骤变,不安而胆怯地)噢!我的天哪!我姐姐肯定要来!……那鬼东西花言巧语,哄我姐姐相信他爱她。我姐姐对他毫无敬重之意;不过,献殷勤的话,不管来自哪里,总能讨好一个女人。她一定会替那家伙辩护。看在老天的份儿上,千万别让她进门!你们就对她说我很忙,不能接见任何人。

爱莱诺珥　(微笑)欧洲的所有暴君您都不怕,单单怕您姐姐。

罗伯斯庇尔 （微笑）她是一位善良的女人，她也爱我。可是，她太烦人啦！她总那么嫉妒，无时无刻不吵闹，吵得我脑袋都要炸开了。只要她能闭嘴，我想我什么都会答应。

爱莱诺珥 您就放心好了，妈妈知道了这事儿，会阻止她进门的。

罗伯斯庇尔 亲爱的朋友们！你们多么细心，照看我的安宁！

爱莱诺珥 我们这是对国家负责。

罗伯斯庇尔 你们全家对我照顾多周到！我的心灵在这里多么安逸。这并不是一处自私自利的藏身之所，远离外面的狂风暴雨。房门大敞着，迎候忧国大事；但是，这些忧思一进来，便呈现出一种莫名的庄严色彩。在这里，接受命运也不失男子汉气概，绝不低头，敢于正面直视。我每次跨出这道门槛，总能在这院子里的空气中，在这锯开的木材的清香气味中，呼吸到和平和希望。杜普莱的忠厚面孔、您母亲的热情声音；还有您的手，爱莱诺珥，带着亲如手足的微笑伸向我：这么多忠诚的情谊，让我认识到这世间最稀有的无价财富，啊！正是我最缺乏、最需要的财富。

爱莱诺珥 什么财富？

罗伯斯庇尔 信任。

爱莱诺珥 您怀疑什么人吗？

罗伯斯庇尔 我怀疑所有人。我从人的眼神里就看出谎言，从争辩的背后看出隐蔽的阴谋。他们的眼睛、他们的嘴、他们握手的方式，他们全身，无一不在欺骗。怀疑就这样毒化了我的所有思想。我天生感情温和得多。我爱人类，也愿意相信人。然而，瞧见他们由于害怕，出于野心，为了寻欢作乐，出于歹毒之心，每天有十次违反誓言，出卖自己，出卖朋友，出卖军队，出卖祖国，怎么还能让人相信呢？我亲眼目睹米拉波、拉法耶特、迪穆里埃[①]、居斯廷、国

① 迪穆里埃（1739—1823），法国将军。一七九二年六月任北方军司令，击败普鲁士军队，攻占比利时，翌年二月又攻入荷兰，三月两次吃败仗。国民公会派陆军部长和四名特派员去解除他的职务，他便投降奥军，并把陆军部长和特派员交奥军。后定居英国。

王、贵族、吉伦特党徒、埃贝尔派分子,无不出卖祖国。若不是时刻感到背后有断头台的影子,不知会有多少回,军队要把祖国让给侵略者,国民公会中,有四分之三的议员阴谋反对国民公会。革命强行实施严格的纪律,罪恶才有所顾忌。他们不敢明目张胆地攻击德行,于是伪装起来,用怜悯和宽容欺骗舆论,感化舆情以有利于罪大恶极的人,挑动群众反对爱国者。我要揭下他们的面具,迫使议会看清他们掩饰的真相:叛国的丑恶嘴脸。我要迫使那些伪装的同谋共犯和我一起惩办他们,否则就得跟他们一起完蛋:共和国终将胜利。可是,天哪!同时要毁掉多少家园!罪恶犹如九头蛇怪,头砍掉还会长出来。淌下的每一滴血,又会滋生新的妖怪。最优秀的人也身不由己,相继受到了传染。前天有菲力波,昨天有丹东,今天有戴木兰……戴木兰:我的发小,我的兄弟……明天还会有谁背叛呢?

爱莱诺珥　这可能吗?这么多人叛国!您有证据吗?

罗伯斯庇尔　有,而且胜于证据:精神上的确认,这种万无一失的灵光从来不骗我。

爱莱诺珥　当然,您不可能出错:您无所不知,能看透人心。唉!难道他们全都腐化堕落啦?

罗伯斯庇尔　有四五个人令我敬佩:正派的库东①,他不顾自身的痛苦,一心想着世界的痛苦;和蔼可亲又谦虚的勒巴②;还有我的兄弟③,性情豪爽,但是过分贪玩:就是两个孩子和一个垂死之人。

爱莱诺珥　还有圣茹斯特呢?

罗伯斯庇尔　这一位,可令我畏惧。圣茹斯特,活脱脱的革命利剑,毫

---

① 库东(1755—1794),法国政治家,与罗伯斯庇尔和圣茹斯特组成三人核心,镇压了里昂起义(1793)。一七九四年六月十日推动法案通过,实行“大恐怖”政策。热月政变中,他被送上断头台。

② 勒巴(1764—1794),法国政治家,罗伯斯庇尔的朋友,整治北方军很有魄力。热月政变中被送上断头台。

③ 即小罗伯斯庇尔(1763—1794),国民公会议员。一七九四年,兄弟俩同上断头台。

不留情的武器，为他那钢铁的法律，他像牺牲别人那样，也能牺牲我。——其余所有人都背叛了。他们顾及我的洞察力，也嫉妒我受民众爱戴，就处心积虑地丑化我。马赛和里昂的代理执行官，就以罗伯斯庇尔的名义来遮掩他们的暴行。反革命势力轮番变换面孔：忽而宽容，忽而恐怖，我稍一倦怠就完了，共和国也就完了。库东大病在身。勒巴和我兄弟是两个冒失鬼。圣茹斯特又远离巴黎，去掌控军队。只剩下我一个人，与这些叛徒周旋：他们围着我转悠，伺机从背后偷袭我。他们迟早会要我的命，爱莱诺珥。

爱莱诺珥　（带着一种青春冲动，拉住罗伯斯庇尔的手）您若是死了，绝不会独自一人。

〔罗伯斯庇尔深情地注视。她不禁脸颊绯红。

罗伯斯庇尔　亲爱的爱莱诺珥，不，您不会死的。比起我那些卑怯的敌人，我要强大得多。我还有真理相伴。

爱莱诺珥　噢！您为大众谋幸福，本来应该特别快乐才是，您却这样忧心忡忡！生活真不公正！

罗伯斯庇尔　我惹您伤心了，真不该损害您对生活的信心。请原谅。

爱莱诺珥　您丝毫不必后悔。得到您的信任，我很自豪。昨晚一整夜，我都在思考您昨天要我们读的卢梭那几页文字。卢梭的文章让我心荡神迷，我恍若听见他的声调，以及那些温柔的话语……唔！我能背诵出来。

罗伯斯庇尔　（含着略微伤感的微笑，亲切地背诵。语调稍显夸张，但是不失真诚）“心灵相通，给忧伤印上难以描摹的甜美的感人的色彩；这是满意的心情所体会不到的；而友谊则特别赋予不幸者，以便减轻他们的苦痛，安慰他们的忧患。”（爱莱诺珥红着脸，拉着罗伯斯庇尔的手，微笑着默不作声）您沉默无语？

爱莱诺珥　（背诵）“对朋友讲的话，能抵得上在他身边的感受吗？”

杜普莱太太　（在外面）马克西米连，圣茹斯特来了。

〔爱莱诺珥回避。

第 四 场

〔罗伯斯庇尔、圣茹斯特。

〔圣茹斯特冷静地走进来。罗伯斯庇尔迎上前去。二人握手,就好像才分开几小时又见面了。

圣茹斯特　早安。

罗伯斯庇尔　早安,圣茹斯特。

〔二人坐下。

圣茹斯特　(平静地注视罗伯斯庇尔)很高兴又见面了。

罗伯斯庇尔　勒巴给我们写信来,说我们险些见不到你了。

圣茹斯特　对。(沉吟一下)那边需要武器,部队缺少枪支。

罗伯斯庇尔　正在制作呢,全巴黎都在忙着造枪。大家在教堂里炼铁。其他生产全部停工。你穿过杜普莱的院子,可能也看到了,木匠们正在制作枪托。钟表匠正在制造机盘;广场上回荡着铁砧的声响。

圣茹斯特　(沉默半晌)军需用品匮乏。有些师战马草料短缺。时间紧迫,最晚三周之后,战役就要开始了。全法兰西的热血,必须流向北方。

罗伯斯庇尔　已经下达命令了。法兰西正在节食,好让士兵吃饱。

圣茹斯特　你们一旦用不着我出谋划策,就马上派我回那边。头几仗是胜负的关键,必须调动全部战斗力。

罗伯斯庇尔　军旅生活,不会把你累垮吧?

圣茹斯特　(坦诚、热烈、专心致志,讲话过程中不作任何手势)这种生活替代空谈,对我倒是一种休息。在前线,思想和行动混为一体,如同乌云相撞,发出电闪雷鸣。每人的意志,在世界的命运和人的血泊中,永远铭刻在战场上……多么伟大的任务!多么神圣的惶恐!……在深夜里,在雪地上,在大军营盘的前哨,在佛兰德平原一片肃杀氛围中,在一望无际的冰天之下,我感到一种快乐的颤栗传遍周身,心潮汹涌,撞击着我的胸膛。我们孤零零的,迷失在天空的黑暗之中,四面受敌,我们是活生生的光明,在欧洲捍卫理性。我们每个决定,都关联着世界的命运。我们正在重新创造人类。

罗伯斯庇尔　不被羸弱之躯拴在这里,远离战场,该有多幸福啊!

圣茹斯特　哪个人行动多过你呢?世界的自由就困在巴黎城内。

罗伯斯庇尔　在这里同罪恶搏斗,感到身心疲惫。不由自主就会受罪恶传染。这一点我承认,我看到革命的洪流,席卷着罪恶的污泥,连同德行一起冲下去,不免担心在后世人的眼里,自己被周围邪恶不洁的人玷污了。

圣茹斯特　在他们和你之间,放上那把大斧。只能用铁斧对付不洁的东西。

罗伯斯庇尔　什么都受到腐蚀。连我最信赖的人,一些老朋友都保不住了。

圣茹斯特　绝不讲友情。祖国为重。

罗伯斯庇尔　丹东发出威胁。丹东很可疑。他到处散播带有侮辱性的激烈言论。他周围聚集了搞阴谋的人、浪荡之徒、破了产的金融家、革了头衔的军官。各种各样失意的人,以他为中心联起手来。

圣茹斯特　让丹东消失!

罗伯斯庇尔　丹东原本是共和主义者,也曾热爱祖国,或许现在还是爱国者。

圣茹斯特　他根本不爱祖国,生活不严肃刻苦的人,绝不会尊敬祖国。沾着贵族的恶习,遵从贵族信条的人,也绝不会是共和主义者。

我痛恨古罗马贵族派头的喀提林①:他那颗心厚颜无耻,他的智慧十分卑怯,他的政治卑鄙下流,漂转在所有党派之间,无不加以利用,从而败坏共和国的声誉。要给丹东致命一击!

罗伯斯庇尔　丹东一倒下,就会殃及不知深浅的戴木兰。

圣茹斯特　这个不知羞耻的修辞学家,拿着祖国的灾难当材料,舞文弄墨,追求风格效果,这个爱慕虚荣的才子,可以为一句对照辞令而牺牲自由!

罗伯斯庇尔　他还是个孩子,会受朋友和自己才智的欺骗。

圣茹斯特　法兰西处于危难时刻,才智也是一种罪恶。祖国遭受的苦难,给全国染上了一种黯淡的宗教色彩。连说笑的人我都信不过。

罗伯斯庇尔　我喜爱戴木兰。

圣茹斯特　我喜爱你。可是,你一旦变成罪犯,我照样控告你。

罗伯斯庇尔　(尴尬地走开两步,一时无语,继而返身回来)谢谢。——你真幸福,从无犹豫不决的时候。在你的心中,什么也不能同你的疾恶相抗衡。

圣茹斯特　我比你更加近距离地目睹罪恶。

罗伯斯庇尔　在哪里?

圣茹斯特　在我心中。

罗伯斯庇尔　(诧异)在你心中!而你整个一生,就是克己奉公的杰出典范!

圣茹斯特　你根本不了解。

罗伯斯庇尔　(不大相信地)年少时什么罪过?

圣茹斯特　(阴沉地)我曾濒临深渊,看见渊底那罪恶要吞噬我。从那

---

① 喀提林(前108—前62),罗马共和国末期的贵族。公元前六十八年任行政长官,但在公元前六十五年竞选行政长官时,谣传他杀害了行政长官,即"第一次喀提林阴谋"。竞选失败,他在罗马纵火,在意大利煽动暴乱。公元前六十二年,他夺取一支军队的兵符,率军进入高卢,受阻击而阵亡。

之后我就发了誓，无论在这世上还是在我心中，一定要消灭罪恶。

罗伯斯庇尔　有时我也厌倦了这种斗争。敌人太广泛了。我们能改变人类吗？能让我们的梦想统治世界吗？

圣茹斯特　等有那么一天，我确信不可能实现这一梦想，我就自尽，了此一生。

罗伯斯庇尔　（推开房门，轻声地）比洛·瓦雷纳和瓦狄埃来了。

第五场

〔罗伯斯庇尔、圣茹斯特、比洛·瓦雷纳、瓦狄埃。

〔比洛·瓦雷纳垂着头，脸色阴沉，眼神有点惶恐，一副疲惫不堪的样子。瓦狄埃紧紧抿着嘴唇，显出冷笑和酸楚的神气①。——罗伯斯庇尔和圣茹斯特站起身，态度非常冷淡，只是微微点头致意，并没有握手。

比　洛　致敬和博爱！②

瓦狄埃　（瞧见圣茹斯特）圣茹斯特……好了，这回行了。咱们要把耽误的时间夺回来。

〔比洛·瓦雷纳和瓦狄埃也不拘礼节便坐下。圣茹斯特来回踱步。罗伯斯庇尔靠在窗口站着。——冷场片刻。

比　洛　断头台啊！你等得太久了。罗伯斯庇尔：我们面临危险。如果丹东明天还活着，自由便完蛋了。

罗伯斯庇尔　有什么消息？

---

① 瓦狄埃说话，非常明显带有南方口音，他将 b 发成 v 音，将 eu 发成 u 音，将 j 发成 z 音，将 e 发成 è 音。作者认为在剧本中没有必要标出来。可由演员或读者自行取代。——原注

② 法国大革命时期流行的见面语。

比　洛　（手拿着几张纸）你瞧吧，那个叛徒还继续干。

罗伯斯庇尔　谁呀？

瓦狄埃　你的朋友呗，马克西米连！就是卡米尔，你那亲爱的卡米尔。

罗伯斯庇尔　他又写了什么？

比　洛　刚刚查抄这些清样。你念念吧。

瓦狄埃　（搓着双手）《老科尔得利报》第七期。伪善使徒的《托付》续篇。

罗伯斯庇尔　这个疯子！他就不能住声？

比　洛　（抱定自己的念头）断头台呀！

圣茹斯特　（同罗伯斯庇尔一齐念）这是位少女，正忍受丧失贞操病痛的折磨。

罗伯斯庇尔　丹东怎么样？

比　洛　丹东在闹腾，他在王宫花园高谈阔论。他辱骂瓦狄埃，辱骂我和所有爱国者。戴木兰同他在一起，同桌喝酒的还有魏特曼和几个婊子，他们污言秽语，大肆谩骂委员会。民众围观，跟着大笑。

圣茹斯特　你听见了吧，罗伯斯庇尔！

罗伯斯庇尔　（鄙夷地）毫无危险。在丹东喝完酒之前，咱们还有时间平静地讨论。（瞧了瞧稿子清样）看起来，这个失去理智的家伙硬要自杀！

瓦狄埃　哼！这回嘛，亲爱的，他可放纵了，戴木兰。

比　洛　让他的脑袋跟着一道放纵去吧！

圣茹斯特　（念）他把国民公会比作古罗马暴君尼禄和提比略。

比　洛　（念）他竟敢说我们追捕居斯廷，是奉了皮特的命令，不是因为居斯廷卖国，而是因为他卖国还不够给力。

瓦狄埃　（念）“委员会将要贬低议会，成为傀儡议会，凡是反抗的议员全投入大牢。”

罗伯斯庇尔　（审看原稿）这里写的是“会要”，而不是“将要贬低”。

瓦狄埃　这是一码事。

比　洛　（念）“委员会要颠覆共和国，还缺少什么呢？既然收买不了的议员，就全关进卢森堡监狱！”

罗伯斯庇尔　（审看原稿）这里写的是“可能关进”，而不是“全关进”。

比　洛　（不耐烦）不要总这样吹毛求疵！

圣茹斯特　（念）他还恬不知耻地声称：“军事当局的长官任命军队的头衔，是他们与之睡觉的女戏子的兄弟。”

瓦狄埃　破坏国防，在外国人眼里贬低国家，他那结巴的长舌一旦摇动起来，什么也控制不住了。

比　洛　这一切还有外包装：鼓吹宽容，高唱人道！……

瓦狄埃　糖制的眼泪、糖果商的格言。

圣茹斯特　好动感情的人，比多大的天灾人祸还厉害。任何暴君，都不会给人类造成如此伤痛。吉伦特派的那些叛贼，在全法兰西传递反叛的火炬，他们同样标榜为感情丰富的人。

罗伯斯庇尔　戴木兰性格软弱，孩子气十足，不是那种捣乱分子。他是我童年的朋友，我完全了解他。

比　洛　（怀疑地）罗伯斯庇尔的朋友，就该享有特权吗？

瓦狄埃　（挖苦的声调。念这期《老科尔得利报》）你再听听吧，马克西米连：这是说你的。如果说你关闭妓院，治理风化，驱逐妓女，表现出极大的干劲儿，那也是奉了皮特的指令，因为，“你这样干，就剥夺了政府掌握的最重要权限之一：放纵淫风。”你听见了吧，拒腐蚀的人？这回你该高兴了吧？

圣茹斯特　虚伪卑劣的灵魂！

比　洛　（激烈地）断头台！

〔他倒下去，头搭在桌子上，仿佛被击杀的一头公牛。

罗伯斯庇尔　他昏过去了吗？

瓦狄埃　（漠不关心）发一阵昏。

〔圣茹斯特打开窗户。比洛缓过神儿来。

圣茹斯特　你生病了吗，比洛？

比　洛　（声音嘶哑地）你是谁？……恶徒！——我支持不住了。一连七夜我没有睡觉了。

瓦狄埃　他在委员会熬夜，白天泡在议会。

罗伯斯庇尔　你工作太繁重。要不要我找个人替换你几天？

比　洛　我的任务不能临时替换。同各省联络，手中掌握全法国的线索，除了我谁也办不了。我这儿一中断，线团就全乱。不行，我必须坚守岗位，直到断了这口气。

圣茹斯特　咱们全要死在岗位上。

比　洛　大自然哟！你把我创造出来，并不是为了迎接这种狂风暴雨呀！沙漠致命的风暴，吹皱了我的心灵。这颗过分敏感的心哟，你天生适于退隐和清静、友谊、一个温存家庭感人的激情！

瓦狄埃　（嘲讽地）比洛，咱们绝不能心软。

比　洛　（恢复激烈的声调）咱们要净化空气！戴木兰上断头台！

罗伯斯庇尔　我应当做出表率：我就抛弃戴木兰。

瓦狄埃　（反讽地）你这布鲁图斯①，大度的君子，品德高尚的人，我早就知道，你甩掉一个朋友，绝不会犹豫的。

罗伯斯庇尔　戴木兰的命运，同另一个人的命运连在一起。

比　洛　你怕讲出丹东的名字吗？

罗伯斯庇尔　我怕打破共和国的一个护符。

瓦狄埃　他的护身符。

罗伯斯庇尔　丹东是我的政敌。然而，在我们的争论中，既然完全排除我的友谊，那么我的恶感，也不应在我的评价中占有分量。展开辩论之前，还是冷静地讨论一下，拆毁共和国的这座堡垒，会有什么风险。

比　洛　可以出售的堡垒！

① 布鲁图斯（前85—前42），刺杀罗马独裁者恺撒的密谋集团领袖，斯多葛派学者，力图恢复共和政体。

瓦狄埃　革命的稻草人！国家危难时，可以抬出这个凶神恶煞的偶像，以便吓跑敌人；但是这个偶像，尤其吓坏了抬它的人。这副丑陋的面孔，也惊吓了自由。

罗伯斯庇尔　不能否认，丹东这副尊容，为欧洲熟悉而恐惧。

瓦狄埃　（揶揄地）的确如此，他反正不穿短裤，很愿意向世人展示那家伙：

正如恺撒美少年，
不顾廉耻与颜面，
以身事君得方便①；
也如希腊大英雄，
宠爱厄菲蒂翁童②；
阿德里安更叫绝，
摆到神殿来供奉③……

圣茹斯特　（激烈地）收起你这肮脏的刻薄话！难道你要用腐败的名义打击腐败吗？

瓦狄埃　你不至于逼我给你背诵卢梭的论述吧。

罗伯斯庇尔　（力图保持公正，但是讲话毫不坚定）我认为应当公允一点儿，肯定丹东从前的一些贡献。

圣茹斯特　一个人越是做过好事，就越应该坚持做好事。谁捍卫过人民的事业，随后又抛弃人民，谁就活该倒霉！比起始终反对人民事业的人来，这种人罪过还要大些，因为明知是人民的福祉却甘愿背弃。

---

① 相传古罗马独裁者恺撒少年时，曾是比希尼亚王的变童。

② 传说厄菲蒂翁是亚历山大大帝宠爱的变童。

③ 阿德里安将所恋美童死后的阳具供奉在古罗马的万神殿中。阿德里安有六世教皇，这里不知所指。

罗伯斯庇尔　处死埃贝尔，搅动了舆论。警察局向我呈送的报告指出，我们的敌人就是利用民众猛然醒悟所产生的混乱，以便动摇民众对真正朋友的信任。如今，什么都值得怀疑，连纪念马拉都成问题。我们应当谨慎行事，避免猜疑，又起内讧添乱。

圣茹斯特　咱们处死可疑之人，也就清除了猜疑。

瓦狄埃　（边用鼻烟边注视罗伯斯庇尔，旁白）这个坏蛋！他多怕触动他珍视的贵族！学英国人克伦威尔，在议会里经营多数派。得！再这样继续下去，我就给他点颜色，铲除他那沼泽里一百只癞蛤蟆[①]。

罗伯斯庇尔　这样一颗脑袋掉下来；必然会动摇国本。

比　洛　（起疑，激烈地）你害怕了吗，罗伯斯庇尔？

瓦狄埃　（阴险地挑动比洛）你就问问他，比洛，他是不是把丹东当作厚床垫，自己躲在后边避枪弹？

比　洛　（粗暴地）你老实说吧：你怕丹东一倒台，就暴露了你自己。你拿他当盾牌，紧紧贴着保护自身。丹东替你转移视线和利箭。

罗伯斯庇尔　我鄙视这种恶毒的诽谤。我还在乎什么危险？我并不吝惜自己的生命。然而，我是过来人，有经验，又能观测未来。你们太疯狂了，仇恨搅乱了你们的神经。你们只想着自己，根本不考虑共和国。

圣茹斯特　那就让我们平心静气，考量一下共和国对那些搞阴谋的人期待什么。我们不必管丹东有没有才干，但要想一想这种才干是否为共和国效劳。这三个来月，对革命的所有攻击来自何处呢？来自丹东。菲力波写信反对委员会，是谁的授意？是丹东。《老科尔得利报》，每期都交给丹东审查，同他讨论，由他亲手修

---

① 指国民公会中的沼泽派，又称平原派，介于山岳派和吉伦特派之间，为第三党派。沼泽派先是支持吉伦特派，后来又支持山岳派，清洗了吉伦特派议员，最后又支持热月政变，清洗山岳派。

改。既然河水有毒,那就找其毒源。丹东的坦诚表现在哪里?他的勇敢又表现在哪里。这一年来,他为共和国做了什么?

罗伯斯庇尔　(佯装逐渐被其他人说服和裹挟,带着五分虚伪和五分真诚)不错,山岳派受攻击,他从未帮我们讲句话。

圣茹斯特　没有,但是他却为迪穆里埃说过话,为迪穆里埃的同谋,那些将领们说过话。雅各宾派控告他,你还横加袒护,罗伯斯庇尔。你受到指控那时候,他为你说过一句话吗?

罗伯斯庇尔　没有。而且,他看到我孤立,遭受吉伦特派的诬陷,还对他朋友们说:"他那是自作自受,就让他完蛋吧!咱们没有必要跟他一起遭殃!"——不过,现在不是我的恩怨。

比　洛　你亲口对我讲过,罗伯斯庇尔,他曾竭尽全力,救援吉伦特党徒,打击逮捕那些叛贼的昂里奥①。

罗伯斯庇尔　的确如此。

圣茹斯特　你也亲口对我说过,罗伯斯庇尔,他曾厚颜无耻地向你承认,他当司法部长的短短几天,他和他的秘书法布尔,就有舞弊行为。

罗伯斯庇尔　我承认说过这话。

圣茹斯特　他还是拉法耶特的朋友。米拉波收买了他。他同迪穆里埃和温芳有通信关系。他还巴结奥尔良王族。革命的所有敌人,都同他过从甚密。

罗伯斯庇尔　不应当夸大其词。

圣茹斯特　是你对我说的。这些事实,你不对我讲,我根本就不会知道。

罗伯斯庇尔　当然了……不过……

---

① 昂里奥(1759—1794),法国大革命时期的巴黎国民自卫军司令。他在推翻吉伦特派行动中起了决定性作用。一七九三年五月三十一日,巴黎公社任命他为巴黎国民自卫军总司令。他率领八万起义军包围国民公会,迫使国民公会逮捕二十九名吉伦特派议员。他是罗伯斯庇尔实行恐怖统治的有力支持者。一七九四年七月热月政变,他被送上断头台。

比　洛　(激烈地)你要否认?

罗伯斯庇尔　我不能否认。丹东是保王党晚会的常客,而在那些晚会上,奥尔良公爵亲手调潘趣酒。法布尔和温芬也出席了。他们试图把山岳派的议员也吸引去,以便诱惑,把那些议员拉下水。不过,这是微不足道的。

比　洛　恰恰相反,至关重要!明目张胆地谋反!

罗伯斯庇尔　我又想起来一个细节,但是无关紧要。近来他还在炫耀,如果有人控告他,他就抛出废太子来陷害我们。

比　洛　恶徒!他讲过这话!而你还能为他辩护!……

罗伯斯庇尔　魏特曼刚离开这里!他拿丹东和暴动来威胁我。

比　洛　老虎根本没有逮住!咱们还在这儿讨论!

罗伯斯庇尔　你们要擒老虎。

圣茹斯特　这是祖国的要求。

瓦狄埃　(冷笑,旁白)这个滑头!他渴望得要命!还得让人求他。

罗伯斯庇尔　当初他是个伟人。——至少,他有一副伟大的外表,有时近乎品德高尚。

圣茹斯特　大恶比什么都更像德行。

瓦狄埃　(挖苦地)你就等着给他作悼词吧,马克西米连。眼下,先把这畜牲打翻在地。

圣茹斯特　瓦狄埃,我提醒你尊敬死者。

瓦狄埃　那小子还活着呢。

比　洛　谁来起草控诉状?

瓦狄埃　圣茹斯特。这是这个青年的拿手戏。他的每一句控词,都抵得上断头一刀。

圣茹斯特　我就喜欢同大妖怪较量。

罗伯斯庇尔　(去拿些纸张,交给圣茹斯特)这是现成的资料。

瓦狄埃　(旁白)像这样的材料,他给自己的每位朋友都准备了一份。

罗伯斯庇尔　不要单独起诉丹东,给他那么大面子,那样会把全国人的目光过分吸引到他身上。

比　洛　把他淹没在一个团伙犯罪的案件中。

瓦狄埃　这桌菜,都拿谁当配料呢?

圣茹斯特　凡是用金钱,用寻欢作乐,用聪明大智,企图腐蚀自由的人。

瓦狄埃　要说得确切些。这样笼统会令人不安。

罗伯斯庇尔　丹东喜爱金钱,就把他同金钱一起埋葬吧!咱们把他扯进银行贿赂案里,让他加入贪官之列。他在那里能找见他的朋友,他的秘书法布尔·德·埃格朗蒂纳。

瓦狄埃　法布尔、沙博,上等犹太人,奥地利银行家,弗赖兄弟、狄德林森,——很好,已经初具规模了。

比　洛　最好也把埃罗,流亡贵族的朋友列入被告中。

圣茹斯特　头一个要列入的是菲力波,他败坏军纪,瓦解军队。

罗伯斯庇尔　还有魏特曼,他是血腥的剑,时刻准备暴动。——就这些吗?

瓦狄埃　你丢了亲爱的卡米尔了。

罗伯斯庇尔　布尔东或者勒让德尔,他们那派在议会中的代言人,你们不认为更应当列入吗?

瓦狄埃　不,要列入卡米尔。

比　洛　列入卡米尔。

圣茹斯特　依法办事。

罗伯斯庇尔　那就加上吧。

圣茹斯特　告辞。我去起草起诉书。明天,在国民公会,我就会把他们打倒。

瓦狄埃　不成,不成,年轻人;你这年龄,行事不免冒失。怎么!你要把丹东引上演讲台?

圣茹斯特　丹东认定,谁都不敢当面攻击他。我就想让他领教领教。

瓦狄埃　我的年轻朋友,只有勇气还不够,还得有肺活量,能压住公牛的吼叫。

圣茹斯特　真理能镇住暴风雨。

罗伯斯庇尔　共和国的命运,我们不应该交付给胜负难料的私人决斗。

圣茹斯特　你们说怎么办?

〔罗伯斯庇尔默默不答。

比　洛　今天夜晚就逮捕丹东。

圣茹斯特　(激烈地)绝不成!

瓦狄埃　要达目的,不择手段。

圣茹斯特　我绝不袭击一个缴了械的敌人。让我跟丹东面对面斗一场:这种搏斗能为共和国增光。你们提出来的建议,有损共和国的名誉,我只能一脚踢开。

比　洛　对付人民的敌人,绝不要讲究什么方式。

瓦狄埃　在政治上,无谓的大胆莽撞,就是一种愚蠢行为,有时还是一种背叛行为。

圣茹斯特　我不愿意那么干

〔他把帽子猛力摔到地上。

比　洛　(严厉地)看起来,你是爱为共和国决斗,而不是爱共和国喽?

圣茹斯特　这种方案,必须面临危险方可采用。一场革命,就是一种英雄的事业,发动者走在粉身碎骨和永垂不朽之间,我们若不是像牺牲别人的生命那样,时刻牺牲自己的生命,那么无异于罪犯了。

瓦狄埃　你就放心吧,还是相当冒险的。丹东即使被捕,也可能发起暴动;你不要怀疑,他若是获胜,一准送你上断头台。

圣茹斯特　我并不在乎构成我身躯的尘土,唯独我的心是属于我的财宝;纵使穿越血腥的世界,我也不会玷污这颗心的纯洁。

比　洛　(严厉的态度中,掺杂着无情和轻蔑)自重就是一种自私。圣茹斯特的心会不会被玷污,我们根本不管,拯救共和国要紧。

圣茹斯特　（用眼神询问罗伯斯庇尔）罗伯斯庇尔！

罗伯斯庇尔　我的朋友，你的心灵尽可放宽。一场革命的风暴，绝不遵循通常的法则；我们也不能以通常的道德，去判断这种改选世界，并在新的基础上重建道德的力量。当然，一定得公正；不过，公正的尺度，在这里可不是个人的良心，而是公众的良心。我们心灵之光在民众当中；民众的福祉就是我们的法则。——我们要提出来的只有一个问题：即人民是否愿意除掉丹东。这个问题一解决，什么就都解决了。要有必胜的把握才好开战。所谓公正，就是公正的东西获取胜利。我们不能等待了，必须立刻对丹东下手。出于慷慨大度留给他武器，那就等于把胸口递给凶手的匕首；结果军阀和财阀就会篡夺革命的领导权，我们的祖国就会遭受百年内战的灾难；而我们本应流芳百世，却要遗臭万年了。

比　洛　不惜一切代价。去争取胜利！让我们专政的恐怖光芒照亮一切！

瓦狄埃　关键是要弄清楚，欧洲是否能雅各宾化，而不是一个人是否依法治罪了。

圣茹斯特　（双手按住胸口，宛如大卫所绘《网球场宣誓图》中的罗伯斯庇尔）共和国哟，既然你要，就拿去我的名誉吧，把我拿去吧，喝我的血，整个儿把我吞噬吧！

比　洛　（浑身颤抖，说话断断续续）也许，就在此刻，共和国已经窒息，我们的理念流产了，理性这回要死去多少世纪……火速行动！

罗伯斯庇尔　派人逮捕丹东。

〔他签字。比洛焦躁不安地签了字。

圣茹斯特　这是为你呀，自由之神！（他签了字）

比　洛　国民公会不会质疑吧？

罗伯斯庇尔　（鄙夷地）国民公会为了公众的幸福，一贯善于牺牲自己的成员。

瓦狄埃 （签字）这事包在我身上。

罗伯斯庇尔 （长叹一声）在我们的肩上，革命的担子就更加沉重了。

瓦狄埃 （旁白）这只虎猫，总这么装模作样，他也忍不住舐嘴唇了。

罗伯斯庇尔 可悲的必要之举。我们给共和国断腕，是为拯救共和国。

圣茹斯特 （黯然神伤，激动地）哲学家耶稣曾对他的门徒说过："如果你的手把你拉进罪孽中，你就把手剁掉；如果你的脚把你拖进罪孽中，你就把脚截掉；如果你的眼睛把你引入罪孽中，你就把眼睛剜掉：因为对你来说，带着独眼和残废的躯体上天堂，总要胜过有两只眼睛被投入炼狱。"——我呢，我也要说：如果你的朋友腐化了，又来腐蚀共和国，那就把他从共和国清除掉；如果你的兄弟腐化了，又来腐蚀共和国，那就把他从共和国清除掉。如果共和国的鲜血，如果你自身的鲜血，从翻开的伤口流淌，那就让血流淌吧：共和国要么纯洁，要么死亡！共和国就是美德。有污秽的地方，共和国就不复存在。

瓦狄埃 （旁白）他们简直疯了，该送进疯人院。用不了多久，就得把他们关进小屋子里。——先干最要紧的事！

〔他抬脚要走。

比 洛 等一等，我签字呀。

瓦狄埃 你已经签了字。

比 洛 在哪儿签了？……想不起来了。——我做了什么？做得对吗？……我的心灵多么忧伤！① ……噢！躺在草地上，躺在清爽的土地上；闻着林木的树脂香，听着垂柳相拥的潺潺溪水！歇息呀！歇息呀！……

罗伯斯庇尔 共和国的创造者们，只能到坟墓中歇息。

① 这句原文为拉丁文。

第三幕

〔革命法庭。

〔检察官富基叶·丹维尔、庭长埃尔曼、陪审团、法警、群众。——被告席上有丹东、戴木兰、埃罗、菲力波、魏特曼，——沙博、弗赖兄弟（均为哑角）。——法布尔·德·埃格朗蒂纳坐在他们中间的靠背椅上。——在听众席的头排，有画家大卫①和几位朋友。——法庭的窗户全敞开，传来外面群众的骚动声音。庭长座位背后有一道门，门上小窗露出监视审案的瓦狄埃的脑袋。——门侧站着昂里奥将军。埃尔曼和富基叶·丹维尔不安的眼神不时瞥向昂里奥。

〔庭上正在审讯沙博和弗赖兄弟。——丹东非常气愤，在座位上乱动。戴木兰一副气馁的样子。埃罗十分平静，微笑着观望。菲力波咬紧牙关，眼睛凝注，准备抗辩。法布尔忍着病痛，瘫软在座椅上。——群众拥挤着，好奇地观看：在审案的曲折

① 大卫（1748—1825），法国新古典主义重要画家，画风严谨，技法精湛，在反对洛可可陈腐画风，恢复古代绘画优良传统方面有巨大功绩，对以后的浪漫主义、现实主义和学院主义绘画发展都有影响。大革命时期支持雅各宾派，创作《网球厅宣誓图》（1791）、《马拉之死》（1793）等。

过程中,他们就像看一出剧那样,既感到有趣,又深受感动①。

〔幕启时,群众在低声议论。

庭　长　(对弗赖兄弟)你们是皮特派来的人。(群众喊声:"嘿!坏蛋!叛徒!卖国贼!")你们想要贿赂国民公会,以图便利你们投机和巧取豪夺。你们还制定了一套计划,收买人民代表,给他们每人的良心定出了价钱。

丹　东　(声音宏亮)庭长,请允许我发言!

〔群众骚动,兴趣浓厚,拥挤着争相观看:"丹东……丹东……讲话的是丹东!……"

庭　长　会轮到你发言的,丹东。

丹　东　把我放在这种垃圾堆里干什么?我跟这些窃贼有什么关系?

庭　长　到时候会告诉您的。

丹　东　我的性格天生高尚,不屑于攻击这些无赖。这一点您完全清楚,却还滥用我的缄默,企图制造混乱,在民众的头脑里,把我同不法的银行家,同舞弊者和贪赃枉法的人混为一谈。

〔众笑:"你听见了吧?丹东发火了……"

埃　罗　别焦躁,丹东。

庭　长　请尊重司法,等一会儿您再申辩。

富基叶　安静点儿,丹东,你跟共同被告们一样,等一会儿就要回答腐败案的主要罪状。

丹　东　丹东的腐败案,不能尾随着这帮败类,至少得安排头把交椅。不管什么方面,丹东向来不做第二人,无论是恶行还是德行。

〔群众:"他可了不得!……等一会儿你就瞧好吧……"

菲力波　住口吧,谨慎一点儿。

庭　长　(对弗赖兄弟)你们生来是犹太人,原籍摩拉维亚,本名特罗

① 文中仅仅部分标出群众的反应与喧声。这些标示应随着场景具体安排而变通。——原注

普斯卡，后来改名索亨菲尔德，并且在这一名下，在奥地利买了贵族爵衔；再后来，你们来到法国，改成眼下的名字弗赖。你们的一个妹妹接受了洗礼（众笑），被一个德国男爵包养。另一个妹妹嫁给了沙博，从前的狂热教士（众大笑），现任国民公会议员。你们有些合伙人，也像你们一样是来历不明的冒险家，如狄德林森，原籍荷尔斯泰因，维也纳银行的职员；还有古斯曼，号称“西班牙人”，冒充德国男爵；再有从前的神甫，德·埃斯帕尼亚克，军火商人。你们收买了几名议员，谋取方便你们投机倒把的活动。沙博在你们和他的同事们之间充当中介。他自定身价为十五万法郎（众人惊呼）。他负责将你们所付的十万法郎，转交给法布尔·德·埃格朗蒂纳。（一个姑娘指着法布尔：“就是那个人，坐在那边的椅子上。”）法布尔拿了这笔钱，便伪造了国民公会关于印度公司清理案的传令。原件我交给陪审团审阅。

〔丹东捂住鼻子，装出恶心的样子。——大卫则扮出狂怒和害怕的怪相。——“瞧那张嘴脸！”——“好哇，丹东！”——三个女人：“你认为法庭会判他罪吗？”——“什么时候审他呢？”——“因为我等不及啦！”

瓦狄埃　（轻轻半推开门上的小窗，对站在门侧的昂里奥将军说）一切都顺利吧，昂里奥？

昂里奥　（低声地）没问题。

瓦狄埃　（指着富基叶和法官）他们不会失误吧？

昂里奥　（低声地）不要担心，我的眼睛盯着呢。

瓦狄埃　很好，不要迟疑：检察官一旦软下来，就当场逮捕他。

〔瓦狄埃关上小窗。

埃　罗　（望了望民众）民众那样瞧我们！

丹　东　（内心未免羞愧，还是强颜欢笑）这副尊容坐在被告席上，他们还看不惯。这可不是寻常的场景：这些街头要把戏的，把丹东大活人变没了。哈！哈！实在好笑啊！——（大卫从兜里掏出一个笔记本:“看我的吧,我要把他那副嘴脸画下来。”他开始画丹东)你瞧大卫,那边,他那舌头都伸出来了,跟狗一样,恨得流下了口水。——(大卫:“我要让后世人一看见他这猴相,就会笑得直不起腰来。”)天打五雷轰!你倒是直起身子呀,戴木兰!真见鬼,挺起腰杆儿来!民众的眼睛盯着我们呢。

卡米尔　噢!丹东,我永远也见不到吕西尔啦!

丹　东　嗳!今天夜晚,你准能陪她睡觉。

卡米尔　救救我呀,丹东,把我从这儿拉出去。我不知道该怎么办了,我不会为自己辩护。

丹　东　你这么软弱,还不如一个小姑娘。坚强一点儿!想一想,我们在创造历史。

卡米尔　哎呀!我还顾得上历史!

〔民众:一名年轻文书拧了一个姑娘一把。以当时的流行曲调唱道:“小姐可否跳跳舞?”——姑娘打了他一个耳光:“哦,呸,敢这样,流氓!”——文书继续唱:“她这么说,却把手伸给我……”

丹　东　你若是想再见到吕西尔,就别摆出这种样子,像个被法律压垮的罪犯!你看什么呢?

卡米尔　你瞧,丹东,——那边……

丹　东　什么呀?你指给我看什么呀?

卡米尔　挨着窗口,那个年轻人……

丹　东　那浑小子没脸没皮,一绺头发还耷拉到眼睛上,那是检察官的文书,正在动手动脚,去摸一位女子吧?

卡米尔　没什么,刚才我产生了幻视,我看见了……看见我自己……

丹　东　看见你自己?

卡米尔　我忽见看见自己站他那位置上,正旁听审判吉伦特党徒,我的那些受害者,——噢!丹东!

〔这工夫,所谓法布尔伪造的文件,在陪审团中已传阅完了。

庭　长　法布尔,您还执意否认吗?

〔在审案过程中,一直在交谈的民众,这时立即住口,还制止别人说话。

法布尔　(十分镇定,厌倦而讥讽地)我再重新解释也没用,你们根本不听,就是按部就班地实现你们的计划。刚才我已经指出,我起草的文件,被那些奸贼增删过了,从而改变了性质。这很明显,支持公道的人一看文件便明白。在这里,情况就不一样了:我知道,案子未审之前,就判定了我的罪。我惹了祸,招致罗伯斯庇尔的厌恶,你们就一心要治愈他那受伤的自尊心。我的性命保不住了。好吧!我这一生,罹难重重,让我吃尽了苦头,我不想再费力保命了。

富基叶　你侮辱法庭,诽谤罗伯斯庇尔。根本不是罗伯斯庇尔控告你腐化,而是康朋。也根本不是罗伯斯庇尔控告你搞阴谋,而是比洛·瓦雷纳。你诡异多端,是出了名的,充分运用来搞罪恶的阴谋,编写恶毒的剧本。

法布尔　住口!“不是鞋匠就别强做鞋①……”旁听席上的先生们,我请你们作证:我的剧作不是让你们十分开心吗?(众笑)富基叶可以命人砍下我的头,但是休想断送我的剧作《菲兰特》!

〔众笑。——在最后面的一个人问道:“什么? 他说什么?”

富基叶　一种存心不良的好奇,驱使你把国会当作一种剧场,企图挑拨人心的隐秘活力。什么你都要利用:利用一些人的野心,利用另一些人的懒惰,利用不安的情绪,利用嫉妒的心理,无不可以利用。你凭着这种无耻的才干,成为反革命的一种真正体系的首领,或许因为你寡廉鲜耻和唯恐天下不乱的本性,对人的理性不知怎么如此恶意鄙视,专爱搅乱既定的秩序;抑或你冥顽不化的贵族意识和贪心,很早就开始接受皮特的金钱,处心积虑要毁灭共和国。(群众议论。——大卫:“嘿,您瞧怎么样?”)对……

① 这句原文为拉丁文。

对……一七九二年就已经发现,你同敌人勾结密谋。丹东派你去迪穆里埃那里,就是进行罪恶的交易,搭救那些要被歼灭的普鲁士军队。(群众议论)不过,这又牵出其他被告了。(群众骚动:“嘿!嘿!”表现极大的兴趣)我先把你撂下,既然他们也急不可待,要我马上揭下他们的假面具。等一会儿我再接着审问你,披露这个大阴谋维系所有线索的症结。

〔被告们骚动。民众越发注意倾听了。丹东简短讲了几句话,鼓励同伴们。

法布尔 (对富基叶,放肆无礼地)你这出剧布局不好,情节混乱,上场人物太杂乱,不知道他们从何处来,却完全明白他们去向哪里:根本没必要那么多废话。你的剧本编得糟透了,富基叶。你最好马上吩咐砍下我的头;我现在牙疼。(众笑)

庭 长 (对埃罗·德·塞舍尔)被告,您的姓名和资历。

〔群众:“他是谁?这个贵族是谁?”“他是埃罗。”

埃 罗 已故的埃罗-塞舍尔,前任夏特莱高等法院第二检察长:我曾在这个法庭审案。前任国民公会议长;我曾以国民公会的名义,颁布了共和宪法。前任公安委员会委员,也正是谋杀我的圣茹斯特和库东的前朋友。

〔群众中一位姑娘说:“嗬!好个美男子!”

庭 长 您是一位贵族。您发迹始自同宫廷建立关系,即由波利尼亚克那个婆娘①,把您介绍给了那个卡佩婆娘②。您同那些流亡贵族从未断绝关系;您跟考尼茨③亲王的私生子,那个上个月被砍头

① 波利尼亚克家族为法国贵族世家,在欧洲历史上占有重要地位。男系可追溯到十三世纪的沙朗松家族。十四世纪由女方继承,家族获得子爵领地。一七〇〇年获得法国公爵领地。文中“那个婆娘”指波利尼亚克女公爵,能出入法国宫廷。

② 卡佩婆娘,卡佩指路易十六,婆娘指王后玛丽-安托瓦内特。

③ 考尼茨(1711—1794),奥地利国务大臣。一七四八年代表奥地利出席亚琛和会,他开始制定在几年后不变欧洲结盟体系的外交政策。一七五六年,奥法两国签订《凡尔赛防务和约》,翌年俄罗斯也参加此约,他才如愿以偿。一七六四年,考尼茨被封为考尼茨-里特贝格亲王。

的奥地利人波罗利是朋友。您外泄了公安委员会的机密，将重要文件交给了外国朝廷。您无视国法，窝藏前任军事委员卡图斯，他是遭到追捕的乱党和流亡分子。他在勒佩尔蒂耶部队被捕的时候，您胆大妄为，甚至前去要人，为他辩解。

〔群众："这才像个贵族派！"——一个织毛线活的女人："又是个旧制度的自命不凡的人！

埃　罗　我只断然否认一点，即泄露国机密，况且我敢断定，你们根本拿不出证据。除此之外，其余的全都千真万确，我在此高声承认。

庭　长　您如何解释呢？

埃　罗　无需任何解释。从前我有一些朋友。国家的任何意志，都不能阻止我爱他们，在他们需要的时候出手相助。

庭　长　您曾任国民公会议长，应该服从法律，为国民作出表率。

埃　罗　我为国民作出为尽义务而死的表率。

庭　长　您要讲的话就这些吗？

埃　罗　就这些。

庭　长　下一个吧，埃尔曼！

〔戴木兰的名字，在民众中间传遍："他是戴木兰……戴木兰……卡米尔，卡米尔……"继而，众人肃静了。

庭　长　（对戴木兰）您的姓名，资历。

卡米尔　（非常慌乱地）吕西－卡米尔－散普利斯·戴木兰，国民公会议员。

庭　长　您的年龄？

卡米尔　长裤汉耶稣被钉上十字架的年龄：三十五岁。

〔引起民众各种不同的议论，有的怜悯，有的不满。一个打毛线活的女人挥起拳头："鬼教士！"

庭　长　您被指控犯了诽谤共和国罪。您诋毁国家的举措，把我们时代的光荣，比作古罗马皇帝的暴政。您唤醒了贵族们的希望，引发民众对镇压反动暴乱的必要性的怀疑，阻碍了国防大业。您从前的性格,揭穿了您伪装的人道:您曾主张敞开监狱的门,将持有怀疑的人全关进去,企图把共和国淹没在反革命报复的怒潮中。——您有什么要答辩吗?

卡米尔　(神色十分慌乱,试图答辩,却张口结舌,手捂住脑门儿,非常惶恐。他的朋友都担心地看着他)我请法庭宽谅。我不知道怎么了,一时说不出话来。

〔群众:两个姑娘:"他怎么啦?他到底怎么啦?"

庭　长　您承认法庭指控您的事实吗?

卡米尔　不,不承认。

庭　长　那好,您就申辩吧。

卡米尔　还不行,请您原谅。我突然感到身体虚弱。

〔群众:一个男人:"他翻白眼了。"——打毛线活的女人:"小姐犯了晕病了!"——另一个姑娘:"可怜的孩子,他的脸色刷白。"

〔朋友们急忙上前扶住卡米尔。他坐下来,呼吸困难,用手帕擦拭额头。庭长耸了耸肩膀。

富基叶　你供认不供认?

菲力波　念您的控诉书上的罪状吧。

丹　东　对呀,念一念,念给民众听一听,让民众判断他的朋友们是哪一边的!

庭　长　我已经相当明确地指出来了,这种危险性的言论,也不宜再次宣扬了。

丹　东　对谁有危险啊?对那些强盗吧?

〔群众:"哈!哈!"——众人骚动,既高兴又好奇。

富基叶　这出喜剧是事先排好的:我们不予理睬。

卡米尔　(惶惶不安)我真惭愧…… 我请你们大家原谅……有好几天夜晚了,我根本睡不着觉:那些诽谤害得我意乱心烦,无法控制自己,知道说话也说不好。我感到头昏眼花,容我缓一缓。

〔群众。——一个姑娘:"给他解开领带透透气!"——打毛线活的女人:"就这样,还算个男人?就跟个软面团似的!"

富基叶　我们可耽误不得时间了。

丹　东　你是定好几点钟献出我们的脑袋?你就不能等一等吗,刽子手?

菲力波　你一定得等一等戴木兰;你们还没有权利不问情由就杀人!

〔群众:"对!对!"

法布尔　你明明知道他特别敏感,情绪最容易受影响,你就想利用他一时软弱,趁机要他性命。只要我们还活着,就不能让你得逞。

埃　罗　(讥讽地)这是古罗马皇帝康茂德①式的决斗:自己操一把大马刀,迫使对手拿一把木剑进行决斗。

庭　长　住口!

四人齐声　你自己住口吧,你这刽子手!民众呀,保护我们的权利,保护我们自卫的神圣权利吧!

〔群众:"好哇!"开始骚动。

丹　东　(指着戴木兰的手掌)好了,我的孩子,振作起来吧。

卡米尔　(还非常疲惫;但是重又控制住情绪,握住丹东的手,冲他微笑,并站起身)谢谢,朋友们,我这阵莫名其妙的虚弱过去了;是你们的关切,重又给了我活力。(众笑:"哈!哈!"争相拥挤看望)恶魔们啊,这样朋友的挚爱,你们一辈子也得不到!你们指控我自由表达思想?我要以此为荣。我忠于我创造的共和国,我也不惜一切保持自己的自由。照你们说,我侮辱了自由?我说过,自由就是幸福,就是理性,就是平等,就是正义。这就是我侮辱的言论!民众啊,你们据此来判断,这种侮辱应得到怎样

① 康茂德(161—192),罗马皇帝,一七七至一九二年在位。他的暴虐统治加速内战爆发,他自诩是大力神赫丘利转世,常进入斗兽场充当角斗士。一九二年除夕,他的顾问们召来一个摔跤冠军将他勒死。

的赞扬。

〔群众:“好哇!”

庭　长　您不要对民众讲话。

卡米尔　你要我对谁讲话呀?对贵族讲话吗?(群众:那个文书:“当然喽;那还用说!”)我要求成立一个宽赦委员会;我想要人民最终能享受自由,而我们所争得的自由,似乎只成全一小撮恶徒泄私愤了。我还想要人结束争吵,组成一个友爱的大家庭。看起来,这样的愿望就是犯罪了。而我呢,我所称呼的犯罪,就是疯狂的政治:这种政治玷污国家,诬陷人民,让人民当着全世界的面,将手伸进无辜的血泊中。

〔群众骚动,大家注意倾听,对戴木兰的话反应热烈。

庭　长　不是您来控告,是法庭控告您。

卡米尔　那好,如果你们愿意,我就控告我自己:我控告自己没有一贯坚持今天的想法。太长时间我相信仇恨了,战斗的狂热迷住了我的双眼,我亲手干的坏事太多了;我引发了复仇的怒火;我的文章也不止一次磨砺了断头台的铡刀;我的言论把一些无辜者引到这里:这便是我的罪过,我的真正罪过,我和你们共犯的、而今我忏悔的罪过!

庭　长　您要说的是谁呢?

富基叶　你后悔把谁处死了呢?

菲力波　你打住,戴木兰!

法布尔　这是个圈套,要当心!

丹　东　快闭嘴!你这糊涂虫!

卡米尔　我说的就是吉伦特党人。

〔群众:大卫:“他供认啦!他供认啦!”大家小声议论。

庭　长　被告亲口供认,他曾参与布里索分子的阴谋。

卡米尔　(耸耸肩膀)正是我那篇《揭开面罩的布里索》的文章,促使法庭判处了他们。

富基叶　可是，你今天后悔了吧？

卡米尔　（并不回答）同事们啊，我要举布鲁图斯对西塞罗[①]说的话，对你们说："我们过分畏惧死，畏惧流亡，畏惧贫穷[②]。"这样的生命，难道还值得我们延长而毁掉名誉吗？我们当中的任何人，都未能达到生命之巅。我们别无选择，只好下山，要穿越多少悬崖峭壁：这样的险路，就是最默默无闻的人也在所难免。下山途中美景无限，每处景致都比所罗门[③]讲的美妙千百倍。那个所罗门王坐拥七百名妃子，却要全部鄙弃那种幸福的摆设，他说道："我认为死者比生者更幸福，而最幸福的，莫过于从未出生的人[④]。"

〔卡米尔坐下。

丹　东　（对卡米尔）傻瓜！你砍了我们的脑袋！

〔他拥抱卡米尔。民众中一位姑娘："这没关系，他照样招人爱！"

〔有人来通知丹东，论到审讯他了。丹东站起身，走向审判席。旁听席涌动，一片嗡嗡声："那不是……他来了……"

庭　长　（对丹东）被告，您的姓名、年龄、资质和住址

丹　东　（声如响雷）我的住址？不久便是虚无世界。我的姓名？登记在先贤祠[⑤]。

---

① 西塞罗（前106—前43），罗马政治家、律师、古典学者、作者。在内战中，他徒劳地维护即将覆灭的共和制度，但是作为罗马最大的演说家则名垂史册。他反对独裁，一直受贵族势力的压制。曾任奇里乞亚总督，为政清廉。他传下五十八篇演说辞，最著名的是《为米洛辩护词》。西塞罗的重要性在于他传播了古希腊思想，给予欧洲一套哲学术语，不少概念沿用至今。

② 这句话在原文中，又用拉丁文重复一遍。

③ 所罗门，生活于公元前十世纪中叶，以色列最伟大的国王，大卫的儿子与继承人。大卫开创的犹太王朝，传到他手中，逐渐成为一个从埃及边界直至幼发拉底河的帝国。所罗门以贤明统治著称。他也是一位有名的诗人，写过千首诗歌，其中主要是《圣经》中所收的《雅歌》。

④ 这段道白改写自《老科尔得利报》。

⑤ 先贤祠，坐落在巴黎第五区圣－日内维埃芙山上的教堂，始建于一七六四年，一七九〇年建成，时逢法国大革命，便改为安葬伟人的殿堂，先后将伏尔泰、卢梭的遗体移葬于内。第三共和国时期，改为祭奠名人的场所，雨果等安葬于此。

〔旁听席群情震动。——一男子激昂地:“嘿!你相信吗?嘿!……”

〔民众激动,议论纷纷,似乎表示赞同,继而,庭长讲了句话,就蓦地肃静下来。

庭　长　您熟知法律:明确地回答。

丹　东　我名叫乔治－雅克·丹东,三十四岁,原籍奥布河畔阿尔西城,职业律师,国民公会议员,现住在巴黎科尔得利街。

庭　长　丹东,国民公会控告您伙同米拉波、迪穆里埃谋逆,了解他们扼杀自由的计划,并且暗中支持他们。

〔丹东仰天大笑,声如滚雷。民众也笑得前仰后合,一种狂喜传染了全体民众。审判官瞠目结舌,民众,甚至那些被告,都俯身注视丹东,随即受到他那笑声的感染,都哄堂大笑。丹东用拳头敲了敲被告席前的栏杆。

丹　东　(笑道)自由阴谋反对自由!丹东阴谋反对丹东!——恶徒啊!……正面瞧着我。自由,就在这里!(他双手捧住脑袋)自由就在这副由它桀骜不驯的模子铸出来的面具里,在这双由火山的烈焰燃烧的眼睛里,在这副怒吼起来能使暴君的宫殿连根基都动摇的噪音里。拿去我这颗脑袋,钉在共和国的盾牌上吧。这颗脑袋还会像墨杜萨怪[①]那样,吓死自由的敌人。

〔民众鼓掌。

庭　长　我不是要求您表功,而是要求您申辩。

丹　东　像我这样一个人无需申辩:我的行为就是明证。我根本用不着辩护,根本用不着解释,在我的生活里,没有任何隐藏的东西。我的周围毫无秘密可言,绝不像罗伯斯庇尔那样,跟一个老太婆偷情。(众笑。一个女人恼怒:“他这是亵渎神灵”)我的房门大

---

① 墨杜萨,又译美杜莎,希腊神话人物,原为美女,因触怒雅典娜,头发变成无数毒蛇,面貌也变得奇丑无比。人只要看她一眼,会立刻化为石头。后来被英雄珀耳修斯所杀。

敞四开,我的床铺也根本不挂幔帐;全法兰西都知道我什么时候喝酒,什么时候做爱。我就是人民:我的恶习和我的德行,全都属于人民。我没有向人民遮掩什么,我可以赤裸着肚子见世人。

〔大卫:"这个生活糜烂的家伙!瞧他往外吐什么脏东西!"

庭　长　丹东,这样无耻谰言侮辱法庭。您这样污秽的言语,表明您心灵多么卑劣。节制是清白的特性,而大胆则是罪恶的特性。

丹　东　如果说大胆是一种罪恶,庭长,那我就拥抱罪恶,还要深情地亲吻,并且把德行留给你,而古埃及法老的瘦乳牛根本引不起我的兴趣。我喜爱大胆并且引以自豪:这种大胆值得紧紧拥抱,还拥有哺育英雄的丰乳。革命就是大胆的女儿。正是勇敢大胆摧垮了各种巴士底狱;正是勇敢大胆,通过我的声音,呼唤起巴黎人民反对王朝;也正是勇敢大胆通过我的拳头,抓住了因肥耳朵而称矮路易砍下的首级,迎面抛给那些暴君和他们的上帝。

〔民众:"好哇!"表示赞同,骚动起来。

庭　长　您这套激烈的言论毫无用处。我提醒您针对您的具体控制,请您确切地答辩,不要脱离事实。

丹　东　难道能期待我这样的革命家,冷静地回答吗?我的心灵、好似在炉火中熔炼的青铜。自由神像,是在我的胸怀铸成的。有人正是想把我关进松鼠的转笼里!有人正是想用教理问答来限制我说话!我会咬断你们想要捆住我的网;我会撑破太箍身子的衬衣。——您是说,有人控告我!他们在哪儿,控告我的人?让他们露面,我会把他们的丑事揭个底儿朝上,叫他们无地自容!

〔民众大多数表示赞成。大卫和他那圈人抗议。

庭　长　我再说一遍,丹东,您无视国会,无视法庭,无视有权查问您的行为的人民,国家的主人。马拉同您一样,也受过指控,他丝毫也不迁怒于指控他的人。他也绝不摆出勇士和辩士的派头,冲着事实大发雷霆。他很认真地为自己辩解,最终澄清了事实。他是个伟大的公民,我给您举不出更好的榜样了。

〔民众。——一名女子深信不疑的声调:“殉道士啊!”

丹　东　那好,现在我舍高就低,辨明自己无罪,遵循圣茹斯特所制定的计划……我浏览了这份罗织的罪状,不免感到浑身颤栗!——我,竟然出卖了米拉波、奥尔良、迪穆里埃?我一直同他们斗争。一旦发觉米拉波的意图威胁了自由,我就出面极力阻止。我还曾驳斥他的言论,为马拉辩护。我同迪穆里埃见面,是要求他交代如何浪费了数百万资金。他那种计划,我已有预感,便设法阻止,搔一搔那家伙的虚荣心。当时共和国的安危掌握在他手中,能逼得他狗急跳墙吗?不错,我派法布尔去见他;不错;我通过人许诺他会当上大元帅;然而同时,我也派比洛去密切监视他。难道会有人指责我欺骗了一个叛贼吗?为了祖国,我还犯了许多别的罪过。用正儿八经的那套德行,拯救不了一个国家。如果有必要的话,所有罪过,我都可以一力承担,腰杆儿不会弯一弯,以便拯救你们所有人,法官、民众,甚至控告我的这些卑劣的伪君子。(民众骚乱)……我,伙同王党谋反!我想起来了,的确,八月十日,是我倡议恢复君权①,也是我促成五月三十一日联邦主义派的胜利②,还导致普鲁士军瓦尔米大捷③。(群众:“哼!我看也是。”)……控告我的人呢!把他们传上法庭啊!我请求谈一谈那帮毁了共和国的混蛋。我要披露一些至关重要的事情,我请求听我陈诉。

---

① 以下一段,丹东讲的全是反话,所谓“倡议恢复君权”,即于一七九二年八月十,巴黎公社民众起义,将路易十六和王后囚于神庙。丹东当时并不主动,但是顺应了潮流。

② 联邦主义派即指吉伦特派。吉伦特派一度掌控国民公会,主张把法国变成巴黎和各省的联邦,想借反动势力占上风的各省对抗革命的巴黎。自迪穆里埃叛变后,巴黎公社要求把吉伦特派赶出议会。一七九三年五月三十一日,群众武装包围议会,解散了吉伦特派组织“十二人委员会”。六月二日,巴黎人民又逼使议会开除三十一名吉伦特派议员,从而开始了山岳派(雅各宾)的统治。

③ 瓦尔米是由凡尔登通往巴黎途中的一个村落。一七九二年九月一日,普鲁士军占领凡尔登,震动巴黎。巴黎公社号召人民武装御敌。丹东在议会演说,呼吁“勇敢”。九月二十一日,法军在凡尔米大胜普鲁士军。

〔群众:"当然啦,当然啦!"——大卫:"别讲那么多废话!愚昧无知的家伙!"

庭　长　这番言论十分无礼,只能加重您的罪责。控告您的人都深受民众的爱戴。您还是先为自己辩解吧。一名被告,必须洗清自身的嫌疑,才值得信任,否则检举什么都毫无价值。——不单是您的共和主义的信念受到质疑,还指控您的整个性格、您的恶习、您的放荡生活、您的挥霍、您的巧取豪夺、您舞弊贪污。

丹　东　不要一下子全抖落出来!赶快塞住你这滔滔不绝的酒桶;(众笑)要一点一点展示你的辩才,半点也不能糟蹋。——控告我什么?热爱生活,享受生活?……我当然热爱生活。阿拉斯城和日内瓦的所有学究,即使联起手来,也压制不住欢乐在香槟的土地中发酵,促使葡萄发芽成长,人的欲望膨胀。我要为自己的精力害羞吗?大自然同时赋予我健壮的体魄和广泛的需求。我幸免出生在一个退化的特权家族,而且在一种消耗生命的生涯中,经历了风风雨雨,我仍然保住了天生的全部精力。正是这种精力救过你们,你们还抱怨什么呢?我在王宫花园过夜,同你们又有什么相干呢?我同女人亲热,也并不妨碍亲热自由。我的腰身经得住所有拥抱。你们想要废除娱乐吗?难道法兰西发过誓愿,永守贞洁吗?难道我们落到一个郁郁寡欢的村学究的教鞭之下,还是因为一只老狐狸断了尾巴,我们就全得把尾巴割掉呢①?

〔民众大笑不止。

庭　长　有人控告您,国家委托您保管的资金,您挪用了一部分,中饱私囊,用作您个人享乐。您在比利时大肆搜刮,从布鲁塞尔带回三大车赃物。

丹　东　这种捏造的罪状十分荒唐,我已经驳斥过了。我承认,是交

---

① 典出拉封丹的寓言《断尾狐》。见《拉封丹寓言集》第五卷第五则。

给我五千万,我都如实报账了。康朋给了我四十万的秘密经费,公用开销我用掉二十万。我授权给法布尔和比洛自由提取。这些经费用在外省,鼓动当地民众起事。——至于大公爵夫人的手巾,我拆掉标签,从比利时运回来,真是个天大的笑话:有人把我当成偷手绢的贼了?车行至贝蒂讷,海关打开了我的箱子检查,还登记了:里面只有我的破衣烂衫和一个女人的绒布兜肚。(众笑)难道是这样的兜肚触犯了罗伯斯庇尔的廉耻心吗?(众笑)他们就为这件事责备我吗?

庭　长　您贪腐的证据,就在您这两年所过的优裕生活中,您不过是中产之家,如果不损公肥私,怎么能过上这样的生活?

丹　东　我变卖了法律顾问的执照,所得款项置了地产,就在阿尔西县;以便确保我母亲、我的继父,以及我的奶妈,那位善良的女公民,都能拿上一小笔年金。这些钱总数并没有超过我在革命前职业的收入。至于我在巴黎的阿尔西所过的生活,也许我不那么抠门儿,没有逼迫我接待的朋友只喝杜普莱老太婆的青菜汤。(众笑)我既不会亏待自己,也不会亏待别人。你们在丹东的吃喝上找茬儿,一点儿也不感到丢人吗?一种可鄙的虚伪,有蔓延之势,正在毒害全国。这种虚伪以天性自然为羞,畏惧旺盛的精力,见到一种放任之举便遮住面孔,还以消极的德行取代其余各种德行。一个人只要胃不好,器官衰退,一餐仅吃一点奶酪,睡在一张窄小的床上,你们就称他是腐蚀不了的人:有了这样的名号,就用不着勇气和才智了。我鄙视这种贫血的德行。德行,就必得伟大,为自己也为国家。你们中间如果幸有一个伟大人物,就不要指责他吃什么。他的需求、他的欲望、他的牺牲,一切都非同寻常,完全遵照另一种尺度。古希腊的阿喀琉斯,一餐就吃整条牛脊。丹东既然需要大量的养料,供应他这洪炉,那就不必计较,只尽往里投就是了:这里是烈火,熊熊烈焰能保护你们,免遭窥伺共和国的猛兽的袭击。

〔民众反应表示赞同。——大卫："这条疯狗！叫唤得可真凶！就不怕把嗓子扯破了！"

庭　长　这么说，您承认对您滥用公款的指控了？

丹　东　你说谎，我刚刚否认了。（民众："对呀！对呀！"）我过的生活宽裕，也堂堂正正，量入为出，但是我掌握的经费并不吝啬支出。我亏欠丹东的就还给了丹东[①]。请你们传来我要求的证人，这些疑点自然会澄清。像这样的控告和答辩，不应该停留在模糊的状态，只有通过辩论，一点一点辨明，才能够结案。这些证人在哪里？为什么迟迟不把他传上法庭？

〔民众有几个人喊："传来证人！"——大卫对旁边的人说："你还不住口？当心你自己！你要为叛徒说话？你也想让人把脑袋塞进断头机铡口里？"

庭　长　丹东，您嗓子也累了，先休息一下吧。

丹　东　没什么，我可以讲下去。

庭　长　等一会儿平静一些了，您再接着申辩吧。

丹　东　（怒极）我非常平心静气！——传证人来！三天来我就要求传人，（群众："对呀！对呀！"）可是，还没有传唤一个来。我敦促检察官当着民众的面，明确告诉我，为什么拒绝我的合法要求。

〔群众中数人高喊："传证人！"

富基叶　我绝没有反对传证人，现在丝毫也不反对。

〔群众："嘿！嘿！"

丹　东　那就传唤他们吧，没有你的命令，什么都转不动。

富基叶　因此我宣布，允许证人到场。（民众赞成）——不过，要除开被告所指定的国民公会的人：因为，整个议会是原告，要求控告您的原告出面证明您无罪，那就滑天下之大稽了，尤其他们是人民代表，肩负最高权力，只应当要人民负责。

① 这句话源自古罗马恺撒的话："欠恺撒的应该还给恺撒。"

埃　罗　哼！好一套虚伪狡诈！

〔他同法布尔一齐大笑。

丹　东　照这么说，我的同事尽可以谋杀我，还不准我同谋杀我的凶手对质？

富基叶　你竟敢侮辱国民代表。

菲力波　那么在这里审我们只为了摆摆样子？你们就要限制我们充当哑巴角色？

卡米尔　人民啊，你们听到啦！他们害怕真相，害怕能压垮他们的证据。

〔民众骚动。

庭　长　您不要对民众说话呀。

菲力波　人民是我们唯一的审判官；没有人民，你们什么也不是。

〔民众赞同。

卡米尔　我要向国民公会上诉！

〔民众："国民公会！"

丹　东　你们就是要堵住我们的嘴，你们休想得逞。我的声音能搅动巴黎的五脏六腑。要光明啊！要光明啊！

〔民众跟着喊："要光明啊！"——自从丹东一发出要证人的呼吁之后，群众骚动愈演愈烈，喧声越来越高，喊声与喝彩声终于汇成狂风暴雨，盖住法庭上的全部谈话。

庭　长　肃静！

群　众　要证人！

〔他们齐声怒吼："要证人！要证人！"——大卫及其朋友们的抗议，遭到民众的呵斥。

〔审判官们害怕了。

富基叶　必须马上制止这种扰乱秩序的辩论。我这就向国民公会写申请书，传达你们的要求：我们遵从国民公会的指令。

〔民众鼓掌。——富基叶和埃尔曼商量，写了申请书，低声念所写的内容。

卡米尔　（冲动地）哈！官司赢定啦！

丹　东　我们要把那帮无赖驳得哑口无言；你们会看到他们瘫软在地，弄个嘴啃泥（众笑）如果法兰西人民无愧于这个称号，那我势必还要请求宽恕他们。

菲力波　宽恕那些把我们置于死地的人！

卡米尔　（高兴地）嗳！我们就派圣茹斯特去布莱朗库尔，任小学教员，派罗伯斯庇尔去圣奥梅尔，任教会管理人。

〔群众中有人发笑。

埃　罗　（耸耸肩）他们就是屡教不改，坐在囚车上还畅想希望。

丹　东　傻瓜们！控告丹东和戴木兰反对共和国！这就等于说，巴雷尔现在是爱国者，对不对吗？而丹东反而是贵族！（丹东面向的民众和陪审团中，有几个发笑）……这些重大的失误，法兰西不会容忍多久。（对一名陪审团）你相信我们是谋叛者吗？你们瞧瞧，他笑了，他并不相信。请记录下来他笑了。

富基叶　（中断他的工作）我请你们停止私下交谈。这是法律所不允许的。

丹　东　你要去教你父亲怎么生儿育女吗？（在丹东和他朋友们说话过程中，民众又是笑又是快活地议论）这法庭是我创建的，什么规矩我该熟悉。

卡米尔　我又热爱阳光了。刚才有一阵，我就觉得光熄灭了，死掉了，好似进入坟墓一般。

丹　东　并不是光恢复了色彩，而是你恢复了颜色。刚才你的状态可真不好。

卡米尔　我很惭愧这么软弱。我这身体太怯懦。

丹　东　耍滑头！你就想讨女人的同情吧？你这招儿挺有效。你瞧那边，那位姑娘向你抛媚眼呢。

埃　罗　（轻声地）我可怜的朋友，你们真叫我怜悯。

丹　东　为什么呀，美少年？

埃　罗　你们卖熊皮，而自己的皮已经交付了。

丹　东　我的皮？对呀，我知道，我这张皮有人看中了。圣茹斯特一直垂涎。那好，就让他来拿吧！他若是得逞了，我倒是希望他做一张皮褥子。

埃　罗　这样折腾有什么用？

〔埃罗耸耸肩，不作声了。这工夫，富基叶写好了申请书，交给一名卫兵送走。

庭　长　趁着等国民公会答复的时候，我们还继续审案吧。

〔警察让被告们坐下。——群众："嘘！别说话啦！"

庭　长　（对菲力波）您的姓名、资历。

菲力波　皮埃尔－尼古拉·菲力波，勒芒城前初级法院法官，现任国民公会的人民代表。

庭　长　您的年龄？

菲力波　三十五岁。

庭　长　您去旺岱地区执行使命时，曾经企图使国防瘫痪；您还用诽谤性的小册子，诋毁公安委员会的信誉；您参加了丹东与法布尔企图复辟旧天朝的阴谋。

菲力波　我揭露了几个将军的强盗行径，就是要引起公愤。这是我承担的义务：我尽了自己的义务。

庭　长　您的义务——在法兰西生死攸关的这场残酷的斗争中——就是动员全国的一切行动力量。而您却破坏这种力量。

菲力波　隆散和罗西尼奥玷污了人道。

富基叶　你不是人道的代表，而是祖国的代表。

〔旁听席。——大卫："他是旺岱王党分子。"

菲力波　我的祖国，就是人道。

〔群众中有人喝彩，有人抗议。

庭　长　引起您怜悯的那些人，被罗西尼奥击垮的保王党分子，他们尊重人道吗？

菲力波　什么也不能为罪恶开脱。

富基叶　打胜仗就行。

〔旁听席。——大卫："好哇，富基叶。"——"对呀，对呀，勇敢！"

菲力波　检察官，我控告你。

卡米尔　我向人民举报这种可耻的言论。

富基叶　（耸耸肩膀）让人民来判断吧！

〔民众意见分歧：有人鼓掌赞成富基叶，有人高声议论。

丹　东　（低声对卡米尔）住口，傻瓜，你这是往我这园子里扔石头。

卡米尔　（诧异）怎么会？

丹　东　我说过那是另码事儿！

庭　长　（对魏特曼）被告，起立。

〔民众小声议论，明显有兴趣："魏特曼……魏特曼……"

魏特曼　轮到我啦！天雷！往前进！

庭　长　您的姓名？

魏特曼　你一清二楚。

庭　长　您的姓名？

魏特曼　（耸耸肩膀）专找麻烦的家伙！……你问问百姓。

庭　长　您的姓名是弗朗索瓦－约瑟夫·魏特曼，原籍阿尔萨斯，少将旅长，现年四十三岁。在这一逆谋案中，您是一把剑。丹东把您召回巴黎，是让您指挥反革命队伍。您曾带领军队，犯下了惨无人道的罪行。您是那场沙蒂永败仗的罪魁祸首。您和菲力波串通一气，力图打击您有责任保护的爱国者。——您的履历，也实在乏善可陈。您三次被指控犯了盗窃罪。

魏特曼　你在说谎，蠢猪！

〔众笑。

庭　长　就为您侮辱法庭，我就可以命人把您押回监牢，不听您申辩就判您罪。

魏特曼　我十五岁就当了兵。八月十日，是我指挥民众攻下杜伊勒里宫。我参加了热马普战役①。迪穆里埃把我抛弃在荷兰，四面受敌，我还是把队伍带回了安特卫普。后来，我被调往旺岱，把夏雷特和卡特利诺那帮强盗打得落花流水。萨沃奈、昂斯尼、勒芒②等城市的土地，都浸透了那些旺岱叛军尸体的油腻。一帮饭桶还控告我残忍？他们说得还不够：我对懦夫同样残忍。想要攻击我的证据吗？我来提供：在蓬托尔松，我一刀劈开一名怯阵军官的脑袋。为了胜利，如果有必要，我可以下令焚毁我的军队……你说什么，我抢劫？这事与你何干？你们一群蠢货。我干的就是军人这行，可不是个商人。我的职责，就是不择手段保卫祖国的领土：三十年来，我不惜流汗流血，尽了这种职责。我受了七次伤，无不在前身，没有一处伤在后身，这就是我的起诉状。

〔众笑并喝彩。

庭　长　您当着证人的面，屡次辱骂国民公会。您还曾威胁说，让议会大厦倒塌，压死人民的代表。

魏特曼　不错。我憎恨这帮败类，既多疑又夸夸其谈，以他们出于嫉妒的幼稚言论，阻碍一切行动。我说国家公会需要大清扫，我负责清除粪便。

〔民众有人发笑，有人抗议。

富基叶　你供认参与谋逆吗？

魏特曼　你说什么参与谋逆。我独自思考，独自行动。这里的人，没有一个是我的朋友。我同丹东聊过几次，我佩服他的魄力；不过，他毕竟也是一名律师，而我信不过律师。拯救法兰西，不能靠演

① 热马普为比利时城市，一七九二年十一月六日，迪穆里埃率法军大胜奥地利军。史称热马普战役。

② 萨沃奈等均为法国旺岱地区重镇，一七九二年十一月，共和军在这些地方击败旺岱叛军。

说，要凭战刀。

〔民众有些人赞同，也有许多反对的声音；有些人一开始鼓掌，随后比别人更加气愤。

庭　长　这就足够了。案情已明。

魏特曼　把我送上断头台吧！铡刀一落，同样是挨一刀。我只要求一件事：让我仰面躺着，我要面对着铡刀。

〔民众有些人鼓掌，并且骚动起来，让人感到大家颇为同情魏特曼，但还是很慎重，等待有人倡议才好附和，然而没有人出头。

〔瓦狄埃和比洛·瓦雷纳上场。富基叶站起身，迎上去同他们握手。民众喧声："嘿！回文啦！回文啦！国民公会回文啦！国民公会！……"

比洛·瓦雷纳　（小声地）恶贯满盈，这回让我们逮住啦！

瓦狄埃　（低声对富基叶）这下你们就可以放宽心了。

富基叶　（低声地）我们就缺这个。

〔民众骚动，继而鸦雀无声了。富基叶站着念文件，而两名议员，比洛和瓦狄埃站在他身边。

富基叶　（念）"国民公会听取了所属公安委员会和治安委员会的报告，做出如下决定：革命法庭继续审讯丹东及其同伙谋逆一案，（民众沉默，却深深骚动）庭长可运用法律所赋予的所有办法，促使人尊重他的权威，遏制被告扰乱公共秩序、妨碍司法正常进行的一切企图；参与谋逆的任何疑犯，一旦抗拒或侮辱国家司法，就当即剥夺其申辩的权利。"

〔民众骚动，开始窃窃私语，声音越来越高："哼！好家伙，太过分啦！"大家高声谈论。

〔从全场惊愕，到群众突然爆发，乱哄哄，高声说话。被告们起初都惊呆了，随后也都发作。

卡米尔　无耻之尤！他们堵住我们的嘴，窒息我们！

〔群众骚动:"是啊! 是啊!"

菲力波　这哪儿是审判官,简直就是屠夫!

丹　东　(对富基叶)你没有念完全文。还有别的内容。答复! 答复我们的要求!

〔民众:"对! 对! 答复!"

庭　长　肃静!

富基叶　(全场冷冰冰的肃静)国民公会还转发了两委员会收到警察机关的信函,好让法庭了解自由受到何等威胁。

〔民众好奇地骚动,彼此询问。

富基叶　(民众重又肃静,念信函)

"巴黎公社:

我们,警察局主管官员,根据卢森堡监狱门房写来的一封信,当即前往该监狱,传询了公民拉弗洛特,共和国驻佛罗伦萨前任公使,六天前关进该监狱;拉弗洛特明确告诉我们,昨天晚上六、七点钟,他到公民亚瑟·狄雍将军的房间,狄雍将他拉到一旁,对他说必须起来反抗压迫,关押在卢森堡监狱和其他监狱的有胆有识之士,应当联起手来,还说戴木兰的妻子提供给他三千法郎,作为煽动群众在革命法庭周围闹事的经费……"

〔民众骚动。

卡米尔　(怒不可遏)无耻之徒! 他们谋杀我还不够,还要谋杀我妻子!

〔他气得直揪头发。

丹　东　(朝富基叶挥拳头)恶棍! 恶棍! 他捏造出这样阴谋,就是要将我们置于死地!

〔民众赞同并气愤。——在富基叶念下去的时候,喧闹声持续不断,随后更加激烈了。

〔民众喧闹鼓噪。

富基叶　(继续念信,极力压过喧声,终于重又引起民众的兴趣。)

"……拉弗洛特佯装同意他们的想法,以便进一步了解他们的计划。狄雍还以为把他争取过来,加入他们无耻的阴谋,便详尽告诉了他各种方案。拉夫洛特听从公安委员会的安排,向委员会报告了详细情况……"

〔民众喧嚷声盖住了富基叶的声音。

卡米尔　(疯了一般)恶魔!吃人的妖怪!(他用手将纸揉成团,朝富基叶的头掷去。——对民众)帮帮我们啊!救救我们啊!

〔民众喧嚷起来。

丹　东　(声如雷鸣)卑劣的杀人狂!你们何不趁势将我们捆在条凳上,拿刀放我们的血啊!

〔民众受到感染,兴趣大增,又欢呼又鼓掌。——"他都哽咽啦!嘴角流白沫!太棒啦!他的声音真宏亮!……好哇!"

菲力波　专制暴政!

丹　东　人民啊,他们宰杀我们,同时也宰杀你们!有人谋害丹东!巴黎啊,奋起吧!奋起吧!

〔旁听席后面有两个人喊:"专制暴政!"所有人附和:"专制暴政!"

魏特曼　拿起武器!

〔全体民众:"拿起武器!"全场混乱,盖住了说话声。在这狂风暴雨的喧嚣中,只能隐约听见丹东的吼叫。丹东扑向瓦狄埃,却被警察和庭长给挡住了,他连连朝那家伙挥拳头。群众猛嘘瓦狄埃。瓦狄埃则弓着背,等待这场风暴过去,他用眼角余光扫视民众,冷漠的神态透出一种讥诮的杀气。

〔法庭内外吼声震天。

富基叶　(面失血色,心惊胆战,问两位国民公会议员)怎么办?群众随时会冲过来。

比　洛　强盗!昂利奥,你来清场。

瓦狄埃　那等于打出斗争的信号,谁说得准我们就是最强者呢?

富基叶 （在窗口向外张望）河滨上聚众闹事了，他们可能要闯进门来。

丹 东 人民啊，我们无所不能，我们战胜了欧洲的国王、欧洲的大军。投入战斗！打垮专制暴君！

瓦狄埃 （对富基叶）最要紧的事，就是把他们押回监狱，把这头大叫驴藏起来。

丹 东 （朝瓦狄埃挥拳头）瞧瞧这帮卑劣的杀人犯！他们紧追不舍，非要我们的命才肯罢休……瓦狄埃！瓦狄埃！你这条狗！你过来！既然这是食人魔的一场搏斗，那么至少让他们用拳来夺我的命吧！

瓦狄埃 （对富基叶）检察官，执行议会法令。

〔群众："吊死瓦狄埃！"

富基叶 （庭长拍案，叫嚷声略微轻些）鉴于被告们用极不正当的方式为自己辩护，恬不知耻地辱骂并威胁法庭，这就迫使法庭决定采取相应措施，对付严重的情况。因此，我要求被告们缺席发问和审判。

〔群众惊愕，无声地骚动。继而，在这场戏余下的过程中，民众骚动，议论，深陷一种类似发寒热的状态。

庭 长 法庭马上进行讨论。让被告都坐下。

〔丹东仿佛不明白发生了什么事，气得语不成句，只发出野兽般的吼叫。

瓦狄埃 （低声地）吼叫吧，老伙计，吼叫吧！你已经装进口袋了。

埃 罗 （站起身，撢了撢衣服上的灰尘）完事了。

丹 东 （由着警察扭送回被告席，颓然坐下，呆若木鸡）完蛋啦！……（火爆脾气达到顶点，突然又控制住了）冷静，丹东，冷静！命运已定，劫数难逃。

卡米尔 （呼喊）我是罗伯斯庇尔的朋友啊！不能判我的罪呀！

魏特曼 （对丹东）劝阻这家伙，别再丢丑了。

丹 东 （沮丧地）他们全疯了。可怜的国家，少了这样一颗脑袋，那可怎么得了啊?

埃　罗　(对卡米尔)好了,我的朋友,我们得像个样儿,不是贪生怕死的人。

丹　东　我们不枉此生,也该躺在荣誉的怀抱安眠了;就让人把我们押上断头台吧!

卡米尔　我的妻子啊!我的儿子啊!永远再也见不到你们啦!……不,这样不行。朋友们,朋友们,救救我呀!

庭　长　把几名被告押下去。

丹　东　你就安静点儿吧,别再理睬这帮混蛋。

埃　罗　(仿佛急于要了结,不待警察让被告们起身,他抢先走向法布尔)让我来搀着你吧,老朋友,你的苦难到头了。

法布尔　临死之前,我们本应该看一场好戏。

丹　东　好了,法布尔,你不要自责了,这出戏可压倒了你那些剧作!

法布尔　我最后一个剧本,你还没有读过吧,里面有精彩的东西,只怕科洛·德尔布瓦[①]销毁我的手稿。他非常嫉妒我。

丹　东　你就放宽心,你毕生所做的事;我们到那边,大家一齐干。

法布尔　干什么呀?

丹　东　作诗写剧,把这帮恶人写进去。

埃　罗　到了明天,国民公会就要空荡荡的。我一想到那种情景就会打呵欠:我们这一茬幸免一死的议员,就要被迫聆听罗伯斯庇尔和圣茹斯特,圣茹斯特和罗伯斯庇尔的演说了,不能打瞌睡,否则就判处死刑。

丹　东　他们也听不多久了。我打开墓穴,罗伯斯庇尔要跟随我进去。

法布尔　本来我还想瞧瞧,一些小流氓的性格是怎么发展的,如巴拉

---

① 科洛·德尔布瓦(1750—1796),法国政治家。国民公会议员,他残酷镇压了里昂保王党分子暴乱(1793)。热月政变中,他反对罗伯斯庇尔,但是他自己也遭流放。他原是演员出身,故说他“嫉妒”。

斯、塔连、富歇[①]之流。不过，也不能太奢求了。咱们走吧，埃罗。

〔法布尔和埃罗下。

卡米尔　(抓住凳子不肯走；强行被警察拉走)我不愿意走！你们想在牢房里杀了我。救救我呀！救救我呀！人民啊，我创建了共和国！我保护过你们，你们也来保护我呀！……你们休想把我从这里拖走，恶魔！懦夫！杀人凶手！……噢！吕西尔！贺拉斯！我心爱的人啊！心爱的人啊！

〔民众："不，不，这样太不像话啦！太卑鄙啦！可怜的小伙子，放开他，不应该判他的罪！"群众非常冲动，想行动起来又不敢，然而可以感到，人心正在酝酿反抗。

〔警察将呼叫的卡米尔拖走。

丹　东　(很激动)我也一样，有老婆，有孩子……(重又镇定下来)好了，丹东，绝不能软弱。

魏特曼　(对丹东)你为什么不利用人民的激愤？民众就要起来斗争了。

丹　东　这帮群氓！算了吧！……看戏的观众！他们看我们演出的戏很开心；他们待在这里，是为胜利者喝彩的。我一向教他们为自己行动，他们早就习以为常了。

魏特曼　倒是行动啊！

丹　东　太迟了。——况且，我也不在乎了。共和国已经完了，我宁愿死在前面。

魏特曼　这正是你犹豫不决的后果。你怎么不抢在罗伯斯庇尔前面！

丹　东　没有我们两颗脑袋，革命就不可能存活。我只有除掉他才能自保，但是，我爱革命胜于爱我自身。

---

① 这三个人都是一七九四年热月政变的主角，把罗伯斯庇尔、圣茹斯特等雅各宾头领送上断头台。巴拉斯是国民公会议员，属沼泽派，一个投机政客。热月政变后任执政府委员，后来受拿破仑利用。塔连是国民公会议员，热月九日，他控告罗伯斯庇尔，还把罗伯斯庇尔拉下议会讲演台。富歇后来也同样投靠了拿破仑。

〔魏特曼下。

菲力波　走吧,丹东,生而无憾,死而无怨。

丹　东　我为了自由,可以说无恶不作。我背负着其他人虚伪逃避的可怕任务。我为革命牺牲了一切,如今我才明白,这完全徒劳。革命这个浪货欺骗了我:这个浪货今天牺牲我,明天就要牺牲罗伯斯庇尔。随便一个冒险家上了她的床,她就乐得委身。无所谓!我无怨无悔:我爱她,能为她名誉扫地,我也心甘情愿。那些可怜的家伙倒让我怜悯,他们的肌肤连沾也没有沾着自由的肌肤。只要吻过一次这个神化的浪货,那就不枉此生;死而无憾了。

〔他同菲力波下。

富基叶　我请陪审团宣告,案情预审是否足够了。

庭　长　请陪审团退席讨论。

〔陪审团下。

〔旁听席的民众沸沸扬扬,举棋不定,情绪很坏。法庭外传来丹东的声音和群众的怒吼。——法庭里面的人拥向窗口。有几个法庭人员也挤上去观看。厅内人重复外面人的话、声音由低逐渐升高。

〔旁听民众。——文书俯在窗口:"他们出去啦!"——在文书身边,民众拥挤张望:"瞧哇,瞧哇……"文书:"戴木兰又是号叫又是挣扎。"——一位姑娘:"可怜的家伙!他疯了,衣服都扯破了,胸膛露到外面。"——文书:"丹东讲话了。"——群众:"你们听啊!"——外面传来丹东的声音。——外面的民众:"丹东万岁!吊死富基叶!"——厅内民众:"丹东万岁!打死富基叶!"

富基叶　开始暴动啦!我们要死无葬身之地!

瓦狄埃　要防止这些喊声影响陪审团的判断。我们去开导他们。

〔富基叶和瓦狄埃下。民众抗议他们二人进入陪审团的审议厅。

〔远离窗户的那部分群众:“喂!不行,不要这么干,瓦狄埃!瓦狄埃!这不公正!这不符合司法!”

〔临窗口那部分群众继续张望。——文书:“有人追赶囚车。有人挥动帽子。”——群众:“噢!噢!”——文书:“一名警察被他们拉下马啦!”——群众:“好哇!不能让人定他们罪!……要判罪判其他人还可以,不准判丹东!放了丹东!放了丹东!”——法庭内外喧嚷声震耳欲聋。

庭 长 (惊慌失措)公民们……法庭是神圣的……要尊重司法……

〔群众的喧声压住了庭长的声音:“丹东!我们要丹东!”

庭 长 愤怒的群众涌上来了!他们要杀个精光。

〔庭长退向门口,手握住门把手。狂怒的群众捣毁坐席,侵入庭审区间,叫嚷着发出死亡的威胁:“我们要丹东!……公安委员会杀害爱国者!委员会去死吧!”

〔圣茹斯特上场。——有人喊道:“圣茹斯特……圣茹斯特……”——一阵悚栗传遍人群。——一个年轻人刚喊:“放了丹东!”喊出半句便嘎然而止,嘴还张着。

〔群众受到震慑,突然沉默了。圣茹斯特直视群众,神态冷淡而凶狠。群众后退。冷场几秒钟,如冻结一般。接着,重又响起议论声,但是不那么激烈了。

〔一位妇女,独自喊:“放了丹东,圣茹斯特!”——好几个人跟着喊:“宽赦丹东!”——群众轻声议论。

瓦狄埃 (跟在圣茹斯特身后上场,利用片刻的肃静)公民们,共和国粮食和物品委员会……

〔群众制止还在说话的人:“喂!怎么?……肃静点儿!”

瓦狄埃 (继续讲)……通告公众,今晚从伯尔西码头运来一拖船面粉和劈柴。

〔全场欢呼。——“让我过去!”——“等我过去呀!”——“我有急事。”——“你有急事,那我呢?”——“你等一等嘛！”——“见鬼！”——“快点儿！”——“等一等，我要看看是什么结局。”

〔两位老市民：“我们慢慢走，让他们嚷去吧。一步一步走，也能走很远。”

〔全场混乱。人群拥挤，争抢着要冲出去。只有少数好奇的人，坚持看到结案。

瓦狄埃 （注视群众，一副讥笑的神态）心是好心，可是肠胃更好。

〔陪审团回来。庭长发问的单调声音，淹没在争抢着出去的群众的喊叫声中。外面嘈杂声逐渐止息，埃尔曼讲话的声音才听得清楚些。最后，在死一般的寂静中，宣布判决。

庭 长 （对陪审团）各位陪审团公民，发生一桩阴谋案件，企图诋毁污损国会的名誉，复辟旧王朝；通过贿赂来腐蚀共和政府。乔治－雅克·丹东，律师，国民公会议员，是否参与了这桩逆谋？

陪审团团长 是。

庭 长 吕西－辛普利斯－卡米尔·戴木兰，律师，国民公会议员，是否参与了这样逆谋？

陪审团团长 是。

庭 长 玛丽－约翰·埃罗·塞舍尔，初审法官，国民公会议员，是否参与了这桩逆谋？

陪审团团长 是。

庭 长 菲力普－弗朗索瓦－纳塞尔·法布尔，别名德·埃格朗蒂纳，国民公会议员，是否参与了这桩逆谋？

陪审团团长 是。

庭 长 皮埃尔－尼古拉·菲力波，前法官，国民公会议员，是否参与了这桩逆谋？

陪审团团长 是。

庭 长 弗朗索瓦－约瑟夫·魏特曼，少将旅长，是否参与了这桩逆谋？

陪审团团长　是。

富基叶　我要求执行法律。

庭　长　因此,法庭宣布:乔治-雅克·丹东、吕西-辛普利斯-卡米尔·戴木兰、玛丽-约翰·埃罗·塞舍尔、菲力普-弗朗索瓦-纳塞尔·法布尔、皮埃尔-尼古拉·菲力波、弗朗索瓦-约瑟夫·魏特曼等判处死刑;责令本法庭书记官前往监狱,将本判决书通知上述罪犯,并在当日,芽月[1]十六日,在革命广场执行。

〔群众鱼贯流失。——大卫及其朋友:"嘿!好么!那牲口打倒在地,咱们能吃上香肠了……国民公会万岁!"他们下场……

〔两位老市民低声交谈:"这事儿您怎么看?"——"算了,还应三缄其口。"——"活着,活着,人就老了。"——他们举起手臂,摇着脑袋,胆战心惊地离去。

〔外面喧闹渐行渐远。——圣茹斯特、瓦狄埃、比洛·瓦雷纳停留在近台,默默地面面相觑,都显得那么冷酷无情。

瓦狄埃　腐朽的巨人打倒了。共和国可以喘息了。

比　洛　(目光凶狠,注视着圣茹斯特)只有消除了独裁者,共和国才会自由。

圣茹斯特　(目光凶狠,注视着瓦狄埃和比洛)只有消除了凶狠贪婪的人,共和国才能纯洁。

瓦狄埃　(冷笑)只有消除了共和国,共和国才能自由,共和国才能纯洁。

圣茹斯特　思想不需要人。人民死,是要上帝生。

全剧终

① 法国一七八九年发生革命,一七九二年九月二十二日成立共和国,同时改用共和纪元。每年仍分为十二个月,每月均为三十天,另加"长裤汉日"五天。十二个月各有专名,即葡月、雾月、霜月、雪月、雨月、风月、芽月、花月、牡月、热月、果月。芽月为第七个月(公历三月二十一日至四月二十日)。

群　狼

人与狼相似

李玉民 译

译自巴黎 Albin Michel 出版社 1926 年版

前　言

共和二年风月二十日（公历 1794 年 3 月 10 日），公安委员会决定：

1. 法兰西剧院为人民专用，每月一定时间段，人民为自己演出。

2. 这座建筑的外面，必须挂出“人民剧院”的字牌，在巴黎各剧院组建的艺术团将轮流征调来演出，每旬安排三场。

花月二十七日（公历 1794 年 5 月 16 日），公安委员会号召诗人庆祝法国革命的重大事件，编写共和国戏剧，将法兰西人民再生的伟大时期传给后世，将坚定的特性赋予历史，而这种特性恰恰契合一个伟大民族的历史，即在抗击欧洲所有暴君的进攻中争取自由。

签字者：卡尔诺、库东、巴雷尔、比洛·瓦雷纳、C.—A. 普里尼尔。

革命广场[①]，改为杂技场，服务于民间演出和国民的节庆。

共和艺术的所有这些方案，在热月九日，随着共和国的首领一起

① 即协和广场。

土崩瓦解了。

十来年前,不少青年作家团聚在《戏剧艺术杂志》周围,倡议掀起一场运动,旨在巴黎创建人民剧院[①],只想连接法国大革命中断的传统。他们当中一个人,自然因势利导,选择了革命本身,法兰西人民的《伊利亚特》,作为他头一批大众作品的主题。我们在这里出版的三个剧本[②],当然属于以革命为题的戏剧总体的一部分,——类似史诗,包括十来部著作。《七月十四日》是翻开的第一页,《丹东》是中心,决定成败的危机,反映了革命首领们的理性,而他们却因为恩怨情仇,牺牲了他们的共同信仰。《群狼》描绘了革命在军队中的开展情景,而《理性的胜利》,则写革命者在各省追捕遭放逐的吉伦特党人,无异于自噬自残。我在这一创作的总体上,本想描绘大自然的一种骤变,社会中一场类似于风暴的景象:从海洋深处涌浪初起,直到波浪似乎重新回归,大海又缓慢地平静下来。

由于种种缘故,这套戏剧创作不得不中断,在情况允许我重新拾起之前,我认为可以先向公众介绍这几出孤立的剧作。我在写作过程中,力图突显那种起堵塞和贬低作用的传奇式情节。我也尽量将政治的社会的重大利益置于光天化日之下,人类毕竟为之斗争了一个世纪。拿破仑对歌德说过:“政治,就是现代的劫难。”——政治也恰恰是我们时代的悲剧。在当今世界上,正在演出大型的悲喜剧。戏剧艺术,如果不想消亡的话,那就得担当起责任,一直升华到人世的这种悲喜剧的高度。戏剧艺术,应当以席勒[③]的这句话为座右铭。在一七九八年十月十二日,席勒在《华伦斯坦的军营》演出时说道:

---

① 我讲述过他们的意图,并在题为《人民的戏剧》一册书中,概述了他们的愿景,刊登在一九〇三年十一月的《半月手册》上。——原注

按:《半月手册》是法国诗人夏尔·贝玑(1873—1914)于一九〇〇年创刊的杂志。

② 三个剧本指《七月十四日》《丹东》和《群狼》。

③ 席勒(1759—1805),德国戏剧家,诗人,文学理论家。他的历史剧《华伦斯坦》三部曲(《华伦斯坦的军营》《皮柯洛米尼父子》和《华伦斯坦之死》),达到了剧作家创作力的高峰。

新时代在我们面前展开,让诗人胆敢脱离老路,把你们从资产阶级狭小的生活圈子里,转移到更高的舞台,以免辜负我们奋斗的这个崇高的时代。本世纪行将结束的严峻之际,现实变成了诗,我们亲眼所见,一些强干的人为一种重要价值而斗争,大家为人类重大的利害关系:统治和自由而战斗,——现在,艺术也一样,在舞台上复活古人,可以尝试更为大胆的飞行;艺术可以为之,也应该为之,如果面对生活的舞台,艺术不愿蒙羞而销声匿迹的话。

献给夏尔·贝玑

人 物

凯斯奈　国民公会特派员[①]。六十岁，多血质的胖子，患有关节炎，行走吃力；脸庞臃肿，精神萎靡不振，但是目光敏锐而冷峻，时而突然发怒。

特利埃　少校，科学院院士。四十岁。冷静，一丝不苟，从头到脚服装十分整齐，佩戴三色带[②]，身穿肥大的便礼服，纽扣全部扣好。头发剪得很短。身材高大而英挺，一副很有魄力的清教徒的神态；时而表现出宗教式的狂热，说起话来不打手势，斩钉截铁。

维　拉　少校，原是肉店老板。四十岁。红皮肤，鲜亮的金发理成平头，脑袋奇大，肉乎乎的大耳朵缀着耳环。体魄强健，虎背熊腰；双手多汗毛，十根手指粗糙。衣冠不整，声音宏亮，语言粗鄙，讲话时挥动拳头。

德·瓦隆　少校，旧贵族。五十岁。穿戴十分讲究，同其他人形成反差。长发敷了粉，身材瘦小，不苟言笑，一副高傲而讥讽的神态。

沙普拉　将军。四十五岁。原为开店铺的小老板，除了固执的态度，别无性格特征。

维达洛　队长。马夫出身。三十五岁。说话吃力，口齿不清。时而笨

---

① 一七九三年雅各宾派专政时期，为控制军队和全国各地局势，国民公会派出代表，传达并执行公安委员会的命令，有任免军官的权力，称为特派员。

② 法国大革命期间，于一七九二年创建共和国，以红白蓝三色国旗，取代波旁王朝的百合花旗。军官绶带，也相应换成红白蓝三色。

拙地大笑。天生麻木不仁,性情暴戾。

布　凯　连长,诉讼代理人文书出身。年龄不到三十岁。样子很机灵,活泼好动,怪相百出。

约翰-阿马布尔　排长。不满二十岁。小市民出身,孩子似的脸蛋,面色红润,终日喜气洋洋。

间　谍　莱茵河畔农民

乡村旅店店家

军官和士兵若干

群　众

时间:一七九三年

地点:美因茨[1]

〔在征调为参谋部本部的"英格兰国王饭店"的大厅。

〔左侧有一扇门。右侧有两扇门,其中一扇门对着楼梯敞开。远台一扇大窗,窗外是一座广场的树木。一个生了火的搪瓷大火炉安在一个角落。墙壁上张贴着布告、宣言、共和国宣传画。几张桌子上放着地图、文件、食物、战刀。一家疏于管理的乡间旅馆,又成为一场战役之后的兵营,环境就倍加混乱了。

〔在本剧演出的全过程,寂静中听得见远处的枪炮声,也听得见街道上部队的步伐声、军乐、歌声、发号施令的喊声;总之,一座被围困的城市的喧声,构成了本剧的全部氛围。

---

① 美因茨为德国城市,坐落在莱茵河左岸。一七九三年,法国地方军败退,剩下两万三千人固守美因茨孤城,被普奥联军四万五千人所围困。法国这些志愿兵虽缺乏作战经验,却凭爱国热情与共和主义的坚定信念,守城待援,屡次挫败敌军的进攻。这便是本剧的历史背景。

第一幕

第一场

〔共和国的几名军官:特利埃、德·瓦隆、维拉、沙普拉、布凯、维达洛、约翰-阿马布尔,由特派员凯斯奈主持,正在开军事会议。会议上七嘴八舌,言辞激烈。凯斯奈竭力劝阻,也无法让他们平静下来。德·瓦隆同他们拉开距离,坐在稍远的地方,一副嘲讽的冷淡态度。

军官们　(乱纷纷地)我们让人给出卖啦!

凯斯奈　冷静点儿,公民们,冷静点儿。

〔他的声音被喧嚣声淹没了。

维　拉　(用拳头捶着桌子)居斯廷[①]出卖了我们。

凯斯奈　还没有什么依据让我们相信……

维　拉　(提高嗓门)居斯廷出卖了我们。他曾许诺保卫美因茨,却丢下我们遭受敌军的围困。现在他甩手不管,让我们自谋出路,任

---

① 居斯廷(1740 —1793),法国将军,任北方军司令官;收复了法国马耶讷省,并攻占了德国的施派尔,但是又连吃败仗,丢失了马耶纳省,一七九三年被军事法庭送上断头台。

凭我们战死,也不会采取任何措施来援救我们。

凯斯奈　冷静点儿,冷静点儿。我们怕什么呢?美因茨城坚不可摧。我们的给养充足,能够支撑数月。你们以为国民公会能袖手旁观,任由敌人消灭自己最精锐的部队,法兰西的保护神吗?——要耐心!你们都熟识居斯廷。那老家伙的锦囊里,可有的是妙计。谁知道他不会近在咫尺呢?也许此刻,他正在敌营上方盘旋,寻找一举制胜的机会。时机一到,他就会像老鹰扑食一般,猛然扑向敌人。

维达洛　居斯廷一定在远处,已经忘掉了我们。

布　凯　这位大胡子将军,在德国某座小城里大出风头,在女人堆里神气活现;他还发表演说呢。

维　拉　居斯廷写的信件,有一股奴隶制的味道。居斯廷是个贵族,也就跟所有贵族一样。居斯廷叛变了,——就像已经叛变的迪穆里埃那样,(猛然转向德·瓦隆)——也像将要叛变的德·瓦隆这样。

德·瓦隆　(站起身)公民们,谁也无权怀疑我的忠诚。

维　拉　所有贵族都是一路货,他们一心想着扼杀共和国。不能再让贵族指挥我们的部队了!这些在宫廷的粪堆腐朽的恶棍,必须被有才干的平民替换。我们的将领,周身不能流淌着腐败的血液。撤掉旧贵族,我们就能取得胜利。

德·瓦隆　(冷静而坚定地)你不要在这儿空发议论,要面对面看着我。在这参谋部里,只有我是旧贵族。你是冲我来的吗?明白告诉我,别绕弯子了。

维　拉　我说话不拐弯,就是冲你去的。我要撤掉你的军衔,去当普通士兵,要严密监视,你敢轻举妄动,就砍掉你的头。

凯斯奈　你给我住口,维拉少校,你在这里,不能把意志强加给别人。对于德·瓦隆公民,你没有什么可责备的。(军官们窃窃私语)我们不应当给归顺者泼冷水。为了争取胜利,我们需要团结所有力量。

特利埃　（众人喧嚷，唯他默然不动）其实不然，特派员。

凯斯奈　怎么，特利埃，你也一样！你可是个明白人，还亲口对我说过，可以充分利用贵族军官的军事经验！

特利埃　后来，我密切观察了他们：他们给我们造成的危害大于利。去掉他们，我们人数少些，却会更有力量。最难对付的敌人，就是不冷不热的朋友，他们不肯盲从，总好争论和批评。我信不过那些贵族。随你怎么安排德·瓦隆吧，我刚刚见识了他的活计：我不想要了。

凯斯奈　你抱怨他什么呢？

特利埃　我跟你说过。若不是他，普鲁士那个亲王卡尔克路特，连同那一窝强盗，早都成了我的俘虏。

德·瓦隆　特利埃一打败仗就怨别人。我每次都指出来，他那些作战计划行不通。

特利埃　你怎么说行不通？共和国的一位将领打仗，要讲人算，不靠天算。凡是我做出的决定，我全做到了。昨天夜晚，我率领两千人马，出其不意穿越敌军，深入到司令部的大门口。假如你按照我的命令来接应，那么我不费一枪一弹，就会把睡梦中的普鲁士军总部一锅端。

德·瓦隆　去容易，回来可就难了。你倒是不顾一切，投入虎口；千钧一发，虎口一闭合，你就没退路了。我若不是随机应变，改变你的方案，攻击另一个目标，吸引开敌人的注意力，你就很可能回不到美因茨了。

特利埃　你进攻是假，逃跑是真。你本应该不惜一切代价来接应我。

德·瓦隆　我若是盲目地服从命令，那就会跟你一起跌进陷阱，被敌人歼灭。

特利埃　你就是同普鲁士军串通好了，行动也不过如此。

德·瓦隆　（耸耸肩）我救出了你的部队。

特利埃　你拿到一张画好的图纸，就应该照图行事，不要偏离一条线。

德·瓦隆　（嘲讽地）特利埃公民始终认为，自己还坐在科学院的席位上,想象现实事物总是毫厘不差地就范于数学和几何图形。他这种想法一到现实就碰壁,这绝不会是最后一次。

特利埃　坚强的意志,无不能以其理性操纵自然。由一个头脑清醒的人,详细制定好的一个行动计划,就有四分之三的胜算了。

德·瓦隆　(挖苦地)他认为人都是一根根杠杆,而不是任性的动物,时刻要偏离划定的线路。

特利埃　你的部下也许是那样,只因你任性和无纪律,给他们作出了榜样。真正的爱国者没有个人意志,只有国家的意志。

德·瓦隆　你阻止不了他们看出那会吃败仗的。

布　凯　给我刺刀和面包,我保证能横行天下。

特利埃　(对德·瓦隆)无需他们预见什么。长官如果对他们讲打仗的事,他们只需服从命令就万事大吉。

德·瓦隆　总得设法蒙住他们的眼睛!

维　拉　用烧酒灌醉他们,屁股后面再架起两门大炮。

特利埃　(不满地,对维拉)还有别的办法呢。

维　拉　还顾及什么!他们那边,还给那些奴才煮颠茄水喝呢。

沙普拉　那是硫酸盐和硫磺的混合剂。

维　拉　他们先让奴才们发疯,再放出来撕咬敌人。

德·瓦隆　(耸耸肩)满嘴放炮!

维　拉　那还不是明摆着的事儿?他们先得丧失理智,才能同我们打仗。

特利埃　咱们得保持理性。咱们的力量,就在于咱们是有觉悟的自由人:千万不要伤害理性。真若麻醉咱们的部下,唱起《马赛曲》就足够了。

德·瓦隆　岂有此理!从古至今,就没有这种战法。

维　拉　少见多怪!总以为身在那个卡佩的军营里!他必须怜惜将士的辛劳和性命,就像加了冕的强盗用雇佣兵打仗的时代那样:当心,当心,不能让花重金雇来的人吃枪子儿!

德·瓦隆　老百姓的性命,难道就不值钱吗?

特利埃　(带着一种冷静而抑制的激情)对,德·瓦隆,生命在这里一钱不值。所有人都做出了牺牲。国家需要的时候,就不要计较,献出你的性命。

德·瓦隆 你们完全清楚,我并不担心自己,而我也并不比别人更加爱惜士兵的生命。但是我不能容忍荒谬的事,尤其这两个月来,看到这里尽在违反战争的所有规则,我只能耸耸肩膀而已。

特利埃 战争的规则,现在开始确立。我们之前,什么都不算数了。我们要改天换地,改变战争和一切事物。

德·瓦隆 (叉起双臂,挨个儿正面看他们,颇为放肆地)我对你们钦佩极了。你们参加战争刚刚一年:而你,院士公民(对特利埃),还有你,律师事务所文书公民(注视布凯),或者你,肉铺老板公民(转向维拉),你们竟然想教训卡尔克路特和不伦瑞克[①]那样的老狐狸:他们可是在马背上熬白了头发,还认识腓特烈大帝!

沙普拉 我觉得我们起步还蛮不错的。

维 拉 难道让这个饭桶总这么嘲笑我们?

布 凯 放心好了,我们会让那些老狐狸跳卡马尼奥拉舞[②]的,假如他们的腓特烈还在,就让那虚伪的老猴精跳得比别人还高。我们的提琴都调好弦了。

特利埃 我们要教会他们一种新式战争,远非他们胆怯的陈规和单纯的计算所能料到的。我们也根本不必保守秘密,确信除了我们,任何人也不会运用这种骇人的天赋。

德·瓦隆 究竟是什么秘密呢?

特利埃 (用手指点着墙上的一则宣言)就写在这上面,也印在我们所有公文的抬头:“自由、平等,宁死不屈。”

德·瓦隆 真是一种出色的战术!

---

① 不伦瑞克,德国西北部的古代公国,韦尔夫家族领地,以所属城市不伦瑞克得名。十七世纪,韦尔夫家族中的一支与英国王室联姻,一七一四年继承大不列颠和爱尔兰王位。一八〇六年以后,拿破仑将不伦瑞克公国并入威斯特伐利亚王国。一八一四年归还给法定继承者腓特烈·威廉公爵。

② 卡马尼奥拉,法国大革命时期流行的舞蹈和歌曲。

特利埃　（忧郁的激情渐渐升温）死亡。你能领会吗，旧贵族公民？死亡，既是目的，也是手段，再也不像原先那种冷静的棋局、平静而规矩的赌博、漂漂亮亮的投降了。我们同亵渎祖国的侵略者，展开的是一场殊死决斗。不是他们，就是我们，死在战场，也许要同归于尽。我们牺牲之后，骨头里又生出新的军队，他们再去杀敌、送死，一直到胜利，让自由粉碎暴君的统治。

沙普拉　你听了这话不由得微笑，德·瓦隆，你觉得这很好笑吗？

德·瓦隆　（轻蔑地）我情愿战死，但是不愿成为笑柄。

特利埃　祖国面临危险，这一位还顾影自怜！

凯斯奈　（劝解地）好了，公民们，我们不要再争论下去。长裤好汉们，难道不应该以国家利益为重，始终抑制自己天生的好恶吗？

特利埃　特派员公民，你的话乍一听也对，可是我凭经验得知，只有彼此敬重、信仰相同的人在一起，才能干一番伟大的事业。我们这里的情况就不同了：还是分派我们的任务吧。必须投入一颗火热的、坚信不移的心，才能实现英雄的壮举。我们的先辈曾说，有了信仰，就可以在水面上行走。他们讲的是古代罗马虚假的信仰。共和主义信仰可是强大得多，能赴汤蹈火，视死如归，一步一步重新创造世界。但是，为了保持这种信仰的全部效能，就必须从我们中间排除一些人，即那些感觉不到额头有信仰灼热气息吹拂的人。德·瓦隆贵族气太重，来自一个完全麻木不仁的阶层，无法理解我们的激情。至少不要让他以其怀疑态度，来扰乱这种激情，不要让他蛊惑军心！你可以派他干别的活儿。

凯斯奈　我也求之不得，人尽其才是最好的。德·瓦隆公民，你既然如此公开地鄙视我们所进行的战争，那就把你肚子里的货色，全倒出来给我们瞧瞧吧。

德·瓦隆　（恨恨地）单派我一个任务，去突击流亡分子[1]的阵地。

---

① 法国大革命期间，贵族纷纷外逃，称为流亡分子。他们组成的军队专门配合普奥联军攻打法国，企图推翻革命政权。

凯斯奈　去打流亡分子？为什么偏偏打流亡分子呢？

德·瓦隆　你有什么异议吗？

凯斯奈　没什么异议……我倒是觉得，像你这样一位旧贵族……这不对你的路。——不管怎样，这是你的事。

德·瓦隆　这是我的乐事。（沉吟一下）别的不说，这些对手，总会按照规矩打仗。

凯斯奈　随你便吧！不过，你先缓一缓。今天，该维拉举办舞会了。

沙普拉　舞曲是不会少的。

维　拉　今天夜里，我就夺取科斯坦和美因河群岛。

凯斯奈　你意已决，没有变化？

维　拉　那还用问！

凯斯奈　你知道冒多大危险吗？

维　拉　德·瓦隆的恐惧症传染给你了吗？

凯斯奈　随你怎么做吧。你单枪匹马，给自己制定这种危险的作战方案。你向我许诺打胜仗，你好自为之吧，可别忘了国民公会注视这样的日子，好决定给将领的头上加桂冠，还是……

维　拉　（打个套脖子的手势）还是赏一条红领带。你就放心吧：一准是桂冠。

凯斯奈　堡垒各据点都发起佯攻，以助你顺利完成任务。

维　拉　谁我也不需要。我不愿跟任何人分享快乐，或者分担危险。

凯斯奈　（生硬地）我不要听你的虚荣心，而要顾国家利益。

维　拉　你指责我干大事业的渴望吗？

凯斯奈　（这一阵似乎受病痛折磨，变得容易发怒了）你们一个个全是大孩子，傲气十足。你们不能容忍别人参与你们的作战行动。好了，服从安排！真见鬼！人人都应该习惯：别人也要为国效命！

沙普拉　你的情绪好像特别糟。

凯斯奈　我想是的，活见鬼，是的。我倒想看看我这关节炎换到你身上怎么样。从今天早晨，我就像中了魔，受这恶鬼折磨！……（沉吟一下,随即以不容质疑的口气)好,说定了。你呢,特利埃,在堡垒里全天佯装出战,不断骚扰,不给普鲁士军喘息的时间,就好像你没有放弃昨夜的作战方案。如果可能,你就趁机过美因河,同维拉会师。——你们呢,就算和解了,对不对?不要再争吵啦!大家都为祖国着想吧。好啦,要和谐,真见鬼,要和谐呀!否则,当心这颗脑袋!我们团结起来,消灭那帮坏蛋!

〔凯斯奈艰难地走出去。大部分军官也散去。

第 二 场

〔德·瓦隆、特利埃、维拉、沙普拉。

〔在这场谈话过程中,一些军官出出进进,无时无刻不让人感到,军队和围城的喧嚣笼罩着所有这些谈话。

德·瓦隆 (嘲讽地)这种和解的话,从这老家伙的嘴里讲出来,我很爱听。对,在仇恨中团结起来,这是唯一适合我们的团结。如果没有包围我们的可恶的敌人,那么我们就会相互吞噬,如同一群饿狼那样。

特利埃 这种残忍的思想,你玩味起来好像挺开心!

德·瓦隆 "人与狼相似"①……这句话跟人世一样古老。我还有什么可大惊小怪的呢?我也并不鄙视仇恨,而我在这里就是个活靶子……你们太嫉妒我了!你们要当心:一旦没有了我,你们的獠牙就会转而自己撕咬起来了。

特利埃 你这是侮辱。我和我的战友之间,只有一种高尚的好胜之心,绝不会闹别的什么意见。我们热爱我们的光荣事业;如果说我们力图彼此超越,那也是为了公众的利益。

---

① 原文为拉丁文。

德·瓦隆　算了吧,我看得透彻。你们和和气气是装模作样,而你们积存在心中的怨恨、恼怒,以及彼此间为小事争风吃醋,一遇到时机,就会来个总爆发。如果现在不是战事紧张,你们就会瞧见你们之间的分歧了。不过,敌人在炮轰我们,而且此刻,你们的眼睛只盯着我。你们不肯宽恕,只因为我是另一类人。

特利埃　(平静地)你错了,德·瓦隆。我并不区别一个人的身世和另一个人的身世,因此,我并不怨恨你的出身,只是不喜欢你这个人,我当面一直对你这么说。我不喜欢那些背叛同党,又没有一个爱国者的德行的灵魂的贵族。

德·瓦隆　你到底需要什么保证,才相信我的忠诚呢?我什么时候放过一个证明忠诚的机会呢?你还是去问问王党军吧。

特利埃　(带着几分轻蔑的口气)这倒是真的。对你那些老朋友,你从来就不手软。

德·瓦隆　莫非你瞧不顺眼?

特利埃　也许吧!——我痛恨他们。我们所有人,都有理由痛恨他们。可是你呢,这不合乎你的身份,谁强迫你扮演这种角色呢?就说刚才,没人逼迫你去攻打流亡分子的部分……再说了,自从那次穷追流亡分子,穿越阿登省①,我对你的行动再也不会奇怪了。那场面真是触目惊心啊!往昔所有为国争光的人,——德·阿古尔②、沃邦③、卡斯特里④,——被赶进森林,遭到农民的追捕,又被自己的盟友出卖,羞愧和恐惧得发疯,冒着倾盆大雨,在我们

① 阿登,与比利时毗邻的省份,境内有阿登高原,森林密布。法国大革命爆发之后,贵族纷纷逃亡,有一部分穿越阿登高原,进入比利时。

② 德·阿古尔(1601—1666),伯爵,法国将军,参加对西班牙的战争、讨伐新教徒的战役,无不战功卓著,曾在包围意大利都灵三个月后即攻克该城。后任安茹总督。这里当指他的后人。

③ 沃邦(1633—1707),法国元帅,法国历史上最杰出的军事工程师。他在军事上有许多发明创造,如新的攻城法,把刺刀固定在枪口的插座也是他发明的,写过大量关于工程技术理论的论著。这里当指他的后人。

④ 卡斯特里(1727—1800),侯爵,法国元帅,任过海军大臣(1780—1787)。

部队的前面逃窜,穿着肮脏的破衣烂衫,被雨淋透了,发着高烧,累得要死,又饿得要命,每一步在泥坑里,在血污的土堆旁,都有丢弃的可怜虫,苟延残喘,好似要死的牲口一样。在他们中间,还有那些绝望的妇女,她们叫苦连天,一路哭泣,瘫倒在烂泥里,任由蚊虫叮咬,她们的宫廷衣裙满是泥水,已经成了破布片……目睹这种惨状,我的怨恨消解了。我的士兵沉默无语,都从旁边走过去,扭头移开目光,好让那些可怜的人安静地死去。——可是你呢,却要赶尽杀绝。只要一息尚存,只要能受折磨,只要适合送上断头台,你就通通拾起来,堆在大板车上。你还讥笑那些女人衣裙肮脏,破了好多洞,露出抖瑟的肌肤。

〔维拉笑起来。

德·瓦隆　你太多愁善感了,特利埃。假如你落到她们手里,她们才不会考虑这么多。你不知道那些肥胖婆娘的丰乳下面,藏着一颗多么狠毒的心。当初埃拉斯姆·德·孔塔德[①]在阿登,放火烧毁百姓的茅草房时,那些美妞儿看着格格大笑,现在她们的小屁股却引出你怜悯的眼泪。

维　拉　在这件事上,他说得对。我的恻隐之心,要保留给更加合适的对象。

沙普拉　平民的美色!

维　拉　你嘲笑我,沙普拉。你也别笑,我同样讲人道,再也没有比我心肠软的人了。只不过,我这个人很腼腆,不会赤裸裸地表露出来。

德·瓦隆　(对特利埃)可见你无仇可报,特利埃。我在这里,所冒的风险比你大:我不杀掉他们;他们便杀掉我。你不知道,他们怀着深仇大恨,穷凶极恶地追杀我。我哥哥的态度最强烈。每周我都能收到他们恶毒至极的檄文、蓄意陷害我的书信;还安排女人约

① 埃拉斯姆·德·孔塔德,波旁王朝的公爵,封为元帅,大革命期间出逃,又组建流亡贵族子弟的保王军,在阿登一带骚扰,后被共和军击溃。

会，诱我中埋伏，总之挖空心思，想出各种各样的毒招儿。你不了解一个贵族肚子里的坏水有多大能量。

特利埃　我完全清楚，一个贵族的心有多么冷酷和残忍。如果不是长期以来，我有了这种体验，那么今天看到你的所作所为，德·瓦隆，我也能体验出来。

德·瓦隆　（讥诮地）他要怪罪我为共和国效劳啦！怎么，你宁愿看我在孔代军[1]中作战？

特利埃　我不喜欢变节者。

德·瓦隆　要你们满意也真难……再读读高乃依[2]的著作吧。他不是劝人为祖国而牺牲自己的亲人吗？

特利埃　真能开玩笑，我绝不会上你的当。我要读明白你耍的把戏。任何共和主义的信仰，都解释不了你怎么如此残忍。你憎恶贵族，而又是个贵族。你来到我们中间效力，不是为了祖国，而是为了你的野心……你要当心，卡蒂利纳，我的眼睛盯着呢。

德·瓦隆　别以为能吓住我，我也同样了解你。是谁促使你离开你的书本、你的工作、你的实验室生活呢？如果不是渴望指挥别人，不是挎着指挥刀，怀着发号施令的欲望，又会是什么呢？我知道科学家的公而忘私究竟是怎么回事。他们是最极端的野心家，终生愁苦不满的野心家，不知道享受生活，在哪里也不肯停下来，总是觊觎，贪心不足，思想上惴惴不安，看什么都眼红。他们是所有野心家中最危险的人物，因为他们自认为是伟大思想的代表，把伟大思想的利益和他们自身利益混为一谈。

特利埃　（开头平静，终而激奋）我并不为个人渴求什么，德·瓦隆。假如我没有战死，而亲爱的共和国又不再需要我们的时候，我就

---

① 孔代亲王（1736—1818），最早逃亡的王室成员（1789）。他于一七九二年创建孔代军，即保王军，反对革命，企图以武力推翻革命政权。

② 高乃依（1606—1684），法国古典主义戏剧代表作家，著有《熙德》等，塑造大公无私的英雄形象。

会重新拾起安静的研究工作。不过,只要侵略者还威胁着祖国,科学就应该为卫国战争服务。思想,创立出来并未了事,还要确保其生命,使其统御大地,占据摆脱谎言的自由头脑……自由,永不磨灭的自由,你是从我们身上产生出来的呀;从前,科学点燃了你,你这摇曳而受威胁的火花。但愿今天,科学有权来保卫你,在你的大军前头高举你的火炬,——这种光明,理性的太阳啊,将要照亮欧洲在里面挣扎的黑夜!

德·瓦隆　你侈谈自由,你们所有人嘴上都挂着这个词。谁说得准呢?有朝一日,也许是我在保卫自由,同你们对阵。

特利埃　我知道,你巴不得如此:你太爱自由了,一旦有可能,就收归己有。

维　拉　这一点我倒不担心。自由是一个健壮的姑娘,需要别样的爱抚,不会喜欢一个纨袴子弟的殷勤。

德·瓦隆　(放肆地)你认为她会受一个肉铺老板的肌肤吸引吗?

维　拉　遭雷劈的!

〔他手按战刀。德·瓦隆也做出同样动作。

特利埃　(阻止两个人)我们不能内讧。

德·瓦隆　(战刀插回鞘中,冷静而带嘲讽的口气)哈!多么令人赞叹的战争,行进在三重敌人的包围中,——士兵们感到,他们大炮的炮口对准他们的后背。——长官们想到神圣的断头台就觉得脖子后冒凉风——战友们则期待你早点丧命——相互猜疑,就构成了公共安全!……那些丧失了胃口、对什么都麻木不仁的人,都应该派到这里来。生命一旦受了威胁,活着便多有滋味啊!……我们当中谁先死呢?我们当中谁会先要别人的脑袋呢?

〔德·瓦隆下。

第三场

〔特利埃、维拉、沙普拉。

沙普拉　见他的鬼，太放肆无礼了，瞧他那讥讽而盛气凌人的神气样儿！我已经开始厌烦了。

特利埃　他那种高傲，应当多多检束才对，却让他变得越发不慎了。

维　拉　他不断向我挑衅。我们俩有一笔老账，迟早要算。等哪天，我一定结清。

特利埃　他是个危险的家伙。丝毫也不坦诚，可又天不怕地不怕，什么事儿都干得出来……

沙普拉　毫无疑问，他是个敌人，只是阴差阳错，同我们联手了。

特利埃　什么阴差阳错！就是争风吃醋，为了被他哥哥抢走的一个荡妇，他就极欲报复，不惜一切代价，而且不择手段。

沙普拉　祖国正处于危难之中，必须利用一切可用之材。好了，他在为我们工作。等以后用不着他的时候，咱们再除掉好了。

特利埃　得防着他抢先下手。这一阵子，我总觉得可疑……

维　拉　可疑？

特利埃　对，有些朦朦胧胧的不安。

维　拉　不妨说说。

特利埃　不。我不该随口一说，毫无根据……只是个人的一点感觉。

维　拉　这就足以把他打发到国民公会去了。

特利埃　我没有这种权利。我也没有任何证据控告他。

维　拉　（耸耸肩）证据？只要确信，还需要什么证据呢？

特利埃　没有证据，我就无法确信。

维　拉　（又耸耸肩）好吧。时候一到，你给我一个信号就行了。但愿下次行动，凯斯奈还把他派给我。

特利埃　为什么？

维　拉　因为，我去散步那地方，就是命悬一线，难说哪颗子弹长了眼睛，一下子就把事儿了断。

特利埃　（迟疑不解）你说什么，维拉？

〔他定睛注视着维拉。

维　拉　（同特利埃对视，生硬地）嗳，怎么啦？——你不明白，我是在开玩笑呢。

特利埃　（沉吟一下）凡事总要遵照法律，维拉。

维　拉　（耸耸肩）当然啦！

〔冷场。

特利埃　（准备走开）我该动身了，明天早晨之前，不会再见到你们。祝你们好运，同志们。

维　拉　敬礼，并祝旗开得胜。

〔特利埃下。

第 四 场

〔维拉、沙普拉。

沙普拉　（目送特利埃走远）这一位，可是个响当当的爱国者，据说很有学问。同他在一起，总觉得不那么自在。他很冷静，说话又干脆，没法套点儿近乎。他总那么矜持，不苟言笑，从来不讲自己的所作所为；就连他的姘头是什么人，我们也不知道呢。我不喜欢彼此间总这么防范。既然是同志，就应当开诚相见！活见鬼！

维　拉　他身上还残存着贵族的老底子。你看啊，沙普拉，凡是埋头研究书本的人，都不是地道、纯粹的长裤汉，不像我们这样，是人民的朋友。他们自认为高人一等，然而，我倒想瞧瞧，没有了我们，他们如何玩得转。若是按照特利埃那一套，那得看见火焰蹿起来，才能喊："救火啊！"……这就是搞科学的推理方式，又琐碎又蠢笨！对现实的事物，他们一点概念也没有。这样的人也需要，他们会用白纸黑字制作思想；不过，只靠他们搞大扫除，那么国家就难免在垃圾堆里腐烂了。——你瞧德·瓦隆那家伙，嫌疑就很大，简直可以说是个罪犯。他可能干出卖国的勾当：看看他那样子，就好比早已干出来了。还缺少什么呢？事实，确认的事实。也就是说，必须等到罪恶无法弥补了才去阻止吗？——不行。——再说了……够了，反正有我们在呢。

第 五 场

〔布凯、约翰－阿马布尔、维达洛以及上一场的几个人物。

〔三名士兵，有的拖，有的推，押送一个呻吟的农民。——几个青年军官因好奇而跟上来。

士兵们　走哇，普鲁士人，你还走不走？

维　拉　这是怎么回事儿？

一名士兵　特派员公民不在这里吗？

维　拉　他身体不舒服，在他的房间休息呢。——一名间谍？

士　兵　是的，少校，刚刚被我们抓到。他从法兰克福门进城，进城来卖鸽子。小队长看出不对头，就盘问他。这个蠢蛋立马慌了神儿。这是从他身上搜出来的。

〔他交给维拉一扎信件。

维　拉　（接过信件）给我。——普鲁士军参谋部的信件？这笔生意可不少挣啊。

青年军官们　（凑到近前）是信件吗，维拉？咱们瞧一眼。

维　拉　（浏览了信件，拳头往桌子上一砸。他的脸都红了，高兴得叫起来）哼！雷劈的！哈！哈！哈！

沙普拉　喂！你这是怎么啦？

维　拉　（嚷道）没什么。——我逮住他啦！逮住他啦！

沙普拉　什么？

维　拉　没什么，跟你说……凯斯奈，凯斯奈在哪儿？（他突然大笑）

哈！哈！哈！仁慈的上帝，给不相信的人送来一个饭桶！（他哈哈大笑，冲向凯斯奈的房间，动作鲁笨，一路撞着椅子和旁边的人。临进门时，才回过身来，满脸红肿，就像中了风似的，挥动着信件，连声叫嚷）追呀！

沙普拉　他喝醉了。

〔维拉走进凯斯奈的房间，沙普拉跟着进去，房门啪地关上。

第六场

〔普鲁士农民，以及看守他的士兵、布凯、约翰－阿马布尔、维达洛。

〔本场谈话近尾声时，另一些军官陆续上场，一个一个或者两两相伴，以致维拉和凯斯奈回来时，场上已经挤满了人。

布　凯　（对农民）怎么的，老兄，你让人给逮住啦？

农　民　（呻吟）请放我走吧！

布　凯　（哈哈大笑）等一会儿，等一会儿。

农　民　等一会儿你们就放我走？

布　凯　真见鬼，稍等片刻！你来我们这儿，还不到两分钟呢。你怎么就待腻啦？

农　民　你们不会伤害我吧？

布　凯　当然不会。砍掉你的脑袋，让你一点感觉都没有。

农　民　好心的先生们！……

布　凯　什么！什么！这不就是一回事儿吗？

〔农民像孩子一样呜呜哭起来。

约翰－阿马布尔　（憎恶地）呸！

〔他转过身去。

布　凯　（不再理睬那农民）唉！怎么样，约翰－阿马布尔，昨天夜里，你跟着出击了吗?

约翰-阿马布尔　(像孩子一般欢快)哈!真是好玩极了,幸运儿①!你想想看,我们穿过了敌军的全线。有一次,我们撞上了一支骑兵巡逻队,——你知道,那是红军装的轻骑兵。我们对上了口令,他们只当我们是奉命乘夜收割麦子的农民……特利埃也真够镇定的!他跟一个普鲁士军官交谈了五分钟,对方硬是毫无察觉。就趁这工夫,战友们绕过村子,闯进房屋。嘿!若不是博南那笨蛋开枪太早了,我们就能在被窝里捉住他们。卡尔克特路穿着衬衣逃跑,让我瞧见了,一枪没有打中!

布　凯　那你就不要夸口。

约翰-阿马布尔　唔!那好吧,就是这样也很开心。

布　凯　瞧你这狼狈相!

约翰-阿马布尔　嗐;跳过多少道篱笆。还有,我挨了一马刀,——打仗以来挨的头一刀,幸运儿!

布　凯　你的父母若是看到自己的宝贝儿子毁了容,添上这道伤疤,一定会大喊大叫。

约翰-阿马布尔　至少还不算丑吧?

布　凯　你还没有累坏吧?回来之后,你还没有睡觉吧?

约翰-阿马布尔　为什么?我也是人,跟别人一样。

布　凯　也是人!还是个小姑娘,半年前,妈妈还把咖啡给送到床上呢!

约翰-阿马布尔　幸运儿,我不许你……

布　凯　好了,好了,别发火啊,这有什么,何必脸红得像公鸡冠子呢。我倒是觉得市民的一个小青年,刚离开母亲的裙子,一上战场就有如此胆量,还是挺不错的。可怜的老娘!原先一见儿子出门,就总是追出去,给孩子围上一条围巾!

---

① 布凯的别名。

约翰-阿马布尔　（扯下自己的领巾）见鬼去吧！

布　凯　怎么，现在你要充好汉，露出脖子吗？

约翰-阿马布尔　我高兴。

〔二人大笑。

维达洛　这样子，他父母会认不出他。

布　凯　还有我那老板，诉讼代理人，他若是见到我在这儿挎着大马刀，佩戴着肩章，又会发什么议论呢？我此刻本来应该在亚眠，在拉斯雷先生的事务所里，伏在桌案上，用工整的字体誊写那些乌七八糟的诉讼理由，而唯一的消遣，就是隔着窗栏，不时望望窗外，瞧见哪位虔诚的老太婆前往教堂！

维达洛　我呢，想想此刻，本来应该在全球旅馆里清扫马粪，装进小推车里，倒在粪堆上！

布　凯　可是现在呢，我们不干这种活儿了，而是走在祖国的前头；我们沿着莱茵河岸拖着大炮，让专制统治的鹰犬迎着我们的战刀，撞得头破血流！

维达洛　对呀，这是一场神圣的冒险，将我们聚在这座城市里，甚至当地的鬼方言都没人听得懂；也正是这种冒险，让全欧洲的奴隶在我们的脚下发抖！

约翰-阿马布尔　干脆说吧，这是一种令人沉醉的快乐。做自由人，保卫自由的祖国，欧洲唯一自由的国度，——形同国王行进在遭到重创的欧洲大地上，心灵摆脱了一切恐惧、一切偏见，紧紧搂抱着这个属于我们的大世界，打破各国人民的枷锁，只感到头顶是一片青天，廓清了上帝重压的谎言！……还有谁体会过我们这样一种喜悦呢？

布　凯　我们的敌人也猜出这种愉悦，无不开始艳羡了。你知道卡尔克路特是怎么说的吗？他说："世界的末日来临了。那些雅各宾党人，个个说话都是国王的口吻。"

约翰-阿马布尔　世界的一群国王，他说对了！世上没有什么不归属于我们。一切都属于我们:只要动手去拿就是了。

第七场

〔凯斯奈、维拉和沙普拉走出房间。维拉始终满脸通红,一副凶残的狂喜神态。凯斯奈则怒火中烧,拿着信的手在颤抖。

布 凯 你们瞧,特派员和维拉!脸色那么难看!发生了什么严重事件……

凯斯奈 (极其冲动地)德·瓦隆在哪儿?

布 凯 估计在他的姘头那儿,那是治安法官的女儿,住在武人街。

凯斯奈 两位军官,维达洛和布凯,立刻把他带回来。不要放他走开,也不让他同任何人说话,找任何理由都不允许。

约翰-阿马布尔 到底出了什么事儿?

〔维达洛和布凯下。

凯斯奈 人所不齿的事!送这些信件的人在哪儿?

维 拉 在这儿呢。

军官们 (乱哄哄,不安地)出什么事儿了,公民?——维拉,有什么严重的消息吗?——什么,是卖国行为?——我们被人出卖啦?

凯斯奈 (对农民)混账东西,听着!

农 民 饶命啊!

凯斯奈 是谁派你来送信的?

农 民 饶了我吧,饶了我吧……

凯斯奈 回话。

农 民 是德·扎斯特罗少校。

维 拉 普鲁士国王的副官?

农 民 对。

凯斯奈 他派你送信有多少回了?

农　民　派我来这是头一回。先前是派别人来的。饶命啊！我再也不敢了……

沙普拉　那当然喽,用不着你对我们说。

维　拉　你哪儿还有机会干第二次!

农　民　你们是要杀了我吗?

维　拉　有那么点儿意思,我的小伙计。

〔间谍号啕大哭。

凯斯奈　好了,别嚎叫,你这头驴。你冒多大危险,来的时候不知道吗？回答。——你是怎么认识德·瓦隆的?

众军官　(惊呼)德·瓦隆？是德·瓦隆?

凯斯奈　你想不想回答？我要让你受德国式的棍刑,直到把你的骨头打断。

农　民　可别杀我呀,各位行好的老总!

凯斯奈　你干这种肮脏的行当,甚至连资格都不够。你这块料,都不值明天射进你身体的那颗子弹。

维　拉　那叛贼从什么时候起,同普鲁士人暗通消息的?

〔那农民呻吟不止,像个老太婆似的瘫倒,半昏迷过去。众军官用靴子踢他。

维　拉　从这坏蛋口里问不出什么。他已经吓得半死了。把他拖走,他在这儿只能碍事。

〔有人像拖口袋似的,将那农民拖走。

众军官　(七嘴八舌)这么说,是德·瓦隆,德·瓦隆,他跟敌人有联系?

凯斯奈　对,普鲁士军参谋部写来的一封信。这个无耻之徒,几周前就背叛我们了。

〔众人愤怒、议论纷纷,还狂呼乱叫,只能听清片言只语:他们当中有些人还比比划划,像疯子一般吼叫。

第八场

〔人物同前一场，除掉普鲁士农民。维达洛和布凯带着德·瓦隆回来了。

布　凯　（开门头一个进来）他就在这附近。我们找见他时，他正在散步。

〔凯斯奈示意停止喧哗。吵闹停止了几秒钟，只等德·瓦隆说了两句话，喧声随即又起。

德·瓦隆　（吃惊地）出什么事啦？我来了，特派员……

〔全场爆发叱骂声，打断了德·瓦隆的话。

德·瓦隆　（开头莫名其妙，转而面失血色）什么？你们说什么？……真见鬼！（对凯斯奈）特派员，让他们住口！我敦促你让他们住口！我要求解释并惩处这种辱骂行为。（对军官们）你们谁站出来一个，这话敢再说一遍！

约翰－阿马布尔　卖国！叛徒！普鲁士人！

德·瓦隆　（扼住对方的脖子）把话收回去！收回去！

〔所有军官抽出战刀对准德·瓦隆，从他手中夺走约翰－阿马布尔。维拉和凯斯奈插到他们中间。店家和伙计纷纷挤在门口，大家都惊恐万状、惊诧不已，说话嘈杂而无法分辨。

凯斯奈　肃静！肃静！你听着，叛徒。还有你们，公民们，大家都静一静。这封信，就是普鲁士国王的一名间谍，给德·瓦隆少校送来的。

德·瓦隆　（喊叫）这是假的！

凯斯奈　（读信）

“骑士先生，我怀着由衷的喜悦，向您确认，您的许诺十分真诚，相助也很给力。昨夜如无您的周旋，我军参谋部险遭倾覆。我固然觉得,应当及早密报我们;不过,也幸亏您巧妙行动,始则佯攻布雷特海姆,继而灵活撤退,我心才窃喜,明白此举使我们摆脱严重的困境。从而免遭重大失败。我执意向您保证,我主国王陛下必铭记您的大功,一俟战事稳定,胜券在握,便会论功行赏。还望继续相助。及时密报。信赖有加!无需多久,这些弑君者的尸体,就会吊在可怜的美因茨的墙头。复函仍可交付来使:他十分可靠。签名:扎斯特罗。”

德·瓦隆　(一直在挣扎,大吼大叫,不知所云了)这是假的!这是假的!全是假的,荒唐透顶!有人要陷害我!

〔众军官仍然叱骂他。

维　拉　(对凯斯奈)特利埃也这么说过。回想一下今天早晨,他就抱怨被人出卖了。

凯斯奈　是啊,你说得对,维拉。特利埃也确实说过。当时我没有留意,还以为他那说的是气话。

沙普拉　这情况已经持续几周了!

〔外面传来众人的怒骂声。

凯斯奈　怎么回事?

一军官　这消息已经传遍全城。

店　家　(惊慌失措,急匆匆跑向凯斯奈)特派员公民,他们见东西就砸,嚷着要进来,要卖国贼的脑袋。

凯斯奈　把守住房门,调兵过来,驱散聚众,让司法自由地履行程序!

群　众　(在外面,吼叫)吊死他!

〔一队士兵走过,传来搏斗的声响。

维　拉　他走不到监狱,半路就会被砍成肉泥。

凯斯奈　将他关在隔壁房间,派两个人守着,一分钟也不让他离开视线……把他绑起来,以防他自杀。

〔士兵拖走德·瓦隆时,他唾沫星四溅,又气愤又恐惧,浑身颤抖。——疯狂的骚动顿时停止。大家似乎都筋疲力竭,陷入死一般寂静，只听见隔壁房间传来挣扎和叫喊声。

凯斯奈 （干脆地）军事法庭开会！紧急会议。通知所有成员。其余的人回避。——特利埃……去找他来。

维 拉 特利埃不在城里。他执行你的命令，出城去了，直到夜晚才能回来。

凯斯奈 那就算了，不能等；整个这件事儿，全城都已经知晓。特利埃不在，我们照样开会；我们也有足够的证据惩处他。——（十分严肃，十分伤感地）公民们，开始讨论之前，我先奉告一句：我们只考虑祖国，其余的一切全置于脑后。司法一旦发言，友谊和宿怨都必须噤声。——现在，开始讨论。

第二幕

第一场

〔地点:旅馆大厅。——时间:夜晚。

〔店家、特利埃(上场)。

店　家　哦!公民,你回来了?没料到你回来这么早。

特利埃　是啊,又得暂缓行动。我本想夺取蒙巴克,敌人却事先就得知消息,鬼晓得是怎么回事!只好撤回来。明天再出击吧。

店　家　敌人事先就得知消息?又是那个坏蛋。哼!大坏蛋!干了多少坏事!

特利埃　你在说谁呀?

店　家　怎么?说谁?……你什么也不知道啊?

特利埃　什么也不知道。我谁也没碰见呢。我不在这会儿,出了什么事啦?

店　家　还问出了什么事?哎呀!特利埃公民,你走了之后,可出大事啦!老天爷啊,谁料得到会这样!

特利埃　说说看。

店　家　你怎么也猜不到。

特利埃 我也没闲工夫,快说吧。

店 家 就是那个旧贵族大奸贼,那个阴阳怪气的德·瓦隆……

特利埃 怎么啦?德·瓦隆……

店 家 还用问,他出卖了我们!

特利埃 你说什么?

店 家 就是我对你说的:他出卖了我们,公民。他投靠敌人了。

特利埃 他逃走啦?

店 家 逮住了。逮个正着。想否认也否认不了。明天就砍他的脑袋。

特利埃 啊!大坏蛋!这倒是个好消息!……一个好脏的消息!……不过,我听了还是很高兴:要知道,我早有所料。我一直信不过这个混蛋。跟你说,我从不向他隐瞒这种观点!

店 家 你真令人佩服,公民。你有品德高尚者的嗅觉。十里之外就嗅得到罪恶。

特利埃 这不算什么本事。他那张伪君子的嘴脸、那种口蜜腹剑的言词、他那浑身散发的谎言和无耻而令人恶心的气味……哪怕握过一次他那软绵绵的手,接近过那种伪善的令人作呕的气味,就必然要小心留意……真是太幸运了,里菲尔,把那混蛋捉住了。如若不然,他会成为我们的大祸害。

店 家 他一定有所企图。

特利埃 可能吧。现在,我们能发现奥秘了……不管怎样,知道把他关在妥当的地方,今夜我能睡个安稳觉了。部队总算排掉了渣滓!……给我讲讲这事儿的经过……先等一等,我饿得要命,给我弄点吃的:早餐之后,到现在什么都没有吃呢。

店 家 我可以让伙计给你热一热烤鹅肉。那就得等一等,炉灶熄了火。再不然,你若是着急,吃猪肉冷盘可以吗?

特利埃 现成的什么都行!我还得赶紧睡一觉。(店家下。独白)看起来,我的预见没有错。他在我们这儿混,就是为了出卖我们。

太奇怪了。自己有贵族爵衔,有聪明才智,还英勇善战,这么多品质,却用来干这种卑鄙的勾当。在并非迫不得已的情况下,一定是堕落到极点,才会如此毫无顾及,甘愿身败名裂。因为穷极无聊而成为叛徒!这也太怪了……他这套把戏,玩得很漂亮,一次也没有露出马脚!不容置疑,这半年来,他还真舍生忘死,为正义而战斗。伪装的本事也太厉害啦!

店　家　(托着一只餐盘回来)是啊,公民,真是不可思议。让人纳罕,他怎么这样能装呢。想想看,这可有好几个月了。

特利埃　真的吗?

店　家　有证据啊。一直跟普鲁士国王通信。从围城开始,他就不断写信。

特利埃　是谁抓到的呢?

店　家　是维拉。

特利埃　(微微惊抖)哦!是维拉?……真的吗?……这些证据,他是什么时候发现的!

店　家　你走后还不到二十分钟,就有人逮住一个间谍,那人身上带着信件……

特利埃　审问过那个间谍吗?

店　家　唔!他呀,他不肯供认……他说听不明白别人要说什么……哼!那个坏蛋,跟他们串通一气!

特利埃　好了,忙你的去吧。

店　家　你不想再要点什么?

特利埃　不要了。

店　家　你也不吃?怎么,不好吃吗?

〔店家指着餐盘。

特利埃　不是。等一会儿再吃。我累了。

〔店家下。

第二场

〔特利埃独自一人。——半晌没有说话，坐在椅子上摇摆着身体，眼睛失神地凝望。继而站起身，开始机械地踱步，目光在专注着什么，时而打打手势，断断续续说什么，却语不成句，听不出意思。停下脚步，抬手捂住脑门。

特利埃　我的头脑空空如也。今天我太累了。（他又坐下）真奇怪，我不觉得饿了。不饿也得吃啊。（他把餐盘拉到眼前，还是不吃）他被捕了，真是幸事。这个无赖！怪不得他渴望征讨流亡分子。他感到自己被人盯上了；他掌握了我们的防卫计划就企图逃走。他若想逃离，那就太容易了……（他丢下这一思路）维拉，是维拉他……（又无意识地回到前一个思路）他想逃太容易了……“难说哪颗子弹长了眼睛，一下子就把事儿了断……”——（恼火）噢！我怎么这样呢？连一句话都说不全了！（他推开餐盘，又站起身）跟普鲁士国王通信！而且有几个月啦！里菲尔说，我前脚刚走。——今天早晨，他还为不伦瑞克辩护，赞赏普鲁士军的战术……可是，那位哥哥，那个追杀他的哥哥……所有这些阴谋诡计，全是从流亡军阵营那边炮制出来的……天雷劈的！（他喘着粗气，重又坐下）嗳，冷静一点儿，特利埃。你别昏了头，讲究点推理。德·瓦隆对你说过的话，也许，只不过还是一种诡计。全部问题，就在于弄清楚，他虚构这个故事，是不是为了转移你的怀疑。如果像店家刚才说的，有了确凿的证据，有了他亲笔写的信，搜出一整套往来信件……（他站起身，突然走到门口，呼叫）里菲尔！——（提高嗓门）里菲尔！

〔店家跑上。

店　家　怎么啦，怎么啦，你要把全旅馆的人都吵醒了。你要什么，公民?

特利埃　(推开餐盘)拿走吧,这是生的,难吃死了,还有一股油脂膻味。

店　家　这是怎么说的! 沙普拉就说过,他这一生就……

特利埃　够啦! 别再狡辩了。——等一等:逮捕他的时候,你在场吗?

店　家　那卖国贼吗? 我就站在这门口。那场面真吓人:他们全都发了疯似的。

特利埃　你是否知道,搜出来的信件,手迹正是……

店　家　正是那奸贼的? 嗳,老实说,我不知道。他们关起门来开会。是他写的信,还是写给他的信,我也说不准:反正是一码事。不管怎样,总归有信件。

特利埃　去吧。(店家下。——独白)假如他给普鲁士人写信,而那间谍送来复信,从来人身上还搜出了他写的那些信件,就太荒唐了。——这样一来,仅凭他们写的信就判他的罪……噢! 天啊! 他们干的是什么事啊!

〔特利埃走到窗口,打开窗户。店家进来片刻,拿走桌上的餐具。

店　家　哎呀,公民,雪花飘进来了。你要把我们大家全冻僵。

特利埃　(粗暴地)我跟你说了,去干你的。(店家双臂一举,便走开了。——他独自一人,重又坐下)今天夜晚,我必须回师。如果不出现这种可恶的意外情况,此刻我就会在蒙巴克,在军营里过夜,到了明天……归根结底,他是个恶棍。就让我们除掉他,再也不谈! ——(对自己)懦夫! ——可是,我又能怎样呢? 没有我选择的余地。我总可以问问,了解,自己弄明白……对,就这么办。先得去找凯斯奈。——(不动弹)立刻去。——(他坐着不动)怎么着? ……(他自嘲)我双腿发软,疲惫不堪。我是……我是害怕了。我这一出头,万一看清楚……唔! 我了解维拉:他什么事干不出来呢? (他站起身,拿起水瓶喝了口水)走吧! 我如此犹豫,就因为我已经心知肚明。我要进行到底。

〔他朝凯斯奈的房门走了几步。

第三场

〔凯斯奈、特利埃。

凯斯奈 （衣服敞着怀，半推开房门）哪个家伙这么吵吵闹闹啊？——是你呀，特利埃？让鬼抓你去吧！你独自一个人，在这里大吼大叫有半个钟头。你这是跟谁赌气呢？

特利埃 你睡了吗，凯斯奈？

凯斯奈 睡觉，难道我还知道睡觉的滋味？从今天早晨起，这鬼东西就不断地侵害我的躯体。

特利埃 你说的是谁呀？

凯斯奈 当然是我这妖精了，痛风呗。根本没法合眼。——（惶恐地）这还不算，特利埃，我感到又来了。

特利埃 谁呀？

凯斯奈 发作呗。腹痛难忍。已经酝酿了好几天……噢！这副躯体腐烂啦！

特利埃 吃点什么药吧？

凯斯奈 我只需要一样东西，就是疗养，泡温泉。大夫跟我说过，如不疗养，我的命危在旦夕。有什么法子呢？哪儿顾得上我们个人，祖国也病得厉害，我们必须救护，对不对呀，特利埃？——我们么，我们大家都将以身殉国。

特利埃 不要一下子就泄气啊。

凯斯奈 我不是泄气。我知道，居斯廷不再顾及我们。今天上午，我还不想明确告诉他们。其实，那个大胡子将军，绝不肯拿他的声望冒险，给我们解围，丢下我们腐烂在这里。我们一个接着一个，大家的命全要葬送。——哼！求之不得，好吧，我倒希望就在明天。

特利埃　你疼得受不了，公民？

凯斯奈　对……噢！这个破烂货，就这么要弄我！——他妈的，算了，别理睬了：越理睬越来劲。——谈点儿别的事吧。

特利埃　这正合我意。

凯斯奈　你有什么话要对我讲吧？你怎么还不累？你总能睡得着觉。

特利埃　今天夜晚，我比你强不了多少。

凯斯奈　你身体也不舒服吗？你汗流满面，可是这里冻得人发抖。哎呀！窗户关上啊……你病了吗？

特利埃　精神上生了病。

凯斯奈　那就免谈！只有身体上的痛苦，才算痛。

特利埃　你变得刻薄了，嘴上这么讲，心里却不是这么想的。

凯斯奈　灵魂痛苦！不存在的东西，痛苦不到哪儿去。

特利埃　你要尊重自己的理性。你的躯体，每天都冒着枪林弹雨，就是为了保卫神圣的自由，不受专制暴君的蹂躏。

凯斯奈　你不要在意我说的话。又发作了。你说话，同志。什么事惹你烦恼？

特利埃　很难张口对你讲。——是这样：你们判处德·瓦隆死刑了。

凯斯奈　死有余辜，可惜没有更重的刑罚。话又说回来，这样也算跟他扯平了。

特利埃　你们有点操之过急。

凯斯奈　必须快刀斩乱麻。全城都传遍了。必须以雷霆万钧之力安抚舆论。

特利埃　审讯的时候，他说了什么？

凯斯奈　你若是在场，准认不出他，判若两人。起初，他仍然摆出那副傲慢的样子。但是很快，他就像挨了一大棒，完全沮丧了，脸胀得通红，黑红色，呼吸短促，眼珠都要冒出来了，活像一条喘不过气，被追得走投无路的狼。

特利埃　他供认了吗？

凯斯奈　矢口否认。只不过开头，他狂怒地否认。继而，他的嗓音渐渐嘶哑，最后只能恶狠狠地摇头。他明显感到自己完蛋了，再也没有回天之力。

特利埃　跟另外那个人，那个间谍，——他对质了吗？

凯斯奈　当然了。可是，他假装不认识。况且在我看来，他也别无他法，只能死硬了。

特利埃　（大步流星踱来踱去）我真希望能在现场。

凯斯奈　这对我们每个人，都不是件喜庆的事。天塌下来一般，比什么都让人痛心。

特利埃　你以为我这么说，是要图一时之快，凌辱我的仇敌吗？

凯斯奈　我是这么想的。

特利埃　（恼怒地）谢谢……我乐得摧折我仇恨的人的傲气，但是不愿借助司法达到这种目的。

凯斯奈　今晚你很烦躁啊

特利埃　（走到凯斯奈面前，握住他的双手）凯斯奈，你们确信吗，告诉我，你们完全确信吗？

凯斯奈　（不明白）什么呀？

特利埃　他的罪状？

凯斯奈　怎么？你还心存疑虑？你不知道吗，他被定罪，是基于多么无可辩驳的证据？

特利埃　好几封信，或者一封信？

凯斯奈　只是一封信，却抵得上十封，信中提到先前有一系列信件往来。

特利埃　仅仅一封信！就凭一张小纸头，在定一个人死罪之前，应当再看一遍。

凯斯奈　（恼火）好了，特利埃，好了。我还识字。

特利埃　你别发火，公民。

凯斯奈　你也太侮辱人了。你认为我们会糊里糊涂，就决定一个人的生死吗？

特利埃　谁敢对我们说，这不是敌人的一种手段，力图动摇我们之间的信任，以便一个一个消灭我们呢？如果我们接受这种对我们不利的证据，那么我们岂不时刻人人自危吗？

凯斯奈　我根本不指望人能做出什么好事来，我了解他们，无论多么狠毒的行为，也不会让我惊诧。你这种想法无凭无据。在他们眼里，德·瓦隆还不如你或者维拉可怕。为什么偏偏打击他，而不把矛头指向你们呢？

特利埃　打击他更顺手，他们也更解恨。

凯斯奈　他是他们阵营的一员。

特利埃　他们追杀他好几个星期了。

凯斯奈　你怎么知道？

特利埃　今天上午他说的。

凯斯奈　谁？德·瓦隆？他说什么啦？

特利埃　他怒气冲天，叱骂那些流亡分子设下种种毒计，用告密信、匿名信来陷害他。

凯斯奈　这话他是对你讲的吗？

特利埃　维拉也在场，还有沙普拉。

凯斯奈　他们一句也没有向我提起过。

特利埃　不出我所料。

凯斯奈　为什么？——特利埃，你怀疑什么人。要当心，特利埃，我一句也不问。要当心，眼看你就要犯罪。

特利埃　是阻止犯罪。

凯斯奈　等一等。不要讲。你出去，上街透透气，你的想象过火了。你劳累一天，两夜没睡觉，我们真不该这么晚还讨论问题。你一旦开口，我就再也无法阻止，必须一直听完，还要处置你本人。

特利埃　好哇。你提醒我所冒风险的同时,也给了我敢言的力量。我准备好了。

凯斯奈　特利埃……

特利埃　别说话;特派员公民。你的职责,就是听我陈述。然后,你再审判我,或许我审判你。

凯斯奈　说吧。

特利埃　先看那封信……(凯斯奈欲起身)不劳费力,我去取来。

凯斯奈　在桌子上,玻璃罩下面。(特利埃下。——独自一人待了片刻,独白)会这样……会这样?——不可能!没有这种事,也不应该有……(特利埃取信回来)你瞧瞧,特利埃,这封信的内容,同你在参谋会议亲口对我们讲的如出一辙:你突袭行动落空,是德·瓦隆的过错,他佯攻布雷特岑海姆,又率领部队溃逃……

特利埃　这是陷害他的诽谤之词。

凯斯奈　今天上午你还指控,甚至说他即使和普鲁士人串通一气,行动也不过如此。

特利埃　嗳!你深知我性子很暴烈。我一旦冲动起来,就低着脑袋往前闯,一心只想把对手撞个稀巴烂。我怨恨德·瓦隆,他没有激励士气所必备的神圣热忱和胆识;他还违反我的命令,他那贵族式的傲慢也让我忍无可忍。然而,他昨天的行动并无可疑之处。他夺取了布雷特岑海姆,歼灭了守军。不错,他确实没有同我会师。但是我的方案太莽撞,也许正是他那牵制行动,才解救了我的部队。从严格的纪律角度看,他违抗命令是有罪的,可是能随机应变,纠正错误的军事布署,谁还敢再去指责他呢?我的突袭行动失败,错在我本身。只有敌人,而且十分了解我们性情不合的敌人,才会利用这种借口陷害,好方便我们泄愤。

凯斯奈　(脸色阴沉,以手搔头,思索了片刻,站起身)那间谍呀!

特利埃　(走向门口,开门呼唤)德康!

一士兵　少校?

特利埃　把那普鲁士人给我们带上来。(士兵下。——凯斯奈烦躁不安,艰难地走了几步)你不该走动,凯斯奈,又要引起疼痛了。

凯斯奈　(大发雷霆)见鬼去!让我安静点儿!

第四场

〔特利埃、凯斯奈。两名士兵带间谍上。

特利埃　(对士兵)好了,出去吧。把守门口。

农　民　(走向二人,喜悦的神情带几分畏惧)谢谢,谢谢……

凯斯奈　(吃惊)你这是谢谁呢,畜生?(农民动了动嘴唇,结结巴巴要说什么,他眨着眼睛,眼珠贼溜溜注视二人)你就是维斯诺村的雅各·加贝尔?

农　民　是的,将军先生。

凯斯奈　称呼我公民。普鲁士军参谋部派你来,是传递秘密信件的吧?

农　民　是的,公民,我全供认了,我全供认了。

凯斯奈　是谁派你来,给德·瓦隆少校送信的?

农　民　我全说了,我向您发誓,再也不知道别的什么了,除了我对少校先生说过的。

凯斯奈　什么?

特利埃　哪个少校?

农　民　(怀着戒心)难道他……?

凯斯奈　怎么的?

农　民　难道他对你们……什么也没有……

凯斯奈　你到底说不说?

农　民　(用畏惧而狡黠的眼神凝视二人片刻,然后脸上呈现一副虚伪而内敛的表情)真的没什么,我没什么要说的。

〔特利埃仔细观察间谍,那人垂下眼睛。

凯斯奈　这封给德·瓦隆的信件,是扎斯特罗少校亲手交给你的吗?

农　民　是的,公民。

特利埃　德·瓦隆给那边写信了吗?

农　民　是的,公民。

特利埃　你有把握吗?

农　民　有把握。

特利埃　你怎么知道的?

〔农民不作声。

凯斯奈　你是否送过他的信呢?

农　民　送过,公民,——也就是说没有;不是我送的,是朱利希,奥贝莫切尔村的戈特弗里德·朱利希。

凯斯奈　他送过许多信吗?

农　民　几大堆呢。

凯斯奈　你能发誓吗?

农　民　唔!公民,我以仁慈的上帝发誓!

〔他画了个十字。

特利埃　他说慌。

凯斯奈　滚开!

农　民　(激动得发抖)那么,我可以走啦?

凯斯奈　是啊,我不是叫你滚开么。

农　民　我真的可以回去了吗?啊!二位公民!啊!二位公民!……

凯斯奈　这是什么意思?回去?回哪儿去?

农　民　回我家呀,回维斯诺村,是你们对我许诺过的。

凯斯奈　开玩笑。关进牢房,混账东西!你出牢房,就是送上断头台。

农　民　(惊愕)这不是真的!

凯斯奈　(耸耸肩)那就等着瞧吧。

农　民　公民！……你可是宽赦我了。

凯斯奈　我？

农　民　你们答应了我？

凯斯奈　我答应你啦？

农　民　不是你；——是那位少校。

特利埃　哪位少校？

农　民　维拉少校。

特利埃　维拉少校许诺你什么啦？他和你谈过话吗？他什么时候见过你？他对你说了什么？

农　民　（惊慌失措）他什么也没有对你们讲？你们没有饶恕我？——哼！这个强盗！欺骗了我！……发发慈悲，二位公民！救救我呀！我全说出来。

凯斯奈　说吧。

农　民　如果我讲了真话，那么你们，至少你们二位，能放了我吧？

凯斯奈　不能。国民公会绝不用谎言套出别人的真话。

农　民　（恨恨地）哼！那么你们就自相残杀吧，关我屁事！

特利埃　这么说，德·瓦隆没有罪？

农　民　他有罪，你也有罪，你们所有人都有罪。

凯斯奈　我们从他口里什么也问不出来。

〔农民缩成一团，双腿软绵绵的，朝门口走去。——他猛然转身，愤怒地回来。

农　民　不行，先得跟他算这笔账！

凯斯奈　跟谁呀？

农　民　别说话，我要全讲出来。但愿你们全都死个干净，——不过，这个坏家伙，他得先死！……听着，我曾说过，我愿意透露点情况。

凯斯奈　什么时候说的？

农　民　就是那会儿。今天下午……当时我说，我愿意讲出来。——

少校来了。当场只有我们两个人。于是，我对他和盘托出。

凯斯奈 什么呀？

农 民 全部。全部真相。说明那封信不是真的，就是为了毁掉德·瓦隆少校。说明那是他哥哥，德·瓦隆伯爵交给我的，以图报复他；伯爵说只有让长裤党人吊死少校，他才心满意足。还说明我要设法让人搜出这封信来。全部，我全部讲了。

〔特利埃和凯斯奈面面相觑，不胜惊骇。

凯斯奈 （声音哽咽地）是假话。

农 民 我向他提供了证据。

凯斯奈 什么证据？

农 民 几天前，普鲁士人给这里一个人，名叫梅尔肖·欧普特的教员写了信，通知他设下的计谋，布置他该怎么做。扎斯特罗中校写给德·瓦隆的信，我原本应该交给梅尔肖，再由梅尔肖转交给你。

凯斯奈 （声音哽咽地）后来呢？

农 民 后来，就这些了。

特利埃 维拉呢？

农 民 他什么也没有说，只是听我讲。后来，他开始生气，嘴上骂骂咧咧，抬脚连连踢墙。接着，他就说我满口谎话，如果我还继续说谎，就要砍掉我的脑袋。我说我讲的是真话；可是，他那拳头杵到我的鼻子下面，大骂起来，声音吓死人。于是我就问，我若是不说谎，能不判我的罪吗；他回答是的，会饶我一命。说完他就走了；而我，一整天都等着来人放我。你们派人去带我来，我还以为你们要放我走呢。噢！大无赖！他骗了我！

〔凯斯奈和特利埃面面相觑，一言不发。这工夫，农民在哭泣，抽噎着抖动身子。

凯斯奈 滚蛋！

〔农民朝门口走去，打开房门，又回身面向两位军官，大骂他们。

农　民　吸血鬼！下流的法国人！弑君的禽兽！

〔士兵们将他拖走。

第五场

〔特利埃、凯斯奈。——特利埃和凯斯奈面失血色，许久不说话，也不敢对视。特利埃终于站起身，拍拍凯斯奈的肩膀。

特利埃　好了！好了！

凯斯奈　天雷劈的！这样的肮脏事，如何脱身啊？怎么办，特利埃，怎么办啊？

特利埃　撤销原判，还来得及。

凯斯奈　还来得及？你也不想一想。

特利埃　现在是凌晨两点。六点钟行刑，还有四个小时。这你还嫌不够？

凯斯奈　别说四小时，就是四天，这事也难有进展。

特利埃　什么？拿起笔来一划就行了！

凯斯奈　我赦免德·瓦隆的罪，美因茨军民会怎么说？

特利埃　这跟你有什么关系？

凯斯奈　有人会说，我宽容卖国贼，同他们串通一气，说我有意部署打败仗。

特利埃　难道你是为舆论劳碌的吗？

凯斯奈　在这种时候，我绝不应动摇，也不应削弱舆论。

特利埃　告诉大家他是无辜的。

凯斯奈　他们不会相信。

特利埃　把真相告诉参谋部。

凯斯奈　参谋部的人更不会相信：今天相信我的人，明天就会受到怀疑。

特利埃　公民，我恍若做梦。你认为德·瓦隆清白吗？

凯斯奈　现在恐怕是的。

特利埃　那么，你要救他吗？

凯斯奈　我不知道。

特利埃　你不救他吗？

凯斯奈　也许办不到。

特利埃　救一个被你判处死刑的无辜者，反而就办不到？

凯斯奈　无辜？必须向别人证明他无辜。

特利埃　那就证明吧！你有办法。

凯斯奈　什么办法？说到底，我也不知道他是否清白。

特利埃　你不知道？

凯斯奈　一名间谍的证词。一开始他就对我们说了谎话，谁敢保证他不是一直说谎呢？

特利埃　难道你没有注意他那眼神、他那激愤的神态吗？你没有听出他那由衷绝望的声调吗？

凯斯奈　嗳！现在我还记得什么呢？

特利埃　他向你指明了他的证据，这种栽赃陷害的计划，写给梅尔肖·欧普特的信件。派人到他家里搜查呀。

凯斯奈　要么间谍说了谎，什么也搜查不出来；要么他说的是真话，而信件却已经销毁；——除非是……你以为就没有人抢在我们前头？

特利埃　对。维拉？调他回来！向他讨要那些材料。

凯斯奈　他会否认的。

特利埃　让他跟间谍对质啊。

凯斯奈　这样救德·瓦隆的命，就等于判维拉的罪。

特利埃　这有什么异议呢？

凯斯奈　这种令人憎恶的指控，你就想公开迎面抛给那个可怕的人？

特利埃　圣茹斯特今夜派人来，当着两军的面，在城墙上搭起断头台，会把他送上去的。

凯斯奈　在和平时期，我会那么做；然而在战场上，我不能自己损兵折将。德·瓦隆得到宽赦，依然受怀疑。维拉判了罪，怀疑就无处不在了。说到底，我不能没有维拉：我需要他。——听着！你听见炮声了？……此刻，正是他在战斗……维拉判了罪，我的部队就减半了。有谁能像他那样率领部队？今天夜晚，他们夺取了科斯特海姆。就在这寒冷之夜，他们渡过了美因河。将士们喜爱这个毛茸茸的魔头，尽管他骂骂咧咧带他们上火线，冒着脑瓜被打烂的危险。正因为如此，他们才喜爱他。他是那支部队的主人。真若逮捕，部队就会哗变。他们永远也不会饶恕。

特利埃　争取时间，拖延执行，你就说还得继续调查。报告给国民公会。

凯斯奈　行不通！民众、军队，得知这个消息都惊慌失措。舆论汹汹，指控参谋部。至于国民公会，也指望不上。维拉是雅各宾党派给我们的。他是富基埃、埃贝尔的朋友。《山岳派报》，以及俱乐部所有人，都要站出来维护他，狂吠起来。

特利埃　不要罗列这些摆不上台面的理由！既已看清正义所在，就要强加给各党派。你为了祖国，随时冒着生命危险。你就不能为正义而拼命吗？

凯斯奈　我爱祖国要超过爱正义。

特利埃　这两者你怎么能分开？噢！既然如此，你认为我们为什么在这儿拼命呢？难道是为了几个雅各宾党人的野心？正是为了正义，凯斯奈，人民才拿起武器战斗。国家一旦践踏了正义，那就完全成为暴君的巢穴，而我们只不过是拿着大斧的刽子手。这样的国家也势必从世间消失。法兰西反而变成压迫者，变成刽子手！那么我宁愿像这样，亲手将这国家打碎！

〔特利埃这样说着，从桌子上抓起一个盘子，掼在方砖地上，摔得粉碎。

第六场

〔特利埃、凯斯奈。——一名士兵气喘吁吁地进来。

士　兵　公民们!

凯斯奈　送来战报了。

士　兵　一举成功!我们得手啦!

凯斯奈　占领了那些河岛?

士　兵　胜利啦!长裤汉击退了那些衣冠楚楚的人。我们打得他们落花流水,让他们头冲下扎进美因河里,同鲤鱼共进晚餐!啊!公民们,真是太漂亮啦!——可以吗?我的舌头都粘住了……(他拿起小瓶喝水,又喝干了特利埃的杯中水)这一通宵,我净吃子弹了。——科普弗岛归我们了!真不得了,好一场恶战!……那情景,老弟呀,你们从未见过……维拉少校……哈!那家伙,就是一头狮子!浑身都给火药熏黑,只露出两只眼睛……猜猜看,公民,这个活宝想出什么花招,好掩护我们过河。我们驾着木排前进,这个魔头为了转移敌人注意,就同三十名士兵乘船,驾着两门大炮,在河岸和岛子之间的运河上游弋。吸引普鲁士人的注意长达一个钟头,他挥着两条长臂,吸引了所有炮弹:真是惊心动魄啊!我们趁着这段时间过河。直到船沉没了,他才肯回来……随后就是短兵相接,肉搏战,野兽似的撕咬在一起!维拉硬是割了敌军少校的脖子……我们不顾疲惫,不顾累得要死,还是把他扛在肩上,如同古罗马人扛起他们的统帅,绕着我们刚刚夺取的岛游了一周。——他让我来报告这些战况。我真不愿离开,但是,这家伙一开口,就只有服从的份儿。——他们那边闹翻了天!大家都欢呼他是将军!

凯斯奈　很好。去厨房吃点东西,就赶回去吧。

〔士兵下。

第 七 场

〔特利埃、凯斯奈。

凯斯奈　你瞧见了吧,特利埃,我不能对这个强盗下手。

特利埃　他就算打了四十场胜仗,有了罪也该受到惩罚。

凯斯奈　以后再说吧。让我来处理。解了围之后,假如我们还活在世上。

特利埃　无辜的鲜血,因我们的过错而流淌。——这绝不可以!

凯斯奈　特利埃,你回想一下,正是你亲口提醒我,德·瓦隆迟早会背叛我们。

特利埃　我那是说必须提防,现在还是这个话。然而今天,他是清白的。

凯斯奈　你一点也说不准,特利埃。你不妨这样想:我们除掉他,不是因为今天的案子,而是清除将来的危险。

特利埃　这种诡辩,有辱我们国家!如果需要,什么残酷的事情都可以做出来,而谎言则断乎不可!

凯斯奈　我不能对维拉下手,那会酿成兵变。

特利埃　把你的权力交给我,我来负责,到他队伍的前头逮捕他。

凯斯奈　你安稳点儿吧,特利埃,根本没办法。

特利埃　什么,你毫无行动?你要在自己的脸颊上留下耻辱的印记,你的那份罪过?

凯斯奈　维拉没有罪。

特利埃　你不敢发誓。

凯斯奈　那好,就算有罪,由我背负好了。

特利埃　还是你的腰杆儿硬啊,我就承受不起。我的良心会怎么说呢?我若是缄口不言,日日夜夜要受多大煎熬啊!

凯斯奈　嗳!你的良心与我何干?关键是拯救祖国,而你只为自己着想,考虑你失眠、精神上的痛苦,不知还有什么心灵的不安!你痛苦,你说你痛苦?那么我呢,难道我不痛苦吗?默默地忍受痛苦,做个不幸的人,但是让祖国免遭灾难!我们不是为祖国牺牲了一切吗?我们的财产、我们的健康、我们的生命、我们的情感,我们不是像德西乌斯①那样,全都扔进深渊里了吗?如果祖国有此要求,你就把良心抛进去,整个人就投进去!

特利埃　(固执地)请调回维拉。

凯斯奈　(发火)够了!我说不行。你服从吧。

特利埃　我只服从参谋部会议,并不服从你。你就召开会议吧。

凯斯奈　你要干什么?

特利埃　唤醒所有军官,通知在城上值勤的,调回维拉,召开会议。

凯斯奈　你要毁了自己,也毁了我们。三思而行,三思而行!……

特利埃　我意已决。如果你呢,你不敢,那么我来,我发言。

凯斯奈　当心啊,你别折进去,反而成了罪犯。你要尽自己的职责。你首要的职责,就是战胜,帮助我们战胜敌人。等一下开会,维拉若说你是叛徒,那么他就有道理。

特利埃　你有此胆量,就判我的罪!

凯斯奈　念在我们的友谊份儿上,特利埃!

特利埃　我不需要这种友情了。

凯斯奈　(威胁)不要把我逼急了!我照样会判你的罪,特利埃,因为你要作恶。

---

① 德西乌斯(约201—251),罗马皇帝(249—251年在位),曾任元老院议员,担任过执政官。他在多瑙河地区任驻军长官,二百四十九年由部下拥立为皇帝。二百五十一年六月,同入侵的哥特人作战时阵亡。传说他在朦胧中得到神喻:牺牲主帅,克敌制胜。于是他舍身救国,冲入敌阵,死于乱军之间,使罗马大获全胜。

特利埃　(固执地)调回维拉。

凯斯奈　你这自找倒霉的家伙,你要在这里投下仇恨、猜忌,引起内战!

特利埃　(抑制着暴怒)伸张正义,天塌下来也无妨!

第三幕

第一场

〔旅馆大厅。清晨，破晓时分。——如第一幕的军事会议，只缺德·瓦隆和维拉。不过，军官们并未围桌子而坐，只有凯斯奈、维达洛、沙普拉坐着。其余军官则站着，有的靠近炉台，披着大衣，有的走动，不时走向窗口。从他们身上始终能感到，他们在挂念外面发生的情况，挂念还在继续的战斗。

凯斯奈　各位公民，实在抱歉，应你们当中一位的一再要求，一大清早就召集大家开会，决定一件紧急事务。

众军官　有什么消息，凯斯奈？

居斯廷派人送信来了？

国民公会送来什么文件？

维拉夺取了河岛。

我知道，我知道，仗打得真漂亮。

昨天夜里，死的人真不少。

凯斯奈　事关被判处的那个人。

沙普拉　什么！就为了一个坏蛋，你就派人把我从卡斯泰尔紧急召回来?

维达洛　真的,公民,我们够累了,偶尔能睡点觉,就不该阻挠。

布　凯　活见鬼!就为了这事,为这事。不能这么随便打扰人。那边离不开我。

凯斯奈　现在是五点半。再过半小时,就要砍他的头了。事情很紧急。

沙普拉　为什么呀?已经判决,也都签了字,履行完全部手续。难道他掉脑袋,还得我们到场吗?

维达洛　(不听人讲话)嘿!维拉那家伙!有什么说的?

布　凯　(同样不听人讲话)太神奇了。他救了美因茨。

维达洛　此时此刻,普鲁士人准在伤脑筋呢。再这样打他们一两回,瞧他们就该受不了,仓皇逃回老巢去了。

布　凯　小约翰-阿马布尔运气可不好。

维拉洛　是啊,可怜的小家伙!战斗刚打响,一颗炮弹就让他的脑袋搬了家……

凯斯奈　(打手势让大家肃静)从昨天起,出现了新情况。

沙普拉　他供认了吗?

凯斯奈　军事会议的一位成员声称他是清白的。

众军官　清白!

算了吧!

这话谁讲的?

凯斯奈　我让他亲口说明自己的观点。

特利埃　(站起身)各位公民……

沙普拉　哦!特利埃呀……当然啦……他可不放过出风头的机会。

特利埃　各位公民,大家都知道,我是不是德·瓦隆的对头。昨天上午,我还指控他呢。对待敌和友,必须遵循同样严格的荣誉规则。他的清白的证据,如果偶然落入我的手上,我能怎么办呢?只好抑制我的宿怨,提供给你们纠正一次不公正判决的机会。

〔一片惊叹声，以讥讽的声调重复“清白”和“不公正”和语词。众军官无不耸肩，带听不听，根本不信。有几位军官转身背对着特利埃，自行交谈起来。

维达洛　他说话，总是要跟大家相反。

两位军官　（听着炮声）维拉又开始战斗了。听啊。炮声是从他那方向传来的。不对，是风向变了。

沙普拉　（不耐烦地对凯斯奈）事情的经过，难道你没有告诉特利埃公民吗？

凯斯奈　我全对他讲了。

沙普拉　他了解那封信？

凯斯奈　了解。

沙普拉　他看过吗？

特利埃　正因为我看过了。

沙普拉　你不觉得那信写得相当明确吗？

特利埃　那封信，是敌人炮制出来陷害他的。

众军官　嘿！好哇，让我料到啦！

跟那个卖国贼说的口径一致。

随口一说太容易了。

特利埃　我可以摆出事实。

沙普拉　（嘲讽地）是普鲁士人告诉你的吧？

特利埃　我审问过那间谍。

维达洛　他在我们所有人面前受过审。

特利埃　他向我供出了真相。

沙普拉　你怎么知道呢？

特利埃　德·瓦隆清白的证据，就在一位军官的手中。

沙普拉　（威胁地）是谁，恐怕你很难说出口。

特利埃　我就要讲出来。

沙普拉　好哇！——他就是？

特利埃　就是维拉。

〔满场惊愕,随后爆发激愤。

沙普拉　太可恶啦！特派员公民,有人侮辱我们,你却坐视不管！

凯斯奈　你们得先听完控告,再做出决定。

布　凯　别人无权凌辱我们当中的一位！

特利埃　德·瓦隆也是我们当中的一位。

布　凯、沙普拉　一个叛徒！一个贵族！

特利埃　在正义面前,我们人人平等。

布　凯　一个是科斯特海姆战役的英雄,一个是出卖我们的无耻之徒,你竟敢相提并论?

沙普拉　控告一个不在场的人,这种行为太卑鄙。

凯斯奈　我召回了维拉,过一会儿他就到。请大家放心,我们要让他同原告对质。不过,你们还是先听听控告的理由,让特利埃公民讲下去。不管我个人持何意见,职责所在,我要求大家听取双方的陈述。

特利埃　各位公民,你们头一个反应是不相信,态度很激烈,我理解这种态度,并不认为是冒犯。设身处地,换了我也无疑会有同样反应。请诸位稍微耐心一点儿。——不过,最为紧要的事,看看天色已经发白,我请求你,特派员,即刻传令暂缓行刑,一直到你听完大家的辩论做出裁决为止。

布　凯　这是捣什么乱啊?你什么事情,三言两语,赶紧打发了。我们还要忙别的事呢。

沙普拉　既已判决,就不能缓期。

一军官　那就得撤消初审判决。

另一军官　(耸耸肩,不胜其烦)可是,又不能拒绝缓期的要求。

凯斯奈　(写一字条,交给一名下级军官)暂缓行刑令。

〔下级军官下。

特利埃　(站着,始终平静)德·瓦隆无罪。

〔众军官喧哗抗议。

特利埃　你们当心！你们拒绝听我讲，就是犯罪。

众军官　（怒不可遏）证据！哼，给我们拿出证据啊，让我们去战斗！你没有听见大炮声吗？

特利埃　首先伸张正义。

布　凯　你自以为比我们强，不会犯错误吗？

特利埃　不，然而，我遵循的原则，既是科学的，又合乎共和思想，这就是凡事不经检验不能承认，只相信我的理性明白无误告诉我的东西。

众军官　他让我们烦透了！他也太自负了！

布　凯　怎么，理性是科学院院士专有的吗？

维达洛　干脆说吧，公民，头脑贵族和出身贵族同样可恨。我们听腻了科学万能论。我们大家都是平等的。

凯斯奈　（对布凯）好了，别说话，那边！——（对特利埃）你呢，就陈述吧。

特利埃　（平静地继续讲）你们是依据间谍的证言，判了德·瓦隆的罪，如果现在，间谍明确告诉你们，德·瓦隆无罪，诸位又怎么说呢？你会怎么说，沙普拉？

沙普拉　要我说，他就是要搭救自己的同谋。

特利埃　然而，他若是肯定把无罪的证据给了维拉，而维拉接收证据，叮嘱他守口如瓶，并以他的沉默为交换条件，保全他的性命，那又怎么样呢？

沙普拉　他敢当面对我讲？我像杀狗似的宰了他。

〔众军官纷纷表示赞同。

特利埃　昨天下午，维拉同那间谍有一场秘密谈话。

沙普拉　他那是出于爱国热忱，无疑想从间谍的口中问出所有情况，有助于他昨天夜晚的进攻。

特利埃　随后他就去了本城教师梅尔肖·欧普特家，那里存放着能证明德·瓦隆无罪的材料,他在那里进行了秘密搜查。

沙普拉　结果如何?

特利埃　维拉的搜查行动没有告知任何人,便带兵出战了。

沙普拉　那表明搜查毫无收获。

特利埃　或许收获太多。

〔众军官抗议。

维达洛　梅尔肖·欧普特说了什么?

特利埃　刚才我去了一趟。房子空无一人,梅尔肖不见了。

布　凯　这就是你的全部证据。你就要凭这个瓦解军队!……怎么,你疯了吧?

沙普拉　说是有证人,需要的时候,就消失得无影无踪!

特利埃　间谍还在呀:传讯他,让他讲讲。等维拉回来,再让他们二人对质。

众军官　对质也没用。

这样太不像话!

维拉又不是嫌疑人,我们无权进行调查。

他作战有功,我们就要这样报答吗?

我们用不着那个鬼东西。如果维拉要见,那就叫他来问话。现在既然维拉不在,没有他的同意,我反对传唤那间谍。

特利埃　你们若是这样,什么也听不进去,那还怎么了解真相呢?

沙普拉　那封信还在。别的我什么也不愿了解。

特利埃　然而,如果那封信是假的呢!——你听到了,沙普拉,当时你和我在一起,你听到德·瓦隆亲口抱怨,他那些仇敌不断地设计谋陷害。

沙普拉　我听到了这种话,我?

特利埃　就在昨天上午。

沙普拉　你做梦呢。

特利埃　你的记性就这么坏。——就算这样吧,咱们就说这封信,你们看不出满篇谎言吗？写出这种信的人，只能是德·瓦隆的仇敌，绝不会是他的朋友……我请大家注意这一点。

〔他拿信给沙普拉和另名几名军官，而他们看信的神态既厌烦，又很默然。其余军官，布凯和维达洛等，站在数步开外，形成一个敌对的圈子。

布　凯　（轻声对维达洛）你说说看，把叛徒的罪名转移到维拉头上，他究竟有什么利益可图呢？

维达洛　我也不知道。

布　凯　至少怪得很。我们最棒的一个小伙子，一个独一无二的雅各宾党人，古罗马平民勇士马略①式的人物，一个名副其实的长裤汉将军，偏偏跟他过不去，又恰恰在他取得空前胜利的第二天！

维达洛　这是嫉妒啊。

一军官　有可能。只有这样才解释得通。

另一军官　这可不够干净。

布　凯　总不能怀疑他的耿直吧？

维达洛　谁能打保票呢？耿直，同其余东西一样，都是可以收买的。只是要价高些，也就这点差别。

〔外面传来欢呼声。

凯斯奈　喧哗声是怎么回事？

〔一名军官走向窗口。

军　官　维拉回来了。把他扛起来庆贺胜利呢。士兵们都冲他欢呼。

特利埃　各位公民，我们不要受那种喧闹的干扰，继续辩论吧！

〔喧闹声扩大。一些军官到窗口张望，或者趋近房门。房门恰好打开了。

---

① 马略（约前157—前86），罗马执政官。出身低微，作为普通士兵勇猛顽强，担任将军则用兵如神。公元前一〇八年，他当选为罗马执政官。此后多次用兵，都取得重大的胜利。公元前八十七年，他第七次当选为罗马执政官，下令处死马尔库斯·安东尼、卢塔提乌斯·卡图鲁斯等被认定有忘恩负义行为的罗马英雄。

第 二 场

〔维拉出现,由两名雅各宾党人扛着,他头戴一顶树枝编的桂冠,桂冠下一张黑乎乎的大花脸,满脸胡须,头发乱蓬蓬竖着,满身泥土和火药,衣服破烂不堪,到处是洞。长裤汉士兵围着他,又是欢呼又是跳舞,他们的刀尖或枪尖上举着他们的红帽。前面一个孩子蹦蹦跳跳,尖声呼叫,边走边往空中抛掷着他的小帽。一个人用笛子吹着《这就成功了》的革命曲调。从敞开的门可以望见大批无法进来的群众。雅各宾党人扛着维拉在大厅绕行一周,动作又夸张又荒诞,最后把他撂到桌案上。除了特利埃依然坐着,出席会议的军官全体起立。凯斯奈默默地掀了掀帽子,维拉则拔出指挥刀致敬。

众　人　(欢呼)向美因茨的救星致敬!维拉大将军!维拉将军万岁!

〔维拉示意将他放下。

维　拉　好了,叫嚷够啦!把我放下,你们这帮混球,都给我滚蛋!我们还要谈话呢。(众人下。维拉跳下桌子)公民们,致敬并庆贺胜利!我履行了诺言。红色美因河称得起这个名字了。——你们找我有什么事?我正在扩大战果的当儿,收到了你们的命令。我全部抛下,以表示对你们的敬重。请讲吧,我服从命令;不过,要尽快放我回去,那边还有很多活儿要干。我仅仅开个头,掐住了敌人的脖子,现在该给他们放血了。

凯斯奈　(冷淡地)我们很遗憾,公民,把你从你的辉煌战事中抽调回来:我们此举,也是迫不得已。你的荣誉受到了攻击;你要清洗自己,刻不容缓,事关你的切身利益,也关系到我们的利益。

维　拉　谁?我?有人指控我?乘我为祖国流血牺牲的时候,有人在反对我?指控我什么呢?又是谁呀?谁呀?哪来的猪崽子?

凯斯奈　有人断言，你手上有德·瓦隆无罪的证据，但你私自拿走了。

维　拉　见他妈的鬼！我倒想知道是哪个三孙子，哪个王八蛋……他在哪儿？他在哪儿？让我啐他的狗脸，让我用他的粪便抹他一鼻子，让我把他剁个稀巴烂！他藏在哪儿？把他弄来。

特利埃　他就在这儿。

维　拉　啊！——那就是……

特利埃　就是我。

维　拉　你？……你这是逗我呢……再说一遍……这不可能！哈！（他装作一时犯糊涂）公民们，你们瞧瞧，这也太过分啦。一位朋友，我十分信赖的朋友，一个兄弟，一个伙伴，并肩战斗了二三十回，——我还救过他的命！——请大家原谅，这对我的打击太大了。这情况马上就过去……请等一等……（他站起身，叱骂）啊！混蛋！啊！恶棍！——嗳，不必这样，最好不要掉价，回答这种肮脏的诬陷！

特利埃　维拉，我这么做很难过，但这是正义的要求。

维　拉　我不准你跟我说话。我会让你赔上这条命，毫无疑问。可是，我不回答你的问话。——特派员公民，他若是不怕弄脏了自己的喉咙，那就对我讲讲吧。我准备好了。

凯斯奈　维拉，特利埃指控你从间谍手中拿到证据，足可证明给德·瓦隆的这封信是流亡分子陷害他的阴谋，可你非但不把证据交给我们，反而逼迫那人保持沉默。这事你如何答辩？

维　拉　我发誓我救了祖国。

凯斯奈　公民，我们大家都敬佩你的军人品德。不过，既然有人对你提出明确的指责，你予以答辩就很重要了。

维　拉　绝不！我绝不降格，辩白这种无耻的侮辱。等一会儿，我就会在那叛贼的鲜血里，洗净这种侮辱的余毒。可是，要我同他谈话，辩论，不，这不是我干的事。我不像他那样会耍嘴皮子，沙龙的牛皮大王，贵族聚会的大侃家。我不费唇舌，只重行动。让控告我的人挽起袖子,跟我到庭院较量！这就是我给予他们的回应。

〔他抽出战刀,举起来用力拍在桌案上。

特利埃　我可以随你出去,维拉,在这场争执中,我愿赔上性命。然而,在我弥补对你的亏欠之前,你应该先弥补对正义的亏欠。正义首先受到了冒犯,你应该尊重正义。请收回这把捣乱的战刀,回答正义提出的问题,如同正义的极卑微的属下那样。

维　拉　(狂怒地咬着自己的手指)你们听到了吧,这个伪君子,他嘴里多么容易流出蜜汁和苦液！——他的苦胆已经破了。——我不会回答他的话。怀疑我的人,就去问问那两条河的河岸,以及浮尸堵塞的河水！我的口不屑于言语,让我的这些伤口替我说话吧。——(他扯开外衣和衬衣)——我这胸膛,被我的血和敌人的血染红了,两者我已分辨不清……我这被火药熏黑的肌肤、我这被炮火烧焦的须发、我这被战刀划开刺破的衣服！……我知道自己的身价,也就照直讲出来。谦虚是蠢夫和丑女的德行……公民们,我要求你们声明,我对得起祖国！

〔众军官高声呼应。

特利埃　这种辩论的方式不可容忍。不要列举你效命祖国的功劳。我们每个人,维拉,都无愧于祖国。你尽了自己的义务:仅此而已,在座的人无不如此。这里没有一个人吝惜自己的热血。你部下的所有士兵、我部下的所有士兵,所有在德国的地下长眠的战士,几百个无名战士,个个都比得上你。还是低调一点儿,而且……

〔他的话被众军官的抗议声打断。

沙普拉　他嫉妒得要死！

布　凯　特派员,不要让人折辱为国增光的人！

凯斯奈　你们二人都住口！——控告的内容,已经向我们公开讲明,我必须让被告了解清楚。他应辩还是保持沉默,那就随他便了。

只是让他听清主要的罪状！——维拉，有人明确说，昨天，你按照间谍的告发，去了梅尔肖·欧普特家秘密搜查，以便找到德·瓦隆无罪的证据。确有其事吧？你怎么处理了证据？你有什么要答辩的吗？

〔维拉听凯斯奈讲话时，喘着粗气，仿佛要按捺不住，他的头猛然伸向特里埃，怒目凝视，用最粗俗的话骂了一句，随即转身背向凯斯奈。

沙普拉　维拉陷害德·瓦隆能得到什么好处？

特利埃　他恨德·瓦隆。

众军官　（七嘴八舌）我们全都恨他。

维　拉　我算看明白了：这不是冲我一个人来的，事关这里所有军官的名誉。

特利埃　不对，维拉，不要转移话题，我只控告你一个人，有这样几条理由。

维　拉　（猛然回头反击）我也控告你。

特利埃　控告我？

维　拉　对呀，控告。你陷害我，被德·瓦隆收买了，是不是？

特利埃　我一点也不恨你呀。

维　拉　你标榜是我的朋友，又要毁坏我的名誉！

特利埃　我在尽自己的义务。

维　拉　只是疯狗的义务，毒蛇的义务，贵族鹰犬的义务！

特利埃　我控告你的事实，你不辩驳吗？

维　利　无需辩驳，用刀答复。

特利埃　公民们，既然从这个人口中，什么也问不出来，既然我的话和他的话都同样可疑，那我就要求当着大家的面审讯间谍。他足以让我们完全明白。

沙普拉　我们在这儿白耽误工夫。

特利埃　我坚持要求审讯。

维　利　好哇，把那骗子带上来，让我把他剁成肉块！

特利埃　他就在隔壁房间。

凯斯奈　把他带上来。

〔一名士兵下。——外面传来城市的喧闹。——一座教堂鸣钟六下。——炮声。——群众嗡嗡的议论声。远处的军乐声、整齐的步伐声。

众军官　六点钟了。

到了行刑的时刻。

布　凯　（走到窗口张望）那些人都等着押上犯人。广场上挤满了人。

〔奉命去带间谍的下士空手返回。

下　士　特派员公民……

凯斯奈　怎么啦，犯人呢？

下　士　（平静地）他死了。

〔全场惊诧。

特利埃　你说什么？

下　士　（冷静地，做了个手势）勒死了。

凯斯奈　他自杀了吗？

下　士　可能吧。

〔特利埃看着无动于衷的凯斯奈，维拉在一旁冷笑。

维　拉　那家伙害怕了，这样也好。

布　凯　多好的证人！一个死了，一个找不见了！

〔众军官耸肩膀。——特利埃一时气馁，重又站起身。

特利埃　（乐观地）无所谓！……间谍一死，只能确认我的怀疑。

维　拉　（起初尚不明白）什么？什么？（狂叫）魔头，看我杀了你！（他举起刀，扑向特利埃。众军官将二人隔开。——怒不可遏）公民们，这里面最可怕的阴谋，就是要害我。你们看到了，控告我的人，这个强盗，（他指着特利埃）不择手段，同那些卖国贼和普鲁士间谍串通一气，放肆地侮辱人。他们见了我就发抖，就千方百计来陷害。他们收买了这个无耻之徒，不配称作法国人的恶棍。到现在为止，我一直迁就他，念着我们过去的友情，总是不由自主地克制。我本可以置他于死地，但是不声不响。既然他把我逼急了，我就要说话。我不再为自己辩护，而是要控告。我控告特利埃卖身给普鲁士人，控告他追随王党分子，追随斐扬派[①]分子，追随罗兰[②]派分子，追随五花八门的贵族。我能拿出证据。我对他一直有怀疑：他藐视爱国者，出言不逊地褒贬国民公会，还无耻地赞美敌人，他身上处处都引人怀疑。——而且，他还会讲德国话……我能给你们拿出证据来……我敦促你们在他和我之间评判。我们俩有一个注定是叛徒。不判他的罪，我绝不离开这里。

特利埃　（极为平静，极为坚决，呈现出一种内在的热忱）公民们，这一大堆辱骂，丝毫也伤害不了我。你们了解我这一生，完全展示在光天化日之下。我现在一无所有，抛下了所有亲人，抛下我的职务、我的安逸生活，尤其抛下了对我更为宝贵的我的工作，以便为祖国出力。我从来没有拿这些当本钱，进行讨价还价。我不渴求任何头衔。我参加了十一场战役，不必亮给你们看我这伤痕累累的肌肤：这是粉头拉客的手段。我无奈摆一摆自己的功劳，已经感到相当惭愧和憎恶。我憎恨滑稽小丑，既不愿抛露自己的肉体，也不愿抛露自己的心。我们是人，是人就只应对理性说话。理性一旦发声，什么也抗拒不了，我只服从理性，如果需要，我就为理性牺牲我的友谊、我的恶感、我的性命。你们也都能听见理性的声音。你们也必然听得见，再怎么渴望逃避也无济于事：理

---

① 斐扬派，一七八九年法国大革命初期的君主立宪派，因其总部设在巴黎斐扬修道院而得名。他们坚持君主立宪，反对共和，终于被清除于革命阵营。

② 罗兰（1734—1793），法国工业科学家，由于同吉伦特派首领布里索的友谊，以及罗兰夫人的影响，他在吉伦特派掌权时期，担任内务部长。作为国民公会议员，他曾极力反对雅各宾派的经济控制，攻击温和派领袖丹东，促使丹东同罗伯斯庇尔联合起来。

性之声是最强音,并且伸张正义。千万不要指责我傲慢自负,本人毫无个人企图:只是真理要借我来展现。一旦面对面看见了真理,试图否认的人就是自杀。现在,你们怎么做?竭力闭起眼睛,完全是徒劳:你们“看到”了,你们“知道”了,跟我一样。也跟我一样服从吧。服从吧,不管付出多大代价,因为必须如此。

〔冰冷的静默。

凯斯奈　各位公民,你们看要不要让控辩双方暂时回避,以便讨论呢?

沙普拉　(刚才小声同军官们交换意见)不必了,特派员公民,我们全都赞成。昨天我们就完全秉公判决了;今天,我们也毫无理由改判。我以我这些同事的名义,声明没有必要更改判决书。但愿司法畅行无阻。在这里都全面考虑过,既考虑祖国的利益,又照顾人道主义,因此,执刑的时间不能再迟延,我们请你下令,立即处决那个叛贼。(一阵寂静。——凯斯奈毫无表情,一言不发,写了一道命令,当即交给下士发出)——我们还有一个责任。我们当中一个人受到指控,而控告者拿着打掩护的证据,全是带侮辱性的、一钱不值的假设、恶毒的流言蜚语、捕风捉影的人云亦云。他这样干就妨害了防务,瓦解了战事的胜利,在一个战斗的夜晚扰乱了军心,仅凭毫无根据的卑恶的怀疑,就险些造成全线崩溃。这件事正当法办,以防止将来……

维　拉　你不必担心,沙普拉。这事包在我身上,这是我的私事。

沙普拉　这事关系到我们所有人。我们人人都受到了伤害,应该起来打击这种祸害祖国的行为。姑念特利埃公民曾为国效力,我们排除维拉对他判国的指控,只追究他丧失军人的品德,出于嫉妒和怨恨的念头,就无所顾忌地抛出这种恶毒的怀疑。同志们,这要由你们来决定:你们打算如何处理?

众军官　呈报给公安委员会!

沙普拉　你听到了,特派员公民。你一得便,就向大委员会起诉他。他的命运,我们就交给公安委员会决定吧。

布凯和维达洛　（站起身，扣好军人腰带）好了，这个案子明明白白，再也不会烦我们了。

维　拉　公民们，我不向你们表示谢意。你们尽了义务，维护正义；但是我向你们道贺，再次挫败贵族们的阴谋诡计。你们看到了，我们前进的路，被怎样一张罪恶的大网包围。我们要坚定，并肩向前，大刀阔斧清除路障。让欧洲咒骂吧，我们用霹雳闪电回答！

〔外面传来群众怒吼声、口哨和叱骂声。

众军官　（挤在窗口）

他从牢房提出来了。

他头发剃掉了，那样子都认不出是他了。

那混蛋总那么傲慢！

〔冷场。众军官待在窗口，维拉背对着观众。特利埃和凯斯奈仍然坐在桌案旁。——凯斯奈毫无表情，令人难以捉摸；特利埃则双手抱头。——外面传来朗声单调的念诵。

布　凯　正念判决书呢。

特利埃　（低声地、惶恐不安地恳求凯斯奈）凯斯奈……凯斯奈！……看在老天的分儿上！……讲句话呀……一句话的事儿……我讲的事实，你是知道的；你呀，很清楚！

〔传来军鼓声。

凯斯奈　（起立，脱帽）向祖国敬礼！

众军官　（庄严地）法兰西万岁！

〔传来群众的欢呼声。

维　拉　现在，我们去战胜敌人！

〔众军官喧闹着走出去。——特利埃留在桌旁，颓然地坐着。凯斯奈最后一个离开，从特利埃身边走过。

凯斯奈　别了，特利埃，我早就警告过。你搬起石头砸了自己的脚。

特利埃　（站起身，自豪而鄙视地）用不着怜悯。我宁可落到这般田地，也不愿跟你易地相处。

凯斯奈　我的名字可以打上耻辱的烙印，但我祈愿祖国，得救吧，得救吧，让祖国可以得救！

全剧终

爱情与死亡的游戏

李玉民 译

本剧由热米埃执导，于一九二八年一月二十九日，在巴黎奥德翁国家剧院首演；一九三九年七月五日，法国大革命一百五十周年之际，在法兰西喜剧院（经理埃杜瓦尔·布尔代）演出，并成为保留剧目。

原　序

《爱情与死亡的游戏》①,是我的系列革命剧中的一部。

早在二十五年前,我就构思并开始创作这一整套戏剧体史诗。因形势所迫,我不得不中断写作,但是从未放弃这一计划。

一九〇〇年,我一边在艾绍利埃剧场观看排练《丹东》,一边创作《七月十四日》,当时我写道:

> 我一步步走进这个超凡痛苦和强力的世界,感到正在构成一部庞大的诗剧;我听见汹涌海洋在怒吼:法兰西人民的《伊利亚特》。良心的门扉,从来没有如此猛烈地从户枢拔走。人从未如此贴近地俯瞰灵魂的深渊。居住在头脑洞穴的无形神灵鬼怪从夜里显现,从来没有像这一时刻,如霹雳一般壮丽而可怕,或这样鲜明。我要尝试的不仅是此前习见的英雄剧,更是源自生命和极限的考量。

我按照自己的工作方法,让思想运作起来。在构建系列作品之前,我等待作品的各个部分自行组合。现在,差不多水到渠成,十分缓慢地酝酿成熟。我还在耕耘着相邻一些田地:《约翰·克里斯朵夫》

① 《爱情与死亡的游戏》的剧名,显然源自法国十八世纪戏剧作家马里沃(1688—1763)的代表作《爱情与偶然的游戏》。

《哥拉·布勒尼翁》,也着手整理《迷魂》[1]那片地。我在有生之年,还有时间收割并运回小麦吗?我不知道,但是这并不重要。每一时刻,都有其乐趣和辛劳!

我不应该在此提前透露这一系列的初创作品:这些作品在我的头脑里,渐渐形成革命的一种戏剧体的“颂歌”。凡是触碰过艺术创作的人都了解,青果成熟之前,绝不能急于剥皮去壳。一部作品被主人老爷剥得精光,就不再属于他,正如康都尔王的妻子的前车之鉴。

我仅仅要说,这个十二扇屏风似的系列,在戏剧旁边给滑稽嘲讽预留了位置,也在嘈杂的森林里,给牧歌保留了小巢,旨在成为人民的一场飓风交响。首先望见远方生成了社会风暴:那是产生幻觉的先驱者[2],埃默农维尔的弗拉戈纳尔所绘的天空。风暴以冲锋的步伐奔驰,掀倒了城垣,显示出《欢乐颂》那样一种青春的喜悦(《七月十四日》)。这场风暴唤醒了人心深处沉睡的恶魔;《巫师学徒》释放的毁坏力量,已经摆脱了意志。风暴吹毁,将皮利翁山掀倒在奥萨山[3]上,吉伦特派、科尔得利派、雅各宾派、丹东和罗伯斯庇尔,这些巨人都被风暴雷电击倒了:《群狼》《理性的胜利》《丹东》,还应当加上《罗伯斯庇尔》。这场风暴扫荡了过去和破坏者之后,又振翅飞离烟火笼罩的战场。红色烟云远离焕然一新的世界,渐渐隐没,而到了尾声,革命收场,一小撮法兰西王国的流亡分子、王党分子、弑君者,宿敌和解了:他们在祖国的大门,汝拉山脉另一面山麓上,在瑞士的一座山谷里,体味着回到他们风起云涌的内心的安宁,也体味着世人共享的来自天宇的永恒寂静。

近来一段时间,我虽有新的任务,但还是重新拾起这些中断的写

① 《迷魂》原名 *L' Ame Enchantée*,曾译为《欣悦的灵魂》。Enchantée 一词有“中魔法”之意。而小说写一个小资产阶级知识分子求索的过程,正合唐李贺诗古意:“我有迷魂呼不得,雄鸡一唱天下白。”

② 这里所说的“先驱者”,指法国大革命前的画家弗拉戈纳尔(1732—1806)。他毕生勤奋,共作油画五百五十余幅、素描数千张、蚀刻画三十五幅。本文所说的“天空”,当指他晚期转向新古典主义的作品。

③ 皮利翁山和奥萨山,均坐落在希腊境内的色萨利地区。

作,这是受了外国朋友激励的缘故。扫过一七九三年法兰西的飓风,留下一片烧焦的大地,继续朝东方刮去,逐渐止息,消解在德意志和俄罗斯的平原上;从西方领域逸出的一群精灵,啃噬着别国人民的灵魂;而我国人民却在蛰伏,酿造出特别浓烈的酒。我们的国民公会那些人的激情,返回到我们的血液,仍在烧灼着那边的人民。柏林和莫斯科都承认了这种激情。在柏林革命战役的第二天,马克思·赖恩哈特①在露天剧场演出几场《丹东》,引起观众巨大反响,因为在历史的拱顶下,这种演出好似今天战斗的回音。而且,《群狼》在德国人、捷克斯洛伐克人、俄罗斯人,乃至近几个月遭受地震灾难重创的东京人的灵魂中,搅动起重又变为现实的悲剧性问题,即个人良心与国家安全的矛盾。和善的欧洲人斯特凡·茨威格②,是我相交十五年的最忠诚的朋友、最有益的顾问,他不断地提醒我,要我把这项在涔涔流血的革命山上采矿的任务、当作我身为作家的一个首要职责。因此,不久前我又举镐刨这岩山:这就是今年春天刨下的第一块矿石,我刻上了茨威格的名字。没有他,这块矿岩还会继续沉睡在地下。

所有熟悉法国大革命的人,一眼就会认出我用来写这出《游戏》悲剧的素材,均是真人真事。卢维的回忆录提供了有关这个放逐者的凶险遭际:这个放逐者到处受追捕,被所有朋友抛弃,自知已走投无路,便顶着他那颗悬赏的脑袋,穿越全法国,从吉伦特地区又回到死亡之口,回到巴黎,只为脑袋掉下之前,能亲吻心爱的女人。

---

① 马克思·赖恩哈特(1873—1943),奥地利出生的著名导演。一八九四年应布拉姆之邀,加入柏林德意志剧院。一九〇二年首次执导王尔德的《莎乐美》,后导演莎士比亚的《仲夏夜之梦》,显示其才华,一举成名。一九一一年,他执导斯特劳斯的《玫瑰骑士》的首演,为歌剧引进现代观点。他重实用,对合理性具有本能的感觉,改变了导演的观念,从略具雏形进而具体地体现。

② 茨威格(1881—1842),奥地利作家。他是弗洛伊德的崇拜者,在自己的作品中细腻地描写了人的心理活动和表现情欲的力量。传记在他的作品中占重要位置,如《三大师传》(巴尔扎克、狄更斯、陀思妥耶夫斯基)、《三诗人传》(卡萨诺瓦、斯丹达尔、托尔斯泰)以及《罗曼·罗兰传》等。

看这心爱的女人的相貌,能认出索菲·德·孔多塞的朦胧形象,卡巴尼斯[①]女友忧伤的秀雅。杰罗姆·德·库瓦锡,以其姓名和性格,表现了天才的拉瓦锡[②],最后一位百科全书派的双重殉难者。但是,本剧的基调还是胜者额头败者口的人,孔多塞[③];他藏匿在卢森堡宫附近阁楼里,心已死,眼睛里却充满光明;在吞下毒药之前,他写下对“人类思想进步”的“信念”,结束时发出信念的呼声:“科学必将战胜死亡”。——达朗贝尔说他是“积雪下的火山”……一七九三年冬下了大雪,直到三月份,积雪在阳光下还没有怎么融化,而本剧情节便从这种时候展开。而且,所有冰冷的心里都孕育着火,因此,达朗贝尔这句话可以指他们所有人。我的《爱情与死亡的游戏》这个题目,也可以换成《积雪下的火山》。

我要向历史学家表示歉意,因为我以充分自由的方式支配了我的人物(在库瓦锡讲述国民公会会议的那场戏中,这种自由度还相当大)。我在《人民的戏剧》中,在《革命戏剧》那些前言中。最近又在《蒙特斯庞那女人[④]》美国版的序言中,不止一次阐述了我的历史艺术观。对我而言,历史就是一个大容器,积蓄着情感和自然的力量,我愿从中汲取;我又从兽穴深处赶出人类大猛兽,千头野兽:人民,也赶出

① 卡巴尼斯(1757—1808),法国哲学家和生理学家,以《人的肉体方面与道德方面之间的关系》(1802)一书而知名。他同狄德罗、达朗贝尔、孔多塞都有交往。

② 拉瓦锡(1743—1794),法国化学家和现代化学之父,他的名字永远和推翻支配化学发展长达百年的燃素说之伟业相联系。法国大革命中,拉瓦锡在征税机构的身份受到怀疑,一七九四年五月八日,他被送上断头台。

③ 孔多塞(1743—1794),法国数学家、革命家、哲学家。一七六九年成为科学院院士,一七八二年又当选为法兰西学院院士,积极参加由狄德罗主编的《百科全书》的筹备工作。他的卓越论文《简论分析对从众多意见中做出决断的概率的应用》,在概率论史上占有突出地位。他的《杜尔哥传》(1786)、《伏尔泰传》(1789),是优秀的文学著作。在大革命中,他是最早赞成共和的人,又是宪法起草委员会委员。他最为人熟知的著作《人类精神进步史梗概》(1795),阐述了人类不断进步,能消灭民族之间和阶级之间不平等的观点。他作为吉伦特党人,在罗伯斯庇尔执政后,一七九四年三月二十七日被捕,两日后死于狱中。

④ 即指蒙特斯庞侯爵夫人(1640—1707),路易十四的情妇(1667—1679),生育过八个孩子。

斗兽士。我丝毫也不担心他们的描写彼此相像:因为,他们的形象是永恒的。我想起米开朗琪罗的高见:他在雕刻——不是《洛朗》——而是《思想者》时,说道:

"百年之后,他必定酷似!"

诗人的角色,如果可能,就是歌唱*für alle Zeit*[①]的康塔塔。历史剧的艺术力量,主要不在于曾经的事实,而在于永久的存在。一七九三年的龙卷风,还在世界盘旋。我们听见邻近森林劈啪山响。在德雷福斯案件[②]审理过程中,我们本身,我们的须发体毛,已经触及《群狼》的灵魂。吕迈的《人民的戏剧》在巴黎的一次演出中(有饶勒斯[③]讲话的那场),我倾听观众的议论,都尽量在丹东、罗伯斯庇尔、瓦狄埃等人物身上辩认饶勒斯·盖德[④],以及其他我不想列出名字的人;自不待言,演出很成功。后来,我们的半神半人和我们的半人半牛怪物[⑤],在莫斯科地区更有令人震惊的转世。这些永世"再生者",这些人类的个体,以普洛透斯[⑥]般变幻无穷的形象不断再现,而在我看来,正是他们构成了历史的诱惑力和成果。远胜过名噪一时、最终被墓土吞噬面孔的人物,自然力量选择这些躯体寄寓,随后就迁徙他乡。

---

① 德文:永远。

② 德雷福斯案件,暴露法兰西第三共和国政治危机的一件大冤案,从一八九四年持续到一九〇六年。案件的当事人德雷福斯(1859—1935),犹太商人之子,巴黎综合工科学校毕业。一八八二年进入军界,升任上尉,一八九四年调国防部工作,被指控向德国使馆武官提供军事秘密,判处终身监禁。因证据不足,引起一批政治家和进步作家的反对。左拉发表了公开信《我控诉》。法国分成两个对立的营垒。证明是诬陷后,民族主义右翼势力掌控的军事法庭仍认定德雷福斯有罪。直到一九〇六年七月,民事上诉法院才撤销了原判,恢复德雷福斯的名誉。

③ 饶勒斯(1859—1914),一九一四年以前法国社会主义运动主要领导人。他在文学、哲学及历史方面学识丰富,又长于雄辩,富有牺牲精神。他反对殖民扩张,拥护法德友好关系,因而于一九一四年七月三十一日,第一次世界大战爆发时被暗杀。

④ 盖德(1845—1922),法国工人运动马克思主义派的组织者和早期领导人。

⑤ 指希腊神话中的弥诺陶洛斯,头部是牛,身子是人,饲养在克里特的迷宫,每年要吃雅典献祭的七个童男和七个童女,后来被希腊英雄忒修斯杀死。

⑥ 普洛透斯,希腊神话中变幻无常的海神,又名海中老人,能知未来。中午从海中出来,到岩石的阴影下睡午觉,如有人近前,他就向那个人预告未来。

不过，我也希望在我的人物形象中保存消逝那一刻的特别光亮。我写这些革命剧，披上这些激情的格调色彩。我绝不向自己掩饰这种过时形式的危险，恐怕给一部分观众和演员以虚假的感觉，让－雅克·卢梭的灼人的修辞手法，经过罗伯斯庇尔的疏导，或者流经工厂冒着烟并堆满垃圾、斗折蛇行的小水沟，再由莎士比亚的 Mannekenpis 式人物丹东抛出来，就需要读者和演员善于剥开其流畅夸张的语句，在过分抒写的时期，还懂得打动那些僵滞或痉挛的灵魂。这种演说式的语言，不止设下一种误区，比起法国演员来，外国演员就绝难规避了，只因他们没有接受我们感觉方式的本能传统。况且，就是在我们这里，也总有人难免失误。以泰纳的那种聪慧，却还做不到（或许因为无此意愿），不能在学院式夸饰的词语和节奏下面，或者在词义之争的云山雾罩的展现中，读出国民公会那些雄辩家一只手执斧，另一只手提着脑袋——身首异处的圣约翰们！——所表达的消陨生命的激情、令人胆寒的坦诚！要想理解这种音乐，就必须倾听泛音系列：仇恨、爱情、死亡……每种和弦的震颤。你们要拿在手上！掌心便觉得炽热……

这出悲剧如果说取名一种“游戏”，也正是“我孤注一掷！……”

“我拿王国赌一匹马！……”驼子暴君理查[①]，在战场上叫嚷……暴风雨的乌云过去……我拿性命赌一道闪电！“我赌输了。我赢了。”

罗曼·罗兰

一九二四年八月

① 理查为莎士比亚所著的历史剧《理查三世》中的主要人物，人称“驼子理查”，约克家族之王爱德华四世的兄弟，全剧以约克家族和兰开斯特家族间的所谓“玫瑰战争”的冲突为背景。

人　物

杰罗姆·德·库瓦锡　国民公会议员,六十岁

索菲·德·库瓦锡　杰罗姆的妻子,三十五岁

克洛德·瓦莱　吉伦特派议员,放逐者,三十岁

拉扎尔·卡尔诺　公安委员会成员,四十一岁

德尼·巴约　六十五岁

贺拉斯·布舍　二十五岁

洛道伊丝卡·塞里吉埃　二十五岁

克洛丽丝·苏西　十七岁

克拉帕尔　安全委员会代表

蒂莫隆、杜杉、波达娜　搜查员

地点:故事发生在巴黎库瓦锡家中

时间:大约一七九四年三月末

〔路易十四时代风格客厅,几扇大玻璃窗,坐落在比花园高出三个台阶的一层楼。

〔远台墙壁正中那扇玻璃门大敞四开,下三个台阶通向花园。小花园阳光普照。正对着敞开的门,只见一株丁香树,蓝粉

花开得茂盛,花园尽头有一道墙,墙外便是街道。园墙不太高:孩子登右下角的垫脚石,就能爬上墙头,张望街道。园墙上,暮晚的天空呈粉红色,慢慢黯淡下来。

〔客厅内部:

〔1、左侧:有两扇门,一扇靠近舞台脚灯,另一扇靠近花园。靠近花园的门敞开时,看得见里屋的一角,那是一间卧室。两扇门之间墙壁正中,有一座大理石的壁炉。炉台上摆着一尊伏尔泰半身像。雕像后边有一面大镜子。壁炉左侧有一张路易十四风格的写字台。写字台左侧,在写字台和靠近舞台脚灯那扇门之间,开辟了一处小孤岛,放几把矮椅,便于私谈。有突出的壁炉、写字台和一排中国屏风遮挡,从花园看不见这个角落。

〔2、右侧:一扇门正对着左面墙。靠近花园的那扇门,打开时,看得见旋转楼梯间、楼梯平台的一角、下到临街一楼的头几级楼梯。一扇临街的窗户正对着大理石壁炉。这扇窗户左右两侧,挂着两大幅十八世纪画像:这家的男女主人。女主人画像二十岁,具有神话和田园曲寓意风格;男主人画像为狄德罗式的,身穿便服,裸露脖颈,头上缠着方巾,正在工作,冲一个不在画面上的人说话。两幅画像和对面壁炉台上微笑的伏尔泰半身像,似乎组成一个交往圈子。德·库瓦锡夫人画像(靠近舞台脚灯的那幅)下方,摆着一架大型羽管键琴。另外开辟了一个私密空间。

〔给人总的印象是高雅,陈设豪华,极富格调,但是又有窘迫、杂乱和破败的明显迹象。偌大的壁炉空荡荡的,直到接近尾声,才生起一堆小火。写字台和桌子上堆满纸张,纸张中间还有几只咖啡杯。多枝大吊灯光秃秃的。等一会儿天色暗了,舞台上只有一支蜡烛照亮。

第一场

〔幕启时,一小圈子人:两位少妇(索菲·德·库瓦锡和洛道伊丝卡·塞里吉埃)、一位少女(克洛丽丝·苏西)、一名青年军官(贺拉斯·布舍)和一个老年男子(德尼·巴约),他们手拉着手,围着花开茂盛的丁香树转圈,唱格雷特里①的民族圆舞曲:《纯洁天真又回来》。

德　尼　(高声叫苦,试图脱离舞圈)饶了我吧,年轻人!

克洛丽丝、洛道伊丝卡、贺拉斯　不行,不行,再跳一圈儿!

〔老人挣脱一只手,但是另一只手还被别人握住,他拖着一小伙继续唱歌的人上场,跌坐到一张扶手椅上。就在他喘息的工夫,三个年轻人又围着他,依照格雷特里的曲调《栽植自由树》,唱起调笑圆舞曲。

〔克洛丽丝边唱边将一枝丁香花弯成花冠,戴到老人的头上。

克洛丽丝、洛道伊丝卡、贺拉斯　(唱)

你们呦年迈冻僵的身,
再回到柔美的青春……

瞧啊子孙哭着用花彩
给你们的皓首戴起来……

索　菲　我的老友;我来搭救您。好了,发疯的年轻人,让我们喘口气!你们跳吧,转圈吧,快点儿,快点儿!我们老年人,我们脱离

① 格雷特里(1741—1813),法国作曲家,善于作轻歌剧,出过《回忆录》。

湍流……

德　尼　我抗议！只有我上了年纪。

索　菲　自私！

贺拉斯、洛道伊丝卡　我们全抗议！开什么玩笑！

索　菲　我的路程现在过半了。(对德尼·巴约)您怎么抗议也没用，我就属于您这边的人。

德　尼　意外收获！我什么也不说了。

洛道伊丝卡　那么我们呢，我们也不能随便让人减员啊！不行，不行，您属于我们这边。您最年轻！

索　菲　(撩起鬓角的一绺白头发)你们瞧这白发！

洛道伊丝卡　好显摆啊！仔细找找，谁都能找出这么多。

贺拉斯　我这儿就有。

洛道伊丝卡　我也是。

克洛丽丝　我也是。

众　人　(笑)不是？

克洛丽丝　真的！我有一根。

〔她让人瞧那根头发。

索　菲　是根金发。

克洛丽丝　是白发。

贺拉斯　这五个月来遭多大罪，谁没生白发呀！

洛道伊丝卡　五个月！还得翻一番！

克洛丽丝　应当翻两番！

贺拉斯　不是，只讲这个冬天！其余的……

德　尼　对，最好三缄其口。

克洛丽丝　噢！遭多大罪啊！

洛道伊丝卡　几个星期没火取暖！

德　尼　没有劈柴！没有面包！

克洛丽丝　噢！我简直冷极了，早晨起床，一点勇气也没有。

洛道伊丝卡　我呢,在家里冻僵了。现在觉得房子太大啦!

贺拉斯　(抛去媚眼)那得往里充实人气。

德　尼　有一回,我在贝尔西码头,足足等了十六个钟头,从晚上七点钟,顶着寒风,等待分配一包木柴和一袋面粉,一直等到次日上午十一点钟;然后我还得推着小独轮车走在薄冰上,摔倒了两次。

索　菲　哪种罪更好受点儿?忍饥还是受冻?

洛道伊丝卡、克洛丽丝　噢!最难熬的是寒冷!

贺拉斯　不,是饥饿。

洛道伊丝卡、克洛丽丝、索菲　寒冷,寒冷,寒冷!

贺拉斯　饥饿,饥饿,饥饿!

洛道伊丝卡　吃货!

克洛丽丝　哦!我若能暖暖脚,哪管五分钟,那也比什么也不吃强上一千倍!

洛道伊丝卡　我呢,能冻哭了!(贺拉斯笑起来)您还笑呢、野蛮人……噢!您啊,就不知道是什么滋味!

贺拉斯　在摩泽尔省军队里……有时,我们也确实烧一间小房,只为取取暖。

德　尼　那在房间里睡觉的人呢?

贺拉斯　顾不上仔细看了!

克洛丽丝　我呢,冻得太厉害了,觉得烧死也是好的,是啊,是啊!

洛道伊丝卡　所谓的地狱,就是一个能取暖的地方!

贺拉斯　地狱,就是腹中空空,冲向敌人。

洛道伊丝卡　不,最难熬的是寒冷!

贺拉斯　不,是饥饿!

索　菲　这两样我们都经受着。好了,别再比拼!

克洛丽丝　上帝啊!多么漫长啊!这个冬天,这个冬天,死活不肯结束!

索　菲　现在算结束了。咱们别谈了,还是享受明媚的阳光吧!

德　尼　年轻季节的头个好天儿……我们迷人的女友！多么喜人的主意，邀请我们来您家花园，庆祝这个春天！

洛道伊丝卡　庆祝春天在您这棵开花的丁香树上再生！

索　菲　我怎么能独自享受呢？在这食物匮乏的时期，每人有一丁点儿幸福，都应该同朋友们共享。

洛道伊丝卡　是啊，幸福越来越稀缺啦！

德　尼　幸福？这对我们成了外国话。

克洛丽丝　多久没有笑啦！噢！我的天哪！

〔她失声痛哭。

索　菲　亲爱的，亲爱的，您怎么啦？

克洛丽丝　人还有权利笑吗？

德　尼　是啊，遭的罪太大了。

索　菲　我倒完全认为有这种权利！亲爱的，这也是一种责任。

克洛丽丝　想想失去的那些人！

洛道伊丝卡　我的亲人。

克洛丽丝　我的亲人。

德　尼　我的亲人。

索　菲　嘘！嘘！

贺拉斯　（对洛道伊丝卡）还有即将失去的那些人，您就不关心吗？

洛道伊丝卡　还活着的人，我得保住，不愿再失去了。不，这我决不答应！

贺拉斯　那好，咱们就不要想失去的人！还是跳舞吧！

洛道伊丝卡　跳舞吧，狠心的人！

贺拉斯　您也一样，亲爱的朋友。

〔克洛丽丝颇为迟疑，看着索菲。

索　菲　去吧，我的孩子。

贺拉斯　走哇，接着跳我们的轮舞！

〔三个年轻人到花园，又开始边唱边跳。德尼和索菲留在客厅，坐在左侧写字台和靠近舞台脚灯的房门之间。

德　尼　每人都想念失去的亲人：这个怀念她的未婚夫，那个怀念她的丈夫；而我呢，想念我的儿子，——全死了……可是，生命更为强大。

索　菲　即使在您身上，老朋友？

〔在本剧开场全过程，索菲始终笑容可掬，保持热情而平静神态，与其他人的躁动形成鲜明对照。

德　尼　即使在我身上……我不免羞愧。

索　菲　你们并不孤立。您听听！

〔从园墙外面，传来街道上的歌声、一把小提琴、一支笛子、一个小手鼓的演奏声，以及欢快的呼叫声。

德　尼　是啊，街上来往的人群，唱歌的不止一人受过磨难，做出自己那份牺牲；在战争中或者革命中死了亲人，也不止一人对明天的担心，同昨日受的苦难一样沉重。

索　菲　正因为如此，他们才唱歌，不再想这些事。

德　尼　他们不由自主，没法儿不想。您瞧瞧！

〔花园里的轮舞中断了。

贺拉斯　外面叫嚷什么呢？仔细听听……

〔他们住了声，倾听墙外一个报贩的叫卖声。

贺拉斯　（重复叫卖声）“《平等信使报》……大战役在……敌人在……”

〔他朝园墙跑去，登上垫脚石，双臂撑上墙头，喊那报贩。哎！“哎……公民……谢谢！”

〔他拿着报纸返回。两位年轻女子急忙围着他看报。

贺拉斯　那些国王的军队，又从默兹到莱茵河一线集结起来。共和国必须大力回击。春天的阳光重又点燃战火。我也必须归队了。

洛道伊丝卡　不行，不行！我不愿意！

德　尼　我们是什么人，还能说“我愿意”，或者“我不愿意”？

贺拉斯　对呀,祖国要求。

克洛丽丝　祖国?说穿了,就是那些凶神恶煞的人!……

洛道伊丝卡　对,大委员会。

〔索菲手指放到嘴上。所有人都垂下头。

贺拉斯　他有道理。

德　尼　(咳嗽)他最强大。

克洛丽丝　他就是食人魔怪,能把我们全吃了。

洛道伊丝卡　(用手捂住克洛丽丝的嘴,问贺拉斯)至少,别说走就走啊!贺拉斯,您不会马上走吧?

贺拉斯　我想不会,除非接到意外的命令。

〔所有人,除了索菲,都有点发狂地、异乎寻常地欢呼。

洛道伊丝卡　还有多长时间?

贺拉斯　也许一个月吧。

洛道伊丝卡　唔!这么说,一个月……好长久……

德　尼　幸福的青春啊!为了一个月的幸福,有什么不可以承受的!

克洛丽丝　我也一样,很年轻啊!可是幸福,我却没有,从来没有过……噢!我甚至不要求一个月……只求一天,只求一天的幸福!

索　菲　住口,亲爱的,您一定会有,以后会有许多幸福。对您来说,生命还长着呢。

克洛丽丝　不,不,生命很短暂。

索　菲　我比您的年龄大一倍。

克洛丽丝　您生活的年代……恕我直言!……可是今天,就大不一样了。谁能确保明天呢?

洛道伊丝卡　我呀,就能确保今天。

〔她注视贺拉斯。

贺拉斯　(在她身边,拉起她的手,低声地)今夜……

〔克洛丽丝意外听见这句话,眼含恼恨看了看他们。

洛道伊丝卡　（发觉克洛丽丝的目光，便走过去，想要抚摸坐在索菲膝上的克洛丽丝）我的小美人儿！

克洛丽丝　（气愤地躲开）不，别碰我！

〔克洛丽丝逃进花园。

洛道伊丝卡　她怎么啦？

德　尼　（带着几分善意的责备语气）您心里完全清楚。

贺拉斯　她嫉妒我们了。

德　尼　也不光她一个人。

索　菲　（微笑着对德尼与贺拉斯）去安慰安慰她！（对洛道伊丝卡）不，您就免了吧，自私，待在这儿！

〔德尼与贺拉斯出去。客厅里只剩下索菲和洛道伊丝卡。后者笑嘻嘻的，一副幸福的神情，她扑到坐着的索菲的膝下，双臂搂住她。

洛道伊丝卡　对，我是自私，自私，自私！自私感觉这么好的时候，我就不希望不自私了！责备我吧！责备我吧！

索　菲　（微笑着）责备一点用处都没有。

洛道伊丝卡　嗳！当然有用！……能增添乐趣……真的，您不要怪我！我曾极度、极度痛苦！……我丈夫，我的赫克托尔，让死敌从我的怀抱夺走啦！……噢！我流了多少眼泪！

索　菲　您什么时候失去他的？

洛道伊丝卡　（如实地）已有六个……不对，有五个月……对，那是十月份。当时我都不想活了。一切全完了……情况就是这样！一切又开始了……（又改口）一切重新开始……可怜的赫克托尔……亲爱的贺拉斯！……

索　菲　都是古代英雄……

洛道伊丝卡　您还不住口！……我觉得是同一个人……我不准您取笑。

索　菲　我没有取笑……

洛道伊丝卡　我敢肯定,我的赫克托尔与我同乐……您笑而不信?

索　菲　您也笑了。

洛道伊丝卡　不……是啊……唉!的确,人太爱自欺欺人了!我太需要有点乐子,就希望他也跟着乐和。我知道他已毫无感觉。可是我呢,我有感觉,难道这就是我的过错?您说说,就因为我要享受我还活着的这点时日,难道我就对不起他吗?您认为他会怨恨我吗?不会,不会,能让我快活的事,他也应该高兴才是。对不对呀?既然他爱我!再说,既然他死了!……可怜的赫克托尔!……啊!活着,活着,多好啊!

索　菲　活着跟活着也不一样。对您来说,活着,就是爱。

〔两个女子在这种感情的对话中,洛道伊丝卡赞赏索菲的明智时,语气中略带讥讽意味;而索菲接受这种赞美时,笑容里也透出一点点不耐烦。

洛道伊丝卡　只有爱才算活着……您还笑……明智的朋友,是啊,您不一样,您超越了我们的弱点。您生活美好,通明透亮,一切都那么融洽。您善于维护这种生活,避开社会的风暴和心灵的纠结。您是个无比幸运的女人,夫妻和睦,没有乌云,这是热恋痴情所从未达到的境界,——静谧,近乎子女情,——同一个像您一样明智的男人——杰出,受人尊敬,您从小对他就联结一种虔敬的依恋之情。一片明朗的天空。啊!真让我赞不绝口!

索　菲　(微笑着)然而,您却不会拿您的一块乌云换取这片天。

洛道伊丝卡　拿我的贺拉斯换取?不行,不行!我不换。女人各有各的运气!不过,您的命更好。

索　菲　我的命就像那些美人,大家都赞美。赞美完了却爱别的女人。

洛道伊丝卡　您还不赶紧闭嘴!别人都想成为您……可是,唯独您才能做到……

索　菲　(微笑)恰如我刚才讲的!

洛道伊丝卡 （没有听）女友，知音，伟人的女顾问，而这伟人从前是伏尔泰的朋友，现在又是卡尔诺的朋友……

德　尼 （正巧进来，听到最后这句话）……从前是《百科全书》的顾问，如今又是大委员会的顾问。对啊，这是一位全才的独一无二的优势……科学家，博爱者，哲学家，法兰西学院院士，国民公会议员……在倒数第二代国王，路易十五统治下建立起来的荣名，在国王倒台中坚挺，目睹社会制度更迭，始终吃得开，而且在党派疯狂厮杀当中，也始终巍然屹立。

索　菲 朋友们，你们并不了解，这种安全建立在多么脆弱的基础上。

德　尼 不管怎样，我知道这种声誉不是自私的。有多少回为了我们，杰罗姆·库瓦锡利用了他的影响，时而救济，减轻我们的穷困，时而处境危难，出面保护受威胁的朋友！

洛道伊丝卡 我们也知道，这种保护我们仰仗谁。仰仗他的明智的伴侣。

德　尼 索菲，词义为“智慧”，名副其实。

洛道伊丝卡 宁静仙子。

德　尼 能让他唯命是从的仙女。

洛道伊丝卡 我们太借力啦！

德　尼 怎么能不借力呢？在这种丧失理智的时期，唯独杰罗姆·库瓦锡还依然起着调解作用，同掌握生杀大权的主人们周旋。

索　菲 唉！这种作用相当弱，而且日渐微弱了。

洛道伊丝卡 （带点羡慕的口气）无论发生什么情况，您至少有保障：什么也伤害不了您。

克洛丽丝 （同贺拉斯回来。她已然将刚才的忧伤完全抛之脑后）噢！不幸的人！不幸的人！

索　菲 什么呀？

克洛丽丝 我们刚刚看到。

〔她将一份报纸递给索菲。

索　菲　又是送来噩耗的报纸。不,不要再看!

洛道伊丝卡　宁静,别人不像您这样有理性不看报。谁都知道这有害,正因为如此才这么干。

〔她接过报纸。

克洛丽丝　您还是听一听!太可怕了!佩蒂翁[①]、比佐、瓦莱……

索　菲　(神色不宁,但是克制住声音)瓦莱!……

〔索菲从座位上站起来。别人谁也没有注意她的动作和惊呼。他们都围着拿报纸的洛道伊丝卡

克洛丽丝　近来在波尔多一带找到了他们,全都丧命,被群狼吃了一半……

〔大家都心神不定,谁也没有留意索菲的神色。她重又坐下,没有什么举动,也没有说话,只是双手捂住脸,一动不动了。

贺拉斯　(洛道伊丝卡、克洛丽丝、德尼都俯下身,跟他一起急切地看报,他概括报导的内容)追捕他们已有几个月了。放出的猎犬循踪找去,将追捕队带到一座废弃的采石场,进入一个洞穴。他们认出佩蒂翁,已经开膛破肚,内脏都出来了……

德　尼　巴黎从前的国王,我们的市长,倍受赞扬的议会主席……

洛道伊丝卡　(念)另一个……而孔被吃掉……噢!呸……

贺拉斯　(接着念)……鼻子、耳朵都咬掉了……还难下定论……有人说是比佐……但是身上带的证件,却是瓦莱的。

克洛丽丝　真不幸!

德　尼　他们也不值得过分怜悯。他们想方设法逃脱了断头台,而上周,巴尔巴鲁和古瓦代,他们的朋友,就登上了断头台。

洛道伊丝卡　是啊……不过,在死之前,他们一定遭了罪!

---

① 佩蒂翁·德·维尔内夫(1756—1794),法国大革命时期的政治家,早期曾与罗伯斯庇尔合作,一七九一年十一月当选为巴黎市长。一七九二年九月,当选为国民公会主席。一七九三年六月二日,山岳派发动政变,他和二十八名吉伦特派成员被捕。他成功逃脱,避到圣埃米利永附近,与同伴比佐一起自杀。尸体于六月十八日才被发现。

贺拉斯　人一死,就全一样了……

德　尼　就应该是这种下场……那次疯狂的反抗……

克洛丽丝　当初您拥护他们。

德　尼　绝无此事!

克洛丽丝　我还听您说过……

德　尼　绝无此事!

克洛丽丝　当初,你们所有人都赞赏他们。

洛道伊丝卡　住口,小姑娘!

德　尼　(咳嗽)他们蒙骗了所有人。大家以为他们更强大。一伙人最弱小的时候,为什么要起来反抗呢?

〔冷场。索菲移开双手,露出面孔。坐在椅子上木然不动,目视前方;一阵伤感压下去了,脸上呈现一副机械而冰冷的笑容。

克洛丽丝　可怜的小瓦莱!还不到三十岁!

洛道伊丝卡　去年春天,我还跟他跳过舞呢……他也是您的朋友,索菲……

〔索菲既不答话,也不动弹。洛道伊丝卡也太冲动,没有注意索菲的表现,她接着说下去。

洛道伊丝卡　他跳起舞来真是迷人!

克洛丽丝　他朗诵弗罗里安[①]先生的诗,那么优美动听!

洛道伊丝卡　他也非常勇敢。在攻击夺取杜伊勒里宫之后,我看见他头发迎风飘动,走在列队前进的巴黎公社战斗营的前头。

克洛丽丝　大家还欢天喜地,去议会看他上台讲演。

贺拉斯　他讲话讽刺挖苦,非常激烈。有时抛出来的话显出一种残忍的狡黠,气得罗伯斯庇尔在眼镜后面直眨眼睛。他叱责一个敌对者时,妙语连珠,看台和大厅笑声不断,全场跟着叫嚷。

---

① 弗罗里安(1755—1794),法国作家,创作寓言诗、歌曲,如《爱的欢乐》,也创作喜剧。

洛道伊丝卡　我呀,我就盯着看他的嘴唇。

贺拉斯　洛道伊丝卡,我可嫉妒了。

德　尼　嫉妒?嫉妒他那被啃掉的嘴唇?

洛道伊丝卡　噢!太可怕啦!……可是为什么,可是为什么,他要投进政治的大火中自焚呢?

贺拉斯　人总有野心……

洛道伊丝卡　爱不是更有价值吗?

贺拉斯　我们要拯救祖国。

洛道伊丝卡　我要你先救我!应当救自己所爱的人。

德　尼　首先,必须自救……

〔众人叫起来。

是啊,你们嚷起来啦!……年轻人,等你们到了我这年纪,那时候你们就会看透了!……野心和爱情,都很美,但是会过去。一直保留到底的,就是自身了。保存自身,就是一件神圣的事情!

贺拉斯　对,能够成功地活下去,如今变成一种艰难的行业。我们这些人,要想学会,恐怕时间不够用了。

克洛丽丝　我愿意学,我愿意学呀!(对德尼)您把秘密传授给我吧……

德　尼　那就得置身事外,我的孩子,死去还是看人死去,必须加以选择。

克洛丽丝　我不愿死去!

〔克洛丽丝、德尼、贺拉斯,这一小伙人离开,——已经!——开始谈笑风生了。——只有洛道伊丝卡留在索菲身边。两个女人待在写字台和舞台脚灯之间,正是从花园窥视不到的角落。

洛道伊丝卡　沉默的索菲,您就把我们鼓动起来,由着我们说呀,说呀,可是您呢,待在一旁,做个善意的旁观者,有点像局外人,双肘支在阳台栏杆上,一动也不动,带着无声的微笑,用您这美丽的灰眼睛,远远观望我们怎么痛心伤怀。您这么平静,太平静啦!

索　菲　（没有动弹，也没有提高声音）是啊，平静，无底的痛苦深渊的平静……

洛道伊丝卡　（惊愕）索菲！……

〔索菲沉默无语。

您说什么？……

〔索菲依然沉默。

您刚才说什么？……

〔索菲并不答言，也没有任何反应。洛道伊丝卡探身观察，猛然冲到近前。

洛道伊丝卡　我的朋友，您流泪啦！

〔索菲伸手捂住她的嘴，让她默不作声。

〔二人沉默片刻。

〔索菲摸手帕要擦泪。洛道伊丝卡掏出自己的手帕，深情地给索菲擦眼泪。

洛道伊丝卡　您这么难过？在所有人眼里，您就是幸福的形象！……您什么都有了。全部财富：爱情、声望、权力，以及对这场革命的信念，您和您丈夫都做出了贡献，创建……

索　菲　（全神贯注）我一无所有。

洛道伊丝卡　不，不！您这话我不信！

〔索菲示意她住口。德尼·巴约走过来。

德　尼　杰罗姆很快就要从议会回家了吧？

索　菲　（恢复交谈的语调）会开多长时间，从来就无法预料。我等他，时常就是一个通宵，一直到拂晓。

德　尼　不过今天，似乎没有发生严重事件。

索　菲　这年头，谁敢断言一小时之后会怎样呢？

〔花园墙外的街道上，经过一支队列：音乐、短笛和小手鼓声，大板车的隆隆响、马蹄的嗒嗒声、众人呼叫声。

克洛丽丝　又出什么事啦？

贺拉斯　又要处死一批人,押上断头台。

〔他打了个砍脑袋的手势。

克洛丽丝　(双手捂住耳朵)我不愿听……

〔她放下双手,朝花园跑去。

贺拉斯,过来看看他们!

〔她同贺拉斯出去。

德　尼　囚车现在走这条街啦?

索　菲　对,这些日子,弗洛朗丹街的路石全掀掉了。

〔德尼好奇,也跟随那两个人出去。

洛道伊丝卡　(独自留在索菲身边)索菲,您的话我不相信!……刚才您说……

索　菲　别说了!

洛道伊丝卡　别这样,别这样,求求您了!要把我当作朋友!

〔索菲指了指通花园的门。

洛道伊丝卡　不错,这讨厌的嘈杂声……

〔她跑去关上门,反身回来。轻快的脚步和喊叫声,隔着房门听就小多了。

洛道伊丝卡　说说吧!您对我讲讲!……(她拉起索菲的双手亲吻)索菲,您不讲公道。您不是享有了好大一部分幸福吗?没有任何情况来骚扰您的婚姻、您的爱情呀。

索　菲　(辛酸地)我的爱情?谁也没有爱过我。我贡献出青春、我怀抱希望的力量、我献身的需要,给了我曾敬重,现在还敬重和赞赏的一个男人。他是怎么对待的呢?他为了他的信仰而牺牲了我。

洛道伊丝卡　您不是也同样相信吗?

索　菲　哼!他们的信仰与我何干?如果说我喜爱,当初自以为喜爱那种信仰,那也是因为他们喜爱,我是爱屋及乌,对那种信仰体现在对他们的爱上。那种信仰如何对待他们,如何对待我的呢?

洛道伊丝卡　(极力想弄明白)您是说,他们?

索　菲　(恼怒)我说那种信仰,我恨……您听!……

〔尽管关上了门,喧闹声减弱,还是听得见欢呼声和狂笑声。继而,喧闹声渐小,复归寂静。于是,索菲带着一种抑制的仇恨,接着小声诉说。

索　菲　所有那些信仰,我全恨,无不是空想幻影,男人投身进去,犹如耽于一种恶习,最终毁了生活。生活,本就在那儿,在我们身边,简简单单,又多么温馨!只要一俯身,就能采撷生活的花朵。然而,男人变了,没有能力品味生活。他们的信仰成了一种怪癖,一种毒药,使他们沉迷在一种狂热而致命的麻木迟钝状态。他们把我祭献给信仰……哼!这还不算什么!……

洛道伊丝卡　(眼睛盯着索菲翕动的嘴唇)还有什么?

索　菲　他们还祭献了自身。

洛道伊丝卡　怎么!您丈夫?

索　菲　不,不是他。

洛道伊丝卡　那是谁呀?

索　菲　(一时冲动,仿佛遗憾地)您听到了……刚才……那些不幸的人……那些受通缉的人……

洛道伊丝卡　(忍住一声惊叫)是瓦莱!

〔索菲站起身,回避了应答。这时,通花园的门又打开,克洛丽丝冲进来,嚷嚷着:

克洛丽丝　啊!你们猜猜,你们猜猜看,我瞧见了谁在囚车上!

〔索菲转过身去;洛道伊丝卡一把拉开克洛丽丝。

克洛丽丝　(极为兴奋)不!猜猜嘛,猜猜嘛;现在他们要砍谁的头啦!……砍理性女神[①]的头,他们的“理性女神”,他们圣厄斯塔

---

① 法国大革命高潮时,雅各宾左派埃贝尔等企图破坏一切天主教机构,称“非基督教化分子”。他们在教堂举行“理性女神”的崇拜仪式,由一位女演员扮演理性女神。第一次崇拜仪式是在圣母院举行的(1793 年 11 月 10 日),违反了罗伯斯庇尔封闭教堂的命令。

什教堂的“理性女神”……那个金发矮胖的女人,他们为她做过崇拜仪式……我完全认出她了……“理性女神”,“理性女神”……

德　尼　(超然地)我的孩子,理性早就逃之夭夭了!……

克洛丽丝　噢!您还不快住口。别讲这种低俗的话!

〔他们继续交谈,躲到客厅里端,左侧靠近通花园房门的地方,仿佛意识到打扰了索菲和洛道伊丝卡的谈话。索菲和洛道伊丝卡则退到对面,右侧靠舞台脚灯的角落,由大型羽管键琴遮挡,从连通楼道的房门看不见她们。

〔洛道伊丝卡又抓住索菲的双手,不管她怎么用力想挣脱也不放开。

洛道伊丝卡　(低声催促)是瓦莱吧?……索菲,告诉我,是瓦莱吧?

索　菲　(坐着,双手被抓住,扭过头去,痛苦地)噢!别提他名字,等于又捅我一刀!

洛道伊丝卡　(放开索菲的双手,深深同情地)噢!亲爱的,真可怜!我怎么能想得到?……您好让我怜悯!真是太惨啦!……刚才我们不知不觉,又转动了插在您心上的这把刀!……对不起,请原谅我!可是,谁能想得到呢?……不错,从前我的确注意到你们的友谊……

索　菲　(低声而充满激情)我爱他,他也爱我。他曾是我的全部生命。我也曾是他的全部生命……至少当时,我相信这一点。然而,实际并非如此,既然他为了那害人的信仰,跑去送命……啊!如果说他为那种信仰牺牲自己,我不是也为了一种信仰牺牲他,也牺牲我自己吗?

洛道伊丝卡　这另一种信仰,是什么呀,索菲?

索　菲　(恨恨地)这种夫妻的声誉,我一直维护着。

洛道伊丝卡　全对我说了吧,索菲!……你们莫非成了情人?

索　菲　(越发激动)没有。这正是今天令我痛悔不已的!当时,他怎么哀求我也是徒然,而我的心也徒然地催促我从了他。可是,想到杰罗姆和旦旦的信誓，这种忠贞的迷信，多半基于习惯，而不是出于心灵的理性，所谓的妇道，这种无眼睛的偶像，我为这种偶像牺牲一切，牺牲我在世上所爱的一切。而现在，他死了。现在，我失去他。这都有什么用呢？有什么用呢？

〔现在，洛道伊丝卡反过来力劝索菲平静下来，只因她感情痛苦的声调逐渐升格，示意她当心点儿。不过，另一伙人正谈得热烈，似乎丝毫也没有注意。

〔索菲住了口。洛道伊丝卡跟她小声说话。现在只能听到另一伙人的说笑声：三个朋友站在客厅的左角，靠近临花园的窗户……

第二场

〔突然，一片死一般的寂静。正对着三个朋友（德尼、贺拉斯、克洛丽丝）的那扇通楼道的房门打开。但是，索菲和洛道伊丝卡背对着房门，又有大羽管键琴遮挡，根本看不见发生的情况。

〔一个男子进来。一身普通百姓的打扮，雅各宾党人形象，帽子上戴有徽章。他浑身泥土，样子很凶，但疲惫不堪。是个年轻人，身材瘦溜、健壮，眼神热烈。似乎有人追赶，他猛然打开门，随即进来，又猛然关上，但是悄无声响，侧耳听听寂静的走廊。接着，他转过身，背靠在门上，面对看见他进屋的那一小伙人。那三个人惊呆了。他们下意识做了个恐惧的动作，一时极度心慌意乱，谁也讲不出一句话。

〔这时，索菲和洛道伊丝卡发觉静下来，不免诧异，回身看去，不明白左侧那一小伙人为何失态。索菲下意识地将目光移向壁炉台上面的大镜子，发现镜中背靠房门那个男子的映像。索菲惊叫一声站起身。不过，大家都在迷惑中，没有注意她的惊叫,而是同时惊呼。

德尼、贺拉斯、克洛丽丝　(惊呼)瓦莱!

瓦　莱　(看到他们聚在一起,深感意外)德尼·巴约……布舍……克洛丽丝……我的朋友……

〔他因劳累和激动而嗓音沙哑。他突然走过去,伸出手,而他们三人颇为尴尬地握了握。不过,他已经扫视他们身后和周围,扫视客厅,寻求他未见踪影的女人。猛然,他看见她,其余一切便不复存在。索菲站在那里,双手撑住身后的羽管键琴,注视着瓦莱,眼睛因激动、害怕和欣喜而睁大。瓦莱伸出双臂,朝她冲过去。索菲也急步迎上。

瓦　莱　索菲!

索　菲　您还活着!

〔瓦莱扑到她脚下,紧紧搂住她的腿,隔着衣裙亲吻她的双膝,还亲吻她的双脚,继而跪着直起身来,将自己的脸、眼睛和嘴紧紧贴在心爱女人的身体上。索菲并不退却,她伸手抚摩心爱男人的脸。

瓦　莱　就是她!我又找到她了!……我有她,抓住她了,拥有她了!

索　菲　(并不挣脱,只是捧住瓦莱的头,俯向他的脸,温柔地、小声地对他喃喃说)您起来吧!

〔瓦莱站起身,眼睛始终盯着索菲。可是刚一站起来,他身体就不稳,索菲急忙扶住。

索　菲　他要跌倒了!……贺拉斯!洛道伊丝卡!……我的朋友,扶着我!……您怎么啦?您扶好!……过来……到这儿来……坐到这把椅子上……

〔索菲搀他到客厅左侧,靠近舞台脚灯的角落。瓦莱坐下,面朝观众,背对远台。无论瓦莱,还是俯身对着他的索菲,都看不见身后发生的情况:德尼·巴约首先抽身,克洛丽丝、贺拉斯·布舍都急忙先后跟上去。贺拉斯走到通楼道的房门口，又向洛道伊丝卡招手，要她同他们会合。洛道伊丝卡游移不决，她动了感情，来回瞧瞧索菲扶着的瓦莱和贺拉斯。她终于下了决心，穿过客厅，去拿搭在左侧远台一张椅子上的头巾。这些情况，发生的时间相当短暂；与此同时，索菲搀着瓦莱走向椅子，安置他坐下。

索　菲　（没有看身后，继续跟瓦莱说话）……您会累死的……躺一躺吧……您没有吃饭吧？……克洛丽丝！洛道伊丝卡！帮帮我呀。朋友们，端来咖啡呀……那边，从桌子上拿只杯子……

〔她奇怪没有动静，回头看去。

你们在哪儿呢？……我的朋友啊！……

瓦　莱　（坐在椅子上没有动弹，也没有看见发生的情况，却不难判明是怎么回事）您还不知道，跟我接近的人都有危险吗？

〔四位朋友中，只有洛道伊丝卡为找头巾耽搁了，不得不再度穿过客厅，她刚走到门口，正巧索菲回头看见她。

索　菲　（气愤地）洛道伊丝卡！

〔听这一声呼唤，洛道伊丝卡又感动又惭愧，停下脚步，回过身去，迟疑一下，往回走了几步。索菲放下瓦莱，朝她走去。她心绪慌乱，悄声说话。

洛道伊丝卡　（急促并压低声音）对不起……对不起，这样做挺可耻的，我知道……可是今天……尤其今天，我还要活着！

〔话说到末尾几乎听不见了，她急匆匆走掉。

〔索菲一时很气馁，马上又振作起来，走过去，从桌子上拿起一只杯子，倒进咖啡，还拿一块面包，送给瓦莱。

瓦　莱　（没有动弹）您该赞赏我的威力！我所到之处，就带去恐惧。这个倒霉的家伙，（他指着自己）两条腿甚至都站不住了，他一直逃，别人也逃避他。有五个月了，我在全法兰西游荡，到哪里栖身都被赶走。在多尔多涅省，我们有七个受通缉的人：佩蒂翁、巴尔巴鲁、比佐、古瓦代、萨勒、瓦拉狄。在那儿有三十位朋友,我们挨家敲门,没有一个朋友开门接待我们。我们的脚步拖着断头台的影子。他们一看到我们,看到我们和断头台的影子,都惊慌失措;有一家我们突然闯进去,他就要杀了我们,可是他又不那么强壮,就威胁我们说,如果我们不走,他就自杀!……(他凶狠地苦笑一下)一天夜里,我们顶着暴雨走在耕过的田地里。我们不得不离开藏身的采石场;我们的行踪被人告发了。最后一线希望,把我们引向从前和我家通好的一户人家:我身为律师,在一桩刑事案件中,保全了那家一个成员的名誉。黑漆漆的夜。我们走迷了路,湿透的泥土一直没到大腿,我的脚腕还扭了。走了六个小时,我们筋疲力尽,终于到达。我们敲门,等了足足半小时。顶着暴雨,我们在冷风中牙齿打战。门打开一条缝,我报了姓名。门重又关上。又等了半小时……我浑身打战,失去知觉……那家人合计了一小时,实在害怕,不能接受我们。我就躺在路上的泥水中。我的伙伴们通过锁孔喊道:"只待一个钟头,避避雨!"屋里人回答:"不行!"——"起码给碗水和一点儿醋!"——"不行!"……我们又接着逃跑……人真该诅咒!

〔索菲站在瓦莱身边听他讲述,只觉得浑身冰冷,又痛苦又怜悯。瓦莱叙述这段经历,声音低沉,不时心头火起,或者压下鄙夷的情绪;他的头沉甸甸的,黯然的目光盯着脚下的地板;他猛然转向索菲,声调嘶哑热切地问她:

您呢,您不赶我走吗?

索　菲　(俯下身去,温柔地递给他咖啡杯)我可怜的朋友,喝吧!您疲惫不堪了。

瓦　莱　(没有接过杯子,以同样激烈的语气)我带来死亡。还是把我赶走吧!

索　菲　(把杯子放到他唇边,用手拿着给他喝)喝吧!

〔他贪婪地喝着,喝完咖啡又想说话。

不要说话！……吃点儿东西！……首先，您得休息休息。

〔沉默了一阵，索菲服侍他，看着他吃面包，就像母亲爱怜孩子。瓦莱拉住她的手，久久亲吻。索菲并不试图抽回手，脸上挂着忧伤而深情的微笑。

索　菲　（过了一会，将手放到瓦莱的头上）您是怎么来的？您怎么能一直到达这里呢？

瓦　莱　您若是希望我有勇气回答，就坐到我面前！让我看着您！……再近点儿……这儿，您坐下！……

〔他让索菲坐到他对面，近在咫尺，而且在叙述过程中，他拉着索菲的双手。

神灵啊！就是她！……不再是多少个日月以来，飘浮在脚步前面那个捕捉不到的形象……正是她，我捉住了，我的手掌感到了她的手掌、她这柔软的手指肚儿，她这肌肤的温热融入我的肌肤……不，不要从我的手中抽走！不要让我重又跌入刚刚爬出的深渊。把我保留在您的手中！正是您的双手救了我。

索　菲　但愿这双手有这种力量！……我的朋友，讲述吧！充分利用这一刻。您是怎么逃出来的？

瓦　莱　就在我刚才说的那段时间，朋友们的卑劣到了凶残的程度，根本不认我们，连一口水都不肯给；视我们还不如一条摇尾乞怜的受伤的狗；我们绝望到极点，反而被激发起来。愤恨又使我恢复了知觉和力量。我重又爬起来，嚷道：“我们逃吧，逃离世人，逃进坟墓中！然而，面对卑鄙的种类，我们还要躲躲藏藏吗？不！我们要勇往直前！从他们身体上跨过去，视死如归！没有中间的道路啦！”我们又回到大路。在那里，冒着雨，借着晨曦泛白的微光，我拥抱了几位朋友，同他们分了我剩下的流通券；我也甩掉我的衣物包袱，甩掉一切可能成为累赘的东西，因为我决意返回巴黎。朋友们以为我疯了；但是，什么也动摇不了我的决心，而且，他们也绝不试图劝阻我。因为，既然一切都失去了，还有什么可顾忌呢？现在的问题不是活下去，而是再见到您。

索　菲　（惊诧）我！

瓦　莱　您。我所爱的一切。您……而您心里一清二楚！我们彼此，没必要像在社会上玩逢场作戏那一套。社会不复存在了。什么都没有。只有您。您和我……在这条笔直延伸、笼罩着雾气的黄泥大路上，这个女人的形影——您——像一道闪电惊现。一下子将我点燃，犹如收割完的一堆庄稼。一切消失了，只剩下一个念头：在永恒的虚无之前，再见到她！……仿如一口烈酒……顿时让我心醉神迷。我浑身淋透了雨，冻得发抖，又因发烧而哆嗦，小腿肿胀了，一分钟之前，脚掌几乎不敢着地，现在立时站起来，往前推进，这副躯体再怎么沉重，成为负担也没关系，我就把它扛在肩上，以便给您送来。我心中念道："我即使倒下，至少也要让她知道，我倒下去时，面孔是朝向她的！"我快走到里贝拉克县了，手持的伪造通行证没有这个县的签证；而且，要想赶到这里，一路必须通过省府县城二十多道关卡。幸好农民不识字。我亲手仿造了签证上的签名。我还必须周密安排，只能在村庄过夜，穿过城市时只能骗过城门守卫的注意。我是怎么过来的，这里就不解释了。假如我保持冷静，那就根本做不到。然而，信念支撑着我。路上每迈一步，每过一道关卡，每战胜一个危险，我就更加接近她——接近她——接近您！……病痛又折磨我了。时而剧烈疼痛，走路特别吃力，浑身都汗湿透顶。我被叫住检查通行证时，就亮出红肿的腿，说是在旺岱受了伤。每到一座城市，就获知我的哪个伙伴被处死。夜晚，我穿着衣服睡觉，兜里装着两把手枪，还贴身藏着一只破手套，里面装着鸦片丸。别人休想抓我个活的！……每天早晨起床，总觉得比头天晚上还疲惫。我也总是越走越快，好似被人追赶的人，走夜路，听见后边踏着冰冻地面的脚步声响。死亡的气息拂到我的脚踵。我感觉到死亡在跟随我了……一位富有骑士精神的情人,宁可放弃去看心爱的女人,也不愿将她置于危险的境地……我则不然!我的爱胜过对您生命的关切。毁掉您,以及毁掉自我,都无所谓!……但是不能发生于再见您一面之前。再见到您,正如我现在这样。告诉您我爱您……

〔他拉住索菲的双手,气息对着气息同她说话。

索　菲　(并无躲避的举动,两个人都沉醉了)往后呢?

〔瓦莱沉默不语,仿佛没听明白。

索　菲　往后呢,您打算怎么办?

瓦　莱　我没有看得更远。

〔两人放开手,都默默无语,因内心的风暴而喘不上气。……索菲突然闪身站起来,扶住羽管键琴的后背,等待剧烈的心跳平静下来。瓦莱坐在她对面,一动未动,低头凝视地面,冷峻的目光透出抑制的激烈的情绪。

索　菲　(心绪稳定下来,回到瓦莱跟前)我的朋友……亲爱的朋友……我很感谢您。

瓦　莱　(抬起头,气愤地)我需要的不是您的谢意!

索　菲　(停顿一下)一想到您来到这座城市,来到这个住宅,我就不寒而栗:这里来往许多人,可能认出您来。

瓦　莱　现在,这对我有什么关系?

索　菲　可是对我有关系!您来到这里,在我家避难,我就应该,我也愿意救您。

瓦　莱　谈不上救了,对于一个想要解救人类的人来说,大地上从来就没有避难所。

索　菲　一定得争取到达边境。一定得保护您,等待时来运转。到那时会需要您:您的事业、您的祖国……

瓦　莱　可我呢,我不再需要这些了。我只需要您。

索　菲　瓦莱,我恳求您了!您的性命不要牺牲掉!我们想一想,您能躲在哪里,您怎样才能逃脱!

瓦　莱　逃!您想象我还要重新开始逃窜吗?您以为人还能重受一次我刚经历的磨难吗?垂死挣扎了五个月!理性和人力是支持不下来的。没有我投向您时照耀我的这种信念,就根本不可能。什么可以支持我远离您呢?

索　菲　(热切地)我呀!

瓦　莱　您?

索　菲　我!……我的爱!

瓦　莱　(站起身)您的爱?

索　菲　如果您活不成了,那我也不可能活下去!

瓦　莱　这么说你爱我!你爱我!

索　菲　您心里清楚。为什么逼着我对您讲出来呢?

瓦　莱　你说过了!再说一遍!

索　菲　我不该说。

瓦　莱　应该说。你再说一遍!

索　菲　我爱你!

〔两个人紧紧拥抱。

瓦　莱　你的嘴唇!啊!我终于能在这清泉畅饮啦!……留下来!别离开我!不要厌恶我!原谅我这样困苦,原谅我这身脏衣服、我这双手、我这泥脚、我这一股尘土和汗珠的身体!我真羞愧!……

索　菲　我爱你,爱你的困苦,甚至爱你手上的灰尘和脚上的泥土!

〔索菲俯身吻他的手和衣服。

〔瓦莱拉住她,双手捧起她的头,眼睛深探索菲的眼睛。索菲深信不移,同他的目光对视。

瓦　莱　(深情沉默了片刻)啊!生活多美好啊!……现在,我要活下去。我有了这种意愿。他们休想置我于死地!我独自一人,如果说还能穿越敌人盘踞的世界,那么现在我带着你,还有什么不敢闯的呢！……听着，我们该怎么办！……你很容易就能给我弄到一份通行证、一套乔装打扮的行头、一件雅各宾党人穿的卡马尼奥拉外衣。我乘坐公共马车，从巴黎到道尔城。从那里步行，我认识路，越过高原就到边境了。越过边境之前，我能找到樵夫的木屋，先住几天。一周之后，你逃离巴黎，到我指定的藏身之所会合。步行二十来公里。道路都积了雪。不过，你不必害怕，我们一道攀登汝拉山脉的山坡。爬到山顶，我们就能望见自由的土地——瑞士了。再用几小时，我们就得救了。

索　菲　（感受到这种意志湍流的裹挟，但是尽量冷静下来）我们？我？……我，跟随您去？

瓦　莱　既然你是我的人了！

索　菲　（哀叹）我不能啊！我不能啊！

瓦　莱　你若是愿意就能行。

索　菲　我不能啊！

瓦　莱　谁牵制你呀？

索　菲　我的职责。

瓦　莱　（辛酸地）职责！在这凶险的世界上，这个词只用来杀人。那个大伪君子。阿拉斯城来的那个大滑头①，正是以职责的名义，杀害他的对手，而朋友内心卑怯，也以这种名义将朋友交给刽子手。职责！这个谎骗的词，我们多么随心所欲地滥用了！……面对面看着我！唯一的真实，就在这里，在我们的眼睛里。你和我。

索　菲　我也看到了我丈夫。他年老了，他爱我，也信任我。我离开他，那就是犯罪。

瓦　莱　你嫁给他就犯了罪。年轻的身躯同老人给合就是罪过。你给予他的已经太多。我还怨他太自私，全部接受了。算了，不要怜悯他！没有你，他也能够生活。他有学问，有荣耀，有骄傲的本

① 指罗伯斯庇尔，他出生于阿拉斯城。

钱,还有那些暴君的友情。你在他的生活中,只不过是颗果实,他甚至都无力采摘吧?

索　菲　我以身相许,情愿嫁给他。现在我改变初衷,能不鄙视自己吗?

瓦　莱　你就鄙视自己吧!在这种世道,鄙视算什么呢?在我们周围,一却都死去,一切都毁掉,一切,维系人类社会的所有纽带和法律、对不幸的尊重、真诚、善良。在一片废墟上,唯独爱还闪光。其余的一切全是黑夜。

索　菲　(双手放在胸口,倾注于心醉神迷)光明呦!

瓦　莱　(双臂搂住她)你随我走吧?

〔索菲没有看瓦莱,也不回答,始终保持那种心醉神迷的姿态。

瓦　莱　(专横地)回答!……你随我走吗?……

〔索菲洋溢着爱的脸庞,缓缓移向瓦莱,双手合拢,用指尖轻拂瓦莱微张要说话的嘴唇。猛然,她闪开身,侧耳倾听,急忙说道:

索　菲　有人来了。有人上楼……

〔她匆忙推着瓦莱,从左侧靠近舞台脚灯的半开的门进入房间。

第三场

〔杰罗姆·德·库瓦锡从右侧通楼道的门进来,没有看见索菲,而索菲仍然停留在瓦莱进入的房间的门口。杰罗姆踉踉跄跄,急步走向左侧的写字台。他没戴帽子,长长的灰白头发飘动着,乱蓬蓬的;他那大领结的领带也松懈了。他那神态、动作和表情,显露了失态和迷茫。他喘息急促,粗声粗气。他说话语不成句,发一些怨言。他重重地坐到写字台前椅子上,臂肘撑在纸堆里,双手蒙眼。

索　菲　(见他那副样子和神态,不免惊诧)杰罗姆。

〔杰罗姆没有动弹,继续低声呻吟。

索　菲　(走向杰罗姆,不安地)我的朋友……

〔杰罗姆不回答。

索　菲　(抬手放到他肩上,关切地)您怎么啦?

〔杰罗姆抬起头,喘着粗气看她,随后头又耷拉下去。

索　菲　(俯下身,用双手抬起他的额头,带着温情不安地询问)您不舒服吗?您碰到什么事了?

〔杰罗姆·德·库瓦锡对他妻子强颜一笑,稳了稳情绪,张口要说话,又说不出来。他欠起身,伸手要够旁边小茶几上的一件家什:茶几上放着几只咖啡杯。

索　菲　要不要我给您倒一杯?

〔杰罗姆指着一瓶白酒。

索　菲　(递给他酒瓶)烧酒?您可从来不喝呀!

〔杰罗姆接过酒瓶,倒满一杯,一口气喝下去。

杰罗姆　神灵啊,我在这芸芸众生中沉下去了……

索　菲　是什么意外的打击,能动摇您的意志?……我的朋友,您从哪儿来?

杰罗姆　从国民公会。

索　菲　会议结束啦?

杰罗姆　没有,我不能一直待到结束。

索　菲　出现什么情况?又发生暴力事件了?什么也不可能出乎您的意料吧?您十分了解那些人啊。

杰罗姆　他们已经不是人了!就是一群牲口,又温顺又凶残。所有卑鄙的、残暴的本能,全都暴露无疑。屠宰场里的一堆肉。一些走狗,匍匐在那里,嗅着血腥的气味。在场子中央,狼和鬣狗来回走。大厅里空出许多座位。二百多位逃掉,死了,消失了。右边空无一人。原先坐在右面苟活下来的议员,都逃离座位,爬上了山顶。坐什么位置都不保险,甚至极其谨慎的人也不断换座席:因为,谁也说不准,要打击到哪里,是上面还是下面?他们极力降低姿态,让人忘掉他们的存在。他们的眼睛总在游移,窥视下方、左侧、右侧,羊群战栗,狼群眨眼——罗伯斯庇尔那副扁额头、眼镜后面的黄眼珠,——比洛垂下的额头、充满血丝的眼睛,——还有圣茹斯特,鹞鹰眼眶里那蓝眼珠的寒光……圣茹斯特在讲台上。他要发言了。肃静。他梗着脖子,冷冷的目光扫视全场,看到那些避开他的目光、弯下去的脊背;他在点数:他要扑向哪一个呢?不慌不忙。他有足够的时间。谁也不敢动一动……六个月前,也是在这场地,相对立的激昂辩论,如同浪涛一样轰鸣:吉伦特派、山岳派两个阵营交锋,手上拿着武器,用言语和手势较量;在那种混战中,看台上雷声滚滚,两千颗脑袋都在吼叫。如今呢,这成了一座坟墓。当一个屠夫讲话时,只听得见苍蝇围着尸体的飞鸣。所有这些一动不动的躯体,无不因受幻觉控制的等待而瑟瑟发抖。人一旦进入牲口圈,谁也不知道他会做什么,也不知道会对他做什么。谁也不知道是否会要他的命,也不知道他该要谁的命。一旦跨过门槛(还必须跨过去,不可以躲避,否则就引起注意)谁也不再是本人了。同事、朋友,刚才还挽着您的手臂,现在就成了陌生人……他是怎么看我的?而我,又是怎么看他的?……每个人对另一个人都是一个谜。也许片刻之后,我会看见他站起来,眼睛射出凶光,唾沫星四射,同一群猎犬冲我狂吠……或许是我抢先下手,只因有这么一瞬间;我知道,如果不抢在前头,我身边这个人就会要我的脑袋了……

〔杰罗姆双手发抖,精神恍惚,进入一种冲动的状态。这时,他中断讲述,伸手又要拿酒瓶。可是,索菲坚决地把酒瓶从丈夫的手边移开,坐到丈夫身边,亲热地碰碰他的胳臂。

索　菲　您不要冲动！恢复您一贯的平静！……对我讲讲，发生了什么情况。我要尽量弄明白……您是说，圣茹斯特讲话啦？又新整掉一批人吗？您不在其中吧？

杰罗姆　（点头称是）对，又新整掉一批人。

索　菲　可是，还整谁呢？他们已经打击了所有敌人。左派的对头、右派的对头。遭殃的吉伦特派彻底咽气了。公社也已破碎。埃贝尔、肖梅特①、克洛特②掉脑袋还不到一周时间，他们还剩下什么要消灭呢？

杰罗姆　他们自己。现在，他们相互吞噬。他们将共和国周围清空了之后，就扼杀共和国。今天早晨六点钟，他们逮捕了……

索　菲　谁？

杰罗姆　丹东。

索　菲　丹东。

杰罗姆　我和他本来就不是朋友。我不喜欢这个人。讲话那么激烈，滔滔不绝，充满污泥浊水，这个魔头，那么狂躁，毫无节制又精于算计，那种卑劣的本能和那种狡诈，都引起我的憎恶，他那样大喊大叫，往往掩饰着内心的慌乱和尚无定见。然而，谁能否认他那争得荣光的胆量，为共和国所做的光辉贡献呢？……在乌云密布的日子里，谁没有看见这个巨人在云端挺立起来，头戴闪电的桂冠，就好像革命的护佑天使呢？……逮捕丹东的消息一传到议

---

① 肖梅特（1763—1794），法国革命领袖，社会改革家。一七九二年十二月起，任巴黎公社总务委员委员，改善医院条件，推行贫民合乎礼仪的殡葬，禁止卖淫、封查下流书刊。埃贝尔鼓吹长裤党人起义，他虽未支持，但还是受株连，一七九四年四月被捕并处决。

② 克洛特男爵（1755—1794），法国大革命时期的激进民主派人士，出身于荷兰裔的普鲁士贵族家庭。一七七六年到巴黎，参加狄德罗主持的《百科全书》编纂工作。一七八四年离开法国，周游欧洲。一七八九年法国大革命爆发时回到巴黎，成为激进的民主派和雅各宾俱乐部成员，入了法国籍。一七九二年五月进入国民公会，主张法国应该“解放”欧洲各国。国民公会支持他发起革命十字军的号召，从而同欧洲大部分国家处于交战状态。他参加雅各宾左翼埃贝尔派，但罗伯斯庇尔将他逐出雅各宾俱乐部，并指控他是外国特务，将他送上断头台。

会,在场的人无不惊呆了。没有一个人不感到这个人是神圣的,属于国家不可侵犯的财富。很少人没有感同身受,得到他那种粗鲁助人的益处。在艰难的日子里,许多人都投到那魔头的保护之下。大批被保护的人,用他的残渣剩饭充饥。然而,这帮人吓坏了,只是咕哝几句,不敢作声。我跟他们一样保持沉默。

终于,丹东圈子里的一个人,众所周知,是那颗殒落的明星的卫星,他感到要被拖下水,出于本能做出反应,试图拉一把。勒让德尔,一个庸俗的人,曾在丹东的影子下狐假虎威……他感到自身难保,便鼓起勇气,表明了态度,大吼着为自己壮胆,要求释放丹东。从沉寂中发出的这声呼喊,好几个人听了便安了心,已经开始嗡嗡议论支持他。有几个人甚至贸然鼓掌。再有几分钟,国民公会或许就能恢复勇气,不再任人宰割……

突然,罗伯斯庇尔进来了。窃窃的心声当即凝结。罗伯斯庇尔进来这一道,大家都急忙收回思想,藏到面孔后面。讲话的人周围,重又寂静下来。勒让德尔看见罗伯斯庇尔。——一分钟之前,他冲动起来,发出的喊声,现在又落空无响。接着,他就慌了神儿,话语中断,重新讲时便结结巴巴,一句话讲半截,挥起拳头捶讲台,随即停住,急忙下台。勒让德尔从另一侧下台,罗伯斯庇尔上来了。他不屑于回答刚才的吼叫:那只惊恐的野兽,现在就想让人把他忘掉。罗伯斯庇尔语调平淡地念了逮捕令,那是头天夜晚由三委员会签发的。他语焉不详,说是一桩重大的谋反。他祝贺“强大的议会”,“从内部揪出所有背叛事业的坏分子……”突然,他的声音变得咄咄逼人,转向躲到另一个人身后的勒让德尔,仿佛,没有看见他,呼唤法律的利剑指向保护叛贼的那些隐蔽的同谋。勒让德尔张口结舌,要求答辩。可是,对方却毫不容情,装作没有听见,一板一眼讲完他那套话,以绚丽的词采描绘了死亡,讲罢离开讲坛,留下装饰桂冠花环的大斧,悬在议会的头顶……

全场一直陷入寂静,犹如深渊。渊底还升起勒让德尔的嚎叫,向着死亡狂吠。不过随后,这条狗就只有一个念头:在棍棒下匍匐在地,舔着打他的人的脚乞求宽恕。他语无伦次,道歉说他并不知道,并不了解,他还极力巴结,表白说,哪管是他的朋友或兄弟犯罪,他也会交出人,从而抛弃了那个被打倒的人,让怯懦的议会见证他怯懦的出尔反尔……没有一个人敢冒风险,向他伸出手,同样,那个冷漠的人无声的威胁也并未松懈,他冷眼旁观这个自溺沉下去的可怜虫……

可怜虫消失了。一张鄙视和畏惧的席子覆盖了他。这时,山岳派的一个人,代表议会祝贺三个委员会,称赞他们保持警惕,挫败了新的阴谋。会场各个方向,许多声音随声附和。不过,罗伯斯庇尔知道,议员们都是耍嘴皮子的,绝不满足于这些抓不住的、没有脑袋的声音。他要求国民公会署名投票表态,批准审判,——审判既然事先就注明了,这就是说,批准将丹东打入地下。

索　菲　您投票赞成啦?

杰罗姆　他们全都投票了。在握有生杀大权者的监视下,所有人都争先恐后拥向讲坛。有几个人弓着背,声音还有点迟疑。大部分人则装出罗马人那样的坚定,发出钢铁般的声音;恐惧在他们的五脏六腑里饮泣。那个勒让德尔也投票了,勒让德尔出卖了他的主子。我们有五六个人,厌恶地看着这种场面。我们每人都等待轮到自己投票,轮到哪个,他就站起身,走过去投进他那一票,落井下石。

索　菲　您投票啦?

杰罗姆　轮到我的时候,我站起来,扬长而去。

索　菲　您没有投票?

杰罗姆　我快要走到门口,身后有人拍了一下我的肩膀,连声叫道:"库瓦锡!"……还有一个人,(是谁呢?)把守在门前。我把他推开,走出大厅。我走到街上时,就觉得头昏眼花,险些跌倒。一位过路人见我站立不稳,就过来搀我走进一家咖啡馆,让我喝了一杯滋补汤。我聚拢了全身力量,觉得当街出丑,终于回到家……当时我真就想躺到地上,钻进土里,再也不起来……厌恶,厌恶世人,也厌恶自己。人性、理性、自由……笑话!我的信念,笑话!人天生就该受奴役。人天生就要背叛。为使人自由的一切努力,为把人扶起来的一切尝试,只能促使人展现其兽性。我做了什么?我丢了性命!……

〔他双手捧头,重又倒在书案上。

索　菲　(听他讲述,心情紧张而又怜悯)可怜的人!可怜的人!(她俯下身去,分开他的双手,拉住他的手不放)杰罗姆,我的朋友!……亲爱的丈夫!……不要气馁!我理解您,也心生怜悯。您受了这么多苦,我也跟您一样难过……但是,我不希望您丧失自己的信念……我们的信念……

杰罗姆　(抬起头,以怀疑的口气)我们的信念?

索　菲　这也是我的信念。——不错,人很卑下,残酷无情又令人失望……唉!我们也深知,有多少怪物、多少不齿的意念,附在我们自身,我们却不敢讲出来,让我们愧对于心……但是,我们正因为了解这种状况,才进行这场革命,以便解放并提高人类。这有多么艰难,有多大危险,我们也并未视而不见。我们的过错,也许是过早相信这场仗打赢了。不过,在解放的最初日子,忘情地拥抱全国所有人,真是件快事。我们有必要懊悔吗?那种情况不会持续。然而,谁不会羡慕我们呢?谁不会羡慕我们在世感受过这种幸福呢?我们采摘了这种幸福之花。而这朵花雕谢了。我们这一时的欢乐,随后便付出了代价。这难以接受,但是事情本该如此。您在科学研究中,懂得了承认自然不可改变的法则,难道这可以成为您怀疑或者放弃的理由吗?您曾有勇气攀登得相当高,视野开阔,一览群山以外的大地、蜿蜒曲折的河流:人类精神的进步。您从来就不相信,追随这种进步的行程,有几年时间就够用了。您预见需要几个世纪,还会遭遇停顿和倒退。是的,我们亲眼看不到人间福地了。不过，知道福地何在，并指出通往之路，这不已经是很大收获了吗？其他人，青年一代会跟上来，继续中断的行程。我们同现时连接在一起，只能从他们身上获取安慰！要对抗压抑您的骇人的景象，我的朋友，您自身还有许多招数！您个人的勤劳、您的研究、您的发现，这个科学的王国，能摆脱人的疯狂和残暴，也不管人愿意不愿意，终将要解放人类。

杰罗姆　（逐渐直起身子，双手由妻子的手拉着，目光不再离开妻子了）唔！这话让人感觉好多了！……这些思想，从您的口中讲出来……这种信念，我已丧失的信念，又通过您失而复得……我的妻子！……这么说，您爱我吗？我原先以为不是！……

〔杰罗姆亲吻她的双手。

〔索菲心情慌乱，在丈夫低头吻她手时，扭过头去。

杰罗姆　（又抬起头，目光含着感激，凝视索菲，谦卑地恳求回答）索菲，您对于我，真的有点感情吗？

索　菲　（试图摆脱）啊！刚才您讲述的时候，我浑身发抖……我真担心……真担心……

杰罗姆　（苦笑一下）您担心我怯懦？

索　菲　不，不要讲出这个词！

杰罗姆　我不是已有相当表现吗？

索　菲　您不同别人，拒绝了堕落。

杰罗姆　噢！我本应该表明态度，却逃避了。我是个可怜虫，只有少许勇气不做为……

〔瓦莱出现在他躲藏房间的门口，带着嫉妒的恼恨注视他们，但是没有引起他们的注意。当他们的目光无意识地转向他这边时，他就退回到房间。

索　菲　（亲热地）您是个可怜的人，软弱，正因为如此……

〔她在冲动中戛然而止。

杰罗姆　（接近他没有放开的妻子的双手）正因为如此？……（索菲

不回答,他仍坚持)正因为如此?……您说呀!……您对我才有点儿……有点儿好感?

索　菲　(尴尬,再次逃避)正因为如此,我的朋友,正因为您软弱,您冒了生命危险,才更加难能可贵。因为,您的确冒了生命危险。您谈起这一逃避行为,不要贬低自己!……

杰罗姆　此话有理。我知道有人要找我算账的。这两个月来,我的思想已经引起怀疑。我每走一步都有人跟踪,每说一句话都记录在案,甚至记下我多次沉默不语。那些告密者一直在暗中窥视我。有的还是我们的朋友。今天我就能够(我等待情况确凿了,才会把我对他的怀疑告诉您)能够拿到证据,德尼·巴约那个老家伙……

索　菲　(惊骇)天哪!

杰罗姆　大家在这里谈论的一切,他都要汇报上去……

索　菲　不,我不相信!这位老者……这个温和而胆怯的男人……什么动机呢?

杰罗姆　(耸耸肩)换取自身的安全……况且,在我们这种时期,无耻行为是一种麻疯病;可以看到一些正派的人,突然产生败坏自己名誉的需要……

索　菲　(极度忧惧)杰罗姆!他就在这里来着!……

杰罗姆　谁?巴约?今天?

〔索菲点头称是,她过于紧张而说不出话来。

杰罗姆　您担心什么呢,索菲?我知道您说话谨慎……

索　菲　……他就在这里,正巧进来……

杰罗姆　正巧进来?……

索　菲　放逐者,寻找避难所……瓦莱……

杰罗姆　(又惊又喜,不由得叫起来)瓦莱!……他还活着!他来啦!……索菲,您接待他啦?您没有让他吃闭门羹?他在哪儿?

索　菲　就在那儿!

〔索菲指着应声来到房门口的瓦莱。接着,她为了掩饰内心的慌乱,从通楼道的门出去,仿佛要守住门口,丢下两个男人单独面对。

第四场

杰罗姆　（走向瓦莱,向他张开双臂）我的朋友!（瓦莱却不动弹。杰罗姆稍一停顿,继续朝他走去）你得以逃脱!……据说……感谢上帝!……

〔杰罗姆走到瓦莱面前,想要拥抱他。可是,瓦莱一扭身,走进了客厅,同杰罗姆保持距离。

瓦　莱　（冷冷讥讽）我们还是让上帝忙他的事吧!他对我们的事不感兴趣。上帝属于罗伯斯庇尔。

杰罗姆　（他热情的冲动受阻,稍微愣了一下,又说道）瓦莱!我又见到你啦!……今天,我遭受忧虑和极度伤悲的围攻中,就觉得一束阳光随同你进来了……

〔他又朝瓦莱走了几步,这回伸出手去,但是瓦莱并不同他握手。

瓦　莱　别靠近!你可能引火烧身。

〔瓦莱仍然是嘲讽而冰冷的声调。

杰罗姆　（惊诧,退了一步）瓦莱!我的朋友!……你怎么啦?……你不愿意同我握手?……你提防我?……我的家就是你的家。我感谢你选这里当避难所。你怀疑我的友谊吗?这种友情可是忠实于你的。

瓦　莱　（辛酸地）我见识了这种友情,这一年来,忠实地把我们交给了那些凶手。

杰罗姆　（伤心地）瓦莱,的确,在为你们辩护上,我做得很少。（你若是愿意,就痛斥我吧,我绝不申辩）但是,你并不了解我们被关进什么样的疯人院里，不可能插上一句理性的话。这是一种流行病。最健康的头脑，也逐渐传染了。四年了，高度紧张，狂热的演说，让人感到热昏的文件，恐怖，猜疑，希望救世又大失所望，四年折腾下来，毒化了整个气氛。死亡的威胁，感染了所有人的思想。“战胜或者死亡”，人多少年停留在这剑锋上，不可能不出危险。身上沾满鲜血，就变得狂暴了。有谁试图呼唤他们恢复人的情感，那他就会被这些老虎的牙齿撕烂……唉！恰恰是你的朋友们，瓦莱，恰恰你的党派，恰恰是你，率先向欧洲宣战，将国家投入公民斗争的同时，给疯狂打开了锁链，疯狂就把你们吞噬了！

瓦　莱　（伤人地）我们拒绝同罪恶妥协。别人为保命便迁就了。

杰罗姆　（受到伤害，但是控制住情绪）在我们生命之上，还有我们生命的事业：我们年轻的革命。革命有许许多多敌人！不要再添上我们之间的仇恨！我们应该为革命事业抛弃我们所有的意气。

瓦　莱　（出言不逊）对毫无义气，只有利益的人，抛弃了毫无损失。

杰罗姆　（不想听明白）我们指的绝不是那种人。丢开那些卑怯的灵魂。从你到我，只可能是为思想而生的人。

瓦　莱　有些人为思想而死，也有些人靠思想而生。

杰罗姆　（喊）瓦莱！……你要说什么？……你到底怎么啦？……你好像怨恨我？

瓦　莱　（停顿半晌，恨恨地）对！

杰罗姆　（悲哀地）此时此刻，你的生命到处受威胁，在这满是你敌人的巴黎，你就不能认出一个人的系恋，他虽然不同意，却尊重你的思想，希望救你吗？

瓦　莱　不，我根本认不出来！你的系恋，谎言！你只系恋你自己、你的安全，系恋你的谨慎的工作、你的中立。扼杀法兰西的暴君该死！但是，中立派都该受唾弃！……你知道我是不是鄙视魔鬼罗伯斯庇尔，那个灾星大骗子，共和国的刽子手，卖身给奥地利的叛徒！但愿再出来一个刺杀马拉的科尔代，将那个魔鬼的心剜出来,我会亲吻那把刀。但是我同样恨那些沉默的谨慎者:他们在这场凶残的斗争中不偏不倚,迁就罪恶和德行,漠然地对待一切,一门心思要他们走钢丝的把戏,随时准备为一个效力而损害另一个,明天再出卖前者!……

杰罗姆　(控制住情绪,非常平静,但是内心颤抖)瓦莱,这番话不是冲我来的。

瓦　莱　(极怒)就是冲你!

杰罗姆　(惊愕,半晌没回答)既然你这么恨我,为什么你还到我家来寻求避难呢?

〔瓦莱并不回答,目光越过库瓦锡,投向重又打开的通楼道的门,索菲回来了;他凝望着索菲,眼睛里闪着火热的光芒。杰罗姆注意到这种表情的突变,回过身去寻找缘由,他看见妻子朝他走来。

第五场

索　菲　(极度紧张,重又关上门,跑向杰罗姆)来人啦!来人啦!……杰罗姆!……他这下完啦!……

〔杰罗姆观察瓦莱的眼睛:听见索菲的话,瓦莱的眼里毫无惊慌之色,丝毫也不掩饰看见她的那种欣喜。杰罗姆随即回身,琢磨索菲的慌乱神态,因而忽略注意她说话的意思。

索　菲　(抓住他的胳臂)快点儿!快点儿!杰罗姆!……您没有听见我的话吗?

杰罗姆　谁来了?您看见什么啦?

索　菲　这条街道被包围了。一群群携带武器的人从一家进入另一家。我们的楼门派人把守……过来,您瞧瞧!

〔她拉着杰罗姆走向右侧的窗户,将厚厚的窗帘撩起一角,杰罗姆俯身观望。瓦莱也跟了上去,但是他只看索菲。

杰罗姆　这个街区正挨家挨户搜查。

索　菲　照您看,那人已经告发我们了吗?

杰罗姆　谁?德尼·巴约?……不会……至少还没有。现在是一种普查措施,不是单单针对我们……您瞧这支小队,进入对面的楼里。这无疑是区监察委员会下了一道命令,挨家挨户搜查。家家户户都要过一遍。不过,在发生了今天的情况之后,我们家可能要受到特殊的照顾。

索　菲　(惊慌失措)快逃哇,克洛德!

杰罗姆　克洛德?……哦!对,瓦莱……逃是不可能了……您瞧,栅栏已经封住街口,有哨兵守着。搜查未结束,谁也走不出去……正分段进行。对面楼检查完就轮到我们这栋。我们有一刻钟时间。

索　菲　(渐渐失控)杰罗姆,一定得救他呀!

杰罗姆　(始终镇定)亲爱的,我们所有人的命,都同样受到威胁。

索　菲　(越发激动)可是他,一旦被人发现,他就完啦!

杰罗姆　一旦在这儿发现他,您的命也同样保不住。

索　菲　(情绪非常冲动)只要救了他的命,我根本不在乎自己的命!

瓦　莱　(眼睛放光)现在我达到了目的,再也无所畏惧!

索　菲　不,目的是活下去。我不愿您丢了命!

瓦　莱　一起活,或者一起死去!

索　菲　(热切地)活着!……

瓦　莱　(喜出望外)我们要活着!……

〔他们忘掉一切,忘掉了周围的一切、面临的危险,以及观察他们的杰罗姆。二人只顾手拉手,四目对视。

杰罗姆　(沉默片刻之后,非常冷淡地)时间过一分少一分。你们若是想活命,剩下的几分钟再怎么充分利用,也耽误不得了。(听了这话,索菲又冷静下来,她放开瓦莱的手,而瓦莱也向后退去。这时,索菲转向杰罗姆,但是她眼神慌乱,还不敢正面看他)索菲,您也知道,这间屋(他指着左侧靠舞台脚灯的房间)里端,在凹室那面墙里,有一间用砖隔出的间室,是我亲手建造的,为收藏文件用,以免落到随便什么人手里。暗室里能躺下一个人,您让瓦莱进去吧,壁板仔细重新安好,再放下帷幔。如果仅仅是例行检查,区里的一次统一行动,那就会走个过场,算我们运气,逃过一劫。

索　菲　过来!我们抓紧,瓦莱!

杰罗姆　等一等!……必须什么都预见到。假如搜查的命令发自治安委员会,或者那个人——那个巴约——已经把我们出卖了,那么任何角落、任何一面墙壁都蒙混不过去。那就毫无办法,我们只有一条路……拿着!……(杰罗姆从大领带的折缝里,掏出一个小袋,打开小袋,分了袋中物)这毒药万无一失,是卡巴尼斯送给我的……给您,瓦莱……索菲……这份我留着……去吧!

〔索菲很感动,瓦莱也很冲动,两个人都交织着相互矛盾的感情,看着杰罗姆;而杰罗姆不再看他们,又走向窗口。他们俩从左侧靠舞台脚灯的房门出去。

第六场

〔杰罗姆·德·库瓦锡回过身,眼睛凝望二人走出去的那扇房门,他又缓步返回舞台中央。

杰罗姆　(以挖苦的口吻)他们是情人。我这最好的朋友,嫉妒了,死到临头了,发泄多么野蛮的愤怒!为了窃取我妻子,杀了我他也不会犹豫……刚才我还向她坦吐了我的困境,她是他的同谋:毫无疑问,她也盼望我死……为什么不会呢?我是他们要满足欲望的障碍……好吧,让他们满足吧!我不会妨碍多久了……我可没兴趣,强留一个只渴望离开我的人。我自己也没有兴趣久留于世,同这卑劣的世人纠缠了……卑劣?不。荒唐。都不值得鄙视了……只有一个人,还给了我相信人的一种理由。他却把她从我手中夺走……事已至此……这两个不幸的人,如果还能找到生活的乐趣,那就算他们如愿以偿啦!我呢,这条命就舍了……

〔他走向书橱,从一大部分仿羊皮封面对开本书中,取出嵌在里面的手稿。

这些审判刽子手的材料,那些刽子手一拿到,就是我的现成的判决书。

〔他将这些材料摆到客厅正中桌子的明面上。

〔接着,他又转向临街的窗户,向外张望。

他们从对面那幢楼里出来……他们横过马路……他们进楼了……我准备好了。

第七场

〔只听一队人上楼的沉重的脚步声。重重的敲门声。杰罗姆不慌不忙去开门。进来一名代表和六个武装人员。代表的装束:"肥大的黑呢长裤、同样黑呢短外套、三色背心、平平的黑短毛雅各宾假发、红软帽、一把马刀、长长的胡须,这就是所谓的一整套卡马尼奥拉行头"。其他人则只有这套行头的一两件。好几个人没穿外套,也没穿背心,脚下是破鞋子,武器只是一杆梭标。

克拉帕尔　治安委员会!……

杰罗姆　请进!……是你吗,克拉帕尔公民?

克拉帕尔　(一开口就带敌意)你没有料到吧?

杰罗姆　(平静而不屑地)什么也不出我所料。

克拉帕尔　(挖苦而又威胁地)这么容易又见面了,嗯?

杰罗姆　尤其是一个(可不是我!)去找另一个。

克拉帕尔　还真让你猜对了……不过，我可不是来白浪费唾沫的。你的脑袋安结实了吗？

杰罗姆　你检查一下就知道！

克拉帕尔　（对其他人）干事吧！（他吹了声口哨，就仿佛叫狗一样）找啊！找啊！抢啊！

杰罗姆　一语道破。你说得真好。

克拉帕尔　……看谁笑到最后……

〔那些人开始粗鲁地搜查家具，拉开抽屉，将里面的东西胡乱倒在地板上，纸张散落一地。索菲听到响动，从隔壁房间出来，走近杰罗姆。杰罗姆站在客厅中央，一动不动，背对着那些不速之客。

杰罗姆　（没有动弹，几乎没有张口）好了吗？

索　菲　（点了点头，没有说话。继而，悄声说）还有点儿戏吗？

杰罗姆　（悄声）没戏。

索　菲　（悄声）是谁啊？

杰罗姆　（悄声）克拉帕尔。一个混混儿，两年前让我抓过，在阿拉伯人街倒卖金融券。

克拉帕尔　（对他手下一个人）蒂莫隆，打扫打扫壁炉！

〔那人将梭标探进壁炉，狠命搅动。

克拉帕尔　弄点湿柴草来！……杜杉，抱过来，点着！狐狸若是躲在里面，咳嗽起来就听得见！

索　菲　（小声对杰罗姆）莫非他们知道？

〔杰罗姆耸耸肩。

克拉帕尔　（对手下人）搜哇！搜哇！

杰罗姆　（对克拉帕尔）起码爱惜点这些易损的艺术品！

〔他指着日本屏风。

克拉帕尔　艺术就是贵族派。

〔一个人用梭标探测墙壁，捅破了一大幅画像的画布。

〔索菲惊叫一声。

克拉帕尔　（急步走向那人）哈！哈！……再探一探！……

〔那人又用梭标戳进画像里。

你觉出后面有什么东西吗？……什么也没有？……

〔他转向索菲。

你为什么惊叫呢？

〔索菲鄙视地瞪眼看他。

克拉帕尔　（狂怒）你不屑于回答我？……看人就跟看条狗……他妈的！……女公民，要瞧一瞧你这幅画后面藏了什么东西……不是那幅……你这身皮……我们要找一找，你身上有没有跳蚤……

〔杰罗姆上前一步，要推开克拉帕尔。克拉帕尔一把将他拨拉开。

你呀，老家伙，老实待着吧！……一会儿就轮到你了。我接到命令，全面搜查。我就得搜查……不过，谁都知道应该尊重女性……女公民，并不是我们来察看你身上有魅力的部位……波达娜！

〔通楼道的门口出现波达娜，一个没戴帽子的婊子，一张浮肿的脸，胸脯沉甸甸的。

你还在招揽什么吹牛的顾客？让我给逮着啦！……上前来，把这个美妞儿给我带到隔壁房间，搜搜她的内衣，是不是藏着一个流亡者！

〔他们哈哈大笑。索菲反抗了一下，但她瞥了一眼她藏匿瓦莱的房间，便朝另一个靠花园的房间走去，身后跟着波达娜。

杰罗姆　（旁白）好嘛！按照习惯，他们搜查各处，却一无所得；还必须迫使他们看到眼前的东西。

〔他走向摆在客厅中央的桌子，桌子放的材料依然明摆在那儿，而搜查的人谁也不想瞧一眼。他故意动作笨拙，急忙抓起那堆材料，仿佛要掩藏似的，以便引起克拉帕尔的注意。

克拉帕尔　(扑向杰罗姆)住手！……给我！给我！……

〔他从杰罗姆手中夺过手稿，快速地浏览，念道：

《奴役协定》……《受奴役的共和国》……

我抓住他啦！

〔他拿着材料在杰罗姆鼻子前摇晃。

他一定还藏着其他材料……塔夫塔，扭住他的手！瓦沙尔，掏空他的口袋！

〔一个人抓住杰罗姆的两个手腕，扭到身后，另一个人搜身，克拉帕尔在一旁监视。

克拉帕尔　你脑袋落到我手里了！

杰罗姆　(冷淡蔑视的口吻)那你就吃了吧！

〔拉扎尔·卡尔诺进来，一身公安委员会成员的服装。他身材魁伟，蓝眼睛，浓浓的眉毛，宽宽的额头，——激烈，高傲，喜欢嘲讽，——“一个有见识而爱挖苦的人”……

第八场

卡尔诺　(在门口停留片刻，看到这场面十分惊讶，待一目了然了，才大喝一声，势如响雷)茄子，你们在这儿干什么哪？

〔这伙人都扭头朝门口望去。

众　人　卡尔诺！……大委员会的卡尔诺！

卡尔诺　(大步流星走向克拉帕尔，毫不客气地一把将他推开，又从扭住杰罗姆的人手中把他夺过来)混账！……放开爪子！

克拉帕尔　(抗拒)我执行命令。

卡尔诺　我下的命令。

克拉帕尔　我的职责就是搜查。

卡尔诺　你的职责就是尊重值得尊敬的。放开这个人！

克拉帕尔　难道还得优待共和国的敌人吗？

卡尔诺　蠢货！这颗头对共和国的贡献，要超过你这样一百个驴头。正是他发明制造的炮弹，供应革命军队，重创敌人，我们才在瓦蒂尼打了胜仗。

克拉帕尔　胜仗又不是公民责任证书。我信不过那些老鹰。

卡尔诺　你觉得他们飞得太高？

克拉帕尔　他们超出了一般水平。应当剪掉他们的翅膀！大家都平等！

卡尔诺　那么大家都成了你这样的癞蛤蟆！（克拉帕尔的人全笑了）不过，克拉帕尔，在世人达到你的水平之前，共和国还需要首领。而我就是一个。都给我出去。

克拉帕尔　我想走就走。你根本不是这里的主人。我是治安委员会代表，绝不允许有人嘲笑……

卡尔诺　大委员会根本没有开玩笑的习惯。谁违抗它的命令，就自找倒霉！

克拉帕尔　好吧。我这就走，因为我愿意。但是，治安委员会早晚能了解情况的。如果说我的头拿在你手上，那么另一个人的头就拿在我手上。

〔他摇晃着从杰罗姆手上夺过的材料，带着归队的波达娜一行人走掉。

〔场上只剩下杰罗姆和卡尔诺。

第九场

卡尔诺　他拿走了什么？

杰罗姆　我的起诉书。

卡尔诺　你是原告还是被告？

杰罗姆　两个全是。我在这些材料上，控告了滥用宪法的行为，以及利用宪法的专权者。

卡尔诺　你投石击天。石头落下来，又砸到你头上。

杰罗姆　我知道，真话杀人。

卡尔诺　库瓦锡，时间紧迫。我来的时候知道了一切。然而，事情发展得比我预料还要快。我没想到会在这里碰到这些密探。

杰罗姆　这么说，他们不是公安委员会派来的？

卡尔诺　公安委员会用不着密探，依靠朋友就足够了。

杰罗姆　德尼·巴约讲了吗？

卡尔诺　对。

杰罗姆　那就无需我告诉你什么了。

卡尔诺　你这里藏匿了吉伦特的一条狗。

杰罗姆　你不会期望我把他交给你吧？

卡尔诺　不。把他丢到外面就是了。让他去别处给逮着！我来这儿，根本不是为了谈他的事儿。无论他在哪儿，无论他去哪儿；这种时候，那个可怜虫的命已不值钱了。我来是要说你的事儿。

杰罗姆　你要怎样？

卡尔诺　库瓦锡，你知道，你的行为引起怀疑，不是今天才开始的。几个月以来，你的暧昧态度、你对委员会的举措采取沉默的反对，甚至你的缺席，都表明你的敌意。别人不难弄清楚你掩饰的情感。唯独你所做的贡献，以及普里尼·让蓬和我的干预，才算保护了你：我们三人为了国防，渴望救下你这样一颗脑袋。可是今天，已经忍无可忍了。你在议会会议上发表的谬论引起了愤怒，随后你又匆匆逃离，完全惹恼了委员会。委员会里刚刚经历一场激烈的争吵。我们受了围攻。绝大部分人要杜绝这种沉默的抵制，认为这比公然反对还有害。他们让你选择：要么明确表示赞同新法令，即反放逐者的法令，要么你就同他们会合。因此我来告诉你：今天晚上，你们雅各宾俱乐部，登台讲话，表态拥护新法令。这是保你安全的条件。

杰罗姆　（平静地）我拒绝这种条件。我得承认：近一年来，我的行为嫌疑太多。今天我还不免丢人,表现出了一阵慌乱。但是随后的情况,就不必讲述,却让我看明白,思想也平静下来。终于能担当起责任,我很高兴。

卡尔诺　什么责任?

杰罗姆　我要痛斥放逐法令和血腥的专政。

卡尔诺　你绝对不能这么干。你没有这个权利,况且也没有这个能力。

杰罗姆　我有良心上的权利,也有为良心而牺牲的能力。

卡尔诺　疯子,你一点也没有看出来,现在动摇委员会,就势必毁了我们的事业——共和国吗?

杰罗姆　我们的事业,本来是要确立自由人的权利。

卡尔诺　为了保障人的自由,首先必须保护人,反对那些奴役人的人。没有国家的力量,个人的权利一文不值。

杰罗姆　为国家力量牺牲掉的个人权利,同样一文不值!

卡尔诺　一文不值,将来却有价值。要知道,牺牲现在,是为了未来!

杰罗姆　为了未来,牺牲掉真理、爱情、人的所有美德和自尊,这就是牺牲未来。正义不会从罪恶的土壤里生长出来。

卡尔诺　我们开诚布公,库瓦锡!我们是科学家,两个人都了解,自然法则多么严酷,根本不顾忌脉脉温情,要一路踏着人的德行去达到目的。德操,就是结果。我要结果,不管付出多大代价。这种代价,并不是我本人确定的,但是我接受。我同你一样,也许比你还要憎恶那些狡猾的、草菅人命的人,我还迫不得已,比你要更多地同他们相处,混在一起。我憎恶他们每天让我签署的暴力法令。然而,我绝不认为自己可以拒绝、逃避这种行动,虽然这种行动弄脏了我的双手。我看重投入战斗的目标。人类进步,哪儿在乎几件肮脏事,如果需要,也不在乎几桩罪行。

杰罗姆　我理解你,卡尔诺,绝不是谴责你缺乏悯悯。如你所说,科学用不着怜悯。我同你一样,信不过感情用事,但是也信不过思想意识。我比你年长,对人类进步再也没有你这种信念了。我搞科学太投入,不会无保留地相信我们的一种假设(因为,这无非是一种假设)。而这种假设再怎么迎合人的才能及其热切的希望,我也绝不奉为神明,祭献血腥的供品。在我看来,只有生命,现世生命才是神圣的。

卡尔诺 你却奉上自己的生命?

杰罗姆 我绝不为自己的命,献上别人的命。

卡尔诺 归根结底,他们的命已死定了。

杰罗姆 我的命则不然,只要以自由灵魂为榜样,对抗懦夫和暴君当道的卑劣时期。

卡尔诺 我才不管你的灵魂呢！不过,我看重你的性命,需要你的头脑。库瓦锡,我们真的需要你的劳作、你的才能。这是祖国的要求。你是应召人员,无权逃避,你逃避就等于剥夺国家应有的果实。

杰罗姆 实在遗憾中断已经开始的研究工作。热爱真理,是唯一绝不会背弃的爱。耐心而热诚地追求真理的过程,则是唯一持久的财富。然而近年来,我们却得知,必须准备好,随时放弃属于我们的一切:财富、名誉、幸福、爱情、工作和生命。我准备好了。

卡尔诺 自私！你只考虑你自己,献上你自身！……我也同样,为我自身准备好了,可不是为了你。我不会听之任之。〔你否定行动,从精神上反对的角色,扮演起来很占便宜。你仅仅冒生命危险……生命！……我们委员会的人则不然,我们甚至没有时间,也没有权利考虑自己的性命！我们日复一日,一小时又一小时,要拯救我们的革命——拯救孕育这场革命的国家,法兰西正遭受世界反对势力的所有鹰犬的血腥围攻。落后或者迟疑一分钟,那些疯狗就会扑到我们身上,野蛮地撕烂你我热爱并敬重的一切……行动起来,必须行动,刻不容缓,毫不容情地打击……

杰罗姆 我理解你,卡尔诺。我根本没有资格责备你。但是也别要求我赞同你的话！我不足为训，本来应该更加系恋生命。我疲倦了……

卡尔诺　我们呢，你以为我们不疲倦！疲软得往往要倒下去，我们感到被绑在制造恐怖的不可抗拒的机器上，也常常不堪忍受！……那又怎么样！如果这台机器停止运转了，那么另一种恐怖，黑色的、白色的，——裹尸布，就会笼罩世界……我不希望他们将光明埋葬！我也不希望我们的革命死亡。我要千方百计，不惜任何代价，让人类活下去，高高昂起额头，戴上自由的桂冠活着！如果需要，我可以付出名誉，亲手干那些无耻的事情。因为我知道，要想解放人民，开导人民，代价非常巨大！对立面是人民，他们头一波冲动过后，又消沉下去，还得违背他们的意志才可能拯救他们！对立面还有未来，正是未来几代人，我们的子孙，将从我们的劳苦和成果中受益。后代的废物，他们继承我们的财富还要脸红。他们会站在道德的高点，审判我们的过错和罪恶。他们会否认自己的祖父……不过，你和我，我们并未指望世人会感激——是不是这样，杰罗姆！愿他们将来生活幸福，对我们的回忆完全湮没！……（卡尔诺凑到库瓦锡跟前）〕[①]库瓦锡！……以连接我们敬重的老关系和工作团体的名义！……接受我带给你的保命条件吧！

杰罗姆　我办不到。

〔他又闪开。

卡尔诺　（耸了耸肩）定理！犟驴脑袋！……

〔他沉吟片刻，随后朝杰罗姆走了几步，递给他证件。喏，拿着吧！

杰罗姆　（接过证件，翻开）这是什么？

卡尔诺　事先我就确信是这种结果！我了解数学家有多么固执……

---

① 方括号内的这段戏文，初版（1925）中并没有。这是《爱情与死亡的游戏》在法兰西剧院演出时（1939），罗曼·罗兰特意补写的。——原注

好了,揣进你兜里吧!……这是两份冒名顶替的通行证,给你和你妻子。不过,一天也不能耽误!今天晚上就离开巴黎!如果可能,即刻动身。旅行车上已经给你们预定了座位,从巴黎到第戎,从第戎再去圣克洛德。别了,不要再让人看到你们!

杰罗姆 (感动)卡尔诺!……(他握住卡尔诺的手)可是逃走,那又何必呢?无论走到哪里,我们当场就会被捉住……谁能逃过委员会的警探和罗伯斯庇尔的仇恨?

卡尔诺 他完全了解情况。

杰罗姆 谁?他?

卡尔诺 不可腐蚀的人。对。是我的倡议。虽然他佯装什么也不了解,我也是带着他的默许来的。库瓦锡,你死了会让我们尴尬。共和国绝无兴趣抱起你的尸体。你的尸体太沉重了。帮我们这个忙吧,将你的躯体带走!委员会闭上眼睛。不过,不要迫使我们又睁开!你不要再犯在人家手里!绝不会轻饶你的。

第十场

〔杰罗姆·德·库瓦锡坐在写字台前沉思。索菲卧室的门小心翼翼地打开,索菲出来了。她扫视空空的客厅,看到背对着她的丈夫。

索　菲 (悄声地)他们走啦?

杰罗姆 (并不回身)对。

索　菲 卡尔诺对您说了什么?

杰罗姆 没说什么。(回过身来)我们没时间说闲话!时间有限。我们计算好要说的话。靠近前来,索菲。我们这会儿说的话,不应该让躲在隔壁房间那个人听到。(他指了指瓦莱出去的那扇房门)那个人,您爱他……不要回答!我知道,您非常率真,是掩饰不住的(沉吟一下),尽管您极不坦率,没有向我承认。(索菲又表示要辩解,被他制止了)我丝毫没有责备您的意思。如果说您没有做到,那么换了任何女人也不可能做到。因为我知道您诚实,心灵又软弱。我怜悯您的处境。

〔索菲站在坐着的杰罗姆面前,低着头,双臂垂在两侧,听了最后几句话,仿佛被压垮了。

杰罗姆　(脸上挂着忧伤的微笑打量着索菲)您多么爱他啊!

索　菲　(低着头)我爱他。

〔短暂沉默。

请您原谅!

杰罗姆　您自由了。

索　菲　(抬起头,双手伸向杰罗姆)杰罗姆!告诉我……该怎么办?……

杰罗姆　这不应该由我回答。每人只能自己判断。每人要替自己回答。

索　菲　那么,您会鄙视我!

杰罗姆　不。我毫无怨恨,也没有什么可鄙视的。这不怪任何人。过错在于生活。

索　菲　(双手伸向杰罗姆)可是您,您会痛苦的!

杰罗姆　不会。到了我这年纪,又处于这种时候,我没有时间了。您只考虑自己吧!如果可能,祝您幸福。

索　菲　(极痛深悲)杰罗姆!

〔站着靠在壁炉台板上,双手捂住脸哭泣。杰罗姆受感动,起身走过去,慈父般朝她俯下身去。

索　菲　(抬起满是泪痕的脸)唉!我们曾经相爱。爱为什么会过去呢?爱为什么要变呢?……对不起!我又伤害您了……我的朋友,我对您始终怀有最诚挚的情感。我宁肯忍受痛苦,至死保持缄默,也不愿给您造成今天这样的痛苦……不料,好似一阵风,爱情突来,打开了一扇扇门,抓住了我,将我拖走。怎么办呢?请告诉我,我能做什么?我能够抵制吗?那能办得到吗?那能办得到吗?那样做漂亮吗?那样做人道吗?

〔杰罗姆怜悯地凝视她,冲她微笑,十分同情。继而,他拿起卡尔诺撂在写字台上的两份通行证,塞到索菲手里。

〔索菲机械地接过通行证,眼睛瞧着却不明白。

杰罗姆　你们俩今晚都走。通行证能为你们打开巴黎城,保证在法国通行无阻,一直到瑞士边境。什么都准备妥当:签证完全正规,旅行车定好了座位。你们依照证件上记录的体貌特征,不唯进行乔装打扮。您去告诉瓦莱,你们抓紧准备吧!今天夜晚,不能在这里再让人见到他。去吧!救他的命,也救您的幸福!

索　菲　(心情慌乱到极点)我的朋友!……您愿意?您愿意吗?……不!这不可能!

杰罗姆　(平静地)必须救瓦莱。您不愿意吗?

索　菲　(热切地)是啊,我愿意。

杰罗姆　那好,您就陪伴他!独自一人他不会走的。您也不应该再孤单一人。我把你们相互托付给对方。别耽搁了!快走吧!

〔索菲在杰罗姆面前弓身,拉起他的手亲吻。杰罗姆想要抽回手,索菲抬起身,但是没有放开丈夫的手;他们面对面站着,满怀深情地对视。

索　菲　您心肠真好!……我不能接受。

杰罗姆　您可以坦诚地接受。我们之间,一切都坦坦荡荡。

索　菲　我不能离开您。

杰罗姆　您的心离开我了。索菲,我们绝不要力求为我们编织幻想了!你的心另有所属。

索　菲　想一想多痛苦啊!这颗心我曾给您,今天又从您那儿取回来!……我不愿意!……多痛苦啊!我的心已不属于我!……一切都脱离我,包括我自身!我感到时间逝逝,不堪忍受了。昨天,我还属于您,向您保证同甘苦,共患难,一直到尽头。而中途我却抛弃您,又要担起重新开始的爱的什么重负?……噢!爱,既然重新开始,也必将结束!……我能有足够的信念,为自己再创造一种生活?在哪里能找到自信和对生活的信心呢?……多痛苦啊!……

杰罗姆　生活,每天晚上死去,每天早晨复活,很快就能灌输给您遗忘和希望。不要再想!去吧!时间紧迫!

〔他轻轻推着索菲走向瓦莱藏身的房间,还把通行证塞进她手里。

索　菲　(下意识地接过并注视通行证件,心中一惊,想到一个疑问)对了,这两本证件,您是怎么拿到的?

杰罗姆　这有什么关系?

索　菲　从何而来?

杰罗姆　是卡尔诺交给我的。

索　菲　为什么?他为什么给您通行证件?这是给您制作的。给您和我。为我们俩。这么说,我们必须走啦?……受到了威胁!……您有危险!……

杰罗姆　(试图转移她的思想)不,不……毫无危险。

索　菲　如果根本没有危险,那他为什么给您送来保我们逃走的物件呢?

杰罗姆　好了,您不要胡思乱想!您别为自己制造臆想的忧虑!实在的,忧虑够多了。只考虑救您爱的那个人吧!

索　菲　我所爱的那个人?……库瓦锡,我还依从您的姓氏,我还是您的妻子。在联结我们的关系断了之前,我要求我的权利,我做妻子的权利,以及我们始终遵循的彼此绝对讲真话的法则……您应该对我讲真话。说吧,什么也不要隐瞒!

杰罗姆　(短暂沉默之后,同意了)我们被人检举。巴约告发了我们。他们知道我们藏匿了谁。他们夜里来逮捕瓦莱。

索　菲　也逮捕您。

杰罗姆　卡尔诺出于友情，会保护我的。说得够了！准备动身吧！要穿得暖暖的。收拾好最常用的物品。我去找瓦莱。

〔杰罗姆要去开门，正巧瓦莱出来，他眼神惶恐，衣衫不整。

第十一场

瓦　莱　（惶恐不安地瞥了一眼四周）他们都不在这里啦？

杰罗姆　不在了。但还要回来。

瓦　莱　（惶恐不安）什么时候？

杰罗姆　不知道。

瓦　莱　（不安地大步走遍客厅，从窗户往外张望，又侧耳倾听门口，不停地走动）往哪逃呢？哪儿藏身呢？

杰罗姆　瓦莱，我要跟你谈谈。

瓦　莱　（照走不误，不听杰罗姆说话）我绝不回你藏我的那间密室了：不能动弹，我受不了！我躺在里面很挤，好像装进棺材。我听见他们在我的房间走动。他们还敲敲我靠着躺的那面墙壁，可我憋在里面，不能动一动来防卫。……我受不了，绝不回去。

杰罗姆　（坐下，平静地）绝不回去。听听我要对你说什么。

索　菲　（不安地）你说，他们还要回来？

杰罗姆　（平静地）我们有交谈的时间。

〔他示意瓦莱坐下。瓦莱坐下来，但是他听库瓦锡说话的同时，还不安地注意倾听户外的动静。

杰罗姆　（平静地）我决定安排我妻子离开巴黎一段时间。入冬以来，她的健康状况堪忧。她要去家乡索思省克吕尼那边待两个月。我本来要陪同她前往。可是工作又根本不允许我……

〔瓦莱从椅子上站起来，倾听有人上楼的脚步声。

瓦　莱　（说话岔声了）有人来……

〔冷场片刻。杰罗姆似乎没有听见。索菲坐在壁炉前，一动不动地倾听,她刚才捅着了炉火,劈柴微微燃起。瓦莱身子蜷缩,准备扑向进来的人。

索　菲　(平静地)是到楼上去的。

〔瓦莱重又坐下。

杰罗姆　(仿佛未被打断,接着说道)……我不能陪同前往。这是我的通行证,你替我去吧。

瓦　莱　(惊愕)我!

杰罗姆　(始终平静地)这样,你一路照看她,也能从张开抓你的大网的网眼中溜出去。一旦到克吕尼苏瓦,回了她的家,你就临近边境。余下的就是你的事。

〔瓦莱站起身,接过库瓦锡递给他的通行证,打开又合上,惊诧得一时说不出话。

〔这工夫,只见索菲倾听,思索,注视两个男人,接着不声不响,撕了她的通行证,丢进炉火。她站起来,走向瓦莱。

索　菲　(对向她示意保持沉默的杰罗姆)不,我的朋友,让我说吧,什么也不必隐瞒了。(对瓦莱,语气温柔而坚定地)克洛德,我丈夫了解我们的感情。我已向他承认了。他十分大度,给我自由跟随您走。我已经做出了决定:我自由了,要留在我丈夫身边。当初,我是自主的,永远把自己交给他。他从未丧失我的感情。我若是改变初衷,就不能不自降身份。一颗自豪的心灵,绝不会出尔反尔。我要同他一起经受生活的考验。我当初愿意,就是永远愿意。

〔她走向丈夫,伸手给他。

杰罗姆　(感动)我已无权留下您。我会拖累您跟着丢了性命。

索　菲　(快速而低声地)你住口,别让他知道!

瓦　莱　(心酸地)噢!您从来就没有爱过我!

索　菲　我爱您,瓦莱,我也会永远爱您。然而,如果说我们不能自主,要忍受爱情之苦,那么我们总能自主,不要做爱情的玩物。

瓦　莱　您从来就没有爱过我！您只爱您的自尊。

索　菲　（轻柔地）我的朋友，我若是没有您所说的这种自尊，这种可怜的、受到伤害的自尊，您还会这么爱我吗？我若是软弱，朝三暮四，沉迷于短暂的情欲，不忠于自己的诺言、您还会长久地爱我吗？我们在一起能幸福吗？恐怕我们要遭受幸福完结和爱情枯萎的恐怖。结果，我们被爱所遗弃，重又受到摧残而孤独了。

瓦　莱　（粗暴地）那又有什么！反正我拥有过您！

索　菲　（凄然一笑）那您就会把我摧残……好了，您必须逃走，我可怜的猛禽！而此刻，对另一些人而言，您是个猎物。不要再说了！还是考虑逃脱的办法吧！

瓦　莱　我根本不想走！没有您就不走！

索　菲　我的通行证烧掉了，想走也走不。

瓦　莱　至少今夜不走！今夜我要在你家度过。

杰罗姆　他们知道我接待你了。等不到午夜，你就要被捕。

瓦　莱　不！你骗我！你说谎！

杰罗姆　那你就验证一下吧。他们随时都可能来这儿。

瓦　莱　这是假的！……（侧耳倾听）我听见他们来了！……不……我决不走，要留下来。

杰罗姆　那就留下吧！你准备一死吗？

瓦　莱　（打了个寒战）死！……不！不！我不愿意！……死！……深恶痛绝！……

杰罗姆　（平静地）过一小时被捕，明天早晨受审，傍晚上断头台……

瓦　莱　（惊恐万状）明天晚上，这时候，就成了一堆肉，扔到车上，丢进尸体堆里……我！……决不！……我不愿意！……救救我吧！……

〔他仿佛失魂落魄，瘫软在一把空椅子脚下，双手紧紧抓住椅子的扶手。

杰罗姆　那就准备逃走吧。

〔他站起身，同他妻子集中几件物品、衣服、食物，要给瓦莱打一个旅行包。瓦莱又缓慢地起来，喘着粗气，垂着脑袋，不敢看房间里来回走动的两位朋友。他背对着他们，面向客厅，靠在扶手椅的椅背上站着。

瓦　莱　我惭愧……

〔索菲走向他，往他肩上披了一件大衣。

索　菲　我们救您，朋友！

瓦　莱　我惭愧……

索　菲　（像母亲似的帮他穿上大衣）不，您根本不必惭愧！我就喜欢您愿意活下去。我也很高兴看到，生命对您还很宝贵。

瓦　莱　这生命，我又恨又想要。我不能，我不甘心把命丢掉……噢！天哪！出了什么情况？羞愧要将我压垮……索菲，为了赶来会您，我万死不辞，唯恐再也见不到您，我才会不寒而栗。而现在，现在！……我再也不能忍受死的念头……不，您别用怜悯的眼神看着我！我引起您多大厌恶啊！

索　菲　（低声地）朋友，我从来没有像现在这样爱您！

瓦　莱　啊！我又见到您，才有了毅力。我也重新认识了我曾想放弃的生命的价值。我不愿丢掉这条命……

〔瓦莱痛苦不堪。

我是个懦夫。我害怕了。

杰罗姆　（走到瓦莱跟前，热诚地）你根本不必烦恼！根本不必自责软弱！朋友，我们知道，任何人都不如你勇敢。当然，最勇敢的还是人。你竭尽全力，做到不可能的程度。一种超人的斗争，你坚持了五个月。疲惫如一块石头，突然砸到你身上。你被砸倒在地。但这是在搏斗中。你可以退出竞技场，你可以高高扬起头。也应该如此。离开巴黎！走出法兰西！逃脱你的仇敌！为了新的战斗，去恢复你的气力！

瓦　莱　（听了这番话，逐渐得到宽慰，重又站起来，准备走）对了，你们能去同我会合吗？

杰罗姆 （和善地）我可不会长生不老。

瓦　莱 那么您呢，索菲……怎么样？也许，有朝一日？……

〔他戛然住声，瞥了一眼，只见库瓦锡俯身久久地吻索菲的双手，于是他朝门口走去；临出门时，他又回身，看见库瓦锡朝他伸出手，略一犹豫，便同库瓦锡握了手，又最后瞧索菲一眼。

别了！

〔瓦莱下。

第十二场

〔只剩下杰罗姆·德·库瓦锡和索菲了。天色完全黑下来。杰罗姆还盯着看瓦莱出去的房门。索菲走到窗前，透过窗帘往外张望。

杰罗姆 （和善地）我想那个诚实的小伙子刚刚在估算，我将不久于人世了。

〔他走向壁炉，点亮一支蜡烛。

〔索菲离开观察位置，来到壁炉前。

索　菲 （充满感情而忧伤的嘲笑口气）但是他没有算好我还能活多久。

〔她转向丈夫，伸出双手。杰罗姆拉住她的手，温情脉脉地端详。

杰罗姆 您丝毫也不懊悔吗？

索　菲 肯定被捕吗？

杰罗姆 毫无侥倖脱险的可能。

索　菲 那就如愿以偿。

〔索菲抽回手。二人围着奄奄一息的炉火坐下。

杰罗姆　我们的最后一个夜晚。

索　菲　我感到一身轻松了。再也无需做什么决定。再也无需进行什么斗争。再也没有什么意愿了。只需在长夜的溪流中,听任上天对我们的安排。

〔杰罗姆又回到索菲身边,满怀深情地凝视她。索菲坐到丈夫身边,头偎在他的肩上;他们的膝部挨着,手都放在膝上一动不动:他们注视着炉火,微笑着沉入遐想。以下交谈几乎全是小声进行。

索　菲　(温存而平静)我亲爱的好丈夫,您就这样平平常常,为我做出了牺牲!

杰罗姆　想要成全所爱之人的幸福,就根本算不上牺牲。

索　菲　现在我很幸福。

杰罗姆　您这是想安慰我。

索　菲　(平静而缓慢地,不过说到最后,浑身还是隐隐颤抖)不,我的朋友。我讲的是真话。我的忧伤丢在了另一边,我们离开的岸边。啊!头枕在您的肩上,望着忧伤渐行渐远,感到多么轻松啊!——待在这儿!别动!——这人间地狱,充斥着激情、疯狂和恐惧!

杰罗姆　而我们的瓦莱,他还一点也没有厌倦。

索　菲　(依然平静而缓慢地,两个人脸上都挂着淡淡的笑容)可怜的小伙子!……对,他多么渴望重新投身进去!……您认为他能脱险吗?

杰罗姆　希望他脱险。

索　菲　多幸运啊!……不过,恐怕他得知我们的命运,会很伤心的。

杰罗姆　生活强大无比。

索　菲　是啊,我相信……可怜的瓦莱!

杰罗姆　您还记得吧,索菲,我们在这个房间,长时间地熬夜?您坐在桌子附近阅读,看着我工作,我看着您幻想,我们二人都在做梦:因为一切,思想、工作、科学、爱情,无不是梦;我们轮番,每人都把自己的梦想奉献给对方;我遇到了困难,就求助于您的思想,一点也不心慌,我的好顾问……

索　菲　什么我都记得,从头一天晚上算起,我作为年轻的妻子,进入这座老房子。那时我们刚刚结合。您尽管已经荣誉满身,还是相当怕我,只因我年轻,而您已青春不再。当时,——只剩下我们二人时,——您凑到我面前,低声对我说:“请原谅我爱您!”

杰罗姆　您原谅我了吗?

索　菲　当时我的心充满了感激,而那种感激,直到今天晚上,这最后一晚,我才又找回来。您也要原谅我遗忘了!

杰罗姆　我也同样,我的索菲,我也忘乎所以,我忘记了自己要勇敢而真诚的责任。今天傍晚我回家的时候,还处于怎样软弱的状态!我是感到要失去您,才有了做出决定的勇气。

索菲　我们两个人,都迷失在这纷扰的世界的迷宫里……感谢这最后时刻,让我们相互找回对方,也找回自己!

杰罗姆　“Nunc dimittis[①]……”我们到达了……你听!在寂静的街道,那些人赶来的脚步声……

索　菲　(惶恐的情绪又苏醒了)可是,我们所有那些大计划、所有那些落空的希望、我们所有毁掉的工作,这一切都随我们而死去……

杰罗姆　(倾听)他们上楼来了……

索　菲　(惶恐不安)哪怕我们留下个孩子也好啊!……为什么,为什么给了我们这种生活?

杰罗姆　(坚决地)就是为了战胜这种生活。

〔冷场。他们站起来。索菲偎依着杰罗姆,顺从地微笑着看

---

① 拉丁文:抛弃现在。

他。直到终场,他们都不再分开,一个站在另一个的前面,索菲的头靠在杰罗姆的肩头,二人相互对视。他们甚至不注意推开的房门。

〔外面传来说话声。

索　菲　(带着忧伤的笑容)战胜……别了,我的朋友。"砍下来桂树枝……"

〔有人重重地敲门。

杰罗姆　(极其温柔地)"美人要上前拾起……"

索　菲　(指着开场就放在桌子上的一枝丁香花)不,还是给我这要死去的嫩花枝,这枝丁香花……

〔库瓦锡拿给她花枝。索菲亲吻丁香花。

〔房门打开,一伙武装人员进来。

全剧终

罗伯斯庇尔

赵克非 译

前 言

三十岁那年,我动手写这部庞大的、由十二出话剧组成的法国大革命史诗剧。我今年七十二岁,写完了《罗伯斯庇尔》。我一直以为,《罗伯斯庇尔》应该成为法国大革命史诗剧的高潮。因此,这出戏就一直在我脑海里萦回,我要等到觉得完全掌握了这个主题的时候才动手。七十二岁这年,我觉得时机成熟了。

罗伯斯庇尔的悲剧用几句话就能概括。因为,从头到尾,由处决丹东到处决罗伯斯庇尔,时间只过了三个半月。

所有的剧中人——(隐藏在幕后的密探和王党阴谋分子以及几个像巴拉斯那种追求享乐的人和冒险家除外)——即两个重要委员会里那些吃苦耐劳的委员和国民公会派往各省的代表,都是真诚的、激情满怀的共和主义者。他们的信念和利益结合到了一起,使他们不得不去拯救共和国。因为他们的命运已经和共和国的命运连在一起了。因为所有的人,连富歇都算上,都因为投票赞成处决国王而不可挽回地牵连在了一起。然而,他们又要极力地去摧毁自己创造的东西:共和国。他们处于真正的狂热之中,为自己的激情、愤怒和怀疑所左右;这种狂热使他们再也看不清自己正走向何方,甚至会使他们投入共和国凶恶敌人的怀抱。这里有一种宿命,一种和俄狄浦斯[①]所遭遇的一

① 古代希腊的一位国王,命中注定要手刃生父、娶母为妻。他虽千方百计逃避这种宿命,却终于未能逃脱。

样难以摆脱的宿命。（我们还都记得拿破仑的这句话："政治是现代的宿命……"）罗伯斯庇尔虽有远见，却和他那些对手一样，也未能摆脱这个怪圈。有的时候，这些人能瞥见眼前的深渊，也会惊恐万状，却不能后退。此外，他们都在连续不断的大革命中劳累了五年，既兴奋过度，又精疲力竭。有几个人已经病得很厉害（罗伯斯庇尔，库东）。一七九四年的酷暑，连续四十多天的似火骄阳，终于把这几个处于关键地位的人搞昏了头。此外，还要加上时刻悬在他们头上的数不清的死亡危险：外部战争、内战、入侵、阴谋、暗杀、彼此不信任——疑心病和被迫害的妄想。

我没想把这些人理想化。对他们中间任何人的缺点和错误，我都不予开脱。卷走他们的巨浪把我也裹挟住了。我看到这些互相残杀者的真诚，也看到革命的可怕宿命。——革命的可怕宿命不是一个时代的，而是一切时代的。我要尽力将这一点阐释清楚。

罗曼·罗兰

一九三八年十月二十六日

人　物

马克西米连·罗伯斯庇尔　三十八岁

圣茹斯特　二十七岁

库　东　三十九岁

拉扎尔·卡尔诺　四十一岁

比　洛·瓦雷纳　三十八岁

科　洛·代尔布瓦　四十四岁

贝特朗·巴雷尔　三十九岁

罗贝尔·兰代　五十一岁

普里厄·德·拉科特道尔　三十岁

（上列诸人为救国委员会成员）

勒　巴　三十岁

达维德　四十六岁

瓦狄埃　六十岁

阿马尔

（上列诸人为公安委员会成员）

约瑟夫·富歇　三十五岁

塔利安　二十七岁

巴拉斯　三十九岁

马蒂厄·布罗诺　五十六岁

西哀耶斯　四十六岁

卡里耶　三十八岁

奥古斯丁·罗伯斯庇尔　三十一岁

洛朗·勒库安特　五十岁

布尔东·德·卢瓦兹　三十六岁

梅兰·德·蒂翁维尔

蒂里奥

弗雷龙　四十岁

迪朗－马亚讷　六十五岁

（上列诸人为国民公会议员）

拉扎尔·奥什将军　二十六岁

格拉居斯·巴贝夫　三十四岁

弗勒里奥·莱斯科　三十三岁，建筑师，巴黎市长

帕　扬　二十七岁，中央派驻公社的代表

科菲纳尔　五十岁，医生，公社炮兵司令

（上列诸人为巴黎公社委员会委员）

老迪普莱　五十六岁，木匠师傅，革命法庭陪审员

小迪普莱　十六岁，老迪普莱之子

西蒙·迪普莱　二十五岁，老迪普莱的侄子，外号木腿，罗伯斯庇尔的秘书

埃莱奥诺尔·迪普莱　二十六岁，老迪普莱之女

伊丽莎白·迪普莱　二十二岁，勒巴之妻，老迪普莱之女

亨利埃塔·勒巴　十九岁，勒巴的妹妹

让娜·富歇　三十岁，富歇之妻

克拉里斯　二十五岁，巴雷尔的秘书
老农妇　六十岁

梅　让　三十八岁，卡尔诺的秘书
科勒诺　四十五岁，王党间谍
昂里奥　三十三岁，国民自卫队指挥官
宪兵梅达　二十二岁
维拉特　革命法庭陪审员

巴黎民众　议会议员、执达吏、宪兵、炮兵、武装的国民自卫军士兵、雅各宾党人、年轻的保皇派“金色青年”、阴谋家、密探、投机商、游手好闲的人、妇女和儿童、形形色色的痞子。

地点：巴黎

时间：一七九四年四月五日至七月二十八日

第一幕

第一场

〔共和二年芽月十六日(1794 年 4 月 5 日),圣奥诺雷大街 376 号迪普莱家中。

〔迪普莱老爹的儿子和侄儿西蒙正忙着帮他关朝街的窗户。

迪普莱　关上,把窗子关上,连百叶窗也关上!

小迪普莱　(俯身窗台,往下拉百叶窗)我看到囚车了。

〔罗伯斯庇尔在左边的房门口现身,他在房门口一动不动地停了一会儿。脸色苍白。

迪普莱　(转过身来看见他)马克西米连,你还是待在自己的屋里好。

罗伯斯庇尔　(好像没听见)嗯。

〔他走向客厅中间。

迪普莱　他们马上就会过去……我把窗子和百叶窗都关上了。

〔罗伯斯庇尔站在那里,不说话,点点头,表示同意。人声鼎沸,夹杂着叫骂声。

西　蒙　丹东在吼叫……(他走向罗伯斯庇尔,小心地拉起他的胳膊)你最好回你屋里去。

罗伯斯庇尔　(好像没听见)嗯。

〔他走到客厅中间,坐在桌子前面的椅子上,挺着胸,一动不动,倾听着。

〔西蒙·迪普莱回到迪普莱老爹身旁,用眼神向他指明罗伯斯庇尔的状态。

西　蒙　他理亏……你应该把他带走。

〔喧嚣声越来越大。

迪普莱　(走近罗伯斯庇尔)马克西米连,你病了,现在也还挺难受的,回屋吧!别待在这儿,这儿不是你待的地方。

罗伯斯庇尔　迪普莱,就让我待在这儿吧!我愿意在这儿待着。你知道的,这件事一点儿都不让我感到高兴。可是,我不应该逃避。

〔外面传来囚车滚动和吱吱嘎嘎的声音,还有押车卫队的马蹄声。

丹东的声音　(吼叫着)罗伯斯庇尔!……

〔罗伯斯庇尔腾地一下子站了起来。

丹东的声音　你在家里,你躲起来了……你这个杀人犯!……

〔囚车里的其他犯人也跟着骂,骂声很快被淹没在人群的喧嚣声中。但是,一声尖叫压过了喧嚣。

戴木兰的声音　马克西米连!

〔一直不动声色、扬着下巴、对丹东的叫骂不以为然的罗伯斯庇尔,此刻却好像被卡米尔·戴木兰的尖叫声震动得心痛了;他双手颤抖着抱在胸前。

西　蒙　(对小迪普莱)这是戴木兰。

戴木兰的声音　救救我!救救我!……我是你朋友啊!……

丹东的声音　胆小鬼!你给我闭嘴!你在丢我们大家的脸……

戴木兰的声音　求你了!救救我!救救我,马克西米连!

〔罗伯斯庇尔往前迈了一步,想到窗子那里去。老迪普莱挡住他,亲热地拉起了他的双手。

丹东的声音　哭没用。与其哭哭啼啼,还不如痛痛快快地骂他一顿!

戴木兰的声音　刽子手!刽子手!你砍我们的头!……我要把头颅掷给你……去舔我的血吧!

〔罗伯斯庇尔逃向房门口,本能地用双手堵着耳朵。囚车和喧嚣声离得远了。

丹东的声音　(离得越来越远)罗伯斯庇尔!……我打开了坟墓,你很快会跟着我进来的……咱们回头见!……

〔罗伯斯庇尔转过身,靠在房门旁边的墙上,昂着头。

罗伯斯庇尔　(坚定地)回头见!……一言为定!……

第二场

〔四月五日晚,杜伊勒里宫,救国委员会。平等厅正面拐角处的角楼。最里面有三扇嵌着小方格玻璃的大窗户,窗外是卡鲁塞尔庭院。救国委员会主席及其两位助手的桌子靠最里面的墙壁放着。一左一右成直角摆着另外两张桌子,是其他委员的。(请注意,救国委员会还剩下十一位委员,第十二位委员埃罗·德·塞舍尔今天刚被处决。)

〔黄昏时分。

〔比洛·瓦雷纳,科洛·代尔布瓦,卡尔诺,巴雷尔。

科　洛　哈!那个魔鬼终于被制服,万无一失了!

卡尔诺　当时,他的吼声穿过杜伊勒里宫的树林,离这么远都能听到。

巴雷尔　是啊,现在他不吼了,天色已晚,倒有点静得瘆人!

比　洛　直到他脑袋被砍掉,我们都踏实不下来,生怕还会在人群里引起风波。人群里情况不明,让人琢磨不透,其中很多都是我们的对头。

巴雷尔　对头倒说不上,但也不是朋友。他们是斗牛场里的看客,既为牛鼓掌,也为斗牛士的剑法喝彩。

卡尔诺　这一剑刺得很准。

巴雷尔　是啊,那年轻人这一剑刺得很准。没有他给咱们的圣茹斯特的那份报告,国民公会可能不会采取行动。

卡尔诺　不过,他给你那位圣茹斯特的报告,是另一个人口授的,是那个"纯粹的人"即"清廉之士"[①]罗伯斯庇尔口授的。

比　洛　为了逼着他口授这份报告,我们费了好大劲。我和科洛跟他足足周旋了半个月。有得也有失,戴木兰的人头是用埃贝尔的脑袋换来的。罗伯斯庇尔不愿意抛弃那个膀大腰圆的戴木兰。

卡尔诺　他害怕——因为他是个胆小鬼——他怕看到丹东倒台。他一直躲在丹东背后。

比　洛　你说的不对,卡尔诺,你被仇恨蒙住了眼睛。我也不比你更喜欢罗伯斯庇尔。但做人得公道。要是像我那样,看到这个疲惫不堪的病人跌倒了又爬起,更加奋不顾身地进行战斗,去和迪谢纳神甫那一群乌合之众以及龙桑的御用军进行战斗;要是看到他为了对付暴动,为了自身独力承担所有的威胁,是如何艰难地在雅各宾党人中间进行工作的,你就无权把他叫胆小鬼。我们十一个人中间没有一个和死神打过交道,但这个人注定难逃一死,而这一点他很清楚。他知道死神在等着,知道死神正向他走来,他也知道,只有这样的选择:死在敌人手上,或者,如果有个行差踏错,死在我们手里。

巴雷尔　比洛,你现在保护着那些人,以后谁来保护他们啊?

比　洛　他们那颗共和主义者的良心能保护他们。但愿他们不想君临天下!

〔进行争辩的时候,救国委员会办公室主任梅让拿着一沓子文件进来,挨个儿让人在文件上签字,最后把文件拿到巴雷

① 罗伯斯庇尔的绰号。

尔面前。

巴雷尔　(一边签字)眼下,树立罗伯斯庇尔的权威对救国委员会有好处。为了镇压此起彼伏的叛乱,他的影响力越大越好。

比　洛　对,你说的对,巴雷尔。那些反叛分子,你杀一茬,不知道又会从什么地方冒出一茬,总也杀不完。就在不到一个月之前,克伦威尔-龙桑阴谋叛变,整个军队都受到影响,如果没有救国委员会的力量,共和国可能早就被最无耻的军事独裁踩在脚下了。后来又出来个皮特,通过一些银行家用金钱跟丹东和国民公会里的腐败分子做交易,想使王朝复辟。我们和他们之间,拼的是速度。我们已经把他们的头头处决,但他们的队伍逃走了,到哪儿去捉拿那些可耻的家伙?他们背信弃义,一会儿装得宽容大度,一会儿又表现得比吵得最凶的雅各宾分子还激进。敌人无处不在。

卡尔诺　这里就有。我们秘密讨论的东西,都被捅给皮特了。

比　洛　我们的秘密不会再被捅出去了。我们中间那个把秘密交给皮特的卑鄙小人埃罗,今天在断头台上被处决了。

卡尔诺　秘密被捅出去的事还有。我们刚刚又截获了一封信,是从巴黎寄往流亡贵族总部的,收信人是那个维罗纳国王;信里说的是只有我们几个人知道的事。信是在埃罗被关起来以后写的……梅让,把信给我!……喏,就是这封!

〔他拿着梅让交给他的信晃了晃。

比　洛　(把信夺过去)这还了得!……(看信,坐下,惊呆了)……我们中间有人叛变了!

〔卡尔诺把信从他手里夺过去。信从一个人手里传到另一个人手里。大家都很激动、恼怒。

卡尔诺　(迈着大步走来走去)土匪!……真是一帮土匪!到哪儿去捉他们呢?

比　洛　(气呼呼地站起来,绕着会议室转了一圈,把每位同事都端详了一遍)是你？……还是我？……

巴雷尔　(起身关窗)隔窗有耳。

〔圣茹斯特上。

圣茹斯特　什么事让你们这么恼火啊？

巴雷尔　圣茹斯特,看看这封信吧！

圣茹斯特　(看完信以后)埃罗身后留下了坏蛋。应该一把火烧掉的是你们的办公室。你们办公的地方藏污纳垢,腐败分子,行贿的人,共和国的叛徒,都在那里栖身。

〔说到这里,他瞟了一眼梅让。梅让拿起文件,下。不过,在会议过程中,梅让又以要求签字为由,不声不响地出现过一两次。他装出一副十分谨慎小心的样子,但能够看出他非常专注,把一切都记在了心里。

卡尔诺　说都有问题,等于什么也没说。你说,你指的是谁?

圣茹斯特　我指的是你,卡尔诺,还有军事部里你的那一帮子人,男男女女,四百多号,整天吵吵嚷嚷,厚颜无耻,那都是原先一些贵族的手下！——还有你,巴雷尔！穿着红后跟的皮鞋……

巴雷尔　(讥笑着)还戴着无边的红色软帽。

圣茹斯特　……你在塞吕提大街的那些办公室成了博物馆了,依旧保留着帝王们的高贵典雅和盛气凌人的格调;你还留了几个德国人在外交部里当处室的头头。

巴雷尔　我担保我手下的人没问题。

科　洛　(讥笑着)也担保你那些女人没问题吗,阿那克里翁[①]?

〔巴雷尔的年轻女秘书克拉里斯刚刚上场,给他拿来一些需要签字的新文件。

巴雷尔　(签了字,用手托着她下巴端详了一阵,接着就把她打发走了)这个女人我担保。(克拉里斯走出房间之后)我们能抓到埃

---

① 阿那克里翁是古代希腊的抒情诗人,后人将专写爱情和吃喝玩乐的短诗称为阿那克里翁风格的诗。此处喻巴雷尔生性风流。

罗,多亏了她。

比　洛　(似信非信地)她出卖一个,是为了保住一批。她把你骗了,把你的羽毛都拔光了。

巴雷尔　(微笑着)　她是我的羽毛笔笔杆子……

科　洛　她是你的羽毛床垫子。

圣茹斯特　这类污言秽语,等会儿你们到外头说去!你们纵情享乐,对贫困百姓是一种侮辱……在这里,我们担任的职务是国家公仆。国家管理得怎么样,我们是要汇报的。你们那些办公室,连救国委员会这里的都算上,所有的部门都乱糟糟,这是犯罪;整天无所事事,一切乱七八糟,而且耗费巨大。文件在丢失,或者被截走。这里成了背叛的渊薮。我要求清洗。卡尔诺,这项工作就从清除你手下那些反革命工作人员开始!

卡尔诺　你疯了。我们取得胜利,靠的就是这些工作人员。

圣茹斯特　要不是勒巴和我坐镇军队,挫败了他们的阴谋,他们带给我们的可能就不是胜利,而是失败了。

卡尔诺　你根本不会打仗。我不许你评判他们。只要我还主持军事部门的工作,就得由我说了算。我们派给你的任务,是让你去监督我们所发布的命令是不是执行了。对于这些命令,你和我的随便哪个军官都一样,没有说三道四的权利。

圣茹斯特　“你的”军官?你成了凯撒了?

卡尔诺　要是真出来个凯撒,我也只不过就是个布鲁图斯。不过,说到你,我还是放心的,你成不了凯撒。你只不过是个在老学究戒尺督促下朗读课文的小学生。

巴雷尔　别吵了!现在不是吵嘴的时候。救国委员会,大革命,都正处在阴谋的包围之中。

卡尔诺　断头机可也没闲着。

比　洛　是没闲着!那些被砍成一段一段的派别——吉伦特派、埃贝尔分子、丹东分子——都像被砍断的蛇似的,卷曲着,怒不可遏,正拼命想重新接起来呢!

科　洛　为了利用这些人,大量的斐扬派[①]分子、王党分子、教士和疯狂反对大革命的中产阶级分子,已经和他们搅到了一起。

巴雷尔　而左右他们的,是英国人的金钱和计谋。到处都有英国代理人。隐藏在我们各个要塞里的,纵火烧军火库;隐藏在我们各个俱乐部里的,挑动不和。把信用卷[②]搞得信誉扫地,在交易所里做空头,让民众没饭吃,千方百计利用因痛苦而变得盲目的民众反对我们的,就是那些英国掮客、银行家与合伙坐庄的人。

圣茹斯特　这是我们造的孽。认罪吧!我们的根本目的是使民众幸福,可我们却早就把自己的目的抛到脑后了。你们自吹自擂,说自己建立了一个共和国。可是,如果共和国不能给民众带来幸福,自吹自擂也没用。不快乐的民众没有祖国,不会为共和国感到骄傲,不热爱自由,什么都不爱。有人对你们说过:"不自由,毋宁死!"而我要说:"没有民众的幸福,毋宁死!"

卡尔诺　空话一句!你说的那个幸福在哪儿?谁见过幸福?

圣茹斯特　不错,在欧洲,幸福是个新概念。我们的使命就是要使幸福的光芒照亮大地。

比　洛　用什么办法?

圣茹斯特　用剥夺压迫者的方法。把那些对自由构成威胁的人的财产分给穷人!我要求你们执行风月法令。别打算回避这些法令!穷人是这个世界的力量所在,他们有权以主人的身份说话。

卡尔诺　穷人不是主人。不需要主人。什么样的主人都不需要!我们为全体公民管理国家。

圣茹斯特　你们是在为有钱的人管理国家。

卡尔诺　管理就得有钱。我需要钱养我的军队,弹药给养,都得要钱。

---

① 十八世纪法国大革命中的君主立宪派,因其总部设在巴黎斐扬修道院而得名。

② 以国家财产为担保的证券,一七八九年至一七九七年间曾在法国国内流通,等同于货币。

你要是把有钱人都吓跑了，那些穷棒子是没钱给我的！

圣茹斯特　穷人献给你的是鲜血——他们倾其所有，把自己的一切都给了你。要把他们应得的公共财产分给他们，把土地分给他们！要把他们熵入到大革命中来！这样，就再也不会有什么东西能够撼动大革命了……可是，真荒唐！大革命把享有世袭特权的人打翻在地，却只是为了扶持财运亨通的人；康邦关心的是富人。四年来，从全民族的牺牲中得到好处的只有富人。比世袭贵族更加贪婪的商业贵族，以买卖自由这一不足挂齿的理由为借口，正在攫取全部可支配的物资，他们垄断工商业，侵吞土地和矿藏，麦田、森林和葡萄园都成了他们的。你们放纵他们，让他们为所欲为，你们帮助敌人，为敌人而牺牲民众，可民众才是你们唯一的朋友！

巴雷尔　当心！你在用暴徒和愤激派的语言说话，这种人可是被我们惩罚过的！——在这一点上，罗伯斯庇尔和我们一致。

比　洛　我们惩罚的不是他们的思想！——圣茹斯特，在这一点上我和你想的一样——我们惩罚的是那些野心家、叛徒或骗子的罪恶行径，他们在动摇共和国的基础。不过你得相信，这么做常常使我大费周章！

巴雷尔　左右都是险途，而正路只是一条狭窄的羊肠小道。

圣茹斯特　可大革命还在前进，革命尚未成功。

卡尔诺　可我们已经进行了两场大革命！七月十四日一场，八月十日一场。

圣茹斯特　只有第三场大革命才重要。我们什么时候进行这第三场大革命呢？

〔罗伯斯庇尔上。

罗伯斯庇尔　时候到了就进行，现在还不是时候。

圣茹斯特　什么时候才算到时候了啊，马克西米连？

罗伯斯庇尔　等民众明白了自己的义务，就算到时候了。

圣茹斯特　中产阶级已经明白自己有什么义务了吗?

罗伯斯庇尔　我没期望敌人不受强制就守法。施行强制要靠你们。——不过,我们的朋友应该成为遵纪守法的模范,可他们没有树立这样的榜样。我们正在努力,以确保民众能得到最高的回报。民众没注意到这一点。蛊惑人心的许诺把民众惯坏了。他们想得到更多的利益,而不去考虑祖国的困难。为了把侵略者赶出去,祖国正在艰难地进行战斗。他们拒绝工作,不愿意接受法定工资。做面包的,码头上的装卸工,农业劳动者,军工厂的工人,竟然扔下工作不干,以强迫我们满足他们的要求,给国家造成了损失。他们是叛徒。要警告他们!如果他们反抗,就把他们移送革命法庭!

比　洛　你不觉得,就是不把那些曾经是以及如圣茹斯特所说无论如何现在总还算是我们唯一朋友的那些人变成敌人,我们的敌人也已经够多了吗?

罗伯斯庇尔　这一点有谁知道得比我更清楚?我应该把自己的痛苦说出来吗?难道我没把自己的命运和民众的命运连在一起?在我受迫害的时候,难道我不是靠与民众保持经常的接触而受到鼓舞并重新获得力量的吗?现在,必须敢于承认,民众远离了我们,对我们的战斗不感兴趣了,甚至可以说,他们因此而怨恨我们。

比　洛　民众不能原谅我们处决他们的埃贝尔。

罗伯斯庇尔　埃贝尔罪有应得,再处决他几次都不多。他犯下的是不可饶恕的罪行:他使我们的民众失去了斗志。我们应该觉得遗憾的不是处决了他,而是没有把他早点处决:蛊惑人心的宣传已经在民众中间造成了毒害。所以,要从民众中把这种毒素消除,现在就成了一件十分痛苦和危险的事!但是,必须把这种毒素消除。如果不对民众缺乏民族义务观念的现象表明不妥协的严厉态度,我们就不可能成为民众的朋友,反而会成为成为民众的敌人。圣茹斯特有理由称那些人为“我们唯一的朋友”,但我认为他不会赞成对这些人采取软弱的不公正的宽容措施。

圣茹斯特　是这样。我从来没说过我们应该任由我们的朋友们以不可容忍的无政府主义去毁坏他们的事业，他们还认识不到那是他们自己的事业。必须大胆地去拯救那些人，哪怕他们不情愿。为了提醒人们遵守纪律，我到前线巡回，是带着断头机去的。要想取得胜利，整个法兰西就应该成为一座兵营。

比　洛　那不行！那明天就会变成军事独裁了！现在我们帐下有十二个军，在这种时候，应该防的就不仅是背叛和无政府主义了：掌控军队的首脑的野心，才是最大的危险，所有的共和国都是被这类危险毁灭的。对我来说，无论是马里尤斯还是苏拉[①]，都不重要。只要我活着，独裁者就休想得逞。

罗伯斯庇尔　谁跟你说要搞独裁了？我们想要的只是道德的权威。我们正在被腐败毁灭。腐败已经侵入共和国的机构，在那里扎了根。承认这个现实吧！由于我们的软弱起了推波助澜的作用，全部革命激情的出发点，不是已经变成了“发财去！”这么一句口号了吗？中产阶级喊着这个蛊惑人心的口号，劫掠了贵族和教士的财产。在公众的贫穷基础上建立的富裕，是一种可怕的景象。这还不够，那些肩负与腐败分子和行贿者进行斗争任务的人，即我们那些特派员，那些曾经大言不惭地说要给穷人带来“全面革命”的人，比如您那位富歇，还最终败坏了革命。他们疯狂地破坏道德良心的基础，破坏使人可以得到慰藉的对神和灵魂不朽的信仰……

比　洛　我就不信这些东西。你想强迫我去望弥撒吗？

〔库东上，坐在轮椅里，被人推着。

库　东　（狡黠地）比洛公民，你望过弥撒。你当过神父……（朝推轮椅的人）哎唷，卡顿，慢点！你把我当攻城门的撞锤了。

巴雷尔　（开玩笑）他以为还正在围攻里昂呢！

---

① 马里尤斯和苏拉都是古罗马的独裁者。

比　洛　库东，你让我想起了我穿过的教士袍。我把它扔了。对罗伯斯庇尔来说，扔掉他的教士魂，可就没这么容易了。

罗伯斯庇尔　（耸了耸肩）我不喜欢神父，也不需要宗教。但我要声明，无神论是贵族老爷们的奢侈品。穷人，正直的人，所有那些每天都在跟贫穷和恶人进行战斗——战斗艰苦，把人搞得伤痕累累，令人沮丧——的人，思想上都需要有个神明可以依靠，那个神明呵护受压迫的无辜者，惩罚耀武扬威的罪人。我们应该保护这个能支持他们活下去的希望，我也一样（说这样的话我并不觉得难为情），支持我活下去的也是希望。一切对民众身心有益、能帮助民众活下去的，都是真理。动摇民众心里的这种东西，是要倒霉的！

比　洛　如果民众的心智低到了这样的程度，竟然把保证公平正义的希望寄托在虚幻的东西上面，那我们就该对民心再进行一番锻炼，开启民智。我们要告诉他们，主持正义的应该是民众，只应该是民众。大革命才是上帝。

罗伯斯庇尔　如果大革命声称自己取代了上帝，那就让大革命担负起自己的职责，将道德发扬光大！让大革命去毫不留情地惩治自己那些横行霸道的特派员吧！特派员们拿保卫大革命当幌子，用抢劫、道德败坏和残忍把大革命玷污了！

巴雷尔　我们已经把塔利安、巴拉斯、马蒂厄·勒尼奥、弗雷龙、富歇、卡里耶……都召回了，这还不够吗？

罗伯斯庇尔　必须审理他们的案子。

巴雷尔　会审理的。

罗伯斯庇尔　你们会把他们的案子压住的。

巴雷尔　罗伯斯庇尔，对那些在危难中为共和国出过大力的强人，即使他们滥用过权力，也不能赶尽杀绝，那样做对我们没好处。那些令人遗憾的过火行为，也许是他们获取胜利的代价，把这些东西摊到世人面前，对我们同样没有好处。过去的事，要一笔勾销！在公众活动中，只有现在才是重要的。

罗伯斯庇尔　现在被过去感染了。伤口化了脓。我们应该清洗伤口。

巴雷尔　当心,别刺激伤口！你刚才说了,因为肖梅特被逮捕和几个埃贝尔分子被处决,巴黎民众已经心怀不满。他们不理解。他们没反抗,但是松散了,退缩了。现在到处都是无声的不满。

卡尔诺　还应该承认,都筋疲力尽了。大家都已经疲惫不堪。都四年了,连一天都没休息过。

比　洛　我们呢,我们休息过吗?

卡尔诺　但必须约束他们,直到胜利。

巴雷尔　那就宽容他们吧！让我们把所有会扰乱民心的事都暂时停下来。

科　洛　别在共和派的队伍里再搞什么案子了！

罗伯斯庇尔　国家的平静与秩序,要求杀人犯和不法之徒受到惩罚。

科　洛　你指的是谁? 富歇? 卡里耶? 我不会把他们交给你的。我敢肯定地说,他们拯救了祖国。

罗伯斯庇尔　在里昂的时候,你跟富歇是一伙的。

科　洛　这么说,你是对着我来了?

库　东　不是,科洛,谁都相信你对共和国的忠诚。可你明明知道,如果你的那个同伙认为把你抛出来有好处,他会是第一个把你抛出来的人,就像他把以前的所有同伙、国王、教士和南特市的那些商人一个接一个地抛出来一样。

科　洛　背叛敌人可不是罪过。对共和国来说,富歇曾经是个不辞辛劳的人。

比　洛　(指着罗伯斯庇尔对科洛说)科洛,他不能原谅富歇的是什么,这个我清楚。是因为富歇背叛了上帝,而罗伯斯庇尔把那个上帝当成了保护神,就像他尊重沼泽派那些丑八怪一样。我们不能把富歇交给他。

罗伯斯庇尔　他总有一天要让你们因此而后悔的。

比　洛　对国民公会里你那个骗人而又怯懦的多数,即你那些只准用手势表达意思的奴仆,你那些支持者,你也会觉得没什么可吹嘘的。

罗伯斯庇尔　我这一派的人都是正人君子。

比　洛　哼,你这一派,也跳腾不了多久了!

罗伯斯庇尔　比洛,这我不在乎。可你呢,你是不是认为你跳腾的时间会更长呢?

库　东　现在,共和国的一切权力都在我们手里;可是,对于将来的事,谁又能有什么把握呢?

圣茹斯特　白天的时间,我们只有一个小时可以支配了。但愿太阳下山时留下的航迹,能在几个世纪里引领黑夜中的人类!

库　东　我们太渺小,人生太有限。这一点,谁还能比我这个半截身子已经坏死的人更清楚?(他指了指两条瘫痪了的腿)我们没时间争吵了!把那些让我们不和的东西扔掉吧!要把我们的力量协调起来,而不是使它们互相抵消。对共和国来说,我们每个人都是一股力量。发生冲突是难免的,别把那些冲突太当回事!我们曾经不惜牺牲生命,现在更可以牺牲个人的爱憎,以达到为巩固大革命所必需的团结。只要大革命能够成功,有我们也好,没我们也罢,哪怕反对我们都成。

比洛和卡尔诺　(异口同声)但愿大革命成功!

〔人人都附和他们,有的跟着他们喊,有的打手势。

罗伯斯庇尔　我们不算什么,大革命才是一切。

〔大家握手。

科　洛　夜深了,快两点了,时间宝贵,睡觉吧!

卡尔诺　谁值班?

圣茹斯特　该我和巴雷尔了。

罗伯斯庇尔　再见,朋友们!

〔除了圣茹斯特和巴雷尔,其他人下。

巴雷尔　咱们也安置吧!

〔他在两张桌子中间的地板上躺下。

圣茹斯特　咱们先把那些蜡烛吹灭了吧，留一根足够了。

〔他把其余的蜡烛吹灭。

巴雷尔　这床可真硬。

圣茹斯特　来，让我把大衣卷起来给你当枕头！

巴雷尔　那你枕什么呀？

圣茹斯特　我曲肱而枕。我当过兵。

〔他在离巴雷尔几步远的地方躺下。

巴雷尔　你困吗？

圣茹斯特　困是和平时期的习惯。这样的习惯早就没了。

巴雷尔　我呢，我是只有和克拉里斯睡，才能睡得好。

圣茹斯特　你那个秘书？你可真会夸她！

巴雷尔　她别的方面我也夸。完事之后，就在祭坛上打个盹，等着晨课钟响。

圣茹斯特　我们任命你当特莱姆修道院[1]的敲钟人吧！你还记得拉伯雷吗？

巴雷尔　要是能借着这里的烛光重读特莱姆修道院修士们的神圣戒律，那会是件很惬意的事。

圣茹斯特　那些戒律我能背下来。

〔他开始背诵。

“他们的生活不受戒律、法令和条例约束，而是按照自己的意愿和自由意志来安排。愿意起床的时候才起床，想喝的时候喝，想吃的时候吃，想干活的时候干活，想睡觉的时候睡觉。没人监督他们，也没人强迫他们干什么……”

巴雷尔　可叹呀！可叹，我们是从失乐园里赶出来的“遭强迫的人”！

圣茹斯特　（继续背诵）

---

① 特莱姆修道院是法国十六世纪作家拉伯雷在小说《巨人传》里描绘的一个想象中的世俗团体，里面的人都过着自由快乐的生活。

“……没人强迫他们喝水,也没人强迫他们吃饭,更没人强迫他们做任何事情……卡冈都亚[①]就是这样教育出来的。他们的戒律只有这样一条:

巴雷尔和圣茹斯特　(两人一起带着可笑的庄严)“随心所欲!”

第 三 场

〔大幕落下,随即拉开。隔壁的一个屋隅,狭窄简陋,像个档案室,一边是一个大书架子的后背,一边是个隔板。隔板后面,是救国委员会开会的地方。一个人(科勒诺)坐在凳子上,正把纸放在膝盖上写着什么。隔板后面传来圣茹斯特的声音,他正在背诵拉伯雷《巨人传》里的段落,巴雷尔一边笑他记性不好,一边给他做补充……

圣茹斯特的声音　“……因为,出身高贵、受过良好教育、和体面的人交往的人,一旦摆脱了桎梏,自然就具有一种本能和欲望,总推动着他去做善事,远离邪恶,这就是他们所谓的荣誉……”

巴雷尔的声音　(接着圣茹斯特)“……人遭到强制,会变得沮丧,俯首帖耳,高尚的感情会起变化,精神就套上了枷锁……”

圣茹斯特的声音　(和巴雷尔一起)“……因为我们总干人家不让我们干的事,渴望得到人家不给我们的东西。”

〔片刻的安静。

巴雷尔的声音　(先叹了一口气)啊!生活多么美好,入梦吧!

〔两个人都不再说话。

〔在他们说话的时候,大书架子背后的一个窗口微微开启,可以看到巴雷尔年轻的秘书克拉里斯正探过身来。科勒诺向

① 拉伯雷小说《巨人传》里食量惊人的巨人。

她做了个“嘘!”的手势,两个人一动不动一声不响地待在那里,直到隔墙后面的圣茹斯特和巴雷尔不再出声。

克拉里斯　(轻声地)什么都听不到了。

科勒诺　(也轻声地)听不到了,现在,他们睡着了。

〔他把自己写的几页纸递给克拉里斯。

克拉里斯　梅让会把这些东西交给当特雷格。本周之内,就能送到孔戴手上。圣洛朗一刻钟之后出发。

科勒诺　他有通行证吗?

克拉里斯　梅让给他造了一张。

科勒诺　你听说了吗,他们截获了我们刚发出去的那封信?

克拉里斯　那是我们根据当特雷格下的命令让他们截获的,为的是让他们之间总是互相猜疑。

科勒诺　可是,他们又和好如初了啊!

克拉里斯　甭听他们说的!眼下,猜疑正折磨着他们所有的人。一个个都是你盯着我,我盯着你的,每个人都被大家盯着。我们会打败他们的!(她递给科勒诺一个瓶子和一些食物)现在,先吃,吃完了睡觉!

科勒诺　(嘴里塞得满满的)我们会打败他们的!

〔克拉里斯把书架子后壁的窗口重新关上。

第四场

〔富歇家。芽月十八日(4月7日)。圣奥诺雷大街315号,四层。近午时分。破烂不堪的单元房,四壁萧然,窗子上挂着脏兮兮的窗帘,简陋的床,一张瘸了腿的桌子,两把破椅子。小小的婴儿床旁边坐着个女人(看不到婴儿床)。——门朝楼梯开。富歇上。他随手轻轻关上门,在门口站了一会儿。那女人抬起头,朝他转过身来。

〔这是个三十五岁上下的男人，显得面老，大个子，单薄，瘦骨嶙峋，背微驼，面色苍白，灰白的头发短而稀疏，目光锐利，紧闭着嘴唇。他穿的是一件深色燕尾服，窄小，破旧。

富　歇　怎么样？

让　娜　怎么样？

〔两人同时和对方打了招呼。夫妻俩交换的眼色中饱含着忧虑。但两个人的声调和手势都没显出焦躁不安。女的好像被命运压垮了，而男的不需要把自己的感受表露出来。

富　歇　孩子怎么样？

让　娜　你走了以后她就没动弹过。她虚脱了。

富　歇　这次的长途旅行把她拖垮了。

让　娜　（用询问的目光看着富歇）你呢，从早晨到现在，你干什么去了？

富　歇　（在一把椅子上坐下）什么也没干。什么都干不了。

让　娜　你在国民公会里没再见到我们那些朋友吗？

富　歇　我们的朋友？我约瑟夫·富歇再也没有朋友了。

让　娜　他们都到哪儿去了？

富　歇　都不在了。——我们走后这十个月里，他们在巴黎杀了多少人啊！国民公会里，一百多个席位都是空的。国民公会成了公墓。罗伯斯庇尔可以在那儿放十字架了。

让　娜　约瑟夫，别拿十字架开玩笑！

富　歇　别犯傻了，你并不相信十字架！

让　娜　我也说不好……拿十字架开玩笑，说不定会遭报应的……

〔她指了指摇篮，看不见孩子。富歇耸了耸肩，接着往下说。

富　歇　再也找不到吉伦特派的人，这在我的意料之中——尽管耳边再也听不到他们大声吵嚷的声音还有点不习惯。他们好惹事，喜欢挑刺，争论的时候总是尖声叫喊……埃贝尔派被粉碎的事，咱们离开里昂之前我就知道了，所以我有时间转向，来得及切断和他们的联系……但在转向上我有失误，把宝押在丹东得势上了。丹东糊里糊涂地就掉进了陷阱。我低估了罗伯斯庇尔。眼下……是他说了算……

让　娜　你冒犯了他。我们完了。

富　歇　（漫不经心地）是部分失利，没全完。关键是要能够继续周旋下去——而最重要的是，争取时间。

让　娜　他们就要来逮捕你了！

富　歇　（仍然漫不经心地）我们还有翻身的时间。他们现在正忙于清理埃贝尔和丹东的余党，对付监狱里的反叛。明后天会轮到肖梅特。

让　娜　你可是一直跟肖梅特在一起的！

富　歇　（冷冷地）我现在已经不再和他在一起。他完蛋了。

让　娜　可他要是抓住你不放呢？

富　歇　他不会抓住我不放的。在他眼里，我可能也算不上个靠山。何况他也不是那种人，临死还要拉上个垫背的。他是正人君子。他泄气了。

让　娜　（悲伤地）你这么做没风险吗？

富　歇　（坦然地）一点风险都没有。我要保卫的是你我和孩子的生命。（他向摇篮探过身去）她还是一动不动。不过得让她吃东西。

让　娜　我喂了她几滴奶，滴下去可费劲了。

富　歇　我来吧！……我行……（他跪在摇篮旁边，耐心地一勺一勺地喂孩子奶）喝吧，我的小美人……我的小妮耶弗雷……我的宝贝儿！……

让　娜　你还没跟我说你在国民公会里干了什么呢！

富　歇　（站起来，仔细地掸了掸膝盖上的灰尘）跟那群惶惶不可终日的人在一起，你什么也干不了，他们心里只剩下怕了。我本想上台宣读一份报告，为在里昂的行动进行辩护，这可把他们吓坏了。

他们把报告送到救国委员会,交给罗伯斯庇尔。而第一个急急忙忙提议这么做的,竟是布尔东·德·卢瓦兹!可我知道,他恨罗伯斯庇尔恨得牙痒痒。刚刚发生的对埃贝尔派和丹东派的接连打击,把他们吓呆了。在国民公会里,这一百多人简直成了废物,西哀耶斯,迪朗-马亚讷,布瓦西·德·安格拉斯,都像绵羊似的,挤在一起,缩着脖子,拱着腰,已经被吓得六神无主,面无血色。你根本看不到他们的眼睛,因为他们吓得连头都不敢抬。他们已经很长时间不得不闭嘴,连话都不习惯说了。那地方简直成了波吕斐摩斯①的山洞,谁也不知道今天轮到哪个人被吃掉。

谁轮到了被吃的位子,他们就拼命把谁往前推。看到我的时候,他们只有一个想法——我从他们的眼神里看出来了——就是把我交出去。

让　娜　我们完了……完了……

富　歇　不,亲爱的,我们没完!等真完了的时候再说完也不迟。——现在我们还没完。

让　娜　你还指望什么呢?所有的恨,没完没了的恨,都从里昂、从血泊中、从废墟上升腾起来,冲着我们来了。

富　歇　我也许勤奋得过了头。我所做的事,他们都觉得满意。可到了现在,他们却想把责任完全推到我一个人身上,而那些必要的措施都是他们让我采取的。我本该想到那个意大利王子的故事。那个意大利王子,在自己的一个心腹根据他的命令把对手干掉之后,为了向善良的民众显示自己的手是干净的,心是纯洁的,就在广场上把他那个心腹来个五马分尸。真是再谨慎都不嫌谨慎。不把别人跟自己绑在一起,什么事都别干。我这个人心肠软,轻易就相信别人。不过,岁数大了,人就成熟了,以后我会干得更好的。——其实,这次我就留了一手。救国委员会里就有好几个人

① 波吕斐摩斯是希腊神话中的独眼巨人。荷马史诗《奥德赛》中的奥德修斯等人误入他的山洞,被他用巨石封住洞口,吃掉了几个人。

不想把我的事闹大,闹大了对他们没好处。在里昂,我签署什么东西都拉着科洛一起签;也巧了,凡是露脸的事,我都谦虚低调,第一个签字的都是科洛。空口无凭……白纸黑字……我都留着呢,到时候可以拿出来。

让　娜　你留着这些东西就更让人担心,因为他们会想方设法把这些东西从你手里弄回去的。

富　歇　用不着他们费这个事,我要把这些东西交给救国委员会。

〔他朝门走去。

让　娜　你去哪儿?

富　歇　去邻居马克西米连家。

让　娜　(双手高举)你这是自投罗网,把自己往狼嘴里送!

富　歇　在那些古老的传说里,获胜的可不总都是狼。

让　娜　可他是恨你的呀!

富　歇　在政治上,感情没用。如果他真像人家说的那样,是个人物,善于处理公众事务,他就会把肚子里的怨气压下去。

让　娜　你可别相信他!

富　歇　说实话,我有怀疑——不过还得看。

让　娜　他会让你难堪的。

富　歇　我不在乎!赌场上,关键是赢。我不在乎什么难堪不难堪……再见吧,亲爱的!再见,我的小宝贝儿!

〔他亲了亲孩子,走到门口,抓住门把手。

让　娜　啊!我忘了告诉你了……卡里耶来过。他问什么时候能跟你见面。

富　歇　现在还太早,我也说不好。看看再说吧!

让　娜　他也跟你一样,正受着罗伯斯庇尔的威胁。

富　歇　没错!一切都将取决于我和马克西米连的谈话。今天晚上我就能知道这两个人里必须牺牲谁了。

让　娜　约瑟夫!在敌人和同盟者之间,你还能犹豫?

富　歇　我不犹豫。我已经下定决心,在任何情况下都不牺牲自己。

〔富歇下。

第五场

〔罗伯斯庇尔家,同日,半个小时之后。

〔屋子很小,在二楼,有一扇窗子,窗外是院子和几间棚子。一个壁炉。一张胡桃木的床,床幔是蓝色织锦缎的,上面绣着小白花。一张很普通的办公桌。几把破椅子。一个带格的当书架子用的柜子。左右各有一扇门。右边的门通向西蒙·迪普莱的卧室,这一侧有个过道,直通大楼梯,楼梯通到圣奥诺雷大街旁边的门廊。左边的门通向迪普莱夫人的卧室,迪普莱夫人的卧室与罗伯斯庇尔的卧室隔着一间盥洗室,这一侧也有个过道,通向下到院里的木质小楼梯。

〔罗伯斯庇尔和"木腿"西蒙·迪普莱单独在一起。西蒙坐在办公桌前面,眼前摆着一大堆信和文件。罗伯斯庇尔在狭小的房间里来回踱步。那条叫布隆特的丹麦狗在办公桌底下趴着。

小迪普莱　(把左边的门推开一半,压低了声音)马克西米连!……公民富歇在院子里,他要求跟你谈谈。

罗伯斯庇尔　我不想见他。我的门对他是关着的。

〔小迪普莱关上门,下。

罗伯斯庇尔　西蒙,今天的信件都分拣完了吗?

西　蒙　分拣完了;这活还不轻呢!(指了指那一大堆信)唉!这些人真够啰唆的,吞回去的口水又都变成墨汁了!

罗伯斯庇尔　在这一点上我没资格责备他们,我也话多。

西　蒙　你是为我们说话,为他们说话。他们是在自说自话。

罗伯斯庇尔　是些建议呢，还是表扬？

西　蒙　大多数是表扬。

〔他指了指桌上那一大沓子信。

罗伯斯庇尔　那就把它们都搁一边去，咱们来干正经事！

西　蒙　你不想知道哪些人是你的朋友吗？

罗伯斯庇尔　我更想知道哪些人是共和国的敌人。

西　蒙　为了打败敌人，知道谁可以依靠，并非没有必要。

罗伯斯庇尔　我怀疑这些写信的人里有可以依靠的人。我不相信。夸我的人是因为害怕，要不就是有所求。

西　蒙　有这种可能，不过眼光也不能太短。在我们这帮人所做的事情里，总会混杂着某些利益。如果与利结合的是善，也不能算错。还是听听吧！听听你沼泽派里的那些同事，迪朗-马亚讷、西哀耶斯、布瓦西，还有你救下来的那些吉伦特派的人，听听他们都说了些什么吧：

我们亲爱的同事，但愿你的大公无私和大公无私给你带来的光荣独立，能进一步保证你对其他共和派人士的优势！……请继续保护弱者，同时对叛徒和阴谋分子的首领也不要手软！……我们对你的深切感激之情，至死不泯……

罗伯斯庇尔　（用手势打断西蒙）我知道……我知道……他们在沼泽派的席位上吓得上牙磕下牙。如果不是我在那儿保护他们，他们早就被人家收拾了；他们的消失闹不出多大动静，不会比他们的存在更惹人注意。他们无色、无臭、无味，但不是坏人。只要他们知道，他们的存在和我的存在是连在一起的，他们就能成为对共和国有用的人。我会保护他们的。

西　蒙　你温暖他们，犹如那个无辜的农夫在怀里温暖一条冻僵了的蛇。对西哀耶斯要加小心！

罗伯斯庇尔　在我那些不声不响的助手里，他是唯一动脑子的。他知道什么叫秩序。他能帮助我恢复秩序。

西　蒙　还有一些没什么名气的人写的信，要求你给他们刚生下来的孩子当教父。其中有三个孩子取的名字分别是马克西米连、马克西米连娜和罗伯斯庇尔。第四个也叫马克西米连，但孩子的父亲还嫌不过瘾，又在马克西米连前面加上‘清廉之士’……”

罗伯斯庇尔　一群傻瓜！那儿子长大以后，就会不停地刮他那个标签，直到刮掉为止。

西　蒙　有个姑娘来信向你示爱。还有个男的，寄来他情妇的一缕头发，为的是让你祝福他们的结合。还有个神甫想把你的名字加进祈祷文里。

罗伯斯庇尔　这家伙是个搬弄是非的人！是瓦狄埃主使他这么干的，想把我毁掉。

西　蒙　不是，绝对不是！他是很诚恳的。每个人都在以自己的方式表达对你的热爱，有些人写颂歌，有些人写抒情歌曲。神职人员就用祷文！

罗伯斯庇尔　刺客的匕首都是用鲜花裹着的。

西　蒙　你提刺客是什么意思啊？你所有的敌人都已经被解除了武装。

罗伯斯庇尔　根本就不是你说的那样。就在今天，吓得魂不附体的勒让德尔来到救国委员会；他交出一封匿名信，写信的人夸他有雄心，要求他带上两把手枪到国民公会去，暗杀我和圣茹斯特。勒让德尔这个胆小鬼是丹东的朋友，如果不是害怕被揭发，你以为他不会这么干吗？胆小鬼比刺客多，这是我们的福分。但我们不能因此而感到骄傲。

西　蒙　我们这些人会用我们的胸膛为你筑一道墙。

罗伯斯庇尔　你们也会像橄榄园里耶稣的那些门徒[①]一样，夜里会睡

① 《圣经》故事，说犹大趁耶稣的门徒们睡觉时领人逮捕了耶稣。

着了的。

西　蒙　马克西米连，难道你会怀疑？……

罗伯斯庇尔　我不怀疑你，西蒙。属于这个家的一切，对我来说都是可靠和忠诚的。但你知道得很清楚——（你比谁都清楚，因为你能看到警察局的报告，就是你每天给我念的那些报告，你手底下现在还有一沓子呢）——你知道民众是多么没信心，多么厌倦，多么不稳定，这都是我们的敌人恶毒地散布的怀疑和无耻谎言造成的。我病了一个月之后再见到民众的时候，我发现他们完全变了，令我感到震惊。我们的敌人在挑唆他们。我们的敌人中谁更坏？是那些想让国王复辟的，还是那些用煽动腐败和恐怖来蛊惑人心的？埃贝尔被打倒了，但是见不到效果，他的遗毒还在。在这个恶棍眼里，大革命只不过是一项战利品。你拒绝把战利品给他，他就威胁你，就离心离德，就背叛。共和国的命运靠的是什么？靠的是几个人，（几个？）几个全部能力都在嘴上的人。

西　蒙　话语的能力是一切能力中最美好的，也是最能振奋人心的。

罗伯斯庇尔　我看到了这种能力对国民公会所起的作用，并不那么让人放心。在国民公会，我看到的是诚恐诚惶的服从，它就像一条顺从的鸟猎犬，胆小而狡诈，但你得不错眼珠地盯着它，防止它从背后咬你一口……我的布隆特可是条好狗！（*他用脚轻轻地触了狗一下*）我要请你原谅，原谅我把狗这个高贵的名字给了一些寡廉鲜耻的人……最可怕的是，看着令人作呕的腐败蔓延，在你周围蔓延，在整个法国蔓延。该诅咒的金钱！金钱成了共和国的毒瘤。我看到这个毒瘤把我信任的一些人吞噬了。印度公司的丑闻把毒瘤的传染性暴露无遗。我们采取断然措施也是白搭，一批又一批的人都被传染了；我们派去和腐败做斗争的人，也很快就都被腐败传染了。传染得最厉害的，是那些公民责任感表现得最狂热的人。我们那些特派员，在恐怖政策的掩护下，拿革命正义做交易；赦免和逮捕，都会被他们论价出售；他们盗窃财产……富歇、塔利安、弗雷龙、巴拉斯……这些坏蛋,他们手上都沾满了血,而且巧取豪夺……罗维尔那时在沃克吕兹省跟一个叫茹尔丹的魔鬼,就是那个凡尔赛屠夫、挖富隆心肝的家伙,两个人在一起,组织黑帮,以贱价收购国有地产。而我的调查显示,这个土匪组织里有五百多名成员都是有公职的人……共和国没希望了!共和国被共和派出卖了。

西　蒙　必须进行打击。

罗伯斯庇尔　必须进行打击……可是我们打击不了!……法庭杀了不少人,没用。可是,一旦涉及这帮混蛋,惩罚他们的手臂刚一举起,就被掌权者的手抓住了。这些恶棍在救国委员会里有保护伞。审判他们吧,这些有钱人能千方百计地逃避法律的制裁。遭受牺牲的都是穷人。必须对救国委员会和公安委员会进行清洗,改革所有的法律程序。

西　蒙　那你为什么没这么做呢?

罗伯斯庇尔　我会这么做的。——不过,我知道,西蒙,这样做的时候,我会死掉。他们会指控我独裁。武器自古就是双刃剑:它是为保卫自由反对暴君的人打造的,而暴君也能用它来反对保卫自由的人!两年来,反革命一直用它来反对我。皮特凶狠狡猾,他在法国到处散播流言,到处说我的士兵,我的军队,就好像我是共和国的国王!他们在竭力挑动,让善良的公民对我不放心,让我那些嫉妒心重的同事不信任我。

西　蒙　德高望重就会带来这样一些小弊病,在所难免。别为此感到不安!你得显得自豪和高兴才行。你大公无私,关心国家利益,一定能取胜,就像我们在瓦尔米取得了胜利一样。理性期望你胜利。理性总是所向无敌的。

罗伯斯庇尔　你是个勇敢的小伙子!

〔库东坐着轮椅上。

库　东　马克西米连,我刚才在大门口碰到富歇了。看他那副样子,好像是要求见你,但被你拒绝了。

罗伯斯庇尔　对。

库　东　他是个不容易泄气的人。他在等,在雨地里走来走去,一副不达目的不罢休的样子。

罗伯斯庇尔　我瞧不起他,觉得他就像他脚底下踩着的污泥;要是我做得到,我会把他塞进污泥里去。

库　东　但你做不到——眼下做不到。那家伙是做了防备的。他在救国委员会里有靠山。

罗伯斯庇尔　你比谁都清楚,你知道他们的阴谋意味着什么。

库　东　我也比谁都更有理由不宽恕他们,科洛和富歇两个人在里昂是杀人犯,他们排挤我,使我平息事态的使命归于失败。可是,在没办法把感情变成行动的时候,表露感情有什么好处?在政治斗争的火线上,敌意是件奢侈品,我们用不起。必须打击敌人,如果不能,就必须避免把敌人逼得走投无路。只能二者择一,没别的办法。见富歇吧!为什么不看看他是什么态度,听听他说什么呢?要设法搞清他有什么打算,眼下先麻痹他一下……

罗伯斯庇尔　他还能说得出什么我不知道的东西?我恨虚伪的人。如果见他,我没办法向他隐瞒我对他的反感。让他去踱步吧!我不见他。

库　东　那他可就要跪到你妹妹夏洛特面前去哭了。你妹妹跟他好过。虽然富歇对她背信弃义,可你知道,夏洛特对他却一直是一往情深。夏洛特肯定会来求你的。

罗伯斯庇尔　(不安地)为这事,不,不行!无论如何不能让夏洛特来纠缠我!那可怜的疯女人让我恼火。我受不了她!

库　东　那你就接见那个家伙吧!这是唯一的办法。

罗伯斯庇尔　瞧瞧!必得你想怎么着就怎么着。你诡计多端,总能达到目的。

库　东　马克西米连,除了公众利益,我别无所求,而公众利益和你的利益是一致的。

罗伯斯庇尔　那好,就这么办！叫他进来。但你得待在这儿,库东。我想让你当个见证,看我都跟他说了些什么。

库　东　那不行。你们见面的时候会发生什么事,我太清楚了——尽管我请求你克制——我不想看着对手受辱,不想以我的在场加重对他的羞辱。干嘛毫无必要地让他恨我呢？就算你同他谈崩了,我保留着和敌对阵营接近的办法,对你也并非没有好处。把我推走！在旁边那间屋子里我能清楚地听到你们说的话,还能不被他看到……

〔西蒙过来推库东的轮椅。

罗伯斯庇尔　西蒙,你可得留下。

库　东　最好别……

罗伯斯庇尔　我要他留下。

西　蒙　我也想留下。马克西米连,只要你在这个家里,我就得照看你。我已经把这一点当成义务,永远不让你和来访者单独相处。

库　东　你做得对。要是当初对马拉也这么做就好了。

〔西蒙把库东推进了隔壁的房间,但房门留了一道缝。——西蒙回到罗伯斯庇尔待的房间,从另一侧下;接着,从朝街开的窗户传来很随便的口哨声。

西　蒙　嗨！嗨,那边那个人！……公民,上来吧！……

〔房间里只剩下罗伯斯庇尔了。他站起来,照了照镜子。他整理一下领带,也调整了一下冷若冰霜的表情。西蒙回来。罗伯斯庇尔依着壁炉等在那里,富歇迈着急匆匆的脚步进来时,他连眼皮都没抬。富歇身穿一件破燕尾服,纽扣一直扣到脖子,像个教士,衣服已经淋湿。他冷得一边说话一边搓手,还有点咳嗽。

富　歇　马克西米连,请原谅我在你不知疲倦地工作的时候前来打扰！不过,我出了这么长时间差,一回来就要急着向你汇报工作。

而且，作为老朋友，我急着来，也是为了向你道贺，并为你对共和国敌人进行的战斗、你取得的胜利和你的天才，表达我的敬意。当一个人像我这样，能够回想起开始的时候就预见到了今天这样的高潮，是要感到自豪的……有多长时间了？……你还记得吗？……五年还是六年？……我们在奥拉托利修道院和罗萨蒂度过的那些美好夜晚，好像是昨天的事，但又恍如隔世……当时科洛也是我们中间的一分子……我们那时亲如兄弟，对社会进步和科学充满热情，对人类智慧的未来满怀信心。在我们中间，你那时候就已经崭露头角，你口才好，性格纯真。我们赞美你那种古代英雄式的品德，赞美你解放人类并为人类指明前途的高尚理想，赞美你的同情心。你一点都没变。你的威望一天比一天高了，但你依然和过去一样。

罗伯斯庇尔　你也没变。你一直在说谎，一直在背叛。

富　歇　马克西米连……

罗伯斯庇尔　你背叛了你祈求保佑你的上帝，背叛了你效过力的教会，背叛了你所代表的选民，背叛了所有傻到指望你正直起来的政党和朋友，你背叛了国王、共和国和人类。

富　歇　马克西米连，难道你就这么不公正，当一个人明白了真理在另一边的时候，你居然拒绝给这个诚恳的人承认错误和改正的机会？

罗伯斯庇尔　对你来说，真理从来都只是你的利益。你让人把你当王党分子推举出来，去保护你那些雇主——南特的黑奴贩子和海盗——的特权和赃物。可是，一看到在别的阵营里好处更多，你转眼之间就把他们都抛了出去，并且要求杀掉前一天你还誓死要保卫的国王。在你觉得吉伦特派大权在握的时候，你就成了吉伦特派。但转过脸来你又跟他们翻了脸，投身于最极端的埃贝尔派。埃贝尔派将要倒台的风声一起，你又理所当然地和他们断绝关系，并勇敢地为埃贝尔派的垮台出了一份力。不幸的是，因为你离巴黎远,情报少,消息迟,就让你以为另一个人也要倒台,于是你就又使出浑身解数,加速这个人的倒台。这个人没倒,此时此刻正带着厌恶和憎恨盯着你。

富　歇　罗伯斯庇尔,给你报信的人把你骗了。

罗伯斯庇尔　你以为我不知道你都干了些什么吗?在里昂,你搞阴谋,指责库东和我是“温和派”,——你私下里勾结我在国民公会里的那些对头,——你迫害我的朋友和为我办事的人,截取他们身上的信件。就在你来这里见我之前两小时,你还曾经企图收买国民公会,用突然袭击的手法使他们同意由你来管理国民公会,以便使国民公会摆脱救国委员会的监督,这些事你以为我都不知道?你早打算好了,想利用国民公会,用国民公会对抗救国委员会。你的阴谋诡计失败了,现在又转向救国委员会,转向这个你原以为用不着的人。

富　歇　这些我都承认。你太精明,马克西米连,我没法跟你耍花招。我对你的力量没有丝毫的怀疑。不过,我也不认为你的力量就那么无远弗届。必须原谅我。我在外省待了十个月,外省人无法像你那样消息灵通。如果我消息灵通,用不着怀疑,我会一直一心一意跟你的步调保持一致的!

罗伯斯庇尔　你认为我会对你这种厚颜无耻心存感激吗?

富　歇　马克西米连,我认为你是个非常好的政治家,不可能不懂得这样的道理:带兵打仗的时候,应该把胜利当作唯一目的;因此,必须把自己的力量和能够更容易地获取胜利的力量结合到一起。

罗伯斯庇尔　所以你就对所有能够破坏这一胜利的人进行了试探!共和国的所有敌人你都试探过了!

富　歇　是所有你的敌人。只是到了这里以后,我才得知他们是共和国的敌人。不过,今天我知道他们是共和国的敌人了。从今以后,他们也就是我富歇的敌人。

罗伯斯庇尔　那你不就得也是你自己的敌人了吗?

富　歇　我要求至少让我解释一下。马克西米连，你不喜欢我，这让我十分难过，我为此感到悲伤。不过，我们俩都是能够超越感情的人。支配我们的是理性，而理性应该用来为正确的策略服务。那么，从理性方面来说，你还有什么要谴责我的吗？您把我召回来，我已经准备好了要汇报工作。谁控告我？控告我什么？

罗伯斯庇尔　是我，我控告你！成千上万遭你迫害的人，所有那些受你压迫、被你劫掠、辱骂和杀害的人，都通过我控告你。通过我，被你用血玷污、被搞得名誉扫地的大革命控告你。你的大肆杀戮引起了全世界的反感，我们所有的人都因此而变得脸上无光。光让我们遭人厌恶还不够，你还让我们蒙受耻辱。你用卑劣手段迫害宗教，迫害需要从宗教中寻求安慰的普通百姓，从而唤醒了狂热。你荒唐可笑地反对基督教，你大张旗鼓地宣扬无神论，从而为皮特和他那些蛊惑人心的宣传机构提供了素材，让他们恶毒地嘲弄我们，使那些处于反法联盟之外的国家的人也起而反对大革命。你给共和国造成的损害是无法补赎的。你干得漂亮，可以去吹嘘了！

富　歇　是的，我是为我的工作成果感到自豪。这十个月里，我当了四五次特派员，任务都完成了。我为国民公会管理过四分之一个法国。我受命出发的时候，法兰西正遍地狼烟。吉伦特派、旺代叛乱分子、里昂人、英国人，他们联合起来形成了一个死亡包围圈，圈子在一点点缩小，向法国的心脏逼近。为打破这个包围圈，我所做的贡献比谁都大。我拉起了几支队伍，进行训练，筹集军需。我往南特、勒芒、卡昂、里昂和土伦各地前线送去了成千上万的士兵。我把法国中部各省的行政机构、市政机构和省政府都雅各宾化了，试图在那里实现全面革命。为了不惜任何代价地镇压反抗，我不得不两手并用，既用断头台，也用计谋。我把叛乱粉碎了。不过，你知道得很清楚，救国委员会里你那位同事科洛·代尔布瓦，他在平叛中也担负了一半责任。平叛常常使我这颗天生敏感的心感到难受，但为了完成这项必不可少工作，我不得不狠下心来，以消灭个别人为代价，为后代子孙造福。

罗伯斯庇尔　最庄严的话语，一旦从你嘴里说出来，也让人感到恶心。我了解你，约瑟夫·富歇。在你眼里，人的幸福、人类和后代，算得了什么？你的残忍出自一颗冷酷的心，所以更加令人厌恶。卡里耶那样的狼都比你强，你是个彻头彻尾的伪君子。

富　歇　你精明！我不想多费口舌跟你争辩。现在的问题是要认识清楚，如果我们达成一致，于你和我是否有好处，于大革命——我的意思是说，既然你认为（这也是我的看法）你和大革命已经成为一体——是否有好处。这才是问题的关键。

罗伯斯庇尔　我们永远不可能达成一致！

富　歇　在政治上，不存在"永不"这个字眼。

罗伯斯庇尔　对你来说，不存在是或非。你是个变色龙！在你说话的时候，就能看出来你在变。

富　歇　我在寻求共和国最好的东西。

罗伯斯庇尔　对共和国来说，最好的东西就是不再和你打交道。你消失吧！

富　歇　我们有的是时间！再给我几分钟！

罗伯斯庇尔　别让你这张讨厌的脸再折磨我了！

富　歇　我也没兴趣看你这张脸。不过，要紧的是我得跟你严肃认真地谈谈。

罗伯斯庇尔　话都说完了。

富　歇　我要跟你说的事不能让你的保镖听到。

〔他指了指静静地待在一旁的西蒙·迪普莱。

罗伯斯庇尔　我对朋友们没有秘密。

富　歇　我请你别相信这一套。管理国家常常要求右手不知道左手在干什么。

罗伯斯庇尔　我一定要让我的左手和右手都知道我对你的蔑视。

富　歇　我明白了，为了使你接待的代价翻番，你早就想好了让这次的接待成为公开的；进来的时候没看见先来的库东，我还觉得奇怪呢，但看到旁边房间的门虚掩着，我就不觉得惊奇了。你这是和家人在一起。你在家里接待我，我表示感谢。那好，既然你愿意这样，我就对罗伯斯庇尔和他的家人说话。

罗伯斯庇尔　家，是的……像你这样的死魂灵，是永远不可能有家的。

富　歇　你错了，马克西米连。我很穷。（他指了指自己的衣着）但在家这方面，我比你阔：我有个女儿……不提这个了！在像你我这样的两个男人之间，没有孩子的地位……咱们开门见山吧！罗伯斯庇尔，我无需告诉你，说你已经被一大群敌人包围。他们无处不在，连你的朋友中间都有。你把国民公会搞得鸦雀无声，但你跟我一样清楚，这种沉默掩盖着的东西是恐惧和报复的欲望。你在救国委员会的权力被削弱了。你的成功本身给你招来了国内外的各种威胁。——我研究过你。我回到巴黎已经二十多个小时，在不眠的夜里和没有休息的白天，我分析了各种力量，权衡了各种可能性，觉得只有你能够在混乱中恢复秩序，使大革命回到正常的轨道上。你想这么做，你也能这么做。我准备在这件事上助你一臂之力。

罗伯斯庇尔　你要做的事很多，还是去帮助你自己吧！

富　歇　罗伯斯庇尔，我很卑微，也很瘦弱。但俗话说得好，鸽子——就是你本人，请允许我这样比喻——也曾因为不辞蚂蚁的帮助而躲过一劫①。

罗伯斯庇尔　你在政治上所代表的一切都令我深恶痛绝，而我不把共和国从滥施的恐怖中解救出来誓不罢休！在这种情况下，你居然敢说要助我一臂之力！

富　歇　不要再纠缠过去的事了！错了的可能是我。我是尽了力的。我所做的一切，当时可能都是必需的。现在不需要了，这我承认；你

---

① 寓言故事，鸽子用树枝帮助落入水中的蚂蚁脱险，蚂蚁咬捕鸟人的腿而使鸽子逃生。

刹车,做得对。在暴风雨中收帆,这可是大手笔,了不起。在你的船员里,加一个远洋船长的儿子,是不会嫌多的。我请求你用我。

罗伯斯庇尔　用你干什么?是去把你所做的都毁掉?还是把你毁掉的都恢复起来?是去否定你的政策的所有做法?还是去惩罚你那帮跟你的罪行沾边的可恶同伙——卡里耶分子,弗雷龙分子,巴拉斯分子,塔利安分子?

富　歇　这有什么不可以的呢?在这些事情上,我从来不拿愚蠢的舆论当回事。从我承认你的政策正确那一刻起,从我认识到该刹车的那一刻起,我就准备去做那些该做的事了。我是个不择手段的人,这一点我已经证明过了。如果手段合理,最激进的就是最好的。我的手段将是最激进的。

罗伯斯庇尔　你是犹大!你时刻都在打探,看有什么事可以检举,有什么人可以出卖。

富　歇　罗伯斯庇尔,你老想着《福音书》里说的那些事,没意思。那些古老的圣书,我跟你一样熟悉,由于职业的缘故,我可能比你更熟悉。那些书,对有幸能什么也不干就可以生活的人,自有其价值。但我们没这个福分,所以我们的床头柜上摆着的应该是讲生活经验的书。如果书里说的常常自相矛盾,那是因为,在实际行动中,两点之间最短的路不一定是直线的。你比谁都清楚,拯救民众国家的措施,并非总是相同的。有的时候必须出击,有的时候必须撤退,逼着敌人东奔西突,使敌人筋疲力尽。极端的办法起作用,但只是一时的。然后就要放弃这些办法,采取温和的态度,让对手觉得可以信赖。正确的策略是轮番利用山岳派和沼泽派。不夸张地说,我相信自己在这方面能够对一个像你这样的主人有所帮助。

罗伯斯庇尔　你的主人在别处。

富　歇　在哪儿?

罗伯斯庇尔　在丹东和埃贝尔的坟墓里。跟他们会合去吧!

富　歇　我现在还没入土。如果有人想把我埋了，我也要设法让别人走在我前头……你错啦，罗伯斯庇尔。把我当朋友，你会有很多好处的。

罗伯斯庇尔　把你当敌人，危险要少得多！

富　歇　（朝门口走去）那就走着瞧吧！……我很遗憾，罗伯斯庇尔。骄傲一直是你的弱点，会把你毁掉的……再见吧！事情没谈拢，那就算我倒霉吧！……不过，对你也一样！

〔他从右边的门下。

〔小迪普莱推着库东从左边的门上。

罗伯斯庇尔　这条毒蛇！

库　东　千万别踩着它。或者，如果踩着了——你踩着了——就得立刻把它打死。

罗伯斯庇尔　我也想这样。

库　东　可是你办得到吗？你已经看到，救国委员会在抵抗。

罗伯斯庇尔　我能办到。

库　东　马克西米连，眼下你最好别惹他。本来最聪明的做法是麻痹他。伤害已经造成。我们得先下手！

罗伯斯庇尔　他会躲起来的。

库　东　这种讨厌的东西躲起来也一样危险。蛇会打洞，能戳穿所有的陷阱。

罗伯斯庇尔　对他我要以其人之道还治其人之身。

〔勒巴从右边的门上。

勒　巴　兄弟们好！

库　东　你好，勒巴！

〔罗伯斯庇尔没说话，带着亲切的微笑拉起勒巴的手。

勒　巴　我刚才在街上碰到约瑟夫·富歇了，他跟卡里耶在一起。

罗伯斯庇尔　他时间抓得还真紧！

库　东　你看，决斗开始了。

勒　巴　卡里耶的两只大眼睛转来转去的。他有点发懵,看了看我,没认出来。不知道富歇跟他嘀咕什么了。

罗伯斯庇尔　刚才他还要把卡里耶的人头献给我呢!

库　东　我相信,此时此刻,富歇正在向卡里耶表示要把你的人头献给他了。

勒　巴　你们就不该把那些失宠的特派员都弄到巴黎来。

罗伯斯庇尔　当时必须把这些人从各省弄回来,他们是吸血鬼,已经把各省搞得满目疮痍。

勒　巴　如果您不能——我希望不能——和他们讲和,那就要使他们不能为害。

罗伯斯庇尔　他们已经把国民公会里相当数量的成员拉过去,而这些人的选票是我们必不可少的。革命法庭已经不在我们手上。为了打击他们,寻常手段已经不够用了。

库　东　那我们就想点别的办法。

罗伯斯庇尔　我们不能偏离法律。

库　东　是法律偏离了我们。我们怎么能偏离法律呢?我们要制定国家所必需的法律。

勒　巴　你们俩别在什么法律不法律的问题上纠缠了!如果有阴谋,你们得赶快镇压!刻不容缓!不管采取的是不是法律手段,必须在敌人成气候之前打击他们!

罗伯斯庇尔　你可是搞法律的,我从你履行职责中已经认识到,你在法律程序上是非常严格非常认真的!

勒　巴　我在军营里从圣茹斯特身上学到的是,第一条准则是不惜代价地取胜。任何时候我们都得独自做出决定,没有监督,也不可挽回。从法律的角度讲,这样的决定是有可能受到指责和批评的。不过,就像西塞罗在处决卡蒂利纳①之后说的一样,我们也可

① 西塞罗和卡蒂利纳都是古罗马政治家,卡氏阴谋推翻共和国,被处决。

以说:“我发誓,我们拯救了祖国!”

罗伯斯庇尔　你们拯救了祖国。但是,拯救祖国的人也可能在某一天成为共和国的威胁。

库　东　在革命过程中,各种法律程序和革命措施总是结合在一起的,所以就应该注意,不要使那些今天作为保卫自由必需工具的法律程序在某一天蜕变为压迫工具。压迫工具必须立即毁掉。这是一切革命的宿命。

罗伯斯庇尔　我们那些极端分子,在各省实行恐怖政策的特派员们,他们的情况正是这样!

库　东　可是,天平的另一端,宽容派,改头换面的王党分子,他们的危险性也不小。为了把极端分子和宽容派同时压下去,马克西米连,我们必须解除特派员们的武装,把他们的武器变成我们的武器,大胆地取而代之,同时重新掌握平等运动的领导权,实现全面的大革命。

罗伯斯庇尔　你我都不想再以更大的热情做这件事了。你们了解我的真实思想。我的想法,过去是,将来也不会变:为了民众,和民众一起,去反对那个由食利者、不法商人和投机大革命的人组成的厚颜无耻的阶级。——我们三个人都出身于这个中产阶级,(我并不因此而感到自豪!)正如卢梭所说,“对这个阶级而言,自由本身只是一种手段,一种可以毫无障碍地攫取和万无一失地占有的手段”。为了奴役民众,为了阻挡大革命前进,这个阶级已经无所不用其极,它还会不顾一切地干下去。国内的一切危险都来自这些中产者的自私与贪婪。当他们在马赛、波尔多和里昂野蛮地高歌猛进的时候,我们的所见所闻跟我们原来预料的一样。如果民众不在五月三十一日奋起反抗,他们也可能在巴黎取得胜利。我们必须使巴黎的起义保持常态,使民众的怒火不熄灭。不能让任何东西割断我们和民众的联系!我和您以及圣茹斯特一样,知道实行阶级政策的必要性,凭政策把富人掠夺来的财富分给穷人,我们风月颁布的法令就是这个意思。但是,实施这些法令的时候,我们必须慎重。当外国侵略者还在蹂躏我们国土的时候,我们必须谨慎从事。富人手里有公债,掌握着部队的给养。要靠你,勒巴,还有圣茹斯特,带领我们英勇的军队把外来的敌人赶出国境,以便我们能够转过身来对付国内的敌人!

库　东　可是,在把外敌赶出去之前,国内的敌人还能干多少坏事啊!他们可以利用我们的克制,离间我们和民众的关系,而民众又不明所以,这可不是小事。

罗伯斯庇尔　如果我们向感情最纯洁的民众发出呼吁,民众是准备接受一切牺牲的——这个神圣的源泉,被埃贝尔分子玷污了。首要的、最紧急的任务,是在法国千百万民众心里唤醒并张扬道德法则和自然宗教。自然宗教能使人的灵魂变得坚强,能让灵魂大无畏地穿越烽火,同时保证灵魂不朽。

库　东　当然,这样做有好处。不过,也许更紧急的是要满足民众的现世要求和物质需要。

罗伯斯庇尔　不,库东,必须懂得要向我们最爱的人提更多的要求,要求他们表现出更多的英雄气概,做出更大的牺牲!具有像我们这个优秀民族一样血统的人,绝不会因为受到照顾而感激我们,他们更看重的是号召他们为理想而献身的领袖——条件是,这样的领袖得跟他们一起献身。

勒　巴　在这点上我没你那么有信心。即使在军队里,打起仗来的时候,要是让跟随我们的部队有后退的可能,我和圣茹斯特都会不止一次地成为孤家寡人,只会有很少的人跟着我们。大多数人都不具备牺牲的忠诚。不过,马克西米连,在这件事情上我不想跟你争论。你对这一点深信不疑,这是你的伟大之处;因为你这是以己度人。那就这样吧!如果你能做到,就把民众心里对上帝的激情重新燃烧起来!——但不管你的伦理政策和社会政策是什么,有一件事我是要坚持不懈地进行的,那就是争取各共和派政党之间的和解。敌人的阵线太宽了,仅仅以一个派别的阵线去抵挡,是抵挡不住的。不管这个派别多强大,阵线都太窄。让我们来扩大阵线吧!

罗伯斯庇尔　我也想扩大。我把手伸向所有派别中的正直人士。但是,绝不能和破坏分子妥协,不能和玷污大革命的人妥协——不能和卡里耶和富歇之流的人妥协!

勒　巴　这让我感到遗憾。他们为大革命出过力。他们可能还会为大革命再出力。

罗伯斯庇尔　你要是这么想,那你就是不赞成处决埃贝尔分子和丹东分子喽?

勒　巴　我对处决他们感到遗憾。不管有什么理由要蔑视这些人,不信任这些人,为了拯救共和国,也许应该把他们留下来,让他们和我们一起保卫共和国。革命队伍里的人员大幅度削减,已经把革命队伍搞得分崩离析了。要完成任务,在人员上我们已经是捉襟见肘。要是我说了算,我会发布命令:凡是参加过八月十日战斗的人,一律不得侵犯。

库　东　你这是空想!其实你从圣茹斯特那里也知道了,如果我们不对埃贝尔和龙桑那帮人进行迅雷不及掩耳的打击,他们就对我们下手了。他们要发动军事政变,我们把这场阴谋消灭在萌芽中了。

勒　巴　这么说,一切革命的悲惨宿命,就是把自己的儿女一个个吞噬!别再干这种事了!要无情地打击阴谋!但绝不能把对手逼到只能搞阴谋的地步!我最后再说一遍,跟那些流落街头的特派员和解吧!

罗伯斯庇尔　不!我承担着道德方面的义务,我要保护民众的道德完美,我要保护民众。

库　东　(向勒巴打了个手势)不必争了!况且,想重修旧好也为时已晚。破裂已经不可挽回。既然大势已定,我们就必须刻不容缓地采取行动。现在我们要做的只有强化行动手段。我这就去起草命令。

罗伯斯庇尔　这令人惋惜,但不得不如此!勒巴,你别以为这么做我心里不难受!我只希望摆脱这一切。什么时候才能让我们结束恐怖呢?

库　东　必须用恐怖结束恐怖。

〔西蒙·迪普莱推着库东的轮椅下。只剩下罗伯斯庇尔和勒巴两个人。

罗伯斯庇尔　你怎么不高兴了?怨我们了?

勒　巴　没有。以公共安全的名义给法律带来的损害,并没有让我觉得不安。在这一点上,我的想法和库东一样。法律是人制定的,人能制定,就能修改。在革命向前发展的时候,法律也像革命本身一样,处于动态;还没到把法律固定下来的时候:只在法律成为最终确立的新秩序的庄严象征时,触犯法律才是大逆不道的。——我也不想对您决心和极端分子分道扬镳这件事再多说什么,因为您对他们的阴谋看得更清楚,而我也无意为那些恶人的命运表示同情,我更担心的倒是他们对您可能造成的伤害。——让我伤心的是,罗伯斯庇尔——我能对你说实话吗?这件事在我心里已经憋了很久,一直让我感到不安——让我伤心的是,眼睁睁看着革命法庭不分青红皂白,把凶残的恶人和无辜的人——这个词你听着刺耳吧?——都用大车拉往断头台,其中有些是头脑不清的人,有些是软弱但无危险的人,还有妇女,儿童……马克西米连,你明天是要让人处决露西尔·戴木兰吗?

罗伯斯庇尔　(收紧两手,脸上显得焦虑不安)别跟我提让我心烦的事!那是个不幸的女人!你以为我不想救她?

勒　巴　什么!你想救,但是不能救?那你至少要说出来呀!说你想救她!

罗伯斯庇尔　难道你以为,如果我能救他们两口子我会不救?他的妻子我尤其想救！勒巴，我是他们的证婚人，我抱过他们的孩子。我不是那种不念旧的人。惩罚戴木兰，是在惩罚我。——这么说，你是没看出他们那些人看得清清楚楚的东西——你竟没看出这正是他们那些人想要的？

勒　巴　他们那些人，你指谁？

罗伯斯庇尔　救国委员会和公安委员会里我们那些同事。他们在窥伺着我。他们清楚地知道弱点在哪里。戴木兰不谨慎，爱饶舌，是个冒失鬼，还总是醉醺醺的，他帮了那些隐蔽着的反动派的忙。我抛出戴木兰，却没能把埃贝尔和龙桑从他们手里救下来。对戴木兰，我不能网开一面，那会动摇被再而三的背叛搞得惶惶然的民众对我们的信任，共和国太需要这种信任了。——嫉妒我的人想用对温和路线的怀疑加以破坏的，正是这种信任。

勒　巴　惩罚戴木兰的出言不慎，惩罚他受到冒犯的自尊心于无意中造成的伤害，这我理解。像我们这样的男人，应该承受自己所犯错误带来的惩罚，哪怕只是因为冒失而犯的错误。可是，难道妇女不应当被排除在我们的血腥斗争之外吗？

罗伯斯庇尔　通过夏洛特·科尔代[①]的匕首，妇女在血腥的斗争中争取到了自己的地位。

勒　巴　露西尔和科尔代这个宗教狂女人毫无共同之处。

罗伯斯庇尔　有一出戏，叫《妮娜，被爱情搞得发了狂的女人……》，你很清楚，她是因为密谋劫狱被捕的。

勒　巴　这样的密谋者也太可怜了！她只不过想在绝望中挣扎一下。

罗伯斯庇尔　如果她搞成了，对我们就是个沉重打击。我理解她，我同情她。但我无能为力。她雇了杀手。

勒　巴　这有点像故意找事儿的人设的陷阱。

罗伯斯庇尔　有这种可能。但她掉进去了，已经没办法再把她拉出

① 王党分子，刺杀革命领袖马拉的凶手。

来。我若对她表示关心,反而会使那些人变本加厉,非处死她不可。然后,他们又会施展两面派的手法,把这种不人道的处决归咎于我。——我器重年轻的奥什(这个人你认识),奥什也对我表示了忠诚,这就足以使他变成救国委员会的敌视对象。连圣茹斯特都站在他们一边。

勒　巴　奥什也确实不谨慎、傲慢,他总是一意孤行。

罗伯斯庇尔　确实是这样,不过这都因为他年轻,血气方刚;但共和国的天才将领不多,不能失去他。……没关系!我还得把他牺牲掉,不然他们就会指责我,说我搞御林军。——别和我太亲近!你会受到怀疑的。

勒　巴　这些人嫉妒你,算计你,你干嘛不跟他们分道扬镳啊?

罗伯斯庇尔　还太早,没到时候。大革命需要我们团结。你自己刚才不也是这么说的嘛。你看到了,实现这种团结要付出什么样的代价,即使和人们视之为真正的、最坚定的共和主义者——我虽然反感,但也认为他们是共和主义者——保持团结,要付出什么样的代价!共同行动就要共同负责,而这样的责任常常让良心感到不安,愤怒得想叫喊。救国委员会的事都压在我身上,而责任感又使我不得不把一切都承担起来,不能说一句不赞成的话。想当初,我一个人单枪匹马和整个立法议会对着干的时候,那是何等畅快!今天,权力都到了我手上,我依然是单枪匹马,却远没有那个时候自由……

〔从左侧墙的那一边不断传来女人清脆的说话声和笑声,已经有一阵子了。勒巴有些分心,他在听。罗伯斯庇尔微微笑了笑。

罗伯斯庇尔　看来你根本没听我在说什么。隔壁传来的话更有吸引力。

勒　巴　(感到不好意思)请原谅,马克西米连!

罗伯斯庇尔　(亲切地)用不着道歉!你年轻的妻子在那边,正在和姐妹们说笑。她笑的声音这么大,就是为了让你听到。她等着和你重逢,已经急不可待。我们把你从她身边拉走,把你们分开,也是迫不得已;下个月我们可能还不得不这么做,派你到军队里去。现在,占用你一分钟你心里都会埋怨我,好像我犯了罪似的。别说你没埋怨我!我都在埋怨自己呢……好了,咱们去和那几个可爱的姑娘会合吧!

〔两人下。

幕　落

幕布几乎立即又拉开。

第六场

〔迪普莱家姑娘们的房间,——在院子深处,二楼,——窗外是一个修道院的花园(孔塞普雄修道院修女们的花园)。

〔三姐妹　埃莱奥诺尔、伊丽莎白和亨利埃塔(勒巴的妹妹)。

埃莱奥诺尔　(对伊丽莎白)坐吧!(她让伊丽莎白坐在窗户旁边的一把扶手椅上)你大概累了。从卢森堡公园到圣奥诺雷大街,在你目前这种状态下,对你那两条尊贵的腿来说,路可不短。

伊丽莎白　可不是嘛,小家伙在我肚子里还挺有分量的!我是拖着两条腿来的。不过,好心的亨利埃塔一直搀着我。所以,我只带一个,她得拖两个。

亨利埃塔　她瞎说,是她拖着我走。我走得慢。

埃莱奥诺尔　什么事让你这么着急呀?干嘛要走得那么快啊?

亨利埃塔　为了和她那位重逢呗!

埃莱奥诺尔　她丈夫?他没在这儿。

伊丽莎白　(笑着,但有些嗔怪)不对吧! 他跟我说的,他来这里……要不就是他骗我……

埃莱奥诺尔　他来过,走了。

伊丽莎白　(大失所望)不对吧? ……他答应过等我的……

埃莱奥诺尔　他会回来的。他没想到你来得这么早,本来以为你要到吃晚饭的时候才到得了。

亨利埃塔　菲利普一走,她就吵得我坐立不安,非要跟了他去。

埃莱奥诺尔　这么追着男人屁股后头跑,你就不觉得难为情?

伊丽莎白　我不难为情,他是我的。

亨利埃塔　听听,好像谁在跟她争她那个菲利普似的!

伊丽莎白　当然有人在跟我争他。

亨利埃塔　谁?

伊丽莎白　所有的人! 救国委员会、公安委员会、国民会议,还有军队——最糟糕的是——马克西米连……所有的人! ……他们从我身边把他拉走,一去就是几个礼拜,几个月。好容易回来啦,在我抓住了他的时候,在我以为抓住了他的时候,他们还是连一天都不把他留给我,他没有一整天是跟我在一起的。我要把他弄走藏起来,让人找不着他!

亨利埃塔　你让我脸红。真不害臊!

伊丽莎白　嘀! 你呀,我的心肝宝贝,我劝你还是别惹我! 不然我可要说了,咱们俩究竟是谁急着要来,你希望在这里碰到的又是谁!

亨利埃塔　伊丽莎白,不许说! ……

伊丽莎白　(问埃莱奥诺尔)那位可爱的圣茹斯特没到罗伯斯庇尔这里来吗?

埃莱奥诺尔　已经好几天没看见他了,不知道他现在怎么样。

亨利埃塔　伊丽莎白,你真坏。求你了,别再跟我提他。

伊丽莎白　我又没跟你说! ……(对着埃莱奥诺尔)这俩蠢货在闹别扭,有半个月了。

亨利埃塔　谁说的，根本就不是那么回事！我怎么想的你怎么知道……再说了，也早就都过去了！……我们两个人之间，从来就什么事都没有过。

伊丽莎白　你这话就自相矛盾。如果从来就什么事都没有过，今天怎么又说一切都过去了？……再者说了，首先就不是什么都过去了，你还爱他，他也还爱你。就是这么回事，千真万确！

亨利埃塔　就不是！就不是！他从来就没爱过我。我呢，我也不再爱他了……一切都结束了。

〔亨利埃塔哭了。

埃莱奥诺尔　她哭了……（她把亨利埃塔揽到怀里）亲爱的，别哭！……一切都会好起来的。

亨利埃塔　不会的，好不起来了！……我也不想好了……我不哭了……她干嘛要折磨我呀？

〔她指了指伊丽莎白。

伊丽莎白　可是，亲爱的，我真没想让你难受……我没想到你把他看得这么重……我是开玩笑的……

亨利埃塔　你有福气，也想想那些没福气的女人吧！

伊丽莎白　可你会幸福的！我希望你得到幸福……哦，是的，你说得对，我知道我得到了幸福，这真是太好了！我是幸运的……不过我不是个自私自利的人。我得到的东西，我希望你们也能得到。你们会得到的……这该有多好啊！勒巴、圣茹斯特和马克西米连，三个朋友，也是三兄弟……还有三姐妹……我最小，但我是老大，因为是我带的头。你们不跟我学还等什么？抓紧时间吧！

埃莱奥诺尔　你是幸运儿，什么事都占先……我们呢，就算幸福肯眷顾我们，我们也得配享那幸福才行啊！

伊丽莎白　哎，哎，你什么意思啊？你是说我不配？……（声调突然变了）啊！当然了！我不配，你们才配。

埃莱奥诺尔　谁都不配享福。幸福是一种恩赐。谁得到了幸福，谁就是得到了上帝的恩赐。拿什么东西都报答不了……只能说:“谢谢!”

伊丽莎白　我说“谢谢!”了,我整天都在说。

亨利埃塔　(微笑着)还整夜都在说呢!

伊丽莎白　不,夜里我没时间!

埃莱奥诺尔　听听,她什么都不在乎了!她原来那么胆小,一句话、一个眼神都能把她吓住……现在我都认不出来她了。人家把我这个妹妹变了个人!

伊丽莎白　我说什么了?我什么都没说……(对着亨利埃塔)是你那个捣蛋哥哥把我变成这样的……

亨利埃塔　我们要把这事告诉罗伯斯庇尔。

伊丽莎白　啊!别!求你啦!……你不能这么干!……他会瞧不起我,让我无地自容的。

埃莱奥诺尔　他知道你疯。

伊丽莎白　罗伯斯庇尔太理智,理解不了这种狂热。

埃莱奥诺尔　他能理解!马克西米连什么都懂。你这种狂热,他能谅解,也喜欢,跟我一样喜欢。我们都清楚,纯洁的人身上什么都纯洁……

伊丽莎白　你们都善良……马克西米连对我一直都很好……可就是不行!我很喜欢他,但在他身边我从来都不觉得十分坦然。你成了他的未婚妻,我佩服你……还有她。(她指了指亨利埃塔)我也佩服她,因为她挑了那么个爱人。

亨利埃塔　(哀求地)伊丽莎白,别再说这事了!

伊丽莎白　我有我的勒巴,我多么高兴啊!勒巴也许没有你们两个人的那位那么荣耀,但对我的幸福来说,这样更好。他非常适合我,就跟为我而生的一样。他不让我觉得局促,我感到十分自在。不,不,我不会拿他和你们的换……

埃莱奥诺尔　也没人跟你换!……瞧你那副得意扬扬的样儿!……

我们要把自己的人看住……是不是，亨利埃塔？

亨利埃塔　唉！我没把握。

埃莱奥诺尔　这是什么话，你担心什么呀？拌两句嘴，多大点事啊！片云而已，情侣的天空都有云彩飘过的。

伊丽莎白　他是猜疑什么了吗？要么就是你猜疑了？

亨利埃塔　都不是，事情要严重得多。

伊丽莎白　可这个世界上没有什么严重得多的事！

埃莱奥诺尔　说说，亲爱的，跟姐妹们说说！

亨利埃塔　我伤了他。我知道圣茹斯特多么不好和人交往。这我不怪他，我反而因此更爱他，我爱他的自豪感和热情似火。我鲁莽了，对他的政策提出了不同意见。我指责了他。

埃莱奥诺尔　啊！你怎么能这么干呢？我们不宜对他们负责的事务说三道四，我们应该等他们问的时候再说我们是怎么想的。就是我父亲和罗伯斯庇尔，出于对彼此相互独立的尊重，都避免询问他们各自的工作；我父亲不问罗伯斯庇尔在救国委员会里做的事，罗伯斯庇尔也不问我父亲在法庭里干了什么。马克西米连的工作，我从来不问。

伊丽莎白　我和菲利浦，我们有更好的事情要做，我们才不关心政治呢！

亨利埃塔　我可不行，这些事跟我关系太密切了。我无法想象，我怎么能远离我所爱的人生活中最根本的东西。这不涉及国家机密……况且，就算涉及了国家机密，凡是他知道的，我也得知道，我有这个权利。我怎么能够闭起双眼，对我所爱的人干的事视而不见呢？他执行的政策每天都会造成多少痛苦和残酷的事啊！——还有你们的爱人所做的事，埃莱奥诺尔，伊丽莎白，我都不能视而不见……

伊丽莎白　什么残酷的事啊？

亨利埃塔　那些冷酷无情的处决，一起接着一起，已经连续搞了好几个月,你难道不知道?……

伊丽莎白　(赌气地)我不知道……

亨利埃塔　他们说过,杀了国王之后,杀了吉伦特派那些叛徒之后,杀了埃贝尔、丹东和戴木兰之后,正义之剑将入武库,法兰西的政治气氛将变得更加清明,更加温和……可是,时至今日,却一天比一天血腥……现在每天都在杀人,甚至杀害妇女和儿童……窗子外面,被拉往刑场的人一直络绎不绝。

伊丽莎白　(赌气地)窗子外面有什么呀?

亨利埃塔　你没看见街上过的那些车?

伊丽莎白　(赌气地)没有,没有,我什么都看不见,我什么也没看见。

埃莱奥诺尔　感谢上帝,老爸从来不让我们看那些从窗外经过的可怜人;他们从窗外经过的时候,朝街的百叶窗都是关着的。

亨利埃塔　但你们无法把心灵的窗子也关上!你们不可能不知道车上那些可怜人要被拉到哪儿去,而你们也清楚,是我们的人让人把他们装上车的。

伊丽莎白　(固执地)我什么都不知道。我什么都不想知道。

亨利埃塔　(对埃莱奥诺尔)惩治那些人的法律,是你的罗伯斯庇尔和我的圣茹斯特制定的。逮捕那些人的,是勒巴和他的公安委员会。而在革命法庭对他们做出判决的,是你父亲。

伊丽莎白　这不可能!

〔她用手捂起耳朵。

埃莱奥诺尔　他们是在尽自己的义务。亨利埃塔,你知道得很清楚,他们这么做并没有乐趣。我经常看到马克西米连伤心难过,但他不跟我说,怕我难受。不过,我绝不容许自己给他增加痛苦,不会像你那么冒失,用自己的困惑去干扰爱人的思想。

亨利埃塔　难道提醒他要有恻隐之心就是给他制造困惑?

埃莱奥诺尔　他们的全部精力,都必须用在伸张正义、拯救共和国的繁重工作上。我们不应该使他们变得软弱。

亨利埃塔　我并不想使他变得软弱！我不希望我的圣茹斯特有失公正，我希望他更加公正，他名字的意思就是“公正”嘛！但同时要使自己更为仁慈。

埃莱奥诺尔　你认为这些男人需要别人教他们什么是仁慈吗？他们千辛万苦要发扬光大的，正是这种富有悲悯心的仁慈；他们牺牲眼下的一切幸福甚至生命，为的就是使这种光辉的仁慈能够在某一天实现……算了吧！你最好还是去慰藉他们，用你的温柔给他们带去平和与信心，这才是他们内心深处向我们乞求的东西——这一点我看得很清楚，尽管他们深藏不露。这些男人心高气傲，他们硬撑着，不在我们面前显得疲惫和痛苦，有的时候，甚至不在我们面前流露他们的疑虑……

亨利埃塔　你真认为是这样？连我的圣茹斯特也是这样？他可是非常严厉的！

埃莱奥诺尔　他显得严厉，那是为了树威，跟大多数青年男子一样。你就没看到他目光里流露出来的悲悯？

亨利埃塔　（动情地）对，我看到过。我怎么就没拿这个当回事呢？对他严厉的是我，我本该更好地理解他的。

伊丽莎白　我的菲利普就从来不对我隐瞒什么。他什么都跟我说，我也什么都跟他说，而且我知道得很清楚，他身上只有善良。我呢，也不想让他心烦。

亨利埃塔　（动情地）对，我让他心烦了，我让我的圣茹斯特心烦意乱了。不过我也受到了惩罚，因为他现在离我而去了。

埃莱奥诺尔　他肯定会回心转意的。

亨利埃塔　不会，他不是那种肯饶人的人。我太了解他了。我对他没有信心，一直不愿意闭着眼睛跟他走。这不是他所期待的，不是他对一个希望成为他伴侣的女人所期待的。所以，我爱他，因为远离他而痛苦，都是徒劳，他想从我身上得到的，就是今天我也给不了他……

埃莱奥诺尔　你们两个都是固执己见自命不凡的大孩子。不过我确信，你们会因此而爱得更深。那你们就固执吧，两个大傻瓜！总有一天，你们要去抚平自己为对方造成的伤口。

〔罗伯斯庇尔和勒巴上。伊丽莎白惊喜地叫了起来，向勒巴扑过去。

罗伯斯庇尔　（朝伊丽莎白微笑着）小美人鱼，我把他给你带来了。他一听到你的歌声，就再也拿他没办法了。我现在把他还给你……不，是借给你……

伊丽莎白　（中断了和勒巴的拥吻，表示抗议）什么？借给我！……把属于我的借给我！……啊！真是强盗！

埃莱奥诺尔　（斥责她）你真不自重！

伊丽莎白　那人家得首先尊重我的权利！

罗伯斯庇尔　（微笑着）“这只狗是我的，那些穷孩子说……”①

伊丽莎白　那当然！这是我的狗。我不给别人。

亨利埃塔　这孩子真被惯得没样了！

罗伯斯庇尔　她就这脾气。我们就喜欢她这样。

亨利埃塔　那还用说。她运气好，总有理。运气不好的人才没理。

罗伯斯庇尔　（亲切地）我的朋友，别怀疑您的运气。

亨利埃塔　您太善良了！……可您知道吗？……

罗伯斯庇尔　我知道，他跟您一样心地善良。我有信心。

亨利埃塔　（激动地）谢谢！……

〔她突然俯过身去吻罗伯斯庇尔的手，罗伯斯庇尔没来得及把手抽回。

罗伯斯庇尔　（转向埃莱奥诺尔，和她交换了个深情的微笑，然后拉起她的手）让我们一起享受一阵这初春的美好夜晚吧！这间房子真好！我每次进来都觉得这里像树林一样寂静……修道院的大花

① 语出《帕斯卡箴言集》，指人的占有欲的初始形态。

园,百鸟云集的老树……其余的就只不过是一场噩梦:冷漠的城市,广场上的争吵……埃莱奥诺尔,伊丽莎白,你们受到了上天的眷顾,才会在这里生活。

埃莱奥诺尔　可不是,从童年的时候起,我们眼前就一直是一幅宁静的景色,总觉得离巴黎有百里之遥似的。

伊丽莎白　我可不记得这幅情景了。净做梦了!

勒　巴　净跟人饶舌了!

埃莱奥诺尔　不,伊丽莎白不需要对话的人,她自己跟自己聊。我呢,就只有听的分儿——(我也没听……)——她一个人就够热闹的了。她整天吹笛子,一会儿都不停。

勒　巴　现在,我可领教了!

伊丽莎白　(不高兴地)怎么,你后悔了?

埃莱奥诺尔　(戏弄地)您得学着像我那样行事……就听不见了……可以……

伊丽莎白　你们真坏,太坏了!……为了惩罚你们,我不再说话。

罗伯斯庇尔　小朋友,可别不说话。我喜欢您的声音,您的声音也是这景色的组成部分。您还是唱好,跟用歌声欢庆日落的乌鸫和麻雀一起唱吧!唱一首卢梭的情歌吧!

伊丽莎白　(对勒巴)那你得给我伴奏……

〔勒巴坐到羽管键琴前面,伊丽莎白唱了让-雅克写的一首很普通的歌曲。亨利埃塔靠着羽管键琴,看着她哥哥。罗伯斯庇尔坐在窗子旁边。埃莱奥诺尔站在他身后,身子微倾,两手扶着罗伯斯庇尔的肩膀。第一段唱完之后,唱到第二段中间时,西蒙·迪普莱上。

西　蒙　马克西米连,对不起,有重要消息。

伊丽莎白　真是的,这消息就不能等我唱完了再来?

西　蒙　你的一个联络员有要事相告。把他叫进来吗?

罗伯斯庇尔　不,我不允许把政治带到这样神圣的地方来。我过去,西蒙。朋友们,对不起!你们接着唱吧!

〔他和西蒙下。

伊丽莎白　我可没心思继续唱了。

亨利埃塔　有他跟我们在一起,真是太好了!

埃莱奥诺尔　只是太难得了!他们就不让他轻松一会儿,可他多需要休息一下啊!我真为他的健康担心。

勒　巴　是这样,我从桑布罗－马斯回来,发现他变化很大。

埃莱奥诺尔　二月初,他差点儿就卧床不起,当时我们大家都很担心。

勒　巴　他的毅力使他重新站了起来。

埃莱奥诺尔　他需要三个月的全休,可我们好说歹说他才休息了一个月……

勒　巴　我们离不开他。

埃莱奥诺尔　那他要是倒下了,你们怎么办?

勒　巴　只要共和国需要他,他就不会倒下。

亨利埃塔　啊!那就好,那他就永远不会倒下:因为我们永远需要他。

埃莱奥诺尔　(感激地)亲爱的亨利埃塔!……啊!要是能把他身上的负担减掉一部分就好了,哪怕是减掉一小部分呢!

亨利埃塔　这就是我们女人的不幸了,我们能为自己所爱的人干的事太少了!

勒　巴　你们能干很多事。你们什么都能干。你们不知道,在一个处境艰难的男人心里,你们的爱所起的作用有多大!在我们疲惫不堪焦头烂额觉得活着没意思的时候,你们的爱给我们减轻了多么大的负担,使我们觉得多么振奋!

伊丽莎白　我知道。你有一大堆东西要抱,而我得抱你。

勒　巴　你这小调皮鬼,也太口无遮拦了吧!

伊丽莎白　(感到狼狈,不好意思,笑了笑)不,我不是这个意思……

勒　巴　你想反悔?

伊丽莎白　也不是!不是!……不过你也说说,像你这么脸皮厚的人，要是没有我在，你会怎么样？

勒　巴　啊！最坏的情况，可能不是不曾结识你！……

伊丽莎白　（愣了，更生气了）啊！好哇，你就是这么恭维我的！

勒　巴　最坏的情况，是在认识你以后，想着没有你怎么活下去，而且还想着有朝一日可能失去你……

伊丽莎白　你可别这么想了！我不许你这么想。事到如今，你想也没用了。我这一辈子就赖在你身上了。

〔门开了，罗伯斯庇尔又出现在房门口。

罗伯斯庇尔　朋友们，你们接着聊！勒巴，你过来，就一句话。

〔勒巴朝罗伯斯庇尔走去，罗伯斯庇尔就站在房门口低声和他交谈了几句。

罗伯斯庇尔　我得出去。刚才来的人告诉我，富歇已经把巴拉斯、塔利安、卡里耶、马蒂厄和勒尼奥召集到一起，他们今晚在雅各宾俱乐部碰面。我必须到那里去，防备敌人的攻击。

勒　巴　我替你去。你别去！这件事又累人又危险。

〔埃莱奥诺尔凑了过来，双手合十，为罗伯斯庇尔祈祷，但没说话。

罗伯斯庇尔　不。我已经猜出他们有什么卑鄙计划。我要让他们的计划破产。

勒　巴　你需要调养身体。

罗伯斯庇尔　（坚定地）我这就走。

〔勒巴躬了躬身。

埃莱奥诺尔　马克西米连，那我去给你准备晚饭吧！

罗伯斯庇尔　一个鸡蛋就够了。（埃莱奥诺尔下）勒巴，你留下！看看你那位小主子都用什么眼神看我了啊！……放心吧，我的美人！我们不会把他从你身边夺走的……

勒　巴　我不能让你去。

罗伯斯庇尔　你一点儿都不用担心。我被保护得好好的……亨利埃塔,我走之前还想跟你说几句,说说让你记挂的事。就趁埃莱奥诺尔准备这顿简单晚饭的功夫——我要是不让她做,她会难过的——来,咱们谈谈那个不在场的人!

〔亨利埃塔不胜感激地凑到罗伯斯庇尔身边,罗伯斯庇尔把手亲切地搭在她肩膀上;笑着跟伊丽莎白和勒巴道了个别之后,两人一起下。舞台上只剩下伊丽莎白和勒巴。

勒　巴　他说了也白说,我得跟着他。知道他到恨他的那些人中间去,我不跟着,放心不下。

伊丽莎白　可是,他已经说过不需要你了呀!可我需要……

勒　巴　几个钟头之后我就回来。

伊丽莎白　几个钟头不算什么,是吧?可是,如果你把陪我的这几个钟头占用了,我就亏了。

勒　巴　我会加倍补偿你。——就这样吧!要是我不跟他一起去,我在你怀里也会心不在焉的。

伊丽莎白　我是嫉妒……但我理解你。那你就去好好照顾我们这位好朋友吧!为了他,我能忍。

勒　巴　你就在这里等我。我不在的时候,你就睡觉!等我回来你可就睡不成啦!(两个人拥吻。勒巴侧耳倾听着)他出去了!他连饭都没来得及吃!

〔传来关门的声音。

伊丽莎白　他站着就把饭吃了,他忙的时候总这样。

勒　巴　过几分钟我再去尾随他。他要是看到我跟着,会生气的……唉!我不愿意看到他又投入战斗!……怎么就不能避免呢!

伊丽莎白　我们这位好朋友不怕进行这样的战斗。他一现身就能取胜。

勒　巴　不,不,这都是些险象环生的战斗,对手用的是喂过毒的武器。

伊丽莎白　谁这么干?富歇?那个长着棕色头发的小个子?看起来

他蛮和气挺平常的嘛,一脸的虔诚,像个教徒。我刚才还看见他走过去呢,贴着墙,不停地咳嗽,下楼的时候见人就打招呼……

勒　巴　你可别往这只蜘蛛身边靠,他正在各个角落里织网呢!

伊丽莎白　我不怕蜘蛛,我是蜜蜂!

勒　巴　可怜的小蜜蜂,你的毒刺在哪儿啊?

伊丽莎白　对,我是在吹,我从来都没有需要用毒刺的时候,我是在宠爱中长大的;从童年时代起,我就习惯于被人保护:我父亲、我的几个兄弟,还有爱我的丈夫;我的全部力量都在你们手里。

勒　巴　可你必须学会不靠我!

伊丽莎白　这辈子休想!怎么,让我没有你?你也没有我?你也太可恶了!你是不是又想离开我?

勒　巴　我们必须还得分开。

伊丽莎白　啊!不,不!我再也不想分开了……他们又想出什么点子来折磨我了?你不会又让人把你派到军队里去吧?你刚回来还不到一个半月。没有你,一冬天里我一个人孤零零躺在冰冷的床上,多难受啊!唉!我真是冷彻全身,心也冷,脚也冷!……不行,我不能让你再来这么一次了!……

勒　巴　现在,你那两只小脚不会再冷了。已经是春暖花开了。

伊丽莎白　可是,对孤独的心来说,春天更难受……

勒　巴　只要我活着,不管我在哪里,你的心都永远不会是孤独的。

伊丽莎白　是啊,你会在远处爱我,用信……谢谢啦!可是我非得有吻才行。我要的是肌肤之亲。当你只能在信纸上吻我的时候,会让我发疯,会让我干枯,我会欲哭无泪。

勒　巴　我的心肝,别把我的全部力量都抽走!我没有太多的力量。我们俩必须都理智,得两个人都理智才行,单个一个人的理智不够用!

伊丽莎白　这么说是真的了?你又要走?

勒　巴　已经说好了。但不是立刻就走!

伊丽莎白　什么时候走?

勒　巴　可能在三个礼拜之后,下月初。

伊丽莎白　(松了一口气)啊! 三个礼拜之后……下月……从现在起到那个时候,还有好长时间呢! ……也许战争到那个时候就结束了……或者,世界……也许你就不走了……不,不行,你走的事,我连想都不愿意想……

勒　巴　唉! 要是我能不走就好了! ……

伊丽莎白　如果有什么人能做到这一点,那个人是你,就是我们……让我去求罗伯斯庇尔吧! 他喜欢你,也喜欢我,而且他善良……刚才你也看见了……他会让你留下跟我在一起的。

勒　巴　不,莉塞特,我不允许这么做。你会让我感到羞愧的。

伊丽莎白　因我而羞愧?

勒　巴　为你羞愧。因为,你就是我。其实你也不会愿意你的菲利普逃避自己的义务。

伊丽莎白　可是你对我就没有义务吗? 你就不该照顾你的伴侣和你睡在这里的孩子吗?

〔她拍了拍肚子。她站起来,勒巴坐下,把脸紧贴在妻子身上。

勒　巴　他还要乖乖地睡上整整两个月呢! 该叫醒他的时候,我已经回来了。

伊丽莎白　你也该想想,万一你还没回来他就生出来了呢! 万一我死了呢……

勒　巴　我不许你死! 你真是疯了! 你非常健康美丽,容光焕发,我不在的时候,你会像待在蜜罐里一样待在家里,跟一只小馋猫似的受到娇宠……能有什么好怕的呀? 而且我离得你也不远! 有一点儿风吹草动,我立刻就能回来。

伊丽莎白　你答应吗?

勒　巴　我的意思是……

伊丽莎白　你答应了!

勒　巴　我的意思是,只要那边的情况允许,只要我不在圣茹斯特也能行。

伊丽莎白　啊! 这么说就没什么可指望的了! 圣茹斯特冷酷无情。你最年长。没有你,他就不能行动了吗?

勒　巴　他没我不行,我没他也不行:任务、权力和责任,都是分担的。

伊丽莎白　我想知道,为什么人家总是把最艰巨的任务分给你们!

勒　巴　可能是因为我们先前的任务完成得不错吧……再说了,亲爱的,如果不是因为离开你心里难受,我倒是觉得,冒着枪林弹雨待在前线,比担负这里的任务好。

伊丽莎白　说什么呢你? 待在救国委员会里,待在办公室里,不是更好吗?

勒　巴　救国委员会里弥漫着阴谋、嫉妒和背信弃义。相互之间,是又嫉妒又害怕。今天你出卖我,明天他出卖你。为了自保,谁都不得不像别人一样深藏不露,闹得都不知道该信任谁了。这样下去,非丧失对人类的信念不可……如果不能像我一样有个爱人和几个——两三个——可以信赖的朋友,那就要绝望了。唉! 你不知道我对政治感到多么厌恶!

伊丽莎白　那就别搞政治了,抽身出来!

勒　巴　不行,因为正直的人从政治中抽身出来,政治就落入坏人手里了。为了把政治从坏人手里夺回来,就不能抽身。后人的命运——荣辱——都取决于政治,取决于我们和我们实施的政策。不是必须让我们的宝宝过上幸福豪迈的生活么? 我工作就是为了他。不仅仅是为了他,也是为了所有的孩子,他们有权要求我们说清楚,我们让他们过的是什么样的生活。为了他们,我们吃点苦还不值吗? 我任劳任怨。

伊丽莎白　是的,要让我们的孩子幸福! 一切为了他……也为了我!我呢,我是既想献出一切,又想留住一切……

勒　巴　想留住所有的幸福！……你这个贪得无厌的小家伙！

伊丽莎白　我觉得我生来就是为了享福的。别责备我！难道这么想有什么不好吗？

勒　巴　没什么不好，亲爱的。我喜欢你幸福。我喜欢幸福。在我想能把幸福带给所有人的时候，我热爱幸福。但这是个大工程！我担心得努力几百年才行。

伊丽莎白　勉强的幸福，强迫的劳动，我都不要。我想要的是来自我自身的幸福，是我的朋友和我互相给予的幸福。

勒　巴　革命风暴一过去，我们就能享受这种幸福。革命一旦得到了保障，祖国一旦不再需要我们出力，我们就到阿图瓦我那个村子里去隐居。亲爱的，那该有多好啊！一座小宅子，一块地……长年累月没事……那多温馨！跟你在一起，我现在就能体会到那种感觉。

伊丽莎白　那干嘛还要把这种温馨推到日后去体验呢？

勒　巴　不是推。首先得让我们配得上享受这种温馨。

伊丽莎白　滑头！……

〔两人深情地拥吻。

第七场

〔皇宫。科拉扎咖啡露台，牧月三日（5月23日）晚。

〔各色人等，呼朋引类，分坐在桌旁。右手下方是花园，有几级台阶通往那里。露台右边最里面的部分外侧有一道玻璃护墙，靠前的那一部分直接通花园，人群在花园里不停地来来往往。

〔露台前方，左边的几张桌子旁坐的是代理人、投机商和买卖证券的商人。——中间的桌子，坐的是特派员和政府官员，有科洛、比洛、巴拉斯、马蒂厄·勒尼奥、梅让等人，接着奥什来了;稍后塔利安也到了。——露台深处,左边,在高出来一块的地方,几张桌子旁坐的是沼泽派的人和一些乔装的王党分子,其中有混进救国委员会里的密探科勒诺。——富歇也从花园里过来,到特派员们的那张桌子前,他没坐,而是在桌子之间穿行,和左右两边的人简单地交谈了几句,最后坐到最里面右手的一张桌子旁,隐在这个别人不注意他的地方,观察着事态和人。

投机分子和商人 (他们低声交谈着,时而发出哄笑)

怎么样?

还行,滚滚向前!

对,把他们都压倒!

这可是个黄金时代……

是白纸时代。信用券在不停地跌价,一个小时不如一个小时。

跌价对我们有好处!财源滚滚……一只脚在这里,一只脚在伦敦……一边是供,一边是求,左右逢源……可是还有人抱怨时世艰难!……

我是如鱼得水……大革命万岁!真有的赚啊!

买卖国家财产……从来没在市场见过这么多国家财产……机会难得,千载难逢……上个礼拜,我那些经纪人在利穆赞只花了一口面包的价钱,就弄到了几块良田、几个农场和几座城堡。再拿出来卖,价钱就随风涨,要多少钱都有人买。身不动膀不摇,钱就赚到了,买主会自己竞相抬价。

在韦奈森伯爵领地,私有财产一文不值,唾手可得。黑帮们大捞了一笔!业主们被茹尔丹吓破了胆,都落荒而逃……只要一张让他滚蛋的通知,业主就会把产业扔掉!

当心,别急着干!那些人做得也太过分,把什么东西都抢买一空。已经有了警觉。茹尔丹不久前也被抓起来。他一被抓,原来被吓得不敢说话的人又开口了。事情有点儿不妙。小心脑袋!监察委员会说了,要对所有的交易进行复查。

复查什么呀!货到我手里还没凉呢就出手,倒出去了。去找吧!没人看见,没人知道……跟我没一点儿关系!

根本用不着担心吃官司!可能有几个人被逮着,合该他们倒霉!不冒点儿险,什么事也干不成。不过,法不责众!这种事到处都有,也就不会有什么危险。要想较真儿,那就得把整个法国都翻个个儿。那么多公务员、省里的行政人员、法官、检察官,都沾包了嘛!你就安心睡大觉吧!

我可是要抗议的!我不承认这些什么委员会。这是对贸易自由的侵害,我不能接受。我是个老牌自由主义者:我有权按照我愿意接受的价格买卖东西。

让大家扫兴的,是那个心地狭窄的罗伯斯庇尔,一个整天装模作样的家伙……我要在他屁股上踢一脚……要是由着他这么干下去,大宗买卖就只有死路一条。他胆子大,脸皮厚,居然要求限制我们的利润!

叫他别来惹我们!我们可不像国民议会里那些只会夸夸其谈的家伙那么好对付。

我不这么看,我认为没能和他达成谅解是个遗憾。从总体上看,他还是比救国委员会里那些过激分子强,——瞧,那边那个脸色阴郁的神甫比洛就是个过激分子——也比他从省里召回来的那些极端分子强,——瞧那边,正走进来的卡里耶,还有那边那个马蒂厄·勒尼奥,都是他刚从外省召回来的——为了让人平等,让财产平均,这些人的手段都直截了当!

嗨,总能找到办法把事情摆平的!那些人中间也有几个好人,——比如巴拉斯,比如塔利安,他们都有需求:女人、美酒、盛宴、排场、金钱、金钱、金钱……要么通过嘴巴,要么通过肚子,总能把他们搞定。

对,那你就去依靠他们吧！那些人根本靠不住,说溜就溜。他们办事有头无尾,全无章法。而我们必须有个讲章法的政府,——特别是现在,发财了,是稳定下来的时候了。罗伯斯庇尔是个有条理的人,只有他能够恢复秩序,也只有他想恢复秩序。如果他愿意变得温和点儿,他就能适合我们的需要……但是,如果他一意孤行,碍我们的事,那就必须让他倒台！

要我说呀,最好把他撂倒！没什么可犹豫的。对他这样的人,你毫无办法！他不明白什么是财富的正当权利。要不是康邦还在那里牵制着他,他早就把财产没收分给穷鬼了。

嘻！……那就来拿呀！……明天还不行！当事情只涉及砍头的时候,国民议会会百依百顺,它会把议员们的头像小鸡子似的伸过去。但一动钱夹子,国民议会就会像狮子一样护着！

咱们用不着担心！好人还有好日子过呢！

〔他们喝起酒来。马蒂厄·勒尼奥和巴拉斯上。

马蒂厄·勒尼奥　(觉察到气氛有异,有些不放心)你要把我带到哪儿去呀,巴拉斯？这是个藏污纳垢的地方嘛！这么多保皇派纨绔子弟,这么多花花公子！一进门就能嗅到叛变和贪污的气味。这里有些人让人见了就想往他们脸上吐唾沫！

〔勒尼奥带着一脸的厌恶朝那些投机商背过脸去,一边装出一副要往他们脸上吐唾沫的样子。

巴拉斯　(笑着)嘘！别作声！当心点,勒尼奥！你总不会在这里跟我演雅典的泰门[①]吧？你在用叉子把人翻来翻去,像在翻垃圾。

勒尼奥　这些人就是垃圾。我鼻子灵,错不了。

巴拉斯　就算你鼻子灵吧！可好粪贵如黄金！

勒尼奥　大粪和黄金,都一个味……都招来成群的苍蝇围着转……

① 莎士比亚最后一出悲剧《雅典的泰门》里的人物。泰门是贵族,心地纯朴,乐善好施,钱财被骗光以后,在穷困中孤独地死去。

巴拉斯　谁也没找到摆脱这些东西的办法！连“清廉之士”罗伯斯庇尔都不得不妥协……

勒尼奥　只要肯向我讨教，我就会把清除的方法教给他……

巴拉斯　你还真不记仇！罗伯斯庇尔都不把你当回事了，你还要跟他亲近呀？

勒尼奥　说不记仇是假！我恨得牙痒痒。他不公正，我是不会原谅他的。我为共和国服务，忠心耿耿。我把我那个省的叛乱粉碎了。做这件事的时候，在方式方法上我可能注意得不够。我打碎了十字架和圣像，把从教会弄来的整箱整箱的战利品交给了国民议会；我把牧师住宅和教堂给了穷人和学校；我没收了贵族的财产，收缴了资本家的钱财，审计了财产情况……现在，由着他们去吵吵吧！事情已经做了。我做了这些事，他们本该感谢我的。对，人家是对我表示了感谢，感谢的方式是让我走人！我好像有点过分……可我觉得，在革命实现健全、神圣、全面的平等之前，对革命来说，根本就不存在什么“过分”的问题！这里发生什么事？又吹什么风了？……（他朝比洛和科洛所在的那张桌子走过去）嗨，比洛！你是了解我的。你们救国委员会的人难道都疯了不成？为什么召我回来？

比　洛　我保了你。可是，罗伯斯庇尔，还有库东，都愤怒地要求惩治埃贝尔派的人，在外省的，在巴黎的，都要惩治，而你错就错在跟肖梅特来往，你是受他牵连的。

勒尼奥　我不能昧着良心说肖梅特不好。他真诚，纯洁，为大革命增了光。他最大的错误是怕罗伯斯庇尔，在罗伯斯庇尔面前硬不起来，不敢旗帜鲜明地坚持自己的原则。我赞成他那些原则，那也是我的原则。

比　洛　你想跟他一起上断头台吗？我们已经把你保下来，你就别再给我们添乱了！

勒尼奥　我不在乎！我宁愿掉脑袋，也不愿受这样的侮辱。

比　洛　你真可恶！你最好还是乖乖地忍了吧！你也太拿你那些原则当回事！可你意识到没有？那些原则差点就把你变成盲目愚蠢的工具，变成一场可怕的军事政变的工具。政变若是成功，在共和国废墟上站起来的，就是穿马靴的独裁者龙桑……

勒尼奥　什么，龙桑？

比　洛　傻瓜，你什么都没看出来！也什么都不懂！把你送上断头台五十次都不多……不过我知道，你在外省很难了解这些阴险的把戏，我还知道你都做了些什么，也知道你有用。所以我把你从罗伯斯庇尔手里救下来。至少你别再说什么！也别责怪那些给你当挡箭牌的人！为了巩固共和国，我们也许还用得着你，你可能也还用得着我们；共和国正遭受着威胁，正遭受着负责保卫共和国的那些人平庸枯燥的道德说教的威胁。

勒尼奥　你想说的是谁？

比　洛　罗伯斯庇尔。眼下他正在把我们千辛万苦打碎的东西一片片粘起来，为我们重造一个上帝。

勒尼奥　重造一个上帝？

比　洛　是的，重造一个上帝……你很快就会发现我说的不错！……当然，这个上帝的大祭司长，要由他来担当。从神坛到国王的宝座，只有一步之遥！——为什么不会迈这一步呢？

勒尼奥　去你的吧！这也太荒唐了！

比　洛　好，你看着吧！过半个月就到节日了，那是为被称作上帝——乔装改扮的神——投票通过的神圣节日。

勒尼奥　既然你是这么想的，你干嘛还要为这个节日投赞成票呢？

比　洛　不错，半个月前，在罗伯斯庇尔的授意下，我是对存在上帝和灵魂不灭的说法投了赞成票！我们还不得不将此事作为法令颁布。这是件令人发笑、也让人厌恶自己的事！……勒尼奥，你想象不出他操纵国民议会的能力。那是难以置信的。他声音不大，板着脸，戴一副大圆眼镜，一开口说话，你就觉得被抓住，再也挣脱不开。这是蜘蛛的行事逻辑,它用网把你粘住。与此同时,他还让你陶醉。他端给你的饮料,看起来淡而无味,里面有一种我不清楚的起刺激作用的毒品。

勒尼奥　这我见识过,我也喝过。

科　洛　必须禁止他说话。

比　洛　我们把他的演说印了二十万份,发往全国,让人在所有的公社里宣读。这半个月里,热情洋溢的信,从每个公社、从法国各地,雪片般向他飞来。甚至在国外,在整个欧洲,起的作用都是惊人的。必须承认,在他精心选择的这个时刻,这样一项完美行动的政治意义是巨大的。他让所有的人,包括敌人,都不得不产生这样一种印象,即大革命已经绕过重重暗礁,新秩序建立起来了。

勒尼奥　如果他为共和国做了好事,那你们还有什么要谴责他的呢?

比　洛　我要谴责他的是,为了利用共和国,为了建立他的神权政治,他把共和国搞成了最卑劣的灭绝人性、使人类蒙羞的制度。

勒尼奥　你也许错怪他了。

比　洛　我对这个人缺乏信任,他总是把自己的良心挂在嘴边上,摆出一副遭迫害的正人君子的面孔,却把持着所有至高无上的权力;他还要我们相信,他所做的一切,都是民众做的,民众就是他……

勒尼奥　他可能就是那么想的。

比　洛　他要真就是那么想的,那就更危险了!必须把他掐死。

勒尼奥　比洛,你就从来没喜欢过他。

比　洛　我确实没喜欢过他!我第一次接触他,浑身的汗毛就都竖起来了。我对他倒是蛮佩服的——带着恨!

勒尼奥　让我疏远他还真不容易。我承认,我喜欢过他。

比　洛　那你就把脑袋献给他吧!

勒尼奥　我的脑袋对共和国还有用呢!谁要是想要我的脑袋,那他可就要倒霉了!我不会乖乖地交出去。我要保护的不仅是我自己,还有我的家人和孩子。

〔在桌子之间溜来溜去的富歇，此刻正来到勒尼奥身旁。

富　歇　我也有家人。

勒尼奥　（认出了富歇，和他握了握手）啊！是你啊，富歇！对，你有个女儿。

富　歇　我的小妮耶弗雷……是我在他们说的肥得流油的几个省里当“特派员”时剩下的唯一……这是最珍贵的，也是最美好的……

巴拉斯　（听到这话，冲着科洛一边做鬼脸一边小声地引用了一句台词）“我的几个孩子都很乖……”

勒尼奥　我不惧怕敌人，我喜欢和敌人面对面。罗伯斯庇尔视我为敌，那是因为他误会了。我想和他解释清楚。

富　歇　你要当心！进了他的巢穴你就别想出来。

勒尼奥　（固执地）他错了。我要让他看清事实。虽然他不公正，但我依然敬重他的品格和才干。

富　歇　他有才干，就算是这样吧！我不否认这一点。不过，你还是惧怕他的才干的好。这个有才干的人正背着我们跟王党分子暗通款曲呢！

勒尼奥　这不可能！

比　洛　你也太离谱了，富歇。

富　歇　我说的是事实，千真万确。

比　洛　你没有证据。

富　歇　可怜的比洛，证据就在那里，在你眼皮底下。我在想，救国委员会里你们是十一个人——不，不算他是十个人，——几个月来你们一直在寻找文件流失到维罗纳的漏洞……

比　洛　你不是想影射什么吧？……

勒尼奥　什么！文件流失到了维罗纳？

富　歇　文件到了维罗纳国王手里，——对，到了卡佩的兄弟手里，到了那帮实打实的密探手里。

比　洛　这么说是他！……这不可能！……要是我知道了！……

〔比洛气得快喘不过气来了。

富　歇　(不动声色地)可我知道。

比　洛　证据！你拿出证据来！

富　歇　你问他！

〔他指了指坐在比洛旁边那张桌子前面的梅让。

勒尼奥　他是谁？

富　歇　他叫梅让，科尔诺的秘书和左右手。他有证据。

比　洛　如果他有证据，又不交给救国委员会，那他就是叛徒。

梅　让　我们正等着跟科尔诺对这些证据进行核实呢！

勒尼奥　这么说，你们还没有证据。

富　歇　我们有。

勒尼奥　我要看到证据才信。

梅　让　要是你愿意到我家里去一趟，你会看到的。你能理解，公民，我不能把这样的文件揣在兜里到处跑。

勒尼奥　(转过身去，背朝着梅让)一副说瞎话的嘴脸！……我不相信你，富歇，你在撒谎。

富　歇　要是我把你那位罗伯斯庇尔背叛的证据摆在你眼前呢？

勒尼奥　(愤怒地)那我就除掉他！

〔奥什上。身着将军戎装——二十五岁的年纪，两只黑色的眼睛炯炯有神，一脸的睿智，表情严肃，面有疤痕，言谈举止利落敏捷而有活力。——他径直朝勒尼奥、比洛和科洛所在的桌子走过来。

奥　什　你好，勒尼奥！

勒尼奥　奥什！你在这儿干嘛？那边打着仗，你怎么到这儿来了？

奥　什　是在打仗，我也着急！比洛，你好！(比洛沉着脸嘟哝了一声“你好！”科洛故意转过脸去不理睬他)……我刚被解职，也不知道为什么，刚把我摩泽尔省军团司令的职务解除，调我去意大利军团。

比　洛　那你为什么到这儿来了？巴黎又不是必经之路！

奥　什　去哪儿都得经过巴黎。我去上任，可我得知道，为什么要在我策划的军事行动将要开始的时候把我从阿尔萨斯调离；我得知道，对我是不是还完全信任。

比　洛　除了你接到的命令，你什么都无需知道。

奥　什　我需要救国委员会的信任。如果彼此之间感到不放心，什么事都干不好。

比　洛　那么谁对他身边的人又是放心的呢？

科　洛　（突然转过身来，朝奥什投来威胁的目光）救国委员会只信任服从命令的将军。

奥　什　我不是服从命令的将军吗？

科　洛　你不是。多少次了，你总是不把下达给你的指令当一回事。

奥　什　实际情况使我不得不对指令进行修改。共和国并没有因为这些改动而受到什么损害！

勒尼奥　阿尔萨斯拿下来了，朗多之围解了，布伦斯威克被赶跑了……对，我觉得奥什公民干得不错！

比　洛　用不着你替他吹嘘，他已经把自己吹得天花乱坠了！

奥　什　不错，我确实喜欢荣誉。但你们能因此就责备我吗？我把荣誉献给了祖国。

科　洛　你傲慢，狂妄，因为嫉妒总和同僚争执，违抗军令，这一切都令我们感到厌倦。

奥　什　不错，我是不赞成让一支疲惫不堪武器不足衣不蔽体食不果腹的军队在隆冬季节出征，那将是灾难性的，我错了吗？我没错！

科　洛　你无能，甚至没能像我们指示你的那样，在敌占区就地解决给养问题。

奥　什　对，这个我承认，而且我还要因此而感到自豪。我拒绝压榨百姓，拒绝在遭受过侵略的乡村横征暴敛。不管这些乡村是敌占的还是我们的,我都不会把准备喂养婴儿的面粉从母亲手里夺走。我不能容忍士兵抢劫农民。你责备我骄傲,但我要维护的是共和国的骄傲。我不允许在我的指挥下出现一点点玷污共和国的事情。

比　洛　(大怒)守护共和国荣誉的是救国委员会。怎么做对共和国合适,只有救国委员会才能做出判断。军人僭越权利,对命令说三道四,就是反叛分子。

奥　什　(激动地)怎么,你竟敢说收复热斯贝格和弗勒斯克维尔的人是反叛分子!

比　洛　将军们以前取得的胜利,不能使他们现在的错误得到豁免。

奥　什　要是我犯了错误,我请求逮捕我。

科　洛　你会如愿以偿的,逮捕令已经签发。

奥　什　(愤怒地)一帮强盗!这么说你们是布伦瑞克的同伙了?……我要向罗伯斯庇尔申诉,他了解我的革命热情。

科　洛　他跟卡尔诺和我共同签署了逮捕你的命令。

奥　什　(惊呆了,颓然地坐到一把椅子上)不,这不可能!……

马蒂厄·勒尼奥　(对着比洛和科洛)公民们,这是发疯。共和国需要所有保卫它的人。而这个人,我可以担保,是共和国的一位杰出保卫者。

科　洛　(恶狠狠地斜着眼打量了一番勒尼奥)救国委员会的事,你别搅和!你为谁担保谁倒霉,还是想办法自保吧!

〔科洛和比洛一起离开。

奥　什　(经过一阵激烈的思想斗争之后恢复了平静,面对勒尼奥)朋友,不用担心!我被捕过,又像马拉一样高昂着头出来了。

勒尼奥　没有任何迹象表明,要是今天马拉被捕了,他还能那么容易地从监狱里出来。疯狂了,狂风正把人搞得晕头转向,都分不清敌友了。不受限制的权力,毒害了人的判断力。我知道一些这方面的事。不要招惹这些人!你说话有时不够谨慎。

奥　什　我承认有时说话不够谨慎,我已经为此付出过代价。我激动的时候控制不住自己。

富　歇　(一直在旁边听着他们激烈争吵,此刻插了进来)最好别说这么多,要行动。

奥　什　我说的就是我做的,我做的就是我说的。

富　歇　可你不会对敌人说你要做什么。

奥　什　我们这里不是军营。

梅　让　(低声地)谁说的?朋友,四面八方都是敌人。

奥　什　(不以为然,警觉地从他身边走开)谁都是敌人?你是?……我在卡尔诺的办公室里见过你……难道诬蔑我的那些报告是你提供给他的?

梅　让　你误会我了,我是你的朋友。

奥　什　朋友这个称呼就是个婊子,见谁往谁身上贴。

富　歇　危险时刻,不要把说是你朋友的人扔掉!

奥　什　我只有一个朋友。我不想有别的朋友。我的朋友是民众。巴黎的民众,豪迈而坦率。巴黎民众了解我,我也了解他们。我的民众就在那里……

富　歇　你真认为是这样吗?你了解的是七月十四日和八月十日的民众。这样的民众没有了。别再指望民众来帮你!

奥　什　我只需要我自己,只需要我的权利——还有罗伯斯庇尔的公正。

富　歇　你刚才也听说了,罗伯斯庇尔是反对你的。

奥　什　他反对错了,他会承认错误的。

富　歇　你要真这么想,那你可就完蛋了。想法自保吧!

梅　让　我们会支持你。跟我们一起保卫共和国吧!

奥　什　(向他投去不信任的目光)那么反对谁呢?反对那些跟我一起缔造共和国的人吗?我宁愿牺牲我自己也不会这么干。我不会拿拉法耶特和德·迪穆里埃当作榜样。

富　歇　嗨！谁跟你说这些叛徒呢？这些叛徒，今天都是另一边的人了。

奥　什　哪边？

富　歇　难道你瞎了不成？赶紧睁开眼看看吧！赶紧把粘在你身上的蜘蛛网抖落掉吧！

奥　什　什么网？

富　歇　太晚了！蜘蛛网已经把你缠住。

〔富歇离开奥什，往远处走了几步。

一名警察　（来到奥什身旁坐下，低声地）对不起，将军，我是来执行命令的。

奥　什　你是来逮捕我的？

警　察　请吧！但别出声，把你的饮料喝完！我不着急。

奥　什　那你也为我的健康喝一杯吧！

〔他向侍者打了个手势。

勒尼奥　（对奥什，低声）你就这样束手就擒，不表示抗议？

奥　什　你总不会希望我拿这些骗子和婊子当知心人，向他们诉苦吧？

勒尼奥　你说得对。共和国的家丑，不可外扬。

奥　什　再者说了，勒尼奥，我今年二十五岁，但这二十五年太充实、太沉重了，经历了那么多的死亡、贫穷、无知和愚昧，为了摆脱这一切，为了使遭背叛、被牺牲的盲目民众从这一切中摆脱出来，又经历了那么多日夜不停的战斗，让我有时觉得十分沉重，好像背负着二十五个世纪似的。虽然感到沉重，但我不屈不挠，昂首阔步，勇往直前。不过，我总觉得有一种命运在支配着我们所有的人。我接受这种命运，无惧无悔——不管它把我带向辉煌还是坟墓！

富　歇　（又悄悄走过来）朋友，太可惜了！那些生而长寿的人，总有驾驭命运的办法。命运就像打麻绳的人手里的绳子，是一边编着一边往前延伸的。

奥　什　(不屑地)有些人最好是把绳子拿在手里。因为,若不把绳子拿在手里,绳子就有可能把他们捆住。

〔富歇终于离开。

勒尼奥　你不该嘲弄他。他跟你一样,是个很忠诚的共和主义者,而且也跟你一样,受到了迫害。

奥　什　啊,这是最令人遗憾的事! 自身遭迫害我受得了,让我难过的是同伴受迫害! ……(朝警察)怎么样,朋友,你准备好了吗?

〔他站起来。巴雷尔带着漂亮的秘书上。

巴雷尔　富歇,你好!

富　歇　你不怕受我这个被逐出教门的人牵连?

巴雷尔　我们这里是教堂外面。魔鬼的会晤……

富　歇　……还有女魔! ……

〔他带着讨好和意味深长的微笑望着那位女秘书。

巴拉斯　你一步都离不开她了。

巴雷尔　是的,我的朋友。这就证明,无论我走到哪儿,我们都是在工作。

巴拉斯　(讥笑地)悠着点,你已经变得疲惫不堪了。

克拉里斯　你们了解他。巴雷尔总是说得多,做得少。

〔大家放声大笑。

巴雷尔　(笑着)谁能做的跟我说的一样多呢? 那你就该求饶了,宝贝儿! (巴雷尔碰上了正往外走的奥什)奥什!

奥　什　巴雷尔……

巴雷尔　你疯了? 怎么到这儿自投罗网,往狼嘴里钻呢!

奥　什　我还没被吃掉。

巴雷尔　我们一定要设法把你救出来。

奥　什　可你却没出手阻止我进来。

巴雷尔　你是一头倔骡子,我能干什么呢? 干什么不都让你给化解了吗？在救国委员会里，对别的人还有不同意见，可你却搞得让大家一致反对你！

奥　什　当大家一致同意的时候，大家就错了：理性意味着争辩。

巴雷尔　我看见卡尔诺了……你别露面！……他反你反得最激烈。

〔卡尔诺大步流星地在花园里走着。

比　洛　（瞥见卡尔诺，把他叫住）喂！卡尔诺，停一下！

卡尔诺　（继续走着）你好像还不知道，大举进攻此刻已经开始。皮舍格吕向库尔特雷发起了攻击。

奥　什　（不堪忍受，重新坐下）我真受不了啦！

卡尔诺　这是决定命运的时刻，我得随时掌握情况。我必须待在救国委员会里。

〔卡尔诺继续往前走着。

比　洛　对，义务在召唤我们。我跟你一起去，卡尔诺，等等我！梅让，你去不去？

〔比洛急下。

梅　让　（正和克拉里斯说着话）我过一会儿去。

〔梅让继续和克拉里斯说话，说完话没去追比洛，而是混入了最里面的人群。

巴雷尔　我还有时间……他们筹划胜利，然后，我来歌颂胜利。

科　洛　（和巴拉斯嘟囔）我能干得跟他一样漂亮。

巴拉斯　你干得会比他漂亮得多。你的低音可以造出战斗的人喊马嘶声。不过公众喜欢的是男高音。公众迷恋男高音。（转向克拉里斯）是这样吧，美丽的姑娘？

克拉里斯　我对音乐缺乏感受力。

巴拉斯　你偏爱的是“乐器”。[1]

〔一阵哄笑。

---

[1] 在俚语中，这个词用来指男根。

警　察　（对着坐在那里的奥什）喏，走吧，朋友！甭发愁！有没有你共和国都会胜利。

奥　什　（站起来，很镇静）你说得对。我已经把胜利准备好，就让皮舍格吕替我去获取吧！……这让人不堪忍受。不过，都已经过去了。枉为爱国者，忘我不容易。自尊心是卡在喉咙里的一根鱼刺，我要把它拔出来。走吧，朋友！无论发生什么事，反正我为共和国效过力了。不管共和国是否承认，她都已经从我的效力中受益。对我来说，这就够了。

〔奥什和警察下。——在富歇和巴雷尔的女伴用简短的话语低声匆忙交谈时，巴雷尔在和别人说话，把女伴给忘了。在接下来的场景中，可以看到克拉里斯一边和梅让说话，一边和坐在最里边左手的密探科勒诺交换眼色。她摆出一副漫无目的的样子，婷婷嫋嫋地从一张桌子走到另一张桌子，一直来到科勒诺跟前；她没坐下，只匆忙地和科勒诺交谈了几句，就又回到了前面。她眉飞色舞，一脸轻松，随随便便地靠着巴雷尔的肩膀，又朝大厅的另一个角落溜过去。那里，富歇正坐在右侧的瞭望台里观察着人们的一举一动，同时监视着坐在左边的密探科勒诺，科勒诺的目光曾不止一次地和富歇的目光相遇。梅让也在各桌子之间迂回曲折地走来走去。

〔塔利安突然闯进咖啡座。他衣冠不整，扬着两只手，一边走一边冲撞着两边的人。

塔利安　一帮无赖！

巴拉斯　怎么了，塔利安？

塔利安　（高声叫喊）公民们，救命啊！……他们闯入我们中间，杀戮我们的妻儿……

巴拉斯　（嘲讽地接下去）……和我们的亲人！你唱《马赛曲》干嘛？

塔利安　我的朋友们啊！就像我们现在这样，由着他们凌辱和威胁，这算不了什么……让他们砍头，我不怕！……让他们喝我的血吧！

〔他像瘫了似的一屁股坐在巴拉斯和勒尼奥那张桌子旁边。

咖啡厅侍者　你要喝点什么，公民？

塔利安　（抬起头，语调平和）一杯咖啡……（然后又用原来的腔调）刽子手们挖了我的心！

巴拉斯　（不为所动）挖了你的……什么？

塔利安　（雷鸣般地大喊大叫，使劲用拳头捶胸）心！

巴拉斯　（不动声色地）真见鬼！他们把你的心掏出来干嘛？

塔利安　（没听见巴拉斯说什么，大叫着）我的泰雷扎！

巴拉斯　泰雷扎·拉卡巴吕？

塔利安　（没听见巴拉斯说什么，仍然大喊大叫）他们把她架走了！

巴拉斯　啊！真新鲜！……掠去给罗伯斯庇尔寻欢作乐了吧？

〔发出了笑声，更多的是好奇，没有丝毫的激动。不过塔利安已经成了一伙人的中心。

塔利安　别开玩笑！……我要是早知道他是这么个人，我会杀了他，我会杀死他的！……

巴拉斯　（用胳膊肘碰了一下塔利安）要杀他，你也用不着这么大喊大叫地说出来呀！

塔利安　（突然冷静下来）我可什么都没说！我没说是谁……

巴拉斯　你还是慢慢跟我们说说发生了什么事吧！

塔利安　（仰脖喝咖啡）慢慢说！……做得到吗？我甚至不能重提她的名字……我的泰雷扎啊！……一提她的名字我就不能不血脉贲张……巴拉斯，你是见过她的，那是个多出色的女人啊！（他特别强调“出色”两个字）那酥胸，那细腰，那仙女般的身材，从头到脚，风情万种，欢乐无边……说到她的时候你让我怎么能不激动得颤抖啊？……当我想起她的时候，我甚至不能想到她整个的人，而是沉浸在她那迷人的妩媚的每一个细节里……我必得把每个细节一个一个地都描绘一番……

巴拉斯 (被勾起了兴趣)那好啊！塔利安,你就给我们描绘一番吧！

塔利安 (突然又生起气来,把手里的杯子重重地放到桌子上)一群魔鬼！他们把她逮捕了！他们龌龊的手玷污了她那被爱抚摸过的肌肤……这个高尚的女人此刻正在监狱里哭泣,在呼唤我！

巴拉斯 那你就只有到监狱里去和她会合了。这摆明了是你的义务。

卡里耶 (这是个瘦削、高挑、长胳膊长腿的男人,驼背,蜂腰。他一直默不作声地待在一旁,此刻突然将面前的杯子都推到地上,拍案而起)巴拉斯,你玩笑开得够了！塔利安受到的打击正悬在我们每一个人的头上。我们都有亲人,谁能告诉我们,说我们的亲人今天夜里不会被逮捕？暴君要复仇,谁都没有藏身之地。

勒尼奥 人不会向无辜者复仇的！

卡里耶 (阴郁地)敌人的儿子从来不是无辜的……啊！罗伯斯庇尔怎么就没有个孩子呢！

勒尼奥 (愤怒地)卡里耶！你比那个暴君也好不到哪儿去！

卡里耶 (倔强地)以牙还牙嘛！

巴拉斯 跟我学吧！不要孩子！不能拖着行李干革命！

〔另一些人也来到特派员的小圈子里:蒂里奥、勒库安特。无需一一介绍,他们都是合唱团里凑数的,其在整个行动中的作用接着会显露出来。①

蒂里奥 我怎么也不相信罗伯斯庇尔会傻到这种地步。跟我们过不去,那他麻烦可就大了。

勒库安特 (像卡里耶一样阴郁和暴躁)为了报复,他想劫掠我们的家人当人质,那是因为他不能随便动我们！

巴雷尔 (在相邻的桌子旁边坐着,此刻正转过身来和勒尼奥低声交谈,没人注意他们)他们在胡说八道。拉卡巴吕受惩罚,不是因为塔利安爱她,而是因为她要吃好的穿好的,就让塔利安在波尔多

---

① 梅让和克拉里斯在台前,待在右手通往花园的台阶旁边,好像在等待什么要发生的事。

搜刮民脂民膏。她像个女王,赦免的事她说了算,居然做起生意来了——经营赦免书和通行证!塔利安扮演总督的角色,俩人就像罗马帝国时代的安东尼和克莱奥帕特拉!

勒尼奥　屋大维到了,奥古斯都正在走来。

巴雷尔　没什么危险。元老院里匕首满满的……至于这个人,(他指了指塔利安)他要是只归我管,训诫一番也就完了。我们都知道他是个爱国者,表现不错。他掉进仙女克里普索的陷阱里了。肉体抵挡不住诱惑,这一点我们南方人理解!可是,"廉洁之士"罗伯斯庇尔不许在女人和国家财产问题上开玩笑。他是对的,——他有他的主张。我们应该尽可能地纯洁……可是,在不能纯洁的时候,就必须对犯了错误的人宽容……谁都会犯错误,有的人已经犯过,有的人正在犯,还有的人将来会犯……老话说"我宽恕你"……当犯错误的人是我们之中的一员,又是个好样的小伙子的时候,尤其应该宽恕……我会设法让他度过这一关的。你可以把这话告诉他,就说是我说的。

勒尼奥　他什么话都听不进去,正发疯呢!

〔巴雷尔发现自己的秘书不见了,于是用眼睛搜寻,找到之后,立即朝台后走去和她会合。此刻台前只剩下几个特派员和心怀不满的人。塔利安一直是一边喝,一边吼叫哭号。

卡里耶　(对塔利安)别再像个牛犊子似的哞哞叫了,哭也没用,倒不如赶快和我们一起行动……你,巴拉斯,也别再插科打诨,像费加罗[①]那样用玩笑话来消愁解闷了——剃头刀没在你手里!你没觉得断头机在你脸蛋旁边轻轻擦过吗?

巴拉斯　(变了腔调)卡里耶,甭为我担心!拿刀把子的那只手归我管。如果刀刃威胁到了我,我知道该把刀转到谁头上去。

卡里耶　那你还等什么呢?等着我们一个个都被收拾掉?先下手

---

① 法国十八世纪作家博马舍写的喜剧《费加罗三部曲》里的主人翁,当过理发师。

为强！

巴拉斯　来得及！

卡里耶　（有些怀疑，语气带着威胁）你还指望什么呀？你真像人家说的那样，想跟暴君和解？

巴拉斯　别把眼睛瞪那么圆！……你要是能跟他和解，你也会跟他和解的……可是你不能！

勒尼奥　你也不能，巴拉斯！你也不想想，你能骗得了罗伯斯庇尔？他不是人，他是原则的化身。

巴拉斯　那咱们就走着瞧！所有的原则都是用来为利益服务的。“廉洁之士”罗伯斯庇尔关心的利益比咱们所有的人都多。我们所必需的是什么？塔利安需要的是那个可以让他轻薄抚摸的女人。我需要的是一片进行冒险活动的天地。每个人需要的只是满足自己的那一份愿望和乐趣。所有的人都需要一块点心。——可是他，那个冷酷的家伙，他什么都想要！我们能辖制他的只有一点，那就是，他只有借助我们才能得到他想要的东西。光杆司令，他是虚弱的，只会戴着眼镜瞎叨叨，什么事也成不了。

卡里耶　那你会自告奋勇为他服务吗？

巴拉斯　我为自己服务。

勒尼奥　可能性不大！

巴拉斯　可能性不大……瞧着吧，他会因此而后悔的！

勒尼奥　您的自私自利会把您断送的。暴君登台，没有比您这种无耻的“人人为自己！”更好的台阶了。我们只有把大家的力量和机运集中到一起，才能对付他。

巴拉斯　您准备好了要行动的时候，我肯定到场。不过您只会说说，或者像这家伙似的，只会哭喊！

〔他指了指塔利安。

蒂里奥　在国民公会里跟他斗，那是自取灭亡。他拥有多数，那些被制服了的坐以待毙的人，对他唯命是从。救国委员会和公安委员会对他的种种要求感到恼火,但谁也不敢反抗,他手里掌握着一帮总在嗷嗷叫的雅各宾暴徒。我们能干什么呢?

卡里耶　(用压低了的愤怒的尖叫声)必须把他像一条狗似的宰了!

〔勒尼奥和巴拉斯朝他“嘘!”了一声,又往周围看了看是否有人听见。可塔利安火气越来越大,抓住刚才听到的那句话不放,又说了一遍。

塔利安　必须宰了他!谁去干?……我去!

卡里耶　我去!

勒库安特　我去!

〔这时,从花园那边传来一阵喧哗。梅让和克拉里斯随即交换了一下眼色,表明他们等的就是这股喧哗声。有人在跑,有人在喊:

外面传进来的声音　他们把罗伯斯庇尔杀死了!“廉洁之士”被杀死了!

〔梅让来到富歇身边。克拉里斯向巴雷尔跑过去。科尔诺站了起来。外面的人群怒气冲冲地走了进来。刹那间,大街上像开了锅一样。

卡里耶　(看了看大伙儿,带着抑制不住的狂喜)事儿办成了。

塔利安　(极度兴奋地)这么说,还真有上帝啊!

〔富歇从他那个观测角走出来,快步来到特派员们的桌子旁边,用沙哑的嗓子威严地扔给他们一句话。

富　歇　安静!

〔巴拉斯和勒尼奥明白富歇的意思,极力让塔利安闭嘴。

塔利安　怎么!我连表示一下快乐的权利都没有吗?……

富　歇　(高声地)这是我们大家的不幸……

巴拉斯　(对塔利安)闭嘴,你这个傻瓜,放明白点儿!

〔外面的喧哗声潮水般涌来。人群在怒吼。通往露天咖啡座的楼梯上挤满了人,上来几个面露凶相的人。一大块路砖砸到了玻璃窗上，玻璃被打碎。

人群的声音

这里是杀人犯的老巢！

这都是些保皇派的纨绔子弟，是被雇佣的刺客！……

放把火，把他们的巢穴烧了！

〔一部分顾客散了，落荒而逃，或躲到了露天咖啡座的尽头。另一部分人用桌子当屏障，阻挡汹涌的人群。

巴雷尔 （往前走了几步）公民们，请安静！我是罗伯斯庇尔的朋友巴雷尔。

富　歇 凡是在这里的，都是罗伯斯庇尔的朋友。

人群的声音 巴雷尔……巴雷尔是好样的，是个爱国者！……

巴雷尔 （指着卡里耶）这位是卡里耶，是镇压旺代叛乱的人。

人群的声音 （满意地）那就让他去镇压巴黎的叛乱分子吧！

卡里耶 （卷起衣袖）咱们走！

巴雷尔 可是，那些杀人犯在什么地方啊？①

勒尼奥 他们是些什么人？谁看见他们了？

富　歇 有谁知道事情的详细经过？

外面的一个年轻男人 我知道，我知道，我是从那儿过来的！

〔他分开众人走过来。

民众的声音 让他说！

〔那年轻人被推着举着从街上来到露天咖啡座；他站在一把椅子上，慷慨激昂地说了起来。

年轻人 一个坏蛋，恶魔，埋伏在救国委员会门口。他等了罗伯斯庇尔好几个小时。谢天谢地，罗伯斯庇尔根本没来。为了报复，那小子就朝科洛·代尔布瓦开了几枪。科洛像一头受伤的狮子似的扑了过去，把那家伙打倒在地……

---

① 在接下来出现的混乱中，巴雷尔抽身走了。他在富歇和卡里耶一起收拾乱局的时候，跟克拉里斯一起走了出去。

勒库安特　(小声地)失手了!

卡里耶　(小声地)那就再来!

富　歇　(紧挨着他们站着,威严地)闭嘴!人家听得见……(高声地)让我们欢呼,我们亲爱的马克西米连得救了!

蒂里奥　共和国得救了!

巴拉斯　上天保佑了他,他的生命对祖国至为珍贵……(小声地)该你了,塔利安!

塔利安　我提议,派代表到马克西米连那里去,表达我们对他的良好祝愿和我们的爱国热情!

富　歇　(梅让刚跟他耳语了几句)刚才在一个求见马克西米连的姑娘身上发现了两把刀。

〔喧嚣声更大了。

富　歇　我们要求对谋杀犯施以酷刑——给卑鄙的杀人犯蒙上黑头罩,砍掉一只手!

巴拉斯　(低声地)够了,别再说了!你太肉麻了……

富　歇　(低声地)你的敌人死里逃生了,那你就用肉麻的吹捧把他搞臭……(对卡里耶)你,卡里耶,现在去干吧!

卡里耶　(对富歇,低声地)把这些人往什么东西上引?往谁身上引啊?

富　歇　(低声地)领他们去中区和西区的大商店。

卡里耶　(低声地)那他们会把什么东西都给砸了的!

富　歇　(低声地)让他们砸!让他们抢!

卡里耶　(低声地)你疯了吗?

富　歇　(低声地)由着他们去干!……骚乱是谁引发的?罗伯斯庇尔。谁将不得不惩办骚乱的民众?罗伯斯庇尔……所以呀,卡里耶,不用犹豫!让他们闹去!(他朝科勒诺转过身去)这些先生(他朝科勒诺周围那些保皇党纨绔子弟扬了扬下巴)肯定愿意在这件事上帮我们的忙。

〔富歇、梅让和科勒诺跟那帮人使了使眼色,低声交谈了几句,那帮人很快就同意了。

卡里耶 (又招来一批暴徒)为“廉洁之士”报仇!……以“廉洁之士”的名义,向那些败类、奸商、吸民众血和囤积居奇的人冲锋……向有产者冲锋!……

〔这一伙人从露天咖啡座蜂拥而出。

第 二 幕

第 一 场

〔牧月二十日(6 月 8 日)晨,这天是圣灵降临节和法国大革命的最高主宰节。

〔杜伊勒里宫里市政长官维拉特的房间。舞台深处,面对观众的是三层楼上一扇洞开的大窗子,窗外是灿烂的天空,杜伊勒里宫花园里的树冠,飘扬的旗帜和花园远景。幕启时,一群爪子上缠着三色绸带的白鸽在天空中飞翔。——到处是玫瑰:窗台上摆着玫瑰花环,旗子上缠的,桌子上放的,玻璃花瓶里插的,进来的女人手里拿的,都是玫瑰。

〔从外面传来民众欢快热情的喧闹声——看不见民众,人都在广场上,在背靠王宫的看台上。

〔在幕启的那一刻,罗伯斯庇尔由维拉特引导着出现在右侧的一扇门前。

维拉特　马克西米连,进来看看你的成绩吧!这么多人聚到一起来赞美最高主宰……(罗伯斯庇尔走进屋子,没走几步就被灯光和潮水般的人声深深地感动了,兴高采烈的人群叫嚷着,欢呼着。欢呼声使他像遇到了扑面而来的风似的倒退了一步。他做了个习惯性动作——达维德眼尖，看在了眼里——举起双手按了按胸脯，让心跳慢下来）你怎么了？也许我们上楼走得太快了吧？……你坐下！……（他给罗伯斯庇尔搬来一把椅子）你这是在我家里。庆祝仪式开始之前，你还有时间和我跟几个朋友一起享用点儿点心。

〔他向罗伯斯庇尔指了指桌子。桌子很普通，上面摆了些简单的吃食。很快，桌子上也堆满了玫瑰——进来的女人把一束束玫瑰都放到桌子上了。受到邀请的人跟在罗伯斯庇尔后面进来了一些，接着还会有人进来，男男女女，进进出出，他们一边观察着罗伯斯庇尔，一边往窗子外面看。其中有敌人，也有朋友。

罗伯斯庇尔　（把维拉特给他搬来的椅子从桌子旁拉开）谢谢你，维拉特，我什么都不想吃。

维拉特　那就到窗前来，好好看看！

罗伯斯庇尔　（一只手扶着桌子）不……过一会儿……等等……（他道歉）我太激动了……这么隆重的场面，出乎我的意料。

维拉特　你应该想到的……来的时候你不是看到了吗？街上的人群多高兴啊！整个巴黎都喜气洋洋。

几个年轻女人　（彼此说着话，但话是间接地说给罗伯斯庇尔听的，希望罗伯斯庇尔注意她们）

所有的窗子都插上了旗子。

各家门前的树上都有鲜花。

香气四溢……

到处是玫瑰……

整个巴黎好像好像变成了一朵玫瑰！……

〔一个年轻女人微笑着将手里的玫瑰花束递给罗伯斯庇尔，他机械地接过去。罗伯斯庇尔对周围人说的话充耳不闻，他两眼盯着窗子,心潮澎湃地朝窗子走去,就像被磁铁吸过去的一样;在场的人纷纷给他让路。在他站到窗前的一刹那,他就被外面的人群认了出来,向他致敬的欢呼声立即响起,开始是一两个人,接着是三四个人,然后是所有的人。

人群的声音　马克西米连!

〔欢呼声达到高潮的时候,响起了合唱的歌声,唱的是谢尼埃与戈塞克合写的《最高主宰颂》:

伪善违背真理。
在所有貌似永恒的保护者中,
只有自由之神,是大自然之父,
是创造者和守护者!
啊!只有你是永存的,只有你伟大,只有你必不可少!
你建立了道德,你的原则成了法律。
法兰西战胜了历久不变的专制对手,
在你面前挺立!

〔罗伯斯庇尔又一次被深深感动,他脸上容光焕发,陷入了一种狂喜状态,屋子里的一切他都视而不见,听而不闻。

罗伯斯庇尔　民众……我的民众!……我是你们的,我属于你们,我的一切都属于你们……我要为你们鞠躬尽瘁,直至牺牲我的生命!……民众高于一切!生于民众中间的人是幸福的!能够为民众的福祉而死的人更是幸福的!

〔来到维拉特房间的客人中,有不少国民公会议员,他们都或多或少有点心怀叵测,——他们姓甚名谁,这里虽然记录在案,对观众来说却无关紧要。他们是:瓦狄埃、布尔东、梅兰·德·蒂翁维尔。

瓦狄埃　(嘲笑地)祝贺你,马克西米连!这是一种身份不高的人也能享受得到的幸福！

布尔东　人家还以为他是在跟情妇说话呢！我们是多余的……他把民众拉到他床上去了。

一个年轻女人　啊！他多美！他多动人啊！……马克西米连，也爱我们吧！我们也是民众。

罗伯斯庇尔　（没听见她说什么）哦，我的祖国！你备受大自然的眷顾，泥土都发出芳香！你是光荣与自由的策源地。富于同情心而又豪情万丈的人民，你领先世人两千年；只要想到今天这个节日，暴君们就会被吓得面色如土。我们稳操胜券，我听到了胜利女神在晴朗的天空中飞翔的声音。我们的胜利震撼世界，使世界上一半地区燃起革命的熊熊烈火。世界的另一半还在黑暗中昏睡，我们要把它唤醒。我们将共同再造各民族之间的神圣和谐。我们捍卫的是全世界人民的福祉与权利。我们邀请他们来和我们共同庆祝。他们什么时候才能响应我们的号召？我们什么时候才能和他们一起庆祝全人类的节日？

瓦狄埃　这话说得远了点儿！人类还正在和我们作战呢！

罗伯斯庇尔　可我们反对的只是那些压迫人类的人。除了和所有的人分享幸福、财富和自由，我们别无所求。

布尔东　你说的这些东西，我们自己还不够呢！

罗伯斯庇尔　在我们以贫穷和苦难为代价去争取人类未来的幸福时，贫穷就是财富，苦难就是快乐。

瓦狄埃　（挖苦地）“隔手的银不如到手的铜……”一个人只有一辈子！

罗伯斯庇尔　（被激怒了，两眼盯着瓦狄埃）那些在其卑下境况的臭气里悠然自得的人，他们人格低下，活该倒霉！那就让他们完全淹没在卑微下流中吧！但是，绝不能让这些生了虫的水果祸害我们生机勃勃的果园，绝不能让黑斑病毁了我们的麦田！……不，只要我一息尚存，就不会允许他们的有害理论为恶行张目而使美德蒙羞!

布尔东　(阿谀地)马克西米连,你有此忧虑,说明你人格高尚。可是,你就不认为,自由的民众已经成熟得可以自行其是了吗?难道你还要担负起看管他们的责任?

罗伯斯庇尔　我不会像该隐那样回答①。是的,我是负责看管弟弟的。

年轻的女人们　你是个好牧人,你引导下的民众是幸福的!

罗伯斯庇尔　如果我不设法从民众身上吸取思想,我就不能引导民众。我很驽弱,我只能从伟大的民众那里吸取力量和智慧,民众的激情把我们所有的人都提升了。朋友们,热爱民众吧!让我们通过热爱民众彼此相爱!——你,瓦狄埃,忘掉我那些过激的话语吧!(……不,我不能把那些话收回!……)在今天这样一个美好的日子里,让我们忘掉所有使我们不和的东西,对大家来说,今天应该是骄傲和快乐的一天!因为这是我们的节日……(他站到窗前,张开双臂,转身朝外,充满激情地高呼)兄弟们!……

〔外面的人群骚动了,汇成一股强大的回声,反复地高呼:“兄弟们!……”

罗伯斯庇尔　法国和全世界的兄弟们!……为了密切世界范围的兄弟情谊,广大民众今天聚集到了一起。我们向人类——自然界最伟大的物种——表示祝贺,而对最高主宰的真正崇拜,就在于实施人权。让我们赞美人类!唤起人类最神圣的情感:人对于人的宗教般的尊重!

〔瓦狄埃、布尔东和梅兰一伙人在房间左边的角落里交谈着:

他要是一开始就以身作则这么干该有多好!

他在说教。对面,花园的那一边,摆的就是一长串断头机……

今天这个场合,断头机被遮盖起来了。

---

① 《圣经》人物,亚当和夏娃的长子。该隐杀了弟弟亚伯之后,耶和华问他亚伯在哪里,他谎称不知,并反问:“我是负责看管弟弟的吗?”

他们错了，不应该遮盖起来。那是祭坛，每天晚上都要在那里献祭的。

罗伯斯庇尔从来不想看到断头机……

〔号角响起，歌声飞扬，人群在欢呼，罗伯斯庇尔还是一动不动，双臂高举着凝视了一会儿天空。

瞧瞧他多像伊斯兰教的苦行僧！他正在和他的上帝对话呢！

这家伙！当国王还不够，还要当教皇！

〔外面人群的呼声越来越热烈，要求越来越迫切。

人群的声音　马克西米连！……出来！……出来！……

一个很高的声音　（从外面传来，非常清晰）来吧！下来吧！……塔尔坎[①]！你还要让我们等多久啊？

维拉特　（奴颜婢膝地）亲爱的罗伯斯庇尔，他们等得不耐烦了。庆典开始的时间已经过了。

罗伯斯庇尔　（一下子回归现实）你怎么不早点提醒我呀！在这种不可思议的情景里，我失掉了时间概念。

〔他正急着朝门口走去的时候，气喘吁吁的勒巴和达维德上。

勒　巴　我和达维德一起来了。比洛在大发雷霆。救国委员会的人也都因为你迟到了在发火。

达维德　你觉得我干得怎么样？（他指了指窗外的景色）我给你建了一座卡皮托利山丘[②]。

梅兰·德·蒂奥维尔　达维德，你是不是还想过给他建一座山崖啊？

达维德　什么山崖？

梅兰·德·蒂奥维尔　合用的山崖。塔佩岩纳山崖[③]。

达维德　（气恼地，对罗伯斯庇尔）恺撒的胜利必定伴随着嫉妒。

罗伯斯庇尔　（埋怨地）达维德，你也真是的！……给我加上恺撒的名

---

① 传说中的古罗马国王。
② 罗马的七座山丘之一，朱庇特神殿所在地。
③ 离卡皮托利山丘不远，是古罗马时代处置罪犯的地方：将罪犯从山崖抛下。

字,是对我最大的侮辱。

达维德　廉洁之士,请你原谅!我把恺撒的荣耀献给你,只是为了向你表示敬意。

罗伯斯庇尔　我没有野心,不妄想得到他的荣誉,只想谋反者那三十把匕首。看看那几个人!(他指了指布尔东、瓦狄埃和梅兰一伙)他们正急着把我送上西天呢!

〔他跟勒巴和达维德快步下。维拉特手里捧着罗伯斯庇尔落在桌子上的花束追了上去。

维拉特　你的花,你忘了拿花了!

〔维拉特没追上罗伯斯庇尔,又拿着花回来了。——那几个年轻女人把他围住,都想要那束花。

年轻的女人们

啊!公民,把花给我!

别给她,花是我的!

咱们就像他说的那样,和和气气,像兄弟似的把他留下的这束花分了吧!这是珍贵的纪念品。

哦,温柔的马克西米连,在我的怀里睡吧!

〔说这话的是一个年轻的漂亮姑娘,她把玫瑰花束藏在了遮住酥胸的轻柔围巾下面。

〔外面唱起了《出征曲》,这是一首近日刚开始传唱的歌曲。布尔东、瓦狄埃和梅兰一伙人来到窗前,跟维拉特一起往外看。

梅兰·德·蒂奥维尔　这是圣茹斯特的军队,都是年轻人,正朝着圣茹斯特欢呼呢!这支军队今晚开拔,去弗勒吕。这下子就轻松了,罗伯斯庇尔身边又少了这么多人!

〔他们重复着外面唱的歌:

“胜利女神高唱凯歌,为我们开辟道路……”

第二场

〔救国委员会,牧月二十七日(6月15日)晚[①]。

〔比洛、卡尔诺、科洛,都很激动。——另一个委员会(公安委员会)的几个委员瓦狄埃、阿马尔等来闲聊,在激烈地争论着什么。——所有的人都站着,只是为了在救国委员会的几个秘书送来的文件上签字才坐一会儿。比洛和卡尔诺来来回回走着,做着各种手势。

比　洛　不可容忍!

卡尔诺　他成了国王了。

科　洛　他想怎么干就怎么干,独断专行,不跟别人商量了……

瓦狄埃　你们怎么能把这样的法律之剑交到他手里呢?

比　洛　不是我们交给他的,是他攫取的。事先什么也没人跟我们说。

科　洛　他甚至都不屑于征求我们的意见了。他在家里自定法规,而他那个库东就用这样的法规控制了国民公会,跟我们连说都不说。

瓦狄埃　那你们算什么?你们还有什么用?把救国委员会解散了吧!你们的存在还有意义吗?

阿马尔　现在,他想逮捕谁就能逮捕谁,想判谁有罪就能判谁有罪,不经审判,没有辩护。他成了所有人的主人,想给你自由就给,不想给就不给。

比　洛　咱们得想个办法,必须商量个法子,不能让这个暴君搞独裁!

瓦狄埃　可是,塔利安在国民公会想和罗伯斯庇尔分庭抗礼的时候,

---

① 库东提出牧月二十二日法案后的第二周。

你是站在罗伯斯庇尔一边反对塔利安的;而你,巴雷尔,你也是支持罗伯斯庇尔的。

比　洛　我不能因为跟罗伯斯庇尔斗就和塔利安联手。我从来不和小人搭伙!

瓦狄埃　都到这时候了,不能再挑三拣四!碰上强盗,我随手抄起什么是什么,脚下有根棍子,我也抄起来就使,也就顾不得上面沾没沾着粪!

卡尔诺　他说得对!反对暴君,要不择手段!

科　洛　我来吧,我当这个卑鄙小人!我来消灭罗伯斯庇尔!

巴雷尔　别这么大声嚷嚷!……(他去把开向花园的窗户关上)外边能听见……发火有什么用?必须面对现实。你们计算过他能够支配的全部力量吗?(朝他那位小心翼翼地站在门槛处的秘书)克拉里斯,警醒着点,他一来你就通知我们!……他手里有民众,民众忠于他,被他的大规模庆典煽动起来了;有昂里奥手里掌握着的巴黎武装力量,有勒巴领导的马尔斯军校的学员,有他可以任意摆布的雅各宾派分子,有给他捧臭脚的帕扬和弗勒里奥手里的新巴黎公社,有由他岳父掌管着的革命法庭,还有桑布尔河一线的军队,——领军的将军茹尔丹和皮舍格吕隶属于圣茹斯特,将军们及其部队已经准备好,要把罗伯斯庇尔捧上天……

卡尔诺　你等着!我会让他在半空中跳舞!……首先,咱们得给自己减轻压力,把支持他的部队从巴黎调往前线!

瓦狄埃　至于民众,看着来势汹汹,其实没什么了不起!马路上看热闹的人是在欢呼,但巴黎各个区里都怨声载道。

阿马尔　……要是我们能巧妙地在那些怨言上下些功夫……

卡尔诺　这方面的事可以交给富歇去办!他的策略——堪称妙计——是把造成不满的原因都推给那个暴君。

比　洛　天公地道!既然他想统治我们,那就应该让他对社会的混乱负责!我们会要求他对社会秩序混乱的问题做出说明的。

巴雷尔　要避免破裂！他太强大了。

比　洛　你的意思是叫我们伸出脖子，让他在我们脖子上蹭脚？

巴雷尔　比洛，别生气，生气想不出好主意来……如果我们绝对必须动手，至少也要等到我们有把握占上风的时候再动手！现在还太早。我们应该先麻痹敌人，削弱敌人。他现在已经和圣茹斯特分道扬镳。咱们还要设法让库东也离开他！

卡尔诺　那老家伙疑心重。我曾经提过让他出一趟差，他装聋作哑。

瓦狄埃　那该死的家伙满脑子都是坏点子……要搞掉他，得另想办法……但首先得清洗国民公会！把暴君的支持者从国民公会里清除出去！把他们安排得远远的，安排他们去前线，或者去沿海地区。这么做，罗伯斯庇尔能提得出什么反对意见？派他的朋友去危险岗位，那是给他增光。

巴雷尔　就这么干。用不了一个月，他那五十来个心腹就都四散了，散到法国各地去。

卡尔诺　可是，一定要在巴黎这儿把他搞掉。

瓦狄埃　我认为我今天在国民公会里给了他点颜色！

比　洛　祝贺你，瓦狄埃！这一年来，你做的比我们谁都多。你拿他取笑。他是个教权主义者！他想当上帝。你给他那个上帝找来了个妈，就是那个拿罗伯斯庇尔当偶像的疯老婆子卡特琳·泰奥①。这帮善男信女既滑稽又愚蠢，都是为罗伯斯庇尔抬轿子的。我们要在法庭上把他们的骗人把戏全部揭穿。这事十分可笑！全巴黎的人都会笑弯了腰！

巴雷尔　那得看罗伯斯庇尔会不会让这么做！

瓦狄埃　我讲话的时候，你看没看他？他气得脸都青得像梭子鱼了！

巴雷尔　梭子鱼会咬人的。

---

① 一七九四年六月十五日，公安委员会主席瓦狄埃在国民公会会议上作报告，说发现了一个叫卡特琳娜·泰奥的女人，自称“圣母”，进行阴谋活动，预言救世主就要降临。瓦狄埃用这种方法影射诋毁罗伯斯庇尔。

比　洛　巴雷尔真是一员骁将！他自称领头打过几个胜仗，却被吓得直打哆嗦！

巴雷尔　（耸了耸肩）你们都是疯子！如果你们想消灭敌人，激怒他有什么好处？

瓦狄埃　当面取笑他嘛！

巴雷尔　这是拿事情当儿戏！

比　洛　你呀，就会耍诡计！看到你对要攻击的人讨好的样子，我们一直不明白你是要骗谁，是骗你的对头呢还是骗我们？

巴雷尔　为了共和国，我希望维持我们和他之间的团结。如果这种团结不得不破裂，我也希望是由他破裂的。我十分清楚，能从我们的破裂中捞取最大好处的，是共和国的敌人。

比　洛　这一点我也担心。不过，他这个暴君要是胜利了，给共和国造成的危险也小不到哪儿去。我们首先要不惜一切代价地阻止他，然后再考虑如何对付其他危险。

巴雷尔　那我们就把危险降到最低，关起门来解决争端，不要闹得满城风雨！不能把争端暴露出去！不管做任何决定，都一定要避免把民众牵扯进来！而最要紧的是，千万当心，不能给罗伯斯庇尔留下什么诉诸民众的借口。我劝你们别杀他，把他关起来，让他不能活动就行了。

卡尔诺　你以为他会听我们的，而不是把他那些目空一切的想法强加给我们？

巴雷尔　我们人多，能顶住。

瓦狄埃　你们说得热闹，但你们会让步。

比　洛　这次我绝不让步。我要把他粉碎。

巴雷尔　安静点，比洛！（对瓦狄埃）你得敲打敲打他！……比洛，我告诉你，我们应该尽力把他困起来。你克制点吧！别像一头公牛似的，总是低着脑袋愣冲！

比　洛　你什么意思啊？我可不会像你那样，不说是，也不说不是，把黑的说成白的,模棱两可,莫衷一是。我要是假装什么,人家一眼就能看出来我是在撒谎;我讨厌撒谎,撒了谎我会厌恶自己,想呕吐……

巴雷尔　小点声行不行?你爱怎么想怎么想!但用不着这么大喊大叫地说出来。

比　洛　行,我试着来!

〔一直守在门口的克拉里斯朝巴雷尔做了个手势。

巴雷尔　(朝大家)罗伯斯庇尔……

〔一下子就静下来了。比洛和卡尔诺坐在他们的桌子旁边,好像在忙着工作。阿马尔和瓦狄埃告辞,正往外走。巴雷尔站在桌子旁边,背对着窗子,正在翻阅文件。科洛在房间里摇摇摆摆地走来走去,脸上挂着冷笑。罗伯斯庇尔低着头快步上。紧跟在他身后的是坐的轮椅上的库东。罗伯斯庇尔差一点和瓦狄埃撞个满怀。他硬生生地站住,打量了瓦狄埃一眼,勃然大怒。

罗伯斯庇尔　你在这儿干什么?

瓦狄埃　我到这儿来需要你许可吗?公安委员会的人哪儿都能去,在哪儿都是在公安委员会里。

罗伯斯庇尔　公安委员会什么都要插一手,就是不干正事。你们不去追捕民众的敌人,却专门去败坏民众公仆们的名誉。公安委员会乱嚼舌头,非常可笑,把自己的名誉都玷污了。

瓦狄埃　可笑的不是公安委员会!

〔科洛冷笑。比洛和卡尔诺也冷笑,但仍然低着头看文件。

罗伯斯庇尔　因为你背信弃义地攻击了我,到这儿领赏来了!

瓦狄埃　我怎么背信弃义了?我把那些打着罗伯斯庇尔旗号干坏事的坏蛋和丑类从他们的老窝里掏出来,你不是也感到称心如意吗?

罗伯斯庇尔　你以为我会上你的当啊?你那是包藏祸心!你知道得

很清楚,那些可怜的人滑稽可笑,但都是无辜的,不会对治安构成任何威胁;你定他们的罪,不过是为了把他们那些没有危险的胡言乱语变成针对我的毒箭。

瓦狄埃　嘿嘿!你那位女占卜师的预言,你肯定觉得很受用吧?

科　洛　听人家说"他的使命早已写在《以西结书》里",谁都会眉飞色舞的……祝贺你,公民同事!我们中间出了一位上帝之子,大家都感到脸上有光。

〔其余的人都开怀大笑。

罗伯斯庇尔　愚蠢的玩笑!

瓦狄埃　怎么着!这话可是泰奥说的!她是上帝的母亲,因此也就是你奶奶。

〔笑的声音更大了。

比　洛　(眼睛没有离开文件)她说得好。她说得很清楚,宗教的重建应该归功于罗伯斯庇尔。

罗伯斯庇尔　国民公会重建的不是宗教,而是一些道德原则,是名副其实的共和国赖以存在的道德原则。在这个问题上,任何诚实的人都不会搞错。

瓦狄埃　正是因为这个,乡下的农民才在人家给他们宣读完你对最高主宰的颂词以后去做弥撒、唱《上帝降临!》的。

卡尔诺　在我们勃艮第地区的一些俱乐部里,现在开大会都要戴十字架念连祷文了。

巴雷尔　在我们贝亚恩地区,再也没人遵守每旬休息一天的规定,星期天又恢复了。

比　洛　你为神甫们出了大力!我提议给你加个虔诚教徒的荣誉头衔。

库　东　(嘲讽地)比洛,你当过修士。这场争吵是修会教士与修院外教士的争吵。

罗伯斯庇尔　够了,库东!卑鄙的敌人要装腔作势地发泄他们无可奈何的愤怒,我不能阻止。但是,碰上这种开玩笑的场面,也用不着我的朋友来反驳。

比　洛　(怒不可遏,拍起了桌子)我不再开玩笑!难道你敢否认,恰恰就在一个礼拜之前,你在法国把原来的那个上帝正式恢复了,而且你还在巴黎以大祭司的身份主持了一个宗教仪式!

罗伯斯庇尔　我所做的一切,都是国民公会完全同意的,是在国民公会投票一致通过以后做的。

比　洛　那赞成票是用恐吓和突然袭击的手段搞到的。你那一套我们太清楚了!你先鼓起如簧之舌,滔滔不绝,讲话一结束,你手下的人就迫不及待跳出来大肆吹捧你的说教。反对这么做是危险的。没有进行讨论的时间。

罗伯斯庇尔　比洛,如果你所说的是真的,对你的同事和你本人来说就都是很不名誉的。你这是在破坏国民公会的声誉。

比　洛　你对着镜子反复演练你的演说,然后用那些华丽的辞藻来忽悠我们。你讲起话来没完没了,自己百听不厌。我们可是听厌了,不想再听!你结束演讲的时候大家鼓掌,那是因为你关上了话匣子,大家感到轻松,可你却拿掌声说事,让人以为大家赞成你的说教,然后你又忙不迭地叫人把你讲的东西印出来。第二天,当众人读到那些印出来的东西时,都因为这些东西散发出来的教权主义气味而感到恶心,同时也反感地觉察到了,你那些花言巧语里隐藏着阴险的反动思想。

罗伯斯庇尔　你把在道德基础上建立共和国的愿望称之为“反动”?建立了共和国的大革命,只是一个过渡,是一个从罪恶统治向公正统治的过渡。

比　洛　完成这项使命,有我们就够了,有必要把上帝卷进来吗?

罗伯斯庇尔　我们每个人都是不完美的。最高主宰是博爱,是个神圣的终极目标,很遥远,应该总是让所有的人都看得见——那是人类应该抵达的地方。

比　洛　东西是什么就叫它什么！你的最高主宰是个教权主义者的陷阱。要对人说："你只能靠你自己！要吃苦，要战斗！没有上帝，别抱幻想！生活艰难；日子悲惨。要学会正确地看待生活，生活是什么样就是什么样！"

瓦狄埃　比洛，别夸大其词！生活是美好的。只在那些戴着教士眼镜看待生活的人眼里，生活才是悲惨的。你还没有丢掉这种习惯。

巴雷尔　（指着比洛和罗伯斯庇尔对瓦狄埃说）他们两个真可怜！都没领略过我们南方的阳光！

卡尔诺　（固执地）没有上帝。不再需要上帝了！对这种愚弄人类思想、为暴政提供各种奴役人类枷锁的伪善和谬误，人类已经进行了几个世纪的斗争。在我们以为终于把这种伪善和谬误打碎的时候，我们中间一定是出了叛徒，才会把它们重新拼凑起来，让已经被我们清除的伪善和迷信重新进入千家万户！你的这种行为，我把它称之为背叛，是违反理性的！

罗伯斯庇尔　你们背叛得更厉害！你们正在背叛穷苦的人和弱者，背叛这些需要你们引导的没人指引无依无靠的人。我考虑的是祖国和人类的利益。一切制度，一切理论，凡是能够使人的灵魂得到慰藉和升华的，我就说它是好的，有益的，我就接受。信仰最高主宰，是对公平的一种保证。在艰难困苦中挣扎的民众，正把希望寄托在对最高主宰的信仰上。你们无权破坏这种信仰。你们能用什么来代替这种信仰呢？

卡尔诺　用自由的理性！

罗伯斯庇尔　那就意味着混乱，否认一切！

卡尔诺　我说的是：现实——唯一的真实。

罗伯斯庇尔　你怎么知道现实是唯一的真实？谁给你的权力，要把永恒力量的无限性局限在狭隘、不宽容的伪学者制定的框框里？你有什么权力敢伤害、敢禁止成千上万普通百姓对永生和神的信仰？信仰是一种神圣的本能，可能比你那种干巴巴冷冰冰的理智至上更高明。

卡尔诺　要是由着你去干，你会使人类的理性倒退几个世纪。

罗伯斯庇尔　你的腔调和吉伦特分子一样，加代、韦尼奥和让索纳那些人，就是因为我说了神的名字才告发我的！

卡尔诺　这么说，你就是因为这个才把他们送上断头台的？

比　洛　别把他们对国家犯下的罪行和他们对你的惩罚混为一谈！因为你装腔作势，可笑，他们用常识的皮鞭惩罚了你，你罪有应得！不错，我们砍下了他们的脑袋，但他们的鞭子却是随时都可以捡起来用的。

罗伯斯庇尔　宣扬无神论和虚无思想的骗子手是要倒霉的！他们打着低俗虚伪的理性旗号，企图给民众的崇高热情泼冷水，用他们的腐朽理论使人丧失激情，而激情是一切伟大行动的原动力！

比　洛　要倒霉的是你，你这个伪君子！你开口闭口都是上帝、伦理、道德，为的就是确保你在对手尸骨上建立起来的统治。

科　洛　你就是个托尔克马达[①]，你总想把我们都送进宗教裁判所！

罗伯斯庇尔　在各种狂热中，无神论的狂热是最有害的。

巴雷尔　狂热都可恨。

比　洛　理性的狂热是大革命的义务中最神圣的。我要运用一切法律手段要求恢复这种狂热，来反对叛徒。跟你一样，叛徒们和教会沆瀣一气，想用欺骗手段来建立神权政治，——加上军事管制，神权政治是最卑鄙的政权，——而且，因为神权政治像蛇一样无孔不入，腐蚀人心，因为它要控制，所以它就更有害，更可耻……你别为自己辩白了！不要以为你能愚弄我们！我看穿了你的把戏，早就猜出你想的是什么！你阴险奸诈！你是个滑稽可笑的暴君！你是个既要御座又要神坛的家伙！……到罗马和维罗纳去吧，到那儿找你的国王和那些贼神甫狗教士去吧！你的位子在那

① 胡安·托尔克马达(1388—1468)，西班牙枢机主教，以掌管宗教裁判所闻名。

里,不在我们中间……

〔比洛越说越生气,嗓门越来越大,到最后竟大喊大叫起来;外面的人也能听到比洛的话:因为观众可能注意到了,巴雷尔的秘书克拉里斯又偷偷把开向广场的窗子打开了。

科　洛　(粗声大气地)因为卡佩王朝没有公主了,你想娶也娶不成,我们将为你找个王族老姑娘结婚,外带一个男仆的职位,——但要迪普莱的女儿、你那个科尔纳丽·科波允许你这么做才成……

卡尔诺和瓦狄埃　(异口同声)"啊,好一个好色之徒!……"

罗伯斯庇尔　(想让人听见他的话,但是白费力气,他气得七窍生烟,脸色惨白)你们这群混蛋,我不许你们!……

卡尔诺　你还不是教皇,不能禁止我们……

〔他们七嘴八舌乱说一气。在吵闹声中罗伯斯庇尔厉声高叫。

罗伯斯庇尔　无耻之徒!强盗!

比　洛　皮特[1]的探子!国王的跟班!

罗伯斯庇尔　我要号召民众反对你们!

比　洛　你想把国民公会的人都送上断头台!

〔罗伯斯庇尔和比洛、科洛扭在一起,两个人揪着他的脖领子,一个在前,一个在后。外面传来乱哄哄的声音。有人说:"这就是救国委员会!……他们在自相残杀!……"

巴雷尔　(转过身来,看到窗子开着)谁开的窗子?

〔他跑过去把窗子关上。已经回到门口位置上的克拉里斯跑过来帮他关。别的人也都意识到出丑了。不再有人说话。刚才动手的人感到不好意思,都停了手,一动不动地互相盯着,眼里充满仇恨。能听到罗伯斯庇尔在喘气。他缓过气来,焦躁地用手整理被揉皱了的领带和襟饰。

① 威廉·皮特,当时的英国首相。

库　东　（坐在轮椅里待在自己的位子上，没参加争论，但一直用敏锐并带有嘲笑的目光看着所发生的一切，此刻终于在寂静中用充满尖刻讥笑的声音大声说道）好一场舌战！佩服，理性的侠士们！你们疯了似的发这么大火也骗不了我们。你们如此怨恨的不是最高主宰！真实的想法你们一点没说。让你们恼火的，是你们自己投票通过的那项关于革命正义的法令。你们不敢明目张胆地反对这项法令，因为你们害怕受到这项法令的严厉惩处。

科洛和卡尔诺　（因为愤怒，声音都变了。不过，在这场争吵的后半段里，说话的声音都不像刚才那么高了，大家都在克制自己，愤怒是低声表达的）害怕？

卡尔诺　怕你这么个瘪三？

科　洛　我不怕你，俾格米人①！

比　洛　你说对了，我就是要控告你，控告你们，你们是一帮背信弃义的家伙，你们想把持法庭，以便杀害救国委员会和公安委员会的人！

库　东　我也要控告你们，控告你们两个月来千方百计地阻止在全国建立法庭。虽然你们反对，法庭还是要对你们所包庇的匪帮进行打击。所有正直的公民都在呼唤法律。法律是对弱者、穷人和无辜的人的一种保护。法律只对民众的敌人构成威胁。

比　洛　可是，没被你扣上民众敌人帽子的还有谁呢？“民众敌人”是一顶大帽子，你用起来很方便，谁反对你你就往谁头上扣。

库　东　被认出是民众敌人的，是因为他本来就是。不良居心使他的面目昭然若揭。

比　洛　你在说我！你说的是我！……你威胁我！那你就别想从这里活着出去！……

〔比洛摆出一副要动手的样子，库东耸了耸肩。巴雷尔和卡

① 分布在中非、东南亚和大洋洲诸岛屿的人种，其男子身高超不过1.5米。

尔诺把比洛拦住,他也就忍了下来。从前一轮激烈争吵过后一直默不作声的罗伯斯庇尔,此刻又说话了,语调平静冷淡。

罗伯斯庇尔　走吧,库东,这个人说了,我们的位子不在这里。

科　洛　找你们的同伙去吧!

罗伯斯庇尔　我要到民众中去。民众是我唯一的朋友,是我的主人。明天,民众就是你们的审判者。

比　洛　我们现在就把你逐出救国委员会!

罗伯斯庇尔　那我就把你们逐出共和国……你们想打仗吗?……

比洛、科洛和卡尔诺　想!

罗伯斯庇尔　你们会如愿以偿的。

〔罗伯斯庇尔和库东下。

第 三 场

〔地点同上。救国委员会,热月四日(7 月 22 日)。——巴雷尔、卡尔诺、科洛和比洛,好像都很茫然。梅让在整理桌子上的文件。

巴雷尔　干得不错!自从一个月前你们把罗伯斯庇尔赶出救国委员会,他就一直不停地在民众面前攻击我们,他的力量大大地增加了。

科　洛　他在干什么?谁还会相信他呢?他好像已经筋疲力尽,连气都喘不上来了。

卡尔诺　仇恨能使人重新振作起来。不报这一箭之仇,他是不会罢休的。

巴雷尔　既然知道,你干嘛还要惹他呢?

卡尔诺　感情是很难控制的。

科　洛　现在他又凶起来了!他每三天就要对那些雅各宾分子讲一

次话。他在挑动怀疑和愤怒。群众骚动起来了,情绪激烈。如果不想法把这股骚动压下去,我们就完了。

比　洛　(一动不动,全神贯注,恨恨地)这个皮希斯特拉特[①]!

卡尔诺　那现在就让他闭嘴!

比　洛　用阿尔莫蒂于斯[②]的匕首!……

巴雷尔　阿尔莫蒂于斯的匕首会把他变成神,我们反而得防止有人对他来这一手。因为,不管谁暗杀他,都会被算在我们的账上。他本人现在就公开指责我们,说我们知道针对他的种种阴谋活动,但毫不作为,不去制止。就我而言,勒库安特和他那帮好吹牛的人大喊大叫的威胁,我倒是没太当回事,因为这些人都是见了罗伯斯庇尔的影子都会逃之夭夭的主儿。不过,我们必须监视他们,看他们有什么动作,一个失去理智的人稍稍有点什么不利于那位“廉洁之士”的举动,都会让雅各宾分子一窝蜂似的闹起来。

科　洛　可是,谁又能说,罗伯斯庇尔不是企图用宣告有人要对他行刺的办法,来挑起事端呢?阴谋分子的愚蠢行为恰好为他所用,那我们就得想想,阴谋分子中间是不是混进了一些专门挑起事端的人。

卡尔诺　到处都有他的人在散布对我们的怀疑。他们在外省做足了功夫。我的人(他指了指梅让)刚刚告诉我,罗伯斯庇尔的一个心腹出差到海滨布洛涅办事,散布的全是对我的无耻指控。那家伙竟然指控我,说我想破坏胜利!

巴雷尔　又是暗战,又是舌战……靠我们自己这两下子,除不掉罗伯斯庇尔。讲和吧!

科　洛　讲不了和了。他不想讲和。

卡尔诺　我还不想讲和呢!势同水火……有他没我们,有我们没他!……

---

① 古希腊暴君。

② 刺杀皮希斯特拉特的人。

科　洛　就算今天讲和了，明天也得破裂，还得从头儿来。

巴雷尔　至少我们要把今天争取到手！我们还没准备好，不能开战。首先必须解除民众的武装，必须把雅各宾派的军队，特别是那几个炮兵连，从巴黎调走。最主要的是必须把反对派整合起来。

科　洛　富歇一直在做这件事。他保证一个礼拜之后一切就绪。

巴雷尔　可他不该把这些东西写到纸上。罗伯斯庇尔的人刚刚在南特截获了富歇的一封信，那封信让人觉得马上就要行动了。

比　洛　糟透了！打草惊蛇，暴君会先下手。

科　洛　这是一场短跑，咱们得超过他！

巴雷尔　最保险的办法是把他拖住。咱们要让他平静下来！要不惜任何代价，把他请回救国委员会。

科　洛　你想让他回来？好啊！用什么办法？

巴雷尔　没什么可犹豫的。必须主动和他接触。

比　洛　没门儿！

卡尔诺　（想了想，显出极力克制自己的样子）算了吧，比洛，连我这么恨他的人都让步了，你更可以让这一步了！

比　洛　我不会装假。要是我会装假，我会恨自己的。

卡尔诺　打仗的时候，为了引诱敌人，逃跑有时也是一种策略。

比　洛　你以为他会上当啊？他才不会听我们呢！

巴雷尔　他听圣茹斯特的。这事让我来办！……

〔圣茹斯特上。

巴雷尔　（迎上去，亲切地拉起圣茹斯特的手）朋友，你什么时候见到马克西米连的？

圣茹斯特　我刚从他家来，不过跟他没说上几句话。他把自己关起来写东西，只在去雅各宾俱乐部的时候才出来。他只信任民众。

巴雷尔　你觉得，完全不把政府各个委员会放在眼里，是一个好公民应有的行为吗？而且，如果罗伯斯庇尔像我以为的那样，讨厌独裁者的角色，那么，他本人总是直接向民众发出号召，不就是给那些指责他想实行独裁的人提供口实吗?

圣茹斯特　我知道这些指责很无聊。可是——我不怕把我的想法公之于众——我也不喜欢罗伯斯庇尔把自己孤立起来,一个月以来他就是这么干的。这不正常。他心里充满了怨恨,沉浸在痛苦的幻想中,会看不到人和事的真实情况的。不过,对这种情况应该负责的是你们,是你们对他的侮辱性对待使他远离真实。

巴雷尔　我们承认,对他可能缺乏尊重,也不够公平。可是,他对救国委员会就尊重就公平吗?对一个做起事来从来不知懈怠的人,在他疲惫不堪焦躁不安的时候,我们说话可能不够字斟句酌!让他承认错误吧!我们准备承认我们自己的错误。

圣茹斯特　问题不仅仅在于说了什么。你们在阻碍实施他提请投票通过的法令。对他的活动,你们也总是从中作梗。

巴雷尔　开展活动,为什么不考虑救国委员会的意见?……嗐,就别再提我们彼此的错误了!双方的错误对共和国都是有害的。为了达成和解,我们两方面都得做出让步。我们并没打算寸步不让。那就让我们共同寻求一个和解的基础吧!各方都得让一步。在罗伯斯庇尔看来,我们怎么做才能让他确信我们是诚心诚意的呢?我们是百分之百地真诚,我请在座的所有同事为这一点作证。

科　洛　我可能有些粗暴,但我是真诚的。我现在伸出手来。我的手是忠诚的。

卡尔诺　在我们老家,种葡萄的人有时会粗暴地争吵。不过,这样的吵闹能维持友谊。

比　洛　(勉强地)罗伯斯庇尔误会我了。他多疑,想象力丰富,这使他烦恼。我是爱罗伯斯庇尔的。

〔他转过身去吐了口唾沫。

圣茹斯特　(镇定自若而又面带轻蔑)我没问你们对罗伯斯庇尔的感情。你们对他的感情我知道。我要问你们的是,为了不再让罗伯斯庇尔生气，你们会这么做，而你们开的又是什么样的价码。

巴雷尔　这么着吧，为了向他证明我们不阻挠他的行动，我们提议做个决定，逐步地严格实施风月的那些法令。比如说，第一步可以成立四个人民委员会，负责甄别那些将要送到革命法庭上去的可疑分子……大家同意不同意？

〔其他几个人都点了点头。

比　洛　甚至可以组建革命法庭的巡回审判厅，就地审判，就地处决。

巴雷尔　（接着说）为了公开表示我们对你和罗伯斯庇尔的信任，我们提议，由你代表救国委员会在国民公会上作个关于政治形势的报告。在报告里，你要非常直率地把我们的友好协商和一致决定和盘托出。当然，你们那方面要放弃自己的怀疑态度，这才公道。

卡尔诺　作战需要炮兵，而你们几个星期以来一直阻止派巴黎的几个炮兵连去北方战场。公众舆论认为，罗伯斯庇尔想把巴黎的炮兵连当作御林军。为了你们，也为了我们，把这些侮辱性的谣传驱散了吧！签发派遣令！这是我们的最低要求。

科　洛　我们向你们要求信任和忠诚，就像我们把信任和忠诚给了你们一样。我们的心是纯洁的。

圣茹斯特　心在这儿派不上用场。国家希望我们把我们之间的冲突先挂起来，这种冲突正在消耗我们对付外敌的行动力量。等到法兰西土地上的敌人被清除出去以后，我们再来解决我们之间的冲突。我去罗伯斯庇尔那儿给你们当调解人。关于我本人，我接受你们的提议。我会本着对国民公会应有的公正态度去写那份报告。

卡尔诺　那，派遣巴黎炮兵连去前线的决定呢？

圣茹斯特　我签发。

比　洛　那就太好了。把马克西米连带到这里来吧！我们会向他证明，他不可能有比我们更真诚的朋友。

〔他们之间交换了个眼色。

巴雷尔　我们得到国民公会去，会议都已经开始了。你去不去，朋友？

圣茹斯特　我不去，我这里有工作。

巴雷尔　那咱们就再见！

〔他们一个一个和圣茹斯特握手。

卡尔诺　咱们有时候会吵几句，但我还是很尊重你的。你这个人坦率，也随和。

科　洛　我呢，我喜欢你……（张开两臂）拥抱一下吧！

圣茹斯特　（把科洛推开）别，别，我们不是在演戏……你是在扮演尼禄[1]吗？

科　洛　（笑着）“我拥抱对手……”你看到过我扮演的尼禄吗？我演得不错的。

圣茹斯特　你干嘛不回去干原来的行当呀？

科　洛　今天这个行当我干得也不错嘛！

〔众人下。

圣茹斯特　（独自一人，看着他们离去）他们都在撒谎！……身上散发着的谎言臭气，老远就能闻到。他们是不是以为别人都闻不见啊？……科洛，蹩脚演员……卡尔诺，脚上穿的是老实巴交的葡萄农的木鞋……比洛把他那一腔的怨恨笨拙地咽到肚子里，噎得都快喘不过气来……至于那个巴雷尔，他连自己什么时候撒谎什么时候说实话都搞不清……一堆流沙，一摊污泥……脚往什么地方放？能依靠谁啊？……而这些人还都是共和国的中流砥柱呢！生活里碰上一个老实人也好啊！

〔勒巴上，他从公安委员会来。

勒　巴　（兴高采烈地）圣茹斯特！怎么就你一个人？

圣茹斯特　（还在接着想心事）这可能是个老实人！……

勒　巴　你在工作？……那我就不打搅了……

〔做出要走的样子。

① 古罗马皇帝，是个暴君。

圣茹斯特　(挽留他)别走！我需要你。

勒　巴　你说！我唯命是从。你想让我干什么?

圣茹斯特　不让你干什么,就是看看你。

〔他把手放在勒巴肩膀上,一脸凝重地笑着把勒巴端详了一番。

勒　巴　(心满意足地)安托万！这么说你还是喜欢我的?

圣茹斯特　对于值得我喜欢的人,我是从来不会变的。

勒　巴　那你干嘛老躲着我们啊?

圣茹斯特　我从来没躲过你。

勒　巴　(温顺地)你是因为亨利埃塔记恨我吧?

圣茹斯特　这跟你那位漂亮妹妹没关系。如果有人招我恨,那个人也不会是她,更不会是你。

勒　巴　那你恨的是谁呀?

〔在勒巴问这句话之前,俩人一直都把两只手搭在对方肩膀上。勒巴这么一问,圣茹斯特就把手放了下来。

圣茹斯特　恨我自己。菲利普,你要知道,最艰苦的斗争并非总是那些和别人进行的斗争。最艰苦的斗争是和自己进行的斗争。当我和自己进行斗争的时候,直到战斗有了分晓,我都躲着别人。

勒　巴　有分晓了吗?

圣茹斯特　有了。

勒　巴　(几乎有点胆怯地)结果会让我们幸福吗?

圣茹斯特　不是为了我自己的幸福。不过,对亨利埃塔来说,最好是把我忘掉。做我的妻子,她会有太多的苦头吃的。

勒　巴　不做你的妻子,她要吃的苦头会更多。

圣茹斯特　不会的,我的朋友。当我们所爱的人可能因为不理智而伤害自己的时候,我们要理智,为了他们好,我们要理智地对待他们。一个年轻女子,把自己的命运和我这样一个注定了不会有好结果的人的命运连在一起,是不理智的。

勒　巴　注定了？注定什么？

圣茹斯特　注定要献身，注定要等待死亡。

勒　巴　朋友，死亡威胁着我们所有的人。不过，我希望死亡等我们等得长久些。

圣茹斯特　死神行动了，已经登上楼梯。

勒　巴　你太悲观。

圣茹斯特　是我看得太清楚了。我把我们自己和别人都看得清清楚楚。

勒　巴　我跟你一样，也知道对罗伯斯庇尔的怨恨越积越多，我也知道有人在搞阴谋。可是，更卑鄙的阴谋都被他粉碎过好多次了呀！国民公会听他的，巴黎民众也拥护他。

圣茹斯特　国民公会只想着如何背叛他。必须把国民公会盯紧了。国民公会一旦脱离控制，哪怕只是一会儿，它就能成为一头咆哮的猛兽。——民众拥护谁，民众今天晚上和明天会拥护谁，我不知道。民众自己也不知道。民众不再是八月十日的民众。民众疲惫了，误入歧途。埃贝尔派庸俗的蛊惑宣传，竞相许诺增加工资和休闲时间，把民众腐蚀了。为了把民众松了的弦重新绷紧，必须使用铁腕。可是，罗伯斯庇尔不再有铁腕。他本人也不再是共和元年那个罗伯斯庇尔，共和元年的罗伯斯庇尔曾经带领革命向内外敌人发起过进攻。大革命把自己的战士搞得筋疲力尽。罗伯斯庇尔依然保持着不可腐蚀的品格，但他病了，消瘦了，过分专注于自身和他的那些疑虑；他深居简出，脱离实际，到了事件不可避免地要爆发的日子，他都不了解情况。为了阻止事件爆发，必须敢于独断专行，而不管自由高尚的人和真正的共和主义者对独断专行是多么深恶痛绝……你要相信我，他觉察到的独裁，没人比我更加厌恶，独裁犹如一种威胁，正在被迫进行战争的共和国头上不停地盘旋：独裁正在军营里发酵，而我看到军事独裁来临就浑身打颤……可是，防止军事独裁的唯一方法，又恰恰是把军事独裁拿过来为我所用——把瞄准共和国的迫击炮夺过来,调转炮口,攻击敌人。公安的独裁——(勒巴,我确信这是独裁)——今天成了拯救共和国的唯一法门。而独裁的严格实施,只能靠一位铁面无私的首领,而不能靠一个像我们那样的其成员总在相互残杀、由十二个人组成的委员会!必须有一种凌驾于各种彼此竞争相互抵消的权力之上的权力;这种权力必须像雷霆一样有万钧之力,而又必须像雷霆一样,打击完了以后立即消失。只有这样的权力能打垮阻挡共和国前进的敌人,为共和国开辟一条大路……但我知道得很清楚,我们中间没有任何人能够担负起这项重任。没人有这个胆量……也许只有一个人能……可他又不愿意……这个人就是罗伯斯庇尔。有人指责罗伯斯庇尔想实行独裁,其实他害怕独裁,也禁止自己实行独裁,因为他是法学家,只在法律允许的范围内行动;当他必须在现有的法律之外行动的时候,他得制定新法律;可是,等新法律通过,行动的有利时机也已经过去。为了使牧月的那几项法令能够投票通过,他耗费了大量心血,已经没有了实施这些法令的力量。他因此变得不得人心,却没有得到任何好处。他把行动自由留给对手,而自己却在毫无意义的反驳和宗教幻想中憔悴下来。别以为我是在谴责他!我能想象到他内心有多痛苦;那些侮辱性的攻击伤害了他,令他感到厌恶,这种厌恶我深有体会,使他不想再和灵魂卑污的人继续来往。我爱他,同情他。——可是,我们无权放弃,也无权幻想;必须把厌恶咬碎,吞下去。罗伯斯庇尔应该回到救国委员会去,而我也承担了把他带到那里去的义务。不管他要为此付出多大代价(我付出的代价要大得多!)——为了粉碎阴谋,我们必须重建临时的统一阵线。如果他拒绝这样做,如果他对搞这种虚假和解心生反感——谁都明白这种和解是虚假的,但谁又都明白这种虚假和解对国家来说是必需的——我也能够理解;不过,那样他就完了,也就把我们都毁了……这都不要紧,要紧的是,那样他就把国家断送了。

勒　巴　如果你认为会出现这种情况,那你就把舵掌起来!你更年轻,更健壮。

圣茹斯特　不行!那我就会遭遇罗伯斯庇尔的反对,而他是我唯一需要的人,是我的支柱。他在惊涛骇浪中立足不稳了。他想与温和派建立联盟,反对激进派,竭力疏导这股洪流。他想把革命拉回法治和秩序的轨道。现在这么做还为时太早;在完成全部社会使命之前,大革命不应该停步。大革命也不能停步,停步就是失败:因为,新秩序只能在旧秩序被摧毁的时候才能确立。我们不能和过去妥协,不能半途而废!为锄掉毒草,必须把泥土翻上来,否则毒草还会再生,会使新生的麦苗死掉。我们正在播种共和体制的小麦,但土地还没有清理干净。土地只有用独裁的铁犁耕一遍才能干净。可是,罗伯斯庇尔根本不愿实行独裁。他念念不忘的是反对独裁,而人家却又指责他独裁……这是多么大的讽刺啊!……他是首领……好吧!我服从。我们只不过是他的副手。我们没有他那么丰富的经验,也没有他那么大的人格魅力。他是共和国的守护神。不管他把我们引向哪里,我都会追随。我要和他共命运。——可是你,勒巴,我想让你远离巴黎几个月。

勒　巴　如果这里有什么危险,你以为我会扔下你们走掉吗?

圣茹斯特　你在这里会遇到危险,帮不了我们。

勒　巴　我在你眼里就这么没用?

圣茹斯特　因为我器重你,才不忍心让你做无谓的牺牲。你在外省或军队里保卫共和国,能够更好地为我们的事业服务。

勒　巴　如果你愿意,我跟你一起去!我们就像双子星座的两颗星。这样一来,我们就可以第三次共同分享荣誉分担风险了。

圣茹斯特　我当然愿意!勒巴,只有在军队里我才觉得如鱼得水。军队里责任明确,敌人在你对面。——这里不行,敌人跟你握手,你不得不和他进行无谓的周旋……但现在不行了。我引起卡尔诺的猜疑。我的命令遭到抵制。我不想再回军队……而且,我已经看到,悲剧的结局正在临近,我必须待在这里。

勒　巴　那我也得待在这里。

圣茹斯特　想想你妻子和即将出生的孩子吧!带他们离开巴黎!你应该这么做,你能够这么做。你跟我不一样,我被紧紧盯上了。你没有敌人。

勒　巴　我要把你们的敌人当作我的敌人。别侮辱我!我有资格跟你们一起冒险。

圣茹斯特　朋友,原谅我。就你而言,我是软弱的。我知道得很清楚,你不软弱。不过,我可以很从容地牺牲掉自己的臭皮囊,把它不当回事地扔进死神的血盆大口,却不希望你有这样的结局,要把你从死神嘴里拉出来。你,你的精神,你的肉体,你爱着的妻子,你要出生的孩子,都要活下去。我希望,我的一部分——最健康最纯洁的部分——能在你们身上继续活下去。

勒　巴　可是我——那个最骄傲的我,那种光彩夺目的精神——是在你身上存在的,那是你。我不能没有这些。

圣茹斯特　你还有妻子的爱。

勒　巴　妻子的爱充满了我的心。但灵魂更贪婪,必须有你的友谊。

圣茹斯特　你我的友谊永在,无论生死,我们两个人的名字都将连在一起。

勒　巴　我关心的不是名字!我关心的是你圣茹斯特和我两个活生生的人。我不相信荣誉。我只相信这片土地,我们在这片土地上短暂地生活过,这一生竟然如此美好,而这片土地,我们用鲜血浇灌过,——这片土地亲切,沐浴着热月的灼热阳光……

圣茹斯特　你是个希腊青年,不喜欢阴影。

勒　巴　我是个善良的法国人。我喜欢一切明亮的东西,——但这种东西不能伤害眼睛,即不能伤害纯朴的人,善良的人。

圣茹斯特　我就是因为这个才喜欢你。想必你也喜欢我吧?

勒　巴　啊！那还用说，但我说不出为什么。我没有选择你，被选择的是我。友谊征服了我。

圣茹斯特　是的，友谊也能主宰人，其不可抗拒的力量不亚于爱情。

勒　巴　友谊比爱情更不可抗拒。因为爱情慷慨，可以毫不吝惜地给予和索取，而友谊矜持，有一点儿就能满足。——但这一点儿是最好的东西。为了这一点儿，人可以舍生。

圣茹斯特　刚才我还觉得生死都无所谓呢！你来以后，我又重新恢复对生命的爱，为的是保护你的生命……来吧！让我们尽全力去拯救那个让我们想活下去的共和国！

第四场

〔在蒙莫朗西山丘上，热月七日(7月25日)。炎热的黄昏。

〔舞台深处，有一条路从右侧蜿蜒而上，斜着穿过舞台，然后又拐回来，在近景处沿着一个缓坡朝右边延伸过去。——从看似俯视山谷的丘陵顶部到洼地，展现出一片开阔的平原，平原尽头，透过升腾起来的蒸汽，可以望见拥挤不堪的巴黎：城里几处高大建筑在斜阳照射下闪闪发光。——左边，离路几米远的地方有一片橡树林，构成一个树林夹角，中间有一条狭窄的小路。

〔罗伯斯庇尔从右侧上，快步攀登，帽子夹在腋下。到了坡顶，停下来喘口气。他环视左右，看了看风景，又看看身后的路。然后闭上双眼，像是怕晃眼，又像是累了。

罗伯斯庇尔　太阳真毒！……一合眼，满眼都是红的……我有点晕。

〔他坐在左边的斜坡上，那里有一片浓密的树荫。远处传来西蒙·迪普莱的声音，他在呼唤罗伯斯庇尔，但没喊他的名字：

“喂！……哎！……”

罗伯斯庇尔　我把警卫甩了。他正着急！……西蒙还以为能跟我寸步不离呢……好，那就叫他去找吧！……人需要跟他的上帝和大自然单独待一会儿，需要从大城市的有害氛围中摆脱几个小时……（他朝大城市的方向抬了抬下巴）就连西蒙那样朴实的人待在身边，都会让我过多地思考人类的事，命运把我们抛入人世，抛进这个疯狂和邪恶的渊薮……放下一会儿吧！……在战斗正酣的时候，放得下吗？……我有点头晕……在大太阳底下爬得太快了……（他闭上眼睛）……在我的记忆中，这个地方弥足珍贵！我的心已经回到这里无数次，寻找我失去的安宁和信心！……我那天得到的启示，十五年之后的今天，一闭上眼睛，还依然如在目前……（他沉默了一会儿，接着又自言自语）那时我还不到二十岁。我就是在这里碰到年迈的让－雅克·卢梭的。什么都没变。只是树木长高了：当时这里是一片小树林。跟今天一样，那天也曾听到一只云雀飞上天空……（他闭着的眼睛一直没睁开）……我当时就在这里，这个位置上……我看着那位哲学家从我刚才爬过的路上迎面走来。他孤身一人，光着头，背微驼，手里拿着一束花，不时地蹲下来采集植物，一边低声自言自语……（这时，随着罗伯斯庇尔的话语，观众可以看到从那条路上走上来一个人，穿戴和长相都像让－雅克，在重复着罗伯斯庇尔所描绘的姿态和动作。但闭着眼睛的罗伯斯庇尔看不到这一切，依然在说梦话似的低声自言自语）……他没看见我，他正沉浸在自己的孤独梦幻之中。但我一眼就认出了他，我惊呆了，一动都不能动……他在坡顶上停下，沉思……然后又拄着拐杖朝林间小路走去……经过我身边的时候，他抬起头看了看我——他的眼睛大而圆，是褐色的，已经显得模糊，好像能够看到人的心底——两眼望着我，像是要看穿我的思想……

〔这时罗伯斯庇尔睁开眼，看见对面那个正在看他的人……——几秒钟的静止……——人走过去了；人影走上林间小路，消失……罗伯斯庇尔惊呆了，一动不动地待在那里，然后才试着喊叫，他用两只手按住喉咙，扭动着身体，终于喊出声来。

罗伯斯庇尔　（大声地）西蒙！

〔西蒙在远处答应着，声音越来越近；接着，西蒙从舞台深处右边的路上走过来，慌慌张张，一瘸一拐。

西　蒙　马克西米连，我总算找到你了！你怎么可以一声不响地离开呢？你就没想到我会急成什么样吗？（他发现罗伯斯庇尔极度慌乱）你怎么啦？……你在发抖……神情恍惚……你在找什么呀？……出什么事了？

罗伯斯庇尔　（强使自己镇静）你刚才在路上没看到有个人过去吗？……

西　蒙　什么人呀？……我什么也没看见……噢，对啦！我前面是有个罗弯的人……

罗伯斯庇尔　那人什么样？

西　蒙　我没注意看……当时我心里只想着你，别的什么都没注意……再说了，我也只能看到他的背影……对，我现在想起来了……那人好像岁数很大。他的穿着打扮都是老式的……我想起来了……有人跟我说过，村子里藏着个被流放的老头，是个哲学家，跟卡里塔和罗兰夫人是一伙的……你碰上这个人了？……我这就去报警……他在哪儿消失的？

罗伯斯庇尔　（用手势制止他）算了吧！……扶我一下！……我有点儿晕……

西　蒙　坐那儿吧！（他把罗伯斯庇尔带到树荫下的一截木头上）……你歇会儿！躲在屋里几个月，突然这么一晒太阳就……太阳把地都烤热了。

罗伯斯庇尔　（闭着眼）太阳，你把地热吸收了，你若能把生命也吸收了该有多好！生命是一场噩梦……

西　蒙　你说什么呢？

罗伯斯庇尔　生活……我把生活变成什么了？……毫无意义！我应该这么说：生活把我变成什么了？因为，我原来想要的不是这个。

西　蒙　谁能像你这样啊，知道怎么样才能笔直地走向目的地？

罗伯斯庇尔　“西蒙，在革命中，若是不知道往哪里走，那路可就太长了。”①

西　蒙　你可不是个不知道该往哪里走的人。

罗伯斯庇尔　对，兴许是吧？有的人有福，能得过且过，也从来没有瞻前顾后的毛病。我不是那种人……不过，我要告诉你，西蒙，“事态的发展也许会把我们引向始料不及的结局。”②

西　蒙　你现在想的是什么呀？

罗伯斯庇尔　我正在想我年轻时的偶像、导师和朋友让-雅克。我刚才好像听到他说话了。他跟我说过，“世上没有任何东西值得以生命为代价去换取”，他还说过，“单独一个人的生命比全人类的自由更有价值……”

西　蒙　你是这么想的吗？

罗伯斯庇尔　我这么想过。这些美好的话语曾经深刻地影响过我的思想。我发过誓，要把这些话变成我的行为准则，并引导所有的人遵守。“如果法律让人流血，如果法律给民众展示的是残忍的场面和伤痕累累的尸体，法律就把公民心里关于正义和非正义的思想扭曲了，就会使冷酷成为偏见在社会内部滋生，并因而产生其他偏见……”这些话不就是我在三年前说的吗？

西　蒙　那，谁错了？你改变想法了？

罗伯斯庇尔　我没改变想法。事态的发展替我做出了决断——违背

---

① 这是罗伯斯庇尔的原话。

② 这是罗伯斯庇尔的原话。

了我的初衷。必须那么做。我按照事态发展的要求做了。不过,为事态所左右,是很痛苦的。

西　蒙　如果为了拯救共和国必须这么做,那就只能服从。其实一切都挺好的。

罗伯斯庇尔　西蒙,你这是站在当兵的立场上说话,无忧无虑。你把责任都推给了当官的。可是,当官的却找不到任何人和自己分担责任。他必须审时度势发布命令。但命令不是记在我们心里的,而是从外面强加给我们的。必须日复一日地对扭成乱麻似的事件进行梳理分析,才能发布命令;命令还要逐日地根据当时可能发生的情况进行更改:这些可能发生的情况都是不可抗拒的命运之环,环环相扣,无限延伸。人逃脱不了命运之环的束缚。当我们看到命运把我们变成了什么、迫使我们做了什么的时候,我们就会惴惴不安地想,明天命运又会要求我们去做什么。

西　蒙　你累了,马克西米连,你在怀疑自己。不过,我们不怀疑你。我们支持你。

罗伯斯庇尔　你们都是我的好朋友!……确实,有一阵我是觉得有些累。可是刚才见到……

西　蒙　你见到谁了?

罗伯斯庇尔　没什么……都过去了……西蒙,对你也一样,都过去了!……把我刚才说的话统统忘掉吧!……来,让我们享受享受这田野的宁静,欣赏欣赏这金灿灿红彤彤的落日和落日洒下的余晖——天黑了我们就下去,再回到那个还在等着我的野蛮的角斗场去!

西　蒙　你一定要在明天的国民公会上发表讲话吗?

罗伯斯庇尔　我得讲。

西　蒙　谨慎点儿!

罗伯斯庇尔　事关真理和道德,无谨慎可言。

西　蒙　不要撕毁圣茹斯特为你签署的休战书！

罗伯斯庇尔　谁也无权为我签署什么。我绝不和背信弃义的人休战。

西　蒙　你指望国民公会跟着你走吗？

罗伯斯庇尔　国民公会会听我的。剩下的就只能看上帝了。

西　蒙　我对上帝没什么信心，倒是希望你放手让我们为你组建一支精干的卫队。

罗伯斯庇尔　我不许你们组织卫队，那样就让说我独裁的人占理了。我想实行的独裁，只是真理力量的独裁。除了话语，我没有别的武器。

西　蒙　人家正在偷偷准备各种武器对付你，你一点都不知道？

罗伯斯庇尔　我什么都知道，阴谋的每一个细节我都知道。不过，二者必居其一：要么把他们的阴谋公之于众，让全法国都知道，用这种办法将他们的阴谋粉碎；要么就在司法已经成为骗局的情况下，办事无需再循规蹈矩。——我明天就向各派别和无派别的正直人士发出最后的呼吁，让他们回答！

西　蒙　我更希望你依靠民众。

罗伯斯庇尔　我一直从民众那里吸取思想。民众就是我的力量。

西　蒙　你能肯定民众是在你这边吗？

罗伯斯庇尔　是我在民众一边。民众若否定我，就是否定自己。民众若否定自己，我也就什么都没有了。那我们就是白活了一场。——但我会斗争到底的！

西　蒙　咱们该回去了。去巴黎的车快到了。咱们下去回驿站吧！

罗伯斯庇尔　就是从这里能看到的那幢白房子吗？

西　蒙　就是那儿。那边那条大路，就是大型旅行马车来的路。

罗伯斯庇尔　没多远嘛，几步路也就到了。你先走，去把位子占下！我在这里再待一会儿。能够从这个美丽夜晚感受到的一切，我一点都不想错过。到时候你喊我吧！

西　蒙　那边过来一位大婶，我就把你留给她照顾吧！

〔西蒙指了指一个背着背篓正往他们这里走来的老妇人。西蒙沿着向右延伸到近景的路，下。老妇人坐在罗伯斯庇尔身旁的那段木头上。

老妇人　公民，挨着你歇个脚儿，行吗？不打搅你吧？

罗伯斯庇尔　您请坐，老妈妈！您的背篓挺沉的，放下来歇会儿吧！

老妇人　没啥，不沉。牲口累了，回牲口圈之前也不能给它卸套！我的背架绑得挺紧的。哎，瞧我这腰！

罗伯斯庇尔　您背这么多东西往上爬，挺累的。

老妇人　我就是一只老蚂蚁，驮重东西爬惯了。蚂蚁要是没东西驮，就没吃的了。

罗伯斯庇尔　您这是打哪儿来呀？

老妇人　从下面的地里。我有一小块地，得给地里的菜浇水。这么热的天儿，浇不足呢！这些菜就像小酒鬼，总也喝不够！我总得去找水，找哇找的，水都流走了，井底有漏水的地方。从早到晚，我得东跑西颠儿的跑个不停。

罗伯斯庇尔　没有孩子帮您吗？

老妇人　我有九个儿子，走了七个。

罗伯斯庇尔　都去哪儿了？

老妇人　地底下。两个大的，被人家拉去，说是打击敌人保卫国土了。什么敌人啊？我也搞不大清楚，是从太阳出来的那边来的，还是从太阳落的那边来的？那得有多少敌人啊！不过我没敌人。因为，要是敌人来了，他们能从我身上抢走的，除了我的辛苦没什么别的东西。

罗伯斯庇尔　您嘴里说着劳苦，可脸上还是笑嘻嘻的。

老妇人　劳苦和我早就成一家子了，彼此熟悉，互相嘲笑。

罗伯斯庇尔　真是神了，住在茅草屋里的人有这样的智慧！我羡慕您。

老妇人　小伙子，我可以把这种智慧给你，分文不取。我本来一直都想用这种智慧换一间宽绰点儿带家具的房子呢!

罗伯斯庇尔　有了大房子,您就会遇到无穷的烦恼。在这里,在大自然中,您不会有这样的烦恼。

老妇人　什么?大自然?这里的地就是大自然?不错,你经过这里的时候,为了哄骗你,这里的土地就像一只狡猾的母猫,变得很温柔。可你哪儿会知道,我们这个夏天颗粒无收,庄稼全被烧死。我们白忙活了。

罗伯斯庇尔　可怜的老妈妈,您的命真够苦的。我的命也好不到哪儿去。要是咱们的辛劳一点儿都不白费,也就可以知足了。最高主宰在照看着我们。

老妇人　可今年夏天那个上帝老儿就打了个盹儿!它常这样。我这不是埋怨它!上帝老了,忙活过了。谁都会有老的一天!

罗伯斯庇尔　怎么,老妈妈,这么说您不信神?

老妇人　这事我也闹不清。我倒是没什么要反对的。神当然可以信,信神又没什么不好!不过,不管老板在不在那儿,干活的时候还是没有老板好!可以放心,活准能干好。

罗伯斯庇尔　可是,在苦难中,想到可以过上更好的生活,想到灵魂可以不朽,不是能让我们得到一点儿安慰、减少一点儿痛苦吗?

老妇人　睡个好觉也是好的。醒不醒得来,无所谓!我苦熬了一辈子,我不抱怨。满打满算,我这辈子过得还算不错。不过总得有个了结,好让年轻人开始!我要把背篓传给年轻人。——你呢,你的背篓,你还想留着吗?

罗伯斯庇尔　活干完之前,我不想把背篓交出去。

老妇人　啊!这么说你不着急!要等到了时候再说。我可不想把所有的苦难都包下来。我要把属于后辈的那份留给他们,——不管是欢乐还是烦恼,都留给他们!欢乐和烦恼,在很长时间里都还会有的!

罗伯斯庇尔　我们尽了力,争取让未来比现在好。

老妇人　就算你只能让现在不太坏，也已经很不错了。

罗伯斯庇尔　我们搞大革命，为的就是这个。

老妇人　噢！现在这种乱哄哄的局面，原来是你们搞的呀！

罗伯斯庇尔　公民，是您跟我们一起搞的。是大家一起干的！大革命是我们大家的事。

老妇人　没那么回事！我自己的事就够多的了！至于您的事，我啥都不知道。

罗伯斯庇尔　公民，这样不好！不能对公共利益漠不关心。人不能只顾自己，邻里之间应该互相帮助。在这个世界上，所有受苦的人都是我们的邻居。在你们村子里，您能对大革命为您所做的一切无动于衷吗？您能对大革命的工作和战斗漠不关心吗？

老妇人　关心，开过几次会，就在我们村子的教堂里。那些爱嚼舌头的人可逮着机会了，东拉西扯，过足说话的瘾。有一回，从巴黎来了个什么人，穿得挺讲究的，给我们放幻灯，还跟我们说天要变了。我们就眼巴巴地等，可什么也没看见，我们都烦了。贵族和神甫没了，他们的钱财我们可没落着。又冒出了一些新财主，可原来的穷人呢，还是穷光蛋！说实话，穷人并不高兴！在我们这一带，眼下该收庄稼了，可打短工的人，谁都不干活。

罗伯斯庇尔　（生起气来）是啊，他们宁可让粮食和牧草都烂在地里，也不接受救国委员会规定的合情合理的工资限额。这些人不好，不爱国。他们想趁国家困难的时候捞一把。不过，假如他们坚持不干活，是要受到镇压的，他们得为自己的反叛行为负责，要被带上革命法庭的。

老妇人　没有他们可不行！

罗伯斯庇尔　（越说越生气）可以向军队求助，让当兵的来劳动。而且，如果需要，还可以使用战俘来收庄稼。法律必须有威力。

老妇人　让法律有威力也许是好的。可是，法律为什么就不为我们想想呢？

罗伯斯庇尔　法律是为大家着想的。每个人都有遵守法律的义务。

老妇人　可我们认为,如果穷人有更多的权利,可能更好。

罗伯斯庇尔　(突然被感动,变得温和了)您说的对,我也是这么想的……(激动地)啊!公民,我们是多么希望能够建立一个以穷人为主、为穷人谋福利的共和国啊!我们很清楚,在有钱人眼里,革命只是一个机会,他们要利用这个机会获得不正当利益,囤积居奇,高利盘剥,投机倒把,掠夺财物!我们也清楚地知道,大革命的真正朋友,那些不计利害投身大革命的人,都是穷人、农民和工人,他们是有钱人的盘剥对象!我们在不遗余力地保护他们。可是,他们怎么就不明白,在共和国被大量敌人包围的时候,我们必须要求我们这些穷人朋友再做出些牺牲并和富人妥协呢?对祖国来说,为了打退几国国王及其军队的进攻,与富人合作是必需的。不管愿意不愿意,我们都必须建立富人和穷人的统一战线,因为,此时此刻,这既关系到富人的生死存亡,也关系到穷人的生死存亡,关系到整个法国,关乎一切,关系到我们能不能最终建立共和国!……过了这一阵,等祖国得救了,革命将继续前进;革命已经打了不止一次胜仗,革命必将取得更多更大的胜利,那是民众的胜利。但首先得活下去,而为了活下去,就必须打败敌人。耐心点儿吧!

老妇人　我愿意,我没等什么!我有耐心……可别人着急,这种许愿的话他们听多了!俗话说得好,“到手的铜比隔手的什么什么好……”,巴黎来的那些先生老当着我们的面瞎吹“你将会有什么什么……”,这话已经没什么人信!大家在想:“他们干的这是什么事啊?”……他们一直在争。谁输谁赢,跟我们有什么关系?能对我们怎么样?我们还不是每次都输!

罗伯斯庇尔　老妈妈,您这话不公道。您这不是把他们说成天下老鸹一般黑了吗?

老妇人　是把他们混为一谈,也分不清谁好谁坏!……从前,我们还有个马拉先生,那人不错……还有我们的罗伯斯庇尔……可是,罗伯斯庇尔已经好长时间没为我们干什么了。

罗伯斯庇尔　可有人说,罗伯斯庇尔几个月前答应过,要把嫌疑犯的财产分给穷人。

老妇人　是有这么回事……还不是白许愿!……谁见到许下的东西了?

罗伯斯庇尔　也许他不能把想干的事都干成吧……

老妇人　也许吧……所以呀,还不就是这么回事?谁都这么想,最好是自己把自己照顾好,把自己的地照顾好,让巴黎的人自己去对付……这么做不公平吗?……这么说好像让你很难过,是吗?

罗伯斯庇尔　(悲伤地)是的,老妈妈,我曾经指望……我错了……我曾经指望可以把所有的好人都团结起来的……

老妇人　小伙子!多少年以后,也许好人能抱团。别难过!好人抱团的时候,我们也都不在了。不过,要是好人能抱团,我们在与不在,也不算什么事!……我敢说,知道好人能抱团,就算没有你,你也会心满意足的!

罗伯斯庇尔　(感到吃惊)老妈妈,您怎么知道我会心满意足呢?难道您认识我?

老妇人　(狡黠地)那个罗伯斯庇尔,可能你也认识吧?

〔他们会心地一笑,心照不宣。从下面传来西蒙的喊叫声。

西蒙的声音　马克西米连!

〔罗伯斯庇尔站起身来,下。

第五场[①]

〔热月八日到九日(7月26—27日)傍晚,天刚擦黑。

---

① 第五场至第十七场构成一个情节,经过的时间是十二个小时——从晚七时至次日上午十时。

〔一所大宅院。院子深处有一座低矮的木结构房子，房顶是玻璃的，像个作坊。左右两边都是相邻房屋的后墙。作坊左侧有一条狭窄的过道，通向一片荒地。通往大街的主要出入口是开在右侧墙角的一条走廊。走廊和过道上人来人往，不过门口都有岗哨，对来人进行检查。

〔幕初启，院子里挤满了人，激昂慷慨，彼此对骂，互相质问，三个一群两个一伙，聚聚散散[①]，进行着激烈的争论。人群围绕着一个主轴转，主轴的中心是富歇。大家虽然都很激愤，吵吵嚷嚷，但又都在刻意地压低自己的声音；一旦有人突然发出比别人高的声音，立即会被一阵“嘘！”声制止，那声音就会消失在像被钟罩罩着的愤怒马蜂发出的嗡嗡声里。

在最初的嘈杂声里，有相互谩骂、诉苦、发泄、严厉的斥责，可以听到勒库安特、塔利安、巴拉斯、布尔东、卡里耶、勒尼奥一伙人的大喊大叫，他们愤怒地围着比洛和科洛，比洛和科洛两个人感到既羞愧又恼怒。——对他们的争论，富歇置身事外，冷眼旁观，准备时机到了再介入。

塔利安　全完了！我们完了！

巴拉斯　为什么让他回来——你们为什么要让他回来？为什么要让他在国民公会发表演说？……已经好几个星期没见到他了，我们都希望让人把他忘掉……

科　洛　他已经让雅各宾派的人相信，我们将阻止他在国民公会发表

① 主要人物：
a)比洛、科洛、勒尼奥、卡里耶等；
b)塔利安、巴拉斯、布尔东、勒库安特、弗雷龙等；
c)西哀耶斯、迪朗－马亚讷、布瓦西·德·安格拉等和沼泽派的人；
d)王党分子；
e)被富歇孤立、左右和牵着鼻子走的巴贝夫；
f)间谍和暗探。梅让、科洛等。

演说。这很危险,被他煽动起来的民众会转过来反对国民公会。我们采取的策略是,以他接受和解的基本原则为条件,让他回来。

巴拉斯　他什么都没接受。他也什么都没答应。你们两个像傻瓜似的被愚弄了。

科　洛　达成协议才三天,他就这么发飙,对我们谁都不客气,谁想得到啊?

卡里耶　你们两个都怂,才让他有这么大胆子!在他发言训斥你们的时候,你们俩没一个人敢吭声。

马蒂厄·勒尼奥　能吭声吗?当时只想着听了,把他说话的那股讨厌的煽惑劲儿都给忘了。

勒库安特　必须千方百计阻止他说话。比洛,你了解这个人,也恨他,你怎么就无所作为呢?你应该在他登上讲台之前就揭露他。

比　洛　勒库安特,你个无耻小人,你也有资格教训我?你自己说的,要手刃这个暴君。可是,在他结束演说之后,第一个大喊大叫着要求把他的演说全文印发的就是你!是谁拦住不让印发的?是我!

勒库安特　你说的对,这件事让我脸红。我也弄不明白我当时是怎么了。大家都要求印发,我就随了大溜儿。

富　歇　只要他一开口说话,就没办法了。所以,第一件事是要封住他的嘴。——但是,要做到这一点,咱们必须紧密合作,不能再总是傻等了。我们应该把一切都事先安排好。没时间了,不能再像今天这样失败。明天是决定性的一天,你们要么团结一致打败暴君,要么全体完蛋。你们已经听到他说的,整个国民公会都受到了威胁。

马蒂厄·勒尼奥　他没点名,没说他要对付的人是谁。

富　歇　要点名的话,他得把我们大家点个遍。他可能不敢当面这么干。不过,你们在来得及自卫或逃跑之前,都将被捕……你们看到他开列的名单了吗?

勒库安特　你有名单?

塔利安　名单上有我没有?

〔大家乱哄哄地挤到富歇身边,从他手里抢过名单,然后又你争我夺地抢来抢去,就着最后一点亮光费劲地仔细辨认着。能听到念名字的声音,也能听到被念到名字的人的惊叫声。

巴拉斯　名单上没我!

富　歇　你先别忙着高兴!这儿还有一张呢……

〔巴拉斯从富歇手里夺过名单,看到自己的名字,吼了起来。——念别人名字时的冷漠,念自己名字时的愤怒,两者成了鲜明的对比。没多一会儿,所有的人都变得怒不可遏。

塔利安　这个魔鬼!要是不把他宰了,他会把我们都弄死!

勒库安特　我要在开大会的时候杀了他!

比　洛　这话你都说过上百遍了!光耍嘴皮子,就是不动手。

勒库安特　我就去干!我这儿有刀!

塔利安　我也有刀!

马蒂厄·勒尼奥　我也有。我的刀一直带在身上。我要用这把刀捅了他。要是我捅不了他,或者是人家把我逮捕,我就把自己捅了。

富　歇　(一脸的厌倦)搞这种暗杀,十次得有九次不能得手,反而会使行刺的人倒霉,人群会把你剁成肉泥的。不错,我们是要杀死罗伯斯庇尔,但得用别的武器,万无一失的武器。

马蒂厄·勒尼奥　用什么武器啊?

富　歇　用国民公会这把大锤子把他砸死!

马蒂厄·勒尼奥　(一脸的不屑)国民公会?你没看到国民公会那副怂样儿啊?

富　歇　国民公会软弱无力,是分裂造成的。你们抱成团儿反对暴君,分裂状态就会结束。如果你们愿意,就能够抱成一团儿。几个月来,我一直在为使你们抱成团儿做着努力。西哀耶斯、布瓦西·德·安格拉和迪朗-马亚讷等几位沼泽派头头,过一会儿就到。我们应该讨论一下联合的条件。我指望你们会签署联合协议。

比　洛　(急了)怎么着!让我跟这帮懦夫和伪君子联合!他们恨我们,我也瞧不起他们,一堆垃圾!

富　歇　不是要你去敬重他们,是为了推翻暴君而利用他们。

比　洛　没门儿!

富　歇　我没要求你们跟他们长期合作。要是长期合作,我会第一个跳出来反对。我向他们和你们建议的,是短期合作,只干一件限定了的事。

比　洛　没门儿!我不想和这帮癞蛤蟆有任何关系。

富　歇　我们只能在他们这个多数的支持下,才能取得胜利。

比　洛　不,不,绝不!我宁可失败,也不跟他们合作。

富　歇　你这种犟牛脾气会毁了我们的。

卡里耶　比洛,让一步吧!我向你保证,事情完了之后,我决饶不了他们。

马蒂厄·勒尼奥　我支持你,比洛!我们有力量,就因为我们坚定,不妥协。跟他们联合,我们会名誉扫地的。

卡里耶　名誉扫地……名誉算得了什么啊!为了共和国的胜利,如果有必要,身败名裂我都干!

马蒂厄·勒尼奥　用对反动派有利的条件换取的胜利,算得哪门子胜利啊!他们一直在窥伺着我们,总想朝我们扑过来。

富　歇　我的人我了解。我一直在盯着他们。你们也可以帮我盯着他们。罗伯斯庇尔一倒台,我就把他们交给你们处置。但是,眼下我们不能没有他们。情况紧急,我们不得不利用他们。勒尼奥,让一步吧!比洛,勉为其难吧!

科　洛　为达目的,就得不择手段。比洛,同意了吧!

比　洛　(面对富歇)我能够做的,充其量也就是由着你干这件拆烂污的事。这件事,我还是以不知道为好。如果我参加会谈,我怕控制不住自己。我会用双手把这些叛徒掐死的。

富　歇　(耸了耸肩)那这事就都由我亲自来办。不过,你们得给我全权……放心吧!他们对我的仇恨,就能让你们对我放心。我为大革命所做的一切,已经在我身上留下深深的印记,今后不管我干什么,反动派都不会原谅我。比起你们来,我可能是他们最讨厌的。你们认为我会把这一点忘了吗?……让我来干吧!

〔比洛带着满脸怒气和马蒂厄·勒尼奥走开了。围着富歇的一群人也都散去。

富　歇　(独自一人)如果朋友们不给你出这么多难题,和敌人打交道并不是什么难事!……跟这些炮筒子脾气的人,没法讲道理……如果他们知道我还得跟别的什么人做交易,他们不定又会说什么呢!……嗐,要买东西就得付钱……至少得答应付钱!……答应了,生意就做成多一半了!……

〔从右边的走廊可以看到,西哀耶斯和他那一伙人来了。守在门口的人跟他们小声交谈几句,就放他们过去;有个守卫跑过来通知富歇,但富歇已经看到这一行人,并迎了上去。

富　歇　(和西哀耶斯打招呼)我亲爱的同事,谢谢您来这里。您是明白的,我们正处在大革命的一个历史转折点上。一七八九年,您为大革命打开命运的大门,万古流芳,这一次要使大革命走上正轨,还是非您莫属。

西哀耶斯　(态度和富歇一样谦恭,但更加镇定沉着)在历史上,决定性的行动是有日期的,不但有日期,还有时、有刻。早一点儿,晚一会儿,都会满盘皆输。常常得等,一等几年。

富　歇　您就深得等的个中三昧。

西哀耶斯　我这也是经验之谈。我亲爱的同事,您得承认,这可不是小事一桩。

富　歇　没有谁比我更看重这件事的价值了。对我们这种人来说,这是一项十分复杂的工作。——如今事情到了这种地步,必须做个难度很大的手术,而没有业内高手帮忙,手术就不可能成功。

西哀耶斯　问题是要搞清楚,根据您的诊断,情况是不是严重到非得进行手术的地步。

富　歇　我亲爱的同事,这一点您无需怀疑！今天的会上您也听到那个狂人发出的威胁。

西哀耶斯　我们,我的同事们和我,我们没有任何理由认为那是对着我们来的。相反,那位演说家向我们伸出了和解之手。

富　歇　毫无疑问,到今天为止,他一直在迁就你们。只要他还想利用虚构的法制,他就需要你们,需要你们这个团体,以便凑够他的多数。可是,我太了解你们的同情心和人道主义了,无法想象你们能忍受这种血腥手段,这种手段将使他可以在国民公会里大张杀伐。

西哀耶斯　(*冷淡地*)我亲爱的同事,这确实会令人难以忍受,我们的同情心将因此饱受折磨。不过,我们的同情心已经受到过太多次的考验,还不能说今天就再也不能逆来顺受了。您和我一样清楚,甚至比我更清楚,在政治上,人道主义是个遥远目标,往往只能通过一些冷酷手段和不寻常的路径才能达到。这样的手段,您本人不也不止一次地不得不使用吗?

富　歇　我遵循的路径至少还是奔着那个目标去的,——我们甚至不再说,是奔着那个遥远的目标去的,那个目标我们从来就不曾确信能够达到,——我们要奔的只是个近期目标,即拯救自己,——我们和你们,——而对于像您这样一位具有高尚思想的人来说,这也是拯救高尚思想。

西哀耶斯　确实,眼下还不具备让这些高尚思想发扬光大的条件。不过,这些思想目前至少还能够存在,而罗伯斯庇尔也对这些思想表示了应有的尊重。

富　歇　我相信,您明察秋毫,不可能看不到这一点:他对这些思想的容忍是有一定期限的,即到借助你们的帮助把国民公会里妨碍他的反对派打倒为止。您就从来没想过,接下来他会转过身来反对你们,以便确立他自己的独裁?到那个时候,你们在世人眼里肯定会成为公开反对暴政的代表,成为名垂千古的受害者。千万别指望能得到什么保证!暴君说的话是从来不算数的。

西哀耶斯　我承认有危险。危险还很大。但对方的危险就小吗?我们现在的地位举足轻重,天平朝哪边倾斜,完全取决于我们。

富　歇　但是,这段时间能持续多久,不取决于你们;而明天,不管你们是否表态,天平都要倾斜。如果你们抛弃我们,任凭天平自己倾斜,日后你们就将独自面对独裁者,再无别的砝码来制衡。

西哀耶斯　可是,从另一方面来说,我们又能得到什么呢?

富　歇　在即将发生的动荡里,你们将是唯一不会受到损害的派别。你们将名声大噪,成为健康力量的代表,成为我们伟大的大革命神圣传统的代表,不失当年立宪议会著名议员的声望。这是你们耐心等待得来的取得领导权的机会。我们会把领导权交给你们。

西哀耶斯　你们要给我们的是你们尚未掌握的东西。谁能向我们保证,领导权到你们手里之后,你们能够随意处置了,还会把它放弃呢?

富　歇　我们不要求你们信任。严肃的政治家不会仅凭几句说辞就商定什么事。我们的保证明摆在那里,那就是我们的利益。您和我(除了那些被激情冲昏了头的不会思索的人)都清楚,暴君倒台之后,一定会爆发一股愤怒的反抗浪潮。我们需要你们,需要你们像闸门一样挡住这股浪潮的冲击。就我们双方而言,我们这边冒的风险,比你们那边要冒的风险要大得多。

西哀耶斯　这么说,您承认我们是要冒风险的?

富　歇　这一点谁能否认呢?不冒风险一事无成,而无所作为冒的风险更大。必须冒险,否则就灭亡。

西哀耶斯　不能灭亡。既要冒险,也要活下去。

富　歇　(激动地)这么说您决定了?

西哀耶斯　(淡淡地)明天到国民公会会议上再说吧!

富　歇　我们办事不能靠运气,一切都应该一起商量妥当才行。只有先按照计划把事情都解决了,才有成功的机会。

西哀耶斯　没有什么东西妨碍制定计划。

富　歇　没有承诺无法制定计划。

西哀耶斯　那我们就来制定计划吧!至于承诺,什么时候承诺都行。

富　歇　是不是也什么时候都能取消承诺啊?

西哀耶斯　那当然。这样比较明智。

〔他们迈着小步,继续说着话,朝远处走去。

梅　让　(对科勒诺[①],两个人在几步以外的地方看着他们)两个老狐狸……他们俩谁能把对方搞定啊?

科勒诺　我赌棕色头发的赢。他要保命,豁得出去。西哀耶斯只是搞平衡有一套。他会骑墙,两面讨好。

梅　让　管他们谁输谁赢呢,——咱们还是把希望寄托在自己身上吧!

〔富歇发觉有人注意他,望了梅让一眼,就扔下西哀耶斯和他那帮人商量,朝梅让走过来。

富　歇　梅让公民,能跟您说几句话吗?

〔梅让有点局促不安,恭恭敬敬,满脸堆笑。

富　歇　不管我的评价是多么无足轻重,我还是要对您说,没有谁像我这样赏识您的才能。救国委员会敬重您的才能;不过……(他拖着"过"字的尾音,意味深长地盯着梅让)也许您的才能还没被救国委员都认识到。此刻我要借重您的这种才能。

梅　让　(愣了一会儿,但立刻又恢复了镇定)富歇公民,您洞察一切,

---

① 我们已经看到,梅让和科勒诺是救国委员会的工作人员,也是背叛了救国委员会的密探。

无事不晓。那您当然也就知道,我这点绵薄之力都是为祖国服务的,所以也就是为您服务的。当然,我的见识比您低得多。(他盯着富歇,强调下面要说的话)不过,我也知道很多不能公之于众的事。

富　歇　咱们这类人之间,用不着强调什么,可以心照不宣。说事吧!……我们必须看得远些,要看到明天国民公会会议以后的事。我们应该想到会议的结果,想到会议在巴黎民众中间能立即引起什么样的反响。我知道,您是个埃贝尔主义者,闲暇的时候,您会到市政厅周围的街区里走走,那里的人都听您的,尤其是住在格拉维里耶区的人。发生冲突的时候,这些街区的人不去保卫您知道的那个人是有益的。我想请您从今天晚上就开始做这件事。您用不着费多大劲就能把这些人搞定。那个人把他们的"迪谢纳老爹"埃贝尔杀了,他们不会原谅他的。——您那位同事和朋友(他指了指离几步远显然在听他们说话的科勒诺),无需我再说什么,他都听见了,他也应该到中产阶级住的街区去忙活忙活,起点儿作用。没有什么明确的指令给那些人——(让他们处于人心惶惶什么事都搞不清楚的状态,甚至更好),——他们的好梦被搅了,准备行动了,——就是说,准备被动员起来了——,这没什么不好。——把他们武装起来!钱是战争的原动力,还是需要的。我想你们并不缺钱。你们在南方和北方都财源滚滚……(梅让下意识地流露出一点不安)……我的话可能有点冒失,但您用不着不安,我们是盟友!

梅　让　您这样的人尤其让盟友感到不安。

富　歇　这正是我这种人的价值所在——跟您的价值一样。我并不要求您闭上眼睛。您看到了,我也看到了。这样最好。我们都知道我们要为明天的事共同行动。——后天的事以后再说。

梅　让　这活儿竟然还是按天计算的呢!——那好吧,就这么定了!我们尽力把明天的活儿干好。——现在,我能不能把一个新招募的人介绍给您呢？我相信这个人您用起来一定会得心应手。这是个愤世嫉俗的穷文人，刚从监狱出来。他一直梦想着走格拉古①的道路，名字就叫格拉古·巴贝夫……

〔他把巴贝夫介绍给富歇。

巴贝夫 （天真而又十分兴奋，面向富歇）公民，您真像大家说的那样，准备推翻那些暴君吗？我现在是您的人。不过，别再夸夸其谈！要拿出行动来！我们已经被耍弄了五年！革了五年命！简直是开玩笑……我们的一切希望，我们的牺牲，都被人利用了，囤积居奇的人、炒汇的人、投机倒把分子，都稳稳当当地发了大财！民众什么都没得到！国民公会里那些冒牌代表，从来没和民众亲近过，对民众的迫切需求，他们从来不曾感同身受！五年了，我替穷人要求神圣的权利，要求平等，已经要求了五年，我已经筋疲力尽！……我被由富人控制的当局的帮凶迫害、追捕、投入监狱，——没人支持我，我遭到了那些本来应该保护我的人的背叛、出卖……我受够了！该结束了，——不，是该开始了！因为，时至今日，还什么都没干！大革命成了什么？什么都不是。大革命应该是什么呢？应该是一切……为了重新掀起革命高潮，当务之急是砸烂那个破坏了民主道德伦理的可耻政府，——那个罗伯斯庇尔（我曾经相信过他）及其同伙，拿所谓的救国说事儿，用处于危机中的祖国的名义，说服了民众，让民众把自己的最高权利交给他们，让民众相信，为了爱国，民众必须在一定时期里放弃这些权利，以便在另一个时期更有把握地享受这些权利。他们的所作所为，跟那些鬼话连篇的教士完全一样。——这些虚伪的暴君剥夺了民众的自由，他们愚弄无知的百姓，让民众相信，将来享受自由的最好办法，是从放弃自由开始……处死暴君！戳穿他们的谎言！……让民众来当家做主！……

① 古罗马平民出身的执政官，主张社会平等。

梅　让　我们和你有同感。这位是个道德高尚的人(他指了指富歇),向他倾诉肺腑之言,你算是找对人了……他是廉正无私的典范,在内维尔和穆兰搞过财产核查,均分过粮食,——他公开说过,共和国有权将富人多余的东西拿去救济穷人,——他确立了所有公民在富足方面的平等权利,——为了实现全面革命,他鞠躬尽瘁。

富　歇　(谦虚地)我所做的这些努力,如今都已付诸东流,不提也罢!就因为我大胆地做了这一切,现在被召回来,正面临被逮捕的危险。我不抱怨。古往今来,责任心强的人,都是这种下场。

巴贝夫　(温和地)我听人说起过你;但你的外表和谈吐,让我喜出望外。你是一位享有盛名的公民,你的坚毅,你的庄重,令人肃然起敬。我觉得自己被你吸引住了。在我所遇到过的人里,还没有谁能像你这样,第一眼就让我觉得可信。我会对你忠心耿耿的。

梅　让　(站在离他们几步远的地方向科勒诺低声嘲笑地)不能不承认,这个格拉古在投靠什么人上有一种特别的嗅觉。他所效忠过的人,都是些骗子、造假的人和冒险家。咱们这位富歇挑的人都是这路货,错不了。

富　歇　(面对巴贝夫)正派公民之间,一见面就能心意相通。他们用眼睛说话,使用的是美德的语言。你信任我,我也信任你。我现在就交给你一项微妙任务,去和那些受到牧月法令和穑月法令打击的工人聊聊;法令竟然授权检察官把他们当作反革命分子追捕,他们感到气愤。明天,热月九日,他们必须到大街上和市政厅广场上举行游行示威,反对最高工资限额。这事就靠你了。

巴贝夫　我怀着满腔热情向你保证:“没问题!”我将全力以赴。

〔巴贝夫急急忙忙下。——富歇用眼睛盯了他一会儿,然后慢慢搓着手走向梅让。

梅　让　(对富歇)鱼上钩了。他就想让你把他钓上来呢!

富　歇　他贪婪。这是情绪偏激的人的特性。

梅　让　我们每个人都有自己的激情。

富　歇　对。不过,有些人是心里有激情,有些人是被激情所左右。被激情左右的人最多。

梅　让　在政治上,要善于使各种激情为共同的目标服务。

富　歇　当然。梅让先生,您也是这方面的高手。不过咱们还是长话短说,总结一下吧!……科勒诺先生,您的任务是负责使中产阶级街区里的人保持警惕;而老兄您(他转向梅让),您的任务是,在我们那位格拉古往工人的不满火上浇油的时候,去煽风点火,让第三区的不满死灰复燃……可以吗?……

〔西哀耶斯那群人里的一个——迪朗-马亚讷——离开同伙朝富歇走来,富歇一见就迎了上去;两个人往舞台前面走几步,离其他人远些。他们低声交谈着,说话很快。

迪朗-马亚讷　我把我们的决定给您带来了。我们希望这个决定能让您高兴。您很明智,没要求从我们这儿得到我们无法给您的东西。您不要求我们行动,是吗?

富　歇　我会节制自己。我要求你们的是不要有什么行动,放手让我们干就行。你们可以不动声色地袖手旁观,等天平朝我们这边倾斜了,你们再不声不响地把你们那块大砝码加上去,让天平急速倾斜。

迪朗-马亚讷　这事就这么定了。加入混战,有损于我们这一派的尊严,不合适。不过,我们会认可胜利。

富　歇　我们不想要更多的东西。谢谢你们!

〔迪朗-马亚讷告辞,回到西哀耶斯那一群人中间;这一群人远远地和富歇招了招手,从走廊下。

富　歇　(回到比洛·瓦雷纳、科洛、马蒂厄·勒尼奥一伙人中间)人得知足。巧妇也难为无米之炊嘛!他们答应消极不动就行了,事情由我们来干!……你怎么了,比洛?

比　洛　跟这么一帮流氓联手,我觉得丢人!

富　歇　你有什么可抱怨的?你甚至用不着劳神去和他们打交

道！……

比　洛　容忍你以我们的名义去和他们打交道，就已经太过分了！

富　歇　没提过你的名字。事后你仍然可以赌咒发誓地说，这件事你一点儿不知道。

比　洛　你以为我会像你一样撒谎啊？——你撒起谎来可以脸不红心不跳！不，我不是那样的人，不能对自己的卑鄙下流行为不认账。我只能靠冒险去洗刷耻辱了。

富　歇　放心吧！我们几个明天都会面临危险。不过，既然你这么急着洗刷，我现在就给你一个任务：你和科洛马上去雅各宾俱乐部和罗伯斯庇尔对抗。你到那儿就能跟他那帮狗腿子干起来。

比　洛　我不会放过他们的！走，科洛，我正想报仇雪耻呢！

科　洛　雪什么耻？

比　洛　雪什么耻？我要为自己在国民公会里的软弱和怯懦雪耻！要雪尽我的耻辱……

〔比洛和科洛下。

富　歇　（面向大家）为了确定明天会议的计划，我明天上午十点召集大家开会，敲定我们的最后部署。我们将对如何封锁讲台、如何发起攻击取得一致意见。

塔利安　我要求打头阵。我的泰雷扎（他摇了摇手里的信）说我是胆小鬼！我要让她看看，为了替她报仇，我能成为一头狮子！

巴拉斯　（语带讥讽地）一头《仲夏夜之梦》里的狮子！……

塔利安　（听而不闻地）把这个角色给我吧！

富　歇　明天早晨再说，看看这一夜过去之后你还是不是一头狮子。

巴拉斯　在国民公会的战斗中，我要求站在第一排。

富　歇　我有更好的位置给你。

巴拉斯　你要给我的是什么位置？

富　歇　我们还得预见到另一场战斗——枪炮的战斗……

〔富歇拉着巴拉斯的手，两个人边说话边朝出口走去。

第 六 场

〔过场①,大幕尚未拉开。

〔比洛和科洛上。比洛停了下来,沉着脸,有点烦躁。

科 洛 快点吧,比洛!会议都开始了。你还等什么呢?

比 洛 我们去干什么?我们都干了什么啊?我们一进去就得跟罗伯斯庇尔干起来。——可我了解自己,一旦干起来,我就一定会干到底,就没有缓冲的余地了。

科 洛 桥已经都断了,没什么可顾忌的。

比 洛 我们都干了什么?我们把自己交到什么人手里了啊?

科 洛 决定的事反悔不得!你担心什么呀?你怀疑富歇的诚实?

比 洛 我不相信任何人的诚实,但我相信共和国。跟共和国的敌人串通一气,我心里不踏实。

科 洛 既然这么做是为了更好地拯救共和国,你就用不着觉得不踏实。先利用敌人,完了事再消灭他们。

比 洛 人家让我们搞的是一场罪恶的赌博……科洛,这是一场赌博!要是我们输了怎么办?……冒这样的险,太过分了。我真该死,居然同意这么做。

科 洛 你已经把话说出去,收不回来了。

比 洛 我答应去雅各宾俱乐部,面对罗伯斯庇尔。我会去的。但我要向罗伯斯庇尔提议搞联合。

科 洛 你疯了!你忘了你是怎么恨他、他又是怎么恨你的?

比 洛 除了眼前这个深渊,我什么都不记得,我看着自己正在往深渊里滑。我要用十指抓地,不让自己滑下去……啊!干什么都比

① 该过场的安排可以随意些。幕布上是一幅大而化之的街景,右侧是雅各宾修道院的正面。不过,幕布上什么都不画也行。

和敌人结盟好。

科　洛　可罗伯斯庇尔也是敌人!

比　洛　他是我的敌人。但我要是置神圣的大革命于不顾,那我成什么人了? 啊! 我准备和他捐弃前嫌,……我要向他伸出我的手……如果他往前迈一步,那我就往前迈两步……走,科洛,我决定了! 咱们进去!

〔比洛和科洛低着头快步朝雅各宾修道院的大门走去。他们在修道院门口碰上了一伙头戴红帽子身穿卡马尼奥拉上衣[1]的人,那些人从绶带上认出了他们是议员之后,从头到脚地打量着他们。

雅各宾派

这两个狗杂种议员是谁啊? ……

是比洛,就是在国民公会里攻击我们罗伯斯庇尔的那派人的坏头头!

你真不要脸,还找上门儿来了,要挑衅是怎么的? ……

比　洛　让我进去!

雅各宾派

你不能进去!

我要打断你的腿!

揍这小子! ……

〔科勒诺带领的一群年轻保皇党分子出现了。他们一直跟在比洛和科洛身后,保持着一段距离,这时跑上前来,把雅各宾派的人推开,给比洛和科洛打开了一条路。

保皇党分子

让他们进去! ……

难道罗伯斯庇尔给你们的任务是让国民公会的人吃闭门

① 法国大革命时期流行的一种短上衣。

羹？……那你们就把门也对共和国关上！……

国民公会和共和国想听罗伯斯庇尔说什么，那是对罗伯斯庇尔的尊重。

雅各宾派　他们是想扰乱他的演讲。

保皇党分子　如果发生这种情况，罗伯斯庇尔也完全对付得了！

雅各宾派

那就让他们进去！……

进去吧，混蛋！

不过你可得老实点，我会一直盯着你！……你要是捣乱，我就以老拳伺候……

罗伯斯庇尔万岁！……

你也跟着喊"罗伯斯庇尔……！"你这混蛋！

比　洛　打倒暴君！

〔一片愤怒的吼声和喊打声。保皇党分子给他们把路打通了。

科　洛　你还真为实现团结开了个好头！

〔他们两个进去。

第七场

〔雅各宾修道院内。

〔热月八日到九日(7月26日到27日)之交的夜初，时间在第十二场过后不到一个小时。建筑格局的独特之处在于，雅各宾修道院[1]大厅的讲台——原来的主教座——在右侧，又高又窄，像个架子，高及演讲者的腋窝，演讲者好像被套在里面一样。讲台下面有四行给教士准备的凳子，纵向排列，跟

① 众所周知，此处原来是雅各宾修道院的小教堂，这时成了开会的地方，就坐落在圣奥诺雷大街旁，地处旺多姆广场和圣罗克教堂之间。

公众的视线成直角。对面左侧，隔开一段距离，也纵向摆着四行凳子。第四行凳子的对面，摆放的是主席的座椅和桌子。下面有一张长桌，是为工作人员准备的。修道院的大厅是长形的，相对较窄，拱顶。最里面有个门，好像是唯一的出口，低矮狭窄：大厅的门像个斗室的门。

〔罗伯斯庇尔正站在讲台前，在与会者热情的尖叫声中宣读他白天在国民公会发表的他称之为“遗嘱”的讲演稿。

〔他戴的是一副大圆眼镜，时不时地把眼镜推到额头上，望一眼狂热的听众。他的所谓冷静，只不过是一种克制，一种手段，在演讲的开头或驳斥对手时使用，对于对手的狂热能起到冷水浇头的作用。他摆出的是一副受到迫害的正直人士痛苦而坚毅的面孔。不过，他的言辞会突然之间变得尖刻、粗暴和激烈。演说的时候，他几乎不打什么手势。但是，正因为他不怎么打手势，一旦打起手势来，就能煽起听众的激情，大张着嘴的听众被他的手势左右着，可以说，听众的情绪生动地再现着他演说中感情色彩的变化——(请注意，完全被罗伯斯庇尔的两片嘴征服、他说什么就信什么的听众，其可塑性和充满激情的不稳定性，是这一场留给人的主要印象。)

〔听众里有勒巴、库东、帕扬、科芬纳尔……

罗伯斯庇尔　(继续读着讲稿)……都联合起来反对我……

群　众

不，不是这样的！

不是都反对你！

我们和你站在一起！

〔听众骚动起来了。不过，这种充满激情的骚动，造成的是一种持续不断的嗡嗡声，就像大海的暗涌，对罗伯斯庇尔话语的清晰度不构成丝毫影响。

罗伯斯庇尔　这是一帮懦夫！他们想用卑鄙的手段把我送进坟墓！……（激动起来的听众大声叫喊："休想！"……这时比洛和科洛从大厅尽头的小门走进来，在一行行凳子之间走着，但没找到座位，于是就站在尽里面靠左手的地方。罗伯斯庇尔的目光在他们身上扫过，视而不见）……而我留在人间的可能只是个暴君的形象！……（抗议声）……他们把我对你们的爱、你们对我的信任、我在道义上的影响、真理的力量……称之为残暴……通过惩治民众保卫者来惩治民众，这样的残暴更可耻！这帮魔鬼大言不惭地说，不准我们拥有友谊这种最神圣最自由的情感！……

群　众　（充满激情和爱心）你是我们的朋友！你是我们的朋友！——啊，你是我们的朋友！……

罗伯斯庇尔　暴君！说我是暴君！我这个被说成暴君的人，究竟是个什么样的人呢？我是供自由驱使的奴隶，是共和国的殉道者……

一个老妇人　（声泪俱下地）马克西米连，你是个圣徒！……

罗伯斯庇尔　……如果我不是个受难者，不是个与罪恶为敌的人，我又是个什么人呢！所有的犯罪分子都把我完全合法的行动和最纯洁的情感说成罪恶。他们因为我热情为你们服务而责备我。什么都不许我做，我是动辄得咎。免除我的责任吧，我是人世间最不幸的人。

一个年轻姑娘　（眼泪汪汪地向他张开双臂）不，不，你不是人世间最不幸的人，马克西米连！……因为我热爱你！……

罗伯斯庇尔　……我甚至享受不到公民权。我能说什么？有人不许我履行我作为民众代表的义务。他们不愿我为你们说话。他们不愿我跟你们说话！

科　洛　（对比洛）真是个演员！得机会就表演，话都让他说了！

比　洛　（在斥责罗伯斯庇尔的时候，激烈的情绪中流露出他内心的剧烈斗争）罗伯斯庇尔！……我们并不是你的敌人！

罗伯斯庇尔　（往上推了推他的大圆眼镜，目不转睛地盯着比洛和科洛）……看看这两个阴险的家伙吧！他们是敌人，他们巧妙地利用了我的诚实！他们的友谊，那是曲意奉承，那是顺情说好话！……

比　洛　（想说话）罗伯斯庇尔！

罗伯斯庇尔　……而突然之间，他们的脸就沉了下来，眼里射出得意扬扬的凶光。那时候，他们以为为搬倒我而采取的所有措施都……

比　洛　（既愤怒又绝望地向罗伯斯庇尔呼吁）我们现在要的是和平！我们现在要的是团结！

罗伯斯庇尔　（听而不闻）……今天，你们奋起保卫我，他们害怕了，就又来安抚我……

比　洛　（大声喊叫）你说的不对！我是真诚的！

罗伯斯庇尔　……他们是在为策划阴谋争取时间。他们极其凶狠，极其卑鄙！……

群　众

他们都是蛇蝎心肠！……（指比洛和科洛）

这两个家伙就是！

弄死他们！

比　洛　我要说话！

科　洛　主席，让我发言！

〔他们的声音被叫喊声和斥责声盖住了。

比　洛　（冲向讲台）罗伯斯庇尔，我最后再说一遍，我要求进行解释……你得让我说话！

〔比洛让人从讲台上粗暴地拉下来，跟科洛一起，被愤怒的人群推推搡搡。罗伯斯庇尔装作没看见他们两个人。

罗伯斯庇尔　他们想要我的命！……啊！我会毫无遗憾地把命扔给他们！

〔群众向罗伯斯庇尔张开双臂:——不要抛弃我们!——你要和我们在一起!

罗伯斯庇尔　我有过去的经验,也看到了未来。为什么还要待在这种环境之中呢?这里,阴谋诡计总能战胜真理,公平是谎言,最卑鄙的情感占据着人类崇高意趣的栖身之所。看到隐藏在道德甚至友谊面纱下的叛徒接连不断出现,触目惊心,这种折磨如何能忍受?意识到革命洪流卷着高尚与卑鄙泥沙俱下,我不寒而栗,深恐因为与邪恶的人为伍而受到玷污,遗羞后世。不过,现在他们对我的疯狂仇恨倒让我感到庆幸,这种仇恨在我和他们之间造成了一条不可逾越的鸿沟。他们会杀死我的!

〔群众怒吼:——不会的!——不可能!……

罗伯斯庇尔　历史表明,所有捍卫自由的人,均遭迫害,都牺牲了。不过,迫害他们的人也都死了,却背上了骂名。死亡为正直的人打开的是通往不朽之门……

〔罗伯斯庇尔似乎激动过度,声音都颤抖了。他停了停,低下头去,似乎是为了不让人看到他的泪水。听众大声呜咽,向他张开双臂。

一位妇女　(声泪俱下)别哭!

一位身高体胖的大妈　(哽咽着)啊,宝贝儿!……来,到我怀里来!

一个小姑娘　(一边用手绢擦着眼睛一边努着劲儿地来到罗伯斯庇尔跟前)啊!让我给你把眼泪擦干吧!

那个老妇人　啊!我的上帝!

几个男人　(怒气冲冲地)

这些混蛋,让我们的罗伯斯庇尔哭了!……

得把他们吊死!……

不,得把他们烧死!……

达维德　(哭着)廉洁之士,你是永生的!

罗伯斯庇尔　(抬起头,眼中无泪,已经完全恢复常态,用生硬可怕斩钉截铁的声音)我会死去,这没什么大不了的!不过,在给压迫民众的人留下可怕的遗嘱之前,我不会死。我要把骇人的真相和死亡留给他们!

〔群众反复地喊:"把死亡留给他们!"

罗伯斯庇尔　大革命的政府拯救了祖国;现在,政府本身正遭到叛徒破坏,必须拯救大革命的政府。我们完成了一项高尚事业:在理性和道德的基础上建立起一个幅员辽阔的共和国。如果理性不占主导地位,如果道德受压制,罪恶和野心就必然主宰一切。没有了理性和道德,连胜利都只是一条通向野心的道路,使自由受到奴役……松一松大革命的缰绳,你们就会看到,搞军事独裁的人会把缰绳抓过去,派系的头头们会把不被重视的全国代表机构推翻;长期的内战将蹂躏我们的祖国,我们会使祖国蒙受灾难,民众的诅咒就会和我们死后的名声如影随形,而对于人类来说,我们的名声本来应该是很珍贵的!……让我们重新振作起来!拉紧缰绳!让大革命重新上路!……在我们已经踏进的这条道路上,半路停下就是自取灭亡;而我们曾经倒退过……来吧,前进!

〔群众用《马赛曲》的调子重复着罗伯斯庇尔的"前进":"前进!拿起武器!冲向敌人!"

〔人群沸腾起来,呐喊声、《马赛曲》的歌声汇成一片;红披肩和旗帜在人群头上飘扬。

罗伯斯庇尔　(不动声色,一个手势就使所有的人都静下来。然后,他施展出全部辩才,第一次伸出双臂——因为,直到此刻,他的双臂一直都贴在身上没动)民众,我的民众,有人怕你们,讨好你们,也蔑视你们!你们是主人,但有人总把你们当奴隶对待!——记住,你们要记住,在共和国里,如果公平不能作为绝对的主人来主宰一切,自由就只是一句空话;如果不公平没被铲除,你们就不可能砸碎锁链,只能是换一条锁链……记住,你们的软弱已经使一帮罪犯混入了政权内部,掌控政局的是他们而不再是你们,——

这些人惧怕你们,在总体上吹捧你们,但在对待一个个公民的时候就排斥你们!这个反公共道德的卑鄙联盟,这个反公众自由的阴谋集团,其核心人物在国民公会里,公安委员会里有追随他们的人。公安委员会在救国委员会中共和国敌人的牵制下,成了二政府,像个杀人政府。救国委员会的一些成员甚至也卷进了他们的阴谋活动。他们串通一气,准备搞垮爱国者和我们的祖国。——该怎么办?惩治叛徒,把他们从国民公会里清除出去,清洗公安委员会,清洗救国委员会,围绕着叛徒已被清除因而变成了正直人士团体的国民公会,加强政府的团结……因为,我要郑重宣布:从今以后,我只把人分成两个派别,一个是好公民的派别,一个是坏公民的派别。爱国主义不是小集团的事,爱国主义是一种高尚品德。我怀着一颗受过背叛伤害的心,呼吁一切正直的人向共和国伸出援手。不管他们来自何方,我都欢迎。让我们团结起来反对罪恶;让我们在派别的废墟上重建集中在国民公会的国家权力的无限权威!让国民公会成为放射着公平和自由光芒的核心!——公平!(群众回应:公平!)自由!(群众回应:自由!)这是两项原则。这是共和国的保障。——如果不冒着遭受辱骂和威胁的危险就不可能要求公平和自由,我就会由此得出结论,说公平和自由的原则被抛弃了,统治我们国家的是暴政,——而不是得出结论,说我应该闭口不谈公平与自由:因为,无论是辱骂还是威胁,对真理在手而且会为国家献身的人都起不了什么作用。让他们来暗杀我好了,他们永远不能让我认可他们的罪行,也不能使我保持沉默。我生来是为了铲除罪恶的不是为了治理罪恶的。——我的话说完了。

〔他的讲话在越来越大的叫喊声中戛然而止。会场一下子安静了下来,紧接着欢呼声又起。——罗伯斯庇尔做了个手势,把欢呼声压了下去。

罗伯斯庇尔　我的朋友们啊,我已经向你们宣读了我的遗嘱。

〔群众不接受。

罗伯斯庇尔　(镇静地)我跟你们说的确实是我的遗嘱……

那个老妇人　(精神恍惚地)上帝啊！上帝啊！

罗伯斯庇尔　我已经看到,坏人联合起来了,我知道他们的力量,我也知道,我的日子已经屈指可数。我无所畏惧,死而无憾。我现在把我死后的名声交给你们,交到你们手上,你们可要保护好了啊！……现在,我们告别吧！时间临近了,暴政的奴仆们就要把装着毒芹汁的杯子递给我了。你们会看到,我会把毒芹汁坦坦然然地喝下去。

达维德　(冲到他跟前)如果你喝,我就跟你一起喝！

〔群众狂热地:"我们大家都喝！"撕心裂肺的哭声又起。另一部分群众,也许还是原来那些群众,一下子又由痛苦变成了愤怒。——"我们要让那些刽子手把毒芹汁喝下去！"

〔他们用手指着待在门口的比洛和科洛,接着就向他们扑了过去。

比　洛　(用手推拒着众人)反了你们了,竟敢对大救国委员会的委员动手?

〔一个雅各宾派分子推搡着比洛:"我就敢,不但敢动手,还敢动脚呢！"

〔那人踢了比洛一脚。比洛气疯了,上去就掐那个人的脖子。科洛也给了那个人几拳。

科勒诺　(还有他手下的几个人,对被他们解救出来的比洛和科洛)两位公民,别耗着啦！撤！……我们给你们断后。

〔比洛和科洛下。那几个年轻保皇党分子跟雅各宾派的人干了一架之后,此刻也撤了。

库　东　(坐在讲台脚下)那几个年轻保皇党分子是富歇的保镖,我认出来了……可富歇太谨慎,没跟着他们。他从我们手缝里漏掉了。我得找到他。我必须把他制服……

科菲纳尔　(登上讲台,罗伯斯庇尔已经从讲台上下来)公民们,我们的罗伯斯庇尔刚才讲的那一番不朽话语,你们都听到了。今天白天,在国民公会,那些被这通演说吓破了胆的卑劣敌人,反对把这篇讲话印刷成文。这样一来,他们也就露出了马脚。我要求雅各宾俱乐部把成了叛徒的人的名字统统划掉。

〔听众吵嚷着表示赞成。接着科菲纳尔就在喧闹声中念名字。

帕　扬　(走近罗伯斯庇尔,来到舞台前部)罗伯斯庇尔,时机已经成熟,就等你一句话了。我们在动员巴黎民众,天亮之前国民公会就会化为乌有。现在是你控制着形势,你只要说一句话就行,开口吧!(罗伯斯庇尔身边的另外几个朋友也都说:开口吧!)

罗伯斯庇尔　不,帕扬,除了发表演讲,我不想使用别的武器;除了法律,我也不想用别的盾牌。你看到了,对人来说,演讲的力量有多大。

帕　扬　你不能根据你的追随者里这些精英的情况对形势作出判断!精英是你的精锐部队,而我们必须尽快地把军队中的大部分人拉过来;大部分人还在摇摆,盘踞在国民公会里的那些叛徒也在做他们的工作。

罗伯斯庇尔　我明天对付国民公会里的那些叛徒。

帕　扬　就怕他们从背后捅你一刀!

罗伯斯庇尔　我没什么可怕的。我有真理和道德为我当护卫。真理将通过我的口说话,真理必胜。

帕　扬　如果他们让真理说话,真理必胜。可是,要是他们把真理的嘴堵住了呢?

罗伯斯庇尔　没人能堵住真理的嘴。

科菲纳尔　(凑到帕扬身边)罗伯斯庇尔,让我们来保护真理吧!

罗伯斯庇尔　真理无需别的保护,真理自身就能保护自己,赤裸裸的真理就能保护自己!(面对围着他的群众)朋友们,都回家吧!这一天的时间咱们没有浪费。迪普莱,咱们也睡觉去吧!

〔罗伯斯庇尔下。

第八场

〔当天(热月八日至九日即7月26日至27日)夜里凌晨一点左右。——救国委员会。

〔卡尔诺,兰代,科尔多的普里厄,正在静静工作的巴雷尔。离他们稍远一点的是正埋头写报告的圣茹斯特。

卡尔诺　(递给兰代一份文件,坐在他身旁)兰代,签个字……(他盯着兰代签了字,然后拿起文件给了普里厄)……普里厄……(大声地)流氓!

兰　代　骂谁呢你?

卡尔诺　骂叛徒!那个被我们召回核心、又在国民公会里朝我们背上捅刀子的叛徒!

兰　代　你还想着这件事干嘛?……去,干活去!事情不能等。

卡尔诺　我就从来没让事情等过。可是,干活并不妨碍思考。

兰　代　把手上给十二个军的给养账再看一遍,就够我干的了!没时间想别的。

卡尔诺　不能不想,明天这个时候,坐在这里的也许就是别的人。

兰　代　所以我得把准确的账目留给他们!

卡尔诺　我佩服你!可是,如果这些账目落到自作聪明的傻瓜和糊涂虫手里,又有什么用?

兰　代　他们会成长起来的,就像我们已经成长起来一样。需要能造就人。

卡尔诺　听你叨叨他们干的那些蠢事,我就来火。你都想象不到我生气到什么分儿上。你跟我一样,知道培养一把好手得费多大劲,得用多长时间。这里没有奇迹,得下功夫。普里厄、你、我,咱们干了多少仗,才把那几个能干的人留在咱们部门里;他们跟咱们一样,也都是混乱局面出现以前,由学校严格培养出来的。想到我们失去的那些人员,我就打颤,如今他们没了,一切都乱糟糟的,没个长远打算。(卡尔诺一边唠唠叨叨地抱怨,一边跟别人一样工作着,翻阅着文件,随看随在文件上签字。秘书们穿梭来往,送取信件和文书。)

兰　代　人类没那么笨,不会笨到长期喜欢对自己有害的东西。把我们消灭了以后,他们会走我们走过的路。一项扎扎实实的事业会存在下去的。没有什么人是不可或缺的。

卡尔诺　那你就把这个话跟那个暴君去说吧！他正准备把共和国吞掉呢！

普里厄　他没有那么大的嘴,共和国会卡在他嗓子眼里的。

卡尔诺　他会把我们大卸八块的。我们就由着他那么干?

巴雷尔　(来到卡尔诺身边,给他送来一些文件,跟他耳语了几句)我们不会由着他那么干,我还听说你就在留意这件事。不过,还是小声点儿吧!

卡尔诺　(随着巴雷尔的目光望过去,明白了他指的是圣茹斯特;表面上看,圣茹斯特不动声色,对所说的一切都置身事外)是的,暴君不在这里,可这里有他的耳目。我会把他的耳目铲除的。

普里厄　卡尔诺,你真是个急性子,干活吧！干活的时候最好别说话。

卡尔诺　(站了起来,迈着大步在厅里走来走去,然后转向大开着的窗户)啊！我都快憋死了！……窗子都打开了也没用,一丝风都进不来。(他脱掉了议员穿的燕尾服。普里厄、兰代的领带也都解开了,上衣半敞着。衣冠楚楚的只剩下巴雷尔和圣茹斯特。除了圣茹斯特,几个人都热得满脸通红。卡尔诺问走进来的秘书)晚上有什么消息?

秘　书　雅各宾修道院里打起来了。

卡尔诺　太好了！要是罗伯斯庇尔在那里做弥撒，而他那一帮信徒匍匐在地静静听着，那就糟糕了。

〔他回到座位上坐下，拿起笔来写字。

巴雷尔　（面向普里厄，压低了声音，指着圣茹斯特和卡尔诺）卡尔诺是白费吐沫，他想刺激圣茹斯特，可那个年轻人却装作什么都没听见。

普里厄　他在起草什么呢？

巴雷尔　救国委员会委托他写的报告，国民公会大会上用的。

卡尔诺　（一边不停地写着）我急于想见比洛和科洛。

巴雷尔　他们是去雅各宾修道院了吗？

卡尔诺　我们把他们俩放出去对付那个独裁者了。比洛因为在国民公会败下阵来，气得够呛，一门心思想报仇。科洛会在旁边给他帮帮腔。

巴雷尔　他就是杰里科城的喇叭[①]，问题是没有城墙！声音再大也是白吹。

普里厄　要是这样，那就逃命吧！听，喇叭来了！

〔走廊里传来科洛的吼声。

卡尔诺　（站了起来）他们这么快就回来了？情况怎么样？

〔门咣当一声开了。比洛和科洛闯了进来，衣冠不整，怒容满面。比洛气得脸色铁青，科洛也是怒不可遏，那张脸像中了风似的。

科　洛　此仇必报！奇耻大辱！救国委员会的尊严遭到了侮辱。

比　洛　一定要把雅各宾修道院查封！

巴雷尔　他们到底干了什么？

科　洛　他们居然敢对我们动手。他们把我的嘴堵了，他们堵了我的嘴！

① 《圣经》故事，希伯来人攻取迦南地区的杰里科城时，七个教士围着城墙吹喇叭，七天之后，城墙倒塌。

卡尔诺　那你就让他们堵?

比　洛　他们的人成百上千……罗伯斯庇尔的那群狗都在那儿!……我们刚一说话,就都扑上来了……

科　洛　差点儿就把我们吃了!……

比　洛　他们打了我!

卡尔诺　啊!这帮恶棍!

比　洛　(义愤填膺地)他们对我横加侮辱!……我这次去,可是最后一次向他们提议和解的!……

卡尔诺　你瞎掺和什么啊?和解的事用不着你管……这事已经决定了!

科　洛　(吼叫着)要报这个仇!要把这件事大张旗鼓地宣扬出去!要向各区报警!

圣茹斯特　(别人都站起来,只有他还坐着,到此刻才加入争论)公民们,你们这是昏了头了。你们都怎么了?

科　洛　(朝他转过身来,用充血的眼睛打量他,接着就喊叫起来)你还问我怎么了?好像你真不知道似的!小下流胚!

比　洛　他是罗伯斯庇尔的走狗!……这混蛋还在我们这儿干什么?

卡尔诺　他在窥伺我们,当密探。这就是他的角色。

科　洛　(朝圣茹斯特扑了过去,圣茹斯特直挺挺地站了起来,脸色苍白,两只手放在把他和科洛隔开的桌子上)你这条隐藏在幕后的毒蛇!我早晚会把你碎尸万段!

卡尔诺　揍他,科洛!

巴雷尔　(走到两个人中间)别,别动手,公民同事们!我们之间不能使用暴力!

比　洛　他不在我们之列!

科　洛　我早晚会把他像臭虫似的碾死!

比　洛　他不在我们之列!我们要把他清除出去,就像他那帮人当初清除我们一样。

科　洛　滚,离开这儿,不然我就把你从窗子扔出去!

卡尔诺　别,别,别这么干,比洛!把他赶走了,他就自由了。倒不如把他看起来!拿他当人质。

比　洛　审问他,叫他招供!

科　洛　就这么办!审问完了再吊死他也来得及!

卡尔诺　他刚才一直在那儿写东西。他写的是什么?……妈的,你写的是什么?……说!

〔圣茹斯特冷冷地和卡尔诺对视着,一声不吭;他不屑地扬起了下巴。那几个人在他身旁站成一圈,虎视眈眈。

比　洛　(对科洛)把他那些文件夺过来!

〔圣茹斯特用手按住了文件不让拿。

兰　代　咱们走吧,普里厄!在这儿没办法安安静静地工作。

〔两个人站起来,从容地整理好卷宗,夹在腋下,扬长而去,也不管他们吵不吵了。

科　洛　(拽文件)撒手!……你撒不撒手?……再不撒手我可要大嘴巴扇你了!

巴雷尔　(置身科洛与圣茹斯特之间,一脸的轻蔑,其伤人程度比另外三个人的谩骂还厉害)算了吧,科洛。他没什么危险。你们太抬举他了。他只不过是个心高气傲的学生,还在琢磨怎么把作文写得漂亮点呢!

卡尔诺　他在炼句,跟磨刀似的。

比　洛　他在起草对我们的起诉书。

科　洛　我得把他叛变的证据拿到手。

〔科洛夺文件。

卡尔诺　还把得挺牢。证据跟他的皮沾在一起了。

科　洛　那我就连他的皮一块儿剥下来!

〔科洛从腰里拔出一把手枪。

巴雷尔　(抓住科洛的手)住手!……对他这样的下流坯用不着这么

大动干戈！他顶多也就配打屁股。

圣茹斯特 （脸色煞白，冷冷地）你们是一群卑鄙小人。你们这些污言秽语，玷污的是整个救国委员会。你们让大革命蒙羞。

〔对手们被他说得无言以对，讪讪地走开；他们不再凶了，但敌意难消。

卡尔诺 （嘲讽地）他们是贼喊捉贼！

圣茹斯特 我瞧不起你们。你们在卑鄙地指责我。我现在就把我要到大会上宣读的报告念给你们听听。

〔圣茹斯特准备念他写出来的东西。

科　洛 用不着！你也不可能到大会上去念了。

卡尔诺 他当然不可能到大会上去念了！我们要把他看住了，不放他走。

圣茹斯特 我是自由的。

科　洛 你不再是自由的了。我们现在就把你关在救国委员会里。

圣茹斯特 你们没这个权利。

科　洛 我们是没有这个权利，但我们有这个力量。

圣茹斯特 （耸了耸肩）你们这是要搬起石头砸自己的脚。

〔圣茹斯特重新坐下，似乎又一头扎到工作里去了，连看都不看他们一眼。那几个人又凑到一起商量事。

巴雷尔 （小声地）你们错了。我们不能出席国民公会的大会，因为我们没征求国民公会的意见就逮捕了它的一个成员。

卡尔诺 国民公会无需知道此事。

巴雷尔 国民公会肯定会知道，因为正等着圣茹斯特写的报告呢！

比　洛 应该让对手先采取违法的暴力行为。我们先违法，就为他们提供了口实。

巴雷尔 可别把这次会议给搞砸了！

卡尔诺 准备怎么办？现在如何下决断？

巴雷尔 富歇一会儿就到，来向我们通报他这一夜谈判的结果。富歇来的时候,这个年轻人还在这儿不好。

比　洛　轰他走！我刚才的想法是对的。

卡尔诺　那他的报告怎么办?

〔一个秘书走进来,跟巴雷尔小声说了几句话。

巴雷尔　我们没时间让他念报告,富歇来了。

比　洛　那就让他答应,早晨回来交报告！

卡尔诺　他的承诺你能信吗?

比　洛　这个人自负,答应的事能兑现！(他朝圣茹斯特走过去)你还想给我们念你的报告吗？写完了没有?

圣茹斯特　还没写完。

比　洛　那你就回家去写吧！我认为你是我们的敌人。我是你的敌人。但我认为你不卑鄙。我们谁都不卑鄙。所以,你可以自由地离开这里。早晨你再自由地回到救国委员会来,我们要审查你的报告。大会中午开。你要在十点的钟声敲响的时候回到这里！……行吗?

圣茹斯特　行。(他站起来,拿起文件就朝出口走去。到了门口,又转过身来说)唉,几位同事,你们真把我伤透了。不过我不算什么,你们也不算什么,共和国才是独一无二的。共和国长不了。你们把共和国毁了。好好想想吧你们！

〔圣茹斯特下。

比　洛　(心慌意乱地)他说什么？他说的不对！我们要做的,是拯救共和国！

卡尔诺　哪怕跟共和国同归于尽,我们也要把共和国从罗伯斯庇尔手里夺回来！

比　洛　不,不,共和国不能亡！要亡就让我们亡！但共和国必须存在！

〔巴雷尔下去接富歇了,此刻与富歇一起上。

巴雷尔　富歇公民,让你久等了！我们先得把圣茹斯特支走。

富　歇　怎么！圣茹斯特刚才在这里，而你们放他走了？

科　洛　（面对其他人）看看！我说什么来着，应该把他看起来嘛！

比　洛　他说了还要回来的。

富　歇　嘻，诺言毫无价值！……比洛，你怎么还相信起誓发愿呢？

比　洛　我起的誓我就信。

富　歇　算了吧！干事的时候，不能受什么誓言的约束！——不过，蠢事既然已经做了，后悔也没用。记上这一分，接着打下面的牌！

比　洛　我不接受你的批评。我们在依法行事。

富　歇　比洛，劳您驾，别再跟我提什么依法行事这一套好不好！你倒是想不想把这一仗打胜啊？打仗的时候，要把碍手碍脚的东西统统扔掉！仗打完，如果我们胜了，如果我们还活着，你要是愿意，再去把你的那些什么法律捡起来……现在，我请你，——请你们——别再打断我！我能给你们的时间有限。我已经筋疲力尽，可不幸还在家里等着我，我得回去。

卡尔诺　你怎么了？

富　歇　没什么。

巴雷尔　（小声地）你女儿病得更重了？

富　歇　（只做了个肯定的手势，然后又接着往下说）我在这里不谈私事。我把谋反的人的保证给你们带来了。弄到沼泽派的保证，可不是小事一桩。他们已经想把原先答应的那一点点东西收回。他们将保持沉默，而他们的沉默将是罗伯斯庇尔的坟墓，你们只要把他往坟墓里推就行了。他失去了他的多数。

科　洛　你许给了他们什么呀？

富　歇　（耸了耸肩）既然我没打算兑现，许给他们什么又有什么关系呢？——这是我拟定的明天开会时的行动计划。（他把几页纸递给卡尔诺）你们研究一下。我没时间跟你们一起讨论。当然，计划可以根据情况进行修改。但关键的一条必须牢记，那就是不能让罗伯斯庇尔说话，无论如何，不能让他说话！占领所有通往讲台的路,把路堵死!站满人!明天谁主持会议?是你吗,科洛?

科　洛　是我。

富　歇　你要安排好,只让我们的人讲话!谁第一个发言?

比　洛　当然是我!

卡尔诺　是我!

科　洛　是我!我放弃主席的席位。

富　歇　不,科洛,你当主席,作用更大。你一声吼就能让反对派闭嘴。明天这一天,你的讲台就是风暴角。可别忘了,罗伯斯庇尔会愤怒地号召向风暴角发起进攻。

科　洛　进攻会被粉碎。

富　歇　你也不行,卡尔诺,你太恨他了。火气一上来,你会胡言乱语,口齿不清。我们开始行动,讲话必须单刀直入,必须抡起大斧,砍一下是一下。这是伐木工人的活,比洛来干合适。

巴雷尔　你们忘了,会议应该由圣茹斯特的报告开始。

富　歇　他要起的是挑事儿的作用。他一发出攻击性言论,你们就上!……另外,还有一件难办的事,我打算交给塔利安去干。

比　洛　那是个荒唐鬼!

富　歇　我已经把他那股狂热劲头鼓动起来,他现在急得像热锅上的蚂蚁。他、勒库安特、布尔东和弗雷龙,他们几个人都是炮筒子。他们将在大会上鼓动、点火。——但这还不够,关键是要为决定性行动抓住准确时机,选好提出逮捕罗伯斯庇尔要求的人。这个人无法事先确定,必须在战斗中定。

科　洛　到时候你要在场。

富　歇　这我不能保证。

比　洛　怎么!危险时刻你就溜了!

富　歇　比洛,我一直生活在危险之中。我参加不参加会议,对我都一样危险。我再没有什么可损失的。

巴雷尔　可是,富歇,如果你不到场,受损失的可就是我们。

富　歇　我把一切都为你们准备好了。行动是你们的事！就我而言，我已经跟你们说过，我已经筋疲力尽。我强打精神，这才来看你们，并把我这几个月里琢磨出来的制胜法门交给你们。别再向我要求更多的东西。凡事都有个限度，超过极限，就是看到天花板朝着脑袋砸下来，都没力气跑了……

比　洛　你是累垮了。我们大家都累垮了。离开会还有八个小时，你去休息吧！

富　歇　我到哪儿休息去啊？家里？家里等着我的可不是休息。我女儿死了。再见！（他要走，但又转过身来）在大会上获胜以后，事情并没有完全定下来。必须考虑到这件事对巴黎产生的影响，从现在起就得提防着巴黎公社！把帕扬和弗勒里奥·莱斯科召到这里来！逮捕昂里奥！各区都存在着不满，我让这种不满持续下来了；连市政厅周围的几个区都不原谅罗伯斯庇尔，因为他把他们班子的人员削减了十分之一；你们可以使这些区为你们所用——另外，我已经关照市中心的几个区，让他们支持你们。我在要塞里有内应。如果在街上打起来，对付雅各宾分子，你们可以指望一支坚强有力的卫队帮助你们，那是由养得壮实装备精良的布尔乔亚青年和武装起来的年轻保皇党分子组成的……

比　洛　那是一帮土匪！是巴黎的朱安党人！你这个叛徒，居然把我们交给他们！

富　歇　你真是个笨蛋，我是把他们交给你。

比　洛　我要把这些油头粉面的家伙钉在他们的门上！我宁肯带领罗伯斯庇尔的雅各宾党人跟他们干，也不会跟他们穿一条裤子。

富　歇　那你就那么干吧！雅各宾分子一定会用刀把你钉在木板上。你已经看到他们刚才在雅各宾俱乐部是怎么接待你的！要不是我的几个保皇党分子在那里保护你，你哪能活着回到这里！

卡尔诺　诸位爱国人士，共和国的保卫者还没缺到这个地步呢！

富　歇　共和国的保卫者是没缺到这个地步，我们能从外省各地找到保卫共和国的人。可是,你有把握吗?你能在天黑之前把这些人集中到一起吗?……(他指了指窗子)天就快亮了。天黑之前,这一局的胜负就要定了。你们真不要我给你们的牌吗?就算那些牌做了手脚,就算那些牌肮脏,你们也得要!完了事再把牌烧掉。

比　洛　我宁可烧掉我的手!

富　歇　那就烧吧!但是,你首先得把牌拿起来!再者说了,现在协议已经达成,不能反悔了。

比　洛　你这个恶棍!

富　歇　(已经疲惫不堪,开了门)你,还有你们各位,想怎么干就怎么干吧!为了拯救你们,我已经把一切都准备好。用不用,我就不管了。对事情的结局,你们能不能得救,我能不能得救,还活不活得了,我已经不感兴趣。什么对我都无所谓了。

〔富歇下。

科　洛　可怜的家伙,他已经奄奄一息!

巴雷尔　他那一套,你别信!

第九场

〔同一天夜里,几个小时之后。天已蒙蒙亮。

〔富歇家住的四楼楼梯平台,富歇家门前,门关着。可以看到,趴在一个身强力壮头戴红帽的雅各宾党人背上的库东,正沿着螺旋形楼梯上来。

库　东　太高了,我又这么沉……朋友,真对不起!就把我放在这儿,你去敲门吧!这是富歇家的门。(带红帽子的人把库东放在通向五楼的楼梯蹬上,然后就去敲门:门没开)使劲敲!

〔又敲了几下。门还是没开。但邻居的门开了一道缝。接着,一个灰头发、干粗活的女用人从半开的门里伸出脑袋。

戴红帽子的人　没人。

库　东　不可能……我知道得很清楚，因为害怕，他几乎每天都在外面过夜。但今天夜里他回来了。这我知道，因为一直有人跟踪他。再说了，即使他不在，他太太也会在家。——喂，女公民，你知道富歇公民在不在家？

女　邻　他在家。我看见他回来了。

库　东　那他为什么不开门呢？

女　邻　他闺女死了，夜里死的。富歇公民当时不在家，家里只有那个女公民一个人。我去帮了点忙。富歇公民一回来，就把自己和老婆关在了家里，不想再见任何人。

库　东　可是他会见我！我一定得跟他谈谈……（他让人把他抱到门口，亲自用拳头砸门，边砸边喊）约瑟夫·富歇！……我是库东……有要紧事！……开门！

〔屋里没一点响动。

女　邻　他正为闺女的死难受呢！

库　东　他不是那种因为家里死了人就把事情撂在一边的人。

女　邻　他听说闺女死了，人就垮了，连腿都软了，他哭了。

库　东　女公民，你瞎说，他这个人从不流泪……

女　邻　对那小姑娘，他就像个妈。夜里我经常听到他起来哄她睡觉。

库　东　可是，这也没耽误他办事，这两个月里他一直像着了魔似的东奔西跑！……今天夜里，他还去过好几个地方呢！我要见他。再敲！

戴红帽子的人　不能再敲了！人家家里死了人，不能打扰。明天再来吧！

库　东　现在已经就是明天了。现在不见，就永远见不到！

戴红帽子的人　那你找他到底要干什么呀？

库　东　（对他做了个别出声的手势，想把邻居支走）好吧，再见了，女公民!(邻居把门关了。库东装出让红帽子把自己背走的样子。当红帽子来到他跟前时,他向红帽子咬耳朵)全部阴谋都掌握在他手里。如果我们想把他们的联系打乱,就必须让他跟阴谋脱节。

戴红帽子的人　逮捕他?

库　东　不,跟他和解。

戴红帽子的人　这事罗伯斯庇尔知道吗?

库　东　事情办成以后他会知道的。不能听罗伯斯庇尔的,我要拯救他。

戴红帽子的人　(做倾听状)有人上来……

库　东　(从楼梯栏杆上往下看,压低声音)卡里耶……勒库安特……你别急着下去。

卡里耶　(在楼梯上露出了脑袋,看到库东)魔鬼,是你啊!

库　东　(平静地)土匪,是我。

勒库安特　(跟着也露了头,两个人都只露出上半身)怎么,你刚从富歇家出来?你见到他了?

库　东　对,我见到他了。

〔两人眼里都露出挑衅的目光。库东让红帽子背着下楼。错身的时候,双方重重地撞了一下。勒库安特和卡里耶登上楼梯平台。

戴红帽子的人　(一边下楼一边低声问库东)你干嘛跟他们这么说呀?

库　东　(也压低声音)为了让他们相信,富歇出卖了他们。

勒库安特　(怒气冲冲地面向卡里耶)我早就跟你说过,那个阴险的家伙一直是脚踩两只船!

卡里耶　(怒气冲冲地敲门)我要早知道他这样,就把他掐死了。看看到底是怎么回事吧!(大声喊叫)开门!我是卡里耶。

〔屋子里静悄悄。

勒库安特　他不会开的!

〔俩人一块用拳头擂门。

卡里耶　小人！骗子！无赖！

〔楼梯旁边几层楼的房门都打开了，被惹火的人直嚷嚷。

邻居们大声嚷嚷　唉，真是见了鬼了！……我们就不能安安静静地睡一觉吗？

〔斥责声此起彼伏。

库　东　（对那个重新起步背他走的人）你看，我们这趟还真没完全白来。

〔他们俩消失在楼梯中。

第十场

〔几个小时以后。已经是热月九日早晨。救国委员会。大厅尽头的挂钟指着十点半。

〔还是第十五场末尾的那几个人，但更加衣冠不整，蓬头散发，满面通红，一夜无眠之后，大天白日之下，显得面庞消瘦。地板上还能看到行军床留下的痕迹，大衣扔得到处都是，也有卷起来的；桌子上杯盘狼藉，有三个空酒瓶子……

卡尔诺　他不会来了！

比　洛　他会来的。

〔挂钟打半点。

科　洛　十点半。他不会来了。

比　洛　不来，等于承认他怕了。圣茹斯特是个心高气傲的人。

巴雷尔　在这种情况下，我们应该照顾到他的自尊心。我们对他凌辱得太厉害，他不可能明智地离开那个人。

卡尔诺　还不是你带的头！

科　洛　你照顾他的方式，那真是坑人到家了。

巴雷尔　事情过去也就忘了。

科　洛　那漂亮小伙儿会记得清清楚楚。

卡尔诺　我们把时间都浪费了，从富歇走后到现在，什么事都没干，跟帕扬和弗勒里奥·莱斯科糊里糊涂地吵了两个小时，工夫都白搭了。没把这两个人关起来，我们也实在软弱得莫名其妙。我们还没对昂里奥动手。会议开始的时间快到了，我们还什么都没说妥，开起会来我们会措手不及的。

巴雷尔　富歇已经给我们定好调子了。

科　洛　可是，乐队指挥却溜了。谁来指挥呀？

比　洛　报告的事我们委托了圣茹斯特，现在我们必须把报告从他手里拿回来。

卡尔诺　对，去找他！

比　洛　（听到走廊里的脚步声越来越近）听！他来了！……我说的没错！……

〔门开了，出现在他们眼前的是坐在轮椅上的库东。

卡尔诺　（突然大笑起来，声音刺耳）瞧，美丽的小鸟来啦！……（他哼唱起来）"啊，美丽的小鸟，妈咪！……"

比　洛　（怒气冲冲，转过身去背对着库东）一帮土匪！他们串通好了。

库　东　（揶揄地）看来你们是在等我。我本来想早点儿来的，不过你们得原谅我，我并没有浪费时间。

科　洛　我们不需要你。我们等的是圣茹斯特。

库　东　我知道，我知道。咱们一起等他吧！

比　洛　你看见他了？他在干什么？三刻钟之前他就该到这里了。

库　东　他跟我们大家一样，非常忙。让你们等，他很抱歉。

比　洛　可是，他来吗？

库　东　（平静地）当然！他让我先来，就是让我告诉你们要耐心点。

卡尔诺　你在耍我们！

库　东　我干嘛要耍你们呀？你们为什么这么着急啊？

科　洛　你不知道要开会吗？

库　东　（依然保持着令人恼火的平静，但一阵一阵的痉挛让他心绪不宁）平时还不是老开会。

科　洛　怎么，会上会发生什么事，难道你一点儿都没听说？

库　东　（表情没变）会上什么事都不会发生。还不是像平时一样，讲起话来没完没了。不用着急，会开始的时候能到。

卡尔诺　他在嘲笑我们！他在雅各宾修道院威胁过我们，让他交代！

库　东　（仍然是原来那副表情）怎么威胁你们了啊？

比　洛　对，告诉我们，你这个虚伪的家伙，你不点名地揭发的人都是谁？你所说的“那些道德败坏的人”又指的是谁？

库　东　我说过，这样的人是少数，是很少的少数。

卡尔诺　偷偷杀人，从来都是用这种方式。

比　洛　前天你说的那“五六个小人”，就是你要求国民公会镇压的那几个人，都是谁？拿出胆量面对他们吧！

库　东　（平静地）我正面对着他们。

比　洛　（凶巴巴地）是我？

科　洛[①]　“小个子”，是指我吗？你这个瘫子。

库　东　你们理解得不对。你们良心不安，太急于对号入座了。

卡尔诺　你才是小人，你这个废物！你渴望着登上宝座。你想把我们的身体都变成台阶，踩着我们往宝座上爬……

库　东　（平静中带着讥讽）我的朋友，我就靠这两条腿往上爬吗？（他指了指自己那两条瘫痪的腿）……同事们，你们是在胡言乱语……我不是说，我在不理智的时候没胡言乱语过。话嘛，都是脑袋一热就说出来了。热是在舌头和头脑之间传递的。我们说得太多……热月的天空下，二十天里一直烈日炎炎，把我们的脑

① 请注意：科洛是个大块头。

袋都搞晕了！……

卡尔诺　脑袋都要裂了！人非疯了不可……

科　洛　闷得出不来气儿，浑身是汗……天花板嘎巴嘎巴直响，人脑袋也快炸了。

比　洛　夜里比白天还糟，睡不了觉。

巴雷尔　今天这一夜，巴黎无人入睡。

库　东　你错了，我的朋友，我就认识一个能睡觉的人，那人是罗伯斯庇尔。他心地纯洁。

〔卡尔诺再次发出刺耳的笑声。

卡尔诺　爬行动物的血是冷的。

库　东　我的脊椎骨里有火。

科　洛　那是邪恶之火。

库　东　不，我的朋友，是关节炎。

巴雷尔　我们所有的人都应该治治，良药就是清新的空气和宁静。

库　东　到哪儿去找这样的良药呢？坟墓里吧？

卡尔诺　（苦涩地）这就是你要把我们扔进坟墓的原因吗？

库　东　（平静地）我更喜欢和睦地活着。你们会还我这个公道的，我确曾尽我所能，设法使咱们达成一致。

科　洛　那是有利于你的一致！

库　东　可是，我的朋友，谁也没有这样的习惯，去寻求于自己有害的一致。要寻求最灵活或者说最明智的一致！我劝你也这么做。

〔挂钟响了，十一点。

比　洛　（惊得一跳）时间到了。

库　东　这座钟快了。

比　洛　都十一点了！可圣茹斯特还没来！

库　东　用不着担心。我离开他的时候，他身体挺好的。

比　洛　（粗声大气地）我担心的不是他的身体！我们得在他到会上宣读之前，先审阅他的报告。

库　东　来得及。

卡尔诺　(又使劲地重复了一句)他们在耍咱们!

库　东　(天真地)谁在耍你们啊?

卡尔诺　他和你,你和他。你们俩是一伙的。

巴雷尔　他不会来了。

库　东　(憨厚地)他会来,他肯定会来!

卡尔诺　我要求派人到他住的地方去逮捕他。

科　洛　对,立刻就去! 别让他来开会了!

库　东　你们办不到。

比　洛　我们办得到。

〔比洛书写命令,其他人站在他背后看。

库　东　(若无其事地耸了耸肩)随你们的便!(他任由他们几个人签署命令。过了一会儿,当卡尔诺拿着命令往门口走准备交给传令兵的时候,库东以平静而清晰的声音)可是,他不在家。

〔卡尔诺又折了回来。

比　洛　他在哪儿?

库　东　我不知道。我见着他的时候,他正要出去。

卡尔诺　这个天杀的!

〔卡尔诺用手把命令揉得皱皱巴巴的。

科　洛　他去哪儿了?

〔他们围着库东,逼问他。

库　东　(淡淡地)可能是来这儿……或者别的什么地方……安安静静地在这里等他不是更好吗?

卡尔诺　(顿足)他根本就没把咱们放在眼里!

巴雷尔　他在捉弄我们,拿我们取乐……

科　洛　我要在你身上报仇!

〔科洛在威胁库东。

库　东　(不为所动)那你就来吧!

〔走廊里又传来急促的脚步声。

比　洛　啊,这一次,是他!

〔门开了,是个执达吏,送来一封信。

执达吏　来自公民圣茹斯特的信。

卡尔诺　(对比洛)你这个白痴!现在死心了吧?

〔比洛接过信,拆开,因为生气,手在发抖。其他人围上来,一起看信。库东坐在桌子旁边用眼角观察着他们,依然是一脸平静的嘲弄人的笑意。

比　洛　(念)“你们让我心灰意冷,我要去国民公会一吐为快……”

〔一时间,他们一脸茫然;接着就爆发了,卡尔诺和科洛在舞台上走来走去,高举双手,挥动拳头,大声咆哮。

巴雷尔　(站在库东身旁,端详着他)你这只狐狸,这事你早就知道……

库　东　(同情中夹杂着嘲笑)可怜的小伙子!你们把他怎么着了,会让他变得心灰意冷?

卡尔诺　(向库东挥着拳头)你这家伙,死有余辜!

巴雷尔　(把卡尔诺和科洛从库东身边拉开)这人咱们稍后再处理。时间紧迫。

〔挂钟敲半点。

比　洛　去开会!

〔比洛跟科洛和卡尔诺一起下。——巴雷尔是最后一个,耽搁了一会儿;他从自己桌子的抽屉里拿出一卷纸,接着又回来,再次打开抽屉,犹豫了一下,又拿出一卷纸。

库　东　(一动没动,看着他拿东西;当巴雷尔要走的时候,他开了腔,热情而嘲弄地)你的讲演稿……对,拿两份!这样好。一个赞成,一个反对……这样你赢的把握就大多了……

第三幕

第一场

〔国民公会。

〔热月九日的会议。

〔面对公众,正中间,有个台子①,上去要登一座八级木梯,台子上面立着个演讲台,——演讲台后面是主席的桌子和椅子,主席座位后面是半圆形的贵宾席:两侧悬挂着两块牌子,一块上面写着《宪法》,一块上面写着《人权宣言》。——在上面的一层,突出来一片用几根细柱子支撑的旁听席。旁听席中间,有一大束古罗马侍从官手里拿的那种束棒,还有旗帜。在旁听席和主席台贵宾席之间的墙上,镶嵌的是雕像,左边的是吕库古,右边的是梭伦。——(柏拉图的雕像在右侧稍远处)——旁听席的上方有几扇长方形的大窗子,很高,是教堂的那种窗子,镶着透明玻璃。——(拱顶是半圆形的,

① 实际上这个台子好像并不高。在迪普莱西-巴托根据莫奈一七九五年五月的一幅画创作的雕刻作品中,讲台离地面的高度似乎不超过一米。下面的人一举手差不多就能碰到讲台的边缘。——但我们必须尽可能地把讲台说得高点儿,使讲台的高度给人留下一个印象;为此,我们要从乐池底部着眼。稍远处布置的两列阶梯座位,对于增高讲台的印象也将起到作用。

看不见）

〔在这个“中央高原”（演讲人的讲台，主席台贵宾席，旁听席）的左右两侧，呈现出两个半圆形，那是议员所在楼厅的可见部分（约十行），一左一右，有两架十五蹬的楼梯通往那里。——栏杆把两部分隔断，一直到剧场的后排，这两部分才相通，所以剧场的观众似乎也参加了大会。由于这样一种安排，演讲人的讲台就显得需要仰望了，——（实际上，讲台的基座并不比大会会场的地板高多少）——议员所在楼厅的两片阶梯座上方各有一大片突出来的旁听席，看不太清，只能猜。（实际上，旁听席都在两层楼的尽里边。）

〔会议厅的入口设在前台左右两侧近栏杆处。（为大众演出的时候，台口就在乐池里，这样可以使剧场和舞台之间保持联络）。

〔在两片阶梯座位之间的空地上，国民公会的议员们聚聚散散，来回走动，好像刚从阶梯座位上走下来，要到大厅深处熙熙攘攘的人群里去。十二点的钟声就要响了，离开会还有几分钟。可以看到，密谋分子从前台左右两侧——（如果可能，甚至会从乐池底下）抵达了。

〔旁听席上坐满了人。

〔前排坐的是塔利安、巴拉斯、马蒂厄·勒尼奥、布尔东、勒库安特等一伙人。

塔利安　富歇在哪儿？

巴拉斯　没看见他。

布尔东　他迟到了。这令人惊讶！习惯上他总是第一个到。

塔利安　他们把他逮捕了？

布尔东　离开会还有五分多钟！……啊，这个该死的家伙！如果他不来，咱们怎么办？

巴拉斯　你说这话不害臊？难道没人用布带拉着你，你就不能走路了？

布尔东　得有命令，得有进攻计划。

巴拉斯　一切都布置好了。所有的出口都已经把守住。旁听席上坐满了我们的人。放胆干就是了，谁也不许临阵脱逃！行动起来以后，不能手软！说你呢，布尔东，还有你，勒库安特，罗伯斯庇尔不在的时候，你们反对他叫唤得比谁都响，可是，他的身影一在讲台上出现，你们就都瘫了！

布尔东　我们不让他上讲台！

塔利安　在台阶上我就把他勒死！

巴拉斯　当心！你要搞清楚，他应该在国民公会的打击下倒台，而不是由我们哪个人把他打倒。

勒库安特　国民公会的多数派会让我们放开手脚的。

巴拉斯　他们答应了。

布尔东　"还不是空话一句……"

勒库安特　他们什么也没答应。难道我们能指望这帮窝囊废？

巴拉斯　注意！他们来了。

〔西哀耶斯、迪朗-马亚讷和另外几个人上。塔利安、布尔东和勒库安特快步迎上前去，跟他们握手。

布尔东　亲爱的同事们！

勒库安特　各位真是德高望重！

塔利安　向各位致意！在保卫共和国的战壕里相聚，实在是太好了！

勒库安特　你们是共和国坚不可摧的堡垒。

布尔东　今天是个大日子！我们要坚持到底！

塔利安　全仰仗你们了。

西哀耶斯　（含含糊糊地）我们以坚定不移的忠诚保卫共和国。

〔他和同来的人走了过去。

巴拉斯　（嘲弄地）一群坚定不移的变色龙！

马蒂厄－勒尼奥　（对巴拉斯）他们让我感到恶心！奉承这帮尔虞我诈的家伙！……我还不如去助罗伯斯庇尔一臂之力呢！

巴拉斯　你可别忘了，罗伯斯庇尔也在讨好他们！……坚持住！……那个没脚的家伙来了，就是小罗伯斯庇尔推着的那个。

〔库东坐在轮椅上由奥古斯丁·罗伯斯庇尔推着上。他环视一周，把一切都看在眼里……

库　东　（朝奥古斯丁·罗伯斯庇尔指了指正在互相吹捧的"恐怖分子"和"沼泽派"）你瞧，这些狗东西正在相互闻尾巴呢！……得盯住他们。看住了，他们就不会轻举妄动。他们彼此之间并不信任……（抬头看了看旁听席）旁听席上的人我不喜欢。看看那帮年轻保皇党分子和追随他们的人是一副什么嘴脸啊？人家为我们制造了一帮公众！这件事很可疑……奥古斯丁，劳驾去通知一下我们那些雅各宾派朋友，叫他们赶快都来！事不宜迟！……有备无患，也通知一下昂里奥，叫他带着他的炮兵待在周边！

奥古斯丁　可我到哪儿去找昂里奥呀？他到安托万郊区打牙祭去了，我不知道准地方。

库　东　他真不该又去灌黄汤！天还没亮就喝……至少得派个人去雅各宾修道院！

〔奥古斯丁在一张纸上飞快地写了几个字，交给一个秘书。秘书朝门口走去，但几乎立即就折了回来。

秘　书　（对奥古斯丁）他们不让出去。

库　东　（转过身来）什么？

奥古斯丁　来不及把事情弄清楚了。委员会的人都已经就座，要开会了。（圣茹斯特走过来，身子笔挺，面无表情，手里拿着他那份报告。小罗伯斯庇尔喊了他一声）圣茹斯特！……（圣茹斯特连头都没回，继续往前走，代表们闪身给他让路）他不想看，也不想听……他好像神游物外了……

库　东　他这是超然物外。你哥哥也是这样。这是一种病态！在我们最需要紧密团结、共同商量的时候,他们却各自把自己封闭起来,念念不忘自己被伤害的自尊心、怨恨和自己的打算。我们甚至连圣茹斯特上台要宣读的报告是什么内容都不知道!在这场共同进行的战斗里,我们彼此之间的信任都白搭了,他要按他的方式进行战斗——跟你哥哥一样——不征求我们的意见。他们只让我们对他们的错误负连带责任,并加以纠正,如果还能纠正的话。

奥古斯丁　对,你说的对,而祸根就是马克西米连的隐退。他放弃领导的这六个星期里,就再没有过团结一致的行动!谁都是想怎么干就怎么干!……幸好他似乎终于明白了,今天又重新担负起指挥的责任!

库　东　太晚了!十二点的钟声响了……

〔挂钟敲了十二下。比洛和科洛匆匆上。

比　洛　(气喘吁吁)开始了吗?

科　洛　我们到得很及时。圣茹斯特还没发言呢!

〔科洛急忙上去坐在主席的位子上。谁都没注意,会议就开始了。有人在读通告,人声嘈杂,听不清楚。议员们慢悠悠地朝着各自的座位走过去。——圣茹斯特站在台子脚下,等着上去。

塔利安　(对比洛)你看到富歇了吗?

比　洛　从昨天夜里到现在就没见过他。

塔利安　他们把他逮捕了。

卡里耶　(说着话上)他们把他收买了。我刚从他家里来。他把自己出卖给罗伯斯庇尔了。

比　洛　不可能。

卡里耶　他把自己出卖了。不信你去问库东!他会告诉你价钱。

比　洛　别浪费时间!准备!圣茹斯特上台了。

〔圣茹斯特从左边即主席的右侧登上讲台。

马蒂厄·勒尼奥　罗伯斯庇尔呢？他在哪儿？

比　洛　什么？罗伯斯庇尔没在这儿？

巴拉斯　他不在这儿？

布尔东　他不会来了。他起了疑心。

塔利安　他要是不来，那就全完了。就在我们傻乎乎地把自己关在这里的时候，他会让昂里奥的炮兵把我们包围起来，然后来个连窝端。

比　洛　量他也不敢！

巴拉斯　为什么不敢？我要是他，我就敢！

〔热月集团的人乱了营。

布尔东　必须保证我们和巴黎的联系通畅。

勒库安特　最好我们中间有几个人跑去给那几个街区报警。

卡里耶　我看出来了，你想跑。你得留在这儿。

马蒂厄·勒尼奥　我们几个人，谁都不许出去！不管胜利还是败亡，我们大家都要在一起！

塔利安　圣茹斯特都登上讲台了，可罗伯斯庇尔还没来！

卡里耶　他从我们手里逃脱了！这只獾，他的洞有两个出口。

马蒂厄·勒尼奥　别说话！他来了……

〔罗伯斯庇尔上。他们急忙站成一行，没说话。罗伯斯庇尔冷冷地打量他们一眼，走了过去。——圣茹斯特恰在此时开始宣读报告。

巴拉斯　把门都关上！

卡里耶　野兽被逮住了。

〔罗伯斯庇尔从左向右（主席的左侧）穿过楼厅。他走过的时候，大家恭敬地侧身让路，并在他和自己对视的时候讨好地笑笑；罗伯斯庇尔不必劳神去回答别人的致意。他平静地走到右边靠里的楼厅第一行的座位上坐下——（这样一来就能从大厅的任何角落看到他）。巴拉斯、塔利安、布尔东和勒库安特等一伙溜到通往讲台的两架梯子底下，把梯子口堵住。

圣茹斯特 （在一片寂静中开始讲话，声音平静，不带激情，但坚定有力，吐字清楚）[①]我不属于任何派别，我反对一切派别。对于来这里跟你们说政府成员已经离开正道的人，命运可能要使这个讲台变成塔尔佩耶纳山崖[②]。我认为你们应该知道真相，我还认为不允许放弃誓言，为拯救祖国无所畏惧的誓言是个人凭自己的良心立下的。你们的救国委员会和公安委员会委托我向你们做个报告，说明为什么最近一个时期连政府内部都出现了动荡。两个委员会对我信任有加，我深感荣幸；但是，就在昨天夜里，某个人伤了我的心，所以我现在只想对你们诉说。我要告诉你们，有人想强迫我说违心的话。现在，我要对你们实话实说。我要把我想到的一切，知道的一切，都不带个人好恶地告诉你们……

〔听到最后几句话，热月集团的人骚动起来。

比　洛 （面对他那一伙人）够了！把他的嘴给我堵上！

卡里耶 把他的舌头割下来！

塔利安 （冲上讲台，站到正在讲话的圣茹斯特身边[③]）可恶的东西！另一个也来啦，在那儿坐着呢（他指了指罗伯斯庇尔的座位）！那个是牵线的，这个是木偶。可这个面无血色的傻瓜竟敢说跟任何派别都没关系！…… 我，本人才是独立于各个派别的，我要揭发一个派别，他们背信弃义，戴着假面具欺骗你们。我要求撕去他们的伪装……

比　洛 （低着头冲上讲台，圣茹斯特被他们两个人推开了。不过，在会议的整个过程中，圣茹斯特一直在右侧『主席的右手』背靠在主席台的梯子顶端待着。比洛推着塔利安，跟他一起站在讲台上，

① 以下是当年圣茹斯特讲话的摘要。

② 古罗马处决人犯的地方。

③ 请注意，塔利安的头几句话是登上左边的梯子时边爬边说的。

两个人轮番辱骂)我要把他铲除!……公民们,这里有叛徒,他们要肢解国民公会!

塔利安　他就是一个!……

〔塔利安指着圣茹斯特。

比　洛　但最凶恶的在那里,在下面。昨天夜里我在雅各宾俱乐部看到了他,他在制造骚乱,要杀死国民公会的人。我反对,他就想把我杀死……

勒　巴　(在座位上)他说的不是真的!

比　洛　我身上还带着伤呢!

〔他敞开胸脯。

勒　巴　(从座位上站起来)你无耻!那伤是你自己弄的。

科　洛　(在主席的位子上)勒巴,请遵守秩序!

〔旁听席上发出的声音:比洛,那你就把我在你屁股上踢的那一脚留下的印记也给大家看看吧!

比　洛　(怒不可遏)逮捕他!……抓住那个人杀人犯!

〔旁听席上发出喧闹和哄笑,有个人挣扎着,被赶了出去。

〔比洛刚说了几句谴责的话,罗伯斯庇尔就站起来;但勒巴插了话,他就在自己的位子上站着等。

勒　巴　(离开自己的座位来到楼厅)我是雅各宾修道院那次集会的目击证人。事实被可笑地歪曲了,我要把事情的真相原原本本地说出来。我要求发言。

科　洛　(坐在主席的位子上)我拒绝你的要求。我也是目击证人。我不允许你混淆视听,干扰比洛的准确叙述。

勒　巴　主席,你无权以证人的身份介入这场争论。如果你介入,就请你从主席的位子上下来!

比　洛　(在讲台上对勒巴说)你也敢谈论权利?看着最神圣的权利遭到那个破坏分子践踏,你连吭都不吭一声,你还敢谈权利?作为政府成员,那个破坏分子昨天夜里罪恶地背叛并向愤怒的民众告发了政府的两个委员会,而他对这两个委员会是负有责任的!

勒　巴　这两个委员会都不让他发言,背叛了民众。他必须诉诸民众。

科　洛　勒巴,我已经命令你闭嘴。我再向你重申一遍我的命令。如果你还坚持,我就把你从会场驱逐出去。

罗伯斯庇尔　(已经从自己的座位来到楼厅,向还想继续申辩的勒巴打个手势,让他住口)勒巴,别说了!我受到攻击,所以应该由我来说话。

〔他走向讲台。——布尔东、巴拉斯、勒库安特和其他几个人一拥而上,来到他面前,挡住了他的去路。

比　洛　独裁者罗伯斯庇尔退出了救国委员会,因为他不能再在救国委员会里为所欲为,进行罪恶勾当。在这之前,他背着救国委员会,滥用权力,卑鄙地通过了牧月二十二日那个臭名昭著的法令,让他可以任意处置所有的爱国者。他煽动刁民闹事,反对国家的合法政府。他正准备屠杀国民公会的人。

罗伯斯庇尔　(跟前排的谋反分子冲撞着)一派谎言!全是胡说!

〔勒巴和小罗伯斯庇尔已经跟勒库安特和布尔东纠缠在一起,在他们两个人的帮助下,罗伯斯庇尔为自己打开了通向讲台的木梯子的头几级通道。

谋反分子们　(在梯子下面)打倒独裁者!打倒他!下来!

〔他们抓住了罗伯斯庇尔,要把他拉下来。罗伯斯庇尔摆脱了他们的纠缠。

罗伯斯庇尔　我要说话!

〔他登上讲台,和塔利安一照面,就被塔利安粗暴地揪住。

塔利安　你说不成话了!你这个克伦威尔,我禁止你走近讲台,讲台是自由的神圣堡垒……自由,你要扼杀的自由。我要使我的身躯成为自由的屏障。别让你那双肮脏的手碰讲台,否则我会将这把匕首插进你的心脏!……

〔他拿着匕首在罗伯斯庇尔胸前晃了晃。

罗伯斯庇尔　(镇定地)来吧！不过你得想好了！

比　洛　(拉住塔利安的胳膊)不要杀他,塔利安！杀他的刀在别处。

〔会场已经乱作一团,除了坐在主席右侧的沼泽派人物,几乎所有参加会议的人都站了起来,沼泽派一声不出,一动不动,完全是另一番情景,和整个大厅的喧嚣形成鲜明的对比。

〔勒巴和奥古斯丁·罗伯斯庇尔冲破热月党人的封锁,来到罗伯斯庇尔身旁,解除了塔利安对罗伯斯庇尔的威胁。但是他们被迫和罗伯斯庇尔一起从讲台上退下来,保护着罗伯斯庇尔不被冲撞。半圆形阶梯会议厅里站满了狂怒的人,野蛮地叫喊着。热月党人接二连三地登上讲台(卡里耶、布尔东、勒库安特、瓦狄埃、勒让德尔),都想发言,但比洛和塔利安紧紧抓着讲台不放,想继续他们的演说。这种混乱情景既野蛮又滑稽,就像一群千方百计想摆脱困境的魔鬼。在一片嘈杂声中,只能听到一声声反对罗伯斯庇尔的喊叫声:“处死独裁者！……”——他们用古代罗马帝国一个个政治家的名字来称呼罗伯斯庇尔,每个人都想对罗伯斯庇尔提出一项不同的指控——往往相互矛盾。

比　洛　他是叛徒,他不同意逮捕丹东！

卡里耶　丹东是他的同伙,他一直袒护丹东！

勒让德尔　他谋杀了丹东！

瓦狄埃　他奉承神甫！

塔利安　他跟圣茹斯特和昂里奥一起纵情酒色！

科　洛　(从主席的席位上站起来,俯身向乱哄哄的人群)他被英国人收买了！

瓦狄埃　他让人给他做弥撒！

科　洛　他利用警察局对全法国进行监视！

瓦狄埃　他想对辱骂宗教的人恢复死刑！

〔旁听席上的人也跟着一起喊，拳头高举，大呼小叫，不断地怒吼。

〔罗伯斯庇尔从讲台上下来，来到半圆形阶梯会议厅，极力想从右侧的梯子再上去，受阻后又从左侧上去；他站在头几级梯子上，向山岳派伸出手臂。

罗伯斯庇尔　战友们，我向你们呼吁！你们就让人这样破坏言论自由吗？就这样让人侵犯这个讲台的神圣吗？人家要压制的是你们的声音！（山岳派的人激动起来，大声叫喊，但是不回应他的话；而那些被罗伯斯庇尔点到名字的人则转过脸去，装作没听见，要么就是怒目而视。勒巴、库东和奥古斯丁·罗伯斯庇尔和他们乱哄哄地争辩着）这是背叛！（他绝望地跑到半圆形阶梯会议厅的另一侧，向沼泽派的人发出恳求）你们都是正人君子，所以我要向你们发出呼吁，起来反抗这伙强盗！你们是知道的，我们有共同的敌人。我一直在保护你们，使你们躲过了他们的打击。如果这伙强盗胜利，你们也就完了。

〔愤怒的左派插到罗伯斯庇尔和右派的座位中间，提高了叫骂声。右派这边，西哀耶斯、迪朗－马亚讷、布瓦西·德·安格拉等人，不动声色，坐在那里一动不动，有的双手抱胸，有的一只手放在胸前。他们好像对眼前的一切都视而不见。

〔罗伯斯庇尔越来越焦急，他再次跑到讲台梯子下面，极力想登上去。讲台上面，发言者抢着说话，谁都不肯把位子让出来，一片混乱嘈杂。比洛大声喊叫，一度占了上风。

比　洛　国民公会受到了威胁。我要求国民公会宣布自己为常设机构，直到法律之剑能确保共和国得救为止！

巴拉斯　我要求逮捕昂里奥和他的参谋人员！

布尔东　逮捕迪马！

勒库安特　逮捕布朗热！

塔利安　逮捕拉瓦莱特！

瓦狄埃　逮捕迪弗雷斯！

〔没一个人敢把大家心里都在想的那几个名字说出口，而这几个人的表演大概让人感觉到了这种迟疑和恐惧。

罗伯斯庇尔　我要说话！

〔他使出全身的力气，想从左边或右边的梯子登上讲台，但是白费力气，谋反的人粗暴地推他，拽他，终于没能上去。

马蒂厄·勒尼奥　（对正在冷笑的卡里耶）让他说话！就算是罪犯，他也有为自己辩护的权利。

卡里耶　（冷笑）你有没有脑子啊？……我们把他逮住了！老鼠正在笼子里挣扎着乱窜呢！我们喊打就行了。

马蒂厄·勒尼奥　（反感地从卡里耶身边走开，转向在一旁袖手旁观的巴雷尔）这么干卑鄙！一个有这样身份的敌人，有权得到我们的敬重。他的案子应该开庭审判，指控和申辩，都应该在完全公开和自由的情况下进行。否则，判决就是无效的。巴雷尔！他们听你的，你跟他们说说！

巴雷尔　太晚了！……如果可能，我要救的也只是那个年轻人（他指了指圣茹斯特。圣茹斯特从开始到此刻一直站在讲台旁边，像一尊大理石雕像般一动不动，对周围所发生的一切，没有任何反应）……不过，现在大局已定，无法改变了。他们怕了他那么长时间，一旦摆脱恐惧的枷锁，他们一不做二不休，必得置他于死地。他已经走投无路。不过我们也是如此，无路可退了！

马蒂厄·勒尼奥　国民公会丢脸了。怎么！难道让他说话，我们就无力反驳，不能让他哑口无言？

巴雷尔　你想怎么样呢，我的朋友？为了不让同伴们听到美人鱼的歌声，奥德修斯[1]把全船人的耳朵都堵了起来……这些人也是这么做的。他们做得比奥德修斯更绝——他们堵的是美人鱼的嘴。

---

① 希腊史诗《奥德赛》中的英雄。特洛伊战后凯旋，途经一个岛屿，为了聆听美人鱼的歌声又免遭诱惑，他让人把自己绑在桅杆上，并用蜡把同伴们的耳朵堵起来。

马蒂厄·勒尼奥　他们是一群卑鄙小人。作为一个人,我感到羞耻。

巴雷尔　在我们的职业生涯中,难道是头一次这么做?

〔在他们两人说话的当儿,会场里的愤怒情绪一直有增无已。

罗伯斯庇尔　(在勒巴和奥古斯丁·罗伯斯庇尔的保护下从半圆形阶梯会议厅来到讲台下面,仰着头,双拳紧握,贴在胸前『像网球场誓言[①]画里的人物那样』,向两手托腮、面带冷笑、坐在那里的主席科洛高声大叫)你是杀人犯的主席!……

〔话音未落,大幕落下,会场上一片混乱。

第二场

〔大幕几乎立刻又拉开。幕启处是主席台和演讲台后面的旁听席。这里看不到大厅,但能够听到大厅里的吼声,能够听到罗伯斯庇尔的声音(看不见人),听到他继续斥责科洛的话。

罗伯斯庇尔　你是杀人犯的主席,——我最后一次要求你让我说话!

科洛的声音[②]　该你说话的时候你才能说话。

梅　让　(和科勒诺一起坐在旁听席的第一排,旁边是一伙手持木棒的保皇党青年,胆战心惊的小市民尽量躲着这一伙人)笨蛋,他就不该许这个愿,哪儿还有他说话的时候!

科勒诺　说说罢了!他们在戏弄他,就像猫戏弄老鼠。

梅　让　你不了解他们!他们想给自己留后路。这群猪猡还心有余悸。

---

① 一七八九年五月五日法国国王路易十六召开三级会议,期间一度封闭会场,第三等级代表乃于凡尔赛宫室内网球场集会宣誓:不制定并通过宪法,决不解散。

② 实际上是蒂罗的声音,因为此刻坐在主席位子上的已经是蒂罗。不过对观众来说,是谁的声音并不重要!我们这里说的是现场的实际情况。

科勒诺　他们在原地踏步，老是拐弯抹角，只要求逮捕让、雅克、热罗姆和一些没什么要紧的小角色！什么时候才会对大头头罗伯斯庇尔动手呢？他们在跟他逗闷子……嗨，妈的！擒贼先擒王嘛！

一个看热闹的　（怯生生的小市民）这到底是怎么回事啊？我们的罗伯斯庇尔干什么了啊？

梅　让　（满脸杀气地瞪了那个人一眼）你的罗伯斯庇尔？啊！这么说，你是和叛徒站在一边了？

那个看热闹的　（吓得要死）不，不，不，不！我没这么说……

科勒诺　（威胁地）那你说什么了？你站在谁一边？

那个看热闹的　（吓得不知说什么好了）我不知道！谁的一边我都不站……

科勒诺　（对那几个已经站起来的满脸杀气的保皇党青年）用你们的藤条把这个家伙给我哄出去！（那个小市民嗷嗷叫着被从座位上揪起来扔了出去，他邻座儿的人都被镇住了，忙不迭地说他们什么话也没说过）不管你们说没说什么，你们在这里都是多余的！都给我滚！

〔保皇党青年把他们都赶走了。

梅　让　得结束了！好像大家都在等那句话。

科勒诺　他们在等富歇。这混蛋违背了对我们的诺言。他躲起来了。

梅　让　这样更好！开始行动的时候必须有他，可现在用不着他。他来了反倒碍事。

科勒诺　对，迟早得把他甩了。他出力为的是他自己和那些左派。

梅　让　一群傻瓜蛋！明天他们就明白了！……现在，咱们加把火，再加把火！

科勒诺　从火红到白热！温度就更高了。

梅　让　不能老让他们在那儿打转转，那他们最后就会不知道该往哪里去，会把到手的东西丢掉……去把洛尔泽省的卢谢给我找来！不，是夏朗德省的洛佐！……不，等等！……你，法比里修斯（他转向一个头戴红帽手持棍棒的家伙），你到下面去，到大厅里把卢谢和洛佐拉到一边，拿出这个给他们看！（他交给那人一枚证章）快去！跑着去！因为现在是时候了。

〔法比里修斯下。

科勒诺　你对那两个人有把握吗？

梅　让　给钱干活罢了。这俩人是我们的老客户。

科勒诺　这些人没什么价值。国民公会里谁认识他们呀？

梅　让　无需认识他们。他们的任务只是说出大家都在等着的那句话。那句话一出口，就会有几十张嘴巴接过去。

科勒诺　（一个南方口音的人正在讲台上夸夸其谈，他听了听）在那儿唠唠叨叨的那个人是谁？说话嘴里像含着个茄子似的。

梅　让　那人叫瓦狄埃，是个反教权主义者，他消化不了那个最高主宰，在没完没了地打饱嗝！

科勒诺　那就叫他回家打饱嗝去！他在浪费我们的时间。

梅　让　底下的人也急不可待了！

〔从下面传来叫喊声：——"说正经的！说正经的！"

塔利安的声音　够了，瓦狄埃！你跑题了。

罗伯斯庇尔的声音　我能把话题拉回来！

〔几个人同时喊道：——"叫他闭嘴！"——"够了！"

卢谢的声音　（犹犹豫豫地）正经事，我来说。我要求……逮捕罗伯斯庇尔……

〔突然之间变得一片寂静，鸦雀无声。

卢谢的声音　（这次比较坚定，还有洛佐帮腔，两人一起喊）……我们要求发布逮捕罗伯斯庇尔的命令……

〔那群人中间顿时爆发了一阵狂吼："……逮捕罗伯斯庇尔！……"

〔梅让和科勒诺领着旁听席上的人一起喊，跟楼下大厅里的声音相呼应。

梅　让　喊！快喊！

科勒诺　喂！快！加油！……总算成了！……

〔在一片嘈杂声中，传来罗伯斯庇尔的声音。为了能让人听到，他喊得声音都嘶哑了。

罗伯斯庇尔的声音　你们这群魔鬼，你们不能不听我说话就把我杀了。（他转向旁听席上的人）看到事情真相的民众，帮帮忙吧！拯救共和国！

〔旁听席上的人用嘘声压下他的声音。

梅　让　（大声吼叫）他想煽动民众反对国民公会！

科勒诺　（大声吼叫）逮捕他！

〔罗伯斯庇尔的声音哽住了。

大厅里的声音　他喘不过气来了！……

是丹东的血涌到他嗓子眼了！

罗伯斯庇尔的声音　胆小鬼，如果你们想为丹东报仇，干嘛当时不保护他！

〔主席的铃声响了。

科洛的声音　逮捕罗伯斯庇尔的命令发布了。

〔欢呼声。

奥古斯丁的声音　我也叫罗伯斯庇尔。我跟我哥哥是一体的。我赞成他的品德，我要求和他共命运。

科洛的声音　接受你的要求。逮捕罗伯斯庇尔兄弟的命令签发了。

大厅里的声音　逮捕圣茹斯特和库东！……

巴雷尔的声音　把圣茹斯特放了！

卡尔诺的声音　为什么呀？狼和狼崽子一起逮！

梅　让　（高声叫道）卡尔诺，好样的！对，那个圣茹斯特更坏！

科勒诺　把他盯住了！从暴风雨开始到现在，他一直站在那里纹丝不动，什么都打动不了他。

梅　让　遗憾的是他这个人收买不了！……必须把他干掉！

科洛的声音　逮捕圣茹斯特和库东的命令签发了。

勒巴的声音　我不想跟你们分担这种耻辱！……

大厅里的声音　（打断了他的话）算了吧，勒巴，闭上你的嘴！这跟你没关系。

勒巴的声音　我将不分担这通逮捕令造成的耻辱。我要求把我也逮捕了。

〔一阵混乱，喊叫声中，有赞成的，也有反对的。

梅　让　还有急着去死的傻瓜！

科洛的声音　那就让他如愿以偿吧！……逮捕勒巴的命令已经签发！

〔模模糊糊地传来罗伯斯庇尔的声音，他在挣扎，在抗争。

科勒诺　怎么，这个讨厌的家伙坚持要说话？

梅　让　（喊叫着）让叛徒们闭嘴！

大厅里的声音　难道罗伯斯庇尔还要长期把持国民公会吗？

科洛的声音　……我们下令立即对这五名罪犯实施逮捕……

〔一片欢呼声　共和国万岁！

罗伯斯庇尔的声音　共和国，共和国完了！因为强盗们得了手。

〔喧嚣声把罗伯斯庇尔的声音压了下去。

布尔东的声音　啊！打倒一个独裁者这么艰难！

梅　让　二百人对一个人！……而他们还很得意！你听，他们还要戴胜利的桂冠呢！

科勒诺　不管怎么说，匕首没这个保险……要杀死一个人，什么也没有开个大会好。要杀的那个人在大庭广众中消失了，甚至连血都见不着。

第三场

〔大幕落下，几乎又随即拉起。幕启处是个走廊，类似圆形剧场的出口，和会议大厅相连。门开着，可以听到会场里的嗡嗡声，还可以看到楼厅尽里边的议员席的一角，已经空无一人。门一直被一群人守着，乱哄哄的，人在不停地走动着，身影映在明亮的背景上，像中国的皮影戏。

〔被捕的五名国民公会议员上。他们走在几个显得心慌意乱的执达吏前头。第一名是圣茹斯特，昂首挺胸。勒巴拉着他的手。接着是罗伯斯庇尔，一脸的茫然，他弟弟在跟他说着什么。库东被抬着，在嘲弄那几个执达吏。

库　东　（对执达吏）那就来吧，先生们，你们奉命逮捕我们嘛！

执达吏们　公民们，请原谅！……我们不知道该做什么！……

库　东　你们没听见那位主席的话吗？

执达吏们　这件事太不一般了！我们在想，是不是听清楚了……也许有误……

库　东　可你们必得拿个主意。如果要逮捕的不是我们，必须逮捕的就是会议主席了。

执达吏们　所以……我们要求罗伯斯庇尔公民允许……

库　东　他会允许的……马克西米连，跟他们说呀！……

罗伯斯庇尔　（还没从刚才那一幕造成的沮丧中摆脱出来）共和国，祖国，全完了。我们对理性的所有希望，对正义和美德的所有憧憬，都完了。人类不可救药了。

库　东　人类还有时间。我们没时间了。不过，不管人类是不是不可救药了，马克西米连，我们还没有一蹶不振。

罗伯斯庇尔　（恢复了镇定）对，我们还没一蹶不振。你说的对。大局还没定。

奥古斯丁　马拉也被下令逮捕过。他为自己进行了辩护，他胜利了。

库　东　所以我们要注意依法行事，法律是保护我们的。

罗伯斯庇尔　对，敌人若是看到我们不依法行事，那他们才高兴呢！（对执达吏）公民们，还等什么？逮捕我们呀！

执达吏们　公民，既然你同意，我们现在就宣布你被捕了。请原谅！

罗伯斯庇尔　你们是在尽你们的义务。这样很好。

〔在执达吏们跟其他几个被控告的人履行手续的时候，圣茹斯特和勒巴亲切地交谈着，一副旁若无人的样子。

圣茹斯特　你是在这些忿激派分子想把你忘了的时候自投罗网的。

勒　巴　被他们忘记是一种耻辱。你认为我能忍受这种耻辱吗？

圣茹斯特　你不能。我知道，你会像在以往的战斗里一样，永远站在我身边的。

勒　巴　真可惜，我不能像在以往的战斗里那样用身体掩护你了！

圣茹斯特　朋友，你救不了我，反倒把自己也搭上了。

勒　巴　只有我一个人得救，那有什么意义？如果我们不能一起得救，那就一起牺牲！

圣茹斯特　可这样一来，对我来说就是死两回。

勒　巴　死活我都要跟你在一起。

圣茹斯特　哦，我的朋友，你就像希腊神话里的英雄皮拉特一样忠诚！……（他拥抱勒巴）……不过，皮拉特不像你，他没有年轻的妻子和婴儿要留下。

勒　巴　我给了我儿子一件最好的礼物：我的牺牲。我们的苦难将让儿女们感到骄傲和欣慰。

圣茹斯特　你说的对。让我们在暴风雨里把锚抛向未来！

执达吏们　（走到他们两人身边）公民们，请到旁边的大厅里去！

〔五个人顺从地下。

〔在圆形剧场出口尽头的会议厅入口，站着巴拉斯、梅让和科勒诺，他们看着那五个人，在那五个人离开后走到台前。

梅　让　他们太镇定了，在打什么主意吧？

科勒诺　那又能把我们怎么着？他们现在是在我们手心里。

梅　让　我们还没把他们干掉。我不放心。你没看到吗？罗伯斯庇尔从狂怒一下子又变得安安静静了。他们还指望着死里逃生呢！

巴拉斯　是这样,危险在于,他们有公开出现在法庭上的机会。

梅　让　要避开法律程序,就必须让他们给我们提供口实,好宣布他们不受法律保护。

巴拉斯　在这件事上,他们是不会照我们的意思办的。

梅　让　可以帮他们那么干啊!

巴拉斯　我看出来了,你已经成竹在胸!把他们那帮愚蠢拥趸的热情往这上面引,可能费不了什么大事。他们的火气正没处发泄呢!

梅　让　把巴黎公社的火拱起来就成。这费不了什么事。咖啡壶在火上开着呢,而他们已经不在那里,没人看着啦!

巴拉斯　(有个传话的刚刚跟他嘀咕了几句)有人通知我,旺多姆广场区和"无套裤汉"住的植物园区,民众拿起了武器,正高喊着要"到国民公会去"!

梅　让　他们的做法正合我们的意!让我们把昂里奥也引到他们中间去!

巴拉斯　只消拿块红布在他面前一晃,昂里奥这头公牛就会钻进圈套。

梅　让　可是,谁去当这个斗牛士呢?

巴拉斯　这事我来办。

第四场

〔热月九日晚,九点至十点之间。天还没全黑,但天空堆满了映得通红的火烧云。

〔市政厅广场——在广场和码头之间的角落,有一大群激动的人,有些人手持武器。

〔传来市政厅急促、尖厉、不协调的钟声。从二楼的窗户传出人的喊叫声:

市民们,起来!起来!去跟背信弃义的国民公会做斗争!

西　蒙　(手持武器)我们是旺多姆区的!我们准备好了。

旺多姆区的布尔乔亚和工人

他们竟敢对我们的罗伯斯庇尔动手。

他们死定了!

我们要把他们铲除,连他们的名字都从地球上抹掉!

他们都是什么人啊?

西　蒙　这里有一份民众敌人的名单,这些人都是公社下令要逮捕的(念名字)科洛、卡尔诺、瓦狄埃、富歇、塔利安、布尔东、弗雷龙……

〔后面的名字被喧闹声淹没了。几个人同时高声念名单。

还缺几个人:比洛、巴雷尔……

那我们就带着叉子和扫把去把他们都清除了!

西　蒙　那就带上叉子和扫帚走吧!

〔两个区的队伍都到了。

一个区的头头　我们是叉子!

另一个区的头头　我们是扫把!

西　蒙　天文台区,植物园区,这两个区永远都是忠诚的……

两个区的头头　一听到召唤,我们把手里的活放下就来了。

西　蒙　集合!得排成两个攻击队形,一队从码头出发,一队从圣马丁大街出发。

一个区的头头　不,命令是待在原地保卫公社总部。

西　蒙　保卫总部,两个区就足够了。最好的防守是进攻。先点名!

两个区的头头　四十八个区里只有十九个区来宣誓。

西　蒙　临阵脱逃的胆小鬼都是谁?

从人群里发出的声音　西城各区的人都没来。

西　蒙　布尔乔亚不来,是很自然的!这些有钱人!……一帮混蛋!……这笔账明天他们是要还的!

人群里发出的声音　沼泽派的人,就是带枪的人那个区的人 ,也没来……

西　蒙　就是塔利安的那个区,这个强盗!

人群里发出的声音　西岱老城区不让敲巴黎圣母院的大钟。

西　蒙　用不着要求他们允许!

人群里发出的声音　还有更糟的呢!巴黎公社总部区,雷格拉维里耶区和阿尔西斯区也都没人来。

西　蒙　这是背叛!怎么,下圣马丁街的工人,佩尔蒂埃码头的工人,那些所谓的"忿激派",那些一有风吹草动总是第一个迎着危险上的人,居然待在工作场所不出来了!

人群里的声音　自从他们的雅克·鲁和迪谢纳老爹被杀以后,他们一直对罗伯斯庇尔不满。

西　蒙　这种不满是愚蠢的!他们会倒霉的……那就不指望他们了!我们有民众的真心支持,安托万郊区和马索郊区的民众都和我们在一起。

人群里的声音　别把话说得那么肯定!这两个区都在摇摆。植物园区的人在我们这边,可蒙特勒伊区、波品古尔区、菲尼斯太尔区和花毯厂的工人都按兵不动。

西　蒙　他们真疯了!难道他们就不想想,今天夜里的事,关系到他们的命运,关系到全体民众的命运!

一个区的头头　哎,我说西蒙,我真有点不明白了……

西　蒙　什么!你有点不明白了?

头　头　全乱套了。这边是民众,那边也是民众……说到底,两边牵连的都是民众,这样好吗?

西　蒙　进行大革命这五年里,罗伯斯庇尔无论在哪儿都和民众的事业在一起,这不是明摆着的吗?

头　头　我没说不是啊!可是,其他人也是和我们站在一起的呀!可是,三个人里就有两个被杀了。剩下的,还在自相残杀。这么乱,我们应该追随谁啊？

西　蒙　在国民公会那帮腐败分子和罗伯斯庇尔这位“清廉之士”之间，你们，巴黎盲人院区的老卫队，居然还敢有一分一秒的犹豫？

巴黎盲人院区的人　我们依然不可动摇。我们声明，除了统一而不可分割的共和国，我们谁都不认。

西　蒙　那好哇！不过，眼下必须做出选择，是认巴黎公社，还是认国民公会。

巴黎盲人院区的人　两个都认，缺一不可！

西　蒙　这么一来，你们就可以像两捆干草之间的那头驴一样，趴在那里不动弹了①。这样的“不可动摇”，太便宜了！

一个区的头头　（低声地）别坚持啦！如果强迫他们去，还说不定他们会站在哪一边呢！有人到郊区进行过煽动。还是让他们保持中立的好。

西　蒙　那我们就行动吧！成事不一定要人多，要紧的是动作快，有决心。出手必须快，必须狠。向国民公会前进！

〔就在西蒙那个区和另外两三个忠诚可靠的区里的人准备出发时，科菲纳尔的炮兵涌进了广场，骑在马上的昂里奥喝得醉醺醺的。

炮兵们　（朝着向码头方向蠢蠢欲动的几个区的人）你们去哪儿？

西　蒙　去国民公会。

炮兵们　太晚了！我们刚从那里来。事情没办成。

西　蒙　这事赖谁呀？

科菲纳尔　赖这个醉鬼！（他怒气冲冲地指了指那个羞愧难当、满脸通红、在马上摇摇晃晃的昂里奥）他在公安委员会里让人家逮住捆起来了。我们破门而入，才把他弄回来，真不如让他死在那儿

---

① 典出中世纪的一则寓言，说一头驴待在两捆干草之间，不知道吃哪捆草好，终于饿死了。

呢！他喝了一整天的酒。我们冲进去的时候，把公安委员会里那些叛徒吓坏了，本来可以趁他们害怕的时候对他们采取行动的（我们能把他们连窝端了），可这个酒鬼却下令让我们返回市政厅！

昂里奥　（口齿不清还带着哭腔）科菲纳尔，你指责我不对，我会跟你说清楚的……

科菲纳尔　没什么可解释的，你是个胆小鬼！

昂里奥　岂有此理！你听好，我跟你说了，我接到了公社的命令，要我回去保卫公社！

科菲纳尔　你这个讨厌的傻瓜，接到那个命令之前就能把国民公会捣毁！捣毁国民公会本来是轻而易举的事。他们都吓昏头了。我们能把他们一网打尽。

昂里奥　对，对，科菲纳尔，你说的对……那好，咱们现在回去！

科菲纳尔　你以为他们会在那儿等你啊？他们已经恢复了镇定……他们会把纳伊区兵营里的青年爱国者调去。此时此刻，通往杜伊勒里宫的所有街道大概都已经被封锁了。

昂里奥　我干了什么？我不明白了……

科菲纳尔　笨蛋！你脑子泡在酒里，连马都骑不稳了……

昂里奥　我骑得挺稳的……（在马上直晃悠）是这匹劣马走得不稳……（有人笑）谁在笑？妈的！我把你们都弄到警察局去……我还是不是你们的司令，是还是不是？……（挥了挥马刀，马刀掉到地上；人也从马上掉下来之后，开始带着哭腔说话）对，我是喝得神志不清了……我都坐不稳了……我是个讨厌鬼，我是个大酒包，是个醉鬼……我请求原谅。我丢人现眼了。我要去死……（面对他的那些炮兵）诸位，你们都知道，醉酒不是我的习惯……可是，这些天的酷热，这种闷热的暴风雨前的天气……我真受不了啦……我没料到……我上当了……我没资格再指挥你们了……

炮兵们　好了，好了……

谁都保不齐会这样的！……

到喷泉那里去洗把脸吧!

〔他们把昂里奥从马旁边拉开,拉到一个冷泉边上。昂里奥把脑袋扎进泉水里,抬起头来的时候眼睛睁得大大的。

昂里奥 我发誓,从此时此刻起,除了水,我什么都不喝了!……(抖了抖脑袋,啐了一口)真肮脏!……不过我现在全明白了。炮手们,把炮架到广场的四个出口!我们要保卫巴黎公社。我要执行公社的命令。

科菲纳尔 罗伯斯庇尔到了吗?

西　蒙 没到呢,还没到。派去请他出狱的人被他轰回来,我们又派了人去。

科菲纳尔 他怎么了,干嘛要让人一而再地请啊?

西　蒙 他想依法行事。他还以为他那些敌人不会无法无天,会让他依照程序到法庭上为自己辩护呢!

科菲纳尔 是啊,看着吧!……自从他们盯上他那一刻起,就没想让他逃脱!现在两边想的都一样,不再是什么审判,而是处决。

昂里奥 我已经碰过一回钉子,在救国委员会的时候,我就想放了他,可他拒绝。现在已经不再是讨论的时候,而是要到监狱里把他弄出来,说不服就来硬的。

西　蒙 硬的对马克西米连不起作用,必须让他自己确信有道理才行。

科菲纳尔 我们要让他面对既成事实。为了他,我们连命都押上了,已经撤不回来,他不能再不听我们的。

西　蒙 他不会不听我们的了。他弟弟已经在那儿,在市政厅。看,勒巴来了!

〔人群里发出喊声:——勒巴万岁!……——他那个娇小的妻子也来了!……

西蒙·迪普莱 他是个勇敢的小伙子!在那帮强盗想把他撂在一边的时候,他要求他们也把他逮捕了!

〔勒巴在众人的欢呼声中挽着伊丽莎白上。另一边走着的是亨利埃塔。

伊丽莎白　听,你听,他们在热情地为你欢呼!

亨利埃塔　他们也在为你欢呼,小嫂子!

伊丽莎白　谢谢!谢谢!……(给人群送去飞吻。对勒巴)啊!你自由了,多幸福啊!我就知道,那些坏蛋会惊呆的……大家多爱我们啊!……他们都爱你……差不多跟我一样爱你!……到监狱里抢你的那些人都很正直勇敢!……还有那个狱卒,一再道歉,一再表示他的忠诚……他们都像发了狂似的,说要把监狱的墙扒了……可是,当他们知道我们是你的妻子和妹妹的时候,就立刻变得那么和蔼可亲……他们对我们俩说:"啊,两位女公民,就是粉身碎骨,我们也不会让他们动我们的勒巴、圣茹斯特和马克西米连一根毫毛!不为他们向卑鄙的敌人复仇,我们踏实不下来!……"

勒　巴　这都是些勇敢的人,就是太冒失了,他们最好是让我们留在我们待的地方。

伊丽莎白　什么?留在监狱里?你真是个忘恩负义的家伙!

亨利埃塔　对这些保护你的人,你有什么可责备的啊?

勒　巴　在他们插手之前,我的案子和我朋友们的案子情况是最好的——或者说不那么糟。

亨利埃塔　为什么是这样?

勒　巴　在法律的范围之内,我们那些敌人奈何不了我,我不费吹灰之力就能让他们哑口无言。现在,我们已经处于非法状态,他们可以不听我们说什么,形势于他们有利:我们已经不受法律保护。

伊丽莎白　那,这事会有什么结果啊?

勒　巴　(拒绝解释)没什么。不要再提这件事!无法补救了。

伊丽莎白　(不明白是怎么回事)什么叫无法补救呀!你现在自由了,咱们回家!

勒　巴　不能回家,亲爱的。现在正该去争取真正的自由。我要到这场战斗打胜了才能回家。

亨利埃塔　(低声地)可是,你有把握打赢吗?

伊丽莎白　既然全体民众都跟你在一起,还有什么仗要打呀?

勒　巴　但愿全体民众都跟我们在一起!

亨利埃塔　(低声地)菲利普,你告诉我,事情是不是还很严重?

勒　巴　(低声地)事情相当严重。亲爱的,你们回去吧!……亨利埃塔,我把她托付给你了……

〔他向亨利埃塔指了指伊丽莎白。

亨利埃塔　就让我们在市政厅等你吧!

勒　巴　不,不行,别浪费时间!市政厅随时都可能被包围,你们要趁道路还通行的时候赶快走!

伊丽莎白　如果道路封锁了怎么办?我们是一起的,就待在一起!

勒　巴　这里没有你们的位置。想想咱们那趟阿尔萨斯之行吧!我们当时就没能把你们带到军队里去。你们本该待在家里的。带她走,亨利埃塔!伊丽莎白,你的位子在咱们孩子身边。如果一切顺利,我明天早晨就回家跟你会合。不管发生什么事,我请你们互相关照,我把孩子也托付给你们俩。假如出什么事……没人知道会发生什么事!……你们要照顾好孩子,别让他沾染任何仇恨的思想,那是害人的毒药;我们美好的大革命就是被这种仇恨毁灭的……告诉孩子,他爸爸至少是尽其所能地不让自己心怀仇恨!要让他爱国!……亲爱的,如果我爱孩子胜于爱你们,请你们原谅!不过,我爱你们是远胜于爱我自己的。

伊丽莎白　啊!你不爱我!你爱我必须胜过一切,光胜过爱你自己是不够的!

勒　巴　(微笑着)这还不够?

伊丽莎白　(拥抱他)我要的是全部!啊!这个把你从我身边夺走的祖国,我恨她!……

勒　巴　不,我的朋友,如果你爱我,你就得好好地爱国！因为,祖国就是我,就是你,就是我们所爱的一切,就是我们所梦想的一切,我们不在了,祖国还在。祖国并不像人们说的那样,是我们的母亲,祖国是我们的孩子。

伊丽莎白　祖国是我们钟爱的孩子！对,去保卫他吧！我也一样,我也要去保卫他！

〔圣茹斯特上,——他来到勒巴身后,把手搭在勒巴的肩上。

圣茹斯特　朋友,走吧！

勒　巴　圣茹斯特！……你也一样,监狱也不接受你！

圣茹斯特　是的,命运迫近了。既然我们没能把命运掌握在自己手里,我们就得跟着命运的脚步走。

勒　巴　命运要把我们带到哪里去呢?

圣茹斯特　人一旦被命运牵着走,多一半就完蛋了。

勒　巴　咱们就不能把命运的缰绳再夺回来吗?

〔市政厅的大钟敲响了十一点。

圣茹斯特　午夜之前就能看到结果。永别了,亨利埃塔。不要觉得有什么遗憾！您看到了,我们剩下的时间已经不多。我没有幸福带给您。

亨利埃塔　我不抱怨。您有什么——不管是什么——我就要什么。您有的东西,您不能阻止我在永生中和您分享。

圣茹斯特　那就拿去分享吧！您有这个资格。原谅我曾经想过不要您和这件事情沾边。

〔他深情地注视着亨利埃塔的眼睛,久久地注视着,突然之间,他热烈地亲吻她,接着就头也不回地走了。

〔勒巴挣脱伊丽莎白的拥抱,也跟着圣茹斯特走了。顷刻之间,两个人就消失在人群中,剩下两个年轻女人孤零零地站在那里。亨利埃塔全身颤抖,呆呆的,双手抱肩,激动得喘不过气,两眼迷茫,失神落魄。——伊丽莎白挽起她的臂膀。

伊丽莎白　亨利埃塔！……亲爱的，回回神吧！嘿嘿！……这么一来，得由我领着你了……

〔伊丽莎白拖着亨利埃塔朝码头走去，亨利埃塔连说话的力气都没有了。

人群的声音　（又七嘴八舌地说开了）

我们待在广场上干什么呀？

开拔吗？

是要休息吧？

没接到命令。

科菲纳尔跟那个醉鬼到哪儿去了？

他们进了市政厅。

他们把我们撂在这儿了，也不知道往哪儿去！……

要在这儿待一宿还是怎么的？……

博物馆区的人已经接到他们区的命令，撤回。公社不同意他们回去。不过，我看到他们都一个个从广场上溜了。

只要西蒙转过脸去，我也溜之乎也。

〔说这话的人正想溜。

西　蒙　（叫住了他）哎！说你呢，你要去哪儿？入列！

那个想溜的人　我要尿尿。

西　蒙　就在原地尿！

想溜的人　我怕羞。

西　蒙　旺多姆区的人什么都不怕！还怕羞？

想溜的人　可是，西蒙，让我们在广场上这么戳着有什么用啊？什么事也没发生。谁也没干什么。就算有事情要发生，我们到街角的咖啡馆里去等着，不是更好吗？我嗓子都冒烟了。

西　蒙　到喷泉那里去！像昂里奥那样，把脑袋扎到泉水里！

想溜的人　（鄙夷地）水不是给人准备的。

西　蒙　那是给谁准备的呢？

想溜的人　是饮牲口的。

〔舞台深处出现骚动的人群，传来杂乱的声音，有欢呼声，有嘘声。

西　蒙　（转过身去想看个究竟）那边出什么事啦？

有个人说　是罗伯斯庇尔到了！

另一个人说　晚了点儿！不过他总算下了决心！

西　蒙　他们嚷嚷什么呢？

〔西蒙忘记了他下的命令，分开人群去看从这里经过的罗伯斯庇尔。罗伯斯庇尔没看到，他本人也一时不见了踪影。

桑普罗尼于斯　快！机不可失！……我可要溜了……我受够了，老婆在等我，我回家啦……

〔桑普罗尼于斯溜了。

西皮翁　我得去喝一杯。

〔西皮翁也溜了。

伊巴密浓达　我跟你一起去……

〔伊巴密浓达正想溜，西蒙回来，一眼就发现少了几个人。

西　蒙　都谁溜了？……桑普罗尼于斯……还有西皮翁！……啊！这些混蛋，你得不错眼珠地盯着他们……你，伊巴密浓达，我逮着你啦，入列！你们就不害臊？

〔传来嘈杂的喊叫声。

有个人问　他们嚷嚷什么呢？

西　蒙　人真是贱骨头。他们生而为奴隶，还要像奴隶一样死去。想解放他们，那是浪费时间！

有个人问　你跟谁这么过不去啊？

西　蒙　罗伯斯庇尔经过的时候，有一些混蛋工人非但不为他欢呼，还冲着他喊："打倒最高价格法①！打倒缺德的最高价格法！"……

① 指一七九三年制定的价格统制法。

还冲他吹口哨！他们不关心自由。他们念念不忘的只有工资！

有个人说　可总得吃饭吧！

西　蒙　嗨！省着点嘛，妈的！为了取得伟大战争的胜利，为了幸福，勒紧点儿裤腰带也值啊！可是你们连这一点儿都做不到。为了几张信用卷，你们能把未来给卖了！

从码头跑来个人　西蒙，西蒙！来了两队国民公会的人马，一队从码头过来，一队从圣奥诺雷街过来。带队的是布尔东和弗雷龙，总头目是巴拉斯。

西　蒙　咱们迎上去！你们，植物园区的无套裤汉，在埃皮纳街、瓦纳里街和塔纳里街会合处构筑街垒！你们，天文台区的，守住市政厅的各门！旺多姆区的，咱们从码头这边迎着他们冲过去！

〔整个队伍分成三股，各自朝指定的地点走去。

〔码头这边发生了冲突。一群人在混乱中退了回来。

退回来的人群　他们来了！他们来了！

过不去了！

快！咱们从这边跑！

西　蒙　（一边制止人群逃跑）你们在什么地方碰上他们的？

有个人回答　在奥尚热桥附近。

西　蒙　谁是他们的指挥？

〔有个人回答："莱昂纳尔·布尔东。走在前头的是格拉维里耶区的人。"

西　蒙　这是一帮破了产的叛徒！——你手里拿的是什么？

〔西蒙从那人手里夺过一张传单。

被夺了传单的人　西蒙，那你就看看吧！这是他们刚刚贴到墙上的。他们正在街角上打着鼓大声念呢！

西　蒙　（急急忙忙地念着）巴黎郡通告：兹宣布昂里奥、弗勒里奥－莱斯科、罗伯斯庇尔和公社不受法律保护……——那好，你给我闭嘴！不许对其他人说一个字！……现在，咱们就去让他们这帮人不受法律保护!

〔亨利埃塔和伊丽莎白上,跑得上气不接下气。

西　蒙　小妹妹,你们在这儿呀!……我还以为你们在家里呢!

亨利埃塔　我们是被赶回来的。去码头的路被封锁了。

西　蒙　快!从科基耶街和韦尔内里街走,回家去!一分钟都不能再耽搁!……我现在照顾不了你们。亨利埃塔,你最乖,你要管好伊丽莎白,快跑!

〔西蒙朝码头方向跑,追赶队伍。

伊丽莎白　我害怕!我害怕!啊!亨利埃塔,那些拿枪的都是什么人啊?

亨利埃塔　是国民公会的部队。

伊丽莎白　那三个佩着绶带在马上大声吆喝的家伙呢?……

亨利埃塔　我认出来了,是布尔东、巴拉斯和弗雷龙……

伊丽莎白　都像着了魔似的,一副凶神恶煞的样子。他们喊什么呢?

亨利埃塔　不知道……

伊丽莎白　我听见了咱们亲人的名字……都说了他们些什么啊?

亨利埃塔　不知道……

伊丽莎白　他们喊:"不受法律保护!"这话是什么意思?

亨利埃塔　不知道……

伊丽莎白　你知道,你知道……告诉我!

亨利埃塔　走,我们不应该停下!

伊丽莎白　"不受法律保护!"这句话是什么意思啊?

有个人　(路过这里,听到了伊丽莎白的话)大姐,这就等于说:"可以活埋了!"

伊丽莎白　(叫了一声)啊!我不想走了!……不,不,我不走了……我要去跟咱们的人待在一起!……

亨利埃塔　(拉着她)我们应该照他们的意思办。他们命令我们回家。我们没有权利不服从他们。

有个人 （跑着）赶快，从蒂桑德里街跑！圣梅里十字路口刚刚被掐断！

亨利埃塔 （拉着伊丽莎白）咱们跑吧！你还有孩子呢！得救孩子……

〔两个人从舞台深处左侧下。

〔广场上一下子变得空无一人。下起雨来。

科菲纳尔的炮兵们 （仰着头）

嘿，天漏了！

等这场雨等了好久了！

天上的水桶漏了。

真想仰着脸躺下喝个痛快！

不，那样不好，为了让嗓子觉得痛快，我更喜欢另一种桶。

〔一道闪电，紧跟着是一个炸雷。

最高主宰放屁了嘿！

那个该死的罗伯斯庇尔在为最高主宰打炮呢！

嗨，都要淋湿了！避避雨怎么样？

不能把炮留在这儿吧！

坐在那边小酒馆的角落里，一样能看着。雨冲洗大炮的时候，咱们自己也冲冲！

〔炮兵们朝右手的几个咖啡馆方向走去。天全黑了。

科菲纳尔 （从市政厅出来）我的兵都哪儿去了？……啊！他妈的！……（他追上了走在最后的几个人，抓住了一两个）讨厌的猪猡！你往哪儿跑？还不给我回来！

一个炮兵 可是，下雨了啊！

科菲纳尔 下雨你就觉得不自在了？真他妈没用！你怕雨水把你冲化了呀？（他回头对跟在身后的一个军官高声说道）看不见了，他们趁着夜色跑了。广场里黑洞洞的，……让人把大楼正面的灯打开！（那个军官跑了回去，一会儿市政厅正面的灯就都亮了。不过,灯一亮,广场就更显得空空荡荡。暴雨如注。砖地闪闪发亮。科菲纳尔往左右看了看)这些家伙都跑了,像耗子似的……我要把他们都从窝里掏出来!

〔他跟着他们朝小酒馆方向跑去。

〔这时,坐在轮椅上的库东冒着倾盆大雨飞快地来到广场,他两只手紧握着轮椅的摇把,飞快地转动着,发出嘎嘎的响声。他上身前倾,紧咬牙关。一边一个宪兵(米龙和雅瓦尔)跟在他身边跑着,边跑边喊:“当心!……当心!……”空中响起一声炸雷。库东的轮椅要停在市政厅的台阶前,上面是二楼亮着灯的大窗子。凌晨一点的钟声响了。

第五场

〔市政厅内,平等小厅里。热月九日至十日夜,一点到两点之间,暴雨过后。

〔罗伯斯庇尔居中,坐在公社执行委员会的桌子前面,一边是市长弗勒里奥·莱斯科,一边是公社检察官帕扬。罗伯斯庇尔对面,桌子的另一边,轮椅上坐着刚刚来到的库东①,奥古斯丁·罗伯斯庇尔站在哥哥身后,低头看着手里的文件。圣茹斯特坐在桌子的一头,对讨论的事情好像有点心不在焉。勒巴站起来,撩起开向广场的窗子的窗帘,看了看被照得亮堂堂的广场。——他们在二楼,在照明灯的上面。

〔所有的窗子都开着,能听到雨水流淌的声音。大家都贪婪地深深地吸着气,衣服扣子都解开了。一个个疲乏得要命。

〔下面是公社执行委员会的几个人之间的对话,不包括罗伯

① 罗伯斯庇尔面对观众,库东背对观众,或者斜对着观众。

斯庇尔、圣茹斯特和库东。

下雨了！……总算下了雨！……真是甘露啊！

可以喘口气了！……

正是，这时候才感觉到一整天是多么疲劳！……

顶不住了！……人都要趴下了……就在这儿躺会儿！……爱怎么着怎么着吧！……

不，那可不行，得坚持住！

就睡一个小时！……只睡一刻钟！……

一分钟都不行！要不你就得完蛋，再也醒不了啦！

奥古斯丁 （俯身向哥哥）哎，马克西米连，拖得时间太长了，得签了。

弗勒里奥－莱斯科 巴黎正从我们手上滑落。我们在浪费时间。

帕 扬 晚上十点，四十八个区里的二十七个区的警察局长在我们这里，他们是来接受命令的。给他们下命令，得你在这儿才行。我们等了你俩钟头。他们等得不耐烦，就都走了。

勒 巴 （站在窗子旁边）广场空了，雨把人浇散了。（朝圣茹斯特走过去）圣茹斯特，市政厅已经没人守卫。大炮被炮兵们扔了。来，跟我一起去查看一下防御情况吧！

圣茹斯特 （一动不动）没用。进攻才是最好的防守。

勒 巴 那怎么办？

圣茹斯特 太晚了。

帕 扬 （对罗伯斯庇尔）我们封锁了几个可疑区的指挥部，博物馆区的，人权区的。昂里奥竟连那些人都没看住，都跑了。

弗勒里奥－莱斯科 我们没能把巴黎圣母院的大钟敲响，西岱区的人不让敲，我们一再要求也没用。马克西米连，只有的你的名字能把巴黎民众发动起来。签发文告吧！发表演说吧！

奥古斯丁 签吧！告民众书……

库 东 光这个不够！光这个已经不够了！……下点雨就把营地扔了跑掉，算什么民众啊？……要向军队发表声明！

罗伯斯庇尔　绝不！我绝不会把共和国交到军事独裁手里。

库　东　反对外国侵略的时候，共和国不曾拒绝由将军们来保卫自己。

罗伯斯庇尔　一旦让军队介入国内斗争，共和国就完了。

库　东　如果我们让共和国完蛋，共和国就肯定非完蛋不可。

〔库东的身体猛地痉挛了一下。

勒　巴　（朝库东走过去）你怎么了？

库　东　我吃不消了。我恶心，头疼得就像有人拿着锤子敲似的。我眼睛模糊了……唉，整个人像散了架似的！

奥古斯丁　（冲着哥哥）首先要取得胜利！……签署告民众书吧！

罗伯斯庇尔　用谁的名义？

弗勒里奥－莱斯科　用你的名义！

罗伯斯庇尔　我只是共和国的一个仆人，同国民公会的三百人一起代表共和国。此外我什么都不是！

奥古斯丁　好哇，那就用国民公会的名义！

罗伯斯庇尔　国民公会已经寿终正寝，没人能让它死而复生了。

勒　巴　那就用法兰西人民的名义！

罗伯斯庇尔　人民才能这么说，我们不行！

勒　巴　我们就是人民！

罗伯斯庇尔　光是我们，不够。

库　东　（缓过来了）我在里昂经历过比这更糟糕的形势，但我挺过来了。必须下定决心，以迅雷不及掩耳之势发动攻击。我准备好了。公社号召我们走出监狱的时候，我抵制的时间比你们谁都长。我当时认为，现在仍然认为，我们自动进入非法程序，在策略上是个严重错误。可是，主意一旦拿定，就要义无反顾，就得竭尽全力将行动进行到底，不能半途而废。既然国民公会已经宣布我们为不受法律保护的人，就必须把国民公会手里的法律砸碎。愿意的，就跟着我走！我，一个瘫痪的人，一个失去双腿的人，我要求带领爱国者和科菲纳尔的炮兵进攻国民公会！

奥古斯丁·罗伯斯庇尔　我跟着你，走！

帕　扬　我们要带领忠于公社的各区的人一起走，天文台区的，植物园区的……

勒　巴　该你说话了，圣茹斯特！你怎么不说话？

圣茹斯特　我来这里不是为了说话，而是……

勒　巴　……为了行动？

圣茹斯特　不是为了行动，勒巴。是为了牺牲。行动的时机过了。你们当时没意识到应该抓住时机，或者是不想那么做。我们已经让人家解除了武装。

库　东　圣茹斯特，这事你也有责任！四天前，你签署命令，把巴黎几支忠于我们也最能打仗的部队，调到了北方前线。

圣茹斯特　这事我承认。我承认，我曾经想求助于人的诚实。我当时认为，应该在救国委员会里做最后一次努力，在敌对双方之间达成一项协议。这项协议，无论是他们还是我们，都没有遵守。在签署这项协议的时候，我本人也没抱多大幻想。但那是最后的手段了，因为你们谁都不愿承受采取唯一能挽救共和国的措施所必须承受的耻辱。

库　东　什么措施？

圣茹斯特　独裁。我们本该像遭遇困境的古罗马那样，把一切权力，民事权力和军事权力，都交到一个人手上，这个人要让自己成为共和国的一把利剑。只要求你们给他几个月，也许是几个星期，以便铲除阴谋集团这个百头水怪，冲垮阻挡革命洪流的堤坝。任务完成之后，革命洪流又奔腾向前，这个人就会将那把血污的利剑交还给你们，你们再把它毁掉。

罗伯斯庇尔　不！只要我还有一口气，任何人，不管他多可靠，都别想碰古罗马独裁的束棒[1]！即使他是行动之后自愿放弃权力的辛辛

① 束棒是古罗马执政官的权力标志，里面捆着一把突出的利斧。

纳图斯[1]也不行，共和国和民族会因为曾经允许对其主权进行可耻的伤害而蒙羞。

库　东　（得到勒巴、奥古斯丁和帕扬的支持）那就向国家的主人……向民众！……发出呼吁……靠武装起义抗击敌人！

罗伯斯庇尔　我不相信武装起义。

奥古斯丁　去年你相信过。

罗伯斯庇尔　我不再相信了。

库　东　反对吉伦特派的时候，你是第一批站出来号召武装起义的。

罗伯斯庇尔　今天不比当年。

奥古斯丁　什么东西变了？

罗伯斯庇尔　一切都变了。那个时候，在大革命最活跃的力量之间，即在马拉、丹东和埃贝尔之间，是有默契的……可今天呢，举目四顾，还敢这么说吗？我们成了孤家寡人！

库　东　这都是些大逆不道的废话！难道还非得把丹东和埃贝尔保留下来不成？

罗伯斯庇尔　那是不可能的。如果事情要重做一次，我还会那么做。

库　东　但你现在对这件事感到遗憾了？

罗伯斯庇尔　我一直觉得遗憾。他们这样的人竟然变成了给革命造成重大损失的人，这是个灾难。而此时此刻，又得对像比洛、像巴雷尔、像卡尔诺这样的真诚共和主义者开战……

库　东　向所有恨你的人开战！……

罗伯斯庇尔　也是我恨的人。

库　东　马克西米连，今天晚上你成了福音书派的人了！……

罗伯斯庇尔　我爱共和国胜于爱自己。我也清楚地知道，死的每一个人都是无法弥补的，流的是共和国最宝贵的血。若不是我认为这些狂热分子在毁坏共和国，我可能会感到悔恨。不过，如果现在

---

① 古罗马将军。在罗马军队被蛮族围困时，元老院起用了他，让他当执政官领兵驰援。他只当了十六天执政官，得胜回朝，即解甲归田。

必须再进行这样一场兄弟相残的斗争，那也只有在国民公会的“正派人士”中寻求到支持的条件下才有可能进行……我寻求过这种支持，可是没有找到。那些“正派人士”拒绝了我伸出去的手。他们背叛了我。今天，我们能依靠什么？能依靠谁？圣茹斯特说得对。独裁是唯一手段。——但我们不想独裁。我们若实行独裁，等于自己否定自己。

圣茹斯特　我理解你，马克西米连，我要向你表示敬意。我们至少得保护自己后世的名声。

库　东　只有成为胜利者，我们才能保住后世的名声。你可以确信，马克西米连，还有你，圣茹斯特，如果你倒了，你将遗臭万年。

罗伯斯庇尔　这我知道，库东。他们会诋毁我。历史是成功者的卑怯奴仆。

圣茹斯特　诋毁过后，必有公正！公正终将出现。几个世纪过去之后，公正现身的时间一定会到来。在未来幸福自由的人类眼里，化为灰烬的我们，必定是神圣的。

库　东　失败者没有未来。

圣茹斯特　我永远不可能成为一个失败者。像我们这种为了自由不惜牺牲一切的人，他们可以夺走我们的生命，但无法消除我们轰轰烈烈的牺牲——牺牲使我们摆脱了束缚——所造成的影响，也无法消除我们留在后世和天地之间的那种独立不羁的精神。[1]

弗勒里奥·莱斯科　圣茹斯特在坟墓里的独立不羁保不保得住，对我们来说并不重要。我们要拯救的是他的生命。一息尚存，我们都要保卫他的生命。马克西米连，对于你，我们至死不渝。你无权退出战斗。你应该签署告人民书。

罗伯斯庇尔　这样做无济于事。

帕扬和奥古斯丁　签吧！

---

① 这是圣茹斯特的原话。

勒　巴　（转身走向窗子，向广场张望）这些是什么人？——（是谁的人？）——他们从空无一人的广场上过来了……（对正走进来的科菲纳尔）科菲纳尔！

科菲纳尔　（什么也没看）一切顺利。我们的部队是好的。我让他们凉快了一会儿。行动之前，差的只是说好了要增加的援军还没到。签字吧，罗伯斯庇尔！

勒　巴　（还站在窗子旁边）他们正向大楼梯走过来。（面向来到窗前的圣茹斯特）……看，圣茹斯特！你认识这些人吗？

圣茹斯特　认识不认识有什么关系？让我呼吸点儿夜里潮湿的空气吧！

勒　巴　我很久没见过你的额头眉眼像现在这个样子，平静，几乎可以说是幸福。

圣茹斯特　我现在确实幸福。朋友，我从生活的深渊里走出来了。

勒　巴　我不幸福。我还要在生活的深渊里坚持，全身心地坚持。

圣茹斯特　那你就去品味最后的时刻吧！这夜色很快就会遭到污染，这美好的宁静很快就会打破。

勒　巴　我品味不成了……我感到极度不安……他们进来了……他们在上楼……圣茹斯特，听！……来的是谁？

〔门开了，终于拿起笔来签署告人民书的罗伯斯庇尔和围绕着他的那一群人，连头都没回。

〔布尔东出现在门口，身后是一队宪兵。

布尔东　（朝一个年轻宪兵指着罗伯斯庇尔）这就是那个叛徒！开枪，梅尔达！

〔那个年轻宪兵朝罗伯斯庇尔开了一枪。

〔罗伯斯庇尔应声趴下，脸贴着桌子。围着他的人纷纷站了起来。

科菲纳尔　（朝布尔东跑过去，掐住了他的喉咙）啊！你这个恶棍！

〔宪兵们跑着进到厅里，跟弗勒里奥·莱斯科和帕扬动起手来。奥古斯丁·罗伯斯庇尔想跳窗户逃走。大桌子旁边只剩下被朋友们扔下的罗伯斯庇尔和库东,罗伯斯庇尔倒在血泊里,对面是被朋友们扔下、自己不能不能动弹的库东。库东朝对着人喊“带我走!”,但没人理他。他想站起来,一下子倒在了地上(栏杆旁边)。布尔东的人踩他,然后把他像一捆东西似的提起来,从大厅的门口能看到,他们把他扔到了楼梯上。一直站在窗子旁边的圣茹斯特只是朝他背过脸去,没有别的动作。他眼睁睁地看着早已预见到的命运降临。勒巴朝桌子走了几步,然后又回过头朝他走来。

勒　巴　他们把他杀了!共和国完了……他既然死了,我也不活了……永别了,兄弟!

〔他朝自己开了一枪。

〔圣茹斯特抓住他,把他抱在怀里。

圣茹斯特　永别了,勒巴!……你现在自由了!你解脱了……但我没有这个权利。还剩下一段最艰难的路要走。没有了你,我将独自去走……睡吧,兄弟,我羡慕你。

〔圣茹斯特充满爱怜地把勒巴放到地板上。

布尔东　(拉起罗伯斯庇尔的头)他没死!——但他会死的。

宪兵梅尔达　(一个来自农村的年轻人,惹人注目,心高气傲,他用手揪着小胡子,讥笑地凝视着被他打得血肉模糊的罗伯斯庇尔,然后一拍胸脯)我瞄得很准!……咱叫梅尔达!

布尔东　(转向梅尔达,拍了拍他肩膀,装腔作势地)梅尔达,这下子你可名垂青史了!

〔罗伯斯庇尔在一片咒骂声中被放倒在桌子上,圣茹斯特朝他走过去。宪兵们把圣茹斯特拦下,不让他走近,还把他的手捆起来。

圣茹斯特　(跟躺在桌子上的罗伯斯庇尔交换了个眼色)老师,我在这儿……坚持住!……

第 六 场

〔热月十日(7 月 28 日)晨。

〔杜伊勒里宫,平等楼内,救国委员会的接见厅,受了伤的罗伯斯庇尔已经被抬到这里。从正面可以看到他躺在一张路易十五时代的桌子上,桌子带着个镀金的盾形纹章铜牌。他头枕着个弹药箱。他大睁着眼,眼珠像定住了似的一动不动。他嘴里有个白色的小皮袋子,是止血用的,小袋子很快就变红了。圣茹斯特坐在离罗伯斯庇尔几步远的地方,目不斜视,一脸疲惫,没打领带,衣领被撕破了。——远处,大厅的角落里,坐着迪马(演出的时候,迪马可以换成前一场里的弗勒里奥·莱斯科)和帕扬。——正面墙上,在罗伯斯庇尔躺着的桌子上方,赫然挂着宪法条文(或《人权宣言》)。

〔大厅里站满了宪兵、国民自卫军士兵、炮兵、记者和出出进进的闲人和老百姓。

〔众人议论纷纷。

这人是叛徒头子!

这下子连动都不能动了!

应该把他像猫头鹰似的用钉子钉在国民公会的大门上!

瞧他那副肮脏嘴脸!

他一向以为自己很美。他一直在满是镜子和蜡烛的城堡里跟两三百裸体女人——就是平常所说的高级妓女——过着花天酒地的生活。

有人把被他逮捕的人的老婆和闺女送到他那儿去,他就说:“如果你想救他们,就得陪我睡觉!……”

当然,她们什么也救不了,既救不了他们的父亲和丈夫,也保不住她们的首饰……

他的城堡底下有地下室，是堆尸体用的。因为他打算杀死六千巴黎人……

这不可能！

千真万确。那个人（他指了指圣茹斯特）还让人用被他送上断头台的一个可怜姑娘的皮做了一条裤子呢！

啊！真是个魔鬼！……非活剥了他不可！……

〔宪兵们往外推着人群。

宪兵们　哎，哎，公民们！尊重点法律好不好？得按法律办事，不能谁想怎么着就怎么着。你们可以放心，法律会照顾这些家伙的，过不了今天晚上，他们就都得脑袋搬家。

一个人　光脑袋搬家可不够！

宪　兵　算了吧你！咱们可不是吃人的生番！

〔观众在第十三场雅各宾派集会上可能见过的为罗伯斯庇尔欢呼的人里有个人（甲）喊："让我看看！"

另一个人　（乙）我听说你认得他，对吧？

甲　不，不，我不认得他！……我跟大伙一样，只是看见过他……

〔罗伯斯庇尔盯了那个人一眼。那人慌忙转过身去，想溜。

乙　可我听说你是他朋友……

甲　瞎说。我不是他朋友，我发誓！

乙　如果你真不是他朋友，那你就往他脸上吐口唾沫！

甲　不是，我发誓！我吐。

〔他急忙穿过人群走开。

帕　扬　一群混蛋！我想起来了，我见过这个人。在雅各宾俱乐部，他给罗伯斯庇尔下跪……

迪　马　这个人保住了性命！我们都是傻瓜，连命都保不住了，而这都是为了他。（他指了指罗伯斯庇尔）我们的命也是被他弄丢的！为了保护他，我们完蛋了。可他竟不能自保，也保护不了我们！

他捆住我们的手脚。唉,要是照我说的干,何至于如此啊!

帕　扬　说这些没用,没有卖后悔药的。我们输了。我们完了。如果共和国不完,我们输了完了也还不算什么。再也没有希望。共和国完了。一切都完了。

迪　马　这么热,又这么尘土飞扬的,渴死了。(朝宪兵)伙计们,就是对要死的人,也不能连杯水都不给喝吧?

宪兵甲　我想给。不管是谁,都是人嘛!

〔他要去找水。

宪兵乙　(拦住他)等等,雷居吕!你有这个权利吗?

宪兵甲　有什么事我担着。我的职责是看守他们,不是虐待他们。

迪　马　拿两杯来!

帕　扬　要三杯!(他指了指一动不动的圣茹斯特。圣茹斯特自尊心太强,不会张嘴向人要什么,而且他正一门心思地想事,感觉不到渴)瞧瞧他!快不行了。他已经三宿没睡。他就那么僵直地坐在椅子上,从他嘴里没掏出一句话。他会突然之间倒下的。

迪　马　不会的,自尊心支撑着他呢!也只有自尊心能支撑他了。为了这种自尊心,他牺牲了一切,也牺牲了我们。只要能坚持到昂首阔步地走上断头台,他就什么都不在乎了。

帕　扬　能够这样,我觉得就很不错了!我喜欢这个年轻人,我怜惜他。

迪　马　你慈悲为怀,还能怜惜别人。我是只能自怜自爱了。

帕　扬　像我们这样最多还有五六个小时可活的人,还分什么你的我的呀!

迪　马　这倒是个理由!

〔那个叫雷居吕的宪兵拿来三杯水。帕扬向他指了指一动不动的圣茹斯特。

帕　扬　(关切地)喝吧,圣茹斯特!

〔圣茹斯特从全神贯注中回过神来,看了看帕扬,一句话没说，用眼神和他亲切地打了个招呼。

宪兵甲 （看了一眼罗伯斯庇尔，罗伯斯庇尔正用痉挛的手把染红的皮袋子团成团儿擦下颌）那边那个人要擦血没东西……（他在一个字纸篓里找到几张纸片，塞到罗伯斯庇尔手里，把皮袋子拿开）……哎，擦擦嘴！

宪兵乙 （把宪兵甲扔掉的袋子捡起来，仔细看了看）这上面写的是什么呀？（念）“致伟大的君主……”啊！有证据了，这可是阴谋的罪证啊！他跟国王串通一气……

宪兵甲 什么呀，傻瓜！“大君号”，那是奥诺雷大街一个化妆品商店的招牌。

宪兵乙 你爱怎么说怎么说。上边写着呢：“君主”。（他一个字母一个字母地拼读着）我只知道，“君”的意思就是“国王”！

宪兵丙 是啊，如果这句话不是接头的暗号，他手上为什么恰好有这么个袋子呢？

宪兵甲 你总不会认为，这一宿，来来去去的，他手里一直拿着个化妆品店的袋子溜达吧？

宪兵乙 那你什么意思啊？

宪兵甲 依我说呀，是人家塞给他的。

宪兵乙 在哪儿塞给他的？谁塞给他的？

宪兵甲 在这儿。暗探塞给他的……（他指了指在周围晃来晃去的几个贼眉鼠眼的暗探）我刚才发现那边那个家伙……溜进来过……

宪兵丁 你最好装睁眼瞎，装哑巴……别招惹这帮暗探！

宪兵甲 没事！我不在乎……

宪兵乙 （固执地）我还是那句话，信我眼见的。那上边写着呢：“君主”，有个“君”字（他又拼读了一遍）。打倒卡佩王朝！

〔一群宪兵围过来，走到罗伯斯庇尔身边。

瞧瞧这个丑八怪！他在做鬼脸呢！陛下，您觉得不舒服吗？

〔罗伯斯庇尔的脸上此刻流露出痛苦的表情，为了掩饰痛苦，他闭上了眼睛。

〔这时,舞台转暗,升起淡红色的雾,接着又是黄色烟尘。烟幕中,真实画面被银幕上同一场景的画面取代:罗伯斯庇尔躺在桌子上,接着,脸的镜头推近,周围的一切都消失了,特写镜头上只能看到罗伯斯庇尔脸的上半部,因为痛苦,眼睛大睁着,整个银幕几乎被两只眼睛占满了……接着画面消失,舞台上一片漆黑,然后又突然亮起来。随后,罗伯斯庇尔的影像就在银幕上展开。

〔在罗伯斯庇尔的影像展开的时候,有个画外音做着简短的解说。那是罗伯庇尔的声音,梦幻般的,忧伤、缓慢而且有点单调。

画　面

1、天空灰蒙蒙的阿拉斯城;

2、姗姗来迟乍暖还寒的初春,嫩草;

3、在不断变幻着形态的几块雨云之间,闪动着几束冷光。太阳高悬,下起了初春的骤雨;

4、一条老街。一栋老屋;

5、一架老旧昏暗的灰色石阶楼梯里,老虎窗旁的石阶上,坐着一个六七岁男孩,身上戴着孝,头依墙壁,正在望着天上飘过的浮云;

6、在外省的一所老学校脏乱不堪的院子中,角落里有个十一二岁的少年,背靠着墙,在专心致志地读书,对周围同学的打闹嬉戏浑然不觉。

画外音

——童年的忧伤,

——老城的凄凉,

——没有双亲的冰冷家庭的凄惨,

——这孩子像卢梭一样,没有母亲……他生来就是不幸的……

——这孩子在书里寻找自己所缺少的人性的温暖……

画 面

在大路易中学一间寒冷的教室里，一个十八九岁的青年，没穿外衣，冻得瑟瑟发抖，一边看书，一边缝他那件胳膊肘磨破的衣服。——门开了，一位神职教师走进来。年轻人慌忙站起身来，显得十分尴尬，赶紧把他正在干的活计和正在看的书藏起来。神甫善意地笑了笑，装作什么也没看见。

画外音

贫穷，孤独，劳累……在大城市里当了十二年靠奖学金生活的学生，因为穷，衣服和鞋上都有窟窿，他甚至不能外出。有钱的年轻人瞧不起他。因为他是个贫困的优秀学生，校长们都以恩赐的态度相待，这让他感到羞辱。他们借给他一件新衣服，让他在国王经过学校门口的时候代表学校向国王陛下致意……

画 面

1、圣雅克大街，大路易中学校门前。可以看到山坡和正在往圣热那纳维耶芙山上爬的王室一行人。——身着节日盛装、感到浑身不自在的青年罗伯斯庇尔，迎着华丽的四轮马车车门，冒雨跪在街上，王室来的参观者令人厌恶的脸，出现在车门口……

2、四轮马车里，国王狼吞虎咽地吃着鸡翅，对在车外开始致颂词的罗伯斯庇尔连看都没看一眼。王后打着哈欠和坐在对面的朗巴勒公主说着挖苦人的话，公主斜着眼看跪在地上的罗伯斯庇尔，竟放肆地大笑起来。

3、还是在雨中的大街上。马车启程，溅了罗伯斯庇尔一身泥水，他手捧颂词稿站起身来——（还没念完）——满脸的羞愧和悲伤……马车渐行渐远，驶上了圣雅克大街……

4、这时，通过聚拢到舞台上的薄雾，可以看到断头机的侧影……

（这四幅画面没有一句解说词。无需解说。）

新画面

周围环境随即变得清晰起来。

天清气朗。埃尔蒙维尔，白杨岛。年轻的罗伯斯庇尔跪在装饰着骨灰瓮的让-雅克·卢梭墓前，——就像当年他跪在国王的四轮马车前一样，——但在这里，他所表达的是痛苦和敬仰。他额头抵着墓基。可以看到上面刻着的墓志铭：

长眠于此者是个热爱大自然和真理的人。

两棵参天大树遮护着坟墓。鸟儿在歌唱。

画外音

啊，让-雅克，我的恩师！我看到，人类的不公平使你黯然神伤，那忧愁就刻在你高贵的脸上。凝视着你，我明白了崇尚真理的高贵灵魂所要承受的苦难，轮到我时我也要把这种困难承当。在史无前例的大革命刚刚为我们开辟的危险路途上，我发誓要沿着你的神圣足迹，奋勇向前。

画　面

在跪着的年轻人身后，出现了让-雅克·卢梭的身影。他把手放在罗伯斯庇尔肩上，罗伯斯庇尔站起来，但没转过身去。

让-雅克的声音　不幸的人，你知道这条路要把你引向何方吗？

罗伯斯庇尔的声音　如果这条路把我引向你的那种苦难，我会感到庆幸，苦难是神圣的。如果我像你一样有着坚定的信念，确信自己一生想的都是为人类谋幸福，我就不会对人类的背信弃义和卑鄙无耻有丝毫的恐惧。

让-雅克的声音　最令人遗憾的事并不是人们对你的伤害。

罗伯斯庇尔的声音　那又是什么?

让-雅克的声音　对于一个像你这样的人来说,最令人遗憾的,是想为人类谋幸福,而给他们带来的却是灾难……

画　面

场景变了。

1、巴黎,武装的民众,圣安托万郊区的一条街道,街道尽头耸立着巴士底狱的城楼。喧嚣愤激的人流涌向巴士底狱。枪声大作,炮声隆隆。一片呐喊声……

人群怒吼着往前冲去。一支长矛尖上挂着个砍下来的人头……第三等级代表、三十岁左右的罗伯斯庇尔,身着燕尾服,正靠着一所房子的墙站着,看着眼前的景象,脸色苍白,深感恐惧。

2、立法议会大厅内。米拉波站在讲台上,刚刚结束演说。立法议会的人激情澎湃。议员们走来走去,三人一群两人一伙地大声争辩着。戴着大圆眼镜的阿拉斯年轻议员罗伯斯庇尔从凳子上站起来,笨拙而拘谨,没怎么引人注意。他怯生生地分开众人朝挤满了人的讲台走去,米拉波正从台阶上往下走。两人相遇时,米拉波把这位年轻议员从头到脚打量了一番。罗伯斯庇尔的样子像个教书先生,愣在那里,闪身让米拉波过去。米拉波看到他那副手足无措的样子,就拍拍他肩膀,并善意地把他朝讲台推了一下,然后自顾自地走开。罗伯斯庇尔来到讲台前,展开讲稿,咳嗽了一声,开始念稿子。可是,大厅里没一个人在听,大家都把身子转了过去。

3-4-5、在随后的三个画面上,背景的主题固执地一遍一遍重现:——远景被故意搞得模模糊糊、灰蒙蒙的,好像蒙了一层薄雾(罗伯斯庇尔是近视眼,大厅里的一切在他眼里都是不清晰的:人群涌动喧嚣,一些模模糊糊的人影脱离了人群,就像从旋涡中出来的一样，走近讲台），近景左边有个讲台。可以看到罗伯斯庇尔不屈不挠连续三次爬上讲台，但周围的人每次都不相同，气氛也有变化。

第二次，——罗伯斯庇尔一开始演讲，就有议员接二连三地站起来挖苦他；可以听见会场里的笑声，笑声似乎让演讲的人一时把要说的话都忘了。不过，他还是重拾话头，顽强地接着讲下去。

第三次，——议员圈子里的面孔，表情完全变了，严肃，专注，但充满敌意；而且可以看到，表现出来的是激烈的反对。不过，他讲话的时候，电影画面躲开了讲台后面的墙壁，对准了大街；通过电影画面可以看到左边远景上有一群人，有男有女，开始时稀稀拉拉，人越聚越多，最后成了黑压压一群，站在罗伯斯庇尔身后，像把讲台台基浸泡起来的海浪。

第四次，——在国民公会，对罗伯斯庇尔的愤怒爆发了。他在讲演，沉着镇定，非常自信，压制住了吉伦特派的喧嚣。可以看到，右边的人怒容满面，拳头高举，对讲演人做出种种威胁的手势。——而另一边，左边，民众拥了上来，站到讲台周围，通往讲台的台阶上是潮水般的民众——打着赤脚衣衫褴褛的穷苦民众。——到了最后，穷人手持梭镖上来了，舞台上站满了穷人的队伍，向罗伯斯庇尔发出欢呼。而压倒争吵的是民众有节奏的喊叫声：

——你是民众不知疲倦的哨兵！

——你是守夜的人！……

——你是穷人的保护者！

——你是使徒！穷苦人的朋友！

罗伯斯庇尔的声音　……穷人是地球的主宰……

民众的声音

——你是大无畏的人！

——你是清廉之士！

——你是平等的旗手！

——你是至高无上的民众的领袖！……

罗伯斯庇尔的声音　……只有民众才是至高无上的。现在的法国只剩下两个派别：民众和民众的敌人；只剩下两类人：穷人和被压迫民众的保护者，支持以不正当手段致富的人和嗜血贪财的暴君。这种分裂是当今存在于法国的真实情况。谁不站在民众一边，谁就是民众的敌人①。

画　面

1、现在是大街，是正在战神广场游行的民众，他们举着梭镖和旗帜，也举着请愿书。

2、战神广场，想把情愿书放到祖国祭坛上的代表团。拉法耶特的国民自卫队和巴伊的国民自卫队在广场上对峙。鼓声咚咚，一遍一遍地警告。

3、什么也看不见，但能听到枪声和被杀害民众的呼喊声。在罗伯斯庇尔经常待的雅各宾俱乐部大厅里能听到这些声音。

民众的声音　民众的敌人露出了狰狞面目。拉法耶特的布尔乔亚正在战神广场屠杀民众。罗伯斯庇尔正面临被暗杀的威胁。

罗伯斯庇尔的声音　我谴责富人，谴责布尔乔亚，布尔乔亚参加革命为的只是自身利益，而他们现在又主张停止革命进程。我谴责国民公会，国民公会背叛了民众，并下令杀害民众。我知道，我亲手磨快了上千把针对我的匕首。让死神来吧！死亡能把我解脱，让我看不到这桩桩罪恶！

民众的声音

① 见一七九三年五月八日在雅各宾俱乐部的演说。

——我们大家跟你一起去死！

——不！跟你在一起，我们将获胜！

画　面

1、大街。——在欢呼和鼓乐声中，头戴橡树叶桂冠的罗伯斯庇尔被举起来欢呼胜利。母亲们举起孩子让他祝福。年轻人从他面前经过的时候都举旗向他致意。

2、画面上有一辆大革命的彩车：彩车行进在一条大路上，正往高处爬行，前面是红彤彤的地平线，——彩车周围是无数的民众。一个漂亮女人坐在上面，她是共和国的象征，手持带有麦束的正义之剑。走在车旁的是国民公会的议员。第一个是罗伯斯庇尔，驾驭着拉车的马。在他身边的是圣茹斯特、勒巴、库东和救国委员会及公安委员会的各位委员。彩车两侧，梭镖、枪支、旗帜、写着宣传胜利文字的标牌林立。但是，在战斗的隆隆声和冲天的火光中，道路似乎时不时地被浓烟遮断；浓烟扑向游行队伍，把整个队伍都遮得看不见了……

若隐若现中，队伍渐渐变得稀疏；象征共和国的女人容貌也在变，她变得凶恶了，蓬头散发；她站起来了，血淋淋的，她挥舞利剑（麦束落地，被踩在脚下），像粗野的自由女神一样狂呼着。——沿途出现坟墓，——乱葬岗：——国王的，吉伦特派的，埃贝尔派的，丹东的……

彩车完全消失了……只剩下罗伯斯庇尔和一小群人还在赶路，两旁是沉默阴郁的民众，即罗伯斯庇尔忧心忡忡地想要依仗的民众。

罗伯斯庇尔的声音　（他向民众伸出手臂）啊，民众，我的民众，你们是我唯一的朋友！无论发生什么样的事，我们都要在一起！不管是幸还是不幸，不管是欢乐还是痛苦，不管是生还是死，我只想和你们在一起，别无所求！你们的友情和信任是我活下去的唯一理由。请保护这个理由！我是属于你们的。我为你们奋斗这么长时间了！如今黑夜即将降临，我已疲惫不堪，请不要离我而去！

民众的声音　我们不离开你。你到哪里我们就跟着你到哪里。

罗伯斯庇尔的声音　你们知道我要去哪里吗？

画　面

在像香榭丽舍大街一样越走越高的林荫道尽头，出现了——不是凯旋门——一台断头机……

突然，画面——全是梦境——消失，罗伯斯庇尔仍然躺在桌子上。他的周围，是不信任他的民众，喊叫着。

民众吼叫的声音　——送他上断头台！——还睡呢，你这个叛徒！——你醒醒吧！

〔罗伯斯庇尔的脸痉挛了一下。

〔圣茹斯特站起来，想看看他，但被围在桌子旁边凌辱罗伯斯庇尔的人群挡住了。

宪兵甲　（看了看他）唉，让一让，让这个人看看他的老师！

〔几个人闪了闪身，给圣茹斯特腾了个地方。圣茹斯特来到桌边，朝罗伯斯庇尔探过身去。两个人没说话，久久地对视着，目光里充满了友谊与忠诚……圣茹斯特直起身子，用眼神向罗伯斯庇尔指了指贴在他脑后墙上的布告[1]。

圣茹斯特　《人权宣言》……我们写的……《人权宣言》必胜。

第七场

〔一出民众戏剧的终场。

---

① 请参阅迪普莱西－贝尔洛的版画，那上面的罗伯斯庇尔抽搐了一下，想转身看看挂在头顶正上方的《人权宣言》。

〔同一天,热月十日(7月28日),晚上近六时。

〔革命广场(今之协和广场)。

〔靠近杜伊勒里宫花园平台的广场一角(今之里沃利大街一侧),舞台上的人物可以看到广场中间的断头机,但大厅里的观众看不到。

〔密密麻麻的人群,惶惶不安,全神贯注地观望着,——有的踮起来脚尖,有的把孩子扛在肩膀上。

〔离观众最近的一行人里有比洛、巴雷尔、马蒂厄·勒尼奥、巴贝夫,他们背靠着平台的墙,张望着,缄默不语,心情沉重。卡里耶紧张得都快喘不过气来了。离他们不远处,是梅让、科勒诺、混进救国委员会里的几个暗探和保皇党青年。

〔越过舞台,似乎是无边无际的人群,像海洋一样汹涌咆哮。大幕在突然响起的隆隆鼓声中拉开。鼓声响处,罗伯斯庇尔人头落地,随着刽子手的一声"嗨!",也在人群中引发一波浪潮……

人群里的声音　你听见狼嚎了吗?

卡里耶　(费了很大劲才说出话来)暴君的人头落地了!

〔梅让和保皇党青年那一伙人里传出声音来。

〔卡里耶让自己的声音盖过了他们。

〔广场上一片寂静。

〔勒尼奥、比洛把头低了下去,不敢看。

勒尼奥　(心情沉重地)走吧!比洛。

比　洛　(心情沉重地)结束了?

周围的人接过话茬

——没结束,还有一个呢!

——是谁?

——圣茹斯特。

——他会说话吗?

——已经十五个小时了,他连嘴都没张……

〔一时鸦雀无声,绝对的寂静,寂静得让人喉咙发紧。接着,又是一声“嗨!”,没有任何别的声音。

科勒诺　账结清了。

梅　让　(看着比洛、勒尼奥和另外几个人)不,还没结清,账本还没合上呢!

〔他朝巴贝夫走过去。巴贝夫为了避开广场上的情景,已经转过身去。

梅　让　巴贝夫,给你道喜了!从监狱里出来这八天,你是一天都没浪费啊!

巴贝夫　(惊愕地申诉道)不,不,这不是我干的!……

马蒂厄·勒尼奥　是我们干的,我们大伙,还有你,巴贝夫,我们刚刚干了一件自我毁灭的事。

〔突然之间,一直神色迷离、没有开腔的比洛两手抱头冲向人群,他想跑。

马蒂厄·勒尼奥　(拉住比洛的胳膊)别走,比洛,这不是逃跑的时候……你听听他们在说什么!……集合!

〔人群像涌动的潮水……吼声,尖叫声,乐器奏出来的舞曲,狂喜的胜利歌声,这一切使人立刻又昂起了头,表现出一种慑人心魄的激昂情绪。梅让的便衣和保皇党青年潮水般地向雅各宾派的大人物冲过去,那些人都本能地聚在了广场的一角。

发了狂似的人群　(在雅各宾派的人面前顿时停住了脚步)

——还有这些人呢!

——他们也得上断头台!

——断头机向他们招手呢!

——把他们吊到电线杆子上去!

〔转瞬之间,一群热月党的大人物走到一起,像一块孤立的岩石,被人海冲击着。转瞬之间,这群人又集合起来,抵御着凶猛的波涛;波涛对他们进行着猛烈的攻击,猛烈之中让人感到有一种恐惧,一种对无法挽救的既成事实的恐惧。热月党人和人群在疯狂地对骂。

马蒂厄·勒尼奥 (大叫着)当心!敌人进入了广场!

比　洛　大革命处于危急之中……到这里来,科洛!……巴雷尔!……到这里来,富歇!……

巴贝夫　雅各宾派的人,马拉派的人,到这里来!工人民众,到这里来!

巴雷尔 (看见几个士兵,就朝他们打了个手势)共和国的士兵们,跟我们来!

士兵们 (在充满敌意的人群里为自己打开一条通路)我们跟着你,巴雷尔!……(他们粗暴地推搡着那些保皇党青年)——往后退,你们这些流氓,国王的走狗!……我们把敌人赶出了国境。我们不会让敌人占领我们的巴黎!

奥　什 (出现在他们中间,走过去站到雅各宾派的那几个大人物身边)我是奥什。我是从监狱出来的。我在那里见到了把我投入监狱的圣茹斯特。我拥抱了他。我们都太爱共和国了,爱到相互猜忌的地步。可是,眼下共和国受到威胁,我们又团结一致来保卫共和国了!

马蒂厄·勒尼奥 (高高地站在众人身后一个高台边上呼吁)不管是活着的还是死去的,我们是浑然一体……马拉,出来吧!从坟墓里出来回到我们身边吧!(正在吼叫着的人群听到这种招魂的话,停下来不吼了。在这种既兴奋又有些虚幻的气氛中,勒尼奥接着说道)……沙利耶,勒佩勒捷,回到我们身边来吧!韦尼奥,回到我们身边来吧!埃贝尔,回到我们身边来吧!肖梅特,回到我们身边来吧!丹东,回到我们身边来吧!圣茹斯特、罗伯斯庇尔,回到我们身边来吧!

梅　让　你们已经把他们都杀死了!

勒尼奥　这些死去的人是属于我们的!他们活在战斗中。只要战斗还在继续,他们就会仍然站在岗位上。不朽的大革命是属于我们的!

比　洛　让我们为大革命去死!

奥　什　大革命必胜!

马蒂厄·勒尼奥　全世界的民众,未来的时代,都在我们这边,都属于我们!

奥　什　前进!

巴贝夫　全世界的民众都来了,他们来了!我听到了他们的脚步声!……

马蒂厄·勒尼奥　他们来了!

〔奥什起头唱《马赛曲》。——我希望达吕斯·米约或是奥纳热那样的作曲家能在《马赛曲》的基础上,谱写出一支音调铿锵的《国际歌》,欢快有力,充满激情,青出于蓝而胜于蓝,将《马赛曲》涵盖、包容。

〔尾声应该出现在一种由雅各宾派要人这支精锐部队造成的如梦似幻的激情氛围之中;聚集在勒尼奥、奥什、比洛和巴贝夫的周围的雅各宾派的要员,居高临下地俯视着退回去的喧嚣人群,但人群正在聚集,准备再次扑向他们。

全剧终

青史自有公论

在这出戏里，一如我在写系列革命剧的其他剧本时所做的那样，更多的是专注于人物性格的神似，而不是具体事件的一丝不苟。但在这出戏里，我对事件的一丝不苟，却比写其他任何剧本时都更加关注。因此，我希望历史的真实面貌在《罗伯斯庇尔》里得到忠实的再现，比《丹东》里的更忠实；《丹东》出书太早，再现大革命历史的大量探讨当时还没有出现。

与历史事实不符的情节，我采用的不多，且都不是关键性的，一共有两处，涉及的是奥什和巴贝夫。——一七九四年五月二十二日奥什不可能出现在王宫，因为在那之前他早已被关在监狱里。身为摩泽尔军团司令的奥什，正在蒂翁维尔准备发起新的战役远征德国时，于一七九四年三月十日被茹尔丹取代并被调往意大利军团。他于三月十八日从蒂翁维尔出发，途径尼斯，一到尼斯即被逮捕，并在严密的看管下被押解到巴黎。逮捕他的命令是科洛和卡尔诺签署的。四月十一日，奥什被收入加尔默监狱。他从监狱里写信给罗伯斯庇尔，显示出他对保住罗伯斯庇尔的尊严比保住自己的性命更加关注。可是，富基叶－丹维尔把那封信截下了，罗伯斯庇尔没有看到。奥什直到热月十七日才走出监狱——并非我说的热月十日。

至于巴贝夫，他是因为盗用公款于雾月二十四日（1793 年 11 月 14 日）被投进监狱、檣月三十日（1794 年 7 月 18 日）获释的。最近的几位为巴贝夫写传记的作者，也都未能对他获释后到热月九日之间这十天里的活动作出交代。——不过,在猛烈的狂风吹打之下,他这个乱转的风向标,这时却转而疯狂地反对"残忍的"马克西米连,那个不久之前他还大加赞赏、热月之后他最终服膺的人。巴贝夫历尽苦难,饱尝艰辛,比大革命中任何一位伟人经历的苦难都多;他最有资格为受蒙蔽的贫苦民众争取权利,却反反复复地被一帮野心家玩弄于鼓掌之上。这帮野心家是:前圣多明哥种植园主、绰号"美洲佬"的富尼耶,投机倒把分子加兰,面包商、伪君子居弗鲁瓦议员,等等。巴贝夫对社会问题看法深刻,而且具有悲天悯人的情怀,但在心理上又罕见地目光短浅。他注定了要失败。

* * *

我试图将法国大革命最后几个月——一七九四年四月至七月——(因为,热月九日之后,大革命就死了,热月党人把大革命杀死了)里这场梦幻般的悲剧准确地勾勒出来。

罗伯斯庇尔掌控了整个的大革命,不仅靠他廉正的品格,也靠他清醒的智慧和对民众事业始终不渝的勤奋。对我们来说,这一点今天已经变得十分清楚。

这一点,连他的敌人——那些杀害他的人,热月阴谋的头头们——在灾难发生以后都是痛苦地承认了的。下面这些话就是那些惴惴不安的幽灵说的:

一年之后,为人公正廉洁的比洛-瓦雷纳也不得不为自己的错误付出代价。他被流放到法属圭亚那首府卡宴,继而又被发配到海地,并于一八一九年死在那里。他写道:

"那天,我们实在是大错特错了!……大革命失败于热月九日。从那以后,我无数次地悔恨,悔恨那天逞一时之怒行事!我们为什么就不能把那些不合时宜的激情[①]和所有庸人自扰的担忧丢掉呢?……一切革命的不幸都在于,你必须尽快地采取行动,来不及研究,只能完

① 在其他场合说到这种情感的时候,他诅咒说那是一种"可怕的怨恨"。

全凭着热情行动，深恐不能行动，我的意思是，深恐看着自己的思想付之东流……如果丹东、罗伯斯庇尔和卡米耶一直团结一致，就不可能有雾月十八日的政变。”

被流放的巴雷尔对达维德·德·安热说过：

“我思考过这个人（罗伯斯庇尔），发现他的主导思想是建立共和政府……我们不了解他，他具有伟大人物的气质，后世必将视其为伟人……他是个纯粹的人，完美无缺的人，一个真正的共和主义者。”

一八一五年被流放的瓦狄埃，上路之前把一个朋友叫到跟前，对他说：

“热月九日的事，你就原谅我吧！”

在布鲁塞尔，他常常痛苦地重复这样一句话：

“我们不了解罗伯斯庇尔，我们杀害了他。”

九十二岁那年，他宣布：“除去低估了罗伯斯庇尔，我这一生没做过别的值得自责的事。”

卡尔诺说：

“热月九日我们杀害罗伯斯庇尔的时候，以为只是杀了个罗伯斯庇尔。我于无意之中帮了几个恶棍的忙。那天我为什么没和那些恶棍一起完蛋啊！如果我们完蛋了，自由还能存在下去！”

勒让德尔说：

“罗伯斯庇尔！请不要在我面前提他的名字！对我们来说，这是一件追悔莫及的事：杀害他的时候，山岳派正处于云山雾罩之中。”

处于弥留之际的苏贝尔比耶勒说：

“罗伯斯庇尔是大革命的良心。他们把他杀了，因为他们不了解他。”

梅兰·德·蒂翁维尔说：

“罗伯斯庇尔是个热情似火的爱国者;他跟我一样爱国,可能比我更爱国。”

连逮捕罗伯斯庇尔的布尔东、想要手刃罗伯斯庇尔的勒库安特、阿马尔和蒂里奥,也都为自己的错误进行了忏悔。

甚至是巴拉斯,连他都在自己回忆录的注释里承认罗伯斯庇尔伟大,而且认为,罗伯斯庇尔倒台,是因为他无所畏惧地致力于反对恐怖政策、恢复大革命的中正原则。

有了这么多由杀害他的人提供的证词,最终重新审视罗伯斯庇尔的动机,怎么还要等一个多世纪呢?——而且,现在真的是在重新审视吗?——尽管有拉马丁的善意预见,有阿梅尔的狂热信仰,有马蒂耶及其学派的人废寝忘食地搜集史料,重新审视罗伯斯庇尔的工作却并未着手进行。大革命的这位伟人在法国至今还没有一座雕像;(必须建一座赎罪的纪念堂!)还没有任何一届共和国政府敢于要求纪念他。十分明显,共和国敌人的怨尤从来就没有平息过。我一直在想,在朋友们认识到他罕见的伟大之前,罗伯斯庇尔的丰功伟绩要靠敌人的敏锐嗅觉来反证。

但我也不会让自己把罗伯斯庇尔理想化。聪明的巴雷尔早就看到,说“他的自负、多疑和对同事们不公正的猜忌把他毁了。这是个很大的不幸……”

我要补充的是,一七九四年的罗伯斯庇尔已经不再是一七八九年到一七九三年的罗伯斯庇尔。在我看来,立法议会时期那个头脑清醒无所畏惧的反对派罗伯斯庇尔,是最伟大的,达到了顶峰。他那时是民众的真正代表,为民众带来了光明。——可是,革命消耗人;他身体孱弱,肩负的任务却是超出凡人能力的。他能坚持到一七九四年七月,是个奇迹。一七九三年五月二十九日他在雅各宾俱乐部就说过,"四年的革命已经把我搞得筋疲力尽"。五月三十一日和六月十二日的起义之后,他在雅各宾俱乐部"承认了自己的不足",说"我已经没有了粉碎贵族阴谋所必需的精力。我被四年艰苦但无成效的工作搞得筋疲力尽,体力和精力都不行了,已经达不到大革命的要求,所以我宣布辞职"。——他的辞职没被接受,而在其后恐怖政策被提上"日程"的那可怕的几个月里,他的工作比以往任何时候都紧张。一七九四年二月五日在国民公会发表反对丹东派和埃贝尔派的演说之后,劳累过度的罗伯斯庇尔不得不把工作完全停下来;从二月九日到三月十二日,他没在雅各宾俱乐部露过面,也没在国民公会露过面。但是,接着他又拖着带病之身参加了风月二十二日(三月十二日)的会议,以便在会上通过圣茹斯特所作的报告。那个针对丹东派和埃贝尔派的报告,结论冷酷无情;埃贝尔分子当天夜里即被逮捕,阴谋被粉碎。——他在一七九四年五月说过:"那些艰苦的工作有时把我搞得十分倦怠疲惫,对这种情况,给些宽容吧!"

这种无休止的紧张和由紧张造成的精疲力竭,在很大程度上加深了他那种病态的怀疑和悲观情绪。

一七九三年六月十四日他在雅各宾俱乐部说:"我可以保证,我是大革命以来出现的爱国者中最多疑最忧伤的爱国者之一。"他目光如炬,洞悉侵蚀着国民公会的贪腐与背叛。根深蒂固的悲观主义早在一七九二年十二月就让他说出了这样的话:"具有美德的人在人世间从来都是少数。"他的悲观主义日益严重。印度公司的那场官司为他揭示了那些他一向认为是真诚的共和主义者的无耻下流。从那时起,他就看到了大革命的失败。但他还是坚持斗争到底,因为他的悲观主义从来不妨碍他行动;他对天天在变化着的行动的相关性和可能性也有着极深刻的洞察力。但他缺乏不可动摇的坚定性,没有他的理性绝对主义带给圣茹斯特的英雄悲观主义的那种坚定性。那是因为圣茹斯特"立足于未来",他现在的悲观主义就成了一种远期的乐观主义。不过,罗伯斯庇尔对未来和现在是否一样悲观,就不能肯定了。罗伯斯庇尔抱有严格的禁欲主义。医治禁欲主义的良药是逃避,躲到卢梭的神即神意中去;逃避使他变得非常孤独,因为他在身边得不到回应。他太孤独了,甚至脱离了圣茹斯特和库东那样的最忠实的朋友。由于他不能肯定他们是否赞成他的某些做法,他就不跟他们商量,而是让他们面对既成事实。圣茹斯特和库东之间也不再那么默契,两个人也都是分头行动,各行其是。热月九日,这三个人彼此脱离,互不关照。不过,出于一种忠诚的道义,他们接受了相同的判决,又使他们在死亡和不朽中紧密地团结到一起。

天才的圣茹斯特善于创造夸大的字眼;提到罗伯斯庇尔的时候,他用的就是这样的字眼:"一个不得不与人隔绝和与己分离的人,他立足于未来。"

罗伯斯庇尔经历过悲惨的"与人隔绝",——任何场合都比不上在民众中间那样令他伤心欲绝,民众与他演讲时说的话和他公开表明的信仰是歇斯底里式地相通的,——但他知道,民众第二天就会背叛他。他"与己分离"就更困难了。只有圣茹斯特能在激情燃烧的行动中像《吉塔》里的年轻英雄一样奋力解脱。他受到一种强烈意识的激发,想与"也许会把我们引向始料所不及的结局的事态发展"认同——(因为我借罗伯斯庇尔之口说的这句话是他说的),想与主宰人类历史的法则认同。圣茹斯特能有这样不可思议的感悟,得益于他对大自然的深切感受,——饶勒斯在其风月二十三日(1794 年 3 月 12 日)发表的演说里抓住了这一点,——这是一种直觉的浪漫主义,像闪电一样划过他话语中经常有的模糊观念。这位年轻英雄尚被晨雾笼罩着的短暂一生,在他倒下去的时候,即大放光芒。

罗曼·罗兰

一九三九年元旦

哥拉·布勒尼翁
皮埃尔和吕丝

[法] 罗曼·罗兰 著
许渊冲 罗旭 译
艾珉 主编

罗曼·罗兰
第七卷

人民文学出版社

译本前言

正如卢那察尔斯基所说，罗曼·罗兰（1866—1944）不仅是个艺术家，而且是思想家（尽管卢那察尔斯基认为他作为思想家还不够“伟大”）。而思想家在他的艺术作品中不管把自己的意图隐藏得多深，也决不是没有命题和理论的。

综观罗曼·罗兰的全部作品，可说是在用心浇铸一种坚毅乐观、顽强向上的个性，一种永远不向生活低头，永远不屈不挠地在生活中搏斗，排除一切障碍奔向未来的灵魂，一种永远有所追求的强有力的灵魂。他也许不能改变环境，却有力量抵御环境对他的侵袭与腐蚀；他也许在追求中屡遭挫败，但他毕生战斗，永不停步。这样，在他生命终了之时，即使未能把握（作者认为也不可能把握）人类的最高真理，灵魂也能达到宁静和谐的完美境界。罗曼·罗兰在种种不同类型不同气质的躯壳中，注入了同一类型的意志坚强、头脑健全且富有创造力的灵魂。克利斯朵夫、安乃德、哥拉，都属于这种灵魂。

罗曼·罗兰是贝多芬的崇拜者，他的全部艺术创作都像贝多芬的第五交响乐一样，用来表现人与命运的搏斗。在罗曼·罗兰看来，生命的美就在于搏斗，在于追求；一个美丽的生命好比一阕雄壮的交响乐，各种不同的旋律和节奏构成一个个跌宕起伏的乐章、一组组错综复杂的矛盾统一体，最后达到高度完美的和谐。罗曼·罗兰认为，不论现实多么丑恶，人总还有力量支配自己；不论环境多么令人失望，人总不应该放弃希望;人的生命既是短促的,就应该尽可能活得有价值,尽可能有所前进,有所建树,而不应虚度一生。因此,他明确宣布了自己写作的目的:“我的首要职责,在于将人从虚无中抢救出来,在于不惜代价地给人灌输魅力、信念与英雄主义。”

自从启蒙时代思想家鼓吹的“理性”王国在实践中化为以金钱为杠杆的唯利是图社会,资产阶级的英雄理想也已日渐泯灭了。如果说十九世纪上半期的法国作家身上,还程度不同地保留着资产阶级上升时期的锐气和进取精神,作品中充满了激情和鞭辟入里的批判力量,那么十九世纪末期的作家,似乎已被这看不到尽头的庸俗生活耗尽了精力,剩下来的只是一种与外部世界格格不入,而又深感无能为力的苦涩心情。在第一次世界大战前后,普遍存在的悲观情绪已形成整整一代知识分子的精神危机,对现状的不满和对前途的绝望导致文坛上颓靡之风盛行。达达主义、超现实主义、未来主义、表现主义等形形色色的现代文学流派,就是这种精神危机的反映。

在这样一种文学氛围中,罗曼·罗兰的作品好比奇峰突起,独树一帜,倡导了一种自强不息的积极的人生观。这在当时,真好比打开窗子,让一个闷热的、使人疲软无力的房间吹进一股清凉的风,使人们的精神为之一振。以法国人那种倾向于轻松诙谐的天性,罗曼·罗兰这种严肃的、有时夹杂过多说教的鸿篇巨制竟能成为举国闻名的畅销书,决不是一件可以小视的事情。

从罗曼·罗兰的著述中可以看出,他对资本主义世界并不比现代派的作家怀有更多幻想,他在这个社会中体验到的窒息感,也许比其他人更甚。请看他曾以怎样的激情呼唤:“快打开窗子吧!让自由流通的空气吹进来!”他的好友茨威格曾经深刻地剖析了他灵魂深处悲观和乐观两种相反的基调:“他愿意将乐观情绪传达给别人,将悲观的苦水留给自己;悲观是他天生的性格,同时他的智慧、思想、意志、毅力,却竭力和悲观的气质作斗争,使悲观的情绪不得外露、不得抬头。”罗曼·罗兰的可贵之处,正是他不仅能战胜自己内心的悲观倾向,还以他的全部艺术来唤起人们对自身力量的信心,使人们在苦难中振作起来,和不幸的命运作斗争,努力做一个“无愧于人的称号的人”。他全部创作的命题就是表现那种能战胜环境、克服障碍,坚定地朝既定目标前进的“伟大心灵”的成长过程。

所以罗曼·罗兰要求自己的艺术主要用于刻画人的心灵。他称得上是刻画心灵的大师,如果说,代表十九世纪现实主义传统的巴尔扎克将他的全部注意力用于研究社会风俗史,那么罗曼·罗兰则是将他毕生的精力用于研究人们的心灵(当然是指那些“伟大的心灵”)的历史;而且正像巴尔扎克自称为法国社会的“秘书”一样,罗曼·罗兰声称他只是他笔下那些人物的“思想记录者”。罗曼·罗兰并不刻意描绘外部世界的细节,也不在意作品的故事性或人物对话的生动与否,而是不厌其烦地表现人物内心生活的细小波澜。他在《母与子》序言中强调:“人们总把一生中发生的事写成故事,其实不然,真正的生活是内心生活。”很少有人能像他那样,将一个人的内心生活剖析得如此透彻、细腻,写得如此丰富、复杂,可又是那样惊人的朴素和真实。这显然是因为作者和他的人物已经在一起生活了很长时间,人物的一言一行和全部心灵早已酝酿成熟。书中人物虽然不是罗曼·罗兰自身,却概括了他在生活中的各种体验和感受。人物所未能达到的高度,正是作家自己未能达到的高度。

罗曼·罗兰是二十世纪法国杰出的小说家、剧作家、传记作家和政论家。他生活在欧洲帝国主义国家间疯狂争夺殖民地,各国工人运动及殖民地半殖民地民族解放运动蓬勃发展的时代。法国各社会阶层中的剧烈动荡,对罗曼·罗兰的思想和创作必然产生巨大影响。他毕生都在和资产阶级文坛的庸俗趣味及颓废倾向作斗争。力图在作品中塑造具有高尚情操并富有理想与热情的“英雄性格”,以振奋法兰西的民族精神,改善社会的道德面貌。在这一思想的推动下,他创作了一系列以法国资产阶级革命为题材的革命戏剧(1903—1938)、以英雄传略为主题的名人传记以及著名的《约翰·克利斯朵夫》和《母与子》(原译《欣悦的灵魂》)。

罗曼·罗兰的小说创作主要是两部长河小说:《约翰·克利斯朵夫》和《母与子》。除此仅有一部中长篇和一部中篇。

中长篇小说《哥拉·布勒尼翁》写得轻松活泼,幽默俏皮,在罗曼·罗兰的作品中别具一格。书中主人公哥拉·布勒尼翁是高卢民族精神的化身,作者在这个象征性人物身上,集中了法国人民的优秀品质和典型的性格特征。他聪明、机智、正直、勇敢,饱经忧患,历尽艰辛,对生活却永远保持积极、乐观的态度。

和其他人一样,哥拉这一生并非处处顺风顺水,他经受过种种挫折,几乎死于瘟疫,且无辜地被烧毁了房子,失去了奋斗终生攒下的全部财产。然而他从未怨天尤人,萎靡不振,反而抖擞精神,继续带领乡邻与坏人坏事作斗争。甚至摩拳擦掌,试图凭一己之力恢复家业。作者运用纯粹法国式的幽默和健全理性,讽刺了一切作威作福的寄生者;抨击了以掠夺为目的的非正义争斗;嘲笑了各种宗教偏见和偶像崇拜;始终以挑战态度和积极进取精神对待一切困难、险阻或打击,并以此歌颂"人"自身和人民群众中蕴藏的智慧和力量。

表面看来,哥拉不过是一介平民,并无什么宏图大志,更无惊天地、泣鬼神的英雄业绩。然而罗曼·罗兰所刻画和歌颂的英雄,恰恰不是那些叱咤风云的群众领袖或名满全球的大伟人,甚至算不上生活中的"胜利者",至多不过是在各自的行业中有所建树的人(何况他所强调的,还不是这些建树本身),一些貌似普通,却坚毅果敢,自强不息,具有百折不挠精神的人。这种人坚持不懈地循着自己选定的道路前进。不管遇到何种困难或挫折,都从不气馁,永远保持自己一贯的信念和人格的尊严。他不屈从于强权,也不盲目地随大流,但他们肯定具有一种内在的强大生命力和顽强意志,在任何逆境中都能坚持前行。在罗曼·罗兰看来,这才是大灾大难压不垮的真正英雄气质。

在作者心目中,生命不息,战斗不止,在和命运的搏斗中达到心灵的和谐,这就是人力所能求得的"至高无上的真理",也就是罗曼·罗兰全部创作的基调。《约翰·克利斯朵夫》是如此,《名人传》是如此,连嘻嘻哈哈、貌似轻松的《哥拉·布勒尼翁》也是如此。罗曼·罗兰在种种不同类型不同气质的躯壳中,注入了同一类型的意志坚强、头脑健全且富有创造力的灵魂。

《哥拉·布勒尼翁》于一九一八年一战结束时出版,实际上是作者战前完成的最后一部小说。和他战前写的其他作品一样,小说的主旨是表现人,表现人的英雄品格和无坚不摧的意志力量。这里的"人",显然是"个人",特别是那些出类拔萃的人。

不言而喻,直到第一次世界大战,罗曼·罗兰塑造的主人公基本上都是些独立不羁的"个人",他们具有坚强的意志和旺盛的生命力。然而他们的理想抱负和高尚情操还不可能越出人格的独立和道德上的自我完善。但是作为一个尚未建立更高的社会理想的知识分子,奉行这种有所作为的人生观,比起精神颓唐、消极无为,毕竟会产生更为积极的社会效应,更有利于争取社会进步的斗争。我们也许有理由责备罗曼·罗兰宣扬了个人奋斗,但奋斗总比不奋斗于人类有益。在人类社会还没有发展到更高级的阶段时,不可能要求每个人都做到将个人与集体融为一体,但事实上,任何真正的成就都不会仅仅属于个人。从个人的理想愿望出发而对人类作出贡献的,历史上不乏其人;相反,从来不事奋斗,却能够被称为"胸中充满公众利益"的,古今中外找不出一个。我们也许有理由责备罗曼·罗兰宣扬了精神人格的独立不羁,然而这种独立不羁原本无可非议,即使对无产阶级政党而言,保留一些独立见解似乎也没有必要一概加以指责。

当然,罗曼·罗兰也好,他所塑造的人物也好,都是有弱点、有矛盾、有错误的,但正如作者自己所说:"不管有理还是没理,他们是真实的存在。"既是存在便有他存在的理由,我们无法要求在不同环境中长大的人都按同一模式思想或生活,只能鼓励人们在自己的生命旅程中努力寻求真理;应该允许人们有个探索真理的过程,而不能要求他不假思索地、无条件地接受旁人恩赐的"真理"。

作为个人,罗曼·罗兰笔下的“伟大心灵”对社会的贡献当然是有限的,但也应看到,他们正像那些永不静止的河流,从一个狭窄的山谷出发,顽强地冲破一切障碍,奔向广阔无垠的大海。一个真诚、正直、向往光明的灵魂,不管经历多少痛苦的曲折,终将达到真理的顶峰。谁能否认罗曼·罗兰在反对帝国主义战争中,曾表现出惊人的胆识和远见呢。

罗曼·罗兰在精神上也曾经历曲折漫长的前进过程,第一次世界大战的爆发对他的震动正是他觉醒的开始。成为他思想发展的一个契机。一九一四年,他发表了著名的论文集《超乎混乱之上》,谴责与反对帝国主义战争,标志着他思想的飞跃。中篇小说《皮埃尔和吕丝》恰是他这一思想转折的形象反映。作品写于一九一八年,文中故事也发生在一九一八年,恰是对这次大战的结语。小说描写了一对年轻人纯洁而热烈的初恋之情。故事在大炮和炸弹的轰鸣声中展开,青年人的青春梦想、清纯爱情以及种种善良美好的愿望,处处与丑恶残酷的战争现实相对立。尽管皮埃尔对战争充满抵触和反感,但迫于情势,也不能不时刻准备应召入伍。

最后,这一对稚嫩的小青年,竟在战争结束前夕死于轰炸。正在他们遐思与向往天国的时刻,却双双葬身在教堂的穹顶之下。他们简单的身世和经历,竟成为对整个帝国主义战争的强烈控诉。

第一次世界大战以后出现在罗曼·罗兰作品中的人物,和他战前塑造的人物尽管基本特点一致,但显然有所不同。如《母与子》中的安乃德,虽则和克利斯朵夫、哥拉等人一样,始终意志坚定、人格独立、奋斗终生、从不畏难。却开始跳出“个人”的圈子、站在历史的高度思考社会现实问题,且追随着儿子玛克,从一名心灵伟大的“个人”悄然向“社会人”转化。《皮埃尔和吕丝》的故事则反映了这一“转化”的开端。

艾　珉

二〇一四年十月二十五日

目　次

哥拉·布勒尼翁

许渊冲 译
鲍文蔚 校

献给高卢的圣马丁，
保佑克拉默西的圣徒

圣马丁喝了好酒，
就让水向磨坊流。
（十六世纪的俗话）

战后的序言

这本书在战前已经全部付印，准备问世，我现在不作任何更改。哥拉·布勒尼翁的子孙们刚用鲜血写下了史诗①，成了英雄和牺牲者，这篇史诗向圣世界证明了“好好先生还活着呢”②。

光荣而疲惫的欧洲人民，在擦干了手上的血污时，我相信，会在“我们这只受狼和牧羊人两面夹攻的羔羊”③发表的感想中，发现一些道理。

罗曼·罗兰

一九一八年十一月

① 史诗指第一次世界大战。

② “好好先生”指哥拉·布勒尼翁。布勒尼翁从瘟疫中死里逃生的故事，请看本书第七章“瘟疫”。

③ 狼指土匪，牧羊人指官兵，羔羊指老百姓，这只羔羊指哥拉·布勒尼翁，请参看本书第二章“围城”。

告读者

“约翰·克利斯朵夫”的读者一定没有预料到这本新书。这本书不但出乎他们的意料,也出乎我的意料。

我原来准备着别的作品——一个剧本和一部小说,题材是近代的,气氛有点《约翰·克利斯朵夫》的悲剧性。突然,我却不得不抛开一切做好了的笔记,准备好了的场面,来写这部前一天都没有梦想到的,相当轻松的作品……

这部作品对约翰·克利斯朵夫的盔甲十年来的束缚是一种反抗,那副盔甲本来是按照我的身材做的,后来却把我束缚得太紧了。我感到不可抑制地需要高卢人的轻松愉快;是的,甚至要放肆不敬。同时,这次回到了我少年时代以后一直没有再见的故乡,使我重新接触到内韦尔省勃艮第的土地,唤醒了我以为已经长眠在心中的过去,和我血肉中所有的哥拉·布勒尼翁。我非替他们说几句话不可。这些欢喜说话的家伙生前话还没有说够哩!他们趁着子孙中有一个幸运地有了写作才能(他们总是羡慕这种才能),就要我做他们的秘书。我尽管多方拒绝他们说:

“老爷爷,你们也有过该你们说话的时候!现在该让我说话了。每个人都该有轮到的时候呀!”

但没有用。他们反驳说:

“孩子,等我说完了你再说吧。首先,你并没有什么更有趣的好讲。你坐下来,听着,不要漏掉一句话……得了,我的好孩子,帮你的老爷爷做这件事吧!等你到了我们的地步,你就会明白……死了以后,最痛苦的,你知道,就是不能说话……”

有什么办法呢?我只好让步,把他们口述的写了下来。

现在,写完了,我又自由了(至少我自己认为是这样)。我要继续写自己的思想,除非又有一个欢喜说话的老祖宗打主意从坟墓里跑出来,要我给他的后代写信。

我不敢相信和我的哥拉·布勒尼翁做伴会使读者像作者一样愉快。不过,无论如何,读者应该看清楚这本书的本来面目,它非常坦白,非常直率,没有改造世界或者解释世界的抱负,不谈政治,不谈形而上学,只是一本“纯粹法国风格”的书,书中对生活嬉笑,是因为生活美好,书本身也健康。总而言之,正如圣女贞德①(在一个高卢故事开始的时候,不可避免要提到她的名字)所说的,朋友们,“乐观点吧”……

罗曼·罗兰

一九一四年五月

① 圣女贞德是十五世纪法国民族女英雄,带领民众打退了英国侵略军,后来被擒烧死。

一　圣烛节[①]的百灵鸟

二月二日

感谢圣马丁[②]！生意不行了。费力气也没用。我这辈子操劳够了。消遣消遣吧。我现在坐在桌子面前，右边一瓶酒，左边一瓶墨水；面前打开着的一本漂亮的、全新的本子，在欢迎我。我的好孩子[③]，为你的健康喝一杯，咱们来谈谈吧！楼下，我的老婆在大发雷霆。外面，北风呼号，战云密布。让它们去吧。我的好宝贝，我的大肚皮[④]，咱们俩面对面待着多么快活！……(我在对你讲话哩，我通红的醉脸、怪里怪气、笑眯眯的、像歪戴帽子似的、斜长着勃艮第[⑤]长鼻子的醉脸……)请你说说看，当我再见到你，当我弯着腰，独自一人把我的老脸从上看到下，当我愉快地巡视着满脸的皱纹，往事从心的深处涌了上来，好像喝了一大口从我酒窖的底层(这是什么酒窖啊!)取出来的陈年老酒，这时我体验到多么奇妙的乐趣？这样幻想一番倒也不难，

① 圣烛节，二月二日，天主教纪念圣母马利亚抱耶稣到圣殿去做祈祷的节日，参加节日的人都排队拿着蜡烛，所以叫圣烛节。

② 圣马丁，保佑哥拉·布勒尼翁故乡的圣徒。

③ ④ 我的好孩子，我的好宝贝，我的大肚皮，全指哥拉·布勒尼翁自己，这本书是用自言自语的日记体写的。

⑤ 勃艮第，法国从前的省名，产葡萄酒，哥拉·布勒尼翁的故乡在勃艮第省。

但是要写下来可不容易！……我哪里是在梦想？我的眼睛睁得挺大哩，鬓角上还起了皱折，平平静静，笑嘻嘻的；让别人空想去吧！我只讲我见过的，说过的和做过的……这不是发疯了吗？我为谁写？当然不是为了出名；我还不那么蠢，感谢上帝！我还有自知之明……为子孙吗？我所有的这些废纸十年之后还能剩下几张？我老婆看见纸就冒火，她找到就烧……那么为谁呢？——唉！为我自己。为自己快活。我不写真要闷死了。我真不愧为我祖父的孙子，他在睡觉之前，要不把他喝下几瓶酒和呕出几瓶酒都记下来，就睡不着觉。我也需要聊聊天；在克拉默西[1]斗嘴的时候，我还没有过足瘾。我一定得把压在心里的话吐出来，像那位替米达斯国王[2]理发的人那样。不过我不会保守秘密，万一被人听见，有给人当作传播异端邪说而被烧死的危险。但是管它呢！真是的！要不冒点风险，人也要闷死了。我喜欢像我们的大白牛那样，晚上反刍白天吃过的东西。把自己想到的、看到的、捡到的东西，拿来像吃的东西一样摸摸，捏捏，揉揉，这多惬意啊！匆匆忙忙只抓住飞跑的印象，没有时间来安安静静地欣赏，现在用嘴玩味玩味，尝尝，再尝尝，一面对自己讲，一面让它在舌尖上慢慢消溶，这多惬意啊！周游自己的小天地，对自己说："这是我的。在这里，我是独一无二的主人。天寒地冻，都拿它无可奈何。哪怕国王，教皇，战争，甚至我那喜欢骂人的老婆……"这多惬意啊！

现在，让我来给这个小天地算算账吧！

* * *

首先，我有我——这真是再好不过——我有我自己，哥拉·布勒

---

① 克拉默西，哥拉·布勒尼翁的故乡，就是作者罗曼·罗兰的故乡。

② 据希腊神话，米达斯国王得罪了天神阿波罗，天神使他长了一对驴耳朵。他怕别人知道，就把耳朵遮起；他的理发匠发现了这个秘密，忍不住嘴，只好把这个秘密埋在洞里；洞上长了一些芦苇，风一吹过，芦苇就会对过路的人说："米达斯国王长了驴耳朵！"

尼翁,勃艮第的老好人,做人随便,肚皮臃肿,年纪不轻,已经五十足岁,但是背还没驼,牙齿还咬得动,眼睛不花,耳朵不聋,头发虽然已经花白,还是紧紧地栽在头皮上,密密丛丛。我不说我不喜欢头发能变成金黄色的,也不说如果你能使我回到二十年前,或者三十年前,我反而不高兴。但是十个五年,毕竟不简单啊！小伙子,笑我吧。不过并不是谁想活五十岁就能活到五十岁的。你以为在这种时候,拖着一副臭皮囊,在法国的道路上走五十年不算一回事吗？……天呀！你知道我们背上晒过多少太阳,淋过多少雨,我的朋友！难道我们不是晒了又晒,淋了又淋吗！在这副上过硝的老皮囊里,我们装进了多少快乐和痛苦,恶作剧,穷开心,经验和错误,多少需要的和不需要的,情愿吃的和不愿吃的,生的和熟的,醉人的和刺人的东西,多少见过的,读过的,知道的,有过的,生活过的事物！这些东西都堆在我们的肚子里,乱七八糟！到里面搜索一番该多有趣！……且慢,我的哥拉！明天再搜索吧。要是今天开始,我可没个完……现在,还是把我所有的财物来开一张简单的清单吧。

我有一所房屋,一个老婆,四个儿子,一个女儿(已经出嫁了,谢天谢地),一个女婿(当然得有一个),十八个孙儿孙女,一头灰驴,一条狗,六只母鸡和一只猪。哈,我多么富足！把眼镜戴好,仔细看看我的财宝。谈到牲畜,说老实话,我只是凭记忆说说。因为打过仗了,兵士、敌人、朋友,都有死的。猪也腌的腌了,驴子跌跛了,酒窖的酒喝光了,鸡也杀的杀了。

但是老婆,我还有一个,天呀,我还确实有个老婆！你听她在叫喊。真不可能忘记我的幸福:这只凤凰,她属于我,我是她的主人！布勒尼翁这个坏蛋！大家都羡慕你……先生,如果有人想要她,你们只消对我说一声！……这是一个节俭、勤劳、诚实、朴素的女人,满脑子道德思想(这却不能把她喂胖,而我这个该死的罪人承认:比起七个有德的瘦子来,我还是更喜欢一个有罪的胖子……得了,不得已而求其次,有点道德也不错,因为这是上帝的意志)。嘿！她多活跃,我们这没有风韵的玛丽,满屋子只看见她瘦小的身子,寻东寻西,爬上爬下,咯吱咯吱,咕噜咕噜,怨天怨地,骂来骂去,从地窖到顶楼,把灰尘和安宁一起赶跑！我们结婚快三十年了。鬼知道怎么搞的！我呢,我本来喜欢另外一位,但那位瞧我不起;她呢,她倒对我有意,我可无意于她。她那时候还是一个头发赭黑,脸色苍白的小个子,两只厉害的眼睛恨不得把我活活吞下去,眼珠闪闪发光,仿佛是两颗滴得穿钢铁的水珠。她爱我,爱我爱得要死。她拼命追求我(男人真傻),我有点为了怜悯,有点为了虚荣,但大半还是因为不耐烦,想要摆脱她的纠缠(好巧妙的办法),就做了(因为躲雨而跳进水里的小丑),就做了她的丈夫。她呢,这个可爱的人儿却来报复了。报复什么？替她从前的单相思报仇。她要气得我暴跳如雷;至少她想这样;但是这点我倒不怕:我太喜欢安静,我也不那么傻,为了几句话就气得闷闷不乐。下雨的时候,我让天下雨。打雷的时候,我会哼小调。她叫的时候,我就笑。她怎么能不叫呢？难道我还敢妄想阻止她？这个女人！我并不希望她死。反正哪里有女人,哪里就不得安静。让她唱她的歌,我也唱我的。她干吗不设法闭住我的嘴(她才不这样做哩,她知道这样做不划算)？因为她自己的可以唧唧啁啁:各人有各人的音乐。

虽然如此,不管我们琴瑟调和不调和,我们依然演出了相当精彩的作品:一个女孩和四个男孩。他们都很结实,四肢齐全,我一点也没有偷工减料。但是,在这一窠鸡雏里,只有一只,我能完全认得出是我的种子,那是我的女儿玛玎,这个小浪妇,这个贱丫头！她给我添了多少麻烦,总算没出岔子,把她嫁出了大门！呜！她现在算是安静了！……但不要以为她是靠得住的;不过这不再是我的事。她叫我提心吊胆,东奔西跑,也忙够了。现在该轮到我的女婿,面包师傅佛洛里蒙,让他去小心门户吧！……我和她每次见面都要争吵,但是我们又比别人更加相投。好女儿,连胡闹时都有心眼,她又老实,只要老实能够使她快活:因为对于她,最坏的坏事就是使她烦闷的事。她不怕忙碌:忙碌就是斗争;斗争,那是快乐。她喜欢生活,知道什么是好的;她很像我:因为她是我的骨肉。只是我在制造她的时候,用血用得太多。

我制造男孩子可没这么成功。他们的母亲加入了她那一份,他们的性格就改变了:四个人里面,有两个是顽固的教徒,像他们的母亲一样,这还不算什么,偏偏他们属于两个敌对的派别。一个总和穿黑袍的教士,本堂神甫,假装虔诚的人混在一起;另一个却是新教徒。我也奇怪我怎么会养出这种混蛋来。第三个是兵士,老是打仗,到处游荡,我也不太清楚他在什么地方。至于老四呢,真是没出息,简直太没出息:一个小铺子的老板,无声无臭,像只绵羊;一想到他,我就打呵欠。我这家里父子女儿六个人,只有大家手里拿着叉子、围着餐桌坐的时候,我才看出我的种来。一上了桌,决没有人打瞌睡,大家同心一意;看起来也真洋洋大观,六个人,上下颚一齐动,双手同撕面包,不用井绳也不用轱辘,就把酒送下肚了。

谈完了动产,现在来谈谈房屋。它也是我的女儿。一砖一瓦,都是我盖起来的,并且不止一次,而是盖了三回,盖在懒洋洋、油腻、碧绿,吃饱了青草、泥土和粪便的渤洪河边。一进郊区,走过那道给水淹到肚皮、蹲着的矮脚狗似的桥,就到了我的家。正对岸,骄傲而轻盈地直立着圣马丁教堂的钟楼,教堂像穿了镶边的裙子,大门上绣了花,直立在又黑又陡,仿佛是上天堂去的古罗马①坡上。我的蜗居,我的矮屋子就坐落在城墙外面:于是人们每次从钟楼上看见郊外有个敌人而把城门关起时,敌人就到我家里来。虽然我喜欢谈天,这类拜访我还是尽量避免。我总是人溜掉,把钥匙留在门底下。但回来时,我既找不到钥匙,也找不到门:只剩下了四堵墙壁。于是我又重新修造。他们对我说:

"傻瓜!你在为敌人工作。抛弃你的小屋,住到城里来。那你就安全了。"

我回答说:

① 从渤洪郊区上教堂广场的坡子叫古罗马坡。——原注

"不要紧！我待在这里很好。"我晓得城墙后面更有保障。但在城墙后面看得见什么呢？只有城墙。那样我真要无聊死了。我还是喜欢自由自在。我要在不工作的时候能够躺在渤洪河畔，从我的小花园里瞧着平静的水中倒影，鱼儿吐到水面的气泡，在水底动荡的青丝草，我要能在那里垂钓，洗我的旧衣服，倒我的夜壶。还有，好歹我在这里也待了这么久；现在要换地方也太迟了。将来也不可能发生比过去更倒霉的事。房子，你们说还会再给拆掉。这很可能。我的好先生，我也不敢妄想盖好了就永垂不朽。但是天呀！我在那里扎了根，可不容易把我拔掉！房子我已经盖过两回，还可以再盖十回。并不是因为盖房子能解闷消愁。而是因为搬了家更会使我十倍的无聊。那我会像一个没有皮的身体。你们要另外给我一张更美、更白、更新的皮吗？它会在我身上起皱，或者我会使它裂口。别说了，我还是更喜欢自己原来的皮……

现在，总算一下：老婆、孩子、房屋；我不是巡视了一遍我的财产吗？……还剩下最精彩的一部分，我留来最后讲的，那是我的职业。我干的是圣安娜[①]保佑的行当，细木工。在送殡或迎神的仪仗队里，我举的旗杆上装饰着一把圆规，圆规下面有把竖琴，旗上还绣着耶稣的外婆在教女儿读书；小小的圣母马利亚虽然没有一只长统鞋那么高，已经很有风韵。我有小斧子、凿子、钻子做武器，手里拿着锯子，就在工作台上宰割节节疤疤的橡树和平平滑滑的胡桃木。我把它们做成什么？这要看我高兴……还要看主顾出钱多少。多少形状像睡美人[②]一般蜷缩着、堆积着，隐藏在树木中啊！而要唤醒林中的睡美人，只要她的情人深入到树林中去。但是我的刨子刨出来的美人并不是那种装模作样的女人。比起随便哪个意大利人雕塑的、既无前胸又无后臀

---

① 圣安娜，圣母马利亚的母亲，马利亚是耶稣的母亲，耶稣是上帝的儿子，所以圣安娜应该是耶稣的外婆。

② 睡美人，一位美丽的公主受洗礼的日子忘了请一位仙女，仙女就罚她长大了在森林中熟睡一百年，一直等到一位爱她的王子来森林中唤醒她。

的、瘦小的狄安娜[1]来，我还是更喜欢勃艮第丰满有力的、古铜色的家具，上面刻满了水果，仿佛一株果实累累的葡萄藤，我更喜欢一只美丽的大木柜和照于克·桑班师傅大胆而奇特的手法雕出来的雕花衣橱。我给房屋穿上木制的新装，镶上花边。我精心雕刻螺旋形楼梯的扶手；在墙壁上的适当地方嵌上宽阔而结实的家具，嵌得天衣无缝，仿佛长在墙树上的苹果。但最过瘾的、是能把我觉得特别可笑的东西描在草稿纸上，不管是一个动作，一个姿势，一道凹进去的腰杆，一个凸出来的胸脯，一些雕花的螺形柱头装饰，一个花环，一些滑稽人物，或者有时我灵机一动，就顺手把一个过路人的嘴脸刻在木板上。我为了自己开心，也是为了神甫开心，在蒙特亚教堂唱诗坛的板壁上刻下了（这，这是我的杰作）两个小市民对坐在桌前、围着一壶酒谈笑风生，碰杯取乐，还有两只狮子咆哮着争夺一根骨头。

喝了酒又工作，工作了又喝酒，多美的生活！……我到处碰到一些笨伯在抱怨。他们说我不该选这样的日子来歌颂生活，说这是个沉闷的时代……没有沉闷的时代，只有沉闷的人。幸而我不是这种人，谢天谢地。人们不是在你抢我夺？打得你死我活吗？将来也会是这个老样子。我敢发誓，四百年后我们的孙子曾孙还会同样疯狂地互相抓头发咬鼻子的。我不敢说他们不会发明四十种新的打架方式，打得比我们更高明。但是我敢断定他们不会发明新的喝酒方式，并且敢向他们挑战，看谁比我更会喝酒！……谁知道这些可笑的家伙四百年后要做些什么？也许有了默东教士[2]的仙草，那神奇的苎麻，他们可能去参观月球、雷池和雨闸，住到天宫里去和天神碰杯喝酒……那太好了，我也要和他们同去。难道他们不是我的种子，不是从我肚子里出来的吗？你们繁殖去吧，我的小乖乖！我呢，我还是待在老地方更加可靠。谁能担保四个世纪以后，酒的味道还是一样的好？

我老婆责备我太喜欢大吃大喝。我什么也不嫌弃。我喜欢一切

---

① 狄安娜，罗马神话里的猎神。

② 指法国十六世纪大作家，《巨人传》的作者拉伯雷。

好的东西,好菜,好酒,美好的肉欲的欢乐生活,并且我喜欢一面幻想,一面享受更甜蜜的、温柔得像天鹅绒般的欢乐生活,我喜欢这无为而无不为的神仙岁月!——(人是世界的主人,年轻,美丽,征服了世界,改造了大地,会使草木生长,能和树木、野兽、天神谈心。)——而我更喜欢你、我的老伙伴,你永不会背叛我,我的朋友,我的阿卡特[①],我的工作!手里拿着工具,站在工作台前,锯着、砍着、刨着、削着、截着、拴着、锉着、捻着、捣着这又好看又结实、又顽强又驯服的木料,多有趣啊!又滑又腻的胡桃木在我手下颤抖,仿佛是仙女的背脊,金发森林女神的粉红色肉体、黑发森林女神的金黄色肉体裸露出来,仿佛是被斧头把她们身上的轻纱削掉了,这多么有趣啊!准确的手、伶俐的指头多么高兴,粗大的手指做出了细致的艺术品!主宰自然的心灵多么高兴,它在木头上、钢铁上或者石头上,刻下了它的千变万化、却又有条不紊的崇高幻想!我感到我是个幻想国的国王。田地给我长肉,葡萄园给我长血。树液的精灵为了我的雕刻艺术,也使我将要抚摩的树木的美丽四肢,长得又长又大,又胖又直,又光又滑。我的双手是一对驯服的工人,它们服从我的师傅、我的伙伴,那就是我的脑子的指挥,而脑子又服从我,我的梦想高兴做什么,脑子就布置什么。有谁比我更享福的吗?哦!多美的小国王!难道我还没有权利为我的健康干一杯?当然也别忘记(我不是个忘恩负义的人)祝我的老百姓健康。祝福我出世的那一天吧!地球上有多少值得赞美的东西,看起来真可爱,尝起来真可口!伟大的上帝!生活多么美好!我虽然拼命吃喝,还总是饿,还流着馋涎;我恐怕是病了:随便什么时候,只要面对醉人的阳光和秀色可餐的大地,我的口水总是直流……

*　　　*　　　*

① 阿卡特,古罗马大诗人维吉尔史诗中最忠实的朋友。

伙伴,别太得意:太阳已经归西;我的小宇宙也成了冰天雪地。冬天这个坏蛋走进了我的房间。我冻僵的手指夹着笔直哆嗦。上帝饶恕我!怎么!我的酒杯里也结起一层冰来了,我通红的鼻子变得惨白:该诅咒的颜色,死亡的标记!我痛恨灰白色。啊啦!那就活动活动吧!圣马丁教堂的钟声叮叮当当响起来啦。今天是圣烛节……"冬天不是过完了,就是冷得更厉害[①]……"死缺德的!它冷得更厉害了。那好,就跟它一样行动!到大路上去,和它面对面地斗一斗吧……

好冷!一百根针在扎我的脸颊。北风埋伏在街道转弯的地方,一把抓住我的胡子。痛死我了。感谢上帝!我又满面红光……我喜欢听冻硬的泥土在脚下发响。我觉得十分快活。那些人干吗一副可怜相?又在哭丧?……

"得了!快活,快活点吧!我的女邻居,你愁眉苦脸地怪谁呀?顽皮的风掀起了你的裙子吗?它干得好,它年纪轻;可惜我不年轻!要不然……它咬的正是好地方,好顽童,好馋鬼,它会拣好的吃。忍耐点,多嘴的女人,每个人都得活下去呀……你这么急急忙忙,要跑到哪里去?做弥撒去?上帝保佑你[②]!上帝总是要战胜魔鬼的。今天哭的明天笑,今天冷的明天发烧……好,你已经笑了?那一切都好……我,我跑到哪里去呢?跟你一样,也去做弥撒。但不是去教堂,是去郊外。"

我先到我女儿家,去带小格洛蒂出来。我们天天在一起散步。她是我最好的朋友,我小小的羔羊,哗啦哗啦的小青蛙。她五岁多了,比老鼠还机灵,比狐狸还狡猾。一看见我,她就跑过来。她晓得我总是背着满满一篮子故事;她和我一样喜欢听。我拉住她的手。

"来,小东西,我们去迎接百灵鸟。"

"百灵鸟?"

"今天是圣烛节。你不晓得今天它从天上回来吗?"

---

① 法国俗语,"到了圣烛节,冬天不是过完了,就是冷得更厉害。"

② "上帝保佑你",原文是拉丁文。

“它在天上干吗?”

“给我们找火。”

“找火?”

“火在天上就做成了太阳,在地上就是煮饭的火。”

“那么火离开了我们吗?”

“是的,在万圣节[①]那一天。每年十一月,火要上天去使星星温暖。”

“它怎么回来呢?”

“三只小鸟找它去了。”

“讲吧……”

她在路上用小步子很快地走着。她穿了一件暖和的白毛线衣,戴了一顶蓝风帽,样子活像一只白颊鸟。她不怕冷,但是她圆圆的脸颊红得像海棠果,可爱的鼻子一直流着鼻涕,仿佛是个水源……

“哈,小顽童,揩掉鼻涕,吹掉鼻子里的蜡烛[②]! 是不是因为今天是圣烛节? 天上点灯了。”

“讲下去吧,爷爷,那三只小鸟……”

(我喜欢人家央求我。)

“三只小鸟出发了。这三个大胆的伙伴:鹪鹩、红颈鸟和他们的朋友百灵鸟。第一位、鹪鹩,总是像小大拇指[③]一样活泼好动,像阿塔邦队长[④]一样骄傲,他在空中看见了美丽的火种,好像一粒粟米,在旋来转去。他扑上去,叫道:‘我抓住火了! 我抓住火了!’另外两位也叫了起来:‘我呀! 我呀! 我呀!’但鹪鹩已经在半路上一口把火种咬住,一支箭似的直往下飞……‘救火! 救火! 他烧着了!’鹪鹩仿佛含着烫口

---

① 万圣节,十一月一日,所有的圣徒的节日。

② 流鼻涕像蜡烛流泪。

③ 小大拇指,一个樵夫有七个儿子,最小的一个身材矮小,外号叫大拇指。樵夫家里太穷,不忍亲眼看见孩子饿死,就把他们抛弃在树林里。小大拇指在路上丢了一些白鹅卵石,却找到了回家的路。后来他又偷了妖魔的飞鞋,使樵夫发了财。

④ 阿塔邦,十七世纪法国小说《克莱奥帕特拉》的主角,以骄傲著名。

的热粥，把火种从嘴的一边挪到另一边；他受不了，把嘴张开一半，舌头烫破了皮；他把火种吐了出来，藏在小翅膀底下……‘啊咿！啊咿！救火！’小翅膀烧着了……（你有没有注意他身上烧焦了的斑点和鬈毛？……）红颈鸟立刻跑上去救他。他啄住火种，郑重地把它放在柔软的背心里。瞧，美丽的背心烧红了，烧红了，红颈鸟叫道：‘我受不了，受不了！我的衣服烧起来了！’于是百灵鸟来了，这位勇敢的小朋友，他一把抓住要飞回天上去的火焰，敏捷、迅速、准确得像一支箭，他一直落到地上，用嘴把美丽的太阳种子埋在冻了冰的田沟里，使田沟高兴得发晕……”

我讲完了我的故事。格洛蒂也像小母鸡般咯咯地说起话来。一走出城，我就把她背在背上，好上山去。天空一片灰白，雪在脚下喀喇作响。瘦骨嶙峋的树木和矮树丛都铺上了又白又软的被褥。小茅屋的炊烟慢慢地笔直上升。除了我的小青蛙在说话以外，听不见任何声音。我们到了山顶。脚下躺着我的故乡，懒懒的溶纳河和顽皮的渤洪河衣带般环绕着它。尽管它满头是雪，浑身冰冷，脖子缩起，四肢发抖，但是每次我看见它，它总使我心里温暖……

山明水秀的故乡……在你周围的斜坡上，罗列着无数耕种了的葡萄畦的柔软线条，好像编织在鸟巢里的稻草。植满树木的山冈，重重叠叠，像波浪般缓缓起伏；从远处看，一片蓝色；人们会以为是汪洋大海。但是这片海洋并没有险恶的波涛，不像那颠覆过伊塔卡人尤利西斯①和他的船队的海洋。这里没有风暴。没有漩涡。非常平静。只在某些地方，好像偶尔一阵风过，把一座小山的胸膛吹胀了。山势像是一个浪头接着另一个浪头，形成一条直路，仿佛船走过后微微动荡的航迹。在远方，韦泽累的玛德兰娜教堂的钟楼高耸入云，像是海浪上的桅杆。在近处，在曲折多姿的溶纳河转弯的地方，巴塞维勒的岩石

① 尤利西斯，即奥德修斯，《荷马史诗·奥德赛》的主角，伊塔卡的国王，攻破特洛亚城之后，他回国时，在海上遇到大风暴，船只被颠覆，尤利西斯被大浪抛到海滩上，得免于死，后来在海上飘流了二十年才回到故乡。

从葱茏密茂的树林中突出来,像是野猪吐出的长牙。在群山环绕的峡谷里,素妆淡抹的小城俯身在河岸上,瞧见了她的花园,她的茅屋,她的破衣,她的珠宝,她那粗俗而又匀称的身体,和她像帽子般戴在头上的玲珑的教堂钟楼……

我就是这样欣赏我的故乡,我自己的蜗居。忽然教堂的钟声从山谷中升起;它清脆的声音有如晶莹的光波,在清新寒冷的空气中散布。我正在吸进它的音乐,眉飞色舞的当儿,瞧,突然一线阳光划破了遮蔽青天的灰色外套。就在这个时候,我的格洛蒂拍手叫道:

"爷爷,我听见了! 百灵鸟,百灵鸟! ……"

那时候,她娇嫩的小声音使得我也幸福地笑了。我吻着她说:

"我、我也听见了。春天的百灵鸟……"

二　围城，或：牧羊人，狼和羔羊[①]

“夏木的羔羊，
只要三只，就能弄死一条狼。”

二月中旬

我的酒窖马上就要喝光了。内韦尔公爵派来保护我们的兵士刚刚打开我最后一桶酒。不要耽误时间，赶快同他们一起喝去吧！要喝光我的家产，我很愿意；但就是喝光家产也得快快活活。这不是第一次！神明在上，这也不会是最后一次。

好丘八！当我告诉他们，酒窖里的酒越来越少的时候，他们比我更难过……我知道有些邻居正为这事着急。我可不会再着急，我已经麻木不仁了：因为我这辈子悲剧看得太多，不会再把悲剧真当一回事。自我出世以来，就不知见过多少这类演悲剧的丘八面孔：有瑞士人，有德国人，有加斯科涅人，有洛林人，这些打仗的禽兽，身穿甲胄，手拿兵器，这些蝗虫，这些凶馋的走狗，永远不知足地吃着老百姓！谁晓得他

① 牧羊人指官兵，狼指土匪，羔羊指老百姓。

们为什么理由打仗？昨天为了国王，今天为了神圣同盟①。一会儿为了旧教，一会儿为了新教。所有的教派都一样，其中没有一个好人；吊死他们，我都怕沾污我的绳子。在朝廷里招摇撞骗的，管他是这个混蛋，还是那个混蛋，和我们有什么关系？不过要是他们妄想把上帝拖下水，做他们的借口……那可不成！好先生，让上帝自己管自己的事吧！他是上了年纪的人。要是你们皮肤发痒，你们自己搔搔好了，不要搔到上帝头上去。要是他痒，他自己会搔。他又不是折了手，缺了胳臂……

最可恶的是他们要强迫我，要我也去上帝头上动土！……主啊，我崇拜你，并不是我自夸，我相信我们每天见面不止一次，因为高卢有句俗话说得不错："喝了好酒的人，就能看见真神。"但我从来没有起过念头，像这些假虔诚的人一样，说我和你很熟，说你是我的老表，说你把一切全都委托给我了。你来说句公道话：我是不是从来不管你的闲事；而我要求你的，也就只是别管我的闲账。我们两个料理家事已经够忙的了，你料理你的宇宙，我料理我的小天地。主啊，你造出我来，是让我自由的。我也让你自由。但瞧，这里不是有些小人，硬说我说话做事，都拿你做招牌，还硬说我说过：你希望人家怎样啃你的老骨头，谁要用另外的方式啃你，我就宣布他是你的敌人，也是我的敌人！……我的敌人？不，我没有敌人。所有的人都是我的朋友。要是他们打架，那是他们自己高兴。至于我呢，我总设法不被牵连进去……是的，只要我能够的话。但是他们不愿意，这些混蛋。如果我不愿意得罪一方面的人，就要得罪双方。那么好吧，既然在两个阵营之间，我总是要挨打的，那我也来打吧！我也一样喜欢打人。与其老做挨打的铁砧，不如做过铁砧之后，也做打铁的铁锤。

但是谁能告诉我：为什么世界上生了这些衣冠禽兽，这些抢人的君子，这些政客，这些大贵族？他们是我们法国的吸血鬼，口里歌颂法

---

① 神圣同盟，指十六世纪吉斯公爵组织的天主教同盟，表面反对新教，其实阴谋推翻国王亨利三世。

国的光荣,却公然把国家的口袋抢光,他们吃光了我们的国库还不满足,还企图吞噬外国的粮库,威胁德意志,垂涎意大利,连土耳其大苏丹的后宫,也想去插足,他们想要吞并半个地球,但却连在地里种白菜都不会!……得了,安静点,我的朋友,不要肝火太旺,自寻烦恼!一切东西像现在这样就好……除非有一天我们能把它们变得更好(而这当然应该是尽可能早)。因为没有一种卑微不足道的东西是没有用的。我听说过,有一次,好上帝(但是,主啊,我今天老是谈到您!)同圣彼得一起散步,在贝扬[①]郊区看见一个女人坐在门口无聊。她是这样烦闷,我们天父仁慈的心思索了一下,据说,他从口袋里掏出了百来个虱子扔给她,并且说:“接住,我的女儿,拿去玩玩吧!”那个女人清醒过来之后,立刻开始捉虱子;她每逮住一个小动物,就开心得笑了。如果上天为了使我们消遣,把这些两脚动物赏给我们,来刮我们的皮,拔我们的毛,当然,这也同样是上帝的慈悲。因此,愉快点吧,哦,愉快点!有寄生虫似乎也是健康的象征。(寄生虫就是我们的主子。)欢乐吧,弟兄们,因为这样说来,没有人比我们身体更健康了……此外,我还要告诉你们(讲句私话):“忍耐点!我们到底不会吃亏。寒冷、冰冻、兵营里和朝廷里的混蛋都只能横行一时,他们迟早总要滚蛋。而土地可不会走,留得青山在,我们就可以增加生产。只要生产一胎,那就可以补偿……目前,来喝完我这桶酒吧!也得空出酒桶来装新酿的葡萄酒呵。”

*　　　*　　　*

我的女儿玛玎对我说:

“你是个吹牛大王。听你说话,真要以为你除了卖嗓子以外,从来不做别的事情:你荒废时间,谈起天来好像打铃,老也不停,渴了张嘴,

---

① 即伯利恒,克拉默西的郊区。——原注

站着瞪眼,人会以为你活着只是为了吃饭,你要像海绵吸水似的喝酒;其实却又不能一天不工作。你要人家以为你是个昏头癫脑、挥霍无度的人,不晓得腰包里进了多少钱,出了多少钱;假如你的日子不是一个钟头又一个钟头,过得像座闹钟一般准确,你又要生病了;你知道得比谁都清楚,从去年复活节起,你已经花了多少钱,并没有谁把你的钱骗走……老天真,假糊涂!瞧瞧那只羔羊!……夏木的羔羊,只要三只,就能弄死一条狼……”

我笑,我不回答我的尖嘴娘娘。她有理,我的孩子!……不过她不该说出来。但是一个女人只肯隐瞒她所不知道的事情。而她了解我,因为她是我生出来的……得了,哥拉·布勒尼翁,承认了吧,好人:你白白装疯卖傻装了这么久,到底不是一个真正的傻子。真的!像每个人一样,你随时准备假装糊涂;但当糊涂有点碍手碍脚,而你需要清醒的头脑来工作,那时你又把它收藏起来。像所有的法国人一样,在你的大脑袋里,理智和条理的本能已经生了根,抛了锚,你可以放心胡说八道,装疯取笑:这没什么危险,只有那些目瞪口呆、想东施效颦的人(可怜的糊涂虫)才会上你的当。漂亮动听的演说,夸张虚浮的诗句,移山倒海的计划,听起来真惬意:人一听得兴高采烈,心里真个燃烧起来。但是我们最多只会烧掉我们引火的劈柴;大木头还是原封不动,整整齐齐堆在柴火堆里。我的幻想一高兴也会演戏,而我的理智却很舒服地坐着瞧。一切都供我消遣。宇宙就是我的剧场,我可以动也不动,坐在安乐椅上观赏;我给马塔摩①或者方卡推帕鼓掌;我欣赏骑士比武和皇家的仪仗,并且对这些打得头破血流的人喊:“再来一场!”这都是为了我取乐!为了加倍快乐,我也假装参加演出,假装相信这是真事。但是我又做不到,哦咳!我只能相信那些为了消遣所必须相信的事。我听仙女的故事也是这样……不止是仙女!还有一位重要的天神,在七重天上,在九霄云外……我们非常尊敬他;当迎神的

① 马塔摩是西班牙喜剧中的人物,时时刻刻夸耀自己杀死摩尔人的功劳。

队伍走过街上,打头的是十字架和旗帜,旗上还写着祈祷词,那时我们也在墙上挂起白布。但说句私话……多嘴的人,咬住你的舌头别讲!这闻起来已经有异教徒的气味了……主啊,只当我什么也没说!我向您脱帽致敬……

* * *

二 月 底

驴子吃完了草场上的草,就说草场用不着再看守了,又去吃(我的意思是说又去看守)另外一个邻近的草场。今天早上,内韦尔公爵的保安队开走了。看起来真叫人高兴,一个个胖得像肥猪那样。我真为我们的伙食自负。我们分别了,口里说着好话,真话却在心里。他们彬彬有礼地说了一千遍他们的心愿,祝我们的麦子长得好,祝我们的葡萄田别冻坏。

"好好干吧,大叔,"住在我家里的军士菲亚克·博拉克对我说,(这是他对我的称呼,而这也不是白赚来的,俗话说得好:"喂饱了我的肚肚,就是我的叔叔。")"不要省力气,葡萄藤要多修剪。到了圣马丁节①,我们又回来喝酒……"

好孩子,总是随时准备帮助一个在饭桌上和酒壶打交道的老实人!

他们一走,大家都觉得轻快。邻居们小心翼翼打开了自己的秘密酒窖。那些人前几天还面有菜色,饿得只是呻吟,仿佛肚子里有一只饿狼,现在才把藏在粮库的草堆下,或是酿酒坊的地窖里的食物拿出来喂饱它。没有一个人是笨伯,大家都一面叫苦,说自己什么也没有

① 圣马丁节,十一月十一日。

了,一面把最好的酒藏到别的地方。我呢(我也不知道怎么搞的),我的客人菲亚克·博拉克刚走(我把他一直送出了犹德郊区),我一摸头,忽然想起还忘了一小桶夏布利白酒,在马厩的草堆里暖着呢。我很遗憾,你们可以想到;但是事情既然已经错了,也就算了,并且错得很巧,应该将错就错。我也很会将就。博拉克,我的侄子,啊!你的损失太大了!多好的仙酒,多香的气味!……但是你也不会吃亏,我的朋友,我的朋友,你也不会吃亏!我这是为你的健康干杯!

大家都去串门子,从左邻串到右舍。大家都把自己在地窖里找到的东西拿出来给人瞧;并且霎霎眼睛,表示好兆头,互相庆贺好运道。人们也谈到损失和危害(太太们和她们受到的危害)。邻人的损失使自己开心,仿佛减轻了自己的不幸。大家都打听万桑·普吕维约的老婆身体如何。每次军队从城里经过之后,机会真巧!这位骁勇善战的高卢娘儿肚子便大起来,总得把裤带放宽。大家都给万桑这位父亲道喜,羡慕他精力过人,繁殖迅速,大家都比不上他;我也亲切地开了个玩笑,并无恶意地拍了拍这个走好运的坏家伙的大肚皮,说别人家的肚子都空着的时候,只有他家的肚子还是实实的。这个玩笑很快就传开了,当然大家都笑了起来,不过都很有分寸,笑得低声细气。但普吕维约却把我们的恭维当作恶意,并且叫我顶好还是去看住自己的老婆。我回答说,关于我家那口子,我的运气还好,可以放心蒙头睡大觉,不用怕别人来抢走我的活宝。关于这点,大家都一致表示同意。

* * *

开荤的日子到了。虽然酒肉不够,也不能辜负节日。这和全城的名声,我们的名声,都有关系。要是在狂欢节①我们没有吃大酒大肉,克拉默西怎么算得上是以小香肠闻名的光荣城呢?人们听见锅里煎

① 狂欢节,天主教规定:在复活节前四十六天不吃荤油,叫作四旬斋。四旬斋前三天是狂欢节,人们吃大酒大肉,并且化装游行。

东西的声音;一股油香弥漫空中,充塞街头。翻煎饼!抛起来,抛高些,为了我的格洛蒂!……

一阵“嘞喇嘞喇”的鼓声,一阵“佛律佛律”的笛声。笑声,叫声……这是犹德的筏夫[①]坐车到古罗马坡游行来了。

走在前头的是音乐队和斧钺手,他们用化妆的大鼻子在人群中开路。喇叭式鼻子,长矛式鼻子,猎号式鼻子,吹管式鼻子,长满了芒刺、好像带壳栗子似的鼻子,鼻尖上竖着小鸟的鼻子。他们乱推看热闹的人,乱摸索少女的短裙,吓得少女们尖声怪叫。但在鼻子大王面前,一切都得回避,躲开,鼻子大王好像撞墙车一般冲来,又像大炮似的,在炮架上转动他的鼻子。

接着是吃鱼大王四旬斋的大车。车上有形形色色的脸孔,苍白的,发青的,瘦骨嶙峋的,修道士似的,愁眉苦脸的,在风帽下发抖的,或者戴着鱼头的。多少鱼啊!这个人每只手拿着一条鲈鱼或一条鲫鱼;那个人挥舞着炙鱼叉上的一串白杨鱼;第三个人在耍竹签鱼,鱼嘴里吐出一条青鱼,鱼肚子用锯子剖开,里面满是小鱼。我看饱了,消化不了……还有一些人张开了大嘴,把手指伸进去,想把嘴张得更大一点,把挤不进去的鸡蛋拼命往咽喉里塞,塞得喘不过气来(喝口酒吧)。在车子高头,左边,右边,都有些带着猫头鹰面具,穿着教士道袍的渔夫在钓鱼,他们用钓竿末端的糖果引诱着孩子,顽童们高兴得像小羊般直跳,嘴朝着天,想在空中逮住那些冰糖杏仁或者巧克力糖,嚼吧,嚼吧,逮到就嚼吧!后面,一个扮成魔鬼的人穿着厨师的衣服在跳舞;他舞动一口锅和一把勺,把一勺一勺的杂烩送到六个地狱里的罪人嘴里,罪人都光着脚,戴着棉布帽子,扮着鬼脸,站成一行,头上枷着一把梯子。

瞧,后面来了优胜队,这一天的主角。在火腿堆成的宝座上,熏舌

---

① 犹德是伯利恒郊区的别名,克拉默西的“筏夫”住在犹德。“罗马”是克拉默西上城的名号,因为从渤洪郊区上圣马丁教堂广场的坡子叫古罗马坡,所以上城也叫罗马。——原注

头搭成的宝盖下,出现了香肠皇后,头上戴着大腊肠做成的皇冠,颈上装饰着一串小腊肠做成的项圈,她调情似的用手指玩弄着小腊肠;护送她的卫队都化装成白灌肠和黑灌肠,这些克拉默西的小香肠,在枪肠上校的领导下,比赛时获得了优胜。他们全副武装,拿着炙肉棍和插油针,神气十足,满脸油亮。我也喜欢这些威风的人,他们的肚子像个罐子,或者身体像硬壳的夹肉面包,他们好像三贤王[①]一样,有的捧着一个猪头,有的拿着一瓶黑葡萄酒,有的拿着狄荣的芥末酱。在铜管、铙钹、漏勺和油盆的交响乐声中,在群众的嘲笑下,在驴子背上,来了王八大王,我们的朋友普吕维约。万桑,正是他,他当选了。他背朝前、脸朝后地坐着,头上扎着高高的头巾,手上拿着一个高杯子,在听他的卫队讲话,这些撑木排的人,扮成长了角的魔鬼[②],肩上背着渔钩或者钓竿,清清楚楚、坦坦白白、毫无忌讳地、用人人都懂的法文,畅谈着万桑家的艳史和他的光荣。万桑也识时务,没有贸然表示得意;他也不在乎,只管喝他的酒,他又灌了一大口;但当他经过一个走同样好运的名人门口时,就举起杯来叫道:“啊嘿,好同行,为你的健康喝一杯!”

最后,在游行队伍末尾,来了美丽的春天皇后。这是一个娇嫩的少女,脸色粉红,带着笑容,前额润滑,长着金黄色卷发,戴着黄色的莲馨花冠,乳房圆圆,周围交叉挂着花环,都是从灌木丛中、榛子树上采下来的小绿花。她腰间有一个装得满满的、叮叮当当响的钱包,手里有一个花篮;她在唱歌,淡淡的眉毛竖起,浅蓝色眼睛睁开,嘴巴张得像个圆圈,嘴唇薄得像把尖刀,她用微弱的声音,歌唱那不久就要回来的燕子。在她旁边,在一辆四头大白牛拉着的车子上,有一群刚好发育完全了的姑娘,这些美丽的顽皮女郎,身段又优美又丰满,还有些情窦初开的少女,像嫩绿的灌木一样,到处生长。她们每个人都缺少一

---

① 据《圣经·马太福音》,古代东方三个占星家根据天上的星象,到伯利恒来找救世主,找到了新生的耶稣基督,并且向他礼拜,这三个人叫三贤王。

② 长角的人,等于中国戴绿帽子的人。

块好肉,但除此以外,其余的是聊可充饥的……这些可爱的丑姑娘!她们或者提了关着候鸟的笼子,或者从春天皇后的篮子里取出一些东西来,散给看得发呆的观众,有蛋糕,有吓唬人的玩意儿,有包着帽子和裙子的纸包,有杏仁糖,有算命的纸片,有调情的诗句——也许还有绿帽子。

到了钟楼附近,市场坡子下面,少女们都跳下车来,在广场上,拉着律师事务所的实习生或者店铺的伙计跳舞。而狂欢节、四旬斋、和王八大王的队伍却还继续胜利前进,每走二十步就停下来,为了把他们所知道的真理告诉别人,或者去酒杯里寻找真理……

喝吧!喝吧!喝吧!
我们分别能不喝吗?
不能!
勃艮第人不那么笨,
分别之前不喝一阵!

* * *

但是酒灌得太多,舌头也变累赘了,兴致也不那么高了。我让我的朋友万桑和他的卫队在一家酒店的阴处休息。日子太好,不能关在笼子里。还是到野外去呼吸呼吸新鲜空气吧!

我的老朋友夏麻衣本堂神甫坐着一辆驴车,从他的村子里来赴圣马丁教堂总司铎的宴会,他请我陪他走一段路。我就带着格洛蒂,上了小车。这匹小母驴,给它一鞭!……它是这样小,我建议把它也拉上车来,放在格洛蒂和我中间……洁白的大路向前伸展。老太阳在打瞌睡,他自己在他的炉边烤火,我们却没有晒热。驴子也打瞌睡了,并且站住想心事。神甫恼火了,用土蜂嗡嗡响一般的粗嗓子喊它:

"马德龙!"

驴子吓了一跳,提起瘦腿乱走,在辙道中间左右摇摆,但又重新打住,继续沉思默想,好像没听见我们的咒骂:

“啊!该死的,要不是你背上有十字架的记号,”夏麻衣用手杖末端刺着驴子的屁股骂道,“我真要拿棍子打断你的背脊!”

为了休息一下,我们就在大路转弯处的头一家客店停了下来,路是通到雪白的阿尔木村去的,村子在明净的水上凝视着自己纤巧的影子。在附近的田野中央,得意扬扬地直立着一棵大胡桃树,它黑黑的枝丫和光光的躯干,一直插入粉白的天空,在它周围,有一群女孩子在跳舞。跳舞去吧!……她们是给多嘴的喜鹊送狂欢节的油煎饼来啦。

“瞧,格洛蒂,瞧喜鹊穿了白背心,身子伸在巢外,就在高头,就在高头,它在往下瞧!这只爱看热闹的鸟!为了不让任何东西逃过它的小眼睛和它的长舌头,它盖房子既不要门,也不要窗,就在树枝顶上,什么风都吹得进去!它冻坏了,淋湿了,那有什么关系?它什么全看得见。它今天不高兴,神气好像在说:‘我才不稀罕你们的礼物哩!乡巴佬,把它们带走!你们以为是我想吃油煎饼,我不会到你们家去拿吗?吃人家给你吃的东西,多没趣味。我只爱吃我偷来的东西。’”

“那么,爷爷,为什么人家给它的油煎饼上还有丝带呢?为什么要给这个小偷送礼拜节?”

“因为,在这个年头,你要晓得,向坏人讨好不会吃亏,得罪他们可要倒霉。”

“啊,哥拉·布勒尼翁,你给了她多么好的教训呀!”夏麻衣本堂神甫责骂我。

“我没有对她说这是好事,我只告诉她这是每个人都做的事,你,本堂神甫,就是头一个。你只管生气吧。当你要对付一个这样的女信徒,她什么全看见,什么全知道,她鼻子到处钻,嘴里装满了坏话,好比一个垃圾箱,为了要她住口,你敢说你不用油煎饼来堵住她的嘴!”

“啊!上帝,要是油煎饼能顶事就好了!”本堂神甫叫了起来。

“我污蔑了喜鹊,它比女人还好得多。至少它的舌头有时还有点用。”

“有什么用呀,爷爷?”

“狼来了的时候,它会叫……”

啊,瞧,话还没有说完,喜鹊就叫起来了。它又咒又骂,拍拍翅膀,飞了起来,不知道它破口而出的臭话骂的是阿尔木村什么人,什么东西。在树林边上,它的长有羽毛的伙伴,樫鸟夏洛,乌鸦哥拉,也用同样尖锐而激动的声音遥相呼应。人们都笑起来,叫起来:“狼来了!”没有人肯相信。但是人们并不因为不信就不去看(相信固然好,看见岂不更妙)……看见了什么呢? ……我的天老爷! 一伙带着武器的人跑上山坡了。我们认识他们。就是那些流氓,韦泽累的匪帮,他们知道我们城里没有了保安队,满以为这一下可以出其不意地在窝里逮着喜鹊了(但不是刚才叫的那一只)! ……

我请你相信,我们决不会待在那里,瞧着他们! 每个人都叫:赶快逃命! 大家你推我挤,拼命奔跑,只恨爷娘少生了两条腿,在路上,在田里,有人肚子扑地,有人仰面朝天。我们三个人都赶快跳上驴车。马德龙似乎也懂,立刻像一支箭般的飞奔,夏麻衣本堂神甫拼命用鞭子抽它,他一惊慌,就忘了对背上有十字架记号的驴子应有的尊敬。我们的驴车在高声喊叫的人潮中,左摇右摆地前进,我们满身尘土,得意扬扬地第一个跑到了克拉默西,后面紧跟着别的逃难人。我们不停地飞跑,车子蹦蹦地跳,马德龙脚不沾地,神甫的鞭子不停地抽,我们穿过贝扬郊区,口里叫道:

“敌人来了!”

最初,人家看见我们过去,还在笑呢。但是他们不久就明白了。立刻像在一个蚂蚁窝里有人刚用棍子搅了一下。每个人都乱奔乱跑,出去,进来,又出去。男人拿起武器,女人打起包袱,东西堆在篮子里,车子里;郊区的居民也抛弃了家园,退潮般涌进城避难;那些撑木排的人还没脱下游行的衣服和面具,就带着头上的角,手上的爪子,大大的肚子,有化装成巨人卡冈都亚的,有化装成魔鬼贝泽步特的,都拿着铁钩、渔叉做武器，跑到城墙上去。结果当韦泽累的先头部队兵临城下的时候，吊桥已经挂起，护城河那边只剩下几个没有什么可损失、因此也不急于抢救的穷光蛋，还有给卫队忘记了的王八大王，我们的朋友万桑，他连咽喉都塞满了，醉得像诺亚一样①，正抓住马尾巴，坐在马背上，鼾声如雷。

这一下就可以看出法国人和敌人打仗的优越性了。别的笨蛋，德国人，瑞士人，或者英国人，只会动手，不会动脑，要到圣诞节才理解人家在万圣节②对他们说过的话，他们真以为我们是在开玩笑；而我甚至不敢让可怜的普吕维约的一小块皮落在他们手里。但在我们法国人之间，说话说一半就全明白了：不管哪里来的人，洛林或是土伦，香帕涅人或是布列塔尼人，博塞的傻瓜，博纳的笨伯，或是韦泽累的兔崽子，大家尽管在打呀，杀呀，但只要是一个快活的法国人，笑的机会决不错过……一看见我们的西勒诺斯③，整个敌人的阵营都笑起来了，口和鼻子，喉咙和下巴，心和肚子，一起发笑。啊，用圣里果伯的名义起誓，看见他们发笑，我们也都沿着城墙，笑得要死。然后，我们隔着护城河对骂，骂得非常俏皮，像埃阿斯④和特洛亚人赫克托那样。但是我们骂得更温和油滑。我本来想记下来，可惜时间来不及；不过我将来总要记到我的集子里去，（耐心等一等吧！）十二年来，我把我在这个眼泪之谷的旅途中所听到的、所说过的、和所谈到的最滑稽，最粗野、最下流的话都收集了起来（要是它们遗失了，那才可惜呢）。只要一想到这些话，我的肚子就要笑痛；我刚才写的时候，还在纸上掉了一大滴墨水。

---

① 据《圣经》云，诺亚种了葡萄，喝了酒，醉倒在地上。

② 万圣节，十一月一日。圣诞节，十二月二十五日。

③ 西勒诺斯，希腊神话中腓尼基的水神，长着马耳朵、马蹄和马尾。后来人们把他画成一个古怪的老头子，醉醺醺的，骑着一匹驴子。

④ 埃阿斯，《荷马史诗·伊利亚特》中的希腊英雄，他和特洛亚的王子赫克托单独作战，两人整整打了一天。

* * *

我们叫骂之后,应该有所行动(动口之后动手,换种活动也会使人得到休息)。但他们和我们都不坚持要打。他们的袭击没有成功,我们已经进入安全区:他们也没有一点爬城墙的欲望,太危险了,会摔断骨头的。但是无论如何,总得做点什么,不管什么都行。他们就点着火药,燃放鞭炮,嗯!瞧!你要多少就有多少!不过谁也不受损失,只有麻雀遭殃。我们背靠着墙,太平无事地坐在矮墙脚下,等他们的子弹飞过去了,再开我们的枪,但是并不瞄准(不应该太暴露自己)。我们也不冒险去看他们,除了听见他们的俘虏叫痛的时候:俘虏大约有十二个,都是贝扬的男子或妇女,他们站成一行,不是面朝城墙,而是背朝城墙,敌人在打他们的屁股给我们看。他们还没挨打就先叫痛,其实痛苦并不太大。我们为了报复,就隐蔽在墙垛后面,用长矛的尖头插着火腿、香肠、猪血灌肠,伸到墙外晃来晃去。我们听见围城的人愤怒和贪馋的喊声,非常开心;为了不放过一点一滴开心的机会,(若要引人发笑,啃骨头就要一直啃到骨髓!)到了夜晚,我们还在露天的斜坡上,在屏风般的城墙后面,大摆酒席;我们吃得非常热闹,唱歌,碰杯,为狂欢节而痛饮。这一下他们差不多要气爆肚皮。但是白天过得还不算野蛮,没有太大的损伤。只是我们这边有一个普索的胖格诺,喝得太多,想在城墙上走走,手里还拿着酒杯,要向他们示威,却让他们一枪把脑袋和酒杯都打得粉碎。我们这边也打断他们一两条胳臂或大腿,表示礼尚往来。但是我们的好脾气并没有变坏。大家都知道,没有哪个节日能不打破几个瓶子的。

夏麻衣到夜晚要出城回去。我们对他说也无用:

“朋友,你冒的危险太大了。还是等到事完了再走吧。上帝会照管你的教民的。”

他回答说:

“我无论如何都要和我的教民在一起。我是上帝的胳臂;如果缺了我，上帝就要残废。我敢发誓，在我的教区里，上帝是不会残废的。”

“我相信，我相信，”我说，“你已经证明过了，当新教徒包围你的教区时，你用一块小石头就打伤了他们的队长泼皮法齐。”

“他非常吃惊，”他说，“这个假信教的！我也同样吃惊。我是一个好人，不喜欢看见人流血。这使人恶心。但是和疯子在一起的时候，鬼才晓得你的身体起了什么变化。人都变成狼了。”

我说：

“这倒是真的，人一成群，就连常识都没有了。一百个聪明人等于一个傻子，一百只羊等于一只狼……但是关于这点，神甫，告诉我，你是怎样调和这两种矛盾的道德的——一个人扪心自问的时候，他要和平，也要同别人和平相处——而一群人，一些国家，却把打仗和犯罪当作美德？这两种道德哪一种是从上帝那儿来的？”

“问得好，问得对！……两种都是。因为一切都是从上帝那儿来的。”

“那么，上帝自己也不知道他究竟要什么了。但我相信他是知道的，只是无能为力。假如他只要对付一个个孤零零的人，那倒简单：他很容易使人服从。但是人一成群，上帝也没奈何。一个人能拿大家怎么办？于是他就把人交给大地，人的母亲，大地却把它吃肉的本性输送到人心里去了……你还记得我们那儿的传说：有些人在某些日子是狼，过些日子又披上了人皮。我们的传说比你的祷告书更有学问，我的神甫。每个人一到国家里又披上了他的狼皮。而国家、国王、他们的大臣，尽管穿着看羊人的衣服，这些骗子尽管说他们是伟大的牧羊人①的老表，其实他们都是大山猫，老公牛，他们的嘴和肚子都是没有什么东西填得满的。为什么？因为我们喂不饱无边饥饿的大地。”

“你说得离题太远了，不信教的人，”夏麻衣说，“狼也是从上帝那儿来的，像别的东西一样。上帝做什么事都是为我们好。你难道没听

① 伟大的牧羊人，指耶稣基督。

说过：就是耶稣自己造了狼来保护圣母马利亚的小花园里长的白菜，怕它给大山羊、小山羊吃掉？耶稣做得对。别再争论啦。我们老是埋怨强者。但是，我的朋友，要是弱者做了国王，那还会更糟哩。所以结论是：一切都好，狼也罢，羊也罢；羊需要狼保护；狼也需要羊：因为狼总得吃东西啊……谈到这里，我的哥拉，我要保护我的白菜去了。”

他把道袍往上一束，短手杖往手里一拿，就在星月无光的夜里走了，走前激动地把马德龙交托给我。

往后几天可没那么高兴。我们头天晚上没有算计，贪吃，爱闹，糊糊涂涂吃得太多。粮食已经消耗了不少。不得不束紧裤带；我们真束紧了。但是大家还在虚张声势。猪血肠子吃完了，又另外做了几种：塞糠的肠子，用柏油涂绳子冒充肠子，插在渔叉上面，还在敌人面前耀武扬威。不料这些坏蛋识破了这条诡计。一颗子弹打断了一根肠子，打得正在当中。那时谁笑得更厉害呢？当然不是我们。为了要置我们于死命，这些强盗看见我们从城墙高头向河里钓鱼，就在上下游的水闸那儿放下一些大渔网来拦路打劫。我们的总司铎徒然责备这些坏基督徒不该老让我们吃素。但是没有鱼吃，也只好靠我们自己肚子里的脂肪过日子。

当然，我们可以向内韦尔公爵求救。但是不瞒你说，我们并不急着想再接待他的部队。敌人在城外比朋友在城里对我们的破费还要少些。因此，只要可以不麻烦他们，大家就不开口；这是最好的办法。此外，敌人那方面也很小心不去惊动他们。大家宁愿双方和解，不愿要第三者参预。大家不急不忙地开了谈判。同时，双方过的生活都很安分守己，睡得早，起得迟，整天玩球，玩塞子戏①，与其说是饿得打呵欠，不如说是无聊得打呵欠，睡得这样多，这样好，我们饿着肚皮倒长胖了。

大家尽可能地少动。但要孩子们不动却很困难。这些小鬼总是

---

① 塞子戏，用球撞倒塞子的游戏。

跑呀，叫呀，笑呀，闹个不休，不断地冒险，爬上城墙，向围城的人伸舌头，扔石头；孩子们也有一支炮队，他们的大炮是木管做的唧筒，带子做的弹弓，有叉头的木棍……在人堆里啪的一下打着这个，一下打着那个！……我们的小猴子又笑又叫；而挨了打的人却气极了，发誓要宰掉他们，并反向我们喊叫，说第一个在城墙上露面的顽童一定要挨一枪。我们答应好好看住他们，但是我们尽管扯他们的耳朵，大声恐吓他们，只要一下没有抓紧，他们就溜掉了。最危险的（我现在想起来还发抖）是在一个傍晚，我突然听见一声叫喊：那是格洛蒂，（不可能！谁会想到是她！）这个不声不响、阳奉阴违的小东西，啊！这个死丫头，我的好宝贝！……她刚从斜坡上掉进护城壕里去了……好上帝！我真想给她一顿鞭子！……我只一下就跳上了城墙。我们大家都弯着腰，瞧着……敌人如果要把我们当作射击目标，这个机会真是再好没有；但是他们也像我们一样，正在看着壕沟里的小乖乖，她（感谢圣母马利亚！）像只柔软的小猫似的滚了下去，没有受惊，反而坐在开满鲜花的草地上，抬起头来望着两边的脸孔，对他们微微一笑，并且摘起花儿来。大家也对她笑了。敌人的指挥官腊尼大人不许任何人伤害这个孩子，这位好人甚至把他自己的杏仁糖盒子抛给她了。

大家的注意力都集中在格洛蒂身上，玛玎（女人真难教养）为了要救她的小羊，也沿着斜坡直奔下来，她连跑兼溜带滚，裙子一直卷到脖子上，骄傲地让围城的人都看见了她的东半球，西半球，天空的四个方位，和在天上发光的月亮。她的成功真是辉煌。她一点也不害怕，抱起格洛蒂就吻，并且掴了她一巴掌。

一个高大的兵士被她引诱得兴奋起来，也不听队长的话，就跳下护城壕，一直向她跑去。她等待着。我们从城堡里扔了一把扫帚给她。她一把接住，就勇敢地向敌人走去，左一棍，右一把，“巴里巴达”，这位风流汉子吃不消，嘟！呼！他拔腿就逃，吓，赶快鸣金收兵！在敌人和我们的笑声中，我们用绳子把凯旋的女英雄和那小顽童拉上来；我骄傲得像只孔雀，用劲拉起我那勇敢的小娘儿，她又一次把她的满月展示给敌人看。

谈判还拖了一个星期。(一切机会都好聊天。)内韦尔公爵快要来到的假消息,到底使我们达成了协议:总而言之,取得和解还算便宜:我们答应了韦泽累人:下次收获的葡萄给他们十分之一。把现在还没有的,或者将来会有的东西,答应给别人有什么关系……也许将来没有呢;管它怎么样,水总要流过桥底下,酒总要流到我们的肚子里。

因此我们双方都很满意,他们当然更加满意。但是一波乍平,一波又起。恰巧就在订条约的夜里,天上出现了一个奇迹。大约十点钟光景,奇迹从桑贝尔山后面出来了,它原来蜷缩在那里,现在滑过草原似的星空,向着圣彼得·杜·蒙前进,像条长蛇一般,伸得越来越长。它仿佛是把宝剑,剑尖是个火把,带着冒烟的火舌。剑柄被一只手拿着,五个手指头上都有一个张嘴吼叫的人头。人们看得出来,食指上是个头发随风飞舞的女人头。剑的宽度,在剑柄那儿有二十三、四公分,在尖端有七八里涅①;在中段有两英寸三里涅,丝毫不差。它的颜色是血红的,淡紫的,好像腰身上一个发肿的伤口。我们都抬起头来,望着天,张着嘴;大家都听见牙齿打战的声音。我们两边都在猜这个预兆针对着哪一边。而我们确信是针对他们。但是大家身上都起了鸡皮疙瘩。只有我是例外。我一点也不怕。应该说我什么也没看见,我九点钟就睡了。我睡觉是遵照历书的指示:因为这是规定吃药的日子;不管在什么地方,只要历书指示什么,我总是遵命照办,从不反驳:因为这是上天的金科玉律。但是人家既然一五一十都对我讲了,这也就像我自己看见了一样。我就记了下来。

* * *

和约签订之后,敌人和朋友,都欢聚一堂,举行盛大的宴会。好像

① 里涅,一英寸的十二分之一。

到了四旬斋的第三个星期四①,破了斋戒,大家痛痛快快地吃一顿。邻近的村庄,为了庆祝我们的解放,也来了很多食物和食客。这是一个好日子。沿着城墙摆起了酒席。吃的菜里面有三只烤野猪,肚子里塞满了五香杂碎,鹭鸶肝丁和用落叶松枝熏过的火腿;有大蒜桂香冷兔肉酱和冷猪肉酱;小香肠和千层肚;竹签鱼和蜗牛;牛肚,酒酿黑兔,还没尝到,闻到就先使你醉了;还有落口就融的卤小牛头;大盘的烫口的胡椒炸虾;为了要润喉咙,你可以吃点像醋拌冬葱之类的生菜,喝点夏波特、芒德尔、沃菲尤的土产名酒;要甜品有新鲜的、凝成颗粒的奶油,碰到舌头和上颚就溶化了;还有一种酥松的饼干,像海绵一般,一下就可以吸干一杯酒。

只要有好东西吃,我们谁也不肯放过。感谢上帝,他使我们在这样小的空间,在我们的胃囊里,能堆下这么多瓶酒和这么多盘菜。特别精彩的是韦泽累人随军带来的、韦泽累圣马丁教堂的短耳修士(据说这位大观察家第一个注意到驴子不竖起尾巴就不会叫)和我们的修士(我不说他是只蠢驴)堂·恩纳坎的喝酒比赛,我们这位自认为他一定是鲫鱼或竹签鱼投胎,前世喝水喝得太多,所以现在这样喜欢酒,不喜欢水。总而言之,当我们离开饭桌的时候,韦泽累人也好,克拉默西人也好,大家都比刚上桌喝汤时更加互相钦佩了:只有在吃饭的时候才能知道一个人的真本领。谁喜欢好东西,我就喜欢谁:他也就是好勃艮第人。

最后,为了使我们的协商圆满结束,当我们正在消化晚餐的时候,出现了内韦尔公爵派来保护我们的救兵。我们哈哈大笑;两边都很有礼貌地请他们回去。他们不敢坚持,非常窘地走了,好像给羊赶走的狗一样。而我们却互相拥抱着说:

“我们鹬蚌相争,却让我们的保护人得利,真是愚蠢!即使我们没有敌人,天呀!他们也会制造几个,好来保护我们。多谢多谢!上帝,

① 四旬斋的第三个星期四,四旬斋过了一半,法国人狂欢痛饮,像过狂欢节一样。

把我们从我们的救命人那儿救出来吧！我们以后会自己救自己啦。倒霉的绵羊！如果只要防备狼,我们还能自卫。但是谁来保护我们,使我们不受牧羊人的掠夺呢?”

三　布雷夫的本堂神甫

四月初

路上的不速之客一撤退，我就决定不再耽搁，立刻到夏麻衣的村子里去看看他。我倒不担心他会怎么样了，这个魁伟的汉子会保护自己的！不过，亲眼看见离得远的朋友到底更放心点……此外，我的腿也该活动活动啦。

我没有说什么就走了，我轻轻地吹着口哨，顺着河岸走，河沿着山脚流，山上植满了树。在小小新叶上，滴着一阵甘雨的小小的水珠，这是春天的眼泪，小雨一会儿停，一会儿又悄悄地下起来。在大树上，一只松鼠在叫春。在草地上，鹅在嘎哑嘎哑地叫。八哥放大了喉咙拚命唱，一只小小的诱鸟也在唱它的“滴滴碧”……

在路上，我决定耽搁一下，去多纳西找另外一个朋友，公证人帕亚先生：我们三个也像美丽、快乐、温雅三女神一样，缺一不全。我在帕亚的事务所里找到了他，他正在文件簿上瞎写着天气如何，他做过什么梦，和他对政治的看法。在他身边，和一本“法律论”[1]摆在一起的，是一本打开着的“诺斯特腊达谬斯[2]的预言”。一个人一辈子都关在

---

① “法律论”，原文是拉丁文。

② 诺斯特腊达谬斯，十六世纪法国大占星家，著有《诸世纪》。

屋子里,精神更想逃出樊笼,飞到梦想的平原和记忆的丛林中去;因为没有力量指挥地球,他就想预知世界上将要发生的事情。有人说:一切都是注定了的!我也相信,但是我得承认,我读《诸世纪》,从没有预知过未来,除非未来已经变成了现实。

一看见我,好帕亚就笑逐颜开;屋子里从上到下都震荡着我们的笑声。我一见他也很开心,这个大肚皮的小个子,满脸麻子,脸颊鼓起,鼻子通红,眼皮起皱,眼睛又灵活又狡猾,神气老是不满,怨天尤人,其实心里非常快活,老是取笑,比我滑稽得多。他最高兴的是板着面孔,给你说一句俏皮的双关话。当他一本正经,坐在饭桌前,拿着一瓶酒,一面请求酒神和笑神保佑他,一面哼着小调的时候,那样子煞是好看。有我在一起,他非常满意,他用又粗又胖的手拉住我的手,他的手像他的人一样伶俐,用起工具来巧妙得不得了,锉呀,切呀,接呀,削呀。他家里的一切都是自己做的;一切都不美观,但是一切都出自他的手;美观不美观,这都是他的缩影。

他还没有改变他的老脾气,埋怨这个,埋怨那个;我呢,由于喜欢作对,却觉得这个也好,那个也对。他是悲观博士,我是乐天先生:这就是我们争论不休的老玩意。他怨他的主顾;的确应该承认:他们不太热心还他的账:因为有些账算起来已经有三十五年之久;虽然这和他的利益有关,他并不急着要人家还债。另外有些人即使还账也要碰运气,当他们想起来了,就付一点实物:一篮鸡蛋,一对小鸡。这是惯例;要是讨钱就得罪人了。他埋怨着,但是也就这样算了;我相信若是他处在他们的地位,也会同样做的。

幸亏他的财产已经够他用的了。一笔相当丰厚的财产还会生息。他所需要的又不多,一个老单身汉;并不追求女人;至于爱吃爱喝,我们的大自然里应有尽有,田地里生产的可以摆成酒席。我们的葡萄田,果子园,养鱼池,养兔场都储备着丰富的食物。他最大的开支是买旧书,他只肯远远地拿着书给人看(因为这个家伙不肯借书给人);还有一笔大开支花在他的癖好上面,他喜欢用新从荷兰运来的望远镜观察(变幻无穷的)月亮。他在顶楼里,屋顶上,烟囱中间,搭了一个摇摇晃晃的平台,从平台上他认真地观察着运转的星象;他努力想看懂我们命运的天书,虽然什么也没有看明白。他喜欢研究天命,尽管他自己并不相信。这点我了解他:人喜欢从窗口看穿过天空的星星,正如看街上走过的姑娘;人家给她们编上几段奇遇,几件艳事,一本小说,管它真的假的,反正这很有趣。

我们讨论了很久,讨论奇迹,讨论星期三夜里在天空挥舞的血红的火剑。各人都按照自己的意思去解释那个奇迹;当然各人也都口沫横飞地[①]坚持:只有自己的解释是正确的。但到最后我们才发现:他和我什么都没有看见。因为那天晚上,我的占星家恰巧也在他的望远镜前打了一个瞌睡。当人发现不止自己一个是傻瓜的时候,也就不再争执。我们都很乐天知命。

我们一同走了出去,决定不把奇迹的真相坦白告诉本堂神甫。我们走过田野,仔细看看新发的幼芽,剪成圆锥形的、玫瑰色的矮树丛,筑巢的小鸟,和一只在平原上空的苍鹰,它像轮子一般,在天上团团转。我们笑着谈起从前和夏麻衣开过的一个玩笑。帕亚和我辛辛苦苦地花了几个月的功夫,教会了一只关在笼子里的大八哥唱一支新教的歌。然后我们把它放到本堂神甫的花园里去。它在那儿真是得其所哉,变成了村子里其他八哥的音乐教师。夏麻衣在念经的时候给它们的合唱吵烦了,在胸前画了个十字,咒骂起来,以为是魔鬼被放到他的园子里来了,他就念咒赶鬼,而且埋伏在百叶窗后,愤怒地用火枪打死了这只恶魔。他却不是完全上当。因为打死了这个恶魔,他就把它吃掉了。

* * *

① “口沫横飞地”,原文是拉丁文。

我们边走边聊,就到了布雷夫。

布雷夫好像在睡觉。路上的房屋打开了大门,仿佛在春天的阳光中,在过路人的面前,打着呵欠。没有看见人的面孔,只在沟边看见一个小鬼的屁股,正在纳凉、撒尿。帕亚和我臂膀挽着臂膀,亲密地谈着天,我们沿着一条撒满禾草和牛粪的道路走向乡镇中心,走着走着隐隐听见一阵仿佛是激怒了的蜜蜂的嗡嗡声。我们走到教堂的广场前,才发现那里挤满了指手画脚、高谈阔论、唧唧喳喳的人群。在他们中间,在本堂神甫的花园半开的大门前面,站着夏麻衣,满脸气得通红,伸出两个拳头,向着他教区的居民大声喊叫。我们竭力想听清楚是什么事,但只听见一片乱哄哄的声音:

"……毛毛虫和小毛虫……金龟子和田老鼠……主啊,请听[1]……"

夏麻衣叫道:

"不去!不去!我不去!"

群众喊道:

"天啊!你是我们的本堂神甫吗?回答我们:是还不是?如果你是(你当然是的),那就应该为我们服务啊。"

夏麻衣说:

"无赖!我是为上帝服务,不是为你们……"

于是又起了一阵骚嚷。夏麻衣为了结束这场争吵,就当着他教民的面把门关起;在铁栅门外面,还看得见他的双手在舞动,一只手习惯地向他的教民撒着祝福的圣水,另一只却给大地带来了雷霆般的诅咒。最后一次在窗前出现了他的圆肚子和方脸盘,他不能在群众的嘘叫声中使人听见自己,气得无可奈何,只好嗤之以鼻。这时,连百叶窗也关起了。叫嚷的人叫累了,广场慢慢空了;我们从这些疏疏落落的看热闹的人后面,到底溜到了夏麻衣门前,敲起门来。

---

① "主啊,请听",原文是拉丁文。

我们敲了很久。这个顽固的家伙怎么也不肯开门。

“喂！神甫先生！……”

我们叫也枉然(我们不让他听出我们的声音,好寻开心)：

“夏麻衣先生,你在家吗?”

“见魔鬼去！我不在家。”

因为我们坚持,他就说：

“请你们给我滚蛋！要是你们不肯离开我的大门,狗娘养的,我就要请你们受一次好好的洗礼!”

他把一壶水几乎泼到我们背上。我们叫了起来：

“夏麻衣,要泼也得泼点酒啊!”

一听见这句话,好像奇迹一般,风暴立刻平息了。夏麻衣那红得像太阳般的欣喜面脸孔伸了出来：

“好家伙！布勒尼翁,帕亚,是你们啦？我几乎做出好看的事来！啊！死促狭鬼！你们为什么不早说?”

我们的好人一步跨四级地跑下楼来。

“进来！进来！上帝保佑的人！哈,让我拥抱你们！好人,看了这么些野人头之后再看见人脸多舒服呀！你们有没有看见他们刚才蹦蹦跳跳做些什么？他们爱跳多久就跳多久,我才不愿动哪。上楼去,我们去喝一杯。你们该走热了。他们居然妄想要我带着圣体[①]出去！天不久就要下雨了:那么好上帝和我不都要淋成落汤鸡了吗？难道我们是来服侍他们的？难道我是一个雇工？把服侍上帝的人当作奴仆！真是混蛋！我是来洗刷他们的灵魂,不是来打扫他们的田地的。”

“喂”我们问他,“你在胡说八道地讲些什么？哪个魔鬼得罪你了?”

“上楼去,上楼去,”他说,“楼上更舒服。但是首先应该来喝一杯。我累坏了,我喘不过气来！……你们说这酒怎么样？当然这不算

① 圣体就是酒和面包,象征耶稣的血和肉。

太坏的。我的老朋友,你们能够想到:这班畜牲居然敢妄想要我从复活节起,每天去给他们祈祷丰年吗……为什么不从国王节①起直到新年为止呢?……而这都只是为了要赶掉金龟子!"

"金龟子!"我们说,"的确你真呆得像金龟子。夏麻衣,你真是在胡说瞎扯。"

"我一点也不胡说瞎扯,"他气得叫起来,"啊!这个,这个我受不了!他们发了疯把我当作攻击的目标,你们反说我疯了!"

"那么,你就冷静一点说个清楚吧。"

"你们真是要我的命!"他气得满头大汗,边擦边说,"他们麻烦我们,把我和上帝,上帝和我,麻烦了一整天,为了要我们顺着他们的心去干些荒唐事,而你们倒要我冷静!……你们要晓得(唔!我的确要气闷死了),这些异教徒一点也不关心永生,他们洗涤灵魂的时候并不比洗脚的时候多,却苛求他们的神甫能掌管天晴下雨。我必须能够命令太阳和月亮:'热一点,下点雨,够了,不要太多,来个温和的、不刺眼的、有云遮蔽的小太阳,来阵微风,但是千万不要下霜,还要浇点水,主呵,这是为了我的葡萄园;停,尿撒够了!现在,我需要一点火……要依这些混蛋的话,上帝似乎没有什么事情要做,他在祈祷的鞭策下,就会像园丁的驴子一般转动磨盘,打起水来。还有(这是最妙的!)他们彼此意见又不一致:一个要雨,另一个却要太阳。瞧,他们把圣徒都攀出来帮忙!那边有三十七个呼风唤雨的。走在前头的是手拿长矛的撒尿大王圣梅达尔。另外一边只有两个:拨开乌云的圣雷蒙和圣迪埃。但来增援的有驰风的圣布累兹,解冻的克利斯朵夫,吞雨的瓦累廉,斩雷的奥雷廉,放晴的圣克累尔。天上也起了冲突。这些大人物都在挥动老拳。瞧,圣苏姗,圣海伦和圣斯科拉斯提克正在揪着发髻。连好上帝也不知道帮哪一个圣徒才好。要是上帝都不知道,他的教士能够知道什么呢?可怜的神甫!……总而言之,这不是我的事。我只

① 国王节,宗教节日,一月初六。

是在这儿转达祈祷而已。执行不执行要看老板。所以要是这些无赖不把我卷入天上的纠纷的话,我是什么也不会抱怨的。(虽然,说老实话,这样崇拜偶像也真令人厌恶……我温和的主耶稣呵,难道你死了也无济于事吗?)但是(他们发疯了!)他们妄想把我和十字架当作驱邪符,来赶掉侵蚀他们田园的小虫。有一次要赶走仓库里偷谷吃的老鼠,于是排队迎神,念咒驱邪,祈祷圣尼凯兹。那是十二月一个冰冷的日子,地上的雪堆得有背脊那么高:我因此患了腰部神经痛……后来又要赶毛毛虫。于是祈祷圣洁特律德,排队迎神。那是三月的事:正在溶雪,忽然下了一阵骤雨,夹着冰雹,我一淋雨嗓子就哑了,从那时起直到现在还在咳嗽……今天又要赶金龟子。又要排队迎神!还一定要我围着他们的菜园走(头上是火热的大太阳,大块乌云好像要产子的苍蝇,雷雨马上就要爆发,我要是去了,回来准得感冒),并且要我一面唱着圣歌:'你们这些无法无天的东西,你们要被驱逐出境,片刻也不能停[①]……'可是被驱逐的可能是我自己哩!……'你这个浸礼教徒夏麻衣,外号馋鬼,现任本堂神甫。'……不去,不去,不去,多谢多谢!我才不忙着去呢。这种玩笑开得多了,再好也会使人厌倦。请问,应该是我来赶走他们田里的毛虫吗?如果金龟子妨害了他们,那就让他们自己去赶吧,这些懒汉!假如你帮助你自己,上天就会帮助你的。自己束手不动却对神甫说:'干这个,干那个!'那是太便当了。我只做上帝和我自己喜欢做的事:我要喝酒。我要喝酒。你们也来喝吧……至于他们,让他们包围我好了,要是他们高兴的话!我才不在乎,伙计们,我敢赌咒:他们围住我的房屋,决不会比我坐在这张安乐椅上的时间更久。让我们来喝酒吧!"

* * *

① 圣歌的原文有一半是拉丁文。

他喝着,因为气力和口才消耗太多而疲倦了。我们也像他一样,把酒杯举到嘴边,杯底朝天,通过酒杯看着天空和我们的命运,天空和命运似乎都是粉红的,乐观的。有几分钟肃静无声。只有帕亚的舌头在啧啧响,夏麻衣的粗脖子里,酒在发出咕噜咕噜的声音;夏麻衣一饮而尽,帕亚却慢慢啜着。酒一流到胃里,夏麻衣就发出"哼"声,抬起头来望着天空。帕亚却瞧着他的杯子,从上看到下,从暗处看到亮处,啜着,吸着,用鼻子,用眼睛,和用嘴一样地喝着。我呢,我同时欣赏着饮料和饮酒的人,我的快乐因为他们的快乐,因为观察他们而增加了:又喝又看,这真是胜过王宫的御宴。但我并不因为看就不迅速敏捷地把酒喝干。我们三个步调整齐;没人落后!……但是谁想得到?当我们算账的时候,头一个一口气跑到柜台前的,却是公证人先生。

在酒窖的香露浸润了我们的咽喉,恢复了我们的活力之后,我们的灵魂如花怒放,面孔也笑逐颜开。我们肘腕倚着打开的窗户,心醉神迷地观赏着田野的新春,愉快的阳光照着纺锤形的、正在吐新叶的白杨,隐藏在山坳里的溶纳河在草原上转来转去,好像一只在和自己尾巴玩耍的小狗,河上升起了捶衣、洗衣和母鸭呷呷叫的回声。夏麻衣一开心,就捏着我们的胳膊说:

"生活多么好啊,尤其是在这个地方!感谢天上的上帝使我们三个都生长在这里!还可能有什么更可爱,更可喜,更感人,更动人,又丰满,又有味,又温柔,又优美的呢!我真快活得要流泪了。简直恨不得一口就把这个世界吞下去!"

我们正点头表示同意,他却突然反过腔调来说:

"但是为什么上天会起这个鬼念头,在这个地方生出这些畜牲来?上帝当然有理。他知道他造出来的是什么,应该相信……但是我得承认,我宁愿相信他是搞错了,我宁愿要我的教民到魔鬼那儿去,或者随便去什么地方,秘鲁也好,土耳其也好,我都不管,只要他们不在这里!"

我们对他说:

“夏麻衣,天下的教民都是一样的。这些人也罢,那些人也罢!换些人又有什么用?”

“大概,”夏麻衣接着说,“他们生来不是让我拯救,而是来救我的,因为他们强迫我在世上受苦赎罪。我的老伙伴,同意了吧?没有什么职业比乡下本堂神甫更倒霉的了,他多辛苦才能把神圣的真理装进这些笨伯硬化了的脑袋。我们枉然用福音的精华来喂养他们,要他们的孩子吸收教义;但喂的奶刚进口,又从鼻子里出来了;这些大饭桶需要更粗糙的粮食。他们有时也模模糊糊地说一声‘福哉’,嘴角边漏出一两句祷告,或者像驴子叫般唱着晚祷,虽然他们的灵魂又饥又渴,但是嘴里从来没有吐出任何圣言。他们的心和肚子几乎没有接受任何圣教。从前如此,以后也是如此,他们永远是纯粹的教外人。几世纪以来,我们徒然想消灭田里、河里、树林里的精灵和神怪;徒然想吹灭这些地狱里的火焰,为了在黑暗的宇宙里,可以看得见唯一真神的光明,但是我们吹了又吹,甚至吹爆了脸和肺,也扑不灭这些地上的精灵,可恶的迷信,物质的幽灵。橡树的老根,会转的黑石头,仍然是这些鬼类藏身之处。虽然我们已经斩尽杀绝,铲完烧光,除了多少迷信的对象!但是一定还得翻转高卢的每一块泥土,每一块石头,翻转孕育了我们的整个大地,才能消灭附在它身上的魔鬼。即使这样恐怕还是做不到。这个该诅咒的大自然真是无法控制:你砍断它的手足,它又长出翅膀。杀死一个神怪,却又生出十个。在这些野蛮人看来,一切都是天神,一切也是魔鬼。他们相信夜里变狼的巫师,没有头的白马,黑母鸡,人头蛇,家神和魔鸭……那么,请你们告诉我,要对付这些从诺亚方舟里①逃出来的没头没腿的怪物,就是圣母马利亚和虔诚的木匠善良的儿子②又有什么办法!”

帕亚先生回答:

---

① 见《圣经·创世记》:上帝要用洪水毁灭天下,却叫诺亚造一艘方舟,并把全家大小、还有各种动物,每种一公一母,全都带进方舟,保全生命。

② 圣母马利亚和木匠的儿子,指耶稣基督,耶稣的生父约瑟是木匠。

“伙计,‘有眼看别人,没眼看自己’。你的教民头脑糊涂,这点没有问题。但是你呢,难道你比他们头脑清楚?神甫,没有什么可说的了,因为你一切都像他们一样。你的圣徒难道比他们的精灵、神仙高明?……有了一个三位一体、一位三体的上帝和圣母还不够,还一定要在你的神庙里摆上一大堆穿裤子和穿裙子的小天神,来代替那些被打烂了的偶像,补充那些空出来的神位。但是这些天神,不,真神上帝啊!他们比不上原来那些。人家不知道他们从哪里来的;他们到处都钻出来,好像蜗牛一样,手工都做得不好,像下等人,又肮脏,又残废,洗得不干不净,遍体鳞伤,满身瘤子,给虫咬过;一个露出一只流血的断臂,或是大腿上的发亮的烂疮;另一个卖弄风情,发髻上深深地挨了一刀;这一个摆出散步的姿势,头挟在胳膊下面;那一个扬扬得意,手里摇晃着自己被剥下的皮,好像拿着一件汗衫。不谈别的,神甫,就谈你自己供奉的圣徒,那位在你教堂里高踞主位的、在柱子顶上苦行修道的圣西蒙吧,他四十年就靠一条腿支持,站在柱子顶上,真像用一只脚站着的鹭鸶!”

夏麻衣跳起来叫道:

“住口!谈别的圣徒还可以!我不管他们。但是,不信教的人,这一位却是我的,我是在他的教堂里。我的朋友,说话要客气点!”

“那么,撇下你那长脚水鸟儿不谈(因为我是你的客人),请你告诉我:你对科比尼修道院长的看法如何,他硬说他有一瓶贞女[①]的奶;还有你觉得塞米宰勒先生怎样?他有一天泻肚子,就把圣水和圣骸[②]的粉末当作洗肠药用了!”

“我的看法是,”夏麻衣说,“你自己,你这个刻薄鬼,假若你肚子痛,大概也会这样子的。至于科比尼修道院长,所有这些修士,为了要抢我们的生意,只要他们做得到,都会开起铺子来出卖大天使的奶,小天使的乳酪,高级天使的黄油。不要谈这些人了!修士和教士,那是

① 贞女指圣母马利亚。

② 圣水指酒,圣骸指面包,代表耶稣的血和肉。

狗和猫似的对头。"

"那么,神甫,你不相信这些圣物?"

"我不相信他们的圣物,但是相信我自己的。我有一根圣廸耶特琳的肩骨,可以检验水泡疹病人的小便和面色;还有圣埃土甫的方顶门骨,能够赶走羊肚子里的魔鬼……请你别笑好吗!新教徒,你还在笑?那么你什么也不相信?我有证明文件(只有瞎子才会怀疑!我去找来),在羊皮纸上签了字的;你就会知道,你就会知道它们不是捏造的。"

"你坐着吧,你坐着吧,别去拿你的证明文件。你自己也不相信它,夏麻衣,你的鼻子在翕动……不管什么骨头,不管哪里来的,一根骨头总是一根骨头,崇拜它的人总是崇拜偶像。一切东西都该各在其位:死人就该在坟墓里!我呢,我相信活人,相信现在是大白天,相信我在喝酒讲理——并且讲得非常有理——我相信二加二等于四,地球只是在运转的宇宙中的一个不动的星球;我相信吉·科基伊①,如果你愿意的话,我可以从头到尾对你背诵内韦尔的'风俗集';我也相信点点滴滴累积了人类的学问和经验的书籍;尤其重要的是,我相信我的理智。自然(不用说)我同样相信圣言。没有一个谨慎的聪明人会怀疑它的。你满意了吗,神甫?"

"不,我不满意,"夏麻衣叫了起来,他当真激怒了,"你是不是加尔文派?相信异端邪说,胆敢乱攀圣经,屠然教训教堂,还以为(你这阴险的家伙!)可以不要本堂神甫?"

这一下轮到帕亚生气了,他抗议说,他不许人家说他是新教徒,他是个好法国人,正统派的天主教徒,但是他也通情达理,既不精神失常,也不手足残缺,中午不戴眼镜一样看得清楚,他叫傻瓜做傻瓜,叫夏麻衣做三位一体或者一位三体的傻瓜(随他自己高兴怎么叫),并且为了崇敬上帝,他崇敬理智,因为理智是上帝发出的最灿烂的

① 吉·科基伊,十六世纪法国法学家,坚决反对神圣同盟。

光辉。

*　　　*　　　*

说到这里,他们不再说话,喝起酒来,一面噘着嘴,嘟哝着,两个人都把肘腕倚着桌子,转过身去,背对着背。我呢,我却哗啦一声大笑起来。于是他们才发现我这么久什么话也没有说,我自己也直到这时方才发觉。在这以前,我一直忙着瞧他们,听他们,欣赏他们的争论,用眼睛和面孔模仿他们,低声学他们说话,嘴巴不出声地动着,好像兔子咀嚼白菜一样。但是这两个发了疯的雄辩家竟逼着要我宣布我同意哪一个。我就回答说:

"我两个都同意,再多几个我也同意。不再有什么可以讨论的吧?傻瓜越多,就笑得越厉害,人越笑得厉害,就越聪明……我的伙伴,如果你们要知道你们有多少东西,开始就应该把东西的数目一行一行地写在纸上;然后,再把这些数目加起来。为什么不把你们稀奇古怪的想法都加在一起呢?整个加起来也许就等于真理。如果你想独占真理,真理就要嘲笑你了。幼稚的人,对世界的解释不止一种:因为每种解释都只能说明问题的一面。我拥护你们所有的神,异教徒的也好,基督教的也好,此外,我还特别拥护理智之神。"

听到这些话,他们两个都联合起来反对我,怒气冲冲地叫我怀疑派,无神论者。

"无神论者!你们要怎么样?还想要我怎么样?你们的一神也好,多神也好,唯一的清规也好,无数的戒律也好,难道还想管到我家里来?让他们来吧!我会接待他们。我什么都接待,因为我是好客的。我非常喜欢好上帝,更喜欢他的圣徒。我爱他们,崇敬他们,会对他们微笑(他们是些好人);他们不会拒绝和我聊天的。但是,坦白说,我承认,一个上帝对我是不够的。这有什么办法呢?我贪多……你们却要我节约!我有我的男圣徒,女圣徒,我的仙女和精灵,天上的、地上的、树上的和水上的神仙;我相信理智;也相信疯子,疯子才看得见真理;我还相信巫师。我很喜欢想象悬在空间的地球像个钟摆似的在云霄里来回摆动,我还想摸一摸这座宇宙的大时钟,把它精良的机件拆开又装上。但这并不是说我不喜欢听天堂的蟋蟀和圆眼星星的歌唱,偷看月亮里的樵夫……你们耸肩膀吗?你们是维护秩序的。嗯!秩序当然有它的价值!但它并不是一无所需,而是要报酬的。秩序是不做自己想做的事,而做自己所不想做的事。这是挖掉一只眼睛,好让另外一只看得更加清楚。这是砍掉树木,好让大路笔直通过。这样便利倒是便利……但是好上帝!这多么难看啊!!我是一个老高卢人:我们有许多主子,各有各的法令,大家都像兄弟一般,各人只顾自己。你愿意相信就相信你的,我相信不相信,请你让我自便。尊重别人的理智吧。特别是,我的朋友,千万不要冲撞别人的天神!否则,他们会像蒸汽般喷出来,像雨点般洒下来,天上,地下,头上,脚下,世界都会被他们挤满,好像怀胎母猪的肚子。我可是尊重所有的天神。我还准许你们给我再带几个来。但是你们可别妄想从我这里拿一个回去,我也决不遗散一个;除非这坏蛋确实过分地辜负了我对他的信任。"

帕亚和神甫都怜悯我,他们问我怎么能在这片混乱之中找到道路。

"我非常容易找到,"我说,"所有的小路我都熟悉,可以随便走来走去。当我一个人穿过森林,从夏木到韦泽累去,你们以为我还需要走大路吗?我闭着眼睛都可以在偷猎者的小路上来来去去;也许我最后一个回到家里,但是无论如何,我带回家的猎物袋总是满满的。袋子里一切都整整齐齐,分门别类地排列着,各得其所:好上帝在大教堂里,圣徒在他们的小教堂里,仙女在田野间,理智在我的头脑中。他们相互都很了解:各有各的配偶、职务和地盘。他们并不服从一个专制的国王;而是像伯尔尼[①]的先生们和其他加盟者之间的关系一样,他们

① 伯尔尼,瑞士联邦的首都。

组织了联邦，他们有些弱的，有些强的。但是不要太相信这一点！人们有时也需要弱者来反对强者。当然，好上帝比仙女们强。但是他仍然需要小心对付她们。好上帝一个人并不比大家都强。强中更有强中手。吃人的人被人吃。真的。人家总不能使我不想到：至高无上的好上帝，还没有人看见过呢。他在很远、很高的地方，真是高，真是远。像我们的国王陛下一样。大家只认识他的部下，他的总管和助手（这可认识得太清楚了）。但是他自己呢，总待在他的卢浮宫里。今天的好上帝，每个人都祈祷的那一位，就好比孔齐尼大人[①]……不要堵住我的嘴，夏麻衣！好吧，为了不叫你生气，就拿我们的好公爵内韦尔大人来打比。上天祝幅他吧！我是又尊敬他，又爱戴他的。但是在卢浮宫的陛下面前，他就一句话也不说，老老实实做事了。就这样也好！”

“就这样也好！”帕亚说，“但是事情并不是这样。唉！还差得远呢！‘主人不在面前，仆人原形举现。’自从我们的国王亨利[②]死后，王国落到妇人手里去了，王爷们都和纺锤，和纺纱的人玩了起来……‘王爷的游戏使他们高兴得忘了一切……’这些盗贼就去大养鱼池里钓鱼，把苏利大人[③]保管的金银财宝和兵工厂保险柜里未来胜利的资本都偷光了。啊！报仇的人快来吧，要他们把吞下去的金子吐出来！并且要叫他们的脑袋分家！”

谈到这点，我们说了些话，为了谨慎起见，还是不记下来的好；因为唱到这曲老调，大家的意见都一致了。谈到穿裙子的王爷，穿拖鞋的假信教徒，肥胖的教长，无所事事的修士，我们也唱出了一些变调。但是我应该说：关于这个题目，夏麻衣出口成章就唱出了最漂亮、最出色的歌子。我们的三人合唱继续合着拍子进行，三个人异口同声，主题由甜如蜂蜜的转到苦如胆汁的，由假装信教的转到过分信教的，转

---

① 孔齐尼，意大利佛罗伦萨人，法国王后玛丽·德·梅迪契的宠臣，贪婪无能，一六一七年被杀死。

② 指亨利四世，在位二十一年(1589—1610)，死后由王后玛丽·德·梅迪契摄政。

③ 苏利，亨利四世的财政大臣。

到各色狂热的教徒，加尔文派，天主教徒，头脑简单的人，这些蠢材为了强迫别人接受上帝的爱，以为可以用棍子或短剑，把爱打进或刺进别人的皮肉里去！好上帝又不是驴夫，要用棍子来赶我们走。谁愿意死后进地狱，就让他进地狱好了！难道还一定要他活着的时候受罪，活着也要把他烧死？谢谢上帝，让我们安静点吧！让在我们法国的每个人都活着，每个人也让别人活着！最不信上帝的莫过于基督徒了：因为他要烧死异教徒，而上帝却是为了所有的人活着才死的。再说，最坏的人和最好的人，算起总账来，都不过是两只可怜虫：既不值得骄傲，也不必太残酷；这两只虫很相像，好比两滴水一样。

后来谈累了，我们就唱起歌来，三个声音抑扬顿挫地唱着赞美酒神巴克科斯的圣歌，这是我、帕亚和神甫毫无异议、一致拥护的唯一天神。夏麻衣高声声明：他喜欢这位神，甚于路德教和加尔文教所有的肮脏修士传道说教时，翻来覆去地讲到的其他天神。巴克科斯，他呀，他是一位人人承认的，值得尊敬的天神，一位有来历，有法兰西血统的天神……不仅如此，我亲爱的弟兄们，他还是基督教的神：因为在某些古老的画像上，耶稣不也是画成一个用脚踩葡萄的巴克科斯吗？因此，朋友们，喝一杯吧，为了我们的救世主，为了我们基督教的巴克科斯，为了我们欢笑的耶稣，因为他美丽的、深红的血液流进了我们的葡萄园，使我们的葡萄、口舌和灵魂都变得甜蜜芬芳了，因为他把温和的、近情的、慷慨的、善良的讥讽精神，灌入了我们头脑清楚、见识卓越、血统优良的法兰西！

* * *

讲到这点，我们就碰杯庆贺法国人卓越的见识，这种愉快的见识嘲笑一切过度的东西（“聪明人总坐在两个极端之间”……因此他时常坐在地上），这时，很响的关门声，楼梯上沉重的脚步声，叫着“耶稣！约瑟夫！福哉”的喊声，大口的喘息声，向我们宣告爱洛伊丝·曲雷太太冲进来了，人们把这位管家婆叫作神甫夫人①。她喘着气，一面用围裙的尖角擦着她的宽脸，一面叫喊：

“啊啦！啊啦！救人，神甫先生！”

“喂！大笨蛋，什么事呀？”神甫不耐烦地问。

“他们来了！他们来了！又是他们！”

“谁呀？还是那些排队到田里去的毛虫吗？我对你说过，不要再提我的教民，这些异教徒！”

“他们威吓你！”

“我才不在乎呢。他们威吓什么？到教会审判官面前告我一状？去吧！我已经准备好了。”

“唉！我的先生，要只是告一状就好了！”

“那是什么呢？你说！”

“他们在那边，在大皮克家里，搞人家说的那套画符念咒、驱邪赶鬼的把戏，并且唱着：‘快走吧，田老鼠和金龟子，快离开我们的田地，去把神甫的菜园和酒窖吃光！’”

听见这些话，夏麻衣跳了起来：

“啊！这些该死的！到我的菜园里来，他们的金龟子！还要到我的酒窖里来……他们要谋杀我！他们什么不会发明出来呢！啊！主啊！圣西蒙啊！来救救你们的本堂神甫吧！”

我们想要叫他放心，我们笑得厉害！

“笑吧！笑吧！”他对我们叫道，“如果你们处在我的地位，我的聪明人，你们就不会笑得那么高兴了。唉！真是，假如我是你们的话，我也会笑的：多便当呵！但我真希望看见你们得到这个消息，并且准备饭桌、酒窖、卧房，来接待这些无赖！……他们的金龟子！真恶心……还有他们的田老鼠！……我不要这些东西！但这真伤脑筋！”

“喂！怎么？”我对他说，“你不是他们的本堂神甫吗？你怕什么？

---

① 曲雷太太和神甫夫人同音。

叫他们念的咒失效好了！难道你知道的不比你的教民多二十倍？难道你不比他们本领大？”

“唉！唉！我什么也不知道。大皮克很阴险。啊！朋友们！啊！朋友们！这是多么坏的消息！啊！这些强盗！……我本来多么安心，多么有把握！啊！什么也靠不住！只有上帝伟大。我有什么办法？我给逮住了。他们抓住了我……我的爱洛伊丝，快去，跑去叫他们停住！我就来，我就来，不能不去！啊！这些恶棍！等我碰到他们倒霉的时候，也要叫他们尝尝滋味……现在（只好照办[①]……）我是在过他们的三十六关！……得了，一定得去喝掉这杯苦酒。我就去喝。苦酒我也喝过不少！……”

他站起来。我们问道：

“你到哪里去呀？”

“去参加扑灭金龟子的十字军。”他回答说。

① “只好照办”，原文是拉丁文。

四 鬼混的人，或：一个春日

四 月

四月啊，你这春天的苗条女儿，瘦瘦的小闺女，你有迷人的眼睛，我在杏树的花枝上，看见你蓓蕾般细小的乳房，在我窗前，在我园中，雪白的树枝新吐的淡红色尖尖嫩芽，正被清晨的阳光抚摩着。多美的早晨！想到人们将要看到，正在看到这样一天，这是多么幸福！我站起来，伸伸我的老胳膊，感到在紧张的劳动过后，身体虽然有点酸痛，却很舒服。最近半个月来，我的学徒和我，为了弥补被迫停工的损失，已经使我们刨子下面的刨花不断飞舞，木料不停地歌唱。但不幸的是我们对工作的热忱远超过了顾客购买的热忱。唉！人家不来买，订了货的人更不忙着付款；我们的钱已经用光；钱袋空空如也；但是我们的胳膊和我们的田地却还有血有肉；土地总是好的，不管孕育我的土地，还是我生活在上面的土地，都一样。“多耕种，多祷告，多劳动[①]；那么，你就等于做了国王。”这样说来，克拉默西人都做了国王，或者将来都要做国王，真的，一点不假：因为从今天一早起，我就听见磨坊的水车“哗啦哗啦”响，铁匠店的风箱“格札格札”叫，铁锤在铁砧上“叮叮

① “多耕种，多祷告，多劳动”，原文是拉丁文。

当当”地飞舞，菜刀在砧板上剁骨头，马在水槽里喷鼻子，鞋匠在敲钉子和哼小调，马车在路上走，马蹄在“巴地巴托”地跑，马鞭在“喀喇喀喇”地作响，过路的人在胡聊，人声，钟声，总而言之，劳动城市的大动脉在跳，发出了“阿杭”的喊声：“我们的天父[①]呵，在等你赐给我们面包[②]的当儿，我们还是自己来做每天的面包吧！这样更加稳当……”在我头上是蔚蓝的春天的晴空，春风正在追逐白云、暖和的太阳和寒冷的空气。人们会说……这是返老还童了！青春展开了双翼，从遥远的过去飞了回来，又要在我这颗苍老的、期待着它的心里待下来，像燕子要在屋檐下重新做窝一样。好一个浪子，它回来的时候人家多么喜欢它啊！比当初还更喜欢它，更疼爱它……

这时，我听见屋顶上的风信鸡在咯吱作响，还有我的老妻也在咬牙切齿、尖声怪气地不知道对什么人叫些什么，也许是在叫我。（我没有听。）但是青春却给她吓跑了。该死的老母鸡！……她一生气（我是说：我的老妻），就跑下楼对着我的耳朵吹喇叭似的叫起来：

“你在那里干嘛？该死的懒鬼！两只手晃来晃去，瞪着眼睛望天空，张开的嘴巴像个洞！你那稻草人的模样真能吓跑天上的鸟。你在那里等什么？等一只烤熟了的百灵鸟掉到你嘴里来呢，还是等燕子掉眼泪？在这个时候，我却累得要死，喘着气，流着汗，拼着老命，劳碌得像一匹老马，为了服侍你这只王八！……得了，软弱的女人，这就是你的命运！……但是不对，不对，因为上天并没有说过我们应该吃尽苦头，而男人却该游手好闲，从这里荡到那里。我要他也吃苦，我要他也受气。要不然，要是这个混蛋只管寻开心的话，那上帝真是对人不起！侥幸还有我在这里，要完成上帝神圣的意旨，还有我呢。你笑完了没有？快工作去，要是你想锅里有熟饭吃的话！……嘿！瞧他到底听不听我的！你去还是不去？”

我带着温和的微笑说：

---

①② “我们的天父”“我们面包”，原文是拉丁文。

“当然去呐，我的美人儿。这样美丽的早晨待在家里，真是罪过！”

我回到工场，对学徒们喊道：

“朋友们，我需要一块弹性好的、又柔韧又结实的木料。我要到刘家木厂去看看他堆栈里有没有好木板。走吧！卡尼亚！罗宾纳！一起去挑选吧。”

他们和我一道走了。我的老婆又在叫喊。我说：

“唱你的吧！”

但最后这个劝告是不必要的。多好的音乐！我也吹起口哨来给她帮腔。好卡尼亚却说话了：

“喂！老板娘，人家会以为我们要出远门了。只不过是刻把钟就要回来的嘛。”

“这个无赖干的事，”她说，“谁说得准！”

*　　*　　*

那时已经打九点钟了。我们到贝扬去，路并不远。但是经过渤洪桥时，我们停了下来（也该问问别人的身体如何呀）招呼费杜，加丹，和外号叫做好约翰的谭克，他们正开始过他们一天的生活，坐在河堤上看流水。我们谈了一阵子天气好坏，然后乖乖地又上了路。我们是有良心的人，走的是最直的路，我们也不和任何人谈天（其实在路上也没有碰见任何人）。只是（我们对大自然的美是敏感的），我们赞美了天空，春天的新芽，城壕里一棵正在开花的苹果树，我们瞧瞧燕子，站住脚，讨论风向……

半路上，我想起今天还没有拥抱格洛蒂呢。我就说：

“你们先走一步。我要打一个弯。我们到刘家木厂再碰头吧。”

我到了女儿玛玎家门口，她正在用大桶的水洗铺子，一面不停嘴地说长道短，和这个人说，和那个人说，和她的丈夫，孩子，学徒说，和格洛蒂，还加上隔壁两三个饶舌妇说，她和她们一起笑，把肚子都笑痛了,还在不停嘴地说,说,说。她洗完了,还没有说完,就走了出来,把一桶水一下全都泼到街上。我只差几步路就要进门,正站住欣赏她(她能使我心怡目悦,多么健美的女人!),半桶水就泼在我的腿肚子上。她笑得更开心了,我呢,我却笑得比她更响。啊!好一个漂亮的高卢娘儿,她竟当面嘲笑我哩,她的黑头发遮住了前额,她的眉毛很粗,她的眼睛灼人,她红得烫人的嘴唇,好像炭火,鼓起来又像李子!她袒胸露臂,衣服也轻佻地卷起,走出来说:

"好哇!总算没全泼在你身上吧?"

我回答说:

"也差不多了;不过我倒不在乎水,只要不强迫我把它喝掉。"

"进来吧,"她说,"洪水里逃出来的诺亚,种葡萄的诺亚。"

我走进去,看见格洛蒂穿着短裙,坐在柜台底下,身子蜷作一团。

"早哇,小面包师傅。"

"我敢打赌,"玛玎说,"我猜得出你为什么这样早就出门。"

"你准猜得着,你知道为什么,你是吃她的奶长大的嘛。"

"是母亲?"

"难道还有别人?"

"男人真是懦弱!"

佛洛里蒙恰巧走了进来,听了这话,以为是说他,神气非常难堪。我就对他说:

"这是说我。你别生气,孩子!"

"你们两个都有份,"她说,"你别想一个人独吞。"

佛洛里蒙总保持着他受了损伤的尊严。他是一个真正的老板,从来不许人家笑他;因此当他看见玛玎和我两个人的时候,他就不放心了,总是带着怀疑眼光偷听我们两张笑口里说出来的话!唉!无辜受冤的人!人家以为我们多么喜欢戏弄人啊!

我就傻里傻气地说:

"你是在开玩笑,玛玎;我知道佛洛里蒙在他家里是主人;他不像我一样受人欺侮。并且他的太太也温存体贴，千依百顺，说话做事都有分寸。好女儿！她真像我，我一向是个懦弱、柔顺、受人欺侮的可怜人！”

“你挖苦人挖苦够了吧！”玛玎说，她又跪着擦方砖，擦窗户，一股劲儿地擦（而心里在想，我却要整你，我要整你哩）。

我们一面工作（我呢，我只是在瞧她工作），一面滔滔不绝地发表些精彩而放肆的妙论。铺子里充满玛玎的动作，声音，和她勃勃的生气，而在店里首，佛洛里蒙却缩在一个角落里，愁眉苦脸，假装正经。他和我们在一起总是局促不安；尖锐的话会刺伤他，太俏皮的话也是一样：这都有损他的尊严；他不懂得笑是健康的表示。他的身材矮小，脸色苍白，身体消瘦，性情乖僻；他喜欢埋怨一切；觉得什么都不好，当然啰，因为他只看见自己。他用一块手巾围着他鸡脖一般的瘦脖子，神气显得不安，眼球东溜西转；最后说了：

“这里四面都有风，好像在塔顶上一样。所有的窗子都打开了。”

玛玎并不打断他的话，只是说：

“嘿！怎么，我闷死了。”

有几分钟光景，佛洛里蒙还想支持下去……（说老实话，他真冻得够受，好像嘴里吐的都是凉气）……最后他怒冲冲地走了。这个蹲着的轻薄娘们儿却抬起头来，又怜悯又讥诮地说：

“他又回到他的面包炉里去了。”

我调皮地问她和她的面包师傅合得来吗。她怎么也不肯说他们合不来。啊！这个小贱人，如果她上了当，你就是把她切成四块，她也决不承认。

“为什么？”她说，“为什么我们合不来？他很合我的口味。”

“是呀，我也想要尝尝。不过你的嘴太大了，”我说，“一块小面包一下就下了肚。”

“有什么，”她说，“就应该满意什么。”

“说得好。不管怎么样，如果我处在那块小面包的地位，我承认我也会放一半心了。”

“怎么？这不必担心，我做生意向来诚实无欺。只要他也一样！要不然，若是他欺骗了我，我早告诉过他：不等一天过完，我就叫他当上王八。各人有各人的权利。他有他的。我也有我的。所以，只要他尽他的义务吧！”

“他全部的义务。”

“嗯，你也应该看看他见了漂亮闺女就如何抱怨自己命苦呵！”

“啊！醋瓶子，我真没有搞错，你就是那个骂雕的刁妇，你骂了那只从天上带圣旨回来的雕。”

“我知道的雕不止一只，”她说，“但都是没有毛的。你说的是哪一只？”

“你不知道这只雕的故事吗？”我说，“刁妇们派雕去见我们的天父，要求刚出娘胎的娃娃就会用自己的两条腿走路。好上帝说：‘我也同意。（他对娘儿们很殷勤。）我只要求可爱的女教民一个小小的交换条件：那就是从此以后，太太、小姐、小姑娘，都只许一个人睡一张床。’这只雕忠实地把回信带回来了；它回来的时候我不在场；但我知道这个信差听到了些好难听的话！”

玛玎蹲着，地板也不擦了，哈哈大笑起来；然后推着我叫道：

“老油嘴！你比芥末瓶子还辣，满口胡言，满嘴流涎！走吧，走吧！胡说八道的人！你这个人有什么用？你说！只会浪费时间！嘿，赶快滚蛋。等一下，给我把这只没尾巴的小狗也带走，你的格洛蒂，她老缠着我的大腿，刚把她从面包炉旁赶走，我敢打赌，她又把爪子伸到面团里去了（你瞧她鼻子上还有面粉）。快滚，你们两个都给我滚，让我们自在些，死鬼，让我们做事，否则我就拿扫帚来……”

她把我们赶到门外。我们两个很满意地一起到刘家木厂去。但在溶纳河畔，我们又待了一会儿，瞧人家钓鱼。我们也提提意见。当浮标沉下去，或从一平如镜的绿水里钓起了蹦蹦跳跳的鲤鱼时，我们也非常高兴。但格洛蒂看见缠着鱼钩的蚯蚓仿佛笑弯了腰，却带着一点难过的神气对我说：

“爷爷,它很难过,它要给鱼吃掉了。”

“呃!我的小宝贝,”我说,“当然啦!给鱼吃掉是一件不太愉快的事。但是不必想它了。还是想想那条吃它的好鱼吧。鱼会说:‘真好吃!’”

“假如人家吃的是你呢,爷爷!”

“那我也会说:‘我很好吃!走运的坏蛋!啊!这个吃我的快活人运气多好呀!’瞧,我的孩子,这样一来,爷爷是永远知足的!吃也罢,被吃也罢,只要把事情在头脑中搞通了就无所谓了。一个勃艮第人总是觉得一切都很好。”

这样聊着天,不知不觉就到了刘家木厂(还不到十一点呢)。卡尼亚和罗宾纳在等我,他们静静地躺在河岸上;罗宾纳倒有先见之明,他带了钓竿,正在引诱鱼来上钩。

我走进木料厂。只要我一看见前后左右都是一丝不挂、赤裸裸地躺着的好木料,锯屑的香味一冲进我的鼻子,天呀,我承认,时间可以和流水一同流走,我才不管呢。我抚摩树木的大腿,永远不会发腻。我爱树木甚于爱女人。各人有各人的癖好。我虽然明明知道将要拿走哪一根木料,但还是舍不得走。如果我在土耳其苏丹的市场上,看中了二十个裸体美女中我最爱的那一个,你以为我对那个美人的爱情,就能阻止我顺便尝一尝其余十九个美女的可餐秀色吗?我才不那么傻哩!要是当我看见美色反而应该闭起眼睛的话,为什么上帝要给我这双好色的眼睛呢?不,我的眼睛是张开的,像车马出入的大门一样。什么都进得去,一点也不漏掉。并且我这个老滑头看得出狡猾女人的皮里阳秋,她们的欲望,她们的坏心眼和不正经的念头,我也看得出粗糙的树皮或光滑的树皮底下包藏着的灵魂,它会像鸡雏一样脱壳而出的——倘若我愿意孵孵它的话。

卡尼亚等我挑选木材等得不耐烦了(这是一个吞人参果的猪八戒,只有我们老头子才懂得咀嚼玩味),就和溶纳河对岸几个荡来荡去的,或者在贝扬桥上一动不动站着的筏夫,东一句西一句地搭起话来。我们这两个郊区的鸟雀可能不同,但风俗习惯倒是一样的:白天坐在桥边,屁股好像生了根,再不然就去邻近的小酒店,喝喝酒润喉咙。渤洪人和伯利恒人谈话总是开玩笑,这也是老习惯。那些犹德的先生们把我们当乡下佬,叫我们勃艮第的蜗牛,或者是吃肥料的人。而我们呢,我们也回敬他们的好意,称他们为“癞蛤蟆”或尖嘴鱼……我说我们,因为我听见别人念经,不能不念“阿弥陀佛”①!这样才算礼尚往来。不管谁对你说话,你都应该回答。我们规规矩矩地交换了几句好听的话之后(听,那不是午祷的钟声吗!我吓了一跳……啊嘿!时间呀,啊嘿!你的流沙钟漏得太多了吧!……),我第一请我亲爱的筏夫帮卡尼亚和罗宾纳把木料装车;第二②,请他们把木料运到渤洪。他们大叫起来:

“该死的布勒尼翁!你倒真不客气!”

他们虽然大叫,但还是照样做了。其实他们心里喜欢我。

我们飞跑回去。别人站在店铺门口,看见我们经过,都赞美我们的热忱。但当我的车驾到了渤洪桥上,发现费杜、加丹、谭克三个懒汉依然忠实地瞧着流水的时候,我们的腿就停了下来,而舌头却灵敏地开动了。他们瞧不起我们,因为我们做了一点事。我们也瞧不起他们,因为他们什么事也没做。于是这些歌唱家的老调都唱出来了。我呢,我在角落里的界石上坐了下来,等他们唱歌比赛结束,好颁发奖品。忽然一个声音在我耳边叫了起来:

“死流氓!你到底回来了!好吧,你来讲讲,从九点钟起,从渤洪到贝扬,你的时间是怎么过的?懒鬼!真倒霉!若不是我逮住了你,你什么时候才回来?回家去,死家伙!我的饭都烧焦了。”

我说:

“奖品应该给你。朋友们,你们白白争鸣了半天:谈到唱歌,比起她来,你们真是小巫见大巫了。”

我的夸奖使她更加得意。她又再表演了一支。我们叫道:

---

①② “阿弥陀佛”“第二”,原文是拉丁文。

“好极了！……现在，回去吧。你在前头走。我在后头跟。”

* * *

我老婆回去了，她牵着格洛蒂的手，后面跟着两个学徒。我也乖乖地，但是不慌不忙地跟着走，忽然从上城传来一阵欢乐的人声，喇叭声，和圣马丁教堂钟楼喜庆的钟声，我这个嗅觉灵敏的老家伙立刻猜到有什么新鲜的好戏可看。打听一下，原来是阿玛济大人同收人头税和人头附加税的税务官的女儿，吕克丝·德·尚波小姐的婚礼。

为了要看婚礼的行列进入教堂，瞧，他们都拔腿飞跑，一步路四级地爬上城堡前的广场。你们想想看：我会不会是最后一个才跑的人！这不是一件天天都有的喜事呵。只有谭克、加丹、费杜这些懒汉才不屑挪动他们钉在河边的屁股，他们说：他们乡下人才不去拜访城堡里的绅士哩。自然，我也爱摆架子，自尊心也很强。但是为了自尊就牺牲娱乐……我可不干，我的爱人！你爱我的方式和神甫爱我的方式不相上下：他在我小时候用鞭子抽我，还说是为了我好……

虽然我一口气就爬上了圣马丁教堂前的三十六级台阶，我到广场时还是太迟了，(多倒霉呵！)没有看见婚礼的行列进去。只好(这是再也不能错过的)等他们出来了。但是这些该死的神甫听他们自己唱圣歌老没听够。为了消磨时间，我就和缓地挤着柔软的大肚子和肉蒲团，挤得满身大汗，总算挤进了教堂；一到大门口，我就发觉我被肉垫子夹住了，仿佛躺在床上，睡在鸭绒被里，非常暖和。要不是在这神圣的地方，我承认我真会起些不正经的念头。但是在这里必须严肃，玩笑也得看时间和地点；应该严肃的时候，我会严肃得像只驴子。不过人有时候会露马脚，驴子也忍不住喊叫。今天我就叫了：因为我虽然虔诚谨慎，但当我张着嘴，为了看清楚贞节的吕克丝如何愉快地献身给阿玛济大人的时候，猎神可以做证，四管猎号忽然随着行礼的仪式吹了起来，向猎艳的人致敬；可惜只缺几只猎狗：真是遗憾。我呢，我吞下了笑声；自然啦，我忍不住吹起口哨来（但是声音很低）。只是到了决定命运的那一刻，新娘对好奇的神甫所提的问题[①]回答："愿意"，并且愉快地，在鼓起的脸颊上响起了吻声，宣布猎物已经被擒，这太过分了，我就叫道：

"啊啦哩！"

你们想想看大家会不会笑！但教堂的警卫却皱着眉毛来了。我赶快把身子一缩，在两行屁股中间溜了出来。

我又回到了广场上。在那里我并不缺少同伴。大家都像我一样，都是值得尊敬的人，会用眼睛看，会用耳朵听，相信别人一眼看到的东西，还会用舌头瞎讲那些不一定亲眼看见的事情。上帝知道我是不是有这种眼睛、耳朵和舌头！……要说谎，并不一定需要来自远方。因此，时间过得很快，至少对于我是这样，不久，教堂的大门在风琴声中又打开了。猎艳的队伍出现了。扬扬得意地走在前头的是阿玛济，胳膊挽着他捕获的猎物，猎物转动着母鹿一般美丽的眼睛，左溜右转，装模作样……呃！还好不是我负责保管她，这个漂亮的姑娘！谁愿找麻烦的就找麻烦去吧。谁娶了风骚娘们儿就得戴绿帽子……

但是我不再有心去看猎人和猎物，猎夫和猎婆，甚至没有心去描写（这并不是为了吹牛夸口）新郎的礼服和新娘的长袍的颜色。因为就在这一片刻，我们的精神和注意力都集中在一个严重的问题上，那就是宾客行列中谁走前谁走后的次序问题。他们告诉我；在进来的时候，（啊！可惜我不在场！）公爵府的审判官兼检查官已经和捐了市长头衔的议员大人，像两只公羊似的，在大门口冲突过。不过市长更胖更壮，先进去了。现在是要知道他们两个谁先出来，谁先在神圣的教堂大门口露面。我们在打赌。但是谁也没有出来：婚礼的行列好像一条斩成两段的长蛇，头在继续前进；身子却没有跟上。最后，我们挤得快到教堂了，才看见大门里面，左右两边，这两只愤怒的畜牲正在拼命

① 基督教举行婚礼仪式时，神甫要问新娘："你愿意做他的妻子吗？"

阻止对方先出去。因为在神圣的地方他们不敢喊叫,我们看见他们鼻子翕动,嘴唇嚅动,眼睛睁大,背驼得像个球,前额起皱,气喘如牛,脸颊鼓起,而这一切都没有发出一点响声。我们笑痛了肚皮;一面打赌一面笑,我们也分成了两派。上了年纪的人支持审判官,他是公爵大人的代表(谁想要别人尊敬自己,总劝人尊敬别人);年富力强的小伙子却支持市长,他是我们的自由的保卫者。我呢,我要看他们两个谁把另外一个揍得更厉害,我就支持谁。大家都叫起来,各人给自己那一边助威:

"嘶!嘶!干吧,小胖子先生!咬他的耳朵,佩托大人!这儿,这儿,扼住他的咽喉!加油!使劲点,小驴子!……"

但这两个懒鬼只是冲着鼻子吐出怒气就算了,并没有挥老拳,当然啦,他们怕损坏他们漂亮的衣裳。这样看来,这场争执可能永远不得了结(因为他们满口直喷热气,反正也不用怕嘴上会生冻疮),要不是神甫大人担心赶不上筵席的话。神甫说:

"我亲爱的孩子们,上帝听见你们,酒席等着你们;无论如何,不该要酒席等人,不该要天主在他的教堂里听见我们发脾气。有脏衣服也拿回家去洗吧……"

如果他没有这样说(因为我什么也听不见),至少他的意思应该是这样:因为我最后看见他的两只大手抓住他们的后颈窝,使他们两个鼻子挨近了一下,接了个和解的吻。然后他们并排出去,仿佛两条大腿中间夹着一个神甫的肚子。出来的不是一个主子,而是三个。主子争名夺位,老百姓可不会吃亏。

*　　*　　*

他们走过去了,都回到城堡里去吃他们赚到的这顿酒席去了;我们这些大傻瓜却还待在广场上,张着嘴,围着我们瞧不见的锅子,仿佛要把酒席的气味吞下去。为了满足我的欲望,我请人家告诉我上的是什么菜。我们三个好吃鬼:可敬的特里佩,博德坎,和在下布勒尼翁,每听见人家报一个菜名,就相视一笑,彼此用肘腕推一下腰身。我们称赞这盘菜,评论那盘菜:要是请教了像我们这样有经验的人,酒席还可以做得更好一点;但是这顿酒席到底既没有出偏差,也没有犯错误;总而言之,非常体面。谈到一盘炖兔肉,我们各人都讲各人的炖法,而在旁边听的人也补充几句。但在这个问题上,不久就爆发了一场争辩(这些题目抓着了人心的痒处;只有坏蛋谈到这个问题才能冷静)。佩琳纳太太和雅科特老板娘之间的争辩特别激烈,她们是两个劲敌,都在城里办大酒席。各人都有一派,两派都认为自己在酒席桌上压倒了对方。争得煞是好看。在我们这些城市里,好酒席就是老板们显身手的地方。争辩虽然也是我的嗜好,但光听见讲别人本领如何高强,自己却不能一试身手,实在没有什么比这个更没趣的了;我并不是一个能长久用思想的精华和吃不着的菜影子来喂饱肚皮的人。所以当我听见可敬的特里佩对我说(这个可怜的家伙也熬不住了!):

“谈烹调谈得太久,布勒尼翁,就像一个爱人光是口里空谈爱情一样。我不能再谈了,哎呀,我要饿死了,朋友,我在发烧,要烧死了,我的肠子也在冒烟。快灌灌我的肠子,喂喂那只啃我肚皮的食虫吧。”

我很高兴,就说:“这个问题不难解决。包在我身上好了。要医肚子饿的毛病,最好的药方就是吃,这是一位古人的名言。”

我们一起去大街转角那家富贵餐厅:因为要回家吗,已经两点多了,我们谁也不愿;特里佩也和我一样,怕回去看见冰冷的菜汤和沸腾的老婆。今天当集,餐厅都挤满了。不过要是单独一个人坐一桌吃得更自在的话,那和好伙伴们挤在一起就吃得更热闹:因此,不论怎样吃都是好的。

有一段很长的时间,我们两个都不说话,除非心里自言自语①,因为我们正在全心全意、大吃大嚼一盘白菜煮咸肉,咸肉煮得又红又烂,味道真香,落口消融。这时再来上半升红酒,使我眼睛不再迷迷糊糊,

① “心里自言自语”,原文是拉丁文。

仿佛看见下毛毛雨似的:因为我们的古人说得好,吃饭不喝酒,那会弄瞎眼睛看不见的。吃了喝了之后,眼睛也看清楚了,喉咙也洗干净了,我又可以重新开始好好考虑什么是人,什么是生活,吃饱之后,人和生活都显得更美了。

在隔壁桌子上,一个郊区的本堂神甫和一个老农妇面对面地坐着,农妇的背圆得像个龟壳;她弯着腰,一面说话,一面把头缩进壳里去,她的头扭在一边,脸却故作温柔地向神甫抬起,仿佛在忏悔一般。而神甫呢,他也侧着身子,彬彬有礼地听她,其实什么也没听见,她每行一个礼,他也客气地回一个礼,但吃的东西却一口也不放过,他似乎在说:"得了,我的教女,我赦免你[1]。你所有的罪都赦免了。因为上帝是宽大的。我也吃得很好。因为上帝是好的。而这根黑灌肠更好。"

坐得再远一点的是我们的公证人彼得·德拉沃先生,他正在款待他的一个同行,他谈到金钱,道德,银子,政治,合同,罗马……共和国(他在拉丁文诗句里是共和党;但在实际生活中,这位谨慎小心的中产阶级人物却是国王的忠仆)。

在餐厅紧里,我游荡的眼光好像在鸟巢深处找到了小鸟,发现了佩兰厨师,这位骄傲的科尔沃的佩兰穿着一件浆硬了的蓝罩衫,他的眼光恰好同时也碰上了我的,他又惊又喜地叫了起来,站起来喊我。我敢发誓他从开头就看见了我;但是这个狡猾家伙没有出声,因为我给他做了两个好胡桃木的衣橱,他两年来一直没有给我钱。这时他走到我面前,请我喝一杯酒:

"我全心全意祝贺你[2]……"

……他再敬我一杯:

"走路要用两条腿,喝酒要来两大杯……"

……他邀我同他一起吃饭。他原希望我会回答说不吃,因为我已经吃过。不料我却叫他上当了:因为我回答说;好呀。靠我的信誉,捞

---

① "我赦免你",原文是拉丁文。

② 从前的人喝酒碰杯时常说的话。——原注

一点,算一点。

因此我又重新开始,但是这一次心里更平静,从容不迫,因为我已经不再怕饿了。慢慢的,那些粗俗的食客,像牲口一般吃饭只是为了塞饱肚皮的忙人,都离开了座位;只剩下踏踏实实的、上了年纪的聪明人,他们才会鉴赏美的,善的,好的东西,对于他们,一盘好菜就是一件善举。这时大门已经打开,空气和阳光都进来了,三只小黑鸡伸长了挺直的脖子,在桌子底下啄面包屑,还啄一只打瞌睡的老狗的脚爪,街上有妇女们唧唧喳喳的说话声,玻璃匠的叫喊声,还有:"为我美丽的鱼干杯!"和狮吼一般的驴鸣。在灰尘蒙蒙的广场上,人们看见两只白公牛,后面架着一辆车子,白牛一动不动地躺着,它们的腿盘在美丽的、光滑的肚子下面,下颚流着口水,嘴在和善地嚼着泡沫。屋顶上有几只鸽子在阳光中咕咕地叫。我也想跟它们一样叫,并且我相信:只要我们感到满足,如果有人用手抚摩我们的背脊,我们大家也会高兴得咕噜咕噜喉咙响的。

大家都谈起话来,一桌和另一桌都很团结,全是朋友,都是兄弟:神甫,厨师,公证人,他的伙伴,还有名字这么甜蜜的饭馆老板娘(她叫贝芝拉①,这个名字就答应了让人吻她;她很守信用,并且还会使人喜出望外)。为了聊得更好,我从一个人面前走到另一个人面前,这里坐坐,那里坐坐。我们也谈政治。因为吃饱了饭,想想时代的不幸,更会使人觉得自己的幸福是十全十美的。所有的先生们都悲叹生活穷苦,物价昂贵,生意清淡,我们的法国在衰败,我们的种族在退化,怨统治者,怨阴谋家。只是大家都很谨慎,不提任何人的姓名。大人物的耳朵也很长;谁敢担保什么时候门缝里不会钻出一只耳朵来呢。但是勃艮第人酒后不免要吐真言,我们的朋友们还是慢慢冒了危险,大声疾呼反对那些离我们最远的主子。尤其是他们一致反对意大利人,反对孔齐尼,这位佛罗伦萨胖皇后②裙带里的寄生虫。如果你看见两只狗

① "贝芝拉"和"吻她"同音。

② 胖皇后指玛丽·德·梅迪契,一五七三年生于意大利佛罗伦萨,嫁与法国国王亨利四世;亨利死后,王后摄政,重用佛罗伦萨人孔齐尼。

在咬你的烤肉,一只是别人的狗,另一只是你自己的,你会把自己的狗赶走,却把别人的狗打死。为了表示公平精神,为了喜欢作对,我偏说不应该只惩罚一只狗,而应该两只都惩罚,我说,根据他们说的,法国似乎没有一件坏事不是意大利人干的;我说,多谢上帝,我们法国既不缺少坏事,也不缺少坏人。听到这话,他们都异口同声说:一个意大利的坏人要当三个法国坏人,而三个意大利的好人却抵不上三分之一的法国好人。我辩驳说:不管人在这里还是在那里,总是一样的动物,一只畜牲总抵得一只畜牲,一个好人,不管他是哪里人,看见他,得到他,总是好的;如果我得到他,我会很喜欢他的,哪怕他是意大利人。说到这里,他们都骂到我头上来了,讥讽我,说他们知道我的口味,叫我老糊涂,东奔西走的布勒尼翁,外国种,流浪汉,踏破铁鞋的布勒尼翁……这倒是真的,从前我曾经磨烂过许多鞋底。当我们的好公爵,当前公爵的父亲,派我到芒斯[1]和阿比索拉去研究陶器、珐琅和艺术工业的时候(从那时起,我们就在自己的土地上建立了这些工业),我的确没有少走路,也没有节省我的鞋底。从圣马丁教堂到芒斯的圣安德烈教堂这一段路,我总是手里拿着手杖,两条腿走来走去的。眼看脚下的道路向前伸展,脚踩着地球的肉体,这是多么愉快啊……但是这件事可别想得太多:否则,我又要旧调重弹……他们讥笑我!呃!他们好像不相信我是个高卢人,不相信我是个抢劫过全世界的人[2]的子孙哩。"你抢到过什么?"他们笑着问我,"你带回来了什么?"——"和他们带回来的东西一样多。真是琳琅满目。口袋里固然空空如也,这一点也不错。但脑袋里可塞满了。"……上帝!看看,听听,尝尝,回想回想,这多么有趣啊!全看见,全知道,这是不可能的,这点我也晓得;但是至少也应该知道可能知道的东西!我好比是一块在海洋里吸水的海绵。或者说得更恰当一点,我是一颗丰润圆熟的葡萄,肚子里胀满了大地的玉液琼浆。如果有人来压压我的肚子,他将要收获多少

① 芒斯,意大利城市。
② 高卢人曾经抢劫过欧洲。

呵！我还不那么傻，孩子们，我自己会喝我的葡萄酒！因为你们不屑喝它。这样我更可以多喝一点！我不会坚持要你们喝。从前我还想和你们分享我收集来的点滴幸福，我在光明国里的美好回忆。但是我们这里的人并不好奇，除非是对隔壁的人所干的，尤其是隔壁的女人所干的事。别的事都离他们太远了，不能相信。如果你想看，你就去看吧！我在这里一样看得见。“前面也是洞，后面也是洞，跑去罗马逛逛，不如门口望望。”好极了！我随你们便，并不勉强谁。既然你们怪我多事，我就把我看见过的都保留在眼帘下，眼睛里。别人不愿意要幸福，也不应该强迫他们，一定要使他们幸福呀。还是和他们幸福相处，他们按照他们的幸福方式，我按照我的，这样要好得多。一个人幸福总比不上两个人幸福啊。

因此，我虽然一面偷偷画着德拉沃的牛鼻子，又画着说话时局促不安的神甫，我还是听他们讲，跟他们唱我听熟了的老调：“做克拉默西人多么骄傲，多么快活！”的确我也这样想。这是一个好城市。制造了我的城市当然不可能坏。人像植物似的在这个城里到处生长，自由自在，身上没有长刺，一点也不坏，最多只是我们磨尖了的舌头坏一点。不过说说旁人的坏话（他还可以反驳呢），这也不会伤害他的身体，人家反而更喜欢他了，其实谁也不会损害他一根毫毛。德拉沃叫我们想起了（我们大家，甚至神甫，都因此觉得骄傲）在别地方人狂热时，我们内韦尔人却在冷静地讥笑，想起了我们的议员腊贡，他拒绝参加吉斯派①和神圣同盟，既不联合异教徒，也不联合天主教徒，罗马也好，日内瓦②也好，疯狗或是野猫，他都一律不卖账，还使我们想起了在这里洗过血手的圣巴托罗缪③。在我们公爵周围，我们大家紧密团结，用理智围成了一座小岛，使外来的浪潮都碰破了头……已故的路易公

① 吉斯公爵（1550—1588），组织天主教同盟，密谋推翻国王亨利第三；鼓动圣巴托罗缪日的大屠杀。

② 罗马是旧教的中心；日内瓦是新教的中心。

③ 圣巴托罗缪节，八月二十三日。一五七二年八月二十三日夜里，法国国王查理九世命令天主教徒屠杀所有的新教徒，新教领袖全被杀死，结果引起第五次内战。

爵和先王亨利啊,谈到他们,不由人不感伤!我们和他们多么相亲相爱!真是如鱼得水,如水得鱼。他们有他们的缺点,当然啦,正如我们一样。但这些缺点是人的缺点,这使他们更可亲近,不像那么高不可攀。人们边笑边说:"内韦尔公爵还正年富力强呢!"或者说:"年成真好。我们不会缺少子孙。好色的老头子[①]又给我们生了一个……"啊!我们那时已经先吃过好面包了。因此我们都喜欢谈那个时代。德拉沃和我一样,他也见过路易公爵。但只有我一个人见过亨利王,我就利用这点:还不等他们请求,就讲起亨利王来,这已经是第一百遍了(但对我来说,这永远是第一遍,我希望对他们也一样,如果他们是好法国人的话),我讲我怎样看见他,这位全身灰色的国王,戴着灰帽子,穿着灰衣服(肘腕露了出来),骑着一匹灰马,灰毛灰眼睛,外表全是灰的,内心却全是金的……

不幸的是公证人先生的办事员来打断了我的话,他通知公证人说:有个快死的委托人要他这就去。他不得不去,非常遗憾——但不能不先满足我们的要求,讲讲那个他准备了一个钟头的故事(我早就看见他的舌头跃跃欲试,但是我抢了先):说句公平话,他的故事很好,我曾经大笑过。要讲起下流笑话,德拉沃实在是没有对手。

* * *

我们的心情恢复平静了,精神松弛了,从喉咙到脚跟都洗过了,然后才一起出来……(那时大约是五点差一刻,或者差不多五点……在短短的三个钟头之内,呃!我收获了多少东西!除了两顿丰富的午饭和一些愉快的回忆之外,公证人还向我定做了两口木箱)……我们这伙人在腊特里药房用覆盆子酒蘸饼干吃了之后,才分手。德拉沃就在药房里讲完了他的故事,并且为了听另外一个故事,他又陪我们一直

① 好色的老头子,指法国国王亨利四世。

走到米朗多勒,在那里我们当真分手了,不过还稍微打住了一下,肚子朝着墙,发泄我们最后可以排泄的东西。

这时回家不是太晚,就是太早了,我索性跟着一个吹喇叭赶车子的煤炭商人,一起向伯利恒郊区走去。在路多塔附近,我迎面遇到一个制造车具的工人,他赶着他前面的一个车轮跑,当他看见车轮滚慢了,就跳起来踢它一脚。好像一个追逐命运之轮[①]的人;他正要爬上轮子去的当儿,轮子却逃开了。我记住这个形象,准备将来有用。

我正在迟疑回家应该走最近的路,还是走最远的路?那时我看见庞特奥医院里出来了一长列群众,打头的是个只有我大腿那么高的小顽童,他举着一个十字架,用肚子支住它,好像撑着一把大叉,他在对教堂唱歌班的一个孩子吐舌龇牙,一面斜着眼睛瞧他神圣的竿头的十字架。在他后面,四个老头吃力地用他们又红又肿的手抬着一个盖着白布的安眠者,安眠的人在神甫的护送之下,要到地下长眠去了。出于礼貌,我送殡一直送到家。同时走路不再孤独,也更加愉快。我承认:我跟着走有一点是想听听寡妇哭灵,根据惯例,她要在主祭身边一面号啕大哭,一面讲死者的病情和医疗的情形,死时的呻吟,他的德行,感情,人品,最后还要讲述他的生平和他配偶的生平。她和神甫轮流唱着哀歌和圣诗。我们跟着走,很感兴趣:因为不用说,一路上我们赢得了多少好心的同情,引起了多少耳朵倾听。最后,到了老家,到了安眠大旅社,人们就把他的棺材放在张开大口的坟坑旁边;因为穷人没有权利把他的寿衣寿材带进坟墓(赤身露体一样可以安眠),所以揭开了白布和棺材盖之后,人们就把他倒进坑里去了。

我在他身上撒了一铲子土,给他当被子盖,我在胸前画了一个十字,好避免做噩梦,然后心满意足地走了:我什么都看见了,听见了,我分享了别人的欢乐,也分担了别人的悲痛;我的旅行袋已经装满了。

为了结束这次旅行,我沿着河走回去。我打算走到两条河合流的

---

① 据希腊神话,命运之神是蒙着眼睛、站在一个轮子上的。

地方,再顺着渤洪河回家;但黄昏是如此美丽,我不知不觉走到了城外,竟跟着花言巧语的溶纳河一直走到森林水闸。平平静静的水从水闸里溜出来,好像穿了没有一点皱折的透明长袍;人的眼珠被水吸引住了,好像吞了钓钩的鱼;整个天空也像我一样落入了河水的罗网;青天白云都在河里洗澡,白云挂在青草上,芦苇上,飘浮不定;太阳也在水里洗它的金发。我在一个老头身边坐了下来,他拖着两条瘦腿,看管着两头瘦牛;我问他的身体如何,劝他穿有刺的荨麻袜(我有闲暇的时候也做做医生)。他就对我讲他的历史,愉快地讲到他的痛苦和悲哀,但当我猜他的年纪少猜了五六岁的时候(他已经七十有五了),他反而显得不开心;他因为年纪老而感到光荣,因为活得长久,吃苦吃得多而自豪。他觉得人吃苦是当然的事,好人当然应该和坏人一样受罪,因为上天的恩惠也是一视同仁地施舍在坏人和好人身上:到头来一切都是平等的,不论贫富美丑,总有一天,大家都要安眠在同一个天父的怀抱里……而他的思想,他颤抖的声音,和草里的蟋蟀,水闸的沸沸声,风从港口吹来的木料和柏油的气息,静静的流水,美丽的回光倒影,一切都很调和,一切都溶化在黄昏的宁静中。

老头走了,我一个人背着手,慢慢走回去,边走边瞧水上旋转的涡流。渤洪河上动荡的倒影使我如此入迷,我忘了要到哪里去,也没留意现在到了哪里:突然听见对岸有个非常熟悉的声音在叫我,把我吓了一跳……原来我已经不知不觉地回到了家门口!在窗口,我甜蜜的朋友,我的老婆,正在对我伸拳头。我假装没看见她,眼睛盯着流水;同时心里暗笑,我在镜子似的河水里看见她头朝下,脚朝上,正在激动骚扰,指手画脚。我不开口,但肚子里在笑,肚皮都笑痛了。我越笑,她越气,她的倒影越发钻进渤洪河里;她的头越钻入河底,我就越笑。最后,她气得把门窗"喀喇"一关,一阵狂风般跑出来找我……不错,但是她总得要过河。走左边呢?还是走右边?我们左边有一道桥,右边也有一道……她选择了右边的小桥。而当然啦,一看见她走这条路,我就走另外一条,从大桥上回家,大桥上只剩加丹一个人,像只鹭鸶一样,从早上起,就生了根似的,泰然自若地待在那里。

我又回到了家里。天已经黑了。日子怎么鬼混过去的呢?幸好我不像那个无所事事的罗马皇帝狄塔斯①,他老是抱怨他浪费了时间。我可一点也没浪费,并且很满意我度过的日子,我又赚到了一天。不过我每天需要有两天的时间才够;我这一天还没赚到钱呢。我刚开始喝时间的甘露,玻璃杯就空了;一定是杯子开裂了!我知道有些人会慢慢地啜,他们老也喝不完。是不是碰巧他们的杯子大一点呢?啊,那就显然太不公平了。喂!天上挂着太阳招牌的旅馆老板,你不是倒出白天来卖吗?卖给我的日子也该给足分量呀!……算了,感谢你,我的上帝,你给了我特别好的胃口,使我一离开饭桌就感到饿,使我这样热恋白天(夜晚也是一样美好),结果我觉得日夜的时间永远不够!……四月啊,你为什么这样飞跑!白天啊,你为什么完结得这么早!……不要紧!我已经好好地享受过你们了,我占有过你们,拥抱过你们。我吻过你细小的胸脯,瘦瘦的小闺女,春天的苗条的女儿啊……而现在,轮到你了!夜神啊,你早哇!我逮住你了。每个女的都有轮到她的时候!我们一起睡觉去吧……啊!见鬼,还有另外一个女的要插身睡到我们中间来呢……我的老婆回来了……

① 狄塔斯,公元前八十年的罗马皇帝,他想减轻百姓的痛苦,只要一天没有做件善事,他就要说:"我浪费了一天。"

五 蓓勒蒂

五 月

三个月前，我接受了一笔定货，给阿努瓦堡做一个衣柜和一座碗橱；我要等到亲眼再看看那所房屋，看看放衣柜的房间和放碗橱的地方，才好动工。因为一件美丽的家具好比一个要从树上摘下来的果子；没有树就长不出果子来；并且什么树才结什么果。不要说一件美丽的东西可以随便放在这里或那里，可以适应一切环境，像一个女人可以适应任何出钱出得最多的男人一样。那是十字街头的神女。艺术却是我们家庭的一分子，家里的神灵、朋友和伙伴，他能说出我们共同的感觉，说得比我们大家都好；艺术是个家神。如果你想认识他，一定要认识他的家。神是为了人才造出来的，艺术品也是做来填空补缺的。美是在适当的位置上才最美的东西。

因此我就去看可以安放我那件木器的地方；并且在那儿消磨了一部分白天的时间，包括喝酒吃饭的时间在内；因为精神享受也不应该忘了肉体。在灵与肉两方面都得到满足之后，我又循着原路，轻松愉快地走回家去。

我已经走到岔路口，虽然我毫不怀疑地知道应该走哪一条路，但我却斜着眼睛瞧着另一条像流水一般穿过草地的小径，小径两旁的篱篦上正开着鲜花。

“走这条小路溜达溜达多么好啊!”我自言自语说,“他妈的,多乏味,大路总是笔直地走到目的地! 现在白天又美又长。我的朋友,不要走得比太阳神阿波罗还快吧。我们迟早总要到的。我的老婆多等等也不会吃亏,她还可以多骂几句……天呀,这棵白脸的小李子树看起来多么可爱! 快去看看它吧。不过五六步远。微风吹得它的小花瓣在空中飞舞! 人会以为是下雪了。多少婉转的啼鸟啊! 哈! 哈! 多么愉快! ……这条在青草下面潺潺流过的小溪,好像在地毯底下追着绒线球玩的小猫似的……跟着它走吧。前面有一排树像帘幕般拦住了它的去路。它要给逮住了……啊! 这个小顽皮,它从哪里过去呢? ……这儿,这儿,从这棵秃头榆树的大腿下面,从它又老又肿,节节疤疤,患了痛风的大腿下面。你瞧这不害臊的! ……但是这条路会把我带到哪里去呢? ……”

我就这样随便说着,紧跟着我这饶舌的影子走;我这个虚伪的人,还假装不知道这条诱人的小径要把我带到什么地方去。你多么会自欺呵,哥拉! 你比尤利西斯[①]还更有心机,你会哄骗自己。你分明知道要去哪里! 诡诈的坏东西,从跨出阿努瓦堡大门的时候起,你就已经知道了。再走一个钟头,在那边就是我从前的情人塞琳纳的园地。我要去做一次出乎她意料的拜访……但到底是她还是我会觉得更意外呢? 我已经有这么多年没看见她了! 我的蓓勒蒂狡猾的娇脸,灵巧的嘴巴变得怎么样啦? 我现在敢面对着她了;不必再怕她用尖锐的牙齿来啃我的心。我的心已经干涸,好像葡萄藤的枯梗。而她呢,她还有牙齿吗? 啊! 蓓勒蒂,蓓勒蒂,你那乳臭未干的牙齿多么会笑人,会咬人啊! 你玩弄这个可怜的布勒尼翁玩够了没有! 你把他像个陀螺一样转得翻来覆去,颠三倒四,也转够了吧! 呸! 如果这样做能够使你开心的话,我的姑娘,你还是做对了。我从前真是一头小笨牛! ……

① 尤利西斯,即奥德修斯,《荷马史诗·伊利亚特》中的英雄,以足智多谋著名。

往事涌上心头,我仿佛还看见自己张着嘴,两只胳膊肘分开,靠在梅达·拉纽老板的隔墙上,拉纽是教我高尚的雕刻艺术的师傅。在隔墙那边,紧挨着我们工场的院子,是一大片菜园,在一畦一畦的莴苣和杨梅、淡红的小萝卜、碧绿的黄瓜和金黄的香瓜之间,走着一个光脚露臂,前胸半裸的漂亮伶俐的姑娘,她全身的装饰只有一头浓密的褐发,一件给丰满的乳房顶起的粗布衬衫,还有一条遮到膝盖的短裙,她的两只有劲的、黝黑的手摆动着两把装满水的洒水壶,把水浇在长了绿叶的蔬菜头上,蔬菜都张开了小口来喝水。……我呢,我也张开了不小的口,目瞪口呆地瞧。她走去走来,把壶里的水泼完,又转身去水池里把壶灌满,她两只手同时取水,取了水便像一支灯芯草似的挺立起来,小心翼翼地把长长的、灵活的脚尖,踏上狭窄的田塍,走上浇湿了的土地,仿佛在摸熟透了的杨梅和草莓。她的膝盖又圆又壮,像男孩子的一样。我的眼睛恨不得把她吃下去。她却仿佛没有看见我在瞧她。但她洒着小雨走过来了;当她走得离我很近的时候,突然她的眼珠对我射了一箭……哎哟!我感到她湖水般的眼睛里的钩子和网子紧紧地缠住了我。"女人的眼珠是蜘蛛,"这句话说得多有道理啊!我刚碰上就想挣扎摆脱……太迟了!我这只笨苍蝇靠墙待着,翅膀已经给粘住了……她再也不管我干什么,只管蹲下来移种她的白菜。不过有时这只奸诈的蜘蛛也斜着眼睛瞟一瞟,看她网罗里逮着的动物是不是还在那里。看见她在暗笑,我自言自语道:"我可怜的朋友,走吧,她在笑你。"但没有用,看见她暗笑,我也笑了。那时我的面孔该多么像个傻瓜啊!……瞧,突然她往旁边一跳!跨过一畦地,又一畦,再一畦,她跑起来,跳起来,一把抓住一粒在气流中飘荡的蒲公英种子,挥舞着胳膊,瞧着我叫道:

"又逮住了一个多情种子!"

她说了这句话,就把毛茸茸的种子塞进她半开的胸衣,放在两个奶头中间。我虽然傻,可并不是那种肯错过时机的情郎,我就对她说:

"把我也塞进去吧!"

那时她就笑了起来,把两只手放到屁股后面,两条大腿叉开,正对着我的脸,回嘴说:

“烧死你这只好吃鬼!我的苹果并不是为了你的嘴唇才长出来的……”

就是这样,在八月底的一个晚上,我认识了她,蓓洛蒂,蓓勒蒂,漂亮的菜园姑娘。人家叫她做蓓勒蒂①,因为她像脸孔尖尖的鼬鼠一样,身体长长,脑袋细小,鼻子刁滑,像庇卡第女人,嘴巴有点突出,又阔又长,笑起来方便,咬人的心和啃榛子也方便。她水汪汪的、深蓝色眼睛,像暴风雨前的晴天,她假装天真的、田野女神般的嘴唇,露出勾引人的微笑,这只褐色蜘蛛就是从她眼睛里和嘴角边吐出丝来,织网捕人的。

这时我有一半时间没心工作,只是张着嘴,靠着墙望着,一直等到屁股上给梅达师傅使劲踢了一脚,我才回到现实中来。有时蓓勒蒂不耐烦地叫道:

“你瞧我瞧够了没有?从前面看到后面。你还要再看什么?你也应该认识我了!”

我呢,我狡猾地霎着眼睛说:

“女人和瓜一样圆滑,很难认识。”

我多乐意能够切下一片瓜来!……也许别的水果也能解决问题。我年纪轻,血气旺,会爱上一千一万个姑娘;难道我爱的真是她吗?一个人的一生里有几个时辰甚至会爱上一只梳了头的母山羊。但是不对,布勒尼翁,你在胡说八道,你自己也不相信你说的话。只有第一个爱人是真的,好的,值得爱的人;天上的星辰使她降生,来满足你饥渴的欲望。也许正是因为没有喝到她我才口渴,永远口渴,一辈子都口渴。

我们彼此多么了解啊!我们花时间来互相折磨。两个人的舌头都很刻薄。她咒骂我几句;我呢,吃了一升,就还她一斗。我们两个的眼睛和牙齿,随时都准备咬对方一口。我们有时也为这事发笑,笑得

① 蓓勒蒂的意义是鼬鼠。

喘不过气来。她呢,为了笑得痛快,说了一句坏话之后,索性蹲在地上,好像要孵她的萝卜和洋葱似的。

晚上,她走到我的墙旁边来聊天。有一次,我看见她且说且笑,用大胆的眼睛在我眼睛里搜寻我内心的弱点,想叫我的心痛得喊叫,我看见她伸出胳膊,拉下一根樱桃枝,枝上结满了红宝石般果子,她把树枝绕着她褐色的头发,围成一个花环;她并不摘樱桃,只是伸长脖子,嘴朝着天,就在树上啄果子吃,还把果核剩在树枝上。这一片刻的形象啊,永恒而完美的形象:青春,充满欲望的青春,在舐春天的乳房!我曾经多少次把这双漂亮的胳膊,这个脖子,这个胸膛,这张贪馋的嘴,这个仰起的头,这些美丽的线条,刻在木器的雕花板上,刻成卷曲的花枝!……那时我也伏在墙头,伸出胳膊,一把抓住她咬过的树枝,把它折下,放到嘴里,贪婪地舐着湿润的果核。

我们礼拜天也一同散步,或者同去博吉酒店。我们一起跳舞;我的腿本来僵硬得像棍子;但爱情在支持我:据说爱情还能教会驴子跳舞呢。我相信没有一个时辰我们能不争吵的……她简直是故意整我!她喋喋不休地说过多少尖嘴辣舌的坏话啊!她骂我又歪又长的鼻子,老是咧开的大嘴,她说我嘴里可以烤面包,又骂我的蹩脚胡子,还骂我整个这张脸,虽然神甫先生认为我的脸是上帝按照他自己的形象创造出来的!(我将来看见上帝的时候,那多好笑啊!)她不让我安静一分钟。而我也既不口吃,又不残废。

这样长久闹下去,天呀,我们两个开始越闹越厉害了……哥拉,你还记得在梅达·拉纽师傅的葡萄田里收获的时候吗?人家也请了蓓勒蒂帮忙。我们肩并肩、弯着腰,在田沟里干活。我们几乎头碰着头,我的手在摘葡萄的时候,一不小心就碰到她的屁股或者小腿。那时她就仰起通红的脸来;像只小马一样踢我一腿,或者涂我一鼻子的葡萄汁;我呢,我也拣一颗多汁的黑葡萄,摔在她给太阳晒得金黄的胸脯上……她像魔鬼般自卫着。我加紧追她也没用,从来没有逮住过她一次。我们两个都等机会整对方一下。她点着了我心里的情火,看见我

烧起来了,却笑我说:

“你别想拿住我,哥拉……”

而我也装憨作傻地靠墙蹲着,好像一只大猫,蜷成一团,假装睡着了,其实却从半开的眼皮夹缝中间偷看老鼠的动作,我还没吃到老鼠就先舐舐嘴说:

“看谁最后笑吧。”

有一天下午(也是这个月),在五月底(但那时比今天热得多),空气沉闷;银白的天空像炉口似的向你吐出热气;差不多一个星期以来,风暴就伏在天上,好像母鸡伏在窝里孵蛋,但是老也孵不出来。人都热得要融化了;刨子浸在汗里,钻锥也粘着手。我不再听见蓓勒蒂的声音,她刚才还唱着歌呢。我用眼睛找她。园子里一个人也没有……忽然我发现她坐在那边,在茅屋的阴影下,在台阶上。她张着嘴,仰着头,就在门槛上睡着了,一只垂下的胳膊还靠着洒水壶。瞌睡突然压倒了她。在发出火光的天空下,她昏昏入睡,毫无防范地献出了自己,暴露了她半裸的身体,好像达那厄①一样。而我觉得我也成了朱庇特。我爬过了墙,踩坏了白菜和莴苣,走了过去,紧紧地把她抱在怀里,紧紧地吻着她的嘴唇;她的身子是热腾腾的,赤裸裸的,汗淋淋的;她半睡半醒地让我抱着,充满了性感;也不再张开眼睛,就用嘴唇找我的嘴唇,并且以吻还吻。我心里出了什么事?多么糊涂!欲望的洪流在我血液里奔腾;我已经醉了,我紧搂着这个多情的肉体;我所渴望捕获的猎物,这只烤熟了的百灵鸟,居然落到我嘴里来了……但是,瞧(大傻瓜),我竟不敢拿住它。不知道什么糊涂的顾虑抓住了我。我太爱她了,想到在睡眠捆住了她的时候,我只占有了她的肉体而没占有她的心灵,想到我只有做一件亏心事才能得到我骄傲的菜园姑娘,这使我太难过了。我就把自己从幸福中拉了出来,分开了我们的胳膊和嘴唇,拆散了这对交颈的鸳鸯。这样做并不是没有困难的:男人是烈火,

① 据希腊神话,阿耳戈斯国王把他的女儿达那厄关在铜塔内,万神之王宙斯,罗马神话之朱庇特爱上了她,就化为一阵黄金雨,到塔内来和她寻欢。

女人是干柴,我们两个正在燃烧,我发着抖,喘着气,好像那个征服了安提俄珀的笨蛋[1]一样。最后,我胜利了,这就是说,我逃开了。现在事情过了三十五年,我一想起还会脸红。啊!愚蠢的年轻人!……想到人曾经那么傻过,多么有趣!而现在想起这件傻事,还使人心里觉得多么新鲜!……

从那天起,她一见我,就调皮捣乱。她喜怒无常,抵得上三群蹦蹦跳跳的母山羊,三心二意,超过千变万化的云彩,一天,她用轻蔑侮辱的话打击我,或者根本不理睬我;另外一天,又用脉脉含情的眼色和诱惑的笑声刺激我;有时她躲在树后,偷偷拿一块泥土瞄准我,我一转过身,泥土就咔嚓一下摔在我的后颈窝上,或者我一抬起头——砰的一声!——鼻子上又吃了一颗李子核。散步的时候,她老咯咯地笑,一下对这个人,一下对那个人,卖弄风情,自鸣得意。

最可恶的是,她为了气我,更张开了网罗,设法逮住了另外一个和我一类的家伙,我最好的伙伴,基里亚斯·皮侬。他和我,咱们俩是一只手的两个指头。好像俄瑞斯忒斯和皮拉得斯[2]一样,没有一次吵架、打架或婚丧喜庆,人家不看见我们两个人在一起吃力不讨好地帮腔,跑腿,或动拳头的。他浑身筋肉突出,像橡树的老节,身材矮胖,肩膀宽阔,方头大脑,说话坦白,做人爽直。要是有谁找我的岔子,他准会把那个人打死。但她偏偏就选上他来气我。这并不太困难。只要四个媚眼,半打平平常常的扮相就够了。装出纯洁天真,多愁善感,傲慢不恭的神气,嗤嗤地痴笑,悄悄说两句私话,或者装模作样,霎眼睛,丢眼色,呲牙齿,咬嘴唇,或者用她的尖舌头舐嘴角,扭脖子,甩屁股,摇尾巴,好像鹡鸰一样,哪个亚当[3]的儿子看了蛇的女儿耍的小花样能够

① 笨蛋指万神之王宙斯,他趁安提俄珀睡熟的时候,自己变作一个半人半羊神,来和她寻欢。

② 俄瑞斯忒斯和皮拉得斯是古希腊的一对最好的朋友。

③ 《圣经·创世记》:上帝造的第一个人,名叫亚当;又用亚当的肋骨,造成一个女人。上帝把他们安置在乐园里,吩咐他们不可以吃分别善恶树上的果子;但是蛇却引诱女人和亚当吃了智慧果,于是上帝把他们赶出乐园。

不落圈套呢？皮侬失去了他仅有的一点点理智。从那时起，我们就成对成双地伏在墙头，目瞪口呆，气喘心跳，等待着鼬鼠。我们咬紧牙关，一言不发，已经交换了一些凶狠的眼色。她点着了火，为了要火烧旺，有时还在火上浇瓢冷水。不管我怎样恼火，我还是给水浇得发笑。但皮侬这匹大马却在院子里乱蹦乱跳。他气得发誓赌咒，威吓怒吼，暴跳如雷。他不懂得玩笑，除非是他自己开的（那时可又没人懂得他的玩笑，除了他自己以外；而他却笑得比三个人更厉害）。但这个荡妇像只牛奶上的苍蝇，她倒开心地享受着这些多情的咒骂；他这种粗野的方式和我的方式不同；虽然这个狡猾轻浮、喜欢讥笑的高卢女人，对我比对那只竖前蹄、踢后腿、嘶叫放屁的畜牲要接近得多，但是为了消遣，为了喜欢换换口味，还为了要我受罪，她却只给他一些充满诺言的眼色，一些诱惑人的微笑。但真要她履行诺言的时候，这个喜欢吹牛的傻瓜已经准备好了要大吹大擂一番，她却冲着他的鼻子大笑，使他下不了台，莫名其妙。我呢，我当然也笑起来；而生了气的皮侬却把他的愤怒发泄到我头上来了；他怀疑我在抢走他的美人。有一天，他直截了当地求我让位。我就温和地说：

"兄弟，我正要向你做同样的请求。"

"那么，兄弟，"他说，"只好打个头破血流了。"

"我考虑过，"我回答说，"但是，皮侬，这使我太痛苦了。"

"不如我痛苦，我的布勒尼翁。走吧，我请求你：一个鸡窝里有一只公鸡就够了。"

"的确有一只就够了，"我说，"还是请你走吧！因为这只母鸡是我的。"

"你的！你放屁，"他喊起来，"乡下佬，泥巴脚丫，奶臭未干的小子！她是我的，我拿着的东西，别人休想染指。"

"我可怜的朋友，"我回答说，"你没有看看你的尊容！你这个奥韦涅人，吃萝卜的，各人有各人的菜汤！这块勃艮第的天鹅肉是我的；我喜欢她，她引得我流涎了。这没有你的份。还是挖你的萝卜去吧。"

一个威吓接着一个威吓,我们结果打了起来。但是我们都很后悔,因为我们彼此相亲相爱。

“听我说,”他对我说,“把她让给我,布勒尼翁:她喜欢的是我。”

“不对,”我说,“是我。”

“那么好吧,我们问她去。输了的就走。”

“一言为定! 让她自己选择! ……”

好的,但是你们去请求一个女孩子选择吧! 她太高兴拖延你们等待的时间了,等待允许她考虑两个都要,或者一个也不要,却使她的情郎像热锅上的蚂蚁般转来转去……简直不可能要她正面回答! 当我们对蓓勒蒂谈起这事的时候,她就回答我们一阵大笑。

我们回到工场,脱下上衣。

“不再有别的办法了。我们两个一定得死掉一个。”

正要动拳头的时候,皮侬对我说:

“拥抱我!”

我们互相拥抱了两次。

“现在,动手吧!”

跳舞开始了。我们两个一起动手,一分价钱一分货色。皮侬揍了我几拳,要打得我头破眼瞎;我呢,我也几次三番要用膝盖撞穿他的肚皮。朋友翻了脸,比仇人还狠。几分钟之后,我们已经浑身是血,一道一道的红水,像勃艮第的老酒,从我们鼻子里川流不息地流出来……我真的不知道事情会闹成什么样子;但肯定的,两个人中总有一个会剥掉另一个的皮,要不是幸亏惊动了的邻人和回家来的梅达·拉纽师傅把我们分开的话。分开我们并不容易! 我们好像两只恶狗;一定要痛打我们,我们才肯松手。梅达师傅不得不拿出一根赶驴的鞭子来:他抽我们,掴我们几巴掌,最后再讲道理。挨揍之后,勃艮第人就聪明了。好好地抓了抓头,人就成了哲学家,道理也更容易听得进去。我们再彼此瞧瞧,更不能骄傲。而就在那时来了第三个大滑头。

那是有钱的磨坊老板冉·吉弗拉,他头发又红又黄,胡子刮得光光,长着个圆圆的猪头,脸颊总是鼓起,小眼睛凹进去,好像一直在吹喇叭。

“瞧这两只公鸡多么好看!”他哈哈大笑地说道,“为了这只母鸡,他们要互相咬掉鸡冠和腰子,那可太冤枉了!笨蛋!难道你们没有看见,在你们互相争吵的时候,她正在得意扬扬吗?真有趣,这样一个女人的裙子后面,居然跟了一群叫春的情人……你们愿意听忠告吗?我可以免费奉送一个。你们两个讲和吧,孩子们,别睬她,因为她捉弄你们。转过脚后跟,你们两个都走。她就要后悔的。不管她愿也罢,不愿也罢,她最后总得决定,那时我们就会知道她要的是哪一个。得了,走吧,快走!事不宜迟!要下牺牲的决心!拿出勇气来!听我的话,好人!当你们拖着沾满尘土的破鞋,在法国的道路上奔波的时候,有我在这里,伙计们,有我在这里帮你们的忙:弟兄们之间应该互相帮助!我会暗中注意这个荡妇,我会让你们知道她的惆怅痛苦。只要她一选定,我就通知赢了的人;而另外一个就去上吊……说到这里,我们喝酒去吧!喝了又喝,就会淹死欲望、爱情和记忆……”

我们真的把它们淹死了(我们像酒桶一般地喝着),当天晚上,走出酒店,我们就打包袱,拿起手杖;在一个星月无光的黑夜里,我和另外那只糊涂虫真的走了,神气得像两个臭屁,心里还蛮感激这个好吉弗拉,他却非常开心,两只小眼睛在浮肿的眼皮下,在炸肥肉丁一般油亮的脸孔上,笑起来了。

第二天早上,我们可没那么神气。我们口里不肯承认,还要自作聪明。但是各人都在绞尽脑汁,再三思索,却再也不明白这个惊人的战术,为什么要以退为进。太阳在苍穹中旋转,我们越来越感觉自己像两个上了当的傻瓜。傍晚来到的时候,我们彼此都用眼睛偷看对方,嘴里谈着天气好坏,心里却想道:

“我的好朋友,你说得多么好听呀!但是你想要滑头甩掉我这个伙伴吗?这点我倒不怕。我太喜欢你了,好兄弟,我不会让你一个人孤独的。不管你去哪里(借口我也懂得,我也懂得……),我总跟着你走。”

我们耍了许许多多花样，想要摆脱对方的跟随（我们甚至连撒尿也形影不离），在半夜里——我们假装打鼾，其实却在草垫上被爱情和跳蚤咬得睡不着——皮依忽然从床上跳起来叫道：

“天呀天！我难过死了，难过死了，难过死了！我不能再这样下去！我要回去……”

我呢，我也说：

“我们回去吧。”

我们走了一整天才回到我们那里。太阳正要落山。在天黑以前，我们一直藏在马尔歇树林里。我们不太愿意人家看见我们回来：他们会讥笑我们的。此外，我们还想趁蓓勒蒂不防备的时候，看到她在惆怅悲伤，孤孤单单，哭哭啼啼，自怨自艾：

“唉！我的朋友，我的朋友，你为什么走了？”没有问题，她会咬着手指头叹息的，但谁是这个朋友呢？两个人都回答说：

“我。”

我们不声不响地沿着她的园子走（沉闷不安啄着我们的胸膛），在她的敞开的、浴着月光的窗子下面，在一棵苹果树的枝丫上，我们看见挂着……你们想想是什么？一个苹果？……一顶磨面粉的人戴的帽子！……还要我给你们讲下去吗？好人，你们会太高兴的。我看你们这些爱笑的家伙已经心花怒放了。旁人的不幸总使你们开心。戴绿帽子的人总高兴自己的同行公会扩大……

基里亚斯冲上前去，像只鹿般跳起来（他头上已经长了鹿角[①]了）。他冲向那棵长着面粉果子的苹果树，爬上墙去，钻进房里，里面立刻发出喊声，骂声，像狗吠，像牛鸣……

“不要脸的，没良心的，该死的，狗禽的，杀人了，打死你，救命啊，王八蛋，混蛋，坏蛋，贱婊子，臭狗屎，死骗子，癞蛤蟆，乡巴佬，杀千刀，

① 长角，等于中国人说戴绿帽子。

我要割掉你的耳朵,挖掉你的肠子,我要揍得你发红,发青,发紫,我要打烂你的屁股,来,吃我一拳,洗洗脸,灌灌肠!……"

一拳一掌,头肿脸胀……霹雳砰郎!啪啦啪啦!玻璃打碎了,碗碟摔破了,家具撞倒了,人在打滚了,死丫头在叫,坏家伙在吼……你们想想看,这魔鬼的交响乐(演奏吧,乐师们!)会不会惊动全区的人!

我不想再看下去。我已经看够了,又走上我来的那条路,一只眼睛笑,一只眼睛哭,不知道到底应该垂头丧气,还是应该扬眉吐气。

"好,我的哥拉,"我说,"你总算侥幸逃脱了!"

而在灵魂深处,哥拉却因为自己没有陷入这个泥坑而感到难过。我模仿滑稽演员,回忆这一场瞎闹的笑剧,我模仿这个,模仿那个,模仿磨坊老板,小贱人,大笨驴,我唉声叹气,灵魂都要碎了……

"唉!这多么好笑!我心里多么难受!啊!我要死了,"我说,"要笑死了……不,要难过死了。只差一点,这个小贱人几乎把倒霉的丈夫担子加到我这只笨驴的身上!嗯!她为什么不这样干呢!我为什么不做王八蛋呢!至少,我可以把她弄到手啊。给自己心爱的人做驴也不坏!……大利拉[1]!大利拉!啊!特拉特丽特拉!……"

半个月来,笑的欲望和哭的欲望就是这样在我心上拉锯。在我一个人身上,在我这张歪脸上概括了古人的全部智慧,那就是赫拉克利特的哭脸和德谟克里特[2]的笑容。但是没有同情心的人却还冲着我的鼻子笑。某些时候,一想起我的爱人,我真想死了算了。幸而这种时候不能持久!……恋爱是很美的;但是老天在上,我的朋友,要是为了恋爱而死,那就是爱得过分了!小说里的阿玛迪和加拉奥[3]可以这样做!我们却是在勃艮第,可不是小说里的英雄。我们是在生活:我们

---

① 大利拉,出卖过她的爱人参孙的妓女,她代表女人对男人能起的坏影响。故事出自《圣经》。

② 赫拉克利特和德谟克里特,公元前五世纪的希腊哲学家,德谟克里特因为人类的愚蠢而大笑,赫拉克利特却因为人类太愚蠢而大哭。

③ 阿玛迪和加拉奥,西班牙骑士小说中的英雄,阿玛迪是专情的情人典型;加拉奥是勇敢的游侠模范。

是在生活。人家把我们生到世上,并没有问我们是不是高兴出世,也没有人打听过我们是不是愿意生活;但是既然到世上来了,天呀天,我就要待下去。世界需要我们……要不然就是我们需要世界。管它好不好,要我们离开它,除非人家把我们赶走。酒取出来了,就该喝掉。酒喝掉了,又该去我们乳房般的葡萄山上再榨一些出来!你既做了勃艮第人,你就没有功夫去死。至于受苦呢,那完全和你们一样(你们不要骄傲),我们也尽了我们的本分。四五个月来,我痛苦得像一只狗。但是时间过去了,我们太沉重的痛苦也被忘在脑后。现在,我只是对自己说:

"这就和我占有过她一样……"

啊!蓓勒蒂!蓓勒蒂!……说来说去,我还是没有占有过她。而三十年来,一直是那只狼心狗肺的吉弗拉,那只面粉袋,南瓜脸,他占有了她,抚摸着她,拥抱着她,我的蓓勒蒂……三十年了!……他的胃口也该满足了吧!人家告诉我,从他和她结婚的第二天起,他就没有了胃口。对于这只饿鬼,这张馋嘴,吞下去了的东西就不再有味了。要不是那次闹得天翻地覆,人家在床上,在窝里,捉到了这只王八蛋(啊!皮依这个大叫大闹的大草包!),这个吃饭不愿掏钱的人才不肯让太紧的结婚戒指夹住他的粗手指哩……咿哟,结婚吧,结婚吧!上当啦,说实话!更上当的,是蓓勒蒂;因为磨坊老板一不满意,就拿她当牲口来出气。而我们三个人之中最上当的,还是我。因此,布勒尼翁,笑吧(有的是可笑的东西啦),笑他,笑她,笑我自己……

* * *

我这里笑着笑着,忽然看见二十步以外,在小路转弯的地方,(老天爷!难道我自言自语一连谈了两个钟头!)那所红屋顶,绿窗户的房子,一根蜿蜒的,长蛇般的葡萄藤,用它含羞的绿叶,装饰着凸出的白墙。在打开的大门外面,在胡桃树的绿荫下,有一个女人弯着腰,在流着清水的石头水池内打水,我一下就认出了她(虽然我有好几年没看见她)。我的腿发软了……

我几乎要溜之大吉。但是她已经看见了我,并且一面继续打着泉水,一面还瞧着我。我看她也突然一下认出我了……啊! 但她却不露声色,她太骄傲了;不过她手里拿着的水桶还是掉进了水槽。她说:

"我的朋友,你不忙吧……那就不要这么快走。"

我呢,我回答说:

"难道你在等我吗?"

"我吗,"她说,"我才不在乎你呢!"

"真的,"我说,"我也一样,彼此彼此。不过,我还是很高兴来看看你。"

"你来并不会妨碍我。"

我们生了根似的,面对面站在那里,她的胳膊湿了,我也穿着短袖衬衣,我们两个都忸忸怩怩,互相瞧着,我们甚至连看对方也没勇气。在泉水池底,水桶还在喝水。她对我说:

"进去吧,你可以待一会儿?"

"只能待一两分钟。我还忙呢。"

"这倒料想不到。什么风把你吹来的?"

"我吗? 没什么,"我厚着脸皮说,"没什么,我溜达溜达。"

"那么,你很有钱了。"她说。

"我有的不是钱,而是幻想。"

"你还没有变,"她说,"总是那样疯癫。"

"人疯无药医。"

我们走进院子。她关上了大门。我们只有两个人,在一群咯咯啼的母鸡中间。所有的庄稼人都到田里去了。为了掩饰她的不安,也是由于习惯,她认为应该去关关,或者开开(我也不知道到底是开是关)仓库的门,一面责骂着梅多儿。我呢,为了装出不在乎的神气,我就谈到她的房屋,母鸡,鸽子,公鸡,鸭子,狗,猫,猪。要是她让我说下去的

话,我会把诺亚方舟里所有的动物都数出来的!但是突然,她开口了:

“布勒尼翁!”

我的呼吸都停顿了。她又叫我:

“布勒尼翁!”

我们互相瞧着。

“拥抱我吧!”她说。

我当然不用她再三请求。人已经这么老了,这对谁也没有坏处,如果这不再有很大的好处的话。(其实这总是有好处的。)在自己的老脸上,在我的锉子一般的粗脸上,感觉到她的起了皱的老脸,这使我的眼睛都痒得想流泪了。但是我并没有哭,我才不那么傻哩!她对我说:

“你的胡子刺人。”

“是的,”我说,“要是今天早上有人告诉我,说我将要吻你,那我会刮刮胡子的。三十五年前,我的胡子比现在软得多,那时我想吻你,你却不愿,那时,我的情人,我真想用下巴擦呀,擦呀,擦擦你的下巴。”

“那么你老是念念不忘?”她说。

“不,我从来不想这件事。”

我们一面笑,一面瞪着眼睛互相望着,看我们两个人哪一个先低头。

“你这个骄傲的、顽固的驴头,你多么像我啊!”她说,“不过你,小老头,你一点也没有老。当然,布勒尼翁,我的朋友,你也没有长得更漂亮,你眼角上还有皱纹,鼻子也更大了。但是既然你一辈子从来没有漂亮过,你的尊容也没有什么可损失的,你也没有损失什么。甚至连一根头发都没有失掉,我敢打赌,你这个自私的人,你至多这里那里有几根白头发罢了。”

我说:

“傻瓜的头,你也知道,是不会白的①。”

① “傻瓜的头不会白”,法国格言,因为傻瓜不用脑筋,无忧无虑,所以头发也不会白。

“你们这些懒汉，这些男人，你们一点也不操心，过的都是好日子。而我们呢，我们却老了，老得比你们快两倍。瞧我这副残躯。唉！唉！这个从前这样结实的身体，看起来这样柔软，抚摸起来更加柔软，这个胸膛，这对乳房，这副腰杆，这样的肤色，这个又香又脆、像新鲜水果一般的肉体……它现在到哪里去了？我现在又在哪里？过去的我消失到哪里去了呢？如果你在市场上碰到我，你还认识我吗？”

“在所有的女人当中，我闭着眼睛都可以认出你来。”我说。

“闭着眼睛可以，但是睁开了眼睛呢？瞧这张凹下去的脸，掉了牙齿的嘴，又细又长、尖刀似的鼻手，发红的眼睛，憔悴的脖子，松弛的皮囊，变了样的肚子……”

我说（其实我早就看见了她所说的一切）：

“小小的母羊，永远显得年轻漂亮。”

“你难道什么也没注意到？”

“我并不是瞎子，蓓勒蒂。”

“唉！她到哪里去了，你的小鼬鼠，你的小鼬鼠？”

我说：

“‘她到这里来了，美丽的林中雪貂。’[①]她藏起来又跑掉，她进洞去了。但是我总看见她，看见她小巧的鼻子和狡猾的眼睛，在暗中注意我，想引诱我掉进她的洞底。”

“你就进去也没有危险。”她说，“老奸巨猾的狐狸精，你的肚子长得多么大！当然，爱情的痛苦并没有使你消瘦。”

“我何必无事烦恼！”我说，“就是痛苦也要养料。”

“那就进去喝一杯吧。”

---

① “雪貂”是一种法国最古的游戏。游戏的人坐成一个圆圈，手里共同拿着一根两头接在一起的绳子，绳子上有个指环，叫作“雪貂”。大家用双手慢慢地移动绳子，指环也秘密地从一个人手里传到另一个人手里。大家一齐唱着：“它跑了，它跑了，林中的雪貂，太太小姐们。它跑了，它跑了，美丽的林中雪貂，雪貂。它到这里来了。林中的雪貂，太太小姐们：它到这里来了。美丽的林中雪貂。”一个人在圆圈中心，猜雪貂在谁手里。如果他猜着了，那个手里拿着指环的人又到圆圈中央来猜。

我们走进屋里,坐上饭桌。我也不太知道喝了什么,吃了什么,我的灵魂正在忙着;但是我的牙齿和咽喉还是一口也没错过。她把肘腕放在桌上,看着我喝;然后,她嘲笑我说:

“你现在不那么痛苦了吧?”

“有支歌儿唱得好,”我说,“肚皮空,灵魂痛;肚皮饱,灵魂好。”

她薄薄的、刻薄的大嘴不说话了;而我为了吹牛,自己也不知道胡说了些什么,但是我们的眼睛却互相瞧着,并且想到过去。突然:

“布勒尼翁!”她说,“你知道吗?我从来没有对你说过。现在告诉你也没有什么关系。我从前爱的是你。”

我说:

“我早就知道了。”

“你早知道,死家伙!呃!为什么不对我说呢?”

“因为我喜欢作对,我知道只要我一说,你准会回答‘不行’的。”

“那有什么关系,如果我心里的想法和我嘴里的说法恰恰相反的话?你吻的是嘴,还是嘴里说的话呀?”

“问题是你的嘴,天呀,不只是说说就算了。我还知道你干的好事,就是在你房里逮住磨坊老板的那夜。”

“这是你的过错,”她说,“我的房门并不是为他开的。当然,这也是我的过错;不过我已经受够罪了。你全知道,哥拉,可是你还不知道,我是因为你走了,又气又恨,才和他勾搭上的。啊!我那时多么恨你哟!自从那天傍晚(你还记得吗?)你撇下我走开,我就已经恨死你了。”

“我!”我说。

“你,死东西,有一天傍晚我睡着了,你来到我的园子里,想把我像果子似的摘下来,但是后来又轻蔑地把果子留在树枝上。”

我高声大叫,向她解释。她对我说:

“我都明白。不必那么费劲!大笨驴!我敢肯定说,如果这件事能够重新发生……”

我说：

“那我还是会和从前一样做的。”

“傻瓜！”她说，“也就正是为了这点我才爱你。那时，为了要惩罚你，我总要使你痛苦才开心。但是我却没有料到你会那么愚蠢，你不但不上钩，反而连香饵都不吃就逃走了。（男人多么胆小！）”

“多谢多谢！”我说，“白杨鱼喜欢吃香饵，但是更舍不得自己的肠子。”

她绷紧的嘴角上笑了一笑，眼睛也没有眨一眨。

“当我知道，”她接着说，“你在和那个家伙打架的时候，那只畜牲我连他的名字都不记得了（那时我正在河里洗衣服，人家告诉我他要扼死你），我就丢了洗衣的棒槌（呃！听天由命），让它顺水飘流，我踩坏了我洗的衣服，撞倒了我的伙伴，鞋也不穿就跑，跑得喘不过气来，我想对你喊道：‘布勒尼翁！你没有发疯吧？你难道看不出来我爱你？真是自讨苦吃，要是你让那只狼一口咬掉一块好肉的话！我才不要一个断了手脚、脱了关节的丈夫哩。我要就要一个完完整整的你……’啊！当我正在哗哩哗啦这么自言自语的时候，你这位没有脑子的先生却在酒店里大喝其酒，并且已经不记得了为什么才打架的，反而同那只狼胳膊挽着胳膊，一同逃走了，（啊！懦夫！懦夫！）在一只母羊面前，逃走了！……布勒尼翁，我那时多么恨你啊！……好人，当我今天看见你，当我今天看见我们的时候，那件事显得很滑稽。但在那时，我的朋友，我真恨不得剥了你的皮，把你活活烧死；但是没有办法惩罚你，我只好惩罚自己，谁叫我爱你呢。磨坊老板自己送上门来。在我气得要命的当儿，我就接受了他。如果不是这头笨驴，我也会另外找一头的。不能因为少了一头驴子，磨坊就不开门。啊！我报复得多么妙！我只是想你，而他……”

“我明白！”

“……当他在为我报仇的时候，我心里想：‘你现在回来吧！你的头会长角的，布勒尼翁，你现在吃亏了吧？你回来！你回来！’……唉！

你回来了,你回来得太早,我想不到你真回来得那么早……下面的事你全知道。我和我的笨驴已经勾住了,一辈子分不开了。而笨驴(是他还是我?)只好待在磨坊里。"

她不说话了。我就说:

"至少,你在磨坊里过得还好吧?"

她耸耸肩膀说:

"和驴子一样好。"

"见鬼!"我说,"这样看来,这所房屋不该是个天堂么?"

她笑着说:

"我的朋友,你说得对。"

我们谈到别的,谈到我们的田地和家里的人,谈到牲口和孩子,但是不管谈什么,还是三句不离本行,话又回到本题。我以为她很愿意详细了解我的生活,我家里的人,我的房屋;但我发现(哦,好奇的女人)关于这一方面,她知道得几乎和我差不多。于是从针谈到线,我们胡诌瞎扯,谈这说那,从左到右,从上到下,为了聊得痛快,也不知道说到哪里去了。我们两个都抢着说废话:好像放连珠炮一般,说得喘不过气来。我们的话一点也不需要解释:话还热腾腾的没出口腔,就给对方一口接过去了。

我笑够了,擦擦眼睛,那时听见教堂的钟敲六点。

"天呀,"我说,"我得走了!"

"你有的是时间。"她说。

"你的丈夫要回来了。我不想看见他。"

"那么我呢!"她说。

从厨房窗口,看得见一片草场,草地已经开始披上它的晚妆。落日的光辉用金沙摩擦着成千上万棵尖鼻子的,飒飒响的青草。在光滑的鹅卵石上,一条小溪在跳跃前进。一头母牛在舐一根柳枝;两匹马动也不动,一匹黑的前额有个白斑,另外一匹是灰黑的,黑马把头靠在灰马的屁股上,在吃饱了青草之后,它们正在白日的宁静中做着好梦。

屋子里进来了一股新鲜气味,太阳光,紫丁香,晒热了的青草和金黄色马粪的气味。而在房间的阴处,在浓厚的,柔和的,闻起来有点发霉的阴影中,从我手里拿着的砂石杯子里,升起了勃艮第覆盆子酒的可亲的香气。我就说:

“在这里多么好啊!”

“要是我一辈子每天都是这样,那才好哩!”

她抓住我的手。

我就说(到这里来看她引起她的后悔使我心里骚扰不安):

“啊!你知道,我的蓓勒蒂,也许这样更好,从各方面考虑,也许就是现在这样最好!你一点也没有做错。我们这样过个一天,过得很好。但是要这样过一辈子,我了解你,也了解我自己,你很快就会过腻的。你还不知道我是个多坏的坯子,我游手好闲,好吃懒做,放荡无度,胡说八道,疯头疯脑,冥顽不灵,好酒贪饮,胡思乱想,精神失常,爱吵爱闹,性情急躁,说话好像放屁。我的姑娘,你会气得变成石头,你会气得要报复的。只要一想到这件事,我脑门子两边的头发就会竖起。感谢全知全能的上帝!像现在这样,一切都好。”

她用又正经、又狡猾的眼色看着我,摇摇头说:

“你说得对,我的朋友。我也知道,我也知道,你是一个大饭桶。(其实她一点也不那么想)没有问题,你会打我的;我呢,我也会使你做王八。这有什么办法?既然世界上总得有人挨打,有人做王八(这是上天注定了的),那让打人的做王八不是更好吗?”

“当然,”我说,“当然……”

“你好像不相信的样子。”

“我相信的,”我说,“不过挨打和做王八这两重幸福,最好还是能够避免。”

我站起来,下结论说:

“没有什么可后悔的,蓓勒蒂!这样或者那样,现在反正都是一样。相爱也罢,不相爱也罢,像我们这种生命簿子快要翻完的人,一切都过去了，一切都过去了，就好像什么事都没有发生过一样。”

她对我说：

“你撒谎！”

（她说得多么对啊！）

*　　*　　*

我拥抱她之后就走了。她站在门口，倚着门框，用目光送我走。大胡桃树的阴影在我们面前越拉越长。我不敢回头，一直走到小路转弯的地方，完全能够肯定我看不见她了，那时才站住换一口气。空气中弥漫着紫藤花的香味。远远有几只白牛在草地上哞哞地叫。

我又继续往前走；为了要走捷径，我把大路丢在一边，爬上小山，穿过葡萄田，钻进树林里。但这并不是为了要快点回家。因为半点钟之后，我发现自己还站在树林边上，一棵橡树的枝丫下面，一动不动，两眼瞪瞪地望着青天。我不知道我在做什么。我想着，想着。天上的红光殒灭了。我瞧着它的反光在葡萄藤上消逝，葡萄藤长着小小的新叶，像上了漆般发亮，带着酒的颜色和金黄的颜色。有一只夜莺在歌唱……在我记忆深处，在我忧伤的心里，另外一只夜莺也在歌唱。有一天晚上，像这天晚上一样。我和我的爱人在一起，走上了铺满葡萄藤的小山岗。我们年轻，快活：有笑，有说。忽然，不知道什么震动了空气，是晚祷的钟声，还是大地的呼吸，在黄昏中，它在扩张，在叹息，在对你说：“来我这里吧”，这是月亮上落下来的柔和忧郁……我们两个都不作声，突然，我们牵起手来，并且既不说一句话，也不互相瞅一眼，只是一动不动地待着。那时，从栖息着春夜的葡萄藤上，升起了夜莺的歌声。夜莺不敢在葡萄藤上睡着，因为葡萄藤不可靠的卷须越伸越长，越伸越长，越伸越长，想把夜弦的小脚缠上，因为不敢睡着，夜莺就不停地唱着它古老的情歌：

“葡萄藤长着,长着,长着,
我日里夜里,都睡不着……”

我感到蓓勒蒂的手也在说:

“你拉住我,我拉住你。葡萄藤,长吧,长吧,把我们联系在一起!”

我们走下了小山岗。快要到家的时候,我们放松了手。从此以后,我们没有再紧紧拉住过。啊!夜莺,你永远在歌唱。你在为谁婉转娇啼?葡萄藤,你也越伸越长。你要用爱情的卷须把谁联系在一起?……

夜已经来了。我鼻孔朝天,抬头望着,手倚靠着手杖,屁股倚靠着手,像只竖立的啄木鸟一样;我老是望着树梢,树梢上月亮在开花。我试着要摆脱这迷住了我的魅力,但做不到。没有问题,这棵树用有魔力的阴影捆住了我,使我不但迷了路,并且没有了寻路的念头。一次,两次,三次,我转来又转去;每次都转到原来的老地方,仿佛给拴住了一样。

于是,我下了决心,就躺在青草上,要在露天大旅社住一夜。我在这个旅社并没睡着多久。我沉思默想,忧郁地回忆起自己的一生。我想到这一生本来可能成为什么模样,其实成了什么模样,想到已经烟消云散的梦想。上帝呀!在这夜深人静,灵魂脆弱的时刻,人们在自己过去的生活里,能够发掘出多少感伤!失望的老年看见面前升起了满怀希望的青年时代的形象,那时他觉得自己真是一贫如洗!……我结了一下盈亏的总账,还检查了我羞涩的行囊:我的老婆人既不好,又不漂亮;我的儿子离我很远,思想和我完全不一样,除了身体以外,什么都不是我给他们的;朋友都背信弃义,人们都如疯如狂;宗教杀人,老打内战;法国四分五裂;我心灵的梦想,我雕刻的艺术品,也遭到抢劫;我的残生,好比劫后的余烬,而死神的阴风就要吹来,……我轻轻地哭泣,嘴唇靠着橡树的腰身,人蹲在树根中间,好像在一个慈父的怀抱里,我在向它诉苦。我知道它在听。没有问题,等一下它也会说话,也会安慰我的。因为几个钟头之后，我醒过来的时候，发现自己已经鼻子朝地，鼾声如雷大睡了一觉，我的忧郁也不知道到哪里去了，只是忧伤的心里还有一点疲乏，小腿有点抽筋。

太阳醒了。满树都是啼鸟。树上流下歌声，好像手里捏着的葡萄流着汁液。金丝雀吉约梅，红颈鸟玛丽·果德蕾，锯木鸟，喋喋不休的白颊鸟西尔薇，还有我的伙伴小八哥，我最喜欢他，因为不管天冷天热，刮风下雨，他总是笑，他的脾气真好：他第一个开始歌唱，最后一个休息，从天亮一直唱到天黑，我喜欢他，还因为他和我一样，有一个通红的鼻子。啊！这些可爱的小孩子，他们怪叫乱唱，多么开心。从黑夜的恐怖中，他们刚逃出来。布满陷阱的黑夜像一面网似的，每天晚上都要落到他们身上。闷死人的黑暗……要闷死我们哪一个？……但是，“哗哩哗啦”！……夜幕一揭开，遥远的黎明用淡淡的笑容，使生命冻僵的面孔和惨白的嘴唇苏醒过来……“哇啼，哇啼，啦啦咿，啦啦啦，啦得哩，啦哩哗啦……”他们用什么喊声，我的朋友们，他们是多么欢天喜地，心旷神怡地欢迎着白天啊！人们所受的痛苦，所有的恐惧，沉默的威胁，冰冷的睡眠，黑夜，一切，一切，都在“哇啼，呼吓特”的歌声中，被忘记得干干净净。啊，白天，啊，新生的白天！……告诉我，小八哥，你更生的秘诀，在每一天清晨，你对于黎明的来临，总怀着同样的，不可动摇的信心！……

八哥继续吹着口哨。他有力的讥讽使我也高兴起来。我就蹲在地上，像他一样吹着口哨。杜鹃在树林深处做捉迷藏的游戏，一面叫着：“内韦尔的白王八，黑王八，灰王八”①……“杜鹃，杜鹃，你再骂人，魔鬼会扼断你的脖子！”我还没站起来，先转身向后一跳。一只鬼子走过，它也赶快学我；它笑了；它的嘴唇裂开，因为笑得太多。我又动身回家，一面拼命唱着：

“一切都好，一切都好！我的伙伴，世界多么圆满。只有不会游水

① 法文的“王八”和“咕咕”声音相近。

的人,才会沉入深渊。我的眼耳口鼻门户大开,世界呀,进来进来,流进我的血液里来!难道我还会因为不能事事如意,就像个大傻瓜般怨天尤人?当人开始希望:‘如果我有这个……当我有了那个……’那就永远也没办法完结;人总是要失望的,因为他希望的总比他得到的多!即使内韦尔大人,即使国王陛下,甚至天父上帝也是如此。各人的能力都有个限度,每个人都有自己的范围。难道我会因为不能超出范围就骚扰不安,唉声叹气?难道我换个地方就会好些?我现在是在我的范围里,我还要待下去,天呀,能待多久,就待多久。我有什么可以抱怨的呢?算起总账来,人家又不欠我的债。我可能根本就没出世……仁慈的上帝!我一想到这种情形,背脊都会发凉。这个美丽的小宇宙,这样的生活,没有布勒尼翁!布勒尼翁没有生活!多么悲哀的世界,啊,朋友们!……像现在这样,一切都好。我没有得到的东西,去他妈的!但是得到了的呢,我可要拿住不放……”

*　　　*　　　*

我迟了一天,才回到克拉默西。我让你们自己去想,我回家时受到了怎样的接待。可是我不在乎;我爬上顶楼,就像你们所看见的一样,一面摇头摆尾,自言自语,歪歪地伸出舌头,一面把我的痛苦和我的快乐,还有我痛苦中的快乐,都写到纸上来……

难以忍受的苦痛
事后谈起来倒怪轻松。

六　高贵的过客，或：阿努瓦堡的小夜曲

六　月

昨天早上，我们知道有两位显要的客人，特尔姆小姐和麻衣布瓦伯爵，经过克拉默西。他们并没有停留，就继续他们的旅程，一直到阿努瓦堡，在那里他们要逗留三四个星期。市议会决定了，按照惯例，第二天要派一个代表团去见这两位贵宾，用全市的名义向他们致敬，祝贺他们愉快的旅行。（人家会说这是一个奇迹，如果一只这样的畜牲，坐着他的软席马车，很暖和地，从巴黎到内韦尔来，居然没有走错路，也没有摔断骨头！）按照惯例，议会还决定了，为了喂他们的鸟嘴，送他们一些讲究的蛋糕，这是本市的骄傲，还送一些冰糖大面包，那也是我们的特产。（我的女婿，面包师傅佛洛里蒙·腊维宰，他一做就做了三打。这些议会的先生们说两打就够了；但是我们的佛洛里蒙也是一个议员，他做什么都很大方：面包卖十六个苏一个：反正是市政府给钱。）最后，为了使他们五官同时沉醉，还因为听着音乐吃东西似乎更舒服（我呢，只要有吃有喝，我可不在乎有没有音乐），人们还选派了四个蹩脚的音乐师，两个拉中提琴，两个吹双簧管，外加一个小鼓手，去到阿努瓦堡，当贵客们狼吞虎咽地吃蛋糕的时候，乐师们就可以铿铿锵锵

地演奏小夜曲。

我没有人请，就带着我的竖笛，自动参加了这个乐队。我不能错过一个看新面孔的机会，特别因为来的人是宫廷里饲养的珍禽(不是平常人饲养的；我请你们见证，我可没说过他们是家禽)。我喜欢他们漂亮的衣服，空洞的谈吐和做作的面目，我喜欢看他们整理衣服，或者摇摇摆摆走来，翘起鼻子，扭着屁股，行礼时用手和脚画着圆弧。此外，他们是宫廷里来的也好，别地方来的也好，不管他们从哪里来，给我带来新鲜事物总是好的。我是潘多拉[①]的儿子，喜欢打开各种盒子、各种灵魂的盖子，无论是白净的或是肮脏的灵魂，瘦的或是胖的，下贱的或高尚的，我喜欢探索人心，知道心里发生的事情，打听和我没有关系的闲事，把鼻子到处乱钻，嗅呀，吸呀，尝呀。哪怕为了好奇要挨鞭子我也不在乎。但是我(这点请你们放心)在寻开心的时候，永远不会忘记捡便宜；恰巧我工场里为阿努瓦堡的爵爷刻好了两块雕花大木板，我就把它们和议会代表，提琴手，笛子手，和冰糖大面包一起装上一辆马车，这既方便，又不花钱，你们看多好。我们还带着格洛蒂，佛洛里蒙的女儿，好充分利用马车(这也是个机会)，并不要我们破费。另外一个议员也带着他的儿子。最后，药剂师把糖浆，加香料的葡萄酒，蜂蜜水，果酱，都装上车，这些都是他的产品，他打算由克拉默西出钱买去献给贵宾。我注意到我的女婿对他很不满意，说这不合规矩，要是每个老板，屠夫，面包师傅，鞋匠，理发师以及共他人等，都要来这一手，那可要把市政府和市民都吃穷了。他说得并不错；但是药剂师也是议员，和佛洛里蒙一样：没有什么好说的了。只有小百姓是应该服从法律的；另外有些人却在制定法律。

大家坐上两辆马车走了：车上有市长，木板，礼物，小鬼头，四个音乐师和四个议员代表。我呢，我步行去。只有残废的人才要车子装去，好像小牛上屠宰场，或者老太婆上市场一样！说老实话，天气不算

① 潘多拉，希腊神话中的第一个女人。宙斯送了她一个盒子，盒子里关着各种灾祸；盒盖一揭开，所有的灾祸都飞到世界上来了。

太好:非常沉闷,就要有暴风雨,天空是粉白的。太阳神灼人的圆眼直射着我们的后颈窝。路上升起了一阵阵灰尘和一群群苍蝇。佛洛里蒙比一位小姐更怕太阳晒黑他雪白的皮肤,但是除了他以外,我们大家都很满意:苦恼有人分担,也是一种乐趣。

只要大家还看得见圣马丁教堂的钟楼,每一位漂亮先生都还假装正经。但是当城里人的眼睛一看不见他们,所有的脸孔都笑逐颜开,他们的精神也和我的短袖衬衫露出的光胳膊一样,原形毕现。他们首先说了几句下流话(这是我们这里开胃的方法)。然后有一个人唱起歌来,接着又有一个;请上帝原谅,我相信我听见市长本人在哼着两句打油诗。我也吹起竖笛来。别人全都随声唱和。而格洛蒂尖锐的小声音突破了人声和箫声的音乐会,一直上升,到处飘荡,像只麻雀似的啁啁啾啾,啁啁啾啾。

我们走得不太快。小马一上坡就自动站住,喘气,放屁。要继续往前走,我们得等它们的音乐放送完毕。走到布瓦肖坡上,公证人彼得·德拉沃先生要我们弯一点路(人家不能拒绝他:他是唯一没有提出任何要求的议员代表),好顺便到一个主顾家里去起草一张遗嘱。大家都同意了;只是这段路太长一点;而我们的佛洛里蒙在这一点上又和药剂师意见一致,他又找到了责备别人的材料。"只许我吃一颗葡萄,即使太酸的也好,不许你吃两个无花果。"但是彼得·德拉沃先生仍然不慌不忙地办完了他的私事;你愿意也罢,不愿意也罢,我的药剂师先生,你总不能不答应他。

最后,我们到了(走路总有到达的时候),不过好像吃过了饭才送来的芥酱,人家已经用不着它了。我们的珍禽正要离开餐桌,那时送到了我们亲手带来的糕点。他们为了弥补损失,接着又吃:鸟总是时时刻刻吃着的。我们议会的先生们,在快到城堡的时候,还慎重地作了最后一次停留,换上他们怕给太阳晒坏而小心地折起来的礼服,他们的光明灿烂的漂亮长袍,看起来眼睛都会觉得热,心里也会高兴,市长穿的是绿绸子的,他的四位伙伴穿的是淡黄的呢绒:人家会把他们当作一条黄瓜和四个南瓜。我们一面奏乐，一面走了进去。听见我们的声音，没有事做的仆人从窗口伸出头来。我们这四位穿呢绒的和那一位穿绸子的走上了台阶，门口居然出现了（我没有看清楚）两个穿着绉领衣服的人头（“看见什么绉领，人家就知道他们是什么畜牲”），满头卷发，还系了丝带，好像两只绵羊。我们其余的人，蹩脚的音乐师和乡下佬，待在院子中央。我站得这样远，听不见我们的公证人用拉丁文说的漂亮贺词。但是我并不觉得遗憾：因为我相信只有彼得先生一个人在自念自听。不过我可不肯错过看小格洛蒂的表演，她用小小的步子爬上了台阶，好像一个献堂瞻礼的圣母马利亚①，她用两只小手和大腿紧紧地夹着蛋糕篮子，蛋糕一层一层地堆着，有她的下巴那么高。她一块也不肯放过：她用眼睛瞪着，用胳膊搁着，这个小馋鬼，这个小顽皮，这个小宝贝……上帝！我真恨不能把她吃了……

儿童的魅力好像音乐；它比我们演奏的音乐更有把握能进入人心。最高傲的人见了它也会变温存；人自己也成了孩子，暂时会忘了他的骄傲和他的地位。特尔姆小姐对我的格洛蒂温和地微笑了，她吻她，抱她坐在膝盖上，拿住她的下巴，把一块蛋糕分成两半，对她说：“把你的小嘴伸过来，我们分着吃吧……”就把大半块蛋糕放进她小小的圆嘴。那时我呢，我快活得拼命喊：

“仁慈美丽的内韦尔之花万岁！”

我拿起竖笛，吹起一支快乐急促的曲调，仿佛要把空气扯裂，好像燕子在尖声叫。

大家立刻都笑起来，并且转过头来向着我；格洛蒂也拍着手叫道：

“爷爷！”

阿努瓦大人叫着我的名字：

“这是布勒尼翁那个疯子……”

（他自己也知道，我的天呀，他和我一样疯癫。）

---

① 圣母马利亚很小的时候就走上圣殿的台阶，献身给上帝。

他对我做了个手势。我就带着竖笛,用轻松愉快的步调,走上前去向他们行礼……

(说话有礼貌,行礼又殷勤,
不要花本钱,落得做好人。)

……我向右向左行礼,向前向后行礼,向每一个男人,每一个女人行礼。同时,我用有分寸的眼光观察着,打量着穿了大钟般裙子的特尔姆小姐(人们会以为她是一根钟舌);我剥光了她的外衣(这当然只是我的想象),我笑着在她的衣饰下面看见她小小的个子,赤裸裸的身体。她又瘦又长,皮肤太黑一点,粉又涂得太白,她的漂亮的棕色眼睛闪闪发光,好像两块红玉,她的鼻子像只贪吃爱拱的小猪的鼻子,嘴唇又红又厚,接起吻来最好,颤动的卷发一直垂到脸上。她看见我,就用一种不耻下问的神气对我说:

"这个好孩子是你的吗?"

我调皮地回答说:

"谁晓得呢,贵人?这是我的女婿。这要他来回答。我可不能替他负责。但是无论如何,这是我们的财宝。并没有人来冒领。这和金钱不同。'孩子就是穷人的财富。'"

她居然不摆架子地微笑了,而我们的阿努瓦大人却哈哈大笑起来。佛洛里蒙也笑,但是不敢出声。我呢,我还一本正经,装疯卖傻。那时穿着绉领衣服的男人和穿着大钟般裙子的女人都屈尊来问我(他们两个都把我当作一个音乐师)这个职业能够赚多少钱。我自然回答说:

"几乎等于零……"

但是,我并没有说明我干的是哪一行。我为什么要告诉他们呢?他们并没问我。我等待着,我要瞧瞧,我要取乐。我觉得这些漂亮的先生们,这些阔人,对着一无所有的穷人,总以为应该摆出一种满不在乎的、装模作样的高傲派头,实在是好笑。他们似乎永远在教训穷人。一个穷人就是一个小孩子,他什么事也不懂……而且(人家口里虽然不说,心里却实在是这样想),不懂事也是他的错:所以上帝才处罚他,这是对的;感谢仁慈的上帝!

仿佛他们跟前根本没有我这个人似的,麻衣布瓦高声对他的女伴说:

“小姐,既然我们无事可做,那就利用利用这个穷小子吧;他有一点傻里傻气,吹着竖笛,从东跑到西:他应该认识茶楼酒馆的人。让我们来问问他这些外省人的想法,假设……”

“嘘!……”

“……假设他们会思想的话。”

于是他就问我:

“喂,老头,告诉我们,这个地方的人心怎么样?”

我重复他的话:

“人心?”

一面假装糊涂。

我对着那位阿努瓦的胖大人霎霎眼睛,他摸摸胡子,让我胡扯,一面用他的大手遮住他的笑脸。

“人心这两个字在外省似乎不太流行。”麻衣布瓦讥讽地说,“我问的是,老头,这里的人想些什么?相信些什么?他们是好天主教徒吗?对国王忠诚吗?”

我回答说:

“上帝是伟大的,国王也很伟大。我们很爱他们两位。”

“你们对王爷们的看法如何?”

“他们也是些伟大的人物。”

“那么你们拥护他们?”

“是呀,大人,是的。”

“你们反对孔齐尼吗?”

“我们也拥护他。”

“怎么,鬼东西,怎么!难道你不晓得孔齐尼和王爷们是对头!”

“我不敢说……这也可能……我们两边都拥护。”

“天啦，你们总得要选择呀！”

“一定要选择吗，大人？不能省点事吗？那么，我就来选择吧。我拥护谁好呢？……大人，我过几个礼拜再告诉你。我还要去想想。这还要等些时间。”

“咳！你还要等什么呢？”

“大人，我总得要知道他们哪一边更强呀。”

“混蛋，你怎么不害臊？难道你连白天和黑夜，连国王和他的敌人都分不清了吗？”

“说老实话，大人，并非如此。您对我要求太高了。我看得清楚现在是白天，我并不是瞎子；但是在国王的部下和王爷大人的部下之间，如果要选择的话，我的确不晓得他们谁的酒量更好，谁更会糟蹋老百姓。我不说他们的坏话；他们的胃口都好：这是因为他们的身体好。我同样祝你身体健康。我喜欢食量大的人；我自己也喜欢大吃大喝。但是不瞒您说，我还是更喜欢这些朋友到别人家里吃去。”

“滑头，这么说来，你谁也不喜欢？”

“大人，我爱我的财产。”

“难道你不能为你的主人、为你的国王牺牲一点吗？”

“我很愿意，大人，如果我没有别的办法。不过我倒想要知道，在法国是不是有人爱惜我们的葡萄园和我们的田地，国王还有什么可以放到嘴里咀嚼的东西！各人有各人的职业。有些人吃。另外有些人……另外有些人被人吃。政治就是吃人的艺术。可怜的人，我们有什么办法呢？你们是搞政治的，我们是种地的！提意见，那不是我们的事。我们是无知的。我们知道什么呢，除了像我们的祖先亚当一样——(据说他也是你们的祖先，但是我却一点也不相信，对不起……，也许他是你们的老表……)——我们知道什么呢，我们只会使土地生产，使它肥沃，深耕细作，播种栽禾，种燕麦，种小麦，剪葡萄，接葡萄，割草刈草，打禾，挤葡萄，做酒，做面包，砍柴，凿石头，裁布，缝皮，打铁，剪切，雕刻，开运河，修路，建筑城市，修建教堂，用我们的双手在地面上盖起珍珠圈似的花园,使墙壁上和雕版上都百花齐放,光影迷离,剥掉包住宝石的外套,露出它洁白美丽的玉体,等待时机,逮住在空中飞过的音波,把声音关进悲叹哀吟的小提琴的金黄心窝,或者关在我空空的笛子里,总而言之,使我们成为法国土地的主人,水、火、空气、四大元素的主人,再使土地、水、火、空气,都来服侍你们,供你们吃喝玩乐……,除此以外,我们还知道什么呢? 我们怎敢妄想懂得公家的事体,王爷的纠纷,国王神圣的妙计,政治这套把戏,还有其他抽象的哲理? 大人,一个人不应该做事不量力。我们是些牛马,生来就是为了挨打。好吧! 但是哪个拳头打在我们身上最舒服,哪根棍子落在我们背上最柔和……,大人,这是个严重的问题,太深奥了,我的脑子不能解决! 说老实话,这一派或者那一派,对我都没有什么关系。为了回答你的问题,一定要手上有了棍子,再权衡轻重,试试分量。没有棍子,你就忍耐吧! 忍耐吧,忍耐吧,砧板。只要你是砧板,你就得忍痛挨打。但是当你成了铁锤的时候,那你也来打吧……"

麻衣布瓦瞧着我,他的鼻子耸起,正拿不定主意,不知道到底该笑还是应该生气,那时有一个跟随他的马夫,以前在我们已故的内韦尔好公爵那儿看见过我,他就说了:

"大人,我认识他,这个古怪的人:他是个好工人,巧木匠,吹牛大王。雕花刻木,那是他的本行。"

这位高贵的大人似乎并不因为这几句话就改变了他对布勒尼翁的看法;一直等到他从他的马夫,还从他的主人阿努瓦爵爷那儿,知道了某某王爷很赏识我的作品,那时他才开始对我这个渺小的人物(我说"渺小",朋友们,那是为了谦虚:因为我称起来并不少于一百斤)表示几分兴趣。人家指给他看我在院子里水池上雕刻的一个卷起衣裙的女郎,围裙里抱着两只张着嘴巴、拍着翅膀、挣扎着要摆脱羁绊的鸭子,那时他也不是最后一个才表示看得入迷的人。后来,他在城堡里看我做的家具和雕花板。阿努瓦大人大摇大摆地走着。这些有钱的畜牲! 人家会以为他们买来的艺术品是他们用钱做出来的! ……麻衣布瓦为了表示尊敬我，认为他应该表示惊讶，为什么我待在这个闭塞的地方，远远离开巴黎的大艺术家，隔绝在这穷乡僻壤，单干着这需要耐心，需要真功夫，却没有一点创造性的工作，——需要非常小心，却没有飞腾的理想，——需要仔细观察，却没有想象，没有象征，寓意，哲理，毫不神奇的工作，——总而言之一句话，没有任何条件能使一个识货的内行知道，我是在雕刻着伟大的艺术品。（一位伟大的爵爷当然不能赞赏任何不伟大的东西。）

我谦逊地回答说（我是谦虚的，也有一点傻）我知道我这个人没有什么价值，每个人都应该知足，不该妄想越轨。一个像我们这类可怜人什么也没见过，什么也没听过，什么也不知道，所以如果他安分守己的话，就该待在巴那斯山①的最下层，不该作任何太高太大的妄想；从山顶上看见天马行空的侧影，他的眼睛都会吓慌，他只配到山脚下去开采石矿，这些石头倒可以盖房子用。贫乏而狭隘的心灵，除了日用品以外，什么也做不出，什么也想不出。搞实用艺术，这就是他的命运。

"实用艺术！实用和艺术是不相容的，"我们的傻瓜说，"只有没用的东西才是美丽的。"

"这真是至理名言！"我也同意，"这的确说得对。无论在艺术上还是在生活中，到处都是这样。没有什么东西比钻石，王爷，国王，爵爷，或者鲜花更美丽的。"

他走开了，他对我很满意。而阿努瓦大人却抓住我的胳膊，轻轻地对我说：

"该死的刻薄鬼！你挖苦够了吗？对，装傻吧。张嘴的羔羊，我可认识你。不要否认。对这位漂亮的巴黎先生，你可以随意挖苦，去吧，亲爱的朋友！但是如果你居然也敢攻击我的话，小心，布勒尼翁，我的孩子，那你就要挨棍子。"

---

① 据希腊神话，巴那斯山是天神阿波罗和九位文艺女神居住的地方。

我抗议说：

“我吗，大人！我怎么敢攻击我的大人！我的恩人！我的保护人！怎么可能以为布勒尼翁会有这样黑的心肠？……黑，倒算了，上帝呀，傻，那可不行，您这话请对别人说去吧！这可不是我干的事。谢天谢地，我太爱惜我的臭皮囊了，不会不尊敬那种值得尊敬的人的。我连碰都不会碰他一下；唉，我还不那么傻！因为您不但比我强（这是不用说的），而且比我狡猾得多。呃！比起您来，我简直是小巫见大巫。您的肚子里有多少诡计啊！而您的袋子里又装进了多少这类货色，新的，旧的，轻率的，稳重的！”

他心花怒放了。称赞一个人，说他有他最缺少的才能，没有什么比这种称赞更令人高兴的了。

“好的，”他说，“牛皮先生。撇开我的袋子不谈，还是来看看你的袋子里装了些什么东西吧。因为我猜得着，你既然来了，决不会是无缘无故的。”

“瞧，瞧，您又猜对了！”我说，“我真是个玻璃人。您就像天父一样，看得见我的心。”

我打开包袱，拿出我那两块雕版，其中有一块意大利人的作品（刻着命运之神站在轮子上，那是我从前在芒斯买的），我这老糊涂却不知怎的，把它当成了我的雕刻。人家只是平平淡淡地称赞了几声……然后（多糊涂呵！）我又拿出一件我的作品（一块圆形浮雕的少女像），我却说成是意大利人刻的。他们都叫起来，惊叹起来，哦呀！哈呀！他们佩服得五体投地。麻衣布瓦咧着嘴巴，说是在浮雕上看得见拉丁天空的回光，看得见受过耶稣基督和朱庇特大神两重祝福的圣地的影子。阿努瓦大人也发出驴鸣，数了三十六个金币给我——至于那件真正意大利人的作品呢，却只给了我三个金币。

*　　　*　　　*

天快晚了，我们又动身回去。在归途中，为了使伙伴们开心，我就讲起贝勒加德公爵大人有一次来克拉默西练习打靶的故事。这位好大人看不见四步以外的东西。当他射击的时候，人家就派我去把那只当作靶子的木头鸟打落，并且迅速敏捷地把另外一只打穿了心的木鸟送到公爵跟前，说是他打中的。大家都大笑起来；然后，每个人都轮流滔滔不绝地讲一些爵爷的妙事……这些好大人！当他们堂堂皇皇，摆着排场，摆得烦闷无聊的时候，啊！他们哪里知道，在我们看来，他们是多么可笑！

不过，关于圆形浮雕的故事，我要等到了家里，关了大门才讲。当佛洛里蒙知道了这件事，便严厉地责备我不该把意大利人的雕版当作我的作品那么便宜卖掉，因为他们既然那么欣赏，肯花那么多钱来买我那件冒名的作品。我回答说是要拿他们开心，如果真要诈取他们的钱财，我可不干！佛洛里蒙激动起来，尖酸地问我这样花钱买开心有什么好处！如果嘲笑不能赚钱，那又何必嘲笑别人？

那时，我的好女儿玛玎非常聪明地对他说：

“就是这样，佛洛里蒙，我们全家大大小小，永远是满意的，我们永远谈谈笑笑，谈我们笑的事，笑我们谈的事。得了，别埋怨啦，我的好人！就是为了这个缘故你才没有做王八。因为我知道我随时随地都可能使你戴绿帽子，这种可能使我这样开心，我反而懒得要它实现了……不要那么阴沉沉的神气！没有什么可懊丧的！因为这也就和你当过王八差不多了。缩进你的壳里去吧。我看，你是不是真想做王八啦。”

七 瘟 疫

七 月 初

俗话说得好:“病来如奔马,病去如步行。”瘟疫坐着奥尔良的快车拜访我们来了。上星期一,它在圣法齐奥撒下了一粒种子。种子越坏,长得越快。上星期末,又有十个人得了瘟病。然后,然后,它离我们越来越近,昨天,在酒城库郎吉又发作了瘟病。这就好像鸭子塘里突然一声巨响!所有的好汉都拔腿逃命。我们把老婆、孩子、小鹅,一起带走,把他们送到很远的地方,送到蒙特努瓦宗去。灾祸也有一点好处。我家里不再有人唠叨了。佛洛里蒙也同娘儿们一起走了,这个胆小鬼说他不能离开快要分娩的玛玎。许多肥胖的先生都找到很好的理由去作一次旅行,因为车马已经驾好了;这个日子去看看他们田地的收成如何,对他们似乎非常适合。

我们这些留下来的人呢,我们就来开玩笑,挖苦那些谨慎小心的人。议员大人们派了卫兵把守城门,把守通到奥塞尔去的大路,还下了严格的命令,要驱逐那些想进城的穷人和农民。至于那些衣服穿得好、口袋里有钱的老板呢,他们至少也要经过我们三位医师的检查,那就是埃田·路瓦佐大夫、马丁·佛罗节大夫和菲利伯·德·沃大夫,三位大夫为了防备天灾的侵袭,都穿了稀奇古怪的衣服,戴着一个贴满膏药的长鼻套、一个面具和一副眼镜,使我们大笑起来。马丁·佛罗节大夫是个好人,他不能维持他的尊严,就脱掉他的鼻套,说他才不肯打扮得像只四不像呢,他也不相信这套古怪的服装就能抵抗瘟病。对的,但是他却得瘟病死了。埃田·路瓦佐大夫相信他的鼻套,并且戴着鼻套睡觉,他也不折不扣地病死了。只有菲利伯·德·沃大夫算是死里逃生,他比他的同事们更加深谋远虑,他不是抛弃他的鼻套,而是抛弃了他的职位……哈,我讲得太快,已经讲到故事的尾声了,开场白还没讲清楚呢!还是从头讲起吧,我的孩子,要捉山羊就得拉住它的胡子。这一次,你拉住了没有?……

我们冒充无畏的理查①。我们很有把握,相信瘟疫一定不肯光临我们的寒舍!据说瘟神嗅觉也很灵敏;它一定讨厌我们制革厂的香味(其实每个人都知道,这股香味再好闻也没有了)。上次瘟神来到这个地方(那是一千五百八十年,我有一只老牛那么大的年纪,一十四岁),它把鼻子一直伸到我家门口,然后,闻了一闻,就向后转了。就是那时,夏泰—桑苏瓦的人(从那时起,我们老把他们当作笑料)不满意保佑他们的圣徒,说伟大的圣波汤天保护不周,把他推出门去,试请另外一位圣徒来保护他们,后来又换一位,后来再换一位;他们换了七回,先后请过莎维年和佩勒兰,菲利伯和伊累尔。他们也不知道再供奉哪个圣徒才好,最后供起一个女圣徒来了,(这些轻薄的家伙!)既然波汤天不中用,他们就供波汤地安娜。

我们一面回忆这个故事一面笑,我们天不怕,地不怕,心比天大,口比海阔,有坚强的体魄和英雄的气魄。为了表示我们既不迷信,也不相信医生和议员,我们勇敢地走到夏斯特洛门去,在坟坑上和另外一个世界的人谈天。为了卖弄本领,有些人甚至设法溜到城外,去附近的小饭馆和那些关在天堂门外的人一起喝上一瓶,尽管城门口还站着个把天使,在那儿把守乐园的大门(因为他也不把站岗真当一回

① 无畏的理查,十二世纪英国国王,外号狮心王。

事)。我呢,我也像他们一样做。怎么能让他们单独行动呢?怎么能容忍别人当着我的面欢天喜地,兴高采烈,品论着新闻和新酒?那我会活活气死的。所以我也走出城去,看见一个我认识的老农,麻衣堡的格腊特潘老头。我们就在一起碰杯喝酒。这是一个快快活活、矮矮胖胖、结结实实的人,他通红的脸在阳光下流着汗水,发出了健康的光辉。他装作兴致勃勃,比我还起劲,他公然藐视疾病,说病都是医生捏造的。要是相信他说的话,那只有倒霉的人才会死,不是害病,而是害怕才死的。

他对我说:

“我把长寿的秘诀告诉你吧,不要你一文钱:

脚要保持暖和,
饭莫吃得过多。
少照顾点婆娘,
包你身体健康。”

我们在一起过了足足一个钟头,鼻子冲着鼻子呼吸。他有一个怪癖,说话的时候喜欢轻轻拍你的手,捏你的大腿或胳臂。我当时还没注意。第二天,我可想起来了。

第二天,我的学徒对我说的第一句话就是:

“你晓得吗,老板,格腊特潘老头死了……”

哎呀!我再也不能装腔作势,背脊都发凉了。我自言自语说:

“我可怜的朋友,把你的皮鞋擦擦亮,准备上天堂吧;你美妙的时光已经过完了,或者不久就要过完……”

我走到工作台前,做做这样,干干那样,想岔开这个思想;但是请你们相信,我怎么也没有心肠去做手艺。我想:

“傻瓜!这下你可学乖了,谁叫你作怪的。”

但是勃艮第人不是肯伤脑筋去想三天前应该做什么事情的人。

我们已经在今天了。圣马丁呀，那就让我们待在今天吧。现在的问题是要保卫自己。还好，敌人并没有捉住我。我有一度想去请教圣科斯默①店（你们当然懂得我的意思是要去找医生）。但是我存了戒心，就没有去。我虽然心烦意乱，还是保持了足够的理智，我对自己说：

“好孩子，医生知道得并不比我们多。他们拿了你的钱，而对你的好处，只是把你送进瘟疫病院，在那里你怎么能够不染上瘟病呢。千万什么也不要对他们说！你大约还没有疯吧？如果问题只是要死，那没有他们一样可以死。上帝呀，这是注定了的，‘不管有没有医生，我们都要一直活到死的那天’。”

我枉然想麻痹自己，或者乱吹牛皮，我开始感到胃在翻腾。我摸摸这里，摸摸那里，然后……哎哟！这次真是瘟疫来了……最可恶的，是在吃饭的时候来了，我面前正摆着一盘扁豆烧羊肉，是渗了酒煮的，里面还有几片咸肉（今天我谈到它，还是惋惜得想哭），但是那时我却没有兴趣张开下颚。我心如刀绞地想道：

“的确我要死了。胃口已经没了。这是结束的开始……”

那么，至少也得安排安排后事。如果我让自己死在这里，那些强盗议员就会把我的房子烧掉，他们会借口（真是胡说！）说我这里会传染瘟疫的。哈！一所全新的房子！要烧掉它，那人不是坏蛋，就是傻瓜！与其烧它，不如让我到粪堆上去死吧。我还来得及呀！不要浪费时间……

我站起来，穿上一套最旧的衣服，拿了三四本好书，几本格言，高卢的下流故事，罗马的名人言论集，《加东的金言》，布歇的《饭后语录》和吉勒·科罗泽的《新普鲁塔克》；我把这些书和一支蜡烛，一块面包，一起放进口袋；把学徒打发走了；关起大门来，英勇就义般地到我的“库达”②里去，它在通到博蒙去的大路上，走过城外最后一座房屋就到了。那里房子不大。像个蛋壳。只是一间堆东西的屋子，里面

① 圣科斯默，保佑医生的圣徒。

② 在一个小山坡上的葡萄园和菜园。——原注

放了一些工具,一床旧草垫子,和一把坐通了底的椅子。如果要把这些东西烧掉,损失倒也不大。

我还没有走到,嘴巴已经开始发抖,好像一只老鸦。我浑身发烧,胁下有如针扎,胃囊扭得难受,仿佛翻转来了……那时,我怎么办呢,好朋友?我对你们讲什么好?多么英勇的行为,多么伟大的气魄,才能模仿古代罗马的伟人,和作对的命运、疼痛的肚皮作斗争?……好先生,我只有一个人,没有人看见我。你们想想我会不会抑制自己,对着四壁空墙,扮演古罗马的雷居吕斯①!我一冲就冲倒在草垫子上,开始呼天号地。你们一点也没有听见吗?我的喊声非常清楚。哪怕在桑贝尔树下都该听得见呀。

"哎哟!"我发出哀鸣,"主呀,你能迫害一个这样善良的小人物吗?我一点也没有得罪过你呀……啊!我的头!啊!我的腰!死是多么难受,在这年富力强的年头!哎呀!你真的坚持要我这么早就归天吗?……啊!啊!我的背!……当然,我很高兴——我是想说:我很荣幸——能够去拜访你,但是我们既然总有见面的一天,迟一点,早一点,又有什么关系?何必这样急?……哈!哈!我的腰!……我并不忙……主啊,我只不过是一个可怜虫。如果实在没有别的办法,那就执行你的意旨吧!你看我是多么微贱,软弱,听天由命……坏蛋!你还不滚蛋吗!这只畜牲干吗要咬我的腰?……"

当我呼天喊地的时候,痛苦并没有减少,但却消耗了我的精力。我就对自己说:

"你在浪费时间。上帝不是没有耳朵,就是等于没有耳朵。如果人家说得不错,你真是上帝的缩影,那他也一定会爱怎么做就怎么做的,你就叫破喉咙,也是枉然。节省一点力气吧。你也许只有一两个钟头好活啦,傻瓜,何必对着空气,徒费口舌!还不如利用利用这副残余的美丽躯壳,欣赏欣赏这副我不得不离开的躯壳吧。(哎呀!我的

① 雷居吕斯,古罗马的执政官。迦太基人俘虏了他,又放他回罗马,谈判交换俘虏的事。他却英勇地要元老院拒绝接受迦太基的建议,自己回迦太基去做俘虏。

老伴侣,这实在是迫不得已!)一个人只能死一次。至少也要满足满足我们的好奇心。瞧瞧灵魂脱窍是怎么搞的。当我还是小孩子的时候,没有人比我更会把柳枝做成小笛子的。我用刀柄凿树皮,直到树皮刮掉为止。我想天上的那位上帝也正一样开心地瞧我剥皮吧。坚强点!皮要剥掉了吗……哎哟!这一下太痛了!……难道一个年纪这样大的人还喜欢像小孩子那样顽皮?……哈,布勒尼翁,不要放松,趁着皮还沾在身上,注意观察观察皮下面起的什么变化。检查检查胸膛,清洗清洗思想,探讨探讨,摸索摸索,回忆回忆我的脾气,它老在我的胰子里翻上倒下,旋来转去,无事生非;尝尝我的疝气,摸摸我的腰,探测探测我肠子的底①……"

……就这样,我仔细观察自己。但是我不得不时刻打断我的调查研究,喊叫几声。这一夜老也过不完。我点起蜡烛,把它插进一个旧酒瓶(瓶子闻起来还有覆盆子酒味,但是酒已经没有了;这就是我在天明以前的形象!身体不知何处去,此地空遗魂与魄)。我在草垫子上扭成一团,竭力设法看看书。但罗马名人的英雄言论不管用。让这些吹牛大家见鬼去吧!说什么"并不是每个人生下来都能到罗马去的"。我恨这种愚蠢的骄傲。我要有权利哀叫,并且要叫个痛快,当我肚子痛的时候……是的,但肚子不痛了,我又要笑,只要我做得到。而我的确笑了……你们不相信吗?当我非常痛苦的时候,好像在滚钉板上一样,我的牙齿格格颤抖,但我随便翻开这位好布歇的"解颐妙语",碰到一句这样巧妙的,有味的,光辉的名言……上帝呀!好上帝!不由我不哈哈大笑。我对自己说:

"这太傻了。不要笑了。否则,你会更痛苦的。"

啊!我不笑就叫,不叫就笑。我叫呀,笑呀……瘟神也笑了。啊!我可怜的孩子,我叫过了,我笑过了!

---

① 这里,我们擅自删了几行。讲故事的人一点也不肯饶过我们,详细叙述了他身体的构造;他对他身体的兴趣甚至使他谈到一些气味难闻的东西。况且他对生理学的知识,虽然他自己引以为傲,其实并不见得高明。——原注

天亮的时候,我已经可以进坟墓了。我再也站不住。我用膝盖走路,拖拖沓沓地爬到朝着大路的唯一的窗口。看见第一个走过的人,我就用破罐子似的声音叫他。他也用不着听我说什么才懂我的意思。一看见我,他就溜了,还在胸前画了几个十字。不到一刻钟,我很荣幸,门口来了两个卫兵;他们禁止我跨出大门。哎呀!我本不想出门。我请求他们去多纳西找我的老朋友公证人帕亚先生,好给我立遗嘱。但是他们这样害怕,甚至怕我的话接触过的空气;我敢发誓,我相信他们怕瘟疫怕得连耳朵都塞起来了!……最后,一个大胆的小孤儿,一个"看羊的"(他倒有仁慈的小心肠),他好意要帮我的忙,因为有一次我看见他正在偷吃我的樱桃,我曾对他说道:"好小鬼,趁着你在这里,给我也摘几颗"。这时他悄悄地溜到我的窗口,听了一听,叫道:

"布勒尼翁先生,我去替你找!"

……后来发生的事,我也很难对你们讲清楚。我只知道,有好几个钟头,我都在草垫子上打滚,发高烧使我伸出了舌头,好像一头小牛……路上有鞭子挥舞的声音,铃铛声,一个熟悉的响亮的说话声……我想:"帕亚来了……"我尽力要站起来……啊!我的天呀!真要了我的命啦!好像我的后颈窝上压了一个圣马丁教堂,屁股上压了一座桑贝尔山。我自言自语说:"即使还有巴塞维勒的岩石压到你的身上,你也得去呀……"你们看,我非常想在遗嘱上写下(我昨夜还有时间来集中思想)一个条款,这条款对玛玎和她的格洛蒂有利,还要不让我四个儿子提出异议。我抬起头,把头伸到窗口,它比昂烈特大钟还更重,不住往右、往左下垂……我一眼看见大路上有两个矮胖的人形,他们很恐怖地睁开眼睛。这是安东·帕亚和夏麻衣神甫。这两位好朋友,为了趁我活着见我一面,已经飞跑地赶来了。我应该说:在他们看见我之后,他们心里的烈火都开始化为轻烟。大约是为了要好好瞧瞧这幅图画,他们两个都退后了三步。该死的夏麻衣为了要我打起精神,还再三对我说:

“天主在上,你多么难看啊!……啊!我可怜的孩子!你真难看,真难看……面黄肌瘦,像块发黄的猪油……”

我呢(他们的健康感染了我,产生了意想不到的效果,我的生命力也增强了),我说:

“我能不请你们进来吗?你们似乎都很热呀。”

“不,谢谢,不,谢谢!”他们两个都叫起来,“就在这里很好。”

他们往后退得更加明显,索性藏在马车旁边;为了假装在做点什么事,帕亚就拉紧他的马勒,虽然马勒并没有松。

“你感觉怎么样啦?”夏麻衣问我,他和死人交谈已经谈习惯了。

“唉!我的朋友,人生了病总是不舒服的。”我摇着头回答。

“这就是我们的命运。我可怜的哥拉,你现在可明白我从前常对你说的话吧。只有上帝是全知全能的。我们不过是些烟云和粪土。今天吃大菜,明天进棺材。今天喜洋洋,明天泪汪汪。你从前不肯相信我,只想到开心取笑。你已经把好酒都喝光了,现在只好吞点酒渣。得了,布勒尼翁,不要难过!仁慈的上帝叫你回去。啊!你多么荣幸,我的孩子!但是要见上帝,也该穿干净点。哈,来,我来给你行个洗礼。准备好吧,罪人。”

我回答说:

“我马上就好了。我们还有的是时间呢,神甫!”

“布勒尼翁,我的朋友,我的兄弟!……啊!我知道你还留恋尘世的虚假幸福。难道这个世界真有什么东西值得这样喜欢?一切不过是浮华虚荣,灾难苦痛,欺骗和玩弄,陷阱,圈套,悲哀,衰老。在这个世界上,我们做什么好?”

我回嘴说:

“你真叫我心痛。夏麻衣,我永远不忍心把你留在这样的世界上。”

“我们将来要会面的。”他说。

“那为什么不让我们一同走呢!……不过我先走也是一样。‘吉斯大人的名言说得好:每个人都有输到的时候!'……跟我来吧,我的好人!"

他们仿佛没有听见。夏麻衣大声说:

"时间一去不复返,布勒尼翁,而你也要跟着时间一同过去。但是魔鬼,无恶不作的魔鬼正等机会要抓你呢。难道你愿意让这只拉客的野鸡一口咬住你肮脏的灵魂,放到它的食橱里去吗?得了,哥拉,得了,念你的忏悔经吧,准备好,忏悔吧,忏悔吧,我的孩子,单只为了我,也请你忏悔吧,我的伙计!"

"我会忏悔的,"我说,"我会忏悔的,为了你,为了我,也为了上帝。我决不会对伙伴们失敬的!不过,对不起,我想先和公证人先生谈两句话。"

"你等一下再和他谈吧。"

"不。我要先和帕亚先生谈谈。"

"你的意思是这样吗,布勒尼翁?要永恒的上帝让小小的公证人占先!"

"上帝可以等待,或者去他的吧,如果他愿意的话,反正我会再找到他。但是土地却要离开我了。单讲礼节,也该先拜访已经接待过你的人,再拜访将来也许要接待你的人呀……"

他坚持,请求,威吓,喊叫。我也一点不肯让步。安东·帕亚先生却拿出他的文房四宝,坐在一块界石上,旁边围了一群好奇的人和几只狗,他就当众写起我的私人遗嘱来。然后,我再慢慢处理我的灵魂,好像处理我的钱财一样。当一切都安排好了(夏麻衣还在继续对我劝告),我就用垂死的声音说:

"浸礼教徒[①],歇口气吧。你说的话都非常好。但是对一个口渴的人,耳边的劝告还是不如嘴里的好酒。现在我的灵魂已经准备升天了,至少我还想喝一杯离别酒。好人呀,来一瓶吧!"

---

① 浸礼教徒指夏麻衣神甫。

啊！这两个可爱的孩子！他们不仅是好基督徒，并且是好勃艮第人！他们多么明白我临死的思想！他们拿来的不止一瓶，而是三瓶夏布利、普伊和伊朗西的好酒。我从窗口抛出一根绳子，好像船上抛下铁锚一样。那个小孤儿在绳子头上绑了一个柳条编的旧篮子，我就用尽最后的力气，拉上了最后的朋友：三瓶好酒。

从这时起，我又倒在草垫子上，别的人都走了，我反而觉得更不寂寞。不过我可不想对你们讲以后几个钟头的事。我也不知道怎么搞的，再也算不清这笔账了。一定是有人从我口袋里偷走了八个或者十个钟头。我只记得和酒瓶里三位一体的神灵，进行过广泛而深入的谈话；至于谈些什么，我却一点也不记得。我把哥拉·布勒尼翁丢了：这鬼东西到哪里去了呢？……

半夜里，我才又看见他坐在园子里，两片屁股摆在一畦肥肥的、软软的、新鲜的杨梅地上，他正从一棵小梨树的枝叶缝里瞧着天空。天上多少明星，地上多少阴影！新月好像长了两只角，似乎在讥笑我。离我几步路的地方，有一堆黑黑的葡萄蔓枝，弯弯曲曲，张牙舞爪，仿佛是一窝毒蛇在蠢动，它们用恶魔般的鬼脸瞧着我……但是谁能说明我在这儿干什么呢？……我仿佛记得（我的心灵太丰富了，一切都搞混了）对自己说过：

“站起来，基督徒！只要屁股还坐在垫子上，我的哥拉，一个人就还没有死掉。打起精神来[①]！酒瓶空了。苦酒已经喝光[②]。这里没有什么事情可做了！还是去对我的白菜演讲吧！”

我还仿佛记得我想要摘大蒜，因为听说大蒜是抵抗瘟疫的有效灵药，或者是因为没有酒喝，有大蒜吃也算不错。但我记得确实的，是刚把脚（接着就把屁股）踏上营养丰富的土地，我就觉得被黑夜的魔力迷住了。天空好像一棵大树在我头上展开的一片绿荫，阴森森，圆浑浑，仿佛一个胡桃木的大圆顶。这棵大树枝丫上还挂着成千的果子。那

① “打起精神来”，原文是拉丁文。

② “苦酒已经喝光”，原文是拉丁文。

是闪闪发光、轻微地摇摇晃晃的星星，星星也像苹果似的，在温暖的黑暗中成熟了。我菜园里的水果似乎也变成了星星。它们都低着头，瞧着我。我仿佛感到有几千只眼睛在偷看我。一些小小的笑声在种着杨梅的地里散布。在树上，在我头上，有一个红脸的、金黄的小梨子，用一丝清晰而甜蜜的声音在向我唱着：

　　山楂树，
　　快生根。
　　小老头！
好像葡萄的卷须，
赶快爬上我的背。
如果你要上天，
快生根，快生根，
　　小老头！

而地上菜园里的树枝，和天上乐园里的树枝，全都用小小的、悄悄的，颤抖的歌声合唱起来：

快生根，快生根！

那时，我把手插进土里，并且对大地说：

“你愿意要我吗？我呢，我很愿意要你。”

肥沃而柔软的好土地，我连肘腕都插进去了；土地柔和得像一片酥胸，我用手和膝头到处乱摸。我抱住她的腰身，在她身上留下了我的痕迹，从脚趾一直到前额的痕迹；我把她的身体当作床，舒舒服服地躺在她身上；我伸手伸脚地躺着，张着嘴，瞧着天空和葡萄似的星星，仿佛在等待一颗葡萄落到我嘴里。七月的良宵在唱着圣诗中的赞美歌。一只沉醉的蟋蟀在喊叫，喊叫，喊叫，仿佛要把命都喊掉。圣马丁教堂的钟声忽然响十二点了,也许是十四点,或者十六点(肯定地说,这不是平常的钟声)。这些星星,天上的星星和园子里的星星,都叮叮当当地齐鸣起来……啊,上帝!多好的音乐!我的心听得都要爆裂了,耳朵也像雷声震动的玻璃窗一样嗡嗡地响。我看见一棵耶塞树[①]从我挖出的坑里长起来了:一根葡萄藤,像长满了羽毛般长满了叶子,笔直地从我肚子里往上升;我也跟着它上升;整个菜园也一面唱歌,一面护送我;在最高的枝丫上挂着一颗星星,星星像疯子一般跳着舞;我仰着头看它,为了要得到它,我一直往上爬,一面拼命叫它:

白葡萄,
不要跑!
勇敢点,好哥拉!
你就要得到它,
　　哈利路亚[②]!

我想我大约爬了大半夜。因为后来据别人说,我唱了好几个钟头。我唱了各种腔调,神圣的,世俗的,为死人唱的忏悔词[③],贺新婚唱的赞美诗,有欢呼,有歌颂[④],有军乐和舞曲,有道德的,有轻薄的,而且我又弹弦琴,又吹风笛,又打鼓,又吹号。邻居都惊动了,他们捧腹大笑,并且说道:

"多么好的喇叭!……这是哥拉要死了。他疯了,他疯了!……"

第二天,像俗话说的那样,我让太阳先起来了。我并不和它争早起的光荣!我醒来已经是中午了。啊!朋友,当我在粪堆上再看见我,那是多么快活!并不是因为这张床铺柔软,也不是因为,老实说,

---

① 耶塞树,耶稣基督的世系表。耶塞躺在地上,肚子里长出一棵树,每根树枝上坐着一个耶稣的祖先,最高的枝丫上开着一朵花,花上坐着圣母马利亚,怀里抱着耶稣。

② 哈利路亚,希伯来文,意思是赞美上帝。

③ ④ "忏悔词"和"歌颂",原文是拉丁文。

我的腰痛得要命。而是因为能对自己说还有腰,这就不错。怎么!你还没有死吗,布勒尼翁,我的好朋友!让我拥抱你,我的好孩子!让我摸摸你的身体,这副可爱的嘴脸!的确是你。我多么满意!如果你离开了我,啊,哥拉,那真是此恨绵绵无尽期。敬礼,啊,我的菜园!我的甜瓜也高兴得对我笑嘻嘻。快点熟吧,我的小宝贝……但是我的观察却被两头笨驴打断了,他们在墙那边大叫:

"布勒尼翁!布勒尼翁!你死了没有?"

这是帕亚和夏麻衣,他们不再听见声音,于是悲叹哀吟,大概已经在路上颂扬过我这个死人的德行了。我站起来,(哎哟!我这鬼腰子!)慢慢地走过去,突然从窗洞里伸出头来叫道:

"咕咕①,我在这里。"

他们吓了一跳。

"布勒尼翁,你没有死吗?"

他们快活得又哭又笑。我却向他们伸伸舌头:

"好好先生还活着呢……"

你们能够相信吗!这些该死的家伙竟让我在房子里关了半个月,一直等到他们能肯定我什么病也没有了为止。不过我也应该说句老实话:他们既没有让我少吃东西,也没有让我少喝岩石水(我的意思是说诺亚的葡萄酒)。他们甚至养成了一个习惯,轮流待在我的窗子下面,对我讲当天的新闻。

当我能够出来时,夏麻衣神甫对我说:

"我的好朋友,这是伟大的圣罗克②救了你的命。你至少也应该去感谢他。去吧,我求你!"

我回答说:

"我看还不如说是圣伊朗西,圣夏布利,或者圣普伊吧。"

"好吧,哥拉,"他说,"把我们的圣徒都算进去;来个折中办法。

① 咕咕,一隐一现,逗小孩的游戏。

② 圣罗克,十三世纪末的圣徒,拯救染上了瘟疫的人。

你为了我到圣罗克那儿去。我呢,我也为了你去感谢你的酒瓶圣者。”

当我们同去参拜这两个圣地的时候(忠实的帕亚也参加,凑足了我们的三人行),我说:

“承认了吧,朋友们,在我向你们要离别酒喝的那一天,你们怕不会这样乐意和我碰杯吧?你们似乎并不准备要跟我走。”

“我很爱你,”帕亚说,“我敢对你发誓;但是,这有什么办法呢,我也爱自己呀。俗话说得好:‘肉总比衬衣更亲近’。”

“我的错,我的错①,”夏麻衣嘟哝着说,他打鼓似的拍着胸脯,“我是个胆小的人,这是我的天性。”

“帕亚,你把加东②的教训丢到哪里去啦?你呢,神甫,你的宗教对你又有什么用?”

“啊!我的朋友,活着是多么好啊!”他们两个叹了一口长气说。

于是我们三个互相拥抱,哈哈大笑,并且说道:

“一个好人也不见得怎么了不起。应当实事求是地看待他。上帝既然创造了他:当然创造得不差。”

---

① “我的错,我的错”,原文是拉丁文。

② 加东,古罗马的政治家,以忠直严正著名。

八　老妻的死

七 月 底

我正在恢复对生活的爱好。这点对我并不十分困难,你们可以想象到。我也不知怎么搞的,甚至觉得生活比从前还更甜蜜有味,更亲切,更温柔,更宝贵,好像煮得恰到好处的食物,又香又脆,牙齿一咬就碎,舌头一尝就融。这是死而复活者的胃口。拉扎尔[①]应该吃得多么有味啊!……

有一天,在快快活活地工作之后,我正同伙计们拼命地使用着萨姆松[②]的武器,忽然一个从摩尔旺来的乡下人走进来了:

"哥拉老板,"他说,"我前天看见你的太太啦。"

"骗子!你的运气真好,"我说,"我的老婆怎么样了?"

"很好。她要离开我们了。"

"到哪里去呀?"

"她急急忙忙,先生,要到另外一个更好的世界去了。"

"那么好世界也要变坏了。"一个坏蛋开玩笑说。

---

① 见《圣经·约翰福音》,拉扎尔死了四天,耶稣把他救活。

② 萨姆松,古代希伯来人的法官,力气大得出奇,他战斗时使用一只驴子的颚骨打死了一千个敌人。使用萨姆松的武器,意思就是用牙齿大吃大嚼。

另外一个说：

“她要死了。你还活着。为你的健康干一杯吧，哥拉！真是福不单行。”

我呢，为了说俏皮话不肯后人（其实我的方寸已乱），就回嘴说：

“干一杯吧！上帝真是喜欢男人，伙计们，他抢走了我的老婆，我正不知道拿她怎么办好呢。”

但是酒却突然显得苦了，我喝不完这一杯，拿起手杖，连伙计们也不招呼，就走了。他们叫道：

“你到哪里去呀？哪只苍蝇咬你了？”

我已经走远了，我一言不发，心如刀绞……你们看，我虽然不喜欢我的老婆，并且二十五年来，我们日日夜夜互相折磨，但是这位和你同床共枕的人，她的汗和你的汗在一起交流了这么久，她瘦小的肚子也传过你播下的种子，在死神来找她的时刻，你也会感到有什么东西在扼住你的咽喉；仿佛身上的一块肉要被割掉；虽然她不美丽，虽然她时常麻烦你，你还是怜悯她，也怜悯自己，你同情自己，也就同情她……上帝原谅我！你还爱她呢……

第二天，在天黑的时候，我走到了。只看一眼，我就发现死神这位伟大的雕刻家工作做得真好。在起皱的帘幕似的皮肉上，显出了死神悲惨的面貌。有个征兆使我更能肯定她的生命要结束了，因为她一见我就说：

“我可怜的人，你不太累吗？”

一听见这样善良的腔调，我非常感动，心想：

“没有问题。我可怜的老婆完了。人之将死，其言也善。”

我坐在她床边，拿起她的手来。她衰弱得没有力气说话，只是用眼睛表示感谢我来看她。为了使她快活，我试着讲笑话：讲我怎样刚和太忙的瘟神开了一个玩笑。她一点也不知道。她听了之后这样感动，（我真是个笨鬼！）她晕了过去，几乎昏厥。当她恢复知觉的时候，她的坏嘴恶舌又故态复萌了。（感谢上帝！感谢上帝！）瞧她又开始结结巴巴,哆哆嗦嗦(话说不出来,或者说出来的话不是她想说的:于是更加气得要命),她又开始用咒骂来折磨我,说我什么也没有告诉她,真岂有此理,说我没有心肠,比狗不如,只配像狗一样,一个人在狗窝里痛断肠子。她还说了许多巧妙的话。人家想要她安静下来,就对我说:

"走吧!你看,你又叫她生气。走开一下吧!"

我呢,我弯着腰对她笑,并且说道:

"好哇!我看你又故态复萌了!这样还有活的希望。你还是那样凶……"

我用我的大手抱住她的头,抱住她颤巍巍的、苍老的头,真心实意地吻她,在她两边的脸颊上吻了两回。第二回,她哭了。

于是我们两个默默无言,凄然相对地待在房间里,墙壁上的时钟好像一只钻心虫,"嘀嘀嗒嗒"地敲着枯燥单调的丧钟。别人都到隔壁房里去了。她吃力地喊着"啊唷",我看她是想要说话。

我说:

"不要累坏了你,我的老伴。二十五年来,我们什么话都说过。现在不说也明白了。"

她说:

"我们什么话也没有说过。我一定要说,哥拉;要是不说,天堂……天堂我也进不去……"

"进得去,进得去。"我说。

"……要是不说,天堂对我会比地狱还更苦。哥拉,我对你尖酸刻薄……"

"不要紧,不要紧,"我说,"吃一点酸,对健康有好处。"

"……我妒忌,暴躁,爱吵,爱闹。我的坏脾气闹得家里翻天覆地;什么样的脾气你也都见过了……"

我轻轻拍她的手:

"没有关系。我的皮厚。"

她接着说,呼吸都停顿了:

“但这却是因为我爱你。”

“哈,要是我早知道就好了!”我笑着说,“到底各人有各人的方式。不过,你为什么不早告诉我呢!你的方式可不容易叫人明白呀。”

“我爱你,”她接着说,“而你呢,你不爱我。所以你的脾气好,我的脾气坏:我因为你不爱我而恨你;你呢,你不在乎……你总是笑,哥拉,像今天一样笑……上帝呀!你的笑使我多么难受!你自己用笑声当雨具蒙住头,不怕风暴;我呢,尽管我暴跳如雷,但是我的雷雨从来没有淋着你的头,你这个死强盗!啊!你使我多么痛苦!不止一次,哥拉,我几乎气死了。”

“我可怜的老伴,”我对她说,“那是因为我爱酒不爱水呀。”

“你还在笑,坏蛋!……得了,你笑得好。笑能使你暖和。在我的大腿都感到土地寒冷的时候,我也感到你的笑的可贵,把你掩盖痛苦的笑声借点给我。笑个饱吧,好人;我不再怨你了;你呢,哥拉,也请你原谅我。”

“你是一个好女人,”我说,“诚实,结实,忠实。你也许不是每天都讨人喜欢。但没有一个人是十全十美的:否则,那就是对上帝的大不敬了,因为据说只有上帝是十全十美的(我可没有亲眼看见)。而在黑暗的时候(我并不是说在美丑不分的黑夜里,而是说在那些穷苦多难的年头),你也并不那么丑陋。你很勇敢,从来不向困难低头,当你面对坏运气一点也不让步的时候,你不愉快的面孔在我看来几乎是美丽的。现在不要再为过去烦恼吧。我们曾经背过过去的担子,既没有压弯腰,也没有压得叫,并且没有留下一点接受过屈辱的记号,这就够了。做过的事已经做了,也不能重新做过。担子已经放在地上。现在让天主去衡量它的轻重吧,如果他愿意的话!这不再是我们的事了。呜!松口气吧,老朋友。现在只要解开紧绑在我们背上的皮带,搓搓我们冻僵的指头和擦伤了的眉头,在地上挖个洞,张开嘴,鼾声如雷地长眠去吧——安息吧[1]!让那些好好劳动过的人安息吧!——让我们

[1] “安息吧”,原文是拉丁文。

长眠在永恒的上帝的怀抱里。”

她听我说，眼睛闭着，两臂交叉。当我说完了的时候，她的眼睛又张开了，她的手也伸出来。

“我的朋友，祝你晚安。你明天再叫醒我。”

于是，像一个整齐的女人，她笔挺地伸直身子，躺在床上，把被单一直遮到下巴，连被单也没有一点折，还把十字架压着她扁平的胸膛；然后，又像一个有决断的女人，板着面孔，眼神不动，准备好了离开人世，在等待着。

但是她的老骨头在得到安息之前，大约还应该经过最后一次苦难的考验，还应该受到人间烈火的锻炼（这是我们的命运）。因为就在这一片刻，隔壁的房门打开了；女房东匆匆忙忙地冲进房里，气喘吁吁地叫道：

“赶快！快来，哥拉老板！”

我不明白，就问她说：

“什么事呀？请低声说。”

我的老婆躺在床上，已经出发作长途旅行去了，仿佛她刚刚爬上马车高头，回头一望，从我们头上看见了我所看不见的东西，她就从她长眠的床上坐了起来，僵硬得像耶稣救活的那个人①，她向我们伸出胳膊叫道：

“格洛蒂！”

这一下我也明白了，这个叫声和隔壁房里传来的沙哑的咳嗽声穿透了我的心。我赶快跑，我发现我可怜的小百灵鸟喉咙好像被扼住了，她正用她的小手拼命想使紧束放松，她满脸通红，浑身发烧，用她惊慌失色的眼睛求救，她挣扎着，有如一只受了伤的小鸟……

这一夜怎样过的，我也说不清。现在算起来事情已经过了五天，我只要一回想，两腿还会发软；我必须坐下来。哼！让我歇口气

① 指圣拉扎尔，耶稣使他死里回生。

吧……难道天上真有一位天主,他喜欢拖延这些小生命受苦的时间,喜欢感到他们脆弱的颈子在他的手指下喀喇地碎裂,喜欢看他们挣扎,并且能够受得了他们惊愕而责备的眼色!我觉得你可以痛打我这样的老驴,可以伤害那些能够自卫的人,那些结实的小伙子,那些背脊硬的妇女。如果你高兴要我们喊叫,如果你做得到,好上帝呀,你就试试看吧!人是按照你的形象造的。那你也就像人一样,不是每天脾气都好,喜怒无常,存心不良,时时刻刻喜欢害人,因为你需要破坏,需要试试你的力量,因为你脾气不好,血气太旺,或者因为你无事可做,总而言之,这都不会使我大惊小怪。我们上了年纪,是的,可以和你周旋周旋:如果你使我们厌烦了,我们还会告诉你。但是为什么要拿这些可怜的小羔羊做打击的目标?你只要拧他的鼻子,还会流出奶来呢,赶快住手!不行,这太过分了,我们不能容忍!上帝也罢,皇帝也罢,谁这样做都是越权。我们预先通知你。主啊,总有一天,如果你继续这样搞下去,我们就不得不非常抱歉地剥夺你的王冠……不过我希望这不是你做的事,我太尊敬你了。如果这种罪恶的行为是可能的,我的天父啊,那一定是下面两种情形之一:不是你没有眼睛,就是你根本不存在……哎呀!这句话不太得体,我赶快收回。你存在的证明,那就是我们两个,此时此刻,不正在谈心吗。我们在一起有过多少争论啊!说句老实话,先生,我有多少次说得你哑口无言!在我要死的那夜,我叫你,骂你,恐吓你,否认你,请求你,哀求你,做得还不够吗!我十指交叉地恳求你,摩拳擦掌地威吓你,做得还不够吗!但这一切都没有用,你连动也不动。无论如何,你也不能说我为了要感动你,还疏忽了什么事情没有做吧!——既然你不愿意,天呀!既然你不屑屈尊来听我,对不起!那你可要吃亏,主啊!我们还认识别的神道呢,我们会到别地方去求救……

我一个人,同年老的女房东,通宵不睡,看护病人。玛玎因为在路上肚子痛,要分娩了,就待在多纳西,所以才把格洛蒂交给外婆。第二天一早,眼看我们小小的殉难者就要与世长辞了,我们不得不拿出最后的办法。我把她娇小、疲乏、轻如鹅毛的身体抱在怀里(她甚至没有力气挣扎,脑袋垂下,除了有点抽筋以外,心都几乎不跳动了,好像一只垂死的小麻雀)。我瞧瞧窗外。外面正在刮风下雨。一朵玫瑰弯着腰肢向着窗口,仿佛想要进来。它在预告死神就要来到。我在胸前划了个十字的记号,就不顾一切,走出去了。湿润的狂风闯进门来。我用手遮住我小鸟的脑袋,怕暴风吹灭她生命的蜡烛。我们走了。前面走着女房东,她拿着供神的礼品。我们走进了路旁的树林,不久就看见了一棵在沼泽边上飒飒发抖的白杨树。它又高又直,好像一座宝塔,居高临下地统治着它周围畏畏缩缩的灯芯草。我们绕着它走了一圈,两圈,三圈。孩子在呻吟着,大风吹动树叶,也像孩子一样,牙齿在打哆嗦。在孩子的小手上,我们系上一根丝带;丝带的另一头系在那棵发抖的老树的枝丫上;于是掉光了牙齿的女房东和我一起反复念咒:

白杨树,发抖吧,
宝宝的寒颤传染给你啦。
我请求你,我警告你,
我用三位一体
神圣的名义。
要是你还顽固不理,
要是你敢不听使唤,
小心!我就把你砍断。

然后,在树根中间,老太婆挖了一个洞,浇了一杯酒,放了两瓣大蒜,一块猪油;再在上面放了一个铜板。我们还把芦苇塞在我的帽子里,把帽子放在地上,围着它转了三圈。转第三圈的时候,我们在帽子里吐唾沫,一面反复念着:

“池塘里蹲着的癞蛤蟆,让喉头炎窒死你吧!”

然后,我们回去,在走出树林的时候,还对一棵山楂树下跪,我们把孩子放在树脚下;用山植圣者的名义,祈祷上帝的圣子。

当我们最后回到家里的时候,孩子仿佛已经死了,不管怎样,我们总尽了一切可能的努力。

这时,我的老婆还不肯死呢。她对格洛蒂的爱使她还眷恋生活。她挣扎着叫道:

"不,我不能死,好上帝,耶稣,马利亚,在我不知道你们要拿她怎么办之前,在我不知道她的病能不能好之前,我不能死。她的病一定要好,天呀,我要她病好。我要,我要,我要:这是说定了的。"

大约这还没有完全说定:因为她说了之后,又重新再说。上帝呀!她的精神多么好!而我刚才还以为她就要吐出最后一口气呢!如果这是最后一口气,这口气可真长……布勒尼翁,坏东西,你还在笑,难道你不害羞?——这有什么办法呢,朋友?我就是这个样子。笑不能使我不痛苦,而痛苦也永远不能使一个好法国人不笑。管他笑也罢,哭也罢,首先总得瞧瞧。永远睁开眼睛的两面人雅努斯[①]万岁!……

所以,我听着我可怜的老伴喘气,喘得上气不接下气,我并不因为笑就减轻了痛苦;虽然我和她一样焦急,我还想使她安静下来,我对她说了一些人家哄孩子时说的话,并且温存地用被单把她包起。但是她却愤怒地要挣脱,一面叫道:

"不中用的家伙!如果你是一个人,怎么想不出办法来把她救活,你?你有什么用?应该死的是你呵。"

我回答说:

"的确,我也同意你的意见,我的老伴,你说得对。如果有人要我这张老皮,我真愿意把它剥掉。但是恐怕就是在天上,我的老皮也没有什么用了:它磨得太久,用得太旧了。我不中用(这是真的),像你一样,活着只是受罪。那就让我们受罪吧,别说话啦。也许这样我们的

① 雅努斯,神话中的人物,能知过去未来。他有两张面孔:一张瞧着过去,一张瞧着未来。"双面人",原文是拉丁文。

可怜的、无罪的小宝贝还可少受一点罪，这样不是好一点吗？”

那时她的头靠着我的头，我们老眼里的盐水也在我们脸上交流。在房间里，我们感到催命天使翅膀的阴影压得人垂头丧气……

忽然，催命天使走了。光明又回来了。这是谁造成的奇迹？是天上的上帝，还是树林里的神道，是怜悯一切不幸者的耶稣，还是系铃又解铃的可怕的大地？难道这是祈祷的效果，是我老婆害怕的结果，还是我贿赂了白杨树的后果？我们永远也不知道；在不能确定的时候，我就感谢全体（这是更稳当的），甚至加上那些我不认识的神道（他们也许是最好的）。总而言之，我能够肯定的，对我是唯一重要的，就是从那时起，孩子的烧热减退了，呼吸在她脆弱的喉管里流通了，好像一条轻轻流的小溪；我死了的孩子从催命天使的铁掌下逃了出来，她复活了。

于是我们觉得我们苍老的心也快活得要溶化了。我们两个一起哼着：“打发我们吧[1]，主呀！……”我的老婆给欢乐的眼泪压得把头歪倒在枕头上，好像一块要沉入海底的石头，她叹口气说：

“我现在可以死了！……”

立刻她的眼睛往上翻，脸颊往下凹，仿佛她的呼吸给一阵风带走了。她已经不在人世，我伏在她床上，好像瞧着河上一个物体，它刚在水面留下了片刻的印象，就旋转着沉入水底。我闭上她的眼皮，吻吻她白蜡似的前额，把她生前从来不得休息的两只劳动的手交叉地放在一起；并不悲伤，就撇下那盏油尽的残灯，坐到现在就要照亮我们全家的新生的光辉旁边去了。我瞧着格洛蒂睡觉；我看护着她，脸上带着受了感动的微笑，并且想道（难道人能禁止自己思想！）：

“这不是很奇怪吗，一个人能够这样眷恋这个小家伙？没有她，一切对我们都不存在。有了她，一切都好，连最坏的事也好，那有什么关系？啊！我尽可以死，让魔鬼把我带走吧！只要她，只要她能活着，其

① “打发我们吧”，原文是拉丁文。

余的我都不在乎！……但这还是太过分了一点。怎么，我在这儿，我在活着，身体很好，是我五官的主人，还是其他几种官能的主人，而最美的，是我的良知的主人，我从来不埋怨生活，肚子里有十几丈空肠子，随时准备大吃一顿，庆祝生活，我的头脑清楚，手艺精巧，大腿结实，小腿灵活，我是个头等的好工人，调皮的勃艮第人，而我却准备牺牲这一切，为了一只我甚至不了解的小生物！因为，她到底是什么东西呀！她只是一个娇小的空壳，一个玲珑的玩具，一只学话的鹦鹉，一条小小的生命，现在不算什么，但是将来也许……就是为了这个'也许'，我却要牺牲我的'现在，我美好的现在，天呀！'……啊！因为这个'也许，就是我最美丽的花朵，我为了她才生活。当蛆虫将要大嚼我的肉体，当我的肉体将要融化在肥沃的坟墓里的时候，主啊，我又要在一个更美、更好、更幸福的我身上复活……呃！谁晓得呢？为什么她比我好？——因为她将要把脚踏上我的肩头，看得比我更远，因为她将要走过我的坟墓……啊，你们这些从我肚子里出去的人，你们将要享受光明，我的眼睛也曾经爱过光明，但将不能再浸在光明中了，我只有借你们的眼睛来欣赏未来的收获，来看岁月和世纪的更替，那么我也可以一样享受我所预感到的和我所不知道的东西。我周围的一切都要一去不复返；因为我也要一去不复返；但是有你们背着我，我总可以走得更远，飞得更高。我不再被限制在我的小范围内了。比我的生活更长，比我的田野更广，伸展着环绕地球、沟通宇宙的道路；好像一条银河似的，这些道路网布满了整个蔚蓝的天空。啊！你们是我希望的寄托，愿望的实现，我在无限空间撒下的大把种子。"

九　房子烧了

八月中旬

我们记不记这一天发生的事呢？这好比一块粗糙的食物。现在还没有完全消化。不要紧，老头子，勇敢点吧！这是使它消化的最好方法。

据说夏天的雨不会使人贫穷。这样说来，我应该比克雷絮斯①更富有了；因为今年夏天，祸事像雨水一般不断落在我的背上；而我却既没有衬衣，也没有短裤，好像圣冉诺②一样。我刚刚受过这双重的考验——格洛蒂好了，我的老婆也好了，一个没有了病，一个没有了命——当我从统治宇宙的神道那儿（天上一定有个女人在和我作对；我有什么鬼事对她不起？……一定是她在爱我！）受到狂暴的打击时，我赤裸裸的，遍体鳞伤，浑身疼痛，逃了出来，不过（到底这是最主要的）我带着这副老骨头逃出来了。

虽然我的小外孙女现在已经复原了，我并不急着回家；我还待在她身边，她的痊愈使我比她自己还快乐。看见一个孩子病好就仿佛看见创造世界；整个宇宙对你似乎都是新鲜的，像刚下的蛋，像洁白的

---

① 克雷絮斯，公元前五六三至五四八年利底亚的国王，非常富有。

② 冉诺，喜剧中糊涂人物的典型。形容憔悴，衣衫褴褛。

奶。所以,我荡来荡去,心不在焉地听那些到市场去的、爱说闲话的娘儿们带来的消息。但有一天,有句闲话却使我竖起了耳朵,仿佛一头老驴看见驴夫举起了棍子。她们说在克拉默西,在渤洪郊区起了火,房子烧得噼噼啪啪,好像一捆干柴。我再也打听不到更多的消息。从这时起,我由于同情的缘故,如坐针毡。旁人对我说:

“放心吧!坏消息飞得和燕子一样快。如果这事和你有关系,你早已经知道了。谁说是你的房子烧啦?在渤洪又不止你这一头笨驴有房子……”

但说什么也没有用。我怎么也待不住。我对自己说:

“一定是我的房子……它烧了,我已经闻到焦味啦……”

我拿起手杖就走,心想:

“天呀天!我多笨!这是我第一次毫无防范就离开了克拉默西。从前几次,在敌人来到的时候,我总把东西带进城去,带到河那边去,我的家神呀,金钱呀,我最引以自豪的艺术作品,我的工具和家具,还有那些难看的、累赘的小玩意儿,但即使人家拿全世界的金子来换这些玩意儿我也不干,因为它们是我卑微的幸福的纪念品……而这一次,我却把所有的东西全都留在……”

我仿佛听见我老婆在另外一个世界高声大叫,骂我糊涂。我呢,我回答说:

“这都是你的错,这全是为了你我才那么匆忙走的啊!”

我们两个争了很久之后(这至少也占据了我一部分走路的时间),我设法说服我们,说我是在无事烦恼。但是我却不由自主地想到房子烧了的事,好像看到一只老是想站到我鼻子上来的苍蝇;我不断看见我烧了的房子;一滴冷汗,沿着我的背脊直往下流。我赶快往前走。我走过了维耶,正开始走上长长的、种了树的山坡,那时我看见一辆蹩脚马车走下坡来,车里坐着木洛的磨坊老板约约老头,他一认出我,就停住马车,举起鞭子,并且叫道:

“我可怜的人!”

这就好像是我肚子上挨了一鞭。我张着嘴待在路边。他却接着说：

“你到哪里去呀？向后转吧，我的哥拉！不要进城去。否则，你会气破肚皮的。一切都烧得干干净净。你什么东西也没剩下来。”

这家伙每说一句话都好像在扭我的肠子。我要假充好汉，就吞下口水，硬起头皮来说：

“这个我都知道啦！”

“那么，”他觉得为难了，就说，“你还去找什么呢？”

我回答说：

“找剩余的东西。”

“什么也没剩下，我对你说，什么也不剩了，什么也不剩了，连一个小萝卜也不剩了！”

“约约，你说得太过分了；你总不能叫我相信，我的两个徒弟和我的好邻居会瞧着我的房子烧掉，而不像兄弟一般设法从火里抢救一些东西，一些家具……”

“你的邻居吗，倒霉鬼？就是他们放的火呀！”

这一下我可惊慌失措了。他得意扬扬地对我说：

“可见你什么也不知道！”

我还不肯泄气。但是他呢，现在他能肯定他是第一个对我讲这个坏消息的人，他就称心如意而又表示遗憾地讲起这场火灾来：

“就是这次瘟疫，”他说，“他们大家都发疯了。为什么市政府和城堡里的大人先生，市议员，检察官，全都离开了我们呢？没有牧羊人了！羊就发起狂来。在渤洪忽然又发生了几起瘟病，于是大家叫道：‘把传染瘟疫的房子烧掉！’说了就做。因为你不在家，当然是从你的房子烧起。大家都很乐意，每个人都出了一分力气：他们相信自己动手是为了全城的福利。然后，大家互相挑唆。破坏一开始，谁也不知道会产生什么结果：大家都好像喝醉了，什么事都做得出，再也不能住手……他们放火之后，就围着火跳舞。这真像是疯了……‘渤洪桥上，人们跳舞[1]……,假如你看见他们……‘瞧人怎样跳舞……’,假如你看见他们,说不定你自己也会同他们跳起来的。你想想你工场里的木头会不会烧得噼噼啪啪,火光直冒……总而言之,他们把什么都烧光了!”

“我倒也想看看这场好火。它应该是多美呵。”我说。

而我的确是那样想。但我同时也想:

“我要死了!他们要了我的命。”

这句话我却留在心里,没有对约约说。

“那么,你一点也不在乎?”他说,带着不满意的神气。

(这个好人,他很喜欢我;但是一个人有时看见邻居在苦难中,自己也不会觉得难过——人类就是这样!——哪怕就是为安慰安慰别人,自己也能得到快乐。)

我说:

“这场好火,可惜还没等到火神节就烧过了。”

我装出要走的模样。

“你还是要去吗?”

“要去。再见,约约。”

“真是个古怪的家伙!”

他用鞭子赶马走。

我也走了,或者不如说,我也做出走路的样子,一直等到马车在转弯的地方看不见了为止。我还没走十步,大腿就仿佛缩进肚子里去了;我坐在一块界石上,好像蹲在夜壶上似的。

后来的时间可真难过。我不必再装腔作势。唉!我尽可以难过,难过透顶。我一点也没让我少难过。我想:

“我损失了一切,失掉了我的房屋和重新再盖一所的希望,失去了

---

① 法国民歌。男孩子和女孩子围成一圈,手牵着手,跳着圆舞,一面唱着:“阿维依桥上,人们跳舞,人们跳舞。阿维依桥上,人们跳圆舞。”这里作者把民歌中的阿维依桥改成渤洪桥。

我一天又一天,一文钱又一文钱地,用辛勤的劳动(那也是最大的快乐)累积起来的积蓄,我嵌在墙壁上的生活的纪念品,我过去的痕迹,它似乎是发着火光的过去的影子。而我更大的损失,是失掉了自由。我以后到哪里去藏身呢?一定得住到一个孩子家里去了。但是我早就发过誓,无论如何,也要避免这种不幸!我爱他们,的的确确;他们也爱我,这也是理所当然。不过我还没有蠢到那种程度,不知道鸟应该待在自己窝里,老头子会使年轻人不方便,自己也不方便。每个人都只会想到自己的蛋,自己所下的蛋,而不管自己是从哪里生出来的。一个固执地要活下去的老头子,如果妄想和新生的鸡雏混在一起,就是一个不识时务的碍事人;他徒然想销声匿迹:人家总得要尊敬他呀。见鬼去吧,什么尊敬!这是一切坏事的根源:我们不再是和他们同等的人了。我尽了一切可能,使我的五个孩子不被对我的尊敬压得喘不过气来;我相当成功了;但是不管你怎么办,尽管他们都很爱你,他们对你总有一点见外:你是从他们所不认识的国土来的,又不认识他们将要去的国土;你们怎能完全互相了解呢?你们只会互相妨碍,互相招惹……并且说来可怕:即使是最受敬爱的父母也应该尽可能少考验儿女的孝心:除非你是有心触犯神明。我们不应该对人类要求过高。有些好儿女是好的;我并不埋怨他们。但是如果你不需要依靠他们,他们对你就会更好。要是我愿意讲,可讲的话还多着呢……最后,我也有我的自豪心。我不喜欢讨回已经给了他们的食料。那我的样子会像是对他们说:'还债吧!'不是我自己赚来的饭我就咽不下去;我似乎看见有几只眼睛在数我吃了几口。我不愿意依赖别人,只愿自食其力。我一定要能够自由,是自己家里的主人,走进走出都随我高兴。要是我感到受了屈辱,那就什么事都干不了。啊!人老了,要依靠儿女的施舍过活,真是痛苦,这比依靠同胞还坏:因为儿女不得不养活你;我们永远不晓得他们是否心甘情愿;我宁愿饿死,也不愿意麻烦他们。"

我就这样叹息呻吟,我的自豪心,我的感情,我的独立性,我爱过的、烟消云散了的过去的回忆,我最好的和最坏的部分,全都感到痛苦;而我知道,不管我怎么办,尽管我很反感,还是得走这条唯一的出路。我承认我并不像个哲学家那样处理这个问题。但我觉得很惨,好像是一棵连根锯倒,砍成几段的老树。

我正坐在界石上,向周围寻找一点东西来支持我,在离我不远的地方,我看见了肯西城堡开了枪眼的炮楼,它被一条小径的树木用头发似的枝叶遮住了。我也忽然记起二十五年来,我在城堡内装置的美丽家具,板壁,雕花楼梯,还有这位好菲耳伯大人向我订做的一切东西……他真是个稀奇古怪的人!有时他简直气得我要死。有一天,他不是打主意要我把他的情妇都刻成不穿衣服的夏娃,而把他自己刻成裸体的亚当,轻薄的、好色的、受了蛇的诱惑之后的亚当吗?在他的武器厅内,他不是异想天开地要把盔甲上的鹿头都刻成当地的王八的面貌吗?我们笑得可真过瘾……但是这个魔鬼也不容易满足。你刚做完,又要再做。至于钱呢,那可很少见面……没有关系!他懂得爱美,木头的和肉体的,全都一样,他几乎用同样的方式爱她们。(这是正确的方式,一个人爱艺术品应该像爱自己的情妇一样,爱得神魂颠倒,用心灵和肢体去爱她。)虽然他没有付清工钱,这个吝啬鬼,但他还是救了我!因为我的作品在那边的全都烧毁了,在这边的不是安然无恙吗?我的过去像棵摧毁了的老树,它的果实却还留下了一些;没有受到风霜水火的侵袭。我立刻想去看看它们,咬咬我的果子,恢复我对生活的爱好。

我走进城堡。大家都认识我。主人不在家,但我借口干新的活儿要量尺寸,就找我的宝贝去了。我有好几年没看见它们。只要一个艺术家感到腰杆还有劲,他就要生产,但是不再想到从前生产过的东西。何况最后一次我要进来的时候,肯西大人带着一副古怪的笑容挡住了我。我想他大概是藏起了个把下流女人,或者是个把有夫之妇;反正我能肯定不是我的老婆,所以我一点也不在乎。再说,这些大畜牲有些怪癖,不和他们争执;这样更加谨慎。在肯西,没有人敢想了解这位主人:他有一点疯病。

我大胆地走上了大楼梯。但还没有走到十步,就像罗得的老婆[①]一样吓呆了。我刻的一串一串葡萄,一枝一枝桃花,一根一根开花的常春藤,绕着雕花栏杆往上盘旋,现在却被砍得乱七八糟,上面满是大块的刀痕。我怀疑我的眼睛,就用巴掌捏捏我可怜的残废了的宝贝;我的指头也感到它们显露的伤口。我发出一声叹息,上气不接下气,一步跨四级地跑上了楼梯:我浑身战栗,怕发现破坏得更厉害的东西!……不料东西被破坏的程度还超过了我的想象。

在餐厅里,在盔甲厅里,在寝室内,所有的家具上和板壁上雕刻的人物,有的割了鼻子,有的断了胳臂,有的缺了大腿,有的少了那块遮羞的葡萄叶。在木箱的大肚皮上,在壁炉上,在雕花柱子的细长的大腿上,陈列着深深的刀痕,刻着堡主的姓名,一些愚蠢的格言,或者是这位赫剌克勒斯[②]刻下这个杰作的日期和时辰。在大走廊尽头,美丽的溶纳河裸体仙女,膝头靠着一只多毛的母狮的颈子,却给他当作靶子;她的肚皮都给火药枪打通了。到处随便看一眼都会看到枪伤和刀痕,砍下的碎片,酒渍或墨点,加上去的胡子或涂脏了的花脸。总而言之,寂寞,无聊,滑稽,愚蠢,能使一个有钱的傻瓜想得出的最离奇的玩意儿,全都应有尽有,这个傻瓜在他的城堡里,不知道做什么好,他既不会创造,那就只能破坏……如果他在这里,我相信我真会把他杀死。我叹息,我深深地喘气。有很长时间我说不出话来。我的脖子红了,前额的青筋暴露;我吃惊地瞪着眼睛,好像一只虾。最后,几句咒骂到底冲出来了。它们出来得正是时候!再晚一点,我就要闷死了……塞子一拔掉,天呀!我可要骂个痛快。十分钟接连不断,我连气也不换,用所有的天神的名义来咒骂,来吐出我的愤恨:

---

① 《圣经·创世记》第十九章:上帝要烧毁所多玛城,叫罗得夫妇赶快离开那地方,并且不可以回头看。罗得的老婆回头一看,就变成了一根盐柱。

② 赫剌克勒斯,希腊神话中的英雄,力大无穷,曾经杀死许多毒蛇猛兽。这里指的是肯西堡主。

"啊！狗东西，"我叫道，"难道我把这些漂亮的小宝贝带到你的狗窝来，是让你磨难，摧残，蹂躏，污损，在上面撒尿的吗！哎呀！我亲爱的小宝贝，你们是在欢乐中诞生的，我指望你们做我的继承人，我把你们造得多么健康，强壮，肥胖，四肢齐全，什么也不欠缺，你们是用千年的老树造成的，但是现在你们成了什么模样，断手，跛脚，上上下下，前前后后，左左右右，从头到尾，从脚到头，满身的刀伤比一伙残兵败卒还多！难道我是这些残废病人的父亲！……伟大的上帝，请你满足我的要求，给我这点恩惠（也许我的祈祷是多余的），不要让我死后上天堂，让我下地狱去，我要待在恶魔烧烤罪人灵魂的铁叉子旁边，亲手把铁叉穿过这个凶手的肛门，把他在火上翻过来，转过去！"

我正说到这里，那时，一个我认识的老仆人昂多希来请我停止我的怒号……尽管他一面把我推到门口，这个好人还设法安慰我：

"你怎么可能，"他说，"为了几块木头，气成这个样子！要是你像我们一样，不得不和这个疯子生活在一起，那怎么办呢？让他拿买来的木板消愁解闷（这是他的权利），不比叫你我这样的好基督徒遭殃要好得多吗？"

"唉！"我回嘴说，"让他拿棍子打你有什么关系！你以为我为了我手指赋予生命的任何一块木头，不宁可被人打屁股吗？人算不了什么；只有作品是神圣的。扼杀理想的人才是最恶的凶手！……"

我还要说下去，并且还是这样口若悬河；但是我看我的听众却什么也没明白，而在昂多希眼里，我几乎和他的主人一样疯了。这时，我已经走到门口，但还转过身去，最后一次看看这个杀场的全景，忽然，一想到这些事情的荒谬，想到我可怜的没鼻子的神像和他们的屠杀者，想到用呆若木鸡的眼色怜悯我的昂多希，还想到我自己这个大傻瓜，正在糟蹋口水，唉声叹气，对牛弹琴，这些事情的荒谬性闪过我的脑子……呼呼……好像一支火箭，使我立刻忘了愤怒和痛苦；我对着茫然不知所措的昂多希哈哈大笑，并且走了。

我又上了路,口里说道:

“这一回,我只好进坟墓了。他们把我的一切都拿走了。我只剩下一副臭皮囊……对的,但是,天呀,还剩下了臭皮囊里面的东西。好像围城的人威胁被围的人,如果他不投降,就要杀死他的子女,而被围的人却回答说:‘随你的便!我这里还有制造儿女的工具呢’,我也有我的工具,天呀!他们还没拿走,他们也拿不走……世界是一片荒凉的平原,我们艺术家在这里或那里种下了一些麦田。地上的和天上的牲畜都要来吃它,咬它,踩它。他们无能创造,只会杀害。啃吧,破坏吧,畜牲,用脚作践我的麦子吧,我会再种一些。麦穗熟了,麦穗落了,谁来收获和我有什么关系?在大地的肚子里还酝酿着新的种子呢。我只管未来,不管过去。总有一天,我的力量消尽了,我没有了眼睛和肥大的鼻子,没有了鼻孔下面装酒的咽喉和咽喉里挂着的蠕动的舌头,没有了胳膊,灵巧的手和充沛的精力,当我非常老了,血气衰退,神志昏聩……那一天,我的布勒尼翁,那就是我不在人世了。得了,不要忧虑!你能够想象有一个没有感觉的布勒尼翁,一个不再创造的布勒尼翁,一个不再嬉笑,不再用四个铁蹄同时奔驰的布勒尼翁吗?不能,除非是我脱了裤子入了土。那时你们可以烧掉我的衣物。我的破衣烂裤都任你们摆布……”

说到这里,我又向着克拉默西走去。当我走到山坡上,正一面打肿脸充胖子,一面要着棍子(说真的,我觉得已经得到安慰了),忽然看见迎面来了一个金发的小个子,一面跑着一面哭,那是我的小学徒,名叫罗宾纳,也简称宾纳。这是一个十三岁的小顽童,在学习的时候,他对飞过的苍蝇比对功课更注意,在工场外面比在里面的时候还多,他常去外面打水漂,或者偷瞅过路的姑娘的小腿。我一天总要打他二十个耳光。但是他又灵活得像一只猴子,非常狡猾;他的手指也和他一样伶俐,都是些好工匠;而不管怎么样,我还是喜欢他永远张开的小嘴,尖尖的老鼠牙齿,瘦小的脸颊,机灵的眼睛和翘起的鼻子。他自己也知道,这个小坏蛋!我徒然举起拳头,假装要大发雷霆:他却看见雷神眼角上的微笑。所以我打他之后,他总是摇摇身子,安稳得像只笨驴,过后还是调皮捣乱。这真是一个十足的小顽皮。

因此不由得我不大吃一惊,看见他居然像只水池里的蝌蚪一样,大颗的眼泪一滴一滴从眼睛和鼻子里流下来。他突然一下扑到我身上,抱住我的身子,用眼泪洗着我的腰身,并且号啕大哭起来。我一点也不明白,就说:

"呃!怎么啦!你出了什么事呀!放松我好吗!就是要拥抱,死家伙!……也该先擤擤鼻子呀。"

他不但不停,反而抱得更紧,好像从树上溜下来,一直溜到我的膝下,坐在地上,哭得更加厉害。我开始着急了:

"得了,我的好孩子!站起来吧!什么事呀?"

我抓住他的胳膊,把他拉起来……啊唷!……我这才看见他一只手上裹着被血沾污的破布条,衣服破破烂烂,连眉毛都烧了。我就说(我已经忘记了烧房子的事):

"小坏蛋,你又做了傻事了?"

他叹口气:

"啊!老板,我真难过!"

我要他坐在斜坡上,坐在我旁边。我说:

"你说吧!"

他叫道:

"一切都烧掉了!"

他又泪如雨下。那时我才明白,他这样伤心都是为了我,都是为了这场大火;而我也说不出他这样伤心使我感到多么欣慰。

"可怜的孩子,"我说,"你就是为了这事痛哭吗?"

他接着说(他以为我没有明白):

"工场烧掉了!"

"是呀,这已经是陈旧的消息了;我知道你要说的新闻!一个钟头之内,人家已经对着我的耳朵吹喇叭似的说过十遍了。你有什么办法呢？真是倒霉！”

他瞧着我，安静点了。不过他还是很难过。

“你真舍不得你那个笼子？你这只八哥不是只想设法溜出去吗？得了，”我说，“我疑心你这个小滑头恐怕也和别人一起围着火跳过舞呢。”

（其实我一点也不那么想。）

他显得很气愤的样子：

“没有，”他叫道，“没有！我和他们打过架。为了救火，老板，凡是我们做得到的，我们都做过了；但是我们只有两个人。而卡尼亚病得厉害（这是我另外一个学徒），虽然他烧得发抖，也从床上跳了下来，挡住大门。不过谁挡得住这伙强盗！我们被他们推开，撞倒，压坏，滚来滚去。我们拼命拳打脚踢也没有用：他们从我们身上走过去，好像开了水闸的洪流。卡尼亚爬起来追他们：几乎被他们打死。我呢，在他们打架的时候，我悄悄地溜到着了火的工场……好上帝，多么大的火！只一下，全都烧起来了，这就好像一个火把吐出了舌头：白的、红的、叫啸的，同时冲着你的鼻子喷出火星和黑烟。我哭着，咳嗽着，身上开始发烧，我对自己说：‘宾纳，你快要变成烤香肠了！’……那可糟糕，等着瞧吧！嘻！我冲过去，好像在过火神节，我跳起来，短裤烧着了，头发烤焦了。我摔在一堆噼噼啪啪响的碎木片上。我也噼噼啪啪，屁滚尿流，我再跳起来，脚碰坏了，我又倒下，头撞在工作台上。我昏了过去。还好时间不算太久。我听见周围火在呼号，而这些野蛮人却在外面跳舞，跳舞。我试着要站起来，又倒了下去，我已经受伤了；我弓着腰，四肢伏在地上，忽然看见十步之外，你雕刻的小小的圣玛德兰娜，只有头发遮住她赤裸裸的身体，肥肥胖胖，可亲可爱，火舌已经舐到她身上了。我忙叫道：‘住手！我跑过去，把她拿起，用手扑灭她美丽的小脚上的火焰，把她紧紧抱在怀里；说实话，我也不知道，我也不知道干了些什么；我吻她，我哭着说：‘我的宝贝，我抱住你了，我抱住你了，不要害怕，你有了我，一定不会烧掉，我敢担保！而你呢，你也帮帮我吧！玛德琳[①],我们一起逃命……’我们一点时间也不能够错过,……砰！……天花板摔下来了！不可能再走原路出去。我们离朝河开的圆天窗很近;我一拳打破了玻璃窗,我们就像跳火圈似的钻了出去:窗口刚好穿得过我们两个的背脊。我滚了下去,倒栽进了渤洪河底。侥幸河底距离河面很近;因为河水又油又污,里面满是泥泞,玛德兰娜摔下去连头上也没有起包。我可没有那么幸运:我没有放松玛德兰娜,陷在泥里挣扎,嘴巴对着河底;虽然我不愿意,也得大吃大喝一气。最后,我到底出来了;闲话不必多说,瞧我们两个都在这里！老板,请你原谅我不顶事。”

于是,他虔诚地打开他的包裹,从一件卷着的上衣里拿出玛德兰娜来,她天真而媚人的眼睛在微笑,同时露出了她烧焦的小脚。那时我是如此感动(我老婆的死,格洛蒂的病,房子的烧毁和作品的破坏都没有使我如此),我哭了。

当我拥抱玛德兰娜和罗宾纳的时候,我想起了另外一个学徒,我就问:

“卡尼亚呢?”

罗宾纳回答说:

“他已经伤心死了。”

我跪在路上,吻着土地,说:

“谢谢,我的孩子。”

我瞧着用受伤的胳膊紧抱着雕像的孩子,指着他对天说:

“这是我最美的作品:我雕塑的灵魂。他们抢不走的。你们把木头烧掉吧！灵魂还是我的。”

---

① 玛德琳,对玛德兰娜亲密的称呼。

十　骚　乱

八 月 底

心情平静之后，我对罗宾纳说：

“够了！过去的事已经过去，看看现在还有什么事情要做。”

我要他讲讲我走后十多二十天之内城里发生的事情，但要讲得简洁明了，少说废话：因为昨天的历史已经是上古史；主要的是得知道现在情形怎样。我听说在克拉默西还流行着瘟疫和恐惧，恐惧比瘟疫更盛行：因为瘟疫似乎已经到别地方找生意去了，把地盘留给那些从四面八方闻风而来染指分赃的土匪。他们成了这块地盘的主人。那些撑木排的人饿得要死，又给瘟疫吓怕了，就让他们胡搞，或者跟着他们胡搞。至于法律呢，已经不起作用了。负责执行法律的人都保护自己的田地去了。我们四个议员，一个死了，两个逃了；而检察官也已溜之大吉。城堡的卫队长是个勇敢的老头子，但得了痛风病。一只手，两只脚都发肿，脑子笨得像牛，结果给土匪斩成六块。只剩下一个议员腊坎，他一个人面对着这群脱缰野马，由于害怕，由于软弱，由于狡猾，他不但不抵抗，反而认为最稳妥的办法是退让，牺牲一部分，好保全其余的。同时他还想一箭双雕，虽然他并没有承认（我了解他，我猜得着）。他安排好了，要满足他挟嫌怀恨的灵魂，某人的幸福刺他的眼，

或者他想对某人报复,就放这群畜牲去某人家里放火。我现在才能解释为什么他们选中了我的房屋!……但是我却说:

“别人呢,那些老板们,他们干什么啦?”

“他们干个屁,”宾纳说,“呃,这是一群绵羊。他们等人到家里来屠杀。他们既没有了牧羊人,又没有了看羊狗来保护他们。”

“那么,宾纳,我呢!看一看,孩子,我是不是还有獠牙。我们去吧,孩子。”

“老板,一个人不济事。”

“总可以试一试。”

“要是那些暴徒逮住了你呢?”

“我什么也没有了,我才不在乎他们呢。你能替一个没有头发的人梳头吗!”

他跳起舞来了:

“这下可好玩啦!佛勒勒方方,乒乒,乓乓,砰砰,硼硼,达里拉里拉里郎,走吧,走吧!”

虽然他的手已烧伤,他还在路上得意扬扬,险些儿倒在地上。我装出严肃的样子:

“喂!小猴子,”我说,“难道这是一件高兴得去树顶上跳舞的事吗?站起来!放庄重一点!好好听我的话。”

他的眼睛发光,听着我说。

“你高兴不了多久。听;我马上一个人到克拉默西去。”

“我呢!我呢!”

“你吗,我派你到多纳西去通知我们的议员梅斯特腊·尼哥勒,他是一个很谨慎的人,他的心肠好,腿更好,他爱自己超过他爱同乡,但是他爱财产还超过了他爱自己,你去通知他说,明天早上人家会把他的酒喝光。从那里你再一直走到莎尔迪,你会在鸽子窝里找到我们的检察官威廉·库提尼翁的,你告诉他,如果他今夜不回来,他在克拉默西的房子准会被人抢尽烧光。他会回来的。我也不必对你多讲了。

你自己一个人也晓得应该说些什么,你并不需要我教你才会说谎啊。”

这个小鬼搔搔耳朵说:

“并不是这个差事困难。不过我不愿意离开你。”

我回答说:

“谁问了你愿意什么,不愿意什么?只要我愿意。你就听话得了。”

他还争辩。我就说:

“够了!”

因为这个小鬼担心我的命运。

“我并不禁止你跑步呀,”我对他说,“干完了你的差事,你还可以真赶上我。帮助我最好的办法就是给我调救兵来。”

“我会把他们飞快地带来,”他说,“让他们汗流如雨,气喘如牛,这位库提尼翁和这位尼哥勒,我会使他们火烧屁股似的跑来!”

他一溜烟似的走了,但是还站住了一次:

“老板,至少也要告诉我你预备干什么去呀!”

我又神气又神秘地回答说:

“你等等就会知道。”

(其实,我自己还不知道呢!)

* * *

将近晚上八点钟,我到了城里。在金黄的云彩下面,血红的太阳落下去了。夜还没开始呢。多美的夏天黄昏!但是没有人来欣赏。在市场门口,没有一个张口呆看的闲汉,也没有一个卫兵。我好像走进了一个磨坊。在大街上,一只瘦猫在啃面包;一看见我,它的毛就竖起,并且赶快丢了面包逃走。房屋都闭上了眼睛,关起了大门。没有一点人声。我说:

“他们都死光了。我来得太迟了。”

但是我听见在百叶窗后面,有人听见了我的脚步声,在偷看我。

我就敲门,并且叫道:

"开门!"

没有一点动静。我走到另外一所房屋门口,又用脚和手杖打门。还是没有人开。我听见房子里面有"呼呼"的声音。这下我明白了。

"他们在捉迷藏,这些可怜虫!天呀天,我要去咬他们的屁股!"

我用拳头和脚跟把书店的门面当鼓打,并且叫道:

"咳!老兄!德尼·索苏瓦,天呀天!我要把你的东西都打碎了。快开门吧!开门,板鸡,我是布勒尼翁。"

立刻,好像演魔术一样(人家会以为有一个仙女用魔杖碰了一下窗户),所有的百叶窗都打开了,我看见市场大街两边的窗口伸出了一排惊慌失措的面孔,好像一些洋葱头,他们全都瞪着眼睛瞧我。他们瞧我,瞧我,瞧我……我可不知道我有那么好看:我摸摸自己。于是,他们紧张的脸孔忽然放松了,神气都很高兴。

"好人呀,他们多么喜欢我!"我想,但却没有想到他们的高兴是因为我出现在这个时间,在这个地点,使他们放了一点心。

于是,布勒尼翁和这排洋葱头谈起话来。大家一起说话;而我一个人给大家回答。

"你从哪里来?你干了什么?你看见什么?你要什么?你怎么进城的?你从哪里进城的?"

我说:

"别嚷!别嚷!别着急呀。我很高兴看见你们的舌头都还安然无恙,虽然你们丧失了力气和胆量。咳,你们在楼上干什么?下来吧,呼吸一点傍晚的新鲜空气也是好的呀。你们老是关在房间里,难道有人拿走了你们的裤子吗?"

但是他们不回答,只是问:

"布勒尼翁,在街上,你来的时候,碰见了谁呀?"

"笨蛋,"我说,"你们全都待在巢里,叫我碰得见哪一个?"

"土匪。"

“土匪?”

“他们正在抢劫,焚毁一切。”

“在哪里?”

“在贝扬。”

“那么快去阻止他们！你们待在鸡窠里干吗?”

“我们保护房屋。”

“保护房屋的最好办法,是也保护别人的房屋。”

“事有轻重缓急。每个人都先保护自己的东西。”

“我知道你们的老调:‘我爱我的邻居,但我自顾不暇’……可怜的人！你们在帮土匪的忙。抢过了别人,就要抢你了。每个人都会轮到的。”

“腊坎先生说过,在这个危险的时候,顶好是少管闲事,让他们去烧吧,等到秩序恢复了再说。”

“等谁来恢复秩序?”

“内韦尔大人。”

“等到他来,时间也不知道过去多久啦。内韦尔大人有他自己的事。等他想到你们的事,你们早都烧死了。得了,孩子们,去吧！不保卫自己生命的人就没有权利生活。”

“他们人多,又有武器。”

“人们总喜欢言过其实。”

“我们没有指挥人。”

“那就自己做指挥员吧。”

他们继续喋喋不休,从一个窗口到另外一个窗口,好像一些栖息在树枝上的鸟！他们之间也在争论,但是谁也不动。我等得不耐烦了:

“你们是不是要让我整夜站在街头,鼻子朝天,把脖子扭酸了？我不是来你们窗下唱小夜曲的,虽然你们的牙齿还在打鼓奏乐。我要对你们说的话也不能在屋顶上大唱大叫。给我开门！我用上帝的名义叫你们开门,否则我就要放火了。得了,男子汉下来吧(如果上面还有男子汉的话);有母鸡守窝也就够了。"

一半笑,一半赌咒,有一家大门开开了一半,然后又有一家;一个谨慎的鼻子冒险地伸了出来;接着这只畜牲全身都出来了;大家一看见有只羊出了羊圈,其他的羊也都走了出来。大家都大胆地争着看我的鼻子:

"你病好了吗?"

"结实得像颗白菜头。"

"没有谁和你找麻烦?"

"没有,只有一群笨鹅追着我叫。"

一看见我从危险中安然出来了,他们才松了一口气,他们更爱我了。我说:

"好好瞧瞧。喂,我的五官四肢,一应俱全,一点不少。你们要我的眼镜吗?……咳,瞧够了!明天你们可以看得更清楚。现在时间紧急,得了,撇下这些小事吧。哪里是可以说话的地方?"

甘诺说:

"去我店里。"

在甘诺的铁匠铺里,闻起来有马蹄味,在马蹄践踏过的土地上,我们挤成一堆,在黑夜里,好像一群马。门关上了。一段蜡烛插在地上,使我们弯着脖子的巨大影子,在烟熏黑了的圆屋顶上跳舞。大家都不说话。突然,大家一起说起话来。甘诺拿起他的铁锤,敲着铁砧。铁锤仿佛在嘈杂的人声中穿了一个洞:经过这个洞口,肃静又走进来了。我就利用这个机会说话:

"不要浪费口舌吧。我已经什么都知道了。土匪在我们这里。好的!把他们赶走。"

他们说:

"他们太强大了。撑木排的人也在他们那边。"

我说:

“撑木排的人也口渴。看见别人喝酒,他们当然不喜欢旁观。我很了解他们。我们不应该对一个人要求太高,更不能够对撑木排的人要求过分。如果你让人抢劫,那么一个人即使不是盗贼,也喜欢抢来的果实能够放在自己口袋里,而不是放在别人口袋里,这一点也不足为奇。再说,到处都有好人,有坏人。得了,应该像天主一样,能够‘分清是非’①。”

“但是市议员腊坎大人禁止我们乱动!”他们说,“当其他的人,代理市长,检察官,都不在的时候,那是该他负责维持全城的秩序。”

“他维持了没有?”

“他认为……”

“他维持了没有,维持了,还是没有?”

“这个谁都看见!”

“那么,让我们来维持吧。”

“腊坎大人保证过,如果我们不动,我们不会遭殃的。骚乱会局限在郊区之内。”

“他怎么知道的?”

“他应该和他们有过协定,他也是迫不得已,无可奈何!”

“但是这个协定就是罪恶!”

“他说这是麻醉他们。”

“麻醉他们,还是麻醉你们?”

甘诺又捶他的铁砧了(这是他的姿态,就像有人说话先要拍拍大腿一样),并且说:

“他说得对。”

大家都面有愧色,又害怕,又生气。德尼·索苏瓦低着头说:

“要是大家把心里想的全说出来,那要讲的可多着啦!”

“呃!你为什么不讲?”我说,“你们为什么不讲?我们都是兄弟。

① “分清是非”,原文是拉丁文。

你们还怕什么?”

“隔墙有耳。”

“怎么!你们到了这个地步?……甘诺,拿起你的铁锤,把住大门,我的朋友!谁想出去或想进来,你就打破他的脑袋!不管隔墙有没有耳朵偷听,我敢保证没有舌头能去告密。当我们出去的时候,那就是立刻要执行大家的决议。现在,说吧!谁不作声就是叛徒。”

于是起了一阵喧嚷。所有压制在心头的仇恨和恐惧都像火箭般的爆发了。他们伸出拳头大叫:

“腊坎这个混蛋,他随意摆布我们!这个叛徒出卖了我们和我们的财产。但是怎么办呢!我们什么办法也没有。他有法律,他有武力,警察都是他的。”

我说:

“他的窝在哪里?”

“在市政府。他日里夜里,都住在那里,为了更加安全,还有一队无赖保卫着他,也许说是保卫,还不如说是看管。”

“总而言之,他坐牢了?很好,”我说,“我们马上就去救他。甘诺,开门!”

他们显出还没有下决心的样子。

“你们干吗不走呀?”

索苏瓦搔搔头说:

“这是一件大事。我们并不怕打架。不过,布勒尼翁,到底,我们没有这种权利。这个人,他代表法律。违犯法律,那要负很重的……”

我说:

“……很重的责任?好的,责任由我负,有我。不要担忧。索苏瓦,当我看见一个歹徒行凶的时候,我先揍他一棍;然后再问他的尊姓大名;如果他是检察官或是教皇,那也活该!朋友们,就这样子吧。当秩序成了混乱的时候,就不得不用混乱来维持秩序,拯救法律了。”

甘诺说:

“我跟你走。”

他的铁锤扛在肩上,两手巨大异常(左手只有四个指头,食指被压断了),他斜着一只眼睛,漆黑的皮肤,笔挺的身体,宽得像只酒桶,他的样子真像一座城楼在走动。在他后面,大家你挤我推,跟着这座堡垒。每个人都跑到自己店里去找火枪,菜刀,或是木锤。的确我不敢发誓,说进店里去的人当夜都出来了,大约因为这些可怜人没有找到他们的武器。说老实话,走到广场的时候,我们的人已经稀稀落落了。不过剩下来的人都是靠得住的。

运气真好,市政府的大门是敞开的:牧羊人这样确信他的绵羊会一声不响地让人剪光羊毛,一直剪到最后一只为止,所以他的走狗和他,在酒醉饭饱之后,就放心大胆地睡安稳觉去了。因此我们的进攻,我得承认,并不是什么英勇的事。只要像俗话说的“探囊取物”就可以了。我们把他从被窝里拉了出来,他赤裸裸的,连短裤也没穿,好像一只剥了皮的兔子。腊坎真是肥胖,圆圆的、粉红的面孔,前额还有肉瘤,长在眼睛上,他神气装得温和,既不太善,也不太笨。这点功夫他立刻显给我们看了。一开始,没有问题,他就知道发生了什么事。他灰色的小眼睛,藏在起皱的眼皮下面,闪出恐惧和愤怒的光芒。但是他立刻就恢复镇定了,并且用做官的口吻,问我们有什么权利侵入这执法的圣地。

我对他说:

“为了不让你再在法律的宝座上睡觉。”

他大怒了。索苏瓦对他说:

“腊坎先生,这不再是恐吓的时候了。你在这里是被告。我们是来和你算账的。为你自己辩护吧。”

他马上改变腔调。

“不过,亲爱的老乡们,”他说,“我不明白你们要我干吗。谁控告我?控告什么?我不是冒了生命危险,待在这里保护你们吗?别人都逃走了,只有我一个人来对付骚乱和瘟疫。你们还有什么可以责备我的呢？我在设法医治创伤，难道我是造成创伤的原因吗？”

我说：

“俗话说得好，‘别有用心的医生治得伤口发臭’。腊坎，你正是这样医治这个城市的。你纵容了暴动，培养了瘟疫，然后，你好从中取利。你私通土匪，烧毁民房，出卖了你应该保护的人，指使了你应该打击的人。说，叛徒，你是为了害怕，还是为了贪心，才干这可耻的勾当？你要我们在你颈上挂出什么牌子，写上什么罪名？‘这是一个为了三十个铜板就出卖全城的人，……三十个铜板？你才不那么傻！自从伊斯卡略[①]以来，行情已经不同了。或者那就写上：‘这是一个为了自己逃命就拍卖全体同乡的议员？’”

他生气了，并且说：

“我做的是应该做的事，执行的是我的职权。发生过瘟疫的房子，我就把它烧掉。这是法令。”

“你借防疫为名，把所有不赞成你的人的房子都画上十字！‘欲加之罪……’当然，你让他们抢传染瘟疫的房子也是为了防疫？”

“我没有办法阻止他们。不过这和你们又有什么关系，如果这些强盗将来都像老鼠一样瘟死的话？这是以毒攻毒，一箭双雕。多妙的解危的办法！”

“他还要对我们说，他用强盗来攻瘟疫，又用瘟疫来攻强盗！说来说去，城虽然破坏了，他总是胜利者。难道我说得不对吗？病人也死了，病也消灭了，只剩下了医生……喂，腊坎先生，从今天起，我们不要你费心照顾了，我们自己会照顾自己；既然一切辛勤的劳动都有权利得到报酬，我们也给你保留了……”

甘诺说：

“坟墓里的床位。”

这就仿佛是在一群饿狗当中丢下了一根骨头。他们一起冲向目

① 伊斯卡略，指出卖耶稣的犹大，犹大是伊斯卡略人。

标，一面嚎叫；有一个人喊道：

“我们来埋掉这家伙！”

侥幸这只猎物溜到床背后去了；他靠着墙，心慌意乱，瞧着这些准备咬他的嘴脸。我呢，我止住了这群饿狗：

“慢点！让我来！”

他们停住了。这个可怜人光着身子，像只淡红色的小猪，又冷又怕，全身发抖。我怜悯他，就对他说：

“得了，穿上你的裤子吧！我的朋友，你的屁股，我们也看够了。”

他们笑弯了腰。我就利用这个机会，来对他们讲理。这时，这只畜牲穿起他的衣服来，他牙齿咔嗒响，眼睛露出凶光：因为他感觉危险已经过去了。当他穿好衣服，肯定今天我们不会剥他的皮了，他又装好汉，并且侮辱我们；他叫我们做叛逆，恐吓说要判我们的罪，因为我们侮辱了长官。我就对他说：

“你已经不是长官了。我撤了你的职。”

于是，他的愤怒一起向我发泄。报复的欲望胜过了谨慎之心。他说他了解我，说是我的主意煽动了这些造反人的薄弱意志，说他要我挑这个犯上作乱的担子，说我是个罪犯。他气得结结巴巴，用嘶嘶嘘嘘的声音，把一垃圾车的脏话都倒在我背上。甘诺说：

“要不要打死他？”

我说：

“腊坎，你毁了我，毁得的确巧妙。恶棍，你也知道，我不能够把你吊死而不引起别人疑心，疑心我是因为你烧了我的房子，为了要报私仇，才把你吊死的。其实呢，这根麻绳吊在你脖子上做项圈倒正合适。不过我们让别人将来费心给你吊这根装饰品吧。你等一等死也不会吃亏。重要的是，我们逮住了你。你现在算不上什么东西。我们剥下了你漂亮的议员袍子。我们要来亲手掌舵摇桨了。”

他吞吞吐吐说：

“布勒尼翁，你知道你冒了什么危险？”

我回答他说：

“我知道，亲爱的，我冒了杀头的危险。我拿头来赌博——赌个谁输谁赢。万一我输了头，我们的城市还是赢了。”

人们把他带到监牢里去。他发现他在牢里的床位还是温暖的，那是一个三天前因为拒绝服从他的命令、而被监禁的老军曹的位子。现在事情已经做了，市政府的门房和公差也说这事做得很好，他们早就想到腊坎是个叛徒。但是，不行动的人，光想到也是枉然！

* * *

直到这时，我们的计划都执行得像刨子在刨平滑的木板，没有碰到一个节疤。我也觉得惊讶，就问：

“土匪到底躲到哪里去了呀？”

那时有人叫道：

“救火！”

天呀！他们到别地方抢劫去了。

在街上，一个气喘吁吁的人告诉我们说：这帮匪徒正在伯利恒郊区抢劫路多塔门外的彼得·普拉的仓库，他们正在破坏，烧毁，开怀痛饮。我对伙伴们说：

“如果他们喝酒跳舞要人奏乐，那我们来得正好！”

我们跑到米朗多勒去。在小山上，可以俯视全城，听得见夜里纵酒狂欢的喧哗声。在圣马丁教堂的钟楼上，警钟上气不接下气地乱鸣。

“伙伴们，”我说，“这次一定要入虎穴。事情要热闹起来了。我们准备好了没有？但是首先一定要有一个领袖。谁来做？你来好不好，索苏瓦？”

“不，不，不，不，”他说，一连倒退了三步，“我不干。半夜三更，带着这管老枪到这里来，这已经够受的了。大家愿干的事，一定得干的事，我都干——只是不能领导。谢谢上帝！我从来不会下决断……”

于是我问：

“那么，谁来干？”

他们谁也不动。我了解他们，这班家伙！说话，跑腿，这还可以。但是要下决断，那却没有一个人行。小市民的习惯就是在生活中精打细算，迟疑不定，买一块布先要摸上五十遍，讨价还价，要等到机会错过了，或者是布卖掉了，才下决心！眼看时机快要错过，我就伸出手来说：

“要是没有人干，好吧，我来。”

他们说：

“好！”

“不过，大家今夜得无异议地服从我！否则，我们就要完蛋。在天亮以前，只有我是唯一的领袖。到了明天，你们再批评我。这点都同意吗？”

他们都说：

“同意。”

我们下了小山。我一马当先。在我左边，走着甘诺。在我右边，我派定了巴德，全城的报告员兼鼓手。一进郊区，在栅栏广场上，我们遇见了一群兴高采烈的人，他们并没有恶意，就全家男女老幼，都向着被抢劫的地方走去。人家会以为是在过节呢。有些管家婆还带了篮子，像赶集的日子一样。他们站住了，看我们的队伍走过；很有礼貌地让路给我们；他们也不明白为了什么，本能地一个接着一个跟我们走。有一个理发师佩律希带了一盏纸灯笼，他照照我的脸，认出我来了，就说：

“啊！布勒尼翁，好家伙！你也回来了？咳！你来得正是时候！我们一起喝酒去吧。”

“什么时间做什么事，佩律希，”我回答说，“我们明天再喝吧。”

“你老了吗，我的哥拉。喝酒还管什么时间。明天，酒早喝光了。他们已经开始了呢。赶快去吧！难道这高尚的饮料现在会不合你的胃口？”

我说：

“抢来的酒，不合我的胃口。”

“抢来的，不是，”他说，“这是抢救出来的。房子烧了，难道我们应该愚蠢得让这些好东西烧掉？”

我把他推开：

“强盗！”

我走了过去。

“强盗！”

甘诺，巴德，索苏瓦，还有别人，都跟着我这样叫他。他们也走了过去。佩律希站在那儿发呆；然后，我听见他愤怒地破口大骂；我一回头，看见他正摩拳擦掌，向我们跑来。我们仿佛谁也没有听见他，谁也没有看见他。他赶上我们的时候，突然不作声了，并且跟着我们走。

我们到了溶纳河边，桥上走不过去。那里挤着一大堆人。我叫人打鼓。最外面的一排人莫名其妙地让路了。我们像楔子一样插了进去，但是被他们夹住了。我看见两个我认识的筏夫绰号叫卡拉布大王的约亚贤和绰号叫二流子的加丹。他们对我说：

“喂，喂，布勒尼翁老板，你们这些驴子，打扮得怪里怪气，煞有介事似的，到这里来干什么呀？你们是要开玩笑，还是去打仗啊？”

“你想不到你猜得多么对，卡拉布，”我回答说，“因为你瞧我就是这个样子，今夜还是克拉默西的首领呢。我要去保卫它，去打它的敌人。”

“它的敌人？”他们说，“你莫非发了疯？谁是它的敌人？”

“在那边放火的人。”

“这和你有什么关系？”他们说，“现在，你的房子已经烧掉了。（至于你的房子，大家很抱歉；你知道，那是搞错了。）但是普拉的房子，这个靠我们的劳力养肥的吊死鬼，这个剥了我们的皮去装饰自己的伪君子，他把我们身上刮光了，却还扬扬得意，高高在上，瞧不起我们！抢他的人，死后一定会直升天堂。因为这是神圣的事情。让我们干我们的吧。这和你有什么关系？为什么不抢他！更不应该拦阻别人抢劫了！……这是有益无损的。”

我说(因为要是我不先设法说服这些可怜的家伙,就揍他们,我也会痛心的)：

“有损无益,卡拉布。我们的名誉要紧。”

“我们的名誉！只是你的名誉!”二流子说,“名誉能当饭吃吗？能当酒喝吗？我们也许明天就死了。我们能剩下什么呢？什么也不剩。人家会怎样说我们呢？什么也不会说。名誉只是有钱人的奢侈品,那些有钱的畜牲进了坟墓还要留下墓志铭。我们呢,我们反正要像沙丁鱼一样一起葬进义冢的。你去看看谁的坟墓发出的是名誉,谁的发出臭味!”

我没有回答二流子,却对约亚贤说：

“单个儿,谁也算不了什么,这是真的,我的卡拉布大王;但是大家在一起,我们就是力量。一百个小的能凑成一个大的。当今天这些有钱的人死了之后,当他们的姓氏和他们坟墓上的谎言,都跟着他们的墓志铭一起磨灭之后,人家还会谈到克拉默西的筏夫的;他们将来是历史上高贵的人,他们有粗壮的手,有和拳头一般坚强的脑袋,但是我不愿意人家说他们是些歹人。”

二流子说：

“我可不在乎。”

但是卡拉布大王啐了一口,喊道：

“要是你不在乎,那你只是一个混蛋。布勒尼翁说得对。要知道人家这样说,那我也会苦恼。我用圣尼古拉[1]的名义担保,人家将来不会这样说。名誉不是属于有钱人的。我们要做给他们瞧瞧。管他是贵族也好,大人也好,他们没有一个人配得上我们。”

二流子说：

① 圣尼古拉,保佑船夫的圣徒。

“难道为了名誉就该有所顾虑？难道他们这些贵族有所顾虑么？还有谁比他们更加混蛋，这班王爷，这班公爵，不管是孔德王爷，苏瓦松公爵，还是我们的内韦尔公爵，或者埃伯农的胖公爵，他们嘴里和肚子里都装满了，还像肥猪似的大吃大嚼成千上万饿得要死的人；国王一死，他们又去抢劫他的金库！这就是他们的名誉！真的，我们要不模仿他们，那才真是傻呢！”

卡拉布大王赌咒说：

“他们是些混蛋。总有一天，我们的亨利王会从坟墓里跑回来叫他们吐出他的金子，要不然就是我们来烤这些金馅子的肉馒头。如果这些大人物要做猪，天呀！我们就要宰他们；但是不去猪窝里模仿他们。榜样要我们自己做出来。一个筏夫屁股里的名誉比一个抢人君子心里的名誉还好得多。”

“那么，我的大王，你来吗？”

“我来；这家伙，二流子，他也来。”

“不，真活见鬼！”

“你来，我对你说，否则，我就打发你到河里去见龙王。得了，赶快走。你们呢，我用上帝的名义叫你们让路，直肠动物，我要过去！”

他用大腿在人潮中开路。我们在这艘大船后面，好像一条小鱼跟着一条大鱼。现在我们碰到的人都喝得太醉了，谁也莫想说服他们。凡事都有先后：先动口舌，后动拳头。我们只是设法使他们坐在地上，并不把他们打翻：因为一个醉汉是神圣不可侵犯的！

最后，我们到了仓库门口。一群密集如云的强盗正在彼得·普拉老板家里蠕动，好像羊毛里的虱子。有的人搬箱子，打包袱；有的人已经穿上了抢来的旧衣服；有些爱笑爱闹的快活汉子，为了开心，把瓶子罐子从楼上窗口扔出来。在院子里，有人在滚酒桶。我看见一个人用嘴贴着桶上凿的洞喝，一直喝到滚动的酒桶使他四脚朝天摔倒在地，那时酒就像红尿似的往外直射。酒流成了沼泽，孩子们用舌头来舐。为了看得更加清楚，他们把家具堆在院子里，烧了起来。听得见酒窖里木锤敲掉桶底的声音;叫啸声,呼号声,闷在喉咙里的咳嗽声:在地底下,房子也在哼叫,仿佛它肚子里有一窝小猪。这里或那里,从地窖的通风眼里,已经冒出了火舌,舐着通风眼的小铁杠。

我们冲进了院子。他们也不管我们。各人在忙各人的事。我说:

“打鼓吧,巴德!”

巴德打起鼓来。他大声宣布全城授予我的权力;然后由我讲话,我警告这些强盗赶快离开。一听见咚咚的鼓声,他们就集合了,好像一群苍蝇听见人敲锅盆碗盏。我们的鼓声停止了,他们又都气得乱哄哄地叫起来,向我们冲过来,叫啸,呼号,向我们扔石头。我要设法打破地窖的门;但是他们从顶楼的窗口扔下砖瓦和木梁来。我们到底打退了这些暴徒,冲了进去。甘诺又丢了两个手指头,卡拉布大王连左眼都给挖掉了。我呢,我正抵着要关上的大门,被挤在角落里,活像一只狐狸落了陷阱,大拇指夹在门缝里头。天呀天!我几乎像个娘儿一般昏倒,几乎把胃里的东西都吐了出来。侥幸,我一眼看见一个肠开肚破的小酒桶(这是一桶强烈的白兰地);我忙用酒灌灌我的肠子,浸浸我的大拇指。然后,我向你发誓,天呀,我连眼珠也不转一转,已经怒从心头起,恶向胆边生了。

现在我们在楼梯踏级上对打。一定得解决他们。因为这些王八羔子对着我们的脸开火药枪,他们离我们这样近,连索苏瓦的胡子都着火了。二流子忙用起了老茧的手把火扑灭。幸亏这些醉汉眼花,瞄准的时候看见重复的人像,要不然,我们没有一个人能活着出去。我们不得不又退上楼梯,且战且退。但是,我们把住了进口——我阴险地看到这火从左右两翼向里首的房屋溜过去,酒窖也在里首——我叫大家把出路堵住,用石头和废物堆成壁垒,堆得有肚脐眼那么高;壁垒上的过道也用我们的铁矛和铁钩封锁了,矛头和钩头都朝上,好像一只硬刺竖起,缩成一团的豪猪的背。我叫道:

“强盗!啊!你们喜欢火!好的,那就请你们吃火吧!”

他们大部分人还醉倒在酒窖里首,等到他们知道危险,那时候已经太迟了。当巨大的火焰使得墙壁喀喇作响,火嘴把屋梁咬得粉碎的时候,从地窖底下涌上来了一群乱嘈嘈的魔鬼;这伙暴徒好像一股激流,有几个人身上着了火,他们冲到前面,仿佛是啤酒的泡沫要冲掉瓶塞。他们都撞倒在我们的壁垒上;那些在后面推他们的人又像一个瓶塞似的堵住了退路。我们听见火和这些受罪的人在地窖紧里怒吼。我请你们相信,这种音乐并不使我们开心!听见受摧残的肉体痛得呼天叫地,并不愉快。假如我是一个普通人,假如我是平日的布勒尼翁,那我也会说:

"救救他们吧!"

但一个人做了领袖,他可没有权利再有慈善心和软耳朵。只能有眼睛和心灵。只能观察,决定,毫不动摇地做应该做的事。救了这些土匪,就要断送全城:因为假使他们出去了,他们人多势大,我们休想管住他们;虽然他们上绞架的时机已经成熟,他们可不肯让人在树上摘果子般地收拾。现在黄蜂既然都在窝里;那就让他们待在窝里吧!……

我看见火的两翼已经会师,在中间房屋上合而为一,并且噼啪作响,使周围鹅毛似的轻烟到处飞翔……

那时,在楼梯口,人体堆积如山,一个贴着一个,动也不能动弹,只能瞪眼睛,皱眉毛,张嘴巴,大声叫。就在这一片刻,从前面几排堆积的人体上面,我忽然看见了一个老伙伴,绰号叫作瘸子的埃路瓦,这个不中用的家伙,他人并不坏,只是贪酒,(好天爷,他怎么钻到这个黄蜂窝里来了?)他又哭又笑,糊里糊涂,一点都不明白。坏蛋,懒汉,他是罪有应得!不过话得说回来,我也不能眼看着他这样烤焦了呀……我们小时候同在一起玩过,同在圣马丁教堂领过圣体①:我们是第一次受圣礼的兄弟……

我分开铁矛,跳过壁垒,践踏着这些愤怒的人头(他们还要咬人呢),走过了这团怒气冲冲的人肉浆,到了我的瘸子面前,一把抓住他

① 领圣体,一种宗教仪式。

的颈子。“天呀天！怎样把他从老虎钳子里拔出来呢?”我抓住他时心里想。“只有把他切碎才能拿走一块啊”……运气真是再好没有(虽然不是所有的人都配得到上天的眷顾,至少我以为有一位天神在保佑醉汉),我的瘸子正在楼梯边上,向后摇摇晃晃,因为上楼梯的人挤得用肩膀把他扛了起来,使得他脚不沾地,悬在空中,好像手指中间夹着的一个果核。我用脚后跟分开左右两旁紧压着他胸脯的肩膀,并不吃力就把这个果核从群众这张巨口中夺了出来,说得恰当一点,是他被挤出来了。出来得正是时候！火像一阵旋风,从楼梯口,就好像从烟囱口一样,冲上来了。我听见这个大火炉里,人体烧得噼噼啪啪地响;我弯着腰,大踏步走,也不看我脚下踩着的是什么,拉着瘸子油污的头发就出来了。我们走出了火坑,离开了炼狱,让火焰去完成它的工作。同时,为了压制我们不安的心情,我们搜搜瘸子身上,这只畜牲,临死还不肯放松他心窝里藏着的两个珐琅盘子和一个五彩盆子,天晓得那是他从哪里抢来的！……瘸子酒醒之后,也哭着要把这些盘子扔掉,一面随地撒尿,像座喷泉似的,一面叫道:

“我才不要这些抢来的东西哩!”

* * *

天亮的时候,检察官威廉·库提尼翁先生来了,后面跟着罗宾纳,他开锣嚇道地把检察官拉了来。三十个武装士兵在两侧保护他,还有一伙农民。在这一天之内,梅斯特腊也给我们带了一些人来。第二天,还来了一些,那是我们的好公爵派来的。他们探索了一下余热未消的劫后余烬,写好了证明损失属实的报告,算了一下账,加上他们的路费和居留费,再也没有什么事情可做,就又走原路回去了……

这件事给我们的教训是:

“自己帮自己,国王也会来帮你。”

十一　愚弄公爵

九 月 底

秩序恢复了,劫后的余烬也变凉了,不再听见有人谈起瘟疫。但是城市最初还像垮了一样。市民们惊魂未定。他们用脚试探着土地;还不能够肯定自己是在地上,而不是在地下。大部分时间,他们总是藏在窠里,要是在街上,就垂头丧气,挨着墙溜过去。啊!人们没有什么可以骄傲的,他们几乎不敢正面看别人,甚至不高兴在镜子里看见自己:这一次他们看自己看得太清楚,认识自己也太清楚了;人类的本性毫无掩饰地原形毕露;这并不太美观!他们又羞愧,又不敢相信别人。至于我呢,我也不太自在;这次的屠杀和烧焦的尸臭紧追着我;更甚的,是我忘不了在熟识的面孔上看到的卑鄙和残酷。他们也都知道,他们暗中怪我。我也明白;我更觉得不好意思;要是我做得到,我真想对他们说:"朋友们,原谅我。只当我什么也没看见……"九月沉重的太阳压在心情沉重的城市上。人们感到夏天末日的炎热和疲乏。

我们的腊坎在卫队押送之下,到内韦尔去了,公爵和国王都争着以审判他为荣,使得他倒打算利用这个矛盾,从他们手上溜掉。至于我呢,多蒙我们法庭的大人先生们照顾,他们想闭上眼睛,只当没有看见我的所作所为。似乎我在救克拉默西的时候;会犯下两三条杀身的大罪。但是假如这些大人先生们没有先溜之大吉,而是待在城里管理我们的话,这些罪行毕竟不会发生,所以他们并不坚持要处理这件事,我当然也不坚持。我不喜欢去法庭上分辨是非。你枉然觉得自己无辜:谁晓得究竟如何?如果你有一个手指夹到法庭这个鬼机关里去了,那就连胳膊也要再见呐!赶快,赶快斩断胳膊,不要迟疑,要是你不愿意整个身体都陷进去的话……因此,在他们和我之间,我们什么话也没说,我们互相谅解:只当我什么事也没做,他们什么也没看见,那一夜我带头完成的事情呢,就算是他们干的。但是我们徒然这样想,到底不能把过去发生的事一笔勾销。我们都还记得,这真麻烦。我在所有的眼睛里都看得出:他们怕我,而我也怕我自己,怕我的功绩,怕昨天这个不熟悉的、野蛮的哥拉·布勒尼翁。见鬼去吧,这个恺撒,这个阿提拉[①],这个英雄!要是酒肉英雄,我倒愿当。但是战斗英雄,不,不,这不是我的事!……总而言之,我们很窘,腰酸腿痛,浑身疲乏;心里和肚子里都很内疚。

我们又都拼命工作。工作像块海绵,能够擦干耻辱和痛苦;能使灵魂面目一新,血液一清。而工作并不缺乏;到处有多少废墟啊!但给我们帮助最大的,还是大地。从来没有见过这样丰收的水果和粮食;最丰富的,到底还是葡萄的收获。人们真会以为大地,我们的母亲,因为喝了我们的血,想用酒来偿还我们。这有什么不可以呢?什么东西也不会消失,也不应该消失。要是它消失了,又能到哪里去呢?水从天上来,还回天上去。为什么酒不可以同样在大地和我们的血液之间循环往复?那是同样的液汁呀。我就是一根葡萄藤,或者过去是,或者将来是。一想到这点真令人高兴;我的确想做葡萄藤,如果要我永生,我真愿变成一棵葡萄树,能感到我的身体扩张、膨胀,成为圆圆的、丰满的、美丽的葡萄,成为一串黑黑的、软软的葡萄,在夏

① 阿提拉,五世纪鞑靼人的国王,曾经征服欧洲。

天的阳光下,胀破了肚皮,(最好是)还能饱人口腹。事实是,今年的葡萄汁像洪水般泛滥了,大地的血液;从所有毛孔里流出来。瞧,我们不是连酒桶都不够了吗;缺少装酒的器具,人们就让葡萄留在缸里,放在洗衣盆里,甚至榨也不去榨它!更妙的是,发生了一件空前未有的事,一个昂德里的老老板,库勒玛老头,摘不完他的葡萄,就把它三十个铜板一桶卖了,不过有个条件,一定要人自己到田里去摘。想想我们多么着急,不能冷眼旁观,看着上帝的血液流掉呀!与其让它流掉,不如把它喝掉。大家都很尽心尽力,我们是些尽责的人。不过这是一件要赫剌克勒斯才能胜任的工作;而不止一次,都不是大地的儿子安泰①,而是赫剌克勒斯倒在地上了。到底,这件事的好处是改变了我们思想的外貌;人们的前额不再起皱了,他们的脸色也开朗了。

不管怎样,酒杯底上还有一股说不出的泥味,好像渣滓一般;人们总是彼此敬而远之,大家互相观察。人们精神上多少恢复了一点平稳(虽然还是摇摇晃晃的);但是大家都不敢接近别人,只是自个儿喝酒,自个儿笑:这很不卫生。情况可能长期继续下去,谁也想不出改变现状的办法。但是命运真是个机灵鬼。只有它找得到团结大家的唯一的、真正的妙法:那就是使他们联合起来,反对某一个人。爱情也能使人亲近:但是要使万众一心,那只有敌人才做得到。而我们的敌人,就是我们的主子。

今年秋天,忽然发生了一件事,查理公爵决定禁止我们在他的草场上跳舞。这太过分了一点!天呀!立刻,只要不是足痛、腿瘸,断了脚的人,没有一个不感到腿肚子发痒,好像有一窝蚂蚁在腿上爬。像从前一样,争夺的地方还是"伯爵草场"。这个问题像个一团漆黑的墨水瓶,人进去了就出不来。这个美丽的草场坐落在克罗·潘松山脚下,在城门外面,它旁边蜿蜒地流着渤洪河,仿佛一把随随便便放在那

① 据希腊神话,巨人安泰是海神和大地的儿子,他只要接触到大地,就力大无穷。大力士赫剌克勒斯和他搏斗时,把他举在空中,才把他扼死。

儿的钩镰。三百年来,内韦尔公爵就和我们拉锯般争夺这片草场,我们的口虽然不如他的口大,但是也会咬住东西不放。我们双方都没有一点仇恨;我们笑着,很有礼貌地叫道:“朋友,朋友们,大人……”只是,大家都顺着自己的心做,谁也不肯让出一寸土地。说老实话,打起官司来,我们从来没有赢过。审判厅,法庭,法院的大理石公案,都一次又一次地判决了我们的草场不是我们的。但是大家都知道,审判只是一种为了金钱就可以颠倒是非黑白的艺术。所以这并没有给我们太大烦恼。判决不算什么,占有才能算数。管它母牛是黑的还是白的,保住你的母牛吧,好人。我们保住了我们的母牛,还是待在草场上。这很方便!你想想看,在克拉默西,这是唯一不属于任何一个人的草场。属于公爵那就是属于大家。因此我们糟蹋它良心上没有一点不安。上帝晓得我们会不会放心作践它!所有在家里不能做的事,都到这里来做:人们在这里工作,洗刷,擦床垫,拍地毯,倒垃圾,玩耍,溜达,放羊,拉着大弦琴跳舞,练习开火枪,练习打鼓;而在夜里,还有人在草地上幽会,沿着窃窃私语的渤洪河都是,而渤洪并不觉得惊奇(它已经司空见惯了)。

在路易公爵活着的时候,一切都很顺利:因为他假装什么也没看见。这是一个善于驾驭百姓的老手,他晓得放松缰绳。只要事实上他能做主,让我们幻想自己是自由的,让我们好胜逞强,这于他有什么妨碍呢?但他的儿子却太好虚荣,他喜欢表面超过喜欢实际(这一看就知道他没出息),人家一做鸡叫,他就趾高气扬。不过,一个法国人也应该唱唱,应该笑笑他的主人。要是他不嘲笑,他就要反抗了:他不喜欢服从一个老是假装正经的人。我们只喜欢我们能够嘲笑的东西。因为笑使大家都平等了。但是这个笨蛋却想禁止我们去“伯爵草场”上游戏,跳舞,糟踏,作践草地。真是不识时务!在我们遭到这么多不幸之后,当他正应该给我们减租的时候!……啊!我们就要给他瞧瞧,克拉默西人不是用来烧的木头,而是坚硬的橡树根,斧头都很难砍进去,即使砍进去了,那就会拔不出来。我们也用不着互通声气。大家全都同心一意。要抢走我们的草场！要收回送给我们的礼物——或者是我们霸占了的产业（这都一样：抢来的财产保管了三百年也变成了自己的，当然更加神圣不可侵犯），这笔产业尤其可贵，因为它本来并不属于我们，我们却使它成了我们的，一寸一寸，一天一天，我们用坚忍不拔的精神把它慢慢夺来了，这是我们没有花代价就得到的唯一财产！要收回去，以后再拿什么东西都没有趣味了！活着又有什么意思呢？要是我们让步的话，我们死了的祖先都会从坟墓里跑出来的！全城的荣誉使我们大家团结一致了。

就在城里的鼓手用凄惨的声调（他的神气好像在送犯人上断头台）向我们宣布这个不祥的告示的当天晚上，所有的权威人士，各个同行公会、各个团体的领袖和旗手，都在市场的拱门下面聚集了。我义不容辞地代表保护木工的圣安娜，约亚贤的老婆，耶稣的外婆；我当然也去了。谈到行动方式，意见各有不同；但是一定要有行动，这是大家都同意的。甘诺代表圣埃洛瓦①，还有代表圣尼古拉②的卡拉布，这些强硬派主张马上放火烧草场的大门，打破草场的栅栏和打破卫队的脑瓜，给草场剃个光头。但是代表圣昂诺雷③的面包师傅佛洛里蒙，和代表圣菲亚克④的园丁马克洛，他们人既温和，代表的圣徒也温和，他们都很厚道，只想静静地打打笔墨官司；向公爵夫人写写无效的请愿书（当然还要附送一些面包炉里和果子园里的产品，这些产品并不是他们免费捐赠的）。侥幸，我们有三个人，我，代表圣克潘⑤的冉·博班和代表圣万桑⑥的埃蒙·普瓦富，为了给公爵一点教训，我们既不愿意舐他的屁股，也不愿意踢他的屁股。我们要走中庸之道⑦。一个好高

① 圣埃洛瓦，保佑铁匠的圣徒。
② 圣尼古拉，保佑船夫的圣徒。
③ 圣昂诺雷，保佑面包师的圣徒。
④ 圣菲亚克，保佑园丁的圣徒。
⑤ 圣克潘，保佑鞋匠的圣徒。
⑥ 圣万桑，保佑酒店的圣徒。
⑦ “中庸之道”，原文是拉丁文。

卢人要愚弄别人的时候,他会心平气和地干,当着别人的面,并不伤他的面子,更不花自己的本钱。光报复不算什么:还应该开开心呀。这就是我们想到的办法……但是在我想出来的喜剧还没有上演之前,难道就该先对你们讲吗?不,不,那就泄露机密了。我只注明一下:为了大家的利益,我们这个大秘密,两个礼拜以来,全城都知道了,大家都在保密。虽然这个主意原来是我出的(我也感到骄傲),但是每个人都给我这个孩子加了一点工,这个修补修补耳朵,那个加上一个耳环,一根丝带:结果使得这个孩子万事齐全,他并不缺少干爹。议员,市长,秘密地,小心地,每天来打听这个小鬼成长得怎么样了;而德拉沃先生,在夜里,用大衣蒙住脸,也来和我们商量这件事,他告诉我们一面守法一面犯法的方法,并且得意扬扬地从口袋里拿出一篇煞费苦心想出来的拉丁文献词,这篇献词表面上歌颂公爵,表示我们的忠顺,但实际上说的却可能是完全相反的意思。

*　　*　　*

到底,隆重的日子来到了。在圣马丁广场上,我们等待着议员们,老板和伙计都胡子刮得精光,衣服穿得漂漂亮亮,围着我们的旗杆,驯善地站成一行一行。打十点钟的时候,钟楼的钟齐鸣。立刻,在广场两旁,市政府和圣马丁教堂的大门都打开了;在两旁的台阶上(人们会以为是钟表人排队游行了),一边走出了白袍教士,另一边走出了木瓜似的黄黄绿绿的议员。他们互相望见了,就隔着我们,深深地鞠躬。然后,他们走到广场上,教士前面走着光彩夺目的司铎,他们穿着红袍,鼻子通红;议员前面走着市政府的公差,他们颈上挂着链子,叮叮当当,佩剑碰着砖地,蹦蹦跳跳。我们一排一排围着广场,沿着房屋,站成一个圆圈,官方人士恰巧站在当中,好像是个肚脐眼。大家都来了。没有人迟到。律师、讼师和公证人站在我们天父的法律顾问圣伊弗的旗杆下,药剂师、医生和大夫,这些识别小便的能手(他们每个人都闻过自己的葡萄田),灌肠的专家,却站在天堂的灌肠大夫圣科斯默[1]麾下[2],律师用笔,医师用灌肠器,围着市长和年老的总司铎,组成了一支神圣的卫队。老板先生们之中,我相信只缺了一个人:那就是检察官,他是公爵的代理人,但也是议员梅斯特腊的女儿的丈夫,还是个好克拉默西人,他的产业在我们这里,他知道了我们准备干些什么,不敢参与这件事,就很识时务地在头一天找了一个借口离开这儿了。

大家待在那里骚动了一阵。好像一桶没有发酵的酒正在发酵。多么快活的呼噜哈啦声!每个人都有说有笑,小提琴在伴奏,狗也在叫。大家都等待着……等谁呀?别着急!等一个惊人的把戏……瞧,它来了。在大家还没有看见它之前,一连串的人声已经跑在前面,宣布它的来到;所有的脖子都突然一下转了过去,好像风吹动风信鸡一样。八个结实的小伙子肩上抬着三张大小不等的桌子,一张放在一张上面,像一座木头搭成的金字塔,桌子腿上系了丝带,镶了花边,穿了发亮的绸缎裤子,桌子顶上,华盖下面,有一个用布幕遮着的雕像,华盖上面竖起几簇簪缨,垂着五颜六色的丝带,小伙子们一晃一晃地把桌子抬得比群众的头还高,从市场大街走到广场上来。没有人觉得吃惊,因为大家都知道这个秘密。每个人都脱脱帽,很有礼貌;但暗地里,我们这些老滑头却在暗笑。

这座机器一进广场,就摆在中央,摆在市长和总司铎之间,各个团体也立刻开始游行,前面都有乐队,他们首先围着这不动的轴心绕场一周,然后沿着教堂大门,走上那条通向渤洪门的小街。

最前面,理所当然,走的是圣尼古拉。卡拉布大王穿了一件教堂的法衣,背上绣了一个金太阳,好像一只金甲虫,他用老树根似的黑胳膊捧着江河圣者的旗杆,旗杆顶上有只两头翘起的船,在船上,尼古拉正用他的法杖给三个坐在木桶里的小孩祝福。四个老船夫护送着他,他们拿着四根发黄的大蜡烛,蜡烛粗得像大腿,硬得像棍子,如果需要

① 圣科斯默,保佑医生的圣徒。
② “麾下”,原文是拉丁文。

的话,他们随时都准备拿它当棍子使。卡拉布皱着眉毛,抬起他的独眼,瞧着他的圣者,挺起肚子,迈开八字脚前进。

后面走着拿锡锅的伙计,圣埃洛瓦的徒弟,刀匠,锁匠,车匠,马掌铁匠,前面走着甘诺,他用钳子般的只剩下两个指头的手,高高举起的杆子上刻着铁砧和铁锤的十字架。笛子手也吹着“好国王达果伯[1]穿反了短裤”。

然后来了葡萄园丁和酒桶匠,唱着颂歌,赞美酒和保护酒店的圣万桑,圣万桑待在旗杆顶上,一只手抱着一把酒壶,另外一只手拿着一串葡萄。后面是木匠和细木工,圣约瑟[2]和圣安娜,这位女婿和他的丈母娘,我们这些酒鬼也跟着保佑酒店的圣徒,一面咂嘴鼓舌,一面斜着眼睛望着壶中物。后面是圣昂诺雷保佑的面包师傅,白白胖胖,满身都是面粉,他们在叉子上插了一块圆面包,面包顶上有一顶金黄的王冠,好像一件罗马的战利品。在穿白衣服的人后面,是穿黑衣服的,身上给黑蜡弄脏了的补鞋匠,他们一面围着圣克潘跳舞,一面使他们的皮带喀喇发响。最后压队的是满身开花的圣菲亚克。男园丁,女园丁,抬着担架,担架上有石竹花和紫罗兰,他们的帽子,锄头和耙子上都装饰着玫瑰花环。红色锦旗上画着圣菲亚克,光着大腿,裤脚一直卷到屁股,粗大的脚趾头紧紧踏在插到土里的铲子上,这面红旗在秋风中哗啦啦地飘扬。

用布幕遮着的机器也摇晃前进,跟在后面。一些穿白衣服的小女孩在机器前面小步跑着,像猫叫般唱着颂歌。市长和三个议员走在机器两旁,手里拿着华盖顶上吊下的丝带的粗缨。在周围,圣伊弗和圣科斯默的队伍成行走着。后面,教堂卫士好像一只公鸡,趾高气扬地挺起肚子前进;总司铎两侧走着两个修士,一个又瘦又长,好像一天没吃面包,另一个又矮又胖,好像面包没有发酵,总司铎每走十步,就用他深沉的低音,唱一段祈祷词,但是他不肯劳累,只是让别人唱,自己

① 达果伯,六世纪法兰克人的国王,圣埃路瓦是他的大臣。

② 圣约瑟,圣母马利亚的丈夫,圣安娜的女婿。

却只动嘴唇,两手抱着肚子,一面走一面打瞌睡。最后群众滚滚而来,好像一大块又紧又软的面团,又像稠密的波涛。而我们却成了水闸。

我们出了城,一直向草场走去。秋风吹得梧桐叶到处飞舞。在路上,树叶像支马队般在阳光中奔驰。河水也运着这支马队的金黄战袍慢慢前进。到了栅栏口,三个警卫和城堡里的新卫队长做出不许我们通过的样子。但是除了卫队长这个刚到我们城里的新手,为了钱什么都干(这个可怜的笨蛋跑得上气不接下气,气得眼睛乱转),别的人都像赶集的小偷,全都串通一气。我们还是一样赌咒发誓,挥拳踢腿:这是我们要演出的节目,大家都有意识地演出;不过我们很难保持严肃。本来也不应该把这出喜剧拖延得太久,因为卡拉布和他的同行已经开始弄假成真了,他旗杆顶上的圣尼古拉真吓人,而他们手里的大蜡烛也摇摇晃晃,仿佛警卫的背脊对它们很有吸引力。于是市长上前了,他脱下头上的帽子,叫道:

"脱帽!"

同时,华盖下面遮着雕像的布幕也落下了,市政府的公差叫道:

"给公爵让路!"

喧哗忽然停止。圣尼古拉,圣埃洛瓦,圣万桑,圣约瑟和圣安娜,圣昂诺雷,圣菲亚克,都分列两旁,举旗致敬;警卫和昏头昏脑、光头光脑的胖队长赶紧让路;只见公爵的雕像头上加了桂冠,歪戴着帽子,肚子上佩着剑,在扛夫肩上一晃一晃地前进。德拉沃先生在公爵的雕像上刻了"全城和全世界都祝福您"的字样①;但说老实话,最好笑的,是我们既没有时间,也没有办法,去做一个真像公爵的雕像,就在市政府的仓库里随便拣了一个旧塑像来代替(我们也不知道这是谁的像,谁刻的;在塑像的座子上,只看得见磨灭了一半的"巴尔塔扎尔"的名字;从此以后,我们就叫它做巴尔公爵)。不过这有什么关系?只要有信仰就行了。圣埃洛瓦,圣尼古拉,或者耶稣的画像,哪里又比这个塑像

① "全城和全世界都祝福您",原文是拉丁文。

真确了多少？只要你相信，到处都看得见你心里想看见的东西。你需要一个天神吗？只要我高兴，给我一块木头就行了，我可以使木头上容纳下天神和我的信仰。这一天需要的是个公爵。我们就在木头上找到公爵。

在低头致敬的旗子中间，这位公爵走了过去。既然草场是他的，他就进去了。而我们呢，为了表示敬意，我们也护送他进去，大家的旗帜都迎风飘扬，鼓声咚咚地响，吹着喇叭和风笛，捧着圣体。谁能反对这样做呢？那只有一个公爵的坏百姓，一个情绪不好的人。卫队长愿意也罢，不愿意也罢，总不能不同意。他也没有选择的余地：要不拦住公爵，就得加入我们的行列。他也跟着走了。

一切进行顺利，快要达到目的的时候，却又几乎失败。在草场入口，圣埃洛瓦和圣尼古拉发生了冲突，圣约瑟也和他的丈母娘争吵起来。每人都想第一个进去，既不考虑老少长幼的次序，也忘记了对妇女应献的殷勤。因为这一天大家都准备来打架，脾气暴躁，拳头都在发痒。侥幸，我的名字和圣尼古拉是本家，论职业又和圣约瑟、圣安娜是同行，还不用说和我一同吃葡萄长大的奶兄圣万桑，我喜欢所有的圣徒，只要他们也喜欢我。我忽然看见一车葡萄从路上走过，我的老伙伴瘸子在车子旁边一跛一跛地走着，我就叫道：

"朋友们！自己人之间不要争先恐后啦。让我们互相拥抱吧！瞧这位来调解我们大家的，我们唯一的主人（我当然是说，除了公爵之外）来了。让我们向他致敬吧！光荣归于酒神巴克科斯！"

我抱住瘸子的屁股，把他抬到车上，他溜来滑去，滚进一大桶榨碎的葡萄里去了。我一把抓住缰绳，我们第一个进了"伯爵草场"；瘸子像巴克科斯一样，下身浸在葡萄汁里，头上缠着葡萄藤，两条腿摇来晃去，哈哈大笑。所有的男圣徒，女圣徒，都胳膊挽着胳膊，跟着这位凯旋的巴克科斯进去，一面还跳着舞。在草地上真舒服！大家跳呀，吃呀，玩呀，围着这位亲爱的公爵待了一整天……第二天早上，草场好像成了一个猪圈。连一根青草也没有了。我们的鞋底深深印在柔软的土地里，证明全城是如何热烈地庆贺公爵大人。我想公爵该满意了。的确，我们也很满意！……应该说明，第二天，检察官回来的时候，他认为必须发怒、抗议、威吓了。但并没有行动，他避免这样做。当然，他也开始追究；但是他很识趣，永远也不了结这场公案：还是不了了之的好。谁也不想查出什么结果来。

* * *

就是这样，我们表现了克拉默西人既是公爵和国王的顺民，同时做起事来又自行其是：我们真是冥顽不灵。而这次表现却给受过考验的城市重新带来了欢乐。人们都觉得死里回生了。大家霎霎眼睛，慢慢接近，大家笑着互相拥抱，心想：

“我们锦囊里的诡计还没有用光呢。他们没有拿走我们最好的锦囊。一切都好。”

我们的不幸也就被忘到九霄云外去了。

十二　别人的家

十　月

我终于不能不决定住到哪里去了。只要我能拖延,我总尽量拖延。人后退一步,是为了跳得更远些。自从我的家化为一片灰烬之后,我就这里借住一天,那里借住一天,这个朋友家里住住,那个朋友家里住住;同时,留我住一两夜的人还有的是。只要危难的记忆还沉重地压在大家心上,人就结合成群,每个人都觉得别人家里和自己家里一样。但是这种情形不能维持长久。危险慢慢走远了。每个人都把自己的身子缩进壳里。除了那些没有了身子的人,而我却没有了壳。可是我又不能去住旅馆。我有两个儿子和一个女儿都是克拉默西的大老板,他们不答应。并不是这两个儿子情感上会感到痛苦!而是别人会怎样议论呢!……但是他们并不急着要我去住,我也一点不急。我说起话来毫无顾忌,这和他们狭隘固执的迷信也太不相容了。他们两个哪一个肯吃亏呢?可怜的孩子!他们也和我一样感到为难。侥幸,我的女儿玛玎倒真爱我,这一点我相信。她无论如何都要我去住……对的,但还有我的女婿呢。我了解他,这个家伙,他并没有什么理由希望我住到他家里去呀。因此,他们大家都带着烦恼的眼色互相偷看动静,也偷看我的动静。我呢,我却逃避他们;我仿佛觉得他们在抢着拍卖我的老骨头。

我暂时住在博蒙坡上的“库达”里。就是七月间,我这个老不正经还同瘟神在这里睡过觉呢。因为这件事最妙的就是:这些笨蛋为了公共卫生把我的干净房子烧了,却把这间死神住过的茅屋留了下来。我现在再也不怕死了,再也不怕死神这个没有鼻子的老太婆,所以我很高兴地回到这间没有地板的茅屋,我和死神饮交欢酒时的瓶子还躺在地上呢。坦白地说,我晓得不能在这个狗洞里过冬。门也脱了,玻璃窗也破了,屋顶漏起雨来,简直像个筛子一样。幸而今天没有下雨;但明天呢,等到明天再说吧,还有的是时间。我不喜欢为了不确定的未来自寻烦恼。此外,如果我不能称心如意地解决一个困难,我挽救的办法就是把它拖到下个礼拜再说。“这有什么用呢?”有人对我说,“这杯苦酒迟早总得喝下去呀。”——“这话对,”我回答,“谁晓得过了一个礼拜还有没有这个世界呢? 万一我喝了这杯苦酒,上帝却吹起号角召我赶快归天,我岂不大上其当吗! 我的朋友,享受幸福片刻不要拖延! 幸福应该享受新鲜的。但是苦酒不妨等等再喝。如果酒瓶子走了气,岂不更妙。”

因此,我等待着,或者还不如说,我叫那个总有一天不得不作出的决定等待着我。在决定之前,为了不让什么事来打搅,我就锁起门来,把自己关在里面。我的思考并没有沉重地压着我。我锄锄园子,耙耙地,用落叶把苗床盖起,打打百叶菜,包扎包扎老树受的微伤:总而言之,打扮打扮就要去鸭绒被里冬眠的土地娘娘。然后,为了犒劳自己,我又去尝尝梨树上掉下的赭色的、或者有黄斑纹的小水蜜梨……上帝呀! 让满满的芬芳液汁顺着自己的喉咙,从上到下,慢慢溶化,多么舒服! 我不冒险进城,除非是为了粮食的补充(我的意思不只是吃的喝的,并且包括新鲜的消息在内)。我避免遇见我的后裔。我让他们相信我出门去了。我不敢发誓说他们真相信这件事;但是,作为一个恭敬的儿子,他们总不愿拆穿我的谎话。我们仿佛在捉迷藏,好像那些顽童一样叫着:“狼呀,你在这儿吗?”有时为了延长这个游戏,我们可以回答:“狼不在这里……”我们做游戏没把玛玎计算在内。一个女人玩起来总不好好玩。玛玎怀着戒心,她了解我;她很快就识破了我的诡计。对于父女兄妹相互之间应尽的义务,她是不开玩笑的。

一天晚上,我走出“库达”,忽然看见她上坡来了。我赶快回家,关起门来。然后,我一动不动,缩在墙脚下。她来了,打门,叫人,撞门。我动也不动,好像一片枯叶。我屏住呼吸(恰巧这时我想咳嗽)。她却不知疲倦似的叫道:

“你开门不开门!我晓得你在里面。”

她用拳头,用蹄子,在门上乱踢乱撞。我心想:“好泼辣呀!如果门一撞开,我可要窘态毕露了。”我正要开门来拥抱她。这可不是游戏。我在游戏的时候,也总想赢。我就坚持下去。玛玎还在叫,后来到底放弃了。我听见她犹疑不决的脚步慢慢走远。我也离开了我躲藏的地方,大笑起来……一面笑,一面咳嗽……我笑得喘不过气来,笑了一个饱,擦擦眼睛,忽然听见后面墙上有人说话:

“你怎么不害臊?”

我吓了一跳,几乎栽倒,转过头去,看见玛玎正爬在墙头瞧着我。她用严厉的眼色对我说:

“老滑头,现在你跑不了啦。”

我不知所措地回答:

“我认输了。”

说到这里,我们两个同时哗啦一声,大笑起来。我很窘地去开门。她进来了,好像恺撒一样站在我面前说:

“快赔罪吧。”

我说:

“我认罪了[①]。”

(但这也像做忏悔一样;人们说了也不算数,明天还要再犯。)

---

① “我认罪了”,原文是拉丁文。

她抓住我的短胡须不放，一面揪，一面喃喃说：

“不害臊！不害臊！年纪一把，下巴长了白尾巴，脑瓜不懂事，好像小娃娃！”

两次三番，她揪我的胡须，就像打钟似的，往上下左右乱拉，然后在我脸颊上轻轻拍了一下，就吻起我来啦：

“为什么你不上我家里来，坏蛋？”她说，“坏蛋，你分明晓得我在等你！”

“我的小女儿，”我说，“我要向你解释……”

“到我家里去解释。得了，走吧，赶快！”

“啊！不过我还没准备好呢！让我收拾收拾东西。”

“你的东西！天呀天！我来帮你收拾。”

她把我的旧斗篷往我肩上一披，把我戴旧了的毡帽没头没脸地往我头上一盖，替我扣上纽扣，就推着我走，一面对我说：

“好了！现在，走吧！”

“等一下！”我说。

我在台阶上坐下。

“怎么！”她生气地说，“你要违抗？你不愿到我家去？”

“我不违抗你，”我说，“我总得到你家里去，反正没有别的办法。”

“好哇，你真可爱！”她说，“这就是你对我的感情！”

“我很爱你，我的好女儿，”我回答说，“我很爱你。但是我更喜欢住在自己家里，而不喜欢住在别人家里。”

“那么我是别人！”她说。

“你有一半是别人的。”

“呸！不对，”她说，“没有一半，连四分之一也没有。我是我自己的，从头到脚，整个人都是我自己的。我是他的老婆：也许不错！但他也是我的丈夫呀。我愿意做他所想做的事，只要他也愿意做我所想做的事。你可以放心；他会很高兴地让你住到家里来的。啊！哈！要是他敢不高兴，那才怪呐！”

我说：

“我相信你的话。这就好像内韦尔大人把保安队扎在我们家里一样。我家里也住过好几个。不过我可不习惯学那些住在别人家里的人。”

“你就会习惯的，”她说，“不要再争辩了！走吧！”

“好的。但是有个条件。”

“已经提条件了。你习惯得真快啊。”

“那就是你得让我随意住。”

“我看你是不是想做专制暴君了？好的，就随你吧。”

“这说定了？”

“这说定了。”

“那么……”

“够了，啰嗦人。你走不走！”

她一把抓住我的胳膊，天呀，好厉害的螯子！不得不走了。

到了她家，她带我看她为我准备的房间：在店铺后面；非常暖和，她又便于照顾。这个好女儿把我当作一个还在吃奶的孩子。床上的一切都准备好了：精致的鸭绒被褥，新的床单。在桌上，在玻璃瓶里，还有一束石南花。我心里在笑，又高兴，又感动；为了谢谢她，我心里想：

“好玛玎，我要气气她。”

于是我断然拒绝：

“这间房不合适。”

她为难了，又带我看楼下的其他房间。我一间也不要，偏偏挑了一间屋顶下，顶楼上的小房间。她高声叫起来，但是我对她说：

“我的好人儿，这随你的便。答应还是不答应。要么让我住在这里，要么我就回‘库达’去。”

她不得不让步了。但是从这时起，每天每时每刻，她都要来唠叨：

“你不能待在那里；下楼来要好得多；你说什么事使你不高兴；木

头人,到底为什么不愿下来呀?”

我笑笑回答说:

“就是因为我不愿意。”

“你要叫我苦恼,”她生气地叫道,“我晓得为什么……骄傲的家伙!骄傲的家伙!你不愿受儿女的恩惠,不愿受我的恩惠!连我的也不愿受!我真要揍你!”

“这至少也是叫我不得不挨你几拳的办法呵。”我说。

“得了,你真没有心肠。”她说。

“我的小女儿!”

“好,假装亲热吧!爪子放下来!坏蛋!”

“我的大孩子,我的甜姑娘,我的好朋友,我的美人儿!”

“你现在要用甜言蜜语来向我献殷勤吗?拍马、吹牛、撒谎的家伙!说,你什么时候才不用你油瓶似的嘴巴来冲着我的鼻子笑我呢?”

“瞧我。你在笑,你也在笑。”

“没有。”

“你在笑。”

“没有!没有!没有!”

“我看得见……哪。”

我用手指头按她的脸颊,她的脸包不住笑容,要胀破了。

“我太笨了,”她说,“我怨你,我恨你,但却连生气的权利也没有!你这老猴子一扮鬼脸,就不由得我不笑!……我真恨你。坏家伙,你已经倾家荡产了,还要像阿塔邦一样高傲地对待自己的儿女!你没有这种权利。”

“这是我保留的唯一权利了。”

她对我还说了一些尖酸刻薄的话。我也针锋相对地回敬了她。我们两个都有磨刀人的舌头,言语都在磨刀石上磨过。侥幸,当我们真生气的时候,不是她就是我,总会说出一句好笑的话来,我们就笑了;这可没有办法禁止。于是一切又得从头开始。

当她把舌头当铃铛般摇够了的时候(我已经早就没有听她说什么了),我就对她说:

“现在,鸣金收兵吧。我们明天再谈。”

她对我说:

“晚安。你还是不愿意? ……”

我闭着嘴。

“骄傲的家伙! 骄傲的家伙!”她重复说。

“听,亲爱的孩子。我是一个骄傲的家伙,一个阿塔邦,一只孔雀,你爱怎么说就怎么说。但是,请坦白告诉我! 如果你在我的地位,你会怎么办?”

她思索了一下说:

“我也会一样做的。”

“你看! 说到这里,吻我吧,祝你晚安。”

她气冲冲地吻我,一面走,一面叽叽咕咕地说:

“这不是糟糕吗,上帝怎么会生下两个一模一样的傻瓜来!”

“对呀,”我说,“教训教训上帝吧,我的美人儿,应该听教训的是他,而不是我呵。”

“我会教训他的,”她说,“不过你也休想幸免。”

我并没有幸免。第二天早上,她又来了。我不知道上帝受了什么教训。但是我受的教训却是够瞧的。

* * *

头几天,我简直像个天之骄子。每个人都宠爱我,纵容我;连佛洛里蒙都非常殷勤,并且对我表示过分的尊敬。玛玎在暗中监视他,她为了我,比我还更多疑。格洛蒂也用废话来款待我。我坐的是最好的位子。吃饭的时候,他们先给我上菜。我要说话,他们就留心听。我过得很好,很好……呜! 我可受不了。我不能自由自在;我再也待不住;下楼上楼,一个钟头要在顶楼的楼梯上爬个二十遍。每个人都看厌了。玛玎的耐性可并不好,我的脚步声使她发抖,她不说话,只是身上抽筋。如果在夏天,我还可以到野外去溜达。我现在也溜达,可是却在房里。秋天冷冰冰的;大雾笼罩着草地;雨却日夜不停地下着。我成天钉在老地方。而这块地方并不是我的,天呀天!可怜的佛洛里蒙趣味庸俗,却又自命不凡;玛玎不在乎这点;屋子里的一切,家具,用品,对我都不顺眼;我很难受;真想把一切东西都改个样子,或者换个地方,我的手在发痒。但是屋主在监视着呢:只要我用手指头略为碰一碰他的东西,那就是件大事。特别是餐厅里有把水壶,壶上有两只鸽子在亲嘴,还有一个姑娘在对她庸俗的情人卖弄风情。我一看见就作呕;我请求佛洛里蒙把水壶挪开,至少在我吃饭的时候;否则,食物不能下咽,可要把我窒死。但是这只畜牲(这是他的权利)竟拒绝了。他只为自己做的奶油杏仁甜饼感到骄傲;在他看来,最伟大的艺术品只是拼凑起来的东西。而我的苦相更使全家大小都开心。

怎么办呢?嘲笑我自己吧;我是一个傻瓜,那不用说。但是夜里,我在床上辗转反侧,好像油里炙着的猪排,同时在炙肉架上,我的意思是说在屋顶上,雨却滴滴答答下个不停。我又不敢在顶楼上走动,我一大踏步就会使整个房子摇晃。然而,有一次,我光着大腿,坐在床上思考的时候,我对自己说:"我的哥拉·布勒尼翁,我不晓得在什么时候,也不晓得用什么法子,总还要盖起我的房子来。"——从这时起,我就愉快一些了:我心里起了阴谋。我很小心,不和孩子们谈这件事情:因为他们会说,谈到住房,我只配住疯人院。不过到哪里去找钱呢?自从俄耳甫斯和安菲翁①以后,石头就不再跳圆舞,不再助人一臂之力,自动筑成墙壁和房屋,除非是听见了钱袋的歌声。而我的钱袋已经哑了嗓子,并且它的歌声从来就不很好听。

我毫不犹疑,就去求我的朋友帕亚的钱袋帮忙。这个好人,说老

① 希腊神话,俄耳甫斯是古代最大的音乐家,他的歌声能使树木弯枝,顽石移步,野兽俯首。安菲翁也是大音乐家,他筑城时,一弹古琴,石头就自动堆成城墙。

实话,并没有主动对我慷慨解囊。但是我既然诚心诚意找一个朋友帮忙,那我相信他也一样诚心诚意给我帮助。我就利用一个不下雨的日子到多纳西去。天空是阴沉的,灰白的。潮湿而疲倦的风吹来,好像飞来一只全身淋湿的大鸟。泥土粘脚;在田野里,飘落着胡桃木枯黄的树叶。我刚开口,帕亚就忐忑不宁地打断我的话头,埋怨生意太少,有债难讨,缺少钱钞,主顾不可靠,他牢骚这样多,结果我倒对他说道:

"那么,帕亚,要不要我借一个铜板给你?"

我心里受了伤。他受的伤更厉害。我们待在那里赌气,一面冷冰冰地谈这说那,我很愤怒,他很惭愧。他很后悔不该那么吝啬。这个可怜的老家伙并不是个坏东西;他爱我,我也知道,的确;他凭什么也不会不给我钱的,假使花钱不要他破费的话;而且,即使如此,只要我坚持,还是可以从他那里得到我所想要的东西;这也不是他的过错,如果他肚皮里堆积了三百年的小气。一个人可以是大老板而且很慷慨,这很可能:据说有时也看得见这种事,或者已经看见过了;但是任何一个好老板,如果你要碰他的钱袋,他第一个反应总是说不行。这时,要我的朋友帕亚答应说行,那可是要了他的命;不过,只要我两次三番逼他,这点还是做得到的:可是我不屑干。我有我的自尊心;当我请求一个朋友的时候,我相信这会使他非常高兴;要是他还犹疑,我就不想要了,活该他倒霉!因此我们就谈别的,语调粗暴,心情沉重。我拒绝在他家吃饭(我要伤他的心)。我站起来。他低着头,跟着我走,一直走到门口。但在开门的当儿,我再也坚持不了,我伸出胳膊来搂住他的老脖子,话也不说就吻了他。他也吻了我。他畏畏缩缩地说:

"哥拉,哥拉,你要吗?……"

我说:

"不要再谈了。"

(我很固执。)

"哥拉,"他又说了,神气很狼狈,"至少也在这儿吃顿饭吧。"

"这个,"我说,"倒是另外一回事。我的帕亚,那我们就一起吃饭吧。”

我们两个吃得比四个人还多;不过我还保持住我的铁石心肠,下了决心,就不改变。我晓得我自己第一个先受到惩罚。但是他也受到了惩罚。

我回到克拉默西。问题是要重新修盖我的住宅,既不用工人也不花钱。这并不能难倒我。我的脑子好像给钉住了,我的脚跟可没钉住。我开始仔细检查火烧了的房屋的地基,拣出一切还可以用的东西,烧坏了的屋梁,熏黑了的砖头,破铜烂铁,还有四堵摇摇晃晃的黑墙,黑得像扫烟囱人的帽子。然后我偷偷地到歇夫罗希的石矿里去锄呀,刮呀,啃大地的骨头,采美丽的石头,石头看起来都叫眼睛觉得暖和,上面有红色的条纹,像是凝结了的血。我有时甚至在穿过树林的路上,砍倒一棵快要寿终正寝的老橡树。也许这是不准许做的事;这有可能。但是如果一个人只做准许做的事,那生活可太难了。树木是属于全城的,也是为大家用的呀。大家都在使用,只消不声不响,这是不消说的。谁也不糟踏树木,心想:“我用了之后,还得留点给别人呢。”但是采石头和砍树木都不算什么。难的是把它们运走。多亏邻人帮忙,我才完成了这件工作,一个人借车子给我,另外一个借牛,或者借工具,再不然就来帮我一手,因为这并不要花钱。你可以随便向邻居要什么,甚至要他的老婆,只是不能向他要钱。我了解他们:因为钱代表用钱可以买到的,将要得到的,可能得到的,梦想着的一切;至于其余的,既然已经有了,他们就不太在乎了。

毕竟有一天,我和小名叫作宾纳的罗宾纳开始搭起房屋的架子来,那时冷天已经来了。人家把我当疯子。我的孩子们每天和我大吵大闹!最宽容的也劝我至少等到春天再动工。可是我什么也不听;没有什么比气气那些好管闲事的人使我更开心的了。呃!我也知道不可能一个人在冬天盖起一栋房屋来!不过我只要一间小屋,一个棚子,一个兔子窝,也就够了。交际,我是喜欢的,对,但有一个条件,那就是我愿意的时候就交际,不高兴的时候就不交际。我喜欢说话,喜欢同别人谈天,对;但我也有想孤独的时候,能够和我自己一个人聊聊;在我所有的伙伴中,我自己还是最好的伴侣,我非常珍视他;而为了找到他,我不惜光着屁股光着脚,在北风里奔走。这都是为了要和我自己悠闲地谈心,我才不管人家说什么,坚决要盖起我的房子来,并且暗中嘲笑我的孩子们说的大道理……

啊咦! 我可没有得到最后的胜利……十月底的一个早上,城市盖上了一层白霜,仿佛戴了一顶白风帽,薄冰的银色口沫在铺石路上发亮,我爬上房屋架子的时候滑了脚,"啪"的一声,我摔了下来,比上去时快得多。宾纳叫道:

"他摔死了!"

人家跑来把我扶起。我很恼火。口里却说:

"嘿! 我是故意摔的……"

我想自己站起来。哎哟! 我的脚踝,我的小脚踝! 我又倒了下去……小脚踝摔断了。他们用担架把我抬走。玛玎跟在旁边,伸起两条胳膊;女邻居们护送着我,一面叹息,一面评论这件事故;我们的样子好像一幅神圣的画图:送上帝的儿子进坟墓。我的玛丽们[①]可没有少叫喊,也没有少动手和脚。死人都会给吵醒的。我并没有死,但我假装死了:这是最好的办法,免得背上淋泪水。我的神气温和,一动不动,头往后仰,尖尖的胡子朝天,我心里气得要命,外表却还装模作样……

① 玛丽,指耶稣死后送葬的妇女。

十三　读普鲁塔克[①]

十 月 底

现在,我的腿把我拴住了……我的腿呀！好上帝啊,要是我的呻吟使你开心,难道你不可以摔断我一根肋骨或者一支胳膊,而留下我的两根柱子吗？我不会因此就不呻吟,但不至于垮在地上呻吟啊。哎呀！这个坏蛋,这个该死的！(祝福我主的圣名！)人会以为他只想设法折磨我们。他晓得对我比世上一切财宝都更贵重的,比工作,比酒肉,比爱情和友谊都更贵重的,是我自己争取得来的自由,自由不是神的女儿,而是人的。所以,在我窝里(上帝该笑了,这个调皮鬼),他绑住了我的脚。我现在只能像一只翻了身的甲虫般仰卧着,静观着顶楼的屋梁和蜘蛛网。这就是我的自由！……哈,不过你还是没有逮住我,我的好先生。你能绑住我的身子,捆住,系紧,缠起,再缠一圈,好像把鸡缠在炙肉棍上一样！……你真逮住我了吗？但我的心灵呢,你拿它怎么办？瞧,它已经跟着我的幻想跑啦！快去追赶它们吧。那你得有飞毛腿才行。我的幻想并没有摔断腿呀。跑吧,快,我的朋友！……

---

① 普鲁塔克(50—125),古希腊大历史学家,著有《希腊罗马名人传》。

我得承认,开头,我的脾气很坏。趁着舌头还在嘴里,我就用它来发脾气。这几天,接近我的活该倒霉!其实我也知道,摔这一跤,只能怪自己。嘿!我知道得太清楚了。所有来看我的人都像吹喇叭似的对着我的耳朵说:

“人家早就对你说了!你有什么必要像只猫儿似的爬上爬下呢?这么一把年纪!人家早就告诉了你。但是你什么话也不肯听。总要东奔西走。好了,现在奔走去吧!你这叫作罪有应得……”

多好的安慰!当你倒霉的时候,为了使你快活,还要火上加油,多方证明你是一个傻瓜!玛玎,我的女婿,朋友们,无关痛痒的人,所有来看我的人都仿佛沟通了似的。而我却得忍受他们的责备,动也不动,好像落在陷阱里,尽管心里气得要死。连格洛蒂这小鬼也对我说:

“你不听话,爷爷,这是活该!”

我把帽子向她扔过去,叫道:

“给我滚开!”

于是,我只剩下了一个人,这也并不见得愉快。玛玎,不愧为好女儿,坚持要把我的床搬到楼下店铺后面去。但是我(我承认在楼下要舒服得多),但是我既然说过一次不行,管他妈的,那就是不行!此外,一个人瘸了也不喜欢出乖露丑。永远不知疲倦的玛玎又来纠缠我了:只有女人和苍蝇一样,真会纠缠不完。要是她不那么说了又说,我想我倒可能让步。但是她太坚持了:如果我一同意,她会从早到晚都吹喇叭般宣扬她的胜利的。所以我也把她撵走。这样一来,所有的人都被撵走了,当然,除了我自己以外;他们就把我丢在顶楼里,让我烦闷无聊。没有什么可抱怨的,哥拉,你这是自作自受!……

但是我坚持的理由,真正的理由,我并没说出来。一个人没有了家,住在别人家里,总怕打搅别人,总想不欠别人的人情。这个算计并不精明,如果你还想要别人爱你。而最蠢的蠢事,就是使自己被人忘记……他们很容易就把我忘了。他们再也看不见我,也不再来看我。连格洛蒂都把我撇在一边。我听见她在楼下笑;一听见她笑,我心里也笑了;但是我也叹息:因为我倒想知道她为什么笑……"忘恩负义的小家伙!"我责备她,而心里却想;如果我是她,我也会一样笑的……"快活快活吧,我的小淘气!"……不过,当一个人不能动弹的时候,要想消磨时间,必须学学在贫困中赌咒发誓的约伯[①]。

一天,我在贫困中闷闷不乐躺着,帕亚来了。老实说,我没有好好接待他。他坐在我面前,坐在床脚下,十分当心地拿着一本包着的书。他尽量找话说,试试这个题目,试试那个题目,都没成功。我神气粗暴地用一句话就把每个话题都扭断了脖子。他不晓得再说什么才好,只好轻轻咳嗽,轻轻敲我的木床。我又请他住手,于是他就一言不发,一动不动地待着。我呢,我在暗笑,心想:

"我的老表,你现在该后悔了。假如你当初借了钱给我,我就不会被逼得去做泥水匠。我摔坏了腿;你也得吃苦头!活该!因为就是你的吝啬才使我落到今天这个地步的。"

因此,他不敢再冒险对我说话;我呢,我也抑制自己不动舌头,心里想说话想得要死,我到底忍不住了:

"喂,说话呀,"我对他说,"你以为你面前是一个死人吗?一个人到别人家里来,不是来静坐的,真是岂有此理!说话吧,要不然就走你的!不要转眼珠。不要老摸那本书。你拿着的是什么书?"

可怜的家伙站了起来:

"我晓得我只会使你生气,哥拉。我还是走吧。我带了这本书来……你看,这是一本普鲁塔克的'名人传',是奥瑟尔主教,雅克·亚米约神甫译成法文的。我想……

(他还没有完全下定决心)……

"……也许你会找到……

(天呀!这话他多难出口!)……

"……快乐,我的意思是说安慰,如果有它做伴……"

① 《圣经·约伯记》中,约伯是上帝的忠仆,以虔诚和忍耐著名。魔鬼要考验他,使他变得又穷又病;他却在贫困中祝福上帝,诅咒自己的生日。

我晓得这个老守财奴爱惜书超过爱钱,他借书给人多么心痛(要是有人碰碰他书架上的书,他会惊慌失色,好像一个情郎看见一个丘八扼住了他情人的脖子),我被他伟大的牺牲感动了,就说:

“老朋友,你比我好,我是一只畜牲;我亏待你了。得了,吻我吧。”

我吻他。我把书留下。他似乎又想把书拿回去。

“你会好好爱护这本书?”

“放心,”我对他说,“我会拿它做枕头。”

他怅怅地走了,神气不太放心。

* * *

我就此和歇罗内人普鲁塔克做了伙伴,这是一本小小的,厚度超过宽度,肚子里密密层层挤着一千三百页的书:这里面的字堆在一起,好像袋子里堆着的麦子一样。我对自己说:

“这里面的东西够三只笨驴不停地吃上三年。”

首先,我当作消遣,瞧瞧每章前面的插图,在圆形的框子里,画着这些名人的头,都齐脖子给切断了,还用桂花叶子包着前额,就是鼻孔里少穿一根芹菜①。我想:

“我和这些希腊人、罗马人打什么交道?他们都是死人,他们都是死人,我们却是活人。他们讲得出什么我不知道的东西呢?难道我知道的不和他们一样清楚:人是非常坏的,但也是很滑稽的动物;酒越老越好,女人却越老越糟;在各个地方都是弱肉强食,吃人的也被人吃,小百姓总爱嘲笑大人物?这些罗马的牛皮大王说起话来总是长篇大论。我也喜欢滔滔不绝的口才;但是我预先关照他们,他们不要只顾自己吹牛;我会闭住他们的鸟嘴……”

想到这里,我就翻起书来,带着迁就的神气,心不在焉地让我无聊

① 傻子鼻孔里穿一根芹菜。

的眼光像钓丝一般顺着河岸随便掉下去。但从第一眼起，我就钓着了，朋友们……朋友们，我钓着了多好的鱼啊！……浮标刚落到水面上就沉下去，我钓起了多好的鲤鱼，多好的竹签鱼！一些没人见过的好鱼，金的，银的，五色缤纷，穿珍戴宝，在它们周围洒下了一阵星光灿烂的小雨……而它们都活泼新鲜，蹦蹦跳跳，鼓鳃摆尾！……我还以为它们是死的呢！……从这时起，哪怕世界崩溃我也不管；我只瞧着我的钓竿：上钩了，上钩了！这一次，波浪里会钓出什么怪鱼来呢？……"咚"的一声，美丽的鱼在竿头飞舞，肚皮雪白，鳞甲青得像麦穗，或者绿得像李子，在阳光中闪闪发亮！……我在这里过的这些日子（是日子呢还是星期？）是我一生中的珍珠。感谢我的疾病吧！

也得感谢我的眼睛，通过它们，藏在书里的美妙景象才渗入了我心里！我的眼睛在密密丛丛交织着的字里行间，在每页的两道空白中间，仿佛看见一群黑色的动物在两条白色的壕沟之间走着，我的魔术家的眼睛使这些字句涌现成为消灭了的军队，坍塌了的城市，罗马的文雅的演说家和粗野的赌博者，英雄和牵着英雄鼻子走的美人，平原上的大风，阳光照耀着的大海，东方的天空，还有古代的积雪！……

我看见人家抬着恺撒①走过，他脸色苍白，又瘦又弱，躺在担架上，后面跟着一些哼哼的老丘八；我看见这个贪吃爱喝的安东尼②，他走过田野，带着所有的橱柜，杯盘，妓女，要随便到一个油绿的树林边上去大吃大喝，他喝了又吐，吐了又喝，一顿饭吃了八只烤野猪，并且用钓竿钓起了一条咸鱼；我看见假装正经的庞培③，芙洛拉爱他爱得要咬他

① 恺撒（前100—前44），古罗马的大将，独裁者，在元老院被议员布鲁图等密谋刺死。

② 安东尼（约前83—前30），古罗马大将，贪酒好色，迷恋埃及女王克莱奥帕特拉，两人寻欢作乐，穷奢极欲。有一天两人钓鱼，安东尼毫无所获，就暗中叫渔夫潜水把鱼挂在他钩上；不料给女王看破了，她也暗中叫渔夫在他钩上挂条咸鱼；钓起来时，引得大家哈哈大笑。后来安东尼兵败自杀，女王逃入陵墓的高塔内，把垂死的安东尼吊上塔来后，用毒蛇咬死自己。

③ 庞培（前106—前48），古罗马大将，迷恋名妓芙洛拉，每次寻欢，她不咬他一口不肯分手。

一口;还有攻城王①戴着大帽子,披着金黄的斗篷,斗篷上面画着世界和天体的形象;伟大的亚塔克塞斯②像头公牛似的驾驭着他四百个白、黑皮色的嫔妃;俊伟的亚历山大③打扮成酒神巴克科斯的模样,从印度回来,站在八匹马拉的台子上,台上铺着鲜嫩的绿树枝和紫红的地毯,他在提琴和短笛声中,和将军们狂欢痛饮,将军们帽子上都插了鲜花,军队跟在后面碰杯,女人也快活得像蹦蹦跳跳的小山羊……难道这不是个奇迹?克莱奥帕特拉女王④,吹笛子的拉米姬⑤,还有美丽得使人不敢正视的斯塔蒂拉⑥,我却当着安东尼、亚历山大和亚塔克塞斯的面占有了她们,要是我高兴,我还可以享受她们。我走到埃巴旦⑦,和泰绮丝⑧一同饮酒,和罗逊⑨同床睡觉,我用一包衣服裹着克莱奥帕特拉⑩把她背走;我和安提奥居士⑪一样热恋我的母后斯达唐尼丝,脸上羞得通红,心里给爱情咬得发烧(古怪的事情);我歼灭了高卢人⑫,我来了,看见了,战胜了,而(这真使我高兴)我做这一切,并没有要我流一滴血。

我很有钱。每篇传记都是一艘商船,从印度或从巴巴里⑬给我运来了贵重的金属,皮袋装的老酒,珍禽异兽,俘虏来的奴隶……这些好

---

① 攻城王,指马其顿国王德梅特里奥(前337—283)。

② 亚塔克塞斯,波斯国王(前405—前359)。

③ 亚历山大,马其顿国王(前356—前323),征服了欧洲的希腊、非洲的埃及、亚洲的波斯、印度等国。

④ 克莱奥帕特拉(前69—前30),埃及女王。

⑤ 拉米姬,马其顿攻城王德梅特里奥迷恋的名妓。

⑥ 斯塔蒂拉,波斯国王大流士的女儿,亚历山大的妻子。

⑦ 埃巴且,波斯城名。

⑧ 泰伊丝,公元前四世纪希腊名妓,她鼓动亚历山大烧毁波斯王宫。

⑨ 罗逊,亚历山大的王后。

⑩ 克莱奥帕特拉第一次见恺撒,因为怕被她的敌人知道,就请她的朋友用毡子把她包起,背进宫去。

⑪ 安提奥居士,叙利亚国王塞勒科斯的儿子,他热爱塞勒科斯的妻子斯达唐尼丝,爱得生了重病,国王就把斯达唐尼丝嫁给他。

⑫ 恺撒歼灭了高卢人,他打败法纳斯时,写信给元老院,只写了三句话:“我来了,看见了,战胜了。”

⑬ 巴巴里,北非洲。

汉子！多强壮的胸部！多肥美的臂部！……这一切都是我的。帝国的兴衰存亡,似乎都只是为了供我玩赏……

这真是狂欢节啊！似乎我在轮流戴这些名人的面具。我钻进了他们的皮囊,指挥他们的手脚和他们的情欲;我在跳舞。我同时又是舞蹈教师,正在指挥音乐,我就是这位好普鲁塔克;就是我,对的,就是我用文字记下了(那天,我真得了灵感,对不对?)这些小小的滑稽故事……这多美啊！感到这些字句的音乐和语言的舞蹈把你带到九霄云外去跳呀,笑呀,同时还不受身体、疾病、年龄的限制！……心灵,你就是好上帝！赞美圣灵吧！……

有时,传记读了一半,我停住了,来想象后事如何;然后,再来比较我幻想的作品和生活或艺术雕塑出来的作品。如果这是艺术创作的,我常常能猜中谜底;因为我是一只老狐狸;知道各种诡计,并且因为识破了诡计而心中暗喜。如果这是生活的创作,那我就常常猜错;因为生活的鬼主意比我们还多,生活的想象力也远超过了我们的。啊！生活这个疯婆子！……只有一点,连生活也不能改变:那就是传记的结尾,战争,爱情,玩笑,一切,你们知道,结果都要沉入死亡的无底洞。在那里,它弹的永远是老调。这就好像一个任性的孩子,玩具玩够了就要把它打碎。我很生气,对他喊道:"野蛮的坏东西,你不,你不把它给我留下！……"我把它从他手上抢过来……太迟了！已经打破了……我却像格洛蒂一样,摇着这个破碎的玩偶睡觉,尝到一种甜蜜的滋味。死神来临的时候,正如时针在钟面走了一圈之后,时钟总要重复美妙的歌声。唱吧,钟呀,铃呀,呜吧,嘀嗒,叮当!

"我是征服过亚洲的西流士[1],波斯人的皇帝,但是我请求你,朋友,不用羡慕我这块葬身之地……"

我重读亚历山大坟旁的墓碑,亚历山大也在他的肉体内发抖,他的肉体已经准备离开他,因为他似乎听见自己的声音上升到地面上

① 西流士(前560—前529),波斯帝国的建立者。

了。啊,西流士,亚历山大,你们和我多么接近,当我看见你们死了的时候!……

是我看见他们,还是在做梦呢?……我捏捏自己,说道:“得了,哥拉,你睡着了吗?”于是,我在床头的木架边缘,拿起两块铜牌来(这是我去年在葡萄田里挖出来的),一块上面是满脸长毛的罗马皇帝康莫德①,他打扮成赫剌克勒斯的模样;另外一块是克里斯平·奥古斯都,他长着肥胖的下巴和凶恶的鼻子。我就说道:“这不是在做梦,我的眼睛张得挺大,手里还掌握着罗马……”

沉思默想,乐而忘我,自争自辩,重新研究武力已经解决了的世界问题,渡过鲁必攻河②呢……不,还是待在河边……我们过河还是不过?跟布鲁塔斯③打仗呢,还是跟恺撒?先同意他的意见,后来又同意相反的意见,并且如此能言善辩,思想如此混乱,最后,自己也不知道自己在哪一边!最有趣的是:居然头头是道地发表演讲,证明自己的论点,再来证明一遍,答辩,反驳;肉搏,用头来撞,挥剑,看剑!……最后吃了一剑……却是被自己打伤!我吓了一跳……这是普鲁塔克的过错。他用花言巧语,用好好先生的神气对你说:“我的朋友”,使你永远,永远同意他的意见;他叙述下一位名人时也是一样。总而言之,在他叙述过的英雄之中,我最喜欢的必然是最后读到的那一位。他们也和我们一样,都服从同一位女英雄,都被系在她的车轮上……凯旋的庞培比起她来,算得上什么呢?……都是她在领着历史前进。她就是命运之神,她的轮子转着,转着,永远不停,“好像圆缺无常的月亮”,这是索福克勒斯④剧中墨涅拉俄斯⑤这个王八说的话。而这句话还很能

① 康莫德(161—192),罗马皇帝。

② 鲁必攻河,意大利和高卢交界的小河。元老院为了保证罗马不受高卢军队的侵略,宣布任何从高卢带领一个军团渡过鲁必攻河的人,就是祖国的叛徒。公元前四九年,恺撒带领一个军团,在鲁必攻河边迟疑很久,最后决定渡河,占领罗马。

③ 布鲁图(前86—前42),密谋刺死恺撒的罗马元老院议员。

④ 索福克利斯(前495—前405),希腊大悲剧家。

⑤ 墨涅拉俄斯,古代斯巴达的国王,他的妻子美丽的海伦被特洛亚王子巴里斯抢走,引起特洛亚战争。

给人鼓励——至少对于那些有如新月初升的人。

有时,我对自己说:“布勒尼翁,我的朋友,这和你有什么相干?告诉我,你管这些罗马人的荣华富贵干吗?更不消说这些大强盗的疯狂行为了?你自己疯疯癫癫还不够吗?你的疯癫倒还适合你的身份。何必无事生非,把死了一千八百年的人的罪过和痛苦,都加到你自己身上!因为,到底,我的孩子(这是有条有理,知情明理的布勒尼翁先生,克拉默西的大老板,又在谆谆劝诫自己),同意了吧,你的恺撒,你的安东尼,和他们的烂货克莱奥,还有杀儿子,娶女儿的波斯王爷,都是些大混蛋。他们活着没有干过好事:现在已经死了。那就让他们的骨灰安息吧。怎么一个上了年纪的人还会对这些没有意义的事感到有趣呢?瞧瞧你的亚历山大,你看见他为了埋葬他的宠臣埃费斯提翁[①],就消耗了一个国家的财富,难道不起反感吗?杀人倒还可以!人的种子,本来是坏种。还要浪费金钱!你早知道这些坏蛋不曾耕种,田里就会长钱。你觉得事情有趣吗?你睁开两只大眼,得意扬扬,仿佛这些钱是你的手指赚来的!如果真是你的手指头赚来的,那你可是一个大傻瓜。如果你看见别人干了傻事,自己没有干,而你感到快乐,那更是一个双料的傻瓜。”

我回答说:“布勒尼翁,你的话真是金玉良言,千古不易。但是为了这些蠢事,我的屁股还不免要挨打,这些两千年来就没有了肉体的阴魂,也还是比活人更有生气。我认识他们,我爱他们。只要亚历山大能像哭克利塔斯[②]一样哭我,我也心甘情愿让他杀死。我的喉咙都梗住了,当我看见恺撒在元老院,在刀锋下作最后的挣扎,就像被猎狗和猎人逼得走投无路的野兽一样。我目瞪口呆,瞧着克莱奥帕特拉经过,她坐着金色的画舫,她的侍女像海神的女儿般倚着缆索,她漂亮的小男仆赤身露体,好像爱神一般;我张大鼻孔,好吸进芬芳的气息。我

① 亚历山大建筑埃费斯提翁的坟墓,花了一万金币。

② 克利塔斯在波希战争中救过亚历山大的命,亚历山大酒醉把他杀死,酒醒后曾痛哭一天一夜。

哭得泪如雨下,当我最后看见安东尼鲜血淋漓,奄奄一息,他的美人靠着陵墓高塔的天窗,用尽全身力气,用绳子把他吊起,(只要……他身体是这样沉重!……只要她能不让他掉下去!)可怜的安东尼还向她伸着两只胳臂……”

什么事情感动了我,把我和他们联系在一起,好像一家人一般?——哎!他们是我一家人,他们就是我,因为他们都是人。

我多么怜悯那些不要遗产的可怜虫啊,他们不知道读书的乐趣!有一些人满足于现在,就傲慢地瞧不起过去。眼光短浅的井底蛙!……不错,现在很好。其实,天啦,一切都好,我要用双手来拿,我决不对着丰盛的酒席噘嘴生气。如果你尝尝这酒席,你也不会说坏话的。否则,我的朋友,那就是你的胃口太坏了。我知道一个人应该紧紧抱住他怀里的东西。但是你抱得不紧,因为你要抱的情人也太瘦小了。好而少,这还不够。我喜欢又多又好……满足于现在,我的朋友们,在老亚当的时代是好的,他没有衣服,只好赤身露体,他没有看见过什么人,只好爱他自己的肋骨造成的女人。但是我们更幸福,我们在他之后出世,生在一个富足之家,我们的父亲,祖父,曾祖父已经在家里堆满了他们累积起来的东西,如果我们把仓库烧掉,借口说我们田里还会长麦子,那岂不是发疯!……老亚当,他那时只是一个小孩子!我就是今天的老亚当:因为我和他是同一个人,不过从那时起,我已经长大了。我们是同一棵树,不过我长得更高。每一斧劈在这棵树的枝丫上使它受伤流血的,都叫我的枝叶震惊。全宇宙的痛苦和欢乐都是我的痛苦和欢乐。有谁受苦,我也难过;有谁高兴,我也快活。我在生活中不如在书本中更能感到我们大家的联系,更能感到背篮子的穷人和戴皇冠的国王之间的亲谊;因为穷人和国王到头来都是一样,只剩下一把骨灰和一团火,这团火吸收了我们灵魂的精华,向天空上升,像一张血口,用成千条舌头,万众一心地歌颂全能的上帝的光荣……

* * *

我就是这样在顶楼上出神地想着。风息了。光亮收敛了。雪用翅膀的尖端擦着玻璃窗。黑暗溜了进来。我的眼睛模糊了。我伏在书上,跟着故事走,故事逃进了黑夜。我的鼻子碰着纸:好像一只猎狗在嗅人的足迹,我也在嗅人的气息。夜来了。夜已经来了。我的猎物却逃走了,消失在林荫道上。于是我在林荫中站住,心脏因为追赶而扑扑地跳,我倾听猎物往哪里逃走。为了在黑暗中看清楚,我闭上眼睛,一动不动,躺在床上幻想。我并没有睡,我在思索玩味,有时从窗口望望天空。我一伸直胳膊,就碰着了窗户,我看见漆黑的苍穹被一滴鲜血般的流星划破……还有别的流星……在十一月的夜里,天在下火……我想起了恺撒的陨星。也许就是他的血在天上流……

白天来了。我还在幻想着。这是星期天。钟在唱歌。我的幻想沉醉在叮当的钟声里。它弥漫了全屋,从地窖到顶搂。它在我的书上(啊! 倒霉的帕亚)写满了字。我的房间里振荡着隆隆的车轮声,喇喇的战号声,士兵的喧哗和战马的嘶鸣。玻璃窗在索索抖,我的耳朵在嗡嗡叫,我的心要开裂了,我正想叫道:

"敬礼,恺撒皇帝!"

我的女婿佛洛里蒙上楼来看我,他瞧瞧窗外,大声打呵欠,并且说道:

"今天街上连只猫也没有呀。"

十四　国王饮酒

圣马丁节(十一月十一日)

今天早上天气非常温和。暖流在空气中流动,温暖得像在抚摩绸缎般的皮肤。它像只猫儿似的用身子轻轻地蹭着你。它流到窗口,像金黄的葡萄酒。天空睁开了云彩叠成的眼睑,用浅蓝的眼睛,静静地瞧着我;在屋顶上,我看见了太阳的一缕金发。

我感到我这个老糊涂懒洋洋的,心里充满梦想,好像成了一个青年人。我不肯老,又在过着回头的日子;要是这样继续下去,不久,我又要变成儿童了。我心里充满虚无缥缈的等待,好像罗杰罗①在目瞪口呆地瞧着阿耳辛。我用温柔的眼光看一切东西。这一天,我连苍蝇都不忍伤害。我装满了坏主意的锦囊已经空空如也。

我以为我是孤独一个人,忽然我瞥见玛玎坐在一个角落里。她进来的时候我没有注意。她什么话也不对我说,一反她平常的习气;她待在那里,手里干着活计,瞧也不瞧我。我觉得需要让别人知道我的幸福。我就随便说了(要谈话,不怕没有题目):

“为什么今天早上敲大钟呀?”

---

① 罗杰罗,意大利诗人阿里奥斯托的《愤怒的罗兰》中的英雄,他被阿尔辛迷住了,忘记了他的妻子。

她耸耸肩膀说:

"今天是圣马丁节。"

我大为惊讶。怎么！我在梦幻中过日子,连保佑我们城市的圣徒都忘记了！我说:

"今天是圣马丁节吗?"

我立刻看见,在普鲁塔克的这群公子哥儿和夫人小姐们里面,在我的新朋友中间,涌现了我的老朋友(他也和他们一样),涌现了这位用马刀割外套的骑士①。

"嘿！小马丁,我的老伙伴,我怎么忘了你的节日!"

"你觉得惊讶吗?"玛玎说,"早就该惊讶了！你忘记了一切,上帝,家庭,魔鬼和圣徒,小马丁和玛玎,一切对你都不存在,除了你那本该死的旧书。"

我笑;我已经注意到,她每天早上来看见我和普鲁塔克睡觉的时候,眼睛就不怀好意。女人从来不能用一种超然无私的爱来爱书;她们不是把书当情敌,就是把它当情人。小姐也好,太太也好,读起书来,总是在搞恋爱,欺骗男人。因此,她们一看见我们读书,就大叫我们负心。

"这是马丁的错,"我说,"他没有再让我看见他。不过,他还剩着半件外套。他保存着不再给人,这不好。我的好女儿,你又有什么办法呢？活在世上,千万不要让人忘记。谁要让人忘记,人就真忘了他。记住这个教训。"

"我不需要,"她说,"随便我在哪里,没有人会忘记我的。"

"这倒是真的,人家都看见你,人家更听见你。除了今天早上,我还在等你照例来吵一架呢。为什么你却取消了？我可少不得它。来和我吵一架吧。"

但是她头也不转,只说:

---

① 骑士指圣马丁,保佑克拉默西的圣徒。他当过兵,以慈善出名,据说他在冬天曾经割下半件外套,送给一个穷人。

“什么也拿你没办法。所以我也省点口舌。”

我瞧着她固执的脸,她咬着嘴唇,正在缝衣服的边。她垂头丧气,好像斗败了的公鸡;而我的胜利反而成了我的负担。我就说:

“至少也来吻吻我吧。忘了马丁,我还没有忘记玛玎啊。今天是你的节日,得了,我有一件礼物给你。来拿吧。”

她皱皱眉毛说:

“没意思的玩笑!”

“我不是开玩笑。”我说,“来,来吧,你看看就知道。”

“我没有时间。”

“啊,狠心的女儿,怎么,你连吻我都没有时间吗?”

她很不情愿地,站了起来,她很不相信地,走了过来:

“你又要和我要什么鬼滑头,演什么鬼把戏啦?”

我向她伸出胳膊来。

“得了,”我说,“吻我吧。”

“礼物呢?”她说。

“就在这里,就在这里,就是我呀。”

“多漂亮的礼物!真是稀世之宝!”

“管它好不好;我所有的一切,都送给你了,我无条件地,无保留地投降了。随意摆布我吧。”

“你同意下楼来?”

“我束手缚脚,献出自己。”

“你同意听我的话,让我爱你,牵着你走,骂你,惯你,照顾你,欺侮你?”

“我放弃我自己的意志。”

“啊!我要来报复了!啊!亲爱的好老头!坏孩子!你多么好啊!老顽固!你气我也气够了!”

她吻我,把我当包袱一样摇来摇去,把我搂在她的膝上,好像一个小娃娃。

她不肯耽搁一个钟头。他们把我包了起来。佛洛里蒙和面包店的学徒戴着棉布帽子,像把面包放进炉里一般,把我脚朝前,头朝后,从狭窄的楼梯上抬到楼下,放到一间明亮的房子里的一张大床上,玛玎和格洛蒂在我旁边,责备我,一天总要重复说二十遍:

"现在,你也落网了,你也落网了,你也落网了,流浪汉!……"

这多么好啊!

从这时起,我就被俘虏了,我把我的骄傲都扔进字纸篓里;我这个怪老头向玛玎屈服……但不知不觉地,还是我在家里支配一切。

* * *

从此以后,玛玎时常待在我的床边。我们一起聊天,想起很久以前,曾经有过一次,我们也是这样坐得很近。不过那时是她绑着脚,因为有一夜(啊！这只叫春的母猫!)她想从窗口跳出去追她的情郎,脚扭伤了。虽然她扭伤了脚,呃！我还是重重地打了她十顿。她现在谈到这事还笑,说我打得不够重。但在那时,我打她,看管她,都是枉然;我已经够狡猾了;而她这个滑头比我还更狡猾十倍,到底从我手里溜掉了。不过,她并不如我想象的那么傻。因为她别的不保,却保持了清醒的头脑;倒是她那情郎头脑给弄糊涂了,因为他今天,因为他竟做了她的丈夫。

她跟我一道笑她干的傻事,叹了一大口气说,笑的时间已经过了,桂枝已经砍下,我们不必再到树林里去。我们就谈她的丈夫。这个懂事的女人认为他很老实,总的说来也够合式,只是不太有趣。不过结婚并不是为了取乐……

"每个人都知道,"她说,"而你知道得比谁都清楚。事情就是这样。应该容忍一点。在丈夫身上找爱情,那是和用筛子打水一样,发了疯了。我并没有发疯,我才不去自寻烦恼,为了自己没有得到的东西而痛哭流泪。对于我已经得到了的东西,我很知足;就像现在这个样子已经很好。没有什么可后悔的……不过,现在我倒看见一个人的能力和他的愿望相差多么远,一个人青年时代所梦想的东西,和他老了,或者快要老了的时候,得到了就满足的东西,相差是多么远。这是令人伤感的,要不然就是好笑的:我也不知道到底是伤感还是好笑。所有这些希望,这些失望,这些热情和这些消沉,这些炉旁的海誓山盟,结果还是要去烧汤煮饭,并且觉得粗菜淡饭不错!……这粗菜淡饭的确很好,对于我们真够好了:我们只配吃这种饭……不过,如果从前有人对我们这样说,那可……到底,不论怎样,我们还剩下了吃饭时开胃的笑声;这真是头等的调味品,它会使你连石头都吃得下。无穷无尽的娱乐,我和你都一样,一看见自己傻,就不能不打哈哈!"

我们一点机会都不错过——更不放过嘲笑别人的机会。有时,我们不说话,沉思默想,我的头钻在书里,她的头钻在活计里;但是我们的舌头还在轻轻地继续活动,好像两道在地底下流着,忽然在地面上阳光下涌现的溪流。玛玎,在沉默中,哗啦一声笑了起来,而我们的舌头又继续跳舞了。

我尝试着要普鲁塔克来陪伴我们。我想使玛玎欣赏欣赏他美丽的叙述,和我朗读时令人感动的姿态。但是结果一点也不成功。对于希腊罗马,她漠不关心,正如鱼不关心苹果一样。即使出于礼貌,她要听听,但不到一会儿,她就心不在焉,思想都跑到野外去了;要不然,她的心就在屋子里从上到下地兜圈子。在我叙述的最惊心动魄的地方,我有意识地控制着感情,发出颤抖的声音,准备使故事的结局产生更大的效果,但她却打断我的叙述,对在屋子那一头的格洛蒂或者佛洛里蒙高声叫些什么。我气坏了。只好放弃。不能要求一个女人来共享神游的乐趣。女人是男人的一半①。对的,但是哪一半呢?上半部,还是下半部?无论如何,脑子决不是共同的:各有各的脑子,各有各的胡思乱想。好比同一棵树干上长出的两根枝丫,我们只在心里还有联

① 见《圣经·创世记》,上帝创造了男人和女人,二人成为一体。所以说女人是男人的一半,男人也是女人的另一半。

系……

我的联系很好。虽然胡子花白，两腿残废，家产荡然，我还是够风流的，几乎每天都有一伙邻近的年轻漂亮的娘儿们来看护我，她们围着我的床，快活地和我做伴。她们来时，总借口说要告诉我一个重要的消息，或者要找我帮忙，或者要借一件用具。不管什么借口都是好的，不过她们刚进我的屋子，就都忘到九霄云外去了。一进我的屋子，就像到了市场上一样，她们都生了根，眼睛风骚的吉耶妹，鼻子美丽的于盖蒂，伶俐的雅科蒂，玛格珑，阿莉葱，吉耶蒂，玛塞蒂，都围着我这头躺在被窝里的小牛；而我们就嘁嘁喳喳聊起天来，我的长舌妇，我的长舌妇，舌头都像铃锤，我们一笑，啊，多好听的钟声合奏！我就是一口大钟。我的袋子里总有几个微妙的故事，正搔着她们心头的痒处：瞧她们开心得晕倒是多美啊！人家在街上都听得见她们的笑声。佛洛里蒙被我的胜利气坏了，讥讽地问我成功的秘诀。我回答说：

“我的秘诀？那是因为我年轻呀，老朋友。”

“还有，”他见怪了，就说，“那是因为你的丑名昭彰啊。老风流总会叫女人跟着他们跑的。”

“当然啰！”我回答说，“大家不都尊敬老兵吗？大家都要去看他，心想：‘他是从光荣的战场上回来的。’而娘儿们也想：‘哥拉在情场上打过仗。他懂得爱情，懂得我们……还有，谁晓得？说不定他还会再打一仗呢。’”

“老不正经！”玛玎叫了起来，“瞧，他多开心！还打主意搞恋爱呢！”

“为什么不可以？这真是一个好主意！既然这样做会使你生气，那我就要再结一次婚。”

“呃！再结一次婚吧，我亲爱的，那对你才真大有好处呢！年轻人不懂事，犯错误也是情有可原的！……”

*　　*　　*

圣尼古拉[1]节(十二月六日)

圣尼古拉节,我下了床,人家用一张安乐椅推着我在桌子和窗户之间来来往往。在我脚下,有一只脚炉。在我面前,有一块斜木板,上面有个插蜡烛的洞。

大约十点钟的时候,"扎木排的"筏夫和"河运帮手"工人同业公会排队走过我的门口,提琴手走在前头,水手们胳膊挽着胳膊,在他们的旗杆后面跳舞。他们要去教堂,却绕路先到酒馆逛逛。一看见我,他们都向我欢呼。我站起来,向保佑我的圣徒致敬,他也向我还礼。我在窗口,握着水手们黑黝黝的手,我把小杯的酒倒下他们漏斗般的大咽喉(这真好比杯水车薪)。

中午的时候,我的四个儿子来祝贺我的命名日。尽管我们相处得不太好,一年总得会一次面;父亲的命名日是神圣的;这是维系家庭的枢纽,全家都像一群蜜蜂似的围绕着它;一庆祝命名日,全家又团结得更紧了,又被迫团结起来了,所以我认为必须过命名日。

这一天,我的四个男孩子都在我这里团聚。他们并不十分愉快。因为他们感情不太好,我相信;我是他们之间唯一的联系。在我们这个时代,人与人之间的一切联系:住宅、家庭、宗教,都不行了;每个人都只相信自己有理,大家都只为自己活着。我可不做那种牢骚多,脾气坏,相信世界会跟他一起完蛋的老头子。世界的事不必我操心;我相信年轻人知道自己需要什么,比老头子知道得更清楚。不过老头子这个角色也是一个难演的角色。他周围的世界在变;要是他不变呢,那可甭想还有他的位置!我呢,我倒不怕。我坐在安乐椅上。啊啦,啊啦,我还要待在这里!如果为了保住这个位子,一定得要改变,我也会变,不错,我也会设法改头换面——里面(当然)还是不变。目前,我

---

① 圣尼古拉,保佑水手的圣徒。

还要从安乐椅上瞧着世界变迁,瞧着青年人争辩;我欣赏他们,同时,也很识时务地等待适当的时机,引导他们顺着我的意思走……

我的儿子们待在我面前,围着桌子:古板的教徒冉·弗朗索瓦在我右边;在左边的是新教徒安东,他家住里昂。他们两个都坐着,也不互相瞧一眼,颈子缩在衣领内,很不自然,尾节骨好像粘在座位上。冉·弗朗索瓦精力旺盛,脸颊鼓起,眼色严厉,嘴上挂着微笑,他滔滔不绝地谈起他的生意,大吹牛皮,卖弄他的钱财,夸耀他的成就,赞美他的呢料和保佑他卖呢料的上帝。安东嘴唇上的胡子刮得光光,下巴上还有一撮尾巴似的胡须,阴沉沉,笔挺挺,冷冰冰的,好像在自言自语,谈他书店的生意,谈他在日内瓦的游历,他的商业往来和宗教联系,他也赞美上帝,但是他的上帝却是另外一位。他们轮流说话,并不听对方说什么,只管唱自己的老调。但是最后,他们两个都不耐烦了,开始谈到一些会使对方不能控制自己的题目,这个谈到真正宗教的进步,那个谈到正统宗教的成就。同时,他们坚决否认对方;并且一动不动,好像两个人都害了颈脖抽筋病,满面怒容,尖声怪气,轻蔑地大骂对方的上帝。

站在他们中间,瞧着他们,耸耸肩膀,哈哈大笑的,是我的第三个儿子,沙塞莫联队的军士,艾蒙·米歇尔,这个杀人不眨眼的家伙(他并不是一个坏孩子)。他待不住了,像一只笼子里的狼般转来转去,把玻璃窗当鼓敲,或者低声哼着:"吼,吼,"又停下来瞪着眼睛瞧他两个哥哥争吵,冲着他们的鼻子哈哈大笑,或者粗野地打断他们的话头,大声说道,两只绵羊,管它们身上有没有红十字架或者蓝十字架[1]的记号,只要它们肥胖,吃起来味道一定好,若不相信,马上可以证明……"我们吃过的羊肉多着呢!……"

阿驴,我最小的儿子,害怕地瞧着他。阿驴,他的名字起得真好,他并不想做什么惊人的事。争论使他不安。世界上没有什么事能引

① 红蓝十字架,分别代表新教和旧教。

起他的兴趣。他只喜欢终日悠闲地打呵欠,烦闷无聊。因此他觉得政治和宗教都是魔鬼发明的,目的是要扰乱有心灵的人睡眠,或者要扰乱睡眠人的心灵……“我所有的东西,管它好不好,既然已经有了,何必更换?我睡觉的床是自己做的,也是为自己做的。我不愿意换新床单……”但是不管他愿不愿,人家还是要抖抖他的床垫子。在盛怒之下,为了保证他的安宁,这个温和的人也可能把吵醒他的人都送到刽子手那儿去。现在,他正惊慌失措,听着别人说话;只要他们声调一高,他的脖子就缩进肩膀里去了。

我呢,我支着耳朵听,睁开眼睛看,我在取乐,在分析面前这四个人,他们哪一点还像我,哪一点还是我的?不过他们到底是我的儿子;这点我敢担保。他们虽是从我身体内出来的,也已经出去了,他妈的,他们从前从哪里进来的呢?我摸摸自己:我的大肚子里怎么装得下这个传道说教的,这个假装信教的,这个脾气大的胆小鬼?(至于那个冒险家倒还说得过去!)……哦,靠不住的天性!他们到底在我的身体内待过!是呀,我有过他们的种子;我现在还认得出某些姿势,某些说话方式,甚至某些思想;我在他们身上发现了我自己,戴着假面具,面具假得让人吃惊,但是面具下面,还是同一个人。同一个人,本质都是一个,表现却是多样。每个人身上都有二十个不同的人,有的笑,有的哭,有的没有感觉,好像一段木头,而在下雨,天晴等不同的季节,有时是狼,有时是狗,有时是羊,有时是好孩子,有时是小流氓,但是二十个人里面有一个最强,他垄断了发言权,闭住了其余十九个人的嘴。因此只要一见门户开放,这十九个人赶快往外溜。我的四个儿子也溜出去了。可怜的孩子!这都是我的过错①。他们和我相差这么远,但我们又是如此相近!……呃!他们毕竟是我的孩子。当他们说傻话的时候,我真想请他们原谅我怎么把他们造得这样傻。侥幸他们自己倒很满意,觉得自己很美!……让他们自我欣赏吧,我很高兴;但是我受

① “我的过错”,原文是拉丁文。

不了,是他们不能容忍别人的丑陋。别人爱多丑,就让他们多丑好了。

他们四个张牙舞爪,横眉怒目,活像四只发怒的公鸡,已经准备动武。我安安静静地观察着,然后说:

"好极了!好极了,我的小羊,我看并没有谁敢剪你们背上的毛呀。血气旺是好的(当然!这都是我的血液),声音高更好。现在我已经听过你们说什么,应该轮到我说了!我的舌头发痒。你们歇一下吧。"

但是他们并不急于服从我。一句话就使这场风暴爆发了。冉·弗朗索瓦站起来,拿起一把椅子。艾蒙·米歇尔抽出他的长剑,安东拔出他的刀;而阿驴(他只会像小牛般的哞叫)却喊道:"救火!来水!"我看这四只畜牲要互相残杀了。我随手抓起一件东西(恰巧是那把上面有两只鸽子的水壶,那把使我难受,却使佛洛里蒙觉得骄傲的水壶);我想也没有想,就把它在桌上拍了一下,把它打成三块。同时玛玎也跑来了,她挥舞着一口热气腾腾的汤锅,威吓着要把热汤泼在他们头上。他们像一群小驴子般的叫着;但是只要我一驴鸣,没有哪只驴子敢不偃旗息鼓的。我说:

"我是这儿的主人,听我的命令。肃静。啊!哈,你们疯了吗?难道我们团聚,是为了讨论尼塞的教条①吗?我很喜欢讨论,对的;但是,朋友们,请你们选几个新题目吧。这些题目已经使我厌烦死了。真见鬼,要是不争论你们就会生病的话,那就讨论讨论勃艮第的好酒或香肠,讨论讨论看得见,喝得着,摸得到,吃得下的东西:那我们还可以吃吃喝喝,审查它们好不好。但是讨论上帝,老天呀!讨论圣灵,我的朋友们,这只能证明我们没有心灵!……我不说信教人的坏话:我相信,我们相信,你们相信……你们爱信什么就信什么。不过谈谈别的事情吧:难道世界上就没有别的事了?你们每人都准能升天堂的。这非常好,我很高兴。人家在天上等着你们,每个上帝的选民都留好了位置;

---

① "尼塞的教条",做弥撒时念的经文。

其余的人就只能待在乐园门口,这是当然的……呃！好上帝爱怎样安置他的客人,就让他怎样安置:这是他的职务,你们不必多管闲事,要做他的警士。各人有各人的王国。天堂是上帝的,大地是我们的。如果可能,使大地更好居住,这才是我们的事。为了达到这个目的,我们大家没有一个是多余的。你们以为可以缺少你们哪一个吗？你们四个对于国家都有用处。国家需要你的宗教,冉·弗朗索瓦,因为从前大家都信仰它;同样也需要你的宗教,安东,因为将来人家会信仰它;还需要你的冒险精神,艾蒙·米歇尔;也要你的稳重,阿驴。你们是四根栋梁。随便哪根弯了,房子就要垮台。只要你们自己站得住,塌了也不管。这是不是你们想要得到的结论？多么有理,真高明！不过要是四个水手,在波涛汹涌的海上,在狂风暴雨的时刻,不但不小心操作,反而一味争辩,你们又会怎样批评他们呢？……我记得从前听过亨利王和内韦尔公爵的一次谈话。他们叹息法国人拼命要自相残杀的疯狂病。国王说:‘灰肚子圣者[1],为了要使他们安静,我真想叫人把他们装在麻布袋子里,一袋装两个,一个激烈的修士和一个宣传疯狂神音的教士,把他们像一窝猫似的,一齐扔到卢瓦尔河里去。’内韦尔公爵却笑着说:‘若是我呢,我觉得只要把他们装在麻布袋里,送到小岛上去,也就够了;据说伯尔尼的先生们[2]就是把吵架的夫妇都送到小岛的海边,一个月之后,船再去接他们回来,发现他们全都温柔驯服,好像咕咕叫的鸽子。’你们也许需要同样的治疗法！小鬼？你们背对背站着,还哼什么？……呃！回过脸来互相瞧瞧,孩子们！你们尽管相信你们每个人都是另外一种材料造成的,都比你们的兄弟好得多;其实还是四团一样的面粉[3],四个一模一样的布勒尼翁,四个尖酸刻薄的勃艮第人。瞧瞧你们脸上这个强横霸道的大鼻子,这张宽阔的大嘴巴,好像灌酒用的漏斗,这副粗眉大眼,它们想装出凶恶的样子,

① “灰肚子圣者”,亨利四世诅咒时的口头禅。
② “伯尔尼的先生们”,指瑞士联邦政府。
③ “一样的面粉”,原文是拉丁文。

却又不得不笑。你们身上都有同样的记号！难道你们不知道，你们互相伤害，那就是在毁坏自己？如果你们握手言欢，岂不更好？……你们的想法不一样。呸，这有什么关系！嘿！这岂不是更好！难道你们都要耕种同样的田地？一家人田地和想法越多，我们就越幸福，越有力量。扩张吧，繁殖吧，选择你们所能选择的土地和思想。各人有各人的思想，但是大家团结起来，（喂，孩子们，互相拥抱吧！）那布勒尼翁的大鼻子才能在田地里扩大它的影子，吸取世界的美丽！"

他们不说话了，板着面孔，闭紧嘴唇；但是我看得出，他们很难控制自己不笑。忽然，艾蒙·米歇尔哈哈大笑起来，他伸出手给冉·弗朗索瓦说："得了，鼻子大哥，好啦！傻瓜，讲和吧！"他们互相拥抱了。

"玛玎，来呀！拿酒来祝我们健康！"

这时我才注意到，刚才我气得用水壶拍桌子的时候，把手腕割破了。几滴鲜血染红了桌子。安东总是很严肃的，他举起我的手来，把玻璃杯放在我的手腕下面，接住我深红的血管里流出来的液汁，并且庄严地说：

"为了巩固我们的团结，让我们四个人都喝这杯酒吧！"

"怎么了，怎么了，"我说，"安东，糟踏上帝的红酒！呸！你真讨厌！倒掉这杯浑酒。谁要喝纯粹的血酒，干脆就喝自己的血吧。"

说到这里，我们就大口喝酒，关于酒味，我们一点也没争执。

他们走了之后，玛玎一面给我包扎手腕，一面对我说：

"老坏蛋，你这一回到底达到目的了？"

"你是说什么目的呀？是使他们言归于好吗？"

"我说的是别的。"

"那是什么呢？"

她指着桌子上打破了的水壶。

"你非常明白我的意思。不要假装没事……承认吧……你会承认的……得了，对着我的耳朵说。他不会知道的……"

我假装吃惊，生气，糊涂，我否认；但却扑哧一声大笑起来，……我笑得喘不过气。她重复对我说：

“坏蛋！坏蛋！”

我说：

“它太难看了。听，我的好女儿：不是它，便是我，我们两个，总得去掉一个。”

玛玎说：

“留下的这个也不好看呀。”

“至于这一个，随便他多难看！我可满不在乎。反正我看不见。”

*　　*　　*

圣诞节前夕

岁月好像一扇大门，在涂了滑润油的门枢上转动。门关上，又打开。白天有如折起来的布匹，被装进黑夜的有伸缩性的箱子。它从箱子上面进去，又从箱子底下出来，到了圣吕西节[①]，白天越来越长，长出了跳蚤一跳的高度。我从门缝里已经看见新年的眼睛闪闪发光。

圣诞节[②]前夜，我坐在大壁炉的炉檐下，好像在井底里，我斜着眼睛，望着高高的星空，霎眼的星星，胆战心惊的星光；我听见钟声在平滑的空气中飞翔，飞翔，歌唱着夜半的弥撒。我欢迎耶稣降生了，这个婴儿，在夜里这个时刻，在世界似乎完结的最黑暗的时刻降生了。他小小的声音唱道：“哦，白天，你要回来了！你已经来了。新年，你也来了！”希望也用温暖的翅膀，遮盖着冰冷的冬夜，使它软化。

我独自一人留在家里；孩子们都到教堂去了；这是我第一次圣诞节没有去教堂。我和狗儿“柠檬”，小灰猫“肥仔”待在一起。我们胡

① 圣吕西节，十二月十三日，就是冬至前后。

② 圣诞节，耶稣诞生的节日，十二月二十五日。

思乱想,瞧着火焰舐壁炉。我回味着这个晚上。刚才,这一家人都还在我身旁;我对睁圆了眼睛的格洛蒂讲仙女的故事,讲鸭尾巴,脱毛鸡,卖报晓的公鸡发财的小孩子,因为他把公鸡卖给坐车找黎明的人。我们很开心。他们听着,笑着,每个人都补充一句精彩的话。有时,大家都不开口,偷着瞧沸腾的开水,燃烧的木柴,玻璃窗上颤抖的雪块,钻洞的蟋蟀。啊!多好的冬夜,多么安静,一小家人挤在一起多么温暖,深夜的梦想,心灵也喜欢放野马,不过它知道,即使它胡扯瞎说,也只是为了添些笑料……

现在,算算一年的总账,我发现六个月内,什么都丢光了:老婆,房屋,银钱,还有两条腿。但是最有趣的,是在最后结账的时候,发现我还是和从前一样富有!人家说我什么都没有了?不对,我只是什么负担都没有了。呃!我已经放下了担子。我从来没有感到自己比现在更清爽,更自由,更可以在幻想的洪流中任意游荡……但是,就在去年,谁敢说我会这样轻松愉快地接受这个变化!难道我没有赌咒发誓,说是一直到死为止,都要做我家里的主子,做我自己的主子,决不依赖别人,吃的住的,玩的乐的,都只肯靠自己!啊!谋事在人……最后,事情变得和人的愿望完全不同,但是这样变化也蛮好。总的说来,人毕竟是种好动物。一切对他都好。他能同样适应幸福,痛苦,饱暖,贫穷。给他四条腿,或者除掉他原有的两条,使他变聋,变瞎,变哑,他都会想出办法来适应,自己设法来看,来说,来听。他好比一块可以拉长,可以压缩的白蜡;灵魂的火焰正在锻炼它。感到人的心灵和肌肉能够这样伸缩自如,真美!人在水里可以做鱼,在空中可以做鸟,在火里又会变火蛇,而在地上,还可以做一个快乐地和水火风土四大元素斗争的人。因此,你失掉的东西越多,你就越富有:因为心灵会创造你所缺少的东西:修剪了枝叶的树木不是长得更高吗?我有的东西越少,我的生命就越丰富……

半夜。钟声叮当响了……

“神圣的婴儿降生了……”

我唱着圣诞歌……

“吹吧，双簧管，唱吧，小风笛。
啊！他多么迷人，多么美丽！……”

我昏昏沉沉，打了一个瞌睡，但还是紧紧地靠住壁炉，免得掉到火里去……

“他降生了……双簧管，吹吧，唱吧，开心的小风笛……
他降生了，小小的救世主……”

我有的东西越少，呃，我的生命却越丰富……

*　　*　　*

主显节①

我是一个善于解嘲的人！因为我越贫穷，生活却越幸福。我知道得很清楚。我有办法做个一无所有的富翁，因为我拥有别人的财产。我有权利，但并没有义务。人家是怎样议论那些老头子的呢？他们自己穷得精光，却把一切，连衬衫和短裤，都给了忘恩负义的儿女，并且被儿女抛弃，遗忘，还要看儿女的眼色正催促他们快进坟墓。这是些

① 主显节，一月六日，就是国王节，纪念三贤王礼拜耶稣的节日。那天家庭都要团聚，吃大蛋糕：蛋糕里有一粒蚕豆，谁吃到蚕豆就是国王，大家都要欢呼：“国王喝酒！”国王有时是选定的，头上要戴王冠，还要选个王后。

自讨苦吃的蠢材。老实说,我从来没有比在贫穷中更被人惯养,更为人溺爱。因为我并不那么傻,我没有把一切都送掉,什么也不保留。难道一个人只有钱袋可以送人吗?我呢,即使我把一切都送掉了,还保留了一样最好的,我保留了愉快的心情,这是五十年来,我在生活里奔波劳碌,累积下来的好脾气,坏心眼,假装糊涂的聪明,自作聪明的糊涂。而我的储藏并没有用完啊。我把它向大家公开;大家都来舀一勺吧!难道这不算什么吗?如果说我用了我儿女的,我也给了他们呀,我们两相抵销了。万一这个人给的比那个人少一点,感情也可以补足零头;盈亏相抵,谁也没有什么可抱怨的。

谁想看一个没有王国的国王,一个失掉了领土的约翰[1],一个幸福的流氓,谁想看一个高卢的布勒尼翁,让他今晚来看我吧!我坐在宝座上,主持一次热闹喧嚷的宴会。今天是主显节。下午,人们看见三贤王在街上走过,还有他们的随从,一群穿白的人,六个小牧童,六个女牧童,他们在唱歌;这一带的狗也在吠叫。晚上,我们都入了席,我所有的孩子和孩子们的孩子。一共三十个,连我在内。三十个人一齐叫道:

"国王喝酒!"

国王就是我。我头上戴了一个做点心的模子,当作王冠。王后却是玛玎;正如圣书上说的,我娶了我的女儿。每当我把酒杯举到嘴边,他们就喝彩,我也笑着,胡乱吞下一杯酒;不管胡乱不胡乱,酒总吞下去了,一滴也不漏掉。我的王后也喝酒,她露出胸脯,让她的红娃娃咬着她的红乳头,这个娃娃是我最小的孙儿,他叫着,吸着奶,流着涎,露出了屁股。小狗在桌子底下嗥叫,舐着盘子。大猫也耸起背来喵喵叫,咬着一根骨头跑了。

---

① 约翰,一一九九至一二一六年的英国国王,失掉了他在法国的封土。

我自言自语(高声地:我不喜欢低声细语):

“生活多好。啊,朋友们!它唯一的缺点就是太短了:即使有钱也买不到。你们会对我说:‘满意了吧!你那一份很好,你已经得到了。’我并不说不好。不过我想得个双份。谁晓得呢!也许不必高声大叫,我可以再得一份……但可悲的是,即使我还活着,那么多我所认识的好人到哪里去了?唉!上帝!时间一去不复返,人也一样!哪里去找我的亨利王和好路易公爵呢?……”

我又走上了往昔的道路,收集起记忆中枯萎了的花朵;我又讲起我的故事来,永远也讲不累,永远翻来覆去。我的孩子们让我说;当我有一句话想不起来,或者讲得混乱不清的时候,他们就给我提示下文;我从梦中醒了过来,面对着他们诡诈的眼睛。

“呃!老爸爸,”他们对我说,“在你二十岁的时候,生活多么好啊!那时的女人胸脯都更美丽,丰满;男人的心都长在正中,别的也是一样。应该看看亨利王和他的好伙伴路易公爵!现在的人不再是用那种材料做出来的了……”

我回答说:

“调皮的家伙,你们笑吗?你们笑得对,笑是有好处的。不过,我还不那么蠢,蠢到相信我们的葡萄会歉收,或者收获葡萄会缺少快活的人手。我晓得死了一个老的,会生三个新的,我晓得制造高卢快活孩子的材料长得越来越密,越直,越紧。不过用这种材料造出来的,可不再是和从前一样的人。哪怕你再削一千尺,一万尺,永远,永远也做不出我的亨利王,或者我的好路易来。而我爱的却是他们……得了,得了,我的哥拉,别伤感了。怎么,流眼泪啦?唉!难道你还懊悔不能一辈子都咀嚼同样的口粮吗?酒不是从前的酒了?那有什么关系?它的味道并不比从前的差呀。喝酒吧!喝酒的国王万岁!爱喝酒的老百姓也万岁!……”

孩子们,说句坦白话,一个好国王自然很好;不过最好的国王,还是我自己。让我们自由吧,高尚的法国人,打发我们的主人滚蛋!我的土地和我,我们互爱互助,自供自足,管天上的国王或者地上的国王干吗?我并不需要一个王位,天上的也罢,地上的也罢。让每个人在太阳下都有一个位置,也有一个影子!让每个人都有一块土地,也有一副胳膊去翻转泥土!我们并不要求别的。即使国王到我家里来,我也会对他说:

“你是我的客人。祝你健康!请坐下吧。老乡,所有的国王全一样。每个法国人生来都是一个国王。连我这个老汉也是自己家里的国王。”

“怎么,”约翰教士说,“你也做起诗来啦?老天在上,我感到我也会像别人一作做诗的;等一下,请原谅,要是我作诗不红脸的话……”

庞大固埃[①]第五卷第四十六章

一九五七年二月二十二日译完

① 庞大固埃:见法国十六世纪大作家拉伯雷的《巨人传》。

皮埃尔和吕丝

罗　旭译

故事发生在一九一八年一月三十日星期四傍晚至三月二十九日圣星期五①。

① 一九一八年一月三十日，巴黎市区首次遭到德国飞机轰炸，三月二十九日，复活节前夕，巴黎一座教堂被炸。作者选择这两个有意义的日子作为故事发生的时间，目的在于加强小说的真实感。

一

皮埃尔钻进地下铁道。车站里人潮汹涌,狂暴慌乱。他挤上列车,在门边站住,挤在人堆里,呼吸着他们口中喷出的混浊空气。他朝隆隆作响的隧道穹顶望去,但却什么也没有看见,那里是一片黑暗,只有眼珠一般的列车前灯把光射上去,随车滑动。皮埃尔的脑海中也呈现出同样的图景:同样是一片漆黑,只有几缕微光,颤悠悠地划破黑暗。他把外衣领子竖起,双臂贴在身边,嘴唇紧闭。他感到气闷窒息,前额沁出了汗珠,但车一到站,车门开处,又感到寒风凛冽,冷不可挡。他正努力做到视而不见,屏息敛气,停止思维,中断生活。这个男子还很年轻,才十八岁,简直还是个孩子。但他心里却充满阴暗的绝望。在他上面,在黑压压的穹顶上,在满载芸芸众生的金属怪物飞驶向前的地道上,是雪天的巴黎,一月的寒夜,生与死的噩梦——战争。

战争。这场战争已经进行了四年。它的乌云笼罩着皮埃尔的整个少年时期。战争爆发的时候,皮埃尔尚未成年,刚刚意识到感官在苏醒,心中惴惴不安;他觉得生活本身有一股盲目而野性的冲力,根本无法驾驭,自己还没有跨进生活,就已经成了它的俘虏,他感到惊慌失措,正在经历一场心灵上的危机。皮埃尔多情善感、体质纤弱。看到战争的丑恶和残暴,看到富饶而慷慨的大自然失去了理性——就像一头刚下崽的母猪在吞噬自己的幼畜——他和具有类似气质的青年人都感到厌恶和恐惧。但是他们又不敢向别人倾诉。十六岁到十八岁的少年身上往往具有一些哈姆莱特①的气质。可别指望皮埃尔能理解

① 哈姆莱特,英国戏剧家莎士比亚著名悲剧中的主角。第二章中的霍拉旭为哈姆莱特的挚友。

战争！（对你们这些冷静的成年人来说，认识战争当然是好事。）皮埃尔要做到理解生活和原谅生活就够他对付的。平日，他沉湎于遐想，在艺术之宫心驰神往，他像从蛹变为幼虫，再变为成虫一样，要经过痛苦的历程才能习惯于自己的成长。在这走向生命成熟阶段的青春骚动时期，他是多么需要安谧，多么需要静心沉思啊！但是人家居然到他藏身的地方来找他了，硬把他从隐蔽的角落拉出来。他还没有成熟，还很娇弱，根本不理解人类的疯狂和仇恨，但却必须面对残酷的环境，必须立即去同凶恶的人们周旋，并为此付出代价。

皮埃尔和他同役龄的十八岁同学一样，即将应召入伍了。六个月以后，祖国将需要他转战沙场。战争将需要他作出牺牲。只有六个月的喘息时间。六个月！在这段时间里，哪怕能停止思维也好！就在这地道里躲着，免得再面对残酷的天日……

列车风驰电掣而去。他躲在黑暗中，闭上了双眼。

当他重新睁开眼睛时，发现几步以外，只隔着两个人，站着一位刚上车的少女。起初，他只能从帽子的阴影下瞥见一个楚楚动人的侧影，略嫌瘦削的面颊上贴着一缕金色的鬈发，像一道阳光射在俏丽的笑靥上。鼻子线条纤巧，小嘴的轮廓秀美端庄，双唇微翘，因为刚刚快跑过，嘴还在翕动，轻轻地喘着气。这位妙龄女郎通过他眼睛这扇窗户进入了他的心灵，整个进入了。随后他又闭上了眼睛。周围的喧闹声已经听不见了。一片沉寂，安谧宁静。只有她在他心里。

少女没有看他，甚至不知道身边有一个他。可是少女却像小鸟依人那样在他心上，默默地偎倚着，他屏住呼吸，唯恐鼻息重了搅扰了她……

下一站，一片拥挤。尽管车内已经挤满，乘客仍然喧闹着蜂拥而上。皮埃尔在人流的带动下，身不由己地向前移动。在地道的穹顶上，从巴黎城里，从高处，发出了沉闷的爆炸声。列车又滑行了。这时，一个受了惊吓的人，两手捂着脸，从站台的阶梯往下冲去，卧倒了。车上的人只来得及看到血从他的手指缝中流出来……随后又是无边的黑暗和隧道……车厢里发出一片惊恐的尖叫:“德国戈达飞机[1]来了……”一阵冲动,摩肩接踵的人们息息相通了,皮埃尔一把抓住身边那人的手。当他抬头看时,才发现正是那位少女。

姑娘丝毫无意挣脱。皮埃尔用手指捏了她一下,感到她很激动,指头微微颤抖,随后,她松弛下来,小手又暖和又温柔,搭在他的手心,一动不动。两人就在黑暗的庇护下,携手伫立,两只手像栖息在同一个巢中的两只小鸟。他们的掌心飞烫,汇成一股暖流,激荡着彼此的心弦。他们相互间没有说一句话,也没有做什么表示。他的嘴几乎挨着她面颊上那缕鬈发和她的耳垂。她没有看他。过了两站,她挣脱了(他也没有挽留),穿过人丛,离去了,仍然没有看他一眼。

直到她的身影消失,他才想到去尾随她……太迟了,列车已经开动。到下站,他就回到地面上。深夜,寒气袭人,看不见的鹅毛大雪迎面扑来。他又回到了巴黎城里,周围是一片恐怖,空中笼罩着战争的怪影。但是这一切,他仿佛都没有看到。他看到的只是心上的她。他回家了,手中仿佛还紧握着素昧平生的少女的手。

二

皮埃尔·奥比住在克吕尼广场附近他父母的家中。父亲是法官,法院的院长。哥哥比他年长六岁,战争刚爆发,就应召入伍了。他的家庭是一个典型的法国中产者的正派家庭。一家人都善良正直,彼此相亲相爱。他们从来不敢有自己的见解,也可能根本没有想过独立思考会是怎么一回事。奥比院长为人正派,对自己肩负的重任,具有高度的责任感。要是有人竟敢怀疑他作出的判决不是凭着良心,根据衡平法[2],而是出于其他别的什么考虑,那他一定会怒气冲天,坚决驳回,认为受了最大的侮辱。不过,他从来不曾有过反对政府的念头,哪怕

① 戈达飞机,是第一次世界大战中德国所使用的一种夜航轰炸机。
② 衡平法,西方法律中的一种法规,主张公平待人。

是最微弱的意向。他生来就是一个公职人员,忠心耿耿,一贯心地善良,以国家的需要为思考问题的出发点。他的思想尽管千变万化,但却万变不离其宗。他认为已经建立的政权是神圣不可侵犯的。他衷心钦佩历史上那些具有钢铁般意志的大法官,他们善于独立判断,而又刚直不阿。很可能,他私下把自己也划归这一行列。这是受共和制束缚了一个世纪以后的米歇尔·德·洛斯比塔尔①的缩影。至于奥比夫人,正如她的丈夫奉公守法、拥护共和一样,她也是个循规蹈矩的基督徒。她的丈夫为当局效劳,反对非法的越轨行为,态度严肃认真、一丝不苟。她自己则同欧洲各国的天主教神甫、新教牧师、犹太教教士、东正教神甫、报刊以及当时一切思想正统的人们一起,诚心诚意为大屠杀和战争祈祷祝愿。他们两个人,父亲和母亲,都十分宠爱孩子,同普通的法国人一样,对孩子怀着深厚真挚的感情,不惜为孩子作出任何牺牲。但是为了和自己的同胞步调一致,他们已经毫不犹豫地献出了自己的孩子。这究竟是以谁的名义呢?是以一位不知名的神明的名义。每一个时代的亚伯拉罕,都把自己的以撒送上火的祭坛。对于可怜的人类来说,今天,这种疯狂的壮举仍然是堪为楷模的。

在多数这类法国家庭里,家人之间感情极为深厚,但却丝毫谈不上亲密无间。皮埃尔家里,也是这样。既然家里每个人都避免正视自己的思想深处,那么相互间又怎么可能推心置腹,披肝沥胆呢?不管自己有什么感受,总得首先考虑必须严加恪守的那些信条和教义。教义、教规只限于在特定的领域中起约束作用(一般来说,当问题涉及来世时往往如此),还算说得过去,但毕竟已是一种束缚。至于那种干预生活并以指导生活为己任的信条,诸如世俗的义务和清规戒律之类,我们又该给予什么评价呢!抛开"祖国"这个信条吧!新的宗教使《旧约全书》都相形见绌、望尘莫及了。在王政时期,当人们的思想还没有受到禁锢的叫候,我们的"哲学家"们曾经满怀激愤地攻击口头上

① 洛斯比塔尔(1505—1575),法国政治家,曾任法官。

的皮从和诸如忏悔、星期五斋戒、星期日休息等宗教仪式。这些活动虽然是无害的或有益身心的,但毕竟是荒诞不经的。新的宗教对此还不满足。它不满足于局部。它要占有一切,它要占有人的一切:肉体、鲜血、生命和思想,特别是鲜血。除了在墨西哥的阿兹台克人[①]中以外,还没有见到过任何一种神明有这么霸道,这么不知餍足。如果断言信徒们并不以此为苦,那就太不公道了。他们吃了苦头,但却深信不疑。啊!人们,我可怜的弟兄,他们甚至认为受苦本身就说明交给他们的使命是神圣的……奥比夫妇同别人一样,感到痛苦,但也同别人一样,心悦诚服。但是,对一个年轻人,却不可能要求他能够无视自己的心灵、感受和良知,表现出不顾一切的忘我精神。皮埃尔本来希望至少能弄明白究竟是什么东西在压抑自己。他面前有这么多问题,他感到忧心忡忡,但又不能明说。因为他想说的第一句话只能是:"如果我不信这一套呢!"——而这句话本身就是亵渎神明的。不,他不能开口。否则,大家都会惊恐万状地瞪着他看,甚至还会流露愤怒、痛苦和耻辱的神色。何况,在他这个年龄,人还没有定型,灵魂十分脆弱,外界略有风吹草动,心灵都会有所感应,不知不觉地,战战兢兢地模仿着。因此,他还没有开口,自己已经感到忧伤和羞愧了。啊,大家不是都深信不疑吗?(可是,难道真是如此吗?)他们是怎样做到这一点的呢?他不敢问。既然周围的人都确信不疑,唯独自己例外,他就感到自己身上好像欠缺些什么。可是哪怕缺少的只是多余的东西,他也会羞答答地加以掩饰,唯恐别人知道。

只有哥哥菲力浦有可能理解他的苦恼。对于年幼的弟弟、妹妹来说,哥哥、姐姐只是毫无共同之处的伙伴,甚至只是瞬息即逝的幻象,但是在哥哥、姐姐身上往往又可以看到梦寐以求的未来影子,使他们眼花缭乱,寄托着他们纯洁而热烈的深深爱慕。因此,他们一贯崇拜哥哥、姐姐而又小心翼翼不让自己的感情外露。皮埃尔对哥哥就采取

① 阿兹台克人,墨西哥印第安部族,曾创造了印第安四大文明之一。

这种态度。菲力浦发现弟弟天真无邪,对自己五体投地,倒不禁受宠若惊了。不久前,他试图了解弟弟的心情,婉转加以开导。因为尽管他身体比弟弟壮实,但却同弟弟一样,秉性腼腆,像所有的优秀人物那样,身上保留着某些女性的气质,而不以为耻。但是战争来了,把他卷进旋涡,中断了他的正常生活、工作和学习,打破了他这个二十岁青年的幻想以及他同弟弟的亲密关系。一开始,他从理想主义出发,如痴如醉,不顾一切,就像一只疯狂的大鸟,搏击长空,幻想着——真是既英勇又荒唐——靠一己的奋斗,在地球上结束战争,重建和平。从那个时候以来,这只大鸟已经有两三次回巢歇息了,他每次回来都变得更加颓丧。幻想破灭了。但是他受到的打击太大,已经没有心思来思考问题。他对过去的信念感到羞耻。太愚蠢了,他居然没有看出生活的本来面目。现在,他竭力想看破这一切,不管现实多么残酷,都毫无怨言,努力适应。他不仅鞭笞自己,甚至在痛苦之余,还恶意地践踏弟弟的心灵,想扫除他在弟弟心中看到的自己过去的幻想。他头一次回家皮埃尔就兴冲冲地迎上来,急于向他倾诉衷肠。但是他的反应却叫皮埃尔寒心。对弟弟,他当然还是很亲热的,但是语气里却带着苦涩和奚落。于是涌到弟弟嘴边的问题缩回去了。这一切菲力浦都看得出,但他还是用一句话、一道目光,把弟弟挡在心灵的门槛之外。皮埃尔经过两三次试探之后,终于伤心地放弃。他已经认不出自己的哥哥了。

哥哥却很熟悉弟弟。在弟弟身上,他还能看到不久以前自己的影子,但是现在他却不能再做这样的人了。为此他让弟弟付出了代价,随后又懊悔,但却毫无表示,反而变本加厉。兄弟俩都十分痛苦。但是由于不断产生误会,他们虽有相似的感受,却未能相互接近,反而更加疏远,唯一的差别在于当哥哥的很明白弟弟也在遭受折磨,而当弟弟的却认为自己形单影只,找不到一个贴心人。

皮埃尔为什么不去找年龄相仿的伙伴,找学校里的同学谈心呢?这些少年本应当休戚与共,有共同语言的。但事实不然。面对共同的悲惨命运,他们反而四分五裂。就连意气比较相投的人,彼此间态度也很保留、疏远。他们中最普通的人,已经闭起眼睛,一头扎进战争的旋涡。大多数人同这批人保持距离,感到自己同上一辈人之间没有共同之处,他们不能理解父兄辈的激情、希望和仇恨。对于这场疯狂的战争,他们只是冷眼旁观,就像守斋者看着醉汉一样。但是他们又能采取什么行动加以反对呢?很多人办起了小型杂志,但往往只是昙花一现,刊物只出几期就因为条件太差而停办了。书报检查的结果是扼杀舆论。法国的思想界遭到禁锢,早已噤若寒蝉了。少年中的最优秀分子早就看出自己是这场战争的俎上肉。他们自尊心很强,不想抱怨,要反抗,力量又太薄弱。于是,他们只好在被送上屠场之前,怀着不屑为伍的态度分别进行冷静的观察和分析,颇有幸灾乐祸之感。他们蔑视大多数人的精神状态,孤芳自赏,自我中心,一味沉湎于精神世界、艺术王国,试图陶醉于理想境界中,寻求慰藉,希望能向人类讨还一些个人——这可怜的自我——的权利。在他们眼里,人类是可笑的,不过是相互宰割的集团。他们成熟得太早,幻想早已破灭。他们亲眼见到父兄们为幻想付出了什么样的代价,也知道自己虽不再轻信,却必须牺牲生命作为代价。他们对自己这一代人,也就是对整个人类都失去了信心。再说,在这种时候,轻信的代价是昂贵的。每天都有一些人因为向"爱国的"密探透露自己的看法而被告密。而当局的表彰,使密探更加狂热。由于这一切,年轻人感到气馁,变得谨小慎微了。他们愤世嫉俗,自甘寂寞,彼此间绝少倾心交谈。

皮埃尔像所有十八岁的小哈姆莱特那样,渴望遇到一位霍拉旭,但在他们中间却找不到这样的知己。他痛恨人云亦云,认为舆论像独善其身的婊子。但是他太温情,不惯于离群索居,迫切需要向知心人尽情倾诉。看到人类在受难,他感到痛苦,甚至压抑得喘不过气来。他对人类的灾难看得太重,因为同脆弱的年轻一代相比,整个人类毕竟要坚强得多。然而,比人类的苦难更使他难以忍受的是,人类所干的事情愚蠢透顶,对这一点他丝毫没有夸大。

只要明白一件事情的意义,吃苦不是什么难事,即使要付出生命也在所不惜。理解了自己的行动,牺牲本身就是乐事。但是当今世界上人类的相互残杀对一个少年来说,究竟有什么意义呢?各国之间混战一场,就像愚蠢的公羊在深渊边缘角斗一样,最终免不了同归于尽。这一切又怎能赢得身心健康、诚挚深沉的少年的心呢?再说,世界十分广阔,完全可以兼容并纳。人类有什么必要疯狂地互相残杀呢?为什么热爱自己的祖国就意味着必须征服别国,为什么这些国家会目空一切要以掠夺为己任,而又教育人民必须以屠杀为天职呢?为什么人类到处互相残杀?为什么世界要自我毁灭?为什么生命好比恶性循环,要以他人的痛苦、血肉,死亡作为自己永生的代价呢?这简直是一场噩梦!打仗是为了什么,受苦又是为了什么,死去、活着都是为了什么,为了什么,为了什么?

这天晚上,皮埃尔回到家里以后,这一连串的为什么却并没有在他的脑海中出现。

三

然而,任何变化都不曾发生。皮埃尔坐在自己的房间里,身边仍然是纸张和书籍。周围是熟悉的喧闹声。街上响起解除警报的汽笛。楼梯上,传来刚从地下室上来的房客们轻松的交谈。楼上,那位老邻居照旧在踱方步。自从几个月以前他儿子失踪以后,老人一直疯疯傻傻,期待着爱子归来。——但是,平时皮埃尔自己独居斗室时常有的那种无限惆怅的情怀今晚却烟消云散、荡然无存了。

有时候,琴弦没有调好,会发出刺耳的噪音,搅得人心绪不宁。直到找到新的音符,能够使互不相干甚至互相排斥的音素浑然一体,和弦才能完成。相逢而不相识,须经过介绍才能打破僵局。和弦完成了,一切才会变得协调、融洽。同少女萍水相逢以后,皮埃尔思想感情上出现的就是这种变化。但是皮埃尔并没有意识到变化的原因。他也无心去探究,只是觉得往常那种格格不入的感觉似乎突然消失了,就像病人头痛了几个小时以后,突然痊愈了,一时竟不知道病痛是何时消失的。不,他的太阳穴还在嗡嗡作响。他对病痛记忆犹新,疑心平静的心情会转瞬即逝,而症状很快又会出现,甚至还会加剧。过去,当他沉湎于艺术享受的时候,也曾体验过短暂的忘却。当你看到线条和色彩在画家笔下构成奇妙的画幅,或者听到琴键经人抚摸产生和谐优美的曲调,这种时候,你总是会感到清新安宁,无限欣慰的。但是这种境界是外部环境造成的。每当阳光普照、大地生辉的时候,人们就会心旷神怡,甚至飘飘欲仙,但转瞬间,便又从仙境返回尘世。艺术从来只能使人暂时忘却现实。皮埃尔胆战心惊,唯恐失望。但是,这一次,他精神焕发是由于内心迸发了激情。他并没有忘却现实生活。只是觉得现实生活中的一切,包括记忆和思想,都变得协调了甚至房里的书籍和纸张似乎也变了,变得使他重新产生了兴趣。

近几个月,皮埃尔的求知欲处于压抑状态。犹如茁壮成长的小树遭到了冰球的袭击。他们这批低年级的男学生,由于即将应召入伍,正在受校方多方照顾。讲究实际的学生,唯恐坐失良机,便努力乘考官宽容之际,尽快拿到毕业文凭,有的眼看死神即将降临,在绝望之余,反而加倍刻苦钻研,贪婪地吞噬着各种知识,尽管他们已经永远没有机会在生活中检验自己的知识了。但是皮埃尔与众不同。他看透了;如果对这个世界怀抱幻想,那不仅荒谬绝伦,而且要付出惨重的代价,到头来无非是万事皆空。于是他心灰意懒,干什么都提不起精神。他也会抓起一本书看看或者思考一个问题,但一想自己要赤条条地离开尘世,便茫然若失,放弃努力了。既然什么都是身外之物,都将失落,学习知识,钻研思考又有什么用呢了只有当生活本身具有某种意义的时候,知识、科学才会有意义。他曾一再冥思苦想,苦苦追求,却始终体会不到生活的意义。可是现在,生活的意义突然自己表现出来了……生活果然是具有某种意义的。

生活的意义究竟是什么呢?他在寻找内心喜悦的源泉。于是他看到了少女微微歙动的双唇。他多么想能亲亲她啊!

四

通常,两人邂逅,未及交谈就如痴如醉,这种激情往往不能持久。年轻人渴望爱情,总感到爱情无所不在。他们胸中柔情似水,把握不住,总是不断钟情,用情不专。他们并不想匆匆选定伴侣;因为他们都刚刚开始进入生活!

但如今,生命变得短促了,必须加快步伐。

皮埃尔觉得自己过去虚度了年华,心情益发急切。从远处看,大城市似一口染缸,芸芸众生荒淫放荡、耽于声色。但城市里又总有一些人出污泥而不染,始终心灵纯净、洁身自好。很多青年男女相亲相爱、彼此尊重,婚前一直过着白璧无瑕的生活。就是在知识阶层的文人雅士中间,即使社交界名媛或高校学生,他们尽管早熟好奇,或谈吐放肆或无所不知而又从无体验,这一切掩盖的却都是惊人的无知,在巴黎的心脏地区,还得留着一些纯朴的外省特色,有幽居的小院,清洌的甘泉。只有描绘巴黎的文艺作品将她暴露无遗,凡是以巴黎的名义从事写作的,都是些下流污秽之辈。而我们也很清楚,出于对人们的错误看法,清白纯洁的人往往不愿承认自己的天真无邪。——皮埃尔还没有尝过爱的禁果,所以爱神刚一展翅,他就坠入爱河了。

爱神居然能在死神猖獗时自由飞翔。想到这一点,皮埃尔更加心花怒放了。当时他和吕丝两人都感到头顶上的炸弹威胁,看到铁轨上鲜血淋淋,支离破碎的肢体。在痛苦惊愕之余,两人不约而同一起伸出手去。执手间,两人身上一阵战栗,心中无限慰藉。相逢尚未相识,彼此已成挚友。两手轻轻一握,一切便尽在不言中了。在皮埃尔是让吕丝依靠自己,在吕丝却似母亲抚慰孩子,而她自己的恐惧,则早已抛开不顾。

这一切既不曾说出,也不曾听到。但两心相照时,便是无声胜有声了。如若言不及义,言语便似屏障,专为掩盖心声。现在,皮埃尔终日情思昏昏、悠忽迷离,耳畔似有金色的野蜂在哼唱。他慵懒麻木,只顾心醉神驰地消磨时日。他那颗孤寂袒露的心,渴望能找到栖身的归宿。

正是二月七旬,巴黎最近又遭轰炸,满目疮痍,正忙于善后。报刊和舆论,蛰居斗室闭门造车,大肆叫嚷报仇雪耻。根据《锁链报》反映的呼声,政府向国人开刀了。开始对叛国罪进行起诉。整个巴黎异口同声主张处决但求免予一死的可怜虫,对案件津津乐道。看来,虽然打了四年仗,有一千万无名小卒捐躯丧命,但巴黎还不满足,仍觉得好戏没有看够。

但是我们这位年轻的主人公却沉醉于这次邂逅所造成的神秘气氛中,不问世事。奇异的爱情,梦一般的幻境,一切都深深铭刻在他心灵深处,一切又都朦朦胧胧,迷迷茫茫。姑娘的脸型、眸子的颜色、小嘴的轮廓,连这些,皮埃尔都若明若暗,无法描绘。只是一想到她,就激动得不能自持。他也曾细细捉摸,想回忆起那张可爱的面容,但一如水中捞月,徒劳无益。他在巴黎走街串巷,四处寻觅,却始终不见芳踪。他好缘随时都能看到她,心儿经常狂跳不已。实际上闯入他眼中的不过是一些熟悉的微笑、窈窕的身影和冒烟的目光,这一切给他的印象飘忽不定,同他苦苦追求、自信倾心爱慕的姑娘毫不相像。那么难道他爱的不是她吗?是她。正因为爱的是她,才觉得她无处不在,变幻莫测。她就是微笑、阳光和生命的化身。而熟悉她的音容笑貌,至多只限于认识了她的形体。——当然她的形体也是皮埃尔所追求的,找到她的形体,皮埃尔才能拥抱爱情,享受爱情。

难道他再也见不到她了?不,他深知她就在这里,她就是归宿,是暴风雨中的良港,黑夜的灯塔。StellaMaris,Amor①,请在死神猖獗的时刻,庇护我们吧!

① 拉丁文:爱神,婚姻的星辰。

五

皮埃尔在塞纳河畔沿着学院宫信步走去，漫无目的地浏览着一家书摊上陈列的书报。岸边照旧摆摊的书商已经不多了。他走到艺术桥阶梯脚下，一抬眼，望见了日夜思念的她。她臂肘下面夹着画板，刹那间，皮埃尔脑中一片空白，随即匆匆向她迎去。皮埃尔沿着阶梯上桥，她从桥上下来，两人第一次面对面相逢，四目相遇了。皮埃尔走到她跟前，站住了，脸红红的。她感到意外，看到他脸红，颊上也泛起了红云。皮埃尔还没来得及回过神，她就迈着小鹿般的步子，从他身边，一擦而过。当他清醒过来，又回身探望时，她的身影已经在塞纳河路口一幢带穹顶的建筑物处拐了过去，消失了。他并没有想去追她，只是斜倚在艺术桥的栏杆上，凝视着滚滚的河水。一瞬间，他感到心中又激荡起新的希望。（啊，亲爱的年轻人，你们是多么愚蠢啊！）

一星期以后，他在卢森堡公园漫步，金色的阳光照耀得满园生辉。尽管这年月气氛阴郁，但是二月却依然风光绮丽。他睁大眼睛，只顾出神，辨不清是自己生活在梦中，还是臆想变成了现实。他时喜时悲，温情脉脉，柔情如水，沐浴在阳光下，只觉得精神恍惚，昏昏沉沉。他满面笑容，心不在焉地朝前走着，并没有意识到自己的嘴唇在微微掀动，口中还吐出一些不连贯的字句，断断续续地哼着一支歌儿。他两眼盯着沙地，但突然感到身边有人微笑着走过，就像惊鸿飞过一般，他转过身去，发现正是她刚刚擦身而过。正好，她也回过头来看他，脸上笑容可掬，但还是继续向前赶路。于是，他不再犹豫了，猛地向她走去，两臂几乎向她伸了过去。他的动作是那么自然，那么纯朴，她也很自然地停下来等待了。他没有寻找任何托辞，他们俩丝毫不感到拘束，似乎在继续早已开始的约会。

“您笑话我！”他说，“您是对的。”

“我没有笑您，您自己在笑，我看见您笑，所以也笑了。”她的声音和她的步履一样，轻巧而富于节奏感。

“我真是在笑吗？”

“您现在还在笑呢！”

“现在我知道我为什么笑。”

她没有问他为什么笑。他们一起向前走，感到十分幸福。

“阳光多么明媚！”她说。

“春天刚刚来临！”

“您刚才是为欢迎春天而微笑吗？”

“不仅是欢迎春天，也是欢迎您。”

“您撒谎！真坏！您还不认识我呢！”

“怎么能这么说呢！我们见面，已经不知道有多少次了。”

“算上今天，是第三次。”

“啊！您也记得……您看，我们已经是老相识了。”

“那就谈谈吧！”

“太好了，我正想这样谈谈呢……让我们坐下吧，就坐一会儿，好吗？坐在水泉边，瞧，天气多么晴朗！”他们已经走到加拉累泉边，工人们在架铁栏杆，保护雕像不受空袭破坏。

“不行，我会赶不上电车的……”她说了几点钟一定要上车，他告诉她，还有二十五分钟。

是的，可她还得到拉辛路路口去买点心。那儿的小面包特别可口。他从口袋里拿出一块面包。

“不会比这块更好吧……愿意尝一尝吗？”

她笑了，但还有点犹豫。他把面包塞给她，握住了她的手。

“您要是同意尝这块面包，那我就太高兴了……来吧，坐下吧。”

他拉着她走到泉边路上一张长凳旁。

“我还有别的东西呢。”

他从口袋里拿出一块巧克力糖。

“真是个馋嘴……还有什么？……”

“不过不好意思再拿别的了,那是没有包装的。”

“没关系,拿出来吧,现在不正在打仗吗?”

“我这可是第一次感到战争也还有它美好的一面呢!”他看着她吃东西。

“不,不,别谈战争,太可怕了!”

“对,对,我们永远也别谈战争。”他热切地附和着。

空气一下子缓和了。

“瞧这些小麻雀,它们在戏水呢!”她指指在水池边扑打着翅膀的鸟儿。

“嗯,那天晚上,那天晚上在地下铁道里,您也看见我了?”他顺着自己的思路,提出了问题。

“那当然!”

“可您根本没有朝我这边瞧一眼……脸儿自始至终都朝着相反的方向……喏,就像现在这样……”

他只能看到她的侧面,她一面品尝面包,一面向前方凝望,眼睛里的表情促狭调皮。

“……还是瞧我一眼吧! ……那边有什么可看的呢?”

她没有回头。他抓住她的右手,手套的食指上有一个破孔,露出了手指头。

“您在瞧什么呢?”

“您在瞧我的手套……请别把破洞撕得更大了!”

他漫不经心地撕着手套上的破洞。

“对不起! ……可您怎么会看见的?”

她没有回答,他从她的侧面看到她脸上带着嘲弄的表情,眼里含着笑。

“啊,您真坏!”

“这很简单,谁都会这么斜眼看人。”

“我就不会。”

“来,试试看,……果然不行。”

“我永远也学不会。我要是想看什么,非得正面瞧着不行,就这样,死死盯住人家的脸,傻乎乎的。”

“啊,不,不那么傻!”

“您到底让我看见您的眼睛了!”

他们俩眉目传情,温柔地微笑了。

“您叫什么名字?”

“吕丝。”

“多美的名字,就像今天的天气那么美好。”

“您呢?”

“皮埃尔,……一个俗不可耐的名字。”

“嗯,倒像是个好小伙子的名字,眼睛应当是浅颜色的,表情老老实实。”

“我的眼睛颜色就不算深。”

“要说颜色,您眼睛的颜色倒的确很浅。”

“至于表情,那是因为我的眼睛在瞧着吕丝。”

“吕丝!……应当称呼我吕丝女士!”

“不!不!”他摇摇头,“您不是女士,您就是吕丝!我就是皮埃尔!”

他们手握着手,不再相互对视,而是举目望天,越过光秃秃的枝丫,眺望那蔚蓝色的天空。两人都沉默不语了,思绪却通过紧握的手互相沟通着。

“那天晚上,我们俩都害怕了。”她说。

“是的。那有多好啊!”

只是以后,他们才意识到自己表达的都是对方想说的话,为此,他们微笑了。

她听到钟响了,便突然挣脱了手,站起身来。

“我只剩下赶车的时间了。”

他们两人一起迈着巴黎妇女惯用的小碎步,急速向前走去。巴黎的妇女在这么走动时,步态是那么优雅轻盈,尽管看起来不像小跑,但也能给人以步履迅速的感觉。

“您常经过这里吗?”

“每天都经过。更确切地说是经过对面的草坪。”

她给他看了她画的公园园景和临摹的华托①的风景画。

“我刚从卢浮宫博物馆出来。”

“画家?”他看着她手中的画夹,问道。

“不是。这个称号太高了,担当不起。不过是一个小小的画匠罢了。”

“为什么?因为您爱好绘画吗?”

“啊,不是的,是为了挣钱。”

“为了挣钱?”

“搞艺术为了挣钱,这够糟糕的,对吗?”

“要是不会画,还能够赚钱,那才真叫怪事呢!”

“就是这么回事。下次再给您解释吧。”

“下次还在泉水边等您。我还带些点心来。”

“看吧,要是天气好就来。”

“下次您会来得早一点,对吗?吕丝,答应吗?”

他们已经走到电车站。她跳上了车。

“回答我呀!我的小太阳!”

她没有回答,但是电车开动以后,她的眼帘垂了下来,作了个同意的表示。尽管她没出声,他还是从她的唇上看出她默默地告诉他:好的,皮埃尔。

分手时,他们两人都在想:

“多有意思,今天晚上,大家都显得那么高兴。”

---

① 华托(1689—1721),法国画家,擅长风景画。

他们微笑了，不愿意深思究竟发生了什么事。只知道，他们已经找到并且牢牢地掌握了属于他们自己的东西。这究竟是什么呢？什么也不是。只是这天晚上，他们的生活变了，变得丰富多彩了。……回到家里，他们走到镜子面前，含情脉脉地注视着，就像镜子里是自己的挚友。他们脑中想着，我是在看他。不知道为什么，两个人都感到疲乏无力，便怀着甜蜜的心情，早早上了床。解衣就寝的时候，他们闪过了同样的念头：多么美好啊，明天即将来临。

六

明天！……当战争进入第四个年头的时候，一提明天，就意味着难言的绝望和无边的忧伤，这一点，我们的后来人，恐怕是很难理解的。……当时大家已是万念俱灰！因为无数的希望都已破灭。明天复明天，明天何其多，但明天同昨天和今天一样，带来的不过是新的期待，新的幻灭，永远是虚无缥渺一场空。时间不再流逝。日月成了地狱中的冥河，正用它那混浊污黑似波纹缎的河水吞噬人的生命。明天？明天已经死去。

在两个少年的心中，明天却复苏了。

明天，他们又可以坐在泉边了。日复一日，他们总在泉边短暂相会。由于气候宜人，会晤日益延长。两个人都没忘带上点心，互相交换。现在，皮埃尔正在卢浮宫博物馆门前等候。他想看看吕丝的画。吕丝对自己的画毫不引以为荣，但要她拿出来也不感到怎样为难。她的画都是对名作的临摹，或是整幅的，或是局部的，有几个人的群像，也有单人全身像或胸像。第一眼看上去，还不太招人讨厌，只是相当粗糙。不时能看到几处精确优美的笔触，但是旁边往往就是小学生似的败笔，说明作者不仅缺乏基本训练，而且作画颇为草率，丝毫不顾别人会作何评价。——“也罢，总算还看得过去！”——吕丝说明临摹的是哪些原作。皮埃尔对那些画太熟悉了。他十分不以为然，表情尴尬起来。吕丝感觉到他不满意，但仍勇敢地把剩下的画全拿出来给他看。——瞧，还有这幅呢！……太糟了！……这是最差的！她脸上挂着戏谑的微笑，既是自我解嘲，也是对他的嘲弄。但她不愿对自己承认，心里也确有一点气恼。皮埃尔咬紧嘴唇，尽量不开口。但是最后，他实在忍无可忍了。吕丝给他看了一幅拉斐尔①在佛罗伦萨时期作的画。

“颜色不对!”他说。

“啊，这太蹊跷了！可我并没有看到原画，我临摹的是照片。”

“别人什么都没说吗?”

“谁，买主吗？他们也没见过原画，……再说，这些人即便看过，也不会看得那么仔细。对他们来说，红色、绿色和蓝色堆在一起，就显得色彩斑斓。有时我临摹的是彩色的复制品，但我把颜色改了……瞧，这幅就是……(这是一幅莫里约②的天使。)”

“您觉得这样更好吗?”

“不，但我觉得挺有趣。……再说，这样销路会好些……我无所谓。主要的是，能有销路。……”

把最后一幅粗制滥造的彩图拿出来以后，她就沉默了，随后又从他手中把所有着色的画都要了回去，并且放声大笑起来。

“怎么样，比您想的更不像话吧?”

他伤心了，问道：

“为什么，您为什么要画这些东西呢?”

她注视着他不胜惊诧的表情，像母亲一般微笑了，笑声里含着一丝善意的嘲讽：对这个亲爱的小资产者来说，一切都来得容易，不费吹灰之力，因此对这种为了糊口而退而求其次的做法他是不能理解的……

---

① 拉斐尔(1483—1520)，意大利文艺复兴时期著名画家，同达·芬奇、米开朗琪罗一起称文艺复兴三杰。

② 莫里约(1617—1682)，西班牙画家，擅长用强烈的光照和色泽以突出效果。

“为什么？说呀，究竟为了什么？”

他感到窘迫，就好像画这些糟粕的是他自己！……可怜的好孩子！她真想亲亲他，当然是很纯洁的，只亲亲额头。

“为了生活。”她柔声回答。

他震惊了，没想到会是这样。

“生活是复杂的。首先要填饱肚子，一日三餐。昨晚吃了晚餐，今天又要重新开始。还有穿衣问题。身上穿的，头上戴的，脚下蹬的……都得解决。这是穿衣问题。所有这一切都得花钱。生活就是花钱。”她口吻轻松，略带揶揄。

他第一次看到了情人容易忽略的一些细微之处，吕丝身上的皮大衣很破旧，有的地方已经脱毛，鞋也是旧的：磨损得厉害。只是巴黎少女天生的优雅风度，才使人不易察觉衣着的寒酸。他的心紧缩起来。

“难道我不能做点什么，不能对您有所接济吗？”

她闪开身子，脸红了。

“不，不，”她明显地表示不快，“不存在这样的问题，……我绝不会……我并不困难。”

“您会听我的。”

“不，不谈这些了，不然，我们之间就谈不上友谊了……”

“那么现在我们是朋友了？”

“是的。就是说，如果您看了这些乱七八糟的画，还愿意同我交朋友的话。”

“当然愿意。这不是您的过错。”

“可是，这却使您不高兴了。”

“啊，那当然。”

她笑了，心里很快活。

“怎么，我不高兴，您倒笑了，真坏！”

“不，我不坏，您不懂。”

“那您为什么笑呢？”

“我不告诉您。”

她心里想,亲爱的,因为我不得不画这些丑东西,所以您感到难过,您对我真好!

“您很好,谢谢您。”她说。

他惊讶地瞧着她。

“别想了,”她温柔地拍了拍他的手……“来,谈别的吧……”

“好……不过我还有一个问题……告诉我(千万别小气)……眼下您的生活是不是有点拮据?”

“不,不,我刚才已经说了,只不过有的时候日子比较难过。现在已经好了。妈妈找到了工作,报酬还不错。”

“您母亲还工作?”

“是的,在一家兵工厂。每天十二法郎。算得上一笔小小的财富了。”

“在工厂！还是兵工厂!”

“是的。”

“这太可怕了!”

“有什么办法！哪儿要人就得上哪儿去。”

“吕丝,要是人家请您到这种工厂去工作……”

“我,您不是知道嘛,我涂涂抹抹就行了……啊,您看,我画这些东西还是有道理的!”

“可是,如果等着钱用,而又找不到别的出路,只能上那种制造炮弹和炸弹的工厂,那您会去吗?”

“要是等着钱用,又没有别的办法？……那我会立刻跑去的。”

“吕丝,您难道不会想一想,那些工厂都在制造什么东西?”

“不,我不想。”

“就是那些折磨我们,屠杀我们,杀人放火,无恶不作的东西,您和我都会死于……”

她把手指放在唇边,示意他不要再说下去。

“我知道,这一切我全知道。但我不愿意去想。”

“您不愿意想?”

“是的。”停了一会儿,她又接着说,“必须活下去……如果想这些,就会活不下去……我还想活,想生活下去。为了生活,即使人家强迫我做些什么,我也不愿意为这种事折磨自己。因为这同我没有关系,不是我要这么做的。如果这样做不好,那也不是我的过错。我并不想干坏事。”

“那您想要什么呢?”

“首先,我想生活。”

“您热爱生活吗?”

“是的,难道我热爱生活也错了?”

“啊,不,生活中有您是多么美好啊!”

“那么您呢? 您不爱生活吗?”

“不爱,过去不爱,直到……”

“直到……”

这个问题不需要答复,两个人都知道答案是什么。

皮埃尔循着自己的思路,说:

“您刚才说‘首先’……‘首先我要生活’……那么其次,您还要什么呢?”

“我不知道。”

“不,您知道。”

“您太冒失了。”

“是的,很不得体。”

“我觉得对您,很难出口。”

“那就贴着我的耳朵说,谁也不会听到的。”

她微笑了:

“我想享受……(她在斟酌)我想享受一点幸福。”

他们两人紧紧挨着。她接着说:

"难道这要求太过分了吗？……人家常常说，这样太自私了。我自己有时候也想：'我们究竟还有没有权利……'周围是一片灾难，无边的苦海，这种时候，甚至会不敢希望……可是尽管如此，我心里还免不了出现希望，我呼唤：'不对，我有权利，我有权享受一点幸福……'请您坦率地告诉我：这是不是自私，您是不是认为这样做很不好？"

他对她无限怜惜。这是发自心灵深处的呼声，可怜而天真的呼声，这呼声使他灵魂震颤，热泪盈眶。他们两人坐在长凳上，互相偎倚着，感到了彼此腿部的温暖。他很想转过身去，把她搂在怀里，但又不敢动，害怕控制不住自己的感情。他们一动不动，向前望着，眼睛盯着脚尖。他热烈低语，说得很快，嘴唇几乎没有动。

"我亲爱的，我的心上人，我真想摸摸您的小脚，我真想吻吻您这双脚，我想把您吞下去……"

她也没有动，像他一样，说得又快又低，她已经心慌意乱了。

"您疯了！小疯子……不许说了……求求您。"

一个上了年纪的人从他们跟前徐徐走过。他们沉浸在爱河中，感到困乏无力，心醉神迷。

小路上已经没有人了。一只羽毛散乱的麻雀在沙地上嬉戏。喷泉射出缕缕如丝的泉水。他们腼腆地转过脸来，四目相视。像惊鸿掠过，他们的嘴唇碰在一起，怯生生的，急促匆忙，很快又分开了。吕丝站起身来，离去了。皮埃尔也站了起来。但吕丝说，您先留下。

他们都不敢正视对方。他喃喃低语：吕丝，那一点幸福……现在已经找到了……对吗？

七

有时气候起了变化，他们在泉边的约会就会中断：二月的巴黎常会浓雾弥漫，遮住阳光。但他们心上的太阳是遮不住的。气候可以千变万化，有时寒冷有时暖和，有时刮风有时下雨，有时下雪，有时阳光和煦,但对他们来说,气候总是一样宜人,甚至越来越好。因为他们的幸福与日俱增,总感到最美好的就是今天。

雾天,他们就有很好的借口,不必急于分手,而可以在一起消磨上半天时光。因为浓雾沉沉,不易被人认出,他往往一早就到电车站等她,然后陪着她到城里各处办事。他把大衣领子竖起。她戴一顶毛皮软帽像怕冷似的,用长围巾把下巴都包上,窄窄的面纱下,翘起的小嘴鼓了出来。但是最好的面纱还是潮湿的浓雾,像轻烟一般,灰蒙蒙,浓密密,中间闪着黄色的光亮,十步之外便不能见人。沿着与塞纳河成垂直方向的老区街道走去,雾会显得越来越浓。多好的雾,迷茫清凉,使他们如入梦境,乐而忘返。他们简直像藏身在果核的果仁或路灯中的光焰。皮埃尔挽着吕丝的胳膊。他们两人身材相仿,步履相近,她似乎显得更颀长了。他俩一直在轻声细语。两个人的脸挨得很近,他简直想亲一亲面纱下面那隆起的湿润的小圆点。

她到向她订货的"仿古"商那里去交售自己称之为"青菜""萝卜"的"作品"。他们不慌不忙,虽然不是故意的(至少他们自以为如此),但每次都选择最远的路程,还借口说因为雾太大,认不清路。最后,不管怎么想故意迷路,目的地还是到了,这时候,皮埃尔就在远处等候,让她一个人走进商店。他往往在街角等。等的时间长了,身上就会发冷。但他觉得,等待,寒冷,甚至心情烦躁都是好事,因为这一切都是为了她。她终于出来了,十分感动,急急忙忙面带微笑迎上前去,担心他已经冻坏。他从她的眼神中看出事情很顺利,于是深感庆幸,就好像自己赚了钱。但在更多的情况下,她会空手出来毫无所获,这样就得再跑两三趟,才能拿到报酬。所以只要不碰钉子,不遇到退货,就算走运了。比方说,今天,顾客就发了脾气,说她按照片画的肖像——她没见过此人,人已经去世——眼睛的神气不像,头发的颜色也不对。为此,该人家属着实气恼。没法子,还得重来。她横下心来勇敢地承受一切,还是谈笑风生,绘声绘色地形容事情有多么滑稽可笑。可是皮埃尔没心思笑,他怒不可遏。

“愚蠢,实在愚蠢!”

吕丝把人家让她临摹和上色的照片给他看,他十分蔑视,嗤之以鼻——(啊,他一发怒,就显得可笑,她觉得十分有趣。)说这都是些蠢货,还故作姿态,笑得很不自然。要让亲爱的吕丝伏案临摹这种照片,简直太辱没她了。不行,简直叫人受不了。临摹博物馆的珍品也比临摹这些照片强得多。但是现在不行,巴黎的博物馆都已关闭,即使不关也吸引不了观众。现在已经不是欣赏圣母和天使像的时候了。风靡一时的是法国大兵。因为每家都有个当兵的,不管是死是活,多半是死了的,总愿意有张肖像留作纪念。最有钱的,往往定购彩色画像,这种活价钱不坏,但越来越少了。不得已,只能降格将就。放大照片,报酬少得可怜,但也不能不干。

事情很明显,她已经没有必要在巴黎各处转悠。她不能再去博物馆临摹,商店也只消隔两三天跑一次,送上或取回订货。现在她可以在家里工作。这对他们两人可不大相宜。但他们照旧在街上流连踯躅,不想很快走到车站。

如果他们走累了,雾又太潮,寒气袭人,他们就到教堂去,找个偏祭台,在角落里坐下,低声交谈,一面看彩绘玻璃,一面谈生活琐事。有时,他们也会沉默不语,思想像野马脱缰,思索起更严肃更深刻的问题。(他们倾听对方的谈话,倒不是因为谈话的内容有多大意义,而是为了通过交谈,在不知不觉间传递信息,感受生命的气息。)玻璃上的彩绘,圆柱的阴影,赞美诗的歌声,这一切同他们的遐想相交织,使他们又忆起那些要忘却的生活中的烦忧,憧憬那无限的极乐世界。已经近十一点钟了,教堂里却像薄暮时分,笼罩在一片圣体油膏般昏黄的雾霭中。高处是深色的玻璃顶棚,闪烁着红紫相间的奇异光泽,还依稀可以辨认出黑色的金属框架和模糊的影像。顶端一片黑暗,只有一块大红的玻璃像淌着鲜血的伤口……

突然,吕丝问:

“您是不是也得走?”

他马上理解了，因为他在黑暗中，脑中转的也是这个阴暗的念头。

“是的，但我们不应当谈这件事。”

“就问一句，告诉我什么时候?”

他回答：“还有六个月。”

她叹了一口气。

“别想这些，想了有什么好处呢?”他说。

“对，别想它，想了有什么好处呢?”她也说。

为了摆脱这个念头，他们长长地出了一口气。随后勇敢地勉强拾起别的话题。(或者是不是正相反，应当说他们这样做是怯懦的表现，谁懂得真正的勇气应当表现在哪里，谁就能判断他们的情况。)他们什么都谈：烟雾中闪烁着的幽幽烛光；管风琴传来的音乐；教堂里募捐的执事；吕丝的手提包——手提包对皮埃尔来说，简直像个百宝囊，他的手一直很不老实，在提包里翻翻拣拣。任何微不足道的小事，都能令他们谈兴更浓。这两个可怜虫，命运要拆散他们，但他们丝毫不敢想象是不是有逃脱命运摆布的可能。反对战争将意味着甘冒天下之大不韪。不啻触怒庇护他们的教堂①，唯一的办法就是忘却、忘却，直到最后一刻。心里还抱着幻想，这最后一刻最好永远不会来临。无论如何，在此之前，应当尽情享受人间的幸福。

出了教堂，她一边说话，一边把他拉到路边一家商店前面，欣赏橱窗。这是一家鞋店。他看到吕丝用欣喜的目光注视一双高统皮靴，靴子做得很精致，是系带的。

“很漂亮呢。”他说。

“太可爱了!”她说。

听她这么说，他不由得笑了，她也笑了。

“尺码不会太大吧?”

“不，正合适。”

---

① 教堂的转意为宗教。

“那就买下吧。”

她捏紧他的胳膊,把他拉走了,免得再对着橱窗出神。

“要买,得有钱才行。这些东西不是为我们做的。”她口里哼着小调:让我们拉起手,跳起舞……

“为什么?灰姑娘不也穿上了水晶鞋?”

“那是因为那时候还有仙女呢!”

“可现在总还有恋人。”

她又哼着小调:

“不行,好朋友,不行。”

“为什么不行,我们不是朋友吗?”

“正因为是朋友,才不行!”

“是朋友才不行?”

“对了,因为不能接受朋友的馈赠。”

“那就只能接受敌人的礼物了?”

“不,接受不相干的人的好意,比如向我订货的那个商人,他要是肯赊账,我就可以接受。可他是个吝啬鬼。”

“不,吕丝,要是我愿意的话,我也有权向您定购一幅画呀!”

她停下脚步,扑哧一声笑了出来。

“您,要我的画?可怜的朋友,您想拿这种画干什么?您不是都看过了。我明白,都是些乱七八糟的玩意儿,您心里不知道多么反感呢。”

“不,不,有些还是挺可爱的。再说,我要是喜欢呢?”

“您变得真快,才一天工夫。”

“不允许改变吗?”

“不,是朋友就不能出尔反尔。”

“吕丝,给我画张像吧。”

“啊,又要画像了!”

“我是认真的。我总比那些白痴更值得您画吧!”

“我的好宝贝!”她捏了捏他的胳膊,不假思索,脱口而出。

“您说什么?”

“什么也没说。”

“可我听见了。”

“那好吧,那就好好记在心上。”

“不,不记在心上,我也要说,您才是好宝贝,好宝贝……您同意给我画像了,对吗?一言为定?”

“您有相片吗?”

“没有。”

“那怎么办呢?我总不能在大街上给您画像吧。”

“您不是说过,您几乎每天都只一个人在家。”

“是的,妈妈去工厂……不过,我不敢……”

“您是怕让人看见我们在一起?”

“不,不是怕这个。我们没有近邻。”

“那您怕什么呢?”

她没有回答。

他们已经到了电车站附近的广场,车站上有人在等车,但是看不清他们,雾太大,把一对情侣笼罩了起来。她避开他的目光。于是他抓住他的手,温柔地说:

“亲爱的,不要怕……”

她抬起头,四目相视了,两人的目光都那么清澈纯真。

“我相信您。”她说。

随后,她闭上了眼睛。她深深感到,对皮埃尔来说,她是神圣不可侵犯的。

他们撒开手。电车马上要开了。皮埃尔用目光询问吕丝:“那么哪一天呢?”

“星期二,下午两点左右来吧……”她说。

临别时,她脸上又闪出狡黠的微笑,贴着他的耳朵:

“还是得把照片带来。我的技巧不纯熟，没有照片，会画不好的……我知道，您有照片，您真坏。想骗我。”

八

从马拉科夫[①]一直往下，是些犬牙交错的小道，通向几片空地，这里已算乡下。空旷的地面上，疏疏落落立着几个旧货商的简陋木房，四周围着木栏杆。天空灰蒙蒙，阴沉沉，同黯淡的地面连成一片，远处缓缓的斜坡上升起缕缕轻烟。空气十分阴冷。吕丝的住处很好找。沿街一共只有三幢房子。她住的是最后一幢，对着空地。房子只有两层，有一个小院，用栏杆围了起来，里面是几株发育不良的小灌木，一片菜园，上面覆盖着积雪。

皮埃尔悄不作声地走了进去，在雪地里是听不见脚步声的。但是底层的窗帘动了一下，他刚到门口，门就打开了，吕丝站在门槛上。过道里黑乎乎的。他们互致问候时，都感到嗓子发紧。她把他带进底层的大房间，这是她们家的餐厅兼她的工作室，画架支在窗口。开始，他们不知道该说些什么，对这次约会，两个人都想得很多，但是想好的话，事到临头反而说不出来。两个人谈话时，声音都压得很低，尽管屋里没有第三个人——正因为没有旁人才更显得拘束。他们坐着，彼此离开几步远，四肢发僵。皮埃尔甚至没有把大衣领子放下。他们谈天气，谈电车时刻。因为觉得自己太拘谨而心中不乐。

最后还是吕丝开了一个头，问他有没有带照片。他把照片拿出来，两个人就活跃起来了。照片只是一个媒介，通过它，谈话就随便了。因为照片上那双眼睛在注视，所以他们又变得无拘无束。皮埃尔想了一个好主意（他这么做，可没有什么特殊的意图），把自己从三岁起的照片全都带来了，其中有一张，他还穿着小裙子。吕丝乐不可支，

① 马拉科夫，巴黎郊区地名。

对那张照片说了一些温存的,引人发笑的好话。对于一个女人来说,还有什么比看到自己心爱的人儿童时候的形象更为舒心的呢?她脑中浮想联翩,似乎自己怀里抱着婴儿,几乎以为这就是自己的孩子了。再说,她还充分意识到,对孩子说好听的话,总比对大人说要容易多了。当皮埃尔问她最喜欢哪张照片的时候,她毫不犹豫地说:

"那个可爱的小娃娃……"

他那时就那么一本正经,好像比现在还严肃,要是吕丝比较一下照片上的和面前的皮埃尔(她正在这么做呢),就会发现今天皮埃尔的眼神轻松愉快,稚气十足。而这种神情在孩提时候的皮埃尔身上却找不到。因为那时候小小的皮埃尔戴着无檐软帽,在资产者家庭像一只笼中的鸟儿,心中没有阳光,而现在他的心中已经找到了阳光,对吗?吕丝……他还提出来,想看看吕丝的照片。吕丝拿出一张六岁小女孩的照片。女孩子的发辫很粗,怀里紧紧搂着一只小狗,她看到儿时的自己,调皮地想,小时候,她的爱几乎和现在一样真挚深沉,当时她也是全心全意地爱着……她那只小狗,可以说那种感情她早已领略过了,尽管当时皮埃尔还远未闯入她的生活。她又拿出一张十三、四岁少女的照片,少女歪着脑袋,像在卖俏,神气有点做作。幸好,唇边已经抹上那缕狡黠的微笑,好像在说:

"瞧,我在逗乐呢,我可不是认真的。"

现在,他们已经一点都不拘束了。

她开始给他画像。他是不能动的,想说话顶多也只能动动嘴皮。所以只能听她一个人絮絮叨叨,讲个不休。她本能地害怕沉默。一个感情真挚的人,话说多了,很快就会把自己内心深处的想法,个人和家人的私事和盘托出,尽管原来并不想这么做。吕丝发现自己谈起这些,不胜惊诧。但要停住,已经为时太晚。皮埃尔始终沉默寡言,她只能滔滔不绝顺着斜坡往下滑。

她讲起童年在外省的生活。她出生在都兰省。母亲家境宽裕,算是资产者,却爱上了一个农民的儿子,一个小学教员。资产阶级家庭反对这门亲事。但这对情侣坚定执着。吕丝的母亲一到法定年龄,便正式向父母请求同意她的婚事。婚后,家人不再承认她。年轻的夫妇生活很困难,但也很幸福。过了几年,丈夫因为操劳过度而病倒。妻子勇敢地挑起了全副重担,一个人做两个人的工作。家里人感到自尊心受了挫伤,始终不肯让步,一点也不接济他们。到离战争爆发只有几个月的时候,病人终于去世。母女俩不愿去外婆家。要是吕丝愿意主动,外婆家倒是会收容她的,因为他们认为吕丝只是她母亲过失的牺牲品。meacul—Pa①。但是让外婆家等着吧。吕丝宁可饿肚子,也不向他们乞求!

资产阶级的父母心肠那么硬,使皮埃尔感到吃惊。“您不相信这种人有很多吗?他们并不是坏人。肯定,我的外祖父母都不坏。甚至他们还为没有说出‘回来吧’这几个字,而感到难过。但他们的自尊心已经有了严重的伤痕。而自尊心又是人们最看重的。这个问题比其他任何问题都更加敏感。要是有人伤害了他们,他们除了深感委屈之外,还会对错误本身耿耿于怀,错的是对方,自己是正确的。他们并不是坏人(肯定不坏),但他们宁可看着你们在他们身边受煎熬,也决不承认自己不对。不仅他们是这样,这种人我们见得多了。……你是不是认为我说得不对,他们并不是这么一回事?”

皮埃尔思索着,他感到震惊了。因为他想到:“是的,他们的确是这样的。”

他通过姑娘的眼睛,突然看到了自己出身的那个阶级,资产阶级是多么冷酷无情,他们的心像沙漠一样贫瘠,寸草不生。又像地力已尽的干旱土地,尽管一滴一滴地吸吮生命的汗珠,但仍然颗粒无收。这是亚洲大陆上沉沙淤积的土地,能够吸干整条整条的长江大川。资产者即便是对待自己认为热爱着的人们,也是把他们作为私产来爱的。他们只要出于自私的考虑或是偏颇的一孔之见,或者因为自己的

① 拉丁文:是我之罪。语出基督教《忏悔经》。

尊严受到伤害,都会牺牲自己所爱的人们。皮埃尔伤心地回顾了父母的情况和亲身的遭遇。他沉默不语了。房间里,窗户上的玻璃被远处的炮声震得微微颤动。皮埃尔想到无辜的受难者,辛酸地说:

“这一切也都是他们一手造成的。”

是的,这一切,远处大炮隐隐的轰鸣,世界规模的大战,巨大的灾难,对这一切,资产阶级应当负很大一部分责任,因为他们目光短浅,虚荣成性,冷酷无情,不讲人道。现在,仗已经打起来了,这个发狂的战神不把资产阶级吞噬掉,是绝不会善罢甘休的,这是报应。

吕丝说:

“可不是吗。”

她自己丝毫没有察觉,但却一直追随皮埃尔的思路。皮埃尔听到她响应自己,不觉悚然了。

“这一切都是对的。世界太古老了。旧世界早就应该,现在更应该死去。”

吕丝低下头,她心情沉重,她感到只能听天由命。便又说了一句:对。

在命运的重压下,两个孩子的面容显得多么肃穆!因为顾虑重重,忧伤过度,他们年纪虽轻,额头已爬上了皱纹!……

屋里渐渐暗下来。天气不算暖和。吕丝觉得手发僵,不想再画下去。她不让皮埃尔看画稿。两人便走到窗前观赏黄昏的景色:田野光秃秃,静悄悄,小山却郁郁葱葱。紫色的林子在远处晴空中映出一个半圆。天际还抹着一道淡淡的金色余晖。一切都使人忆起沙凡纳①笔下的诗情画意。吕丝指出这一点,表明她对和谐的景色颇有鉴赏能力。皮埃尔几乎感到奇怪。吕丝没有生气,只说明能够意会的并一定就能表达。她的画的确拙劣,但这不完全是她的过错。由于经济拮据,她未能修完装饰艺术专科课程。再说她完全是因为缺钱,才不得

① 沙凡纳(1824—1898),法国画家,擅长壁画,曾为先贤祠和巴黎大学作画。

不作画的。要不是生活困难,她何必画呢？皮埃尔难道没有发现从事艺术的只有两种情况:不是出于虚荣,为了消遣——这里根本谈不上什么必要性;就是开始是出于需要,而后来又往往不愿承认自己一开始就走错了路。一个人只有当他真正有所感受,而且感受很深,迫切需要将自己的感受倾泻无遗的时候,才能成为真正的艺术家。吕丝说,至于她本人,她的感受只够自己享用。

"啊,不,只够两个人享用。"看到皮埃尔撅嘴,她又补了一句。

天际,最后一抹夕阳的余晖也变得暗淡了。荒凉的原野凄凄惨惨。皮埃尔问吕丝一个人在这种环境里是否害怕。

"不。"

"要是您回来很晚呢?"

"也没有危险。流氓、无赖都不会来的。他们有自己的习惯。他们也是有产者。我们的邻居是一个旧货商,他养了一条狗。再说,我就是不怕。我不是吹嘘。我知道自己不行,根本谈不上勇敢,不过直到现在我还没有遇到真正恐怖的场合。可能到时候,我会表现得比别人更怯懦,一个人对自己不是常常弄不清楚吗?"

"可是我对您很了解。"皮埃尔说。

"这要容易多了。我也了解您,旁观者清呀。"

窗户紧闭着,但在屋里还是能感到傍晚那潮湿的凉意。皮埃尔微微哆嗦了一下。吕丝马上察觉了。她连忙用酒精灯煮可可。他们吃了些点心。吕丝像母亲一般,把自己的大披肩围在皮埃尔肩上,他像炉边的猫儿由她照顾,感到披肩暖烘烘的。他们的思路又回到吕丝中断了的讲述上来。

"你们母女俩形影不离,感情一定很深吧?"皮埃尔说。

"是的,过去是这样。"吕丝说。

"过去?"皮埃尔重复了一句。

"啊,一直相亲相爱。"吕丝又说,为自己脱口而出的话感到局促不安。(为什么她实际上告诉他的,总比想告诉他的更多呢？他不敢问,但她感觉到他心里有疑问。再说能够推心置腹有多么好啊，特别是过去没有可能这样做。屋里静悄悄，暮色渐浓，一切似乎都在敦促她尽情倾诉。)

"简直搞不清楚这四年究竟发生了什么事，大家都变了。"她说。

"您是说您的母亲，还是您自己变了?"

"所有的人。"吕丝又重复了一遍。

"在什么事情上?"

"说不清楚，只觉得熟人之间，甚至家人之间，关系都不如以前了。对什么都没有把握。早上会想到：'今晚还不知会遇到什么样的人呢，还能认出来吗?'就像海里的小舢板，随时都可能倾覆。"

"究竟发生了什么事?"

吕丝说：

"不知道。说不清楚。但是一切都是从打仗开始的。空气里好像有些什么，叫所有的人都惶恐不安。有些家庭过去十分融洽，彼此相依为命，现在却形同路人，各自东西。人人都像醉汉一般，闭着眼睛瞎闯。"

"往哪里闯?"

"不知道。我想连这些人自己也不清楚。随心所欲，随波逐流。女人有了情夫，男人遗弃妻子，而当事人都是些平日里十分稳重、规规矩矩的人。到处都在谈论家庭破裂。父母和子女之间的关系也一样。我母亲……"

她顿了一下，又接着说：

"母亲有她自己的生活。"

她又停顿了一下：

"这是很自然的。母亲还年轻，可怜得很，没有过多少幸福日子，她感情充沛，需要发泄。她有权利重建自己的生活。"

皮埃尔问：

"她还想结婚吗?"

吕丝摇摇头,表示不大清楚……皮埃尔不敢多问。

“她还像过去一样疼我。不同的是,现在,不再是相依为命的关系了。可怜的母亲,她一旦意识到我在她心里的地位变了,不再是她最爱的人了,她一定会后悔的。她决不会同意……”

生活是多么不合逻辑!

她脸上挂着微笑,又温顺,又哀伤,又调皮,两手放在桌子上。皮埃尔温柔地把手放在她的手上,不再动了。

“都是些可怜的生灵。”他说。

吕丝停了一会儿又说;

“我们心里多么宁静!……而别人好像都在发昏。战争、工厂,到处匆匆忙忙,慌慌张张。工作、生活、享受。”

“是的,时间不多了。”皮埃尔说。

“正因为如此,就更不必慌张了。反正离走到头还早,干脆不慌不忙。”吕丝说。

“是您慌了,好,我把您抓住了。”皮埃尔说。

“我抓到了,抓到了。”吕丝抓住了皮埃尔的手。

他们就这样,有一搭没一搭地闲扯,既温柔又严肃,像多年的老朋友。但他们小心翼翼,注意分开坐在桌子的两头。

他们终于发现夜幕已降临室内。皮埃尔匆忙站起来。吕丝没有挽留。他们相会的时间不长,但已过去,因为对黑夜两人都心怀畏惧,他们互相告别时像来时一样,低声细语,嗓子发紧。两人在门口,只匆匆握了握手。

门关上了,皮埃尔走到院子门口又回头望了望底层的窗户。他透过苍茫的暮色,看到吕丝的身影,她正满怀激情,站在窗前,借着黄昏的晚照,目送他离去。他转过身,把嘴贴着玻璃,两人的唇隔着窗户相遇了,亲了一个吻。然后,吕丝退到屋子中间,隐没在阴影中,窗帘又挂了下来。

九

半个月以来,他们对世事不闻不问。不管是巴黎的大逮捕、诉讼,德国签约、毁约,还是政府进行欺骗,报刊破口大骂,军队大肆屠杀。他们连报纸都不看了,只知道战争还在进行,而且就在近旁进行。但战争同他们无关,战争像斑疹伤寒、流行性感冒等传染病一样。他们不愿意想到战争。

但是,这天夜里,战争找到他们头上来了。当时他们已经上床。(因为白天尽情生活,一到晚上就精疲力竭。)他们在各自的地区,都听到了警报,但却不愿起床。像孩子听列暴风雨一般,他们用被子蒙住头,但并非出于恐惧(他俩都清楚,轰炸不会危及他们),而是为了继续遐想。吕丝在黑夜里一边听着隆隆的爆炸声,一边想着:“要是能在他怀里听着暴风雨来临,该有多好。”

皮埃尔捂住耳朵,不让噪音扰乱他的思绪。他全神贯注地追忆白天谱写的乐曲,一个旋律,一个旋律地回忆。他从走进吕丝家里那一瞬间开始,细细回味吕丝的每一句话,每一个手势和姿态,回味那些匆匆捕捉到的印象,仔细品尝其中的韵味:吕丝眼帘下垂时,颊上就投下阴影;感情激动时,全身微微颤栗,就像水面出现了涟漪;嘴唇牵动微笑时,神采奕奕,犹如灿烂的阳光。他把掌心贴着吕丝那温柔的张开的小手,感到无比温暖……皮埃尔陶醉在爱的梦幻、爱的奇迹中,想把这些珍贵的浮光掠影般的片断谱成扣人心弦的乐曲。他不允许外界的噪声打扰自己。外界像个不速之客……战争吗?他知道,他知道外面在打仗。让战争等着他吧。战争就在大门口,耐心地等着他,战争知道它很快就会等到的。这一点,他心里也明白,所以不因自己只想到自己而感到羞耻。死亡的巨浪会把他卷走的。此前,他对死神毫无拖欠。就让死神在时辰到来时讨还它的债务吧!但他希望死神在此前不来打扰他。至少在此前,他不想失去一分一秒,在这段时光里一切都应当是美好的。真是一寸光阴一寸金。对这一点他十分吝啬,惜时如金。这一点时间是属于我的,我的。不要扰乱我宁静的心情,不要干扰我的爱情。在死神到来以前,时间是属于我的……死神一到,又怎么办呢?——不,也可能永远不到呢?也可能会出现奇迹……为什么不可能呢?

时辰未到。但是日月的长河在不断流逝,皮埃尔和吕丝一直躺在自己的小船里,倾听着。他们已经无所畏惧了。就是这种响声也变得像管风琴用低音部奏出的催眠曲,使他们更加欢乐地沉睡在自己的爱情中。一旦卷入旋涡,他们就闭上双眼,紧紧拥抱,顷刻间,一切都会结束。卷入旋涡就不必担心生活,不必担心在毫无出路的将来,生活会如何演变。吕丝这样想是因为她已经预感到皮埃尔要娶她为妻会遇到什么障碍。皮埃尔不如吕丝头脑清醒(他不喜欢把问题想透),但这个问题他也影影绰绰地感觉到了。不要想得那么远。那是卷入旋涡以后的事,那时候,就像在教堂里常说的那样,是“另一个世界”了。人家说死后还会重逢。可对这一点谁也没有把握。唯一现实的,是眼下的生活。眼前属于我们,让我们无忧无虑,尽情享受这种对我们说来是仅能享有的永恒的生活吧!

吕丝比皮埃尔更不关心世事。她不关心战事,只知道社会上、生活中,苦难重重,打仗不过是苦上加苦。只有过去没有尝到现实生活辛酸的人,才会被战争唤醒。吕丝很早熟,早就为了糊口苦苦挣扎了。糊口的面包,上帝可不会无偿赠与!吕丝教会了她那个资产者的少爷朋友认识和平时期的战争:在虚假的和平下面,穷人,特别是妇女,为了生活,每时每刻挣扎在死亡线上。和平时期的这场战争也一样残酷,而且没有尽头。这些问题,她不愿多谈,免得朋友伤心。当她讲述时看到皮埃尔不胜惊愕,胸中便充满柔情,感到自己比他成熟。她同多数妇女一样,对生活中的丑恶现象,不会像皮埃尔那样,在生理上和思想上都引起反感。吕丝根本算不上叛逆者。她即使遇到更恶劣的环境,也会毫无反感地与之适应,挣扎过去,并且出污泥而不染。但现在她变了。她结识了皮埃尔,又爱上了他,她感染了他的好恶。虽然她的本性并非如此。她是性情平和,愉快开朗,从不悲观的。抑郁伤感,对生活表现淡漠,这一切都与她无缘。生活就是生活。那就随遇而安吧!生活本来可能更糟呢!生活中的机遇总是昙花一现,好景不长,吕丝在为生活奔走时,对这一切早就有了体会。特别是战争爆发以来,她已经学会不为明天操心了。再说,这个无拘无束的法国少女,对所谓来世的一切也毫不关心。生活本身就够她受用的了。吕丝觉得生活是美好的,但也知道美好的生活就像风雨飘摇中的小舟,随时可能倾覆,因此更没有必要为未来担心,自寻烦恼。遇到天气晴朗,就让自己沐浴在阳光下。至于以后会发生什么事,你就不必操心了,只能听凭生活的激流把你卷走!……除此以外,别无他途。何况现在还遇到了恋人,生活变得更加甜蜜!吕丝也知道卿卿我我的日子不会长久。但那又有什么关系,她自己也不会活得太久的……

她与同她热烈相爱的这个男孩毫无相似之处。皮埃尔是那么温柔,那么痴情,又那么神经质。他多情善感,既在享受,又在受难,而且对痛苦特别敏感。他一会儿倾心相许,一会儿又愤愤不平,做什么都是感情奔放的。她爱他爱得那么深,也许正因为彼此毫不相像的缘故吧。但是两个人在一点上还是一致的,就是对未来不加考虑。在吕丝是隐忍认命,无忧无虑,在皮埃尔则是出于对未来的极度反感,深陷眼前,不能自拔。

十

哥哥回来休假,在家里住了几天。第一天,他就发现家里的气氛出现了一些变化。是什么呢?他说不好,但感到不快。人的思想比感官更灵敏,往往能从远处捕捉尚未触及的事物。而自尊心又是思想中最为灵敏的部分。菲力浦的自尊心好像伸出了触角,在探究,在求索。他感到不胜惊讶:家里似乎缺少了什么。可是他的亲人不是同往常一样，正欢聚一堂，对他亲切相迎吗？当他字斟句酌，细心描绘他的见闻时，他们不都在洗耳恭听吗？父母的眼睛里，不是照旧闪耀着慈爱的光芒吗？弟弟呢？对了，问题出在他身上。就是他心不在焉，神不守舍。

弟弟在自己身边。但他和往常不同，没有围着自己，急于倾诉，反而不愿倾听。可怜的自尊心。过去是菲力浦装腔作势，不愿答理弟弟热情的问话。今天，弟弟不再发问了，菲力浦也就不必像保护人那样，满不在乎地冷嘲热讽。但正因为如此，他才感到自尊心受到伤害。现在，轮到他采取主动了。他开始口若悬河，滔滔不绝，目光一直盯着皮埃尔，似乎想让他明白，这一切都是为了他。若是往常，皮埃尔早就乐不可支，接过话茬了。但这一次，他却不动声色，让哥哥一个人自问自答。菲力浦急了，又开始冷嘲热讽起来。皮埃尔仍然不为所动，反而稳稳当当，用同样轻松的语调，反唇相讥。菲力浦竭力引他谈话，自己激动得高谈阔论起来。几分钟以后，他却发现自己是一个人在侃侃而谈，皮埃尔却默默地望着他，那种神气好像在说：

“好吧，我的朋友，你要是喜欢，就继续说下去。我听着。”

皮埃尔的微笑傲慢无礼。两个人的地位调了个儿。

菲力浦十分沮丧，默不作声。弟弟已经不再理他，他就开始仔细观察弟弟。弟弟身上的变化多么大啊！父母天天见到他，什么也没有发现。但是菲力浦眼光敏锐，加上心中起疑，便发现弟弟同几个月以前相比神情大变了。看来，皮埃尔感到很幸福，懒洋洋的，迟钝麻木，漫不经心，对人漠不关心，对事毫无兴趣，像少女怀春，神魂颠倒。菲力浦感到他已经失去他过去在弟弟心中的地位。

菲力浦也擅长自我剖析。他很快弄清了自己气恼的原因，不再烦闷了。他把自尊心扔在一边，认真关心皮埃尔，探索他变化的奥秘。他很希望皮埃尔能对他吐露隐私。但他不善于谆谆诱导。再者，弟弟看来一点也不需要同他倾心交谈。不管菲力浦如何卖力，弟弟总是无精打采，随随便便，冷冷一笑，他把手插在裤兜里，吹着口哨，面带笑容,心不在焉,对哥哥的问题,根本不好好听,回答也是含含糊糊——并且,一转眼就回到他自己的小天地里。那好吧,再见,他已经不在这里。面对着他,就像面对水中的倒影,捉摸不住。——直到此刻,菲力浦才像失恋一般,体会到失去弟弟那颗神秘的心对他来说是多么大的损失。

偶然的巧遇使菲力浦找到了谜底。一天晚上,他在回家的路上,经过蒙马特尔大街,街上黑漆漆的,他同皮埃尔和吕丝对面相遇了。他怕皮埃尔认出了他。但是这一对对周围的一切都漠不关心。皮埃尔紧紧挽着吕丝的胳膊,另一只手握着她的手,漫步街头,那种柔情蜜意,就像爱神同恋人①在新婚之夜互诉衷曲,情意缠绵,回肠荡气。他们心心相印的神情,使菲力浦恍惚看到,这两个人已经融为一体,如同一座蜡像。菲力浦靠在一棵树上,目送他们过去。他们一会儿向前,一会儿停步,终于消失在黑夜中。一股无限怜惜的柔情涌上菲力浦的心头。他想:

"我的生活已经失掉了,无法挽救了。但是还要夺去他们的生活,那就太不公道了。但愿我的牺牲至少能换来他们俩人的幸福!"

第二天,皮埃尔尽管对哥哥彬彬有礼,漠不关心,一如往常,但还是发现哥哥对自己说话时语调格外柔和,当然这并不是立即发现的,而是经过思考,才模模糊糊感觉到的。他似睡似醒,一睁眼就看到哥哥眼里闪着不熟悉但却是善意的光芒。菲力浦的目光清澈如镜,皮埃尔立即感到哥哥在审视自己。他急忙笨拙地掩饰,想守住内心的秘密。但是哥哥微笑了,走过来,把手放在他肩上,提议出去散步。哥哥这么信任自己,皮埃尔难以抗拒。于是两人一起到邻近的卢森堡公园散步。哥哥的手一直搭在他肩上,他也为重新建立兄弟间的亲密关系而感到高兴。他精神松弛下来。话也多了。两人热烈地交谈,谈想法,谈读书心得,谈对人的看法和新的体会,无所不谈,就是不涉及盘

① 希腊神话中的爱神和同他相恋的少女。

旋在两人头脑中的问题,就像有默契一般。两人彼此亲密起来,尽管还有一点保留,也都十分欣慰。皮埃尔一边谈话一边想:

“他知道吗?……他怎么会知道的呢?……”

菲力浦微笑着听他说话,皮埃尔终于停住了,一句话还没说完……

“你怎么了?”

“我看看你,没什么,我心里高兴。”

他们握了握手。回家的路上,菲力浦问:

“你幸福吗?”

皮埃尔没有答话,只是微微颔首,作了肯定的表示。

“你是对的,好弟弟,幸福多美好,你也替我享受吧……”

菲力浦不愿让皮埃尔难过,在家期间一直避免提起皮埃尔与同龄青年们即将应召入伍的事。但是离家的那天,他还是忍不住,对弟弟很快就要面临危险表示担心,对弟弟即将遭遇的生活他已经十分熟悉了。年轻的恋人额上掠过一道阴影,轻轻皱了皱眉,眨了眨眼,好像在驱赶一个不愉快的念头。他说:

“是啊,不过这是以后的事!……谁知道呢?”

“对这一切,大家知道得太清楚了。”菲力浦说。

“不管怎么样,反正我知道,我就是到了那里也决不干杀人的勾当。”皮埃尔说,看到哥哥坚持,他有点烦了。

菲力浦不想驳他,只凄然一笑。他很清楚,脆弱的灵魂,薄弱的意志,在不可抗拒的多数人的压力下,会得到什么样的下场。

十一

又到了春光明媚、鸟语花香的三月。但是随着时光流逝,战火也日益激烈,人们焦躁不安,等待大地回春,也等着更大的一场浩劫。几个月以来,敌方在调兵遣将,沿着近郊工事集结了装备精良的百万大军,随时准备突破防线冲进法兰西岛①,冲进巴黎城中。巴黎已经能看到敌军的刀光剑影,空袭和炮轰也日益频繁。大难临头以前,往往谣言蜂起。巴黎人危言耸听,到处传说要对各省施放毒气,就像珀莱火山②爆发,会摧毁整座城池,使生灵涂炭。最后,德国戈达飞机空袭的间歇越来越短。仅此一端就足以使巴黎的气氛持续紧张。

皮埃尔和吕丝照旧对周围不闻不问。但是他们不知不觉也受到外界气氛的感染,威胁越大,空气越焦躁,年轻人的欲念也就越大。打了三年仗,欧洲人的道德观念越来越薄弱,就连最古板老实的人也多少受到影响。再说这两个青年又是不信教的。他们只因心地纯正,相互体贴入微,才不曾放纵自己。同时,他们心里还暗暗相许,在残酷的战争把他们拆散以前,一定要互相委身。这一点他们从未相告。但是这天晚上,他们说了。

吕丝的母亲每周有一两个晚上在工厂做夜班。在这种日子,吕丝不想单独留在偏僻的郊区,就在巴黎一个女朋友家里借宿。那里无人过问她何时归来。两个恋人便利用这点自由,一起消磨傍晚的时光。有时他们还上小饭馆吃一顿便餐。这天晚上,已是三月中旬,他们吃完便餐离开饭馆时听见响起了警报。他们以为危险会很快过去,只就近找一处地方藏身,还以观察萍水相逢的难友作消遣。但是警报总不解除,虽然危险似乎是在远处或是已经过去。吕丝和皮埃尔不愿太晚回家,便起身上路,一边还愉快地闲扯。他们沿着圣絮尔皮斯附近一条又黑又窄的小路走着。走过一处大门,见门前停着一辆马车,马和车夫都睡着了。刚走过去二十步远,转入另一条小路,突然一道耀眼的红光划破黑暗,接着是一声巨响,震天动地,碎瓦片和玻璃片像雨点般散落下来。他们紧紧搂抱,一起摸向街面一座楼房像臂肘一般伸出来的加固墙垛。红光闪处,他们看到彼此眼里都闪现出奔放的感情和极度的恐惧。接着又是一片漆黑,吕丝祈求上苍:

① 法兰西岛,法国北部以巴黎市为中心的旧地区名,该地区系古代法国政治中心。
② 珀莱火山,马提尼克火山名。一九〇二年爆发时,曾毁灭邻近的圣·皮埃尔城。

"不,我还不愿意……"

皮埃尔感到吕丝的嘴张开了,她的吻热烈而绝望。街上黑漆漆的。两人的心突突乱跳。离他们几步远的地方,有人从街旁的屋子里走出来,从炸坏的马车下面,扶起了垂死的车夫。他们抬着鲜血淋淋的受难者从两人身旁擦过。吕丝和皮埃尔紧紧地依偎着,一动不动。他们吓呆了。等他们回过神才感到,彼此搂抱得这么紧,就像肌肤相亲了。他们松开手,不再亲吻,却觉得彼此已经把对方融化在自己的心田里。两个人都颤抖了。

"回家吧!"吕丝感到一种神圣的恐惧,拉了皮埃尔一把。

"吕丝,你不会让我在此之前就离开我们的生活吧……"

"我的上帝!"吕丝说,她紧紧搂着皮埃尔的胳膊,觉得那会比死还难以忍受。

"啊,我的爱情!"两人一起说。

他们又站住了。

"我什么时候才能属于你呢?"皮埃尔问。

(他不敢问:你什么时候属于我?)

这一点,吕丝注意到了,深为感动。

"我心爱的,快了。别着急!我心里比你还怕。……再这样过一段时间吧!……这样有多美好!……这个月,到月底!……"吕丝说。

"到复活节?①"他问。

(这一年复活节是三月的最后一天。)

"是的,到耶稣复活。"

"可是等到复活,必定先死去才行。"他说。

"不许这么说。"她用嘴封上了他的口。

他们彼此又挣脱开身子。

"今晚,我们举行了订婚礼。"皮埃尔说。

① 复活节,基督教节日,指每年过春分月圆后第一个星期日。相传,耶稣基督在头一天被钉上十字架后,在这一天复活升天。

他们在黑暗中走着,紧紧偎依,柔肠寸断,泪如泉涌。他们脚下踩着碎砖破瓦,不断发出响声,街面血迹斑斑,他们的爱情处在死亡和黑夜的笼罩下。但是,在他们头顶,却出现了奇迹般的光轮。越过路旁两堵高墙,可以看见窄窄的一线天空深处闪耀着一颗明星……

钟声响处,光明再现,街面又热闹起来。敌人远去后,空气清新了。巴黎在复苏,死神已经遁去。

十二

已经到了圣枝主日[①]前夕。皮埃尔和吕丝每天都在一起消磨好几个小时。现在他们已经不想避人了。他们同这个世界几乎已毫无关系,仅有的联系好像也只由几缕细丝维系,随时都会断裂。——两天以前德国人发动了大规模攻势,在方圆数百公里的地盘上迅猛推进。巴黎经受了一场又一场考验:库内夫[②]遭轰炸时,巴黎像发生了地震,警报不断,巴黎人夜不能寐,惶惶不可终日。这个星期六,经过一夜混乱,人们很晚才合上眼,清晨又被隆隆的炮声惊醒。神秘的炮声是从远处,从索姆[③]传来的,炮弹在那里好比在另一个星球搜索、屠杀。一开始大家以为德国戈达飞机又来了,都乖乖地钻进了地下室,可是危险总不过去,人们也就习以为常,并能适应了。到处都在担着风险,事情又似乎不算严重,这种情况有时反而会刺激冒险的愿望。再说,天气分外晴朗,躲在地下室简直是活受罪。因此不到中午,大家便都出门了。大街上,花园里,咖啡馆的露天茶座上,到处都有人。下午,阳光灿烂,空气暖洋洋,简直像节日一般。

皮埃尔和吕丝选了这天下午远离人群,到沙维尔森林去。十天以来,他们心境平静,精神恍惚,但又极度兴奋。仿佛置身一座孤岛,周

① 圣枝主日,为复活节前一个星期日。

② 库内夫,为巴黎郊区地名。

③ 索姆,为巴黎郊区地名。

围是惊涛骇浪。只要略一睁眼，或者让涛声钻进耳朵，就会站立不稳，被卷入大海。但是只要垂下眼皮，捂上耳朵，门似乎就关上了。于是内心深处一片静谧。犹如静静的夏日里，听到鸟儿鸣啭，清泉潺潺，会沉浸在无形的欢乐中，这时感受到的宁静也同样令人陶醉。啊，欢乐女神，神秘的歌手，愿你尽情歌唱幸福！我们知道只要略一抬眼，稍一松手，汹涌的波涛就会滚滚而来。我们的闸门是多么脆弱。正因为如此，正因为时刻受到威胁，我们才纵情欢乐。静谧安宁的境界本身就洋溢着激情！

他俩手挽着手来到林中。早春天气，像醇酒，沁人心脾。三月的太阳，和煦明媚，撩人情思。树木未吐新绿，透过光秃秃的枝丫，天空蓝湛湛的，光艳夺目。一切都令人心荡神驰……他们只简短交谈几句，便不想再开口，两腿无力，步履蹒跚。林子里一片沉寂，他们头顶太阳，大地像在召唤，召唤他们躺在路旁，任凭时代的巨轮把自己卷走……

他们爬过路边的缓坡，走进一处小丛林。在满地枯叶中，星星点点的紫罗兰露出了笑脸。他们并排躺下。周围鸟儿啁啾，远处传来沉闷的炮声。村里的教堂，响起预告节日的钟声。空气里，光照中，处处弥漫着希望和信念、爱和死。周围没有旁人，但他们交谈时还是压低声音。心里都十分压抑，是因为幸福，还是因为痛苦，他们自己也说不清。两人都在出神。吕丝躺着不动，两臂贴在身旁，圆睁双眼，举目望天。从早上开始，她一直努力排除一个不愉快的念头，免得影响今天出游时的愉快心情。但此刻她心里还是隐隐作痛。皮埃尔把头枕在她膝盖上，像一个熟睡的孩子，脸埋在裙子里，享受她身体散发的温馨。吕丝默不作声，只用手轻轻抚摸恋人的耳、眼、鼻和唇。她的手十分灵巧，像童话中说的，手上也长着嘴，从她的指尖传出了讯息。皮埃尔也很灵敏，领悟了指尖的颤动，猜到吕丝此刻心中翻腾着感情的波涛。她还没有叹息，他就听到了。吕丝欠起身微微前倾，呼吸急促，低声呻吟：

“噢,皮埃尔!”

皮埃尔一惊,望着她。

“噢,皮埃尔,我们是什么样的人?……人家会怎么处置我们?……我们向往什么?……我们身上在经历什么感受?……这炮声,鸟鸣,这场战争,还有我们的爱情……这双手。我的躯体,眼睛……我在哪里……我是什么样的人?……”

皮埃尔没有见过吕丝这样心猿意马,他想把她搂在怀里。但她把他推开了。

“不,不!……”

她把脸埋在手中,又把脸和手一起埋在草地里。皮埃尔不知所措,央求着:

“吕丝!……”

他把头伸过来,紧紧挨着吕丝。

“吕丝,你怎么了?……是我不好吗?……”皮埃尔说。

她抬起头来:“不。”

他看到吕丝眼中噙着泪。

“你遇到伤心事了?”

“是的。”

“是什么?”

“不知道。”

“告诉我……”

“啊,我觉得羞耻。……”

“为什么?”

“为了一切。”

她默不作声了。

从早上起,她脑中就不断再现这令人伤心和痛苦的场景。多么丢人啊,她母亲在兵工厂看惯了放荡的生活,耳濡目染,也失去了理智。她毫不克制,居然沾酸吃醋,就在家里,对情夫大发雷霆,毫不顾及女儿还在身旁。吕丝这才知道母亲怀孕了。她好像当头挨了一棒,感到爱情本身,包括她自己对皮埃尔的爱情都受到了玷污。因此当皮埃尔接近她时,她把他推开了。她为自己和皮埃尔感到羞耻。……为他感到羞耻?可怜的皮埃尔!……

他坐在一旁,感到屈辱,不敢动了。她后悔了,满是泪痕的脸上,绽开了一丝微笑。她也把头靠在皮埃尔膝盖上,说道:

"轮到我躺下了!"

皮尔还在担心,他像爱抚一只小猫似的摸着吕丝的头发,喃喃低语:

"吕丝,是怎么回事,告诉我……"

"没什么,我看到了一些可悲的事情。"

他太尊重她了,不敢继续探究她的内心的秘密。又过了一会儿,吕丝自己说道:

"有时候,我对自己作为一个人都感到耻辱。……"

皮埃尔颤栗了。

"是的。"他说。

停了一会儿,他俯下身子,低声说了一句:

"原谅我!"

吕丝猛地抬起身子,搂着皮埃尔的脖子,重复道:"原谅我。"

两个孩子需要互相抚慰。他们没出声,但都在想:幸亏还有一死!……最可怕的事莫过于变成那种以有能力破坏而沾沾自喜的人,那种自轻自贱的人。……

他们嘴唇贴着嘴唇,睫毛挨着睫毛,互相对视着,笑容满面,柔情似水。一种神圣的感情,那是最纯洁的爱情,在他们心中荡漾,他们心旷神怡了。但他们终于分开,不再互相注视。吕丝的眼中闪着满意的光芒,又感到蓝蓝的天空,新绿的灌木和芬芳的花朵有多么诱人。

"多美啊!"她说。

她想:这一切为什么会这么美好呢?而我们,这些人们,却又那么可怜,碌碌无为,丑恶不堪!……(要是没有你,没有你的爱,要不是你!……)她又望了望皮埃尔,继续想:还不知道别人会对我怎么样呢!

她突然开怀大笑,像一切堕入情网时喜怒无常的人一样,一跃而起,在林子里跑起来,并且喊着:

“来追我吧!”

在剩下的时间里,两个人像孩子一般嬉戏着,他们玩累以后,缓步走向山谷,夕阳西下,空谷中一片金辉。他们息息相通,觉得不论观赏什么,都有无限新奇的韵味。

十三

皮埃尔和四个同窗好友在其中一人的家中聚会。他们年龄相同,思想接近,五个人经过初步接触,便撇开他人,成了朋友,经常会晤。但实际上,这五个人中,没有两个人的想法是全然一样的。四千万法国人表面上完全一致,实际上却各想各的。法国的土地分散为小农经营,法国的思想也是一样五花八门,样色繁多。五个朋友,正试图超越思想上的藩篱,各抒己见,交换看法。但是每人所津津乐道的无非是自己的一得之见。不过五个人都比较开通,他们固然并不一致拥护共和,但都坚决反对蒙昧无知和社会倒退。

雅克·赛在战争问题上,态度最为激烈。他是犹太人,擅长兼收并蓄,对法国思想界闪耀出的激情火花,他一概为之喝彩。在欧洲各国,他的犹太同胞一般也都入乡随俗,支持客居国家的事业和思想。他们在采纳某种主张以后,甚至有一种倾向,习惯于着意渲染。雅克·赛是一个风度翩翩的美少年,五官端正,眉目清秀,嗓音和目光都洋溢着激情,只是有些滞重。他支持得热烈,反对得激烈。他认为,已经发动的战争是一场争取民主的十字军运动,目的在于解救人民和扼杀战争。但是以博爱的名义进行了四年的屠杀,也未能使他自己信服。但他这种人绝不同意让现实否定自己。他自尊心很强,一方面要为犹太人争气(这一点在表面上他是讳莫如深的),恢复他们的名誉,另一方面,作为个人,也总希望自己是正确的,越是没有把握,就越希望自己正确。他是真诚的理想主义者,在这种主张后面,还隐藏着由于长期受压而迫切希望行动和冒险的愿望。对这一切,他都是诚心诚意的。

安东尼·诺代也支持战争。但他这样主张只是因为没有别的办法。他是资产者,长得胖胖的,细皮嫩肉,两颊绯红。他已经气短,说话时卷起舌头,像中部省份有教养的人家那样。他安详地微笑着,正在欣赏雅克·赛的热情和口才。有时候,他也似乎无意地插上一句,使雅克·赛更加激烈。但他自己是个懒汉,绝不随声附和。对于自己决定不了的一切,热烈的主张或坚决的反对能有什么效果呢?只有在悲剧里才会出现克尽义务和耽于享乐的冲突,才会把这种冲突表现得既悲壮又啰嗦。遇事不能选择,那就只能默默地承担自己的义务,他的心情也不轻松。他既无所追求,也不妄加指摘。但他凭着常识知道,战争既然打了起来,人就只能随波逐流,舍此别无他途。至于追究责任,那是浪费时间。我已经被迫开上战场,再让我知道如果事情不像现在这样,我本来可以不必去打仗之类究竟对我有什么好处呢?

对于伯尔纳·赛思来说,责任问题倒恰恰是首要问题。他搜索枯肠,总想解开这头绪纷乱的难题,或者可以说,他简直为此着了迷,脑子里无时无刻不在转这个念头。他体质纤弱,谈吐出众,热情敏感,思维十分发达。他的家是富裕的资产阶级,好几代的老共和党人,曾在政府里担任显要识务。他受家庭的感染,主张革命,思想过激。他对当今各国政府及其同伙都观察得极为细致,认为各国政府都负有罪责,而且特别喜欢归罪于法国政府。他满口工团主义和布尔什维主义。这些是他的最新发现,但根据他谈话的语气判断,他好像从小就熟悉这些问题。他还没找到医治弊病的灵丹妙药,但总认为社会必须出现翻天覆她的动乱。他憎恶战争,但如果要进行一场阶级战争，那他一定会高高兴兴地投身进去，去反对他自己的阶级，反对自己。

第四位同窗叫克劳德·斐吉，他在一旁倾听别人侃侃而谈，神情颇为淡漠，甚至流露出些许轻蔑的神气。他家里是小资产者，家境不很富裕，因为他聪慧过人，被路过的督学看中，从外省带到巴黎靠助学金上了中学，由于过早失去家庭温暖，他已经习惯于依靠自己，单独生活，生活的目的也仅仅是为了自己。他是个哲学家，孤芳自赏，喜欢自我发掘，他像一只发怒的猫对自己孜孜不倦地反复剖析。别人的冲动从来不会使他动心。那三位同窗本来不算协调，但在他心目中，他们都是一路货——属于民众一类。这三个人不都已经降格俯就，表示同情大众的向往吗？说实在的，他们每个人心目中的大众含义并不相同。但是不管其构成如何，对斐吉来说，大众永远是错误的。大众就是敌人。思想应当保持独立，循着个人的道路向前发展。这样才能避免流于俗套，也可以不受国家影响，牢牢保持个人思想王国的纯洁性。

至于皮埃尔，他坐在窗旁，心不在焉地向外眺望，只顾出神。要是往常，他早就热烈地参加他们的议论了。但是今天，这一切听起来都显得那么遥远，不过是连篇废话，枯燥乏味。他有些不耐烦，已经昏昏欲睡了。其他几个人谈兴正浓，很长时间没有发现他一言未发。最后还是赛思，他没有听到皮埃尔支持自己而感到惊讶，因为通常当他就布尔什维主义夸夸其谈的时候，皮埃尔总是给以响应的。赛思喊了皮埃尔一声。

皮埃尔突然惊醒。他脸红了，微笑着问：

“你们在谈什么？”

四个人都感到气愤。

“怎么，你什么都没听见？”

“那你又在想什么呢？”诸代问。

皮埃尔有些慌乱，但也不太在乎，他说：

“我在想春天。尽管没有诸位的许可，大地已经回春了。将来春天不需要得到你们同意，也会离开我们的。”

大家都对他这席话嗤之以鼻，表示蔑视。诺代称他为“诗人”。雅克·赛认为他装腔作势。

只有斐吉以好奇和嘲讽的目光审视着他，冷冷地说了一句：

“想学蚂蚁飞吗？”①

“什么？”皮埃尔饶有兴味，问了一句。

“小心，插上了翅膀可要当心！这是新婚之夜插上的翅膀，飞不了一个小时就会掉下来的。”

“生命本身也不会持续太久。”皮埃尔说。

十四

耶稣受难周②里，他们每天见面。吕丝一个人在家，皮埃尔就去她家找她。荒芜的菜园已经复苏，他们就在园里度过整个下午。现在他们对巴黎，对人群，对生活都很反感。有时候。思想突然停滞，他们就一动不动，沉默不语，相依闷坐。两个人都滋生了一种异样的心情，十分害怕，相约以身相许的日子越临近，他们就越害怕。因为爱得太执着而害怕，因为灵魂高尚纯洁而害怕，甚至有时如醉如痴，抑郁忧伤，竟至希望得到解脱。他们是被生活中又丑恶、又残酷，又可耻的现象压垮了。但对这种心情，他们彼此只字不提。

多数情况下，他们就未来的住处、共同的工作和小家庭生活娓娓密谈。对他们的住处、家具、糊墙纸以及每件东西放在什么地方，事先都作了细致的安排。吕丝是个小妇人，提起这类日常生活和家庭里的亲切琐事，有时会高兴得流下泪来。他们细细品尝未来家庭生活的种种乐趣，……因为他们很清楚这一切都不可能发生，在他是由于生来悲观，早有预感，在她则是头脑实际，体贴恋人，知道这桩婚事是行不

① 意为会飞的蚂蚁。

② 耶稣受难周，指复活节前一周，相传耶稣在这一周的最后一天遇难。

通的……正因为如此,两个人才急于在梦幻中把它变成现实。两人还都瞒着对方,不让对方察觉自己明知这不过是黄粱一梦。彼此都以为只有自己这一方看透了,所以小心体贴,不让对方幻想破灭。

他们怀着淡淡的哀愁,把想象中未来生活的种种趣事历数完毕,就感到心力交瘁,仿佛已经活到头了。这时候他们会并排坐在枯藤架下休息,在阳光照耀下,枯藤也在慢慢恢复冬眠的活力。皮埃尔的头靠着吕丝的肩膀,两人一边出神,一边倾听地上虫鸟的鸣叫。天际,流云飞逝,三月里和煦的太阳,一会儿露出笑脸,一会儿又躲进云层,向地面交替投射金色的光辉和昏暗的阴影,就像灵魂深处交替感到欢乐和忧伤一般。

“吕丝,你还记得吗? ……很久了,很久以来,我们就是这样的……”皮埃尔突然发问。

“记得,我什么都记得……可是现在,我们又到了什么阶段呢?”

他俩愉快地回味,相识以来是如何共同度过这一段时光的。当时他们就已经这么成熟了吗? 可能是的。不过开始的时候,皮埃尔肯定像一个少女,而吕丝却像一个男子。……他们像空中的飞鸟吗? 吕丝年幼时,她母亲说过她是从烟囱里掉下来的一只野天鹅,她的翅膀摔断了。……但是使他俩感到其味无穷的,还是追忆两人在一起时共同感受到的浮光掠影般的印象和胸中荡漾过的那种朦胧缥缈的感觉:这些印象和感觉如梦境幻象,飘忽不定,转瞬即逝,又像轻烟缭绕,冉冉升起,散入天际;天空飘过的朵朵白云,水面泛起的层层涟漪,细雨霏霏,草色青青,露珠晶莹,空中乱舞的蒲公英等等。但是,狂风起处,这一切便都化为乌有。但愿从此风平浪静,我们也不至于在永恒中消逝! ……

皮埃尔说:

“我觉得我们从没有分开过,一直在一起,就像现在这样,并肩躺着,不过一直在熟睡,在梦中漫游仙境。有时也会醒来,蒙眬中……我感到了你的鼻息,你的脸蛋儿,……费了好大的劲,我们的嘴才对在一起……随后又陷入了梦乡。……亲爱的,亲爱的,我在你身边,拉着你的手,不要松手!……时辰还没有到。大地刚刚回春,万物尚未解冻……”

“就像你的鼻尖,冰凉的。”吕丝说。

“很快,等我们再醒来的时候,就是美丽的夏日了。……”

“是的,是美丽的夏日。”

“那时候,可以看到菩提树下,绿荫蔽日,透过枝丫只见烈日当空,蜂儿飞舞……”

“墙头鲜桃,美味可口。”

“收割时节的农夫,会在田头小憩,金色的麦垛堆在一旁。”

“懒懒的羊群,在草地上吃草。”

“傍晚,夕阳西下,流逝的晚霞染得田野处处生辉,宛如彩色缤纷的池塘……”

“凡是赏心悦目的美好事物,都能看到、接触、享有和……至于其他的一切,让他们留给自己吧!”吕丝边说边指着城市和硝烟。

她笑了,吻了吻皮埃尔,又说:

“我们这支小小的对唱,编得不错呢,是吧,我的小皮埃尔。”

“对,小杰西卡①!”

“我可怜的皮埃尔,看来我们真是生不逢时,来到了这个只知道高歌马赛曲的世界!……”

“要是真懂得怎么唱马赛曲倒也好了!”皮埃尔说。

“我们弄错了,车不到站就下来了。”

“恐怕下一站会更糟。”皮埃尔说,“亲爱的,请你设想一下,到了未来社会,我们俩会怎么样。像人家描绘的,未来社会像一个大蜂窝,大家都只为了蜂王或者为了共和国而活着。”

“从早忙到晚,从晚忙到早,究竟是为谁辛苦为谁忙,无非是为他

① 法国有一首著名对唱民歌,歌中男女的名字分别为皮埃尔和杰西卡。这里皮埃尔借用歌中的名字称吕丝为杰西卡。

人作嫁衣裳……谢谢啦，我可不干。”吕丝说。

“瞧你，吕丝，坏孩子，你把生活描绘得多么丑恶！”皮埃尔笑了。

“我知道这种说法不好。可是我这个人会一事无成的。你也和我一样，皮埃尔。你做不了这种营生，杀人伤人你都不会。我也不行，我不会照料伤病员，不会把斗牛场上败下阵来遍体鳞伤的公牛照料好，让它重返竞技场。我们都是些危险的废物，一无是处，可偏偏又妄自尊大，竟然胆敢希望只为自己所爱的人和事而活着，为了你，我的小爱人，为了朋友们、善良的人们、孩子们，为了春天的阳光，也为了白白的小面包，一切色香味俱全的食品！啊，多不害臊，多不害臊！皮埃尔，为我脸红吧！……不过我们很快就会受到惩罚的！在地球整个变成一个国家工厂以后，我们也找不到自己的位置，那时候，只有无休无止的工作，劳动……幸好，到那时候，我们就不在人世了！”

“是的，多么幸运！”皮埃尔说着又背诵起来：

如果我能在你的怀抱中死去，我的夫人！我将才限欢乐，因为在这个世界上，对我来说最大的快乐莫过于能在你的胸前！

在亲吻你的时候，看着自己的灵魂飞去……

“亲爱的，你真能咬文嚼字。”吕丝说。

“不，这是地道的好法文，是龙沙[①]的诗歌。”皮埃尔说。

……隐姓埋名生活百年，只是为了啊，卡桑德，
能在你的怀中静静辞世，
而别无他求……

“一百年，倒也不难。”吕丝叹了口气。

① 龙沙（1524—1585），法国著名诗人，七星诗社魁首。

可能是我错了,但我认为能够这样辞世,要比赢得
伟大的恺撒或亚历山大大帝的声名更为荣耀!

“你太坏了,太坏了,你这个小小的懦夫,你难道不害臊吗?要知道这是英雄辈出的时代!”

“英雄已经太多,我宁愿当一个普通的领略了爱情的男孩,一个平凡的小男子。”

“小男孩,是乳臭未干的小男人!”吕丝搂着他,“你是我的,是我的孩子!”

十五

耶稣受难周,法兰西岛每天受到德国飞机大规模轰炸的威胁。巴黎上空也是黑云压城。将来那些劫后余生者,已经时来运转,恐怕对这段时光早已忘却,因为在欢乐的时候是不会去想过去的苦难的。当时,从圣星期一到圣星期三,德国人的进攻达到了最高潮。他们穿越索姆河,攻下了巴波姆、内斯勒、吉斯卡、鲁瓦、努瓦荣和阿尔贝[1],缴获一千一百门大炮,生擒六万名战俘。……圣星期二,音乐家德彪西[2]与世长辞,这似乎可以算作一直幸免于难的巴黎直接惨遭蹂躏的标志。古琴碎了[3]……“可怜的希腊奄奄一息!……”还会剩下些什么呢?几个破碎的刻花瓷瓶,几件完整的石刻碑文,正受到风化剥落的威胁……这些就是雅典城被毁以后留下的不朽文物……

皮埃尔和吕丝好像置身于小山顶端,观赏着夜幕从城市上空降落。他们仍然沉浸在爱情的温馨中,毫无畏惧地等待这短暂的白昼结束。黑夜里,他们也是两个人在一起。有如晚祷的钟声,空中飘来德

① 巴波姆、内斯勒、吉斯卡、鲁瓦、努瓦荣、阿尔贝,均为法国地名。
② 德彪西(1862—1918),法国著名印象派音乐家。
③ 指古希腊竖琴,系古希腊文明的象征。

彪西的优美和弦。乐声宛转幽怨，千回百转，唤起人们无限的哀思。他们两人一向爱好德彪西的音乐。但此刻音乐在他们心中引起的共鸣却是从未感受过的最大慰藉。只有音乐这种艺术形式才能充分表达获得解脱的灵魂心声。

圣星期四，皮埃尔和吕丝手挽着手，冒雨向郊外走去。风在湿漉漉的地头吹起，夹着雨点。地面泥泞，四下里无景可赏。但他们对这些一概未加注意。他们在公园里一堵新近倒塌的矮墙上坐下了。皮埃尔的雨伞刚刚能够遮住两人的头部和肩膀。吕丝的胶鞋湿透了，两手湿淋淋的，她摇晃着双腿，观赏着一滴一滴的雨珠。微风掠过枝头，带下一串串水珠，发出了悦耳的声响。吕丝默不作声，脸上闪着宁静的微笑。两个人都感到无限欢欣。

“我们怎么会如此相爱的？”皮埃尔问。

“啊，皮埃尔，你提这个问题，就是说你爱我还爱得不够深。”

“我问你，是为了想引你说出我已深深了解的一切。”皮埃尔说。

“你要我赞美你。但是你没有抓住要害。你深知我为什么爱上了你，但我自己却并不清楚。”吕丝说。

“你不清楚？”皮埃尔不胜惊讶。

“不清楚。（她在窃笑）我也不需要知道。如果对一件事还要问一问为什么，那就说明自己还没有把握，或者事情本身并不美好。我既然爱了，就不问为什么！既不问为什么，也不问是在何时何地如何开始的。我爱了，这就够了，其他的事，一概与我无关。”

他们脸贴着脸，互相亲吻。雨伞倾斜了，雨水从他们的面颊上、头发上淌下来，淌到他们的唇边。于是他们尝到了凉凉的水珠。

“别人怎么办呢？”皮埃尔问。

“谁，什么人？”吕丝说。

“我们以外的那些可怜人们。”

“但愿他们能同我们一样！但愿他们也学会爱。”

"也被别人爱。但这一点并不是所有人都能做到的。"

"不对,能做到。"

"不,做不到。你还不了解你赐给我的是无价之宝啊。"

"把心交给爱情,把唇交给爱人,这就像眼里有了光明。这不是给予,而是赢得。"

"世间也有盲人。"

"我们不可能把他们治好,小皮埃尔。"

皮埃尔默不作声了。

"你在想什么?"吕丝问。

"我在想,此时此刻,远在天边,近在眼前,到处都能感觉到,'他'[1]为了到人间来治愈瞎子而承受的苦难。"

吕丝拿起他的手。

"你信仰'他'吗?"

"不信。我已经不再信了。但是既然曾经信过,'他'对我来说,就好像一位友人。你呢,你对'他'了解吗?"

"一无所知,几乎没有人同我谈起过这个问题。不过,我虽不了解他,却爱他,……因为我知道'他'心中充满了爱。"

"我们的爱不一样。"

"为什么不一样?我这颗小小的心只够爱你,我的情人。'他'爱的是所有的人。但两者都是爱。"

皮埃尔感动了,他说:

"那么明天你是不是愿意为了'他'的受难……人家说,圣热尔维广场上圣母院的音乐特别动听……"

"我很愿意在'他'蒙难的日子,同你一起到教堂去。'他'一定会欢迎我们的。我们离他更近以后,彼此也就更接近了。"

他们都沉默了。……雨淅淅沥沥落着,无穷无尽。夜幕也降临了。

---

① 指耶稣。

“明天这时候,我们会在教堂里。”

浓雾弥漫,寒气袭人。她微微颤抖。

“亲爱的,你冷了吧?”他担心了。

她站起身。

“不,一切都是美好的,我爱一切美好的事物,他们也都爱我。雨、风、灰蒙蒙的天、寒夜——还有你,我的小爱人,你们都爱我。”

十六

圣星期五,天空仍然灰蒙蒙、阴霾霾的,空气却清新、平静。街上满是鲜花,有水仙花,还有丁香花。皮埃尔选了几束,让吕丝捧着。他们沿着静悄悄的奥尔弗码头向下走去,一直走到圣母院。旧城略加装修,显得格外亲切肃穆。他们穿过圣热尔维广场时,见到一群鸽子从脚旁飞起。他们目送着鸽子飞翔,看见其中一只飞到教堂门上一座雕像的顶端,伫立不动了。他们走上台阶,准备跨进教堂,这时,吕丝转过身去,望见几步以外的人群中有一个十一、二岁的棕发女孩,倚着栏杆,两手高举,正在凝视她。女孩五官秀丽纤巧,像一个古典美人,同教堂的小天使像颇有几分相似,她脸上挂着一抹谜一般的微笑,神情温顺可亲,促狭风趣。吕丝也对她微微一笑,并且指着她让皮埃尔看。但女孩的目光已越过他们。突然,女孩眼中一片恐怖,随即掩面消失了。

“她怎么了?”吕丝问。

皮埃尔什么也没看到。

他们走进教堂。头上响起了鸽子咕咕的叫声。这是最后传入他们耳中的外界声音。随后巴黎的市声听不到了;无拘无束的气氛也消失了。雄伟的穹顶下是管风琴的披饰,这石墙和乐声构成一道帘幕,把皮埃尔和吕丝同尘世完全隔绝开来。

他们走进教堂后一直向左,在后排选了第二和第三个偏祭台之间一处不显眼的地方坐下。他们躲在一根圆柱旁,蜷缩着,坐在柱脚的石阶上,好离人群远些。他们背对着唱诗班,抬起头只能望见祭台的顶部、十字架和一座偏祭台上的彩绘玻璃。古老的圣乐优雅低沉,如泣如诉。这两个小异教徒,手拉着手,在教堂里参加悼念仪式。面对上苍,他俩不约而同喃喃低语:

"伟大的朋友[①],在你面前,我宣誓效忠于他(她),请你把我们结合在一起。我们的心已经向你披露无遗。"

他们紧握着手,手指交错,有如编织在草篮上的辫子。悠扬的乐声使他们两人仿佛融为一体了。他们开始出神遐想,好似躺在床上。

吕丝的脑海中出现了棕发女孩的面影。她觉得昨夜梦中似乎遇见过这位女孩。她分辨不清自己是确曾梦见,还是把眼前的幻象当作昨夜的梦境。她想累了,就丢开这个念头,听凭思绪如野马般地驰骋。

皮埃尔在回忆他自己短暂的一生:一只百灵鸟在雾蒙蒙的原野尽头飞起,盼望早日飞到太阳跟前。……但太阳是这么远,又这么高。能飞到吗?……雾更浓了,天地不分,力也用尽。……突然,唱诗班里传来了葛里高里式的单调音乐,那歌声如潺潺流水,明快欢畅。于是,百灵鸟的僵硬躯体从雾霭中显露出来,沐浴在广漠无垠的阳光中。

皮埃尔和吕丝彼此用手指捏了一下,他们这才意识到两人是在一起遐想。他们又回到了昏暗的教堂,彼此紧紧拥抱,倾听着优美的歌声。他们心中荡漾着千种柔情,体验着最高尚、最纯洁的欢乐。两个人都热诚祝祷,但愿永远不再离开这种境界。

这时,吕丝用爱抚的目光瞥了一下她的情侣,只见他两眼半闭,双唇微启,似乎正陶醉在幸福之中,接着一阵冲动,又举目望天,似乎在感谢上苍,感谢那人们总在下意识寻求的那股超然的力量。吕丝透过偏祭台上红色和金色的玻璃,好像又看到了广场上那位微笑着的女孩,她悚然了。接着,眼前又出现了那张带着异样表情的面容,眼里一

① 指耶稣。

片恐惧和怜悯，吕丝惊得一身冷汗，口不能言。

就在这个时候，他们身后的大圆柱摇晃了，整座教堂晃动了。吕丝的心跳得那么剧烈，既没有听到爆炸声，也没有听到人群的喊叫声，她还未来得及害怕和痛苦，就猛地扑到皮埃尔身上，像母鸡保护小鸡，用自己的身躯护着皮埃尔，皮埃尔闭着双眼，无限幸福地微笑着。她像母亲一般，把皮埃尔的头紧紧贴在自己的胸前，用自己的上身护着他，她吻着他的颈窝，两人尽力蜷缩在一起。

巨大的圆柱，一下子倒塌了，压在他们身上。

一九八一年八月

欣悦的灵魂 3

[法] 罗曼·罗兰 著
罗大冈 译
艾珉 主编

罗曼·罗兰
第六卷

人民文学出版社

目　次

下

第四卷　女信使（下）

生　育

第 四 卷

女 信 使

（下）

生 育

第一部

搏斗

他们两人结合之后的第一个时期,是在狂醉的热恋中度过的。蜜月的月光和阳光一样灼热。蜜汁含有火焰,酒精的火焰。两只蜜蜂从什么花木上采来的花粉?不仅是春天的花朵。他俩都过早地吮吸了夏天的花木精华,其中含有相当酸涩和带腐蚀性的成分。他们年轻的爱情,已将这一切纳入蒸馏器中,融合成奇妙的春药。一切都是新的,纯洁的,一切都是火焰。有什么东西不能被火焰净化和更新呢?(可是到末了,还能剩下什么呢?)

这一对疯狂的鸟儿,日日夜夜紧紧搂抱着,嘴对着嘴,互相呼吸对方的气息,爪子互相钩住,好像两条船相撞,船头深陷入对方的心脏部位。整天整夜,他们闭户不出,只有窗子稍稍开一条缝。他们拒绝开门,拒绝出房,两人互相吞噬,精疲力竭,永不畅足。

安乃德用力推门进去之后,发现两人躺在床上,毫无顾忌,也不躲避,昏迷沉醉,欲火如焚,浑身发烫,筋疲力尽,神色慌张而表情幸福。至于阿霞,她抱着丈夫的脑袋,用贪婪与粗野的眼神瞧着安乃德。后者却用温和的目光注视他们,双手捧着小两口子的脑袋,颔首微笑,略带忧虑地说:“可怜的孩子们,不要把你们的粮食一顿吃光,要留着点儿防备度荒年。”

安乃德心中明白,他们是不会听她的话的。她踮着脚尖轻轻地走开,心中既高兴又忧愁。她对未来看得十分清楚。但是,他们能享受现在,这已经是一件美好的事。今朝有酒今朝醉!她小心在意,不让他们眼下的幸福受干扰。她不声不响地替他们整理家室(阿霞后来才知道。玛克,像一般男子一样,漠不关心家务,始终不知道)。在那昏昏沉沉的几个星期中,不用他们操心,屋子里收拾得井井有条,他们仿佛觉得这是很自然的。她是给他们打短工的女用人,她不声不响,不让人瞧见把一切收拾整齐。沉浸在令人陶醉的深水中的阿霞开始漂到水面时,她沉重的脑袋想清醒一下,她支着耳朵听一个忙碌的人影在屋子里走来走去的轻微声音。她的自尊心觉醒了,也许比感激之情发生得更早些(情人们认为别人必须卑躬屈膝地伺候他们,这是很自然的),她重新用腿走路,要求收回她操持家务的权力。正在餐室扫地的安乃德,看见阿霞光着脚走过来,穿着睡衣,圆睁双目,好像一只刚从巢穴里出来,突然进入阳光下的猫头鹰。安乃德笑了,丢下扫帚,跑过去把她搂在怀里。阿霞表情严肃,还没有完全睡醒,所以脸上毫无笑容。她一任安乃德亲她,好比一位勉强屈尊的公主。她坐在安乃德的膝盖上,托着对方的下巴,郑重其事地察看对方的面孔,再把大拇指按在安乃德的面颊上,要她转过脸去,好仔细看她的侧面。接着,用十指捧着对方的脸,眼对眼地注视对方。双方目光一接触,阿霞钢铁色的瞳仁神气缓和了,僵硬的手指也放松了,她用湿润的手抚摸安乃德的嘴,对她说:“谢谢。”

“我不要你谢。”安乃德说。

“我不管您要不要。我要谢您,谢谢!”

“谢我什么?”

“谢您生了他。”

安乃德紧紧搂着阿霞。

“他长得不错吧?”

“正适合我的尺寸!”

两人含笑的眼色对视了一下。没有必要责怪她们。这两个娘们一点也不害臊地赞赏上帝创造的美好事物。可是安乃德用谦卑的欢欣之感说:“我们这些做母亲的,我们对孩子只能完成一半工作。现在该由你来完成对玛克的工作了。”

“我已经开始在他身上做了工作。”

“啊!那可不是一夜之间可以完成的。那是很困难的工作。你必须在那上面磨光你的指头。你有耐心吗?”

“我没有半文钱的耐心!”

“啊呀呀!啊呀呀!”

“只要他有耐心,就够了!”

“我不敢担保。”

“那么我把他还给您。货色不地道,我上当了。”

“万一我把你的话当真?万一我将他收回呢?”

“您真要收回?您试试看!”

阿霞带着挑衅的神气,后退了一步。

“别急,别急,美人儿!”安乃德说,“不会有收回的风险。你既然来了,既来之,则安之。这是合情合理的。你拿走了我的儿子。将来你的儿子也会被人拿走。”

“啊!到那时还远着呢!”阿霞说,“我收获粮食,把它吃掉。种子以后再说。”

“当心夏季来得太快!”

“我不怕夏天。我喜欢火。”

安乃德说:“我是从火里过来的。”

阿霞用鼻子在对方身上到处闻闻,说道:“我闻出来了,在一些角落里,还有烧焦的味道。”

“火已经熄灭了。”

“您敢发誓?让我来把热灰拨开!”

“不,不,不,不!我不想卷土重来了。各人轮到一次。现在,火是属于你们的!你们要有节制。”

“火有的是!”

安乃德心中有疑问。可是明说出来是不谨慎的。两个年轻人什么全知道,而且知道得更详细。但愿火神多照管他们,旁人是无能为力的。火神什么也听不见。他既无耳朵,又无眼睛。他只有一条舌头,不是用来说话,而是用来投射,这条舌头焚毁一切,什么也剩不下。火神贪得无厌,必须不停地供给它新的食物。玛克和阿霞食物之多是安乃德意想不到的。自从开始时的欢乐之火以后,几个月之久,他俩的心在继续燃烧,直到他们恢复了日常的工作,眼皮下垂,不看情欲的火焰。但是只要眼睛一张开,火焰就熊熊燃烧起来。他俩贪婪的眼色互相吞噬,好像瓦莱斯别墅①壁画上的情侣……他们似乎永远不会餍足的。

后来,朝夕之间,火焰熄灭。夜幕终于下垂……

* * *

两人并非同时受灾祸打击,而是一个先一个后。先受到打击的是阿霞。

她准备出门。玛克刚刚出去。两人匆匆地亲了嘴。房间的帘子垂着,室外阳光普照,市声隆隆。阿霞坐在床边,头脑空空,万念俱灰。她觉得疲乏,多少有点凄戚和恶心。屋子里闷热,她拉起帘子,阳光直射进来,她对着镜子,举起双臂整理头发。阳光照耀,刺激眼睛,她眨了眨眼皮。就在眼睑一合一张的刹那间,她神志昏迷了……当她重新张开眼睛,好像换了人间。那两段接连的瞬间不是连成一片的,它们之间隔着可怕的裂缝。一个正摸索道路的失明女人,再也瞧不见阳光和自己的影子:再也找不到爱情。她觉得头晕,只好挨着墙坐下,坐在一张小凳上。她连把搁在脑袋上的两只手放下来的力气都没有了。

---

① 罗马城中的古建筑,亦称瓦莱斯别墅。位于台伯河右岸,当初为富商奥古斯特·纪奇所建,故称别墅。有拉斐尔壁画的是瓦莱斯别墅,不是瓦莱斯宫。

这两只手压在她头上,好像柱头的雕饰一般沉重。她两眼直视前方,惊愕失措。她什么也看不见,什么也不想。她想的是空无一物。她心中空虚,思想空虚,十足的空虚。往事没有留下一丝痕迹。当她企图把过去的事固定下来,想攀附在过去的经历上(她正从一座高塔上向下坠落),她全身血液都凝固了。一切都成为陌生的事物:这个男人,曾接触过她的这人的身体,对他那些极度亢奋与狂欢的回忆,这个赤身裸体任人摆布的女人,这个阿霞……“爱……爱……”她反复说这个死掉了的字,不懂什么意义。丝毫没有与之相适应的情潮震荡……她心想:“我疯了。我明明知道,我爱过了!”

但是她神志恍惚回答说:“什么?这是怎么回事?我不理解……”

她蹲在角落里,一动也不动,过了昏迷惘惑的若干小时。黄昏渐渐临近。教堂的钟声提醒她“那位”快回来了。她吃了一惊。她洗脸,梳头,端正仪容。对着镜子,在自己冷淡无情的眼光深处,她重又看见了“空虚”!她用薄纱盖在上面。她不能让人看见赤裸裸的空虚……是为了怜悯“那位”,还是由于害怕自己?……

他什么也没有注意到。(情人们心中总是充满自我),而这种双目失明的利己主义加深了枯瘠的深渊。她怨恨他的自私,索性撕破蒙住她眼睛的薄纱。他的目光深深窥视对方的眼睛,他从中发现了沙漠,这使他感到愕然。可是薄纱重新盖上了。他并不设法再去揭开它,对他的提问,她的答复只是:“没有什么。”

他沉住气,不再多问。他害怕了。

夜里,他抱在怀中的是一个没有生气的肉体,然而这肉体还活着,而且他要干什么她就驯顺地让他干什么,但肉体成了没有灵魂的空壳。他所认识的活的存在物,他的财宝,已经不知去向。幸亏上帝使他看不见潜伏在阴影中的另一个存在物,它以冰冷的眼光在窥视他。虽说他看不见它,但感觉到一股凉气。他在拥抱她的过程中,放开那个肉体,对方任他摆布。虽然她一动也不动,他却觉得仿佛一块石头从他手中滑脱,落在地上。两人面对面躺在床上,不敢呼气,假装睡着。可是彼此互相窥视,心脏和四肢蜷曲着。

“在我对面的这个人是谁呀?”

阿霞满以为玛克已经睡着了,借此机会想溜走。她慢慢地,慢慢地转过身来,把自己的背像一垛墙似的把玛克挡住。玛克察觉到她的每一个动作,她像一只狡兔似的溜跑。他心里焦急地问:“我干了什么对不起她的事?”

阿霞觉得玛克在她背后呼吸,可是在她前面是空空的床和自由的夜。她逃跑了,逃到树林中去。幸而假梦变成真睡,睡眠扑向这两个孩子,中止了他们的互相追逐。天亮了,他们一见面,都觉得有痛苦之感,然而又觉得轻松。两人相对微笑,可是不大敢互相注视。玛克学会了对阿霞有畏惧之感,阿霞学会怕她自己(这更糟糕!……她对即将发生的事已失去控制……)。

稍后,轮到了玛克心神不宁。深渊越来越宽阔了。第二天,在欢爱的时候,占据他们思想的只是情欲和被爱者的欢乐。可是紧接着,玛克的爱情完全消失,空隙越挖越深。被爱的女人对于他只成了沉重的包袱。他的冷淡态度是如此难堪,离开厌恶只有一线之差,离开憎恨也只有两线之差而已。内心的演变显得特别可怕,正由于这种演变是在无声音无冲突的情况下进行的。等人们发现它的时候,已经是既成事实。面对这种现象,玛克很恐惧。他充满激情的正直性格使他控诉自己,斥责自己。然而无能为力。在他眼前,灾难已经不可收拾。他身上剩下的全部力量已无法在阿霞眼前掩盖住那一片废墟。力量不够,因为阿霞凭她自己的经验,已经嗅到废墟的气味……

两人轮流地经受这种危机。但永远不是同时经受的。危机每次延续若干小时,有时若干天。这种现象反复出现,似乎一次比一次延长。虽然每次都没有第一次猛烈,可是一次比一次沮丧而且沉重。这种现象夺去人们生活的兴趣。他们一直没有勇气互相坦白这种精神上的冲击。彼此讳莫如深,好像这是见不得人的隐疾。在沉默中,这种现象成了周期性的痼疾。它固定下来了。只有安乃德能给他们指导,可是他们把她屏除在外,不让她知道。她也不让自己介入小两口的私事。安乃德明白她儿媳妇多猜善疑的脾气。要获得阿霞的信任,最好的办法就是不要去主动争取。而且她已经上了小两口的当。她虽然早就预见并且等待着在过分热烈之后,出现不可避免的降温。如今,低压已经产生了,她却丝毫没有察觉,儿子和儿媳一致瞒着她。这些日子,他们的爱情从基础上受到动摇,但在旁人看来,似乎他们的小日子从来没有过得这样和美。这是由于他们害臊,不肯承认自身的残疾:一种说不出原因的痛苦!

在爱情上,两人都不是初出茅庐的新手,他们都曾饱尝爱情的滋味。不过已往任何一次经验,都没有这一次充实、紧张。直到那时,关键问题还不是真正的爱情,只是青春的情欲在追逐猎物,是快乐的游戏,没有什么不健康的成分,但也丝毫没有深刻的情意,只是无忧无虑的天性在小试锋芒,即使错爱也心情轻快,因为来日方长。或者,这一天性偶然也假戏真做起来了,它一怒之下砸台而去,正如有一次西尔薇设下圈套,想让玛克爱一个姑娘[①],和她成亲,玛克发了脾气。

可是这儿,没有任何圈套,没有任何游戏,问题在于自由地贡献和接受生命的整体。他们彼此推心置腹,无所不表白,无所不暴露。彼此把自己的一切交给了对方,也接受了对方的一切。他们把自己生命的川流全部倾注在他们的爱情中。正因如此(他们自己不理解),他们自己什么也没有保留,一滴水也没有剩下。等到爱情趋向低潮时,他们的生命川流干涸。他们搁浅了,只好等待灭亡。

很久以后,他们才达到彼此理解、互相同情和原谅的明智境界。那时,他们为自己安排一个藏身之处,在那里等待低潮过去和下一次高潮到来。因为这无非是生命的节奏和摆动,既不多也不少。由于他们过于浪费生命力,所以摆动的幅度也特别大。只要猛烈的冲击不使弓弦松弛,不扭曲内心的弹簧,那么每一次落潮总会引起一次新的

① 见第四卷《女信使》(上)第三部《罪恶之风》开始部分,关于佩娜岱特的故事。

涨潮。

弓是一把好弓，可是射手丧失了信心。所以即使生命的源泉重新奔流，他们也忘不掉干旱的季节，忘不掉在那些时刻，彼此间是如何看待的。

他们并不是蒙住双目、不敢互相注视的一对情人。每时每刻，在他们爱情的过程中，他们一直看得清对方的真面目，不罩面纱，赤裸裸的，连彼此的弱点，丑态和陋习在内。（即使最美最好的人，都不免有缺点。）两人都有锐利的眼光，以看穿别人和暴露自己为荣。每逢感情冷却的时期，各人在对方身上看到的，正是已经知道的一切。可是重要的问题在于如何看待！当他们互相热爱时，丑陋的一面他们也爱，他们（秘密地）爱对方的丑陋也许甚于爱对方的优点，因为这样，被爱者反而显得更亲近，更坦率，更动人。爱情之光一旦被阻挡，明暗深浅现象立即发生变化！同样的线条被歪曲了。在那里滑稽或可憎之处变得很醒目。多么可怜！当初怎么会爱，会忍受这一切？这一切天天在你眼前，在你身边，你怎样能忍受一辈子？在爱情重放光辉的时刻到来时，为使自己放心，你在光天化日之下，重新辨认出往日认识和爱过的地方，但这是徒劳，因为你忘不了刚才已经见到的现象。阿霞不安的眼光，竭力探索情人的容颜与动作。玛克觉得阿霞在观察他，他也观察阿霞。接着，两人互相扑入对方怀抱，更热烈地相亲相爱，这是一种集中的狂热，对自己极度的不满，担心自己迷失道路："请原谅，请原谅！……"

然而爱情波澜忽涨忽落，起伏不定。他们知道他们是永远无法控制的。他们失去了安全感……

毫无疑问！谁也不能在爱情上树立牢固的建筑。他们是知道的，或者是应当知道的。生活是一片工地，在那里谁也不会没有劳动的机会；游手好闲的人没有立足之地！谁都有恋爱的权利，不错！正如谁都有吃饭的权利，但必须以劳动作为代价，不劳动者不得食，不劳动者也无权恋爱。这是铁的纪律。如果有一些寄生虫还能钻这条规律的空子,他们将自食其果,偷来的面包会哽在寄生虫的喉头,咽不下去。他们也会由于寻欢作乐,恶心而死。不!人们不能单单靠面包与爱情生活……要劳动,要创造!

* * *

玛克和阿霞即使愿意,也没有办法终日游荡,两人不断地亲吻,眼看爱情寒暑表的升降而柔情满怀。两人都必须干一天活,挣一天的面包。玛克在一家出售和安装无线电收音机的商店工作。阿霞给一家出版社当俄文翻译。同时给一家出口商行翻译商业信件连带打字。两人只在进餐时或者深更半夜才得相见。可是干活不能熄灭"另一个意念"。这个意念累积在一个不透空气的小贮藏室里,在那里发酵……"另一个意念"是星星满天的夜间,在枯燥灼热的沙漠上行进的商队对泉水的不可遏止的渴念……

"啊,黑夜!啊,泉水!……难道我再次找到你时,你将变成温热、淡而无味并且浑浊?我得不到满足,我的渴望加倍地难忍……"

每天晚上,他俩互相搂抱,在期待中遍身微颤,欲望更加如火如荼。他俩分开时,也尚未得到满足,他们失望了,可是彼此不敢明说。玛克满腔怒火,继续追逐,她越想挣脱,他越要占有她。(她的土地,她的思想,没有一个角落不曾被他闯入。)这时,她抗拒了。她怀着骄傲的辛酸,重新意识到自己身上爱情的限度。

"我把我的门向你打开,因为我自己愿意。进来吧!但是到此为止。你不能再向前一步……"

在她内心各扇门户之外,她又发现了广阔无边的空间,谁都没有权利到那里去,连她自己也没有去勘察过,这片空间伸展到渺茫的远方,那就是"灵魂……"

"我的身体,我的心,是属于你的。可是'灵魂',不,'灵魂'是属于我自己的……它是属于我的吗？还是我是属于它的？”

玛克要的恰好是她的灵魂！

这个“灵魂”，她并不相信！作为一九一七年以后用唯物主义的糊粥为食料的地道俄国女人，按照官方的格式，在剪掉头发的同时，也割掉了自己的灵魂。她不用这个空洞的字眼。她说：“我，我的需要，我的权利。”谁把这个陈旧的字眼，这支过时的歌儿，从阿霞的记忆中重新唤醒的呢？

那是安乃德。虽然他们还瞒着她，她终于看穿了在儿子和儿媳之间逐渐扩大的误解。他们满腔激情，所以不够机敏。他们想要遮掩的情况，反而欲盖弥彰。他们皱着眉头，绷紧脸，面面相觑，好比两只年轻的动物在互相挑衅，双方互相抵制，同时却互相需要。

“你是我的！”

“我是我自己的！”

但是，如果有一方把对方拒绝的话当真，拒绝者会立即扑到信以为真者的身上，嚷道：“把我拿去吧，给你！”

啊，安乃德多么熟悉这种搏斗！她回想起当年洛瑞在树林中哭泣，还有追逐猎物的猎犬远远的吠声[①]。

她理解她的儿子，并且觉得他可怜。她暗暗地轻声对他说：“要勇敢！”

有一天，阿霞单独和安乃德在一起，心里酝酿着一场狂风暴雨。僵持在含怒的沉默中。（她深信安乃德不会理解她。即使理解，也要说她不对。）安乃德似乎不瞧阿霞。她对她偷偷地缝制的婴儿小帽微笑，伸长嘴唇，慢慢地吟唱：

El Corazon te daré
También te daré la vida,

---

① 见第一卷《安乃德与西尔薇》。——原注

Y el alma no te la doy,

Porque esa prenda no es mia. ①

阿霞的耳朵支起来了。她有斯拉夫人学语言的灵敏性,她抓住某几个字的意义,问道:"这是什么呀?"

"你听懂了吗?"

"这是什么呀?"

"我们的战歌。"

阿霞把她的手放在安乃德的手上,问:"我们的歌? 我的!"

"你用法语唱唱看!"

阿霞试探着翻译,安乃德给她纠正错误,歌词是这样的:

我把心给你,

我把生命给你。

但是我的灵魂,我不能给你,

因为这个宝物不是属于我的。

阿霞停止了吟唱,激动地问:"这是谁说的?"

"Una niña bonita,像你和我一样,你不想听下去吗?"安乃德接着唱:

Una niña bonita

Se asomó a su balcón……

(一个美丽的姑娘——站在阳台上——她要我给她灵魂——我把心给了她——她要我给她灵魂——我向她说永别!)

---

① 西班牙语歌词。

阿霞不声不响地，咽了一口唾沫，她的指甲深深地抓住安乃德的手。安乃德俯身向阿霞的脑袋，亲了亲她的头发，在她耳边喃喃地说：“不要对他说永别！”

阿霞把身子缩回去，生气了：“您怎么知道的？您知道些什么呢？”

“是我把他喂养大的。我知道他很贪吃，我的儿子！”

阿霞说：“但愿他如此！如果他不想吃我，我才不要他呢。”

“要是你的乳汁不能满足他的饥饿呢？”

“我把生命给他。”阿霞学着西班牙歌词说。

安乃德接下去唱：“可是我的灵魂，我不能把它给人……”

“难道我错了吗？”阿霞问。

“你没有错，你有理！”

阿霞扑向安乃德，抓住她的胳膊，问：“我有理？这可是您说的？”

“是我说的。”

阿霞狂热地亲安乃德。

“当心！别扎了你。”安乃德一边说，一边把针线活拿远点。接着，她温和地说，“可是正因为你有理，你必须对我儿子宽宏大量些。他不知道！他们不知道，这些男子！既然我们知道，就该让我们理解他们，爱他们，他们就是这样的。”

“正因为玛克是这样的，我才爱他！如果他是另一个样子，我也许就不爱他了。”

“那么，为什么你折磨他，同时也折磨你自己？”

“因为他折磨我。”

“他是个孩子。是你的孩子。一个爱我们的男子，就是我们的孩子。我们要摇摇拍拍他们，要把奶头给他们吮吸。如果他咬我们一口，这年轻的狗，那是他在我们身上磨炼牙齿。这是一条好狗。”

阿霞用她两只手在安乃德的胳膊上摸索。

“你在找什么？”

“找狗咬过的牙齿印儿。”

安乃德把臂膀缩回去,说:“不像话!”

“给我讲讲吧!”

“给你讲?讲什么?”

“讲您和您的狗儿们的一段故事!”

安乃德重唱copla[①]的最后一句:

Y el alma no te la doy,

Porque esa prenda no es mia.

“这么说,这个灵魂只能为自己保留着,不能和任何人分享?”

“不,不是为你自己保留!”

“那么为谁呢?”

“为它。”

“我不明白。”阿霞说。

“我也不明白。不过就是这么回事!”安乃德说。

阿霞滑到地板上坐着,面颊靠在安乃德的大腿上,思索了一阵,对安乃德说:“对的,这是……不过这就让人不放心……这个留在我身上、对我发号施令的陌生人,这个侵占了我而我又把握不住的思想……我们身上的住客是什么?”

“不必因此害怕。每人身上都有这样的住客。并不是所有的住客全是美的。这是没有办法的事。组成一个世界,需要各种各样的人。全部问题在于必须有一个世界,也就是说,要善于组织。你现在还不会,你一定能学会的。”

“我学会什么呢?学会不让思想变为行动。但是在思想与行动之间,只有一线之隔。对自己说来,如果是坦率的,思想等于行动。一个睡在丈夫床上的女人,心里在想她的情夫,知道她等于睡在情夫床上,

① 西班牙文:一段歌词。

在干对不起丈夫的事。”

安乃德善于讽刺的正常情理，及时地刹住了车。

“话说明白了，我的女儿，你让丈夫当上王八了。有这种思想就够了，可是至少别让思想变成行动！你刚刚说，从思想到行动，不过一线之差。可是对丈夫，对众人，即使不是对我们自己，这一条线是十分重要的……我请求你，照顾我的玛克，你不要超过这条线！”

阿霞是很会欣赏嘲讽话的，她哈哈大笑，说：“问题不在于此！爱我的玛克，不论在线这边或那边。”

“也许你不会永远在线这边爱他。”

“为什么？”

“你说过，有很多次，我们掌握不住自己的思想。不要跟你的思想跑！思想会回来的……在它回来之前，我的大女儿，你没有必要对你伴侣说，你的思想已经越了轨。”

“要我对他说谎？不，这办不到！”

“免得他受无用的折磨，这不能算说谎。你单枪匹马地作战吧！事后，你再把结果告诉他。”

“这么说，把蛇蝎给我自己留下？”

“把它们吞食掉！每一个妇女都应当独自吃掉她的蛇蝎。或者，如果你的蛇蝎太多，那么有我在这儿。你可以邀请我和你共餐！”

“人们永远搞不清，您是不是严肃地说话。”

“严肃，对。悲剧，不是。人性就是这个样子。抗议是无济于事的。必须认识它，并且努力控制它。如果你办不到，如果小船失去了控制，那么只好逆来顺受了，按照你的兴趣，你可以祈祷，或者哈哈笑。”

“笑？”

“为什么不呢？这是我们最后的胜利。”

“维根的女儿！”

“这完全是可能的！我年轻时，西尔薇常说我是诺曼底的小母牛。

我记得我从运载北欧金发战士的小艇中上岸之后,在美丽的草原上吃过草。”

“吃草,祷告,这一些我都不要！笑,我很乐意笑,可是我要笑敌人,在我同敌人战斗的时候,而不是在逆来顺受的时候。”

“你可以接受或不接受！他才不管你允许不允许呢!”

“谁?”

“就要到来的那个人。”

阿霞用力想站起来,为了注视安乃德的面孔,问个究竟。她的手指无意中碰到安乃德扔在地板上的活计,她心不在焉地用手指摸弄了一阵,忽然惊讶地问:“您在做的是什么呀？一顶小帽子?”她仔细看起来。

“给谁做的?”

“给将要来到的那个人。”安乃德说。

阿霞转身向着安乃德,问道:“是谁告诉您的？玛克对我起过誓,他不对别人说。”

安乃德用垂着的一只手,抚摸阿霞的面颊,说:“谁也没有告诉我。可是我想他已经上路了。所以我做点准备。他想必有很长的腿,这条小猎犬,你们两口子,你们都是跑够了路的!”

阿霞笑了。她在安乃德抚摸她的那只手上摩擦她自己的嘴脸,说道:“他在跑呢！我觉得在我肚子里他的小爪子在动……他在跑,他快要跑了……啊,上帝,可是我呢,是不是我将要带上锁链了？我可是不愿意,我不是整天待在窝里的人。”

“你怕什么?”安乃德说,“既然你自己抓不住你的灵魂,谁能够把它用锁链锁住呢?”

* * *

可是安乃德自己也只能引导她的两个孩子走到半路上。再往前走,她也不比他们知道得更多。她迷失了方向。她也参加了孩子们的精神危机,虽然他们彼此心照不宣,正由于他们的天性是同一族类的,所以各人迈各人的步,在同一条小径上印下不同足迹,最后还是走进同一条死胡同。

安乃德毕生信奉一种没有明说的宗教,是她高度的个人主义。她以这种火焰为养料。在她身上,这种火焰比大多数人身上更为纯洁,然而,对和她同辈的主要人物,尤其是那些最自由最强的,对被她选择或接受为情夫、朋友和同盟者的人,这种火焰是大家的共同食粮。在他们和她眼中,不可救药的恶习,罪孽,似乎是对自由自我的任何一种异化,即使是局部的异化。要完整的自我,否则不如放弃一切。物质上的困苦或生活的孤独,这都是微不足道的。她甚至倾向于另一个极端。不止一次,她觉得被那种和社会唱反调的人,被 Condottiere① 所吸引。她不愿意承认。由此而发生她的狂飙突起式的行动,她跟菲力普·维亚和狄蒙之流结合,这在认识她的那些老实人看来是不可理解的。如果他们知道她的良心,她那没有道德顾虑的真正良心对他们说:“我接近维亚、狄蒙他们,而不接近你们。”他们必将大为惊讶,她自己或许也会惊讶。宁愿做狼,不做绵羊! 做什么都行,就不做绵羊! 对羊群,她怀有不能忍受的阴暗的憎恶之感。

她把这种感觉和她的血液一起,灌注给了玛克。而这也许不是她留给他的遗产中最美好的部分。反正这种遗产并不使玛克生活得更容易。玛克从来无法参加任何一个思想派别。正如他母亲从不同意把自己禁闭在婚姻的鸳帐之内,玛克拒绝将他的思想包藏在某种学说的帷幔中。他不理解大多数人的“受虐狂”②。这种人争先恐后地把自己锁在拉巴吕式的囚笼中,弯腰曲背,人不像人! 所有这些“主义”的争吵:唯物主义、唯灵主义、社会主义、共产主义,等等,与玛克何干! 这一切无非是拴狗的项圈而已。

---

① 意大利文:冒险家、好勇斗狠者、雇佣兵。

② 受虐狂,主动追求受虐待,并以此为乐的病态心理。

阿霞也在逃避拴住她的绳索,逃避拦阻她的垣墙,逃避航道和固定的河床,逃避一切束缚。由于她过分地想拯救自我,反而丧失了自我,好比一条泛滥的溪流,在田野间迷失方向。由于它一个劲儿奔流,它越出了斜坡和河床。它要小心,不要最后落在沼泽中,成为死水一潭,一望无际,任凭太阳照射!玛克也要小心!那位发烧的小王后,那条没有河床的溪流,跑到他的床上来干什么?

她寻求了,他也寻求了,企图实现两个孤立的生活结合在一起,寻求两人合并的个人主义,像雅努斯[①]一样,一身二首。这是生命的本能。自我,自我!自我老是饥饿。必须给它食物……"拿你来喂它。我愿意是你。存在?我占有你!"他们一身二首,但不像雅努斯那样,后脑勺对后脑勺,而是嘴对嘴。两个吮吸器。哪一个来吞噬另一个?要不然就是柑橘太硬太苦,你咬不动。或者它是软的,它被吸干了。以后呢?还剩下什么给我解渴?橘子皮?我把它扔掉……不用多久,我又恢复孤独和干渴的生活。

不用多久,玛克和阿霞的舌头尝到了苦涩和干渴的双重滋味,他们倍感无聊。健康和真诚的人之所以有这种无聊之感,因为他们意识到自己的生活对社会毫无用处。(这种意识在阿霞思想中更为坦率,在玛克思想中则更受压抑。)

安乃德,当她儿子来看望她时,发现他神气很忧郁。玛克不常来,因为他和母亲谈话时觉得窘,他怕她过分专注的目光,虽然他很自信,母亲不会看透他的思想。他老是怀着一种男性的成见,用不屑多理会的态度,认为女性有先天性的弱点,她们不能摆脱自己,她们有一种梦游者蒙眬的近视目光,在她们梦幻的温暖烟雾包围下向前走去。他来看望安乃德,当他沉默无言地待着或说些无关紧要的事时,安乃德发现他多思多虑的额头有未老先衰的皱纹。于是她心不在焉地回答对方的话。他们两人的思想都不再在听他们说的话。他们的思想在各

---

① 雅努斯,希腊罗马神话中的两面神。

走各的羊肠小道。有一次,安乃德不知不觉叹了一口气。玛克问:“妈妈,你怎么啦?”

“没有什么。有一点疲倦。”

“你什么时候才能够休息一会儿?”

“等我的孩子们都幸福的时候。”

“他们现在很幸福。”玛克说。

安乃德微笑,注视对方的眼睛。玛克的第一个反应就是把目光转向别处。接着,他由于自己示弱而气恼。于是他用自己的目光和母亲对视。他的神气好像向她挑战。安乃德把双手放在玛克的胳膊上,她觉得对方手臂上的肌肉绷紧了。她笑着说:“你想角力吗?”

玛克很高兴借机转移他的思想,他抽出他的双臂,用手抓住母亲的双臂,温情地扭着母亲的胳膊,好像在做“小狼”游戏。安乃德喊起来。她痛了。她也痛快了。她投降,并且说:“真棒,我的孩子! 好一把钳子!”

他放开她,说:“啊,我把你弄痛了? ……”

“没有什么……我给了他一副很好的老虎钳子……他武装得很好……可是,武装得好,有力气,这都不算什么……还必须认清敌手。你认得敌手吗?”

她已经不是说她自己。玛克听不懂。两人儿乎额头碰着额头。她用自己的额头轻轻碰玛克的额头,重复说:“你认得他吗,我的大力士? 你熟识你的敌手吗?”

玛克问:“谁? 是你吗?”

“我或者她,最爱你的,而且你也爱她的那个人。你准备好了吗?”

玛克莫名其妙了。他老实说:“我不明白。”

他开始不安了。

安乃德重新站起来,用双手捧着玛克的额头,为了不让他挣脱。她注视着他,变了口气说下去。不再开玩笑了! 并不提高她的嗓门,但是口气坚决。(“我不需要再姑息你……”)

“你要有准备！你所爱的那个人,她也是最爱你的,时候一到,她会憎恨你,你也会憎恨她,憎恨还是小事！还会令人作呕……你一出现,就引起她反感。她会对你隐瞒这种反感,她也会对自己隐瞒。这种情况会延长下去,可能延长一阵子,或者延长若干天。这种反感将接着最热烈的爱情冲动而到来。反感之后,又会接着产生热爱。或者反感在平板单调的日常生活中,不声不响地停留下来,停一个相当长的时期,两人间每日更新一次的默契,并不因此而改变。可是痛苦仍然存在于你所爱的人心中,你自己的心也不能避免。在你的某些时刻或某些日子里,你将遭受同样的冲击,同样的损伤。最糟的是,你们两人不在同一时间发生反感。灵魂起来反抗,几乎永远不在两人相同的时刻。也许是晚上当你以最热诚的爱去接近她时,她将从心中对你呕吐。也许是夜里,当她的身体和你的身体狂热地结合时,你的灵魂对她轻轻说:‘滚蛋！’但是你不会这样说,她也不会这样说,否则你们双方都会自己感到羞耻,同时怜悯对方。羞耻与怜悯……这很好！这是第一步。全仗有这一步,你们的痛苦不至于全部白费。大部分人,只要他们还有一点人道心肠,他们会达到这一步,并且停止在这一步上。可是你,我的玛克,你必须再向前一步。必须学会正视你的对手,就像你现在正视我一样。(不要动!)而且你要向对方说:‘你就是这样的人,我就爱你这样。我爱你,虽然你不由自主地抛弃我,恨我。原谅我吧！这是反抗的粗暴规律,它和爱情的规律同样神圣。如果你不能理解,我也许就不能这样爱你……’”

安乃德不说了,可是她继续紧紧地捧着玛克的额头。她的大拇指感觉到玛克的太阳穴在跳。他屏住呼吸。接着,两人分开了。他们的目光在彼此回避。

玛克用受压抑的低声说:“我害怕……我没有准备好……”

安乃德说:“可怜的孩子……我也一样！我从来都是战斗结束之后,思想上才弄清楚……但是,自己有了备用的武器,这已经不简单了……我把我的武器交给你。”

玛克用同样的口气说:“你的武器使我害怕,几乎和敌人一样。”

安乃德笑了。她说:“亲爱的孩子,我请你原谅!”

玛克站起来,要走了,走近门口时,他转过身来说:“妈妈!……你能热爱生活吗?生活可是一个妖魔!”

安乃德说:“有些妖魔是美好的。”

玛克开玩笑说:“你就是其中之一。”

“我是属于妖魔族的。我并不以为可耻,你千万不要因为我属于这个族类而感到可耻!”

“如果我有把握不让你丢脸,就好了。”

“让我丢什么脸呢?既然你是从我身上来的,那么从你身上来的一切,都算在我账上,我不否认我的签名。眼前和未来,一切我都承担。”

“甚至肮脏的东西?”

“肥料也不能少!”安乃德轻松愉快地说。

玛克装作小圣人的神气说:“我有一个玩世不恭的母亲。这还不够,再加上她还爱引用拉比什①的话。”

“我更乐意引用拉伯雷②的话。可是,我的小姑娘,我怕你受不了。”

“瞧你说的!”玛克恼了,他嚷起来,“你以为我真怕这些字眼和事物吗?”

“说得好!面对生活,你摆出厌恶的神气!”

“我厌恶我自己。我有权厌恶自己!……”

“不!你没有这种权利……去耕耘你的田地吧!一切都应当用来肥田。粪土、蛆虫、甲虫。把你的铁锹深深地插入土中,就像勒迈尔③

① 欧仁·拉比什(1815—1888),法国喜剧作家,作品迎合一般市民观众趣味,有时有比较粗俗的台词。

② 拉伯雷(约1494—1553),十六世纪法国小说家,《巨人传》的作者。笔调滑稽突梯,爱用粗俚词句。

③ 勒迈尔(1838—1912),法国著名出版家。

古老的书中所画的赤裸的人一样！去耕耘你的田地吧！也不要忘记阿霞的田地！”

“在这点上，”玛克说，“淳朴的夫人，我不需要别人给我上课！”

母子二人互相讪笑。

走下楼梯时，玛克想：“如果阿霞也这样，该多好！”

* * *

阿霞和安乃德之间距离并不很远！比她和玛克之间距离更近些。所有的妇女，白种人、黑种人、黄种人、绿种人，在她们之间，有一些联络信号。如果她们好像视而不见，这是由于有一半时间，妇女互相敌对，她们互相争夺男人。（即使并不爱那个男人，这是一种本能，优秀的妇女抵制这种本能，可是她们并非不知道存在这种本能。）从第一天起，阿霞比玛克更敏感地觉察到，安乃德已把玛克占为己有。自然啰，她的首要任务，就是把玛克从安乃德手中抢过来。她和安乃德徒然自以为是同盟者，而且真诚地相爱，她们各自的本能说，“这个男人是属于我的。”

唯一的区别在于安乃德每次意识到这种本能时，她总软绵绵地推开这种思想。阿霞却不一样，她意识到这种本能时，反而把她专横的利己主义加在上边，不容许别人和她分享玛克。因此，在她和玛克经受爱情危机时，安乃德的明智对他们的帮助是微不足道的。当安乃德对她儿子那样无顾忌地揭露女人心计的凶险时，谁敢说安乃德的话在一定程度上，不是不自觉地带一点损害阿霞的意向？阿霞是这样判断的。一个妇女把另一个妇女的爱情秘密告诉一个男人，这个妇女是她的“祖国”[①]的叛徒……妇女在轮流做这样的叛徒，可是没有一个妇女肯原谅另一个妇女。

① 祖国，指所有的妇女集合在一起的总体。

小两口子感情开始冷淡了。可是阿霞已经占领的阵地,对安乃德是寸土不让的。相反,当疑惑之风向她吹拂时,她似乎更加拼命地要占有这片围场。她想:“我为什么要把自己拘囚在围墙里边?”

在她肚子里成长着的孩子,也是她的胜利果实之一。这个天真的小生命!(难道她自己不是一样天真?两人都是盲目的……)他是胜利的旗帜。插这面旗帜的人,没有料到他自己是旗杆,他被抓住了。

对,可是阿霞也被抓住了,等她发现,已经为时过晚。她把脑袋伸到同一个笼头套中。谁牵住她和玛克?这个从她身上出来的小身体,这身体将被捆绑的玛克跟阿霞联结起来。他也捆绑了她。然后又把他们俩和外间,和他们害怕并且不愿接受的阴暗主人连在一起,也就是和社会整体以及它巨大沉重的劳役连在一起,他们被捆绑在一起,被他们的嫩苗捆缚在根和根须纠结成团的肉球上,捆在精液盲目流淌的命定性上,捆缚它的错误以及等待着它的惩罚上。他们不能再从外部轻蔑地旁观,漠不关心。他们已经自投罗网。

这个“niña”[1]落在陷阱中了?这是不可告人的。但是她的嗓子发紧,好像在颈项上绑着一条带子。这是他,这个新生儿,他在勒她的脖子,用他那两只像布团似的小手!阿霞俯身向着婴儿,用模糊而含怨愤的目光窥伺他。她是在没防备的情况下落网的。

可是阿霞不是第一次做母亲……对,还有那一段可怕的往事,她压抑着,不去想它,那个小小的被害者,那个鲜血淋淋的果实……她把它抛在脑后,沉浸在水底……不得不这样做!不然的话,她会遍身抽搐而晕倒的。但是,她有把握吗,这个记忆不会再浮到水面上来了,它没有回来?万一那个新生儿,正在他床上睡醒的婴儿,就是从前被杀害的那个小孩呢?有时会有疯狂闪光,突然穿过一个神思恍惚的女人的脑子。理解这些,这是无济于事的。她连试都不试。她所能做的一切,就是竭力不去想它,让它过去,就像不知道有那回事。坚持不想,

① 西班牙文:少女。

反而像正视那段往事一样。正视往事,她的血都冻成冰了。她弯下身体,把面孔埋在枕头上:“我什么也没有看见。什么也不知道……”

可是过了一会儿,她又开始斜着眼光,偷看那个婴儿……阿霞的整个生活是由这种生命岩穴中的抑制与爆发组成的,上面笼罩着云层和彩虹一样的飘带,这就是唯一允许她看的日常生活经常不息的动作。

面对这个不相识者,这个婴儿,阿霞采取自卫的姿态。恐惧(甚至短促的敌意)比爱还多。在阿霞身上,母性的本能是不大发达的。当初的灾难,由于阴暗的自我防卫扼死了她的母性。带着这个血淋淋的创口,她本不可能活下来。要活的意志粗糙地缝上了她的创口。被压抑的母性隐约在撞击她。她的意识做她的同谋,把母性的召唤转向情夫,正如在许多女性身上一样。她在事先很少想到孩子。她想到孩子的时候,其实想的是男人。男人把种子给了她。他在她身上。他是属于她的。她想的是她自己。她本身就是一对配偶,她一身男女兼备……到如今,她什么也不是了……他来到了,他是一切,这个小虫子……从生育的搏斗中,重新站起来以后,她变成普通一兵,回到普通士兵的行列,不再是最前列的人物……至于玛克,更不用提了!他被弃置到辎重车上去了……

那么这位新的主人,他是谁呢?他从什么地方来的?从黑暗里,从死亡中,从乌克兰混战中被消灭的另一个小小身体上来的?他要到何处去?要把阿霞引导到何处去?朝那些新的混战去?现在轮到这个人做主人兼奴隶,他是锁链上的一个环节,这环节把阿霞和一整套过去、现在和未来的命定事件,和她以为桎梏已被砸碎的奴役人的社会连接在一起!阿霞用惊愕、恐怖、反感和仇恨的目光注视他,接着,她身上突如其来地涌出一股爱的急流……急流冲开所有的闸门。和雷雨一样,这种没有听说过的激情冲击充满了阿霞的天空;和雷雨一样,它经过之后,在大气中留下四季的混乱。接着在几个没有预料到的星期中,阿霞充满对孩子盲目的独占和兽性的激情。别的事都不在她心上。玛克成了蜘蛛的丈夫[①]。如果她吃掉丈夫,那是因为他成为多余的人,他已经演完他的角色!他通情达理,自己躲开了。他不和阿霞争夺吃奶的玻璃杯。正如多数男子,尤其是年轻的男子一样,他们讨厌从他们所爱的肚子里长出来的果实。只是在一年之后,等孩子洗净了,才开始引起父亲的兴趣……洗净了什么?洗刷了他那些不洁净的东西?你倒有说话的权利!你可以说洗净了从深渊中出来的不成形的东西?男子们需要在孩子身上,发现作为男子的轮廓和局限。

从阿霞看见这些现象时起,她的湍急洪流般的激情就减退了。这已经不是她在迷蒙的期待中所要求的神秘的主人。他是个极平常的小人儿,丝毫不像她以前失去的孩子,几乎一点不像她自己,他像那些法国小孩,阿霞每天在卢森堡公园里毫无兴趣地看见由工蚁般的保姆带着那些法国孩子在晒苍白无力的阳光;她的儿子一点也不是她梦中见到的材料制成的。这是多大的背叛!……可是她的孩子是健康、正常而且苛求的,他不允许别人把他忘记。他狼吞虎咽的食欲,也是他牢牢地咬住阿霞的乳头不放的原因。贪馋的嘴在吸干她的乳房,使她感到兽性的满足。对,他攥住她,紧紧地攥住她!她暗暗地怨恨他,她心想:"什么时候,用什么方法,我才能够脱身?"

她摇摆于爱与恨之间。她所发现的最不堪忍受的事实,就是现在她既不能完全自由,也不能完全受拘束。如果她能完全受拘束,那倒也好!阿霞的整个天性(或者完整,或者变化,随着时间不同而不同,可是在某一时刻内是完整的),最不能忍受"是"与"不"同时出现……虚无!……还不如最坏的情况。她真诚地试着去全心全意为孩子尽力。不可能!必须怀有幻想。她不像有些妇女,自以为生下了复活节的鸭蛋[②]。对于她们,蛋中钻出没有长羽毛的小鹅,乃是奇迹。阿霞把她的小鹅放在手掌上掂掂分量,心想:"给世界上增加了一个平庸的家伙……为他牺牲我的自由,不,太过分了!……"

---

① 雄蜘蛛和雌蜘蛛交尾后,就被雌蜘蛛吞噬。螳螂也如此。

② 西俗复活节吃鸡蛋或鸭蛋,或互相馈赠,但这种蛋是不能孵雏鸡或雏鸭的。

她这个自由值多少钱呢？拿它干什么？派什么用处？……阿霞很直率，她不会欺骗自己，不论是对他或对她本人。如果说她天生是贪婪而专横的，她却不至于自以为有一种优越的天性，可以保证她和生下来的孩子都拥有特权。不！不如说她更倾向于看到并且毫不留情地证明自己的平庸。精神平庸，心肠平庸，也许不如说比平庸还低一等，身体平庸：干脆说，长得丑！

“而这与我又有什么相干？难道这样就不许我感到饥饿了？我和他一样，肚子饿。他，这个爱吮吸的家伙，他馋的是我的乳头。而我呢，我像一只盲目的小狗，我在大自然的乳房上寻找可以咬的乳头。乳头藏在哪儿？我一定要它，我用鼻子和四只脚在寻找它。我和这个人[①]一同来，为的是让他帮助我找到乳头，使乳汁从乳房里喷射出来。(去它的吧，那种淡而无味的乳汁！)要的是从生命的心脏里涌出来的乳汁……”

*　　*　　*

这个人也帮不了多大忙。他和她一样，是一条盲犬。他徒然在欧罗巴母亲衰老的身体上，反复吮吸一个萎缩、衰老、几乎完全干瘪的奶头……他在个人主义的沙漠上挣扎。

这是怎么搞的？从前，那儿是一个林木荫翳、土地肥沃、清流灌注的大山谷。就在昨日，战争的废墟余烬未灭，这儿也是一片精神世界的绿洲，那里棕榈树下，保留着清凉的泉水和静穆的夜晚。如今，泉流被践踏得污浊不堪，棕榈树组成的围墙已被摧残；沙土飞扬，从围墙缺口涌进来，天空发白，炎热如焚：沙漠几乎吞噬了一切。

说得露骨点！用形象来美化他们的投降，这还是给那些卑鄙的家伙以太大的面子。因为问题就是投降，丝毫不差。上次大战结束后，

① 这个人，指玛克。

个人主义,自由精神,悄悄组成的梅斯[①]与色当[②]大军,全军降敌了。还剩下什么呢?几面破烂的旗帜,人们藏在衣袋里,只有少数人集会或在没有危险的长篇发言时,才敢亮出来。谁敢和政府及其走狗、舆论和新闻界唱反调?他们自称自由,在他们被监视着的花园中自由。他们一边种这个园子,一边口中念念有词,都是些高贵的诗句,就像那个贺拉斯[③],做人的走狗,带着锁链,傲慢地为后世而狂吠。至少这个家伙恬不知耻地自夸抛弃了他的盾牌。但是他们想使人相信,他们是独立的,然而他们吃的却是狗食。在这些傲慢的知识分子和老板(老板有时变换,而仆役是不变的)之间,建立了无言的契约,如同约束家畜的默契一样。在我的庄园内,在你的职务范围内,你完全自由!可是不许出庄园!在这种条件下,我养肥你……这些知识分子习惯于这种生活,以至他们根本不想出去。有时老板把他们放到外边,他是放心的,因为他们戴着颈套。少数人偷偷摘下颈套,因为这使他们感到可耻。可是他们徒然炫耀自己的脖子,脖子上还有脱了毛的一圈痕迹。玛克眼看他曾经尊重的那些大师们,他曾经寄托过希望的长辈,将他们和众人一致的思想,隐藏在自由选择的饶舌伪装下。出于胆怯,或由于利害打算,他们俯首帖耳地归顺。玛克看到这些,脸都臊红了。这类榜样使那些最年轻的人道德堕落,导致他们早就学会了精神上的卖淫:他们把自己卖给花钱最慷慨的主儿。但是,按照那些最红的妓女的方式,他们设法使人相信,他们卖身的动机在于他们爱那些支持他们的一代霸主。当他们瞧见某种思想——不管是红是黑,是战争还是和平——成了或者马上要成为官方的思想,他们就争先恐后地去为它效劳,执行它的差使。如果这种思想动摇,他们一听到风声,也

---

① 梅斯,法国北部要塞。一八七〇年普法战争时,法军十七万人在此地放下武器,向普鲁士入侵者投降。

② 色当,法国北部要塞。一八七〇年普法战争时,法军八万人在此向普鲁士军投降,法皇拿破仑三世束手就缚,成了普军俘虏。

③ 贺拉斯(前65—前8),古罗马诗人。曾受宠于当政者,写了若干歌功颂德的诗篇,他年轻时曾经投笔从戎,后来又改行写诗,并以此自豪。

动摇起来。如果这种思想不幸突然死亡,他们决不会在葬仪上浪费时间。他们已忙于欢呼活着的君主。

这种情况古已有之。然而在我们这时代,那是因为我们的人、我们的财富、知识分子和他们民主意识形态的神圣法宝已经在演阿谀奉承的廷臣角色。如果是退化堕落的贵族成了卖身的妓女,我们只要听之任之就行:掘你自己的墓穴吧!我的田地上庄稼只会长得更茂盛。可是如今,我的田地在霉烂,在叛卖,这都是我的思想,我的光明字句,我的语言源泉,它们都是伟大的个人主义的粮食。"精神独立"……独立到哪儿去了?在最好的情况下,它实际上是一个政治制度演合法的反对派角色,同时却在姑息这个政治制度,因为它企图接替这个政治制度。它事先已经承担了这笔遗产的缺点和责任。他们成了浮游于几种思想的妥协体之间的行家,以至有时,人们分不清红与黑,左手与右手:什么都混成一团,国会内外的各党派,都是两栖动物。

玛克心想:"我宁愿是反动派的 arrabbiati①。他们是坦率的,像早晚会刺入我肋骨之间的刀刃一样坦率,可是这些战后的社会主义者,这些犹大的亲吻②,他们出卖了革命,还设法砍断它的胫骨,因为它阻碍他们实行慢吞吞、四平八稳的改良主义!这些政府的房客,他们十分小心,决不把房子闹得乱七八糟,他们打算有朝一日,由他们去出租房子,借以谋利。这些一家之主的投资,这些成见与自私的栋梁,与我何干?只要我在西方能找到一小撮自由的人,有决心的人,不惜代价寻求真理,要为真理效劳,不论在何处找到真理。哪怕反对他们的祖国,反对他们的宗派。哪怕反对他们自己!真理是自由人的祖国。然而我看见周围的人,都是没有祖国的。他们自愿被奴役。他们欺骗老板,老板听之任之,因为他能操纵他们。可是这些年轻的知识分子和那些鲨鱼一同经营意识形态商店。昨天,他们宣扬战争、民族、拉丁文

---

① 意大利文:暴怒者。

② 犹大出卖了耶稣,在后者被捕的前夕,还吻了他,假装亲热和敬意。"犹大的吻"这句成语,是指极端虚伪、卑鄙、阴险的人。

化。今天,他们宣扬欧洲的和平。不言而喻,这一切都以自由作交换品。”自由(这是交易所中的有价证券,它正在跌价中,眼下不用花多少钱就可以买到)!谁要自由,必须有钱。谁想有钱,必须出卖他的自由。良心的斗争?不是这么回事。今天的良心过分敏感,不敢去冒损害健康的风险。它用数学方式阐明,如果说它是自由的,那就是它有权出卖自己,它想要什么,你可以用什么买它。它愿意这样。你只要告诉它代价是什么。它立刻会给你找到论据。只要把论据转变成响当当的现金,或者黄金,或者职位,或者是让人演什么角色,掌握权力……俗话说得好:“只要愿意,就能办到”①,他们想要权力。大家都要权力,人各一份!做什么用?他们一旦跻身于掌权的地位,就在那里伫留不走了。到了那时不能信任他们,以为他们能从妥协、调和、错综复杂的乱麻中脱身。他们向上爬时,不得不把乱麻捆在身上。他们将在乱麻团中永远陷下去,像苍蝇落入蜘蛛网中一样。而蜘蛛呢?它在哪儿?它是谁?它已经吃饱了,它看守着它的食物柜。那些大头苍蝇继续嗡嗡叫,它们想说服自己仍然是自由的。它们已经不自由了。它们翅膀的每一个动作,都使它们在蜘蛛网上粘得更牢固。安乃德见过这种情况,通过她的大公蜂,她那狄蒙的例子,他徒然哇啦哇啦叫嚷,徒然使他周围的人都怕他!他已经不能逃脱罗网。而且他早已知道!安乃德亲眼看见他的多次狂怒。他所能做到的一切,无非使他缠上更多的蛛丝。在他背上,周围粘着成千被卡入网眼的小昆虫。这些昆虫粘在他的四肢上,形成更加不透气的厚厚一层包尸布。狄蒙被擒住了……他们都被捕获了,这些巨大的捕人者,这些企业之王:钢铁大王、石油大王、火柴大王、军火大王!他们都粘在同一个胶质的网络上。一根蛛丝在颤动,他们都在腹中感觉到颤动,他们是互相依靠的,同时全体悬挂在蜘蛛的屠宰台上……蜘蛛,这个盲目的动物,把捕捉食物的罗网抛在生命川流上。经济宿命论支配人类社会的吉凶祸福,

① 法国成语,意为:只要你真正想办这件事,你就会千方百计地办到。近似我国谚语“有志者,事竟成”。

牵引着人们的精神做它的尾巴。

但是玛克抗议,他不同意在投降书上签字。他以为自己身上保持着精神自由。而且他请两位同盟者做证,两位硬着头皮坚持独立的同盟者:安乃德和阿霞。安乃德说:“顶住!”

阿霞却带着讽刺的微笑对他说:“你的自由精神,对你有什么用呢?”

玛克的心抽紧了一下。他强烈抗议。可是阿霞的话一拳击中了他的要害……

“个人的,”这是不毛之地;他徒然设法寻求幻想,“我是一个世界。如果挽救了世界,这难道不算什么吗?”

“一个和自己纠结在一起的世界,一颗正在熄灭的红星,这已经不能给人温暖了。”

玛克说:“阿霞,连你也不能取暖了?……”

她觉得玛克可怜,可是她不能掩饰真相。她说:“孩子,取暖倒是可以,我在那里暖一下手指尖。”

这种表示怜悯的态度,反而比老实不客气地说“我的心都凉了”更坏。

玛克还想争辩一下,他说:“可是你不是有自己的家室,自己家里的炉灶吗?”

“我需要增加燃料。”

“还有你的小鹿儿?……”(他不好意思加上一句:“还有你的玛克?……”)

她笑了:“我的小鹿儿和我的公鹿……”

玛克谦卑地加上一句:“他们还不够给你增加燃料吗?”

她抚摸他的脸。他顺便吻了她的手。

“当然啰,当然啰,这可以做一个漂亮的小暖炉……”

“如此而已?”

“这已经很多了。可是(请原谅我!)我需要双脚着地,去活活血,地冷地暖,何必计较?我需要暖暖我的脚,到地上去走,去跑,去动作。”

“那么,我们不能一块儿去行动吗?”

“对,可是怎样行动?你能够干什么事?”

玛克很清楚自己软弱无力,但是他还想抗议;“我们什么都能够干,我们是自由的。”

她本来有笑容,这时反而消失了,她说:“只有在围墙里边转圈子的自由。别说傻话了!你明明知道自由被关在集中营里。禁止外出!他们完全可以扼死自由。可是他们乐得做好人!只要让自由族类自己渐渐消灭就行。剩下最后的几个自由人——自由什么?——他们将被关在木笼中,到‘植物园’中去展览。你将是其中之一。”

“那么你呢,阿霞?”

“我可不,我还不知道怎么办。但是不管自由不自由,我要冲出去。”

“自由还是不自由?你必须放弃自由才能出去?”

“自由在外边。你愿意怎么称呼它随你便!我把字眼让给你。我要的是实物。”

她是两人中最直率的一个。他一直小气地拒绝参加任何党派,这些党派在角力场上互相争夺地盘,或者躲在墙后讨价还价,讲互相妥协的条件,玛克要保留他的自由。唉!让他去保留吧!没有人想抢走他的自由,这个自由有什么用?他不能拿它当饭吃。他必须整天在一家出版商的办公室工作。他有关三四种外语的知识,使他得到一个写商务信件的忙碌职位。但是毫不涉及文学部分;正因为人家知道他有他的个性,所以故意避免让他审阅原稿。如果他有时间自己写一部书,也不会有机会在他那个出版社发表。他间或写几篇论文,以有限的代价,在还支持关于独立、新闻自由等古老招牌的两三家报纸上,用笔名发表。只有几个傻瓜读者相信这一套。善于读报的人心里明白。这是各种各样的妥协勾当,无法称呼的大杂烩。人们在其中奉承巴结今天的当权主子,也在谄媚阿谀明天的主子。(因为这一对敌手也是老搭档,他们或者握手言欢,或者从背后开枪,互相残杀。)人们在报纸第一版上鼓吹和平,第三版上提倡扩军备战。这群人中的男高音,大唱神圣的民主和神圣人权的高调。与此同时,报馆老板接受贿赂,因而对殖民主义的罪行和掠夺所得的赃款闭口不谈,也使那些拿理想主义口号真当一回事的天真编辑闭口不谈。总有一天,会有讨厌的人说话不谨慎,透露了那些所谓伟大心肠的人,所谓不朽原则的骑士在某商业公司或冒险集团的肮脏欺诈行为,已被他们的敌对者揭发出来。雷声大,雨点小!被揭露的一方只要威胁对方那伙强盗,说也要揭发他们的丑事。双方嘶哑着嗓子喊:“法办!法办!”喊一两个星期,接着,无声无息了。他们签订了公约:“我偷左边,你偷右边,我们都别提了!……”嘴闭上了,口袋装满了……那些埋头干活的编辑,他们的衣袋可没有装满,他们是几个没有个性的老实人,他们的任务是在报社中态度自然地扮演理想主义者角色,以广招徕。他们倒是没有说谎,可是他们给浑水摸鱼的人做诱饵,他们竭力不去想这种可耻的任务。他们能干什么别的事呢?反正总得生活!到哪里去写文章呢?他们自以为在完成一种神圣的职责。他们的老板,那位黑奴贩子,很机巧地让他们“自由地”划着桨,可是坐在板凳上左右两侧有人在监督着①!奴隶主很清楚,这些奴隶是没有危险性的,他们一下一下像哮喘病发作似的划桨,也不至于使船稍稍偏离航道。是船在带着他们前进,连同他们理想主义的长篇大论,连同船尾上雕刻着的海神形象,同时在船头的浪花泡沫下边,鲨鱼张着大嘴在活动。这些“理想主义者”,有什么可满腹牢骚的呢?他们有充分自由可以发泄他们高风亮节的说教!只要他们的说教只针对一般情况,丝毫不针对具体的事或个别的人,那就一切都好,这是游行队伍的一部分。像玛克这样精神乖谬的人是稀少的,很稀少的,他不满意于扮演击鼓手的角色。他缺

① 这里,作者用的古代“苦役船”(galère)的形象。囚犯或奴隶们在皮鞋或棍棒的威胁下,听着监督者的口令,有节奏地划桨,直到力竭倒毙。

乏良好的趣味,或者缺乏慈善心肠(如果不是为他自己,也应当为别人),不肯保留捆在眼睛上的让大家高兴的遮眼布,这块布使玛克的同伴们受骗上当。如果他们不是上当的人,则势必是同谋者?对于槽里有干草可吃的老实人,这是必需经受的残酷考验。如果他们放弃了槽,到哪里去吃草?他们已经不年轻了,他们疲乏了,别的槽都已有人占着。

自以为能对与当前利益密切相关的问题发表自己的自由思想而不受任何桎梏的约束,这是有钱人干的事。有钱人自然有更得意的事可做,他们不会揭露自己的财富是怎样来的,不会将炸药埋在自己的脚下。于是有这些知识分子中的凤凰,他们明知道与行动结合的自由是不可能的,而且是很危险的,他们却拿这种自由说大话,或者假装瞧不起它:去你的吧!屈从于社会生活与政治生活现实的思想!在这些勇士眼中,除不结果实的枯瘠的思想,“*毫无行动的信念*……”,除在思想的九霄云外,别无其他思想自由,那种思想的时钟式机构只能在制造商的店铺里运转,门关户闭,屏除了生活的颠簸和风险。当然,他们终生是自由的,因为他们根本没有生命。班达①,这位盘腿而坐的“文士”②,守望着约沙法山谷中的白骨。他守望着,不让天使唤醒白骨……

玛克的胃口是否满足于这种阴惨惨的自由?他厌恶地唾弃它。除非结合行动,否则没有思想,也没有生命!可是,真正的活人,他们又在何处?站到今天人人都得低头的量身标尺下,他们又将何为?砸烂标准尺,穿通天花板。单枪匹马是办不到的。你只能碰得头破血流。你必须和别的造反者联合起来。但是,联合等于束缚自己,等于遵守党派的纪律,接受党派用以武装自己的学说。玛克拒绝了。他窥

---

① 班达(1867—1956),法国作家,以抨击现代思想与文艺著称。他的著作有《文士们的叛卖》(1927)等。本文中“文士”一词加引号,就是指班达的名著。

② 至于“盘腿而坐的文士”,则是作者联想到另一个典故:古代埃及的著名雕像“盘腿而坐的司书”。

视阿霞,等待她有赞同的表示。可是她耸了耸肩,冷冷地说,“谁愿意达到目的,必须接受手段。”

玛克嚷道:“阿霞!这是你说的,要去接受约束!”

阿霞露出恶意的微笑,说:“我昨天接受约束,明天可以抛弃它们。”

玛克没有笑,他问:“我们两人之间的约束,也是这样?”

“为什么不呢?”(她在顶撞他。)“如果你是自由的,你应当在接受约束和解除约束时都自由。我呀,我就是这样的。”

“阿霞!不要拿这些事开玩笑!”

她瞧见玛克焦急的表情,她微笑了。(这回是善意的微笑!)她亲了玛克一下,说:“小娃娃!”

玛克靠在阿霞的脖子上,他轻松了一些,可是有点不愉快。他说:“我是你的丈夫。”

“不,不完全是。”

“好啊!你还需要什么!”

“我需要一个*男子汉*。你啊,如果办得到,你就要做个男子汉!要不然,小心点!”

她在开玩笑。可是阿霞开玩笑总带一点严肃的底子。玛克是知道的。他慌了,问道:“告诉我,我该怎么办?”

“啊!不行,”她说,“这是你的事。你的男子本分。”

“可是,万一以后你不喜欢那样?”

“喜欢,不喜欢,过后我告诉你。事先不说。你是男子,首先你要有作为!”

她拒绝说下去,拒绝讨论。她的威胁悬在他头上,她的眼睛毫不宽恕地在观察他,判断他的一切行动。这一切,不能有助于玛克有所作为,反而使他局促不安。如果说阿霞自己不知道她究竟要干什么,玛克却清楚地感觉到,她要他干他所不愿意、而且也不能够干的事。他看见她一个时期以来,在报纸上,书本里,在谈话中,从时代的气氛中,用鼻子闻旧世界内部冒出的暴乱行动气味:左边,右边,远处,近处,美洲,俄国,意大利,巴尔干和中欧,到处都有这种气味。这种狂暴的震动大部分是杂乱无章的。它们似乎只能导致破坏;可是最盲目、最血腥的反叛,是对整个生命的反叛。什么都干,总比躺着不动强! Ignavia est jacere...[①]累积在阿霞内心深处的反叛情绪,使她用不可告人的贪婪目光(但愿她不对别人说),注视着日益猖獗的法西斯势力,看他们用大棍把贫血的欧洲自由打死。然而她的羊群本能,她的血液呼声,宁愿把她引向苏联的战斗。她在一个看不见的斜坡上滑下去,滑向正在用暴力创造一个新世界的血腥命运。受威胁的爱情有一种直觉,使玛克预感到在沉默的阿霞思想中,在进行神秘的工作。他看见她的思想即将顺坡而下。他想拉住她的思想,但他自己不敢看斜坡。这个苏联使他头晕目眩,他避免同阿霞谈苏联。他用迂回方式,从侧面进攻。关于意大利事件[②],他试图强迫阿霞说一句谴责的话,面对那些有组织的罪行表示震惊。阿霞的嘴紧紧闭着。玛克嚷道:“说到末了,阿霞,你总不会说你同情他们[③]所干的事吧?”

阿霞冷淡僵硬地回答,甚至不屑瞧玛克一眼:“反正,比有些人不敢去干,更使我同情。”

这句话刺痛了玛克的心。他无词可答。他自己知道得很清楚;他什么也不干,什么也不能干。在婚前那场可怕的疾病之后,他一直没有完全恢复元气。过早的结婚,疯狂地消耗他康复期的精力,都不能有助于他恢复元气。他在服兵役缓期执行之后,终于不得不完全免除了兵役。这使他避免了拒绝服兵役的考验,因而避免了被判罪。但是,正面表示反抗,对于他也许更有益于身心健康,因为他的反抗情绪,可能使他增加自信心。他本来愿意表示反抗,即使没有什么目的,因为现在没有任何理由迫使他表态。他本来愿意反抗一下,出于单纯

① 拉丁文:没有行动,虽生犹死。
② 意大利事件,指墨索里尼在意大利的法西斯活动。
③ 他们,指法西斯分子。

的挑战,为了肯定自己。可是他的两位顾问出来阻拦了。阿霞,由于她不理解这种虚荣心——无益的勇敢,(如果他被迫非表明立场不可,那也罢了!虽然在这种情况下,她想,正像共产党员那样,为了拿到敌人的武器,应尽的义务则是参加部队,而不是拒绝武器!)所以她对所谓良心的反抗似乎觉得天真可笑……安乃德却认识良心反抗的伟大,可是她避免推动玛克采取这种态度,因为她觉得玛克的信念是可疑的,他拒绝服兵役的举动中,也许自尊心的成分更多于对良心反抗的真诚信念。此外还有许多“合乎情理的”理由,足以为他接受逃避的方式辩护:快要出生的孩子,他作为人父的沉重义务,他的健康。他逃避了兵役。可是他的精神却因此留下耻辱的印记,后悔没有进行一场战斗,吃了败仗,后悔“*他没有敢做的事*”(阿霞就这样触动了他的伤痕),他自己觉得矮了一截。

他必须采取另一个行动进行报复,哪怕用言语或文字。可是,前面已经说过,他的办法少得可怜。他不能采取任何行动,即使用笔写,什么也不能发表,只能在遥遥相隔的时间内,发表几句没有回声的言语。他囚禁在他的个人主义牢狱之内。他只能通过头顶上的小窗,从天上得到一点亮光。只有他母亲能够在这种光线下将就生活。(她能将就吗?她不对别人说她缺少什么,这个天空不能满足她……)然而,不管怎样,她在那儿呼吸,在那儿给自己制造了一个“彼岸”①。

玛克没有这个“彼岸”。这个“彼岸”可以是无穷尽的王国,也可以是死亡的王国,玛克需要开向活人世界的窗子。而且需要通过窗子跳到活人世界里。那就跳吧!你没有瞧见阿霞的目光,她在眼皮底下窥视你的一举一动?如果你跨过窗槛,她也许已经赶在你前面跳下去了。对,他明白了。他明白阿霞要他干的就是这个,她在等待着。

可是他下不了决心。在下边,有一种暴力,有他所憎恨的暴力统治。他恨这种暴力,尤其因为他自己血液中有这种暴力因素……他发

① 彼岸,指来世或阴间。

烧的血液,只会过分地倾向于暴君式的统治。感谢上帝!他不能这样做(有时他想起他可能去做的过火行动,他发抖了),他也不容许别人这样做。他自身的全部暴力集中于他不放弃一丝一毫属于自己的东西,他的生存[①]。啊!如果革命像从前那样,该多好。那时革命虽然在放焰火一般的火花中流产了,但是各种造反情绪自由地喷涌出来,大家聚集在一起,各有各的造反原因。今天,他们把革命军事化了。它成了一个军营。纪律控制一切:行动,文字,思想。直到哲学与科学,那些高举镰刀和铁锤的新神甫们,自以为也要由他们来发号施令,难道他们没有咆哮地咒骂斥责现代物理学与动力学的自由假设,认为它们背离了马克思唯物主义福音书的轨道!如果他们认为革命元年就是伊斯兰教纪元的开始,这是完全与他们所演的角色相称的:神圣的战争要求有它的《古兰经》……可是玛克愤然反对强加于人的神明。在精神领域内,他不允许说嘲讽话。我的精神是属于我的。你千万不要冒冒失失地碰它一下!

对于阿霞,完全是另一回事。精神与肉体一样,谁要,谁就拿,它是属于最强者的。可是最强者也只能在我愿意的条件下取而得之。什么时候我愿意收回,我就收回。

*　　　　*　　　　*

她在疏远这个既不会获得什么,也不甘心完全放弃的法国人,他的全部精力消耗在犹豫不决之中。她环视四周,开始做出比较。这种比较对玛克是不利的。

通过安乃德的介绍,阿霞进入一些法国人的小集团,在那里,人们还相当腼腆地设法和苏联进行文化方面的接触。她在那里遇到某些苏联组织中的俄国人。安乃德在给狄蒙工作的时期,和这些俄国人中

① 生存,原文为 Etrc,意思是存在、生存、生命,此处也有“灵魂”之意。

的几个有过联系。他们曾花一定时间对安乃德进行审查。现在他们正在花时间对安乃德的儿媳进行审查。阿霞,为了正在巴黎进行筹备的国际装饰艺术博览会,接受一些从俄文译为法文的任务:关于俄国民间艺术的论文、纺织物、玩具、巴勒克的漆器、戏剧,等等。接着,是对知识界进行巧妙宣传的小册子。再往后就是替驻巴黎的苏联商务代表处译比较专门的资料。一开始,阿霞把工作拿到家里来做。后来,经过一个相当长期的观察,而且有一个在苏联大使馆工作的阿霞童年女友,有保留地每隔一段时间和阿霞见一次面,她也提供了对阿霞有利的见证,于是苏联商务代表处的大门才小心翼翼地打开了一条缝,让阿霞进入小套间①。她的孩子一断奶(她才不征求孩子同意),她就把他交给安乃德去管,安乃德求之不得。阿霞到商务代表处去工作。如同早期基督教的申请入教者只能在教堂门口望弥撒,不能进入圣殿一样,阿霞的办公桌放在旁边一间屋子刚进门的挂衣处。渐渐地,她整天在那里工作。

她在那里感到满足。至于这种满足的性质,她不想给自己多做解释。她不承认是因为自己回到了思想中的故乡故土。她假装这样相信,并非没有怨愤,但宿怨已经宣泄了。可是,这是秘密地逃向她深深植根的另一块土地……"你们抓不住我,你也不能,你也不能……"她为此感到轻松。晚上,她从俄国气氛中出来,怀着更大的乐趣回到她的法国家庭。不过,要充分欣赏这个法国家庭,她需要离开它。这是她要逃避这个家庭而给自己找的高妙辩解!

对于玛克,这种辩解一点也不高明。(因此阿霞对玛克闭口不谈。她不愿意迁就到向玛克道歉。)玛克神色阴沉,保持沉默、僵硬而含怒的态度。这是最糟糕的。他的神气像一位被触怒了的老爷。如果他是最强者,摆老爷架子也就罢了。但是,如果是最弱者,摆这种架子多么可笑!阿霞软韧的脊梁骨,可能在利爪之下感到乐趣而颤抖。且不

① 来访者在未见到主人之前,先在小套间坐候。或译为"候见室"。

说稍后她再采取报复行动！但是玛克赌气的嘴唇，紧蹙的眉毛，这种无能为力的挑战，他甚至不屑(不敢)明说他的挑战意图……仅足以使对方感觉到，他想奴役她，可是他没有能耐。同时激起对方解放自己的意图。阿霞对玛克夸耀她打听到的一切，她感到含敌意的满足。在阿霞和玛克的思想中，玛克毫无结果的反对，与苏联那些正行动的人丰富多产的精力之间，形成对比，这是不可避免的。玛克自己也痛苦地进行着这种比较，但不能容忍阿霞也拿他做这种比较。他们两人在思想上的决斗在激化。一旦挑明，更使裂痕加深。最后玛克用命令式语气对阿霞说，不许她再到办公处去。阿霞直截了当地说："不行！"她是自由的……

以多么离奇的方式肯定她的自由！她正在跑向在无边广阔的苏联建立意识形态、建设社会，经济与警察的独裁铁腕的人们！但是，作为无组织、无脊椎骨、不坦率、软弱无力、有利于最恶劣的剥削者的西方理想主义的反作用，为被剥削阶级服务的莫斯科的粗暴，却产生着鞭策人体和清除血毒的作用。它洗涤没有意志而且思想生锈的法国人的沉重脑筋。没有一种奴役比自己欺骗自己而接受的奴役，或虽然赌气其实并不强硬反抗的奴役更令人作呕。而这就是西方的奴役。阿霞懂得，与其被囚禁在假民主的樊笼里，还不如在驱使人民去夺取胜利的强硬独裁驾驭下更自由些。假民主放牧他们的牲畜群，或者让畜群饥饿而死，不允许它们出去活动，等待时间一到，处置牲畜，为了战争，或为了和平，剪它们的毛，或屠宰它们。假如有人向阿霞保证，她和她的亲人们，将受到民主政府对待出卖自己的新闻界以及议会人士，或对待喂养得特别肥胖的优选人士同样优越的待遇，阿霞也许会把他们的优待像唾沫一样，啐他们一脸。优遇是另一种奴役方式，最卑贱的，用钱收买的奴役。至少这种奴役，她的玛克是决不会接受的，而且也不会有将这种奴役奉送给他的风险。正因如此，玛克一直是她心爱的人。但是为什么玛克忍着气拒绝奴役，而不把奴役者与被奴役者的位置颠倒一下？当然，他要那样，就必须接受一种战斗纪律的约束,那是一种新的奴役契约,然而是自愿的,暂时的,而且是为了一个使牺牲成为合法的目的。

必须说明,阿霞从格勒内尔大街[1]的角度看来,这种牺牲的严格性似乎大大地减弱了。链条已经松弛了,尤其对一个从这儿走过随便看看的自由妇女来说。独裁政体分量是轻的,如果人们从外部掂掂它。在此刻,它在阿霞的思想中还不算一回事。阿霞不计较手段如何,她只看见事业及其目的所在。这两者都使她感到兴奋。人们在建设一个适合于一亿六千万人的新世界,这一亿六千万人不管自愿或不自愿,都在工地上干活。无能的老旧和敌对的世界,既不能战斗,又不能接受,自以为能闷死这一亿六千万人,把他们禁锢在破烂的房屋中,不许他们呼吸外边的空气。他们接受了挑战,把必要的残暴作为他们创造性冲动的规律。在古老破屋的废墟上,涌现了能捕捉自然界能力的巴比伦式的巨大精神建设。第一次草图预示了伟大的计划,从那里将要出现一群史前巨兽:那些第聂伯罗斯多依,阿弗多斯特罗依,马格尼托哥尔斯克[2]。这些巨兽用它们的长鼻子,长牙,在水、空气与泥土的血液中搜索;同时涌现出大批大批的工人,他们放牧庞然大物的巨兽之群:高炉、工厂和高大无比的水坝。一种严肃与炽热的兴奋情绪推动工人的队伍投入战斗,使他们身上的肌肉和额头皮肤都抽紧了,而且在各工程队之间,开创英勇的竞赛,看谁先胜利完成巨大的任务,确立不可摧毁的基础,在基础上一天接一天地高筑自由、平等和至高无上的人类劳动的崇高地位。为了这样一个目的,任何牺牲都不是过分的。为了人们所梦想,所要求,为未来所有的人而建设的未来的幸福,任何目前的痛苦,自己的痛苦,亲人们的痛苦,都不是过高的代价。那些看见苏联在毁弃神明、教堂和宗教而呼天抢地或勃然大怒的西方人,这些死人最好还是去埋葬他们自己的死者!从那些白骨嶙峋的坟

---

① 格勒内尔大街,驻巴黎的苏联商务代表处所在地。

② 第聂伯罗斯多依,阿弗多斯特罗依,马格尼托哥尔斯克,这些都是苏联第一个五年计划时的巨大建设项目。

家里,什么也不会产生了。这些西方人从他们空虚的眼眶中,不能看见在东方,又一次[1],产生了一个上帝!这一代无产阶级的青年人,马克思主义者,唯物主义者,无神论者,他们以严肃而轻松的精神做出自我牺牲,为了未来社会的幸福与利益,虽然那时他们已都不存在。与西方说谎的假信徒与那教士世俗的全部经文相比,苏联人的镰刀和铁锤中有更多的宗教。除了行动,其他无非都是谎言。只有行动是不说谎的。让人们根据行动来评判那儿的和这儿的人吧[2]!

用她充满激情的不公正态度,阿霞给玛克的生活算了一笔总账:空洞无物。她明知他的没有行动是被迫的。他如同被人用根别针活活钉在板上的小甲虫,非常痛苦。可是当阿霞看见有些甲虫混身鲜血地从别针上挣脱出来,她没有怜悯之心。玛克只要也这样干就行!她将大口大口地吻玛克身上的创伤,正像她几乎要吻横贯狄多·贾内里兹宽阔面颊上惨白的伤疤一样。

此人是由第三国际派到法国来执行秘密任务的。他没有正式的职称,可是那些官员们都怕他。在商务代表处,他进进出出,大模大样地待着不走。在来访者看来,此人像一个无言的见证人,有点儿碍手碍脚,并不重要。他一根接一根地吸烟,神气间仿佛并不注意别人的谈话。可是商务代表总是先看此人的眼色,然后再回答别人的问话。他身材高大,厚实,骨架粗重,然而他的动作却轻柔无声。一头蓬松的深黑头发,又密又硬,低覆在额上,额头中间有一条深深的直纹。浓眉上翘。双眼皮,两只眼睛各有分工:一只表现狡猾,另一只表现狠心。鼻梁长长的,上宽下肥,鼻孔边沿厚厚的,可是很窄。髭须粗硬。面颊宽阔。颌骨深藏在口内。一边窥视,一边在冷笑。他的相貌给人总的印象是:嘲笑的态度加上高度集中的注意力。他还不到四十岁。

阿霞很快就注意这个人了。他却似乎并没有把她放在眼里。他

① 又一次,是针对基督教的发源地是近东(巴勒斯坦)这一历史事实而言。

② “那儿的”和“这儿的”指法国人与苏联人。

那双管齐下的眼光已经把阿霞仔细摸索衡量过一遍,连绒毛带羽毛,接着他把这个猎物扔在一边。他有更好的猎物要去追捕。阿霞被他惹恼了。她对他产生了强烈的反感。她假装不知道旁边有这么个人在。在她工作的房间,大家有时停下来聊聊天。由于斯拉夫人容易和人亲热的习惯,阿霞有时也参加别人的争论,一边继续打字。有两三次,狄多·贾内里兹用一句相当不客气的、讽嘲的字眼打断阿霞的话。阿霞气得冒火,可是不露声色,装作没有听见。他在肚里暗笑,但是丝毫不露出来。

有一天,阿霞一个人在那儿工作。贾内里兹走来坐在她桌边,和她面对面。她抬起头来,看见对方宽大的脸儿乎碰到她自己的什么脸,他眼光在探索,嘴角带着开玩笑的表情,可是这一次讽刺不带什么恶意。阿霞记恨在心,把眉头一皱。他冲着她的脸哈哈大笑。她白费心计,不能再对他发怒。她避免被对方引笑,低下她固执的额头,继续干她的活。他把自己宽大的手掌放在书页上,说:"Stop[①]! 谈谈吧。"

"可是,如果我不高兴谈呢?"她说。

"你是高兴谈的。"

这种厚脸皮的态度气得她要命,她注视他,说:"不!"

"这就是说:对。"他从容不迫地说。

"在什么语言中?"

"在你的语言中。"

没有等她回答,他拿出烟卷请她抽:"吸一支烟,同志?"

他的眼光、口气、"同志"这个字,使阿霞心气平和了。她用气恼的态度,接过烟来。

"我有我的工作,没有时间可浪费。"她说。

"对,你是精力充沛的。你要是到我们那儿去[②],将更为适合。"

"我到那儿去干什么?你连我是谁都不知道吧?"

---

① 英文:停止。

② 我们那儿,指苏联。

“那还用说,我全知道。”

“我曾经跟邓尼金的白军在一起!”

“可是现在,你已经不是他们的人。”

“你知道什么?”

“我知道。”

她对他那种满有把握的神气十分反感。一瞬间,她简直想再参加另一个阵营,让这个家伙不得不承认自己估计错误。可是阿霞对自己十分坦率,她不能那样做。只好满足于用暴怒的眼色瞪了对方一眼。狄多的喉头在动,他在无声地笑。她机械地用狄多的烟卷点燃了她的烟卷,怒气冲冲地嚼她的烟,把她咬断的烟头吐出来,用挑战的口吻对狄多说:“明天我将是什么样子,你也知道?”

“这是明摆着的。你将和我们在一起。你已经这样了。”

他不笑了。她也沉默着。她被征服了。两人不说话,各自抽烟。她朝窗口看。这是很清楚的,只有这边,她能朝这个方向走去。向着人民的行动,她的人民,那边……很久以来,她已经知道这一点。但他是代替她把心里话高声说出来的第一个人。她还想为自己辩护。她好像自言自语地说:“我不能接受任何桎梏。我宁愿死也不能牺牲我的独立。为了保持独立,我什么苦都吃尽了。”

“而你已经结婚了。”他讽刺说。

“我的丈夫和我一样,他和我想得一样。”

“而他也结婚了。”他嘲笑地接着说。

她想招架对方的攻击,可是她闪避了,她说:“两人在一起,力量更大些。”

“那么,一亿六千万人在一起,力量更大得多!”

这正是她所想的。然而她的个人主义推开了这个思想:“我毕竟不能同一亿六千万人结婚!”

“为什么不呢?”他说,“你粗壮结实。”

“我是这样,”她说,“可是我不乐意这样。”

“你会乐意的。”

她不由自主地接受了这个调子。她接下去说。她的嘴唇在说(她的耳朵奇异地听她自己在说):“同志,我乐意什么,这是我的事。请你去管与你自己有关的事就行了,这样会使我高兴!”

“你的事和我有关。”

他们两人眼对眼地互相注视,用两只拳头撑住自己的下巴,互相对着鼻子喷出抽烟的烟雾。阿霞说:“你脸皮真厚。”

对方说:“是这样。”

阿霞问:“你要我干什么?”

对方答:“为我们服务。”

“服务这个词在我的文件中不存在。”

“你文件中有这个词,”他说,“你不识字。”

阿霞勃然大怒,这种没有礼貌的自信态度,已经有好一阵子令她冒火。她用拳头猛击桌子,喊道:“到底支配我的是你还是我?”

他说:“也不是你,也不是我,是规律!”

“什么规律?”

“自然规律。战斗的规律。要么反对我们,要么和我们在一起。你不能反对。”

“我已经反对过了。”

“你没有办到!”

“不要向我挑衅!否则我要把我干过的事全告诉你!……”

“用不着。你要不要让我来对你讲讲?”

他俯身向着她,压低了嗓门,用断断续续的字句,牙齿咬着叼在嘴里的香烟,向她凌乱地讲了半打细小的情节,她本来以为这些事情只有她一个人知道,或随着曾是她的同谋或受害者的人一同消失了,有些事发生在乌克兰的树林中,另一些发生在她在巴黎孤独、破烂的房间里。阿霞听了之后,身上的毛发都倒竖起来。脊梁冰凉,她僵硬地说:“够了!给你提供这些资料的人没有白吃饲料。你不要打算我也来吃饲料！如果我是一条母狗，我是一条瘦母狗，以后也是这样。”

“这种狗是最好的狗，”他说，“我不打算让你变样。你只要像现在这样就行！可是要敢于做这样的人！要坦率地做这样的人！你不是那些满足于在赞成与反对之间没完没了地摇摆的人，就像巴黎走绳索的人一样……”他加上一句，“像你丈夫一样。”

在这突然的攻击下，阿霞坚决抗拒，“我不许你说他。”

她的神气像一只发怒的猫，高耸着背，准备扑向对方的脸。

“我不需要谈他，”他说，“你自己所想的恰好和我一样。”

“这不是真的！”她说，“你给他系鞋带都不配。”

他开玩笑说：“我把这种光荣让给你。可是我想他的鞋带没有系好。”

“你连我的卧室都偷看了？”

他抽完了烟。他把阿霞的一只胳膊抓在他钳子般的手中，用严肃、然而好脾气的语气说：“小家伙，不开玩笑了！让我们说话别带刺！一切对我们可能有用的事物，我们有权（我们争取这个权利）加以观察。可是，不需戴眼镜就可以看出，你和你的丈夫，你们俩不适合拉同一辆板车……听我说下去……我一点也不说你那匹驾辕马的坏话。他有，或者他能够有一切美德。但是这些不是你的美德。在车辕内尥蹶子的是你。你有理。”

“我错了，”她说，“他跟我一样清楚地看见目标。他一点也不怕向目标前进。他的心是勇敢的，比我更勇敢。可是他的智慧上压着太多的西方思想观点，撞击他的双腿，妨碍他前进，还需要等待一个时期，他才能解脱出来。”

“我们没有时间。叫他快下决心！或者你下决心！把他带来，或者抛弃他！我们这个时代已经不属于站在墓穴边说‘活下去呢还是不活……’的年轻哈姆莱特[①]，谁要是不愿意活下去，就把他埋葬了！把他从墓穴里拉出来，或者把他推到墓穴中去。可是你得出来，你！跟

① 哈姆莱特，莎士比亚名剧《哈姆莱特》中的主角。

我们来！你可以找到代替他的人。”

阿霞用鄙夷的目光打量对方,问道:“你?”

“是我或者别人。不论谁！我不谋求做他的接班人。我还有更重要的事要做。你也一样,不要把你的时间浪费在鸡毛蒜皮上!”

她说:“粗暴的家伙!”

说完,她就离开狄多,站起来了。

狄多继续坐在桌边,说:“驮鞍蹭伤了你,让它蹭你吧！我说的全是事实。和我们必须写的伟大历史相比,你那个别的历史不算一回事。肚子饿了,就把它填饱！但是它别啰唆。它不过是个肚子,别的什么也没有。而我们要为全人类服务,千百万挨饿的人,不但想要面包与爱情,也需要光明和自由。”

阿霞一边开门出去,一边说:“你们胆敢说自由,你们!”

在门重新掩上之前,她听到狄多在说:“我们敢,那些不能再往上攀的人,我们抬他们上去,硬抬上去,我们也要把你抬上去。”

阿霞把门砰的一声关上,说:“不!”

当天晚上,阿霞和玛克发生争吵。玛克认为,凡是要强迫别人良心的事,都是犯罪。他刚刚发现甘地的非暴力主义。阿霞反对非暴力主义,玛克赞成,阿霞比玛克更有洞察力。她说:“非暴力也是一种反面暴力,你不以为吗?”

玛克固执己见,阿霞也固执己见。她说:“什么都是暴力,甚至爱情。尤其是爱情。爱情使人成为奴隶。爱情使人欺瞒自己的本性。爱情使人堕落。”

玛克不高兴了,他说:“如果你觉得这样难受,那就请便吧!”

阿霞辛酸地瘪着嘴说:“谢谢你批准!”

*　　*　　*

阿霞回到她的工作地点,可是她发誓不再和那个粗蛮家伙交谈。

其实她不用费事。贾内里兹离开巴黎半个月,他回来之后,根本不理睬阿霞。她有点生气了。他不在的日子里,阿霞打听了关于他的情况。注意力被这个人物吸引的不止阿霞一个人。大家怕他,也佩服他。人们谈起他来,有一种既被他慑服,又对他反感的情绪。关于他的生平,人们的叙述中许多传说和真正事实混在一起;但是,正如成语所说,钱只借给有钱人[①]。他是巴库地方一个屠夫的儿子。他很早就参加了突然袭击,掷炸弹以及一九〇五年左右由高加索年轻共产党组织的、对公家或私人财富行使暴力使之"非私产化"的行动。他入狱五六次,发配到远东,每次都逃跑了,跑回来重新干革命。在十月革命的日子里,他曾经是革命军事委员会的委员。由于他的口才不如干才,他被派遣到各个起火的地点,要他去火上加油。面对最危险和最吃力不讨好的任务,他从不计较。他从不和党内的野心家和"光荣人士"争夺权力这块肥肉。他所要的,是有骨头让他嚼碎,也就是说敌人。(一切威胁革命事业的都是敌人,为了消灭敌人,可以不择手段。为了革命事业而冒险的行动,绝不会气味难闻。)他是属于这类人的:他们无声无息,没有名字,在世界上铺开一张秘密监视的罗网,把另一只蜘蛛,不列颠帝国的"情报总署"的苍蝇夺走。他强壮的身体很容易满足需要,他匆匆地吃点东西就当一顿饭;人们说他也可以站着睡觉,他没有时间和女人懒洋洋厮混。但是,当他有经验的眼睛偶然发现一种力量,一股地热,可以搜集起来为革命事业服务,他就伸出他的爪子,好好歹歹在那股力量上盖上"国家财产"的印记。他在阿霞身上已盖上了这种印记。他可以完全不顾她的妇女天性、她的脾气、她的性欲。因为女子方面的"ewig weiblich"[②],他毫不考虑;但是他比她更认识"ewig menschlich"[③],强烈的本能,超过性的门户,从缠在人们内脏中

① 有钱人不至于欠债不还,所以人们愿意借钱给有钱者。人们谈起贾内里兹的生平时,不免添油加醋,因为他是当之无愧的。

② 德文:永恒的女性。

③ 德文:永恒的男性。

的蛇结上出来，张着大嘴，如饥似渴地要生存，男性或女性，生存的大口像火炬似的在肚子深处，焦急如焚地要求生存、成长、创造、吞噬、破坏和行动。他不需要把手放在阿霞的肚皮上，就可以感觉到火炬在里面燃烧。

阿霞白费事，最后还是她主动去找狄多。一天，他出门走了，没有瞧阿霞一眼，她站起来（所有的文件已经整理好），她对他说："同志，我们一同走好吗？"

他俩一同走了。贾内里兹，对路上行人比对跟着他走的女人更注意。可是，当阿霞向他提出某些问题，他的注意力苏醒过来；他瞧瞧她：鱼儿开始吞吃钓饵了。阿霞用焦虑的热情向他提出关于新俄罗斯的问题，关于战斗的胜利机会的问题。她不做作，她已经上钩了。于是贾内里兹改换了语气，他可以说话了。为了不必提高嗓门，他用一条手臂挽着阿霞的手臂，一边走，一边俯身对着阿霞的耳朵。她的一卷鬓发轻轻擦着他的嘴。阿霞觉得对方的呼气和字句一同进入她的耳朵。他们的衣服淋湿之后，才发现在下雨。为了继续谈话，贾内里兹和阿霞进入一家靠微薄的养老金生活的人常去的老旧咖啡店。贾内里兹今天一点也不忙，他在法国要办的事都办完了，明天晚上，他要动身了。他们两人坐在最靠里的一张桌子边，咖啡店四分之三的座位都空着，店内灯光暗淡。两人面前放着清淡的茶。他们额头对着额头，悄悄滔滔不绝地谈着，除了意大利人之外，只有斯拉夫人能这样流利地连绵不断地说话。阿霞愈问热情愈高。可是不久后，她停止提问，专心听讲。贾内里兹感到他引起了对方的兴趣，于是他沉重而强有力的语言浪涛滚滚地向前奔流。他叙述苏联和内外敌人的骚扰进行大规模的战斗，他自己有时也演一段插曲中的角色，但是他好像在谈别人的事一样，或者像硕大无朋的百足之虫的一条腿。他叙述的故事的中心人物使人想起白蚁巢。阿霞本能地讨厌百足虫，她惊异地发现自己陶醉于无名蚂蚁纷繁复杂的生活中。她一再沉浸于油腻和烟雾腾腾的石油溶液中之后，失去了她的"自我"。接着带着反抗情绪从那里出来,然而她觉得自己将重新掉进去。贾内里兹沉重的言语,如同一只手似的,在拉她的腿。她从个人的立场转移到集体的立场,所有观点都动摇了,各种价值在改变。只在事后,当她一个人的时候,她回想起大章鱼的吸盘,不觉心惊肉跳。可是这种憎厌情绪带有神圣性质,超过了她的判断力。她的理智被她所喝的饮料气味熏昏了。贾内里兹的理智早就如此。他的头脑却在陶醉中保持清醒。阿霞的昏晕并不是很严重,也许由于她重新找到了人的川流,多年来,在战败的梦魇中,她一直漂浮在泛滥的波涛上。而这一次,她登上了木筏,坐在领航人身边;在她的腿下边,在木板的隙缝中,她看见奔流的江水。她闭上眼睛,指头互相抓紧,开始觉得天旋地转……

她发现自己还坐在附近一个酒吧间的椅子上。她开始想家,这时已经快到晚上九点。她吃了一惊,和贾内里兹告别。她几乎一口气跑到家里。她想玛克会板起面孔,她同意玛克有理由这样做,这个可怜的小伙子,他有一套爱好井井有条的法国式习惯!她准备向他道歉,虽然向别人汇报她自己的行动,总像鱼刺哽在喉头那么难受,她没有什么要瞒人的,不等别人问她,她什么都可以对人讲。可是不应当要求她讲……那个笨拙的人,不懂得少说几句更明智,这一点,她有思想准备。但是,算了吧!为了这一次,她同意咽下鱼刺,她承认自己有错……

玛克让她免受这种折磨,因为他先采取了错误的态度。她一回家就发现他已经等得怒火中烧。一切可能发生的意外他都担心过了,猜想过了。他用法官的神气接待阿霞。这一下,立刻使阿霞丧失了笑嘻嘻的脾气和准备勉强自己温柔地解释一切的打算。她一言不发地走进卧室,脱掉被雨淋湿的衣服,再从那儿走到餐室,匆匆地把冷餐摆在桌上。他在她周围转,面色沮丧,嗓子发干,憋着气,先不审问她。阿霞从她的睫毛缝里瞟他一眼,装作不注意他在旁边,她想耸耸肩膀。最后,他像一个检察官一般,开始问她:“你从哪儿来的?”

她冷冷地说,她从办公室出来,跟人谈了一会话,耽误了时间。

“跟谁谈话?”

“和一个你不认识的人。”

她自己也觉得她的回答不能令人满意,她抬起眼睛,准备微笑,这时她发现那个大小伙子痛苦到极点,她向他走去,想亲他一下。可是他刚刚轻轻地碰了她一下,立刻愤怒地把她推开。他向她喊道:“你叫我恶心!你的头发,你的连衣裙,都在散发烟的臭味。你在哪儿打滚来的?”

她生气了,可是她认为他没有全错,她说:“在一家咖啡店里。我很可能把那儿的气味带回来了,但是你也该礼貌点儿。”

他重复说:“在咖啡店里!你在那里混了四个小时!”

阿霞看见他不相信她的话,于是又说:“别这样,我的小伙子!”

她又一次想挨近他。可是那个脾气暴躁的神经质青年,由于突发的嫉妒怒火,神经紧张到歇斯底里的程度,他向后一跳,充满恶心的感觉,高声喊道:“不要碰我!”

阿霞说:“你疯了!”

她坐下,开始吃饭。玛克进入邻室,不回来了。阿霞叫:“玛克!……”

玛克不回答。她吃完晚餐,向邻室看了一眼。他倒在长沙发上,一动不动。这个大孩子!她怜悯地说:“玛克,你愿意听我说吗?……”

他用冰冷的语气回答:“没有用,反正你说的是谎话!”

阿霞的热血冲上额头,她心中的怜悯之感一扫而光。

“那么你以为是怎么回事呢?”她口气强硬地问。

他不作声。

“蠢蛋!”她说,带着轻藐的尖声。

她转背不理他……“爱信不信!……”她到房中去睡觉了。他在邻室躺在沙发上。可是夜里,阿霞不止一次地听见他踱步。阿霞在床上气得要命。她和贾内里兹谈话时,绝对没有性的诱惑的念头,双方都没有想到这方面。可是这个白痴[1]替他们两人[2]在想,他光想这个,他强迫她想到那上面!既然如此,为什么不让他真的当王八呢!一个淘气捉狭的念头使她想起“默伦地方的鳝鱼,它在被人剥皮以前,已经大喊大叫起来[3]……”喊吧,我的朋友!你不会白喊的……可是阿霞这个威胁纯粹是说说而已。她丝毫不想活剥玛克的皮。这个可怜的孩子,皮肤那么娇嫩。她不得不和另一个人的老狼似的粗糙皮肤作比较。她的脊梁从上到下,打了个寒噤。她推开狼,可是狼仍旧在那里。夜里,她觉得狼呼出来的暖气吹在她脸上。她气得把背转过去。可是狼仍旧在那里用呼出来的气烧灼她的脖子……那个蠢蛋逼得她去想这些,去比较!……她重新咀嚼当天晚上的全部谈话。那形象与思想的沉重洪流,那个充满野兽气息和污泥浊水的世界,那个新世界,她的故乡故土,她过去岁月的亲切和强烈的气味,渗透她的每一个毛孔。她用被迷惑了的反感再嗅这种气味。她发烧似的起来,洗了手,脸和肚子。她重新躺下。最好也更换一下她的床单……

在邻室,玛克在走动。她在床上翻过来,转过去,“蠢蛋!蠢蛋!……”她把他放在天平上,把另一个人放在另一边的秤盘上。把他愚蠢的嫉妒,他的自私自利,他的专制,把一切蜷缩在他的自我,自我,自我上的思想加在一起,他的分量并不重。“你是属于我的,你是我的……”“属于你?我不属于任何人。如果我将自己贡献给人,必须是贡献给不止一个人,给那些掀动全世界、引导全世界的伟大力量。只有在那些力量中,我重新找到我的道路,我的床。我完成自己……”于是她觉得站在她背后的那人用手臂紧紧抱住她的腰。她好像被磨盘石碾碎,她在胸中呼喊……她捻亮电灯,坐在床上,窒息难忍,乳房

① 指玛克。

② 指阿霞和贾内里兹。

③ 法国民间寓言:在默伦地方,有个名叫朗基耶的,在表演关于圣徒巴特来弥的宗教剧时,担任主角。按剧中情节,最后圣徒以身殉教,被人活剥致死。台上一出现刽子手,朗基耶吓得魂不附体,大喊大叫而逃,成为笑谈。按朗基耶读音与法语“鳝鱼”相同,所以这个故事名为《默伦鳝鱼》。

膨胀,喘着粗气……

她下床来,身体半裸,坐在一张安乐椅上,重新控制了自己。她头脑比较冷静地考察了一切。她设法解释使她感到烦扰的那人之谜,拆散他的机械结构。她要弄清楚他身上哪部分是属于他自己的,哪一部分是属于由无数人结合起来的神秘的伟大力量,属于在运转中的机器,而他不过是这个机器的传动带。她深信机器是一切,传动带微不足道。这条带子或者另一条,不管哪一条,都可以用。她想起一句话,是他对她说的:“我,或者另一个人……”她生气地摇脑袋:“肯定不是你!……”她冷冷地仔细打量他,从头到脚,好像他就站在她面前。她按自己的脉,她没有骗自己。没有一根大动脉比另一根跳得更剧烈。她心中没有欲念。“那个人活着或死去,和我有什么关系!……”

她重新上床睡觉,呼吸调匀,头脑冷静。

她睡着了,一直睡到早晨。

睁开眼睛之后,她重新思考愚蠢的误会。她和玛克双方都有错。几个月以来,夫妻间的紧张关系在严重化。他们一边承认自己有错,同时却没有明智和魄力来稍加改善。玛克不稳定的气质,被阵阵的暴怒所震撼,犹如神经上的暴风雨,给他沉重的打击,他从一个过分紧张的激情消耗,过渡到精疲力竭的地步;而疲乏本身也引起他暴怒,并不亚于激情。阿霞常常从赌气的沉默,突然转到滔滔不绝的狂热说话,和她汛期有关联的嫉妒、猜疑、固执和病态的意见。有时由于一句话、一个拙劣的姿态也可以引起这些现象,因为她已经受伤的想象力,给这句话,这一姿态以它们本来没有的意向。因而不可避免地在两人间引起粗鲁激烈的冲突,以致双方都失去了正常情理。冲突过后,恢复清晰的头脑和后悔的心情。但是很少两人同时恢复。尽管如此,即使在像打耳光似的咒骂最激烈时,巨大的爱情并没有消失过一分钟。不过爱情没脸见人,痛苦地躲藏在内心深处了。

在这时刻,阿霞承认,昨夜玛克发那么大的火,她并不是一点错也没有。她不但没有安慰玛克充满爱情的不安(这种不安绝对不是没有理由的),他认为她又被对他来说是不可理解的、异方异域的俄国灵魂所占有,相反,一种不良的本能,促使阿霞去加剧玛克的猜疑,她把离家的时间不理智地拉长。她在家里接待路上遇到的同伴,商务代表处的俄国人。他们对阿霞亲近随便的态度以及用玛克不懂的语言聊天,引起玛克愚蠢的怒火。在接着发生的一次争吵中,玛克甚至禁止阿霞在家里接待她这些客人。(他话一出口,马上觉得自己超越了他的权力。)结果是阿霞在外边接待她的同伴。玛克因此反而更加猜疑了。阿霞承认自己的愚蠢不亚于玛克,因为她为了制服玛克并且确立她自己的独立性,故意挑起玛克的猜疑。按照这种势头,他们在径直走向一场大祸。阿霞有相当的经验,能够预见到这一点。他们两人简直在发疯……喂,喂!快快悬崖勒马!

她起床,下决心要把事情重新整顿一下,如果说玛克是个眼神像疯子般的坏孩子,她就应该像慈母一样把他领回正常情理的路上。在她内心深处,与其说他是她的丈夫,倒更像是她的孩子。她库存的爱情中可以拿出来应用的最好部分,是记在孩子的账上的。可是,当她打开玛克过夜的那间屋子的门,她发现他不在那里了。他已经出去,没有留一个字。阿霞很不高兴。于是,像一支被人吹灭的蜡烛,阿霞的一片好心消失了。可是勉强自己在家等着他(也许为了让他的错误更严重些),她放弃了和平日一样的到办公处去工作。虽然这是贾内里兹动身前,她能见到他的最后一次机会,她一点儿也不觉得遗憾。也许正是这个主意促使她不去上班,以表示她对他漠不关心。这对她有什么关系呢? ……她忙于清理住所。这住所太需要整理了!她经常在外边跑。一天接一天,到处都是灰尘和一片凌乱。她正在忙于洗刷,安乃德来领小瓦尼亚。(她把孩子领去照管一天,晚上送回来。)可是阿霞不让安乃德进屋,借口屋子里一切都乱七八糟,她不愿意让别人瞧见她的废品堆栈。她从半开的门缝把孩子推出去。安乃德,在阴暗的楼道中,只能迅速地瞥见跪在楼板上的儿媳的侧影,她正在狂怒地擦地板，脑袋低垂，鬓发散乱，挂在她面颊上，好似老鼠尾巴。玛克没有回来，她把一肚子气都发泄在木器家具上。

他没有回来午餐。她等着他。他没有回来……

“白痴！你赌气！……我会报答你的。”

她急急忙忙地吞咽食物，噎得咽不下去了。她没有吃完午餐，起来换衣服，对着镜子检点了一遍。她露出尖锐的小狗牙齿，想咬人。她准备好要出门去。为什么出去？去干什么？找谁？这个“谁”出其不意地难住了她。她吃了一惊。她又坐下，头上戴着风帽，好像在做客，顺手在桌上拿起一本杂志，想看出一点兴趣来……呸，呸，呸！她神经质的手把杂志老远地扔到房间的角落里……她用脚跟连蹬楼板……时钟打响了三点。

“我受不了啦!”

她出门了，没有任何明确目的。她自己定了一个目的，到百货公司去参观“布品展览”，但是她走上了另一条街。当她发现走错了路，要回头走已经太远了……“活该！改天再参观‘布展’。可是今天，我干什么呢？”

她走到距离商务代表处十分钟路程的地点。“太晚了，我不去了。”可是她仍然朝那个方向走。自然啰，她不会进去的。她不需要进去。在大街另一边人行道上，离开四十步远，她看见贾内里兹宽阔的肩膀和粗大脑壳从人群中走过来。她受了一下冲击。她发现自己在看到贾内里兹之前，就在走过去迎接他。她生气了，害怕了。她停步，站在一家大商店门前，背朝着街。她在等他走过去。他不往前走。他穿过马路，一声不吭，他和她并立，面向商店的门面。他对她眨眨有皱纹的眼皮。她转过头来打量他。他的样子好像没有瞧她。可是他蒙古式的眼睛在笑。他说：“你今天逃学？”

她没有理睬他的问题，说：“我以为你已经动身了。”

她在说谎。他是知道的。头天晚上，她还问过他的火车几点钟开。他回答说：“我要动身了。我这就回到我住处，收拾行囊。然后上火车站。你有时间吗？你陪我走一趟！”

但是他不挽住她的胳膊。他和她保持一定的距离，他眼睛不瞧她，对她说：“你不要露出认识我的样子。有人在跟踪。或者可能在跟踪。”

他左转右转，走了许多弯路，穿行支路或小通道，这样就绕到同一条大街上靠后的方向。他回头向后瞧了一眼，确信没有人在跟踪。与此同时，他扭过头，在两行人流之间，和阿霞用他们本国语言，交换了几句迅速和突出的话。走到一所两条路拐角上的房子门口，他向四周眨眼环视了一遍，说：“上楼！”

阿霞犹豫。他加上一句：“你帮我收拾箱子。”

他抓住阿霞的胳膊肘，他们一同进门。他把她推上又暗又陡的楼梯。她瞧不见在什么地方行走。他把手按在她的背上。这只宽大的手好像托着她，像托着一只小鸟似的，但这并不是一只鸟笼中的鸟。她使劲僵挺着身子，表示抵抗，准备用嘴喙反击，可是也许是为了更好地感觉背上那只手。在楼梯上端很窄的平台上，他把手臂伸在她面前，把钥匙插入锁眼。他把女人和门一起往里推。他们进入一间很小的房间，没有收拾整齐，朝向院子的窗子没开，窗上挂着帘子。贾内里兹目前和一个工人伙友同住这间房子(他每隔一天要换一个住处)。这时，房间空着，另一个房客到夜里才回来。贾内里兹的一切物件，衣服和纸张，纸张多于衣服，都散放在床上、桌上、楼板上。贾内里兹把它们一堆一堆地捧起来，塞进一只老旧而有提把的皮箱去。他徒然把这些东西折叠起来，怎么也不能把它们放在箱内。阿霞重新取出这一大堆东西，把它们整理一遍。房中浑浊的空气使人透不过气来。她背上在流汗。她要打开窗子，他反对，为了不让邻人瞧见。她脱掉大衣，解开连衣裙的领口。他脱掉上衣，穿着衬衫。他们说话很少，仅仅说他们在做的事。他把东西递给她。她把它们折叠好。她蹲在地上，坐在自己的脚后跟上，她的后颈和襟怀都裸露着。她沉浸在潮湿的汗水中……一刹那间，她感到一阵昏晕。她仿佛看见自己，夜里，在床上，一股热腾腾的呼吸吹在她背上。她刚来得及转过身来,贾内里兹正俯身靠近她,狂嗅她身上的气味。他粗大的手按在她身上,把她仰面翻倒在地板上……

等她重新起来,坐在楼板上,眼神迷惘,口中干渴,遍身发烧,神情粗野。两人没有交谈一句话。她并不想责怪他,也不责怪自己。这是白纸黑字,早已写明了的。可是他千万不要想再冒险碰她一下!两人之间的闸门重新关闭了。他完全理解,因为他有最难得的智慧,身体本能的智慧。他离远了一点,站立着,在卷一支烟。他看她坐在他脚边,冷淡,阴沉,整理着头发。在他这方面,没有一点胜利者的骄傲。他一点没有准备,也不是故意想捞一把。人性是这一切的唯一制造者,不必在这方面多费唇舌了。

阿霞把箱子收拾完毕。其中一部分东西重新拿出来,一切整理妥帖,把箱子盖盖上。他把自己压在箱上,关紧盖子,扣上搭襻。她站了起来,穿上大衣。他说:“下楼吧!为了你,最好我们两人不要同时出去!”

她拿出袋中的小镜子照了一遍。一切就绪,她向门口走去。他伸出手对她说:“再见,同志。”

她转过身,把自己的手放在他手中。他握着她的手。(他们互相严肃地注视;她倔强的额头低垂,可是眼睛在探索对方的眼睛。)他对她说:“把你丈夫给我们带来!我把希望寄托在你和他身上。”

此时此刻,说出这样的话来,不三不四到离奇的程度。阿霞根本没有注意他的话。他还说:“他在寻找道路。你是识路的。把路指给他!他的位置在我们中间。”

她什么也没有回答。他所说的,她也这样想,她感激他说了出来。直到后来她才想起来,他想必偷偷地侦察过玛克。然而这件事玛克若是知道,一定会气得发狂,而在阿霞看来,只是稍稍有点不快而已。她已经习惯于认为这类事是很自然的,人们完全有权打听情况。她的还有点汗津津的手回答了那只大手的紧紧一握,然后把手抽回来。她说:“再见。”她出去了。

她在街上走,头也不回。时间已接近黄昏,街旁房屋的最高一层,朝向大街一边的,已被夕阳照得通红。她没有思想,脑袋里塞得满满的,没有思想的余地。她没有乐趣,也没有痛苦。她只觉得自己坚硬的脚底踏在坚硬的柏油路上很舒适……接近晚霞照耀的塞纳河,在一个拐角上,她停步,突然产生了一种感触:“我干了什么事?……”

她眼前重现了一切,纷乱嘈杂,但这仅仅是一瞬间的现象。接着,不再有纷乱现象,她严厉地、重新给自己算总账。她咬着嘴唇,感到羞愧,在账上,她是债务人。她不谨慎地赌博,并且输了钱。输了!如果仅仅关系到她一个人,她才不放在心上呢。赌输了,输了钱,不用再去想它!事实本身只有别人赋予它的那点重要性。阿霞不认为这件事有多重要。她的主要怨气并非来自事实本身,而是由于她在出其不意的情况下让步,当时她的意志并不同意。这件事使她觉得自己没有什么值得尊重之处,很久以来她就丧失了自尊心。她对待自己一点也不温柔。骄傲,那是有的。但是,从不为恭维自己而骄傲。如果她是单身一人,这笔账不等她回到家就算清了。但是她不是独自一人。在家里还有“另一位”。那个人在她眼前,那个人的存在,对她是种马嚼子。这使她生气。可是她喜欢嚼它,铁的味道给她的生活增加风趣。这个合伙人,账目是他和阿霞平分的。他对此将作何感想?她知道在这些问题上他严肃得可怕。他从老布尔乔亚的角度判断光荣,他把光荣放在高不可攀的地位。很久以来,阿霞在这方面嘲笑他。可是这种嘲笑,虽然阿霞不承认,反而使她觉得他更可敬……如果她对他一字不提她愚蠢的轻薄行为,他什么也不会知道,他将是泰然无虑的,世上不会有任何人搅扰他……可是现在!正好是这种可能性被排除了。阿霞在她的文件上划掉了这种可能性。事实本身,这个“罪行”(人家愿意这样称呼它!)对她来说是不十分沉重的包袱。倘若掩饰这个“罪行”,在她心目中才是真正的罪行。不,不,她决不背这个包袱。她虽然愿意干一点损害玛克的事,可是她不愿意“欺骗”[1]他。“欺骗”在她的理解中是专门指说谎(或闭口不说)。她不欺骗,她不弄虚作假。

于是她在头脑里决定,要把一切都告诉他。就算她倒霉!她 in petto 加上一句:“算他倒霉!”如果没有玛克的愚蠢行动,她今天本来不打算上街的。她怨恨玛克……(她过分了!)她下定了决心。这里边有崇高的意向:正直,厌恨说谎,也有不太崇高的成分,就是秘密的宿怨。而且,谁知道?也许有斯拉夫人在生理方面不可告人的好奇心,促使他们干天晓得什么行动,为了看一看在他们身上会发生什么现象。“他和她将如何反应?……”这个经验是危险的,她知道。可是,对她来说,危险正是一个非干不可的动听借口。风险使行动合法化。

她一看见玛克,决心就动摇了。她满以为昨夜的误会继续下去,她发现一个经过思考而且悔改了的玛克,一个动人的玛克,用可以使对方的心融化的谦卑和温柔妩媚的玛克向她请求宽恕。阿霞不知说什么好。她只能用双手抚摸他的脸,玛克顺势用嘴唇亲她的手……她的玷污了的手……她把手收回来,藏在背后。她处在一种不三不四的地位,她没有脸来宽恕玛克。她设法把颠倒的角色纠正过来。她对他说:“行啦,我的孩子!我们别提这些事了!这一切已经远了,昨天的事都结束了。”

玛克高兴了,他问:“是吗,说了算数!你原谅我了?”

“是的,”她说,“现在该你原谅我了。”

他大声说:“这早就成了事实!”

“对于昨天,是这样。可是今天呢?”

“今天?”

他微笑着。她不知道怎样开始。她本来一切都有准备。可是现

① 法语中“欺骗”一词用于夫妇之间,就是指不忠,背着配偶,和别人私通。而在这里,阿霞认为与人私通不说实话,用谎言或闭口不言蒙骗她的丈夫,才是真正的“欺骗”。

在,面对着玛克,说出来多么可怕……

“别这样瞧我！你叫我更加难办了……”

她把他的脑袋转向另一边。

“说吧!”

他没有严肃对待这件事。她看见他的侧面,面颊上还带笑容。她顿着脚说:“你真蠢！别笑!”

他把头转回来,惊讶地问:“你怎么啦?”

她用阴沉的目光盯着他,说:“我欺骗了你。”

他睁大眼睛,不明白怎么回事。

“不,不是欺骗!”她接着说,“我干的事什么也不瞒你……我今天……今天我……”(她慌张了。对方一双惊慌的、战战兢兢的、没有抵抗力的眼睛在讯问她！……)“我不知道这是怎么搞的……”(她本来可以说“我被人占有了”,可是她的自尊心拒绝这样说。她挣扎着,粗鲁地想从困境中挣扎出来。)“我……我刚刚同一个人睡觉了。”(她不需要说出这个人的姓名。在她用挑衅的口吻,向他叙述在商务代表处上班的见闻时,已经不止一次引起玛克对贾内里兹含嫉的注意。)

她看见玛克的瞳孔在张大,嘴也在张开……几分钟之后,这一下打击才能深入他的意识。阿霞重新想起在街上看见一个小孩,闹着玩儿,让一个车轮从他手上压过,他还继续微笑,直到残酷的痛苦涌上来,孩子痛得吼叫起来……

玛克没有吼叫,但是,骤然间,他的面孔抽搐起来,在他喉头,呼吸停止了。他喘着气说:“你说谎!”

他恳求:“快承认你在说谎!”

骄傲和恐惧使她全身发凉,她说:“是什么,我就说什么。”

她决没有想到看见这样一张面孔。受伤的野兽,痛苦得发狂了,加上杀人凶手的眼神……没等她动弹一下,他抓住她的颈项,使劲掐着。她丝毫不反抗……“你掐吧！随便你！这是你的权力……”她连眼皮都不低垂。目光低垂的倒是他。他放开她。他眼神透露着极大的痛苦！这比什么都更可怕。在几秒钟内,他站着不动,两肩下垂,两臂虚悬,好像突然中止行动,接着,他向后退了几步,踉踉跄跄地,他倒在一只矮木箱上,挨近窗槛。他上半身前倾,倒下去了,额头向前,靠在窗槛上,抽抽噎噎地哭起来。他的啜泣声几乎一点不像人的声音,却类似受了致命重伤的野兽。阿霞惊慌失措。她想喊叫,想跑过去,把玛克抱在怀中。可是她全身瘫痪了,从她喉头,一句话也说不出来,她的面孔一直是冷冰冰的。出乎意料的痉挛性发作,使她僵化了。可是在内心,她的心被拧绞着,好比洗衣女工在手中拧着的一块布。她只好身体僵直,眼中无泪,毫无动作地眼看着玛克极大的狂愤和痛苦。任何一个折磨人的凶手都没有想到过这样的酷刑。当她用劲一摆身,从僵硬中挣脱出来,当她终于能移动膝盖走近玛克,一边口中喃喃地说:“我的孩子,我的孩子！我要是早知如此……别难过！……这不值得……”这时他一下子停止啜泣,抬起头来,露出抽搐的、可是态度决绝的面孔,说:“滚出去!”

不需要再做什么姿态。他的眼色就像拳头一样。他把她驱逐出家门了。

这时,阿霞的骄傲又起了对她不利的作用。她一点也不想辩白。她把掉落在楼板上的大衣拾起来,被她用生气的手拉掉扣子的领子,她重新扣好,说:“你把我赶走?”

他大吼一声:“对!”

他双手抱着额头,重新倒在窗台上。

阿霞一句话不说,走到邻室,打开、关上抽屉,这儿那儿,拿了些东西。她回到原来的房间,手中提着一个小提包。她向倒在一边的玛克瞧了最后一眼,张开嘴想说话,她向门口走去,打开门,回转身来,叫道:“玛克！……”

玛克没有动弹。她出门走了。

*　　*　　*

走到下一层楼的楼梯平台上,她的腿发软,她靠在墙上。于是,在阴暗中,她哭了。泪如泉涌。她恨不得再上楼对玛克说,她心里这样想:“我们干的事,你干的事……这是犯罪!难道一件蠢事,一件脏事,就成了摧毁我们生活的理由?”

她不愿意承认他有权力驱逐她……

“难道他对我的爱情这么单薄吗?”

她不说:“他太爱我了!”她承认她冒犯了他,但不承认把她的冒犯放在天平上会比她的全部爱情更重。在她看来,事情是微不足道的。最不堪的侮辱,她觉得这似乎是她自己对自己的侮辱,而不是侮辱他。如果有叛卖的话,她叛卖的是她自己,而不是他。这出其不意的官能袭击,这可耻的意志消失……啊!如果他瞧见,此时此刻,她的爱情洪流在向他腾涌!……现在,她已经看见了他痛苦的样子,她比以前更加爱他了。现在他通过自己的双手在痛苦……他的双手……她感到玛克掐在她脖子上的两只手在受尖锐的痛苦。她恨不得吻他的双手……她又向上走了三四级楼梯……但是她的傲慢又一次被点燃。她知道对方的傲慢将是更加令人难以忍受的……不,她不会降低身份去哀求他……

“是你赶我走的。那么永别了!你不叫我回来,我决不回来。如果要永不见面,就永不见面!”

她走下楼,面颊火烫,还没擦干泪痕。她的山羊脚跟在打了蜡的楼梯档上咯咯地响。她高抬着脑袋走过看门人面前,没有打招呼。在街上,她不顾行人好奇的目光,他们注意她阴沉的眼睛发着闪光,而且还流下几滴剩余的泪水,她什么也不操心,一直往前走,不知道自己在哪儿。接着,突然走进一家她头一眼发现的旅馆,一家肮脏的、名声不好的旅馆。她看也不看就租下了一个房间,先付了房钱再上楼去,关上房门,待在里边。一段生活结束了!又是一段生活!老天爷!到什么时候生活才整个儿完结呢?

*　　　*　　　*

玛克没有从窗台上动过一下,他的脑袋放在窗台上,仿佛放在砍头的砧木上。他甚至希望斧头砍下来。没有必要再把自己的脑袋放在肩膀上!如果能把日日夜夜的往事一刀两断,不再去想它!可是在他的脑袋里,凌乱纷杂……仇恨和痛苦混合成抽搐着的一团。厌恶之感使他毛发倒竖的肉体在颤抖。对刚刚被他赶走的那个人,他一点没有怜悯和原谅之意!没有一点要理解对方的努力。被冒犯了的男性只看见他自己和自己的伤痕……

小小的脚步声在爬楼梯,连蹦带跑。玛克一下子站了起来。瓦尼亚回来了。不要让他察觉什么。他用粗鲁的手擦了擦炽热的眼睛,把刚才短促扭打时掉落在楼板上的东西整理好(他拾起阿霞领子上的扣襻)。他打开通向楼梯的门,俯身在楼梯栏杆上。下边,安乃德喊道:"你在那儿吗,阿霞?我把他给你领回来了。"

玛克答应说:"我在这儿,谢谢你!"

"是你吗,孩子?她出去了?"

"是的。"玛克回答。

瓦尼亚走到了楼梯上端。安乃德还说:"我有点疲乏,不上楼了。晚安,孩子。"

"晚安,妈妈。"

他拉住瓦尼亚的手,一同进屋。必须向孩子解释,他母亲今晚不回来了。她要过些时候才回来。好奇的瓦尼亚问这问那。你以为他已经满足了,他突如其来地又提出许多别的问题,使玛克措手不及。而且你必须注意你说的每一句话。如果你一不小心,说话前后矛盾,他就提醒你刚才说过的话。玛克也够忙的,他要给孩子吃晚餐,帮他上床睡觉。他笨手笨脚地给小家伙脱衣服。小家伙用高高在上的口气说:“不,爸爸,不是这样脱的！你不会……”孩子提醒他还有哪些神圣不可缺少的礼节要完成,要给孩子洗一洗,等等。这些细小的麻烦至少暂时使玛克忘掉了他的痛苦。至于瓦尼亚,他对这些新事物高兴得很。家里只有两个男人,没有别人。这是多么有趣的处境。

第二天,玛克叫瓦尼亚答应他,阿霞不在家这件事不要告诉祖母。他对瓦尼亚说阿霞的旅行是保密的。瓦尼亚不满足于含含糊糊的解释,他提出的许多问题使玛克穷于应付,他语无伦次了。瓦尼亚明明看出他父亲在说谎,有什么事瞒着他。可是他什么也不说。像小狗儿一样,瓦尼亚支起耳朵,翘起鼻子,这件神秘的事,引起他很大的好奇心,他不露声色,东张西望地探索。但是他信守诺言,不对安乃德说这件事,他学他爸爸的样,他说谎。他甚至有胆量说他母亲身体很好,她在干这干那。他很满意自己会骗人,他意识到自己在演一个角色。什么角色？他不知道。但是他为此感到骄傲。他已经是个大人了,完全像个大人……

阿霞走后的第三天,玛克接到她寄来的一封长信。二十页,用铅笔写的,字迹紧密。她没有表示道歉和想要回来的任何意愿。但是,如果她不对玛克如实地讲明白经过的情况,她不认为自己已经还清了欠玛克的债务。她不管玛克将用什么目光来看她的信,她认为一定要向玛克报账,她的最后一本账。她用奇特的心理上的无耻感,这种斯拉夫灵魂的自我分析病,使她强迫自己,也强迫玛克深入她良心上的每个隐秘角落,她把自己的行动与思想赤裸裸地给他看。如果她不满意自己的供词,她划掉一句,加以修改、补充。她立意不姑息自己。可是她不想一想,这样做也是不照顾玛克。她必须什么都倾吐出来,然后才觉得轻松。苦行僧的粗糙布衣,也可以用作擦澡的鬃毛手套,她皮肤擦得发红,直到出血。

可是玛克在阅读她的忏悔录时,脸色灰白,双手哆嗦。他几乎来不及翻篇页,他发烧的眼睛不可能从头到尾地细看;在这堆凌乱的注解和涂改中,不管怎样,可以看出他的不贞之妇粗鲁的正直,不幸的是,他的眼光接触到几行坦率到一丝不挂的描写,以至他双眼发红,大声吼叫,他把二十页信纸搓成一团,用手指挤压,撕裂,他恨不得捏在手中拧搓的是阿霞的身体!他把纸团掷入壁炉,把它烧掉……事后,他懊悔了,直到他死的时候,还后悔没有把那封信一页页地看到底。现在,他白费力气,他将永远不知道真情实况。阿霞决不忏悔第二遍。

除了信以外,还有一张纸,没有在壁炉中烧掉。阿霞把她需要换洗的衣服和另外一些什物开列清单,要求给她送到她住的旅馆中去。如果玛克愿意,他可以选择另一种办法:指定一天和时间,让她到家里来取。没有疑问,在她思想中,隐约地希望能遇到玛克。然而玛克却剥夺了她这种希望。他一想到她可能重新双脚踏进他的住处,就气得发抖。他赶紧把她所要的东西都装在一只箱子里,外加所有她的照片,仿佛给她一记耳光,他当天让一个跑差的人把箱子给她送去,用伏尔可夫太太的名义。阿霞收到箱子时,气得额头都红了。她从提包中取出一个小盒子,再从盒子里取出一张照片,那是她和玛克在一个幸福的日子里的合影,以前她一直把这张合影带在身边。今天她把这张照片撕成碎片,完事大吉!到了夜里,她睡不着觉,她起来,钻到床底下的灰尘堆中去找照片的碎片。可是她撕得那样碎,没法再拼成人形。她还是把碎片装在一个信封中,封好,免得自己再打开来瞧。

玛克到商务代表处去,找那个给他抹黑的人,准备打他耳光。他被告知,鸟儿已经飞到树林深处去了①。他只好独自一人,每天夜里,把未能满足的杀人念头吞下肚子。

与此同时,安乃德看不见阿霞,开始不安,因为小两口决裂的事一直没有让她知道。最后,她逼着儿子吐露了真情。事情发生在玛克家里,在他房中,晚餐以后。在旁边一间房里,没有门的放床的小间,孩子在睡觉——没有真睡。他们必须低声说话,两人肩并肩伏在书桌上,在一圈灯光的照耀下。安乃德不需要听一大篇话才能明白怎么回

① 鸟儿已经飞到树林深处去了,指贾内里兹已经远走高飞,回苏联去了。“鸟儿”原文是“布谷鸟”。

事。她断然制止玛克辛酸的诉说。在这儿,她既不能要求玛克讲下去,也不能回答他的问题,她提防着小孩子的耳朵,而且也不愿意听到从玛克嘴中说出侮辱性的言辞。他恨不得倾箱倒箧,什么都说。在废墟上还剩下一点点可以抢救的东西,必须把它抢救出来。安乃德和她的玛克一样痛苦。但她毕竟是女人,她也为阿霞而痛苦。在听阿霞说话之前,她不能认为男方是完全清白无辜的:必须把双方的话都听一听。很久以来她就担心他们的爱情会有这样的下场。现在这种下场已经来到,她觉得有错的女方——有错的双方,两个受害者,都可怜,而不要更多地责备他们。自然啰,她不能把这个想法告诉玛克。她把手臂搂在他头颈上。两人默默无言,但是她觉得玛克的面颊在哆嗦。他没有比暴露自己软弱更怕的事了。他也怕他母亲怜悯他,提醒他:"我可怜的孩子,我早就跟你说过……"一等他恢复过来,觉得他的嗓音不至于暴露他的感情,就立即用严厉的口气,说出安排家务的办法:安乃德把孩子带到她家里去;玛克不保留住所,他第二天就去退租,自己暂时住旅馆;几件木器家具暂时寄存起来再说……他没有提阿霞。倒是安乃德提醒玛克,先去征求阿霞的意见。玛克不愿意听人提到阿霞。他狠心地说:"她不存在了。"

安乃德用下巴指指孩子睡觉的房间,说:"她在这儿。"

玛克僵硬地说:"她对孩子已没有任何权利。"

安乃德温和地说:"剥夺她这种权利,这不取决于任何人。任何人也不能剥夺我在你身上的权利。"

玛克不同意这种对比。他说:"这是她自己放弃这种权利的。"

"不,孩子,不要混淆,妻子和母亲,这是两码事!"

玛克生气了,他在母亲们之间秘密的共济会面前碰了钉子,他问:"那么,你站在她一边来反对我?"

"我的小伙子,你就是我。但是,即使是攻击我们的人,也有他们的权利。"

"我不承认他们的权利。"玛克说。

安乃德说:“你是在搏斗中,权利闭口无言了,剩下的只有力量。可是你并不是最强者。”

他反抗了:“那么,最强的是她?”

“不是她,也不是你,而是他。”(她又一次指指孩子。)

“他是属于我的,”玛克说,“属于我一个人,要不然我索性不要他了。”

“他是他自己的,”安乃德说,“连我也是属于他的。”

安乃德费尽力气找到了阿霞的住地。玛克不告诉她,她也不愿意去问玛克,为了保持她的行动自由。她终于发现了阿霞闭着眼睛选择的肮脏住处。住在这儿或那儿,在她看来是无所谓的。脏与不脏,她也不在乎。而且在那些日子里,她对自己,对玛克,对所有的人,怀着厌恶的心,她不能辨别什么是最脏的,什么是不太脏的;反正整个生活都是呕吐出来的脏东西。她的精神比她的感觉更厉害地对她那冒险故事的愚蠢性产生反抗情绪。并不是对她自己的故事(一件卑污与微不足道的意外事故,好比在街上溅了一身泥水),而是生命的全部愚蠢的冒险故事,不连贯、无意义的故事。然而这个她所鄙视的故事,不论它是什么样的,阿霞不能在半路上抛弃它,她不是这样的女人。阿霞要把这种生活一直坚持到底。

安乃德去敲门的时候,阿霞正好在她的破烂房间里(除了睡觉之外,她很少待在屋里)。有人来访,阿霞没有表示一点高兴的样子。她头上戴着小帽,准备出门。她那唯一的椅子上堆满东西,她不请来访者坐。房间很脏,没有扫地,床也没有铺,床头柜又脏又腻,门半开着。到处都是乱七八糟的东西,证明房间的住户对社会和物质生活的考虑,采取了一种令人不能容忍的漠不关心态度。面对这种情况,安乃德连嗓子都抽紧了。阿霞不说一句“您好”,也不愿意看见安乃德向她伸出手来。她只退了一步,让安乃德进来。她用双手和臀部靠在摇摇晃晃的桌子上,皱着眉头,恶狠狠地斜视着来访者。安乃德,一时间不知如何是好。表示同情的言语冻结在她舌头上,说不出来。阿霞说:

“您满意了?”

安乃德不觉喊了一声:“阿霞!”

“怎么?”阿霞说,“难道发生的一切不正和您所盼望的一样?”

安乃德向对方伸出双臂:“我的女儿!”

阿霞面色发白了,整个身子在哆嗦,狠心和僵硬的表情抽搐了,她突然呜呜地哭了起来。她使劲抑制呜咽,面部形成滑稽的丑态。可是安乃德没有觉得这一面容丑怪,在她眼里,这一面容比最美的面容更动人。安乃德扑在阿霞身上,亲了她。抽搐着的阿霞双手抓住桌子,让安乃德抱吻她,身体像打嗝一样抽动,鼻子呼哧呼哧吸气,面颊湿淋淋,涕泪流淌不止。安乃德吻阿霞的面颊、眼睛、鼻子,被征服了的阿霞,把她沉重的额头靠在安乃德肩上,把湿脸在安乃德衣服上擦干。

阿霞伤心的哭泣稍稍平静之后,安乃德在凌乱的床上,找一个能坐下的地方,挨着她坐下,一边拉着她抽搐的手,由于劲头猛,对方的手指甲掐入安乃德的皮肉。婆媳二人还没有交换二十句话。什么也没有说。可是一切都说了。安乃德不要求对方坦白,她不是那种喜欢打听别人私事的长舌妇:“我的小可怜儿,事情是怎样经过的呢?”安乃德知道是怎么回事,对于一个作为过来人的妇女,这种故事从来不会有什么新鲜之处,也不会使人开胃。可是阿霞却舍不得不叙述一番。不管愿意不愿意,安乃德不得不听她讲。阿霞愈讲愈起劲,逐渐恢复了她的镇定态度,搏斗中那愚蠢的自傲,也重新占有了她。她用夸耀的口气陈述她的自白。她自己不道歉,光说别人不好。无论干得对不对,反正她乐意怎么干就怎么干了。她有权利这样做。(她无礼地用目光向婆母挑衅。)

“对于爱你的人,你有权力使他痛苦?”

这句话,安乃德轻声地、好像对她自己说的,却把正在快马前奔的叙述者惊下马来。她停顿了一下。接着,好像没有听见似的,她重新上马,继续前奔,接下去讲。安乃德不动声色地听着,即使在把她儿子牵连在内时,除了有时把手放在阿霞嘴上,拦住她的没有必要的粗鲁语言,正如童话中的癞蛤蟆一样,这个粗野的女人毫无节制地大说粗话。

“不要弄脏你的嘴!”

“肮脏东西在我心中,我把它吐出来。”阿霞说,一边用手心擦她的嘴。她不是那种不承认脏东西的肮脏女人,她反而认为公开自己的丑事值得骄傲。今天许多妇女,以暴露自己丑恶可耻的隐私而沾沾自喜。正像法国南方街道上晾着的破烂衣服。这是在教堂里忏悔的旧式 Ersatz①,在起中介作用的阴暗中,对着穿道袍的接受忏悔者②,不知羞耻,无所不谈。

安乃德说:“收起你的内衣来,不要在过路行人头上滴水!”

阿霞张大着嘴,没有说完要说的一句话。她很狼狈,气恼。她准备反驳。接着,她笑了,虽然心里充满怨愤和愁闷。她说:“您叫我把湿衣服挂在哪儿呢? 我又没有篮子。”(她指指她的破烂房间。)

“烧掉! 烧掉!”安乃德说,“你最好把这儿所有的东西都扔进火里。”

“把我自己也扔进火里,”阿霞说,“如果由我一个人做主的话! 但是我不明白,为什么不把整个巴黎也扔进火里?”

“别着急!”安乃德说,“但是先管我们自己的事吧!”

对话用另一种口气继续下去。阿霞放弃了讲完故事的打算。安乃德对这故事不感兴趣。阿霞明白,在这方面,安乃德所知道的并不比阿霞少。但是她固执地回到在自由与正直的结合中的权利问题上来。她本来可以说谎或者闭口不谈。她没有说谎,没有闭口不谈。可是,为什么她要闭口呢? 她是根据她的权利行动的。

“在这个问题上,”安乃德说,“严格的权利常常是最高的。不公正。因为它是对爱情的罪孽。而真诚的爱情是最高法律。”

阿霞反驳说:“那么为什么他,您的儿子,他有特权,用他的严格权

---

① 德文:代用品。

② 穿道袍的接受忏悔者,指教士。

利来申辩,来反对我,反对我的权利和愿望?”

“因为他是最弱的人。”安乃德说。

“最弱的人!”阿霞大喊一声。

“任何男子都是最弱的。”安乃德说。

“您这样想吗?”阿霞惊讶地问。

“你也这样想。”

阿霞沉默了。她思考了一下,然后说:“对。”

她就这么同意了,自己都觉得惊异。她设法替自己辩护,说:“弱者的权利占优先地位,难道这也成为理由?”

“对我的心来说,是这样。对你的心也如此。就是这样的。我们是母亲。我们应当怜悯我们的孩子。”

阿霞的心震颤了。今天,安乃德不再有什么要说。她站起来,说:“我本来是来跟你谈另外一个孩子的。”

“哪一个?”阿霞问。在这时刻,她只想到大孩子。

“瓦尼亚。”安乃德用责备的口气说。

阿霞做了一个漠不关心的姿态。这个激情充沛的妇人现在没有时间想她的儿子。她说:“他是属于您的。自然啰,您把他带走。”

“阿霞!”安乃德喊了起来,“你难道这么不爱他,连你的一份你都不要了?”

阿霞的心重新软化了。她眼前出现了小孩子。于是,骤然间,她如饥似渴想要孩子。她的眼睛炯炯发光。她伸出两只颤抖的手:“把孩子给我! 我要孩子!”

但是,几乎立刻她泪水涌上眼睛,两条手臂垂下,丧失了勇气:“我在这儿拿孩子怎么办呢? 不,您留着孩子吧! 您更适合抚养孩子。”

安乃德问:“你决心不回家了吗?”

阿霞喊道:“决不!”

冲着玛克的全部怨恨又重新煽了起来,仿佛一条蛇竖立在它的尾巴上。她投射出仇恨的眼光。安乃德很难受,但是她想:“玛克究竟对她干了什么事?”

阿霞觉得,她的标枪为了击中玛克,却穿透了母亲的心。她熄灭了枪尖上的火焰。她用减轻辛酸意味的口气说:“我没有家了,在那边的东西没有一件是我的。”

安乃德说:“你乐意忘记一切,可是我没有忘记在那边的东西有一半是属于你的。”

“我进去的时候,什么也没有带去。现在我出来了,什么也不拿走。”

安乃德说:“如果你走了,我不同意玛克把你置之不顾,一点也不资助你。”

阿霞挺着身体,为的是不肯低头半分,她反驳说:“首先,是我放弃玛克,而不是他放弃我。其次,三个月以来,家里的开销是我负担的,他连自己吃的面包都没钱买。您想,我现在会去捡他的面包渣儿么?”

安乃德觉得,如果她不绕个弯子,从这个骄傲的女人身上,她将一无所获。于是她说:“不说这些了!可是,玛克伤害了你,你要我来替他付出代价,这公道吗?”

按照阿霞的积怨,她本来以为安乃德要责备她。可是安乃德没有责备阿霞,反而把骄傲自大的责任归咎于玛克,这一点感动了阿霞,对她来说这是抹在伤口上的药膏,她心里发生炽热而感激的冲动,她扶着安乃德的双肩,说:“谁说我要您付代价?根本没有这个问题!”

“那么好,如果你离开玛克,你也离开我,难道有这样的道理吗?”

阿霞使劲摇安乃德的手臂,说:“我不离开您。我不愿意,我不能。”

“我也一样,我不能,也不愿意。”

“这是真的吗?”

阿霞热烈地亲安乃德。

“那么,”安乃德说,“把话说明白,我的住处是中立地带!你什么时候愿意来,你就来吧。再说(我理解你的高傲,可是你对我用不着骄傲,即使这使你为难,你至少应当为我做出这一点牺牲),有时候(在这年头,我们之中谁都有可能遇到这种情况),你碰巧需要在你的面包上抹一点黄油,或者不抹黄油的面包,你就到我那里来吃,不用客气。"

阿霞说:"我一定这样办。可是您自己也不见得比我更有隔宿之粮的把握。"

"那好,互相帮助!"

"一言为定!"

对这笔交易的真相,阿霞一点也不糊涂,她感到安乃德的慷慨大度。她用热情的眼光吞噬安乃德,说:"啊,多么可惜,我没有和您结为夫妻!"

安乃德说:"谢谢!我宁愿不做你的配偶。"

她走向房门。阿霞嘟囔着说:"如果能永远不跟这些男人打交道,该多好!"

"是呀,"安乃德平静而带嘲笑地说,"但是这还不是明天可以办到的事!无论如何,对你来说是办不到的。"

"为什么?"阿霞抗拒地说,"我可不要他们了。让魔鬼来燃烧他们,像《圣经》中的狐狸一样。如果我再这样,连我的葡萄藤也一齐烧掉!"

安乃德说:"喝过一次酒的人,一定想再喝。"

重又燃起仇恨之火的阿霞说:"无论如何,我不会再喝您的酒。我已把玛克呕了出来。"

于是她啐了一口唾沫。

安乃德耸耸肩头,走了。在楼梯上,阿霞一阵狂风似的追上安乃德,几乎把她撞倒,抱吻她,在她耳边说:"对不起!对不起!"

安乃德一边走出屋子,一边含着怜悯和讽刺的意味在心里说:"只有深深相爱的人,才能互相仇恨到这种程度。"

于是她抬起眼睛远望苍穹,向着非常遥远的、又聋又哑者[1]祷告:“Libera nos ab Amore!”[2]

*　　　*　　　*

拆散了的夫妻俩,两人共有的孩子,三人共有的母亲,四个人的生活就这样割裂成若干段,开始上路,分道扬镳,各奔一方。在每一段生活中,都有十分充沛的生命,所以生活是不会中止的。但是生命愈充沛,愈能感受痛苦。唯一不受痛苦折磨的人是孩子。孩子对生活的变动没有什么要抱怨的。他在祖母家里,是家中的小上帝。他自己并没有意识到失去什么东西,可是大家加倍地宠爱他,补偿他的损失。他和一般孩子一样,太机灵了,不能不一下子感觉到他在扮演令人注目的角色,从而加以利用。至于这个冒险故事的真正意义,他并不清楚。但是大家不应当太相信这一点,如果他不知道,他可是鼻子朝天,在嗅风向。在他身上,好奇心比其他情操都强。他一点也不感动!他在探察线索,这是很好玩的游戏。在许许多多的游戏之外,又加上这种游戏。他从这种游戏跳到另一种游戏,从不紧追一只野兔不放。每隔相当长的一段时间,他母亲或者他父亲来看望他。两个人都同样紧张,匆忙,皱着眉头。他们各自都以为必须给他带点礼物来;他们亲他的时候,比在家那阵子有力多了。他任他们亲个够,和大人们要和气些!他喜欢他们,就像喜欢属于他的东西一样,不可理解,有意思,不大碍手碍脚;但是他不大喜欢他们抚摸他。由于自然的狡猾,他并不因此而少利用他们两人之间的竞争。(他感觉到这种竞争,虽然不明白。)他们分别和安乃德关在房间里,长时间地谈话。他们放低声音也白费力气。小小的耳朵总能听到个别的字。这个字被他收藏在柜子里,直到积累成一大堆,然后他选择它们,装配它们,把它们贴在一起。可

① 又聋又哑者,指上帝。

② 拉丁文:把我们从爱情中解放出来吧。

是,谢谢上帝,他厌倦了,把未完成的工作扔在一边,连接不起来,他去玩别的玩意儿了。

安乃德做到不让她那两个敌对的大孩子采取法律形式分裂。两人都没有财产,除了孩子(如果孩子也算财产),在他们之间,离婚手续是毫无意义的。为了解决分歧,安乃德接受了孩子。办离婚手续要浪费时间,而他们为了谋生,没有时间可以浪费。更不用说社会上那些东张西望的眼睛,令人恶心地擅自打开你的床单来瞧。阿霞和玛克达成默契,同意不办离婚手续。为了宣布他们分离,他们不需要社会签证。安乃德才不促使他们去干这样的事。她保留她的计划。

目前,她避免他们两人在她的寓所相遇。她竭力显出在两人之间,把一碗水端平。不应当让他们觉得她想对他们施加影响。她应当让那些不良的激情消耗完。如果他们为了报复,或者为了肯定自己的自由,让不良的激情把他们引入可悲的歧途,就算他们倒霉。如果别人以为他们不会后悔,他们自己首先会后悔的。有些错误第三者不可能使你避免。每人应当用他自己的钱,为他的经验付出代价。安乃德强迫自己承担艰难的义务,不看,不问,也不介入他们的私生活。他们出轨的可怜生活,如果没有感到有这条和平地带存在(靠近点或离远点,随他们的意),使它能支持住,它可能在一时之间,什么蠢事都干得出来。至于那条和平地带,他们每次进去时,从没有人要求他们报告所干的事,甚至也不留住他们:"你愿意来就来!你愿意走就走!我不要你付任何代价。"无论阿霞或者玛克,谁都不滥用这种方便。可是他们知道,有了这个海港,可以放松痉挛的神经,休息一阵身体和思想上的疲劳。

如果他们没有另一个制动器,仅仅这个避风港也不足以防止他们任凭奸诈灵魂的任意摆布,那个制动器就是贫穷,就是侵蚀年轻肚子的饥饿。饥饿不允许贪馋的梦想、报复与欲望,连同产生这一切的烦闷有从容的时间去吃草。他们必须每天清晨出去寻求可以果腹的食物,每天晚上,又困又饿,疲惫不堪地倒下。

阿霞学习教课与演讲的打字速写,每分钟二百三十字,五至七小时处在连续不断的紧张中。她必须有不折不挠的精力和钢铁般的身体结构:听觉、手指和脑筋。但是,完成学习之前,有多少次失败!她从那儿出来,全身无力,双目深陷,一点思想也没有了,只有字句、印刷体字、在屏幕上快速地飞奔而过……够了!够了!简直要戳穿屏幕……对,对着太阳穴开一枪……她把她的白朗宁手枪卖掉,以免产生自杀的念头……接着(要么死掉,要么习惯)她习惯了。等到你熟练之后,具有灵活敏捷的智慧,可以抓住或者创造机会,在一行中取得独立而且报酬优厚的地位:被派遣到国外去参加会议或负有使命的工作。然而在目前,还有多少"瘦母牛"[①]。阿霞自己就是一头"瘦母牛",她在安乃德的浴盆里洗澡时,看见自己皮包骨头的身体。因为安乃德有这件奢侈品,阿霞不客气地加以利用。这是她接受安乃德给她的唯一东西。可是安乃德设法,趁阿霞在洗澡时,出其不意或者先商量好,拿几片夹肉的厚实面包塞在她嘴里,她吞下肚子,一边直说她不饿。瓦尼亚也明白这种把戏了。当他母亲进餐时,孩子用叉子举起一块食物,对他母亲说:"张开嘴!"

阿霞不知道该笑,还是该生气。可是孩子的神气那么天真,她皱着眉头,张开嘴。这块食物不需要多大工夫就吃下去了。安乃德拿一把椅子推向阿霞的腿后。阿霞面对一盘食物坐下,一边说"不",一边把盘子擦得精光。她的胃里有只饿狼。可是千万不能显出在注意她的样子。突然,她把盘子一推,气冲冲地站起来了。

她固执地怨恨被她欺骗的那个人(不!不是欺骗……),损伤(也不是!她不承认他有什么权利),冒犯(就算冒犯!如果他愿意这样说……我已经报复了!),报复了什么?她恨不得有人这样问她,为了可以自己答复自己,倾吐冲击心灵之门的阴暗混乱情绪。她甚至不讲分寸到这种程度,故意让安乃德看出她的怨愤,为的是引起对方的反

---

① 瘦母牛,指饥荒的年月,典出《圣经》。

击。安乃德装作没有听见。从不说一句反驳的话。炉子里缺乏空气流通,火灭了。阿霞将她没有发泄的反感,带回她肮脏的旅馆房间(她固执地不肯迁居)。

但是,由于奇特的回心转意,自从她和玛克分离之后,她一次也没有去过办公处,她在思想中猛烈地推开另外那个男人……她连他的名字都不愿意听人说起。虽然她曾那么好奇地探索过他的秘密行动的根底,直到无耻的程度,在这个问题上,她避免对自己作出解释。直到她收到贾内里兹一张明信片而突然暴怒时,她锁在内心的思想真面目,才从门后涌现出来。那张明信片上只有几个无足轻重的字:"平安到达,谢谢。"明信片立刻被她丢入茅厕,她甚至在上面撒了一泡尿。残酷的憎恨,使她毛发倒竖。她发现她对玛克的怨恨不存在了:针对那个人,仇恨抬头了。终于决定审察一下她藏在手提包底层的阴暗混杂的一切。她发现她已经可怕地失去一切武器,也失去对伴侣的成堆不满。如果她到那时为止,在伴侣身上存了一笔怨愤的债,如今也已索回了债款,他们两人谁也不欠谁了。她承认(她以前一直拒绝承认)她背叛了他。并不是按照他和一些别人所想的形式。事实比思想的重要性差得多。事实只关系到她,与他无关。她是不是设法和自己调解一下,由她决定。她有自己的鄙视、厌恶用来判断他和她自己,这就够了。他不必参与进去。然而严重的是在事实发生以前,她已经有几个月之久,在思想上背叛了玛克。多少漫漫长夜,她和玛克同床异梦;她远远地、像陌生人一般,敌意地,离开了玛克。与这种长时期的固执、经过思索、咬着牙关、默不作声的精神背叛相比较,发生在顷刻间的出其不意的事实,算得了什么呢?这一事实没有起多少在背叛上加封盖章的作用,而是相反,它把封条撕碎了。是的,它甚至使阿霞解除了内心背叛的包袱。由于某种人性上的矛盾,使阿霞委身于一个陌生人的拥抱的一分钟,空前绝后的一分钟,她从念念不忘的奸诈思想中解放了出来,同时重新找到了对玛克的深厚、忠诚、唯一的伟大爱情。但是除了她自己,别人谁都不能理解。甚至连她自己也躲避这种思想,为了抗拒这种思想,她动员了全部狠心和恶劣的反抗力量。可是今天,这种思想从缺口中进入她的头脑。她给自己保留着这种思想。不成问题,她决不对任何人讲,也不希望有所改变。木已成舟,不必再提。阿霞的骄傲态度,使她对已经签字的愚蠢字条,对错误行动的后果,负责到底。虽然对她自己来说,她一点也不改变关于引起她与玛克分裂的那一行动的看法,可是爱情,对玛克的爱情,现在她不再加以抑制的爱情,产生了这样的奇迹,使她学会了从玛克的心中,而不是从她自己的心中来考虑她自己的行动。她同情而且接受了玛克对她的怨恨和他的痛苦,以及因此而对她的斥责。不过当她一人独处时,她仍然想:"那是我的权利。"(她顽固不化。)"而且那是微不足道的事!拿海绵擦掉算了!"①

可是现在她想,不光是她有权把这些擦掉,还关系到对方。她想:"可怜的小家伙!……我的大孩子!他恨我。我认识他。他决不原谅人……算我倒霉!算他倒霉!……"

获得了这种意识之后,她以亚洲人的宿命论,接受了破产的命运。判断是公正的。她搞错了。他俩都搞错了。他们不应当停留在枯瘠而不开花结果的后悔上,或者停留在悔恨上。他可以原谅或者毫不原谅,看他是否乐意!她呢,她可是已经原谅他了。现在,动身上路,去寻求她的新命运!她动身去挪威,在一个大会上担任速记员职务。她有不可思议的再生力量,重新出生。她把往事的碎蛋壳抛在脑后。

*　　　*　　　*

玛克粘在往事的碎蛋壳上。他属于这种族类:他们把账都记在本子上,而不是记在零碎的纸片上。他们不会忘记旧账。

应当承认,在他们的纠纷中,玛克用记账的方式比阿霞更有优点。

---

① 用湿海绵擦黑板,擦得又干净,又不至于粉末飞扬。

她弃置在她身后的,是对玛克的侮辱。玛克辛酸地回味这种侮辱,无法把嘴漱干净。长期以来他身上带着发烧的气味,衣服上也可以闻到这种气味。他仿佛觉得不论他走到哪里,旁人也可以在他身上闻出这种气味。在长时期内,他常常在毫无准备的狂热情况下,被痛苦、嫉妒、爱情、受伤的自尊心以及不堪忍受的回忆热潮所冲击。如果不在家而在街上,他赶紧回家,在病发作时,他躲藏起来。安乃德如果发现这种情况,决不推门而入,她避开了。她的本能使她猜想到,作为妇女,她也助长了玛克创伤中辛辣的毒性。确实如此。在玛克犯病的时刻,他对一个妇女的仇恨,扩大到所有女性身上。只要轻轻接触一下女性的手,在街上和一个行路的妇女轻轻擦过,都能引起他的反感。如同专门画被罚入地狱的鬼魂的古代画师一样,玛克可能在每一个女人的衣裙下边,看见地狱之门张着贪馋的大嘴——腐蚀和玷污男子肉体的“下贱淫妇”。他很高兴,他的孩子是个男童。如果是女孩,他将不能忍受。千万不要让他听见看见有时瓦尼亚的言语或有意无意(谁知道这些小猴子是怎么搞的?)模仿母亲的举动,玛克就避而远之,或粗鲁地将瓦尼亚推开,他可以一连几个星期不来看孩子。

在这种纠缠不清,像磁铁一样吸住他的仇恨中,不但阿霞的肉体在追逐他,而且也是精神,他也用思想追逐这个肉体,以便摧毁它。谁能将肉体与精神分开?在情人眼中,在仇恨者眼中,精神就是肉体,精神可以闻,可以嚼,可以摸,可以蹂躏,可以把精神用指甲、牙齿撕成碎片……玛克拼命攻击阿霞的精神,他重新想起有几个月之久,阿霞将矛头指向他的言论、意见,他把矛头折断,接着,他把折断的铁片一段段地拾起来,想把它们折得更碎些,他的手出血了,阿霞的意见是坚硬的钢铁!它们在自卫,在攻击,即使折断成碎片,它们还能刺入他的皮肤,而且刺得更深,铁屑还留在他的伤口内。

玛克愤怒地反对那些俄国共产主义的教条。阿霞自己虽然并未采纳这种教条,可是她用它们作为对抗玛克的武器,反抗他的个人主义思想(虽然这些思想也曾经是她自己的思想),以及按照他的方式生活。为了离阿霞更远些,玛克固执地坚持她所否定、唾骂的个人主义。他在个人主义中一直沉浸到脖子,直到不能再呼吸了。因为,除非打开铁栅门,走进直觉神悟主义[①]的长长隧道,到隧道尽头时,人们可以看见几颗星星在黑夜中闪烁,人们就会发现禁闭在自己的围墙中,就可以不闻不问外面的事……对!但是要付出什么代价?在自己牢房的四壁之间!过着钻地洞的鼹鼠生活……可是鼹鼠从地洞中出来了,这些知识分子,这些个人主义者,他们自称是独立自主的,当他们从地洞中钻出来时,他们又将构筑什么样的鼹鼠窝?

玛克,为了肯定已经被太多的怀疑、太多的经验动摇了的 Credo[②](或 Spero[③]),在这几个月中,又去接近他在巴黎大学的老同学菲力希安·勒龙。

勒龙通过他在不同的放射作用下的硝化纤维素的研究,在科学界颇著名声,可是没有获得实利。他坚持他的研究工作,不但在一切行动之外,而且在一切社会的喧闹声之外,对法国的、欧洲的和全人类的过去、现在、将来的任何悲剧,任何喜剧,都绝不关心。他不计较利害得失,包括不顾自身,不顾自己的安逸和名利在内。除了工作之外,在一切与自己有关的问题上,他都不操心。因此他这种漠不关心世事的态度不可能引起别人的愤慨。而他的工作是在最艰苦的条件下进行的,没有购置仪器的国家津贴,用极为可怜的方式,再加上他自己的一点积蓄,实现他缓慢而困难的实验工作。在狭窄得像壁橱似的地下室中,他几乎要手脚并用才能爬进去,上面是用木板和灰泥涂成的木棚的一角,石灰剥落了,冷风和雨水通过板缝往里灌。他不得不在他极微薄的薪水中挤出一部分,应付最紧急的开支。他毫无怨言,毫不惊讶地干这一切,好像这都是极其自然的。许多别的学者都和他一样,

① 神悟主义或译“神秘主义”,神悟主义是基督教的宗派,修炼这一派功夫的人,能和神(上帝)的精神直接沟通,直接交流。哲学上的神悟主义,主张直接参悟真理。

② 拉丁文:信念。

③ 拉丁文:希望。

他们在各种制度下,各个时代里,一直是这样干的。如果把他们的情况对公众去讲,他们会感到很不妥当。他们认为这是有伤体面的事,好像有些孩子瞧不起那些哭哭啼啼去告老师的小家伙。至于那些在设备讲究的实验室中工作的美国科学家,取得研究成果算不得什么功勋!法国科学家用铜丝和钳子修补他们破破烂烂的设备,in Petto 暗暗羡慕美国科学家,可是同时又为自己是法国人而骄傲。最滑稽的是他们对现行政治制度的拥护。你找不到比他们更愤怒地反对任何社会变革的人。他们这种姿态和所有中等阶层的老实人是一样的,这些人今天勒紧裤带,埋头苦干,不惜牺牲,他们在一场社会变革中,不会失去什么,可是他们一听到布尔什维克主义、共产主义这类字眼,马上要倒在地上抽风了!你不用告诉他们,他们的劳动在变革后的社会里一定更受重视,而且获得更公道的报酬!他们拒绝听信这些话,他们什么也不愿意知道。如同那些一本正经的老处女,总是害怕别人要破坏她们的贞操,科学家用双手保护他们珍贵的自由。他们不想一想,他们的自由已经是受了损伤的宝物。在纸面上建立起神圣民主的以前和以后,所有的冒险家都曾经染指这份珍宝。剩下的无非是这群骗子不想要的部分。剩下的无非是那些老姑娘、那些正直人的面子而已。他们珍惜这种卖不掉的剩货,更甚于珍惜自己的眼珠。人们依靠这种虚构的、不存在的财富生活,甚于依靠真实的财富。统治者的本领,在于使人不肯放弃这种没有实际利益的幻想。他们窃取他人的钱财,失窃者反而感谢行窃者用高明的辩才保护失窃者的秘密财宝(这宗财宝是那样的秘密,人们甚至不知道它是否真的存在),这就是他们的自由。自由,自由:在这个词儿上,偷窃者与失窃者是意见一致的。

玛克,为了反对阿霞,也曾同样固执地大谈他并没有的自由(他僵直着脖子,挂着这个装饰品,像一条领带似的),现在,他看见菲力希安脖子上套着这条领带,他才发现这是多么滑稽可笑。他发现领带勒着菲力希安的脖子,使他窒息。他对菲力希安说:"你这个白痴!你的自由,它给你带来的好处,真值得你骄傲啊!"

对方用不高兴的眼色瞧玛克。接着,他摆出一副尊严的架子,说:“这不是利益问题。在世界上,还有别的价值呢。”

“哪些价值?你美丽的灵魂?风骚的老太婆,你对着镜子,对你的灵魂微笑。世界上的人理都不理你。”

菲力希安心平气和地、可是有点难受地说:“对你,我不明白。我一向认为你最珍惜你的独立,可是今天,你对谁,对什么,这样愤愤不平?”

玛克不好意思了,他在想,他咄咄逼人的口气,是阿霞向他投掷过来的石头子儿的连续弹跳。他脸红了。接着,他想笑出来。他在自己漫画化的形象[1]上,对他在别处吃的败仗进行报复。承认他的不友好态度的秘密动机并不使他更宽宏大量些。相反!他竭力向菲力希安解释,后者的所谓独立是不值一文的。玛克以明显的恶意,责备这个像圣方济各一样和贫穷结了婚的科学家的禁欲主义,责备他不走出的静修小室,离开不计得失的劳动,然后向社会作战,斥责社会上的不公道行为。菲力希安心平气和地、惊讶地听着,瞪着大圆眼,一边擦他的眼镜。他是温和,温和,十分温和的。他有两只粗厚的大手,能够敏捷地摆弄他的玻璃瓶罐。他身材矮壮,动作笨拙,两条颤动的短腿,脑袋连着臀部,思想四平八稳。

菲力希安回答道:“唉!有什么办法呢?人们有什么办法呢?我又不是爱因斯坦,或者郎之万,即使是他们,他们的抗议会起什么作用?他们还不如留在科学界。他们在科学之外浪费的每一小时,是毫无办法补偿的。科学是我们的家。我们应当留在家中。”

“至少应当清扫一下你自己的家门口,正如那个魏玛人[2]所说的那样。”

“不,你想看我扫街?我的实验用具要保持清洁,我要核对我的那些试剂的重量,我够忙的。每个人必须干他的本行。如果每个人都这

---

① 自己的漫画化形象,指菲力希安的形象。

② 魏玛人,指歌德。

样干,世界不至于更糟。”

“鲨鱼们就是这样干的。”

“小鱼们也这样干。”

“你觉得这样好吗?”

“世界就是这样的。我并没有创造世界。世界不是我们能去改造的。”

“你把世界搞得更糟。你的科学是为鲨鱼们效劳的。所有你们的研究,立刻被拿去用于屠杀。你是杀人凶手们的同谋。你所研究的硝化物有机派生物质以及各种放射对它们的影响,都被用来澄清军用火药的稳定性与保存的问题,你难道不觉得不安吗?用炸药破坏所必需的物质,以及窒息毒气、双氯乙基硫、三硝基甲苯(T. N. T.)、麦宁炸药、碳酰氯、砷化三氢,凡此种种,都是你们,天才的坏蛋们,向他们提供的。”

“同样的产品可以用于破坏,也能够治疗疾病,能对人类有用,比如染料和香料制造厂,药物制造。善与恶是同一块钱币的正反两面,这不能归咎于我们。这是事实。我们发现事实,我们加以解释,进行分析与综合,可是我们不需要采取什么立场。”

“像自然界一样无动于衷?妖魔的族类,你们自己也是妖魔……”

“你说下去,说下去!勒耳那的多头蛇[①]……”

“你们就是蛇头。”

“让你当赫丘利[②]合适了吗?”

“啊,可惜我没有大力神的膂力!在人类历史上全部有价值的事,人类生存的理由,就在于驯服大自然。可是今天,驯服者被驯服了。你们背叛了。应当把你们绑赴刑场,执行死刑。”

---

① 据希腊神话,生活在勒耳那水泽中的多头蛇,砍掉它一个头,立即又生出一个。此地比喻军事科学与军事工业新产品层出不穷。

② 赫丘利(即希腊神话中的赫剌克勒斯),他为民除害,扼死了勒耳那水蛇。

“你想摧毁科学吗?”

玛克怒气冲冲地说:“需要摧毁的是整个文化!”

“该死的布尔什维克!滚到莫斯科去吧!”

“去莫斯科有什么不好?”

玛克咬自己的舌头。他对自己刚说的话大发脾气。但是他不愿把话收回。他说:“否定过去的一切……”

菲力希安总是心平气和地、带一点嘲笑意味地强调:“造化万物,都要从头来过。已经做的都白干,重新开始……”

“我才不呢!”玛克说,“做了一次,够了。我溜之大吉!”玛克走的时候,把门砰的一声关上。菲力希安吓了一跳,骂道:“嗨,狗东西!小心点嘛!你把我的瓶瓶罐罐都砸烂了!这棚子不结实!”

这个平静的人也发火了。由于反作用,玛克的怒气倒消了,他笑着说:“他爱他的小玻璃瓶甚于爱世界上的人。”

玛克并不觉得他扮演的角色值得骄傲。他在借别人的屁股打他自己。更有甚者,他接受了用莫斯科的鞭子来打自己……他气得直跳:“他们决不能把我弄到手!”

街上有两个小女工走过,对他喊道:“他们已经被人弄到手了!”

玛克愣了一下,转过身去看。她们小跑着已经跑远了,可是其中一个小女工,一边小跑,一边像鹭鸶似的伸长脖子,转过头来,对玛克伸了一下舌头,说:“你也会被人弄到手的!”

*　　　*　　　*

“我不会让他们弄到手的!你们也不能把我弄到手,小丫头(该诅咒的是女性的气味!我这一辈子都没法把这种气味洗干净了……)你们没法把我弄到手,莫斯科的大男子汉也不能把我弄到手……我不投降。像老御林军一样。而且我不会死的。但是我不对你说元帅说过的那句话。[①] 这是对那些思想中立的人,对那些学者说的,他们非常高明地、愚蠢地在实践不人道的'为科学而科学',不考虑对人类会产生什么效果……"

在偶然情况下,玛克在一个书摊旁站住,嘴里边嘟嘟囔囔,边翻阅一本由一个著名细菌学家签名的书。他那经常猎奇的目光被一个学者自画的滑稽形象所吸引,这个学者忙于从头开始创造一种传染病。直到目前,唉,细菌没有出现。他叹息还没有做到"*光彩地填补这个空白*":将一种腐生菌转化为病原菌。一想到他至少在使病原菌恢复已丧失的病毒性,并使它达到空前未有的活跃程度这一点上,获得出色的成就,也足以自慰了。他满足于用循序渐进的方式培养细菌并以缓慢且逐渐提高的方式进行注射,先从年轻的老鼠发展到成年老鼠,从年轻豚鼠发展到成年的豚鼠,然后发展到绵羊,到狗。欲知后事如何,且听下回分解。明天,发展到在人身上做试验!

玛克哈哈大笑……该你了,莫里哀!……还有你,于勒·罗曼[②],你在等什么呢?……接着,他回想起在欧洲上空悬着毒气战争威胁的阴暗日子里,没有一个大知识分子,即使最盼望避免这场战争的知识分子,肯考虑将科学研究从属于公众的安全和幸福。科学 über alles!…[③]于是他的怨愤之火重新燃烧起来。这些知识界的怪癖病患者,以不计较利害得失为护身符,这是不够的。他们挽救自己的灵魂?我很高兴!他们摧毁我的生命。我宁愿他们摧毁自己的灵魂而挽救我的生命,大家的生命……他们错误地使用他们的权力。他们有必要给我们算清自己的账。而他们的账将是沉重的。未来的无产阶级社会将要使他们带上锁链,至

① 一八一五年六月十八日,拿破仑率大军与威灵顿指挥的英普联军决战于比利时的滑铁卢,拿破仑全军覆没,只剩几营"老御林军"还在抵抗。敌方派人劝御林军投降。该营长官康布罗纳将军(1770—1842)回答道:"御林军宁死不降!"敌方还想诱劝他,康布罗纳怒斥曰:"Merde!"(臭大粪!)从此大家便将这个粗俚的词称为"康布罗纳的名言"。此处"元帅"指康布罗纳将军,因当时他已成了拿破仑败军残部的统帅。

② 十七世纪法国喜剧家莫里哀(1622—1673)和当代作家罗曼(1885—1972)都写过讽刺江湖医生的剧本。

③ 德文:高于一切。

少将他们置于一个公共委员会的管制之下。那时也许封闭实验室,禁止研究将成为势所必行的事。为什么不呢? Primum, vivere...[1]公共安全对科学的独裁……

玛克重又走向莫斯科。他咒骂道:“不,不,不! 我要挽救我的个人主义,但不是把自己关闭在个人主义里面,像关在塔中一样。”

菲力希安的摇摇摆摆的塔,和其中的玻璃瓶子及火炉……他重新看见了这些,脸上带着阿霞的残酷笑容……但这是向他自己微笑。他生气地用手背赶走这个笑容,像赶走苍蝇一样。苍蝇又飞回来了。它回来停在他的嘴边。他的嘴辛酸地在微微讥笑这种脱离大众的个人主义态度的虚荣与无用。如果个人安全是可能的,那么它即使是自私自利的罪孽,也不算什么。可是个人安全是办不到的。它是无意义的。如果树木本身已经无法挽救了,如何挽救树上的枝叶? 即使树枯死之后,枝叶依旧碧绿,这无非是最后的挣扎,不久枝叶也一定要枯萎的。玛克退缩到他的自我中,经过探索,承认这个“自我”之所以有浆液和生存期,全仗它和公众生命的“存在”连接的渠道。为了挽救自己,必须挽救公众的“存在”,要不就和它一同毁灭。可是在民族或时代消灭时,剩下的那些天才们呢? 是的,他们是掷入海中的浮瓶,是在船将沉没时掷入海中的最后呼号! 但这也需要有一个呼号可以留下。我,玛克,我有什么值得而且能够在我身后留给后人的话要说呢? 如果我没有这种要说的话(我还没有这种要说的话……谁知道,将来? ……),我的唯一天职,难道不是为将沉的船奋斗到最后一分钟?

除了那些和普通人不能一概而论的天才和圣者之外,无论谁,如果他孤立于斗争之外,是不能原宥的。天才和圣者把战斗转移到永恒的境界,他们的战斗更为艰难,必须有忘我和彻底牺牲的精神。玛克说:“这是超过我的力量的。我只能做我力所能及的事。可是我力所能及的一切,我应当全要,而我确实是要了。既然我要挽救我的自由之枝,我就要

---

[1] 拉丁文:首先要活着。

挽救整棵树,既然我要救这棵树,我就要保卫它的树根,不让鼠类啮伤它们。我要行动,甘冒风险。有些人自以为可以安息在打击不到的安全之处,在他们软绵绵的思想中,这种人是胆小和自私的小市民。他们用来掩饰知识分子的卑怯而堂皇的理由,无非使这种卑怯显得更为可鄙。真正的个人主义只能是时刻准备冒风险,付出代价,如果必要,在战斗中受损失……为什么不呢?我只是棋盘上的一名小卒。在我身后,还有别人在继续战斗。我的号令,就是绝不让步,直到最后一人!"

阿霞对他的侮辱性责备,是他永远不能忘记的,为了证明他的个人主义并非一事无成,而是有行动能力的,他设法寻求可以参加的集团。在旗帜随风飘扬的各种事业之中(旗帜,他完全可以不要!他对旗帜采取怀疑态度,可是人们却需要五光十色的外衣),有三种事业理应一下子就能争取玛克去参加,那就是:精神独立运动、和平运动和泛欧洲运动。它们在战争期间都曾经受排斥与迫害。如同弗兰[1]的共和国,这些运动"*在帝政时期曾经是美妙的*"。可是它们的花朵还剩下什么呢?玛克,性多猜疑,可是他好奇,所以去瞧瞧。他发现这些运动集合了一些不三不四的人。那是几个过去被抛弃在一边的美妙人物,现在有许多同伙。玛克在走近那些追求珀涅罗珀[2]的人群时,勉强抑制自己的反感。这些冒险家有老有少,他们待在这位妇女的卧房里不走,总算没有待在她床上。不过她的餐桌比她的床更吸引他们。排在最前列的是一些老年的职业政客,他们用没有脊梁骨的软功钻到理想主义的政党中,并且立即用他们的腐臭气味污染了政党。

从左到右,从地下到处钻出思想的国际组织鼹鼠窝,诸如笔会、文人协会、智力合作社,而这些山丘的顶点是国际联盟的"文学艺术常设委员会"。在这些大名鼎鼎的人物之间,没有再攀登高峰的问题。假定高峰上的位置不像现在一样严密看管着,那也是不必费力的闲职。爬得愈高,愈不用有所动作。"常设委员"们什么也不干,他们经常设在那儿就

① 弗兰(1852—1931),法国画家,以政治漫画出名。

② 珀涅罗珀,荷马史诗《奥德赛》中的人物,奥德修斯之妻。在奥德修斯出征的二十年中,有许多人追求她,她都拒绝了。

是。他们的座位也太好了!而玛克,不由自主地屁股坐在椅子上的时间太久了,他需要在走路时证明他存在。他最迫切的愿望就是行动。在山下的平原上,他最有机会遇到在行动中的人。

他果然遇到了这类人,排成密密的队伍,在他们的报纸上,国际宴会上,并非没有吵吵闹闹的骚动。不过那是为了他们的职业利益,为了保卫他们的著作权、出版权、翻译权以及书店的广告,他们互相帮忙。我们不必责备他们。他们要有人读他们的书,有人买他们的书,这种愿望是正常合理的。人总是要吃饭的。可是我们的玛克不这么宽宏大量,他瞧不见其中的必要性。他对“有利可图”的理想主义不感兴趣。战斗结束之后,谁愿意想到战利品,谁就去想吧。可是在目前,战斗正在进行。应当寻找的是风险,而不是谋利。他不需要很久就看出这种排除一切、专心谋私利的考虑阻碍他同伴们的行动。这种考虑迫使他们处处让步,以致他们可以接受世界上的一切,包括用棍子打别人的背部,取消别人的自由,只要世界接受他们,也就是说,接受他们的产品,并且付钱。绝妙的是这些眼光锐利、而且富于职业经验的人,每当问题与看清社会上罪行有关时,他们立刻成了瞎子。这种罪行的煽动者是欢迎人们到他家中吃喝的“安菲特律翁”[①]——或者是人们希望能上门去大嚼的地方——在法国掌握政权的老板们,他们将金钱与荣誉分赠给别人,以及那些有条件以美餐飨人的专政者们。只有极少数作家(老是那几个人)对美餐缺少胃口,于是就提出抗议。可是他们的抗议和他们本人一样瘦弱而且单调,玛克把他的抗议也加在一起,引不起任何反响。这类抗议每周重复几遍,同时揭露罪行。久而久之,大家也就熟视无睹了。有时善良的公众厌烦了,说:“又来了?”于是他们停止订阅阴雨绵绵的报纸。公众要求风雨表标示天气晴朗,青蛙爬上梯子[②]。公众偏爱格雷芒·伏代尔。[③]

---

① 希腊神话中的人物。俗称经常请客用餐的人为安菲特律翁,有时甚至作为有名的餐馆主人之别称。

② 旧式晴雨表,表中有一只小青蛙,它上升时表示天晴,下降时预告下雨。

③ 格雷芒·伏代尔(生于1876年),法国记者,小说家,剧作家。

玛克自己也厌倦这种没有行动、像下雨一般纷纷不止的抗议。结果,这种抗议成了躲避良心责备的方式,成为一扇旁门,可以逃避行动的危险,或避免艰难地承认自己无能为力。当他在一打抗议书上签名之后,没有勇气再签名了。他狂怒的手在写 M① 这个字母时,把笔尖压断了。于是他不写他的名字,而写了五个字母的字②。这片枯瘠的"抗议者"的土地,应当施点肥料了!

在和平主义温床上,不需要用肥料培植蘑菇,一夜之间,蘑菇破土而出。奇迹般的收获!昨天,谈和平还是被禁止的。谈和平是犯叛国罪。而今天,谈和平却受欢迎了。大家争先恐后地用和平一词作为挂在嘴上的花朵,好像塞维利亚卖烟卷的姑娘一样,或者以和平点缀笔尖。这种方舟上的白鸽③来自远方!其中有几只在十年前是战场上的乌鸦,它们呱呱地叫,要求处死为时过早、未获官方批准的和平主义者。如果你对此感到惊讶,它们一定回答说,此一时也,彼一时也;昨日是战斗,今天是和平。玛克从他母亲那里继承了天生的"反投机主义",对这类"投机主义"采取怀疑与提防的态度,在二十步之外,嗅它们的气味,用敌意的斜视目光,来考虑这些奇特的"和平保卫者"的突然涌现。他们从何处接受了命令?他不需要多久就找出答案。政府、教会、大学和一切公共权力机关以半官方的方式鼓励的和平;是一种心无邪念的和平。企业界的大亨们,用这种和平作为抹在教士嘴上的油脂,让他们在工厂门口,面对酒店与妓院修盖起的类似看门人住处的教堂中,把大亨们的剥削说成神圣,在使被剥削者接受福音④的同时,接受了梅毒和酒精。这是使盗窃合法化,而且获得批准的和平;符合和约规定的经济利益的和平,这是利用和平牟利(和利用昨天的战

① 玛克的名字以 M 开始。

② 以 M 开始的五个字母的字指 Merde(臭大粪),是粗俗的骂人话。

③ 典出《圣经》。生民之初,洪水泛滥,大地为渊,挪亚以方舟拯救生灵。后来,他将方舟上的白鸽放出去,白鸽飞回时嘴衔一橄榄枝,说明洪水已开始退落。所以后世以白鸽和橄榄枝象征和平。

④ 接受福音,指《圣经》的教义。

斗,利用明天的战争,都是一码事)。穷人们不属于这个帮派。他们什么也捞不着,他们是受害者。教士向穷人传道,以代替他们应得的利益。富人们的上帝总准备给空肚子的人民大众散发用和平、理想主义和博爱制成的食物。波旁宫[1]中的老耶稣们,一边垂线钓鱼,一边背诵他们狡诈的《上山宝训》[2],他们劝导钓鱼者和被钓者相亲相爱,被剥削者看和平的面子而牺牲他们的财产。至于向那些吃别人的残骸自肥的家伙说教,要他们作出牺牲,去你的吧!老耶稣们曾经打过仗。“别提了!已经干的事干得很好。我们要干得更好……天下太平,祝福有善良意愿的人!(能导致成功的意愿总是善良的!)祝福既存秩序!”

问题在于说服战败者。这就要用更多的修辞学。战胜者的理想主义不够用了。每一个战败者有自己的理想主义,各人的理想主义不是用同一个调子写的,所以不能协调。为了重新组成合奏,必须触动另外几根弦,提心吊胆和公共利益的弦。正好在这时,“泛欧罗巴”出来重整大鱼之间的谐和,因为定调子的是他们,他们是江河之主。联合起来抵御威胁他们的食品库的人,对他们有利。笼罩着欧洲平原的红色克里姆林宫的庞大阴影,在他们眼中是妖魔。玩“泛欧罗巴”把戏的大师们,年轻文雅的贵族,眼色冷酷和日本武士道一样;已经还俗的社会主义者;外交部的诡诈神秘主义者,等等,在敏捷地利用这个妖魔。他们赶快把羊群般的战胜者和战败者集合在他们的牧杖之下,在同一个羊圈之中,为了不让共同的竞争者碰他们身上的羊毛,这个竞争者就是无产者联盟国[3],它骑坐在欧亚两洲之上,一条腿在欧洲,一条腿在亚洲,好比新的“金黄军团”[4],它们正在威胁,要把世界骑在胯下。也许世界(已经被特权阶级压弯了脊梁的人们的世界)求之不得

① 波旁宫,法国众议院所在地。

② 《上山宝训》,《圣经》中的长篇说道。此处意为冗长空洞的训话。

③ 无产者联盟国,指苏联。

④ 金黄军团,指中世纪时曾征服统治西伯利亚与俄罗斯的、以成吉思汗为首的蒙古游牧部落的队伍。

地想换一个人骑在它背上,甚至希望跳上鞍子,坐在“金黄军团”的背后,如果这个世界知道,“金黄军团”是来帮助夺回他们自己的土地的。这一点是不应该让这个世界知道的。它不知道。人们设法安排,千百万身上有羊毛的人,老实人,受《人民之友》之类报纸反复宣传、胆战心惊地挤在剪羊毛者的周围,抵抗想要解放他们的人。绵羊的心由于害怕与愚蠢,蜕化为狮子的心,如果人们善于吹奏害怕和愚蠢这两个音调。“泛欧罗巴”运动的工程师们,毫无困难地吸取已不存在的理想主义流散和停滞的水。他们把这些水流聚集起来,组成上帝和债权人的十字军,向莫斯科剥夺私产的唯物主义者进军。教会的主宰和冶金业的贵族,牧师、犹太教教士和纳粹分子,基督、克虏伯和克勒佐[①],好像都取得了一致。像隐修士伯尔纳[②]那样的人并不缺乏。玛克的一个老朋友,大胖子阿道尔夫·舍瓦里埃作为白里安在国际联盟的随员之一,成了“泛欧罗巴”运动的一名旗手。不用说,他也是国防论和全民武装论的大信徒,从摇篮到坟墓,男性和女性,乌合之众全部包括在内。思想正规的报纸不知疲倦地登载他那钢琴弹奏家式的整齐的长发和他那张像老太太在和罗伯斯庇尔赌气似的尽人皆知的面容[③]。

大家不大看见,甚至完全看不见维隆健康的面容,人家可能看见的倒是他粗壮而灵活的手。这双手决不浪费时间,它们来来去去,在法国与德国之间,它们一直向前移动,可是走曲折的路线,每次在这边那边,顺手抓住一些事务方面的现实情况。这时,他正在参加法德国际实业公司的谈判,和胡根堡[④]的钢盔们谈。这是若望-卡西弥告诉玛克的。玛克这个可怜家伙,蛰居在他的穴洞中,怎么会知道这些事呢?在战争力量与和平力量对立的问题上,他还保持着简单化的意

---

① 克勒佐,又译勒克勒佐,法国巨大的冶金中心。

② 伯尔纳(1090—1153),中世纪基督教神学家,明谷隐修院创始人,第二次十字军东侵的鼓吹者。

③ 白里安(1862—1932),当时法国常驻国际联盟的代表。这里应当是指他的肖像。

④ 胡根堡(生于1865年),一九二八年,即罗曼·罗兰写这部小说时,胡根堡是德国民族党领袖。

见。卡西弥,有一次路过巴黎,澄清了玛克简单化的意见。他对玛克保持着小妓女对她第一个情夫的奇特的,时断时续的忠心,由于迷信的热忱和带有讽刺意味的温情回忆,每年一次回来看望第一个情夫。卡西弥今天回来找玛克,还怀着不愿露出的好奇心。他自然已经得知玛克夫妻生活的不幸,他也是最早预见到并且窥伺这种不幸的人之一。今天他在玛克脸上发现这方面的痕迹,并没有感到不快,这也是看热闹嘛。玛克对他的圣吕斯深有认识,所以不必拉上戏台上的帷幕。他摆出一副无动于衷的面孔。可是他得不到什么好处。圣吕斯善于穿过幕布的孔眼探察情况,于是他想:"小野猪受伤了!"玛克对政治的不安与关心,圣吕斯觉得这是为了分散他心中的痛苦(实际上也是这样)。可是圣吕斯没有想到玛克痛苦的深度,因为这种痛苦超越了女人问题,在他不满足的灵魂火焰中燃烧,灵魂则竭力解决命运之谜。若望-卡西弥如果愿意,他本可以告诉玛克一些关于阿霞的消息,因为他通过法国驻斯德哥尔摩大使馆,知道阿霞的一些近况,使馆工作人员用搜集到的一些滑稽资料,丰富了有关阿霞的秘密案卷。卡西弥用善开玩笑的女人的狡猾手段,调皮而没有恶意地报复玛克瞒着他不肯讲,透露了一个消息:他的一个朋友最近高兴地遇见"正在旅行的玛克·李维埃夫人"。玛克不动声色,他等待着下文。若望-卡西弥瞧着玛克的指甲在刮一本手册的封面,卡西弥也在等待,一边微笑着。最后,他回到政治上来。玛克过了一阵子才镇静下来,他耳朵里嗡嗡作响,他很想把卡西弥的谈话引回到另一条线索上去。但是已经太晚了。对方拼命钻到关于金钱、狡猾手段和权力的谈话中去,也就是玛克憎恨的政治。

目前,若望-卡西弥是驻柏林大使馆的随员(不是长期的)。他有理由对法德两国财务与政治的谈判消息相当灵通,因为他在里边扮演一个角色。作为精明的小狐狸,他闻到气味,主导的气味是从何处来的。(哪一个鼻子不通气的人能说金钱没有这种气味?)卡西弥选择了两种权力,国家与金钱。这是最现实的。他穿着大使馆的制服,为实业界的大亨们效劳。甚至那位大使也不知道卡西弥玩的把戏。有两种齐头并进的政治,是重叠的,并不是背道而驰:门面的政治和根底的政治。若望-卡西弥从水面上游到河底,像一条小鱼般在水中穿行。一贯引导他的并不是他的个人利益。(虽然他能敏捷地捞取个人利益,可是他的胃口不大!他只要轻轻咬两下苍蝇脑袋就够了。)引导他的是赌博。他本来很可能成为赌博之王,不会有闪失的一个不小的赌王。自己的牌玩得精,这还不是他兴趣所在,他更感兴趣的是看穿对方手中的牌。他还有一个缺点,更坏的缺点,那就是他的舌头太长了。他喜欢两个人一起谈笑,或者在他床上,或者和他刚刚遇到、而面容使他看来顺眼的同伴,促膝而谈。然而他比谁都清楚,祸从口出,要付出多少代价。在一个时期内,他曾是一支夜美人队伍听来的消息的监督者。可是他有太多的机智需要消耗。他信赖他的机智能弥补他的机智在赌博中引起的纠葛。说到末了,他是为赌博的乐趣而赌,不是为了捞一把。谁赢谁输,归根到底,他才不管!有些日子,他甚至使他的老板输钱,他也高兴。"反面或正面!看我高兴!"因为他和他的老板,那些帝国主义金融界的 condottieri 一样,是个混血儿,他有罗马帝国时代被解放的奴隶的心情。他的根子没有深入土中。

当玛克开始演奏欧洲和平的小提琴时,卡西弥的女人舌头跳起舞来。他看见这个蚱蜢乱蹦乱跳,闯进马蜂窝,觉得好玩。这可怜的小子自以为在为世界和平工作!

"我的好朋友,现在已经不在报纸上、演说中、讲坛上、议会里、部长们的闲谈中、外交官们的报告中、甚至不在战场上决定和平。这些都是过去的事。都已经不时髦了!和平、战争在掌握钱包的人手里:这样的人总共也就是一打而已。'不给钱,要你的命!'他们甚至不让你自己选择。他们替你选择,你的生与死掌握在我们的手中,小伙子。我们什么时候愿意就干!"不用说这么多就把玛克气得跳起来。这种自命不凡的神气!虽然他明知道这是讽刺。

"我们什么时候需要?你们什么时候需要?谁是你们?谁是你?

你,跳蚤!你什么也不能。你什么也不要……”

这个神圣的跳蚤,决不是善怒的人。这时他不过要逗玛克生气而已。他很满意,因为他达到目的了。

“耳朵里的跳蚤[①]。我在你耳朵里放一个跳蚤。你只要听之任之就可以了!”

于是圣吕斯把他的秘密信息全部摊开。玛克赌着气,让圣吕斯讲下去。听到第三句,他的耳朵支起来了。听到第十句,他全身毛发竖了起来。他乱喊乱叫。他用狂怒的呼噜呼噜蠢叫(用这个字的本意),给对方随意泄露内情的话加上惊叹号。他听这什么都说的墨丘利[②]揭露他主人的狡诈,听得出了神。若望-卡西弥大献殷勤,向他揭开政治、真正的政治的面幕,作为舆论与各国政府的牵线人的政治,那些亚细亚石油公司、美孚石油公司(“你喜欢油吗?到处都放了一点油……”)、冶炼厂、煤矿的董事会、斯各达、克勒佐,等等。他用极其丰富的准确资料(这个狡黠到家的司卡班[③]什么也不忘记!),如签订秘密合同的日期、数字与地点,这些公约由他们在政府中的和新闻界的仆役为同谋,使各国不知不觉地被束缚住。他屈指列举出卖给吃人巨魔的各大报纸(什么时候?有多少报纸!)以及他们的雇员监督报亭、书店、日报、期刊,小册子等一切印在纸上的思想的出售情况。若望-卡西弥越讲,玛克越觉得沉浸在烂泥坑中,他窒息了。自由思想直沉水底,只剩下几声咕噜咕噜的余音和油腻的水面上几个圆圈。玛克挣扎,抗议,争论。但是他自己也觉得,这不过是一种姿态而已。玛克每一次否认,若望-卡西弥用一件事实把他压服。于是他只好说一句“我不要!”作为对抗,好比一个小孩,被大人穿上、脱下小衣服,打两下,擦两下,颠来倒去,直喊“我不要”,明知道大人才不管他要不要呢。

末了,惊呆了的玛克说:“那么,我们所做的一切,人们所能做的一

① 耳朵里的跳蚤,法国成语,意为:焦躁不安,提心吊胆。

② 墨丘利,罗马神话中的商业与流通信息之神。

③ 司卡班,莫里哀喜剧中的人物,狡黠的仆人。

切,都毫无用处！只好自己向脑袋开枪自杀……能不能在自杀之前,把他们的脑袋也一起炸掉！……”

若望-卡西弥很满意他的话所产生的效果。用好心王子的态度,向正在淹死的那人,递过一根竹竿去,他说:“谁知道？谁知道？这时候也许会到来的,比人们所想的更快些。对最强者的蠢行不应当绝望。当然,如果要信赖你们,信赖你,信赖那些和美丽的欧罗巴①搞精神恋爱的人,美丽的欧罗巴将沉入湖中,或沉入黑海。公牛将把她驮走……全仗上帝,有公牛这类白痴！(你见过斗牛吗？)上帝的恩惠是无穷的,不仅有一头公牛,有两头,三头,有半打,有白公牛、黑公牛、红公牛,有杰克联邦国②,有纳粹德国,有星条旗国,还有圣点天鹅③阿尔封斯·拉马丁先生蓝白红三色旗④(敬礼!)飘扬在我们的(我说‘我们的’,你听清楚!)银行储存千万万财富的地下金库上,也飘扬在我们日不落共和国的全球领土上……所有这些公牛都低着脑袋,互相牴撞,斗争。难道人们没有看见,在我们的围墙之中,有两头大水牛在抵角:金融资本与工业资本！在墙外,双方各有别的猛兽支持着:伦敦与纽约。大家都想攫取可以攫取的一切。但是各人都用自己的手段和优先权,取得各人的一份。盗贼的政策,有价证券的政策,在证券交易中,在各国政府绿绒桌毯上,甚至在战场的红色毯子上,都在互相冲突,如果人们办得到。因此,赌博没有结果,作为赌注的各国人民,利用机会获得一两个小时的喘息时间。好好利用吧！‘Carpe diem!’⑤目前,和去年的牛犊一起,到草原上去大嚼吧!”

玛克面色阴沉地说:“我不饿了。今天把自己喂肥,为的是明天让

① 欧罗巴,希腊神话中的美女。大神宙斯化为公牛,将欧罗巴驮走,使她怀孕生子。

② 杰克联邦国,英国之别称。

③ 圣点是诗人拉马丁曾经居住和创作主要诗篇的幽美的海滨。“天鹅”是诗人的象征。

④ 蓝白红三色旗是法兰西共和国国旗,一七八九年开始采用。

⑤ 拉丁文:采摘今天,也就是说“及时行乐,不要错过眼前的好机会”。典出拉丁诗人贺拉斯的名句。

别人吃掉,多么无聊可笑!”

“谁知道?谁知道?这种情况可能一直继续下去,和我们一样长久。”

“继续存在而没有动作,这不能算活着。”

“在轮盘赌桌上,总有空位的。我下赌注,我在输,所以我活着。”

“如果一切已经被金融界拿走了,还有什么余地留给政治?你还能赌什么呢?”

“这是最狡猾的赌博。政治掌握天平。它犹豫不决,摇摆不定,把赌注押在两边。它在窥视,等待,看哪一边最强。关键在于它成为最强的前一分钟和最强的一边在一起,要最强的一边。所以人们佯作满不在乎地向前走。有时最迟钝的人也会搞错。如果高级金融的秤盘下沉,我们就把赌注押在法德两国亲善这一边。如果重工业的秤盘下沉,我们就揭发德国的扩军备战,同时我们自己扩充军备。两边秤盘持平,我们使裁减军备与扩军两方面齐头并进。在我们的马厩中,总有准备好的两套马车,马其诺防线和白里安[①],战争与和平。我们的马匹在尥蹶子,互相咬,这主要是做给观众瞧的。这些是久经训练的老马,挂着标志,而且以属于法国这个马厩而自傲。它们在等待轮流上场。不论哪个数字亮出来[②],我们反正什么也不会输。”

“因为你们没有什么可输掉,不论你们玩的是什么赌博,你们反正在替别人赌。”

“在这卑鄙的世界上,我的好友,人家瞧得起的不是你是什么,而是你像什么。”

“对你们这些阴影是这样的!而不是对你刚刚为我揭开假面具的金融大亨们,他们至少(我理解他们!)宁愿真的存在而不愿以假相出现。”

---

① 白里安,曾任法国第一次世界大战后的年月里,驻日内瓦国际联盟的代表及法国外交部长,一贯高唱和平调子。

② 不论哪个数字亮出来,指轮盘赌的数字。

“这样说来,大家都满意了。”

“我不满意。我很想瞧见你们,彼此一同灭亡。”

“这事一定会到来的。我已经对你说过了。你不必着急!”

“既然你对会到来的事这样无动于衷,你为什么不尽一切力量使它到来呢?”

“你只要干我所干的事就行。旧船神气十足,可是船已经在进水了,我们在腐蚀它的龙骨。”

“那么迁移到另一条船,赤色分子的船上去,同时把海上的破船片清除干净,不更好吗?”

“莫斯科的国标?”若望-卡西弥躲开这个话题,一边说,“不,不,孩子! 这个不吸引我。这对我不合适。他们玩的那套把戏太严肃,没有任何乐趣。而且我不喜欢和他们混在一起。”

“你宁愿跟 croupions 和 croupiers[①] 混在一起!”

“你说怎么办? 我宁愿喜欢有教养的一窝贼。我和他们一起腐蚀旧船。因为我们喜欢它!”

“这样说来,你们就好好地喜欢它吧! 腐蚀吧,腐蚀吧! 你们和船一起沉入海底!”

这天晚上,玛克(他觉得闷气)需要到他母亲那里呼吸点新鲜空气。他已经有几个星期没有去母亲家。他不愿意让她看出他的失败。他想:“给她们瞧瞧,我能自己找出路……”(给谁瞧? 给安乃德? 还是给现在远离巴黎、可是一直和安乃德通信的那个人?)他想给已经被他从思想中驱逐出去(可是他的思想在弄虚作假)的那人瞧瞧,他没有她也行,他可以不要她而自己生活,自己建立信念,采取行动。这种秘密的挑战使他坚强起来,免于自暴自弃。自己毁掉自己,那不是承认阿霞有理吗? 可是这天晚上,他支持不住了,他必须依靠在一个妇女

① croupions,法文:臀部。croupiers,法文:赌场上专司收钱的人。这两个词放在一起,没有别的意义,只是为了读音相似,这是文字游戏,有讽刺作用。

的胸脯上,用女性的手来分担怨愤和怒火的过分沉重包袱。他把刚刚听来的话全告诉了安乃德。她一点也没有惊讶的表示。她和狄蒙的友谊使她受到了教育。她知道政治是木偶戏,白宫①、奥尔赛河岸②、威廉大街③、恰克斯④的发言人都是大资本家掌中的傀儡,牵引着它们的线索是一团乱麻,因为大资本是一身有几个互相敌对的脑袋的巨人。但是不论是谁的脑袋和手在牵线,政治的后台老板总是金钱。今天,老板要的是什么呢?安乃德对玛克的新消息感兴趣,可是她用冷淡的态度接受这种消息。这使玛克感到狼狈和气恼。安乃德觉察了这一情况,含笑提醒玛克说,这类事她见得多了。在整个大战期间⑤,正当各国人民互相厮杀的时候,以大屠杀养肥自己的法德两国冶炼厂的金钱,不是强迫两国政府和双方的大本营,像敬神一样遵守不准碰下金蛋的母鸡,也就是布里埃盆地⑥的约言吗?这个条约由双方不折不扣地遵守,与此同时,一切国君与国君之间,部长与部长之间、政府与政府之间的条约,一切人与神的法律,都被撕成废纸。如果世界的舆论,虽然听到警报,只能装聋作哑地接受这一事实,还有什么它不能接受的呢?没有什么不可以放手干的事了!安乃德表示讽刺性的惊讶,为什么万能的权力掌握者显得那么温和!玛克不欣赏这种嘲讽,除非是他自己在嘲笑别人。他说:“够了!如果你早知道我今天才知道的一切,你怎么会接受的呢?”

“我并不接受,”安乃德说,“这就是我生存的理由。”

“你的意思是说?”

“我什么也不接受,亲爱的孩子,事实就是这样。我是我。”

“你是什么?我又是什么?不接受是不够的。我们要的是什么?

① 白宫,美国政府所在地。

② 奥尔赛河岸,法国外交部所在地。

③ 威廉大街,德国外交部所在地。

④ 恰克斯,英国外相会见外宾处。

⑤ 在整个大战期间,指第一次世界大战(1914—1918)。

⑥ 布里埃盆地,法国重要的铁矿所在地。

我们转向何方？向着把赌注押在和平上的人，还是向把赌注押在战争上的人？两方面都不过是在做生意。对一方面，欧洲（我说得过分些，我们的西方）也许可以赢得二十到三十年的武装和平①。但是，当人们瞧见这一和平在酝酿着什么，瞧见全世界为它而付出和将要付出的代价，难道大家，难道我个人，可以举手赞成吗？这些和平制造者，他们的目标不是和平，而是金钱。金钱今天要和平，明天要战争。和平是没有的。"

安乃德说："从来没有和平。战争一直隐藏在假面具下，这就是他们的文明。鲜花盖着墓穴。淳朴的人所要求的无非如此。只要他们看见的是鲜花，而不是墓穴。他们的敌人不是挖掘墓穴的人，而是强迫他们看见墓穴的人！让他们尽可能迟一些看到墓穴。让他们怀着挖墓人已经把他们忘却的幻想。人们就是这样生活着。和平，他们的和平，那是墓园的矮墙，在墙后，人们看不见，不可能看见在墙里被埋葬的人，正如你所说，那些被剥削者，被压迫者，他们用自己的死，替生活得奢华舒适的人付出代价。"

"那么，怎么办呢？"

"进行我们的和平和我们的战争。他们和我们，没有任何同样名称的东西。"

"我跨过墓园的围墙。"

"我曾用指甲在墙上挖，通过隙缝，我看见自由田野的阳光。"

"不，我什么也没有看见，如果大伙不和我一同看，我什么也不愿意看见。要么和大家一起成为瞎子，要么和大伙共享光明！"

安乃德亲了他的眼睛。

---

① 罗曼·罗兰在这儿的预见何等准确！小说的这一部分《母与子》写作于二十年代末，三十年代初期。到了一九三九年九月，第二次世界大战爆发。从一九一八年第一次世界大战停战算起，两次世界大战相隔恰好二十年。

* * *

就在这个时候,我第一次遇见玛克。我那时路过巴黎,住在巴黎大学附近一家小旅馆中。我已经有三四年不在法国住了。玛克在他母亲那里见到过我最近发表的关于甘地的书。他心里老想着这本书。在黑夜的森林中一道光线照亮了路的尽头。他想,这条路能不能成为他的道路。在交叉路口,他犹豫不决。一天早上,他到旅馆的小沙龙里来看我,沙龙里不断有过往的行人。他不能下决心开口谈话。我瞧着这只年轻的狼,消瘦,焦急不安,有一双神经质的手,一双炯炯有神的眼睛,他清秀明亮的眼睛好像有点阴郁。我理解他。我把他带到我房间里。房里还没有收拾好,被子未叠,一片凌乱。我没有向他道歉的必要。他漂亮而阴郁的眼睛好像开朗了。天真的感激之情,代替了他刚才小心防备的思想武装。于是他立刻开始谈话。

人们来向我征求关于生活道路的意见,这已经不是第一次,我成了旅行社了。我引导过不止一个男青年或女青年走向亚洲或莫斯科,因为不止一个人在自己的眼珠里反映着东方升起的巨星的光芒。可是在小狼的眼睛中,我看见不止一颗星星。这些星星断续的光芒互相撞击,时明时灭。沉重的云朵在上空飘来飘去。当他匆忙急促地喷涌出断断续续的火热语言,一边在我眼睛中窥探他的道路、他对甘地实行英勇的消极和非暴力学说赞同的反映。我明白了他天性的暴烈,他的互相矛盾的激情。我明白,吸引他的不是充满爱情的和平,而是他的搏斗,不是在信念中安息,而是按照他的真理去行动的狂热。可是他并没有这个真理,他在寻求真理。他整个年轻的身体在分歧的道路之间摊开,处在四马分尸的状态。我把这情况告诉他,因为他是这一类小伙子(这是一眼就可以看出来的),他们不能欺骗自己而给自己造成一种幻想。然而,和众人一样,他们需要幻想。可是当他们得到幻想时,幻想却像悔恨般成了他们的包袱。他们不能消化它,他们一呼吸就把它呕吐出来。我把这话告诉他:“您的真理是您的本性,您不要为了和别人的本性相结合而粗暴对待自己的本性,甚至背叛了它!您不适合结婚。(我瞧见他的嘴挛缩了一下。)您和您自己结合,已够您忙的了!您一身兼有男人与女人、赞成与反对、是与否、对暴力的激情与反感、不容压缩的自我苛求与牺牲自己的需要。什么也不要抛弃!保留一切!忍受痛苦,寻求最美的谐和,作为不协调的音节间的黑色蜜汁的谐和!""最完美的谐和实现于互相对立的因素之间。"[①]

"您说得倒轻巧!万一和声不可能呢?对我不可能呢?……"

"在具有勇敢而真诚的天性的人身上,就像您的天性一样……"

"您怎么知道我是这样的呢?……我自己能知道什么呢?……"

"我替您知道这一点……在您身上,如果这样一个灵魂的决斗是可能的,如果它在各种力量之间,在以云与闪电包围自己的内心神明之间是经久的,那是由于巨大的战斗,人类所写的《伊利亚特》和所进行的战斗必需有一段这样的时间。对别人的打击和接受别人的打击愈是痛苦,愈肯定了战斗有英勇的必要性。"

"可是,万一我在战斗中死去了呢?"

"死吧,我的孩子!Stirb und werde![②] 对不起,我对您称'你'了。"

"不要紧的,您就这样说吧!我谢谢您……"

他用热烈的姿势将他的手按在我膝盖上,并且用他柔软而有力的手指紧紧地捏着。接着,他把手收回去,似乎有点不好意思。

"我很愿意死,我不怕。我求之不得!……可是我不愿毫无用处地死去。不是为了我自己!不是为了我一个人!不是为了逃跑,像那些宗教界和思想界的怯懦者、自私者一样!"

于是我对他产生了巨大的爱……握住他的手,说:"不要着急!这个时刻会到来的。你将为人类牺牲自己。在我们这时代,不缺乏这样的机会。耐心等着吧!机会一定会来到的。等着吧!做好准备!"

---

① 最完美的谐和实现于互相对立的因素之间,原文是希腊语。

② 德文:死亡和转变。此语出自歌德的作品。

他站起来,我也站起来。他本来还想说几句话,可是说不出来。但是他的手,握在我手中,在替他说话。他对我投射了像大姑娘般的一瞥,表示感谢,又有一点惊慌。他走了。

从那以后,我只再见过他一次,远远地,他没有想到(下文将要讲到)。可是后来我知道他很感激我对他毫不客气、把他当作一个准备自我牺牲的人对待,为此,他必然感到自傲的欢乐。

* * *

当前,玛克心中忧虑占主要地位;他的蜜汁由金黄色变成灰暗色。一种悲剧的幻觉形成了阴影。这是很难接受的,二十五岁的人要放弃求胜之心(世俗意义上的胜利,人们徒然轻视这种胜利,尤其是我,迫不及待地想用脚踩碎它!……),可是玛克的心跳得更快。如果不考虑到另一种胜利,就不配做安乃德的儿子,那就是苏格拉底和十字架上那人的胜利;扬·胡斯①和乔尔丹诺·布鲁诺②的胜利;用自己的鲜血为他人赢得欢乐的胜利;"Durch Leiden Freude"③,矛头刺处,清泉喷涌,群鹿来到泉边饮水解渴……"Sicut cervi..."④玛克既自傲又悲愁(可怜的小伙子!),因为我的眼光选中了他。原来这是写在他额头上的吗?不论如何,谢谢按照规律,真理的唯一规律对他说话的人!因为现在他比任何时候都理解透彻,这个规律是他的规律:这就是他要做一个真正的人的使命。痛苦,彷徨,自相矛盾,甚至跌倒,玷污自己。但是要真实!他一定会再站起来,一定会洗净自己。一个真实的灵魂

① 扬·胡斯(1369—1415),捷克宗教改革的领袖,布拉格大学教授,捷克民族解放运动的鼓吹者,捷克的民族英雄,被控为异教徒后被处火刑。

② 乔尔丹诺·布鲁诺(1548—1600),意大利文艺复兴时期著名唯物论哲学家,本为教士,因反对经院哲学,被开除出教。流浪国外期间进一步发展了哥白尼的日心说。一五九二年被骗回国,遭囚禁,一六〇〇年被判处火刑。

③ 德文:经过痛苦,求得快乐。贝多芬曾说过这句话。

④ 拉丁文:欢如群鹿。

不可能被罚入地狱。死人身上的蛆虫不能腐蚀不朽的真理。玛克的心膨胀起来了，一想到这条真理本身的规律，标志着他天性的规律，他本来不知道，原来这也就是甘地灵魂的核心，虽然他不是非走甘地的道路不可，可是一种盲目的保卫的本能，促使他趋向甘地。（我向他展示了那个引导着三亿人民的不可摧折的瘦小人物的 Credo："真理是上帝……"）

所以问题在于丝毫不要否定他天性上的深刻力量，即使它们互相敌对，即使它们在互相损毁时，损毁了他的内脏。个人的独立和为集体做的牺牲。马克思和甘地。永恒的灵魂——上帝的女儿——的 Still Voice[①] 和历史唯物主义的巨大学说，用它的铁砧和铁锤，反复锤炼着社会。他会不会将两块金属冶炼成一块美丽经久的合金？要不然，被铁锤和铁砧砸烂？……谁后死谁可以瞧见……在目前，冶炼吧！用你的肉体，用你的辛劳！……如果必要，燃烧你自己，千万不要让火熄灭！

那几天晚上，安乃德在儿子的眼光中看见正在燃烧的那个人，感到震惊。可是玛克没有对她说一句关于他访问我的事。玛克的兴奋继续了几天，接着，在日常生活的摩擦消耗中，兴奋平息了。而灵魂深处，这种兴奋剩下的焦炭，从此永不熄灭。

决心不妥协，为了大众要单枪匹马地进行战斗的玛克，发现各党派逐渐一一将他辞退，他们认为他不易合伙。他们没有粗暴地排斥他，时兴的模棱两可方式，不是他们的方式，他们干脆置之不顾，不管他了。他送到他们报纸上去的评论，没有被拒绝，而是扔在一边。他费尽心血发表了一本小册子，揭发他听说的法德两国国家主义的工业家们，在两国政府殷勤的掩护下互相勾结。可是这本小册子，机械地被排斥在报亭与书店之外。更妙的是书一出印刷厂就失踪了。几乎全部存书石沉大海，好似读者群众一口吞掉了。半年以后，一堆烂纸又出现了，好像是被人呕吐出来的，纸发黄，发霉，腐烂，卖不掉，没有

① 英文：轻柔的语声。

一本被人读过。在哪一家店铺后间,在哪一家关心公共卫生的书报发行公司的 in - pace① 中,玛克的思想一直在腌泡着?有把握的是,当玛克重新找到他那堆破烂纸片的时候,他接到了一张美妙的发票,要他付一笔可观的库存费。他只好咬紧牙关,忍气吞声,勒紧裤带。他回到他的篷帐中。时间还没有到。时间将要来到,那时他的思想将用血写。到那时,他们就不能不读他的思想著作!……眼下,他必须把他混乱沉重的思想整理清楚。首先,必须吃饱肚子才能活下去。那位印度人②说:“肚子空空的人没有上帝!”

他很幸运地在一个老工匠师傅那里找到了工作,这是位个人主义和自由思想的老式匠师,他干的是艺术精装书籍。这类旧手艺渐渐绝迹了,由于缺乏具有老式西方高雅趣味的顾客。工钱收入勉强够一个人凑合着生活。埃里赛·拉多师傅本来满可以不用助手,要不是他对这个失业的年轻知识分子产生了同情,看中了他那 trecentiste③ 似的瘦弱双手善于做细巧的手艺,他的正直而备受折磨的个人主义骄傲,面对街市的嚣扰,面对新世界,给他起着屏障的作用。他没想到,新世界已经和小伙子不安的精神一同进入他的店铺。可是玛克咬牙闭口,只字不提他的思想。他沉默不语,让老人说话,连听也不听。两人并肩干活,各自在独白,一个张口,一个闭口,分道扬镳。干活指头的准确动作,不能阻止操心的事对人的折磨。

被他赶走和否认的阿霞,重新回到这温暖的家——他的身上,她和他搂抱时的热烈血液,从未离开过他。她在他肢体各处燃烧,像发炎的肿瘤般默默无声,沉重而鼓胀。他无法回想起她的面貌,只是在他头脑中,在他腹中,在双手的颤动中,在舌头的干燥中,朦胧地感觉

① 拉丁文:地窖。

② “那位印度人”,指罗摩克里希纳。——原注

罗摩克里希纳(1836—1886),原名伽达陀尔·查特吉,印度教改革家,一八五五年定居恒河口寺庙,终身从事印度教改革工作。其弟子曾编有《罗摩克里希纳福音》传世。罗曼·罗兰写过一部《罗摩克里希纳传》,发表于一九二九年。

③ 意大利文:古代文人。

到她的存在。有几次,他突然心悸肉跳,由于一种嗓音,或由于和人接触了一下,使他目瞪口呆,六神无主,心烦意乱,好比一支乱了套的指南针。他必须鼓起全身精力,才能使放松的理智重新觉醒。但是他的理智为了控制对象,将对象从自身拉开,抓住对方的双肩,正视对方而且说:“你站在这儿,不要进来!”于是他们才有时间互相打量,从头到脚!但是玛克的视线被电流刺穿,向下垂,不敢看对方下巴以上,因为他感觉到对方的视线在窥探他。他不愿露出正在躲开对方的视线。为了表示他有胆量,他用眼光吞噬那个含敌意的身体,他浑身战栗,恨不得把那个身体压弯在他自己身体下边。但这已经不是开始时那种受了伤的自尊心,也不是要想报复的嫉妒。他的感情危机高峰已经过去。他的额头、嘴、眼睛都紧紧贴在那个没有脑袋的上半身上(他不愿意看脑袋),他重新开始在这个人体的野兽气味中浸透自身,把自己融解在那气味中,如同在那些两人合并成一个的夜里一样,要丧失他的“自我”,为了在这个井底找到对方的“自我”和思想。于是他用手指摸索到阿霞背叛行为的理由,正确理由。“*背叛*”与“*正确*”,这两个词儿互相抵触,如同含怒的矛盾。但是他不能拆散这一对矛盾。他被它们的指甲抓破。他呼吸阿霞腰身的气味,同时呼吸到个人主义的致命空虚,它没有开向人类的伟大生命、开向行动的门窗,而他却企图把阿霞和自己拘禁在这种个人主义的围墙之中。阿霞比他更疯狂、残酷、粗鲁,更服从本能,她在墙上打通了洞。她踏过他的身体出去了。生命的本能没有欺骗她。她更接近自然。她曾经是真实的。她逃跑了,逃离了死亡,就像关在失火屋子里的一群人,惊慌失措,野蛮地冲向出口,不顾同伴。

“她做得对!”

玛克不由自主地承认了这一点,他听见自己的嘴唇(他的舌头在舔自己唇上留下的阿霞口水的味道)不由自主地张开,说道:“亲爱的,你快逃跑吧!谢谢上帝,你逃出去了!至于我,我不知道怎样救你,但愿我也逃跑,如果我能够!如果我不能够,我就死去算了。你不要回过头来瞧我。我应该自己逃跑,你已经给我指出了道路。”

*　　　*　　　*

可是这种强逼出来的招供,过了一会儿,被受伤而溃烂的骄傲像在狂风暴雨的冲击下,重新淹没了。他的骄傲心在尥蹶子,在嘶鸣:“背叛了!你背叛了我!”他拒绝原谅她。在互相对立的激情形成的风暴中,他的精神曾经把各种思想聚集起来,堆砌和建筑在一起,好歹给他作藏身处,现在一起崩溃了,在这种虚空中,他是赤身裸体,好比情欲的火把,活活地在燃烧。他强迫他的年轻肉体挨饿,肉体起来反抗了。刚刚经过一千零一夜式的热情激烈拥抱之后,就实行禁欲主义的纪律,这是危险的。情欲和可卡因麻醉剂一样,只能艰难地、谨慎地戒毒。如果想一下子摧毁它,很可能就有摧毁自身的危险,那时身体昏迷,意志对身体失去了控制,玛克遍身充满电流,犹如巴黎夏季白热的天空下,烟雾腾腾,灼热而干燥的日子。干涸龟裂的土地渴望下雨;在瓢泼大雨下,土地张开大口喝,冒着蒸气。这时,在玛克头上,一场暴雨在酝酿,可能即将倾盆而下。

小两口子决裂的事,要想保密是徒然的,大家已经知道了。在消息传开以前,已经有一个女子比别人先嗅到了气味,她是佩娜岱特·维第埃,娘家姓巴斯罗(因为她换了作为姓氏的鸟名)[①],也就是玛克那个终于没有结婚的未婚妻。

玛克一结婚,佩娜岱特就把她失望的窗户紧紧关上。谁都没有注意到这种情况,包括西尔薇在内,虽然西尔薇是认识她的,而且预料她会伤心。佩娜岱特表现出令人佩服的毫不在乎的样子。西尔薇因此几乎生气了。她巴不得佩娜岱特为失恋而痛苦,而呻吟,可以陪伴她

① “维第埃”和“巴斯罗”在法语中都是鸟雀的名称。

自己的怨愤。可是佩娜岱特让西尔薇独自去怨愤，于是西尔薇的处境显得可笑。她毕竟不能由自己来扮演被抛弃的未婚妻的角色。她几乎和恨阿霞同样地恨佩娜岱特，她管后者叫“蠢货”。

可是佩娜岱特不慌不忙。她没有一时一刻停止她冷冷的微笑。她决不演戏给观众看，她自己说不清为什么她会这样，也说不清这是不是一种自卫的姿态。她不追究自己心里想的什么。可是有时候，她觉得心脏好像被钳子钳住般的痛苦万分。在其他时间，她烦闷得要命，在烦闷下边，深深的穴洞里，在岩石上潜伏着三角形的小而硬的脑袋，思想的症结，互相缠绕的长长的形体，眼光凶恶；最好不要掀动石块！……要活下去，活下去。问题在于按照佩娜岱特认为可行的唯一方式活下去：合理的和实际的生活。没完没了地感到遗憾是没有意义的。至于积怨，那是不能在上面建立什么的；然而她却建立了。在她的衣箱里，她把积怨折叠在樟脑下边，让它们去等待吧。佩娜岱特用同样的步子，继续前进。既然她需要一个丈夫，她就找了一个丈夫。按照她实际生活的尺寸找的丈夫，这种尺寸包括三个满足：满足她的野心和奢望；满足资产阶级的舒适生活；满足枕席之间的需要。

她所选择的那个安德雷·维第埃是一个三十五岁的企业家。和一家制造汽车的著名老公司（在巴黎人老得很快！）合伙经营。他用十年时间积攒了一笔财产，正在等待时机成立自己的公司，他要做的第一件事就是彻底搞垮曾经喂养他和培植他的老公司。那是一个漂亮小伙子，眼珠浅蓝色，五官端正，笑眯眯的，和蔼可亲，可是待人异常冷漠。他很能讨女人的欢心。佩娜岱特怎样会得到他的欢心呢？他只要把手帕扔在地上，就会有最美丽和最有钱的女人来拾起这块手帕。对她说来，那是为受伤的身体的骄傲寻求报复。既然另一个男子给她碰了钉子，她必须征服这一个男子。她长得一点也不漂亮，瘦瘦的，皮肤黑苍苍的，可是个子高高的，苗条婀娜，而且善于按照时髦的趣味，使她身上的丑变为美：

辫肩不圆浑,
瘦削更媚人,
髋骨尖突,细腰正善舞,
好比一条怒气冲冲的蛇。

维第埃对于女人是内行的。他看见佩娜岱特擦着口红的两片痉挛的薄嘴唇,就知道和她同眠的夜里是不会沉闷的,再看她那冷静而准确的钢铁般灰色的眼睛,就可以保证她在白天也是十分勤快的,不过白天耕耘的是另一种田地。他们不需要很长的时间,两人对如何生活得井井有条而且富于成果这个问题,意见一致了。加上西尔薇作为监护人给佩娜岱特的一笔为数可观的陪嫁财物,她长得丑这一事实已经完全得到补偿。还没有等西尔薇听到风声,这件亲事已经很快地决定了。西尔薇一边表示同意,一边嘀嘀咕咕地抱怨。从前,她自己的婚事也没有什么值得夸耀的:那也不是出色的婚事。不过她的来沃保尔至少是用厚实的布料做成的,能经久,能使人放心。佩娜岱特的选举人(或者说被选人)的最根本的疵病被她一眼看穿。佩娜岱特自己也同样看得很清楚:那神气十足、眼色柔和的暴发户笔挺的衣衫下面,隐藏着精神上(常常也是身体上)的卑鄙和油滑的谎言。谎言是卑鄙的表现方式,也是卑鄙的效果。性格上出奇的软弱,在真理前面躲躲闪闪,全部本领在于涂脂抹粉,自己掩饰这种弱点,这种人从来不敢用镜子照一照自己赤裸裸的灵魂,但是他却善于看别人的赤裸的灵魂,看清别人的弱点、恶劣习惯和隐疾,为的是加以利用;他从来看不见别人的痛苦,对此他不感兴趣,如果感兴趣,反而使他碍手碍脚,他不喜欢为作恶而作恶,有利可图,他才作恶。万一机会凑巧,他会变得十分凶狠,当他觉得不至于受罚,或者由于一对一(不消说,对方那一个人比他软弱),或者由于在巨大危机、战争或混乱的情况下,他可以依靠简单粗暴的群众舆论……总而言之,他是今天常见的所谓“老实人”的典型:中等资产者。我们已经学会对这种人不生气了,但愿他把账算得清清楚楚,他合法的诚实行为只能损害别人,而不损害我们和我们的收益。佩娜岱特对此丝毫没有不放心。他俩面对面的时候,最软弱的不是她。在面对大庭广众时,她和他完全一样,会跟着舆论走,这是最强的一边。当你依靠最强的一边,你自己也成为最强者。维第埃的各种弱点,对她来说是增加了一项保证,她可以比掌握玛克更有把握地掌握他。她相当愚蠢地尊敬玛克,不是由于她器重他,而是由于她爱他。

婚姻很顺利。维第埃被约束住之后,走着规规矩矩的步子。佩娜岱特也一样。在婚约上没有发生纠纷。男女双方都忙于做生意,积累财富。佩娜岱特瘦瘦的肚子也居然找到足够的时间怀了两次孕。人们在培植财富的同时,也应当培植财产的继承人。继承人来到了。先是一个男孩,接着生了一个女孩。必须为将来打算。这一天将会来到,应该找个女婿。正如她是贤妻一样,佩娜岱特也是良母。她没有深厚的爱情,这并不是说她不眷恋亲人。人们对自己的东西总是牢牢抓住的,尤其是对自己取得、自己塑造过的东西,因为那是"我的"财富,我应当照顾它。

可是,当她把皮肤下面的灵魂脱得精光,在失眠的长宵,在床上重新找到了潜意识的黑夜,于是她原先的欲望又从穴洞中钻出来,静悄悄的,带着伤痕的欲望在窥伺。谁也没有注意她,她斜着眼睛,由于积怨而变成锐利的眼光,在密切注视玛克的小家庭。她比谁都更早地在那小家庭墙上发现裂痕。等到小两口关系破裂,她一起头就知道了(不知道她用什么方法窃听的?),比安乃德知道得更早。

她只犯了一个错误(谁知道她是不是故意的),她对她妹妹小白鸽[①]说了。作为一件简单的事实,她毫不激动地告诉小白鸽,玛克的妻子背叛了他,使他心慌意乱,现在他生活在孤独的精神状态中。善感的小白鸽激动了。佩娜岱特说这些话时冷冷的神气,而且还带一点讽

① "小白鸽"是这个人名的意译,音译是"高龙勃"。

刺的语调,远远没有抵消小白鸽的激动心情,反而使她更激动:因为小白鸽在替玛克痛苦。她对玛克怀有孩子气的向往。她还是小毛丫头时,通过佩娜岱特和西尔薇的谈话,已经认识玛克了。西尔薇总是夸奖她的小马驹,即使一边开玩笑也一边夸。因为她想把小马驹放养在佩娜岱特的草原上。小白鸽从篱笆外边,观望着草原上的小马驹,眼睛睁得很大,眼神表现着赞美而且带有天真的羡慕。她在姐姐幸福的命运前,叹着气,表示顺从了。当这幸福的命运摧毁时,她比姐姐更唉声叹气。她有一个温柔、浪漫的灵魂,而且永远有伤痕的灵魂,因为她娇嫩的皮肤,被生活的指甲轻轻一划,就留下一道伤痕。可是这娇嫩的皮肉却从来没有对玛克产生诱惑作用,虽然他是贪馋的。倒运的是玛克被西尔薇的招婿诱饵所激怒,而且迁怒于西尔薇全家。佩娜岱特用铁灰色的瞳仁很感兴趣地盯着他不放,小白鸽用褐色的大眼珠天真地、出神地看他总看不够,两者不多不少地同样使他恼怒。虽然小白鸽的眼睛是秀丽的,比阿霞的眼睛好看多了,她的手臂、颈项、面颊和她的纯净、忧郁、有一点傻气可非常吸引人的嘴……都很美,但是爱情只在它愿意发生的地方才发生。对小白鸽的爱情吹的不是顺风。她的一辈子,爱情的风总是从侧面吹来的。那么她为什么不设法转动一下呢?她在等待,在希望,在听其自然。可怜的小白鸽!她的公鸽从来不会自己找到进入她的鸽笼的道路……

西尔薇对小白鸽的前程做了安排,正如她对佩娜岱特的前程做了安排一样(可是没有成功)。小白鸽的秀丽,她动作的天生优美,此外还有心灵的天真和拙笨,又给她增加了一种魅力,在西尔薇这个对巴黎的游艺和享乐都很内行的老太君眼中,小白鸽是适合跳"saltare et placere"①。因此,她把小白鸽送到芭蕾舞学校去学习。这娇嫩的花儿在那里认真地伸展她那纤细和柔软的枝条,她的双腿。她尽心竭力地学习,不是没有优秀的成绩,可是没有乐趣。她的梦想是宁愿把腿盘

① 拉丁文:讨喜的舞蹈。

在她所爱的男人身上。(哪一个男人？不论哪一个,只要终生相爱的人!)但是把自己的双腿献给一群不相识的情夫,使她痛苦和羞愧。她没有,一点也没有爱好舞台生活的倾向。甚至连每一个漂亮的巴黎姑娘身上几乎都潜在的、或者都在活跃着的那一丁点表演自己的天真自然倾向也没有。她宁愿在家庭里,在床上,在两人合为一个人的床上度过一生。西尔薇自以为懂得心理,她可以自夸她的嗅觉是多么准确了！可是她决不承认错误。如果小白鸽的天性在反抗,让她的天性去倒霉吧！温柔的小白鸽可不敢反抗。她叹气,可是接受了。学校毕业之后,她驯顺地听人摆布,参加了一个正在筹建中的半是歌剧院、半是音乐厅的大剧院的芭蕾舞班子。由于她驯顺,所以一直是第二流明星。可是,如果换一个比她更机灵的人,正如弗兰所说,如要成为大歌剧院的彗星,易如儿戏。缺少的就是一个保护人。愿意做她保护者的人并不缺乏。那可怜的姑娘既不会在适当的时机接受保护人,又不会因时际不适当而加以拒绝。她自以为唯内心之命是从。她的内心在哭泣,对所有"严肃"的保护人说"不",可是被他们追逐得不胜其烦的时候,却为了躲开他们而对不严肃的保护人说"是"。事后,她到西尔薇身边去哭泣(现在不敢再去了),西尔薇骂她:"大蠢妞！谁给我送来这么一只蠢笨的火鸡?"

或者去向佩娜岱特哭诉,后者不耐烦地抿紧嘴唇说:"我没有空闲……"同时心里想:"干不干由你！逢人便说！……难道我对别人说这些事了吗?"

小白鸽只找到一个人,可以听她推心置腹,无所不谈,那人就是她哥哥安琪,修道院的修道士。忏悔词,这个善良的小伙子可听得多了！这是,而且应当是他的职业,他必须养成习惯,他已经养成了习惯。而且他从童年时代以来,听惯了别人对他说知心话。由于谈心者的天真和对他的信任,这些知心话形形色色,无奇不有。眼前的这些知心话虽然使他震惊,但是他照旧耐心地、充满怜悯地、全神贯注听她说。他太熟悉他的小白鸽了,所以不至于在她的错误与耻辱中,不承认她的天真。如果他需要给她"赦罪"[1],他很愿意捧起满把满把的净水洒在她的遭到玷污的羽毛上;在缺乏净水的情况下,他就把温情以及清凉油膏一样的讲道言辞倾注在她身上,于是那年轻的舞女虔诚地用啜泣和喃喃絮语作为回答。

可是忏悔师[2]并不是老有空闲的时间。他常常要幽居静修。后来他被任命为神甫,到外省一个教区去任职。不善于写信的小白鸽只好把一肚子委屈闷在心里。虔诚的安琪不见得不因此而感到轻松。每隔一段相当长的时间,他给小白鸽寄一封安慰她的信。可是他也和她一样,不掌握笔谈的艺术。对他来说,说话和写信完全是两个人。通过邮局来到小白鸽身边的那个人是巧舌生花,甜言蜜语的人,一个满口上帝圣训的神圣神甫。小白鸽虔敬地读安琪的来信,然后用手划一个十字。但是她觉得身上发凉。她等候着,要使她得到温暖,必须听他说世俗人的话。他的双臂,他的拥抱……

玛克夫妇之间发生了灾祸,小白鸽听佩娜岱特对她讲了之后,激动万分,仿佛她自己受到了祸殃。不止一夜,她在火烫的枕头上反复想这件事。她也在枕头上天真无邪地想玛克。这个富于幻想的姑娘按她的想象塑造成一个多情的玛克,可是没有人爱他,被人背叛和抛弃的玛克。她多么想给玛克温暖,同时自己也从他身上得到温暖……啊!谦卑地!安慰他,同时自己得到安慰……谁知道以后会怎么样!但是在这几夜,她不敢想得更远……思想不肯再翻过一页来……

一天早上,上帝知道怎么搞的,她在路上遇见了玛克。她那天浅施脂粉,妩媚动人,秀丽的脸蛋上,淡淡地描画了娥眉,优雅绝伦,令人倾倒。玛克这只年轻的狼恰好饥肠辘辘,但是两个人谁也没有存心不正。一切都由大自然来摆布。说实在,那小白鸽只想安慰对方(她自己这样以为)。这恰好是骄傲的玛克平时最不能容忍的一点。可是,一种出于无心的本能的反作用,使这个平常笨拙的姑娘,为了得到安

① 赦罪,一种宗教仪式。
② 忏悔师,一般指教士,此处指安琪。

慰,愿意天真地献身于玛克,他是她的战友,和她一样受了伤,但是比她强。她说话很少,两只含愁的秀目,并不凝视,而像一只手似的轻轻放在对方的手臂上,小心地不压住它(别人的手臂)。对方只觉得她温暖的指头隔着衣服搭在那儿。她的手指,她的眼睛是多么秀丽,玛克还是第一次发现它们!(他正空着肚子。)这些手指和眼睛甚至显得很聪明。(这是不可思议的!)最了不起的是,此时此刻,它们的确很聪明。被爱的肉体,美丽的盲姑娘,就会发生这样的奇迹。不幸的是这种奇迹时间不长。可是,如果它延长到她目的达到,她的愿望就满足了。

玛克不知不觉用手挽着美丽姑娘的手臂,而且紧紧地夹着,两人并肩走在街上,亲热地谈知心话。她没有向他提任何问题。他不等她问,就向她诉述了自己的倒霉遭遇,用直截了当的语气,没有激情,好像在说别人的事,她既没有说"哦!",也没有说"啊!",除了他愿意灌注在她耳中和心中的话以外,别的她什么也不打听。他不需要坚持。她知道。她明白。至少她的眼睛使他相信。而玛克也不甘心比对方落后。出于感激心情,他对小白鸽的痛苦表示他敏慧的同情。他注意到别人的痛苦,这还是第一次,在这以前,他从来不关心这些。他很愿意暂时不想自己的痛苦,为了友好地安慰年轻舞女的痛苦。他刚刚问了她几个问题,她用那么感激和深情的眼神回答他,几乎使他激动得不能自持。他俩坐在街心小广场上,一座塑像的阴影里,汽车的轰轰声包围了广场。她给他打开潘多拉的盒子①。可是她锻炼有素的天真的艺术,使她在盒子边缘控制了自己,不讲那些不得体的心腹话,只从手指缝漏出一些羞答答和受伤的温情自白,非常温柔动人。虽然玛克并不是个十足的天真汉,并且知道怎样对付芭蕾舞班子里的小白鸽心慌意乱的言辞。不等她忏悔,他这时已准备给她上帝的宽恕,如果她提出要求的话。她可能要求的是魔鬼!……魔鬼也受到了诱惑。可

① 潘多拉,希腊神话中人类第一个女人。大神宙斯给她一个盒子,她打开了盒子,一切祸害都从盒中扩散出来,只有希望留在盒底,从此人间充满各种灾祸。

是玛克顽固地要保持他的鳏夫生活完整无瑕。他徒然把不忠的妻子看作已经死了。正因为这样！他在这个问题上也要保全面子。他的骄傲和他对那个不贞之妻的爱情有联系，虽然他已经否定而又否定这种爱情。此外还有他自以为要对一切女人表示憎恨和狂怒的鄙视，在这一点上他也不愿意让步。因此他很想把他承认对年轻舞女含怨的美目和樱桃小嘴所产生的兴趣维持在兄妹般友谊的中立地带。在今天的战争中，中立地带是危险地带。说不定哪天早晨，你一醒来，发现中立地带已经被侵占了……

侵略者是很知趣的，这个傻姑娘，她的心告诉她，要急流勇退，为激起对方更大的情焰。她小心地不使在耐心听她诉说的那人的很不老练的耐心感到时间长而厌倦；她不等他告辞，总是她先走。她减少两人会面的次数，拒绝答应他所期待的事：让他到她房间里去。她怕他精明的眼光会看出她奢华的生活是有人供养的。同时，如果她要在她床上接待她愿意接待的人，为了将她已经丧失的处女之宝重新熔铸起来贡献给他，那么他纯洁爱情的真诚冲击反而使她痛苦。因此，这个故事长期地拖延着，除了他们在街上短促的会面之外，没有别的，而那只年轻的狼饥饿的火焰却愈烧愈旺了。可是那只急于想被人吞噬的母羊，却恢复了她的蠢举，她每次和玛克会面之后，就跑去告诉她姐姐佩娜岱特。姐姐对小白鸽和玛克交往的逐步进展，感到强烈的兴趣，并且给妹妹出极有把握的主意。小白鸽什么都告诉姐姐，她陶醉于自己的叙述，连姐姐眼神的冷酷表情都没有注意。

终于有一天，小白鸽飞快地上楼，呼哧呼哧直喘气（她来不及等电梯），她为了就要到手的幸福而欢呼。（佩娜岱特用干巴巴的手捂住小白鸽的嘴）。小白鸽当天晚上要到玛克住处去。那骄傲的小伙子一再恳求她，她终于被逼说了“阿门”[1]。（她竭力控制自己，才没有向玛克喊：“终于！终于！……我吻你的手……谢谢！谢谢……”）

---

[1] 阿门，基督教祈祷词的结束语。在法国俗语中，一般用来代替“同意”“算数”。

佩娜岱特严厉地责备妹妹，为了不让她过分暴露弱点，以致功败垂成。她关心这情妇今天晚上穿什么服装，她不动声色地讨论细节，她嘱咐小白鸽千万不要早到，最好让对方等候她。小白鸽走了，心中充满了感激之情。一切都很美，都很好，天，地，人们，上帝。最美，最好的亲爱的人在等待她，这天晚上……她独自走在街上，乐不可支。她好像已在情人怀中，眼色迷蒙，神魂颠倒，像达那厄①。

玛克并没有"一再恳求"，他被小白鸽的像蒙娜莉莎②一样的两只美丽大眼所吸引，勉强同意小白鸽到他破烂的房中去看他。他老看见她的眼神中有这个意思，只好把话说出口来。话刚刚出口，还热气腾腾的，她立刻抓住不放。话已出口，再要收回来不及了。但是玛克很不满意他自己。他诚心诚意地想拒绝这个冒险行动，虽然从第一天起他已经有此预感。他本来想保持自己的贞洁，为了使自己比阿霞优越，即使除了多一个鄙视阿霞的理由之外，没有别的理由。他并不是没有估计到满足小白鸽贪婪的性欲和幻想方面的危险性。她是特朗斯代维③的美丽小母驴。她要是迷恋上一个人，此人可得小心！她会把那人捆绑起来。玛克决心不让她钉住。那天晚上，在等着她来到的时候，他还自己骗自己说，他和小白鸽的关系决不逾越老老实实谈话的界限。他要保卫自己，同时认为他也要保卫她。他比她岁数大，他是看着她长大的，他自以为对她有某种责任。他甚至在心里温习（好大胆子！）准备教训她的一番话。可是他愈背诵，愈乱了套，他心不在焉。他在数邻近一座教堂的钟声，每隔十五分钟响一次，他坐不住了……他已经第十遍温习他准备迎接小白鸽到来的一本正经的言辞，他没法说到底，说不下去了。他听见楼梯上有急促的、贪婪的脚步声。他忘记了准备说的最后一句话。连头一句也忘记了。手按在门把上，

① 达那厄，希腊神话中阿耳戈斯王之女，被国王幽禁于铜塔，大神宙斯化为金雨与她幽会使之怀孕。

② 蒙娜莉莎，意大利文艺复兴时代的名画家拉斐尔的模特儿兼情妇。

③ 特朗斯代维，罗马城中的一个古老市区，富于优美的古代建筑物，文艺复兴时期的意大利画家喜欢到那里去作画。

不等来人敲门,门已经打开了。两人还没有互相看一眼,先听见双方像赛跑运动员似的呼哧呼哧喘气。

马拉松跑的女运动员进了房间。玛克匆忙地只看见来者上半身向前俯着,整个脑袋用头巾包着。一只敏捷的手已经把门边的电钮关上。房门重新关上了。在黑暗中,两人身体紧紧贴在一起,好比一只盒子的两个盖子,同时贪婪的嘴按在对方的嘴上。他被对方抱住,他也抱住对方。接着发生的事,他神志不清,都模糊了。只记得两人在床上,乱七八糟翻滚。他在这只猛禽的嘴狂啄之下呼哧呼哧喘气。这只小白鸽真行!她还没有过瘾。在黑暗中,他俩重新翻滚。等狂热平静下来,他的眼睛开始在黑暗中看见东西。在他身上,他看见猛禽的嘴喙和圆圆的眼睛,他不认识他的鸟儿了。他挣脱出手来,摸索对方,他摸到硬邦邦的大腿和细瘦的手臂。他憋住呼吸,挺起身子,想坐起来,他叫:"小白鸽!"

但是两条瘦胳膊按住他,不让他动。对着他的嘴,一张咧着的大嘴在笑个不停。她伸出一条长胳膊,把他们头上边墙上的电门拧开。在刺眼的亮光中,他看见扑在他身上的抬起的上半身,但是两条腿仍然夹住他,他看见了偷东西的喜鹊,瘦瘦的,黑苍苍的佩娜岱特,她在耀武扬威……"Nigra sum, sed pulchra..."[1]她确实妩媚,焕发着肉欲的、调皮的以及胜利的光辉。玛克目瞪口呆地注视她,而且愚蠢地又说一遍:"小白鸽。"

她尖声大笑,对他说:"先服侍利亚一周,然后我们把另一个也给你,作为你再服侍我们七年的报酬……"[2]她的笑声,眼睛,尖锐的牙齿,她那由于兴奋、快感和狡黠而扭曲的阔嘴,尤其是在阳光蒸晒下从土地上冒出来的这股水气,这幸福的肉体,她久已想得到,想占有,而终于到手的幸福,使她的肉体像鲜花怒放,搞得被征服者头晕脑涨。

① 拉丁文:我是黑苍苍的,可是我很妩媚。

② 《圣经》记载拉班有二女。长女利亚貌丑,次女貌美。雅各向次女求婚。拉班要他先娶长女为妻,数年之后,才将次女嫁给他。

他用僵硬的舌头徒劳无益地说出的抗议话，像他的神志一样，还没清醒已经消逝了。可是，他也神经质地笑着，一把搂住利亚的腰肢，又给她服务了一年……

这时，遍身发烧，流汗的他，听见“另一个人”来了。这人在楼梯口的平台上站住，敲门……这使他像受到雷击一样！闪电惊醒了他，刺穿了他的心。他撕开缠在他身上的活的藤葛，坐起来，惊魂不定，神态昏迷……“另一个人”在门外等候，她在听，她可以从门缝里窥见室内的光线，因为室内的人忘记把墙上的电灯关灭。他摆出一副被人当场抓住在干坏事、而且还想抵赖的顽童的脸相。他急急忙忙用一只手臂，从佩娜岱特的身上伸过去，想把灯关上，佩娜岱特尖锐的眼光在窥视他，他笨拙的手臂没能把灯捻灭。在这时，在门口等得不耐烦的小白鸽，又开始用嘴啄门。在他抬起了上半身的下边，他看见那只 gazza ladra[①]，宽阔的嘴抽搐着，准备发出他所熟悉的那种笑声。他瞪着两只恐怖的眼睛，示意对方不许出声。已经来不及了！一阵尖声的大笑，像螺丝钻似的旋转出来，一忽儿散开，一忽儿卷成一团，笑声充满全室，透过门下的隙缝和锁孔，伸展它的钻子。玛克用手心重重地、粗暴地按在对方嘴上，好像打了一个嘴巴，太晚了！……他听见门后面一声呻吟……接着，什么声音也没有了。他像瘫痪一样地待着，连脑筋都麻木了，佩娜岱特的尖牙齿，刺进他的手心，他都不觉得。在门口，另一个人也站在那里，身子靠在墙上，受了沉重的打击，好像由于痛苦而丧失了生气……突然，一声令人心肠断裂的叫声。人们听到楼梯上惊慌地逃跑的脚步声……玛克从床上跳下来，用拳头推开缠住他的那个人的胸部，他跑到楼梯上，俯着身体，叫喊：“小白鸽！”

他跟在小白鸽后面，匆忙地滚下一层楼梯。可是呜咽着的小白鸽不回来了。她一边呜呜呜地泣不成声，一边出了大门，把门推上，走了。玛克回到楼上。佩娜岱特光着身子，站在镜子前面伸懒腰。她好

① 意大利文：偷食的喜鹊。

奇地用手指碰碰乳房上被玛克的拳头打伤的一块青痕。她坐在床边,从容不迫地穿上衣服。玛克一动不动地站着,愚蠢地瞧着她,而他瞧见的是另外那个人。可是,在“另一个人”和眼前的这个瘦削且欲望得到了满足的裸体女人之间,好像挂了一块幕布;皮肤是黑苍苍的,头发,棕褐色,她在展示获得胜利后骄傲的丑态。这个身体的每一个细节,汗毛很密的大腿,瘦脚和瘦骨嶙峋的母猫的脊梁,既灵活又硬邦邦的上半身向前倾着,这个匍匐的侧影,颇像穿鞋的阿勒干①,两只尖尖的膝盖顶着下巴,还有她侧面的尖刻微笑,所有这一切形象,在玛克的眼睛深处,好比用刀子刻着似的。他一动不动,没帮她一点忙。他默不作声。她也默不作声。她穿完衣服,向镜中最后瞥了一眼,她在镜中看见玛克阴沉死板的面容,微笑了。她转过身来,双手放在他肩上,把她钢铁般的眼光注射在他茫然的眼神中,在其中搜索。她在他残余的情欲慌乱的表情下,发现了铁打的矛头:仇恨。于是她的胜利圆满无缺了。她既报了仇,又得到了乐趣。在离开房间的时候,她用结账式的最后一瞥,环顾了战场:床,房间和战败者的脸色。一切合乎要求。她动身了。自从被窝中的笑声以来,他们还没有打破沉寂。她已经走到楼梯口,想起昨夜进房时,她的头巾掉落在屋角里。她又进来了。玛克俯身拾起头巾,递给她。她抬了抬下巴表示谢意。她发现她让玛克处在心慌意乱之中。于是,按她的方式表示人情味,说了一句:“你不必在意!”

她离开他,走了。

* * *

玛克度过了乱梦如麻的一宵,醒来之后,身体舒适些,可是心中觉得可耻。精神上的不快和身体的舒适不相称,倒不如生一场病更为适

① 阿勒干,意大利喜剧中的丑角。

当。焦急不安的情绪在折磨他。没有时间多想。醒来晚了,他必须赶快跑去上工。他什么报也不看,可是,整整一天,不安的情绪在若隐若现地漂浮在他潜伏的思想中。

晚上,他回来很晚,在地铁车上,他听见两个姑娘在谈论一个投水自杀的舞女。他看见一个报亭,立刻买了一份报,借着路灯的微光,淋着雨,在水光反映的人行道上,读那条社会新闻,足可以在几小时之内成为巴黎小市民们闲谈话题的新闻。他所读到的一切,他已经在昨夜的乱梦中看到过了。心慌意乱的小白鸽一直向前奔逃,逃到塞纳河畔,她在圣米歇尔桥脚边投了河。她被打捞起来了,抬到天主医院①,已经奄奄一息,到第二天,人们才查清她的身份。她还没有脱离危险状态,不能接回家去。在报上,她的姓名发射了一下短促的光芒,这是她在舞台跳跃和弯腰施礼所不能赢得的五彩缤纷的焰火光芒。至于她绝望自尽的理由,人们的舌头大肆活动。玛克的舌头却在嘴里干枯无言了。憎恶和可怕之感已经使他心如铁石。雨水把他淋透,他也不觉得。他在街上,在河边游荡着,不觉来到圣米歇尔桥头,他察看桥洞下阴暗的波纹和医院里灯火明亮的玻璃窗。他遍身发烧似的回到寓所。接着的几天,玛克拖着感冒的病体去上工,还到星场区的旅馆中打听小白鸽的消息。可是人们告诉他,小白鸽没有回来,医院里的人却告诉他小白鸽已经出院了。他不知道上哪儿去打听她的消息,因为无论如何他不愿意再见到佩娜岱特,而她也丝毫不想再见他,当然并不故意回避他。她已经得到她想要的一切:她的成功,若干年来折磨她的暗暗的情欲畅足了。这种畅足使她不能产生任何内疚,而且在一个长时期内不感到性的饥饿。剩下的只是将遗忘那填着棉絮的翅膀覆盖在她的秘密享乐上。她照常过家庭生活,经过冷静算计的半夜狂欢,几乎没有影响她的日常生活继续进行。小白鸽的投河事件闹得满城风雨,使她咬牙切齿。这件事牵连到她弄虚作假、偷情得手的

① 天主医院,或译主宫医院,是法国巴黎以及一些主要城市中的公立医院,以救护贫苦病人为主要任务。

事实,尤其是因此而引起舆论,引起“别人会怎么说”这个狗鼻子讨厌地伸展到她和丈夫的体面家庭中来。关于被人从河中捞起的那个人的消息,她连打听都不打听。因为小白鸽出洋相,连累她都没有“面子”。

有一天晚上,玛克从作坊里回来,发现在他住所门口,有一个神甫在来回踱步,在街上闲溜的女人都在盯着他看。那人是安琪。玛克和他在房间里进行了一次长时间的、奇特的谈话。这位善良的教士告诉玛克,小白鸽得了肺炎,正在病后恢复期中,住在外省一家半宗教性的公寓里。她坚决拒绝回到旅馆去,拒绝回到剧院去。安琪在病人的床边坐过半天,从她嘴里得知一些隐情,也许是由护士告诉他,病人在发高烧时所说的赤裸裸、热腾腾的心腹话。安琪没有把他所知道的全对玛克说,或许并没有那么多的事。玛克清楚了,小白鸽并没有把她对玛克的爱情秘而不宣。可是安琪设想玛克也以激情答复了小白鸽的激情,他们两人已经成了情夫情妇。也许小白鸽自己由于不断地这样想,真以为有这么回事了。在任何情况下,反正她使人这么相信。诚实的神甫,摇摇头,用责备的眼神瞧着玛克,然而带着温情。他的神气似乎想说他还没有出口的话,或者在等待玛克说出他一直没有说的话……他要说什么呢? ……他犹豫,他咳嗽了一声;接着,他对玛克谈起另一个话题,关于玛克自己的家庭冲突,因为他对这方面知道得很详细,可是“夫妇”这个词没有说出他的口,他特别留神不说“你的妻子”这一句话。对他来说,结婚如果不经教堂的仪式,等于无效。夫妻关系决裂倒反而使玛克回到正路上来。他在摸索,他在趑趄不前……突然,玛克明白了;这位圣人愿意玛克和他的妹妹小白鸽规规矩矩地结婚,既然玛克现在已经是自由之身。这样一来,一切罪孽经过苦修赎罪,都可以得到赦免,ad majorem gloriam Dei[1],也符合家庭的利益,安琪神甫在他的一番虔诚心意中是诚恳的,作为善良的哥哥,为他妹

① 拉丁文:为了上帝的最大光荣。

妹的利益打算,也是恳切的,加上土生土长的巴黎人的狡黠,他忘不掉人间的规律以及起牵线作用的关系。玛克只有生气或者装傻这个办法。他就这样装了。他的耳聋到令人悲叹的程度。安琪神甫白费气力地咳嗽几声,提高嗓音。他单独一人被抛弃在易受连累的处境中,他走了几步,陷入烂泥坑中,停步不走。他注视玛克,明白了,叹了一声,可是毫无怨恨之意,他给玛克祝福之后,走了。

玛克对小白鸽只有怜悯之心,而无内疚之感。可是对另外一个女人,他却感到内疚。是内疚,还是怨气?他自己也掉入同样的陷阱,这使他感到屈辱,虽然那另一个女人不可能知道这件事。当阿霞落在这样的陷阱中时,玛克的骄傲与激情给他高高在上地用鄙夷的眼光打量她的权利。更加倒霉的是他在陷阱底里找到的不是小白鸽,而是一只乌鸦。他觉得丢脸,双倍地丢脸,好像被一只瘦母鸡抓住的狐狸。吃了这样的亏,使他恨透了佩娜岱特,可是由于连带作用,他自己也因此而作了健康的反省。他不得不承认,他并没什么权利对别人的弱点毫不宽恕地加以斥责,不论男人或女人,没有什么可以互相责备的,大家都没有什么了不起。机会使人犯罪,更甚于意志。可怜的意志!玛克一向以自己意志坚强而自傲,现在知道当身体上欲火燃烧时,意志就没有多大分量了。不仅是爱情的饥饿。在所有的疯狂、所有的激情之中,过分充沛的生命之血液涌到良心的喉头,淹没了良心。唯一的补救办法:利用这些激流,好比利用烧红高炉的烈火。但愿激情成为马靴的尖刺,激发行动的力量!“Primum agere...”①行动是健康的,而且必要的。但是到哪儿去寻求行动?阿霞远远离开他去找寻行动,她有道理。

她找到行动了没有呢?

---

① 拉丁文:首先是行动。

*　　　*　　　*

阿霞在欧洲奔跑,鼻子一路嗅着。可是她没有追上猎物。

千百万人,男的和女的,尤其是不到三十岁的人,都像她一般奔跑。当她一跨过边界线,立刻发现大群大群发烧一般的青年人,他们跑呀,跑呀,跌跌撞撞,磕磕碰碰,像公羊一般。他们跑向一个行动,不论是哪一个,永远接触不到的行动,他们跑向令人头脑发晕的转变。在战后的德国,随波逐流的灵魂,直至狂怒的绝望,形成一片混沌、过去人们相信的一切,全部摧毁了。国家、家庭、社会,所有的传统思想和一切有把握的形式,"有把握"这个概念本身也摧毁了。任何对固定和绝对的某一点的信任,都隐藏起来,如同卑鄙谎言或者懦怯的行为一样,在法国战胜者荒诞而自私的安排下,像但丁《神曲》中那样一群群被罚入地狱的年轻魂灵,狂放得像龙卷风一样冲击他们阴沉而毫无希望的监狱墙壁,他们有共同的狂怒:仇恨闷得他们出不来气的墙壁,仇恨平静、秩序,仇恨这个旧监狱愚蠢的安全,这是当时的法国在全世界眼中的一种象征,表示它战胜了,发财了,吃饱撑得直打嗝,肥胖到动脉硬化的程度,还自以为在阻止混沌,纷乱和搏斗,而这一切是世界之血的必要循环。所有战败者的痛苦,破产者的怨愤,都被那些和法国对立或敌对的奸诈国家,和厚颜无耻地利用本国穷困的德国资本家,以及在社会动乱中浑水摸鱼的人,巧妙地抓住,加以训练和动员,用来攻击法国这个唯一的替罪羊,唯一的行尸走肉,被认为是一个叛乱的世界在残酷死亡中的唯一负责者;法国自以为可以把这个世界和自己的腐烂尸体连接起来。再加上普恩加来、班勒维①、赫里欧②、达迪欧③等人愚顽的自满情绪。(他们迟钝的自我满足与自信,都不相上下!)他们以残暴的固执,把他们的曾祖父们提倡的已经死亡而且埋

① 保尔·班勒维(1863—1930),法国政治家,曾任法国总理。

② 爱德华·赫里欧(1872—1947),法国政治家,曾任法国总理,里昂市长。

③ 安德雷·达迪欧(1876—1945),法国政治家,曾任法国总理。

葬了(这个墓地!)的不朽原则,同时也把死亡了的真理和已经变成硬骨头的进步放在衣袋中。给磨房增加水①……“磨工,你睡着了!……”磨坊里磨的是绝望与仇恨。新的争权夺利的战争在酝酿中,新的意识形态在供给它们燃料。对生命的权利;对运动以及财产转移的权利;对正挤压和骚动的人民群众的爆发的权利;对混沌杂乱的权利……

对混沌杂乱的权利是当时德国大量运用的权利。自古以来,混乱是德国的因素。德国精神喜欢混乱,借口混乱可以更新……“Stirb und werde!...”可是在实践上,一切都以军事组织告终。它需要结实的大铁盆和经得起一切考验的钢管,用以承受热气腾腾的铁水,为克虏伯、狄森、胡根堡等,操纵当前世界的工业与为商业效劳。

阿霞在她那速记打字员的岗位上,听到一些回声。作为一架活的机器,她记录法德重工业大公司双方代表秘密商谈的内容。她那无与伦比的熟练技巧,她那种谦逊自处的敏慧人品,好像带了一个隐身的戒指②,因此人们给她保密性的职位,作为从事秘密政治与财政活动的法国要人的随从。只要她愿意,她可以利用这种处境。但她只用来丰富自己的经验,以满足她秘密地积累起来的对社会复仇的渴望。她也积累了对被剥削的穷苦大众的鄙视,他们是老实人,鼻子上穿着一个环,让人牵着走。在德国,人们要这种人干什么,他们就干什么。全仗他们先天的支离破碎的性格,以及在三分之二的德国人脑袋中落户的头脑发烧的毛病,不论是有思想或自以为有思想的人,人们可以把意识形态方面的反抗者编成队伍,穿上现有的以及将来的奴隶主义或法西斯主义的制服,无论是用金融的或暴力的方式,消灭他们头脑中的自由思想。阿霞不理解,为什么这些潮流,这些撞在墙壁上的狂风,互相撞击成曲曲折折的线条,或者回旋成螺丝圈,而不是涌入到达自由

① 法国成语“给磨坊加水”,相当于“火上加油”之意。

② 根据希腊罗马古代传说,有一种魔术戒指,谁带上这个戒指,旁人就看不见他,称为“隐身戒指”。

与广阔未来的唯一通道,那开向东边苏联的狭窄的门。但是除了几个共产主义的核心之外,对日耳曼民族优越性的阴暗而固执的骄傲感,对百分之百的“雅利安”人[①]的愚蠢意识,使得那些即使愿意付出血的代价而要革命的人,虽不明说,心里要的也是 made in Germany[②] 的革命。于是奴隶主义者就利用这种情况。

但是,这扇东边的门,吸引住阿霞视线的东门,为什么她自己不穿门而入呢?她在门边转来转去,她走近门口,门洞的风吸引她,她自己觉得被这股风吸住了;到了最后一分钟,她忽然向旁边跳开一步,她把自己从风的引力下挣脱出来……为什么?她的真正职位应当在那边,关于这一点,她一天比一天更深信不疑了。别人也这样对她说。她经过柏林和奥斯陆时,并非没有人知道的,到处有人监视她,因为贾内里兹已经把她的情况报告了有关方面,他们知道她是安插在敌人阵营内部的义务同盟者,她不需要很长时间就发觉,像她这种情况的人不止她一个。正如北方蛮族侵入罗马帝国前夕,蛮族人投身在罗马军队里干活,今天的革命人员混进资本主义的大本营,混进工厂、办公室,他们支着耳朵在门外听,他们用敏捷的手指打字记录参谋部的秘密。工业界的首领们召开军事会议的时候,阿霞的视线被某一个同事,某一个她不认识的、出乎意料的同谋,打字员或秘书所吸引。他们一言不发,互相闻闻气味,同党同谋的气味。投效于这种不需要工钱的任务。最好的投效是自由本能的参加,是血的投效。当一种文明发生动摇,到了火山喷发的前夕,在它的外壳之下,土地崩裂,从它的脉管里发散出火的气息。这种火的气息可以突然传达到一个资产者身上,即使他是西方资产者之子;照样也可以传达到不属于任何等级、也没有任何根基的人身上。被战争、破坏、通货膨胀、破产倒闭失业和饥馑所造成全欧洲的经济动摇,使欧洲这个机体无法抵御各种革命细菌的入侵。一次巨大的瘟疫使残破的社会机体受到惩罚,使周期性的人口膨胀有

① 德国人认为雅利安人种是世界上最高贵的人种,而德国人是纯雅利安种。
② 英文:德国制造。

发展的余地。这难道和革命的破坏有什么不同吗？在这土地已经皲裂的中欧，愈靠近火山，上述现象表现得愈不折不扣。

可是，阿霞虽然是熔岩的一条支流，却并不设法回到岩流中去。她不管自己遭遇到什么事，她的倾向使她回到西方去。真的回到西方吗？还是回到西方的某个地方，某个点，某一块吸铁石上去？她不允许自己这样做。人们需要自卫的只是那对自己有威胁的、对自己执着不放的事物。想起来徒然使她恼怒。她的灵魂和身体还没有恢复到完全为自己所有。另外有一种血液混在她的血液中。她不能从中解脱出来。她不得不承认这些令人气恼的事实。她的战友们间接地要她报告她因职务而听到的秘密商谈，她本来可以毫无顾虑地向他们报告，因为她对敌人不必用道德上的考虑来束缚自己的手脚。然而她不可能向他们报告，有一只手，一个制动器，卡住了她的喉咙。她想不理这些，她尥蹶子。那个制动器，那只手逼她向后退。她啃咬它们。她完全知道谁用骄傲的顾虑使她套上缰绳，谁迫使她嘴里衔着小铁棍，嘴都磨出血了。她在舌头上咀嚼铁的味道……啊！如果她也能够嚼他的舌头。她找不到那个人的舌头，只好嚼她自己的舌头，带着怒火和快感，就好比嚼对方的舌头一样。

她并不是一个能长时期欺骗自己的女人。她能看清她不愿意看到的一切。这个她仇恨而且抛弃了的玛克原来一直抓住她不放？他有什么优点，使她不能脱离他？她有二十次机会可以找到代替这位伴侣的人。没有任何可以拦阻她的理由……可是她并没有这样做。到最后一分钟，另一个人（不，不，不是另一个！而是唯一的一个）出来干预。为什么唯一的一个？从前他并不是唯一的，为什么后来他成了唯一的？她反抗这种想法，她咒骂这个人，她把他脱得精光，为的是贬低他的价值，好比在市场上被购买者在腰身上摸摸有肉没有的一只瘦兔子。他长得丑，瘦得皮包骨头，脾气软弱而暴烈，温柔而粗鲁；又是疯狂的火焰，时灭时旺，枕席之间的庸才，然而充满激情，一个不起眼的猎物……

“瞧这儿,你们的野兔,谁要谁拿!……我把它扔在你们面前……”

刚刚扔过来……她就喊道:“给我!我留下它……”

但是她并不理解为什么让他来把她管住,纠缠她。她接受了,她和他订了约会,为了不再受他的迷惑:“你在榆树荫里等着我!”[1]她可不去见他……只有一个人快要胜利了,那人就是若望-卡西弥。她遇见了此人,此人在厚颜无耻地追求她。因为在她眼中,卡西弥可以做玛克假的 alter ego[2]。而他,这个盗贼,他想劫掠玛克的老窝,也许他心里也在恨玛克。可是,她一旦明白(不用多长时间)后,就用发怒的眼色盯着他,她恨自己,同时用鄙视的心情仇恨他,就像恨自己鞋上的泥巴。

“玛克!我的玛克!为了躲避你,我反而在寻找你,用这些可耻的花招有什么用呢!可是,你有什么可以抓住我不放的呢?啊!你有这点:不论你怎么样,你是我的!”

她心中诉说上面这段独白时,正在参加她老板——一个大工业联合组织的代表——的商谈会,她正在用速记记下会上的讨论。玛克,她的玛克,扑到她身上。他用长翅膀,用他消瘦的四肢,盖在她身上。

“我的瘦家伙!我的丑鸟儿!我的没有脊梁肉的野兔!全身是骨头架子,大腿像柱子,膝盖像木桩,结实的双手,温软而发烫,把人的皮肤碰得青肿……还有你的狂怒,你的弱点,一忽儿像孩子,一忽儿像暴君;你的抚摸,你的蛮横,你的心神不宁,纠缠得别人不得平静,鞭打别人,接着你不安地等待我对你说一句温柔的话来安慰你,你寻找我的乳房,咬我的奶头,或者吮吸它们……小野兽!亲爱的!……我已经报复了……可是还不够!……再咬我一口吧!使劲咬!……啊!我是多么想使你喊叫起来!……”

---

① 你在榆树荫里等着我,法国俗谚,意为“故意作弄人”。与人约会而不赴约,让人空等。

② 拉丁文:另一个自己。

她不知不觉地把这些全写下来。她发现这些话都已经速记了,夹在煤炭和钢铁的账目之中。她差一点没有把这些画出来,放大的(缩小的),连带一切细节。她清醒过来,重新看见这些鬼画符式的篇页时,她目瞪口呆了,于是咬紧嘴唇,在肚里笑得不亦乐乎。她心里说:“玛克,我的玛克!啊!何苦再继续骗我自己!我在欺骗大家,除了我自己……”

现在,她必须承认,她爱玛克的一切,甚至是而且尤其是玛克最伤害她的举动。现在,当她把他和眼前这些人的、用污泥和唾沫拧成的卑劣灵魂相比时,他那骄傲的固执,他那即使没有行动、没有目标的独立不羁,甚至他的狠心,在她眼中全是美好的、健康的、可取的,甚至值得和他顶撞,直至碰得头破血流。“我非要他不可!我愿意要他。但是,万一他不要我了呢?……更多了一个要他的理由!有好戏可瞧!我才不顾他的意志呢……可是万一已经太晚了呢?万一他已经另外成家了呢?那好,我叫他拆散!……”

尽管这么说,她并不放心。她已经没有玛克的一点消息。她好不容易盼到安乃德给她写来的信,信中光谈安乃德自己,还有孩子,就不提她所想念的那个人的名字和消息。她又不好意思问安乃德。

卡西弥为了报复(他并不重视这种报复),阴险地将一张《巴黎回声报》给阿霞看。关于小白鸽投塞纳河遇救的事件,报上的报导对知情人暗示,小白鸽不是被卡律布狄斯旋风卷落到斯库拉礁石上的,而是从一个姓李维埃的人手中,落到另一个李维埃①手中。阿霞明白了影射的事实,气得用指甲抓自己的手心,她说:“肮脏的女戏子!……”

如果她阿霞在圣米歇尔桥上,她很可能把投水者的嘴按在水下,说:“啊!你不是要演戏吗?演你的角色吧!……”

阿霞回到巴黎。若干天以来,她一直犹豫不决。白天把行李捆好,晚上又打开。最后听到了这消息,使她下了决心。她上了火车。

---

① 前一个“李维埃”指玛克。另一个“李维埃”指塞纳河,因为“李维埃”这个字法语原意是河流。

她必须和玛克更靠近些,即使看不见他。问题丝毫不在于缴械投降!在回巴黎的火车上,她用加倍的敌意,重新顽固地考虑了她和玛克的纠纷。她承认残酷地伤害了玛克。她过去接受了和他结婚,完全知道他是怎样一个人,知道他期待于她的是什么,希望为他保存的是什么。不论她怎么想,她下决心准备在他们共同生活中,光明磊落地把自己局限在她丈夫的道德和社会的限度之中。如果玛克在痛苦与愤怒的第一个冲动中,打了她,甚至杀了她,她也接受。她已经准备好:"这都是干这一行难免的风险",就如那位遇刺的国王临终时所说①。人们不应当逃避自己所干的事的后果。但是她不能忍受他对她的侮辱和鄙视。不但她对公道的意识因此受损伤,她的自尊心也同样受伤。她看不见(也许她看见的)玛克对她的热情总是和他对她的鄙视同样猛烈,这种鄙视来自他的绝望的热情。她能忍受玛克的一切,就是不能忍受鄙视。就在这一时刻,在轰隆轰隆前进的火车中,她血液的轰隆声比车声更响。她反复说:"我永远不饶恕他。"

她和安乃德以及孩子重新见面。婆媳二人什么都谈,就是不提玛克。安乃德小心在意,不和阿霞谈玛克,必须让那个脾气极坏的人先提起玛克。而阿霞宁肯打断牙齿也不愿开口提玛克的名字。可是她常常到安乃德家来,也寻找拙劣的借口以便再次来看安乃德。她在等待,她们两人都在等,窥视着对方的嘴唇。直到有一天瓦尼亚开口了,他并没有理由不提玛克,而且也许是安乃德教他说的,他翘着鼻子,从容不迫地问他母亲:"你什么时候回来和爸爸睡觉?"

阿霞脸刷地变白,一会儿又变得通红了。她怒气冲冲地站起来,毛发倒竖,双眉紧蹙,走了。可是在楼梯上,她笑了起来:"这个淘气的小家伙!这只小猴子!"

接着,她想可能是安乃德教他说的。为了惩罚安乃德,阿霞强迫

① 传说意大利国王洪佩尔特一世(1844—1900),曾遇刺而幸免于难。事后他洒脱地说:"这不算什么,干我们这一行都不免冒这样的风险。"可是一九〇〇年,他终于遇刺身亡。

自己在整整一个月内,不来看她。第一个星期,她坚持住了。可是第一个星期以后,她天天来看安乃德。不过决心不让步。

玛克也同样固执。他很愿意和他母亲谈得更推心置腹些。两人促膝谈心,他忧郁地回顾过去,他不怕承认一些倒霉的经历,不是别人的事,而是关于他自己的,他的错误造成了不可挽救的局面。他们有漫长的对话,间隔着漫长的沉默。母子之间温柔、辛酸、嘲讽和超脱地谈爱情疯狂,爱情要求独占另一个人,爱情专制的苛求,爱情的暴烈和孩子式的狂怒,它凶恶的嫉妒。多么可笑,多么可怜。安乃德端详他儿子更加瘦削了的脸和未老先衰的面容,眼睛周围新添的细微皱纹,嘴边的褶痕不这么含怒了,可是显得疲惫。安乃德心里难过。可是她知道只有阿喀琉斯的长矛才能治愈它所刺伤的人。要抓住这把长矛,两个敌人伸手就行。然而这两个疯子拒绝伸手。安乃德确信这两人是相爱的,他们互相需要,可是任何一方都不愿意先表示。他们只愿意互相损害。

可是他俩已经精疲力竭,再不见面,谁都支持不住了。玛克知道阿霞已经回到巴黎。安乃德通知了双方,哪一天什么时间,她分别接待他们,这位善良的老妈妈说这是为了避免两人互相撞见而难堪。这些日子,他们双方都躲在安乃德住处附近,缺乏诚意地设法窥视对方,不让对方发现自己。最可笑的是在玩这种捉迷藏游戏时,两人都以为对方不知道。每一次,两人在街上都躲藏在一家大店铺的角落,两人都在窥视对方的侧影,各人的心在胸中疾跳,他们差一点要互相扑在对方怀中,或者各自瘫软地倒在地上,他们的腿都发软了,身上一阵热,一阵冷。末了,各自回到寓所,筋疲力尽,好像血都流光了,嘴里发干。这样一来,这一天就算完蛋了……

这种情况是不能持久的。解决的时刻必须到来。

这天,玛克在他母亲家里。安乃德终于决定建议两人设法接近一次。可是玛克干脆拒绝了。而且他粗暴地不让这种话再说下去。阿霞在安乃德住所的对面,人行道上,在窥视;她躲在一辆卡车后面,等待玛克出来。可是他老不出来。她支持不下去了。她穿过马路,进入对面的房子。她只是想靠近一点。她在楼梯下边等待,支着耳朵听着。她准备听到五层楼上安乃德的门打开时,她就出去。门打开了,可是她上楼。并不是她有意要上楼,而是她的两条腿抬着她往上走。她像一个梦游者一样,不假思索地往楼上走。脑子里已经没有一点思索的痕迹。可是听觉加倍敏锐,像一只共鸣箱,下楼来的那个人的脚步声被放大了。两人在半道上见面了。阿霞正登上三层楼的楼梯口。玛克正从三四档楼梯以上一个很陡的拐弯处走下来。他们的血液停止流通了,可是两人像机器一般的脚步并未停止。阿霞在慌乱中,没有停顿一下,继续走上那个窄狭的螺旋式楼梯,那里只能勉强让两人擦肩而过。他们走过去了,身体僵直,互不注视,轻轻擦过,差一点要滑倒。玛克紧靠着墙,阿霞几乎悬在栏杆上。他停止了呼吸。她闭着嘴,用鼻子出气……

他们走过去了……现在玛克在楼梯口上。他俩一下子同时转过身来。他们互相扑向对方……玛克抱住阿霞的胯骨下边,她比他站得高两三档楼梯。他的面部正在她腹那的高度。他把脸埋藏在她的肚子上,这个不忠贞的肚子,这个神圣的肚子,他的安乐窝,失去了又重新找到的安乐窝!阿霞没有站稳,从楼梯上滑下来,在楼梯口又站住,嘴对着嘴:所有的堤坝全炸开了……

邻人听见了阿霞从楼梯滑下来的声音,下一层楼有一扇门打开了。他俩放开了拥抱。他们怎么办?到哪儿去找藏身处,去消失在那里,消失在重新找到的欢乐深渊中。到他那儿去?到她那儿去?他们已经没有力气走路,他们简直不可能到街上密密的行人群中去挤。他们不愿让他们的爱情淹没在人潮之中……只有一个出路:他们向楼上逃窜,一直到五层楼上的那扇门!

安乃德出来开门。她发现那两人紧紧地手抓着手,你瞧我,我瞧你,瞧个不够,如同拉斐尔在特朗斯代维所画的情人。安乃德几乎没有惊异的表示。她幸福地笑着,躲到一边去了。他们直奔内室。两人什么话也没有说。“幸福的人民是没什么可以记录的……”安乃德把她卧室的门关上,让他们两人在里边过了整整一夜。

母亲在邻室,坐在孙子的床边。她和孩子在窃窃私语。孩子很惊讶,既好奇,又高兴,太懂事了。他笑着睡着了,小手抓着祖母的手指……

夜里,安乃德卫护着受伤的幸福,爱情在吻所受的创伤,浪子回头了,女儿也一样。他们都回来了。她让他们住在隔壁,紧挨着墙这边她的床。母亲把她的一双幸福的手按在肚子上。在她的肚子里,有她的两个孩子。

第 二 部

佛罗伦萨的五月

他抱住她，在她甜蜜的嘴唇上亲了她，压在他心胸上紧紧地搂着她。两人在床上躺了一小会儿，再说别的事他们也干了点儿……行啦，够啦，我不讲下去了……

就这样，黑辫子阿霞把《黑辫子玛丽》的民间故事一遍一遍讲给瓦尼亚听。

可是这个月亮不像第一次蜜月。这已经不是花的蜜月，春天的蜜月。而是秋季的蜜月（虽然他们还是那么年轻！），松树的蜜月，辛辣的芳香，略带暗影的金黄色。经历过痛苦而成熟的爱情，是最热烈的爱情。这种爱情不再由于放肆的游戏浪费精力。它只需要亲爱的人在身边，靠近自己。它不倦地抚摸这个窄窄的身体，用全部官能感觉，用生命给我们一切。这身体给我们画出轮廓，也给我们划清界限，但没有将我们全部都包含在内……"亲爱的人，亲爱的人，这真的是你吗？……"

阿芒蒂多，阿芒蒂多，
我的情妇，我的情妇，
你的睫毛使我瞧不清你的眼睛！①

① 西班牙民间歌谣。——原注

于是他俩筋疲力尽地倒卧在床上……

你抓紧我,我也抓紧你的爱情,
好比蜥蜴抓紧墙壁。①

蜥蜴睡着了,眼睛睁着……眼睛看不见,眼睛在吸饮日光。看见的是贴在墙上的温暖的肚子,伸展着的整个身体……"你?你在那儿吗?……"

他们连动一下的力气都没有了……无边无际的困倦,几个世纪积累的疲劳要求好好休息,谁想到有那么多的不眠之夜需要补偿?在流放生活的几个月中,远离他们的本土,即使他们自以为睡着了,他们也在痛苦与挣扎中累得精疲力竭,加上无可挽回的懊悔折磨着他们……如今他们团聚了,破镜重圆,他们连重新互相占有的力量都没有了,他们感觉到对方在自己身边,互相偎倚,这就足够了。

"我睡,你是我的,我是你的,我睡……"

阿霞睡着了,她睡着了……她永远睡不够……

*　　*　　*

当他们开始苏醒——(一阵阵地苏醒,两人从不同时醒来)——醒过来的一个,就静观旁边睡着的那个人。如同普赛克②一样,先醒来的人高举灯烛,细看睡中爱人的身体和面孔,如同一本记录受伤的爱情的书。在睡眠中,这本书泄漏自己的秘密。在他们分离的几个月中,

① 西班牙民间歌谣。——原注

② 普赛克,又译普绪刻,希腊神话中人类灵魂的化身,以少女形象出现。她与爱神厄洛斯相恋,为了看清情人的面貌,趁他睡着,点燃了一支蜡烛照他,厄洛斯惊醒逃走,失去踪影。

痛苦和愤恨的指甲在他们本来互相认识的脸上留下伤痕,所以互相不认识了。当他们发现这个秘密时,他们不禁为之心悸肉跳。脸还是从前的脸,可已经是另一张脸了……有什么变化?……当那个不睡觉而在观察的人把另一个睡着的人的面孔作镜子,由于反射,瞧见了自己的面孔时,发现自己也不是原来的自己了。有什么变化?在他俩身上,完成了一次深深的耕耘工作。犁铧经过之处,作物成长了。

第一批作物,第一批麦子就是另一种爱情。昨天的爱情已经焚烧。另一种爱情产生了。一种由感激和献身的激情形成的爱情。因为他们用痛苦作为代价,体验到他俩相互间是多么需要,一个人如果没有另一个,就没法活下去。使他们俩互相顶撞的骄傲已经粉碎。骄傲被砸碎了,这是多大的幸福!他们两人的心与心之间,门打开了。

“我是你的住宅。住在我里边吧!如果你不把我充满,我就成了荒废的空室。正如高尔基所说,爱一个活生生的人,啊!这是多么奇妙!为什么我爱这个人?我完全不知道。我知道的只是我爱的是这个人。而他的爱情使我从死人堆中再生……可是我呢,我却把他钉在十字架上受难!……”(阿霞俯伏在玛克睡着的身体上,她吻玛克胸部和腰部的侧面长枪刺伤的痕迹……)“但愿从今以后,我永远不再让他痛苦!……”

在玛克醒过来的眼睛中,阿霞看清了他也同样地担心,怕使对方为他痛苦;同样温情脉脉的关注。两个人都受过伤,两个人对亲爱的人皮肤上稍有颤动立刻就感觉到。这类千百种不易察觉的方式表现出来的互相关注,从灵魂深处得到改造。双方都暗中努力使对方满意。为了避免和对方的本性抵触,各人都抑制自己本性的倾向。他们产生了一种相互谦让的感情,这是前所未有的。现在的问题不再是我比你有理。不如承认我对不起你。阿霞不再设法使玛克超越他能力的限度,也不过早地催促他前进。在这破镜重圆的日子里,她享受欢乐。她使自己步伐的节奏和朋友的步伐协调。她只要知道两人在同行就满意了。“按你的步子走！不要着急！我跟你在一起，我们有时间！”

即使玛克不去勉强他的本性，不能达到在阿霞看来很自然的目的，阿霞不再坚持不等玛克而自己先达到目的。她的第一件工作，第一个义务和她的幸福(她的心现在这样觉得)在于帮助她所爱的人实现他的本性。他是她的孩子，她真正的孩子，比她儿子更是她的孩子。她的儿子，她生下来就算完成任务了。可是她那个大孩子，她永远把他怀在肚子里，她在孵育他，她用温情和血液改造他……她想起安乃德对她说过的话，那时她和玛克刚刚分离。安乃德说：“我们是母亲，我们应当怜悯我们的孩子……”

她和安乃德单独在一起时，她重提这些话，她说：“的确是这样。即使在两人拥抱的时刻，最强烈的感情(也是最阴暗的感情，可是今天我已经把它看清楚了)是做母亲的感情。这种感情在我们身上是最高的甜蜜之感，就是把我们的大孩子，占有我们同时把自己交给我们的那个人，抱在我们怀中轻轻地摇着。”

安乃德说：“不应当把这些对他表露得太多。一个明智的母亲知道怎么照顾她孩子的自尊心，孩子自以为已经是大人。她应当学会那种高级的学问，把她自己作孩子的试验场地，让他在我们身上笨拙地施用他新生长的力量。母亲宽宏大量地忍受孩子对她的不公正行为，她甚至从中暗暗感到乐趣。我们心爱的人，我们的孩子，我们使他们长大成为男子汉，他们成为男子汉，要我们付出代价。这就是爱。爱，以创伤作为开始。”

阿霞说：“我的大孩子是我让他受伤的。我不是一个贤明的母亲。”

安乃德说：“头一次你不明智，以后你才能够学会做贤明的母亲。”

“按您说，贤惠的姑娘就是去年的疯姑娘？您不会闭上门不让她们进来吧？”

“我倒会对贤惠的姑娘们关门，她们拒绝把油借给人。我不是一个好的福音书传播者。”[1]

“对,您把您的油借给了我,我的灯又亮了。丈夫回来了。我得到了他,得到了他,而且要保留他,我不会再让人吹灭我的蜡烛……‘在月光之下……’[2]我看守着我的灯火。”

玛克注视俯伏在他身上的小小守卫者。他清楚地看到,她用双手卫护着重新点燃的爱情火焰。灯烛的红光照亮了她温柔和操心的面孔。阿霞一心一意要保护玛克的自由,一点不阻碍他的自由发展。这种心意,玛克看在眼里,记在心上。阿霞好像准备为他牺牲她自己的信念,这使玛克深为感动。他不是会接受别人为他牺牲的人。他反而因此觉得他对阿霞负有应尽的义务。她对他的信任,使他更觉得他决不能辜负她,不能使她的期望落空。向前迈进,而且一直走到尽头。这并不是说他能够为她而牺牲自己天生的真诚。他知道(而她现在也知道),如果他由于对她的爱而背叛自己的天性,也就等于背叛阿霞。他的真诚性是他结婚时带来的财礼,两人共同生活的共同财富。必须好生守护这宗财富,但同时不能使它成为没有出息的财富,必须使这种内心的力量完成自己的使命,它必须在山峦之间冲出一条奔流的河床。有必要解开精神上互相矛盾着的苛求之谜。解决玛克灵魂深处互相对立的规律,然后使一条更宽广的、涵盖一切的规律涌现出来。

正在这儿,显现了爱情出人意料的威力。这是一种新的爱情,它使玛克在受伤之后的血液得到更新。因为,爱情在他身上剥去了盲目生活、肉体的自私自利以及想独占另一个人的疯狂所产生的狂热幻想,于是导致他自己剥去精神上的自私自利(最致命的自私),他在意识形态方面和某些思想上绝对的自私观点。这种爱情帮助他从生活

---

① 典出《圣经・福音书》,几个姑娘陪伴着新娘去迎接新郎。贤惠的姑娘们都带着灯油,可是其中几个疯姑娘忘记带灯油,灯灭了,向贤惠的姑娘们借油。后者不借,说:“我们自己的灯油也不够用。”疯姑娘们只好临时去买油。她们赶到新郎家时,已经晚了,新郎关门不让她们进去。

② 法国民歌,小孩们最喜欢唱:“月光明亮,我的朋友皮埃罗,把笔借给我,写一个字……”

的一个方面转移到另一个方面,从个人方面转移到社会方面。在这种 Vita Nuova 的头几个月之间,正如阿霞用很自然的欢乐,为了服务于她对玛克的爱情,放弃了自己的独立与自尊。玛克在他对阿霞的爱情不知不觉的影响下,逐渐走向牺牲自己的混乱的个人主义,而在社会活动和搏斗这一手腕的控制之下屈服。她不必向他提出要求。她只要变成和他一样,他也就变成和她一样,而且他发现作为阿霞天性中最主要因素的强有力的原始本能,简直成了他自己的本能。不用说,两人思想这样密切地胶合在一起,也只在他俩身体重新结合之后第一个时期的热情高峰中才有可能。稍后,这个纽结不能不放松,恢复两人各自独立而并肩行进的内心生活,这是客观规律。可是当他俩互相渗透到内心深处、而且互相混合到各人完全成为对方、甚至比对方自己更加对方的时期,两人都保留着灵魂互相渗透的痕迹,这是永远不会消灭的。甚至两人的嘴里都含有这种互相渗透的味道。即使他们想把自己的舌头漱洗一遍(有时候,这种纠缠不清的情绪使人有发烧的感觉),他们也找不到任何一种水可以漱口。他们不得不带着痛苦(带着快感)活下去。把对方的灵魂嫁接在自己肉体上。这给人以一颗牙齿在顶撞的感觉,一颗正在长出来的牙齿,新的牙齿。好比年轻兽类,它们找一些东西来啃啮,为了磨炼新牙。他们两人感到饥饿。行动的饥饿。

*　　*　　*

他们两人之间存在着一种差异。阿霞的饥饿完全是一种乐趣,因为她是健康而且无忧无虑的:“我饿了,我吃……被吃的东西活该倒霉。”可是玛克的饥饿不能使他忘记被吃者也和吃者一样,有生存的权利。一切在前进的生命都在践踏着被害者。没有一个真正的新社会不是建立在以前的旧社会废墟上。而这废墟不是石块,而是有血的肉体。玛克如果想尝尝鲜血是什么味道,他只要舔舔自己的创伤就行。

在强迫他的意志接受的战斗中,他由于自己的本性,站在敌我两方面:他是打击者,同时又是被打者。他加倍地感到战斗的残酷性:打人和挨打。战斗的意识观念和他自己的意识观念相抵触。这种无产阶级群众的精神,这种辩证唯物主义,和他身上根深蒂固的个人主义知识分子的贵族精神相抵触。他的努力都白费:他必须相信知识者以及和他合为一体的知识阶层的特权。如果他不相信这点,他会觉得一切都完了!……

玛克要想从这种情况下解脱出来,只能用苦行这种反作用来惩罚自己和他所属的派别被公认的卑鄙性,强迫自己为无产阶级艰苦地效劳,接受这种效劳所包括的战斗方式。他那起破坏作用的或一事无成的个人主义旧衣服已经褴褛不堪。他曾经在他的知识分子同伙中,目睹和接触他们的卖淫行为,那就是出卖精神自由、非暴力主义等在他心目中十分宝贵的观点。所有资产阶级意识形态工作者,大的和小的,和这些观点都有交往,这些娼妓式的意见,向他们慷慨大度和舒适的智慧提供廉价而不冒风险的官能享乐。适合于各种口味的货色一应俱全:客观主义、理想主义、唯美主义、光荣、怜悯、礼貌、德行、个人自由、良心、人道……这些娼妓在多少床上打过滚,所以她们能够适应任何形式,各种精神都和她们一拍即合。他们借此躲避和令人难堪的现实接触,躲避粗糙的手、肮脏的手以及鲜血。他们利用他们的思想观点,他们的娼妓,逃避对社会行动的责任和风险。对最优秀的一部分人来说,这不仅是胆小懦怯、害怕流血,尤其是秘密的骄傲受挫折。严格地说,他们也很愿意为人民的事业尽力,但以不丧失他们的尊荣地位为前提,必须保留他们有领导不学无术的群众的特权,保留他们的优秀分子地位,保留他们用 ex cathedra[①] 的态度讲课的教授身份。虽然不敢明说,他们不接受以虚构的民主为外衣,和粗鲁无礼的无

① 拉丁文:高高在上,用教训的口吻说话。

产者平起平坐,后者虽然接纳他们,但只许他们站在行列之中。遇到必要的情况,比如像在苏联那样,强迫他们和无产阶级合作,他们一切努力都是徒劳的,因为他们很可能或者在心中,或者在事实上,阴谋建立专家们的寡头统治,包括物质的或精神方面的专家。他们大多数出身于无产阶级或小资产阶级,这并不排斥他们对被他们视为未成年人[①]采取保护者的姿态。自古以来,面对平民摆出最轻蔑、最严厉的态度者,恰好是那些出身于平民、而由于他们的灵活性或由于他们的铁腕爬到上层的人。在旧制度下的那些管家们是特权阶级的看门狗。今天,知识分子和技术专家是资产阶级秩序的看门狗。玛克把他们深入观察了一遍。什么东西帮他看清他们脑后的思想,那就是他自己脑后有相同的思想。他需要铲除这种思想。这也是为什么他用最大的精力和他们作斗争的理由,因为在他们身上,他发现他自己,他的一个“自我”,一个被他否认了的“自我”,一个他正在与之搏斗的“自我”。

在他自己和自己狂热斗争的一个晚上,人们自己舍弃特权的那样一个八月四日[②]夜间,玛克把自己从个人自由中解放了出来,强迫自己为准备革新社会秩序的群众行动效力。但是他思想中不明确他将在战斗行列中承担什么职务。他不能超过牺牲这个概念。对暴力这个概念他有抵触。他反对自己本能的激烈行动,使他狠狠地克制了自己的个人主义。由于同样的作用,他的思想拒绝对自己使用暴力,正因为他的气质非常倾向于这种暴力。根据经验,他知道如果一旦把脚踏在那里,他可能就淹死在那里。而且他有一定的理由认为,对于大多数人,情况是和自己一样的。暴力是一种烈酒,许多人喝了都受不了。只喝一杯,足够使人丧失对理性的控制。然而今天的欧洲却不能没

① 未成年人,原文是 mineurs 这词,指“没有成年的孩子,在法律上还没有自主权的人”。

② 法国资产阶级“大革命”时期,一七八九年八月四日夜间,立宪大会连夜开会,决定取消封建贵族的某些特权。而这个决定的建议是由几个贵族人士主动提出的。

有暴力行事。欧洲习惯于喝这种酒精,由来已久,不止几个世纪了。有什么办法治愈它这种疾病呢?说空话是不起作用的。只能用实际行动做榜样。那就是牺牲。然而是为了战斗的命令而牺牲。

这样的决心要向最英勇最纯洁的毅力发出号召。可是这里面缺少光亮的色调,缺少欢乐——唯一能给行动罩上一道光圈的欢乐。这种自我净化,自我牺牲,舍弃一切的巨大努力,给这个青年人包上一层秘密的忧郁色彩。他不对阿霞透露忧郁的心情,阿霞一点也没有注意这件事。因为阿霞本质上也许天性同样复杂,可是皮肤却不像玛克那样脆薄,她对行动没有这么多思前想后的顾虑。她尊重玛克脑子里的那些使他心神不宁的问题,可是她让玛克独自去解决这些问题。只要她预先接受他决定的行动路线就行了。爱情使她对玛克充满信任。可是他必须选择,必须行动!在这个充满活力的女人身上,一切都是行动,包括爱情在内。她是一株朝向太阳的树,前进中的生命,连续不断的日子。让我们战胜时间!一天接一天,我们获得时间!这已经不是自我反省的季节。

如果玛克要把他思想上的争论对另一个妇女诉说,他只好找他母亲。她本人已经半个身子从行动中钻了出来,只是从膝盖到脚底还浸在行动中,她能够理解儿子悲剧的二重性。她看见他一直是那么热爱生活,但已经不是那么轻信这个生活;他一边拥抱生活,一边在判断生活。他的全部火焰向上升起,通过生活,向着未来,向着一个他看不见的彼岸,然而他在寻求这一彼岸,好比一条盲目的蛇在伸展。儿子对母亲很少谈论这个秘密的生活。他们只是在互相接触时,有所领会。这样,他们的血液树立在同样的温度上,并且达到共同的均衡。他们之间不完整的讨论,主要收获就在于此。因为安乃德很能看清儿子身上的一切,但是她不能替他看清彼岸。她没有能力劝导他应当干什么。

玛克就这样处于两个爱他的妇女之间,但是她们不能帮助他走路,除非和他一同走,无论他走向何处,她们准备陪伴他同行。但是她们不能,或者不愿对他说:“就在这儿!”她们在等他对她们说这句话。他觉得这样是正确的。他是男子汉。但是,同时为她们两人着想,又要为他自己着想,毫不使问题简单化。三个人各有各的信念。怎样才能找到三个音节的美满协调而又充分实现三人间的和谐呢?

一面等待智慧来发现实现和谐的办法,而在发现之前,更贤智、更敏感的本能使三人同样走向这个目标。三个人的本性秘密交流,在阿霞方面,传达给玛克的是她火热的精力和大刀阔斧的行动,安乃德给玛克的是宁静的额头,它掌握着行动闸门。他贡献给两位妇女最牢固的一点,是使她们的藤能往上攀附的一棵树。他将她们两人结合为一体。

* * *

他们在分散生活的几个月中所获得的经验,可以互相对证。阿霞在中欧获得的经验是有重大意义的,因为她的职位需要听人说话[①],所以“大神们的秘密”她也乘人不备地听到一些。安乃德在和狄蒙的亲密关系中获得的消息,正可以补充阿霞的经验。她们两人的见闻,证实了玛克像流浪狗一般在巴黎街上奔走时获得的一些直觉和忧虑。

很明显,欧洲和世界已经落入硕大无朋的工业或金融力量的魔爪之中,这些力量在操纵一切国家,民主国家或法西斯国家,一切对他们都有用:巴尔干的君主们,出卖自己同时也出卖人民的亲王们。那些condottieri,那些眼睛瞪大得像两支手枪对准你似的duci,鼓吹战争与大屠杀[②]之风的血盆大口,要匕首、大棒或蓖麻的英雄,要不就是一七八九年的不朽原则的崇高缔造者们。这些过分烂熟的梨,以及议会中要的律师把戏——希特勒、霍尔蒂[③],墨索里尼或者毕苏斯基[④]——还有(为

① 她的职业需要听人说话,因为她是速记兼打字员。

② 大屠杀,指沙皇俄国时代屠杀犹太人。

③ 霍尔蒂(1868—1957),一九二〇年匈牙利苏维埃共和国颠覆后匈牙利的统治者(1920—1944)。

④ 毕苏斯基(1867—1935),波兰政治家,第一次世界大战后的波兰总统。

什么不呢?)巴黎、布拉格、伦敦、日内瓦或华盛顿的高音喇叭。一切全可以利用,盗匪行径和理想主义,高尚的天真和下流无耻,只要肯出代价就行:荣誉、金钱或者罪行。各种趣味都能满足。最天真的人和最狡猾的人都会上当。一只手指夹在轮辊传动系统中,整只野兽就被卷进去了。对虚荣心的恭维,表现友谊而常常送点小礼物,都起了诱饵的作用,最后,恐惧使被诱惑者束手就缚。大鱼已经上钩了。

如果没有两个条件,胜利的局面本来已经决定。首先,主宰世界的大亨们必须对如何分割世界达成协议。其次,他们必须达成协议,如何对付唯一的一个够分量的敌人,正在准备对世界进行反攻的苏联,在钢铁的城垣里,浓烟滚滚,苏联正在以庞大的计划武装自己。这些条件是起码的条件。连孩子都可能理解。可是这些金钱与商务的巨人,四肢发达,遍身肥肉,正如狄蒙曾经说过,他们的脑子太小了。他们近视而充血的大眼睛,不能从他们互相对立的激情中,从他们的虚荣中,从他们互相冲突的利害关系以及眼前利益中解脱出来。多少年来,他们一直无法联合起来对付敌人。这些收买世界的人,自己被人收买了,为了一块从别人那里偷来的糕饼,为了和明智的敌人签订一张对他们有利、而让他们的竞争者吃亏的合同,他们互相叛卖。就这样,他们让庞大的无产阶级工厂发展起来,而这工厂为了消灭他们而日夜铸造武器。

可是到十一点钟(甚至到了十一点一刻),他们终于感到那工厂的阴影在他们身上伸展。于是他们想联合起来,结成神圣同盟。他们所有的号角,所有教堂里的钟声都一齐轰鸣,号召成立这种同盟。可是已经太晚了!大地在颤抖。头几下震动就使资本主义的巨大墙垣上出现裂纹。施廷内斯①、狄蒙、勒文斯坦,等等,几根粗壮的台柱子突然倒塌,剩下的那些最强有力的人应当团结成一个整体。阿霞曾参加过法德两国的大工业集团和法西斯试图集合起来的谈判。另一些触角

① 胡戈·施廷内斯(1870—1942),德国工业家。

越过海洋，在盎格鲁-撒克逊各国、不列颠帝国与美利坚合众国之间探索，为了重新胶合Oktopus[①]。它们把待价而沽的bravi[②]，和意大利以及巴尔干无所不为的法西斯粘合在一起。在每个角落里，一群群奸细和寻衅挑战的特务像绿苍蝇似的乱钻乱挤。法国在它的国土上豢养着一支雇佣的白军，机关枪的靶子，这支军队随时准备投入战斗，这儿或那儿，在国内或国外。在巴黎、伦敦、莫斯科之间，通过布拉格、里加和华沙，特务们不断来来往往，他们偷偷混入苏联，为了破坏或解体正在进行中的工程，煽动工人起来造反，给将要入侵的军车开辟道路。那些白军的将军和荷兰石油大王在六个月前已经愚蠢地呱啦呱啦地大吹大擂。

西方的“自由主义”听之任之。心怀怨愤的各派社会主义，由于共产主义的叫嚣和毫不留情的笔战而积怨极深，假装什么也不知道。一种恰好发生的重听症使他们免于出来干涉。然而必须强迫他们听见！左翼各党派的知识分子也一样，他们肥胖而平静，面对一个新世界被扼杀的事实，不愿显出漠不关心，但更不愿为保卫这个新世界而连累自己。他们是聋子，他们像巴特兰律师[③]中的牧羊人一样，只会喊“咩！……”

“等着吧！我要摇醒你！S. O. S. 的急救呼号在狂吼，最后要震破你的耳膜……”

可是发出呼号的机器装在什么地方？

在法国，玛克是最先组织保卫苏联的战斗队成员之一，和他一起战斗的几个小伙子一点也不怕冒风险（他们只能在战斗中丧失一切，而得不到任何好处）。阿霞一点也没有怂恿玛克去干。她生活在那里，而且被玛克爱着就行了。因为他吸取她的思想，正和吸取她衣衫

① 希腊文音译：八足大章鱼。

② 意大利文：恶棍凶手们。

③ 十五世纪法国无名作者的闹剧《巴特兰律师》。呢料商人吉约姆的牧羊人偷宰羊以果腹，被主人控告于法庭。审判之日，牧人的辩护律师巴特兰嘱咐牧人回答法官的审问时，只说“咩……”，不说别的话。结果牧羊人被认为是白痴而开释。

上的气味一样。在两个一同过夜的伴侣之间,思想要被对方吸取,必须表现为一朵没有香味的花。从阿霞的花园里发散出来的槐花香味是热乎乎的。她太机灵,不至于使玛克发现他身上的汗毛濡染着她的思想。她仿佛在跟随玛克。总而言之,他们走的一条路线,走向他们真正的目标和正确的行动,这是一切充实的生活成熟的表现。这是他们特有的发展路线。这条路线和走向必要的革命时代路线汇合在一起。当大地发生巨大的褶皱,小小的溪流跟江河沿着同一斜坡流下来,把它们的水都混合在一起。安乃德虽年龄偏大,但因努力思考,也到达坡下,那里水流较缓,但她也在同一路线上进军,反映着更平静的天空,向同一方向迈进。

玛克在他年迈的老板的书籍装订店里,得到老板帮助,装了一架小小的印刷机,从那儿不定时地印发他自己撰写的唤醒群众、关于社会斗争的小册子,马克思、列宁和国际行动大师们著作的译文,资料小册、号召和论战,等等。不用说,阿霞是他的俄语和德语翻译者;有时安乃德替他翻译英语和意大利语的资料。可是安乃德对这种工作不大热心。她的翻译拖延时间,如果是关于经济或社会理论方面的书籍,尤其如此。她和瓦尼亚这个孩子一同逃学。自从孩子的母亲回来之后,安乃德一直把孩子留在她身边。她年纪渐老,恢复了爱梦想的习惯。人们瞧见她在游荡,好像一个小学生,她面对书籍和作业本,心不在焉地出神。人们只好提醒她:“喂!睡虫!你就这样看守我们的牧场吗?”

阿霞喜欢冲撞她。安乃德也不是不乐意被冲撞。她慢腾腾地回到牧场上来。心从什么地方回来的,她跟谁也不讲,虽然阿霞逗她玩,问她是从什么地方回来的。她那两匹小马驹奔跑不停的忙碌,使她觉得好玩。她从不设法去让他们放慢脚步。

她给他们打开另一些场地。她古老的自由主义,她关于罗马尼亚和意大利的记忆,使她更痛切地感到在拉丁系统各国法西斯的狂暴。在那些国家,她保留着若干友谊的联系。她协助她儿子将他的小书店变成反法西斯的意大利流亡者的联系中心之一。他们带着他们的朋友来,这些人手中没有什么钱,可是嘴巴勇于争论。很不容易让他们赞成共产主义。即使在他们之间,意见也很不一致。他们尽心竭力地想重建被大战炸毁的民主大厦,而革命与反革命同时在炮击这座大厦。他们处于双重流放的处境,既被他们的祖国流放,又被时代流放。安乃德理解他们,她自己已经放弃她和同辈人都喜爱而信仰过的很多东西,放弃她年轻时代的各种理想,她眼看这些理想和她自己同时老化,而且被另一辈年轻人的理想所取代(这是生命的规律),于是她成了自由的两个不同时代间的中间人。她努力使双方互相尊重:对一方,她要求他们尊重产生于巴士底狱①废墟上古老的资产阶级理想主义处于正在泯灭中的伟大性;对另一方,她要求人们尊重世界的新生,无产阶级革命的英勇的唯物主义。她不是那种为了在学校里学到的词语操心的人,什么唯物主义、唯心主义,革命之火自己愿用什么名称,随它便。全部问题在于这一火焰得燃烧旺盛。

玛克和母亲一样,倾向于同情意大利的 fuorusciti②。他们与时代隔离的悲剧和玛克有亲切的联系,虽然他的经过思考的意志,不让自己和他们混在一起。他成了他们的捍卫者。阿霞发现她的堂吉诃德在保卫一个已经失败了的事业。可是她给自己订了一条章程:决不妨碍她那位骑士③骑着他的罗希南特④。而且她喜欢(并非不带点嘲笑之意)这位骑士的长腿和他那杆长矛的冲刺。这种冲刺使玛克赢得荣誉:流放者们对他的感激以及引起在法国的法西斯特务的注意。(玛克宁愿不要这种荣誉)。玛克的小书店所在的一条小街平常行人稀少,现在却热闹起来。某些散步的人对街上简陋的货摊表现出奇特的兴趣,书店因而获得顾客们长时期的光顾,他们没完没了地翻阅书籍,

---

① 巴士底狱,此处指一七八九年的法国资产阶级革命。

② 意大利文:流亡者。

③ 骑士,指堂吉诃德。

④ 罗希南特,堂吉诃德所骑之马。

到最后才决定买几本。玛克甚至在家中接待读了他的论文而大为赞赏的意大利人来访。他们用过分激动的谢意表达激烈的反法西斯言论,这种言论使阿霞不觉支起耳朵听。她在走廊里替她的大孩子把门,因为他不够小心谨慎。必须提醒他,在政治问题上,在采取行动以前,最好先听,不要开口……那是群蝇乱飞的年月!那时,欧洲充满苍蝇。意大利 O. V. R. A. ①的苍蝇在巴黎特别搅扰人。在巴黎的反法西斯意大利人经常要防范这群苍蝇。对意大利侨民来说,这不是个小问题,它使人不得安宁。因为有些卑鄙无耻的家伙,虽然他们的好名声似乎一直是被公认的,即使他们被认为是可靠的朋友,也会突然露出为法西斯秘密警察当猎犬的面目。他们替秘密警察找陷害对象,并把他们推入罗网。人们发现他们的真面目时,已经太晚了。战后下贱龌龊的社会阶层,特别在行动越轨的年轻人之中,贪利和干无耻之举的胃口大大地增加了。阿霞嗅觉灵敏,而且十之八九是不会弄错的。不止一次,她把那些企图混进玛克家中的昆虫翅膀烧掉了。她的某种口气,某种眼色,足使那些人溜走;他们不敢坚持。可是,万一阿霞有一小时不在,就足使玛克抵挡不住那些利用他的骄傲和怜悯心而对他提出的要求。他毫不为难地解囊相助或对别人深信不疑。

共产主义阵营中,危险程度并不小多少。战争教会了各国政府利用那么多的"诚实人"("honnest Iago")②,隐藏在大肚子中的可耻恶癖。他们要求养活他们的恶癖,或者(更好的办法!)让恶癖来养活他们。他们自己没有意识到的才干,经过内容丰富的锻炼,善于叛卖、告密、揭发。法国民主政治的首脑们跟随着古老的神圣沙皇俄国以及政治上阴险狡诈的大师,大英帝国的支柱——Intelligence Service③ 的经过考验的足迹,现在以操纵从事挑衅的特务作为统治方式。在反对派

① O. V. R. A. ,意大利法西斯秘密警察的简称。

② 英文:诚实的伊阿古。伊阿古是莎氏悲剧《奥瑟罗》中奥瑟罗的部下,为人奸诈伪善,他诱骗奥瑟罗亲手杀害了妻子苔丝德梦娜。在文学中"伊阿古"已成为"奸诈"的代名词。

③ 英文,英国情报总署英文原名。

的各个阵营中,在左翼或右翼,在革命的党团以及保王派的先生们之间,公平对待,大家都分到一份。十五年来,政治警察人数有可怕的增长。以 Intelligence Service 作为榜样,政治警察日益成为国中之国。人们已经可以预见,早晚有一天,内阁总理为了能站稳脚跟,只好变成法国的第一名警察(或者是第二名,当上希亚勃①的副手)。自由在被人拧断脖子之前,只剩下一小时喘息时间。让我们跟玛克学习,充分利用这一小时吧!

由于玛克对当政者的攻击,他不止一次冒入狱之险。甚至冒被暗杀之险,黑夜里,当他回家时,可能被藏在门后的专业匪徒袭击。可是这些匪徒没有预料到阿霞的手枪。她赶在他们前面,向着人群开枪,被她打伤的人不愿暴露自己的姓名。而且到后来,西尔薇也登上舞台,玛克和安乃德根本没听说这事。

是阿霞通知西尔薇的。这两位妇女并不相亲相爱,可是为了保卫她们的"孩子",她俩签订了协定。西尔薇在社会各界都有朋友。在新闻界,在议会里。在巴黎,人们对时装方面,交际场上以及精神生活方面的知名妇女,承认她们享有某种特权,尤其在她们渐渐成熟的时期。对巴黎人的鼻子来说,知名妇女和名酒一样,年岁渐长,香味更浓。西尔薇利用这种优势,加上她尖利的舌头,通知尖塔②中的先生们,不能袭击她的外甥:那是禁区,否则留神闹得满城风雨!"人权同盟"都接到了警报,甚至洛瑞·勃里索这个老头也被惊动了③!(如果玛克知道这件事,他很可能会勒死西尔薇。)

那时勃里索是司法部长,官高财旺,他是二十来个强大的金融企业公司的董事会大台柱,这种公司分享法国的政权,从全世界掠夺的果实也由他们分肥。勃里索一句话等于一道命令。他已到了生命的

① 希亚勃,法国极右派政客,曾任法国警察总监(1927—1934)。

② 尖塔,指巴黎的警察总署。

③ 甚至洛瑞·勃里索也被惊动了,见第一卷《安乃德与西尔薇》以及第三卷《母与子》。——原注

尽头,肝脏腐蚀,病入膏肓,这就使他不久以后会获得国葬的机会。他厌腻生活,然而还是那么贪婪。他肩负生活的重担,好比一个庞大空虚的巨桶。他拼命想填满这个空穴,但无济于事。他涎羡的先贤祠,这也不足以填满他生活上的空虚。先贤祠无非是石块与死亡的光荣。而他需要的是生命,人们留在身后的生命。勃里索什么也留不下,除了他那些沉闷发腻的演讲,发出死亡臭气的演讲稿。他知道有玛克这个人存在。他多次试图把这个亲骨肉争取回来,可是遭到最令人屈辱的拒绝,而且不是直接的拒绝。玛克从来不屑给勃里索以直接对话的面子,而是通过不光彩的中间人。现在勃里索心中对玛克的感情近乎憎恨。他恨不得把玛克从他自己的思想中一笔勾销。万一玛克的生命被勾销了,谁知道勃里索不会暗暗感到轻松?可是由于西尔薇的关系,有太多的人知道他那被人否认的丢脸的父亲身份。他被自尊心所抑制,害怕舆论正秘密监视他。除非和古罗马的布鲁图斯①一样,为了忠于国家,将自己的两个亲生儿子杀死。(勃里索枉为修辞能手,以牺牲儿子这事作为演讲的题材,却是有点难于下咽的!)他不得不保护他的儿子,不受国家的陷害……"朕即国家……"勃里索就是那样的人。

他把事情调理了一下。总的说,他并不是坏人。他本来很愿意爱他的儿子,更愿意儿子爱他。他可以成为腐化的政客,可是在家庭生活中,正如大部分法国资产者一样,他不见得没有优良品质。如果玛克和安乃德同意接受他,也许他们对他可以起良好的作用。然而玛克和安乃德对他是冷酷无情的。在这一点上,我们认为母子二人没有什么值得称道。对年轻男子来说,缺乏仁善心肠是十分自然的。至于妇女,哪怕是最好的妇女,内心也有阴暗的皱褶,有不能穿透的僵硬心肠,她自己不承认心中怨愤,因为不愿意谈起这些。安乃德真心实意地想,她思想中已经没有洛瑞·勃里索。既然在她心目中,洛瑞已经死了,所以她不愿意使他为难。这是最可怕的,因为在潜意识中,她已

① 布鲁图斯,古罗马共和国的缔造者之一。身为共和国的执政官,自己的两个儿子阴谋颠覆共和,他不惜将他们处死。

把他杀了,她拒绝给他活人的形象。在不止一个人心中,虽然憎恶罪行,却存在着自己不知道的罪行。最好、最慷慨的人心,并不是最不可怕的。这种人并不恨任何人,他们把不顺眼的人干脆取消。这种不动声色地消灭别人,其实还不如仇恨。即使像勃里索那样的人,也干不出这样的事。他缺少足够的个人魄力。他的仇恨和他的爱一样,是支离破碎的,肤浅的。他发出指示,不许人惊动玛克。

玛克怎么也想不到他从父亲方面得到的好处,也想不到两位长舌妇,他的阿霞和西尔薇,成了同谋。她们故意不对他说明情况。可是这个秘密却使她们两人彼此接近了。对那个回到巢中来的不速之客,西尔薇并没有取消敌意,她把怨气收藏在抽屉里(也许遇到机会,她会把怨气重新从抽屉中拿出来);她同意常常到小两口子的寓所中去。她说话随便,有幽默感,和阿霞恰好协调,她们两人张着嘴哈哈大笑,心里明白两人之间并没有和解,不过是暂时的停战和结盟;她们都要捍卫她们的玛克。

因此玛克继续发表和出售宣传反法西斯、反帝国主义、拥护苏联、拥护甘地等书籍和小册子……同时他并没有决定在不同的战斗队伍之间采取明确的立场,而是设法成为这些军队之间的纽带,以便引导这些军队(乌托邦式的美梦)达成联合阵线,和强大的反动力量对抗。不用说,他没有达此目的。在抵抗与不抵抗之间、自由派与暴力派之间建立起来的唯一部队,在官方一律镇压的指示下,在沉默的笼罩下,也没有成功。没有一张报纸提到这些情况,在任何一个书报亭中都找不到这类出版物。然而这些却并不因此而少被人阅读和偷偷地流传。在搏斗和苦难中成熟起来的玛克辛辣火热的才干,和阿霞的凌厉攻势结合在一起,虽然她不署名,但却和玛克的精神成双配对。这一切,不用多久就争取了一批独立的公众。群众自己在给出版物做广告,由近处传到远处。这是最好的广告。它超越一切阻碍而发出火光,好比古时烽火报警,火光从一个山头传到另一个山头。这种信号触动了最远和各种不同地区的孤立的守望者。读者的信开始蜂涌而来,汇来自愿的预订书的款项。安乃德看到她儿子的活动范围在扩大而感到高兴,可是不愿看到这种活动会把他引导到什么地方去,她并非不知道有危险。她一点也不希望玛克冒险,但也不愿意他逃避危险。她自己骗自己,心想危险的行动还不会明天就发生……

再说,在她身上,正如在一切天性强烈的人身上一样,有一种命定论的思想根底和意志相协调:("我的意志就是一切应当如此。应当实现的事必定实现。")江水滔滔,把我们卷走,我们只要掌好舵就行。舵柄、船只、流水:这就是我。但愿江流的意志得到实现! ……

* * *

目前,危险还很遥远。玛克的行动对他所在的国家来说,似乎还不足为害。他的行动保持着慷慨大度和普通情理的性质,一个民主国家的伪善性能巧妙地和这一切相安无事。在那时期,对玛克和他的小团体来说,问题首先在于捍卫被压迫的人和欧洲各国流亡者的权利,在自己周围形成或建立一个和国际反动派相对立的自由堡垒。享受战胜国优惠条件的法国,在若干年内,在全欧洲其他地方的贫困与焦急的情况下,还可以保持它的特权经济,不妨容许自己有这样一种奢侈品,那就是意识形态自由,反正这是不必花什么钱的。甚至它的资本帝国主义政策,由于有这种反对派存在,在欧洲人眼中也成为正当理由,对这个民主国家的狡猾手段,这是一道屏风,在屏风背后,它在重温那种满口高尚原则但却暧昧不明的民主,同时暗中买通南斯拉夫、波兰和巴尔干的法西斯,并在法国本土津贴和支持反动派的打手和白卫军。玛克和他的朋友们只在开始攻击上述这种谎言时,才逐渐成为敌对方面的碍事者。但是人们作出安排,使他们的出轨行动不致引起什么反响。在他们的行列中,也不缺少为暧昧不明的官方政策充当看门犬的人,他们成功地保卫了这一政策,反对那群对法国母亲不尊敬的儿子们幼稚的顽固不化,他们在反对派之间,支持了对他们有利的分裂。一小撮顽固分子人数太少,而且都是默默无闻的人,不足以造成令人不安的局面。如果对他们进行迫害,反而使他们变成有名人物。所以人们容忍他们,同时密切注意他们的行动。

然而不同命运的交叉纠结将要使玛克的命运和别的一些陌生人的命运接触,那些人更富于经验,更有影响。他们将加强玛克,同时也由于玛克而加强他们自己。

*　　　*　　　*

在这些日子里,安乃德的一个老朋友重新回到她的生活中来,而且通过她,也回到她儿子的生活中。这是一位久已失去联系,人家以为他已不在人世的老友:于里安·达维[①],安乃德三十多岁时的未婚夫。现在他已经成熟了,澄清了身上的杂质。

那时,安乃德正在生病,不得不待在房中。自从她在罗马尼亚的沼泽地感染了肺炎之后,虽然表面上好像已经痊愈,但是每年冬天总要复发一次潜伏性感冒。这种病从表面上看,好像并不是恶性的,可是时间久了是损伤她壮健的体质的。目前,人们只看到她这种不足为患的头痛脑热,迫使她休息半个来月也就行了。在这不得不停止一切行动的几个星期中,她有了阅读、遐想和回溯往日经历的空闲,于是有机会遇到已经消逝的年月中的老同伴,他和她一样,离群独处,不和人来往。一般地说,她避开这种旧时的道路,在那里,她留下了太多的毛发:爱情、遗憾、悔恨、幻梦、折磨……这些毛发这儿那儿挂在荆棘上;不需要去寻找它们,它们好比蒲公英的种子,随风飘荡,挂在人的衣服上,摘都摘不掉。再说,感谢上帝,刷我们身上每天的尘土,已够我们忙的!如果还要刷掉过去的尘土,那还了得!每天有足够的事忙碌,这就够了。

---

① 于里安·达维,见本书第二卷《夏季》。——原注

可是,有时机器发生了故障,暂时停车。精神和关在轮子中的松鼠一样,在继续转圈,于是它转到后边去了。安乃德重新找到往昔的安乃德以及旧日的情人,她的忒修斯①,那个遗弃了阿里阿德涅的忒修斯。他就是于里安·达维。

她碰到这个名字,并非二十年来第一次。虽然她现在没有足够的空暇阅读科学出版物。(科学进步得那样迅速,如果你一个时期不读科学书刊,你跑得气喘汗流也难追上它。)她曾经有几次在期刊上或书籍中见到这个名字,每次她总感受到一种极细微的震动。她第一个反应是转过头去不看。"我什么也没有看见!"但是紧接着有一天,她的脚步把她带到书店的橱窗前。在那儿,她那似乎满不在乎的眼神,不再犹豫了……她看完就走。现在,那本书的名称已经铭刻在她脑中,作者的头衔也记住了。他是法兰西书院②的教授,这是他勤奋好学的结果。安乃德的心头抽紧了一下,可是她感到满意。如果她曾爱过的人都落后了,她会感到难受。于里安在上进……

可是他朝什么方向上进?她没有设法打听。对别人谈起他?……不!她设想他是按照他家庭古老的传统精神,天主教的道路前进的。在战争年月,她过于忙于自己的行动和自己的激情,没有听见于里安在巴黎发言被挡住的回音。而于里安也不是那种采取行动使自己的声音不至被挡的人!他太高傲,决不肯声嘶力竭去和百犬吠日的合唱争一日之短长。他不是向别人发言,他向他自己发言。

---

① 忒修斯,希腊传说中的英雄。克里特王弥诺斯强迫雅典人每年供献童男童女给半人半牛怪物吞食,他去克里特,进迷宫,杀死牛怪,并在公主阿里阿德涅的帮助下逃出迷宫,忒修斯把她带走,后又把她遗弃。

② 法兰西书院,旧译法兰西公学。不恰当。这是法国最高的学术研究机关。由政府聘请国内最有成就和创见的学者在内讲学。没有学生,只有自由听讲者,没有考试,不计成绩,所以并不是学校。

法兰西书院成立于一五二九年,是法国文艺复兴的摇篮。它在文化学术界的革新精神传统保留至今。它的学术地位高于一般大学。在法国文艺复兴萌芽时期创建的"法兰西书院"在学术上一贯坚持开创与革新的基本态度,这种传统在一定程度上,一直保持至今。

后来，过了一段时间，由于偶然的机会，安乃德听到传闻的几句于里安的话。那时她还在狄蒙那里工作，正在打字机上打一篇论文。办公室的门敞着，狄蒙一边口授，一边和进进出出的这个人那个人说话。在这嘈杂的环境中，于里安的名字提了出来。安乃德的耳朵支起来了。狄蒙所说的有关这个“失败主义者”的话，她没有放过一句：“这个普鲁士书院[①]倒霉的小卒”，他“正从柏林的蓝色转变为克里姆林宫的红色”。

“我要踢他的屁股！”

安乃德手指不停地打字，一边问道：“他干了什么事？”

狄蒙，在口授两段文章之间，问道：“这关你什么事？”

她回答：“我认识他，而且我器重他。”

正和狄蒙谈话的那个人等着狄蒙向不谨慎的女秘书吼叫，她居然敢和狄蒙的判断唱反调。可是了解情况的人都知道女打字员在暴君身上的权力。狄蒙一拳把他的雪茄烟打扁在办公桌上，他气得说不出话来：“啊！你认识他？啊！你器重他？这，我……”

他嘟囔了一声，把一口烟咽了下去。

“那好，我也和你一样！……”

但是他加上一句：“这可不妨碍我要剥他的皮！”

安乃德又问一句：“他干了什么事？”

“既然你认识他，你还问什么？”

她用很有分寸的语句解释，她很久以前认识他，后来见不到了。狄蒙立刻明白了怎么回事。她感到他在用开玩笑的目光探索她。可是就在那一会儿，他不说下去了。他用惯常的粗鲁语气，简略地对她讲，不过对那“家伙”并无咒骂之意，达维怎样在战争时期，扮演了不合时宜的和平主义者和欧洲人[②]的角色；到了恢复和平之后，他却改演相

① 普鲁士书院，指法兰西书院，嘲骂的口吻。

② 欧洲人，指当时的“泛欧洲主义”者，他们主张欧洲人与欧洲人不要打仗，团结起来，对付共同的敌人。

反的角色了。(他有和他血肉相连的这种恶癖!)他成了用牙齿咬着刀的那些人的律师,他是反欧洲人(狄蒙是这样评判苏联的)的辩护人。最后他说:“你满足了吧?你还有什么话说?”

她答道:“我说如果他赞成两个相反的命题,必然其中之一也是您赞成的。”

狄蒙扑哧笑了起来:“你这样想吗?”

“不,我不这样想!”

她完全知道使他感兴趣的不是什么命题,而是实利。说得更确实些,他感兴趣的是输赢,也就是赌博。至于命题,是给那些理想主义糊涂虫,给让人在棋盘上摆弄的小卒们准备的。这么说,又何必大发雷霆斥责他们呢?……嗨!这也是赌博的一部分……

从那以后,狄蒙,当他独自和安乃德在一起时,不止一次地把这个问题摊到桌面上来讲。虽然他这样做缺乏分寸,可是他开玩笑却没有恶意。他想知道……可是,多么奇怪,这位李维埃女士,她从来不曾向最亲近的人透露过沉睡在水底的她个人的秘密,但是却从容不迫地向这个匪徒[1]的好奇心袒露了自己。她一点也没有窘态,带着微笑,对他叙述了三十多岁时的失恋经过。语气之间并非不带一点讽刺的味道。他并不想滥用安乃德的坦率。他在这儿那儿免不了插一句讽嘲的话,不过那是友好地撞击一下。安乃德首先嘲笑自己。话虽如此,问题是严肃的,或者说,曾经是严肃的!不应用肮脏的手去接触这个问题。狄蒙粗笨的爪子没有去触动它。而且,安乃德并没有向他提出请求,于里安·达维在报上从来没有受到攻击。在默契中,他的名字总是放在一边,没有人提起。狄蒙只满足于对安乃德说:“唉!你的那个白痴真行,他居然有本事误了火车![2] ……你敢说不是!”

安乃德不说不是。听老板说于里安误了车,她觉得这是小小的报复……这么说她需要某种报复?怎么?经过十五年的彻底遗忘,多少

① 这个匪徒,指狄蒙。

② 有本事误了火车,意思是指“于里安错过了和安乃德的婚姻”。

别的激情已经填满了这个空缺,居然这段往事还留下痕迹,而且想起来还有点切肤之痛。哪个女人能够忘记她的自尊心,或者感情上受过的伤?

然而别的报复,安乃德却什么也不要。这个报复已经使她满足。如果老板刚刚说的话,于里安也那样想过!啊,一辈子想两三次……并不需要更多!她不愿这件遗憾的回忆成为她脚下的一根刺……话说回来,她并没有束手束脚,不寻找代替于里安的 Ersatz!

"而他自己,那个可怜的小伙子,他本身可能就是我所寻求的,毕生寻求而没有得到的那个对象的 Ersatz……我们各走各的路,这样反而好得多。"①

无论如何,于里安所走的道路,和安乃德的道路并没有相距太远,这一点,倒使她高兴。

*　　　*　　　*

完全是柏拉图式的满足②!她没有做任何事,使自己接近于里安的道路。甚至也没有干任何事,为了对他的道路有更好的认识。于里安的著作,她什么也没有读过,直到这次生病,让她有了阅读的空闲。也许疾病也使她发低烧,有利于她回忆往日的思想。

在一种冷漠的好奇心伪装下,安乃德通过她年轻的儿媳找了一本于里安的著作来看,接着又找了一本,最后把于里安的著作全部找来了。("躺在床上的人,哪能不感到无聊而设法排遣!")她在一种非常幸福的心绪不宁中过日子。阿霞看见她睡眼惺忪地打哈欠,对她说:"你睡吧,你不如索性睡一觉……"

安乃德,听话地闭上眼睛,享受心中的快乐。

---

① 我们各走各的路,这句话是说安乃德是这样想的:"即使当时于里安同意和她结婚,她也不一定会完全满足,他不是她所寻求的最理想的对象。"

② 柏拉图式的满足,纯粹精神上的满足。

什么东西使她这样高兴,这样感动,在那些书中全部是科学和历史,别人的眼睛在那些著作中,只看见一面没有自私打算的镜子,上面反映着客观现实的规律。安乃德看见的首先是勇往直前的精神,不像她过去所认识的摇摆不定、畏首畏尾的于里安的精神。“谁不像?”他像!可不是这样!她自己早已在于里安身上察觉,在颤抖下面,潜藏着思想静默的冲动,趋向英雄的真理。她用翅膀孵育了这些冲动。现在她重新认识它们,她的那些雏鸡!它们是属于他,也属于她的。他们一同用嘴喙把蛋壳啄破。真正的于里安。

“我的于里安……这就是他!他产生了!……从谁的肚子里产生的?从我的肚子里,从我的肚子里产生的!我十月怀胎,生育了他。他是我的爱情和痛苦的结晶。我重新认识了他,重新认识了自己……”

她怎么会不认识呢?有若干次,说某些话的就是她自己。她什么时候对他说的那些话,她可以回想起来……过了十五年,他竟可能重述她的话!……常常不是完整的语句,然而意义却比语句大到不可衡量。那是他自己的音调,他所说的是他自己的话,不过他是借她的嘴说出来。他的嘴唇上还剩有她的嘴上的味道……

安乃德成天躺在床上不动,闭着眼睛,沉浸在感激的欢乐中。

“亲爱的于里安!……”

难道这里边没有大量的骄傲,而且通过骄傲,有许多幻想?……幻想?不,她确实知道没有幻想。只有她一个人知道,但她是知道的。别人不能骗她。至于骄傲,她不说没有。那倒是真的,她骄傲。有一点骄傲……而且很骄傲?

“也许比我承认的要多些!真的,骄傲的情绪,我是有的,在我的一切行动中,在内心深处,即使在我自以为完全解脱个人思想的时候,当我愿意这样,我对自己说:‘终于!对我自己来说,我已经死了……’可是我没有死。老大姐还活着呢……而且活得多么有劲!瞧她多么不放松应当属于她的一份!她的于里安……说起来,十年以来我一直没有离开他！可是我还不知道有这么回事！……”

于里安长大了，但这没有用，长大了仍然是她的于里安。她并不想和他比高矮。她觉得于里安的思想已大大超过她。她远远地跟着他走，一直走到某一块路标。过了路标，她跟不上他了，她承认这点。十五年来，科学的进步和于里安本人都远远地超过了她，必须用很长时间才能追上。然而她的骄傲情绪仍旧不认输。他走得那么远，长得那么高大了，她的孩子！

她梦想假如她和于里安在一起，生活将是什么样子。她钻在被窝里，一动不动，一连几小时地想，她心里充满温情、惆怅和好玩的情绪，在梦想中，她拆散了并且重建了自己的生活……

梦做够了！她的病也痊愈了……“浮生一梦……”也许……可是在这场梦中，面包不会自动地跑到你嘴里来，如果你不劳动的话……她跳下床，工作！

“我的小于里安，我们会再见面的，当我们没有工作可做的时候！但是明天还不会发生这样的事……”

她不再去想这些了。可是玛克对她说：“你显得年轻了。”

她笑着说：“像我们这样的人，除非生病卧床，是得不到休息机会的……”

*　　*　　*

于里安从来没有休息过。他属于不知道休息的这类人……他不能不工作而生活，虽然他并不需要为了糊口而工作。他用工作来充实他的思想生命。这种紧张的思想工作对别的一切思想关上了门。可是门没有关严，半开半闭，让穿堂风吹进来。于里安从来不觉得热。

可是现在他不再像安乃德刚认识他的时期一样，在圣絮尔皮斯区的古老壁炉角落，畏寒怕冻，一动不动地待着。他已经从过去的老屋中走出来。把资产阶级成见的所有沉重衣服都剥下来，扔弃在老屋里了。在阅读于里安的著作时,安乃德清楚地看见了这些。

这个胆小、腼腆的法国小资产者,被一位专横的母亲压制着,耸肩缩头,穿了一套过时衣服,是由信教、保守、服从教士权威的家庭几百年留传下来的风俗习惯和精神形成的。这样一个人,过了三十五岁以后,敢于彻底审察自己,老老实实按照自己的理解,逐渐剥除自己身上曾经相信过而今天他认为是错误的一切,这是必须有不小的英勇精神的。接着,他发现自己袒赤裸裎到可怕的程度,而且如何能赤条条地出现在已经看惯你穿谎言衣服的人眼前?他们被冒犯的羞耻之感总用这些谎言来遮掩。他们不愿看见赤裸裸的世界,面对精神的真理,他们感到厌恶与可怕,用一片葡萄叶掩盖,正如掩盖性器官一样。①

于里安的情况特别严重,因为他不是那种可悲的还俗教士,他们为了补偿还俗时所受的损失,立刻让隔壁的店铺收留自己,给反教会统治与“自由思想”一类与教会敌对的激情效劳。他独自一人,在大街上,没遮没拦,赤身裸体地待着。

这是很艰苦的。这个胆怯的人决不走回头路。

感谢上帝,他生活在对他在思想上的搏斗极少关心的家庭环境中。(在家庭中没有人可以交换思想,这是很大的贫乏,但同时也是一种休息。如果他在家中随时遇到思想上和他敌对的一个妇女的眼神,这日子怎么过?)他母亲,在去世前不久,给他娶了亲,对方是一个身体健康、思想正派②的女人,就才能而论,她丝毫没有可取之处。然而她带来了一笔可观的陪嫁财产;长得相当俏丽,不过平淡乏味。她善于理家,而对思想问题完全缺乏好奇心,即使在她那样的女人中也是罕见的。她几乎从来不打开一本书来阅读。当她还是闺女时,在教会办的女子学校读书,那些她不得不打着哈欠看的书籍使她厌倦得要命,因此她觉得结婚的好处之一在于能自由地把那些书合上不看了。至于她丈夫在纸堆中过日子,对她并没有任何妨碍。男人们有他们的事

① 按欧洲的艺术传统,在某些裸体的雕塑式画像上,用一片葡萄叶掩盖性器官。

② 法语中“思想正派”一词,是指信仰天主教而言。

务,她对此毫不感兴趣。她并不很爱她的丈夫,可是也不讨厌他。她没有不乐意的感觉。可是,我的上帝,当她每天晚上在饭桌或床上和丈夫在一起时,也没有很大乐趣。她相当贪馋,他却不够贪馋。一句话,她相当爱他,可是(像诺曼底人一样)没有爱到对他脑袋里出现的事感兴趣的程度。这一架存放东西的大柜,不在她所有家具的总数之内。

因此,她简直没有听说过,她丈夫到了四十岁还会发生思想危机,脱离自满自足的被动态度,不再接受一般所谓"合乎正轨"的人的社会和宗教秩序,如果她那些善意的女友们,甚至接受她忏悔的神甫没有告诉过她,她的丈夫由于自己的言行,在社会的集体生活中闹出思想上的丑闻时,她作为信仰基督教的妻子应当尽些什么责任。由此而产生妻子对丈夫的几次哭哭啼啼的干涉。其结果对家庭的和平生活产生了不良影响,而对精神上的平静则毫无裨益,因为老实的贡丝当斯①丝毫不理解她丈夫的违规行动,她所能对他说的话,不能起任何挽救他的作用。在和他的思想自由问题有关时,他的语气是斩钉截铁的。在这样一个问题上,他妻子的愚蠢显得那样刺眼,以致他毫无慈善心肠地对她直说。连她自己也意识到这一点,可是像所有的愚蠢女人一样,她反而因此更加固执了。上帝知道他们两人的争执会有什么结局,如果不是接受她忏悔的那个教士比较机灵,担心这个捍卫宗教的拙笨女人,大声喧闹会引起公众注意,赶快让她闭嘴。以前教士隔着忏悔小室的栅栏窗口②,听伤心的妻子痛哭流涕,语无伦次地诉述衷曲。现在,教士一心一意要使这个忏悔者令人丧气的真心诚意和凌乱的语言平静下来。当初把她从受到祝福的无思想状况中强拉出来,是不谨慎的。现在又要使她回到那种状况中去。这没有太多的困难,她要求的只是能够确信上帝不要她对她丈夫的违规行动负责;要她和迷

① 贡丝当斯,于里安妻子的名字。

② 法国教堂中的忏悔小室,大小和公用电话的小间差不多。接受忏悔的教士(神甫)和忏悔者(十之八九是妇女)关在小室中,两人之间隔着一个有栅栏的小窗。

途忘返的男人唱反调,反而使他在邪恶中陷得更深;她所能办到的最好的事,就是为那个不幸的灵魂得救而祈祷。别的一切由上帝安排……(别的事是指按照上帝高兴,将于里安的灵魂罚入地狱……或者不罚入地狱……贡丝当斯真诚希望他不至于入地狱,但是万一他被打入地狱……那么好,她宁愿不去想它！她自己的烦扰已经够多了！……)

因此,面对妻子委屈容忍的受害者姿态,于里安感到内疚。为了表示歉意,他试图向她解释自己的思想,用粗浅的方式,好像一个小学教师向一个七岁女孩子解释一样。他妻子做了一个惊恐的姿态,说:“不,不！这太费劲了!”再说,如果碰巧她听懂了！怎么能在冰山上行走时,把自己和一个失去控制的疯子拴在一条绳上……“多谢,我宁愿不被拴住……可怜的于里安!”

她说自己太愚蠢,不理解。(她因此感到骄傲和幸福……“幸福的痴愚人!”)可怜的于里安！一想到这个可怜人正在单独滑下斜坡,这就使她对他充满了温柔,给他准备好软绵绵的舒适生活,无忧无虑,享受美味佳肴。

对于里安来说,这种享受是人生在世最微不足道的乐趣!

关于他妻子对他的一片好意的真正意义,于里安没有误解。不过至少他在家中可以平静无事。这不是烧得很热的炉火。他把思想的大衣领竖起来,埋头工作,没有被搅扰的风险。对生活,不必有更多的要求。既然他“虚度”了此生。因为他“虚度”了光阴,这一点他是肯定的。他心里隐隐约约、念念不忘地有这种感觉。他不去加以分析。现在分析还有什么用？他曾经有过好机会。他干了比错过机会更坏的事,他把到手的机会生生抛弃了。他和可能成为他一生真正伴侣的女人分离了。他徒然避开了那个女人。十六年来,他深刻的内心生活,一直在他的表面生活——也就是夫妻生活和家庭生活——之外,或者说在表面生活之内,单独进行着,而且一直是被那个不在场的女人统治着。主要不是安乃德的容颜,不是她的具体形象,不是安乃德的幻影,而是她在于里安的精神核心中留下的火热辙迹。(当然也有安乃德的形象,不过这位知识者对情感方面的事物太近视了,他所见到的形象是模糊的。)于里安的内心生活在安乃德的影响下得到改造。从一九〇五年那些遥远的日子以来,他不再看见她,可是她没有停止在他身上起作用:遗憾,悔恨。一直按照她愿意使他具有的精神面目、或者按照他认为她希望他能有的精神面目,在秘密地进行改造。

就这样,安乃德给予他生命最大的努力,使他解放了并且扩大了思想。这种看不见的酵母使水变成酒,并且在整天蜷伏斗室的思想中,引进全地球的大胆种子。可是这些种子发芽成长得仍然相当慢。他身边的任何人,家族、朋友、同事都没有料到之前,他早已觉得在他身上有这些自由的客人存在。他一点也不急于对别人透露。他在这第一阶段所写的著作,几乎全部是贡献给科学的,表现了独到见解,但是严格地限制在本职范围之内。这是谨慎吗?是对他所处的社会环境的尊重,因为他知道他会得罪周围的人?缺少斗争的天赋?天生腼腆的性格残余,使他对自己最隐秘的方面闭口不谈?要不然就是对自己以及对自己内心生活想象中的见证人,他所假想的安乃德的一种更神秘的感情,一种最深刻最珍贵的宗教隐情?

可是真实的安乃德,他从不设法去和她重新见面(这是更为奇特的 ·点)。他甚至怕打听她的情况。这可是很不高明!由于怕受干扰,他故意不想知道,他是否不止一次地有机会帮助她,克服生活困难或避开危险。这是“过于敏感的”心情,扭头不看被压伤的动物,因为看了“使他难受”,或者“可能使他难受”,而他并不设法救护受伤的动物!……我们认识这类可悲的家伙!……他是这类家伙中的一个,而且他自己知道,这使他厌恶自己,直到窒息的程度……啊!必须有足够的时间,他才能消除自己本性上的污点。而且他肯定不会彻底洗刷净尽。在他的瓶底总会留下一片,他要用指甲拼命去刮的锈斑。

可是各人有各人的锈斑。安乃德也有她的锈斑。主要问题是在灵魂深处的流水不堵塞生命的管道。清澈的水,新鲜的水……对灵魂来说,唯一不可救药的腐烂是池水。河流冲刷它的淤泥。李维埃,她流过去了!她把他从昏昏沉沉的静止状态中拉出来,从有成千上万人类小虫在勉强生存的、精神炼狱的消极忍受中拉出来。用她的激情、她的痛苦和黑夜中的火焰,传授给他冲动力,对他揭示生命的面目。

更有甚者(说来令人伤心,可是事实上是如此!),通过他使安乃德所受的痛苦,他自己反而轻松了!不公正地使你所爱的人痛苦,能够成为一种使你丰富起来的启示,如果你有充分的魄力意识到这一点。从那时以后,于里安通过内疚,从安乃德方面得到对人类更深刻的看法,一种公道的本能以及需要对别人做善事,用以补救对一个女人做了坏事的过错。安乃德替他付出了代价。

于里安属于古老的法国资产阶级,这阶级的人有许多油垢凝结的恶习,他们紧紧地抓住节省下来的钱财,可是他们对欠人的债有宗教性的重视,账不还清是死不瞑目的。当这些资产者到田野间去的时候,鸟儿并不给他们唱春天与爱情!但是他们听到鹌鹑在喊叫:“还清你的债!”

于里安在还他欠的债。

* * *

谁能相信呢?他自己知道吗?……为了还债,他才在战争期间,身不由主地投身这场社会纠纷,对此他怀有身体与精神两方面的强烈反感。

比这早一个时期,当时他的精神还没有参加外间的骚动,蜷伏着,集中自己的气力,为了他的独立而积累精力,在这时期,无形的安乃德始终留在他身旁。她不需要说话。她向前行走。他不问道路将引导他到何处去。只有一条路,就是他身旁的美丽身段在前进的那条路。

在他的学术工作中,他渐渐倾向科学史和科学的哲理。用行动与反行动互相补充的双重努力，他的思想挣脱了纠缠四肢的天主教藤蔓，与此同时，进入思想的森林，这森林不但远远超越宗教的界限，而且也超越一个时期的科学与理智的界限。这是和瓦斯科[①]的航海同样冒险的远征。正和瓦斯科一样，它绕过了风暴海角。一旦船离开了海港，不再有什么中途站，航海者就被海风与浪涛带走，他向陆地说了永别，他的祖国在海面上，或者水底里。

一个天主教徒，同时又是拉丁人[②]，他过去有过信仰，但现在已无信仰，不再在“怀疑”的海浪中抛锚，他不再停留，正如很久以前，日耳曼人和撒克逊人之中的某些“抗议”[③]或“曾经抗议”的人！他走向深底，可是已经没有底。他不像那些“改革者”[④]（这个名称非常恰当，因为他们只抛弃了一半！），也不像北欧的理性玄学家们，纯净的或者实际的，于里安不在浪涛之间濒临深渊，搭一个木板架。他是孤独的，赤身裸体地在泅水。他只仗四肢漂浮在水面。他知道随时有沉没的可能。可是他决不向人求救。

于里安投身于没有幻想的辛辣理性之中，这种理性不接受任何妥协。正如屈身于宗教信仰以及一大堆社会强加于我们的拘束之下的许多人一样，他对前者和后者都心怀怨愤，超过严格的公道界限的怨愤。他并非不能承认这一点，可是他不能放弃为此而进行的报复。他自己辛酸地称自己为“叛教者尤里安”[⑤]。这种报复的需要不久就在他著作中透露出来，在这里边，包含着对他自己、对过去的他的惩罚。

在他的《哲学论文》集中，人们在字里行间首先看出他的矛头指向

① 瓦斯科·达·伽玛（约1469—1524），葡萄牙航海家，曾绕过好望角，发现了通往印度的航道。

② 拉丁人，法国的语言和文化是属于拉丁系统的。

③ “抗议”或“曾经抗议”的人，指新教徒。基督教中的新派，他们的外文名称是“抗议者”“抗议教派”。

④ 改革者，指基督教的宗教革新派。

⑤ 叛教者尤里安，罗马帝国皇帝尤里安（331—363），幼年入基督教，在雅典求学时信从新柏拉图主义，即位后公开宣布与基督教决裂，禁止教徒担任公职等，下令恢复罗马原有宗教，故被基督教教会称作“叛教者”。此处影射不信教的于里安。

宗教。宗教方面叫嚷不休,指责于里安的每一次攻击,后者加倍地攻击。虽然经过几个回合的激烈交战之后,宗教方面认为不如退却,保持沉默,更为谨慎些(所有拥护宗教的报纸,通过奇妙的协定,凡是于里安发表的著作,都一字不提了),于里安与宗教界的决裂已成定局。他和他的老相识们互相招呼时,情况很明白,不必存幻想,就像这些预言家所说:“总动员还不是战争。”他们说这句话时,相视而不笑,心照不宣:战争来到了,战争已经在那里,等时间一到就爆发。

这时发生了另一场战争,一九一四年的真正战争。战前积累的一切激情找到了细菌培养液而大肆繁殖。需要满足的敌对情绪不仅是对外来的敌人,也对国内的敌人。而且猜疑、怨愤、隐藏的仇恨,敌对者比朋友的眼睛看得更准确(这是家常便饭)!这些含敌意的眼光也许比于里安自己看得更准。因为他还没有意识到他身上已经具有革命精神。公共汽车在两边都是灰色的房屋门面、天天如此的大街上,摇摇摆摆地开过,在它单调的轰隆声中,说着独白的反抗情绪昏昏欲睡,好比病牙的牙床痛苦的颤动。没有什么可以咬的。骗人的平静。于里安知道他的有觉悟的批判,通过他死去了的信仰的第一层外壳,穿通了社会的腐烂表皮;只要他愿意,他可以把尖端刺破,使脓血鼓胀的肿瘤暴露出来。他不刺穿这个肿瘤。他不立刻说明整个社会秩序和它的精神台柱子都已经注定要倒塌。他必须寻找另一所住屋。四十年深居简出的生活,使他一考虑到迁居就感到恐怖。不过他知道,房东已经通知他迁出现在的住所。他用命定论的态度在等待租赁期满,不得不搬家的那一天……在这过去的商队歇脚处,还有一大间堆存杂物的屋子,他不能决定把钥匙还给房东。他甚至不愿去看一眼,在几世纪以来堆积的尘土上他使门窗紧闭:使阳光照射这个地方或去打扫一遍,都是不谨慎的。这个大堆积间,就是祖国。对于一九一四年以前的法国人来说,这是唯一不必辩论的上帝。一切别的神明都受生命的一般规律控制:死亡,个别的或大批的死亡,衰老,疾病,腐蚀神坛的蛀虫。除了祖国之外,没有一个不可触犯的神明。祖国是唯一的例外。不论对那些信教的人,或对不信教的"自由思想者",尤其是对后者。因为这些可怜人除祖国之外,不知道还有何处可以立足。请听老年的拉维斯①,这位非教会系统的最高学府大师的这一声焦急、动人和可怜(在"怜悯"这个词的双重意义上②)叫喊:"如果你们把我的祖国夺走,那么我还剩下什么呢?我这一辈子活着有什么意义呢?"

这些老人们,一直到最后一天,局限在他们那很和谐然而非常狭隘的丘陵围绕的视野中!他们必须在脚下有这片土地和死者,十五个世纪的死者!如果你动摇他们的"祖国",就像发生地震一样。经受过地震的人,都体会过压在每人心头的不可解释的唯一焦虑情绪:人类的建设所寄托的支点,唯一的支点,退缩了,什么都不存在了……于里安是超级敏感的地震预报器,他事先察觉了地底下预兆性的隆隆声,以及灵魂将失去支持而感到阴暗的惶恐。尤其因为他目光射向别处,不看这些。他待在那儿,一言不发,抑制着自己。他小心地不接触最后的偶像。但是,和他不再来往的人中的某些人,善于看透别人良心的教士们,以前是他的宗教导师③,一个机器的老人,他有一张没有嘴唇的大嘴,如同伏尔泰的嘴一样(可是他的眼睛里没有一点讽刺意味。它们用狡计或用武力破门而入,进入室内),这些人从他开始反抗时,很早就看出这个反抗者不会小心谨慎地区别 fas 与 nefas,看出他将攻击伟大的偶像。于是他们双臂交叉在宽袍大袖之内,耐心地等待着,窥视着祸殃的发生。那些非教会人士,没有这么精明,他们设想于里安是一个令人放心的自由思想者,他背叛教会无非为了对包厢中的观众有利,为传统的民族主义、世俗与理智效劳。他们给他打开了法兰

---

① 埃奈斯特·拉维斯(1842—1922),法国史学家,法兰西学院院士,著名的多卷本《法国史》的主编。罗曼·罗兰的老师。罗曼·罗兰在《战时日记》中提到他。拉维斯一向很赏识罗兰,可是一九一四年大战爆发后,罗兰由于发表反战论文《超乎混战之上》而受攻击与迫害。这时,拉维斯从狭隘的爱国主义出发,也不理睬罗兰了,使罗兰十分伤心。

② 法语"怜悯"一词,一般有两个意义,一是令人同情;二是可鄙,微不足道。

③ 宗教导师,亦称"良心导师",是接受某人的忏悔并同时给此人以宗教训诲的神甫。

西书院之门,同时也打开了政治与道德科学院之门,还等着为他打开另一道门,唯一算数的门,不朽之门[1]。因为这个学院中的几位重要选举人,早已看中了于里安。还有他年迈的老师,也就是上文提到发出动人和天真的惊叹的那个人,对他表示过两三年后选举是有把握的。他把这件事作为他个人的事。不知道为什么,老人对于里安有一种温爱之情。他在中小学的课堂上,认识童年时代的于里安;后来在大学的课堂上他也教过于里安。不十分关心深入了解他的思想,反正这年轻人的面容使他留恋,这面容上的严肃和正直表情,对讲课的老师,是一种愉快的基础。师生二人含笑的目光相对视,多少年来,建立了心照不宣的父子关系。老人确信于里安是他的精神继承者。于里安对老人充满感激与敬仰之情,自己没有明确地想过,是不是能不辜负老人的期待。

战争发生的时候,知识分子(首先是高级知识分子)投身于为祖国服役的活动。代表官方智慧的这位久经沙场的老兵,高等学府的元帅,自然要把他组织的新军中的一个优选的角色,分配给他宠爱的学生。这是第一次精神活动军事化了,在智慧的军火和大炮工厂内一切被征为军用。史学、科学、口才,什么都有用。倒不如让于里安留在暗处更好些。于里安自己不会要求从暗处出来。这样,他很可能避免讨论他的长辈、同辈以及同事们让他阅读和签名的结论。可是,要他去核对这些结论,要他参加制造这些结论的秘密过程,这是何等冒失!这些人是真心实意的,按照他们的方式。这些朴实真诚的人满肚子是他们的民族激情,确信这种激情是和真理一致的,如果真理摆出反驳他们的姿态,他们毫不犹豫地叫真理闭嘴,或强迫真理说他们愿意听的话。只要把它的四肢钉住,紧紧捆绑在三脚架上。(索邦[2]的前辈之中,某些文学家和科学家,酷刑拷打别人的肉体,为了逼他们承认

① 不朽之门,指法兰西学院。该院有四十位终身制的院士,号称“四十位不朽者”。

② 索邦,巴黎大学的创建者。由于巴黎大学的起源和天主教会有密切关系,所以它在学术思想方面一直是比较保守的,虽然后来它和教会终于完全脱离关系。

“真理”!)干这一行于里安显得笨手笨脚。他听真理说话,不知道“拷问”是什么意思。他从他研究的德文材料中,天真地传达这些材料中的话,人家让他干的不是这一套。一场争辩发生了,争辩导致和他同事们在完全不同的研究结果上相对质,双方形成了对立。这种对立是一清二楚的,也是骤然的,粗鲁的。一个被人触怒了的知识者,被人冒失地触动了最敏感的地方,不是把一切看成红色,而是看成白色(大家知道,火燃烧得最炽热的时候是白色的)。于里安在听他的一个同事念译稿时,气得嘴唇都发白了,他用手掌拍桌,喊道:“可是,这是伪造的!”

多大的怒火!被他这样批颏的那个人,直到那时为止,他是于里安热爱和赞赏的朋友,一位被人尊敬的大教授,不仅由于他的学问,尤其由于性格的正直。当时于里安立刻道歉,吞吞吐吐地解释他的判断,设法使之更易被人接受。然而挨了耳光的脸上,留下了痕迹。这个脸发青了,在那人的眼睛中,现在燃烧着不能平息的仇恨。一个知识者从来不会原谅一个同行在他身上看到他自己所不愿意看见的东西,因为不管他怎么办,他知道有他所不愿意看的东西在那里。于里安,比刚刚被他致命地伤害的人更垂头丧气,一边回家,一边反复说:“他还是个诚实人!”

这是他知道的,他可以发誓保证①……这位伟人学者……无私的一生……对真理的崇拜……于里安辛酸地笑了:“诚实人的真理!……”

对他来说,这是一次崩溃。他感到了他受清教徒教育的影响。最地道的清教徒们常常与宗教决裂。当他们自以为出于热爱自己而与宗教决裂,实际上促使他们与宗教决裂的是热爱纯洁,热烈地爱纯粹

① “发誓保证”的原文直译是“把手放在火上”。这句成语出于中世纪法国的一种宗教迷信。那时,为了考验一个犯人是否说实话,可以命令他用手抓起一块烧红的铁条,走十几步。如果这人说的话是真实的,他的烧伤得到上帝保佑,几天就可以痊愈。

的、没有妥协余地的真理。他曾经以为这纯粹真理存在于宗教之外，在主张自由理性的人们之间。然而在他们之间也没有多少纯粹真理……于是于里安，用发烧般的手，推开他用来保护他周围的这些“诚实人”的敬意，开始直视到底。这些日子，他埋葬了不少和他亲近的人。可是没有勇气为他们宣读悼词。他曾经那么推崇他们，以致他们的破产也成了自己的破产。

使他最痛苦的是他和年迈的老师决裂，因为这是在无声无息中发生的，好比父亲寿终正寝，临终的老人默然地凝视他的儿子，满怀沉痛的谴责。老人并无怒意地拒绝阅读于里安向他呈交的一篇论文。(因为于里安不由自主地被推上场，现在他不能不寻求真理，他把猎获物送来给老师。)老人说：“不，我不要看，这是无济于事的……”

他把自己由于年老而肿胀的大手放在于里安手上，说：“我的朋友，你使我深感遗憾……你好好想一想！……你在走上绝路……你辜负了我们期待于你的一切，你没有尽大家共同的责任……”

于里安态度僵硬起来，他说：“共同的责任，对我们这些学术工作者的共同责任，那就是为真理效劳，不惜付出任何代价。这是您自己教给我的。”

老人摇摇他沉重的脑袋，在他的有红丝的大眼睛里，点燃了一把火焰：“真理决不能和祖国分开。这两种事业是合而为一的。”

“就算是这样！所以不能让祖国离开真理！”

“首先是祖国！”老人说，“我们大家都为祖国效劳。”

“大家，但不是那些……”

老人打断了他的话，说：“一切。我们所有的一切，毫无例外。”

两个人沉默无言。老人眼中的火焰熄灭了。他避免注视于里安。他在等待于里安说话，听于里安说老人愿意听的话。由于沉默在延长下去，老人抬起他的有病的老狮子般的大脑袋，他沉重的眼皮已经使人想到棺材盖子。他用浑浊潮湿的眼光，覆盖在于里安的眼光上，充满温情、担忧和恳求。面对老人的眼色，于里安心都碎了，但是他不能说别的话，只能说："我不能贡献不属于我的东西，我自己是属于真理的。"

不过他没有说出口，何必再让老人难过一次，有什么用？然而他还是让老人难过了。老人看出了于里安没有出口的心意。沉重的眼皮垂下了，大脑壳低下来，垂在胸前。等了一会，老人呼吸恢复均匀之后，垂头丧气地，从椅子边困难地站起来，用两个拳头支撑在桌上。于里安连忙走过去扶持老人。但是老师用关节僵硬的笨拙手势，推开了学生，没有看他。老人走了，没有回头看，沉重的脚步踩得地板格格地响，低着头，驼着背。他受了致命的打击。

* * *

像于里安那样的人，使别人受伤，并不比自己受伤少些痛苦。别人身上的创伤，不能像自己身上的创伤那样，设法使它痊愈。自己可以长出新皮肤，创口可以结疤，可是别人的皮肤，你不能让它弃陈换新。所以别人的伤口更使他感到痛苦……可是像于里安那样的人，这类念念不忘的忧虑不会阻止他的思想不顾一切地前进。思想继续前进，越过受伤者和死者。于里安不再对他的智慧说："止步！把你所见的一切都忘掉！……"

他从不忘掉什么东西。这是他精神上的一种缺点。他继续前进。他不挑起论战，他的工作方式是不动声色的。他只愿意照亮自己，并不急于照亮别人，因为现在他已经相当清楚，别人并不愿意被他照明。但是一想到他就在他们身边，他不声不响地监视他们，和他们唱反调，他对他们的无声裁判（因为他们不能再不闻不问），这一切都引起他们恼怒，而他的保留态度，使他们怒不可遏。一种盲目的本能促使他们逼迫于里安不得不放弃克制态度。挑衅得最起劲的是他的朋友——死去的朋友——那不共戴天的敌人，他面颊上一直保留着挨耳光的焦灼感。他不允许于里安沉默不语。什么也不说，爱怎么想就怎么想，这太便宜了！他们把一份共同的宣言放在于里安面前。于里安拒绝签名。人们强迫他说明为什么不签名。于里安厌烦在公开场合宣布自己的思想。然而他也不逃避自己的责任。他说明他为什么不签字。他用如此清晰明确的词句说明理由,以致那些逼他说明的冒失鬼恨不得把他的话塞回他嘴里。愚蠢的激情使他们做得太过分了。在给敌方设置陷阱时,他们自己反而卡在里面。如果他们的狂怒一直没有声张,这没有什么大不了。可是有几个新闻记者听到了风声,其中之一居然抄到一份异端邪说者①的危险自白书。检查机关的蠢行做得更彻底:它让人们接触到火药库,为了鼓动起教育界最高人士,用爱国主义的耻辱烙印训斥他们行列中一个丧失尊严的人②,文章有几段,被拙劣地删掉了。这几段文字和全篇相比,既不是更大胆,也不是不够大胆,因此反而刺激公众的想象,反而使人去寻找更不堪的大胆言论。于里安自己,读到他的论文,和别人感到同样震惊。他天生的胆怯使他心中纳闷:"到底是谁呢?谁说了这些话?谁让我这么说?"

接着,他突然沉默了。俯身在他肩头上边,安乃德在阅读他的文章……于里安站起来,在他房间里纵横踱步两三次。他又坐下,微笑了。

"女人愿意的事③……不管怎么样!"

"她"达到目的了。他把和社会的旧秩序联系的纽带挣断了,正如"她"过去所做的那样。现在他剩下了自己一个人,单独和"她"在一起。可是他却不至于感情用事到不知道所谓的"她",只是她的思想的一个影子而已。他本来需要肉体,需要活的身体和他自己的身体结合起来,和这个有血有肉的世界进行斗争。然而他连想都不想去寻找她。太晚了!这局棋已经输定了。他是坚忍派哲人。(我向他们致敬,上帝为他们祝福!但是我不艳羡他们的粗羹淡粥,让他们去津津

---

① 异端邪说者,指于里安。

② 丧失尊严的人,指于里安。

③ 法国俗谚"女人愿意的事,上帝也愿意"的意思是:"女人是最固执的,女人愿意的事,上帝也只好愿意,反正是拦阻不住的。"

有味地舔嘴唇吧!)坚忍派从不害怕失败,他们接受失败,从不设法补救。于里安骄傲地安居于他家庭的沙漠中。幸运的是这个家庭开始由于一个女孩子的吵闹而有了欢乐气氛……下文还要谈到她。可是她现在玩——我不说玩布娃娃,因为她一点也没有女孩子的兴趣——小男孩喜爱的玩具和游戏。那还用说,由于她是一个“和平主义者”的女儿,她一心向往的就是鼻青脸肿的打架。现在人们管她叫乔介特,以后她的名字将是乔治①。目前,她仅仅以在家中闹得天翻地覆而出名。没有一个星期不发生一次山崩地裂。她母亲和拉雪尔②一样唉声叹气。她父亲不作声,他从不责备人。

外间,周围已经形成了敌意的隔离地带。于里安在法兰西学院方面的前途已经断送。学院的重要选举人从此以后没有别的可操心的事,只有把他们的同谋者选入学院:部长们、元帅们,以及和他们一样,为了良好的事业而背叛真理的知识分子……“为了上帝,为了沙皇,为了祖国! ……”米歇尔·斯特洛戈夫的格言。于里安年迈的老师和保护人一直没有答复他充满感情的信,而且把于里安寄给他的一本小册子,没有看就退回了,在小册子中,于里安用谦逊有礼的态度,对那些思想和他不同的人,客观地阐述(以充分的材料作为根据)他对战争责任应由交战国分担,知识界的责任在于努力使交战国尽快和解等主张。《法兰西行动报》③的那些躲在后方的战斗员,不冒什么风险的“后方人心的捍卫者”,组织了几次示威,到于里安在法兰西书院的讲堂上去闹事。幸亏比爱国主义热情更强烈的同行间的团结,保卫了于里安,使之不受侵扰神圣学府者的恐吓,如同中世纪被囚禁的罪犯不受外间侵犯一样,于里安保留了在法兰西书院的讲座。他的课只停了几个星期,后来大家把这件事忘了。《法兰西行动报》的那些打手们也

① 在法语中,乔治是男人名,也可以是女人名,书写时,男名乔治末尾加 s(Georges),女名则不加(George)。举止行动像男孩的女孩常有被取名为乔治者,乔介特则是爱称。

② 拉雪尔(1820—1858),法国著名女演员,以演古典悲剧闻名于世。

③ 《法兰西行动报》,法国极右派政党保王党的党报。

忙别的事去了。

于里安不再惹事了。可是这丝毫不是他的功劳。检查机关现在心中有数,于里安的文章一行也不许发表。甚至他那些考古学论文也有嫌疑。没有一篇能在战争结束前发表。至于接受反对派政党对他提出的请求,希望把他的名字和他们的协会以及他们的群众大会联系起来(这类群众大会出席者稀稀落落,而且是被监视的),于里安还保留着过多的知识分子与资产者的双重骄傲,他不肯接受。必须再等许多年,才能解除他僵硬的假领。即使态度解放了,不那么僵硬了,和他的书籍在一起,比和街上的人们在一起仍然更自在些。但是他的精神是勇往直前的,什么也不能使他放弃已经开始的路线,他将光明磊落地,让身体跟随思想,把他引导到哪儿都可以,没有快乐之感,但也不抱怨,如果必要,叫他上街垒也可以。

一九一五到一九一九年,事情还没有到那种程度。他沉默寡言,喜欢深入思考。人们在他周围造成的空旷地带,反而使他有更多的空闲时间。他在智慧方面的寂寞使他内心丰富,胆量更大。他学会了不需要别人。而这些别人,想剥夺他的空气,反而使他学会到山顶去呼吸空气。他们由于失败而恼怒,他们对于里安的敌意更加狠毒了。他们想掩盖丑事,可是白费力气。丑事无声无臭了,可是它仍然活着。

于里安艰辛和热烈的沉思联系到人,同时也联系到思想。他的生活经验使他极度痛苦,但对他的思想却是好事。这些经验给他照明人的本性,也照明迷宫中曲折蜿蜒的道路。他从书本学问中出来了。若干年来,日复一日,他深入到灵魂的地下公墓中去,潜意识所有纵横交错的网络,穿行在地下墓穴内部,在说话的思想和日常谎言的脚步之下。他单枪匹马地去探索这一切,没有更多地借助精神分析学派著名大医生们的烛光。他有自己的灯笼。他的宗教的祖传意识,使他掌握了一种奇特的直觉的钥匙,它一半来自动物的直觉,一半来自理性的智慧,而由后者担任领导与指挥。其结果,一种长期以来在地下彷徨的思想,在寻求出口时,穿透了黑夜的硬壳,像自流井一样地喷涌各种形象,穿过被工程师探明的硬壳上的薄弱点。这种地下深处的巨大源泉,充满了它们自己不知道的象征,如同盲目的鱼,有时正是哲理诗人①的作品。可是于里安要用很长时间才察觉到这一点。对一般人用诗歌这个词赞美的东西,他的感觉并不灵敏,他自以为面对这类光明,他的视听是闭塞的,对此他并不觉得遗憾。至于哲学,自从对宗教信仰的怀疑破坏了哲学的基础,他自以为已经没有基础了。他嘲笑企图重建这类基础,徒劳无功的思想努力。真心实意地,他相信自己已经什么都不相信了。很可能!……他再也不相信了。然而他在创造……然而除了信仰以外,还有什么创造?也许不是用额头来创造,而是用腰部。生命的声音在呼喊:"孕育!……"额头也必须跟上去。和肉体的深沉力量相比,这是一位可怜的大老爷。当我说"肉体",我说的是"灵魂"及其众多军队。于里安身上有很多精力,比他自己所想的更多。我们大家都有这种精力。可是它们在睡眠,我们害怕惊醒它们。而大部分害怕这一点的人是有理由的。他们很可能没有领导这种精力的能力。如果这大批大批的力量都放了出来,整个国家可得提高警觉!然而于里安即使在跟他灵魂的"军队"走时,也能够控制它们。一个像他那样气魄的知识者,能够将他的小舟投入流水,他不至于撒手不管掌舵。

这种批评精神与直觉之间罕见的平衡,产生《阿旺丹②上平民的对话》。在那里,灵魂的人民,和城市③断绝关系的平民,在乱纷纷地讨论。而这次有决定意义的最后一句话,不是由为胃辩护的人来说。谁要吃饭,谁就必须劳动!……"伸出你的双手来瞧!知识分子、学者、艺术家、作家,把你们的账报一下!一百年以来,你们是舆论的君主——或者仆役,你们干了些什么?"这是杜米埃④式的大游行。所有

① 本书作者就是以这种"哲理诗人"自居的。所以小说穿插着连篇累牍的抽象、玄虚、晦涩的内心描写和虚构的形象,用以表现思想深度。

② 阿旺丹,古罗马城外七个小山丘之一,罗马的平民区。

③ 和城市断绝关系,主要指和罗马城中的贵族阶层断绝关系。

④ 杜米埃(1808—1879),法国画家、雕塑家,讽刺画尤其出名。

耍笔杆的英雄好汉都登上舞台！可是真正的矛盾冲突却在观众思想中,他们轻蔑地扭过头去不看——这些在城外露营的平民,围绕着夜里燃烧的熊熊篝火,观望着红色的烽烟直上云霄。天上的星星是毕毕剥剥地燃烧的小火焰。没有人引导的思想在进行革命,这时,在欧洲另一端,各族人民正用拳头进行革命。可是精神不认识事实,精神丝毫不干能使别人认识它的事。于里安不发表任何感想。即使后来战争和检查制度都结束了,他本可以毫无困难地找一个出版商出版他的著作,可是他仍然把手稿藏在家里,不乐意把它们公之于世。也许他害怕发表之后自己不得不在光天化日之下正视自己的面目。而且外间的光线一旦进入家中,门就再也关不上了。幽暗的生活结束了！……阴影是没有了,可是思想工作者最喜爱的半明半暗光线仍然殷勤地舍不得消失。伦勃朗[①]式的微暗没有了,那里有过分敏感的眼睛避开不瞧的无形阳光,房间深处照耀着橙黄色柔软的反光……阳光进入屋子。行动就在眼前。

于里安尽量推迟给这位来访者开门的时间。

停战后不久的年月,于里安满足于在期刊上发表他关于科学史的巨著。他认为这些是客观的作品。但是他坚强的人格,经过勇健的孤寂生活的营养,在受压抑的岁月里使弓弦绷得紧紧的,没有察觉在每一章书中,都发射出青铜的箭镞,瞄准当代和古往今来在智慧方面的谎言。由于他自己也受过谎言浸淫,他在瞄准自己。但是,谁在瞄准?他,新的于里安。由于竭力挣脱枷锁而头破血流的新人。整整一个时代的知识界,没落中的社会的整整一代,在受打击而且把这种打击显露出来。

不过知识界尽可能少露痕迹,为了不把公众的注意力引向射箭者。青年们没时间到建筑得像教堂一样的巨著中去寻求思想,这种建筑物并不遮掩它们的支撑物。(我的意思是说,大部头著作中极其丰

① 伦勃朗(1606—1669),荷兰著名画家。

富的资料根据)青年们在这种建筑旁边经过,连瞧都不瞧。况且,即使青年们想瞧,他们懂吗?他们赞成吗?战争结束的头几年,精神英雄们的伟大一代,如同施皮特勒①、托马斯·哈代②,都在英勇的悲观主义和骄傲的寂寞中苟且偷安,他们用无所畏惧的眼光,注视当前悲剧的现实,丝毫不寄希望于改革,受到公众怨恨的贬黜。那么缺乏天才诗人的瑞士,对这位创作《奥林匹斯的春天》的诗人肆意谩骂,甚至仇恨他。斯德哥尔摩那样慷慨地分发诺贝尔奖金,却决不肯奖给托马斯·哈代。人们埋怨这些人,他们昂首天外,漠视一切,在不可争辩的真理中,态度"安详"。人们控诉这些人的利己主义,他们满足于一个没有希望的恶劣世界,一点也不想挽救这个世界,因为他们自己在这个世界中的生活已经安排妥当,获得了荣誉。人们看不见这些伟大的老人几乎一辈子眼看正义不得伸张而苦恼,不得已硬起心肠来抵抗痛苦,也看不见他们之所以和施皮特勒一样,藏身于漠不关心和老爷式讽刺的铠甲之中,那是因为他和《雅典人泰门》③一样,他们由于热爱人类反而被人叛卖了。"Durchaus!..."④"不顾一切!……"这是普罗米修斯和赫剌克勒斯的话,他们不相信人类,原来他们还准备为人类而牺牲自己呢!

于里安曾经在这种辛辣的物质中,从发笑的老狮子般的尼采式悲观主义中吸取营养。然而他属于另一个中介的侪辈,介乎思想界毫无动作的伟大孤独者和战后为填满深渊而甘愿先行动后思想的青年之间。(但是青年人没有足够的体魄填平深渊!他们的身体,他们的灵魂将要在深渊中被摧毁……)

---

① 卡尔·施皮特勒(1845—1924),瑞士著名的德语诗人,《奥林波斯的春天》是他的代表作。

② 托马斯·哈代(1840—1928),英国小说家。

③ 莎士比亚的剧本,大富翁泰门被一群恭维奉承的小人包围,他错误地以为他们真爱他,他也爱他们。最后他的财富被献媚者骗光。他穷得一无所有,才明白自己上了当,于是他也成为厌世者。

④ 德文:完全地,整个地,绝对地。

于里安和他们一样,有这种深不可测,人生深渊的幻觉。但这种幻觉在他青春发育时期,当他稚嫩的肉体与情感还没有成熟时,并没有打击他。那时他已具有坚硬的骨骼,他一点也没有被摧折,他是不折不挠的。他知道眼对眼地注视阴暗的冒险行动的虚无性。他用思想闪光照亮这个黑夜,创造它的真、美、善。他强烈地感觉到真、美、善,充满热爱地将它们包藏在自己身上,同时时刻不忘却关于深渊的明确意识,他和他所爱的一切,都是悬挂在深渊之上的。

他所爱的?他爱的是什么?……他是孤独的,而且对人们不再存幻想。人们和他,他和人们都保持一定的距离……对,当前……正在死亡,或者明天将要死亡的一切!并非为了这些判了死刑的人,为了这些当前的人,他思想、生活和创造。可是用肉体或精神(这是一回事!)进行创造的人,在腹中孕育着未来的人,他怎么会不爱他们呢?他把未来的人投射于黑夜中。填平深渊的将是他们。

这个勇往直前孕育自己思想的伟大孤独者,不知不觉地在创造未来。他自己没有想到,他属于此刻正在为建立一个秩序、一个新世界而劳动的人们,是全世界人民工地上的一个工人。后来当外间发生的事变已经闯入他的书室时,他承认了这一点,同时发现自己已经加入了革命的大军。十年以来,这个"不自觉的革命者"在对准敌人的思想发射青铜的箭镞。

当他自己还一知半解的时候,在病后休养中的安乃德,在床上阅读他的著作,头一眼就发现了他。于是欢乐充满她的心、她的胸脯。永远是年轻的原有的爱情,使她的乳房发胀。她也一样,她孕育了爱她的人。她的于里安……弓箭手……

*　　*　　*

这么说来,老朋友们现在互相很接近了。令人担心的是,如果没有两只年轻的手,两只结实的、善于掷球的手,推他们的肩,叫他们"前进,前进”,这两个老朋友永远不会重新聚合。

两个年老的情人,在“秋夜之梦”[①]的魔术森林中,被灌木丛分隔了二十年,推动他们重新接近的好心的精灵,年轻的淘气鬼,除了快乐的心情之外,一点也没有布克的意味。她无疑是敏捷的,她柔软的身体能够站着向后弯曲,直到双手碰到脚跟。但是她所经过之处,决不是不惹人注意。如果大地会说话,将在她的脚底下叫喊起来。她所踏住的一切,她踏住不放。她迈出的每一步都在说:“是我的!……土地是我的!是我的!生活是我的!”这个“我”,是一个高大壮健的姑娘,像一个男孩子,剃光的脑壳是圆圆的,胸部平平的,肩膀宽宽的,髋骨不宽,两条胳膊肌肉发达,大腿长长的,小腿肚是金黄色的,脚如弯弓。她是于里安的女儿。名叫乔介特。其实她是乔治——一个男孩。她敢于踹在龙身上。如果她看见那条大蜥蜴在脚下扭曲挣扎,她会哈哈大笑……自从她来到世上,她就是善笑的。上帝知道她从哪里学会笑。于里安忧郁沉闷的家庭,父亲母亲和祖母,刚一听到这笑声的初期,都惊讶得目瞪口呆,直到如今,于里安听这一笑声已经有二十年之久,他每次听到还同样惊奇。自己觉得可羞而且不安,他想:“万一这个奇迹停止了!”

这确实是个奇迹。他自己那么不善于笑!他笑得那么蹩脚!他一边听女儿笑,一边心里想:“笑得多么美!多么好!”是谁送给他这个礼物?他想他不配接受。说实话他不配,他为了配与不配这个问题嘀嘀咕咕,光凭这一点,他就不配!斑鸠偷吃葡萄,它想过它配不配吗?它觉得葡萄味道很好而已。乔治觉得生活很有意思。“抢吧!”她就抢了走了……谁对于里安那一代人说过,在他们呻吟着拾起打破的食钵碎片的废墟上,新生的一代人却在那里发现了一株葡萄藤?没有一个年长者给她指引过道路。她独自一人去找的。只要瞧她的样子就明白了:乔治在走路时,上身微向前倾,好比一个赛跑的女选手,两条胳

① 《秋夜之梦》,并无此书,作者无非暗指莎士比亚的剧本《仲夏夜之梦》而已。

膊和双肘贴在腰上,手向前方,准备抓什么东西似的,嘴半开半闭,胸部起伏,配合着呼吸的节奏,在金黄且晒成褐色的面部,两只非常明亮的眼睛,路上的一切都躲不开这双眼睛,在她内心,没有任何烦恼。她的身体和精神都有很好的天赋,她发育得很强壮,不慌不忙,没有顾虑也没有过火。算她幸运,对家中的气氛,她生来就戴着什么也不能渗透的令人惊讶的一顶钢盔。她有本领可以听不见家人的诉苦与责备。这种本领使她母亲束手无策。这并不是没有诚意,而是更坏:简直就是漠不关心。使她讨厌的事,她都听不见。这种生理的麻木并不排斥一颗热情的心。当她母亲对她唠叨半天,然后问她:“你听明白了没有? 我说的是什么?”

乔治朝着母亲讪笑,并且那么热情洋溢地抱吻母亲,使那位善良的妇女没有勇气再责备她,但是她心中毫不怀疑,又一次白费了时间。至少,要是她能知道这孩子心里想的是什么,那也罢了! 可是,她身上的一切,都关在一间密室中,母亲连门槛都不能跨过。她不知乔治对母亲最关心的宗教问题有何想法。乔治一点也不反对跟母亲去望弥撒,背祷告词,甚至按时去忏悔,洗刷良心上的污垢,如果要求她这样做的话。她去干这些事,干完了回来,就像在中学或在网球场上那样有着无忧无虑的好兴致。她的罪孽[1]并不使她心情沉重! 但是她是怎么想的? 她对在祈祷书中念过的话、福音书上的话、耶稣基督的话、圣母的话,教会的话、上帝的活、甚至对死后和复活的说法,都是怎么想的? 没有办法略知一二。事实是她什么也不想。她对这一切都毫不感兴趣……

“啊,我的上帝,对,她倒是想过了,跟大家一样,人总是要死的。可是还远着哩! 而且人只死一次。与此不同的是,每天的每一分钟,人却要活十万次。我们没有时间为末日担心。再说,担心又有什么用呢? 谁知道最后到底是怎么回事? ……是呀,正因这样,才有教会跟

---

① 她的罪孽,从宗教观点的角度说。

你讲这,还有别人跟你说那……我呀,这和那我都很愿意。讨论我不知道的事,这不是我该做的。我感兴趣的事还有很多很多。关于这些事,请你多替我费心,如果你一定要替我费心的话！不过千万别为我提心吊胆！我总有办法对付过去的！……”

这些话,她没有说。也许她自己也不能清楚地表达其中的意思。但是可以在她无忧无虑的高妙态度中把意思看出来。她母亲并不缺少自寻烦恼的新理由。她尽情地以此为乐。(必须有各种面包来满足各种不同饥饿。某些人专门喜欢以眼泪做面包。乔治不和这种人去争眼泪面包……)

乔治还没满十五岁,她母亲就到她认为更好的另一个世界去了,这对母女二人来说,也许算是运气,当然,乔治这么说,也这么想:“我可怜的妈妈!”

她哭得非常伤心,她是能这样哭的,正如任何一个妇女一样！只要机会凑巧,她就会像小孩似的伤心得要命,鼻子都哭肿了,眼睛哭得什么都瞧不见。可是——这并不是她的过错——阵雨下过之后,眼睛擦干,天气晴朗,反而更美了。于是“可怜的妈妈”在家不再占重要地位。父亲和女儿都不承认这点,但他们在家里觉得比以前自由自在了。

于里安和女儿的精神——无人知道的地区——之间虽然隔着一段很大的距离,可是他对她有不可理解的殷勤好感,尤其自从孩子只由他一人监管之后,她渐渐变成妇人了。他一点也不妨碍她的发展,他给她那么大的行动自由,如果母亲还在,会吓得不知所措。乔治爱什么时候出去,什么时候回来,都随她高兴。她天天干些什么,按照自己高兴来决定。向她父亲汇报不汇报,也看她高兴。于里安仅仅要求她把家照顾得整整齐齐,准时进餐,至于别的事,他只要求她知道父亲对她是放心的。这一点,她是知道的,对她来说这是有效的纪律。有时候她的思想出了轨(在一个女孩子的生活中,这是常有的事),乔治定神一想:“我和他,我们是两个人。”

既然他这么信赖她！如果他对她下一道反对的命令,她很可能出于游戏的态度,置之不理。然而并不是父亲的不抵抗主义足以保全这个女孩子!她也很可以这样想:“如果我去尝尝这种味道?这对他将毫无损害,对我将是很舒畅的……”

可是她没有尝这种味道的欲望。爱情是她最少操心的事。然而她是一个美丽的姑娘,应有尽有,什么也不缺少。可是,怎么啦!她一点也不需要男子。需要男子这个念头使她觉得滑稽可笑。不过决不是由于她无知,才有这种缺陷。她阅读过——而且是怎么读的!——自然的大书。她学过P. C. N.①。上帝知道她看见过,听见过什么!可是这都是鸭子背上的雨点,最放肆的场面和言语,在她的川流中“布噜”一声,消失得无影无踪。她那顽皮大孩子的放声大笑,使最厚颜无耻的男子也招架不住。于是他们也只好大笑,束手无策。他们把她当男同伴看待,满足于开玩笑地叫她“刀枪不入”。她自己首先嘲笑自己。但是她并不想改变常态。

她对体育运动的激情代替了一切别的激情。在这方面,她倾注了自己的精华。一切欢乐凝铸为一种欢乐:竞赛的欢乐,行动的欢乐,自我控制的欢乐,骄傲的欢乐和无私激情的欢乐,热血的陶醉和精神的明朗,遍身精力的充畅和生命的高峰;在那里生命只系于一线。“而这根线是结实的,生命在跳跃,空气和大地都属于我……”

她什么也没有告诉她父亲(等他知道这些情况,整个巴黎都已经知道了),她没有说她是在经受一种有计划的训练,她心想:“我可以练得和别人一样好,我可以练得更好。”

因为,眼看运动员们在跑道上转圈,她年轻的血液沸腾起来,她急得跺脚;她对她的躯干和长腿是有把握的。她曾经在运动场跑过而且打破过“三百米”的纪录。一连几个月,她固执地保持这个记录。她曾经有过她的奥林匹克②光荣的时期,在这群落后于时代的青年们之间,

① P. C. N.,物理、化学、博物(动、植、矿)的缩写。法国的医科学生,在预科时,必须修习P. C. N.这张证书,及格者始能升入本科。

② 她的奥林匹克,指一般的运动会,而不是国际性的大型的奥运会。

他们不顾笼罩在欧洲上空混乱的黑云低垂，不假思索地在复活古代的希腊。必须看看她获得胜利的时刻，精疲力竭，气喘吁吁，汗湿淋漓，汗味扎鼻，湿头发贴在头上，两眼圆瞪，眼圈发黑，面容消瘦，神色有点慌张，干脆就是难看。她才不关心美不美，她比美本身更美，她得意扬扬："我拿到手了！……"

拿到什么？新纪录？啊！胜利的意义远远超过运动本身……

"我充分发挥了自己的能力！我战胜了自己！……"

哪一种占有能比得上这种占有？占有情夫，何足道哉！而这是完全纯洁的、全面的欢乐。你们不能让这种欢乐再增加一分……是的，这种欢乐不能持久……任何事物都不能持久……可是她已经掌握了这欢乐。她在皮肤下面保留了欢乐的阳光。在人世间还有比这更坚实的东西吗？……

某些日子，她在公园里看到小小的脚在小步地跑，一个不一定总是擦干净的小小鼻子朝上翘着，于是一个秘密的声音向她喃喃地说："啊，孩子……"

女骑士①没有割掉她的乳房。她的妇女之心复苏了……她向小步跑的孩子们微笑……

"对，有个孩子也很好，如果不需要男子的话。"

但是必须有男子。

"去吧！……"她把孩子从她的思想中撇开。人不能什么都要！她得到的已经足够了。

*　　　*　　　*

于里安通过像忧郁沉闷的浮士德老人那样的、在他炼丹的工作室中的幽暗光线，静静观察他的女儿，不让她知道，惊愕地赞赏从他身上

① 女骑士或女战士，又译"阿玛宗"人，典出希腊神话。她们聚族而居，骁勇善战，不接近男子。此地指乔治。

出来的自由自在的姑娘,每天胆战心惊怕她逃跑;每天看见她很满足,无忧无虑,也没有欲望,他就放心了。他问自己:“她怎么搞的?她怎么会从我身上出来?”

一个声音在回答他说:“你很清楚!你把她认出来了……”

谁是“她”?在他生活上留下烙印的女人,被他的生活抛弃的那个女人。可是感谢上帝,她曾经是最强的。她从来没有离开他的家室。她慢慢地深入他的思想。她还干了更多的事。她进入了他家的粮仓。这颗从他身上来的活种子,他愿意说服自己,这颗种子是从她身上来的。他自以为认识这粒种子。他认识别人的眼睛不能察觉的一些细节。在她嘴角上一些汗毛的影子,头颈的姿态,某些子音字母的发音,她的某些想法,上帝知道还有什么别的!他心想:“我的上帝!安乃德……”

这都是幻觉,没有疑问。他的幻觉中充满安乃德,反射到他所见的东西上。可是话说回来,如果他的精神渗透了安乃德,为什么他的女儿会不受影响呢?他是某种萦绕于怀的意念的玩物,这没有多大关系。可是这和乔治的幸福有很大的关系。她由此而获得父亲对她的令人诧异的宽容,以及对她的自由行动的充满温爱的敬意,当然她从来没有猜度过这是什么原因。她心想:“我运气不错!……”她没有想到这种好运气是什么人给她的。

最后有一天,她终于遇见了在家中游荡的看不见的影子。她想必多次在他父亲的房门口和这影子擦肩而过,或者在父亲的视线中,自从她童年以来,已经接触过此人。不过她对此已习惯了,所以从没有引起她注意。必须要这个影子开口说话。她果然说话了……

于里安到伦敦去旅行,参加一个大会。他不得不离家半个月光景。乔治抓住机会到神圣不可侵犯的圣区,父亲的工作室中去打扫尘土。正如一切真正用功的人一样,他不允许别人触动他的书室。他自称由他自己整理。不用说,他所谓整理,在别人眼中看来,是最无法清理的杂乱。乔治天生是混乱的敌人。很久以来就在窥伺机会,用强力把父亲的书室整理一下。她抓住主人不在家的机会。他回来一定会大闹一场!……让他去闹吧……

“你唱吧,爸爸!……”

她先笑了起来,像一个顽皮女孩一样。

“抗议吧,神圣的纸片!”(她大把大把地抱起废纸,扔在地板上。)“我是这儿的主人……”

她那么兴致勃勃地收拾一切。拿走一叠叠的纸,搬动一堆堆硬纸盒,以致其中一个纸盒张开大嘴,抗议了,好像童话故事那样,吐出盒中积存的言语,许多书信,笨拙地捆在一起的书信,都倒了出来,洒满一屋子。这是什么呀?……乔治蹲在地上把信拾起来,笑得更起劲了。

“啊,真见鬼!……如果他发现我碰过这些!……现在怎么使它们恢复原来的次序?除了把它们都看一遍,知道每封信的日期,没有别的办法。只看信的开头[1]。很快就整理完了。爸爸的通信,想必是沉闷乏味!……咦,咦,咦!”

从第一封信的头几行看来,内容一点也不沉闷……这根没捆紧的绳子散了,纸片都掉出来,这根绳子原来是条缎带……

“这可是,你说说,爸爸!……”

她丝毫没有想一想,是不是把信看下去,如果她有一点旧时代识羞的习惯,她本该这样考虑。可是,毫无疑问,她要把信看下去!看样子这将是十分有趣的信。她舒舒服服地安置好,盘腿坐在地板上,几乎钻到桌子下面,在一堆散乱的信中间。她在信堆中随便抓一封看一封。一点不必担心被干扰。在住所里只有她一人……“如果有人按电铃,我随他去按……”窗开着。窗外,园子里的八哥鸟,六月里的阳光照射在周围,抚摸她头顶上那张书桌的铜拉手。而她却坐在阴影的摇

① 法国习惯,写信人把他的地址和写信日期,写在信纸右上角。

篮中,在她手指上缠绕着从信中延伸出来的灵魂藤葛,她的鼻孔中充满园中传来的茉莉花香。她哼着歌儿,她很舒适……

难道她不知道自己在干不该干的事?啊!她完全知道!她自己明白,而且觉得好玩。她不拘泥于尊重舆论所说的道德。她是壮健快活、通情达理的,她知道不应当公然冒犯这种道德。可是,关着门?“够了!我的老太婆!”她和季西内[①]一样,一过了苏伊士运河,另一种道德!“我有我的道德。”而且(这肯定是好运气),她的道德是善良、健康的,比人们抛弃在苏伊士运河那一端的道德也许要强得多……她真诚地爱她的父亲。可能不像从前的姑娘们爱她们的父亲一样,不,肯定不。尊敬的成分大大减少了。再没有任何一点畏惧。那一层崇敬的古老油漆也可怕地剥落了。但是温爱是不是丧失了呢?我想不至于。不用说,条件是对方,那个人,要配接受这种温爱!

“因为,如果他除了播下我一颗种子之外,别的什么也没有干,为什么我一定要爱他呢?我们两人之间说句真心话,爸爸,播下了我这颗种子,这算不了什么苦差使!……对,抚养我,那是另一笔账……是呀,现在要由我来评判这笔账了。假如你不愿意,或者不知道什么是我的利益和我的权利,那算你倒霉!……你愿意了,你也知道了,我的老好人,尤其因为你女儿是一只不容易看管的山羊,所以你的功劳更大。我践踏了所有成见的草坪。我没有忘记,什么也没有忘记。万一有谁敢于碰你一下,当心我来对付他!咱俩是同盟者。可是,说句贴心话,老伙伴,在你我之间,我完全有权不管你那一套,有权看你的信件文札……对,你不会同意,你是你那个旧时代的人,但是我属于我的时代,这就够了!我在读你的信……你什么也不会知道。不应当使孩子们难受……”

她点起一支烟:“啊,小心!可不要放火烧了铺子……”

她不声不响地过了一会儿,为了更好地阅读书信,她在吸吮信中

① 季西内(1850—1916),英国将军,曾驻守埃及,后任英国防大臣,组织领导了一九一四年的英军。

的精华，同时在舔香烟屁股……

“啊！不！多大的激情！……这个老父亲被人爱到那种程度，这是不可能的！”

香烟烧着，烧着，最后熄灭了。乔治忘了手里拿着烟卷，直到指尖烧痛了，才想起来。她不想再点燃别的烟。她全身俯卧着，肚子和臂肘靠在地板上，为了更好地看信。她念，她念……滔滔的流水！她好像觉得把肚子浸在水里……她只顾念信，不加评判，不想自己发表意见，也不大看得懂。在她眼中，这是一个如此不同的世界！……可是从每一行字句，从水流的每一个波纹闪光涌现出来的，在她看来是一个妇女，一个多情和痛苦的妇女，可是她在怨愤和热情中都显得坚强。她高大骄傲的灵魂，凌驾在对方——“那个男子”——之上，牵着他的手引导他；她温柔的精力对他是一种鼓舞；她牺牲了自己，到最后，她还安慰他，因为将她牺牲了……而他，那个男子，他在那个妇女身旁，显出忧愁和可怜的嘴脸，看见了幸福然而没力量抓住幸福的人的嘴脸。他完全明白，拒绝了这一幸福，他等于毁灭了自己，所以他在收藏信件的盒子盖上，用沉重的手写了这几个字：“我的被扼杀的幸福。”

乔治直到最后，把散乱的信收拾起来时，才看见写着的这几个字，这是一声悲呼。

她停止了收拾信件。她仰面躺在地上，双手垫在脑后。她注视一朵悬在窗台边的红玫瑰花，被雷阵雨的风吹拂着。在地板上，她的四周，这一曲无声之爱的交响乐。

三十年前，另一个女性，一个姑娘，也是这样发现了她父亲的爱情秘密[①]。报复性的命运，让她自己也经历同样的遭遇。不过她的父亲那时已经去世，乔治的父亲还在人间。被乔治的手指搅动的爱情的灰烬还是灼热的，烫了她的手指。

乔治遐想联翩，在不相识的海洋上漂荡……这种气息从波利尼西

① 见第一卷《安乃德和西尔薇》。——原注

亚群岛散发出来,她看见翡翠色的海面,以浪花泡沫镶边的珊瑚礁和红色礁的行列中涌现出来的群岛。这些群岛对她都是异方异域,可是它们的香气反而更强烈地渗入她的心肺……奇异的激动使她脚步踉跄不稳。这种激动,我们大家都经历过,当我们到了从未到过的地方,和某些事物突然相遇时。

"我曾经到过这儿……"

她?她到过这儿?她怎么能够呢?……她没有爱过任何人。即使在此时此刻,她不受爱情拘束,离开爱情很远……然而这位陌生妇女的爱情从她心中涌现,好比人们认识远方的钟声。整个陈旧的故事,是从前她在半睡眠状态中听人叙述的,而且已经遗忘。几乎每一个细节,她读了之后,觉得还没有翻过这一页,她已经会复述了。而这个谜一般的、同时又很亲近的妇女形象,并不使她感到痛苦,她感到的是那个人的冲劲;她感到的不是旋律、爱情或挽歌,而是节奏、力量、泉水的喷涌、鲜血。她敢发誓看见过那个妇女……比这更好:认识她!……比这更好!……什么更好?……

乔治抬起身来,坐在地板上,动作猛了一点,以致脑袋碰在桌子的底板上:"比这更好……她是属于我的。"

可是这一下把她碰醒了。她揉揉自己的脑壳。

"哎呀!我疯了……我忘了吃午饭。"

她是胃口极好的人。连进餐都忘掉了,她可真是晕头转向了。她立即矫正了方向。可是她一边补吃这顿过时饭,一边继续拾起打断了的思路。她徒然心里想:"这件蠢事。"她又想:"在我出生以前,他已经爱过那女人。"

上帝知道她的女性想象力,满脑子从小说中学到的学问,将要建筑什么空中楼阁!那些可怜的书信,在被整理好之前,还要不止一次被她重读和研究,后来乔治简直能和父亲讨论其中的事实和日期。如果她没那样做,也差不多了。某个夜晚,她咬了自己的舌头,她很想问个明白……见鬼的成见!为什么人们不能干脆拿这些题目放在桌面上谈！倒不是这些题目使她不敢谈。可是她不能得体地对他说明，她是怎样把这些秘密搞到手的。

“这个可怜人，他坐在那儿，隔着桌子，他以为世界上只有他自己知道这秘密，他不知道我掌握他的秘密，不知道他在我眼里是赤裸裸的，他的痛苦，他的爱情，他的弱点和他的创伤，一览无余……而且我评判他……我评判你……你可是没有少干蠢事！你并不高明……啊！因此我反而更爱你了！……”

她过去亲了父亲一下：“可怜的爸爸！……”

于里安莫名其妙。

她开始狩猎。她下决心要找到安乃德。可是不能希望她父亲会告诉她走哪一条路。而路是很不容易找的。李维埃夫人的名姓不列在年鉴[①]中。她可能已经不在了，或者结了婚。打听这些要用很长时间。

可是乔治终于找到了线索。先是阿霞，再就是玛克，后者年轻的名声开始传开。乔治到书店去了两三次，可是没有遇到安乃德。她下不了决心去拍安乃德的门。走到她门口，还是退了回来。她徒然摆出胆大翻天的姑娘的架势，却有奇怪的腼腆性。万一她见到安乃德，她跟后者说什么呢？和一个这样亲密的陌生人，这样熟识的不相识者面谈，多么尴尬。况且她还肆无忌惮地偷看了安乃德的秘密。一个按乔治设想的安乃德，如果她知道情况，是不会原谅乔治的。而她只要说头几句话，就会看清情况。乔治感觉到，面对安乃德的注视，她会露出真相来。她预先就失去了镇定，张着嘴，想不起说什么好，涨红着脸待着！正如所有腼腆的人一样，为了摆脱尴尬的处境，她会变得粗鲁，她把所有真话一下都倾吐出来，好像为了出气。立刻，安乃德的眼光严峻了，把半开的信任之门重新关上。两人间的鸿沟变得比原先更难逾

① 巴黎的年鉴名叫《布丹》（年鉴创始人的名字），每年出一厚册。巴黎市民中稍有名气的姓名住址都可查到。

越……乔治找不到勇气来做一次试验。她却不放弃原定计划。她等待不知什么机会来帮她忙,或者强迫她大胆一试。这个机会应当会到来的。它快要到来了!

对大多数干等着的人,机会不会来,因为他们消极地等待着。可是乔治的等待和她本人一样,总是积极的,随时准备行动。她没有睡觉,她在窥探。总的说来,如果有人错过机会,多半不是机会没有来,而是因为等待机会者没有看见机会到来,而且机会过来时,没有一伸手就抓住它!像乔治这样的人是不会有让机会滑过去的危险的。眼光一瞥,一个蹦跳,她就抓住机会,正如回击飞来的一个网球一样。

* * *

这一次是谁把球抛过来的?一个陌生人。一个从意大利来的对手。他也一样,一个偶然机会使他和安乃德相遇。可是这不仅是机缘,而是命运。这是思想上的亲属关系使他接近于里安的,而且将在乔治的推动下,使他成为重新打开两位老朋友之间的门户的使者。

安乃德没有想到他会来!……这天早晨,她很疲乏地坐在她房中一个角落,双腿酸痛,她正在擦洗房间。她没有雇用仆人,只有一个打短工的女子,每天来几小时,干点家中的重活。她独自一人在家,差不多已经被她的孩子们抛弃了,孩子们不再有什么困难事要来麻烦她,他们的活动和乐趣,都留给他们自己。(两口子的共同活动是他们最大的乐趣!)安乃德没有为此而抱怨的低级趣味。这是做母亲的本分!孩子们心满意足了,他们从思想里辞退了母亲,就像辞退一个女用人一样。她已经完成任务,她走了……安乃德微笑了。可是她觉得腰部酸痛。她已经不年轻了。她自己的和替别人操心的忧愁苦恼,负担太重,超过了她的能力。她在疲乏的感觉和东想西想中麻木地待着,手里拿着一块她正在擦家具的抹布。窗子向街道大开着。清凉的空气使她肩头寒冷,可是正像她没有注意街上传来的闹哄哄声音一样,她没有感觉到凉意。她在遐想。她想能支持自己所爱的人,固然很好;但是有时候让别人支持你,也是大大的好事!可是这种事不常有,是奢侈品。她不责怪任何人。各人只能把自己所有的贡献给别人,而她结识过的这些男子,每人只有自己必需的一点点。在她眼前,她怀着温情的嘲笑,看着曾经饮过她的乳汁的男人一一出现。他们乱哄哄地在她眼前走过,他们的出现常常是出乎意料的。在那些她认识的熟悉面容之间,涌现出几个她以为已经忘却的面孔,其中还有某一天匆匆瞥见的面孔,他们真正的容颜(也许由于反射),第一次出现在光天化日之下。于是由于这种神秘闪光,好像是将要来到的时刻反射的光线,一个面孔从过去时间的深渊中浮现出来。对此,安乃德心想:"这个人没有拿走我任何东西。他给了我不少。"

她感到诧异,居然把他忘了,一时间连他的名字都想不起来……这时,恰好房间的门打开了。在家帮忙的姑娘,没有受过良好的训练,不先通知一声,就把一个客人领到房中来了:"太太,来了一位先生……"

安乃德,好像吓了一跳,看见门口站着她刚才回想起来的那个人:旧时的面容,雪白的胡须,讨喜的微笑,明亮的眼神。虽然这次会面多么出人意外,安乃德却一分钟也不迟疑。刚刚她想不起的人名,立即从她口里说出来了。她向他伸出双手。只是过了一会儿之后,她觉得很不好意思,因为她衣衫不整,精神不振的情况,出其不意地被人撞见了。可是她兴致很好地笑了,她手里还拿着一块抹布呢。他和她一起笑,一边道歉,同时原谅被安乃德责备的女仆。他在安乃德眼中看到她用热烈、坦率和快乐的劲头,上前欢迎他。他也用同样的劲头,向安乃德走去。虽然他差不多已经是个老人,却有一双二十岁的年轻眼睛。

七年前,安乃德曾在穿过意大利南部的火车上遇到他。那时她在罗马尼亚住了一个时期之后回来[1]。她刚刚病愈,身上还有点发烧,感觉到要命地瞌睡。可是她总觉得自己在莽林中,芦苇的莽林,她曾经在林中逃跑,在淤泥中身体一直陷到腹部。那是热病蔓延的土地。意大利火车通过的大沼泽地使她回想起芦苇的莽林。她身体僵硬,紧张,打着寒噤。她和困倦做斗争。有时她被困倦战胜了,颈项垂下来。可是她立刻惊醒,把颈项直起来。她抬起小心提防着的脑袋,皱着眉毛观察邻座的人。他们几乎全是意大利平民和小资产者。她坐的是三等车,在分隔为三小间的车厢中央那间,挤满了旅客。每到一站,人们用拳头把超额的乘客塞进已经满载的车厢。他们坐在别人的膝上。一个女客站着,摇摇晃晃,东抓一把,西抓一把,抓住别人的肩膀。男乘客抽着烟,在两条腿中间的地上吐唾沫。安乃德紧缩在一个角落里,不敢移动踩在地上感到恶心的两只脚。在她脑袋上边,有一个站着的男宾的上半身,胳膊肘子靠在把车厢分隔开的半人高的隔板上。这些人几乎全部晒得面孔黝黑,面颊凹陷,胡须有半个月没有刮了。一个老者长毛的耳朵上戴着耳环。发烧的眼睛,发黄的眼球,有几对像动物般的亮晶晶的瞳仁非常出色。一个小男孩,把下巴搁在旁边那间车厢的分隔板上,正好面对着安乃德;一个小女孩,坐在地上的唾沫堆中。两个孩子的小尖眼睛直盯着安乃德。在三个分隔的车厢之间,乘客交换粗鲁的对话。这边那边,有人拿小扁瓶喝酒,或者吃酸味的酪干。在安乃德极度疲乏的噩梦中,觉得自己是另一种动物,被关在令人不安的陌生动物的笼子中。它们用鼻子嗅她,在她四周收紧包围圈。她徒然竭力打起精神,她看见它们在等待最后一分钟,等她精疲力竭,倒下去了,就扑在她身上。她昏过去了,沉重的脑袋向后仰,碰在椅子的木头背上,整个上身被拖着滑下去了。在这一刹那,她的神志还没有丧失,可是不再斗争,听其自然了。她觉得在她后面有两只轻柔的手,托住她的肩头和腋下,用一个包裹垫在她脑袋下。她沉重

---

① 她在罗马尼亚住了一个时期之后回来,见《女信使》第一卷。——原注
即第四卷《女信使》(上)第二部《安乃德在莽林中》。

的眼皮最后一次微微张开，她正好来得及从眼皮缝里窥见那个人的眼睛。这人俯身在隔墙上，如同鲁本斯[①]名画中俯身在十字架的那人，托住她的身体，把她放平。这真是山中的湖泊，给人以十分安全的印象。她任自己坠入睡眠中了。

一小时之后，她从睡眠之湖中重新浮上来，在她周围，空气轻松了。她看见她身边的人们，善良的人们，她休息的时候在照顾她。她发现在自己面颊下边有一块披肩，这是一位老年的农村妇女给安乃德当枕头的。在她脚边，那个小女孩在啃一个橙子，她伸手把橙子递给安乃德。所有的人，看见她重新睁开眼睛，都用玩笑的热诚态度向她道贺。于是她用同样嬉笑和热情的口吻回答他们。在他们之间已经没有任何窘态。他们大家都是同类。她知道魔术似的变化从何而来。和喀耳刻的魔法相反，这儿的魔棍一挥，变野兽为同伴。魔术师就在她背后。她不需要转过身去看他。他和谐严肃的语声把网罗抛在所有在这儿挤成一堆的人身上。这个声音将众人形成同情与利害相同的集体。在分隔为三间的小车厢之间，谈话普遍展开。那个人并没有任何强加于大家的表示，可是谈话是围绕着他进行的。几乎所有说话的人，眼光都朝向他。由于他们的眼光要接触那个人，必须超越安乃德的脑袋，这些眼光在中途都停留在安乃德身上。她也参加到谈话中去了。渐渐地，她的耳朵习惯于他们的语言，她也用蹩脚的意大利语插嘴，引起大家没有恶意的讪笑。她很惊讶听见她看不见的那个人用法国话回答她，而且是很纯正、很地道的法语。他们两人就这样继续谈话，她并不设法看他本人。他很有分寸地问她从哪儿来，到哪儿去。并且告诉她该走的路线。关于他自己，他一字不提，她也不想问他。农民们管他叫“Signor conte”[②]。她知道他是一个上了年纪的人，他提

① 鲁本斯（1577—1640），弗朗德勒画家，巴洛克艺术的代表。他的代表作《从十字架上放下来》，表现耶稣基督的信徒们，把基督的遗体从他被钉死的十字架上放下来，画中有一个人，俯身在十字架上，两条手臂从架上伸过来，托住基督的腋下，用充满虔敬与温爱的表情，把遗体轻轻地放下来。

② 意大利文：伯爵先生。

到三十多年前,他亲眼看见的在本地发生的某些事情。他说话彬彬有礼,平易近人。她喜欢不看他而想象他是怎样的一个人,可是她知道,他在瞧她。于是她觉得好似在他的保护下。这一点也没有使她不高兴;好像两人之间订了秘密协定:“你保护我,我信任你……”

最了不起的是这种信任在危难中经得起考验。火车在颠簸着摇晃着前进,毫不担心过一阵子会发生什么事。突然,一个可怕撞击,钢铁,玻璃与木料被击碎的嘈杂声,车厢像一个核桃壳似的噼噼啪啪碎裂,爆炸。在被屠宰的牲口的一片狂叫声中,一切都崩塌了。安乃德发现自己压在断残碎片底下,卡在破碎的坐椅之间,被吓疯了的兽群互相践踏(同伴们重又变成牲畜了)。使这慌乱达到最高潮的是火已经烧着木料。安乃德白费力气地挣扎了一阵,脱身不得,四肢瘫痪,只好听天由命了。她仰天躺着,脑袋比身体低一点,她觉得一股湿热流体从她胸脯上边的一个伤口中渗淌下来,可是不觉得创痛。在喧闹混乱的环境中,她的目光通过碎铁残木堆中的一条隙缝,窥见太阳刚刚落山的一块悦目的天空。她感到出乎意料的平静。她听见火势蔓延的可怕声响,风从她脑袋上吹过。柔和的天空弥漫着黑烟,毕毕剥剥地爆着木料上的节子,好像在热灰中烤栗子。离开她的不能动弹的身体几公尺,旺火灼热的气息吹到她面颊上。她等待着,她等他来救她。她毫无理由地相信他还活着,也没有理由相信“他”会照管她。然而她深信不疑。当她听到他的声音叫她的时候,她一点也不觉得意外。他叫道:“Cara Francia[①],您在这儿吗?”

她回答道:“朋友,我在这儿!”

他几乎立刻就看见她,她从隙缝里也看见了他焦急而友好的眼光。他并不浪费时间大惊小怪地呼喊。转眼间,为了把安乃德解救出来,他邀集了几个热心人,匆匆忙忙把他们组织起来。工作是十分危险的。稍不小心,略一失手,就有可能让由于偶然原因悬在上面的沉

① 意大利文:亲爱的法国太太。

重物体砸在安乃德身上,同时又必需赶快动手。火焰的舌头差不多已经舔到躺着的女人脚上。她一句话也没说。任人摆布。可是她的肩头愈从压着的东西下解脱出来,她愈感到创口很痛。她想自己快要昏过去了。但她却向她的救援者微笑。后者非常小心地把她被拘囚的脑袋,从碎片堆中解脱出来。他双手按着她的太阳穴,说:“坚强点!很快就完成了。”她说:“我一点也不怕,我是在您手中。”

他被这种信任感动了,说:“我勇敢的孩子……”

由于创口痛,她昏过去了。几分钟……她几乎立刻恢复了知觉。人们已经成功地把她解救出来,把她抬走。她说:“不!不要,我能自己走。”

友人对她说:“您受伤了。”

她说:“这个以后再考虑。要先去救援别人。”

撞碎的车厢成了一堆烈火。人们连走近它都不可能了。别的车厢没有砸得这样碎,可是大火也要延烧到它们身上,会轮到它们的。人们忙于救援留在那些车厢中被埋在碎乱物件下的人。绝大多数旅客逃出来了,一边跑一边喊,穿过原野,像是受惊的鸡鸭。可以看见有些人跌跌撞撞,摔倒在田野里,一边大声叫喊。他们在慌乱中,总觉得离开危险地点不够远。人们费了好大力气才把几个慌乱者拉回来。在这儿,Signor conte 表现出他不动声色的权威,他一声也不叫喊,一点也不慌乱。他从神经质的、指手画脚的人中间从容不迫地走过,他抓这个男人或那个女人的肘弯,立即把他的意志强加于对方,他们的呼喊停留在嗓子里,喊不出来了。他对他们说:“来吧,我的好大姐……行了,亲爱的朋友,把你的唱腔保留在胸膛里,将来到圣加罗①登台唱戏时用得着。有这样好的肺活量,至少也要换个方向吹!你在火上吹风……”

大家都笑了。他要干什么,大家都照办。不用多久,大家已经把该救援的都清理出来了。他们把伤员摆成一排,在一条深坑里,有土

① 圣加罗,意大利那波利著名的剧院。

坡作为屏障,和路轨隔着一定的距离。伯爵带有一套出外用的医药小箱,他忙着给受伤的人草草地包扎。他四处观望,找那个法国妇女,他看见她在几步之外,背靠一棵扭曲的橄榄树。她一直觉得快要支持不住了,咬紧嘴唇,为了使自己不从斜坡上滑下去。他离开别的伤员,说:“轮到您了!”

在她四周,光秃秃的平原,没一处可以遮蔽的地方,而且大伙的眼睛都朝她瞧……她说:“在打仗的时候,就得像打仗的时候!”

她把衣服解开。血迹粘住了内衣。他用一把小刀,将衣服割开。在她的乳房和右肩之间,砸碎的车厢上一根尖头木条,在她身上刮了一道切口。在揭开粘在伤口的一块衬衫碎片时,一股鲜血涌了出来。她举着右臂,站着。她像一个正打仗的女骑士。不知分寸的群众,天真地对美丽的身体和可观的创伤表达内行的赞美。Signor conte 用轻轻的、有把握的手指,摸摸伤口,洗涤之后,很快地包扎好了。一个老年农村妇女做他的助手。他问:“我把您弄痛了吗?”

安乃德说:“我见得多了！不是吗,老妈妈?(后边这句是对老农妇说的。)男人们对他们打仗受的伤非常骄傲。多少年来,我们有我们的创伤！不过我们不想拿这个来自我吹嘘。”

“什么样的战役?”伯爵问。

“对,Signori[①]！把你们这些牛犊生下来的战役。”

群众都笑了。一个老头儿说:“好样儿的！这些婆娘不但会生产牛犊,还会让你头上长出个角来。”

可是安乃德挺起胸膛,为的是不至于晕倒。她在雾中说话。她的看护者没有看错,他对她说:“现在,您躺下来吧!”

她固执地说:“难道我帮不了你们什么忙吗?”

“除了等塔兰托[②]开一列救援车来,别的什么事也没有了。”

大家等了很久很久。那时还是停战后不久的混乱时期。受灾的

---

① 意大利文:先生们(复数)。

② 塔兰托,靠近火车出事地点的城市,在意大利南部。

人在平原上露营。夜色晴朗而且凉爽。大家用车厢的残片,燃烧起大堆大堆的篝火。安乃德和伯爵待在一边,在聊天。在他们右边,火灾的余烬还在远远地冒烟。很远很远吹来的风,带来了第勒尼安海的瑟瑟响声。时间在意大利夜间天空的美妙穹隆下流逝。悬空的星辰在滚动,好似葡萄架上金黄色的葡萄,伸手可摘。两个萍水相逢的伴侣互相夸奖对方的勇敢行动。他们不至于庸俗到相互表示诧异。可是安乃德把自己的勇敢归功于她对伯爵的信任。她请他解释他表示的安详态度,在生活中,这种态度的良好作用是极少见的。他从何处获得这种修养,是不是从天上,天空的安详和他很近似。

他注视着火堆,火焰和跳动的阴影使他的笑容上闪过一丝悲剧的寒战,他回答道:“我这种态度是从地上获得的,大地把我所爱的一切都吞噬了。”

安乃德把身体侧向他,没有说话。他没有瞧她,继续说:“朋友,您躺在上面的坚硬而干燥的大地,看起来也像是死的,类乎一颗冷却的行星。您感觉不到洪炉中的烈火。请仔细听!您会听到独眼巨人的锤击声[①]。您听不见吗?我不分昼夜,从不停息地在给青铜锤的节奏打拍子。我听见墨西拿[②]城市崩塌的声音……”

“您当时在那里吗?”安乃德问。

“还有我全家人。母亲、妻子、弟弟和四个孩子……他们现在还在那儿。他们在地底下。”

安乃德感到震惊,握住对方的手。一直握着不放。在宁静的夜里,他平静地向她自述生平。

我们将在下文叙述他的事迹,继续他的自述。但是我的叙述将远不如他自己的话简洁。他形象的许多特点,很久以后才渐渐向安乃德透露。在这第一次自述中,他讲的只是一个概略。可是我们这些小神

① 库克罗普斯,希腊神话中的三个独眼巨人,他们在大神的命令下,铸造雷神所用的雷霆。

② 墨西拿,意大利西西里岛上的城市,毁于一九〇八年的大地震。

明,我们享有特权,我们能细读孩子们的命运。让我们展示他们的生命之书吧!

*　　*　　*

布鲁诺·吉亚仑萨伯爵,系出西西里名门望族。这个古老的姓氏,曾在诺曼人入侵时期显赫于世。在墨西拿城的上部,在城门口,还有他家巨大产业的几块可观的残剩部分。距玛达格里风那的废墟不远,有一所不甚舒适的古老宅第,前门面临一条狭窄的小巷,可是大门上却饰有德拉·洛比亚的浮雕。屋后橙树成林,层层的梯田,顺坡而下,直到海滨。几个世纪以来,吉亚仑萨一家在这所宅第中,过着朴素的乡村的生活,保持着人文主义精神的崇高传统,多少有点过时,然而和谐而且发散忒奥克里托斯①蜂蜜的香味。他们陶醉于古代外省文献及诗歌学院积极活动的光荣旧梦中,这些学院是以族徽上的怪物猞猁、格里芬②等命名的。他们在学院里发挥大量有闲生活的智巧,以及关于希腊罗马文献的真正渊博知识。这种知识世代相传,父传子,有时父传女。在大希腊③,从毕达哥拉斯④以来,承认妇女与男子有平等的精神权利。

布鲁诺伯爵,作为消遣,在学院的希腊研究领域中,获得名副其实的声誉。他一边种植橙子树,并且和他当议员的弟弟分享一个硫磺气井的收益,一边用优美的文体编写与发表碑铭学的论文,以及一部关于俄耳甫斯⑤的文献选集,他也写诗,出于自己的乐趣,用希腊文或意

---

① 忒奥克里托斯(约前310—前250),古希腊诗人,牧歌的最早创作者。

② 格里芬,又译格律普斯,狮身鹰头鹰翼的怪兽。

③ 大希腊,古地名,指意大利半岛南部地区,古时曾有大批希腊移民居住,在历史上称为“大希腊”。

④ 毕达哥拉斯(约前580—约前500),希腊数学家、哲学家。创希腊秘传宗教毕达哥拉斯教。

⑤ 俄耳甫斯,希腊神话中色雷斯的诗人和歌手,又传为希腊秘传宗教俄耳甫斯教创始人。此教与毕达哥拉斯教之教义相仿,相信灵魂转生,死后因果报应。

大利文写作。他直到四十岁还不曾经历人生的任何艰难困苦。周围的人对他都很亲热,他对人也很热情。在优裕生活中,他从他聪明的父母那里接受了不谋私利而工作的情趣,这是人生一乐;他也接受了豁达大度的乐观主义,对那些除了《母亲》①的笑脸外没有什么值得关心的事的人们,这是并不困难的。这些自命风雅的绅士们,不让野兽般的斗争喧闹声传进他们的花园。在布鲁诺童年时代,这种斗争震动了他们近邻(卡拉布里亚和巴西利卡塔②)发烧的脊梁——galantuomini 和 cafoni③ 之间的社会斗争——以及惊心怵目的穷困。布鲁诺伯爵甚至连硫磺气井都不肯费劲去察看一次,这个企业的收益使他能致力于排列“金色的诗韵”或毕达哥拉斯的诗韵。他的弟弟到那里去过,但次数很少,他可爱地劝哥哥不要去,简略地提到尘灰、贫困和坏死病。他由衷地替他们哀痛;这是一种必要的祸害。然而这一必要性,决非为使布鲁诺伯爵之流的清亮瞳仁看了发愁,他们神话中的女邻人,仙女伽拉忒亚④是把他们的瞳仁当镜子照的。各人演各人的角色:他们的角色是用笔以及生活(难道他们不配吗?)来实现美。

担任这样的使命,布鲁诺伯爵是很有天赋的。他那双秀美的手,灵敏而轻柔,不费力气地挥散路上的阴霾。他很可爱,诱惑人,也容易被人所诱惑,他毫不缺少爱情经历。由于他天性富于魅力,由于他表面的然而是自发的仁善,他善于品尝爱情,中断并且重新品味,或者放弃爱情,不论对他自己或对他的女伴们,不在杯底剩下辛酸余渣。他结婚相当早,二十六岁就和意大利北部一个富有的资产者的女儿,一个维琴察地方的黑发、蓝眼的姑娘成亲。她热爱他,他也珍爱她。这是一对美满的夫妻,锦上添花地生了四个孩子,四个健康可爱的娃娃。没有一点病,没有操心的事,这样圆满的幸福,如果不是这样倒像不可

---

① 《母亲》,出处不详,疑为意大利的一幅名画。原文“母亲”有引号,斜体。

② 卡拉布里亚和巴西利卡塔,意大利南部两地区。

③ galantuomini 和 cafoni,两词均为意大利文:“正直派和粗鲁派”。

④ 伽拉忒亚,希腊神话中海的女神,平静而闪光的大海的化身。

能。他和他的亲人仿佛都这样想,生活不幸是由于人们不会生活,要不这种愁眉不展的倾向,是本性上的疾病,应当设法治疗。显而易见,这样的精神状态,必须对世事相当漠不关心,不过这种自私态度是那样天真可爱,所以不至于伤害别人。同时,为了替这种自私辩解,也应当说由于别人风格好,不愿太多地显出自己不幸。痛苦了若干世纪的Mezzogiorno①,民众的绝望,达到这样程度的麻木不仁,以致他们由于害怕痛苦得更厉害、根本不愿动一下指头来改变现状。他们辛酸的贤智是用这样一句残酷的讽刺话来表达的:"Addò ne' à sfizii, nun c'è perdenza."("没有抵抗的冲动,也就没有任何损失。")

那些老奸巨猾的政治豺狼明知这一情况,却不轻易对人民的穷困作丝毫改变,以免去冒惊醒他们的风险。这些预言家之一这样说:"最好不要去唤醒酣睡的穷困和苦难。"②

可是时间到来了。时间已经到了。从本世纪初以来,公众知道的新见闻是非洲灾祸的后果以及使徒们开始散播的新精神,这一切都刺激 Mezzogiorno 的麻木状态,使绝望变为狂怒。从奄奄一息的土地上涌现出蒲叶③以及西西里的法西党人④的流血斗争。布鲁诺伯爵不能不知道这些情况。他不看那些令人伤心和不愉快的事,毫无不良的存心,无非是看不见罢了。从发现周围的贫困和痛苦的那一天起,他和家人做了许多慈善事业,甚至到挥金如土的程度。但是这种行动无论如何是时断时续的,遇上机会做一点,可以说是"离开眼睛远了,离开心也就远了"。他可爱的眼睛有那么多的事要管!他是这类天性欢乐的人,受到命运的优待,对这种人来说,一切都是享乐:智慧,工作与乐趣,以及日常生活的一举一动,毫无粗鲁的意味。他在自己周围创造这样一种幸福的气氛。

① 意大利文:南方。

② 引自阿戈斯迪诺·德布莱蒂斯语。——原注
阿戈斯迪诺·德布莱蒂斯(1813—1887),意大利政治家。

③ 蒲叶,即今意大利南部之阿普利亚区,旧称普利亚区。

④ 法西党,十九世纪末年出现于西西里的农工斗争的联合组织。

这就是一九〇八年十二月某夜以前的情况。在那天夜里,被捆缚着的古老大地,在暴怒的惊悸或呜咽中,鼓起它的胸膛,在三分钟内,整个墨西拿城,十个世纪的光荣,十二万人口,全部被吞没了。他的老母、弟弟,妻子和孩子们,全被埋在瓦砾堆中。

那天晚上,为了庆贺弟弟白天从罗马回来,大家高兴地推迟了就寝时间。在二层楼的房间里,面对窗外的橙树园,大家长时间地谈天,听夜间美妙的幽寂或音乐。他年轻的小姨子唱贝里尼[①]的乐曲。她有夜莺一般娇嫩纯洁的嗓音,于是布鲁诺伯爵,闭着眼睛,含情脉脉地欣赏着歌声。那位姑娘是知道的。她一边唱,一边眼光不离开他。他俩温柔的调情,对谁也不是秘密,可是谁也不觉得反感。即使妻子和妹妹本人也在微笑。布鲁诺是众人宠爱的孩子,谁都觉得爱他是很自然的事。他自己首先这么以为,他并不因此而自负。他爱大家,大家也爱他。因此大家都很满意。他最小的女孩西比尔,他给她取了这个名字,为了纪念最后一个迷人的诺曼王后。他偏爱的小女儿坐在他身边的小凳上,面颊放在父亲的膝盖上,注视着亲爱的爸爸。他眼皮半开半合,对孩子微笑,用手抚摸孩子细软的头发,他手指感觉到小小的圆脑袋里激动的感情。这是一个过于娇嫩的孩子,比她的哥哥们更脆弱。她发育过程中的危机引起感觉上的小小烦扰,短暂的忧郁阴影和不解的焦虑,大家不把这些放在心上(后来布鲁诺不能不回想起来)。那天晚上,擅长弹钢琴、曾经在罗马从名师斯冈巴蒂学琴的年轻母亲,抚弄琴键时,模糊地发生(为什么?)一种冲动,弹起第七交响曲神秘的andante[②],一弹到这暗淡而毫不容情的进行曲(人们管它叫结婚进行曲,可是和谁结婚? 和死神结婚吗?)的第一次 crescendo[③] 时,小女孩突然呜呜哭起来,叫喊:“不要!”逃跑了。于是人们换了别的乐曲。父

① 贝里尼(1801—1835),意大利作曲家。

② 意大利文:行板(音乐术语)。

③ 意大利文:渐强(音乐术语)。

亲把小女孩抱在怀中,走到窗前。小女孩已经唧唧喳喳说话了,用一只小手把父亲的胡须缠在指头上。两位年轻妇女,孩子们的母亲和姨母,也走到窗前来呼吸园林里的芳香气息。两人毫不嫉妒地倚在布鲁诺肩上。妻子弗洛拉对她妹妹说:"去吧,吉玛,你想吻他一下,想得要命,去吻他吧,让他把你的吻还给我!"

人们听见在高坡下边,大海的嘴唇在舔海岸。在天空,房顶上方,独眼巨人火红的眼睛:天狼星。他们三个人,面颊紧挨在一起,默默无言。在他手中,这只小夜莺,这个孩子的心脏,在突突跳动……

幸福之夜是没有记录的。爱情的拥抱从梦中开始,在梦中结束。思想无从辨别在什么时刻立住脚。这最后的一夜没有听见幸福之童,家中的常客,突然中断他的歌声,啼哭着奔逃,一直逃出墨西拿城……

大地第一次震动,夫妇俩都震醒了。布鲁诺觉得弗洛拉的脚紧紧缩在他的脚上,如同小鸟蜷缩在枝头。从玻璃窗上看到曙光发白,两人一起挺身而起,坐在床上,腿光赤着,准备跳下床来。床摇动了,房屋从基础到屋顶格格地响。在外边,听到瓦片和玻璃砸碎的声响,一座烟囱倒坍了……

在这些地方,地震是个熟客。当这位客人来得不勤的时期,虽然"南方"人的无忧无虑早就忘记了这位客人,每人都父传子地学会了对付地震。地一开始震动,每人立刻想起应该干什么。谁也不会浪费时间呻吟呼号。人们逃向空旷的地点。或者,如果没有时间,先到大墙脚根,找个可支撑的地方。弗洛拉跑到邻近的房间,孩子们已经在那里哭喊,她想把他们抱到园中去。可是第二次摇震,接着第三次,来得更为强烈,好像大浪,房屋都摇晃起来;墙壁像帷幕般的鼓起来,天花板上 soffiti[①] 的大图案扭曲了,地板拱了起来,赤脚行走使人绊倒,从外边传来城里和海里的雷鸣声。一片最后审判[②]的哭喊……

① 意大利文:浮雕。

② 在世界末日来到之时进行最后审判(典出《圣经》)。

这些都是几秒钟内的事。在这一时刻，慌张惶恐的精神只听见它自己恐怖的呼号。布鲁诺明白已经没有时间从楼梯上逃出去，于是，他一边向妻子喊，让她跟他跑，一边冲向阳台，因为在他的本能中，沉睡着一点古老的经验，这一本能向他建议，在房屋坍塌时，必须尽可能站在靠外的地方，为的是有更多机会被人从断砖碎瓦堆中挖掘出来。但是，后来他在劫后余生中，责备自己当时听从了本能，而没有跑去找家人，使他们跟他一起得救，或者死在一起。谁也没明白他的计划，他没有时间向他们解释……最后一个形象：在邻近的窗口，吉玛露着年轻的酥胸，向他伸着双臂……还有西比尔的哭声，叫着："爸爸！"在一声霹雳中，古老的住宅崩坍了。一切都消失了，布鲁诺也失去了知觉……

他醒过来了（什么时候？），躺在一条船中的铺位上，船载着他离开该诅咒的海岸。接着（他的知觉有时清醒，从黑夜中出来，又返回黑夜，两者相隔的时间很长）他在拿波里的一家医院里，做了很危险的手术。他大腿骨折，脑壳裂缝，脑震荡。过去的情况，他一点也记不清了。在他身上恢复的第一件事是焦急和剧痛。可是他不能确定任何一点。他的感觉是一团阴云。他没有能力把两个意念连在一起。他竭力想把情况弄清楚，又害怕在清楚的情况中他会看见什么……突然间！阴云打开了。他听见西比尔细弱的哭声。他喊道："我的孩子！……"

他使劲想起来，可是他不能动，他向墙上撞。女护士们握住他的手臂。他继续叫喊："我的亲人们！我在这儿！我来了！你们在哪儿？"

人们竭力使他平静下来。他能够回想起他摔倒以前最后时刻的情况，他恳求别人告诉他，他的家人都在哪里。他要人们告诉他，他们都得救了。人们故意不对他说相反的话。人们给他一些含糊的保证。他一点也没有轻信别人的话，可是他要求对他说，再一次对他说，要不然，他不能再活下去。生命的自私性，强迫他不由自主地这样干。但是几天之后，他在静默与恐怖中，把他周围人们的一句话、一个眼色以及他的回忆,仔细体会之后,他用眼光恳求俯身向着他的、那个他认识的医生(他属于 Mezzogiorno 的一个家庭,这个家庭和吉亚仑萨家有来往),他说:“我知道,我知道……我不问你我失去了谁……我只问你我还剩下什么人!”

他在对方的眼神中看到这样深沉的同情,他吓得遍身发冷。他抓那只平放在他床上的强壮的手,他喊道:“不!我还剩下一个人……谁?告诉我是谁?……”

医生俯下身来,亲了他一下。这就好像他又一次垮掉了。在深渊的底里,他呜咽着说:“为什么,为什么你把我救活了?……”

第二天,他不再呜咽,他一滴眼泪也没有了。愁容惨淡,但是显得平静。他请见证人给他讲他们见到的一切细节。只有他一个人被发现了,在瓦砾堆边沿,身体一半被掩埋着。其余的一切堆积成一座小山。人们没有办法挖掘,缺少人力。整个城市成了废墟。几百个幸存者都野兽般地惊慌狂奔。死神还没有满足(继续轰隆轰隆地响,人们不时听到废墟最后的崩塌),死神带刺的棍子从这些被罚入地狱的幽灵肚子里,刺激出淫乱与残酷的行为。一群人压在废墟下面。上帝也压在废墟下面。那些活着的人,死亡了的灵魂,男人与女人,在神坛上面和下面,肆意行淫。最早的援救者从海上来到,紧跟着是一群野蛮人,在惨无人道地抢劫。灾祸发生后刚刚过了一小时,一群群的猛禽扑在死人身上开始劫掠。从山上走下来一群群废墟洗劫者,几世纪以来,他们在窥探大城市的崩坍,就像从前在我国布列塔尼海滨,有些人在窥伺遇难的船只。幸而布鲁诺后来才听说,当时什么他都不知道。对付自然界的残暴已够他忙的了。

他养精蓄锐,决定回到天灾发生的地点去看看。已经没有任何希望。三个星期过去了。但是他愿意去看看,摸一摸。玛德兰娜亲眼见主[1]的死亡,而且她用手指摸了主的冰冷遗体。翌日她回来寻找活的

① “主”指耶稣基督。玛德兰娜(《圣经》中译本作“抹大拉的马利亚”)的传说典出《圣经·马可福音》。

主,于是找到了看园的①。布鲁诺在瓦砾堆中能找到谁?……人们设法劝阻他,但是无效。他身体不能动,还带着治伤的夹板。他让人用担架抬着,一个忠实的友人陪着他。整个夜晚,虽然风浪很大,他一直留在甲板上,躺着,在深夜里,像磁铁一样,注视着,吸引着那块恐怖的土地。斯特龙博利②的火光标志着恐怖的土地已经不远。为了保护他脑袋上的伤口,人们给他做了一个银质金钉的护体,一顶皮革的盔形防护帽,使他有诺曼十字军的姿态。他也是去救圣墓③的。一城居民的圣墓。"Horror, Fetor④..."一到雷焦⑤,风就吹来臭气……上帝巨人在腐烂,在橙树林的山岗下边……十字军⑥在他的铺位上差一点呕吐了,他以不可动摇的决心,让人一直抬到曾经是他的巢穴之处。从灾祸发生的第一天起,没有一只手来碰过废墟。没人有勇气去动这堆废墟。它堆成金字塔。由于命运的摆布,塔顶有一块倒下的吉亚仑萨家族徽。人们在火把照明下,可以在族徽上看清古老的箴言:"Per Chiarità Carità."("从明察达到仁爱。")在这堆山头底下,他们都躺在那里,整个他的血肉,整个他的家族……"仁爱、明察。"火把熄灭了。这是吉亚仑萨一家的坟墓。让它这样保留着吧!……

布鲁诺始终没有重建家园。后来他把这个 tumulus⑦ 用水泥封起来。在这巨大的金字塔上,他叫人铭刻两个字:"Ruinae Sacrum."⑧

更晚、更晚些时候,他将为"伟大的母亲"⑨,为"黑地之神"⑩建造神坛。

---

① 玛德兰娜看见复活了的耶稣,不认识了,以为他是看园的。
② 斯特龙博利,意大利西西里岛北端的活火山。
③ 欧洲中世纪的十字军东征,名义上是到耶路撒冷救护耶稣的圣墓。
④ 拉丁文:可憎可怖,令人恶心。出处不详。
⑤ 雷焦,墨西拿附近的小城镇。
⑥ 十字军,指布鲁诺。
⑦ 拉丁文:山堆。
⑧ 拉丁文:神圣的废墟。
⑨ "伟大的母亲",法文版除法文外均附有希腊文。
⑩ "黑地之神",法文版除法文外均附有希腊文。

当他在返回那波利的船上，遇到另一位伤员，另一个被罚入地狱、而从地狱中逃出来的人。这个精神恍惚的人对布鲁诺讲：他看见在瓦砾堆中，有人涌向尚未僵冷的遇害者的遗体，掠夺他们身上的衣物。他看见一个人，把一个哀求他饶恕的女人的手腕折断，为了抢她的手镯。布鲁诺大呼："这些人都该杀！就是这种人，应当全部消灭掉！什么时候大地才把它身上的虫豸都压死？"

在心里，布鲁诺感谢黑母亲[1]，至少把他那几位死去的亲人，从人间地狱中救了出来。

将近一年之久，布鲁诺蛰居在一所孤立的房屋里，在马来姆[2]边沿，接近南发和西尔赛海角。这所房屋是布鲁诺家无数产业之一，这些产业现在全部属于他一个人了。这所房屋无疑是他产业中最不受重视的地方。他家里没有任何人到这儿来住过。那里人烟稀少，人们在废墟中放羊，一年中有八个月，几乎全部居民都转移到山上去住，只留下三四个被牺牲的人看守他们家徒四壁的房子。疟疾折磨着这些人。所有霸王般的地主(有一个地主的老鹰巢一般的宅第高高凌驾在沼泽之上)，都不肯分给疟疾患者一小撮奎宁药粉。飞鸟的眼睛喜欢看这片充满积水和芦苇的无边无垠的荒地。正当疟疾流行时，布鲁诺待在那里，他染上疟疾。这对他有什么关系？在这几个月中，他有机会看见的仅有的几个人面，是一个伺候他的老妇人，她的小女孩和小男孩(在这被人遗弃的地区，没有第四个人)，都和他一样得了疟疾。他们一点也不觉得惊讶。那小男孩(他十三岁，他是男子汉，是一家之主)知道，而且从容不迫地说，他们是命中注定的。这孩子眉清目秀，苍白贫血，眼神闪亮聪明，姿态庄重，意识到他肩负重任，说话朴实平稳，嘴很严肃，间或有孩子气的笑影。他名叫阿达纳斯。布鲁诺保持着坚定的沉默已经几个月了，他的小同伴尊重他这种沉默。最后，布鲁诺同意只和小男孩一个人重新交换灵魂的面包：语言。那孩子

---

① 黑母亲，指大地。

② 马来姆，意大利沼泽地区，靠近第勒尼安海滨。

和布鲁诺出奇类似,两人能协调一致。标志着活着的人赶着羊群从山上回来的第八个月还没过完,布鲁诺已经把他全部绝望了的激情重新倾注在这孩子身上,因为他无法把他的激情灌输给死去了的亲人。

他带着孩子离开这块吸他们的血的土地。他把老妇人和女孩安置在塔兰托,替她们付食宿费。

他把黑眼珠的孩子带在身边,住在高踞塔兰托海湾山岗上的一座别墅中,那里是山岗上最后一个平台,介于梅达彭特与西巴里斯①之间。那孩子似乎听到了同样的灵魂呼声。布鲁诺让孩子念书,发现在孩子的精神上有一片丰腴的耕地。兴奋的孤寂生活,给他自己的思想打开了某些秘密的道路,直到那时为止,他疏忽了这些道路,那就是"大希腊"古老神话的玄秘意义。以前,这些优雅的文献和图像只引起他博学而风雅的趣味、他的欣然自得以及使无所萦怀的心情更加充实而已。由于老者和年幼的同伴在漫长的几个月内,沉默无言地并肩生活着,在他们之间展开了一种奇异的互相渗入,布鲁诺在陈述他自己的幻觉过程中,看见在孩子眼睛里出现了同样的幻觉。渐渐地,他不知不觉按照这个觉醒中的精神的朦胧形式,同时按照这块千年土地的精灵(在地上,靠近他们沉睡着毕达哥拉斯)塑造这些幻觉,异乎寻常的谈话,使那个凝神静听、不知餍足、然而并不惊异的童子,从老人的嘴上接受被俄耳甫斯派哲人深邃的神谱②以三重意义照明了的传说(老人在童子炽热的深渊似的眼神中重新发现的传说),即诸神的六个世代:狄俄倪索斯③、第六王国以及提坦们④。对这个童子,在他们发

① 梅达彭特与西巴里斯均位于意大利南部。西巴里斯是意大利境内古国名,在今波坦察一带。

② 神谱,多神教的诸神世系表(指希腊神话传说)。

③ 狄俄倪索斯,希腊神话中的酒神。

④ 提坦,希腊神话中与大神宙斯相抗争的十二位巨人。

译者按:这一节原文玄虚晦涩,乃是作者借古代希腊神话起源时的神秘色彩与唯心主义幻想,来表现他自己对迷信的、神秘主义的玄虚幻想的爱好,玄虚与晦涩是这种思想的本色。

烧般的沼泽中,学校与教会都没有来钓过鱼[1];在他心目中,基督始终是个"forestiere"[2]。只有在高处,山岗上的钟声告诉他基督已死:这是个富翁!他尊敬此人,但是和他有距离,从来没有和他来往过。至于布鲁诺,直到灾难发生的前夕,他是天主教信仰可爱与敏感的实践者[3],但墨西拿的大地掀动时,一下子把他的宗教信仰和他的宫室同时掀翻了,剩下的只有碎瓦残砖,在这上面,几个月来,一直刮着猛烈的绝望之风。一开始,他仇恨曾经信仰过的上帝。上帝的位置空着,等别的一些神明来占领。于是沉睡在他特里纳格里安[4]高贵的博学家思想中伟大的神话传说,在塔兰托的光明照射之下,睁开眼睛。年轻的巴克科斯·狄俄倪索斯[5],一切神秘之王的眼睛也在闪耀。布鲁诺不像倾听的童子那样轻信,但他讲这些神话故事的时候,被它们预言家式的象征主义以及它们与打击自己的无情命运酷似之处所震惊。由于他这个明白事理的西西里人的迷信程度并不比童子差多少,他不久就被上述各种梦想的迷雾所陶醉,太阳把这种迷雾从充满幽魂的大地,和地面死水中散发出来的霉腐而略带甜味的臭气一同上升。他那被摧毁的城市使他想起在埃特纳火山的重压之下,巨人堤福俄斯的临死痉挛,以及巨人提坦们的残忍,他们用欺骗手段抓住童稚的狄俄尼索斯,把他撕成碎片并且吞噬掉;这种残忍和物质的盲目暴怒相混同,后者毁灭了他所爱的一切,在他自私的痛苦中,这一切就是生命。然而这种爱,这种生命在再生。他那有幻觉的眼睛,在这个童子身上找到了爱与生命。他对爱的需要和生命的本能,护卫了童子。还不止这点,在他的诗人头脑中,被幻觉之光所震动,他的头脑所产生的半错觉,使他觉得这童子就是复活的小狄俄尼索斯。一天傍晚,他突然看

① 钓过鱼,孩子从来没有受过学校或教会的教育。
② 意大利文:陌生人、外国人。
③ 信仰天主教者,有人不去教堂履行宗教仪式,有人则去履行,如望弥撒,后者被称为天主教的实践者。
④ 特里纳格里安,西西里岛的别称。博学家指布鲁诺,他是西西里的贵族。
⑤ 巴克科斯,狄俄倪索斯的别名。

见像荷马的诗歌中所描写的那样，他坐在“无尽的海滨，在一个岬角尖端的隆起处，他的美丽黑发飘拂在肩上”，他怕冷地用一件红色破衣服裹在身上，发烧似的，用“他的黑眼睛微笑着”。

和令人眼花缭乱的幻象同时，他思想中也发生焦虑。因为，这个年轻的神明，“这身体不健康的神明”他难道不应当死亡吗？他察觉得太晚了，在这晒着太阳打寒噤的少年苍白的面孔上，已经有 Méphitis[①]最厉害的热病的翅膀阴影。布鲁诺不够谨慎，他没有把这株有病的植物从毒土中连根拔起，把它带到远处，到北方，在另一种空气中，另一种土地上。可是他仅仅满足于把它移植到离开致命土地几里远的地方，使它登上山坡，比较高一点。他甚至抵抗不住危险的诱惑，常常带孩子下山，到海滨废墟的恶魔地带去。听到过一次人鱼歌唱的人，就很难不再去听。人们徒然受到警告：在那些沙漠中的绿洲，繁茂的浓荫，其间有到处漫溢而没有一定流向的水闪着含笑的眼光，这种着了魔似的安静，天与海反映成的美景的召唤，面对这一切，要不被它们经常吸引，怎么办得到呢？当布鲁诺注意到孩子已经病入膏肓，判决书也已签字。已经来不及上诉了，即使早一年上诉，恐怕也无济于事！这孩子自出生以来，已被判死刑。经过几千天，几千夜，毒素积累在他血管里，好像积累在旷野的道路上。用轻软的脚步，热病在向前进，它挖掘得更深了。现在，它已经占据了地盘，于是它喷出老虎嘴里的凶焰。

布鲁诺被病情发展的猛烈程度吓倒了。病人牙齿打战，冰冷的寒潮使全身上下一连几小时之久、被致命冷战震动着，紧接着是不可抑制的呕吐，身上烧得像炭盆一样，满脸火红，再就是说呓语。布鲁诺把他的小鸟儿抱在怀中，无济于事地尽力设法，有时用自己的胸膛温暖病人，有时给他扇些凉风。像母亲一样，给病孩擦干渗透衣衫和床单的汗水，给他擦干身体，换衣服。可怜的小狄俄尼索斯面如土色，肚子

① 意大利文：当地的一种恶疾。据说由土地蒸发出来的恶毒臭气感染所致。

鼓胀,瘦削的四肢上肌肉一天天地消融。寸土必争似的,布鲁诺和死神争夺孩子。在这两人合作的搏斗中,布鲁诺既是病人的父亲、母亲,又是病人的哥哥、姐姐……他把自己的一切都给了病人,他全部的爱。这唯一的火焰是他炉灶中最后的火苗,他的心把熄灭的火剩余的一点温热都集中在病儿身上。如果他听到内心反抗的吼叫声,他也许自己控制不住地发狂了,正如传说中的巨人提坦。但是他抱在怀中的梅达彭特的小基督,他背负着"激情"①的十字架,孩子仿佛自己意识到这一点,不停地用他深沉幽暗的目光注视着布鲁诺。这目光在病人说呓语时,像一个无底的深渊,可是在目光中,即使充满阴影,也有一种奇异的和平占着主要地位。当病势让筋疲力尽的病人稍稍喘口气时,孩子温柔地求他的朋友再讲一个美丽的故事,刚才没有讲完的一段,或者另起头。于是布鲁诺,仿佛受到临终的年轻神明呼唤的启迪,对他宣示,同时对自己宣示,他的命运之神秘:俄耳甫斯派福音书的救世主被牺牲了。他,比我们的英雄们"Durch Leiden Freude"早两千五百年,用自己的范例,教人们用痛苦和死亡,征服永恒,将生生不息的轮回打破,使那些被选中的人,归于"一"的充实与欢乐。谁敢说孩子是不是理解这些思想?可是他的本能与此相符。他作为捆绑在火刑架上的、原罪受害者的命定论,从他出生时起,把他许配给杀人的大自然,它将吞噬他。他并不设法挣脱。他接受他的未婚妻,他的"热病"夫人——阳光照射的浅滩死水——并将芦苇丛中的蝮蛇作为项圈,就是"这样"!他接受。现在,他要去和她结婚了。他像成年人一般,用力握住朋友的手,他要和他永别了。当一个寒噤震撼他时,他好像在表示歉意。他在半梦状态中对他说"pellegrinaggio pi l' Angile"②。他用他那骨瘦如柴的手,抚摸布鲁诺的面颊。

病魔的一次恶性冲击夺去了他的生命。他停止呼吸,在毫无云影

① "激情"原文是大写的,不是指一般的激情,而是指耶稣基督为了挽救人类而受苦受罪,直至献出自己生命的激情。原文"激情的十字架"后尚附有希腊文。

② 意大利文:到奇迹山上(在意大利半岛东南端)去朝圣。

的阳光照射在沼泽的幻景上的一天,手臂交叉,两眼睁大,注视着蔚蓝天空的深渊,没有一点皱褶的蓝天,张着嘴在吸饮蓝空。布鲁诺,俯身在少年的最后一口气上,神昏意乱,好像看见世界之河倾注到这张嘴中去了……

为了使象征意义更为完整,深秋的白日结束了,冬天来了。狄俄尼索斯,被摧折的神明,消失了。他将要复活,如同春天,蒂亚德①礼拜的那个人:"新生儿"②。

布鲁诺给死者合上眼睛,洗了遗体,把他单独埋葬在朝向大海的山地上,在一丛新种的杏树丛中,在坟堆上,树立了简朴的墓碑,上面刻着一个字:

不朽者③

在孩子的坟堆四周,蜜蜂的翼翅在嗡嗡地吟唱两句《金色的诗》:

在自由的太空中
奥林匹斯之神,不朽者……④

于是,他重新回到"凡人"这边来。

*　　*　　*

天灾后,将近两年过去了。当布鲁诺重新出现在人间时,很少有人还想起天灾。可是那些记得天灾的人,看见这个死里逃生的幽魂,

---

① 蒂亚德,古希腊酒神(狄俄倪索斯)节日的歌舞女子。

② "新生儿"前,作者附有希腊语"新生儿"一词,现省略。

③ "不朽者"这个字使人想起孩子的名字:阿达那斯。——原注
此词原文为希腊语,因排版有技术上的困难,故直接译为汉语,不注希腊语。

④ 诗的原文是希腊语。根据原注中的法文翻译转译。

心想他们是不是在做梦。在吉亚仑萨伯爵（他家族中的最后一人）脸上，看不出任何灾殃的痕迹。不但他从不提起这件事，而且制止别人用怜悯口气影射此事。仿佛他听不懂。但是平静的面容上挂着庄重而毫不介意的微笑。劫难的手指，只在过早地变白的头发和整齐的纤细胡须上留下痕迹（他还没有过四十岁）。他年富力强，身体矫健壮实。有些人不知道他从什么不协调的材料中剪裁出这种和谐，觉得莫名其妙。他仿佛一棵树，所有的枝杈都砍掉了，笔直地往上长。感觉灵敏的人几乎要责备他这种样子。他们像佩库歇[1]一样，满足于被雷袭击的树木形象。吉亚仑萨伯爵没有告诉他们，雷电已透入他的骨髓，他和传说中的蝾螈一样，火成了他生活的要素。他单独一人，赤身裸体地在火中生活。他幸福的全部建筑，思想的全部结构，他全部过去的生活，全被摧毁，砍断，连根铲除。他什么都必须从头做起。独自一人，他重建了基础。这需要……“quanto sangue!...”[2]但这是一切经久的建筑物都必需用的胶泥[3]。他发现直到那时他所建筑的一切，完全缺乏胶泥。直到那时，他所做、或者自以为做成的一切，他所爱和思想的一切，无非是儿戏。啊！美丽的儿戏！回想令人肠断的忧伤，使他的喉头充塞了呜咽……既然是场儿戏！难怪一阵风，大地打了一个寒噤，就把一场游戏吹得七零八落，这又何足为奇？唯一剩下的是不死的东西：永恒的“一”的可怕精神，它不能抗拒的光明，不能抗拒的和平。他在自己身上挖成的虚无深处，发现这种精神，也在“不朽者”临终的眼神中，发现这种精神。他也在特里纳格里安和伊奥尼亚[4]古老思想家们的木乃伊身上捆扎的布条之下，发现这种精神，直到那时，他只把那些木乃伊看作历史博物馆中的珍品。在他们生活过、也是他自己生活过的灾难气氛中，这些古老的思想家显示了他们的真面目。

---

① 佩库歇，福楼拜的遗著、未完成的长篇小说《布瓦尔和佩库歇》中的主人公之一。

② quanto sangue，意思是“多少鲜血！”——原注

③ 胶泥，也叫油泥，或油灰。

④ 伊奥尼亚，小亚细亚西部沿海地区的古称，公元前六世纪，曾经是希腊文化最灿烂的中心。

他们和他是有亲属关系的。而现在,他跟着他们也完成“下地狱”①之举,他把他们悲剧式的清澈眼光作为他自己的眼光。

如果他那年幼的伴侣临终的微笑没有同样征服他的心,仅仅是他的智慧被征服了,这还不算什么。他在死者最后一口气中,吸收了对生命的“接受”②。如果他不能制止他的伤口在夜里重新裂开(有多少夜!),黑夜是唯一的见证人。伤口的鲜血流入夜的黑洞中,受难者仰面躺着,一动也不动,双手按着他的心脏,用自己的血作牺牲奉献给天上的“和谐”,他是这种和谐中一个扣人心弦的音调。当白日回到人间,漠不关心的日光在人们目光中照亮的不是暂时的痛苦,而是和谐。

由于他的家人全部遇难了,家族的财产全都集中在他手中。他感到包袱沉重。他毫不困难地派了用处。在这时期,意大利终于发现了若干世纪以来停顿在腐烂状态中的、无以名之的野蛮情况,无人理会意大利的不幸的 Mezzogiorno。整整一辈慷慨人士,致力于几乎无法解决的可怕问题,把这片腐臭野蛮的土地从腐蚀它的死神手中抢救出来。议会本身——那些空论家——虽然没有采取行动,也为了救援这片土地,制定了几条法律。私人的创议代替政府的不诚恳态度,在巴西利卡塔和卡拉布里亚地区,创办各种救济与重建的设施。吉亚仑萨伯爵捐出他的大部分家产,设立医疗所、孤儿院和学校。

但是,如果因此称赞他的好心肠,那是肯定他并没有的优点(他自己首先会反对这种肯定)。他还没有产生友爱的慈善心肠。自从天灾夺走他的全部亲人,他对还活着的人怀有隐约、盲目和没有对别人讲过的怨恨。精神上的开朗也没有能治愈这个溃烂的伤口。他自己觉得可耻,不让别人知道这种心情。他暗暗设法割治,用火来烧。他强迫自己回到同大伙一起的生活中去,对他们微笑,帮助他们。然而他不能战胜自己的离群倾向,而且并不是经常能隐藏自己的心情。某些

---

① “下地狱”一语,作者先用希腊语,后用法语解释。

② “接受”一词,作者先用法语,后用希腊语重复。

人的眼睛没有放过他眼神中冷冰冰的闪光。他只能强迫精神采取行动,但却没有友爱的温暖欢乐。他做了许多善举,源源不绝的善举,用签名的方式,或委托别人代理。别人不必向他道谢。好像把一笔沉重的债务还清了,他感觉轻松。在他心里,他对债务已清的原债权人说:“现在,让我永远不再见你的面!”他必须有一段很长的时间才能和他人和解。他必须让小小的狄俄尼索斯从他的坟墓中苏醒过来。

冬天的太阳还在继续发光。它要继续几年。吉亚仑萨伯爵用研究工作和长途旅行来消磨时间。在深入研究他的那些古老的贤智之士,他被毕达哥拉斯和恩培多克勒[1]的光辉引导到东方。他以前已经多少知道一点梵文。他补充他关于语言学的知识。剩下的财产足够他进行远方的旅行。他在印度和西藏居住了若干年。在一九一一与一九一四年之间,他失踪了。他去了什么地方,如何生活,从来没有人知道确实情况。关于这一时期,他守口如瓶。毫无疑问,在那期间他在亚洲的高原上,作为巡礼者或乞丐到处流浪。有时关在某一个喇嘛庙的传教密室中达数月之久。虽然他遁世避俗,唯恐不远,我们可以相信,他后来表示令人惊异的深刻智慧是从那一时期汲取的。在世界屋脊的光明中,他的孤独之鸟的目光,洗净了眼泪和尘灰,好比刀子在砂轮上磨得锋利无比,可以刺入人的心脏。他看到事物的深处,他接触到欧洲文明的痛苦与错误,悬挂在西方头上的劫难以及废墟。

一九一四年六月底,他离开喜马拉雅的隐遁所,开始行走,向着恒河平原往下走,因为他感到脚底下大地在轰隆轰隆响。他迎着战争向前去。那时,在欧洲只有极少几个人看见战争迫在眉睫。他在加尔各答遇上了战争。他在一张布告上看见关于大屠杀的正式宣告,在迦利[2]神庙门檐下,宰羊的鲜血流成小沟的一条街上。他乘船去欧洲。

① 恩培多克勒(前490—约前430),希腊秘传宗教的传播者、哲学家和政治家,西西里人。传说他为证实自己是神以说服信徒,跃入埃特纳火山口而死(关于他的死有多种传说,此系其中之一)。

② 迦利,印度教女神“时母”的音译。

因为他在孤独中精神集中的紧张程度,好比两个交配的身体在拥抱中相互深入,给他昭示了他和一切活着的人之间存在着雷霆霹雳般的一致性,而他在惨痛的遭遇下的自私心理,长时期拒绝承认这一点。他愿意承担一份众人所受的考验。

他知道这场战争的空虚与罪恶。不顾他拉丁血液的秘密声音,不顾他对法国的同情,他努力拦阻意大利人民参加这场屠杀。然而没有人向人民征求过意见。当人民已被驱入屠宰场时,吉亚仑萨伯爵跟着进去。他参加了救护队,组织了一辆救护车,贡献自己的力量。他到最危险的地点去,接受最吃力不讨好的使命,在阿尔巴尼亚和马其顿,跟着部队溃退,或者和他们一起躲在壕沟中腐烂,这些是他们 Mezzogiorno 人的部队,被斑疹伤寒和疟疾折磨得七零八落。在枪林弹雨中,他把他深沉的平静传给他手下的工作人员,也传给临终的巴西利卡塔的野蛮农民,因为他不认为生命丧失时他的任务就结束了,相反,真的任务刚刚开始,他帮助临终者度过生死之间的难关。他获得抗疫的大奖章和军功十字勋章。

战争结束(或者暂时中止),他致力于重建 Mezzogiorno,他通过"倒下者",通过烈士们,对"南方"有了进一步的认识。这一次,他不满足于把他剩下的收入的大部分支付给什么 Associazioni[①],什么 Opere nazionali[②],由它们负责使用他的款项,他的眼睛不必看见他亲手给人的款项到何处去了(因为漠不关心有它的后果,表现为"左手不问右手给的东西"这种自我奉献精神),这次他定居在本地,在波坦察,在那里有几个家庭躲藏在地下,如同白蛆[③]一样,掩藏在 Sottani 中[④]——在地窖中、已干涸的地下水库以及山洞中。他参加了十字军,为了将这些被欺骗、出卖、抛弃的"人之子",从他们的墓穴中抢救出来;为了和吸

① 意大利文:协会(复数)。

② 意大利文:国家的事业。

③ 白蛆,小甲虫的幼虫。

④ 意大利文:黑袍(复数)。这里指的是公职人员穿的黑袍。

血的三个女魔,三个杀人的女神争夺这片不幸的土地。这三个女魔就是那天晚间布鲁诺伯爵在惨淡的月光下被沼泽致命的蒸气所包围的山岗上对安乃德所讲的:穷困,热病和土地之火,另外,还有比这三者更恶劣的,按不同情况,它的名字叫作:逆来顺受、忍痛屈从和麻木不仁,这是在命运的拳头下的昏昏沉沉的静止状态,人们甚至不再设法抗拒这种命运……“既然若干世纪以来一直是这样的,那么,in saecula[①] 也将永远如此……”这种从中世纪一直继续着、像溃疡一样、长在一个骄傲的民族的胸侧,这民族正在细嚼它在胜利中吃了亏的辛酸。他们的演说家正在煽动它去争取“Imperium Romanum”[②]的遗产!然而在停战后不久的年月里,这种战争、荣誉、侵占和臃肿的意识形态中,只有一部分不吸引他们,那就是古老共和国的战士们,回到家中之后,不得不驯服他们自己的土地,他们要吸干被焚烧的土地上停滞不动的血液,在意大利巨大的身体上用强大的渡槽重建血脉流通的系统。不仅仅在身体上必须使血液重新流通,也是在这些地区的灵魂中,好像被巫术掩埋的灵魂,他们很可以说:“I'han pigliata d'uocchi.”[③](“邪恶的眼光接触了它。”)

吉亚仑萨伯爵清澈明静的秀目,对邪恶眼睛进行搏斗。他走遍整个地区,包扎身体上和精神上的伤口,挨次充当医生、传教者和挖土工人的角色,所到之处,留下一串光明的脚印。一条细细的光明之带。但是好似小拇指[④]的小石块,这光明细带使跟随他走的人可以在树林里找到道路。因为有人在跟他走。他从来没有想到,自己能够发挥这种组织天才和说教者的热情。他充满激情的理想主义激发别人的良心,最高阶层的和最低阶层的男人和女人——一小队热情而纯洁的

① 拉丁文:千秋万代。

② 拉丁文:罗马帝国。

③ 意大利文:邪恶的眼光接触了它。

④ 小拇指,十七世纪法国著名童话作家佩罗(1628—1703)作品中人物,这个聪明的孩子为了不至于在树林中迷路,一边走,一边扔下一连串小石块,便于回来时找到原路。

人。只能在意大利找到这种人群,因为在这个意大利,灵魂的两个极端——污泥和火焰——是互相接触的。

正当他在皮斯蒂奇南边,阿格里地区的一次巡视中,安乃德和他在去巴森托途中的火车上相遇了。

*　　　*　　　*

关于全部海阔天空的飞翔生活,包括不同的风景、墨西拿的橙树园、在沼泽的闪光中发烧的狄俄尼索斯、西藏高原上的蒙蒙飞雪,还有那许多高峰,那许多深谷,布鲁诺伯爵和他萍水相逢的谈心者一夕话中,只透露了草草的鸟瞰图。然而粗线条好像用雕刻刀刻成的,线条深深印入安乃德的思想。用她那灵活的直觉,渗入了布鲁诺悲剧的静穆境界。她不理解这种境界。她用指头接触了一下。她并不设法多问她的旅伴。他不等她提出问题,自己就讲起来了。他也没有问她,她也是自己开口,叙述了自己的遭遇。这是自发的冲动,对他的谈心表示谢意。

当他们重新登上火车,他们已成了老朋友。布鲁诺照顾女伤员。她还有点发烧,她的感冒性肺炎没有痊愈。虽然他自己的路线应当和安乃德的路线分开,他不离开她,一直到拿波里两人一起过了一夜,然后他充满温情地把安乃德安置在开往巴黎的舒适火车上才分手。两人之间,一切都是简单朴实的,他们的友爱毫无含糊不清之处。然而他们却没有说要再见面。双方都有自己该干的事,自己的忙碌生活。只要各人知道对方活着,也就行了。每年元旦,两人互寄贺年片,交换简短然而忠诚的友谊表示。安乃德太忙于自己的事务(她有三个人和四个人的生活要操心。她自己、儿子、儿媳和孙子),毫无时间,也无法打听她的意大利老友事业方面的活动。她不知道吉亚仑萨伯爵这个名字已经相当煊赫。当然他自己是不会把这个消息告诉安乃德的。

布鲁诺伯爵继续进行社会说教活动,可是同时他从前沉思和博学精神的血管也重新流通了,而且还大大地加深与扩展。他在巴西利卡塔领导的吸干以及灌溉土地和腐烂的积水的工程,导致他获得某些考古方面的发现,这就使他身上的科学癖好苏醒过来,十二年来,封住他舌头的沉默戒条也撕破了。他先发表了几本小册子,接着发表了几部专著,在这些著作中,在他希腊学家的高深知识之外,又加上在东方学方面的智慧和新收获。虽然他本着贵族式的审慎态度,不把自身和科学研究联系起来,没有一个善于读书的人,不在他的客观描写中,察觉到一个有特色的孤独精神以及地中海思想与风格的和谐。荣誉找上门来了。外国的研究院,包括巴黎的铭文研究院,选他为通信院士。于里安·达维通过很不相同的道路,也在走向印度学。他是最早了解布鲁诺博古通今、新颖伟大精神的人之一,他和布鲁诺开始书信来往。出发点是对毕达哥拉斯著作的讨论,于里安正为写科学史而研究毕达哥拉斯。他们的谈论很快就涉及形而上学和宗教思想上最奥妙的问题,在这方面,两人承认彼此的真诚,两人虽然性格那么不同,关于深渊却有相同的经验。他们成了朋友,可是先不互相表白,因为两人都有傲慢的含蓄态度。

对政治这一闹剧,他们都保持很大的距离,所以他们不会设想有一天自己要参与进去。可是闹剧已变成悲剧("Commediante... Tragediante..."①)。时代的不幸使舆论大师们和向导们(不论是政界的或知识界的),在完全彻底贬斥并出卖了欧洲的各种自由、以及若干世纪的努力争取来的全部神圣的精神财富之后,自己也落入了一群猛禽的利爪之下,被撕成碎片。所以,必须有良心的眼睛还没被挖掉的少数人,来唤醒众人并且守卫他们,即使这并非他们该扮演的角色。在船将沉没时能够承担任务的人,必须出演救生者的角色……"要么我们一起灭亡。可是我要睁着眼睛灭亡!……"

于里安的双眼已经拒绝被蒙住,他的同行们在战争期间,已经用

① Commediante,意大利文:喜剧演员。Tragediante,意大利文:悲剧演员。

疯狂的驯顺姿态,被人蒙住双眼。他却不屑理会,拒绝了别人请他参加以谎言与仇恨毒化法国舆论的机会。就这样,他自己破坏了进入法兰西学院的机会。而且人们看到他获得这样的荣誉,那就是他在法兰西书院讲课时,有几个强有力的战斗者哄闹捣乱。可是事情并没有发展到他的讲座被取消。虽然他自己并不愿意,他却有几个思想正派的保护人,他们和他都属于老旧的保守派和天主教世界。这些人担心把本宗派的一员置之不顾而引起公众笑骂。他们知道这个人很正直。(实际上,他们是尊重他的正直的。)人们只是设法熄灭"失败主义"示威者的火苗,于里安在那些文告中签了名,因此受到连累。这种文告是稀少而且知者不多,因为检查机关的剪刀在那里巡查,而且于里安"恼怒的灵魂"厌恶任何大锣大鼓的表现。他明察秋毫的目光,对他个别行动的无济于事不存任何幻想。他只要向同社团的叛徒们说一声:"不!"也就够了。

战后,各国都有这么几个人说过"不!",自然而然,他们的手相互接近了。他们并没有故意寻求,可是大势所趋使这些人团结在一个国际精神统一战线之下。有不少次,这个统一战线不得不出来反对荒谬绝伦的欺诈和罪行,这些都是战争以及臭不可闻的和平的产物,是老虎[①]的喘息。这些异端分子[②]中最出名的是爱因斯坦,他头几次访问巴黎时,有一次是专门为于里安·达维而来的。没有多久,他们就请吉亚仑萨伯爵加入他们的行列。

然而他并不急于加入他们的行列。他坚决站在当前的政治行动之外。意大利发生共产党的骚扰,接着发生法西斯的扰乱,只要他的活动和他的社会事业没有受损害,他一直不去操心。他为一切痛苦的人工作("归根结底,谁不痛苦呢?……")至于政党,这和他有什么关系?他决不去寻找政治。但是政治却来找他。法西斯要想干预他的事业,加以控制和吞并。他委婉然而坚决地抗拒了。在相当长期间,

① 老虎,第一次世界大战时期的法国总理克里孟梭的别号。

② 异端分子,指当时和当政派持不同政见者。

那些粗暴的人,习惯于不顾一切地蛮干,对他却放任了。他那种令人意想不到的大公无私,使他们目瞪口呆;因为按职业的慈善事业家们的绝妙习惯,既然百万巨款从他们手里经过,他们的手指上总要留下一点油水。古亚仑萨伯爵白皙(自从他的双手拿过铁锹和泥刀,也就不那么白了)的手上,却什么也没有留下。为了造福于广大饥饿人群,他已经破产了。说实话,他的位置是无利可图的。这个位置不吸引任何人。虽然没有钱可赚,却有暴力和纠缠不休的人,使善良的救护小组不能长时间安心工作,因为他们所想的只是替别人包扎伤口,而不是使人受伤,据说这是真正男子汉大丈夫的标志,去战斗,去革命的就是他们,他们建立新秩序,或者老店新开,推翻这一切的也是他们。如果人们不攻击布鲁诺伯爵个人,他是被新政权的某些权贵暗中庇护着,连他自己都不知道(一位智慧的和怀疑派的哲学家,当上了教育部长,他欣赏的不是吉亚仑萨伯爵的思想,而是他的和谐文风),人们却迫害那些从他的榜样中受到启发、而且执行他的指示的人,献身于艰苦的教育工作、挽救被抛弃的居民的小学男女教师们:人们强迫他们违背良心签字,宣誓为政治服役,屈服于新的暴政,由于旧法制守卫者的背叛,新的暴政是建立在旧法制的废墟上的。在有信念的男人和女人心目中,良心并不是儿戏,而对这位詹蒂尔①部长,当吉亚仑萨伯爵向他抗议自己的学生灵魂被人蹂躏,他讽刺地回答:“可是,caro mio②,《福音书》不是对我们说过吗:‘必须先丧失灵魂,然后才能救援灵魂’?”

原来布鲁诺不得不下决心离开他的营造工地而到罗马去保护他的事业和他的同事们。出来之后,他成了成千上万意大利人的良心受到践踏和诽谤的残酷斗争的见证人。他不能再克制自己不去看,不判断,不说话了。当时的情况甚至使他亲眼看见他的老战友,一个医生,

① 乔万尼·詹蒂尔(1875—1944),意大利哲学家和政治家,他的“行动哲学”构成墨索里尼法西斯主义的理论基础。

② 意大利文:亲爱的朋友。

重伤员,得过勋章,受尊敬的人,遭到暴力对待,被一群年轻无赖在街上袭击辱骂,野蛮地践踏。布鲁诺自然出面干涉了。他也挨了打,他向执法者替他的朋友控诉,不顾外面的恫吓以及要打死他的吼叫。可以想见,他并不因此在说的方面更为胆怯!后来,他笑着讲起这件事,说和那些“Houm”①,那些黑色的魔鬼(黑衬衣②和黑灵魂)斗争时,他感到肩上长出革命的红翅膀来了。他由辩护人变成了控诉人。他也指控法院和警察署批准对“做证自由”的暴力干涉。他尊严的容貌,他的鼎鼎大名和他说话的音调(他说,他在嗓子中发现斯卡拉剧院③的男高音)在几分钟之间,使在场的人惊慌失措。检察署狼狈地向他道歉,外边的嚣闹声被制止了。但是吉亚仑萨伯爵付出了代价。

他开玩笑地说:“这样也好,使我想起我以前面对外形的轮转高傲地采取无动于衷的静穆态度。尘世的旋风把我卷了进去……”

在法庭门外,“黑衫党人”在等着他。他差一点被他们殴打。他并不因此而更谨慎,不过更讽刺而且泰然自若。在上级官员方面,有人关心他,替他挡住危险,想阻拦他寻找危险。这是无济于事的。到了一定时候,人们想照顾他势必也办不到了。虽然他在意大利的日子愈来愈难过,他却拒绝到国外去。他决定留在意大利,只要他能帮助被压迫的人,减少他们一点痛苦,能留多久就多久。他固执不改,态度温和,然而坚决。当他不能再公开帮助他们时,就暗地帮助他们,用意大利人的好脾气,躲过警察的监视。为了达到纯粹人道的目的,他和他的法西斯政敌通信和合作。

即使在“domicilio coatto”④的条件下,他也有办法在友善的监视者的鼻子底下继续干。几乎在每一个善良的老意大利人身上,都会演Commediadell' Arte⑤,使他们能在最悲惨的时刻保持内心的欢乐;在明

① Houm,此词在藏语中指炼狱中的黑色鬼魂。——原注

② 黑衬衣,意大利法西斯党徒一律穿黑色衬衫,这是他们的制服,所以又名“黑衫党”。

③ 斯卡拉剧院,意大利米兰著名的歌剧院。

④ 意大利文:软禁。

⑤ 意大利文:即兴喜剧。

显没有出路的情况下,这种态度有极大裨益。庄严的吉亚仑萨伯爵将他“喇嘛”的魔力和波里希内尔[①]的随机应变结合起来,使监视他的狱卒们为他玩的那一套把戏出力,目的在于为人类服务,但这套把戏的赌注很可能就是他自己的脑袋。他得心应手地把狱卒们骗够之后,叫他们替他送最易受连累的信件,而不让他们的大鼻子闻出味道来。到他要被捕并且流放到利帕里群岛[②]去的前夕,他从容不迫地从家里溜走,让那几个老实的宪兵不是在榆树下等候,而是在他家厕所门外等他。他从一个小窗口钻出去,到了楼梯上。(他五十六岁,而身体灵活矫捷却和体育家一样。)他仿佛在散步,从容不迫地穿过皮埃蒙特,由于他的事业,也由于警察的关系,他在那里曾经长期居住。出城以后,他仍然用从容不迫和轻捷的步伐,日夜不停地行走。当阿尔卑斯在他面前树立起高墙时,他攀登而上。

到了这儿,他的西藏经验对他有用了。他相当熟悉这个地区,而且身边还带着一张军用地图,但是他的装备很差,不能在初冬天气登雪山爬冰坡。因为,他不能挑选最省力的路走,那里自然就会落入捕鼠笼中,他径直走上最危险的路,过圣岱奥杜尔峡谷。幸而在山上居民之间找到了肯帮忙的人,他们似乎不问他是怎么回事,给他提供爬山的钉靴、绳子、一把小镐和一件牧羊人穿的皮斗篷,另外有一个小伙子给他当向导,领他走了一半路。他并没有因此不遇上很大的危险。由于他要避开在边界巡逻的法西斯分子,所以在雪地里逡巡,迷了路,不得不靠着冰冻的峭壁,面临深渊,过了一宵。如果他没有利用他在西藏练习过的“toumo”[③],那种通过心理加生理的机械作用,刺激人体内部的热量,为伟大禁欲诗人弥拉惹巴[④]体验和歌颂过的,他早就冻僵

---

① 波里希内尔,意大利喜剧中的传统丑角。

② 利帕里群岛,意属岛屿,位于第勒尼安海中,靠近西西里岛。

③ toumo,音译“杜莫”,近乎印度的瑜伽和中国气功之类的内功。

④ 弥拉惹巴(1040—1123),全名弥拉惹巴·脱巴噶,意译“闻喜”。藏传佛教噶举派名僧,注重苦修,隐迹山林,收徒传法,著有《道歌》,流传很广,其一生事迹被后人写成传记,绘成壁画,编成戏剧,影响很大。

了。他精疲力竭，满身冰渣，眉毛挂着冰柱，胡须结成冰排，到达瑞士境内一间避风棚舍，里边住的猎羚羊的猎人给他烤火，给他喝了些热饮料。这时他才充分意识到致命寒冷像一层甲壳似的紧紧压缩他的身体，十五个小时以来，他体内的热火在和寒冷作斗争。他差一点要融化了。在那些热诚的猎人照看下，他呼呼大睡一觉，满身大汗淋漓，这才恢复了体力。他跟猎人们一起下山，到采玛特城，休息了一两天，然后在维埃市舒舒服服地上了开往巴黎的辛普朗[1]火车。

他逃走的消息比他先到达巴黎。这消息先是拙劣地被散播出来；接着，更加拙劣地被否认，又被羞愧和尴尬的狱卒的怨恨以及他们发怒的上司，把火气向他们发泄所证明。在巴黎的意大利避难者接到从瑞士来的电报，到火车站迎接布鲁诺。若干天之内，他被记者们的采访烦扰。可是这个调皮的意大利人善于防卫自己。他和记者们讲他怎样逃出地狱，怎样在群山险谷之间“惊险的一跳”，好比威尼斯喜剧中的一幕。巴黎的笑声使受骗的暴君[2]丢脸，在他的伤口上又砍了一刀。在阿尔卑斯山南边，出现一片含怒的沉默。布鲁诺伯爵的冒险故事在欧洲报纸上热闹了两三个星期。故事主人公为了躲开名声太大的烦扰，接受于里安的邀请，到他家中避风。两人在这些年遥远的友谊之后，终于会面而感到欢乐。他们把门关上，不许采访者进来，谈话的主要内容并不是政治。两人第一眼就互相认识了，因为两人都曾触及人生悲剧经验的深处，全都单身幸免，并用自己的小镐在可怕的墙垣上凿成冰的阶梯。然而两人的阶梯是不同的，手镐不一样；手臂不一样；精神也不一样。一个选择了斜坡的山脊，在阳光下。或者不如说，太阳选择了他。另一个是阴影。可是两人达到了同样的高度，或者可以说相差无几！于是交换了友好的心照不宣的一瞥。

他们的对话常常由于乔治在场而被打断——也可以说被照明。那时，她正在度着容光焕发的第十八个幸福的春季，而且她热爱着老

---

① 辛普朗，瑞士与意大利交界处山口的名称，也是通过那儿著名隧道的铁道线的名称。

② 受骗的暴君，指意大利法西斯首脑。

年的登山运动员,他使她着迷的首先是他运动员的英勇事迹。由于他看见她对体育运动,对身体的动作,以及对冒险行为的健康与无忧无虑的欢乐,他乐于对她叙述他的西藏之行,但与他思想探索的一切情况则略而不提。他一连几小时闲聊着这些问题,而于里安则对此不感兴趣。老布鲁诺那样快乐,孩子气地讲;那姑娘也同样快乐地,孩子气地听。他温情地端详她年轻幸福的圆脸,阳光晒红的美丽皮肤,她手臂、颈项、面颊的结实皮肤,她发光的眼睛中没有闪现一点智慧的影子,没有忧伤,没有恐惧——毫无对远方的憧憬,但是人们执着"这一点",这就是世界,这就够了!好像古人[①]心目中的宇宙一样,finis orbis terrarum...[②]越过天柱[③],那边就是卡吕普索[④]。让我们停留在这边吧,和瑙西卡[⑤]以及珀涅罗珀在一起。他管她叫"Marenostro[⑥],地中海。在她那像果子一般红中带金色,不涂胭脂的嘴上,他以温柔与忧郁的心情,重新见到,好比甜蜜梦中的幻影,他年轻的小姨子无忧无虑、满心欢喜的微笑,当她歌唱舒柏特的名曲《美丽的磨坊姑娘》以及波吕斐摩斯深渊边的小溪的催眠曲时。

有一天,于里安、乔治、布鲁诺三个人一起进餐,边吃边谈。布鲁诺谈起他以前在巴西利卡塔路上——他可以说在轨道上——遇见的那个法国妇女。他打听她的消息,说明她的姓氏:李维埃夫人。乔治惊叫起来,拍着掌,冒冒失失地说:"安乃德?"

谁最惊讶?布鲁诺,还是于里安?他怎能想象他女儿会认识他从未对她说过的一个女人?他不能掩饰他的惊愕,于是乔治脸红了。她

① 古人,指古希腊神话与传说中的人物。
② 拉丁文:大地圆周的终点。
③ 天柱,指希腊神话中大力神赫刺克勒斯树立的石柱,也就是地中海西端直布罗陀海峡两边的山峦峭壁。
④ 卡吕普索,希腊神话中大洋之女,此地指大西洋。过了直布罗陀海峡,就进入大西洋。
⑤ 瑙西卡,淮阿喀亚王之女。奥德修斯远征后在归途中,船沉落水,游水上岸后昏迷,为瑙西卡所救,国王为奥德修斯提供船只水手,帮助他回国。
⑥ 意大利文:我们的海。意大利人习惯把地中海称为"我们的海"。

咬自己的舌头。太迟了!"那也好,就这样干下去!"

厚着脸皮,安详自若地,这位眼睛发亮假装正经的姑娘,转身向着父亲,说道:"你认识她!"

她笑着对布鲁诺说:"那也是爸爸的好朋友。"

她加上一句:"现在我要她也做我的好朋友。"

于里安处于极度不安中。细心的布鲁诺看出了这种情况。于里安皱着眉头,用严厉的眼色,制止乔治说话。可是哪能让她不说话。她心想:"我寻找这个人已经很久了!机会来了,我不能轻易放过。"

于是她说:"我们邀请她来吧!"

于里安大声喊:"你发什么疯?"

"再简单不过,"乔治说,"我想见她已经想了二十年。终于,我可以看见她了!"

这下子,于里安慌了手脚。他明白他的女儿什么都知道。他不能设想她怎么会知道的。(即使后来,他也不敢问她,因为这些往事对他说来是多么神圣!他不能和任何人谈这些事。乔治居然知道点儿什么,一想起来就使他难受。)他拒绝邀请安乃德,并且用笨拙的粗鲁态度,设法避开提这件事。总算他运气,布鲁诺来帮他忙,把那个折磨他的姑娘拦住。她紧闭嘴唇,憋住笑声,满脸调皮的光彩。布鲁诺看看父亲,又看看女儿,猜到是怎么回事,心里也在笑,怜悯那个老孩子,一边轻轻揪姑娘的耳朵。大家同意邀请李维埃夫人,并不是请她到达维家中来,而是去听布鲁诺将要做的一次报告,在学者协会的大厅中举行的群众集会上。

于里安不能不去,他的客人也不能让他不去参加法国反法西斯同盟组织的这次抗议晚会。于里安还是法国反法西斯同盟的领导委员会的副主席之一。(按照他的老习惯,于里安丝毫没有去争取,也没有推辞。)

就这样办了。布鲁诺做报告大受听众欢迎,他的口才是简洁明快的。他对暴君们毫不留情地提出控诉,目光清澈,嘴角挂着调皮的微笑。可是在布鲁诺做报告时,安乃德没有出席。她感冒了,留在家里烤火。她已经有一两个星期没有看报。(即使并非不关心社会,也很少经常不懈地对此关心。她们有时注意,有时不注意。她们的内心生活整个吞没了她们。)安乃德一点不知道吉亚仑萨伯爵的逃亡和到达巴黎的消息。她儿子和儿媳不愿意错过到大会上去看意大利的"fuoruscito"和听他讲话,可是他们没有想起通知安乃德。他们很少去看安乃德,去看她也是心不在焉地到一下。他们满心是破镜重圆的欢乐,高兴得像放假的中学生。

乔治失望了。她在会场上找安乃德的面孔,白找了半天。她认出(这个眼睛发亮的年轻长舌妇女,她什么都知道。)安乃德的儿子和他的"莫斯科特"[①],按照她给起的名字。她高兴地把这两人介绍给刚刚报告完毕的布鲁诺伯爵,虽然他们并不认识她,因为这两位心急如焚地想和报告者握手。可是在讲台周围熙熙攘攘的群众中,没有法子说几句完整的话。对乔治来说,小两口子的出席不足补偿安乃德的缺席。她要看和要占有的是安乃德。

既然她要见安乃德(现在这已经是决定了的事),还有哪个见鬼的人能阻挡她呢?她没完没了的催吉亚仑萨伯爵去拜访安乃德,她自荐陪他去。他完全明白对方用心何在。一边走路,他一边和婉地让乔治给他讲古老的传奇故事,他灵敏的心早就闻到气味了。她求之不得,这个秘密使她的舌头发痒已经很久了。于是这位意大利老人成了她疯狂行动的同伴,几乎是同谋。她给他叙述偷看信件的事,好像觉得是和他一同干的,两人平分。回想某些滑稽的情节时,他们在卢森堡公园中停步,笑得眼泪都出来了。同时,布鲁诺摇着脑袋,用目光向她表示:"可耻!……小小的偷窃者!你不觉得可耻吗?"她真想回答他:"你自己呢?"虽然如此,他们仍然觉得这错过了爱情,受伤的可怜爱情令人感动。他们在走剩下的一段路时,默不作声。快走到安乃德的家

① 莫斯科特,指阿霞。

门口时,乔治说:“我干的事,怎么说也叫人恶心!你以后再也不会信任我了。”

他问道:“如果要重新干,我的孩子,你还是这么干吗?……”

她哈哈大笑:“自然啰!”

他们高高兴兴地走上楼梯。即使这样,乔治的心还是突突地跳着。也许正因为这样她才笑得这么起劲。她拒绝和他一同进去,她打算就在附近的小广场上,等他出来找她。可是她同意坐在安乃德家进门处的小室里等待,她希望(同时有点害怕)在那里可以看见安乃德走过来,当两人谈完了话,安乃德送他出门时。可是布鲁诺出来找她了。两位老朋友说完乍见面时的热情话(谈话中间)以后,布鲁诺想起他的安提戈涅①来了,他对安乃德说:“请允许我……有一位钟情的姑娘,在您门口苦闷地等着呢……”

他出去拉着乔治的手就走。虽然她恨不得马上就进去,可是她还是让布鲁诺拉着她进去。

*　　*　　*

乔治给自己彻头彻尾地编造了一个和真人不一样的安乃德。如果她不是按照自己的形象,至少按照她的亲属关系。因为她喜欢这样想:她父亲给她生命时,心中充满了那位女人的形象。她知道这是自己给自己编的一个故事,她拿它开玩笑,可是爱不释手。

这个杜撰的安乃德把她引进激情的世界,本来她并不设法进去。好像这是她的替身在代劳。这长时期的幻梦,酝酿了几年之久,不发烧,不动声色,它的乐趣在于按照她的样子,舒服地生活在另一个安乃德的爱情故事中,好比人们夜间在枕上讲给自己听的一部小说。乔治给自己铸造了激情的生活,像梦游者一样生活着,让别人代替她生活

① 安提戈涅,希腊神话中的人物,俄狄甫斯王的女儿,她曾经为她双目失明的父亲做向导。

着。她的现实生活并不受干扰。这甚至是她的强壮天性维持均衡所必要的压载重量。

成千上万的妇女都是这样的,她们光明磊落地过着平静而井井有条的家庭生活,而在内心深处,她们在恋爱,活动,有爱情故事,借以消耗过剩的精力与欲念。我的讷韦尔人哥拉似乎半嘲笑半明智地对丈夫们说过:"你们可别生气,想你们的枕边人在和一群人睡觉!如果你们无论如何必须当王八,还不如当梦里的王八!让做梦的女人们和她的梦平静无事!当她们从遥远的地方归来,听不见你们和她们说话,她们含含糊糊地微笑着,眼神迷惘,眼睛围着黑圈,你们老老实实对这些女航海家微笑吧。她们回来后,将会发现家里比外面更温暖……"

所有的妇女并不都像乔治那样纯真(但许多妇女是这样的纯真)。而且是老牌的纯真,她不梦想好事,也不梦想坏事。她梦想……如此而已。燕子在云端滑翔……

当前,燕子发现它嘴对嘴地和它的梦想碰头了。而它的梦完全不是它追求的梦。安乃德不是任何人的替身!安乃德就是安乃德,是她本人,而不是任何别人……

但这是无关紧要的!燕子冲天飞去,它把安乃德吞入嘴中。安乃德存在。愿意怎样就怎样。反正乔治所要的就是这个安乃德。

她们两人互相注视。乔治,这个大姑娘,壮健,粗鲁,神气果断——突然僵住了,惶恐了,人们看见她鼓起来的胸脯和她的憨笑。安乃德,满头白发,额头平静,面容憔悴,宽大的眼睛,凸出的眼睛,用智慧的闪光包裹了那个充满强烈的爱而显得慌乱的高个子小姑娘。在对方的注视下,笨拙的女骑士心融化了,她结实的膝盖弯曲了。她几乎要羞赧得哭出来。她腼腆地抬起低垂着的眼皮,见到安乃德会意的微笑。于是,突然,她扑向对方,把她的火热的面孔埋入看穿她的秘密的那个女人怀中,两条手臂用力抱住对方。安乃德叫喊:"啊唷!啊唷！她要把我挤碎了！”

乔治怪不好意思，她放开安乃德。安乃德抬起乔治的头，看见一张红脸，幸福，害臊，眼睛里有大大的泪珠。布鲁诺伯爵笑了。安乃德笑了。乔治像男孩子一样，用手背擦干自己的眼泪，也笑了。安乃德问道：“到底是谁给我送来了这个姑娘？”

乔治回答：“于里安·达维。我是他的女儿。”安乃德宽大的眼睛睁得更大了。她什么也不说。她用两手抓住乔治的肩头，仔细端详她。于是她说：“行！我收下你了。”

*　　*　　*

第二天一清早，乔治又去了。晚上，她再去一次。接着每天都去。安乃德家进门处的挂衣间里充满了鲜花。没有足够的花瓶插这么多的花。乔治一捧一捧地送花来。她在这一家中安置下来，已经和阿霞称“你”[①]，而且把小男孩据为己有。阿霞很愿意把孩子交给乔治去爱抚，擦屁股，带出去散步。她善于利用别人的殷勤；而且她一眼就看出这位女骑士有做幼儿保姆的禀性。乔治是暗暗渴望要孩子的妇女之一。如果能够不需要男人而有孩子，该多好！现在人们贡献给乔治一个现成的孩子，那是安乃德插活的秧苗。双重的幸福；而且是在这家人家生根不走的借口！安乃德不得不提醒乔治，她有她自己的家，还有那个被她疏忽的父亲。她一连几个小时坐在安乃德脚边，坐在一张矮凳上，或者和孩子一起坐在地板上。她说话或者不说，没有多大关系，她所要的一切，就是在那儿待着。吸引她的理由是奇特的、她自己也说不清。在她眼中，安乃德一直是不可理解的。如果说，安乃德所见的乔治是乔治的本色（或者相差不多），乔治眼中的安乃德却总是她自编自造的传奇性安乃德形象。这一点，安乃德是知道的，她只好耸耸肩[②]。毫无办法使

① 为表示礼貌或客气，本应称“您”。
② 耸肩的意思是：“那有什么办法？”

乔治从迷梦中醒过来,而且也没有必要,因为说到末了,真实的安乃德的确爱乔治:而乔治所要求的也就是如此而已。安乃德被那姑娘无声而真诚的热情召唤所感动。对这种美好的无保留的自我奉献,人们是不会斤斤计较的!至于乔治,只要别人接受她的奉献,她就满足了。她需要安乃德,当她在安乃德家中时,她是幸福的,有时安乃德把手放在她身上,她感到幸福,和安乃德呼吸同样的空气,她感到幸福。这是爱情,没有表示出来的爱情。她并不很聪慧,她不认识自己的内心世界。她生下来时,她父亲想到失去的故乡而感到惆怅,她就好比这种惆怅的不自觉的表现。可是在乔治身上,怀乡病已经得到满足,她重新找到了她的家乡。

她的满足了的自私感情,连被她疏忽的那个人都忘记了。她的父亲,她只在每天晚餐桌上漫不经心地见一面的父亲,虽和她面对面,也觉得她心不在焉。她急急忙忙吃完饭,立刻又出去了,或者关在她的房间里,在消化她白天经历的事。父亲从他的书室里听见女儿独自发笑,自言自语。

是安乃德要求乔治把于里安带来的。但是于里安冷冷地接受这个要求。在他内心深处,他十分激动。他的天性有一种缺点,是以他的弱点、同时也以他的优点为根源的,以他怕羞的情操、他的骄傲、他的谦卑(这两极经常结合在一起)为根源的。于里安几乎完全无法表露他最强烈的感情。他愈有爱情或激动的心情,愈不会表现出来。他冻僵了。他自己首先对此感到痛苦。就这样他错过了和他女儿亲密交谈的机会,后者求之不得地想和他谈心。在最近这些日子,她很想快乐地向他讲述充满她心中的一切,和安乃德一同度过的这些日子。但是,你去向这个木头面孔谈谈你的欢乐吧!当他预感安乃德的名字或形象将从女儿饶舌的口中出现时,他的神气像是在用含敌意的冷面孔来招架。乔治枉费心机想知道他到底心里想的是什么……算他活该!……由于年轻人缺乏耐心,乔治厌倦了,她到别处去设法倾吐衷情。没有人和她对答,她就自问自答了:"让我们俩来谈谈吧,我的女儿[①],温暖温暖吧!我的舌头一直在冰块上摩擦,长冻疮了。"

一个星期又一个星期,于里安总找借口不去看安乃德,他女儿也不催他了,她想:"他不去也好,如果他陪着我去,反而破坏了我的乐趣。"

安乃德不在榆树下没完没了地等候。她认识从前的于里安。一天晚上,她戴上皮帽子,对乔治说:"我送你回去。你父亲在家吗?我上楼去瞧瞧他。"

乔治叫起来说:"他将说什么呢?"

"你以为他会把我撵出来?"

乔治笑了:"不是,可是那可怜的老头子!不通知他!他会突然昏厥的。"

"如果我们先通知他,他也许会溜掉的,我们永远抓不住他!"

"啊,对了,您倒认识这只兔子!……"

"不知道尊敬大人的女儿!"

"去他的'尊敬'!他叫我们讨厌。"

"谁是我们?"

"您和我。"

"别把我放在一个口袋里。我是尊敬一切的。"

"尊敬一切?您?啊!啦啦!"

"什么'啊!啦啦'?……我爱,我搏斗,所以我尊敬。"

"尊敬竞赛的规则?"

"不,尊敬敌人。如果我们不相信,我们不会很好地去战斗。"

"在他下巴底下,打他一个 upper cut![②] 这个行,我在行。"

"你只相信游戏。"

这也许是对的,在两个妇女之中,只相信游戏的那一个,更容易忘

① 我的女儿,这是乔治以她父亲的身份在叫自己。

② 英文:从下向上打一拳(拳击术语)。

记这是游戏。可是两人都不意识到这一点。

她们两人一同登上楼梯。乔治带着钥匙。她领着安乃德进入寓所。

“爸爸,”她一边叫,一边打开房间的门,“我给你介绍你的好朋友。”

即使遭到雷击,于里安也不会比这时更神志昏迷。他甚至连站起来的力气都没有了。

安乃德说:“请原谅!于里安,您女儿是个妖精。您怎么搞的,会生这样一个女儿?”

“我可知道,人们按照什么蓝本把她剪裁出来。”乔治大声说。

安乃德把乔治推向门口,说:“你,我的孩子,让我们安静吧!别在房间里待着!你可不要(我知道你!)把耳朵贴在门上偷听!”

乔治叫喊她不同意。

“对,对,对,对,”安乃德说,“你已经知道得太多,比你应当知道的多得多了……去吧,快走!别以为我们为了叫你高兴,要表演《阿莱城姑娘》[①]中两个老人相见的一幕?”

乔治咯咯地笑着,被安乃德撵了出去。安乃德回到书桌边,于里安跟石头人似的坐着不动。

“我的老朋友,”安乃德说着向于里安伸过手去,“是不是一个老女人使您害怕了?”

于里安突然推开他的椅子,俯身向安乃德的手,说不出话来,他把额头靠在她手上。安乃德坐下。他连端一把椅子给她都没有想到。

“我来了,您不要见怪!不得不这样,既然您是决不会去找我的。不是吗?”

“是的,”于里安说,“决不。”

他抬起头来,他注视她,带着感谢的淡淡微笑,多少还有点害怕。

---

① 《阿莱城姑娘》,法国作家都德的小说改编的歌剧(1872),由比才谱曲。

“好吧！我们不说这些！”安乃德说。

两个老朋友互相打量着。他们在研究他们熟悉的对方的面孔，以及生活在那上面造成的变化。这个家宅有多少皱纹啊！但是它增加了一层光与影的涂料，如同古老罗马的那些建筑的门面，反映着时间的冲击以及没有受损伤的抵抗力依然如故的庄严肃穆。两人并不交换他们的思想。安乃德在读这本上了锁的书，它不打开，比任何时候都不肯打开，因为他知道对方在注视他，他有许多事要对她隐瞒。她毫不困难地都猜着了，于是她怜悯这个蜷缩的灵魂，他一辈子在孤独中度过，他害怕温情，比敌意更害怕，因为他对温情不习惯，面对温情，他没有别的武器，只有逃跑。

安乃德终于打破了沉寂，说：“我谢谢您，给了我这个年轻的朋友。”

“她是属于您的，”于里安说，“这是我最好的部分。”

“您有过一个美好的生命。”安乃德庄严地微笑着说。

于里安辛酸地回答：“即使是我最恶劣的敌人，我也不希望他有这样的生活。”

“我不愿任何人有这样的生活，因为别人都不配承担这样的生活。”

“您知道些什么？”

“我熟悉这种生活。我知道您的那些斗争。我念了您的著作，我没有念过的那些，我都看见了。”(她闭上眼睛。)“我为您而骄傲。”

他惊喜地震动了一下。

“我……我现在的一切……我变成这个样子……一切都是您的成绩！我把这一切放在您的脚边。”

安乃德一听，也惊喜地震动了一下，她问：“我为您干了什么呢？”

“您造就了我这个人。”

沉寂的深渊又打开了。激动的感情和山洪一样，流入深渊……在墙外伸着耳朵听的乔治心想：“难道他们都死去了吗？”

安乃德抬起眼睛来看于里安,后者的眼光照射在她的眼光上,好比一条善良的狗的眼睛,湿气迷漾,然而发着光亮;而他整个面孔是通红的,从心脏里涌上来一股血液。可是在于里安身上,这样的面颊,这个充血的额头,是比"美"本身更加美。于是她对他说:"这么说,我们并没有虚度我们的一生。"

于里安差不多要说出口来:"我的一生有什么用处?"

可是,眼看安乃德的欢欣,他觉得自己忘恩负义。他很想跪倒在她面前,但是他精神的僵硬病阻碍他这样做,加上他的缺点:他看见这个可笑的老头儿……他结结巴巴地说:"如果我没有让您虚度一生,一切悲辛,一切挫折,其余的一切都不算什么——一切都很好。"

他俩相视而笑,交换了他们庄严与无言的感激。接着,安乃德站起来,说:"对今天这一天来说,已经足够幸福了!"

她走了。在门口,他问她:"我们什么时候再相见呢?"

她回答:"您愿意来的时候。您哪一天来都可以,门是开着的。"

* * *

他们按照约定的日子会面。老朋友们有严格规定的会面时间。虽然于里安已经认识了玛克、瓦尼亚和阿霞,虽然不久以后他已成为他们家的常客,但是他态度生硬,和他们总觉有点格格不入。阿霞使他觉得拘束,甚至瓦尼亚也这样。他不善于和孩子谈话。只有玛克明白这位学者忧虑的额头中有些什么思想,他非常想猜透这种勇敢与严厉的思想之谜。可是于里安却害怕对方的谜。这个青年人审询式的眼光,他陌生的关注和辛辣的讽刺,都使于里安捉摸不透,心中不安。他只好躲到安乃德身边去。安乃德和他自己一样,熟悉他的忧郁和骄傲灵魂的弱点,而且比他本人更清楚这一灵魂的伟大之处,不需要他自己加以解释。甚至不必说话,他一走到安乃德身边,像电源似的,就觉得积累在灵魂上的负荷轻松了。安乃德并不因此增加自己的负荷,而是得到了均衡。由于她增加了这种负荷，于是她和船舶一样，反而漂浮得更平稳了。他们两人天性中的一条秘密规律，在他们重新相遇中，得到了自我完成。爱情的年龄已经过去了，现在的问题更多地（或更少地）在于两人之间最后的融洽，两人命运事先划定的弧线，在这个融洽上达到了终点。两人不必明言，常常在夜里，各人在自己家中，在自己床上思念，互相满怀感激的心情，并且发现他俩一直占据着对方的心，从未分离。

可是两个住所并不是同样住满人的。在安乃德的住所中，于里安只占用了一间房。于里安家里缺少家具，也缺少人住。除了安乃德和他的女儿之外，占据这所住处的只有他的书籍和思想，这一堆灰尘和蜘蛛网！再说他的女儿也是流动的，并不经常住在那儿。安乃德的住所是充实的，充满过去，充满现在，而且还有空房间等候明日也许会到来的客人，早晚会有客人来。安乃德和于里安并不是势均力敌的！也不可能势均力敌。如果没有一个人赢和一个人输，一个人给得多一些，一个人拿得多一些，那就不可能有赌博，不可能有生活了。于里安给得多些，因为他有的是可给的，有更多富余的温爱。安乃德不能支配她已经给了别人或将要给人的一份（因为未来保留着它的一部分），于里安的一份是优裕的。他必须满足于他的一份。如果他的那份不能满足他的饥饿，那是他的过错。当时安乃德的心几乎还是完整无缺的，他却白白地错过了机会。他应当感激安乃德现在给他保留着的一小部分。他是感激的。

可是并非没有遗憾，他自己埋怨自己，没有得到别的部分，特别是一个新来的人，一个新朋友，布鲁诺伯爵，没有开口要求就到手的一份。

这个快活的人，幸福的人，虽然他受命运的多次打击，只要他到哪儿，哪儿就有人爱他。“Veni，vici…”①他觉得这是很自然的。大伙也

① 拉丁文：我到了，我胜利了。

和他一样,觉得这很自然。人我双方,皆大欢喜。人们不需要损伤牙齿去咬杏仁,就像在于里安那里那样,去咬一层硬硬的外壳,直咬到牙床都发酸。在布鲁诺方面,外皮和杏仁一样,都很好吃。毫无疑问,他的轻松态度一半在于他的魅惑力,另一半则是仁慈、善良以及出乎自然的引诱力造成的。他走过的路上不会留下任何阴影。生活的各种痛苦都被他温柔的蓝眼睛的光亮所消融,这双蓝眼睛不由自主地向所有人都表示一点天真的温情。这个孩子般的老人,常用纤秀的手指抚摸柔软的美髯,好比抚摸猫背一样。他需要被众人所爱,同时也爱众人。这却并不妨碍他用令人不知所措的洞察力判断人,这种洞察力一直深入内心,用手指触及人们掩藏着的最敏感之点,然而触动得那么轻柔,那么准确,以致这种接触好像是秘密的官能享乐。在好心的动手术者与温顺的接受手术者之间,建立起一种神秘的亲密关系,双方掌握着这种关系的钥匙。

在众人之间,只有一个人不欢迎这种把戏,那就是身上有刺的硬毛栗,阿霞。她不喜欢(“温柔一点,温柔一点!”)太温柔的男子,太漂亮的美髯,过于纤秀过于修饰的手,不喜欢像抚摸似的渐渐深入你内心的眼光。她明知道他是好人,他很明智,他看得很远。然而她不在乎这种明智,不在乎这种仁善,不在乎看得远……“我看得近,我看见我的玛克,好好歹歹,就像他那样,我要他;就像我这样,他要我。他朝着我要去的地方去,我知道自己要去什么地方。”她不能阻止布鲁诺透过她的百叶窗,看透她的心情。但她气恼,她愤怒。而他,干脆假装不看她,可是他无法自制。在他香喷喷的长须下边,他在暗笑那只母猫皱眉头的嘴脸。

其他人都被布鲁诺征服了,孩子和乔治,玛克和安乃德。大家都按自己的需要,感觉到这种乐观主义的好处,这种乐观主义并没被生活中的灾祸和他蓝色眼珠的理性所损伤,虽然他的乐观多少是反理性的,为他内心深处的悲剧经验所否认。但是它去掉了于里安的另一种远见,阴暗的远见,从而使他那不可动摇、不可摧毁的、坚忍不拔然而没有生活乐趣、没有冲动力的悲观主义感到轻松。只有布鲁诺的乐观主义是有效用的,因为只有它是有生命力的:它适应“创造的自然”①的深刻规律。这种乐观主义要生活,对善与恶毫不顾虑,对痛苦和努力的无用性也毫不顾虑;它要生活,它活下来了,不管“被创造的自然”②的规律,道德与理性的规律,逻辑性的人,他没有抛弃纺锤上的线的明智,一直思索到底,思索到不再活下去。布鲁诺对于思想无所不知,他灵巧的手指可以毫无困难地解开思想之线团;然而他善于倾听纺车之歌,而且从家室之内用梦幻之歌,美人鱼之歌来回答纺车之歌。以前他曾经是美人鱼之歌的受害者;可是如今,他已经把西西里岛的美人鱼捕获在网中;它为他以及他的宾客们的乐趣而唱,好比一只养在家宅中的鸟儿。谁听了它的歌儿都觉得减轻了生活的苦难。这只鸟儿并不掩饰使人痛苦的事实。它决不说:“存在的事物是不存在的。”③它说:“存在的一切都是存在的。所以这是美好的,因为存在是美好的!”④

他那像大提琴一般优美的声音,也许它自己也在听,照亮一切存在物,美的和丑的,好似日光照在蔚蓝的海上,照在死亡岩石的脚下:斯库拉⑤。

这一线阳光也照射在玛克忧心忡忡的额头上。于是在那年轻的额头上,阳光停着不动了。他们两人是互相吸引的。西西里的明智老人第一眼就被玛克年轻面孔上纯洁与炽热的看破一切的表情所震惊。这个富于激情的人已经打上了死亡的印记。他已经跨出走向死亡的第一步。布鲁诺看出在玛克的忧虑不安的性格中,他正在做出极大努力使自己从暴力与年轻人自私的恶魔手中解放出来。他比玛克的妻子和母亲更能猜测玛克的不声不响的搏斗。这个易怒、倔强,甚至残

① 法语译为 la Nature naturante,意为“创造性的自然之本质”。

② 法语译为 la Nature naturée,意为“被创造的一切自然现象”。

③ ④ 皆为斯宾诺莎哲学术语。(罗曼·罗兰青年时期曾经热衷于研究斯宾诺莎哲学理论。)

⑤ 斯库拉,希腊神话中的六个头的女妖,她住在意大利墨西拿海峡的礁石上。

酷、傲慢、专横、贪婪、狂暴的小伙子,在和他那豹子的本能搏斗。布鲁诺被对方强有力的本能以及驯服这些本能的强有力的灵魂所吸引。他看见玛克,通过年轻运动员式的一个引体向上动作,进入放弃一切的精神状态。在布鲁诺眼中,这动作的英勇和脆弱的和谐令人感动。对这个二十五岁的小伙子,他产生了一种秘密与奇特的崇敬心情。有时他和玛克说话的样子以及对他的让步,表露出这种心情。布鲁诺对任何人都没有这种表现,即使对妇女,也没有这种表现,哪怕是作为交际场上的一种礼貌,表示他有分寸的让步。人们可以说他面对神秘的未来在表示敬佩。也许他自己也说不清他预感到的牺牲,在幻觉中看见以撒背着为了焚烧自己用的木柴[1]。安乃德看见布鲁诺的样子,感到心神不安,她心想:"他的眼睛看见了什么?"

不过她不敢问他是怎么回事。

可是玛克毫不注意这些。他太忙于考虑命运向他提出的问题。他演他的角色,演他的剧本,一幕接一幕,并不急于知道悲剧将如何收场。但是演得不高明。因为他正像那些狄德罗所说的不高明演员[2],玛克过分认真地深入角色,他不能掌握自己的角色。为了能从他的角色中出来,他需要布鲁诺的微笑,这对他是新大陆,而不是于里安辛酸的幻觉,因为那太接近他自己的幻觉。

*　　*　　*

他和老年的尤利西斯[3]接触所收获的第一个好处,在于他不安的灵魂感到在对方的手指下,已进入平静状态,自己跟自己一步步地和解了。他不需要谦卑地坦白在他身上进行着的搏斗,以及在那里驻扎

① 以撒背柴,见《圣经·创世记》。以撒,亚伯拉罕和妻子撒拉所生之子,上帝要考验亚伯拉罕,命他将以撒带到山上献作燔祭。亚伯拉罕遂命子背柴上山,当要用刀杀子时,天使阻止,命用公羊替代,进行燔祭。

② 见狄德罗的论文《演员奇谈》。

③ 尤利西斯,即希腊神话中的英雄奥德修斯,此处指布鲁诺。

的那些不速之客,一群乌合之众的不受欢迎的思想,作为这类思想的窝藏处,他并不觉得骄傲。布鲁诺半开半闭的眼睛曾经到窝里去找它们。他若无其事地,在他温情的讽刺中,抓住了那些受惊的鸟儿。一天,玛克正在为他记忆中的或当前的隐蔽思想而心神不宁,但又不敢明说。布鲁诺仿佛不注意听别人说话,只顾闲聊和他身边那个焦虑不安的人毫无关系的老故事,他微笑着叙述一段印度的奇妙轶闻。说是有一个善良正直的人,去拜访一位隐士,请他做自己的导师。这位sannyasin[①]仔细打量了对方之后,问道:“孩子,你会说谎吗?”

那位正直人回答:“上帝保佑!我不会说谎。”

智者说:“那么你去学学说谎吧。等你学会了之后,再来见我。”

因为西藏的贤智认为:“*不能干不是德行,而是软弱无力*……”

“啊!真见鬼!”玛克喊叫起来,“人家决不能拿这个理由来责难我!”

冒失的阿霞正从旁边走过,碰巧听到前面的评判与对答,她插进来证明:“不,在这个问题上丝毫没有责备他的理由!……”

两个男子都笑了。两人重新在一起,旁边没有别人时,玛克对布鲁诺说:“我并不是那么重视说谎。在我的动物园中,说谎这种动物占最小的位置。我猜想您主要不是要我把这种动物养得又肥又胖!我宁愿培养六种别的大罪孽[②]。可是所有别的罪孽,以及并不被称为大罪孽的一切污垢,则更为恶劣!这种害虫!”

布鲁诺一边抚摸他细柔的胡须,一边说:“我不至于学法国长舌妇(意大利的长舌妇也这样说)的话,说‘*长虱子是身体健康的证明*’。但是,关系到深刻的内心生活时,真正的贤智,也许正如隐士们所教导,不是毁坏精力(什么都不要毁坏!)而是使精力的本质转化。与善的精力一样,恶的精力也是一宗财富。谁要是在摇篮中已经接受了这

---

① 梵语:遁世期,这里借用为“隐修者”。

② 基督教教理有所谓“七大罪孽”(骄傲、嫉妒、吝啬、淫荡、贪吃、善怒与懒惰),其中并不包括说谎。

种精力,就是神明祝福的人。"

玛克说:"那么我就是这样的人。该诅咒的神明,我才不要他们的赠品呢。"

"年轻人是不知道感恩的。"布鲁诺说。

然而故作惊人之谈的言辞[①],不胫而走,它们在玛克的智慧中找到了一片可以被理解而且开花结果的良好土地。他知道这种精力对他有多么大的价值;如果他丧失了这些精力,他将变得更加软弱、更无抵抗力……于是"大喇嘛"又讲了他的一千零一个故事中之一个。"大喇嘛"是不礼貌的阿霞给布鲁诺的外号。米兰达国王的问题如下:

> 国王问纳迦舍纳:"有人出于无知,犯下罪孽,有人则明知故犯,在这两种人之中,谁的罪孽最大?""出于无知的人罪孽更大。因为,有些人用手拿一块烧红的金属……其中有人是知道的,另一些人则不知道。哪些人被灼伤得最厉害,是知者还是不知者?不知者被灼伤得最厉害。"

一个真正的法国人,一个安乃德的儿子,他知道辨别一块烧红的金属。如何拿住这块烧红的金属,如何利用它,这是和他的智慧有关的问题。"见识短浅的人"活该倒霉!天国之门是为他们开着的。但是,以上天的名义,为了我们的安全,但愿地上乐园之门不要为他们打开!"头脑简单,也可以叫作愚蠢,这比犯罪更坏。"阿霞直截了当地说。斯拉夫的贤智,印度的、法国的、各种贤智意见趋于一致:"不要成为一个蠢货!"世界各地人民的正常情理,没有一处是愚蠢的。

多年来,玛克在沉默中和自己身上的恶魔展开的长期搏斗,从来没有向最亲密的人坦白过,由于身边有了一位长者,他发现搏斗变得容易了,这位长者不需要玛克对他说,就知道他身上的那些恶魔,他拍

① 指所谓"恶的力量也是一宗财富"等等。

拍它们背上的鬃毛,不用皮鞭与马靴,就驯服了它们。自我与世界之间的融洽(这还不算什么!),布鲁诺伯爵已经实现了的自我与自我之间的协调,好像互相渗透一样,在对玛克忧虑不宁的天性起作用。甚至那种出自他的忧虑和对一切都灰心的感受,那种深刻和能使之轻松的感受,也被他发现了,好像它们是“将自己从纯粹的人性中解放出来”的事先言明的赎罪费。

纯粹的人性
给人类的一切罪行赎罪……

玛克从布鲁诺口中听到这两行美丽的诗句和魏玛的“伊菲革涅亚”[①],她是墨西拿平静了的俄瑞斯忒斯[②]的偏爱的姐妹。

还有和玛克发生抵触的暴力问题,那与搏斗不能分开的暴力,即使完全排斥暴力意志的行动,如同甘地的 Satyagraha[③],也不能从暴力中解脱出来。(因为暴力无非是抗拒为了生活而进行的协作,无非是抽气唧筒,把玻璃罩下的空气抽空,令人窒息。)如果我们想活下去,但自然界却把残暴性强加于我们的每一个举动,每一次呼吸。即使这个暴力问题,由于他的老伙伴出人意料的接受和他静穆的讽刺,也使玛克发烧的肺部呼吸起来舒畅得多。布鲁诺带着表示并不上当的微笑,追述他在亚洲高原雪花纷飞中收集来的奇特意见:对众人的效劳和同情。人的理性在任何地方都是最好的肥皂,可以给人洗手,如果手上沾有污泥或血迹的话;在那些虔诚的隐士训导的同情中,理性能在罪行中占一席地。隐士们说服自己,杀人的行动无非是被杀者在再生过程中单纯的意外。在某些情况下,这种意外能以有益于身心健康的冲

① 魏玛,指歌德。伊菲革涅亚,希腊神话阿伽门农的女儿,此处多半指歌德的剧本《伊菲革涅亚在陶里斯》。伊菲革涅亚是俄瑞斯忒斯的姐姐。

② 此处俄瑞斯忒斯指布鲁诺。

③ Satyagraha,意为“非暴力抵抗”,甘地在南非组织当地人民起来反抗殖民统治的消极抵抗行动。

击方式起作用,把它引导到最好的道路上去。所以这是一种仁慈,它使恶人避免在他的地狱中陷得更深,并且给他以自赎罪行的机会!……

不用说,玛克听了这些话大为愤慨,他怒斥那些"恶僧"!布鲁诺宽宏大量地为他们辩护,但这种宽大更糟糕。因为它暗示了("向听得懂的人致敬!")[①]由于同情而犯罪和诚实的人在生活中可能犯的微不足道的小罪行之间的区别,这无非是一块银元和它所兑换成的零钱之间的区别。在人类造成的社会中,如果没有零钱是很难生活的,没有这一被称为"正义"的罪行的零钱,它为了集体的安宁与幸福,支配着非正义者的生命。(修行的人,为了使自己充分满意,加上一句:"为了被惩罚者的安宁幸福!")

布鲁诺不说他出身于这个社会。作为良心导师的喇嘛们所训示的"小径",早已超过了"正义或道德行动"这个初步阶段,他的目的是达到挂着"被超过的行动"这招牌的旅店。人们把"行动"留在门外,而在门内找到十分纯粹的"生命",像太阳一样。这是布鲁诺不向人透露的秘密,从那儿他接受高高的山峰的反照,并借以安慰别人的眼睛。然而他严防将钥匙交给玛克,对一个年轻人,品味超过行动这一境界的时刻尚未到来!人在越过分水岭、向着夕阳走下另一个山坡之前,这是一种毒药……上升吧,我的朋友,上升并且行动!生命在于终点。可是先要有作为!

他和于里安一样,决不这样想:"作为"有什么用?"生存"有什么用?……

有两种人类(正如在法国,大家说有两种官职):"坐着"的人类和"站着"的人类。于里安,正如他所属的书房知识分子这类人一样,他们完全是坐在屁股上生活和死亡的。然而他做出英勇的努力,想举起他的思想!他用瘦弱的手臂,把他的思想像一块岩石似的抛入行动。

① 法国俗谚,意思说对某种道理能心领神会者,受欢迎。反之,听不懂言外之意者,活该倒霉。

但是,这种思想徒然震动了老旧社会的墙垣,又从墙上反弹到自身,落在抛掷它的那人身上。当他上床睡觉时,他反复考虑,额头显得疲惫不堪:“上帝!人类何其沉重!”

是的,这是“髑髅地”的十字架。上帝之子是在“髑髅地”的十字架下跌倒的!远不是跌倒在可怜的木十字架的重压下。于里安深深感受到过去、现在和将来人类的痛苦,不公道以及魔鬼般的疯狂。这位文化修养渊博的学者,思想永远被作为刽子手同时又是被害者的人类所困扰。这种心情由一人独自负担是可怕的。因为他很高尚,不愿将思想的重负与任何人分担。只有安乃德能一眼看清他痛苦的深度,并且减轻他的痛苦。他丝毫没有布鲁诺那种过于方便的办法,在海阔天空的宇宙光辉的梦幻中,减轻人类的负荷。于里安一直和羊群般的人类麇集在古老的原野上,和大地联结在一起,和人类共命运。他不能从这种命运中解脱出来,除非将人类生活的一切幻想全部清除。自从他那曾是宗教信徒的眼睛睁开之后,这双眼睛把否定的一面深挖到底(并没有底!),他连基督教的永生观点都放弃了,虽然他的前半生曾受这种观念迷惑。由于他比任何人都熟悉这种基督教眼睛和它们的幻觉,他辛酸地品味天真的贪馋,这种贪馋竭力想将昙花一现的实体与形式保存在永恒之中。对思想与感情的偶像:科学、艺术与爱情,他也不十分着迷。他把这些事物的局限性与烟雾看得太清楚——抽鸦片的鸦片馆。在自己身上他隐瞒着有个破坏性魔鬼存在,只有他自己知道这个魔鬼滑稽诙谐的阴惨狂态。但是他天生的仁善性格抑制了这种狂态的发作,他怕伤害弱小者的信念与希望,同时也由于如饥似渴地需要他一辈子缺少的温柔,这是一种不足为外人道的需要。

此外还有他二十多年来一直闭口不谈的友谊,他刚刚在这友谊中发现被他否认了的生命意义:安乃德。他清楚地看到信念与希望通过这个门洞轻手轻脚地回来了,还有通过别的门走了出去的一切幻想。他十分清楚……但是他在充分的意识中贬低自己。他采取谦卑的态度,为的是找到可以相信爱和崇敬的地方。囚禁在理性的栅栏中的灵魂那样渴求生活,以致它的根须穿通了栅栏,为的是吸取土地的血液。

* * *

这种深厚的爱情,闭口无言,毫不外露,可是丝毫瞒不过安乃德内心的眼光。如果明说了,反而不会那样动人。它好比从墙壁中透射出来的阳光。可怜的于里安总是把他热量的辐射源掩藏起来。他只让光线照射出去,能给人照明的思想,可是不给人温暖。然而这种集中的热量烤热砖墙,安乃德的手放在墙上,于是她感到那老年人微颤的心脏放出隐隐约约的温暖。在他身上有多么大的温爱,也有多么大的辛酸!他把自己完全交托给安乃德了!

在那些日子里,安乃德自己的心被两位老朋友分占着。假如她完全按自己的倾向行事,那么她倾向于布鲁诺。布鲁诺有更多的东西可以给她。然而她有更多的东西要给于里安。像她那样一位妇女,对别人有所贡献是最强烈的需要。

毫无疑问,让吉亚仑萨伯爵的温柔情怀、开朗的明智与充满光明的巨大幻梦摇荡抚慰着,是十分甜蜜的。在整整一辈子孤独的搏斗中精疲力竭的一位妇女的灵魂,受了伤,全身痛苦,能够置身于这位平静而坚定的伴侣的爱护之下,这当然是很好的,但是怎能抗拒另一个人无声的呼吁(只有她一个人能听见),那人是她青年时代的朋友,他为了把自己从曾身陷其中的旧世界锁链中解脱出来,进行了顽强的挣扎。在努力中,他丝毫没有减少他英勇的洞察力,然而却丧失了幸福!如果要用他自己的方式达到幸福的境界,他是过分不抱幻想而且过分孤单。如果要他心目中唯一能给他带来欢乐与希望的女人帮助他追求幸福,那么他又太骄矜,同时又太谦卑,不愿意求助于人。于是他待在她身边,郁郁寡欢,同时又感激她容许他留在她身边,给他一个在她的朋友之中并不重要的位置。但是安乃德,在对方心灵深处,看出他竭力抑制的恳求;她被那个羞于用他两条男人臂膀伸向她的、那种令人感动的拙笨姿态所征服。

当时她处于两个都可爱的男子之间,在一种心情混乱的状态中。由于年龄关系,在他们之间,不能再产生爱情问题(为什么?)……而友谊这一名称框框又嫌太小,容纳不下她的感情。但安乃德却愿把她的感情维持在这一框架之内,不再给自己超出这一框架的权利。她心想自己已经是母亲和祖母,她的生命周期已经完成了,现在她属于她的家庭。但是她红着脸承认,她的生活在继续前进,周期还远远没有结束。这个家庭不能把她禁锢起来,她自己建造了另一个独立的圈子。她的孩子们对她的爱虽然是那么真诚,他们在她之外,形成另外一个小世界。她是那个世界中亲爱的住客,但是住客可来可去。她缺少她自己的家庭。她不许自己去想这个问题。然而在她疲劳的时刻,她不由自主地感到忧伤,她用讽刺来斥责或惩罚这种忧伤。难道她永远学不会做一个老人?年轻人最不能饶恕的蠢事,就是在满头白发之下,还保留着一个二十岁年轻人的心情!……

她努力将这种未曾用过的梦幻的精力引导到另一方面去,从心的川流中引导到思想——采取行动的思想——的川流中去。在这方面她是很泼辣的,她可以超过她的两位男友。

* * *

这两个人,于里安和布鲁诺,这么勇敢,这么头脑清醒,在他们的行动中,却从不一直走到头。他们可能在一时之间参加了行动,由于想象力的冲动,使他们投身于反抗,反对专制与谎言。在他们心里,始终是社会的非正义和不讲道理的反抗者。可是他们的反抗在极大多数情况下,只停留在良心的门口。除非有人逼他们离开潜伏的地方,他们不会越过门槛。即使在那时,他们的抵抗方式也不会用反击来回答攻击。这种反抗只限于用一个不可摧毁的“不……”来回答“Ich kann nicht anders...”[1]他们并不想尽方法,把他们的“另一种[2]方式”强加于人。

他们属于老一辈人数众多的知识分子,他们的行动受思想的毒害。即使他们之中最慷慨的人,也倾向于给他们的思想以优先地位,丝毫不费力的地位。经过他们思考之后,一切都说清楚了,世界可以跳圆舞了,他们站在旁边看。他们的思想场地愈大,跳舞的圈子愈显得小得可怜,不值得为它浪费时间。在于里安和布鲁诺身上,心与智是均衡的。和大部分思想界的著名同行不一样,他们无法面对世上的痛苦和杂乱的力量漠不关心,因此很可能一时之间被卷入圆舞中去,可是他们很快就出来了。他们回到各自的活动范围中去。于里安在混战之中和混战之外,发出呼喊声,为了使自己轻松一些,不时发表不留情的讽刺,继续暴露作为社会基础的荒谬逻辑的虚假性。但是他不跟着他思想中的强悍鸟儿一齐飞,他的思想致力于揭露与摧毁社会上的歪风邪气,可是不建设。在布鲁诺身上本能更为强烈,他曾多次参加社会救济行动,在他的老诺曼底人身上,幽默感和骄傲的热血推动他向压迫者去挑战。这也不过是精神上对耀武扬威的蠢举进行报复而已。布鲁诺不那么在乎胜利——胜利,失败,无非是长长的影片在放映过程中的插曲而已!——他更在乎对着胜利者的鼻子讪笑。如果有一天,他被绑在执行死刑的刑柱上,面对枪弹,他的笑声将特别爽朗。如果他们的暴力也引起他的暴力,他将非常不高兴。他也有短促的激动,产生粗暴的情绪。但是他自己责备这种情绪。于里安连这种自责都不需要;他的怒火只能伤害自己,他抑制自己的怒火。

两人分别为了自己的打算而毅然决然避开暴力。在布鲁诺方面,是一种贵族的不屑这样做的高傲态度。他的智慧明白这一点,可是在另一个人那里?他不急于和别人一样。对于这两个人,暴力好像是对精神自由的迫害。他们不愿做暴力的同谋。正因如此,他们殷勤地接

① 德文:我不能不这样做。

② 另一种,法文原文在“另一种”之后,用德文“另一种”(anders)重复一次。

受托尔斯泰以及亚洲[①]的学说,主张非暴力的不接受主义[②]。并不是他们按照欧洲人的批评意识,对这种不接受主义在任何情况下都有效表示信服。他们认为,真正的搏斗发生在精神领域中。在他们看来,重要的问题在于精神获救……“Salvavi animam meam...”[③]

很久以来,对玛克来说,这已经不够了!即使别人灵魂能安详也不够,如果不拯救他们身体的话。这个可怜的身体,这个破烂货,这个朝生暮死的生命,“理想主义者们”以不屑的神气提到身体,其实他们不需要太为身体操心,因为他们被供养得不错!不能否认,首先是身体!而且让我们直呼其名,它的既光荣而又不体面的名字:肚子!雅士们,藐视它吧!……嗷嗷待哺的肚子,作为生命之源的肚子,产生耶西之树[④]的肚子。树的根……好好培养它!首先战胜饥饿、贫穷、社会的苦难。灵魂,如果它高兴的话,将在树顶上开花。我在树根附近挖土,施肥。从这肥料中产生上帝或上帝之子……于里安和布鲁诺都不至于反驳这些话。布鲁诺知道印度温柔的阿西西的方济各[⑤]的一句强硬的话:“枵腹之人,毫无宗教可言!”事实上,他自己按照这个教义去生活,他几乎把自己的全部家财施舍给人,让人填饱肚子。

然而他的社会行动到此为止。布鲁诺不强迫别人和他一样做。如果他的判断力能十分清楚地预见资本主义的压迫制度必然要导致爆炸,他却没有任何作为使爆炸提前或延迟发生。鲜血流淌的事他见得太多了,他高雅的手不愿意浸染在鲜血中。(这两只手也许在崩坍的城市的瓦砾中,在腐烂的尸体的残堆中寻找过什么,残酷的臭味一直沾染在手指上。)因此,他知道人们什么也不能阻挡!社会的灾祸和terremoti[⑥]一

① 亚洲的学说,指甘地的学说。

② 非暴力的不接受主义,指消极抵抗。

③ 拉丁文:拯救我们的灵魂。

④ 耶西之树,见《圣经·路得记》。耶西是耶稣家族的祖先,大卫的父亲。艺术家把耶稣的家谱画成一棵大树,大树着根于躺在地上的祖先耶西的肚子,树顶上是圣母马利亚抱着初生的耶稣。

⑤ 印度温柔的阿西西的方济各,指罗摩克里希纳。——原注

⑥ 意大利文:地震。

样的盲目,一样的不可避免……这种对命定的事实过于明确的概念,这种过分清楚的知识,成为在知识分子行动时的包袱,即使是最自由、最勇敢的知识分子。他们犹如事先把演出的剧本读了一遍的观众。戏在演出时好像和他们无关,演员们还在演戏中的情节,而他们却已经知道戏的结局。

玛克还在表演情节,行动的清新嫩绿,比果实更引起他的激情。比起布鲁诺过分洁白的手,他更喜欢阿霞的不怕玷污指头的手。他所希求于他的前辈的一切,在于知道他是否走在正道上——伟大命运的阳关大道上。正是这一点,他们能够对他说:“Via Sacra...”[①]这是古罗马军团所走的笔直而且直接的大路。这条路通过战斗直达目的。于是这两个人,于里安和布鲁诺,意见一致,认为不要去动摇这位年轻战斗者灵魂以及腿弯的力量。这是他的道路,他的规律。

他的规律将他带出自己的派系……能够说他是属于一个派系的吗?他是这样的!他是一个西方人,他爱他的法国,他的卢瓦尔河以北的法国,它淡蓝而略带灰色的天空,它棕黄淡红的土地,和那里姑娘们的肉体一样,它的地平线、树林和山丘,它的小河和夜莺,它明朗的方言以及它像寓言故事中的微笑。在别的时代,他可能是(他这样相信)幸福的,如同这些流淌在各自河床中的法国小河一样。但是这些小河流,和他最亲近的,比如安乃德、吕丝,他在她们身上认识自己的水流,她们溢出了河床,“Per non dormire...”[②]在这些小山谷中,人们很容易瞌睡,在那里钓鱼的人注视着浮子出神……

不论他怎么说或者否认什么,反正他也属于知识分子派系。他有知识分子精神上的需要,逻辑的怪癖,优秀人物的骄傲,虽然一百次想加以抑止,可是没有用。他最近几年所有的经验向他证明,大家不信赖他们这些知识分子。采取实际行动不完全是智慧问题。他们之间并不缺少富于智慧的人,他们对形势的看法和他一样清楚。他们甚至

① 拉丁文:神圣的道路。

② 拉丁文:为了不睡觉。

看清了他们应当干什么事。可是,一提实行,他们连小拇指的指尖都不动一下。有一些人,由于那法国好公务员的狡猾而胆怯的谨慎,使他们提防可能干扰他们的安息以及他们追求职位和高薪的平稳小跑。(对那些已经爬上高位的人,不愿再活动,因为再活动没有任何利益可图。)另一些人,因为,至少,无意识地害怕骚动。他们市民阶级安分守己的生活习惯,严格地说,可以同意换一个和他们已安顿好的旧秩序不同的新秩序,然而他们不能忍受迁居这个想法,他们怕自己的家具和文件乱得一团糟。革命只在一百年后才能获得他们的欢心,因为那时他们已经安顿好了。可是,当人们知道老屋已经要倒坍,非拆不可了,如何迁居新屋呢?因为他们之中许多人知道老屋非拆建不可了。为了排除被粗手粗脚的搬迁工人入侵住所这种令人难堪的现象,他们心想:“算了吧!老屋至少可以和我们一样长久地维持下去!……”

即使理论上准备革命的党派之中,社会主义者、资产阶级改良派等,也唱着畏首畏尾的永恒曲调:

“明天!明天!……明天你们发动革命,那时我们这些老大哥,我们已经不在……”

这还不是最后的事实,知识分子天生的软弱性的新证明是于里安和布鲁诺,这两位长者,玛克敬爱他们的精神独立、不谋私利和对危险的绝对藐视,可是他们对参加必要的行动,却什么也没有干,不愿干任何事。他们唯一的事就是思想。有时候说几句话。如果有人征求他们的意见,必要时他们也写一点。于是他们把自己的意见阐述得十分清晰。然而他们决不把自己的意见强加于人,哪怕是为了救援人而逼得他们非如此做不可。社会行动带来沉重的锁链,而他们给自己带上锁链、或使别人带上锁链都有顾虑,这些自由精神的人已经忘记了在种地的劳动中最起码的非做不可的事。为了使麦子长出来,必须先开垦荒地,清除石块,焚烧荆棘丛,然后用劲压住犁铧,使每条犁沟又直、又长、又深。“播种者庄严的姿势”①是不够的。必须强迫,强迫抗拒

① 播种者庄严的姿势,诗人雨果著名诗篇《播种的季节——黄昏》中的名句。

的土地,强迫在犁轭下苦干的牛,强迫耕者的肌肉,强迫他的心!……

* * *

玛克从筛选前辈们美好的言辞开始,这儿指的仅仅是那些用他们的生平引起玛克的尊重而且认为自己不至于受骗的前辈。

第一条规则:不再计较那些巨人的原则,那些对任何时间地点都适用的"强制性的不得反驳的教条",那些抽象的、尊严的、不容辩论的永恒真理。这些真理适用于一切,同时也对什么都不适用。在不断地变换中的世界,一条永不变换的真理是谎话,或者比谎话更不堪:在不能辨别谎话的老实人之中,它是空无一物。

现实是真理,诚实的第一条规则在于准确地观察现实,从而归纳出坦率壮健和具体的判断与行动的条规。而不是只有其一没有其二[①]。不是明日,或是在一切时期,而是在现时,而且是在目前,在此地,在这块场地上,我的一只脚坚定地站在上面,另一只脚提起来,向前迈步,去找一个新的立足点。

"……我看见这片土地。我看见人类的今日,这个剥削和屠杀的现实世界;在日益贫瘠的古老草原上吃草的资产阶级,养肥了反刍动物,后者把这个现实世界交给了残暴的鸷鸟。我看见知识界马戏班中的动物以及新闻界颈部脱毛[②]的狗,出卖了这个世界。我看见这个世界的浩劫,在战争年月的奴役中以及停战后的慌乱中,那样迅雷不及掩耳,那样狂澜滔天,以致那些根本不配的 conquistadores[③](其中没有一人超过不诚实的庸劣水平,都被自己的胜利搞得手忙脚乱),没有能力组织胜利。在几年之中,他们只知道扰乱世界经济,经济的指南针狂乱跳动,在破产的新旧大陆上聚敛了堆积如山的黄金财富,实质上

① 只有其一,没有其二,意思是说"只有判断没有行动,或只有行动没有判断"。
② 颈部脱毛的狗,狗因经常戴项圈而颈部脱毛。
③ 西班牙文:战胜者。

是无用的，不但无用，而且有破坏性。我看见战争，到处都是战争，有的在准备中，有的正在进行，在日内瓦的阴惨惨的小丑动作——国际联盟——的掩盖之下。我看见在可耻的裁军闹剧伪装下，战争预算疯狂地增加，即使在战争中已流尽鲜血的国家，也不把它们手中剩下的资本的十分之一用于安顿它们的家园，用于公益方面的建设，用于救济失业者和教育经费。有助于生活的一切，别人的全部血液，为破坏而流淌：一切为了铸造大炮！我看见到处在破坏有益于生命的价值，在有几百万饿殍的国家里，人们在焚毁生产过剩的麦子。”（而这个思想，它使玛克气得怒发冲冠，却只轻轻擦动了一下成千上万惊奇得目瞪口呆、而实际上漠不关心的老实人，他们太自私，太麻木，凡是不至于刮破他们皮肤的事，他们不会起来反抗。）“为了捍卫不公正的秩序，我看见到处有被利用的或者作为后备力量的法西斯主义。我看见世界现状可怕的不道德，它的恶劣程度只有它罪恶的癫狂方能与之相比。”

“而这种情况并非由于几个单独的人或几个小团体，也并非由于耍拳头的或金融界的法西斯，否则是比较容易遏制的，它和退化的资产阶级整个体系不可分地结合在一起，深深地嵌入它身上，好比羊毛上长的蚤虱一样；这不仅是当前的罪行，而且还有未来的罪行，两者互相控制。领导者、利用者同时都是他们的体系的依附者。奴隶主同时也是奴隶。他们的头颈不可能从做买卖的大枷上解脱出来。一切都是生意，掌握它们的、被它们掌握的一切，都变成罪行。因为，当生意不顺当的时候，对做生意的老爷和仆人们来说，没有别的出路，只有破坏妨碍他们生活的价值和生产力，同时用法西斯与战争来强迫作为工具的人群——无产阶级的劳动大众！对大老板们，制造商们，冶金与化学工业、小麦、棉花以及别的商品的掮客，对垄积的垄断者和托拉斯来说，各种各样的战争，总的战争，是一切生意中最庞大、最富于油水、富于黄金及鲜血的生意。

“对资产阶级和它的‘行动’[1]来说(对这些一七八九年的大资产者的儿子们来说,这种‘行动’是唯一体面的‘行动’),它的股息和息票是充足的。剩下的油水流入枵腹者的喉咙,流入笔耕者和出卖思想者的喉咙,谁出钱就卖给谁!……”

战争,商业和掠夺抢劫
三位一体,不可分离。[2]

这三位一体的名字就是:资本主义。要么把它摧毁,要么接受它,此外没有别的选择。日内瓦的和平主义[3]是真正和平的叛徒。它的真实目的和效果在于麻痹没有生气的国家,然后将它们出卖。真正的和平要求首先消灭战争的元凶。要消灭他们,必先攻破他们的一座座巴士底狱。俄国的巴士底狱已被打垮。我国的那些巴士底狱[4]什么时候攻破?我们准备好了没有?

在世界各处,比一般平民更为觉醒的劳动群众,在喧嚣和骚动;可是他们的威胁力量还没有组织起来,太多的不团结因素,为敌人所利用,起着抵消他们精力的作用。同样地自称信奉社会主义原则的党派之间势不两立的敌意,如同犹太教法典研究者之间的分歧,对经典著作的解释以及所采取策略的不同,互相对立和咒骂。阴险、可疑、眼光短促的领头人,故意培植这种分裂,为的是延长他们作为革命承包人的有利角色,可是并无在他们有生之年真正发生革命的风险。无产阶级群众本身,也很容易被制造死亡与资本主义压迫的工厂大老板所掌

① 此地是指股份,股票。股份、股票和行动,在法语中是同一个字 action。此字本来可以干脆译为“股票”,不过由于下文有一句“这种‘行动’是唯一体面的‘行动’”,所以只好译为“行动”。

② 这是歌德巨著《浮士德》中的名句。——原注

③ 日内瓦的和平主义,指国际联盟。

④ 我国的那些巴士底狱,译者按:一七八九年法国资产阶级大革命是以七月十四日攻破巴黎封建堡垒巴士底开始的,此地所说的巴士底狱无疑指一切战争元凶的堡垒,是象征性的说法。

握,只要在全欧洲几百万工人被解雇的失业时期,开设新的制造兵器的工厂或战争与和平两用的实业厂、化工厂。最革命的人争先恐后到这种工厂去做工。这是一种野蛮的讽刺,他们铸造杀人武器使别的国家中工人兄弟大批死亡,或者由于他们的钢铁厂主毫无顾忌将杀人武器卖给敌国,由于反射作用,毒气吹回来毒害他们自己。资产阶级得悉这种卖国交易之后,只不过略微感到气愤而已。当这类交易使几百万金币进入保险柜时,人们丝毫不担心这些黄金是以几百万人的鲜血作代价的。那些德国姓氏的钢铁厂大亨,左右着法国的命运,屠杀世人的承包商人,成了法兰西的一种光荣!“Noli les tangere”[①]工人们不把这些人勒死,反而从他们这批体面的大流氓手中,拿到用别人的鲜血制成的面包。他们说:“你说怎么办?反正得吃饭。我们又不是英雄!”

“我们不是英雄?就算是这样!你不是,我也不是。可是在必要时,我们可以成为英雄!现在就很必要。已经不只是在两种不同的死亡之间的选择。或者是被奴役被玷污而死,或者是自由且报了仇而死。为了明天人们能得到解放,能生活下去而死!这就是牺牲在战斗中的苏联革命联队给予人们的榜样。既然不能信赖西方资产阶级及其大名鼎鼎的知识分子,不能信赖昨日的人,那么仿效苏联的榜样,让我们向明日的人们发出号召,他们不会向那些不否认自己和劳动无产者的兄弟关系的人,用他们知识分子的特权,为他们逃避承担行动风险的责任辩护!正如一七八九年的第三等级[②]一样,第四等级[③]过去是不值一提的,现在它要决定一切。它将成为决定一切的力量。没有工人阶级有组织的力量,什么事都办不成。世界的生命与命运寄托在工人阶级的双肩与额头(智慧与力量)上。寄托在他们的意志与赤胆忠心上。首先,必须让这几百万胸膛知道,他们要众口同声,坚决地

① 拉丁文:不要碰他们。

② 第三等级,指市民阶级。

③ 第四等级,指无产阶级。

喊:‘不!’这才能够砸碎死亡的命令,打断杀人的政权的腿!面对帝国主义的战争威胁,必须用罢工,用反抗来回答!钢铁厂罢工!工厂罢工!交通运输罢工!劳动摇晃肩上重负,说道:‘不!你们自以为在指挥我,没有我,你们能干什么,不妨努力试试看!没有我,你们连活都活不下去。你们就像那种专门剥削别人的蚂蚁,要不是劳动者将吐出来的东西喂你们,你们连吃都不会吃。投降吧!回到队伍中来!用劳动来重新争取你们获得食物的权利!’

“在今天,只有一种事业是神圣的,那就是劳动。所有别的事业,信念与文化、纯理性、社会情况等,一切都必须在有组织的劳动中,在不能动摇的基础上重新开始。但是这样一个组织,正在进行搏斗,要求大力神赫丘利的力量。我们不是大力神,差得远呢!”玛克想,同时用怜悯的眼光看自己瘦弱的手臂。“但我们将尽力而为,将把我们所有的一切都贡献出来,连我的生命。把我所没有的也贡献出来,比如我的死亡,如果必要的话,所有我忠心耿耿的力量。如果我们在这世界上有一千人,不必更多,那就好了!要有那么多的人,只要有这个核心就行,乌合之众会粘在那核心上面,于是我们将成为向前行进的一座山。”

*　　　*　　　*

于是玛克下了决心:把自己贡献给伟大的事业,为将要到来的社会斗争作准备,积累全身力量为之效劳,现在就开始组织这场斗争。

事实上,这是最困难的。因为像他那样一个年轻的知识分子,很难在工人世界找到一个合适的位置,他没有在那里生根。而在平庸的政客中,他们只会大声疾呼,煽动民众,而不会平静地说话,只顾听自己的喧嚣声,一点不顾及理性的思考。西方无产阶级缺少的是经受革命政党纪律严明的锻炼,像俄国的革命党一样,经受半个世纪的放逐、绞刑、血腥的经验,失败一百次,卷土重来一百次,并且在流放时期深入地思考。巴黎公社只不过是一堆熊熊烈火,它乱七八糟地吞噬了一切,只剩下天空的一朵火云和滚滚浓烟。法国工人还没有获得社会搏斗的经验,可是他们将投身于这场斗争。没有疑问,他们将遭受不止一次的灾难,作为获得经验的代价,正如一九〇五年以前革命的俄国。主要区别是作为范例,作为支持,现代有苏联存在。必须向莫斯科的战略家学习,然而也要认识本国自己的条件、自己精神上的需要、本国老革命党(以前斗争中的伤员和本国的年轻工会)顽强的尝试。从那时起,玛克专心致志地学习。他还不过是一名小学生。但他努力追补浪费了的时间。为了使行动的力量发挥作用的一天到来,他应当做好准备。

于里安和布鲁诺看玛克干他的事。他们猜透他的意图。于是他们一点也不劝阻他。他们很自由,能理解和赞许他的意图,理解像他那样一个饿得发慌的年轻人采取毫不妥协的行动。然而他们丝毫没有和他一样干的意愿。这是这一辈真诚的知识者无可救药的弊病。他们看得太远,因此近处反而看不清了。一个人看见的是,不论什么演员,结局总是悲剧中双眼被剜,鲜血淋淋的俄狄甫斯[①]。另一个人看见的是戏,不论戴着喜剧的或悲剧的面具,下面总是豹子眼的狄俄尼索斯,浮生一梦的面孔,戴着葡萄藤编的冠冕。有时,他们徒然想让自己参加到游戏中去,但他们还是喜欢坐在一边做观众。玛克白费气力,想让他们离开坐椅站起来。面对他们温爱的赞赏、然而却把他当活把戏看的眼神,他碰得焦头烂额。如果他能同他们打一架,那也罢了。可是毫无打架的希望。他们好像在对他说:“去吧,孩子!你在你的路上走,走你的路吧!……”

可是他们留在路旁。他们给他提供论点,让他按照他自己的规律、而不是按照他们的规律行动。他们甚至按照他的意识,而不是按照他们的意识,帮助他解决妨碍前进的问题,例如暴力问题。在那年

① 俄狄甫斯,希腊悲剧作者索福克勒斯悲剧中的人物。由于神的预言,他杀父娶母,共生子女四人。后来瘟疫流行,他追究原因,知道自己所犯之罪,追悔莫及,在悲痛中,自己挖掉眼珠,流浪而死。

轻人眼中,在这种赞许他的行动而不愿陪伴他的方式中,有一种令人气愤的宽大态度。他气恼地对布鲁诺说:“我不能宽恕你对我的行动以及我愿意做的行动采取不屑一顾的态度。”

布鲁诺说:“我没有不屑一顾的态度,亲爱的孩子,我朝你喊:好!”

“为什么你不喊:再来一个?你对我说这些,好像对马戏班里一个刚刚演完一个节目的杂技演员说话似的。”

布鲁诺笑了,对玛克说:“朋友,我也演了我的节目。”

玛克感动了,握住对方的手,说:“那倒是真的。请原谅!你曾经完成你的艰苦任务。但是,如果我的任务是正确的,如果你赞同,为什么你不参加?”

“我现在属于后备队,而你属于现役部队。各人轮一次!”

玛克说:“战斗需要战斗员。”

“你们的战斗,”布鲁诺说,“无非是巨大战役中的一个插曲。你们不过接触到战场的边缘。你不要去过问大军的其余部分。每一个部队都接受了命令。执行你接受的命令。前进吧!”

“首领在哪儿呢?”玛克问。

“首领在前面,”布鲁诺说,“正像在阿尔科拉桥上一样。追上他!”

“你就让我们在摇摇晃晃的桥上,不跟我们一齐走?”

“谁知道?”布鲁诺说,带着机敏的微笑,“也许你会在桥那边找到我们!”

*　　*　　*

是的,神秘正在于此:布鲁诺和于里安一样,从来不在军队的辎重车里面安居不动。这两人如此不同,犹如传说中的德谟克利特[①]和赫拉克

① 德谟克利特(约前460—前370),古希腊杰出的唯物主义哲学家,原子论唯物主义的创始人之一。

利特,但却有这一点相同:两人通过相反的道路,都从围绕和捍卫人类之城的战斗圈中逃出来,却都在边界线上站岗,他们所到之处都是战斗最激烈的地方。从他们丝毫不隐蔽的观察哨,在交战双方火力交叉之下,他们两人从不厌倦于研究动作中的人们;他们精确与明察的好奇心,善于决定胜负的趋向,而他们的思想则预先疏浚流水的河床。因为西方灵魂的本质就是这样的:它徒然在梦幻中或者在虚无中找到逃遁之门,它徒然怀疑一切,怀疑行动的理由(无论它相信与否),西方的灵魂在前进,它前进……“E pur si muove...”①它不给自己那些过于方便的办法,在忧郁中,在怀疑或信念的乐趣中兀然不动。它以“我有何知?②”或以“Credo”为马,骑在上面跑。(如同堂吉诃德骑的瘦马罗希南特和他的仆人桑丘的驴),西方的灵魂不知疲倦地往前走。而这个不倦的行进,在永恒的时钟上,成为各个世界奔跑的一部分。行走意味着有信念,不论你愿意与否。这种信念和祈祷的信念有同样价值!祈祷是引导到生命的道路,而行走是生命之脚踩出来的道路。这是行动在夜的黑板上划出来的射击轨迹。

正由于布鲁诺和于里安对在行动中的生命怀有坚定不移的信念,所以他们虽不从属或不愿意从属任何党派,却不能不和玛克的党派合作。这两人像X光一样,专门会透视人类的巨大躯体,看清生命之所在和死亡之所在。他们万无一失的感觉决定他们的选择:生命所在之处就是他们的祖国。在老旧世界的“死亡与转化”的悲剧里参加伟大转变的个人与民族,以及在新科学、新道德、新社会方面的开拓者,也就是所有裂断成见与流弊之腰带的人(或者,布鲁诺嘲笑地说,把腰带放松一两档的人)之间,他们找到了祖国。

孩子在长大,衣服需要给他换新的尺寸。在到处战争与革命的世

---

① 意大利文:可是它在动。据传说,意大利著名物理学家伽利略主张大地是动的,被宗教法庭判为异端邪说。伽利略被迫跪在地上,不得不承认他的学说是错误的,可是他在站起来时,仍说:“可是它在动!”“它”指地球。

② “我有何知?”是十六世纪法国思想家与散文家蒙田的名言。

纪中长大的这个孩子,也就是说这个世界,把所有的搭扣,所有的套子,所有的神明、法律、界线,直到那时为止的合乎他躯体尺寸的一切,都撑崩了。难道他在站立起来时,没有用额角撞破古老太阳系宇宙的屋顶,难道他没有从千千万万银河星座的夹缝里钻出脑袋来,一眼望去,把所有别的宇宙,如同海中无数的水母一样,那些巨大螺旋形星云的散乱头发和点点精液[①],尽收眼底?精神如此被社会的动摇、被摧毁全球古老城市界线的巨椎撞击声所震惊?即使这个用古典的和天主教法兰西的传统精神喂养大的市民阶级,即使胡须用希罗文化熏香的西西里绅士[②],也决不在未来中寻找过去,而是在过去中寻求正在产生的未来,寻求在摇篮中已经能扼死长蛇的赫丘利。他们并不用反感的眼光看成年的赫丘利用他的巨棒扫荡斯基泰[③]的草原。他们对俄国革命的建树感到好奇,而且充满同情地注意有关的消息,虽然不排除批评;不过这是老年友人的批评,他们不能亲身参加这种辛勤劳动,甚至不能参加在孕育真理、孕育新生活中因年轻而犯错误而感到遗憾。嗅到他们这种遗憾气息的玛克,体验到年轻的欢乐,能够进入这片乐土[④]的欢乐,而他们两位年老朋友只能留步在乐土边沿。这对玛克来说是一种新的情操。直到那时为止,他并未十分欣赏他的好运气:乐土和青春在他眼中曾经是被诅咒之地。当他的两位长辈之一对他夸耀这些,当他们对他说:“你多运气,只有二十岁!”他想打他们一记耳光,他觉得在这话里有残酷的开玩笑意思,或者说他们两人是什么样的白痴?……但这两人已经用艰苦的生活付出了巨大代价,现在他们为不能给更多的东西而深为遗憾,他们有权说话!而他呢,在坐下来进餐的时候,没有权利对餐桌赌气。

他的阿霞不对餐桌赌气,可是她说不清是什么道理,她坚硬的牙

① 这是小说作者想象中的宇宙太空的种种形象。
② 西西里绅士,指布鲁诺。
③ 斯基泰,欧洲东北部与亚洲西北部的荒凉地区。
④ 乐土,或译“福地”,典出《圣经》,是上帝赐给信徒的前途光明之地。

齿什么都可以咀嚼,不论好歹。她对生活和行动的饥饿感并不使她去想是什么理由,而玛克却很乐意别人给他说明理由,因为在他身上,智慧和本能一样是强有力的马达,而这个马达,需要喂它燃料。要是他那样如饥似渴地要参加行动,要是他决心准备廉价贡献自己的生命,是什么力量促使他行动,何种幸福使他说服自己,说这个世界,这个也许要夺取他生命的当今世界,是值得接受他的贡献、配得上他的牺牲的！这就是布鲁诺好像要回答他的秘密愿望,不露形迹地给他带来了说明,当他和于里安谈论伟大时代的时候。(“哪个时代?”)“我们的时代嘛！我们艰苦生活的时代,造成我们,同时又摧毁我们的时代,我们在制造、我们作为巨大计划中卑微的泥瓦工人、我们在建筑的时代。”在工地的混乱中,在几百万工人被牺牲的生命损耗中,如同在法老①的时代,我们看不见金字塔高耸起来,在我们周围是思想的洋洋大观,奇迹般的发明和科学的胜利,宗教和革命的灵魂的死灰复燃,埋在坟墓中的古老民族的复活,印度与中国,伟大的领袖们,孙逸仙、甘地、列宁等等,在他们的良心中体现着英雄的人民。

玛克和他两位朋友的交往,获得了深刻的平静和稳定的安宁。布鲁诺通过互相渗透作用,传授给他在行动中的生命本能(玛克没有时间用自己的经验来核实),他给予玛克关于世界通过不停的纠葛趋向统一的信心。他有一种感觉,在混乱纷杂的帷幕后面,存在着一种永恒的和谐,浑圆天体之间的遥远音乐,一切矛盾在其中分解。他通过闪光察觉到这种和谐。不论发生什么事,这已足以使他不至于沉沦于黑夜之中,军队可以投入战斗。它的后方是有保障的。

*　　　*　　　*

可是先头部队呢？可是战斗前线呢？很明显,玛克在混战中没有

① 法老,古代埃及国王的称号。

时间解决思想中一切对立的问题。行动是没有等待时间的。行动抓人,被它抓住之后,再也不可能挣脱了!没有任何自己的东西可以保留!每一个动作指挥精神。在面对敌人时,行动要求思想的全部力量。谁要是分散一小部分思想,就有生命危险,而且冒着更大的风险,使他的党派和事业破产的风险……在冲锋号吹响之前赶快思索吧!"Es muss sein..."①应当发生的事必须发生。"必须如此"就是"我应当如此",而且只能用我们的手臂使之发生。命运就是我们!

然而命运不能在今天完成(谁这样想,心里明白没有任何脱身之可能),除非把原始的力量狂放发泄出来,比如从海底翻腾起来的巨浪,冲刷一切的海啸。不能允许玛克对这一点一无所知。他预见到,仿佛他已经卷在其中,他已经见到,正在准备中的社会斗争的残酷性,而且欧洲的某一部分已经在着手进行;他看见亚洲的民族主义惊心动魄的威胁,醉心于复仇,不顾一切地乱动,它的拳头已经高举在欧洲身上。他已经用发烧的手接触了拳头、爪子,当革命的闸门打开,世界就要进入可怕的时代。如何能在尚不焦急的心情下想出解决办法?布鲁诺静观这狂飙巨风而保持静穆的心情,因为他在那里看到引导世界的一个必要阶段,而他的精神满足于静静的观望。然而玛克,当他决定进入这一命运时,让这一命运的全部责任由自己承担。无论发生什么事,他不给自己以逃避的权利。隐修士们是懦夫。

现在,他决定在战斗命令他坚守的任何岗位上,为必须砸烂不公正的旧社会秩序而斗争的被压迫者大军效劳。战斗不可避免产生新的不公正和痛苦,他知道那是不可避免的,因而是必要的,因而他参加这些活动也是必要的;他没有权利洗手不干而对别人说:"弄脏你们的手吧,与我毫无关系。"

宁可把别人的罪行算在他自己的身上,决不重复彼拉多②的姿态!

---

① 德文:必须如此。

② 彼拉多,驻守在犹太王国(今巴勒斯坦)的罗马总督。他下令杀害耶稣之后(明知耶稣无罪),由于良心的谴责,他洗净双手,表示杀死耶稣之事,不由他负责。

他必须在那些不仅要他忍受而且是由他造成的痛苦中,承担他的责任。这于他是不能容忍的。他对谁也不说,即使对最亲爱的人。这是无济于事的。谁也不能替他解决这个问题,也不能使他避开命运的重担。他接受了,他不再试图和命令辩论。他带着紧张的心情,态度坚决地看着行动,充满各种沉重的必要行动的时刻来到。然而在他心中,向命运——这个拖着你走的阴暗力量,就像夜里带着你旋转的地球——提出充满激情的恳求:

"在他的战斗岗位上,为命运效劳时,但愿他要流的血是他自己的鲜血;在一个时代又一个时代不断增加重量的痛苦中,但愿他毫不增加痛苦,除了他自己的作为替人赎罪而贡献的痛苦!"

他完全知道,他在向自己隐瞒秘密的恐惧,一旦卷入暴力,他会像神思恍惚的麦克白一样,滚到暴力中。

* * *

一件突然发生的粗暴事故,使他体味了昏迷狂乱的味道。

他那时肯定已经不是无名之辈。他们不能再将他置之不顾。于里安·达维对他明显的支持,有于里安和布鲁诺参加的反法西斯同盟的支持,迫使公众不能不听他的言论。那时于里安的道德权威(尤其是他在学院方面的权威!)已经树立于学术界。由于他接受了老前辈的经验,这位年轻的战斗员显得早熟,所以他能直接打击到资本主义巨人的要害,他的打击对准操纵政府、把持指挥杠杆却对实业界金融不负责的强盗们,对准钢铁厂东家和大炮制造商,以及霸占新闻界、奴役舆论的托拉斯老板!自从战斗不再分散在含含糊糊的意识形态上,而是把攻击瞄准真正敌人的额头,瞄准团体、人,指名道姓,玛克·李维埃等人成了"公共的危险",于是他们也立即处于危险地位。

他们毫不退让的攻击招来了危险的盟友,这些人本属于给钢铁厂的大亨们服劳役的队伍:不满意者、反叛者、工人、工程师等等,他们都来揭发可耻交易的秘密,将杀人机器[1]罪恶地卖给列强——昨日的或明日的朋友或敌人。("那有什么关系,只要他们给钱就行!")这些人有时是和玛克政见不同的对手,民族主义者,爱国主义者,可是他们都被企业委员会那些鲨鱼们的恶棍国际主义所激怒,他们向玛克提供卖国的文件资料。但也可能在这些反叛者中混有煽动挑衅者,他们两面都出卖。脚下的场地在燃烧,任何风险都可能是致命的。已经遭到攻击、受了暗伤的大亨们抢先采取措施,他们不能再存幻想,以为可以照习惯办事,用狡计、金钱、吹捧以及利诱来驯服敌对者。早晚有一天,必须消灭这个人。要消灭他,办法有的是,最不惹人注意的办法是最好的。可是他们哪个办法都不排除。在监狱里,刑期可以延长。在那里,因为说话不小心,可以升级为叛国罪而被埋葬。警察们制造暴动的陷阱,设法使笨拙的煽动者掉在陷阱中。必要时还可以下毒手,开大会时,或者在他们家门口,甚至在偏僻地点独自散步时,打冷枪,飞流弹,包铅皮的手杖……(上帝!一件祸事那么快就会发生!……)"意外事故"毫无必要在被保留的狩猎场上、在法国的地面上发生。这种令人遗憾的偶然事故可以在这儿或那儿,在任何国家发生。命定的不幸不知道有国界,尤其是人们故意安排的"命定的不幸"。既然现在各种时髦的"国际"活动,不但对造反者如此,连维持秩序的人,勒死人的打手们,也有他们的国际组织!即使他们之间并不和谐,面对共同的敌人,他们的意见会一致起来。在体面人物之间,他们不会拒绝互相帮个小忙,礼尚往来,有借有还。在这种情况下,狩猎成为不大费劲的乐趣。只要坐在隐蔽处窥探,等别人把猎物击毙。从那时起,玛克已经成了被指定的猎物。人们不着急,他们在观察他,多等待一些时候不会有什么损失。

玛克自己以及他周围的亲人,对危险都没有足够的认识。他们明

① 杀人机器,指军火。

知危险是存在的,可是不以为危险已经迫在眉睫,那样准确。在他们眼中,这不过是天边一片模糊的云影,还来得及躲一躲!于里安、达维和吉亚仑萨伯爵高尚的道德,使他们的视线遇到障碍,虽然他们已经心里有数。至于阿霞,她对事业的热情,对行动的冲劲,使她多少忘记了她的同伴所处的危险地位。安乃德,心中念念不忘狄蒙的下场,是唯一提心吊胆的人,然而这种不安心情是时断时续,含含糊糊的。她不愿冒失地对别人讲,知道别人不会重视,反而会笑她胆怯。再说玛克和阿霞只把战斗要求他们的冒险行动不完全地告诉安乃德,她只隐隐约约感到了威胁。她更操心的是玛克的健康,而不是外来的危险。玛克一点不注意身体,被疲乏和激情之火燃烧着。安乃德恨不得把玛克从他发烧般的活动中拉出来,强迫他休息几个月。可是他和阿霞连听都不愿意听这个建议。

因此,浓云继续密集,直到一次偶然发生的冲击显露出气氛的极度紧张,同时给安乃德以出乎意料的帮助,使她能让玛克至少暂时离开那种气氛。

玛克和阿霞参加"红色国际救济会"组织的国际性活动,每年在三月十八日[①]这个斗争的日子前后展开。在这种运动中,人们将纪念巴黎公社和无产阶级援助全世界革命政治犯的行动结合起来,同时还努力动员舆论,声援帝国主义压迫下各大国的殖民地人民。那些年,在世界各地,在印度支那,在中国,在叙利亚、埃及、摩洛哥、马来群岛、刚果、萨莫亚、尼加拉瓜,在南美洲和古巴,到处燃烧着反抗的火焰,被野蛮地镇压下去之后,火焰总在灰烬中复燃,而且大有一跃而越过海洋与沙漠、延烧成森林大火之势。玛克不止一次地揭发实业界各大委员会在征服殖民地的战争中扮演的主要角色。他发表了一些材料,证明那些以杀人为生财之道的老板们,秘密地运送武器和弹药给远东的刽子手们,以便进行残暴的镇压和掠夺性的武装远征。不用说,玛克也

① 一八七一年三月十八日是巴黎公社发动起义的日子。

被对方作为欧洲的敌人和文明的叛徒而加以揭发。确实有一些诚恳然而暴烈的人,他们受钢铁厂大老板们的手下人在重价收买的报纸上挑拨煽动,要求逮捕玛克。他们骂政府软弱,由于他们手中没有权力,他们宣称将用他们的拳头封住叛徒的嘴。但是,许久以来,这种反唇相讥的叫嚣已经达到如此喧噪的程度,人们对保王分子或共和派的恶棍们,荷马史诗中英雄好汉式的威胁已经不予重视了。

可是,最近几个星期以来,正当新春将要到来的时候,晴雨计上却标明空气中有变天的征兆。这一天,三月十八日晚上,玛克的友人们一走进这个玛克将要发言的会场,就嗅出暴风雨将要来临的味道。于里安·达维和阿霞都同玛克一起坐在主席台上。(安乃德和布鲁诺留在家里,他们不喜欢这类集会。)会前,大厅里震荡着不常见的骚动,有几处人们在激烈争论,前几排和大厅的四周,挤进来一些神气激奋的家伙和一些可疑人物,显示出为服从某种袭击和集合的命令而来。玛克和于里安入场时,有人对他们发出敌意的叫喊,大厅中其他群众马上进行反击。和玛克他们站在一边的人数较多,但没有组织起来。好像在一个乐队指挥的号令之下,骚扰突然平静下来。眼光锐利的阿霞看见而且明白,那些骚动的人安静下来为的是准备跟指挥棒卷土重来,变本加厉。阿霞本人也是大家认识的,而且她已被人发现。她走过来时沿途受到仇恨的眼光注视,并且打量她的体态。她勇敢地招架这种仇恨的眼光,对它们表示不屑一顾的神气。

于里安的演说引起几声谩骂,很快就被压制下去了。他冷冰冰的语调使谩骂者解除武装,再加他的名学者和大学教授的正式身份,也使对方不得不有所顾忌。因此,人们在他身上攻击的只是和平主义者,“德国佬”,而这是另一回事,是明日黄花①! 但是,玛克一站起来,风暴立刻爆发了,吹口哨和倒彩声,再加玛克的同伙们的怒吼,他们要想制止风暴,反而加强了风暴。玛克等待着出现一个安静的空隙,可

① 明日黄花,因为那是第一次世界大战期间的事。

是他刚一张嘴,大厅里立刻喧闹得更凶了。很明显,人们故意要阻止他说话。他大声喊叫。在喧嚷声稍低的间隙中,他的尖嗓音特别突出。他怒不可遏,而且不大能控制自己,失去耐性,也谩骂起来。他所用的某些粗暴尖刻的字眼,像一记一记耳光打在这儿那儿,他瞄准的那些人脸上,被他鞭挞的脸都气疯了。他们站起来,向他挥动拳头。突然间,人群向前推进!好像一个浪头,荡动着群众,冲破一切阻拦的力量,一帮人冲向主席台。那是“法兰西行动”的一些青年先生们,或者是科蒂①的几支小分队,他们被人煽动到白热的程度,几个满脸横肉的教唆者在煽风点火,而且按照他们卖力的程度给以报酬。阿霞在主席台上看着这群人涌过来,她站在由一小群朋友卫护着的玛克前面。她不由自主地对台下的人群发出挑战性的谩骂,而且同时做出一种十分显眼的姿态:她噘起双唇,按照俄国方式,装着要唾人的脸……

人潮汹涌。五六个最狂暴的人,被他们背后的人群推着,挤着,都跳上主席台。其中最轻捷的是一个和玛克年龄差不多的青年,样子出奇地像玛克,和他一样瘦,和他一样有一张知识分子的清秀面孔,可是眼球突出,像酗酒中毒的人,充满疯狂和仇恨。此人大喊大叫,高举手杖,冲向阿霞,对准她的面部打将下去。阿霞差一点被打中,要不是玛克像一只野猫似的,一下跳过桌子,扑过去抓住进攻者的喉咙。手杖打斜了,仅仅手杖的末梢擦伤了阿霞的面颊。可是那只年轻猛虎,被一跳的前冲力推动着,和对方一起摔倒在地上,两人一起滚下主席台,同时他的手爪紧紧掐住对方的脖子。对被压在下面的那个人,摔下去时的撞击是可怕的,他的后脑勺撞在地板上。至于压在他身上的那个暴怒的人,也发狂了,他丝毫不松开他致命的手爪。他的眼睛被一层血雾蒙住,他的脑子,他的精神,都沉浸在血中。他要的就是血。他的上下牙床咬得咯咯地响,他简直想用牙齿撕碎敌人。他没有发现被他压在下面的那个人已经失去知觉。人们好不容易把他从那个不能动

① 科蒂(生于1882年),法国资产阶级政客,法国总统(1954—1958)。

弹的人体上拉开,他还想将这个人压得粉碎。起来以后,他才看见那张青灰色的脸和自己很像。于是他张着口,愣住了,不过这只是刹那间的事。在他身上,搏斗的狂热还在怒吼,在他周围,是一场野蛮的混战。他低着头,好像又要冲上去。他用冷酷的眼光,看别人抬走那个被他砸烂的人。他想:"打死他,再打一次!……"

于里安走下讲台,来到玛克身边,想使他平静下来;阿霞也下来了,青肿的面颊上带着血痕。玛克听不见于里安和阿霞对他说什么。突然间,一片漆黑:电灯熄灭了。大厅成了充满黑影的大嘴,汪汪地在吠叫。接着,穿过人群,三四声手枪射击声。玛克的两条手臂被坚实的手抓住,他不辨方向地任人拉着走,走到大厅外边;在他身边,只听见阿霞神经质的笑声。玛克还来不及弄清楚自己是怎么回事,他已经在外边了,被一群同伙的人簇拥着。他被装进一辆出租汽车,于里安、阿霞和他在一起。

这时,玛克极度紧张的神经松弛下来,一阵抽搐的寒噤使他全身哆嗦。于里安握着他的双手,对他说话。于里安对这个突然被杀人狂热袭击的年轻朋友,感到很难受。但是他努力不让对方感觉到这一点,使他尽快地恢复正常,他说一些平静的友好的话,毫不影射到刚才发生的一幕。可是阿霞用她那血迹未干的面颊去偎依玛克灰白的面颊。到家之后,当玛克在他们的房间里发现自己脸上有血,同时看到在兴奋和饶舌的阿霞的眼里闪耀着胜利的光辉时,他才感到不寒而栗,而阿霞只想到那场搏斗以及她和大家一起经历的危险。可是玛克让阿霞感到,她在他身上赢得一场胜利的喜悦①。他刚才的行动使阿霞如愿以偿,可是这却不是他自己的心愿。行动战胜了思想。不管玛克内心承认的诺言,不管他既定的愿望和他的意志,他已经被(而且永远会被)暴力的洪流冲走;他知道暴力可能在任何时刻,今天,明天,成

① 赢得一场胜利的喜悦,原文之意是说玛克奋勇还击以手杖打击阿霞的那个敌对分子,是阿霞平日对玛克的影响使他敢于战斗,奋不顾身。这里她使玛克克服了犹豫不决、不敢行动的弱点,所以这是她培养玛克的积极成果,是她的胜利。

为脱缰的野马,正如它刚才所表现的那样。他的双手,他的心和思想,已经不属于他自己,而属于野蛮的力量,它可以操纵一切,而且以后还要继续操纵。玛克现在躺在床上,筋疲力尽,垂头丧气,不能忍受自己的失败。阿霞紧紧搂抱着他。玛克一动也不动地让阿霞抱着,他的身体好像被他打烂的那个年轻敌人,没有生气。玛克重新看见了那个人发青的面孔,出奇地像玛克自己,他心想:"我杀死的是我自己!"

于是,这一夜,在阿霞热烈的抱吻下,玛克虽然和阿霞同样火热,但是心不在焉,他祈求他的命运,使他能避免这样,因为他眼看这样的事还会发生。当阿霞放开玛克的心不在焉的身体,她自己终于堕入沉重的、不时颤动着的睡梦中时,孤独的玛克,在他们从冰冷的脚到火热的腰互相接触的狭窄的床上,祈祷,绝望地祈祷:"在将要来到的战斗中,但愿我有幸牺牲自己,而不牺牲别人的生命,为了减轻世人的痛苦,为了保卫被压迫的人们!……"

*　　　*　　　*

这个动人的祷告,没有任何人的耳朵听到的祷告,给玛克一个幻觉的冲击:它已经录了音。合同已经签字了!……他心头抽紧了一下。可是他勇敢地接受了这事实。假如他有虔诚的宗教信徒的习惯,他很可能说:"但愿如此!"①

他对迷信采取不屑一顾的态度,对自我批评又过分苛刻,因此他不会相信命运,也不信有一种不可认知的力量,可以与之交谈。他的智慧以不屑理会的态度摒弃这种幻想。然而人这种机器不能单纯地服从理性的杠杆。很久以来,玛克养成了深入内心的习惯(最近几年,这种习惯在生活的考验中有所发展),深入内心,和指挥生活的不可见的力量单独地面对面待着。于是轮到生活来指挥内心力量,把它等待

① 但愿如此,一般祷告词的结束语。

力量回答它的话口授给力量,把力量导向以后生活要被力量拉着走的路上①。这是同一个存在②在提出要求和回答要求,它在决定自己的命运。命运跟随着走在命运前面的人。谁也没有看见——也许布鲁诺看见了——这个年轻的梦游者走在他的命运前头。安乃德在这个梦游者来了之后才知道,于是她知道以前她已经见过他,在她水汪汪的两只大眼睛里,反映出许多别人的眼睛看不见的现象,她的良心却不同意向她报告。

在发生打架事件以后的几天里,她对玛克的情况很不放心。玛克显得心不在焉,愁眉不展,精神疲乏。那天晚上悲剧性的肉搏之后,对方一直没有苏醒过来,可是玛克没有受法律的追究,人们本来估计要受追究。因为见证人证明是受害者先动手打人的,仅仅是一个极不幸的偶然情况,使他摔倒在地上,引起致命的损伤。阿霞受伤的面孔,证明对方打击的粗暴程度,所以玛克自卫行动的粗暴是可以谅解的。因此法律的追究中止了。但是玛克并没有放弃在内心控诉自己,因为只有他自己知道,他心中曾经充满杀人的意向。虽然他对任何人都没有说,却在内心对自己宣判。他对自己感到厌倦,对他所干的事感到厌倦。他对工作没有兴趣。敌方的报纸对他狂暴地攻击,他都不在意了。阿霞自己也不得不同意安乃德的意见,认为她们的小伙子需要离开巴黎几个星期,作一次旅行是医治他在心烦意乱中无法脱身的最好办法。

当时的境遇恰好有助于实现这个计划。一笔相当丰厚的意外收入,落入玛克手中,这是他编写的一部电影剧本的报酬。于是阿霞宣称这笔钱必须设法利用。

这位绷着脸说笑话的人宣称:“积蓄钱财是不道德的,我的原则不允许我这样做。但是它们准许我吃掉这笔钱。既然我,既然你,既然

① 在这几句话中,作者阐明内心的力量与现实生活之间,客观与主观之间的辩证关系,说明现实生活决定内心生活,而内心生活又反过来影响现实生活。

② 同一个存在,指生命。

我们把钱挣来了。吃是件好事,这对团体是有利的。"

玛克说:"我不太饿。不过如果你饿了,你好好吃一顿吧,我的小家伙!而且也许一边瞧着你吃,我也觉得饿。开你的菜单吧,我吃什么都一样,只要大家在一个盘子里吃就行了。"

阿霞不等别人说第二遍。她决定他们离开巴黎三个月。七八年来,她在巴黎用石块铺的马路上感到极度干渴。她需要水,从雪山和岩崖上流下来的水,贞洁的水,一点也没有被人类玷污的水!

玛克说:"你是不是想把我们发烧的身体,我们不洁净的东西,都带到这种净水中去?"

"不,我将跪在水边,"阿霞说,"我将求它饶恕,同时把我的手指浸在水中,为了在我嘴上和额上画十字。"

她选择了阿尔卑斯山区。住旅馆吗?"不。一所小小的屋子,我们三人租住一个季度。"

"我们三个人?我们俩和孩子?'

"孩子不算在内,这是一个法郎中的一个苏①。三个人是指你、我和我们的安乃德。"

玛克感激阿霞想起把他母亲带去。这一下,他对旅行再也不提任何反对意见了。阿霞注意到这一点,她告诉不大愿意去旅行的安乃德,她是不可缺少的,玛克不能没有她。他对母亲的眷恋甚于对老婆的眷恋。

"你嫉妒了吧?"安乃德问。

"不。因为没有办法斗争。这只美丽的鸟儿,你整个占有了他!我只占有一部分,不论我怎么努力……"

我们不准备在这儿叙述安乃德的回答。对付一个剃光头的异族归向的高卢女子,有一个披头散发的高卢女子②!听了她们谈话脸红

① 一个"苏"等于五个生丁,即一个法郎的二十分之一。

② 高卢是古代法国民族。高卢女人以两性关系自由泼辣见称。此地异族归向的高卢女子指阿霞,披头散发的真正老牌高卢女子指安乃德。

的倒是玛克。

他们正在商议旅游计划,乔治和瓦尼亚进来了。乔治听了关于计划的头几句话,就喊起来:“把我也带去,我做保姆,照看孩子。”

阿霞说:“那有什么不行?”

乔治照看孩子。安乃德管理家务……阿霞总有办法把舒适和有用的东西结合起来:把两个良好的女伴带去,把一切麻烦事务都推给她们去干。她还有这一点令人爽快的脾气:她什么都对人直说。玛克觉得不好意思,表示歉意。

“可别这样说,傻子,”阿霞对他说,“我让她们高兴。乔治是蚂蚁,她必须有她的蚁卵可以舔。至于妈妈安乃德,她的乳房里还有乳汁,我把乳头还给她:你可以去吮吸。甚至我也可以去,两人平分。”

乔治恨不得去揪那个不害臊的女人的耳朵。可是在内心深处,她高兴极了。安乃德笑了。这倒是真的,她成了“祖母”。正如她那种年龄的健康妇女的本能一样,她们身上的血液不外流了,成为爱的波涛存积起来。她原本还可以再给几个孩子喂奶!

* * *

就这样决定了,玛克轻松了,前一天他还一点也不想去。大伙的快乐影响了他(这两位妇女替他把情况看得很清楚),他能有一段时间躲开充满忧郁气氛的巴黎,确实使人一身轻快。逃避自己!辛苦了这么长时间之后,他有权当一次假期中的小学生。在三四个月之间,把一切抛在脑后。走的时候抛下的忧虑,回来时不会有找不到的危险,一件也不会少。在目前过一天享受一天,不用思想!过小孩子的生活,在他早熟和精疲力竭的艰辛生活中,无忧无虑的童年生活过得太少了。快快追回失去了的时间!

在玛克他们动身的前夕,路过巴黎的若望－卡西弥来看望玛克,发现了一个他从未见过的欢乐的玛克。当他知道了他们要去旅游,他表示赞同,其实并没有人要求他表示赞同,而且他的满意神气使人诧异。玛克和阿霞问他这种态度的缘由。他不加解释,只是说:“多么好的主意!这样对你比较合适,让人忘记你。”

阿霞把他叫到一边,询问他:“你知道有什么事吗?难道对玛克有什么危险的情况?”

“你早就该想到,”若望-卡西弥说,眼光注视着阿霞,“你让他干的事业,不是太平无事的。”

阿霞不接受这种说法,“我让他干的事?他干自己愿意干的事,他干他应当干的事。我也干我应当干的事”。

“随你便!我不跟你争辩哪个因素在前,哪个因素在后。反正结果是一样的。”

阿霞沉住气不和对方吵嘴,要吵嘴她是拿手——(上帝!这个卡西弥多么使人恼火!)——为了使对方供出他所知道的事,阿霞摆出一脸最魅惑人的微笑:“那么照你的看法,对玛克来说,巴黎目前是不很安全的?”

“岂止巴黎,你们要留神!”

他放弃了讽刺语调。阿霞用讽刺语调反击:“他们太卑鄙了!……在巴黎,你离开半个月,人们很快把你忘掉了。”

“账本可不会忘记。债权,债户,一切都记在账上。”

“等我们回来时,我们要和他们算账的,”阿霞说,“我也有我的债权。”她指指自己脸上的伤疤。

“这笔债已经付清了,”若望-卡西弥说,“而且你的债权只能在巴黎本地有效。但是你欠别人的债却跟着你走,不管你到哪里。你还不认识你的那些债权人的国际财团?”

阿霞耸耸肩。这个装腔作势的家伙以为她会被他吓倒!……若望-卡西弥不坚持。让他们自己去应付吧!各人管各人自己的事。

*　　　*　　　*

从巴黎动身的时候,他们四个人是多么自由、轻快、幸福！他们似乎觉得把全部忧虑的重担,过去的阴影都扔在巴黎了。安乃德虽然年龄最老,心情却不亚于年轻人。她在享受回到孩子们之间的幸福,享受他们大家一致同意的假期。虽然她在接受旅行时有些顾虑,当阿霞强迫她接受时,她没有掩盖自己的快乐。她坦率地承认了这点,而且她的容光焕发使阿霞觉得好玩。安乃德出其不意地发现了阿霞讽嘲的眼光,说:“你在讥笑我吗?”

“我赞美你。”

“这是同一回事。”

“你的神气好像在重新开始生活。”

“我每天早上和你们这些开始生活的人一同开始。”

“不光是和我们。”

“什么？不光是?”

“你为了你自己在开始生活。”

“说实在的,我怕你说对了……这是可耻的,对吗？在我这样的年纪！……”

“啊！不！我要是到了你的年纪,我想有把握跟你一样干。可是我不知道我能不能……我羡慕你的眼睛……你有一双新娘子的眼睛。”

“你发疯了吧?”安乃德既害臊又满意地问。

“不,是你发疯了。”

玛克说:“你们两个人都疯了。”

“还有我呢!”乔治提出要求。

他们四个人全都疯了……“Beata stultitia... ”①四个天真的人都笑

① 拉丁文:幸福的蠢举。

了……

天快亮的时候，安乃德一个人没合眼，坐在车厢的一个角落。别人都在睡。她在卫护着他们。当高原山峦间露出破晓的微光，她想："已经天亮了！……"她恨不得长宵漫漫，永不到头。她把她热爱的几个人都掩护在她的翅膀下。在她身边，她的儿子，眼睛闭着，面部向母亲的肩头倾斜。在他年轻的额头上，忧虑用指甲划下了痕迹。安乃德俯下身子，细读那本痛苦的日记。那上面记录了多少秘密……啊！要是她能把他身上的创伤都给她自己，那有多好！……她把肩头伸到睡汉的脑袋下面，他把脑袋靠在她肩上。玛克的眼睛睁开了，脸上的阴影消失。他对着母亲轻轻吻他眼脸的嘴唇微笑。脑袋靠在肩头不动，他轻轻地说："我们一同旅行的第一夜……"

"以前已经有过这样的夜晚。"安乃德喃喃地说。

"什么时候？"

"你还没有出生的时候。"

"那时我们上哪儿去？"

"我要到田野上去下你这只小牛犊。我在逃跑……"

"如同母牛伊俄[①]一样。"

"不，没有一只牛虻蜇我。我的肚子里怀着幸福。"

"那是美好的时候！"玛克用温柔的讽嘲说。

"对你来说，那时候是不错，你在跳舞。"

"我对此十分高兴！你呢，你那时干什么？你在唱歌吗？"[②]

"你说对了！我唱我的霞娜·阿尔勃莱[③]的赞美诗。"

"让我们再开始好吗？"

"什么？"

---

① 伊俄，据希腊神话，伊俄是天后赫拉的首席祭司，大神宙斯爱上了她，赫拉出于嫉妒，把伊俄变成小母牛，并让大牛虻追逐她，使她无处安身。

② 关于跳舞和唱歌的两句话，是模拟十七世纪法国寓言诗人拉封丹的寓言诗《蝉和蚂蚁》的一句诗："你那时在唱歌，我非常高兴，那么好，现在你跳舞吧。"

③ 霞娜·阿尔勃莱，法国国王亨利四世的母亲。

“玛克的福音书?”[①]

“一行都不漏。”

“并不是每一章都是好的。我不止一次让你流血了。”

“是我自己让你长出利爪的。”

“在艰难困苦的生活中,我们能够相遇,多么幸运!”

“你把这叫作‘相遇’?我田野里的谷子。”

“这谷子是从哪里来的?”

“我什么也不知道,我把你当作我的谷子。”

“万一风把我吹到另一片田野上去?”

“你反正跑不了。不论用什么种子,我都可以做成你。”

“一点点麦子,许多莠草。”

“还有丽春花、矢车菊……并不是一切都可以食用,但是都可以做成我的花束。”

“我的比母亲更亲的母亲,我的朋友,在我们俩身上都有——是你给我的——理性和疯狂的混合。”

“这是最好的。没有它,我们能生活吗?在没有太阳的年月里,丽春花和矢车菊给我们照明。”

“你说的是真的。如果我没有多次沉底,被绝望和耻辱缠住双脚,那是由于我在你肚子里跳了舞。”

“你现在还在跳舞,配合着火车前进的节奏。亲爱的孩子,为解除我们的痛苦而跳舞吧,好像小蝇子在阳光里跳舞一样!”

第一缕阳光擦着车窗上的霜花。

玛克站起身来,他明亮的眼睛在看母亲面颊上的亮光以及平原上的朝阳:“再给小蝇子一天生命!”他说,“跳舞吧!”

---

① 玛克的福音书,《圣经·马可福音》,马可之名和“玛克”是同一个词,故玛克戏称自己也将有本福音书。

*　　　*　　　*

乔治和阿霞整天在山上跑。两种激情在乔治心中斗争:对孩子的爱和对运动的乐趣。最后她把孩子让给安乃德,后者主动向乔治提出替她解除孩子这个包袱。她有点不好意思,可是活该!她的两条腿,她的胸膛,和整个像小母马一般的身体,向山上奔跑,向着山巅和太阳喊叫。安乃德并不抱怨看管孩子的劳役。一开头,她想跟他们一同上山,她对自己往昔爬山的能力过分信任而产生一股向前冲的劲头。然而她的心脏承担了提醒她的责任:昨日与今日之间,已经有一段生活流逝了。在尽力向上攀登的途中,她不得不停步,一支箭射穿了她的胸膛。她喘不过气来了,然而她做出不引起其他三人注意的姿态:"你们去吧,年轻人!我用我的步子走。"

她假装停下来采摘野花。欢笑着的攀登者走远了。她剩下单身一人,面临下边的山谷坐下,汗湿淋漓,并不完全由于登高,而是由于心脏受了突然的袭击。她喘起气来。她的手按在胸脯下面的大动脉上,在敌人的阵地上探索敌人。她不得不承认自己的限度:疾病。最近几次感冒,明显地提醒过她,可是她拒绝承认,她心想:"暂时这样还可以!我向后撤退,一等恢复健康,我立刻重新征服莱茵河畔的边疆!"

今天她应当承认她必须将边界线向后撤。可是撤到哪儿?现在的边界能保持多久?"法兰西战役"[①]……到末了,枫丹白露的诀别……她半张的嘴角被微笑牵扯着,她在嘲笑她的《伊利亚特》[②]。归根到底,各时期的她全是一样的。比如斜坡上的一只蚂蚁,它背着一小片草叶……背到何处去?为什么要背?问题连提都没有提出来。人们忙于想的是他在背负重物时不要踉跄跌倒!可是令人觉得好奇的是,到了要卸下背负的重物时,背负者反而想:"这么快就

① 译者按:"法兰西战役"原文用大写,所以译文用引号,意思是指历史上某次法国的战役,当退到最后,已经退到国都巴黎郊外的重镇枫丹白露时,再退一步就是国都陷落了。

② 《伊利亚特》,荷马的两大史诗之一,这里比喻安乃德的漫长生命历程和冒险经历。

到了！……”

安乃德用小步重新向下走,直到一个拐弯处。那里离开下边阳光中的一座小木楼有一百公尺的高度。她坐在暖烘烘的草地上,两个膝头高耸,双手抱着脚踝骨。她静听作为背景的山谷中的种种声音:溪流和钟声,还有孩子在近处的声音,他用两条小腿在驱赶叽叽喳喳的鸡群。片刻之后,在她内心一切都混淆了……她想到哪里了？她是祖母、母亲、还是孩子？当人走到路的尽头,好处就在可以重新从头到尾走一遍。这样,人就什么都认识,什么都可以享受。在刚开始时,这都是办不到的。她愉快地欣赏这条路,她在中途盘桓。她回想三十年前的自己,如在眼前。她的奶头发烧。她的孩子在脚边玩耍。片刻以前,她忘记了通过痛苦回想起的年龄。光阴徒然拉紧绳子。她的自然倾向是朝着青春的。在思想上,她对这一点并不糊涂……

“我知道,我知道……可是我闭上眼睛……我躲避自己……”

她不深究她睁着眼睛梦想的一切,在龙胆花和金雀花丛中吸花粉的蜜蜂,发出的嗡嗡鸣声,似乎也是金黄色的。

可是另外有一个人在细看她,没有先征得她的同意。玛克不放心,怕母亲出了什么事。他从山上走下来,让另外两人去继续奔跑。她没有听见他走过来。他站住,注视他母亲。他在她没有防备时窥视她。在他面前出现的是一个出乎意料的安乃德,却是一个他认识的妇女,在回忆的光圈中……他曾用他孩子的眼睛看见过她,当时她的年龄和今天他自己的年龄一样……这不过是一瞬间的形象。正在梦想中的女人被她自己的触角所提醒,转过头去,感到一种模糊的快乐的惊讶,于是,像燕子一样,一振翅,回到了今天。他重新找到玛克的母亲。他挨着她坐下,两人很亲热地谈天。但是他忘不了刚才看见的那双光亮的眼睛和半张半合的嘴所透露的天真梦和重新生活的愿望。安乃德含含糊糊感觉到她刚才被看见了,犹如一个在小溪中洗澡的女人被人看见一样。她不抗议,很温柔,很羞怯。(坏事已经成为事实!)她的神情好像在道歉:“坏小子,不要看我了！……你已经看见我,……对不起!”

两人随便聊家常,说这说那,都不接触到他俩的思想深处。但是在闲谈的两人之间,他们不自觉地把关系颠倒过来。她成了比他年轻,他倒比她年长了。年龄发生了对换,重新使天平恢复平衡。他俩觉得变得平等而且成了伙伴。这种友好关系并不令他惊讶。可是玛克闭口无言,仿佛有点窘。安乃德也觉得窘,因为她感到他将接触到某种秘密。她的或他的秘密?一种轻微的内心颤动告诉她,是她的秘密,这时那个大儿子,把手按在她的手上,对她说,先是吞吞吐吐,接着从容不迫地说:

“妈妈,为什么你不和他结婚呢?”

她好像被雷击了一样。她怎么也料不到这个秘密被他揭露……什么?什么秘密?对她自己来说,这就是一个秘密。这样一个思想,早已被捂住,她以为已经闷死了的思想,能够轻轻掠过她眼光的边缘,而且被人看穿,这件事把她惊呆了。她低下脑袋,垂头丧气,她很想用双手捂住面孔。但是她不能做一个动作。玛克瞧着她,看出她心慌意乱。他很温柔地把她抱在怀中。她蜷缩在他怀中,把眼睛藏起来,一句话也不能回答,而她的沉默无异在招供。她是多么年轻!她的羞愧多么令人感动!玛克对她说:“请原谅!”

她不抬头,说:“我真惭愧,让人在我身上看出这样的感情!可是你弄错了。”

他想用双手扶起她的额头:“看我!”

她说:“不!”于是又钻到她的躲藏处。他微笑着对她说,一边抚摸着她的头:“不要怕羞!这有什么可以羞愧的?他爱你,你也爱他。而且我们都爱他。他是配得上你的,他比我们都强。”

安乃德抬起头,红着脸,可是神气坚定了,注视着玛克说:“你想说谁?……你不知道,亲爱的孩子,你不会知道……你想说的是布鲁诺?”

“不是他还有谁呢?”

“不,你不知道……即使我想结婚,我要结合的对象也不是布鲁诺。”

“你不爱他吗?”

“即使我爱他。”

“那我不明白。”

“你不要明白!让我至少有一个角落可以保守秘密。没有一点阴影,人是不能生活的。”

玛克不说话了。他已经明白。安乃德看见玛克还要说话的样子,她用手捂上他的嘴:“别说了,我的孩子!”

玛克固执地说:“那就嫁给另一位吧!”

“不,我不愿意。”

“为什么?”

“我不能够。不谈这些了!这多么可笑……一个老太婆……”

“你还年轻——你比我年轻多了。”

“我曾经是年轻的,我的时间已经过去了。”

“这不是真的。有的人到二十岁心已经疲乏不堪。至于你的心,你的生命永远是新的。每天早晨,你重新上路。”

“啊不!啊不!……我不愿做流浪的犹太人,没完没了地向前走。劳累够了!也爱够了!”

“你不要我们了吗?”

“我要的只是你们。除了对我的孩子们,我没有别的权利了。”

“这是不够的。”

“这还不够,我的玛克和他的小玛克①!”

“不够,因为年轻的都去打猎了,把安乃德单独留在山坡下边,就像今天一样。”

“可怜的安乃德!让她去等着……跑吧,孩子们!该轮到你

① “小玛克”原文用“玛卡商”一词,原意是三年以内的小野猪。此地指玛克的儿子瓦尼亚。用“玛卡商”,是由于这个词的头四个字母和玛克完全相同。

们了！”

玛克把手放在母亲肩头：“安乃德！”他冲口而出地说，立刻他感到不好意思，“对不起，妈妈！……”

可是她笑了：“这样称呼我喜欢。你成为一家之主了。”

他犹豫了一下，有点慌乱，接着说：“安乃德，就这么叫吧！……把生命停止在孩子们的门口，我认为这是不公道的。当生命还充满活力，像你的生命一样，把这生命闷死，这是罪行。我的行径就是个杀人犯。在自然界，小鸟自己会飞之后，做父母的就各奔前程。你天生不是寄人篱下的人。我的家室就是你的家室，但是你要有你自己的家室！而使你的家室也和我自己的家室一样。让我帮助你重建你的独立生活吧！”

“我决不会有缺乏独立的风险。亲爱的孩子，我不需要任何人帮我取得独立。我倒是更需要有人拿走我的独立。”

“我没有让你说这句话，这是你自己说的！你还爱着一个人……”

“爱你！”安乃德说，同时把脑袋扭向一边。

“啊，说谎的人！”

“我说谎，我？”安乃德激烈地说，双手紧紧捧着儿子的面颊。

“对，你爱我，这是没有问题的。那么为什么你不把心里的话都对我说呢？”

“我有什么要对你交心的？冒失鬼，你哪儿都闯进去，什么全知道。”

“既然我知道，你就实说了吧！”

“我已经说了。”

他俩眼瞪眼地互相注视。玛克用极低的声音问道：“什么事情阻碍你？你怕两个人之间对不起另一个？……”

安乃德用手势让他不要再说：“够了，我的玛克！不要再提了！几个月之后，也许我会对你讲，目前我需要自己一个人想一想。你搅扰我……但是我喜欢被你搅扰。谢谢你，强迫我把自己的心思看得更清楚些!"

他们俩挨近待着,不说话,瞧他们脚下的山谷。安乃德说:"我的大儿子!"

"你知道吗?"玛克说,"我控制自己,不叫你我的小妹妹……"

"我是你的妹妹,"安乃德说,"人到老反而变小了。你长大了。现在你是我的兄长!"

"那么,靠在我身上吧!"

安乃德靠在玛克身上。他们听到山谷里一列火车开过的隆隆响声。安乃德说:"多么美好,到了这种程度,两人比兄弟还亲。妹妹在和哥哥说:'你是家长,现在该你引导我了!'"

玛克握住她的手。这时——山下,午祷的钟声在响——他们两人都有一种深刻的印象,然而并不明确,他们生活的一个阶段结束了。这时,晴空朗日,阳光普照……可是继之而来的是黑夜。因为过了这一时刻,他们再也见不到接着到来的日子了……

这个幻觉的形象扣紧他们的心,好像一个他们不能理解的危险。可是他们互相什么也没有说。于是,他们走下山坡,向着他们的寓所走去。

*　　　*　　　*

最充满信任、最亲密、十分幸福的日子像流水般过去。母子之间现在打开了沉默之门和虚伪的道德栅栏。他俩友好地分享共同的秘密,在那以前他们是一直避免交谈的。他们很乐观地在对方身上找到自己的弱点、冲动和生命的神秘川流。因此,他们命运中许多不解之谜,他们孤立无助时会感到心慌意乱,甚至各自责备自己,现在两人一起来共同对付生活之谜,也就看得更清楚、更平静了。他们微笑着互相坦白自己不谨慎的行为和错误,他们对火,对冒风险的爱好,这一切曾使他们在寻求"危险"和被"危险的"灵魂燃烧时,不止一次吃了亏。

他们不得不承认,宁愿被烧伤,也不赞成他们认识的那么多"老实人"微温的平静。他们责备自己冷淡对待这些"老实人"。他们重视这些"老实人"……这是罗兰[1]的战马。它是没有缺点的,可是它死了。一点希望也没有!他们缺乏生命的酵素,缺乏反抗。这块忠诚的土地,精疲力竭,不能再生产庄稼。为了使它更新,必须用肥料、犁铧、"危险的灵魂"以及起义者的耕耘。必须把诚实的不毛之地彻底翻过来,在那里撒下一把把种子,火热的谷子,它们用自己的死亡,创造了生命。然而要能办到这点,除非自身既是犁铧,又是种子。贡献自己的身体,贡献自己的生命……

玛克有充分的把握要贡献他的生命:在他思想中,这是一种从没有对他人说的必然性,其中合流着愿望与害怕。(他的精神接受牺牲,但是他年轻的身体表示抗拒……)安乃德预感到儿子身上这些思想,然而她设法摒弃它们,她愿意说服自己,玛克的牺牲是可以免除的,正如对她自己一样,在充满风险和搏斗的一生中,她没有牺牲。她犯一般性的错误,那就是以过去来衡量未来。她没有看见玛克生活的时代是天翻地覆的时代,她自己的生命总算在天翻地覆的边缘上保留下来了……是否她真的没有看到这一点?她把视线从这边转移开……以后再说!以后再说!我们有的是时间来考虑这些。不要干扰目前的幸福日子!一条和平的川流在空气中流淌……

* * *

安乃德在森林的半山坡上行走。黑色的树和山毛榉混在一起,有一半已脱叶。它们开始在春季换新的羽毛。这些树在一起紧紧抓住陡峭的山坡,好比一支军队在向敌人冲锋。人们听见远处,山顶上,樵夫们的斧子砍树的声音,以及被砍断的树木倒下时哗啦啦的巨响。一

① 罗兰,法国查理曼大帝的侄儿和将领,阵亡于西班牙与法国边境。

条环山的小径,悬在山腰,延伸为长长的圆环,这儿那儿,被一条新形成的小溪所切断,溪上架着一座就地取材的桥,粗糙地砍成,没有栏杆,样子很危险;小径被一个“锯床”切断。所谓“锯床”,是一条充满石块的陡峭的沟道,用来滚下锯成一段段的木头。没有任何标志警告外地来的游人,只有一块写着德文的牌子。牌子被风刮倒了,本地人不放在心上,没有把牌子放回原处,反正当地土生土长的人都心中有数。

安乃德,由于她游山的经验,也心中有数。可是在她前面,有一家正散步的人,心中却没有数。父亲、母亲坐在离开“锯床”几步远的地方,“锯床”在这儿形成弯子。父母两人平静地观赏两个孩子和女教师采摘最早开花的紫堇。那小女孩,大约八九岁,冒险地走到“锯床”边沿,一条腿踹在斜坡,为了用手接触一丛报春花。没有任何危险在威胁,“锯床”好像已被弃置。但是到那儿去散步是不谨慎的,安乃德想去提醒父母注意。这时小女孩在土很松的斜坡上滑了一跤,连土带人滚到“锯床”中心。孩子笑自己的冒险行动,不着急爬上来。正在这时,山顶上传来嘶哑粗犷的呼声,伐木工人宣告有一批木头要从山顶上滚下来。孩子的父母还没有明白怎么回事,安乃德俯身在“锯床”的边沿,想去抓住孩子伸上来的手,可是抓不住。她跳了下去,拉着孩子躲到一块突出的岩石下,这块岩石被一株老松树的根盘结着,伸出在“锯床”的通道上。在她们身边,大量的树干和石块崩泻而下,好像一阵暴风雨,可是没碰着安乃德和小女孩。这一家人惊慌失措地眼看闪电般迅疾的一幕,大家都吓得动弹不得,谁也想不起出个什么主意。这时,那位救命者把孩子举上岸边。孩子也开始害怕了。她被欣喜若狂的家人接着。父亲表现出几乎是歇斯底里的激动心情,他一边亲安乃德,一边哭泣。安乃德被他们轮流拥抱,被他们滔滔不绝的话冲昏头脑,被他们的眼泪泡湿了,她怀着厌烦和好玩的心情,重新听到她所喜欢的连珠炮似的意大利语。

等到情感的第一阵火力平静下来,亲吻和拥抱放开之后,大家互相介绍。那位男子头发深棕色,面颊蓝黑色,刚刚刮过脸,安乃德的面颊和他的面颊磨擦过,他长长的嘴脸两边不对称,眼睛冒火光,很聪明,高度神经质。但是(安乃德立刻就看出来),他好像一个认真演戏的好演员,不过他一边演戏同时又是自己的观众。他是威尼斯[①]的一家银行老板,带全家人到乡间休养,住在李维埃家租住的木楼附近的一家旅馆里。他曾经在路过时注意到他们。他那经常在醒觉中的注意力认出了安乃德,因为他有一次在狄蒙的办公室里见到过她。而那粗鲁的强暴者曾借助女秘书的记忆力,回想起关于通信和业务工作的某些准确细节。安乃德在那个威尼斯人(condottiere)身边所扮演的角色使他感到好奇。他设法打听他们的情况。他所听到的情况,好的或坏的,都使他对这位夫人感到兴趣,他自己也认识一些 condottieri! 他活动的眼光悄悄地仔细打量母亲、儿子和儿媳。三人之中,没有一个让他觉得不值得注意。当天晚上,他邀请他们三人共进晚餐。很难推却他的邀请,因为他们几乎是当地的唯一旅客。(旅游季节刚刚开始,旅馆开门还只有一个星期。)做父母的感激之情需要有所表示,最好还是爽爽快快地接受邀请。因此大家有几小时的友好谈话。这时意大利人那有感染力的热情,甚至战胜玛克和阿霞的拘谨态度。他们温情的开怀畅谈并不是有意做作。而银行家对他们表示的信任,也不是想在晚间偶然聚会的默默无闻同伴身上得到什么好处。他对他们的信任也博得他们一定程度的信任。他们双方自由地谈话。

雷欧纳·查拉是达尔马提亚[②]的犹太人,出生于一个在威尼斯定居的古老家庭,经营着战后最重要的银行之一。他的妻子,美国犹太人,也出身于一个金融界家庭。阿迭奇和比阿维银行,在法西斯进入罗马之后,就和法西斯政权勾结在一起,成为法西斯政权的支持者之一。它把资金的一大部分和顾客们的存款贡献给有助于法西斯的活动:一家法西斯书店、一个在国外宣传意大利书籍的费用浩大的组织。

① 威尼斯,意大利北部城市,皮埃蒙特的首府。

② 达尔马提亚,南斯拉夫地名,濒亚得里亚海。

这家银行还干了许多别的事,可是雷欧纳·查拉不好意思多说,只是稍稍接触了一点。银行大量资助一些人物,他们对法西斯党的忠诚是有很大价值的。(查拉很调皮地眨眨眼睛。)人们设法给他们的人员薪俸优厚的职位。这样,这些人物敏感的猜疑性得到了保证。查拉更乐于详谈他的银行资助中亚地区政治、商业和科学方面的远遣队。他是受过良好教育、温文尔雅的人,属于有文化修养的古老种族,彬彬有礼。(安乃德拿他和柏里戈的土包子[1]比较)。他对艺术和精神产品有兴趣,也对收集心理标本——人的类型——感兴趣。他给自己秘密建立了一个不正常的人物典型的博物馆。其中都是不正常的灵魂,由混乱的时代形成或使之变形,有超群的人或低人一头的人。他对他那些"魔鬼"非常骄傲。"魔鬼"这个词对他来说毫无贬义。这不过是大自然的火热喷浆,它试图生产一种新的典型,也许是一种新的种类的雏形,但是往往达不到目的,或者搞错方向。他不隐瞒他有一种优选的品种,就是牵着他走的那个人本身,那个 Duce[2]。他们互相牵制着,一个用金钱,一个用拳头。两人都有强硬的脑袋,一个是罗马的,另一个是提尔和圣马可的脑袋。

他给他的"首领"描绘了一幅极生动的肖像。他谈起"首领"来言辞一点也不谨慎,说得很动听,好比一个观剧者在他包厢里谈论舞台上的暴君。听他说来,这位 Duce 自己造成他的形象,好比人们写一本电影剧本。他说,这个 artifex[3],在他眼中,世界不过是一种可以塑捏的原料!他像 commediante(tragediante... 因为他轻易不笑!)到这种程度,对于他一切都成了舞台上的材料:人民、国家、公众的安宁。他把一切都纳入他的角色。他一把抓住,强暴对待人类群众,他进入群众之间……留在群众之外!即使在混战之中,他也孤独一人。强烈的欲

---

① 柏里戈的土包子,指狄蒙。

② Duce 指墨索里尼,统治意大利,所以代表罗马;圣马可曾在西亚北非一带传教(提尔为黎巴嫩城市),威尼斯人尊他为本城的保护神,雷欧纳·查拉祖上定居威尼斯,故此处圣马可借指查拉。

③ 拉丁文:艺术家,或译为"匠师""技工"。

望,然而极少爱情。对人类缺少同情,缺少敬意。满怀着恨的力量,而在这一切之上,再加对爬在地上、争先恐后挤到他脚下的众人,表示彻底的轻蔑。“人群”①这个词在他心目中确实有任凭雕塑家粗暴的手指拧捏的一团黏土之意。

归根结底,他所重视的,充满他的枯瘠与火炽的灵魂的,既不是人,也不是国家,而是他的作品……这可是不能小看的!对他那样尺寸的一个 artifex,这比一般的、平常尺寸的 ego② 重要得多,比虚荣、金钱,甚至比荣誉更重要……这是烟火腾腾的行动的火炬,它在寂寞的空间开展一场阴暗的战役……失败,胜利,这有什么关系?行动!行动,搏斗,这是和虚无对立的唯一肯定……

安乃德一边听银行家介绍他所说的人物,一边看他长而且活动的嘴唇用充满激情的乐趣扮鬼脸……(他也是一个 artifex!)通过这番介绍,安乃德看见的是一个莎士比亚式冒险家,在和人生浑厚的梦作战,用剑砍削命运,在血淋淋的浓厚阴影中……也在这出戏中演一个角色的查拉说:“对那些有运气(或坏运气)成为雕塑家塑造作品时用手指捏塑着的一团黏土的人,活该倒霉,也活该走运!在这个庞大的人群混杂的时代,鼓胀着精力,无力的民主只能让这种精力自己消耗或互相破坏;在这个时代,只有两个高炉知道怎样利用它们:Duce 统治下的罗马和苏联。可是苏联破坏一切旧事物的秩序,它自称要铸造一个新秩序。另一个③和过去的因素取得妥协,他更新时改变因素的外形更甚于内容。他对进步没有多少信心,他维持古老的框架:国王、教会、资本、家庭和私产;他在那上面注射新的病毒:工会、职业联盟、合作社、工人组织,目的在于使它们不能起什么作用……”

查拉自然觉得对他有利的是得到巩固的旧秩序,用钢筋水泥凝合

① 人群,原文 masses,也可以理解为“一大团”,“一大块实体”。

② 拉丁文:自我。

③ 另一个,指墨索里尼。

在一起,连同凭借罗马法而建立的古老的不公正,它的等级制度,它的宗派与职业之间的隔墙,它的出身与冒险行为的优先权,以及它的Populusque① 和他们的 Imperator②。

并非他对建立在单独一人的横暴天才上的社会结构的危险怀有幻想。他比任何人都清楚这个人在道德上、身体上的隐疾,他的弱点、疾病,他突然与粗暴的摇摆,他令人不放心的脾气与意志的反复无常,这种 alea③ 式的变化震动土地,犹如经常威胁罗马城的地震。早晚有一天,整个建筑,不但彼拉内西④的著名雕饰,尤其是它的基础,都会碎裂。把赌注押在这个人身上,押在他的事业上,是冒险的。可是这个银行家,正如一切想发财的人一样,是喜欢赌博的。要么赌注押在君王身上,要么押在反面……今天,这是没有犹豫余地的。至于明天,等着瞧吧! 他有修长和敏捷的手指。如果君主读了马基雅弗利的名著,臣仆也读过。而且对发财致富并不过分重视,他知道财富是可得可失的。他随时准备输,也随时准备赢。他热衷于赌博,可是也为了玩,所以无损于他头脑清醒的讽刺态度。Duce 可怕的严肃不触动他,虽然他善于迎合对方的语气。他是《传道书》⑤的犹太人,充满热烈情绪,很贪婪,然而对一切并非坚持不放。

他说话的时候,一双洞察一切的眼睛探索着安乃德的眼睛。他过分殷勤地使安乃德体会他的情感。倘若她在另一个时期,没有现在的岁数,她也许对这位 condottiere 会发生好奇的感觉。然而年纪和经验使安乃德厌倦了,她对高代兹⑥、比查雷⑦、Duci 和狄蒙之流冒险家的生活不再感兴趣。她不像在街上看热闹的人一样,被这些牙床咬得紧

① 拉丁文:平民阶层。
② 拉丁文:皇帝。
③ 拉丁文:掷骰子。
④ 彼拉内西(1720—1778),意大利著名建筑师与雕刻家。
⑤ 《传道书》,《圣经 · 旧约》中之一章,相传为所罗门所著。
⑥ 高代兹(1485—1547),西班牙军官,一五一九年远征墨西哥,获胜。
⑦ 比查雷(1475—1541),西班牙的著名“征服者”,也就是武力侵略南美洲的殖民主义者,曾经“征服”秘鲁。

紧的强大力量所惊呆,这类人凶暴的目光像棍子似的打人,使人群吓得腰驼背曲,他们在为恐惧与皮肉挨打的乐趣而出汗。和查拉一样,安乃德知道这类强大的力量有他们的弱点,这类庞大的墙垣有它们的裂纹,它们会突然崩坍。和查拉不同之处,可能在于使她感兴趣的这类强暴者的可怜一面,好像耻辱一般被他们隐藏着。这些狂悖的人,绷紧自己的肌肉为了爬到羊群般的人群之上。她一直在看他们痉挛的努力,企图超出人群,宰治人群。她事先就知道他们将被战败……当前这个人①也和别人一样……

"黑色的Duce!② ……你必将战败。归根结底,我们都一样,我们都将战败。正是这个预感的下场,从悲剧一开始就感觉到了,才使我们对这类战胜者感到兴趣:这类俄狄甫斯王,这类科里奥拉努斯③,这类麦克白!……再加上一名!烟火腾腾的火炬,你将会熄灭。活生生的幻梦,你骚动吧,然后死亡!……"

玛克面对这个罗马火炬既不觉被吸引,也没有怜悯之意(对于它,怜悯是最血腥的冒犯)。他恨不得用脚踩碎它……(仇恨有时也是吸引力的一种形式:抵御吸引力的盾牌)……玛克在威尼斯犹太人居住区Fa presto④的壁画上看见的,不是下颚宽阔拿棍棒的那个人⑤,而是那些脊梁匍匐在棍棒之下的几百万脊梁,他们挨打之后重新直挺起来,情绪激奋……这些卑怯的青年男子(他见过人多了,在法国以及别处!),他们为时代的弱点呻吟,叹息着企求追随一个Duce,一个Führer⑥——一个用脚踢人屁股的人!如果他们那样喜欢力量,叫他们显示出自己的力量来!信赖别人的力量,把自己的力量,把自己想

① 这个人,指墨索里尼。

② 黑色的Duce,指墨索里尼。意大利法西斯又名黑衫党,所以说他是黑色的首领。

③ 科里奥拉努斯,公元前五世纪的罗马大将。

④ 意大利文:笔调轻快。

⑤ 下颚宽阔拿棍棒的那个人,指墨索里尼。

⑥ Duce,意大利文;Führer,德文,意思都是"首领",这里想说明不论在意大利或德国,都有追随法西斯主义的人。

有、自己无法有或完全没有的力量托付给他,还有比这更卑鄙下流的吗?走狗!在地上爬行的狗!要用鞭子抽它们!……这个小男子[1],对统治被奴役者的另一些大男子,怀有(谁知道?)一种阴暗的对立和反叛情绪。他决不会为了一个人而牺牲自己。这未免太少了。他已经量了尺寸。他最厌恶"qualis artifex"[2]!他需要一个更高的牺牲目标:不仅为了一个人,而是为了各国人民,为了被屈辱被奴役的人群,人类的总体……但是他达不到这两者之间的均衡,那就是说:既为人们服务,又在他们身上施加压力,通过他们来行动。如果必要,反对他们而行动,目的仍在于对他们有利!换句话,既要善于指挥,也善于服从,要掌握两极……(必须有两极才能成为一个地球。)

阿霞仇恨黑色的背脊不亚于玛克,但她不遮掩对法西斯的经验感兴趣。在她心目中,激烈的搏斗即使做殊死战也不排斥对有能力的敌人的同情。她没有真正的反感,除了对躲避战斗的人,对戴假面具的人,身上抹油准备溜走的人,对身上发黏的人,对从你手中滑掉的水蛇,对太监以及软弱无力,萎靡不振的人。狡黠的查拉在阿霞含敌意的外表下,抓住她的魅惑力。他要弄他那令人眼花缭乱的闪光镜;黑色的太阳在意大利青年的头脑中点燃亢奋的行动之火。这个太阳被巴尔博[3]的一群鹞鹰,用成千只飞机翅膀掩护并且扩散着回声。他邀请两位青年到意大利去摸一摸外国人认识不足的青年意大利加速跳动的脉搏。意大利法西斯主义在从事饲养工作,并不是为充实牛棚马厩,而是为充实斗兽场,就如同斗牛。所以阿霞毫无困难地欣赏这种故意点燃的行动火焰,即使外表是侵略性的,它把人们组织成军队,准备抗击敌人。

"但是,请问,谁是敌人?"

---

① 小男子,指玛克。

② 拉丁文:某种艺术家。

③ 伊塔洛·巴尔博(1896—1940),意大利空军司令,法西斯主义的鼓吹者之一,自一九二八年至一九三五年间,曾多次参加行动。

她钢铁般的眼睛不会被捉弄蠢人的镜子所欺骗……

"这些开赴战场的人,对谁作战,为了反对什么去作战?为了谁?为了什么,向哪里走?你们到哪里去?你知道吗?……我说的并不是你,查拉先生!但很可能你是知道的,我没有那么不知趣,要向你打听,可是别人呢?可是你们的人呢?你们的部队,他[1]的部队,甚至他自己!他,指挥他们的人;他,这位导演!他自己清楚他的戏将如何结束吗?说准确点,他到底要干什么?他相信什么?他是不是已经写定了他的剧本?他已经更换了十次剧本,如果观众有耐心看他演戏的话,他还会更换十次——战斗,和平,拳头,条约……目前,你们意大利法西斯主义的理想(你把它掩饰起来了!)没有超过全国武装、全身披挂、用铁蒺藜围绕着的阶段。对你们随时准备向前冲的黑衫党来说,谁不是你们的敌人?在门外,在围墙外,帝国之外的人都是你们的敌人:罗马面对着蛮族……这么说来,我是野蛮人,我们是你们的敌人?摊了牌说!你们的战斗不是为了我们,而是反对我们的。你有把握说,你们的战斗是为你们的吗?这个战斗有一个目的吗?它考虑过吗?在最好的意义上,最高的意义上,那些文学公鸡们大吹战斗号角的悲剧意义,因为那些尼采的信徒自己不上阵,但是叫别人去打仗。你们的法西斯主义在各国人民之间散播战斗和争优先权的精神,也就是永恒的帝国主义,按照你们的 Duce 的说法,这就是永远的生命公式。这就是为战斗而战斗,没完没了,没有进步,没有希望……('我不需要希望就动手干起来')老调子!可是我呀,我需要希望,而且我要知道到哪儿去。你们要到哪儿去?"

查拉扭曲着他宽阔的嘴,他笑起来:"我们在走。还需要别的什么?人们需要的是,每隔一段较长的时间,要有一些 Animatori[2],他们重新开动生锈的生命之钟。你们不以为你们法国需要一个 Animatore,像我们的那个一样,让他摇撼你们昏睡不醒的民主?"

① 指墨索里尼。

② 意大利文:激励者或鼓动者(复数)。

“我什么也不需要!”阿霞说,“我是从别处来的,我不需要‘鼓动者’,我是斯基泰人。我们在苏联进行的战斗不是为了雕塑一个《你看见过我吗?》的纪念像。我们为一切人战斗,为了美好的未来。”

“可是目前,”查拉说,“情况却更糟。”

“我决不把我们的现在和任何别的现在交换,”阿霞说,“它好比我肚子里怀着孩子的时候。他怀着未来。”

“各人有各人的爱好!”银行家用媚人的微笑说,“你所要的是美好的孩子,也就是未来。我满足于现在。”

他们十分友好地分手——因为,感谢上帝,他们成为仇敌的机会似乎并不存在。各人有各人自己单独的场地。这两位小青年在查拉眼中似乎是不足为害的。(他没有见过玛克写的任何一篇文章。)相互的礼貌使他们轻轻放过不同意见,只当社交上的闲谈,这次会面唯一严肃的事,在查拉心目中就是那位妇人的救人行动,从死亡手中抢救了他的女儿。家庭的情感是查拉唯一不采取怀疑主义的激情。他尖锐的目光,把他和偶然相遇的谈话伙伴的争论作为取乐,一点也不认为重要,他只对安乃德是真正注视不停的,而且用感激的眼色包围着她。李维埃家的小辈[①]从中得到好处。他邀请他们参观意大利,而且约他们到他在罗马的家中去。在任何用得着他的时候,他将为他们效劳。他们似乎丝毫不需要利用他的殷勤邀请。他们的旅行计划限于瑞士,他们不想越过卢加诺[②]。时间和钱袋都是有限的。

时间的限制比他们设想的更紧。

*　　*　　*

我想,那是他们动身去泰桑[③]的前夕,我看见了他们。我坐在一片

① 小辈,指玛克与阿霞。

② 卢加诺,瑞士与意大利交界处的名城。位于马热尔湖北岸,湖的南半部在意大利境内。

③ 泰桑,瑞士一州,与卢加诺邻接。

草地上，在一条悬挂在半山腰的路边。他们看不见我。我认出玛克扶着他母亲的手臂。我注意玛克为了帮他似乎很疲乏的母亲渡过一条小溪而采取的一些措施。孩子小步跑着，一边采花。阿霞和孩子在一起，落在后面了，像山羊似的爬上山坡。她走近我，眼睛瞧着我坐着的长凳上的一丛紫堇花，不注意我在下边，把花拔了下来，碎土落了我一身，接着她跳下山坡。她和山羊一样，有一双金色的眼睛。我尤其注意看安乃德。她的面容充满幸福的表情。当玛克俯身寻找石块，为的是使她涉过小溪，我看见她多么热情地瞧着儿子清秀的面孔。他们在路拐弯的地方消失了。我想当天晚上到旅馆里去找他们。他们不在那儿。第二天，当我去打听他们的住址时，我听说他们已经乘第一班火车走了。

*　　*　　*

太阳光从哥达①那边消失。他们跟着西沉的阳光来到卢加诺。在覆盖着一条洼路两端的葡萄棚架下，他们发现了乔治，双臂伸向够不着的一串串葡萄，张着嘴，好像想饮葡萄汁，一边咯咯地笑着。她扑向他们怀中。

她刚刚和她父亲会了面。后者在一件诉讼案中出席做证人。事情关系到一个意大利飞行员，fuoruscito，他在米兰撒下成袋的反法西斯传单。在回程中，他在哥达山峰上撞碎了飞机的双翼。人受了伤，正在医疗，可是被瑞士联邦政府拘捕。他在贝林佐纳②法庭受审，罪名是破坏了瑞士国境的中立性。为被告辩护的证人不少，有的来自主要的侨民团体。这个飞行员和侨民熟识，并且受到他们赏识。于里安也接受了邀请，虽然他的工作是那样繁重，而且，心中也总在为他的科学

① 圣哥达，瑞士东南部山脉，有著名的隧道。

② 贝林佐纳，瑞士泰桑州首府。

研究时间被侵占而叫苦,但是如果必须去尽世界公民的责任,他却从不犹豫去把他的权威的分量,加在天平①上被压迫者的一边,要起来向暴君造反者的一边。“In tyrannos!”②这位老自由主义者心中铭刻着席勒这句话!在法庭上,他的证词引起轰动,被告最终成了控诉人。从伦敦、巴黎来的重要流放者,抓住这个机会,在大庭广众中打了放逐他们的人一记耳光。这个州③的瑞士民主法官,掩盖不住他们对自由捍卫者的同情,以无罪开释了被告。然而在伯尔尼的瑞士联邦政府,对这样一个判决造成的声势不放心,怕得罪危险的邻人④怒发冲冠的自尊心,只好做个样子,把已被开释的人又判了轻微徒刑。

所有这些新闻,高度刺激了舆论。卢加诺漠不关心世事的热闹街市受到震动。在连拱廊⑤下、咖啡店里,愤怒的马蜂在嗡鸣。两条腿的苍蝇⑥并不缺。从湖的北岸到南岸,苍蝇来往不停。在这快乐的时节,卢加诺的墙如同在圣体瞻礼节一样,贴满了窃听的黑耳朵。各种材料做的耳朵:有专为本地人准备的,有专为外国人准备的。安乃德、乔治、玛克都没有注意。然而阿霞的经验却使她立刻竖起鼻子来闻,警觉起来。刚刚进入这一集会,她立刻嗅出大鱼。她的目光永远在活动,环顾四周人们的面孔,万无一失地把矛头对准大鱼,猛然一下,把鱼钩刺入鱼身。对方感觉到针尖,在椅子上坐不安稳,喉咙呛住了,设法拔出钩线,想转移注意力。末了,离开椅子走了。不止一次,这种无声的视力决斗,在坐在 confetteria⑦ 的一张桌子四边的三位同伴周围,默默进行,他们根本没有察觉到。三个人中没有一个不是在无拘无束

① 西俗以天平象征法律、法庭。

② 拉丁文:反对暴政。

③ 这一个州,指泰桑州。州是瑞士的行政区,大小相当于我国的县。瑞士全国共有二十二个州。

④ 危险的邻人,指意大利法西斯统治者。

⑤ 卢加诺和意大利接壤,中间只隔了一个湖。卢加诺通行意大利语,街市的形式也和意大利一样,商店门外有长廊相连接。

⑥ 两条腿的苍蝇,指特务、间谍。

⑦ 意大利文:点心店。

地高声谈论自己的思想。玛克像个顽童,为了逗得乔治像孩子似的哈哈大笑,他戏用喜剧小丑的木条打在被他称为“黑人相”的黑衫党人背上。他张开惊讶的眼睛,当阿霞把自己的手搁在他手上,对他耳语:“不要这样大声!”

他问道:“为什么?”

阿霞思量了一下,心想:“总而言之!为什么不呢?对这些埋伏着的鱼,应该这样,也正合适!我看见他们在自己的汤汁里颜色已经发青,撒一把盐,让他们去煮着!”

在国外巡逻的奸细们习惯于受冒犯。几个过路的旅游者对他们很放肆,他们不大放在心上。可是玛克不久就被他们认出来了,因为他们看见他和于里安很亲密,于里安在诉讼案中所扮演的角色,引起了注意。于里安由于反法西斯国际同盟名誉主席的身份,他的姓名列在黑名单上第一行,所以他是特殊监视的对象。他不躲避这种监视,置之不理而已。他的年轻同伴在卢加诺沾了于里安的光。

想设法参加他们谈话的人之间,有一个年轻的意大利人,玛克在巴黎的反法西斯团体中已经遇见过他。此人有着清秀聪明的面貌,但由于面颊上有一块红痣和一边的眼睑时作神经性眨动而逊色。他名叫布欧纳弥哥,他表现出一种反法西斯政权的歇斯底里式激动。他在巴黎、伦敦与布鲁塞尔之间来来去去,通过燃烧着神圣骚动的各种侨民团体,在鼓动对信念感到绝望的人,他用遮遮掩掩的言语,对流亡者提出含糊而暴烈的计划:炸弹与阴谋,回忆 carbonari① 的活动。流亡的老政客们把此人视为浪漫派,对他表示猜疑。年轻人更倾向于行动,很愿意听信他,然而出自经验的警告,只用保留态度接受他的建议。他是既固执又耐心的。而且他用眼泪和被抑制的狂怒,谈起他的老母和弟弟作为人质,被扣留在法恩扎②,他们的生命受到威胁。流放的意大利人能理解他的激动心情,因为他们之中也有许多人遭受同样

① 意大利文:烧炭党人。

② 法恩扎,意大利中部城市。

的痛苦。谁家里他都能去,因为他活跃,肯帮忙,对他人无所求。人们只知道他有一个怪癖,总是愿意把他的提箱或纸张文件存在这个人或那个人的住处。这倒是可以理解的,因为他经常在旅行中。可是谁也不太高兴被他选中,做他的物件保管者。最近他们和巴黎的警察发生了一些不愉快的事,使他们明白,对一个流亡者,当你的右手不知道你的左手接受的是什么东西时,这并不是件好事。在一般情况下,人们总设法把他寄存的东西转移到另一个人手中……最后,玛克曾经不止一次接受他托存的东西,并且替他保管,虽然并无乐趣。玛克觉得拒绝他人的委托是得罪人的。他见布欧纳弥哥碰钉子,替他难受。可是玛克的皮肤肯定比布欧纳弥哥娇嫩。后者碰了钉子毫无怨气,甚至连记都不记得,因为他不知厌倦地向已经拒绝过他两三次的人提出请求。如果说可耻,可耻的倒是拒绝他的人,因为没有任何理由证明他们有猜疑的必要。

布欧纳弥哥是不记恨的,可是他却不是不知感恩的人。他对玛克特别照顾。两年前,当人们设法使利帕里群岛的囚犯越狱的时候,在法国、英国和比利时的自由思想家,不少人物,男的女的,竭力设法协助;玛克对这一活动极其热情,他很不谨慎地表示出他所知道的要比他所说的更多。布欧纳弥哥不要求玛克都说出来;他忽然主动向玛克透露,以保密为条件,另一个有他参加的越狱计划,因为当时大家都对营救工作非常热情,往往几个计划齐头并进。玛克,作为交换,把他所知道的计划也透露给对方。他并没有对阿霞吹嘘,她一看见布欧纳弥哥就觉得他不顺眼。几个星期以后,玛克得悉利帕里群岛的当局得到了消息,把玛克所说的计划破坏了。这件事给玛克很不愉快的印象。他想设法核对一下他不愿意向自己解释的担心的事,他冒昧地向几个消息灵通的人提到布欧纳弥哥的计划(不说出他的名字)。那些人坚决地摇头,说:“这里边没有一点严肃的东西!”

玛克寻思,是不是他拿好的钱币和坏蛋交换了伪币。可是在反法西斯的人们之间,虽然都是诚恳的,却存在着那么多的人互相诋毁,以致玛克找不到足够的理由赞成这些人的判断来反对另一些人。他没有任何证据认为他的计划之所以偶然失败,和布欧纳弥哥走漏消息有关。他只是从那次以后,避免和布欧纳弥哥见面。

自那以后,过了一年多,玛克在卢加诺又遇见布欧纳弥哥。后者表示出过火的快乐,玛克不怎么理会他。布欧纳弥哥并不因此显得尴尬。他赞扬折断了翅膀的飞行员的大胆,可是他高声说,冒着生命危险去撒几张纸,这是孩子的行为,这样干的话,还不如到维内西亚宫[①]上面去倾泻一筐炸药。玛克没有回答他。布欧纳弥哥在试探于里安,于里安不必费劲就可以沉默不语:他把思想给自己留存着。阿霞接受了布欧纳弥哥送给她的一束鲜花,她用毫不温柔的微笑注视他,闻了一下花束,转过背去,把花忘记在一张凳子上。他们这几个人中,唯一回答布欧纳弥哥献殷勤的是善良的安乃德。她被布欧纳弥哥对她讲的关于他可怜的母亲的故事所感动。人们常常看见这两人在一起。安乃德耐心地听着,安慰那个心中痛苦的儿子。他有时擦掉一滴眼泪。感激她的同情,tante gazie[②],恭敬地吻了安乃德的手。可是安乃德没有什么秘密可以透露。于是布欧纳弥哥很识分寸地、不过分烦扰他的安慰者。他后退到和这一家人的小团体保持距离的地方。

他却并不因此而不立刻得知他们要去意大利旅行的计划。头天晚上,玛克和阿霞第一次谈到这件事,在他们旅馆几乎空无一人的大厅里,旁边只有安乃德和于里安。此外,隔几步远,有一个老年绅士,衣服十分整齐,对着他的一杯咖啡,在看 Times[③]。

山峦犹如城墙,以阴影遮掩北国不幸的土地。玛克越过这城墙之后,陶醉于阳光之下。他用羡慕的目光饱览意大利美丽的湖畔景色,像一朵花似的开放在他手边;在空中,在参差不齐的山峦上方,反映着

① 维内西亚宫,当时是墨索里尼在罗马的办公大楼。此处"宫"字原文,作者用意大利语。

② 意大利文:充满谢意。

③ 英文:泰晤士报。

库姆湖温暖的海市蜃楼。安乃德和阿霞已经认识这迷人的国土,年轻的安乃德当父亲在世时,曾在那儿居住过;在战争期间,她在国外旅行时,她又从那儿穿行几次。阿霞也到那儿去过两次,一次是在她幸福的童年,一次是在她逃难的黑暗日子里。这两位妇女都见过那边的双重面目:屋顶上玫瑰盛开的 Palazzi① 以及热病、饥饿和污秽的贫民,可是在她们四周,有仙女喀耳刻的魔圈及阳光,那静穆的享乐沐浴着财富与贫穷。她们互相谈论,心领神会地微笑着,好比一种秘密的享受,只有内行人之间才能加以追述。只有玛克一人不懂果子的美味,他心急如焚地想咬一口尝尝,他只要伸长手臂就可以采摘果子。

“我们去意大利好吗?”

两位妇女把跳过来的球一把抓住,和亲爱的人分享一种他不知道,而大家知道的乐趣,这好像用他的嘴来尝果子。于里安倒是发表了一些保留意见。他丝毫不认为这次旅行是适得其时的,他暗地估计会有风险。可是他知道自己过分谨慎。为什么要把他的担心告诉朋友,让他们扫兴,而实际并没有任何严肃的理由这样做?而且于里安不合潮流。正如大部分自由主义知识分子那样,即使是极左的,在社会纠纷中,也总给思想留下很大的位置,而在“经济”方面,他的认识是不够的。在这一时刻,他对玛克的关心只考虑到玛克作为年轻的笔战家的风险,而没有考虑到他反法西斯主义的风险。他没有把被玛克的文字攻击引起不安的国际利益集团、实业帝国主义的封建势力计算在内,因此他仅仅嘱咐玛克一过了国境之后,说话要特别小心。玛克和阿霞笑着对他说,他们丝毫没有什么要小心谨慎的,他们只想享受半个月的闲散生活,一点也不接触政治,所有的严肃事务,一律放假!他们让于里安和乔治把孩子带回巴黎。安乃德为了表示知趣,也提出她先回巴黎。可是阿霞对她说:“如果我们把你的话当真,那你才上当呢!”

安乃德说:“那倒是真的,可别叫我上当!”

---

① 意大利文:高堂大厦。

这时,还什么都没有决定。第二天,当布欧纳弥哥走近他们,满面笑容地问:“你们什么时候动身?”他们感到十分惊讶。

玛克假装听不懂,回避了问题。阿霞皱着眉头沉着脸,责怪安乃德饶舌。可是安乃德发誓她什么也没有说。下午阿霞在湖畔美丽花园的异域树荫下散步,在一条路径拐弯处,看见了那个读 Times 报的老绅士在和布欧纳弥哥谈话。晚上,在旅馆的大厅里,阿霞看见那位高贵的老人坐在一张靠近他们的桌边。她话说了一半就中断了,站起来,嘹亮地说:“我们走,到别处去说!”安乃德觉得怪不好意思的。

到大厅的另一个角落,阿霞向他们解释了情况,而玛克很不满意。并不是说他不惊疑,不过对阿霞没完没了的猜疑觉得不耐烦。他装作满不在乎的样子,把阿霞的反应看作一种不安和激动的妇女的倾向。他把她说成胆小。没有比这句话更令阿霞生气的了。

因此,后来的几天,玛克故意摆出无所畏惧的神气,不回避布欧纳弥哥,虽然他毫无兴趣看见此人。他甚至把他们的旅行计划也告诉了此人。阿霞生气了,随他便去干。布欧纳弥哥热烈地鼓励玛克,他向玛克建议旅游的路线,给他介绍旅馆的地址。他由于不能陪玛克去旅行而感到不快。他很伤心,自己祖国的境界都不让他进去。

这块土地的吸引力促使玛克和阿霞到边界线上去散步。有一次,在甘德里亚那边,玛克越过边界线,并且建议同伴们也这样做。他们的护照还没有签证。可是布欧纳弥哥夸耀他自己认识小径,在那里他们不会碰到任何人。阿霞拒绝参加这种小学生的游戏,而且由一个流亡者(你知道他是什么色彩?)陪伴着,更要冒不值得的大风险。玛克为了挑衅,非去不可,他有什么可怕的?布欧纳弥哥冒的风险更大,至少他自己这么说,可是他保证带玛克到一个岩石遮蔽下的小拐角,在那里他们将找到一只小船,可以不被人看见,带他们沿着悬岩下的海岸,直达甘德里亚。他自以为内行地给玛克指出,意大利流放者们有着怎样的秘密道路可以越境而且传递他们的宣传品,而一切就像他所说的那样完成。玛克和阿霞(尽管玛克冷淡地不让阿霞跟他去,她仍然跟去了,那还用说!)在所说的地点发现了那只小船,隐藏在倒垂下来的树枝树叶丛中。最后他们安然无事地回到卢加诺。可是阿霞并不因此对布欧纳弥哥增加信任。因为她想,他敢让这个棋盘上的小卒去冒险,必然是有稳胜的把握。她把这些想法藏在内心,也把第二天的想法藏在心中。阿霞设法让安乃德承认,当她不在时,布欧纳弥哥,非常激动地,交给他们他写给他可怜的母亲的一封信,由于他母亲的家被监视,他采取了谨慎的办法,为不使送信人冒险,他把信装在另一个封好的信封中,上边写着他在米兰的一个朋友的地址,请这位朋友把信转给他母亲。

阿霞不说什么,争论是不会有什么用处的,那两个糊涂虫已经都准备干到底。对安乃德来说,这是良心问题;对玛克来说,这是面子问题;面子和良心对阿霞来说,都不足以妨碍她的手脚,如果她认为关系到她亲爱的人的安全时。她决不由于无用的顾虑而束手束脚。在他们离开卢加诺那天前夕,玛克在睡觉,阿霞下床,去搜索玛克的上衣,在旁边的衣袋中拿出他藏那封信的皮夹子,抽出信来,于是,心安理得地把赃物塞在枕头下边,自己像母猫一般的身体滑入被窝里。为了完成开玩笑的举动,她挑逗玛克。玛克被她闹醒,发出抗议声。不了解为什么这个疯婆子笑个不停……

第二天,她从容不迫地检查偷来的那封信,她十分仔细地打开信封,读了又读,噘着嘴,神色不善,鼻子呼呼出气。她注视着信,一动不动,仔细研究,暗暗从第一个字背诵到最末一个字,接着把信撕成碎片,在上面啐了口唾沫,好像在写信人的脏脸上啐唾沫一样。最后她把信纸烧了。该受的惩罚执行以后,她还不满足,又伸长舌头舔着嘴唇,她一边考虑,一边另写了一封信,插入完好的信封,封好。这一切都回到了玛克的口袋里去。临动身前,她让玛克重新穿上这件衣服。

*　　*　　*

头几天,在乳白色的幸福湖畔漫步徜徉。湖中的波罗美小岛[①]像盛开的鲜花一样,美的湖畔也是人间仙境。在花园中温暖的树荫下,鸽子在咕咕地叫,散发出桔子树的香味。三个放假的小学生的笑声,配合着懒洋洋的划桨声。他们三人都没有操心的事,没有负担,觉得很幸福,心灵轻松,犹如蒲公英的花絮,在草地上飘荡。安乃德并不是三个人中最年长的一个。她轻捷地往高处攀登,虽然心脏情况欠佳。她从又陡又滑的坚硬石块小径上冲下山坡,从蒙达洛纳到巴维诺。到晚上,她脚痛得很,第二天,脚踝骨都肿了。她不告诉别人。可是一到米兰,她只好认输了。当她想从被窝里钻出来时,她痛得喊起来,腰部酸痛得直不起来。她不得不在二十四小时里,放弃自己的王位,躺在床上过了一天。

另外两只鸟可不放弃一口啄食。安乃德自己也把他们从房间里赶出去:"到街上,到展览馆去啄食吧!……我们总共只有十五天时间逛一次意大利。不能白糟蹋一天。跛脚的人只好自认倒霉!……"安乃德笑着,用好脾气来对待坏运气。她在被窝里麻木地待着,不敢动,免得感到疼。窗子开着,她耳朵里充满了欢乐的声音。她的视线在白色的列柱、柱头与柱身的雕饰以及 Duomo[②] 那大理石森林中的纤巧箭头上盘旋,这一森林箭矢从邻近所有的屋顶上簇拥而出,在阳光照耀的薄雾中,被飞翔的白鸽群围绕着。不知不觉时间过去了,她并没觉得被遗弃。玛克和阿霞不回来吃午餐,他们的自私她赞成,她以读佩德盖[③]来替代,替代和他们两人一起在米兰散步。她看着书,睡着了。

楼道里有脚步声。有人神气十足地拍房门。安乃德吃了一

① 波罗美小岛,四个位于马热尔湖中风景优美的小岛。

② 意大利文:圆顶教堂。

③ 佩德盖(1801—1859),德国出版商,他出版的导游丛书,被译成各国文字,国际闻名。

惊……这时大约是下午四五点钟。她说:“请进!”

进来了一个、两个、三个人物,粗大的面颊和下巴刮得干干净净,滚动着可怕而带傻气的眼珠。从他们的滑稽歌剧中的滑稽人物的样子,安乃德一看就知道是警察。他们看押着玛克和阿霞。在关闭着的房门外面,人们可以听见楼道里第四条警犬的军人式的脚步声。玛克气得面色发白,他用透不出气的声音抗议,竭力抑制自己不大声叫喊。阿霞,态度非常自在,越过警察的肩头,她和安乃德交换迅速而调皮的一瞥。没有别的解释,三人中的两个搜查衣箱和衣物。第三个,毫不客气地坐在安乃德的书桌前,写他的记录。一转眼,这个房间和邻室,年轻夫妇的房间,满地是散乱的衣物。粗大的手乱翻阿霞的衬衣。玛克,双脚乱踹,竭力抑制他的怒火。阿霞坐下,跷起二郎腿,点燃一支香烟,嘲弄地瞧着猎人。她向警官建议把她裤子的号码都记下来。安乃德用冷漠态度打量他们,而厚颜无耻的吸烟女子的嘲笑神气,却深深地刺激了这几个警察。他们宣称也要搜查病人的床。玛克站到床前去,发誓他决不允许搜床。安乃德将他推开,说:“好吧,先生们,请替我铺床吧!①”

于是她倚在儿媳身上,移动两条僵硬的腿,从容不迫地走向警官坐着的桌子,做出想去拿电话的手势。警官不准许。

“很好,”她说,好像她在和旅馆看门人说话,“那么替我给阿迭奇和比阿维银行打电话,就说李维埃太太要和行长雷欧纳·查拉讲话!”

对方很惊讶,问道:“signore commendatore②? 干什么呀?”

安乃德说:“我想请他来看看搜查。”

“你认识他?”

“你问他自己吧!”

这几个警察发愣了,面面相觑,那两个人已经在翻床垫,僵住不动了,用眼光询问他们的头头。警官下了决心,打电话。当他听到 com-

---

① 请替我铺床吧,这句话有讽刺意味。

② 意大利文:总裁先生。

mendatore 本人的黄金嗓音(黄金二字在这里是极恰当的形容词),警官立刻摆出一副殷勤做作的面容,说明他对这位老爷的重视,大家都知道他是法西斯政权的台柱之一,如果说天才或铁拳产生“Duci”,支持他们的是金钱,没有金钱为靠山,他们的权力只好哗啦啦地垮台!可是,当说明情况之后,他听到电话中的声音重复了几遍李维埃夫人的名字,大声喊叫,接着发脾气了。这时警官脸上阿谀奉承的笑容僵化了,变成沮丧的表情。于是发生了一场激烈的辩论,警官乱七八糟地解释情况:对方是看不见的,只能听见他怒不可遏的声音。警官争辩了几句之后,道歉了,退却了。两位妇女和玛克默默无言,为的想从电话机里传出的破口大骂声和警官笨拙的认错声中,搞清事实。大致可以听清的情况是警方掉在自己布置的陷阱中了,而且为了要报复他们第一次上当,他们又跌入第二个陷坑中,因为搜查的结果,没有找到任何可以拘捕他们的证据。对方的谴责还没有平息。垂头丧气的警官只用些表示忠诚的话来回答。安乃德从他手中拿过电话听筒(他赶快递给她),于是她向银行家表示歉意,为了这点可笑的事去打扰他。她感谢他,接受他的邀请,不久她将到罗马去登门拜访,而且她高傲地表示原谅警察的笨拙,宣称现在一切都不成问题了。几个警察焦急地在听。警官赶快点头表示同意。电话一挂上,他说了一大串道歉的话。他主动和他手下人要把被他们翻乱的衣箱重新整理好。但是阿霞认为他们把大爪子擦在她的内衣上,擦了一次已经够了,她不让他们再擦一次。警报解除了,警官对这次乱搞不会有不良后果这点也放心了,于是他恢复了他 galantuomo[①] 的架子,他对年轻的女人说了一大段笨拙的恭维话,他说由于这次误会,使他能和这样可爱的同伴们过一个下午而感到荣幸。

“我也一样,”阿霞说,“我也感到荣幸,signor cavalier[②],因为你给

① 意大利文:风流体面的人物。

② 意大利文:骑士先生。“骑士”是指社交场上向漂亮女子献殷勤的体面男子,此处是讽嘲口气。

我的报纸提供了一篇无法估价的稿件。”

她等到最后一刻钟才告诉他,她是一家美国报纸的通讯记者。他差一点激动得喘不过气来。安乃德做了一个手势,让他安静下来,对他说:“事件已经结束了。”玛克制止对方重新开始殷勤忠诚的表示,用生硬的姿势,不说一句话,向几个入侵者把房门一指。他们一出门,他把门砰的一声在他们背后关上。同时阿霞尖声地笑,勉强地笑。

安乃德让阿霞闭嘴,埋怨他们不够谨慎小心,并且要求他们说明这究竟是怎么回事。玛克叙述经过。阿霞让他去说,调皮地窥视他的面部表情和他暴怒且混乱的叙述。她扑哧一声笑了出来,因为他不能理解经过的事,他不掌握解开这个哑谜的关键性的话。到最后,她替他揭开幕布。他按布欧纳弥哥信封上的地址把信送去。不消说正如阿霞所预料,送信人被守候在门边的警察在这个耗子笼中抓住。可是在警官当着他们的面把信打开,他瞪大眼睛,念道:

> 如果你们要钓鱼,要把苍蝇[①]换一个。那个布欧纳弥哥已经走漏了风声。

玛克显出莫明其妙的样子,他问道:“可是怎么回事?怎么回事?是他自己把信交给我的!……”

安乃德明白了。“强盗婆!”她骂阿霞说,“在那封真信上写的是什么?”

阿霞把原信背诵出来。信中仿佛在对一个同谋叙述,一个反对法西斯政权的荒唐计划。并请求那个虚假的同谋者,向同志们(这儿有好几个被放逐的反法西斯分子中最著名的姓名),寄去关于防空、飞机场、保卫机关、法西斯义勇军营寨等等精确的资料。布欧纳弥哥没有

① 苍蝇,这里是指鱼饵。

签名。

玛克目瞪口呆,没有话讲了。阿霞不识羞耻地得意扬扬:“谁有理?小傻瓜!现在你看清了你的好朋友了没有?”

玛克耸耸肩:“我老早就看清了!我早就怀疑他。”

“固执不化的家伙,你故意那样干?”

“我怀疑他,可是没有证据。而且我想,一个人可能是叛徒,可是他有母亲。对母亲,这个人总是一个可怜的孩子,而且不会使诡计的。我瞧不起他,可是可怜他……但是我不理解……”

“还有什么需要理解的?”

“为什么他正好看中了我,出卖我,我在别人面前还保护了他(而且他是知道的)。没有我,他很可能在巴黎被人干掉了。”

“他一事无成,气得发狂。他要不顾一切干一件大事。而你,你对他隐瞒你的猜疑了吗?”

“没有,”玛克说,“我不理睬他。”

“对呀,你连怕都不怕他,不给他这点面子,而你惊讶他为什么要报复?”

安乃德说:“我的女儿,你很机灵,你能看透别人所犯的错误。但为什么你也要那样干?如果你让我们避开这个圈套,不是反而使设圈套者自己落入圈套,你在旁边看了高兴,那不是更贤智吗?”

“我犯了过失,”阿霞说,“现在犯过失,以后还要犯,我从来不能自己控制自己不犯过错……Et ne nos inducas!...[①]报复是多么甜蜜!”

“他报复了,你也报复了。现在,该轮到谁报复呢?”

* * *

她不提她在电话中对银行家说,她有意到罗马去向他道谢,查拉

① 拉丁文:只要对自己无害。

的声音马上变成有点为难的调子。他没有对她的建议表示可否。当天晚上,他又给安乃德住的旅馆打电话。可是安乃德跟她的孩子们出去了。到她回来时,看门人忘了告诉她有过电话找她。他到第二天早晨才想起来,那时三个旅客已经要动身乘火车去波洛尼亚。给罗马通电话已经来不及了。安乃德始终不知道查拉有什么话要对她说。而查拉,自从在瑞士和他们相遇之后,也打听过关于他们的情况,他在两个方面摇摆不定,一方面是友谊,另一方面是小心谨慎,最后决定重视第二方面,所以不再和他们联系。在命定论有利于他的平静生活时,他才赞成命定论。既然头一天晚上运气没有让他在电话中找到安乃德,就到此为止!他尽了他的责任了……

安乃德本来觉得为小心起见,不如马上回去。这次旅行的开场戏使她不放心。可是阿霞快乐得很,她高兴的是把绷在大门口的蜘蛛网捅破了。她喜欢冒险的性格也从中起作用。她感兴趣的是当前的意大利,而不是博物馆。

玛克急忙地拨开意大利天空的云雾。发生的事件在他心目中有回声。要抑制这回声,不再取决于他。这次和掩护暴政而从事防护与挑衅的警察机器作了短促的亲身接触,使他觉得这个暴政比他在报纸上读到的传说,更不可容忍的真实。他已经没有原先的乐趣去欣赏空气、阳光、美丽的面貌、金黄色的手、健康和骄矜的 giovinezza①、花和果子,以及涂饰得彩色斑斓的教堂。他嗅着咸水湖淡而乏味的气息,加上圣季东②们软绵绵的秋波,戈登纪欧及路易尼画中的半处女③,以及达·芬奇画中引人注目的微笑的两性人④。他看不到在摩尔⑤或在

① 意大利文:青年们。

② 季东,据百科词典的解释是男妓。

③ 半处女,指雏妓。

④ 引人注目的微笑的两性人。

译者按:以上几句形容意大利风俗的腐败。

⑤ 托马斯·摩尔(1478—1535),文艺复兴时期英国空想共产主义者,亨利八世的首相,因拒绝承认英国国王为英国国教最高首领,被判处死刑。一五一六年写成《乌托邦》一书。

Duce时代,被屈辱的精神和清澈辛酸的心情,在用讽刺和梦幻作为报复,来反对暴君。他把他们判断为卖淫的奴隶们的狡计。他看见残暴的鸷鸟翅膀的阴影遮盖了阳光。

它们遮盖伦巴第的平原。胆怯的人躲藏起来,把脑袋钻在翅膀下或咯咯地啼叫,假装忘记了它们的屈辱和悬在空中的威胁。他们在米兰和波洛尼亚探访了安乃德和吉亚仑萨伯爵的几个朋友。这些人在接待他们时,表现出令人难忍的窘态;他们用不安的眼光向四周窥视;好像害怕从来访者口中会说出什么话;他们赶快高声说话,表现出不相称的兴奋,说些今天天气如何如何等。另一些人,更勇敢些,胆大到甚至请来访者进屋,穿过两三个房间之后,直到他们住的那套房的最深处,在那里,把门都关闭,再一次检查旁边的房间里是否有人在偷听,这之后,他们露出沮丧的面容,他们的神气好像在请求原谅。他们喃喃地说:“我们不能说话……”人们觉得他们的羞耻感使他们抬不起头来。他们连自己的儿女都不能信任。儿女从十岁开始就被编入组织,受发现猎物和告发猎物的训练。最不堪的是(他们坦白承认)压在一部分意大利人头上的卑鄙恐惧,不敢说出自己的思想所受的拘束,连言语、姿态、眼色以及每天的谎言,都渗入了灵魂,犹如一种降低人格的陋习。最纯洁的人痛苦地感到这种耻辱,在他们亲密聚会的几分钟时间里,他们全身颤抖而且精神萎靡。一种不可平息的狂怒积存在内心深处,可是狂怒的四肢已被折断。出于慈悲感,人们用泥土塞满愤怒的嘴:“让你出不来气而闷死吧!”

另一类意大利人也不缺少,他们轻松愉快地和新秩序相适应,以自由作为代价。这是两种不同的性格。即使在南方的个人主义人民之间,两种不可协调的个人主义素质经常处于对立地位:一种是不惜一切代价的自由;一种是恺撒的秩序,只要个人的骄傲在其中占有一席之地。而这是最大多数,这些人没有理由为自己只身一人骄傲,他们缺乏自己的思想和行动方式。有一个主人或者一个政府替他们思想,为他们行动,让他把他们和他的力量结合在一起,和他光荣的前程结合在一起,他们为此感到轻松愉快。每一小部分膨胀起来,成为一大块,或者以此自欺,好似自比公牛的青蛙[①]。每当公牛叫一声,所有的青蛙都骄傲地鼓起肚子,跟着叫起来。他们不是那样的人,不能变成那样的人,却做梦要变成那样。人们自鸣得意地只要把空白委托书交给独裁者,或交给政府就可以变成自己想变成的那样。于是人们吻恺撒的靴子,真正的或者用硬纸糊成的恺撒,他维持着关于束棒[②]的虚构故事,被捆缚在一起的每一个弱者,都自以为代表全部力量。"我就是政府……"可怜的人们!然而"合组的"政府吞没了合作社、社团、成批的或个别的公民。拳头抓住束棒。Suum cuique...[③]对某些人说:占有。对别人则说:控制他们!……"已经控制了他们。"

他们对此感到骄傲,为有这个拳头而骄傲。而且,不顾一切,从各处,希望涌现了。(不论什么希望!建设的、破坏的希望……)希望从这种美好而丰产的种族里涌现。这个种族无穷无尽的生命力把它高举在思想的绝望以及充满狂热与虚无的田野之上。这些年轻人,已从身上阉割自由的灵魂,似乎反而更加健康,他们全身洋溢着野兽的快乐,他们高度兴奋的骄傲在燃烧。Duce 的风和"西洛哥一样,狂吹火焰与烟尘。在火山的烟云之下,趁岩浆尚未喷涌,giovinezza 在收获葡萄。可是他们也许自己变成被别人收获的葡萄。谁来喝用他们身体酿成的葡萄酒呢?……

玛克的欢乐大为减色了。他的视线不能停止在这个受人提示而出现的年轻帝国的布景上;不能停止在不再知道自由价值的一些年轻人在军营生活中的轻快表现上;不能停止在没有房屋只有门面的、这些专门给外国人看的展览品上。他怀疑在这一切下面是没有灵魂的空虚。他感到世上的热病和苦难成了他自己的热病与苦难。这个被

① 典出拉封丹的寓言诗:一只青蛙使劲鼓起肚子,自以为和牛一样大。

② 束棒是捆成大把的棍棒,每捆中有一柄突出的斧头。本为古罗马高级执法官的权力标志,后来成为意大利法西斯党的标志。

③ 拉丁文:各人有各人自己的。

他热爱的意大利，他像年轻情人一样热烈地拥抱它，看见它被奴役，受屈辱，他很痛苦，而且更糟的是它堕落到不再觉得自己受屈辱的程度！

在床上，阿霞温情脉脉地抚摸他的额头、眼睛、嘴，对他说："亲爱的，这都不是你的过错，你不用气恼！人们会以为你责怪它，就像你责怪我一样……"

她心里还有话没说出来："当我对你不忠的时候。"但是玛克惊了一下，表示他已经明白了。她身子盘曲着。"请饶恕！"她轻声说，"饶恕她[1]，也饶恕我！"

玛克紧紧搂着她："我比以前更爱你了，可是我觉得悲伤，为了她[2]，为了你，为了我自己，为了既成的事实。"

"我不悲伤，"阿霞说，"如果你比以前更爱我了（我也更爱你），那么以前的事，我为它发生过而高兴。"

"你真敢！"玛克说。

"我敢，你也要敢！"阿霞说，一边咬他的颈项，"我们不是白天鹅，它们因为弄脏了自己的双翅尖端而悲叹不已。我们是野鸭，在小溪流中钻了一阵之后，反而飞得更高。爱你的母鸭子吧！也要爱另一只鸭子（我允许你），这个意大利，它把长长的天鹅颈项埋入烂泥中，把黑色尾巴朝向天空，好像耀武扬威的高冠。当它吃足了它的烂泥，它的长颈项重新从水底伸出来，这只大鸟重新站直，它以后反而游水游得更快，在它的水潭里——'mare nostro'……什么时间干什么事，都有一定的安排：有用烂泥洗澡的时间，也有用微风洗澡的时间。意大利将像我那样做。我已经洗尽烂泥，我洗了澡。我抓住你。说吧，我身上海风的气味好闻吧！"

被她搂着的玛克说："你是缠住人不放的美人鱼。"他也搂着她说，"就连你的烂泥也有海藻气味。"

她用她那有把握的态度，使他恢复快乐和对生活的信任。不，这

---

①② 她，指意大利。

是不可能的,这个意大利,神明与英雄之国土,会变成按照 condottieri 的命令在报纸上所表述的那样,这是为 Duce 的剧本绘制的舞台布景。在这被堵塞的嘴造成的寂静中,我们知道有最自由的灵魂,比如我们的吉亚仑萨伯爵。我们在活着的人中还认识几位。可是我们避免指名道姓,我们只提出几位不朽的牺牲者,例如阿芒多拉、马泰奥蒂[①]以及伊卡的兄弟洛罗[②]等等。黑色的暴君们以及犯盗卖圣物罪的教士们,被但丁在他的《地狱》中施以酷刑,但丁也和他们一样残酷,可是他不论在爱或者在恨中,同样放射他那金刚钻般的天才火花,这些暴君和教士也和阿西西的玫瑰和圣方济各的鲜血一样,是同一块土地孕育的。像马戏班表演杂技似的,撕碎波旁王室高贵的受害者的卑鄙贱民,是文艺复兴的殉道者和世界上最人道的人民的兄弟。对我们的爱来说,这块神圣的土地一直是各国人民权利的忠实宣教者——马志尼[③]——的土地。我们的玛志尼,他还活着,活在压迫者无法使之屈服的被压迫者心中。玛克只要碰到一个这样的人就够了,布鲁诺伯爵的一个年轻友人,他的 alter ego,在受到摧残的意大利 Mezzogiorno 的事业中,带着骄傲和悲愁的微笑,使他回想起欧弗里翁[④]的英雄言辞:

> 一个不可攻克的堡垒是人的青铜胸膛[⑤]。

他心中坚信,暴政的一切攻击都要在人的胸膛上碰碎。"Credo...[⑥] 我相信!我相信意大利一定会再生!我相信生命的真理!"

阿霞说:"我们是健康的。世界是健康的,不健康的要死亡;健康

① 马泰奥蒂(1885—1924),意大利政治家,社会党总书记,一九二四年被法西斯党人所暗杀。

② 伊卡的兄弟洛罗,即洛罗·德·波西斯。——原注

③ 玛志尼(1805—1872),意大利资产阶级革命家,民族解放运动中民主共和派的领袖,曾加入烧炭党,被驱逐出国,一八四九年为罗马共和国的首脑。

④ 欧弗里翁,歌德的诗剧《浮士德》下卷中的人物。

⑤ 见歌德《浮士德》第二部。——原注

⑥ 拉丁文:我相信。

的活下去,健康的将要胜利。我的朋友,我们将要帮助他胜利。我们两人参加了打扫者的伟大队伍。明天,大家一齐动手!我们来打扫各自的门前!如果在他们的门前发臭,如果他们动作太迟缓,这些 lazzaroni[①],动手吧,我们打扫他们的门前!如果他们不自救,我们来让他们自由……现在,大懒虫,活动活动你那生锈的肢体吧!全身都动(快乐是力量),让我们取得快乐!”

“我拿我的快乐。”玛克说,同时抱住阿霞。

* * *

快乐又回来了。直到旅行终了,快乐不再离开他。在两个使他神魂颠倒的妇女身上,母猫阿霞和意大利的 Primavera[②],再没有忧虑的余地。还要用什么忧虑来麻烦自己,既然他们已经知道他们该干什么。这是已经决定了的!既然决定明天他们要采取行动,只要等待明天就行了。明天会到来的。良心平静,轻松,用嘴啄食并且品味今天的最后几小时!

他们三张嘴一同品尝。雀鸟啄葡萄从来没有像他们那样好的胃口。他们已经好久没有吃到这种黄金的果子了(已经好久了)!玛克从来没有见过这样美好的果子。这是第一次他离开法国北部。他含着眼泪说:“原来真是这样?地球上确确实实有美的东西存在!”

阿霞笑了:“这是对我们的恭维!”[③]

玛克不好意思了,道歉说:“不,我没有说你,我没有说:你们。你们就是我自己,你们,我已经熟视无睹了。我说的是这一切,周围的一切。”(他指着天和地。)

---

① 意大利文:懒汉。

② 意大利文:春天,此处指安乃德。

③ 阿霞的意思是说,玛克没有把她和安乃德算在美的事物之内。因为她们两人都是属于北国的人,而且玛克天天看见她们,从来没有被她们的“美”所感动。

“得啦,我的狼,你用不着道歉,”阿霞说,“我知道,即使我比现在丑十倍,比起最漂亮的女子来你也会更爱我。你是一点办法也没有的!因为你坚决要我,我也坚决要你,你爱什么就看什么吧,瞪大眼睛看!你的阿霞不会嫉妒的。而且如果你愿意,你可以去和这些少女中的一个亲嘴,她们有炯炯发光的眼睛,头上顶着篮筐,像胜利女神一般走在路上,两只坚硬的乳头,像竖立在船头的盾牌!你从她们的嘴上带回橙子的味道……”

她加上一句:“或者洋葱的味道……这没有关系,我不会嫉妒一个果子。你的嘴是属于我的。让你的嘴享乐吧!一切都是属于我的。”

在意大利他们愈向前走,就愈兴高采烈。越过亚平宁高原之后,这种兴致达到高潮。当他开始踏上佛罗伦萨的土地时,两位妇女先窥视玛克的激动心情,欢欣的程度,超过了预先的估计。当玛克走进用大块方砖铺地的狭窄胡同时,他激动得喘不过气来。两边是高堂大厦挺拔整齐的高墙,贵族府的尖塔像一把出鞘的宝剑般耸立着,刺穿天空。首先是恐惧。他不对人说。匕首的袭击。他双腿发颤,背靠在墙上。接着犹如鲜血从伤口喷涌,赞美的心情冲口而出。两位女伴笑着:她们看见的只是美。关于 Quattrocento 文艺复兴时的屠杀[①],关于埋伏在每一个墙拐角后面的死神,她们眼睛接触到的只是艺术化的长袍、精工制作的骄傲的锁子甲、几个世纪以来陈列馆的看守们擦拭兵器上血渍的 Armeria[②]。可是玛克,像灵敏的狗,一下子就闻出锈迹。血就是血。血是没有年龄的,这是不是马泰奥蒂的血?在一个广场角落,安乃德指给玛克看,上帝的代罪羊萨沃纳洛勒[③]被焚毙之处……在黑色宫殿的正面墙上,像肉店用的铁钩上,曾挂过谋反者们的头颅和被肢解的尸体……在教堂里的墙上,有那些 Duci condottieri、那些大屠

① 意大利文:十五世纪。

译者按:欧洲文艺复兴时期进步的人文主义思想,人权思想,与保守反动的神权统治,曾经有剧烈的斗争。

② 意大利文:武器库。

③ 萨沃纳洛勒(1452—1498),政治家、宣教者,因触怒教皇而被处死刑。

夫们的画像……两位妇女笑着,就像在陈列馆的绘画和壁画上那些瘦削的金发少女,长腿像芦苇似的摇摇摆摆,头太大,茎太细。玛克笑了。他也笑了……生活是美好的。人们原谅生活有时太残酷,当天空放在它的额头上,如同放在无情的宫殿顶上,那用紫堇花扎成的王冠。在这额头下面,发烧的眼睛像嘴巴一样,妍丽如花。在这样的嘴中,说的是托斯卡纳[①]地方音乐般动听的方言。于是,为了使天空、艺术和美丽身体所引起的陶醉更完美,来一顿美餐,喝一瓶清新温暖的希昂蒂[②]的 fiascho[③]。玛克不是克制饮酒的人。他的两位女伴,挪亚的女儿,也不戒酒。他们感谢一切美好的东西。

可是晚上,当他们回来时,游荡一天后感到了倦乏和快慰,假如他们的脑袋摇摇晃晃,那是由于他们的眼睛喝了酒,比喉咙喝得更多,喝的是这一天的晴空朗日。在他们两间打通的房间里,他们让门开着,继续聊天,从这张床到那张床,母鸡和她的小鸭子们一直谈到沉沉入睡。然而有时在半夜,安乃德起了床(她很快就睡够了),她悄悄地,光着脚,到窗口去吸饮美妙的星空。她几小时之久地待在那里,在麻木的神往状态中,一直到破晓的寒冷使她觉得凉飕飕,她只好回到床上去。

有一次,玛克去和她会合。那是他们动身的前夕,他们准备在第二天晚上登程去罗马。在永恒之城逗留五天。接着,就回法国。玛克走近她,没有让她瞧见。他把手放在母亲手上。她惊了一下,急急忙忙地道歉,好像一个在干坏事的孩子被人抓住了。她说:“不要责备我!这样美好的夜色,睡觉简直是造孽,生活的时间已经剩下这样少了。”

他不抗议,合乎人们在这种情况下应有的礼貌。他不说:“你生活的时间不是很短,而是还很长……”他只说:“那倒是真的。”(第二天

---

① 托斯卡纳,意大利中部地区,处于亚平宁山脉的东南,首府是佛罗伦萨。

② 希昂蒂,托斯卡纳地区锡耶纳的山区,盛产美酒。

③ 意大利文:美酒。

晚上,她重新想起这句话来……)

可是他去找了一件斗篷,温柔地披在母亲双肩上。那时,她已感到夜的凉意,打了一个寒噤。他握住她的手,他们这样待着,静观夜景和他们自己的思想。从最高一层楼窗口,他们看见佛罗伦萨的屋顶,在林立的屋顶之间,突出来若干钟楼和矮而粗的圆顶教堂,支撑在弧形的石柱上,好比一个极其庞大的昆虫,准备跳跃。从地面上,传来水池中潺潺的流泉声;像公鸡一样,时钟每隔十五分钟,互相传递一次呼号,不倦地报告光阴流逝。在街上,极少的行人脚步声在石板上响。从邻室(安乃德和玛克微笑着)传来阿霞的轻轻而果断的鼾声。安乃德问她儿子:"我的大孩子,现在,你幸福了?"

他回答说:"我的大姐姐,谢谢你!"

"谢我什么呀?"

"谢你给了我生命。"

她的心里洋溢着欢乐:"这么说,归根结底,你不后悔这趟冒险?"

"做一个男子的冒险?"他问。"不。说到底,贫困、耻辱、残暴,再加上到头来以死亡结束,这一切都值得去经历!……Dimicandum① 真美,真好。"

"内心充满和平。"

"和平在战争中。还有良好的战友,像这两位……"

他指指在睡觉的那位。另外一个,他用臂膀抱住她。安乃德说:"倒下去的那个人,由另外两人把他抬到目的地。"(她想的是她自己。)

玛克说:"一言为定!战胜的那个人,是为了三个人而胜利。"

安乃德傲然说:"为一切人。"

玛克快乐地笑了。他狂热地吻安乃德,她也用拥抱来回答他……

一阵赤脚的窸窣声。一个讽嘲语音轻轻地说:"当场捉住!"

---

① 拉丁文:要搏斗。

两只手像钳子般紧紧按在他们丰满的背上。那是母猫来了。她说:“多不害臊,安乃德妈妈在诱惑我的丈夫放荡。见女人便追的家伙!你愿不愿意回到我床上去?”

但是他们把她挤在他们两人之间,三个人披着同一件牧羊人的斗篷。阿霞挑逗这个,又挑逗那个。那两人都搔她痒……但是他们三个人都不动了,面对好像在屋顶上飞跑的曙光。阴影逃向各个角落。忽然,一道金光使一个圆屋顶上十字架的尖端光焰四射。白昼喷薄而出,已经来到。

* * *

他们从旅馆出来相当晚了。他们说定在这最后一天什么也不要错过。但是他们上床后又睡着了,而且大睡懒觉。玛克和阿霞互相搂抱着醒过来,听见钟敲十一点,吓了一跳。不过,“说到末了”,像妈妈所说,他们不认为时间是浪费了。

安乃德没有等待他们,她在桌上留了一张字条,和他们约好,十二点欠几分钟在圆顶教堂内部见面。他们到那里去寻找,最后发现她在阴暗的角落里,在主要神坛的阴影中,在名画《放下十字架》脚下。在米开朗琪罗一切名画中,这幅画对安乃德的心灵具有一种不可抗拒的吸引力。她到这里来向这幅画告别。他们拉着她走。阿霞对米开朗琪罗没有很大兴趣(她对艺术兴趣也不大)。她以不屑理睬的神气噘起嘴唇,对这些包裹着半阴影、像包着蜘蛛网似的石头产品表示反感[①]。蜘蛛在上面,藏匿在教堂圆顶深处,挂着庞大的触角。

“够了!走吧!”阿霞说,匆匆忙忙领着他们出来。面容激怒的神在这洞底窥视着,在这种场合她向来感觉不自在。玛克说:“魔鬼不喜欢祝福的水。”

“我喜欢自由的水,”阿霞说,“地上的水,阳光照耀的水。谁愿意

---

① 包裹着蜘蛛网似的石头产品,指教堂建筑的内部。

谁喝神圣的洗脚水!”

“你更喜欢葡萄的水?”

“那是上帝的血,”这女魔鬼大言不惭地说,“喝酒去吧!”

他们高高兴兴地去午餐。他们在阿尔诺河[①]畔选中一家 trottoria[②]。一边走路,阿霞取笑安乃德对阴暗角落的留恋和信教的虔诚,她说,如果她早知道她有这种习惯,她不会和她结婚。安乃德说,为了更好地欣赏光明,阴影是必要的。

“痛苦是必要的,为了更好地享受快乐,我知道这句老生常谈,”阿霞反驳说,“Durch Leiden Freude...谢谢!我更在乎不掺水的快乐,好比纯酒一样。我的脑袋够结实,受得住。我不愿意在我的酒杯里有眼泪。我纯洁的玛克……”

“你的玛克,你的玛克!就会霸占!两人平分!他是从我的酒槽里出来的酒。”

“我在这一切中演什么角色?”玛克抗议说,“这多么让人见笑!闭上你们的嘴,两位长舌妇!我很愿意被人喝,被人吃,但是至少被人类的‘大肚量’[③]吃喝。”

“人类就是我,”馋嘴婆说,她又加上一句,“开个玩笑,我的狼,可是你有理。因此我们爱你。我并不是一个爱独占的人。我愿意我的玛克是为大家的。让他们把你吃掉,那些饥饿的人!但愿我们三个人一同被人喝,被人吃!”

在 Ponte Vecchio[④] 上,两位妇女停下来,在店里购买纪念品。镶嵌工艺品,精装书。阿霞想买珊瑚角,为了驱逐邪恶的眼光。虽然她在笑,说不定她杂乱的灵魂深处,不见得不相信辟邪的作用。关于宗教,一点痕迹也没有了!但是迷信却要多少有多少!这是一种游戏。

---

① 阿尔诺河,意大利河流,流经佛罗伦萨、比萨,注入地中海。

② 意大利文:小餐馆。

③ 大肚量,典出拉伯雷的小说《巨人传》,“大肚量”是一个贪吃的巨人。

④ 意大利文:老桥。老桥是当地很有名的桥,架在穿过佛罗伦萨城的阿尔诺河上,在桥上,两边摆满出售纪念品的棚子。

可是要做好游戏,必须把游戏当真。正当她在盒子里东张西望时,她看不见周围邪恶的眼光在逡巡。玛克,不像她一样眼睛忙于看自己的手指,注意到桥头有几个黑衫党人,有几个年轻人在守望着,其中几个在巡逻。当他们走过他背后时,他们仔细打量他。他无意中发现他们中有两个人用眼光在指点他。他什么也没有告诉他的两个女伴。要是在别的时刻,阿霞也许比他先看见这些人,而且认出他们,因为和这类面孔迎面相遇,已经不是第一次了。可是珊瑚做的吉祥物,犹如另一族类的神明,遮蔽了她的眼睛,把她领到圈套中去。

买完东西以后,两位妇女和玛克回到桥头;他们正和担任守望的那伙人面对面交叉而过,玛克和他们互相打量了一眼。阿霞正在叨唠她买来的那些小玩意儿,忽然把话停止,已经走过去又回过头去看,她相信看见了(幻觉!)在出租汽车中坐着那个卢加诺的"oldman"①,布欧纳弥哥的心腹。她视线跟着出租汽车走,车子走了几步远就停住了,她窥视着。可是没有任何人下车。当她向后看的时候,jettatura②又一次欺骗了她,噩运正在前面发生……

他们沿着隆格诺·阿西亚乔里河岸向前走,那时从一条路的拐角处走出来一个上年纪的人,灰白的胡须,稍稍伛偻,有着知识分子瘦削而神经质的面容,近视眼,戴着眼镜。他一边走,一边向四周惊慌不安地环视。一个十四五岁的少年走在老者前面。少年的敏锐目光,正在他们冲过来的前一秒钟发现了埋伏着的黑色乌群。少年转身跃退,奔向他的父亲,努力把他拉到一所房屋的门洞里。然而整整一帮匪徒,大声呐喊,扑向他们。霎时间,那孩子被撞到十步之外,滚倒在地。老人被他们包围,挨耳光,眼镜在眼睛上被打碎,肚子挨了一脚,他身子弯成两段,摇摇晃晃,跌跌撞撞,手紧紧抓住身子,大声呼号。一个暴徒,一边大叫大骂,一边举起棍子。那少年已经爬起来了,赶快跑到他父亲面前,想挡住棍子。棍子打在他举起的手臂上,手臂咔嚓一声

① 英文:老头子。

② 意大利文:邪气。

折断了,像一根树枝,他倒下了,被人野蛮地践踏,并且拉着他的颈项,拖到河滩上,要把他像一条狗似的抛入水中。

这一幕有声电影像旋风似的飞快展现着,阿霞还来不及注意玛克。当她想到他时,他刚猛冲过去。

他们一群三人,孤立在路上。所有的行人都心惊胆战地逃跑了,或者远远地躲着观望。一个高级军官,上了岁数,挂着勋章,坐着汽车从暴徒身边、从喊救命的孩子身边经过。扭过头去不看。司机加快车速,开走了。玛克大喊:"卑鄙!"

他的心比他跳得更远。他还没有来得及想他要干什么,已经冲到黑衫党人中间,他像一颗炮弹般冲破他们的行列。从他们的爪子中,把那少年夺下来,少年的上半身已经悬在栏杆外边。但是时间不长。几乎立刻,玛克把被他救出的猎物放在人行道上。他自己瘫倒在地,双手按着自己的左胸。一个大个子法西斯分子,比他高半头(就是在桥上打量他的那个人),下颚样子残暴,用两只手把刀子从下向上,插入玛克的胸膛。两位妇女看见了这一袭击。安乃德身体摇晃了,这一刀和扎在她身上一样。阿霞蹦跳过去,像一只豹子,扑在她丈夫身上,保卫他。她的十个指头狠抓屠夫可憎的脸,挖了他的眼睛。旁观的人等着看她被杀死……可是一个戏剧性的变化发生了。有一个人一直在一定的距离之外监视着这幕戏,而且似乎在领导一切。他已经跑过来了。他说几句话就行。一下子,一伙匪徒都走散了。在玛克和阿霞周围空无一人。他们两人单独待在阳光下。而群众,现在站在距离三十步远的地方,看着。

玛克死了,一刀就把他扎死。他双手合并在他的心脏上,滚滚的鲜血从他指头缝里流下来。脑袋仰躺在铺路的石板上。他睁开的眼睛,再也看不见东西了。在鲜血的帷幕下面,托斯卡纳的天空,深深地刻印在玛克的眼中。

在十五步外,安乃德单独站着,遍身瘫痪,两只空洞的大眼瞧着玛克,向他伸着双臂,呼吸阻塞。呼吸恢复了,像一架破旧的风箱,呼噜呼噜响。群众在她背后,听见她喘息,可是没有一个人出来扶一扶这个母亲。她开始走向儿子。可怜她的两条腿和石头一样,每一步都要她付出超人的努力。

她走到俯向她亲爱的人、在他血泊中的阿霞身边,把她推开。自己坐在血泊中。她抱起死去了的儿子,紧紧抱住他,把他放平在她的双膝上。于是,突然,她的全部生命,以及全部痛苦,随着生命都涌上来了,好比化冻的河水。她抬起脸来,朝向冷酷无情的、空洞的天宇,她大声喊叫。像科西嘉岛上的“号叫女”①一般哀号。群众默默无言,感动得呼吸急促。但大部分人的激动是戏剧性的。阿霞深受震动,停止了她的呜咽,静听安乃德的 lamento,母亲在呼唤儿子:“回来吧,回来吧!你不要走,我的孩子!……”

她恳求他,她坚决要求别的母亲们救他,要求深不可测的生命源泉救他;她想和俄耳甫斯一样,到阴间去寻找儿子。她亲吻他,她把嘴放在他流血的伤口,放在胸部的流泉上。于是令人断肠的悲诉,滔滔不绝地从染满鲜血的口中出来。然而,眼睛里没有掉一滴泪水……

这时,警察登上舞台了。几分钟之内,群众被清扫到桥的那一边去,四面八方交通都断绝了。一辆出租汽车飞速地从波·S.玛丽亚路口开来,停在两个妇女和被害者的尸体旁边。从车上走下一个人,仿佛是导演。不戴帽子,神气刻板而隆重,表示了官样文章的哀悼之后,他一直走到安乃德身边。在他的指示下,两个人俯身去抬死者的遗体。于是,lamento 戛然而止。安乃德注视着“敌人”,把他推开。她听见自己的声音在远方回响,于是她听清了那是西尔薇粗犷的号叫,在巴黎的街道上,她对着摔死的女儿②哀号。一种可怕的安静进入她的心胸。她不再说一句话,站了起来,用眼光招呼阿霞。在阿霞帮助下,

① 原文“号叫女”用引号,并用斜体字,疑有出典,但没有查到。法国少数僻远地区,还保留古代风俗,丧葬时雇用妇女为死者哭号,表示哀悼,称为“哭嚎女人”,疑为“哭丧女人”之别称。按古希腊陪葬陶器的装饰画中,也有哭丧女的形象。

② 摔死的女儿,见《夏季》。——原注

她抬起儿子、情人、亲爱的人。她抬他的双肩,阿霞抬着双腿。她一眼也不瞧主动来帮忙的人,推开他们,把尸体放在出租车内。她把尸体放平。阿霞上车。她正要上车的时候,在警察筑成的人墙后边,发现被袭击的老头和少年,她的儿子是为了他们而死的。他们用挨了打、遍身是血和污泥的狗的那种求饶的眼色在瞧着她。她严肃地向他们点头招呼。她悲惨的平静似乎说:“这很好。”

出租车开走了。

在旅馆内部,走廊上,楼梯上,没有一张人的面孔。警察把当地清洗了一遍。在屋顶下的房间里,她和她儿子看见太阳升起的房间里,现在照耀着一个杀人的太阳。安乃德擦洗了儿子的尸体,缠上绷带,给他穿好衣服。她不许任何别的手接触那神圣的肉体。只有阿霞……但是阿霞一点忙也帮不了。虽然她是习惯于看见死人的,但在这次事件打击下,她完全垮了。她一看见亲爱的人的遗体,立刻就倒在上面,一边抽噎,或者发狂似的吻遗体。为了结束对遗体的擦洗,安乃德把阿霞关在旁边的房间里。洗完以后,安乃德去把门打开,她发现阿霞站在门口,精疲力竭。安乃德把她和衣放在床上,麻木的阿霞,听人摆布。她一阵昏迷,一阵狂怒,交替出现。

在房间周围,一片沉寂。一切都组织好,让这两个女人和外间完全隔绝。没有一个人来看望他们。她们被严格监视,不让任何人和她们说话。凶杀案的两个幸免者,父亲和儿子,想设法来向她们表示感激,可是毫无办法。她们根本不知道。报纸上一字不提这件事。法医来了一下,做个样子而已。接近黄昏时,意大利官方人物也出现了,来表示吊唁。安乃德昂着脑袋接见他们,态度平静而严厉。她有魄力一点也不露出她的情绪来。阿霞不得不躲在邻室,为了不露出她的怒火。扑在床上以后,她使劲咬床。法国领事也姗姗来迟地出现了,他记录了当事人的诉状,和安乃德商量好关于入殓、起灵以及动身等问题。安乃德本来想一天也不多待,但是一切手续使她一直滞留到第二天晚上。

因此她不得不在杀人的城中再过一夜,石头的城市,多少世纪以来,舔了被杀害者的血。(艺术之花是从这些血中萌芽的……此时此刻,安乃德恨不得把花践踏在脚下!……)阿霞一再要和安乃德一同守灵。她跪在死者脚边,吻死者的脚。她喃喃地断断续续说着单调的祷词,有时提高调门,有时中断。最后她沉睡在思想的黑夜中,面颊挨着玛克的一只光脚。安乃德坐着,上身向前倾,用她干枯的眼睛注视着深渊。到处都是黑夜,上边,下边;外边,是夜;里边,也是夜;黑色的翅膀抓住她,在空中翱翔。她本人也是黑夜。

白天又开始了。一个新时代……Post mortem...[①]一个陌生的太阳,他的眼睛没有见过。安乃德现在属于另一个世纪。

但是她还没有到闭上眼睛的时候,她直挺地躺着,和他一样,双手合在心窝上。还有责任没有尽到。她洗了脸,穿好衣服。她照顾阿霞吃点食物,不吃也得吃,她强迫阿霞吃。阿霞拒绝,边吃,边哭,吃了自己的泪水和早点。末了,她心中作呕,把早点都吐出来了。双层的棺材很早很早就送来,人们要用铅做监牢,封住尸体。阿霞逃到楼道上去了,像一个迷路的人,用双手捂着耳朵。安乃德拒绝走开,她瞧着自己的孩子被人封闭在棺木中。她闭着嘴对儿子说:"不要害怕,我的孩子,我在这儿……"

这以后,他们三个人单独在一起。把百叶窗整天关着。他们不动了。儿子,母亲,妻子。他们三个人都躺着。安乃德把阿霞放在她床上,挨着她。阿霞不能独自待着。她抓住阿霞的手,两人肩并肩,都仰面躺着。由于悲痛而昏昏沉沉的阿霞,听着街上的喧闹声,感到遍身麻木,或者被房间里的一个大苍蝇凄惨的嗡嗡声扰得不得安宁。安乃德的手加紧抓住她。安乃德睁大眼睛,对着视而不见的天花板,回忆和玛克一起度过的全部生活。

晚上,火车在十一点以后开动。两位妇女在月台上找到法国领

① 拉丁文:死后的。

事。他把她们置于他的保护之下,一直看她们上了车,才离开她们。她们两人包了一个车厢。安乃德俯身到车门之外,和领事告别,这时她又一次看见,那个被玛克援救出来的断臂少年被警察拦在外边。他居然进了月台,但是人们不许他靠近火车。安乃德向他挥手致意。她向领事表示她要和那孩子说句话。警长勉强让少年走近火车。他急忙登上车门前的踏脚板,哭泣着吻安乃德的手。他滔滔不绝地说了一大串安乃德听不懂的话。但是他们不需要说话。安乃德收回她的手,把手放在少年的头上,于是她高声说,使在旁的见证人都能听到,她把孩子委托官方来照顾,她又请求领事以后把孩子的遭遇告诉她。她愿意在她离开之后,尽可能不让人对孩子施行报复。

火车头鸣笛。人们也不一定要这一幕拖延太长。安乃德坐下,披着黑纱。在黑夜中?列车向前开行。

第 三 部

神圣的道路

这些日子,西尔薇身体不大好。她身体不好已经很久了,可是这天早上,她觉得精疲力竭。四肢沉重无力,她连站起来都有困难。往昔,天一亮,她那种精神抖擞的劲头,现在到哪儿去了呢?那时,眼皮还没有完全张开,她的精神已经一蹦而起,撇开睡眠,同时掀起被单,两条光着的腿伸到床外,在地毯上,两只小小的脚踮起脚趾……今天她一起来就软绵绵地坐下,有气无力,连披上睡衣的力气都没有。身上既汗水淋漓,又打寒噤。她费了很大的力气洗脸擦身,而且分几次洗。倒不是她缺乏体力到这程度,而是缺乏毅力。往昔,每一个动作都是不假思索地完成的,一个动作带动另一个动作,不需要她费力去想,可是今天每一个动作都要求她一鼓作气。她举起一条手臂整理头发,手臂落了下来,或者僵住在头上不动了。她必须随时对自己说:“走吧!前进吧!……”

这是令人厌倦的。而且稍微用一点力,就喘不过气来,……她在镜子里看见自己发黄的脸色,在梳子上,一团团乱发(头发掉得真多!),鬓角上的头发已经灰白。她露出藐视且怜悯的微笑,无情地判决她衰老的身体——这块可怜的用烂了的衣料时,她的精力恢复了。她毫不留情地观察松散了的网眼。当她摸自己的肚子时,感觉到尖锐的痛苦,仿佛一把刀在往里扎。她支持不住了,赤身裸体地坐在浴缸的边沿,身子弯成两截,双手按在伤痛处。痛苦一直往里沉,消失了。可是西尔薇老是坐着不动,跟着身体深处的抵触感。最后,她站起来,用手抚摸左边大腿,膝盖周围有点儿肿:雪白的皮肤很光滑,绷得紧紧的,整条腿沉重得像石头。毫无疑问,身体的倦乏感是从这儿来的。但是,这阵子,如果没有刺痛她的慌张情绪,困乏的感觉不算什么。她无法对自己解释,没有任何理由。事情的经过都是应当如此的。她老了!她的精力、健康、生命都在消失。谁知道这是为什么?当人知道为什么,而身体又这样垮了,那是出于自愿而垮,因为过分地享乐了,你不用牢骚满腹,因为你的钱没有白花。西尔薇对值钱的货决不讨价还价,她在做买卖时也不让别人对她的货讨价还价。花钱她可在行!……那么为什么这样颓唐呢?

一整天,她没有出门。住处空寂无人。佩娜岱特和她丈夫利用圣灵降临节的假期,坐了自己的汽车出去跑几天,一直到巴约讷[1]。西尔薇面对一只打开的抽屉发呆,一边整理,一边任陈旧的信件掉在一边,看了一行信就遐想起来,忘乎所以。额头上,两道眉毛之间隐隐作痛。这个痛感陪伴着她。空洞而漫长的一天过去了。她想必有时打一阵瞌睡。时间飞快地流逝,她觉得遗憾、不安,她真想把时光留住。有人把晚报给她送上楼来了。她在床上不慌不忙地打开报来瞧,她的漠不关心的眼光把社会新闻走马看花地瞥了一眼。在"最后消息"栏中,五行简短的新闻:

在佛罗伦萨,一个法国人被暴徒杀害……

她没有读这条新闻(她相信她一句也没有读),除了第一行之外。她不关心这个消息。她关上灯。她是这么疲乏,把摊开的报纸撂在床上……睡着了。没有形象的深坑……也许这个无定形的形象仅仅是

① 巴约讷,法国西南部城市,濒比斯开湾。

一种对一个接一个、没有间歇地烦扰人的众多形象的残余？人好像装在一个袋子里，捆缚着，抛掷在空中，没有空气，没有光亮，没有手，没有喘息，也没有眼睛……整整一夜，她就是这样被卷走。她想挣脱出来，挣裂捆袋子的绳索，接着筋疲力尽地倒下，有几小时之久。

当她终于逃出来之后，她把灯捻亮，看了看时间，还不到半夜十二点：她只睡了不到一小时。一种不能忍受的焦急心情，噎住她的嗓子。她拿起一本书来想看，她的视线却转向摊在床上的报纸。她又拿起报来，没有故意去找，就又瞧见"那个法国人在佛罗伦萨……"这一行字。往下读："Ribiére①..."不觉心头感到抽紧了一下。这时她想起来，第一次她似乎已经读到这个名字。她手里拿着报，顿住了。她一个字母一个字母地拼音，明明写着："Ribiére...在与黑衫党人争吵时，被杀死在阿尔诺河畔。"她耸耸肩，扔开报纸又关上灯，设法使她的思想中也出现安静的黑夜。她以为出了什么事呢？……

"蠢货！……你就会无中生有……"

明明白白是个"b"……她在枕头上翻了个身……无论怎么说，知道她侄儿和她姐姐都在瑞士，这使她放心……谢谢上帝！这天夜里，她需要不止一次地重复这句话。理智是被说服了，可是本能没有被说服。她不承认每次听见有人上楼的脚步声，她连呼吸都停止了。

天又亮了，她一夜没有合眼。可是她呼吸得舒畅了一点。没有收到一个电报，坏消息来得总是很快的。

收到的不是电报，是一张明信片。消息是好的。可是有时好消息比坏消息更为可怕。明信片上的邮戳写着"佛罗伦萨"，这是玛克给她写的！……在西尔薇眼睛前面涌上来一阵热血。她什么都瞧不见了。而且腹部痛感又一次像尖刀似的扎她……她在雾中挣扎。她想读明信片，但必须等热血的浪潮平静下去。她的双手发颤……

玛克给她写信，这么说他活着。什么日期写的？前天。在信中，

---

① 安乃德和玛克都姓 Ribiére（李维埃）。报上的报道，搞错了一个字母，将 v 错写成 b。

玛克显得欢乐、温柔、调皮,他和他的老朋友很亲热地开玩笑。他寄来的是一张花名片,珍藏在勃勒拉博物馆[①]中的,克里威利[②]的名画《烛台边的圣母》。那美丽女子年轻、健康、面貌端正、清秀,表情稍微冷淡一点,她果断地噘着嘴,坐在华丽而有田园风味的华盖下面,挂着一串串果子。她有秀丽壮健的手,修长的指头正在把一个梨递给孩子。

这顽童(巴黎的那个顽童)[③]写道:“你认出你自己来了没有?”

(那倒是真的,这个圣母和西尔薇有点像。从前的西尔薇!难道玛克眼中的西尔薇还是这个样子?)

玛克还写道:“在你的宝座四周,有你的胜利[④]。所有这些梨,是不是都有很多的汁水?放在你脚边的小小烛台,那就是我。”

(亲爱的淘气鬼!他把这些话写在明信片上!)

他还写:“不!不要翘着下巴生气!请原谅!我疯了。这金黄色的太阳使我陶醉。还有人们看见的一切:这些古老石头建筑、初放的鲜花、这些往昔的和今天的美丽姑娘们。啊,这一切是多么美!生活多么美好!亲爱的老朋友,你为什么不跟我们一同来?我是多么想念你!当我在名画中瞧见你,我差一点要去和圣母亲吻了。但是我没有告诉阿霞……把你的下巴伸过来吧!……”

对,这个疯子,他想必把太阳当酒喝醉了。他是多么年轻!听他讲这些话,我们都觉得年轻了不少!……西尔薇,一边笑着,伸出下巴,她亲了明信片下的字迹……

接着,重新又是阴影和焦虑……她把明信片上的日期和时间和报上所登的日期时间作比较……

“不!不可能的!……光是这样去猜想,就是罪行!……要不然,

① 勃勒拉博物馆,米兰的著名博物馆。

② 克里威利(约1435—约1493),文艺复兴时期威尼斯画派的代表之一。

③ 顽童,指玛克。

④ 圣母的“胜利”,见基督教典籍《圣处女传记》。这是影射西尔薇年轻时在社交场上的得意史。

难道从昨天早上以来,我会接不到一点信息?老疯婆子!……”

*　　*　　*

可是,一分钟后,她起床了。她急急忙忙地穿衣服。她发烧的手指,生平第一次,在系扣子时把扣子弄错了。没有时间喝咖啡(这是早晨起床时的仪式)。她出门去了,把佛罗伦萨寄来的那张明信片塞在怀中,贴着皮肉……“疯婆子”,她是疯婆子。因为,不顾她腿肿的威胁(她对疾病是内行的,她知道这到底是怎么回事),她要徒步登上蒙马特尔[①]山顶,为的是到教堂中去祷告。这是她许下的愿。她咬紧牙往上爬,拖着她身后的大铁球。到最后,她双手抱着腿,一级一级往上爬,一直爬上二百二十五级阶梯。她很可能跪着用膝盖爬上去,假如她不怕跪下了再也站不起来。她精疲力竭地到达小山顶上。在一尊圣处女塑像前,在跪凳上,她倒下了。她祷告着,祷告着。但是她老说不完祷告词。她索性把话打断。从她口中,在说话的中途,吐出单调的、一再坚持的、不容否定的断语:“他活着,他活着,他活着,我要他活着!……”她想对女神发号施令。她反复说这一句,一直到精疲力竭。于是她不得不中断一分钟,喘一口气。她觉得脑子空空,心里干枯。她抬眼看那个俯身向着她的圣母,于是她想起另一个圣母,和她自身面容相似的那个。她丝毫没有想到这种比较是亵渎神明的。她和圣母平起平坐地说话,好像对镜子里的自身面影说话。她对圣母说:“*我要,我要*。”

仿佛她处在圣母的地位,站在台座上。可是对方始终很忧伤,显出坚忍的样子,双手摊开。她*不愿意*……在下面的西尔薇怒气上升,责备对方。她又开始急促的嘟哝,说一句,顿一下,加强力量:“他活着,他活着……”

① 蒙马特尔,巴黎市区内的丘陵,在山顶有圣心教堂。

她试图收买上帝。她献给上帝一笔钱,以及一些荒唐的东西:承担虔诚的、或没有虔诚意图的义务,毫无意义的身体和精神上的苦行,惩罚性的额外修行措施以及不适当的精神折磨……这一切,上帝又能有什么用处? ……她自己也有这样的印象,她说:“可是,难道我能知道什么? 你说吧! 不论你要我干什么,我就去干。”

于是,她堕入勉强做作的自谦自卑的深渊。但是她一倒下去就碰到土地,她谦卑的深渊不能有多少深度,她重又回到自己的枯干的灵魂面前,她火烫的自我不能忘掉自己。于是她用手指抓挠这一切,为了从这一切之中喷涌出一股信仰的泉流,溅到睡眠者[1]的脸上,对能够然而不愿意办的那个人,让喷泉强迫他按照她的意志去办。但什么也没有喷射出来,而且睡眠者照旧在睡眠……

他没有睡……西尔薇觉得他眼皮半张半合地在窥视她……于是突然间,她像受了雷击一样,想:“这已成了事实! ……”[2]

啊! 不是由于他,这个僵化的人,无能为力者,闭口不言者! 只要看那个脸色惨白的求情者,那个接受请求和传达答语的女人。她沮丧的神情,她那双失败者的手:

“我无能为力! ……”

“那么为什么人家向你祷告呢?”

西尔薇猛一下推开她的跪凳。她站起来的时候,把跪凳碰倒了。可是她没听见凳子倒下的声音在庙宇中震荡。她在她脑袋的雷声中,只听到可怜的道歉声:“我无能为力,这是命运……”

“而你自命为上帝! ……说谎者,说谎者! 命运,狗东西! 狗! ……”

她高声说。幸亏周围只有几个虔诚的信徒。人们听到的只是闹哄哄的声音,听不清是什么。教堂管理员远远听到闹声赶来,只见一

① 睡眠者,指上帝。

② 这已成了事实,这是说,西尔薇突然感到,玛克已死。

个怒气冲冲的女人走出来,旁边的椅子被她碰得乱七八糟。

西尔薇重新出现在死亡的天空下面,在周围死亡的城市上边①。她重新跌跌撞撞地走下陡峭的“七痛”②梯阶。这时痛苦又加了一个!她用劲抓住栏杆,怕滚下去……她可能相当快地就滚到了底下!她知道等待着她的是什么。很奇怪,现在她心中已经没有一点怀疑的影子。事实上,她所知道的并不比刚才她登山时知道的更多……她什么都知道!用不着跟她辩论……她愈往下走,她对山顶上那些人的怨愤渐渐消除了。他们什么也办不到,他们和她一样是战败者——就像所有这些她看见他们正在往上爬的可怜白痴一样,正如一小时以前,她往上爬一样。不过她很想对他们喊:

“不要上去!上面的人连帮助自己都不能,他们怎么能帮助你们呢?你们明明看见他也死掉了,那个‘妇女’之‘子’③,他们天上的‘儿子’!”

她愈往下走,和她的愤怒渐渐消失一样,她身上剩下的一点力气也消失了。她拖着脚步走。

使出了无法想象的全身力气,她好不容易走回了家,虽然她固执的骄傲从不肯求人帮助,但也不得不对在门口闲逛的看门妇人说:“布瓦罗太太,您能不能帮助我上楼去?”

那个老实的女人对她说什么,她一点也没有听见。然而到了三层楼的楼梯口,她发现了乔治。乔治在等候她。对这一点,她是肯定的。

乔治穿一身黑,她在哭泣。西尔薇不哭。她说:“是你吗,乔治?”

她辞谢了布瓦罗太太。此人倒并不急于走开。西尔薇说:“等一下,我找我的钥匙!”

门打开,她们进屋,把门关上。当她们两人单独在房中,旁边没有

① 这时西尔薇在蒙马特尔小山上,所以说在天空之下,城市之上。至于“死亡”的天空和城市,说明她当时心情恶劣、阴暗。

② “圣处女的七大痛苦”是天主教修女的宗派名称。典出天主教文献《圣处女传记》。

③ “妇女”,“儿子”原文均用大写,指圣母和耶稣。

别人,乔治忍不住呜呜地哭起来,她伸出双臂,结结巴巴地说:“西尔薇……西尔薇……”

西尔薇回答说:“是,是,我知道……”

她顺势倒在安乐椅上,脸色灰白,精疲力竭,两眼闭着,差不多像死了一样。

于是她说:“现在,你讲吧!”

* * *

乔治在瑞士接到了安乃德的一个电报,给她一个任务,对西尔薇做接到噩耗的思想准备工作。她是带着孩子乘夜车回巴黎的。一到巴黎,她就跑到西尔薇家。可是使她惊愕不已的是,她发现了一个已经有准备的西尔薇。一个不吃惊、不喊一声、不掉一滴泪的西尔薇。一直等到乔治倾吐年轻人的大量悲伤、大声哭泣、泪下如雨,都发泄了之后,她才发现西尔薇闭着眼睛,面色发青。乔治害怕了。她抓起西尔薇冰凉的手,摸摸她的额头,探探她的心脏,把她紧紧搂在自己怀中。西尔薇一直不哼一声,可是她睁开眼睛,但注视的却并不是乔治。

乔治身强力壮,抱起西尔薇来,把她抱到床上,替她脱去衣服。她看见西尔薇下半身发肿,于是她准确地估计了危险性。在做别的治疗以前,她先给病人用绷带缠好,让她伸躺在床上。西尔薇一动不动地任凭乔治摆布。可是乔治白费力气也不能从对方口中问出一句答话。她坐在病人的床头,陪伴着她。她把孩子放在家里,可是她又不愿离开病人,乔治不知如何是好。西尔薇看出她的为难,她提起精神瞧着乔治,对她说:“孩子在等你,去看孩子吧!”

“可是我不能让您一个人在这儿!”

“我已经习惯。”

“但是,如果您需要救助?”

“我按照我一贯的做法:我忍着点儿就是了。”

“但是您不应当活动。”

“我决不动,我像他那样不动。”

乔治吃了一惊,她年轻的眼泪又流出来了。她把自己湿漉漉的面颊去擦西尔薇的面颊。西尔薇在她的嘴唇角上舔到了咸味。她说:“你能哭,你真幸福!去吧,你走吧!我需要独自待着。一直到晚上,我不活动。到了晚上,你再来!我要出去。”

乔治直起身子,眼睛擦干,表示反对……

“我要出去。”

乔治说不行。她禁止西尔薇这样干。她生气了……

“我要出去。”

乔治说安乃德已经通知她今晚回来。西尔薇立即表示她决定到火车站去接安乃德,这是没有讨论余地的。

“但您这样干是冒生命危险的!”

“冒生命危险又怎么样!”

乔治抗议,西尔薇说:“够了!你晚上来,帮助我。要不然我独自去。”

乔治不作声,走了。

西尔薇一个人待着,躺在床上,整个下午,她没有做任何动作。她的身体已经死了。她的思想在火车上,在这时刻,火车正在隆隆地穿过瑞士和法国,回到巴黎来。西尔薇已经整个和安乃德在一起了。两姐妹之间多年的友爱,重新把两人结合在一起。对两人来说,手足之情已成为她们当前悲痛中的一种安慰。她们各自在想:“这可怜的女人!……”

(安乃德想:“没有我在,她怎能经受得住这一噩耗?”

西尔薇想:“没有我在,她怎能经受得住这种打击?”)

在她们共同的不幸中,双方都在设法怎样使对方减轻一点悲痛。虽然她们在事实上、在情感上、长时期地彼此分离,但她们都有把握,这件丧事对两人都同样悲痛。这个孩子好像是她们姐妹俩共同养大的;喂食,抚养,各人都有一份。她们已经不想让自己独占。这个孩子的死亡,也是姐妹二人一起死亡。在孩子的坟墓中,姐妹俩显得多么亲近!

“来,我们一起躺在这儿,我可怜的安乃德!”

于是西尔薇眼前又出现她们两个年轻的脑袋挤在一起、一同俯身在孩子摇篮上的情景。

夜幕将垂时分,西尔薇起床,不顾乔治的禁令。她打开衣柜挑选她的旧衣服,拿了针线和剪刀,修改了一件连衣裙。将近八点钟,乔治来了。既然她毫无办法阻止,至少应当尽力使风险的严重性减少一点。她替西尔薇重新包扎,换了绷带,帮助西尔薇穿好衣服。西尔薇在靠近床的抽屉中,拿出她的小镜子和脂粉。她不愿意她的神色使安乃德不放心。乔治用她的年轻运动员的双臂扶持着西尔薇走下楼梯。一辆出租汽车送她们到火车站。

辛普朗开来的列车准时到达,像国王(人们这样说)那样准时,像发生不幸事故那样准时。十点过几分,两个接车的女子看见下车旅客的人流中,走过来两个披黑纱的女客。比较年轻的那个用黑纱遮住面孔。安乃德,光着脸,挺着腰,从容不迫,手臂挽着儿媳的手臂,可是西尔薇敏锐的眼光看清了,安乃德不是为了要靠在那个年轻人身上,因为年轻的那个还没有她坚强。远远地,安乃德就认出西尔薇。从这时开始,虽然她并没有加快步伐,眼光却不再离开她妹妹。西尔薇看见对方的眼睛走过来,这双眼睛可怕的平静,正如她的大嘴,可怕地紧闭着。安乃德清晰地看见西尔薇憔悴的病容,脂粉的掩饰是瞒不了她的,在假借的红色底下,可以看出浮肿和灰白色的脸。当姐妹俩抱吻时,双方没有说一句话,可是在紧抱中,她们觉得惨痛使她们身体合而为一。乔治和阿霞把她们的眼泪混合在一起。当她们互换抱吻时,安乃德在把乔治抱在怀中的一瞬间,问她知道不知道西尔薇的身体情况,乔治匆忙地在安乃德耳边轻轻说了几句。安乃德又到西尔薇这边,用一条手臂搂住她的腰,扶持着她,而不显出在扶她,因为西尔薇想隐瞒她的病情,把腰僵挺起来。安乃德的手指感到西尔薇踉踉跄跄的受伤的肉体在微颤。她把妹妹带到她的寓所。

她干的第一件事是去吻那个正睡觉的小孩。在没有开灯、只从半开半合的门缝中透进一点光亮的房间里,安乃德单独和孩子待了一会儿。还在沉睡中的小娃娃叫了一声:“晚安,爸爸……”

接着,他醒过一半来,说:“原来不是爸爸,是安乃德妈妈。”

“我也就是他！睡吧,小宝贝!”

孩子又睡着了。

安乃德回到别的人身边,做了个手势,什么都不谈。她对西尔薇说:“你和我一起睡。你不要一个人回去,这样更好。对我也好。可是我们不谈话。你同意吗?”

她离开西尔薇,去照顾她的儿媳妇。她强迫阿霞吃一点食物。阿霞不肯吃,只顾哭。安乃德把她托付给乔治,乔治把她带走。乔治也接受了安乃德关于第二天的指示。办理有关丧葬的手续。两个年轻妇女,一边走,一边不能止住她们的泪水,互相说:“她是怎么搞的,她们两人是怎么搞的,能够不哭?”

她们几乎产生极大的反感。可是同时,她们也为此感到恐怖。乔治高声说出阿霞也想到的一句话:“上帝,上帝,不哭出来,想必和地狱一样难受！……”

姐妹俩坐在床上,用无限柔情相对而视。安乃德帮助西尔薇解衣就寝。她自己躺在西尔薇身旁,过了一宵。姐妹俩互相搂抱着,她们的精力已经耗尽了。妹妹紧紧挨着姐姐,姐姐抱着妹妹。西尔薇开始呻吟:“我们可怜的孩子!”

于是,心潮腾涌……堤防决口,泪水泛滥,淹没她俩……任何人都瞧不见,她们自己也瞧不见。每人在对方脸上吸饮两条灼热的溪流,混成一条小河……悲伤的小河！这是她们的姓,也是她们的命运。她们这条小河是用发烧的热度、爱和痛苦组成的,然而它是纯洁的,在这时刻,它是神圣的。它的水流没有污垢,它的水流冲走自私心的最后残渣。两人中没有一个想到自己,而只想到另一个人,想那个“可怜的孩子”,想到对方——姐姐或妹妹的痛苦。当大部分山洪奔流已尽,她俩心中充满了怜悯的激情,两人互吻眼睛和鼻孔。她们用手擦干泪水,互相抚摸面颊和嘴……

接着,安乃德从她妹妹的怀抱中挣脱出来,两人肩并肩地躺在床上,互相携手,好似在黑夜中行走——姐姐给妹妹叙述经过。她用简练的言辞,讲最后的一天,命定的时刻。她的声音很低,没有音色,缓慢。她说说停停,断断续续,为了养精蓄锐,或者由于她被妹妹握着的手,感到了妹妹的灵魂在请求饶恕。她俩一直坚持到情况叙述完毕。接着是寂静和寂静的延长。西尔薇把她的手抽回来,俯身在姐姐的胸脯上,把嘴放在对方的心脏部位。这天早晨她的狂怒现在已经忘记。在她记忆中,涌现出零碎的宗教词语。

“Stabat mater dolorosa...[①]”

安乃德一动不动,任妹妹去干。对,她站在黑夜里。她慈爱地抚摸妹妹的脑袋。接着,她说:“现在,我们休息吧!明天一天够我们忙的。”

她俩转身,背靠背,紧紧地挨着。两人身上同样思潮奔涌。谁也没有睡着。过了很长一段时间,远远地在黑夜里,焦虑的西尔薇问道:“现在他在哪里,他在哪里?”

安乃德的声音回答道:“我们在哪里呢?……”

两个背靠背的身体在轻微地哆嗦……是不是一分钟之后,还是一小时之后?西尔薇又开口:“我不理解,我不理解……”安乃德不说话,用双肩挤妹妹的肩头。西尔薇,好像一个害怕的孩子,问:“什么是生命?什么是死亡?”

安乃德说:“都是那么回事。”

---

① 拉丁文:这儿站着悲痛的母亲。

*　　　*　　　*

安乃德和阿霞商量决定,不是把玛克安葬在巴黎,而是安葬在伊维特河①附近的一个小村子的墓园里。小两口子破镜重圆之后,曾经在那里度过神圣的日子。没有几天!不到一星期……(他们无法给自己放假!……)可是逍遥自在!玛克曾当着阿霞和母亲表示过他的愿望,当时并没有真正考虑实现这个愿望。但是安乃德和阿霞意见一致,要满足她们亲爱的人的最后愿望。(实际上是她们满足自己最后的愿望。)

这件事要办很多手续。但是能干的乔治和她父亲,很快就把必要的事都办妥了。安乃德和乔治到火车站的栈房,领出玛克的遗体,把他运到他最后的目的地……不过护送灵柩的却只安乃德一个人。

早晨,她仔细察看了西尔薇的身体,决定西尔薇不能下床,直到她的情况好转。西尔薇本来想反抗。可是,除了安乃德的意志之外,还有她表现的温爱,以她的眼光固执地请求西尔薇,后者只好屈服。不,西尔薇没有权利在这种时刻拒绝安乃德的任何请求,也没有权利用自己的生命去冒险,当这个生命对大姐还是很珍贵的时候(她看得出来)。她想:“我不愿意死,她需要我!”

至于阿霞,头天夜里她发高烧。请来给她看病的医生,暂时不下诊断的结论,不过他禁止病人做任何疲劳的事。如果她冒险再使自己感情激动,后果就很难说了。阿霞十分失望,她抗议,说她一定要去陪伴安乃德。然而她的潜意识竭力反抗:“不,不,我不去!……”

她害怕墓园。甚至看见这口棺材,她也害怕。这个女人,她曾经穿行过那么大的战争、革命与死亡的场地,她害怕!……正因如此!正因为她走过那些死亡的场地。后来,她记忆中的痕迹慢慢地、慢慢地腐蚀了钢铁般的精神。她的神经过分敏感。最后一次打击把她摧折了。她再也无法忍受和死者面对面地过一天。死者是看不见的,但

① 伊维特河,法国奥尔热河的支流,流经朗布依埃等地。

这也无济于事！如果她看得见死者，反而不这么可怕……“我看得见的东西是在我身外的。我看不见的，然而他在那儿，包围着我，而且进入我里面……”

安乃德不坚持要人陪她。独自一人去，这是她的愿望，但她不敢明说。她摆脱了乔治的帮助，乔治想缠着她不放，然而她不能拒绝于里安·达维的帮助。

* * *

一个农村的小墓园。墙是用不整齐的石块堆砌的。石块与石块之间并未用黏土封住，隙缝间透着亮光。被犁铧新翻起来的红土，堆在小山坡上，比墙还高。从远处可以听见犁铧耕地时和土中石块的撞击声以及耕地的农夫和马的谈话声。野蔷薇在篱笆上开花。温暖纯洁的空气，犹如年轻人的嘴。其他一切都在沉默中。在沉默中，可以听见干巴巴的土滑落在棺盖上的声音。安乃德俯着身子。她在听，她一切都看见了，直到结束。她对他说：“我在这儿，睡吧！”

她仿佛觉得她在给睡在床上的孩子塞好被子。她请于里安先回去。她一个人守在墓畔，整整一个下午，坐在边上。她在想：“我的儿子，我的儿子！……你已经多么遥远！你赶在我前面了。我还能够追上你吗?”

一种幻觉使她仿佛看见了死者，好比一个活人，迈着大步，越走越远。于是她的目光超过墓园的矮墙，跟随一个穿行田野而去的人影。这个人登上小山丘。他到达山顶之后，侧影开始缩短，渐渐消失在山的另一边。安乃德向他伸出双臂：“等等我！”

形象湮没在土地中。安乃德哆哆嗦嗦地站起来，但是她的目光向下看坟坑。她四肢恢复平静，重新坐下。他在那儿！……他徒然钻到山顶的那一边。土地的根底就在眼前，母亲知道怎样和儿子会合……“我的大孩子，我的大孩子！……”

啊，自从她在肚子里孕育他以来，他长得多么大了！“现在你超过我了……昨天,我的果实。今天,我的大树……”

她远望墙外,在向上延伸的一条道路拐弯处,一株茂盛的山毛榉枝柯伸展,如同翅膀一样。树脚边,一个背着背篓的老妇人停在那里喘口气,靠近一个十字架。她温柔地反复叫:“我的大孩子!支持我吧!我是这么衰弱!我有这么多的痛苦!……我知道,我知道,我不应该这样,你不准许我这样……对,我勇敢的孩子,现在我应当配得上你……我一定能当之无愧地做你的母亲,如果你在的话。不要离开我。抓住我的手……你一定能看见你妈妈替你增光。如果你支持她,她一定能坚持。从今以后,你是父亲,我是孩子。前进吧!我的老大!……”

她站起来。一阵五月里的细雨下起来了,把她淋透。雨也下在坟坑上,雨把母与子结合起来,淋湿颈项和肩头的每一滴雨仿佛也替死者解渴。

“一切属于我的,也都属于你:水和土,我们分享。你把你的死亡给我,我给你生命。我不走,我躺在你身边。我不走,走的是你。我跟你走,你走在我前面。……坚强些,安乃德!重新前进吧!我的玛克到哪里去,我肯定也会到达哪里。前进,我的玛克!你的老母不会在中途离开你。我们两人曾经是一个人,我们将来也是一个人……”

当她俯身用手去摸湿漉漉的泥土时,她听见碎石路上有急促轻捷的脚步声。她回头一看,看见一个年轻妇女跨着大步走过来,她个子高大,身材苗条,穿着丧服。她走到安乃德身边,说:“我来了……请原谅!我的火车晚点两小时……”

安乃德瞧着她,她的脸庞长长的,眯缝着灰色的眼睛,好像在微笑;突然间,两滴圆圆的泪珠涌了出来。安乃德不作声,等待着,因为她从来没有见过这个人。对方说:“吕丝[①]他认识我。”

安乃德说(她忧郁的面容开朗起来):“我记起了您的名字。您曾

---

① 吕丝,见《女信使》卷一。——原注
译者按:见中译本《欣悦的灵魂》中册第四卷《女信使》(上)有关各节。

经是我那可怜的小胡蜂的善良房客。”

吕丝鞠躬,动作十分突然(她还保留着她猎犬般的柔韧脊梁骨),并且,不等安乃德拦阻她,她把她长长的嘴脸埋藏在安乃德沾满泥土的一双湿手中。等她抬起头来,她面颊上留着忧伤的痕迹。她那卢瓦尔①地区的中国女人眼睛②眨了两下,给她激动的感情加上盖子。然而安乃德看穿了对方的深情。她张臂抱着吕丝,吻了她自己的手在对方脸上留下的痕迹,她儿子的痕迹。吕丝紧紧抱住安乃德,摸到她被雨水湿透的背。她出于孝心,惊慌起来,说:“母亲,不应该再待在这儿,您会受凉的,我们一同回去吧!”

她把她的旅行毛毯披在安乃德肩上。安乃德惨淡地微笑着,说:“我现在有不少女儿了。”吕丝说:“您没有一个比我对您更尊敬更热爱的女儿。”

安乃德扶着吕丝的手臂,恋恋不舍地小步离开墓园。她问道:“为什么您以前从来没有和我提起过?”

吕丝回答道:“我那时是多余的人,您有的是别的女儿。”

“从什么时候开始,您再也没有见过我儿子?”

“自从我们在巴黎分手,已经七年了。”

“为什么不见面,如果你们两人一直是朋友?”

“他结婚了,我也结婚了。”

她又急忙加上一句:“您别以为在他和我之间有秘密的关系。我甚至连他的情妇都不是。”

在“甚至”这个词中,显然有遗憾的情绪。安乃德的耳朵察觉了这一点。在吕丝方面,这个词是冲口而出的,她想设法收回,“我不愿意您那样猜疑。”

安乃德一边走,一边瞧着吕丝,说:“假如我这样相信,那又有什么要紧呢?”

① 卢瓦尔,流经法国中部的河流,吕丝的故乡。

② 法国人把两端尖中间圆的眼睛叫“杏仁眼”或“中国眼”。

吕丝脸红了,她说:“是的,我不会说话。那好,现在我说如果您信以为真,我也愿意真有那么回事。”

安乃德把吕丝抓紧她的那只手,紧紧地夹在她自己腋下。她说:“我坦率的女儿,您刚刚对我坦白的实情,使您更加接近我了。”

“如果我真是他的情妇,也不使我因此更接近他……我什么都不愿意瞒您……再说现在,功劳是属于您的:我能有今天,全亏他,全亏您。如果真有其事,而我不说我因此感到不这么遗憾,那我就是说谎。如果我不说经过的真实情况(不说没有发生的事),那么我也在说谎(您相信我吗?),照实说,我觉得更美好,更可贵……”

两个妇女冒雨回到村中的小旅店,等着安乃德回巴黎的火车。吕丝照顾安乃德,帮她办一些关于丧葬的手续,要去看鲜花商人和石匠,为了装修坟墓。安乃德愿意再到墓园去一趟。吕丝到处陪她去,以她注重实际的意识帮助安乃德办事。

雨停了。两个妇女在坟坑边长时间停留之后,在去火车站之前,环绕小小的土堆走了几步,然后在稍稍靠下的田野间坐下。吕丝叙述过去的那些日子和夜晚,玛克是怎样和她相处的。她用赤裸裸的、准确的、没有掩饰、没有慌乱、没有困难的坦率态度说话。她的坦率叙述犹如一幅清晰的画,线条稳准,没有后悔。丝毫不伤感,在现实主义的精确之中,一点没有庸俗与做作的地方。叙述者的记忆是一面万无一失的镜子,然而是有风格的。安乃德侧身向着吕丝,默默无言。她在悲伤之中,露出惨淡的微笑,好比五月里的阴雨天出现的阳光,一边听人叙述在巴黎的一个发烧般的夜里,两个流浪的孩子,在一张床上谈话,互相用手握着对方的脚。吕丝说:“他拯救了我。那时我正在沉沦。如果今天我还活着,我能有今天,幸亏有那天晚上,幸亏有共同度过的那几天,幸亏有这种明智,幸亏有我从您儿子身上找到的这种意料之外的仁善。我从来没有对他说这些话,我们不喜欢激动得感情外露。人们心里最亲密的情感:感激、温爱,人们仔细地把它掩埋起来,不让对方瞧见!看起来这是愚蠢的。(不管怎样,对方还是看得见的！……)然而人们掩埋在优质土壤中的东西,只能生长得更好。那天晚上的小小植物,在我胸怀中,已经长成大树。我把它藏在这儿(她点点她的平扁的胸脯)。关于那些时刻的神圣记忆,靠在我面颊上的您的玛克的脚,我吻他的脚……"

安乃德回想起来,另外一个女人,有一天,在遥远的过去,也说过这样的话[①]。安乃德把她那老妇人的疲乏额头靠在年轻女子的丰满手掌上,这位女子的修长身体曾经给玛克当过枕头。

现在吕丝讲她的生活。七年前,回到外省[②]之后,她和一个有才能的年轻律师勒诺·高蒂埃结了婚。她和他生了三个孩子。在重新立足于资产阶级环境中时,她打定主意,决不堕落。她把自己的家管理得很整齐,这是她的体面,但是她并不把自己关在家中不出去。她用自己的智慧为她丈夫效劳,而她的丈夫则为社会事业效劳:为合作社、工会效劳。她成了丈夫的秘书,和丈夫合作。大家都肯定(她自己不说)她启发丈夫,给他打开更广阔的视野。这个精神高尚的人(她说他比她强得多)一开始就接受了她提出的结婚条件:互相尊重各人自己的独立生活,相互信任,终生不渝。他光明磊落地遵守诺言。让吕丝在她自己愿意的时候,按照她的意愿来来去去,去旅行,去看望她愿意看望的一切,不要求她向他汇报她的行动。和吕丝这样一个女人在一起,这是最好的方式。她对完全信任她的人,决不会干对不起他的事。对不要求她汇报行动的人,她却一点不差地都说了。她丈夫对她的思想无所不知。他知道在吕丝心中玛克占什么地位。是他主动对吕丝说:"你去吧,我的大个子,我也去,不过我去怕妨碍你。"

安乃德想到她和洛瑞没能实现的生活,她所愿意要而遭到洛瑞拒绝的生活,三十年后,这小两口子实现了。她被往事纠缠住了,连过去与现在都分不清,以致她说:"您替我谢谢您的洛瑞。"

---

① 也说过这样的话,见《夏季》卷末,安乃德的诗歌。——原注
译者按:见中译本《欣悦的灵魂》上册。

② 回到外省,指离开巴黎回到她的故乡。

吕丝不明白是什么意思，说："勒诺，不要和骑士勒诺的名字弄错！① ……"

吕丝陪安乃德回到巴黎。时间已经很晚，她把安乃德送到家门口，她拒绝了在安乃德家里过夜。她的借口是她必须立即返回里昂，所以她要去坐夜车。其实没有任何非立刻回去不可的事由，然而她不愿意遇见玛克的妻子。人们徒然知道自己没有权利，自己以为毫无嫉妒之意，一个女人决不会心甘情愿做另一个女人的朋友，而这个女人和她认识的男子是有夫妇关系的。她从里昂给安乃德写信，后来两人忠实地互相通信。但是，要重新见到她，必须后来安乃德到吕丝家中去找她。

*　　*　　*

最艰苦的时刻还没有过去。在那些可怕的日子里，母亲是被激情洋溢的英雄主义火焰所推动，近在身边的儿子给她传授了这种英雄主义。只要他的遗体在她身边，他一直是她的伴侣，甚至是痛苦和死亡的伴侣：他在对她说话。

可是一回到家中，她又成了孤零零一个人。她内心的火焰熄灭了，同时最后几天超人的精神紧张也松懈了。她精疲力竭，单独一人，没有力量再给激情和幻想添加燃料。她看见那是幻想。这时，死亡才真正开始了。

安乃德不能呼吸死亡的气氛。她充满活力的天性从来不能想象（谁能够想象？），她从来不能忍受接近虚无的边缘。当她回忆往事，关于她最热爱的人：她父亲、介曼……她发现自己高悬在无底深渊之上，她感到憎恶。可是她的一切并没有全部陷入深渊，她还能够脱逃。

① 勒诺，古代诗歌中常见的骑士名字。

可是在这儿,她的一切已经作为赌注输光了。她突然受到了震荡。她早知道(哪个母亲不知道?)她的儿子比她自己的生命更重要。但是这些都是激情的呼喊。它们不说明别的,只说明爱,由于这种爱,她准备投身火坑,为了从那里救出心爱的人。这些呼喊不了解人们所爱的人的真正地位,在我们生存的现实中的地位,不了解如果我们所爱的人从我们的生存中拔除之后,我们的生存还能剩下什么。可是,安乃德仿佛突然觉得在她的生存中什么都不剩了。她热爱的儿子原来就是一切。

即使在她母爱激情最高涨的时候,她也没有料到这一点。经常不断用她炽烈和骚动的生活作为燃料的火焰,好像没有儿子也可以过去,而且多次吞噬别的燃料。然而在任何时刻,儿子没有离开母亲。自觉地或不自觉地,她知道他总是在她身边,而她之不能离开他,犹如油灯不能离开灯油。火焰可以延烧幔帐,延烧整所房屋。然而火的中心在灯上,儿子是火的核心。其余的一切不过是一瞬即逝的火焰。

现在,当她结算过去儿子对她何等重要时,她找不到在自己生活中,有不以儿子为心脏的任何部分。三十年的共同生活,儿子没有离开她一天。在儿子出生之前,她已经在自己血肉深处找到他,作为她永恒的冲动,她的目标和目的,她的本质,她的生存理由……“爱,我占有你,我就是你,你就是我,我们是统一体……”她一辈子的种种失望,没能够磨灭她对儿子的信念。他是她的复制品,她真正的自我,她的精华。不管他愿意与否,不管他爱不爱她,不管是真的还是假的,这是她的信念的具体行动,秘密的、持久不变的、没有表达过的信念。现在它表达出来了,通过对致命的事实观察得到的结论:儿子一走,什么都空了。

剩下的一切无非是一簇茂盛的墙头草。它所依靠的支柱突然抽掉了。一切崩坍,重新成为尘土。

怎么!没有一根别的支柱了?难道她自己不值一文?她把自己最好的力量、最好的希望都投射给她的第二自我。什么都没有留下来给她的第一自我。这样做是错的吗？也许。但是有什么办法呢，她是天生的母亲，她的一辈子把她和儿子不可分割地纠结在一起？什么人能帮助她把破碎的残片重新修整好？即使是西尔薇，除了在短促的时间内，从来没有了解过她一生的秘密，只有玛克一人和他母亲一同吃过这种秘密的家常便饭。所有别人全是新来的。乔治的温爱是献给最近三四年来的安乃德的，安乃德过去的生涯，对乔治是一个未知的世界。而在这个世界中，安乃德再也没有遇到一个活人。这个世界已成了沙漠。

瓦尼亚这孩子无疑是她儿子的重新开始。但是从头做起，再开始一次这种生活，她已经没有这一勇气和精力！当她知道这股上升的力量是在什么东西上碰碎的，她怎么能再一次找到重新上升的气魄？

剩下的只有虚幻的自慰，对自己说："我亲爱的死者并没有死。他永远活在我身上……"安乃德也对自己这样说，当痛苦开始使她迷醉的时候。但是迷醉是暂时的，剩下的是谎话。人们徒然一再说："他在这儿，和我在一起……"人们知道他并不在！理想主义的幻觉对安乃德那样强壮、肉感的天性，是没有什么分量的。除非堕入精神恍惚的幻觉①中。这，她可决不愿意。她太健康，太正直。她憎恶搞那种疯狂行动，疯狂总在她门口逡巡，甚至对她轻轻地耳语："来！我来安慰你。"（越是这样，她越憎恶它。）她理解这就等于对她说："我将说谎！我们一同说谎。"决不！在她眼中，这是玷污她的悲伤，玷污她的死者。为了死者，她应当真诚，像他活着时那样真诚。于是她面对死者，面对无底深渊，独自待着。

对她来说，剩下的事只有和他一同死去。她正在死亡中……

她有时对整日整夜处在内心临终状态，谁都不知道。她把门关上。没有一个朋友能来参与。她必须孤独地搏斗。可怕的战斗。后来她从这状态中出来，已经把最富于生命力的，还能使她继续处于"迷醉"②状态的激情摧毁了。这不单是她儿子，一些陌生力量把他给了

① 精神恍惚的幻觉，见《欣悦的灵魂》上册，西尔薇在她女儿死后所做的迷信举动。

② 《欣悦的灵魂》，也可译为《迷醉的灵魂》，意思是安乃德热爱生活到迷醉的程度。

她,后来又收回了。而是她自己,母亲,妻子,被抛弃在彼岸了。她的生命延伸着,好像夕阳下的一个阴影。她的生命还跟随着她。但这是一个影子,不久就要融化在覆盖平原的“巨大影子”中。她还剩下什么?她还是什么?她是这个“影子”无边宽阔的眼睑下的正在吸收她的“存在”的内在眼光。

一天早晨她醒来时,好似从坟墓中醒来一样。一个没有身体的精神。她觉得她的生命仿佛已经和她脱离,影子勉强还连在她的脚跟上。

这天早晨,她的意大利老朋友,从远方旅行归来,前来看望她。自从玛克死后,他还没有见过她一次。当他进来时,她坐在房中。没有一天,她同意躺在床上。她不愿意接受亲人们对她的照顾和怜悯。亲人们不大注意她的健康在动摇。表面看来,她似乎有点发胖,面色红润。然而这种光彩是骗人的。她血管中存留着流行性感冒的热病毒素,几乎是周期性的,心脏开始受到影响。

布鲁诺被她的变化所震惊,他看见她身上发生的革命。安乃德用温爱的眼光迎接他。可是她疲乏的眼睛对面前的友人,显得心不在焉。布鲁诺刚刚说的一番话,使他自己觉得没有用和不得体。他丝毫不说他们两人各自忙碌的事,一句也没有关于死亡、也没有关于死者的话。两人之间出现很大的沉默空间。布鲁诺想到他自己,回到三十年前,在马来姆阳光下的沉寂中,在那里,他在发烧中,悲伤心情成熟了。在令人眼睛睁不开的昏沉麻木的强烈阳光下,重新生活在“巨大的阴影”中:“心中空无一物,没有一个动作……”,灵魂光洁,“变成了‘非爱’”,和“一”产生了第一次接触[①]……这是引向解脱与和平的艰苦道路上的第一夜的旅店。我们不使我们所爱的人免除朝圣之行。只是他们必须能够一直走到终点。安乃德能够办到。布鲁诺的眼光

① 这些都是罗曼·罗兰下了十年功夫研究印度哲理的心得。

观察心不在焉的朋友的浮肿面目,凝积在红砖色面颊下的鲜血。她睡着了,犹如热病沉睡在沼泽边,在阳光下开花的芦苇丛中。"醒醒吧!眼泪,重新打开门! 鲜血,再开始流淌!"在沉寂中,布鲁诺压低声调,像白日做梦,讲了一个神秘的故事,那拉达的寓言:

有一天,那拉达①对黑天②说:"大人,请将玛亚③的真相显示给我!"一段时间过去了。黑天带领那拉达进入沙漠,两人一同走了几天。黑天说:"那拉达,我渴了,去给我找点水来!"

那拉达找水去了。他走到一个村子,敲一家的门。一个美丽的姑娘给他开门。一看见她,他什么都忘了,直瞪着眼瞧她。被爱情陶醉的那拉达,向姑娘求婚。他们结了婚。她给他生了两个孩子,他们一起生活了十二年。那拉达和他的妻子以及小孩生活得很幸福,他们有田地和羊群。一天夜里,河水暴涨,淹没了整个村子。房屋倒坍,人畜被水冲走。那拉达在水中泅泳,背着抱着妻子和小孩们,和激流搏斗。一个孩子从他怀中滑脱。要想去援救这个孩子时,他撒手放开另一个孩子。猛烈的激流将妻子从他怀中卷走。他孤单地被冲上了河滩,辛酸地痛哭着。

这时,在他背后,一个柔和的声音问道:"孩子,水在哪里呢?你去寻找一杯水,我一直等候着你。你走了已经半个小时了。"

"半小时!"那拉达高声说……

十二年过去了。十二年的快乐和痛苦……玛亚的眼睛经过这里。

---

① 那拉达,梵天之子。

梵天(梵文 Brahmā 的意译,音译"婆罗贺摩"),婆罗门教、印度教的创造之神,与湿婆、毗湿奴并称婆罗门教和印度教的三大神,世界万物都是他创造的,被称为始祖,称号甚多,其中最著名的是"原人"。

② 黑天(Krishna,梵文作 Krsna),印度教崇拜的大神之一,毗湿奴的第八个化身。

③ 玛亚,梵天之妻或梵天之女。据婆罗门教,有两女神均被视作梵天之妻或梵天之女,一为婆罗室伐底(河川之神),一为娑维德利,此处不知其所指。梵文 Māyā 意译则为"谄",意思是"计较名利,以矫揉造作来掩饰自己的过错"。

安乃德听着,很感动;听到最后一句,她身上一阵微颤,她说:“那杯水呢,我连水都没有带回来……”

布鲁诺回答:“您已经走到泉边,您只要在泉中汲水就行。”

安乃德把脸用双手捂着,她哭了。她抬起头来,看见布鲁诺的眼睛也有泪水,然而他的表情是平静的。她握住他的手:“亲爱的朋友,您也认得泉水!您比我先到泉边。”

“像我们这样的人有一大群。”

“多么寂静!”

“您仔细听!……”

“我什么也听不见。”

“您侧耳谛听。”

这时,在远远的一条街上,一个比利牛斯山吹笛的牧羊人经过那里。安乃德为之一震。布鲁诺说:“黑天的笛子。”

两人都沉默了。安乃德的眼睛被一道光线照亮。她心想:“我做梦了吗?一切都是‘梦’吗?”

*　　*　　*

第二天夜里,那个伸躺着的女人被麻木的感觉捆住四肢,包住全身,如同一块包尸布。她坐了起来,抛开被单,说:“不,我不愿要牧羊人!……而且为什么一杯水要比我可怜的沉没的玛克更真实?要么我的痛苦是幻觉,和‘一’一样,于是一切皆空。要么一切皆真,一切皆实在,恶与善,死亡与‘一’。我能在两者之间断然地决定吗?只有我的愿望,我的惧怕使天秤上的盘子一边向下沉。我什么都不知道。但愿我有勇气什么都不知道,敢于正视:‘不管你怎样,要么是一切,要么是空无,我将一直走到命运的尽头!因为只有这个,至少这个是属于我的:我的意志,不让步。直视不眨眼,在前进中死去……’”

*　　　*　　　*

用一点真理与勇敢的精液，不足以攻取英雄的“我有何知”，在那儿插上自己的旗帜。当你已经接近目的地，在你脚下，地在松散滑坡，你于是从新回到山坡下边，在灰烬之中践踏，好比践踏维苏威的火山灰一样。在那儿，在你身旁，那些纠缠你不放的人，在窥视你筋疲力尽的样子，乘机贡献给你一个可以依靠的东西，强迫你要……黑天的笛子……有很多次在安乃德的耳边，笛子抑扬地吹奏着，吹到接不上气。不止一次，她的疲乏接受了笛声以及不能熄灭的希望。为什么要抛弃它？在“我有何知”的法庭前，信念和希望都保留着它们的权利，作为可能性的另一面——所有的可能性，然而可能性没有权力和现实迈一样的步子。它们只能使已经存在的事实变为不存在。

“我是，我是一个抱过儿子的女人。我曾经希望自己死后在儿子身上继续自己的生命。我的儿子死了，我比他活得久。我唯一的挽救办法，他的挽救办法，就是让他的生命在我身上继续下去。我向他应允过这样做。一个人倒下，由另一个人把他一直背到终点。我没有权力躺着不动，躺在我的回忆，我的痛苦和希望中。起来！这不是我，而是他在行进。我把我的身体给他，可是在我身体中，他继续前进，他死后比活着时走得更远。”

从此以后，安乃德的生活就是她儿子的生活。她把牧羊人的笛子改了一个调子。那杯水是给玛克的，是他命令她去汲取这杯水的。为他而行动！这是最可靠的现实。其余的一切全是“幻梦”，在那里，灵魂在两天的劳动之间睡着休息一下。随着她愈走愈沉重的腿，她必须坐下来喘口气，而且更多地用“梦”来包裹自己，好比用披肩包住她汗湿的肩头，坐在路畔那样。但是她又站起来，向前走，从不偏离大路。

*　　*　　*

她还有许多沙漠要穿行。随着她的脚步使她逐渐远离红棕色的沙子,在那下面涌现鲜血似的水流,她愈往前走,前面的沙漠愈干燥。面对和酒精一般使她陶醉的高度痛苦,生理机构的自我保卫,作出了反抗。然而陶醉过去之后,生理机构发现自己更衰弱更疲乏了。于是出现几个月之久的灰暗、消沉和没有生气的绝望。不是几个月,也不是几个星期,甚至也不是接连不断的几天。人活不下去了。大自然酷刑般的善举要求灵魂重新喘过气来,为的是使它再一次喘不过气来,按照一种纷乱的节奏,缓慢地重新恢复平衡。隔着一定的间歇,浪涛自己下落,又自己高涨。安乃德沉入水中,又浮到水面。可是这巨大的波涛起伏展现在离岸甚远的海中。它不准许任何眼睛看见它,别人的眼光也避而不看。这种海洋空间的悲凉,如同漫无边际的欢乐,它们决不允许与人分享。人们在那儿是孤单的,是愿意如此的。

安乃德如此,阿霞也如此。每人单独在一边,每人关起门来和死者在一起。对这两个妇女来说,死者仿佛是她们两个人,这两个妇女都爱过他,占有过他。一个妇女的肚子曾经孕育他;另一个妇女的肚子曾经为他生过孩子。他的两位开宿夜店的女人。

安乃德留在家里,四边都是她儿子的遗物、他的衣服、她在整理的纸张文件。她重新生活在他的全部生活中,而过去她所知道的仅仅是其中的一部分。因为,他虽然和这两位妇女那么亲密,他的思想活动的最大部分,他只让自己知道。这是男子的"骄傲"。与此相比,女人的骄傲并不逊色。各人有各人的骄傲。人们在分享一株树时,只分果实,至于树身上的汁液通流的管道,那都是我的。

她读玛克的信件和草稿。他的一本日记的散乱篇页,在那上面,如果他有时间,他不按顺序地记下日子、时间。她和他激动的心情、他的内心和他思想的欠债配合起来。而且为了更好地和他靠近,她去访问曾经和玛克有友好往来的每一个人,其中有几个人已经死去,或失踪了。

一天下午,一个上了年纪的妇女走进我在莱芒湖畔的小住宅。她有柔和而近视的眼睛。她瘦削的面孔上有芬奇的名画《处女母亲》脸上的酒窝和嘴角令人感动的微笑,在那里,温柔和忧伤仿佛和“有什么用呢?”融合在一起。一眼看去,我就认出她是谁。我眼前似乎又看见她踏着石块、靠在她儿子身上、正穿行一条小溪。她走近我,带着古罗马大家妇女傲然安详的神情,有这种神情在她是很自然的。可是我在她的态度中看出(我们刚刚开始交谈)一种也很令人感动的腼腆,她想对我表示歉意,她说:“我本来没有权利来打搅您的,请原谅。我没有力量抑制我的行动。我是您曾经帮助过的一个人的母亲。”

我回答道:“几分钟之前,我不知道您会来。可是现在您既然来了,我仿佛觉得我早就在等候您来。”

在她平静的脸上,敏慧丝毫不受激动心情的影响,她的近视瞳仁张大了。她说:“您不知道我是谁吧?”

“我知道,”我说,“您是玛克·李维埃。”

由于长时期和她的悲伤促膝相处,血都深藏内部,因此变成赭色的她的面颊,突然出现两小块棕色的印记,于是我看见了她充满激情的血液多么强烈。

“怎么,怎么,”她说,“您能够?……我样子并不像他……”

“他住在您身上。也许房子真的没有什么和他相似之处,可是他在里边,他在窗口看我。”

实在是这样。通过这双眼睛的玻璃窗,我看见了玛克……一种在无意识中的生理拟态作用,使安乃德的面貌不知不觉按她念念不忘的亲爱的人面貌塑成。她说:“啊,听您这样说,我多么幸福!他原来是在这儿啊!(她用双手按着胸脯。)这么说,我成功地把他保留了下来!……”

我们不说话地待着。她太激动了。为了不让她受窘,我故意把视线移向别处。她的手,犹豫了一下之后,过来碰碰我的手。她说:

“谢谢。”

我对她说:“我不是第一次看见您。”

她问道:“您在什么地方看见过我?”

我对她讲了经过情况。她说:“这么说,您的眼睛曾经是我的幸福的见证者。把这个幸福为我保存着吧。当我到了衰老无力的时候,我将知道我的幸福仍旧在您的保护之下,也许您会允许我回来亲眼看看它仍旧活着。”

接着她又说:“我也瞧见过您。不是那天,不是您的面貌,而是您对我孩子的仁善以及您在他精神上的反映。”

“我所做的太少了。”

“这很少的一点,当他迷路时,是给他指路的手。”

“现在该轮到我来问您,您是怎么知道的?”

“他把这些写下来了。您要不要读?我把它们抄录下来了。我也把您给他的信给您带来了。请原谅,我把您的信全看了。”

“这些信是属于您的。至于您所说那条我给他指出的路,请您不要怨恨我让这条路把他带到悬崖边!”

“您是无法预见的。”

“我丝毫没有预见到阿尔诺河畔的陷阱。然而,无论如何,他的道路旁都是悬崖。”

“明知如此,您却对他说:‘去吧!’?”

“我这样说了。我只能如此。”

她低下额头。接着,她抬起头来:“我也会这样说的。那是他该走的路。当我生育了他,眼看着他长大,我一手造成了他,我早知道他的道路是一条危险的道路。今天,只有对那些卑怯的人,这条路才不危险。不止一夜,我预先哭过他的死亡。但是我希望他至少等我先死。使我伤心断肠的是,他没有等活够就死了。他作为男子的生活刚刚走了几步,死亡就夺走了他,他内心刚刚显出光明,还没有等他将他的光明向外照射。”

“他流了他的鲜血,这纯洁的鲜血就是一种光明。”

“热爱他的那个人,他的年轻的妻子,用他的鲜血擦亮她自己的眼睛。而我,他的母亲,我把嘴浸在他的鲜血中。”

我眼前仿佛出现两位妇女俯伏在死者遗体上,死者的血浸在她们嘴边,金色的眼睛边……

我说:“请您让我把我的嘴放在您手上。这双手接触过他的血。”

我吻了她双手的手心。她站了起来。我问:“您要走了?这么快?”

“今天,我不必再多待了。我们在他身上达到了心灵的一致。”

在夕阳照得通红的门口,我问她:“我可以再见到您吗?”

“我一定再和您相见。”

她走了。

她给我写过两三封信,每年一次,在接近周年纪念的时候,短短的信,写了头几句话就终止了。她没有再来。我只有极少的机会能看见她。我们不需要言辞。正像她所说,我们在她儿子身上,取得了心灵的一致。

* * *

玛克的生和死深深印入安乃德的内心。她学会了如何理解他的使命,比他自己认识得更好。他是战死在战役开始以前,作为军队的谈判者倒下的。他的非暴力主义白色小旗染满了他的鲜血,现在已成红旗,和千百万牺牲者的大旗一样。安乃德毫不犹豫,拾起这面旗帜。我们不能再待在战斗之外。艺术与信仰,纯洁的思想以及大自然,犹如大树林的浓荫及其流泉,在那里,疲乏的灵魂可以进去休息,饮水,但是谁都没有权利躲在里边不出来。在骄阳下,在暴风雨中,哪里有人们的劳苦和战斗,哪里才有生命。

* * *

阿霞也是独自背负着她悲痛的包袱。这是无法与别人分担的。满怀哀伤的人不愿接近别人,哀伤使人孤立。没有任何人愿意听你向他诉述你的死者……“我的死者……他属于我,正如我的痛苦一样。这是我的全部所有,只剩下这一点。”她蹲踞在她唯一的所有物上面,好比苍龙盘踞在它的财宝上一样。她把财宝用利爪卫护着,紧贴着她的肚皮。她用回忆的犁铧切开自己的肉体。她的记忆一点也不能让给别人。

虽然如此,最初的一段时间,她不能单独居住在她和玛克一同生活过的一套房间里。可怕极了,每时每刻,她眼前都出现已经不在世的人。这就仿佛每时每刻在虚空边缘趺趺撞撞,再也没有办法呼吸。要么趺倒,要么到别处去……她到旅馆租了一间房子住下。安乃德本来给她一间房,让阿霞住在她家里。可是阿霞断然拒绝,不加解释。安乃德毫不坚持,她理解。甚至阿霞的住址,她问了一遍,再没有问第二遍。她们两人都需要时间消化她们大部分的痛苦。最初几个星期,阿霞和安乃德一样,生活在一座活的坟墓中。

但是她毕竟还太年轻,不能在坟墓中待很久。一天夜里,她重新出现在安乃德家中,苍白消瘦,皮包骨头,哆哆嗦嗦,好像迷了路,来找一个思想的避难所。安乃德给阿霞支起一张行军床,靠近自己床边。这还不够。夜里,阿霞的手指抽搐着抓住安乃德的手指。她们不说话。她们互相扶持,好比在高山上沿着深渊边沿走路的人,用一条绳子互相连接起来。

一到早晨,阿霞就回她的旅馆。但是不止一次,夜幕降临,她又来了。接着,她决定回死者住过的那套房间。可是晚上她又来和安乃德一同进晚餐。有几天晚上,她的精神太不宁静,她就在安乃德家的长沙发上过夜。最后,她完全安置在原先的住处。双方约定孩子暂时留在祖母家里,阿霞每天来看他。暂时的办法变成了永久性的,虽然在这方面她们什么也没有说明。良好的理由并不缺乏:小孩在安乃德跟前使她愉快。再说,很明显,小家伙在祖母家里比在母亲家里好。阿霞心甘情愿地承认她没有能力教育孩子。至于安乃德,她为了对阿霞有利,审慎地试了几次,想让她对孩子更亲密些,可是不再坚持,她自己的自私心也设法把孩子留下。

阿霞的日子怎么过的呢?她太活跃,不可能无休无止地咀嚼又咀嚼对往事的回忆,她开始在住所里整理玛克的遗物,他珍贵的纪念品,所有的文件纸张。可是她没有兴趣继续整理下去。她整理了一半,把一切都抛下了。秩序加混乱,最不堪的混乱,在这里什么都无法找到!……昨天的存在一天天变成过去,而她自己不断地在前进。从过去的生活中,她只能拿走一些能够和她一同前进的东西。

首先,她对暴行的仇恨,对抢走玛克的人的报仇的渴望。但是到哪里,怎样抓住他们?"消息灵通"的人实际上恐怕并不像他们装出来的样子那么"灵通"。即使他们真的消息灵通,他们也不愿意别人知道他们掌握"神明的秘密"。若望-卡西弥是不容易抓住的,他现在坚决说他并没有预见到这次灾祸。他反而设法减轻他们动身去意大利时、他对他们提的警告的含义。他肯定说,那无非是"一般性谨慎"的劝告,出于他的"一般性经验"的动机。可是当阿霞,皱着鼻子,逼得他没有退路,要知道什么是他所说的这个"一般性经验"时,他回避问题,躲开任何详确的细节,仅仅说那些威胁强大无比的利益①的人是承担风险的。

"这些强大的利益,你和我一样认识它们……"

他立刻加上一句:"可是玛克的情况,强大利益和他被杀害的灾祸性偶然事故是毫无关系的……"

有时候,偶然事故像传染病一样。偶然的事故也袭击了狄蒙……还有别的被错误暗杀的人,或者死于意外事故的人……不必希望查拉

① 强大无比的利益,指资本主义集团。

指出这场意外事故的线索！他表示了吊唁，仿佛这是一场铁路上的车祸……多年之后，阿霞在美国遇见查拉，在阿霞的逼迫之下，查拉把话题滑到别处去，暗示那次打击来自更远的地方，来自比“主人”更高的地方。

“从什么地方？在你们国家，谁比‘主人’更主人？”

查拉耸起一个肩头：“他甚至对他的警察也不能做主！……”

目前，人们什么也不知道。有些人知道，但是没有干这件事；有些人干了，也许不知道，他们什么也不说。阿霞怒火中烧，她牙咬得紧紧的……她知道。她有什么必要知道得更多？她知道：“Is fecit cui prodest.”[①]她知道，即使不知道谁是敌人，至少知道敌人在何处。而她知道打击这个罪人的武器在何处。她急于要参加那个阵营，革命的阵营，伟大的无产阶级阵营。她确信，在这样干的时候，她将完成玛克的意志，她将执行他的遗嘱，他没有能做的，她将去做。如同在古老的信仰中一样，死者的灵魂将不仅报了仇，而且得到营养，用具体行动，这行动就是被人切断的他的生命。阿霞将要用自己的血浇在地上，祭奠玛克的亡魂。她心急如焚地想洒自己的热血，外加敌人的血，如果人们能这样干。（人们一定能办到！）

然而报仇和渴望行动不能充实阿霞混乱的灵魂，这个灵魂失去了轴心，她必须另找一个轴才能行动。白天和黑夜，她都在寻找她身边的伴侣。这个伴侣徒然是玛克的影子、玛克的喘息、玛克在夜间的温暖肢体：但这些都不是真的玛克，她发烧般的拥抱落空了。她没有获得满足。无情的生命浪潮在她身上一天天地上升，冲撞着闸门，野蛮而怒抗的阿霞，在她胸脯上抽搐般地抓紧双拳，胸脯被饥饿所折磨，对玛克的饥饿，对男伴的饥饿。于是，一天天，她抽搐的双拳和她的反抗松弛了。男伴必将来到，人必须活下去。她对自己说：“为了玛克而活下去！……”

---

① 拉丁文：犯罪的人总是罪行对他有利的人。

这句话一出口，她心惊肉跳，对着镜子，她对镜中自己的脸啐了一口唾沫。

可是第二天夜里，她又开始了。“活下去还是死去……亲爱的，我如果毫无用处地死去，对你有什么好处？你要我为你而活下去吗？帮助我吧！如果你帮不了我，我不得不自己想办法，我一个人没有办法，替我找一个男伴吧！”

他替她找到了男伴。如果不是这一个，必定是另一个。如果她自己找不到男伴，一个阿霞会自己创造一个男伴，她重新造一个轴心，定她的方向。

要不是经过长时期纷纷扰扰的搏斗，她不可能达到目的。即使在给自己建造的必要幻想中，她决不会轻易上当。如果为了她能在行动的现实中重新站住脚，幻想是必要的，这么说幻想也是现实的一部分。她有权实现她自己……权利，力量……她必须战胜而取得她的权利。

她战胜了，艰苦地，暴风雨似的……一连几星期之久，阿霞失踪了。在安乃德家里，人们瞧不见阿霞了。稍后，西尔薇来报告消息，眼光露着恶意。有人看见她们的儿媳，在晚会中大受欢迎。人们说起她和一个美国人调情。安乃德接受这些消息，没有表示她的感想，而且没有放弃她对阿霞的温情。

然而，当她看见隐消了几个星期的阿霞重新出现，安乃德心中慌乱了一阵，但是努力掩饰自己的慌乱。她掩饰得很笨拙。阿霞也不比安乃德机灵。两个妇女明显地感到她们之间有点严重的问题要表白，但是两人谁下不了决心开口。现在，阿霞几乎又天天出现在安乃德家中，可是她待不久。刚刚进来，她就瞧瞧门窗，好像准备逃跑。有时她显得温情脉脉，她没完没了地亲安乃德。有时她容易发怒，没有耐心回答别人的问话。或者她进来，不坐下，用她的不耐烦的手指轻轻敲击家具。她走向正在低头做针线的安乃德，好像准备和安乃德说话，可是没有说，说些不着边际的话。或者她坐在邻室，坐着不动，长达十五分钟之久，接着突然走了，勉强开口说声再见。

有一天,她在安乃德家里,比平时更加沉默寡言。她站在安乃德身边,似乎在看安乃德正埋头做的针线活。(安乃德的眼睛斜睨到阿霞的双手在震颤。)安乃德从她的针线活计上抬起眼睛,盯着阿霞的面孔看。阿霞也看安乃德。阿霞把视线移开,她的下巴开始哆嗦。她怒气冲冲地说:"您为什么看我?"

"不许看吗?"

阿霞固执地接着说:"为什么你们的神气都在责备我?"

"亲爱的,我责备你?"

"你们想把我捆起来!难道我不能自由地处理我的生活吗?"

安乃德撒手,任她的活计掉在地上,握住阿霞双手的手腕,拉她过来,紧紧抱着她的腰围,把她的脸贴在阿霞的胸侧,眼光往上瞧着她坏脾气的嘴在抽搐,好像她很痛苦,想要发泄一下。于是安乃德温柔地对阿霞轻轻地说:"我可怜的孩子!……"

阿霞跪倒在地上,把她的脸藏在安乃德的膝盖上。安乃德抚摸阿霞的头发:"那还用说,你能自由地处理你的生活!难道你不知道,假如有什么人反对你这种自由,我在这儿替你的自由辩护?"

阿霞突然抬起头来。她的面颊烧得通红。她抓住安乃德的双手:"您,您会替我辩护?"

"难道我不是一直这样干的?"

阿霞热烈地吻安乃德的双手,重新把她的面孔藏在安乃德的膝盖与腰部连接处。安乃德等了一会儿,说:"说吧,讲给我听吧!……"

"我不敢……"

"要敢,我的孩子……你敢做的事,要敢说。而且我是知道的。"

阿霞战战兢兢抬起眼睛来:"您知道什么?"

安乃德用双手捧起阿霞的面颊:"这张面孔对我什么都没有隐瞒吗?"

"啊,您该怎样鄙视我呢!"

"那倒不,我的孩子。我同情你,而且羡慕你又一次被生活俘虏了。这样的事我遇到过不止一次,所以我知道是怎么回事。谢谢上帝,对我来说,现在已经结束了。可是对你,还没有结束,谢谢上帝!亲爱的年轻人,我在你的眼睛里(不要转过眼睛去!)看见许多欢乐,许多痛苦。我的女儿,你接受这些吧,你有权接受。"

她吻了阿霞的眼睑。阿霞哭了,她说:"啊!真可怕!我并不愿意!……"

安乃德温柔地从地板上把她扶起来,坐在自己的双膝上,她用自己的手帕给阿霞拭泪,替她擤鼻涕,像对小娃娃似的。阿霞用双臂围抱安乃德的颈项,嘴按在安乃德的肩窝里,泪水模糊的眼睛在看另一边,安乃德把嘴唇按在她耳朵上,轻声说:"现在你说吧,你喜欢谁了?"

阿霞用压抑的低声说,渐渐地兴奋起来,她开始讲。

*　　　*　　　*

安乃德特别注意阿霞说她已经选中了结婚的对象。那是一个年轻的美国工程师,曾在苏联工作过几年。他到苏联为了工作,结果却被那儿的工人吸引住了。霍华德·特莱克刚到俄国时,满肚子美国技术贵族的骄傲。对他们来说,群众无非像物质材料一样,属于内行的技术大师手中的工具而已。他正直地承认,如果说他教那边的群众使人为机器服务,那边的群众却教给他,如何使机器为人服务。这个古老的真理,美国的个人主义以为是自己的真理,而他却不知不觉地忘记了。跟重新变年轻的旧世界学校中的学生去学这个真理,这还不算太晚。特莱克甚至用一种故作惊人之论的乐趣,把这些俄国唯物主义者,这些杀死上帝的人,欧洲与美国的理想主义正在组成十字军对之进攻的人,视为不自觉的真正的理想主义者,比西方那些戴假面具、洒香水的假宗教信徒以及西方所谓思想正规的人,更是理想主义者。

安乃德要求见一见那个人。她见到一个毛发红棕色的高大青年,眼色天真而带笑意。在此人身上,如同在他同种族的许多人身上一样,一种不畏艰辛、不择手段的经营思想,结合着清新而令人有舒适之感的情感坚定性。他真心实意地热爱阿霞。他一点也看不见两种不同天性、两种不同种族之间的区别。为了和他同种人的偏见唱反调,他愿意相信所有的人种都是相像的;正如他的同种人自以为属于优秀种族,拒绝以平等待人一样,他以同样狭隘的固执性,坚持他的人种皆同的见解。不过他并非不知道娶一个年轻且有复杂过往的女人所冒的风险。(我们可以肯定阿霞什么都不瞒他!她正直到怪癖的程度。)可是特莱克接受了其中的风险。

他有堕入情网的男人那种荒唐与强烈的信任心,也有美国人强有力的自信心。归根结底,这是使别人相信你强有力的最好方式!更好的是,他具有美国式的对女人的尊敬,盎格鲁-撒克逊男子自愿给予女性优先权,为的是在他们眼中抬高女人的价值。

安乃德温情地对阿霞说,她的运气比她应得的待遇更好,两人讨论了一阵之后,安乃德表示同意阿霞的选择。她在各种情况下,真正是阿霞的母亲。她不考虑别的,只考虑她女儿的利益。

至于她死去的儿子,已不在问题之中。倒是阿霞提起他来。闭口不谈人们心中最深刻、最尖锐的感受,阿霞没有这个优点。她说:“上帝,上帝!我可怜的玛克!如果他知道,他将多么痛苦!……”

安乃德的嘴角抽搐了一下,但是她立刻忍住了……这个不幸的阿霞!她擅长用她的思想使她自己和别人痛苦不堪,但却不会设法避免这种行为,因为正是这种行为的思想使她痛苦不堪。

安乃德说:“玛克太爱你了,所以他不至于不为你的幸福而高兴。”

阿霞坚持说:“我不忠……”

“从现在他的处境来说,这些字句已经没有意义了,不能再提他的产权要求了。”

“可是从我的处境来说,我出卖了自己……”

“出卖行为,就是生活。你平静点吧……”

“我不平静。我爱了他，我把身体给了他，我把自己和他捆在一起。”

“我给你解缚……你不会长久自由的。”

“我不能长久自由！如果我不自由，我就痛苦。您怎么办呢？”

“我磨损我的绳索。”

“啊，我还不如磨损我的皮肉。绳索是嵌在我的肉中的。它们使我痛苦，但是我必须有它们。我不能扯掉它们，除非和我的生命一起扯掉。”

“你带着绳索生活吧！爱你的痛苦！你是天生需要痛苦的。你愿意不愿意没有绳索、也没有必要反抗你的绳索的生活？啊，亲爱的苦恼！”

“啊，亲爱的苦恼！……对，我就是苦恼。我就是苦恼，为了我自己，和我所爱的一切人……我也爱您……但是我不明白，您为什么能够爱我！”

“你叫我怎么办呢？”安乃德温柔地笑了，“我跟你一样，我爱我亲爱的苦恼。”（她把阿霞拉到她的怀中。）“这种苦恼使我年轻。永葆你的青春吧！……”

两个妇女互相亲吻。头发白的那个反而比另一个更年轻。

* * *

阿霞的婚事宣布之后，西尔薇气得几乎窒息。乔治惊呆了，她不管自己的情绪有理没有理，反正她不能再看见阿霞。她笨拙地回避阿霞。当她听见那位少妇进门来，在套间里说话的声音，她急忙从侧门跑出去，她不会对阿霞掩饰她冷冰冰的脸色。西尔薇的神色不是用冰块做成的，她并不设法掩饰。她脸上摆着恶狠狠的鄙夷表情。大家也许以为阿霞冒犯了西尔薇本人。说真话，西尔薇确实会这样想，玛克给她留下了他的利益，请她保管，损害了玛克的利益等于损害她本人。

安乃德忙于在死者的这些守护者与多疑善忌的阿霞之间调停纠纷,死者并未请那些人守卫他,而阿霞面对含敌意的脸和公然的谴责,像野猫似的毛发倒竖起来。

当西尔薇知道安乃德同意阿霞再嫁,她把怒火转向安乃德。安乃德说:“行啦,行啦,要让别人也能生活!”

“这么说,你对这样的事满不在乎,你?”

“我对此作何反应,那是我自己的事。你对此作何反应,那是你自己的事。可这是她的事。她有权利。”

“权利,抛弃我们的孩子的权利,不到一年之前她还和你同床共枕!”

“这个小女子[①]来日方长。我们的生活已经成为过去的事,和那些已经过世的人一起。我们只要守护他们就行了。让这些年轻人去赶他们的路!西尔薇,当你还没有满三十岁的时候,一直往前走,不要回头看,这有多么好!”

“我不能容忍她忘记!”

“你自己呢,难道你没有忘记什么?”

“我忘记什么?决不!我决不忘记我所爱的,也不忘记我所恨的。”

“不要夸口!你什么也骗不了我。如果没有遗忘,你我都无法生活。残酷而可怜的遗忘,它使人死去又复生。西尔薇,西尔薇,我们已经死去了多少次,而我们复活了,把死去的女人扔在后面!……”

“死去的女人?谁?”

“我们自己。往昔的那些安乃德和西尔薇,如今她们在哪儿呢?”

“我永远看见她们,那些安乃德,所有的安乃德。”西尔薇说,握着安乃德的手,眼神突然温和了,发出柔情的闪光,“我重新找到小拇指的小石块,你一路走一路撒的小石块。”

① 这个小女子,指阿霞。

“那好,你把那块又硬又烫的小圆石也找出来,那就是从前的西尔薇,那时她正是这个孩子①现在的年龄!这会使你变得宽宏大量些。”

“我对自己不宽宏大量。为什么对那条母狗②要宽宏大量?”

“不要摆出虔诚过头的样子,现在!我更喜欢你是母狗,不喜欢你是虔诚过分的女信徒。狗至少有善良的眼睛。睁开你善良的眼睛!”

“在我眼珠中你照吧!这是为你,给你的。可是为她,给她,不,不,决不!”

“你错了。原谅她,给她!”

“我错了,也许……可是我高兴错……我决不原谅她。再说,谁给她鞋穿,她就嫁谁。让她的穿靴子的猫③给我们洗刷地板!一路顺风!我要用手指甲抠掉她的痕迹!”

安乃德耸耸肩头,沉默不语。每逢西尔薇发怒的时候,上帝也不得不让她三分。

安乃德和阿霞安排好,她们两人一同度过最后几天。旁人的敌意,他们礼貌地表示反对,即使在于里安和布鲁诺的祝贺词中,阿霞也听得出来;还有她自己的内疚,像尖刺似的钻她的心,这一切使她更加欣赏安乃德对她的理解。面对她自己,她需要这种理解,才能肯定她的权利。她对她的权利是有把握的,你要是碰她一下,不会有好结果。然而她是这样的女人,任何顾虑不能拦阻她去争取胜利,胜利到手之后,她再回过头来,看看她抛在门口的顾虑。现在必须由大家来帮助她扫除大家脚下的尘土。她们并没有打算置大家于不顾。大家却不动。谁也不去打扫邻人的门口,人们更倾向于把自己脚下的脏东西踢到邻人门口去。安乃德不得不设法把阿霞的门槛——她不平静的良心——擦得光亮些。而且由于年轻人的灵魂在一阵悲伤之后,贪婪地

① 这个孩子,指阿霞。
② 那条母狗,指阿霞。
③ 《穿靴子的猫》也是佩罗的童话。

去接受送上门来的幸福,阿霞但愿有人说她有理:她扬扬得意了。在安乃德方面,不论她说什么,当她独自一人在家时,只剩下一种尖锐的忧郁感。我们不可能使大家都满意,所有我们热爱的人,所有在我们心上的人,活人和已死的人,每个人都在叹气:“我的欢乐……我的痛苦……”而且,使这个人欢乐的,正好使另一个人痛苦。应当由最年长的人把他们那一份让出来。安乃德独自一人和她的大儿子,她的兄长(死去了的人总是活人的长辈)关在家中。她听见他说:“把我的那份给她!我还有什么用?让她去利用吧!但愿她幸福,我们的孩子!让她再去爱吧!看她重新生活,我们应当高兴!”

阿霞从来没有像最后几天那样对安乃德这么温柔,这么孝顺。她对安乃德坦白了她过去生活中最遥远的以及目前灵魂上的秘密。肯定她没有对任何人说过,即使在枕上也没有对玛克说过。(上帝知道,她给玛克尝过多少这种密谈,其实他并不要求听!)这些心腹之言常常不能给她增光。但是她觉得没有比这种使她失去一切威望的坦白更足以表示她的感恩的心情。她把自己毫无遮掩、毫无抵抗地交给安乃德。她很清楚对方的手接受一切,什么也不拒绝。这是多大的宽慰!有这么一次,一辈子唯一的一次,能够赤裸裸地、自己照镜子都不敢瞧的样子,都给别人看,然而听人叫你:“我的女儿……”即使和安乃德,如果不是她们就要分手了,否则也不可能这样倾吐衷曲。

对,安乃德接受这一切,而且理解。她明白,这种毫无保留的忏悔,在阿霞思想中是价值重大的礼物。对此安乃德不让她的手指有微颤的感觉。所有这些灵魂深处的东西,人们平常是不会触动的……然而安乃德却见过不少!经历过不少!但是这位年轻妇女向她揭露某些她想不到的现象。那些心中和思想中的妖魔鬼怪!她可怜的玛克却挨着她睡觉。他想到过没有?他也有他的妖魔!……

“而我也有我的妖魔……整座莽林!……现在他所在的地方[①],

① 现在他所在的地方,指在坟墓中。

毕竟安静多了。”

她把这个身体柔软的亲爱女儿抱在怀中，这个身体中隐藏着发烧的热情以及残酷的阴影，在她野蛮的信任心的冲动中，她把这些作为礼品献给安乃德了。

阿霞还送给安乃德一件更美的礼物，更纯洁、她更舍不得的珍宝。她把她的孩子委托给祖母保管。说句实话，要不然，孩子对她是碍手碍脚的。当她重新开始度蜜月的时候，她如果同时要管这个旧月亮的剩余部分，不能不使她为难。这个孩子太容易使她回想起那已经熄灭之夜，但这仍是一种不小的牺牲。人们不能责备阿霞除了她情夫以外，不能很好地爱她所爱的一切。她是杂乱无章地爱的。但是人们不能责备她不爱自己的孩子。她狂热地爱孩子，好像动物似的占有孩子……“我的！是我生育的。他还连在我的肚脐上。他是属于我的……”可是不认为她也是属于孩子的。阿霞的本能不考虑公正和礼尚往来。她有时忘记孩子，有时重新要他。她不能在孩子身上固定她的生活和激情。同时由于她的智慧是公正的，至少能看清什么是公正的。她明白她对不起孩子，而且在未来，她可能更多地对不起孩子。因为，她发现了自己错误，也不会使她改正一丝一毫。她能下的最大决心，就是放弃她对孩子的占有，既然她承认对这个占有没有尽任何义务。可是她舍弃孩子并不是没有切肤之痛。她愿意让安乃德欣赏她为安乃德做出这样的牺牲。对任何别的女人，她决不会做这样的牺牲。安乃德知道，而且欣赏。阿霞不会对任何别的妇女作这样牺牲。甚至即使（她在这时承认）为了孩子的利益，她不得不那样干。她和安乃德，这两个充满激情的妇女，天生的说上半句话就能相互了解！

动身前夕，也就是最后一夜，阿霞绝望而猛烈的精神冲动又发作了，她喊叫不愿再结婚了，她不愿离开她的玛克，她愿意和安乃德相伴，来保卫玛克……

安乃德对她说：“去吧，我的女儿！去作战吧！这是为了玛克。为他去搏斗，为了他所要的一切，为了他没有能办到的事！为了我们的事业!”

阿霞吃了一惊。她抓住安乃德的双臂:“为了我们的事业?这么说您参加了我们的事业?”

安乃德点点头:“我是和我们的玛克在一起的。玛克在我身上。人世的规律颠倒过来了。我孕育了他,现在轮到他孕育我了……”

阿霞紧紧抱住她:“我的玛克的母亲!我的玛克的女儿!……我的家庭存留下来的全部在这儿了!……”

“但是别忘了你的小小的火焰,你的瓦尼亚!”

“请您替我好好保管吧!”

“我保管小火焰,我替你保管……去吧,我的女儿,不论我们两人遭遇如何,你永远能在我身上找到家庭的卫护者,我接待你,捍卫你,如果必要的话,与全世界为敌。”

“世界不算什么,我来对付它,”阿霞说,“请您保卫我,我在和自己为敌。我将是您的手臂,您成为我的心脏吧!”

阿霞同她的丈夫走了。安乃德和她的玛克在一起。她现在必须为他代替已经走了的那个女人。

他在那儿,坐在她身边,在房间里,眼光是活生生的,手臂和双腿瘫痪了,精神是火烫的。他对她说:“为了我,前进!为了我,行动!为了我,搏斗!”

*　　　*　　　*

新的战争时期来到,大门已经打开。二十年以来,这个门从未关上。但一九一四年的大战无非是入口处的大门而已。从门口进来了革命。

革命不仅是社会的爆炸,在这个或那个国家,它掀动大地。革命的炸药埋在所有思想形式的深底里。所有的社会与道德概念都在不声不响中遭到变革。对宇宙的相对性认识动摇了纯理性主义。根据它的长子继承权[①]（人们认为纯理性主义是最幼小的儿子，我认为正相反。假如这是一样的，那么如同雅各[②]一样，纯理性的长子继承权是偷来的），纯理性曾经是首当其冲的必要的革命战场。人们没有想到，纯理性执行了"人类活动的最高鼓动者"的真正角色。正如叔本华所说："是的，如果说生命不是一种误解或者衰退，那么革命就是一切，它包藏一切，而且成为伟大的形而上学。"[③]

不过，法兰克福辛酸的佛学家[④]还说："不要相信那些软绵绵的形而上学！不要忘记重大问题不是'善'的问题，而是'恶'的问题。如果在一种哲学中，我们在篇页之间听不到哭泣、呻吟、咬牙切齿，世界性大屠杀可怕的修罗场，那就不是哲学。"

这个海洋的浪涛声充满全世界。必须是聋子，好像一个自私的资产阶级，躲在它最后剩下的被威胁的舒适生活中，才听不见痛哭与反抗的潮声。安乃德的耳朵什么也没有放过。全仗于里安·达维，他每天收到从受压迫侵凌的各国，主要是从东欧各国寄来的一大堆信件、资料、呼号，安乃德一直和人类的激情保持联系。她不像于里安一样，被这种材料压得精神颓丧，因为他不仅不能忍受单调的 lamento，而且由于自己没有能力去援救这些受害者而心头沉重。安乃德付清了她的欠账，她最大的爱，她的儿子为了人类的苦难而牺牲了生命。她最珍贵的东西，已经献出去了。在这场大悲剧中，她不是一个旁观者，没有被不可告人的、只求自己幸免的羞辱压得垂头丧气。她有权站在被压迫群众的行列中。而且由于她已经没有什么可以丧失的，所以她更大胆地看清了被压迫者应当走的道路。

目前，这条路是被堵塞着的。欧洲的革命让反革命抢先进攻了。缺乏苏联的具体支持，革命的欧洲不知道如何组织起来，苏联由于它

① 长子继承权指古代封建贵族的家规：由长子承袭爵位以及封建采邑。

② 典出《圣经·创世记》，雅各用饼和红豆汤骗取了他长兄的长子权。

③ 《叔本华和弗雷德里克·莫兰的谈话》（1858），见《巴黎评论》（1864）。——原注

④ 法兰克福辛酸的佛学家，指叔本华（1788—1860），德国哲学家。

巨大的建设必要性,忙得无法分身。这个苏联仿佛一只正在脱皮换毛的巨兽,在它新换的外皮还很娇嫩的时期,必须站在一旁,不参加搏斗。令人难以置信的软弱,使几个社会主义政党都瘫痪了。两个世代的议会生活使社会党丧失了信念与精力,它们被束缚在荒谬的"合法化"顾虑之中,而他们的敌对者,比他们更成熟的法西斯主义大资产阶级,要压倒他们的敌人时,毫不考虑"合法化"。那些本来应该用各种方法、不惜代价、打开通向新秩序的道路的社会党,却用最微不足道的奇谈怪论,成了旧秩序战战兢兢的支持者。他们支持蛀虫咬破的旧秩序的各项原则,而反动派玩世不恭与眼光敏锐的头目们则早已不信。(这些原则,有可利用之处时,他们加以利用;当这些原则碍手碍脚时,他们就肆意破坏之。)合法派的社会主义者,由于他们怀着对共产党人兄弟阋墙的怨恨,一天比一天向过去倒退,害怕战斗,不但害怕战斗本身,也害怕战斗的结果。他们害怕失败,他们也可能害怕胜利。他们丧失了对自己的信心,他们身上行动的热血已经消退。至于身上行动的热血没有消退的人们,那些共产党人,不知道把热血用在何处,而把它消耗在无聊的争吵中,在威胁中,在高举拳头、唱歌游行以及说大话、夸口、吹牛中,他们用这一切代替了静悄悄和坚持不懈的、为真正有组织行动做准备的纪律,并因此而惊动了敌人,促使敌人武装起来。

敌人走在前面了,他们的头目善于利用不应发生的混乱,因为那些革命空谈家,由于他们不谨慎的威胁,在不安的群众中引起了混乱。在整个欧洲,法西斯以社会秩序和道德秩序捍卫者的面目出现,他们捍卫毛线长袜①、保险柜、家庭、祖国、"患病的母亲"②和上帝。那些大资产者,名正言顺地对他们自己的精力没有多大信心,却相当有远见地把棍棒交给那些 Duci 和那些 Führer。这些人出身于平民阶层,精力充沛,原本是豺狼,摇身一变为守门的狗。人们暂时给背叛本阶级的

① 毛线长袜,一般是指冬天穿的长毛线袜,这里是指坐在炉前取暖、饱食终日、无所事事的有闲阶级。

② 患病的母亲,指骚扰不宁的祖国。

无产者以无限权力，把他们固定在劳役的凳子上，让他们和无产阶级专政做对头。从这国到那国，法西斯的黑色瘟疫①或褐色瘟疫②在传播扩散。他们取得了成功，活动力在增强，即使在法国和英国，最后的储蓄银行，在它们的保险柜中，人们保存民主自由，可是他们已经不会使用这种货币，而把它们从市面收回，禁止流通。

已经到了不能再犹豫不决的时刻。要么赞成，要么反对！关于暴力和非暴力的学院式讨论已经不是时候。问题在于把暴力与非暴力的一切力量团结在一起，反对反革命的各种力量的集合体。在革命大军中，一切力量都应当有它们的位置，甘地有组织的伟大不接受主义以及列宁的突击部队。良心的反对、工厂和运输战线上的罢工、起义，一切都是搏斗的武器，现在，安乃德的精神接受了这一切。她精神上承认斗争是必要的。她远不是退缩在牧羊人的笛声给她开门的"一"的幻梦中，她的根须在地底下吸取精力，而且把它转化为行动。如果行动的血液不在身上流通，"一"还算什么？"一"是在行动中。"一"在前进中。如果它停顿一会儿，一切都将崩溃。

对安乃德以及她的西方兄弟姐妹们来说，一切都将崩溃，因为思想用活生生的意志的面目出现，在那里，思想就像滚烫的金属熔液，流入意志的熔炉中。同样的思想，在乔答摩③的血管中，成为涅槃的微笑；在欧洲少女的血管中，成了雅典娜④在搏斗中的谜一般的微笑。吉亚仑萨伯爵复述西藏雪地中智者的话："作为，这不算什么，破坏，这才是一切……"（破坏屏幕，破坏介乎精神与太阳之间的自我……）

安乃德把这句话理解为（布鲁诺是否也这样理解，这是没有把握的）革命的召唤。破坏幻想与成见的紧密网络，旧世界令人窒息的罗网。撕裂米开朗琪罗《俘虏》⑤的束缚。在新生活的冲击下，将已经陈

① 黑色瘟疫，指意大利法西斯。
② 褐色瘟疫，指德国法西斯。
③ 乔答摩，释迦牟尼的姓。
④ 雅典娜，希腊神话中雅典城的保护女神。
⑤ 《俘虏》是文艺复兴时期意大利伟大艺术家米开朗琪罗著名的雕塑作品。

旧的老生命闸门爆开。当她在波纹交错的河中认出自己,在这河水中,喜马拉雅山的圣布鲁诺给她指出有数不清的个性组成的自我形象,当她在那儿看到,在别的波纹中,漂流着自己的波纹,整个圆舞在回旋之中,漂向大海,犹如印度的巴克科斯。这个亚洲的贤智和梦呓,在欧洲灵魂中唤醒深刻的回声(因为她们是同一母亲的女儿),不会有任何风险会使她丧失极其繁忙的活动。她消失在行动中的群众之中,只是为了重新发现千万个自己。在这流向海洋的恒河精神的法兰多拉舞中[①],吸引她的并不是大洋,而是河流。她和河流结婚。她听到在它的主要血脉中,大军前进的步伐声。

*　　*　　*

不久人们就在群众性集会上见到一个穿丧服的妇女,面容平静,有一点儿笨重,目光阴郁迟钝,在休息时好像打瞌睡,心不在焉,在想远处,不引人注意。可是,她一站起来发言,立即发出青春的光辉,而且她不慌不忙,不提高嗓门,声调平稳,从不犹豫,她坚定的(总是引向准确行动的)语句,一句句深入听众的头脑。

当安乃德要求于里安·达维陪她去参加一个他当主席的反法西斯大会时,于里安非常惊异。一天晚上,安乃德在大会上要求发言时,她自己也很惊异。

直到那时为止,她从来没有被公共场所的讨论吸引过。当她去参加大会时,她坐在会场的最后一排,她看见主席台上的讨论者。这次,她坐在主席台上,面对听众,她脸上接受群众呼吸时的气息,听众充满激情的等待集中在她身上。这种等待极少被台上的讨论者所满足,他们顺着自己的语句说下去,他们在党派间的争论上花费过多气力,对这种争执,听众是不感兴趣的。发言者没有察觉听众迫切的无声呼

① 法兰多拉舞,法国南部普罗旺斯地区的民间舞蹈。

号:“给我们指出路线来,笔直的前进路线!”

安乃德听见这种呼号,仿佛是她自己发出的呼号,既然谁也没有回答这种呼号,她站起来了,她是被迫的。她必须高声说出问题来,而且加以答复,正如古希腊舞台上的合唱队领队所干的一样。

她说了头几句,自己的声调使她诧异,她听到自己的声音,好像另一个超过她的人的声音,在会议的潮流中膨胀了的另一个“我”的声音。但是几乎同时,她将发言者和群众融为一体,这是天生的演说家力量之所在。虽然在她的姿态中没有任何故意表现口才的地方。她的发言出于她的绝对淳朴和安详,这一切都使她发言的大胆性更为突出。这种安详态度启发听众,增强他们对自己和对他们捍卫的事业的高度信心。她很快就成为尽人皆知的人物。在这种集会中,她感觉她儿子在她身边。在许多听众眼中,都有这个印象,因为人们很快知道了玛克的遭遇。于是安乃德成了传说中的人物,人们眼中母亲和儿子总是在一起的。

用她清晰的言语以及她的简练和实际的妇女精神,她对重新编排党派的必要措施做出贡献,她不理会这样那样的标签,不理会官僚派的形式主义,她强迫两个国际组织的成员,既是兄弟又是敌人,在行动的场地上互相尊重。至于理论问题,以后再讨论!党派间真正的分界线是有些人愿意行动而另一些人不愿意。主张不行动的一切意识形态方面的借口,全是假面具。女人的手撕掉这些面具,不管你是谁,这样她引起党内政客的气愤,因为她搅乱了他们模棱两可的玩意。但群众是女人:群众赞成安乃德。群众需要清清楚楚的局面。安乃德注意着,不使讨论迷失在口头辩论的混乱中。她擅长等别人说完之后,把大家的意见归结为一个清楚和实际的提案。她费尽力气积极参加各种国际性的援助与其他行动的组织,参加“红色与工人的救济会”,参加反帝国主义、反法西斯主义和反殖民主义压迫的组织。只要一只手臂伸进齿轮传动系统,全身就都进去了。她花费的钱超过她钱袋中剩余的数目。她受人赞美的著名安详态度,使她付出的代价是用意志的高度紧张来控制内心的压力。在一个冷静、高大、强健、相当粗壮,又因上了岁数而显得有些沉重的妇女外表下,过度劳累的心脏开始损害她,虽然还没有影响到她的精力。

医生们按照习惯,不告诉她真正的病是什么。他们总指望对生命焦急的爱会起作用。他们不能设想,对所有的人,丧失生命不一定都是最严重的不幸和不可告人的恐怖。如同秋末成熟的果子不会感觉脱枝坠地是种乐趣!听了医生们遮遮掩掩的解释,安乃德微笑了。由于她有过当护士的经验,以及她和医道中人,比如和菲力普·维亚,她以前的情夫①的亲密关系,她知道得相当清楚。

她最近又见到了维亚。他现在是一个额头上有皱褶的老头儿,可是眼睛还是焚烧着一种没有满足的火焰,粗大的嘴好像感到一切都很乏味。他已获得很大的荣誉,可是永不满足,正如另外一个人,贝特洛老大②(上一个世纪的),有人说他在先贤祠中的坟墓是他不急于占有的唯一位置。(如果他不急于到手,这是因为他有把握,一定能够得到:凡是你认为一定能到手的东西,也就对它兴趣不大了。)菲力普吃饱了,可是没有满足,不停地在寻找,好像狼在找"quem devoret③";可是他的猎获物是极其可怜的,已经连骨髓都啃掉的世界,这使他冒火。安乃德和他从没设法再见面,可是没有完全失去对方的踪影。玛克之死在巴黎的报纸上曾经引起一些回响。玛克死后,菲力普在街上遇见了穿丧服的母亲,她挺着腰,骄傲地高昂着头,好像头上顶着重物的意大利妇女。维亚充满敬佩之感,过去和她招呼。

两人之间几乎没有一点相同的意见。在政治上,维亚赞成独裁政权。他把人民群众看作含敌意的羊群,必须将它们捣碎和驯服。正如人(名副其实的人:主人)对待别的兽类一样。群众运动,按照他冷酷的见解,是属于大自然的盲目力量,如同瘟疫一样。在于里安·达维

① 菲力普·维亚,以前的情夫,见《夏季》。——原注

② 可能是指马塞兰·贝特洛(1827—1907),法国化学家、政治家。

③ 拉丁文:可以吞噬的东西。

和他之间,存在着根深蒂固的反感。为了照顾安乃德的面子,维亚不表露这反感,然而决不平息。

菲力普·维亚和安乃德,当他们两人单独在一起时,决不顶撞各人的栅栏。在两人之间存在着过去搂抱的记忆(这把他们连在一起),这些在肉体中深深种下的根(肉体就是精神)。他们在爱情与搏斗中互相了解,互相清楚对方的力量与弱点。你的强弱点多少也就是我的强弱点,两人都在上面咬过,此外还有一件秘密的事,使他们互相接近:他们都知道自己已被宣判死刑。①

对安乃德向他提出的关于她的疾病的头几个问题,维亚的回答是开门见山的(他从不吞吞吐吐)。他主动给她描述她感觉的病状:在她胸膛内部感受到顶撞的痛苦,扩散到她左腋下,沿着左臂下去,直达指尖。他发现在她眼皮底下,面部有带蓝色的浮肿,还有手的苍白色……老生常谈!他头一眼立刻都看清了。这个身体是他曾经占有过的女人的身体。但是,虽然他和她都记得往事,在此时此刻,他是用医生的冷静眼光来诊察她的。她也是从外部来看维亚的,她自己觉得她对这个男人的身体是陌生的。她说:"这是心绞痛?"

他说:"古典式的心绞痛。"

她开玩笑地说:"至少在这点上,你不能再说我是浪漫派。"

"你一直是个古典派的人,你自己不知道。"

他瞧着她重新穿好衣服。

"可是,我已经到了什么程度?"她问。

"已经不是刚开始。"

"这,我自己也知道。"

"已经走了一段不短的路。"

"还剩下多少路可以走?"

"要看情况。问题在于小心你的步伐。"

"我已经走得极少。"

① 已被宣判死刑,指两人都有不治之症。

“即使在不动的情况下,你总有办法跑得飞快?”

“那么你知道不知道用什么办法阻止我飞跑?”

“我不知道。即使我知道,很可能我不告诉你,有的单方比疾病本身更有把握置人于死地。”

“因病而死,因医而死!我宁愿因病而死!”

他赞成她的意见。他知道他自己已经被肾炎宣判了死刑,这种病是不饶人的。可是他对谁也不提,而且继续打猎①,仿佛他能永远活下去,他很可能让安乃德继续打她的猎,信赖她掌舵的经验。然而他却警告她要停止参加群众大会以及委员会等活动。这儿,他作为医生的禁令和对安乃德社会活动的反感趋于一致:捆住她手脚的良好机会!他的反民主主义再加上对参加政治活动入了迷的妇女的特殊反感。安乃德一点也没有弄错。那还用说,她固执地干下去。但是她的病出来提醒她要理智。她很通情达理,她不坚持了,她停止活动。菲力普厚着脸皮扬扬得意。

“你可不要急于高唱凯歌,”她对他说,“我的弓上不止一根弦。”

“但是,女骑士,你只有两条手臂拉弓!”

“你弄错了,我长了别的手臂。”

*　　　*　　　*

安乃德在远处有她的女儿阿霞。在眼前,在她身边,有这个孩子,她儿子的儿子。正如三十年前,她又有了个孩子要孕育。

但是什么事都不能重新开始。孩子已经不是同一个孩子,她也不是和从前一样的女人。当她已经和一个儿子走了三十年路,又回到出发点,她没有从前那种期待的热情了。她明明白道路将把她带往何处。如同在鹅牌游戏的棋盘②上,有井、牢狱,还有欢乐,这一切顺次序排列

① 继续打猎,指追求女人。

② 鹅牌游戏的棋盘,一种儿童玩具,棋盘(纸板)上画着鹅和各种背景,玩时掷骰子,按点数前进。

着。总是有掷骰子的风险,但是这地区已经没有人所不知的混乱,人们已经在本区搜索过了。不用说,人们弄错了!因为在间隔的时期,新的一代人从这儿经过,已经改变了风景。旧的坑坑洼洼填平了,又形成了新的坑洼。人们不止一次冒着由于记性太好而迷路的风险。

再说,有了这个新的小人儿,虽然他是用旧材料做成的,可是他是另外一个人,另外一个世界,另外一个时代。说真的,他使你困惑。他有和父母同样的眼睛,同样的五官。他瞧你……不等他开口说话,你觉得,你知道一个新的房客、新的时代进入你的家室。而这个新到的小人儿,你教他学走路,第一下,他就会站稳在一个他没探索过、可是已经比你熟悉得多的场地上,他和今天是情投意合,和睦相处的。而你,你却待在门口……

要不要跨进门槛,完全在你。敢于进入未来!对能够抛弃过去的人,很容易进入未来!然而安乃德不愿意,也不能够。她主张两者之中不牺牲任何一个。要在他们之间实现谐和,不是一天两天的事。在最初一段时期,安乃德限于慈爱地观察小若望[①],她有许多关于孩子的事要学习,正和孩子要学习许多关于她的事一样。两人有乔治做他们的媒介。

在孩子和少女之间形成了最奇特、最动人的联合。两人岁数相差十五年,这种差别使他们分离,也使他们结合。小男孩还不到八岁,大姑娘却二十三岁出头了。两人通过秘密协定,宣布了一条法令,一个国王,另一个是子民。“你是属于我的,你是我的财富……”他们不需要提出条件来。无条件的!“我是你的财富,我属于你。”条约签订了!“这不是你的意志。这是我的乐趣,我的乐趣就是你的乐趣……”

在这个小男孩和那个大姑娘之间有什么共同场地?所有的场地,

① 小若望,即瓦尼亚,下文有解释。

所有能联系两个人的纽带,除了把两性捆缚在一起的纽带,他们俩恰好在分水岭上,在那里,他们可以饮各种泉水。有兄弟友爱的泉水,大姐姐和小弟弟的泉水。也有母爱的泉水:当孩子由于悲戚或对他的小小胳膊说来太重的幸福,蜷缩在少女粗壮的手臂间时,她感到一种温暖的快乐跳跃在她五脏之间,好似孩子的小脚在里边跳舞。还有,甚至还有爱情的泉水,唯一、真实的爱情(对一切人来说,只有一种真实的爱情),在男性和女性的心中(但愿这些被粗暴对待的美好的名词,恢复它们的尊严!),这种爱情在睡眠,或彻夜不眠,在梦想,在窃窃私语,或大声说话……这种爱情永远使他们燃烧起生命的两半结合成唯一整体的愿望……神圣的爱情,在它神秘的角落中,不知道有任何栅栏,它跨过年龄;虽然它的根深深插在肉体中,插在它无限止的冲动中,不顾这一切,超过海洋,穿过空间与岁月的广宽间隔,把人们结合在一起。

这个互相接受、既无阻碍又不扰乱的需要,来自何处?对孩子,从最初的几天起,他的记忆紧紧掌握了日子的线索,不放松了。三年以来(他的印象似乎向来如此),他看见在他眼睛上方,他的大女友露着美丽的牙齿在笑;还有那些夏夜,在草原上,窗户下,蚱蜢唧唧地叫,远处的山溪洪流隆隆奔腾(那时正在瑞士,他父亲将要去迎接佛罗伦萨的尖刀的几个星期),他听躺在床上的大个身体静静地呼吸(她把他放在她的床上)。在她温暖的手臂弯曲处,他把面颊和鼻子靠在上面……幸福与和平……什么都没有动摇这种基本的印象,即使紧接来到的哀伤日子,家中有许多无法解释的扰乱……可是她和他,两人在一起,没有第三者在旁边的时刻,他们从来没有扰乱,也没有哀伤……Gioia. Pace...[①]假如你没有见识过这种境界,别人无法向你解释。这是人为的运气。一千次中的一次,大自然的安排获得成功,成功地组成了这一对配偶。

① 意大利文:快乐、和平。

对大姑娘来说,好像意志应当在接受一个更大的角色中起作用,而不是接受一个孩子:要不是偶然的机会,有那么一天这个小伙伴闯入了她的生活,她是不会认识他的。可是还有最奇特的事!现在,当她想起这件事来,在她以前的生活中不认识这个孩子似乎是不可能的。要不然,为什么他一来她就这么完完全全认识了他?她回忆起来;一天,安乃德把一个赤裸裸的小娃娃交给她;而且(孩子的母亲有事出去一会儿),她独自一人和小娃娃待着,她的手指甜蜜地接触到这只没有羽毛的小鸟的身体,她感到心慌意乱。她俯身向着鸟儿,bambino[①]对她微笑了。快乐的感觉震动她全身,浸透她全身,从她乳房到膝盖,她的奶头坚硬起来了。她发现了她的母性。在那以前,在她大小伙子式的喧嚷、活跃、爱好运动的生活中,她从来没有一秒钟遍身微颤过。现在,孩子出现在她眼前,好像雷鸣电闪一样,她甚至不愿意承认她以前可以没有这个孩子而生活的可能性。她曾经为孩子而生活,在期待孩子来到。在全部过去的岁月中,她用活动和游戏麻醉自己。全部以前的时间,她隐藏着这个孩子,喂他吃,摇摆他,这个小家伙,她的小家伙。在她看来,这个小身体整个都是新鲜的,可是一切她早已认识了,连同他的小脚指甲(她瞧着他的小脚指甲,充满柔情地笑了),连同他那像热面包似的小身体的气味。

自然啰,她不敢当着别人高声说这些话。还有那个自称是他母亲的女人(妒嫉的乔治,见那女人比她自己缺少母性,心中感激她),还有安乃德。(安乃德瞧着乔治和小孩,微笑了。无法知道安乃德是否看穿了乔治的心情,可是乔治不敢去问明白。)所有别的人,西尔薇,孩子的父亲,也是那么不能理解……她不能公开自己的秘密……可是她能发誓的,就是他,那个小家伙,他都明白!这是他们两人的秘密。她想的是真实的。除了孩子认为这是很自然的,他不想把这当作一种秘密。安乃德不得不注意着(不露声色),不让阿霞多心,觉得自己被冒

① 意大利文:小娃娃。

犯了。可是阿霞,在她再婚前的几个星期,完全被她的激情和烦扰占据了,她不可能很好地观察孩子。当她在旋风当中,忽然想起孩子,便像一阵风似的冲进来,把他从正在干的事中,从游戏中,从他和他的女友谈话中拉出来,独占了他,把他囚禁在怀中,眼瞪眼地逼视他,用一大串兴奋的问题逼得他说不出话,可是又不等他回答,紧紧地搂抱他,不管他乐意不乐意。等她满足了之后,她放下孩子,又去追逐痛苦和希望了。

只有安乃德一个人,从侧面观察孩子的思想反应。即使如此,她看到的仍然不到一半。在这小人儿身上进行着一件秘密的工作,是大人想不到的。瓦尼亚(他有法俄两种语言的一大堆名字:若望、伊凡、雅诺、瓦诺、瓦尼亚、瓦尼乌沙)很快就明白了,如果抗拒暴风雨的降临,那完全无济于事,甚至也许是不利的。

“她干吗要这样摇撼我?但是,似乎她有权这样做,她是我母亲……”

最好是等风暴过去,献给她最少的礼品。于是他让自己的身体被动地任她摆布,精神上却一点也不给她。孩子是高明的观察者,他注意到,他母亲临近再婚的最后几天,打扮得更漂亮、更整齐了。她身上很好闻。他的小狗鼻子不但嗅到她的皮肤,也嗅到她皮肤下面的思想。他用并不缺乏嘲笑意味的好奇心,察觉了他母亲内心的忙乱骚动,以及她滔滔不绝的说话,很突然,魅惑人,使他觉得好玩,也使他疲倦。他不放过每一句冒失的话。他有他自己的思想生活。关于他母亲的再嫁,他有他的想法,但他不对任何人说。别人也避免和他提起这一话题。这就多了一个理由使他想这个问题!(大人们不知道,凡是人们过分不提的话题,反而引起孩子们注意。)在瓦尼亚眼中,他母亲是一个奇特的活生生的问题。好奇心冲淡了温爱。然而她反正是吸引人的。她头脑里想些什么?对乔治,人们不会提出这样的问题。这两人中哪一个人运气更好?

目前,他等待粗暴的入侵者放开他。他已经发现所有令人讨厌的事都有完结的时候。阿霞走了,他瞧见她动身到远方去了,没有多大遗憾。她走了之后,他反而更欣赏她。他仿佛觉得在他的天空下缺少了一点什么……不是母亲的温爱!关于母爱,他周围有的是,要多少有多少。但是在他的几个母爱之间,他秘密地给她们排了队。去美国的那位母亲,把他抛弃了,就从把他抛弃这件事本身来说,却也不是他最不关心的一个母亲。他从身边的人中听到或猜想的,对这位母亲的责备,在他思想里起着和责备者的意图相反的作用。即使他不明白他母亲行动的理由,如果他认为受了她的骗,他并不因此对她不感兴趣,他反而更感兴趣。他不像那种虚弱、受伤的孩子,把他们秘密的冒犯行为、他们的怨愤和被禁止的愿望,都战战兢兢地压在心中。瓦尼亚具有相当丰富的温爱(他接受别人的以及他给予别人的温爱),因此对一个似乎离开他而远去的母亲,他不至于感到辛酸。他有把握追上她,如果他一定要追。万一她不回来,我的上帝,他也不在乎!这个小人儿对自己,对生活有不可动摇的信心。如果他会表达这种信心,他将使给他生命的妇女,他母亲和祖母,大大惊异。这并不是乐观主义的欺骗办法。从很小的时候起,他在周围看见足够的事实,使他明白生活并不是用温柔、甜蜜、美好的微笑做成的,也不是用慈祥的妈妈以及圣絮尔皮斯大街上店铺橱窗中陈列着的那些搽胭脂、头发梳得很整齐、无聊发闷的善良上帝做成的。孩子从生下来以后,身体就在狼的毛上擦过,从他母亲开始,最后(不见得是最后!)是杀死他父亲的那些人。就算是狼吧!他自己也是狼群中的。主要不是生活要和蔼可亲,而是要生动活泼。生活愈旺盛,食物愈丰富。这个小家伙胃口极好,牙齿也很坚硬。对人,好的或坏的(他们反正是一种食品!),他首先要他们有趣味。这个狂风一般的母亲,她穿行于大西洋上,使这个小顽童感兴趣!他不理解什么,但他在她身上闻到大海的空气(或者是大平原上的风?……)。他知道什么呢,除了觉得风在吹!许多爱,许多恨,以及她反对社会的暴风雨(他偶然听到她气冲冲的言语)。"社会",这是什么东西?就是我所在的这个?"我们等着瞧吧!我们会由自己判断……”目前,瓦尼亚把反对“我们所在的这个”的狂风暴雨先留着备用。

阿霞是一位与众不同的母亲,办大事时的母亲。

另外一位,乔治,是日常的母亲。他对乔治说过,简洁而坦率:“一个母亲用于节日(或暴风雨中);另一位是日常用的。”乔治听了哈哈大笑。她接受这样的分配。她要了每天用的那部分,把其余部分留给阿霞。她明白瓦尼亚把阿霞留在盛大的节日用。她自己对阿霞的雷雨式吸引力也很敏感,不得不对她表示慷慨大度。她和西尔薇不一样,西尔薇的积怨永不消除。如果有人当着乔治的面攻击阿霞,乔治就替阿霞辩护。她也不容许自己责备阿霞这样那样。人们责备阿霞最不堪的一事,难道不是她把儿子留给乔治了吗?

“我们的小男孩。我的!我的面包。谢谢女面包师!……”

*　　*　　*

两个人的生活安排好了。一开始,乔治每天早晨跑到安乃德家;可是她必须回到父亲那里午餐,然后又到安乃德家和孩子度过下午,傍晚和孩子恋恋不舍地分手,回去晚餐。于里安现在住在巴希[1],安乃德住在卢森堡公园附近。乔治不得不整天跑,而且谁都对她不满意。于里安抱怨简直看不见他女儿了,到了进餐的时刻,她总是迟到。(他属于这类法国资产者,他们最不能容忍不守时刻的习惯,对此他们可以大发脾气。)孩子总不愿意放乔治走。每次分手,总是不断地说再见,不断地叫她回来,再一次说再见,像一对情人似的。安乃德觉得又好玩又感动,她向她的老朋友建议,让乔治在她家里午餐,于里安同意了。对他来说,与其女儿每次回来进餐都迟到,不如干脆不回来。再说,他也感动了。起先,有很长时间他不理解,为什么乔治为了一个孩

① 巴希,巴黎的一个市区。

子抛弃一切,她的家,她的功课,她的利益;后来他看清了(安乃德把自己的眼睛借给他,他爱她的眼睛),在他女儿的处女之心中,燃烧着母性的神秘火焰是多么美。于是他索性走在乔治的愿望前面。他是这样一个人,要牺牲就干脆牺牲自己。于是他主动向安乃德建议,让乔治在安乃德家中食宿。为了让安乃德消除心中不安,于里安想了一个借口,说他早就计划到美国去进行一次学术旅行,他很可能在那边逗留一年,为此,他非常乐意看见乔治住在安乃德家。安乃德对这一借口并不轻易相信,可是乔治求之不得,年轻人的自私使她快乐得大声叫喊,她狂热地吻她父亲、安乃德和孩子。当安乃德单独和于里安在一起时,她瞧着他,微笑,对他说:“亲爱的于里安……现在该轮到我了!”

她吻了于里安。于里安感动了,不知如何是好,轻轻咳嗽一声,一边寻找字句,一边说:“说到底,我的乔治……您是明白的。她是属于您的……”

安乃德把手放在他的手上,说:“我明白了……她是属于我们两人的……亲爱的朋友!……”

他们转到别的话题上去。在他们的年龄,不需要说明,彼此心照不宣。

住处很快安排妥当了,两个孩子高兴得不得了。乔治占用过去阿霞住过的房间。瓦尼亚的小床在一间窄小的邻室中,房门总是半开着。安乃德的枕头靠着墙,她听见隔墙两个孩子每天早上低声说话和笑,像麻雀似的,也听见光着的脚在楼板上跑,从这间房到那间房,彼此来往。稍后,他们决定迁居郊外,既然没有任何非留在巴黎不可的必要。他们在茂桐树林的边缘,找到一所明亮简朴的住屋,带一个园子,几棵树,在那里他们感到很宽绰。甚至给西尔薇也留了一个房间,假如她愿意来住。但是西尔薇非让人揪她的耳朵不可。使她来的最好办法,就是摆出一副不在乎她来不来的样子。尽管她假装不相信温情,却并不是不渴望有人喜欢她,但她更渴望独立,同时由于年岁增长,脾气也变得更多猜善疑了。她老是全副武装地准备和那些侵犯她独立的人斗争。

"那好,把你自己关在钟楼上!什么时候你愿意下楼,你就下来。如果你来,我们很高兴。如果你不来,我们也不强求。"

三个人的小天地完整无缺,十分协调。安娜、处女和孩子①。正如在佛罗伦萨教堂里的屏风上,圣安乃德,带着画家芬奇式的讽嘲和温柔的微笑,在她双膝之间坐着大姑娘,姑娘把小娃娃抱在膝盖上。如果说安乃德孵育他们两人,他们两人却只看见自己。安乃德迟迟不送孩子上学,她承认在这位处女母亲优越的母性中,有教育的天才。作为开始,她把造成孩子身体的柔软黏土,交给塑造女工灵巧强壮的双手。

孩子每年用一部分时间,半裸着身体,生活在园中或林中,穿着一条小高卢人的裤子,乔治的本能告诉她,作为最初的功课,要使孩子习惯于吃苦耐劳。不用说,不是指苦行派的吃苦耐劳(这是牙齿不好者的办法),而是有乐趣的吃苦耐劳。二十五年来,乐趣这个原则正是西方各新学派所要求的。乔治没有听说过教育学理论,乔治在快乐的概念上(快乐是孩子自发的自由游戏之果实),再加上费力这个雄健的概念,也就将吃苦的必要性包括在充分的快乐之中。她对她的小狼崽说:

"如果你光做你能做到的一切,那就太少了!必须每次比你所能做到的再多一点。乐趣好比吮吸奶头——我不说!——但这是每一条小牛犊都能办到的。最好的,真正好的,在于你开始咀嚼你的痛苦时,什么也比不上舌头上这种味道。舔你的汗水!……多做了一点,可是不要太多。太多的太多,是蠢货干的事。不要蠢货,也不要小牛犊……来吧!做吧!再来一个!再来一个!停!小心受伤!明天,我们多走一步。②"

① 安娜、处女和孩子,指耶稣的家庭。"处女"指圣母,耶稣的母亲;安娜是圣处女的母亲;孩子指耶稣。此处即指安乃德,乔治和瓦尼亚。

② 乔治是受过正规的体育训练的,上边这句话是用体育教练的口气说的。

这样玩下去,孩子的四肢和身躯晒成棕红色了,他的情神也毫无损失。像练体力一样,乔治教他锻炼智力。于里安的女儿手指灵巧地耍弄智慧之弓。科学的抽象问题,在她敏捷的手指下那样省事地解决,以致小猴儿的轻快手指,一点一点地重新做同样的动作,并不意识到困难。精神的手指超过思想、在没有思考“如何”之前,本能解决了问题。这是条好路,直线前进,人们到达以后,再提出“如何”来。如果你在出发之前,等待一切准备就绪,那整天,一辈子,也将等待过去!先前进!“如何”最后一定会追上我们。乔治把她的精神和手的直觉传授给若望。对直觉的推理思考是事后好玩的谜语,晚上,人们休息时,才进行解析。可是白天,看与行动,看是为了行动。如果你是健康的,这两个动作只是一件事,我们会有时间去理解的!……理解?仿佛目光和手在第一个动作时,一点也没有理解!这是不需要用言语来思考的。不过,等用言语的时间一到,乔治和若望谁的言语都不贫乏。他们的舌头一点没有瘫痪。啊!他们多么喜欢辩论!……听他们辩论,安乃德笑了。即使在思想,在辩论的时刻,他们好像在用四肢攻击,在玩儿。

我们可以相信,使前一世代的人烦扰不安到出血的生存问题,丝毫不使他们有夹脚之苦!(先得说明,他们是光着脚穿凉鞋走路的。)首先第一,姑娘和男童,他们都十分健康。他们不知道什么叫生病。他们没有亲身经历(经历得不够,这是很大的缺陷!)贫穷,以及为生存而进行的残酷斗争。如果他们曾经经历过,很可能要准备搏斗。在乔治心目中,整个人生是个运动场。如果真是这样,那真太美了!运动场本身是奢侈品。不应当隐瞒,乔治和孩子的生活,虽然是那样俭朴和健康,也是奢侈品。最大的奢侈不是金钱,而是与世隔离的生活。这种个人主义的教育是脱离人类共同命运的。安乃德隐隐约约感觉不自在。西尔薇在这个问题上应当有比安乃德更清楚的话可说。但是她很少说,因为她很少有机会过问安乃德家中发生的事。而安乃德在她的创伤康复初期,巨大的疲乏和对孤独生活不可克制的需要使她变得麻木不仁。她把孩子交给乔治管教,为了使良心平静,她想,稍等一个时期再干预,也不至于失之过晚。

确实不算过晚。乔治在趁热打铁,然后把它浸入冷水盆中。小若望将是用坚硬的钢铸的。她决不在其中留下一点草芥。常在不知不觉间折磨孩子并使之精神不安的那些骚扰。那些在黑影或妖魔面前的逃跑,瓦尼亚一点也没有。他的生活完全是明亮的,没有不相识的东西烦扰他。虽然他父亲悲剧性的死亡对他来说可能成为一种冲击,他似乎一点也没有为人生跑道上最后要到达的阴暗目的而操心。乔治也不比孩子更多地为这些事操心。他们对这个"*以后*……"从容不迫的镇定态度,在安乃德看来令人宽慰,而且使人觉得奇妙,她简直很难理解。她自己,必须经过那么多的痛苦和努力,在多次重复的失败之后,才达到对这些事物的接受,可是他们一下子就像已经安置在这一概念中。乔治使瓦尼亚习惯于把死亡简单地当作一种自然行为,这种行为是正常的,毫不困难,毫不可怕。这个大姑娘的结实和井井有条的精神,类似一个整齐有序的家室,善于在医学无情的研究与运动的强力以及身体的轻松愉快之间,形成均衡。她有天赋的智慧,平静愉快,精确明朗,对一切事物感兴趣,而且她掌握自如,会很自然地对瓦尼亚谈一切自然问题:死亡、疾病、性的问题。她对孩子从无保留,也没有虚假的羞耻,或者在相反的方面,也从无放肆或猥亵的地方。她对他说实在的东西。实在就是如实存在的一切。如果是好东西,只要享受它就行。如果是坏东西,必须设法使它变好。在这两种情况下,人们没有遮住眼睛不看的必要。我们看,看总是很有趣的,即使戏是在自己身上展开,尤其是在自己身上! 于是你同时是观众,又是戏剧。

"瞧你的戏! 不要惊慌!"演员在忙碌,可是观众坐在他们舒适的位子上,鼓掌或喝倒彩,或者打哈欠,完全自由。即使戏使我们厌烦,我们也有自由喊:"够了!"……

瓦尼亚不慌不忙地眼看他天真而不加遮掩的青春在发育。他很满意自己是个男孩。他觉得世界似乎是一个丰富的发明。这一切多么机巧！生命的机构服从明确的规律。没有反抗这些规律的问题！任何机器都服从它的规律。必须学会操纵机器。我的身体，我的生命，我的汽车……

“不是吗，乔治？”

“对，瓦诺，好好驾驶它！不要压死行人！……”

活着多么好玩！多么快乐，大清早动身，在白净的大路上，驾着闪亮的新汽车，在它精致漂亮的内部齿轮中，还没沾上一粒灰尘，它飞驰得像一只鸟儿，服从手最轻的一按，在我身旁，那位女伴已经走了一部分道路，她重新走一遍，为的是两个人一同更充分地享受！我享受她已经见过的一切，享受我看见的一切，享受她用我的眼睛看见的一切。

他们仿佛觉得他们在一起时，生活才是完整的。两人不在一处时，每人都觉得缺少了一块。这些不久以前的往事，以他作为果实的往事，他的父亲、母亲以及别人，如果没有乔治这个见证人，瓦尼亚怎么会理解呢？这好比他派乔治作为先行官去探明道路。他自己也同样给乔治探路，因为他骑在她肩上，两条腿夹住她的下巴（亲爱的小膝盖！），探路者的尖锐目光在驮着他的那位女子头上翱翔。他的眼光比她的眼光瞄准和打击得更远。他不止一次地、不自觉地向乔治解释他自己的思想，因此她在他的路上看得更清楚。这样，在他们之间建立起一种奇特的平等。常常是大姑娘问小男孩：“说吧，瓦诺，你对此做何感想？”

她对他帮助最大的地方在于她向他追述他的父亲。他知道他父亲的情况很少，而且不确实。玛克当时完全为他的激情和行动忙碌，不能为孩子多分心。而对他的激情、他的行动，孩子自然只能模模糊糊注意到。在他父母闹别扭的时期，孩子的记忆刚刚开始从雾中冒头。他的小麻雀眼啄来的片断记忆，是不能连贯起来的。后来，他习惯于离开那两个激情的人生活，他们也各自分开了。可是如今，那两位突然从他身上分裂出去，他的本能使他感到他是他们身上的一块肉,或者说,他们是他身上的一块。他很想重新抓住他们。已经太晚了!当他的意志有他擅长想象的精神作为潜力,决定铸造他所缺乏的一切时,这是决不会太晚的。乔治是他的铁匠助手,她向他展开童年初期的海市蜃楼。她给他讲关于已经消失得不留痕迹的年代的一些场面,反映在他画面背景上的最后部分,在地平线的无穷远处,从那儿召唤与接受所有的幻象。不等乔治讲述完毕,从方舟上逃出来的鸟群,有黑的,有白的,已经在瓦尼亚记忆的灌木林中找到栖身之处。甚至在那儿孵育了小鸟。当瓦尼亚接着讲它们的故事时,他很认真地添油加醋。他很可能对乔治说:"不是这样的!我比你知道得清楚,乔治,我当时在场。"

两人凑合起来,他们没有困难地画出玛克的一个激奋的肖像。乔治自己认识玛克也很少,因而她更愿意帮助孩子的秘密意愿。玛克对乔治的影响是浪漫主义好奇的吸引力。在他们的短促的交往中,这种好奇心没有得到满足,玛克悲剧式死亡的光芒,更加激奋了乔治的好奇心。由于安乃德对任何人都不提这个儿子,她独占的儿子,因而想象力可以任意画出一幅壁画。在乔治的眼睛深处,这幅壁画盖上了一层柔和的传说色彩,画面上玛克差一点以圣乔治①的面目出现。奥圣米歇尔②的庄重青年,眼光直视,拿他的胸膛抵御命运的打击……这次他是在搏斗中倒下的。使他具备更多的英雄气概。

"我是他的儿子,我要替他报仇……"

"我们要替他报仇……"

既然瓦尼亚现在是她的儿子,乔治成了寡妇,她接受了死者的骨灰以及报仇的任务。

但是另一个妇女呢?另一个母亲?她们是两个人。必须承认另一个妇女曾经得到玛克身上最好的部分,而且不是传说。(乔治非常

① 圣乔治(三至四世纪),相传为古代基督教殉教者。

② 奥圣米歇尔,佛罗伦萨一座教堂,内有多那太罗的一座圣乔治塑像。多那太罗(1386—1466),意大利文艺复兴初期雕塑家。

真诚,她不会在这种问题上,自己骗自己,以为传说比现实优越。)可是至少在瓦尼亚方面,现实的占有者是她。谁要离开职位,就失去了职位!阿霞丧失了母亲的职位,而且谢谢上帝!她似乎并不急于要求收回这个职位。她的新生活整个占有了她。每隔一段很长的时间,充满激情的回忆热情提醒了她。于是,她给安乃德写了一封充满热爱与痛悔的信——一条火山熔岩的热流。有一次,这条熔岩热流穿通了大海,阿霞跟在她的信后边,出人意料地到了茂桐,也不通知一声。这事发生在她去美国十一个月之后。她猛烈的激情,在她和安乃德谈话时已经发泄完了。她们两人关在房中不出去(或两人都无话可说了)。和他母亲乍一接触,瓦尼亚退缩了,他用过分的礼貌对待母亲。这种礼貌使她的冲动劲突然抑止住了。儿子的目光在她说话时仔细打量她,阿霞感到腼腆了。然而瓦尼亚是和蔼可亲的,充满温情,十分殷勤——过分殷勤!可是孩子的眼光奇特地观察母亲。她很想用双手把心脏部位盖上。而且不但是心脏!她肚子里还有了另一个孩子。虽然她的身孕用很巧妙的手法伪装起来,使人几乎看不出,瓦尼亚的目光,当他注视她腰部两侧时,使她心慌。他瞧见什么?他想什么?她感到难为情,她在一个男人面前从来没有这样难为情。她不敢问他,小脑袋里在想些什么,而且他也许连自己也不知道。可是,在阿霞最不防备的时刻,瓦尼亚突然张嘴,他问道:“你对你丈夫一直很满意吗?”

阿霞虽然不是一个的腼腆的女人,她急得出不来气了。她不知道怎样回答的。瓦尼亚接着又问:

“是不是你比爱爸爸更爱他?”

“啊!不。”阿霞从心里回答他。

“那么为什么你和他结婚?”

这句话使她完全手足无措了。她慌张地说:“我没有别的办法。”

孩子不再坚持了。阿霞对孩子的审判感到很不安,她问:“你怨恨我?说,我做错了事?”

“不,我明白,你没有一个丈夫,不能生活!”

阿霞觉得她是在小小的一家之主面前,他对她表示宽恕,她觉得惶恐和痛苦。她到安乃德怀中去发泄心中的辛酸。可是她不能责怪任何人。大家对她都非常和蔼,甚至乔治也给自己特殊权利来怜悯阿霞。这真是无以复加了！乔治差一点要对阿霞说:“您愿意把孩子带走吗?”

她是有把握留下孩子的！……

“有把握?你太有把握了……我把他带走……”

阿霞已经准备立刻抓住瓦尼亚,对他说:“来！我带你去,立刻就走……”

但是,她怎么办呢,如果孩子回答:“我还是愿意在这儿待着……”

或者,孩子把她的话当真:“很好！我们走吧!”

到了那边,她将怎样安排这个孩子呢,肚子里的那个就要出世了,还有她的男人?这个孩子到那边怎么办呢,凭他早熟的严肃眼神以及嘴上很有主意的褶纹?不,他还是待在这儿好,为了他自己,也为了她……

可是她在乔治身上施行报复,她揭发乔治给孩子的教育的缺点和弊病。她锐利的目光和她的嫉妒使她第一眼就发现使孩子过小布尔乔亚式孤独优越的生活(这种优越的意义使其与效果适得其反,它使孩子缺乏集体生活的素质……),也就是缺少和别的大群孩子接触,尤其是和那些从一开始走路、就要和艰苦而健康(健康?不健康?但搏斗是健康的)的现实碰撞的孩子。她辛辣的责备使乔治听起来很敏感。它们也提醒了安乃德早就暗暗对自己提出的意见。两个年轻妇女在安乃德面前热烈地争论起来,各人为自己的理论辩护,直到争论过火反而破坏了自己的见解,而这并不仅是为对孩子有好处。乔治感觉到,其实阿霞有理,但是她不愿意放手不管她的小伴侣。幸亏阿霞由于猛烈的夸张,反而给乔治提供了借口为自己辩护。

正巧这一时期,闲得难受的西尔薇在从事成问题的试验,为本区游荡的孩子们组织一种学校或一种以巴黎旧城基改造成的宿营地。(下文还要叙述这个故事。)阿霞得到了消息,毫不犹豫,她在争论的火头上,说要把瓦尼亚送到那儿去,乔治生气了,竭力反对。安乃德微笑。但是阿霞顽固坚持。最后还是小家伙出来快刀斩乱麻。他说:“不!”

“怎么,不?”母亲说,“我不征求你的意见。”

“可是我,我发表我的意见,”孩子说,“我说:‘不!’”

他摇摇脑袋,样子十分坚决。

阿霞用鄙夷的口气叫瓦尼亚:“小布尔乔亚!”

瓦尼亚捏紧两只拳头,大声喊:“这不是真的!”

“你害怕和街上的孩子们在一起把你弄脏?”

“我不怕把我弄脏,不怕和任何人在一起!但是我不去。”

“为什么?”

“我不去。”

他拒绝解释他不去的理由。但是安乃德,把那个头脑固执的小男孩拉到她膝盖中间,轻轻地在他耳边说:“你不愿意到她家里去?”

孩子使劲地摇头。

“你们两人在搞什么阴谋?”阿霞问。

“这是我们的事。我们互相了解。”

几天前,西尔薇曾经到安乃德家来过。侥幸,阿霞正不在家。西尔薇发现只有乔治和若望在家,从他们口中得知孩子的母亲出乎意料地来到。西尔薇不能遮掩她的反感。这个女人,她有可能为了他所爱的人把自己身体剁成小块,也有可能把她所恨的人剁成小块;而且魔鬼才知道她为什么有时爱,有时恨!(够啦!她自己知道……)她是决不退步的,直到蛮不讲理,直至冒风险毒害这个她喜爱的小男孩的心。(爱某一个人不一定意味着为了被爱者的利益,而是为了对自己有利。)难道她没有当着瓦尼亚的面,对乔治讲(乔治是那样的震惊,以至她一点也没有想到不让孩子听见)阿霞和玛克感情上的疯狂,几乎摧毁了他们的夫妻生活?而且不消说,她是从恶毒攻击阿霞的角度讲这些事的……这时,安乃德回来了,她断断续续听到几个字,她看见孩子面色苍白。安乃德自己脸色也变了,目光如火焰燃烧起来。她抓住西尔薇的肩头,粗暴地将她推到门口:“你滚吧!”

瓦尼亚和乔治从来没有听到安乃德用这种嗓门谈话。西尔薇一点没有反驳,低着脑袋,她走了。安乃德把门冲着西尔薇的背关上。她的鼻子鼓胀着,眉毛紧蹙。(瓦尼亚从来没有注意到她的眉毛是那么丛密,在她鼻头上形成一道杠。)安乃德回过身来,碰到孩子的目光。她立刻就缓和,微笑了,耸耸肩头,说:“好吧,孩子们,如果我对你们说,不要想这些事,这并不能阻止你们去想。但是不要判断!我们没有权判断。我们每一个人都有自己的欢乐,自己的痛苦,自己的反理性和理性。各人有各人的包袱!这是各人自己的事,与任何别人无关。禁止别人去干涉!如果我们所爱的人受了痛苦,他们做错了事,他们因此而更需要我们同情和热爱。如果我们并非出于自愿而偶然发现了他们的秘密,我们请他们宽恕!”

可是瓦尼亚满脸怒气地说:“让她请求原谅!”

但是她可能会请求原谅的!瓦尼亚是不会原谅她的,他对西尔薇怀有怨仇。没有任何理由可以让他决定到侮辱他母亲的那个人家里去。阿霞不断催逼安乃德说出孩子的秘密。最后她终于在很有分寸的形式下知道了瓦尼亚拒绝去那个学校的理由。阿霞装着对别人说她坏话漠不关心的态度,她继续推撞孩子。但是,孩子对冒犯他母亲的人表示那么大的气愤,对阿霞来说,是给她受伤的心抹了油膏。阿霞动身的那天,她像一阵风似的从瓦尼亚身边走过,样子似乎没有注意到孩子。她回过身来,扑在孩子身上,猛烈地搂抱着他,喊道:“我的玛克,我的玛克!……”

她在最后几小时关在安乃德房中,在她脚边,跪在地上,用眼泪和没有喊响的呼叫,把她的全部秘密、她的悔恨、激情、占据她的不能满足的灵魂上的一切,倾泻在安乃德的心中,这个心是属于她的。安乃德的手抚摸着这个疯狂女子的脑袋,她发烧的额头,她发烧的眼睛,跟狗鼻子一样,自己正摩擦的发烧的鼻子,发烧的嘴,如果她敢,她很想舔安乃德的手。阿霞神经缓和之后,问安乃德:"您还能够爱我吗?"

安乃德回答:"我已经娶了你。"

阿霞嘲笑地说:"这不是一个理由!"

安乃德笑道:"不是对你,坏小伙子。"

她们俩互相抱吻。

"你说怎么办呢,我的女儿?"安乃德说,"如果你疯了,我也一样,既然我这样爱你,必须容忍点儿!"

瓦尼亚和乔治,在阿霞来过之后,一连几天感觉心中不平静。虽然没有很好地理解,他们闻到一场灵魂的雷雨穿过了他们的空气。他们的空气在一段时间内充满雷雨的气息。乔治面颊保留着和阿霞争吵时受鞭打的感觉。然而阿霞临走时,向乔治坦率地伸过手去,而且说:"谢谢!"同时注视乔治的眼睛。乔治的心情现在有两种倾向:为她不能再和阿霞斗争而感到遗憾,她要一直把阿霞打翻在地;同时为她没有和阿霞亲吻而遗憾。瓦尼亚擦他的狗嘴,他母亲贪婪的嘴用亲吻吞噬了他的狗嘴。他反复学这一呼声:"我的玛克!"这一呼声使他感动得神魂颠倒。她是多么爱她的玛克,他的父亲!她在他身上吻的是玛克……他自己原来就是玛克?他就是玛克?对,他就是玛克,他将和父亲一样……

瓦尼亚心中一股滚烫的感激之情,使他和母亲结合在一起。母亲把那个人不朽的生命托付给他。那个人就是他心中秘密崇拜的对象……

*　　*　　*

玛克之死,在西尔薇身上产生的震荡比在安乃德身上明显得多。

这个打击使她的健康完全破产了,同时整个改变了她的生活方式。她讨厌她收养的孩子,宣称早晚有一天她要离开他们:她愿意到别处去住。佩娜岱特[①]自以为不得不坚持挽留西尔薇。西尔薇对她说:“你已经拿了我的钱。你还想要什么呢?”

挨了这一记耳光,佩娜岱特的脸气得发青。她决不说把钱还给西尔薇;可是她忘不了致命的冒犯,她说:“你走吧!”

西尔薇不该怀疑佩娜岱特对她的温爱,对方对她的依恋是真实的。虽然缺少热度,佩娜岱特对西尔薇的感情是唯一能润湿这个枯燥灵魂根须的温情。然而自尊心是最强烈的感情。自尊心一朝受了损伤,它是永远不会原谅的。佩娜岱特把门关上,从此以后,不许自己再想念西尔薇。

至于西尔薇的怨愤从何而来的呢?是从玛克死后,她在佩娜岱特脸上观察到的可怕冷漠中来的?这种漠不关心将显得更加可怕,如果西尔薇知道佩娜岱特和玛克之间存在的关系。但是谁能说西尔薇没有远远地嗅到这种关系?西尔薇的鼻子是十分敏锐的。她鼻子闻到的东西有时比她的智慧理解得更多……

西尔薇看中了一套三间房的住所,房顶是斜的[②]。在一座旧住宅楼的第七层,在她早先住过的市区,曼纳大街的一个拐角上。房子是老式的,一点没有现代的舒适设备。她的友人们纷纷反对。她享受过舒适的生活,现在她的健康已经从根本上受到损伤,真不是她应当放弃舒服条件的时候。可是她固执不听劝告。从劝告中她唯一接受的一件事,仅仅是不爬直达七层楼的很陡的服务楼梯[③],而是乘大楼梯间的电梯,一直到六层楼,然后通过一扇小门,上服务楼梯,只剩下一层楼需要爬上去。取得房东的同意反而比取得这匹母骡[④]的同意容易。

① 佩娜岱特,见《女信使》(上),《一个世界的死亡》。——原注

② 房顶是斜的,在住宅楼的最高一层,房间的顶棚因顺屋顶而有斜度,就是我们所说的阁楼。

③ 服务楼梯,服务人员专用的楼梯。

④ 母骡,指西尔薇。法国有句俗谚:“和母骡子一样固执。”

即使房东批准之后,西尔薇为了表示她的勇敢,仍然要爬七层楼,“用轻捷的腿脚”,她自己这样说。(她不得不承认她的腿脚已经不轻捷了!)没有人瞧见她时,她爬一次楼梯中间要停几次,靠在墙上,耳朵里血液轰鸣。她甚至必须坐在梯级上,喘不过气来。直到一天,她双腿的浮肿对她提出警告,这个小小玩意儿不能继续下去了。于是她只好强迫自己坐电梯。坐过几次之后,她承认,in petto,坐电梯舒服多了。可是她故意不告诉别人。别人假装不知道,为的是照顾她的猜疑心理。

人们不能理解(除了安乃德)西尔薇这种突然发生的禁欲主义怪癖。这不是她的习惯。她的生活从中间被摧毁了。从她二十五岁到五十岁,整个建筑只剩下废墟了。她的整个劳动果实,都做什么用了?她最亲爱的人没有从中得到好处。至于那个佩娜岱特!……算了吧!她什么都不是……西尔薇回到她的出发点上:曼纳大街的寓所,房门开向长长的公用楼道,铺着小方瓷砖。一天晚上,安乃德急促的脚步声曾到那儿去找她[①]。

是的,姐姐心里明白了。可是这些都是内心的秘密。另一个心虽然理解,但并不设法去澄清它。各人有自己隐藏卑微玩具的小角落:回忆和梦幻!如果把这些交给别人,即使交给最亲近的人,他就会死的。这是他最后的生存理由。安乃德也有她自己的理由,而且深刻得多,秘密得多。要不然,她平静的态度从何而来?她丧失儿子的“寡妇”生活无从解释的平静从何而来?哆哆嗦嗦的西尔薇碰撞在安乃德的平静上,如果妹妹最后没有彻底认识姐姐那令人料想不到的灵魂,她也许会觉得莫名其妙,而且气恼。西尔薇也学会了(并非没有困难)这种明智,对安乃德灵魂中的秘密,什么也不说,正如安乃德不说西尔薇的秘密一样。

如果说玛克的死亡对安乃德损伤比较小,西尔薇很清楚,完全不

---

① 安乃德……曾到那里去找她,见第一卷《安乃德与西尔薇》。——原注

是这么回事。但是西尔薇并非不乐意认为自己有这个优点,虽然不符合她所知道的实情。去世后的玛克,在西尔薇身上占有一个她在玛克生前决想不到的广大地位。整整一段过去的生活。西尔薇重新读这本书,从最后一行读到第一行。西尔薇在这本现在已经结束的书中,发现一种比他们当时一同写这本书时还要亲密得多的意义。她产生一种幻想,她觉得她比任何人都更接近玛克,即使他的母亲。(她决不说阿霞,她固执地用含怒的鄙视态度,推开阿霞:"你不是我们的人,我不承认你!"……)她只承认安乃德是她的对手。在某些方面,她并没有完全对自己说谎。她曾经是玛克少年时期一整段生活的见证人、知心人和同谋者,而这些情况玛克一点也没有对他母亲讲过。玛克曾经是西尔薇的半个儿子,她的小学生、学徒……(关于这一段 Lehrjahre[①],我们没有全讲……)一直到唐丹大街那疯狂的一夜,接着就是若干年愚蠢的误会……那个外国女人利用机会,从西尔薇手中夺走了玛克……又在阿霞的名字上划了怒气冲冲的一笔!两个妇女之间的奇特嫉妒徒然用理性考虑了一下,勉强互相表示殷勤,微笑,尤其自从共同的哀伤事件发生以来,两人间的关系却仍然很紧张,互不相容,无法和解,冷酷无情——尤其是共同的哀伤事件发生以来。幸亏在两人之间隔着大西洋这条鸿沟。阿霞越过鸿沟来巴黎时,两人互相回避,不见面。

*　　*　　*

西尔薇如释重负地摆脱了她的财产、她的职业、她骚动的生活,尤其是摆脱了社交往来,摆脱一切"别人"(除了半打人,他们不算别人,而是自己的一部分),西尔薇没有一分钟感觉虚空,她畅快地呼吸了!

有些可怜人(在我们机械化的社会中,他们是大多数)到了退休的

① 德文:学习年代。

年龄,当人们把支撑他们生活的习惯支柱抽掉,他们立刻坍成一堆残灰碎石。但是西尔薇是用法国的上等石块砌成的,雕凿得很好,砌得很结实,如同沙特尔与拉昂[①]的石块一样。她是由古建筑的紧密、坚实和细沙组成的"自我"。一个属于她的"自我",完全彻底属于她。她不需要支柱。阻碍她生活二十五年以上的脚手架被拆除了,西尔薇发现自己无拘无束,享受纯净的空气。

她有很多的纯净空气,在她的瞭望台上,高高凌驾在大片的屋顶上,凌驾在山丘和山沟里大量麇集的蚂蚁窝[②]上,还有袅袅上升的炊烟。西尔薇回到她那年轻女缝工的蜗居中,重新变成她们之中的一员。她恢复了青春。

这不过是最初一段时期。圣马丁的夏季,可是这最后的美好日子并没有虚度。

首先,她忙于好好布置她的窝。一点不要豪华,而要方便舒适。这位小小的隐士对任何贪馋的满足从不疏忽,无论嘴馋、手馋以至坐椅和腰身的舒服:一张软绵绵的好床,舒适地垫着她的臀部与双肩,看起来眼睛舒服、走起来使光脚舒服的一条地毯,一把熨帖地抱住她的臀部的安乐椅,几件优质木料家具,结实、简朴、方便,摸起来手也舒服。墙上糊着悦目的纸,窗上没有挂一幅窗帘。没有一个邻人,没有什么要遮掩的。即使有邻人,西尔薇也不放在心上!

"谁要看谁看!我的眼睛喜欢看大量照射进来的美丽的熹微晨光。我要看这光赤的阳光,也要它看见我光赤赤的身体!"

她有猛禽的眼珠,清亮而严峻凶狠,她从不眨眼。她的床头朝向有阳光和月亮的一面,她永远不嫌光线太亮。

当她三个房间的小小王国布置完毕(她最大的奢侈品是花,她的窗口都被花枝环绕着,花藤沿着梯子爬到房檐上),西尔薇好比古时的

---

① 沙特尔与拉昂均为法国地名,各以中世纪的古教堂闻名于世,是法国主要的文化名胜。

② 蚂蚁窝,指住宅群。

封建贵族,想从他们周围的巢穴,侵入平原。她对活动的渴望重新抬头了,必须立即运用这股热情。她回想起一位当小学教师的朋友在一次谈话中提出的一个想法:为本郊区的贫穷孩子们建立一个露天学校。她和她的朋友建立了学校,在旧城基的荒地上。尽管她那衰老的腿,走路沉重,她在居民区里到处号召。她涂金的舌头,用不可抗拒的甜言蜜语,打动了地方当局和孩子们的父母。一群群孩子不久就聚集到这儿来,好像一群群麻雀飞到有渣滓可以啄食的地方。(不光是作为精神食粮的渣滓。也有给胃准备的,西尔薇的小小积蓄,一大部分消费在这方面了。)孩子们一旦认识了找到食物的道路,不会那么快就忘掉。从清早到黑夜,他们都在那儿。天气不好的时候,必须租用收废品的棚子,还得尽可能修修补补,像修补破鞋一样,孩子们帮忙缝补。他们自己身上也有许多需要缝补的地方。人们在他们之间发展互助活动,在年轻的主妇或年轻的"主人"(可是没有老板!)管理之下,这些人被称为"一家之主",他们必须照顾各自的小氏族,擤鼻涕,擦鼻子,缝缝补补。雏形的工场组织起来了。西尔薇招收了几个热忱人,男青年和姑娘,热衷于社会理想主义[①](这是不会延长很久的!);退休的小资产阶级老人,他们已成碍手碍脚的人,因为新出生的一代对他们比另一个种族的土人更陌生,他们不说同样的语言,每一次接触都是一次冲突。这儿,那儿,有个本区的工人,一个学生家长,利用星期六下午,或者利用病假,到学校里来瞧瞧,感到兴趣,帮忙干点事,或者上一堂课,讲讲实物。但这是非常稀少的例子,劳动者完成他的工作,生下孩子,这两件事完成之后,他不感兴趣了,他需要忘记。

缺少经费,小孩子们的嘴是无底洞。上帝的话,或者西尔薇的话,不能填饱空肚子!西尔薇节约自己的饮食,为的是分给她的小鸟们吃。然而她不是一个味增爵,她不能脱下自己的衣服,给赤条条的人穿。即使是圣马丁[②]的半件袍子,也嫌太多!"我不会把它裁剪得比

① 社会理想主义,类似乌托邦社会主义。

② 圣马丁(1581—1660),法国基督教教士,以乐善好施闻名。

我的屁眼更高!”……高卢人的正常情理毫不降格。在用自己的血喂雏鸟的鹈鹕,与吃自己的孩子为了替他们保全父亲的于戈朗①之间,有蒙巴那斯优良的撒马利亚女人②的地位,她先自己吃饱,然后让别人吃……“如果他们吃掉我,有什么好处呢！明天谁给他们吃呢?照顾麻雀群的上帝?……”西尔薇已经和这个上帝闹翻了,自从他杀死或者让人杀死她的小麻雀③以来。她把上帝隔离起来。她必须没有上帝也能过日子,上帝也必须没有她照样过日子。她不再把脚跨进教堂。

现在她的教堂就是她的学校。她冒失地吹嘘自己不敬神的态度,她用自己的身体喂养她的孩子们,要比上帝用圣餐饼给人吃多得多。“美餐！我喂养得更好……”然而她不能过于自信,她知道她喂养得不够。为了她收养的那些儿童,她来到所有她认识的人以及不认识的人家里,用不容反驳的语气去募捐。她有病的双腿并不赞赏让它们爬上爬下的那些楼梯,她的收获不算太少(在可怕的乞讨小嬷嬷要求他们施舍时,敢于讨价还价的人是不多的),而结果却是西尔薇不得不强迫自己在床上待着,动弹不得,有几个星期之久。

为了有点事干,她选了五六个资质较好的女孩子,到她家里来,她给她们上缝纫课,初期的效果是令人满意的。在巴黎,人们的手指差不多总是很聪慧的。谢谢老天,但愿别的部分也一样聪慧！可是发生了严重的麻烦。那几个顽皮丫头挤在三间房子里,而那位行动不便的主人不能经常监视她们。她们在木器上擦她们的木底鞋,用手指搓皱糊墙纸,用她们的脏手把指印留在护墙板上,阴险地摘掉窗上的花,把花茎糟蹋坏了。到最后,有一天西尔薇发现她的抽屉被翻乱,一只漆盒被偷窃了。即使不说纪念品的价值,西尔薇也不能容忍别人偷她的

① 于戈朗,意大利比萨的暴君(十三世纪)。他的敌人把他和他的孩子关在塔中,让他们饿死,他企图吞食他的孩子,保全自己生命。

② 撒马利亚人,《圣经·路加福音》第十章第三十三节,有人遭强盗抢劫受伤,倒在路上,两人路过不救,第三个路过的撒马利亚人给伤者包扎,把他带到旅店,并留下钱让他养伤。这里撒马利亚女人指西尔薇。

③ 小麻雀,指玛克。

东西。产权人的陈旧本能,决不准许任何侵犯。说她已经达到这样的程度,可以对人说"拿去吧,如果你要!什么都不是属于我的",那是不大可能的。她说的是:"我给你,因为这是属于我的。但是我不许你的爪子去碰一下,如果我不愿意。可恶的小偷!"她把女孩子们全部赶出门外。

在这种情况下,当西尔薇躺在床上的日子里,学校缺乏划桨人,倾覆了。大家都在谈论她,比她所盼望的更多。有几个小小的家庭之主,女主人,男主人,把他们的角色演得过分严肃,或者可以说,是最不严肃的。在配对的男孩和女孩之间的有些游戏,是没有规定在节目单上的。

西尔薇知道之后,耸耸肩说:"没什么了不起!"她也许会打他们屁股……

"关于这类愚蠢举动,让他们不要管我们!一堆教堂的管事人!难道他们以为我们在培养唱圣歌的孩子?让他们试试把本区那群狗崽子都用链条锁起来!我吗,我让他们自由地培养自己。这样并不是不会遇到麻烦事,有麻烦就纠正,用不着这样手忙脚乱!"

他们知道他们在干什么!资产阶级的报纸已经侧目而视这个可疑的无政府主义之窝,发出了巴黎的道德受威胁的警告。于是有人来调查,那群淘气孩子被叫去询问。他们并不惊慌,反而感到光荣,因为报上登了关于他们的消息。他们闹得更起劲了。于是家长和诚实的群众同声表示愤慨。西尔薇,带着病,被检察官传去询问。她把检察官狠狠地奚落了一顿。后者当然也不接受这一套,这是可想而知的。如果她能轻松无事地了结这场官司,并不是由于她理直气壮,而是由于她年轻时也有不顾"贞操"的行为。在她的朋友之中,有人在法院供职。她的朋友们对她从不忘恩负义。(对一个女人来说,这是最大的艺术,西尔薇在这方面是一位大师。)她被宣告无罪,然而旧城废墟上的学校被封闭了。给狗崽子们剩下几条壕沟,他们可以在其中继续打闹。不得不让道德占了上风。

* * *

西尔薇这次冒险的失败,使她对进行社会十字军的行动[1]感到乏味。如果她更年轻些,她也许和反对者顶着干,卷土重来。但她现在连自己的四肢都不听使唤了,还怎么能搞这套玩意!至少必须有她的老御林军,才能形成滑铁卢的阵营[2]。现在她只剩下将军了。她把话说明白,转过背来(比背更靠下的部分),向着社会。

她自己的社会还保留着,这就足够了……

多么奇怪!她发现当她什么都抛弃之后,真正的生活反而开始了。姐妹间虽然没有说起过这件事,可是姐姐那方面却和她有同样的发现,而且,自从她失去儿子以来,这种感觉更加激动人心,更加残酷了……

此时,平平常常的灵魂已经没有任何使她们与生命难分难舍的联系,这类人弃世而去。而另一些人,在这什么都不再和他们发生联系的时刻——甚至是最神圣的温爱之情——反倒发现了自己。于是他们获得新生,开辟了一个意外活动的新时期。安乃德身上涌现了强有力的内心生活,光芒四射,由近及远,充满不可与抗的柔情。西尔薇没有这种远照海洋的灯塔,也在黄昏降临时点燃了她热烘烘的灯笼。她是不是有一个超乎常人的灵魂在发现自己,如上文所说?"灵魂"这是何等自命不凡的名词!西尔薇很可能把它扔在你脸上……

"我,赤条条一个人……我要走了……我走了把这一切都抛下……这一切?什么?我。在这里边的一切,我什么也没有干……你说,我有这些东西,我根本不知道!难道我浪费了我的光阴?赶快把它们抓住,和我们的床单一起拿走,用我们弯曲的手指抓住!这是多么可怕,特别快车开走了,可是我们把自己最好的部分丢在月台上,只顾把钱包拿走,而把自己的生命忘掉了……"

---

① 进行社会十字军的行动,意即对社会做点公益事业。

② ……老御林军才能形成滑铁卢的阵营,影射拿破仑在滑铁卢战役中一败涂地。

这个生命,巴黎的小“馋嘴”却认为已经吃得很饱。她完全相信自己尝到了最精美的部分。她身体沉重,要离席了。佳肴的香味和雪茄烟灰使她作呕……这时候一扇窗子打开了,新鲜空气进来,她重新感到年轻时的饥饿……

奇怪的冒险!她在家里装了一台收音机,为了填满每天晚上沉闷的空闲。(说实在,这位有预见的妇女怕打哈欠,虽然她还没有看见自己打哈欠。)起初,她在有青蛙的池塘里随便乱踩,从罗马到图卢兹[①],从埃菲尔铁塔到布拉迪斯拉发[②]的哇哇乱叫,在她看来是一场有趣的闹剧。她好玩地把它们反胃的打嗝声混杂在一起,好比一个孩子乱打着水和污泥块。这一阵叽叽喳喳的声音满足了她的幽默感以及她这巴黎人对喧闹声的需要。“没有声音,人们怎能知道自己是否活着?”但是当她用噪音证明她活着之后,马上就厌倦了。她没有关上收音机,而是用神经质的、不耐烦的指头把电钮转到一个沉默的空挡上。她在那儿,坐在安乐椅上,靠近窗子,单独一人在房间里,在初夏的静夜中。无边的黑夜,刚才声音太闹把它赶跑了,此刻又回到空旷的位置,一直沉到灵魂深处。刚刚被震聋的灵魂,重新听见隐匿在衰老四肢和心脏里的痛苦。她被俘获了,解除了武装,不能稍动一下。夜间的寒冷侵袭她的双肩,她很可怜,光赤,受伤。她在等候能解脱她生命的最后一击。

可是来到她身边的却是天赐的恩宠。从房间深处,在一个阴暗角落,在她背后,一种美妙的音乐开始喷涌而出。它以阔大的波澜向外延伸,强健而安详。波澜缓慢地浸没了西尔薇可怜的浮肿双脚,慢慢地波澜往上涨,围绕她的小腿、她的大腿、她的腰身;如同森林里发出一阵寒噤,她的肉体微颤,性的神秘之声上升,好比树林深处的一声呼唤。歌声,如泣如诉,如醉如痴,由近及远,传遍全身,浸没了乳房与双肩;接着,干渴发烧的嘴,吸饮甘泉,她的额头是水上涨时最后达到的

① 图卢兹,法国南部城市。

② 布拉迪斯拉发,捷克城市,位于捷奥边境处的多瑙河右岸。

顶峰。当她整个身体都已淹没时,音乐广阔的水波才接触到她的思想。在别人身上,头是心之门。然而西尔薇从她根子里,从肉体中,获得她的全部学问。

当广阔的空间淹没了,顶峰开始苏醒。被潮水侵入的西尔薇,如同达那厄①一样,意识到金黄色的云彩拥抱着她,侵入她每个毛孔。于是她半张着嘴,心醉神迷,双臂伸向情夫。

不用说,她从不认识占有了她的乐曲的名称。对作品的类别,她勉强有点知识:这是交响乐,它的百种乐器一齐鸣奏。在她心目中,只有一种单独的声音,但这是整个生命在发言,并非用陈词滥调,而是在用这棵包裹在沉默之墙以及生命洪流中的大树,用它的全部枝叶难以表达的颤抖在发言。可是谁在说话?谁是这个生命?——我!……

西尔薇被双重发现惊愕得发呆了:她发现一种不认识的激情之源,同时发现这个泉源就在她身上。因为她不会费事去打听这种音乐是哪位音乐家的作品。音乐的语言和她自身的实质的一致性,音乐波澜的节奏和她血脉的跳动的一致性,在所有的音乐厅里、在每一个心有天籁的优秀听众身上可以察觉的这一奇迹,在西尔薇孤寂的房间里,显得更加绝对,这间小屋光赤的墙壁,回荡着来自内心世界的声音。这么久以来默不作声!不为人知……她所说的,怎样用言语移译呢?

"我的上帝,我的上帝!我不明白……但是我知道你说的话是真实的。你在最秘密的情况下进入我身,没有任何人的眼光揭穿过,即使是我自己的眼光。我的整个生命在你的指头下振荡,好比一根弦从一生的昏梦中醒来。再来一次!再来一次!……"

接着几个夜晚,她设法使音乐重新发言。但她失望了。收音机是不很完美的,任性的电波不是规则地回答召唤,它的答语是异想天开的。西尔薇,没有任何指导她的办法,用一个怒冲冲的指头,竭力想从

① 达那厄,希腊神话中阿耳戈斯王之女,因神预言她的儿子将来要杀害外祖父,故国王将女儿幽禁在铜塔里,宙斯化作金雨来和她相会,她因而怀孕生子。

首尾颠倒、北方与南方的大喊大嚷,从莫名其妙的混乱中,寻求曾使她苏醒的魔鸟。但她经常碰到图卢兹电台广播员大唱其广告之歌,或赶上某个舞厅的没有神经、没有滋味的爵士乐。有时碰巧找到了那鸟儿①,它在她手里扔下两三根羽毛,逃到森林中去。在那里,某个魔鬼跳出来,把鸟儿踩成肉酱。西尔薇像大兵般用粗话大骂,把哇啦哇啦大叫的畜生埋入深渊。但是将这些牛犊的嘴砸烂的满足,不足以抵偿鸟儿的损失。这位小小的阿耳戈斯英雄②明白,占领科尔喀的最可靠办法,不是等待它来到,而是用 Manu militari③,用她柔软而坚决的手。

到了五十多岁,她学习钢琴。她的天性,不论在哪方面,尤其是在享乐方面,决不肯消极等待。如果她喜欢音乐,她一定要展开积极活动。她用已成习惯的毅力去学习。

她没有向任何人说什么。可是有一天,安乃德爬上六层楼去看西尔薇,发现在房间的一角有一架钢琴时,她睁大了眼睛。安乃德是很谨慎的,她不会取笑西尔薇,但是她不能掩饰她的惊讶。于是西尔薇抢先说了:“对,我在搞这套玩意儿。这是着迷,你该大大地笑我了! 可是在我的岁数,我不怕被人笑。什么好玩,我就干什么。”

“无论你多大岁数,你一直是这样干的,我的美人儿,”安乃德说,“我决不会因为你今天爱干这个玩意儿和你争吵。我笑的是你对这个玩意儿产生兴趣。”

西尔薇的额角明朗了。她说:“疯婆子和疯婆子能够互相了解。”

“活得长久了,我们身上的颜色互相沾染了。”

“我觉得自己的疯狂行为还不够,还要跟你学。”

“放心吧!”安乃德说,“我的疯玩意儿还多得很呢!”

安乃德审慎地毛遂自荐,教西尔薇弹钢琴。可是西尔薇只接受安

---

① 那鸟儿,指音乐。

② 希腊神话中乘快艇阿耳戈斯号到东方科尔喀寻觅金羊毛的众英雄,由伊阿宋率领。

③ 拉丁文:军事手段。

乃德教她的几点最粗浅的说明,她拒绝安乃德闯入她的场地。她的多疑性格经常提高警惕,使她意识到她对音乐的无知,而且愿意自由自在地跌跌撞撞,不让别人窥伺,哪怕是、尤其是最亲密的人。她宁愿出钱找一个不认识的人教给她必要的知识。

她对音乐只有视唱练习的一点初步概念,这是通过她年轻时上的几节通俗的课,按照加兰－巴黎－什维的教学法学来的。当时课程是时断时续的。在那时期,这只房檐上的小猫有别的音乐来消磨她的夜晚。至于街上和车间里的歌曲,巴黎姑娘不需写在纸上就可以学习。她们的听觉和嗓子都很正确而且很尖。头上和脚下都是法翁①。下嘴唇很薄,好像乐器中的簧片,嘴唇向前伸,为的是咬断缝衣的线,还有那种像儿童玩具笛子般的尖音。此外,再加一个从不混乱的记忆力。没有一种偶然听到的音乐不保留在记忆中。二十年后,她还可能用梳子把纠成一团的毛发重新理清。她的听觉曾经受到安乃德的塑造,那时她在布洛涅的老屋中过着幸福的日子,大姐姐任自己的指头在琴键上做梦。这些幻梦,那时西尔薇并不懂,还要加以讽嘲,但却已进入她的大鸟笼:不懂并不妨碍她拾取。西尔薇什么也不扔,美梦或缎带。她都拾起来,整理好。“也许没有什么用。”“可是谁知道!”到一定时候,这些都会有用。后来,在西尔薇过豪华生活的日子,她在自己家开音乐演奏会。不用说,那是最后一条船上震破耳鼓的音乐,时髦的不合调的乐章。她一点也不懂。在她内心深处,她在讥笑那些好小伙子,费偌大力气刺穿你的耳膜。但是,出于一种奇特的本能,这种有组织的闹声不会使她厌烦,也不会使她淹没。她在其中游泳,像一条盲目的鱼,在黑夜里,它舒舒服服地任波浪推送,它用鱼尾打击水波,声音的世界是她的自然因素。如果机会恰当,她在里面活动,闭着眼睛,不会撞击。

人们毫不相信她在听音乐!她听见的是她自己。音乐使她活泼,

① 法翁,罗马神话中的农牧神,人身羊足,头上有角。

精力充沛,音乐刺激她的行动。别的人,在号声和鼓声的节奏下,迈着整齐的步伐,前去送死。在西尔薇身上,只有脑袋在小步奔跑。她听(或不听)音乐时,思想比任何时候更活跃、精确、实际、敏捷与清晰。她甚至一边听演奏贝多芬的交响乐,一边在脑袋里结算月底的账目。善良的人们,我看见你们在撇嘴。你们不要高高在上地过分怜悯西尔薇的乐盲!她比你们之中许多人更好地利用音乐,你们有些人在理论上认识音乐,可是无动于衷地听音乐,好比冷冰冰的数学一样。她自己想都没有想到,音乐渗透她的身体,像酵母一样,音乐和她的血液融合在一起而化成精力。这不能不算是种奇妙的炼丹术。许多人做着这种实践,自己并不知道,而他们为内行人所藐视,被视作无知之徒,然而某些内行要到达这一境界却极为困难。

可是到现在为止,西尔薇从来没有时间去思考她行动的过程。她行动,她奔跑。现在她不得不坐下来,坐在她的小溪畔。她在听溪水歌唱。自童年以来,她专心地想听清小溪对她说话的意义,而她从来没有听懂,因为她自己同时也在说话。

她沉默……沉默是一种科学,也是一种艺术(随你便!),这种科学与艺术,对西尔薇一直是陌生的。她在学习它们。何等了不起的发现!沉默……最完整的和谐……成熟而膨胀的子宫,我们愿望的所有孩子都从那儿孕育。西尔薇抚育她的一大群幻梦……稍后,她用一个盲目的手指在琴键上,学习着把生命的雏形,整齐的颤抖,曝于日光之下。它们沿着梯子,披着一连串的和谐,展开它们严肃而轻灵的侧影,彼此之间发生吸引或冲突。然而这些和那些,并不是在一座众目睽睽的台上演出,它们铭刻在屏幕的背面,仿佛它们是被精神反射在那儿的。人们演的就是自己。人们在那里逡巡……

问题在于找到自己的道路。

缺少耐心的西尔薇非常有耐心地接受弹琴的初步课程,在钢琴商人的店铺后间,在那里,狭窄的街道上公共汽车通过的隆隆声震动装乐器的大盒子。在她的阁楼上,一连几小时地研究从本区旧书店里买来的旧教程。她以冷静和奋发的坚持力,把十个指头套在音阶之轮上,轮子卷起又松开,对她来说,大拇指通过的地方,几星期以来,总是"to be or not to be,"[①]对像西尔薇这样一个人,答复是没有疑问的。她柔软、耐心、狡猾的巴黎姑娘爪子,在生活的各种游戏,在梳妆打扮,在劳动,在爱情中练得敏捷的爪子,丝毫没有受年龄影响的她的爪子,在练琴时一点也不服从她的意志,假如你看见她艰苦奋斗的情况,一定觉得很动人。困难本身对她来说也是一种吸引。但是,可以设想,琴音也会干扰邻居。不过这却是她最不操心的事!

她也学会了听音乐演奏。她到那儿坐廉价的位子,理由是没有钱,但也是由于她的趣味。因为她在这些青年人之间,以及和那些为了艺术和艺术享受必须做出牺牲的人在一起,这才觉得舒服。只有这些人懂得享受音乐,他们不用舌尖或用戴手套的手指,到里边去稍稍接触一下,就像坐在包厢里那些厌腻了的人那样;他们把脑袋钻到里边去,他们跳入水中,鼻孔张开,直到破裂的程度;当他们从里边出来时,他们的眼睛都鼓出来了[②]。西尔薇,在听《罚入地狱》[③]的某些篇章或听贝多芬的终曲时,眼睛也是鼓起来的。演到最后的和声,她激动得跺脚了。她附近的观众觉得好玩,互相指点这个脾气急躁的小个女人,激动得面容都变了色,急得直跺脚,鼻孔呼呼地出气。她好像什么都没有瞧见,乐队和合唱队只为她一个人而演奏,大厅中别的一切都不存在。她很可能认为对乐队指挥高呼"再来一次!"是很自然的。这是属于她的,她完全有权支配……这个愤怒的浪潮,这些狂热的激动,或者说这种疲惫和颓丧,这种嗜欲的享受……是我的,是我的!……

"再来一次!……"

一次,她喊出了这句话,声音和姿态都不容别人反驳。在她周围,

---

① 英文:活下去呢还是不活。莎士比亚名剧《哈姆莱特》中的名句。此处借以说明西尔薇练琴的困难,随时都有继续苦练呢还是放弃不练算了的问题。

② 眼睛都鼓出来了,大量流泪或哭泣的痕迹。

③ 《罚入地狱》,即《浮士德罚入地狱》,法国作曲家柏辽兹的歌剧。

人们在笑,人们给她鼓掌。她打量别人。接着,她从梦中醒来,和邻近的人交换了会心的眼色和微笑。说到底,她周围人的感觉和她是一样的。大家都属于同一个家庭。谁的家庭?对他们发言的人:他名叫柏辽兹[①]、贝多芬或瓦格纳,名字没有多少关系,主要是内容。重要的是家庭,是他们。当他们喊:"好!"这是为他们在喊。西尔薇是他们的合唱队领唱者。

现在,剧场的一般观众[②]都认识她;关于她的传说在散播。每当她犹豫不决地跨下太宽阔的台阶时,几个小姑娘赶快去扶她,或者一个非常有礼貌的小青年,态度矜持,慌忙,毕恭毕敬地去扶她的手臂。她最出名的时期,已经在昙花一现的世界(这个地位不高的"全巴黎")中消失了,而在圆顶大厦下的小百姓之间,还保留着在阴影中的闪闪磷光。在年轻人的想象之中,她仍然是示巴女王[③],时装行业中的老女皇,交际场盛会中的女魔术家。西尔薇,这个名字使人回想起华托[④]式的美妙仙境……这些人在她周围形成一群奉承者,在走下台阶时,她可是很谨慎地、和特别得宠者保持距离,这个特权者有扶着西尔薇手腕的光荣,而不是替她提住拂地的长袍,因为她有一种突然和令人困惑的注视他们或回答他们客气话的举动。走到台阶下边,她用一个短促坚决的手势,辞别所有的人。西尔薇不需要用拐杖走路,在演奏会散场时,她不能忍受别人来搅扰她的思想。虽然如此,她把跟随她的人都摆脱以后,对那一小群刚刚被她粗鲁对待的年轻人,不觉带着嘲弄和善意笑了起来。

她独自一人回家。在她冰冷的房间里,脱帽之前,她去摸索琴键,在旋律美丽光赤的脚上,去找青苔的痕迹,刚才这双脚曾经踩在她心

---

① 柏辽兹(1803—1896),法国作曲家、乐队指挥。

② 一般观众,指除了坐包厢专座的"高级"观众之外的观众。

③ 示巴女王,典出《圣经》,传说中的示巴女王以生活豪华、风流著称。

④ 华托(1684—1721),法国画家,画风柔媚纤细,"洛可可"风格的体现者,以色彩感受敏锐见长。

上。她常常能获得成功,按照她的方式,为了适合她的需要,她改变原作的准确线条和真实意义。总的说来,拉斐尔[①],这位艺术家中的王子,还不是在临摹古代画家时使之走样?人们非常喜爱的,人们把它变成自己的东西,而且把它吃掉。注意礼貌!他爱之过甚。这是不够的!

*　　　*　　　*

现在她尽可能降低生活排场:不用女仆,压缩开支。每隔一段较长的时间,为了满足她过分馋嘴的需要(她决不会完全放弃法国女人欣赏美味的习惯),她破例超支最严格的经济规定;或者另一种享受,贴身的内衣必须用最精致的材料(这是西尔薇最后放弃的一种官能享受),除此以外,她过着尼姑一样的生活。我们可以说她把不得已的节省当作一种美德。因为她为领养的孩子们和办学等事把大部分积蓄花光之后,剩下的一点本钱恰好够她过隐居者的独立生活。但是,目前她所需要的也就是这一点。由于未察觉的内心劳动,这个自由的女人,过去饱餐过她愿望的果园中的所有果子,今天在她自愿的贫困中找到享受。“美德”成了一种必要性。这仿佛是裸体的乐趣。在这剥光衣服的动作本身,有一种肉感的乐趣。在西尔薇的行动中,有什么不带肉感的呢?直到绝对抛弃一切!(在这一点上,她是不是和许多禁欲者有所区别?)

但是她避免将一个旁观者引入她简朴的住所。每隔半年,寓所显得更为寒酸,因为她一件接一件地把家具卖掉,为了满足她最后一个主人和情夫的任性:音乐。她并没有降低她的骄傲。她对自己的贫穷觉得很自在,但是把它当作严格的个人问题。她不喜欢别人多管闲事,用冒失的同情神气,卷起袖子,乱动一气。同情这种货色在西尔薇

① 拉斐尔(1483—1520),意大利文艺复兴时期的著名画家。

的店里是极少出售的。她绝对不接受别人对她表示怜悯。“保留你的怜悯吧,朋友!”

这种多猜疑的骄傲,还不过是她自愿深居简出的最小理由。真正的动机在于她觉得那样孤居独处很舒服。西尔薇从来不实行一种牺牲而同时不是一种乐趣。乐趣一直是她的规律。她是母猫。和母猫一样,在屋顶上跑了一夜之后,她寻找房间角落上的一件家具,躺下睡觉。这种母猫的睡眠,深沉、软绵绵、没完没了、不可理解……引起人们的羡慕。这种睡眠实现天堂,比圣书里应允我们的天堂更可靠。睡吧,睡吧……“也许做梦……”肯定,她在做梦,好猫西尔薇!从前,她从来没有做过许多梦。(她没有时间,她一脚便从欲望跨到行动了。)现在,她把梦做够!为了她一切过去的生活,为了所有未来的生活……如果请她说说她做的是什么梦,她肯定会感到十分困难(谁能够说呢?我们能拾到的不过是点碎末罢了,我们把碎末用手指揉搓……),可是她的梦嗡嗡作响,声如洪钟。有时,她感到全身震荡,直到脚跟。

整个丰富的内心生活——在她一辈子中,她并没很好地利用——感情生活,官能感受的生活智慧,很少,不管她有什么样的智慧,但从来不是抽象的,永远是精确的,实际的,“应用的”,整个生活呈露出来了。这生活不是新的,是一天一天积累起来的。然而好像至今为止,它被埋藏在抽屉中,或者纸盒中,塞在衣柜里。西尔薇打开衣柜,整天整理这些。整理它们?还是把它们翻乱!……她突然发现自己在打瞌睡,膝盖上放着她的旧梦,在她身边,四周的楼板上,全是梦,全是梦。她拾起一个梦来,任它掉下。她又拾起另一个梦,又拿起第一个,记不清她刚才已经拿起过这一个而把它放下了……当她看清楚之后,用高兴的谩骂责备自己:“小母牛,在草原上,在反刍它已经嚼过十次的……”

这不管什么用。过了一会,她又落入消化和陶醉的麻木状态。这是非常幸福的境况。

这也是非常危险的境况。她脑充血,血冲到她的面颊上,额上,眼睛里。她自己也感觉到,脑袋在痛。她的指头在她颈部摸到小小的球结,在血管中跳动。她完全知道她整天不动,靠近烧得很旺的火炉,脑袋里还有另一个火炉,对像她那样过去一向很活动的人,是一点好处也没有的。但是……

"我才不在乎呢!"

要发生什么事就让它发生吧!她按照她的兴趣办事,按照向来如此的老规矩。来看望她的人,乔治或者安乃德,对她提出警告。这就像天下雨一样!对她不产生什么影响。

经过几次轻微的头晕目眩,一次更严重的事发生了。她的脑袋倒下去碰在烧红的铁炉上(她对谁也不提),她同意采取若干措施:她服了泻药,脚上敷了芥末药膏。可是她一点也没有改变她的生活。

由于过了几天半禁食的生活(因为困倦、漠不关心、懒惰、对上下楼梯的厌烦),她饿得发慌了,胃和嘴巴要求报复,她开荤了:一盘牡蛎、肝酱、加芒贝干酪[1]、芙弗雷白葡萄酒。她运气好,这天她开向楼梯的门,由于疏忽,没有关上,看门女人给她送一封信来,进去了。她发现西尔薇瘫倒在安乐椅上,脑袋耷拉在肩上,身体滑倒在楼板上。西尔薇刚刚发生脑溢血。大楼里住着一位医生,立刻采取了最紧急的治疗措施。当接到通知的安乃德赶来时,西尔薇已经神志清醒过来。(她自己宣称神志一直是清醒的。)可是,这是她独立生活的最后一次辉煌战果。

安乃德宣称她不能再任西尔薇独自一人在一边生活,既然她没有自己管理自己的能耐。她把西尔薇抓住不放,要把她带走,锁禁在自己家中。在这种情况下,安乃德重新摆出过去的"太太我发号施令"的脸色。西尔薇微笑,试图抗议,做做样子。但是她的舌头活动起来十分困难。她装出屈服于暴力的天真无奈的神气,无抵抗地任人摆布,

① 加芒贝,法国一种著名干酪的产地。法国所有干酪几乎都以产地命名。

可是求助于神明。in Petto,她暗暗感到十分满意。安乃德并非假装的怒气、她权威的神气以及她充满热爱的双手的紧握,使西尔薇回想起过去美好的日子。那时大姐姐已经来过一次,像一阵旋风似的,来找小小的时装女工,卧病在她的阁楼上,把她接走。在同一时刻,安乃德俯身在西尔薇身上,在她的眼睛里看到往昔那次来接走她的形象。她们两人相视而笑。

安乃德说:“我的小老太婆,我们重新开始过二十岁时的生活?”

“你可以这样说!”西尔薇说,指指镜中她的红面孔和笨重的身体,“当我是诺福克公爵的侍童……”①

“鹌鹑,小鹌鹑!”安乃德说,一边吻西尔薇,“她愈肥胖,愈好吃。”

“把她抱走吧,把她烤了吃!我是不好吃了,除非把善良上帝的铁扦插在我的……”

*　　　　*　　　　*

但是西尔薇固执地不肯离开巴黎……

“我是被种在这儿的,如果你们给我换一个花盆,我将枯萎而死。不要对我说要使我离开故土!即使是巴黎的郊区,即使你的茂桐,当我在那儿散步时,我的眼睛就在寻找埃菲尔铁塔。一越过巴黎的围圈,我就觉得到了外国。我在路上遇到第一列回巴黎的火车,心中羡慕之至。只有在巴黎,我可以舒畅地呼吸。我将张着嘴死去,巴黎好闻的气味,好听的声音,将进入我的嘴里,直到喉头!”

由于安乃德不愿粗暴地强迫西尔薇就范,也不愿在那种情况下离开她,她设法让西尔薇留在巴黎,在达维的寓所里。于里安不在家,乔治把寓所交给安乃德使用,她和西尔薇两人都安置在那里。乔治和瓦

① 诺福克公爵(1536—1572),英国女王伊丽莎白一世的大臣,因参与谋害女王而被处死,当时这一阴谋有法国驻伦敦大使参加。此处估计是民歌的一句歌词,传唱这一事件。

尼亚住在茂桐的房子里。每星期两三次,他们来看望安乃德和西尔薇。别的日子,由安乃德去看他们。通过电话,街上的寓所和林间的寓所两处互道“日安”、“晚安”。这样一种安排不是没有不便之处,对安乃德来说也不是没有疲劳之苦,所以这只能是临时的安排。而且西尔薇的生命也不会长久了。在这个问题上,姐妹俩都没有任何幻想,可是她们尽可能不去想它。过一天算一天!不用说,西尔薇是最无忧无虑的。对每一天她都是最贪馋的,多活一天是一天!晚上,临睡的时刻,她回顾刚逝去的钟点,说:“又是一小时,普鲁士人不能到手了!”①

第二天早晨,她醒来时,试探了一下自己的情况,她惊异和满意地说:“重新开始了!”

她睡在一间拐角上的房间,窗外是两条街的交叉点。她坚决不要最好的房间,乔治的面临花园的房间。西尔薇需要巴黎就在她的脚下。她姐姐的房间隔着楼道和她的房间相对。她们都把门开着。从这张床到那张床,越过通道,她们在倾谈过去的生活。如果安乃德自己,她决不会讲这些,她宁愿把整个线团都保留着。这是西尔薇,她没有什么可以让她灵巧的手指干的活,拿起纺锤来转动,尤其是将近破晓时,当她从充血的睡眠深渊中浮起来,她开始吱吱喳喳地叫,好像一个还没有完全醒过来的孩子在用无把握的语言说话。安乃德在床上笑着听西尔薇哼哼唧唧地唱,或者给自己讲一个没头没尾的故事。她自己和自己对话,有时给自己一个出乎意料、毫不客气而且滑稽可笑的回答,她自己首先觉得古怪,有些回答打断了她的话。于是安乃德向她叫喊:“好呀!你把鼻涕擤干净了!”

或者,如果安乃德继续保持沉默,西尔薇憋不住了,叹道:“安乃德,你还睡吗?”用一种温柔诱人、迫切央求的声调,先轻轻地说,后来愈说愈响,最后索性爆炸了,“早安,早安,向我说早安呀!……安乃

---

① 普鲁士人不能到手了,这句话的意思是“她多活一小时,她的敌人们少得到一小时她的生命”。

德,你还睡吗?你不睡了。你不理我……狗东西!我来揪你的耳朵……”

安乃德高声责备她:“快躺下!你愿意不愿意安静点儿!……”

“哦,哦!”西尔薇放心地说,“听了叫人舒服!我的安乃德跟牛似的叫了。我们仍然在活人的草原上……”

可是有几次,她对沉默的不安表现得更为焦急。从睡眠使她沉没的深坑中出来时,像一个小小的死者,她没有把握相信自己仍旧活着。可是,愈来愈明显,随着她精力的扩散,她像一个充满火热温情的池沼,完全苏醒了,温情需要散播,也需要吸饮别人的温情作为回报。西尔薇的某些音调使安乃德感动得忍不住了。她起床,到西尔薇床上去,用双臂抱住妹妹肥胖的后脑勺。一种麻木感压在这个拔示巴[①]沉重的身体上。她肥大的乳房在出汗,呼吸有一点儿嘶哑。但西尔薇一直保持她纤细的手腕和美丽的面容,一个温暖的微笑使面容更美了。

她对往事几乎没有一点伤感。在她们两人遭遇过的灾祸之间,她用令人惊讶的平静态度进行回忆。她对姐姐讲起她的小女儿的死亡,然而她的叙述没有一点辛酸味道。她一边讲,一边以一种奇异的温柔,抚摸安乃德的手。这种平静的态度使安乃德得到极大的安慰。这时的西尔薇引起安乃德的重视,安乃德含着敬意注视她,但是她的心抽紧了。当人们达到此种程度超脱的内心境界,对生命的最后联系也就不会久长了。

可是这种联系还维持着。西尔薇依然怀恋故土,任何时候,她不能失去和故土的接触。她不像安乃德那样,自从玛克死后,看破一切幻想,而且和她后来一样,能够在海面上步行而不下沉[②]。由于疾病的

① 拔示巴,据《圣经·撒母耳记下》记载,乌利亚之妻拔示巴容貌甚美,大卫王计杀乌利亚后娶拔示巴,生子所罗门。

② 典出《圣经》,耶稣教训使徒们,要有充分的信心;只要有信心,在水面上行走也不会沉没。

新警告引起对死亡的预感,使她产生突然的惊慌。大幅度摆动的发烧,一种惊愕的感觉,使知觉继续瘫痪,有如法布尔①描写的昆虫,自己眼看被小虫活活地蚕食,身体一块一块消失,却不能动弹一下。她不理解发生了什么事。她不知所措。一个丧失了任何形式的世界代替了她的小天地,在她看来,没有任何意义。她必须有她的西尔薇,她的安乃德,她的玛克……如果她失去了这些人……

"可是发生了什么事?可是发生了什么事?……"

她迷失了方向。她只剩下颤抖,她把它置诸脑后。

只有一次,她发出一声慌乱与爱情的呼声:

"啊!"有一天晚上,她突然叫起来,她手上拿的东西都掉在地上了。"啊!但愿在某处,在那边,在这'无'之中,有一块地方可以让我们和我们曾经爱过的人,重新会合,可以互相倾诉从前没有说完的全部爱!"

安乃德很感动。有这么一次,唯一的一次,在西尔薇的干燥、善讽刺、讲实际的天性中,泄露了她压抑了一辈子的狂热温爱的内心。在较长时间的沉默之后,安乃德说(她在梦想):"有时候你有没有这种印象,在你愿意重新会面的人之中,还有一些你从未见过面的人?"

这个出其不意的问题震动了西尔薇。她说:"你怎么会有这个思想?在你对我说这句话以前,我仿佛觉得从来没有想过这个问题。可是自从你说了之后,好像我也想过。但这到底是怎么回事?你相信的是什么?"

安乃德用手摸了摸眉毛上边,说:"我想不起来了。"

"这多么奇怪!谁知道?我们经历了不止一种生活。"

西尔薇沉入梦想。她用恳求的语气又说:"我的小姐姐,大姐姐,下辈子我们能否重新见面?"

"你很在乎下辈子?"

---

① 法布尔(1823—1915),法国昆虫学家、文学家,著有《昆虫记》十卷,被誉为"昆虫界的荷马"。

“我在乎我们重新见面……”

她十分疲惫地加上一句:“但是先好好睡一觉,因为我们劳碌了一辈子!……”

她是不会疲劳的,并不是丧失了勇气,而是厌倦了,而且听从破坏性的自然摆布,好比一棵树,在最后几天的阳光下,在秋后的雾中。她们正说起悬在欧洲天空的暴风雨和明日的种种危险,她一边想起玛克,一边对安乃德说:“这样更好,我们身后没留下一个人(任何人)……”

安乃德完全不这样想,但是她认为没有必要表达她的思想,她把手温柔地放在妹妹头上:

“还有孩子呢?”她问。

这是真的,西尔薇忘了孩子!但是孩子那样地不需要她们!她明白,孩子可能这样说:“你们走吧!放心吧!我不走……”

她把孩子留下却不是没有遗憾。她本来想把她全家人都带走。并非由于胆怯,而是由不得她不在这儿保卫他们了。只要她在,不管她多么疲乏,遇到困难和危险,总会出来对付。

白天,她不愿意躺在床上。即使她疲乏得不能支持,她至多同意坐在安乐椅上。她不顾医生不许她起来走路的禁令,仍旧拖着脚,上楼下楼,一天二十次,什么也不为,只为了一个孩子几乎连看都不看的玩具。西尔薇对孩子献殷勤都白费事。

“小无赖!瞧不起我们,”西尔薇含糊地嘟哝,“你难道不知道,我要是愿意,像你这种小家伙,我也能生出来。”

安乃德问她:“你又在嘀咕什么呢?”

“一句旧时的调皮话。”

“葡萄已经收完了。”

“可是在酒槽里,酒正在酿造中。我们到天堂上去喝新酒。”

“你打算把小酒桶带到天上去吗?”

“毫无疑问。还有我的酸酒,我们将和老头子一同喝。”

“谁?”

“善良的上帝。”

“你不害臊吗?”

西尔薇一点也不害臊。她和老头子开玩笑,心想老头子一定很高兴和她们喝酒。说真的,老头子究竟存在不存在,她毫无把握。这个问题她并不放在心上。她没有费过脑筋,想把巴黎顽皮女孩子的疑问弄明白,在她思想中,一种通俗的伏尔泰主义和煤炭商人的信仰结合在一起。她在这种情况下感到舒服。安乃德故意不去搅扰她。姐妹俩单独在一起时,互相理解得那么好!对她们两人来说,这是主要的。其余的问题,说到底,没有什么重要性!并非“我有何知?”而是“我们有何知?”

“你相信吧,如果你愿意,如果这使你觉得舒服!怀疑也可以,这也不会有什么不好!……即使有人在天上,这对他会有什么不利呢。他相当调皮,他会明白,他将和我们一起开怀大笑……(你干得多么好,小鸭子!……)Credo...‘我相信……’如果他坚持!……我没有什么要拒绝他的……主啊,请进来!我把钥匙留在门上,我放心,我睡着了。如果,在夜里,没有任何人进来,那么好,娜侬[①],我睡我的觉……睡眠多好,爱情多好……一切对我都是好的……不是我,而是你们,主啊,请您选择!……”

被选中的就是那天晚上。

西尔薇,不管别人怎么说,整个下午不停地活动。也就在这一时刻,她不去躺下,仍然站立着,身体靠在窗沿上。她俯向窗外,在呼吸她的巴黎气味:灰尘和市声、铺街的木块[②]之间的沥青气味、照暖她面

① 娜侬,也是安乃德的昵称。

② 在过去,巴黎某些较窄的街道,是用长方形的木块(立体),每块长约三十公分,一块紧挨一块,竖着铺成的。

孔的夕阳的最后光线、邻人园子里一串串槐花。她在哼一支歌儿。她叫了声“啊!”非常轻柔,好像她歌中的一个音调。安乃德抬头一看,妹妹慢慢地倒下去了。她赶快跑过去,正好接住西尔薇的身体,将她抱在怀中。安乃德自己,身体衰弱,没有站稳,在重量之下,摇晃了一下。那只小鹌鹑很重①,她沉重地倒在地上,仿佛被猎人的枪弹打中了。安乃德跪着,让西尔薇伸躺在楼板上。西尔薇注视她,但眼神已经很远。安乃德,俯身在西尔薇微动的嘴唇上,在那儿吸收到,更多是用眼睛,而不是用耳朵,一声永诀的喃喃低语:“安乃德,我的爱……”

眼神暗淡了。靠近窗外,一只燕子飞过,吱吱地叫。超过汽车的喇叭声,像那天晚上一样,在远处,牧羊人的小笛在吹奏……最后的形象在跳舞,转圈,在镜中模糊起来……一只山羊在古老的蒙马特尔山坡的一条小路上爬。山上有什么东西?它来不及知道。它死在往上爬的途中,自己不知道它在死亡。

* * *

随着西尔薇之死,可以说玛克又死了一次。更有甚者,安乃德自己也丧失了四十年的生命。我们的日子最后一个见证人走了。见证人消失之后,我们是否有把握说这些日子曾经存在?……

对,还有孩子。孩子的孩子,我的骨肉之骨肉。大海的果实,大海在落潮时,把他留在海滩上。但是,大海到何处去了?我自己又在何处?远处大海在轰鸣,海滩上空无一物,沙子平滑光洁,咸味的海风,空间的主人在吹拂着。它带着一种可怕的陶醉,还是以不说为宜。

一个日本朋友对我讲过一件事。东京大地震的翌日,他遇到一个朋友,此人和吉亚仑萨一样,在地震中丧失了全家老少,人财两空,他这位朋友对他表示哀怜。对方露出奇特的微笑,说:“啊!我感到多么

① 小鹌鹑,指西尔薇的身体。

轻松！……”

生命的外衣整件跌落在地，人变成赤身裸体。但这人是谁？……布鲁诺也许会说印度的神秘之词“OM”……也就是一切，也就是一无所有。这也许是“一”的正反两面……

然而不管他是什么，是“无”，或是“一切”，反正他是空间的主人，他是吹过的咸味之风。他愈是孤单一人，愈觉得赤身裸体（而在他脚下，他感到海滩上的沙子是冰冷的），风愈是吹，它吹在你的身上。风把你卷走，使你过去生活的碎片四处飘散。风占有你，摧毁你的门，摧毁你家的墙壁，它进入深处，你是属于它的，你就是它，世界的生命从你腰间向外流。

*　　*　　*

但是，当疾病年复一年、月复一月把你禁闭在一个愈来愈狭小的圈子里，在你花园中，在你家中，在你的房间里；当疾病把你和行动一刀两断时，你能够干什么呢？多么不值一笑！当外间的巨大生活洪流淹没了你，到不能呼吸的程度时，到何处去倾倒泥土？写作？浪潮不能通过羽毛笔[①]的狭窄的尖嘴一点点地向外滴。安乃德从来不是一位有大才的写作者，除非给她儿子以及她所爱的人写信。她必须看见收信人的面孔，她不能给无名人士写信。她必须和群众有直接接触，目前，这种接触对她来说是不可能的。

她处于不能动的状态，内心的浪潮在她的乳房下边，在手指肚儿里冲击。长久以来被疏忽、然而在她体内深处昏睡着的音乐，在某段时间里复占了首位。音乐是河水冲击精神堤坝时的一个缺口，是巨大的急流。安乃德一连几小时地弹钢琴，用神秘的和声联合，来魅惑她的手指和思想，这种和声从眼光与言语接触不到的生命中，展开内心

---

① 羽毛笔，法国古代写字用的笔是用一根长长的羽毛，把坚硬的一端削成尖角，中间剪一条缝，蘸墨水写字。

生活的波涛。在极少的机会,她和擅长拉提琴的乔治一同研究某个奏鸣曲;可是两人都过于独立成性,不能有共同的感觉和协调的步伐。每人都有一种在现成作品上加一点即兴创造的倾向,按照它的节奏再写作。一个"内行人"也许是很严厉的,可是按照《圣经》的意义,"内行人"是很稀少的。他们不把他们的作品带到床上去。真正的音乐是一种拥抱。

在安乃德看来,拥抱还是过分的。这个最后的肌肉活动,对安乃德也几乎是禁止的。正和她干别的事一样,她全力以赴,毫不考虑;她的痛苦对她发出警告太迟了。她不得不关上琴盖。由于习惯,甚于出自天性,她对痛苦是能坚忍的。(她不是那种乐趣、骄傲,或者德行故意培养痛苦或甘受痛苦的人。)她知道和痛苦配合,必要时接受痛苦,但是她接受痛苦的警告。象牙的琴键沉默了,在思想的琴键上,安乃德的指头反而奔跑得更活跃。从此以后,她日日夜夜都沉浸在继续不断的音乐中。时间的流逝,光阴的高潮,都汇合在交响乐的层层波澜中,以对位的技法展开细小和巨大的事件,一天生活中的感情波动:有儿童的笑声和各国人民搏斗的野蛮回声,也有大地回春和被压迫者的反抗。她发现自己在织一块花毯。并不是她起意的,她没有蓝本,没有聚集各种丝线。她如同梭子和手,在编织魅人的作品。手是盲目的,然而能够看,它扪摸着隐藏的和谐整体,它是在手指活动下实现的。在她精神中预先存在的图画上,手指在增添温暖和颤动的新笔触,在她顺从的手指下,事先计划好的作品产生,发展,从一个网眼到另一个网眼,时刻不停。一切存在的事实,都是组成部分。历史的悲剧和暴风雨,成了织在花毯中的红色、黑色和金色。

但是在这总体中,哪些是她的部分,她的个人作品?难道她什么也不是,仅仅是一个工具吗?她还没有达到这种程度的超脱。只要你活着,而且你是女人,你就需要孕育和生孩子,以肉体或以精神,来感到她的乳汁流入另一个人口中,她的血液流入另一个人的血管;传递她的生命,使她的行动之梦灿烂辉煌。

燃烧吧！在黑夜里，没有一堆火是浪费的。在这时刻，她在向夏夜敞开的窗口观赏，和卡西俄珀亚①一样。她虔诚地重述古代埃及的一句话："使我变得如同星座一样吧！"但是她的愿望更为卑谦。星座太远，太高！她只要求把她列入人世间的藐小星座。

她没有想到她自己也是一种星座。

*　　*　　*

她不是孤独的。在她织布的时候，孩子瓦尼亚和她肩并肩地一同编织他的梦想。他身体健康，从头到脚没有一点疾病，快乐、活跃、均衡，虽然他白天的生活像一只鸡蛋般充实，他却有内心梦幻中的田野、树林以及山谷。还有他的水池，没有人知道它们有多深。他在水池里突然扎个猛子，别人谁也没有注意他跳水。乔治虽然得过许多游泳奖章，也不能把他捞上来。她几乎没有发觉他不在身边。她对他说话。他却在远处……当他回来时，乔治并没有注意到他回来，正如没有注意到他出去一样。而他呢，他再看见她时，她总在说话，把这句话或那句话说了一半，这是无关紧要的！他又回到她身边，一边笑着，一边心不在焉地：她是他的音乐盒子……

什么时候发生这种逃脱？主要是在夜里。白天他跑得那么多，用腿跑，也用精神跑，以致他脱衣准备上床时，已经困得站不住了。人们把他的短裤剥掉，好比剥家兔皮似的，他已经睡着了，双手钩在扣眼上，横身倒在床上。人们把他放直，把他的光脚、他胖胖而结实的小脊梁放到被窝中去：他什么也不知道，他已经走远了，神气像一个极乐仙人。谁要是看见他的样子，谁也有极乐仙人之感。直到天亮，人们听不见他在动……可是天刚破晓，他醒了，和园中的鸟儿一同醒来。几乎每天夜里，在几分钟的时间内（也许五分钟，也许还不到五分钟，但

① 卡西俄珀亚，希腊神话中埃塞俄比亚王刻甫斯的王后，安德洛墨达的母亲，死后被列为星座，称"卡西俄珀亚星座"，即"仙后星座"。

是他很可能认为是一两个钟头……),他有一次腾空滑翔,那时他的思想在兴奋的光照中震荡,和白天的光亮完全不同。这种光亮部分是由正在黏合的梦境之磷光造成的。梦从睡眠中漂浮上来,他要设法品尝它们的美味与意义。在这特殊的美好时刻,这种光亮也是用被遗忘的神秘回忆构成的。记忆像一阵烟般从他童年生活里上升,他那时自己并不注意,却把这记忆记录下来。在一秒钟之间觉醒的奇异明智,使他通过记忆探查和他生活有联系的人们的线索:父亲、母亲、安乃德、乔治——他那些卫星。他窥探他们,有时候,他胸膛有"笃"的一声响,当他发现或自以为发现,不许他发现的事……看人而不被人看见……看那些不应当被看见的东西……他有《天方夜谭》的指环。接着,他又一下睡着了,睡得十分深沉,直到乔治来唤醒他。至于夜间被他发现的事,他什么都想不起来了。然而什么也没有丢失。一切都登记在内心之书上,这本书的编写工作,一夜接一夜地在继续进行。从早到晚,在出其不意的时刻,突然的光亮轻轻擦过,极少在休息的时候出现,那是充分的休息("我什么都不想!"),也不在学习的时候(他眼光专注、在追随一个意念的线索:"别的我什么也没有看见。"),而是在紧张行动的时候,在他绷紧肌肉掷球的一秒钟;或是在赛跑的时候,呼吸短促,他的胸膛差不多要炸裂了,于是一切都光芒照耀……或者(这是不能说的,但既然这是允许做的!……),当他的小屁股在茅坑上执行任务,在这不三不四的时刻,明智之声,出其不意地,让某些上帝之人听到,其中我们无神无君的达朗贝尔①曾玩世不恭地对莱斯皮纳斯②说过,这是给人类享受的最单纯的满足。如果这么伟大的榜样批准瓦尼亚打开这扇光亮之门……"Spiritus flat ubi vult..."③当他想到这儿,他大笑不已！他和拉伯雷是同乡……但是他有别的事要想！他在做

① 达朗贝尔(1717—1783),法国哲学家、数学家,百科全书的合作者。

② 莱斯皮纳斯(1732—1776),法国女文人,她主持的沙龙为百科全书学者聚会之地。

③ 拉丁文:灵魂之风愿意在哪儿吹就在哪儿吹,意思是指"灵感不是由人的意志决定,而是天赐的"。

梦……以致他一进入用双腿走路的人的社会之后,他吃了一惊,当乔治对他说:“瓦诺,把你的裤子扣好!”他很不好意思。

他是从月球中回来的,谁都不知道他在那边看见了什么。可是安乃德猜想他在月球上有过奇特的遭遇;她只要回想一下她自己的遭遇就行了。她通过孩子瞳孔的反光研究他。

他们两人相互打量,他们彼此间并不了解什么,他们在时间上相隔如此遥远!然而他们互相温柔地嗅着,好比两只同类的野兽;他们的鼻子在对方的皮上闻到同样的气味,做梦时闻到同一种血液的好气味。当他跑够了,玩够了,打够了架,和他的乔治喊叫够了,瓦尼亚走来坐在安乃德的脚边。他把面颊偎依在祖母的大腿上,他一言不发地看着,同时他沸腾的血液渐渐平静。安乃德的手抚摸着亲热的小动物的面孔。

稍后,突然,这个小动物开口说出了他的思想:“妈妮,”(这是孩子为自己使用方便把妈妈和安乃德这个词合组在一起),“你已经活得很久很久了吧!”

他不是提出问题,而是在肯定地说。虽然如此,安乃德回答他,“我不知道。是久远还是新近。现在,我从何处来,这都是一样的。如果你将来还在这儿,你会看见的。”

但是孩子不听安乃德的话,他继续发表自己的意见:“妈妮,你是怎么搞的,可以活得这么久不死?”

“你认为我活得时间太长了吗?”

“啊!不是……可是爸爸已经死了……”

“他本当在我死后继续活下去。人家把他杀死了。”

“那么,你呢?”

“这个机会不是人人都有的。有许多人平平静静地生活着。”

“对,别的人!可不是我们。”

“谁是我们?”

“我们。”

(孩子把他的下巴嵌入安乃德的双膝之间,好比一只小乌鸦把自己挤在树干之间。)

“你想说,你?难道你知道你将来的遭遇会怎样吗?”

“啊!我呀,”孩子从容不迫地说,“我跟爸爸一样,将要被人杀死。”

“但是,你这是什么念头!没有这样的道理……”

“因为,我将要去干革命。”

“到哪儿去?在法国?”

“不,不在法国,法国人太老了。到美洲去。”

“这不可能?在我那时候,我们到那里猎披头散发的人。[①] 你所想的是另一种打猎。再说,在什么地方,我的孩子?什么美洲?美洲大得很。是北美?还是南美?”

“这对我说全是一样的。革命,应当在全世界举行,不是吗?”

“最后轮到法国,后来居上?可怜的老法兰西!……瞧这个小疯子!……是你妈妈,她把你染成红色的!”

“啊,你自己也一样!”

“我?我是红色的?”

“在你心中,你是红色的。”

“你有一种鼬鼠的眼睛!谁允许你看人的内部?”

“我,我自己允许我的,这很好玩。”

“啊!你觉得我好玩?你觉得我们好玩?你认为生活是很好玩的?”

“啊,叫人笑得直不起腰来!”

“那么,为什么你见鬼似的说你要死?”

“不,不是死,而是被人杀死。”

“这是同一回事。”

---

① 披头散发的人,指印第安人。法国孩子喜欢做的一种游戏,是和印第安人打仗。

“不,你明明知道!”

“我什么也不知道。”

“你知道。死亡,这,当人在等待时,这是令人极其厌烦的。但是,让别人杀死,这却是非常有趣的。”

“这可是严肃的事情。”

“越严肃就越有趣。”

“小鲤鱼胜过大鲤鱼。你说得对。”

“你不是大鲤鱼,你是鳟鱼。”

“为什么?”

“鳟鱼逆流而上,这是真的吗?”

“是真的。”

“有堤坝拦住的时候,它从上面跳过去?”

“人们是这么说。”

“你也跳过堤坝?”

“啊!见鬼,可不吗!”

“你跳过堤坝的时候,我在你肚子里?”

(生育的神秘关系,他还弄不清。)

“你在我肚子里。”

“这么说,你走过的路我不需要再走了。”

“这倒也是真的。小懒瓜,我让你少走好一段路。”

“对,可见当你死的时候,我继续向前走。”

“你向前走吧!为了我!你跳吧,小鳟鱼。每人都轮到一次。”

她笑了,可是在内心深处,她很感动,觉得骄傲,同时心绪紊乱。她是不会死的,她的玛克也不会死,他们继续向前走……

*　　*　　*

她重新认出了这股盐味,这种海藻的气味。永恒之风使她整整一生都浸透这种气味。这是她所获得的最好部分,她要把它恢复起来。她把族类也浸润于其中。

她的族类……谁是她的族类?这个小男孩?……一群环绕在她周围的卫星。

她还有别的一些孩子。最接近她的往往不是同一血统的孩子。

她没有忘记她的美国女儿。阿霞也不忘记她,虽然阿霞的来信愈来愈稀少,而且信中不大提到她的生活。信有时写得匆忙简短,有时热情沸腾,很少讲到事实。阿霞已被行动和美国式的狂热所占有。这是一种干枯无情和有算计的狂热,神经与意志的高度紧张,它和狂风暴雨般一阵阵触及官能感觉,狂暴地使自己获得轻松。于里安·达维到美国去做巡回报告时,遇到阿霞,对她在某些政治与金融领导集团中所施加的影响感到震惊。乍一见面,于里安几乎不认识她了。阿霞发胖了。在沙龙中,她给于里安的印象是一只漂亮和毛色油亮的母猫,走路轻柔无声,它漠不关心,懒洋洋地在休息。但是,当他和她单独面对面待着的时刻,那没精打采的态度立刻改变,人们甚至可以说她的肥胖也消融了,面颊凹陷,嘴唇尖突,温柔的瞳仁射出钢铁的光芒。她似乎按捺不住搏斗的怒火。她在美国西部进行危险的战役,为了社会主义工人国际,同时为了保卫到处被迫害的共产党人。她的丈夫和丈夫的朋友,不管他们所冒的风险,都投入战斗。把一群优秀的美国青年组织在她周围:大学教师、工程师、作家、有广大地产的独立业主(他们为资助慈善事业而经营)。有钱的和穷的,大多数属于新英格兰种族,纯洁,正直,大胆,有一点天真,我们认识这类人中好的典型。这种灵魂的清新,有一点过时了,但是行动的快乐和一种不妥协的勇敢,更新了这种灵魂,使阿霞微笑。但是她知道他们的价值,喜欢他们。她和他们的关系一般来说是一个被爱抚和受赞美的姐姐,他们不能在彼此间引起嫉妒。她对待他们一律平等,她的丈夫无非是其中一员,他是老大哥。她尽量不引起他们的情感混乱。如果有时她很难控制自己,不允许猛烈和突然的冲动从她的天性深处破门而出,她也不让这种冲动在友好的小团体中暴露。她躲开这小团体，一连几天或几星期之久。他们这群人之中没有任何人打听她到什么地方去了。她丈夫同意她需要独自一人隐居起来，同意她有权处置她自己。他承认她这种权利，在一次严肃的谈话中，一言为定，他们两人之间签订了协约。凭他善良的盎格鲁－撒克逊人的正直品格，他从不试图违反约言，也决不检查他妻子的隐秘生活，可惜他的盎格鲁－撒克逊人的正直，被拉丁族人在冷淡的基础上错误地加以判断，他们看不见对方永远不变的信任中的热情。阿霞赞赏这种信任。她把她的逃遁、她的隐匿，用于敛神静心或奋发图强，或者在一个孤寂的地方，就像在疗养院里，自己沉浸在遗忘之中，或者用她使肌肉疲劳的老魔法，爬高山穿老林，奔走不停。至于在这儿，那儿，出其不意，由于偶然的遭遇，魔鬼捡到了便宜，正如不怀好意的人所宣称那样，那我就不知道了。总而言之，她并不愿意那样，她避开那种诱惑。但是，如果发生了那样的事，事后她也不至于把悔恨或遗憾拖得太久。和伟大的、唯一神圣的情操相比，这种事多么不值一提！她把关于这类事的记忆抹去。她回到朋友们和丈夫身边，像一本新的练习簿，最前面的一页被撕去了。她重新记她的账本，很准确地从上次停止记账处接下去，她比从前更加热爱她的家（指他们整个一群），更热爱使他们团结在一起的共同事业。至于舆论造他们的谣，她和他们都不屑挂在心上。

他们全体都是反对美国政权与法律不公正的大规模抗议运动的参加者。为了援救萨戈和旺泽蒂[①]以及要求汤姆·莫内[②]出狱，都在奋不顾身地展开活动。在整个美国，他们都在监视着，他们把政府的滥用权力及罪行都诉诸世界舆论。他们必须和极其残酷的敌对者以及挥舞大棍的人打交手仗，和鼎鼎大名的杀人掏心的家伙打交道，这些人以资本主义的强盗行径以及野兽般百分之百的蒙昧无知作为假

① 萨戈与旺泽蒂，两个移居美国的意大利人，被美国政府诬判杀人罪，不顾全世界正义呼声的反对，一九二七年被处决。

② 汤姆·莫内，美国工人运动的积极参加者，一九一六年被监禁。

面具。这些慷慨的青年中若干人曾经被野蛮地袭击,挨棍棒打,在沥青中打滚[1],然后在羽毛堆中打滚,最后被脚踹踏。其中这个或那个,被绑在刑柱上、被砍断四肢而死。那个“俄国女人”却不冒任何危险。三K党的巫师已经宣称她是女魔鬼,必须把她活活烧死。可是她那些友人给她组成老是瞪着眼睛监视的卫队。同时她也因某些高级人士不露声色的保护而得到好处。这些人士不愿意被人知道,但她认识他们,他们秘密地保护她。即使在官员之中,也有些比较开明的人,他们赞赏这个代表较好的美国人的小团体的无私事业,而且在这个团体的成员中有他们的朋友。

经过曲折多变、不为安乃德所知的各种遭遇之后,阿霞不得不离开了美国。她丈夫已有两三次由于阿霞的缘故而失去职位,可是他不埋怨她,他赞赏她,已有两三次他只好到别处去寻找工程师的职务,到墨西哥,玻利维亚和秘鲁去。她跟着她丈夫走。凡是她所到之处,立刻在她脚跟上燃烧起一个新的骚动中心。美洲的印第安人的解放事业现在引起了阿霞的激情。她设法把印第安人的解放,和正由反帝国主义同盟发动的亚洲巨大的解放运动联系起来。她奔跑于安第斯山脉地区。有时候,人们又看见她,精疲力竭,在旧金山的沙龙或上海的大旅馆中休憩,为使自己容光焕发和身体丰满。人们甚至认为在横穿西伯利亚的火车上也曾遇到过她,她和莫斯科恢复了联系。在这种经常活动着的生活中,她居然给她丈夫制造了两个孩子:一个小男孩,她突然异想天开把那个小男孩带去给安乃德看(那时孩子才五六岁);还有一个小女孩,还太小,这次不能带来,下次旅行再带她。

若干年的分离,在阿霞眼中不算什么。当她走上通向茂桐树林边缘那所房子的道口时,她仿佛感到昨天刚刚来过。她什么都不忘记。她有三四层重叠的记忆分间,可以随意启闭。最深、最隐秘的小间,是她保存玛克和安乃德的那一间。这一间记忆之室,她只是每隔相当久

① 在沥青中打滚,想必是溶化的沥青,不溶化的沥青是硬块。

才打开一次,总是在她离开美国朋友的小圈子、自己隐遁起来的时期。因为从这盒子里散发的气味太强烈:阿霞窒息了。“玛克!……”她单独一人,在库斯科[1]附近的一所偏僻房子里,或者在一家中国旅馆的房间中,俯伏在床上或席上,几小时之久,她重新回忆往事,她重新咀嚼它,直到她在辛酸的陶醉和痛苦中昏迷过去。她浸沉其中,泡在醋和香草的汁液中,一连几天,几天……不,正在行动中时,她不能贡献给自己这种混乱思想的奢侈品。让那个盒子紧紧地关闭着!

当她把盒子带到茂桐,为的是让安乃德的手指把它打开,内心的混乱立刻平静了,纯净了,辛酸转化为甜蜜:过去的日子重新出现,不带创痕的……过去的日子不和新的日子发生冲突,生活更新了,而且在繁荣滋长。安乃德向胖胖的脸蛋、红棕色头发的美国小孩微笑,他叫她“太太”,眼光注视着她,神气既严肃又腼腆;安乃德拧他的下巴,对他说:“我的小红狼崽子,你叫我‘奶奶’,你难道不知道这个大姑娘[2]是我的女儿吗?”

但是当瓦尔多,这个红色狼崽子,和瓦尼亚面对面在一起时,两个孩子严厉地互相打量。瓦尔多皱起眉头,从头到脚,不放心地审视他的“半兄弟”[3],这位“半兄弟”其实是他的一个半兄弟,因为他岁数比瓦尔多大一倍。瓦尔多额头起了皱纹,他竭力想了解对方,可是办不到。瓦尼亚明白了,他知道怎样对付他母亲生的那些孩子。他摆出多少有点保护人式的微笑,虽然是和气的,这种微笑不止一次使他母亲感到不快,也使瓦尔多不快。瓦尼亚自以为他有责任对人和气,为他的家争光;他差一点要对瓦尔多表示他要为自己的母亲争光:因为如果他提出要求的话,这个母亲是属于他的,他是长子。但是他同意把母亲借给瓦尔多。甚至他装出对母亲不感兴趣的样子……“我早就不需要了……”

---

① 库斯科,秘鲁城市,位于安第斯山中,十五世纪时为印加帝国首都。
② 这个大姑娘,指阿霞。
③ 半兄弟,即“同母的兄弟”。

(这不是真的。他一直念念不忘母亲,但是谁也不会知道这一点。)

瓦尔多对瓦尼亚产生了强烈的敌意。他藏在裤袋里的两只拳头在发烧。它们终于怒气冲冲地从裤袋掏出来了。在树林中,一条小路的拐角处,在任何人的眼光都看不见这两个顽童时,那个赤发小孩,毫无借口,扑到大孩子身上,举起他又硬又狂怒的拳头,一个劲地擂击:梆、梆、梆、梆!……瓦尼亚挨打的胸部肋骨,正在瓦尔多鼻子的高度。瓦诺[1]是用一只脚站着的,差点摔倒。他赶快站稳,并且惊异地控制住那只小公羊,现在小公羊用脑袋撞击瓦尼亚的肚子。正当他俯下身去想和对方说句话,那个赤发的小头颅突然抬起来,像一根木槌,把瓦尼亚的鼻子撞扁了。这一下瓦尼亚生气了,他把瓦尔多抓举起来,瓦尔多两手两脚乱动,也没有用,瓦尼亚三下两下,就把对方抛在路上,直挺挺的。他用两手按住对方摊开的两只手腕,使他的爪子不能乱动;为了使对方的膝盖不能乱动,他干脆坐在上边。他审视这只被他仰面按在地上的金龟子。他非常愤怒,因为他是被对方毫不按规矩、毫不正大光明地袭击的。但是当他看见战败者满脸雀斑,非常尴尬的面容,为了遮掩他的耻辱,他可怜相地眨眼。瓦尼亚哈哈大笑起来,对瓦尔多伸伸舌头。他这一笑使对方感到极大的羞辱,眼泪簌簌地掉下来。瓦尼亚扑在小家伙的脖子上,于是两人一上一下在路上打滚。两人互相大口地亲吻。瓦尔多一边哭着,一边用刚才想击穿瓦尼亚胸膛的同样劲头,和瓦尼亚亲吻。瓦尼亚像一个父亲似的给瓦尔多擤鼻涕。(这对小家伙是最后一次侮辱,他觉得一哭已经给自己丢了脸!但是他反正已经丢尽了脸,而这次让人给自己擤鼻涕的侮辱反而使他觉得温柔。谁能解释谁来解释吧!)瓦尼亚看见小家伙用沾满尘土的手指擦眼泪浸湿的面颊,便对他说:“小心!不要把你鼻子上漂亮的小红点擦掉。”

---

① 瓦诺,即瓦尼亚。

他们两人都哈哈大笑。瓦尼亚的鼻子出血了,但是当他们回到家里,瓦尼亚气量宽大地说,他在跑的时候,碰伤了鼻子。那天夜里,瓦尔多躺了半夜才睡着,他充满热情地想瓦尼亚。

这两个孩子,等到大西洋重新把他们分隔开之后,互相通信,但是瓦尔多的笔和他的舌头一样,太拙笨,不善于表达他心中的热情。而瓦尼亚的笔,和他的舌头一样灵活,显出和瓦尔多比赛时的优势。正像他用拳头把金龟子压在地上时加以嘲笑一样,这小小的兄长,把舌头伸向小弟弟。不可能进行对话,只能作些战斗的呐喊:"哈啰! 瓦尔多! 啊唷啊唷! 咱们是战友! 啊啦啦! 下次我们再见面时,我将喝你的血,你喝我的血,接着我们并肩上阵! ……"

对瓦尔多来说,这种约定可不是游戏。他不知道战斗将是怎样的,但是他知道瓦尼亚的战斗就是他自己的战斗。于是阿霞,在夜里对玛克说:"你瞧得清清楚楚:所以不要责怪我! 我给你又生了一个小狼崽子……"

阿霞到茂桐做客回来之后,神志清爽了。虽然安乃德说话很少(所有的时间完全被阿霞滔滔不绝的话占领,事后她辛酸地责怪自己),和安乃德见面之后,阿霞看自己也更清楚了。她气喘吁吁地奔跑,她在曲曲折折的征程中狂热的反叛感,见了安乃德之后,重又找到了路线的方向和意义。在安乃德眼中,革命采取了和安乃德相同的视线,她向命运不可避免的进程静穆地张大瞳孔,以及这种超过今天搏斗的纷乱线条形成的视野圈平静的把握。通过这些,人们望见永不坠落的抛物线的另一端,望见永不回涨的宇宙浪潮不绝于耳的震鸣,望见前进中的世界规律,在那里,过眼云烟的晕眩正平静下来。

然而安乃德眼中蕴藏的内容,她自己却最后才认识到。人们通过别人看见自己。别人也看见你,人们只通过反射认识自己。安乃德只有看见自己家里点燃的炉火,才意识到她的家庭。上年纪的妇女,由于儿子的去世而成寡妇,形单影只,发现了她的多产。

*　　*　　*

在那些日子里,安乃德发现了自己家族的另一线索,虽然比较混乱。她接受了佩娜岱特的拜访。

这两位妇女间的关系一直是冷淡而且有距离的。她们互相来往过一个时期,只是由于西尔薇的关系。自从西尔薇和她的养女翻脸,她们两人没有再会过面。也许西尔薇不理佩娜岱特而使后者感到伤心或怨愤,但她丝毫没有表示。她的铁石心肠甚至发展到西尔薇死后,也没有给安乃德写一封吊唁的信。安乃德没有忘记这件事。她对这个女人暗暗怀有反感,虽然她并不知道这个女人和玛克之间发生的事。

在佩娜岱特方面,她从来没有对安乃德产生一点兴趣。即使她和玛克发生关系,安乃德也是被撇在一边的,安乃德不能对她有任何用处。这个冷心肠和善于算计的女人,即使在她肚子或脑袋发疯的时候,对她没有任何用处的人在她眼中仍旧一文不值。为什么今天她来探访安乃德?

两个女人面对面地待着。安乃德态度非常柔和,可是多少有点软中带硬(眼睛也许看不出来,可是一个女人的手指是不会受骗的),竭力装出在家中接待客人不能缺少的礼貌。她一边说些礼貌的话,同时含敌意的鼻孔却在嗅那个不速之客。她的鼻孔不会长时间地痉挛。佩娜岱特不是一个人来的。安乃德的眼光在不露声色地从头到脚打量对方,这眼光遇到陪伴访问者一同前来的一个小女孩,于是眼光就盯着不动了。佩娜岱特像又瘦又长的鼬鼠,她敏锐、灵活和躲躲闪闪的眼神,对女主人的任何细小动作都不放过,一边说些很可爱但是毫无意义的话,她窥视女主人的眼光已经落入圈套,于是她的眼睑迅速地动了一下,意思说:“成功了！击中要害了！……”

这个八九岁的小女孩,是另外一个孩子稍加修饰的照相,世界上已经没有任何人想到那个孩子了,除了正在注视她的那个老太太,因为她是看见过另外一个孩子的唯一见证人。这个小女孩瞳仁很活动，像发烧一样，瘦削而秀气的鹅蛋脸，额角瘦骨嶙峋，脸色苍白，神气坚决。还有别的花样，连孩子穿的衣服都令人想起另外那个孩子：水兵制服的大方领子，蓝色的上衣，宽大的扣子，头发长而平整，像小拿破仑。不知人家怎样复制了这一切？这个女人怎么能这样胆大妄为，把神圣的遗物弄到手？那是一张已经陈旧发黄的照片，一个孩子的照片[①]。只有西尔薇和安乃德各人保存了一张。然而最不堪的胆大妄为还不在于脸型、头发样式、衣领、服装……而是那个人，内在的……“什么时候和怎样她偷了我的那个人？……”

这两个妇女一句话也不说，在她们思想中进行着猛烈的对话：

“你从什么地方弄到手的？”

“你认出来了吧？”

“不，不，这是假的！”

“这是真的。”

可是安乃德，用平静的，但是有点发颤的声音，把小玛塞尔[②]（因为那无耻的女人，把玛克的名字给了小女孩）拉到膝前。安乃德一边和小女孩说话，一边抚摸她的头发，把孩子的后脑勺稍稍向后拉，她把贪婪的目光倾注在反映儿子过去影子的明镜之中。她几乎想把小女孩搂在怀中。但是，她克制了自己，粗暴地推开女孩，对她母亲说：“把她领走吧！”

她站起来要走，以疲倦为借口。佩娜岱特告辞了，她明知道安乃德会再叫她来的。

到第二天，安乃德就给佩娜岱特写信了。但是她等了三个星期才寄发这封信。这封信，改写了好几遍，只成了礼貌的邀请，请佩娜岱特在天气晴朗的夏季的一天，带孩子来玩。

瓦尼亚和玛塞尔相识了，两人很少交谈。在小女孩面前，瓦尼亚

① 一个孩子的照片，指玛克孩子时期的照片。

② 玛克是男人名，同一个字写成阴性时，就成为玛塞尔。

失去多说话的信心。两人不停地互相观察,或者面对面,或者从侧面看对方。她很快就明白了他对她很感兴趣。有几次,他因此生气,粗暴地对待她。但这并不使她慌张,两人中最强硬的并不是摆出强硬姿态的他。她在等待,故意装出冷淡的样子。她在等待对方向她负荆请罪。请罪的方式,有时是小小的礼品,有时是表示关心,有时是非常媚惑人的,有时是荒唐可笑的,她一概收下,好像这是她的权利。再说,她一点也不露出撒娇的态度,也不显得虚荣。她说话一点不矫揉造作,像她母亲在交际场上说话那样。她说话很少,说得清楚,而且生硬。在她身上有一股辛辣的味道。这种没有成熟的酸栗味道刺激瓦尼亚的牙齿,但对他有吸引力。这是他的食谱中缺少的一种因素。安乃德观察他们,把两人作比较,惊讶地发现玛克的血液更多地在玛塞尔的蓝色的血脉中流通。而在瓦尼亚的血脉中流通的是她的血液。

佩娜岱特没有一次坦白她的秘密,安乃德也一次都不讯问她。她们俩继续客气地说话,和客人一样。安乃德决不稍稍打开亲密之门,她和这个女人之间保持着距离。佩娜岱特也不设法想进亲密之门。

但是为什么她到安乃德家来呢?什么动机促使她来?在像她那样复杂的天性中,很难说什么思想占上风,是善,还是恶?善恶是经常混在一起的,然而是用她巴黎女子内行的巧手,总是善于从对她有利的角度把杂乱安排为整齐。在她的婚姻和做生意方面,她一直记着准确的账目。结婚也是一桩买卖,而他们这桩买卖对双方来说都不是赔钱买卖。家室布置得很整齐,收入不断增加,消费有节制,工业方面的巨额订货(汽车与飞机马达的制造),四个健康的孩子,翻领的扣门上绣着缎带①。为了获得这一布条②来装饰她的丈夫,做妻子的并没有少卖力气。至于孩子们,他没有什么可抱怨的,至少比应该有的多了一个。说得公正些:和玛克睡了一夜之后,她回到自己床上,小河似乎不再有溢出河床的愿望。她在自己家,可以满足需要。他们的生活并

① 翻领的扣门上绣着缎带,获得国家高级奖章"荣誉军团"奖章的标志。

② 布条,指奖状。

没有多少消遣,她和丈夫都不为这些事操心。使他们关心而且无暇他顾的,就在于看他们的营业数字愈滚愈圆,不是为了积攒金钱,或拿金钱来享受,而是为了今天超过昨天,明天又超过今天,这是,如同在汽车竞赛中一样,accelerando① 的乐趣和激情。

可是有时在旷野,会遇到车子出毛病。这是没有什么可以自夸的。有一次,佩娜岱特遇到这类困难,在油腻的尘土中她正忙着修理她的马达,在汽车底下,她在回忆的火热影子中,重新想起那一夜拥抱,她在做姑娘时期的意念,干燥灼热,萦绕于怀,在那一夜中,完全畅足了……把账算清了,那一次是她一辈子唯一完全的欢乐,精神和身体都达到它们的目的。好好歹歹,精神、身体以及目的,有这么一次,三者合而为一,这就是人们所谓的胜利。而且胜利并没有死亡:玛塞尔活着。有一天来到了,为了更好地享受胜利之乐,或者是为排除怀疑(我胜利了吗?我生活过了吗?),保护胜利,佩娜岱特需要在能够成为试金石的唯一的眼睛中,照一照这个胜利。安乃德的眼睛看见了,而且说话了。佩娜岱特那难以穿透的心,狂喜了。这就好比她又一次占有了玛克。她从母亲身上得到玛克,从女人身上,从儿子身上……“我把他弄到手了,我到手了……”

她以挑衅式的满足情绪展示玛塞尔。小女孩利用这种被压抑的满足。可是她有时也是替别人承担陈旧积怨的替罪羊,反对另一个人的辛酸言词,一再咀嚼之后,又出现在她口中。她不是一个易于感动的小姑娘,你或推搡她,或恭维她,她有自己的思考方式,她给自己留着,不告诉别人。她的灵魂生有一层皮,像她母亲一样,不透湿的。她心灵中有些什么,必须是安乃德,才能理解其中意义,因为她认识这种文字的字母,那就是多猜多疑的阿尔科拉的小鼓手的字母,也就是童年时期的玛克,固执而骄傲的心灵,把自己的慌乱与温情藏在心里,没有弄清楚以前不告诉任何人;这个心灵对它所爱、甚于对它所蔑视和

① 意大利文:渐速(音乐术语),用在这里意思是“愈跑愈快”。

憎恨的事也有所猜忌:因为它所蔑视和憎恨的事,已经由它判断过了。因此,玛塞尔不信任安乃德。她的猜忌心像磁铁一样,把她吸引到老妇人身边去。有时,她把游戏的同伴抛在一边,不理他了,正当瓦尼亚在花园里找她的时候,她悄然无声地回到安乃德在看书的房里坐着。她把屁股搁在椅子边上,离开安乃德几步远,坐得笔直,一声不吭,她在观察。如果安乃德对她说话,她只用单音节词回答①。安乃德能理解,她领教过这种固执的沉默,这种两人相对的内心无声独白,这种小奥列佛·退斯特②在贼窝里的眼色,他钻过栅栏,为了盗窃她的心。安乃德任人摆布,她微笑着。这个微笑警告偷东西的喜鹊,它已经被捉住了。这喜鹊后退了,羽毛倒竖,尖嘴准备攻击,眼神不怀好意。于是安乃德索性笑出声来,她过去亲小姑娘。她捧在手中的是一个小小的冰块,但是冰块融化。当安乃德在对方耳边轻轻地说:"狡猾的小家伙,我看见你了……我抓住你,你抓我的小胡须……我们两个人谁挨一下打?"③

安乃德感到她手指下僵硬的小身体在软化,同时听见捂着嘴的笑声。她轻轻咬她的耳垂,对她说:"我们是好朋友,对吗?"

玛塞尔扑在安乃德的脖子上,不瞧她,在她耳朵下的一个角落里,她接连着迅速说:"是,是,是,是……"

她不是开玩笑,她签订了一个协定。在她的脑袋里是怎么想的?这坚强的小姑娘,她觉得在她家里,上帝知道为什么,她是一个外人。她搂住安乃德的脖子不放,好像一只燕子,认出去年住过的那家房屋,紧紧抓住旧的小梁不放。她在安乃德年老的心中,重又找到了她的巢穴——她父亲的巢穴。这是她的气味……

夜里,安乃德瞪着眼做梦:她发现自己成了三个家庭的祖母——四个家庭,如果把乔治算在一起。她用温暖的羽毛,掩护着一窝四只

① 单音节词如:"是""对""不"等等。

② 奥列佛·退斯特,狄更斯小说《奥列佛·退斯特》(1838)的主角。

③ "狡猾的小家伙,我看见你了……",法国儿歌。

小鸟，它们是一致的，又是各不相同的。在这些小鸟之间她不操心去区别，哪只是法律或道德批准的。它们全都从她身上出来。引导她的力量，将要把这些小鸟掷到高空中，成为菱形，朝向遥远的同一目的，她自己的箭再也达不到的目的。

*　　*　　*

在她的一群孩子中，还可以加上一个义子：西尔维欧·莫洛尼，她的亲儿子就是为救此人而被杀的。此人的父亲由于玛克的牺牲，只多活了几个月，由于敌人的狂暴，他终于遭了毒手，被杀死在床上。可是西尔维欧被流放到岛上以后，坐了一只小船逃跑了，风暴把小船冲到科西嘉[①]。他来到巴黎，在巴黎他重新找到被放逐的意大利人，那些不可和解的反法西斯分子，但他不能参加到他们的党团中去。他有一颗诗人的心，满肚子是古希腊的伟大美梦以及浪漫的理想主义，政治引起他反感。他一点也不怕搏斗，他年轻的心渴望在搏斗中牺牲；但是他向往的是在云端的搏斗，如同荷马史诗中的神明一样，或者更好些，在云彩之上，光明普照中，如像伊卡洛斯一样[②]。他的意识形态文学味道太重，使战后的青年们，“现实主义者们”微笑。但是他们之中没有一个人准备为危险的“现实”服务，贡献出耿耿忠心，如同青年意大利雪莱[③]在为“文学”服务时的热情与执着一样。他和因放逐生活的不幸而激化的各党派间的争论、猜疑、辛辣恶毒的分裂或肮脏的妥协气氛，丝毫不能适应。他躲开他们，过着孤独的生活，带着在艰苦日子里灰色尘土下孵育着的诗歌与行动的梦想，困难地为糊口而奋斗。只要他有一个下午的时间，他就奔向茂桐；从第一天起，他已经把他感激与悔恨之心带向茂桐。因为他没有忘记李维埃夫人为了他而牺牲自己

---

① 科西嘉岛，地中海的一个大岛，法国的一个行省，拿破仑的故乡。

② 伊卡洛斯，希腊神话中人物。

③ 青年的意大利雪莱，指西尔维欧。

的儿子。安乃德也没有忘记她接待西尔维欧是付出了血的代价的(她对西尔维欧说了这话)。她对他说:“你是属于我的。”

西尔维欧拿这句话当真,他成了绝对忠于安乃德的人。他喜欢对人这样说,他认为这件事关系到他骑士式的荣誉。

但他和自己多少有点耍花招。如果他不是被另一双眼睛所吸引,恐怕也不会到茂桐去得那样勤。乔治使他神魂颠倒,而且他不能对她隐瞒自己的情绪。他把感情天真热烈地尽量流露出来。乔治指着他的鼻子笑他。他们两人间年龄有六岁之差。西尔维欧刚刚过二十岁,乔治正在二十六七岁之间。但西尔维欧不在乎这些鸡毛蒜皮。两个都是良种狗,长得高大结实,身材匀称。乔治,接近三十岁时,长成曼侬·罗兰[1]的典型,身体强壮而秀丽,金黄的头发,白里泛红的容颜,乳胸丰腴而坚实。她走过之处,引起周围男子们的欲念。她忍受不了,觉得他们十分讨厌。安乃德对她说:“关上你的灯笼,把火光遮上点儿!”

“什么火光?”乔治说,“难道我瞧他们了?”

“你身上有太多的活力,你引起他们的胃口。”

“也许我不得不把我的活力藏在我衣柜里?”

“我很担心,即使锁在柜子里,他们也闻得出来。你的气味太大了。”

“谢谢,谢谢你的夸奖!那么说,把所有篷帆都扯起来!……反正我不像这些可怜的巴黎家伙,不像这些跟屁虫一样,一股霉气,死老鼠气味!……”

那只意大利老鼠是充满生气的!乔治自己也不能不承认。她接受他的同情。她同意他是个漂亮小伙子,而且,当他不谈爱情时,他并不太蠢。很好的同伴,灵活,敏捷,而且很有办法。他不说深奥的玄理

① 曼侬·罗兰(1754—1793),法国资产阶级大革命时期的著名女活动家,世称罗兰夫人,以美貌和智慧出名,一七九三年死于断头台,是复杂的政治斗争的牺牲品。临死时的名言是:“啊,自由,人们用你的名义干了多少罪行!”

使你听了无法忍受,他的眼神机敏,手指灵巧,以绘画、塑捏、雕削木头见长,而且在一般的运动场上,他能站得稳稳的。如果问题只在于在某场球赛中冲锋陷阵,或者和他一起 footing①,camping②,她都可以高兴地接受。补充一句,西尔维欧胃口好,能吃,乔治也能吃,西尔维欧甚至懂一些烹调妙法。这都极好,乔治很愿意到处都接受他,在餐桌上,在工场里,在炉灶前,在步行时,在赛跑时,或在休息时,处处都行,就是不能同床共枕。由于西尔维欧开始向乔治献殷勤,乔治就对他说以上这些话。他听了很难过,并且感到气愤,乔治为什么生硬地提出现实问题来打断他情感的抒发,他抗议,他说他的爱情和火一样纯洁,他是无所贪求的。乔治笑得更响了,她说她不信他那么傻!但是,即使他真是傻瓜,而且他必须为歌唱而歌唱,最好请他改一改歌词的题目和对象!老让人家叫你杜尔西内娅③,真令人厌烦!既然他是无私的,那么何必拘泥于爱情的对象?他满可以到街上去唱他的恋歌!……西尔维欧赌气了,不高兴了。可是到第二天,他又开始对乔治唱恋歌。

瓦尼亚和乔治拿西尔维欧夸大的字眼以及他的白眼睛和黑眼珠开玩笑:瓦尼亚模仿西尔维欧的样子。安乃德责备两个调皮孩子,她同情可怜的小伙子。乔治说他并不可怜!既然他那么爱看见乔治,乔治让他看个够。至于叹息,这是他在成长过程中的毛病,像打嗝一样,他会长大的。

总而言之,对两人来说,这种生活方式不能说不适合。他们两人互相依恋。可是,在西尔维欧眼中,乔治是个谜。她是女人,那么富于女性,然而那么缺少女性的性格!她强烈的生命,她的亭亭玉立的健康身体,她那贪吃的大嘴,尖耸丰腴的乳头……但这像花一般美丽、果

---

① 英文:远足。

② 英文:宿营。

③ 杜尔西内娅,《堂吉诃德》中的壮健农妇,但在吉诃德心目中,她却是他崇敬爱恋的贵夫人。

实一样丰盛的肉体像一簇艳丽的柠檬树,并不妨碍她的心、她的官能感觉过着独身生活。她实现妇女在精神上的独立,很少付出感情方面的代价。安乃德曾经寻求了一辈子,可是她热烈的天性不允许她这样做,除非在她生命的最后几年(而且那也不一定有把握)。乔治,在原则上,对爱情和男女结合,自由的结合或明媒正娶的结合,并没怀有敌意,但她不急于品尝那种味道。她说:"算了吧,谈谈不这么讨厌的问题吧!"

西尔维欧威胁她说,有一天,她的天性会向她报复的。

乔治说:"那才怪好玩呢!"

她心里完全有数,所以她不肯说:"源泉,我决不喝你的水!"而她说:"我不渴。"她加上一句,医生们嘱咐的,只能在晚餐后喝水。万一她有朝一日结婚(所有的不幸都可能发生),她也要先吃完自己的一份(而且是不小的一份!她的嘴很大),她美好的个人生活的一份。结婚是退休者之家……

那么瓦尼亚呢?孩子呢?……神圣的孩子们!她打定主意要孩子……一个或几个,半打……而且绝对不要收养的,不要无名无姓的孩子,就像中性的蚂蚁为了城市[①]而去舔的小蚂蚁一样……"不,绝对不行!城市,无名的社会,我才不理会!……我说:给我自己,给我自己一个孩子,一个我自己制造的孩子……"

"那好,你怎么办呢?"西尔维欧说。

"我独自来办。不要男人夹在里边碍事!为什么女人不能独自制造孩子?……"

安乃德觉得好玩,说道:"会出现这种事的。科学没有办不到的事!"

西尔维欧摆出一副震惊的面目。他把什么话都当真,两个长舌妇过分地利用他的弱点。他热烈地反驳她们的调皮言语。他像堂吉诃

① 城市,指蚁穴。

德，高举长矛，冲向风磨……风车的轮子带着他转，一档一档，最后他被摔在草地上。于是他看见两个女淘气鬼在张口大笑！……但是，他虽然多猜多疑，她们的笑声毫不使他生气。他喜欢她们，而他知道她们也喜欢他。不是按照他愿意的方式喜欢他。但是不管什么方式，他不至于蠢到拒绝她们的好意……

不过他最遗憾的是乔治卖弄的那一套厚颜无耻的实证主义[①]。安乃德似乎接受乔治这种态度！乔治大吹大擂地表示她没有任何道德成见，对他父亲青年时期身受的压抑，她有阴暗而遥远的反抗情绪。为此，她说她从自己身上切除了宗教感情，宗教这个词最通俗的含义，切除了一切“绝对断言”的废话。提到可尊敬的“命令式词句”，她用手摸摸自己下巴。

西尔维欧，本着他玛志尼式的天真，不加辩论地相信这一切，乔治道德上的无神论使他痛苦。

可是安乃德知道应当如何思想。她认识乔治，更甚于乔治对自己的认识。如乔治绝对纯洁的天性，她只愿意把它看成是种喜爱清洁的本能；对瓦尼亚的深爱，这种热烈的友爱，乔治自己都不能解释，可是为了这一友爱，她可以毫不计较地牺牲自己；还有许多别的深刻而说不出道理的情操，在她自己都没意识到的情况下，已汇成一种信念……最令人觉得奇特的是，这个明朗的姑娘，在她整个生活中，好像没有一个阴暗的角落，完全是在快活的正常情理和身体健康的光明中过来的，一切都亮在外面，没有任何隐蔽的角落，但只要拿起她的提琴，就会失去对自己的控制。她提琴拉得并不正确，但是只要琴弓往弦上一扣，人们立刻觉得如有鬼神出现。她从四根琴弦上拉出灵魂的呼声，抓住你的心，使你神魂颠倒。她自己的眼神，面部表情，都变了。她脸色苍白，嘴硬绷绷地闭着，向前伸的额骨，显得更突出。她带着悲剧的严肃印记，残酷的平静。突然间，原野上狂风骤起，欢乐与暴怒的奔驰，像茨岗人[②]一样用

① 实证主义，法国哲学家奥古斯特·孔德(1798—1857)的学说。

② 茨岗人，波希米亚流浪艺人。

力敲击琴弦……全家人都不声不响，静静听她拉提琴。可是每人都留在自己房间里，乔治也在自己房中。大家都故意不出来看她，不然的话，她会立刻把琴弓抛掉。她只允许瓦尼亚一个人看她拉琴，条件是他不许打扰她。他躺在地上，扑在床前的地毯上，把抽搐的手指和鼻子埋入地毯中。他听得激动时，用指甲揪地毯上的西藏羊毛。乔治拉完了琴，走到瓦尼亚身边，用手拍拍他的脑袋。

西尔维欧站在园中，背靠着墙，在窗子边抽着烟。黑夜里，他知道没有人看见他，不声不响地让大滴大滴的眼泪流在面颊上……

安乃德坐在她不点灯的房间里，心里充满光明，她在听不相识的神明在她女儿的心中经过。

* * *

在钢琴琴键上弹奏的音调！作为和声的因素之一，不协和音——痛苦——是在和弦之中，而痛苦，好像死亡一样，磨损了它的尖刺。

安乃德经历过尖刺划破心房的日子，她用绝望的激情，把尖刺掉转头来，刺在胸部的两侧。如今，圣约翰之夜①已经来到，灵魂和焚烧柴火的火焰一起跳舞，一起笔直地、漫长地从火堆上升起。

犹如波涛汹涌的海洋，
充满浪涛，保持不变之均衡，
人身上欲望高涨，有同样的情况，
欲望并未统治这个人：
这个人，真是宁静之大师……②

---

① 圣约翰之夜，基督教节日，十二月二十七日之夜。

② 《歌》，第二章，第七十节。——原注

《歌》，即《赞颂戈梵达之歌》，印度十二世纪梵文抒情诗剧，作者查雅德瓦（约1150—1210）。内容叙述黑天与牧女罗陀的爱情故事。

安乃德如今生活在双重幻觉之中。一方面,她活在一天天过去的日子中,她现在还属于流水光阴的一部分,好比一个船员,坐在船头看船头破浪前进;另一方面,她在深渊内部飘飘荡荡地往下坠,好比俯身在悬崖上的一株核桃树上的落叶。她不知道是她在下坠,还是深渊在上升。但是深渊没什么可怕。它用清澈的黑夜包围她,久而久之,她学会了在黑暗中阅读。她鼓起的双目,获得了猫头鹰的柔软目光。西尔维欧和乔治各自注意到这一点。有一天,他们两人交换他们的印象,乔治卖弄她的学问(她的学问总共不到一包,她却以卖弄这点知识自傲),她提到帕拉斯·雅典娜。西尔维欧用一块梨木雕刻了一个奇特的小圆牌,上面刻着额头和眼睛,没有面孔,两边是一双张开的翅膀。他把它钉在大门的门框上,好像一只被钉在十字架上的猫头鹰。只有安乃德一个人没认出那就是她自己的雕像。她让他们去安排住宅,自己只保留自己的房间,而在房间里,有一个魔术的圆圈,一天比一天缩小,可是在圆圈中心,保存着整整一个世界。她心不在焉地看小木牌上的大眼睛,朝向门槛张开着。安乃德微笑了,没有想到那就是她自己的眼睛,说道:"鸟儿在守门。"

西尔维欧对乔治说:"是的,我只能想象她睁大着眼睛,你见过她闭着的眼睛吗?"

"我见过她闭着的眼睛,"乔治说,"但是我不相信她真闭眼,她在眼皮底下瞧。"

她永远在瞧,外部,内部,两个方面最后合成一个方面。眼睛占有了住处,把住处都占据了。安乃德一辈子常为自己过于透彻的洞察力而苦恼,她终于到了不知已丧失知觉的程度。她生活在清楚与平静的失眠状态中,她那经常清醒的意识,像盏守夜的灯,既无声也无烟,但却消耗灯油。

一切延续的状态都趋向 nihil①。它的紧张性也无法使之避免。在

① 拉丁文:虚无。

延续不断的状态中,全有与全无是一对孪生兄弟。最惊心动魄的肉体接触,如果不中断,不更新,必将融化于生存的深渊中。经久不灭的意识,亦将融化于一种没有阴影的光明中,因此这种光明没有明确的轮廓。孤独的眼光充塞一切,由于没有任何边界,迷失了道路。瞳仁张大的猫头鹰,不能再区别外间耀眼的阳光和内心清亮的黑夜。安乃德和他人一致化,一个接一个地,或者全体一起,她从融合众人的自身中解脱了出来。那么,她还占有什么呢?什么都没有?智慧与爱是她执掌宇宙的器官。但如果这个生命,如果她的自我,她的官能所依附的自我,不再为她所有,于是它们将被宇宙牵着走,好比一条鲨鱼带着鱼枪和系在枪柄上的绳索浮游。而在海上漂浮的小舟是空的。

安乃德急忙潜水,为了躲开日光下可怕的孤寂所引起的焦虑不安。但是她知道某一天,某一小时,不久即将到来,她必须身临其境,必须独自一人死去。想到这儿,一滴冷汗已经浸湿她的鬓边。对某个安乃德来说,死算不了什么。这不算什么,抛弃没有用的衣服,贴身的衬衣,她的热情和她致命的迷醉……但是她最亲爱的人,难道最后他们也要离开她?她抽搐着说:“不!”但是“不”或“是”,难道能由她决定?当不可知的力量处置她的时刻来临时,难道她还能处置别人?(她已经觉察到不可知的力量在深处活动,它们开始在处置她……)她是很诚恳的人,决不会掩耳不闻将要发生的事那阴郁的轰隆声……她把坚决的双手放在床上,说:“每天有每天的战役!我要一直战斗到最后!”

* * *

两个朋友,她的同龄人和战友……于里安·达维和吉亚仑萨伯爵,都在远方。他们的声音越来越稀少,而且好像是从别的行星上传来的。

布鲁诺又在中亚巡礼。他在那儿参加和发掘埋在沙中的死去的城市。好像他自己也已埋入沙中。一连几个月,他失踪了。每隔一段相当长的时间,报上发表连他的名字都拼错的消息,报导他发现苏美尔人①的铭文。每逢有纪念性的日子,比方玛克的忌辰,他忠实的声音很少不到达的。如果它没有到,那它一定是在路上。他的声音有时来自很远的地方,比报上总是迟缓的报道他之所在还要远得多。在信中关于他在干什么,忙什么,几乎总是一字不提。他重提那拉达的谈话,用某些别出心裁的方式加以变换。这好像是他思想中的一个命题。在这个问题上,他没有多少东西可以教给安乃德了。在这一命题上,她也能够编造不同的细节。但是两人都不急于把那杯水送回来!……西方人的灵魂决不投降。行动,行动,永恒地行动。歌德在临死的时刻说:"关于死后继续存在的信念在他心目中是以不断操劳的概念为来源的!"在西方,我们许多人都不为死后的生活操心。但是我们之中没有任何人肯浪费一天、一小时的活动来交换永恒的生活。

布鲁诺一边陶醉于无形无边的"无穷"海涛般的轰鸣声中,一边坚忍不拔,忙于辨读和征服,寸土必争,人的稍稍扩大一点的"有限"的领域。他在那边的大沙漠上(他自己不提),向沙子,向干渴、饥饿、太阳、寒冷,向人和自然,向他自己的身体,向踉踉跄跄对他求饶的老弱坐骑,展开斗争……"接着走呀!……"此外(他更不告诉人的),他秘密地参与了使亚洲各国人民忙碌的社会运动,他的考古活动,虽然是真实的,却给他起屏风的作用。他和印度的工农联合会发生关系,他们的领头人都被监禁在密拉特②。他冒着极大的风险,突破了正在戒严中的白沙瓦省③的外围,不止一次地给分散在各处的印度国大党员当联络人。他做了甘地的 Satyagraha 的传教士。英国压迫者以为甘地的思想已经在浦那④监狱窒息而死。他在印度以外,宣传唯一尚能控制

① 苏美尔人,距今五千年前居住在幼发拉底和底格里斯河下游近波斯湾地区的居民,他们建立了城邦国家,他们留下的文字,可能是迄今所知的最古的文字(楔形文字)。

② 密拉特,印度北部城市,靠近新德里。

③ 白沙瓦,巴基斯坦一地区。罗曼·罗兰写作此书时,巴基斯坦尚未独立,所以是印度的领土。

④ 浦那,印度西部城市,靠近孟买。

水闸的那个人[1]的使命,他不让暴力的洪水咆哮着要冲倒闸门。非暴力或暴力,通过两条路,在两只脚上,用整齐的步伐,革命在前进,在接近。这是同一棵树上的两串枝叶……"Uno avulso,non deficit alter..."[2]布鲁诺是大军的前驱者之一。虽然他的精神已经超过行动的目的,当他参与行动的时候,却决不半心半意。

他的西方女友安乃德已经收拾好箱子,准备迁居,不想回来了,可是她从来没有像现在这样更加喜爱种植她的园子。她虽然不能动弹,但外边一切动静却都传入她的精神,为精神所吸收。整个外部都在她的精神中,精神接受一切。安乃德诚恳地以为她已经放弃了一切,其实只放弃了自己——丝毫没有可取之处的自己。她并不怀疑这点,她是真心实意的。如果说,她真心实意地忘记了自己,那是因为她有太多的事要做,没时间想到她是存在的。对她来说存在的一切,都在外界,在远处。她贪婪地想知道更多些,拥抱得更多些,更多一点点,再稍微多拥抱一点她即将离开的世界。她竭力要和她的两个朋友的精神生活配合。她密切注意和东方学以及科学期刊有关的出版物。好好歹歹,她跟上了西方思想界的队伍。于里安·达维仍然在这方面帮助她,和他们青年时期在圣热纳维埃弗图书馆晤谈时一样。

他们两人之间从来没有提过玛克在母亲眼神中偷偷看到的思想。夏季的一天,安乃德坐在山坡上遐想时,眼神泄漏了她的秘密。也许于里安也看穿了(自以为看穿了)她秘密的心思。可是他在爱情上太谦卑,太胆小,他不敢肯定安乃德的思想。而且清楚地感觉到,玛克一死,一切共同生活的计划都成泡影。只有死者成了一家之主。于里安理解,他知趣地躲开了。然而,他俩的心从来没有像现在这样接近。在这个老头子和这个老妇人之间,组成了严肃而温柔的秘而不宣的互相谅解。完全没有必要用言语来表达……

① 那个人,指甘地。
② 拉丁文:一枝被折,另一枝仍然存在。

每隔一段相当长的时间，于里安在美国讲学与研究的长途旅行的间隙中，来看望安乃德，在美国，卡内基[①]基金给了他一个职位。他来了总要待几天。甚至有几次，晚上，谈话时间延长了，天气又很不好，于是乔治把她的床让给父亲，自己到瓦尼亚房间搭一个临时铺位。老是睡不着的安乃德在想，在这种夜里，她用翅膀掩护着她的雏鸡——和她的老丈夫。于里安也很少睡着，他在床上几乎不敢转身，因为他那样亲切地感到背后她女伴的呼吸。他怕稍一动作消灭了他的幻觉。如果他的幻觉成为事实，他很可能同样害怕；因为他对安乃德的感情既太强烈，又太虔诚，还是很久很久以前被压抑、受过创伤的，所以他觉得不可能把感情表达出来。当安乃德死了之后，他也许会和佛罗伦萨的老石匠一样，很痛苦地去想，在她活着的时候，他一直没有和她亲过嘴。他是这样的人，他从不知道放弃对遗憾的爱好。

有人知道放弃遗憾，如同布鲁诺，这类人，不管他对他们有多大敬意，他秘密地觉得他们荒谬绝伦。这种遗忘的力量，是不是弱点？是自私自利吗？还是轻率？也许是这样，在布鲁诺身上不缺少自私，也不缺少轻率，两者是和他的英雄精神和仁善之心相混合的。他天赋有这种"幸福"的意大利人天性，在它的根底里（有激情、痛苦、欢乐）存放着大量的漠不关心。他热爱的人，他热爱他们，但是他可以忘记他们，啊，完全忘记他们，达几个月之久！安乃德知道这个情况，她一笑置之。于里安不能理解这种微笑，他不加辩论，鞠躬接受，既然这微笑是安乃德的微笑，但是这微笑使他不放心：难道她同遗忘订了协约？上帝知道，他可是不愿意看见她额头上那条擦不掉的悲伤皱纹！他非常爱她，所以看见她把伤心往事的沉重包袱抛在路边，他不能不感到高兴。但是这种"欢慰"是忧伤的，正如于里安所有的"欢慰"一样。他不向安乃德解释这一切。她心里明白，她把手放在他的额头上，对他说："我可怜的于里安，你多么需要忘川[②]之水！……"

---

① 卡内基（1835—1919），美国费城的富豪，钢铁托拉斯的巨头，热心于公益事业。

② 忘川，或译勒忒河。希腊神话中冥府的河流之一，亡魂喝了忘川之水，可以忘掉生前的一切。

他睁大诧异的眼睛。她笑了,并且用德语复述歌德的话:“……充满以太的忘川之水……”

他皱着眉,沉着脸,说:“我不要。”

“每天早晨,喝一小杯泉水!”

“不,不,我不要治病!”

“那么好,”她说,“保留你的毛病。两人在一起,病可能成为一种好处?”

“无论如何,我不愿意把我的病推卸在你身上。这将是一件可悲的礼物,太多的空虚。有时候,我几乎不敢动一动,我是那样怕损害别人的信念,而我爱那些人甚于自己的生命。”

“你听,”她说,“布鲁诺给我寄来作为新年礼物的话:‘当人们不相信任何东西时,就到了该送东西给别人的时候。’”

于里安惊震了一下。在他的生命深处,这句话引起回响。然而他的智慧不相信超出理性控制以外的一切行动。他问道:“当人们什么也没有了,还有什么礼物可以送人?”

安乃德用唱歌似的调子,给他朗诵弥拉惹巴临终时在床上唱的歌词:

虚空的思想是怜悯之母。
怜悯摧毁你和你同类人之间的疆界,
你和同类人的一致,在你身上实现同类人。

在自身实现同类人的人都跟我来。
跟我来的,都将成佛。

于里安默不作声,等安乃德说完了,他说:“这太美了……对我来说是太美了……我永远成不了佛……可是您,您呢,安乃德?看在上天的面上,请您告诉我,您不是佛!”

安乃德笑了,她说:“自私的人!……唉,我相信直到最后,我始终是安乃德。"

他吐了一口长气,说:"啊!真幸运!"

她用威胁的口吻,重复说:"直到最后,可是以后呢,以后呢!抓着我不放的霸占者们!啊,我能溜掉多么运气!"

"*以后,以后!*"他怀疑地说,"但愿我先到手!"

他伤心地说:"我没有到手。"

她让老妇人的年轻眼睛靠近他,说:"亲爱的笨人!连他没有到手的东西都不会去要!可是我到手了。"

他问道:"你说的是过去吗?"

她做个手势,叫他听。他们听见在园子里乔治的快乐的声音。

"你的过去,它是属于我的。"

于里安俯身向安乃德的双手,吻了它们,说:"过去是属于你的。"

过去,现在,甚至将要到来的一切,到了某一时刻,好像都出现在同一平面上。我们和所有活着的人精神是一致的。

这种精神上的一致是恒久的。这使人心神不宁。这种一致性是隐蔽的,大家并没有想到,在一天中的每时每刻它实现了。人们觉得滑了一下……安乃德发现,这种情况发生在她读到报上或听人讲的一条新闻时,觉得心被揪了一下:水灾、发生在中国的大屠杀……这儿,那儿,许许多多的迫害,世界的痛苦,或者她的欢乐……(但这是极少的!)这种感觉通过她的血液扩散到四肢。精神还没有接触到,已遍布全身,肚子——覆盖着神圣耕地的穹窿——好比一只空壳,大地的颤动在里边引起回声。脐带还没有剪断,它将肚子和世界这一婴儿联系起来。谁要是碰了孩子,就是碰了母亲。同样的潮流在他们身上通过,冷的或暖的……夜里,安乃德沉浸在这种奇特的母性创痛与欢乐中,她闭着眼,喃喃自语:"小娃娃,世界这个小娃娃,难道你在我肚子里不更好些?为什么你要出来呢?……"

*　　　*　　　*

世界上的灵魂和钟声一样,有的远,有的近。有些日子安乃德自以为回到了山上的时刻。那时她挨近她的儿子,躺在繁茂的草地上野薄荷和蓝眼睛的龙胆草丛中。她听着从山下每一簇树林中传上来的祈祷钟声。所有的钟声并非同样快慢。有些钟开始响,另一些已告终,还有一些钟塔则已无声。钟声已停止,耳朵支着听,在幻觉的空间里能继续听到袅袅余音。布鲁诺的钟声沉没了,只有安乃德还继续听到,也许这仅是她的回忆在使声浪延续。已经有一年多,布鲁诺没有来过一封信。是否还活着?在一次危险的任务中失踪了?在最后收到的信中,他含糊地说他要回来了。从那以后,在可能处于戒严中的印度,少数几个和这边通信的朋友,好像也都不知道布鲁诺的踪迹。在哪一期 ashram① 中他终于把时间忘记了?也许,他是不是已经超脱了时间?一种无法解释的情绪使安乃德如此相信。从某一天、某一准确的钟点开始(不过,此刻她还没有想去把时日记录下来),布鲁诺已经不再是一个遥远的友人,人们想象他在步行,在我们地球的一块粗糙的硬壳上辛苦地劳动着。我们的心牵挂着他,跟着他的步子走。他是在我们房间的半明半暗中,在包围我们每一个行动的暗影与光明中。我们不需要追忆他的音容笑貌。他混合在我们的呼吸中……

另外一口钟也将飞出钟塔而去,可是谁也没有预料到。安乃德没有想到西尔维欧活着的日子是屈指可数的,是他自己给自己规定的。然而安乃德对那小伙子的决心有很大的影响。这是奇特的现象,这位大半个身子离开了生命的老妇人,而且健康的损耗、疾病、内心的忧伤等,使她远离行动,却对接近她的人照射着行动之光,虽然她并没有故意这样做。玛克的牺牲是受她启发的,虽然她作为母亲,希望儿子有

① 梵文:四行期。婆罗门教为教徒所规定的修行和生活的历程,包括①梵行期(也称“学生期”)、②家住期、③林栖期、④遁世期。

一个平静、充实而长寿的生命。(哪一个母亲不是这样祝愿儿子?)在同样方式下,许多别的牺牲的火焰,将从她的平静火光中点燃,尽管她并不故意这样做。正是她超脱的态度在慑服和培养有毅力的年轻人,他们自己不认识自己,然而却如饥似渴地想尽忠效力。她宁静不动的外表是一个深坑,其中有一个燃烧的湖,各种物质在熔炉中熔炼着。这个湖似乎在沉睡,水面平滑如镜。但是你不能走近它而感觉不到扑面而来的灼热,一直深入你的骨髓。火是不需要说话的。谁要是接触到火,火就对他说,“燃烧!”这位安静的妇人只要看你一眼就够了。如果她自己知道这一点(谁晓得?),她也许要闭上眼睛了。

当她单独和西尔维欧待着的时候,她听这个年轻人谈心,谈他作为流放者的辛酸生活以及因把祖国人民抛下不管,让他们禁闭在坟墓的沉默中所感到的羞耻,在这种时刻,安乃德只要把手放在坐在身边、低着额头、痛苦地弯着背的小伙子头上,他听见她说:“去把死人从坟墓中唤醒。难道你不知道他的 Risorgimento① 是用什么代价换来的?去吧,去付代价!”

安乃德的嘴一直闭着。然而她的手心把精神上的无言命令传授到年轻人额上。只要有一次,她看着他,好像对他说:“难道你不是玛志尼的儿子吗?”这就足够了。

没有多说一句话。西尔维欧抬起头来,好像在举行洗礼,洗净了他阴暗的灵魂,并且使他觉得有了把握。他不再被命运压得垂头丧气。他看见他的命运,他心急如焚地要去完成它。

他和茂桐别墅告别。此后人们只收到他稀少而简短的信。人们间接听说西尔维欧为了维持生活,在伦敦一家旅馆当译员,这是不足为奇的。没有经济来源的流放者什么工作都找,什么工作都接受。安乃德设法通过于里安,想给西尔维欧争取一点有限的津贴,使他能在巴黎继续上大学。西尔维欧拒绝了,也没有说明为什么拒绝。他好像

① 意大利文:复苏。

自己积攒了一点钱,不知道准备做什么用。他朋友们再问他,他索性信都不回了。使他非常反感的是反法西斯的意大利侨民没有行动、原地踏步的空谈、没完没了的争论、他们中的纠纷和互相猜疑、缺乏积极性的理想主义、咬文嚼字、已跟不上新世界步伐的陈旧腐烂的议会派头……在西方整整一代年轻人中,他嫌恶的是怀疑主义、耽于享乐的精神、谨慎与妥协的精神、为赶时髦而害怕变成理想主义者或与之相似之人、完全没有牺牲精神等等。由于年轻与健康的反作用,他趋向于孤注一掷的英雄主义的火辣概念,为了给当今世界的卑怯行径打一记耳光,他那过时的年轻雪莱式浪漫主义,在他身上和他的精神之父玛志尼的坚忍主义信念结了婚。一年之久,人们不知道他到哪儿去了。只有安乃德一个人在寻找他,夜里,她在床上听树林中萧萧的风声,她有一种模糊的预感:有一天,逃亡者用一个出人意料的行动,在树林里重新出现。

这年,阿霞又来去匆匆地出现了一次。

她又一次做了寡妇,她的美国丈夫在半路把她撂在一边了。她把他的同伴们都在坚硬的石头上磨损了,她自己的脚跟是不会受伤的。霍华德·特莱克是受苦而死的。在秘鲁臭气熏天的监狱中受了酷刑之后,放出来时,他患斑疹伤寒,已经快死了。他死的时候孤身一人,阿霞得到通知太晚了,穿过整个美洲赶到之后,她的丈夫已经入了土。但他直到最后一分钟仍对她保持着充分的信任,他什么也不后悔。临终时,他托人告诉阿霞:“谢谢你的一切!阿霞,亲爱的,向前进!不要停止,祝你结实的两条腿走得顺利!”

这两条腿又在跑路了。阿霞是从苏联回来的,带着她那窝红头发的小美国佬。在苏联,她对印度-亚美利加人集团的知识很受欣赏。她曾担负着各种使命到那边去。正是去那边的途中,她又一次拿茂桐做中途站。这一次人们发现她皮肤变得更加黝黑,更坚硬,手心很粗,脚心想必也很粗,可是脸上没有皱纹,除了有时双眉来一次用劲的紧鬒,面颊和额头的皮肤很光滑,很紧密,能抵御任何来自天上或地面的考验。她给瓦尼亚带来了她在各地旅行时得到的一些稀奇古怪的纪念品:银色的蛇皮、滑稽而可怕的吉祥物、一把用雕刻了的骨头做柄的匕首。每一件礼物都有一段简短的故事,介绍阿霞得到这件东西时的情景。故事的简短性增加了它的离奇。她送给安乃德的礼品却是一个巴勒克绘画的漆盒。在那上面,俄国的农民手艺匠,在一片使人想起拜占庭[①]和拉韦纳[②]的草原上,展开了一圈既粗野而又整齐的圆舞。

安乃德面容的变化使阿霞感到震惊,而天天看见安乃德的人倒不会觉得有这样大的变化。阿霞把乔治叫到一边,命令她当安乃德一出现危急情况,马上用电报通知她,不论她那时在哪里,她要回来的。乔治并不因为阿霞命令式的口吻而不高兴。她和瓦尼亚一样,对阿霞孤注一掷式的生活暗暗吃惊;这个女人,乔治并不喜欢,可是她使乔治不能不尊重她,倒不是由于她所讲的一切,而是由于她自己不讲让别人去想象的部分。并不因为阿霞小心翼翼地要隐瞒什么,她什么心里话都对人讲(除了有关她的任务部分),从不纠正她的毫无分寸的态度。可是她太匆忙,她把故事讲了一半就切断了,用锋利的言语和突然一笑,话说了半句,正是最鲜血淋淋的时刻。她让听者的想象极度兴奋。她看得出来,她瞧见瓦尼亚的眼睛在恳求下文。阿霞冷冷的眼光笑了。她对孩子说:“以后再说!我没有时间。以后你自己可以看见。”

她又动身走了。她的余波消失之后,乔治和瓦尼亚还把眼光在空中追寻她的踪迹。他们两人常常谈论在俄国红色大熔炉中发生的事。瓦尼亚的注意力和自尊心被他的同母异父弟弟、小狐狸瓦尔多寄来的

---

① 拜占庭,公元前七世纪在博斯普鲁斯海峡所建之城市,东罗马帝国的首都,后改名君士坦丁堡,即今伊斯坦布尔。

② 拉韦纳,意大利城市,濒亚得里亚海,曾为西罗马帝国首都(395—476),但丁坟墓所在地。

稀少简短和潦草的信所刺激。那个十岁的小家伙,对他新近认识的莫斯科的重要性十分自豪。他谈起"我们的五年计划",好像是他在拉车[①]。他是"十月分子"(这是像他那么大的孩子的称号)[②],而且还骄傲地宣称,他将升为"少先队员"。这将给他带来很庄严的义务,他兴奋地提到这种义务,好像是他的权利一样。他急于想成为"工人突击队员"。他用保护者的怜悯口气问瓦尼亚和西方的落后分子们,什么时候才跟上步伐,决定搞革命。瓦尼亚对瓦尔多这种自满的口气,哈哈大笑。他仿佛瞧见瓦尔多长满雀斑的翘鼻子,一边大声喊叫,一边抽搐鼻子,同时这个小小的大力神,伸着手臂,高举"五年计划"的宏伟计划。但是暗地里,他因不能用同样的口气回敬对方而感到恼怒。他更气恼的是,瓦尔多在莫斯科中学里接受多种科技的劳动教育。凡沃尔[③]中学使他觉得陈旧落后了。虽然他得到允许,能在课外学习木工课程,但这不是活的(正如那边的人们所说的具体的)劳动条件,在瓦尔多和他的同学们学习木工、皮革工以及金属工的车间里,生产的是对社会集体有用的物体。在那边,人们不是拿当工人作为游戏,他们生下来就是工人,他们从童年开始就为伟大的事业贡献力量,因为在那边,大家形成一个整体。瓦尼亚羡慕他们,他自己是小小的个人主义者,个人主义者的儿子,孙子和曾孙!他健康的本能——也许还有他对自己力量的秘密信心——对他耳语,在那个强有力的共同体的巨大身躯中,他的个人主义也许反而会觉得天地更宽敞,他知道如何使之充实!

他要求乔治给他讲马克思主义以及它在苏联的实践,乔治也不知道这些。她开始认真地研究马克思主义,而且感到很有兴趣。她有太多乐观的正常情理以及法国式的怀疑主义,所以不至于参加一种如此

---

① 好像是他在拉车,意思说好像他在推动五年计划前进。这句话的出典是十七世纪法国寓言诗人拉封丹的一首寓言诗《马车和苍蝇》。

② 十月分子,多半是指一九一七年出生的孩子。

③ 凡沃尔,巴黎一区。

极端的政治事业。可是另一方面,她对任何社会骚动会使她和她的亲人们,尤其是使她的“亲人”,使她的“所有物”冒风险,是完完全全不放在心上的。风险形成生活乐趣的一半。她开始从容不迫地从德文,又从她刚刚学的俄文,为她自己和瓦尼亚的乐趣,翻译有人向她建议出版的一系列破坏性小册子,这使她的资产阶级亲戚朋友吓了一跳。她得了一个莫斯科宣传员的名声,这更使她好笑。对排斥她的人,对赞成她的人,她同样做了一个嘲弄的手势。她一直是自由的,她在不休息中,在没有把握、“不管后果如何”中休息,可是没有她父亲老先生的“干你应该干的事……”[①]作为支柱。“可怜的爸爸!……”他的言论所冒的风险肯定比他女儿冒的更大,他总是需要抓住一桩“应该干的事”,抓住一个绝对的影子,这是他已消亡的宗教信念的残余。他不能理解他女儿在不断变化中,在这时代的流动性与相对性中来来去去,气色清新,行动轻捷,犹如鱼游在河中。

“过一天算一天。我每天都能适应。如果他们给我来一个‘噼里啪啦!’[②]我会很好地重新站稳,我会滑雪,我会跳跃。跳吧,社会!”

太平无事地过了若干世纪的人类,一想到灾祸在十字街头等候着他们,不禁恐怖万状。人们不想一想,人类在成长,在蜕变,人们能适应灾难,如同适应天下太平一样。正如人的皮肤学会适应南北两极冰冻的啮伤,也会适应赤道阳光的烧灼,在灾难的境地和芸芸众生之间,形成一种协调,各得其所。在老人由于缺乏富于弹性的肺部、因不能呼吸而死去的地方,年轻人健壮愉快地打闹嬉戏。而且也许正是他们父辈呼吸到的太平秩序,对年轻人来说是窒息难受的。天上的众神!乔治和瓦尼亚不会愿意拿他们生活的时代里那充满雷雨和风暴的气候来交换最幸福的人间乐土式的气候!

在暴风雨中飞翔的鸟儿,不是它们在制造风暴,而是风暴在孕育它们。暴风雨是鸟儿的正常气候。对昨日之人,寒暑表显示的是狂

---

① 法国成语:干你应该干的事,不管后果如何。

② 噼里啪啦,意思是“砸烂一切,暴力对待”。

热,而对今日之人,则已成为正常。昨日之人学到的理性,也被暴风雨所席卷,它跨越了昨日的门槛,一腾跃,就到达了别的结论。精神徒然想不参加战斗而保持独立,但人的气质采取了立场,没等良心明白是怎么回事。不管阶级斗争这个概念在乔治看来多么荒诞,她已经站在壁垒的那一边,在“无产阶级”的大旗之下,虽然她还在继续讥笑“无产者”这个名词。

一天晚上,安乃德到国外去做一次短途旅行,为了请一位心脏病专家给她看病,乔治和瓦尼亚陪她一同去,让她留在旅馆里,他们到街上闲逛。安乃德瞧见他们回来了,神色异常兴奋,眼睛冒火,乔治像挑衅一样在笑;瓦尼亚高举拳头,拿着一颗机枪子弹,是从广场上拾来的。在广场,武装人员突然向一群手无寸铁的示威队伍射击,事先也不发出警告。乔治说:“这颗子弹下次有用,打敌人。”“敌人?”这么说,乔治心目中有一个敌人?乔治选择了?……她,不。那是他,敌人,他选择了!当人们还否认“阶级”这个概念时,一个统治阶级粗暴地把这个概念强加于你。你也许出身于这个阶级,但是你背叛了本阶级,把它像粘在鞋上的烂泥般抖掉,当你看见这个阶级,它为保全自己的利益和不正当收入,光依靠建立在民主基础上法律的支持已经不够了,它自己破坏法律,自己推翻民主,求助于机枪,求助于特别法庭,或向Duci及社会主义的叛徒们求助,这些叛徒出身于平民阶层,他们有平民的粗壮牙床和颈项,他们出卖这些,为他们软弱无力的主子服务。(等到人民被制服之后,他们一同结算他们的账!)民主被出卖了。它自己撕碎了一个自称是“自由主义”政权的谎言,只要这个政权还能自由地背信弃义,滥用职权,它可以称为“自由主义”。可是现在,它只能用暴力保证这一切,于是“自由主义”变成法西斯主义。已经公开宣战了,而这正是掌握现存秩序的政党宣布了战争。秩序对付秩序,暴力对付暴力!……

* * *

安乃德清楚地预见到她所爱的人,她的孩子们、朋友们、亲人们,将要经受的危险和痛苦。别人并不是没有提醒她,维亚大夫、于里安·达维,他们对她的泰然自若感到惊讶。她并不认为她的孩子们是那样令人担忧。

菲力普·维亚生气了,对安乃德直说,他的党派不会饶恕她和她的同党。她自己也这样理解!然而她和维亚都知道,等不到搏斗开始,他们两人早死了,他们含着战斗与友谊的微笑,互相挑衅地注视。

于里安·达维习惯性的悲观情绪加重了。他最后一次从美国回来(正是希特勒旋风肆虐的翌日,在德国,社会主义像一张纸片搭成的堡垒,已经坍倒,社会党的领袖不战而降;溃败中的溃败!……)于里安对西方的自由正遭受被摧毁的威胁表示忧虑。安乃德显得安静和满面含笑,她不认为人们保卫的事业受挫折是一种不可救药的不幸。不可救药的不幸倒是接受了这种失败……

"失败不会被我和我所爱的人,我的孩子们、朋友们、同伴们接受,也不会被你,于里安,接受。那么为什么我们要胆战心惊呢?我们已经不是小顽童,他们想要的东西一定得拿到手才算数。对我们的意志来说,十年、二十年、一百年都不算什么。如果我们知道什么是正确的且本当如此,我们也知道这一定会实现。铭刻在我们思想里的是命运。通过我们的生活,通过我们的死亡,命运必将完成它预先规定的安排。谢谢老天,但愿我能活足够的时间来向命运献出我的生命!我至少知道我的亲人们会献出他们的生命,会感到和我牺牲时同样的欢乐。不论是死是活,反正我参与其中……'Quos non accendam!...'[①]在我们所爱的人身上,我们只要给他们的毅力与信念提供营养。那些不被喜爱的人是毅力和信念不配合的人(在这种情况下,信念也是弱的!),他们是没有任何自己愿为之牺牲的理想的人。我们的时代是艰苦的、残酷的,但是对强者来说,时代是美好的。从生理上说最虚弱的人,也能成为强者。必须与时代相称。"

① 拉丁文:为什么我不燃烧。

“那么,”菲力普说,“为什么您演了和平主义者的角色?为什么在战争年月里,您表示了对战争的憎恶?”

“因为我憎恶反理性;因为这场各国参加的战争是以谎言和蠢行为基础的;因为它是向过去倒退。我可怜千百万受害者,我心中充满痛苦与反叛之感。但是,并非他们的牺牲使我那样气愤,而是这种牺牲的毫无意义。如果真是为了挽救人类及其未来,问题不在于牺牲……正如阿尔刻斯提斯[①]所唱的:‘不,这丝毫不是牺牲!’人们知道,人们相信,人们热爱,于是人们献身。”

“人们献出别人!”

“不。我让别人能够自己辨别,什么事值得我们献身。但是做出什么决定,他们完全自由!”

“只要您把您的激情掷在天平上,他们就不再是自由的了。”

“我的理性……”

“就算是您的理性!这是最盲目的激情。”

“不管你愿意不愿意,一切都是搏斗。最清晰最坚定的思想不可避免地会左右行动,它的重量影响软弱和犹豫的心灵做出决定。这是没有办法的事!而且幸亏是这样。您不愿意最重的东西最没有力量?这是重力定律。”

“归根结底,您比我更不人道。您是一块石头。”

“但愿我是建筑上帝之城的基石之一!”

她不说下去了,带着忧郁的微笑。最后她说:“您不要忘记,这座建筑,我是用儿子的鲜血像浇水泥一样来巩固的!石头在流血,石头是活的!”

瓦尼亚在旁听着,遐想着。等到维亚大夫和于里安·达维告辞之后,他问安乃德:“‘上帝之城’……你为什么这样说?但是,奶奶,上

① 阿尔刻斯提斯,希腊神话中国王阿德墨托斯之妻,因丈夫患不治之症,她自愿代他去死,后来得救了。

帝,这是不存在的。”

(不论是阿霞或乔治,她们都不关心上帝。)

真的,为什么她用这个字眼?她不相信别人对上帝的理解。但是,怎样表达充满你内心的一切,一切过去之后继续存留的东西,人们所爱的一切人,死了的或活着的,你对他们的全部热爱,所有的活人和彼岸的联系?……她微笑着说:“我说我所爱的。其余的一切存在或不存在,听他的便。”

“人们只能爱存在的东西。”

“那么,它是存在的,既然我爱它。”

瓦尼亚设法弄懂这些。安乃德对他说:“不要费力气了!……一个人相信这个,另一个人相信那个……这无关重要。字句无非是路上的指路牌,风把它刮倒,雨水冲刷它们,但重要的是路。我们有罗盘针……让我们一同走吧!一个向右看,一个向左看。但是我们勇敢地继续走同一条路……‘让我们到树林中去散步吧!’那儿有狼……笔直向狼冲过去!”

这些,瓦尼亚懂得。他已经准备好。可是在他看来,正如对乔治一样,祖母始终充满神秘,如同树林一样。他们两人都觉得安乃德有吸引力,可是有点害怕。她在那里,和他们很接近(世界上没有一个人比她更接近),然而也很远。有时,又心贴着心。但是他们不大知道她在想些什么。而他们的思想,她也不是全知道。这和瓦尼亚与乔治之间时刻存在着的毫无保留的密切关系毫不相同。既相当少又非常多。这是世界的两个时代,两个不同的世界。我猜想我们乡下信教的人也是这样和这位善良的夫人谈话的,他们把心上的事向她密谈,他们知道她是善良的,他们相信她,热爱她。可是他们从来不能准确地知道她心里想什么。她心里有那么多的事发生在他们之前!他们不能完全明白她的微笑和眼神。他们想不到在她看来他们的眼睛中也有神秘之处。他们心上有那么多的事将要发生在她去世之后!……

安乃德在做梦,开着窗子,黑夜,白天,冬天,夏天,她看见四季循序而过。她觉得仿佛都是同一年的四季。

*　　*　　*

就是在那些日子里,我和她再一次见面,最后一次见面,她独自在茂桐,树林边上的家里。她的孩子们飞出去了,他们在巴黎和乡村奔跑,他们整天整天地不在家。起初,乔治多少有点顾虑,可是安乃德解除了他们的顾虑(他们求之不得!),她劝 Geschwister① 俩好好利用春光明媚的日子,在法兰西岛②远足,骑自行车或者步行,在路上经过的村子里宿夜。或者,如果地点与时间合适,在露天过夜,第二天回家。她单独一人留在小别墅中,夜间,听远处的狗吠声。她并不觉得被抛弃。在思想中,她跟两个流浪人在奔跑。对她来说他们的腿、胳膀、眼睛,在代替她享受她已经离开的生活,在更新这种生活……

我发现她非常疲乏,太疲乏了,连园中都不能去。她半躺在她卧室的小阳台上。虽然她很近视的眼睛视力减退,像黄昏落日,不能看清大路上的行人,但没有等我跨进园子的门槛,却已认出了我。她叫我的名字,做手势向我致意,对我说:“请上楼来吧!”

寓所里没有别人。小女佣出去了,也没有说一声。我埋怨她不谨慎。但是她请我不要责备那个女孩子。人们听见不知哪儿的旋转木马等杂耍场中传来的大风琴的轰轰声。自然而然地,在木马周围,一群男女少年像苍蝇一般嗡嗡地挤在一起,小女佣跑去凑热闹了。

安乃德说:“我在她的岁数,也会像她那么干的。”

“可是,如果您需要人帮忙呢?”

(我不愿意说“需要人救助”,但是她明白了。)

“一个老太婆还有什么可怕的?我除了做梦之外,别的什么也没

---

① 德文:姐弟。

② 法兰西岛,法国古老的地理区域,包括以巴黎为中心的广阔地区内的城镇与农村。

有了。这倒是比年轻人方便的地方。我曾经背负着一大堆财富,但是白费事,一路走来,全部财富,曾经把我压弯了腰的包袱,都丢失了。今天,人们可以拿走我的一切,就连我的外壳也可以拿走。我已经从外壳中钻出来,只用我的脚趾抓住它,就像抓住这双木屐一样……”(她从木屐中伸出一只光脚),说:“露在外边多么舒服!”

“请您再在里边待一会儿!不要抛弃您的朋友们。我们也是您的木屐。”

“你们是我的木屐,我是你们的木屐。是呀,我们的一辈子,身上衣服,脚上木屐,都是我们所爱的人:亲戚们、孩子们、朋友们、情夫们,还有这块良好的古老土地,请看这块土地,它向我们吹来春天的热气。这一切都穿戴在我们身上,人和动物。有时候也觉得太碍手碍脚。但是我要走了,来日不多了。”

“请您不要这样不客气地向我们展示您的心满意足!”

她笑了,说:“请原谅!但是,我的朋友,我把使您心满意足的一份给您留下,我不把什么都拿走。您也是要走的,您在开始走。一切都是要走的,我们所爱的一切,连这块良好的古老土地也一样。不,我们不是自私自利的人!不要特殊照顾!对一个人有价值的事物,对大家也都一样。平等!”

“民主主义者!”

“不,共产主义者,至死不变,”

“一个人和大众在一起。”

“对,一个人在大众之中。”

“但是,在这种情况下,您怎样去获得解放,怎样去脱除套在您身上的所有这些人?”

“在我的小河里……这是多么奇特!”

(她一边和我说话,一边闭上眼睛,于是我们在几秒钟、不超过十五秒钟之内,保持沉默……)

“……我刚刚沉浸在往事中。我重新看见了,我重新看见(上帝!

这是多么遥远!)一片红色的池塘,在树林中间[1]。我在池塘中洗澡,在金黄色的水中,我重新发现烂泥粘在我脚跟上,滑腻的水藻缠住我的大腿……(不,您不能理解……)我差一点沉没在水中,我不得不费尽力气,直到水闸门打开!……怎么打开的?我不知道。肯定不是由于我一个人的力量。独自一人,我办不到……可是闸门打开了,死水滔滔地流出去,滔滔的金黄色的水,睡眠的水——我在水中——一齐流到活水中,流到河中。河水流向大海。我得救了……"

"对,找到自己的倾向,这是幸福。生命没有别的目标。至于其余的,至于目的,河水负责把我们送到那儿。我们只能和河水融为一体,把自己和活着的人们结合起来。什么都不要停滞!生命在迈步……向前进!即使在死亡中,波浪在推送我们。"

她抓住我的手,说:"即使在死亡中,我们也将在前列!……"

说了这一约言之后,我向她告别,我站起来时(她躺在长椅子上不能起来,向我道歉),替她穿上一只掉了下来的木屐,而且对她说:"作为我们谈话的纪念,万一您先走,您把这双木屐遗赠给我?"

她对我说:"您拿去吧!"

在树林中的道路上,我回身一看,看见了从外面回来的乔治和瓦尼亚。他们满脸红光,皮肤被太阳晒得金黄。他们认出我来了。我看出他们显然觉得不好意思,被我发现将安乃德独自抛弃在家中。乔治笨拙地表示歉意,一边尴尬地大声笑。但是我不愿使他们的幸福受损,我说:"我们完全可以不需要你们在旁边。"

* * *

时间来到,生命走向终点,这时,一道道亮光中,种种极端完全成了一致:令人头晕目眩的活动和一动不动的静止成了一回事。生命的

① 见《安乃德和西尔薇》,开始时的幻觉。——原注

圆弧结束了。分离的两端又衔接起来。于是永恒之蛇自己咬住了尾巴。既然已经没有开始与结尾,人再不知道什么是未来,什么是过去。我们将要生活的,我们已经生活过了。

当这一时刻来临,收拾行李已迫不及待了。安乃德的行李已经收拾好,年轻的先驱者经过,给她扫清了道路。

七月二十六日上午,邮递员给她送来了一封信,信封是西尔维欧龙飞凤舞的笔迹。信中有这样的话:

> 礼赞圣安娜,为了让她礼赞上帝!

下边写着:

> Benedica suo figliuol',o gran Madre![1]

并附有一绺头发。

那天确实是圣安娜的节日。在家里,谁也没有想到这事,大家已经不习惯纪念先圣先贤。但是意大利的钟声唤醒了安乃德的记忆,童年过生日时听到的遥远钟声,以及在佛罗伦萨扶着玛克手臂时看见的壁画。夏季的天空,在茂桐的树林周围,有佩鲁琴诺[2]的tondi[3]中那种不耀眼的光亮,从银灰色的背景中,突出幼树那如同年轻人般纤细而骄傲的侧影。乔治和瓦尼亚又出去奔跑了,要出去一整天。安乃德独自在家,直到夜晚。她用手指抚摸那一绺褐色头发。古怪的献礼!人们简直可以说是献给神庙的牺牲。她祝福剪下这绺头发的额头。

她感到在左臂和胸部有一种重压,使她产生一种隐隐的焦急情

---

① 意大利文:啊,伟大的母亲,为你的儿子祝福吧。

② 佩鲁琴诺(约1445—1523),佩鲁吉亚画派著名画家,拉斐尔的老师,擅长画宗教题材。

③ 意大利文:穹形画。

绪。她并非不知道是由什么引起的,但是她想利用她的两个孩子不在家,把家整理一番。他们在家的时候,他们自封为她的严厉监督者,乔治经过维亚大夫关照,不许安乃德劳累。一般情况下,安乃德是很听话的。人到老年,听爱你的年轻人责备你,是一种快慰。但是,有机会能不服从他们,不管你多大年纪,你总会感到一种小学生般调皮淘气的乐趣。

安乃德由于没有人监视,就活动个痛快!她翻腾了所有的抽屉和柜子,从地下室到阁楼,上下楼梯五六次之后,她已经觉得很疲乏了,但还想去花园中转一圈,视察一切,俯身冲洗抚摸她最爱的花木,摸摸土地,当她发现土太干了,就在水泵和干渴的花木之间来回跑。安乃德干得这么欢,以致心痛发作起来了。她不得不扔开浇花壶,在细石子铺的小路上坐下来,双臂紧紧抱着胸部,她不能再呼吸了。痛苦侵袭她全身,她有一种要死的感觉;她看着自己苍白的手,血液已从手上缩了回去。她感到全身的血好像要流失殆尽。她觉得不舒服,但对她所干的事并不后悔。她想:“如果要完蛋,在这儿完蛋更好……”

她听见蜜蜂嗡嗡地围绕着她的头部飞,同时在天空,一架飞机的轰鸣……在她身上,膨胀的心脏……快要胀裂了。她张着嘴,朝向天空,闭着眼睛,在耳朵里,飞机的轰隆声愈来愈响。它想必正在她头上飞过……当她睁开眼睛时,飞机已经隐没在树林后边。震鸣声和痛苦减轻了,一滴滴汗水从她太阳穴上流下来。费了很大的力气,她站起来,回到屋里。她不愿孩子们回来时发现她的越轨行动。回到门口时,她回过身来。她的脚、手和美好土地告别了。

“晚安,我的土地!不是永别,我还要来找你的……”

她躺下。不久后,乔治和瓦尼亚回来了。但是没有看见他们之前,安乃德的耳朵感到诧异。她没有像往常一样,远远地就听见他们的欢笑声,越来越近。

他们径直到她房中,他们一点也没有注意到她脸上刚刚和病痛搏斗过的痕迹,也不问她身体如何,他们是在极度兴奋的沉默中。乔治手中拿着打开的报纸。她用粗重的声音说,同时控制了嗓子压抑感情:“他摔在罗马了,从高空摔下来!”

安乃德问道:“谁?”

(还没有听懂,她已经明白。)

若望气喘吁吁地喊:“西尔维欧!”

安乃德拿过报纸。但是在昏暗的房中,她疲倦的眼睛看不清,她不愿意驱散房中的阴影,怕一点灯,她脸上的病容引起他们的注意。虽然她看不清报纸,却大致猜到了年轻的伊卡洛斯疯狂的壮举。他直入意大利中心,敢于向他所憎恨的暴君挑战,在他的巢穴中向他挑战。即使有敌人空军的飞机的拦阻,西尔维欧也驾机盘旋在罗马上空,在套着枷锁的“Senatus Populusque”①上空,撒下宣言,号召他们起来反抗,给躲在堡垒式宫殿中的独裁者打耳光。安乃德把报纸还给乔治,对她说:“你念念!”

乔治把报纸递给瓦尼亚。瓦尼亚用他那正在发育的男孩子嗓音念,急急忙忙,念到一行的末尾时磕磕碰碰,乱咽唾沫。他读报的调子是夸张和孩子气的,他的激动掩盖不住他的高兴。乔治不声不响,低着头,好像惊慌失措。安乃德闭眼为了更好地听瓦尼亚念……她听见飞机隆隆地响……

巴黎的意大利反法西斯报发表了西尔维欧的遗嘱,这是他在向“彼岸”起飞前几分钟投入尼斯邮局的信箱中的。这是他预见、宣告、寻求的自我牺牲。他愿意通过这一牺牲,为“玛志尼的人民”赎耻辱之罪,并且重新点燃他们的斗争火焰。(安乃德吃了一惊。)西尔维欧在重述安乃德曾经对他说过的话。他说了些她没有明说的话,可是她却听出来了,因为她知道他领会了她的思想……

“为什么曾经是 Risorgimento 之地的意大利,那么缺乏英雄气概?因为它在等待自我献身的榜样,舍生取义的榜样,鲜血凝成的朝露,宣告红光照耀的破晓将要到来。啊!如饥似渴要生活的 Gioventù②,年

---

① 拉丁文:人民参议院。

② 意大利文:青年们。

轻人,你们应当放弃生活,抛开你们的希望,抛开未来的欢乐与痛苦,把它们作为赎罪的祭品来贡献！并不是杀人,而是牺牲才能够解放我们。我把我的死亡,作为挑战,掷在暴君的脸上来把他杀死,这比杀一条在狗窝中发抖的狗更有把握。起来吧,人民！你们不认识自己的强大力量。即使没有搏斗,束手不动,但要是你高呼:‘不!’暴君也就倒了……”

飞机把这些言辞撒在论坛[1]上,在那里,西塞罗怒骂过安东尼[2],后来被安东尼所杀。夜里,西尔维欧的飞机不见了,被一群法西斯飞机追逐着,从此人们再也没有看见他。

瓦尼亚念完了报,他心急如焚地想多谈几句,可是两位妇女的沉默使他胆怯。他试着说了几句,谁也没有搭腔。她们两人都一动不动,在黑夜里遐想。他也沉默了。几分钟之后,安乃德从她的床上说:“去睡觉吧,孩子们!”

乔治站起来。他们和安乃德告别,也没有开灯。

若望睡了。乔治关在自己房中。暖烘烘的沉默充满住宅。树林也寂静无声。在磷光闪闪的夏夜中,升起了提琴之歌。安乃德和若望屏息谛听。它走在路上,步伐先是不稳定的,有时在一个问题上停顿下来,等待一下,重新开始,再等待一下,接着,渐渐有了把握,它好像重新认识了路,它又从开头的一句开始,把整句舒展出来。它是严肃的,但不悲伤。不久,它光赤的线条,像树枝般波动,开放出年轻变化之花,明亮,含笑,如同一棵春天的樱桃树。风从小枝杈间吹过,它们纷纷摇落,好像一阵琶音的雨点,主题回来了,赤裸裸的。它纯洁、骄傲的侧影好像亨德尔的largo[3]。

提琴沉默了。瓦尼亚睡着了,面颊枕在手臂上。乔治在黑夜里脱

① 论坛,指古罗马议事、集会的广场,遗迹今仍存在。

② 安东尼(前83—前30),罗马政治活动家和战略家。

③ 意大利文:广板(音乐术语)。

衣就寝,身体热烘烘,灵魂很清凉,伸躺在床上。她不去思考她思想中经过的一切,提琴承担了这一任务。这是件解决了的事,一切很好……她睡着了,匀整宽阔地呼吸着。

安乃德又一次不能入睡。可是这一次她没有白白失眠。访问者将要来临……

她在想她那两个被杀害的儿子,玛克和西尔维欧,他们都是主动作为牺牲品贡献了自己。是她将他们贡献出去的。她徒然地为自己辩护,在她记忆中寻找证据,证明她没有说过一句推动他们去牺牲的话,是他们自己采取行动的,没有她的事。她完全知道,他们自我牺牲的冲动是从她那儿出发的。在她的目光注视下(她比他们早得多就看见他们的道路),这两个孩子,性格激烈,几乎不由自主地就把自己献给了屠刀。这就好像是她用自己的手,将他们送上祭坛。

"以撒的上帝,你救了他,你没有救我的孩子们①!你需要这些受害者。你满意了吗?"

但是这个上帝并没有满足,这是她知道的。她知道他还在等待别的牺牲品……"还有谁呢?"

"你所有的一切人,所有你的亲人。"

她徒然费尽力气,不去想睡在墙那边的少年。他一心一意在想他的游戏和白天做过的梦。她也不去想那位健康、快乐的大姑娘,她嘲笑世界上的激情和虚幻的思想。但两人都将在明天的战斗中,径直向枪林弹雨冲去。她同样不去想她另一个女儿,俄国女儿,她已经参加了革命大军。他们大家都注定要激奋地死在战火之中。为这一火焰,安乃德一天接一天盲目地工作着,要点燃它。她愿用这一火焰来烘暖她所爱的人们的心,把他们集合在她周围,好像炉灶一样,她把住宅点燃了。在她怀中燃烧的火焰,从她身上笔直上升,照亮她而没有燃烧她,把她周围的墙垣焚毁了,同时使大火延烧到别人的灵魂中。她的

① 此处是指上帝能救以撒,命用公羊替代作燔祭,而并不拯救玛克和西尔维欧。

使命,是不知不觉地用她平静的双手高举行动的火炬,照亮她的思想,别人的手抓住了火炬,而风却把火焰吹到她的房屋上……激扬的心灵[①]和她的一窝雏鸡,如同凤凰一样,是注定要被焚烧的。光荣属于火堆,同凤凰一样,从他们的灰烬中,产生一个更高级的人类!

“焚烧我吧,和我的亲人一起!时间已到。刽子手,我把颈项伸向你的屠刀……”

她感觉刀子刺入她的胸部。一种激烈残酷的痛苦穿透她的身体,从心脏到颈项。她在创口上捏紧拳头,为了不致喊叫。在痛苦的残暴袭击中,她感到一种激奋的乐趣,因为她参加了两个儿子的牺牲行动。她用拳头压在刀柄上:“刺进去吧!”

咬着牙齿,直到一阵痉挛,她昏过去了……

* * *

天一亮,孩子醒了,听见邻室里发出奇特的喃喃低语声,他先愣了一会,后来才明白。他在半醒半迷糊中,好像听见一只受伤的野兽在绕着屋子转。接着,他害怕了,惊了一下,他叫乔治。乔治睡得很踏实,头挨着墙,墙那边正靠着安乃德的床。瓦尼亚推乔治。她抵抗,当乔治在睡眠的草原上吃草,必须让她吃个畅足。但是,她的知觉之门(本来锁着)打开一半时,她立刻神志清醒了。她从床上跳下来,沉重的眼皮还没有完全睁开,她用手扶着墙,像一个瞎子,一直跑到呻吟着的安乃德床边。

安乃德在神志昏迷的情况下,不知道自己在呻吟。乔治一看病人面容变了样,害怕了。一眼看去,她就估计到这场搏斗的致命结局。她不浪费时间,立刻去请菲力普·维亚。瓦尼亚奔跑着去给阿霞拍电报。医生来到之后,除了内行的乔治自己决定采取的措施——热敷或

① 激扬的心灵,本书译《欣悦的灵魂》,但小说主角安乃德的灵魂不但有陶醉的一面,还有昂扬奋发、为公道、为真理斗争的一面。

冷敷之外,没有什么措施需要补充的了。他那老运动员的冷静眼光,习惯于拳击场上的情况,一眼就明白了这场搏斗的演变,他认为没必要再折磨在黑夜里斗争的病人了,这场搏斗肯定将以失败告终。他想还不如使她缩短痛苦的过程。就像他可能给他自己做的一样,如果他认为自己已经战败了。但是当他和她商量的时候,安乃德拒绝了他的建议。只要她还剩下一滴生命,她禁止别人强迫她的意志,哪怕这一滴生命是痛苦的火海……

"我决不允许别人打断我的搏斗,我的本分就是搏斗。让我一个人待着!……"

维亚让她待着。他的大手,和钢铁一样硬,有时也可以变成绒一样柔软的指头,伸到床单下边,抓住安乃德已经冰冷的脚,温柔地捏住它们……"好好休息!……再见了,安乃德。"

第二天夜晚,一架飞机在茂桐附近降落。一只发烧的鸟儿来敲玻璃窗。乔治开门……阿霞……她是一股风吹来的。电报送到她手里时,她正在斯堪的纳维亚一个城市里,负有使命。她立刻动身。不管冒着什么风险,两方面的风险,在法国,几乎可以确定她会被捕,驱逐出境;她的党也不会原谅她,为了任性或一种激情而连累她的官方或半官方身份。于是她的个人主义,哪怕正在执行上级的命令,什么都不能把她的冲动压下去,连她自己也无法预料。在阿霞方面,总是先行动而后思考。当她想到这些风险时,她已经稳坐在临终病人床头。管它发生什么事!她反正践约了……

"母亲,我在这儿,我陪着你直到拐弯的地方……"

* * *

她所允诺的事,任何人都没有权力办到,临终时刻是不可能有同伴的。

安乃德一个人朝着道路的终点踽踽独行。她好比《伊利亚特》中正在打仗的神明,被围困在一层火烫的烟雾之墙中。人们俯身于她躺着的身体上,可是看不见她,他们只看见墙垣,她在墙后面步行。每隔一段很长的时间,棉絮团的厚度变得薄一些;有时出现一线缝隙,安乃德通过缝隙,看见物件……她周围的一切,全是物件。那个说话的少年,她看不见(可是他就在旁边,挨近她的头部,她只要把头转动一下就行了,可是她不想试一试),引不起她任何感情……他在,他在。这是一个物件……烟雾的缝隙合上了。隔着烟雾,她还听见他的声音。他是多么遥远!一切活着的事物已是多么遥远!……

她将她体内的火盆掷到外部。前些天她思想里牵挂的一切,都变成物件,连同发烧时的现象,都立即用想象所形成的梦境来解释,在布景上占了它们的位置……她自以为回到了她在巴黎的寓所。巴黎在燃烧……她血脉的隆隆响声,成了大炮的轰鸣和噼噼啪啪的枪声。巷战在进行。她窒息的咽喉,尝到烟雾的辛辣味道。通过开着的窗子,烟雾在她眼前纷纷降下,大火愈烧愈旺,火焰在延伸,火舌在舔房屋的墙……安乃德看见阿霞的脸俯向她,而她毫不诧异。她把阿霞的出现和革命的出现连成一片。阿霞在这儿,在她看来,这是很自然的。在她眼中,奥斯陆到巴黎的距离不比从这间房到那间房远多少,整个地球都在一小块平面上。

但是和生活中假面目的距离也消失了:这些眼睛、这些嘴、这些手、这些姿势、这些言语,还有活着的人对自己以及别人隐瞒着的秘而不宣的思想。一种异乎寻常的洞察力使她在阵阵闪光之下,能够隔着一层帷幕,看穿人的内心深处。夜里,在这守卫在她床边的、她热爱的女儿身上,她接触到一个对她含敌意的心灵。敌意,不由阿霞自主,在侵袭她。然而,她接触到的所有这些灵魂的底蕴,都被她转移到梦中,恢复各自的原位。她想象大火延烧到她楼上,而她的孩子们把她扔下不管。她看见乔治和若望从窗口跳到屋顶上逃跑。乔治在骂进攻的人。她仿佛是德拉克罗瓦①所画的街垒上的自由女神,一个袒露着年

① 德拉克罗瓦(1798—1863),法国画家。

轻双乳的革命女神，正在高唱和呼号，在她身边，那个武装的顽童在笑……只有阿霞一个人，坚持不离开她。但是阿霞心里也着急，恨不得安乃德快些断气，她心里在反复说："你快点吧！"

于是那个临终的女人，竭力想动动她的嘴唇，想说话（但没有清楚的声音从她嘴里发出来），她想说："我是在赶快，可是我衰老的腿走不快。不要等我！你去吧，我的女儿！"

阿霞用一只手推开她丑恶的思想。虽然她很疲乏，却愿意守着安乃德。她强迫乔治和瓦尼亚去休息，她独自一人和临终者待在一起。上帝知道阿霞是多么热烈地依恋着安乃德！这是世上她所爱的唯一妇女。在安乃德身上，她爱的是玛克；在安乃德身上，她爱的是母亲——比她亲生母亲更加真实的母亲。她爱的是朋友，爱的是对她信任的女人。这个女人把她最珍贵的东西，她的儿子以及像珍宝一样的亲密情感，交到一个外国女子，一个流浪女子，一个被抛弃的女子手中。她爱的是她对她的信念，甚于她本人从未有过的信念——这个女人曾使她两次重新站起来，替她擦去脚上的污泥。她爱的是这个救过她的女人。说到末了，阿霞不敢肯定，是否她爱安乃德甚于爱玛克，是否在玛克身上，她最爱的还是安乃德。至少此时此刻，母子二人紧密地连成一体，以致她不能加以分别。刚才当她狂热地扑在汗湿淋淋的临终者身上时，她狂热拥抱的是他们两人。然而同时，含敌意的灵魂进入她的身体。阿霞感到一种冷冰冰的漠不关心情绪进入她的内心。她放开了拥抱，颓然坐在离开几步远的地方。她过度疲劳，疲乏不堪，由于几天几夜没有休息，耗尽了精力。她内心空空，没有爱，也没有兴趣。关于活人生活的操心事重新占据了她的思想。这个垂死的女人使她分心太久了。阿霞想到她飞到这儿来的风险，在这屋里多待一小时，风险就增加不少。她用冷酷的目光看着那个放在枕头上休息（搏斗）的浮肿面孔，估计她还能活几小时，于是她想："无论如何，她是完蛋了。让她赶快走吧！"

由于下意识的残暴怨愤，她拿起一本粗暴的书来看，这样就使她和正喘气的女人割断了一切联系。然而她只翻阅了几页,念过的几句话卡在她的咽喉上,她把它们重新吐出来。她合上书,觉得恶心。当重新看见临终者的面孔时,她突然觉得自己可憎,她罪恶的思想使她觉得可怕。她跪在地上,流着眼泪吻那只垂在床边、血脉肿胀的手……她干了什么事!(在死亡面前,思想就是行动。)她不去帮助临终者经受最后的折磨,反而想杀死她生平最爱的人。她呻吟道:"母亲!这不是我!原谅我吧!解救我吧!"

但是安乃德的面孔仍然毫无表情而且心不在焉。临终的人什么都察觉到了,可是她既没感到伤心,也没有反抗。仿佛这些已经与她无关。她是孤身一人……在她的死亡周围,世界的深渊愈挖愈深;巨大的烟雾从所有人住的地方升起;欧洲、亚洲,到处都是战争与革命,四面八方,人类在燃烧,即使在空中,也被飞机像盾牌一样挡住了,同时飞机冲向窒息的城市。除了死亡这个窗口之外,还有何处可以躲避?抛弃了最心爱的人,人就在寂寞中闷死……但是,临终的寂寞,如同人们所想,只是活人与濒死的人之间的距离,那还差得很远。这种寂寞有它本质空虚的核心,在濒死者的怀中正进行着对自己的远离。安乃德已经不是安乃德。在枕头上渐渐熄灭的安乃德是孤独的。另一个安乃德,她的副本已经告别了,她正在迁居,和她一起迁移的有这些烟雾、声音、喊叫、骚动、群众与激情的一切喧嚣、整个战役……在房屋的废墟上,和平要安放它的脚。身体紧绷着,为了在它的灼热之上承受清凉的接触。

可是,在扯断最后的纽带抽搐中,薄薄的纽带还不肯断裂,她像个用绳子吊着的甲虫,粗暴地被拉回痛苦的黏土堆,她本想逃开这堆黏土。在摧毁灵魂的这一形式之前,在吸干这一反映世界的心灵湖泊之前,生命这"力量之母"最后一次提醒即将断气的女人,对她过去生活的强烈意识,通过痛苦与要求最后解脱的努力之间的结合,"力量之母"残酷地使她撞在矛头上,撞在碰伤她的躯壳之墙的碎片上(直撞,横撞,各个边缘,她的躯体之床,床的四壁;在其中她曾经像蜜蜂般构筑了她的生活之窝——六十年的生活),为了使她能在“salto mortale”①的一秒钟,霎时间最后来衡量她生活的广度,她的生与死的缘由。帷幕拉开了。赶快看!

* * *

用她即将僵死的大眼睛,她贪婪地在看。围在她床边的那些人,以为她晕厥不省人事了。他们没有看见她在看,在听。他们没有看见她在步行,在攀登最后一个高坡,痛苦和她一起上升,上升……她用长矛一刺,刺穿了脑袋,用这个闪烁的思想:“痛苦,就是学习……”

这句话的闪光使痛苦本身成为盲目。气喘吁吁的肉体失去了感觉,唯一剩下的是眼睛(眼睛转向内部)和像贝壳一般的耳朵……

她察觉,自己的喘息声似乎自外而来,兴奋的听觉在谛听喘息的扩大,仿佛一列火车正隆隆地前进。谁在前进?她自己还是别人?她分辨不清“自己”与“别人”。边界上的指路牌刚刚被一阵风吹倒。非我和我。我和非我。一切都是一大堆阴暗的物体在黑夜的深渊中堆积,好像一层浓厚的石油在油池中存积。水平面在向上升。存积层到达了容器边沿,它膨胀成厚垫子,于是,犹豫了一秒钟之后,溢出容器外,它崩塌了……熔岩之流在上空崩蹋!地上的规律调转了方向。重力反而“zieht uns hinan. . . ”②

“我是河流。(这是我的名字,从根源开始,我的命运已经写明,但是直到今天,它才豁然开朗。)我生命的川流,大家生命的川流,各时代的川流,它蜿蜒地登上陡峭的山崖。下面,在俯身看时,我看见无定形的连环在展开或卷上。上边,蛇伸长了头,竖立着,寻找它的路,在嶙峋的悬空岩石上摸索着,蛇身在向上攀登。一直在上面,一直到深底,在山峰的另一边,天空形成的海洋、深渊……”

---

① 拉丁文:死亡震跳。

② 德文:把我们向前推动。

在每次冲动时,遍体寒战,从熔岩这端到另一端,安乃德绷紧身体:箭即将离弦而发……

围绕着她的那些人,他们有眼而不看,只看见她那双瘦骨嶙峋的手,痉挛地抓住床单。摸她脉搏的手指,感到她的脉搏已经摸不出来了,但是她,她在听自己的心脏跳动。她已经看不清阿霞头部的影子,不过她脸上感受到阿霞的呼吸,而且她清楚地听见他们那毫无顾忌的说话声,她扎满了樟脑油和咖啡因的针眼的身体在外部已丧失了感觉,可是听觉在继续起作用,而且,黑夜在入侵,所有光亮集中在此,大地的最后低语……洪流急湍过去了,像一列特快火车,通过车门,人们看见房屋上有灯光的窗子,一切都被我们抛撇在身后。安乃德想朝它们伸出手臂,但是她的手臂和石头一样硬。她微笑,仅仅在唇边露出一丝笑影;但是阿霞,脸贴近安乃德的脸,抓住了笑影……笑影消失在阴暗中。火车已经走远了。女旅行家让火车载走了……

突然,洪流涌起波涛,皮肤起皱,皱纹在水波上,在大摊的鲜血上滚动。一下子,河流整个凝固了,从脚跟到额头。它是铁打的,它伸长,如同一架巨大的梯子,靠在山崖上,一架用赤色生铁铸成的有齿轨道,每一档都是活人组成的。这一轨道在攀登阿尔卑斯山的一个高峰,安乃德的脚熟悉这个山峰,爱过这个山峰,她的膝弯从前曾经爬过这座山,在树林的边界线外,和向前冲锋的松林在一起。一座玄武岩的金字塔,以冰川作它的头发,用坚硬的点点白云悬在积雪的峰巅,山峰为之弯腰,好比马特峰[①]的嘴喙……在金属梯子上,从深渊底里,一个人用沉重的脚步爬上来。他使整个金属梯子,从下到上,都颤抖起来,颤动的投枪,投向天空。用坚硬的火铸成而且冻住了的云梯,在重压下呻吟。由于所有别的梯档在微颤,每一档梯级都在微颤。沉重的脚步愈靠近,微颤声愈扩大。所有的梯档,从底部到峰巅,被同一个微颤连接起来。犹如野地上高高的草茎,在风中倒向同一方向,所有的

① 马特峰,又名切尔维诺峰,阿尔卑斯山诸峰之一,位于瑞士瓦莱州与皮埃蒙特之间。

梯档向爬上来的人弯曲倾斜,向着下面。看不见的利爪每次咬住梯子的一根横档而压碎它,整个世界都弯腰朝向临终的一点,它摇摇欲坠地支持着命运的全部重压。活的梯档咯咯作响,为了大家一直搏斗到死亡。在它临死的抽搐中,所有活人的呼吸积聚在一起。但是,搏斗一结束,看不见的压碎者过去之后,在他身后只剩下灰烬,野草被火焰之风重新吹拂,重新弯倒,随着风的余波,全部重新吹向高处。被火烧焦的生命之梯级,为将来在高处展开的搏斗而颤动。生命之川流全部在流淌,从刚刚失去生命的那人,朝着涌向入海处的人流,朝着河口流去。

曾是活人之中的人,安乃德,她暂时已不是活人,为了在酒槽中亲眼看到自己被压碎,通过一阵水蒸气,看见从下面走上来的踹踏葡萄者的脚步。此人每走近一步,红黑色蒸气就更加浓厚一些。伟大的阴影,在衣服窸窣声中,把大衣的两襟,盖在渐渐沉没中的灵魂身上。于是“不可名者”从深底里出来,以轰隆的雷鸣声伴奏,压榨器压下去,一切压成齑粉,一切都被成千的螺旋钻所探索,胸侧、眼睛、嘴、性器官,都被吸取。在无以名之的痛苦中,是与死亡交配的无以名之的快感。被压碎的松散灵魂在扩张,它和“至高的存在”化为一体。至高存在在挖掘过程中,把灵魂合并了:“你是我的,我是你的……”

啊!饱满充实!完全一致!此时此刻,她什么都明白了,善良的彼岸,生存的彼岸……整个“Erleben”[①]完结了。“激扬的灵魂”的周期也结束了……她是梯子的一档,被抛掷在空间,在一个拐角处。当走上来的脚步踏在她身上,要将她踏碎,这个梯档,在转动中,抵抗住压力,于是“主人”在她弓起的身体上,跨过深渊。她一生的痛苦是命运前进途中的微小角度。

“命运!前进吧!谢谢你把我当踏脚板!……我跟你走。我是命运。”

① 德文:体验。

被踹踏者的脚踏碎的一串串葡萄的汁水,顺着水道流淌,溢出的生命溶液,被吸收了,在晕眩的激情中,好像被一张嘴吸向高空。最后一次,从下面传来了一声鸟鸣。瓦尼亚叫道:“妈妈!……”

亲爱的人,啊,你们留在我们身后!

他们不是留在我们后面,他们在前面。他们的梯档在我上面,踹踏者上来时,要踏着他们的梯档过去。我们成了他的航道,我们也将踏着我们所爱的人过去。我们将参加他们的最后搏斗。我们将用我们的拥抱帮助他们,这种拥抱、搀有压碎他们的拥抱在内。由于我们所爱的人,比我们死得早,和我们会合了,在我们死亡中拥抱我们。我们并肩前进。同一条“河流”。

“永别了,安乃德!……如今我明白了。Nunc dimittis...[①]”

她叹了一口气。阿霞扑在她的嘴上,野蛮地吸她的最后一口气。但是她抓住的只是衣服。激扬的灵魂已经飞开——在死神挖开的犁沟里撒下种子,向山峦上、高空中的孔眼——巨大闸门,从门中流出银河,黑夜的项圈,世界的长蛇,它在“无穷”草原上展开生存之环……

① 拉丁文:现在可以放我走了。

给玛丽

十年搏斗,向着自己。
必须和自己搏斗,才能够征服自己。
十年和平,战争的女儿,战争的母亲。
和平在路的尽头,你不必怨愤!

前进,去迎接和平!
我的好友,我的妻,我将自己的创伤奉献给你。
它们是生活给我的最好成果,
因为每一个创伤都标志着向前进了一步。

R. R. ①
一九三三年九月

① R. R. 是罗曼·罗兰姓名的第一个字母。

译后记

一九八六年四月十八日，对于我是一个值得纪念的日子，我译完了罗曼·罗兰的“长河小说”[①]《欣悦的灵魂》，写下了全部译文一百二十余万字的最后一个字，不禁掷笔长叹，如释重负。

这部小说不但篇幅冗长，而且议论多于情节。议论和情节紧密结合着形成作品的特殊风格。议论本身又有它的特点。作者故意不用简明扼要、逻辑性强的笔调，而大量借助于诗意的形象，用隐喻笔法，使读者感受他的思想和观点，而不是简单的理解。翻译这样的作品，当然是极困难的。每逢比较抽象玄虚的章节，译者不得不反复阅读原文，逐字逐句地咀嚼，推敲译文的每一种方式。

《欣悦的灵魂》是一部思想比较深刻的小说。它的长篇议论往往用在两个方面：（一）揭发与批判当时法国社会生活的阴暗面和新的战争危机；（二）详细描述小说中主要人物的内心生活。作者曾经说过，一个人有两种生活，日常生活和内心生活，后者更为重要，它是人的真正的生活。描写内心生活的篇页很难翻译。我费了很大的劲，却不敢说译文已接近理想，更不敢说已经合乎理想。我只不过请求译本的读者以最大的耐心来对待这部风格特殊的小说，不要等闲视之。

---

① 本世纪初期，法国文坛上流行多卷本长篇小说，如长江大河，滔滔滚滚，一泻千里，评论界名之曰“长河小说”，《约翰·克利斯朵夫》和《欣悦的灵魂》都属于这一类小说。

《欣悦的灵魂》是不同凡响的小说。与它的姐妹篇《约翰·克利斯朵夫》显然不同。《克利斯朵夫》写于一九〇三至一九一三年之间，是作者中年时期的作品，主要内容为作曲家克利斯朵夫个人奋斗的一生。这部小说虽然也有反映社会矛盾的篇页，但为数不多；也有议论，但主要内容是情节，不是议论。小说充满清新的抒情感（尤其是头几卷）。毫无疑问，《克利斯朵夫》比《欣悦的灵魂》更吸引读者。《欣悦的灵魂》是罗曼·罗兰晚年的作品，创作于一九二一至一九三三年之间，正是意大利法西斯猖狂肆虐到以希特勒为首的德国纳粹党开始登台的年月。这部小说篇幅与《克利斯朵夫》不相上下。其内容除头两卷（《安乃德和西尔薇》《夏季》）写安乃德的个人奋斗之外，其余部分完全写两个有正义感的小资产阶级知识分子（安乃德和她的儿子玛克）不满意资本主义社会腐败黑暗，思想逐渐倾向革命的过程。俄国的十月革命给予他们很大震动与教育，他们深感欧洲及世界各地的革命是不可避免的。他们不但有迎接革命来到的思想准备，而且有为革命牺牲自己的决心。玛克在阿霞的鼓励下，积极采取“行动”：发表小册子揭发国际金融集团阴谋发动反共、反苏、反人民的战争；参加反法西斯的群众集会……玛克已成为反动实力派的眼中钉，早晚要被他们拔掉。安乃德对玛克的“行动”采取默许态度。她明知玛克处于非常危险的境地，可是深信玛克所作所为是合乎正义的。为正义而牺牲，这是玛克的“命运”。不止一次安乃德在夜里梦见玛克被害，流血牺牲；不止一次从梦中哭醒。玛克终于在休假游览意大利时，在佛罗伦萨被黑衫党暴徒杀害了。安乃德在埋葬玛克的遗体之后，在他坟上起誓，她要拾起儿子手中落下的红旗，勇敢地在儿子走过的正义道路上前进。

在她病逝前不久，有一天，罗曼·罗兰问她：您是“民主主义者”？安乃德断然回答：“不，共产主义者，至死不变！”

这一切，难道不是《欣悦的灵魂》这部小说的主导思想吗？肯定是的。可是为什么作者在这部小说的初版序①及《订定本导言》中②没有

① 写于一九二二年八月，译文见中译本《欣悦的灵魂》（上）卷首。

② 写于一九三四年一月一日，译文见中译本《欣悦的灵魂》（上）卷首。

提到这一点？理由是不难说明的。那就是作者不但要表达小说主人公最终的思想境界,即决心参加革命运动,拥护共产主义,拥护苏联;作者更重要的意图在于详细叙述达到正确结论以前的复杂曲折的过程,而且主要是人物的内心斗争。

经过对这部一百二十余万字的小说逐字逐句推敲和译述工作,我体会到这部作品的真正主题在于写本世纪初到第二次世界大战(反法西斯战争)爆发前夕这一段极其动荡不安的历史时期,两个秉性高洁真诚、富于正义感的法国小资产阶级知识分子,母亲和儿子,认识了腐化黑暗的资本主义社会的本质,深信必须发动大规模的人民革命运动,才能彻底改变现状,实现人类美好的明日。为了实现他们的理想,他们下定决心,不惜牺牲自己的生命,参加了当时法国人民群众的反法西斯斗争。

我在《译者前言》中说这部小说的主题思想是多方面的。主人公在每一生活时期的活动表现了小说中不同的主题思想。今天看来,这个论点不完全正确。并不是每一时期有不同的主题思想,主人公的真诚品性和追求崇高理想的热情是始终如一的,不过他们在不同生活环境中的斗争对象、斗争方式(包括自己的思想斗争),有所不同而已。

作者在《订定本导言》中,把女主人公安乃德的一生归结为“怀着热烈的生命激情,不断更换爱的对象”。每次接触一个新的对象,她就情不自禁地大受魅惑,感到欢欣鼓舞,感到陶醉。等到幻梦醒来,她觉得生命空虚,于是她的激情之火需要新的燃料,使之重新点燃,焕发光和热。她的一生就这样不断地受迷惑、不断地陶醉和醉醒时感到空虚。这种人生观,很可能是受消极的东方所谓“浮生若梦”的影响。作者似乎十分珍视这种消极思想,甚至把他的小说也用这种玄虚的概念作为标题,叫作《受魅惑而欢欣鼓舞的灵魂》(原文 L'Ame Enchantée 的直译)。作者自己对这题名十分得意,说他故意用这个谜一样的标题,让读者去猜度。其实我们读完了全书(我作为译者,来回反复地读这部书是完全必要的),并没有发现小说主人公对生活采取虚幻态度。

(除了一个次要人物,意大利没落贵族兼学者布鲁诺,他曾经游历过印度与西藏,受到佛学思想的影响。)至于主要人物安乃德和玛克母子,他们的人生态度十分真诚,十分严肃,在寻求人生真理的道路上,他们发现了社会革命的真理,共产主义的理想,甚至决心为这种崇高理想贡献自己的生命。这和"浮生若梦"式的空谈有什么相同之处呢?

记得一位革命领袖说过:"要评价一个人,不能光听他的宣言,而必须看他的行动。"旨哉斯言!对一个作家,最重要的行动是他的作品。我们反复阅读了这部"长河小说",认为如果用原文的标题直译为汉语《受魅惑而欢欣鼓舞的灵魂》,嫌太拖沓啰唆,不得不改题为《欣悦的灵魂》。

我的专业是研究与评介法国文学。翻译文学作品是我的副业,所以缺少充分的时间和足够的经验。《欣悦的灵魂》卷帙浩繁,翻译这样一部巨著,本非我耄耋之年、衰病之身所能胜任。其中只有第一卷《安乃德和西尔薇》是"文革"以前抽暇翻译的。其余各卷,近一百万字,均为一九七六年后挤出时间赶译的,幸亏有老伴齐香援助,始能完成这一工程巨大的译事。中译本上册经她核对原文,中册也经她核对原文,并誊清了译稿的三分之一,因为那时我因病住院,中断了译事。中译本下册仍由她核对原文,并全部加以誊清。这部译稿虽然尊重她的意愿,她不署名,实际上是我们两人共同劳动的成果。

由于译稿篇幅庞大,我又不能集中时间,一气呵成之,所以某些译名往往有前后不统一的缺点;某些注释有几处有重现之误。凡此积年差错,他日此书重新排版时,再作修正,现在则请读者原谅,目前已来不及纠正上中下三册中译名及注释方面的缺点。

罗大冈

一九八六年五月于北京

欣悦的灵魂 2

罗曼·罗兰

第五卷

[法] 罗曼·罗兰 著

罗大冈 译

艾珉 主编

人民文学出版社

目　次

中

第三卷　母与子

第四卷　女信使(上)

一个世界的死亡

第三卷

母与子

和平并非不打仗而已，
和平是从灵魂的力量中产生的品德。[①]
——斯宾诺莎:《政治学》卷四

① 原文为拉丁文，今根据罗曼·罗兰原著的法文翻译转译如上。

第一部

战争吓不倒安乃德。她想:“一切都是战争,戴假面具的战争……我一点也不怕你露出真面目来!”家里的人都和她一样,对战事采取逆来顺受的态度。她自己经过最近一次考验,学会用宿命论接受一切:“我早有准备,天塌下来,我也不怕!”

西尔薇,她的妹妹,暗暗等待着战争爆发,她差一点迫不及待地喊出声来:“终于盼到了!”

终于盼到了!单调的日常生活扩大了。爱与恨的圈子也将要扩大……

她的儿子玛克处在一种毫不外露的阴暗热情中,可是他的发烫的双手和他的眼睛透露了他的心情。悲剧性的理想真的出现了。他软弱,他一直担心这种理想出现。可是同时,他身上不足为外人道的朦胧的本能之声,在召唤隐伏在毫无意义的生活和令人厌倦的时代后面的那些狂乱的力量。他眼看比他年长几岁的人纷纷入伍,他们心中充满行动与自我牺牲的陶醉。这股人流在很长一个时期将在污泥中打滚。但在开始的若干天中,泉水还是洁净的,虽然这些小青年的灵魂已经被浑浊的因素染污。玛克俯瞰川流,用舌尖舔舔这儿那儿,舔舔自我牺牲的灼热的纯洁性,以及沉淀在下面的污泥。他既羡慕又害怕这些青年将要面临的明日的战斗……当他抬起头的时候,他的视线和他母亲的视线接触了。两人都把目光转向别处,互相回避。母子二人心照不宣。他们互相有足够的了解,却不愿意对方更多地了解自己。可是他们知道,他们是在同一片乌云下行走。

只有一个人,他不像大伙那样精神极度兴奋。这人就是西尔薇的丈夫来沃保尔。全家老少之中,该出征的只有他一个人。他算计着:他的班次是地方部队中最老的班次,因此不至于立刻轮到他入伍。动员令是按照班次先后一批一批地执行的。他一点也不着急。可是有一种预感在他耳边轻轻地说,战争却比他着急得多,战争是不会把他忘掉的。果然,战争比他的预料更快地想起他来了。他是岗勃来地方的人,他的岗位正在前线。人到了像他那样的岁数,对于这种光荣早就不想争取了。可是在出发那天,他显得兴致极好。那也是不得不这样!西尔薇是个坚强的女人。她知道,不必希望在别的妇女们的眼神中对你有什么怜悯的表情。每个妇女都有一个男子,丈夫、情夫、儿子或兄弟要动身入伍。他们大家一起走,给一件本来不正常的事涂上一层正常的油彩,对于妇女们来说,如果她们的男子有一个人反抗动员,那倒要惹麻烦了。没有一个男子敢冒这种风险。来沃保尔连想都不想。他家里人同意他出征,态度之坚定不亚于政府的动员令。而玛克这只小狼崽却在一边用猜疑的目光,妒忌地窥视来沃保尔,看他会不会露出软弱的表情!他在假充好汉。在告别晚餐上,这善良的胖子和服装店里的全体人员一一碰杯,他要离开大伙了,当然心头沉重。不过,关于他的利益,他可以放心,西尔薇会照顾得很好的。至于别的事,不去想它也许更好。在这种时候,西尔薇是吕克莱丝①……这个了不起的女人!来沃保尔流着泪向她告别,把她的面颊都弄湿了。她说:"这不过是一次散步罢了。多么美好的夏天!小心点,别伤风!"

安乃德亲了来沃保尔一下。(他也算捞了一把!)她可怜他,可是一点也不外露,为的是不让对方心软。"可不是吗?既然应该这

① 吕克莱丝·波基亚(1480—1519),罗马教皇亚历山大六世的私生女,费拉拉公爵夫人。

样……”来沃保尔的目光希望在这位大姐姐温和的目光中找到点什么,结果只有坚定不移的“应该”二字。

一堵墙。除了前进没有别的出路。

来沃保尔走了。

*　　*　　*

整座住宅楼从上到下像一个蜂房,蜂群在往外飞。蜂房的每一格都要做出贡献。每一户人家都有男子要送去牺牲。

最上层的阁楼里住着两个工人,都有老婆孩子。六楼,是那个寡妇的儿子,三十五岁的独身汉。和安乃德住在同一层楼上的是一个新近结婚的银行职员。下一层楼,是法官家中的两个儿子。再下一层,是法科教授的独生子。住在二楼的,是在楼下开一家小酒店的“布尼阿”[①]的儿子。总共是八个战士。他们都不是出于自愿去打仗的,可是没有人问他们愿意不愿意。现代国家解除了自由公民们表达自己意愿的麻烦。公民们也觉得这样很好,可以少操一份心!

从楼上到楼下,大家一致同意男子去打仗。只有一个人例外(不过谁也没有注意):安乃德的邻居,那位刚刚结婚的沙陶奈夫人,可是她太软弱,不敢抗议。

很少有人明白为什么他们的全部自由和生存权利,必须交给一个秘密的主宰者来掌握,让他任意宰割。除了一两个人之外,一般都不试图理解其中的道理。他们不需要理解就点头同意。他们是在对一切事都要先表示同意的要求下被教养大的。千万人一致表示同意的事,也就没有必要问同意的理由了。只要互相看看,别人怎样干,自己也怎样干就行。精神和肉体的全部机构能自动运转,不必费力。上帝!将羊群赶向集市是多么省事!只要有一个目光狭窄的牧羊人和

① 法国奥弗涅省居民的俗称。在巴黎有不少奥弗涅人开设的煤炭木柴店,有时兼营咖啡座。巴黎人称他们“布尼阿”。

几只牧羊犬就行。牲口愈多,反而愈驯顺,因为它们形成整体,个体融合在集体之中了。一国人民是一摊凝结的血液……直到发生巨大震动的生死关头,到那时人民与季节就按时更新自己。于是江河解冻,冲破巨大的冰层,河水泛滥,夹泥沙而下,淹没城乡,覆盖四野。

全楼的住户各不相同。他们的信仰、传统、气质,都不一样。每一个这样的灵魂细胞,每一户家庭,都有自己的化学程式。但逆来顺受则是大家一致的。

他们大家都爱自己的儿子。和十分之九的法国家庭一样,他们把一切希望全寄托在儿子身上。他们从刚刚进入生活,从二十五岁或三十岁开始,就用日复一日的不声不响的自我牺牲为代价,给他们的儿子创造条件,希望儿子能够得到他们自己所没有得到的欢乐,能够实现他们未能实现的雄心壮志。但是,动员令一下来,他们立刻把自己的儿子交给国家,毫无怨言……

六楼上的老寡妇卡尤太太,已经年近花甲。她丈夫死的时候她才三十三岁,儿子八九岁。从那时起,母子二人相依为命,从不分离。大约有十年之久,两人没有一天不在同一所屋子里度过。人们几乎可以把他们看成一对老夫妻。因为艾克多,卡尤的儿子,虽然还不到四十岁,却已显出退休的老公务员神态。他的生活还没有开始就已经结束。他并不抱怨自己的命运,也不希望有别的命运。

父亲生前是邮局职员。现在轮到儿子,他也是邮局职员,一代接一代,原地踏步,没有前进。可是你知道,常常要用多么巨大的努力作为代价,才能维持原位而不下降。没有什么财产,又没有权力的人,想不输,就得赢。

母亲生活没有着落,还要抚养孩子,只好打短工混日子。曾经有过自己的小资产者的温暖家庭的人,过这种雇佣生活是很痛苦的。她却一点也没有怨天尤人。现在母子二人总算重新上升到一度失去的卑微的天堂中。她以操劳作为休息,这是为她自己和她儿子操劳。她总算有了自己的家,儿子的家。她有一副贝里地区人的善良而敦厚的面容。她戴一顶多褶纹的白布便帽,比星期日扣在自己灰白头发上的太太们戴的那种帽子合适得多。她没有牙的大嘴从不高声说话,但是对她的儿子和熟人,嘴上总挂着热情和疲乏的微笑。她有点驼背。早上,她第一个起床,把咖啡牛奶给儿子送到床上去喝。白天儿子去上班,她在家里仔仔细细地打扫寓所。她是烹调能手,给儿子准备膳食,儿子吃惯了她烹调的美味菜肴。晚上,儿子把白天听到的话讲给她听。她不大专心听,可是只要儿子在讲给她听,她就感到幸福。每逢礼拜天,早上她到教堂去听弥撒。儿子不去。这是两人之间安排好的。并不是他不相信别人的话,而是他没有信仰。宗教是妇女们的事。她一个人替两个人信教,也就可以了。礼拜天午后,母子二人一同出去散步。他们很少离开本区街道。他没有到老的年龄已经成了老人。母子二人习惯于享受一点不必多费钱的小小的舒适生活。两人结合得那么亲密,以致儿子一直没有结婚,也不打算结婚,因为没有这个需要。他没有朋友,没有女人,几乎不看书,可是从来不觉得沉闷。他每天看同一份报。父亲在世时就看这份报。这份报的观点已经变了好几次,而他却始终没有变:他的意见永远和他所看的报纸一致。他没有什么好奇心,他的生活是机械的生活。母子间生活最美好的部分是他们单调的谈话;或者在不言中让日常生活的一切细节按常规进行。他们之间除亲密相处之外,没有激情。这是他们宝贵的习惯,但愿这种习惯不受任何干扰!尽可能不变动。尽可能不思想。两人在一起,平平静静地过日子……

但是连这点起码的奢望也得不到满足!战争,动员令,将母子分离。母亲叹着气,匆匆忙忙为儿子收拾行装。他们没有抗议。最强有力的人总是有理的。强大的力量说了算。

卡尤母子住在比安乃德高一层的楼上。在安乃德楼下住的是贝纳丹一家:父亲、母亲、两个儿子和两个女儿。他们是天主教徒,保王党人,原籍是法国南方的阿基坦。

父亲是法官:身材矮小,粗壮结实,像野猪似的,身上多毛,短须浓密,几乎遮盖住面部。他血气旺盛,总憋着一肚子火,容易冲动。他出身于乡间,性格开朗,城市生活使他窒息,憋得他几乎要炸裂了。他讲究饮食,像高卢人一样放声大笑。稍不称心,这矮壮的老家伙就大皱眉头。怒火勃发时,他头往前拱,双足乱顿,来势甚猛,但一霎时就过去了,因为他想到自己的职务和宗教信仰,不得不突然控制怒火,往往正在埋怨责怪别人时,他抑制了自己,态度忽然变得和蔼可亲。

他的小儿子二十二岁,刚刚考入夏特文献学院。他留着尖尖的山羊胡须,一脸青皮寡血的尖刻微笑,眼皮低垂,目光蒙眬,近乎十六世纪末年的风度。他是个很好的小伙子,却偏偏要学艾佩农[①]班子中小白脸的狡黠神气。另一个儿子二十八岁,面孔丰腴,胡子刮得精光,头发优美地往后梳着,厚厚的发层包着脑壳,发绺卷成波浪形,这是贝里埃[②]式的发型。作为律师,他在"卡默洛"[③]案件中开始出名。一旦国王复辟成功,他可以当司法大臣。

三个妇女,母亲和两个女儿,只在第二线活动(后来安乃得也和她们熟识了)。她们不出头露面,不大看书,很少出门,从来不去剧院看戏,可是常常去教堂,她们把时间用在慈善事业上。

三个男子受过严格扎实的古典教育[④]:"罗马,唯一的目标……"对于他们来说,用拉丁语演讲比在国外用英语或德语问路省事得多。他们不屑说英语或德语。应该让北方的野蛮民族学习我们的语言。他们生活在古老的理想之中。三个人都是一本正经的基督徒。可是他们无保留地赞扬莫拉斯[⑤]的异教思想。莫拉斯是多么了不起的罗马

① 艾佩农公爵(1557—1642)以好男色出名。

② 贝里埃(1790—1868),法国著名律师,正统派保王党的演说家。

③ 卡默洛,法国保王党人的别称。

④ 指希腊拉丁古代语言与文化。

⑤ 莫拉斯(1868—1952),法国保王党作家。

人！他们三人性格都比较快活，善于生活。三个人在一起，没有妇女在场时，也并不反对讲些风流故事解闷。全家六口一同去听弥撒，这是一种极富于教育意义的场面。他们的视野是闭塞的，可是整齐明朗，有如法国的风景，线条清晰匀称；若干世纪以来，丘陵环绕着依然故我的小城。巴黎的教区等于外省的一个城市。对于围墙外的一切，人们并无恶意，至多有一点点讽嘲的意思。可是并非对城外的一切有所认识。人们对此是无知的，只是为了小小的城圈而生活着。在头上，有上帝，还有一片清空，空中有圣絮尔比斯教堂白色钟塔上传来的钟声。

可是，当共和国政府来要这两个儿子，准备用他们的肉体去喂敌人的机枪时，两人谁也没有表示反对。“女无赖”①是神圣的。这一家六口人心中难受，可是不露声色。他们知道，属于恺撒②的一切必须还给恺撒。上帝并不苛求。上帝只要人们的灵魂，人们的肉体他可以不要。他甚至不强调有权干涉人们的行动，只要有意愿就行。恺撒利用这一点，拿走了一切。

三楼的纪莱先生是法学教授，他丧偶好几年了，现在和儿子住在一起。他也是法国南方人，但不是同样的南方。他是赛维纳地方的新教徒，自以为是“自由思想者”③（我们大学界的方帽学士们，大家都自以为是“自由思想”者）。在灵魂深处，他是“巴尔巴友”④。贝纳丹家的两个儿子可能这样说他（实际上已经这样说了）。他们在家里嗤笑他缩头缩脑的样子，和他那副海军上将⑤的宣教者的面目。他是个可

① “女无赖”（或译女乞丐），这是反对共和国的保守派，保王党对法兰西共和国的漫骂式的称呼。

② 恺撒，罗马大将、独裁者，此处指国家的政权、当权者。

③ 指不信教的人。

④ 旧教徒对新教徒的蔑称。

⑤ 指法国国王查理九世时代的海军上将柯里尼，法国新教首领，死于一五七二年八月二十四日夜间对新教徒的大屠杀中。

敬的人。他对自己应尽的职责是一丝不苟的,满脑子是道德上的成见(最坏的成见,因为是毫不留情的)。

纪莱教授对楼上贝纳丹家是很重视的,对他们一向礼貌周到,尽管显得僵硬一些。可是实际上他是以其人之道还治其人之身,他们怎样看待他,他也怎样看待他们。虽然他的真诚意愿是想要做到不偏不倚,但他总觉得天主教是一种缺陷,一种随俗浮沉的习惯。哪怕最诚实的人,不论他们干什么,也总是留下这种毛病的痕迹。他毫不怀疑地在这个问题上看到了拉丁民族衰落的根由。然而他是个谨慎细心的史学家,在自己的言论和著作中避免感情用事,即使冒枯燥乏味之讥的风险也在所不惜。他用单调的鼻音宣读的材料丰富、引证渊博、注释详尽的讲义,是够枯燥乏味的了。他的史学评论被他的先入之见所歪曲,他自己不知道,甚至没有注意,因为在他看来,他的先入之见都是不成问题的,同时也受他的缺乏可塑性的影响,因为他不能适应各种思想。这是个读破万卷书的人。他在书籍中见识过一切,在生活中也见识过不少事,可是在他头发花白的脑袋中,却保留着可笑、令人感动同时也是可怕的原始的天真,从而使他产生种种狂热的信仰。他的道德意识很高,而心理意识却十分贫瘠。凡是同他不一样的人,他都不能理解。

他的儿子和他一样。他是巴黎大学的年轻博士,年方三十,一篇出色的论文刚刚通过答辩。这位史学家戴着思想的眼镜看世界。不用说,全部是他自己的思想。他的眼镜片的厚度似乎需要请验光技师加以校正。他从来没有想到这一点。和他父亲一样,对他来说,凡事“一开头”不是事实,“一开头”就是原则。共和国是原则。第一次革命的各方面的征服,都和定理一样,不言而喻。正在进行中的战争是为了证明这一切而不得不继续采取的措施。这场战争应当在世界上建立起民主与和平。他们不想一想:如果以保卫和平作为开始,岂不更明智些!可是他们毫不怀疑,破坏和平的是那些落后国家的人民,他们拒不正视和接受真理。为了全世界的利益和他们自己的利益,必须强迫他们正视和接受真理。

父子二人看来像哥哥和弟弟。两人长得相像,而且相亲相爱。他们都一样高大、挺拔、瘦削、趾高气扬。他们包着一层意识形态的外衣过日子,不容许任何怀疑侵入这件外衣,哪怕只有一指的深度。他们的学问是诚诚恳恳地为他们的民主信念效劳的,而他们却没有意识到。他们的意识就是他们的信仰。他们坚信不疑,坚信不疑。即使在受火刑[①]时,他们也不会放弃信仰。(儿子将要受火刑,在战壕中!父亲将要知道儿子受刑而心如火焚,无异于和儿子一起受刑。)他们坚信不疑……而他们却以自由思想为标榜!……

年轻的纪莱是丽蒂亚·莫里西埃的未婚夫。丽蒂亚是日内瓦一个富裕家庭的姑娘,长得很讨人喜欢,人也忠诚干练。她迷上了这个小伙子,小伙子也怀着一片宗教的虔诚爱她。丽蒂亚的爱情不是宗教意味的,甚至是世俗的。可是,为了和未婚夫的爱情一致,她也努力使自己的爱情带上宗教意味,连她含笑的蓝眼睛也因此变得严肃起来。在天性深处,丽蒂亚始终是世俗的。她的天性要求于生活的只是自然的幸福、大地、空气和水。一年四季,她要求的是健康、阳光和心上人的爱情。如果这个被她热爱的人到生活之外,到意念中去寻求生活的幸福,那么她也要和他一起到意念中去寻求幸福。这个年轻的瑞士姑娘驯顺地把法国共和元年[②]和武装人权[③]等法国共和的经典,也就是她未婚夫的信念,背得烂熟。如果她只是独自一人,她决不会在各国争吵中偏袒任何一方。啊,如果她能够按自己的想法去做,她就要立刻将未婚夫抱在怀中,远远地躲开各国的混战!这场战争给她多么沉重的压抑!战争和她的思想之间距离多么遥远!可是她责备自己有这样的想法,既然她心爱的人不是这样看,不是这样判断。她软弱,她

---

① 宗教法庭常用的极刑,即用火活活烧死犯人(异教徒)。

② 即一七九二年。

③ 指一七八九年法国资产阶级革命政权发表的《人权与公民权宣言》。所谓“武装人权”,是罗曼·罗兰嘲笑资产阶级的话,因为那时资产阶级政府在进行第一次世界大战。

错了。为了使自己无愧于未婚夫,她必须闭上自己的眼睛,用他的眼睛来看事物。啊,我的爱,既然你相信,我也愿意相信。我相信!

在这幢大楼上,只有一个人拒绝相信,她是克拉丽丝·沙陶奈,安乃德同一层楼上的邻居。不,不,她的爱情可不是那种肯牺牲自己的爱情,不是那种让她心爱的人为了他的错误信念去牺牲的爱情!再说,那也不是真正的爱情。她的丈夫根本没有什么信念。他只有对别人的尊重,对舆论的害怕。他是银行职员,庸庸碌碌,为人和气。他一表人才,蓄着金黄色的细细的八字胡须,只是蓝色的眼珠有点缺乏神采。世上的事务:银行、政治,老实说,连祖国在内,他都全然漠不关心。在他眼中,世界上唯一值得关心的只有这位他三个月前娶到手的小爱人。多么火热的三个月!他们还没有过够。在他们互相搂抱着回想往事的夜晚,他们的手指都颤抖了。这个激情横溢的女人,把她丈夫抱得是多么紧!她是巴黎的一个小小女工。她像崇拜神明一样敬爱她的丈夫,一个属于她的神明,她的财宝,她的玩具,她的猫,她的亲热的小动物,她的灵魂(如果她有灵魂的话),她的五脏,她的一切,她的产业!……她是一个瘦削的黑发女人,身体纤弱,脾气急躁;浓密的眉毛,精心地抹得通红的薄嘴唇像画在白面孔上一条红线。她的热血被情欲吸干了。他和顺地让她热爱着,并不觉得奇怪。他任凭这个女人狼吞虎咽地热情摆布。两人轮流充当对方的吞噬物。谁都不去想这种游戏总有一天要结束。生命没有别的意义……

但是,战争一旦来找他,他立刻挺身而起,不说一个"不"字。这当然不是什么高兴的事,因为他并不勇敢。他想起将离开的一切和将要经受的种种,他简直想哭,同时又怕露出弱点来受人耻笑和蔑视。过分儿女情深,不像男子汉大丈夫。她心里完全明白①,向他喊着:"胆小鬼!胆小鬼!"抽抽噎噎地哭起来。

他恼了,冷笑着反驳说:"胆小鬼,说得好!说真的,要去当英雄好

① 她明白,她丈夫心里并不愿意去打仗,但是慑于舆论,不敢不勉强服从动员令,所以她骂他"胆小鬼"。

汉的人才是真正的胆小鬼！为祖国而死！……”她恳求他别再说下去。一提“死”字,她就吓得魂不附体。她请他原谅。他徒然摆出一副爱国主义的架势,无非给自己壮壮胆而已。她不敢再抗议。她太孤独了,不能向人畅吐衷曲。全世界的人(这不算什么)和他(这才是一切)都将骂她是旁门左道。不过她心里明白,他在暗地里,悄悄地和她想得完全一样,这个不幸的人！“为祖国而死!”不,不,实际上为看戏的观众而死！男子们是懦怯的,他们没有勇气保卫自己的幸福。不幸的人们！不幸的人们！她擦干眼泪。她是在演戏,必须摆出一副笑脸。既然他要她这样演,那就回到后台再痛哭吧……“对,你也一样,你骗不了我。你跟我一样,痛苦,绝望。啊,胆小鬼,胆小鬼,你为什么要走?”

他完全明白她心里想什么,他脱口而出地说出自己的思想:“你叫我怎么办?”

可是她是个妇女,热情横溢的妇女。她不理解,不理解什么在阻碍她:“应当怎么办？应当留下来不走!”

他耸耸肩,垂头丧气。

啊,全世界都反对她！……也反对他。可是她怨恨的就是他一个人！他认为世人有理。他低头顺从。为什么？……

顶楼上住的两个工人,佩莱(马鞍和皮革制品工人)和佩尔吉埃(电器装配工),也在低头顺从。他们本来想起来反对战争。但是,既然不能起来反对,只好跟着走,没有别的选择。两人都是社会党人,有同样的信念作为出发点。可是,在同一点出发之后,两人间的距离愈走愈远。现在他们并不在同一阶段上。

一个星期以前,佩莱还钢铁般地坚信不会再打仗了:“这一切都是报纸上的无聊扯淡,是那些围着绿色桌毯坐在那里玩扑克牌的家伙,部长们和外交家们开玩笑的话。再说,如果这群出卖人民的贩子跟我们捣他妈的乱,我们会让他们规矩起来的。总算还有我们在这儿,我们是工人国际的,若雷斯①,瓦扬、盖斯德、勒诺代尔、维维亚尼,以及一切别的工会,都是钢铁联队;加上城墙那边所有的同志,德国的同志们……你听我讲,佩尔吉埃!最近几天,我们(我们的人)和他们已经碰过头了,一切都组织起来,口号已经宣布了。万一那些家伙们敢冒险下动员令,下动员令的将是我们,我们将号召大家来它一个袖手旁观。"

但是佩尔吉埃笑了一声,吹着口哨,掉头不顾。接着,他盖满胡须的嘴开了腔:"你还年轻,同志!"

佩莱火了。他已经三十七岁!而且是在艰苦劳动中度过的三十七年,足能抵得上那些饱食终日,无所事事的人五十岁!可是佩尔吉埃从容不迫地说:"原因正在这里!你太操劳受苦了,你没有时间思想。"

佩莱抗议这种说法。他把他刚刚看过的当天报纸上一篇新出笼的评论拿给佩尔吉埃看。这是唯一一家按照自己理解的倾向来说话的报纸。佩尔吉埃耸耸肩头,厌倦地说:"他们只会说,真要他们干,就不一样了。他们都会躲起来的。"

他们都"溜走"了。若雷斯像一头公牛似的被一个躲在窗户后面的卑鄙的"斗牛士"开枪打死,沉浸在悲痛中的巴黎街头,立即出现了漫长的游行抗议队伍。那是一个阴惨、哀痛的大集会。演说,演说,一阵阵暴雨似的演说,对一个已经不会说话的人,有那么多的话可说!什么样的人都在场。有的人在哀哭死者,有的人说:"他还是躺在棺材里更安全些……"

人民群众在等待复仇的言辞:可以打破焦急不安的僵局的口号,黑暗中的闪光。在送葬者滔滔不绝的演说中,除了对死者说些背信弃义的话以外,没有别的。他们说:"我们发誓,杀若雷斯之仇必报!"信誓旦旦,话音未落,他们已经出卖了若雷斯。他们自己成了战争物资

① 若雷斯,法国社会党领袖,《人道报》的创办者,由于发表反殖民主义和反战言论,一九一四年七月在巴黎被反动派暗杀。

的供应者,而若雷斯正是被好战分子杀害的。他们对人民大众说:“你们都去厮杀吧!让我们在死难的兄弟们的遗体上,结成神圣的同盟!”

在德国,人们也在说类似的话。

人民沉默了,大家不知道何去何从。静默了一阵之后,人民开始大声呐喊,他们跟着别人跑起来。让他们自己辨别是非,办不到。既然替他们辨别是非的人,他们的向导,领导他们走向战争,所以就非去不可。现在佩莱深信他是去为人民的事业效劳,为工人国际效劳。战争结束之后,会出现黄金时代……反正得给自己要吞服的药丸涂上一层金色!

可是佩尔吉埃不信这一套。他说:“你去瞧瞧,他们来不来!人民的事业,我可见得多了。我要努力为我自己的事业效劳。总之要像他们那样干(他想起曾经把他抛开不管的那些社会党的大鲨鱼们),要适应……”

佩尔吉埃是会适应的……

从上到下,整座住宅楼中,人们的精神并无暴烈的表现。人们咒骂德国人是侵略者(他们是侵略者,不言自明,这是毫无辩论余地的)。谁也不喜欢打仗,但是大家都得去,下决心要教训教训德国人。他们咬着牙意识到,要做出牺牲。从默默蜷缩着的痛苦心情的深处,牺牲的意识唤起了热情。然而,仇恨还没有产生。

也许只有楼下的“木柴商与酒店”老板拉乌沙(努玛)身上有点仇恨的迹象。这个袒胸凸肚的肥胖家伙,两只患风湿病的脚拖着一双满是污垢的毡鞋,一边谩骂,一边说了许多关于德国人的坏话。他羡慕他儿子格罗维斯要去刺穿那些德国佬,那些“香肠”[①]的大肚皮。那小伙子高兴极了:去玩一趟!到了那边,他将痛饮德国啤酒,见识见识德国大姑娘,大家大笑大嚷……可是,胖子,我看你心神不宁,你想用大

① 法国人称呼德国人的讽刺性诨号。

叫大嚷来掩盖你的不安。我看出你所以愤怒,是因为不得不让你的独生子去冒险……“万一他们,他妈的,把我的儿子给毁掉!……”

这都无关紧要!总的来说,这座大楼上的气氛是庄严肃穆的,没有狂怒,没有软弱,充满宗教式的、男子气的逆来顺受的精神。大家表现了他们的信心。像一张拉满的弓,对着不相识的上帝。大家把不安的情绪藏在心中,只有自己知道。

我是不是到处都看过了?我在楼上楼下转了一圈,没有遗漏谁吧?

啊,可不,遗漏了一个!遗漏了六楼上那个住在卡尤家旁边的年轻作家约瑟凡·克拉比埃。他二十九岁,患心脏病,免服军役。他的本能告诉他不要出头露面,所以他深居简出。在目前,大家可怜他。可是怜悯是一笔借款,为小心起见,还是不要滥用的好。克拉比埃是谨慎的。他的良心并不平静……在楼下,还有那双眼睛,勃洛雄的眼睛。对于勃洛雄我们就不细说了。但是,从那里经过而想不看见他,那是很困难的。他是看门老太太的丈夫,本人是警察。这个人不入伍,因为后方需要他的眼睛和拳头。他的责任是留在岸上。因此,他更算得上是一个战斗员。他监视可疑的分子,监视后方的敌人。他用慈祥的眼光,亲切地看着这座居民大楼。这座楼风气很正,替他增光。他对大楼上的住户们有特殊的宽容精神。但是无论如何,责任重于一切!他在注意克拉比埃,此人是和平主义者。

这回可真是什么也不遗漏了。我把楼内的一只狗作为我检阅全楼的最后一个对象。我到处都进去过,除了二层楼。二楼上了锁。这是一个神圣地区,是房东自己住的地方。波尼翁先生和太太很有钱,岁数很大,闷得慌,出去度假了。七月份他们收了房租,要到十月里才回来。又是一个季度将要过去……

在这期间,上百万人将在战争中丧命。

* * *

八位战士都已出发。留在家里的人屏息静听他们渐渐走远的脚步声。街上很热闹。可是在家里,到了夜间,一种悲剧的寂静,压在人们心头。

安乃德很平静。但是她这种平静是没有什么值得称道的,因为她并不冒什么风险。她心里明白,而且觉得惭愧。如果她是男子,毫无疑问,她也要走,决不犹豫。如果她的儿子比现在大五岁,她也那么坚决吗?谁知道?她也许认为产生这样的念头是对她的侮辱。她生自己的气,气得额头都红了。她是这样的一个女子,她恨不得把她所爱的一切,包括她自己在内,统统投入这场赌博……她感到遗憾吗?对,也许是这样。可是,把儿子也扔出去?真的吗?她有把握吗?让我们姑且相信这是真的。假如有人揭穿她的假意,她会像发怒的朱诺[①]一样,皱起眉头。但是,当那个小男孩挨近她身边走过,她竭力控制自己才不把孩子一把抱来紧紧搂在怀中,孩子在她手中,她决不放手。

即使在她的天性中有采取行动的若干可能性,她也还不需要行动。她(她和她的儿子)在目前是平安无事的。命运给她观察的时间。她在利用这个机会。她的目光是自由的。没有任何思想意识干扰她。直到那时,她毫不关心战争与和平等问题。将近十五年来,她完全忙于解决最迫切的矛盾,为面包而斗争;也为解决最尖锐的矛盾,自己同自己斗争。那才是真正的战争,这种战争每日在进行,而它同意的片刻间息,只是一句空话。至于外界的战争,各国政府的政策,则和安乃德风马牛不相及。第三共和国[②],或不如说……(因为这个软弱无能的政府完全和它的对手,那个高谈阔论的皇帝[③]一样,当它说"是"的

① 罗马神话中大神朱庇特之妻。

② 法兰西第三共和国成立于一八七〇年,结束于一九五〇年。

③ 指拿破仑第三。

时候,心中想说的却是“不”,交替地宣扬干燥的火药①,或干枯的橄榄②。)不如说已经有四十年之久(正是安乃德的岁数)、欧洲不配享受的好运气,一种不受干扰的和平期间,整整一个世代的人看见的战争只是远远的、朦胧的形象,以布景或意念的形态出现的浪漫派场面,或者只是道德与玄学的辩论题材。

安乃德曾经从容不迫地充分接受官方的科学教育,那时还没有相对论出来动摇一切。她习惯于接受一切既存事物,像各种现象都有它们的秩序一样,它受某些规律的制约,一旦形成就不变了。战争是自然规律的一部分。在安乃德思想中从来没有严肃地考虑否认或反对自然规律。这些规律既不属于心的范围,也不属于理智。然而它们指挥心也指挥理智,人们必须接受它们。安乃德接受战争,正如她接受死亡,接受生命一样。人们从自然方面接受下来的各种必要的东西之中,包括生命的谜一般的野蛮本能,战争并非其中最荒诞最残酷的一种。

对于祖国,安乃德没有丝毫特殊的感情。她的感情既不热烈,也没有成为什么问题。在日常生活中,她从来不为装腔作势,也不为进行研究而想起她对祖国的感情。祖国也同样是一种既成事实。

战争好比一把锤子,刚刚敲在钟上,表示开场了。在这战争开场不久的时刻,安乃德觉得在她身上有很大一部分——好像一个广阔的昏睡中的行省——苏醒过来了。她的第一个印象是自己因此而扩大了。以前她被拘囚在个人主义的笼子里,现在她挣脱出来,伸展她麻木的四肢,从孤立的睡眠中醒过来。她和人民合成一体……

人民的一切活动,在她身上都得到反应。一开始,她已模糊地意识到,朱诺神庙的一扇门,她灵魂的一扇平时关闭着的大门,这时打开了!……揭开了面幕的本性,赤裸裸地显示出来的力量……她将看见什么?谁将涌现出来?不管怎样,她都准备好了,她等待着,她现在是

① 指战争。

② 指和平。

适得其所了。

她周围的大多数人不适合过这种火炽的生活。他们在发酵。八月里第一个星期还没有过去[①],他们已经在发烧了。热病侵蚀那些无抵抗力的机体,毒性极强的瘟疫菌所污染的血液突然大量冲上来,使人们皮肤上起了斑点。病人们沉默无语,忧心忡忡。他们关在房间里不出去。疾病的爆发正在酝酿中。

安乃德很平静。在同一社会环境的人之中,只有她一个人毫不慌张,可以说她反而“正常化”了。说来很可怕:她现在呼吸得很舒适。无疑地,她很像“大入侵”[②]时代的高卢妇女,她的祖先们:当敌人的浪潮冲击他们游牧的村镇栅栏时,妇女们登上牛车,去参加御敌的战斗。坦荡的平原,大风吹拂着她们袒赤的胸脯,她们呼吸得更舒畅。面对着斗争和冲上来的敌人的浪潮,她们的心脏缓慢地,幅度宽阔地跳动着。她们遥望远处被蹂躏的田野,上面有她们的车轮轧出的辙迹;遥望郁郁葱葱的森林和丘陵蜿蜒的地平线,自由天宇在等待自由的灵魂。

安乃德在牛车上观望,她承认:“是这样的……”

正如印度人所说:“这就是你,我的孩子。”[③]

世界范围内充满了侵略的灵魂。安乃德从中认出了自己……这些发热的灵魂是我……这些隐藏的力量,这些赤裸裸的魔鬼,这些牺牲,这些残酷行为,这些热情,这些暴行……是我;这些将从深渊中涌现的神圣而被诅咒的强大力量,是我……

别人身上有的一切,我身上都有。以前我隐藏着,现在我暴露自己。以前的我不过是现在的我的影子。直至今日,我生活在白日梦中,可是现实却存在于我的被压抑的梦中。现实在我面前!世界在战争中……我……

---

① 第一次世界大战是一九一四年七月二十八日爆发的。八月三日,德国向法国宣战。

② 指公元五世纪北方的蛮族不断入侵高卢的时期。

③ 此语不知出于印度何书,何人之口。作者无注。

如何用言语表达不能表达的一切？如何表达像酿酒槽中鼓涨起来的葡萄汁一样的、这个狂醉女神灵魂深处的沉默和幻梦？她在观察，在用鼻子嗅这种不断上升的沸腾翻滚的浪潮……这种静悄悄的昏眩……一场可怕的悲剧正在演出，安乃德是演员之一。但是她出场的时间还没有到。她已经准备就绪，但尚未卷入行动，她还可以静观行动的奔流。她在深深呼吸这难得的片刻。她俯身在洪流之上，她的目光沉入水中，可是她还坚持在岸边，等候台上有人对她说："该你了！跳下去吧！"

* * *

急流暴涨，其声隆隆，河堤决口，洪水泛滥……军队溃退，人民遭受屠戮，城市化为灰烬。在十五天时间里，西方世界倒退了十五个世纪。眼前，像古代一样，成群结队的人民，被迫离乡背井，为了逃避入侵者的残害，到处流亡……

从北方逃来的川流不竭的难民，好似一阵烟尘纷纷飘落在巴黎，预示着火山喷发的岩浆随着就要来到。一天接一天，巴黎的北方火车站像阴沟一样，不断把污水倾泻出来。一大堆一大堆的难民，遍身肮脏，疲惫不堪，都挤在斯特拉斯堡广场附近。

没有工作可干的安乃德，迫切需要消耗她毫无用武之地的遍身力量。她从羊群般的人堆中穿过。这些人被高声喊叫和互相撞击震撼得精疲力竭。愤慨和怜悯使安乃德的心疾跳着。在这一大堆无名无姓的不幸人群中，她不知所措了。她必须抓住一个人，使她近视的眼光有注视的对象，她助人的热情有施展的目标。

她刚一进车站的大厅，就在墙边两根柱子间的空隙里选择，本能地选择了一对难民。一个男的躺在地上，一个女的坐在他身边，把他的脑袋搁在她膝盖上。这两个疲乏已极的人一下火车就倒在车站的进口处。来往的人群像浪潮一般冲击坐在地上的女人，她给躺在地上的那个人充当防波堤。她不顾别人的践踏,一心注视着眼睛紧闭的那张面孔。安乃德站住了,她用身体保护着坐在地上的女人,低下头去仔细瞧她。她只能看见她的后脑勺和乳白色的健壮脖子、棕红色的厚厚的头发,头发上像流下来的烟油般的污垢,以及紧抱躺着的人的蜡黄面颊的双手。一个男人?一个喘不出气来的大约十八到二十岁的小伙子。一开始,安乃德以为那人刚刚断气。她听到那女的用粗重和焦灼的声音不停地说,"别死!我不愿意你死!……"

她用那双带着污垢与创伤的手抚摸那张一动也不动的脸上的眼睛、双颊和嘴。安乃德抓住那女人的肩头。对方连头都不回。跪在她身边的安乃德将她的手指扳开,为的是摸一摸小伙子的面部。那女人仿佛丝毫没有察觉安乃德在她身边。安乃德说:"他可是还活着呢,一定要救他。"于是对方抓住安乃德,喊道:"你替我救他!"

安乃德和那个女子面对面地互相注视。安乃德发现对方满脸雀斑,在平扁壮实的脸庞上,最突出的是皮肉宽厚的嘴和短短的鼻子;鼻子和向前拱起的嘴唇排成一线,像猪狗的嘴筒。她长得很丑:低额头,高颧骨,下颔翘起。她有一张爱挑剔的嘴,满头的红发好像罩在她头顶上的一座塔。末了,安乃德才看见她的一双蓝色大眼睛,弗朗特勒人的眼睛,肉感的眼睛。

安乃德问道:"他可是一点也没有受伤?"对方轻轻地说:"我们走了许多天,许多天,他拼命跑,把力气都拼完了。"

"你们是从哪儿来的?"

"从C……在北方省①最靠北的一头。他们②来了,见房子就烧。我杀了一个人……我把挂在田庄墙上的枪取了下来,从篱笆后面开了枪,打死了第一个出现的人。我们逃跑了。我们一停下来喘口气,就听见他们的脚步声从后面追上来。他们像压马路的滚车般卷压过来。远远的天边,一片冰雹云黑压压地涌过来了……我们跑呀,跑呀……

① 法国北方省或音译诺尔省,与比利时接壤。

② 指入侵法国的德国兵。

他摔倒了……我背着他。”

“他是谁?”

“他是我弟弟。”

“我们得离开这满地的尘土。人们在踩着我们走。站起来！你们在巴黎有没有认识的人?”

“我们谁也不认识。我们什么也没有,东西全毁掉了。我们逃出来身边一个钱没有带,除了身上的衣服,没有别的衣服。”

安乃德毫不犹豫:“我带你们去。”

“上哪儿?”

“到我家里去。”

她们两人抬起躺在地上的那个人,姐姐抬双肩,安乃德抬两腿。好在两人都很健壮,再说那个瘦骨嶙峋的躯体也没有多大分量。她们在广场上找到一副担架。一个老年的工人和一个大男孩愿意替她们抬。姐姐固执地要握住弟弟的手,这样既妨碍抬担架的人,她也总碰撞在行人身上。安乃德抓住她的胳膊,夹在自己的胳膊下边。担架摇摆了一下,安乃德觉得夹在手臂下的她的手指在痉挛。每当抬担架的停下来休息片刻,那女的就在人行道上跪在担架旁边。她双手抚摸着她弟弟的脸,说一连串粗鲁的但是语气温柔的话,法语中夹杂着弗朗德勒语。

到家之后,安乃德把姐弟二人安置在她的餐室中。邻居贝纳丹家把一张儿子的空床借给安乃德用。在楼板上,安乃德用她自己的床垫另外拼凑了一个铺位。病人一直没有苏醒过来。人们把他的衣服脱掉,同时请了一位医生来瞧。医生还没有来到,一直不肯休息的姐姐疲乏到极点,倒下去了。她沉睡不醒,足足有十五小时之久。

倒是安乃德熬了一夜没睡。

安乃德的视线一会儿停在这张面孔上,一会儿又停在那张面孔上。一张面孔是蜡黄的,瘦得皮肉下陷,好像他的生命眼看在消失;另一张面孔则粗犷、臃肿,张大嘴巴,用喉咙呼吸,从张开的嘴里,一阵阵风似的发出一些断断续续的不连贯的语句。在深夜的寂静中,安乃德昏昏欲睡。可是她得看护两个沉睡不醒的人。一个人的睡眠是死亡的睡眠;另一个人的睡眠是疯狂的睡眠。她不觉震惊了一下,心想不知为什么她把一个迷离恍惚的火炬引到自己家中来了。

* * *

在那个时期以前,大楼上的住户间是从不互相来往的,最多也不过知道紧邻的姓名而已。战争发生以后几个星期,大楼上的住户之间关系接近了。这些小小的行省,将它们关税的壁垒打开一半,互相联结成一个共同的国家。各家各户的希望和担忧第一次联合成共同的希望和担忧。当人们在楼梯上擦肩而过时,不再视而不见了。人们学会了互相注视,互相脱帽致意,交谈几句。多疑的个人主义不再用自尊心为重的保留态度,来对待别人提出来的忧心忡忡的问题。大家互相告诉关于已经出发的人的消息,以及关于受威胁的伟大亲人,即祖国的消息。在等待邮递员送信来的时刻,楼梯底下一小群人聚集在一起。个人的不安在大伙的互相信任之中得到宽慰。大家和气相处的精神,使人们在默契中暂时抛弃彼此之间的成见,而在过去,这些成见是把邻人拘禁在一定圈子中的栅栏。纪莱先生现在也和贝纳丹先生来往了。贝纳丹母女,虔诚的基督徒,可爱可亲,但是胆小怕事,现在安乃德向她们招呼时,也和气地微笑着回礼了。她们决定在目前的情况下,暂时不去想她们对安乃德这个谜一般的女邻居的猜疑,对于她的也许不正经的母亲身份的猜疑。人们并没有彼此更亲近,没有更宽大为怀,今天比昨天也没有接受更多的事物,只是今天他们对不接受的部分装作不知道罢了。

只有年轻的沙陶奈太太孤立在苦痛之中。可是丽蒂亚·莫里西埃看出沙陶奈太太痛苦的心情,她想把自己的不安,以及自己的希望和沙陶奈太太的不安融合在一起,互相同情,可是沙陶奈太太拒不理会丽蒂亚温情脉脉的眼色。

从楼上到楼下,大家风雨同舟。台风正向他们袭来。面对共同的危险,彼此平等了。为什么整个地球没有受威胁呢?(它总有一天会受威胁的)……如果地球受到威胁,人们将看到各国人民终于违反自然而组成统一的人类!但必须具备两个条件:任何人没有不依靠他人而独自脱险的可能;第二,对大家说来,脱险的可能是存在的,否则人们将由于绝望而堕落。这两个条件从来不能有长时期的结合。在当前,它们却结合着。

德国人大举进攻,几乎一直冲到巴黎城下。法国政府匆匆迁移。大楼上所有的人,对于政府逃往波尔多,都表示愤慨和鄙视。西尔薇火冒三丈。她使人想起当年法国国王路易逃跑时,法国妇女们的愤怒。逃亡到玛戈城堡①的法国政府中的大人物们,如果你们落在西尔薇的剪刀底下,是不会有好结果的!可是这笔账日后再清算。目下有更迫切的事要操心。姨母和外甥,西尔薇和玛克,忙于刨地,用小车推土,这是加里安尼②为了让发烧的巴黎人有点事可干,让他们在筑防御工事。不要慌乱。大家等待着,抱最好的希望,准备最坏的事变。玛克摸着衣袋中那把了不起的手枪,他很可能希望德国人进入巴黎,好有机会试试他的手枪。安乃德双手发烫,可是外表平静,身体从来没有此刻这样壮健。她明白她和儿子冒着什么样的风险!她反而觉得轻松了。别人也有同感。做父母的想到他们和在前线的儿子处在同样的危险中,自己的焦虑反而会缓和一些。

丽蒂亚·莫里西埃到安乃德家来念她未婚夫从前线来的信。这两个妇女没有交谈已经觉得互相吸引。安乃德察觉到草原上流水的隐隐歌声。丽蒂亚在安乃德大姐亲热的微笑中,看出全楼只有她有理解这种音乐的钥匙。有人理解这种音乐,这使她感到温暖。可是关于这内心之歌,两人都一字不提。在这炮火连天的日子里,不允许过多

① 在波尔多附近。

② 加里安尼(1849—1916),法国将军,当时是守卫巴黎的法军司令。

地倾听和平生活的曲调,倾听为幸福而啜泣的笛声。丽蒂亚念她心上人的来信,信中谈到为文明而战的战士们的崇高责任感。年轻的苦行僧使丽蒂亚和他自己在冷冰冰的道行的光辉中联在一起。深情的丽蒂亚沐浴在这种光辉中,遍身充满寒冷的微颤的快乐。她胸膛的热度融化了思想的冰雪。她还是个孩子;对于她,庄严的牺牲要涂上一层金光,英雄主义一半还是游戏。她知道,英雄主义是危险的。不过她相信,她愿意相信上帝的保佑,她的上帝在卫护她的爱情。(她的上帝和她的爱情不是有同一张面孔吗?)她似乎满怀信心,很幸福。她从喉间发出笑声,像小孩子天真的笑声一样。可是,紧接着,她突然哭起来,而且不肯说她为什么哭。安乃德怜悯她。她看见丽蒂亚在激奋地背诵别人的思想,热烈地,一口气背下去,一直到她磕磕绊绊,犹豫不决,背不下去了……(也许她背错了一个字?她的眼神在表示歉意,同时含羞地妩媚地微笑了。)安乃德恨不得把她搂在怀中,对她说:"小姑娘,你所说的不是你自己的话。把你的额头靠在我的嘴边。当你不说话的时候,我听见你的心声……"

让安乃德听到丽蒂亚的心声,那可不好。她不把心里话告诉安乃德,有她的理由。让她去背诵从别人那里学来的话吧,这可以使她忘掉一切!思想可以使心睡眠。

整座大楼都陶醉于思想之中。在各国间的战争打得最激烈的五天中,人们兴奋到了极点。防卫、互助、光荣、牺牲这些词开始活跃……于是到了这一天:在巴黎圣母院门前的广场上,聚集的群众在祈求圣母;从礼拜堂的一条回廊上,主教向外边发出一声呼号:胜利!

* * *

可是一切全停止了。飞翔的翅膀折断。灵魂重新消沉了。

从十月份以来,战事踏步不前。最危险的时刻已经过去。皮肉中扎进了一根刺,感染中毒,一时不会痊愈。必须组织起来连续过几年这样的生活。可是谁能够意念坚定地面对这些年月呢？人们在欺骗自己，欺骗我们。为了使群众的激奋心情不至于松懈，有人使用各种虚假的手法：报纸上的“酒”，谎骗和残酷行为的报道。（这种行为确实是报纸制造的。报纸采访有关的材料，并且加以编造，使之充满吃人肉的乐趣。）于是公众像喝醉了酒一样，在麻木中，被血腥的仇恨所震撼。

整座大楼在痛苦、愤怒、急躁和苦闷的汁水中受着煎熬。冬天老不结束。在惨淡的光线下，出现了灵魂病态的发酵状态。

从北方省来的那两个逃难者，亚波丽娜和亚莱克西·吉埃西，仍旧住在安乃德家里。她本打算收留他们住几个星期，一直到亚莱克西恢复健康，他们找到别的住处和工作为止，可是他们什么也不去找，他们认为住在安乃德家里是极自然的事，并不觉得过意不去。他们才不去计算安乃德为他们花费多少呢！他们认为自己是受难者，全法国都对他们欠下了债。有时亚波丽娜抱怨住得不舒适，两人挤在餐室里转不过身来。她还不至于向安乃德提出要住到安乃德的卧室里去，但是，如果安乃德肯把卧室让给她住，她顶多不过说一声“谢谢”而已。玛克遏止不住他的怒火。他对这个女人怀有强烈反感，她的态度使他惊呆了。

两个古怪的寓客。亚莱克西每天大部时间在床上躺着。亚波丽娜极少出门。他们整天关在屋子里，一动也不动。很难让他们出去换换空气。亚莱克西整天昏昏沉沉，处于麻木状态。自从八月份他像猎物般逃避猎人追逐以来，他一直累得精疲力竭，没有恢复。他头上的金黄色鬈发，低低地覆盖在前额上。他额头窄狭、鼓起；眼睛很小，眼珠是浑浊的蓝色，嘴唇厚实，老张着嘴呼吸。他长得像他姐姐，可是有男子气的倒是姐姐。他沉默寡言，呆滞地全神贯注在梦想中；或者手指拨动一串念珠，喃喃地念玫瑰经。祈祷是摇篮，昏昏欲睡的精神在篮中摇晃。姐弟二人都是虔诚的教徒，按照他们的方式信教。上帝是他们的。他们把自己安置在上帝身边，就像安置在安乃德家中一样，该搬走的是别人。亚莱克西待着不动,很固执,赖着不走了。他让亚波丽娜一个人去活动。

这个姑娘身上沉睡着一股粗蛮的精力。这股力量压得她喘不过气来。她一连几个小时地坐着,埋头做针线活,手指准确地在引针走线。突然,她把手中的针线远远抛开,站起身来,连连顿足,然后开始走,走,走,在床和窗子之间的狭窄空间转圈子。她站住,朝着看不见的敌人举起拳头。她说要用指甲挖掉敌人的眼珠。她呻吟、责骂、威胁,喋喋不休地说话。最后,她突然扑倒在弟弟的床上,拥抱他,一边说着一大串热情洋溢的话。他也把他愁闷单调的声音和姐姐的声音融汇在一起。末了,总算一切归于沉寂。房间死一般安静。

和这样的人做邻居谁也得不到安宁。可是人们不敢过分抱怨,大家怜悯这姐弟俩,只好耐心容忍着。人人都在痛苦中。他们两人的痛苦超过他们能忍受的程度。他们在逃出来以前,眼看家屋焚烧,残废的母亲烧死在里边,他们的老仆人也被枪杀了。这一切,使他们精神受到剧烈的震动,是可以理解的。没有受过考验的安乃德认为她应该忍受这两个难民加于她的沉重负担。在所有的人中,亚波丽娜只同意和安乃德有点来往。她们之间的关系也只是到此为止。亚波丽娜的混乱天性,从含敌意的冷淡一下子变为同情,中间毫无过渡阶段;接着,又陷入敌意的冷淡。亚波丽娜在很少有的和安乃德表示亲近的时刻,她仿佛在安乃德的天性中发现了某些和自己相近的特点。那是一些安乃德自己并不愿意承认的特点,所以她觉得很窘。当她们两人之间的帷幕重新垂下时,安乃德反而松一口气,这种接触是很少的。大部分时间,自私的亚波丽娜都陷在她灵魂的混乱与粗暴的沼泽中。一种狂热病的气息在上升。玛克,这只年轻的猎犬,嗅到了这种气息,他觉得反感,可是又被她吸引。他憎恨亚波丽娜,同时却在窥探她。这种含毒素的激情的气氛,在安乃德失眠的长夜里,沉重地压在她身上。

几乎可以说,沿着楼梯,从每一家住户的大门口,都发散出一种寒热病的疫气。和安乃德住同一层楼的克拉丽丝，把自己关在家里，冻得不停地哆嗦。什么人也不愿意见。她对全世界都心怀怨懑。在她身上，是寒冷和黑夜，全身的血液都停止了流动，好像停止了流动。她觉得自己好比一棵冻死的大树的树皮，正在变成石头。当她接到心上人从前线的来信时，似乎觉得身上有一阵极微弱的热气冒上来。她眼睛发干，心里发凉，念那个分别已久的人的来信。他和她分手时，把她每天夜间的温暖给偷走了。她把信念完就揉成一团，捏在掌心里。她给他回了一封短短的苍白无力的信。在信上，她一点不透露自己是多么痛苦，多么想使别人也痛苦。她没隐瞒什么，周围的事她都谈了。可是只谈这些，一字不提她内心深处的想法，只提别人做的事，不谈自己所想的事，不谈人们的真实状况。对自己却一字不提。如果要说心里话，就必须感到自己的心在跳动，而她的心却蜷缩在冰冻中。痛苦本身也是坚硬的。心中的积怨像铁棒一样硬。

终于到了春天，雪消冰融。有一天，玛克听见她在笑。她在房间里走来走去，照镜子。人们在楼梯上碰到她。她很晚还出门。她打扮得很有风韵。她是巴黎女子，在衣装服饰上是有一套本领的。她身材苗条，动作像母猫那样轻捷。她有母猫的内藏的烈火，和眼睛里的冷冷的闪光。她静悄悄地走路，避免中途停步。她点头招呼。如果别人对她说话，她便很有礼貌地回答一句很有分寸的话，然后匆匆走开。她的意思是："我的事丝毫也不让你知道，你的事我也什么都不想知道。我走我的路，你走你的路！"

她像一个陌生人。人们什么都可以原谅，就是不能原谅你拒绝和别人吃同一盘菜肴。这年轻的妇人引起周围的人对她怀有恶意的看法，她却毫不在意。大家都忙别的事，没有空闲去监视她的活动。只有一个人，在窥视着她每天夜里从外面回来。这个人的想象力十分活跃，他就是玛克。总是他……他周围尽是些好人！在他床铺右边、左边，是几个疯狂的处女，她们的欲火在燃烧……在巴黎，有一股淫乱的风在吹拂。淫乱和仇恨是两姊妹。

也有贞洁的仇恨。在贝纳丹家中,仇恨同“痛苦的人”[1]联系在一起。教皇号召基督徒们“祈祷和平”,这一活动被各国政府和各国教士限制在各自的小范围内。贝纳丹父子的意见是一致的:迫切需要把上帝的声音加以甄别。信徒们群情愤激,高卢人的血液在他们血管中沸腾。老贝纳丹信教虔诚,可是脾气暴躁。他对外国籍的教皇怀有按捺不住的怒火。幸亏在法国有一些圣职人员伪造圣谕……

“神圣的教父,您的圣旨命令我们为和平祈祷……好极了!我们将要加以解释……您的意志必将见诸实施……但愿您的意志也就是我们的意志!和平,和平,兄弟们……”

“和平,那就是胜利。”法国红衣主教这样宣称,巴黎圣母院圆顶教堂的回声驯顺地重复着主教的声音。

巴黎马德兰教堂金碧辉煌的护墙木雕上,也在发出回声:“和平,主啊,真正的、您的和平,也就是我们的和平,但不是另一种和平,不是我们要杀死的那些敌人的和平!……”

问题只在于“下定义”!

按照这样的解释,基督徒们的良心泰然了。贝纳丹一家宣称对教皇及其教士们十分满意。在这个年老法官的头脑中,宗教的教义和故意将一条法律条文作和其真意相反的解释的调皮的乐趣,很奇特地混合在一起。他在神坛前低着头,眼睛里充满虔敬与固执的神情,同时在又粗又硬的胡须下面的嘴却在偷偷地发笑:“干得漂亮……Fiat voluntas tua![2] ……神圣的教父,您上当了……”

赛谛安琪神甫[3]的说教使那些可怜的妇女听得出神,泪流满面。她们看见在格特舍马尼[4]战壕中,“多毛人”[5]耶稣基督,和她们的儿子在一起。

---

① 指耶稣基督。

② 拉丁文:愿您的意志得到遵循!(基督教教士宣教时对上帝表示顺从之语。)

③ 赛谛安琪(1863—1948),著名法国天主教宣道者。

④ 耶路撒冷附近的小乡镇,耶稣是在那里被拘捕的。

⑤ “多毛人”,第一次世界大战时期,法国人民给法国战士们的别号。

通过可怖的转化,在哭红的眼睛中,在慌乱的心中,血肉模糊的战场变成神坛,祭坛上的圣杯盛满污泥与黄金、哀痛与光荣,神圣血液的献祭仪式已经告成。

第一个喝这杯苦酒,而且一直喝到绝望与陶醉的,是丽蒂亚·莫里西埃的本来用以亲吻的年轻的嘴。

她最心爱的人已经阵亡,那还是九月初的事。在很长一个时期,人们不了解情况。双方军队互相冲杀,向前挺进,又向后退,再低着头冲向人肉的垣墙,践踏着死人的身体。在这场混战中,没有时间清点伤亡人数。深信不疑的丽蒂亚还在反复读生者寄回来的信。而半个月以来,这个生者已经消失得无影无踪,祖国得救了,人们不能设想拯救祖国的战士自身没有得救。十月里,死亡判定书[①]送到这座居民大楼。冷酷的判定书令人毫无怀疑的余地。一个当时在场的战友叙述了阵亡者倒下的日期、时间和地点。阵亡的事实被肯定了。大楼里几乎一切照旧。纪莱先生锁门不出。如果没有那个无事不知的看门人,谁都不明白是怎么回事。丽蒂亚像一个影子似的走过。她来到她公公家中,现在她和公公住在一起。但是他们的寓所好像空寂无人一样。人们听不到一点声响。安乃德挨着门走下楼梯。一片寂静,使她心头紧缩。她不敢打破这种寂静……她敲门……等了一忽儿,丽蒂亚前来开门。在楼道微暗的光线中,安乃德看不清她的面容。两位妇女一句话也没有说,互相抱吻。丽蒂亚在不出声地哭泣。安乃德在对方面颊上感觉到从火烫的眼皮底下流出来的热泪。丽蒂亚携着安乃德的手把她引进自己的房中。那时正是下午六点钟,房中没有点灯,只有从邻室照过来的一点光线。纪莱先生想必就在邻室,但是听不到一点动静。安乃德和丽蒂亚坐下,她们互相握着手,低声说话。丽蒂亚说:“我今晚动身。”“你到哪儿去?”“我要去找到他。”

① 阵亡者的家属接到的官方通知书。

安乃德不敢多问,只是说:“哪儿?”

对方说:“到我最亲爱的人睡着的地方。”

安乃德:“怎么?”

丽蒂亚:“是的,打过仗的地方现在已经打扫干净了。”

安乃德:“可是在成千上万的……你怎么能够……”

丽蒂亚:“他会指引我的。我知道我一定会找到他。”

安乃德真想喊出来,“你别去!你别去呀!他存活在你心中,你别到腐臭的万人坑中去找他!”但是她理解丽蒂亚已经不由自主了。安乃德摸摸丽蒂亚的手,可是这双手已经握在死者的手里。安乃德说:“可怜的孩子,我可以陪你去吗?”丽蒂亚说:“谢谢!”她指着有亮光的房门口说:“父亲跟我一起去。”

于是两人互道再见。

这天夜里,安乃德听见有轻轻的没有重量的脚步声,垂头丧气的人的脚步声,两个人的脚步声走下楼梯去了。

十天之后,他们回来了,轻手轻脚地,正和他们动身时一样。安乃德先不知道,听到门铃响,她去开门。在门槛外边站着穿丧服的丽蒂亚,唇边挂着令人心碎的微笑。安乃德仿佛看见了没有和俄耳甫斯[①]在一起的欧律狄刻。安乃德紧紧地拥抱丽蒂亚,几乎将她抱到自己房中。这年轻的未婚妻急于向安乃德叙述她去死者之乡旅行的经过。她不哭泣,在她眼神中有一种兴奋的快乐。不过这叫人看了反而更伤心。丽蒂亚喃喃地说:“我找到他了……他引导着我……我们在变成废墟的田野间,在坟堆中间徘徊……我们已经精疲力竭,丧失勇气……这时我们走近一处小树林。好像他在叫我,‘来!’矮矮的橡树林子……里边满地是血污斑斑的内衣、信纸、衣服的碎片……曾经有一个部队在树林里被敌人包围了。我走着,我是被引导着的。父亲说:‘有什么用呢?够了,你往回走吧!’在一棵孤立在一边的橡树脚

① 见希腊神话:俄耳甫斯是个天才的音乐家,他年轻的妻子欧律狄刻被毒蛇咬死,他到地狱中找到了她,但未能把她接回人间。

下,我俯身看看,拾起青苔上的一团碎纸……打开一看,我的信!他拆开看过的我的最后一封信!上边还有他的血迹……我吻了地上的草,我躺在他曾经躺过的地方,那就是我们的床呀!我感到幸福,我恨不得在那儿躺着永远不起来。空气中充满了英雄的精神。”丽蒂亚脸上挂着悲苦的微笑。安乃德不敢再注视她了。

纪莱先生好像变成了石头人。他以不折不挠的精神重新执行他的职务。他跟谁也不谈话。然而在他讲课时,演说时,在他发表的猛烈的政论文中,他号召向敌人毫不留情地进攻。他慷慨激昂,要杀戳敌人的灵魂,打他们的嘴巴,让他们不齿于人类。在大楼中,大家都向他点头表示敬意,但是敬而远之。当他走过的时候,他的眼神仿佛在谴责还活着的人。活着的人觉得对不起纪莱先生。他们为了给自己找一只替罪的山羊,将他们混乱的控诉汇合起来,矛头指向住在顶层的没有上前线去的那个人。

克拉比埃(约瑟凡),心脏病患者……一种懒鬼的疾病!一个真正的法兰西人都有足够好的心脏,可以一直战斗到死。可是他属于那样的人:他们把战争和入侵引到我们头上来,他们是和平主义者!……

克拉比埃是一个出色的小伙子,很腼腆,一个很好的作家。他所要求的只是用他的笔,他的书,安安静静过日子。他每次俯身于楼梯上向下看的时候,就嗅到有一种猜疑的气息冲上来。他走过之处,旁边的门就会打开一条缝,有人在门内监视他。可是当他和人们招呼致意时,人们却装着没有看见。看门人勃洛雄隐伏在门房里,眼睛在瞧着别处。但是,克拉比埃一走出来,就发现勃洛雄在离他约三十步远的后面跟踪。

在他住的那层楼的楼道里,克拉比埃在两位工人妻子的眼神中,看到了对他侮辱和嘲笑的表情。

这些情况有一大半是他自己虚构出来的。虚构,这是他的本行。他有沸腾的想象力,如同煤气灯的玻璃罩一样。克拉比埃心慌意乱了。他过着孤独的生活。可是唯美主义不足以使人长期忍受思想的孤独。必须有坚强的性格才行,而这种食粮在墨水瓶中是找不到的。再说,漂亮的词句可以导致品行端正,但是品行不端正的人只能用漂亮的词句来说谎。因此这些词句没多大困难就使克拉比埃和他的和平主义适应了大楼里残暴气氛要求他去做的英勇工作。他参加了邮信检查工作,成了拆信的专职人员。他并不是坏小伙子。他不愿意伤害任何人。但是正如一般弱者之所为,当他们偏离正道之后,往往比强者走得更远。克拉比埃大卖力气,他做得过火了,告发了和平主义的活动。他迫使过去的同伴像他一样公开认罪,否则他决不甘休。一个叛徒总是妄想大伙都像他一样放弃信念。谁要是拒不顺从,谁就倒霉!这个双手软弱的好小伙子,觉得在自己的指尖上长出了政府的利爪。他软弱的心跳动得和伟大的高乃依[①]一样。他是古代罗马人。如果他有亲人的话,他准备大义灭亲。

用了这样的代价,克拉比埃才获得勃洛雄的好感,但是他永远不理解为什么像安乃德那样善良的爱国者,从此以后,每次遇见他,也总是转过头去装瞧不见。

* * *

安乃德心慌意乱了。她丧失了开始时期的安全感,日子过去越多,她的不自在之感愈强烈。这时,她工作很少,有足够多的时间可以东想西想。她发觉在她周围,一种凶恶的精神在占有每一个人,不论是最粗鲁的人,或是最可爱的人,不论是邪恶,还是德行,一切都不正常。夸张的爱,英雄主义和恐惧,信念和自私,以及全面的牺牲,一切都发散着疾病的气息。疾病在蔓延,它不让任何人安然无恙。

安乃德对于上述种种印象特别深刻,因为她没有把当前的灾祸归根于偶然性原因,没有想到加罪于人们的意志、阴谋和职责。她不认

① 高乃依(1606—1684),法国著名的悲剧作家,作品多以忠君爱国为主导思想。

识这场战争,只认识抽象的战争概念。她没有接触这场战争的搏击和斡旋;她没有看见这个“野兽”的嘴脸,她只是觉得“野兽”含毒的气息喷在她面孔上。现在她比过去更清楚地认识到战争是一种自然界的事实(腐烂解体和有机组合同样是自然现象),然而病理学的事实,是灵魂的瘟疫。不像普通疾病一样,人们没有习惯让别人知道,而一染上了这种战争病,则反而怕别人不知道,人们把它展陈在外,犹如教堂里展陈的圣体。人们用理想与神明把它装饰起来,好比牛肉店里用花和金纸把牛肉装饰起来一样。在这类思想中,即使是最真诚的,也没有一种不沾染谎言以及对恶魔①的谄媚,恶魔身上的麻风病已经腐蚀了它们。安乃德在她自己身上也发现了这种症状。杀人和拿活人做祭坛上的牺牲品的激情在她内心燃烧,心和官能所不敢承认的、说谎的精神使之戴上神圣光环的一切,都在她内心燃烧。天天夜里,她都在深沉的罪恶之梦中挣扎。

如果事情只关涉到她个人,安乃德也许对这种毒害不会采取任何反抗的手段。中毒的情况她和众人都是一样的。她只是在其中承担了一部分,正如她承担了一部分危险一样。为什么她要抗拒这种毒害呢?很可能她会以高傲的态度和厌恶的心情来接受这一切,只是不容许自己涂脂抹粉而已。如果不是她在她那十分宝贵、比她自己的眼睛更宝贵的那个人身上,看到了这种毒害的可怕影响,她不会进行反抗。

玛克已经中毒了。中毒的程度比大人更严重,因为他的皮肉比大人娇嫩。在住宅楼内外发生的一切,什么也瞒不过他。他的眼睛、耳朵、嗅觉,以及全身,如同震响助鸣的空盒子,接受着从那些带电的灵魂身上照射过来的神经质电波。他有一种令人不放心的本能,比他的智慧更早熟,所以他能远远地嗅到人们良心深处的混乱和矛盾冲突。

他远比别人早地透过烟雾腾腾的外表察觉了他的邻居,那姐弟二

---

① 指战争。

人的命运,察觉而没有理解,可是却彻底地察觉到了。他也比他母亲早得多就看出在克拉丽丝·沙陶奈身上发生的变化。在安乃德还停留在对那个被遗弃的女人的绝望表示同情的阶段,玛克已经看出她正在脱去旧毛,长出她的新羽毛。他隔着墙壁在窥探她。她一出门,他就到楼梯上等她过去,为的是闻闻她身后气流中的香水气味。她的服装和姿态上的最小的变化都被他记录下来。即使他是她的丈夫或情夫,也不会比这更关心。倒不是他爱她,可是一种不很天真的好奇心使他发热。这些女人的灵魂,女人的身体……看一看里边究竟是什么东西!在她还没有不正经之前,他已经猜测到她会不正经。她的不正经,对他反而更有吸引力。他想跟她去。不,想和她化为一体。在她的胸怀里面发生着什么事?……品味她的欲念,她的秘密的颤动,她被禁止的思想……他的官能感觉还处于半肯定状态……男孩子,还是姑娘?他还说不清如果他喜欢姑娘,为的是自己做个姑娘,还是为了占有这个姑娘?

一天晚上,玛克和他母亲很晚才回来。他看见,他以为看见,在灯光昏暗的街上有两只发亮的眼睛……克拉丽丝走过去了,旁边有人陪着她。玛克不觉惊讶地“啊”了一声。他怀着古怪的羞怯心情,低垂眼睑,怕对方瞧见他在注意她。安乃德听见了他的惊呼,问他为什么。他急忙把话支吾开。他似乎觉得自己有保护克拉丽丝的义务。稍后,他又责备自己没有仔细看清楚。准是她吗?现在他倒没有把握了。他要把她吞下去……她?不,那个不相识的女人。

玛克的每个夜晚都充满这种困扰。这种气氛从这座住宅楼上发散出来,从战时的大城市中发散出来,好比一片春情发动的大地,上边覆盖着雷雨将至的天空,白热的天空。等待、不安、沉闷、哀伤、死亡……点燃人们的欲念。克拉丽丝并不是唯一被欲念困扰的灵魂。

佩莱的女儿不回家了。父亲不在家,没有人防御那些越规的偷猎者。猎物被猎人追捕了,母亲什么都不会,只会叫喊,并且把女儿赶出家门。对这一切,玛克也都没有放过。这姑娘名叫玛斯琳娜。几乎就是玛克自己[①]……这个不知害臊的顽皮姑娘，一双含笑的眼睛在偷偷瞧你。她那揉皱的眼皮，翘起的鼻尖，肥胖的下巴，像箫管中薄薄的簧片一样向外伸出的嘴唇……他真想吹一吹这对簧片……可是一想到它那嘴唇和他自己的嘴接触，就使他从膝盖到肩头打起寒战来。当他们在楼梯上相遇时，她叫他的名字玛克，瞪着眼睛端详他的面孔，故意要使他心慌意乱。而他，竭力掩盖内心的激动，装出一副毫不在乎的样子。他管她叫佩莱特。她笑了。两人交换了心照不宣的眼色。

佩尔吉埃没有女儿，可是他并没有因此而少丢脸，如果他在这方面也顾面子的话。他的老婆，漂亮的长舌妇，健壮开朗，精明强干，穿着丝袜和一双有二十对扣子的长筒靴。这些都是用她自己挣的钱买的，她在工厂里干活。可是“吹箫得来的东西，打鼓就会失去。”[②]这句成语用在战争年代是十分恰当的。佩尔吉埃很爱国，他老婆也是如此。她只和协约国[③]的人员发生关系，对她丈夫不忠。这是损害她丈夫吗？这是和她丈夫一起作战。她这样说，并且笑了起来。这个放肆的高卢女人并不完全相信自己骗自己的话。但是，上帝！如果她因此而生活得更好，她可怜的丈夫却并不因此而生活得更糟……对于不在眼前的人，只好活该了[④]，对于过去的一切和未来的一切，只好活该了！“当前”是胃口很大的。它什么都拿，什么都要，它就是一切。它什么都不是，它是无底洞。

玛克在无底洞中打滚。疯子才担心未来！未来，也许根本就没有。如果寄托希望于未来，你会吃亏上当。拿吧！立刻就拿你所要的东西，不要等待别人来伺候你！你有牙齿，有手，有眼睛，有奇妙的身体，身上布满眼睛，如同孔雀尾巴一样。这个身体用全部毛孔吸取生活。拿吧，拿吧！……爱吧！认识吧，享受吧，憎恨吧！

---

① 玛克和玛斯林娜是同一个字的阳性和阴性两种不同形式。

② 法国俗谚，意即：得来容易，失去也容易。

③ 指第一次世界大战中和德奥作战的各国，即反德奥的同盟军英、法、美等国。

④ 意思说：那些在前线作战的男人，他们的妻子在后方和别的男人乱搞，也就没有办法了。在当时，后方的人们有一种“今朝有酒今朝醉”的不正常情绪。

玛克在巴黎奔跑,连课都不去上,充满好奇心,遍身发烧,出乎常规。战争、女人、敌人、欲念……这一切形成变幻无常的火焰,伸出千百条火舌。有多少醉人的饮料可供吸取,一直喝到恶心反胃!有多少事可以令人极度兴奋,直到兴奋过度,精疲力竭地倒下,一辈子不能再起来!监视这匹溜缰的小马驹是困难的。每人都被自己的思想所纠缠。安乃德过了很长一段时间才开始怀疑玛克。在她日益严重的不安情绪中,她不能两手闲着过日子。她已经没有家庭教师的工作可做了。资产阶级家庭严峻地压缩了他们的预算,把女教师们(这些"无用之人")借以糊口的工资取消了。在几个星期的时间内,安乃德在巴黎的一个野战医院中找到了值夜班的替工职位。玛克利用了这个机会。他溜出去了。他到处游荡,心怦怦地跳着,东闻西嗅,忙于张望,不急于品味。他太缺少经验,不敢轻举妄动,又太骄傲,怕露出自己无知,引起别人嗤笑。他足不停步,两腿困乏,嘴巴干渴,手心发烫,来来去去,去而复来,不停地转圈子……这样,不用多久,他很可能遇上坏人。幸亏他运气好。第二天夜里,他到密林中乱走,到了一家不三不四的酒吧间,从一群和他很不对路的人中伸出一只手,一只坚定的小手抓住他的肩头,一个半生气半开玩笑的声音问他:"你在这儿干什么?"

是西尔薇,他的姨母……可是她自己呢?她在这儿干什么?他不缺少镇定的勇气,他反问对方:"那么你呢?"

西尔薇哈哈大笑,叫他"毛孩子!"把他的一只手臂夹在她的腋下,对他说:"你扰乱了我今晚的游兴。可是,尽我的责任要紧,你让我抓住了,我要把你送回家去。"

玛克提出抗议,可是无济于事。尽管这样,西尔薇同意先带玛克去游逛一小会儿,然后把他送回家去。姨母和外甥唇枪舌剑,互相说了许多尖酸话。她理解这小家伙想去瞎跑,可是她通情达理,明白过早地让孩子自由该多么危险……

"难道你认为你是属于你自己的吗?乳臭未干的小牛犊,你以为你能支配你自己了?算了吧!你是我们的宝贝。你属于你母亲。博物馆里的陈列品,必须锁在房间里。”她一边责备他,一边开玩笑。玛克一个劲儿抗议,急得跺脚。他不能自由?那么为什么她能自由呢?

“因为我已经结婚了,我漂亮的小伙儿!”

这种大胆的态度使他哑口无言。她用讽刺的眼色看着他。他想发脾气,可是他笑了:“好,我算是被你抓住了。可是你也一样,也被我抓住了。”

她也笑了。两人在不正经的行为方面,可以说是半斤八两。用指甲,用眼色,两人互相威胁。西尔薇把玛克送回家,可是她并不向安乃德告发。她担心她姐姐过分严厉地管教他。西尔薇心想:“谁也不能拦阻溪水奔流。要是搬一块石头挡住它,它只能蹦跳得更起劲。”

突然,安乃德眼睛睁开了。她发现让小家伙独自一人待在窝里不是好事。她辞掉了她的工作。妇女们争先恐后去接近伤员,这使她很反感。这是夹杂在怜悯中的爱,在鲜血中的爱,对鲜血的爱!

“别装得那么高尚!你自己也有同感……”

在一切虚伪之中,这种虚伪最近乎野兽。人类这种文明野兽用谎言的气味给他们凶暴的本能做调味剂。安乃德在她儿子身上闻到这种气息。这气息沾染在他的头发上、衣服上、遍身柔软的汗毛上……但愿死人的气味还没有一直渗透孩子的心!

引起母亲慌张的,不仅是孩子青春发轫期的心绪不宁,孩子自己不能掩饰的官能感觉的冲击以及小小的田野之神①的迷惘。一个懂得生活的母亲在等候着这个时刻的到来,即使有点激动,但是并不惊奇。她悄悄地注视着,等待着。她怀着忧伤、骄傲与怜悯的心情,等待着年轻的男性通过这个必要的考验,从而使他脱颖而出,并且和母体彻底分离。在和平的年月,这个时刻的来到犹如充满爱情的四月乡村教堂里的优美的午祷钟声。而在各国人民发狂似的厮杀的暴风雨中,钟声

① 罗马神话中的法翁,是人身羊足,头上长角的农牧之神。在西方的古典绘画中,人们常看到法翁和牧羊女郎嬉游的场面。

是沉浊而嘶哑的。一天晚上,安乃德奔波劳累了一整天之后,坐在卢森堡公园里稍息。玛克恰好也和几个中学同学一起走过那儿。他们站在一条甬道中,议论纷纷。一丛矮树把他们和坐在椅子上的安乃德隔开。他们瞧不见安乃德在旁听。她听见玛克用热烈而带嘲笑的声音预祝未来时刻的到来:那时德国佬瞪我们一眼,我们还他们两眼;他们对我们露出一颗牙齿,我们对他们露出满嘴牙齿。这些顽童预先嗅到了俎上之肉,嗅到被剖腹的野兽的血与它的腥味。他们模仿英雄好汉作为玩乐,没有多余的顾虑,没有畏缩。玛克大吹大擂犯罪的行为,说:“德国佬杀人放火,强奸妇女,他们干得好!我们将干得更好。打仗就是打仗。这将是一场欢乐的盛会。当然,在我们的报纸上,我们将向那些白痴宣扬文明,我们将使他们文明化。”

玛克的同学们赞赏他的话。他为此而得意扬扬。这群顽童没完没了地把他们的壮举说得津津有味:“他们[①]将使妇女们姑娘们受孕。只是可惜了高贵的法国男子的精液!”这些淘气孩子不知道他们在说些什么。他们都是男人。男人们也不知道他们所干的坏事。可是他们在干。

安乃德好像挨了一记耳光。从她的那个顽童说笑取乐的口中流露出来的粗野话,打击在她心上,肚子上……“打在肚子上![②] ……”瞧!这就是她孕育出来的孩子!这只小野狼。“他自己不知道……”当他知道的时候,也许更坏?……怎样能把他从丛林的卑污呼声中解救出来?

过了几天,安乃德又听到她儿子大发议论,这一回是当她的面说的。他不识羞耻地拿那些粉饰和平与战争的,服务于上帝或法权的人开玩笑。他锐利的目光丝毫没有放过纪莱和贝纳丹等人,他们为使他们自己采取的立场获胜而用宗教信仰或思想意识耍弄虚假。他从来不信那一套。他什么都不信。(在目前是这样!)这些孩子对于词句感

① 指胜利的法国兵,“妇女们,姑娘们”指被征服的德国妇女。

② 原文为拉丁文。

到恶心。词句,那些大人物口头的词句,比玛克他们年长的人们用麻木的舌头玩弄的词句,比方说:正义、共和国、善良的上帝,都是词句,词句而已。教士或世俗人,都是用同样的材料做的。

“啊,多么漂亮的词儿!他们没法叫我上当!”

玛克不但不气愤,反而哈哈大笑。他觉得这种小丑戏很不错。他是内行。理想主义和宗教是再好没有的蒙骗手段和杀人的毒瓦斯。最强的人是最狡猾的。

“祝贺我们!我们不缺乏宣道者和教授,不缺乏教会中的、报界和议会中的江湖骗子!为了上帝,为了恺撒,为了祖国!”(米歇尔·斯特洛戈夫[①]语)而说谎是美妙的。在人类的一切发明之中,最美妙的发明是善良的上帝!

这个中学校里的马基雅弗利[②],觉得夸张地、大吹大擂地发挥他玩世不恭的议论很有趣。安乃德生气了。如果她默不作声,反而好些。可是玛克触动了她最敏感的地方。她勃然大怒,喊道:“够了!”

玛克很惊讶,问道:“为什么?”

“我们不能拿这些问题开玩笑!”

玛克挖苦说:“大家都无非在开玩笑!”

“大家在为此付出自己的生命!”

“啊,我忘了,你是属于那个时代的人,当时大家对于这一切都是连吞带咽地接受下来的。我请你原谅。”

安乃德说:“我不原谅你,别跟我来这套讽刺话!”她的怒火在上升。

“这是我保持严肃的一种方式。”玛克说。他眼神里含着恶意,嘴角上挂着僵硬的微笑。接着他又说:“我请你注意,我在赞扬这些东

① 法国著名科学幻想小说家凡尔纳(1828—1905)的小说《米歇尔·斯特洛戈夫》中的主要人物。

② 马基雅弗利(1469—1527),意大利历史学家,在他的名著《君主论》中,主张为了达到政治目的,可以不择手段。

西。"(他特意着重地说"这些东西"。)

安乃德说,"就是这一点我不能原谅你。这些东西,他们的上帝,他们的信仰,我并不相信。这是我的不幸。但是我尊敬信仰这些的人们。当我看见有人用他们的信仰来耍狡猾和欺骗手段时,我就准备捍卫这个我自己并没有的信仰,我为它而痛苦。"

玛克说:"你有富裕的时间可以浪费。利用这信仰更为实际。它是一股力量,正如人类的蠢行一样。让我们使用它们吧!使用它们吧!必须为了胜利使用一切,人们大可利用这种信仰,即使我自己并不相信!"

安乃德低着头,把前额伸向玛克,盯着他的眼睛说道:"不要逼得我来鄙视你!"

玛克向后退了一步。

安乃德额头向前,怒目而视。她真正是小母牛式的朱诺,准备向前冲杀。这是年轻时代的安乃德。她的鼻孔抽搐着。她粗暴地说:许多事我都可以忍受,比如说七大罪愆[1],各种陋习,甚至残酷的行为。可是有一样,只有一样我不能原谅,那就是伪善。伪装信仰,实际上并没有这种信仰;对自己,对思想说谎,做一个信仰上的答尔丢夫[2],还不如不要出生在人间!如果有一天我看见你堕落到那种地步,我就把你甩掉,像甩掉我鞋上的烂泥一样。不管你多么卑劣,多么丑恶,你必须真实!我宁愿恨你,也不愿意鄙视你。

玛克憋一肚子气,说不出话来。母子二人都气得浑身发抖。安乃德严厉的话像刀刮一样打在他的面颊上。他很想反击,也用话打在对方的面颊上,可是他一时气促,难以开口。他没有想到会引起这场风暴。母亲和儿子像敌人般互相瞪着眼睛。可是儿子的眼光不由自主地屈服了。他眼睑低垂,为了遮掩他抑制下去的愤怒的眼泪。他勉强笑了一声,用全身的力量支撑着,不让他母亲看穿他的软弱。突然,她

① 按基督教义,所谓七大罪愆是:骄傲、吝啬、淫荡、妒忌、贪馋、愤怒和懒惰。

② 莫里哀同名喜剧中的伪装虔诚的基督教信徒进行诈骗的恶棍。

抛下他走了。他牙齿咬得格格响,恨不得把母亲杀死!……

严厉的话像烧红的铁,深深地打下烙印。安乃德刚一出门,心里就后悔自己太暴烈了。本来她以为已经能控制住自己的火气。可是几个月以来,雷雨一直在酝酿着,而且她觉得这次爆发不是最后一次。她刚说过的那些话,现在想起来觉得丑恶可憎。话说得那么粗暴,使她自己都不好意思,差不多和玛克同样地不好意思。她想设法取得他的原谅。当母子俩回到一起的时候,安乃德表现得亲切温柔,仿佛过去的一切都已经不在心上。

可是玛克没有忘记。他和母亲保持着距离。他认为被辱骂了。既然她喜欢他坦率,为了报复,他故意说些能刺伤她的话,做些这样的事。("啊! 你更喜欢残酷? ……")他说一些关于战争,关于敌人的残酷的话,或者说些下流话;故意把信或日记随便放在他的书桌上……他在母亲脸上窥探他这些言行所产生的效果。安乃德很痛苦,她猜透玛克是故意这样的。她沉住气。可是到了一定的时候,她憋不住了,爆发了。玛克胜利了,他说:"我是真实的。"

一天夜里,母亲正在熟睡,玛克偷偷出去了,直到第二天中午过了十二点,才回家吃饭。安乃德等他等得焦急万状,又生气,又痛苦。当玛克出现时,她一句话也没有说。母子二人埋头进餐。玛克感到又意外又轻松。他想:"她被我制服了。"

安乃德终于打破沉寂,她说:"昨天夜里,你像小偷一样悄悄地溜了。以前我对你信任,现在不信任了。你辜负了我对你的信任,这已经不是第一次。现在我明白了。我不愿意降低自己的身份,也不愿意降低你的身份,不愿意日日夜夜监视你。否则你会要滑头,只能使你变得更加奸诈。我要带你离开这里。在这里我不能保护你。这里的空气是恶浊的。你不够坚强,不能抵抗这里的空气。几个月来,你的一切言行说明你已沾染了所有的病毒。你得跟我一起走。"

"到哪儿去?"

"到外省去。我申请了一个中学教师的职位。"

玛克喊道:“不!”他那满不在乎的姿态一下子消失了,他不愿意离开巴黎。他只好请求他母亲。他把手按在母亲手上,用迫切的,软求的口气说道:“你别申请!”

“事情已经成了。”安乃德说。玛克把手收回来。他气愤极了:白白地低声下气恳求了一次!这时安乃德的心肠已经软下来,只要玛克有一点温情的表示,她就会束手就缚。她说:“如果你答应我……”

玛克冷冷地打断她的话:“我什么也不答应。首先,你不相信我,这是你刚才对我说的。你认为我会欺骗你。正因为我不欺骗你,所以我可以当面告诉你:我下次夜里还要出去。你没有权阻拦我。”

安乃德说:“真的吗?我没权过问你夜间在干什么?”

“谁都没有这种资格,你更不用说了!我的夜晚,我的生活,是属于我自己的!”

这句可怕的话脱口而出。他是不是理解这一点?安乃德脸色惨白,玛克也一样。他们两人的粗暴都超过了他们自己的思想,可是也许并未超过本能的阴暗、野蛮的恶意。这种本能知道它应当如何打击对方,而且打得又准又狠。这是真刀真枪的交锋,迅猛如雷击,然而是默默无声的。脑筋还来不及计算,手已经打出去了,而且在一种默契之下,双方都不说:“击中!”

可是玛克击中了目标,这就加深了他心灵深处的邪恶倾向。从那时起,母子间每一句争论,都无非在加深两人间的鸿沟。安乃德过于生硬地表示她看透了儿子的各种缺点,使儿子受了屈辱。他反而把这看作是他的光荣。他不承认母亲的任何权威。母亲命令式的口气,令人感到屈辱的严厉,很可能逼得儿子说出丧失理性的话,做出丧失理性的行动。他拒绝让步。安乃德给他讨价还价的余地:要么他跟母亲到外省去,要不就把他关在巴黎一所中学校里,当住宿生。玛克愤怒得大喊大叫。别人对他使用这种绝对的权力,使他觉得可憎可恨。狂怒之下,玛克选择了在巴黎做住宿生,以表示他对母亲的敌意。

“你喜欢什么?”

“什么都行,只要不跟你在一起!”

母子二人的分别是十分难堪的。两人之间存在着仇恨……在感情深处,爱仍然是存在的,但这种爱被怨愤冲得昏迷了。受伤的爱,在痛苦,在流血,在要求报复……

第二部

由于战争，男教师的队伍日益零落。缺少师资，教育当局只好求助于妇女了。执有两张大学理科结业证书的安乃德，被任命为法国中部某城市的男子中学的教师。

一九一五年十月初，她动身前去就职。

秋天是多么和煦！火车在田野上有几次较长时间的停车。这时，车上旅客听到葡萄园中斑鸠鸟笛音般的鸣叫。静静的溪流穿过草地，像是用手提着的长裙，金黄色的树叶是绣花镶边。安乃德熟悉这一带的居民：他们拖长的语调和语调中隐约的讽嘲味道。安乃德仿佛从她所要躲避的中毒的灵魂中解脱了出来。她埋怨自己没有把她儿子也从灵魂中毒的人们中强拉出来。

可是不久她就和这种灵魂重逢了。在这些昏昏欲睡的外省上空，乱云的阴影在伸展。这时，阿多亚和香巴涅等省的激烈战斗正在进行。一批批俘虏被押送到后方来。

火车经过一个车站时，安乃德看见车站附近一大群人吵吵嚷嚷地挤在一处工地的木板围墙外，一队德国人像牲口一样地被关在板墙里边。也许关几小时，也许关几天，不知道押往何处，何时到达，因为人们忙于考虑更重要的事。这小城的全部居民，男女老少，都赶到这儿来瞧关在笼子里的野兽，简直可以说是看过路的马戏班子，看不用花钱的演出。精疲力竭的俘虏们倒卧在石子地上休息，大部分人不声不响,麻木不仁,用阴沉的眼光环视那些在板壁隙缝中张望的眼睛,包围着他们的嘲笑的眼睛。孩子们天真地伸着嘴向他们喷射一串串的唾沫。有几个俘虏在发烧。他们是挨了一顿打的狗,丢脸出丑,怀恨在心,缩头缩脑,浑身哆嗦。夜里的寒冷和雨淋,使他们得了痢疾。他们在围场一个角落里的垃圾堆上蹲下来大解,没遮没拦。每次一有人到那里去,旁观者就发出狂笑和吼声,其中夹杂着妇女们的聒噪和孩子们的尖声叫喊。他们得意忘形,拍着大腿,扭动腰背,旋转全身,张大嘴,露出上下牙床。他们倒不是怀有恶意,而是完全缺乏人性。动物在欢闹……人群在兴高采烈地欢闹时总是带几分兽性的。这种欢闹,野蛮到令人毛骨悚然。木板围墙的内外两侧,人消失了,剩下的只有大猩猩而已。

重新登上火车以后,安乃德在幻觉中产生厌恶之感,注视着她身边旅客们毛森森的满脸胡须和她自己手臂上的金黄色的汗毛。①

到了她教书的老旧的中学校里,起初一段时间,这种萦绕不散的感觉还继续了一阵。中学校址是在植物园的一块洼地上。“植物园”,多大的讽刺!在这块像多莱德②沙漠一样的高低不平的黄土地上。所有草木都被拔光了。通过一个小小的圆洞门,进入四边用监狱式的高墙围着的长方形院子,墙上只有不透亮的窗子。可以看到唯一的一棵老枫树,干瘪、扭曲,固执地生长在那里。树皮已被小动物们③用指甲抠光,凡是手够得着的地方,一片树叶也没有留下,树身也被孩子们推推撞撞地弄得遍体鳞伤。几乎可以说,在大人和孩子们同谋下,凡有生命的东西都拔除了。国家夺走了孩子的生命,孩子和大人向自然界报复。破坏!破坏!和平的破坏,和战争的破坏一样。这就是教育的一半内容。

在围墙外,一边流着一条被皮革厂污染的小水沟,难闻的恶臭渗

① 这是说安乃德觉得她周围的旅客和自己也可能只是大猩猩而已。

② 西班牙地名。

③ 指学生们。

入潮湿的教室。关在教室里的一群小家伙也在发臭。他们的鼻孔是堵塞的。他们有十二个人,至多二十人,坐在硬板凳上扭来扭去。透过发青的玻璃窗,从深秋雾气腾腾的院子里渗进一股黄褐色的油腻味。一只生铁火炉,满炉的木柴烧到白热化的程度,正呼呼作响(这地方木材极多)。当人们热得快要窒息时,就把门打开(窗子是从来不开的),外面的雾和正在鞣制中的皮革气味就冲进屋来。人们闻惯了人皮气味之后,反而觉得这种鞣革的气味清新扑鼻。

可见一个妇女,尽管她的官能感觉那样地习惯于讲究的生活,习惯于清洁生活的健康气息,却比男子更容易适应令人恶心的必要条件。我们完全可以看到,妇女们在照顾病人时,她们的眼睛、手指,一点也不觉得反感。安乃德的嗅觉接受了上述的一切。她和大家一样呼吸肮脏腐臭的气味,连鼻子都不抽动一下。然而,她最难接受的却是灵魂的不良气息。她的精神没有她的感觉那样灵活。

* * *

这已经不是被激情——斗争、仇恨和忧虑——烧热的灵魂。她已经躲开那个灵魂。这么说,她本该满意了。她在这儿找到的是漠不关心。

在这儿,软绵绵的土地丝毫没有受到痛苦。它肥沃而成熟,在山谷里酣睡,好似躺在铺着羽绒褥子的床上,陷进被身体的重量压下去的暖坑里,脑袋搁在丘陵形成的枕头上,为了打呼噜打得更响亮,决不去梦想枕头外边的世界。平静的土地,安分守己的族类,他们有实际的精神,一点也不受忧虑的困扰。并不是对那里所有的人来说,上帝已经死亡。人类被钉上十字架受刑,并非为了这个种族的人。

安乃德从儿童时代就开始认识这个种族。她父亲出身于这个种族。从前,她曾经欣赏这种使人安适和无所作为的态度,可是今天呢?她曾经羡慕这个种族的健康体质,可是今天呢?

她想起了托尔斯泰的一句话。但是托尔斯泰这句话并非单单对妇女来说是真实的。托尔斯泰说："丝毫没有受过痛苦的人，从来不患病的人，健康的人，过于健康，永远健康，——可是，这是个怪物呀！"

每天，生即是死；每天，都在斗争。这个省正在死亡，可是它不斗争。它在舒适地流逝，正如它那些水波不兴的溪流一样，沿着边岸，随着岁月消逝而消逝，在它自私和狡黠的正常情理之中消逝。

然而，曾经有过一个时期，这块土地上燃烧着大火。这座勃艮第的古老城市，有三座气概非凡的教堂。莪特式的钟塔和箭状的尖顶，年代已久，白石建筑晒成古铜色；风吹雨打，更使它们变得像生锈的盔甲。钟塔和箭顶像高高耸立的基督教骑士的侧影，在俯瞰蜿蜒漫长的河流。教堂建筑上雕塑着圣徒群像，年代久了，脑袋都已不知去向。七洞八穿的嵌花玻璃窗上，剩下一片片由红变黑的瘀血般的痕迹。大教堂里的珍宝有阿鲁恩①时代的挂毯，和那些名叫查理②的皇帝们（查理子孙，查理祖先）笨重的金银器皿；外加英国人入侵时期留下的尖塔与围墙的废墟。这一切都证明过去的时代有过热烈的生活、鲜红的血和那些大主教们的黄金权杖，以及可歌可泣的斗争，证明从这里经过的有公爵、国王（许多国王，不知道哪一个是真的），以及奥尔良的贞女③。

可是现在，街道空寂无人。在资产者住宅和围墙之间，在常常紧闭的有一级台阶的窄门之外，可以听到古老的石板路上，一个行人以有气无力的脚步声远远而来。乌鸦在天空啼叫，围绕教堂的钟塔飞翔，给钟塔套上一个黑色的圆环。

这个族类在死亡中。它很幸福。它不缺少空间。土地的味道是浓厚的，它的胃口得到满足。它没有什么雄心壮志，所有敢于冒险的

---

① 阿鲁恩（766—809），波斯君主。

② 旧译查理（系英语读音，现代法国人）。

③ 即贞德·达克（1412—1431）多译夏尔。她本为奥尔良地方的普通农村姑娘，以牧羊为生，当时英国入侵法国，占领大片疆土，烧杀掠夺，她起来领导人民抗击侵略者。

人,一代接一代,都到巴黎去打天下了。留在本地的人们觉得这样更好,可以伸开四肢躺下来。床空了,你不妨在床上打滚。战争会使床更空。战争夺走了本地的子弟。可是并未全部夺走。想象力不够活跃,不会对未发生的事有过分的不安。还有人们讲求实际的意识,在那儿盘算可以捞取的利益。生活不困难。吃得不错,有电影院,有咖啡店。兵营里的号角声代表他们理想的一面,牲口集市代表实际的一面。人们心情轻松愉快,对来来去去的消息,不大放在心上。前进也罢,后退也罢,他们是轻易不上当的。人们笑话那些见了德国兵就跑的俄国人:“哎,好呀,这些小子们,如果他们再这样跑,他们就要上火车穿过西伯利亚,从美洲转到我们这儿来了!”

舒适的生活磨光了棱角、狠心与残忍……(且慢!可要注意,兄弟!不能过分相信外表!)

一片寂静。大家在睡眠。安乃德,你不感到得其所哉吗?你所要求的不就是和平吗?

“和平?我不知道。和平?也许。可是这并非我所要的和平。这里边可是并没有和平……”

“因为和平不仅是不打仗而已,这是灵魂的力量中产生的一种品德。”

和平使这个古老行省麻木不仁,它四面由种植葡萄的丘陵以及田野堵塞着。它稳稳地靠在法国中部高原上,这里只能隐隐约约听到战争的炮声。浪潮般的军队涌到这里就改道而行,好比河流在奔腾中遇到高山挡路。(两年之后,情况略有改变,那时美国人到这儿来设置了一个军营。这在一个时期内给本地居民解过闷,可是不久就给他们原有的睡眠状态增添了新的沉闷。)这个和平有中学教室中的气味,门窗关闭,炉火呼呼地燃烧,那些孩子的身体与灵魂在汤汁中用文火煨着。

*　　*　　*

这些学生四分之三是小资产阶级家庭的子弟,或者是附近富裕农民和大庄户人家的子弟。其中有几个(每班有两三个)是缙绅家庭、当文官的老资产阶级的儿子,或公务员的儿子。这都是当地的上层人物。这类子弟很容易被人认出来,虽然他们身上都涂了一层狡诈的油漆,这是中等教育强涂在他们脸上的;此外还有他们面对教师的心照不宣的同盟。他们的嘴脸尽管各不相同,却都带有雕塑家用黏土塑造他们时留下的指痕。教堂石墙上的人物形象也是用这个手指雕凿的。人们认得出来。他们的头颅满可以毫不贬值地放在小神龛中,装在无头圣徒们(什么样的圣徒!)的颈项上。他们是那几座大教堂的地地道道的子孙。这是令人快慰的。"小娃娃还活着……"但是不能完全令人放心。因为,你不要对别人说,这些教堂里的圣徒,有时候是神气十足的无赖汉,或者是假正经。这两类人物,安乃德在她的课堂上都可以发现,不过味道冲淡了。古老的酒装瓶装得太多了。

一开始就使安乃德惊异的是这些在发育中的男孩的面容:面颊宽大、肥胖、不平整、粗糙、歪歪斜斜;脸上有两种表情:粗鲁和狡猾。他们是本地风土的产物。他们有瓦洛亚王族的长鼻梁,可是不直,有一双发亮的小眼睛,双眼皮。他们笑的时候太阳穴上会出现早熟的皱纹。他们有小狐狸的嘴喙,满口的黄牙,张嘴一笑,或者在啃橡皮、指甲或纸团时,黄牙就会从嘴里露出来……安乃德坐在讲坛上,觉得自己是一个面对兽穴的猎人。猎人,还是猎物?她和学生到底谁是猎物?他们和她互相窥伺。不得不把手指经常扣在猎枪的扳机上。谁要是先把眼睛看向别处,谁就得留神。

先垂下眼睛的是他们。经过初步的考察,面对面的注视,在吃吃的笑声、喃喃的低语,以及像要把肋骨挤断似的用肘头使劲互相推挤之后,眼皮都垂下来了。其实他们是把眼光隐藏起来,在继续窥探。这反而更糟糕,你捉不住这种眼光,眼光却捉住你不放。你一举一动,都不放过。他们扮鬼脸,表示你的举动已经被注意到了。鬼脸像无线电似的从教室的一端传到另一端。看起来他们一动不动,天真无邪(有两种意义),可是他们的腿在桌子底下扭来扭去,他们的脚在刮地板,他们的手在衣袋里乱翻,或者在身旁同学的腿上乱抓。他们眨巴着眼睛,舌头在口腔里把腮帮子顶起一个鼓包。他们好像什么也没有看见,其实什么都看见了。如果老师在刹那间放松注意力,就会觉得从教室里升起一阵索索的颤动声。

对于教师们来说,这一些都是家常便饭。虽然安乃德是一个初出茅庐的教师(直到那时为止,她只当过家庭教师),可是她刚走出头几步就稳住了脚跟。她天生有统治的本能。即使在她心不在焉的时候也不妨事,稍微有点动静,她就知道将发生危险,立刻全副武装准备迎战。那些小豺狼和小狐狸们,满心想利用她一时分心,张开大嘴向她爬过去,可是一看见她严厉的眼睛里警觉的火光突然亮了,便只好中止前进。他们本来很想拿这个被派来监督他们的女人,狠狠地开一次玩笑。

对于这些小小的男性来说,给妇女们指定的位置应当在家里或者在柜台边。在那儿,妇女掌权。在那儿,人们只能看见她们的脑袋(她们有很好的脑袋),有时看见她们的手掌。(她们有敏捷的手!)但是如果她们走出门,使他们感兴趣的是她们的下半身。他们起劲地嗅她们!他们之中,大部分人是什么也不懂,几乎完全无知。只有极少数人曾经初试锋芒。可是没一个肯承认自己无知。他们谈女人谈得多起劲,这些小小的乡下佬!妇女们怎么能想到这些半大人,在他们和牡马一样聚集在马厩中时,是怎样谈论女性的,怎样谈论在他们狭窄的日常生活圈子里以亢奋的想象力所能抓得到摸得着的女性,谈论他们的姐妹、结过婚或未结婚的女人,女主人或女仆,以及一切穿裙子的人,哪怕是上帝的裙子!只有对母亲,他们在一种默契之下(也不永远如此)几乎是避而不谈。每当出现一个和他们没有任何关系的女人,不受任何男子保护(或占有,没有不付代价的保护!)的女人,没有丈夫、儿子或兄弟的陌生女人,立即就成了他们爪子中的牺牲品,他们要怎么想就怎么想,要怎么说就怎么说。

对,可是安乃德成为他们爪子中的捕获物时,他们却啃不动了。谁开始啃?从哪儿啃起?

古怪的女性……当他们用爪子遮住自己的嬉皮笑脸的怪相,用眼光探索她时,只见她锐利、严峻和带有嘲讽的目光,把他们想说的下流话钉住在嘴边,说不出来了。他们目瞪口呆地听她用迅雷不及掩耳的恶魔方式对他们说:"现在,毕洛瓦,把你的嘴擦一擦!这可不好闻!"

毕洛瓦问她是怎么回事。她说:"你刚才说的话。"毕洛瓦抗议,说他什么也没有说。他说得很轻,不让安乃德听到。

安乃德说:"我看得出来……你如果需要发泄一下,请你出去。你们心里想什么,我没有办法管,可是我要求至少你们的嘴要干净。"

他们不敢动弹了,至少在一段时间内是这样。她从哪儿学来这样大胆的口气和眼神,还有那些像打耳光似的干脆响亮的反驳?她的反击从容不迫,出手又狠又准。此刻,她这只手在安详地抚摸她的金黄色眉毛……包围圈又在她四周形成了,许多眼睛在偷偷地看她。她觉察到在被人从头到脚探索。她不停地用出其不意的问题,左一个右一个地发射出去,和他们对阵,不让他们的思想有喘息的余地。她完全明白,在他们空闲的小脑壳中,什么东西在嗡嗡地响,是从春天的紫藤花架下飞出来的一群苍蝇。她知道,如果她不明白,他们会自告奋勇地告诉她的。

胖子尚纽亚,是马匹商人的儿子,十五岁,看起像十七岁。他身材矮小,结实,粗犷,脸上满是雀斑,脑袋方方正正,淡黄色的短发像猪鬃一样。他有两只大手,指甲被他齐根啃光。他神气粗鲁、狡黠,爱拿人开心和吵架闹事。在他窃窃私语时,瓮声瓮气,像装在空瓶子里的一只大苍蝇在嗡嗡叫。尚纽亚斜睨着安乃德,十分欣赏她身上丰满诱人之处。他的舌头发出嗒嗒的声响,表示他是一个行家。"老兄!"他和人打赌,说他一定要向安乃德求爱。安乃德对他说话时,他总是转动着他的鲤鱼眼睛。安乃德引得大家都来笑他。于是他生气了,发誓要给这个娘儿们一点颜色瞧瞧!他在纸上乱涂乱画,故意引起安乃德注意。现在,他等待着效果。他面不改色,可是他的背心在颤抖,因为他正在肚子里暗笑。这时,别的小狗们眼看快要出事了,都狺狺地吠叫起来。他们注视着被打击的对象,注视着安乃德的额头,她的眼睛,她拿着纸片的纤长手指。她一点也不惊慌失措。她把纸折叠起来,把已经开始的听写念完。尚纽亚吃吃地笑。他也在听写,跟大伙一样。

听写完毕,安乃德说:"尚纽亚,你回到你父亲的田庄上去住几个星期。在这儿,你生病了。你的位置在田野里,和你们的那些马匹在一起。"

尚纽亚不笑了。他的臀部不想再一次去结识他父亲的皮靴底。他反抗,他争辩。可是安乃德毫不动摇。她说:"好,你走吧,我的孩子!在这儿,你的位置太狭窄了。到乡下去,你将有空旷的地方,而且有人给你刷毛。拿着,这是你的证明。你把它交给学监先生。"接着,她在一张纸条上写:"打发回家,退学。"于是她对张口结舌的全班学生说:"孩子们,你们白费力气了。你们看我是妇女,想把我吓倒。你们落后了几个世纪。在今天,妇女们分担了男子的工作,她们代替男子操劳。男子们的生活就是她们的生活。她们决不会低头不敢仰视……你们想做男子汉?一点不用着急。即使最没有见识的人也能有这样的雄心。整个问题在于你们能不能成为明白事理,有所作为的人。我们在这儿就是为了在这方面帮助你们。但是如果你们不愿意,我们决不强迫你们。我们干脆摊牌!这是为你们好。你们愿意不愿意?是,还是不?好吧,那么前进吧!"

学生们试了几次之后,确信他们斗不过安乃德。于是在不言中,签订了一个协定。当然,双方的疆界是必须保卫的,否则协定将成为一纸空文。事实上,疆界是互不侵犯的。在疆界上,正常关系组织起来了。他们不再争夺既经成为事实的力量。他们的联合已经没有目标,按照各人的自然倾向,他们各干各的。安乃德开始在这群孩子中,辨别出几个有个性的人。不多,只有几个,在六个班的总人数中,有个性的学生只有三四个。这三四个人引起她的同情。但她不能露出这种同情来。那是用比较娇嫩的材料做成的几个小男孩。他们是有点儿思想的。人们可以看出他们比较细腻的思想在他们的皮肤下面泛出淡红的玫瑰色。别人对他们的一言一行,一个眼色,他们都十分敏感。他们几乎经常被别人猜疑,经常受迫害。他们的身份相对来说比较高贵,这就引起这个族类之间自然的敌意。正由于他们很敏感,别人就愈要使他们痛苦。对他们表示偏爱没有好处,他们可以因此而付出代价。更坏的是,他们可能利用你对他们的偏爱。这几个小演员,如果你对他们感兴趣,他们就自以为有趣。他们愿意别人觉得他们有趣,他们的天性因此变了样。不管怎样,他们毕竟和他们的同学属于同一族类。天真地玩世不恭,狡诈。安乃德不得不显出毫无个人表情。她多么想拉过一个来,把他搂在自己怀中,代替不在她身边的儿子。在远方的玛克,一直没有离开她。在每一个小孩子身上,她寻找她的玛克。她拿每一个孩子和她的玛克比较。虽然她没有发现一个能比得上玛克的孩子(这个母亲!)。她竭力蒙骗自己,她设想玛克就在她面前,和别的学生在一起。她看见了玛克。她仔细观察那些学生,为的是仔细观察玛克。这是不得已而求其次。这些孩子也算是面镜子,是她失去了的孩子的镜子,照人不算太走样的镜子,浪子的镜子。浪子总会回头的。镜子反映的是什么?……

唉!镜子反映的是大人。孩子们的理想仅仅和他们的长辈一样,并不比“前人”走得更远(这种向后倒退的过去的力量,也叫作“走在前面”!)如果说,他们出生的时候都具有自己的轮廓,可是到进中学前夕,这种轮廓已经差不多看不出来了。他们身上盖着产权人,也就是他们父亲的钤记。他们父亲自己身上也盖着他们亲属与集体的烙印。他们不再属于自己。他们属于无名的力量。若干世纪以来,这种力量把只会做同样的姿态,发出同样的吠声,把思想的草棚都盖成一式一样。这些草原上的狗集合起来,组成城镇。中学是传授怎样使用思想机器的工场。为了解放这些孩子,一种孤立的办法能起什么作用呢?有必要先教导他们不再因袭大人们的思想。可是,他们把自己伪装成大人,并且为此趾高气扬。他们越不用自己的头脑思考,越觉得幸福和骄傲。而且,天晓得,大人们的情况和孩子们没有多大差别。他们兴高采烈,当他们放弃自己的判断(这个包袱!)而采取笼统的思想、群众的意见,不论这种意见用的是学校、学院、教会、国家或祖国的名义,或者不用任何名义,光说它是人种,这个眼中无光的怪物,人们说它有天堂的明智,它到处乱爬,把贪馋的长鼻插进沼泽的烂泥中。有一天,它从烂泥中爬出来,又一次陷在里面。(成千上万的种类已经陷没在泥沼中!怎么!我们不能挽救我们的人种?)

闪闪的磷火在沼泽上发亮。有时人们产生幻觉,好像看见磷火在几个小学童眼睛里发亮。……安乃德想抓住这种磷火……想知道这些孩子对生活有什么想法,对于死亡有什么想法。这场战争,连天的暴风雨来敲击远远地横在地平线上的丘陵之门时,在这些闭塞的小脑壳中有什么反响?

什么反响也没有,除了听见哒拉哒哒的喇叭声,鞭炮声和看到《画报》上的一些形象。远方的一场演出,演的时间太久了,令人厌烦、厌倦了!这些学生更感兴趣于弹球、打赌等等,要不就是在课堂上捣鬼;等到他们长大成人,他们感兴趣的是做买卖,是计算家庭的利害得失。

在远方,战壕里有他们的亲属。其中有些人已经遭殃。难道他们不想念这些亲属吗?

即使想念,也是无动于衷的。他们提起他们的亲人无非为了夸耀。他们是英雄人物的代理人。从前线传来的消息是先滤过一次的。他们从滑稽可笑的角度来看战争的苦难。布丹一边捧腹大笑,一边说:“伙计!我哥哥在前线,他说他们陷在臭大粪堆中,一直陷到嘴巴……”

高渥说,人们用刀子宰德国佬,放血。他做了个放血的手势。他见过杀猪。

他们用演滑稽戏的眼神,互相描述炮弹爆炸的效果。钟楼、树木、内脏、脑袋,在他们的想象中到处乱飞,像野蛮的玩具一样。他们的想象停留在布景上。是的,他们能想象出血肉横飞的景象。甚至从中得到某种乐趣,像男孩子喜欢在垃圾里践踏一样。至于在这种外表下的灵魂的呼声,谁也不提。

从前线回来的人对于唤醒灵魂也无所作为。高渥的大哥回来休假,他对这些淘气的孩子们讲:"我有过一个好朋友,他卖没有爆炸过的炮弹筒,发了大财。他拧开炮弹上的螺丝,十指敏捷得像猴子一般。炮弹还没有完全冷却,他就去拾了来。我对他说:'你可要小心!'他回答:'我在行!'有一天,我跟在他背后约二十步远,隐蔽在一株大树后边,对他喊:'放下吧!会惹乱子的!……'他斥责道:'胆小鬼!'轰隆!炮弹在他鼻子底下开花……这位老兄得到了什么?他什么也没有剩下……"

他说着,笑得直不起腰。那群听他讲的孩子跟他一起大笑。安乃德在听,她惊讶得呆住了。这种笑声里隐藏着什么呢?对一个恶作剧的回忆?神经性的激奋?在这里边,难道什么都没有吗?

她把开玩笑的人叫到一边,问道:"究竟,高渥,那边是这样好玩吗?"

高渥盯着她瞧了一会儿,他还想说句开玩笑的话,看到安乃德没有笑容,于是他说:"说句实话,这并不美。"过了一会,高渥倾吐了令人心酸的实情。安乃德问他:"为什么你们都不说实话呢?"高渥做了一个绝望的姿势,说:"我们不能。他们不会理解的……再说,他们也不愿意……再说,这有什么用呢?我们毫无办法。"

"因为你们不愿意。"

"轮不到我们愿意。"

"轮不到你们,该轮到谁呢?"

高渥不知道该怎么办,他说:"可是还有别人哩,那些头儿们。"

不用再说下去了。用不着提醒他:"那些头儿是你们让他们当头儿的,是你们任命的……"

当天晚上,安乃德听见高渥又在胡吹乱扯。他需要这样干,不是为了欺骗别人,而是为了欺骗他自己。

如果这些人不能够看到并且说出真实情况,怎样能期待没有经受考验的孩子们说真话呢?

孩子们不知道事实。他们受字句的控制。只要字句听起来响亮,他们不问意义是什么。安乃德让他们写出各人的生活理想。勃朗愿意当军官。他有一个叔祖是军官。他自豪地写道:"川流岂不总要回溯源泉的吗?"

他们用嬉皮笑脸的态度谈论战争。如果战争再继续一两年,学生中年龄最大的有可能应征入伍。他们反复唱着和听着某个老丑角常唱的吹牛夸口的歌词:"枪弹不过穿通你的身体,不会给你带来痛苦!……站起来,死者们!"

未来的英雄气概使他们免除了当前的一切努力,他们什么也不干了。他们说:"战后,我们不需要吃苦干活了。德园佬来还债,老伙计!我们要用德国佬驾车……啊嘎!走!我父亲说,他要买半打德国佬,在他们脚板上钉上马蹄铁,吁!哦!"

比较通文墨的学生,比如法庭庭长的儿子和诉讼代理人的儿子,他们津津有味地欣赏报上晦涩夸张的抒情调子。拉夫当①是高乃依,卡布斯②是雨果。别的学生停留在欣赏小画报上经过篡改的图片的阶段。

安乃德想测验他们一下。她抛出一个探测器。她给学生们读《战争与和平》③中的一章,关于小佩嘉之死是一篇优美的文章,迷蒙在十月的薄雾和一株再也不会苏醒过来的小树的梦中:"这是秋季的一天,气候温和,雨丝绵绵,天空和地平线在单一的灰暗色调中融成一片。

① 拉夫当,法国剧作家,小说家,法兰西学院院士。
② 卡布斯,法国小说家,剧作家,法兰西学院院士。
③ 指托尔斯泰名著《战争与和平》的法文译本。

几滴大雨点纷纷落下来……”最初,学生们不好好听。他们笑俄国人的“古怪”名字,小主人公的名字尤其使他们乐得发狂。渐渐地,像一群苍蝇停留在碗沿上,他们沉默了。他们让几个聊天的人闭嘴。只有一个孩子,每当佩嘉的名字一出现,他鼓起双颊,并且一直把这个无聊动作坚持到最后。其他人都静下来了。等安乃德念完之后,有几个打呵欠。另外几个由于不得不安静了一阵,这时要补回损失,便活动起来,声音弄得很响。也有几个人,很窘,不满意,挑毛病,装内行,说:“俄国人,他们是疯子! ……”有几个,表达不出自己的感受,只说:“好极了!”其他几个什么表示也没有,他们是听后受了感动的人。但是感动到什么程度,怎样感动,这是很难知道的,因为无法让他们说出一句心里话。安乃德不停地看一个小个子学生,一个金发孩子,瘦瘦的,五官俊秀,头发梳得很整齐,胸膛有些窄,咳嗽着,转过脸看着旁边。他很聪明,腼腆,不大率直,就像那些知道自己体弱而害怕别人瞧不起的孩子一样。安乃德猜想,在这个孩子身上可能有灵魂的震颤,她在朗读的时候,有时抬起头来,目光一碰到那个受压抑的孩子的目光,他就立刻低下头看他的纸片。这个孩子是能够同情别人的痛苦的,因为他自己荏弱,神经质。利己主义往往可以成为悲悯他人的钥匙。自己痛苦的人,有可能体会到别人的痛苦。

下课时,安乃德让那个学生留下。她问他喜欢不喜欢佩嘉这个小兄弟。孩子脸红了,慌乱了。她重新谈起那个有诗人气质的孩子最后一夜的梦。生命是多么美好!强烈而脆弱的生命!他本应当有的生命!他将永远没有生命!他理解这些吗?他摇摇脑袋,把目光转向别处。但是安乃德看见,光明已经闪烁了一下……

安乃德又问:“你从来没有想过吗?万一你处在佩嘉的地位呢?”

孩子抗议说:“啊,我呀,我不会去打仗的。我身体不健康。人家告诉我,我将留在后方。”

他轻松了,而且为自己的病弱感到骄傲。

安乃德又问:“那么别人呢,你的同学们?”

别人的事他才不关心呢。他赶快在记忆中寻找冠冕堂皇的词句:“为祖国而死……”别人可以去送死。他恢复了心神安宁的状态。光明熄灭了……

谁知道?

*　　　*　　　*

安乃德是不公正的。她看不见希望的理由,而理由并不缺少。

本地居民,这一群老诚的人,自私自利,深思熟虑,完全有权睡一觉。很久以来,他们在行走。他们参加过十字军东征,参加过百年战争。这一切没有使他们变得更年轻,却保障了民族的生存。他们见识过这么多事,干过这么多事,忍受过这么多事,吃过这么多的苦头。现在他们在笑!好极了……谁在笑谁就能活着,而且决不放弃生命……

在这些不满现状的人们中,现状却使他们感到满足。一点也没有仇恨,一点也不妒忌他们的邻人,他们深信自己家里是最好不过的,待在自己家里是最美好的事。他们对战争反感、习惯于舒适的生活,四十五年平静无事……一朝有事,他们披挂上阵,毫不刁难!……他们多么驯顺,这些好争论的人!他们准备做出一切牺牲,毫不激动,因为“这是应该做的事”,“一直是这样做的”。从不同的角度看,你可以说他们是荒诞的,或者说他们是令人感动的。他们老老实实,无动于衷地接受一切;在思想深处,也许有虚无的因素,但是有它的伟大的一面;两者半斤八两。

至于孩子们,我们能知道什么呢?他们表现出来的无非是儿戏。真正的工作在他们内心深处进行。教师和家长的眼睛所见到的,只是娇嫩的树皮。你所认识的孩子,只是他们之所以被称为孩子的一面。你看不见永恒的存在。这种永恒的存在是没有年龄的。它是隐藏在大人或小孩灵魂深处的火种。你无法知道火种是不是会喷射出来。

要有信心……耐心……

可是安乃德既无信心,又无耐心。

她仿佛是一个要想横渡河流的游泳健儿,逆水而上;或者像候鸟,迎风展翅。当她在巴黎时,她嗅到发烧的气息,她要换换空气,要用希求安静的意志来对抗。到了这儿,她见到的是一层厚厚的漠不关心的外皮,听到痛苦的呼声从四方升起。

她坐立不安。如果说她不满意别人,这是因为她首先不满意自己。别人是那个样子,他们本该如此,他们是顺乎天性的。可是她呢,她顺应她的天性吗?她在这里干什么呢?一年来,她把自己交给全国人民共同遭受的命运。一开始,她在这种处境中体会到很大的安慰。不久以后,习以为常了。而现在,她厌倦不堪。在她身上有一股内在的、隐蔽的、辽远的力量在抗议。她分辨不清那是什么力量,含含糊糊地感到痛苦。她觉得她对她自己是有罪的。这种阴暗的内疚压在她所见的一切之上,压在堵塞她视野的这群孩子头上——这个具体而微的人类。在这些孩子脸上,她看到了大人的缺点。她看到他们的命运,他们平凡的前途,生活的死胡同。她看到自己的儿子埋没在这无名的人群之中,这群人像潮水一般向前涌,不知涌向何方!她看见她自己,一只工蚁,没有孩子,像蚂蚁一样在完成机械的工作。她仿佛觉得这些孩子,连她自己的孩子在内,都是一个拙笨而极大的王后生出来的,这王后就是大自然……安乃德觉得自己口中干渴,灵魂枯燥。她缺少一切。不仅是她儿子不在身边使她痛苦,她自己也丧魂失魄,不知所以。

*　　　*　　　*

她儿子也想念她。可是,玛克自己决不承认这一点。和母亲分离之后,他满腔怒火,恨母亲把他甩了,把他送进牢房,关门上锁,关门上锁!……等着瞧吧!……

整整四个星期,他没有给母亲写信。她给他写了一封信,两封信,三封信。一开始,语气是慈祥而严厉的,暗示他如果愿意认错赔礼,她可以饶恕他。(饶恕!她饶恕他!是他不饶恕她!)后来,她生气了,气他不回信。最后她不放心了,变得坐立不安……他咬紧牙不理她。要不是西尔薇接到安乃德打听儿子消息的来信,到学校会客室来找他,催他写信,他还不会下决心给母亲回信。于是他费尽心思,给母亲写了称得上是冷漠无情的杰作的一封信。信中没有一句埋怨或牢骚话,一点辛酸的口气都不带,(不然,他不就暴露了自己的心情吗?)只有冷冰冰的礼貌。从此以后,玛克装出不得不办例行公事的样子每两个星期写一份 Pensum①,丝毫不带个人的感情,没有味道,没有色彩,关于他的情况,他的生活,除了写一些表面现象之外,什么也不透露。安乃德坚持要知道一些细节,可是白坚持。她明白,他在故意对她表示怨恨。有时,她竭力使他解除武装;有时,她设法采取同样僵硬的态度。但是到一定的时刻,被压抑的母爱总不免要喷涌出来。那孩子正在窥伺这个时刻,而且为此扬扬得意。她后悔不该如此,因为这样一来,他的来信更加暗淡无光,更加貌合神离。她每次拆开儿子的来信时,还没有看就先为将要看到的内容而痛苦了。然而无论如何,她不肯放弃希望。结果却总是失望。她对自己的痛苦和期待感到厌烦。到了该写信的日子(他不接到她的信不回信,接到一封才回一封),开始她故意延迟一天,后来延迟两天、三天……接着,她又控制不住自己,在信上热情奔放地说些责备和充满温爱的话。再往后,她沉默了,沉默一个月……既然他不惦念母亲!

母亲一个月没有写信,儿子差一点急病了。他徒然装出坚强的男子汉不在乎母亲来不来信的样子,实际上他是多么盼望母亲来信!一开始,他骄傲的心肠尝到了报复的甜头,说:“她不能没有我……”而现在,他却不能缺少从辽远的乡间吹来的风带来的母爱的温暖了。这种

① 拉丁文:法国中学责罚学生的额外作业。

温暖的信息一次不缺地按期到他手中时,他摆出满不在乎的样子把来信收下,好像是别人应当还给他的欠债。当这种信息开始稀疏起来,他承认缺少它们不行了,心焦如焚,望眼欲穿。等到信终于寄到,温爱的信息到了手中,他却粗鲁地享受着。当然,他自己并不承认这一点!(不老实的家伙!)他宁肯将他的乐趣说成骄傲。他傲慢无礼地想:“她又一次落入我的掌中了!……”

可是后来她索性不来信了。他不得不承认这样一个使他羞愧的事实:“我需要她……”不打自招?不,不!“我什么也不知道,我没有什么要招认的……”

夜里,他梦见母亲。她不断出现在他的梦中,她的表情从来不是温柔的,含情的,而是傲慢的,冷酷无情的,嘲讽的。这使他感到受了损伤,感到耻辱。他醒过来,憎恨她,怒火中烧,急于想……想干什么?想对她说些残酷的话,想把她掌握在手中,想使她痛苦,想报复……但是,他在想象中一接触她的手,就不禁为之一震。他赶走这个形象……可是形象又回来了……这张瞧不起人的美丽的嘴……他设法在回忆中侮辱她。他想起她在过自由的生活,却不许他过自由的生活。他在梦中也看见过和他母亲完全不同的女人,容貌、姿态、年龄,完全不同,可是他不假思索地把她们和他母亲混为一体。这就使他能在母亲身上满足他被压抑的情感,在黑暗的深渊中,有一百个脑袋的怪兽①……

在那个牲口中圈②!……被禁闭着!手脚被捆住,遍身发烧,他过的是什么日子!……

* * *

被禁闭在燃烧着思想和青春的监狱(学生宿舍)中,对他们来说比逛马路更危险。沉闷使精神堕落。焦急、等待、邪念、恐惧、残酷,等

---

① 意为:在玛克的阴暗思想中,有时出现极其丑恶的意念。

② 指中学宿舍。

等,折磨着这群小动物。一层硫磺形成的云雾笼罩在被围困的城上,使人头脑昏沉,四肢瘫软。这层云雾捂住了汗湿淋淋的学生寝室,舍监工作也放松了。学监本人先做出了榜样。他串通管钥匙的人,每隔两天夜里都要出去一次。在旁边的一间小房子里,总学监鼾声如雷。只要一切都静悄悄地干就行。在这只苦役船[1]中,乱成一团糟,直到破晓。玛克听着,感到闷气,恶心,他跳窗跑了。窗外是宿舍(监狱)的院子。

漆黑的夜,四面都是高墙,头顶是昏暗的天空。探照灯的光束扫空而过,在黑暗中搜索……玛克来到另一个监狱中。

他走近沿街的墙垣,街道上空寂无人,所有的房子里都没有灯光。在这远离市中心,远离闹声的资产者住宅区,一切都入睡了。许多居民都逃离了巴黎。玛克俯身向着墙外:太高!他要是跳下去,可能会摔断腿,他心中的怒火促使他逃走,不计后果。现在他骑在墙头上了!他的手攀在墙上,身体悬空,双脚在墙上寻找一条可以踩住的隙缝……他听到街上有脚步声走来。他想再爬到墙头上去……来不及了。来人已经发现他。他身下的黑影说话了:“你要跳下来吗?”玛克问来人:“你是谁?”

他的双脚已经被一双高举的手抓住。那个声音说:“跳吧!我接住你!”

玛克到了街上,两只脚踏在人行道上。四面是暗淡无光的房屋的围墙。头顶上是黑夜……这是第三个监狱。好像一场噩梦:一个分成九格的大盒子,你从这格出来,就进入了另一格,而头顶上的大盖子始终压在上面。

一个不相识的人紧挨着他,摸索着他。两人几乎一样高矮。一根火柴划着了。火光在一瞬间照亮了两人的脸。这是一个年轻工人,岁数比玛克大不了多少。他没有胡须,面目清秀,气色灰暗,表情敏锐,眼珠在双眼皮下灵活地滚动着,用一种好奇的眼光打量对方,可是眼

① 古代欧洲强迫苦役囚徒划桨的船。

光并不专注在一处,没有血色的嘴角上挂着捉摸不透的微笑。现在黑暗又隔在了两人之间,好在刚才已经互相见过面。那人摸着玛克的手臂,问他:“你要去哪儿?”玛克说:“不知道。”“那么你跟我走吧!”

玛克犹豫不决。他的本能叫他提高警惕。他知道莽林中危机四伏。他对这个人一无所知,可是他嗅出对方是莽林中的人物。他的心怦怦直跳,不过好奇心战胜了他的恐惧。再说,如果他目前还不能算很勇敢,至少他有股闯劲。(人到自己会估计自己力量的弱点时,才能学会勇敢。玛克此时尚未考验过自己的力量与弱点。)为满足好奇心,也值得冒风险。玛克把他的手臂从对方的紧紧抓住他的手中挣脱。这回轮到他抓住对方了,但却保持着一定的距离。他说:“我们走吧!”也不问到什么地方去。

两个人奔走了一整夜。正如刚才他们用手互相摸索一样,现在他们的思想在互相探索,拙劣地,粗鲁地。他们互相害怕,可是都不知道对方在害怕。他们并不是怕身体吃亏。在玛克方面,刚一接触时,这种恐惧感本来已经消除了,可是当他们肩并肩在沉默中步行的时候,却又一阵阵地向他袭来。玛克用手摸了一下衣袋里的刀子。这是不足以伤害人的武器,因为他不知道怎样使用。他们匆匆地说着话。说话可以使他们觉得放心。

如果在大白天,两人不可能这么快就互相接近。可是在夜间,在死气沉沉的街道上,好像停放棺材的灵堂一样,灯光都加上了罩子,这样,两人间的差别就消失了。他们是同一个羊群中的羊,同样的欲望在推动他们,同样的危险在威胁他们。他们走累了,或者不如说,在走得更远之前他们要互相了解一下,于是他们到一个黑洞洞的广场上的长条椅上坐下来。

他名叫卡西弥。他卷了一支烟,递给玛克。玛克一点也不喜欢吸烟,觉得吸烟没有意思。可是他却把纸烟接过来吸了一口……啊,真丢脸,他口袋里什么也没有,没有烟,也没有钱。等会儿该怎么办?这桩心事妨碍他倾听对方说话。但他还是听到了,好奇心又在支配他。

信任换信任！他们互相推心置腹地谈起来。

他是电工,在一家军火工厂里干活。他每天都能挣到工钱,这使玛克这个小资产者羞愧难当。玛克什么也没有,一文钱也不挣。他除了会花钱,别的什么也不会。卡西弥不想滥用他的优越性。很久以来他已经意识到这一点。也许自从他出生以来,他就想将他的优越性和他所藐视并且羡慕的资产者的低劣性交换一下。可是,这天夜里,他不去想他的藐视与妒忌。对方的吸引力比这一切都强。刚才瞥见的这张面孔,这个他所不认识的世界……玛克也被对方吸引着。两人都希望互相了解一下。栏栅已经打开。玛克正从他自己的阶级里逃出来吗?(什么是他自己的阶级,这个无父之儿?)两人之间,只有平等。

可是卡西弥是老大。并不是指年龄。卡西弥比玛克大几个月,这是不值一提的。他是老大,由于他有在郊区[①]积累的生活经验。

玛克心慌意乱,闭口无言,贪婪地听对方讲话。沉默对他最有利。他神气之间好像知道对方所不知道的一切。当他冒着风险开口说话时,总是用极简短的,刀切一样的字句,口气带点讽刺,使人产生幻觉。

这种幻觉是不能持久的。它经不起在咖啡店灯光下细看,还有玛克的那张姑娘型的面孔。卡西弥拉玛克进一家咖啡座。在对方的注视下,玛克招架不住了,露出了窘态和天真的样子。对方的眼光锐利,而且偷偷地看人,像葡萄藤的螺旋圈一样,从侧面钩住对方,窥视他,摸他的底,使他气恼,手足无措,而且被吸引……玛克想逃跑或者向对方挑衅。他犹豫在两者之间,不知道怎么办好。他暴露了自己,只好束手就缚。

*　　　*　　　*

① 巴黎某些郊区是劳苦大众聚居之处。

玛克跟着卡西弥在莽林中漫游！……安乃德怎么想得出她孩子的眼睛、手和身体接触了什么东西！……对于这些核心裹得紧紧的，尚未受任何污染的顽强的小灵魂，国家有宽大的处理办法。好奇心本来很可能毁坏这些灵魂，然而却挽救了它们。它们要求多看，多知道，多触摸。对，不过“不要碰我！”[①]它们不让人碰。

“我已经摸过了。我走过去了。对于你来说，我始终是陌生人。在我认识你之前，我是你的陌生人。自从我认识你之后，我更是你的陌生人。我感到厌恶。厌恶你，厌恶我。更多地厌恶我自己。我弄脏了我的身体、我的双手，我的眼睛。我狂怒地洗刷它们。可是我的心是完好的，污泥没有污染它……”

“而且在巴黎的污泥中，我拾到的是珍贵的金属碎片……”

在这个从街道上，从工厂车间里出来的顽童身上，在他的同伴们身上，在组成城市居民的灵魂的集合体上，美德与恶习是混在一起的。腐烂物质和含盐的空气相混合。

被群居的温热所激化的性感——提前亢奋、焚烧、厌腻的官能——出现于欲望之前，激发欲望和耗尽欲望的野蛮的好奇心——在播下种子之前已经消沉的狂热——什么都试过，什么都陈旧了——肉体在风华正茂时已经凋残——灵魂上的细汗毛被粗暴地压碎，芳草被践踏，在身体上到处残留没有欢乐而且被亵渎的快感痕迹，正如春天星期日过后的郊外的树林。[②] 以上是说蹂躏和破坏的情况。肉体的恶魔吮吸和耗干着民族的乳汁，胃肠的溃疡侵蚀着民族的腹部，正当它充满活力和怀孕的时候……

遭蹂躏的大地上吹过阵阵的风。毁灭的风吹过之后，吹来了新生的风。只要下一阵雨，就可以使遭到摧残的草地一块块地复活，使麦

① 原文为意大利文。

② 春天，巴黎市民成群结队到郊外树林中去欢度星期日，野餐、跳舞等等，把树林糟蹋得不成样子。

子夹着狗牙草一同返青。自由是阿喀琉斯[①]的长矛，它可以杀人，也可以使人再生。

卡西弥在他所出生的社会熔炉中，早熟地被炽热的空气烤得发烫，在同样粗暴，同样使人享乐与痛苦相混合的恶浊空气中，在和他年龄不相称的破坏性的生活条件、野蛮的卫生情况、脏臭的住处、生理与精神的污垢，以及有害于健康的食物、饮料、劳动与游荡等等，在这一切之中，卡西弥全身都在燃烧。

神经过度紧张的危险性不亚于身体的紧张。可是神经紧张更富于收获；而且这两种紧张形成怪异的平衡，使人在成熟以前就操劳过度，而到了他需要用全身力量来行动时，已经精疲力竭了。但是，至少它可以使人免于堕入肉欲的陷阱。即使各种欲念形成疯狂的紧张，使这种歇斯底里的自由没有任何道德约束，但也没有作为一般道德代价的成见，通过精神突然的和不规则的跳跃，使人达到光明照耀的翠绿树丛[②]，在那里，未来的思想蓓蕾含苞欲放。然而山羊并不在那里盘桓。它一跃而下，牙齿间还保留着饱餐健身的青草的酸味。

卡西弥是无政府主义者。自学成材者的骄傲，再加选择不当，并且没有很好消化的科学知识，更使他自我膨胀。教条主义的自私自利和哗众取宠，对于空洞的聊天的喜爱，不正常的性生活，毁弃一切固定价值的怪癖，不道德的夸大狂，互相斗争的小集团与个人之间的粗暴态度，一贯在高傲的建筑物中起破坏作用。营造这种建筑物需要像勒格吕[③]和克鲁泡特金那样的人的纯洁的手和心。除了坚忍不拔的优秀人物，这座建筑物永远没有人住。群众都往那里挤，只能使这种建筑

① 阿喀琉斯，希腊神话中的英雄，特洛亚战争时击毙特洛亚主将赫克托耳，使希腊联军转败为胜。

② 罗曼·罗兰在创作《母与子》之前，曾经用了大约十年时间潜心研究印度古代的佛教哲理，陶醉于玄虚的诗意之中，所以读者在他的小说中常常遇到晦涩难解空灵抽象的意念。上文大意说，不合乎道德常规的行动，有时可以把人引导到新的精神境界。

③ 又译邵可侣(1830—1905)，法国地理学家，社会主义革命家，曾参加一八七一年的巴黎公社革命斗争。

丧失尊严,正如群众使基督的大教堂失去尊严一样。他们使大教堂充满令人作呕的小神明,充当上帝的掮客。

单是“自由”这个词就具有魔术的力量,即使对陷入欲念的泥坑的灵魂。这是反对奴役的英雄气息,反对束缚这些灵魂的一切奴役。(幻想?那有什么关系!)起来反抗暴君“按照我的意愿,我的命令”[①]的巨人只剩下几个可怜的后裔!在这些残存者身上,人们可以发现普罗米修斯的神圣火种。

玛克在他的步履下,看见这种火焰光芒四射。

这是例外的时期。此时,势不两立的兄弟们,无政府主义者,社会主义者,工团主义者,都反对战争,为了在同一立场上团结起来,忘了他们之间的争吵。人数是那么少!勉强凑一小撮!所有别的人都开小差了,因为他们在舆论面前显得怯弱,害怕受处分;由于民族的骄傲感,或者由于见了血就想舔的这些古老本能,尤其由于思想混乱,夸夸其谈的意见混乱得可怕。民主国家用这种混乱的意见把肚子填得鼓鼓的,像填火鸡一样[②]。耶稣会教士即使在“决疑论”最盛行的时期,也从来没有这样令人神魂颠倒地使用细微的区别[③]来解决问题,结果使所有的问题混淆不清:战争与和平;权利和极端不公道;自由和贬斥一切自由。最可靠的效果是,那些一直坚持解放自己的少数有头脑的人,重新回到苦役囚犯的长凳上,在棍子的威胁下,弯腰驼背,使劲划船[④]。将近一九一四年年底,在巴黎,不受压制的人不到一打。从那时以来,他们人数逐渐增加,集合在两三个小团体周围,其中最有远见的是《工人生活报》这一派。

星期日,玛克参加了几次他们的集会。在会上听到的话使他震动。

---

① 原文为拉丁文。

② 西俗,烤食整只的火鸡时,往往在火鸡体内填塞栗子。

③ 原文为拉丁文。

④ 指苦役船。

直到那时为止,他没有讨论过战争问题。他洞明事理,不能不意识到战争的残酷、不公道,甚至荒诞。但是他认为接受战争显得更男子气。在他的年龄,正是以为最高的品德就包含在“男子气”这个词中。不公正的力量,比公正的力量更富于潜在的吸引力,因为不公正的力量更像力量,完全是粗蛮的力量,纯粹的力量;而且更富于危险性。他骄傲地赞扬为生活而战斗的无情规律。这规律把人关在永远混战的螃蟹筐中。不必涕泣。做最强的人!……正因为他自己是弱者,玛克才冷笑着标榜他的玩世不恭的态度,并且曾经因此而激怒安乃德。

“算我活该,别人也一样!谁倒下谁活该。让我自己安排吧,或者用力量,或者用狡计,使我占上风!……”

玛克把藐视他母亲生气的抗议作为一种乐趣。她反对他这种没有人性的夸口。玛克以不屑一顾的态度说她的抗议是“温情主义”:一句话,就是这么回事!

“无聊,废话!娘儿们的玩意儿!你尽管去涂脂抹粉,我有我的牙需要磨尖。”

这倒是真的,当时安乃德沉浸在混乱的思想中。她接受战争,却憎厌战争的卑鄙可耻,犹如嫌恶食肉兽口中腥臭的气味。安乃德停步在思想的中途,没有胆量一直看到底。要求她用思想上的理由说明她的反抗情绪,是困难的。安乃德满足于用内心感觉来引导自己。对玛克来说,这是不够的。一个男子需要清晰的思想——不论是正确的或不正确的——以便给自己的激情贴上标签。

玛克在工人的思想理论家行列中,找到满把清晰的见解。他们的一切反抗情绪,都是从数据和事实的支架上严格地演绎出来,严格地建筑起来的。梅尔汉的缓慢、摸索前进和毫不做作的发言,在寻找正确的用语,不让他的语言超越他的思想。正如弗西翁[①]一样,这种伟大

① 弗西翁,古希腊大将和著名演说家。

的诚实是雄辩的利斧。莫纳特从容不迫，态度和善，为了正确理解观察到的事物的连续性，对于他自己和别人都不关心。罗斯梅的压抑的激情，钢铁般的准确性，使他在表达自己的情绪时，就怕不坚持自己的见解。这种冷冰冰的热情，在玛克这个多疑、暴躁和狂热的少年身上，产生了极大的震动。这类集会不得不采取的隐秘性质，威胁着这些小小的地下公墓[①]的危险，把这些公理的“偷窃者”和真理的寻求者抓在手中的各国结合起来的压迫，加上这种集会的幽暗灯光，使会上的反抗精神增加了宗教气氛，尽管会议的领头人都保持着冷静的态度。犹如灯塔一明一灭的闪光，这种宗教精神使与会者阴暗的面孔和疲乏的眼色放出异彩。

玛克，这个小资产者的骄傲，和这些工人师傅中任何一个人相比，都感到惭愧，因为他们的心胸远远超过他。

*　　　*　　　*

毕当，毕当老爹，人们都这样称呼他，虽然他还不到四十岁。他个子瘦小，脚手轻捷；脑袋显得太大，和身体不成比例。他身上有一件引人注目的东西，那就是他满脸的黑胡须，两片厚嘴唇埋在浓须下边。他脸色发黄，鼻子扁平，棕褐色的眼珠，显得非常和蔼，瞳孔和虹膜连成一片，像卷毛猎犬的眼睛一样。

在集会时，玛克的眼光在屋子里环游，他遇到毕当含着庄重微笑的眼睛。在同伴之中，像毕当那样的人是很少的。他感兴趣的是人，不仅因为人的思想，而是因为他们是人；他爱人，像狗一样地喜欢人。这个年轻的小市民吸引了他。他猜测到他的窘态。本能告诉玛克，一只纽芬兰犬在水中向他游过来。他们两人会合了。毕当是走街串巷，修补陶器、瓷器的手艺人。他在郊外开设一家小店铺，在那里，他做一

---

① 古罗马的早期基督教信徒们，为了逃避当权者的迫害，经常在地下公墓的坑道中秘密集会。

些更细巧的活。他的手很灵巧,除了本行之外,木器、石器或脆薄的摆设等各种材料的物件也都能修理。他是自由的工人。他比工厂里或作坊里的工人更能支配自己的时间。为了共同事业,他从不吝惜时间。他主动承担跑遍巴黎分送开会通知和小册子的任务,敲打集合锣鼓的任务!催促善忘的人,唤醒沉睡的人。玛克利用中学校放假的几个下午,陪伴毕当出去干这些事。他很快就累了,而毕当却不论天气多坏,路多远,都毫不在乎。他走着、走着,迈着他老行伍的步子,身体坚挺,一摇一摆地走着。任务不完成他很少停步,而且酒不沾唇。人们拿他戒酒节欲的决心开玩笑,因为谁也没有听说过毕当有过男女关系。他没有结婚,他和他的老母亲在一起生活。他遮遮掩掩地不让别人看见他的母亲。他母亲待他很粗暴。他父亲是个酒精中毒的醉鬼。他儿童时看见过父亲受毒害糟蹋了身体的惨状。他自己也受酒精毒害的遗传,暗暗地在他身上留下伤残。他之所以没有通过体检,不能入伍,原因想必在此。也正是因为这样,他决定不结婚,虽然他的生活没有欢乐,但似乎还是幸福的。有时候,他的眼神中蒙着一层忧郁的薄雾,感到极度疲乏,于是就避不见人,躲在家里,不言不语,昏昏欲睡,脑筋好像瘫痪了。几个星期之后,他又出来活动了,还是老样子,带着殷勤的微笑,积极地为大伙做事。在他缺席的日子里,同志们没有人想到他,可是一见他来了,大家都把各自应该为共同事业尽力的一份工作,纷纷地推给他去干,认为这样做是很自然的。于是毕当又开始跑腿。等他把最后一份报纸送完,已经夜幕四垂,甚至午夜已过,这才精疲力竭,汗湿淋漓,心满意足地回家。

玛克不能跟毕当那样跑,他没有力气,毕当暗暗地可怜他。他不让玛克感觉到,找个借口中途停一阵,喘口气。

毕当的谈话是缓慢的,平静的,不间断的。他的话好比一条运河里的水,静止在两端的水闸之间。这两道水闸就是毕当的两个沉默的时刻。玛克缺少耐性,总想打断毕当的谈话,可是办不到。毕当微笑着,先让玛克说完,接着又固执地倾泻他的思想。他对讽刺毫不敏感。

他对自己谈话的价值并不作过高的估计。他说话是为了满足自己整理思想的需要。沉默同黏土一样胶住了他的精神。他必须把思想从黏土中拔脱出来才能加以清理。他必须给他沉重的内心生活透透气，因为每两年就发一次病的半身不遂症使他的内心生活陷入污泥之中。他需要一边说话，一边思想。再说，他还必须和一个友人在一起，才能够开动自己的思想机器。这个孤独的人天生有一颗友爱的心。

说话并不妨碍毕当同时观察别人，听别人讲话。玛克在很久以后发现，他从前对毕当说的话毕当都记在心里了，而且好像拿铁锹翻土一样翻来覆去思索过。

玛克以为这样做有利：面对毕当，正和面对其他人一样，夸耀他小市民的失意史，一个想从本阶级的成见与义务中解放出来的中学生的造反行动。卡西弥和他的同伴们听取了玛克的申诉，同时毫不放弃他们的优越态度。他们仿佛给玛克打了一个好分数，这一点使玛克觉得受了恭维，同时也使他十分难堪。毕当对玛克既不表示赞赏，也不表示轻视。玛克在讲他自己的时候，毕当不住地点头。接着毕当继续他的独白。几天之后，在一个工厂附近，在两排高墙之间，毕当和玛克等候工人们散工出来。高墙上伸出巨大烟囱的红脖子和从中吐出的滚滚浓烟。这时，毕当开门见山地对玛克说："无论怎么说，您还是在家待着好，李维埃先生！"（在这群人之中，只有毕当一人对玛克称您。）

玛克愣住了："在家里？哪个家里？"

"在您学校里。"

玛克抗议，他说："可是，毕当！您觉得我错了，我不该和你们在一起，不该了解你们怎样思想，怎样生活？"

"当然不是不应该了解我们这些人是怎样的人，这不会有什么坏处。可是，李维埃先生，是这么回事！您怎么也不会知道。"

"为什么？"

"因为您不是我们的人。"

"是您说这样的话，毕当？我来了，可是您却撵我走！"

“不,不,李维埃先生。您来了,我看见您很高兴。我们感谢您的同情……可是改变不了您在我们中间是个外人,而且永远是外人。”

“我可不把您当外人。”

“请想一想!……在这些墙壁后面有许多工人,您对这些工人的生活知道些什么呢?人们可以告诉您他们在干什么,他们想要什么,他们在想什么,甚至可以告诉您,他们的痛苦是什么,可是您能够感觉到他们的痛苦吗?当我牙痛的时候,您对我表示怜悯,但是如果您的牙不痛,您就不能够感觉到我的痛苦。”

“我也有我的痛苦。”

“那是一定的。我不嘲笑您的痛苦。我不像某些人一样认为:和注定过穷苦生活的人们的真正痛苦相比,资产者的痛苦是奢侈品,是为闲得没有事干的人准备的。那是奢侈品,也许是的。当然,疾病和死亡不算在内。虽然疾病和死亡也不是对所有人完全一样的。”

“大家的疾病和死亡不都一样吗?”

“不一样,我的孩子。如果平平静静地躺在床上生病或死亡,不用操心自己的亲人以后会怎么样,这种疾病和死亡也算奢侈品,不过生活在奢侈中的人们不觉得这是奢侈。不论为什么痛苦,真的痛苦,还是人为的痛苦,痛苦永远是没有虚假的。因此我同情我们的痛苦,也同情你们的痛苦。各人有各人的烦恼。各人的烦恼都是按照自己的尺寸造的,只不过,人人的烦恼都不一样……”

“大家都是一样的,毕当!”

“可是生活不一样。就拿劳动来说吧,对于你们,劳动是什么?你们说(您和你们的人,即使是靠别人的痛苦生活的吸血鬼),您说劳动是美的,劳动是神圣的,您说谁不劳动谁就没有生存的权利……好极了。但是,你们想过没有,那些被强迫的劳动,没有一刻休息,没有思想,没有解脱的希望,闷得人喘不过气来的劳动,令人双目失明的劳动,使人中毒的劳动,人,像牲口一样被捆绑在石磨上推着磨一直转到自由的时刻,也就是倒毙的时刻?这样的劳动是美的吗?神圣的吗?

有些人这样糟蹋劳动，然后依靠被他们糟蹋的劳动生活。对我们说来，他们难道不是我们的永远的外人吗？”

“但是我并不依靠这样的劳动生活！”

“您也是依靠这样的劳动生活的。您的不愁吃，不愁任何东西的年轻时期，可以上学，可以长年累月地安安静静学习，不需要去想每天不可缺少的面包……”

这下子，玛克为了替自己辩护，想起了他从未想过的事：“这一切不是靠你们的劳动给我的，是靠我母亲的劳动得来的。”

毕当听了很感兴趣，他让玛克叙述了母亲顽强的生活经历。玛克在讲述他母亲的时候，才发现他有这么一个好母亲。他于自豪中夹杂着羞愧之感。毕当等玛克说完，从容不迫地用一句话就把事情说清楚了：“我的朋友，这么说来，受剥削的原来是您母亲。”

玛克不喜欢别人给他指出他的责任所在。他说：“毕当，这是我自己的事，和您没有关系。”

毕当不再说什么。他微笑了。

这时工人们下工了，纷纷走出工厂。毕当站起来，向他们走去。他认识其中好几个人。他一边分发报纸，一边和每人交谈几句。但是工人们都急于跨上自行车，回家去晚餐。他们几乎没有打开报纸来瞧。有的只说一声：“行了，行了！”两手插在衣袋里，连报纸都不接。有三四个人停下来和毕当聊天。玛克站在远处，十分明确地感觉到：“我是一个外人。”

毕当回到玛克身边。玛克和他并肩走了一会之后，说：“毕当，您没有告诉我，我可是早就看出来了，卡西弥和另外几个人，和我从来不是同志。有时，他们恭维我几句，过一阵子又羞辱我。他们的神气好像为我骄傲，又反对我。他们骄傲，因为他们把我当成他们所鄙视的资产阶级人质。”

“哎哎！”毕当轻轻地笑着说，“现在可不要夸张相反的一面。不过这里边也有真实的成分。正由于我感觉到了，所以我对您说了。”

玛克停住步,顿着脚高声说:“这是不公正的!”他的眼泪快流下来了。为了不让毕当看到他的弱点,他扭过头去。毕当用自己的手臂挽着玛克的手臂,两人继续往前走。走了几步,毕当经过沉思之后说:“是呀,有许多不公正的事。在这个社会里,几乎什么都是不公正的。正因为这样,所以一定要改变这个社会。”

“我能出一把力吗?”

“您能够。您应当这样做,跟我们一样。各人根据他自己的能力,在各自的范围内这样做。可是在新社会里,在无产阶级的秩序下,您是进不去的。(李维埃先生,我感到遗憾。)我为您惋惜。事情就是这样!再说,我自己也进不去,因为我活不到那时候。”

“可是你们的人呢?你们阶级的人?”

“我们阶级的人,对,他们能进去。”

玛克把他的手臂从毕当的手臂下抽出来,说:“您和你们的人,都是民族主义者。你们为祖国作战,可是你们为了另一个祖国而战。这个新的祖国和老的祖国同样小气。”

毕当和善地说:“我的孩子,我对什么都不小气。有些人是金黄头发的,有些人是黑头发的,有的高大,有的矮小,有的人皮肤白,有的人皮肤黄,对于我来说,一切全都一样。人们相爱、流血、死亡,都一样。我赞成各种祖国,不论哪种都不妨碍我。可是事情是这样:我们的祖国,无产者的祖国,别人不给它生存的权利。它必须从你们手中夺取这种权利。”

“同时夺取我们的生命。”

“我们不恨你们。可是你们的阶级夺走了我们的太阳。”

玛克伤心地说:“我没有拿走你们的太阳。”

“您有条件去寻求太阳,在您的书本中,在您的学习中,在您的自由而安静的思想工作中。您去寻求太阳吧,然后把它给我们,我们没有办法进行这样费钱的远游。这是你们能办到的好事。回到您家里去吧,在那里,您为我们而工作!”

玛克说:“没有同伴的生活,多么不愉快!”

“我们是大伙的同伴,不是一个人的同伴!”

“啊,多么寂寞!”玛克说。

毕当站住,用同情的微笑注视着孩子设法躲开的脸。毕当挺起腰板,吸了一大口被工厂气味污染的空气,说:“是,多么好,多么健康。”

玛克抽搐了一下鼻子。毕当拍拍他的肩头,说:“你瞧!”(他第一次对玛克称呼“你”)从巴黎旧城遗址向远处瞭望,可以看见脱毛的狗皮般的广阔田野,以及长串的工厂烟尘。冬季寒冷的北风把工厂的烟柱吹得弯弯曲曲,好似在拧刚洗完的被单,浑浊的天空像一个巨大的洗衣盆。往后边看,是蚂蚁窝般密密麻麻的房屋,几百万生灵的城市——严峻的悲剧。严肃而幸福的毕当,舒畅地呼吸着,他说:“和众人相处而感觉寂寞,这就必须让人与人之间都成为兄弟。”

“于是他们互相吞噬。”玛克辛酸地说。

“他们必须吃东西!”毕当简单地说,“这是规律……所以说,喂他们吃吧!以自己的身体作为他人的食物。人就是为此而生的。在一切美好的事物中,这是最美好的!”

玛克注视着这个修理破烂的小工匠的、被内心的火光照亮的土灰色脸膛。这种梦想以自身作为他人食物的无言的快乐,深深激动了玛克。他想,即使是基督徒的上帝,也是为供人吞食才来到世上的。啊,何等野蛮的人类!他体会到其中的伟大。可是他还太年轻,他不企望这样伟大。

不!不是被吃掉!而是要吃!

* * *

玛克现在是悬在天地间的一只鸟,不知道在何处落脚。他被另一个世界的人所震动,同时他们使他失望,他在那个世界没有立足之地。他逃出了自己的樊笼,不愿意再回去。他还太年轻,不能建筑自己的窝。到哪儿去呢？在自己建立家庭的日子来到之前，到哪一根树枝上找栖身之所呢？对于昨日的成见，他发生了怀疑。虽然他还坚持那些成见，因为还没有任何可以代替它们的东西，但是，他却知道那些成见已经破产了。在一个城市少年发热的头脑中，思想意识具有关系到生存的重要性。玛克这个十五岁的男孩子，在思想意识的世界中是孤身一人，迷失了道路，没有任何东西可以依靠。

他重新遇到了佩莱特。她也和玛克一样，是从那座住宅楼上逃出来的，她就是有埃奇邦[①]嘴唇的那个玛斯琳娜。这一回，玛克尝到了她嘴唇的味道。他们两人在更加亲近的情况下，继续了当年在楼梯上的谈话。他寻求她的怀抱作为避难所。虽然她对于已经离开的人们那样漠不关心，她还是把玛克看作来自家乡的信使。他们两人是在一个屋檐下长大的。他们曾经是同一个檐头水沟边上叽叽喳喳的小麻雀。在广阔的城市中，两个叛逃者互相拥抱，温暖他们的羽毛。玛斯琳娜接连吻她的小情夫的有气无力的嘴，这个小青年可真够狂热的。他灯蛾扑火，焚烧自己。他狂热地投入刚刚被他发现的极乐世界——痛苦世界。玛斯琳娜也觉得好玩。可是这个无所顾忌的少女，对于她的吞噬者，既容易红脸，又厚颜无耻的小天使，有一种说不清的感觉，一种说不清的母性的感觉在烦扰她，使她惊讶。把家庭观念看得一文不值的她，觉得对于这小青年有一种责任感。她把他搂在怀中，细看他苍白的面颊，发烧的眼睛，起先她笑了，现在她担心他夜间出去跑，到寒冷的破晓回去，遍身潮湿，寒彻骨髓。他不够小心，衣服穿得不多，时时干咳。他脾气暴躁，容易发火，一阵风来就能吹旺火势，把他烧成灰烬，把他一口吞没。玛斯琳娜不放心，可是同时又拿他开玩笑，还在火上吹气，使它烧得更旺。玛克爱妒忌，她就折磨他，不允许他成为她的绊脚石。她为他担忧，但实际上却在不折不扣地要他的命。

正在这关键时刻，毕当出来干涉了。他认识大家，大家也都认识

---

① 本意为希腊神话中的原野之神或森林之神的别称，转意为风流好色之人。

他。他的热心助人以及他的天真,虽然被人们当笑料,可是这位独特的老人也因此取得了可以对人说些逆耳忠言的特权。人们听他说完,把他的话当一回事也好,不当一回事也好,反正谁都不会因此生气。毕当对那少女说:“玛斯琳娜姑娘,您的小兄弟,如果您把他留下,也不能留他多久了,他正在走向末路。”

玛斯琳娜回答:“毕当老爹,我心里明白。这件事让我生气。我明白他正在耗干自己的血!可是怎么办呢?这小家伙什么话都不听。他又盲又聋。他不过是一张吃不饱的嘴,像婴儿一样。但是我们没有办法让他喝个够。他很不幸,他在慌乱中。他有痛苦,我们不知道怎样安慰他。”

“他和我们在一起,这里对他不是个合适的地方。他应当回到他家里去。”

“他不愿意回去。”

“我知道,我知道,他正在造反的岁数。”

“我们都在这个岁数。”

“不要夸您自己,玛斯琳娜姑娘。在您内心深处,您希望达到这样的岁数,那就是轮到您打您那一窝造反的小家伙们的耳光。[①]”

玛斯琳娜笑了,她说:“我已经多到受不了啦。”

“让我们来管这一个吧。”

“啊,这一个,碰他一下可没有好处,如果他不同意,你稍微教训他一句,他就会像一匹小马驹似的,冲着你的脸尥蹶子。”

“您熟悉他的情况,他有没有一个能照管他的人?”

“他母亲在远方。”

“我知道。那位正直的妇人挣钱养活他。他在这儿的情况,她一点也不知道。我曾经想给她写信。可是,据我观察,母子二人不大融洽。他们脾气都太犟。我见过这种人,很可能由于他们太亲近,反而

① 意为:她希望成为一群孩子的母亲。

不能互相理解。这位妇女,她工作很忙,她有她的苦处,如果我们能想别的办法,最好不要去让她烦神。我们这个顽童,难道在本地没有一个别的亲戚能收留他,保护他?”

“对,正好有一个!别忙,毕当!他有一个姨母,我认识她。她完全不是个假正经的人,她能了解……”

“那好,”毕当说,“一定要去找她谈谈。”

玛斯琳娜扮了个鬼脸,她不愿意放走小鸽子。但她是个好心肠的姑娘。她心想:“他母亲不在这里,我差不多就是他的母亲。如果处在他母亲的地位,我将怎么办呢?我不能留下他,这倒是真的!我的小家伙!为了挽救他,只有一条路,我必须去找……”

她又把玛克在她的怀中保留了一夜。第二天,她到西尔薇家里,把玛克交给了他姨母。

* * *

西尔薇正处在危机中。自从她女儿悲惨地死去之后,这次危机是她一生中最严重的危机。自从战争爆发以来,这个女人疯狂地麻醉自己,如饥似渴地追求刺激和享乐。这时,一件突然发生的事刚刚使她回到现实中来。她曾经毫不心慌地预料到这件突然发生的事,不过她完全没有料想到这件事会在她身上引起这么大的震动。她的丈夫来沃保尔被德国人俘虏之后,死在那边的医院中了。下边就是那个可怜人给西尔薇写的永诀信:

亲爱的妻子:如果我让你难受,请原谅我。我的情况不大好。他们把我留在医院里了。我可以肯定地对你说,德国人对我照料得非常好。我没有什么可抱怨的。病房里有炉火取暖,因为外边天气很冷。听说你们那边缺少煤炭,取暖很困难。我多么想帮助你们!我仿佛看见你们缝衣车间的玻璃窗上结着霜花;赛莱斯蒂娜手指上长了冻疮,在小猫背上摩擦她的手指。你呢,你向来不怕冷。你一边走,一边顿脚,推撞你的伙计们,为了不让她们冻僵。可是在我们的大床上,到非睡觉不可的时候,床单是硬邦邦的。总之,在白天,至少你可以走动走动,来来去去。人能活动的时候,这已经很不错了。如果我能动弹,该多好!我不得不对你实说,医生们认为他们必须锯掉我的一条大腿。这下子,你说怎么办!我一点也不懂行,只好听他们摆布。可是,我身体这样虚弱,恐怕会死在手术台上,所以我愿意写信告诉你,好让我先亲亲你,虽然必须抱着能过这一关的希望。也许我能回来,也许回不来了。亲爱的妻子,我请你不要难过。这不是我的过错。请相信我,我一定尽可能求得顺利脱身。但是,如果一定要倒霉,那么好,你还年轻,可以改嫁。我不是什么稀罕玩意儿,像我这样的人不难找到一个接替者,但愿他是诚实人,工作勤奋,尊敬你。这并不是说,知道你和别人在一起,我心里会痛快!但是我一定要你快活。不管会发生什么事,我先告诉你,你怎样安排都很好。我的西尔薇,我们在一起吃过不少苦,也过了不少好日子。我们在一起拼命干活。有时我们吵嘴,但我们一直是坚定可靠的伙伴。我常常惹你恼火。我知道,我不是你最理想的人。不过我就是这样的人,而且我已经尽了我的力。如果说,我没有称心如意地获得成功,那也不要怨恨我。替我亲亲安乃德和玛克。我们应该待他们更好些,可是我们没有经常做到这一点。我愿意你更多地照顾小家伙。我们没有孩子。将来你应当让玛克加入我们的店铺……我写不下去了。我身体虚弱。还有这张纸,在这张纸上能说些什么呢?我拥抱你。啊,西尔薇!我真想拉住你的手。永别了,或者是再见。你忠实的丈夫想念你,想念你们,而且他将要在很远的地方,在九泉之下想念你们。不论远近,我心想反正是这块土地上,反正你的脚走在上面。永别了,我的好妻子,亲爱的伙伴,我的小美人儿,我的爱。谢谢大家。你坚强些吧。我走了,我心里难受。啊!上帝!

来沃保尔

有一张格里勃林的收据,一百十五法郎,日期是一九一四年六月十一日。这张收据从未付款。

这封信最后几行模糊不清,一滴泪水滴在上面,又用大拇指擦了一下。

来沃保尔的死讯和他的信同时到达。这时西尔薇发现她一直爱着和她共同生活了十二年的那个人。她向来只把来沃保尔当作一个诚实人和良好的合伙者来赏识。丈夫一死,西尔薇才明白,两人合伙的意义远远超过做买卖的范围。由于长期在一起生活,两人结合得那样紧密,连西尔薇这个高明的女裁缝的手指都无法分清是你是我了。断了的那根线是她自己的,还是男方的,她也分不清了。整整一团线都断了。

现在她才明白,她对不起曾经是她一部分的那个人……她用斤斤计较的爱情对待来沃保尔多情的心。她是多么吝啬!对他多次不忠[1],也许他根本不知道,万一他要是有过猜疑……但是,他不知道并不能减轻西尔薇的内疚,因为她自己是知道的。而现在她醒悟了:他就是她自己。她有一种迷信的想法:在他临终的时刻,他把钥匙一转,就把她身上的一切都看得清清楚楚了。这个想法使她心慌意乱到极点。因为,她算了一下日期,知道来沃保尔临终时想握她的手的那一夜,她正在和别人干什么!她徒然自解自慰地想:“我哪里想得到……”继而寻思:“他不会因此而痛苦的……”同时又想道:“想这些有什么用?过去的事改变不了啦……”

正因为这样她才对不起他!如果是活着的人,你干了损害他的

① 西尔薇曾多次背着丈夫和别的男人发生关系。

事,还可以设法补偿……

“我可怜的男人,你如果能回来,我就不必这样自怨自艾了！我所干的一切,倒也没有什么了不起！如果你能回来,我会拿我热烈的爱补偿你。但是现在你死了,我欠你的债没法偿还了。我不能偿还给你了。不管我怎么做,我都没法改正错误。我觉得自己像一个小偷……”

和巴黎的一般平民一样,西尔薇对于不公正有强烈的反感,尤其是别人对自己不公正。但是,真诚地说,也反感自己对别人不公正。她心里痛苦,她承认自己对最好的伴侣是不公正的。

如果她更年轻些,可能在这个问题上会表现出更大的灵活性。她可能对无法改变的事会设法补救。如果在生活道路上碰了钉子,但是你前面的道路还很长,那么你会想,以后有机会补救;对这个人不公正,另一个人可以从这个经验中得到你的好处。可是现在你的生活之路已经走过了大半,你所犯的错误已无法挽救。你走错了路,要换一条路已经来不及,再也走不到了。

西尔薇对自己的过去做了严肃的反省。一切都在她记忆中重现,一幕一幕地:从她结婚后最初的一段时间开始,到孩子出世、和安乃德闹矛盾、伊万娜[①]、大灾祸,后来重新开始的生活;来沃保尔的仁善(他的仁善是那么自然,以致别人根本没有觉察),战争,她的情夫们,再就是死在那边的可怜人,远远地、孤零零地,加上自己对他不忠……这不是什么使人快慰的事。于是她想到剩下的两个人,安乃德和玛克。她本能地想从这两个人身上得到温暖。

她正想到这儿,玛斯琳娜来找她了,毫不粉饰地向她陈述了实情。

当天晚上,被玛斯琳娜所说的情况引起警觉的西尔薇,正想到中学去找玛克,玛克推门进来了:他已被学校开除。

① 按:伊万娜这个人名在上文没有出现过,疑系西尔薇的女儿奥苔特之别名。

*　　*　　*

事情有了新发展。一天夜里,玛克偷偷摸摸地回宿舍,和那个犯同样错误的学监撞了个满怀,此人也正从外面回校。被人当场抓住的玛克,以平起平坐,冷冰冰的无礼态度,答复学监的责问。这位老师既应当行使监管学生的职责,又怕他如果告发这个犯规的学生,自己也会和学生一起完蛋,因为这个孩子什么都干得出来。他用眼色威胁老师,表示他也会告发他。可是学监的责任感占了上风,加上他的自尊心,还是告发了玛克。玛克被叫去见校长。校长宣布他被开除了。玛克一句话也没有说,既不屑说表示道歉的话,也不控告那个同样有错的学监。玛克心里佩服那个敢于行使职权的人。

西尔薇看见玛克进来,不觉为之一惊。在这方面,她的责任也不小。安乃德是将玛克托付给她的。她请西尔薇照看孩子,请她把孩子的健康和在学校里的情况,随时向她报告。请她在学校放假的日子里把孩子接去,把缰绳拉得紧一些。西尔薇不赞成她姐姐清教徒式的严厉,默默地站在孩子一边反对安乃德,把缰绳扔在小马驹脖子上,根本不拉在手里。她说应当让年轻人自己去取得经验。要教育年轻人,没有比让年轻人自己去干蠢事更有效了。让年轻人在荆棘丛中留下一点羽毛,是有益于健康的。年轻人不至于那么蠢,翻几个筋斗之后,不会不自己站稳脚跟。西尔薇甚至不谨慎到把这些话说给孩子听。

"我是自己混出来的,单枪匹马……你跟我一样有嘴巴,有爪子,你并不比别人傻。你应当会保卫自己。你有眼睛可以看,在你那个填喂知识的学校里,你的眼睛所观赏的只是那些坐在讲坛上,紧靠黑板的'猴子'。你有腿可以跑,可是你的腿每星期有六天捆绑在凳子上,面对装满希腊拉丁文的草料槽。既然这样,到了第七天,就让你的眼睛,你的腿,去痛快痛快吧!去奔跑吧!我的朋友,你爱看什么就去看什么。去见识见识。如果你烧伤了手,顶多在手指上吹吹气就行了。

至少你明白了什么是火,今后你就保险不会闹火灾了。"

她没有想,当房子已经燃烧的时候,她这种保险的方式是多么奇特。她是在重复她在平民阶层听人们常说的一句话:"听自然的安排。"

西尔薇满不在乎地把她的外甥抛在一边,去忙她自己的事。她要干的事可不少。玛克知道是哪一类事。她不说她在干什么,可是也并不躲躲闪闪。玛克有时遇到这样的情况:他星期天一早去姨母家,发现西尔薇还没有回家。西尔薇见不到玛克,给他去一封信就算了。她给玛克留下点钱,让他去玩玩。两人有时一连三个星期见不着面。

西尔薇不但不假装正经,而且一点也不伪善,这算是她最小的缺点。今天,她想起她是怎样执行她姐姐的嘱托的。她觉得,从有人来向她报告的情况看,她以前给她外甥讲的一套道理并没有错。不过,六个月以来她确实是晕头转向了,她只想她自己,在她疯狂地寻欢作乐的日子里,她彻头彻尾地忘记了别人托付给她的那个人了。

当她看见脸色苍白的玛克打着急促的手势,发出勉强的笑声,对她叙述他的辉煌行为所得到的结果时,西尔薇心中在念忏悔经"我有罪"①。玛克本以为西尔薇会说一句俏皮话,或者说句埋怨他的话,或者两句并一句说,可是西尔薇却沉默着,这使他惊讶。他问:"你认为怎样?"西尔薇回答:"这会儿,我没有什么要跟你说的。我有太多的话要跟我自己说。"

玛克不习惯看见西尔薇在沉思中浪费时间,问道:"你这是怎么回事?"西尔薇说:"我是这么回事:我糟蹋了我的生命,糟蹋了我丈夫的生命。我也正在糟蹋你的生命。"

"这跟你有什么关系?我的生命属于我自己。我喜欢怎样处置它就怎样处置……再说,这算得了什么,生命!"

"生命的价值根据人的价值而定……而且,这样说也许是不公正

① 原文为拉丁文。

的。对于价值不大的人,生命的价值是无穷的。”

“在那边,他们在干什么?你到战壕里去瞧瞧吧!生命一钱不值。”

“我知道。他们不把生命当一回事!他们刚刚夺走了我的来沃保尔的生命。”

“来沃保尔!”

玛克还不知道来沃保尔死了。这个消息使他震惊。他明白了西尔薇的严峻态度。但他没有想到死者会在她心中占这样重要的位置。他惊讶地听西尔薇说:“正因为这样,我现在知道这个生命的价值,知道他们干的杀人勾当——我也干了这个勾当。”

“你?”

“对。我是怎样对待这个生命,对待他那份温爱的?……多么可耻!……算了吧,现在何必为了无法解除的烦恼白费工夫。可是能办到的事还必须去办。你还在这儿,我必须补救……”

“什么?”

“补救我对你做的坏事,或者说我放任你去干的坏事。(反正是一样的。别打断我!)再说,你知道,我的孩子,别想在我面前装腔作势!我可不是你母亲。你干的那些蠢事,你觉得那么值得自豪的蠢事,我见得多了。没有值得自豪的理由。”

“也没有脸红的必要。”

“也许。我不想羞辱你。我没有资格。因为我干的事比你更坏。我知道,有时候是自己管不住自己,否则就是不近人情了。但是我知道这是危险的,我总能适可而止。你呢,你永远不能,你是另一种人。你和你母亲一样,干什么都那样认真。”

“我呀,我什么都不相信。”玛克不服气地说。

“没有比这更认真的了!至于我,我对什么都不操心,对一切都不操心。我是只顾眼前的人,眼前的一切,对我已经足够了。所以我经常把眼睛盯着脚下。如果我摔跤,决不至于从太高的地方摔下来。你呢,你就像你那样,干什么决不干一半。如果你堕落了,就非堕落到底不可。"

"比如说像我现在这个样子,那也是我不能阻止自己成为这样。对我来说反正都一回事。"

"可是我并不认为反正都一样。我要阻止你堕落。"

"你根据什么权力?"

"你是属于我的,就根据这个权力。对,属于我的,我的孩子!属于你母亲和我。她不会这样对你说,可是她在为此而牺牲自己。我却要跟你说个明白,我们把你养大,为你辛苦了十六年,不是为了让你像蠢货似的把我们辛苦的果实毁于一旦。到你长大成人,把欠我们的债全部偿清之后,那时你愿意干什么随你便。在那时以前,朋友,你还有债务未清。好比鹌鹑在麦田里啼叫:'还债!还债!'"

玛克发火了,他大声喊叫,说他并没有要求别人借债给他,并没有要求活在世上……

"你活着,朋友,发火吧!路要走得正些。我在这儿监视着。"西尔薇不允许玛克再争吵下去,说:"够啦,到此为止!关门了……"

西尔薇神态庄重,和那个怒气冲天而又无可奈何的孩子研究怎样安排他的出路。西尔薇说:"最好的办法当然是去找你母亲。"

玛克喊道:"不!决不!我恨她!"

西尔薇用好奇的眼光注视孩子。她耸耸肩,没有话说,心想:"疯子!疯子的族类!他母亲对他干了什么事,以致他这么恨她?"她冷冷地说:"那么,只有一个解决的办法:你跟我待在一起。换一个中学,做走读生……至于过去的一切,我想你不会要求我全部告诉你母亲吧?那好,我自有安排……至于未来,你记住,现在由我来管你。所有的窍门我全知道。你别想弄虚作假。在你的时间内,就是说,在我允许你的时间内,你是自由的。我不会压迫你的。我知道你的需要,你的权利。我不会要求你做办不到的事。可是你办得到的,办得到的一切,你必须照办。朋友,我把票子贴在你身上!我是你的债权人!"

*　　*　　*

西尔薇给安乃德写信,说玛克的学校里发生了传染病,所有的住宿生都遣散了,她外甥现在住在她家。安乃德知道玛克住在她妹妹家,不大放心,要利用星期六到星期一这段时间,离开外省,到巴黎来亲眼看看。西尔薇完全知道安乃德回来的意图。她首先承认自己对这个少年的教育方式有问题。她那样诚恳地承认过去的一切错误,表示了今后对玛克的强烈责任心,安乃德也就放心了。姐妹俩作了一次长谈,一块儿来回忆来沃保尔。共同的哀思使两人觉得多少年来没有这样亲近过。

在她儿子方面,安乃德却没有找到可以同样使她放心的理由。孩子气色难看,使她担心。但是西尔薇保证在三个月之内让玛克恢复元气。至于取得孩子的同意,让他和母亲稍稍亲热一点,那连想都不要想。他仍然用同过去一样的倔犟神气对待母亲。西尔薇把安乃德叫到一边,劝她不要固执己见。她已经费了相当大的力气取得玛克同意,要他星期日不要为了避免和母亲说话离家外出。她好不容易让玛克允诺,至少要顾全面子。其余的问题以后再说!她的本能告诉她,对有些孩子气的固执需要通融一点,因为这是一种病态。西尔薇准备设法治疗玛克的这种病态,然而第一个办法就是装作不去管他的样子。安乃德情绪过分激烈,不能同意西尔薇的明智办法。西尔薇没有把她的想法都告诉安乃德。她把安乃德看成另一个受伤者,也需要治疗。但是她不能承担治疗安乃德的任务。安乃德只能自己当她自己的医生。目前,西尔薇能做到的只不过是使母子之间已经搞坏的关系,不要再恶化。

安乃德没能搞清楚儿子对她的敌意到底有什么秘密的原因。她只好忍耐着。星期天晚上,她动身离开巴黎。她在痛苦中至少得到这样一个使她放心的印象:她把她那个令人不安的少年人交托在明智的手中了。

*　　　*　　　*

西尔薇须用尽全部经验,全部直觉,她调皮的外交技巧,加上果断而机灵的巴黎妇女的坚强手腕,才能够在后来的三个月中,把她发誓要驯养的那只野猫拴住。她让他住在紧挨她自己的卧室的一间房间里,也就是整套房间的最后一间。有一扇门通向楼道的出口。西尔薇掌握着钥匙。在她允许玛克接待朋友的日子,才把门打开。在那时刻,玛克准知道没有任何冒失的眼睛在监视他的访客。这是"上帝的停战令"[①]或者说是"魔鬼的停战令"。西尔薇一直是遵守的。她也从不窥探玛克在他房间里干什么,阅读什么书,写什么东西。他在他自己的领域内,西尔薇不去搅扰他。可是玛克不能越出他的疆界,除非在规定的停战时间内。在平时,他要出来就必须通过西尔薇的卧室,任何别的出口都封锁了。那倒是真的:玛克出去以后,很可以不再回来。为了试探虚实,他故意半开玩笑半当真地威胁他的"刻耳柏洛斯"[②]。西尔薇把上嘴唇一翘,露出两颗犬齿,用同样的嘲笑口气回答说:"我的漂亮小伙儿,你会后悔的。"

"好!你拿我怎么办?"

"我在寻找走失的家犬的布告栏中,贴一张寻找你的布告。你放心吧,不论你在哪里,都有我的人,可以找到你,把你抓回来。"

"这么说,你现在跟警察局有联系了?"

"如果需要,我不怕采取任何手段……我不需要警察,我有我自己的警察。朋友,你的女朋友们不会拒绝我的任何要求。"

玛克气得跳起来:"谁?谁?这不是真话!这么说,我被出卖了?我不能有一个不告发我的朋友!我没有一个可以信任的人!"

---

① 中世纪(1041 年)天主教会以上帝的名义,禁止封建郡主们在每星期的若干天内互相杀伐。

② 刻耳柏洛斯,希腊神话中的神犬,有三个脑袋,是地狱之门的看守者。在法语中,"刻耳柏洛斯"这个词有时用作凶狠的守门人的代名词。

“有倒是有的,我的漂亮小伙儿。在你身边就有一个。”

“那是谁?”

“我。”

玛克做了一个愤怒和推拒的姿势。

“这还不够?……我明白,小老爷!……告诉你,这是对你的考验。算了,我不和你争执你爱别人或被别人爱的权利。这是一切活着的人不可一日缺少的面包。可是这份每日必需的面包,必须先把它挣来。干活吧!做一个男子汉!……你总不愿意在我们三个姓李维埃的人之中[①],成为唯一的无用之人,唯一的寄生虫吧?瞧我的手指尖!上面有针留下的伤痕。虽然我喜欢自己的手,喜欢别人爱我的手,但我没有吝惜它。我不是一个假装正经的女人。我痛快地享受了生活。可是我的生活不是别人白送的,是我出代价买来的。我一天不停地干活。我拼命地干。你也这样干吧!……别给我摆这张生气的嘴脸!我这样对你耳提面教,是给你面子。我平等对待你,你要跟我说声谢谢!说到这儿为止!无赖!”

玛克被西尔薇这样放肆地对待,气得怒火中烧,口吐白沫。他恨不得去咬西尔薇那只手一口,因为她像牵狗一样,粗暴地用皮带拉着他,摇晃他,提醒他是两位妇女的受惠者,他吃的是她们的面包。他在把面包还给她们之前,没有任何权利把自己从屈辱的从属地位解放出来。但是最使他生气的是,他也一样有公道意识,这是根深蒂固地存在于李维埃一家人心中的一种情感,所以玛克认为西尔薇说得有理,对于她的无礼冒犯,简直无话可答。他要保全作为男子汉的面子……

此外还有一个他不大愿意承认的理由:那只他想咬一口的手,对他有吸引力。西尔薇对他产生一种使他生气的魅惑作用。

西尔薇自己知道她的魅力。这是她的武器之一种。她决不会忽

① 安乃德、西尔薇、玛克,三个人都姓李维埃。

视这种武器。

巴黎女子有两三个青春。如果她们不是知道掌握分寸的法国女子,本来还可以有更多的青春。西尔薇正处于第二个青春中。这个青春也是很诱人的。如果她愿意,她可以使任何人为她着迷。她愿意玛克在一定的分寸之内为她着迷,也就是有利于她对玛克进行监管的分寸之内。这种分寸是诚实的。再多越过一条线,她可能要冒不诚实的风险了。必须是西尔薇,才能够不越过这条线。

她知道,一个小伙子被欲念、骄傲和学校给他灌注的一大堆知识弄得枯燥之至,在强烈的渴望之中过着萎靡不振的日子,他渴望温情的抚慰,渴望既使他急躁又使他平静的绿荫和流泉,渴望在梦中把发烧的额头靠在丰满而柔软的酥胸上。呼吸温暖清新的酥胸发散出来的春天花园中的芳香,百花之王的美丽女子身体的芳香！她知道这些狼崽子们对生活如饥似渴的好奇心。对他们来说,所谓享受,其中四分之三是认识问题。而认识常常可以代替享受。认识！这场围猎！而猎物就是生活。

"那好,你跑吧,朋友！我将带领你去漫游。漫游将使你忘记猎物……"

他们两人在西尔薇的房间,围桌而坐。晚上,玛克做完了他的功课。他们在延长夜晚的聚会。她的手指不停地活动。她在捏一顶威武的、很好看的盔式女帽上的弧形和鼓起部分。她不瞧玛克,可是知道玛克在瞧她。

"瞧吧！我值得瞧,可是我的话更值得听……"

孩子用他的眼光整个儿地吞噬着西尔薇,从容不迫地,从她的脚尖,一直看到她的耳尖。(她耳朵细长,像山羊耳朵。)她不让对方的思想有足够的时间在沉默中静待他想偷吃的禁果成熟,她的舌头一刻不停,用一条涂金的链条牵引着玛克。她故意不向他提问题,并不设法打听对方的秘密。使他说出秘密的最好办法,就是不要问他。是她在东一句西一句地叙述她过去的冒险史,她的某一个疯狂(和明智的)鲁莽行动中的幽默情节。在那些行动中,她有时丧失了她的品德,可是从来没有丢失过她的罗盘针。她调皮的舌头一边舔湿她准备用牙咬断的线,一边顺便描绘着人们的侧影、他们的姿态和可笑之处;同时也不放过她自己的可笑行为。她拿玛克当心腹,带他漫游充满危险的地段,可是她良好的兴致能够化险境为坦途;她的笑声能避免愚蠢的行动和官能上的骚扰。她的态度是完全自然的,人们不会深究她所叙述的事情是否合乎道德。这是一种令人头晕目眩的戏剧性场面,其中机智的作用比感情和官能更为重要。玛克倾听着这位无与伦比的女观察家讲述生活中的滑稽故事,被她吸引住了,有时大笑,有时不服,有时反感,有时被魅惑、被征服……西尔薇好像对她所讲的得意或失意的经历并不感兴趣,只是作为故事来讲而已。玛克是多么好的伴侣!有几次,他产生一种强烈的愿望,想亲亲西尔薇的脸!可是他的幻想还来不及形成,已经烟消云散。西尔薇用讥笑的眼光,用看透他内心的眼光注视他一下,他这种冲动就立刻被打消。不要有任何邪念!他很生气,因为不能在她的眼光下采取严肃的态度。他一边生气,一边哈哈大笑起来。一同大笑,彼此了解,多么美妙的事!笑,能够治愈这些小青年的骄傲,或病态的垂头丧气,他们有时认为自己有一切权利,有时否定自己的存在。玛克的激情在膨胀。这些激情和他的身体同时长得太快,在他身体中,孩子的气质和成人的气质在不成比例地并辔奔驰。这种激情,以及他天生的并且对着镜子训练出来的悲剧式皱纹,正和丝绒帽子上的弧形鼓起部分一样,被西尔薇这位巧匠的拇指所纠正。她知道聪明的笑有补身强神的作用,因为她自己实践过。我们却不能将这种办法介绍给别人!每种办法的效果因人而异。谁要是没有西尔薇的巧手而想模仿她的办法,会后悔不迭的。巴黎名产。S. G. D. G.[①]

姨母和外甥是两个巴黎人。他们俩配合得很好。西尔薇从容不

① “未经政府保证”一语的缩写。

迫的坦然的自由和健康的嘲笑，能引起没有阴影的信任，虽然总不如光明坦率有利于健康，渐渐地却在玛克身上引起了信任。他也坦率地叙述起自己的经验来，甚至从对他不利的角度叙述，而且这个多疑善嫉的孩子并不因为西尔薇嗤笑他而生气。不久之后，他不但自述过去的情况，也摊出他当前的情况。当他准备去干一件蠢事时，总要先向西尔薇征求意见。这样做并不足以制止他去干蠢事，但至少他不再怀疑自己是蠢人。

当西尔薇知道已经无法拦阻他去干那件事的时候，就干脆对他说："去吧！可是要注意情况，大笨牛！"

等事情过去以后，她问他："说吧，你瞧见了那蠢猪？"

"我瞧见了。我自己就是蠢猪，你说得对。"

他们两人在巴黎来来去去。西尔薇什么全知道。她也什么都不隐瞒……"是什么，我就叫它什么……"

没有虚假的羞耻心，她直率的语言，对待工作的严肃态度，高度的正直，形成了自由和秩序之间的平衡。那小伙子乱了套的精神状态，在这种环境中重新缓过气来，恢复了自制的能力。就这样，从这种在胆怯的眼睛看来似乎是危险的持久的亲密关系中，在一个老前辈和一个初出茅庐的小后生之间，建立起坦率的同伴式友谊，而且毫不夹杂模棱两可的成分。

虽然如此，对玛克来说，这种亲密的感情并不是最严肃的事，它不过使他暂时放开心中的其他思想而已。

*　　　*　　　*

西尔薇对玛克从来不谈安乃德。姐妹俩互相通信。于是玛克起了疑心。他想象西尔薇每周都给安乃德打一个关于他的报告。精细机灵的西尔薇深知玛克不懂分寸，故意引他上当，把一封没有封好的信扔在桌上。不用说，玛克一定会打开来瞧的。玛克发现信中根本没有提到他。他本应当满意,可是他却恼火了,她们根本没有把他当一回事。这可是超过了他的要求。他着急地问:“你们到底怎么回事,老那么来回写信?”

西尔薇说:“我们相亲相爱。”

“古怪的趣味!”

西尔薇哈哈大笑:“你说谁?”

“我说你们两人。”

西尔薇揪住他的耳朵:“你吃醋了?”

玛克大声否认。

“你没有吃醋?你做得对。不然的话是没有救药的。”

玛克耸耸肩。他半信半疑,想知道究竟。为什么两个这么不同的妇女,会是姐妹而且相亲相爱?……母亲究竟是怎么回事,他开始考虑这个谜。

安乃德沉住气,不再以她过分操心的母爱去烦扰玛克。她按照西尔薇的劝告,有什么心事只跟西尔薇一个人讲。玛克也不像从前那样嫌他母亲碍手碍脚了。不过他反而为缺少这个碍手碍脚的人而感到不快。暑假到来,玛克答应西尔薇的要求,去找他母亲。

但是这个考验,对母子二人来说,时机都还没有成熟,安乃德不和玛克在一起时,可以克制她对玛克的热爱,一旦玛克在她身边,她的热情就克制不住了。她一直苦于没有这种机会。几个月以来,她心中干渴得要命。她在内心高声祈求着一滴雨水,母子之爱的雨水,祈求着爱的洪流。她徒然想起西尔薇给她的明智劝告:“如果你要别人爱你,就不要过分显露出你自己爱他。”

爱能够隐藏起来吗?除非是半心半意的爱!母子二人对任何东西都不能只要一半,都是这样要求:全部都要,或者全部都不要。如果说母亲要的是全部感情,儿子则和母亲相反:什么感情都不要。

玛克终于来到他母亲身边,心中充满自相矛盾的情绪,深深的怨懑和火热的向往,好比一团带电的云,恨不得将电流发射出来。可是他母亲是一个内心深处充满风暴的妇女,他一看见她,身上的火焰立即缩入云层底下,感情的天空空无一物。只要她的手、眼光、言语一接触她的儿子,她那吞噬一切的热爱立刻占领了他。玛克赶快向后退缩……止步!又是一次福音书上的“不要碰我”!

“怎么?甚至对于爱你的人们也是这样?”

“尤其是对于爱我的人们!”

他不知如何解释。可是人的本性可以解释:时机尚未成熟,他不应当向人倾吐衷肠。

母亲贪婪地吸吮儿子……“你寻找吧!水漏掉了,用你的手指,用你的嘴,你可以在沙中寻找水源……”

她把玛克看得太过娇嫩了。和所有的母亲一样,她不放心的首先是他的健康。她那些无微不至的询问,问得小伙子不耐烦了。他露出不值得理睬的微笑,避而不答。事实上,玛克的身体能顶得住,虽然外表荏弱。他长高了,面孔瘦削,苍白寡血,营养不良,心神不宁,在发烫的嘴唇上,几点细细的瘰疬开始冒尖。他病态的外形根源在于精神混乱。他母亲和他分离已久,看不透他的思想底蕴了。她在他嘴上,他少年的额头上,看到过早的身心困乏和疲劳的痕迹,以及辛辣的嘲讽神情。她心里难受地想:“他干了什么事?他看见了什么?”

她战战兢兢地想,这个神圣的年轻肉体已经有被玷污的痕迹。她觉得自己有责任。为什么要抛弃他?可是他坚决拒绝她。对于一个灵魂之门紧闭的人,我们有什么法子保卫他呢?破门而入吗?安乃德已经碰得头破血流,这把顽固的锁,坚硬的金属,她自身的金属……再说,如果她进去,她会瞧见什么呢?她一想起来就害怕。

玛克发觉有人在窥探他,于是他把灵魂之窗全部紧闭。是的,母亲的眼光所捉住的是真实的,这些被玷污的痕迹是真实的。在童贞的皮肉上,智慧之树[1]留下了阴影。是的,他过早地见识了和经历了许多

① “智慧与善恶之树”,根据基督教传说。此树生长在“伊甸园”中,树上有禁果。亚当吃了禁果,情窦顿开,和夏娃发生了肉体关系,犯了“原罪”,双双被逐出“伊甸园”。

事。可是母亲没有察觉:在已经撒下种子的灵魂上所发生的反作用,健康的反感,正直的痛苦,反抗和激情冲动两者的结合,而两者都隐匿在内心的羞耻感之下,男性的本能促使孩子单枪匹马,独自作战。

因此,既然玛克拒绝他母亲进入他的生活领域,母亲只好容忍和儿子这种毫不亲密的关系,各立门户,不相往来。这种生活是不愉快的。安乃德已经不注意她自己的生活索然寡味,可是这种生活使玛克仿佛穿上了粗布内衣①,皮肤都磨破了。这种悲剧的严肃性,安乃德自己已经不觉得,而玛克则感到十分沉重。他并不认为他拒绝给他母亲的是能使她愉快的唯一光明,也不认为他使母爱之花的蓓蕾冻僵了。陷入内心斗争中的安乃德,想从斗争中解脱出来,无意之中暴露了她正在经历的思想不安。玛克在其中嗅到和他自己的思想太多的相似之处,所以他不得不远而避之。

小城市中生活平板,令人麻木的气氛,不可能找到令人暂时忘却家庭生活阴影的消遣办法。在八月的阳光下,丰盛的、笑容可掬的田野,在金黄色的庄稼成熟期中,昏昏欲睡。用小伙子的手臂拥抱这个田野,该多么惬意!可是玛克这个巴黎少年对于大自然还不是很敏感,有太多别的事物激动着他的思想和官能感觉!睁开眼睛读田野之书上谱写着的无声音乐,这样的时期尚未来到。人必须更成熟些,才能够发现不加修饰的风光和紫云英的馨香和价值。如果这种香味沾染在他身上,也是不知不觉的,后一段时间,它的魅力才能渐渐发生作用……

安乃德拉着玛克去散了几次步。有一个第三者在场,就足以打断心灵与大自然的对话。安乃德自言自语。她热烈地享受着大地和空气给她的欢乐。她夹在小伙子和大地以及空气之间。

"不要挡住我的太阳光!"②

---

① 指苦行僧穿的粗麻布内衣。

② 原文没有标明这句话是安乃德对玛克说的,还是玛克对安乃德说的。查上下文的语气,显然是玛克的话。玛克不欢迎安乃德和他一起郊游。

安乃德喜欢步行。玛克看见了她强健的精力,她那被步伐和血脉流通的迅速节奏重新唤醒的青春。他看见她奔跑、喊叫,为了一朵花或一个昆虫激情洋溢。将来,玛克回到巴黎之后,会重新想起这些印象:她的嘴、眼睛、微湿的胸脯(有一次,她在高兴中狂热地搂抱他,而他呢,装出对这种亲昵的动作表示反感的态度)。在目前,一切他都看不顺眼。这个妇人使他疲劳。他很快就喘不过气来。他觉得丢脸。当她放慢脚步,使他能跟上的时候,他简直不能忍受。他坚决拒绝再去散步。

于是,他除了烦闷,没有别的办法了。他毫无顾忌地表现出闷闷不乐的样子。并不是抱怨,不!他什么也不说。他在作自我牺牲。

在玛克的各种姿态中,安乃德最不能忍受的就是这种自我牺牲姿态……

“牺牲你自己,我的朋友?我可不要你牺牲。我宁愿没有你这个人!……”

她作了一次最后的努力……她想:“他所缺少的是巴黎?让我们回到巴黎去吧!”

她去巴黎和玛克一起度过暑假的最后三个星期,虽然在她心中非常不愿意回巴黎。

将近一年来,在巴黎人中,和安乃德有来往的除西尔薇之外,只有还是未婚妻的小寡妇①丽蒂亚·莫里西埃。安乃德和她通信也愈来愈少,愈来愈疏远了。这两个妇女相亲相爱,然而两人在交换思想时,有些言语却不能顺当地说出口,双方心里隔着一道栏杆,有一种她们不愿意深究的窘态。她们互相保持着温爱的印象,亲吻对于双方来说都是很甜蜜的。可是两人并不愿意晤面,因为见面时就不能不有所说明。安乃德回到巴黎听说丽蒂亚不在巴黎,要两星期后才回来,她觉得有点失望,同时又感到轻松。

---

① 未婚夫妻尚未结婚而男方死去,法语中也称女方为“寡妇”,我国北方口语叫作“望门寡”。

上述情况,只是安乃德回巴黎的顾虑中最小的顾虑。还有别的顾虑！她宁愿事先不去想这些事……结果,情况比她担心的更为糟糕……

这哪像回家！……由于她自己不住在那里,便将住所留给两个难民,亚莱克西和亚波丽娜使用,只保留下她自己的卧室和玛克的卧室。现在两个难民把所有的房间侵占了,他们把自己看成寓所的主人,在他们眼里安乃德倒成了不速之客。他们勉强同意安乃德住下,似乎是给她的一种恩惠。恩惠这个词和亚波丽娜阴沉的面孔极不协调。只是两人听说安乃德只住二十来天就走,他们的脸色才稍稍开朗了一点。可是亚波丽娜居然提出只许安乃德住一个房间。她认为,只住三个星期,儿子和母亲完全可以在一间房中睡觉。玛克发火了,他要求恢复他的权利,采取军事手段,把亚莱克西的破烂衣服从他的卧室中扔出去。最令人难堪的是,安乃德发现她的住所已经不成样子,又脏又乱,盘碗餐具像遭了抢劫一样,厨房用具有的烧坏,有的沾着厚厚一层油污。墙壁上溅满了水,水到处流淌,腐烂了楼板。家具被损坏,窗帘被撕破。他们对什么也不爱惜。侵占者毫不客气地从安乃德房中把最好的毯子、床上用品取走,供他们自己使用。画像、图片、安乃德家中视野内的一切,全被移动了,用别的图片代替,或者正面靠墙放在地上;有的胡乱堆起来塞在贮藏室里。亚波丽娜挂上了她家人的肖像,都是一些吓人的嘴脸;此外还挂着一些宗教迷信用品。书籍和纸张,除了少部分锁在抽屉中的以外,全被他们弄乱了。倒不是由于好奇(亚波丽娜不识字),而是由于闲得没事干,手指发痒。从留在书页上的湿印和卷角,可以看出他们留下的痕迹。在每个房间里,都能闻到窟穴的气味。玛克又反感,又恼火,宣称要把这两只黄鼠狼扔到楼梯上去。安乃德设法让玛克平静下来。她向亚波里娜严厉地提了几点意见,遭到对方的冷待。她刚刚说了几句,就被压抑的情绪所制止,她觉得陷入了精神混乱和悲剧的危机之中。

姐弟二人互相躲避。两人之间仿佛存在着敌意、反感、愤怒或恐惧。安乃德突然回来,迫使姐弟二人重新同室而居。两人常在夜间发生剧烈的争吵。有时用压低的嗓子吵,有时是一场雷雨般的吵闹,有时突然爆发出几声亚波丽娜的怒骂和高声的叫喊。接着,又沉寂下来。一个星期以来,这种情形一直在继续。有一天半夜,亚波丽娜叫喊着走出房间。安乃德从床上起来,叫她不要吵闹。她发现亚波丽娜在楼道中,几乎一丝不挂。她用手指抓自己的身体,一边哭喊着。她已经失去理性。安乃德让她进入自己的房中,竭力使她安静下来。安乃德重新躺下了。亚波丽娜站在安乃德的床前,垂头丧气,发出一大串粗暴野蛮的喊声。安乃德用手捂住亚波丽娜的嘴,怕她闹醒睡在邻室的玛克。(玛克已经侧耳谛听好一会了。)在亚波丽娜一大串杂乱无章的话中,安乃德听出了使她感到遍身发凉的真情……

这一夜过去了。亚波丽娜盘腿坐在地毯上,挨近枕头,嘴里嘟囔着。她时而沉默,时而狂怒地背诵祷词。最后,她睡着了,张着嘴,打着呼噜。安乃德根本没有睡着。熹微的晨光中,安乃德靠着床沿,注视着倚床沿睡在地上的女人。她仰着头,一副像被追逐的野兽般野蛮而惊慌的嘴脸,一个古代的线条粗阔,可怕而又滑稽的戈耳工①的脸谱:没有眼睛,张着大嘴好似在无声地呐喊,在安乃德注视下,戈耳工醒了。她一眼瞥见上方有一双眼睛在观察她,立即站起来,气势汹汹地想往外走。安乃德抓住她的手腕,不让她走开。她嘟囔着说:

"你还要我干什么?……放开我!你从我嘴边夺走抹了粪便的面包,我的耻辱,我的财富……你还要什么?你恨我,鄙视我。我也同样对待你。我是肮脏货。你还不如我。"

安乃德说:"我不恨你,也不鄙视你,我觉得你可怜。"

"啐我吧!"

"我不需要裁判你,你的上帝会裁判你的。可是你疯了,我怜悯

① 戈耳工,希腊神话中福耳库斯和刻托的三个女儿,格赖埃的姐妹。她们的头发都是毒蛇,嘴里长有野猪的尖牙,身上长有翅膀。三人中最小的叫墨杜萨,任何人只要一见她的脸,就会变成石头。

你。整个世界都在发狂。谁也不知道到明天自己是不是也会疯狂……但是你不能再住在我家里。”

“你赶我走?”

“我有儿子,必须保护他。”

“你叫我到哪里去?”

“劳动！找一件工作做！两年以来,全国都在困苦中,你们两人怎么能什么有用的事都不干?”

“我们的困苦不比全国的困难少。让别人付出代价吧!”

“如果你们自己不帮助自己,谁来帮助你们呢?你们的疾病,腐蚀你们的毒瘤,都是由于你们不干活造成的。只有劳动能够挽救你们。”

“我不能。”

“怎么?像你这样强壮而且习惯于田间劳动的,你却苦于精力无处使用,好像把狼关在笼中一样把自己关在笼子中,而向上帝嚎叫?上帝,就是劳动。”

“我不能劳动了。我需要我的产业,我的田地。他们夺走了我的一切,毁坏了我的一切:我的产业,我的田地,我的亲人们。我什么也没有了。我只剩下他(她指指亚莱克西住的房间)。我恨他！我恨我自己！我也恨上帝。这一切都是上帝愿意的。”

“我呀,我替上帝抱屈。我是不信上帝的。我怜悯上帝。你们反叛了上帝。憎恨,憎恨,你们满嘴只有这一个词儿。别的你们什么也不知道。如果有一个上帝,他给你们意志,你们将怎样利用你们的意志呢?”

“我要把它扔进臭粪堆中,塞进这个上帝给我的肉体中。我要向他报仇。他在我身上,我要毁灭自己!”

“你们的上帝和蝎子一样。如果蝎子不毁灭别人,就毁灭自己。”

“这是凡尔登[1]的上帝,今天的上帝。”

“你使我痛苦。你别再缠我！你也要毁灭我吗?”

---

① 法国东北境内的名城。在第一次世界大战期间,从一九一六年二月至十一月,德国人侵军队曾在此地区发动多次猛烈进攻,均为法军所挫败。

“我不会再麻烦你太久了。”

她逃开了。

就在当天,姐弟二人从安乃德家里搬出去了。全楼的人都松了一口气。他们住在这里,成了邻居们不断抱怨的一个原因。安乃德是愿意他们搬走的。可是她看到他们走了,又不放心。她想知道他们的新住址。亚波丽娜拒绝告诉她。安乃德想给她一点钱,也被亚波丽娜用一个粗暴的“不!”字拒绝了。

在这一星期中,安乃德同一层楼上的邻居,年轻的沙陶奈从前线回来度四十八小时的探亲假。他是把自己关在家中度过这段时间的,谁也没有瞧见他。

可是玛克隔着墙在听脚步声,同时用他锐利的眼光观看战士返家后无言的戏剧性场面。

克拉丽丝已经不是一年前的克拉丽丝。疯狂的旋风曾经吹到她身上,现在平静了。她回到老家,静悄悄地,关在住所的四堵墙壁之中,关在更加严密的思想墙壁之中,从一间房走到另一间房,来来去去,寂然无声,不碰响家具,也不踩响楼板,像猫儿一样。她不见瞳仁的眼睛像丝绒一般,从外面看是光亮的,可是没有从内部发射出来的光芒:在掩饰她苍白面颊的脂粉下边,人们也看不出她的回忆和梦幻。饥饿的丈夫回到家里,咬着家园中的果子,已经尝不到以前留下的灵魂的味道。虽然在各方面他都是一个可怜的观察者,却一眼看出在门面后边房子已经变了样。发生了什么事?怎样能知道?微笑的门面,丝毫不透露秘密。他徒然拥抱她。他抓不住她的思想,只能抓住肉体。这个肉体干了些什么?还有这个身体的见证,她的思想,看见了什么?她想要什么?知道些什么?隐瞒了什么?……她将永远什么也不说。他将永远什么都不知道。

他们从容不迫地谈了些家常闲话。突然,男人的声音含有怒意。没有明显的原因。他自己也觉得。她沉默了。他们无话可谈。他暴露了自己,觉得可耻;同时非常生气,因为不能强迫她吐露自己的秘密。他俩彼此贴在一起,同时又彼此封闭着。男的站起来,一言不发。他出去了,把通向楼梯的门砰然关上。克拉丽丝没有动静。可是,过了一阵,玛克听见她擤鼻涕的声音。他知道她哭过了。

探亲假期满了,丈夫要动身了,这时两口子却没有什么话可说。如果他们把心里话说出来,会使生活的门面崩塌。他们害怕动摇这个门面。如果他们没有过去的门面,没有过去生活的虚幻形象作为立足点来寄托他们的鸟巢,他们如何能够在当前被轰炸成废墟的荒原上生活下去呢?他们互相告别。他们的嘴唇是干枯的。他们互相拥吻,他们相爱着。然而他们彼此成了陌生人。

在这同一星期中,也就是安乃德要在巴黎度过的最后一周中,丽蒂亚·莫里西埃回来了。

她和安乃德重新相见时,双方重温了亲热的情谊。还没有来得及说一句话,她们的嘴唇已经吻合在一起。但是,等到交谈起来,她们觉得好像在隔着墙说话。两人都知道,唯一的一扇可通之门,即使她们掌握钥匙,也不会把它打开的。最痛苦的是,两人之间隔着一道栅栏,她们愿意互相接触,但是她们不愿意做任何拆除栅栏的努力。

丽蒂亚丧失了坦率、憨直之花。以前,这种诗一般的风韵使她每一个动作都散发出芳香。现在,她把这种风韵严峻地压抑下去,用黑色的丧服和面纱覆盖起来。她把她牺牲了的本性献给死者。开始时,她陶醉于痛苦的神秘主义①中,但没有能继续下去。这种神秘主义令人心碎的病态般的魅力已经消失。那样的精神状况,除非故弄玄虚,否则不可能延长下去。心在求饶了。心要求忘掉这一切。心是在意志的皮鞭抽打下,推着碌碡转圈子的奴隶。丽蒂亚强迫自己想到死者,她挺起绷紧的身体说:“想他!想他!”这还不够,要“像他那样思想!”

她贬斥了自己的全部思想,为了接受她想从遗忘中抢救出来的那

① 指她与死者的灵魂神秘地交谈。

个人的思想。(在漫漫长宵的寂静中,人们的灵魂在同毁灭他们宝贵爱情的死亡进行着悲剧性的斗争。)她用干燥和火烫的观点形成的理想主义,披挂全身。这种理想主义本来是纪莱父子灵魂的纤维。他们在通过她的嘴,她的充满伤感的年轻温柔的嘴说话。

听她说话,令人感到多么奇特,多么难受!安乃德遍身发凉地听丽蒂亚讲,不知道该怎样回答她。安乃德觉得这个可爱的姑娘为了勉强自己相信她并不相信的话,勉强自己去想她并不愿意想的事,正在故意不真诚地,勇敢地说假话。安乃德不能回答她,因为如果揭穿对方的假面具,那是不人道的。丽蒂亚全仗这副骨架支撑着,她这株被折断的柔弱植物才不至于倒下来。可是,即使安乃德闭口无言,丽蒂亚仍然可以从安乃德紧闭的嘴唇上,看出她心里想说的话,于是她在两人之间已经关闭的门上,再插上一支插销。

她盛赞这场夺走她的生活和幸福的战争。她神经紧张地预祝当前的搏斗酝酿着没有把握的未来,预祝今天的大屠杀和不公道换来明天的正义与和平,换来一个烟雾弥漫的救世主的世界;在千百万人的哀伤上,在她自己的哀伤上,她心爱的人鲜血开花的肉体上,(对于她来说,这是唯一算数的!)将要建立起不值一笑的所谓上帝的统治,对于失去了上帝的人们来说,这将是无形的上帝;西方的人们已经没有上帝,可是他们无论如何需要一个上帝,全天下的民主就是他们的上帝!

啊,伤心的温柔的小嘴,在你的唇上说出来的这些话,听起来是多么虚假!你痉挛的微笑,反映了何等可怕的内心创伤!

丽蒂亚高举她的信念,以此标榜自己。她猜想安乃德已经没有这样的信念,(她曾经有过吗?)猜想安乃德对于这一切事物,一切观念,都不相信了,已经完全没有蒙蔽爱国者眼睛的激情。这种情况,安乃德自己本来没有意识到,这回由于她和丽蒂亚本能的对立而各走各的路的时候才意识到了。这种分歧让这两个妇女不约而同地说:“唉!在这个大地上,我们永远不会相遇了!”

可是在这个大地上,往哪里躲避呢?人们已把这大地糟蹋成什么样子了?

在这一九一六年夏季的最后几天中,巴黎的气氛,世界的气氛,令人窒息。大地是张开的大嘴,它在向死亡嚎叫,它狂怒的喘息发出人类尸体的恶臭。索姆和凡尔登两个战场上捣碎的人肉埋成坟堆,不能满足大地的欲望。自从阿兹代克对各族人民进行神圣的大屠杀以来,老天爷还没嗅到过这么巨大的万人塚的臭味。在死亡的圆圈舞中,又有两个邻近的国家刚刚兴高采烈地参加进来。这是两年以来第三十二个宣战的国家。跳舞者起劲地顿足,新闻界人士蹲坐在自己脚后跟上,围绕着舞场。他们用手指的格嘣格嘣响声打节拍,拿白骨当鼓槌,敲打小锅,大声喊叫。德国新闻界在唱弗朗索瓦的新赞美歌,对仇恨,我们的姐妹唱颂歌:

人们给我们信念、希望和仇恨。

仇恨是三者之中最伟大的……

在法国,科学界嫉妒九十三名知识分子的宣言①,也想搞法国的"九三宣言"。于是法国知识界最近发表了丧失理性的荣誉的纪念碑式的著作:《德国人和科学》。在这部著作中,除了两个名字之外,法国思想界最大的人物不但把德国人排斥出欧洲大家庭,而且还在很博学地分析了德国人的大脑,骨头和排泄物之后,把他们排除于人类之外(马弗里乌斯和庞克拉斯)②。一位科学大师要求把柏林夷为平地:"为了在这骄傲的国土中心,留下一片废墟形成的复仇的绿洲"③。一位法学大师阐明了对德国人进行报复的合法性。一位自由天主教派

① 一九一四年十月,九十三名德国知识界知名人士联名发表宣言,鼓吹对法国发动无情的战争。

② 马弗里乌斯,古罗马议事广场上的一个石像的名称,在石像的座墩上,不同党派的人贴出互相争论、谩骂的文字;庞克拉斯,莫里哀喜剧《逼婚》中的人物,假学者。

③ Sic,意为原文如此。——原注

的代言人,诚实而受尊敬的人物,祝贺法国天主教徒毫不犹豫地以基督的名义绝不原谅德国天主教徒。另外一位合唱队的指挥要求将德国皇帝抓来,作为他个人的战利品,关在巴黎植物园的熊圈中。总之是滑稽与可憎结合在一起的绝妙文章。等于答尔丢夫加上乌蒲老爹①,在拉小提琴伴奏的人们之中,有舞蹈教师,伪善的轻举妄动,升高到喜马拉雅山的顶峰,一个假仁假义的部长,在众议院的一次会议上,用含泪的声音发言,称赞受政府津贴的各家报纸忠心耿耿的庄严态度,议席上的同僚们听了为之神往,大声喝彩。还有威尔士的牛皮大王劳埃德②,这个极小极小的克伦威尔,西哈诺③的变种,一手拿着《圣经》,一手执着宝剑(别人的剑),向浸礼会教士们宣道,提倡《新创世记》,把当前的战争比作上帝创造世界的开始几天,他自己就是当前的天主,他的雷霆之火打击罪恶的儿子们,也就是和平主义者们。"因为没有任何不人道的行动,任何缺乏怜悯心的行动,比和平主义者们企图中止战争的主张更为残酷。"与此同时,无动于衷的美国将杀人凶器源源不绝地运到旧大陆上倾销,大发横财。因为右手完全不必知道左手在干什么。《圣经》中只是写着"你不许杀人",任何地方都没有写你不应当冠冕堂皇地制造杀人凶器,只要它们是高质量的,而且能大赚其钱。

安乃德双手捂住耳朵,鄙视使她恶心的这一切。她到她妹妹身边去躲避了一下。可是,西尔薇除了她的亲人,她所爱的人,她的珍宝形成的小圈子以外,其他人们的幸与不幸,她才不放在心上。这位媚人的女子说:

"亲爱的,何必自寻烦恼呢!只要耐心等候就行。你瞧我!我在等候。反正有一天,该结束的都会结束的。但是我们不能性急。还必须继续一个时期……你瞧,在我相好的人之中,有一个漂亮小伙子,三

① 乌蒲老爹,迦里(1873—1907)的闹剧《国王乌蒲》中的主要人物。
② 劳埃德,第一次世界大战期间曾任英国首相。
③ 西哈诺,法国戏剧家罗斯当(1868—1918)同名喜剧(发表于1897年)中的人物。

条杠杠[1],挂着军功勋章(他不久前战死了),他曾经对我说:‘我们必须杀死一百万德国佬!’”

安乃德惊异地注视西尔薇的眼睛,看对方是不是在开玩笑。不,西尔薇态度是严肃的……当然不是太深刻的严肃。她在说刚才的那句话时,一点也不动感情。她对她宣称该杀死的敌人,事先并没怀有仇恨,不过,既然非这样办不可……

安乃德对她说:“你知道,要杀死你所说的一百万人,我们至少要付出五十万人的代价……”

“啊!那么你说该怎么办,我的好人儿!总得给自己找个理由!……”“找个理由?他们并不缺少理由!他们要找一打多理由都可以……”

交际场上又活跃起来了。那些“茶室”[2]挤满了人。西尔薇的妇女时装店里,漂亮的女顾客们纷至沓来。这已经不是过去几年间的那种神经紧张,不是战争开始时那种准备接受考验的刚强态度,也不是那些仇恨或寻欢作乐的病态反应:断断续续地发高烧,震荡着人们的官能感觉。

这是可怕得多的现象。人的天性已经习惯了,适应了新的条件。千万年来,当分娩的大地在抽搐时,人类的卑鄙与奇妙的可塑性,使人像一条虫子一样,从生命的缝隙中滑过去,至于那些不善于否定自己,屈就环境的族类,只好被淘汰了。如果要赞美在极不正常的时期恢复正常生活的本领,那么巴黎可以说首屈一指的了。

然而安乃德却不准备赞扬这样的巴黎。她看见了反映在儿子脸上的巴黎。这面镜子使她恐慌,玛克不再露出坐立不安的兴奋:一阵阵的冲动、粗暴的表现,以及去年夏天那种使他母亲不放心的扮鬼脸般的狞笑。他什么也不表露了。他对一切漠不关心。他苍白的面孔,像池水般沉静,被压抑的大气一直沉在深底里。水是浑浊的,但是没

① 军衔标志,三条杠相当于上尉的等级。

② 原文为英文。

有波纹。水面纹丝不动。除此之外,什么也瞧不见。世界在水面上没有任何反映。他睡着了……

他好像在睡觉。周围狂风猛袭树林,树林被刮倒,死亡的喘息,触鼻的恶臭,聒耳的喧噪,焦虑不安的母亲俯身向着他的床,而他好像什么也看不见,什么也感觉不到,什么也听不见。可是谁知道呢?在水池边光滑的斜坡上,一个生命正在酝酿中……将他暴露在阳光之下的时间未到。如果他要揭露,也不会对他母亲恳求的目光揭露。

只是在和西尔薇谈话时,他才稍稍透露出一点自己的情况。和西尔薇在一起,他很自在,而且从容不迫地谈话。他和母亲在一起时,他检点自己,又观察对方。再说,他现在对待母亲的态度也和以前不一样,他不再唐突无礼,不再发火。现在他很有礼貌。他耐心听母亲说话,不再反驳。他耐心等待着。他等待母亲快走。

*　　　*　　　*

安乃德走了,她不知怎么办才好。她和儿子比以前两人冲突时更加疏远了。在互相对立时,她和对方还有联系。可是对于一个对她漠不关心的人,她和他就没有联系了。在玛克眼中,安乃德已成了无用之人。他有别人,比方西尔薇,这就够了。谁要是离开自己的位置,就会失去这个位置。在玛克身边,安乃德没有位置了。

在她儿子心中,安乃德已经没有她的位置。她走遍天下,哪里也没有她的位置,因为她到处发现谁也不跟她在一起,她不知道她到底是和谁站在一边的。他们的一切理由,生活,愿意生活;相信,愿意相信;战斗,愿意胜利等理由,已经像一件破旧的衣服全部从她身上脱落,像夏季过后的树叶从树上落下。然而她仍然要活。她从未经历过神经衰弱的病态,那时人的精力都胆战心惊地消融了,丧失了。而她却满身精力。她的压抑之感来自她的精力无处使用。拿这个力量做什么用呢?拿这个行动的需要,战斗的需要,爱的需要,恨的需要,

("对,我也有这个需要!")怎么办呢?爱他们之所爱,不!恨他们之所恨,决不!战斗?可是为了什么事业而战斗?单独一个人,在这场混战中,她应当转身向谁?向什么?

一个星期以来,安乃德恢复了她在中学的教学工作。十月的一个阴雨和寒冷的夜晚,她困乏地、若有所思地从学校走回家。走近她的住处时,她发现街上有平常没有见过的骚动。离开她住处不远的地方,刚刚设立了一个利用现成条件临时凑合的医院(可怜的医院)。凡尔登大战战场上的人肉堆积不下了,在向后方转移伤员。找不到更多的架子来悬挂这些殉道者们的肉体。这个被遗忘的小城第一次接到来货。第一次,人们给这个小城送来的伤员是德国人!

直到战争爆发时,这个小城市没有足够的医院满足市民的需要。那些劳动的或游手好闲的老弱病残的市民(到末了,反正他们都要集中到同一个渣滓堆中去),拥挤在几世纪以来积累着病菌和肮脏废物的狭窄、龌龊、破烂的屋子里。无论病人或医生,谁都满不在乎,因为大家都习惯了。现在由于进步(也就是说由于战争),人们标榜新思想(无非是空话):卫生、消毒……问题在于使死亡有益于健康,同时让死亡人数大大增加。为此,人们在一所新医院(原先是宿舍)的尘垢上涂了一层油漆,使石碳酸的气味和霉腐的气味混成一片,将病室置于昂勃洛亚土·巴雷[①]的旗帜之下,并且给这机构设置了洗澡间——稀罕的事物!……"

这些奢侈品,将让德国佬来试新!小城中的居民惊异得叫喊起来。他们刚刚经受了严峻的考验。最近几个月来的战斗,本城的子弟伤亡甚众。几乎每一户人家都在哀悼死亡的亲人。久已成习的麻木不仁状态,变为异常的激奋。即使是医院中的从业人员也分为两派。一部分人拒绝给敌人治疗。一份申请书正在互相传阅。还来不及做

① 昂勃洛亚士·巴雷(1517—1590),法国著名外科医生。

出决定,伤员已经到达。人们知道消息时,德国伤兵已在眼前。这个消息轰动了全城,人人都到街上来瞧。

狼狈不堪的伤员队伍已经被带到车站外边。几分钟之后,车站大街像一场大雨后的灌满了水的下水道,人挤得满满的。平时,这些居民都不招惹人,憨厚,不爱管闲事,有点儿粗鲁,可是不阴险凶恶。然而,现在他们恶劣的本能却发作起来。伤员队伍一出现,老远就听到吼叫声在迎接他们。他们过来了,两大车断肢折胫的破碎不堪的活人,在担架上抬着的像一堆破布般的伤员,一个脑袋向后垂,另一个的手臂耷拉在担架外边,手指在划着沿途的尘土。一小群轻伤员步行在前面,脸或手臂上缠着绷带。在第一排,出现一个又高又瘦的德国军官的侧影。人数显然不足够的几个卫兵跟着他们。群众高举拳头,妇女们伸出指甲,冲向伤员的行列。人们看到,夹杂在平民之间有小商人,资产者,稍稍靠后几步,甚至还有几个有社会地位的太太。真是神圣的结合!

走过来的不幸的人们站住了,稍稍停了一会。后面走来的人强迫他们继续走去。他们被推着向前走,面色惊惶,害怕会被打死:石块向他们飞来。群众高举手杖,雨伞。有人大喊打死他们,有人吹口哨。最受攻击的一个,自然就是那德国军官。他被一拳打得东倒西歪。一只手把他的钢盔摘下,抛向一边。一个大声谩骂的妇女啐了他一脸唾沫。此人已被打得跌跌撞撞……

安乃德向前冲过去……

她本来站在人群的第三排后面。眼前的一切使她震惊。她什么也没有多想,什么打算也没有,甚至没有时间考虑一下出现在脑子里的念头,便低着头向前猛冲过去,推开在她前面挡道的狂怒的人们,给自己冲出一条路来。让大家领教领教一个李维埃家的妇女的拳头有多重吧!同时她大声喊叫……她冲到德国军官身边。于是她平伸两臂,转身向群众,大声训斥:“卑鄙的家伙们!你们是法国人吗?”

这两声喊叫的效果等于抽了人们两鞭。

她一口气往下说："你们是人吗？任何受伤者都是神圣的。所有在痛苦中的人都是兄弟。"

她用双臂和呼声震慑住了群众。她燃烧的目光注视着周围人的面孔，射向每个人的额头。群众一边嘟囔一边向后退。安乃德俯身去拾起军官的钢盔。这一瞬间足以破坏她和周围群众的接触。恼怒的群众犹豫不决，挤成一团，准备扑向安乃德的咽喉……正在这时，一个身穿红十字会制服的年轻太太走到安乃德身旁，用柔和然而坚定的声音说："这位太太是按照荣誉观点说话的。受伤的敌人是受法国保护的。谁要是损害他们，等于损害法国的荣誉。"

大家都认识这位太太。她是本地最受尊敬的一个贵族家庭的成员。她丈夫是军官，不久前在凡尔登战役中战死。她的态度起了决定性作用。两个护士装束的妇女过来站在她身边。有几个资产阶级人士连忙劝他们周围的人平静些。刚才啐了俘虏一脸唾沫的那个女人，现在对一个小俘虏大声地表示怜悯。群众一边嘟囔，一边闪开，让伤员行列通过。那位年轻的寡妇和安乃德陪伴着行列前进。安乃德用一条手臂挽着摇摇晃晃的军官。

行列到达医院，没有人再出来阻挠。工作人员的责任感和人道主义的精神占了上风。可是，由于开始时的混乱，再加上缺少护士，情况严重化了（犹豫不决的医院职工夜间一个个地回来了），剩下的几个医务人员忙得不可开交。安乃德在医院里一直待到半夜，也没有人注意她。刚才那个凶悍狂怒的女人，变为一个老老实实干活的人，她为自己刚才的凶暴行动感到可耻，拼命干活以赎前愆。在此人帮助下，安乃德给伤员们脱衣服，洗身子。在这些不幸的人之中，有一个已经报废，任何手术都无济于事了。安乃德决定陪伴那个临终的人。

那是一个瘦削的神经质少年，皮肤棕色，是莱茵河沿岸，半闪米特族半拉丁族的人。多么可怕的伤口：肚子开了膛……"臭气触鼻"，[①]

① 原文为拉丁文。

伤口里有蛆虫在蠕动。突然,他震颤了一下,全身抽动起来。他咬紧牙关忍着痛。有时痛得厉害了,他哇哇地叫起来。他的眼睛一会儿闭上一会儿张开,在寻找一个人,一件东西,不论什么,只要和生命有关的东西,在他沉没的时刻可以抓住的固定的东西。他的眼光遇到了安乃德的眼光……他抓住安乃德的怜悯的眼光不放……对于在危难的人,啊!这是何等出乎意料的光明!沉没了的希望,又从水底浮起。他喊道:“救救我!”①

安乃德俯下身去,用手托住临终者的头,在他耳边用德语喃喃地说些表示同情的话。这简直是一阵甘霖洒在临终者的干枯火烫的心田上,……他抓住她另一只空着的手,把他的手指塞在她的手心里。于是,她的神经深处感到了临死者的每一次颤动。她轻声地叫他忍耐。那勇敢的孩子咽下一口气,为的是抑制住即将发出的一声惨叫。他把安乃德的手抓得更紧,让这只手抓住即将坠入深渊的他。她看见他渐渐沉没了,她的目光显得更温柔。她对他说:“我的儿子!我的小男孩!我可怜的小孩!……”②

他最后一次震颤。他张开嘴想叫她。她吻了他。她不急于把自己的手从临死者的手中抽出来,直到看见他已经完全解脱。

她走了。那时正是凌晨三点钟。冰冷的雾。漆黑的天。空无一人的街道。她房间里没有取暖的炉火。她索性不睡了,一直待到天亮。她体验了人类的可憎可恶。她的心充满痛苦。然而,她觉得心头轻松了。这颗心在人类的悲剧中找到了自己的位置。

* * *

压在安乃德身上的一切都掉在地上了。她把肩头一摆,甩掉了包袱。现在,她看见一堆东西落在脚边,更明白原先压在她身上的重量。

①② 原文系德文。

以前她说谎,对自己说谎,她躲避自己的目光,避免正视压迫她的那些怪诞的意见。她被动地接受命中注定的战争和祖国。她战战兢兢地接受这一切,用人的本性作为借口。而今,突然间,被否定、被堵住嘴、她的被背叛而没有得到满足的本性挺身而起,反对野蛮的人性。她的本性在报复,在解放自己。被野蛮的铁链所捆缚的她的胸膛,挣断了锁链,畅快地呼吸了。她要求她的权利,她的信念,她的欢乐。她也要求她的痛苦,她自己的痛苦:母性的痛苦。

做一切人的母亲,不仅是自己儿子的母亲!你们大家全是我的儿子。幸福的儿子们,不幸的儿子们,你们在互相残杀。但是我拥抱你们全体。你们第一次睡眠,你们最后一次睡眠,都是在我怀里被我轻轻地摇晃着睡熟的。你们睡吧!我是全世界的母亲!

天大亮之后,她给另外一位母亲写信,她给他合上眼睛的那个死去的德国孩子的母亲写信。她给那位母亲转达了孩子的最后一次亲吻。

接着,她重新拿起课本和学生的作业本。她没有来得及休息,又开始一天的劳动。她身上有一股新的力量,她心中充满和平。

第三部

安乃德的行动在小城中引起了轩然大波，家家户户都在议论。要是没有年轻的德·马勒伊夫人当众对她表示赞许，人们早就不容分说地给安乃德定了罪。在这样的保证之下，有几个人才点头称是。许多人却大不以为然。大家都保留着秘而不宣的愤怒。就算她有理，人家也不能容忍一个外地陌生女人来给大家上一次关于自尊心的课，而且用的是什么样的调子！

可是大家不作声，因为人们知道（在这小城中，无论什么事，几小时内就能传遍大街小巷），德·马勒伊夫人第二天去拜访安乃德，没有看到她，给她留下了邀请信。安乃德是有人保护的。大家只好把发泄怨恨情绪的机会，寄望于下一次。中学校长请李维埃夫人去谈话，仅仅向她提出一个委婉的警告。说她的爱国主义是不成问题的，只要她不到“城外”[①]去表达。她的任务是干她应当干的事，按照别人要求她的方式与时间去干，“一点也不要太多”[②]！安乃德刚一开口回答，校长立刻让步，一边做了一个和蔼的姿态……“这不是责备，这是劝告！……”可是安乃德知道，主人的劝告等于第一次警告。

眼下，她只好重新套上项圈，乖乖地钻进她的狗窝。她不得不做的事，已经做了。明天该干什么，明天会指挥她的。今天使她省去了

---

① 原文为拉丁文，引申之意为：不适当的地方。

② 原文为拉丁文。

两者之间做出选择的麻烦。因为,当她再一次去医院时,她在门口被人拦阻了。上面有指示,除了属于当地两个组织的人之外,谁也不准进入病房。这两个组织是红十字会和法国妇女会(而且两者间的关系十分紧张,简直像狼与狗一样誓不两立)。稍后,安乃德知道禁令是特别针对她个人而发的。

但是,如果说这扇门关上了,使她为人效劳的一片心愿无从实现的话,而另一扇门却打开了,在那里,她的新的母性感情将要获得用武之地。谁也料想不到,她重新觉醒的良心使她承担的义务,将引导她走上何等冒险的道路。

安乃德第一次拜访德·马勒伊夫人时,后者虽然并不放弃略带冷淡的保留态度,却对安乃德表示了含情的重视。她向安乃德转达了一个在她家养伤的重伤员,她的一个表弟希望:想见见李维埃夫人。安乃德立即应约而去。

*　　*　　*

德·马勒伊夫人娘家姓赛奇。她和介曼·沙瓦纳的亲戚关系,只是由于她有一个姐妹和赛奇家的一个兄弟联姻。这两大家族很久以来互相同情,而且有相同的利益,所以关系密切。两家族在本地源远流长。两家的地产相邻接。他们之间观点上的区别仅仅是表面现象,没有多少实际内容。沙瓦纳一家的共和思想极为淡薄。开始时,有几分红色,后来逐渐褪色,只剩下一点粉红色。即使这点粉红色没有干脆变为白色①,但和白色配合在一起却也颇为悦目。他们两族的家产都是体面而殷实的。财富只能使两家产业之间的鸿沟填平,而不是使之加深,(在任何时期,任何地点,家产与家产之间总有亲戚关系的。)尤其是对土地的共同爱好:他们亲自经营土地,二十多处田庄像一窝

① 沙瓦纳家祖上是富裕资产者,出重金买官晋爵的新贵族。赛奇家是封建血统的贵族。白色的旗帜和百合花是法国王室的族徽,也是封建贵族的大旗。

雏鸡般散开在本乡本土,还有他们对故乡的共同眷恋,对秩序的崇拜。这种崇拜如果不算是宗教性的,至少也是半宗教性的。(不言而喻,我们说的是在西方成为维持社会秩序的力量的唯一宗教,即罗马教[①]。在德·马勒伊、德·岱舍和德[②]·赛奇之间,以及在外省的小贵族之间,上述种种共同特点,使他们相互之间只剩下一点仅仅能满足自尊心的区别,即自以为比邻人高一头的标志。这是人人难免的弱点,总以为自己比别人高明些。德·赛奇和沙瓦纳两家人都很有教养,不至于把自己的优越感显露给别人瞧。人们只能把自己的优越感当作秘密保守起来,作为自己的一种特殊享受。

安乃德成了这种贵族家庭的座上客。这件事本身有充分理由使人惊讶。倒不是使安乃德自己惊讶,她缺乏对这种家庭的距离感,而是使外省的人们惊讶。事实上,邀请她的只是沙瓦纳家和赛奇家的两位成员:路易丝·德·马勒伊和介曼·沙瓦纳。当时的形势使这两人在各自家中享有无可争辩的权力。两人都为了他们的名门望族,为了祖国,付出了沉重的代价。两人在他们的家庭环境中都是出类拔萃的人物。安乃德不用多久就看清楚了这一切。

沙瓦纳家的宅第是一所有灰色围墙的老屋,位于教堂附近的一条曲折的小街上。一片寂静包围着这所大宅。每隔一段时间,寂静就被忧郁的钟声和乌鸦的聒噪所扰乱。来访者先通过一道橡木窄门。油漆过的门上的铁条铁钉都擦得锃亮,是沾满灰尘的门墙上唯一冷冷发光的东西。来访者进门之后,先通过一个铺着石板的院子,然后到达正房。所有房间的窗子都开向这个没有花坛,没有一片树叶,没有一棵小草,只有灰色围墙的院子。好像这些外省的资产者在他们的田庄里、别墅中住过了漫长的岁月,回到城里之后故意用高墙包围自己,使大自然无法接触他们。往常,沙瓦纳家不过在城里度过冬季的几个月,如今由于风云突变,战争爆发,他们感到有责任积极参加公共事

① 指天主教。

② “德”,法语 de 的音译,是贵族封号的标志。

务,加之他们家的儿子身患重病,于是决定在城内长住,一直住到大势粗定,前途略见分晓为止。这时,家中几乎只剩下几个妇女。父亲死了。所有的壮丁:儿子和女婿们都入伍了。只有一个七岁的男孩,年轻的沙瓦纳·德·赛奇夫人的儿子。孩子在钟声和乌鸦的聒噪声中昏昏欲睡,烦闷无聊,把小脸紧紧贴在玻璃窗上,窥视很少几个来访者从半开半掩的门口进来。孩子在梦想旌旗、糕点、坟墓……他是安乃德初次进来时看见的第一个生人的面孔。后来她每次来的时候,总在她经过的通道上遇见这个眼睛贪看又闲得没事干的孩子。他轻轻地和安乃德擦身而过之后,立刻躲开了。

二楼上,一间沉浸在微暗中的房间,天花板很高,放床的角落是一间深深的斗室。一个男人坐在唯一的窗子前面,面向十一月的微弱阳光。他从安乐椅中站起来,招呼德·马勒伊夫人和她介绍来访的女客。虽然只看了第一眼,来访者已经觉得死亡正在这间房子里织它的罗网。室中微暗的光线使人看不清那位伤员的面目。这是法国中部人的面型,眉目开朗。一张可爱的面容,五官端正,鹰嘴式的鼻梁,嘴唇形状匀称,眼珠是深蓝色的,留着淡黄色的山羊胡子。他向安乃德微微一笑,同时向他的表嫂含情地瞥了一眼,表示感谢。

礼貌性的谈话从一般的寒暄开始。双方都限于发表一些谨慎的意见。过了一会,知趣的马勒伊夫人托词走开了。

于是,早已用深邃的目光迅速端详了安乃德面容的介曼·沙瓦纳,一边伸手和安乃德握手,一边说:“善良的路易丝已经对我讲了您的勇敢行动。战斗结束之后,还要在打翻在地的战败者身上继续战斗,您不是那样的人。您的弱点在于不虐待战败者。所以我敢希望,对于在您面前的这个战败者,您也有这样的善心。”

安乃德问道:“您?”

对方说:“是我。我是重伤员。大大的战败者。各种虚荣心我都有。”

“您的伤会养好的。”

“不可能了。把这种幻想留给我和别的人吧！我们自己已经能够完成任务了。我请您来并不是为了这种幻想，我请您宽恕的战败者，并不是身体上的战败者，而是精神上的战败者。如果这个人还相信战胜者，那么他虽然战败也不算什么。”

“哪个战胜者？”

“命运，拿我们当牺牲品的命运。……不，这样说还不够。应当说，我们为它而牺牲自己的那个命运。”

“您要说的是：祖国？”

“这不过是命运的面目之一种。它今天是戴着这种面具出现的。”

“我也一样，我是个战败者。而且我不相信战胜者。可是我不投降。如何结局，现在还难说。”

“您是妇女。您喜欢赌博。一个妇女即使赌输了，她也相信最后总会赢的。”

“不，我不相信这一点。可是不论是输是赢，在生命的赌场上，只要我身上还剩下一磅肉，我就要拿这磅肉去赌。”

介曼仔细端详安乃德。微笑着说：“您不是本地人。”

“哪儿的人呢？还不是法国人？”

“哪一省的？”

“勃艮第。”

“您的血液中有葡萄酒。”①

“在我们的酒中有鲜血。”

“那好，我很乐意不时地痛饮一杯。您愿意不愿意，当您觉得还有过剩的精力和一点耐心时，给我一刻钟的时间，和我谈谈？”

安乃德允诺了，而且又一次来访。她和介曼的亲密关系建立起来了。

① 法国勃艮第省盛产葡萄和葡萄酒。

两人什么都谈,就是不谈战争。安乃德一提出关于战争的问题,那伤员就立即做一个手势来制止她。此路禁止通行。谁也甭想过去!

“不,我们不谈战争！您不会理解的……我不仅说您,我说的是在这儿的你们大家。这儿,那儿,两个世界。这边是此岸,那边是彼岸。两边人说的不是同样的语言。”

“我不能学习那种语言吗?”安乃德问。

“不。即使您有满腔同情的热忱也学不会。爱不能补充缺少的经验。人们无法翻译用血肉写成的书。”

“为什么不试一试？我多么愿意知道……不是由于好奇心,而是为帮助你们！我愿意很谦卑地体会你们所受的考验。”

“谢谢您。但是,要帮助我们,最好的办法是使我们忘掉这一切。即使在‘那边’的同伴之间,在我们谈话时,也互相默契地不谈‘那边’。在书上和报上发表的那些战争故事,使我们反感。战争不是文学。”

“生活也不是文学。”

“这是对的。然而人需要唱歌。生活是一个主题,可以编成形形色色的曲调。让我们唱吧!”

介曼说到这里说不下去了,他喘不过气来。安乃德扶住他的头。他渐渐恢复呼吸,向安乃德道歉,谢谢她的扶持。在他瘦削的面容上,微笑又出现了。他的额上淌下一滴汗水。两人默默相对,不说话。他们互相温情地注视着。

介曼·沙瓦纳还不满三十岁。他是在外省的资产阶级环境中长大的。这一阶层的人都思想正派,循规蹈矩;虽然比较开通,却充满稳健的成见。这些成见加上劳动以及对土地的热爱,形成中部法国人的精神支柱。(如果支柱中没有这些成见,对生活的轻率态度将占上风。)介曼对于这种和那种生活态度都有所认识。塑造他身体的材料是用本地的水和本地的面粉和成的面粉团,只有一个不相识的面包师掺进面粉团中的一种酵母不是本地货。

这个仿佛一生下来前途已经固定的幸福、轻快地在自家的田园和肥沃的草地上吃草的富裕的资产者，到巴黎去上学，进了东方学院和政治学院。领事的职业对他的吸引力远不如《邀游》[1]大。可是他热爱故乡，贪馋地热爱故乡：故乡的天宇和空气、故乡的方言、饮食、优质的土壤和善良的人们……可是他却一心在梦想离开故乡！在派他去远方任职的任命状尚未下达的等待时间里，他先游遍了欧洲。根据他那些不喜欢出门的同乡们的评判，他的趣味非常奇特。但是关于口味（尤其是有钱人的趣味）以及颜色等问题，是无法讨论的！……战争爆发，粉碎了介曼遨游天下的美梦。如今，他身患重病，是中了毒气的伤员。他身体内部的纤维在缓慢地腐烂。如今，他只能进行在室内转圈子的旅行（甚至连这点也办不到，几天以来，他一直躺着），只能在内心旅行。这种旅行并非不远，也不是不神秘……他在内心深处探索不认识的土地。可是这种逃遁的兴趣，这种志愿，是从何而来的呢？

他用装点他思想的外衣，一种半诙谐半讽刺的语调解释给安乃德听："我生长在农村，我喜欢打猎，但这不完全是为了打猎，更多地是为了和土地以及有生命的东西，比如野兽、草木保持接触！喜欢动物并不排斥我去杀死它们，杀死动物并不排斥我喜欢它们。当我把一只身上还有热气的山鹑拿在手中，或者用手挤一只白屁股的野兔的肚子，使它吐出当早餐吃下的露水时，我感觉到比接近我自己，接近人，更接近它们。我并不是心肠软化了。猎人一枪打中了猎物，总是很得意的。而且我想，假如它们处在我的地位，我处在它们的地位，它们也决不会放过我。可是，我在设法认识它们和我自己。随后，我把它们吃掉……为什么您把鼻子皱了一下？难道为了更好地闻野味的香气？一盘白菜烧山鹑，加上几片烤成金黄色的腊肉，是一道可以奉献给神明的佳肴……我想您决不会赌气不吃的……可是那些神明，说实在话，是奇特的动物。"

---

① 《邀游》是法国诗人波德莱尔诗集《恶之花》中的一首名诗，表现远游的乐趣和东方生活的梦幻般的魅力。

“是丑恶的动物。”

“不要判断！让我们吃吧！或者是被吃掉！(目前,轮到我被吃掉。)我们要设法认识一切！神明吗？离我们太远了。可是在我手边的那些动物和人……我的第一个发现是,几千年来人类和动物这样亲密地生活在一起,却没有努力去互相认识……是的,它们的毛,它们的肉,这些是认识的……可是它们的思想,它们的感觉是什么,它们究竟是什么,对于这些,人们一点也不操心。他们不好奇。他们不喜欢受干扰。为了懒得多思多想,他们干脆不承认动物有思想……可是,现在我张大了眼睛。我惊诧地发现,人与人之间互相认识并不比认识动物更多些。人与人徒然混在一起,每个人的生活中充满了自己。我的邻人,如果你的节奏和我协调,一切都好,你是我的朋友;如果不协调,你就是陌生人;如果你的节奏和我抵触,你就是敌人。对于第一类人,我慷慨地把自己的思想赏给他;第二类人只得到二等思想的权利;至于第三类人,就像在《马尔勃鲁》[①]中所唱的‘第三人身上什么也没有’,他没有得到任何东西的权利。我否认他有思想,正和我否认动物有思想一样。(德国佬能算人吗?)况且,不管别人属于第一,第二,或第三等级,我一概不认识他们,也不想认识他们。我眼中只有我,耳中只有我,我只和我自己对话。我是青蛙,‘莫——啊!’[②]当激情或妄自尊大的感情使我鼓胀起来的时候,青蛙就变为公牛,于是我的名字就叫作‘民族’、‘祖国’、‘理性’或‘上帝’。这是危险的。回到我们的水洼里去吧！唉！我从来不会在水洼里安逸地呱呱鸣叫,我的皮像雨衣一样一直盖到下巴。到某一天,好奇的魔鬼(或者同情的魔鬼)触动了我,我愿意认识别人,(我没有说理解别人,谁敢这样夸口呢?)至少碰碰他们,摸摸他们活生生的思想的温暖,就像我把山鹑软软的温暖身

① 十八世纪法国流行的一首民歌。全文很长,有二十二节,马尔勃鲁是一个军人,远征异域,一去不返。

② 法语 moi(我)读音:莫啊。此处形容蛙叫,把“我”的概念与青蛙联系起来。按十七世纪法国寓言诗人拉封丹,有一首诗描写一只狂妄自大的青蛙,以为它鼓足了气能比牛还大,结果肚子炸裂而死。

体拿在手中一样。我摸了山鹑,我尝了它的肉。我在喜欢别人和杀死他们的时候,认识了他们,因为我也杀过人。"

"您杀过人!"安乃德一边说,一边向远处躲避。

"不得不这样干。别怨恨我!他们对我进行了报复!……"

* * *

介曼这样叙述他自己,用高卢式的嘲笑调子掩盖他思想的悲剧性。这种思想好像没有希望,也没有怜悯。这是阴影之乡。可是在大地上,活人的太阳在欢笑。两者对比之下,使他的宇宙观更加阴暗。他看见造物的根源性错误,但他没有想到这种错误是可以用赎罪来弥补的。安乃德激情的本能起来反抗。她相信有恶也有善。她把这些概念从她心里强烈地反射到生活的天空形成的幕布上。她在大混战中站稳了立场。如果说她不想战胜,胜利不是她的目的,那么她的目的就是战斗。她判断为恶的就是恶的;恶就是敌人。她对敌人是没有通融余地的。

但是,当人们把全部恶都放在敌人一边,全部的善都放在自己一边,战斗是很容易的。介曼的蓝眼睛在温情地抚摸安乃德完整而易冲动的灵魂。他的眼光注视的完全是另一种战场。克里希那[①]和克里希那战斗。战斗的果实是生命,是死亡,还是彻底的毁灭,毫无把握。介曼见到的是相互间的不理解。他见到这种不理解是普遍的、永恒的。他没有机会参加到这种不理解中去,因为他有一种很不幸的秉性,那就是对他自己的思想说"是",对别人的思想也不说"不"。这是由于他懂得这种思想,但更注重深入到这种思想中去而不是设法改变它。

他并非一向如此。开始生活的时候,他具有完整的"我",他不是

① 印度神话中的神。

关心于了解,而是关心于取得。经历过多次失意,他的眼睛睁开了。他从容不迫地讲一段失意史给安乃德听。(和她在一起,介曼没有一点拘束!在他看来,她是一个聪明的伴侣,她认识生活,她的生活中想必也有过和他类似的经验。)

他曾经爱过一个女人,像暴君一般爱她。他自称按照他的心意,而不是按照她的心意爱她。他认为适合于他自己的一切,对于她也一定适合。既然他们两人相爱,岂不是等于一个人了吗?她也爱他,可是终于厌倦了。一天,他回家一看,笼子空了,鸟儿飞了。她留下几个字和他告别,说明为什么要走。经验是沉痛的,但是起了它的作用。他明白,人家愿意为我们所爱,并不是因为我们是这样的人,而是由于他们(她们)是那样的人……"多么自负,对吗?可是必须接受事实……从此以后,我竭力……"

和平常一样,他叙述自己的故事,总是用开玩笑的口气。

安乃德说:"接受你所爱的人的一切要求,这并不困难。如果你是独自一人,你就付出代价,但是,如果付代价的是他们,或者是邻人,你能够参加在内吗?"

"您是指战争?"

"战争,和平,有什么关系呢!在这个蓬迪森林[①]中,强者吃掉弱者,强者又被更强者吃掉!"

"正像您所说,实际上谁都是弱者,归根结底,大家全部都将被吃掉。"

"我是和将被吃掉的人在一起!"

"嘿,嘿!您活着,而且有很结实的牙齿!"

"我愿意我只有嘴唇,可以吻所有活着的人。可是,既然无法称呼的那个人[②]在我嘴里安装了这些尖刀,但愿它们只用于保卫我的孩子们!"

① 蓬迪森林,原在法国塞纳省,为歹徒强盗隐伏之所,今已不存在。

② 指上帝。

“这么说,您本身就是战争了!”

“不,为了保卫孩子们,我反对战争。”

“他们都和您一样……可以说,十分之九和您一样。失去了十分之九,剩下十分之一,什么事都干不了。”

“是的,为和平而战,这并不是我所要说的。我想您不会相信这种可悲的闹剧吧?”

“我不相信,是的。不过他们相信。我尊重他们的信念。”

“他们的信念?一个假面具,用来掩盖他们作恶、嫉妒、骄横、贪婪的本能,掩盖他们掠夺和下流的行为……”

“别再抛出这些词句了!”

“还有别的哩。”

“关于这类货色,您知道些什么呢?”

“我认识所有这类货色。我自己全有。我把它们藏在箱子里。”

介曼不吭声了。他用内行的目光,打量这个在他床前的妇女。她口中说和平,同时却在扇风助燃。稍停之后,他说(他没有说出他所想的话):“您很有气派,您什么都不缺少……可是,于迭特①夫人,告诉我,既然您把自己的一部分美德给了腓力斯丹②人,请不要中途停留,把您别的美德也都给他们吧,而且把您最美的德行!……”

“什么意思?”

“我是说,您的爱,您的信念,您的真诚意念……您抛弃了这些人,您把他们看成说谎者、作恶者而一概抛弃。说起来容易,唉!如果真是这样,生活就太简单了。他们并不是这样了不起!请您仔细瞧瞧!”

“我不愿意看他们。”

“因为?……”

“因为我不愿意。”

---

① 朱迪特,古代犹太族的女豪杰,她不惜以自己的色相为诱饵,杀死侵略她祖国的敌军将领,救了全城居民。

② 地中海滨的古代民族,粗俗的人。

“因为您已经见过。”

“我见过。”

“但是您是满怀激情地看见他们的……我理解您,这会妨碍您的行动……但是,不论行动不行动,先看一看吧!我把眼镜借给您。您看吧!看了之后,再决定怎么办。”

*　　　　*　　　　*

不管安乃德愿意不愿意,她反正看了。介曼没有对她做关于人类的长篇演说。这不是他的风格。在他眼中,一般人不值一个萝卜。他只对将消逝的一切感兴趣:一个人,一小时的光阴。一切不消逝的东西,按照他的说法,是没有生命的,已经死亡的东西。

他简单地向她介绍他们所在的小城和这一地区。自童年时代以来,他就在纸夹中积存了许多“铅笔画”。按照古老法语的意义,这是指人像的速写,经过加工修改,深挖,抓住了人物表面下的精神。城里人,乡下人。他的那些人啊,他都认识,外表和内心,反面和正面!他能够一个个地指出来。他把他收藏品中的某些人像展示出来。安乃德仿佛觉得她认识这些人,就是那些狭隘性和自私性逼得她喘不过气来的人中的若干个,就是他们之中的某几个男人和女人,在俘虏们到达的那天,都像疯狂的豺狼一样。他们也有他们的善良之处和他们在家庭中的品德。这些沉重的生命内部,在他们不透明的外衣之下,并不是从来不能做出为他人效劳的慷慨行动。每一个这样的肉囊骨架,对他们来说,任何上帝都没有死。他们每人都背负着自己的十字架。安乃德十分理解这一点!但是她也背着自己的十字架,而且也和大家一样,她倾向于认为只有她的十字架才是真的。在她眼中,一边是刽子手,另一边是受难者。介曼使她不得不认识到,每一个人都是刽子手,同时又是受难者。这个不信神的高卢人①,使安乃德看到耶稣爬上

① 指介曼。高卢是法国古代的民族名称。

受难的高坡[1]时异乎寻常的情景:一大群各自背着十字架的人,对钉在大十字架上的人[2]谩骂和投掷石块!……

“这是多么可怕!”安乃德说:“我们不能唤醒他们吗?叫他们不要对自己人投掷石块,要把力量团结起来,转身对付……”

“对付谁?”

“对付最大的刽子手!”

“什么名字?”

“大自然!”

“不认识……”

介曼轻轻地耸了耸肩,接着说:“大自然?对付一个上帝要比这容易得多!上帝应当懂得理性……(至少人们愿意这样希望!……)可是自然,谁是自然?谁见过自然?哪儿是它的脑袋?哪儿是它的心脏?哪儿是它的眼睛?”

“这儿是我的眼睛,我的身体,我的心。这就是我和我的同伙。”

“您的同伙?……瞧,请仔细瞧!不,您别走!请坐一会儿!……”

这时进来了一个客人,一个胖胖的面色通红的小伙子。他温厚的娃娃脸,像布瑞大教堂门口面颊丰满的天使雕像。他身穿浅蓝色军大衣,是介曼的战友,邻近行政区首府某富裕地主的儿子。他从前线回来休假,走了二十公里专程来看望介曼。他亲了亲伤员,恭恭敬敬向安乃德招呼,接着就哇啦哇啦地说起来没个完。此人身体健康之极,脾气也好得要命。他讲述着这个或那个人的消息,这些人的名字叫起来就使人觉得他们憨厚可笑,好像喜剧中丑角的名字。在“那边”的伙伴们中,有的已经死了,有的还活着。他说话时用本地的鼻音和唱歌般的调子,增加了他叙述的欢乐气氛。这位来访者还竭力注意不说粗俚的话,怕安乃德听了刺耳。(尊敬妇女!)他自己很检点。当他和安

---

① 耶稣受难的刑场,在一个高坡上。耶稣被逼背负着将要用于钉死自己的沉重的大十字架,艰难地爬上高坡去受刑。基督教典籍中,称这个高坡为“髑髅地”。

② 指耶稣。

乃德说话时,特别用一种可爱的、甜蜜的过时腔调。当他开怀畅谈他自己家里人的时候,他恢复了坦率的态度,谈到他的母亲和他疼爱的小妹妹。他的神气像一个胖娃娃,身体圆滚滚的,对人亲热、懂事。

来访者走了之后,介曼问安乃德:"您以为如何?简直是一块黄油,您可以把它抹在他的面包上。"

"这里边没掺半点儿假,"安乃德说,"完全纯净的黄油,油脂没有撇掉。他发散着你们肥沃草原上的青草的芳香。"

"您将作何感想?如果您看见这个胖娃娃,这个好小伙子,好儿子,好哥哥,好伙伴(人们可以不必让他忏悔就把上帝给他,他也会不加谦让地接受下来,他不说谎,像真金一样可靠),如果您看见他,就像我亲眼看见的那样,在战壕里冲杀的那一天,手里拿着屠夫的尖刀,还像在开玩笑似的!……"

安乃德做了一个厌恶的手势。

"您放心吧!您不会看见这些的。我不会让您看见的。我关上板窗。一切都关上了。外面是黑夜,屋子里只有你我二人。"

心有余悸的安乃德说:"而他还能嘻嘻哈哈!他心里是平静的吗?"

"他什么也想不起来了。"

"这是不可能的。"

"我见过另一些人,白天干了说不出口的事,夜里像孩子一样睡大觉。悔恨吗?连影子都没有。我可以加一句;一小时之后,这些人可以准备和敌人亲吻,被他们杀死的敌人!而他们很快就会忘记这种仁慈的冲动,正如他们忘记另一种冲动一样。把两者协调起来,这太困难了,他们没有时间。他们必须保持全部力量应付眼前的事,活一阵算一阵。把生活切成碎块,随便乱切,毫不连贯,好像一种异想天开的'伤脑筋游戏'①。"

"不幸的人们!"

① 原文为英文,是一种玩具:将一张图片贴在厚纸板(或薄木板)上,然后将纸板剪成各种形状的碎块,游戏时将碎板拼成原来的图片,需要极大的耐心。

“您不用为他们鸣不平！他们活得很好。”

“我是通过他们为我自己鸣不平。”

“总是这种古老的利己主义！把您的‘自我’留给您自己，‘他人’留给他们。”

“不，我不能相信这是他们真正的天性！”

“人加自然……[1]被社会修改和增订再版的自然。战争仿佛是一种被风俗习惯所承认的自然本能的正常体现。而且，谁知道呢？战争可能也是积存于人身上的破坏力量的一种发泄方式。人满足了这种发泄的需要之后，重新恢复平静。”

“那么您呢？”

“我是不成问题的。我已经排除在队伍之外了。”

“不，我要听听您的情况。”

“还不到时候！等着吧！会轮到介曼·沙瓦纳的……要认识他，首先必须亲眼看看他。”

“我想看看他的内部。”

“耐心！我曾经有过很大的耐心。请想一想：一个人发现自己落在别人的罗网中，而且完全清楚谁在抓住他不放，对这样一个人来说，必须有多大的耐心！”

“既然如此，您为什么能参加战斗呢？”

“我可以这样答复您：他们不让我自己选择。如果让我选择，结果也一样，我很可能选择罗网。我不愿意恭维自己，我今天所想的一切，当初并不是这样想的。我有一种令人恼火的秉性，我遍身有无数细孔，这就使外界的灵魂渗入我的身体，而我自己却往往忘记自己的灵魂。我们是法国人，我们生活在一起，我们彼此都很好奇，想知道别人的事。我们互相听各人自言自语。我们两个人，二十个人，一千个人，有共同的思想，于是我们成了反应一切回声的振鸣箱。您不能想象，

① 原文为拉丁文。

谁也不能想象在最初的那些日子里,使我们激昂奋发的巨大热情。《出征歌》①并不是从我们身上产生的,而我们是从这首歌中产生的。这首歌在空中飞翔,如同雕塑家鲁德所创作的巴黎凯旋门上高声呼喊的天使一样。但是这首歌比鲁德的天使的呼喊雄壮一百倍。人们很愿意把自己的生命给它,为了和它的生命结合在一起。这首歌张开翅膀,掩护我们。我们并不是在行走,我们被它高举在空中,飞翔着,去解放世界。这是一种陶醉,好比在爱情中双方拥抱之前的陶醉……什么样的拥抱!可怕的骗人勾当!……一切都是骗人的勾当。爱情也是。爱情把我们当牺牲品。为了后代,为了未来而牺牲。但是这个陶醉,这个对战争信念的陶醉,它的目的是什么?它为了什么,为了谁而牺牲我们?当我们醉醒之后,开始这样问自己,而牺牲却已成为事实。整个身体被卷入齿轮中,剩下的只有灵魂,精疲力竭的灵魂。用没有躯体的灵魂,和身体对立的灵魂,我们能够干什么呢?自己折磨自己?有许多别的刽子手,已经够折磨我们的了。我们能做的只是瞪眼瞧瞧,知道是这么回事,并且低头接受。我们跳了一大步。我们做了大傻瓜。一!二!前进!一直走到底。在生活中,没有人给你来回票。有去无回。如果我能回来,也不是一个人回来。我们都在一起。我们死在一起……我知道这样死去是荒诞的。白白地死去。但是,一个人自己逃跑,不能!不能够干那样的事!我是羊群中的一只羊。我就是羊群。"

"羊群跟你来了。"

"巴汝奇的绵羊②。"

"什么时候你们之中有一个人拒绝跳海呢?"

"我们草原上的绵羊不会这样的。"

---

① 《出征歌》初次演奏于一七九四年七月十四日,表现法国人民志愿军为了保卫革命政权,保卫祖国,开赴前线,抗击外国侵略者的激昂士气。

② 拉伯雷《巨人传》中的一个插曲;在海船甲板上有一群绵羊,巴汝奇为了报复羊贩子,把领头羊抛入海中,别的绵羊都跟着一只只地跳入海中。

“谁知道?”

“也许你们草原上的羊会这样,安乃德? 您的小绵羊? ……”

“我的儿子! 啊,上帝! 您不要让我想到他身上去!”

“您瞧! 您不敢劝您儿子干这样的事。”

“但愿他,但愿我能免受战祸!”

“阿门! 但是唱弥撒的不是我们。人们只要求我们回答一声:阿门! 血腥的仪式正在进行,我们都在劫难逃。”

“我自己认了,我儿子可别这样!”

“您将学习法国的,德国的以及永恒人类的慈母们的贤智。她们伏在另一位 Dolorosa[①] 脚边,忍受一切。”

“决不! 我有儿子。我要保留他。”

“不顾一切人?”

“不顾一切人。”

“也不顾他自己?”

安乃德低下头,喘不过气来。介曼触动了她的最敏感之处。

她不愿意承认她心慌意乱,她的恐惧和秘密的疑虑。她不露声色。她从来不讲这个儿子。介曼只知道她有个儿子。然而她的沉默反而透露出她的心情。介曼假装没有注意。

他说:“小弟弟们,我认识他们。一九一八年那一级的,我认识……一九二〇年那一级将是什么样子的呢? 他们,这群笨货,和长一辈的人们不同,他们对幻想并不反感。他们并没有陷入失望的危险。他们把战争当作实际事务。对他们来说,问题不再在于‘权利’、‘义务’、‘自由’这类空话,问题在于打赢战争。人各为己,完全为自己,为贪婪无情的自己。‘为生活而斗争’[②],‘为斗争而生活’[③]。他们感兴趣的是女人的气味,荣誉的气味,鲜血的气味。此外,什么都瞧不

---

① 意为:悲痛的母亲,指“圣母”马利亚。她悲痛地伏在她儿子——被钉死在十字架上的耶稣脚边。

②③ 原文均为英文。

起。梦醒了的猛虎。”

“您是魔鬼!”安乃德说。

“一个穷酸鬼。”介曼说,“我还没有张嘴呢,就要离开餐桌了。”

“您觉得遗憾吗?”

“不。我属于已经生活过来的一类人,我没有什么可替自己抱怨的。必须理解,理解一切。”

“这给人不能忍受的压力。什么都理解,这是不要行动了。我的心要求行动。我是女人。我还有什么事可干呢?”

“宽恕。”

“那是不够的。我要帮助人,援救人。”

“救谁?如果他们不愿意被救呢?”

“不管他们愿意不愿意。我愿意。我知道我一文不值,一事无能。但是我愿意干一切事。必须干。当所有的神明和所有的魔鬼,包括人类这种最恶劣的魔鬼,总之,当全世界都说‘不!’我将要说‘是!’”

“愿意挨打的玛蒂娜[①]!……”

“您不要信以为真,我会还手的。”

“您的全部力量不能在命运的坚硬石头上移动一粒灰尘。”

“也许……不能,可是这使我轻松些。”

“我对您说过:您是柏洛娜[②]。您的名字安娜[③]是假名字。”

“这是战胜死亡的那个人的外祖母的名字。”

“可是他死了。”

“到了第三天,他复活了。”

“您相信吗?”

安乃德目瞪口呆地愣住了。接着她说:“我从来没有相信过,以前……”

---

① 莫里哀喜剧《博士女》中的女仆。

② 罗马神话中的女战神。

③ 圣安娜是圣母马利亚的母亲,耶稣的外祖母。

“现在呢?”

“我不知道。这件事刺痛了我。”

介曼静静观察这位常常有点神秘的客人,出其不意地去拜访这位奇特的女人。她坐床边的矮椅子上,额头靠在床单上,好像匍匐在那里。介曼用手轻轻按在她帽盔似的金黄头发上。她抬起头来,眼光惊异,但是很平静。介曼轻声问她:“您相信吗?”

她说:“相信什么?”

她是诚恳的。她真的忘了刚才说的是什么。接着,她说:“我认为我必须行动,去帮助人,去爱。”

“好,”介曼说,“我请您来,就是为了这个。一开始,我不愿意对您说。我要先看看您,听听您的看法。现在,我已经看见了。不是我自己的事,这我们已经谈得够多了。请原谅,我用嘲弄的语调来掩饰自己。我把门打开,安娜姐姐,请进来吧!”

*　　　*　　　*

“一个市区中发生了火灾。你觉得你的能力不足以把什么都抢救出来,也就是说,只好放弃该放弃的东西,切断一切桥梁,把自己关闭在堡垒的主塔中,和最珍贵的东西关在一起。人们救出了自己的生命,深沉的生命,或者等待大火把住屋烧塌,倒在他们自身的灰烬上。我救了我的生命。可是大火延烧过来了。救救我吧,安娜![1]”

介曼不得不继续用开玩笑的口吻说话,然而声调里透露出他内心的惶惑不安。安乃德抓住他的双手,说:“这儿是我的手。该抢救什么?我的手可以到大火中去寻找。”

“我的欢乐,我的信念和我的自我,我所爱的那个人。”

“女人?”

---

① 安乃德是安娜的昵称。这两个名字指同一个人。

“男人,我的朋友。”

“他在哪里?他为什么不来?”

“他是俘虏。”

“在德国?”

“在法国。”

“他是‘敌人’?”

“您说对了。我的兄弟,我的朋友,我最好的朋友,他们把他带走了。他们对我说:‘忘掉他,杀死他!他是敌人。’”

“您就这样去打仗了?”

“决不是去打我的朋友。当我面向边界时,我知道他不在对面。我在出发以前,吻了他,在法国,他一直留在法国。”

“他被捕了?”

“他在西部,关在一个俘虏营中,已经三年了。这样近,又这样远。我没有他一点消息,一点也不知道他怎样了。他还活着吗?而我呢,我快要死了……”

“怎么!连他的消息都得不到吗?”

“在这儿,我不能打听他的消息。”

“您家里人都喜欢您,他们会拒绝您的要求?”

“不,我不能和他们谈到他。”

“我不明白。”

“您会明白的……在目前,我找到了您,能和您谈起他,这使我感到温暖。和一个能够爱他的人谈他,这就同和他本人讲话差不多了。您会爱他的,对吗?”

“通过您,我爱他。让我瞧瞧他。对我讲讲他的事吧!”

“他名叫弗朗兹[1];而我呢,我叫介曼[2]。介曼是法国人;弗朗兹是

---

① 弗朗兹是“法兰西”的一音之转。

② 介曼是“日耳曼”的一音之转。

德国人！……我在战争爆发前两年认识他的。那时他在巴黎已经住了好几年。他是画画的。我们住在同一个市区。我们房间的窗子开向同一个花园。几个月之久，我和他常常面对面走过，可是没有说过话。有一次，在晚上，在胡同的拐角处，我们两人都心不在焉地走着，互相撞了个满怀。后来，我才想起这件事……在巴黎的旋风中，男男女女像树叶一样被风卷走。人们相遇，互相接触，还远远没有互相认识。不过只要有一次突然的交接，就会想起原来是早就见过面的。有一天，一位认识他也认识我的朋友，把弗朗兹带到我那儿，于是我就认出他来了。

"他那时二十三岁，可是他的样子显得比他的年龄要小得多。他身上还保留着妇女的印痕，他童年时期就丧失的母亲的印痕。一张温柔的面孔，激动、不安、希望与疑虑，都反映在这张面孔上。旁人可以在他脸上看到阴影直接转化为光明，中间没有过渡，从对人信赖的无拘无束，到失掉勇气的多猜多疑。有时，这面孔全部呈现在别人眼前，有时它向后退却，含着敌意，使人无法接近。任何一个和他接触过的人，都没有为他的态度费过心思。我是注意到这件事而且要寻找原因的唯一的人。要么爱，要么不爱，人们没有时间追究到底爱的是谁。我在很长时间内也没有操心这些。可是生活让我付出了高昂的代价（我已经对您讲过了）。我吃亏之后才明白，决不能像爱自己一样去爱你身边的人，而是要把对方看作一个别人去爱他，像他自己的样子，他自己所愿意的样子，需要你去发现他……

"不，这位年轻的外国人不像我。正因为这样，我需要他，他需要我……

"他曾被他童年的环境和所受的教育残酷地压制过。任军职或当教士的小贵族地主开办的学校，用他们反社会的门户之见建立起一套极端严厉和反常的教育方式。他的女性化本能在那种环境中受到粗暴的对待。他太软弱，太孤单，不能反抗，只好屈服在风俗习惯与思想的约束中。但是，他得整整一辈子保留着创伤，有如一个被强奸了的少女。因此他一直是腼腆而多疑的,不信任自己,没有意志,不适应环境,阴郁孤僻,同时却渴望爱与被爱,渴望与人推心置腹。此外,他经常遭受被欺骗的痛苦,因为这类天性注定要受人欺辱。他们太天真地暴露出自己盔甲上的弱点,人们不自禁地要刺他们一下,以听他们的叫喊声引以为乐。把自己武装一半,还不如不武装。

“父亲一死,弗朗兹就离开故乡。他来到巴黎,企图忘掉童年时代的噩梦。可是,使我们痛苦的过去时代是一张驴皮①。随着时间过去,驴皮逐渐缩小,肉体反而因此更痛苦。巴黎,对于这个缺乏机会欣赏造型艺术的小伙子是很有吸引力的。造型美是巴黎的自然成分,人们呼吸着它纯净的空气,连它的反道德倾向都成了一种有益的因素。可是弗朗兹太习惯于内心生活。他不能不感到周围缺少内心生活。讽刺和心肠冷淡的态度使他难受。他有他的一些信仰,它们都摇摇欲坠了。他没有能力抵制怀疑主义和寻欢作乐的倾向而独自捍卫自己。可是,对于那些专以给粗笨人开窍为游戏的人来说,这一切是没有危险的。对于一切都不采取严肃态度的人,没有任何危险,因为别人也不严肃对待他们。但是弗朗兹要这样干也不行,因为他对一切都极严肃。他一直沉到底,由于不能反抗而感到极度厌恶。

“正在这时,我遇见了弗朗兹。我把他介绍给我的朋友。他们都是些诚实人,可是一点也不体贴别人。他们很喜欢弗朗兹。在他们看来,正因为喜欢他,所以对他也不讲客气。他们拿弗朗兹被逼向他们透露的心里话寻开心。他们是好小伙子,他们不但把这些事留给自己开心,而且让他们小圈子的人都开心。弗朗兹被展陈在社会上,当作一个可以引起同情心、好奇心和滑稽感的人物。自然啰,他的‘老板们’(他们自以为如此)利用他的腼腆和殷勤剥削他。太太叫他替她跑腿,或者把他带到大百货店去购物,为的是替她出点主意,同时替她提着那些大包小包。先生写了乱七八糟的稿子逼弗朗兹读,替他到编

① 影射巴尔扎克的小说《驴皮记》。

辑部进行吃力不讨好的交涉。他是可以尽量支使的‘仆役’①。作为交换条件,人们教给他文明礼貌,培养他,给他填满一脑袋他并不需要的劝告。人们盗窃他的思想,偷偷挖出他隐藏的感情中不足为外人道的东西,使它们赤裸裸地、可笑地亮在外面,说这是为他好。除非是忘恩负义之人,才会抱怨这一切!

“他什么也不抱怨,可是,谢谢上帝,他是忘恩负义之人,为了他自己好!我立刻看出来。他勉强微笑着,一边听人介绍他时所说的又恭维又奚落他的话。在他勉强的微笑中,我窥见愤怒的痛苦和沮丧的阴影。不需要解释,我已经明白了。一眼看去,我测定了他和‘老板’们之间的距离。等‘老板’讲完,我不回答他。我用怜悯和尊敬的态度对一直没有开口的弗朗兹说话,好像我在对被多里德的野蛮人俘虏的俄瑞斯忒斯②说话一样。我多么愿意您能在场看见他听了我头几句话之后眼睛立即发亮的情景。他听出祖国的语言,所有的特洛亚③人消灭之后继续存在的祖国:友谊的祖国……这种敬意是每个人的灵魂对同伴必须表示的。然而在这方面,人们总是非常吝啬。这种敬意使弗朗兹感动得流泪。我假装没有瞧见他的泪水,我继续说下去,为了使他有时间控制自己的激动。他理解我的用意。等他恢复镇静之后,我们两人开始对话,充满温情,又很庄重,当着多亚斯④的面。此人对我们的谈话一点也听不懂。我们只谈一些无关紧要的事,可是说话的声调能说明一切。一个人的眼神在问:‘这是你吗?’对方用话外之音回答:‘兄弟,是我。’

“弗朗兹一回到家里,立刻给我写了一封十分激动的信。第二天,我单独和他见面……事实上,我事先完全没有估计到,我对他表示同情会在他渴望友谊的心中引起多大的反响;我更没有想象到,新来的

① 原文为拉丁文。

② 俄瑞斯忒斯,希腊神话中的人物。

③ 小亚细亚古代城市,又称特洛伊,希腊文明之发源地。荷马史诗《伊利亚特》所讴歌的民间传说,以特洛伊战争为题材。

④ 多亚斯,希腊神话中之暴君。

人将在我生活中占多大地位。和大家一样,那时我有两三个朋友,我从来不向他们要求很多,也不给他们很多。我们互相见面和互相帮助时,感到亲切和快慰。但是,这都在不言之中,我们知道超过这些界限是不慎重的。年轻人的利己主义认为有这种界限是很自然的。别人不期待于我的,我也不期待于人。一个法国人看待生活,看待人,和看待自己一样。不要过分,要知足……

“被我解放出来的那位年轻的俄瑞斯忒斯却一点也不知足！他从来不知道知足,从来不按生活的尺寸来处置他的感情。他给我带来一种友谊,适合于现今已不存在的那类人的友谊。为了使我的尺寸适合这种友谊,我必须高大些。在这点上我并没有多大成就,但我尽力而为,既然他愿意。因为他什么全给我,他也要我什么全给他……我的上帝,我相信是全部,或多或少,他全部拿走了……”

* * *

这长篇大套的叙述与其说是讲给安乃德听,不如说是讲给他自己听的。他不慌不忙地讲,有时放慢节拍,为的是更好地回味往事。他说完之后,停住了,好像在梦中。

安乃德俯身向着介曼,注意不做出一点动作,以免破坏迷人的气氛。她眼睛里反映出面前的幻影,在介曼停止说话时,她好像还在听。介曼看着她的眼睛。在这无声的对话中,几分钟过去了。她很清楚地听到了无声的谈话。介曼有点儿窘。他好像在回答安乃德的思想,说(仿佛在道歉):“您说奇怪不奇怪？人自出世以来,和自己生活在一起,自己认识自己,相信自己。联成整块的一个人,看起来很简单。人与人都相像,他们仿佛是从一个店铺里出售的完整货品。可是在使用过程中,人们发现在外衣下有多少不同的个人！以前谁能告诉我,在我身上可以发现一个没有使用过的灵魂,母性的或者多情姐妹的灵魂？……您在笑……”

“我在笑我自己，”安乃德说，“我身上也不缺少无用武之地的灵魂。”

“对，我看见您有几个这样的灵魂。您是牧羊女，您看管着一小群绵羊。”

安乃德：“如果我不是被我的绵羊们牵着走，我就高兴极了！”

“必须各自都能生活，”介曼说，“让羊自己去吃草吧！”

“那么园林看守人呢①？”

两人都笑了。

“这个鬼社会，”介曼说，“它只晓得规章制度。”

他思索了一会儿，接着说：“所以说，难道有什么比我们可怜的友谊更人道的吗？当我们看见一个人要淹死了，向他伸出援助之手；在他得救之后，把他抱在怀里，爱护他。弗朗兹从童年时代起就没有了任何真正的温爱。他把自己的温情堆积在痛苦的堤坝后面。当他遇见我的，闸门打开了，于是急流腾涌而出。我想抵御一下。但是，你能拒绝别人给你一颗高贵、纯真而信任我们的心吗？对于这种信念，我自己没有的信念，我是感激的。我努力不辜负这种信念。这时，这种伟大的温情使我感觉到，我一样多么缺少它！……如果一个人从来没有尝到过这种温爱，也就习惯于生活在贫乏之中，而且由于一无所有，人反而更明智了。但是，当那种使两人的精神充分和谐的温情一出现，他们才恍然大悟：原来他们一直在忧郁中等待这种温情。他们自己也不理解，他们怎样能一直没有它，没有友谊而生活着。不过这个发现，除发现者本人之外，别人是无法分享的。我家里没有一个人能理解我和弗朗兹建立亲密友谊的理由。理由？没有任何理由！我们互相需要，从而形成一个‘自我’。只有在一起时，我们两人才是完整的……正因为这样，别人不能原谅我们。因为，如果我们两人形成一个整体，那么别人不是受损害了吗？”

① 园林看守人不许没人看管的牲口糟蹋庄稼或花木。

安乃德说:“我倒没有这种感觉。我一直没有爱情。自己没有爱情,我就采纳了别人的爱情。人人相爱,他们也会爱我。”

“胃口可真不小!”介曼说。

安乃德回答:“我什么吃的也没有。”

“正因为这样,一无所有的人是有福的,因为他们将获得一切!”

安乃德摇摇头,不相信。她说:“这是一句富人说的话。富人想让穷人相信,他们是最受优惠的。”

介曼碰碰安乃德的手,说:“您并不穷呀!您的仓库是满满的。”

“什么满满的?”

“满是可以给人的爱。”

“谁也不要我的爱。”

“给我一把麦穗吧!我知道怎样利用它。”

“把我的麦穗拿去吧!我能帮助您干些什么呢?”

*　　*　　*

沙瓦纳一家从来没有用好眼色看待这种不正常的友谊。这友谊不是建立在任何社会共同利益的基础上,比方祖国、社会各界、职业,等等;而且它十分放肆地表示可以不顾这一切。在战事发生后,外省的人们看见他和一个德国人[①]这样亲密,觉得味道不正。人们把介曼这种友谊,和对他的其他特点一样,说成是他故意要与众不同。本地的人们不愿意费脑筋去理解,只是懒懒地加以嘲笑,把介曼这种行动说成摆架子。这在本地人士眼中,是背离风俗习惯的行为。在战事发生以前,为人们所不理解的东西,除了惹人嘲笑之外,风俗习惯对之是宽容的,因为人们懒得为这些事操心。但是自从一九一四年以来,永别了,美妙的漠不关心!本来,这种态度还可以使人们在社会上大致

① 下文提到,弗朗兹原籍奥国,是奥国人。由于奥国人也说德语,法国人常常把德奥两国人统称德国人。

过得去。如今，大家都擅自夺取了监管他人的权利，甚至连别人的情操也要由他们来签字批准了。禁止没有签证的恋爱！至于公然承认自己和德国人交往，就更不能允许了。在介曼的姐姐和姐夫眼里，和德国人交朋友，比和一名江洋大盗同床而眠更为不堪。他们两人都是诚实人，头脑顽固，眼光短浅。

德·赛奇夫人，沙瓦纳家出阁的闺女，比她弟弟年长七八岁，具有介曼所缺少的思想决断。在必须做出选择时，她决不会有为难情绪。对于每一件事，她都能拿出主张来，说一不二的主张，清楚、明确。人们一眼就看清她的性格；她五官端正，轮廓分明，面貌像一笔描成，没有曲折；鼻子细长、笔直（谁也不能使它偏斜一点点）。挺直的鼻梁好像标志着她的果断，长一分短一分都不行。每当她的鼻孔一缩，表示她已经做出决断。她的额头圆圆的，没有皱纹；头发整齐地梳向脑后，一丝不乱，耳朵和太阳穴露在外面。蛾眉是细长的弧形，目光锐利；嘴很小，像一扇窄门，仿佛天生就是经常关闭着的；下巴又圆又胖，可是皮肉绷得很紧，没有一点松动。在这张面孔上，没有一条纹络不表现出她刚强的意志。从上到下，她的面孔上仿佛写着这样的字；“不必讨论！”再说，这位夫人很讲礼貌，而且极有涵养，你休想激怒她！她对自己很有把握。她是一垛墙，谁也不能和墙进行讨论，只能绕墙而行。墙设置界限，关闭一切，这是墙的职能。而墙所关闭的一切都是不能给你的：私人领域，私产。每人都在自己家里，只有你在外边！……

“自己家里”，首先是赛奇－沙瓦纳家里，其次是本城，接着是外省[①]，再后就是法国。战争把这一切合成一个整体：祖国。但赛奇家在祖国的中心。她是“法国妇女会”当地分会的主席，所以她自以为有资格用全体妇女的名义发言。谁要是说法国妇女，就是指家庭而说的。赛奇－沙瓦纳夫人不是女权主义者，大多数法国妇女都不是女权主义者，因为实际上她们已经掌权。她们不需要法权。在她们看来，法权

① 所谓“外省”是指除首都巴黎以外的法国全境。

似乎是给残废人用的拐棍。赛奇-沙瓦纳夫人以全家男子的保证人自居。他们使她满意。男子中的一个阵亡了(德·马勒伊先生),另一个是重伤员(她的弟弟)。至于她自己的丈夫,炮兵司令,半年以来他一直在凡尔登的大雷雨中。并不是说她是高乃依主义者,可是她喜欢她的几个贺拉斯①,她不希望他们死亡。她尽心竭力地照顾他们。如果能由她做主,她很愿意去分担他们的命运。但是她决不会让他们逃避任何一个考验。法国、本地、本城、赛奇,都有理。问题在于用事实证明有理。没有事实,有理也不值一文。我的法权(公正或不公正)是法律的权力。赛奇全家,以至全法国,可以为此而死,但我决不放弃这个法权……她是属于过去时代的英勇的女诉讼者。战争、生命、死亡,都是一个诉讼案。我可以失去我所有的一切,但是我决不让步……

可以想见,人们决不会对这样一位妇女去说对方也有他们的权利。她为有这样一个弟弟而感到骄傲,因为他保卫了法国。现在他伤势严重,步步接近死亡,她大力保卫他。但是她宁愿他死去,而不肯向他可耻的弱点伸出援助之手:和德国人交朋友。她知道有这回事,如果她乐意知道。但她却乐意对此装作不知道。介曼同意她这样做。两人之间有默契。你爱一个人,你就要避免让你心爱者的名字遭受辱骂,即使不用语言骂(德·赛奇夫人是能够控制自己的),也可能在心里骂。(那更糟糕!)

只有德·沙瓦纳夫人,介曼的母亲,知道她儿子坚持这种眷恋的感情。由于她疼爱儿子,她假装看不见,但是她并不同意他这样做。她用沉默躲避儿子对她说心里话。其实介曼并不打算对母亲说真心话。她是一位老年妇人。她在一生中,给自己规定了一条谨慎的原则:决不议论占统治地位的意见,不论是习惯势力或成见。也许她的心是自由的,也许过去是自由的,也许曾经自由过一个时期。不过,很

① 《贺拉斯》,高乃依的著名悲剧。剧中人物贺拉斯兄弟三人,为忠君爱国而战,其中二人阵亡。

久很久以来,她已经不让她的心发言了。她度过了积极的活跃的一辈子,那时,没有多少余地留给她的心。如今,一种精神上的困倦使她倾向清静无为的生活,逃避搅扰她的一切。她的心丝毫没有丧失深深的温爱,不过非常需要休息,这种巨大的需要淹没了温爱。于是她握住有病的大儿子的手,既因为她知道他心里在想什么,也是为了请他千万不要向她诉说衷情。

安乃德是介曼找到的第一个人,对她,他能吐露心中认为比战役的命运更值得关心的友情与不安。安乃德不解地问:“可是德·马勒伊夫人呢?”(安乃德觉得被那位待在一边的年轻夫人和她伤心的微笑所吸引。)介曼用手轻轻地做了一个丧失勇气的姿势:“对她比对任何别人更不能讲。”

她是善良的,纯洁的。介曼喜欢这个年轻的表姐。一种贞洁的友爱连结着他们两人。这是不必说明的。但是他们二人之间隔着整整一个世界……他说:“您仔细瞧瞧她!”安乃德说:“我是在瞧她。她像善良的玛杜雷夫人①。”

介曼微笑,说:“这只温柔的鸟,弯着颈项,用她细眯、温和而近视的眼睛,深情地注视着孩子,一边抚摸孩子的小脚。您看她圆圆的额头,秀气的鼻梁,长长的下巴,年轻的眼神和嘴唇形成的文静的微笑,然而悲哀在她周围张起了网。孩子在哪里?她在寻找孩子,等待孩子。孩子在天上。她的全部热爱跟着孩子上了天。在人间,还能给我们留下什么爱呢?她有耐心,她不怨天尤人。她在人间完成她该做的事。但是,不由自主地(因为她不愿意引起我们悲痛),她过分显示出人间生活对她来说只是一个过渡。在她眼中,我们全是过路人。”

“有什么关系呢,如果她将微笑赐赏给每一个过路人。”

“她贡献她的微笑。我知道这微笑的价值。可是您不要上当,安

① 关于“玛杜雷夫人”,无材料可考。据对这部小说有研究的一位法国教授说,有可能是当时相当有名而现在已经被人遗忘的一幅油画。

乃德,她的微笑是在说:‘忍受吧!’”

“这是贤智。”

“这不是您的贤智。”

“我可是很不贤智。”

“这微笑在说:‘忍受一切:命运、死亡,和爱你的人们远离!’她没有恨,但是她相信,战争既然存在,它就是上帝的战争。于是她尊敬战争。她不允许(您看见了)人们拿对战败者的残酷、不公正和滥用武力来玷污战争。她是真正高贵的。但这是古代意义的高贵。曾经存在的事物,现在也应当存在,将来也永远如此。因为曾经存在的事物,不论是善是恶,都有它的高贵部分。这是出自贵族门第,来自上帝的。她决不设法使它们变换。接受才是光荣的。”

“我不接受。我不属于高贵种族。或弃或取,由我决定。”

“您就接受我的事业吧!那是失败的事业。”

“失败的事业正是我所喜欢的。”

“失败主义者!”

“这倒也不是!不顾命运而去力争胜利,这使我心中感到火热。”

“如果您输了呢?”

“我再从头干起。”

“可是我,安乃德,我是迫不及待了。我不能等待从头开始。我不像您那样,有来日方长的生命。”

“谁知道呢?”

“不。我不能用幻想来满足自己。我在地上。但是我在地上的日子不会久了。我必须今天就干,否则永远没有机会了。”

“那好。我们拿今天来赌博,拿我做赌注。把您的牌亮出来给我瞧!”

*　　*　　*

安乃德冒失地介入了。这个女人,丝毫不满足于纯粹的思想,不满足于主观意愿,她有行动的需要。自从战事发生以来,她始终没有找到行动的道路,突然在这里找到了。为了维护神圣的友爱,最无私的爱,两个异国青年之间的友谊,她要彻底贡献自己,为这两个青年效劳,贡献自己身上沸腾的力量和激情。不可讳言,这种激情是带一点疯狂性的。她自己也承认。她的理性对她说:“你将付出代价!”她回答:“我以后再付代价,在目前,我要采购。”

“比您所有的更多。”

“等着瞧吧!”

疯狂!可是怎么啦!她必须贡献自己,而且没有任何条件,她不期待别人报答。能给人幸福,并且为此担当风险,这对自己已经足够幸福了。甘冒风险!……她是个赌徒(这一点,介曼早看出来了)。如果在别的时期,她很可能拿生命来赌,而且感到极为欢喜。

说实话,介曼看出这一点之后,就尽量加以利用。他不再顾惜她。他忘掉了让她去冒的风险。病人是没有怜悯心的。

安乃德开始进行。她终于找到了那个年轻俘虏的踪迹。他关在昂瑞附近一个集中营里。通过日内瓦的国际战俘联系处①,安乃德寄去了一封信,于是生命之线在两个朋友之间重新接上了头。安乃德用她的名字替介曼发信和收信。她秘密地到介曼那里取信寄发,同时把收到的信给他送去。

当她的眼睛接触到弗朗兹第一封来信的头几行时,她想强迫自己把信放下也不可能了。那是一声爱的呼号,它像两条手臂一样包住了她。她想挣脱拥抱,但是没有力气了,于是一口气把信念完。看完之后,她把信放在膝上,喘不过气来,好似刚刚做了一次冲击式赛跑。在

① 日内瓦国际红十字的附设机构,主要作用是帮助战俘的家属和战俘通信联系。一九一四年七月第一次世界大战爆发后不久,罗曼·罗兰曾主动参加上述机构,义务劳动了一个时期。

沙瓦纳家人面前,她好不容易掩盖住她的欢欣,没有喜形于色。可是剩下她一个人和介曼在一起时,她脸上放射出极快乐的光辉。介曼立刻明白了,双手伸向安乃德,用急不可待的颤声坚决地说:“给我!”

介曼看信时,安乃德走开了。房间里一片沉寂。安乃德站在窗前,心不在焉地眺望窗外那个没有太阳光的院子。她听见信纸窸窣的声音和急促的呼吸声。接着,一切都沉寂了。在墙外的街道上,一辆牛车缓慢地经过,听起来似乎只有车轮在滚动,车子却没有前进。这令人想起中部平原的静止状态,时间也停步了。牧人的喊声,一只鸟的啼鸣,在远处回荡。车轮的滚动声渐远渐低,受到震动的古老垣墙又恢复了兀然不动的常态。在人们心灵中,时间又开始流逝。介曼的声音叫道:“安乃德!”

安乃德转过身来,走向介曼。他背着阳光,脸朝墙躺着。打开着的信放在床上。他说:“您看信吧!”

安乃德坦白地说:“对不起!我已经看过了。”

介曼没有看她,向她伸过手来,说:“这是您的权利。这是属于您的。我全仗您才能够得到这个。”

他不说一句可能泄露自己激动心情的话。他拿起安乃德的连衣裙裙边,深深一吻。

根据介曼要求,安乃德从此开始看两位朋友的往来信件。温情的浪潮,从她身上流过,把她的色彩和火焰都卷了进去。两个朋友各自为了爱自己而爱对方。安乃德为了他们也为自己而爱他们两人。她是树,让两只鸟儿来树上相会。她在树叶丛中静听火热的友谊之歌。清新的空气,年轻的天空衬托着她轻松的枝丫。年龄和战争被一笔勾销了。……

奇异和美妙的二人合唱!为了更好地谛听,安乃德合上眼睛。她觉得似乎两个声音之中一个是少女的声音,另一个是母性的妇女的声音。这个张开双臂,那个投身于对方怀中。弗朗兹的第一支歌是欣喜若狂的解放之歌。他终于找到了避难所!三年来,在拥挤成堆的灵魂与肉体之中,在令人恶心的接触中,他憋得透不过气来。谁也不像他那样,有这么深刻的贵族式反感。永远没有独自待着的机会!这是最恶劣的孤独!自己迷失了自己!他不像那些内心十分丰富的人,心中有充沛的人道精神。他们把自己过剩的东西分散在他们周围,不管是否损失掉。“羊群,饮水吧,或者在水中蹦跳!如果不是你们,大地也会把水喝干!”他担心那些眼神不会反映思想的人和他有同样的人生观。另一方面,他缺少孤独的伟大艺术家们的内心充实和自我满足。自我,这是一个世界。他不过是一个二十七岁的温柔小伙子,还是个半大的人。他迫切需要将他被压抑的心中泉源,向一个更坚强而又殷勤的心倾注。小溪的流水太弱,如果它找不到一条充满热爱的江河带着它奔流,就不能独自流到目的地。他托身于人是出于自私的动机。因为被人带走,等于带着人走。这是将自己的浪涛灌满别人的灵魂,让它们为你挖一条河床。他找到了这个灵魂,高兴得发狂了。

不过时间不长。几天之后,一开始的狂喜劲儿过去了,他心中焦急的只是和好友不能在一起。他为他无法实现的愿望而呼号。他那些语意含混的信很少描述生活,只有叫喊。没有疑问,检查者禁止在信中写集中营生活过于真实的细节。但是对这个年轻俘虏来说,在所有限制之中,这点限制是最关紧要的。他吞没一切的“自我”,没有时间想到别人的“自我”。他用天真动人和过分的信任心,对别人讲他自己。他有一种发热、没精打采、多愁善感的感伤性格,像某些奥国人的心灵一样,有点儿温存和无病呻吟,不过他的风度和他的青春,弥补了这缺点。他的歌是一种 lied①,用 ron-do② 经常不变的形式唱着,充满哀歌的温情。黄莺唱得声嘶力竭。但他自唱自听。他的心在流血。他在哭他的心。即使他用比爱自己更强烈的感情爱着另一个人,但他在那人身上所爱的仍然是他自己,一个接受并且回答他那柔弱歌声的活生生的回响。

① 德文:民歌体裁的浪漫歌曲。
② 意大利文:乐曲名,回旋曲。

介曼的歌声更坚定,旋律向前展开,一气呵成,没有停顿。清晰的线条不用练声与颤音来点缀。他控制自己,很少说自己的事,一字不提(几乎不提)自己的健康情况,因为他想到对方,怕引起对方惊慌。可是他的信充满对朋友的健康和卫生条件的关心,谈他面对集中营监管人和难友们应当采取的态度。他安慰、劝告、宽解,不倦地向那个大孩子重复他温情、耐心、迫切的告诫。那大孩子只听进去一半。这种一再强调的无微不至的劝告,相当可笑。可是这个爱讽刺人的人,对别人的讪笑反而漠然置之。安乃德在读信时不禁微笑,那是因为她在介曼身上发现了她自己那种纠缠不清的意念,为关心儿子、保护儿子而不知分寸的母性感情。她在两个小伙子身上发现了永恒的女性。这本是每人身上都有的,不过男子所受的教育使之窒息了。男子如果承认这一点,会脸红的。安乃德对此很感动,因为她在这里看到了纯洁性。

丝毫不模棱两可。水晶般的明澈。如同地心吸力的规律一样自然,不可避免的激情。两个心灵,两个世界,它们围绕太阳的轨道互相拥抱在一起,好像结绳者用手织成的网。两种孤寂的处境自己结合在一起,形成节奏,便于呼吸。一个人对人群毫不理解,他感到的是迷失在猴子与老虎出没的丛林中大声呼救的人的孤寂;另一个人什么全理解,他的孤寂是理解得太多的人的孤寂。此人对什么也不坚持,可是没有任何人坚持要他这样做。只有一个人,一个唯一的人,为了生存而需要他。这个人的生命对介曼产生救世者的价值。救世者救了人,他自己也被他所救的人拯救了。

可是他们两人为什么不各自到一个妇女的怀中去找自己的安身处呢?妇女是大自然给我们的,我们可以在她们怀中倾注欲望与痛苦的火烫的波涛,或者将她的波涛和我们的波涛汇合起来。妇女……这是他们两人的秘密。安乃德只能稍稍窥见一点。在弗朗兹方面,有隔阂和恐惧;在介曼方面,也许有一种过早的失望,一种怨愤(在战壕中,在战友之间,不仅是介曼一个人承认有这种情绪)。在两人身上都存在着一种真的或假的强烈本能,觉得女人是另外一个世界。介曼对安乃德怀有温和的尊重之情。他向她说心里话。不过安乃德没有误解:他对她谈心,因为她是唯一能帮助他的人。安乃德能忠心耿耿地为他效劳,这一点他是有把握的。但是他不能肯定安乃德真正理解他。安乃德不止一次猜测到,他对她说话不是说给她听的,而是越过她的头脑,说给看不到的朋友听的。她在读他们的信时,能衡量得出,介曼对她的谈话,同他们两人来往信件中和谐的友谊合唱之间,存在着和声上的区别。介曼和她的谈话是在不同的题旨之间,很友好地编织起来的对位法①,而他们两人在友谊旋律的合奏中每一个音都用它的泛音②唤醒一个友好的协调。安乃德并不忌妒,她反而感到轻松。有时,人们在听一场美好演奏时体味到的益处,比自己混杂在演奏中大得多。

然而安乃德却已混在其中了,她自己没有察觉到两个朋友的声音是在她身上结合在一起的。她是小提琴的灵魂。

* * *

沙瓦纳家的人不愿意知道这种神秘的思想交流。这种思想在那位进进出出的女信使的面纱笼罩下传递着。

经常在窥探做梦的七岁的小烦闷者,用东张西望的眼睛,发现了两人在互相交换信件。他什么也没有说。他过着隐蔽的生活,不让大人们知道。他在那儿记录他所观察到的一切,虽然不懂是怎么回事。根据这些资料,孩子幻想了许多奇异的故事。他以为是介曼和安乃德之间偷偷摸摸的爱情关系。孩子被这个把光明带到屋子里来的金发女人所吸引,心中感到一种奇特的痛苦:他厌恨这个女人,他喜欢她,发狂地喜欢她。

---

① 对位法,音乐名词。

② 泛音,音乐名词。

德·赛奇-沙瓦纳夫人高傲地转过脸。她什么也不愿意知道。

德·马勒伊夫人确实什么也不知道。她光明磊落的心灵,从不猜疑会有她正直的道德观所斥责的事。她很尊重介曼,所以相信他会和她一样,为了祖国的特殊要求而牺牲自己的感情。然而她却比谁都更能理解这种不可违抗的友爱和温情。但介曼怎么敢在她面前要求友爱的权利?她,已经丧失了心爱的人。她,没有一句怨言,把她悲痛地放弃一切的决心坚忍地奉献给上帝。

德·沙瓦纳老夫人是知道介曼秘密的唯一的人。介曼不能不告诉她。她瞧见介曼写信,反复看信。她是这些信的守口如瓶的监护人。她既不赞成,又不能责备。眼看她的大儿子病得这样严重,她不能再对他有所指摘。她愿意儿子至少还可以有这点唯一的欢乐。她担心秘密泄露,引起病人和家中其他成员之间一场冲突,那时她的心将受到两方面同样的践踏。一方面,她认为她的家庭有理由反对她儿子;可是另一方面,儿子总是儿子。世界上有法律,也有超法律的法律。

德·赛奇-沙瓦纳夫人尽管那么不好惹,可是她也知道(不过不说)这种特殊的违法权利。她是姐姐,她在介曼面容上看到死亡的阴影。面对迎面而来的死神,她只好闭口无言。她不可能不知道,人们对她隐瞒着某些事。可是她采取措施,让别人去隐瞒不可告人的事。她小心着意,每次将要进入病人的房间时,故意先高声说话,让人知道她来了,赶快收起不能让她瞧见的东西。

她把愤恨的矛头指向安乃德。这个人来访的次数更加频繁了。德·赛奇-沙瓦纳夫人只用冷冰冰的脸色表示她的愤慨。她从不疏忽最起码的礼貌。这两个妇女心中明白,互相不说话意味着什么。人们认为安乃德对介曼的冒险行动是要负责的,其实安乃德不过是其中的一个工具。安乃德泰然自若,不皱眉头,听人谴责。她到这户人家来仅仅为了介曼,别的事她毫不在乎。

但是,她发现在帮助两个朋友的问题上,自己无能为力了。这一点，她却决不能毫不在乎。

从俘虏营中的来信突然中断了。集中营里发生了传染病，外加需要进行镇压的某些理由，把全部信件冻结了几个星期之久。这令人不安的沉默，使病人焦急得发高烧。找到了水泉之后，又失去水泉，口渴更难忍受。介曼干涸得像火烫的沙漠一样。每天，他用苛求的愤怒目光接待安乃德。他怨恨她辜负了他的期待。精神的亢奋重新加剧了病情，而病情恶化反过来更促使他精神的亢奋。经过一个时期表面的稳定，他体内的毒性曾经似乎被抑制住了。现在，毒性在变本加厉地蔓延，在侵蚀他的内脏。经过几天欺骗性的安静，病又猛烈地复发起来。人们不知道哪方面先受破坏，因为病以各种形式出现。你以为在这点上把它击退了，它又从另一点冒了出来。大火在房子中心燃烧。人们把伸到外边来的火舌浇灭。可是在整所屋子倒塌之前，人们接触不到火堆的中心。大家心里明白，这场大火显然是无法扑灭了。

介曼自己比谁都清楚。他精疲力竭地同隐蔽的敌人作秘密的斗争，但他觉得战败了。在这场无济于事的搏斗中，他脾气变坏了。病人蜷缩着，经常采取防御姿态，再也顾不到别人，利己主义就是他的救命稻草。什么都不想，只想他自己，想他的病、他的愿望。在夜里，介曼坐在焚烧着他的柴堆上，无可奈何地眼看着火焰向上冒。此时此刻，他狂怒地希望在自己被烧成灰烬之前，再和他的朋友见一面。

他母亲勉强同意安乃德进入病房，因为病人坚决要求。可是安乃德和病人很少谈话。现在，她的访问只是沉默地待一阵子。当安乃德进入房内时，介曼的眼光在她身上搜索一下，接着，失望地闭上黯淡无光的眼睛，把全身力量集中在他的痛苦上。安乃德寻求让他消遣的办法。可是什么也不能引起他的兴趣。她把故事讲了一半，只好中止了。当她觉得自己已是无用之人，站起来要走的时候，介曼却做一个手势把她留住，同时重重地责备了她一句。安乃德不能不接受他的责备。她怪罪自己，让一个希望发出了闪光，却根本没有能使希望实现。

一天，他们两人单独在房内，母亲陪医生出去了。医生又一次对她说了些不真实的劝慰。介曼抓住安乃德的手腕,说:“我完蛋了。”

她设法反对他的话。他重复说:“我完蛋了,我知道的。我要,我要和他见面。”

安乃德做了一个丧失勇气的姿势。介曼不等她开口,又说:“我要!”口气强硬。

她说:“我们有什么资格要呢?”

介曼:“是您,您说过这样的话?您?”

安乃德垂头丧气,默默无言。介曼满怀辛酸的怨愤,接着说:“所有您说过的反对现状的话!这种妇女的饶舌!原来您在撒谎!”

安乃德一点也不争辩,平静地说:“我可怜的朋友,您要我去干什么,我都去干。但是怎么办?有什么办法?”

“办法要您去找!您不能让我见不到他而死去!”

“您不会死的。”

“我要死了。在死亡面前,我不反抗。这是毫无办法的。这是规律。……但是人们干的蠢事,我不能接受!……他在那儿,离我不远,他,我唯一的友人,可是我不能看见他,不能接触他的手,不能最后拥抱他一次!……这是荒唐透顶的!”

安乃德闭口无言。她想到成千上万的不幸的人们,在像屠夫的肉案般的战壕里,让自己的生命和鲜血一起,一滴滴流尽。他们向远方的家庭伸出双臂,在家里,在孤寂的床上,他们亲爱的人彻夜难眠,焦灼,发愁,辗转反侧……

介曼看出了安乃德的思想,他说:“让别人去低头忍受吧,我可不干!我只有一个生命。我的生命眼看就要完了,我不能等待,我要的是我有权要求的事。”

安乃德心头沉重,继续沉默,她用同情的双手想去抚慰介曼。他将她推开,怒气冲冲地背过身去。安乃德走出房间。

可是经过一夜发烧似的思想斗争,安乃德第二天又去了。她看见病人一动不动地躺着,用阴沉而平静的声调对她说:(这种平静比昨天的狂怒更令人感到难受!)“我请您原谅。昨天我发疯了。我说起公理,说起我的权利。没有公理,而且我也没有任何权利。谁倒下去,算谁倒霉!倒下去的人们只要把面孔埋在土中,把泥土塞满嘴,就可以不让自己叫喊。蛆虫在踩死它的那只脚下扭曲着。蠢事!我不再说话了,我不再抵抗了。”

安乃德把手放在介曼汗水淋淋的额头上,说:“别这样说!必须抵抗。什么都没有完蛋哩!刚才我碰到您的医生。他劝您母亲把您迁移到瑞士的一个疗养院中去。这儿,空气不够清新,温暾、潮湿、使人衰弱;而且令人精神沮丧,这不亚于身体的衰弱。在这里,不论怎么样,我们是在受战争的污染。到了瑞士,在远离红尘、忘掉一切、杂花遍地、山高气爽的幽境,无疑,您会恢复健康。他对我是这样说的。”

“说谎!……对,他对我也这样说。他看我已经没救了,要把我送到远方去死,他可以丢开包袱了……但是我说:‘不!我要死在这里!’”

安乃德竭力说服他,但是他坚持说:“不!”

他咬紧牙关,固执地抗拒,不肯说话。

安乃德俯身向着床,含着悲戚的微笑说:“这是为了他?”

“对。如果我离开法国,我将离他更远。”

安乃德说:“谁知道?”

“怎么?”

安乃德把身体俯得更低些:“如果正相反,这是一个和他接近的办法呢?”

介曼抓住安乃德双手的手腕,固定住她俯身倾斜的姿势,问:“您说什么?”

安乃德想把手腕挣脱出来,但是介曼不肯松手。两人的脸互相靠近。

“一定要去瑞士。我的朋友,您接受吧!”

“您说!您解释清楚!”

“您把我的手弄得怪疼的。让我直起腰来吧!”

“不。您先解释!”

安乃德弯着腰,对着枕头,有些站立不稳。为了不至于跌倒,她两手撑在病人身上。她轻声地,急促地说:“您听我说!……这可是没有把握的……这不过是一个机会。我也许不应该对您讲……可是,我要试试看。我准备担当一切风险……”

介曼把她的手腕抓得更紧:“您说,您说!”

“昨天夜里,我想过……后来,走进这儿来的时候,当我听说让您去瑞士的打算……假如他能够越狱!”

介曼紧紧抱住安乃德。她扑倒在床上,脸压在他的脸上。他疯狂地吻她,碰到什么吻什么,她的眼睛、鼻子、脖子。由于突如其来的震惊,安乃德在几秒钟之内动弹不得。接着,她把身体滑下床去,顺势跪倒在床边。终于,她站起来了。介曼没有意识到他刚刚干了些什么,他从凌乱的被单下抬起身来,高声说:“您设法让他逃出来!您把他带到瑞士来见我!”

“安静!”

介曼不作声了。神魂颠倒的两个人,各自把呼吸重新调匀。

当她能够重新动弹和说话时,她对他做了个手势,叫他躺下。他服从了。她把被单和枕头整理好。他驯服地让她收拾,一动不动。她收拾完毕,坐在床沿,他的脚边。两个人都忘掉了刚才发生的事,(问题在她这方面!也在他那方面!)他们用轻轻的声音,重新商量刚才提出来的计划。

* * *

安乃德到巴黎去了。她去找她的老朋友玛赛尔·法朗克。他现在穿的是一套漂亮的军服。他现在是美术事务方面的高级官员。他在罗马完成一个不知是什么的任务之后,正好回到巴黎。这种任务是没有危险性的,可是并非没有荣誉。眼下,他在一个很舒适的办公室里供职。在那里,在后方,人们不慌不忙地致力于拯救艺术作品。他对于为这场战争效劳一点也不表示过火的积极性。他认为这场战争是愚蠢的,也就是说是自然的,因为在他看来,愚蠢是人类正常的尺度。他对于安乃德正进行的活动也不是特别感兴趣。

他立刻接见了安乃德,含着心照不宣的微笑,往日的微笑。现在他头上显露出一块非常神气的秃顶。他正好利用他的秃顶,使自己增加了一分潇洒。他的面容是年轻的,目光炯炯有神,牙齿整齐洁白。他穿了一身浅蓝色战士服装,十分自在。他们两人单独谈话,在互相说了几句客套之后,安乃德委婉地说明了来意。玛赛尔露着牙笑,态度友好,心不在焉地听对方说下去;同时,他的目光却在从头到脚地打量安乃德。她把话刹住,问道:“您可是没有听我说话!”

玛赛尔说:“自然没有听啰。人家好不容易看见您,忙别的还顾不过来。对不起。可是,虽然这样,我还是听见了。我完全明白,您来了,不是为了来看我,而是为了有什么事要求我。如果我能满足您的要求,我将不胜庆幸之至,既然这是势所必然,我就尽量多看看您,这是我预支的一笔报酬。”

“您别老是瞧着我,现在我老了。”

“‘正午,盛夏之王’。”①

“您可以说秋季。”②

“秋天的树木有最华丽的羽毛。”

“人们更喜欢花。”

“我喜欢花和果实。”

“对,对,您什么都喜欢……您愿意听我说话吗?”

“您说吧!我全神贯注地在瞧您。”

① 意为:中年是人生最美好的时节。这是法国诗人勒贡特·德·里尔(1818—1894)的诗句。

② 安乃德自谦之词,说她已经不是中年人,而是过了中年的人了。

“您完全看对了,我是作为恳求者来找您的。你我二人分离这么久了,我第一次来见您,就是为了求您帮助,我很不好意思。但并非为我自己。”

“这么说,更不能原谅您了。”

“不原谅就不原谅吧。正因为关系到别人,一个使我感兴趣的人,我只好厚着脸来了。”

“一个使您感兴趣的人,这仍然是您自己。”

“也许。人们不知道‘自我’从何处开始,何处结束。”

“自我一体主义!这么说,您的事就是我的。让我们分担吧!把您的故事讲给我听。”

安乃德对他讲了那个年轻的俘虏。玛赛尔听说过他的名字。他甚至在某个展览会上,见到过弗朗兹画的两三件小作品,它们没有给他留下很深的印象。不过,一个画家,不论他怎么样,反正属于玛赛尔的职务范围。他可以对安乃德显示一下自己的势力和自己的心胸宽大,又何乐而不为呢?他替安乃德弄到一张许可证,可以到集中营里探望弗朗兹。

安乃德利用复活节放假,来进行这次小小的探险。她不到巴黎去和儿子一起度假,她去昂瑞了,让他儿子在那里白白地等待着。问题是她要先摸一摸情况,而且先要认识一下弗朗兹,因为她要执行的全部计划,都取决于弗朗兹是个什么样的人。

许久以来,她是在介曼的友情中认识弗朗兹的,现在真的要和本人见面了,心里有点发慌。由于她一直分担着介曼的思想,结果她也爱他之所爱。现在她受他的委托而来,她的眼睛已经不是她自己的眼睛,是介曼通过她的眼睛在看。女性精神的温柔可塑性,妇女们是知道的。她们和这种情操做斗争,同时却又在培养它。她们知道其中的危险,又感觉到其中的甜蜜。她们的意志一旦放松管制,她们就会顺着斜坡,软弱无力地、身不由主地滑下去。……

火车快到达昂瑞了。安乃德在车厢里,使她胸中急不可待地跳动着的介曼的心安静下来。

*　　　*　　　*

弗朗兹的囚禁生活并没有给他很大痛苦。他在集中营里享受着某种程度的自由。许多俘虏在城里工作,除了早晚点名必须准时到之外,不受别的约束。对他们的监视相当松懈。人们认为这些俘虏是不足为害的。而且他们离开边界那么远,即使产生逃跑的幻想,也不能到达边界。事实上,他们也丝毫没有逃跑的想法。这些诚实人中的大部分,一九一四年以前已经定居在法国。他们为和在德国的亲人隔离而感到痛苦,但是他们没有到德国去参加冒险和搏斗生活的丝毫愿望。在这点上,法国沉睡的西部肥沃地区的小资产者完全理解。他们也不避讳对俘虏们直说出来。

弗朗兹在干油漆工的活。是司令夫人差遣他干的。要他把她家沙龙里门与门之间的墙壁刷白,把顶棚上布歇①的一个老徒弟彩绘的被爱神戏弄的牧羊女粉红色臀部刷新一下。这项工作本来有点意思,如果那位司令夫人不把弗朗兹当奴仆对待的话。她认为她有特权这样对待一个被管制的德国佬。这位骄傲、腼腆、高度敏感的贵族出身的年轻人,受到这种侮辱深感痛苦。要是他的同伴们,这点小事从他们皮肤上一滑就过去了。也许正因为弗朗兹吃不消,那位夫人反而对他发生了兴趣。一个女性,不论她多么庸俗,如果是为了满足她的残酷本能,在观察她的受害人的心理方面,总是相当精明的。

弗朗兹干完一天活,从那人家出来,好像被人活活剥了一层皮似的难受。他不是深深吸一口新鲜空气,或抽一口烟斗,出口长气,来轻松一下,也不是把他的苦闷和烟一起喷吐在黄昏温和的空气中(这天傍晚,天是温暖而柔和的,像杏子的面颊一样),而是垂头丧气地向前

---

① 布歇(1703—1770),法国画家兼雕塑家。

走去。正在这时,安乃德靠近了他。

他做了一个粗鲁的动作,躲开安乃德。他在女人面前保持着孤僻和敏感相结合的态度。安乃德叫了他的名字。弗朗兹斜着眼睛瞧她,一边不停地走,眼神慌乱,眉头紧蹙,又不安,又生气,好像有人要强迫他干见不得人的事。眼看这个为保护自己的长袍而挣扎的年轻的约瑟[①],安乃德微笑了。她说:“介曼让我来的……”弗朗兹他吃了一惊,站住了,结结巴巴地说:“介曼·沙瓦纳……”

他注视着安乃德的眼睛,看她有何表示。安乃德眨眨眼,意思说:“是的。”

弗朗兹抓住她一只手,拉着就走。

他走在前面,拉着安乃德的手臂,好像一个着急的孩子。吃惊的安乃德没有想挣脱她的手,虽然她怕引起旁人注意。时间已经很晚,他们没有遇到什么人,只有一个乡下的小姑娘,看见他们的样子笑了起来。弗朗兹走过一条横穿的小路,到达田野。一垛半倒坍的墙围着一个果园。墙上有一个缺口,被一个凸出的拐角拦住,路上的行人是看不见的。他们两人并肩促膝而坐。弗朗兹俯身向安乃德,拉着她的手不放,恳求说:“介曼?……”

黑夜即将降临,天际余光恍惚,好似流水上的幻影。安乃德觉得自己被那个苛求的乞丐用眼光吞噬着。这双眼睛在催促她说话,结果反而阻碍了她说话。她观察这双变化莫测的眼睛:有时多疑、躲闪;有时不可抑制地透露自己;忽然又眼光熄灭,蒙眬欲睡。他的头发是浅黑色的,额头饱满,鼻子细直,嘴唇略略鼓起。这是时时都在等待快乐或痛苦的飘忽不定的稚气的表情。这是一个孩子。安乃德拿这个面容和介曼向她介绍过的形象加以比较,感到很惊讶,这个人居然让介曼那样眷恋……

---

① 典出《圣经·创世记》:犹太族少年约瑟被他哥哥卖给埃及人为奴。主人的妻子爱上了他,想和他私通。约瑟抗拒。女方抓住他的长袍不放。最后,约瑟宁愿舍弃他的长袍,脱身逃走。

由于着急,弗朗兹的手抓得更紧了。这就提醒了安乃德,对方在等她回答。她跟他讲在远方的那位朋友。她的话多次被弗朗兹的提问打断。她叙述介曼的病状时,引起弗朗兹的焦急不安。她不得不把话停下来,设法宽慰弗朗兹。于是她从为介曼操心转而又为眼前的弗朗兹操起心来。此人也需要她照顾。

集中营里的军号吹响了。两人都想起刚才已经听到过一次号声。他们不得不分手了。安乃德并不是毫无困难就能催促弗朗兹回营的,她答应他第二天和他长谈。在分别时,弗朗兹收回自己的双手,他这才发现安乃德的双手被他抓着。他看看安乃德的手,又看看自己的手,说:“这两双手都接触过他……”于是他双手捧着自己的面孔,在手掌中深深地吸气。

*　　*　　*

安乃德很快就明白了弗朗兹的无能。他不能策划一个具体的行动计划并付诸实施。这并不是他缺乏胆量,他愿意冒一切风险。需要小心的倒是不让他一开头就采取最疯狂,最不顾死活的行动。安乃德刚刚说了关于一个逃亡计划的头几句话,弗朗兹立刻就像烈火般熊熊燃烧起来。他那荒唐透顶的反应,使安乃德干脆不再说下去了,把她所设想的一切藏在自己肚子里,否则,弗朗兹不假思索的胆大妄为可能把一切都毁掉。事先必须不让他参与计划,等一切都准备停当,到了可以行动的时候,再把事情告诉他。即使这样,他能不能单独行动,也还是个疑问。非得携着他的手,一步一步地领着他走。这样一来,本来已经把握不大的机会,几乎成为泡影。尽管如此,安乃德决不泄气。她受着自己对人许下的诺言的约束。她被卷入这种奇特的友谊的激情中,处在两条河水交汇处的一个小岛上,受两股激流的冲击。在流水的旋涡中,兀立不动的小岛,倒像是在旋转。安乃德本是这些骚动的局外人,可是她被搞得晕头转向了。

在两个朋友方面,这是一种和现实脱离联系的精神激奋,充满激情的灵魂,用出乎常规的抗争反对出乎常规的压迫,用他们所创造的骑士精神,来反对不承认此种精神的社会。在老大方面,也就是在比较坚强的介曼方面,这种骑士精神有着英雄的性格。介曼在战斗中保护比较软弱的弗朗兹,在他自己倒下去时,他把心中对生命的全部眷恋都转移到年轻同伴身上。在小弟弟方面,由于他孤立于一个满含敌意的环境中,他的骑士精神使他对保护他的友人采取了神秘的崇拜态度。正因保护人同他不在一起,他把保护人看得更超凡入圣,像祭坛上的圣徒们一样。如果没有战争,就不至于使感情发生这样的变态,使之显得那样宏伟。在正常时期,这种情操也只能维持在日常生活的中等高度,危险与狂热把它提高到只能用祷词的翅膀接触到的高度了。对于已经一大半脱离生活的完整心灵,友谊和祈祷一样,是一条通向神圣的道路,在友谊上互相贯通的三个人,介曼、弗朗兹和安乃德,谁也不相信上帝。谁也没有看见上帝在他们三人身上以友谊的形态出现,像善于变形的朱庇特那样。他们心里充满上帝,他们渴求为上帝而牺牲自己①。

三人之中,安乃德的处境最为奇特。直到那时,她对介曼和弗朗兹都没有一点近乎爱情的感觉。她的个人情绪没有超过友爱的怜悯。每一个善良的妇女都同情不幸的人,同情痛苦且需要她帮助的人,尤其如果这个不幸者是一个男子,因为在妇女眼中,男子的力量被摧折了,特别令人感动。可是在介曼和弗朗兹处于不能互相见面,不能行动的情况下,她作为中介人为他们传递激情时,自己已卷进这种激情中。他们两人以她为代表,在她身上互相热爱着。他们把行动的任务委派给她一个人。

艰巨的图谋!去背这么沉重的包袱,安乃德难道不是发疯了吗?当她独自一人的时候,她也想到自己在发疯。于是她想刹车。但是机

① 就是说,为友谊而牺牲自己。

器已经开动,轮子每转一圈,都使安乃德陷得更深。

在返回巴黎的火车上,安乃德愈想愈害怕。她列举着几乎不可能克服的困难与危险。她想不出任何办法可以尽到她为那两位朋友默默承担的义务。她好像一只蚂蚁,正在设法从一块石头底下拉出一小片麦秸来。这块石头是悬在蚂蚁头上的。即使蚂蚁拖出麦秸,石头也很可能掉下来把蚂蚁和它拖出的麦秸一齐压碎。但是这种风险从来没有吓倒过一只蚂蚁。也许在安乃德心目中,这种风险反而能刺激她去干。在她的性格中,有决不忍受粗暴威胁的一面;而比较软弱的另一面,也不过是几分钟的胆怯:"我的上帝,我接受的是什么事呀?难道我不能说了不算,放弃计划,逃之夭夭?谁在强迫我?"

她自己回答说:"我自己强迫自己。我应当如此。"

面对国家这座大山,安乃德仅有孤身一人。她和凶相毕露的祖国对抗。她觉得自己被巨大的暴怒的女神们踩在脚下。但是,即使女神们能够毁灭安乃德,她们也不能使她屈服。她不再相信她们了。自从她重新发现被不人道的巨人踩在脚下的原始与神圣的感情,友谊和爱情以来,别的一切都消失了。别的就是暴力。和暴力对抗的是灵魂!

疯狂,就算是疯狂。但是这样说来,疯狂也是灵魂。我活着,全仗这个疯狂。我行走在深渊上,正如使徒行走在水上①。

* * *

复活节的星期二,安乃德回到巴黎。她只剩下五天假期可以在巴黎度过。冷淡的玛克也辛酸地失望了。六个月以前,人们也许说,玛克在想念他的受害人,就是那个为他而痛苦的母亲。(这是合乎人情的:一颗充满爱的心,是天生要受它所爱的人折磨的。)

---

① 指圣彼得。耶稣叫他在水上行走,他走几步,害怕了,就往下沉,耶稣说他信心不足,所以下沉。(见《圣经·新约》)

可是玛克已经不准备再折磨他母亲。安乃德也不愿意再受折磨。形势起了变化。最近半年来,他把他的感情、爱情与友谊,都狠狠地簸扬了一遍。他手上剩下的谷壳多于麦子。他目光冷冷的,出奇地锐利。他对目光接触到的一切毫无怜悯心,不论对自己还是对别人,不分彼此!他不要母亲有点近视,然而热情和发亮的眼睛,也不要姨母调皮的麻雀眼睛。她的眼睛在啄食她面前发生的每一件可笑的事,它认为一切都可笑,都可以啄食。玛克脾气不随和,他解剖事物,解剖过后,那些萍水相逢的友谊就剩不下什么有分量的东西了。玛克起劲地剥掉麦粒的外壳,要在种子核里找出蛀虫、空虚或肮脏东西。而在这堆渣滓之中,只有一粒种子,唯一的一粒顶住了,那就是他母亲的心。他白费力气地用牙齿嗑了半天,没有能损伤它一点外皮。他还不敢说这粒麦子能产生什么样的面粉,但它始终完好无损,没有腐蚀的痕迹。这使他肃然起敬,并且产生了钻到里边去的不可告人的念头。他很喜欢西尔薇,可是其中带着一点温情和轻视的嘲笑,而且受到西尔薇同样的回敬。他知道他可以信赖西尔薇做他的同谋,因此心里感激她,他喜欢别人的不公正对他有利(只要对方不是容易上当的傻瓜,对于愚蠢的人,他是毫不留情的)。不过玛克在西尔薇和安乃德之间是有所区别的。安乃德是值得人们去征服的一个灵魂,半年来,他也明白了这一点,那就是他母亲爱他。可是他丝毫没有抓住她。这种母爱是强烈而可靠的本能,他要求的却比这更多:不但爱,还要互相认识,互相掌握秘密,最好的成分,不是母亲,而是人。母亲,这是对大家都一样的;无名的老母鸡。可是每个人都有他的隐秘的精华,和任何别人的精华不同,它使人具有自己的气味。玛克闻到了气味。他要求接触外壳里面的含香的籽粒:"你就是你,你只能存在一次。我要你的秘密!……"

"你要它干什么?为了满足你的欲望之后把它抛弃?"青春期小青年的心,这些小小的啮齿动物,贪婪地要得到一切,然而不知道保存任何东西。把他们艳羡的东西保存在他们牙齿碰不到的地方,这是更好的办法。在安乃德方面,情况就是如此。尽管她用美丽的微笑的嘴唇和人谈心,但她自己掌握着生命秘密的钥匙,她不能把自己的秘密透露给人。这对于她是幸运的。在她一生中,有若干次她几乎浪掷了这种秘密。在玛克眼中,这种没有被暴力破坏过的隐秘处,好像一个年轻的北欧海盗一心想要破门而入的神庙一样,具有吸引力。

玛克本来打算利用复活节假期来占有安乃德的秘密,可是没有看见她回来,急得他直啮自己的指甲。当安乃德重新出现时,复活节假期已经度过一个多星期……不得不重建母子间的亲密生活。这种生活曾经由安乃德多次奉献给玛克,而多次遭他拒绝。他满以为这次跟上次假期一样,她要再一次向他提供机会。而这一次,他打算在她的恳请之下勉强地接受。

可是这次,安乃德的精神被另外一些思想占据着。她没有任何希望玛克和她谈心的表示。他有他的秘密?好得很!他可以保守他的秘密。因为她有她的秘密,她也要保守秘密。

一筹莫展的玛克,只好静观那个“陌生人”,和他最接近而又最疏远的“陌生人”,他的母亲。他设法从外面透过护窗板看她……以前,是她想要看他,而他则躲在墙后不让看。现在两人的地位颠倒了过来,这在他是一种羞辱!

她却一点也没有藏在墙后。

“瞧吧,如果你愿意!”

安乃德不管他……这对他是最大的屈辱!他只好忍受这种无意的冒渎,既然他的好奇心,既然吸引他的磁石比他的自尊心还强得多。

今天,在这个妇人身上,最使他惊讶的是她的平静和坚定,而周围众人的灵魂则像灰尘一样随风旋转。他们住的大楼,像一艘将要沉没的船舰,机器有了裂纹,船员都疲惫、急躁,狂风在各人心中肆虐。死亡的符号(红与黑)重新又标在门上。亚波丽娜自杀了。安乃德上次回来后不久,自杀事件就发生了,可是安乃德到现在刚刚知道。西尔薇在给她的信上故意略而不谈。接近十一月底的日子里,人们在塞纳河里找到了于惊慌失措中投河的亚波丽娜的尸体。至于亚莱克西,他踪影全无,消失在遗忘的深渊中了。贝纳丹家的两个儿子也失踪了,但他们是消失在被称为“光荣”的另一个深渊中的,像安达卢西亚的巨大泥坑,其中堆积着被公牛的犄角刺穿的马的尸体。在德法两军的炮兵用地狱般的炮火长时间轰击过的索姆河畔的大片泥浆中,并没有漂浮着贝纳丹兄弟的任何遗物。悲痛的情绪像一股旋风袭击贝纳丹家。几秒钟时间足够破坏掉一个家族。这件事在半个月前刚刚发生。父亲贝纳丹先生,像一头被打死的公牛,眼睛血红。他的狂怒和他的信念发生了猛烈冲突。有时,在几分钟内,他和上帝扭打起来。然而上帝比他强。现在,这个精疲力竭,垂头丧气的老人,举手投降了。

安乃德到达巴黎的第二天夜间,发生了一次防空警报。她和全楼居民,七零八落的羊群,挤在楼下的地窨里。这和战争爆发后不久那些日子里的友好、热闹的情况完全不同了。那时,跑警报的人们互相召唤,互相交流信念和希望,越说越有劲。如今,人们虽然还勉强保持形式上的礼貌和休戚相关的样子,可是心里都觉得,每一组家庭成员,和一家成员中每一名个别的人,各自孤立在枯燥的小角落里,头上好像都压着愤怒和疲乏的重担。在最平淡无奇的日常礼貌性交谈中,也由于心中痛苦而露出咄咄逼人的语气。这些可怜人,几乎每人都有长期积累的怨愤、失望、亲人死亡的悲哀与辛酸……可是,拿这笔账找谁去结算呢?欠债的人躲藏在什么地方?……由于见不到欠债的人,各人的怨恨只好向身边的人发泄。

一九一七年四月,全法国盲目的不满情绪在成熟。俄国革命刚刚爆发。北极之光的破晓,在天边映出一片鲜红。三星期前,头一批消息传到巴黎。上星期日,圣枝主日[①],巴黎平民举行盛大集会,闹哄哄地欢呼俄国革命[②]。然而他们没有带头人,没有领导,没有一致的行

① 天主教节日,复活节的最后一天,一般在三月底或四月底。

② 指二月革命。

动。数不清的互相矛盾的反应,数不清的利己思想在痛苦着,不知道如何团结起来。他们势必是很容易被粉碎的。革命精神分散为各个孤立反抗的碎片。在这四月里的每个星期中,个别的反抗在军队中不动声色地起作用。这些反叛的联队和个人反叛者,同留在家中的可怜人一样,不知道要求什么。这就让他们的刽子手大钻空子。可是他们大家都知道:他们都很痛苦,他们在寻找某些人,在那些人身上,他们可以报仇泄恨。

在"地下室中的人"身上,这种怨恨一直流露在姿态与声调上,虽然字句上不大明显。他们不是把各人的重负结合在一起,而几乎是在互相比较谁的负担更加沉重,同时责怪邻人把最重的负担加在自己身上。贝纳丹和纪莱各顾各地为家中的丧事悲伤。他们相遇时只是冷冷地招呼一下,不说话。痛苦是有疆界的,他们不愿意超越疆界。

安乃德向乌素尔和于丝蒂娜·贝纳丹表示了深切的同情。这两个从来没有和安乃德交谈过一句话的拘谨姑娘,被安乃德充满同情的冲动几乎震惊得不知所措,激动得双颊绯红。接着,腼腆和多疑的情绪又占了上风,她们避开安乃德,重新罩上黑色的面纱①,躲进她们的外壳。安乃德决不坚持。如果别人需要她,她准备帮助人,可是她不需要别人。她不想把自己的意见强加于人。

在这间地下室中,安乃德周围的人,用冷酷的盲目信仰的言辞交谈。克拉比埃叙述电影《站起来吧,死者!》第一场放映的情况。这是一部暴露德国人罪行的影片,它的标语是:"不论你的敌人是谁,兄弟、亲戚,朋友,杀吧!须知杀死一个德国人,就是给人类减少一场灾祸!"贝纳丹夫人对一个女邻居温和地谈"你要记住联盟"的事,为了永远坚定地记住对敌人的仇恨,安乃德一言不发地听着。玛克注意他母亲的面部表情。她没有不以为然的表示。当西尔薇和往常一样,说些沙文主义的蠢话,还夹杂着一些街坊间的丑闻,安乃德也毫无表示。她让

---

① 西俗,丧服是黑色的,贝纳丹两姐妹是为她们两个阵亡的兄弟戴黑纱。

大家去说,微笑而不答话,或者故意说点别的事。她心中怎样想的,一点也不外露。即使是亚波丽娜之死,这个突然的消息本该使她震惊,可是她的反应只是眼睛里发出一下怜悯的闪光。被这个悲剧一直震动到内心深处的玛克,见母亲无动于衷,十分生气。他要设法逼她放弃这种态度。于是他以高度的兴奋,毫不掩饰地叙述他的所见所闻。安乃德做了一个手势,叫玛克住嘴。她不参加大家的谈话,除非她高兴参加。想让她卷入一场争论的各种努力,都无济于事。然而她有她自己的定见。对于这一点,玛克是完全肯定的。安乃德几句从容不迫的话,已经足以使玛克猜到,安乃德内心对于使别人激动的问题,例如战争、祖国等等,都是漠不关心的。玛克很想知道得更详细些……她为什么不谈呢?

玛克曾经被俄国革命所震动。他参加了四月一日的群众大会。他是作为好奇者去出席的,可是他为群众的热潮所感染,给赛弗琳娜[①]叫好,对儒欧[②]喝倒彩。他看见有些俄国人,听到俄国的革命歌声,激动得哭起来。虽然他瞧不起哭泣,却丝毫没有觉得这些俄国人缺少男子汉气派。但是他不知道该怎样思考这一切。有几次,他试着和那几个莫斯科人交谈,但他们立刻使他感到格格不入:生疏、气愤。他们的生硬和不宽容态度、民族虚荣心,使他们在红色便帽下面,高耸起两只长耳朵[③];还有他们针对法国和法国人的刻薄讽刺……

"啊,呸!我受不了啦!……"

玛克对本国人的缺点常常施展他的讽刺才能,但是他不喜欢别人代替他执行这种任务而且把矛头指向他……再加上那种放肆的侮辱性亲热态度!……从本质上说,玛克是贵族分子,和这群"犹太族的亚洲人"[④](这是玛克的话,坏家伙!)密切地生活在一起,这种理想对他

---

① 赛弗琳娜(1855—1929),法国进步女作家、记者、演说家。

② 儒欧(1879—1954),法国工会工作者,一九五一年获诺贝尔和平奖。

③ 头戴"红色便帽"是革命者的打扮。"长耳朵"是指驴子的耳朵,是骂人的话。

④ 这个称呼显然是侮辱性的。

并无吸引力。玛克一开始很兴奋,不久即向后退却,他经受了各种反作用,其中有一些可能是正确的,另一些无疑是坏的。他不讨论这些。他们是他们,他是他。祖国专政或无产阶级专政,他认为这无非是两种暴政之间的选择,两种一刀切的理性或癫狂之间的选择而已。他的心不够人道,不够慷慨,不能为平民大众的利益(哪怕对他自己不利)而采取断然决定。为了决定更赞成哪一边,他需要先理解,而毕当及其同伴们是不会在这方面对玛克有所帮助的。自然啰,毕当彻底介入了这个新木筏[1],但是他介入的理由是如此朦胧不清,不足以吸引年轻的李维埃,反而使他远离:关于灾祸与破坏的神秘思想,兴高采烈的悲观主义,牺牲的陶醉,等等。

“去你的吧!牺牲自己而不求理解,对于没有什么可以损失的人,可以这样;而我有一个极大的价值要保卫:我的‘自我’、我的智慧、我的前程、我的战利品……当我得到了一切属于我的东西,当我见识了一切,生活经历过了一切,那时……那时再在光明中牺牲自己……对,也许……但是在黑夜里,眼睛被蒙着?……多谢,老兄!土拨鼠式的牺牲不是我的事情。请给我另外一盏油灯吧,不要光是‘无产阶级统治’。”

安乃德有另一种光明吗?玛克企图设法使母亲的思想露出真面目来,可是徒劳。他故意当母亲的面宣扬一些荒谬透顶的言论,为的是向他母亲挑衅。安乃德好像没有听见。玛克投掷的石块落空了。他只是自讨没趣而已。这个女人,难道她没有思想?玛克看来,思想好比皮肤上出了麻疹,老是发痒,只有用手去搔,或者到别人身上去蹭,痒才能够减轻些。他认为思想一直是一种咄咄逼人的行动,要将自己的思想抛出去,打在另一个人身上,而且一定要使这个思想为他人所接受,不论是出于自愿,或者勉强。安乃德仿佛毫不关心别人的思想是否和她一样。

说她漠不关心,那倒也不是,不过她本能地感到,思想和草木抽芽

① 指革命。

有类似的情况。让它们去缓慢地成熟吧！如果它们要提前成长,等天气一转凉,它们就会被冻僵的。在安乃德周围,许多人的灵魂还处于冬季。它们从昏睡中醒来的时刻尚未到来。它们的昏睡状态可以麻醉它们的痛苦和疑虑。苏醒得过早会使它们遭到毁灭。

安乃德站在家门口,听着上一层楼的工人佩莱大喊大叫,他在和一个工友激烈地争论。他有几天休假,回来时满怀怨恨。他在前线所见的一切,在后方接触的种种,人命的糟蹋,财物的浪费,幻想的破灭,加上自己家的道德堕落,女儿成了娼妓,女人们用她们在军火工厂里挣来容易花得也快的工钱,过着愚蠢而自鸣得意的火鸡式生活,这一切使佩莱对他的同伴们和上司,对世界充满愤怒与反抗的情绪。然而他狂怒地坚持他的想法:“走到底!”一个无政府主义的工友嘲笑他,企图动摇他的决心。佩莱向他大喊大叫:

“闭嘴！不然我就把你扔下楼！你要我怎么办？难道我身上的重担还不够我受吗？就算你能干,白痴！他们欺骗了大家。和别的东西一样,祖国是一个阴险的骗局,他们平白无故地杀死我们。如果你给我证明这一切,就算很不错了。你叫我相信什么呢？我不再相信革命,我不相信宗教,我不相信人类。(这比别的更愚蠢,更空洞!)我要是失去了祖国,你叫我还能抓住什么？我只好对准自己的脑袋开枪了！……”

安乃德理解佩莱。玛克是不会理解他的……

“让他去开枪自杀吧!”

年轻人对弱者的苦难是没有怜悯心的。弱者为了生活,只好对生活弄虚做假。玛克却不弄虚做假。他这样的年轻人要不顾一切地生活,他和他的同学们,无政府主义者,达达主义者①,为了报复,对一切现存的事物采取没有分寸、没有限度的嘲弄,把嗤笑推到极度夸张、荒诞的程度。他们用反理性来报复理性的残酷空虚……

① 一九一九至一九二一年流行在巴黎的一种虚无主义与无政府主义的文学潮流,超现实主义的前身。

现在有一个人,玛克最不能理解,那就是他的母亲。如何对待周围的一切,她是自由的。(玛克可以绝对肯定!)她丝毫不需要攻击别人来保卫自己。她什么也不批评。她不控诉任何别人的思想,她有自己的思想,自己的理由,自己的家,而且坚持不放。她给自己建立了基础……可是,建立在什么上面呢?

安乃德是妇女。她心里充满一种富于激情的思想。她绝不企图把这种思想推广到全宇宙。她的精神视野完全被一个明确、艰苦和有限度的行动所充塞。对于解开世界上的悲剧之谜,她并不关心。这个哑谜,这个悲剧,在她看来,归结为她所接受的(她自己承担的)特殊义务:拯救充满这个义务的特殊情操:友谊……连这点都不是!……两个朋友,在他们的命运中,也混合着她自己的命运,她不把这种关系扩大到其他人们的命运上去。在这命运中有她的一部分。这一部分对她已经足够了。她把自己整个贡献在这上面。为了响应这一号召,没有任何对人类的尊敬,没有任何人类的法律她不准备逾越!一条更高的法律发了言……

如果每个人在他有限的范围内都这样做,这将是人类最伟大的革命。

* * *

安乃德动身离开巴黎。她没有对任何人泄漏她的秘密,尤其没有对儿子说。虽然玛克有接近他母亲的愿望,但按照他的自我保卫习惯,当他假设母亲有某种感情时,就经常站在和这种感情相反的立场上。因此他故意说些反对和平主义的侮辱性挖苦话,他认为母亲是和平主义者。

安乃德一点也不打算在这个问题上展开辩论。和平、战争,这不是她的事。都太遥远了。她两只手中各执着一个人的手,这两个人都把自己交托给她了。她应当使他们会合。这不是什么观念。这是他们的生命和她自己的生命。她的生命正在冒险。荒诞的冒险！对于理性来说,事情确实如此。但是,心有心的理由。心已经发言了。

她这次去巴黎,和她的计划有关的事,只听进去了玛克的一句话。玛克,偶然地,在她面前谈起,一些流亡在法国的俄国革命者要求返回俄国,重新走上他们的战斗岗位。可是协约国拒绝发给他们护照。但他们照样成行了。他又提到在瑞士的法国反战者和他们的法国同志之间,通过曲折的渠道组织了秘密讨论会。在围困着法国思想不让它呼吸的铁蒺藜的网圈上,有些网眼撑破了,通过这些漏洞,微弱的生命还在流通;信件和报纸通过这些边界上的耗子洞来来往往。毕当手里牵着这个危险玩具的线索。这种玩具只是对当今的权势人物是无害的,因为不是几句自由谈话,就会有机会穿透这个所谓"武装民族"的巨大蜥蜴的厚甲壳和水泥耳朵。但是它们给那些在镣铐中的人们以培养幻想的材料,使他们还能证明自己是自由的。安乃德记住了毕当这个名字。必须去找他谈谈,不过她决不会求玛克带她去见毕当。

她回到外省的工作岗位。她和介曼作了几次长谈。她给他带来了直接的信息,那位友人好像也无形中在场。他们一同讨论了重大的计划。安乃德一点也不把她的疑虑告诉介曼。她还没有发现任何可能性。但是什么也不能让介曼知道！在眼下,问题在于使他恢复对于生活的意志,要他决定去旅行。尽管易地治疗提供的希望是那么微小,这却是最后的机会,不应当放弃这个机会。介曼一直迟疑不决。他只愿意在行动开始的前夕,当他完全有了把握之后才动身。可是计划还是那么含糊。若不是介曼满怀激情的全部自私性,他不会看不到他将把安乃德和弗朗兹投入生命危险之中。如果他能看见这一点,也不是用活人的眼睛看的,因为死亡已经在他身上发展到齐肩的高度。为了使他安心些,安乃德让他看到这个成问题的行动就要进行的虚假迹象。通过玛赛尔·法朗克,安乃德做到了让那个年轻的奥国人享受优待。为了照顾他的健康,并以进行法国艺术研究工作为借口,人们批准他从集中营里搬出来,住在城里,不受纪律的管制。在战争期间,这种不均等的待遇,比人们设想的要多一些。某个柏林的大学兼课讲师在法国的某城市自由活动,不受监视。六十名被监禁的有地位的德国人,和他们的妻子或情妇一起住在加那克一个高级公寓里。在方圆一百公顷之内,行动完全自由。自从战事发生后头几年人心惶惶的情况缓和之后,在某些地区,居民和俘虏之间习以为常的来往正在形成。俘虏们正在纳入外省正常生活的整体。一种默契的秩序建立起来,管制也放松了。弗朗兹捡到了这方面的便宜。在介曼看来,这些是解放大路上的初步阶段。在医生、家里人和安乃德的敦促下,介曼同意离开家乡。安乃德向他解释,他应当赶快安居在瑞士,为了在那里接待逃亡者到来。介曼不信:"安乃德,别骗我了!不如让我死在这儿。辜负一个垂死者的信任,用你们并不打算实现的诺言来陶醉他,这是卑鄙的。"

安乃德回答:"谁也不能保证一定成功。但我保证,为了您,我甘愿承担一切风险。您相信我吗?"

介曼相信。

在动身前夕,介曼明白安乃德将为他而牺牲自己。他差一点要对她说:"安乃德,我不再麻烦您了……我放弃了……"

但是激情占了上风……不!他不放弃,只要还剩下一个机会!……

在告别的时刻,介曼只说了一声:"请原谅!"没有解释为什么。

让她为他牺牲吧!白天只剩下一小时了。

介曼是八月初动身的,由他母亲和德·马勒伊夫人护送。

剩下了安乃德一个人,和她那保证要试一下的不可能实现的计划。

那些日子,危险增加了,是对执行秘密计划最不利的时期。一九一七年最初几个月政府的统治松弛之后,接着出现的是压制和互相告发的制度。在春季的革命罢工运动和起义面前狼狈倒台的政府,在起义流产之后,为它由于恐惧和卑鄙而招致的失败,进行报复。于是开始了一个虚假的“失败主义阴谋”时期,它的一套伪善体系,在协约各国普遍流行。一个庞大的造谣诽谤工厂发散恶臭的烟雾,充塞欧洲和美洲的天空。这并不是一项最小的战争工业!“通敌”,这个陈词滥调,这句谎言,在批准一切卑劣的诬告。“反对叛变的神圣同盟”,这年九月成立的新同盟,培养着相互仇恨和猜疑这种可耻的隐疾。每个人都武装起来,矛头指向邻人,窥探他的影子。

整整一个夏季,安乃德都在摸索,没有能前进一步。她缺乏一切。不能再去找弗朗兹,否则一定惹人注意。通信是被检查的。怎么能和他商定一个行动计划?而且,商定什么样的计划呢?谈不到让弗朗兹步行横穿法国,那样第二天早上他就会被捕。必须动作迅速而且采取出其不意,乘其不备的方式。弗朗兹必须在中途登上一列在干线上行驶的火车,在车上和安乃德会合,由安乃德陪他到边界。可是开往瑞士的列车在起点站和终点站都要受极严格的检查。谁引导他从他被拘禁的城市到解放他的火车上去?通过边界时,谁当他的向导?执行这样一个计划,独自一人是太少了。可是安乃德没有一个可靠的助手。

偶然发生的事帮了安乃德的忙,在放暑假的几个月中,她回到巴黎。在她居住的一套房间里,她手里拿着一件被打碎的中国瓷器。这是她的勃艮第老家优雅的陈设中留下的一件纪念品。在那座大住宅里,姐妹俩曾经度过新结交期间的甜蜜的日子。正巧西尔薇那天也在。那个打碎了的美丽盘子,远在天边的阿尔卑斯山似的深蓝色,唤起她们对从前游览过的风景区的回忆。西尔薇将一个能修理瓷器的能工巧匠的住址介绍给她姐姐。安乃德认出了毕当的名字。

她开始寻找这个工人。她很难碰到他。西尔薇已经通知她:毕当整天在外面跑。他的店铺开门的时候不多。安乃德还是到郊区去找他。很凑巧,毕当恰好在家。

毕当对于安乃德来访感到非常惊讶。安乃德的借口他并不信以为真,虽然瓷器的碎片立刻放在了工人的大手中。一接触到这个在火中焙烧而成的脆薄花瓣,大手就变得轻柔和敏捷了。但是,为了修补一件瓷器,人们不可能这么老远跑来！毕当静待下文,毫不表示着急和惊讶。他有礼貌地请安乃德坐下,自己站在她面前(他站着比坐着的安乃德身高有限)。他听安乃德说话,用柔和善良的眼睛瞧着她。这个人,在他一辈子的生活中好像并没有女人的地位,他和妇女们说话时却从来不觉得窘,十分自然地,他和对方恳切地交谈。即使最狡黠的妇女,凭她们的孩子气或天然的表情也能接近他。这个天真汉能够看清妇女们巧妙地伪装着的狡计或欲望,如同看一本翻开的书。他并不惊异,也不责备她们。甚至当她们对他说谎时,他也不反驳。每逢应当说"不",而她们偏说"是"的时候,他也一边听一边仁慈地点头,但是他严肃的眼光却表示他理解的是"不"。面对他热情的微笑,妇女们不好意思嗔怒。她们把他当作一个好伙伴。他一点也不糊涂,也不当她们的同谋。他尊敬她们,她们是这样的人,他就这样接待她们,亲切而宽大。

毕当的眼睛像发现猎物而站下来窥视的猎犬的眼睛。安乃德的瞳仁明亮,像不挂窗帘的窗子。两者之间很快建立起互相信任,加上玛克这个名字从安乃德口中说出来之后,两人的谈话立即生动起来。毕当酱黄色的面孔,从胡须丛中焕发出容光。"您是李维埃太太?"他问。

根据他所知道和推测的一切,他对玛克的母亲怀有尊敬的心情。他急忙向安乃德表示敬意。

"您认识我吗?"安乃德问。

"我认识您的儿子。"

"他不像我。"

"自然啰,不像您。他和所有的男孩子一样,费尽心计要和母亲不一样。正因如此,我才认识您。"

“我让他觉得累赘,他躲着我。”

“您可别追逐他！生活像跑道一样,围绕圈子转。您只要等待着就行。他愈离您远,愈会接近您的。”

毕当高兴了。安乃德也笑了。他们是在一块双方都熟悉的基地上,那就是玛克。他们是朋友。谈完玛克之后,毕当问安乃德:“李维埃太太,我有什么可以给您帮忙的地方吗？是不是关于玛克的事？”

安乃德的脸稍稍红了起来。她的虚假借口被毕当看穿了。她说:“不,不是为了他。那倒是真的,我是来向您请教一件事的,您一定能替我出个主意。请原谅,我绕了这么大一个弯儿,才说明来意!”

“啊,我早就瞧出来了,立刻就瞧出来了……您用不着道歉,他们用他们的‘神圣同盟’,逼得大家不得不互相防范。‘别说话！莫杜斯![1] 当心有人在听!’……您刚来时,我也管住了我的舌头。”(互相坦白!)

安乃德说:“我现在不管住舌头了,您要我怎样,随您吧。”

毕当决不是一个自命不凡的人,他和善地说:“跟我在一起没有危险。讲吧,李维埃太太。我们两人都不是互相隐瞒思想的人。”

安乃德陈述她的图谋,开门见山,一点也不遮遮掩掩。毕当听她一讲,不禁为之一震。但是他不打断对方,让她讲下去。当她讲完之后,他轻轻咳嗽一声,说:“可是,李维埃太太,您知道您在冒什么样的风险？”

“问题不在这儿。”安乃德从容不迫地说。

毕当又轻咳了一声。他心想,什么动机促使这个女人不惜拿自己的生命和荣誉来冒险？他迟疑不决,没有开口问她。安乃德看出来了:“毕当先生,您想问我什么,尽管问吧!”

“李维埃太太,对不起！但是,如果您对那位年轻的俘虏感兴趣,让他待在集中营里,反而稳当些,别让他出来冒险,这样对他不是更

① 法国俗话,警告人们不要开口。

好吗?”

“问题不在于他的安全,也不在我的安全。”

毕当单刀直入:“这么说,您爱的是另外那个人?”

安乃德又一次脸红了,(她的血液还多么年轻!)她说:“不,毕当,决不是爱情。我说的是真话!我已经这么大的岁数。这和我的年龄不相称了。我连做梦都没有想过。我想的是他们的友谊。不是他们对我的友谊,在他们眼中,我是不算什么的。我想的是两人之间相互的友爱。”

“是不是就为了这个友谊……”

毕当的话没有说完。安乃德说:“难道这不值得我做出自我牺牲吗?”

毕当静静地瞧着她。安乃德加上一句,好像为了证明她有理:“他们中的一个快要死了……这么说来,毕当,没有什么可以讨论的,不是吗?”

毕当不讨论。他明白了。这个慷慨图谋的疯狂性足以说服毕当。他怀着敬意,深情地注视安乃德。他思索了一下,说:“您一个人,不能够。”

“如果必要。”她回答。

毕当又想了一下。接着,他向安乃德鞠躬,用两个指头抓起地上一撮尘土,放在自己额头上。

“您这是干什么?”安乃德问。

“我加入您的战斗队……您瞧,李维埃太太,(他拿过一张小板凳,挨着安乃德坐下,为了跟她低声讲话。)全让您一个人干,事实上这是不可能的,同时要在这儿,又要在那儿。一个助手不算太多……我还要加一句:您还有别的义务要顾到:您的儿子。如果有别的办法,不应当连累他,连累他的名字和他的前程,假如您被逮捕。他不会原谅您的。我呢,除了我自己,不冒别的风险。单身一个人,在今天的市面上不得什么。让我替您张罗这件事吧,我熟悉这一套。一切风险,危难都由我承担。一切能办到的,我都办到。"

"可是,毕当,"安乃德感动地说,"您愿意为他们去冒险,您认识都不认识他们!"

"我认识友谊。"毕当说,"他们是朋友,两个人,你们是朋友,三个人;我们是朋友,四个人。友谊是吸铁石,必须比铁坚硬,才能够抗拒友谊。"

"今天的世界正在顽固地抗拒友谊。"安乃德说。毕当说:"谁都知道,今天的世界是巨人的世界。可是我们,李维埃太太,我们的目标没有那么高。我们纯粹只是普通人。"

他们讨论计划。毕当当仁不让地把最大最重要的部分留给他自己。他们决定由毕当去和那年轻的俘虏直接联系。时机一成熟,他给弗朗兹当向导。他将在去日内瓦的火车上把弗朗兹交给安乃德。他还将在他自己的朋友帮助下负责偷越边界的事。但是先必须去研究一下地形。什么都不能操之过急。过几个星期,毕当须找一个借口到现场去考察一下俘虏营。他将会见弗朗兹,并且小心谨慎地铺好开头的几块基石。即使在他激情沸腾的时刻,毕当也不忘记谨慎小心。这样一个行动的巨大风险——万一被发现而抓获可能以间谍和通敌罪草草审讯就处决——他连想都不去想它。这是说,毕当知道这一切,可是他不把它当一回事。(谁知道,在他内心深处,这对他也许是一种吸引力……上文说过,毕当有一种爱好,他愿意被"吃掉"。)他们计划中的幻想的一面,征服了他。他激动了,低着脑袋,眼睛发亮,狗鼻子在嗅辙迹……他平静下来之后,从胡须丛中发出一声笑,说:"李维埃太太,请原谅!我们两人同样是疯子。在当前,一切都在被砸成碎片:城市和人。我忙着修补打碎的瓷器,您在设法粘贴友谊的碎片……真是可笑!那好,让我们一起笑吧!哥拉[①]这条汉子曾经说过:'越是大家一起疯狂,人们就越明智……'谁知道?也许在日后,我们将是最明

① 见罗曼·罗兰的小说《哥拉·布勒尼翁》。

智的人……”

*　　*　　*

从第二天起，毕当就开始他的探索工作。他的职业是需要耐心的，这使他养成动作有分寸的习惯。他一步一步地向前走。夏季过去了。安乃德从巴黎回到她教书的岗位上。这时，他们还不能确定行动的日期。可是绳子已经牢牢把三个同谋者拴在一起。安乃德回到外省的那天，毕当动身到法瑞边界去，为了布置计划的另一部分。

介曼住在靠近代克斯城堡①的一家疗养院里。不用说，他等得十分心焦。他不能把这种心情畅快地表达在信上。他写得还是太多了，他像发烧一般逼着安乃德答复这样那样的问题，纠缠不清。安乃德给他去信说：“您愿意把一切都断送掉吗？”于是介曼在信中十遍二十遍地重复说：“起誓吧！您已经起过誓了！”

安乃德心想：“对，我起过誓。您抓着我不放。临死的人，你拖我们一起死！……你把我们的生命看得太不值钱了。可怜的孩子，我理解你……我不会设法滑脱的……”

安乃德开始第三学年的教书生活。但是对她来说形势变了。沙瓦纳家的住宅关了门。她不仅失去了和她有来往的朋友，而且他们的存在对她起着保护作用，她不知不觉从中得到好处。她成了沙瓦纳家的亲密朋友，这个事实也许加强了小城里的人们对她含嫉的恶意，但这种恶意不能公开显露出来。现在，保卫安乃德的小盾牌已经撤销，人们对她就不必有所顾忌了。人们知道，介曼的姐姐德·赛奇－沙瓦纳夫人，留在本地的沙瓦纳家唯一成员，对安乃德毫不同情。自从介曼走了之后，她和安乃德不见面了。本地人士对安乃德的诽谤一直憋在肚子里，现在可以出来透透空气了。两年来，本地的女流，把她们对

① 瑞士地名。

安乃德耐心和不怀好意的观察所得,像蚂蚁衔食一样把碎粒积成大堆。每个妇女把个人的收获送到公共仓库中去,为大家所共有。她们把对安乃德的私生活,对她可疑的母亲资格等所做的观察进行比较,把她似是而非的冷淡的爱国主义,同她对敌俘的殷勤态度等所引起的议论进行比较。对安乃德上一年的旅行和进行的不让人知道的活动,虽然大家没有掌握具体材料,却已经在背后议论纷纷。是时候了,安乃德应当把她的活动的主要部分让给毕当去干,因为她的行动是被人暗中监视着的。可是,她除了觉得群众对她的冷淡有所增加以外,什么也没有察觉;而且这种冷淡并不排斥挂在脸上的虚伪微笑,和出自扭曲的嘴巴中的甜蜜和有礼貌言辞。

但是,如果问题仅仅在于将背后的诽谤传给本人听,这样的朋友总不会缺少的。将坏话传给自己还蒙在鼓里的本人,是一种美妙的乐趣,是为了听者好!所以,这既是乐趣,又是慷慨的义务。

那个名叫拉特洛代的妇人高高兴兴地承担起这项义务。拉特洛代是特洛达的遗孀,说得更确切一点,是陶特拉的遗孀,她就是当年打德国军官一记耳光的那位洗衣妇。紧接着,她突然被安乃德坚决的干涉所激动。稍后在医院里,她对安乃德声泪俱下地表示了悔过之意。她四十来岁,气盛易怒,是个诚实的女人,可是贪恋杯中物。自从令人难忘的那天之后,她显出一种张牙舞爪的和平主义,当着那些比较宽厚的宪兵的面,对安乃德,她大着嗓门表示同情,其实安乃德不需要这种同情。可是她们是对门而居的邻人;拉特洛代有她的一批主顾,安乃德也只好忍受这位洗衣妇和她的捣衣杵的干扰。

为了照顾和拉特洛代住在一起的她年老的婆母,安乃德甚至常常向拉特洛代表示让步。那两个妇女之间的区别之大是少见的。拉特洛代大声说笑,身体粗壮,骨架宽大,肌肉丰腴,长着一个勃艮第人的大鼻子,大到能将门推开的程度。

季叶梅特老妈妈个子矮小,文静,纤瘦。她已经七十岁了。她改嫁的丈夫是阿拉斯地方的一个农民。在战争期间,她充分受到炮火的洗礼。她小小的一点财产,房屋全部被毁。她的老年丈夫为此忧伤而死。她低头顺受了。一连几个星期,她一个人生活在法国人的轰炸下,和德国士兵在一起。她没有表示怨愤,不怨恨用炮火毁灭了她的财产的人们,也不怨恨将灾难引到她头上的人。她可怜那些驻扎在她家和她分担危运的敌人。她的庄严态度使敌人惊异。当她明白一切逃避不幸命运的努力都无济于事,她辛勤劳动、省吃俭用的一辈子都白费了的时候,她向她家中的住客们指出她的小小宝藏:剩下的一点粮食。她向他们说:"拿去吧,可怜的孩子们,趁你们还活着的时候,这些东西对你们还能有用!我呀,我已经太老了,我什么也不需要了。"

这些都是安乃德从一个德国伤员口中听说的。这个伤员在医院中作愈后疗养,人们允许他到城里稍稍走动走动。此人曾经是季叶梅特家中的寄居者之一,在阿拉斯附近。他重新见到老妇人时高兴极了。对她,他一直保持着令人惊异的敬意。他说:"现在,你们的报纸,你们那些吓人的稻草人,巴雷士①,彭加勒②之类,他们尽管用法兰西的名义说话,但真正的法兰西我是认识的,比他们强!"

安乃德喜欢和季叶梅特谈天,在她儿媳拉特洛代可怕的喇叭声尽可能允许的情况之下。这位老妇人肯定出身于比较文雅的种族,她的举止也比较有分寸。听儿媳那样叫嚷,她反感的程度肯定不亚于安乃德。可是她只露出一点调皮的微笑,这使她年老的面容恢复一分青春的风韵。她不认为她有权要求别人这样那样。每只鸟都唱它自己的歌儿!……

安乃德和两位妇女来往的事立刻引起人们注意,并且议论纷纷。这两个妇女,一个被人瞧不起,另一个是被认为可疑,因为她在沦陷区待了三年,等她逃出来之后,对入侵的德国人一点不表示仇恨。人们不是不知道,一个德国俘虏有时到季叶梅特家里去待一会儿,而且安

---

① 巴雷士(1862—1924),法国民族沙文主义作家。

② 法国总统(任期1913—1920)。

乃德参加过一两次他们的谈话。这件事在安乃德的账上又记了一笔。可是她早已听惯了拉特洛代给她搬回来的满筐满箩流言蜚语，不在乎再多一笔或少一笔新账。

万灵节[①]快到了。神圣的日子。法国人真正的宗教。所有别的宗教无非是叠床架屋，后来才加上去的，年深日久，它们都将被人遗忘。有各种宗教信仰的人，以及没有任何宗教信仰的人，都参加万灵节的信仰仪式。这种信仰通过大地的心脏，连接着一切从大地中出来，并将回到大地中去的人。对于此道，安乃德并不比德·赛奇－沙瓦纳夫人更陌生。于是，日子一到，她几乎不假思索地跟着路上的人流走去。人们都是全家在一起，到墓园里去走一圈。

快到墓园门口时，安乃德遇见了季叶梅特。她一瘸一拐地走过来。安乃德伸出胳膊搀着季叶梅特。两人一同进入墓园。所有的墓前都摆着鲜花，墓间小路已经整平，扫净。可是在远处，一个角落里，靠近半倒坍的围墙的乱草丛中，有一片新近挖动过的土地，光秃秃的，没有一个花环，只有用木头做的十字架。那是一些从医院里抬出来的敌人尸体，那些永远受惩罚的人们。他们在世时是基督教徒，所以能够进约萨发[②]山谷，等着在"最后的审判"中将他们和"公羊与母羊分开"[③]似的很好地区别开。

季叶梅特老妈妈没有在天堂上预定她的位置。她对安乃德说出心里话："我有一个男孩子在那边，一个金发的小个子，戴眼镜的。他很有礼貌。我做饭的时候，他到井边去替我打水。他跟我谈心，谈他的父亲，他的未婚妻。我去和他谈两句。"

安乃德陪季叶梅特进去。老妈妈瞧不清木十字架上写着的姓名。

---

① 十一月一日为万灵节，大家为死去的亲属扫墓的日子。

② 山谷在耶路撒冷附近，按基督教的传说，人死后灵魂集合在这个山谷中，等候上帝的"最后审判"。

③ 原文为拉丁文，意即：将清白无辜者与有罪者区别开。

安乃德帮着她找,最后,她们找到了要找的那个人。

季叶梅特说:“可怜的孩子,你原来在这儿。你运气不好!……但是,在这儿和在别处也都一样!……你瞧,你的老大妈没有忘掉你……这倒是:她没有想起给你带一朵花儿来!……可是,我反正要为你做一次小小的祷告。”

安乃德扶着老妈妈跪下。面对这些一无所有的光赤到打冷战的坟堆,安乃德深深地受了震动。坟中人都是那些被体面的死者和他们的家属不屑一顾的穷亲友。安乃德回到墓园进口处,向看守者买了一把花。她没有想到她突然的举动,在冷眼旁观的一些人眼中会显得那么莽撞。她回到那些不体面的死者坟前,把鲜花撒在光秃的土地上。老妈妈从容不迫地做完祈祷。安乃德等老人祈祷完毕,扶着她的胳膊往回去的道上走去。

这时,她们发现,有一群人在那块被诅咒的坟地旁边观望她们。平民妇女们和孩子,一些小资产者,在对她们指手画脚,起劲地议论。在这群人后边,隔开几步,两三个有身份的太太站在那儿旁观,没有说话,没有参加行动。安乃德和季叶梅特出去时,不得不穿过这一堵人墙。她们并非没有在那墙上发现刺人的荆棘。一个长舌妇高声说:“谁叫你们把我们的鲜花给那堆牲口的尸体送去!”

安乃德热血沸腾,竭力控制自己,不开口,摆出高傲的神态,穿过人群。人们不敢骂她。但是对季叶梅特,这些人就不客气了。他们辱骂她:“老臭货!出卖了的!”

“见鬼!”那长舌妇说,“好像谁不知她跟德国佬有来往!”

老妇人温和地冷笑道:“妙得很的来往。我把所有的一切都断送了!……”安乃德没有老妈妈那样的涵养。她按照她的习惯,以攻为守,来保卫老人。她说,面对死亡还不肯少说几句刻薄话,这是卑鄙无耻的。又说,埋在这儿的人们,和埋在那边的人们之间,一点也没有区别,埋在地下的死者大家是平等的!群众抗议。安乃德被逼得无路可走,宣称她同样尊敬死亡的德国人,就像是他们为法国而献出生命一样,大家都是牺牲品,都是受害者,双方是相等的……

她说得够多的,以至三家三种颜色的当地的报纸,从红色到白色[①],在第二天的版面上回敬了她一篇尖锐的抨击文章,报道了这个大学出身的女教员,身为国家公职人员,居然发表荒谬绝伦的言论。文章要求政府给她处分。

结果立见分晓。安乃德被请到校长办公室里。校长先发表了一篇草率的调查报告。对此,安乃德并不想用辩解来减轻事情的严重性。这个报告的结论是停职反省。安乃德一句也不申辩。她收拾行装决定走路。她已经厌腻透了。

再说,她行动的时间已经到了。她必须能够抽出手来干。

* * *

毕当已经准备就绪。计划已经确定。他亲自到现场核对了计划中的一些细节。他负责到弗朗兹的集中营去接他,并且把他送上火车。车上,由安乃德引导他一直到界境法国海关的前一站。在那里,毕当的一个朋友来接弗朗兹,通过曲折的途径,把他领到边界。那里有一家小旅店。由于奇特的机缘,这小旅店横跨在两国边界上:前门开向法国,后门开向瑞士。在这里越境简直是儿戏。风险最大的任务,毕当把它留给了自己。安乃德受到照顾。她演的角色却也不是毫无危险的。在巴黎,她必须搞到两张去瑞士的火车票。可是,要得到这两张火车票,她必须向售票的小窗口出示两本护照,戳子上要明确规定目的地和日期。毕当保证给安乃德搞到一本护照,持照人的体貌特征都接近弗朗兹。然而,由于这样或那样的原因,这本护照迟迟没有送来。时间飞驰,约定的日期眼看要到了。安乃德只好亲自出马去弄这两本护照了:一本用她自己的名字,另一本用她儿子的名字。这

---

① 当时,红色是指社会主义,社会党;白色是指极右派,包括保王党。

是一个疯狂的主意。玛克没有到弗朗兹的年龄,而且和弗朗兹的长相不一样。可是无法再等待。只好孤注一掷了!安乃德打算只在买车票时出示护照。

在巴黎,她通过玛赛尔·法朗克,没有费事就把护照弄到手。可是与此同时,比她更有理由做一次同样旅行的许多别的人,却为了乞求批准白白等了好几个星期,最后还是遭到拒绝!规章制度的妙处就在于此!吃亏的仅仅是那些老实人!说一句原谅安乃德的话:她根本没有意识到她的好运气。当她要求一件什么事物时,她要得那么强烈,以致她认为愿望的实现是自然的结果。这种自信也影响帮助她满足要求的人。在当前的情况下,她所用的借口是她儿子的健康欠佳,她要带他到瑞士去休养。玛赛尔根本不问这是真的还是假的,就去替她办手续。

在她和毕当约定的日期前夕,安乃德离开外省。她安排好使这两件事一前一后紧接着发生。在这短促的时间内,她像枝头的小鸟,不在任何地方多驻脚,以便躲开外省人的眼睛对她的监视,同时也躲开巴黎人的眼睛。因为她没有对任何亲人说她要去巴黎。西尔薇早知道她姐姐刚刚被撤职,而且她知道是什么原因,但是她不知道安乃德何日回巴黎。在巴黎她不过是打尖而已,只在那儿停留几小时,做采取行动的准备。她要等她的行动成功之后,才通知自己的亲人。(如果失败,他们很快就会知道,用不着她通知了!)

因此安乃德在十一月九号晚上,天黑之后,神不知鬼不觉地到达巴黎,在P.-L.-M.①车站一家小旅馆中住下。她又一次碰上了好机会。法国与瑞士的边界是常常关闭的。十月底,由于意大利传来灾难性的消息,边界关闭了。十一月九号边界还关着。十号,边界开放了。人们说是开放一天。这天恰好是安乃德和毕当约定的日子。安乃德像发烧一般,用上午和几乎整个下午的时间去办手续,先在警察厅,稍

① 巴黎、里昂、马赛的缩写。

后在外交部没完没了地站立等候,为的是取到护照并获得签证。最后,她到车站去买火车票。等一切就绪,细雨蒙蒙,日光暗淡的一天,已到黄昏时刻。安乃德回到旅馆,休息了一会,准备对付冒险的一夜。可是,房间像冰窖一样冷。现在安乃德没有什么事要办,反而坐立不安了。疲劳使她反复寻思可能导致行动失败的一切情况:弗朗兹的逃跑会不会立刻被人发现?他能不能及时赶上过路的火车?她手里拿着两张车票,等一会别人肯不肯让她通过?……别想了!到时候瞧着办吧!……每一个时刻有每一个时刻的行动!别东想西想了!……她想起她没有带干粮。弗朗兹一到,一定累得上气不接下气……她又出去了,打算很快就回来。

这时是下午四点多钟。白天的微光熄灭了。一股潮湿的软绵绵的微风遮盖在巴黎上空。蒙蒙不停的细雨,从街道上,从房屋的墙上飘洒过来,从瞧不见的天空落下来,湿透了行人的衣服。巴黎沉浸在雾中,好比一个蒙头大睡的睡汉。四步之外,什么也瞧不清了。从湿淋淋的雨幕后边,突然涌现出迎面而来的行人,接着又隐没在雨雾中。这对于不愿意让人瞧见的人来说,倒增加了安全。但这也是一个陷阱……

突然,薄雾的玻璃被一个惊讶的年轻人的脸,被一声惊呼捅破了。安乃德的心很快认出这个人的面孔和声音。一只更快的手已经抓住她的胳膀:玛克站在她面前。他说:“妈妈!……是你呀!……”

安乃德惊喜得说不出话来。这真是她无论如何想不到的邂逅。玛克瞧着她,又高兴,又好奇。在安乃德的雨伞下面,玛克亲了他母亲。他们的面颊和嘴唇都雨湿淋淋的。她好不容易恢复镇静。玛克问道:“原来你已经回来了!你回家去吗?”

她回答:“不,我只是路过这儿。”

玛克很惊讶:“怎么?可是你不走吧,今天晚上?”

“不,我今天晚上就走。”

玛克不理解:“怎么……今天晚上你就要走?到哪儿去,为什么,什么时候去,去多久?你什么时候到这儿的?你说从这儿路过?你连通知都不通知我!"

她恢复了镇定,说:"原谅我吧,我的孩子。可是我自己也是最后一分钟才知道的。"

玛克重复他的问题,带点怒气地坚持着。

"以后我再跟你解释。这儿不能说话,在街上,淋着雨。"

"那好,回我们家去吧!你有时间,一直到晚上。"

"不,我现在就该回车站去了。"

玛克阴郁地瞧着她:"那好,我陪你到你的车厢上去。"

她还要回旅馆一趟,可是她不愿让儿子知道她住在旅馆里。她不能向他泄漏计划。她有一千条理由!她不应当把玛克牵连在内。再说,他会怎么想呢?对于玛克,对于他的性格,她一点也不信任。她认为他不能理解她的思想,而且怀有敌意。不,她不能讲!另外一条人命在冒险中……可是,什么都不说等于允许对方产生种种猜疑。猜疑已经被唤醒了。他对她这样偷偷地路过巴黎会怎样想呢?面对儿子,安乃德脸红了。她说:"你回家去吧,孩子。雨大了,你会淋湿的。"

玛克耸耸肩:"你不会空手来的。你的行李存在哪儿?我替你去取,替你提上火车。"

"我不需要人帮忙。"

他觉得碰了钉子,不过他假装没有听见。他想知道她到何处去,问:"你买火车票了吗?"

她没有作声。他跟她走。她觉得他在窥探她。她思索着想找一个说服他的理由,可是什么理由也想不出来。在一条路的拐角上,她站住了,强迫自己用威严的口气说:"让我们在这儿分手!"

他固执地说:"在车站月台上分手。"

她冷冷地说:"我请你不要管我的事。"

他继续往前走。她怒气冲上来了。她抓住他的肩头,说:"够啦!我不许你跟着我!"

他站住了,好像挨了一记耳光。安乃德知道他不会原谅她这样对待他。但是她已经开了头,只好一不做二不休,既然只有这样才能够把他打发走。玛克受了冲撞,也变得咄咄逼人了:"你到底来这儿干什么?你不信任我?"

"对。"

他转身就走。

安乃德叫他:"玛克,亲亲我呀!"

他不回头,双手插在裤兜里,两肩生气地向上抬着。他,满怀怨愤地走远了。雨雾的帷幕重新将他罩住。

激动的安乃德,一动也不动地愣了一会儿;接着,她向玛克追去,喊道:"玛克!……我的上帝!……"

玛克已经看不见了。安乃德向前跑,撞在雾中的行人身上。她想对玛克说:"原谅我!……我会向你解释的……等等我!……"

太迟了!玛克走远了。黑夜和雨雾吞没了他。几分钟之后,安乃德走回来了。她必须想到另外一个人,那个人可是不会等待她的。

* * *

上车的问题使安乃德没有时间再想到玛克。她必须在进入月台时,让人在她的两张车票上都盖上戳子。可是车站职员们在一个个地过滤进入站台的旅客。车站人员非常可能只肯在她的一张票上盖戳子。这时,安乃德碰上了第三次好运。一家人正在通过月台入口:父亲、母亲、三个孩子;一个孩子由父亲抱着,另一个让母亲拉着;第三个孩子,一个十二岁的小姑娘,跟在后面。安乃德满面笑容,拉住这个女孩的手,另一只手将两张车票递给检票员。后者心不在焉,没有注意安乃德的举动。她过了关。她对小姑娘说了几句温柔的话,将她还给她的父母。

火车上非常拥挤,车厢里挤满了人。安乃德只好站在过道上。等了许久,火车在黑夜中开动了。因为怕敌人空袭,所有的灯全部熄灭。敌机威胁性的入侵被发现了,火车停在漆黑的田野上。不肯停歇的雨点继续洒在车顶和车窗上。什么动静都没有。列车好像被遗忘在野地里。天气寒冷而且潮湿,安乃德被挤在车厢分隔板和围着她的人们之间,站着睡着了。她的膝盖和踝骨隐隐作痛,疲乏得要命。她正昏昏入梦,突然被重新开动的列车颠簸醒了,接着又坠入另一场梦中。

她梦见玛克和弗朗兹。她待在房间里,在外省的房间里。弗朗兹到那里去找她。他们正要一同出发。行李已经捆好,一切就绪……房门打开了……玛克走进来。弗朗兹躲进邻室。但是玛克已经瞧见了弗朗兹。他脸上露出恶意的微笑和沉思的表情。他主动建议陪安乃德走。但是安乃德知道他要出卖俘虏。他走向弗朗兹躲藏着的那个房间。安乃德站到房门口去拦住他。玛克说:“让我过去,妈妈,我要见见这位亲爱的弗朗兹。我们有事要谈。”

安乃德向玛克高声喊:“我知道你要干什么,但是我不让你过去!”

喘息对喘息,两人互相挑衅地注视着。玛克的样子使安乃德害怕。他的眼睛发出残忍的闪光。他推开挡道的安乃德,说:“算了吧!你的情夫,他跑不了!”

气愤和害怕使安乃德头脑中突然燃起无名的怒火。这时,她手拿一把厨刀,一秒钟之后,她的刀要砍下去了……

她抽搐着,使劲把自己从罪行中挣脱出来。她发现自己站在黑洞洞的车厢里,呼吸急促。可憎,可耻!……她喘不过气来……她儿子对她的侮辱,她对儿子的侮辱,丢脸的猜疑,给母子二人脸上同样都抹了黑。(他、她,这是一回事!)凶杀之念使她疲乏的四肢发抖。她心想:“这可能吗?也许是我偶然产生这个念头,还是我心里早就有了?……”

由于那无耻的怀疑,又由于她杀人的冲动,她认为她对儿子是双重的犯罪。她不能控制自己不再想下去:“万一事情发展到那一步,我会把他杀死?……”

意识到她的自言自语可能被身旁的旅客听到,吓得她不敢再说呓语。她控制住自己,抑制着掀动胸臆的呜咽,于是又重新听到了列车在黑夜中滚动的声音。不!谁也没有注意她在发烧,每个人都在发烧。于是,在起保护作用的黑暗中,她擦去脸上炙热的泪水。这时,近旁两个旅客的对话又使安乃德回到现实中来。

两人说,列车换了路线,它现在向左方飞驰,而没有沿布彭内原线走。安乃德吃了一惊。她和弗朗兹的约会错过了!……她把额头贴在玻璃窗上,眼睛模糊不清地在搜索飞驰而过的一团团黑影,她不认识这条路线。但是列车一停,她吃了一惊。原来正是他们约定的车站……

她仔细向外观察。车站上有两个乡下人和几个兵士。没有她等待的人上车。她肯定事情已经失败了。她心焦如焚,奋力在每节车上的通道里穿行。可是在挤成一团的人群中,几乎无法通过。列车又开动了。不久之后,由于轨道上正在施工,车又停止在两个车站之间。全部灯光重新熄灭。她在黑暗中摸索,低着头,竭力设法逆流而上。但是水已不流动,她挤在人堆中,像站在一大块浮冰上……列车摇动,灯光重亮。于是安乃德看见,在手提灯昏暗的光线下,在过道上面向她站着的,正是她在寻找的那个人!在豁然开朗的大欢喜中,两人脸贴着脸,嘴唇吻在一起了。要说的话太多了!精神松散了,是身体在说话。迷失了的弟弟重新找到姐姐。

他以为自己迷失了道路,绝望了,独自一人,走投无路,不知什么时候下车,怎样找路,完全慌了手脚。在他眼里,安乃德是一个下凡的仙女!他像小孩子似的紧紧搂着她。她很幸福,用身体掩护着他,如同母鸡孵小鸡一样。两人紧紧地挨着,低声地,断断续续地叙述他们的历险记。机警的毕当,避开车站这个陷阱,引导弗朗兹穿行田野,直到正在施工的路基上,趁火车不得不停下的时刻,让弗朗兹在黑夜的掩护下上了火车。

一小时之后,全体乘客换车,检查车票,最大的风险已经过去,剩下的只有边界线上的一次凌空翻滚。两人重新产生了信心。现在,弗朗兹已经毫无忧虑。他从一个极端到另一个极端,中间没有过渡。他大孩子般的高兴影响了他的同伴。她不再想她的疲劳,她的愁怀,她的噩梦,她的宝贝儿子,也不想她头发中的银丝。两人兴奋极了,又说又笑。他们像两个小学生在为他们的淘气行为欢笑。他们假扮姐弟二人。弗朗兹甚至开玩笑地编造了一篇关于他们在瑞士汝拉山区一个小城里的钟表店,以及关于名字古怪的邻人们的谈话。谁要是知道他们的真情,还看到他们这样笑乐,一定以为他们疯了。可是在这以前,他们的神经实在太紧张了。至于吃苦受难,日后还有的是时间!

他们一边谈天,一边都打起瞌睡来。突然间,弗朗兹的脑袋靠在安乃德肩头;在弗朗兹的头发上,靠着安乃德熟睡的脸……在一场梦中(这场梦柔软得和枕头一样),她被责任心唤醒:"起来!……"

(她抗拒……)

"起来!有人打门……"

"谁呀?"

(她看见玛克,但是她用一大串名字来称呼这个面孔。)

"有人在追赶他。起来!开门!……"

她挣扎着起来,却又好像倒在床单上了。她恢复了呼吸,一跃下床。她的眼睛张开了。天已大亮。列车刚刚靠站。弗朗兹该在这儿下车。

她匆忙唤醒他。她跟他一同下车。他们按照约定,走进车站上的小咖啡店。一个头发花白的乡下人过来坐在他们近处。他的言语和行动都是沉着而缓慢的。他打听毕当的消息。他们一起喝了黑咖啡[①]。过了一会,两个男人,好像是一同从乡下来的,顺便向安乃德问好。他们告别安乃德,向柜台走去。那个乡下人认识这儿所有的人。他从容不迫地向咖啡店老板说了几句尾音拖得很长的话。接着,他不

① 不加牛奶的纯咖啡。

慌不忙地从旁门出去。弗朗兹替他提着他刚买的一篮小瓶啤酒。安乃德重新登上火车。列车开走了。

安乃德从她的车厢窗口望去,阴沉的天空下积雪皑皑,覆盖四野;状如栅栏、群山环绕的田野上有一条白色的大道,一辆乡村的小车正在国家与国家(这些监狱)之间的藩篱上寻找一条空隙。这辆小车载着那个朋友去会晤他垂死的好友。

第四部

巨大的城市，明净而寒冷，它伸展在莱芒湖湾的两岸，在阳光下，任凭北风横扫。

安乃德一出车站，就走进最靠近的一家旅馆，定下了两间房，准备宿夜。她疲惫不堪，然而无心休息。在她确知弗朗兹已经得救以前，焦躁不安的情绪不允许她休息。虽然她知道日暮以前弗朗兹是不会到达的，还是把下午的时间都用来等待他，在车站对面的小公园里。这是她和他约好的碰头地点。她颓然坐在一条长凳子上，可是不能久坐，常常站起来踱步，两条腿酸痛欲折，阵阵北风，寒冷彻骨。她害怕惹人注意，不得不稍离原处，到周围去转悠。这时，白日已尽，黑夜降临，她回到旅馆。从房间的窗口，她望得见公园的拐角和门。她凝神眺望。在电灯下，她辨认每一个过路人的身影。将近十点钟，她又出去了。寒冷的北风像大车般滚上走道。北风吹拂下，天上的星星摇曳不定。安乃德想，这些火炬也快要熄灭了。

十一点半钟已经敲响，这时他出现了……他走路的姿态摇摆不定，步子急促，像迷了路的大孩子，咬着嘴唇，为了不让自己哭出声来。他走过安乃德面前，没有认出她来。当她叫他的时候，他高兴得大喊一声。她做了一个手势，让他闭嘴。她也容光焕发了。他风尘仆仆，遍身是土。在一条小径的拐角上，安乃德用手替他拍掉身上的尘土，因为必须使他的样子不引起任何人注意。他让安乃德掸土，也不说声谢谢,只顾自己高兴不再过孤独生活,有人可以谈话了。安乃德告诉他,等他们回到旅馆里再谈。黑夜和白天的寒冷使她伤风了。可是在欢乐之中,她已顾不上这些。从车站里涌出大批旅客。弗朗兹进旅馆时没有人注意。安乃德替弗朗兹登记时,说他是她的弟弟。

他们两人的房间有门可通。安乃德先让弗朗兹吃点东西。

他一边狼吞虎咽,一边不停地讲话,不知厌倦地讲他逃亡过程中的细节。为了使他说话的声音不要太高,安乃德俯身向着他,往他嘴里塞糕点。由于伤风,她眼睛湿润润的,脑袋沉重,不住地擤鼻涕,打嚏喷,困得难以支持。弗朗兹根本没有注意这些。他没完没了地吃,没完没了地讲。安乃德虽然疲乏,可是并不希望他住嘴。这时,隔壁有人敲墙,警告他们不要旁若无人。于是弗朗兹住嘴了。突然,疲劳压垮了他,他倒在床上,动弹不得,睡着了。但是安乃德遍身发烧,在床上翻来覆去,听邻室里的那个人呼呼大睡。两个房间当中的门开着。安乃德欣赏着年轻伴侣均匀的鼾声,欣赏她终于把他救了出来的欢欣。她的嗓子如火烧一样,胸口感到压抑,就用床单捂住嘴,为的是不让弗朗兹听见她咳嗽。

第二天一大早,她起来先刷净衣服;接着,她出去给介曼的母亲打电话:“我们到了……”

她回到房中,看见弗朗兹还在睡。她犹豫了一下,没有立即叫醒他。她瞧瞧他,又在镜子里瞧瞧自己。看见自己的脸由于风吹和感冒烧得通红,眼睛和鼻子也肿了。她觉得自己的样子令人反感。这不过是一闪间的念头,她才不在乎好看不好看呢!于是她耸耸肩,笑了。

去代克斯城堡的火车上午发车。安乃德叫醒睡汉。弗朗兹看见她站在他床边,一点也不惊讶。这个小野蛮人对于女人毫无尊重之意!在他眼中,安乃德已经不是一个女人,而是一个伺候他的人!她照顾他,他认为这是理所当然的。他很快就信任一个人,也会很快地把他的信任收回。安乃德对他说,当天晚上他们就可以在他朋友身边了,他听了之后,活泼的面容阴沉了:离开目标这样近了,他害怕起来!

他着急了,匆忙跳下床来,当着安乃德的面穿起衣服①。在他眼中,她是不值得另眼相看的。

他们离开旅馆。弗朗兹什么都让安乃德干:付钱、买车票、寻找列车、选择座位,甚至连她的行李包他都不替她提。但是他停下来,给她买了一束紫罗兰花。他毫无实际生活的意识,也没有抵抗力。在站台上,旅客的人流冲得他趺趺撞撞,如果安乃德不回身招呼他,等待他,他可能迷路,找不到她。他是这样的人:永远不专心于他在做的事。这时,他的思想中充满他将要感受到的激动心情。

安乃德没有办法使他想别的事。一路上,他心不在焉,对什么都视而不见,听而不闻。安乃德有充分时间仔细观察他。他只在一种思想状态中生活着:等待而且着急,高兴而且害怕。好像坐在他对面的不是安乃德而是介曼。车轮每转一圈,他就接近介曼一步。安乃德看见他的嘴唇在动,在和他就要相见的好友说话。

他们到了代克斯城堡。安乃德让弗朗兹慢点走,她先去沙瓦纳家住的小楼,为的是让介曼有思想准备。

那病人得到通知后,穿好全身衣服,躺在阳台上的躺椅上等候。他母亲在他身旁。他想站起来,可是站不住。自从和安乃德分别后的四个月以来,病人的变化是可怕的。疾病在介曼身上所造成的破坏,使安乃德震惊。虽然她立刻想到要掩饰这种震惊的表情,她的第一眼却已经表现了出来。

病人瞧见安乃德进来,挣扎了一下,想迎上去,可是他不得不承认这是不可能的,只好忍耐了。安乃德对他说话,他瞧着安乃德,实际上在眺望被安乃德挡住的跟在后面的人。他皱了一下眉头,意思是让安乃德不要挡住他的视线。安乃德赶快躲开,一边回头去看半开着的门,让他能看见他目光寻找的那个人。弗朗兹进来,踉踉跄跄地。他站住,他看见了,他跑过来……两个朋友会合了。

① 法国习惯:当着客人脱衣穿衣是很不礼貌的,尤其当着女宾。

几个月以来,他们都几十次地想象、预演过他们重逢的一刹那。而事实上,一点也不像他们设想的那样,他们已经见面了。

他们没有互相拉住手,互相拥抱。他们没有说一句事先在设想中说过无数次的话……他们互相交换了第一眼之后,弗朗兹在向前冲去的过程中突然站住,俯下身去,倒在躺椅的脚边,把面孔埋在盖着病人的毯子上。弗朗兹吓愣了。以前和他分手时的那个生气勃勃的朋友,再也找不到了。介曼察觉到了弗朗兹恐怖的目光。他在这面镜子中照见了自己。死亡在两个朋友之间张开翅膀,将他们拆散……

脸色灰白、身体僵硬地躺着的病人,觉得朋友的脑袋压在自己腿上,他抚摸这个脑袋,为了保护他不受难以告人的恐怖的侵袭。但是恐怖已经侵入。两人都知道他们已经不站在同一个岸边,已经不属于同一个时间。两人年龄之间的差距不大,但已变得无穷遥远。一个属于死人的行列,另一个属于活人的侪辈。介曼不反抗。他冷冰冰地接受这不能反驳的事实,那就是,他是兄长,已经属于另一个世界,应当由他来安慰一个属于这个世界的人……上帝！他们相隔多么遥远!

这时,弗朗兹抽抽噎噎地哭起来。介曼刚才用一个不耐烦的手势让两位妇女避开。现在,他对站在阳台入口处阴暗中的这两位妇女说:"你们看见了,他在痛苦,把他带到别处去吧!"

安乃德拉着弗朗兹进了房间,让他坐下,在他耳边说些安慰的话和慈祥的埋怨。他擦干眼泪,觉得不好意思,平静了下来。

介曼重新倒在枕上,背朝着房间,目光无神,生命枯竭。他眺望远处荒凉的山峦,面目狰狞的山峦。他母亲在旁边对他说话,他没有听。

*　　*　　*

在这第一次的冲击之后,各人的意志恢复作用,精神在新的基础上又开始振作起来。各人心中都在匆匆忙忙地医治受伤的幻想。为了生活,为了死亡,心中不可能没有幻想。

两人之中,最倾向于本能,最能狡猾地欺骗自己的是弗朗兹,他最快地忘掉他不愿意回忆的事。当天晚上,在他的房间里(他的住处安排在附近一所小木楼上),他给朋友写了一封热情洋溢的信,对他和病人乍一见面时激动的表现,做了欺蒙自己和对方的辩解。当他又一次和介曼见面时,他总算把对方看成和他心中描绘的形象差不多了。亲密的关系恢复了,不再拘束和不自然。在弗朗兹方面,甚至年轻人的无忧无虑也占了上风。但是,如果他能忘掉过去的事,介曼却不能忘掉。介曼没有未来了,他不可能离开过去一天比一天远,直到遗忘。他所抓到的一切都丝毫不让它们褪色。他给弗朗兹第一个印象在对方脸上引起的可怕反应,他保存着,热辣辣地保存着。间或,像闪光般他还可以在弗朗兹的表情上再一次抓住这种反应;在谈话中间,弗朗兹生动的面容上掠过一道阴影,鼻子和眉毛一皱:这就够了!介曼尖锐的眼光透过皮肉的外衣,察觉到了。弗朗兹闻到了死亡的气息,于是他躲开了。紧接着,弗朗兹又设法补救,可是太晚了。面对墓穴,他不能克服自己的反感。

介曼辛酸地对安乃德说:“他是健康的。他做得对。”

可是渐渐地,幻想弥补了蜘蛛网上的破洞。弗朗兹做到不再在病人脸上去看死神的手指在塑造一个即将咽气的表情。最后他忘记了即将来临的时刻,况且介曼在弗朗兹面前也活跃起来。他的嘴唇显得红润了一点,好像偷偷抹了口红似的。安乃德开玩笑地问介曼,指出这一点。介曼说:“您想笑我?告诉您,真的抹了口红,我是一个老来俏……这可怜的孩子!我怕他吓坏了……”

可是,每当介曼感到他无力控制的痛苦又要发作时,他请安乃德把弗朗兹带出去散步,为了不让他瞧见自己痛苦的样子。

安乃德本来只打算在代克斯城堡逗留一两天。她的意图是把弗朗兹交给介曼,自己第二天就回巴黎。但是她看见介曼病情严重,只好推迟行期。她不能把介曼抛弃在黑影之门的门口。介曼虽然不愿意对她提出要求(他最厌恶成为别人的负担),却暗示他是多么焦急地想让安乃德留下。现在,他害怕和弗朗兹单独地面对面呆着。安乃德觉得自己对这两位朋友都是必要的。于是她推迟回巴黎的日期,虽然在巴黎有许多事她应当去办。然而她最义不容辞的任务却在于使那个即将离开我们这古老大陆的侨民减轻痛苦的重负。

她背上了沉重的包袱。两个朋友各自把她当知心人。她是唯一的人,对她,他们可以吐露各自的秘密思想。因为现在两人之间不敢互相倾诉衷曲了。弗朗兹是嘴巴最不紧严的人,自从他信任安乃德以来,把自己的事全部告诉了她。他对她说那些一般人通常都不说的话。

安乃德丝毫没有误解。她知道弗朗兹和介曼都向她说心里话,并非因为她是安乃德,而是因为她是一个无名的女子,恰好在这儿,在他们身边,他们需要一只殷勤而可靠的耳朵,能听他们诉说心事。这丝毫不是热爱她的表示。他们唯一关心的是对方,同时也是各人的自我。但是,虽然她心里明白,她却让这种奇特的亲密关系的气氛侵袭自己,包围自己。两个朋友相互间的友爱,以眼睛看不见的光线,通过安乃德,从这人身上射到那人身上。

弗朗兹对安乃德说(他们俩正在散步):“我爱他,只爱他一个人。可是我不能对他说。他用严厉的目光瞧我。他不允许我这样做。他说,他不能忍受温情的缱绻……这并不是什么温情的缱绻,他是知道的,他满知道我的思想,可是他不乐意听。他说这是不健康的。我不明白什么叫健康,什么叫不健康。但是我知道我爱他,而且这是好的,不可能是坏的。我唯一的爱是他,我不爱任何别人……不爱女人。我从来没有爱过女人……是的,我喜欢瞧她们,如果她们样子好看,就像制造得很精巧的工艺品。但是她们身上总有些使我反感的东西。所以说,女人对我有一点吸引力,但同时也混合着令人厌恶的东西。她们属于另一种类。如果她们像昆虫一样,把雄性昆虫的汁液吸干之后,干脆把它吞噬掉,我也毫不惊奇。我不喜欢接触她们……您在笑?我刚才说什么了?啊!对不起,我糊涂了……(他抓住安乃德的手臂)。您,您可不是一个女人。”

“我是什么呢?”

“您是您。”

(安乃德想:你想说,我是你,我属于你,我不算数……去你的!自私的小家伙!……)

弗朗兹沉思了一下,说:“真奇怪,自从我认识您以来,我一直不认为您是女人。”

“这句恭维话十分可疑。不过,根据您刚才说的话,我还是谢谢您!”

“您不怨恨我?”

安乃德笑了:“我愿意对您有好处。”①

“您说什么?我没有听清。”

“活该。谁叫您不注意听。”

“您再说一遍!”

“不说啦!”

“您这个人真古怪!叫人没法理解。您使人窘得慌。可是我跟您在一起从来不觉得窘。我好像觉得什么都可以对您说。”

“因为我什么都可以听。”

“您几乎是一个男子。”

“这么说,我们是同类?是朋友!”

“这是世界上最好的东西,生活中的唯一好事。可是我朋友不多,我只有一个朋友。我要是爱一个朋友,就彻底爱他,整个地要他。这不是很自然的吗?这话却不能说。即使是他,也不愿意听。在这个世界上,只许你爱一半。”

安乃德不知不觉地抓紧她本来抓着的弗朗兹的手臂。

弗朗兹说:“您理解我?”

---

① 原文为意大利文。

安乃德说:“我理解所有的疯人,我和他们是一家。”

介曼躺在阳台上,头向后仰,眺望着蔚蓝的天空。他对安乃德说:“没有我,他怎么办呢?他太爱我了。他是一个女人……他不像您,您被生活的严峻考验锻炼成男子了。他有一颗没有好好控制的心,他在随着心潮颠簸。这颗软弱、粗暴和充满幻想的心,可以把他带到任何地方去。我不告诉您,我曾经把他从何种危殆的境地援救出来。他自己并没有意识到,因为他看不见,也不会判断种种危险。他是不道德的,同时又是纯洁的。我们在伦理方面的各种价值,对于他和对于我们没有同样的意义。我常常不知所措。我本应当严厉些,但是我一看见他诚实的眼睛表现出惊讶和难受,我就最后问自己,是不是我弄错了。这是不是人性的迷乱?要不就是真正的人性,它不认识我们那些太狭隘的教条?……然而,归根结底,管理世界的是这种我们的理性所制定的教条。既然我们不得不生活在这种教条之下,就必须教他服从这些教条,即使他不赞成。赞成,他可办不到。我一直没办法使他理解,只好放弃了这个打算,否则,为了使我高兴,他将假装理解。于是唯一的结果,就是使他丧失真诚性。我宁愿他迷乱,不愿他虚伪,他更纯洁……可是,不必要求他的思想接受教条,我们可以争取他的心来接受任何教条,不论是多么艰苦,只要是出于爱的动机。这是一种岌岌可危的支柱。万一失去了支柱,那就失去了一切,于是人就会随波逐流。当我不在了,他将怎么办?必须教会他没有我而生活……”

介曼停止说话,他凝神注视光线阴暗的蓝天,矿物质般坚硬的蓝色。这种致密的光线密度等于他思想的密度。他接着讲下去,含着辛酸的微笑,仍旧用冷冷的有节奏的坚决语调,好似对他自己讲话(他在说话时,一次也没有看安乃德,仿佛他不记得她就在身边)。

“我知道他会学习的,学会不再需要我……人们往往自以为不可缺少……其实没有一个人是不可缺少的。弗朗兹一失去了我,他会以为丧失了一切。但是,人们失去了的东西不再存在,而人们自己还存在着。人不可能同时存在而又不存在。选择很快就决定了,活着的人抛弃他与死者碍手碍脚的联系,自己伸展一下。如果这种联系坚持不松散,他就从旁用小刀给以天真的一击。他什么也没有瞧见。死者倒下去了。活着的人可以活下去了。弗朗兹必将活下去。"

安乃德把她的手放在这个看破红尘的人手上,说:"弗朗兹无论在什么地方活下去,您的思想也一定会在那儿活着。"

他把手抽回,说道:"遗忘会来到的。如果遗忘迟迟不来,那么人们就迎上前接它来。可是弗朗兹不是那样调皮的人,他不会那样费劲去干。"

安乃德想提出反对意见。介曼先说:"这我知道。"

安乃德明白,介曼是知道的,但是他不相信。她并无困难地向他阐明了相反的道理。虽然他带着讽刺的微笑听取这位妇女的意见,但却乐于听她说。他清醒的头脑,和一般人一样地需要幻想,两者之间发生着矛盾冲突。他知道,向这种需要让步,那是打了败仗,可是他很乐意做战败者。归根结底,杀人的真理不见得比希望更真实!

他向安乃德让步,说道:"弗朗兹的心不会忘的……也许……不,不会马上就忘记,必须隔一段时间,但是谁来引导他的心,他那习惯于被人引导的心?丧友的悲痛将增加他的心慌意乱。痛苦可以教育某些人,可是对另一些人,痛苦反而使他们迷失方向。有时他们没有抵抗,让痛苦把自己压垮,有时他们为了自救,接受任何消遣的办法。我替他担心。谁能爱他,给他出主意?安乃德,不要抛弃他!他信任您。您引导他吧!您要宽宏大量些。您可能会碰到出乎意料的事。他身上许多事可能使您反感。每个男子身上都会有这类事。"

"我可怜的朋友,我身上也有,"安乃德说,"要许多这样的事,才能使一个女人大不以为然。我是说一个坦率的女人,而且像我一样见过世面的。"

介曼怀疑地瞧着她:"一个女人可以经历一百种生活,而什么也学不到。"

“女人是不可能变得完美的?”

“自从有世界以来,妇女一直没有改变。”

“您和住在山洞里的人类相比,并没有很大的差距!”

介曼微笑说:“说实在,您说对了。我们男子并不比妇女强。我们是同一个酒槽里酿出的酒。在生与死面前,我们以为自己是强者,然而不论生或死,都搞得我们措手不及。我们什么也没有学到。我这就要离开人生的学校了,对于我来说,即使有什么麻烦,也是微不足道了。可是,安乃德,您还要留在世间,您还有时间挨手板子。您要小心,鼻子翘高一点,多闻闻风向。您自以为了不起的一套老经验,还可能使您不止一次地上当。然而,在盲人之国中,独眼瞎可以称王。我把孩子托付给您。如果您只有一只眼睛……”

“我可是有两只漂亮的眼睛。”安乃德笑着说。

“您这两只眼睛不是为观看而长的,是为了给别人看的……但是,如果您不为自己使用眼睛,也要为了他,用您的眼睛多看看。为了别人而使自己明智些,总是比较容易得多……请您引导他,爱他!”

他加上一句:“可别爱得太过分了!”

安乃德耸耸肩。

*　　　*　　　*

比起弗朗兹,安乃德更接近介曼。介曼和她是同一种族的。她更理解介曼。他们两人的生活经验是在同一块土壤上积累起来的,他们的思想是在同一个天空下成熟的。她在介曼身上观察到的感情,丝毫没有晦涩之处。她对介曼产生的感情,也照样不晦涩。介曼的友谊、他所忧虑的事、他的坚忍、他对生活的评断、面对痛苦和死亡毫不矫揉造作的态度、离开人世时的遗憾与超脱的心情,这一切在他思想中都是清清楚楚的。如果安乃德是个男子,在同样的命运之下,她的思想和行动势必和介曼一样。至少她觉得好像是这样。因为在介曼方面没有出乎她意料的事(不过她对自己却不能这样说)。在另一种情况下,他们两人很可能成为一对佳偶,两人之间互相有极深的温情和尊重,两人互相信赖,互相正直地把自己所有门户的钥匙交给对方,除了一扇人们从未想到的小门。这扇小门如果被打开,会暴露出两人始终是不相识的陌生人……可是,幸运得很,打开小门的机会几乎永远不会出现。至于那把小钥匙,正直和有分寸的好朋友是不会向对方要求这把钥匙,拿它去开小门的。介曼与安乃德之间的友谊是不苛求,不好奇的。各人给予对方的正是对方期待着的东西。

可是从弗朗兹方面,人们不知道期待什么。这使人远离他,同时也被吸引。人们以为认识他,其实并不认识。他自己也不认识自己。他的神气完全像孩子,很单纯。实际上他的确如此。可是人们进入其内部之后,走不到十步就迷路了。人们在生疏的土地上盲目践踏,安乃德的一串钥匙都试过,结果没有一扇门能打开,钥匙无法在锁内转动。只有一把钥匙是例外,正是介曼从来不用的那把钥匙,也就是被称为“我不知道什么”的钥匙(正如在“伟大国王”[①]世纪的人们所说那样,那时人们很小心,对别人不过分计较)。安乃德也不会到别人灵魂的角落里去盘查。可是当她走来走去,整理店铺的时候,从店铺后间,向她发出一股不为路人知道的神秘香气和蜜蜂的嗡嗡声,只有她一个人能够感觉到。如果另一个人听到这种有吸引力和威胁性的振翅之声,会在他们之间建立类似同谋一样的关系。这是在那两位异国朋友之间遥远的亲属联系(在种族问题上,遥远的联系也许比近处的联系更为重要,细枝不像主枝一样接近树身)。

安乃德在这方面对弗朗兹能产生一定的影响。两人互相传达信息,不必说话。他们使用盲目的昆虫在半明半暗中使用触角的办法。整个一家人都可以有这种地下生活。可是光天化日之下的生活使这种性能萎缩了。每当他们重新获得使用这种性能的机会,他们就感觉

① 法国国王路易十四。

到不足为外人道的舒畅。他们感谢那些允许他们这样做的人。

安乃德和弗朗兹在光天化日之下谈论千万种事物,很少有在互相理解上一点也不发生差错的时候。但他们谛听山谷中潺潺的流泉,那时,他们在精神深处互相接触。

* * *

疾病的破坏工作在加速进行。犹如一所房屋的门面,在纷纷碎成粉末。除非不长眼睛的人,才看不见这种情况。没有任何脂粉可以挽救容颜凋残。介曼放弃了挽救的念头。弗朗兹避开不看他了。

弗朗兹走进来。他把田野生活的气息带了进来。他采来了雪莲花,带来了他的新作品:素描、粉笔画与木炭画;衣服上凝滞着冰冷的空气。他健康的手接触了一下垂死者发烧和潮湿的手之后,赶快缩回。弗朗兹兴奋地说着话。介曼为弗朗兹的青春活力所振奋。两个朋友避而不谈疾病。弗朗兹只匆匆忙忙提了几个问题。介曼不加理睬,态度严峻冷淡。他们谈艺术,谈抽象、永恒的问题,谈从来没有存在过的问题。(安乃德默不作声,听他们谈,赞美热衷于思想观点的男子们的疯狂劲头……)或者,弗朗兹对安乃德和介曼两人说话,对他们叙述他被监禁时的情况、集中营里的岁月和见不到一个讨人喜欢的面孔的烦恼;或者谈他在一天中遇到的事,他的计划,战争过去之后(说不定谁在这个时期也会离开人世!)他想干什么。弗朗兹善忘的眼光刚一轻轻擦过介曼的像是以颧骨作支柱,上面挂着一张空荡荡的帐篷般的干瘪面颊,他胆小的眼睛马上躲开,拙笨地急忙去找一件别的令人更放心的东西……于是介曼坚忍地微笑了,并且帮助对方在活人的地面上站住脚。几乎每次总是他说:"谈得不少了!现在,安乃德,带这个孩子去散步吧!不应当错过今天的好天气……"

当安乃德走近他,向他告别时,介曼说:"今天晚上,您单独来一会儿,我需要您……"

她和弗朗兹一同出来。弗朗兹匆匆忙忙地说："他今天好多了，不是吗？"

他并不等待安乃德答复，大步向前走去，挺起胸膛，头发随风飘散，大口大口地呼吸着没有污染、没有腐臭的纯洁空气。安乃德结实的腿，不由自主地享受跑路的愉快，生气勃勃的动物享受进行报复的愉快，因为她刚才在疾病的气氛中，在痛苦的病床边，身体受到昏昏沉沉的压抑。可是弗朗兹总是走在她前面，比她快一大步。他在稚气的狂欢中奔跑，爬陡坡，衣服钩在积雪的松枝上。或者两人都系上滑雪板。脚上长了翅膀，在白雪皑皑的原野上飞翔，他们饱吸清新空气，几乎醉醺醺了，遍身热血奔腾，冲刷着思想中最后的阴影。他们坐在一块悬空的岩石上，在阳光下，静观山谷中的景色。弗朗兹欢笑着，给安乃德列举和谐乐曲的音节与调门。夕阳照耀的天空，出现孔雀开屏式的彩霞。弗朗兹一边说话，一边画速写。他用粗线条画满一页又一页；画线条、草图、树木与峰峦的侧影，好像躺着的人的面孔，嘴唇痉挛，鼻子抽搐。他一边说话，一边不假思索地画。安乃德瞧他的手指在说话，一边听他的嘴闲聊空谈。她心不在焉地回答着。她在想刚才他们出来时躺在床上和他们说再见的那个人，可是她心中并没有说出那人的名字。突然，画速写的那人的手指使她神志昏迷：手指机械地画了一个她认识的人头，一个骷髅……她沉默了。弗朗兹继续唱他的歌。一片浮云在太阳面前飘过，沉默成了光明中的一个黑洞，弗朗兹停止作画。他瞧他的手指，他激动得透不过气来，好像发现了一条抬起头来的蛇……他双手痉挛，按在画纸上，把纸搓成一团。抛得远远的画册，滚到山坡下边去了。于是他一下站起来，继续在盖满白雪的田野上惊慌地飞翔。安乃德跟在后面，不说话。

晚餐完毕，安乃德信守诺言，回到介曼那里。病人用冷冰冰的脸接待她。他和痛苦搏斗，度过了残酷的一天，他怨恨舒服地过了一天的那些人，责怪安乃德来得太晚，接着，他不和善地问他们玩得好不好。他恭维她容光焕发，气色鲜艳，恭维她皮肤下面流动着丰富的血液。他好像在责备这一切。

安乃德一句也没有反驳。她能理解。她谦卑地请介曼原谅:“我的朋友,请原谅我!”

介曼自己觉得自己可耻。他用平静的声音,向安乃德打听当天的新闻。她把新闻告诉了他。消息令人很不乐观,战争已打了四年,不但没有精疲力竭,反而有变本加厉之势。一个将要发生于明春的极大攻势的威胁,压在法国头上。他们谈到悲剧的明日。介曼把他自己弥留之际的心情反射到世界上。他觉得人类的进化似乎只是暂时的成就,是人在极偶然的情况下,发挥异常的力量奋勇一跃的结果。天才与反常的突然“变调”(天才与反常这两个词几乎是指一回事)。这是不能持久的。所有这些天才的成就,人类的进步,都是毕吕斯①式的胜利,血淋淋的桂冠。可是今天,他已经到达史诗的终点,上升的弧线完结了,巨人滚落到深渊中,他想超越自己,可是已经精疲力竭。如同曼哈姆之犬洛尔夫一样,它学会像人那样思想,可是两年之后便血而死,重新落入茫茫的黑夜。因为,并非只有人类企图试行超绝的冒险。自然界都进行过这种试探。到处都有生物在开始艰苦的攀登,为了逃出黑暗力量的深渊。这个绝望的生灵,他向上爬,墙壁上每一个突出点上都留下他的血迹。时间一到,或早或晚,他将撒手滚到目光混浊的噩梦中去。这噩梦守在两个门边:开始睡眠的门口,和结束睡眠的门口。

安乃德说:“谁能知道他摔下来的时候,他的烦扰的生命之梦就结束了?”

“您还没有活够吗?”

“夜是漫长的,我重又睡着了。我等待着明天。”

“如果明天不来呢?”

“我将永远梦寐以求。”

---

① 古希腊军人,曾在抵御罗马人的战争中取得光辉的胜利,可是付出了惨重的代价。后人称代价高昂的胜利为毕吕斯式的胜利。

介曼对任何信念都已不放在心上,所以他不想多辩论。在他生命结束的过程中,只有对一切事物的理解,对他的看破人生的命定论观点最起作用。什么他都不否定,不否定“是”,也不否定“不”。激奋人群的种种疯狂:宗教,祖国,使人精疲力竭的一切搏斗,都按命运进行曲的节奏前进,生存物在完成着自己生长的同时,也在完成着自己的消灭。人类努力的目的是:零……

安乃德对他说:“我的朋友,不要老看您周围的波涛滚滚,令人晕眩的旋风,人民互相纠结,他们时而上升,时而下降。请您看您自身!孤独的‘一人’,自我是一个世界。我在我的世界里,听到一个永恒的‘是’字。”

介曼说:“我的世界是一具棺材。我看见棺材里的蛆虫。”

“您让生命逃跑,从您身上,跑向宇宙。把它唤回来吧,从宇宙中回到您身上,用您的手指把它按在您胸脯上!……”

“就像我马上要盖上我的床单一样!……”

“您不但是在这儿,在床上,您还在各处,在一切存活的东西上。这个静穆的夜晚,它用阴暗的翅膀覆盖千千万万生灵的美梦,这个夜是在您身上,是属于您的。在您的困苦中,您占有一切您所爱的人的财富、弗朗兹的青春和他的前程。至于我,我什么都没有,可是我又有一切。”

“您有美丽的血液,它使您温暖。”

“啊!我要是能把我的血给您,多好!”

她那样冲动地说出这句话,整个身体好似满盈盈的一杯美酒。他轻轻碰了这杯酒,这杯临死者不胜羡慕的鲜血!上帝!她是多么愿意把自己的鲜血给他喝!

他很感动。他想说话,可是突然喘不过气来,差一点咽了气。她整夜留在他床边,用手扶着他枕头上的脑袋,她在场使他增加忍受痛苦的精神力量。他没有任何要对她隐瞒的事,也没有任何要告诉她的事。他不必对她表示他的痛苦,她扶着他脑袋的手指能感觉得到。在一个间歇中,他的嘴在微笑中抽搐,他说:“死毕竟是很痛苦的。”

她替他擦掉额头上的汗,对他说:“我的孩子,幸亏我也要死的。否则的话,别人死去,而我活着,别人不会原谅我。”

天亮后,他请她回去。在他不能说话的时间,他充分地想,想到她的仁厚、她毫不计较地自我贡献;而他是多么过分地利用了她的善心。他请求她原谅,她说:“您不知道,一个朋友尽量利用我们,这是多么好呀!如果我们所爱的人不是尽量利用我们,反而使我们非常难受!……”

她想起她的儿子。直到这时,她从未向介曼提起过她的儿子。他也从未问起她的儿子。到最后几天,介曼把一生的苦楚一件件地和生命一起解脱掉。于是他想起他的好友闷在心中的苦楚。

现在,介曼让安乃德每夜都陪着他。虽然家里人已经拍电报请介曼的姐姐来,可是他除了安乃德不要别人,他继续滥用她的善心。他自我解慰,说他反正活不了几天了。况且,安乃德很乐意有人滥用她的善心!……可是介曼知道,一个慷慨的心是天生要受人剥削的。他想到安乃德以后会遇到困苦,觉得不放心。

他很少说他自己。他现在说话更困难了。他让安乃德说话。他想知道她的隐秘生活。现在他已经临近死亡,她不必再向他隐瞒什么。她向他叙述了一切,很简洁地,同时不让自己的激动心情外露,好像在讲另一个妇女的故事。他一言不发地听着。她不看他。他看着她的嘴唇。她不明说的部分,他也感觉出来了。他体会得比她自己更清楚。在他自己生命逐渐消灭的同时,安乃德的生命却深入他的心中。到最后,介曼心中充满安乃德,以至临近死亡的时刻,他第一次爱了她。他爱整个的她,而且在他心灵的秘密中,他和她结成了夫妻。她自己一点也不知道……她对他只有姐姐对弟弟的感情。爱神的翅膀一点也没有接触她的心灵。死亡的面目唤起她的恻隐之心,充满激情的怜悯。但是,本能地,爱情的眼睛却躲开临死者的面目。这一点,介曼完全知道。他不要求她爱他……他自己克服自己。

他一点也不露出他和安乃德的关系有了变化(或许不知不觉地露一点)。她现在已经是他的妻子,她自己却不知道。根据丈夫的权利,他第一次,也是最后一次想领导安乃德如何处理家庭生活方面,尤其是面对儿子那种毫无把握的情况。男性的直觉使他理解玛克远胜于安乃德,虽然他从未见过玛克,他考虑了母子之间的误会。他已经没有时间帮助他们母子解除这种误会。他积聚最后的一点精力,想给母子俩计划出应当遵循的路。他说:“安乃德,我要走了,这很好。我属于一种精神族类,在未来的秩序中,这种族类没有地位。它对于未来和对于过去,都毫无幻想。我理解一切,可是我对什么也不相信。理解得太多,就在我身上消灭了行动的兴趣。一定要行动!坚持不懈!您心灵的本能,比我的赞成与反对更有把握。这还不够。您有您的局限。您是女人。可是您生了一个男子。您有一个男孩子。您在您的局限性上碰壁,就像他在胎儿时期,在您肚子里碰您肚皮的壁一样,为的是要破壁而出。他还将不止一次使您流血,请您和霞娜·达尔勃莱[1]一样,唱他的解放之歌。歌唱他从您身上出来的缺口。请您用我的名义告诉他,不要像我一样,满足于理解一切;也不要像您一样,满足于爱一切……他必须*有所偏爱*!公正是美好的。但是真正的公道不是端坐在天平前面,静观两个秤盘上下晃动。真正的公道必须判断并且执行判决。他必须快刀斩麻,解决问题!……梦做够了!该苏醒了!……永别了,梦幻!……”

不知道介曼是在对他自己,还是在对安乃德说话。

但是,他最后一次出神地凝视安乃德之后,在床上转过身去,和活人们分离,注视着墙壁,把自己禁闭在沉默中。直到在弥留时刻拧断他生命之线的最后一声呻吟,他不再开口。

*　　*　　*

① 纳瓦尔王后(1528—1572),她支持加尔文派新教。

安乃德没有余暇顾及她自己的悲伤。弗朗兹的痛苦占据了一切。他的痛苦像狂涛巨浪。别人要么完全照顾他,要么避而远之。安乃德专门管着他。

在介曼咽气后的几小时内,弗朗兹悲痛的表现是那么无节制,在场的人都觉得很窘。弗朗兹一点也不检点自己的表现,不像一个有教养的人在丧事中应当有的态度。他的表现像一个绝望的孩子或情人。他不愿意离开心爱的人的遗体。他的爱情大声说话,正如他的苦恼一样。介曼家的人都气愤极了。为了结束这种过分的表现,尤其为了避免旁人说闲话,只好采取措施,让弗朗兹离开介曼家人的寓所,由安乃德管着他。这时,丧事的仪式在当地一个小教堂里举行,然后把遗体送上运货的火车,运到死者的故乡去。

沙瓦纳家的人,活人和死者,都走了,(最有生气的,也许倒是死者)。沙瓦纳家族的光明熄灭了,如同古时灵柩台上的雕饰,一个跟在灵车和旌旗队伍后面的人倒拿着的火炬。沙瓦纳家的人和安乃德的告别是简单而勉强的。赛奇－沙瓦纳夫人,介曼的姐姐,勉强向安乃德表示感谢(真诚的感谢),感谢她对介曼的殷勤照顾;并且,虽然心里反感,她勉强吻了安乃德一下。经过这一番努力,赛奇－沙瓦纳夫人欠安乃德的人情似乎全部偿清了。只有德·沙瓦纳老夫人,介曼的母亲,流着泪,亲湿了安乃德的面颊,并且叫她"我的女儿……"但这是在旁边没有别人的情况下发生的事。老夫人很可能喜欢安乃德,虽然在她看来,安乃德的思想是那么离奇。她很可能会宽容地对待安乃德,因为除宗教以外,别人有什么思想,她都漠不关心。然而老人是那么软弱……她首先要顾全自己的安静。可能扰乱家庭安宁的事,什么也不应当做。大家互相说"再见",心里谁都明白,她们是永远不会再见了。

教堂里的丧礼和动身回法国的告别式接连举行的时刻,安乃德陪着弗朗兹关在房间里。在她的想象中,她也参加了仪式。她仿佛看见自己夹在送丧的行列中,步行在冰冷的道路上。在二月底的阴沉天空下,道旁的迎春花含苞待放。远远地,她听到教堂里为死者祈祷的钟声,缓慢地,隐约地,从寂静中传来。她设法不让弗朗兹听到钟声。当她用谈话吸引弗朗兹的注意力时,她听见火车开动时的一声汽笛长鸣,仿佛觉得胸部被人扎了一针……他动身了……死去了的朋友,又一次死别生离!

她不得不想到留下不走的那个人。另一个朋友已经不需要我们。直到最后,介曼饱尝了安乃德的充满友爱的同情。今后,他不再需要别人怜悯他。于是安乃德的怜悯之情涌向活人。死者曾经把这个活人托付给她:“我把他遗留给你,你代替我。他是你的。”

和弗朗兹在一起,怜悯的心情可以随意发泄。他跟介曼不一样,介曼对她采取僵硬态度,他一点也不愿意别人怜悯他,弗朗兹则渴求别人怜悯。他向人暴露自己的弱点,毫不觉得不好意思。为此,安乃德很感激他。他发现,向安乃德求助,和安乃德给他帮助,是同样简单的事。这对她是一种享乐,被剥夺了的享乐。她的儿子玛克和介曼,都过分斤斤计较,不肯给她这种助人之乐。这个骄傲的男人种族,他们咬着牙不透露自己的激动心情,他们羞于推心置腹。他们认为怀恋母亲乳房中的温爱乳汁,是一种丧失体面的事而加以隐瞒!弗朗兹在这方面毫不遮遮掩掩。他索取他的一口乳汁,好像是他应得的一份,好比没有睁开眼睛的婴儿,用他的嘴唇和手摸索着他要的乳头。

“好吧,给你喝,我的孩子!喝我!我把我的奶头放在你嘴唇中间。”

这个蔑视妇女的人,他不曾尝过母亲的乳汁(他母亲去世时,他还在摇篮里)。他不想念让他吮吸奶头的女人,他不喜欢女人,他所爱的仅仅是乳房。必须满足他解渴的强烈愿望。对于这种情况,安乃德并不是不知道。她不过是照顾弗朗兹的一个乳媪,使他的痛苦得到温慰而能呼呼入睡。她对弗朗兹只有母爱,一天天增长的母爱,因为对方的需要也在不断增长,然而母爱中包含着各种的爱。弗朗兹不知道所有这些爱的名称,却没有一种他不在暗中抚摸过。

弗朗兹什么都告诉安乃德,把他自己整个交给了她。他出奇地不害臊,他认为安乃德为照顾他的一切而贡献她自己,是顺理成章的事:照顾他的悲戚、他的哀痛和慌乱、他的身体、他的健康、他的饮食、住处和衣服。乳媪和保姆、知心人和什么活都干的女仆,他所要的正是这些,别的他什么也不要,而她恰好是这样的人,别的什么也不是。仿佛他所期待于她的是她本职之内的一切照料和服务。安乃德和弗朗兹一样,觉得这一切都是很自然的。他连谢谢都不说。间或出于礼貌,说声谢谢。倒是安乃德,在默默地感谢弗朗兹,感谢他需要她。

他的自私使她陶醉。有些利己主义是非常魅惑人的。妇女们对于那些自私的人,怀有特殊的爱好。一个男子为了你而爱你,你感谢他。但是,一个男子为了他自己而爱你,你会多么从心里珍爱他!他只想自己,他自己一点也不给你。他抓住你,他把你吮吸干净,于是他认为你很不错……而你,被他吮吸一空的牡蛎,会说:“他真好!”

弗朗兹在吃安乃德,用世界上最和蔼的姿态。他温柔、讨喜、吸引人、天真烂漫,他喜欢让人怜悯、抚慰。如果安乃德不是先意承志的话,他会向她开恩,告诉她他想要什么,让她赶快去办,让她在一天中上下楼梯十几趟,为了替他去买桔柑、买一份报、一件他提到过的东西,或者送一封紧急的信到车站上去寄发。她得到了优厚的报偿:每当她出去一趟再回到寓所时,她看见弗朗兹焦急不安,埋怨她回来得太慢了。或者,傍晚时分,在阳台上,他悲怀悒郁地来坐在她身旁,靠得很近,仿佛他要挨着她的双腿取暖,于是,突然,他哭泣了……安乃德抛开她手上正在做的活计,把那个大孩子的脑袋拉过来,靠在她肩上……(真幸福!碰到这个男子,他让人替他擦泪而不脸红!)等他哭够了,他开始说话。他把心里隐密的痛苦全倒出来。从童年时期被压抑的痛苦说起(这些痛苦他从来没有全部对人说过,即使对介曼也没有说过),一直说到最近的丧事。他内心为此日日夜夜不断地流血,因为他老是责备自己在介曼病中躲着他,不够爱他,甚至对他表示……安乃德是这样耐心地听他讲!他的头接触着女人的面颊,再加她安慰的声调,不打断他的话,只是把温柔和怜悯的字句,插进他诉怨的言辞中,仅仅凭了这些,他就觉得轻松多了。于是他向她坦白从未向人高声说过的事。她并不惊讶,毫无抵触,仿佛她自己有过这种体验似的。她听他叙述内心生活的赤裸裸的故事,有时是相当猥亵的坦白和道德上的偏差。如果她在书上读到这样的内容,她可能会把书扔掉。她听他讲述这些,真像神甫听人忏悔。忏悔室中的秘密是神圣的。接受别人忏悔的人,被慈悲的情感净化了,不至于被坦白的内容所玷污,或引起愤慨。他参预了人类本性的弱点。忏悔者的弱点也就是接受忏悔者[①]的弱点,他对此产生怜悯,他把对方的过错归咎于他自己。他此刻更爱忏悔者,因为他用手指给对方洗了脚。

* * *

头两个星期,弗朗兹的灵魂整个沉浸于痛苦之中。有时,绝望的情绪突然涌起,掐住人的喉咙,要把它掐断。(安乃德不止一次地半夜起床,到邻室中去让那个在枕上喘不过气来的人平息他的呜咽。)过了头两个星期,情况缓和了。接着是一个时期的痛苦的半麻痹状态和默默无声地流泪,犹如冬春之间过渡性的天气:天空凝滞不动,疲惫乏力,太阳隐在云后,时而下一阵无声的雨点……最后是大病初愈的休养时期:腼腆的苏醒,病好了反而觉得不好意思,企图隐瞒恢复元气时傲慢的幸福之感。这是一个低声长谈的时期,一连几小时,倾吐心中得到了更新的泉源,但是他不全说,只是低声细语,如果他肯定听者的耳朵可靠。

又过了几天,他们一同外出了。弗朗兹靠在安乃德的胳膊上,慢慢行走。在那些阴沉而温暖的下午,枯叶堆中,焚烧过的荆棘丛下,紫堇花[②]纷纷冒出头来。腼腆的春季已经在高山上出现,可是山谷还在

① 接受忏悔的一般都是天主教神甫。
② 或译:紫罗兰。

瞌睡,沉浸在又湿又冷的雾与阴影的深蓝色中。他们想念友人。友人和他们在一起。可以说,友人故意等他俩在一起的时刻来和他们会合。也由于两人在一起,所以他们觉得友人也在场。他们分开时,就觉得友人也离得很远,他的不可见的存在,成了一个遥远的影子。弗朗兹一边走,一边紧靠安乃德,为了重新找到介曼,他紧紧抓住一个活人的胳膊,安乃德的胳膊,好像借此可以不失去已不在人世的友人之手。现在,弗朗兹对安乃德温情脉脉,体贴入微,再加上他本来就具有的贵族出身的天生的和蔼。他珍爱安乃德,并且设法对她表示出来。他离不开她了。安乃德深为感动,可是她并无幻想。她是一个法国妇女,善于看清别人,即使那些人是她偏爱的对象。然而,一个法国妇女毕竟是妇女,而一个妇女最看不清楚的(因为她不想看)是她自己。

她的责任召唤她回巴黎去,找她儿子。她把儿子抛在一边,时间已经太久了。介曼漫长的弥留期,弗朗兹要她分担悲痛的苛求,一直把她缠住了。漫长的三个月中,她完全献身为两位朋友效劳。如果她脱身不顾,是人道所不容的(至少她的良心给她找这个借口)。可是目下,她的责任不再是留在此地。她的责任在另一处,她儿子在注视她,用谴责的目光。他从来不曾离开过她的思想。在最忙碌的日子里,她没有时间想他,可是没有一夜她不怀着内疚梦见她的儿子。她为他处境的危险忐忑不安。一月三十日,敌机轰炸巴黎之翌日,她差一点要回巴黎去找他。母子间很少通信,而且在他们疏疏落落的信中,双方都不肯表露温柔的热情。一种隐藏在她心中的困窘,使她的态度变得僵硬,远远离开儿子,她知道她对不起他。可是她宁愿不承认这一点,于是她把自己心情的困窘归咎于儿子对她的误解。至于玛克,他决不原谅他母亲最后一次遇见他时的态度。她的侮辱性的猜疑,等于打了他一记耳光。事后一连几夜他梦见那天的场面时,他狂怒得乱咬枕头。可是,自然啰,他宁愿被杀死,也不愿意让别人知道他这种心情。他给母亲写的那些信,冷淡、高傲、疏远,专门用来表示他不在乎有没有这样一个母亲。最糟糕的是安乃德好像并未注意到这一点,当时她为更危急的事操心,忙碌得很。她匆匆忙忙地写点内容极平常的短笺回答玛克。邮局也凑热闹,她元旦写的信到一月十五日才寄到。再加介曼的一次可怕的发病,整整二十四小时,安乃德内心激动的感情力量全部倾注在介曼身上,以致她完全忘记了玛克的生日。玛克徒然标榜他对温情主义的藐视,但是他母亲忘记了他的生日,还是使他哭了鼻子!眼泪很快可以擦干,可是擦干了照样灼人;而且他说不清是不是由于受到侮辱而失望,还是由于另一种因为受侮辱而不愿意直说的感情。安乃德一点也不知道,后来,她发现她忘记了玛克的生日,她很难过。可是她认为没有必要把这告诉玛克,有什么用呢?既然他仿佛并不关心这件事(他的麻木不仁的态度的新证据)。啊!如果他和弗朗兹一样地感情外露,一样地多情!……她常常将玛克和弗朗兹比较,虽然两人年龄不一样。因为她愿意拿弗朗兹当她自己的孩子看待。她容许自己这样考虑,为了原谅自己对弗朗兹的极大温爱占用了玛克应得的部分。但这个借口是耍花样,自己骗自己。一种健康的本能——可惜太晚了一点——促使她自己责罚自己,因为她过多地去想如果她走了,心里该多难受。但是妇人之心这个魔鬼,是擅长于找报复手段的。它在她身边轻轻地说,如果她留下,她将由于不走而感到内疚;如果她走了,她将由于没有留下而后悔。要是走了,她可以在心中抚慰一种秘密的感情。暂时牺牲不可告人的欲望,是为了日后有充分理由加以补偿。

在弗朗兹方面,问题简单得多。他一听说安乃德要离开他,立刻大喊大叫。至于说她有别的责任,这一点他连听都不愿意听。他只觉得自己受了骗。她已经成了他的不可缺少的人,这已成了习惯。一想起他将要失去安乃德,他就惊慌失措,手忙脚乱。安乃德面对这种感情上的苛求,一点也不生气,反而因被人抓住不放而暗暗得意。于是她对弗朗兹的意见只是软绵绵地加以抵抗。她一天天地推迟动身的决心。弗朗兹阴险地把安乃德看的报纸藏了起来,而她也忘了向他索要。三月八日和十一日,敌人的飞机又两次轰炸巴黎,弗朗兹是知道的,他故意不告诉安乃德。三月的上半个月,法国与瑞士之间的边界封锁了,对他来说,这是缺乏消息的一个借口。安乃德的过错是没有多打听一下。她终于受到重罚。三月二十二日,一声惊雷,两个打击同时落在她头上。一份报纸的大标题宣布了古迪叶[①]大爆炸和德军正在涌向巴黎;同时西尔薇一封十天前寄发的信告诉安乃德,毕当被捕了。

安乃德惊慌失措了。她一点也不怀疑,毕当是在替她还账,牵连在弗朗兹逃亡事件中了。在那年月里,这是叛国罪。西尔薇这封信寄发后的这十天来,事件发展到什么程度了?在这种严峻的专政下,再加敌军逼近巴黎,大家都在发烧,刑罚很快就会执行,谁也不会拘泥于法制手续。法制,那就是报仇的诉讼代理人……几个月来,安乃德没有注意政治。为了两个人,她把全世界置诸脑后。她谴责自己。

安乃德匆匆忙忙地准备动身。她知道,回到巴黎,她是去迎接威胁着毕当的命运。她并不怕这个命运,她怕的是出卖了毕当,而她自己好像在逃避她的一部分责任。一分钟也不再耽误!由于德军在前进,去巴黎的道路可能在朝夕之间被切断。既然她的儿子,亲人们,处于危险中,她的位置应当在他们身边。

弗朗兹反对也无济于事。为他操心,现在是次要的事了。现在,他可以独立生活,怀着他的悲伤。他的悲怀已经采取了比较平静的形式。此时此刻,它重新进入生活的和谐中,变成其中的一个因素。它不再冒破坏的风险,而是占有生活,并且提供营养,即使在孤独的生活中,它也是一个同伴。

况且安乃德决不会抛下她的朋友不管。她考虑到,像弗朗兹这样一个具有不安和不平静精神的人经过几个月和她十分亲密的生活之后,完全进入孤寂中去,会产生什么样的冒失念头……她给他寻找了一个很安分守己的交往对象,可以在不干扰他的情况下远远地照看

---

① 巴黎附近地名。

他;同时可以把他的健康情况写信告诉她。

在邻近的一座小楼中,住着两个妇女,母亲和女儿。两个北欧人。她们的生活比较孤僻,不大和人来往。母亲经常穿黑衣服,身材高大、健壮,一副贵族的姿态。女儿二十六岁,几乎成天躺着。她有一头厚厚的浅黄色头发,很细很密,编成辫子。她长得一点也不漂亮,面容憔悴,身材也很高大,体态苗条。可是她患着骨髓结核病,经过两三年严格护理,此刻正在逐渐康复。女儿有点瘸。每天下午,这两位妇女出去做一次短程的散步。她们不到远处去。安乃德和弗朗兹从外面回来,在离住处不远的地方碰到她们。于是四个人一同走回住处。瘸腿的姑娘拄着手杖,由于自尊心或由于满不在乎,她一点也不注意遮掩自己的残疾。他们互相说些极平常的话。双方对邻人的秘密都不好奇。可是,从这家到那家,他们有时互相帮助,互相借书阅读。

安乃德请德·温特格林夫人远远照看她的年轻朋友,并且能使他散散心,不要太悲伤。安乃德把弗朗兹的伤心史告诉了德·温特格林夫人。她对弗朗兹可是一字不提。他每次遇见那两位妇女时,态度并不殷勤。只要安乃德向他表示她愿意他和那母女二人来往,立刻就遭到他的拒绝。因为他不能原谅安乃德离开他。他决不能忍受安乃德找两个替身,把她们强加于他。

直到安乃德动身的时刻,他还在希望她留下来。他把最后一天浪费在和安乃德赌气上,同时不停地向她提出不容置辩的坚决要求:“安卿[①],你不走吗? ……说呀,你不走,对不对? ……我求你,我要你别走!”

“可是,我的孩子,”安乃德说,“我家里的人怎么办呢? 他们在等我回去。”

“让他们去等着吧。一个‘你拿去吧’[②],胜过两个‘你将要得到’。第一个‘拿到手’的,就是我。”

---

① 安乃德的德语昵称。

② 法国成语:空口允诺,不如立刻办到。

不用白费力气去说服他。他像一个孩子,不停地喊“我渴!”不管你跟他说什么,他都回答:“我渴!”

当他发现安乃德的决心已经不可动摇时,他躲进了自己的房中,不再开口,不回答问题。他让安乃德独自收拾衣箱,整理什物,劳累半天。她看见出发的时间到了,而弗朗兹还不出来向她说再见。到了最后几分钟,她穿一身旅行服装走进他的房间。他神色沮丧地坐在一个角落里。她俯下身去,想吻他的额头。他突然抬起头来,以致撞在安乃德嘴上,嘴唇被撞破,出血了。她在很久之后才发觉自己受了伤。至于他,不用说,他什么也没有瞧见。他吻了她的手,用可怜的声调反复说:“安卿!安卿!……快快!回来!”

她抚摸他的头,允诺说:“对……对……我一定回来……”

最后,他站起来,提了她的行李,陪她去车站。安乃德一个人说话。从他们的住处到车站,安乃德为了避免想别的事,向他吩咐一些日常生活上要注意的细节。他听见的只是她的声音,不注意她说什么。他帮助安乃德登上车厢之后,自己也上了车,坐在她身边。他一直没有开口,也不瞧她。她怕火车突然开动,他下不了车,就催他走。但是在开车前五分钟,他才突然站起来,一句告别的话也没有说就走了,因为他怕控制不住自己的激动。安乃德俯身在车门外,看弗朗兹迈着大步走远了。她想看看他的眼睛。可是他没有回头。他消失了。安乃德一个人回到几乎是空的车厢里,没有动静,没有声音。她的嘴唇有烧灼感。她用舌头舔舔嘴唇上的鲜血……

*　　*　　*

在边界上,当前的现实,战争的红色影子,唤醒了她。她正在迎面走向她危险的责任。她的形体特征是不是已经通告了各处?她一踏上法国国土会不会立即被捕?西尔薇的信写得十分谨慎,什么也没有说明确。也许安乃德能看到这封信,也许看不到。在字里行间,可以看到一切可怕的事,也可以什么都看不到。但是,检查护照很顺利,安乃德过关了。

她到了巴黎。谁也没有等她回来。她通知家里的信比她本人晚到两天。她不安的思想整整一夜跑在火车前面。那天是“圣枝主日”,她在路上听人讲到巴黎被神秘的大炮轰击的消息(多像于勒·凡尔纳想象出来的故事),使她担心她儿子的安全。他居住的市区正在大炮射程之内。在敌人的炮火下回到巴黎,这行动本身使她感到精神轻松一些。可是等到她看见自己的住所完好无损,心情才安定下来。她三脚两步地跑上楼梯,敲门,听到(真幸福!)儿子来开门的脚步声。

玛克惊呆了。在一时之间,一切自我控制失去作用,树立在两人之间的人为的垣墙一下就不存在了。母子二人紧紧地相抱;两人都为对方的热烈拥抱感到震动。

不过这仅仅是一瞬间的事。他们已经不习惯于这种热情流露,所以有点窘。互相放开之后,他们重新采取了一般性交往的姿态。

他们之间存在着一种秘密。安乃德回到她的房间,向玛克解释她回来的原因,用她的方式解释。玛克听着,不作声。他注视着安乃德的动作,一点也不放过。这回是他在冷眼旁观。安乃德样子很拘束,勉强自己说下去。一种隐约的不舒适之感,使她担心儿子在评判她。她对儿子并非没有做可以责备的事,而且有多种该受责备的理由。所以她的样子不那么温柔,并且装作自以为是,其实她有点心虚。她光注意观察她自己,不知道观察对方。她没有看出玛克已经不是三个月前和她分手时的玛克。人们所认识的人和人们应当认识的人是多么不同!人们所认识的永远只是过去的形象。新的形象是一个新来的人,我们还没有钥匙开新来者的锁。

毕当在被捕前夕已经发现自己被跟踪了,于是他设法给西尔薇寄了一封信,请她转告安乃德,叫她一点也不必着急,一切都将由他自己承担。没有别的话。这就够了。西尔薇虽然不知道详细情况,从夏天以来,她已经嗅到这个奇特的冒险行动。于是她惊慌不安。她的疯姐姐参加到什么鲁莽行动中去了？没有法子弄明白！毕当在秘密拘禁中。关于安乃德外出旅行,她什么也不知道,除了安乃德信中所说的,她护送一个伤员去瑞士疗养。西尔薇用暗示的语句,把她的忧心透露给玛克。玛克猜到了其余的部分。他回想起去年十二月,在里昂车站附近的神秘邂逅(他没有向任何人提过一个字)。他利用这些资料构思了一部完整的小说,却没有告诉他姨母。他在西尔薇帮助下,开动脑筋,企图把小说编得更接近事实。西尔薇第一次对他讲起她所知道的安乃德被撤职的缘由:在墓园里的一幕,以及安乃德对一个俘虏的关怀。根据这些材料玛克进行了长时期的工作。于是,他母亲的面目以新的光辉出现在他眼前。他改变了以前的想法。过去他瞧不起的和平主义,以为只适用于妇女的“软骨头”的和平主义,在变成一股激情,成为危险的事物之后,竟大有味道了。他想象出一部爱情与英雄主义的冒险小说,并对此感到热辣辣的妒嫉和一种使人不安的吸引力。现在,他明白了他母亲的猜疑,严重地伤害他的猜疑。最不堪的是,他对此生气直到狂怒之后,不得不承认,他当时的态度使母亲有权那样猜疑他。这个思想使他十分沮丧……但是问题不在于他个人。他母亲正处于危险中。当他看见她进来,他一点也不怀疑,她是在故意迎着危险前进。这个想法在他头脑中占了一切想法的首位。他热情地盯着她,心里暗暗求她把一切风险都告诉他。但他知道她不会这样做。他觉得痛苦,但是赞美她,赞美她的自尊心、她的平静和沉默。终于,他明白了他母亲的为人！现在他担心会失掉她,因为她正受着威胁。

安乃德什么也没有注意到。她只想一件她该去做的事。她迫不及待了。来不及去看妹妹。急急忙忙洗了一下手脸,吃了一点点心,马上就换装出门去了。玛克腼腆地、轻声地自荐,要陪她去。她做了一个手势,拒绝了。他不坚持。他很难受,怕再一次遭受侮辱。

安乃德到玛赛尔·法朗克家中去了。他已经成为碾碎机的重要齿轮。他夤缘而得到了内阁总理私人秘书处的重要职位。

安乃德不愿费事说些没有用的开场白。她向玛赛尔复述了事情的经过。玛赛尔不胜惊讶。他的第一个反应一点也没有宽厚之意。她第一次看见一个失去了笑容的法朗克。微笑使此人的面容可以蒙上一层另一种性质的讽刺意味的雪花膏。在几分钟之内,他几乎要不顾最起码的礼貌了。在这件事中,他只看到一点,那就是这个神经病的女人牵连他处于极尴尬的境地!他跟她一同倒霉,他一点也不想笑。他没有心情说句打趣的话来轻松一下。他怨愤安乃德拖他下水。但是安乃德的嘲笑性的目光,通过他的面部表情而抓住了他的思想,提醒他要扮演上流社会的角色。他恢复了他那种轻快的姿态。这个妇女前来向风险挑战的大胆行径,使他为自己显露出胆怯而感到丢脸。于是,他又成了过去的玛赛尔问安乃德:"可是,看在老天爷面上,安乃德,什么魔鬼逼迫您,不让您安安静静在瑞士待着?在那儿谁也不会想到您。什么魔鬼在您耳边出坏主意,要您回来自己投身于虎口?"

安乃德从容不迫地解释说,她是回来替换毕当的,或者要求把控诉毕当的罪状加在她身上。

玛赛尔高举双臂,大声喊道:"您千万别这样干!"

"我来向您打听审理这个案件的检察官的姓名,以便向他呈递我的声明。"

"我不允许您这样干。"

"您以为我会让人为了我而冤枉一个清白的人?"

"毕当决不是清白的,他是搞这套玩意儿的老行家,一个包办邮件走私和越境逃亡的承包人,一个惯犯。您去自首也挽救不了他。再说,他并没有提到您的名字。"

"这是因为他慷慨,讲义气。我不明白,为什么我就不能和他一样地慷慨?"

"您有一个孩子。"

"正因为这样!我不愿意我的孩子成为卑怯的人。"

"您真是疯到家了。"

"的确是这样。现在,亲爱的朋友,请告诉我我要知道的那个人的名字就行。请您放心,我不会说出您的名字。"

玛赛尔心想:"你说得倒好!一旦抓住线索之后,司法机关会顺藤摸瓜,一直追索到我的名下!"

但是他的自尊心受了刺激,于是他反驳:"问题不在于说不说出我的名字。我是为您不放心。您不认识'老板'(他指的是'进行战争的人'①),他可是不在乎多一次或少一次草菅人命的判决,他决不会因为您是女人就手下留情!为了树立榜样,他喜欢打破所有古老的规矩:向人讨好的照顾、尊敬高级人物、以及向女人献殷勤等神圣传统……"

"平等对待我,并不使我反感,即使在刑场上!"

玛赛尔不坚持了。他知道安乃德的脾气。他说:"好!……让我先研究一下案件!"

"时间紧迫。"

"时间不会白糟蹋的。"

"我不去做证,就背着沉重的包袱。"

"您够健壮的,这个包袱您再背一两天不成问题。如果有机会能做到撤销原案,岂不是比你们两人都遭殃好得多?"

"谁敢保险,明天或再晚一天,谁说我不会得到消息,说毕当已经成为您刚才听说的那类草菅人命案件的牺牲品?"

"我认识检察官,我会把情况通知您的。我不是在设法欺骗您。我不冒这种风险!……再说,如果弄得不好,他们会在我不知道的情况下做出突然的决定。您反正手上还有一张牌:不论事前或事后,可以去自首。自古以来,谁都不能拦阻一个女人自投罗网。"

"我一点也不怕自首,玛赛尔。可是我并不愿意自首。我对于无济于事的英雄主义,既无兴趣,也不重视。"

"谢谢上帝,这才是一句通情达理的话!……哦呼!② ……至于

① 指当时的法国政府首脑,内阁总理克莱蒙梭(1841—1929)。

② 至此,玛赛尔才松了一口气。

有用的英雄主义,安乃德,坦率地说,我去尽力为您的事想办法……为什么您不对我说,他是您的情夫?"

"谁?"

"那个漂亮小伙子,被你救出来的那个。"

"别说蠢话!"

"算了吧!您何必还瞒着我?我不责备您。如果那是您的乐趣,您完全有理由那样干!"

"可是我向您保证,没有那么回事!"

"算了吧!"

安乃德脸都气红了:"不,不,不,就是不!"

玛赛尔微笑了:"好,请您不要生气,我什么也不再问您了。但是,说句悄悄话,神秘的女人,既然您不爱他,为什么要把他救出来?您不得不承认不能自圆其说了吧?"

"因为……"她开始气冲冲地说,可是突然又停住不说了。她明白,不论她说出任何真实的理由,玛赛尔反正不会相信。他不会理解……好吧,算了!他爱怎么想,让他去怎么想吧!

玛赛尔微笑,扬扬得意了:什么都瞒不过他!……

他是个善良的小伙子……爱情给这个案件增加了刺激性……这个安乃德,真想不到,拖人下水的鬼花样真多……可是,归根结底,他有这么一个朋友,很值得自豪!

*　　*　　*

他立即开始行动。他去见了上尉军衔的预审官。那是一个可爱而有风度的人,他不费力地上升到他的职务所要求的不人道的高度。在他身上,不得不如此的狂热民族主义和风雅的好奇心,两者相结合而形成一种和蔼可亲的漠不关心态度。对被审讯的嫌疑犯来说,最大的危险是预审官对他发生了兴趣。

毕当引起了预审官的兴趣。他觉得毕当很不讨厌。他和毕当有过几次长时间的、彬彬有礼的谈话。他想从谈话中捞到一把麻丝，以便搓成麻绳，用来绞死毕当。但是，他不得不笑嘻嘻地但却很遗憾地承认：麻绳太细了！这个小小的旧货贩子，看来像一个性情温和而有着宗教式的灵光的人。他不损害人，而且非常无私。他很愿意谈话，为有机会表述他那些温情的幻想而觉得高兴，很感谢那些愿意听他发表意见的人。他以很审慎的高兴情绪等待着被处决，好比一只狗用发亮的眼睛在斜睨一块它想吃的糖。但是他怎样也不肯说出同谋者的名字，也不讲他的罪行的任何细节。由于兴趣，或者由于精细的天真的狡猾，他总是在叙述事实的过程中，一下就岔开到发表议论方面去。仿佛他对于事实不重视，却十分重视思想观点。

预审官给法朗克看毕当在狱中给他的一个年轻朋友写的信，以及这个年轻人的回信，他的姓名是玛克·李维埃。法朗克不觉心头一紧，他想："这个小傻瓜，会不会主动地暴露线索？跟这些姓李维埃的人在一起，什么事都会发生！"可是，当他听到预审官用富有旋律感的柔和声调念这几封信时，就放心了。这些信是用文雅的抒情笔调写的，风格之美，令人接连地想起年轻时期的席勒、福楼拜、卢梭和兰波。毕当的信则把贝纳丹·德·圣比埃尔和埃德加·纪内[①]融成一片。年轻人向长者表达了充满高度兴奋的热爱，对于滥用暴力的愤慨，以及热烈地愿意分担主持正义者的命运，不论什么样的命运。年长者在他的信中以慈祥的口气，竭力安慰年轻人，表达了他静穆的安逸，满足于他所享受的和平环境。可以说，监狱变成了贤智者的高级隐退所，国家提供给一位思想家、一位不信教的修道士隐居的山房。毕当的牢房有一个很高而且用铁栅槛挡着的小窗口。塞纳河畔的风，从窗口吹进来一朵栗树的花，整个春天随着这朵落花进入囚房。于是毕当成了田园诗人。那朵花保存在那儿，小心地摊开着，夹在预审官手中拿着的

---

① 在这两句中列举的六个人名，除席勒是德国剧作家外，其余五人均为法国十八、十九世纪的著名作家和诗人。

两张信笺之间。于是这两位巴黎人[1],交换了一个会意的微笑,说道:“这个老家伙也值得夹起来做个标本。”

可是,这个老家伙和那个暴躁的小青年,两人都没有泄露出他们思想的老底。年轻人抒发的是他对母亲的挂念和内疚,老人则竭力劝年轻人放心。两人互相了解对方的言外之意。而这两位巴黎人却以为这是《爱弥尔》[2]中的一段对话。

预审官合上他的卷宗。法朗克问道:“总起来说呢?”

“总起来说,一切都归结到这件逃亡的滑稽案子上。我们不大理解,这个老无政府主义者为什么对此感兴趣。他个人并不认识那个俘虏。我们叫人在瑞士跟踪过这个年轻漂亮的小伙子,他受到法国外省的一个家庭的接待……”

法朗克支起耳朵听。

“……体面人家。没有任何可以指责之处。有一个儿子是重伤员。别的男子都在前线,有的死了,有的还活着。三个妇女:母亲,一个已婚的女儿,还有一个看护病号的女管家。有可能认为在那个漂亮小伙儿和已婚的女儿之间有什么勾搭。平平常常的故事。丈夫在打仗,在后方,道德能维持到什么程度,得看情况。相当令人惊异的是,那么好的一位爱国妇女,会看中一个德国佬……可是,俗话说,‘没有斑鸠,只好吃喜鹊’。[3] 可能战事发生前,两人已经相识。”

法朗克站起来,完全放心了。他说:“黑夜里,所有的猫都是灰色的。”[4]

“你明白,为了报答一个战斗员的爱国热忱,我们不愿意公开宣布他当了王八。公众的安全并没有牵连在内。”

---

① 指法朗克和预审官。“巴黎人”,不仅是说他们居住在巴黎,而且是说他们的精神面貌、思想风格。

② 《爱弥儿》(1762)是卢梭著名的小说。

③ 法国俗谚:不得已而求其次。

④ 法国俗谚:在阴暗中是黑白难分的。另外一个解释:在黑夜里,所有的猫都带三分醉意。

“还有那个老家伙呢?”

“至于那个老家伙,我们可以绞死他,如果我们愿意;我们也可以释放他。有正面的理由,也有反面的理由,一半对一半。两边的秤盘是平衡的。这边的或者那边的秤盘向下沉一沉,没有多大关系。我们听政府的指示!”

“政府”,这是法朗克的活动范围。他去见“老板”[①]。他很久以来已认识“老板”。但是,谁敢夸口说认识他?这个鬼家伙的所作所为总是那么出人意料。遍地荆棘,遍地圈套……法朗克小心翼翼往前走。

他运气好。这头善怒的野猪今天和往常不一样,它用嘴嗦乱拱它的小野猪们,以示优待。他发现这野兽[②]今天脾气好,爽朗欢快,高兴得跳跳蹦蹦。(法朗克心想:“他睡了一夜好觉。”)这个有蒙古人面型的总理正从前线视察归来:一切进行得很顺利,人们按照命令在现场死亡,不需要别人催促。防线加固了,德军冲击的浪潮好像又一次被顶住了。这个粗暴的老人回来时兴致极好。疲劳和温情主义一样,对于他的老皮老肉不起什么作用。他刚刚处理完他的秘书们给他清理出来的重大而紧急的事务。此刻,在出席众议院的会议以前,他给了自己半小时的休息时间。他喜欢听小消息。他的那群耳目知道他的癖好,总是准备好满把的时新的丑闻趣事供他消遣。他看见含着审慎的然而大有文章的微笑走近的法朗克,立即嗅出此人口袋里装有可听的东西。

“你来了,法朗克奇巴纳先生(他故意把法朗克的姓念成法朗克奇巴纳),你带来了什么货色?那好,快,我的孩子,打开你的篮子来瞧!”

法朗克觉得对方不拘形式的亲密态度,对他是一种恭维,而对方给他的雅号,再恰当不过的雅号,却有点使他恼火。于是他也用“老板”的诙谐口吻说话。一边窥视巨人的反应,一边开始描绘毕当的滑

① 指当时法国内阁总理克莱蒙梭。

② 克莱蒙梭的脾气以暴烈出名,外号“老虎总理”。

稽而令人同情的形象。他没有讲多少,因为不耐烦的听者以讽嘲的口气打断了他的话:“一个美好的灵魂……你没有更好听的可讲吗?”

于是讲故事的人赶快在粗布料上绣出异乎寻常的图画,这是他按照听者的口味当场现编的。这一下,毕当成了一个“诚实的夫人”的寒碜的恋人,而这位夫人却成为那个年轻奥国人的热烈的情妇,为此,毕当帮助奥国人逃亡了。

这一下,“老板”的劲头上来了:“她是谁?她是谁?”(他一边喊,一边紧紧抓住法朗克的手臂。)“我打赌,我认识她!……她是某某的老婆。”(这个“某某”是当时的一位部长。)

他的小眼睛里闪过狡黠的光芒:“不是?不是?……可惜得很!不然的话,我可以把她扔进圣拉萨尔[①],以圣神联合会的名义!”

他还提出两三个妇女的名字。如果法朗克不把真姓名说出来,他没有个完。说出来并不是没有难处,因为风险太大。可是事已至此,后退已经来不及了。于是饶舌的人,只好再饶舌一次……

老人一听到安乃德·李维埃这个名字,惊呼了一声:“李维埃……”

他曾经认识李维埃,建筑师,寻欢作乐的好手,为人机敏,思想开放,是德雷福斯派……“老板”和李维埃是同一辈人,也是同一条船上的人[②]。他们两人熟识,互相开玩笑逗乐,比赛刻薄的讽刺,交锋过不止一次。至于李维埃的女儿,那时她还是个小女孩,“老板”拧过她的脸蛋,后来一直没有她的消息。可是他对她有好感,因她甩掉了洛瑞·勃里索“这个白痴!”(他不能忍受勃里索家的人口若悬河的辩才。他有这个优点,他把伪善恨得要死。他到处闻到伪善的气味,有时甚至在真实的事物中也闻到伪善。)所以他高兴地听说:安乃德有力的手在这个讨厌的家族脸上打下了深深的侮辱的印记,然后离开他们,让洛瑞这个大空泡撒了气,鼻子扎在水里。爱打听流言蜚语的他,

---

① 修道院。

② 当时,上世纪末和本世纪初年,克莱蒙梭也是德雷福斯派。

对于上述流言没有少到各处散播。勃里索家的人憋了一肚子气不说话,假装不知道。这是“老板”得意的往事之一。隔着一定的距离,他觉得他仿佛在这个绝妙的趣剧中和安乃德是有默契的。所以他赞赏那个什么都干得出来的姑娘(他是这样看待她的)。她最近的冒险行为博得他宽洪的看法……这个李维埃！了不起的高卢女子！……

“可是,”他说,“法朗克奇巴纳,她已经不是很年轻了吧？……她大概有……等一下……嗨！老了更好！我喜欢这样,她身上有一股火……不过,怎么,整个事件只是为了以滚球游戏作为结束？这和政治有什么关系？你不至于把这个善良的法国女人拖到弗特里吉埃-丹维尔(他这样称呼公诉人)面前去吧？他将津津有味地舔他的獠牙。不,不！让她去和她的维也纳人睡觉吧！这将为下一次战争增加一名为正义而战的兵士……至于那个老毕当,(又一个纯粹的法国性,向队伍致敬!)‘三个人中最幸福的一个’,让他享受他的好运道吧！……我的孩子,你去替我结束这件案子……撤销！真见鬼！现在,让我们谈点正经事……我们要去众议院,我将向那些小牛犊们哇啦哇啦喊些什么呢？……”

案件就这样埋葬了。

安乃德被他们污蔑了之后,得救了。

在弱肉强食的莽林中,污蔑是一种同情的形式。

* * *

关于这些情况,幸亏安乃德自己一无所知。法朗克给她写了一封短信,告诉她一切顺利。但是她不以此为满足。她不相信法朗克,所以还是不顾一切地给初审官去信要求面谈。后来初审官释放毕当,给他看了安乃德的申请。

回到家中,安乃德看见赶来看她的西尔薇。安乃德把她的活动都告诉了西尔薇。后者一听,把她姐姐骂得狗血喷头。干这样疯狂的事,简直把她气死了。安乃德让她去说。西尔薇一想,既然坏事已经干了,只好接受既成事实。突然,她停止谩骂,扑过去搂住安乃德的脖子,吻了她。在内心深处,其实西尔薇并不愿意安乃德采取别的行动方式。你拿一个帝国来和她交换,她也不干。她知道她自己决不会这样办。她姐姐能够这样做,这也是她的骄傲。她那种毅力,那种不动声色的平静态度,令人折服。

隔墙有耳,玛克在邻室听着,但听不大清楚两姐妹的争吵和含糊的低语。西尔薇生气地高声叫喊,安乃德做了一个手势把她的声音压低,定了低音调。接着是猛烈的接吻和沉默,以及西尔薇擤鼻涕的声音。这个眼睛从来不湿的女人,今天也哭了……

两个妇女站着,温柔地搂抱着,在互相注视。安乃德一边吻西尔薇的眼睛,一边低声地、漫长地叙述了整个故事:介曼的友谊,弗朗兹的逃亡,介曼之死。西尔薇不想再责备她姐姐的疯狂的慷慨,不再用平常的尺子,她自己的尺子去量姐姐。她承认安乃德有特权按照比普通规律高一等的规律生存和行动。但是墙那一边,那个爱妒忌的男孩子却难受得要命,因为人们不让他参加推心置腹的会谈。他才不去要求哩!他的傲慢要他只能等待着别人来请他去参加。

第二天,毕当来到的时候,玛克正烦闷得不知如何是好。他从他的"泰巴依德"①中出来。安乃德听见她儿子开门之后,发出一声欢呼。她任手中拿着的活计掉落在地上。玛克高声表达他的惊讶,一边使劲摇来访者的手。毕当从他的胡须中发出呵呵的笑声。笑得那么安详,热诚。安乃德一见毕当,就站起来吻了他。接着她想起儿子在旁边,于是觉得有点窘。玛克比她更窘,他托词去关楼道口的门,躲开了,让他们两人单独待几分钟。安乃德和毕当心情激动地含着微笑交谈了几句。玛克又走过来了,于是三个人的谈话维持在隔一层帷幕的

---

① 泰巴依德,埃及古地名,附近的沙漠边上为基督教修道士隐居之地。此处指玛克的房间。

含蓄语调的程度上。主人很愿意留毕当共进午餐,但是他急于去走遍全巴黎,要去转一圈,看望同志们。玛克和他一同去。他们快步走着,玛克说:“毕当,我知道你给我姨母写信说了些什么。”

“啊!”毕当回答一声,不说下去了。

玛克咽了一口唾沫,说:“你为我们尽心竭力,你真慷慨。”

毕当说:“比起你母亲来,我还差得远。”

玛克追问:“可是,她究竟冒了什么风险?”

“她什么也没有跟你说?”

“没有。”

“那么,你不能让我来替她对你说吧?”

“不……”

玛克不高兴了。可是毕当做得对。他们继续向前走。玛克鼓足了勇气,又问:“可是,至少我想知道,我妈妈现在是不是还担着什么风险?”

“在目前,我想没有什么风险。但是在卑鄙的家伙们和豺狼当道的今天,像她那样一个妇女,勇敢而且坦率,总会有点风险的。”

“我们能不能不让她冒风险呢?”

“我们不应当阻挠她。相反,应当帮助她。”

“怎样帮助她呢?”

“跟她一同去冒险。”

玛克不能这样对毕当说:“去冒风险,对。但是怎样冒法,她的事我什么也不知道。她的风险,她的危难,她什么也不告诉我。”

玛克愈想愈感到被人抛在一边的辛酸。他心里反复想:“在所有的,所有的人中间,我听她说的真心话最少。”

毕当见玛克半天不响,笨拙地理解了他的沉默,于是对玛克说:“我的孩子,你可以为你母亲感到骄傲。”

玛克生气地喊道:“你以为我要等你来开导我,才为我母亲而骄傲吗?”

他转背不理毕当,怒气冲冲地走开了。

*　　*　　*

卸下沉重的包袱后,安乃德在家里重新过着平静的、无声无息的生活。战争在继续,人们的情绪焦急不安,这一切似乎都不能触动她。她分担大家的风险,但不一定非分担大家的思想不可。她有的是可忙的事。西尔薇在安乃德不在巴黎的时期,照顾玛克的生活虽然也很周到,不过母亲的眼睛还是能发现儿子的衣着、生活的舒适等许多重要细节上的问题。她把他的内衣和外衣重新检查一遍,当她发现西尔薇有经验的管理出现漏洞时,她就调皮地高兴起来。她要做很多工作,才能够把一切整顿得差不多,比如收拾整个住处。两年来,蛀虫成了寓所的主人。西尔薇总是看见安乃德忙于缝缝补补,或者整理这个那个。每天晚上,姐妹俩长时间地聊天。玛克在邻室用功,他把房门开着,窥伺她们。他那小公鸡似的眼睛斜睨着她们,没有在她们的谈话中发现任何可以啄食的谷粒。亲密的话题谈完之后,她们谈的尽是些家常琐事:当天的小消息、妇女们的无聊闲话、女服加工、粮食价格等等。玛克听得不耐烦了,关上他的房门。她们怎么能一连几小时反复讲这些鸡毛蒜皮的事!对西尔薇来说,也就罢了!可是她,这位妇女,他的母亲,刚刚冒了生命危险,也许明天还要冒这种危险,他在她身上嗅到了热辣辣的秘密而又抓不住这种秘密,就是这位妇女,也这些琐事感兴趣:面包的价格、黄油和白糖的限量购买,正如她感兴趣于她的隐秘世界一样。(这个世界她对玛克只隐藏了一半!他的妒忌使他在灯芯中窥见光亮。也许安乃德自己倒没有窥见。可是,不论她说话或沉默,她总静悄悄地被这种光线照亮着……)

他沉默着,可是沉默也是一种语言……①

① 原文为拉丁文。

灯点燃着,毫无声息。在大白天,没有人注意它。但是小雄鹰在注视洁白灯罩下面无声的光芒……它是从何处来的?为谁照耀着?

另外一个夜游的灵魂,发现了这盏在草地上的萤火虫灯笼,她逡巡不去,被吸引了……

乌素尔·贝纳丹,安乃德在楼梯上和她擦肩而过,可是没有注意她。乌素尔轻轻碰了一下安乃德的手臂,腼腆地叫住她,小声地说:"太太,请原谅……您允许我到您家里去谈谈吗?"

安乃德非常惊讶。她知道贝纳丹家的两个姑娘都十分腼腆,往常总是见了她就躲开。虽然楼梯上光线幽暗,安乃德还是看出对方脸都羞红了,在她手臂上,对方戴手套的手在微颤。安乃德热情地说:"现在就去。来吧!"

那姑娘又害怕起来,又设法打退堂鼓了,于是建议改天再去。但是安乃德抓住对方的手臂,拉着她走:"我家里只有我们两人,请进来!"

在安乃德房间里,乌素尔·贝纳丹喘不过气来,僵硬地,一动不动地站着。

"我们跑得太快了,对不起,我老是忘记……我上楼总是跑着上,恨不得一口吞下楼梯……请坐吧!……不,坐在这儿,在这角落里,面对阳光,您会更舒适些。您慢慢喘口气,不着急说话……您呼吸多么急促!"

安乃德微笑着瞧那位姑娘,想让她镇静下来。她拙笨地坐在那儿,满怀激动的心情,窘得僵直不动,在紧束的衣服下面,鼓起肥满的胸脯。安乃德第一次能这样仔细地看对方的农村型的面孔和体形;资产阶级家庭深居简出的生活使她显得拘谨。她的容貌是粗线条的,体态比较臃肿。要是在农村,在田庄生活的正常活动中,人们瞧见她被家畜和孩子围绕着,忙碌而幸福,那么这个年轻、健康、欢笑、紧张、朴实的面孔,在夏天风吹日晒和满头满脸的汗水滋润下,并不缺少妩媚之处。可是现在,日光和欢笑被锁起来了。鲜艳的血色消退了,只剩下一个塌鼻子,两片厚嘴唇;笨重的体态,迟钝而紧张,既不敢动一下,又害怕呼吸。

安乃德看见对方下不了开口的决心,为了让她有恢复镇静的足够时间,先向她提几个友好的问题。乌素尔慌慌张张,很困难地回答着,连要用的字眼都想不起来了。她的思想在别处。她本想接触另一个话题。但一想到要讲那些话,她害怕了。她感到痛苦,只有一个想法:"我的上帝,我怎么能脱身呢?"

乌素尔站起来说道:"太太,我求求您,让我走吧!我不知道我今天怎么啦,把您叫住了,真对不起!……"

安乃德执住对方的双手,笑着说:"好啦,您安静一下吧!别着急……是不是我让你害怕?"

"不,太太……对不起,我要走了……我不能说,我今天不能。"

"那好,您就别说吧。我什么也不问……我只请您再待几分钟,既然您愿意上楼来,到我家里看看我,我就利用这个难得的机会和您多待一忽儿。可不要刚刚进来,马上就飞了。我们两家是近邻,你挨着我,我挨着你,已经这么久了,可是没有说过一句话!我在这儿也待不久,我就要到别处去,让我从容不迫地,好好瞧您一次吧!那么,让我瞧瞧您的眼睛!我也让您瞧瞧我的眼睛。我的眼睛没有什么可以使您害怕的。"

乌素尔又不好意思,又激动,慢慢地放心了。她开始用拙笨的语言,为她自己的胆小和不礼貌道歉,她说,去年她家里遭到丧事时,安乃德对她说过善意的话,她永久不会忘记,当时她十分感动,想给安乃德写封信,但是她不敢。他们家里不喜欢和不认识的人来往。

安乃德宽宏大量地说:"那当然,那当然,我理解。"

乌素尔胆子大起来了。她一点一点地,结结巴巴地,很费劲地说着,有时说了又改口。她说她四年以来是多么痛苦,这场战争,这些仇恨,这些阴险恶毒……虽然她不认识安乃德,她仿佛觉得安乃德必然也反对这些……

(安乃德温柔地握住乌素尔的手,没有说话。)

……但是她在周围找不到一处可以呼吸的地方。尽管她父母非常慈祥,可是他们总是倾向于报仇的思想。(她改口说)不,残忍的镇压思想。两个儿子不幸死亡,使二老异常激奋。光是“和平”这个词,他们一听就冒火。最激烈的是她姐姐于丝蒂娜。她和姐姐自童年起就同住一间房,无所不谈。每天晚上,在上床之前,于丝蒂娜大声祷告,“我的上帝,圣母马利亚,圣米歇尔,把他们斩尽杀绝吧!”听了使人发疯。可是她不得不表示出同意他们这种祷告的样子,否则他们会责备她,说她对国家的种种不幸,对两个哥哥的死亡,无动于衷……

“无动于衷,我才不呢!啊!正因为我们是不幸的,我觉得,我们应当希望别人不至于这样不幸……”

她表述了她那些拙笨而感人的意见。这些意见对于安乃德来说并不是新鲜的。她表示赞成。她把它们表达得更好些。乌素尔听了十分高兴。她不响,静静地听着。最后,她充满信任地问安乃德:“太太,您是基督徒吗?”

安乃德说:“不是。”

乌素尔惊呆了。她喊道:“啊!我的上帝!这么说,您是不能理解我的!……”

“我的孩子,不是必须成为基督徒才能够理解和热爱一切人道的事。”

“人道的!……这是不够的!恶事也是人干的。那些人啊,他们使我恐怖!瞧他们多么残酷!他们那些十恶不赦的行为……只有基督的血可以替他们赎罪。”

“或者用我们的血。每人的血,男人或女人,一切为他人献身的人的血。”

“如果用基督的名义。”

“一个名字有什么关系呢?”

“但是,这个名字就是上帝。”

“如果上帝不存于每一个为他人献身者的身上,这算什么上帝呢?如果这些人中的一个,我说一个,身上没有上帝,那么什么是上帝的限度呢?人的心可以超越这种限度。”

“不,任何事物都不能超越上帝,一切善都存在于上帝身上。”

“这么说,善就够了。”

“如果您拿走我的上帝,还有谁来对我指出善呢?”

“亲爱的,无论如何,我决不愿意拿走您的上帝。请您好好地保存着上帝吧!我在您身上尊敬上帝。您想,难道我会动摇您的精神支柱吗?”

“那么,太太,告诉我,您也信上帝?”

“我的孩子,我不能相信我所不知道的东西。您不愿意我说谎吧?”

“不,太太。但是请您信上帝吧,您信吧,我求您!”

安乃德温情地微笑,说:“我的孩子,我行动,我不需要信仰。”

“行动就是信仰。”

“也许,这就是我的信仰方式。”

“如果基督不引导行动,这个行动不免是冒险的,它可能铸成错误或罪行。”

“您觉得四年以来,基督足够使那些信仰他的人,免于犯错误或罪行吗?”

“啊,不要对我这样讲,太太!我完全知道,真正的基督徒是这么少!这是最令人丧气的!在我认识的人之中,我没有见过两个真正的基督徒。他们使我心碎,使我活不下去!我痛苦,我厌恶!我厌恶这个生活,厌恶这些人。我想替他们赎罪。我再也不能和他们待在一起。我不会像您那样去行动,一切行动都使我害怕。我生来不是为了活在这个世界上的。我要,我将要动身了,去进加尔默罗女修道院,去隐修。我父亲答应了。我母亲哭了。姐姐责备我。但是我不能够再和家里人待在一起,我仿佛觉得他们每时每刻都在使我们的主人耶稣受难!……上帝,我在说些什么?请您别相信我,太太!……他们都是好人,我热爱他们。我没权判断他们……不,请您别信我这一套!啊,如果您是基督徒!……”

乌素尔双手捂着脸。安乃德像母亲一样安慰她,使她平静下来,抚摸乌素尔低垂的颈项,说:“可怜的孩子,您说得有理。”

乌素尔抬起头来说:“您不反对我?”

“不。”

“我要走了,我做得对吗?”

“对于您,这样也许更好些!”

“我不像您那样行动,我要隐退了,您不责备我?”

“这也是行动。各人有各人的行动!我不是像有些人那样反对祈祷这个行动。让几个人的灵魂保存着静观神明的神圣火焰,这是很好的。这火焰从鲜血的溪流中,保持‘永恒’和我们之间这扇门永远开着。我的女儿,请您为我们祈祷吧,我们为你们而行动。也许我们是盲人,而你们则是瘫痪者!”

满怀感激的乌素尔,向安乃德鞠躬,吻她的手。安乃德抱吻了乌素尔。她送乌素尔走出通往楼梯的门。乌素尔叹息说:“唉,为什么,为什么您不是基督徒?”

但是,走到门口,她说:“您是的。”

“我不这样想。”安乃德微笑着说。

乌素尔眼睛发亮,说:“上帝选择他所要的人。他可不问您愿意不愿意!”

*　　*　　*

安乃德自从离开瑞士以来,没有收到弗朗兹一封信。她感到难受,但是并不惊讶。她了解他:那个大孩子在赌气!他想责罚安乃德,他的沉默是最好的报复武器,也许为了强迫安乃德更快地回去。她觉得他这个策略好玩。于是,(调皮对调皮!)她假装一点也没有在意。她每周给弗朗兹写一封信,用从容不迫、温情、欢欣的口气,一点也不改她自己决定的计划。她希望重新见到他,可是现在,她觉得这是不理智的,她在巴黎有那么多的事要办。她打算等到夏天再去,以爬山和远足作为借口。玛克已经这么久关在屋子里没有出去,爬山会对他有益。但是,等待这样久使她受不了,虽然她并不愿意太着急。

她回巴黎后的第四周刚过了一半,一封弗朗兹的信寄到了。终于!……安乃德含着微笑,关上房门看信。怎么样的责备,怎么样的愤怒,她都准备接受!

弗朗兹却一点也不责备她。也没有一句愤怒的话。他是完全平静的,有礼貌,有教养。他身体很好。他劝她待在巴黎……

弗朗兹不来信,她倒并不挂念;念了这封来信之后,她开始不安了。

为什么会这样,她自己也说不清。弗朗兹这样有耐心,对此她本应当高兴,可是她反而不高兴了。她情不自禁地当天就写了回信。不消说,她一点也没有提到使她不放心的事。(她自己知道吗?)她和弗朗兹开玩笑,说他既然不着急和她见面,不到年底她不去瑞士。她等待着第三天就收到弗朗兹来信抗议。可是没有任何抗议,连一封回信也没有。

安乃德烦躁不安了。她计算离夏天还有若干周。她给德·温特格林夫人写信,借口核对一下弗朗兹说的他身体很好是否确实。德·温特格林夫人回信说,这位亲爱的德·兰茨[①]先生身体再好没有。至于哀悼亡友的悲痛,谢谢上帝,在他的年龄,很快就过去了。她说他很可爱,很高兴,他现在和她们住在同一所小楼里,她们把他当家庭成员看待。……

① 弗朗兹的姓。

安乃德放心了。她得到了比她所希望的放心更大的放心。当天夜里,她睡不安枕,接连几夜她都没有睡好。她耸耸肩头,抑制住自己的一个思想。但是这个思想却固执地、阴暗地不肯离开,驱之复来。她的自尊心顶住了,又过了一周。接着,一天早晨,在起床的时候,她让步了,决定立刻去瑞士。她没有给自己想出什么理由。必须去……

几个星期以来,玛克如饥似渴地想接近他母亲。他已经放过了几周的时间。他本来希望能有一个碰巧的机会,可是没有如愿。现在,他想设法制造这样一个机会。这可是需要双方努力。而他只是单枪匹马在作战,他母亲不注意他的把戏。玛克不离开母亲了,他窥伺她的眼色,先意承旨地献殷勤。她想必察觉了玛克的殷勤。直到那时为止,他从来没有对母亲这样殷勤过。也许安乃德注意到了这种现象,她机械地记下这笔账,等待时机成熟,她有闲暇时再说……可是这种闲暇,她目前没有。她心中有别的事。玛克徒然想尽方法,试图把她放野马的思想收回来。他失望了。他不能单方面继续向对方表示亲近,希望接近她,对方也必须有意帮助他。于是,他独自坐在房间的角落里。从那儿,被遗忘的他,瞧他母亲的侧影。她在给他衣服上缝缺少的纽扣。(她一边照顾他的事,一边心里想着别人。啊!玛克多么愿意她心里想着他,宁可忘了缝扣子这类事!)他研究她忧心忡忡的面孔。她有什么忧虑?什么记忆使她面颊抽动了一下?什么形象在她皮肤底下匆匆跑过?要是在别的时候,眼睛明亮的安乃德早就看见别人在注视她。可是此刻她心不在焉,处于半麻木状态,只是手指在做活。当她发现四周一片寂静时,才勉强对玛克提出一个慈祥的问题,同时心不在焉地听对方回答;或者催促他出去走走,趁天气晴朗。而这恰恰是他本来打算开口说话的时候。他十分遗憾地站起身来。他没有什么可以责怪他母亲的,她对他是温柔的,可是有一定的距离,他恨不得把母亲搂在怀里,摇撼她,咬她的面颊或者耳朵,一直咬得她喊起来。

“我在这儿！亲亲我吧，要不然打我两下！爱我吧，要不然就恨我！反正你别走开，和我在一起！回来吧！”

可是她不回来。

于是他下了决心。他决定一到星期日就和她谈一次，晚上，一吃完晚餐就谈。

就在那个星期天早上，她突然向他宣布，要动身了……她已经在收拾衣箱。她不是没有困难地找到借口，说接到了来信，叫她回瑞士去，比她原来设想的提早了。她没有作更多的解释。他也不要求她解释……他懊丧极了。

一星期以来，他一直在等待这一天。夜里他睡不好觉，用一部分睡眠的时间，来排演他和她的谈话。而现在……他们又要分手了，还没等他开口！在她匆匆忙忙要动身的一天，他不能和她谈。必须有充分的时间，在一个宁静的夜晚，对方能够全神贯注地听他讲。现在，叫她怎样听他讲呢？她心不在焉，眼光直盯着挂钟上的时针奔向她该出发的时刻！

玛克是这样地习惯于抑制自己的感情，以致他听到使他震惊的消息时一点没有表示惊讶，他默默无言地帮助母亲收拾行李。到最后一分钟，他才鼓起勇气用满不在乎的调子对母亲说：“你答应过我一直在家里待到暑假。现在，你夺走了我三个月……”

（这个思想在他头脑里反复地出现，包含着怨愤。）

安乃德误解了。她只把这句话理解为亲热的礼貌。人在告别的时刻，总要再说一句“不要走吧！”明知对方已经走定了。于是她用同样的开玩笑式的口气说：“不是吧？我把这三个月当作赠品送给你。”

这句不公正的话刺激了玛克，可是他没有反驳，事已至此，说有什么用呢？说到末了，她所说的也就是半年前玛克可能想到的。她怎样会想得到，从那时以来，玛克变了？

日后她回想起来，站在列车门口的玛克是用严肃的表情注视着她。西尔薇也来了，她不停地说话。安乃德一边和妹妹谈天，一边瞧她儿子。他不说话,也不动弹,目不转睛地盯着她。在两人的侧影远远地消失之后(两个侧影中,只有一个向她摇手告别),在火车钻进了黑夜深处之后,安乃德一直把玛克的眼神带了走。

玛克和她姨母一同回来。西尔薇自言自语。在玛克面前,她不检点自己的言辞。她习惯于把玛克当一个大人看待(稍微有点过分)。她说:“我的朋友,她心中没有我们了。她在想着另外一个人。她的心发疯了。”

玛克听了西尔薇说的话,心里难受。他用一句生硬的话解决问题:“这是她的权利。”

现在,从西尔薇那里,他知道了关于俘虏的故事,他知道西尔薇和别人一样,认为安乃德的冒险行动中,含有爱情的成分。他是所有的人之中,唯一不相信这种猜测的人。只有他一个人,相信他母亲服从一个更高的动机。西尔薇的嘲笑使玛克生气,仿佛她怀疑的是恺撒[①]的夫人似的,他不愿意跟人辩论这个问题,宁愿认为他母亲有理,不论她干什么事……

玛克想:“这是她的权利……‘她心中已经没有我们。’这是我的过错。我失去了妈妈。我有罪。”[②]

可是,人们在忏悔之后,是为了重新抬起头来,而且说:“我所失去的,早晚我一定把它拿回来,不管是出于自愿,还是出于强迫。”

*　　*　　*

在火车上,到站以前,安乃德一直是平静的。她现在有一种本能的习性:屏除使她为难的一切思想。她并不取消它们,而是把它们放到以后再说。

到达终点站,她才感到有点慌张。她头伸到车窗外,火车还没有

① 古罗马君主。

② 原文为拉丁文。

停住,她要看看她认识的那个小站到来……对,一切都像她记忆中的印象一样。小火车站在那里,可是他,他却不在……

安乃德在进入瑞士边界时,发了电报,通知弗朗兹,说她回来了。但是,在战争时期,脚跟长翅膀的神①,在鞋底上钉了铅块……再说,那个亲爱的小伙子,干什么事都不能信任他。安乃德并不惊讶,但是无论如何,她失望了。

她走在去乡村小楼的路上。走了一半,她看见弗朗兹来了。她快乐得要飞舞了。然而快乐又立即消失:弗朗兹并不是一个人,德·温特格林小姐陪着他。弗朗兹加速了一点步伐。他亲了安乃德的手。他对于他的迟到,很礼貌地表示了歉意。安乃德对他说打趣的话,可是说得语无伦次,旁边有一双眼睛在监视她。她转身向德·温特格林小姐。后者正在等待着,身体站得笔直,姿态骄傲。安乃德的眼光碰到了两只蓝色的冷峻的眼睛,它们正在窥视安乃德的为难神气。两个妇女各含冷淡的微笑,互相说了几句好听的客气话。三个人一同上路。大家客客气气,谈谈说说,可是安乃德不知道大家说的是什么。到了小楼门前,他们让安乃德一个人留下,正确的借口是安乃德需要休息一下。于是弗朗兹,还是那么彬彬有礼地陪德·温特格林小姐回去。晚上,大家在德·温特格林夫人家里聚会,安乃德被邀请去晚餐。

安乃德留在她的房间里,站着,面对镜子。她戴着帽子,身上还穿着旅行用的大衣。她在照镜子,可是无心看自己。她在想……不,她没有想……她神经质地笑了一声。她从自己的催眠状态中苏醒过来,可是立刻又坠入这种状态。她离开镜子,在窗前站着不动,面对青山与蓝天却视而不见。她连帽子和手套都没有脱下。突然疲乏侵袭了她。她暂时什么都不操心。有事明天再想……

晚上,与人共进晚餐时,她却不得不动脑筋,想设法让旁人看不透她的思想。正因为这样,她自己看见了自己的思想。那些客气话对她

---

① 指罗马神话中的交通与传递信息之神墨丘利,即希腊神话的赫耳墨斯。

说来是多么沉重！人们向她提出问题:关于她的旅行,关于巴黎,关于巴黎的精神状况和时髦服装,关于食物的价格和战争还会继续多久……人们谈着谈着,可是十分明显,大家(也许弗朗兹除外)都在说假话！安乃德的视线总是和德·温特格林小姐令人难以忍受的视线碰在一起,虽然两人都在设法互相回避。德·温特格林小姐在观察安乃德。她脸上没有一条皱纹不被这位小姐记在账上。可惜她在安乃德脸上没有发现她所希望的那样多的皱纹。在斗争的鞭子鞭策之下,安乃德的倦意一扫而光。她的面色恢复了柔和鲜亮的光泽。她休息过来了,年轻多了,自己满有把握地微笑着。相形之下,那位姑娘倒好像岁数更大些。她的面容显得严峻了。内心焦急,态度矜持,使她增加了骄傲的自信。她感觉到有表现自己优点的必要。可是表现得过火了,反而损害了她的那些优点。

她用夸张的亲热态度和弗朗兹谈话。安乃德轻轻地皱了一下眉头。艾丽卡·德·温特格林没有疏忽这一点。她记下了她赢得的一分。她还想再赢一分。餐毕大家都站起来的时候,艾丽卡犯了自高自大的错误。她把弗朗兹从李维埃太太身边叫开,把他带到相邻的小沙龙中去,让她一人独占。那时弗朗兹正在犹豫不决,精神涣散地瞧着安乃德,好像第一次看见她似的。安乃德眼光一直跟随着艾丽卡。德·温特格林夫人在设法分散安乃德的注意力。那姑娘俯身凑近弗朗兹的耳朵,勉强地笑着,假装对他说些调皮的悄悄话,同时斜着眼珠去瞟安乃德。德·温特格林夫人低声说:“这两个亲爱的孩子,他们不愿意再分离了。”

接着,她假装询问李维埃太太关于弗朗兹的情况,表示对弗朗兹的家产和亲属已经详细地打听过了。安乃德一举一动完全是平静的,但在内心,怒火在燃烧。她对周围的一切,头脑异常清醒,对于在她自己身上沸腾的声音,则是盲目的。她从容不迫地站起来,一边谈话一边看放在琴盖上的几张照片;一边谈话一边机械地掀开琴盖,看一看琴上的商标;不由自主地,为了试一试,她的手指在琴键上奔跑。她的手抓了一下键盘……被她抓的并非光是键盘,三个人的胸口都受到了冲击。不速之客冲他们的脸大喝一声:“我在这儿……”

一阵狂烈的风……三声高亢的和弦,被触怒的激情三声呼喊;接着是沉静,一缕呜咽之声袅袅而起,从峰巅上升到空洞洞的天宇,如同一片片轻云,缓慢的琶音①渐渐下降,有如魔法的罗网沉入海底,把人们的灵魂一网打尽……

安乃德自己被她的网索牵着,俯身于嘹亮的深渊边缘,看见从她不假思索的和弦中,产生了作为《曼弗雷德》②开篇前奏的 lamento③。

弗朗兹跑过来了。由于种族④和天性关系,他不能抗拒音乐魔力的召唤。他深深地受了震动,瞧着那个正在呼唤神灵的喀尔刻⑤。

多年来,安乃德很少弹琴。年轻时期,她是出色的钢琴能手。但是后来不得不卖掉她那架老旧的钢琴。在忧心忡忡的年月里,没有间息的劳动,只允许她在极稀少的机会中练琴。自从战争发生以来,她甚至对音乐产生了反感,所以就更少接触音乐了。她仿佛觉得这种时候搞音乐,是对人间普遍的痛苦干了错事。有时她偶然打开钢琴,也是偷偷摸摸的,好像是为了满足肉体的需要。但是更为猛烈的是精神斥责对她的影响。在当前这时刻,音乐把她紧紧抱在怀中,她仰卧在下面,就像被情夫压着一样,动弹不得,口中干热如焚。她感觉到洪流的冲击,她被冲走,剩下一点清醒的意识,只能让她看见两岸在飞逝,和令人晕眩的急转弯。身体被捆住了,瘫痪了。她的全部自由力量集中在她的目光中。

这茫然的目光,严峻的目光,从键盘的波涛中抬起来,沉重地环视周围三张窥伺她的面孔,弗朗兹激动得目瞪口呆,被驯服了;那姑娘被愤怒和害怕的情绪折磨着;她的母亲惊慌了,想知道是怎么回事……

---

① 音乐术语。

② 英国诗人拜仑的长诗,后由德国音乐家舒曼谱写了乐曲。

③ 意大利文,音乐术语:悲吟,哀调,怨诉。

④ 弗朗兹是奥国人,奥国人普遍爱好音乐,能欣赏音乐。

⑤ 希腊神话中的女魔法师,太阳神的女儿。

安乃德的视线在探测他们,同时通过她的手,灵魂的恶魔在发言……

前奏曲到了这时,一阵火焰卷入悼歌般的拉芒多[1]那里,动作在加快,激情在堆积,喇叭高声宣布浪潮即将猛冲、怒涌而来。正在这闸门即将被冲开的一刹那,乐句只说了一半,安乃德便停止了演奏,她的手指按在最后触到的音键上突然不动了。和弦的神灵们中断了翱翔,投身于沉默之中……接着,颤振的羽翼下垂,蜷缩……安乃德站起来,觉得自己很可笑。

弗朗兹又热情又不安,催促安乃德继续弹琴。德·温特格林夫人没有热情,出于礼貌,也勉强自己敦促安乃德再弹下去。艾丽卡不作声,恶意地闭着嘴,嘴唇紧紧地合着。安乃德环视他们,冷冷地微笑了一下,然后说道:"我很疲乏,我要回去了。"

她的视线移向驯顺的弗朗兹,说:"你送我回去吧。"

在告别时,她看见那个姑娘的眼光含着焦急和仇恨……

在冷冷的星光下,她和弗朗兹两人并肩走着。两人都不说话。在他们周围,空间的深渊在延伸音乐的深渊。黑夜的埃莱勃[2]以及和火一般的情怀……他们一句话也没有说,一直走到门口。黑影憧憧……他们两人是黑影的一部分……他喃喃地说:"晚安!"

这时,他看见在他面前,一个活动的影子扑在他身上。他俩的嘴吻合在一起了。

安乃德不见了。弗朗兹剩下一个人,在关闭的门前。他独自归去,穿行在深夜中。

她回到楼上她的房中。没有思想。不!现在还不要想!……

天气很冷。室中漆黑。疲乏感压在她身上,像是一块倒下的大石头。她心中的黑夜涌起不透明的波涛,将她淹没在石油储积的池中……她用沉重的手匆忙解衣就寝,也不收拾起她脱下的衣裳。她头

① 音乐术语:哀调。
② 希腊神话:人间与地狱之间的一片阴影。

靠在枕上,灯熄灭了,望见窗外黑洞洞的天空闪耀着大熊星座。在她脑海里,她所见过的东西在闪闪发光,过去的生活……有如一块掉落的石头……啊!她倒在床上……

但正在这时(只过了一小会儿吗?),心脏的紧缩激起了她意识的反抗。她发现自己坐在床上,双手按着乳房。她喊道:“不!这是不可能的!……”

什么是不可能的?……她等待疾跳的心脏平静下来。心脏平静了。可是平静了一下又开始疾跳起来。她在等待的时候,看见大熊星隐消了,消失到地平线下边去了。只有一个后轮,从山顶上露出来。在无声中,她痉挛的手指在折磨她的胸脯,她继续呻吟:“不!这是不可能的……”

什么事?她是知道的。

“原来我对自己说了谎?原来我让自己上了钩?还有什么?……难道我爱他!……”

这么说,她用来陶醉自己的这种温柔的母爱,原来掩盖着的是这个!……这么说,他们倒有理了,玛赛尔·法朗克,西尔薇,这些狡猾的巴黎人,他们的尖鼻子闻出了安乃德自我贡献下面隐藏着的不纯洁成分!……

“可是上帝知道,我是怎样忘我地贡献一切,不期待任何报偿,我是怎样相信自己是无私的!……而私利却像小偷一般,悄悄溜进我的家。我是同谋者,我假装睡着,我听见情欲轻轻的脚步声。我心想:‘我为了介曼而爱他……’我为自己而爱他!我想要得到他。我要!……啊!多么使人见笑!谁是‘我’?谁‘要’?……我,我的灰白头发,我全身是一路上的灰尘,我无用的经验,我的种种痛苦,我和他之间隔着二十年的距离。这个孩子该用什么眼光来衡量这个距离!……可羞!可怜!……”

她被羞耻感压得垂头丧气。

但是她重新抬起头来,气冲冲地:“为什么?我愿意这样吗?是我追求吗?为什么我要受打击,被焚烧?为什么有这样的爱情渴望,这样的情欲饥渴?为什么要拿一个不老的心,给我这个已老的身躯?……"

她使劲抓她的胸脯。这个人性,它抓住你不放,像蜘蛛一样。到什么地方去打击它?她恨不得在她自己身上把人性撕得鲜血淋漓。但是,不可能用渔网来捞整个海洋。

她反抗了:"我爱……我爱……我还有资格爱!那个女子妒忌性的害怕,就是证明……我得到了他,我不放他。如果我愿意,他属于我,这是取决于我的。我要。我爱。这是我的权利。"

她的权利?这句话的可笑程度,使她吃惊。权利,这是人的虚构,人和他的社会编造的!这是造反的奴隶在不可原恕的战争中高举的红旗。这个造反的斗争自从普罗米修斯①以来,结果总是被粉碎!这是强者的伪善,强者粉碎已被打倒的弱者,直到强者自己也被别人打倒。面对自然界,权利是不存在的。无情的力量以百万生灵为食物。安乃德是自然力量的受害者,百万生灵中的一个。她可以把她的失败推迟一天、一小时,但是不利于别的受害者;而且失败是不可避免的。难道值得以别的受害者的痛苦为代价,而推迟自己的失败吗?

她喊道:"为什么不呢?一天,一小时的占有,哪怕是一会儿,难道都等于零?永恒存在于片刻之中,正如宇宙存在于个人之中。另一个受害者的痛苦,成为报复对象的情敌的痛苦,难道等于零,等于零?从你手中夺去的幸福,被那个女贼偷走的幸福,再把它从对方手中夺回来,让她也痛苦,毁灭她,难道这也是零!"

一股旋风似的野鸟群,沙哑地啼鸣着,降落在近处。辛辣的骄傲,妒忌和报复的残酷的快乐……她被野鸟拍翼声和喧鸣声震聋了耳朵……这群野鸟是从哪里来的?

"这一切,都在我身上!"

① 普罗米修斯,希腊神话中的英雄人物,由于盗天火给人类,受到大神重罚,永远被锁在高山上。

这使她自豪,也使她恐惧。铅的熔液烧灼皮肤,剧烈的痛苦成为一种享乐,直到晕厥,临死前的满足……她没有做任何驱散野鸟的举动。她什么也不能干。她像横陈的尸体,在一群啄食尸体的野鸟纷争之下,让它们在野地里争食她自己的残骸。它们分为两队,敌人和同类,一边是占有的渴望,一边是牺牲的要求。因为牺牲和占有一样,具有贪婪的利爪和狼吞虎咽的大嘴。善与恶(谁善？谁恶?)同样地穿着反人性的猛兽的服装。

她双臂交叉在胸前,等待着,赤身裸体地躺着,像死亡的野兽,听任一群乌鸦在上空盘旋。

在等待时,她在注视。没有恐惧,没有激情,什么也不妨碍她看。她发现从最初的时候起,她就对自己说了谎。她知道她爱他,而且一直知道这一点。从什么时候开始的？是从介曼说"不要爱得他过火了"以后？比那还要早！自从他逃亡时就开始了？还要早,还要早。那么她刚才为什么惊讶呢？当她发现这一段在她心中酝酿已久的爱情时,为什么有那样贞洁的惊讶呢?

"喜剧演员！……你多么会说谎!"

安乃德笑了,鄙视的笑。在她痛苦到最难忍受的时刻,她的清醒的嘲讽要求发言。有两个安乃德在对话:多情的安乃德在耍狡猾,泼辣和善于嘲笑的安乃德在无情地揭穿,在看。

*　　*　　*

发现了情欲,并不等于使它能缩短一小时,只能使它更为辛酸。

黑夜过去了。白天赶走了啄尸的野鸟。可是它们停在周围的树上,在互相威胁。没有一帮野鸟肯退让,每一帮都在高喊它们的权利。安乃德耳目昏聩,筋疲力尽,起了床,不作任何决定。她坐着,等待着,耳朵轰轰地响。

她一直等到弗朗兹出现。她从窗口望见他从大路上远远地来了。

她知道他会来的。他走到门口,看了看门,犹豫不决,走过去了。走了三十来步,停住,又走回来。安乃德从窗帘后边看见弗朗兹的表情慌乱,焦急不安。他走近大门之后,停了一下,再向前走,打算进门,却又不进。他仰头望着安乃德房间的窗子。她赶快向后躲开。她什么也听不见了,只听见他们两个人心中的嚣扰。可是她的心平静下来了。她的呼吸深沉、缓慢、均匀了。从低垂的眼睑下,她瞧见了弗朗兹,看到了他的慌乱的欲望和弱点。对此,她产生了怜悯、感激和鄙视的情绪。

几分钟之后,她决定再向大路上看看,发现弗朗兹已经不在那里。她肯定他守望在大路的拐角上,窥视着她住处的门口,等待她出来。

这时,天空传来沉重的翅膀振动声,野鸟都飞走了。这一帮啄食灵魂的猛禽抛下她不管了。她的灵魂空了,好像一所家具全部搬空的房子。把门打开,让外面的人们都进来。艾丽卡·德·温特格林的不安和绷紧的面孔,弗朗兹的盲目的愿望,也进来了。安乃德现在明白了她在这两个软弱的孩子身上的巨大威力。于是她利用这威力反对她自己。

反对她自己,然而不是为了他们。她用冷冷的清醒的头脑研究他们,以便做出公正的判断。但这判断是严峻的,因为公正而缺乏善意。她毫不宽宏大量地称量艾丽卡和弗朗兹两个人的分量。她徒然怀有无私之心(她这样想),只考虑他们两人幸福的机会,但还会有许多漏洞,被压抑的自私打算会通过漏洞而出现。她觉得德·温特格林小姐一点不美。她也不相信她为人是善良的。关于她的健康情况,安乃德执有一张内容严峻的医生诊断书,口气干脆很悲观。她把艾丽卡脱光细看。她决不愿意(问她愿意不愿意,这是多么讽刺的说法!)把这样的女人给弗朗兹。为了报复,她对弗朗兹也毫不温柔。她用筛子将他筛了一遍,渣滓真不少!她对他的性格毫不信任。她严厉地估计他的情感能维持多久。对于他与艾丽卡结合的前途,安乃德信心不大……但是,这一切,是否单是她的理性在说话?

这一天匆匆过去了，整个上午，安乃德足不出户。她没有做什么结论，瞧着办吧。想得够多了。她干脆什么都不想了。沉默吧……

下午过去了将近一半，她起床打扮，出门去了。她步履坚定地走向德·温特格林小姐的住处。她发现艾丽卡独自一人在沙龙中。这姑娘，一见安乃德，心就怦怦地跳起来。她的心收紧了。可是她不露声色。她穿着十分整齐，好像在等待来访者。头上戴着她那浅黄色的发冠，头梳得十分平整，一绺乱发也没有。她开阔的额头是饱满的，表现出她固执的意志、高傲的闭塞。艾丽卡不慌不忙地站起来，对安乃德向她招呼的话，回答了一声短促的"日安"。她面带冷冷的微笑，指指近旁的椅子，请来客坐下。她是枕戈以待的。可是对方有经验的眼光懂得如何剥去灵魂的外衣。在她们互相说了几句极常套的客气话之后，来访者看出女主人瘦弱的胸脯缩紧了。那姑娘痉挛的嘴唇左角上挂着挑衅性的微笑，好比一朵带刺的玫瑰，而且，她没有能控制住自己苍白的嘴唇的微颤。她吞吞吐吐的话，慌张、恐惧、辛酸和怨愤的情绪，都被安乃德以内行的眼光，没有内疚地欣赏着。因为现在她已经知道这个故事将如何结局。故事如何发展取决于她一个人，她并不着急……她们闲谈连衣裙、新式的舞蹈，闲谈本地情况与天气。安乃德用舌尖轻轻润湿着她的嘴唇。……

安乃德不作声了。她不着急。艾丽卡却紧张地提防着，窥伺着这段沉默之中的伪装与陷阱。安乃德咀嚼了最后几秒钟沉默中的辛辣之花，对于她将要说的话的效果很有把握，预先品味了其中怜悯性的嘲弄。于是她四平八稳地，慢吞吞地宣布："我明天早上要回去了。"

一朵红云飞上德·温特格林小姐的面颊，甚至她的额头也红了，两只耳朵尖也红得像两滴鲜血，她失去了自我控制，她不能掩饰自己疯狂的激动心情，她已成为这种激动的掌中物。

于是，安乃德自从这次回到瑞士以来第一次微笑了。艾丽卡的眼光从下向上地窥伺着安乃德，她心有余悸，还不放心对方是否在欺弄她。最后,她承认安乃德的微笑是不含敌意的。安乃德凝视着她,并非没有嘲笑之意,但这种嘲笑是充满怜悯的。她心想:“她是多么爱他啊!”

德·温特格林小姐不好意思地低下额头。突然,她把额头靠在安乃德手臂上。安乃德把手放在对方纤细的脖颈上,放在极细软的浅黄头发上,抚摸着,轻轻地,温爱地笑着。在她面前的,只是一个解除武装的女孩子。她们两人之间已经没有互相挑战的问题,艾丽卡抬起谦卑、感激而幸福的眼睛。安乃德在心里对艾丽卡说:“祝你幸福!”

两人互相看透了对方的心意。她们不再为自己的心情被对方猜透而害臊,因为双方都有需要请对方原谅之处。

这时安乃德问:“你们打算什么时候结婚?不可拖延太久。”

她怀着温爱,头脑清醒地给艾丽卡讲弗朗兹的情况,她把危险性全告诉她。艾丽卡什么都知道,她也一样,有精确的眼力。两人手拉着手,真诚坦率地谈话。艾丽卡不隐瞒她在弗朗兹身上所见到的和所担心的一切。但是她表现了铁的决心,一定要争取和保住这个她所愿意要的人,这个有诱惑力和容易滑掉的灵魂。她预先接受一切秘密的搏斗,不安之日,不眠之夜,那是这个被征服然而永远锁不住、需要再征服的幸福的代价。

安乃德紧握对方神经质的手,她感觉到了对方旺盛的精力。刚才,这位坠入情网的姑娘就准备用她的精力来对付安乃德,为了不惜一切代价,保卫她受威胁的幸福,这个残废人、病人本来已经不敢希望的终生幸福。

安乃德想:“这是正当的。”她又想:“这只手能够抓住和引导我所托付给她的那个人。”

艾丽卡,用她北欧人蓝中带绿的眼睛,眉毛极淡,几乎没有睫毛,还有点野性未驯地偷偷观察安乃德的脸、嘴、头颈、胸脯和双手,她心想:“她很美,她比我美。”

艾丽卡在长期卧病中练成的本能,使她观察到像安乃德这样一个女人,要她放弃爱情是艰苦的,这样做甚至是不公正的。但这仅仅是一霎时的想法,立刻她又想:“公正不公正,我的幸福反正属于我!”

安乃德站起来说:“您让他到我那儿去一趟,我有话要对他讲。”

德·温特格林小姐一时有些踌躇不决。她又产生了猜疑。她惊讶地瞧她的情敌,对方也在注视她。她明白,安乃德要求她对自己完全信任。必须相信安乃德,不然就和她决裂。艾丽卡相信了。她顺从地说:“我让他去找您。”

最后一次,两个妇女友好地互相注视。在门口她们互相亲吻,宣告和平的一吻。

* * *

一小时之后,弗朗兹去了。

艾丽卡让他去找安乃德,对此他并不感到惊讶。他没有习惯想别人的情感,他自己的情感已经够他想的了,而且他的情感是多变的。即使抽空体察一下两位妇女的情感,他会觉得这个和那个妇女同时爱他是十分自然的。这件事并不要求他履行任何义务。完全诚恳地说,他是诚恳的,不论在什么时候。一个过一天算一天,到了今天就忘记昨天的人的诚恳,可怕的诚恳。可是他自己对此并不难受。

此时此刻,他只想他最近的发现:女魔术师在键盘上的双手,以及在安乃德寓所门口,在漆黑的天空下的紧紧搂抱……现在,他又到安乃德的住处,心情很激动、热烈,丝毫不怀疑自己的好运气。他的态度是腼腆的,加上天真的虚荣。可是,刚刚说了几句话,安乃德的僵硬态度就使他窘住了。

她没有请他坐下,站着接待他。她向镜子里看了一眼,用手指轻轻按了两下鬓发,说:“我们出去走走!”

他们挑选了一条已经走过多次的上山小道。两人都是走路能手。他们迈着大步向前走着。安乃德没有说话。弗朗兹起初有点发愣,很快恢复了正常。他很愉快,很轻松,因为他新近获得了两个女人的爱情,两个爱情的对象,太高兴了。(至于他对她们的爱情,他相信是没有问题的。)如何协调这两个女人的爱情,是个次要的问题,不用他管。他没有意识到自己的自私到了满脑子只有他自己的程度,以致他虽然一点也没有刺激安乃德妒忌心的意思,但却向她列举了德·温特格林小姐的完美之处,并且天真地为他的好运气而得意忘形。这个好运气把他引导到这里来,在这里他找到了幸福。

安乃德听了他的话,心头为之一紧,她的嘴里想说:“你这种好运气是另外一个人用生命换来的。”

但她不愿意使记忆中的创伤重新流血,她仅仅说了一句:“要是介曼知道,该多么幸福。”

这句话还是说得重了一点,弗朗兹听了不大乐意。他宁愿在这个时刻不去想那些事。现在既然想到了,一种诚恳的悲痛的影子在他脸上掠过,但是没有停留。他巧妙地避开一切干扰他安逸情怀的话题,只抓住安乃德那句话中的最末一个字,他说:“对呀,这该是多大的幸福,如果能和他分享的话!”

悲戚与快乐同样是真挚的。可是,这句话还没有全说完,心中剩下的已经只有快乐,没有悲戚了。他连友人的名字也没有提。安乃德想起介曼临终时说的一句看破世情的话:“如果遗忘迟迟未能实现,人们就得上前迎接它。”

弗朗兹又用恋爱中的诗人的方式,开始饶舌。他钟情于谁呢?他从这个女友谈到那个女友。他面前的这位女友,深入他的思想的程度,远远超过他谈到的那位女友。他目不转睛地瞧着安乃德,他的眼光在抚摸她。他深深地呼吸着她刚刚从中走过的空气。突然,他站住了。眼前的风景吸引了他。艺术家贪馋的目光对一片土地线条细微的差别、和谐,看得出神。但是安乃德没有停步。她头也不回,继续向前走,皱着眉头,高傲地,心不在焉地。她对这种艺术家的精神感到气愤和藐视。这种不坚定的精神,每一分钟都在否定前一分钟,生与死都从夹缝中漏过,好像过滤器一样……

她向一处陡峭的斜坡进攻,这个斜坡直通岩石的高台,狭而且长,状如马鞍,她一口气攀登而上。在上面,天空明亮,但不柔和,犹如德·温特格林小姐的眸子。春风料峭,清气爽人,扫荡群峰,又卷下斜坡,使山坡上的茂草为之折腰。风吹拂在安乃德和她同伴的脸上。在山坡上的一处塌方之后形成的窝洞里,在一丛矮而扭曲的树林的遮蔽下,他们坐下来。牧场顺陡坡而下,直达山谷深处的小溪畔。四周围绕着白铁似的天空,乌云像花边镶嵌在天宇的边沿,堆积的乌云犹如海涛,撞碎在山峰的峥岩之上。

安乃德坐在被夕阳晒暖的野薄荷和茅草上,在西北风和她内心冲上来的怒气的鞭笞之下,她面颊通红。她和弗朗兹并排坐着,但是不看他。她昂首天外,凝视前方,轻蔑地噘着嘴,面带笑容,遍身发出力量与骄傲的光芒。弗朗兹默默观赏着她,他喋喋不休的谈话已经中止。沉默令人焦躁不安。隐身于轻蔑的疏远中的安乃德,觉得一道灼热的视线在搜索她全身。她继续微笑着。可是情欲之风最后一次吹拂着她,正如北风在吹拂她四周的树梢一样。她对那双她虽然不看但却感觉到在注视她的眼睛说:“你总算发现了我!”

于是她对不在场的情敌,对那个在山下,在她的脚下,因腿残而不能爬上陡坡的情敌高呼:“如果我愿意!他在我手掌中。你来把他夺回去吧!”

然而,她不愿意那样。

夕阳燃烧的天空,像是一股热血涌向安乃德眼前。过了一忽儿,沉默的狂热平静了,好比日落西山。她微微打了个冷战,站起身来。在风中,她挺立在高台上,转身向弗朗兹。他像一条狗似的跟在她背后。这年轻人窥伺着她,向她的眼神恳求。但是当他的视线和她的视线交接时,他能发现的仅仅是保持着距离的冷淡。安乃德看出他的沮丧,微笑了。她把态度放轻松一点,用母亲式的平静、慈祥的目光,仔细看他,对他说:“弗朗兹,你不是坏人,但是你可以干许多坏事……你知道吗？……现在是该知道的时候了,小伙子！……对,不仅是你一个人如此,我也一样……我们大家在‘生产’坏事,像苹果树生长出苹果一样。不过,我们树上的这个果实,要我们自己来吃,不要把它给别人!”

弗朗兹显得很窘,他想设法躲开这几句话的锋芒,躲开那正在考察他的目光。可是那目光坚持不动,那几句话已经钻进他的耳朵。他容易接受塑造的天性,能接受任何强有力的手指的印痕。这种印痕能保留多久？安乃德对此不再存多大幻想。可是她把对方掌握在手中,她用温和而严峻的态度,揉捏这个人的心。在她的手指下,这块活生生的黏土在轻微地颤动,使她产生一种温柔的感觉。

安乃德说:“艾丽卡爱你,你也爱她,这很好。可是,你要留神,你有一种让你所爱的人痛苦的危险学问！啊！你是完全用天真的态度这样干的！……这正是你这种学问最不堪的地方……你必须抛弃这门学问。你知道,我对你怀有温爱之情,过分的温爱。我不会说谎。而且,为什么要说谎呢？我对你说的事实,你是知道的。我把你当儿子看待……而且,也许更甚于儿子……我愿意你幸福。但是我宁愿看见你一辈子受苦受难,也不愿意你拿爱情当儿戏,轻佻地,让这个把自己全部都交给你的女孩子痛苦！她给你的,比你能够给她的,不知要多多少倍。她把所有的一切全给了你,整个的她。而你呢,你只能给她一部分。你们这些男子,你们把最好的一部分留给自己,留给狮王的一份[①],给你们笼中的魔怪,给你们的脑子,这贪婪的巨人;给你们的幻想,你们的思想观点,你们的艺术,你们的雄心壮志,你们的行动。[②]我不责备你们,如果我处在你们的地位,我也会这样干……但是,你们送给我们的这一小部分,必须是纯洁的,可靠的。不要右手给人,左手

① 法国俗谚:给人,或给自己留下最大最美的一份。典出十七世纪法国寓言诗人拉封丹的寓言诗。

② 这几句是说在一个男子心中爱情所占地位比他的事业心要小得多;可是对于一个女子,爱情往往占领她的整个内心世界。

收回！不要弄虚作假！人家向你们要的是很少的一点。可是这一点，人家一定要。你觉得能够将这一点给她吗？试探一下你腰部的力量吧！试探一下你的心！你要她？你爱她？拿去吧！但是也要让她把你拿住。礼尚往来！学会拿，也要学会保存。学会经得起时间考验。你这个浮云般的灵魂，风一般的精神！"

在安乃德严峻的言辞和目光下，弗朗兹站着不敢动，低着头。现在，她的眼神中有了笑意，于是她放开弗朗兹，坦率地笑了。最后她说："我们回去吧！"

他们默默无言地走下山坡；她走在前面。他的眼睛注视着安乃德被夕阳染成金黄色的后脑。他多么愿意下坡的路永远走不完！

走到村子入口的头几所房子以前，安乃德站住了。她转过身来，向弗朗兹伸出双手，就像在俘虏营所在地第一次相见的那天晚上一样。他俯身向她，吻她的手。安乃德抽回手来，然后放在弗朗兹肩上，眼睛盯着对方的眼睛，说："永别了，我的孩子！"

她独自一人回到住处。不等到第二天天亮，当天夜里她就动身了，虽然她本来对人说是第二天早上走的。

第二天，艾丽卡和弗朗兹来和安乃德告别。他们发现笼子已空，鸟儿飞了。他们感到遗憾。可是他们轻松了。

第五部

安乃德没有走上回巴黎去的道路。在半路上，她在一个偏僻的小站下了火车，任何人不会到那里去找她。她心慌意乱，不知所措，必须和自己重新算一算账，必须重新找出她的方向。

最近几个月来的疲劳，突然成为不堪忍受的重压。这是由于长时期的紧张，加上最后一次打击唤醒了她对无可挽回的年龄所引起的痛苦，以及对她从未得到过的全面爱情的徒劳企求。这是一种无形的、使人精疲力竭的忧郁。所有这种自我贡献，是为了什么？现在她已经全部给了别人，全部放弃了。她发现自己可怕的自由了。联系都断绝了。但是，既然没有联系抓住她，她还能抓住什么呢？她连可以抓手的地方都没有了。最不堪的是，她已没有“她”了。她不再相信自己，不再相信自己对人类的信念……何等严重的灾祸！不再相信人类，这是何等严重！一个信念丧失了，茁壮的灵魂可以重建另一个信念，重建新巢，但是，如果缺少的是灵魂本身！它是用沙子堆成的，它自行倒塌了。在她充满激情的诚恳中，毫不妥协的安乃德把“谎言”标在自己的额头上。她满嘴人道，可是蜘蛛在它的网中怀着贪婪的心，在窥伺猎物。在她心目中，人道就是人。人，这个偶然遇上的人，可爱，然而毫无意义！多么可笑！她耗费多少信念，多少耿耿的忠心，以及所有这些风险，她的风险，在她带动下跟着她走的别人的风险，这一切都是为了让她被鱼钩钩住！她那股敢于牺牲的热情，是为了诱饵，为了那个小伙子,(他或者另一个人!偶然的机缘拿来做鱼饵的另一个人!)为了更大的乐趣,人们把此人打扮成偶像,把欲望用理想主义的金箔装饰起来,标上神圣的名字,虚伪的名字:人道!……

她猛烈攻击自己,诽谤自己……她蜷缩成一团,臂肘弯曲着,双拳顶着下巴,把她耻辱的失败紧抱在腰间……她蛰居在一个小镇上,四周是草地。她连这个小镇的名字都不知道。夜里,她在这里下了火车,看见一家旅店,就进去住下了。这是伯尔尼[1]附近的那种旅店,宽阔的房顶,罩在小格子玻璃的小窗上,窗口盛开着日辣尼红花。

在红色的窗帘后边,在宽阔的屋檐下的阴影中,焦躁不安的灵魂,慢慢平静下来,回到它的河床中去,但并非没有在河床边岸多次碰撞受伤。她徒然对自己说:“够啦!我放下武器,我不再自卫了。我战败了。我接受……难道还不够吗?”

她还不够。人的本性用突然袭击提醒你,条约没有签字是不能生效的。不止一天地,安乃德反复进行三种痛苦的搏斗:荒诞的激情,永恒的顺从,一去不返的青春。换言之,是:幻想之火;可笑的火刑;生命的灰烬。经过夜里的兴奋、激动,早晨她总显得疲惫不堪:闭口无言,萎靡,退缩。但也不仅是她一个人如此。多少平静的面容白天显得麻木,心不在焉,但在这表面下,每天夜里都进行着灵魂的战斗。

最后,她宣告和自己算账结束。她破产了。下面就是她的清单:为了反对互相仇恨、互相残杀和向死亡吠叫的人类,她曾经下决心树立起自由和孤独的女性的灵魂,拒绝仇恨,拒绝死亡,尊生命为神圣,不愿意在成为仇敌的兄弟之间偏向一方,向所有的孩子敞开她的母亲的怀抱……那是很大的骄傲。她把自己估计得太高了。她不是自由的。她没有坚持独立的力量。她不是这样的母亲:为了她的孩子而忘我奋斗。她忘了自己亲生的孩子。她是永恒的奴隶,阴险地躲藏着,又像母狗一样贪婪地追逐欲望。多么漂亮的无私!她的全部理想主

① 伯尔尼,瑞士首都。

义无非是诱饵。人的本性利用这种诱饵,使她在鞭子威胁下,回到狗窝中去。她不够条件使自己从看管狗的仆役手中解放出来。

“好吧,就算是这样!我现在必须学会谦卑,我曾经愿意……我没有能够办到……曾经愿意,这已经很不简单!我没有能够……也许有一天,另外一个人,更好,更强有力,能够……”

战败了,而且接受了事实(保留日后再反抗),安乃德决定回巴黎去。

在火车上,车厢里只有她和两个男旅客,两个法国人。一个面部受伤的年轻中尉,眼睛上蒙着黑布,整个脑袋缠着绷带,一个护士陪着他。护士是个壮健粗俗的人,他对别人的痛苦麻木不仁,漠不关心。(他见得多了!)他把伤员粗鲁地塞在一个角落中以后,再也不管他了。他先嚼了几片火腿,对着瓶口喝了几口酒,然后脱掉他的大皮靴,全身伸躺在对面的坐凳上打起呼来。伤员和安乃德坐在同一边。她看见他摸来摸去找东西,接着很艰难地站起来,在他头顶上的网兜中再找;没找到,又坐下,叹了一口气。

安乃德问:“您要找什么?我可以帮助您吗?”

伤员说了声谢谢。他要找一片药片,为了使头上的阵阵剧痛减轻些。安乃德找到一点水,给伤员服了药。两人都睡不着。在摇摇晃晃的火车的隆隆声中,他们开始谈话。安乃德挨着伤员坐下。她把伤员的身体垫好,使他不至于受火车的震荡,并且把一条毛毯盖在他怕冷的膝盖上。由于身边有这么一位助人为乐的人在,伤员自己也觉得恢复了生气。他们几乎全是这样,有一个妇女怜悯他们,他们就情不自禁地什么都讲。眼前这个伤员也很快就像孩子一般,把自己的情况告诉了安乃德。他对她说了些他不会对一个男子讲的事,如果他的眼睛能看见她的话,可能也不会对她讲。

一颗枪弹穿过了他的鬓角,从这边穿到那边。他在战场上什么都瞧不见了。待了两天,慢慢地,光明好像回到了他的眼睛里。稍后,又渐渐地什么全瞧不见,光明永远熄灭了。失去了光明,便失去了一切。他是画家。光明是他的财富,他的面包。人们还不知道他脑子是不是也受了伤。他痛苦得像钳子在夹他的头一样。

这还不是最糟糕的……最糟的是灵魂也快要死了。深夜,灵魂在无声地哭泣,一身血汗……灵魂什么也没有了,都被人拿走了。他入伍参战的时候,心中并无仇恨,只是为了对亲人们的热爱,对人类、世界以及神圣思想的热爱才去打仗。那时他以为作战是为了消灭战争,为了把人类从战争中解放出来。也解放敌人。他梦想给敌人送去自由。他把一切给了别人,自己丧失了一切。世界欺骗了他。极大的不公道。政治赌博者们卑鄙龌龊的阴谋。他不过是他们棋盘上的一颗棋子。他明白这些已经太晚了。他上了当,现在他什么都不信了。他躺着,连反抗的意愿都没有了。快点沉没,沉没在泥坑中。在那里,人不存在,不记得自己曾经存在,在墓穴的深处,上面覆盖着遗忘。

他说话的调子并不高亢,而是低沉、疲惫的,这深深感动了安乃德,在她身上引起同情的痛苦。啊,他们两人是多么相似,虽然两人的命运相反!此人在战争中只看见爱,安乃德在战争中只看见恨,而两人都被牺牲了。为谁,为什么牺牲?所有这些牺牲都具有悲剧性的癫狂!而且尽管这样,尽管这样,在辛酸到极点时(面对这场灾祸,她几乎不敢承认这一点),有人还追求悲剧的情欲享乐!我们像一串葡萄般被撕裂、践踏,碾碎,决不是事出无因的!不。即使事出无因,难道被酿成酒也是一件小事吗?这个拿我们当酒喝的力量,如果没有我们,它又将如何?何等可怕的伟大!……

俯身向着盲人,安乃德用轻轻的但是热烈的声音说:“一切效忠的行动都是上当的。也许……但是,有比上当更好的事吗?我也一样,我上过当。我还要重新开始。你呢?”

伤员深受感动地说:“我也一样!”

两人的手紧紧握在一起。

“至少我们两人,我们没有利用上当来获利。受骗上当,这是美的!”

火车到站了:第戎[1]。护士醒了。他下车到站上的小食堂去喝点什么。安乃德看见伤员在设法揭开缠在眼睛上的绷带。她问:"您干什么?不要动它!"

"不,您别管。"

"您要干什么?"

"我要看看您,趁现在我还没有进入黑夜。"

他推开绷带,呻吟说:"太迟了!……我看不见您……"

他双手捂住面孔。安乃德对他说:"可怜的孩子!您比用眼睛看我,看得更清楚。我不需要眼睛就认识您。摸摸我的手吧。我们的心连在一起。"

他紧紧抓住她的手腕,好像一个怕迷失道路的人。他说:"您说话呀!跟我说话!说吧!"

对于他死亡了的眼睛来说,安乃德的声音是反映在墙上的她的侧影。他贪婪地注视着这个侧影。同时安乃德简略地叙述了她四十年来的希望、愿望、节制、失败和奋起;四十年的现实和梦幻(一切都是梦)都在她脸上留下痕迹。

"对,这些年月很好地塑造了她,"他想,"灵魂绰约可见……"

他现在看见了他最美的一幅绘画。但是只有他一个人看得见。

她不再说话。直到黑夜的尽头,他们不再说一句话。安乃德到快要下车时,把她让对方握着的手收回来,说:"我只是您苦难中的一个难友。但是,我为您可怜的眼睛祝福,为您的身体,您的思想,您的牺牲和您的仁善祝福……也请您为我祝福吧!当上帝老爷遗忘他的孩子们时,孩子们只好互相照顾,轮流当父亲。"

*　　*　　*

早上玛克接到他母亲的电报:她回来了!他的心激动得直跳。自

---

① 巴黎与里昂之间的一个大站。

从她离家之后，只在到达瑞士时给玛克来过一张明信片。玛克天天给母亲写信。可是这些信安乃德一封也没有见到。它们全留在了瑞士某小城的邮局信箱里。在那座小城中，安乃德只逗留了两天。由于忙乱，她没有想起给邮局留一个转信的地址。玛克以为母亲故意不回信，心里感到冷冰冰的。

他住在他们那套没人住的房间里。不管西尔薇怎么说让他住到她家里去，他都拒绝了。他认为他已经够大了，可以单独住在家里。他在那里和不在家的母亲同住着。她的音容笑貌宛然如在目前。他设法把物件上、家具上、书籍上和床上她的痕迹集拢起来，但是办不到。他痛苦的是母亲对他漠不关心。可是他不怨恨她。生平第一次，他不怨恨别人对他的损害。他怨恨自己。他反复地想，以前，她是他的财富，可是不久前他把她丢失了。他心里冷冰冰的。这个孩子，他去把脑袋靠在母亲的枕头上，为了更好地思念她。他愈想她，愈觉得她和他所爱的别人都不一样。

玛克试图和以前几个朋友重新往来。他去接近毕当，他想了解毕当的内心世界。啊！他的内心多么空洞！这种信念，这种英雄主义，这种鬈毛狗式的效忠，多么缺少个人的格调！真是影子！是反光！你要是设法使他自己解释，想扣紧他萌芽状态的思想，你可以看见这只鬈毛狗站在发光的字句前面。人们很可以将他当场一棍子打死，可他决不会将他瞪圆的眼球转向另一边去……（不言而喻，玛克对毕当是不公正的！他的本性就是不公正的，正如一切认为爱就是偏袒的人一样。公正，这是他们关心得最少的事。）玛克对于字句的奴隶们毫不感兴趣。这个小第欧根尼①在寻找一个真正的人，一个在任何时刻都说自己心里话，而不做应声虫的人。不用提妇女，她们是永恒的“当主妇的女仆”②。她们的欢乐在于粘住和她们拥抱着的男子，在“种族”的

① 第欧根尼，古希腊哲人，以愤世嫉俗著名。一日，他在大白天点了灯笼在街上走，有人问他为什么白天点灯，答曰：“我在找一个真正的人！”

② 原文为意大利文：当主妇的女仆。典出十八世纪意大利作家内里的歌剧《女仆当主妇》。一七七三年初次上演。

大肚子,没有眼睛而且说谎的粘网中……

但是,他见过一个妇女,(也许是他想象的?)自从她开始记事的遥远的岁月起,一直在和蜘蛛网做斗争,破坏了它,逃出来,重新被抓住,又重新开始斗争。那就是他的母亲。在这些内心独白的日子里,玛克独居空荡荡的寓所,足不出户。母亲好像一去不返了。他竭力想把这位妇女最近若干年的生活回顾一下,回顾她的孤独的生活,充满不为人知的痛苦、快乐,激情和搏斗的内心生活。因为他已经相当熟悉这个灵魂,他知道在任何时刻这个灵魂都不是空虚的。以前,他让她一个人去和她的内心世界打交道,现在他对她的内心世界能有什么权利呢?她习惯于孤军作战,一个人争取胜利或遭受失败,独自走她的道路。啊!这条道路今后是不是还要把她引导到远离儿子的地方去?他在这方面想得很多。他想母亲想得这样多,以致没有空闲再想自己。他只希望替她铺平道路,不论是什么道路。

玛克是在这种思想情况下收到电报的,好比在这被围困的城中一声爆炸,标志着又是一天过去了。他把电报反复念了几遍,以便确信这是真的。他母亲这次回家出乎他的意料之外。这使他感到胆怯的喜悦。什么事使她回来的呢?他不敢相信母亲是为他回来的。最近几次失望,使他变得谦虚起来。迷信的情绪悄悄告诉他,要想得到你所希冀的东西,最好的办法是不要等待它。

安乃德到达巴黎时没有瞧见她儿子。火车晚点八小时,下午过去了一半,才驶进里昂车站[①]。玛克已经到过车站,他等了半天,失望了,走了。可他坐立不安。当安乃德回到家中时,玛克刚刚出去,他又去里昂车站了。她上楼,回到自己家中,等着玛克。她发现玛克在她房间里摆着鲜花,很感动。她坐下,脑袋靠在椅背上,十分疲乏,直着耳朵谛听街上和楼内的声音,不觉昏昏入睡……她好像在云雾中听见有

① 巴黎—里昂—马赛这条干线的起点站。

脚步声跑着上了楼梯。玛克进来了。他高兴得大叫一声。安乃德还有点昏昏沉沉,微笑了。她心想:“原来他是爱我的!”

她努力想站起来,可是两条腿不听使唤。她伸开双臂,玛克扑在母亲怀中。他说:“啊,你叫我好等!你是怎么来的?”

她没有回答,抚摸着儿子的面颊和头发。他一眼看出她精疲力竭的脸上劳累和痛苦的痕迹。他本能地察觉到她的情况。他把到了嘴边的话和问题又咽了下去。在抱吻她时,他把她从椅子上抱了起来。(他现在长得多么强壮!而她呢,多么虚弱!)她站起来,由他搀扶着,两人一同向窗口走了几步。在黄昏的暗淡光线中,她脸色苍白。玛克说:“你必须立刻躺下。”

她不同意。可是她头晕目眩,只好让人搀着,几乎抱着,走向床边。他强迫她躺下,替她脱鞋,帮她脱掉衣服。她不抗拒了,让爱她的人,愿意她好的人照顾,这是多么舒服……

谁爱她……他爱她吗?想这些多累人!她决定明天再想。而他也许很高兴,因为有了一个理由,可以等以后再向他母亲谈他自己的情况。只有一个问题很迫切。他把这个问题放在舌头上颠来倒去。他一直没有说,因为他母亲一躺下来就直道歉,说她疲乏极了……

“真丢人,一回家就叫人这样伺候……原谅我吧,孩子!我以前是那么强壮!可是,我实在站不住了。我已经有好几夜没有睡觉……你坐在我身边吧。跟我讲讲,你今天都干了些什么,你怎么在车站上没有接着我?……”

他乱七八糟地讲了他跑来跑去的情形。她没有一句接一句地听玛克说话。接着,连玛克说了些什么都听不清了,但是儿子说话的声音对于她就是一种安慰。她眼睛闭上了。他停止了说话,站起来,瞧瞧她,遗憾地走开。他想问的那个问题一直使他焦急。他又走回来,犹豫不决,俯身向着睡眠者。她又张开眼睛……他替她整理枕头,拙笨地,匆匆地问:“这一回,你不走了?”

她没有听懂,惊讶地瞧着他。他装着满不在乎的样子,又问一遍:

“你不走了吧?”

她微笑了:“我不走……”话没说完就睡着了。

他一身轻松,走开了。

*　　*　　*

玛克半开着房间的门,听着母亲均匀的呼吸,心想:“她在这儿,我不放她了……我有的是时间。”

那天晚上又有一次空袭警报。报警器吼叫着。在居民楼上,住户们习惯地动作起来,纷纷起床,下楼梯。玛克一跃下床,来到母亲床边。她睡得那么香。他下不了决心把她叫醒。他想:“炸弹尽管掉下来,这下子,反正我们在一起了。”

他徒然假充好汉。以前夜里曾发生过几次警报,他一个人在家,很害怕。可是此刻,(为什么?)他几乎感到是一种乐趣。

第二天早上,西尔薇由于不放心玛克,前来看他。她叫:“小骆驼!”这时,她发现安乃德已经回来。(玛克小气地把电报藏起来,没有让西尔薇知道,为的是头一天他可以独占母亲。)但是安乃德还在睡觉,而玛克像巨龙似的守卫着他母亲的房间,不让人进去。安乃德听见两人在争吵,醒了。西尔薇进去。她有许多话要说,但是她也同样头一眼就看出多少风雨搅浑了她那条河水①。在事关她心爱的人的利益时,她总是明智的,所以她只对安乃德说一些给她解闷的话。生活的经验告诉她,对于一个被扰乱的灵魂,最好的解救办法是不要去碰它,让沙土自己慢慢沉淀下来。她笑安乃德睡得那么死,没有听见夜里的爆炸。她嘟囔着,抱怨玛克这个“小畜牲”自从安乃德走后,固执地要住在他母亲的寓所里,不肯去和她住在一起。她假装怀疑他为的是夜间好出去游逛。玛克火了。他说曾经答应过西尔薇,他一定规规

① “河水”指安乃德。她姓“李维埃”,在法语中本义为“河流”。

矩矩。他不能容忍别人怀疑他说话不算数。他已经够大了,如果他愿意不顾西尔薇高兴不高兴而要出去夜游的话,满可以冲着西尔薇的脸毫不客气地对她直说。稍后,他懊悔当着母亲这样说话,觉得不好意思,走开了。玛克一出去,西尔薇自傲地对安乃德说:“多坏的脾气,哎?他多像我们!”

“他像我吗?”安乃德心里想。

她努力干一些日常的劳动。可是精神上的痛楚不是短时期可以平复的。她稍一劳动就疲乏不堪。玛克着意安排,设法减轻母亲的劳累。他并没有在一边窥伺。可是有需要他代劳之处,他总是在那里等着,比如搬动家具,或者上梯子挂窗帘。这种殷勤体贴的举动,对于母子二人来说,都是新事物。正和一切十分真诚的人一样,玛克怕别人把他这种行动误解为带伪善性的过火的热心,总是用比较冷淡的态度来完成这些任务。安乃德很感动,不知怎么办好,她对玛克表示感谢也只好开头热烈,最后冷淡。两人在互相窥探,小心翼翼,既亲热温和,又很少说话。他们互相侧目观察,看对方是不是要开口说话了……各人都怕先开了口会又一次失望。玛克避而不问母亲去瑞士干什么,为什么又突然回来。有时她不知不觉地坠入梦想之中。他故意侧过头去不看她,不好意思看穿她的心事;或者干脆躲入邻室,免得干扰她。但是,当安乃德问起儿子在她不在家的那些日子都干了些什么的时候,他很难受,因为这些问题他在他写的信中都已经回答过,她这么粗心大意地对待他的信,难道她对他的感情这样淡薄吗?

要是没有西尔薇一句话提到这些信,安乃德根本不知道有信。西尔薇来探望“小两口子”。她这样称呼他们母子俩,她发誓不干预这两个互相不了解的心趋于和好的过程,为的是把全部的苦和乐都留给他们自己。但是她觉得他们的进度未免太缓慢了。她决定拉他们一把。她把母子俩说成一对情人。当时玛克没有在家。安乃德抗议了。

“我不是说你,铁石心肠!”西尔薇微笑着说,“你喜欢让别人痛苦,这是你爱演的角色。”

“啊！你爱怎么说就怎么说吧！”安乃德说。

西尔薇心中有数。接着她说：“可是你的小恋人，你不在家的期间，他天天给你写信……”

安乃德一听这话，下边的话都无心听了。他给她写信了，天天写！而她一直没有想到去要回那些搁浅在那边的信！对，西尔薇说得对，她是铁石心肠……于是她立即写信，要求把那些搁浅在那边的信全部寄回来。然而必须不让玛克知道。但愿邮局不要把包裹交给他！安乃德巴望着邮件到来。等了好几天，竟迟迟不到。机会凑巧，她从门房太太手中接住了那些信。当时玛克就在她背后，她抢先了几步。她等玛克出门之后，才拿出信来读。

信一共有八封。一宗财富！刚刚念了几行，安乃德就泪眼迷糊了。她本想一口气看完，可是她念不下去了。她强制自己沉住气，先把信按日期顺序整理一下，然后再一封封慢慢地读。可是她不能遵守自己的规定，狼吞虎咽地读着，一口气念下去，抓到一封是一封，往前飞跑；跳过几行，停一下，将温情的语句贪婪地反复念几遍。过了一会，她起初的饥火稍稍平息了一点，又重新按顺序一封封地再细细品味一遍。热爱和激动的心情，使她涨红了脸……她是多么对不起他！

玛克并不是一个热情泛滥的人。他讨厌感伤的调子(尤其因为他怕自己染上了这种调子)。在他的信中，他强迫自己不让已经到了嘴边的温柔字句说出口来。但是，在认识这张嘴上最细微的褶纹的母亲眼中，他对自己的压抑，反而更感动人。在信中，他连“亲爱的”这个词都避而不用。

他在第一封信中说：“我的母亲，你不爱我……”(安乃德念到这儿，心都碎了。)“我也不爱我自己，我没有任何条件让别人爱我。所以这是公正的。但我毕竟是你的儿子！我觉得我接近你更甚于接近任何别人。我没有能够对你亲口说这句话，请让我给你写在信上吧！我需要一个朋友。可是我没有朋友。我需要相信你是我的朋友，即使事实上你并不是。请不要回答我！我不愿意你由于仁慈或怜悯，对我说你是我的朋友。我最厌恶仁慈。我不愿意别人屈辱我，不愿意别人欺弄我。我决不是因为你仁慈而爱你。我不知道你是不是仁慈，我爱你是因为你坦率……请不要回答我！不管你对我有什么想法，我必须给你写信。即使我母亲不是我的朋友，我给我的朋友写信，不是给母亲写信。我必须谈谈心里话，我成了自己的沉重包袱……我太孤单了，太沉重了！帮助我吧！我知道你在帮助别人。你很可以也帮助我！你听我诉说，就是帮助我。我不要求你答复。我有许多话要对你讲。我已经不是从前的我。一年以来，我变了，我变了……开始写这封信时，我想告诉你我一年来干了些什么，什么东西使我变了。可是现在，我不敢说了。有很多丢脸的事。我担心离开你更远。你已经离我很远了！可是，有一天，我必须全部告诉你，即使你瞧不起我。如果不告诉你，我自己会更瞧不起自己。我以后告诉你，改天。今天已经够了。我亲你，我的朋友。”

这种迫切的爱的语气，紧紧地扣住安乃德的心弦，控制着她，使她不安。后来的几封信表现出同样猛烈的精神。他下不了决心把最沉重的压在心头的话倾吐出来。

每一封信上他都说：“是不是这次就说？不，我还不能够。肯定说，我不能够！我要忘记你是一个女人。我的男友，你愿意做我的男友吗？你能够吗？你毕竟是妇女。我不信任妇女。我对她们不大尊重。请原谅！至于你，你和她们不一样。发生这个变化还没有多久。直到去年，我对你还和对她们一样地评价。我对你有温情（我没有对你表示）；可是我不信任你。现在，变了。有许多事都变了，许多我见过、听说过，我认为猜到的事：关于我，关于你，关于别人……你瞧，我明白了许多事……太多了！而且在这一大堆事中，有些事是不美的，使我难过。可是我想，我知道了这些事，反而更好，因为这些全是真的。世界是丑的。我瞧不起妇女。我鄙视男子，也鄙视我自己。可是你,我尊敬你。我学会了怎样了解你。我从你那里明白了许多你没有对我说过的事。(你对我说过的事没有多少!)是姨妈对我说的。而且我还知道别的一些姨妈没有对我说的事,因为她没有料想到。她是一个头脑简单的老诚的女人,她不会理解那些事。可是我,我理解。(我相信……不,我肯定……)而这使我明白了许多我自己的事,以前我不知道如何解释的事。啊!我给你的信写得多么杂乱!……”(由于气恼,写得不清楚,他用笔乱划,把纸都挑破了。)

“从远处,或从近处解释自己是多么困难!舌头都打结了。我似乎觉得,如果你在我面前,我会解释得更好些。不过这也不一定。我不知道。当你瞧我的时候,你的眼睛是那么宽宏大量,像保护人的样子,或者带点讽嘲(两者同样地使我愤怒),或者心不在焉,在很遥远的地方……你的眼睛在瞧别处……瞧我吧,瞧我的内心,一眼看到底,把我看作你的儿子。朋友,一个男子!”

安乃德看见玛克的眼睛在盯着她,苛刻而且严厉。于是她胆怯地转过头去看别处……她的儿子,一个男子!……她没有想到,一个母亲总是把她的孩子看成孩子。在这些由一个小青年写的信中,在言辞互相抵触、摇摆不定、怒气冲冲的信中,她听到主人的口气。像古代一样,女人在丈夫死后要由长子监管。安乃德低下了头。

可是她立即又抬起头来:“我的儿子,我制造的男子,我的作品……我们是平起平坐的。”

*　　　*　　　*

在阴暗中,安乃德继续看信,没有注意黑夜已经降临。玛克回来了。她用手背把桌上的几封信抹到地上去。她不愿意玛克发现她在看信。她不想告诉他她以前没有看过这些信。

玛克惊异地发现母亲在黑暗中待着。他要开灯。安乃德不让他开。他们走到窗前,站着聊天。他们望着街上,店铺门面的灯都亮了。

憧憧的人影在街上匆匆走过。两人都觉得很窘。她,在设法整理新涌现的混乱情绪。他,在提防她,对她怀有怨愤,因为她从来不提起他在信中倾吐的一切。他们的谈话是冷淡而凌乱的,说几句,沉默一阵。他在讲下午刚刚听到的消息:战事、战役、死亡人数……没有什么使人感兴趣的事!她连听都不听。

突然,她紧紧抱住他,不说话。他听任她摆布,激动得发僵了。

她对他说:“开灯!”他按了开灯的电钮。他看见那些信散落在地板上。她指信给他看,向他坦白了一切她本来不准备说的事。她请他原谅。她说:“我的朋友……”

但是他已经不是信中出现的那个愤怒和骄傲的人。他只是一个小男孩,他跑进自己的房间去掩藏他激动的感情。

她没有到房中去找他。她也需要控制自己的感情,站在原地,和他一样默默无言。

西尔薇的到来缓和了母子间的迷惘气氛。他们三人一同进晚餐。一向感觉灵敏的西尔薇,没有猜到母子二人的心思。他们的态度是平静的,然而并不亲密。

西尔薇一走,母子二人围着桌子坐着,互相执着双手,低声谈心达数小时之久。后来,他们决定睡觉,可是从这间房到那间房,谈话还在继续着。到了半夜,玛克起来,赤脚走到母亲床边,坐在一把矮椅子上,靠近她的床头。他们不再谈话,只是需要互相偎依着。

在寂静中,这座居民楼焦虑不安的灵魂上楼来了。这是这座居民楼里哀伤和激情燃烧的表现。在下一层楼,被砍掉两个儿子的贝纳丹家,向着永恒的寂静祈祷:“主啊,我从坟墓深处向您呼号!”[①]……下两层楼,丧失了独生子的纪莱先生忧伤愁惨,僵化在爱国主义的拜物教中,这是他排遣绝望情绪的唯一办法。在上一层楼,在沙陶奈年轻夫妻之间,可耻的、不可告人的、纠缠不休的秘密,像一块烧红的铁,烫

① 原文为拉丁文,丧葬仪式上的祷词。

着他们的肉体和精神。这个秘密使两个终身连在一起的爱人成为路人……就在安乃德住的这套房间的楼道另一侧,有一间空房,房门被小心地锁起来,房中还留有那个自杀的乱伦女人火热的气息。整座楼是焚烧了一半的冒烟的火炬。在活着的人们中,在深夜里,没有一个在睡安稳觉。他们在发烧,痛苦和烦扰在吞噬他们。只有他们俩,母与子,浮游在燃烧的灵魂之上。在他们的谈话中,有几个字表示他们在关心邻人们的不幸,但是他们不想细说。他们互相拉着手,好像怕失散似的。在"小镇"①的火灾中,母与子一同逃了出来。

她恢复了母亲的身份,她对她的小埃内②说:"现在,你回去睡觉吧,孩子。这样是不理智的,你会生病的。"

但是玛克固执地摇头:"你陪我过夜不知有多少次了,现在该轮到我陪你了。"

破晓的时候,玛克睡着了。他坐着,脑袋靠在床单上,安乃德起来,把玛克放平在她床上。他没有醒。她坐在靠窗的安乐椅上,等待天色大明。

* * *

在这些黄昏与黑夜里的谈话中,母子二人差不多什么也没有说,除了最主要的:他们又团聚了,他们一同向前进。然而感情与思想方面确切的自由,却又延缓了。在接着到来的日子里,他俩又一次延缓了互相倾吐衷肠的时间。只是安乃德慢慢地了解到,一年以来她儿子关于战争和社会的思想如何发生了变化。她情绪激动地从字里行间体会到(因为两人都不好意思,他不好意思说,她不好意思听),玛克怎样发现了他母亲的灵魂,以及他怎样崇拜她。

---

① 原文为意大利文。

② 埃内,特洛伊王子,见荷马史诗《伊利亚特》拉丁诗人维吉尔的史诗。在这里,无非把玛克称作"小王子"而已。

可是那些压在玛克心上的困难的自白,他下不了启齿的决心。安乃德也丝毫不打算促使他开口。然而她警觉到,如果玛克不能放下这个包袱,他将永远苦恼下去。她要用能干的助产婆的手来帮助玛克发烧一般的心情得到宽解。

一天傍晚,黄昏时刻,几乎看不清对话者的时刻,正是倾吐衷曲的时刻。安乃德在玛克身旁,在他后面,对他说:"你心头沉重,交给我来替你负荷着。"

玛克低着头说:"我愿意,可是我不能。"

她把他拉到身边,用手指捂住他的眼睛说:"你是一个人和你自己在一起。"

他开始叙述,很困难地,用压低的声调。他讲最近这几年的经验,好的和坏的。他决定态度坚决地讲,好像讲别人的事一样。但是讲到为难的地方,话说不下去了。他不知道自己是否有勇气讲下去。安乃德不开口。她感觉到了在她手指下发烫的眼睑和羞耻心。她的指头重重地向下一按,仿佛说:"把你的羞耻心给我,算我的!"

她对于所听到的一切并不惊讶。他所坦白的,以及他没有说的,她早就知道。这就是世界。她把儿子扔在这个世界上。一种不知名的力量,将他扔在这个世界上……她怜悯他,也怜悯自己。"行了!让我们重新站起来!事实就是如此。让我们接受吧!……"

玛克讲完之后,他害怕母亲将要说什么。她俯身接近儿子低垂着的头并在头上亲了一下。他问:"你能够把这一切都忘记掉吗,现在?"

"不。"

"那么,你鄙视我?"

"你就是我自己。"

"但是我,我鄙视我自己。"

"你以为我不鄙视我自己?"

"不。你不!"

"我们是人,我们自傲,我们卑劣……"

“不。你不!”

“我的孩子,我的生活不是纯洁的。我曾经游荡过,现在还在游荡。不仅仅只有行动!对于我们这样的人,内心的裁判者不仅仅是警察!警察只裁判行动。我们所要的,所向往的、我们用思想的手指抚摸过的,其可耻的程度不亚于我们所做的。我们所想的一切,真可怕。”

“你也这样?……再说,我早就知道。”

“你早知道?”

“对,我相信正因为这样……因为这样所以我爱你。我不喜欢这样的人:他不是像我们一样地感觉过、思想过,要通过这个作为禁地的世界。”

她站在他背后,将他抱住,没有说话。过了一会,玛克叹了一口气,说:“现在我懂得忏悔的意义了。我觉得轻松了。”

“对,是这样,如果一个人能够什么都说,另外一个人能够什么都听。但是我,我向谁去忏悔?我无论想说什么,都是不允许的。”

“你不需要说……”

在寂静中,在黑夜里,玛克背诵:

你来了,你的手拉着我,我吻你的手。
充满爱情,充满恐惧,我吻你的手。

安乃德吃了一惊……这个过去的声音!……

“啊,上帝!你从哪儿听来的?”

玛克不回答。他继续背诵:

爱情,你是来摧毁我的……①

① 这几行诗见《夏季》。——原注

她用双手捂住他的嘴:“闭嘴!”她不好意思了。

“已经是这么久了！这是我吗？是另外一个女人……我曾经是这个人,她已经死了。”

玛克背诵:

> 我吻他的手……

“你怎么会知道的?”

他不吭声。

“从什么时候起,你知道了这些?”

“从她说了这些话之后,我把它们背会了。”

“你早就会背诵,这些年来,你在我身边,心里一直背诵这些诗句?……这真是背叛!”

“对不起!”

“你是个古怪的小伙子。”

“你呢？你难道不认为你是个古怪的女人吗?”

“你懂得什么女人？你不认识女人。”

玛克抗议。他觉得受了侮辱。她微笑,说:“丑恶的公鸡！小公鸡！别以为你这点知识了不起！你这点可怜的知识……你对女人的一点认识,自以为对女人有所认识,反而妨碍你去真正认识她们。一个男人只晓得通过他自己的享受去认识女人。要真正认识女人,必须忘掉自己。你还不到年龄。像我这样的女人,我的朋友,你可以找到成千上万个完全一样的。我并不是例外。在我身上深入观察的女人,会发现她们自己。但是她们把自己家里的遮窗板都关严了。生活在她们身边的人不肯费事去透过窗子瞧瞧。对窗子里边发生的一切,他们不感兴趣。你,小淘气,你瞧见了,你从隙缝里张望过了。你觉得你所瞧见的一切很古怪。古怪的倒是恰恰被你瞧见了这些。但是你瞧见的,就是女人,朋友。”

“说实在,那很不简单。”

“你也不简单。我们是许多人集合成一个人的。”

“但是,他们毕竟是一个人。”

“并不是每人都一样。”

“在你身上,在我身上,是这样的。正是这集合而成的‘一个人’,是你使我喜欢的。我愿意你也这样喜欢我。”

“我们瞧着办吧!我从来不预先答应什么。”

“你这样说是故意刺激我。但是我会强迫你这样干!”

“你知道,专制手段对我不起作用。”

“但是,你到底喜欢专制手段。”

“如果我喜欢使用这种手段的那个人。”

“你会喜欢他的。”

现在玛克觉得他很有力量。他母亲徒然假装一直把他当小娃娃看待,她再也骗不了他!他肯定了他比她优越之处。她让他在他们的共同生活中施行他的权威。她怀着秘密的乐趣忍受这种权威。

*　　*　　*

玛克像一般的男子一样,刚刚把权威争取到就滥用起来。

他刚刚回家。安乃德坐在那儿做针线活。他过去亲了她一下。他好像心事重重。他瞧了瞧她,又走开了。他似乎在书架上找一本书。他望望窗外,走回来,靠桌子坐下,面对着她。他打开书,翻动书页,仿佛在阅读。接着,他伸过手去,抓住母亲的一只手腕,急急忙忙地说:“我有一件事想问问你……”

他很久以来就想说,可是一直不敢开口,所以这一回他必须赶快说出来。玛克一回家,安乃德就从他的神情上看出来他似乎有话要说,她就怕他提出什么问题来。她想设法蒙混过去。她假装要站起来找一件东西,一边轻松地说:“好吧,你问吧,孩子!”

玛克坚决地把他母亲拉住。她只好重新坐下。他不放手,低垂眼皮,竭力想装出神态自若的样子,可是,突然问道:“妈,有一件事,我们从来没有谈起过……别的一切全是属于你的,我无权过问,可是这件事,我有权利,他也是属于我的……你给我讲讲我的父亲吧!”

这时,玛克的心情异常激动。他不正常的身份已经使他痛苦很久了。每当他接触社会,这件事就给他招惹许多麻烦,使他多疑的心情感到紧张。可是他的傲骨拒绝承认这一点。

上中学的头几个月,他就不止一次地受风言风语的中伤,不过他也还击,创伤并不太深。巴黎的少年学生们有别的事情要忙,才不管你母亲父亲的品行如何!尤其在战争时期,整个社会,全部道德都乱糟糟的。这些孩子们面对妇女,都露出一种贪馋的蔑视,他们认为妇女除了和男人睡觉之外,没有别的用处,所以他们不会责怪妇女们的自由行动,他们所担心的倒是自己显得过时、落后。玛克所要忍受的只是个别小坏蛋粗鲁的而并不刻薄的闲话,也许这小坏蛋还自以为在恭维玛克呢。但玛克不是这样理解。一听到影射他母亲的话,哪怕是隐隐约约的,他也会怒发冲冠,关于他母亲的体面问题,他比她自己更敏感易怒。在那种情况下,他的对待方式是毫不客气的:饱以老拳。

后来,玛克到外省去看望他母亲的两星期,他注意到了长舌妇们的眼色。她们一边嚼舌,一边窥视他们母子二人。他注意到某些小资产阶级妇女,她们从旁边走过,总装做没有瞧见他们。这些印象,他都没有对母亲谈过。可是这在他产生对外省的反感以及不愿意再去外省的决心中,没有少起作用。

这些都不算什么。那些你根本不重视的人,管他们对你有什么看法,把他们的意见当尘土踩在脚下就是。他们和灰尘一样无足轻重。你踩过之后,刷刷鞋就行了,最多啐一口唾沫在你的皮鞋上,可以把皮鞋擦得更亮些。可是,对于那些你很在乎的人呢?那些你内心向往的人呢?

玛克已经十八岁了,虽然还没有足岁。几个月以来,他的脚踹上了爱情的彩云,温柔的感情渐渐占领了他完整而不平静的年轻的心。他觉得自己钟情于一个同学的妹妹。有几次,他在街上碰见她和她哥哥在一起,后来碰见她独自一人。双方互相感到被吸引,互相设法在路上相遇。玛克常到那同学家中去看望他,可是从未被邀请过一次。如果那个同学不是那样愚笨地让玛克期待着被邀清,玛克恐怕也不至于这样尖锐地感到蒙受侮辱。从那时起,那个同学笨拙地急于躲开玛克,他为难的神气,愈显得他们故意忘记邀请玛克是含有侮辱之意的。这个家庭故意要和玛克这个不受欢迎的人保持距离。沉痛的创伤使玛克发现(也许是他猜想)他一直没有注意的别的一些受怠慢的情况。他发觉某些资产阶级圈子从来不让他进去,而他的朋友们则是常去的。他从来没认真想进入那个阶层,可是他现在仿佛觉得自己受到闭门羹的待遇,仿佛挨了一记耳光。这使他气得浑身发抖。

虽然他站在他母亲一边,愤怒地反对这个社会,可是他却暗暗地埋怨他母亲给他招来了这些侮辱。于是在他受伤的感情中反复出现这个问题:“谁是我的父亲?为什么不许我有父亲?”他知道,把这个问题向母亲提出来,会使她难受,但是他也受了不少痛苦。各人分担一份!他要弄个水落石出。

安乃德早有预见,她知道玛克要问她什么。然而她却希望他别说。毫无疑问,她必须对他说明这些过去的隐秘。她已经打定主意,不等他开口就向他交代清楚,可是她老是拖延时日,她生怕……现在,她却让玛克抢先了一步。

“孩子,”她不安地说,“他从来不认识你,因为(我跟你说过,在社会上看来,我并不是没有过错的……)在你出生之前,我和他分离了……”

“不管这些!”玛克说,“我应当认识他,我有权利……”

他的权利?他也这样说!他是不是以此为理由来反对她?……她说道:“你有权利。”

“他还活着吗?”

“他活着。”

“他叫什么名字?他是谁?他在哪儿?”

“对。我什么都要告诉你。可是你等……等一会儿。”

她感觉到胸部压抑得出不来气。他看她样子怪可怜的。但是他想知道怎么回事。他毫无热情地说:“妈,不着急,我们改天再谈吧。”

她知道他是勉强装不着急,这一点,她是毫不糊涂的。她不愿意接受他赐予的宽大。她提起精神来说:“不。今天晚上就谈。你急于要想知道,我也急于想让你知道。正像你刚才说的,这件事是属于你的。我拿在手中不放,已经太久了。我早就该向你交代清楚。今天晚上,我欠的债被人催着要还了。”

他想道歉。

“你别开口,”她说,“今晚该我说话!”

现在,眼看她决心要说话的时候,他几乎反而希望她别开口了。

“开灯吧!”她说,“把门锁上,让谁也别来打扰我们!”

她刚开始说,真的有人来敲门了。无疑是西尔薇。他们坚持不开门。

安乃德一点也不露出激动的心情。她简单扼要地叙述了她如何主动撤销婚约。她用高傲的、顾全体面的态度说话。只属于她内心深处的东西,她一点也不透露。凡是她应该讲的,愿意讲的,一点也不遗漏。她一边讲,一边竭力克制自己不去想对方听了有何反应。对方却毫无表示,玛克冷冰冰地听着。对于遥远的往事,母子二人仿佛都是局外人,虽然这些往事在叙述者展示的银幕上的形象陆续地出现。可是,上帝知道,她是多么焦急地盼望听者的脸上出现一丝同情的影子(虽然她决不有意追求这种同情)。玛克毫无表情地听着,直到安乃德叙述完毕。最后,到了她等候他宣判的时刻,他却仅仅提出这么一条意见:“你没有把他的姓告诉我。”(她在叙述时,只说到他的名字,没有提他的姓。)她说:“他叫洛瑞·勃里索。”

她儿子的冷淡态度使她寒心。玛克关心的只是她所说的那人的姓名。这个姓名他很熟悉。他不觉大声说:“社会党的众议员!”

玛克没有掩盖他的惊讶,甚至没有掩盖他的高兴。

在议院里,那些爱发言的人之中,勃里索的名字很响亮。他能够迷惑青年们。安乃德在他儿子眼中,看出勃里索这个名字的魔力。她很担心。但是她的傲骨使她不露声色。她的正直使她不说对方的缺点。她说:“是的,他的名气很大。你没有什么可以脸红的。”她刚说完这句话,就从玛克的嘴唇上看出这样的意思:“那么你为什么不让我有这样的一个父亲?”

可是玛克并没有把话说出口。他站起来,在房间里踱来踱去,一声不吭。她注视他的动作,揣测他的心思。她连自卫的念头都打消了。如果连儿子都不卫护她,她自卫还有什么用呢?她径直冲向危险,并不是为了抵御危险,而是为了投身于危险之中。她问道:“你想认识他吗?”

“对。”

“你能……我还没有全对你说。他知道有你这个人。他知道你是他的儿子。毫无疑问,他准备拿你当儿子接待。”

玛克怒气冲冲地喊道:“可是你什么也没有对我说过!”

安乃德闭上眼睛,面色惨白。接着,她睁开眼睛,盯着她儿子的眼睛,说:“我一直等待你长大成人再告诉你。现在,我看你已经成人了。”

玛克一点也不体察母亲高傲的辛酸,他问道:“他住在哪儿?”

“我不知道,可是他的住址你是不难找到的。”玛克跨着大步,继续在房间来回走。他已经不想他母亲了。他一心在想他的父亲。他觉得他受骗了。他毫无怜悯心地说:“明天我去看他。”

*　　*　　*

为什么年轻人有这种冷酷心肠？玛克独自一人在房间里也意识到他的冷酷无情，但是他觉得很有意思。他知道，他在使一个热爱他的人心碎。他也热爱这个人，所以他并非毫无内疚，可是热辣辣的内疚反而增加他的快感。他是在报复。报复什么？报复他母亲对不起他？还是报复母亲爱他？如果母亲不这么热爱他，他就不会这样报复；如果他不爱母亲，也就根本不用报复，她是束手就缚。他过分了。这种过分行动有一个可原谅的理由，那就是他的不可告人的快感，因为他是行动的主人，只要他愿意，他随时可以刹车。可是，多少人一开始这种行动之后，就不能控制自己了！

安乃德心中痛苦……她太爱儿子了。是的，她太自私地溺爱他。怎么能爱一个人而不带自私心呢？

“这个人，是我生下来的。他就是我。我在爱他的时候，怎么能忘记自己呢？然而必须忘掉自己。我没有做到，我不能……我受惩罚了。”

许久以来，她早知道会有这一天。这一天果然来到了。她等待得太久了，战战兢兢地直怕失去这个一直占为己有的儿子。现在她已经失去这个儿子。只须一分钟，就能使他和她永远分离。她一想起来就毛骨悚然。在这些年轻人心里，为了一分钟的占有，或者充满激情的盼望，可以忘却做母亲的一辈子的辛劳。她早就有可怕的预感。但是现实却比预感更可怕。玛克没有说一句温慰母亲的话，没有表示一点关切的姿态。他一下子就把母亲抛出船外。他丝毫不把过去算在账上，他关心的只是明天……安乃德一夜没有合眼，自己在设想明天将是什么情况；明天夜里，一切罪都受尽之后是什么情况。她预先认输了。

她不打算再斗争。让他自由吧！无论他如何决定，她都要为他效劳。如果她不能把儿子留在身边，也要帮助他，直到最后一刻。

早上，当她瞧见他的时候，她没有改变夜里的决定。她给他准备下最好的一套衣服,照顾他梳洗,她走开了一忽儿,然后端来了早餐。母子二人在进餐的时候,(她勉强进食,为的是不让对方认为她是在乞怜;他呢,狼吞虎咽地吃得很快,因为他在想将要来到的时刻,而且他急于达到目的。)她告诉他,她已经找到他要找的那个地址。她从容不迫地劝他不要到勃里索家里去找他,而到他的律师事务所去找,她的理由是正确的。玛克同意了。他感激母亲为他尽心竭力,但不愿意对她有所表示。他此刻不能让激动的情感干扰他,这不是他计划中的事。他要去亲眼看一看,然后做出判断……至于他母亲,要等待他做出决断,要痛苦地等待着。好吧,让她去痛苦吧,多痛苦几小时,少痛苦几小时,没有多大关系!反正她已经习惯了!往后,他一定很温情地对待她。对,他已经对自己许下诺言,无论他做出什么决定,对母亲的态度一定要有温情。而她呢,先苦后甜,只会更好地品味儿子将要给她的幸福。现在玛克完全有把握对母亲施行他的权力。她能等待……他不着急!……

*　　　*　　　*

洛瑞·勃里索自从一九〇〇年以来,在他的事业上步步春风,扬扬得意。他办过几起轰动一时的大诉讼案;在法院里,以及稍后在议会中,一直得心应手,使他成为第一流人物。在众议院,他总是把自己的位置保持在激进党与社会党两党的交界处,以便顺水推舟,见机行事。他审时度势,很快地从这条船跨到那条船上,或者从那条船跨到这条船上。他当了好几任部长,而且是各种不同的部长:教育部、劳动部、司法部,甚至当过一个时期的海军部长。他也和他的同事们一样,坐在这把交椅上和坐在那把交椅上同样地得其所哉。所有交椅都适合这些人的屁股。在这个办公室或在那个办公室,归根结底,还不都是一样的机器,操纵方法反正都是那么一套。只要手腕灵活,其余的一切(对于被他管辖的人民群众影响如何)都无关紧要。一句话,他们关心的就是做官。

勃里索论述了这么多的问题,他掌握的思想素材也就丰富起来。但是更确切地说,丰富的是他大套大套的言辞。至于具体知识,他知道得并不多,因为他太忙于说话,而且说得娓娓动听,听别人发言的时间就没有了。不过在一个问题上,他的知识确实非常渊博,那就是关于在竞选中如何培养选民,利用选民的问题。在这方面,第三共和国①的政客之中,有几个人堪称大师。他们得心应手地弹奏群众这套琴键。他们懂得音阶的窍门:弱点、激情、癖好。可是谁也不能像可敬的勃里索那样,以十全十美的熟练技巧来弹奏,谁也不能像他那样使民主的最高曲调,通过铁嘴高呼的意识形态,以最丰富最响亮的音节颤动起来,从而掩盖住民族隐秘的陋疾,宣扬和激发民族的优点。勃里索是议会中的伟大钢琴家。他的政党,或者说他的那些政党(因为他让不止一个政党宣称他是党员),一有机会就借重他的才能去参加众议院里的合奏。他洪亮的演讲曲调印成大幅白纸布告(在议会里热烈通过,经费由选民负担),贴遍全国。他从不拒绝干这类工作,他时刻准备着。对于各种题目,他样样都在行。当然,有积极的、老练的秘书帮助他,他专门有一个秘书班子。他对他的那个(那些)政党,以及对他自己的荣誉尽忠竭力,只有他强健的肺部才能胜任。他的热情和他的肺部都是不知疲劳的。

在大战期间②,勃里索的热忱和他的发声器官(两者都非常美妙),对于共和国十分有用。共和国把两者都动员起来。洛瑞·勃里索的任务在于用粗浅的真理说服世界和法国人民,告诉他们应当为了这些真理而贡献自己的一切。勃里索常被派到辽远的地区去完成使命。在大战初期,他曾经装模作样地穿上后备队骑兵少校的制服和袖章。由于这个身份,有一个时期他甚至被派到牢牢建立在岗比埃涅古

---

① 自从一七八九年法国资产阶级“大革命”以来,第三次宣告成立的共和政体(1870—1940)。

② 指第一次世界大战(1914—1918)。

堡中的大本营任职。然而有人告诉他,他可以在美国战壕中更有效地为法国服务,于是他到那里去,大量地使用他永远用不完的胸腔之气,勃里索多次旅行和横渡海洋奔赴伦敦、纽约、土耳其、俄国以及几乎所有协约国和中立国,途中的确冒着严重的危险。勃里索的勇敢是不成问题的。他照样可以到阿戈纳或弗朗德勒前线去参加战斗。不过他明白,他的天才使他必须承担别的义务。为了国家,他要保重自己,他同意自己留在安全的地方。他对用嘴说话的工作是不遗余力的。他洪亮的声音充满全世界人们的耳朵。在伦敦,波尔多、芝加哥、日内瓦、罗马,甚至在革命前的圣彼得堡,人们到处听到他的声音。在法国各城市,在葬礼上或生日庆祝会上,都可以听到他的声音。在国外,他是法兰西辩才的人身化。他是克莱蒙梭伟大内阁的成员之一。这两个人互相厌恶。勃里索不能忍受那个“蒙古脸”的人[1],此人缺乏思考,缺乏原则。克莱蒙梭则毫不留情地讽刺“扬声筒”:“闭上嘴,满口仁义道德的小娃娃!”

但是,面对外国的入侵,法国内部所有嫌隙都消除了。于是昨日的对立者,米勒朗和白里安,勃里索和克莱蒙梭之流,把他们的高明见解集合在一起了。他们分任肥缺,围绕着恒星、报复派的中坚人物、讼棍彭加勒[2],形成一个辉煌的星座,这是令人难忘的神圣联合时期(可惜昙花一现)。各党各派的政治领袖,甚至埃孟兄弟那样的无党派人士,都骑上法兰西这匹又耕地又打仗的老马,决心坚持到这头牲口获得胜利或者倒毙。

勃里索在事业上一路顺风,没有阴云,如果不算有些妒忌的竞争者,试图在他过去的演说中找出一些阴云,因为勃里索讲过的企慕国际和平主义天堂的话成了污点,这无疑是不谨慎的慷慨激昂的发挥。但是谁要是不停地说话,不可避免地会什么都说,你不能因此而要求他对每句话都负责。要是这样,恐怕将他四马分尸也不足以赎其罪;

---

① 指克莱蒙梭,他颧骨较高,类似蒙古人脸型。

② 彭加勒(1860—1934),从一九一三至一九二〇年任法兰西共和国总统。

再说,在和平年月里,和平主义,顾名思义,是一剂无害而合法的汤药。战争一打响,这股药才被禁止,因为只有到了那时,它才起作用。这是这位大演说家毫不费力就可以阐明的,除非对那些毫无信念的敌人。那是些怎么都说服不了的人,即使勃里索也不能说服他们,虽然这个高乃依式的人物,用火热的积极性揭发他昨日的同伴。因为他们是顽固的和平主义者,是隐蔽的伪装德国人,他们妄图在战争时期继续他们的一套玩意,不顾激怒已经疲乏的人民,不管我们会丧失用很高代价取得的胜利果实。受人诽谤乃是大人物的本分。勃里索是足够坚强的,他不至受到不公正的待遇就显得灰溜溜。他一笑置之。钦佩他的人,把他这种高卢人的开怀大笑和丹东①相比(这种对比是不恰当的,因为勃里索并没有菜市贩夫们的神情和不修边幅的格调)。总之,勃里索不记宿怨,他常常向昨日的敌人伸出援助之手。主要是他先在敌人身上占了便宜。

在世间,做什么事都得付出代价。勃里索在政界走运,在家庭生活方面却不得意。他的家庭生活是很不幸福的。他娶了一个很有钱的女人,皮肤白皙、肥胖、贫血,肚子里塞满存在银行中的有价证券的肥母鸡。从各方面看,反正对于勃里索这样一个男人来说,这是个不够分量的伴侣。无论在智慧方面,或在人情世故方面,她都没有能耐。一点个性也没有。而且她不像某些一无所长的人那样有弥补自己的贫乏的办法,那就是谦虚和退让。而她,却用自己空虚的存在,充塞于天地之间。她经常牢骚满腹。她什么也不佩服,连她丈夫的才能和荣誉也不佩服。她有一种令人丧气的本领,无疑也是一种疾病,那就是在富裕和优越的生活中只抓住乏味的一面。她怨天尤人,反对一切人,一切事。在某种意义上,可以说这就是她的人生使命。而且她绝对无所作为,不想有丝毫改变。她向周围的一切散发出阴郁而发黏的雾,如同十月里的阴雨一样。和她接近的人都感染了伤风。可想而

① 丹东(1759—1794),法国资产阶级“大革命”时期的重要人物,山岳党人。

知,这种气候不适宜于健壮的洛瑞·勃里索。他尽量少在这种气候中逗留。他打着猛烈的喷嚏,离开那儿。他到别处去找比较幸福的气候。而他在这方面得意的消息传到家中,更增加了家里的忧郁气氛。

他的外遇并没有阻碍他对妻子克尽丈夫的职责,如果他吝啬的老婆只给他生了一个女儿,那也不能怪他。勃里索钟爱他的女儿。这个讨人喜爱、快乐欢笑、健康、面颊丰满、眼神幸福的孩子——死掉了。突然死去。她是在动了一次毫无危险的外科手术之后死的,也许不如说她在麻醉之后就没有醒过来。孩子还只有十三岁。勃里索夫妇悲痛欲绝。那妇人这下子可有了怨天尤人的理由。她到教堂的神坛前,或到忏悔室中去哀哭。她成了虔诚的信徒。这是非常有碍于勃里索的政治活动的。当时,尊敬教会和僧侣还没有恢复为时髦风气!可怜的勃里索,没有上帝,没有上帝手下的人来安慰他。他受到沉重的打击,独自一人面对书桌上放着的女儿的照片,流着辛酸的热泪。战争给他带来了分神的机会。十分紧张的活动,使他找到可以抛开哀思的避风港。他乘机躲开他的家、他的老婆,躲开他死去的女儿。甚至他为了消耗政治活动的剩余精力而去寻欢作乐也成了躲开家庭的手段,勃里索的恭维者在这方面又找到他和丹东及其大吃大喝的习惯相似之点。可是勃里索的寻欢作乐并没有使他情绪平静下来。和几乎所有的法国人一样,他是热爱家庭生活的人。他需要家庭的温暖。对于像他们这样的人,任何别的东西都不能代替天伦之乐,不论雄心壮志、荣誉或欢乐。虽然他们仿佛竭力追求这些,归根结底,这些都不过是“代用品”①。勃里索没有儿子,对此他感到无以自慰。

他知道安乃德的儿子是他的儿子。当他女儿还在的时候,他避免去想这件事。同安乃德的往事,回想起来并不使他愉快。他不去想它。隐隐的宿怨使他保留着这一段记忆,也许是自尊心受伤留下的创痕,也许是没有完全愈合的爱情创伤。他不知道安乃德上哪儿去了,

① 原文为德文。

可是他不由自主地有两三次间接打听过她的近况。他并不希望安乃德遭遇不幸。但他听说她一直不得意的时候,却没有感到不快。这不是说他不乐意向她伸出援助之手,如果她向他呼吁的话。可是他十分清楚,她决不会给他一个无形的报复机会。

十五年来,他有两三次在街上遇见安乃德和儿子在一起。她并不设法躲开他。倒是他装着没有瞧见,走过去了。这几次邂逅,给他留下了一个不舒服的印象。他不愿意多加分析。

这一段遥远的往事与他还有什么关系呢?这个曾经被他占有过,后来成为陌生人的女人,这个默默无闻的过路人,对于什么都不缺少的他,又有什么用处呢?啊,上帝,一个人自以为什么都不缺少,富有一切,却不能防止从遥远的过去勾起一段伤心史。已经失去的一件不足轻重的东西,能引起令人心神不宁的悔恨!这件不足轻重的东西可以变成一切,一切也可以变成不足轻重的东西。好比在生命的瓷瓶上有一条难以察觉的裂痕,一条隙缝,于是一切都从这儿漏失……

幸亏这种对过去的回想不是勃里索常有的事。他习惯于对自己不诚实,他可以自以为并没有回想过去。如果一个人在他的过去生活中有过一段不光彩的经历,最好自己认为这样的事从未发生过。勃里索很可以最终从他忙碌的生活的全图中,抹去这一段不光彩的往事,如果在那段插曲中只有一个无声无臭的女子的影子,以及和她搂抱着的自己的影子。然而其中还有另外一个人,这个人是不可能抹煞的——他的儿子。

自从他的女儿死后,他常常想起儿子。在他的思想道路上,不断地遇到自己的儿子。他并不认得儿子,不知道他长成什么样子。他和安乃德两三次相遇,都没有看清他儿子的面貌。他匆匆抓住的儿子的形象不够准确,没有把握。只有一次,他以为认出他儿子来了。那是在公共汽车上。他看见安乃德手挽着一个小男孩,坐在和他相隔几排的座位上。孩子瞟了他一眼,又目不转睛地去注视邻座上一个漂亮女子。勃里索用温情的眼光观察那个男孩,心想,他的儿子就该是这个模样。但是,他有把握肯定那男孩正是他的儿子吗?

他多么缺少这样一个儿子！为了他自己,为了他的家庭,为了满足感情上的需要,为了将他的声望,荣誉,财产和使命遗留给他的亲骨肉,为了满足这种自然的快乐！为了能够用合适的口令来回答阴森森的问题:“有什么用呢?”因为卡戎[1]拒绝给没有儿子的人摆渡。那是没有前途的族类,死后不能再生的人。

可是这类痛苦是不足为外人道的。如果他不是一九一五年的一个夜晚在赌场上偶然碰到西尔薇,决不会向任何人倾吐衷情。那天勃里索和几个正派太太一同去赌场,她们是好奇,而不是赌场的熟客。西尔薇(那时她尽量吃喝玩乐,虽为期不长,但内容充实)的男伴认识勃里索。在晚餐桌上,两人互相交换女伴。勃里索不认识西尔薇了!可是她主动提醒了他。他对于这次偶然的会面表现了出人意外的激动。过去他才不把一个当女缝工的小姨子当一回事！有这样一个小姨子,他并不觉得体面。这一点,西尔薇是全知道的。可是这次意外遭遇使她觉得好玩。这时的勃里索,已经不能控制自己什么该说什么不该说了。西尔薇设法让他打开了话匣子。勃里索情不自禁地、贪得无厌地一个劲儿打听安乃德和玛克的情况。对于安乃德,勃里索并不掩饰他的怨愤。西尔薇点点头。她在勃里索的宿怨中,不难察觉气愤和遗憾的成分。对于孩子,他表示一种如饥似渴的深切关怀。他打听孩子的健康、学业,他的成绩和生活条件。西尔薇把她的外甥夸耀一番。有这样一个外甥,她做姨母的脸上也光彩。这使勃里索的爱子之情更加高涨了。他向西尔薇说心里话。他要是能见到他儿子,让他儿子留在他身边,和他在一起,该多么高兴！他表示愿意保证玛克的前程。

第二天,西尔薇把勃里索的话全告诉了她姐姐,安乃德一听,脸都

---

① 希腊神话:卡戎老汉在阳界与阴界之间的河上摆渡。人死后,灵魂都要渡过这条河。卡戎对于一些他看不顺眼和不能回答他问题的灵魂,就不让他们上船。“有什么用呢?”可能就是卡戎提出的问题。

吓白了。她叮嘱西尔薇千万别让玛克知道。西尔薇才不跟玛克说呢！她和她姐姐同样把玛克看成不许他人染指的宝贝。她才不愿意放弃这个宝贝！她不掩盖她自己的真正情绪，她说："你想想，我怎么会去跟玛克讲这些！他要是知道了，还不把咱俩甩开！"

于是安乃德大发雷霆。她不愿意承认她"私藏"孩子。西尔薇却开门见山地笑着说："啊！怎么啦？人各为己嘛！"安乃德说，她把孩子留下是为了挽救孩子，卫护孩子，不让别人毁坏她在孩子身上培育的理想。但是她心里明白，她也是在卫护她自己！用了这么多比欢乐更为可贵的劳累与辛勤，抚育了他十五年[①]，把他抚养成人，却让那个人来抢走！那个人丝毫不曾操心，却要坐享其成。他从来不曾想到他该尽的义务，现在倒来争他的权利了，血缘的权利……这个敌人！办不到！

"我不公正吗？就算我不公正，不公正……对！我是不公正……这是为了我的儿子，为他的利益！"

*　　*　　*

他的利益，玛克自己会拿主意，独自一人！他不能原谅别人替他乱出主意。

他冷冷地和母亲分手，去进行"寻父"这一奇特的冒险行动，心中还怀着对母亲的怨愤。虽然他表面上若无其事，其实心里很烦乱。他将找到什么呢？这一天的活动会有什么结果，他是毫无把握的。他越往前走，越想转身回家去。现在他明白了，他这种行动是多么冒昧。然而他心想："我一定要去。冒昧就冒昧吧，如果必要，胆大妄为也不在乎。豁出去丢脸！……我要看一看。我一定能看到。"

他已经距离他所要找的地址不很远了。这时，他的眼光被一张布

① 上文说玛克已经十八岁了（虽未足岁），这里又说"十五年"。原文如此，不能妄改。

告上的一个名字吸引住……他的名字,他要找的那个人的名字! 布告通知当天下午召开群众大会,洛瑞·勃里索将发表演说。

玛克走到了开会的地点,一个训练骑术的大厅。还要等几小时才开会。玛克宁愿不回家,坐在路旁的条凳上等候。他背朝着路上的行人,反复思考他的行动计划。他如何走近那个演讲的人,如何向他招呼,在什么时候,怎样开口……完全用不着先说客套话,干脆单刀直入,对他说:“我是您的儿子!”

玛克重复地说着这几个字,一种恐惧之感使他舌头都僵硬了。在激动的心情中,他想起了德·布索那克先生[①]。这个小高卢人[②],你相信吗? 他居然哈哈大笑起来。受压抑的本能狡猾地寻找能减轻重压的消遣办法。舞台上的滑稽场面肆无忌惮地冲淡了他的激动心情。他吹着轻松的口哨,到近旁的咖啡店去喝一杯不加牛奶的咖啡。他坐在咖啡店门口的一个角落,眼睛一直注视着骑术大厅的门。门一开,玛克夹在第一批人中进入大厅。

他溜到第一排座位坐下,在接近讲台的地方。第一排座位是保留的。玛克被人向后边赶。一次、两次、三次,你要撵他多少次他就让你撵多少次,反正他固执地继续往前挤,终于在第一排座位上固定下来。当勃里索进场的时候,玛克为了看得更清楚些,站了起来,背靠一根铁柱,紧挨在讲台边。他自以为能无动于衷,实际上他竟慌乱到这种程度:直到勃里索就座之后他才发现他。玛克面对一件期待已久而终于实现的事,心情十分激动。对方完全不是他所想象的那个样子,不像是真的是他。可是他在那儿。眼前的现实给玛克一个非常突出的印象,使他所设想的一切倒坍了,像纸糊的玩具一样破裂了。再也没有什么“可能是这样,可能是那样的……”想象余地。他存在着,在你面前,和你一样有血有肉,不可能再换成另一个人,千秋万载不能再换……

① 莫里哀喜剧中人物。
② 指玛克。

“他！……这个人！我的父亲！”

多么大的冲击！一开始，仿佛有什么东西对他说：“不！”产生一种反抗的情绪。需要过一段时间，才能够接受现实。接着，突如其来地，他拿定了主意。没有讨论的余地了，事实摆在那里，我接受。“就是此人！”①

“而这个人就是我……是我？”

玛克以强烈的好奇心把目光投向对方的面部，细看他的五官容貌，竭力在对方身上寻找自己。

这个人高大粗壮，宽阔的脸庞刮得光光的；巨额广颡，鼻子挺秀，两个知趣的鼻孔可以不分彼此地嗅到玫瑰的香味和牛马粪的臭气，他的面颊和下巴都很丰腴，仪表堂堂。他脑袋后仰，挺起肥厚的胸膛。他是演员、军官、教士和田园贵族的混合物。

他和左右两边的人握手。他环视大厅，发现熟识的面孔，就挥手招呼，同时又像在倾听身边的人对他说话。他满面春风，呵呵地笑着，兴高采烈，东一句西一句地大声回答别人的话。他样子憨厚，语调一忽儿娓娓动听，一忽儿雄壮豪放，两者兼而有之……大厅上人声喧腾。这一大群老小孩，人人抢着说话，声音嘈杂。玛克无法听清勃里索在说什么，只听到钟声般的嗡嗡声……勃里索正得其所哉……

“我！我！这就是我！这一堆肥肉！这个笑声，这种不停地握手的劲头！……”

瘦小的玛克，面容憔悴，姿态骄傲，好像阿戈尔②的擂鼓手，他用严厉的目光静静地注视着那红光满面、热情洋溢的大胖子。可是，胖子很壮观！他有一股吸引力。玛克被吸引了。他小心提防着。他闻闻对方的气味，觉得气味不对头。他等着听对方发言。

勃里索开始发言。玛克整个被吸引住了。

勃里索用他那高明的演说艺术，一开始故意先不施展出全身解

---

① 原文为拉丁文。“就是这个人”，指耶稣在十字架上受难，头戴荆棘冠的形象。

② 意大利地名，一七九六年，拿破仑率领的法军在这里大败奥国军队。

数。他不用乐器,态度平静,纯朴,低声说话[1]。他知道,对于真正的演讲能手来说,要使震荡不宁的大厅屏息静听的方法之一,就是“弹钢琴”。有些人摆出大师的架势,一开始就放开嗓子,可是他们不能再提高一步。控制力先紧后松,听众的注意力就要分散了。然而勃里索却很坦率,很沉稳地向你走来,他是和你一样的人,你的一个同伴,你会伸手来和他互握。不过等他把你抓住之后,于是……于是你瞧着吧!

玛克什么也没有瞧见。他在吸饮演讲人的言辞。起初,他听不清一句句的话,只听见声音。这声音是温暖的,有感情的,它带着法兰西土地的气息,令人想起自己熟悉的田野的芳香。玛克在这声音中辨出了勃艮第方言中卷舌的 R 音。他母亲曾经竭力让他改正这个字的发音。他和父亲之间在这个卷舌音上原来存着一个秘密联系。语言,这是种族的特征,血肉关系中最亲密、最不易泯灭的部分。这种乡土的、雄壮而柔和的音调吸引住他,好比父亲抱着坐在他膝上的儿子。玛克心中充满热爱与感激之情,觉得很舒适,很愉快。他向演讲者愉快地微笑着。

勃里索开始注意目不转睛地注视这个小青年。

他有一个习惯,在演讲时,要在听众中间找一两个人作为他口才的反射镜。通过这种人的表情,他可以知道自己讲得怎么样,从而判断出演讲的效果和反应。他能够飞快地抓住对方发出来的信号,并通过这信号来掌握他演讲的方向。他的演说是在一个提纲的基础上临时发挥的,只有一些重要的段落是预先起草的,如同演奏协奏曲时,乐队的旋律和 raplapla[2]。站在演说者对面的阿戈尔小鼓手,两只含笑的眼睛在他兴奋得发烧的脸上放射光芒,这是演说者绝妙的反射镜。

勃里索在这面镜子里照见了自己,心情大为振奋。

可是,这面反光镜却又骤然间黯淡失色了。

---

① 原文为意大利文。

② 音乐术语,节拍之意。

玛克听清了演说者的语句。

勃里索的魅惑力消失了。他飞腾的辩才已经被目光锐利的小青年看穿:它的翅膀是假造的。听得出神的群众,在玛克身上产生一种直接的效果。他们使他提高警惕,并且抑制住了激动的心情。玛克是这样一类人:常常本能地提防自己受到群众感染。他提防自己像一般群众那样被演讲人的美妙声音深深地迷惑。他对此有极深的反感和抵触的情绪。从他提高警觉时起,从对方口中吐出的一切,以及从他自己心里发生的一切,都得经过他的严厉审查。

勃里索面对被他征服了的群众,大吹大擂宣扬"不朽的原则"①。他歌颂法兰西国土的英雄使命。这国土是新旧世界经受锤炼的永恒铁砧,是陈列祭品的神桌,也是为各国而牺牲自己的殉道者。迦太洛尼克原野、波瓦基埃、马纳河和凡尔登②;贝丹、巴亚、芒坚、查理·玛代尔、霞飞、圣女贞德③……法兰西国土不知疲劳地对人们的安全和幸福做出贡献。她已经二十次被屠宰,二十次得到再生。在全世界,法兰西是在捍卫自己的同时又捍卫了世界的唯一国家。

勃里索谈到:协约国团结得像金箍铁圈一样坚实,它们用热爱卫护着法国,正如查理大帝④麾下的一群猛将。勃里索访问过协约国。他根据亲眼见到的情况,颂扬星旗招展的姐妹共和国⑤的崇高无私的援助。她不要求任何代价,赶来偿还欠拉法耶特⑥的旧债,来替被践踏的人权报仇……慷慨大度的英吉利……忠贞不渝的意大利…… 自十字军时代以来,还没有见到过这样的场面! ……古代的十字军战争所争夺的是基督坟上的一块石板,然而今天的十字军,最伟大的十字军,则与此不同。今天是新的基督在砸碎被奴役的人类的坟墓,等等……

① 指"自由、平等,博爱"。

② 这四个地名都是法国历史上反抗外敌入侵,打决定性胜仗的地点。

③ 这六个人名,都是法国历史上反抗外敌入侵,做了伟大贡献的人物。

④ 或译:查理曼大帝(742—814)。

⑤ 指美利坚合众国。

⑥ 拉法耶特(1757—1834),法国将军,曾率领法国军队援助美国独立战争。

他说:以狰狞的日耳曼帝国为单独肇事者和唯一罪魁的这场罪恶滔天的卑鄙行动,将和这个帝国同时被粉碎。所有的政治与社会的罪行,都来源于这个国家,都来源于这个垃圾堆:下流无耻的专利暴君和堕落的群众、容格[①]贵族、冒牌的社会主义者、黑奴贩子、毕克肖尔[②]、克鲁伯[③]、黑格尔[④],俾斯麦[⑤]、特赖奇克[⑥]、威廉二世[⑦],以及兽性的残酷行为,萨达纳巴尔[⑧]的疯狂呓语,还有以上帝自命、四肢爬在地上狂吠的尼采[⑨]。各国人民在呻吟,战争的废墟在冒烟。在清白无辜的比利时,在神圣的波兰,在兰斯[⑩]和卢凡[⑪],黑色的秃鹰在不设防的城市上空盘旋,肆无忌惮地屠杀妇女与儿童。然而法国洁白的鸟儿冲向敌方的猛禽,驱散它们的行列,飞过莱茵河,到罪恶的族类头上投下惩罚的炸弹……解放的日子就要来到。解放了的欧洲、亚洲、非洲各国人民,将要在自由法国和自由英国的热情保护下,畅饮自由之泉;欧洲大陆上最后一个帝国正在崩溃。法兰西共和国展开了翅膀。吕特[⑫]的天使,凯旋门的英灵……前进吧,祖国的儿女们!

他说:我刚刚从前线回来。奇妙得很!那些孩子都在欢笑。奄奄一息的伤员们在欢笑,他们说:我们的生命很短促,但是很好,我们没有浪费时间,有人建议把他们转移到后方去。他们反对,说:决不!把我挂在铁丝网上吧,我可以阻挡敌人通过……

① 德文:年轻的贵族;农村小贵族。
② 拉伯雷《巨人传》中的人物,喜欢侵略与夸口的君主的滑稽形象。
③ 德国最大的冶金工业与军火制造商家族。
④ 黑格尔(1770—1831),德国哲学家。
⑤ 俾斯麦(1815—1898),普鲁士政治家,军国主义者。
⑥ 特赖奇克(1834—1896),德国历史学家。
⑦ 威廉二世(1859—1941),德国君主,第一次世界大战后被废黜。
⑧ 传说中的西利亚暴君。
⑨ 尼采(1844—1900),德国哲学家
⑩ 法国名城,第一次世界大战中遭受严重破坏。
⑪ 比利时名城,第一次世界大战中被德军严重破坏。
⑫ 吕特(1784—1855),法国雕塑家,巴黎的凯旋门上有他的浮雕,其中一个天使,以自由战士的象征闻名于世。

玛克听得脸都羞红了,眼睛里闪着冷冰冰的光芒……演讲者多么善于“打动”这群笨牛似的听众,用他那些空洞的言辞。庸俗的手法,卑鄙的谎话!……玛克用鄙视的冷淡目光注视着那个辩才纵横,满面流汗的演说家。勃里索已经感觉到这个听讲者的思想正在发生戏剧性的变化,但他不明白为什么。他试用各种陷阱,企图重新抓住这个猎物。对方的眼光在审判他,使他感到迷惘,他不敢再看他了。可是当他继续高呼“法兰西……举国一致的法兰西……”时,依然不慌不忙,以一个训练有素的老手的本领,发出一系列的和声,但他所不放心的是头脑中保留着这个小青年的形象。他已经认识这个形象,却想不起来在哪里看见过他。可是他正忙于铺排对仗工整的演讲词,不能中断他的思绪,去追溯记忆中的模糊痕迹。

他用高亢有力的音阶结束了他的演讲,余音绕梁,几百次地回荡在全大厅听众的高呼声中。大家站起来,呼喊,叫好,挤向讲台,抢着和那位伟大的公民握手。人们激动得脸都涨红了。大家互相招呼,有说有笑。有的人眼眶里充满泪水。勃里索喜形于色,轻松愉快,向侧面的那个倔强的小家伙看了一眼,心想:“这回他该认输了吧?”

角落里已经空无一人。玛克不见了。

玛克不能忍受这种臭气熏天的雄辩,他没有坚持到最后。他突然站起来走了。可是,当大厅中爆发雷鸣般的掌声时,他还在门口。他回过头来,翘起嘴唇,表示不屑一顾。他对那座发狂的大厅和胜利的演讲者又看了看,然后向外走去。到了街上,他恶心地吐了一口唾沫。他自言自语地说:“我发誓,无耻的人群,我决不让你们给我鼓掌叫好!”

在同一时刻,正在大厅中和他的景仰者们高声谈笑的勃里索,终于把他念念不忘的那个人的形象摆对了位置:他就是他在公共汽车上遇见过的那个小青年。

*　　*　　*

玛克大踏步向前走。他在逃跑。他逃开使他失望的那个地方。可是失望的情绪是逃不开的。这天早上他来的时候走的也是这一条路,和现在相比,上帝!世界发生了多大的变化!虽然早上来的时候,他并没有敢抱过高的希望,但是仍然有一个希望在振奋着他。他将要看到那个人了,心中多么高兴,多么激动!那个人能给玛克何等热烈的爱和赞美的需要!当他听到他的声音时,他差一点要跑过去抱吻那个人……和他抱吻!……多么恶心!……他想到这里,擦擦嘴唇,好像真的吻了那个人似的。

令人作呕的修辞家,法利赛人[1],伪善者!……撒谎者!撒谎者!撒谎者!他欺骗法国和他自己。欺骗法国,那是法国自己的事,如果法国喜欢听谎言,如果她愿意受骗上当。可是欺骗自己,那是不可饶恕的!是堕落……恶心,他觉得他令人恶心,也觉得自己恶心!因为自己是他生的。我是这个说谎者的儿子,我身上也有谎言!

玛克像一个狂怒的人一般向前走去。他走到塞纳河畔,俯身望着下边的河滩。他恨不得把自己的血,自己的肉,都洗刷一遍,那样才能刷净身上沾染的恶臭。正如一般十七岁的充满激情的青年人一样,玛克不讲理性,也没有怜悯之心。他从不想一下,那人可能是好人,可能是弱者,正如一般人一样,如果他找到他的儿子,他也会疼爱他的儿子。因为,正和一般人相似,这个人在他的一大堆弱点、谎话和污点之下,也会隐藏着一个保持纯洁的情操和完整真理的神圣角落。玛克也不想一想,老一辈学校出身的人,那些搬弄辞藻的家伙,那些古代式的夸口的人,(冒牌的“古典式”,骗人的“高卢——罗马式!”)他们从童年开始就习惯于崇拜辞藻,同时他们也是辞藻崇拜的受害者,正如演戏的人一样,是“喜剧演员,悲剧演员……”[2]。这些老一辈的人即使愿意,也不能够在堆积如山、令人窒息的辞藻下面,重新找到和现实的联系。

---

① 古代犹太教中的一个派别,相传其成员都是口是心非、言行不一的人。

② 原文为意大利文。

可是这正是玛克最不能原谅的一点。一个出身于优良种族的青年刚刚进入生命的狩猎场,宁愿犯罪也不甘心选择下流无耻的虚弱,以及表示这种虚弱的饶舌！因为,如果犯罪可以使犯罪者丧失生命,而下流的虚弱,则是还没生下来已经成为死婴。

"优良种族……"玛克的种族是撒谎者的种族。

"决不……"

他知道,他觉得他的种族影响着他。现在他承认自己身上有虚假的成分。他意外地发现自己在模仿那个演说家的姿态和声调。他记得,在他看到他所模仿的样板之前,他已经自发地玩过这一套把戏。他想抛弃那个人给他的遗传,但是白费力,他身上仍然有这种遗传。

"决不！决不！他与我之间毫无关系！我身上没有他的丝毫东西！万一,不由自主地,我成了他的副本;如果他在我身上重新出现,如果我再搞这一套,我就自杀!"

玛克彷徨了几小时,走得筋疲力尽,而且腹内空空。夜已经来临。他不想回家。有什么脸见人呢？承认自己大失所望吗？

从他身边,走过一个受了重伤的残废军人。那人面部受伤,挖去了一只眼睛,面颊的一侧有道深沟似的创痕。好像是被融化的铅液烧伤的。一个头发灰白的平民妇女,扶着残废军人的手臂,用充满热爱和痛苦的眼光卫护着他。他紧紧靠在她身上。

于是在玛克发烧的思想中,"她"重新出现了:他的母亲。她高傲的面容和沉默,她的充满考验、充满没有玷污的激情的生活,她的完整的、没有谎言的灵魂,她对辞藻的鄙视,她那没有伴侣的深深寂寞,她坚毅不屈的意志——曾经引起玛克反抗和咒骂的意志,今天他祝福她的这种意志——还有她不折不挠的坚持真理的精神……面对他刚刚认识而又立刻否定了的那个人,那个哗众取宠的人,母亲的形象更显得高大了。现在他理解了,他珍爱她妒忌的激情,她怀着这种激情和他父亲争夺儿子,他珍爱她的不公正……

“不公正！不公正！……‘我吻你的双手……’我为你祝福！”

于是他想起昨晚和今晨对母亲的冷酷无情。这种冷酷反弹在他的脸上……他迈开大步向前走去,向他母亲走去。他让她难受了。他要去挽回他的过错。谢谢上帝,他还来得及……

* * *

他走到楼梯下,门房太太叫住了他,说:“你妈受伤了……好险啊,差一点儿！……”

他没等门房太太说完,就三脚两步奔上了楼。来给他开门的是西尔薇。她面部表情严厉。他喘着气问:“我妈呢?”西尔薇说:“你倒还想着回家?我们等候你一整天了！”

他毫不客气地推开西尔薇,赶忙往里走。他推开母亲的房门。她躺在床上,头上用布包着。他轻轻地惊呼了一声。她看出了他的激动,赶忙对他说:“没有什么,我的孩子……我太笨了,我摔了一跤。”

玛克很着急,用他微颤的手去抚摸他母亲。西尔薇一把将他推开:“得啦！让她安静待着吧,先别动她！”

接着,西尔薇用怨气未消的语调,向玛克叙述事情的经过。安乃德目光盯着儿子的脸,纠正西尔薇的叙述,把事故说得轻一些,勉强说些打趣的话,自己埋怨自己……

下面是安乃德自己没有对玛克说的话:

早上,儿子一走,她就心慌意乱,不知如何是好。她自言自语地反复说:“他要抛弃我了！”

她一点指望也没有了。为了一直等到夜晚,她要勉强自己干点活,她说:“不管他是不是要抛弃我,我可不能自暴自弃。”

尽管她疲乏极了,还强使自己清扫了一次房间。她擦洗楼板,擦亮铜器,又去擦玻璃。她登上一架可以折叠的小梯子。她刚刚擦完临街的窗子,正在挂窗帘……也许是梯子滑了一下,也许她发生了几秒钟的晕眩,也许是由于过分疲劳与操心突然发生了自我意识的消失,总之来势异常迅猛,连她本人都不知道是怎么回事……当时安乃德已经发现自己摔倒在楼板上。她本来很可能会从窗口摔到街上去,因为梯子滑了一下,倾斜到一边去,把窗户撞得关上了。玻璃打碎了,安乃德额角和手腕受伤出血,她想站起来,可是踝骨剧痛。她知道这是右脚脱臼了。房东太太听到玻璃碎片落在街上的声音,上楼来看;西尔薇得到通知也立即赶来了。

虽然安乃德摔得很重,直到这时她还觉得疼痛难忍,但是使她不高兴的倒不是受了伤,而是在最不该发生意外的这一天偏偏出了事。她不愿意在这天需要别人来援助,尤其不愿意显出好像在向玛克乞怜的样子。她觉得这样对于玛克和她自己都是丑恶和丢脸的,她使出全部毅力,想要站起来,然而伤痛刺骨难忍,心脏承受不住,她不得不让人把她放在床上。她觉得自己受了屈辱,反复说:“他回来的时候,会说我什么呢?”

并且,由于疼痛使她丧失了一部分自我控制的能力,她在她妹妹再三询问下,向她透露了自己心神不宁的秘密,西尔薇知道玛克去寻找他父亲了。她不愿意去想这件事,因为正是她充当了中介人。她觉得安乃德太蠢,不应当把什么都告诉她儿子。可是在这时候责备安乃德是不适当的。于是西尔薇就迁怒于玛克。她和安乃德一样,毫不怀疑这个孩子现在要抛弃她们了。西尔薇知道玛克自私、虚荣,为了他自己快乐,他会毫不犹豫地牺牲别人。但是她却并不因此不喜欢他,反而更喜欢他了。她在玛克身上认出了她自己,因此她不原谅他。如果他抛弃她们姐妹俩,她永远不会原谅他。可不?……木已成舟!他这么晚还不回来,一定正在勃里索家里同他共进晚餐,这还不是明摆着的吗?她决不接受任何道歉,决不同意任何相反的可能性。她一个人的不公正,超过安乃德与玛克的不公正的总和。

这会儿玛克已经回来,西尔薇每一个眼神,每一句话,都冲着玛克发泄她的敌意。玛克缺乏耐性,气得毛发倒竖,以他的敌意面对西尔薇的敌意。然而安乃德却十分谦卑,她只希望玛克原谅她,好像她躺在床上倒是犯了什么过错。西尔薇的语调使玛克受不了,安乃德更受不了。她想叫西尔薇住嘴,她说:“得啦,够啦!……不要再说我了,这不是什么重要的事……”

什么是重要的事?玛克心里明白。安乃德也明白。西尔薇也不是不明白。但是她固执地不肯走。只要西尔薇在旁边,玛克就不肯开口。安乃德用眼色恳求西尔薇走。西尔薇故意装作不理解……接着,突如其来地,西尔薇把手上拿着的一条毛巾一扔,一言不发地站起来,走了。

母子二人单独在一起了。双方都在等待。怎么说?从哪儿说起?玛克瞧瞧安乃德。她避开他的视线。她害怕。她不愿意对方从她眼神中看出她在害怕。她不愿意影响儿子要做的决定。

玛克在房间里踱来踱去。他憋足了劲,然后开始叙述他这一天的经历。他又看了他母亲一眼。她一动也不动,眼睛注视着床对面的窗子。他停住不讲了……他径直向她走去,跪倒在床边,隔着床单用嘴唇吻母亲的双膝。他把双臂伸直,放在母亲身上,说:

“你是我的母亲,也是我的父亲。”

安乃德转身向着墙,激动得哭起来。

尾　声

你驾着人类之舟，
横渡痛苦之河！
醒来吧，这不是你睡眠的时候！
——菩提迦各瓦达拉

水闸把所有的闸门——所有的动脉，一齐打开。人员的征发在加速进行。二十岁的人已全部开拔。十九岁的人已经召集起来。十八岁的人明天也要召集，玛克快轮到了。

母子二人都在想这件事，可是两人都不说，安乃德不但害怕战争，也害怕玛克闭口无言。她担心他是怎样想的。既然她害怕他所想的，也就是说，她已经猜透了他的思想。

跟谁去诉说她满腹的忧愁？如果只关系到她一个人，她满可以把忧虑放在心里，不对别人说。可是这关系到他，到哪里去商量商量？西尔薇？刚刚开头说两句话，西尔薇就按照她的老习惯喊起来："战争吗？不到半年就要结束了。德国佬已经支持不住了。"

安乃德回答道："你每隔半年都说这么一句！"

"这一回可是真的。"西尔薇满有把握地说。

"单凭你的信心，还不能叫我放心。"安乃德说。

"既然关系到玛克，我也不放心，"西尔薇说，"如果只是别人的事,我们估计错了没有什么,这是没有什么后果的。但是为了我们的孩子,估计错了就是犯罪。你说得对。万一战争延长!跟这些蠢蛋在一起,谁知道他们搞什么玩意儿?一切都像要结束了,他们又重新开始。目下犹太人也加入了舞蹈。以后,中国和巴布[①]也将参加。嗨!他们要跳多久,随他们便!但是我们的玛克不参加!"

"怎么?"

"我不知道。但是他们甭想要他。战争吃掉了我们的丈夫,我们的朋友,我们的情夫,这,我们同意,他们都是过来人了!可是我们的孩子,他是我们的,是给我们的。我到手了,我抓住他,我不放手!"

"所有的母亲都把自己的孩子给了他们。"

"可是我,我决不把我的儿子给他们。"

"你的儿子?"

"我们的儿子。咱们两人都有份!"

"请问用什么方法?"

"方法有一千个。"

"我只问你一个。"

"我们有的是朋友……你那个菲力普·维亚,现在已经成了外科军医官,全军稽查!他要是肯保护玛克,不会有困难。"

"你以为我会去向他求情?"

"为什么不?办这点手续你就吃不消了?骄傲的家伙!我呀,要干多少就干多少!为了救我的孩子,如果必要,把我的身体给过路人,你以为我会犹豫吗?"

"为了我的儿子,我准备把我的任何骄傲,公正的和不公正的,都踩到脚底下去!但是为了他,要对他有好处。"

"难道这不算对他有好处?"

"我丧失自己的尊严,这不符合他的利益。因为我,就是他自己,

---

① 新几内亚黑人。

他不会原谅我的。去办一个使他丢脸的手续,我不会原谅我自己。”

“救他,这算是侮辱他吗?”

“如果有人这样救我,我会感到受了侮辱。”

西尔薇发火了:“瞧,这样的母亲!……但愿我能救他,他受羞辱,他不原谅我,我才不管这一套!……那好,如果你不干,我去干……”

安乃德喊起来:“我不许你去!”

“你什么也不能不许我干。”

“啊!”安乃德说,“你以为只要让他脱离危险就行了?”

“你还害怕什么?”

安乃德害怕玛克去主动寻求这种危险。

* * *

玛克和他的书籍以及他的思想一起关在房间里。虽然母子俩的心现在已经由热烈的亲密关系连接起来,玛克却成天关在房中,不言不语。安乃德尊重他的隐退生活。她等待他来找她。她意识到他正在进行一项艰巨的工作,思想成熟和纯洁化的工作。四年来的思想危机正在得到解决。

他竭力将严格的自我检查进行到底。他判断自己和判断别人一样,丝毫没有怜悯之意。他天性趋向于反抗,为了从这种天性的热烈召唤中解脱出来,他给自己订立了硬性的纪律:严格地生活,严格地思想。最后几场搏斗也是很猛烈的,他已经焦头烂额,身负重伤,好比在强烈的羞耻感与良心混合的热汤中洗了澡。然而从灰烬中,产生了一颗坚硬、紧密而且不能腐蚀的心。

包围他过分早熟的年轻头脑的各种思想,书籍中的、哲学家们的和他同辈的合唱队大师们的思想,都经不起自我检查的考验,很少能勉强站得住脚,剩下的不到四小撮。一切都是空洞的字句,没有真正的血肉。在这些字句之中,没有一句代表具体的内容。只有一句例外。那是用铁水浇注和锻造的机器时代的产品,它使人类成为另一种没有自由的机器,其中一个阶级压碎另一个阶级,盲目地,好比一把沉重的锻锤。没有任何自由的行动。没有任何灵魂的行动。没有任何自由的灵魂采取行动。没有任何意志,冲破思想之云,冲破在运动中的物质的巨大凝结体而出,像闪电一般。

然而火在云下奔跑,在冷却的外壳下,在空气中,在地底下,在水中奔跑……

一天晚上,玛克拿起亨德尔[①]的作品(他通过亨德尔读圣书),在《以色列》中,他读到这一句:“他说的是字句……”[②]

他明白了。

*　　*　　*

居民楼上的血一滴一滴地在流失。

四年以来,一层楼的煤炭商人一直发烧似的热衷于赚钱,努玛·拉乌沙,他出售木柴,兼营小咖啡店,生意兴隆。这个得意扬扬的家伙身上包着三层肥油,面色红润,汗湿淋淋,大声叫嚷,趿拉着一双旧鞋。他有的是钱,身体又壮,高兴得要命。现在,他的财产已经积蓄够了,只等他儿子回来,就要像费罗普曼[③]一样,隐退到他早已购置的田地上去。但是他的儿子不回来了。有一天,格罗维斯的躯体挂在铁刺网上不动了。噩耗传来的那天早晨,人们听到从楼下发出的一种牛叫似的声音,好像牛在一个笨拙的屠夫棒打下拼命发出的叫声。多少年辛苦积攒的钱,都落空了。这肥胖的人一下子中风了。稍后,他又能站起来了,可是舌头转动不灵,一只眼睛变了形,人们听不见他说话;酒桶的底穿通了。

---

① 亨德尔(1685—1759),德国作曲家,后入英国籍。

② 原文为德文。

③ 古希腊政治家,将军,抗击罗马入侵的爱国主义者。生于公元前三世纪。

不久后,传来了温柔的丽蒂亚死于流行感冒的消息。那时,她在敌我两军炮火交叉下的阿多亚野战医院中护理伤员。很久以来,她等待着这一天!现在,她可以去和她未婚夫会合了。唉,她怎么能不相信死后与未婚夫会合,她是多么愿意这样相信!但是,不像那些可怜的人们所设想的那样,这不是一个简单的愿意不愿意的问题。“愿意”只不过是打开灵魂门厅的大门而已。可是还要停止在最后一扇门前,对于有价值的灵魂来说,这扇门是最重要的。上帝,如果她相信有这样一个地狱,在那里,她将和她的未婚夫一起永远被焚烧……不论她相信与否,反正现在她已经解脱……真的解脱了吗?这朵温柔的肉体之花,今天已经还给土地。土地将用她的血肉,揉合成新肉体之花,再让死亡的牙齿来咀嚼。

再就是卡尤的儿子埃克多回来了,一个光荣的伤员,失去了鼻子和上颚骨(国家慷慨地送给他一副新牙床,注册商标,包用两年,也许三年,如果用得小心)。他双手微颤,两腿发抖,好像刚刚学步的小娃娃。但是他得了勋章。他母亲用怜悯慈祥的目光拥抱着他。这目光无论如何是幸福而自豪的。他们出门时,儿子靠在母亲手臂上,一跛一拐,重温久已成为习惯的散步。他们生活很困难,但只要有耐性,日子是过得下去的。卡尤母子二人觉得他们很幸运。

约瑟凡·克拉比埃成了后方民心的监察官,把他珍贵的健康,甚至他的理性,都用于这崇高的官方差使上。叛徒们的缺点是夸张。新的使命使他挺胸凸肚,追究他过去的同伴们,以及他自己也曾经信服过的和平主义信念与学说。最后他大呼受到了迫害,他自己也是受迫害者,因为他追究的那些人都蔑视他,转过头去,不理睬他。他大呼侮辱他就是侮辱祖国。对于别人来说,他是个危险的人,对他自己也同样危险。他搬家了,很快就搬到疯人院中去了。

可是勃洛雄日子过得很兴旺。他是这座楼的看守人。像俄瑞斯忒斯[①]一样,他被任命为“治安保卫”,名与实恰恰相反。

---

① 指希腊悲剧家埃斯库罗斯同名悲剧中人物。

玛克在走过看门人的住处时,对他母亲说:“简直叫人觉得是在拉歇兹神甫公墓。你瞧见那个墓园看守吗?走吧,妈妈,上楼去,回我们的鸽巢[1]去吧。”

“上楼吧,我的小鸽子。”安乃德微笑着说。

母子二人用暗示的语句,表示他们对某些家庭同情的悲戚,对另一些家庭的反感,以及对于巨人波吕斐摩斯[2]的石窖(包括家庭、城市和世界)中每一个耐心等待着被吃掉的人的悲戚。

于是玛克说:“现在该轮到我被吃掉了。”

安乃德紧紧抓住玛克的手臂,说:“不,别这样说!”

稍后,她后悔没有让玛克说下去,以便知道他心里在作什么打算。

玛克默默无言地注视着母亲,在她的房间里,玛克坐在母亲脚边的矮凳子上,双手抱着抬起的膝盖。他用坚定的目光,长时间地注视她。而她呢,在孵育小鸡……上帝,她是完全属于他的!可是他不想滥用这种特权,她是他的财富。

他对她微笑着说:“真是怪事!在战争发生前,我们俩谁也不是和平主义者。”

“扔掉这个词儿!”安乃德说。

“那倒是真的,他们把这个词玷污了。原先把它挂在嘴边的人,现在都否定它。”

“如果他们坦率地否定,倒也好。可是他们一边背叛它,一边仍用它作幌子。”

“让他们去保留着这个词儿吧!”玛克说,“可是我们现在否定战争,以前却并不反对战争。回想当初,战争还使我高兴呢!你呢,你也接受了战争。什么东西使我们改变了看法?”

“战争的卑鄙性。”安乃德说。

---

① 原文为拉丁文,本意是鸽巢,后来用作罗马公墓中存放骨灰盒的格子墙的名称。

② 波吕斐摩斯,希腊神话中的独眼巨人,他把俘获的活人关在山洞中,然后一个个地吃掉。

“战争的谎言。”玛克说。

安乃德接着说：“当我看见对弱小者的藐视，对放下武器的人，对俘虏，对人身痛苦，对神圣情操的藐视；当我看见这种被利用的卑鄙本能对良心的压制，这种在舆论面前胆小如鼠的畏缩；当我看见那些被人化装为英雄的绵羊后来由于驯服的本性真的变为英雄；当我看见那些诚实人被强迫去杀人，那些懦怯的群众不认识自己团结起来的力量，却让一小撮坏蛋牵着鼻子走，当我看见这一切，我充满痛苦和耻辱的良心不能不起来反抗！”

玛克说：“当我看见这个卑鄙龌龊的战争掩盖着它丑恶的嘴脸，这群戴假面具的家伙，这些掌握弱肉强食权力的下流之徒，从人们背后伸手摸人衣袋的小偷，看见残酷的奴隶制度自以为高唱‘自由’这个变质的词儿就可以叫我们上当，还有虚伪的英雄精神等，我要冲着他们的面孔哈哈大笑！”

“千万别向他们挑衅，他们人多势众。”

“正因为这样，最卑鄙的暴君是一百万卑鄙家伙的集合体。”

“他们不知道自己在干什么。”

“趁他们不知道，人们就把他们锁在一条铁链上！”

“你太狠心了，孩子。应当有怜悯之心。他们早已被锁在铁链上了！他们一向就是被铁链锁着的。这是‘民主’的巨大骗局。有人对他们说，他们是至高无上的人民。他们相信了。人们可以随便处置他们，无异于拍卖场上的牲口。”

“对于至高无上的蠢行，我不能有怜悯心。”

“最愚蠢的人也是我们的兄弟。”

“兄弟，这句话一点意义都没有。我是这只狗的兄弟，在街上的垃圾堆里翻腾的这只狗！但是，我和它之间有什么共同之处呢？”

“生命。”

“对，彼此都有一死。但是，这一点是不够的。”

“此外还有什么？”

“你自己知道,还问我?那就是生与死都不能损坏的永恒的种子。”

“可是这个永恒的种子在哪里呢?在我身上,唉,我不知道有什么永恒的东西!”

“但是你所做的一切,你之所以为你,如果没有永恒的种子,都是不可能这样的。”

“我的孩子,对我说来,你太博学了。我做我觉得该做的事。我诚实地去做,但是我常常做错。我承认,在我这岁数,我还不理解。也许我不需要理解。”

“可是我,我需要理解,我需要看清楚我到哪儿去,为的是可以到我要去的地方去。”

“为了要去你想去的地方……”

“不论什么,我都要瞧瞧。”

“那么,你看见什么呢?你要什么?你要到哪儿去?”

玛克没有回答。

安乃德鼓起勇气,连嗓子眼里都感到紧张,她问:“万一战争要你去,你怎样对它说呢?”

“我将对它说:不!”

安乃德预料到了这个回答。她听到之后,把双手一伸,可是已经晚了一步,来不及阻止他这样说。她说:“别这样说!”

玛克从容不迫地问:“你愿意我说‘是’?”

安乃德抗议:“也不要说‘是’。”

玛克静静地观察他母亲。她在挣扎。(该怎样回答玛克,她本该早有思想准备。)玛克以尊敬和怜惜的态度静待母亲从杂乱的思想中整理出一个头绪来。但是,她的回答形不成论点。她只能把极感动的心情贡献给对方:“不!不!什么都别决定!你还不能知道、不能判断自己。你等一等再说!以一个还没有生活经历的孩子的匆忙否定来决定你整整一生,这是犯罪!”

“你已经生活经历过来了,你说该怎么样呢?”

“我是女人,我不知道,我没有把握。谁也没有指引我。我只凭我的本能和我的心行事。这是不够的。”

“对,这是不够的。可是,到什么时候才够呢?即使到了生命的尽头,有谁能说他知道,他有把握,他把一切都研究过了?难道必须永远等到明天才能采取行动?一天天推迟,拖延到最后一天,人已经堕落了,卑劣了,出卖了自己,和芸芸众生一样。什么时候我才有权生存下去?”

安乃德不愿意理解他说的这些话,(她已经十分理解了!)她说:“你没有权毁掉你自己。”

“我要的不是破坏,而是建设。”

“建设什么,为谁建设?”

“首先为我自己。建设一所干净的房子,我可以在其中呼吸。我不能忍受生活在谎言的猪窝里,和那些人一样。况且,我刚才对你说的话,说得过分了一点。你说我狠心,我是狠心。应当狠,如果要援救你所怜悯的那些人。也是为了他们,必须把房屋建造起来。”

“这不是朝夕间能完成的事。为了建筑房屋,首先要活下去。”

“房屋的基础必须耐久。最高的建筑也是从一块石头开始的。‘用石块堆砌’①。我是石头。”

“你是玛克,你是属于我的。”

“我是从你身上来的。我是你制造的。”

“但是,你要牺牲我,你没有这个权利。”

“妈妈,这是你的过错。你要求我真诚,做一个真正的人,真实的人。我不知道能不能办到。但是我愿意试一试。……让我们坦率地说,所有的祸害都来自谁也不敢真诚这一点,谁也不敢超过个人利益和激情受到威胁这条界线而坚持真诚。一碰到这条界线,人们就找一

① 原文为拉丁文。

个迂回的办法,自己和自己要滑头,像那些和平主义者似的。你愿意我是真诚的,但你不愿意我真诚到危及我们的幸福。这样好吗?坦率吗?"

安乃德固执地说:"对!"

"怎么,这是坦率的?"

"这样才好。"

玛克拉住母亲的手。这双手在设法滑脱。可是玛克很有腕力。

"请你注视我。你说的不是你心里话!……我要你瞧着我……回答我!我错了吗?咱俩谁真诚?是你还是我?"

安乃德低下头,说:"你。"

可是她立刻又喊了起来:"简直是发疯,我不愿意这样。"

她终于组织成了她的论点,她开始辩论说:"坦率要求每一个思想都坦率,不欺骗任何人,尤其在自己相信的事上不欺骗自己。可是坦率并不苛求我们去做办不到的事,它要求我们永远而且只是按照我们相信的事去行动。只有我们的精神是自由的。我们的身体是带着枷锁的。我们生活在社会的框子中,必须接受一个秩序。我们不能摧毁这个秩序,否则就会摧毁自己。即使这个秩序是不公正的,我们只能判断它,但是必须服从它。"

"妈妈,你在否定你的生活……你那些反抗、斗争,你不能为你自己或为别人而忍受不公正,你以为我不知道吗?我的伟大的不服从者,如果你不是一直如此的人,我不会这样爱你!"

"不,不要拿我做榜样!啊,这是我该受的惩罚!这是不公正的……我对你说过,你是知道的,我一直和盲人一样生活着。指引我的只有我天生的情感、女性的激情和一颗过分兴奋的心。在夜里,稍稍碰它一下,它就会吓一大跳。一个男子,我所生育的男子,不应当拿一个妇女做他的样本。他能够,因此他应当解脱天性的困扰。他应当看得更清楚,更远。"

"等一下!过一会我们再来谈这个问题,当我们谈到它的时候,你也许要求我回忆过去。现在,告诉我,你是不是要否认你那些‘不服从’的事实?”

“每次不服从都是一次失败。”

“但是,每次失败都是(你承认吧!)一次解放。”

“啊!我只不过在极大的痛苦中更换锁链而已,锁链多得数不清。人们从这一条锁链中挣脱出来,只是为了被另一条锁链锁住……也许,锁链是必须有的……”

“你说的是反对你自己的话。直到你生命的最后一天,我还会看到你用锉刀锉你的锁链……”

“我这样做也许是错误的?如果目光短浅的本能在摇撼锁链时冒着使自己和别人更痛苦的风险?也许应当放弃一切,作为保持秩序的代价?”

“妈妈,不要试图复述那个天才的自私者的话,不要像他们那样,宁愿要宇宙间的秩序而不顾人类的利益,宁愿安静地观赏世界而不愿为了反对当前的恶事采取危险的行动!对于歌德是允许的事,对于我们是不允许的。永恒的秩序对我们说来是不够的。我们呼吸在人间的秩序中。当这个秩序被非正义行动所恶浊化了的时候,我们的责任就是击碎玻璃窗,使人们可以呼吸。”

“在这样做的时候,你会割破你的血管。”

“如果我在缺口上倒下了,那也好,反正我打开了缺口,别人可以因此而呼吸得更舒畅。”

“我的孩子,你不相信人类,(你对我说过一百遍!)为什么现在你要为人类而牺牲自己?你不是常常讥笑我对人类的信念吗?我可怜的信念,它挨了那么多的耳光,以致今天它对自己已经不是很自豪,不是很有把握。”

“请原谅,我一点也不嘲笑你。不管你相信什么,在我看来,你总是高于你所相信的……但这倒是真的,我不喜欢人道主义和这种‘人道’,所有这些空洞的谎言,这些意识形态,这些字句上的幻想。我看见的是人,许许多多人。大群绵羊在逡巡,互相紧紧地挤着,互相碰撞着。它们转到右边、左边、前边、后边,同时它们的蹄子扬起思想的灰尘。我在他们的、我们的、全天下的生活中,看到一场悲喜剧,剧的结局还没有写出来,戏的情节由领导突击的意志坚强者即景生情,陆续编写。我是突击队的成员。我是被指定的,因为我是你的儿子,我是玛克·李维埃……我不能再后退。这件事关系到我的自尊心。不论我所参加的战斗队胜利或失败,我将干到底,毫不动摇。"

"这场战斗是什么样的战斗?我将参加哪个阵营?新的阵营还是老的阵营?谁知道?怎么能有把握?也许过去指挥未来,也许未来指挥过去。谁来向我们解释明白?常常,我生活在孤独的思想中,突然觉得自己很有把握。于是我想,我怎么会有把握的呢?如果不是因为胜利者(未来的上帝)在我身上?可是后来,当我看见别的人们,各国人民,也都同样充满把握,不相同的而且是对立的把握,这种对祖国或对宗教,对艺术或科学,对秩序或自由,对爱情的疯狂信念,使盲目和紧张的生活筋疲力尽的信念,我怎么能有这种虚荣心,固执地说'只有我的信念是好的'?"

"只有我的信念是我自己的。我没有两个信念。"

"我有我所爱的人们的一切信念,这就是我的把握:我爱他们。"

"你怎样能爱这许多人?有这样多的人值得爱吗?"

"爱或怜悯,这是一回事。"

"我不愿意受人怜悯。我愿意要另一种爱,有选择的爱,有偏爱的爱。"

"我只是过分地偏爱你了,残酷的孩子!为了保存你,我宁愿失去除你以外的整个世界。"

"那么好,请你和我在一起,请你跟我一样:选择!你梦想得太多,飘忽不定,好像潮涨和潮落,有时上升,有时降落,永不前进。必须前进,不惜代价。击碎一切,为了勇往直前,走自己的路。"

"但是,如果路的尽头是一垛墙?如果你发现只有你一个人?如果世界上别的人都在另一边?”

“他独自前进,走在最前头。可是,如果他单独往前走,那是因为他自己知道是拓荒者。一个孤单的人每前进一步,都是给全世界开辟道路。”

“这是一个‘信条’①。‘信条’很多,几乎有多少人就有多少‘信条’。我更相信人,不相信‘信条’。所有这些疯子,我很想抱吻他们,用同样的母性的宽宏大量。”

“他们才不稀罕呢,他们拒绝你的奶头。他们早已断奶了。我们必须相信、行动、破坏、行走、斗争,为了前进……你可听说过关于祖国的一句话:‘在沙漠上扎营……’?将帐篷的支柱和帆布扛在我们背上,让我们走向远处!”

“我的帐篷是固定的。它就是心的规律。在我看来,和永恒不变的神圣热爱、恋情、母爱相比,所有的社会义务,各种不同而且互相抵消的社会义务都是无足轻重的。谁要是伤害这些热情,就是伤害我。不论何处,如果它们受到威胁,我准备保卫它们。但是我并不走得更远。”

“可是,我呀,我要走得更远。每逢社会义务将对自然情操造成伤害时,必须用另一个更宽大更人道的社会义务代替旧的。时机已经成熟。整个社会,它的整个法律条文与宗教经文的道德,必须重新搞一套,也必定能够办到。我的整个生命这样要求:我们的理性,我们的激情,对今天已经过时了的《社会契约论》②的压迫性错误提出抗议。某些震撼人心的伟大力量之所以被法律判罪,之所以成为一种痛苦,有时成为罪行,都无非由于法律与制度的非人道性,这种法律与制度将变成酷刑的夹棍,强加于人性。为什么成千上万的青年当初把战争看成一种解放手段来接受?为什么一看见战争我的心就高兴得跳动不已?那是因为我们希望战争解放我们的手足。思想的秩序,陈腐的俗

① 原文为拉丁文。

② 旧译《民约论》,卢梭的名著。

套,猥琐的舒适生活,涂抹着令人作呕的理想主义脂粉的极度烦闷,无聊乏味、伪善,(你们当时的和平主义,你们的人道主义!)由这一切造成的令人窒息的腰带,戕贼了人性,扼杀了我们的生命之欢乐,这一健康、神圣的强大本能。我们以为可诅咒的腰带马上要绷裂了……不幸的人们!不幸的人们!他们提供给我们的解放,仅仅是肮脏的战争,它使我们沉沦于可耻与无用的痛苦与死亡中,而腰带重新紧束在我们身上。我们的青春戴上了镣铐,弯着腰站在拉巴吕①的囚笼里。必须砸烂,砸烂已死的和杀人的秩序,违反人性的秩序,比混乱更虚伪的秩序。必须砸碎这个秩序,另外建立一个更高、更大、更适合于将要来到和已经来到的人的新秩序。我们就是这样的人!我们要空气!更多的空气!扩大善与恶!他们和我们同时成长……"

"这些人,你在哪里看见过他们?我只看见在我身边的我的大孩子。我替他担心。为什么我让他生活在这个艰险的时代?"

"不要懊悔!不要为我叹息!这是疾风暴雨。大风万岁!你也万岁!你制造了我的肺部和翅膀!……你还记得我们念过的《最后的维根》②,这个挪威渔夫的现代传说吗?到最后,他从死亡中被援救出来,避开弗洛当③的风暴,安居于城市里不流动的空气中,就再也不能幸福了……算了吧!我宁愿属于这一时代,不愿意属于你那个时代。你们那一代人软绵无力地梦想冰冷的人类进步。在这幅幕布上,映射出的东西现在是灰暗的,千篇一律的。特权阶级用牙齿尖端品味着可怜的一点享受。苍白的快乐,苍白的痛苦,单调的讽刺与甜蜜……无聊,无聊之至。对于在下层受苦的人,对于我们,那是每夜都要转动的永恒之轮……今天,狂风怒吼,住宅成了废墟,阳光和大风一起进入我们的地窖。随时随刻,悬空的建筑物可能倒塌在我们头上,我们知道这一点。但是,通过隙缝,我们望见天宇,大风追逐,流云飞逝……对

① 拉巴吕,十五世纪法国人。曾因政治问题,被法王路易十一囚禁十余年。

② 十一、十二世纪间骚扰欧洲的斯堪的纳维亚海盗。

③ 挪威北部的群岛。

于生活,对于人,对于将要来到的一霎时,我们没有幻想。我们生活在荒诞而宏伟的深渊边缘,来去匆匆……我们肩上建立起朝夕之间的宇宙,不管它存在下去还是倒塌。"

"'我们'?谁见到过这些'我们'?他们在哪里?他们是谁?"

"第一个人将采取行动。其他的人将从此人身上产生。"

"可是他自己必将死亡。"

"对。"

"我不愿意这个人就是你!"

"刚才你说起这个母性,它梦想拥抱所有的人之子。现在,你的母性找到用武之地了。把你对我的爱推广到众人身上吧!"

"我刚才是夸口。我不能够!……啊!谁曾这样做过?这是不人道的。我在你身上爱众人,我在众人身上爱你。当你不在我身边时,我在众人身上找你。而现在,我找到了你,我还要拿你去牺牲?我不再需要众人,你就是我的宇宙。"

"但是,宇宙是在运行的。它有它的命运。必须和我一起跟随宇宙,即使它把我们引导到十字架上。你回忆一下'悲痛的母亲'①吧!"

"即使是她,也丝毫不愿意那样!她是被逼迫的。"

"我们都是被迫的,你和我。"

"被什么逼迫?"

"被我们的规律。"

"如果这规律是于我不利的,我为什么要忍受它呢?我造反,我抛弃这规律,和抛弃别的法律一样。"

"你不能够。否则,你就是不真诚。"

"那么好,我将要说谎!"

"你不能够,而且我也不愿意你这样做。"

他注视着他母亲。停了一会,他接着用颤抖的声音说:"你瞧,妈

① 原文为拉丁文。悲痛的母亲,指面对钉死在十字架上的耶稣痛哭的圣母马利亚。自古以来,西方许多著名绘画与雕像,表现这个悲剧形象。

妈,有两件事是我不愿意的,那就是不真诚和不勇敢。也许……”(他犹豫了一下)“也许因为我不勇敢。而且因为我说谎……”

安乃德双手捧起儿子的面孔。问道:“你说谎?”

玛克闭上眼睛,低声说:“对。因为在我内心深处,我害怕……”

安乃德把他抱在怀中。他没有任何动作,听凭母亲摆布。他们就这样待着,儿子的面颊靠在母亲的胸前。他们在共同的弱点中,互相感觉到对方的弱点增加了自己的力量。

玛克挣脱母亲的拥抱,对她说:“你白费事,你呀,你是不说谎的!”

“我专门骗我自己。”

“你不骗人。你是被骗的。”

“谁能知道思想的诡计呢?难道我不是多次欺骗了自己吗?”

“你不得不这样做,那是因为没有任何人能够完全不说谎而生活。”

“如果谎话完全从生活中消失,生活本身不也将消失了吗?难道不是谎话在支持我们巨大的幻想吗?”

“如果生活不能缺少谎话,生活是巨大的幻想,那是因为它不是真正的生活。真正的生活在远处,必须把它找回来。”

“它在哪里?”

“在我身上,在你身上,在对真理的需要中。如果真理之风吹不到我们身上,我们怎样会有这种需要呢?”

安乃德被她儿子的声音深深打动。但是她态度僵硬,因为事关儿子的生命。她说:“我恳求你,恳求你,不要白白地去冒险!有什么用呢?你明知道人是不能改变的!无论你替他们干什么,他们永远是那样。同样的激情,同样的成见,同样的盲目性,他们把这些叫作理性或信念,而那只不过是一堵墙和他们的蜗牛壳,他们必须有这些才能够生活。他们决不会从壳中爬出来。你不能砸碎他们的硬壳,否则你自己要被砸碎。保留着你的真理吧!不要在不能忍受真理的人面前展示出来!有什么用呢?有什么用呢?真理杀死持有真理的人。”

“有什么用？你的生命有什么用？难道你不是按照真理生活过来的吗？你听从了真理的声音，还是危险的声音？难道你后悔你曾经听从了真理？……回答呀！回答呀！你后悔不后悔？”

安乃德挣扎着。但是她回答：“不！”

安乃德精疲力竭了，她心里想：“是我在杀害他。”

玛克温柔地凝视她。他年轻的面孔上出现庄严的微笑。他说：“妈妈！你不要焦急不安！也许事情不会发生，什么事都没有，也许战事先结束……什么都还没有决定。我不知道我将干什么。我什么都不知道，我知道的唯一一件事，那就是到了那时刻，我将是真诚的……至少，我努力这样做……请你帮助我，为我祈祷吧。”

“我祈祷。可是向谁祈祷？”

“向我的源泉。你的灵魂。我是泉中之水。”

*　　*　　*

过了几个星期的等待和孤独的忧虑日子，（母子俩没有再接触这个话题，但是各自在思索，而且各人偷偷地观察对方的脸色。安乃德用焦急不安的耳朵谛听空气的震荡和飞机轰鸣的凶恶时刻到来，夺走她的孩子。）一天早上，城里的大炮轰隆轰隆地响，从街上传来一片嘈杂的呼喊声，好像潮水上涨一样。母子二人还来不及知道怎么回事，心就怦怦地跳起来。这时西尔薇气喘吁吁进来，一边高喊：“停战签字了！”

三个人紧紧地拥抱在一起。

可是安乃德首先挣脱拥抱，转过头去，双手掩面，遮掩她的激动心情。

其他两人尊重她的面幕，不去揭开它。他们沉默地等待她的激动心情平静下来。接着，两人温柔地走近安乃德。玛克紧紧挨着她，慢慢地把她引导到落地窗前，让她坐在阳台上的短栅杆上，自己坐在她的身边,西尔薇坐在母子二人的脚边,盘着腿,像一尊菩萨,微笑着,瞧着母子二人。

他们三人是坐在一个世界的废墟上。

安乃德,闭着眼睛听教堂的钟声、街上人们的呼喊声和歌声。她觉得在她的面颊上,贴着儿子的面颊……她在做梦……一场噩梦结束了,压在这个亲爱的人头顶上的吓人噩梦,压在她心上的人类痛苦的噩梦。战争,罪大恶极的考验,结束了……她还不敢肯定。战战兢兢地,她恢复对空气的兴趣,她又呼吸了……

玛克也轻松了。当初,他眼看威胁逼近,心中闷闷不乐。由于骄傲,他没设法躲避这种威胁。可是他对于自己的力量和信念全都没有把握。他听见这群乌合之众的吼叫和笑声,明白考验不过是延期而已……在他的年龄,能多活几年,等于获得了整个世界!他欣赏这段间息时间,他品味未来的生活,他做梦了……

西尔薇看着母子二人做梦。她不想过去,也不想未来。当前的时刻是甜蜜的,享乐是充分的。他们三人都完成了一次危险的航行,船桨被弃置在小舟的两舷上,小舟在平静的海上睡着了。她在梦想。多么美好的夜晚!

但是悲伤的居民楼默默无声。它悲剧性的沉默,和街上人们兴高采烈的狂欢形成对比。

在三楼上,纪莱教授,这个在悲哀中僵化的人,铁石心肠的人,在窗口挂了旗。如今,他坚定的目的已经达到,他的沙漠般的生活再没有别的目的,他可以倒下去了。在四层楼上,贝纳丹一家把护窗木板统统关上了,女儿们和父亲在教堂里的祭坛阴影中。但是母亲留在床上,她的生命在渐渐熄灭。由于痛苦,疾病接踵而来。正在祷告的贝纳丹父亲,还不知道他苍白的、失去了抵抗力的肉体,正在喂养一个癌肿瘤,在楼下,小酒店里顾客满座。可是在柜台上,人们瞧不见努玛,老板在店铺后间,独自一人,一边喝酒,一边眼泪流在酒杯中。

安乃德听见同一支乐曲中,被毁灭的生命的悲哀与苦痛和成堆蚂蚁的盲目欢腾,同时激扬着。这些人和她一样,都落入幻想的圈套中。他们低着脑袋冲到里边,扑向斗牛士的红披肩。在某些人眼中,这是旗帜,是对祖国的神圣狂热;在另一些人眼中,这是对人类博爱和爱情的信念……而她的儿子,自以为不上任何事物的当,是“字句的幻想”的鄙视者,难道他不是一切幻想家之中的最大幻想家?因为他自以为比谁都真实,他准备为这个幻想而牺牲母亲和他自己。这种对真理的激情,是何等巨大的幻想!所有的人都陶醉在他们的烟雾之中。他们在做梦!

于是,像一道长虹似的彩色蒸气突然吹拂,她觉察到了宇宙之梦,她是沉浸在这个梦中的。在一瞬间,她把脑袋抬出水面。她摇晃了一下,企图摆脱周围对她无形而强大的羁绊……她将要苏醒了吗?一霎时,苏醒的感觉在梦中拍着翅膀。在精神的顶层,一道光线通过半开的隙缝乘虚射入。

但是在她面颊上,她感觉到另一个面颊的温暖——肉体,她肉体的果实——她的儿子。由于温爱与苦恼,由于想到将来的考验和等待着他并要把他们连在一起的命运,儿子将她紧紧抱住不放。

(“我知道,我知道……”)

“悲痛的母亲”的命运……

(“我不逃走。我又来了!”)

于是她的眼光注射在他身上,她的儿子,她的至爱的梦。她重又被活着的人们的眼光所接受。她微笑,重又坠入梦中……

“姑且等着吧……”①

不久以后,我们将苏醒过来。

① 原文为德文。

第四卷

女信使

（上）

一个世界的死亡[①]

① 故事紧接第三卷《母与子》最后几页；时间是一九一八年十一月十一日，停战那天；地点在安乃德家中。——原注

第一部

七将攻忒拜*

他们不得不关上通向阳台的落地窗。街上的人潮像海潮，不断上涨。一阵阵狂风暴雨，扑向门窗。人声嘈杂，其中有大声吼叫，有像螺丝钻似的尖叫声，有刺穿耳鼓的狂笑。在沉默的间隙，可以听到看不见的庞大人群的纷杂脚步声。这头野兽喘一口气，接着就从它的腰部发出公牛般的咆哮。

西尔薇沉不住气了。她的鼻孔在扇动。她要出去溜溜，把外甥也带走。她说在这样一个日子里，不能闷在房间里不动。不管别人怎么说，反正必须去瞧瞧，尝尝味道。（西尔薇不尝则已，一尝非尝到底不可。）可是玛克拒绝跟她出去，而且发那么大的火，显然在他不屑跟西尔薇出去的情绪中，夹杂着既害怕又想去的成分。他和母亲一同度过整个下午。十一月天的黄昏来得早，在门窗关闭的房间里，已经开始昏暗。一小时又一小时，街上乱轰轰的声音在扩大。玛克坐在床边，咬着自己的手背。安乃德想让她的手指和思想有点事干，她坐在离窗子最远的角落里，在灯光下做针线，但是，她发现儿子心神不宁，就扔开活计，走过去挨着玛克坐在床边。她拿起他的一只手。他没有把手抽回，可是固执地扭着头，把脸朝着墙，不肯转过来。她含着怜悯的微

---

* 忒拜，古希腊名城。《七将攻忒拜》是埃斯库罗斯的著名悲剧，公元前四六七年在雅典上演。

笑瞧他，亲他年轻的脖子，轻轻地在他耳边说："出去吧，孩子！……"他使劲地摇头，说："不！"

黑夜来临。安乃德准备了简单的晚餐，母子二人一边进餐一边闲聊一些不相干的事。玛克想起他得给人送个回信去，为了第二天要做的事。安乃德听儿子的脚步声走下楼梯，并非一点也没有担心之感。然而她想："宁愿让他出去之后懊悔没有在家里安静待着，也不要让他关在家里后悔没有出去……"她回到原来的位置，坐在灯下，嘴角挂着明智的微笑和一丝讽嘲的阴影。她想："最难忍受的痛苦，也许是想干一件事而又不去干。"

* * *

玛克离开大楼还没有走三步，就被旋风卷走。他本打算穿过马路到大街那边去，可是刹那间他被推着、滚着，从一个浪头抛向另一个浪头，时而升高，时而下沉。他还没有明白过来是怎么回事，就发现自己已经被冲到五十米远的地方，和他要去的方向正相反。他被举起、搓磨，贴在一大堆吼叫的人身上。在他的感觉中，好像衣服被脱光了，让人用压路的辊车碾碎，搅拌成一整块肉浆，从大街这端摊到那端。玛克用肘弯，腰部和膝盖狂怒地挣扎，想挣脱出来，但这不过使他滚到另一股新涌上来的浪潮中，肚皮对肚皮，紧紧贴着，面向一群兴奋的妇女。她们由于害怕和欢乐而叫喊着，被人粗暴地推搡着，同时她们也发狂般推搡别人。其中一个女子，金黄头发，瘦个子，瞳仁都惊呆了，张大着嘴（人们可以看到她的舌根），臀部被一个男子两只大手托着，并且乱摸一阵。她扑向玛克的嘴，用溢着白沫的嘴唇狠狠地吻了玛克一下。小青年遍身热血燃烧起来，他顺手抓住另外一个从身边经过的女人，把他的嘴唇在对方嘴唇上擦了一擦。他时而被人拥抱，时而拥抱别人，从这个女人怀中到另一个女人怀中。年轻男性在追逐猎物，他发疯了，肆意蹂躏他遇到的每一个女人。他的精神和吼叫《马德龙》[1]的疯狂的群众融成一片。他心想:“这就是和平。我的和平。我的一份战利品。”由于他比别人更有文化,他说的谎话也比别人夸张:“这是我向全世界亲的吻!……”

但是,如果别人不让他亲吻,事情可能闹得更糟糕。他碰到了另一只个头高大的公鸡,此人夺走了玛克正在接吻的女人。玛克本来并不是非要那个女人不可,可是让人一夺,他倒力争起来。对方一拳打在他的下巴上,打得他晕头转向,摔到人堆中去。人堆被他冲乱之后,那位在他的牙齿上留下拳头滋味的人不见了。他怒气冲冲地找那个人,但是找不到。仇恨之火在他胸中燃烧。他要报复。必须立即报复,否则他要气死了!在这时刻,偶然的遭遇给他提供了报复的机会,一种极卑鄙的报复。他毫不犹豫地抓住这个机会。

距离他几步的地方,一个姑娘在挣扎。一眼看去,他认出那是一个外省小资产阶级姑娘。想必是她一出旅馆就迷了路,掉进了湍急的人流,被波涛淹没了。她有一张圆圆的、天真而惊慌的面孔,她设法从一条岔路上逃避浪涛,但是浪涛在戏弄她。面对肮脏和胆大妄为的行动,她没有自卫能力。她惊愕的眼光在求救。玛克像一只小鹞鹰,扑向这个姑娘。他在人群中冲开一条沟渠。沟水涌到这猎物身边,使这只小鹌鹑挣脱了包围。她向一条狭窄、黑暗而向上坡的岔路逃跑了。玛克飞奔着追上去,双手抱住姑娘的胯骨。他觉得她娇柔的身体在他手底下微颤,他用四肢夹住她,拿他的肚子贴在她背上起劲地摩擦。她膝盖弯曲,快要跌倒了。她胆小地把脖子缩在两肩之间,低着脑袋,吓得半死。街旁有一点灯光。玛克看见了她纤细和白皙的颈项,他咬了她一口。那姑娘呻吟着,双手遮面。他把她痉挛的手指(有一个手指从破手套缝中钻了出来)从她脸上拉开,把她的脸转过来,抬起她的下巴,粗暴地吻了她的嘴。一霎时,他看见了她哀求的眼神。他心中好像被枪尖刺了一下。但是这一刺没有他贪婪的嘴唇动作快,他的嘴

① 一七一四年巴黎的流行歌曲,第一次世界大战时法国士兵都喜欢唱。

唇已经插入年轻姑娘的嘴唇中间,在嘴唇的隙缝中打下了他的烙印。他舌头感觉到鲜血的味道。在一刹那间,他的眼睛受到对方眼光的冲击。他吓了一跳,放开了他的猎获物。她失去了依靠,顺势倒在地上。她跪在他面前,用两条手臂遮着脸,不会叫喊,不会动弹,也不敢动弹,受到激动情绪的抑制,只剩下遮住眼睛什么都不敢看的一点力量。街上空无一人。一排拐弯的房子挡住了邻近的大街。探照灯使它们光圈四周的夜色更显得漆黑,街上人潮汹涌,其声隆隆,对比之下,这个角落里的寂静更显得深沉;这儿,停留着猎犬和它的猎获物——两个孩子。玛克向倒卧在他脚边的人体慌张地瞧了一眼,没有想起把她扶起来,撒腿就跑……

他在圣洁的热纳维埃弗①山坡上错综复杂的小街小巷里彷徨。有时突然一拐弯,他又进入狂醉的胜利女神的喧闹声中,重新漂浮起来,像一只在阴沟游泳的老鼠。很晚,很晚,他才回到自己家黑洞洞的楼梯上。在六层楼上,他们阴暗住处的楼道里,他看见母亲房间的门槛缝里露出一线光亮。他没有开灯,摸黑上床,光着身子钻进冰冷的被窝。终于,在黑夜里,他重新找到自己被糟蹋的灵魂。这灵魂掐住他的脖子,怒吼道:"你把我弄成什么样子了!"因为他心中想的一直是他自己,而不是对方。他把肚子贴在床垫上,嘴深深地压在枕头上。于是,他发现自己又在刚才去过的广场上,在受害人的四肢围合中:那柔软的颈项,那被亵渎的小姑娘的身体,那个强奸……可是最受玷污的还是他自己。他想起白天和母亲讲话时的高度骄傲。他所用的那些冠冕堂皇的字眼,以及表白过的骑士精神,打击了大战中的狐狸和豺狼。它们用暴力和狡计宰割世界,而用权利作为借口。经过了这一切之后,他却赶紧偷窃了使用暴力的权利,而且选择了最卑鄙的手段……他眼前又出现了那位姑娘,跪在地上。他一下子掀开床单。想到自己像小偷似的逃掉,他心中如火烧一样难受。他恨不得跑到他刚

① 热纳维埃弗,基督教的女圣徒,巴黎城的守卫女神,她曾经使巴黎市民战胜入侵的强敌,免遭兵燹。

才把她抛弃的地点去。去干什么?去把她扶起来?……白痴!他一丝不挂地坐在床沿。隔壁,他母亲也在床上翻来覆去……他沉住气,重新睡下。那姑娘的没有口涎的嘴巴似乎仍旧在他牙齿底下……他重新咀嚼她的嘴唇……他又产生了一个残酷的新冲动:“不管怎么说,你带着我的印记!万一你再遇到我,我会把你认出来,你就不能够……”“她活着,她在判断我。”这个思想,这个生命,使他不能忍受。“如果可以让她死掉!”由于这种精神动荡,他不停地从自身跳到世界,不停地围绕着一件事物转。于是他明白了,为什么一个人用手指接触罪行之后,就会把整只手插进去,原来为的是不再看见这只手。稍后,他心中产生了一股怜悯的热流。“但愿她活着……但愿她幸福!……”他很想吻她圆圆的膝盖上的创伤……到达了这一步,他几乎回到将她一把抓住的粗暴冲动中去,重新开始狂奔乱闯的火热历程。这一夜剩下的时间,他全部用于这样奔跑,从一个极端到另一个极端:怜悯与残忍;恨自己或恨她;对于自己所做的事或没有做的事感到内疚和遗憾。跑吧!跑吧!不要停步!跑到最后,一败涂地。失败是混乱中唯一的固定点。他打败了……面对偶然发生的打击,他无力抵抗。他丝毫不能控制自己的思想和行动。一碰到海底卷来的大浪,他的意志立刻像水母一样融化了。现在他不知道一年以后生活使他变成什么样子。这个可耻的发现好像打了他一记耳光……不!不!宁愿犯罪!他站在床上,用两个拳头捶打自己的胸膛:“我要,我要!我要什么?……做一个我愿意做的人!”

从邻室中,母亲温柔的声音轻轻地说:“我的小野狼,快睡觉吧!”

他不回答。他愤怒:“她在偷听我!”爱的冲动……“她理解。”恼怒和感激,两个秤盘摇摆不定……不要恼怒,也不要感激!“我单独一人,我愿意永远如此……”

他把脑袋放在枕头上,不动了。在墙壁的两边,母亲和儿子分别躺在自己床上,在黑夜里睁着眼。安乃德在想:“我不该说话。这是他个人的事。应当让他一个人去发泄。”

母子二人联系在一起的思想,不言不语,通过电波交流,互相渗透。渐渐地,两人之间终于建立了一种均衡。当黎明出现在窗上时,它发现母子二人在准备投入白天的战斗。充满幻想,陷阱和搏斗的白天带着新的失败的印记,但是他们正视这个失败,而且心急如焚,准备卷土重来。这两个李维埃家的灵魂!哪一个失败的早晨能够阻止他们奔腾的川流!

过了一个不眠之夜,那小青年站在浴盆的冷水中,打着寒战,穿上衣服。与此同时,他的眼睛在搜索时代与世界的深渊,他曾经被扔入这个深渊。他的眼光又在回顾他极度软弱和大路上等着他的灾祸与耻辱。他叹了一口气,说:"走到底!……"

"走到底!"是说不要在半路上倒下。倒下,对。但是先要走到底!灾祸,耻辱,倒也罢了,但必须不惜代价!……通过去,呵,上帝!他伸了个懒腰,好像已经通过去了,可以预先休息一下。不再存在……只有在存在过之后,才谈得上不再存在。

他把衣服穿在洗澡时擦红的年轻躯体上。于是,绷紧肌肉,咬紧牙关,这年轻的野狼又去对生活进行狩猎了。

* * *

在别的时期,这种打猎倒是了不起的冒险行动!虽然有自然的种种陷阱,以及社会为了毒害青年而准备的一切,包括将他们锁在苦役囚犯的凳子上(在中学或军营里),虽然有这一切,二十岁却是美好的喧闹的年龄。

然而一九一八年的二十岁青年们可是不合乎正常生活的尺寸。他们既可以算十四岁的人,也可以算八十岁的人。他们是用各种年龄的碎布片拼凑而成的。这些破布穿在他们身上显然太臃肿,同时又显得单薄,稍一活动,衣服就裂缝。透过破洞,人们可以窥见光赤的皮肉和情欲……

比他们长一辈的人,当年种植他们的人,不认识自己所下的种子了。丧失父亲的青年们把老一辈人看成外国人一样,瞧不起老一辈人,几乎仇恨他们。即使在青年之间,也差不多没有任何互相了解的可能。每个人都是一副与众不同的 Puzzle[①],如果生命只是一种游戏!……很多人努力使人相信生命是游戏,为的是自己也这样相信。但是他们完全明白,在这种情况下,这是一种可怕的游戏,狂人的游戏……一切都摧毁了,风吹过成为废墟的战场,带来一阵腐烂尸体的恶臭。到何处去重建世界?用什么石块?在什么土地上,什么基础上?他们什么也不知道,在这烟雾腾腾的浑浊世界上,他们什么也瞧不见。唯一不短缺的东西是手臂[②]。对二十岁人的手臂来说,作为他们的全部命运,为了他们稍纵即逝的受威胁的"青春"[③],而把自己断送于没有人领导的,极其艰苦的土方工程,这是非常严酷的。他们怎么能知道,在摇晃不定的土地上,还没有建立起头几垛墙,不会有地震来颠覆一切?谁能知道,建立在犯罪和愚蠢的和约[④]上的这个世界能维持多久?一切摇摇欲坠,什么都不稳定,生活没有前途。明天,也许深渊重新张开大嘴。战争,内战外战,各种战争……人们只掌握今天。如果不抓住今天,用十个指头,二十个指头,用双手和双脚抓住今天,人们就完蛋了。可是这个今天,到什么地方去抓它?从什么地方把指头插进去?你不能抱它,它是无形的,它是极其庞大的,它又滑又粘。如果你接近这个旋转着的巨大物体,你会被它弹射到外边,或者被吸进去,一直沉到底。

可是人们恼怒了。人们不愿意被抛在外边,也不愿意被吸在里边。如果这个人是玛克,而且只有二十岁(玛克还不到二十岁,勉强说

① 英文:伤脑筋的游戏。先用一幅图片,剪成各种形状的碎块,然后再拼起来。
② 指劳动力。
③ 原文为意大利文。
④ 指一九一九年签订的凡尔赛和约。

十九岁),他会抱住“今天”的肚子,往里边钻……我占有你,然后死掉,像某些雄性的昆虫一样。

在这痉挛、狂热的手中,有多少疲乏厌倦之感!对于一个小青年的双肩,是多么可怕的重担!啊,多么过分的任务!

只有一个有限的生命,唯一的一条道路,只要满足单一的需要,这样的人是幸福的!但是玛克有四五种亟待满足的需要,使他牵肠挂肚。他必须认识,必须获取,必须享受,必须行动,必须生存。

犹如斯巴达的孩子一样,玛克把这些小狐狸贴肉藏在怀里,让它们互相咬,同时也咬他。它们在一起不能满足食欲。

最迫切的需要是享受还是认识?……首先要认识!这小李维埃不能忍受这种思想:在他看见和知道之前,就离开生命。如果那样的话,他觉得,比一切人们所能设想的地狱更恶劣,他将以彷徨度过整个绝望之夜,以及他所剩余的“永恒”(因为有人徒然对死后的情况什么也不信。这个“什么也没有”对二十岁的心灵来说,却是最无可置疑的“永恒”)。

怎样知道?关于什么?对此他完全无知。首先,从何处入手?一切都重新成了问题。一切问题一齐向你进攻。在战争的年月里,教育方面出现了令人难以置信的漏洞。这些漏洞是永远无法弥补的。人的精神在别处游荡。身体也如此。玛克在街上的时候比在学校课堂里的时间多得多。即使他甘心屈身就教,把他瘦瘦的臀部放在课堂的板凳上时,这瘦骨嶙峋的小狼崽尖锐严峻的目光也发出奇特的闪烁。他的思想穿过阴郁的墙垣,在追逐另一种猎物,而不是教育界的那些老骨头。在极少的时刻,教师的语音,一句话的冲击,引出对生活的某一侧面的热烈暗示,玛克就立即扑过去抓住不放。但他不能把巨大的现实生活片段放在合适的地方,因为教师讲解上文时,玛克心不在焉,没有听见。他只好放手。于是在教师接着讲下去的后半段,他整个臀部,都掉入深坑中去了,如果有人把学生们在无论哪门课程中听讲时所获得的概念记录下来,画成图表,人们也许会认为是非洲的古老地图。图上空白点比填满的地方多。有些长江大河被切成几段,好像猫嘴里叼着的蜥蜴尾巴,这些河流迷失了道路。用想象力来弥补不足,让这儿那儿,长出城市和山丘。寓言中的城市和山丘,用沙土筑成的城市和山丘,自从若干世纪以来,一串串的定理,窄狭的古典领域中一些几乎完整的行省,“仁慈的母亲”[①]的教育,胆怯地将她的婴儿们关在某些描金的、陈旧的,被蛀虫咬过的房间里(她认为那些房间是世界上最美的)。有若干里长的精神之路被切断。关于这些,玛克的脑袋里没有留下一点痕迹。[②] 虽然如此,他却通过了结业考试,和另一小部分懒散的学生一样。他们脑袋里知识并不比玛克多,但是他们和玛克不同,他们眼睛里并没有高傲和智慧之火。那时候,人们对于英雄的子弟特别宽大。(如果他们不是英雄的子弟,他们本来很可能有机会成为英雄的子弟!)可是玛克对于宽大对待他们的人,却丝毫不存宽大之心。一匹骏马从来不原谅愚蠢的骑者为了姑息它,不给它束紧肚带。这些年来的经验,破坏了领导过老一辈人物及其著作的影响。过去看过,阅读过的一切(读得很少,而且草率),和当前的调子不协调了。这些年轻人,由于一切有头衔的说谎者,自欺欺人的骗子,对他们掩饰了真相,对于战争与和平的真实情况知道得极少。然而他们却心中有数。那是由于他们的本能,和他们还比较新的感觉力,使他们嗅出,他们的老师们面对政府所采取的聪明的驯服态度,以及他们陈腐老朽的修辞术。假如在法国或别处,有几种自由和真实的精神力量在坚持[③],这些年轻人也一无所知,因为有人预先在青年们面前诽谤了自由和真实的精神,而且他们没有任何改正错误判断的意图。他们的信心是中了毒的。他们把他们之前半个世纪(而且差一点把自古以来的各个时代)的思想混为一谈,加上一个表示不屑一顾的标题:“空谈!……鼓胀着空谈的皮囊……”他们没有想到,他们年轻的皮囊只

① 原文为拉丁文,“仁慈的母亲”,此处指法国的教育部。

② 以上一大段,旨在揭发当时法国教育制度的守旧与陈腐,学生水平低下。

③ 作者影射他自己在第一次世界大战期间所坚持的反战立场。

不过是用别的空谈来鼓胀自己。人类智慧的十分之九不愿意停留在空虚状态中。空虚使人心慌。的确是如此,人的本性厌恶空虚。人不能忍受"我一无所知……"

必须有所知,否则不如死。

* * *

可是,首先必须填饱肚子。如果他不去寻面包,面包是不会自己跑到这位玛克·李维埃的嘴里来的。除非他从母亲嘴边抢过来。而他骄傲地说过:"够了! 今后我要吃自己挣来的面包。"

这天早上,他有两个明确的任务。充满他脑袋的浓雾中,有两盏信号灯在发亮。其一是给威尔逊代表团中一个住在莫埃忒区的赭红头发、淡红眼睛的美国人上法语会话课;其二是给住巴黎大学附近的一个黄皮肤的里约人,修改用巴西化的法语写的一首神经错乱的诗稿。玛克把那人的法语狠狠地洗刷了一番。第一个人的住处锁着门。一个邻人告诉玛克,穿花旗衬衫的人还没有回来。那邻人问明了玛克找美国人有什么事之后,用挖苦的语气告诉玛克不必再操心了,他的学生正在用更直接的方法学习法语①。玛克怒气冲冲地去找他的第二个主顾。上楼时,看门太太叫住了他,说那个皮肤蜡黄的人刚刚死于西班牙型的流行感冒。他没有留下联系地址。玛克成了死者诗稿的继承人。

死亡不再使人惊讶。不过在停战的礼炮轰鸣的翌日,这个消息给人以丧气的印象。"难道什么变化都没有吗?"可是使玛克生气的是:死者让他干了一件令人生厌的工作之后,一个钱也不给就溜之大吉。

他皱着眉头,怒气冲冲,像天上的乌云一样阴暗。这时,一个少女的明亮眼光从侧面射来,一个黑头发,皮肤浅黄的姑娘的灰褐色眼睛。

① 意思说他已经交上了一个法国女友。

他认出那是他的同班同学。这双眼睛含着讽嘲的微笑,使他紧张的神经一下子放松了。她已经走过去了。她细长的腿,迈着从容不迫的轻捷的步子,走向巴黎大学。他略一踌躇,就跟她走了。在那时期,巴黎大学的图书馆成为几个男女青年的聚会地点。他们到那儿去交流心中七上八下的问题。玛克在楼梯上追上了亨利埃特·吕丝。那姑娘调皮的眼睛仔细打量他,然后说道:"眼睛深陷,气色灰暗,面容阴沉,说明昨夜过了一个狂欢的节庆!……"

"你倒不像被节日搅扰了。你的面色,说明你休息得很好。"

"对。我睡得很好,谢谢你。"

"你没有想把你的尖鼻子伸到外边去?"

"从我的窗口我瞧了个够:一群野兽的狂舞。"

"我是野兽中之一只。"

"这还用得着说!"

"谢谢!"他有点生气了。

她笑了:

"你以为我不相信?"

"愈说愈高明了!"

他们站在图书馆门口。她用玻璃门当镜子,照了照自己的鬓发,用手指轻轻按了两下,同时说:"多一头野兽或少一头野兽,不必在意。"

她走进阅览室。

玛克看见他的几个朋友在那儿。

"朋友"这个称呼说得过分了一点,在男青年之间,各人自顾不暇,友谊是不很热烈的。作为个别的人,这个年轻的李维埃和同辈青年合不到一起。由于他性格孤僻,沉默寡言,噘着嘴瞧不起人,老用严峻的态度评判别人,加之在学校的考试中有明显的优越地位,大家都不大喜欢他。但是,不管人们愿意不愿意,由于同样的理由,玛克在同伙中享有一定的威信。他母亲的影响给他比别人更早地打了防疫针,使他对集体的愚蠢行动的传染有免疫力。他不像别人那样等到战事结束之后才认识到这个普遍的骗局，并且公开表示他的意见。这一点比别人先进的地方，在当时他付出的代价是招致群众严重的反感。今天，大家眼睛都擦亮了，正由于上述原因，玛克取得群众一定的信任。同伙们是相当公正的，他们承认这头“小野猪”一直是有道理的。

时至今日，他们需要的并不是找一个可爱的人，男性或女性。（那时，爱和恨一样，是廉价品！）他们需要的是一个有洞察力的，能令人信服的人。他们是四五个小青年。他们之间除了下列的发现之外，没有共同点。那发现就是：战争是万恶的骗局，每人都挨过这骗局的耳光。上过这个当的愤怒和耻辱感，报复的要求，尤其需要防备未来的骗局，这一切，使他们毅然决然地结合起来，和他们队伍中的其他人都不与为谋。他们必须停止他们之间的意见分歧和反感，为了使他们的力量和弱点结合在一起。他们并不是朋友，而是同盟者。他们在一起摸索，有如盲目的昆虫用触角探索黑夜。每人都在不露声色地等待对方说一句话，从而找到自己探索的途径。

他们所知道的谁也不比谁多。五个人来自不同的社会环境，因此每人都带来一点其余几个人所没有的经验之光，以及来自各人不同性格方面的不同的办法。

阿道尔夫·舍瓦里埃，小个子，胖墩墩的，性格安静，是一个外省的小资产者，出身于贝里地区古老的文官家庭，家里拥有向阳的肥沃土地。他富于文化修养，而且出身于有修养的种族，就像他们家精心种植的葡萄园和庄稼一样茂盛。他是五个人之中最诚实的一个（按照陈旧的古典派含义）[①]。他的智慧绝对是法国式的。他细心而且雄辩，遍身都是习惯动作。他走起路来，就有一大串习惯动作碰撞他的两腿。可是他仍然在走，叉开腿，走得不快，步履稳健。别人讥笑他，把他比作布尔热城的城徽：“一头毛驴坐在安乐椅上。”

---

① 法国十七世纪古典派文学盛行时，所谓“诚实人”，主要是指读书明理、有高度文化修养的人；而当时重视的文化修养，首先指古希腊罗马的古典文化。

费南·维隆－高卡,以他高大的身躯,大嗓门,和他那不屑理会的神气将舍瓦里埃压倒。他个子高,身体厚实多肉,胸部高挺,两只大脚每走一步,地板都为之震动;他洪钟般的嗓子一发出声音,门窗上的玻璃都微微发颤。他有一副当时常见的那种宽大的脸庞,满脸横肉。这种脸相是战争中的产物。好像他们喝的不是奶,而是战争中的鲜血,人们看见这种脸相,就不免犹豫不决,不敢说这是拿破仑一世时期封为公爵的马伕的脸,还是高克兰[①]在大喊大叫扮演“指挥者[②]”司卡斑[③]的脸。他是一个发了战争财的工业家的儿子。他公然承认,毫不讳言,正如他自己说的:“不遗余力”。(他着重地说:在一个“偷儿”家中,千万别说“偷”这个字!)[④]

他对他父亲及其一伙公然表示强烈的鄙视,但这并不排斥他作为人子的感情,尤其不意味着他要放弃遗产继承权。在“家禽”与“偷儿”之间,他是毫不犹豫的。“对那些白痴,这是活该。对我来说,嗨,这叫作求之不得!假如他们有我的胆量,可能他们已经炸毁了整个社会。他们也许会这样干。我要帮他们干。可是眼前,我要吃。我不会客气的,不会让别人吃的,如果他不像我这样,对于吃有这么大的兴趣!我们才不管什么叫权利,我们见得多了!我们唯一的光荣,我们今天的光荣,在于不说假话!如果我是个混蛋,我自己知道,我会直言不讳。公共的清洗工作,首先在于戳穿夸夸其谈的家伙们的大肚子,戳穿一切谎话和所谓理想主义的大肚子。把威尔逊[⑤]扔进垃圾堆!”

阿道尔夫听了这些话,气得几乎窒息。这样使他失去常态的话题

---

① 高克兰(1848—1909),法国著名喜剧演员。

② 原文为拉丁文。

③ 意大利喜剧中的男仆。

④ 法语“不遗余力”“偷儿”“偷”等,语音相近。维隆的父亲发了战争财,做贼心虚,所在家中忌讳与“偷”字读音相近的词。

⑤ 美国总统威尔逊(1856—1924),于第一次世界大战后曾宣布维持世界和平的十四条意见。

是少有的。西蒙·布沙气得直咽口水，同时双眼鼓起，凸出在眼睑之外。他发言是很吃力的。他在寻找字句。可是，当他用弹射器把字句弹射出来时，全是很生硬，很有分量的。他的话说得颇有点味道，所以使人不觉得荒唐粗野。他和维隆好像是死对头，可是人们却瞧见这两个人老是在一起。他们两人身材相仿，是两个打架的好对手。布沙是田庄人家的儿子，中学校的公费生，学习勤奋。他坐在学校的板凳上，也像是耕田的牛马，埋头苦干。一头没有驯过的小公马。他的骨架像神话中的独眼巨人一样，而他的思想则由勤奋学习和累积起来的论点堆砌而成。他的内心和外表都是厚实、笨拙而且粗糙的。他曾经愚笨地相信战争的意识形态，今天又愚笨地相信美国救世主①不可捉摸的十四条。他必须永远永远地受骗上当。然而欺骗他的人也并不上算，因为他一朝明白他上当了之后，决不饶恕欺骗他的人。不能平息的深仇大恨，一个接一个地在他口袋里积累着。在他拼命走向另外一个真理的过程中，他永远携带着这个口袋。

圣吕斯②（名叫若望-卡西弥）不愿意用这样的包袱给自己添麻烦，更不用说拿此作为目的。他华丽的姓氏是他装饰自己的唯一“障碍物”③，他决定一有机会就抛弃这个姓。这是他的波兰父亲慷慨地赏给他的。父亲在一个法国女电影明星的肚子里撒下了这粒种子以后，也只慷慨过这一次，赏给他这个姓氏。他母亲名叫约瑟芬·普勒弥埃，是生长在安德列斯岛的法国侨民，她吹嘘自己和布吕东④不朽名画中的母猴⑤有亲戚关系。他继承了母亲的纤瘦骨架，一双媚眼和面颊上的笑靥。他性格像水银般流动不定，敏锐，热烈。他不需要借口而整天游荡，任何道德或理性的成规，都不能控制他。他不浪费时间与人争执。别人争执，他袖手旁观。别人打得精彩，他看得哈哈大笑，

① 指美国总统威尔逊。

② 圣吕斯，基督教的女圣徒和殉道者（死于公元三〇四年）。

③ 原文为拉丁文。

④ 布吕东（1758—1823），法国著名画家。

⑤ 指布吕东所画拿破仑一世的皇后像。

他是天生的旁观者,无论什么样的演出从不使他厌倦,不管路多远也要跑去看热闹。他是一个游荡在地面的布克[1],在给大地的鼻子搔痒。维隆用蔑视的口气,叫他圣布斯[2]。这位布克满可以回敬他一句挖苦话,甚至以十还一,可是他机敏的判断认为,那畜生像现在的样子已经够火候了,披着他的一身蠢猪皮可以上烤箱了,不需要别的装饰。

他们就这样聚集在一起,相互间并不存在什么幻想,每人对自己的幻想也不多,这甚至是使他们集合在一起的最主要因素。他们用同样的讽嘲和友好精神接待玛克。这个阿戈尔小鼓手,面色苍白、不安,嘴老在寻找什么,活像挨饿的小狗。玛克这种外貌下有些什么思想活动,有什么个人的忧虑,他们并不关心,也许根本不感兴趣。各人有自己操心的事,都秘不告人。对于每一个单独的人,玛克使他们发窘,如果有什么可以使这些人发窘的话。玛克即使在咄咄逼人的讽刺中,也是严肃对待一切的。他们管这叫作"写明日期"。(过早还是过晚,不关紧要!钟表并不是准时的。)然而为他们的共同事业,为了给自己找一条出路,对当前世界大刀阔斧地砍伐,玛克锐利的目光,以及他嘴角上严峻的,不容他人反驳的一条褶纹,都表明他属于他们所欣赏的同盟部队。玛克是他们的人。

他们周围还有些微不足道的人。几个诚实的小伙子,愿意活动活动思想,可是自己不会动脑筋,所以去听别人讲,还想设法插一句嘴。可是上述五人很少降低身份,来回答微不足道的插言者。五个人谈他们自己的话。别的人另外形成一个圈子,他们只配转述、宣扬五人的意志而已。

在阅览室的另一端,还有一群和他们人数相仿的青年集合在那里。他们是"法兰西行动"派[3]的人。这两帮人装着谁也没有瞧见谁。他们在互相极度鄙视的态度上,再撒一把仇恨的胡椒粉!由于双方都

---

① 布克,英文:促狭鬼、淘气鬼、顽童、小妖精,莎士比亚剧本《仲夏夜之梦》中的人物。

② 布斯,法文:跳蚤。"布斯"与"布克"只一音之差,这是文字游戏。

③ 法国的极右派政党保王党组织。

大声讲话,声音太响,生气的图书馆管理员几次警告,谁也不听。随时有挑衅性言辞使炉子上沸腾的开水外溢。这正是他们的目标。必要时,转递消息的人员决不会失职,他们会把一个阵营中刚刚出笼的挑衅言辞趁热送到对面的阵营中去。幸好年轻人的快活心情即使在帮派成员心中,也没有泯灭。一句骂人的话,往往让敌方听来觉得它的怪异和可笑的程度,甚于它的敌意。

此外,含着优越的微笑单独在一边扎营的,是那些对公共事务漠不关心的人。在他们眼中,战争、和平、条约……都是肮脏的政治,最好的办法是避而远之,只顾自己的交往,自己的前程,自己的乐趣,自己的精神作品:艺术,科学,以及自己的本行。这些人是家庭中的主妇,瞧不起懒散和水性杨花的女人。在这些人之中有若干真正有价值的人。一个卷发的胖子,四肢粗短,翘鼻子,近视眼、目瞪口呆,额角很窄,头发厚密,张着嘴,好像随时准备喊“我找到了”①的约克里斯②在阿基米德的浴盆中……菲力希安·勒龙,这个幸福的小伙子,他有明显的科学天赋,这就免得他为周围发生的事费脑筋。除了他的专门知识,他很可能成为真正的白痴,幸亏有一种法国农民式的耍花招的巧技③,挽救了他。有几个唯美主义的小傻瓜,自以为是精神贵族,因为他们不屑理会社会行动的必要性。无疑地,社会行动并没有用脚跟使劲踹他们的腰部。他们喜欢自命不凡地背诵占卜家瓦莱里④所提出的判断:“任何通情达理的人都不能说自己了解的问题,搞政治的人却不能不发表意见。所以必须是非常愚蠢或非常无知的人,才能够对政治所提出的大部分问题有他的意见。”他们很自豪,因为他们什么意见也没有。他们完全蔑视在战争中的两个阵营,这两方面的人同样地蔑视

① 原文为希腊文。相传阿基米德在浴盆中洗浴,忽然悟到水的浮力的道理,高兴得大叫起来:“我找到了!”

② 传统的闹剧中人物。

③ 法国文学中的传统的农民形象,善于装傻,其实很聪明,轻易不吃亏。装傻是迫不得已时的自卫方式。

④ 瓦莱里(1871—1945),法国后期象征主义诗人。此处称他为“占卜家”是讽刺语气。

他们。

最后,在桌子另一边,正好面对五个人,安静地坐着亨利埃特·吕丝,她长长的睫毛下有一双灰色的眼睛,纤细的尖鼻子,微笑的嘴。她很乖巧地在面前摊开几本她今天给自己规定要参考的书。尽管这样,周围人们的谈话她一句不漏地全听见了。同时,她瘦长的手指——有一个或两个指甲被她咬短了——在纸上准确地摘录她所阅读的书,而且在她头发掩盖的宽阔额头里,有条不紊的头脑里,还有余地听别人在她耳边窃窃私语,但只是从一只耳朵进去,从另一只耳朵出来。胖乎乎的爱洛蒂·贝丹,她肥大的臀部半坐在桌子上,向吕丝低声诉说她那些无用的知心话。爱洛蒂这个名字的主人不愿意公开她这个名字,可是她已经对每个人说了,因为她不能保守任何秘密。她给自己另外起了个名字,叫作艾丽萨白特,为了合乎时髦的风尚,她自称巴白特,最后简化为白特①。这个最后的名字,五个人一致认为对她非常适合,像手上戴的手套一样熨帖。她不停地说话,说话,说话。人们老是看见她张着嘴,翘着下巴。有些人种,比如英国女人,据说她们不等张嘴就先说话,她们几乎像在闭着嘴说话。可是巴黎的白特姑娘却生怕话说晚了一步,没有说话就先张开了嘴。说话的时候,或者说完一段之后,喘口气准备再说的时候,全都张着嘴。她长得很漂亮,圆滚滚,胖乎乎的,人很温柔。她给家庭增光。这个家庭养育她,并且她是家产的唯一继承人。她家是奥德赛大街几家大食品商店的总财东。可是她却不大给洛贝·索邦②的家增光。上帝知道,为什么她一心想在巴黎大学考得硕士学位!智慧在她身上产生一种远方异域的吸引力。说实话,她感兴趣的首先是人,不是地方。“硕士学位”这个词使她想到的不是令人精疲力竭的伤脑筋的考试,而是和世界上思想最自由的一些青年热热闹闹地来往。这使她这个商人家庭出身的小姐感兴趣。她通过和吕丝的友谊,进入了五个人的圈子。她五体投地崇拜和赞美

① “白特”与“愚蠢”在法语中同音。

② 洛贝·索邦(1201—1274),巴黎大学的创建者。“索邦之家”就是指巴黎大学。

吕丝。吕丝也同意白特伺候她,只要在空闲的时间,按吕丝认为合适的方式。五个人不大注意姑娘们的精神状况,只要她们有一种精神就行了,那就是讨他们喜欢。如果她是巴黎的产品,哪怕她是最傻的,也不会缺少这种精神。但她们不应该希望男青年对她们多献殷勤。他们没有时间。在恋爱问题上,慢慢地进行已经不时髦了。正如莫朗①所说,一个女人只有三件衣服需要解开扣子。要就要,不要就不要:干脆。很显然,白特,他们是要的;亨利埃特,他们不要。但是他们也不愿意弃之不顾,虽然她又瘦又高,像专门用来追野兔的长腿细腰猎犬,毫不吸引这几个年轻食肉兽的牙齿。维隆好像在她身上试了试牙,结果崩裂了一只牙齿。他对于她的硬骨头一直怀恨在心。他管那两个姑娘叫丑货和笨货。尽管如此,在这两个姑娘之中,五个小伙子早就做出选择。他们垂涎的是丑货(谁也不明说)。他们就是为了她(虽然不说),在一切他们所鄙视的事物中,特别强调对女性的智慧的鄙视,就在这时,他们为此提高了嗓门,挺胸凸肚,进行比武。在这方面,吕丝心里一清二楚。但是她不露声色,只是在她长着茸茸汗毛的嘴唇边,闪动着讽刺的笑影。看她的神气,似乎什么也没有听见,实际上她什么都记在心里,只是什么也不说,除了在白特滔滔不绝的饶舌过程中漫不经心地插进一个表示同意的字眼。她的眼睛一边追随她写字的手指,一边透过自己的长睫毛,细看五位斗牛士的面色,五人之中唯一能够透过网眼抓住她的视线尖端的,是普克②。此人老是东游西逛,东张西望,一眼看遍所有的人和物。在思想问题的讨论中,他已经厌倦于争论者的交锋。他相当闲散,可以混在旁观者的行列中。他溜到对岸去了,和白特聊起天来。他的话是通过白特说给丑货听的。白特滔滔不绝的饶舌能把双方的调皮话传达给双方。维隆妒忌了,他对布沙说:“跳蚤跳到贞女③身上去了。”他们两人给吕丝起的外号是“奥尔

① 保尔·莫朗(1888—1976),法国作家,职业外交官。
② 指圣吕斯。
③ 跳蚤和贞女,法语中语音相近。奥尔良贞女是法国历史上的民族英雄贞女。

良的贞女”。吕丝是奥尔良人,这是确实的。至于她是否“贞女”,维隆和布沙是有争论的。他们并不隐瞒这一点,甚至当着吕丝本人也谈。她不动声色,不置可否。她下巴靠在手上,冷冷地,嘲讽地,瞧着他们的眼睛。情况究竟如何?不得而知。不论怎样,他们赞慕她。她掌握着他们(他们的一切秘密)。他们完全不掌握她的秘密。

这时爆发了一场纷扰。维隆像要把玻璃窗震碎似的,雷鸣般地大吼:“高举在盾牌上庆祝胜利①之后,拿尖桩给‘老虎’②,我要让他坐在上面!”那群“法兰西行动”党的人异口同声地喊叫,都站起来,准备冲杀过来。在这当儿,图书馆管理员喊得比谁都响,他终于决定让大家退出阅览室。这样一来,五个伙伴和他们的随从一致认为今后他们不能再在图书馆集会。在他们互相询问以后的集会地点时,谁也没有感到惊讶地听布沙提出建议:“在贞女家里。”

她同意了,好像这是理所当然的。

* * *

吕丝的父亲是检察官,为人正直,心肠好,很有头脑,可是专横、骄傲(傲慢),对于他自己和他家里人,他都是个小暴君,真正的“奥尔良的马蜂”。所谓“马蜂精神”,根据旧教同盟③的一位老盟员的说法,是“慌张,好争吵,不驯服”。也算这位检察官倒霉,生了一个女儿。他宠爱女儿,女儿也爱他。可是她和他同样是“马蜂”脾气,一点都不肯对父亲退让。她所想的一切,正和他的思想对立。他没有把握,如果他所想的和他所说的相反,她是不是会变换方向来反对他,使两人的思想再一次扑空。这并不是像人们轻易下的结论那样,说什么妇女身

① 按照古代高卢民族战士们的习惯,打了胜仗以后,让他们的首领站在一块盾牌上,把他高高抬起,欢呼胜利。

② “老虎”是当时法国总理克莱蒙梭的外号;尖桩是法国古代的一种刑具,用削尖的木桩插入犯人的肛门致死。

③ 旧教同盟,指一五七五年法国吉斯公爵建立的天主教同盟,目的在于反对新教。

上有个魔鬼,专喜欢和别人唱反调。这是为了生活。当一个专制暴君把你的空气全部取走,当他把他的真理强加于你,即使这个真理也是你的真理,它也会对你形成压迫,甚至把你压死。你恨这样的真理,宁愿去投身于反真理的床上。这检察官满脑袋是关于教育、家庭、国家,姑娘们、妇人们,以及关于婚姻、法律角度上的道德等等一套古老的原则。亨利埃特·吕丝已经解脱了这一切,犹如脱掉二十件陈旧的女装。她抓时间进行了思考。通过那个老年空论家说得津津有味的专制理想主义的废话,她看见等待着她的现实:一个外省没有财产的姑娘贫穷的未来,灰暗而寒冷的未来。她父母的一点有限的积蓄,在战争最后几年中已经花光。检察官的薪俸仅仅够对付家庭开销。父亲一死,还剩得下什么呢? 他似乎并不操心。各尽职责,认为他死后还活着的人只要像他那样勤勉从公就可以了,总会有一个外省的司法官员,年轻的或年老的,长得比较丑的,和他一样穷的,愿意娶他女儿为妻。可是女儿丝毫不是这样理解。像她母亲那样,妇女卑躬屈节,讨丈夫欢心的时代,一去不返了! 有一天早上,一直紧闭着嘴唇,用嘲讽冷漠的神情和沸腾的内心忍受父亲的原则冲洗的少女,用从容不迫和清晰的声音发言了:"已经过去的一切,什么也不会再来。"

父亲不知所措,说不下去了,他问女儿:"那么什么是已经过去的呢?"

女儿答道:"你。"

接下去的几个月日子不大好过,家庭中的空气是辛酸的。有时风刮得很猛,有时微雨迷蒙。最受罪的是母亲。在两个战斗者之间,她束手无策。她一辈子忍受父亲、兄弟们以及丈夫的苛求。现在她张皇失措地看见女儿起来造反,并非一点也不害怕,但是或许也不是没有一点秘密的报复的快感,因为有人出来替她出气了。检察官的猛烈训斥碰在女儿讽刺性的冷漠的墙上,渐渐失去了力量。女儿一边听他说,一边用冷冷的,准确而使人不知所措的目光穿透了他。字句在他嗓子里融化了。他知道说出来也没有用。更糟的是,她的眼睛盯着他的眼睛,好像在对他说:"你自己也不信。"他大发脾气了,为的是表示他相信自己所说的一切。但这并不能使他立于有利的地位。她从不发脾气。检察官战胜律师们激动的辩护,要四五个罪犯的脑袋,也比对付这个少女的固执头脑容易得多。她剪短的头发,盖在脑袋上,好像戴着尖顶盔。她刚刚剪短头发那天,翘着挑战的尖鼻子,心怦怦地跳着,以获得解放的姿态回家,在家里引起一场悲剧。大利拉[①]剃光头发,是为了打碎参孙的锁链!那老年的资产者几乎气得中风。看见女儿两条纤细的腿终于自由了,从它们的监狱中冲了出来,她短小的连衣裙刚刚接触到膝盖,连膝盖也没有遮住,这个堂·狄埃格[②]认为给他丢了脸。"啊,时代!啊,风俗!"[③]如果父亲没有厌倦于雷鸣,女儿可是很快就听厌了。

> "天上雷声隆隆,响了接着再响,
> 大雨将至,指出有角长在头上。"[④]

这是各国的贤智语言。奥尔良的吕丝姑娘长出了两只角。她从容不迫地宣称:"吵嘴不能使地上长出谷子和财富。"争吵只能使他们浪费时间。对她来说最重要的是她的青春。谁也没有能力将活人捆缚在死人身上。她要求独立生活的权利,她要去巴黎求学,谁也不能劝阻她,恳求也不行,威胁也不行,说理也不行。父亲拒绝她的要求。女儿走了。一天晚上,人们发现鹊巢空空,喜鹊不见了。她从巴黎拉丁区来了一封信。家里怕出丑,只好让步。女儿提出条件。检察官也提出条件。双方在通信中进行谈判,态度是僵硬而冰冷的。父女二人用仇恨来表现热爱。一个给对方规定了吃不饱的待遇,一个骄傲地拒

① 故事见《圣经·旧约》。
② 高乃依悲剧《勒·熙德》中人物。
③ 原文为拉丁文,是古罗马政治家兼演说家西什尤演说中慨叹世风日下的名句。
④ 这两句诗原文有引号,出处不详;头上长角足骂人的俗话,相当汉语中骂人为"王八"。

绝了。最后不得不由母亲出来求情,达成一个“妥协办法”①。她提醒“马蜂”,向“雌马蜂”挑衅,逼她在巴黎自寻活路是危险的。他害怕得颤抖了。他愤怒的固执使他忘了他们家庭血统的人在固执时能干出什么来!他赶紧签订条约,给她一点极微薄的生活费,交换条件是女儿在考试的督促之下严肃地用功。女儿按照条款执行,她自以为从成见(比如老旧的道德)中解放出来了。她有她的德行和她代替德行的缺点,那就是她作为妇女,有几种集中的本质的骄傲。在她和父亲之间,在她和外省说她坏话并且窥视她的窄小社会之间,存在着挑战的情况。她接受挑战。她在品行方面是无可指摘的,至少在表面上。她自己很检点。至于内部的实情如何,那是她自己的事,不需要向任何人报告。大家能看得见的是,她考试的成绩一向优异。根据老师们的意见,这是由于她出色的智慧和比较优秀的男同学不相上下,甚至超过他们,因为他们为别的思想在分心。然而还不能说她是为了智慧而生活的。接近她的人都觉得她是个谜。她自己可能也这样以为。

她住在巴黎瓦尔·德·格拉斯医院附近,圣雅克街最拥挤的角落。这条街像小提琴的古老弦线,绷在圣洁的纳维埃弗山的三脚架上,有弦线的细颈和纽节。古老的房屋弯着腰,好像琴弓在压着它;笨重的公共汽车经过时就震得它发颤。在临街的一层,人们可以听见五金店里铁件的撞击声和小酒店里酒瓶叮叮当当的响声。临街的是窄狭的门和没光线的楼梯,石头梯阶已被脚步磨得很光滑,通过那儿,人们到达第一层②,它被二楼向前突出部分紧紧地压着。进门没有过厅的一个房间,是吕丝的整个住处。房门直接开向楼梯。原先,这间房和临街的店铺之间,另有一道靠在地板上的内部楼梯连接,用从外省寄来的厚实的窗帘一挡,使微弱的光线显得更暗淡了。这间狭长而曲折的房间,由于街道在房屋的门面上形成弧形而像孕妇的肚子一样隆起:它有三个窗户,其中一个是圆形小窗,开凿在房间向前突出的拐角

① 原文为拉丁文。

② 按照中国的习惯,应当说是二层楼,因为下边还有临街的一层。

上,比房间的其余部分提高两级梯阶,相当于小提琴琴弦的纽结处。这是房间里唯一有足够的光照的角落。也许早先这儿是放床的高台。挂在横杆上的一幅窗帘,可以把这个角落和全室隔开,吕丝把这里当作她的隐身处。她把她的唯一奢侈品放在最好的地方,那是一块旧波斯地毯,从她在奥尔良的房间里拿来的。无疑是在革命时期[①],某教堂遭洗劫之后,她家里就占有了这块地毯。在她不到巴黎街上去跑的日子,她在房间的这个角落里度过每天的一部分时间。她把自己安置在那里,盘着腿,一支接一支地吸烟,皱着眉头东想西想,有时想到一件可笑的事就哈哈大笑起来。(她的朋友们不知道这种情况,她把她的思想和尖锐的笑声都保留给她自己。)或者,她跑得太疲乏了,就躺在床上,不是全身伸开躺下(她的窝对于她这个猎兔犬似的长身体来说,太紧凑了一点),而是弓着身子躺着,两个膝头蜷曲在下巴下边,双手握住在街上跑得酸痛的脚。她也在那儿用功,蹲在地板上,把书放在周围,手拿墨水笔,利用着从圆孔小窗射进来的照在她用不坏的钢铁眼珠上的最后一线阳光。这时黑夜的阴影已经进入房间深处,她用屏风挡住房中四角的各种"私生活"用具:洗脸洗身的,饮食用的,以及其他用具。她管那些角落叫她的(东西南北)四大方位。

室中木器很少,零零落落,几把廉价的安乐椅,一张长桌上堆满纸张。这桌子也可以让人坐在上面。另外还有两三把椅子,一只木箱。(房中不常生火,老旧的壁炉成了穿堂风的通道。)暗淡的墙壁下半部遮满了吕丝以她内行的眼睛好奇地拼凑起来的色彩鲜艳的布块。她爱好色彩。正如匈牙利平民妇女把色彩艳丽的刺绣藏在抽屉中一样,吕丝似乎在通过鲜艳的墙饰来欣赏被她关在阴暗的屋子中的太阳。这里那里,墙上挂着高更、马蒂斯和乌特里欧[②]等画家的肖像,使已经听说过他们的人,重新想起这些画家光彩夺目的调色板上的音色。一座石膏头像,陈列在进门处,迎接来访者。这是寓言故事中的一个小

① 指一七八九年开始的法国大革命。

② 三人都是法国当时的著名画家。

修女,皱折的眼皮,调皮的鼻子,和女主人的长相不无相似之处。这尊头像是战事发生前按照兰斯大教堂门面上的塑像复制的。她的高卢式若贡德[①]的淡淡微笑,在对来访者表示欢迎。为了使来访者觉得安适(或者使他们有所防备),靠着圆眼小窗下的墙,在镜子下边很显眼的地方放着一个可以移动的小书架,不是没有一点挑衅意味地说明了这房间主人的法国文学修养:维庸的诗、伏尔泰的小说,拉封丹的寓言。这个选择并非没有一点调皮的夸示,但是适应种族的本能,是真实无伪的。好玩的是奥尔良的那位检察官,那个在他生活中以及在法庭上高举他那硬纸板做的雷霆霹雳对付不尊敬国家法典者的人,如果在他女儿书桌上看见这些放肆无礼的高卢精神的纯粹珍品,也许要脱帽致敬。罗马和犹岱[②],徒然塞满了法兰西的嘴巴,鼓胀了她的记忆之囊。这只袋子是高卢的,袋子里高妙的花招每一个法国人都知道而且欣赏。可是在吕丝的书架上,拉辛和伏尔泰为邻,笛卡儿与拉封丹结伴。此外,由于一位初出茅庐的法国女学士的午餐需要一点学究气味的调料,她加上了卢克莱斯[③]。虽然她的拉丁文水平比她的同学们高一些,我相信——请不要对别人讲,她很少读卢克莱斯,而更乐于翻阅《巴比伦公主》[④];而且她最愿意阅读的首先是那群男孩子的心。这一向是姑娘们最爱的书。可是并非每一个姑娘都能把这本书读到家,而吕丝在这方面却养成了一股可观的力量。没有一个小伙子料想得到,在吕丝眼中,他们都赤裸裸地现出真相。

他们来了,各人找地方坐下。男孩子们毫无拘束和顾忌。他们不在乎他们从街上带进来的烂泥,不在乎搞得满屋子是声音,满屋子是烟。(他们走后,必须把三个窗子统统打开,让屋子透透气,让黑夜的冷空气进来。)他们支配这个地方与时间,仿佛吕丝用时间与地点专门

① 意大利文艺复兴时期著名画家达·芬奇的杰作《蒙娜丽莎》,画面是一个微笑的年轻妇女,若贡德是该画的原型。

② 古犹太王国所在地。此处是指犹太文化。

③ 卢克莱斯,古罗马诗人。

④ 《巴比伦公主》,伏尔泰的中篇小说,发表于一九六八年。

为他们服务,他们连谢谢都不说一声。但是寓所的女主人自己善于调理,她有本事让他们不敢轻举妄动。如果表面上看不出来,那是因为她很有把握,不在乎形式上的礼貌。也许她过分地有把握,正如一般年轻妇女都有的缺点。但是她贪心地想知道这些青年男性思想中的一切活动,所以她让他们谈出来。不说一句话,不做一个姿势,不眨一下眼睛,为的是不妨碍他们推心置腹地谈话。她安静地坐在一把花园中用的摇椅上,两个指头夹着一支烟,照顾大家杯中的咖啡。那是饶舌的白特贡献给大家的(她拿出她父亲食品商店中的咖啡为晚会提供饮料)。当男青年们想起问她的意见时,她勉强讽刺式地把嘴张开一点点,或者为了在他们没有觉察的情况下,促使讨论向她所希望的方向发展,或者使争论的火焰烧得更旺些,不然就扑灭这种火焰。吕丝漫不经心地用手一挥,讲两三句出人意料的话,说得恰到好处。这之后,她重新以漫不经心的外表作屏障,心不在焉地,好像刚才说话的不是她。但是,在她的小修女石膏像般有皱纹的眼皮之间,注意力集中的眼光在窥视,猎犬在监视着猎物……在她看来,白特是有用的。她可以使那些男同学的眼睛,甚至他们的手,不至于闲着没事干。可是吕丝虽然视而不见,让他们去闹,却不许他们超过她默默规定的限度。他们只好悬崖勒马。吕丝的法律!出了房间他们就自由了。他们和白特爱干什么就干什么。正如有个英国人认为,一过苏伊士运河,就可以破坏摩西十诫。

即使在蜂窝[①]内部,他们的舌头也没有停歇过。刚刚从一个被理智与权利洗劫过的世界出来,完全有采取报复的必要!他们在三种德行,信仰、希望、仁慈上吐唾沫。当他们各自单独擦脸的时候,他们的账已经算清了,可怜的孩子们!

在任何时代,人总是有所怀疑的。每一代新人都否定老一辈的无聊废话。在任何时代,后来成为教师、检察官、律师、道德秩序和刑法

① “吕丝”,在这儿是姓,专名词,但这个字在法语中本作“蜂房”解,“在蜂窝内部”,意思说在吕丝房间里。

秩序的保卫者的那些聪明的青年,都玩过打倒一切的游戏。但是那和这次大骗局①,权利战争所造成的一代人的痉挛性反叛,是有区别的。过去的怀疑是可以商量解决的,它可以和生活及理性讲和,甚至很舒适地和“生活是多么愉快”结婚,就是那个老年的勒南②用他肥厚的嘴唇舔得津津有味的“生活是多么愉快”。当前的怀疑是火与沙的台风,摧毁一切的台风。这种“空桌”③曾经对晒成棕色的笛卡儿或软骨头的阿那托尔·法朗士④来说没有什么不妥之感,而对现在的小青年们却是一种致命的幻觉。他们不能再读什么、看什么或听什么而不嗅到混在文明的食粮中的毒素:宗教、道德、史学、文学艺术、哲学、公共场所发言中的老生常谈、日常的“理想主义”。面对前几个世代的老辈人士愚蠢的平静与安宁,他们咧着嘴,愤怒地,怪诞地狞笑,唾弃这种毒素,在文学的,智慧的或社会上各种形式的反叛下,表现出对人类精神,对四千年来的文明,对生活本身,对生存理由的一概否定。然而这些青年人却毫无自杀的意图。他们的生存本能只有一种发泄方式:破坏。他们用恶魔般的狂怒进行摧毁,他们用年轻野蛮人的喧闹,欢迎一切东西哗啦啦的倒塌。多一片废墟,就多一块供他们游荡的空间。至于让他们离开印第安人式的狂舞,走上斗争的道路,他们将束手无策,不知道选择什么样的道路。人们什么都否定了,为什么还要行动呢?因为手、脚、全身、头部,不能不动。但是搞什么见鬼的行动?朝什么方向?

在过去的各个时期,人们到了二十岁就大谈行动,但主要是委托代理人去行动。在这死气沉沉的一九一八年,选择全权代理人已经不那么容易。在平静的时代,总是有一个最受宠的班子,或高踞讲坛,或操笔墨生涯,青年们可以把赌注押在那些人身上。由于这种赛马用的马并不跑,没障碍物要跳越,人们可以在他们身上长期打赌。可是在

① 指一九一四至一九一八年的世界大战。

② 勒南(1823—1892),法国史学家、文学家、思想家。

③ “空桌”,哲学术语,或译为“白板”,意即:把过去的概念全部否定,然后在空白的基地上建立新的思想。

④ 法朗士(1844—1924),法国文学家。先是社会党员,后来参加了法国共产党。

战争中,所有这些劣马都已滚入沟渠,剩下的少数几个正在进行不利于和平的工作[①]。没有一个符合我们的期望。几星期之后,木已成舟。老旧的一批人员全部撤换。两个对立的偶像分别掏空了自己肚中填塞的东西。一个掏出谷皮木屑,另一个掏出鲜血(别人的血)。这两个人就是威尔逊和克莱蒙梭。那只假老虎[②]变成警犬。至于提出十四点美国道德观的天真教授[③],什么也没有剩下。按照各国失望的人民似乎不公正实则很公正的看法,最可恨的是威尔逊。人们的脑袋不再接受欺骗的言论。目下,这些脑袋都是空的,空得恰如人意。深渊……不论是什么!但是要重新塞满人们的脑袋,谈何容易!

五个人(除了维隆)用尽了他们行动的力量在巴黎大学西校门外为威尔逊示威,但隔了两天,他们又让此人丢脸地掉进废纸篓中。他们寻找可以作支撑点的坚毅力量的教训和活榜样,可是徒劳无功。他们对之保留敬意的唯一的人是雅兰[④],因为他光明磊落的语言是以他在行动中(在战争中)经受的不屈的考验,和他坚忍不拔的生活态度为保证的。雅兰是教苏格拉底哲学的,他主张将思想自由和服从政府的公民义务分开。这对于性格没有经过很好锻炼的人是危险的。他教人像他自己所做的那样:如果必要,可以为执行国家命令而完成的任务而死,同时却批判国家的命令。他的教训是头脑清醒的毅力,他的声音却没有超越少数知识分子的小圈子。他的教训很可能被那些为逃避行动及其危险性而寻求道德借口的软弱灵魂,解释为柏拉图式的“良心抗议”,以便和事实妥协。“一边服从,同时拒绝”,到底是服从,还是拒绝?行动决不包括“是”与“不”的游戏,行动是一把斧子,它把两面神雅努斯[⑤]劈成两半。如果要理解雅兰的教训,至少需要在紧张

① 指一九一九年的凡尔赛和约。罗曼·罗兰始终反对那个“报复性”的和约,认为那个和约埋藏了再一次世界大战的祸根。

② 指克莱蒙梭。

③ 指威尔逊。

④ 雅兰(1868—1951),法国哲学教授,著有《随感录》多卷。

⑤ 罗马神话中的两面神。

的意志中有长期的耐心和无限的时间。时间和耐心,恰好是目前这些年轻人所最缺少的。世界和约那斯[①]一样,从战争的肚子里再涌现出来,飞速前进,前进,快得像流星一样。更快些!更快些!雅兰已经和这一切不协调。他和那些战前遗留下来的最好的前辈一样,习惯于在几个世纪的广阔范围内生活与思想。在五人中,只有阿道尔夫·舍瓦里埃一个人适应这种农民式的宽宏与缓慢的气度,不幸的是,他不是用相当坚硬的道德素材做成的,他不能接受雅兰的宽阔的指印而不使之变形。他用诡辩从中找寻一种说法,企图证明他有理由在和平、舒适中谈论哲学。西蒙·布沙从他的体魄方面说,粗鲁有力,更接近雅兰之为人。他热爱人甚于热爱思想,他那没有细微区别的粗鲁的正直,很快抛弃了他,而使他扑向可以给他提供行动机会的任何一种学说。行动,像他所理解的那样,就是挥拳的行动。革命吸引他,但是在这停战后有决定性的头六个月中,在西方,革命还没有达到组织与意识都成熟的程度。那些漫无组织的政党,在原地踏步,像盲人手挥棍棒敲击墙壁一样。关于被克莱蒙梭的军队封锁的俄国,大家还一点也不知道实情。直到翌年四月,通过那些部队和他们的起义,关于背叛了法国革命[②]的法国政客们妄图勒死一个巨人般的民族而没有得逞,以及巨人挣断他身上的锁链的真相,方始大白于天下。

在这胜利后(战败后)的头几个月,使青年们失望的各种事实中,最令人沮丧的(他们不说,说起来使人太难受)是战斗员,也就是他们的大哥们从前线复员回家。他们等着要在大哥们的经验中汲取生活教训。这是他们深信不疑的唯一经验,因为这经验是大哥们用鲜血换来的。只有在大哥们面前,这些小青年才变得谦虚而且不说话了。他们焦急地等待大哥们开口。但是大哥们什么话也没有说。他们也和小弟弟们一样,不开口。他们对别人提出的问题避而不答。他们谈的是重新找到的生活。他们急于回到日常生活的习惯网络中去,而那些

① 约那斯,《圣经》中的小预言家之一,他曾在鲸鱼的腹中待了三天,而后得救。

② 指一七八九年开始的法国资产阶级大革命。

小青年却心急如焚地想从那里边解放出来。最不堪的是,某些大哥哥过了几天或几周以后,也使自己的言谈和后方胆小说谎的人云亦云的调子合拍起来。为了更好地紧跟舆论,他们不惜和舆论一样地大吹大擂。偶然在两个从前线回来的战友之间,互相传递一个会心的眼色,表示他们在思想方面订立了攻守同盟。但是对于那些留在家中的小弟弟们,不论他们怎样窥探、恳求老大哥们说出那些他们相约不说的神秘话①,大哥们也始终拒绝不说。(唉,他们心中难道真的没有话要说?他们的舌头丧失了说真话的习惯,说又有什么用?……)这是极大的背叛。人们可以认为,这是他们在报复他们的父兄对他们的背信弃义。当时他们被一句谎言送上前线去送死。

五人——七人(像我们的太阳系一样,在他们的星座中,包括两颗女性卫星)曾经不止一次地有过这种经验。他们口中还保留着辛酸的余味。一天晚上,他们带了一位老大哥到吕丝寓中来。此人曾和布沙一个战死在埃巴奇的哥哥是朋友。他是他们中学的光荣。他从这个中学毕业时,老师和同学们对他日后在大学学业上的成就,有热烈的(后来完全失望)期待。这时,战争将他召去,而且从第一天直到最后一天,把他留在部队里,除了三次实习时的强迫休息,以及受伤后在医院中养伤的日子。埃克多·拉苏斯获得了作为英雄的各种勋章。人们预期他能给年轻一代做个刚强可靠的顾问。布沙曾经拿拉苏斯给他哥哥的信,以及他哥哥写的信给小组中的同伴们看。在战争的头两年,两位朋友在通信中慷慨激昂地宣布自己的意愿,说他们回来之后,要把家里好好打扫一下。稍后,两人之中的一个沉默了,死了。劫后余生的那一个也不说话了。从身体上看,此人没有很大的改变,不过更壮健,更魁梧了。皮肤紫红,像陶瓷一样,外表比以前更结实(他不暴露他的苦难,机体内部被可怕的地震震裂的创痕)。他态度朴实、友好、善笑。头几天,他举止有点粗鲁,因为失去了活人世界的习惯,不

① 他们的真心话。

过他很快就纠正了步调，所以不至于像树林中的人那样粗暴夸张，年轻伙伴们觉得他有时应当摆出一副玩世不恭的脸谱：用同情的讽刺，看他们演各自的角色。一种微笑的眼色表现出他疲倦的温暖感；眼睛蒙眬欲睡，但是眼前的景象却丝毫没有放过。他的眼睛在梦想，也在追回被夺走的睡眠时间，追回纯粹而粗糙的生活的日日夜夜，没有思想，没有目的，过去是空白，未来也是空白，只有现在是满到快要外溢的河水，若干年来，习以为常的死亡威胁，和死亡的无耻的拥抱，夺去他这条无边无岸的河流；夺去了河畔的柳荫和河水的清凉；夺走了浩大的生命之流，永远不同然而始终如一的生命之流，不断地消逝，又不停地返回的永恒生命之流。在他面前指手画脚，装腔作势的这群小青年，没有体会到这一切，他们从来不曾缺少这一切，他们是人在福中不知福。何必费劲向他们解释呢？太吃力了！将来有一天，他们会理解的，你自己教育自己吧！我已经教育了我自己……这一双双眼睛，目光直逼，有如手枪顶在他的太阳穴上，用带怒气的坚定声调问：他将要干什么，什么是他打算做的事？他用疲乏和讽嘲的口气说："隐退。"

他们吓了一跳："到哪里去？"

"随便哪里。在我的角落里，我的房间里，我的田野间。"

"你到那里去干什么？"

"我要活下去。"

"什么？没有行动，甚至也不写什么？"

"我已经没有任何雄心壮志。"

"难道这样也算活着？"

"正是这样，才算活着。"

"解释！解释！"

"没有什么可解释的。"

"这就是你从那边[①]带回来的一切？"

---

① 指前线，战壕，军营。

“对于我,这就够了！如果你们需要更多,你们必须自己到那儿去找。我呀,我已经付出了代价。”

他走后,七个人你瞧我,我瞧你,有的脸色灰白,有的满面通红,有的怒气冲冲,有的垂头丧气。布沙滚动着大眼珠子,说:“这群混蛋！战争阉割了我们的公牛。”

至于极少数人,在战争时期坚持反战立场①,那些在混战之上高举自己见解的大旗,被战争主持者们用“失败主义者”这个形容词恶毒辱骂的人,即使年轻人之中思想最自由的,明知这种辱骂是丧失理性的,也害怕成为这种辱骂的对象,甚至对于不怕遭受辱骂的人,反而暗暗鄙视。后者必须有悍然不顾一切侮辱的胆量,用挑衅和战斗的姿态,对付这种辱骂,如同捍卫荣誉一样,如同以前荷兰的“叫花子”②和今天俄国的布尔什维克一样。然而他们的弱点在于太循规蹈矩,拒绝思想上过分和暴烈的表现。但是,过分的言行是战后一般青年的正常气质。在受了战争精神的毒害,尚未接触到印度基督③的光明的西方眼中,非暴力等于无意义。对于这些青年来说,要有雄健的气派,就必须强暴、猛烈。

他们这些自命不凡的人,夸耀自己“不是公牛”！这些小公牛被新发育成熟的雄性机能憋得难受,他们在曾经被践踏破坏而今牧草又开始肥嫩的牧场上,寻求可以与之交配的母牛。天晓得！两条腿的母牛④并不缺少。但她们不算数。在市场上她们太多了。太多,也太少！他们想抓住有力量的思想,和母牛一样能够生产的思想,这些思想应当能够更新法国和欧洲。这种思想在何处？他们的手徒然地在黑夜中摸索,厌倦的手张开指头,让掌中的东西都漏掉。他们长时间地在政治与玄学问题的杂物堆中逡巡,因为他们缺乏对某一点的明确概

① 影射罗曼·罗兰自己。他的第一篇反战檄文题为《超乎混战之上》,一九一四年九月发表于《日内瓦日报》。

② 十六世纪(1567)荷兰独立运动的革命党人。

③ 指甘地。

④ 指女人。

念,所以把一切都混在一起。他们经常坠入肤浅的一般概念中。如此肤浅,以致他们不可避免地陷入泥浆,一直陷到脖颈。不管他们试图讨论的是什么题目,他们总不知道如何着手,如何开端。他们从来不知道把一个问题讨论彻底。在某一个角落里,每人都比别人知道得多一点(比什么都不知道更少一点),别人只能用他们的无知来测量无底深渊。他们快淹死了。他们在胡乱漂荡,他们只能用对于他们自己和一切的血腥的讽刺、否定和暴力,把自己从泥沼中拉出来。在这些人之中,玛克讨论问题最严肃,并且最坦率地承认自己无知。他辛酸地感到不快。白特不大重视他。吕丝则重视玛克,甚于重视别人,但是她放在心里不说,同时注意观察。布沙蔑视地耸耸肩:"先行动!以后才会知道。"舍瓦里埃咬着嘴唇,不说话。他很认真,完全意识到自己的无知,但很骄傲,不承认自己无知。维隆用重炮轰炸空虚的场面。圣吕斯微笑。他讥笑玛克以及别人。可是他在他们之间也有选择。

这几位年轻的资产阶级知识分子在不可知的领域(世界、行动、明日)中搅混够了之后,回到他们的文学问题上来,犹如苍蝇飞回到糖浆上去。这是吸引他们的一个光圈。他们在糖水和渣滓中打滚。在糖浆罐子里,每人都有自己占领的角落。他们饱尝糖汁之后,大声喊叫好吃。维隆是超现实主义者。舍瓦里埃是瓦莱里的崇拜者。圣吕斯发现了普鲁斯特、科克托和吉罗杜。布沙发现了左拉与高尔基。玛克发现的是托尔斯泰与易卜生。玛克发现得迟缓了。但是讥笑他迟缓的人很难批评他的选择。因为对这两个作家的名字,他们除了会发音之外,别的什么也不知道。在那时期,年轻的航海家们很容易有新发现,在他们眼中,一切都是新大陆。吕丝不动声色地刚刚发现了司汤达。她把这个作家保留给她自己。关于她的蜂蜜,这只"马蜂"可不慷慨。白特什么也没有发现,可是她从别人嘴边接受一切:糖和调料。有时她吃得有点恶心,但是在吃东西方面她是很勇敢的。

到了一个时候,七人感到口中淡而无味起来,他们不作声了。黏糊糊地,吃饱了,咀嚼着,精神上打着嗝。你看看我,我瞧瞧你,眼色沉重,头脑空空。虽然如此,他们很可能还拖延时刻,在桌边围坐一整夜,在那间若干小时以来被他们用雪茄烟、他们的呼吸和他们的空虚毒化了的少女的闺房中。他们很可能就那样待着,由于臀部钉住在椅子上,精疲力竭,使不出一点劲来,也由于对于不可知的未来的茫然期待,心中害怕空着手回家。

吕丝选择了这个时刻,提醒大家:她是这个家的主人。她翘起下巴,用坚定的声调说:"够了!我有我的生活权利。你们把我的空气都腐蚀了,我要打开门窗。野兽们,回去睡觉吧!"于是用她的"十五世纪风格的"[1]又瘦又长的手,做了一个坚决的姿势,把他们全部推到楼梯上去了。

于是他们又发现自己在又黑又冷的夜里,在浓雾与泥泞中,又面对了使他们分离的事实:他们之间有等级之分,有几个人一回到寓所,就能躺在舒适之乡,另外几个却不得不考虑明天的面包。

维隆和舍瓦里埃陪着白特一起走了。如果有一辆出租汽车恰好经过,维隆会叫住车子,把舍瓦里埃留在人行道上,带走白特,把她送回家去(听他这样说!)……另外三个人一起走了一阵。大家默默无言。喜欢温存的圣吕斯,挎起玛克的一条胳膊,玛克丝毫不感兴趣,冷冷地让自己的胳膊笔直地垂着。圣吕斯不能抑制他还想说几句废话的需要,这些鸡毛蒜皮的废话似乎比乍一听更有些汁水。他有必要射完他箭囊中的短箭,攻击这天夜里的发言者以及他们的言论。可是另外两位同行者沉着脸,让圣吕斯的火箭坠落在水沟里。他觉得被人冷落了,但他并不责怪他们。他和他们这帮人本来就是貌合神离的。现在他们怒气冲冲地要离开他,只是使他觉得好玩而已。稍后,圣吕斯在他们意想不到的时刻,突然离开他们,先用敏捷的手在两人鼻子上各弹一下[2],不等他们有擤鼻子的时间,便迅速消失在黑夜中了。布沙怒不可遏,整个地转过身去,朝着估计对方走去的方向,在雾中放了一

① 原文为意大利文,指十五世纪意大利文艺复兴时期的艺术风格。

② 法国顽童常有的举动,含嘲笑之意。

枪:向卡西弥[①]喊了一句恶毒的话。等到他嘟囔了几句,感到轻松一些之后,这两个剩下的人回到一直没有公开谈的问题上,也就是他们最迫切操心的第一个目标:“在糊口问题尚未解决之前,如何能使自己自由?”布沙很少对明天的吃饭问题有把握,至于往后的吃饭问题,他更是绝对没有把握了。玛克是由他母亲供给伙食的。他知道,要解决两个人的生活,现在对他母亲来说是有困难的。想到他自己虽然下决心要自食其力,却继续靠母亲生活,他觉得脸上发烧了。他自己挣的一点钱,连吃半顿饭都不够。他不得不经常去向那位精疲力竭的妇女要吃的。“够了!我要不顾一切跳到湖中,一个人游泳……”

啊!所有一切智慧方面的操心,他们刚才关于艺术、文学、政治以及人死之后如何等问题的讨论,唇枪舌剑的撞击声,现在看来只不过是舞台上愚蠢的表演!在谈论“美”、思想观点、和平、战争、人类的未来等等之前,先要解决嘴巴问题。嘴巴张大着喊饿……让它闭上,给它吃的!

*　　　*　　　*

安乃德负担两人生活,力量不够了。她的勇敢精神已无济于事。在她的活动范围内,谋生之道一天比一天少。智力劳动者的整个中层阶级,老式的,最优的部分,自由资产阶级最诚实最无私的部分,正在慢慢地消亡。由于在战争时期破了产,人数减少;由于不为外人所知的企业倒闭,辛勤劳动所得的积蓄耗尽;由于工资不够吃饱肚子和不能适应的新条件——这种条件要求一代新人,残暴的新人——这个阶级正在无声无臭地消灭,没有一声不平之鸣,坚忍地,如同德国和奥国较早受损害的类似的阶级一样。人类历史并不是第一次记录战争和社会危机之后的这种不能避免的、古老人类建筑最高贵一翼的消失,

① 圣吕斯的又一称呼。

然而历史典籍却不习惯在这个问题上多费笔墨。历史是为活着的人们而写的。活着的人们搜了死者的腰包之后,踏着死者的尸体前进。倒下的人们活该!让青草在他们坟上怒长,同时展现出一片沉寂!

安乃德还不至于倒下。她有壮实的手臂和腿。任何任务都吓不倒她。她是坚强而灵活的,她善于适应环境。但是,除了压在她的阶级身上的苦难,她还需要对付压在她个人头上的特殊困难。甚至在她本阶级中,在穷困中劳动着的资产阶级知识分子中,也有人恶意地给她钉子碰。他们听说了她在战争时期的"精神",他们不能原谅她。他们不知道她的冒险行动的背景,只知道她泡在国际失败主义中了("国际"和"失败主义"两个词连在一起,构成不可饶恕的罪名)。她轻率地离开了祖国和战争的神圣法庭,她就不能再回来!她自己把回来的门关死了。他们不需要互相串通,就让她到外面紧闭的门上,在木头一样的面孔上碰钉子。在公立或私立学校中,没有她工作的位置,在她过去来往过的那些资产阶级家庭中也找不到教课的机会。人们不答复她寄去的信。她在巴黎大学读书时的一位老教授,以前对她表示过善意,这次回她的信时只寄了一张名片,上面写了"P. P. C"①。三个字母。安乃德遭受抵制了。这些老派的资产阶级高等教育界人士的固执无情的面孔!而且他们是有很高德行的,他们的忘我精神使他们和有名的典范(经过长期研究过的),古罗马的坚忍派哲人,以及古老法国的道德家并列。但是他们培养思想上不可调和的不容忍主义,并且宣誓以此效忠于上帝。国王、法律和祖国。他们的鼻孔还在嗅那些拒绝信奉他们"信条"的异端分子与背叛者被活活烧死时灵魂的焦臭,即使不是皮肉的焦臭。再说,我们不必控诉他们,说他们的信仰只是挂在嘴上的,说他们躲避实际的重担。我们不能把他们和走江湖的文丐相混淆,文丐躲在家中写激动人心的好战诗歌,屁股烤着炉火,远离他们见了就要逃跑的榴霰弹,远离参战士兵们沾满烂泥的鞋底,因为

① 法文:"特此告别"的缩写。

战士恨不得把鞋底印在那些人的屁股上。至于那些脾气不好的资产者,他们却是凭着鲜血行事的。没有一个家庭不付出血的代价。这一点,安乃德是知道的。她一点也不责怪他们狠心。这种由于痛苦而产生的不通人情的态度是合乎人情的。过分地合乎人情!尤其是当痛苦本身毫无把握肯定它不是被骗,肯定它不是在可疑的祭坛上牺牲于阴险的祭司之手。承认自己被骗将成为最大的绝望,所以这种痛苦咬着牙,宁死不承认自己的错误,任何人,由于他反对被大家牵着走,由于拒绝服从和离开群众而单独在一边,就等于在共同的"信条"上打开了一个缺口。让这种人去受罪吧!

安乃德重新开始奔跑,为了寻求只干一天或一星期的各种各样的工作。这是她二十年前,玛克还在摇篮中时不得不学会的。现在她已经四十岁,要重新恢复这种习惯,困难想必更大些。可是事实却与此相反,她觉得比二十五岁时更手脚轻捷了。也许不仅要用战争结束而产生的精神上的缓和来解释这种奇特的和谐之感,它想必还扎根于生理的均衡境界。在生命的这个阶段,有时会产生这种境界,犹如在两边陡坡之间的一块山顶平地。人们登上高地之后,会享受到成功地攀登上崖壁的快乐;回首一看,脚下是刚才险些要滚下去的深谷,更会享受到艰难跋涉之后肌肉的神圣疲劳感,敞开胸膛去呼吸高山上的新鲜空气。至于下一步干什么,总会有时间去考虑!"我不着急,先把我所有的一切拿住不放。我抓住这一口空气,畅快地呼吸吧!压在欧洲和我自己身上的一场噩梦,成堆的痛苦,暂时消散了。这段间歇很快就会过去,但是我自己也会过去,一切都会过去。这段暂时平静的时间,应当好好地享受它。我学会了享受。"

她到达了这一阶段,终于认识到当前时刻的价值。如果你有良好的牙齿,这段时间是值得细细咀嚼的。青草虽然坚挺而多刺,但它还是肥嫩而饱含汁水的;即使有点苦,却也增加了它的美味。安乃德在她的草原上吃草。她知道无论是欢乐还是悲苦,对她来说,能用嘴来吞,用舌头来舔的,剩下不多了。为此,她不像她儿子那样,为了明日,甚至为了世界的末日而愁绪满怀。(这是年轻人的本色,她自己也经历过!)儿子在思想深处责备她这一点,他的眼光有时含着辛酸地对她表现出这种心情。他觉得她的所作所为像当时的某些人:自私自利者,目光短浅者,无所用心者,以及那些"我身后,洪水不妨暴涨"派,总之,所有被他诅咒的人。但是他不诅咒他母亲。在共同的患难中,她已成为他自己的一部分。面对她蓝汪汪的眼睛的神秘亮光,他的怨愤消失了。她的眼睛在笑儿子的愁眉苦脸。在她身上,他所不理解的事物,他都接受,如果在别人身上,他就不接受了。不公正?破格优待?为什么不呢?为了使我们所爱的人受益而不公正,多么爽心!这就是公正。这是没有理可讲的。

但是她的眼睛为什么要笑?甚至笑她心爱的儿子脸上掠过的愁云,甚至笑时代的灾难,甚至笑她自己生活的苦难,为什么?当前的日子确实没有多少使她发笑的理由!有时她想起这个问题,自己都要责备自己。然而有一个理由,是神秘的,可怕的,属于不足为外人道的理由之列的理由,因为它好像是对自己,对自己的心的一种侮辱,它是一股不知道来自哪个阴暗深处的不可调和的力量强加于她的。她感觉到自身产生了奇特的漠不关心的情绪,混杂在她对最亲热的人的爱中,她的激情的全部浪涛中,她积累起来的生活的全部更新中,她的圣马丹①的夏季中。她在激情中多次磨炼过悲欢苦乐和幻想的纽带,以至这种纽带松弛了。如果说她这种纽带的印痕深深铭刻在皮肉上而得以保留,这是由于她从中得到了享乐,而且自己悄悄地勒紧了腰带。她不放手,因为有人在爱,她不放手,因为有人愿意。有人愿意她不放手……但是,如果别人不愿意呢?这是别人知道的,知道的!最好不要多想。不想也没有用。这是人们知道的。可怕的明朗的眼睛,充满自由的笑意的眼睛……

这些都不是说给年轻人听的秘密。本人自己,如果还要采取行

① 本意为一年中最后几天晴朗的日子。此处指人的一生中最后一个精力充沛的时期。

动,最好不要深究。可是把有关的血清注射在自身的血液中,对于一个健壮而均衡的体质,不但不会损害均衡,反而可以使均衡建立在更丰富的因素上。而且对行动也不会有任何损失,它只能变得更坚定,更愉快,这是因为更好地解脱了恐惧和希望,要解释清楚是不可能的,除非有一个十分明智的导师。可是,仅仅从这一阶段开始,人们能充分享受生活与行动。因为,在它们能够带来的每一种热情中,从此以后将加入令人振奋的光明,也就是这个启示(“不要泄漏你的秘密!”):“这一切都是游戏。”

这是当时一般的精神状态,战后的一种现象。行动曾经那么可怕,投入战斗的激情曾经那么紧张,所以为了能继续下去,必须缓和精神的高度压力。人们以生活为游戏,以可怕与欢乐为游戏,以爱情,野心和仇恨为游戏。人们本能地在游戏,可是自己不肯坦率承认。这是一个时代的可怕危险。在一段时间内,时代丧失了生活的价值和意义,对它来说,最严肃的东西都成了玩具！在一定程度上不参加这种游戏人生的精神的人,是极少的。安乃德善于感觉一切吹过来的风,也接受了游戏精神的传染,而且以她自己的风格参加游戏。“欣悦的灵魂”,她在这方面是有天赋的！

但是在生活的游戏中,她感兴趣的已经不仅是她自己手中的牌①。她对邻人的牌看得更清楚,并不是为了要赢别人,而是要按他们手中的牌来玩。如果别人赢了她,她总会设法使自己不至于输得精光,总会在别人已经收割好的一捆捆麦子的田地上,拾一把麦穗来玩玩。她从奖券开彩时得到的不愉快的处境中,抓住滑稽的成分,以及利用奖券获利的人们的可鄙。她天性中的勃艮第人气质占了上风。不要再搞清教徒的那一套,不要再倾向于愁眉苦脸的悲观主义,虽然时代的不幸和她个人的失意有理由悲观失望！她走她的路,认真地推着车。在路上,她不需要教训驼背弯腰的人或物。她用眼色笑笑,心里想:

① 游戏与赌博在法语中是同一个词。

“世界就是这样的。我就是我的样子。世界应当努力忍受我。我吗，我完全能忍受世界!”

即使她宠爱儿子,她最珍贵的幻想,(“宝贝,你也是宝贝,和别的宝贝一样……你是我的眼睛之光,没有你,我还看得见吗?”)即使对她儿子,她也不再要求他和她自己一模一样,想她之所想,爱她之所爱……她笑了。用自由和好奇的眼光看他的内心深处,那个浓烟滚滚的炽热世界。啊,在那里面,并非一切都是美的,差得远哩!人们在那里看见丑恶的动物来来往往,有残暴的,有贪婪的,有仇恨,骄傲和淫猥,所有的狂暴恶癖。但是(“上帝应该受颂扬!……我要颂扬上帝吗?将你塑造成形的我的肚子,该受赞扬!”)——但是,没有任何卑贱下流的恶癖……许多小狼崽……嗨!哪有年轻的树林中没有狼的……“跑吧!我把猎狼的师傅放在林中。让他去学习打狼的本领吧!”

她对亲爱的儿子笑了,对方用激怒的眼光回答她的笑声。她好玩地想:“你母亲是多么没有心肠的人!不是吗,我可怜的玛克?你面前有的是苦难和搏斗!而她不怜惜你?得啦,她知道(你也知道),必须过这一关。必须单枪匹马地闯过去。你一定能过关。挨了打,受了折磨,也许受了伤,但你将晒成棕黑色。我不期望你躲藏在隐身洞里而保全你的美德,不冒任何风险。去冒风险吧!七七四十九次跳到火焰中去!当你从火焰中出来时,你将会对我说:‘谢谢。’”

正因如此,她知道他希望离开母亲,离开家。虽然她让他有这么大的自由,虽然她小心谨慎地不询问他自己不说的事,玛克多疑的性格仍然怀疑他是被监视着。他在活动中感到不自在,对碍手碍脚的情况冒火,但他抑制着自己含怒的愿望,不对母亲说。她不需要他对她说,只要看他带怨气的粗鲁行动和含怒的沉默就明白了。她先采取行动。同时也因为他们的经济情况使母子同住在一起发生困难。房子的租约满期后,续订新的租约时条件苛刻,迫使母子离开原住的一套房间。住房紧张使他们看不到有任何可能在巴黎用比较过得去的代价租到合适的住处。最后,安乃德手上没有钱了,为了寻找工作,很可能她不得不离开巴黎。

*　　*　　*

人们也许会惊奇,为什么安乃德不去向她妹妹设法,以便留在巴黎。因为西尔薇有条件帮助她姐姐。她不会拒绝安乃德的要求。这儿必须回忆一下上文所说的两姊妹的精神状态,以及,虽然两人互相热爱,但两个固执而且对立的性格,却常常互相触怒对方,发生摩擦。她们相亲相爱,甚至能互相协调,不过双方都觉得自己处境优越,各人都认为自己的活动圈子是最好的;(这是理所当然的!)而且,各人都不自觉地在生活竞争中,努力使自己在对方身上获得精神胜利。所以无论哪一方面,都不乐意低声下气向对方有所请求。她俩都精于赌博,(啊,不是为了赌注!)但两人都想不再靠耍牌取得胜利。

安乃德已经不得不同意让西尔薇满足她的骄傲与友情。在不多几个月前,向她借了几十法郎,为还清紧迫的债务,支付玛克的学校用费,付清已经拖欠了些日子的房租。她还深留着从前资产者的精神,只要身上有一笔债没有偿清,晚上就睡不好觉。可是,使她不顺心的是,这次她无非用新债去还旧债。她不但没有能力不久就能把钱还给妹妹,而且眼看又不得不向她再借一笔钱,西尔薇听了心里高兴。她早就有意让安乃德的活动和她的行业合并起来。几乎在二十年前,她已经试过一次她的图谋,可是没有成功。但是,尽管碰了钉子,她并没有灰心。和安乃德一样,西尔薇是这样的妇女,当她们头脑里产生了一个主意,而为现实所阻,得不到实现的机会,她们可以一辈子不说,可是决不退让一步;她们估计到现实生活的固执不会比她们的固执更持久。

今天的形势对西尔薇有利。这个能干的妇女遇到了顺风,她立即见风使舵。她利用社会上爆发出的一股寻欢作乐,追求欲望满足,狂欢和奢侈,跳舞和娱乐的浪潮,她那在战争最后一年大发横财的时髦女服店正在扩大,增加展览厅、茶座、跳舞厅、独奏音乐厅、美容馆,甚至在神秘与豪华的地下室开设了鸦片馆。一切可以做的事都可以在那里做,只要是在高级趣味和完全自愿的限度之内行事,本修道院的女神甫[①]是纯粹的巴黎女子,她不会同意对“德廉美”修道院施加暴力和粗俗的手段。至于其余的事,按照“你愿意干什么就干什么”[②]这条极妙的格言去做就是了。在高级官员方面,西尔薇争取了不少得过她好处的人,所以她有把握可以得到官方帮助,同时注意到不使官方了解得太详细。

半年以来,西尔薇找到了一个人做她的助手。此人以西尔薇的合伙者兼情夫的双重资格,自以为他是不可缺少的。不可缺少?谁也不是西尔薇不可缺少的人。她从来不会为找一个接替的人而感到困难。“缺一个修道士,修道院照样有活干”。可是在目前,这位情夫兼合伙者是被西尔薇认可的。她在此人身上找到利益和乐趣,“有用的和甜蜜的”[③]。这是一个做时髦女服生意的街头卖艺的大师。一个天才的闪光给了他启示,他知道要想公众跟你走,必须牵住他们的鼻子。于是他摇身变为做香水生意的高手。由于他的香水瓶式样和内容新颖,在大西洋两岸都颇负盛名。他的荣誉可以和福煦[④]元帅媲美。这位先生几乎相信他和福煦同样为法国增了光;账算到底,他那种“增光”使法国付出的代价要小得多。他很乐意自夸为征服妇女的拿破仑。妇女是世界的一半,他将另一半留给拿破仑一世去征服。他在他的产品上用“高吉埃”一字签名(和他的名字“季”读音相近)。他的真名是“搞勾”[⑤],虽然人们说这个字能给人带来好运气,但毕竟不能当旗帜挂,西尔薇早晚有一天会将他的支票兑现。[⑥]

① 作者把西尔薇的女服加工店比作拉伯雷《巨人传》中的“德廉美”修道院,把西尔薇比作修道院的长老。

② 这是“德廉美”修道院的有名的格言和行动原则。

③ 原文为意大利文。

④ 福煦(1851—1929),法国元帅,第一次世界大战时期协约国军队的统帅。

⑤ “搞勾”是法语,王八,妻子与人私通者。

⑥ 西尔薇早晚会让此人真的当王八。

目前,他们两人互相抓住不放,用官能感觉和世故人情(利害关系)联系着。这位高吉埃一表人才。他做出了恰如其分的牺牲,买通了新闻界一位有势力的笔杆子,毫不费事地获得了一枚勋章。这枚勋章一挂,他的香水立刻每瓶涨价百分之五十。

西尔薇是他极其出色的伙伴。她四十多岁,鲜艳的成熟期使她焕发出约堂斯①的名画中丰满的裸体仙女的风采。在她皮肤下,额头和乳头上,鲜红的血色隐约可见(太显眼了一点)。她决不使之稍稍褪色,因为这是她的吸引力之一。从她的血色中,从她的肉感的眼色中,发出一股情欲的蒸气,她好像是沉浸在这股蒸气中的光彩焕发赤裸身体。她对镜端详自己。(这时,她那眼睛里一点雾气也没有了!她那剃光眉毛的眼睛从上到下地巡视,利落,敏锐,精确,像小伍长②站在他的队伍面前检阅他的士兵。)她讽刺地在自己肥胖的肩头和胸脯上寻找二十岁时的西尔薇,没有奶胸,像一只饿瘦的小猫似的西尔薇。现在她丰满的胸膛是丰收的果园,满篮的果子。她把果子摊开,并不掩盖它们骄傲的丰满。因为她对自己相当有把握,她反对时髦的式样,虽然她在制造这种式样,把妇女的胸部和臀部都压平。让别人去自由选择!就算是"没有臀部的维纳斯"女神吧!"亲爱的,你愿意怎样,我们就怎样给你剪裁……"但这不是白干的!她店中最起码的一套便装③,价值就相当于普通人家全家人的衣服。安乃德帮助西尔薇给她创造的新衣服式样配上一个有价值的名称(这种价值是加在衣服的账条上的)。这些名称都借用布里玛蒂斯④的名画和"枫丹白露"行宫装饰画上美人的名字。安乃德甚至即兴画了几张她随便想起来的以前见过的女服式样。西尔薇竭力称赞安乃德。她一心想说服安乃德,认为她的正确职位应是统率各个绘图车间;或者还适合于做将要创立的

① 约堂斯(1593—1678),弗朗德勒画家。
② 拿破仑一世的绰号。
③ 妇女在室内穿的便服。
④ 布里玛蒂斯(1504—1570),意大利画家兼雕塑家和建筑家。

各个新分店的总监督,因为安乃德做事井井有条。西尔薇的时装店正准备在巴黎若干市区开设分号。

但是安乃德决意不做西尔薇这颗明星的卫星,尽管这个星座的香味十分醉人。西尔薇的时装店兼情欲享乐的大会堂,气味太浓烈,不合安乃德的趣味。她不是对西尔薇发财致富的方式有所指摘,可是这笔财富她决定不去染指。她已经为不得不接受她的一星半点碎末子而使自己的自尊心大受委屈。不还清这笔债,她决不罢休。

再加(这是她不愿意说的)那位指挥香水瓶的拿破仑,有一天晚上在店中的一条走廊上独自遇到安乃德,做了一个放肆的举动。他没能走得更远,因为安乃德做了一个手势,使此人不得不悬崖勒马。可是,如果说安乃德不屑理会小事的高尚精神早就把这件事从她记忆中抹去,但她受侮辱的肉体却不能原谅人。对于一个决不随便失身于人的妇女,肉体是骄傲的,肉体比思想更不容易消除怨愤。

安乃德已经拿定主意,决不接受她妹妹任何东西。可是让她儿子有不拒绝的自由。她不相信自己有权利不让玛克得到帮助,如果他认为那是对他的帮助。在他的年龄,他自己应当负责了。她把这话对玛克说了,同时避免在玛克面前说西尔薇的不是,为了不至于影响玛克将要做出的决定。可是玛克看问题很深刻,他能够体会他已经熟悉的安乃德的思想。他理解,而且暗暗赞成安乃德从容不迫、坚定不移的态度。可是他不准备效法他母亲。至少现在不。如果有人请他吃一个苹果,他不明白为什么要拒绝在苹果上咬一口的机会,为什么要拒绝认识另一个富于冒险性的世界的机会。他知道咬一口苹果不至于要他承担什么义务。这个多疑的男孩子(他和他母亲同样知道西尔薇缠住人不放的脾气,和她把绳子套在你身上的狡猾手段),事先给自己订了一条规矩,接受西尔薇的帮助愈少愈好。他知道他姨母永远不忘她给别人的钱,哪怕是给她热爱的人。啊,倒不是她在乎钱!她在乎的是能够抓住和钱在一起的东西。她乐意这样想:由于欠债的关系,她所喜爱的人,她所要的人,都属于她了。她从来不向人提醒债务,但她估计人们自己会想起来的,这好比他们和她签订了一个密约,他们在默契中承认这个条约。她没有更多的要求。她要得已经太多。一个没耐心咬住嚼子①的小青年,最不能忍受这套办法,他不再到喂草架旁边去吃草了。

在这方面,安乃德丝毫没有不放心之处。她对于她的小马驹的独立性格是有把握的。想到这些,她翕动的嘴边露出调皮的微笑。在她想象中,正在展开一幕瞧不见电影:西尔薇撩起裙子,在钓鱼。她把鱼钩抛向小鱼。小鱼很好奇,却又提心吊胆,用鼻子碰碰鱼钩,用不屑光顾的神气,扬长而去。浮在水面上的软木塞抖动起来,钓线拉直了。钓鱼人的手迅速地一扽,把钓线拉出水面。鱼钩是空的。鱼饵不见了。鱼也不见了。安乃德笑噘着嘴的西尔薇。她知道西尔薇遇到别人不顺她的心时那副生气噘嘴的样子。已经在旁边瞧了一会的玛克,问道:"妈,你在笑什么?"

安乃德看看玛克忧心忡忡,多疑多虑,提心吊胆的面孔,好像全世界除了突然抓住他以外,没有别的更迫切的任务。她对他说:"也笑你。""也笑我? 那么还笑谁呢?"她不告诉他。

把他一个人留在巴黎这个莽林中,这倒不是使安乃德不放心的事。因为她已经决定要走。她遇上了一个偶然机会。她抓住了这个机会。她先试了半打谋生的方式:替人抄写,替人跑腿,给大店铺写价目卡片,替一个文学家到图书馆去搜集材料,然后由他写成小说体的传记。(把她提供的材料加以歪曲改造,为了使读者可以讥笑书中主人公的荒淫,神经过敏,滑稽笨拙,像莎士比亚式的马戏班中的小丑。因为那时新的读者层是一群不学无知,游手好闲,爱说别人闲话的人,他们把历史理解为门房老婆子们聊天嚼舌的趣闻轶事。)

安乃德从巴黎一端到另一端,跑了几十趟,几百趟,脚上跑起茧子而一无所获之后,终于在星形广场②一家旅馆中当了几个星期的秘书

---

① 马嘴里衔着的小铁棍。

② 星形广场在巴黎市中心,圆形广场中心有凯旋门,靠近巴黎最繁华的商业区和旅游区。

兼会计。她没能继续太久,因为她不得不惭愧地承认,她所受的全部教育没有教给她清理一团乱麻般的账目的本领。可是她在旅馆账房里结识了家罗马尼亚人。这一家人简直迷上了她。刚刚交换了几句话,三个罗马尼亚姑娘就对安乃德产生了热烈的感情。她们立刻把自己小小心田中的秘密都告诉了安乃德。她们的母亲也没有把她自己的秘密神秘化;同时向安乃德请教巴黎的大商店、时装和脂粉等方面的问题——这正是西尔薇的王国。安乃德把这位罗马尼亚太太介绍给西尔薇。她有这样一个亲戚,使她在罗马尼亚客人面前大大增加了光彩。连那位做父亲的也不例外,对安乃德大讲他的风流史,并向她请教取得巴黎女子欢心的艺术。这是一个相当体面的男子,头颅圆圆的,肤色呈核桃皮的青褐色,加上胆汁的赭色;不透明的眼珠像黑色胶泥,令人莫测高深。额角比较低,下巴短短的,头颈粗壮;在他嘴里"r"的发音卷舌卷得可怕,有点矫揉造作。他是瓦拉希地方的大地主,从属于经营该地地产业的封建资产者集团。他是他们那帮人派到巴黎来参加赔偿委员会的[1]。可是政治上的突然摇摆引起人员的更替,正在干草架边大嚼干草的这个班子撤换了。费迪南·波谛勒斯库,吃得饱饱的,嘴边还粘着干草,要携眷归返布加勒斯特。他们有几箱衣料要从巴黎搬运回去。忽然,他们产生了把安乃德也和箱子一起从巴黎搬运回去的幻想。她的巴黎女子的智慧和高雅的趣味,她对生活的丰富经验,她的从容自若和讨人喜欢的姿态,她平静文雅的谈话艺术,都成了他们惊叹和羡慕的题目。不到一个星期,他们就确信安乃德是他们必不可少的争取对象。一天晚上,那几个姑娘闹哄哄地扑在安乃德脖子上,又笑又哭,同时噼噼啪啪地和她亲吻,说她们再也不能和她分离了。父亲向她建议,请她以管家、朋友和家庭教师的名义,陪伴他的妻子和三个女儿。要她演的角色的界限没有明确规定;至于报酬,条件是宽大而含糊的,也没明确地说清楚,但他们是那样热情洋溢,所以

① 指在巴黎订和约时向战败国索取赔偿。

正想离开巴黎的安乃德就接受了这个机会。她对三个热情的姑娘的温爱不是无动于衷的。她们把自己原始而复杂的灵魂,赤裸裸地交给了安乃德。她们没有分寸的感情流露,正和玛克内向的天性,以及她自己和玛克来往时不得不遵守的保留态度,形成可喜的对比。

所以她决定离开玛克。她知道这里边有风险,极大的风险,可是没办法。如果我们不敢冒风险,那就算我们没有种。谁要是在说生命,也就是在说死亡。生与死是每时每刻的决斗。

安乃德把双手放在玛克肩上。突然,她注视着他的眼睛,一直看到他内心深处。在他母亲清澈的眼光里,玛克看见了赤裸裸的自己。他本能地做了一个动作,仿佛为遮掩他思想中见不得人的部分。但是她已经看见了。太晚了!他憋着鼻孔,蜷缩着身体,生气了。安乃德对他说:

"亲爱的孩子,我沉重地压在你肩上……是的!我很清楚。我很理解,你不用辩解!……你热爱我,但是你需要自由。这是合法的。身边经常有人看着你,使你不方便……我现在替你去掉这个见证人。你可以独自一人去取得经验。当人在学习如何生活时,同伴是多余的,他们应当走开。人们应当有不必当着群众而干蠢事的权利。去吧,做你的蠢事去吧!你知道,和我自己一样,你的经验常常很可能对你自己不利……你要勉励使你的经验只对你自己不利,而不损害别人!是的,我的孩子,我们像两个老伙伴一般交谈。我可以告诉你,我相信你正直的心,甚于相信你思想上的正直……说到最后,我宁愿你这样……你脾气暴,不打折扣,不顾别人,急于获取或破坏……我不能使你不做不公正和损害人的事……但是,不要对弱小者,不要对不能很好自卫的男人或女人干些不公正的和损害他们的事。(这是我对你的唯一要求。)至于别人,那是他们的事和你的事。让他们去挨打吧!你也一样,让你去挨打吧!麦子是天生要挨打的。去吧,去让别人打你吧!正如谚语所说:

每一个死亡都要经过肉搏，
每一粒谷子都要脱去外壳。

“我还没有完全脱去我的外壳。你是我的谷子。到打麦场上去吧，该轮到你了！为了让上帝做他的面包……‘给我们！’[①]上帝不给我们面包，是我们将面包给他。这是我们，用我们的劳动给上帝筛面粉……”

玛克说：“在我吃完我的一份之前，不同意别人把我吃掉。”

玛克在粗鲁的外表下，掩盖他母亲的一番话引起的他的内心激动。她的话直接触动了他内心深处。不必互相解释。他俩在字里行间互相理解。

好一会儿，他们面对面，你瞧我，我瞧你。在他们相互间的温情中，隐藏着挑衅。（“我爱你，可是我永远不告诉你。”“我不需要你告诉我！”）

她托起孩子的下巴，笑着说：“好吧，去吃你的一份吧，我的小狼崽。我也有我的一份。”

她亲了他。

母亲和儿子没有互相亲吻的习惯。他们怕感情横溢。因此，这次的告别吻意义更大。母亲的嘴对儿子的嘴说：“燃烧吧，如果你愿意。但是不要玷污你自己！我在上面盖了章。”

当天夜间，这个激奋的小青年醒来时，至少觉得他接受了这样的命令。他对自己是非常真实的，他不能不知道他会背叛这个命令。同时，他知道他将背叛的是他自己。命令是他自己下的，不是另外一个人，不是她给他下的。在两人同在一个屋顶下睡眠的最后一夜，面对替他下命令的她，他深深地怀着比爱更强烈的敬意。他抑制住自己的

① 原文为拉丁文。

呼吸,为了静听从邻室传来的呼吸声。他觉得心中充满混乱的愿望和沉重的思想。他本想将心中的不安告诉他母亲,但是他认为她太正直,太健康,不会理解他的思想情绪;而且她对他的信任也制止他再去向她交心,怕给她带来幻灭。

安乃德睡着了。她明知道她的孩子会背叛她,背叛他自己。人生活着,背叛和自我背叛,犹如从一只鸡鸣到另一只鸡鸣。但是只要人能永远听到鸡鸣,只要每天破晓时能对自己说:“我打败了,我要从头再来……”她知道她的儿子永远不会放下武器。她没有别的要求。她睡着了。

*　　　*　　　*

玛克有了自由并不觉得轻松,反而更困窘了。自由向来是一切财富中最昂贵的财富。在目前这个时期,自由使人破产。要非常富有才能担当起自由。玛克知道他不会白捡这个便宜。他要尽最大努力,用自己的力量来征服自由。安乃德在临行时,好不容易让玛克接受了一小笔款子,为了他能够在寻找工作的三四个星期中维持生活。她一点也不轻信玛克那年轻人的夸张,可是她并不讨厌让他去经受考验,让生活叫他吃点苦头。水沼已经动荡了,她的小鸭子也要受到震动,可是一只鸭子是不会淹死在水沼中的;而且她毫不怀疑,不等她转过背,西尔薇就会出现在水沼边呼唤:“小家伙,小家伙! ……”小家伙便心中有数了。让他们两人去一同想办法吧。

玛克自以为能够不要任何人帮助。他随随便便地拒绝了西尔薇第一次给他的钱。西尔薇毫不坚持。她和安乃德一样,不怀疑玛克匆匆忙忙的生活经验会给这个夸口者带来严峻的教训。对于他姨母用讥笑式的不在乎样子接受了他的拒绝,玛克面有愠色。他嗅到这里边仿佛有令人不放心的理由。大家在阴谋破坏他的自由。这样反而使他更激奋地去保卫自由。

但是他有许多事要做,因为敌人总在他不防备的地方出现。大家都在密谋反对他。

他绝对不知道对于他的生活该怎样决定。然而形势迫切需要他做出决定。现在的生活是大家一拥而上抢饭碗。捷足先登,谁先到谁就扑上去!但是要扑上去总得先有选择……不,先下手再说!否则,等你走到,桌上东西已经吃完了。“可是,桌上没有任何吸引我的东西……”“那么给你剩下的只有桌子底下的东西了。你做狗吧。”“我宁愿做狼,就像‘她’对我说的那样。”但是,这是奢侈品。这是为那些剥削者和当今的霸主们保留的。让别人,让弱小者去进监牢服苦役吧!

到哪儿去找适合于他的肩膀的工作呢?在贩卖旧衣服的商店里,没有一套适合年轻身材的破烂衣服。对于一个有大学文凭的穷苦知识青年,教育部提供(昨天提供)自然的出路:轮到他们去教书。但是今天,教育界在衰落中,它成了穷光蛋。它接受它的穷光蛋地位,毫无怨言。以前,它这种态度被称为高贵的自尊。今天,年轻的嘴巴吐掉这种发霉的面包,他们几乎把这种面包叫作卑劣者的面包。然而用了这样的代价,我们那些伟大无私的学者埋头苦干,丰富了人类的精神世界。是的,至少用了这种代价,他们保卫了自己的独立。今天他们保卫的是他们的仆役身份。在战争年月里,教育界表明它是掌握政权者的最好奴仆。既穷而又是仆役,既无私而又卑躬屈节。这已经足够让青年们大加讽刺了,大有助于他们对“理想主义”的鄙视。而且,作为反击,他们吹嘘他们必须有钱和自由,他们吹嘘自己一定能有钱且自由。让我们拭目以待,十年后再和他们相见吧!

在七个人之中,有两人走上了教育界的毫无乐趣的道路,并非自己选择的,而是出于无奈。布沙,充满了愤怒与怨愤,急躁不安,大声嘶鸣,像一匹发情的马。吕丝,用冷冷的讽刺态度,决心坚定,一点也不透露她的思想,不透露她无限广阔的烦闷。“前进,不要说话!如果你站住,你就再也不走了……可是,目的何在?我什么也不知道。有一个目的吗?也许走着走着,会发现一个目的。如果找不到目的,也就算啦!”

玛克,踌躇不决,陪伴着上述二人走了一段路。可是下定决心,在第一个拐角上就抛弃他们。他母亲,虽然让他自由,却劝他利用已经有的基础,考一个硕士学位,不论他以后决定干什么。这样,他手中将增加一张可怜的牌。既然他手中牌那么少,为了小心谨慎起见,一张也不应当扔掉。他也看到,虽然并不过分相信,有了这个确定的目标,可以在几个月中,给他一种健康的约束。在这期间,他那没有受过训练的思想,可以学习着自己开始走几步。所以玛克准备考试。但他不仅对考试能否及格没有信心,连能不能将准备工作坚持到底也没有信心。他的注意力被大量的事物所分散。有什么办法将自己关在尘埃满面的老旧知识的狭小角落里,连一点当今的气息都吹不到!在自己周围,精神的“场地”①已经大大地扩展了。如果你要拥抱它,哪怕是匆匆一瞥,那么你就一分钟也不能耽误,因为什么都不是稳定的,一切在摇晃。我们生活在没有明天的时代。明天,战争和革命的深渊可能把我们吞没,而我们却把自己囚禁在学校生活的禁欲主义中。以什么信念的名义?我只有一个信念:看看和摸摸,然后信仰。今天还谈不到信仰。今天只是看,看!还要摸摸一切我能够抓住的东西……

在当代青年中,玛克不是仅有的一个,他们都患有不识羞耻的小圣托马斯②的手痒症。在他四周,思想冒险家们在头晕目眩地飞奔。可怜的冒险家,在所有的时间和空间气候中,他们暗淡无光,朝生暮死的自我在游荡,加上他们的成见,这种成见无论窥探什么都要从外部看到内部,朝着巴黎这个 Kasbah③ 看,听听巴黎的“人们会怎么说”。这种“你瞧见我了没有?”从南北两极到赤道,为了在大街上招摇而在脸上涂脂抹粉!……战后的书店里充满下流无聊,蹦蹦跳跳的作品,

---

① 原文为拉丁文。

② 耶稣的十二个使徒之一。他以不轻信出名,必须亲手摸一下才相信。

③ 阿拉伯语,意为:宫殿、高地。

发散着酒吧间和汽油的气味、特别快车和无线电的气味。[1] 这类作品爆炸思想,打乱艺术、政治和玄学,同时使宗教袒露出屁股。四分之一的醉意,一点也不会使人糊涂,随时准备嘲笑他们吹嘘过的一切,或者喝倒彩,真正地需要变换无餍足的贪婪,使他们见了什么都咬上一口,可是咬第二口时就吐掉的贪婪。手上发烧,脚上发烧,屁股着火。全世界,全地球,在眼前列队而过,以艺术的饶舌,或全球旅行者的海底电报的方式,成为小说化的百科全书的大杂烩。什么都挤成一大堆,人们在堆中寻找。没有停息的,人们把手臂伸入一套衣服的袖筒,把腿伸入另一个系统——太短!太长!——人们抛开衣服,骗取思想,连看都不看……不记得一小时前同他睡觉的那女人的眼睛是什么颜色。谁会不怕麻烦去了解在这被蹂躏的肉体深处的活生生的灵魂?……世界在精神面前展示,像演电影一样,加快速度,加油!形象互相重叠,一个形象融合在另一个形象上。手指一个也抓不住。都丢失了。整整一园葡萄被一群鸟雀糟蹋得七零八落。今年我们不酿酒了。

可是鸟雀都醉醺醺的。一大群鸟叽叽喳喳地鸣叫。在这种旋风中,必须具有超人的毅力才能集中精神去想一件事。布沙为此精疲力竭,蹙着眉头,眼睛四周的皮肉充血。他奋力将准备考试的书籍中厚厚的胶泥,塞进他发硬的脑袋中去。他一点也察不觉阁楼上的严寒。他的脑壳在发烧。但他的强壮的胃发出吼声。必须把饿狼的嘴堵住,直到脑子吸收完规定当天要处理完毕的一份胶泥。当他看完书,他的舌头已经拖在嘴外了。他下楼,走到街上,像一个狂怒的人。他在寻找一个能够替他付饭钱的人。他去找维隆,开门见山地说:“我来帮你吐出你偷来的钱。以人民的名义,我来收回原物。”

维隆先笑了一笑。他准备用蔑视的态度对付来人:“你要一块骨头去啃啃?”[2]

“我要肉,”对方说,“至于你的骨头架子,我让你留下。”

---

① 这种新文风的代表作家有瓦莱里·拉博(1881—1957),保尔·莫朗(1888—1976)等。

② 把对方当作狗看待。

维隆勉强一笑。可是由于骄傲,他竭力不暴露自己的不高兴。如果要演喀提林①的角色,就得供养一群恶棍。在这时,还不知道恶棍们是否有力量爬上废墟。社会在慌乱中。只要几个坚决的有力之人就可以打开缺口,冲出去,趁保卫者们来不及喘过气来。但是,仅有的几个精干的领袖都在俄国,被封锁了,和世界上大部分穷苦人不通声气,也不为他们所知。克莱蒙梭正在罗马尼亚与乌克兰之间建立一条协约国军队的封锁线。这些军队的眼睛被报纸上的谎话蒙住了。在西方,“社会支柱们”有时间进行改组。

然而在这一九一九年的头几个月,空气中充满了电流。维隆和商界有来往,所以消息灵通。他嗅到可能爆发乱事。他很精明,对亲近的人,他只告诉他们他所知道的消息中对他无害的部分,也就是只说不干。他一点也不狡猾,一点也不卑怯。(这些年轻人之中,没有一个是卑怯的,他们都敢于贡献自己的生命,只要是不上当受骗,像他们的父兄一样,那些不幸者,被年轻人称为“那些蠢货”。)正因为这样,维隆不愿意上反动派的当,也不愿意上革命派的当。他对于砸烂这个社会已有充分准备,如果这个砸烂行动有成功的机会。否则,他准备砸烂那些砸烂者。算他们活该!让战败者去吃屎!对弱者的蔑视,是维隆的道德。弱者千万不要出现在他们宽大的脚底下!

维隆等着瞧莫斯科的野牛们是否能够打开缺口。在等待着的工夫,他和布沙要去摸摸革命的肚子。他不用多久已诊断完毕:这果子已经死了。它缺少主要器官。在这群混乱的革命青年中,或者说在这些自称革命的青年中,没有一个准备行动的。在某些人看来,行动太简单了,那就是砸,向大堆的人砸过去,玉石不分。对另一些人来说,行动就是讨论学说。他们还远没有讨论完毕,也许他们不一定要讨论完毕。最狂热的理论家觉得自己可以免于参加行动。他们有责任保持理论的纯洁性,因为行动或多或少是一种妥协。不论是行动派,理

① 古罗马贵族,阴谋发动政变,败露而死。

论派,对于生活的现实都是无知透顶的。关于今天巨大的国家机构,关于它们的呼吸器官和消化器官,它们每天的经济需要,关于指挥这些卡岗都亚[1]五脏的生活规律,他们也一无所知。这些可怜的小伙子们,大学生,工人或复员军人,叫他们到哪儿去设法知道?维隆是熟悉内脏情况的,熟悉金钱、银行、生意经,经常不断地在钩心斗角的场所出入,巨大的机器,不停地咀嚼自然界,使物质变成食物,变成排浊物,再变成食物……他听那些天真无知的年轻人谈话,张着他的鲤鱼嘴,瞧着他们。转过头去偷偷笑他们。残酷的怜悯。可是他不抛弃他们。还没有到时候!机会一到,他在这些问题上的无可否认的优越性,也许让他担任司令。可是,这种机会能不能到来,这些蠢货愿意不愿意承认他这种优越性,都毫无把握。走着瞧吧!目前,他咒骂玛克。他把布沙说成小资产者,因为布沙这个乡下佬满嘴是蒲鲁东!不会说打趣话的布沙,气得说不出话来,憋了一会儿,他大声叫喊起来。这是两人之间的经历。面对群众,他们两人猛烈地互相攻击,又合起来攻击社会。人们说他们自以为是丹东与罗伯斯庇尔在国民公会上争夺别人的和他们自己的脑袋。可是维隆没有那么愚蠢,他不相信必须是布沙才认真对待一切。他越说话,越激动,就于是陷入他严肃的深渊中。话说出来之后并不使他轻松,也不像某些人,放出火来变成烟,就算完了。他说了话反而更上劲。一句话是一声呐喊,使他绷紧肌肉,举起拳头,像原始人一样。看见布沙狂怒地扑在斗牛骑士的长矛上,维隆感觉到魔鬼式的满足。他刺激布沙,如果后者一下撞翻了斗牛士,使这个甲虫挤在它的甲壳中,那就更好。有好看的场面,维隆并不拒绝到斗牛场上去看个仔细。人们不能责备他没有胆量。他是四月初猛烈推动为若雷斯[2]示威游行的人之一,他自己也参加了示威。

玛克让布沙带他去参加社会主义革命派的学生集会。后来他有

---

① 卡岗都亚,拉伯雷《巨人传》中的巨人国王。

② 若雷斯(1859—1914),法国政治家,演说家,社会党的领袖之一。他反对帝国主义战争,一九一四年被好战分子暗杀。

时去,有时不去。主要由于好奇而不是有兴趣(思想上的好奇,是一种被他命名为义务的激情)。他用心地读马克思的书。但是他不好好读。他在翻阅。他无纪律的个人主义被历史唯物主义无情的必要性激起强烈的反抗。他徒然想用苦行主义使他的侵略性自我屈服。自我像怒马一样打着响鼻。它只用鼻孔的外缘随随便便接触一下马克思主义的草原。这种“经济的”,高高超出“心灵的”之上而令人屈辱的优越性,激起他的反感,虽然他曾经付出代价。他和他母亲应当明白,碰撞“经济的”会吃什么样的亏,所以必须把“经济的”估计在内。可是他和他母亲是这类浪漫主义者,(我们可以说它是陈腐的,或者永恒的?)他们真正的生存理由,在于向一切压迫性的命定论争取他们灵魂的独立。这并不是说,他们能在什么地点,什么时间,达到他们的目的,但是他们要这样干。如果他没有这个意志,他们就不成其为他们。而他们有这个意志,即使失败,也对得起自己了。如果他们遇到一种命运必须消灭这种意志,这个命运也不能不把意志估计在内。意志是一种事实,它可能和命运同样久长。玛克不是处在很好的条件下来阅读不反映他的愿望的书。他的眼睛是含敌意的。他离开高度的客观精神还很远。那种精神只有某些久经沙场的成熟的战斗者才能够达到。玛克不把敌对者的话听完,就打断对方,对他说:“不!”

更有甚者,他不但拒绝细听为了认识他搏斗的对象而本该听的那些与他对立的思想,而且所有需要费力听下去的思想他都不听。他不能从头到尾阅读任何东西。他的注意力处在疲劳酸痛的状态中。他的思想在发烧。他不能把他的思想固定在任何一点上。他同时开始阅读二十种读物,可是一种也不读完。从第一章书刚刚转入第二章,他的精神已经走到另一条路上去了。互相交织的路那么多。如果你看见他赤裸裸的精神,你就会看见一只疯狗在树林中转着 8 字形圈子,自己碰伤,扯伤,直到它侧身倒下,在它眼睛里,有红色的火花在跳舞。他羡慕布沙怒气冲冲的固执和吕丝的严守纪律。吕丝对一切无动于衷,并且做事井井有条(人家可以这样说),好像一张抄乐谱的五线纸,他们两人干他们要干的事,别的事以后再说!可是玛克不愿意和这两人一样。布沙拼命干活,他走过的足迹上都冒着怒气。玛克觉得布沙可怜。吕丝狡猾地严守时刻,使玛克生气。他没有看见她和别人睡觉。如果她和别人睡觉,想必也在她的时间表上规定的时间内,也采取无动于衷的态度。他真想把她抛到床下。(因为这个梦游者,想到吕丝时,已经把她放在床上。感谢上帝!吕丝并没有在他床上。)床是空的,脑袋却是满满的。当姑娘们不在你床上时,她们准在你脑袋里。她们在脑袋里和你的思想乱推乱挤。玛克愤怒地忍受着她们。在战争年代,他放任了他的本能。他接触女性太早,太生吞活剥了。他没有被任何东西所拦阻,没有保留,没有帷幕。他的瘦弱和火炽的身体,投入肉搏之中,仿佛投身于一盆熔化的铅液中。从那里出来时,他烧焦了、受伤了。创伤一直没有收口。在他肉体深处,肉欲的矛头插在那里,还保留着官能享受的晕眩和恐惧。他那神经颤震的身体,稍一触动,就和提琴的琴弦一样微颤起来。由于他早熟和敏锐的智慧,他意识到危险,然后对谁也不说。他在很长一段时期中生活是那样孤独,所以他想,男子汉大丈夫应当把危险留给自己,自己保卫自己。这就是为什么他虽然在巴黎过着没人管束的自由生活,道德上没有阻拦,却能如同躲避火焰烧伤那样,避开性的接触。他害怕的不是对方,而是自己。他不知道以后他是否能控制自己。他太知道他是不能控制自己的。他没有一点禁欲主义的倾向。在道德上,他斥责和嘲笑禁欲主义,然而他不得不勉强自己接受禁欲主义,而且不让别人知道。这是谁都没有想到的(除了躲不过吕丝的眼睛)。再说,他是骄傲而专横的,正如许多珍视自己独立的人一样。他们对周围不顺从他们任性的人,也很骄傲专横。他愿意把他所爱的都属于他一人。他不是天真到不知道那是办不到的。(如果能办到,他又将怎样?)于是他说:"得不到一切,宁愿什么都没有,什么全无!"什么都没有,直到下次爆炸!

托尔斯泰认为,对于营养过分好的人,肉体反而会打击他们。玛克知道怎样回答托尔斯泰！他能吃饱的日子是很少的。空肚子的人，内心之火燃烧得更厉害！

玛克眼看他小小的一点余款就要迅速花完了。说来惭愧，他没有办法加以补充。他本以为他知道如何自己设法摆脱困境，像他这样自甘淡泊，机敏智慧的小伙子，总可以在巴黎找到维持生活所必需的最少的一点条件。但是不能不相信，最少的一点也还是太多，他连这一点都挣不到。而且，他是不是能满足于这一点？他英勇地过了五天艰苦的生活，可是第六天，他憋不住了，开水壶爆炸了，在十五分钟内，他把整整一个星期的生活费都花光了。一个年轻的男孩子太容易受诱惑了！如果他没有任何易受诱惑之处，岂不成了一个怪物，如果他不是有时经不住诱惑，岂不是成了半个怪物！但玛克肯定不是怪物！也不是一个半怪物。在诱惑面前，他让步了。接着，他毫无例外地感到痛心，主要不是为了他的软弱，而是为了他的荒唐。他所企求的事物的无用与愚蠢，使他惊呆了。无论人或物，你占有了片刻之后，还剩下什么呢？手上空空，心中空空！一切都消逝了。于是他罚自己再过一个星期的严酷生活。(很不高明的药方！)不用说，接着他又愤怒地爆炸一次。他会浪费钱，他可没有任何挣钱的本领。他缺乏柔韧的脊梁骨，不会开辟一条有利可图的路。安乃德的儿子没有这种来自天性的才能。他僵化在关于知识分子的社会价值的老旧意识中(生活的鞭策还没有足够的时间使这种意识灵活化)，他觉得降低身份是有失尊严的。他拿着他的几张文凭和他准备出售的一点点学问，毫无结果地到处转悠。谁关心他呢？

布沙对玛克说："跟我一样干，向维隆借钱！小牛皮薄，无济于事。"

可是玛克太骄傲，他不肯使自己处于接受别人布施的地位，忍受债权人侮辱性的优越感的表现。

"他的优越性！我丝毫不劝他向我要求还债。我一个钱也不欠他，我是拿他的！"布沙嘟哝着说，谁也不知道他是否在开玩笑。

玛克冷冷地反击道："偷小偷的钱，自己也成了小偷。"布沙恶狠狠地斜视着玛克回答:“生活就是偷窃。去偷吧,要不然你就去饿死!”

是的,活着就是比那些在永恒的混战中和你争夺空气与地盘的人死得晚一点。每个人的生存,都是以损害几百万个别的生活候补者为条件的。这玛克是知道的。生活在那些残酷年月里的每一个孩子,没有不知道这一点的。然而,如果他们大家,除去已经盖上死亡烙印的人,都接受这场搏斗,却还有一部分人(感谢上帝!)自以为在搏斗中保持骑士精神[①]。假如你对他们说出这个词儿来,他们也许会抗议,他们生怕被人嗤笑。但是,只是字眼本身已经不时髦了,精神在各种时兴的形式下面,在它永不磨灭的铠甲中,仍保持着它的巨大的美德和缺点。玛克自始至终是玛克,即使到了世界末日,他仍旧是玛克。

所以他不会去向维隆要钱,即使用命令的口气。因为他心中鄙视维隆。甚至在吕丝家中聚会时,他也常常犹豫着不想拿维隆分赠给大家的戏票,听音乐或看展览的票。维隆衣袋里有的是这种不花钱得来的入场券。然而有些节目却使玛克的“不接受”大受考验。他装作若无其事的样子,可是装不像。吕丝早看出来了。她好玩地旁观这种珍惜自己独立精神的骄傲,和对送到眼前的消遣机会的孩子气的羡慕这两种情绪之间的秘密冲突。这两种情绪都是吕丝自己所熟悉的。玛克显得和她更接近。有一次,吕丝要尝尝母性的乐趣,(“母性”又是一个过时的名词,吕丝一定讨厌这个词儿!)她向维隆要一张音乐演奏会的入场券。这种券曾经在玛克眼中引起过被他愤怒压抑下去的愿望。当她和玛克两人单独在一起时,她装作想起有事不能去听音乐,于是把票子送给了玛克,从她手里转来的这张票,玛克再没有拒绝的理由。直到玛克已经坐在音乐会场上,他才产生了疑心。他心想,这张票子究竟吕丝是不是为她自己向维隆要的,她关心音乐,至多也就像关心打在玻璃窗上的雨点一样!他是那样的多疑,以至大大减弱了他参加音乐晚会的乐趣,换一个人也许会感激吕丝,可是玛克却为自

① 相当于所谓讲义气。

己在吕丝面前暴露了弱点而气恼。

玛克开始考虑,无论如何,如果不得不向别人要钱的话,接受西尔薇的钱比接受别人的赠送,耻辱感要少一些。可是上次他已经拒绝过西尔薇给他的钱,现在再去要,也不光彩。虽然从昨晚以来,他的钱袋已空空如也,但他还能支持,他的心比胃更紧张……他运气好,当天下午西尔薇坐着汽车经过,用她在树枝间张望喜鹊的锐利眼光瞥见了玛克,把他叫住了。玛克用很大的克制力,才不至于连蹦带跳登上西尔薇的汽车。可是,话说回来,玛克还是蹦跳了!但是他满意的是,他一边听西尔薇滔滔不绝的扯闲话,一边恢复了他前来屈尊奉陪的态度。西尔薇讲完她自己的事,才想起询问她外甥的近况。她说:"你知道,我的钱多得像下大雨一样,你要吗?我自己花不完!"

玛克用最轻快而且带点自命不凡的态度说:"啊!上帝!随你便!我总会想办法花的。"

西尔薇对他说:"顽皮家伙!你还不如到我家里来玩儿。"她把他的衣袋都塞得满满的。当他想亲亲她的时候,她向他指出面颊上的一块地方,为的是怕他蹭掉她脸上的脂粉。她拧了一下他的嘴。她发现他脸色苍白,瘦了一些,却更清秀了,眼神也显得更懂事,更讨喜了。自从他被散放到草原上以来,他没有白糟蹋时间。

"答应我,到我家来!快说,你答应!"

他用受宠孩子的无礼态度说:"答应了,你已经先付了钱……"

她推开他的嘴,他的嘴边留下了她的指印。她笑道:"无赖!你尽管来吧!你知道,我从来都是事后付钱的。"

玛克等汽车开走之后,到附近的一家餐馆去吞食了一块带血的牛排。今晚,他有松紧性的胃要补吃两顿白天没有能吃上的正餐。他想起刚才的西尔薇,她漂亮得像妖精,眼睛炯炯发光,身上多么香!……他舔舔嘴唇……

然而他并不急于实践他的诺言。他正在装聋作哑。两星期之后,他接到姨母来催他的特快信:"小顽童,你的欠账呢?"

啊！不,如果用这样的方式来催他,甭想在他身上得到什么。可是,每天他在“香水之王”的报纸上看到,那个漂亮的女香水商人,在她的沙龙中,邀请了金融界和政界的大老板们,带着他们的女人,以及他们在艺术界、新闻界的小丑们,举行一个宫廷式的盛会,有各种娱乐:跳舞、音乐和最新上演的话剧。玛克心急如焚地想去。去也不会对他有什么损失吧?

* * *

他的损失比他自己承认的大得多。他不愿意承认,但不能不知道:他处在危险中。他像在交叉路口的年轻的赫剌克勒斯[①]。既然赫拉克勒斯本人也选择了纺锤与枕头之路,何况一个迷失在巴黎的孩子,在街道的每一个拐角都有翁法勒[②]在呼唤他。他很少有可能选择放弃一切的道路。玛克用眼睛估量乐趣与痛苦,估量他必须攀登的峭壁。走了头几步之后,他已经疲乏不堪！他头晕目眩,四肢酸痛,双腿隐隐有瘫软之感。正如他周围所有的年轻人一样,他向往下面那个遗忘的深渊……遗忘是官能陶醉的最强烈诱惑！……脱离自我……躲避该做的劳役……“谁强加于我的？是不人道的时代命运？难道我要求在这样的时代生活吗？抛弃它！我不能。这个命运就是我。是我自己命令我爬到上头去……但是,能够到达上面,是何等难得的机会！当我累得精疲力竭,到达上边之后,疲惫不堪,精力耗尽,我能得到什么呢？能得到点什么吗？或者在峭壁顶峰的那一边,找到虚无……？”

到处是虚无与死亡！这场人们说是已经结束的战争(它还在继续),用它窒息煤气的栅栏包围了空间。它封锁了地平线。它是强加于所有这些青年们的唯一事实。所有否认这一事实的意识形态,或者

---

① 希腊神话中的大力神。

② 翁法勒,吕底亚女王,她强迫赫剌克勒斯像女人一样坐在她脚边纺线,两人后来结为夫妇。

由于不能否认而索性加以赞扬，都是娼妓，是该挨耳光的面孔。我打它们的嘴巴！战争在这儿，我脖子上有它的爪痕，我的鼻子闻到它的腐臭气息。如果我要活下去，必须挣脱，逃跑，或者穿隙而过。要穿隙而过，就必须知道那一边是什么。知道，能够！谁能够做到？逃跑是知道的一种更低的形式。知道战役已经失败，各自逃命！一个玛克·李维埃必须穿过敌方的阵线才能逃跑。向前逃走！……为了有把握，他自己反复说着。但是他有把握吗？在他四周，老老小小的人纷纷逃跑，拼命飞奔！

大家拥向出口的门：跳舞厅、体育运动、旅行、吸毒、淫乱……寻欢作乐、赌博、遗忘，逃跑，逃跑……

有二十种逃跑的方式。可是其中没有两种方式能正直地承认它们是逃跑。必须十分强有力，才能够蔑视自己，而且与此同时保持向生活的冲刺！最体面的人物，像阿道尔夫·舍瓦里埃，求助于艺术和田野的避难所。第一首《牧歌》①（第二首也如此）……啊！像他们一样的战败者的好榜样，这个战后的温和诗人维吉尔，放逐者或新富翁们的餐后歌手……（啊，讽刺！辛辣的但丁选择了阴影的软绵绵的手，做他的向导！）②这个芒都③人还能够祈求"上帝让我们得到休息，④……"可是对今天年轻的谛底尔和高里桐⑤，一个"上帝"⑥也没有来。他们必须有大量幻想，才能想象老旧世界下一次的大乱，会把那些设法忘记大乱的人遗忘在他们冬季的暖服中。他们像母鸡一样，面对艺术的赌桌上的白粉线，受了催眠术的迷惑，这种赌场中的收款付款人，是丧失了男性特征的唯美主义。它的白手，它肮脏的白手不怕和行动牵连在一起。设法忘记大乱的，或者也是那些认为老旧的家

---

① 罗马诗人维吉尔（前70—前19）的名著。

② 在但丁的《神曲》中，维吉尔引导但丁游历了地狱、炼狱和天堂。

③ 维吉尔的故乡。

④ 原文为拉丁文。

⑤ 两人都是维古尔的《牧歌》中的牧童。

⑥ 原文为拉丁文。

室,世代相传的老屋,百年未改的乡村家庭生活,曾经庇护过他们的祖先,可以继续保护他们免受暴风雨的袭击。好像未来的暴风雨会让一垛大墙屹立不倒,让那些不等决斗分胜负就退出决斗场的吹笙人去倒霉吧!不论战争结局如何,胜利者,一定将吹笙人踩在脚下。他们的笙声将落入尘埃堆中。可是也许他们在暗中估计洪水会等他们完成了沙滩上的游戏之后才来冲刷。他们只要享受剩下的半天中之半天就够了。他们欺骗自己的生活。

但愿他们至少有坦率的玩世不恭态度,敢于说:"明天,我已经死了。明天,我将没有嘴了。我只有今天。我要吃饭。"但是他们千方百计寻求这样或那样(不管怎样)的意识形态上的理由。为什么要这样欺骗?因为自暴自弃的知识分子需要找理由来掩饰他们的自暴自弃。他们至少不至于用这些理由来吹嘘自暴自弃。知识分子没有"理由"什么事也干不了。他们的本能已经不会再单独行走。卑怯或勇敢,他们总要问一个"为什么"。你要找"为什么",你就会找到"为什么"。一九一九年的逃跑者,从不缺少他们之所以逃跑的明智和深刻的动机。

玛克瞧不起逃跑的人。他那么强烈地鄙视他们。这种态度也是对他自己逃跑倾向的抵制。由于他怕不能抵抗逃跑倾向而预先感到战栗,他给自己安排了一个形似实非的原谅理由,那就是他只对说谎的逃跑者,对竭力给自己逃跑涂金的人表示毫不宽容。七人团有一条真理的规律:"做你愿意做的人,干你愿意干的事。如果你愿意,逃跑吧!但是要说:'我逃跑!'"

他们并不这样说。即使七个人,他们也开始语言暧昧,模棱两可。第一个是阿道尔夫·舍瓦里埃,他申辩,"嘴唇噘成圆圈"①,提出"适应现实"的义务,准备隐退到他在乡下的产业中去……"你们自己设法安排吧!我自己已安排好了。我是现实主义者。"(这个词在当时很吃

① 原文为拉丁文。

香。它允许人们进行自己的事业,声称它用了政治实用主义和健康雄壮的新血液灌输给本国,这种新血液和以前几代人干瘪的意识形态相对立。虽然那时的意识形态从未妨碍精明的人发财致富……)

维隆和布沙戳穿了舍瓦里埃的道德高尚的《乔其克》[①]。他们讽刺挖苦,攻击得他抬不起头来。可是他们自己也在耍花招。他们大声叫嚷的革命言论是在虚张声势,是为了躲避实际行动。当他们在同伴面前一连几小时慷慨激昂地叫喊要猛烈砸烂社会,当他们为下一次游行示威提出勇敢的计划时,他们无非在扮演玩具中小铅兵的角色。

敢于承认当前形势,不加掩饰的唯一的人,是圣吕斯。玛克没有料到他的坦率。圣吕斯在政治科学院和东方语言学院这两所学校里上学,准备日后在驻外领事馆方面找到职务。可是他不打算被这个职业束缚住。他毫不讳言他的目的在于遁世。他不到社会机器外边去寻找隐遁的机会,因为这个机器的各种皮带和锻锤早就把你卷了进去,他以为可以在机器中心找到隐遁的地方。在狂风暴雨中,给自己挖一个狗窝。从那里,你可以观看世界、认识、行动和享受,同时却不把任何事物放在心上。自由而且清醒,脱离无往不在的奴役,用玩世不恭的态度利用和耍弄当前的权势人物,但是自己不存野心与贪欲,只求抓住当前的一瞬,而不被它抓住,而且随时准备将它抛弃,连同它的生命。因为这类人对一切,包括对他们自己,都不是坚决抓住不放的,他们在当前的旋风中狂舞,他们是朝生暮死的蜉蝣。

他不屑向他的同伴们解释。他们讽刺他。维隆用率直和粗鲁的口气对他说:“你出卖自己?”布沙对维隆说:“娼妓按娼妓的本性办事。”

富裕的阿道尔夫一言不发,态度高傲,他不理解怎么一个人能把自己出卖给国家。玛克也一声不响。可是他的沉默不带冒犯别人的意思,因为他猜到圣吕斯这个乖巧狡黠的青年的一部分理由。圣吕斯

① 罗马诗人维吉尔的《农事诗》,共四章,教人如何从事田园工作。

却不愿意费事替自己辩护。有什么用呢?可是他意识到他在玛克身上产生了略带反感的吸引作用。他微微一笑,面颊上显出两个动人的酒窝,指着三个占卜者对玛克说:“我们几个人之中,谁先背叛?”同时他把温存的手放在玛克手上,说:“你一定是最后一个。”

玛克推开对方的手,不满意地嘟囔了一声。对方的夸奖对他是侮辱。圣吕斯的眼光在抚慰玛克。他知道玛克也蔑视他。但是玛克的蔑视不是谩骂性的,所以圣吕斯不觉得受了冒犯。在同伴中,玛克是圣吕斯承认有蔑视他的权利的唯一一个,因为圣吕斯看出只有玛克的态度自始至终是坦率的。布沙也许也是这样。但是布沙粗鲁的坦率对吕丝毫无益处。这个贵族化的青年,只有看到一个和他一样头脑清醒而且有精细、敏锐的思想活跃在皮肤下边的人,才会认为此人是他的“同类”。虽然玛克的性格和圣吕斯相反而且敌对,但是这没有关系,他们两人是一对。玛克也感觉到这一点。生气的玛克不得不承认圣吕斯和众人相比最接近他。只有这个人接近他。他让圣吕斯挽着手臂,听圣吕斯对他倾吐不对任何人透露的知心话:他的年轻和诡诈的马基雅弗里主义[①],他经验不足,然而早熟的敏锐且不抱任何幻想。玛克对这一切并无反感。他自己也有很多这种对诱惑本能的天生知识。在他身上,安乃德的血液和勃里索的血液是融合着的。如果你蔑视别人,你利用被蔑视者以及他们的愚蠢,这难道不是合法的吗?勃里索家里的人向来是这方面的大师。他们是如此内行,以致别人相信他们自己也会上别人的当。但是毫无风险!勃里索这帮人都善于“从赌博中抽回他们的别针”[②],而且不止几根别针,而是插满整个线团的别针。啊!玛克可熟识他们。他的血液中有他们的血液。他常常有演《沃尔本》[③]的强烈愿望。可是他演不好。他脾气太极端,抑制不住

① 马基雅弗里(1469—1527),意大利作家,《君主论》的作者。他主张为达到政治目的,可以不择手段。

② 法国成语:及时脱身。

③ 英国剧作家本·琼生(1573—1637)的喜剧,剧中人沃尔本是一个吝啬狡猾的老头。

在演他的角色时透露出他对角色的蔑视。结果,践踏了别人之后,又践踏自己……圣吕斯的蔑视是恰如其分的。他笑容可掬,可爱、富于人情味,讨人喜欢。(因为蔑视人也可以讨人喜欢,只要形式和分寸都不过火。)

最奇怪的是,由于不能解释的矛盾,玛克在内心深处热烈地愿意援救别人,但他却不承认自己有这种愿望。当圣吕斯向他指出时,他生气了。可是圣吕斯既带讽刺而又有礼貌地加上一句:"不是吗?你是最好的评判者。如果你说不,我们也说不。"

玛克太真实了,他不能不说:"是。"岂不是太愚蠢了吗?在自顾不暇的时刻去援救别人,而别人却毫不盼望你去援救他们!玛克心中和圣吕斯一样明白。但是他无可奈何。他就是这样一个人。这都是他性格中互相对立的力量。从他母亲方面来的力量也许是错误的。可是这力量是连接在肚脐上的。而且,他坦白地说,他也不肯放弃。即使他羞于将这种心情暴露出来而招致别人讽刺,在他内心,却暗暗觉得自豪。他对这种错误,比对相反的真理更骄傲,并且给他生活的兴趣。它使他的下巴露在水面上。没有它,他只剩下自己一个人,自己对自己感兴趣,热烈地要认识一切,看一切,这是无疑的;还要取得一切和生存,但只是为了自己。独自一人,多么可怕!必须比二十岁的孩子更坚强,才能够挑得起孤独的重担而不抽搐。圣吕斯挑着这个担子,因为他不去想它。他不许自己去想。他不停下来看一看深处。他逃跑,他只是在表面上逃跑。

玛克无论在哪一方面都不能逃跑,无论在欢乐中或在苦难中。从海底浮到海面上,好像火山喷成的小岛,由内部的火焰把它们喷射出来,它们将在深渊经常的寒战中崩溃。他在埋着炸药的土地上树立帐篷。所以他的眼睛总在向外边搜索一只手,一只可抓住的人类之手。让他们来援救他?不,他完全明白,从他们那方面,他没有什么可期待的。为了援救他们?一想到自己对别人负有责任,即使明知是幻想,也会使孤寂的生活充实,使慷慨的天性增加成倍的精力。

“演你的角色吧!”圣吕斯宽宏大量地对他说,“我当观众。”

玛克辛酸地说:“像你这样的观众,足可以使戏垮台。”

“反正你需要有观众。”

“我自己是观众。我将是观众,同时是演员又是戏本身。我知道我是做梦的材料。”

“能知道这些,已经不简单了。”圣吕斯表示同意,他和玛克交换了一个心领神会的眼色。“我们的伙伴连这点都从来没有想到。”

* * *

即使如此,他们还是参加了四月第一个星期天的游行示威。

在那些日子里,人们的精神承受着沉重的压力。暗杀若雷斯的凶手被无罪开释,这是一桩罪行,它等于第二次暗杀了若雷斯。三月里,这件事刺激了青年们。正如春天草木的液汁在上升,暴力的液汁也在巴黎中心上升。即使最安静的学生,基督教的小羔羊们,也跟在革命的善良牧人[①]后边咩咩地叫。即使是牧歌中的牧童,也在用箫管吹奏进行曲的旋律:“组成你们的战斗队……”[②]为他自己着想的阿道尔夫·舍瓦里埃,思想中的行动(甚至他的情欲,据爱说坏话的人说),也只能在手握笔杆,面对墨水瓶的时候才能产生。即使是他,也沉住气加入了群众行列,虽然和群众接近使他文质彬彬的身份感到难堪,这是他们采取行动(或者装出这种姿态)的第一次,所以不应当有畏缩之态,即使可能遇到危险。

因此七人之中有六个(只有吕丝一人漠不关心,而且预先知道会出乱子,留在她的寓所里),在昂利·玛丹大街会合了,在他们四周是一大群狂欢的平民,他们在用奇异的方式纪念一个伟大的死者[③],此人

① 指若雷斯,法国社会党的领导人之一。

② 《马赛曲》中的歌词。

③ 指若雷斯。

不仅战败了一次，而是战败了两千万次，通过这次大战中两千万名被杀害者，他们和伟大的死者一样，让敌人卑鄙地从背后杀死，又被友人卑鄙地出卖！在若雷斯的半身塑像下面，阿那托尔·法朗士犹豫不决地摇晃。舍瓦里埃由他的万无一失的本能指引着，挽着白特，溜向法朗士老人。在这悼念死者的群众大会上，有法朗士到场，舍瓦里埃的智慧得到了保障。老人也十分快慰，能在人们的面孔与喧哗的浪涛对他说来都很难理解而且相当遥远的情况下，遇到容光焕发，面色绯红，嘴唇引人注目的白特。老人一眼看清了白特的本相：气色清新鲜艳，肌肤酥软，蠢态可掬，令人一见之下，精神得到休息，在最激奋的人堆中，第一排就有维隆。他像牵狗似的牵着狺狺狂吠的布沙。维隆在等待机会把狗放出去。几步之外，圣吕斯和玛克肩并肩地走着，一边交换他们讽刺性的意见，目前的场景他们看得一清二楚。玛克不知道，他自己在圣吕斯眼中，也是这场演出的组成部分，因为人们看见他突然被群众的骚动所震撼。他徒然辛辣地讽刺群众，他躺在群众的床上。群众身上的冷风也传到玛克身上。圣吕斯惊讶地看到，玛克脸上皮肉抽搐，神色严峻，鼻孔厌恶地紧蹙着，牙关咬紧，在下巴底下，一股愤怒的浪潮集合在一起，和口水一同往肚子里咽，圣吕斯友好地防备着意外事故的发生，随时准备使玛克避免不谨慎的行动。他知道如何放松这种被压缩的蒸汽，说出一句意外的打趣的话，让对方哈哈一笑，打开压缩蒸汽的透汽盖。圣吕斯注意到，玛克的面容是反映群众海底潮流的海洋图。他在这张图上看出迫在眉睫的大风浪……

突然，圣吕斯在这张海洋图上瞧见了龙卷风。他还来不及向四周看一眼，已经听见噼噼啪啪的手枪声响了。警察向无政府党人冲锋。后者挥动他们的黑旗，冲向纪沙[①]的警察，用棍子打，将铁栅栏砸成碎块投掷。圣吕斯和玛克被人潮冲走了。一转眼，他们已被卷入混战中心，而且一直被推着前进。他们冲过去，绕过警察的包围圈。他们一

① 人名，无可考。估计是当时巴黎的警察厅长。

边跑一边看见闪亮的刀光和满脸流血的人。在他们面前,布沙在用脑袋撞击一个警察巨人的肚子。沿着爱丽舍田园[1]大街走下去时,他们人数减少了,变成单行。但是舍瓦里埃不见了。“嘿!说变就变!……”他及时地和他的女伴一起,爬到阿那托尔·法朗士所在的高台上去,给老人[2]当保卫者。在这条帝国大街的另一端,新的搏斗在等待着示威的人们。他们已经无力抵抗人数众多的敌方,必须拆散队伍,分为人数很少的小群,通过一条小岔路,回到巴黎市中心,然后在歌剧院前的广场上重新汇合。玛克看见维隆走过一个下水道的进口时,把手枪扔在里边。维隆瞥见玛克在看他,笑着说:“它干了活,现在该让它休息休息了。”可是布沙不肯扔掉一把使他衣袋鼓起来的长刀。他亮出这把刀只是为耍威风,实际上,他的两个沉重的拳头已经够用了。

圣吕斯一直没有放开玛克的胳膊。玛克忙不过来,根本没有注意他所厌恶的这只钩子。他面色苍白,十分兴奋,大声说话。他没有发觉他那明智的舵手把小船转向左边,让玛克穿过大街边沿的草坪,把他引向一个出口。玛克像小孩子一样,脚踩着禁止践踏的草坪,觉得好玩。他很想站住,攀折一枝栗树的花。可是警察早就准备从侧面袭击,冲得群众四散奔逃。不管愿意不愿意,总体的尊严不得不向个别的安全让步,大家只好没命地飞奔。在马德兰教堂附近,一条狭窄的街口,四个伙伴后边跟着队伍中几位稀少的剩余者——“少数几个劫后余生者”[3]——遇上了一群便衣警察,向他们狂怒地袭击。混战是很短促的,然而非常野蛮。玛克刚好有时间瞧见布沙冲向一堆警察,倒在地上打滚,压在一个警察身上,又被另一个警察压在他身上,被人用脚跟践踏着。维隆宽阔的胸膛在别人的拳头敲击下,像一面皮鼓般咚咚响。这时玛克被一只胳膊突然拉了一下,他踉踉跄跄,差点跌倒,

① 旧译“爱丽赛田园”。典出希腊神话,是有德行的人死后的灵魂归宿处。

② 法朗士当时已经是七十五岁的老人。

③ 原文为拉丁文。

他眼前闪过一块钢铁,军刀的刀柄,挨着他的脸劈下来,把脸擦伤了。他发现自己被拉到几步远的地方,一直被圣吕斯揪住不放。圣吕斯刚刚让玛克躲开致命的一击。他们两人继续奔跑,后面有人在追。他们穿过大街四周蜘蛛网似的小胡同。街上的店铺匆忙地关上门板。玛克什么也瞧不见了,血流下来凝结在他眉毛上。脑袋嗡嗡作响。他听见后面的追逐者们大声叫喊,他任凭圣吕斯拉着跑。圣吕斯熟悉道路,毫不犹豫。拐了一个急转弯之后,在一条街的拐角上,圣吕斯在一家时髦女帽商店的护窗板上,像兔子用爪子乱抓一般敲打起来,叫道:"娅妮!……"

关闭着的店门下部的铁门帘很快地升起。必须弯着腰才能够进去。圣吕斯先推玛克进去,接着他自己也脚手齐用地爬进去。有一双女人的手伸过来抓住两个小青年的耳朵,拖他们进屋。他们一进去,那块铁门帘立刻就落下了。两人在黑洞洞的屋子里,跪在地上。一个警察在门外叫嚷,下雹子一般敲打窗门的护板。玛克试图站起来。他听到挨着面颊响了一声带笑的口哨:"嘘!"叫他别作声。他想用双手扶一下,双手被夹在圆滚滚的大腿弯子里。他们不出声,一动不动地待着。两个少女憋着气不让自己笑出声来。只听得外面吹了一声哨子,召唤那个下雹子的固执家伙。他只好骂骂咧咧地归队去了。远处,战斗在继续,传来乱哄哄的声音。警察们有别的事要忙。

门外,小街恢复了宁静。玛克发热的脑袋也平静下来。他发现自己跪在地上,在黑夜里,面对一个跪着的少女。于是一张有龙涎香味道的温暖的嘴,毫不客气地亲在他的嘴上,一边说:"你好!"玛克说:"晚安!"对方笑了,她说:"现在,我们该见面了吧?"

大家站了起来。她们点上灯,不是电灯,而是蜡烛。烛光细长,冒着烟,一只手掌可以把它遮住。大家互相介绍。她们是两姐妹,吉奈德和梅拉妮,一个十七岁,一个二十岁。姐姐黑头发,妹妹红头发,皮肤像奶汁一样白。不用说,两个人都涂脂抹粉。在她们炯炯有神的鼓起的眼睛四围,有善笑的小皱纹,嘴巴向前拱起,像小鼬鼠一样。梅拉妮是圣吕斯的情妇。可能吉奈德也是。反正不论好坏,只要有什么,一家人分享。大家有说有笑。两个姑娘同时讲一件事,或者一个先说,另一个接着重复一遍,用同样的词句。两个人愈笑愈爱笑,仿佛第二遍比第一遍讲得更有意思。对于当天发生的事,她们高兴得拍手欢笑。高兴她们的运气好。刚才她们正站在凳子上对着门缝张望,看见吕斯来打门!为了用一点恐惧感加强她们欢乐的兴致,她们相信,过一阵子"毛驴们"①还会来的,他们会来搜查屋子。

"等着上断头台,让我们喝最后一杯酒吧!"圣吕斯说。于是他高唱:"为梅拉妮而死,这是最甜蜜的命运……"

吉奈德也准备好了别人为她而死。她纳闷地观察玛克的脸。他不高兴地把头转向一边。在半明半暗中,大家一起吃了简单的晚餐。玛克脾气平和了些。末了,他让人把食物一口口地放在自己嘴里,甚至舔了吉奈德的手指,手指上是涂着巧克力糖的。但是吉奈德叫起来,说玛克这只小狗咬了她!他道了歉,很不好意思,站起来说他要回去了。可是其他三个人都反对。街上还在骚乱中,出去有危险。吉奈德把门稍稍打开一条缝,出去侦察了一番。她回来说,警察包围了小咖啡店。玛克不信这是真的。他固执地要出去,别人不同意。他脸上刮破的创痕一眼就会被人瞧见。吉奈德发现玛克上衣肩头撕破了一块。她让他脱下衣服,为他缝一缝。上衣一脱下,在衬衫被撕破的地方,大家看到玛克的肩头受伤了,红一块,青一块,蓝一块。为什么他不早说?这件事给吉奈德和梅拉妮一个机会,好显露一手她们当护士的本领。姐妹俩对此很感兴趣。

当天夜里,玛克不再提回去的问题了。大家开始安排过夜的地方。店铺的里间,只有一个双层壁橱那么大的面积,而且没有窗子。有一张弹簧长椅,可以当床用,他们将它摊开,再在地上铺两条床垫……这是战时的生活……"现在挑选你的女友吧!"玛克窘得要命,

① 指警察。

又生气又恶心,想尽方法躲开。但是没有办法。两位女主人以身自荐,非常纯朴、率直、亲切。还有什么比这更自然的?他毕竟不能让两个善良的姑娘为难,而扮演约瑟夫[①]的角色。(而且他也不喜欢这个角色!)他毫无办法说明他的心情。圣吕斯已经选择好了。他看见玛克为难,就以好朋友的态度问他:“你愿意换一换吗?”

玛克简直想打他一记耳光,又羞愧又生气。他帮助吉奈德翻过床垫,这姑娘在他耳边轻声说:“不要紧的!如果你不愿意,我们假装在一起,各人睡各人的觉。”

玛克很感动。他们把蜡烛吹灭。“各人睡各人的”,说得倒轻巧!除了一个在上面,一个在下面,哪里还有多余的地方。一伸手就碰到另一个铺位。那边两个人已经等不及,开始动作了。吉奈德谦卑地说:“我长得丑。”

他说:“不!”说得很坚决。不,真的。并不是因为这个。吉奈德很想知道到底是怎么回事。她设想玛克爱着另一个女的,而且不愿意对那人不忠。玛克故意不指出吉奈德的误会。吉奈德觉得玛克这种感情是美好的。她自己可没有这种思前顾后的习惯。她在枕上饶舌,很天真,很动人,有点儿风情,但还是诚实的。不管他要怎么办,他先把嘴按在她饶舌的嘴角上。在她的活动的嘴唇上,他尝到杏仁露的味道,又甜又苦。他只要稍稍一动,就会一发不可收拾了。他不敢再动。于是,自然啰,在他坚决说“不”的时刻,正是他们两人一起说“是”的关头。事后,玛克又生气了,他对自己非常反感。吉奈德却高兴得很,她一直以为玛克在想他的心上人,悔恨他自己对情人不忠。吉奈德设法劝慰他:“她什么也不会知道的……”可是玛克实在忍受不住了!这间陋室中的空气憋得他喘不过气来。吉奈德谦卑地起床,给玛克偷偷地打开店门,这时另外一对情人正在呼呼大睡。玛克从猫洞中钻出去的时候,亲了吉奈德的两个膝盖,他又进入四月里寒冷的黑夜,身上汗

① 故事见《圣经·创世记》。年轻的约瑟被他的哥哥们卖给埃及人做奴隶,主人的妻子爱上了他,多方引诱他,都被他拒绝了。

滋滋的,精神昏乱,头脑发烧,他后悔自己没有和被唤醒的官能欲望斗争的力量。在他思想中,重新展现出一幕电影:白天经历的冲击、殴斗、逃跑和追逐……

转眼到了第二天。示威行动失败了,想起来令人恶心……这次政治示威没有计划,没有领导,没有下文,只不过像拉车的牲口在车辕中间乱跳,没有能力砸烂车辕,除了自身受伤之外,没有别的作用。牲口腰折断了,只好去找屠宰牲口的人来。

布沙失踪了。只有玛克一人惦念他,其他的人都毫不在意。大家面色阴郁,怒火内蕴,只想把责任往别人身上推,像抛球一样。三四天之后,布沙出现了,面孔浮肿,一只眼睛严重受伤。他被酷刑拷打,拘留了几天,审讯之后,暂时释放,案子移交轻罪法庭。他有可能坐几年牢,罪名是非法携带武器,殴打警察,咒骂政权,从事无政府主义活动和挑唆犯罪行为。从现在开始,教育界的门已经对他关上了。他已经被教育行政当局列为危险人物。小心谨慎的同学们都避而远之。可是他仍旧固执地准备考试,准备失败。

至于维隆,他才瞧不起这一套。他根本没有挨打。人家问他是怎么搞的。他一边冷笑,一边夸耀地说他给毛驴们蹄子上抹了油[①],到了派出所,他们家银行的招牌比掏出众议员的证件[②]更起作用。“至于布沙,这个蠢材,他被他们抓住了。千万不能被抓。算他活该!他应当知道他这样冒多大风险。”

“你自己呢,你冒什么风险?”玛克不客气地问他。

维隆讥笑玛克,用玩世不恭的夸张态度说:“你的狗命。什么时候都行,只要你愿意!”

可是他觉得自己说得太过火了,于是加上一句表示诚意的话:“总之,巴黎大学唾弃了他,倒是帮了他的忙,谁要是想发财,而且有胆量,他只要弯下腰去捡,可以满把地捡到手。”

---

① 法国成语:“给人手上抹了油”,意即行贿、买通。

② 法国法律规定,不能随意逮捕议员,必须先经过特殊的手续。

玛克冷冷地回敬道:“干这个,必须有合适的脊梁骨。”

维隆说:“如果不合适,生活的棍棒会叫它合适的。”

两人转背相向……永别了!

人们没有再瞧见阿道尔夫·舍瓦里埃。可是,对于他,大家没有必要替他提心吊胆。他去巡视他家的各处庄园了。他阅读蒙田[1]的作品。你还能对他有什么要求呢?眼睛睁大,嘴巴闭紧,思想自由,毫无风险;再加屁股总是放在很温暖的地方……你不能控诉这位知识分子出卖了自己!让别人去用行动拖累思想吧!

吕丝家的那个小动物园如今空空如也。当玛克回到那里去时,他只看见吕丝独自一人。他和她面面相觑地待着,不知道对她说什么好。吕丝把双肘撑在桌上,手掌托着下巴,目光像钻子一样钻着对方面部,嘴边挂着奇特的微笑。可以说她在等待……等什么呢?玛克生气了。可是他态度愈粗鲁,她的微笑就愈刺人。他没有办法使她那一双朝着他搜索的小瞳仁温和一点。他张皇失措了。在她身上有什么东西起了变化,或者正在变化?可是她并不使他感兴趣到这种程度:宁肯耽搁时间也要设法理解她,她自以为理解他,这一点使他不愉快。因此他徒然地说:“她不可能知道我什么,我的门是对她关着的。”她没有通过锁眼偷看他吗?对此他毫无把握。于是他把话说了半句就停住,站起来,向她投射含怒的一瞥,不礼貌地走了。吕丝连动都不动。他到了街上之后,心里嘀咕,是不是再上去找吕丝,是不是再去打她的房门?无论何时,今天夜间,过一个星期,他的眼睛都将隔着桌子遇到她像钻子般的目光从半开半合的睫毛之间射出来。她讽刺性的嘴吐着一缕青烟,纸烟夹在她瘦长的手指间燃烧。他在街上直跺脚,发誓要等天气热了之后再去找吕丝!但是,和受委屈的孩子一样,他心中怒气难遏,恨不得拿把刀子,像剖开蚌壳一样,剖开那个高傲的女人,剖开她没有礼貌的眼睛,瞧瞧里边有些什么……

[1] 蒙田(1533—1592),法国文艺复兴时期的重要思想家、作家,毕生巨著为《随笔集》。

玛克的孤寂感在增加,在他的皮肤下面,被那个小小的夜游女子又甜又苦的皮肤所点燃的大火在燃烧。一连几天,他的精神和身体处于震荡不宁的状态中,他找不到自己的道路。他强迫自己工作,就像有人强迫自己投水一样。但是水把破船的残片抛回来。他没有一点力量了!他对什么也不感兴趣。行动?思想?怎么样?有什么用?一小时接一小时,这个意志的缺口总在扩大,在吸他进去,好像皮肉上有被吮吸的印痕。他好像感觉到贪婪的厚嘴唇粘在他腰部。他的元气在消逝,精力在流失。不可抵抗的陡坡……逃遁,逃遁……不!他的手指抓住边沿……万一我掉下坡去,就再也不能爬上来了!下面是湍急的流水。他闭眼也没有用,仍然听得见。在他手指下,细沙在簌簌地滑落,石块在松脱……他决不松手,没有人拉他一把。

一天晚上,西尔薇进来了。她用脚跟一踢,一块石头和石头上挂着的蜘蛛滚得老远。

"走吧,快点,我带你去!……你浪费的时间够多了!别跟我说你在这儿发呆会把时间挣回来……你在发愣,呆看,对,被我发现了……那好,你到我家里去呆看好看的东西,所有最贵的、最新的'烦闷','四种艺术'(至少是四分之一的混血儿)。我开设这类店铺,还有'艺术家'!如果你喜欢看喜剧,('一切都是开玩笑……')[①]我把后台的钥匙交给你。最佳的演员不一定在舞台上,最坏的也不在。为了有一天你能够演你的闹剧,必须看,看,看,看!谁能看得见,谁就是王。"

*　　　*　　　*

她把玛克带到唐丹大街她的公馆里。她的小卢浮宫,宫内国王高吉埃坐在他的宝座上。法国历史上的王后,虽然有《萨里格法律》[②]规

① 原文为意大利文(喜剧名称)。

② 法国古代法朗克王国的法律,最早的有关文献出现于十五世纪末叶。

定不能登王位,却不止一次地掌握权杖。西尔薇手中也有权杖,而把纺锤交给她的高吉埃,高吉埃在朝廷里熟睡在他有麝香味的大名之下。他自以为是时代的启迪者。他四周被女人、阴谋家、艺术家围绕着。他们奉承他,讥笑他、拿他的钱。他自以为在用他的高明见解、敏锐嗅觉和他的美感,驯服他周围的人。因为他很滑稽地插手于一切艺术。他向画家们提供意见。他们用画成条纹的,以及几何图形的画高价卖给他。在他的花园里,人们看见他对着黑人的塑像出神。他能发现尚未成熟然而已被糟蹋过的美人、成熟的人才、干果品、印度的舞蹈、梅里蒙当①的有灵感的人,以及蒙多邦②机敏的大师。他和他出售的香膏一样滑腻。面对他顾客中的那些不付钱的贵夫人,以及两三个戴王冠(已被废黜,因为他们宁愿保全脑袋,不要帽子)的人,他的态度亲热而且卑躬屈节。在政治方面,他也能发表意见。挤他的奶头的谄媚者怂恿他,让他收买一家很大的报社。在报上,他可以让全世界听到他的话,(什么话?)但是要他把话写下来,那就让他为难了,他连自己要说的是什么话都不知道。可是被他豢养的写作班子承担替他编造的任务。

至于王后,她统治着服装和娱乐集会。她那些异想天开的疯狂主意,引起巴黎的流言蜚语。她很乐意在这方面让她外甥当助手,作为消遣和娱乐活动的一名管理员,或者更简单地作为美术报导者——各种小艺术如何配合娱乐活动这个大艺术。西尔薇在美术方面所知不多,她只有天然的趣味和本能。这就不少了。这已足够使她在这儿那儿干蠢事,闹笑话。然而当时的风尚却把这些不三不四的蠢事说成机智的调皮捣乱。可是今天的捧场就是明天的诽谤。西尔薇在这一点上不糊涂。她觉得她脚下的地皮在摇晃。她能依靠玛克,舒服得很。玛克来了,即被诱惑,又不放心。正如可以预见的那样,在这狂欢和放荡,再加混杂着艺术、爱情、阴谋与疯狂的场合,玛克走不了几步就滑

① 巴黎的一个区。

② 法国外省的一个小城市。

倒了。他自以为可以在他的年龄,给自己订一条不可能办到的规则:做一个无动于衷的旁观者。他要什么都瞧瞧,但是不落入圈套。为了使自己成为生活的主人,成为于连·索黑尔[1],他长期减食,落得一身清瘦,喝两小口酒就头晕目眩;刚刚喝了两滴酒,脑袋就开始跳舞了。

西尔薇早料想到了。她不干任何对不起玛克的事,可是也不保护他。她斜睨着他的搏斗,觉得好玩,她喜欢看这种搏斗。她在玛克身上认出她那骄傲的安乃德,偷偷地,她在儿子身上施行对母亲的报复。"车,留神!"[2]勇敢的小车!它全身披挂,怒发冲冠。西尔薇给他鼓掌,带点嘲笑之意。她是怀疑派。她在等着瞧结果。她完全知道,这一身铠甲在崩裂,所有的墙垣,到了某一天都会突然崩塌。她心想:"有什么法子?不管你愿意不愿意,是好是歹,必须过这一关。但愿青年们明白!由他们来冒风险!至于他们将遭受损失,那也只好活该!玛克是头好牲口,他一定能过关……主要问题就是他能过关。过不了关不算男子汉。"她不为此忧虑。这是玛克自己的事。如果别人愿意替他干,反而帮倒忙。西尔薇有她自己的事,一大堆事,她的业务,她的欢乐,没有时间可以浪费。她发烧似的享受她的第二个青春。

因此玛克只能单枪匹马地对抗各方的袭击:漂亮的姑娘们,冒失鬼们,骗子们……所有塞在高脚盘中的杂七杂八的生菜。而他自己也是一个青果子,引诱了不止一个抹着口红的嘴巴。他是女苏丹[3]的外甥和宠臣,人们利用他,以便通过他利用女苏丹。他没有那么笨,连这点都看不透。他是多疑的,这个小伙子。他倾向于相信人们在操纵他,即使那些厚颜无耻追求他的女人,也是因为有利可图……事实上并非如此,是这个年轻的野蛮人在挑逗她们。连他的笨拙姿态,他的粗鲁和生硬,有时也会突然被害臊和媚人的微笑照得发亮。在他紧蹙的眉毛下面,被吸引的眼光,好像靦觍地在问怎么回事。忽然间,这眼

① 司汤达的小说《红与黑》中的主人公。

② 国际象棋中的"车",原文直译是"塔"。

③ 意即王后,此处指西尔薇。

光暴露了他自己,有如一个小小的处女……一个被人灌醉,开始胡言乱语的疯狂处女,这个小小的吕西安·德·吕邦泼雷①。可是归根结底,他是玛克,玛卡商②。当人们想捉住他的时刻,他用嘴喙用力一拱,猛然躲闪,退了回来……他这样更吸引人。人们因此受伤,双重的乐趣!狩猎已经开始了。猎物不但要小心猎网,而且要小心突然吹到他身上的一阵阵风。这种风会使猎物低着头冲过去。他想抵抗,可是有极大的困难。每次他从斗争中出来,总受到深深的震撼。他预料到以后会发生的事。他应当逃跑。他对自己说了十次:"你滚吧!"可是他不跑。这毕竟太有趣了!在这块保留的狩猎场上,他猛禽般锐利的眼睛,有太多的东西可看,可抓住。在这儿,他是猎物,同时也是猎人。从他的隐匿处,他看见各种猎物经过:大的,小的,长毛的和长羽翼的。他甚至用嘴喙捉住了几只路过的斑鸠。但这是危险的。这时刻,他的眼睛一出岔,就有被别人捉去的危险。他将被捉走……他不会被捉走的!他固执地不走。逃跑,等于承认自己失败……他待着不走。每天,他经验的猎囊都更充实一些,但是他并不因此更明智。他更醉眼蒙眬了。脑袋里起了一阵旋风……一切他所相信的,或者不相信的,为了能够生活而接受下来的,社会生活的一切支柱,全部崩塌了。啊!前天的全部道德(昨天不用提了,昨天是战争!)还剩下什么?陈旧的罪孽、成见、法律拘束也一样,永远落后于社会的进程……说人们把这些踩在脚下,还说得太轻!人们甚至不必作任何努力了。人们踩在上边,连想都不想。这是人类的家庭在崩溃吗?人们在撕碎社会公约吗?人类要回到森林中去吗?不,这是公约到期了。在延长租期以前,人们修改合同,增加条款。老旧的住宅太狭隘,不卫生,倒塌了,成了废墟,必须重建、扩建。生病的人类,在这种年龄增长的危机中,需要更新他贫瘠和含毒的血液,需要把自己重新浸入保留着的可怕的兽类精神中。软弱无力的父辈和懦怯者们,哭哭啼啼:"什么

① 巴尔扎克小说《幻灭》中的人物,一个才貌出众的青年诗人。

② 玛卡商,在法语中和玛克是谐音,原意是"小野猪"。

都完啦！……”一切都被救了，或者将要被救。但是，什么都是不能白得的。必须付出代价。

玛克准备付出代价。但是价格不是比他全部所有还要高吗？他的智慧是勇敢的，太勇敢，它牵引他到超越他身上别的因素能支持的地方。他徒然在看、判断、理解，毫不软弱，可是脑子不是宇宙空间，脑子需要用胃肠的全部精华去营养它。它被出卖了，交给了别人，自己投降敌人。

目前，他要自卫。头脑和心起来造反了，某些场景引起头脑和心的愤怒的蔑视和震惊。玛克敢于说非常无礼的话，使香水之王在他的贝壳①中气得几乎窒息。这使小伍长西尔薇暗笑。她头戴军便帽，一边揪住玛克的耳朵尖，一边说：“没有教养的人！你愿意不愿意学乖点，学会怎样在社交场合像样地待着！”

玛克不服。他举出严峻的事实来反驳。使他特别生气的是她搞那些狂欢会时毫无节制的浪费。他对她说，当成千上万人没有饭吃的时候，这样浪费是可耻的。西尔薇听了并不感动。前天她也没有吃的，今天她要故意多吃几口。她玩世不恭地回答：“有的太少，有的太多，互相补充。有些人太多，有些人太少，正好均衡。再说，我的孩子，有什么办法呢？吹着笛子得来的，敲着鼓花费掉②。必须这样大手大脚……”

玛克痛快地教训了她一顿，既批评她挣钱的方式，也批评她花钱的方式；批评她经营奢侈品、秘密用品、药膏生意和供偷欢苟合用的“衣帽间”；批判她剥削顾主们，零售价（盗窃价）混乱得像某些发疯的昆虫乱蹦乱跳——购买者都是蠢货！西尔薇反驳说：“如果靠人们的明智生活，而不靠他们的愚蠢，我们只好勒紧裤腰带了。”而且账算到最后，她和她的高吉埃不仅使他们两人和外甥，（鼻涕小子，擤擤你的鼻涕吧）而且使成群结队的雇员能生活下去。玛克恼火了，愚蠢地说：“这有什么用呢？”

---

① 贝壳，是这个香水商人在商品上的签字“高吉埃”一词在法语中的本义。

② 法国成语，意思是：得来容易，花费得也快。

“什么?”西尔薇追问。

“你干的一切有什么用?他们干的一切有什么用?”

“什么也不为,为了活着。难道生活有什么用处吗?人们从母亲肚子里出来,来到世上,不知道为什么,人们填满肚子,饮食,男女,庸人自扰,不知道为什么,人死了,不知道归返到何处,不知道为什么。只有一件事大家都知道是为什么:因为大家都很苦闷!在人世间干的一切,仅仅是为了使大家不去想,大家都很苦闷……”

玛克被对方骤然间透露的辛酸所震惊。他瞧见西尔薇突然露出的倦容,显现在她眼睛周围的浮肿和极度烦躁的嘴边皱纹。这个妇女在她极困乏的时刻暴露了自己。可是她挺了一下腰板,很快又直立起来。她把货车上拖着的全部行李抛在一边。她重新抖擞精神上阵。一丝怒意从脸上的不满与讽刺的表情中闪过。这个傻瓜外甥,向她讲了这许多废话,使她重又咀嚼了辛酸的草料!他开始引起她烦躁。“摆你的架子去吧,小家伙!演你的卡图①去吧!卡图,卡丹②。随便来一个女人就会把你变成她的掌中物,如果她愿意。她想要你怎么样你就得怎么样。你需要有人来打掉你的骄气……”于是,她重新搞起她的娱乐和狂热的业务活动。

玛克对西尔薇并不是不公正的。他完全知道西尔薇从来不过无所事事的日子。他瞧见她一边努力工作一边寻欢作乐,两件事齐头并进。她继续辛勤地劳动,也使她的女工们埋头干活。她从不消闲偷懒。她真正瞧得起的只有劳动,不论什么劳动。她瞧不起那些奢侈的女人,“什么也不干”的女人。她剥削她们,毫无顾忌地劫掠她们。在西尔薇身上,正如在巴黎平民妇女身上一样,有巴黎公社时期的“煤油女”③的底子。她们到了一定的时机,会毫不迟疑地烧掉整个社会。

---

① 卡图(前234—前149),罗马政治家、演说家,曾力图制止当时罗马的淫靡风气。

② 法文:娼妇。

③ 指巴黎公社起义时一些革命妇女,她们曾将欺压平民的封建贵族和资产者的房屋浇上煤油焚烧。

可是对于有组织的社会革命没有任何经过思考的观念。像西尔薇那样的妇女连听都不要听那些革命的道理。在西尔薇身上,小资产阶级妇女和“煤油女”和平共处。就是这种浇灌审计法院的煤油,又用来点燃炉灶。至于事物的逻辑,一个西尔薇是不会以此自傲的,从气质上说,她是无政府主义者。她主张由她自己独断独行解决公正与不公正的问题,不要政府和别人插手。道德是她所乐闻的。在她轻率的想法中,使她高兴的事常常比法律更为正直。她嫌恶一切官方和社交界伪善的济贫救苦活动。她虽然不说,却在实行她自己的善举,积极的、不折不扣的善举。这类乐善好施的事,她决不委托别人替她去做。她用指挥棒指挥她的几个女工班子,不允许她们在做工时晃晃悠悠,可是她照顾她们,注意她们的健康。她在巴黎附近,给女工们设立了一个休养所,让她们在那里休息和度假。她帮助她们结婚成家。她送给她最喜欢的女工们高价礼品,相当于送她们一笔小小的陪嫁金。更妙的是她善于取得女工们的信任。她给她们出主意,指导她们,按照她的道德与不道德的观点,但总是够人情味的。她知道别人的弱点会提出什么苛求,但她不让别人超过她们应得的一份。她也应当劝劝她自己,控制她自己的烈火。

她给自己保留着另一种待遇的特权。她有点过分信任自己的本能与力量,二十年来,不受惩罚地滥用这些条件……永远不受惩罚是不可能的。西尔薇应当感觉到她的健康在动摇的先期征兆。她感觉到了。但她习惯于冒风险……而且她拼命寻欢作乐,同时拼命干活。正如玛克在一瞬间瞥见的那样,在她那拼命干活和享乐的生活中,有一种思想底子,那就是对于自己没有孩子的一生,使她感到辛酸,对万事关怀,一种对生活的怨愤。她不需要那个小笨蛋玛克来提醒她的生活是多么空虚……那么,死掉算啦,这副老骨头!但是,在吐出最后一口气之前,要尽量工作,享乐!

*　　*　　*

在西尔薇的公馆里的一次狂欢会上(跳舞、吸烟室,小吕贝卡尔会①),她丰满肥硕,花枝招展,穿了一件按她自己的说法,“领口一直开到屁股上的连衣裙”,满脸脂粉,妖里妖气。最后,喝多了鸡尾酒而丧失理性的西尔薇,活像一个人身羊蹄的田野之神,在她四周点燃起狂欢之火。玛克的脑筋跳进狂欢之海。他骨髓中经常在发烧,只要一点点酒就可以使他沉醉。有时他的自卑感不是使他更谨慎,而是使他更兴奋:为了假充好汉……他烂醉如泥,眼光恍惚,什么也瞧不见,什么也不知道了。他被卷入羊蹄女神掀起的旋风深处。他的血液在他耳朵中雷鸣般地轰响,欲望在呼唤,麻木的理性踉跄了几步,摔倒了。在法朗道尔民间舞蹈的乐声中,玛克甚至看不见一张血红的嘴在对着他的嘴笑。他咬了一口那张嘴,于是奇异的、野蛮的嫉妒情绪在他身上燃起烈火……他失去知觉。等他醒来时,发现他自己垂头丧气地待在地下室中,从那里,人们可以听到远处音乐的喧腾。玛克独自一人,神情迷惘,不能清理他的思绪……出了什么事?他回想不起来。他不知道他是在回想,还是在编造。在他编造的情节中,恐惧不亚于欲念……在实际经过或可能经过的事实之间,没有界限了……不论由于哪一方面,他都觉得被焚烧,萎靡不振,心中烫了烙印。他走了,战战兢兢地逃跑了;离开楼上的游艺会,还听到不倦的乐曲声,无休止地展开又卷起,卷起又展开它的连环套。他从中察觉出血淋淋的嘴唇,听到约堂斯画中的女魔鬼用喉音发出的笑声。他逃向黑夜深处,打着寒噤,身上又是冰又是火。他鞭打自己打出鲜血的精神,不能理解,也不后悔。对,无论如何,是憎恨和蔑视!有火,有血,然而没有遗憾。忘掉,不!他念念不忘……为了惩罚自己,他重新钻进他那大学生住的破房间,他的沙漠。他不再回西尔薇家。

西尔薇不能理解在小青年身上肆虐的暴风雨。昨夜的旋风,今晨在她身上没有留下一点轻微的不适之感。她在回忆中清晰地看到小

---

① 吕贝卡尔,古罗马庆祝原野大神潘的大会。

青年的眼神突然发出的怒火闪亮着火花,妒忌的疾风骤雨使他骨骼咯咯作响,使他在别人嘴唇上印下齿痕……这就是一切。对她来说,这是一种恭维,又滑稽可笑。西尔薇所过之处,身后留下的一切混乱对她是丝毫不起损害作用的,这是全仗她的反道德的天性,稳定而不动摇,没有很深的恶疵,对于社会约定俗成的一套毫不在意,不论公正与不公正,高卢民族精神,嘲笑的眼光,永远注视着处境的滑稽性。早先,她曾经见过老年的萨拉[1]扮演费德尔[2],她回想起希波利特……啊!傻小子!……她的希波利特,见不得人,跑啦……她扑哧一笑,有什么要紧?上帝,人在二十岁时是多么愚蠢!总是想骑着星星上天的那些人,编造出空洞无物的世界!和永恒[3]睡觉的人,还用操心床单的一片玫瑰花瓣吗?她对着镜子眨眼,玫瑰成熟了……她笑自己,也笑玛克,大公无私。这个小小的放荡女人也笑她亲爱的姐姐安乃德。如果她知道,她会说什么!没有任何让她知道的危险。希波利特在跑。"从特雷赛纳城门出去"。沉浸在妖魔的肚子里。去吧,我的约那斯!让他去跑。他会回来的。

玛克不回来了。这个硬脾气的小青年憋了一肚子怨愤之气。不能原谅他自己的失败。不仅是昨夜的失败。他一直不知道昨天是怎么回事。(最令人痛心的是对方知道!她知道什么呢?)不仅是昨夜的失败,而是所有被他出卖给敌人的这些日子的失败。(他不是被人豢养了吗?)还有更不堪的,那就是在这次失败中,他尝到享乐。这又是一个失败。这一群利用别人和出卖自身的小爬虫,他们依靠人类的苦难生活。他也一样,他和这些人混在一起。他也一样,他要用"卖身者"这句辱骂人的话来骂自己……毫无原谅之余地!他的软弱也不成其为原谅的理由。他比谁都清楚这一点。当他对自己说,他将成为最强者,那他是在对自己说谎。他这样对自己说的时刻,正是他出卖自

---

① 萨拉·佩尔纳(1844—1923),法国著名女演员。

② 法国悲剧作家拉辛(1639—1699)的悲剧《费德尔》中的人物。

③ 指上帝。

己的时刻。他出卖自己和他急于享受这种下流的奢侈之花，享受一个腐烂世界所有果实的阴暗愿望相勾结。他用谎言为这种愿望辩护，说什么精神的权利在于它应当多看多认识，为了更好地战斗。那好，现在他已经看了，而且也看见了自己！肯定这一切都不至于白费。他回来了，满载着残骸。但是其中也有他自己的残骸。“卖身者玛克”……他把自己踩在脚下，和那个同他交配过的世界一起踩在脚下。他惩罚自己。他用激烈的禁欲主义，发誓要在他身上阉割掉一切把他卖给敌人的奸诈本能。他强迫自己遵守刻苦用功，严格管束自己和绝不接近女人的纪律。战胜自己的本性，用铁锤把它砸烂，重新锻造。好办法，为了在内心深处积累被他强暴地压制着的敌人的反抗！但是，在这个年龄，不近人情常常是因祸得福的唯一办法。有这种骨气的男孩子，在这个年龄，除了走极端之外没有别的选择。玛克选择了“身披铁甲”的办法。他把他年轻瘦弱而火热的身体，套入严厉克制的铠甲中，昼夜不离身，甚至穿了铠甲睡觉，为的是不让自己睡着，(“为了不睡觉！”[①]这伟大的格言！)强迫自己老是睁着眼睡。

西尔薇在拉丁区有给她报告消息的人。她得知玛克处在物质困难之中。她向他伸去一根竹竿。玛克拒绝了这根竹竿。每隔两三个月，定期地，她坚持向他伸出援助之手。他坚持拒绝。他不答复任何字条。她给他送去一张支票，没有写一个字，这是最大的侮辱！现在她送钱来了！他划掉支票，写了两个含怒的字：“拒收！”让原班信差给她退回。她很想去找他，狠狠地揪他的耳朵。这个小白痴！……她设想去打开玛克的破房间的门，向他走去；他转过身来，两眼充满怒意，面色激动得发白，嘴紧闭着……她还不如不要去试！谁知道谁的嘴能闭而不开，可能两人会互相说出一句残酷的话，永远洗刷不掉……

幸好西尔薇又卷入每天十分忙碌的生活中。机器轰隆隆地转，你想叫它停止也由不得你了。为了慎重起见，最好刹车。已经有两三

---

① 原文为意大利文。

次,西尔薇感觉到血液一阵阵往上冲,遮住了她的眼睛。但她不习惯为一点小小病痛而耽搁时间……向前走,跳舞吧!她又出发了,步履轻捷,投身于法朗道尔舞,愈跳愈远。半年之久,玛克没有听到高吉埃夫人的消息,除了在报上看到。

她把他完全忘记了。

* * *

玛克又处在他所希望的最孤独的环境中。如果他一定要靠他自己想办法过日子的话,现在他可以说如愿以偿了。他不能再期待任何人给他最微小的帮助。母亲在遥远的地方,而且没有钱寄给他,她自己也很不容易获得她应得的工资。母子二人很少通信。她在偏僻的乡下,交通非常不便,信件常常延误到出奇的程度。安乃德正处于她的流亡生活最困难和危险的几个星期中,她陷入了罗网深处。到她能脱身的一天,她将要叙述这种情况,如果她肯讲。目前,她把嘴巴缝上,就像她儿子落入陷阱的时候一样。母子二人都是硬骨头:"这是我个人的事!谁也没有权来干预我的烦恼。"他们只是每隔半个月互相写一封简短的信,略而不详。但是有力地说明:"我在这儿!"这种信不大像母子间的信,更像两个朋友间的信。这位目光晶莹的妇人用有力的手,握住男孩坚硬而且永远火热的手指……好好地干!要坚持!

玛克没有再到吕丝寓所去。七人小组解体了。七个人随风四散,各奔一方。

玛克终于明白,他不能从他的知识条件方面等待他的面包。如果他要生活,必须"放下架子"。不论什么职业,只要工钱能让他活下去!他能够达到接受这个主意的程度,已经很不简单!但这不算什么。问题何尝在于肯"接受"什么,因为谁也没有说要贡献给他什么!人们冲着他的脸讥笑他:"你可以保留你的慷慨大度,可惜我什么都不需要你干!”成百的人在等待别人扔掉的肉骨头。玛克总是晚到一步。而且,在他和别人最初几次争执中,他还觉得不好意思和人冲突。他让别人站在他前面,或让溜到他前面的人先过去,或让那些十分弱小而值得怜悯的人占先。要不然就与此相反,让那些厚颜无耻的家伙硬挤过去,因为在那种情况下,不让他们过去就得互相扭打。用手去抓那些脏腻的衣领,玛克觉得恶心。有时怒火冲得他脑袋都发红。并不是他怕别人,他怕的是他自己。(假充的好汉?“控制我吧!”不!讽刺对于这个小青年不起作用。他突然觉得被内心的波涛冲刷着。他焦急地知道,在这种时刻,他的意志是无能为力的。他被波涛卷走,到处漂流。需要时间和不止一次的危险挫折才能够学会:不是压抑它们,压抑有自身遭毁灭的危险,而是引导它们,把它们当作水力资源来利用……给他时间!如果他活下去,他总有一天会成功的。但是,活下去,这恰恰是个问题!他能活下去吗?活多久?怎么活?)

玛克到几家出版社和书店去转了一圈。在二十次无济于事的活动之后,他被一家印报纸的印刷厂收留下来当试用工,上夜班。他初出茅庐,笨手笨脚,受同一条作业线上的同伴们歧视。他们在他身上嗅出了“贵族”气味。他们不帮助他,反而捉弄他。三夜之后,玛克被赶走了。有两三次,他费了很大的劲找到翻译说明书和商业信件的工作。那是没有前途的。他的文学知识在商业文件的实用语上碰了壁。有一天,圣吕斯看见玛克饿着肚子在街上转,就推荐他到一家电影院当替工,管电影票。他不幸得了感冒,但仍带着病不顾冷暖地支撑着。最后,不得不躺了几天。等他起来,不用说,他的职位让别人顶替了。他没有找到别的职业。圣吕斯曾经整整一个夜晚对玛克的困境十分关切,可是他没有习惯在同一个思想上停留很久。他援助了玛克一次之后,就把他忘了。玛克不知道到什么地方去找这个人。他和玛克一样,天知道是怎样混日子的!在那次,他俩在一起的那一夜,(电影散场之后,圣吕斯带玛克到一家他工作的跳舞场中,两人在秘密酒吧间的角落聊天一直聊到天亮,玛克疲乏得要命,身上像发烧一样。)玛克惊诧地知道,这位风度翩翩的圣吕斯是和他自己差不多的穷光蛋。圣吕斯的母亲,一个圣吕斯管她叫约瑟的漂亮明星,和圣吕斯的关系奇特且不亲密,虽然圣吕斯谈起他母亲时态度令人难以置信地亲热。她经常在旅行。当他们隔了一段很长的时间之后再相见时,他们互相爱抚,一同到夜总会去玩,她用糖块、无用的赠品和美钞(如果她手上有的话),塞满儿子的衣袋。儿子则把母亲给他的钱买了礼品回敬母亲:首饰和鲜花。她不知道拿这些东西怎么办,可是她从来不嫌多。甚至珍贵的狗、猴子、鹦鹉,不论什么杂七杂八的礼品,都能使母子二人高兴一阵。接着,母亲又失踪了,一去几个月,把儿子留在巴黎,手上一个钱没有,而且母子二人互相毫不挂念。或者,突如其来地,她想起了儿子,给他寄一张巨额支票,或者极少一点钱(这往往发生在圣吕斯不知道到哪里去吃饭的日子里)。圣吕斯对此觉得可笑,的确,这种出乎意料的凑巧使他觉得好玩。他丝毫没有怨恨他母亲。她是那样的人,他很感激她。他很高兴地知道自己是这个漂亮女人生出来的儿子,如果有人给他换一个更严肃更可靠的母亲,他反而不乐意。圣吕斯能够自己一个人混得很不错!他是天生的惊险杂技演员。他有一个窍门,可以使他万一摔下来时总是脚手先落地。他有一个那样好对付的胃!没有东西吃的日子毫不使他害怕!对于这只鸟儿,手心里放一点残渣碎屑,就够他吃饱了,只要这只手是漂亮的手。要找漂亮的手,他从来不觉得为难。漂亮的手会主动地来找他。人们可能发生疑问:是不是机会凑巧,圣吕斯不但从漂亮的手上接受吃的、住的,也接受施舍?他对玛克并不保密。那天晚上,当玛克惊奇地问圣吕斯,为什么他在困难的日子里,还打扮得那么漂亮,这个迷人的厚脸皮对他说:“她们给我脱衣服,也管我穿衣服。只要你愿意,你也可以这样干……”

玛克气得连话都说不出来。对他发火吗?这将是不成比例的事。显然,各种各样的雨点落在这只鸭子身上都会滑落干净。人们不能拿安乃德的儿子的尺寸来衡量圣吕斯。在人们正相信有“死后生活”的时期，人类的灵魂在经过“最后裁判”之后，分别送入三个不同的地方①。圣吕斯的灵魂在三处都不能找到位置。他只能和禽兽的灵魂在同一处，在永恒的鸟笼里……玛克对他自己的人类灵魂优越性没有十分把握。但是最好还是加以肯定，如果人们愿意（而他是愿意的！）丝毫不让步。

无论如何，玛克不能忘记，一天晚上圣吕斯毫不犹豫地把自己钱包里仅有的一点钱都送给他。在玛克的朋友中，只有圣吕斯能这样做。维隆这个大阔佬，有一天遇见玛克寻求工作跑得精疲力竭，只肯打开他的雪茄烟盒子，请玛克吸烟。维隆没有一句话问到玛克的处境。他才不放在心上。玛克一边恨他，一边感激他没有装腔作势地掩饰他的自私。因此他也不用费力气对维隆掩盖自己的情绪。那天，维隆脾气非常暴躁，他的一只手臂用三角巾吊着。玛克嘲笑地问他，是否在战场上受了伤。维隆破口大骂，说是长了一个疮。不知他在骂谁。骂一只母猴。维隆中断了与玛克对话。在分手时，玛克约他下一次晚会在瓦尔·德·吕丝（即瓦尔·德·格拉斯②）见面。其实玛克不妨说到有四个星期四的那一周③见面也可以，因为他一点也不想再参加那种集会。维隆发出侮辱性的哈哈大笑，愤怒地在大街上吐唾沫，把玛克说成“吕丝的小牛犊”，用最下流的形容词辱骂那个姑娘。玛克很惊讶维隆发这么大的火。问他是什么苍蝇叮了他。维隆突然止住话头，狂怒地向玛克瞪了一眼，转身就走。

玛克继续为寻求工作而奔走。在这为生活而进行的斗争中，他还是十分笨拙的。他的骄傲感妨碍他像蛇一样见缝就钻，钻进保护食柜的围栏。然而另一方面，骄傲感也给了他奋进的力量，使他能抵抗身体虚弱，精神被怀疑磨损的最险恶的时刻。玛克徒然地在心里说：“我

① 基督教所说的天堂、地狱与炼狱。

② 吕丝住的那条街。

③ 法国成语，意即永远不会到那一天。

是,我将是战败者。”但他却永远不会对别人说。如果对别人这样说,那就是放弃斗争。自杀的念头从来没有在他头脑中出现过。难道人们能在战场上自杀吗?死亡的机会并不缺少。连选择这种机会的困难都不存在。死亡会替你选择的。不,我们缺少的是生命。“因为在我周围的一切,这些女人、男人,这阵旋风,这些肉搏战,这些交配,全都不是生命,而是生命上霉烂的斑痕。可是真正的生命如何能够达到,哪里去寻找?真正的生命存在吗?我什么也不知道。然而一股不可抗拒的推动力量把我举向北方,好像磁针一样。北方是什么?一块巨大的浮冰?永恒的冰块上的一个深渊?我不知道。但是北方就在那里,我必须到北方去。[①] 盲目的力量替我观看。它表达我的愿望。我的自由在于愿这股力量之所愿。权利与非权利,这是我的规律。”

归根结底,当时的全部明智,可以归结为高卢民族古老的正常情理所表达的明智:“只要你还有一口气,千万不能死!”

* * *

白天,玛克担任柯马丹大街一家食品杂货店的售货员,站在店铺门口,人行道上。在这一月份的阴沉天气里,他冻得发抖,把大衣领子翻起来挡风。晚上,他给自己几个小时,用于写作、思考,努力抓住世界之谜。但是这个谜从他冻僵的手指缝中滑掉了,他困乏的脑袋摇晃不定。遇到有条件的日子,他就煮一杯很浓的咖啡,为了不让自己睡觉。事后,他完全明白了,他丢失了投身于慈爱的遗忘之湖的钥匙。在充满幻觉的一连串白昼与黑夜中,一边伸长,一边盘曲,像一条无头无尾的长蛇骨节一样的日日夜夜中,他拖着酸痛的腰和背、抽搐的饥

① 译者按:这里所说的“北方”不能等闲视之。本卷小说脱稿于一九三二年九月,参考作者在同时期写作或发表的有关他当时思想情况的材料,例如政论集《战斗十五年》的长篇导言《全景》,可知“北方”是指当时年轻的苏联,用作者的话来说,“人类第一个劳动共和国”。

肠,以及他那些念念不忘的思想和一双发红的眼睛。他还没有付清房租。房东已经用逐客令在威胁他。他把能变卖的东西全部卖掉了。他舍不得抛弃的少数几件东西,放在他的大学生书包中;稍后又放在他衣袋中,因为书包也卖掉了。他怕他不在屋时,房东收没他的东西。

有一天,玛克在失眠引起的半晕眩状态中,脑袋缩在肩膀里,像一只鹭鸶似的站在店铺门口货摊的一个角落里,面对寒雾迷蒙的大街,视而不见——等他们走过之后才看见——街上幽灵般的行人匆忙的行列(他觉得自己也是一个幽灵,在飘荡,在融化)。事后,他想起曾经看见一张苍白的面孔,提心吊胆的眼光在窥视他,一只偷偷摸摸的手抓住一件东西,然后缩进大氅底下……他竭力使自己从麻木状态中醒过来。他注意几步之外的一个妇女形象,她的影子已经深深地印在他疲困的眼中。她双臂藏在大氅里边。他瞧见她站在摊子前面一动不动。他敢肯定,她已经发觉他在注视她。她好比被猎犬截住而不敢动的一只鹌鹑;与此同时,偷窃来的东西隐没在大衣下面:几个西红柿。她在等待将要发生的事。他并不比她更清楚将发生什么事。他向她走过去。靠近了她。他的双臂贴着身体。他们两人几乎接触在一起。两人身材差不多高。玛克的嘴达到对方瘦削的面颊的高度。她的颌骨紧闭着。她一动也不动。可是必须做出决定。玛克鼓足劲儿,用哽住的声音说:"快,交还!"

可是在这时刻,玛克看见在店铺门口有一个便衣警察在观望他们。他赶快轻声向鹌鹑说:"不,别动!有人在看我们……"

不小心的家伙!……他咬着嘴唇。活该。"势在必行"①了。为了装出泰然自若的样子,他踱了几步。她好像在看摊子上别的商品。便衣警察走进店铺了。玛克走近来。他看了对方一眼。只见她骨瘦如柴的脊梁,脑壳圆圆的,嘴唇皱缩:一只饿肚子的母猫。他急忙拿了三四个香蕉,塞在她的破旧的披肩底下,咬着牙对她说:"这更有营养,

① 原文为拉丁文。

拿去,快走!”

她抬起头来,向他投射了尖锐的一眼。眼色中惊讶的成分甚于感激。“啊!你原来也是干这行的?”他们没有时间互相解释。她迅速消失在街上的人浪中。玛克心里捉摸:“我是一只重新变成狼的狗。我打开我的田庄,招待天下饿肚子的人……”滑稽的把戏!他下次肯定还要毫不犹豫地这样干。刚才干得好。可是干这个把戏,他觉得不大舒服。

在回住处的路上,玛克遇见了白特。他好玩地对她讲了刚才发生的冒险故事,满以为白特会有赞赏的反应。谁知道白特忘记了她平时常讲的反对资产阶级的浪漫主义言论。她以大食品店主的身份,气得血冲到额头上,怒叫道:“啊!不!啊!不!……这可是太过分了。这是不允许的!……”

玛克当面就讥笑她。白特离开他走了,那神气像一个受了冒犯的皇后。

玛克没有再去食品店站岗。他甚至不必费事去辞职。店里不要他了。人家说不出对他有具体的不满。他的样子已引起人怀疑。一群家犬在他的毛中嗅到深山野林的气味。

他比昨天更进一步地加入饥饿朋友的行列,到处找不到职位。在他衣袋里,再也没有可变卖的东西。而且祸不单行,他早就担心的事果然发生了。一天晚上,他回去时发现住处的门锁着,他被撵出来了。

二月底的一天夜间,北风横扫大街,纷纷的雪花落在铺街的石块上马上融化。玛克蜷缩在他的大衣里,驼着背,设法减少一点风雪的阻力。他低着脑袋,僵挺着身体,精疲力竭,遍身淋湿,他想:“我要倒下去了!”他撞在一个过路的妇女身上。他连瞧都不瞧对方一眼。一只手抓住了他的胳膀。他摇晃了一下身体……

“李维埃!”

那只手不肯放松。他抬起迷迷蒙蒙的眼睛……吕丝……在大街上的闹声和北风怒号声中,他听不清吕丝对他讲什么。她把他拉到一个背风的屋角下。他不知道她问什么,他怎样回答。并不需要说很多话,她就明白了。于是她不再征求他同意,就把他带走。他也不抗议,让她拖着走,一句话不说,一直走到门口……啊,吕丝的家……

"上楼!"

他上了楼。

"进去!"

他进去了……房间的温暖,他的疲乏,加上空着肚子,他脑袋晕眩了。吕丝把他推倒在唯一的安乐椅上。他觉得她在替他解开湿透了的大衣,她把他的两条手臂从袖筒里拉出来。他听见她在说话,可是听不清,好像是和炉子上水壶的沸声混在一起的喃喃低语。她走来走去。他不想了解她的活动……他眼睛闭上了……过了一会,他眼睛张开了一下,看见在他嘴唇上有一只手,在向他嘴里灌热饮料,喝起来挺舒服。一个温和的声音对他说:"喝吧,我的孩子!"……他没有力气看得比这只手更高些。可是这个形象固定在他的脑海中,很久以后,当他回想起这位仁慈的女善人,回忆中看见的并不是她的面孔,而是她的手。在他半醒半睡的状态中,他好像听见这只手在说话……当一杯牛奶灌进他肚子之后,他的脑袋顺着椅子靠背滑下去。最后,他头悬在椅背上,头颈痛苦地歪斜着,但是不能动弹一下。在他身上,外部到处都疼痛,内部却有刚刚喝下去的牛奶的温暖……一双仁慈的手把他的头扶起来,马上又倒下去了。他还有一点点知觉,接着就完全沉浸在睡眠之中。

几小时之后,玛克又浮上了水面,他躺在黑夜里。在房间的天花板上,阴暗中,反映着从街上透进的一线苍白的光亮。他不动,不出声,小心提防着,像一只在森林中醒过来的野兽。他想知道他在什么地方,慢慢用手摸索自己的腿四周。他躺在一块床垫上,脱了衣服,盖着毯子。床垫下面是房间地上的瓷砖。上边,一个胸膛在呼吸。稍后,床单窸窸窣窣地响。接着,吕丝的嗓音在问:"你醒啦?"

于是他一切都想起来了。他想坐起来,可是觉得四肢酸痛。吕丝说:“不,不要动!”

他问:“我在哪儿呀? 你在哪儿呀?”他没有注意自己对吕丝说“你”,没有说“您”。

“不要着急,你在安全的地方。”

他继续翻来覆去地动着身子。他说:“不,我要瞧瞧……”

“你要我开灯吗? 只开一小会儿……”她按了电钮。他看见在他头上,在高处,是吕丝的头。她在眨眼睛。吕丝在她自己的床脚边,给玛克安置了一个地铺。他坐起来了,他的额头刚刚够着另一张床的床沿。他环视四周,只见吕丝躺着,墙、桌子、零碎东西……吕丝已经熄灯了。

“不,先别熄灯!”

“够啦!”

玛克又躺下。但是在他眼中,一切形象都留下了印记。现在,一个接一个地,他明白这些形象的意义。两人不说话,玛克又在摸索。他说:“嗬!”

“怎么啦?”吕丝问。

玛克:“我的衣服?”

“我把它们剥掉了……”

“嗬,吕丝!”

“衣服都湿透了,拧得出水来……战时的生活就像战时的生活。”①

玛克:“真丢人,我到这儿来住医院了,我给你添了累赘,我自己料理自己的事都不会,我成了个女娃娃了……”

“瞧你说的!”上面一个带笑的声音说,“你至少可以不说女娃娃的坏话嘛! 女娃娃有时也蛮好的呀……”

“对,像你似的。可是像你这样的,走遍天下能找到几个?”

---

① 法国成语,意即什么条件,只能过什么生活。

“你只要拐弯进入瓦尔·德·格拉斯街就行了。”

他觉得一只从上面垂下来的长长的手,在他的面部寻找着,抚摸他的额头、眉毛、眼睛,接着淘气地拧他的鼻子。他试图用嘴捉住这只手,像摸鱼似的。他的胳膊还捂在毯子里。她对他说:“我敢肯定你不知道我们故乡的一句俗谚。”

“哪一句?”

“谁要是没有在奥尔良睡过觉,就不知道什么叫女人。”

他动了一下,说:“我求之不得地想知道。”

那只手拍了他一巴掌,缩回去了。她说:“不,朋友!不,朋友!现在不是上课的时间,而是睡觉的时间。熄灭全部灯火!”

“全部?”

“一切燃烧的东西,上面,下面。宵禁。睡吧!”

他沉默了几分钟,接着他叫:“吕丝……”

“我睡着了。”

“只说一句。我看见你桌上有一件发亮的东西,那是什么?”

“没有什么。”

“是手枪吗?”

“对。”她笑着说,“不是打你的,大傻瓜!”

“这个我相信!你对我是信任的,像对你自己一样。”

她自言自语:“这话说得不算过分。”

但是玛克听见吕丝在被窝里笑。他又不安起来:“难道你不信任我吗,吕丝?”

“安静,你!睡觉!信任倒是信任的,朋友,我信任你至多像信任一个男子那样。”

“或者像信任一个女子那样。”

“或者像信任一个女子那样……你知道,你不该抱怨了!我给你的,已经很多了。但是在一般情况下,对付像你这类的野兽,如果我手里有武器,那就更容易信任了。”

"'为了战争!①'了不起的和平主义者!我敢打赌,你从来没有用过这个玩意儿!你连怎样使用都不知道吧?"

"那好,孩子,如果打了赌,那你就算输了。你的赌注是什么?"

"听凭尊便,你愿意赌什么就赌什么。"

"同意。我记录下来。"

"你什么时候用过?打谁?"

"你猜!"

"我认识他吗?"

"你就认识他一个人。"

"谁?"

"那一天,我看见你们在一起,在苏弗洛咖啡店里的一个角落。"

玛克心里一亮:套着三角巾的手臂……

"维隆!"

吕丝笑得喘不过气来,把脸埋在枕头上。

"维隆!维隆?这个大胖维拉②!"

"是的,他有一条原则,一个论点:对付女人,暴力是最适用的。丑态百出,凶相毕露,他居然动手想在我身上证明他的原则灵验。为了对他表示在动武这个问题上我和他意见一致,我把一粒铅球嵌入他的肩头。'谁厉害,我的傻大哥?'你没有看见他惊愕发呆的神气!他大叫大喊……对,可是后来,多么泄气!……"

"他还在那里咒骂你。"玛克笑着说。

他们两人一起笑,像小孩一样。

"现在,睡吧!"吕丝说,用床单擦擦眼睛。

玛克乖乖地听话。两人已经迷迷糊糊地睡着了。玛克忽然从半睡状态中挣扎出来,抬起身子,用热烈和低沉声音轻轻地叫:"吕须……吕丝……"

---

① 原文为拉丁文。

② "维拉"是维隆的谐意,本意是"公猪",是骂维隆的话。

“啊！讨厌死了！”吕丝用睡梦中的声音说，“我受不了啦，我要死了……让我安静点吧！”

但是，玛克的脑袋在吕丝裹着床单的腿上磨来蹭去，他说：“吕须……吕丝……我佩服你……敬仰你……”

“你是白痴！闭上嘴，快睡觉！”吕丝感动地说。

两人一直睡到早晨。

迷失在古老街道上的一道阳光，把它的箭射在玛克闭着的眼睑正眨巴的眼睛上。他听到有人在屏风后面的浴盆中撩水的声音。吕丝想必要跨过玛克，才能下床。她想起来还在那里笑，一边用吸满水的海绵在她长长的大腿上擦。

“吕丝！”

“没有时间！我有事……”

一条赤裸的手臂从屏风上伸过来，向他打招呼。

“你笑什么？”

“笑你。”

“笑吧！你有权利笑我。”

她在屏风后面，不假思索地，把湿淋淋的海绵在自己嘴上一按，然后向玛克一挥，飞了一个吻。

“我是白痴，跟你一样……”

“为什么？”

“……你不许看！”

他不想抗议，也不想动。这美好的一夜，在美好的早晨醒来，这股舒适劲儿……他觉得遍身麻木……可是不行！这样够丢人的……他像芦苇似的一下直起身来：“我起床了……”

“不，不，再等一下，把脸伏在床垫上，我出来了，不许看我……”

那还用说，他看了她。他瞧见了仙女①，从头到脚。她从房间的那

① 希腊神话中居住在山林水泽的女神，其形象是全身赤裸的少女。

一端,把手边的东西向他掷过来:椅垫、毛巾、夜里晾干的裤衩。他被埋在这堆东西中了。她说:“钻进去,憋住气……!”

没有等他钻出来,她已转眼间穿上了衣服。她把空气和光亮还给他。“现在,你去洗脸吧!我去买吃的。”

他一个人在房间里穿上衣服。她回来了,拿着牛奶、面包和几片火腿。他们一边面对面坐着进餐,一边谈话。吕丝用她那像中国女人的眼睛,看床边年轻的脑袋夜里磨蹭她大腿的地方。现在,两人间的距离又拉远了……小白痴!……他俩互相会心地微笑。无须说明,两人心里都在想:“这样的一夜不可再得……”

“这么说,你干什么行业都不怕?”吕丝问。

“所有的行业都是愚蠢的,”玛克说,“可是我们也是愚蠢的,我们没有权利苛求刁难。”

“你能这样,我很高兴。你太骄傲,不能不相信到了饥不择食的时候,只好什么都接受。你不挑剔了。”

“我不再这样了。”

“是呀,半年以来,你变了。大嘴①对你更合适。”

“你的嘴也不小。”

“什么样的嘴,什么样的根。我们两个人都是用好木料做的,可以造箭的木料……”

“这支箭瞄准什么呢?”

“是呀,去年我很担心,你的箭靶子不超过腰带以下。”

“你叫我脸红……难道你的眼睛到处都看得见?你怎样知道的?”

“你那时的神气好像被胶粘住的小鸟。”

“我已经解脱出来了。”

“你能这样,不简单。从那天起,我才瞧得起你。”

“当时你为什么不对我说?”

① 法国成语,“做小嘴”,意即“嫌弃”、“蔑视”、“挑剔”;“大嘴”之意与此相反。

“有什么用呢?”

“这是会有帮助的。在那些日子里,我自己瞧不起自己。”

“在半年前,你不会把这当一回事的。”

“你知道,今天这可当一回事了。”

“可怜的小家伙!瞧他穷到这种程度了!”

“别跟我说这话。现在我正在开始滚我的线团!”①

“那么,毫无疑问,我是你线团上的第一根别针了?……祝你成为百万富翁!眼下,你愿不愿意接受在一家学生餐厅当服务员,仅仅为了度过你没有找到别的工作的时期?”

玛克咽了一口唾沫,鼓起勇气说:“行,如果你有时到这家餐厅用餐。”

“为什么?”

“如果我能伺候你,这对我将是一种帮助。”

“别人会帮助你的。”

吕丝把玛克介绍给她认识的那个餐厅女经理。玛克当天就上工了。吕丝用她的眼色和建议帮助他工作。更好的是,等用餐的大批学生走了之后,她让玛克坐在桌子的一端,由她来伺候他。这以后,一切都好办了。至于他的住处,她借了一点钱给他,在本区的一家小旅馆中租了一间房。

看起来好像两人嗣后该常常见面了。事实远非如此。一起头,玛克有两三次晚上去敲吕丝的门。那几次,她都不在家。或者,也许她在家,蹲在屋角落,衔着烟卷,两手捏着自己的脚?这奇特的姑娘有她自己的生活,她不告诉任何人。那天夜里,同情心的冲动使她接近了玛克,这并不给后者打开任何接触她的特权。甚至正相反,吕丝可能会本能地这样说:“啊哈,他拉开了大门栓?我们赶快锁上房门吧!”

在吕丝眼中,没有任何比独立更高的乐趣。了不起的独立!……

① “滚线团”是一句成语,意为积累财富。

她就那样过她的独立生活！她一边捏着脚趾，一边嘲笑自己："糊涂虫！……就算糊涂虫也罢！我是糊涂虫，我愿意这样。我的这些脚趾头是属于我的。我的生命是属于我的。整个的我，从头到脚，在我手中，任何人都不能占有我……且慢，我的小丫头！你将笑个够……哎！人们将要笑……我们打赌！我打赌……"

这是吕丝的玩意儿之一种，自己和自己打赌。她肯定打赢，尤其是可以作弊，用不着客气！

玛克本来可以理解吕丝的自卫本能："我保卫我自己，你保卫你自己！"但是他忙于弄清楚他自己的秘密，对吕丝的秘密他无暇顾及。他的男人成见认为女孩子的秘密无非是"猫儿撒尿！"[①]他喜欢猫。但是，猫总是猫，人总是人。

吕丝不让玛克知道。她在打听他的近况。直到他好像基本上已经能自己混下去了，于是她不再注意他的事。只有一次，她出其不意地到玛克住的旅馆房间里，那时将近半夜十二点了。玛克见她这样满处乱跑，表示惊异。她的眼睛恰好发出一种猫眼似的闪光。她很愉快，亲切，但是很奇特，像在树林中无声地飞来飞去，或远或近的夜鸟的眼睛。人们很难说，过一阵这鸟儿会在何处……将近凌晨一时，这只猫头鹰飞走了，玛克没有设法挽留她。这之后，又是几个月大家不见面。

正在这时，四月初上，另外一只鸟，跟着一群候鸟一同飞回来。安乃德，从多瑙河畔的沼泽地区逃回来了。

---

① 成语，意为淡而无味，不足为奇。

第二部

安乃德在莽林中

她差一点陷在那里的泥沼中。

安乃德被人从巴黎运走，好像一件用软垫仔细包装的行李。她松了一口气，至少在一个时期内，她可以什么都不管了。但这个时期不会太长。她不习惯于双手闲着，什么事也不干。这次奢侈的旅行(卧车、高级大旅社、汽车等等)，游逛了意大利北部和维内多，给她留下的印象是：怀着冷淡和厌烦的心情，穿行了这些从童年时代以来就认识和喜欢的美丽地方。她起先很惊异，后来明白了，原来是豪华的条件把她孤立起来，使她脱离和大地的接触。她只能在极少的时刻重新找到这种接触的机会，那就是当她独自一人逃出去，在小街上和田野间跑一跑的时候。她回来重新踏上旅社中厚厚的地毯时，她的脚趾有时还在微颤。她的脚渴望赤裸裸地和地面亲吻，可是平凡的羊毛固执地包住建筑物的木头和石头。而且她的随从者也不让她有多少空闲。三只小鹦鹉昼夜不停的无聊饶舌，充塞了她的脑袋。

到了布加勒斯特，先遇到的是大鸟笼(植物园①)中震耳欲聋的嘈杂和喧闹。一个人口数不清的大家庭，亲戚、朋友，整个“氏族”会面了。一连几天几夜，这些人没完没了地欢笑、亲吻，大喊大叫。房门都

① 创建于十八世纪的巴黎“植物园”，也畜养一些动物；当初是巴黎唯一的动物园，而名称始终未改，仍按照传统叫“植物园”。

敞开着,一切都露在外面。所有的秘密都瞧得见。满篮满筐的密谋、奸计、调情和挑逗,以及比这更多的花样,在众目睽睽之下,在每间房里,在走廊上,到处泛滥。男女之间很少有谈话不是围绕着点燃的灯笼转,向烧红的灯火冲撞。安乃德自以为她的任务在于照管她的女学生。在这种炽热的空气中,够她忙的。她自己也不保险,有人追她。她发觉之后,感到厌烦,但是恐怕也不是没有带一点讽刺意味的满意之感,(嗨,嗨!四十三岁的人了!……)不管她岁数多大,她那巴黎女子资格仍引起注意和追求。费迪南·波谛勒斯库在旅途中笨拙地向她献殷勤,使她很头痛。现在又开始搅扰她。

话虽如此,只要待在城市里,风险还不是很大。在城里,狩猎场上不缺少猎物,南洛德[1]们不至于没事可干。费迪南在城市中有别的女人可以接触,更别说他还要忙于政治和企业活动,忙于追求名利。

可是两个月之后,大家到波谛勒斯库的一处庄园中去住。孤立的平坦的田野,夹在池沼和树林之间,在瓦拉克大平原上,既有灼热的日光,又有严寒的冰冻。那时正是秋天。浓雾在沼泽地上摇曳,沼泽中水禽在咕咕地叫。沉重的汽车在低洼的大路上陷入泥潭,猛烈地颠簸着五个女性和她们的主人老爷,并且溅了他们一身泥水。可是只有安乃德一人腰酸背痛,呻吟不已。她佩服罗马尼亚人的臀部,它们经得起颠簸,它们是用青铜铸造的,正如这几位小姐的嗓子一样,可以一刻不停地说话。

破旧的巨大住宅,一半像封建邸第,一半像农庄,建立在地基隆起的部分。低矮的屋宇,勉强俯瞰单调的平原。这所宅子是一部分一部分地陆续修建的,没有一层楼和另一层楼处在同一条水平线上。弯弯曲曲的楼道在每一个拐角上上下下,石头楼梯使用太久而磨损了,杌陧不稳。在战争年月里,房屋空着没有人住,被大自然占领了。野葡萄藤,在秋天阳光下鲜红如血;嵌在墙面上的常春藤,通过墙洞和窗上

① 传说中的古代国王,著名猎手。

的朽木爬进屋子,引来了蠼螋和蚂蚁的入侵。因为主人一家要来住,在到来前的几天才草率地扫除一遍,并没有十分干扰定居在微暗中和窗帘上的黑蜘蛛。壁虎在过道墙上爬行或者酣睡。在屋子的最下一层,有时可以听到蛇吹笛子。这几位小姑娘和她们的母亲不注意这些现象。习惯于西方奢华生活的她们,坐在这儿布满尘埃乱七八糟的沙发椅和弹簧凳上,照样觉得很舒服。安乃德不好意思表示她的反感,她竭力从好玩的角度来对待她的历险。头天晚上,她赶快吹灭蜡烛,烧成炭的烛蕊,发出一股油腻的臭味。她没有仔细察看各个角落就躺下来,腰酸得像折断了一样。老旧的木床很硬,躺上去格格作响。床边粗劣地画着浪漫派场景:爱情、战争……在这张床上,可以舒舒服服地睡四个人。既然没有别人来睡,一些同样可厌的住客,就来到床上。安乃德睡着不久,就被在她身上窜动的、热辣辣的感觉惊醒。她只好躲开这个历史纪念碑式的大床和床上饥饿的居民,到椅子上去坐了一夜。简直是从卡里勃德到西拉①。她打开窗子,大群蚊子——长翅膀的暴徒——纷纷涌入。可以听到池塘中的蛙鸣。天刚破晓,远处修道院里传来有裂缝的钟的嘶哑声音。

以后几天夜里,人们等待着从布加勒斯特送来新的卧具。安乃德把床垫放在瓷砖地上睡,谁见了也不觉得意外。姑娘们曾经请安乃德到她们床上去睡,那倒是真的。她们睡在隔壁的大房间里,睡得很深沉,张着嘴,轻轻地,均匀地打着呼噜,膝盖蜷缩在蹬乱的床单下面,光着大腿,不怕蚊子叮。第二天,她们笑安乃德面颊、额角和鼻子都让蚊子叮肿了。脚腕子也肿了。她自己也一边笑,一边像地狱中的亡魂般拼命搔痒:外国人必须先纳税。等到这些小虫豸收够了税款,缴税人才有抗毒性。不幸的事往往有它有利的一面,也许在游手好闲的主人面前,安乃德显得丑些反而少惹麻烦。但是她如果以为对方为了这点

① 卡里勃德,意大利南端海峡上的旋风。航海者为了躲避这可怕的旋风,船只常撞在附近的礁石上,以致遇难。成语"从卡里勃德到西拉",意为"躲开第一难,躲不开第二难"。

小瑕疵就不打她的主意,那是妄想。他不停地在她身前身后转悠,总是起劲地巴结她,伺候她,对她表示过分的殷勤,使她厌烦。他矫揉造作地把她当作请来的一位上宾看待。但是当他沉重的眼皮向上翻起的时候,她可以看出他那令人不放心的眼色(很快,他就把眼皮放下来了)。在某些时候,如果安乃德和此人单独在一起,是不会有好事的。那时,他平时对她的尊重将不起多大作用,他将像对付一匹牝马一般对付她。他就是这样对待佃户人家的姑娘们的,当他出其不意地发现她们在牛棚里挤奶,或者在池塘边踩着泥水捆扎刚刚砍倒的芦苇。事后,她们一边整理衣裙,一边咯咯地叫,又生气又满意,像母鸡似的。这位老爷的夫人和女儿们好像都知道这种情况,但她们不把这当成什么了不起的事,也许她们在内心深处还为有这样一位苏丹而觉得骄傲。在农民的孩子中,不止一个长得像老爷。这畜生老觉得肚子饿。厚味的,不易消化的餐食,几乎是以肉类作为唯一食品(安乃德觉得恶心),浓烈的酒和杜衣卡(李子做的烧酒)填不满他胃中的空隙。旷野的空气和终日的闲散,在他的胃中挖了这种洞孔。波谛勒斯库夫人终日懒洋洋地打瞌睡,把家中的麻烦事务全部推给安乃德去处理。费迪南用长距离的步行、骑马、打猎来消耗他的精力。有时把全家都带去,骑马或者坐汽车。安乃德小心提防。有一天她和姑娘们一起散步,在沼泽地的丛林中采花,她发现只剩下了她一个人,女孩子们把她抛下了,回答安乃德呼唤的,是那只雄鹅的声音。她从相反的方向回到宅第之后,天真的少女们扑在她怀中,搂着她的脖子,叫着说她们到处找她。面对这些,她几乎埋怨自己不该有不健康的猜疑。可是,被驱除的疑虑留在门口不肯离去,像一只狗似的,盘身睡在擦脚的垫子上。这几个会假装亲热的小女子,偷偷地互递眼色,被安乃德发现了,使她提高警惕,只敢闭一只眼睛睡觉。一个法国女人的好奇心,使她探索什么动机会在那三个天真而复杂的小灵魂上起作用。她分析出来了,可能比她们自己更清楚。她也许曾经引起她们私下里的怨愤,因为在布加勒斯特时,她有一次强制她们不许和男友调情。尤其是最大的姑娘,也就是最多和最温柔地抱吻安乃德的那个女孩,在她的长了汗毛的厚嘴唇的亲热微笑里,给安乃德保留着磨得最锐利的狐狸门牙。她们是不是在说谎?不,如果说谎意味着说违心之言,她们想的和她们说的一样,也和反面一样,她们是既真诚而又狡猾的。她们喜欢安乃德,又好玩地想看她落入爸爸的罗网。最小的姑娘不知道这是调皮捣蛋,对她来说,这只不过是闹着玩儿。即使老二更懂事些,也只是想看看上了当的安乃德生气的样子。可是老大,斯岱法妮卡,却知道她在干什么。她喜欢安乃德,可是她在安乃德身上进行报复可以得到双重的乐趣,让安乃德落入父亲的怀抱中,而这个父亲的所作所为能启发她去想不应当想的某些情感。她把这种情感给自己保留着,她并不明确承认她要的把戏,却在事先津津有味地舔嘴唇。安乃德已经有两三次窥见这种影子,她不愿意相信这是真的。可是她提防着。

一天夜间,正要上床睡觉的时刻,安乃德发现房门钥匙没有插在锁孔里。一刻钟以前,她明明看见钥匙还在那里,那时三个女孩子都在她房中。她们向安乃德道晚安,把她吻得喘不过气来。安乃德没有什么可怀疑的了。于是这只母狼的毛倒竖起来。她心里还在想:“我真蠢。安乃德,我的女儿,你别幻想太多。你太神经质了。钥匙不见了,就算是她们拿去了,那不过想和你开个玩笑。不去管它就是。”她又上床,但是三分钟之后,她从床上跳下来。她听见睡在邻室的两个较大的姑娘在捂着嘴笑。她光着脚,穿着睡衣,到她们那里去。她一进去,蜡烛立刻吹灭了。她重新点上灯。两姐妹假装睡着了。当安乃德生气地叫她们,把她们摇醒时,她们假装刚刚醒来,瞪着天真的大眼睛,对天发誓,说她们不知道安乃德要她们干什么,她们什么也不知道。安乃德不浪费时间和她们争辩。她冷冷地对斯岱法妮卡说:“你下床!我在这儿睡,你到我床上睡去。”

这个女孩子吓了一跳,叫道:“不,不,不,不!”样子很害怕。

安乃德瞪着对方的眼睛看了一会,不坚持了。她上床睡在斯岱法妮卡身旁,合盖一条被单。房间重新沉入黑暗中。大家默不作声。一小时以后,楼道上松动的瓷砖在人的脚步下响起来。邻室的房门打开了。有人走进安乃德刚出来的房间。安乃德撑着双肘抬起身来听着。装睡的斯岱法妮卡也在听。她急促的呼吸暴露出她在假睡。在墙那边,那个兴奋的人(他几乎每天晚上都喝得半醉)扑了个空,气得要命。掀动被单呜噜呜噜地吼叫。安乃德也生气了,使劲抓住斯岱法妮卡的双肩,低声逼她讲出实话,冲着对方的脸,用罗马尼亚语辱骂她(在一切语言中,除吃饭时所需要的话外,骂人的话是人们最先学会的)。惊慌的斯岱法妮卡继续固执地否认,直到在争辩时藏在枕下的钥匙碰落在地上。那位上了当的多情人离开邻室,气得使劲摔上门,踏着水牛一样沉重的步子,走远了。两个少女既羞愧又激动,惊慌万状(她们刚刚明白过来,悔恨她们出卖了安乃德)。她们跪在地上,眼泪汪汪,吻着安乃德被她们的眼泪打湿的手,求她饶恕。她们是真诚的。斯岱法妮卡大声表示痛悔,用拳头敲击自己结实的胸膛,敲得咚咚地响。她要睡在安乃德脚边度过剩下的黑夜。两姐妹又睡着了,抽抽噎噎地好像挨了打的孩子。不能怨恨她们,至于信任她们,那就更不能了。

第二天,安乃德要走。可是那几个女孩子恳求她留下,又喊又叫,又表示不可抑制的热情。至于费迪南,样子很尴尬,一字不提昨夜的事,站得远远地,毕恭毕敬,从表面上看,似乎有悔改之意。安乃德同意推迟她离去的决定,况且严重的物质困难也不允许她立即执行这个决定。每当她要求结账,他们总找出拖延的理由,不付给她工资。此外,隆冬封锁了这所孤立的宅第,在这个季节旅行是困难的,不能说走就走。

安乃德决定等到来春。自从发生了一次警报,似乎大家的精神状况比较安稳了,出现了一个时期的昏睡式的平静。铺开在田野上的白雪,给人们心中铺了一层软绵绵的羽绒,在月光下,冰冻的水塘发出钻石的光芒。主人家的人坐了挂小铃铛的雪橇,太阳穴上的皮肤被北风吹得发红,耳朵藏在皮帽底下十分暖和,穿着轻裘的身体感到幸福,血液流畅,使身体恢复青春,奶头觉得发热。芦苇顶的茅屋的肮脏,沼泽地的臭气都盖上了洁白无瑕的长袍和大幅的白布。安乃德多少有意地试图让她的三只小鸟关心农民的疾苦,关心衣衫褴褛生活艰难的穷人。这些穷人有端正的面容,好听的歌声。他们在节日穿戴原始然而光彩夺目的饰物,古老的风俗和他们的通情达理,都引起安乃德的好感。她试着和他们交谈,使他们的顾虑得到缓和。她乐意看到锁在图拉真①立柱周围的达西人,他们强悍的目光,露出嘲笑的光芒,在讽刺和批判,正和安乃德故乡勃艮第的那些哥拉·布勒尼翁②一样。有时候,人们听到雷鸣。这是在远处。一句话,一个姿态,一个高亢的嗓音。几世纪以来,积累起来的对主人的反抗……主人是知道的。但是这种情况已经继续了几个世纪(有时突然爆发)。在主人眼中,这似乎是自然规律。最强者(就是他)利用这条规律为自己谋利。"你两腿一夹,控制住你骑的马。如果马尥蹶子,你就拉紧嚼铁,撕裂它的嘴!……"安乃德观察到这种无声的决斗,而且(对于认识其为人的人,这是不在话下的),她把希望寄托在马身上。什么时候马能够把夹在它身上的夹子从背上抛下来?……她不后悔留在这个地区。能够重新接触原始力量,这是好事。这块古老的土地,被冬天的北风扫荡着。阵阵狂飙,把马克·奥雷尔③战役,和潜伏在赛特④心中的未来的战役,卷成夹雪的旋风,冲向天空。

可是,安乃德在这严寒的气候和旷阔的大气中奔跑,不觉恢复了体力,焕发了容光。如果她明智,最好不过多地露出不知检点的高兴。她不知道这种兴高采烈正是引诱凶猛大鱼来吞食她的钓饵。安乃德正处于中年期生命旺盛的季节,身体健康,生气勃勃,精神也宁静。当前,她知道玛克在西尔薇的卵翼下。她兴致勃勃地参加民间节庆。波

① 图拉真(53—117),罗马皇帝,一〇一至一〇六年出兵达西亚(今罗马尼亚部分地区),在那里建立一支立柱,以资纪念。

② 《哥拉·布勒尼翁》是罗曼·罗兰的一部中篇小说。罗曼·罗兰自己也是勃艮第人,这部小说以拉伯雷《巨人传》的风格,写作者故乡勃艮第农民的健康乐观主义。

③ 罗马皇帝,曾经征服过今天罗马尼亚这块土地。

④ 赛特是曾经居住在今日罗马尼亚的古代民族。

谛勒斯库的姑娘们给她穿上笨重、绚丽的农民服装,她们自己也穿上这种衣服(主人与仆役们之间的粗暴关系,并不排斥互相亲近)。可是,在身穿节日盛装的妇女互相比较之下,并不利于那几个小主人。安乃德同乡村中的佼佼者,同那些雄赳赳的公鸡们跳舞,却没有注意到那三只小母猫皱着眉头的脸上妒嫉的怒火,更没有注意老板的眼睛在闪闪发光,直到他把安乃德从一个乡村跳舞者手上抢过来,抱着她就跳。于是安乃德说她疲乏了,跳完那一场就退出会场。接下来几天,她恢复了小心谨慎的态度。这一次警报好像没有下文。大家重新昏昏欲睡。

到了三月底,冻僵了的大地脉搏开始苏醒。一股潜伏的热气,在厚厚的积雪底下流动,积雪上出现了皱纹。池塘上的冰块,边缘渐渐融化。夜里,人们听到一群群鸣叫的候鸟飞过寂静的天空。四旬斋期[①]已经结束。在地主的宅第里,一个节日又一个节日,人们互相邀请。三个女孩子和她们的母亲,被附近一家地主请去晚餐和参加舞会。她们的父亲已经几天没有在家,据说是去布加勒斯特了。安乃德没有和她的学生同去。她感到肩头微微打着寒噤,脑袋沉重,开始感冒了。她不得不在家里待着。黄昏过了,黑夜来临。安乃德躺在房间里,图省事,没有点灯。她听见楼下第一层的一间大厅里,一架生锈的老旧时钟嘀嗒嘀嗒地响,像瘸子走路。在夜幕低垂的原野上,一辆大车的轮轴由于没有上油,嘎嘎地叫。安乃德蒙眬地睡着了。一声上锁的声音把她惊醒。她没有去设法搞清楚那是怎么回事。她身上感到一阵不舒服,好像发肿的牙床在嗡嗡地低鸣。她先以为这是感冒的关系。稍后,牙床开始刺痛,敏感的一点终于确定了。但是危险不在内部,而是来自外部。她想起,曾经出乎意料地看见斯岱法妮卡在打电话,急急忙忙地不知说些什么。现在她开始明白这个电话的隐蔽意义。斯岱法妮卡的慌张和故弄玄虚的神情历历如在目前,她想到她是

① 基督教的节日。

独自一人在宅第里,此外就是一帮驯顺,卑躬屈节,什么活都干,像聋哑人一般的仆役,她不禁心里一惊,回想起刚才把她惊醒的上锁的声音。她起床,走到门边,发现房门是从外边反锁着的。就在这时,她听见一辆汽车嘟嘟地开进来的声音。一切都明白了。主人像小偷一般悄悄溜回宅第。她插上门里边的门闩。因为她一直不放心,门闩是新近叫人装上的。她知道那人就要来了。

那人来了。他推门,推不开。安乃德站在门后边,一声不吭,气愤得像一只落入捕鼠笼中的老鼠,她在估计门的抵抗力,断定它抵抗不了多长时间。她拖延时间,用冷冷的声音,短促的语句,回答正在讲条件的那个人。同时,她绕着房间走圈子,好像老鼠在找一条可以逃脱的隙缝,除了窗子,没有别的出口。她打开窗子。这间在二楼上的房间正好在屋宇的一个拐角,一直到鼹鼠窝尽头,有圆形阳台的窗子正对着斜坡。安乃德俯身到铁栏杆外边,测算距离。她考虑了一下,然后用手摸一摸像蟒蛇一样盘曲在铁栏杆上的脱叶老紫藤花的树身。她回到房中,穿好衣服,穿上农妇们穿的毡靴,戴上厚手套;接着又脱下手套,为的是能让手抓得更紧。一举手之间,她把放在家具上的主要的东西都收拾起来。在这样匆促的时刻,她还服从女性的本能,在镜子里照了一下,然后把暖暖的黑紫羔皮帽一直盖到耳朵上。她在镜中看见自己生气的嘴简短地说着"是"或"不",鄙夷地回答那个等得不耐烦的用力推门、摇门的畜牲。最后,她下定决心,走到窗口,又回头来环视一眼室内。她看见她床头枕边的墙上挂着一张玛克的照片,于是回身取下来,揣入怀中。然后她跨过阳台上的栏杆,抓住紫藤花满是枝节的树身,顺势滑下去。滑得很猛,有时被钩住,冒着划破肚皮或被重重打在脸上的尖树枝挑出眼珠子的风险,突然,她觉得一只手臂痛得非常厉害,以致撒了手。幸亏那时她已滑下了三分之二以上的距离,再加上积雪抵消了一部分坠落下来的冲力,便顺着斜坡往下滚,一直滚到高坡下面。在宅第的巨人阴影下,月亮正在屋后降落。她的长袍撕破了,手和大腿刮伤了,可是身上零件一样也没有丢失。喘了一口气之后,她决定加快步伐,穿行田野,以便利用最后一点月光寻觅方向,可是月亮很快就消失了,眼前一片漆黑。一方面,黑暗可以使她不让追赶者发现,有利于她的逃跑;另一方面,也会使她迷失方向,妨碍她逃跑。她要朝布加勒斯特的方向走,在那里,法国领事馆可以送她回法国。但她不熟悉本地区的地形,不透明的黑夜使她不能辨认任何标志。她走着,走着,好像一只寻找足迹的狗,鼻子贴近地面。从地上放射出来的一点荧光给她带路,也使她迷路。她掉进了雪坑,在沼泽里蹬踏,陷入泥浆中。她自己爬出雪坑,全身冰冷,遍体发烧。她走了一整夜,被青蛙[①]没完没了的合唱弄昏了头脑,没有发现她在围绕着一个大池塘兜圈子。在破晓的微光下,她走上一条穿过沼泽地的大路。在距离不远的地方,她刚刚逃出来的那所可诅咒的宅第,超出芦苇的高度,露出它的侧影。她疲惫不堪地继续向前跑,途中遇见一个幼小的农民,脸上黑乎乎地沾着一层干硬的污泥,在那里割芦苇。他对着她上上下下打量了一阵,不回答她的问话,扔下一捆苇子,飞快地跑了。安乃德想,有人在追寻她,这孩子去报信了。她想找一条岔路,以便逃脱,可是没有岔路。没有尽头的大道一直向前,像一条堤,夹在沼泽地中间,没有一处弯曲的地方她可以隐身。她白费气力地加快步伐,她看见一辆汽车疾驶而来,告诉她追赶者已在眼前。车上的人也看见了她。三分钟之后,他就追上她了。她毫不犹豫,纵身跃入沼泽。沼泽上的冰层裂开,她沉入冰冷的发黏的污泥中。她赶快抓住柳树根。她已听见从路上传来的费迪南嘶哑的声音。他又急又生气,催促安乃德快上来。她靠着满是污泥的树干,探出身来,喊道:"不!"她固执地钻入芦苇丛中,在他面前消失了。从大路上,只看见被追逐的母狼走过的地方芦苇和蒲草在抖动。面对这种疯狂的固执,追捕者充血的脸上冒出怒火。他大叫大喊,说如果她不立即上来,他要开枪了。

---

① 原文如此(上文已经提到过一次蛙声)。按照常识,在地面积雪未消,池塘冰封未解的寒冷季节,不可能有青蛙出来活动,尤其谈不到蛙声合唱,彻夜不止。这只能说是文学的想象。

他要朝估计的地方开枪,和打野兽一样。她大声喊:“你杀吧!”她也被怒火冲昏了头脑。她气得发狂了。她连胸部都陷入烂泥中。平扁而腐臭的水藻,又黑又粘,像水蛭一样,缠在她的皮肤上。在浑浊的天空,一只鹰在叫。安乃德想:“我宁愿喂沼泽里的老鼠和蟑螂,也不落在你手中!”

可是在那边,那个人害怕了。他改换了口气,恳求她。他用他的荣誉(她才瞧不起他的荣誉呢!)向她发誓,他要尊敬她,为她服务。他可以预先接受她的条件。她不信,她是一只被开水烫过一次的猫[①]。她固执地闭上嘴,为了不回答他,也为了不让她在挣扎时臭泥水进入口中。如果不是胶泥粘住了她的身体,瘫痪了她的动作,她是决不投降的。为了挣脱缠在身上的水藻,她几乎被勒死。波谛勒斯库也进入丛林,为了救她,他自己也有陷入泥沼的危险,在稀泥里翻腾了半天,他总算从胁下拉住了她,把她从污泥的套子里拔出来,拉到岸边。从脚跟到额头,安乃德遍身都是黑色的烂泥。可是她保持着她无畏的精神。她向他挑战。他没有接受挑战的意思。他很佩服她。很礼貌地对她说,他很后悔逼她这样逃出来。他恳求她原谅。请她回宅第去。他把话说得很谦卑,同时又很夸张,像演讲似的,然而是有诚意的。这使安乃德由于怨愤和涂了一层龟裂的烂泥而显得严峻的面孔出现了笑容。她说:“好吧! 用海绵擦一擦![②] 我们两人都有需要……至于回去,不! 不必再提。我要走了。”

他摆出一副失望的面孔,可是他的抗议只是形式而已。安乃德一定要走,并不使他惊讶。他已经有充分的思想准备,所以他把安乃德的衣箱都放在汽车上带来了,把她留在房间里的一些衣物也都捡了来。他建议把她送到附近的国际列车停车站去。只不过,他以一副那种犯了错误的老中学生的可怜相,要求安乃德保全他的面子,由她写

① 法国成语,意即被开水烫过一次的猫,见了凉水也害怕。

② 成语,意即过去的事不提了,一笔勾销。在这里语意双关,既指需要洗刷她自己身上的污泥,也指费迪南所做的一切错事。

一封信给波谛勒斯库的宅第,解释她匆忙动身的理由是由于接到了她儿子的紧急消息,让她立即回巴黎去。安乃德同意了,于是她上了汽车。

汽车到了第一个村子,停在一家不太脏的茅屋门口,让安乃德能够洗身子,换衣服。人们用一口大锅烧水。安乃德里里外外洗刷了一遍。费迪南把这家的一群孩子和大人都赶出去,他自己守在门口,背朝里,样子既羞怯又凶狠。安乃德在屋里脱光衣服,冷得牙齿打战,皮肤擦得发红。忽然,她笑得前俯后仰。原来她想起圣西蒙《回忆录》中说到一位公爵,手持宝剑在教堂门口放哨。在教堂里面,他心中敬爱的夫人正在解手。安乃德由于感冒和沼泽中受了致命的寒冷,内脏绞痛。作为一个勃艮第女子,在勇敢的骑士[①]保护下,她也不怕在一个小院里解决同样的急事。嗅到臭味的人去倒霉吧!即使是克莱奥巴特[②]也要泻肚……

他们回到汽车上。最近的火车站也很远。他们通过由于化冻而松软的路面,好不容易到车站时,才知道严重的铁道事故中断了东方特别快车。要过几天才能够恢复。铁道线出了喀尔巴特山脉就被洪水冲断。波谛勒斯库建议将安乃德送到布加勒斯特一家旅馆中等待交通恢复。可是她坚决拒绝。她归心似箭,虽说为了谨慎起见,她最好先住在房间里养好她的感冒,但是她四肢发烧的感觉和被追捕时的激动,使她心急如焚,恨不得立刻离开这个国家。她有一种阴暗的顾虑,怕死在这里。当她在沼泽中挣扎时,没有想到害怕。可是现在,恐惧心产生了。泥浆一直淹到她的下巴。(一连几夜,她做梦也闻到恶臭,她在手指上闻到这种臭气。)她一想起这种泥浆会填满她的嘴,就遍身发抖,窒息难受。她要求波谛勒斯库送她到康斯坦斯港。从那里,她登上第一艘开航的船。那是一艘意大利船,它绕一个大弯之后,回到勃兰底齐。可是安乃德充耳不闻波谛勒斯库的央告。她蜷缩在

① 此地指费迪南·波谛勒斯库。
② 迦太基皇后,以美貌著称。

船舱里不出去,极度的疲乏使她不能起床。她独自一人伴着高烧。航程中的景物她什么也没有看见。她只有一个思想:死活要回法国。

*　　*　　*

安乃德回到巴黎。她比她的电报早到。她曾拍电报通知玛克,说她要回来了。可是这封电报在某处的传达室里搁了浅。玛克搬了几次家。安乃德在她动身以前,没有收到玛克报告他新住址的信。安乃德找玛克的住址相当困难。她去问西尔薇。西尔薇也不知道。安乃德对她妹妹漠不关心的态度表示不满。西尔薇比较知道玛克的近况,不过她说她不是给人看孩子的保姆。她自己有别的伤脑筋的事!安乃德态度生硬地和西尔薇告别之后,心想西尔薇明显地变了模样:脸上浮肿,充血的眼睛下边有了肿囊,体态笨重。安乃德责怪自己只顾着急,连西尔薇身体如何都没有问。西尔薇也觉得她自己不是没有可责备的。

还是圣吕斯把玛克的踪迹告诉了安乃德。可是,作为玛克的好友,他没有对安乃德说她儿子那阵子在一个夜总会里当一名穿制服的小差役。圣吕斯知道玛克的自尊心。他通知了玛克。安乃德在她的旅馆房间等待她儿子,一夜没有睡。天刚亮,他来敲门了。他急于要见母亲,母亲也急于要见他。但两人见面时没有一点热情流露。乍一接触,他们觉得相互间是冷冰冰的。他们已经不是当初分手时的他们。双方各自遭受了一些挫折。他们的反应是不相同的,而且两人都熬了一夜,有点神经紧张。安乃德掩饰不住她等得不耐烦的情绪,同时怀疑玛克为什么彻夜不眠。玛克觉察出母亲的心情,因此也不痛快。她在他不得志的时候突然回来,也使他生气。圣吕斯是否已经透露了他的屈辱处境,他没有把握。他用冷冷的而不是热情的语气问安乃德,为什么她夜里没有睡。她温和地回答,其实她的本意并不想这样温和:“那么你呢,我的孩子?”如果他愿意,他只要回答他没有睡觉并不是为了去玩乐就行了。但是他骄傲,不愿意解释,而且她好像是在要求他汇报他的生活,他不允许任何人提出这种要求,不屑回答安乃德的问题。安乃德仔细端详玛克,发现他气色憔悴,面容困乏,有了未老先衰的皱纹。这是他身上的新现象。他鼻子两边的皱纹是疲乏和厌倦的标志。安乃德猜疑玛克正过着乱糟糟的生活,他的精神因而受到损伤,于是她心头为之一紧。玛克让母亲爱怎么猜想就怎么猜想他,他对她观察的结果也并不令他更满意。她看起来好像十分健康,营养过分丰富,气色鲜艳,在她眼神和动作中,无意间流露出对于生活的乐趣。谁能相信她是从罗马尼亚沼泽地里回来的,而且还患过一场感冒。她面颊上的血色是骗人的。那是她新近一次热血上冲的余痕。但是,总而言之,不骗人的是:她虽然经历了那些意外的麻烦,生活却非常愉快,确实没有使她难受的事。说实在,这是真心,她年事渐高,对于这样一些事愈发生兴趣:支离破碎的事,出乎意料的事,甚至灾祸本身,以及对前途的茫然无把握,加上津津有味的餐食。比起她年轻时代平淡乏味的家常便饭,和一八九〇至一九〇〇年法国资产阶级的生活,她目前的餐食出奇地引起她的食欲!安乃德的胃口极佳,比玛克强得多,这她看得很清楚。怎么办呢?她不能为了讨他喜欢而假装患消化不良症或黄萎病……玛克很瘦,满腹牢骚,义愤填膺,怒视社会,而却不得不接近并且伺候那些愚蠢的寻欢作乐者和他们的虚弱的丑态。当他从那些浪子荡妇的垃圾堆中回来,他连用自己的劳动挣来的面包都难于下咽。这面包上有娼妓们的汗水气味!他恨不得拿一个炸药管,塞在这个世界的屁眼里。自从接触了他最近结识的工人,和他一同受屈辱和劳役的难友们以来,他满腹义愤的神经不安症,更加激化了。

工人之一对玛克产生了某种程度的影响,在玛克这样一个性格多疑的青年身上所能产生的最大程度的影响。欧仁·马松,脾气和玛克差不多。他们是在夜里的地道车上认识的。下班后两人一起回来,将近凌晨两三点的时候,步行穿过整个巴黎。马松在一家报社当排字工人。他把玛克介绍到报社去。因为玛克被夜总会撵出来了。在那里，玛克对于这种环境的尖锐鄙视，终于暴露出来：他和一个顾客扭打。那家报纸是极端沙文主义的，在营业上是帝国主义立场。报纸攻击的正是玛克和马松的全部意见。但是，出了印刷厂，报社经理就不管排字工人有什么思想。在经理眼中，这些工人也是人，他们有他们的思想，这些都不足为奇。干你的活！经理照规定付给工资，这是玛克和马松能向经理提出的全部要求。造反运动还丝毫没有成熟。更不用说实行甘地式的"不合作主义"。在巴黎谁曾经谈起这些？谁曾经向自我牺牲的英雄主义发出号召，拒绝违反良心的劳动换来的面包？然而在巴黎的平民大众之中存在着他们自己所料想不到的大量可以调动起来的英雄主义。这是他们领袖们的懦怯和软弱的眼光所看不到的！这种英雄主义没有用武之地，被压抑成为辛酸的情绪。

马松的辛酸比玛克的辛酸优越，因为更有残酷的事实作为理由。这个年轻工人是在战争中"中毒气"的。他的血液中潜伏着死亡。面对所有法国人可鄙的自私自利和麻木不仁，他们曾经受过这么大的考验，然而他们对防止再发生这样的灾难毫无作为。面对这种情况，马松心中燃烧着怒火。马松对玛克这类人，资产阶级知识青年，特别严厉（对老知识分子也一样，不过老头们不值一提，自有死亡负责清除他们）……他以激烈的讽刺对待青年知识者的思想享乐主义（因为他阅读书刊）。他们对世界上的痛苦漠不关心。这些虚伪的优秀分子，他们不忠诚，这些一无用处的寄生虫，这些虫豸在啃嚼夺掠物的残渣……玛克有理由深知这种控诉是真理。他本人就在桌子底下捡过残渣碎屑。（时间不长！）他在羞耻感中，又点燃了对西尔薇的怨愤。他试图为知识阶层[1]存在的理由和功绩辩护，由于他对他们怀有本能的团结感，虽然他反叛了的良心已经否定了这种感情。在马松谩骂的尖锐穿刺下，玛克想让他认识的最好的知识者从他们以书籍作屏障的

① "知识阶层"，原文如此。

中立性中走出来,想让他们采取行动。这时,他羞耻地发现一切斥责知识界的最严厉的评判还不够严厉。他们几乎大家都有条件(许多人有空闲)比别人看得更清楚,更远。有一批人民大众准备怀着感激之情追随第一个无私的向导,然而向导们所畏惧的无过于被一支过分坚决的军队跟在身后,受这支军队的推动和牵连。他们假装眼睛瞧着别处:"我什么也没有看见……"他们由于害怕负责而表现出来的无所作为,是一种堕落。应该用赤铁把这个印记烙在他们额头上。即使是一些年轻的作家,用"人道"作为装点门面的奢侈品,同意不置政治于不顾,但在玛克认识的作家中却没有一个彻底参加一个政党。他们给自己安排了两三个不同的马鞍子:激进主义、社会主义、国际主义、民族主义,甚至以古老的古典式法兰西作掩护,不时逃到保王党文学中去躲一阵。这种文学在法兰西学院和报纸上拥有若干赞成者。经过和这边人行道及那边人行道上的行人送模棱两可的秋波的实习之后,事情就按照专业行家的礼节办理,他们会万无一失地穿上合脚的鞋。巴黎提供各种程度的知识卖淫。从办报的江湖艺人的妓馆起,这种人用他们肮脏的谎话,来毒害还没有产生反感的公众,以获得丰厚的报酬,直到各学院,各文学沙龙中的著名荡妇,她们巧妙地制造"自愿服役",但不是免费的病毒,以及使大家瘫痪的病毒。总之,他们不言而喻的职务在于引导人们离开行动。为达此目的,一切都可以利用,即使是思想,即使是行动!因为,奇妙的体育运动的激情,到最后可以达到没有任何行动。身体活动以及为运动而运动的饮酒式爱好,使激流的力量溢出它们自然的河床,使之耗尽在运动场的圈子中;或者激烈地奔跑到最后,奔跑者被扔进处理废物的垃圾箱。在这个问题上,平民百姓没有少受害。玛克得意地嘲笑工人被体育运动弄昏头脑的事实,来对抗马松对资产阶级知识分子堕落的辱骂。体育运动完成报纸所进行的破坏工作,它们造成中毒和无用的阶层。大型俱乐部收买职业运动员,如同买马匹一样。他们管这种运动员叫"业余运动员",让他们组成足球队。成千年富力强的劳动者无耻地出卖他们的肌肉,作为国际足球运动员,享受豪华的生活:大旅社、卧车……时间一到,肌肉过早地硬化,他们的商品价值降到零,被扔进渣滓堆里,像古罗马角力场上的死尸。但至少比武者是死了。在新的运动场上,完蛋了的运动员仍旧活着。平民观众不关心被淘汰的运动员,不亚于古罗马的观众冷落斗败的角力者。观众需要别的运动员,更多的运动员。平民观众在这方面耗尽他们的激情与怒火。如果能很好地加以领导,这种力量很可以用肩头一拱,推翻一切社会压迫者。在国际比赛中,观众发泄残暴的沙文主义,运动退化为斗殴。有人被打死。橄榄球队的"前卫"们成了战壕的清扫者。从前线生还的人民,从凯旋门下走过,原来是为了这样!他们起誓,要把政权掌握在手,要改造社会,其结果却到此地步!甚至连"面包和竞技场的节日……"[①]都没有。面包要用劳力去换来,竞技场上看戏要花钱。对人类的愚蠢以及爱看热闹的习惯的利用和剥削,自从梅纳尼乌斯·阿格里巴[②]时代的平民以来,已经大有进展。不,马松并不为他的平民骄傲,正和玛克不为他的资产阶级骄傲一样。当马松想给他们印刷厂的同伴们讲大道理时,他们说他臭……不高兴费事和他辩论……同意回答他的只有一个人,以前在战壕里的老战友。他耸耸肩头:"你要的是什么?让人再一次打穿你的皮肉,为了别人的权利?要他们重新来一次?我可是够了!我已经不再那么蠢,还要管别人的事。我管我自己。人各为己!"

玛克和马松辛酸地斥责他们各自的阶级的自私自利,可是他们自己也没有下决心放弃自己天生的极端自由主义,而这也是自私自利的一种形式,它把他们的造反精神减弱到零度。一个法国人要放弃群众的成见,进入一个政党的固定框框,接受纪律,这对他来说是艰苦的努力。战前[③]法国社会主义的弱点在于联系成员的纽带太松,只能在某种条件下接近成员,而不能在决定性时刻抓紧他们。马松从战争中带

① 原文为拉丁文。

② 公元前一五〇三年的罗马执政官。

③ 指第一次世界大战(1914—1918)以前。

回一个教训,那就是无论何时何地,决不能把自己交给任何首领,服从任何政党的命令,而只能把自己交给自己。这样说来,如何依靠别人呢?认为别人,即使是和他属于同一阶级,和他同样受压迫的人,在各人只顾自己的同时能够一致行动而不放弃一个司令部,一个党的专政所同意的任务,这是最虚无缥缈的希望。猛烈的集体冲击是过渡性的。它们的猛烈使它们精疲力竭,如果没有一只坚强的手抓住它们,它们在远远没有达到目的之前就松了劲,它们向更深的底层沉没。一块抛出去的石头落下来的地方总比抛它出去的地方低。革命的法国丧失了行动的实践已经太久了。战争更加使法国厌倦搏斗的规则。自由精神所能回想起来的,是使他们憎恨,被他们唾弃的军营生活。只有保守派和沙文主义者接受教训而且加以利用。对于反对派,形势大好。自由在铸造它的马嚼子,一边拒绝顶在它腰部,骑在它背上使它走向胜利的首领的膝盖。马松不能留在任何一个工会之中。要改组战前留下的工会组织就有很多困难,新的工会力量互相抵消,浪费了时间。至于玛克,他是自我中心主义的人身化,他的一切弱点由此而来,一切力量也由此而来。看来他决不能放弃那些弱点而不放弃力量,以致丧失生存的理由,所以在死胡同里看不到任何出口。在那里,这两个伙伴对社会的辛辣批评使他们碰壁。除非在无能为力的否定中,他们才是同伴。他们缺乏可以使他们轻松的行动。谁知道,如果他们能行动,他们也许互相同意协调他们的行动所必需的让步?这是有待进行的一种学习。到什么地方去学习?法国没有教人行动的学校。只有说话的老师。在说话方面,每个法国人都知道得很多,可以教训别人。玛克和马松厌恶说话。可是他们不停地说话。缺乏行动!他们老说,老说他们不做的,不能做的行动。他们从那里边出来,内心空虚,对于自己,对于对方,充满厌恶之感。行动!行动!行动的腹中需要受孕!

社会上不大知道,这种意志没有得到满足的青春发动,和性的青春发动不能满足同样的危险。健康的人民需要给他们的努力提供一个目的。如果你不给他们一个崇高的目的,他们将接纳卑鄙无耻的目的。与其是不能孕育的干枯生活,令人恶心的空虚,不如犯罪!我们认识的一九一四年的青年中,不止一个奔向战争,为了逃避令人堕落的烦闷。这些人后来呕吐了他们吃得太饱的血腥食物。战事结束后,又有一代青年到来,轮到他们受向往行动的和发情一般的疯狂折磨了。如果没有女性,他们要在囚笼的铁栏杆上撞碎自己的脑袋,犹如动物园中的野兽,长期拘囚生活没有使它们丧失本性,玛克和马松在兽栏中团团转,一边低声叫唤。千百个青年也和他们两人一样,隔离在各自的兽栏中,各人从内心深处吼叫他们极度的痛苦和愤怒。

在这里,安乃德的儿子被良好的血统支持着。这种血也许不是他种族的血。没有必要在李维埃这条川流中回溯得太远。善与恶在川流中是混杂的。但是每人都在他的生活过程中改造自己的血液。在玛克的红血球中,安乃德的自信与好强是留下了痕迹的,玛克尽管是个相当龌龊的小青年,像几乎所有二十岁的小青年一样。如果你从他们的自然状况来看,他们是满身污泥,未经过滤。玛克有深深的混乱思想(在身体和精神方面),同时又活在道德上十分可怕的时代和生活环境中。(无论在人身上或在人之外,没有一个信念,没有一点依靠!)尽管如此,玛克决不容许他本能的,荒诞的和英勇的自我超越意志有所退让。"超越什么?自己?谁是自己?自我?这个比零还小的东西,这个我掌握不住,我不认识的自我,我连他是否存在都没有把握的自我。不管有没有把握,我要,我要,我要!我要超越他。我不让自己和他一同沉沦……"在这些时刻,他谈他自己像谈别人一样。但是他要保卫这个别人,即使这个别人从他手指缝中滑走,摇摆,跌倒,出卖自己。玛克为了反对此人,为了赞成他,评判他,谴责他,扶他起来,而保持着自豪的情操完整无缺,虽然这些被他尖锐的讽刺奚落为化石的情操,光荣、道德、骄傲,以及不肯背离的坚强决心……"背离什么?……白痴!白痴!……背离那个抛下了我,而自己却跑掉的卑怯的资产者?还是背离了那失身于人的肚子?她将我交给可憎的生活,我自己并不要求进入这种生活。白痴！算啦！愿意或不愿意,反正我已进入生活！她把我投入战斗。我不投降!”

于是他想:“她(这个肚子)没有投降。而我,我去投降？我将不如一个妇女?”

这个年轻的男性,自以为比妇女高超不知多少倍。但是在内心深处,隐藏着一个没有成形的祷词:“敬礼,母亲……果实累累的肚子……”①果实决不背叛母树。

可是在当前,背叛的倒是树身……

玛克用严峻的目光观察这个妇女,他的母亲。她是从东欧回到他身边的。她在巴黎发酵的环境中进行了奇特的活动。他觉得她可疑。面对成为他个人之敌的这个世界,她并没有像他所期望那样强烈地反抗。难道她接受这一切？他无法看清她的内心深处。但是在她嘴上,眼睛里,在她整个身上,他看到一种很活跃的优哉游哉的态度,很幸福,没有反抗情绪,没有悔恨之意。叫她悔恨什么呢？难道要她怨恨这个世界,怨恨人类的苦难和耻辱,怨恨她自己参加了这一切？玛克在生活中还是一个新手,吮吸生活的胆汁,仿佛那是为他个人提炼的;对他来说,尝尝这种苦味是很好的游戏。而她却已经有充分时间熟悉了这种味道,令人反感的味道。“胆汁混在一切生的食物之中。这并不妨碍进餐。必须进餐。我接受了生活。没有选择的余地。”

他也接受了这个生活。但是他是怀着怨气、仇恨和抑制的怒火接受的。他不能忍受另一个人,他的母亲,就那么自然而然地适应了,甚至好像还从中得到一种不正派的乐趣,可是他有什么权利自以为能够禁止她去干这一切？他于无言之中给自己一种权利,超出儿子的权利,男子的权利。这个女人是为他所有的。但是如果他对她说这些,她将嗤之以鼻。他知道这一点。他知道她有理。他因此更加气愤。

① 原文为拉丁文。

*　　*　　*

在取得杂七杂八的经验之后,安乃德又成了街上的无业游民。在最后一次经验中,她差一点把自己的毛发都丢在那儿。换一个别的妇女,很可能把对自己和对生活的信心也大部分丧失在那种场合。然而安乃德的毛发是浓密的。至于信心,她丝毫不冒丧失的风险,她根本不在乎有什么信心。“信任,信任谁?信任什么?信任我自己?信任生活……无聊的扯淡!我能知道什么?难道我有知道什么的需要吗?……要想以未来为基础而进行建筑,这是从房顶开始盖房……这样做只对男人们合适!我脚下并不缺少土地。我永远知道把脚放在何处!我那一双结实的大脚!它们甚至那样乐于走路……”

她壮实的体质不像留有肺炎的痕迹。她的感冒转为肺炎,幸亏归程经过意大利[①],把病势控制住了。虽然她已经四十五岁,却一点也没有更年期的征兆。西尔薇比她年轻,已经感觉到更年期的不适,且令她不能忍受。(她周围的人更是被她搅得不舒服,因为她的性格并不由于更年期而变得更好些。她的性格不安宁而且搅得别人也不安宁。)西尔薇拿她自己和安乃德作了尖锐对比,而且似乎在责备姐姐比她强。安乃德笑了,对西尔薇说:“这就是开始得太早的结果[②]!好德行总会有好报的。”

西尔薇嘟囔着说:“漂亮的德行!你现在干的事也算在内!”

“你听说什么了?”

不,关于德行,她什么也没有干,关于坏事,她也没干什么。这些年来,她确实无论对德行或相反的方面全都不放在心上。有时她想到这儿,几乎觉得自己可耻。她想试试看,是否真的觉得可耻。诚恳地说,即使对于自觉可耻这一点,她也办不到。

“可是,我怎么啦?……什么?连不道德的力量都没有?最不堪

① 意大利地中海边的气候,十分有利于人的健康。

② 西尔薇很年轻时就开始了风流生活。

的是:反道德。这是何等堕落!脸红吧!脸红吧!啊!不,够了!我的脸这样已经够红的了。无论如何,没有可怜的西尔薇的脸那么红。阵阵的西洛哥[①]吹得她额头、面颊、颈项成了一片开满红罂粟花的田野。何等刺目的健康身体!……”

肯定的,她并不引起人们怜悯。她的处境并不出色,过一个月算一个月,剩下一点余款只够几个星期生活,而且必须精打细算。她每天只能吃一顿正餐,在廉价的小饭馆里,食物既不丰富也不讲究。可是上帝知道怎么回事,她吃什么都得益匪浅。

她发觉她健美的容颜曾经被她儿子严厉审视。他恨不得要求她解释她那种令人反感的冷漠态度。他管这种态度叫冷漠,因为她不和他一样激烈地反对某些人或某些事。她略微鼓起的近视眼忙于观看一切,反映一切,可是不表示任何立场。她所瞧见的不论什么都不是白费的,她在内心保留着它们的形象。早晚有一天,她要算账,但不是今天。她走她自己的路,一路上吸取所有的反光侧射。她继续享受持续不断的奇异的和谐之感。这还能继续多久?她并没有故意保持这种和谐,当初也不曾设法寻求它。最令人惊讶的,不是她在随着战争年代精神紧张而来的战后和缓中,几个月、几年之久地欣赏了这种和谐。整个时代都多少参加了和缓,那是生命向死亡的自然报复。但是这种报复对时代来说,经过两三年之后,即已消歇。它像稻草着火一样一烧就完。可是连仓库也一起烧掉了,剩下四堵摇摇晃晃的危墙,毫无遮拦,任凭风吹雨打。安乃德的仓库却没有留下火烧的痕迹。它是用上好的黏土精工筑成的,她收获的庄稼整齐地堆在那里,里边还有地方储存去年的和明年的收获。令人惊奇的正在于此。她的和谐还在延长,而别人的和谐则已经枯竭,或者像吸完鸦片烟一样令人恶心。她的和谐和别人的和谐根本不是同样的。

相差甚远!她的和谐是以精力作基础,以行动作支柱的。没有麻

① 意大利文:意大利西南方的地中海上吹来的猛烈和炎热的季候风。

醉品！行动……(这难道不也是一种麻醉品吗?)这些行动有的成功,有的失败,那是次要问题。不论成功或失败,都是收获。因为每走一步,哪怕是错误的,她也能够用触角在这个抽搐于死亡与新生之间的宇宙里,在这个以世界的腐烂为养料的肥沃草原上,吸取无穷无尽的碎屑。

但是为什么千百万对别的触角,比她的触角更年轻更活泼,却没有取得同样的享乐?为什么,相反地,这些年轻人得到的却是一种晕眩,以及充满幻觉的憎恶,愤怒和恐惧?他们只看见草原底下的尸体。她难道没有看见吗?她看见了。她看到了表面和内部。怎么?这是合乎情理的。许多死亡,许多生命,后者是前者的儿女。那么,她不再谴责战争了吗?她随时准备反对战争,为反对那群把战争当作狂热的信仰、虚荣和唯利是图的赌博的恶棍而斗争。她怎样能把她的这一切想法统一起来呢?不必要求她解释!她的天性知道:女人的天性,深刻的、盲目的、而且有把握的天性,是大自然的各种伟大规律的一部分。然而她的智慧却不知道,除非智慧中刚刚发出过某些闪光。但是这种闪光太短促,她不能从中辨别出明确的意义①。对,和大自然一样,安乃德和一切残杀者激烈地斗争着;同时也和大自然一样,她满怀激情在为一切生命而燃烧,为一切生命,一切从死亡的原野上涌现的新生之火焰而燃烧。死与生的和谐,虽然她的理智不能建立起这方面的规律,她的眼睛,她的双手,她的动作,她生命的自然奔流,干脆实现了这种和谐的协调。

她喜欢观看,喜欢生活。从死者的血中生长起来的这片新草原的生活中(我也一样,我也是死者?我复活了……)什么都引起她的兴趣,即使是不好的东西。这个勃艮第妇女不是小嘴女人。她不厌弃生活。她身体笔直而且结实,站得稳稳的。这是不言而喻的。只要你健

---

① 读者将在下一卷读到安乃德从罗马尼亚回来,经过意大利以及在那里遇到的人和事的回忆。现在还不到叙述的时刻。在她身上这些痕迹似乎消失了。它们的形象在沉睡,以后将要醒来。——原注

康而且基础好,就不必多说了。但是,这并没给你权利去对别人说:"你应当像我所要求的样子!""哎!朋友,你能做到怎样就怎样!我善于适应你。这并不是说我以后不嘲笑你……这是人生一乐……但愿这样不至于使你受窘,正如你不使我感到困窘一样!好,你表现出自然本相来吧!赤裸着身子或穿着衣服,不管是美是丑,你使我感兴趣。所有的食物并非都有同样的质量。但是我满足于一切食物,我饿了。"

这正是使玛克气得不能忍受的事……这种傲慢的胃口,不关心(也许人们会这样说)质量。还有这种动物式的快乐,从容不迫,强健壮实,什么都能吃,人和众人。但是玛克不能抗拒这一切。和安乃德接触的大部分人也是这样,即使他们很聪明,能在安乃德观察他们的明亮眼睛中抓住头脑清醒的讽刺的闪光,也不会因此感觉受了冒犯。但在内心深处(这些老孩子说不清楚,可是他们感觉到),对于他们大家,甚至对于坏人,安乃德总是有一种不自觉的母性。

*　　　*　　　*

安乃德善于选择她的孩子们!

不是她选择,而是命运交托给她的。这不过是一种说法而已!她徒然有健美的手臂,肌肉发达,我没有瞧见她把奥维涅的吃人巨魔或亚苏的公牛——狄蒙,这个新闻界的剽悍人物抱在手臂上。是他,狄蒙,抓住安乃德不放。她自己跑去投身于狄蒙的苦役牢中。

安乃德正在失业中,一天,她遇见了一个过去同住宿舍的女友,两人已有二十五年没有见面。这个女友在战前出身于小康而有地位的资产阶级阶层。她和同阶级的人一样,现在已经破落到只能勉强糊口的地步。而这点条件也在一个月接一个月的缩减。她箱中仅存的一点本钱,不断从破洞中漏走。在战前,她冷淡地对待安乃德,自从后者在资产阶级社会中闹了双重丑闻:不正规的婚姻关系和突然破产。战后,这位女士成了寡妇,而且破了产。她上有老母,下有三个孩子,不得不从她舒舒服服的诚实人地位降下身份,而到不论何处,用不论何种方法去寻求每日聊以果腹的口粮。她的那些美好原则、文凭、证书和家庭的体面地位,现在对她只有微小的帮助。她不再向生活提出条件,而不得不接受生活向她提出的条件。每逢生活向她提出条件时,就算她非常幸运了。因为生活并不关心到处漂流的破船碎片!可是这个可怜的妇女,弯着腰,不能下决心拉下脸来。她还保留着"高领子"①,虽然这领子已经很肮脏,破烂,而且磨损了。这领子成了和人的种族不可分的东西。带着它而生,带着它而死。它对于在战后莽林中寻求每日面包的苟延残喘者,是巨大的障碍。

她遇见安乃德那天,正心慌意乱,不知所措。她第一个动作,像是一只被追逐的野兽见了藏身洞就没头没脑地往里钻。这时,肯定她不记得从前她谴责过安乃德的事了!从前,她是坐在岸边,安乃德是在水里。现在,轮到她了,是她在水里,正在随波逐流地漂荡。她遇见安乃德这位游泳好手。二十年来,这位游泳家一直在水面上游。她拚命抓住安乃德。这至少是她的第一个姿态……但是安乃德能为她做点什么呢?她马上感觉出来了,安乃德和她一样,在找工作。

安乃德看出对方的慌张,她要设法让对方和她谈谈。这两个妇女对过去的事一字不提。三句话可以把那些事说完。目前的情况吸引了她们的全部注意力。这个落魄女人想起最近一次冲突还心有余悸,身上还带着冲突时溅出的泡沫。她不能想任何别的事物……她用断断续续的声音、泪水和怒气哽咽着的声音,叙述她刚刚经受的新考验。在一家报社的办公室里,她找到了打字员的位置。这家报纸印数很大,嗓门洪亮,叱咤一声,可以震聋巴黎。不论谁都可能料想到,在虎口中工作肯定不会很省心的。可是这个天真的女人没有想到这一点,她还是个属于过去时代的人。在那时,资产阶级尊敬一张印刷的字

① 成语,意即身份,架子,面子。

纸,自由报纸的寓言还有市场(其实神话早已拆穿),办这样的报纸是神圣的职责。她从高处掉下来,掉进四十个大盗[①]的魔窟。其中的"阿弗列次"[②],用长矛和舌头比武。这帮家伙由一个"阿弗列次"之王率领着。这是一个人身牛头的妖怪[③],比所有的恶魔加在一起都狰狞可怖。他的吼叫声能让一百万读者发抖。狄蒙(其实不如改名为乌布[④])总是倾向于把他便盆中的水泼在他的客人们头上。编辑室处于老板和外界之间,也接受到老板的一部分水滴。他们已经习惯于这种洗礼。按照级别排列,从上到下,每人接受水滴之后都抖一抖身子,把水抖落在比他低一级的人身上。这不幸的女人坐在板凳上,级别最低,要承受全部水滴,一点也不少。第一次淋到水时,她大为震惊,还想反抗。(她的反抗不起作用。)他们一眼就掂出受害者的分量。她的样子像一只受惊的母鸡,抖起全身羽毛想躲开汽车轮子,反而跑过去投身于车轮之下。这是一种游戏。汽车嘟嘟地响着,母鸡从各个角落中钻出来。他们把这只受惊的母鸡当球玩,抛来抛去。可想而知,在这种情况下,吓得目瞪口呆的她是否还有心打字。在嘈杂声中,她听不清别人对她口授的断断续续的句子。她不知所措,跟不上口授,听不清字句的意思,忘掉了拼法。拼法是资产阶级精神的最高荣誉和精神上的"最大的耻辱感"[⑤]! 结果如何,人们可以想得到。他们一点也不照顾她的年龄和激动心情。她忍受他们的毒骂,使她回到住处像生了病一样。她躺在床上哭。白天,极端荒诞恶劣的言辞纷纷落在她头上,直到夜里还在她耳边轰鸣,憋得她喘不过气来,吓得她手忙脚乱,好像在侮辱之下,被人剖了腹。最后一次打击是今天午后的一幕无耻的恶作剧。国王乌布[⑥]欺弄一个不知趣的来访者,以此款待他的编辑

---

① 阿里巴巴和四十个大盗的故事,见《一千零一夜》(即《天方夜谭》)。

② 原文为阿拉伯语,意思是"神话、传说中的魔鬼"。

③ 希腊神话中的吃人妖魔。

④ "乌布",法国作家 A. 亚里(1873—1907)的闹剧《国王乌布》中的人物。

⑤ 原文为拉丁文。

⑥ 指狄蒙。

人员。一个老年神甫异想天开地到报社来募化。那场面过分倾向于卡拉苟[1]趣味,所以不便在此宣扬……那神甫瞧见魔王,他逃跑了。受惊的母鸡也一样,一有机会就逃跑,她下决心不再回去。

安乃德听着,用手抚弄着对方羽毛散乱的翅膀,不说话,轻轻拍着她,使她平静下来。对方讲完之后,安乃德问:

"这么说,这位子现在是空着?"

对方恶心地打了个嗝,问:

"您不会想要那个位子吧?"

"为什么不呢?如果我不至于夺您嘴边的面包。"

"我再也不吃那个面包了。"

"我吃过别的面包!大家知道,吃面包最好不要把面包工人的手看得太仔细。"

"我见过他们的手。我再也吃不下面包了。"

"我将要看他们的手,面包我也要吃。"

那个惊慌的妇女,虽然念念不忘她可怕的经历,额头上还留着阴影,但瞧着翘起下巴向她挑战的安乃德和她的好兴致,不禁笑了,她说:"你胃口很不错!"

"我没有办法,"安乃德说,"我不是一个纯粹的思想家。先吃饱,然后,思想也不会因此而受丝毫损失。我向您担保!我不出卖思想。"

她打听好必须知道的情况:工钱很不少,工作是她能够胜任的。由于极偶然的机会,她幸运地认识了那条苦役船上的一名划桨者,一个老编辑(她曾经和他跳过舞,那还是在她和后来没能同她结婚的洛瑞在沙龙里调情的时期)。她不等到午后下班,就去夺取那个还热烘烘的位子。她心想:"我才不犹豫哩!世界是一只关猴子的大笼子。人们是出生在这笼子里的,他们无法逃跑。这些人,那些人,他们扮的

① 土耳其戏剧。

所有鬼脸,没有什么使我惊慌的新鲜玩意儿。至于那只大猩猩……我们等着瞧吧!我很好奇,我要跟他较量较量。"

对,好奇心……如果安乃德是夏娃,她将毫不犹豫地摘下苹果。她不会那么阴险,叫亚当替她摘。"我知道,我在冒险。我冒险为了更好地知道。旧道德叫人躲避风险。可是新道德告诉我们,谁要是不冒险,谁就一无所得,也就什么都不是。我现在还什么都不是,我将成为人物。"

人有好奇心,这难道是缺点?也许是的。可是在安乃德身上,这是勇敢的缺点。因为她的好奇心是向她要去找的那个小相识者挑战。好奇与挑战,两者是连在一起的。她有一点巡游骑士[①]的灵魂,没有巨人,她就向猴子挑战。再说,她给自己的理由(瘦骨嶙峋的堂吉诃德没有这种理由),就是她结实的牙齿要吃:"猴儿们,给我吃的!"

当她第一次进去时,她先检点了一下自己面部的神态和走路的姿势。她知道,她日后在报纸编辑部的地位,不是别人将要给她的,而是她自己从第一分钟开始就要给自己争取的。她在回答问题时是冷冷的,面带微笑,口齿清晰。二十句话,把她的简历,她的知识(对于工作有用的知识,别的知识不如给自己留着,无知之人是不会赏识你的)交代得一清二楚,没有一句多余的话。接着,她不理会别人打量她的目光和言辞,也不理会想让她出丑的玩笑话。她开始干活,而且工作完成得十分敏捷。

他们也不是笨蛋!巴黎人是有眼光的。这眼光早就摸过了她的乳房,和乳房下面的女人的心。这些人和那个人,安乃德早就稳拿在手中。"举枪敬礼!……"大家不声不响地接受了安乃德。可是有几个人还大声说了一堆不堪入耳的荒诞话,作为补充的奢侈品,来考验考验安乃德的耳朵。勃艮第人的优质耳朵,虽然把话全听进去了,但耳根却并不因此而更红一些。"去你们的吧,猴儿们,你们不算有创造

① 指堂吉诃德。

性！你们没有别的什么要表现了？那好，安静待着！”

安乃德不动声色，在心里笑，手指在打字机上跳动，但是没有过分热心。为了表示她专心工作，她认为没有过分紧张的必要。那个年老的副主任，像一条吃小鱼的凶猛的鱼，在旁边窥视她。他看了安乃德打字的稿子之后，不认为有必要多做解释，只说了声；“可以。”大家也这样想。事情就算决定了。

剩下的还有老板。他出去几天，进行神秘的活动。他为了事务，可以去煽动各国人民。（有时也为了女人。如果一个女人吸引了他，他不把她弄到手决不罢休，他去追逐猎物了，在他得到满足之前，干任何别的事都不行。）这次他出去半个月左右，安乃德有时间坐稳在她的位子上。她甚至有时间忘掉老板的存在。他回来后，她才知道他刚刚出去了一趟。他穿过编辑大厅，没有说话，脚步沉重，额头上显出有心事的样子，神色不善。他走过的地方，职员们都站起来。安乃德在阅读文稿，手指按着打字机的键盘，目不旁视，干她自己的活。她一边准确地看着每一个字，一边在心中回想一件件的往事，这使她高兴，她微笑着。老板的眼光并未把她漏过。他沉重的目光投射在她身上，从她的后脑勺看到她的臀部。她不屈服。但这不是她的长处，因为她没有瞧见老板。一直到他走出编辑室的时候，她才感觉到四周的寂静，但已经晚了。她抬起眼睛，问道：“发生过什么事？”旁边的人们笑着说：“他经过这儿了。”安乃德不摸头：“他？是谁？”

刚才，她的心在千里之外……等她明白之后，她吃了一惊。人们轻声告诉她，老板已经量了她的尺寸，从头到脚。老年的副主任叫大家别说话。老板把他办公室的门敞开着。今天，他的脾气好像不很好，想必是在某件事上吃了点亏。大家留点神！屋子里重归寂静，人们规规矩矩，只听见几个打字员手指下发出的噼噼啪啪的声音，以及从街上传来的喧闹声。稍后，响起狂怒般的铃声和老板的拳头擂桌子的声音。安乃德第一次听到这头猩猩的吼叫。老副主任赶快跑过去。当他走进老板的办公室时，里边传来剧烈的响声，暴风雨和霹雳向他背上打来。在编辑室里,大家都低着脑袋,提心吊胆,不敢吭声。当然啰,老板一眼就抓住他不在的期间编辑人员所犯的错误。老副主任刚刚走进老板的办公室,马上又出来了,他像一个被人捏在手中的桃核。在他身后,狄蒙宽大的躯体堵塞了门框,在三级台阶上边,他双手攥着一把纸片,大声叫喊:"一群白痴!拿去,拿去,你们的擦屁股纸!"

他把纸片向空中一掷。编辑们的脑袋都紧缩在双肩里。只有安乃德一个人抬头看着。狄蒙的眼光像雷电一般向她轰击。她继续瞧着狄蒙,一边不停地打字,有时为了核对一下,瞥一眼原稿;接着,仍旧抬头面对大雷雨。狄蒙几乎要爆炸了:"放下你的百叶窗!"

可是安乃德不放下。狄蒙听见打字的声音仍在很匀称地响着,怒气冲冲地走下两三级梯阶,接着又改变主意,转过身去,回他的老虎洞中去了。

过了一会,铃声又响起来。一个职员战战兢兢地去接受命令。他拿着一叠写了字的稿纸出来,老板写的一篇社论,需要打字。轮到安乃德给狄蒙涂满污泥浊水的文章打字了。她刚向文稿看了一眼,就吓了一跳。她转身问副主任:"您说,主任,我们的任务是把它洗刷一遍,对吗?"

对方吓了一跳:"什么!洗刷?"

"是的,洗刷垃圾。这上面有的是垃圾。"

副主任高举双手①,用哽住的嗓音说:"倒霉家伙!千万别这样干!"他用辛酸的嘲笑加上一句:"文章的价值正在于此!"接着,他严肃地吩咐:"对吗?别干蠢事!您要让我们大家都倒霉吗?全文照打,一字不改!"

"拼法错误也不改?"

"这关您什么事?……好,最明显的错误改一下,但是要十分小心。别引起他的注意,这家伙不会原谅您的。"

---

① 表示惊骇。

"但是,话虽如此,您瞧他在一大堆他不认识的字中混搅一通,把比雷这个地名误作人名……"

"唉!我才不管哩!那是他的事。我的事是使这儿保持平静。您,从您开始,您让我平静点!不要去管与您不相干的事!……好吧,美人儿,别记恨!可是,已经说定了,您就按原稿一字不改地打字!"

安乃德是个牛劲头。她乐意怎样就怎样理解。她感觉恶心,用指尖打字。这东西粘在皮肉上,油腻腻的。她真想去擦擦手。而且气味难闻。她皱着鼻子……话虽如此,这是男性的气味。非常强烈。有时,抓人的铁爪可以把人的骨头拧碎……好一只猛兽……遗憾的是人们不敢……不是修剪!要么全要,要么全不要。但是让他避开陷阱,免得白白掉在里边?关于语言、历史、科学的极大错误。真见鬼,为什么他迷失在这里边?"为什么我不敢……我不敢替他改,这才是出卖他……我不愿像这群胆小鬼,在这儿成天发着抖过日子。我也许敢。我就敢……"

她敢。她大胆地修改,不是改肮脏的粗话(那是他旗徽上的颜色,必须让他保留着)。可是他那些谬误不能不改。允许猴子仍旧做猴子,可是不做毛驴。"我光剪掉你的耳朵,别的你自己留着。"

副主任只看见打字稿在冒火花,他没有耐心仔细核对一下。可是什么都逃不过狄蒙的眼睛。这用不着多长时间。文稿刚刚给他送去,狂怒的电铃就响起来了。副主任又一次缩肩拱背,小步跑到巨人的办公室中去。他几乎立即就出来了。由于生气和害怕,他脸色灰白,用他扭曲的短腿,跑到安乃德面前,向她喊道:"肮脏的东西!……我可是预先告诫过你的!好吧,孩子,去吧,去吧!他要见您……啊,蠢猪女人,去和他碰杯去吧!"

他气得喘不过气来。安乃德站起来,整理一下衣裙,走向老虎洞,竭力保持平静。(虽然如此,她的心脏在胸膛里跳得厉害!)什么都不让别人看出来,这是主要的。她从容不迫地跨上三级台阶。到了最高的一级,她犹豫了一秒钟,然后走进老板的办公室。

狄蒙坐在办公桌前,身体向前倾,两只大拳头放在文稿上,装出安多内罗[①]名画中的武将或杜采[②]的眼神,盯着安乃德走过来。她向前走。在距离办公桌三步的地方,她站住,身子笔挺。他冷笑道:“啊,是你呀？谁叫你给我洗床单?”

“您的床单不白,我敢断言。我只不过缝补了几处撕裂的地方。”

狄蒙可怕的拳头猛烈地捶击桌子,以致从墨水瓶中溅出来的墨水洒在安乃德的连衣裙上。狄蒙站起来,两只拳头撑在桌上,好像要向安乃德扑过去:“那么,你拿我开玩笑!”

安乃德冷冷地说:“对不起,请您把那卷吸墨纸递给我,好吗?”

狄蒙毫无表情地将吸墨纸递给她。两人的面孔那么接近,以致她面颊上感觉到对方暴怒的呼吸。她避免注视他,忙于用吸墨纸吸干衣服上的墨水渍。她冷冷地说:“行啦,请您更好地控制自己!”

他气极了。把他身体支撑在桌上的两只拳头摇晃了几秒钟。接着他沉重地坐下。安乃德结束她擦拭衣服的工作。他瞧着她干这一切。她把那卷吸墨纸放回桌上。她说:“您的床单上有几个破洞,我把它补了一下。我这样做的时候,相信自己做得对。也许我错了。这是妇女的一种怪癖,她们不能看见一件撕裂的衣物而不想动手缝补一下。如果我干的事不对,那很遗憾,我把围裙还给您[③]。但是,您把您的肮脏和有破洞的衣物摊出来让全体仆役们(她指她背后的编辑室)看见,这是不是有用呢?”

她话说完,直视对方的面孔。他张大嘴,怒火马上就要爆发了。停了一下,他打褶的额头舒展开了,咧开暴怒的嘴,勉强笑了一下,几乎用高兴的声调说:“好,你坐在这儿,洗衣女工!”

“我什么也没有洗,我已经对您说过。我把这包床单还给您,和我接到它时一样干净。”

---

① 安多内罗(1430—1479),意大利文艺复兴时期的画家。

② 意大利文:领袖(墨索里尼自封的尊号)。

③ 法国习惯,一个女仆辞职或被辞退时,先把干活时穿的围裙解下,还给主人。

她坐下。

“对,你是说你的手被这些床单弄脏了。”

“啊！您知道,我的手还有别的脏东西要翻腾！不,我不是一个怕脏的人。”

“那么,请你赏我一个面子,给我解释解释,为什么你自作主张,修改这儿那儿?”

“我是不是有权对您说实话?”

“我觉得你没有问我已经拿到这个权。”

“那好。当我看见您在一篇很有气势的评论中,冒着被几个中学生式的错误连累了文章效果的风险,我不声不响地把它们改正了,这难道不是为您效劳吗?”

狄蒙的脸一直红到脖子。他生气地说:“女学监,你在什么地方当过学生管理员?”

“最近一次,在罗马尼亚的沼泽地区。”

“你说什么？我认识那地方。我在那儿穿着长筒靴走过。”

“我在那儿掉下了我的一只靴子。从那以后,尽管我刷了又刷,我的指甲缝里可能还留下一点污泥。”

“看来你也是打过滚的。”

“十年以来,像您一样,像大家一样。可是我不像你们的是我没有长青苔。”①

“你至少没有丢失你的青苔。你的鬃毛很硬。”②

“我要生活,不能不这样！那些把灵魂上的,或皮肤上的毛全剃光的人,在我们这时代,生活早就把他们清除掉了。”

“在路上,剩下这样的人还太多!”

“这不至于太碍您的事吧?”

---

① 法国成语,即“打滚的石头不长青苔”,意为“老是变换工作,不能有成就”。这里意指“我一事无成”。

② 比喻性子刚烈。

“你说是我踩着他们身体前进?啊,他们比多瑙河畔的稀泥还糟糕。你要是陷下去能一直陷到腹部。难道你在我的文章中没有看见吗?”

“对,我看见了您的手指印……”

“如果你用铁锹拨弄人,你自己就顾不得香臭了。”

“说起用铁锹,您是个强有力的挖土工人。”

“这是你对我说的第一句恭维话。”

“我不是拿了工钱来给您说恭维话的,我是来为您效劳的。”

“你替我缝补衣物,也是效劳?”

“当然啰。我要是让您带着衣服上的破洞在巴黎出现,对我来说肯定更省事。可是只要我为您效劳,我就得按照我的办法去做。好歹凭我的良心。我不愿意……”

“不愿意我给巴黎露出屁股来?……可是,我的孩子,我是专门干这一行的。这是我的光荣。如果对于你这种尺寸的人来说,雄辩不是白费唾沫,我可以给你表演丹东①的大声吼叫:‘我让他们看墨杜萨②的脑袋!……’但是和你在一起,不用白费事。坐在这张桌子前面,女学监,你给我讲讲我的中学生式的谬误!”

她把他当作同伴似的,不慌不忙地向他解释。他老老实实地听着。听完后,他说:“谢谢你。我留下你在这儿照看我的衣被。现在,这儿是我赔偿你衣服损失的钱。把这件被我粗大的手溅脏的衣服换一件新的吧!”

安乃德说:“我不从您手里接受任何东西。至于这件连衣裙,作为工作服是够好的。这样更谨慎些。您只要再这么干就行了!”

*　　*　　*

① 丹东(1759—1794),法国资产阶级革命家、演说家。

② 墨杜萨,希腊神话中之女妖,三个戈耳工之一,满头是蛇,代替头发,谁要是看她一眼,立刻化为石人。

安乃德留在狄蒙办公室里工作,做打字员和狄蒙的私人秘书。她的办公桌安排在狄蒙办公室的一个角落里。门几乎经常是开着的。人们不断地进进出出。狄蒙从来不和整个编辑机器脱离联系。他监视着每一个环节。很轻的颤动声都能传到他灵敏的耳朵中来。这并不妨碍他在闹哄哄的声音中,接见五十个来访者,能同时处理二十件事、打电话、口授指示和社论,此外,还要断断续续和秘书谈话。

那是些奇特的谈话,突如其来的,毫无准备。她不是麻木不仁的女人,否则就不能接住飞来的球再反击过去,针锋相对。我们可以信任安乃德的眼睛和手腕,她当年曾经是网球冠军。她的各个关节有硬化的倾向,但很快就恢复了它们的灵活性。狄蒙粗鲁地向她表示赞赏,"对她的岁数来说。"(他知道安乃德的年龄。她不是向人隐瞒岁数的女人。)他需要这种唇枪舌战的对打,这种迅疾的问答。她毫不怀疑,某天她支持不住了,他会将她像一匹老马似的抛弃掉。这不是高枕无忧的生活。从早到晚他紧紧地抓住她,不让她喘口气。她经常窥伺他,飞快地抓住他的思想,加以整理,搞清他的表达方式;一边打字,一边耸着耳朵听,时刻准备受袭击和还击:手臂像弹簧一般伸出去,捏紧结实的拳头,直接打在对方的下巴上……狄蒙笑了,他说:"我接受……"轮到她的,她也接受挨打。晚上,她精疲力竭地回家。第二天必须重新开始。她就是这样干的。实际上,这对她也有好处。清醒的精神不停地在活跃,对她是一种锻炼,身上的轮子和轴承借以退锈;并且和随着年龄增加的脑中积垢做斗争。她的工作岗位的危险性,磨炼她对生活的兴趣和官能,它们因此更敏锐可靠。她不抱怨干活的辛苦。

她为之效劳的那位危险人物给她工钱。不但用钱报酬,(他给的工钱很丰厚!)而且信任她。很快,他对安乃德什么离奇古怪的隐私都谈,他也逼安乃德说出一些她平常不肯谈的私事。最了不起的是,安乃德对他那种不知分寸的探问,居然不生气。和这类家伙什么都不能隐瞒。(自然啰,除了与这个家伙无关而对安乃德最主要的事。)至于别的一切,有什么关系!羞耻这个词,对他来说是毫无意义的。在他们两人之间,坦率地谈话。

不论谁,听见过他们谈话的,不论报社里哪一只抓住过他们两人谈话的片言只语的耳朵,都以为安乃德已经成了狄蒙的情妇,他们既生气又佩服这个刁钻的女人。

可是,对安乃德和狄蒙都有把握的一点,恰恰是睡觉之类事不在他们考虑之列。没有睡觉的问题!"谢谢上帝。"安乃德心里想。"见什么鬼……"狄蒙也许这样想。两人中谁也没有动过这样的念头。狄蒙追逐的是比较年轻的猎物。安乃德则是已经被人追逐得够腻了。不,不是为了这个。使他们结合起来的是无言的安全感。在狄蒙方面,没有任何需要小心提防的。安乃德的力量来源,是狄蒙不认为她是这类女打字员:她们总是在窥探老板,巴不得和老板发生关系。狄蒙肯定,安乃德随时准备着,如果他说一句话,她立刻会站起来,用手指把她的头发塞进帽子里,下巴一抬,打个招呼:"永别了,老板!"一去不返。没有什么人可以把她留下。正是为此,狄蒙不放她走。你一眼看去,就能掂出她是有实用价值的一个女助手。她准确知道她应得的报酬(如果她不知道,他也许瞧不起她);同时,她除了准时工作之外,对别的事漠不关心(这是无私态度的最高表现)。这样的女助手太少了。他不至于愚蠢到不要她。但是她呢,是什么在抓住她?是不是仅仅为职位和工钱?还有他,狄蒙?说到底,狄蒙使她感兴趣。没有任何吸引她的地方,没有任何亲密的关系。他们都觉得自己不是一般的动物。他俩的思想没有相同之处。可是他们和别人的思想更不相同。每人都铸造了自己的自我。他们的自我不是从卖不出去的剩货中收来的。每人都是用自己的料子剪裁的,用的是剪起来很重但是很准确的剪刀——他们自己的经验。虽然他们用的料子和剪裁的式样很不相同,他们却互相认出是同行伙伴。他们互相可以用半明半暗的字句说话,也可以用完全明确的字眼。

狄蒙厌烦透了那些卑躬屈节的家伙,他们害怕他的厉声喊叫,弯腰弓背,把屁股送过去让他踢。终于有一个人(这个人是女的。在德语中,有一个同样的词,称呼高规格的男人或女人),终于有一张人的面孔,敢盯着你瞧,而且敢说“不”。她从容不迫地让你接受她正确有理的批评和责备。而且她有理(他不同意,可是他从中获益)。这叫人痛快,这是脚踏实地。你可以把脚放在上面而不会下陷,也可以把头放上去。他的大脑袋,有时非常需要找个地方靠一下!可是,这一点他不让别人看见。他只看见她的胸脯。他心想:她用乳汁哺育过一个人。这乳房中有奶可以充饥。如有痛苦,可以拿这对乳房当靠垫,他以毫不在乎的神气,向枕头诉说他生平的历险记,用他惯常的玩世不恭的玩笑态度。他毫不感到发窘地展示出赤裸裸的狄蒙和他的“美好灵魂”!这个灵魂并不很吸引人。然而像所有的灵魂一样,它曾经是一个初生婴儿的灵魂;而且有一天也会像所有的灵魂一样将成为一个临终者的灵魂。一个真正的女人总是善于理解而且同情别人的。但是她轻易不对骄傲的人讲……众所周知,男性和同情心毫不相干!同情心对他是一种冒犯。可是有这样的冒犯(有时甚至称为侮辱),使接受者在内心并不生气。问题在于善于冒犯。冒犯来得及时,对方的意志徒然提出抗议,而肉体却在等待这种冒犯,安乃德在听狄蒙说话时,嘴角不露形迹地牵动着,表示她的十分之一的怜悯,十分之一的蔑视,和十分之八没有成见的智慧的好奇。总的说来,这种混合剂形成一种同情,对此狄蒙能很好地适应。独立的同情心。这是它的价值。狄蒙的名言是:“打击和接受打击!但是毫不让步!是友是敌,决不投降!”安乃德也决不会投降。他已经试探过,他敢肯定……(但这不排斥他下次再试探。)

两人之间订立了一个公约,一半是秘密的,一半是公开的。狄蒙雇用安乃德为他个人效劳。他向她口授信件和报纸评论文章的粗略内容,由她撰稿。她可以洗刷而不是切削他的风格的指甲,她可以修剪某些错误,而不是全部,不能触动他故意保留着的错误。因为在斗争中,狄蒙不考虑真实性。他考虑的是打倒对手。狄蒙不愿意费事将一切都向他的秘书解释。必须由她去猜,而且要立刻猜到他的意图!狄蒙不让他的思绪冷却,一从炉膛里取出就立即使用。烫你的手指!如果你把这些摔在地上,你可要当心!安乃德的手不哆嗦。老板干脆向她陈述他行动的狡计,他评论文的主要内幕,他对报纸和生活的概念。他知道她不赞成。但是她当作看戏,是他给她买的门票。她没有权吹口哨[1]。他对她说:“并不是你没有吹口哨的意愿!我看见你的嘴唇向前努起了……好吧,吹吧!我允许你吹一次。”安乃德果然吹起口哨来。狄蒙做了个手势,不让她接着吹下去:“闭嘴,现在!把我所说的话正确地打字!”

她打字。这是狄蒙的拳头打在世界头上。他有仇要报复。

*　　*　　*

艰苦的报复。苦难和羞辱的童年怨愤。他是柏里戈地方一个小客店的使女和一个旅客生的儿子。在黑夜里,他母亲根本没有看清那个旅客的面孔。她勇敢地隐瞒了她腹中的果实。直到最后,她两脚两手地爬在一个房间地上擦洗瓷砖,像疲乏的牲口似的艰苦劳动时,孩子呱呱坠地了。人们发现她和婴儿都泡在她自己的一摊血泊中。已经太晚了,不可能把不受欢迎的孩子送回他来的地方去了。孩子的哭喊声说明他有强大的生命力。可是,一待她身体恢复到能站起来,她和她的孩子都被赶出了旅店。

从那时后,她过的生活从来没有向人讲过,也从来没有人关心过她。不论多么艰苦,多么卑贱的事,她都不在乎,只要能挣到吃的,她没有不接受的。她有兽类对生命的那种不可解释的坚定性。生命给它们的只有艰难苦辛,可是它们从来没有离开生命的想法。她也有女

---

① 意即喝倒彩。

性爱护自己果实的坚定性,在他还没有成熟,还不能离开她的时候。以后,让他自己去混吧!让自然界去负责吧!那个小小的格尔德里[1],当他第一次去给人家当雇工时,已经见得多了,以致他能狠着心肠忍受一切耻辱。他母亲没有设法对他隐瞒她自己的耻辱。她怎么能够呢?两人紧紧地挨着,生活在一起!她把她的全部德行押在唯一的一张牌上,那就是她对自己身上掉下来的肉像野兽般强烈的爱。这种爱并不阻碍她有时粗暴地对待他。粗暴对待,意味着母爱的强烈,这股力量可不是娇嫩的人所欣赏的。然而狄蒙不是这种人,他永远不会成为这种人。他理解。他理解自己是孩子,是梯子的最下面一级。他母亲给别人当踏脚板,让别人踩在身上;只有在他身上,她才能擦她脚上的泥。这是合乎情理的……可是,善良的上帝!等他长大之后,他要在压迫过他们母子二人的一大堆人背上去擦他脚上的泥!

这件事不流汗是办不到的!他决不能怕鼻子闻臭气,因为他认识人类是从他们的脚开始的[2]。他在一家不正经的旅店中当小厮。无形中,他接触到妓女和嫖客的秘密。有一天,一小时之间,他碰上了运气,抓住了机会。他拾到一个刚刚离开旅店的顾客遗忘在那里的有问题的文件。不到一分钟,他隐隐约约地估量了这种文件的重要性,衡量了对他有利有弊的两方面,拿定了主意。他在火车站追上了那个旅客。于是两人面对面没有多说一句话,(没有敲诈的问题!但是没有疑问,对方要想骗他……)那个人答应了条件,收回了他的文件,立刻同意雇用这个小小的同谋者。这个多疑的少年,甚至不愿浪费时间回旅店去取他的几件破衣服,和那人一同上火车走了。

那是一个做相当奇怪的国际生意的掮客。他以戈迪萨尔[3]式的胖胖的坦率外表作为伪装,他充当一家冶炼公司的经纪人,专做炮兵军火订货的生意。他在大炮铸造厂和大炮的靶子也就是人民,或者是使

---

① 即狄蒙。

② 意思是"他从小就被人踩在脚下"。

③ 戈迪萨尔,是巴尔扎克同名小说的主人翁。

用大炮的人之间,穿梭联系,相当频繁地到巴尔干和近东去旅行。在那里,人们的舌头发痒,需要舔邻人的鲜血解渴。人类的恩人们想方设法为人类提供杀人的玩具,他们的狗鼻子嗅觉灵敏,善于发现心急如焚地想使用这种玩具的主顾。必要时,他们一边供给军火,一边提供使用军火的借口。自然啰,那种卑微、粗鲁,虽然腰宽背厚的掮客,不会看得这样远!他满足于暗中传递供求双方的建议,向双方索取佣金。他对政治不感兴趣。可是柏里戈的小猪崽却有蘑菇采集者的嗅觉。他不久就明白,政治是大树,在树脚下生长蘑菇。他培植大树。通过他的旅行,他的探索,他的思考和消息灵通的冒险家知识(一手交钱,一手交货),先粗略地,稍后更仔细地探听树的结构,主要的枝丫、树根、它的烂芽。明智的人加以维持,而避免拔掉的烂芽。对于擅长烹饪的人,所有的肿瘤都是蘑菇。他不需要很长时间就断定,像他的老板那样只为一个公司的利益效劳,只需要很小很小的天才。为什么不为两个、三个,甚至所有的公司服务?不用说,为它们效劳,同时就是出卖它们全体,不分彼此。出卖给花钱最多的主顾,也卖给出钱较少的。如果钱送上门来了,你就收下。合金盘或银盘,在所有的盘子里,蘑菇是一样好吃的。人们以为这个小小的蘑菇采集者不可能一下子学会同时骑几匹马的危险技术。可是主要的是,他居然学会了。他有宽大的臀部,而且他臀部坐下之处,都拧了螺丝钉。老板没有时间发现这些。时机一成熟,转眼之间他就把老板排挤掉了。故事没有交代清楚他是怎样排挤老板的。但事实如此,某一天,在巴尔干的某处,那老家伙从他的活动场合失踪了。谁也从来没有想到去寻找他的踪迹。(有什么好处?)

时间没过多久,柏里戈人就被另一个像他那样的家伙发现了。那人比他优越之处在于同伙的人多。因为那个褐色毛发,眼睛明亮的人属于“智谋”这个强大的狼群[1]。它神秘的共济会活动,保证大英帝国

① “智谋服务局”是英国的情报与间谍组织。

在全世界的统治(或者说是这个组织的统治,因为手中掌权的人们也许以为英国是属于他们的)。两个家伙在很长一段时间内互相嗅对方的气味。他们毛发倒竖,一声不响地谋划着,是否两人之中扼死一个更为有利。但是,仔细衡量之后,最大的一个,也就是比较有学识的那个人,认为使这样一个特路法尔丹[1]参加到自己一边来,更为有利可图。于是他毫不客气地提出做交易的条件。特路法尔丹提出来的条件不低。对方不愿意浪费时间讨价还价。那个组织按照货色付价。但是他们必须掌握他们出钱买来的货色。要掌握柏里戈人,必须抓得紧。买货者在这个问题上没有幻想,也不容许被收买者有幻想。格尔德里知道他卖掉了他的性命。他不是为这事坐立不安的人。只要拿到一笔高价就行。别的以后再考虑。只要他有利可图,他可以一直为雇用他的人效劳。到一天,他的利益冷却了,他再设法从钳子里滑出来。危险是拦不住他的。(我们是严肃的,我们不说在一张纸片上签的名!……)

双方都知道会有什么后果,他们总算融洽相处,因为这笔交易的结果对双方都很有利,除了几件次要的或者比次要更轻的小小的出卖对方利益的事以外。那是柏里戈人给自己保留的奢侈品,为了证明他的独立性,或者为了锻炼他的手腕。对方什么也不说,但他表示他已经看见了。双重的明智!不让柏里戈人觉得有缰绳牵着他。但是对方手中拉着缰绳。善于领会的人,敬礼!格尔德里知道人家在照顾他,而且比谁都照顾得好,对方知道他的价值。在有人扶持他,训练他的情况下,他表现出在策划密谋上既大胆又狡猾的本领,从而由他的坚持不懈和手段巧妙的上司们解开混乱的线团,把很长的线缠在各国成员身上[2]。他们不久就承认狄蒙油嘴滑舌的一套本领(高卢人的儿子最好的器官是他口中的舌头)。他们向他提供发挥这种专长的条件。他们为他买了一家巴黎的法国大报社,给报纸命名为《首先是法

① 意大利喜剧中的人物,狡猾和说谎的男仆。

② 指国际军火贩子集团。

兰西》。这倒不是说谎。因为他们首先要摧毁的就是法兰西！狄蒙挖苦地建议:《饶不了他们!》[1]。(从那时起,他才颖脱遂囊。)

他没有饶恕他们。事情没有拖延。他的舌头一下子升高到巴黎圣母院的塔顶,如同卡冈都亚[2]的舌头一样。狄蒙用他的词句淹没了爱听谎言者和巴黎的那些张着大嘴爱看热闹的闲人。他自己也是从他们的汤汁中出来的,他熟悉什么汤汁适合他们的炖肉。他烹调的每一道菜肴都让人吃得津津有味。人们蜂拥而至。他可是决不拍他们马屁。他用谩骂来接待他的顾客。那些虚弱的人,受了他的粗暴对待反而高兴,认为这是对他们的男子气质的赞扬,可以重新点燃蜡烛头。总之,要弄清楚极限点。超过那一点,小棍子不给毛驴搔痒,而是激起它发脾气。狄蒙准确地掌握这一点。即使在他大发雷霆的时候,他也从不忘记看压力表。或者说,看仪表的指针在打在黑人脑袋上的拳头震动下如何跳动。他在暴怒、威胁和狂暴的战斗中保持冷静。一开始他就知道,“到此为止,住手,向右向后转!”这只野猪还有别的田地要去糟蹋。应当这样理解:如果“到此为止”,没有让他抢到使他眼红的猎物残骸(这是很少有的！几乎总是受惊的猎物把它背上的肉让追逐者咬掉一块叼在嘴里,甚至宁愿连皮都给他,为了脱身而逃),他下次还要去。狄蒙永远不会忘记。

尤其他不会忘记在屏风后边进行的真正竞争,和雷鸣般的嘈杂声,那是各公司之间巨大的国际战役,他要从中为他的公司效劳。语言上的极端民族主义是唯利是图的国际主义的非有不可的假面具。狄蒙和他的同辈(他们不是英国贵族院议员,但是别着急,总有一天他们会成为英国贵族院的议员)漠不关心,他自己更漠不关心他们在这个或那个旗帜下争夺钢铁市场,也不管是为了战争,还是为了和平。颜色毫不影响买卖,买卖可以适应各种颜色。是的,起先,在世界大战前,那是一场对人也是对思想的大屠杀。狄蒙和他的老板们一样,在

① 这是狄蒙建议的报纸的名称。

② 拉伯雷《巨人传》中的巨人国王之一。

他们投机事业的一个角落里，还培养国家之花；带刺的玫瑰，鲜红的血色，作为它们代价的鲜血的颜色。正因为此，他们的竞争不是经常一致的……两种玫瑰之战……他们互相蒙骗，可是大战教育了他们，把他们的活动范围限制在一个国家的利害得失上是十分愚蠢的，这时他们有机会为了他们个人的利益，使所有的国家都受损失。如果他们有点顾虑，新生的冒险家们负责替他们消除。当猛烈的旋风掀起海浪时，这些人是从海底来的。他们像莎士比亚作品中的无法无天的杂种，他们把世界踩在脚下。那些由四五个大洲的混合物和污水造成的勒望丹[1]和马来人，是人种杂交的产物。要分辨他们是从哪个国家，哪些肚子里繁殖起来的，是很困难的。他们自己从来不操这份心。这并不妨碍他们在各种水中游得更舒服。让那些口味高的贵族分子倒霉吧，他们宣称非自己鱼池里养的现成鱼不吃！新的狗鱼什么鱼都吞噬。我们跟狗鱼学，不然就会被别人吞噬掉。狄蒙毫不困难地跟上步伐。关于他的出身问题，他丝毫不操心。"祖国"这个词使他联想起"父亲"。他要向他父亲报仇泄愤。不管思想怎样，人们不能不成为某个种族的血肉产物。狄蒙的种族，由于把他生下来的妇女的关系，像她和他出生的土地一样，充满粗俚和原始的高卢民族的嘲笑态度，它的洗刷不掉的气味留在人们手指上。他以强有力的讽刺作为报复，而自己认为，他和同伙中别的人一样，从不和他们之中某几个人相似，轻信宗教的、道德的或社会的经文、虔诚的借口。那些东西是伪善的答尔丢夫[2]们用来掩盖他们的赃物的。对于伪善的行为，狄蒙毫不留情。有时候，他对被剥削的人民满怀怜悯（可是鄙视之心却占上风），而且为了他们，他准备冲向剥削者。但是这种情绪并不比他狂怒语言的爆炸声影响更大。尤其是当他喝了酒，把压在山下的巨人放出来，使火山口冒烟。他知道巨人已经战败。他不像那些糊涂虫一样高喊"Gloria victis！"[3]他

① 地中海东岸各国。
② 伪君子，莫里哀同名喜剧中的人物。
③ 拉丁文：光荣属于战败者。

满足于喊“Vae victoribus!”[1]因为他认识战胜者。他身上剩下的一点德行都放在他对那些人的秘密、凶狠、没有底和没有分寸的仇恨上。那些人是他的同谋,也是他的敌手。另一方面,战败者并不更好些。他也认识他们,这些被剥削者,这些平民。他的童年就是在他们之间爬行着度过的。他们的脚对于被践踏的人来说,并不比较轻一些。因此,让他们留在下层吧。不,不必害怕狄蒙用他宽阔的肩膀去帮助想推翻社会秩序的人,虽然没有一个像他这样,用尖刀般的目光判断这个秩序(这个混乱)。恰好是这种眼神,他不知道加以掩盖,不让那些像他一样,善于从人的眉宇间看透其脑袋中的思想的人看见。他的老板们在雇用他时就对他进行监视。他令人不放心。

* * *

从这一点上说,狄蒙反而使安乃德更加放心了。(我们应当理解为:她并不因此放松提防。)她在这方面找宽大和希望的理由,即使理由非常单薄。一个人只要在思想深处保留着自由与真实,即使他罪行累累,也还是没有整个完蛋。虽然他的行动完全是追求可耻的利益,在内心却保留着无私的思想。这种秘密、辽远和主要的无私,最后和对一切的全部无私相融合。它是无形的试金石。它使安乃德与狄蒙二人一下子就互相考验,互相接受,没有别的解释。关于自己,犹如关于别的一切,他们能够什么都看都听而不动摇。在他们心中,他们并不给自己保留特殊待遇,他们不像歹徒坏蛋一样,伪善地有两种尺寸,一种衡量自己,另一种衡量他人。他们正确地估计包括自己在内的一切外象。眼睛是万物之先,因为,听说一条鱼的腐烂是先从眼睛开始的。狄蒙的眼睛是健康的。安乃德也如此。

老板一点也没有弄错。他什么都瞒不过他的耳朵。耳朵在无动

① 拉丁文:战胜者倒霉!

于衷地接受大海的微颤。他在其中抛下他所负担的一切,他在人间喜剧中所见到的和认识的一切。他自己是喜剧的作者,那些不值一笑的君主担任导演。他的双耳是他的保险柜。他对安乃德说:“留神钱柜!”

安乃德答道:“您自己是会计,您拿着钥匙,您查账就行了。您会发现您的财富一点也不短少。”

“什么也没有丢失? 没有遗忘?”

“一分钱也没有丢。账是清清楚楚的。”

是的,他存的东西,她什么也没有忘记。这是危险的。对谁最危险? 一个碍手碍脚的存款人,或者被猜疑为这样的人的处境,在那种世界里,并非高枕无忧。只要看看放在桌上的这一双能扼死人的拳头,就可想而知。可是安乃德毫不介意地看这双拳头。她神气之间好像连想都不想这些事。狄蒙觉得不好意思,因为他有一阵曾经产生过怀疑的影子。不,什么也没有从钱柜里漏出来。钥匙在他的口袋里。

柜子是十分充实的。安乃德在接受她的政治教育。她一直进入后台。她学到的知识可以补充一位瑞典首相的名言,他说世界是被何等薄弱的贤智统治着! 史学界的鹦鹉学舌常常复述这句话。但是他说的仅仅指在台上的木偶。安乃德看到的是幕后牵线的人。君主们、议员们、部长们,所有被称作领导权力的人,都以傀儡的面目出现,同时放事先录好的唱片给公众听。把他们的贤智都加在一起,还不到十匹马力,却去拉庞大的国家机器。但是在幕后,有别人在负责推动机器。此外还有打钟的钟槌。吹鼓手们玩的是商业和金钱。政治的时代已经过去。现在是经济占统治地位,你不能说经济是满肚子充塞着贤智的! 因为它常常不以人的面目出现。它们常常是“奥克多布斯”[①],奇丑的无名怪物。它们常常伸出一千条手臂在黑夜里搜索,用盲目的长鼻吸食猎获物。还有几个人物,一般情况下都不大愿意出头

① 巨大的章鱼一类海怪。

露面,他们在亿万巨款的旋涡中浮游。今天,他们几乎完全是人为的产物,没有根底,没有种子,没有祖先,没有后代,没有儿子,没有同伙,没有未来。由于他们自己以及他们的事业早晚要消灭,他们企求的只是一时的没有限度的超级权力。一股狂热拉着他们前进。明智的"明日"对他们的命运不起作用,不保证命运的均衡与永存。他们仿佛说:"在我身后,那怕洪水泛滥!"至少,犬儒主义和头脑清醒的国王说这句话时,见到洪水将至,会以不可告人的欢乐估计洪水来到时他本人已经不在人世。可是他们这些无冕之王,他们除了"今天",别的什么也瞧不见,以后如何,他们不管。他们可能挖堤放水,如果他们认为洪水一到,他们大有被水冲来的残破物件可捞。不等他们捞到手,他们自己也将成为残破的废物。十年以来,煤油大王难道没有同时玩两套手法:一边煽动反动势力反对俄国革命,一边设法和俄国打交道,反对这个世界?

狄蒙向安乃德揭露统治各国人民的新权力。他用无限的蔑视谈论旧式的专业政客,以及这种政客在其中盲目地转来转去的激情、成见以及死去了的思想观点的狭隘圈子。在这方面,安乃德和狄蒙意见一致。新的大师们比旧大师前进了一步。他们厌弃旧的民族主义。他们将几世纪以来父子相传、世代因袭的虚荣、怨愤、仇恨、骄傲的愚蠢与沉重的行李,抛出船舷。他们炸掉围栏,并致力于建立一种做买卖与赚钱的国际主义。

但是用不了很长时间就发现,他们用新的,在另一种方式下更富于屈辱性的链条,代替用旧了的项圈。他们扩大了监狱,为了监禁千百万人,不仅是几小撮争夺喜剧中各个角色的专业政客,且包括所有的配角、跑龙套的,甚至连观众在内。整个剧院,谁也跑不了。正如在未来的战争中一样,人人都要受难:普通老百姓、妇女、老人、残废人和儿童;也正如在国际资本主义的模范监狱中,每人都有一个号码,一个独立者也不能容忍。……啊,没有暴行!机构十分完备,以致人们除了驯顺忍受之外,只有饿死之一法,没有别的选择。报刊自由,言论自由,都是过去时代的幻想。没有一个国家可以逃脱别国的压迫。天罗地网,围着地球,愈缩愈紧。

“你们逮不住我,”安乃德说,“我宁愿和老鼠在一起。我要咬破网络。”

“你到哪里去?”狄蒙问,“再也没有什么外边可以去,一切都在里边。”

“还有死亡呢!”安乃德说。

“这使你满足吗?”狄蒙问。

“不!”安乃德说。她怒不可遏。

狄蒙觉得好玩。他强调罗网的结实,没有缺点。他指出,在这方面还有使老旧的政治上的民族主义感到为难的道德顾虑。金钱势力的新国际组织,让被它们剥削的各国人民,以及政治上的落伍者,保留着其理想主义的老娼妓。这个新国际组织不分彼此地和朋友及敌人做买卖。它在这国和那国的战争与死亡上,在你的或我的死亡上进行投机,例如这个鱼雷公司,里面集合着战争与外交的大人物,匈牙利的、德国的、俾斯麦、荷尤斯,以及英国冶金业的高贵人士亚姆斯特朗·华特海。这公司的董事长是一个法国海军上将,同时受一个地中海东岸人的控制。几个实业界的雇佣兵的官军,几个金融界的盗匪头子,脖子套的不是绞架上的绳子(不然倒更合适),而是古老西方各种荣誉勋章的绶带。他们在英美的托拉斯和股权公司之间兴风作浪,颇有声色,然而缺少正确方向,使这些公司沉重的手打击在两个大陆上。高级权力者的强大力量,冒险之徒的狡猾,并不排斥他们的平庸无能。他们不能真正领导互相冲突或互相结合的庞大力量,更多地是这些力量和它们发动起来的机构在领导他们。这种经济力量的盲目活动因此更令人窒息。按照潮涨潮落不可抗拒的节奏,经济力量将和平与战争、繁荣与衰退轮番交替地强加于世界。

狄蒙使安乃德感到惊讶,由于他用无情的明朗性探索那些世界主人的实力,以及他们与金钱交配之后而不结果实的事实。作为这场赌博的参与者,狄蒙对赌博的毫无条理没有足够蔑视。人们妄想篡夺指挥权时,必须知道他们要干什么。他们头脑中什么也没有,除了指挥。用这种下流人的语言说,就是敛钱。最好来一个人刺穿他们的大肚子!虽然狄蒙的利益在他们一边,而且命运使他成为无产阶级革命的敌人,但是当他看到苏联紧紧地牢固地组织起来的群众集合在一起,准备向敌人冲击时,他内心隐蔽处,并非没有怀着残酷的满意情绪,于是他从树林深处,用嘶哑的声音高呼:“冲呀!瞄准肚子!”然而这不过是一时狂怒的冲动。他不能这样干。他是反对他们的。他不愿意理解他们,虽然他能够理解他们。在他这类人之中,像他那样能用公正的态度对待他们的,是稀少的,如果他出生在他们一边,他有可能成为他们的一个领袖。也许这个思想曾经稍稍触动过他,然而生活的机缘却有另一种安排。他一生下来就错过了机会。不提这些了!他在进行另一种竞赛。不论是什么竞赛,必须进行到底。

他是不是这样做?整个问题就在这里。安乃德用灵活的同情心作假设,来接受狄蒙的观点并且评判他。她暂时不用别的社会观点来反对他,即使狄蒙容许她这样做,她当时也没有足够坚定而有把握的观点。关于世界经济问题,她的翅膀宽阔,可是活动空间有限的个人主义没有机会去冒险。她很熟悉圈子的中心,深刻的自我,但是很不熟悉圈子的周围。狄蒙开拓了她的视野。即使景象令人很不放心。但她思想上的贪婪、热烈的好奇心,像燕子似的飞向新的天涯。她没有旧世界需要保卫,没有她筑巢的旧钟塔,她只有翅膀和流通的空气。(还有小燕子玛克。但是他有和她一样的羽毛,他将和她一样地行动。)所以在目前她仅仅忙于观看。她大饱眼福。何等激烈的不同力量的大搏斗!了不起的斗兽场!而人们居然还在抱怨时代沉闷!一群糊涂虫!丰富的时代!……对,这个时代并不很舒适。它刮人的皮肤,把皮肤划破。鲜血从伤口流出来,像水一样。但是何等令人感兴趣!人们没有时间去想自己的痛苦,至多不过是想别人的痛苦。了不起的戏剧场面!哦,这不是舞台上的热闹,布景在移动,如同“圣格拉尔的行进"[①]一样。并非只有布景在行动,和我的眼睛同时,我的双腿,以及整个自我和全世界都被牵动。我感觉地球旋转时的风吹在我面颊上。地球旋转到何处去?我们向何处奔跑?我不知道……这是何等的奔跑!在船头,生活多么美好……

安乃德胜过一切男子,她第一眼就察觉了人类被不可抗拒的原始力量所牵引,围绕着黄道旋转。她不设法抗拒这种力量,而是本能地设法使自己和他们一致。她努力和紧挨她腰身的这个力量结合。把一切关于道德与不道德品质的判断搁在一边,她愿意帮助他实现自己。他是狄蒙。那么让他成为彻头彻尾的狄蒙吧!

他丝毫不是这样的人。安乃德没有多久就发觉了。她是第一个为此操心的人。因为狄蒙手下只有一群从属于他而对他毫无感情的仆役。而在他的面前,他有多少敌人,他们第一件煞费苦心的事就是不让狄蒙使出他的全副本领。他自己毫不在意,除了有时发一阵暴躁的脾气,发过就算。这个巨人中了权力的毒。战胜一个毒汁深入骨髓的世界,不可能不受惩罚。四十年来,他紧抱着这个世界,皮肤贴皮肤。他沾染了世界的臭汗、虱子和伤寒菌。狄蒙是一个爱享受的人,他胃口狼吞虎咽,脾气粗暴而无节制。他的性欲、幻想和个人的怨仇报复,必须立即得到满足。他不会也不愿意过有规则的生活,像某些大冒险家所做的那样。他们是狄蒙的敌对者,也是他的样板。例如巴西尔,煤油大王,或火柴大王,他们的权力造成的不均衡状态,好像被他们谨慎地用有分寸的、僻静而不为人知的家庭生活调节着。狄蒙说他们是老鼠、吝啬鬼、成天坐办公室的人。为此,他们成了资产阶级的赘疣,皮肤上的癌症,远不是什么新人物。狄蒙本可以成为这样的人,但是中途被缠在腹部的水藻和脚下的淤泥所阻。安乃德为此而怒气冲天。因为,很奇特,她对狄蒙的命运产生了激情,虽然她毫不同情

① 据基督教传说:"圣格拉尔"是耶稣在最后晚餐时用过的瓷钵,后来门徒们又用此钵接耶稣钉在十字架上流下的血,因此成为"圣器"。此钵最后遗失了,不知去向。虔诚的基督教骑士们历尽艰险,到处寻找,即所谓"圣格拉尔的行进"。

他。眼看一个天性顽强的人糟蹋了自己,把夺到的胜利又白白丢失,安乃德不能忍受。狄蒙注意到这一点,觉得很好玩,因为他的女秘书对此感兴趣甚于他自己。他感激她的好意。他发现了欣赏自己能力的公众,过去他十分缺乏这种鼓励。可惜太晚了,他已经不能利用了。

是的,他和她一样明白,他比他的斗争对象,他的那些敌手有更多的智慧。他比他们看得远,看得更准确,更彻底。他看到他们的弱点,他们机构的空虚。他用令人炫目的智慧闪光向安乃德陈述这一切。

"那么您怎么办呢,老板?"

狄蒙细看安乃德微颤的嘴唇,说:"你讲吧,无拘无束的夫人!"①

"您为什么不把肩头顶上去?"

"为了支持他们?"

"为了推翻他们,然后在他们的空位上另起炉灶。"

"哪儿有地皮,你指出来!"

"到处都是地。"

"这不过是一片烂泥坑。"

"如果必要,难道不能用您的双臂把沼泽抽干,填平?即使一切都泡在水里了,难道不能像从前的人一样,在木桩上建造房屋和新生活吗?"

"干什么呢?为了像他们所干的那样在他们的沼泽地里下他们的蝌蚪?不,不,现在有的已经够了!我不想再去增加什么,也不想传宗接代!我活一辈子,够了!我不想再从头开始。我已经有的生活,我至少要把它的汁水挤干。"

"以后呢?"

"以后,臭……"②

安乃德扭过头去,生气了,瘪着嘴。

狄蒙嘲笑地问:"耳朵不好受?"

"不!心里不好受。恶心。"她注视他的额头,"何必评判和鄙视

① 《无拘无束夫人》是萨杜(1831—1902)的喜剧。一八九三年初次上演。

② 此处法文原文是:la m……(merde),意为:臭大粪。是骂人的粗话。

那些人,那些篡夺统治权而又不会使用的人,如果仅仅为了像他们那样干!"

"可是我看到他们连看都不看的东西。"

"什么东西?"

"他们的虚无。我的,你的虚无。一切的虚无。"

"您就说您的吧,如果您乐意。我的用不着您说。"安乃德冷冷地说。

"得,得,得,得!"狄蒙感兴趣地说,"你自以为可以享受特殊待遇?"

"这是我的事。"

"你抛开我的事不管了?"

"您自己抛弃自己!这不是可耻吗?您曾经够尺寸和生活上的一切风险搏斗。现在您在虚无面前碰了钉子!呸!(她用嘴唇吹气)……虚无无非是多了一个敌人。和对别的敌人一样,扭断它的脖子!……您还冷笑?向虚无缴械投降!……您叫我恶心。"

狄蒙很满意,斜视发怒的母猫。她好像准备冲他的鼻子吐一口唾沫。他的目光把她周身打量一遍,说:"可惜你已经过了继承我的事业的年龄!没有我,它也许会进行对你有吸引力的搏斗。"

"不需要您!我有我的事业。这场搏斗,我希望它一直进行到底。"

"你有你的孩子。这是真的。把他领来给我瞧瞧。"

"不行!"她坚决地摇头。

狄蒙嘲笑地问:"我配不上他?"

她说:"配不上!"

狄蒙哈哈大笑:"你让我喜欢。你有胆量。我本来需要像你这样的一个老婆。现在太晚了!你错过了火车。"

安乃德说:"我的火车是好的!"

"那么,开车吧!你会看到,没有逃跑的虚无,这个无名的胆小鬼,我仍旧会向它那些见鬼的全权代表进攻。"

*　　　*　　　*

接着是紧张的工作时间。挖墙脚,埋炸药,挖封锁壕,一边等待着军号吹响,或汽车喇叭声,发起冲锋……因为狄蒙还是受了安乃德一番话的刺激,重新投入战斗,兴致勃勃地和他的一些大号敌人比武。一个安乃德在其中有什么事可干?在老板允许她喘气的极少的时间内她对自己提出这个疑问。可是在那些时刻,她疲乏得支持不住,需要补充几小时的睡眠!不要思想!先让我睡觉!明天再说……

可是还有一个人,玛克,他等不到明天。这个玛克,安乃德在狄蒙面前骄傲地拿他装点自己。玛克不允许她昏昏入睡。他母亲成了鲨鱼狄蒙,这个陆地上的海盗的知心秘书,这件事使玛克感觉极度沮丧,而且怒火冲天。他最近才知道这个消息,因为他一直和母亲分离着,赌气不去找她,他并不是在为面包奔忙的穷苦境遇中听说母亲和狄蒙的关系的。他得到第一个消息是在特别悲剧性的时刻。

排字工人马松,玛克的伙伴刚刚自杀。这不幸的人被梅毒与战场上的毒气双重祸害所毁灭。被病毒焚烧着的身体不堪承受精神的狂怒冲击,他的失望和怨愤更是火上加油。在群众集会中,他吐着血,毫无用处地大叫大吼,企图唤醒当年的战友们漠不关心的态度。生气的战友们扭头不理他,他们责怪他唤醒那些他们不愿意再想起的回忆。不止一人在他的辱骂下掩盖起自己的窘态。他从会场上回来以后精疲力竭,痛苦和无可奈何的怒火憋得他喘不过气。失眠使他发烧的脑袋完全慌乱无主。一种幻觉使他清晰地看到战争重新爆发了。伪善的强盗式和平,加上法国人民由于懦怯而成为伪善者的同谋,使战祸的重演不可避免。三年前他以为离别了的地狱,现在要重新出现,这使他不能忍受。本国人民在道德上的背叛,夺走了他的全部生存理由。他无能为力。即使他能够,他还能找到力量来为谁斗争?为这些叛徒们,出卖自己的事业,出卖自己阶级的叛徒?为这些卑怯的人?一天夜里,绝望的情绪与不断的咳嗽掐住了他的脖子,他不能呼吸,于是拿出战壕里用过的刀子切断了自己的喉管。玛克在马松像海绵似的饱吸鲜血的草垫上,发现了他已经流干了鲜血的尸体,死者的嘴痉挛着,好像还在狂呼,怒斥活着的人们不忠不义。

就在这天,玛克在街上,他住处的门口附近,遇见了母亲。她正来找他。他没有看见母亲的倦容,眼睛边上的黑圈。他只看见母亲对他笑。她给他送来两张音乐会的入场券。她伸手把票递给他。她为能和儿子一同享受美好的音乐而感到高兴。她把这个意思告诉了儿子。她显得很幸福,因为一路走得太快而气喘吁吁。儿子吃了一惊,冷笑着,双手插在裤袋里。他说:“不!”她不理解,以为他有女友而不愿意向母亲解释。她准备走开的时候对他说:“如果你有朋友,乐意和她一同去听音乐,拿着这两张票子吧,孩子。我下次再去。”

他从她手里夺过两张票,搓碎了,扔进路边的水沟。为了竭力控制自己不高声叫喊,他用丝丝嘘嘘的哑嗓门,对着母亲的面孔说:“你的东西我什么也不要!”

安乃德愣住了,笑容也僵化了,心头冰冷。他不让她先说话:“我不要这个无赖的任何东西。你是吃他的面包的,那个杀人犯……”

她做了个手势,想替自己辩解:“我的孩子,没有听清的事,先别下判断!……我吃的面包是规规矩矩挣来的……”

她抓住他一条胳膊,充满温爱。他粗暴地挣脱胳膊:“别碰我!”

她注视他,看见他在痉挛性地哆嗦。“你疯了,我的孩子……”

他叫喊(低声地喊,像狂怒的狗,把嘴伸向母亲的嘴边,为了不让路人听到):“你手上有血!”他转身就走,迈着大步走远了。

安乃德发愣地在原处站着,两条手臂下垂,眼巴巴地望着儿子走远。在她惊愕的时刻,她清澈的眼光在探索玛克仇恨爆发的因素,那里面混杂着“fas atque nefas……”①的成分。一种不可告人的嫉妒……她不大理解他的传奇式谩骂。她瞧瞧自己打字的手,手指上只有墨水

---

① 拉丁文:光明与黑暗;吉利与不吉利。

迹,没有血迹。她没有瞧见玛克的手指上还有死人的血迹。她感伤地一笑,耸了耸肩,回身走了……

如果玛克知道她和狄蒙的关系是什么性质!可是怎样对他解释呢?她对自己解释得了吗?她在这只苦役犯划的船上干什么?在这场海盗战争中干什么?这场战争不是她的战争。在凶暴的帮派之间争夺的赌注是千百万卑微的劳动者,以及她儿子和她自己借以生存的大地、水和空气。她本来只是想看看而已,可是她被所见到的情况吸引住了。虽然她很厌恶和反感,她却认真地参加了这场赌博。(在白天,她从来没有时间思考,夜里也很少有机会,她疲乏得像喝醉了酒,她要睡觉。在很长的间隔中,有时有几分钟的失眠……惊愕、恐惧……我在干什么?我在何处?……)当她想起自己的处境时,对自己的印象是一个闯入莽林的探险家。此人和一只巨大的野兽订了公约,于是他躲在巨兽背后,观看四周的群魔混战。他的命运和巨兽的命运联系在一起。巨兽在他前面撞倒森林之墙,践踏老虎与巨蟒。他向巨兽喊道:“注意你右边!注意你的左边!翘起长鼻子,压过去,冲过去!”但是,只要有一线之差,巨兽沉重的脚可能将此人也踩扁了。经常的危险使安乃德解除她良心上经常性的顾虑。她只是想:“快走出森林!”她现在发现,陷身于森林中的不仅是她一个人,而是全欧洲,全世界。于是她欣赏给她开路的大象庞大有力的身躯和两支长牙。她没有时间判断大象。出了莽林之后,她会这样做的。她没有时间顾到道德。她必须跟随巨大的脚步走。一霎时的疏忽或软弱,都必将为出没在四周的猛兽所吞噬!她走着,走着,但眼睛在看,手在记录。以后她再算账,和自己和宇宙算账。

一开始,她就已经想到儿子早晚会要求她报账。她准备向他交代账目。但她不会这样对他说(这是不能说的):当她在一群软弱无力的人,只有百分之五十算人的人,千分之一算人的人,什么也不是,什么也不干,不知道愿望,不知道行动的人之间,有机会遇到一个从善恶之树[①]

① 《圣经》里所说的伊甸园中的智慧之树。

上产生的完整力量,妇女总是会回想起“召唤”①,从中发出极大的努力,开展了人类历史。即使是最贞洁的妇女,并不是献出身体,而是献出精神的妇女,也是献身于能使妇女孕育的男子,有意志有作为的男子。安乃德自己得意,因为她疏导此人的力量,领导他的行动。此外,更谦卑地,她一心想当一个好女工。不论她和别人合作的是什么任务,她不能忍受任务完成得不好。工作使她充满激情。在手指底下有一个狄蒙,还有他的精力和他的手腕,如果出于软弱无力的顾虑而拒绝这样一个工具,那么她就不是安乃德。她是一个优良的女工,她从不和工作赌气。她不会对玛克说这一切。她完全明白这类解释,对于她儿子的精神,对那个不宽容的小青年的精神,什么也不能说明。但是她会对他说,从狄蒙这样一个人的战斗意志中,从很好地指导下这样强大的力量中,可能产生的社会利益,所以她待在他身边也许不是无益的,即使对于劳动群众和独立精神者的事业而言也是如此。虽然她准备和玛克发生激烈的争论,也没有料到会有那样的决裂。玛克却没有设想更好的结果。他是受了逡巡在他灵魂深处的野蛮力量的袭击。此刻,这种力量不容许他改变主张了。

安乃德给玛克写了一封亲热的短信。信中一字不提玛克的粗暴态度。一点也没有责备他,只表示她关心他的近况,请他来谈谈。她本想对他坦率地解释一番。如果她的解释不能令玛克放心,她本来准备牺牲她在狄蒙办公处的职位。但是她不能承认自己有罪。这个激烈的玛克可能这样要求她。她没有任何理由承认自己有罪。他不讲道理,不顾正义,不考虑一切,一点也没有尊重对方的意思!他的怒火要求安乃德不要争辩,和他所憎恨的那个人决裂,而且立即决裂,要表现出她向他请求原谅的样子。他给他母亲寄来了一份最后通牒,只有三行不容反驳的话,没有一句亲热的话。她念完这封信,长叹了一声。她的微笑也显得强硬起来了。和他一样,她有她自己的傲气。她决不

① 指创造人类世界的欲望,即男女情感。这段话是说安乃德在精神上已经成了狄蒙的配偶。

向威胁低头。人们可以用理性和感情从她那里获得一切,用命令的办法什么也得不到。她把这封信收起来,置之不答。她在大象这个活动屏障的掩护下,继续在莽林中前进。“我的小玛克,当你的脾气好一些,能够有礼貌地和我谈话时,我等你来。你可别等我去找你!”玛克采取同样的行动。他在等着……你们两人都可以等待!两人的头脑同样固执。谁也不肯说:“我弄错了。”

有一个人不等待,他是狄蒙。必须跟着他跑。没有时间可以浪费在关于良心问题的枯燥讨论上!如果要不掉队的话,人们的官能感觉越灵敏越好。前进!……“你把我带到哪儿去?”“先前进再说,你会知道的。”他自己知道吗?他虽然不知道,却有万无一失的嗅觉。这是他唯一的本领。狄蒙积累了大量教训、经验与书本知识。他读了许多书。他阅读范围很广,比别人设想的要广得多,而且是狼吞虎咽地读的。但是,他读的活人比读的书更多。他读了许多活人。他对人的认识极为彻底。一眼看去,他就知道每人肚子里装的是什么货。对每个人的弱点、局限,以及每个人的售价都一目了然。对于没有甲壳的动物,对于解除武装的软体动物,他毫无敬意。在他眼中,这些都是卑劣的动物。他问心无愧地欺侮它们。至于和他对抗的强壮者,那是真刀真枪的决斗。在他们和他之间,什么武器都可以用。如果古老的欧洲已经成熟(他们正在使它糜烂,好似用麦稻草捂起枇杷使它成熟一样),他们可以用芝加哥盗匪今天的行动,作为他们的榜样。

但是安乃德受狄蒙尊重,尤其因为她不给他上无用的道德课。他觉得她是不可摧折,不可触犯的,然而没有任何成见。面对最恶劣的景象,她不动摇。她用清楚的,不容置辩的目光判断他们,却并不援引什么原则。她不需要道德或宗教的拐杖。她有女性的慧眼,傲气且从容不迫。她不眨眼睛。她的眼睛不说谎,不对他说谎,也不对被深入观察的对象说谎。她的眼睛没有幻想,这并不改变她轻快、坚实的气质。她热爱生活,但是如果别人向她提出侵犯她权利的条件,她一小时也不愿意多活(狄蒙敢于肯定)。狄蒙挖苦说:“她的权利!我用两个指头就能把它捻碎!”但是他知道,即使捻碎了,她骄傲的眼光仍然会像蜜蜂的刺一样,在藐视他。强硬的女性,像他一样,她有极好的武装,适宜于斗争!可是她不坚持为她自己,为她一个人而斗争。她是妇女。要使她对斗争感兴趣,必须有一个男子,让她为他而斗争。这个人是她的儿子或情夫,要不然就是她的主人,一个她愿意与之结为一体的男子。狄蒙就是这样粗暴地看待她的。她很可能起来抗拒这种冒犯。狄蒙认为这不是冒犯。他用男性的眼光来评价她。在他眼中,一个女人的价值就在于她对男性的价值如何。她不能独立生存。这个为斗争而生的安乃德,需要一个男子把她结合到斗争中去,犹如刀子需要有刀把和握住刀把的手。狄蒙因此更加赏识她。他用识货的眼光赏识这把刀子。单凭这个事实,他对她照顾有加。他并不是雇她来修剪指甲的。当他手中掌握着安乃德时,他甚至要注意自己的行动。只要安乃德在旁边,就能对狄蒙起制动闸的作用。她使他在将要做出某些过分的行动时能紧急刹车。

*　　　*　　　*

然而人的天性总是先停一步,然后更好地跃进。如果这也是狄蒙的天性,小心他蹦跳!

在狄蒙的无数恶习中,也有喝酒的恶习。他对毒素的浸染不敏感。他实行搬运夫式的沉重的纵欲,这种人既能消受酒的作用,又能背负沉重的酒桶。狄蒙没有空着肚子不吃饱的时候。他的天才,如果能这样说,只有在饱满时才能够发挥。他能掌握他的酿酒槽,他熟悉发酵的程度,能衡量到什么线上他可以当众[1]让发酵温度升高,不但对他哗众取宠的活动毫无危险,而且还有好处。因为他从烟雾中捞取好

① 原文为拉丁文。

处,好比另一个人利用水蒸气为我们各种癖好服役。可是狄蒙必须不时有他的发泄时间,让锅炉排出过剩的压力,否则,要小心爆炸!在一般情况下,他不让有旁观者在场,组织这种娱乐,尽可能在巴黎市外,在没有人知道,但有人守卫的地方。如果发生什么破坏和损伤,也便于设法消形灭迹。

由于安乃德最近在巴尔干取得的记忆犹新的经验,她不难想象这类事情是些什么内容。每当老板溜了出去的时候,在编辑室中可以听到这类事的回声,夸大了的,惊诧的,既害怕又羡慕的回声。狄蒙回来时,显得笨拙、阴沉,好比一片刚刚破裂的云化成浓厚的雾从地面升起,安乃德皱着眉头,含着敌意,冷冰冰的,装作一架没有知觉的机器,执行老板的吩咐。狄蒙完全清楚安乃德心里在想什么。这对他是一种消遣。他恨不得设法使她说话。但是她顶住了。打开这扇门是不谨慎的。她进去之后,就不敢担保再出来时会是什么样子了。对狄蒙有诱惑力的正是这一点。

几个月之后,狄蒙和安乃德一样,默默无言地承认两人之间有一扇关得紧紧的保证安全的门。他不打算把这个嗅觉异常灵敏的女人带到他的狩猎区,他生活的另一领域去。她可能妨碍他。他照顾她,不让她去。稍后,他渐渐对她有了把握,也就照顾得少了。他想把安乃德的鼻子放在他的沼泽地上,然后看她扮什么鬼脸。可是,他又把这种想法放在了一边。总之,是这种致命的瘙痒症,想贬低自己心中暗暗重视而又被它碰了钉子的东西。

他开始挑逗安乃德,打破她的沉默寡言,试图刺激她的好奇心和自尊心。他对她说:"嗯,你害怕了?你宁愿不知道?嗨!美德,这比较方便……你不冒被诱惑的风险……"

"被什么诱惑?被谁诱惑?"安乃德不屑理睬地反问。

"你太自信。这太便宜了!我乐意看见你有那么一天神魂颠倒。"

"我已经有过太多这样的经历。谢谢上帝,我已经过了年龄。我不想再走回头路。"

“既然你已越过栅栏，到那边观望观望，对你会有什么损失？你害怕的是什么？”

她向他投射了阴暗的一瞥：“您是知道的。”

“也许。可是我喜欢听你自己说。”

“我怕我会鄙视您。”

他生硬地笑起来：“我设想，很久以来这已经成为事实。”

“可是远远超过我所能忍受的程度。”

她用两只拳头撑着下巴。他觉得她好玩……尽管如此，他想打她一记耳光。他站起来，走了几步，为了抛开刚才的幻想。他站住，面对安乃德：“我想瞧瞧，到什么程度你能……下次我寻欢作乐的时候，我带你去。”

“不，不，老板，别干这个！我请求您……这不是可以随便玩儿的事情……我刚刚对您说话缺少考虑，让您不高兴了，请原谅。”

他笑了。他们重新开始工作。她以为他说过就忘了，没想到大约十多天之后，狄蒙对她说：“今天晚上你不要回家，我带你去拉卡来纳，坐我的汽车去。”

她抗议。他坚决不听。他说：“没有什么人在等你。你是我的部下。我需要你。”

她对他说：“老板，这事情严重，您好好想想！它可能让您和我付出很高的代价。”

他嘲笑说：“我付代价？”

“对，您也要付代价。我想您没有那么蠢，白白失掉像我这样信得过的助手。”

“既然我信得过她，为什么我会失去她呢？再说，我的女儿，如果你以为你是无人可以代替的，那你就过分了。”

“那好，随您便！”她说完又打起字来，嘴紧紧地闭着。她决心在下班时，把围裙还给老板。同时，她的自尊心在耳边轻轻地说：“你不够勇敢，你逃跑了。难道你力量不足？”她最好不要听这句话。这是每个妇女身上都有的魔鬼。狄蒙明白这一点,什么也不说,可是他的眼光在嘲笑:“你害怕了……可怜的老太婆,你怕什么呢?”

安乃德本来是不会让步的,要不是傍晚他们下班时一个年轻的妇女走了进来。她很年轻,很纤瘦,很漂亮,还带点稚气。安乃德看出狄蒙在等待这个女人。她胆小得不知如何是好,一身鲜亮美丽的打扮,装束得和木偶一样过分整齐,仿佛很拘束,不习惯。狄蒙对安乃德说:“结束,不干活了!你准备准备吧!”

他走出去一会儿。安乃德站起来,把帽子按在头上,咬着牙,大声埋怨:“你等着就是,我可不去。”她正想一阵风似的向外走,这时,那个已经被人忘在一边的年轻的来访者,腼腆地拉住她的胳膊,在她耳边低声说道:“啊!太太,您不来吗?”

安乃德看了她一眼:“这跟你有什么关系?”

那女孩子不解释,抓紧安乃德的手臂,说:“您来吧?”

还皱着眉头的安乃德,盯着女孩子看,心情放松了。面对对方突如其来的信任,她微笑了。她仔细瞧对方。从那女孩子的眼光中,发出一种无声的呼号。由于荒诞的冲动,安乃德立刻觉得自己成了一只张开翅膀掩护雏鸡的老母鸡。只不过是一道闪光。正在这时,狄蒙回到办公室,一眼就明白了怎么回事,冷冷地对安乃德嘲笑说:“你陪伴她去。”

走到外面,面对打开着的汽车门,安乃德还没有决定去不去。那个女孩子并不认识她,可是信任她,恳求她帮助……她上车了。

她不记得一路上说了些什么话。老板大模大样地坐在前座,把后面的光线全挡住了。两个妇女坐在后座。她们互相没有话说。女孩子下意识地用手指捏紧安乃德连衣裙的皱折。安乃德利用狄蒙想起要发一个电报下车到路旁邮局去的几分钟,向她的女伴打听到一点支离破碎的情况。女孩子是侨居法国南部的意大利工人家庭的孩子。一个掮客在一家糖果店里发现了她,诱骗她去参加为流氓头子效劳的妇女贩子们组织的“赛美大会”,说是可以获得一笔奖金。奖金没有捞到。作为报酬,她被介绍到歌舞杂耍剧场去干活。她恨不得从那里拼命逃出来。第一天晚上,人家要她脱光衣服上台,让全场贪馋的眼光都瞧她。她没有能逃跑,可是陷入了严重的抑郁症状,类似瘫痪。什么都无济于事,不论是观众的笑声,或者剧场经理的推撞。观众们瞧见这个黑发少女歪着脖子,脑袋靠在肩上,两条手臂笨拙地垂在腰旁的样子,哈哈大笑。狄蒙可是没有白看。他选择了这个受害者。人们把她送到一处自称时装店的地方,雇用她几个星期,训练她,装扮她。到了约定的日期,送货上门,把她交给了买主。关于狄蒙,这个女孩子一无所知,除了她听人用神秘词句说的一些话。那已经够她发抖。等到一见这个吃人巨魔的样子,把她完全吓昏了。想必她并非没有料想到她将要遇到的事!不必过高地估计受害人的天真无邪。她在献身当牺牲品时,虽然并未准确知道将要出现的情况,却已准备牺牲,一切以摆脱贫穷的生活!伊菲洁妮并非不知道要脱离贫穷的生活必须付出代价。但是她这个乡下小女子的想象力完全没有预见到收取代价的是什么样的人。在她心情开始不安时,(这是无法计算的!)她立刻投身于第一个出现的保护人的怀中。这是荒诞的,因为她并不认识安乃德。但是被追逐的兽类总想在它周围嗅到一小点怜悯之心。上述种种都是安乃德从伊菲杰妮说得又急又乱的法语夹意大利语中猜出来的,而不是说话人清楚地说出来的。安乃德马上用意大利语回答她,这就使她更加信任安乃德。后者的话让伊菲杰妮听来好像是从她故乡亚得里亚海滨吹来的清风,她吻安乃德的手心,用意大利语对安乃德说:"Bella buona signorina, mi rimetto nelle sue mani, come nelle santissime dclla Mabonna! ……"①

狄蒙回到车上。

三小时以后,在黑夜中,他们到达树林中用几公里长的围墙围着的一座贵族府邸。没有法子知道地名。狄蒙有几个这样的狩猎和行乐的聚会所,分散在法国以及国外。一群不声不响的仆役立刻出来接

① "美丽善良的夫人,我把自己放在您手中,就像交给至圣的圣母一样!"

待他们,簇拥着他们往里走。两位妇女先被引导到她们各自的一套房间里。重整衣裳之后,有人恭恭敬敬地来请她们,把她们带到一层楼的大客厅中。在那里,晚餐已经准备好。一张大圆桌边坐着两打来宾,来自各国的男宾和女宾。人们并不互相介绍。男人们已经互相认识。至于女宾,认不认识没有关系。即使已经认识的,也不招呼,除非在个别情况下。有三四个严峻的面孔,安乃德叫得出名字,因为她见过这些面孔来找过狄蒙。不用说,这些女宾也认出了安乃德。她们看见安乃德出席,并非没有诧异之感。她们不知道安乃德和狄蒙的真实关系是什么。在怀疑中,她们对安乃德表示客气,可是不大自然。安乃德接受她们另眼相看的表示,好像那是她应得的待遇。对那些态度不大正常的,她帮助她们纠正步调,她把脑袋抬得高一些,表示漠不关心周围的一切,不注意别人谈什么。她的目光却没有闲着。她窥探隐藏在这些面孔下的生命。她用平时和狄蒙谈话所听到的材料,他对她描绘过一些人的肖像,把在座的面孔归为几类。她认出了这位老先生,满面皱纹。他好像用他后脑勺的皱折,用他红边的小眼睛,在笑,在窥视。这个清癯、驼背、怕冷,像一个退休小资产者的老头子,是美国的一个冶金大王。另一位资产者,大资产者,地道的法国人,样子矜持,硬领很高,姿态像公证人或穿便服的高级军官,这是冶金业的一位大老板,同时又是众议员。更远一点,那个英俊的青年,皮肤晒成漂亮的棕色,宽阔的肩膀,穿上晚礼服显得紧了一点,诱人的微笑,蓝钢色的眼珠,他的眼光第一次和安乃德的眼光接触时,交换了一个同伴式的愉快招呼。这人是哪一国的?他说各种语言都带一点爱尔兰口音,神情十分坦率,男子气,讨人喜欢……狄蒙对安乃德说了一句话,她才知道此人就是英国情报机关的有名特务。他在各种伪装之下,建立或者推翻近东的各个王国。在这种可敬的交际场上,别的特务也不缺少。其中有些人是大名鼎鼎的。一个姿态高雅的绅士,脑袋狭长,神态骄傲,彬彬有礼,心不在焉。另一些人,没有这样高雅:遍身是美金的臭味。有一个人曾在日内瓦裁军会议期间,宴请了宣传战争警报的新闻界。美国海军部希望通过这种宣传,使它增加海军设备的新计划得以实现。一个矮胖子,饶舌的南方人,发散着大蒜和石竹花的气息,集堂吉诃德与桑丘[①]的特点于一身,到处散发他的热情,到处保证他对朋友忠心耿耿;用他微湿的汗手和人握手;他的大嘴声音响亮地吻了安乃德的手心,鞠躬弯腰,用夸张的言辞对她竭力赞扬狄蒙,神往、激动到眼泪盈眶。在饭桌上,他的谈话中色情与神秘相混合。这是个专事讹诈勒索的骗子,报界的盗匪。人们很难知道他的卑鄙下流的行为之中能有多少诚恳的成分。他自己也没有把握。由于不知道何种天意的决定,此人身上纯洁的灵魂和流氓恶棍,从生到死都结合在一起。只有到了最后裁判时,这两种成分才能够分清。在目前,在座的主人和他的敌手们,都要利用此人才能从中获利。如果拒绝利用他,那是危险的。整个集会不能令人过分放心。但是像今天晚上这种联欢会,对大家来说,都是上帝批准的停火时刻。如果你是男子汉,就必须为了缓和而享受大伙集合在一起的乐趣。哪怕是敌人,也要把各人的好运道和功绩让大伙分享。说到最后,他们之间的敌对,难道不也是他们生存在世的最好的理由吗?

他们乐意在几小时内,把武器放在一边,坐在圆桌周围,眼光越过桌上的盘盏和女人赤裸的肩头,互相观察,同时不疏忽盘盏里的东西和连衣裙底下的肉体。(除了患消化不良症的美国钢铁大王,在他眼中,醇酒与美人都是不存在的。他坚持他的特定食谱,仔细地在吃他的煮鸡蛋,小口小口地喝他的矿泉水。)

我们不描写女宾,她们是餐食的组成部分,而菜单恰好不是我们感兴趣的东西。不论美的或丑的,她们都是优等品;并非人人都年轻,但是她们每人都能引起食欲。并非每一个女人都可以用钱打动。她们之中有好几个人都有自己的职业,有的从事舞台工作,有的从事笔

① 桑丘,西班牙著名作家塞万提斯的小说《堂吉诃德》中的人物,骑士堂吉诃德的马夫兼仆役。

墨工作,然而人人都有妇女的天赋。来自安科纳[1]的初出茅庐的女孩,是席上的新鲜货。安乃德在这种环境中是令人诧异的。狄蒙自己似乎也有点窘。现在他后悔把安乃德带来了。

可是安乃德自己解决了她的处境问题。她很和蔼,又很自重,在席上担任了招待的任务,简直可以说这座宅第成了她的家。狄蒙听任安乃德这样做。她坐在狄蒙对面。她的一侧是那位全神贯注自己健康的满面皱纹的老先生。他向安乃德谈起他的孙儿孙女们,谈他的慈善事业,托儿所。人们简直可以把他看成万桑·德·保尔[2]。安乃德的另一侧坐着那个漂亮小伙子。他在安乃德耳边,无顾忌地将那个善良老人说成老鳄鱼。他又轻松地讲了几个在阿拉伯人中或在印度干过的化装冒险故事。他表示对于女人的裙衫、脂粉、油膏等十分内行。可是安乃德的紧邻并不妨碍她照顾全席。她不露声色地引导上菜和宾客的交谈。几分钟之后,仆役们就懂得瞧安乃德的眼色行事了。最突出的是宾客们谈话也由安乃德定调子,虽然她一点也不露声色。音乐远远没有向学院派的正确性方面努力。安乃德是很地道的高卢人,她不会不明白一个自由集会的正当权利,由于她参加这个集会,甚至她把这类权利当成了自己的权利。她善于用她温和而音色很好的嗓门,从容不迫地描述而不是过分强调一些调皮故事的细节。在听众中,不止一个有文化修养的人,欣赏她在讲比较放肆的故事时所用的极有分寸的词句。安乃德的成就使狄蒙心中暗暗得意。他没有预料到他的小母马会这样出色,使他不得不另眼相看。他用内行的眼光欣赏这位"诚实的夫人"能在不太多也不太少的界限之内,那样敏捷地卖弄唇舌,而且并不因此而少享受佳肴。她能对付一切战斗;并且在一切战斗中保持平衡。最妙的是她毫不费事地能使别人也保持平衡。

可是,无论如何,他们不是为了这些事而来的。到最后,狄蒙退席时,把安乃德叫到一边,用他从未对她有过的客气态度,说了几句笨拙

① 意大利地名,亚得里亚海滨的港口。

② 万桑·德·保尔(1581—1660),法国天主教神甫,生平致力于慈善事业。

的恭维话。安乃德听了很高兴。(哪一个女人不爱听恭维话?)狄蒙请她不要参加可能十分喧闹的晚会,而到为她准备好的房间中去休息。她很明白,这是要求她让他们自由活动。不过,他过分强调她的岁数,给她在劳累了一天之后先去休息的权利。在这缺乏殷勤委婉的笨拙外表之下,却隐藏着温情的照顾,甚至含着一点敬意,这是他过去对她的态度中所缺乏的。在他的眼神中,她看出他是想让她避开可能发生的意外,那种时刻她在场是不相宜的。她感激他的好意。尤其是狄蒙在把她带来的时候,本打算强迫她接受某种冒犯。还有那个女孩子,她心中已决定要照顾她。但是(不要夸大天真的想法!)她明白她演的是一个可笑的角色:她不是到这儿来保护小姐们的!而且,当狄蒙已经放下武器,仿佛对她说"对不起,你的位置不在这儿,刚才你说得有理"的时候,她不应当反而对狄蒙说:"我不走,我要在这儿保卫德行。"保卫谁的德行?这些小羔羊们的德行?以后,她只要向救世军去申请奖章就行了……她笑了,高兴地说:"老板,谢谢您解除我值班的任务。我把口令告诉您。"①

"什么口令?"

"头脑清醒。"

"清醒的头脑。这是对你很合适的话。去睡觉吧,清明的月光!"

两人亲热地分手。安乃德在离开沙龙之前,为了使自己良心平静,目光在寻找受她保护的女孩。她看见伊菲杰妮在一堆人中间,一边笑,一边抽烟,样子兴奋(她喝了两小口酒就晕头转向了)。她一点也没有注意安乃德离开客厅。

在门口,安乃德遇到那位美国老先生。他也和安乃德一样,对于晚会的下文如何不感兴趣。他规规矩矩地去休息了。他向安乃德点头示意,心照不宣,向她眨眨眼,表示赞成她退场。她回到二楼她的房间。房间在这所屋子的侧翼,很安静的一端,窗户开向大花园。她疲

① 哨兵换岗时,下岗的人把口令告诉接岗的人。

乏了,很乐意把她的“清明的月色”(她想起来就笑),伸躺在清新的床单上。她相当满意这次晚会。像她这个岁数,能在这个不是没有危险的地方应付过来,很不简单。“像她这个岁数……”是她的岁数帮助她应付过来的。可是,对于别人这场戏将如何结束?输的人实际上是赢家,按照一般规律!“呸!我真蠢,去想这些干什么?”她随手从床边一个小玻璃书架中抽出一本装帧精致的书来消遣,看了几句,微笑着,浮想联翩;不久,手指还按在书页上就睡着了……

一小时过去了,也许是两小时,她一动也没有动。她从睡眠中漂浮起来(这是在深夜中,夏天的夜,明亮,可是没有月光),好像被一声辽远的呼号和内疚引导着。软绵绵的床,使她往下沉。床对她说:“别动!好好待着!”但是有一股朦胧的不安定情绪升上心头。她抬起上身,用双肘撑着。不安不仅是从内心来的。在黑夜里,有不清晰的声音和光线。她竖起耳朵听着。不需要很久,她就明白了:“他们已经丧失了清醒的头脑!”她耸耸肩,重新钻进被窝……不管怎么说,他们太过分了!她听到有人号叫。一群狗的狂吠声在合奏。安乃德站起来,推开窗子。房间在屋宇左角,略向里缩。房间右边,屋宇主体的巨大障碍,使安乃德的眼光望不到花园远处。她只瞧见有闪照的光亮在树丛顶端飞驰。打猎的号角声震天动地。群犬的狂吠更加喧闹了……有人在尖声呼叫……安乃德匆匆穿好衣服走出房间,想寻找楼道上的一扇可以望见园内的窗子。她找到大楼楼梯边通向前面阳台的门。她一看,以为自己在做梦……

许多打猎的仆役,手举火把。被人牵着的狂吠的猎犬乱蹦乱跳。在草坪上,几个赤裸裸的女人在跑……狄安娜[1]的狩猎。可是在这儿,狄安娜成了被追逐的猎物。从一簇树林的后边,在笑声和铜管吹奏声中,走出四名穿红色制服的猎人。他们肩上抬着一个裸体女人,活像一只猎获的鹿,手脚被捆住,挑在一根木杆上,脑袋向下垂着。说实

① 狄安娜,罗马神话中的狩猎女神,赤身裸体,手执弓箭。

话,她的喊叫声一点没有神明的风格。这是一个约堂斯画中的粗壮的少女,她流着狂怒的口涎,上气不接下气。一群旁观者捧腹大笑,一边说些不堪入耳的脏话。

在阳台上观看夜猎的安乃德,第一个反应是:“这群白痴!这就是他们发明的把戏。这群土包子,(这个名称从来没有这样贴切地用过!)以为在表演波基亚[①]的把戏。他们愚蠢的脑袋被报上连载小说的形象熏得昏昏沉沉……他们的诗意,都来自大仲马和奥克达夫·弗耶[②]。他们真够下贱!《内斯尔塔》[③]的最后一批浪漫主义者!”

安乃德来不及由于那群人的愚蠢可笑而稍稍减轻她对他们的鄙视……人们已经将另一个受害者带到草坪边上来。这个受害者严肃对待《内斯尔塔》。她是亚得里亚海滨的小水神。她害怕得要死,两手捂着脸,露出她纤秀文弱的裸体。安乃德完全明白这种残酷的游戏无非是游戏而已。狂吠的猎犬是不会放出来的。这种“狄安娜之猎”让这些裸体女神付出的代价无非是恐惧而已(耻辱与害羞都不算在账上,那都是付钱的)。但对于可怜的女孩,这已经太严重了。她害怕地弯着身体,准备跪倒在地上。她周围是蹦跳的猎犬和醉汉们粗暴的合唱。安乃德看见狄蒙用宽阔的大手背拍在萨克斯小塑像[④]肥胖的屁股上,在她耳边喊道:“快跑!再不跑你的屁股就要给我的猎犬当晚餐吃了!”安乃德气得遍身震颤。

她一秒钟也不迟疑,匆匆跑下楼,没有发现自己光着脚。她出现在宾客聚集的平台上。这时,那恐怖的女孩拼命向草坪上蹦跳飞奔,引起观众高兴的欢呼。狄蒙抓住那条大狗的项圈,等时间一到把它放出去。安乃德认识那条狗,知道它没有任何危险。这是个疯狂的大孩子,它把什么都撞得乱七八糟,可是一点也不凶恶,可是那只逃跑的小

① 十五世纪意大利贵族家庭,曾经产生若干历史有名的人物。
② 弗耶(1821—1890),法国小说家。
③ 大仲马的剧本。
④ 指伊菲杰妮;萨克斯,德国地名,以瓷器出名。

鹿不知底细,安乃德猛地推开惊奇的观众,夺路而出,来到狄蒙面前,抓住他上衣的翻领,说:“够啦!狄蒙,你喝醉了!”

狄蒙滚动着可怕的眼珠。他放开狗,让它去追赶女孩,然后照准安乃德的嘴打了一拳。安乃德被打得后退了一步。可是她仍旧和狄蒙对抗。在接着而来的突然的寂静中,她一个字一个字地清楚地说:“你喝了酒就这样卑鄙。”

她的嘴在出血。狄蒙又举起可怕的拳头。可是他瞧见安乃德的嘴,拳头放下了。英国情报机关的漂亮小伙子,从后边跨了四步,来到狄蒙身边,用他钳子一般的手,抓住狄蒙的手腕。狄蒙发愣地待着,不作声。

在草坪上,女孩子在呼号求救。大狗已经追上她,狗的前爪压在她肩上,把她推倒在地上滚来滚去。那狗高兴极了,跳跳蹦蹦,伸着舌头,大声吠叫。安乃德向狄蒙鄙视地投出最后的一瞥,转过身去,跑向倒在地上的女孩。她没有困难地把她救了出来。那条狗听她安排,它在四周跳舞,兴高采烈,等人去向它祝贺。不过要惊怖的女孩放心却不容易。她以为自己已经死了。安乃德强迫她起来,用她自己的手帕等擦拭那年轻的身体上湿漉漉的泪水和深夜的露水,以及胜利者,即那条狗的口涎。她尽可能用她宽大的长袍包住孩子,紧紧搂着她。两个人,一个全裸,一个半裸。安乃德要把还在哆嗦的女孩子带回屋中去。平台差不多已经空了。狄蒙吩咐完仆役们该干的事之后,走了。剩下的只有几名仆役,手举火把,赶快给安乃德和女孩子让路。有几个好奇的人在大厅上,站得远远地观望朱诺神态奇特地回来。她嘴上出血,脑袋高傲地仰着,对旁边的观众不屑一顾。她扶着缩在她翅膀下的小鸡。一个无论发生什么事都司空见惯的,十分正规的老仆人,礼貌地陪安乃德上了电梯,一直送她到房门口。

孩子恳求安乃德不要离开她。安乃德让孩子睡在她的床上。这时,她看见孩子额上留下一块红印,才发觉自己的嘴受伤了。这是刚才她吻孩子时,留下的血印。她用水洗净了嘴。仔细一瞧,她的一颗最好的牙，一颗犬齿，被打断了。战争的创伤。她总算运气不错，牙床上别的部分都顶住了！可是敌人已经逃跑，她要在战场上睡一觉。她挨着孩子躺下。后者由于哭了多时，睡着了，睡梦是惊扰不安的。安乃德自己一刻也没有睡。她脸上阵阵刺痛，眼睛里冒火星。她利用时间筹划了第二天该干的事。

第二天开始了。天色渐渐破晓。安乃德早上六点以前起床，梳洗完毕，按铃叫仆人。吩咐了仆人之后，她自己做动身的准备。接着，她叫醒她的同伴。孩子醒了一下，又倒在枕上睡起来。安乃德说："喂！你到车上再睡吧……"

几乎是由她给孩子穿上了衣服。安乃德拉着她走。她们下楼，看见狄蒙的又大又坚固的汽车停在门口。安乃德言语举止像主人一样。也许她的口气给人这种威力，也许狄蒙已经做了指示，仆人们躬身听命，好像她真是主人。女孩子差不多立刻又睡着了。昨夜她喝了一些酒，又受了那么多的痛苦，所以脑袋沉重。安乃德用垫子给孩子当枕头。她自己倦眼蒙眬，半醒半睡地眺望车窗外，夹在两边篱笆间的白色大路、田野、城市和烟雾，以及她为生活而进行的搏斗，像电影般向后面逝去。她把受她监护的女孩送到她在巴黎的住处下车，孩子到这时终于醒过来了。安乃德要回到家里好好休息，用辛苦换来的休息。

她在睡眠中不时地苏醒，身上的创伤使她头脑嗡嗡地响，只意识到一个完全决定下来的思想："完啦，狄蒙！"到了傍晚，她终于平静地昏昏入睡。这时，她被门铃的响声闹醒，却一点也不惊讶，立刻就料到来访者是谁。她起来开门时，她瞧见狄蒙宽阔肩膀出现在门框中，觉得这是很自然的。他们互相没有打招呼。安乃德用手一指："进来吧！"她走在前面领路。他跟在后面，侧着身子，穿行过狭窄的楼道。她用手一推，把床上打开的被子盖好。可是她没有向镜子里望一眼。她只是把室内穿的长袍腰带束紧一点。向狄蒙指指一张低矮的坐椅，她自己坐在靠窗的安乐椅上，一句话不说，等待对方开口。在狄蒙面部，看不出他来访的意图是什么。他面色阴沉，双眉紧锁。他知道他应当说什么。他本不打算来向她道歉。可是当他看见这张严峻的面孔,这张打肿了的嘴,他忘了准备好的话。他只看见她的嘴。于是,为了找话说,他笨拙地问安乃德身体好不好。安乃德冷冷地说:“好。”不多说一个字。在你瞧我,我瞧你的那会儿,安乃德看见对方的眼睛老盯着她的创伤,她指着自己的嘴对他说:“干得漂亮!你满意了吧?”

她给他瞧打断了的那颗牙齿。

狄蒙发怒地捏紧拳头,责骂他自己:“坏蛋!”

安乃德继续打量他。狄蒙说:“你咒骂我吧!”

安乃德不屑理睬似的说:“没有用。您已经替我骂了您自己。”

“我能干点什么呢?出钱给你镶牙?这是不够的。要是能用我的狗牙给你换上一颗?”

“不,”安乃德说,“别提狗!”

狄蒙坐立不安,很狼狈:“你要什么?赔偿损失?”

“您还不如一开始就向我赔罪。”

赔礼道歉,在狄蒙的习惯中没有这一套。要么压倒别人,要么被人压倒。求人宽恕或宽恕别人,没有用处。白费时间。狄蒙也许觉得,如果安乃德也打断他一颗牙,倒更自然些。她看他踌躇不决,就说:“您别这样干,如果这不是您自己的思想。我不在乎这个!不如老实告诉您,这样做丝毫不影响我的决心。”

“你的决心是什么?”

“再也不跟您打交道。”

狄蒙抽动着他可怕的眉毛;可以看出,在他的额头下,在他痉挛的双手上,正在展开一场搏斗。稍后,他说:“我不能强迫你……啊!我不说假如我能够……”(他的双手又开始不安地搓着。安乃德看他像是亚苏巴尼巴尔①,而她自己的脊梁被他踩在脚下。)他又说:“虽然这样,要是我要求你?……”

---

① 古代亚西里亚国王,生于公元前六六八年,卒于公元前六二六年。

他几乎要问她:“你要多少钱?”可是他的本能警告他,如果在这时提到钱的问题,两人的关系肯定会决裂。于是他说,他诧异地听自己说:“如果我请求你!如果我……”

一段时间以来,狄蒙的眼睛注视着安乃德一半露在拖鞋外边的光赤的脚。她双腿交叠着,摆动着脚,高傲地,毫不在意地。狄蒙还没来得及想一想,就俯身抓住安乃德的脚,把他厚厚的嘴唇吻在她的脚上。

安乃德也来不及想一想,含怒地猛力把脚从那个粗野家伙手中抽回。她毫不克制她的反感,此人居然敢占有她的脚,即使是为了对她表示仰慕!她抽回脚的时候,用力过重,碰伤了他的嘴唇。她怒气冲冲。他也一样。他嘟囔地说:“我竟使你这样反感?”

“对!”她轻声说。

啊!如果他能把安乃德砸烂,他将感到多么痛快!……可是他控制了自己。于是他的大脑袋垂下来,战败了。他说:“请原谅!”

这一下,安乃德倒觉得自己成了亚苏巴尼巴尔。是她,用脚跟踩碎了黑人之王剃光的脑袋瓜。这仅仅是刹那间的幻觉……好像是她干了这样的事。她翘着的脚趾,满意地微颤着。稍后,她平静地说:“对脚表示敬意……狩猎结束了。好吧,狄蒙,让我们结束这场纠纷!”

狄蒙抬起头来……(这个可恶的女人使他不知所措)他瞧着安乃德的嘴,创伤被严峻的微笑照亮了……不管怎么说,断裂的桥修复了。他过了桥!“结束了吧,我记住你这句话。”

“我没有说什么。我没有提出我的条件来。”

“你不走了。”他放心地说。

“我什么也没有说。”

“你刚刚提到条件,我接受。所以你不走了?”

“那么我就待下去吧,”安乃德耸耸肩说,“一直待到手上的工作了清。”

“好!”狄蒙说,“反正明天完不了。”

安乃德后悔她说的那句不谨慎的话。狄蒙看出来了。他态度很好,说:“我不愿意不管你高兴不高兴都硬留你。在昨晚发生的事情之后,如果再要忍受我,对于你来说是太困难了,这我理解。离开我吧!我需要你,对于我来说,你远远不止是一个秘书,‘你是我的刹车。可是,做我这样一个野兽的刹车,不是什么好玩的。我承认这一点。你完全有权利说:‘够了!’你是自由的。我配不上你。”

安乃德感动了。她说:“我不走了,狄蒙,算你倒霉!算我们两人都倒霉!看来刹车或牙齿,必须有一方面被折断。”

“下回你努力吧,让我的牙齿被你打断!”狄蒙说。

* * *

表面上,安乃德在报社的处境和先前没有什么不同。她仍旧坐在靠近狄蒙办公桌的打字桌前。但是不久以后,人们注意到老板的口气变了,对她的态度也殷勤多了。不用说,受伤的嘴巴引起纷纷议论。关于别墅中的一夜,流传着荒诞古怪的传说。两人并不是十分一致的。但是无可争辩的事实证明,在业务方面,这个女人说了算……一个了不起的狡猾的女人!而且她多么善于隐藏她的一套把戏!……她保持原来的身份;假装和原先一样兢兢业业执行老板的指示;如果老板不同意她的意见,从不当众向老板提出她的意见。当着第三者,她继续对他称“您”。可是大家知道,门一关上,她对老板称“你”,而且两人之间有争论。在争论时,狄蒙学会了听人把话说完,不中间打断。这对像他那样的专制魔王是极不容易的!人们对安乃德的这种神通广大的能力寻求报复的办法(其实他们应当庆幸,因为这种权力在狄蒙身上起安定作用),编了许多残酷的风趣话。虽然安乃德不知道这些流言,但是她对人们的恶意有足够的认识,不怀疑有关她的流言存在。她已经做到保持有礼貌的不屑理会的态度。人们背后说她什么,她漫不在意。对于安乃德的这种优点,狄蒙十分欣赏。要是他自己瞧不起一个人,一定会闹得天翻地覆。不可解的是,安乃德不利用这种地位为自己捞一把,反而念念不忘为狄蒙的各种利益着想。

各种具体利益?还是指一个人的总利益?(在古典的十七世纪,人们可能用一个夸张的词:“光荣!”……)对,她很希望这个累积在虚无上的力量,至少在沙土上建立的金字塔。她很想利用她目前暂时(能维持多久?)享有的对狄蒙的影响。于是她秘密制订一个路线计划,试图将狄蒙引导到这方面来。由于生活在工商业界的大亨,拦路行劫的大盗们筹划的阴谋诡计的旋涡中,她的政治思想开始成形,她的本能把她推向设法保卫被剥削者并为他们寻求报复之道的那些政党,虽然她知道得还不清楚。苏联,既被无知的旅游者游览了两星期之后所写的幼稚游记所歪曲,又被敌对的新闻界,职业的说谎者的毒舌所诽谤。这样被诽谤和歪曲的苏联,对安乃德来说还是一个谜,然而是一个吸引她的谜。她清楚地觉得,对使西方直不起腰来的庞大反动派来说,只有苏联是必要的平衡力量。她还没有成熟的计划,她想设法把狄蒙这个有决定意义的重量,引向天秤这一边来。他是不是看到了这一点?是有可能看到的。在这个思想的摸索过程中,狄蒙可能理解得比安乃德更清楚。他知道这个思想的斜坡将把他引向何处。由于他不急于把她推向这一方面,他假装误解。他取笑她,说:“你骑在象脖子上,在干驯象的工作。你想训练它。但是训练它干什么?你自己至少知道吧?要它在街上游行,让一大群白痴向它欢呼?这已经实现了,我已经餍足了。让我去当国之干城?什么国?像我这样的人没有祖国。要我建设?建设什么?建一座凯旋门,为了从门下走过去,像拿破仑这个侏儒一样?人们建筑的一切全是坟墓。我不需要坟墓把我自己封闭在里边。我需要空间。只要我活着,我要到处活动。我走向右边,走向左边。我走进树林,摧毁挡道的一切。低下脖子!留神你的脑袋!”

“即使您活着只是为了破坏,狄蒙,至少您应该懂得如何破坏。不能碰上什么是什么!打破一个缺口,一直到底!您现在停在一处,在原地踏步。下决心吧!冲向前去!”

“哪里是前?”

“您比我知道得清楚。别装糊涂!您看得很明白,一场巨大的决斗已经交锋了。您站在哪一边?”

“我站在我自己一边。”

“这没有什么了不起!至少这个自我,狄蒙,要使它成为一个完整的自我。是对,是不对,什么都不要干一半!”

“赌博是赌博,按不同的机会、颜色在变。”

“我赌的是我的颜色。如果我像您一样在赌桌上,我要一直赌下去。”

“对,我仿佛看见你站在摩纳哥[①]赌桌的桌毯面前,鼻孔紧闭着。你在那里一直赌到输掉你的衬衫。”

“我从来不赌博;因为我有自知之明。我可能输掉的不是我的衬衫,而是我的生命。”

“这已经是事实了,我的孩子,你没有想到,在我身边,你在玩你的生命,或者将要如此。有人在监视你。”

“我已经不止一次地玩过我的生命了。不怕!我有把握,总会赢的。”

“所有的赌徒都这样相信!”

“你不是赌徒吗?你刚刚对我说过。”

“你只赌你的生命。你可以赌,命是你自己的。”

“你呢?你是属于谁的?”

“我不是一个人在赌。在每一场赌博中,不但必须把敌方计算在内,(这倒是一种乐趣!)也要把同伙计算在内。利害相关。”

“这就是你所说的在树林中自由来往?”

“这就是我所说的树林。”

“砸烂它!”

---

① 法国地中海边的小城,是独立的国家,面积只有1.5平方公里,人口两万多,主要收入是靠开设赌场;那里有世界闻名的大赌场。

“你说的是女人的话。我只能在树林中砍掉一片树木。可是树林覆盖着全世界,我们在树林的手掌中,而且,这和我有什么关系?”

“我呀,这和我有关系,如果树林掌握着我,我要放火烧掉它。”

“你将跟它一起焚烧。”

“只要它焚烧就行!”

“革命万岁!……给你一张去莫斯科的火车票?赤色的树林烧得正旺。我不说他们做得不对!人们说,土地烧过一次,农作物的收成更好。但这不再是我所在的这块土地。我在这块土地上,我在这儿待下去不走。”

让他从旧世界的丛林中出来,不是那么容易的。他忙忙碌碌地在那里攫取了他的一份,而且是很大的一份。但他必须让别的大盗也各得一份,才能够到手他的一份(一手交钱,一手交货)。他们的斗争本身就把他们联结在一起,硬碰硬。安乃德听说过,一个人可以成为世界之主,但却比一个一无所有的人更不自由。条件是那个一无所有的人有一个灵魂,或者自以为有灵魂(两者是一回事),可是这种人是稀少的。绝大多数人没有灵魂,或者没有想到自己有灵魂(两者也是一样的)。安乃德处于灵魂的控制下(就像人们所说:“在丈夫控制下”[①])。她并不在灵魂问题上牵涉到永生以及死后的保障等问题。如果你真正有一个灵魂,你就没有产权人的猥琐心理状态。产权人竭力抓住所有物,总是怕被人偷走而吓得哆嗦。“我没有我的灵魂。我属于我的灵魂所有。”狄蒙很可以回答她:“这么说,你也不是自由的!”这倒是真的。谁是自由的?我们都是棋盘上的棋子。谁是下棋的人?

所有棋子并不是价值相同的。安乃德是棋盘上的皇后[②],狄蒙是车。皇后影响全局。这并不是毫无意义的,牛头怪物[③]接触皇后之后

① 法律名词,意思为“妻子不得丈夫同意,无权处理家中财物”。

② 指国际象棋。

③ 希腊神话中的吃人的怪物,此处影射狄蒙。

变得富于人情味,能在这儿那儿表现出他的慷慨。当然,他并非从来就没有这种意向。有时他也舍得花费。但是他把那种慷慨行动看成疾病,要用药物,用他的玩世不恭的态度来治疗。在他身上有无赖与英雄这两种成分。人们不知道哪一种成分是正面,哪一种是反面,因为他能于瞬息间翻穿他的袍子。在一般情况下,在安乃德摄政之前,狄蒙更愿露在外面的是无赖的一面。安乃德善于迫使他露出袍子的另一面。她没费很大力气,从狄蒙那里取得许多对公益事业的大量资助,较少资助慈善事业(他不相信慈善事业),较多资助职业教育和教育事业,帮助集体或个人在这些方面展开行动。对于个别人的资助,他让安乃德全权处理。但她也把账目登记得清清楚楚,而狄蒙却只是随便看一眼。安乃德知道不应当为这些小事去麻烦他。最早的受益人中,有那个亚得里亚海滨的小鹿。她已经被送回原地,定居在法国南部的一个小城中,而且已经结婚,在给她的小鹿崽喂奶。幼鹿在母亲怀中睡着了。也许她听到树林深处的狗叫会心惊肉跳。

安乃德对狄蒙最大的帮助,是调整他的行动,使他没有一点任性的行为;必须瞄准目的,目的达到之后,再看得更远些。不让别人拾走兔子。不要意气用事而浪费时间。她自然也引导他遵循自己的方向,从原来的本能状态,逐月地变得更加深思熟虑,目标是国际性的社会改造,围绕苏联这个旋风中心组织起来。几个月之后,效果如此显著,以致狄蒙的同伙们都不安起来。他们不需要用很长时间就探明了根底。感兴趣于检查狄蒙的秘密计划,同时设法使狄蒙行动混乱的人们,向安乃德献奇特的殷勤,因为他们毫不怀疑,他们的同盟者与合伙者狄蒙如果能够的话,一定乐意拧断他们的头颈。而且他们害怕他的智慧。如果狄蒙在半途耗费一半精力,对于他们是有利的。安乃德理解别人用隐晦的言辞说的请她在这方面多费心的话,人们将感谢她。可是这位妇女用冷冰冰的讽刺口吻回答他们,打消他们坚持下去的勇气。狄蒙知道了以后,不禁大笑。于是在这只大象的眼睛里,燃起一道复仇的光芒。安乃德利用狄蒙的愤怒,和他一起加劲干。在这样的冲动下,狄蒙当着他的对手们的面,把一桩他们本以为有把握的好买卖破坏掉。狄蒙对安乃德说:“你成了危险人物了。他们会绑架你,破坏你的节操。我看我必须娶你为妻,为了保护你。”

安乃德说:“狄蒙,不要这样。这样反而更容易失去我。”

“啊!我不坚持!”狄蒙嘲笑她,“可是你等着吧,他们为了消灭你,什么都干得出来。如果在芝加哥(用不了十年,我们这里也将成为芝加哥),这样的事早就发生了。”

她没有告诉他,这虽说没有成事实,也差不多了。不久前,有人从旧金山给她寄来一盒椰枣。寄件人不写姓名。枣儿是那么好,她很想拿来当午餐吃。可是她有点怀疑……她把枣子送到一个细菌学家的化验室去化验。那是一个曾经在狄蒙的报上发表过文章的波兰女科学家。化验结果,发现了曼陀罗硷的滴液。安乃德把盒子扔掉,没有向狄蒙提起这件事。她还收到一盒土耳其的鱼子酱,她没再费事去化验就扔掉了。后来也就没有人再寄东西来。事情已经走漏了风声。安乃德窥视着,看从哪个角落可能出现危险。狄蒙也在窥视,他不告诉安乃德。两人各自认为没有必要引起另一个也不放心。但是两人都提高了警惕。两人都愿意悄悄地独自承担两人共同的危险,保全对方。这一切,使他们更加互相靠紧了。

有一天晚上,他们两人在乎斯日地方一家旅社晚餐,餐后准备坐汽车回巴黎。狄蒙的司机,一个信得过的人,在他手下工作已经好几年,突然感到剧烈的不适。不必深究原因,只要把他托付给一位医生就行了。狄蒙无论如何要归返巴黎。碰巧在那儿另外有一名司机可以代替病号。可是狄蒙不放心。他打量了那人之后,拒绝了。于是他仔细检查他的汽车,发现一枚主要的螺丝脱落了。他出了很高的代价,租到了村子里唯一的一辆汽车,不论谁,即使想拒绝也抵挡不住这笔钱的力量。他和安乃德坐车从另一条路,而不是走预先决定的路线回巴黎。在路上,他们交换了双方最近几个月来的经验。从那时起,狄蒙只信赖安乃德一个人检查他去外地秘密旅行的一切安排。他教安乃德学会开汽车,甚至驾驶飞机,以便必要时代替他。

面对集中在他身上的种种威胁,狄蒙平民出身的怒火又燃烧起来。他以反击作为回答,也在他的敌手们脚下埋炸药。他以野蛮的快乐之感,透漏了“王家油行”(这是他给人的外号,算是最温和的称呼,他还有别的咒骂之词)亨利·德巴大维亚先生的政治和经济阴谋活动。这样一来,他一天比一天更深地介入反对反苏集团的战斗。这并不意味着他不讨厌共产主义,但是他仇恨而且蔑视他那些敌手。现在,他没有选择余地了。一场生死搏斗开始了。他觉得四周全是他们的间谍,警察。他也有对付他们的间谍和特工人员。有时,他的人员就是对方的人员,同是那几个人。自从最近十五年来,在国家和私人的警察中,政治和商业完全混在一起,以致这些特工人员最后都联成一体。在混合体中,搞不清谁是抓人的,谁是被抓的。互相的讹诈,常常置他们于不能为害的境地,这倒是好运!难道我们没有瞧见,在我们国家里有些叛乱的警察厅长能在四面八方的风暴中站住脚,利用他们掌握的秘密档案不加区别地反对一切政客、一切政党?难道我们没有瞧见,上了绞刑架的人反过身来用他们的绞索套住讹诈者?因此在敌对的人们之间,产生了最奇特的秘密协定。可是现在,对于狄蒙,这种协定已不存在。他撕碎这些破烂废纸。他把自己置于莽林的法律之外。一向支援他的一家英国托拉斯,不再津贴他的报纸。狄蒙立即把报纸转移到敌对阵营中去:一家美国的大托拉斯取代了英国托拉斯。于是狄蒙开始挖他昨日的同盟者的墙脚。这是一场生死搏斗。他的新盟友利用他,只是为了达到他们的目标。狄蒙有受左右夹攻的危险。巴黎的地基对于他已不可靠。他要建立一个新企业,一个巨大的工业卡特尔,目标在于反对商业上的英美霸权。这个机构需要他常去国外。

那是几个月的紧张工作,安乃德紧密地配合这工作。她没有时间为报上开始的对她的造谣诽谤操心。狄蒙对此比安乃德自己更焦心,他大发雷霆。他有他的办法,让这些匪徒不敢靠近。可是安乃德没有理由不喜欢别人的匪徒而喜欢狄蒙的匪徒[①]……卡布勒蒂，蒙特奇[②]，都是匪徒。“狄蒙，你让我高兴高兴，不要让我接受你那些打手们[③]的保卫了。”

“你宁愿让别人诽谤你！”

“嗨！让他们去说吧！”

安乃德耸耸肩。舆论能把她怎么样？她倒是有她最敏感的一点，她有她的阿喀琉斯的脚踵[④]，那就是她的儿子对她作何看法。由于她的儿子，她不屑一顾的舆论就有了重要性。因为舆论的臭气可能传到玛克的鼻子里。她必须十分小心，不给玛克提供对她怀疑的把柄，不要让他以为她在狄蒙手下工作可以获得可疑的报酬。由于她不愿意欺蒙玛克，她拒绝了狄蒙送她的所有的礼物，即使玛克是不会知道的（他从来不来看他母亲）。如果只为她自己一个人，她本可以心安理得地收下那些赠品。为什么不能接受呢？难道她辛劳的工作和担当的风险不是远远超过这点礼物的价值？不如老实承认，她特别遗憾的是，一次两次地拒绝了狄蒙送她的一套梳妆用品。她这样拒绝会让谁高兴呢？如果只牵连到她一个人，她早就让人嚼舌去了。可是有一次，唯一的一次，她接受了一件连衣裙，朴素、漂亮，剪裁得十分合适。那件衣服诱惑了她。真不凑巧，她遇见了玛克。他用什么样的眼光从头到脚打量她啊！当时她羞得遍身发红。她急急忙忙地回家，脱掉倒霉的连衣裙，把它挂在衣柜中，再也不拿出来了（有时，她把衣柜的门打开一条缝，充满温情和气恼地向那件连衣裙瞧几眼）……但是事情已经弄糟。妒忌的儿子是不会忘记的。她严肃地对狄蒙说，不要再送她礼物。她宁愿保持她的简朴的生活方式和狭隘的住所。她完全能

① 为了保卫安乃德，狄蒙准备用他的特工人员去对付别人的特工人员，安乃德不赞成。

② 意大利文艺复兴时期的小说《罗密欧与朱丽叶》中，描写一对情人分别属于有世仇的两个家族：卡布勒蒂和蒙特奇，因此酿成悲剧。

③ 原文为意大利文。

④ 阿喀琉斯，特洛伊战争中的希腊英雄，全身刀枪不入，只有脚踵是他的致命处。

想象出,玛克一到,会用审查的目光到处检阅一遍。有一次,有一件事她非“克制”不可,虽然那样做不符合她的心意。(她本可以享受一点舒适的生活,五十岁的脊梁,比年轻人的腰更能欣赏舒适。)她把克制的理由全对狄蒙说了。

狄蒙开玩笑般高声说:“可是,真见鬼! 你要是给你丈夫戴绿帽子,恐怕也不会有这么多顾虑!”

安乃德用同样的语气回答:“那是一定的,毋须多说。丈夫,你给他什么,他拿什么。上帝给他的,他也可以拿。但是上帝自己办不到的,那就是丢开自己的儿子。儿子是从自己房屋中出来的,而这个房屋是属于儿子的。应当向他报告房屋的情况。我应当报告我的房屋情况。丈夫无非是房客。我的房屋的所有人,是我的儿子。”

“至于他想拿这房屋干什么,我是后勤主任,我可以处理房子!”

安乃德瞪了狄蒙一眼,说:

“我又不是一所可以随便出租的房屋。你不要管我的房屋! 我有钥匙。我保管着。我的老狄蒙,谢谢你。可是,让我们来照顾你的家吧! 你雇用了我,让我管理这个家。不用说这些无聊的话浪费时间!”

有时一连几天,甚至几夜的紧张工作之后,狄蒙强迫安乃德作一次短期的休假。他对她说:“最后,你将达到使我尊重人类的目的。”

安乃德答道:“人类需要的不是尊重,而是空气和面包。你要竭力设法不至于压碎人类。你们是那么沉重,那么沉重,狄蒙! 人类被你们压得喘不过气来。你们要这么多的地皮干什么? 在墓园里,你只要一个小坑就够了。”

*　　*　　*

狄蒙已经做出决定,在布鲁塞尔建立一个大本营。从那里,他需要频繁地去德国、去伦敦或别的地方料理事务。安乃德同意陪他一起去,但是并非没有迟疑,狄蒙谦卑地请求她陪伴前往。她已经看见他在不顺利的时刻(那也许倒是良好的时刻)的模样:怀着阴暗的愿望,要砸烂一切,让头上的房屋塌在他身上,把自己和那些敌手一起压死!疲乏、恶心,某些他不说的个人灾难……一个女子自杀了,巴黎一个美丽女演员,正在青春妙龄。狄蒙醉心于她,要得到她,花钱买到手,带她上他的游艇,作了一次海上遨游。可是她,觉得主人套在她身上的桎梏太沉重了,为了逃避这种压迫,投水自杀了。为此,这个铁心肠的人直到灵魂深处都受了震荡。他,曾经见过那么多由他一手造成的废墟,而没有一点内疚。可是这次,他不知道为什么,心情一直不能平静。也许这一打击是发生在他意志虚弱的时刻,也许这个激情曾经深深打动了他,而他却把它当作一般的经历毫不珍惜,等到他摧毁了这个激情之后,才认识它的无比价值。他只向安乃德一个人吐露了衷情。接着,他又向她讲了别的内心隐秘,向安乃德显露了深藏在巨人外壳中的可怜、最好、充满人性的狄蒙。安乃德接受了他的忏悔,同时也对他承担了义务,甚至权利。他默契地承认她有这种权利。谨慎的态度是不滥用这种权利。安乃德决不滥用。可是她利用她的影响,小心谨慎地引导狄蒙的活动,向着她认为有正确社会意义的方面发展。虽然她的手按得那么轻柔,可是狄蒙感觉到了。他乐意让安乃德这样干,这并不违反他最隐秘的本能,只是他信心不足,不愿意这样做。安乃德在这方面有信念,这并没有使狄蒙不乐意,这使他无目的地向前冲刺的意志,那灼热、枯瘠的沙漠,产生清凉之感。他很可以使安乃德满意,因为她看见他好像很有信心地在干。

渐渐地,狄蒙弄假成真了。他成了资本主义堡垒内部的一支倒向敌人的军队,正如隐伏在罗马军团中的蛮族,准备为侵入者打开罗马的大门。狄蒙现在不再费事隐蔽自己,他对资本主义集团在武装干涉苏联失败后用经济封锁窒息苏联的企图,公然加以牵制。狄蒙和苏联签订了商务条约,而这条约也不是因为他爱上了苏联的美丽,他个人从中也有厚利可图。于是狄蒙的敌手们怒不可遏了。他们不愿意让狄蒙一人享受优先权,也只好和那个他们本想砸烂的无产阶级世界做生意。他们的变节在资本主义世界,在资本主义集团中打开了缺口。仇恨都集中在狄蒙身上。他们恨不得打断他的腰。这,他是知道的。当时他准备投身于烈火中,组织他的战争机器,他的钢铁卡特尔,以便粉碎英美万能机器的统治。在这样的时刻,安乃德不能抛下狄蒙不管。她是他能够推心置腹的唯一的亲信。

安乃德做出这样的决定心中是难受的。她不愿意远离她的儿子。虽然在表面上,两人一直坚持着精神上的隔离。他们已经有时间好好地思考,甚至做了"我有罪"忏悔。安乃德已经准备让玛克避免走第一步。可是自从连衣裙事件以来,那个多心的傻瓜躲在他的帐篷里赌气。难道母子俩要在这种愚蠢的误会之下永远分手?时间过去了。生命过去了。人们一去而不返……一天早晨,她给玛克写信:

> 亲爱的孩子:我将离开巴黎几个月。这一次,我去的地方不是太远。比一年来我们两人的分离远不了多少。但是我不能再这样不吻你而动身,或者不吻你而留在巴黎。你不愿意把你的小狗嘴给我送来吗?如果你认为有什么事需要原谅我(我认为你弄错了,但是我不坚持认为自己有理),你不能原谅我吗?原谅与否,快来亲亲我!

他还没有接到这封信,偶然的机会使他们两人碰头了。在走过圣欧斯达许教堂门口时,玛克听见教堂里正在演奏恺撒·弗朗克的乐章《洪福》。他渴想听音乐,这是枯干的灵魂的渴慕。在教堂后部,有比较廉价的座位,一群庞杂的人在往里挤。玛克钻到人群中,利用混乱,没买门票就挤进去了。他听见身后有人在叫他,赶紧往人群稠密处一钻。另外有些人也跟一样,冲破了堤防。人们把他忘掉了。他和几百名听众一样,投身于音乐的湖水中,忧郁、纯净、稚气,然而明智,犹如老人的眼睛,漂浮着一直没有太阳的黄昏之光,像基督的脚踩在水面行走。玛克不熟悉这个乐章。它离开今天的年轻人已经很远了。然而玛克的心是真诚的。他的艺术感相当准确,所以他很灵敏地感受到一种不同于自己灵魂的美,尖锐地感到自身缺乏希望,甚至缺乏痛苦,支持着过去时代的痛苦。那是一个戴着光轮的时代,正如它那戴荆棘之冠的上帝[①]一样。于是玛克怀着仰慕之情想道:"苦痛是幸福的。痛苦本身怀着被允诺的快乐!"……合唱队唱道:

"哭泣的人们是多么幸福,因为他们将得到安慰……"

于是,突然间,他憋不住了,他也哭起来。他把脸转向他靠着的柱子,手捂着眼睛。如果有人瞧见他,谁也不会微笑的。可是这个骄傲的人感到气恼。他用鼻子吸气,扮鬼脸,用手指擦掉可耻的眼泪……在这时,他直起腰来,眼睛由于刚刚下过雨,特别清澈。他发现在柱子的另一端,几步之外,同样的露水,同样的眼泪,流在他母亲脸上……她在那儿。她没有瞧见儿子。儿子躲在柱子后边,窥视她,仔细看她。她脸上表现出来的激动之情,他一一收入视线之网……

这段音乐在安乃德心中引起比玛克更多的回响,它使她复活了,使过去的生活复活了。一切能够永存的艺术作品,是用它的时代本质铸造成的。艺术家并非独自一人创造作品。他在作品中记录他的同伴们,整整一辈人所痛苦、热爱和梦想的一切。安乃德也就在这段音乐中贡献了她的血。她在其中看见自己,好比拿一幅肖像画和年老了的本人相比,令人失望的是多活了若干年留下的痕迹。她在音乐中听到对公道失望者的痛苦呼声,以及审判官安慰他们的声音。她记得以前在斯特拉斯堡,战前九年,听到过这些声音。这首公道被压制的诗,当时扬扬得意于战胜[②]的骄傲的德国人不理解其中的深意。迷失在金黄头发、巨大身躯、满怀胜利喜悦的人群中的安乃德想:"我们,被你们战败的人,我们理解这些神圣的语言。由于这个事实,作为战败者的我们,实际上是胜利者。我们得到更好的一分收获。"

现在,形势已经颠倒过来。痛苦于不公道的人民,安乃德所从属

① 指耶稣基督。

② 指一八七〇年的普法战争。

的人民,成了使别人痛苦于不公道的人。《洪福》这首失望与安慰之歌,不再为他们而作。战败的基督已经转移到对岸去了。唉!人们没有公道的意识,除非在公道与他们的利益相符合的时候。安乃德是和这一代人共同成长起来的,他们在慷慨的"光荣属于战败者"[①]中吸取营养。她心碎地看到,她的国家在胜利时,在它狠心的自私中,采取了高卢的勃来恩[②]的话,看不见命运之轮在转着转着,而且重新带来了阴暗的日子……安乃德被回忆等七把宝剑所刺穿,那就是:回忆、否定、耻辱、悔恨、残酷的讽刺、眼看要来到的赎罪的恐怖,以及忍气吞声放弃生命,等等。她的儿子躲在柱子后面,远远地接纳了她的每一个思想。他吸饮这些思想,和她相结合,准确地感觉到她的一切,作为他自己的一切。他有把握在同一时间内也感觉到同样的辛酸。他知道为什么这滴眼泪从他母亲脸上流下来,因为在他自己眼中,同样的泪水被抑制着。突然,热情冲动把他推向母亲。他在人群中挤出一条路,走到母亲身后,执住她的手。她吓了一跳,转过头来,她下巴差不多靠在肩上,看见了儿子的脑袋。她用感激的眼光吻了他。两人交换了温爱的眼光。于是手拉着手,一动不动地,直到听完清唱剧。

等他们走出教堂,他们的手才分开,但是他们的心一点也没有分开。关于过去的事一字不提。没有责备,也没有原谅。两人都把往事一笔勾销。他们谈的是刚才的共同感受。关于胜利的辛酸……啊!如果战败的德国人能想到这些,能想到被堵住嘴的法国人民,受那些用法国名义发号施令的政客们的不公道、伪善和贪婪的侮辱!但是在任何国家的人民中,情况都是一样的。战后各国人民几乎都没有反抗的力量。他们是一盘散沙,善良意志在其中陷了下去。玛克说:"你走一步,就陷下去一点。我们是被来自下面的力量拉进去的。"

安乃德把手放在儿子肩上,对他说:"让我们从上面逃出来!如果我们的腿陷进去了,用我们的胸部、脑袋挣扎出来!挣扎出来,这是一

① 原文为拉丁文。
② 高卢民族的首领,他曾经入侵罗马。

生的工作。这工作坚持到死才能完成。但不要像大多数行尸走肉的人一样,陷在泥坑里让人吸血。我们要把沼泽中的蚂蟥拔掉(她想到罗马尼亚的沼泽)。像我一样干,永远不要厌倦!还要帮助别的陷进去的人!"

玛克觉得沼泽中的烂泥粘在他的胳肢窝下。如果他不在街上,他很可能像小孩一样,用手臂抱住母亲的颈项。母亲和他在一起,他觉得受到安慰。他满怀热爱地看着她。他听了她的话感到骄傲。他怎么能意想到?他挽着她的手臂,靠在她身上。他不觉得害臊,把他全身压在她身上,多么好!

就在这时刻,安乃德告诉他,她在一段时间内又要离开巴黎。他听了感到遗憾甚至痛苦,像小孩子一样害怕。她察觉到他在微颤,问道:"你需要我吗?你愿意我不走吗?"

他的骄傲立即又占上风,他说:"我可以一个人待着。你不是也一个人待过吗?"

他想起过去长时期的斗争,那时他母亲在巴黎挣扎。她微笑:"那时我不是一个人,因为怀中抱着你。"

他也微笑了,他说:"我希望有一天能报答你。"

第 三 部

罪恶之风

那时期，西尔薇又想起了她的外甥。她做买卖和寻欢作乐的狂热这时都冷却了。兴致来时像一阵风，兴致消退时也像一阵风。她的财产和健康都发生了严重的断裂声，无情地提醒她已经到了该收敛的时候。“跑没有一点用处，必须知道……及时止步。”[①]太多的美肴，太多的美酒。眼睛充血。突然发作的狂怒，突然发作的狂笑……有一次，正吃晚餐，毛病突然发作，差一点脑溢血。她心中明白。她有自知之明，而无自吹自捧的缺点。即使在狂奋之中，她迷失方向时，心中也在说：“你出轨了！快刹车！”

可是制动器拒绝行动。脖子上和太阳穴的大动脉突突地跳，她开始语无伦次……站住！一夜之间，她下了决心：店铺停业，公馆卖掉……这些都实现了。她的同伙，纪·高吉埃，那个蠢货，在一次内阁倒台，银行破产的风潮中，像一个臭鸡蛋般破碎了。在那时期，有些香水商人出于虚荣的动机，喜欢在政界演一个角色，他们像津贴妓女般津贴组阁的政客，这些人钱到手之后，不执行自己签字的约言，无耻地欺诈香水商。高吉埃活该上当！这些事才不至于干扰西尔薇的睡

① 十七世纪法国寓言诗人拉封丹的名诗《龟兔赛跑》中，有一句诗：“光是跑有什么用，必须及时出发。”

眠……但是她的睡眠却受了干扰,整个机器需要休息,需要拆开来擦油。她清洗了肠胃,用芥末敷身,让水蛭吸吮她身上过剩的血液。她开始过市民阶级的正规家庭生活。

她有一个家庭,一个她招收来的现成家庭,她正在办理法律手续,正式接受这个家庭。三个孩子最大的十七岁,最小的十四岁。他们的母亲佩贝杜·巴斯洛,(她自己改了名字,叫卡尔曼,耳边常常插一朵石榴花的卡尔曼。可是这个名字对她极不合适,好像小毛驴戴了一顶草帽。)曾经是西尔薇在劳动和寻欢作乐时的老同伴。她使西尔薇回想起她最初的斗争,想起她开始在巴黎混的艰苦经历。二十五年的忠实友谊。西尔薇不忘记她往日的狗,即使最碍手碍脚的佩贝杜那种不离开人、有点疯头疯脑、笨手笨脚、尽干蠢事且饱尝西尔薇拳头的狗。但是她不存芥蒂,照样舔主人面颊的狗。她攀了一门愚蠢的亲事。上帝把她从这门亲事中解放出来了,可是没有把她从她的轻举妄动中解放出来。她的丈夫贪酒,见女人就追,后来死在战场上了。卡尔曼马上又找了一个丈夫。她没有西尔薇那种走钢丝时保持平衡的本领,可是她效法西尔薇想入非非和挥金如土的榜样。她曾经是几个情夫争夺的对象,被一个赌棍欺诈剥削。此人最后诱导她(没有强迫她,这就是他手段非常高明之处)去卖身,用赚来的钱津贴他。除此,她还算是个老实女人。她干活勤快,可是寻欢作乐,永不知足。即使在最艰苦的境遇中,她也坚持不改乐观的脾气。作为结论:在她即将离开人间的时刻,她要求有一个富于教育意义的收场。她在一个善良而仁慈的神甫怀中断气,可是她不能真心诚意忏悔她一生的罪孽,她坦率地对神甫说明了这一点,那神甫装作没有听清,让她跟着他一句句地背诵忏悔祷词。她驯服地跟着背,她说:“为的是讨对方喜欢。”她觉得已经到了最后一息,心中并不激动,只在想到她那几个孩子时,流了一滴眼泪。不过她把孩子们托付给西尔薇是完全放心的。她和西尔薇谈愉快的生活(虽然有些肮脏的成分),谈得意的工作,谈她们的那些情夫,差不多一直谈到咽气。

她给她那三个孩子取了悦耳的名字:佩娜岱特、小白鸽[1]和安琪儿[2]。他们的母亲时苦时乐,碰运气过日子,毫无遮掩地把她的生活呈现在三个孩子早熟的经验之前,他们按照各人的节奏做出反应。小的两个,安琪儿和小白鸽是双胞胎。他们在丧母时,也就是十三岁多一点,不到十四岁。那时候佩娜岱特十六岁。男孩子安琪儿很听话,知道用功。他有家风,显出虔信宗教与神秘主义的倾向,神甫们不会错过争取这样一个嫩苗的机会。这孩子很早就立下当教士的志愿。他的双胞胎妹妹很受他的影响,她是个有美丽的小毛驴眼睛的黑发少女,很温柔,有点傻,对官能享受很感兴趣,兄妹二人单另住在一起。兄妹间的友爱建立在他们对上帝之爱这个基础上。虔诚的安琪儿在妹妹小白鸽身上所爱的确实是上帝。可是高龙勃已经有天真的本能,后来这种本能成了她一辈子的习性。那就是由于她爱上帝,所以她爱男孩。男子是上帝的形象。姐姐佩娜岱特以漠不关心的讽刺态度看待妹妹这种天真无邪的贞洁而贪馋的牧歌式爱情。佩娜岱特没有成双配对的爱好。她喜欢独自一人,为她自己而生活。她不和别人谈她自己的生活。几乎对自己也不说什么。世上永不会有人理解她,她不大在乎别人是否理解自己。她是个性格"压抑"的人,因为她青年时期:接触了一九一九至一九二〇年被大吃大喝、狂欢作乐搞得神魂颠倒的巴黎社会环境,她见过那些疯狂的鸟投火自焚,她的本能使她对火存有戒心。她并不从道德观点谴责那些疯狂的鸟,在她思想中,道德几乎不占什么位置。在她看来,问题在于要有秩序、理智和清洁,尤其外表上,在身体与家室方面,要生活得像个样子。她母亲让人牵着鼻子走的生活,使她十分痛苦。正因此,她虽然不真心信教,可是接受宗教的框框。她认为这是一种必要的克制力量,为了避免像她母亲那样的灾祸性经验。除了谨慎小心地避免这类东西进入自己的生活,什么也不想,这在她是谋求个人安全的本能法则。这毫不损害(正相

① 音译为高龙勃,法文原意为"雌鸽"。
② 安琪儿,原意为"天使"。

反!)她对现实冷淡、尖刻的意识。她的意识是狭隘、生硬和井井有条的,正如巴黎玛纳区的小市民妇女的头脑一样。这对她的感情生活也没有更多的影响。她的感情生活的钥匙由自己收藏着。她把她钱袋的绳子结在一起,用一只坚定的手抓着。她并非毫无温情,有时甚至很热情,即使和她最接近的人,她也只对他们生活中和她紧密邻接的部分产生兴趣,并且使用她的精力。至于人死后魂灵如何,她才不感兴趣呢。她的弟弟妹妹那些神秘主义的玩意儿,西尔薇令人晕头转向的任性行动,玛克的精神生活,她都不感兴趣。西尔薇把玛克拴在一根线的顶端,像钓饵一样,在佩娜岱特眼前抖动。关于这一点,下文另详。他们在想什么,佩娜岱特丝毫不愿和他们辩论。她不会把她的小鼻子伸到别人的事务中去。她的鼻子尖尖、弯弯的,像鹰喙一样,但是这个鼻子,如果它愿意,能一下子钩到罐子的底部。不过各人有各人的罐子! 佩娜岱特全神贯注地刮她自己的罐子。况且她是很谨慎的,她不会不知道,让别人看见自己过分关心自己是不得体的。必须装出对大家感兴趣的事自己也感兴趣,连西尔薇也上当了,至少以为佩娜岱特对她感兴趣。至于别人的事,西尔薇并不反对佩娜岱特用灵活手腕去摆布(她不喜欢因轻信而上当的人,可是她自己没有少上当)。佩娜岱特抓住了西尔薇的弱点,然后去揣摩西尔薇对人们的好感或恶感,对她说一些对别人的调皮评论。佩娜岱特给西尔薇保留着瘦母猫的温存与撒娇的姿态:它用身子去蹭手拿碟子来喂它的主人的小腿肚。她呼噜呼噜的呼噜声和她拱成圆形的背,并非都是造作的姿态。到了十六岁,佩娜岱特倾向于把《天方夜谭》中的女苏丹作为她的理想,因为那时,西尔薇是巴黎所有年轻女缝工心目中的女苏丹。佩娜岱特没有条件模仿西尔薇去寻欢作乐和想入非非,但却觉得自己有继承西尔薇的产业的才能,感激西尔薇为继承人的利益而积累财富。西尔薇并不对佩娜岱特隐瞒她要把她立为享有优先权的遗产继承人,补安乃德与玛克的缺。因为这两个人固执地不愿意接受西尔薇任何财产。可是西尔薇不达目的誓不罢休,她为了强迫玛克接受她的财产,正在设法把玛克捆缚在佩娜岱特的床上。她自以为能让玛克和佩娜岱特结为夫妻。她干了蠢事(最精细的女人在这个问题上也是愚蠢的),她想让玛克和佩娜岱特成婚,并把这个意思告诉了两个年轻人。对此,两人的反应很不相同。冷冰冰的佩娜岱特像一根支撑葡萄架的木棍,燃烧起来了。玛克,扭头不理这架葡萄。如果让他自己去寻求,他也许会欣赏这种麝香葡萄。(谁知道呢?)他生气的是别人没有征求他的意见,任意摆布他。这就足以让狐狸冲着葡萄藤根撒尿了。这一下,玛克从佩娜岱特身上和思想中,只能看见惹他发怒的一切。

佩娜岱特并非没有一点吸引人的特色。她瘦削的身材是柔软苗条的,头发太黑一点,皮肤色泽不够鲜亮,但是使人觉得美味适口(身体瘦削的女人,也许在枕席之间是非常热情的)。尤其是佩娜岱特有巴黎妇女的巧技,能够使自身的缺点变为优点。轻轻抹点胭脂,装扮简朴,然而大方得体,线条完美……这些并不是引起西尔薇重视的微不足道的理由。除了她的喜鹊脑袋之外,她样子像古希腊达那格拉[①]。圆滚滚的粗笨的小脑袋并不使线条逊色。这个脑袋有它的风格,而且和全身风格是协调的。如果她愿意,她那一双蓝绿色的眼睛可以使面容焕发光彩(仅仅是在玛克瞧她的时候)。她眼光显得非常温柔,充满睿智。这眼光发出的召唤简直能把死人叫活。可是在玛克身上,其效果只是使他加强反抗;尤其因为他实际上也受了震动,于是他愤怒地拔了这根刺。

西尔薇不明白为什么她外甥不愿意接受她给他的幸福,巴黎精致结实的产品,(这方面她是内行人!)不是冒牌货,而是用优质衣料做成的经久耐穿的衣服,它可以磨损你的身体,而它自己却不会被磨损。这是一个正直的姑娘,能干,有头脑,她除了有一笔遗产作为陪嫁以外,还有一宗陪嫁,那就是清晰、实际和灵敏的智慧;除此以外,再加上

---

① 古希腊地名,以生产精美的陶瓷塑像闻名。

她带给玛克这个丑猴儿的洁白无瑕的处女之身和一颗从未爱过别人的心,只为玛克而燃烧的心。这只卷尾猴!佩娜岱特已经把她的热情向他淋漓尽致地流露出了。西尔薇心里其实很高兴,表面上埋怨佩娜岱特,说她不害臊,为了那个坏小子感情燃烧起来;那个坏小子长得又丑、又蠢、又骄傲,穷得和约伯①一样,而且是和约伯一样的坏脾气(西尔薇是这样想的,可是她因此反而更爱玛克)……如果佩娜岱特嫁给玛克,对玛克是很体面的。但是,佩娜岱特信以为真,并且好像是她自己的话一样,去说给玛克听,这就不好了。西尔薇很可以训斥佩娜岱特,告诉她,她连替玛克解鞋带都不配。西尔薇有玛克这样一个外甥,暗暗觉得自豪。她只许自己有权说玛克的不是,因为她是给小娃娃玛克穿上和脱下第一条开裆裤的人。她窃取了从头到脚诽谤玛克的权利。但是,见鬼,她给这个小畜牲把床铺好,为什么他反而不愿意上床睡觉?西尔薇说佩娜岱特太爱玛克是不识羞耻,后来又说佩娜岱特不会引起玛克对她爱怜,这也是可耻的。骄傲的佩娜岱特对这一点特别敏感。两位妇女讨论用什么办法使玛克这个天真汉上钩。由于动机是善良的,用什么方式都是合法的,即使佩娜岱特在她的思想上抹一点胭脂,正如在她脸上抹胭脂一样。西尔薇教给佩娜岱特如何使这条小小的白斑狗鱼上钩,要她对玛克关心的事,知识界的或社会方面的事,装着感兴趣,(可怜的神经病患者,所有的男子多少都有点神经病!……)佩娜岱特尽心竭力地按照西尔薇的教导去实行。但是她不懈地努力的结果只是使本来就不妙的处境变得更糟,人们不能像打扮身体一样,来打扮思想;佩娜岱特这个小市民姑娘一点也不笨,可是只能在她自然的限度之内。超出了限度,她装腔作势,背诵别人的话,忘了加逗号和句号。多嘴的喜鹊变成了学舌的鹦鹉。玛克缺少礼貌,把他所得的印象都直说了。佩娜岱特气得要死,她不愿意在前沿阵地多

① 根据《圣经》传说,约伯本为极其富有的人,上帝为了考验他,允许撒旦使约伯成为一无所有的穷光蛋,躺在粪土堆受罪。

留一分钟。她虽然没有对西尔薇明说,却把西尔薇和她的那一套说教一脚踢开。她退守原来的阵地。她做得对。不过在战斗中,单单有理是不够的,还必须胜利,然而佩娜岱特没有得到胜利。

她不试图跟玛克一唱一和地做弥撒,而是为玛克做弥撒准备条件。(他做什么样的弥撒,她才不管!)可是她照看着神坛,整理和拂拭神坛。讲台和祭坛留给玛克,佩娜岱特照顾祝福用的圣水盂,事情这样安排,难道还不够理想?他爱怎么想,怎么说,让他去想,去说。她只照顾用具方面的需要。这就不算少了!如果她掌握住丈夫,对她来说,这就够了。别的她都不在乎。

玛克在乎的正是佩娜岱特不关心的一切……他要把姑娘搂在怀中,这是不消说的!不论俊秀的还是丑陋的姑娘,只要合他的意。佩娜岱特却不合他的意。至于她拿保证他的物质需要作为诱饵,他毫不在乎。不但不在乎,更糟的是这样反而引起他猜疑。对于玛克这类人来说,太大的安全,等于事情还没有开始就已经结束。他追求的是他得不到的,而且必须在很危险的情况下去争取的东西。佩娜岱特的安全生活条件,得来太不费力了。她在智慧方面极少需要,在二十岁之前,她已经把园门关上了。这还说不上是花园,只不过是小市民家中的小庭院。她把门关上,不管本市区之外发生什么事,一概不操心。犹如巴黎卡塞特街上的小市民,正当巴黎公社斗争激烈的时刻,不知道战火在别的市区延烧。……至于玛克,从城市这端到那端,到处嗅到火药的气味和鲜血的腥味!他觉得在他脚底下,整个思想领域在崩塌。他必须生活,必须在地球上各种革命斗争的泥坑里挣扎,在烂泥中一直陷到下巴。他必须参加和帮助新世界诞生的巨大可怕的分娩活动……佩娜岱特并不是不知道这些天翻地覆的变动。每一个巴黎姑娘在报上读完了巴黎的小新闻、社会新闻、长篇连载小说、时装广告、体育新闻和小广告之后,如果还有时间,她也读翻天覆地的大新闻!但她们必须先干她们要干的活,人活着不是为了玩乐的!“一连几小时谈论发生在中国的事,或谈论盗窃我们法国资金的窃贼,那些布尔什维克的事[1],这对男子们是合适的!”一个女人只要忙着干活,算账,照顾好餐桌和床铺,把她住的一套房间收拾得清洁整齐就行了,不必为外间耸人听闻的事操心。这类事情有时发生了,过一阵子也就没人提了,来去无踪……在她看来理论都是废话,无稽之谈。她满足于由资产阶级一辈接一辈坚定不移地用劳作与节俭牢固地凝结而成的,经过考验的一整套道德和社会习俗。宗教在其中有它的地位。毫不苛求的天主教不计较你是否真的有信仰,要求你的首先是规规矩矩地实践宗教仪式,这样有助于维持和巩固秩序。在这方面,佩娜岱特比不信教的西尔薇出色。西尔薇向来任意挖苦教士,毫不克制自己。可是她不干涉她养女的信教行动,用宽恕的态度跟她开开玩笑。嘟嘟囔囔,自言自语,说一个女人有这么一点点伪善的活动,对丈夫来说“归根结底”,给家庭的安全增加了一层保证。

“归根结底”,这可并不是那么可靠的!这个佩娜岱特,从外表看,是那么稳重,一点也不会有出乎意外的举动,冷冰冰的,而且通情达理。每个月中有三周时间是这样的,但是到了第四周,她的情绪就发生了奇特的扰乱。她变换了气质,她不再用同样的眼睛和同样的耳朵来判断和理解人和事物。她不再掌握她的方向,当心路上的沟和树!机器好像要笔直地撞上那些障碍物……由于这种危机是周期性的,佩娜岱特学会了事先发觉它的到来。她作好安排,危机发生的时候,尽量把自己远远地禁闭在一边。为了掩盖其真相,她养成了一种极大的自制力。可是在这种时刻,爱与恨、欲念、羡慕与嫉妒,所有在肚子里或头脑中发生的冲动,以及没有得到满足、没有约束的性格所产生的一切恶劣想象,在她内心深处骚动,窥伺。她离开最不堪的想入非非,往往只有几丝几毫的间隔。旁人所能察觉到的,只是突然上升到她脖颈上的一片粉红色云霭,以及红云消退后在面颊上留下的泛青的苍白

① 二十世纪初,法国是在沙皇俄国投资最多的西方资本主义国家。十月革命以后,法国投资遭受损失,所以法国资本家攻击布尔什维克“盗窃了法国资金”。

色。她遍身微颤,像马一样用嚼子乱碰自己的嘴。她觉得马上要晕倒了,赶快定了定神。所有数得清的风险和所有的苦痛,归根结底是一种肉欲的快感。她独自一人体味这种快感。

这是玛克远远没有想到的,谁知道呢?如果他知道这种情况,也许倒会开始对佩娜岱特感兴趣,他是这种人:他们愚蠢地,本能地被危险和阴暗,以及混乱的深渊吸引着,因为温暖的夜给人以获取财富的希望,而平淡的白昼却使货币丧失价值。在生活中,这种人所惧怕的无过于千篇一律。这一点上,玛克不幸是安乃德的不折不扣的儿子!(她不止一次为自己这种性格感到痛苦;而她最悔恨的是让玛克也为她这种习性而痛苦。)即使玛克看到佩娜岱特像爬虫一样在沼泽中搅动烂泥的丑陋的内心生活(我们每个人的内心底层几乎都有这样的生活在蠕动),他也可能对她表示更大的关注。他对小市民阶层单调和冷淡的生活,一潭死水般的沼泽,不会有这种关注。

西尔薇没有佩娜岱特那样明智,后者要求她不要过问两个年轻人之间的问题。她枉费心机地训导她外甥说,一个女人用明智的经济手段,把家庭生活的小圈子管理得井井有条,同时让男人在外面有更多的自由,这对他是十分有利的。可是这种"房东"式治家理想,把有价证券都存在银行里,按时剪下利息证去领取利息,也就是说去接触他的妻子,在我们这时代,这种生活方式已经不流行了。现在的生活不能再关在家里过,而需要不断地换地方。"流浪人"[①]的时代又回来了。女人能不能成为"旅行者"的旅伴而分担男人经常性的不安定生活,以及身体和思想上时时刻刻的不安全?这是个问题。如果把这个问题向佩娜岱特提出来,她可能一边叹息一边回答说她可以放弃家庭生活。她的回答是坚决的,因为她爱玛克!

"对,我愿意。所以我能办到。"

她能办到,至少在一个时期内。因为她是勇敢的。她可能为了她

① 原文为德文。

所愿意的,她所爱的而敢于冒一切危险,但是,她虽然回答"是",而且十分诚恳,那也只能是她的身体跟着玛克走,她的思想却不能。她的允诺能超越她所能够办到的限度。她将徒然专心致志地去干,可是一离开了家庭,她会迷失方向,到了最后她将不可避免起来反抗(这是她的权利)。她将成为捆在男人脚上的一块石头,把男人拖向后面。归根结底,女人不好动的习性的可怕力量,将战胜男人向前的冲力。他得拖着大铁球往上攀登。

玛克的本能,比西尔薇不问他愿意不愿意就为他谋求幸福的打算更为明智。虽然如此,西尔薇并不反对把玛克的手脚捆缚起来,以便阻止他去冒杀身之险。在两位妇女之间,在元帅与新兵之间,不言而喻,在这方面两人是完全默契的。玛克那多疑的鼻子,已经闻出味道了。这就足以使他嫌恶佩娜岱特。西尔薇愈对玛克夸奖佩娜岱特,把她说得美妙之至,玛克愈是用恶言恶语来回答她。双方越说越僵,直到闹得不可收拾,以致西尔薇干脆提出婚姻的建议。最后她气得满脸通红,像要爆炸似的,在可能导致中风的狂怒中,她当着玛克的面,狂暴地使劲将门关上,骂道:"去见鬼吧,穷小子!揪他的尾巴去吧!"①

那年轻的穷小子没有少揪尾巴。

佩娜岱特像神话中的人物一样,英勇地坐在她的炭盆上,表情冷淡,而在她裙子底下,隐藏着怒火和怨恨。

* * *

有一天,玛克衣袋里只剩下几个法郎可以买点食物,可是他走进一家咖啡店,用这点钱去喝一杯。(啊!不至于太过分的!)他没有任性逞狂的条件……不过像这天早上那样,他觉得疲乏、恶心、没有胃口,没有勇气去吞食一块质量不高,烹调不佳的肉食。这使他反感,他宁愿喝一杯纯咖啡,加一小杯烧酒(烧酒有刺激性,可是喝了对他的胃

① 法国成语:揪魔鬼尾巴,意思是"穷得无法生活"。

不利),还另加一种刺激品:读报。在一份日报的第一版,他的目光落在一张人像上,这张人像涂改到令人触目惊心的程度。但玛克一眼就认出来了:低低的前额,眼睛上方的肿块处,有粗阔的皱纹,这个暴怒的大猩猩的嘴脸……西蒙……西蒙·布沙……就是他!在人像上边,最显眼的位置,大字标题宣布:

特别快车上的凶杀案,匪徒已就擒……

玛克把一小杯烧酒碰翻了。他匆匆读下去,眼睛变得模糊;再读一遍,勉强自己一个字一个字地咀嚼。事实俱在,无可置疑。从巴黎到万底弥耶的快车上,在第戎和马贡两站之间,夜里,一位旅客在他的卧铺上被掐死了。凶手从车厢里出来时,被人撞见。他立即从飞驰的火车上跳下,滚下路基,在那里被人抓住。他面部青肿,一条大腿骨折。被害者是巴黎场面上的人物,金融家,好几个企业董事会的成员。凶手是一个堕落的知识分子,一个无政府党人,共产党人……资产阶级报纸向来不知道两者之间的区别……(他们是故意装傻!把两者混为一谈对他们有利。)不用说,"这件案子有莫斯科插手。"

玛克深深受到震动。咖啡喝了半杯就扔在那儿不要了。他不知道怎么办。一边在大街上走:一边自言自语:"西蒙!……西蒙!"他视而不见马路上的行人,他的梦游人本能使他走路时和行人擦身而过,却不会碰撞他们。他朦胧地回想起和布沙一同度过的日子,好像他在法庭上替布沙辩护。他特别回想起他和布沙最初相识的日子。那时布沙从外省来到巴黎不久,粗手粗脚,不屈不挠的性格,像一块打火石那样完整和坚硬。玛克在西蒙身上闻到地道的佩尔什山居人民正直诚实的气息,他的颈项、手足的壮实是名不虚传的。和西蒙相比,玛克觉得自己缺乏抵抗力,面对充斥于大城市中的各种病菌,只能束手就缚!假如《麦克白》[①]中的巫婆们对玛克和西蒙说"你们两人之中,有

① 《麦克白》,莎士比亚的著名悲剧,剧中第一幕出现几个巫婆,预言剧中人的命运。

一人将在断头台上被斩决”,玛克会吓得立刻用他神经质的双手捂住脑袋。他是那样信任西蒙,那样地对自己没有信心！西蒙干了什么事？别人对他干了什么？谁是“别人”？大家！战后的整个残酷世界。首先是我们……

玛克的目光碰到坐在露天咖啡座上一双注视他的大眼睛。维隆－高卡的眼睛,他在嘲笑玛克。玛克从桌椅行列间挤过去,没有坐下,用压低的声音说:“维隆,你知道吗?”

维隆一边继续讽嘲地微笑,一边说:“我知道。那个白痴自投罗网。我早就料到了！让人给他放血吧……”

玛克眼中冒出怒火。西蒙的血溅到他眼睛上去了。他扑向维隆,抓住那人粗壮的脖子,把他按在咖啡店的墙上,喊道:“凶手！是你,是你杀害他的!”

维隆－高卡挣脱了玛克的手,怒火冲天,用粗大的拳头敲击玛克瘦削的胸肋,用力把玛克推向一张桌子:玛克坐在了满桌的杯盘和打翻的啤酒上。在嘈杂的呵斥声中,玛克这个不速之客被人轻而易举地撵走了。人行道上,看热闹的人开始站成一堆,玛克从人缝中看见维隆两眼鼓起,向他挥动着拳头大声叫喊:“当心,坏蛋,别再来这一套！不然的话,我叫警察抓你!”

这时有两个警察在大街上走过。气得两腿发抖的玛克,透过把他和维隆隔开的人墙,注视维隆,对他说:“蠢驴,原来你跟警察同伙！难怪无恶不作!”

维隆大声吼叫,推推撞撞地冲开一条路,扑向玛克。玛克把手臂叉在胸前,等候着对方。可是一只女人的手插入玛克两条手臂之间,这是一个姑娘,她认识玛克,一边拉着他走,一边说:“你疯了,小家伙?别在这儿待着！我不愿意让人伤害你。”

她拉着他拐过一个弯才放手。他没心听她说什么。他走过两条街,才从记忆中看见她浮肿和疲乏的眼皮,鲜血般的口红把嘴涂得长长的。她用友好的微笑向他告别。玛克心想:“如果西蒙早遇见这个好心肠的女人,也就得救了。”

玛克白费力气地想,怎么也想不起这个女人叫什么名字。火烫的悲剧浪潮把她的名字和形象,都冲到永恒的阴影中去了。玛克反复说:“西蒙……西蒙……”维隆嘲讽的笑声使玛克心中重新升起仇恨的火焰。他自言自语:

“这个恶棍把西蒙引入歧途了。他让西蒙肚子里灌满了酒精和对黄金与女人的狂热渴望。如同《圣经》中所讲的尾巴上绑着火把的那些狐狸的故事,这个无赖把尾巴着火的狐狸般痛得发狂的西蒙放进麦田里,于是他在一旁搓着手欣赏受苦刑的狐狸和焚烧的麦田。”

玛克觉得杀人的念头在使他手心发痒。但是他发现有人在注视他。他猛然定了定神,使劲用指甲掐自己的手心。这一下,他头脑冷静下来了,开始考虑下一步该怎么走。

他们不能让西蒙沉入水底而不向他伸出援救之手!必须把同伴们都召集起来,同伴们!他们都在哪儿呢?还有没有同伴?……若望-卡西弥在布拉格,任法国大使馆的二等专员。阿道尔夫·舍瓦里埃,成了一个部长的私人秘书,经常在旅行中,或者参加宴会……他们才不会为布沙操心呢!……必须强迫他们去操心。可是到什么地方去找他们呢?找若望-卡西弥,想都不用想!在邮局里,玛克给若望-卡西弥草草写了一张明信片,文字松散,口气粗鲁。这张明信片让对方看了只能生气,玛克把明信片投到邮筒之后,又想把它取回来,可是已经晚了!不管是晚是早,反正不能把希望寄托在卡西弥身上。即使需要去抢救一个落海的人,若望-卡西弥也不会少参加一次晚会。玛克开始寻找舍瓦里埃。虽然这人向来对布沙缺同情心,至少在原则上他提倡伙伴间的友谊。从这种友谊出发,他也许愿意趁这件丑闻尚未定案,设法将它压下来,因为他认识许多部长夫人,胳膊很长。玛克跑到格勒内尔路的一个部[1]里去找。从那儿,他像一枚台球般被

① 在巴黎格勒内尔路有好几个部,如:教育部、工商部、广播事业部、劳动部等。

人弹到树林大路舍瓦里埃的豪华住所,但是主人不在家。最后,玛克跑到法院里,总算找到了舍瓦里埃。他正在和几个穿长袍的[1]夸夸其谈的人进行重要的商讨,旁边挤着三四个新闻记者,一副副发黄的咸鱼般的嘴脸,希望听到点什么。舍瓦里埃没有中断他的谈话,朝着玛克,做了一个保护人的手势。他说完话,拉着玛克大步走去,神色匆忙,心不在焉,没听见玛克对他说的话。

"怎么回事,我的好友?你有什么事要对我讲?"

玛克的话刚一开头,舍瓦里埃马上说:"对不起!"去和一个走过的律师握手了。玛克等着。舍瓦里埃去了好久才回来。玛克在那里等着。舍瓦里埃明白,这家伙会一直等到夜里。他回到玛克身边,后者想再次提出他的要求,舍瓦里埃打断玛克的话。他做了一个充满感情的巨大手势,意思说:"多么不幸!"但同样可以理解为:"多么讨厌!"

"对,对,"他接着说,"真叫人伤心!……可是我们有什么办法呢?……现在,只有法律有发言权了。"

他神气庄严地摆摆下巴,脑袋左转,右转,对遇见的熟人微笑。接着,他吞吞吐吐地说:

"我忙得很……对不起……你的健康怎么样?好吗?……过两天我通知你,我们一同去午餐……再见,好朋友!"

舍瓦里埃溜掉了。

玛克站在那儿发愣。没有什么可说的。每一个动物都本性难改。狗总是狗。猫总是猫。狼总是狼。"我呢,我是狼,我在这儿干什么?……"

玛克回到寓所。但是,他心上压着一块大石头,不能独自一人关在房中。虽然他已经十分疲乏,但还是找了个借口推迟回屋。一想到吕丝,他就不再想别的事。他已经很久没和她见面。她和他之间,似乎有一块冰阻隔着。说来奇怪,他二人间这种冷淡关系,就是在那天

① 律师和法官的制服都是黑缎长袍。

早晨开始的。那天夜里吕丝援救了他,两人从各自的床铺上伸手互相拉着……可是后来两人互相回避。如果两人相遇,吕丝要么是假装没看见他,要么是露出敌意的微笑。玛克不明白这是怎么回事,也不一定要寻找原因。

不过这阵子,他需要一个女人,一个伴侣,可以把压在心上的情绪向她的心(即使是含敌意的)倾吐。一个女人总是一个女人,可以做母亲或者大姐。即使她头脑冰冷,她的心肠是热的。这个心肠微颤着,响应男子的一切激情,而且表示同情。男子如果觉得他的头太沉重,可以把他的额头放在女人的心窝上。女人是男子的巢穴。

在瓦尔·德·格拉斯医院的巨大阴影下,玛克登上街道弧形处的小楼。他敲门。

“进来!”

时间已晚。房间在阴暗中。在房间的最里面,吕丝躺在她的窝中,光着她那两条西班牙猎犬似的瘦长腿。她的短裙卷起,露出腿来,一条腿搭在通向放床的小间的阶梯上。玛克走过去时,她没有做任何姿势盖住她的腿。她以漠不关心的表情,看着玛克缓步走近她。玛克的瞳孔渐渐放大,习惯了房中的昏暗。他还没有看清一切之前,已经听到吱吱的烧烤什么的声音,同时闻到了气味:她正在吸鸦片烟。他不浪费时间和对方谈论这个问题。他必须先放下压在心头的包袱。他不等她问,就不停地说起来。他向她叙述一切:西蒙、维隆、舍瓦里埃,叙述他白天经历的一切激动,他的愤怒、痛苦和厌恶。他不盼望她会给他出主意,可是,(谁知道?她是检察官的女儿,关于这个案子将如何进展,她总能比他看得更清楚些。)他只盼她说句简单的话,一声怜悯的呼唤,或者更少些,伸出手来,抓住他在阴暗中寻求支持的手,说一声:“我的孩子!”

她却什么也不说,什么动作也没有,她都听见了,她在等待。他也在等待。毫无动静。现在他可以完全看清她了。她仰面躺着,整个身体伸直,脑袋比腹部放得还低些,一只手臂和一条腿向下垂着,一动不动,不识羞耻地,无动于衷地,用冷冷的眼光盯着他。在这眼神中,他看出了他一直猜测的东西——但是他一直不愿意相信,尤其是面对如此悲惨的结局——那就是她不声不响地对布沙怀有女性的反感,深刻的,不能宽容,不能改变的。她一直讨厌西蒙。

玛克气得快要窒息了。那躺着的女人微微张开薄薄的,一条红线般的两片嘴唇,冷冷地对他说:

“你愿意抽一口吗?不愿意?那好,你走吧!”

他一声不哼地走了。他听见在他背后,地板在光脚下格格地响;并且一出门就听见身后钥匙在锁内转动的声音:人家关门落锁了。

* * *

当玛克回到自己的住处,他把白天发生的事清理了一下,他说不清维隆、舍瓦里埃、吕丝三个人中,谁最可恨……过了一阵,在深夜里,他竭力回忆吕丝的面目,为了更明确地憎恨她,于是,他才感到吕丝的面孔显得很憔悴。当他和她面对面的时候,他只看见她目光的凶狠,仇恨在折磨她。他想起了她的面容。她也是受折磨的。活该!再好没有!

接着的日子都在经常不断的困扰和烦恼中度过。玛克勉强自己工作,这是大有必要的。他忙于他职业上的事,可是思想在进行活动;职业上的事可以机械地完成,头脑整个儿地被援救西蒙的思想占据了。他没有任何行动可以采取,唯一的安慰就是给他母亲写信。她也不能给他出什么主意,可是母子二人能共同分担苦难。这是两人之间心照不宣的协定。安乃德先开始在信上给玛克写一般母亲没有习惯向儿子倾吐的内容:她生活和战斗中的遭遇,非常直率的,赤裸裸的,都是同伴之间才互相说的话。玛克收到这样的信,心中充满感激与骄傲的热潮。他没有把自己的激动心情告诉母亲,不过他也付出他应付的代价:从那时起,他竭力向母亲表示信任。这种来自儿子方面的信任分量过重,有时使安乃德莫名其妙。但是她不露声色。她了解这不是他的冒失和轻率,而是忠诚的表示:不顾羞耻,手脚捆缚,把自己交给别人。我们不能怀疑他在学卢梭[①],故意做道德上不健康的自我暴露。人们可以想见他会红着脸心想:"这一回她该鄙视我了。活该!我应当……"现在,两人都有把握认为一方向另一方坦白的一切,对方不会反对。"我的就是你的,你的就是我的……"在当时的混乱世界上,能有这样的血肉交流,是极大的幸运。不止一次,玛克与安乃德因此得到安宁。每当由于疲乏或恶心,血液冲向心脏,血管瓣膜便有节奏地一张一合,把血液重新压到血脉中去。甚至不需要接到对方的回信。给对方发出了信号,这就足够使人感觉到心脏的收缩。玛克每写完一封信,整夜都感到轻松。

六天之后,玛克出乎意料地看见若望－卡西弥走进他的房间。这是他最不曾盼候的一个人。他结结巴巴地说:"你收到了……"

"我收到你的信了。"若望－卡西弥说,"我本来应当在报上看到这件事,可是这件大事竟被我疏忽了。你来信提醒我,你做得对。"

"你从什么地方来的?"

"从布拉格来的,那还用说。我坐飞机到斯特拉斯堡。我到巴黎已经三天。我没有马上来看你,因为我先直接去办了最迫切的事。你不见怪吧?"

"若望－卡西弥!"

玛克拥抱了若望－卡西弥。

"我认为我没有浪费时间,"若望－卡西弥接着说,"不过我得趁早告诉你,我怕我们无能为力。"

"不论我们能做到什么,反正我们应当尽力而为。"

"我也这样想。但是可能的余地不大。你已经知道,我们不能对朋友们存多少希望。"

① 指卢梭《忏悔录》中故意暴露自己隐私的倾向。

“谁告诉你的?”

“我已经去转了一圈。我在他们门口看见你留下的足迹。”

玛克破口大骂这群“朋友”。若望-卡西弥说:“他们就是这样的人。你对他们总是存有幻想吧?”

“我什么幻想也没有。我还固执地希望是我对不起别人。但是他们比我对他们的判断更为恶劣,其中最恶劣的是女人。”

几句粗暴和丧气的话,显示出玛克念念不忘在吕丝的沉默中见到和摸到的残酷仇恨。若望-卡西弥说:“是的。但是她也许有仇恨的理由。”

玛克听了为之一惊,说:“怎么?什么理由?针对西蒙?”

“针对西蒙,或者针对另一个人,针对你,我,不论是谁!她仇恨某一个男人,或者所有的男人。你仔细看过她没有?她有仇恨的理由,这是明摆着的。”

玛克对于若望-卡西弥的洞察力大为震惊,他本是个对一切都走马看花,不稍停留的人。玛克在回想中立刻又看见了吕丝的憔悴、颓丧的面容。他探察到了深处,心想:“的确是这样!……”他问道:“可是,你在想什么呢?”

若望-卡西弥把嘴唇一瘪,表示避开谈这个问题,他说:“我什么也不想。我没有时间去想这些。不论谁,到了一天,都会落入陷阱的。她在这儿那儿丢掉几根羽毛,这是她的事。不管有羽毛没有,她总会摆脱困境的。女人们总有办法摆脱困境。让我们管我们自己吧!……管我们的事吧!……”

玛克说:“对女人们,你现在变得这么狠心了。过去,人们以为你是站在她们一边的。”

“正因为这样。我是和她们一起混过来的,我了解她们。她们欺骗过我。我也欺骗过她们。最后我们总是能够站稳的……且不说这些,让我们想想那个蠢家伙吧,他有办法把自己摔得头破血流,一边等着让别人来砍他的脑袋!……如果我是女人,像你所说那样,我感兴趣于类似他和你这样的蠢家伙,也是理所当然的。不要抗议! 你和西蒙是一样的,不过你属于更优秀的族类,但你们都一样浑朴,在你们的行动中,你们都是那么偏狭。如果你们掉进陷阱,你们丧失的将不仅是几根羽毛,而是整个性命。你们使我觉得可怜。人们对你们多少有点儿鄙视,也许正因为这样所以人们爱你们……"

玛克恨不得打对方一记耳光。他在嗓子里嘟囔着:"这个丫头! ……"接着,他咽了一口唾沫,心想:"她有理由……"他想到她或他①,也就是若望-卡西弥,是为了援救倒在地上的朋友,一分钟也没有犹豫地从布拉格赶回来的,便把投射在这个调皮小伙子捉摸不定的笑容上的狂怒眼光平息下来,说:"闲话少扯! 来说说我们的事吧。"

若望-卡西弥从容不迫地说:"事实是,我见到了西蒙……对,我并非没有先去敲各种各样的门(比较容易敲开的不是那些最高的门),然后才办到请人把他的牢门打开一条缝,或者不如说打开医务室的门。人们正在那里设法修补他的焦头烂额,到了隆重的日子②,好让他的形象比较完整些。我曾试着想跟他交谈几句。可是我刚刚说了两句话,他就冲着我狠狠地咒骂。他满脸包着绷带,只露出嘴和一只眼睛,一只犀牛眼睛,深陷在眼窝里的,目光凶狠的小眼睛。但是,这只眼睛一瞧见我,这条犀牛便向我冲过来! 他把一切全践踏在地:你、我、维隆,所有的朋友。他拒绝接见我们之中任何一个人。我只好转身出来了。"

玛克心头紧张地问:"我也在内? 他提到我的名字了吗?"

"他提到你的名字了。别难过! 你是在这一堆人中的,在活人的一边。他已经在额头上标明了:属于死人的一边。"

"难道没有什么办法救他吗?"

"我想没有办法了。我去看了律师和另外几个人。我设法使他们关心西蒙。但是这个家伙拒绝别人营救他,你有什么法子呢? 他甚至

---

① 若望-卡西弥长得秀气,属于"姑娘型",同伴们一直讥笑他是女性。

② 指西蒙被公开审判的日子。

拒绝和律师谈话。他对律师说,在重罪法庭上,他要辱骂他。”

*　　　*　　　*

这桩案件的调查手续没有拖延。事实是一清二楚的。没有什么需要否认的,既然被告自己什么也不否认。在重罪法庭开审的那天,若望-卡西弥又从布拉格回来了一趟。他和玛克虽然明知他们的干预无济于事,为了荣誉,他们还是出庭做证了。对于玛克来说,这是极难堪的任务。他不能忍受在大庭广众中出头露面,他知道在那种场合他总显得比他的本来面目更拙劣,因为他孤僻和骄傲的脾气使他僵化。一想到在光线阴森森的法庭上和他过去的伙伴面对面相见,也许还要遭到他的责骂,他就害怕了。他恨不得逃跑,或者像孩子一样用手把眼睛和耳朵都捂起来,直到一切“完事”。但是他愈害怕就愈勇敢,因为他对自己非常生气:“去吧,胆小鬼!”于是他去了。

在他周围,一片模糊,他什么也看不清。是怎样进入喧闹的法院和证人室的,他也什么都没有记住,若望-卡西弥带领着他,态度泰然自若,一路和这个人、那个人互相招呼,或者说一句打趣的话。可是,想起要和西蒙见面,他的紧张也不亚于玛克。很快就轮到他们出庭了。替被告辩护的证人很少。当他被带进走向死亡的蜂窝中①时,玛克挺直他那两条发软的腿,他咬紧牙关,心想:“不要瞧!尤其不要瞧他!不要瞧见他!”但是他第一眼看见的正是他。而且一看见他之后,就被吸引住,眼光再也不能移开了。法庭庭长用不耐烦的声调提醒他:别人正在向他问话。他急忙回到他该演的角色中来。可是心慌意乱到连自己的名字都想不起来了。他听见背后有人在笑他。庭长制止了笑声,鼓励玛克说下去。渐渐地,玛克恢复了镇定态度。他怕别人以为他胆怯,觉得很丢脸。憋得他出不来气的是那边的一副在朝他

① 指法庭。

注视的嘴脸。他认识这张面孔,但是在命运的打击下(包括警察的殴打)起了很大的变化。如果他的目光没有遇到那只凶暴的犀牛眼睛,他可能怀疑那人就是西蒙。(若望－卡西弥看得很准确！可是这头犀牛现在只剩下了一只眼睛,另一只眼睛完全瞎了。)双方的目光互相认出了对方。玛克看见布沙做了一个突然的动作,想站起来,但旁边的宪兵立即强制他坐下。玛克也看见从对方的唯一眼睛中射出的第一股怒火。玛克的眼皮垂下了。他感到恐惧,好像犯罪的倒是他,布沙将要骂得他抬不起头来。玛克没有看见那只独眼射过来的第二道目光。这道含怒的目光忽然变得温和,对玛克表示友好与粗鲁的蔑视。不过玛克准备着他的发言随时可能被西蒙一声呵斥打断。如果被打断,就必须过一忽儿他才能恢复自然。最后,玛克像小孩子一样,结结巴巴地发完言。一方面,他对独眼巨人放心了;另一方面,他发言时词句笨拙,引起旁听者讽嘲的低笑声,使他受到很大的刺激;而法庭庭长讽刺性的插话,不但不能制止旁听者发笑,反而更激起笑声。玛克反抗了。和一般腼觍的人一样,当他的鼻子闻到火药味时,他立即吹旺火焰。一下子,他冲破一切谨慎小心的樊篱。他不但替西蒙辩护(没有人要求他这样做),而且还使出挑衅的猛劲,大大颂扬西蒙。他一开始就受到制止,但他像一只羽毛倒竖的小公鸡,以攻击社会作为回答。检察官提出断然、严厉的干涉,等于扭住他的脖子狠狠教训了他一顿。于是他狼狈不堪,不得不收回他所说的话。这只小雄鸡折断了翅膀,从可怜的飞行中摔了下来,重新掉到泥潭里去挣扎。他的缩短了的证词,灰溜溜地结束了。受了羞辱的玛克离开法庭时,又向西蒙瞥了一眼,表示他自己觉得可耻。西蒙的独眼盯着走向法庭出口的玛克,带着含温情的嘲笑之意。这只独眼好像在说:“可怜的小家伙!”玛克又慌乱又激动,勇敢地向西蒙点头。西蒙做了一个大人保护孩子的姿态,一挥手,让玛克快走。

心慌意乱的玛克不知道他走后法庭上会发生什么事,不知道那个独眼魔怪如何接待若望－卡西弥。旧恨并没有使西蒙解除武装。他一看见那个不男不女的人清秀的脸孔,立刻俯身向前,大声吼叫。他用唾沫淹没了他往日的朋友。用十几句话,他把老朋友涂抹成一个卑鄙龌龊的人。他的律师赶紧设法堵住他的嘴。庭长大声警告他,如果他再这样辱骂证人,就要把他拉出法庭。他态度蛮横地回答:不许别人替他辩护。他把所有的证人都说成“走狗”,把若望－卡西弥说成是一条“母狗”。最后,总算让他闭上了嘴,他同意听下去。一边听,一边冷笑。若望－卡西弥面色苍白,用不屑一顾的态度开始提出证词,语调冷淡,口齿清晰,句逗分明。他表面上是漠不关心的客观态度,但其证词中每一个经过推敲的观点,都有利于开脱被告。他故意贬低他,把他说成是一个堕落的农民,是崇高与愚蠢的民主理想的受害者;这种理想把种地的人从土块里拉出来,套在学校中所教的思想的辕架上,因此这个人的头脑就不可能运载着这种思想而不发生危险。他说,从前巴雷斯说过一句风靡一时的话:“连根拔的人”①,现在应当说是“脱离了轨道的人”。他又说,真正的罪魁是制度,而不是被制度所扭曲了的工具。这样一种理论恭维了旁听席上的布尔乔亚们隐秘的虚荣心!他们很高兴,心中暗想他们一直掌握着文明理性的特权。若望－卡西弥一边说,一边不时用他冷淡而机敏的目光环视大厅。他的目光不慌不忙地擦过西蒙怒气鼓胀的准备咆哮的脸孔。他像打量一件东西似的打量着这张脸,接着转移目光,去打量别的东西,一边结束他的无懈可击的简短发言。法庭庭长的一句恭维话,以及众人的一股无言的同情热潮,接受了若望－卡西弥宣告结束的证词。

但是一个戏剧性的变化发生了。被告的父亲请求发言。虽然他在本乡戈斯接到了旁听开庭审判他儿子的通知,认识他的人都以为这个庄稼人不会离开他贫瘠的田地,来干一件吃力而无用的事。到最后五分钟,他才决定前来。人们估计他自然要为儿子辩护。但是,他还没有开口说一句话,整个大厅都吓得颤抖了。两个人,父亲与儿子,势

① 指离开故乡的人,典出莫里斯·巴雷斯的同名小说(1897)。

不两立地面对面站着,嘴角痉挛,互相凶狠地注视着。人人头上吹过一阵仇恨之风。在死一般的寂静中,老人举手宣誓,开口说话。

他和儿子一样,身体粗重、矮壮,好像是用斧头在一块木料上砍成的;上身厚实,粗壮的四肢很短,双手像两把钳子,用螺丝钉拧在上肢的前端;看不见他的脚,想必也是这样站在地上。人们不再想看他的脑袋,那不过是和四肢一样的一个肢体。他整个身体都在喊叫(嘶哑的嗓子以及被压抑的怒火使他不能用平静的声调发言):

"法官先生们,我不是来请求你们饶恕这个人的。我来对你们说:'替我向他报仇!'自他从他可怜的母亲肚子里生下来那天起,他就成了我的灾难。他母亲就是为生他而丧命的。他给我带来的只有烦恼。他太骄傲,不愿意干费体力的重活,不愿意当农民,怕丢人,他只喜欢懒洋洋地坐在凳子上,什么也不干,除了用甜腻腻充满蛆虫的书本塞满他的脑袋。这些书本只教会了他辱骂人们应当尊敬的一切。我纳闷,巴黎的先生们,你们是怎么想的,你们这样毒害我们的孩子们。如果我做主的话,我就要把所有这些纸片连同它们的擦屁股的作家都扔进积肥的垃圾堆中!人们为了宽慰自己,至少以为这些肮脏的食物将来可以使他发财。他自吹自擂,说他有朝一日会当个部长。可是,他已经成了你们瞧见的样子,成了上断头台的材料!部长和断头台之间有路可通,这可能!可是他已经在半路上停住了。你们就让他在半路上待着吧!我们不要求把他放回来。他不给我们好嘴脸瞧已经很久了。不论是家里人,本地人,只要是他认识的,他都设法向他们要钱。如果大家都讲出这个无赖挤奶似的向人要钱的种种手段,他早就该作为罪犯流放到海外去了。只有我没有上过当。我知道他。他拿我没有办法!"

西蒙张开可怕的大嘴,向老头喊:

"你早就上当了,老王八!"

整个大厅被一阵神经质的大笑震动起来。厅上太紧张了,大家要轻松一下。那个活靶子,那老头,被击中了:"着!"老头竭力挣扎,大声叫骂,都白费力气。他愈这样反而愈证明他被击中了。接着,父子二人大声争吵,对骂,在庭长命令大家恢复安静之前,人们不难想象村中发生的悲喜剧:老头续弦之后,和前妻的儿子发生激烈的冲突,这个可笑的家伙玷污了他的窠穴。更其严重的是,人们可以想见,他为了后妻不但打开了他的床铺,而且打开了他的钱柜。老头坚决不承认。别人偷他的钱比偷他的老婆更使他生气。他笨拙地假装否认这一切。倒是偷盗者在大声揭发。

到了这时,大家都明白了,做父亲的要将他的亲骨肉交给刽子手。大家等着瞧……

不需要等得太久。一轮到老头回答,他紧握双拳,高举在空中摇晃,大声喊:"我决不回答这种肮脏的诽谤。我已经听够了!我不认这个卑鄙的家伙。他让我们大家都丢脸。我求上帝饶恕我,生了这么个家伙。法官先生们,他在你们手里,你们尽你们的责任处理吧,我已经尽了我的责任。替我把这个家伙清除掉吧!"

老人最后一次全身转向儿子,低着脑袋,目光恶狠狠地斜视着。他向地上啐了一口唾沫,转身走了,迈着小步,脑袋冲向前面。在嘈杂的人声中,人们听到检察官把老人说成"罗马人"。[①] 西蒙一边像犀牛般吼叫,一边笑得喘不过气来。接着他与庭长发生了争吵。西蒙想把他对父亲的怨恨都说出来。当他穷得吃不上饭的时候,老家伙瞪着眼瞧他饿死,就是饿死一头猪,他也不会这样不在乎。这个吝啬鬼,他的狠心肠逼得儿子走投无路,只好犯罪。西蒙为了报仇泄恨,不但要揭发老家伙偷税漏税,而且无耻地摊出他和后母背着老家伙干的偷偷摸摸的勾当。旁听的公众恨不得多听听。可是法庭出来干涉了。法庭用它的盾牌保卫法典,而不是用道德。(道德是很难遇到的!)狂怒的西蒙蛮横地拒绝闭口。他嘲笑庭长,如果他不是戴着手铐,他可能要和律师扭打起来。为了结束这场争吵,只好把被告带出法庭。

① 说他性格坚强,大义灭亲。

接着进行的起诉与辩护,人们听起来觉得没有多大兴趣了。在宣判时,被告又被带到法庭上。人人心里都很清楚。“凭我的良心与灵魂”一致通过:“有罪”。没有任何可以减轻罪名的情节。宣布死刑。

西蒙涨红了脸。可是,他在听法庭上宣读判决书时,却不动声色,他用赤炭般发红的独眼凶狠地环视法庭,接着说:“我只有一件遗憾的事:可惜在法国没有一打像我这样的人,把你们的大肚皮都戳个窟窿!”

他被拉出法庭时,向庭上吼叫:“凶手们!……我把脑袋掷给你们。你们吃吧!”

公众和西蒙一起吼叫。大家都像发疯一样。从来没有任何一个戏剧场面这样地激动群众。有人到处寻找的真正“人民戏剧”,就在这儿!至少在这儿,是真真实实地杀人。这群猎犬没有弄错,它们闻到血腥味了。它们在狂吠。有些女人几乎要抽风跌倒了。不分阶级。人们互相友好相助。玛克面色惨白,由若望-卡西弥拉着。白特一把抓住了他。白特极度兴奋,玛克几乎不认识她了。她滔滔不绝地说了一大串语无伦次的话,又笑又哭。在一边窥视她的若望-卡西弥,看她要昏过去了,立即抓住她,扶她在楼梯上坐下。她定了定神,定下神之后就觉得恶心,想呕吐。玛克差不多也要呕吐了。两人总算把白特扶下楼梯。可是到了楼下,在一个角落里,白特呕吐了。若望-卡西弥友好地托着她的头。他想把白特送回家去,但是也不能把玛克抛下不管。他叫了一辆出租汽车,把两人都扶上车,把白特的住址告诉司机。可是,没想到白特恢复了精神,提出抗议:要他们把她送到吕丝的寓所去。在途中,她又呕吐了一次。若望-卡西弥把白特扶上楼,送到吕丝房中。他又下楼来,找到坐在车上的玛克,把他送到他住的旅馆里去。垂头丧气的玛克,任凭若望-卡西弥引导着,他不敢张口,胸口里憋着劲怕呕吐出来。不知怎么回事,他发现自己在若望-卡西弥房中,坐在躺椅上。若望-卡西弥对他说:“你躺下吧!”

他觉得丢脸,打起精神来,说:“他们戏演得很好。我们没有白花钱!”

若望-卡西弥不是不明白他的意思。他是机灵人,不和玛克谈论这件事。他瞧着在一把旅行用的漂亮的咖啡壶中煮沸的咖啡;并且让玛克欣赏一下漂亮咖啡壶。两人在闻他们杯中的咖啡香味时,若望-卡西弥露出他小丑式的滑稽笑容,问道:“那是什么动物?”①

玛克惊讶地反问:“白特吗?”

“我说的是白特的‘动物’……”

“我不明白。”

“你仔细看她没有?”

“可怜的丫头,她气色不好,瘦了。”

“可是她的肚子不瘦。”

玛克喊了一声……他明白了……这一天,他们不谈西蒙了。

*　　*　　*

隔了一天,一个年轻人晚间来找玛克。来人相貌不扬,面有菜色,玛克觉得好像见过他。来访者没有等玛克想起他是谁,就自我介绍了。他是西蒙的律师。他口齿不十分流利,言语也毫不吸引人。可是他表现出真实的激动心情。他说他的顾客②拒绝在请求特赦的申请书上签名,所以最后的结局马上就要到来;他一再问西蒙有什么最后的愿望,但也白费力气。等他要离开牢房时,西蒙又把他叫住,说他很乐意和玛克见一面。

玛克却一点也不乐意。焦急不安的情绪又冲上他的喉头。可是他用颤抖的嗓音说:

“如果可能的话,我很愿意见他。”

他心里希望这是不可能的。

---

① 法语中“动物”(禽兽)与“白特”同音。

② 指西蒙。

律师告诉他,他已经办好了必要的手续,如果玛克同意,他们立即去监狱,出租汽车在楼下等着;明天怎么样那就难说了。

玛克站起来说:“既然如此,去吧!”

律师看出玛克心神不定,理解他的情绪。在汽车里,律师拙笨地向玛克说明,他的顾客引起他的同情心。他早知道这场官司是输定了的。正因为如此,人家让他自负盈亏地办理此案,他接受了,因为他自己也经历过这种绝望的处境,那种贫困、永远不能满足的享乐欲望和自己亲人们冷酷地抛弃,可以在巴黎逼得一个在战后腐化堕落的青年农民走投无路。他的辛酸情绪是深刻的,但是软弱无力。这个人一生下来就失败了。受他的保护没有什么好处。玛克心不在焉地听他讲,什么也没有听清。他本能地躲开着他。

监狱里已经接到命令,让两人一直进去。在囚室的门口,律师和玛克握手,向他告别了。玛克走进囚室,好像进入关野兽的笼子。

一道毫无生气的白光,透过房顶上加铁栏的毛玻璃射下来。室中没有一点阴影。生命就是阴影。

那个准备就死的人站在一个角落。他向玛克走来。玛克吓僵了,站在门口不动,又不由自主地向后退了半步,背撞在刚刚关闭的门上。西蒙察觉到玛克的恐惧,嘲笑他说:“你害怕了?来吧,小家伙,镇静点!人们要的不是你的命。幸运儿,你的命是属于你的。”

玛克脸红了。他带着羞耻与痛苦说:“西蒙,你以为我那样在乎我的命吗?上帝,上帝,我的命有什么价值呢!”

西蒙老老实实地对他说:“你的命不值什么钱。可是你还是好好保留它!它对你很合适。”

西蒙面对玛克站着,两腿分开,两臂下垂。玛克一直没敢注视他,这时才抬起眼睛来。他看见一个头发剃得光光的脑袋,一张大脸盘,在对他没有恶意地微笑。玛克感到一阵热情的冲动。他把藏在背后的战战兢兢的双手,向前伸出来。西蒙握住玛克的双手。他说:

“我强加于你的是龌龊的苦役。哎,小家伙!这我早就知道。甚至就因为这样,我才叫你来。可是我跟我自己用脑袋打赌,说你一定不会来的。……你居然来了。我赌输了。这样反而更好……"

"西蒙,"玛克用还在颤抖的声音说:"我能够帮你干点什么?"

"什么都用不着你帮,既然事情已经到了这个地步。你证明了在这个婊子成堆的世界上,在我将要离开的这个世界上,还有一个小男孩没有完全出卖自己,没有否定自己,没有否定我……你哆嗦也没有用……可不,你在哆嗦……就像在法庭上一样。你不坚强!他们把你吓坏了。你吓得要命。你赶快求饶,你把刚刚说出来的话收了回去。没有关系!你已经说出口。你单身一人冲撞那些豺狼,那些穿皮袍的猫[①],那些蠢猪……对于一个小男孩来说,这已经很不错!我感谢你。你肚子里的诚实,比那群羊的诚实的总和还要多。"

与其说玛克感到受了恭维,不如说他更觉得受了羞辱。他轻轻地向旁边躲开了一点,满脸辛酸地回答:"谢谢你发给我诚实证书!"

"你心里是说我没有资格给你发这种证书?你错了,小家伙。我是内行!所谓诚实,我不是指一只阉过了的绵羊。你可以在脓血里弄脏你的毛,但你还是诚实的,如果你不逃避,如果你不懦怯地说'这不是我干的',如果你把唾沫啐在他们脸上……'我,我!我在这儿,是我干的!'[②]如果你负责到底。"

"你负责吗?"玛克问。

"我负责。如果我能再从头开始,我还要这样做……我还要这样做,要做得更好。"

玛克不想和对方辩论。他嘟囔着说:"有什么用呢?"

"活着有什么用?活着,就是要杀人或者被杀。"

"不!"玛克喊道,一边用手做了一个防卫的姿势,像小孩子一样。

西蒙含着怜悯的微笑打量他:"吃奶的小牛!永远离不开母牛的奶头……得!不过在你的额头,牛角已经开始长出来了。"

---

① 指法官。法官的制服是黑缎长袍,肩上披一条白鼬的皮毛。

② 原文为拉丁文。

"在斗牛场上,公牛永远是预先被判了死刑的。"

"就是嘛,至少要使斗争的场面壮观些!要使斗牛士破开肚子,流出肠子来。我是笨货,我让我的角套在马的内脏里了①……你要干得更好些。"

"你把我叫来,就是为了对我说这些?"

"为什么不?"独眼巨人挺起腰说,"这是我留给社会的遗嘱!"

"你留给社会的是一个妖怪!"

从他的独眼中发出一道高兴的亮光,他变得富于人情味了。他用粗大的手臂揉搓他年轻友人的细瘦手臂,说:"可怜的小妖怪!他害怕自己的影子……可是你枉费气力,我理解你,你会战斗下去的……不管你愿意不愿意!……谁要是生下来是公牛,也必然作为公牛而死去。别人不能阉割它。但这是你的事,我用不着管……如果我把你叫来,我的孩子,那是因为(在此时此刻,我不会说谎的),尽管我经受了磨难,皮磨厚了,心肠比拳头还硬,憎恨人类,遗憾的是没有能把世界炸毁。尽管这样,到了临别的时刻,自己还是觉得有时候两腿发软,舌头发干(公牛的发干的舌头),心里痒痒,想最后一次,舔一下另一头小公牛的毛……"

西蒙注视着玛克,后者恨不得躲开。西蒙觉得他抓在手中的那只胳膊在打冷战。他用笨拙的温情,在玛克耳边轻轻地说:"你亲我一下,不至于太为难吧?"

玛克亲了西蒙一下,吓得半死不活。

"谢谢你。你走吧!"西蒙说,"你是我喜欢的唯一的人。"

玛克连出去的门都找不到了。西蒙友好地拉住他,引导他到门口。玛克连转身向这个将死的人告别的勇气都没有。

*　　　*　　　*

① 按西班牙斗牛习惯,有的斗牛士是骑马的。

第二天,人头落地。

在这些日子里,玛克变本加厉地把他的思想倾注在写给母亲的信上。对于彼此接近的心灵,不见面倒是最好不过的。两人不见面,就免除了有话不好意思直说的顾虑;不见面,反而能推倒两人间的屏障。

这是一种奇特的通信。人们简直不会相信这是母子之间的通信。母子二人都觉得和社会格格不入。他们不但在内心深处解除了社会的成见、因袭的道德观和它的法规,(今天还有成千上万人受它们的束缚!)而且他们根据靠得住的本能建立了自己的法规,他们之间的同盟与团结的道德协定,母子之间在莽林中按照大自然的规定订立的秘密协定。随着儿子逐渐长大,母子关系变换了性质,母亲于不知不觉间变成大姐姐,更加接近儿子。因为现在二人站在同一个岸边,川流不再从他们之间流过;两人肩并肩地饮着这条川流的水;每人将自己在莽林中的猎获物,也就是经验,提供给对方;他们分享新的或旧的经验。对于儿子来说,最陈旧的经验照样很新鲜;对于大姐姐来说,最新鲜的经验也同样内容充实。

玛克将戏剧性的事件全部对母亲讲了,他自己的生活和这一事件如此紧密相连,以致断头机上的利刃落下时的呼哨声仿佛是从他耳边发出的。他对母亲说,如果被砍下的不是他的脑袋,那也完全是出于偶然。西蒙很可能就是玛克,而玛克很可能就是西蒙。这种绝望、疯狂和犯罪的念头,在我们每人身上都出现过。一个人顶住了,另一个倒下了,谁知道是为什么?“这次是他,本来很可能是我。我没有权利谴责任何人……”

对于安乃德的答复,玛克一点也不觉得意外。安乃德说:“不,无论是你还是我,我们都没有权利谴责这个不幸的人。”

安乃德以理解和怜悯的心情谈论西蒙。可是她加上一句(她的心在跳):“但是说他本来可能就是你,你本来也可能成为他,这决不能是真的。你只能是你。你是我的果实。这果实可能被人从树上摘下,但不可能在它的核心里有蛆虫。……我知道,罪恶与耻辱在你我身上都在逡巡,但是它们绝不能进入我们的卧床。虽然你可能已经受了罪恶思想的诱惑……(你曾经如此,你没有告诉我,可是我猜到了……而且谁又告诉你说过我从来没有被诱惑?)然而,全仗上帝,这些罪恶思想没有要我们!"

玛克觉得全身发热。他微颤着想:"你曾经如此……"而这位妇女,她也一样,她"也曾经是这样!"她这样对他说。安乃德一挥手,驱逐了玛克隐秘的畏惧感。如果她也接触过同样的深渊边沿,而步履坚定,没有滑到深渊中去,那么玛克作为一个男子汉,反而办不到,他还有什么脸见人!作为考验,他在自白中比以前走得更远。他在信中提到年轻男子肚子里酝酿着那些疯狂念头时,他心惊肉跳地从卑劣行动的边缘惊醒过来。后来,他想:"我说的是什么?"可是她回答:"你曾经到了边缘。你看见了深底。这很好。以后你遇到突然的事变就不至于因为没有准备而手足无措。我生了我的玛克,为的是让他去冒风险。不过我生了他,也是为了让他能够抵抗。冒险!我冒险,我冒过风险。但并不是人人都会碰到坏运气而倒霉的。"

她脸上露出自由的微笑,既严肃又调皮地加上一句:"我试了二十次,从来没有倒霉。你并不比我更能干。我们忍受着吧,孩子,过来亲我一下!"

当玛克读到信中这几行话的时候,快乐得雀跃不止,窗上的玻璃都被震动了。他用嘴唇吹开羞辱之感,同时也吹开了他吸的卷烟的烟雾。

"去,到别人的肺部里去!"

这一天,在街上,他故意逞能地吸一口污浊的空气。他说:"我有我的空气。在我脚下,我有坚实的土地。在我的血液中,我有我的李维埃。"

但是小河中流淌的不是黄金。在这年冬天,生活极其艰苦。玛克运气不佳,所以没有使他增加勇气。由于吃不饱,他的健康受了损害。

他不愿意向母亲求援。出于荒诞的自尊心，甚至拒绝了母亲给他寄钱的建议。首先，玛克没有把握知道他母亲是不是生活也很困难；其次，这愚蠢的小公鸡不能同意接受一个女人给他的钱……难道一个母亲是一个“女人”吗？可不吗，对于他来说，母亲也是一个“女人”！他在信上拒绝得很干脆：“不要坚持！”她不坚持了。这些愚蠢的男子！……安乃德很高兴，玛克是愚蠢男子中的一个。他不要母亲的钱，母亲的思想他却是重视的。在这严峻的冬天，如果不是母亲的思想支持着他，他会觉得更孤独，更寒冷。他从母亲的思想上取暖，好像那是谁都看不见的火炉。据他估计，他母亲自己都不知道这一点。但是她与玛克之间被最秘密的纤维紧紧联系着，以致她不能不在某些紧凑强硬得像煤炭般的词句中，看见集中的火种在发光。她模模糊糊猜想自己成了一种强烈、纯洁，几乎是宗教式的激奋情绪的对象。她认为这种激奋情绪是荒诞的，然而在她心中却产生了谦卑的感激。对于战斗者，必须有一种爱和崇敬的幻想。“我不配[①]……可是我谢谢你，我的小骑士。”

这种两人之间并未明说的奇特默契，使这个年轻的斗士在又黑又冷的雨水中，度过孤寂与困窘的日子，而不至于沉没在水中。可是他的脚冷得很！这天深夜，他还在街上叭哒叭哒地走着，目光穿过夜雾，在人行道上一个灯光暗淡的角落里，好像看见一个熟悉的人影。他突然拐了个弯，以便看清那个人而不被对方看见。他没有弄错，是她——吕丝。她身体贴在一个已经关门的售报亭上，使电灯光照不到她，一边窥伺一所房屋的大门。她好像潜伏在那里，蜷缩着，上身从隐蔽处探出来。玛克躲在离开几步远的地方。街上没有行人。一个时钟指明是凌晨一点。吕丝一动也不动。她的目光盯在那扇关着的门上……门开了一条缝。吕丝准备跳过去，右臂从阴影中伸出来，瞄准……可是她立即又把手臂缩回了。从门内出来的人不是吕丝等待

① 原文为拉丁文。

的那个人。她重新蜷伏起来,一边听着那个不相识者的远去的脚步声。玛克也往后退了一步。但是他看见了吕丝的手臂,现在他知道那是什么。他轻手轻脚地走近她,围绕报亭转了一圈,一把抓住吕丝。她又害怕又生气地震颤了一下,竭力挣扎,没有出声,用指甲掐对方。玛克开始夺她的武器,扭转她的手腕,狠狠地把她按在墙上。她俯身咬他的手。他在这个狂怒的女人的耳后轻轻地说:

“吕丝!是我呀!是玛克!吕丝,小吕丝,别害怕!快撒手吧!”

经过短促的,可是猛烈的搏斗,那狂怒的女人降服了,让步了。最后,她的颤震化为啜泣,渐渐平静下去。玛克紧紧抱着她,她啼哭的嘴靠在他的胸部。

“行啦!别哭啦!”

他抬起她的下巴。由于摸不到她的手帕,他像保姆似的,用手指擦拭她的面颊和鼻子。她整个儿垮了,听凭玛克摆布。他替她把歪斜的便帽戴正,替她整理好纽扣和散开的大衣。他见她一点也不抵抗,就把自己的胳膊伸到她的胳膊下面,用手托住她的臂肘,拉着她走去。她像梦游者似的跟着他走。到什么地方去呢?他们不知道。她没有任何意见要告诉玛克。他去哪儿,她也去哪儿,连看都不看,穿过马路,向右转,向左转,驯顺地跟着他。对她来说,去哪儿都一样。即使沉入水底,她照样没有意见。玛克机械地说着话,但不论是她还是他自己,都听不清他说什么。他心里想:“怎么安置她呢?”把她送回家吗?让她一个人在这儿待着?那不人道,也不谨慎,他的脚步把他们引导到勾迦斯街[①]的旅馆。到了门口,他下决心:“上楼!”

他自言自语地说:“各人都轮到一次。”

这回轮到他来收留这个绝望的女子了……

她毫不表示反对,没有任何赞成或反对的表示。她上楼了。

玛克寒碜的房间又脏又乱,(让吕丝看见这个房间,他真觉得丢

① 巴黎第五区,靠近巴黎大学的一条小街。

脸,可是吕丝什么也看不见。)她僵直地站在那儿。玛克让她坐在床上。她按照玛克的意思动作,毫不反抗,两条胳膊下垂,双手平放。玛克皱了一下眉头,咬着嘴唇,下了决心。他替吕丝脱了帽子,解开大衣,脱掉靴子,把她平放在他的床上,她身体在发生神经性的反应,在寒冷的空气中打战。玛克轻轻地说:"钻到被窝里去吧!让我来安排,孩子!"

他把吕丝扶起来,把压在她身下的床单打开。吕丝听任玛克给她解衣,瞪着两只发愣的眼睛。她瘦削的肩头感觉不到玛克笨拙的手在给她脱衣服。他从衣箱找出所有比较重的保暖的东西,给吕丝盖上。他一边用酒精炉煮着喝的东西,一边坐在床沿,一只胳膊伸进吕丝的被窝,用手捏住她穿长袜子的冰冷的脚,给她暖脚。两人都因疲乏而处于一动不动的昏睡状态。小炉子上的沸水溢出来,流在火焰上,吱吱作响,把玛克惊醒。他站起来,冲了一杯加了几滴烧酒的糖水。他把吕丝的头扶起来,想让她喝几口。饮料从她嘴里渗出来,顺着下巴和脖子流下去。吕丝被热水一烫,醒过来了。她终于用愿意看他的眼光注视着他。她看见了玛克不安的神色,手捧着一杯热气腾腾的饮料,用笨拙的手想把汤匙塞进她嘴里。她张开嘴,把杯子里的水一口喝干,像小孩子一般。脸上恢复了一点血色。她轻轻做了个手势,推开奶瓶。玛克看见她恢复了生气,也轻松了。他用手捧住她两边的太阳穴,对她说:"现在,你睡吧!你够暖吗?"

几乎同时,玛克发现吕丝的头枕在很脏的枕套上,他惭愧得无地自容。他不但没有对吕丝隐瞒,反而对她说:"对不起!"

他去找来一条干净的毛巾,摊在吕丝的头和枕头之间。这个天真、害臊的动作,使吕丝完全苏醒过来了。她揭开毛巾的一角,看了一下,甚至微笑了。她索性拿掉毛巾,让它滑落在楼板上,然后把她的脸贴在枕头上,闭上眼睛。

玛克又等了一会儿,看见吕丝很安静,便将就着睡在两张椅子上,把灯熄灭。

在黑暗中,吕丝的声音说:“那么你呢,你怎样过夜呢?”

“你不用操心。我这样很好。”

“你不能睡在椅子上。”

“这已经不是头一回了。”

“那好,至少,你过来,你把椅子靠在床沿,免得摔下来!”玛克将两把椅子靠在床边,在椅子上躺下:他的脚朝向吕丝的头,他的头挨近吕丝的脚。

“对,拿住我的脚!”吕丝说,“这样我舒服些。”

玛克捏住吕丝的脚。

过了一会儿,她说:“你真好。”

“我不知道。我不信……”

“我说‘好’,是比较而言。”

“和谁比较?”

“和别的狗们比较。”

“那么我也是狗了。”

“我啊,我是母狗。”

“对,今天晚上,你的确像母狗。”

“而且甚至不能把那家伙的肚子打穿。”

她在床上用脚一踢。

“行了,够了!别乱动!你是被捆缚着的。”他使劲抓紧她的脚踝。

“你听着,玛克,既然命运让你落入我的网中,你至少应当知道是怎么回事……”

“我什么都不需要知道……而且有什么可知道的?爱情受骗的愚蠢故事……如果这也可以叫作爱……”

“对,我就叫它爱情。别人是不是这样叫它,和我有什么相干?他要了我,我也要了他。他占有了我,我也占有了他。后来他把我甩了,他已经餍足了。他又要一个别的女人,他占有了别的女人。我要杀死他……”

玛克埋怨说:“吕丝,结束了吧,这些蠢事?你可别再开始了。”

吕丝咽了一口唾沫,大声叹了两三口气,接着说:“结束了。对,我没有击中他。我不想再试了……但是我需要对你讲经过,为了让我松快一点,也是为了报复。”

“可怜的姑娘,你那些小故事叫我听了恶心。你闭口吧!再说,我困得要命,我要死了……”

吕丝神经质地笑起来,说:“活该!你死吧,一边死一边还要你听!你听了恶心,这个我不管。我自己也恶心。我给你擦擦鼻子……(吕丝抓住玛克的两只耳朵,抱住他的脑袋,用床单给他擦鼻子。)你既然做了好人,不问我愿意不愿意就把我从水洼里救出来,那你就活该了!你救人必须救到底,你必须喝我一肚子的苦水。”

“那就请吧!”玛克沉住气说。

可是他说完马上就睡着了。吕丝坐在床上,俯身向玛克,狂怒般向他倾吐心中的委曲。为了抓住玛克开小差的注意力,她时时摇晃他的脑袋,用发烧的手指在他脑袋上乱抓。可是睡眠的力量比什么都强大。玛克只听见催眠曲般的嗡嗡声,多少带点激动和不安。他想是在海船上过夜……在他的意识中,最后感觉到的是抓在他手中的吕丝的两只脚在不停地活动。她说话时,两只脚也像她的手一样总要蜷缩一下。

虽然她知道玛克早已听不见她说话了,她还是把她的故事一直讲完。她倾吐完毕,感到满足了,才停住了嘴,好像磨坊突然沉寂下来。玛克在梦中感觉到了,他做了一个动作,他放腿的椅子摇摇欲倒。吕丝一把抓住玛克的裤带,她用双臂抱住他的腰,把睡汉推到床上,紧挨着她。他全身穿着衣服,只光着双脚。她把这双光脚放在枕头上,靠近她的面颊,同时把玛克的脑袋放在她脚旁。于是在睡眠中她和他会合了。就这样,两人紧挨着度过一夜。她盖着床单,他睡在床单上面。两人都精疲力竭,他们形成一个整体。他们睡觉就像同样年龄的人,一口气睡七个小时,一动也不动。当他们在原处一起醒来时,已经接近上午十一点了。

惊诧的玛克,一挺身坐起来,看见吕丝的面颊挨近他的脚,赶紧把脚收回来,坐在身下,结结巴巴地说:“对不起,对不起!……”

吕丝笑了,说:“谢谢!”她也像他一样,坐在自己脚跟上。两人蹲坐在那里,面面相觑,好似两个和尚。

“你让我当场出丑了。”玛克说。

吕丝用她的鼻子蹭着玛克的鼻子,说:“害臊吧,害臊吧,小傻瓜!我从来没有睡过这样好的枕头……睡得多么香呀!我已经把自己洗干净了,把弄脏我的那满肚子苦水倾泻出去了。我肯定你什么也没有听见。昨天夜里,我浇了你一身,你什么也不记得了……”

玛克回忆了一下,说:“一个字也不记得。”

“那不要紧!反正你接受了整整一包。而且,我的朋友,你尽管不听,你迟早会一点一点想起来的,因为我的嘴贴着你的脑袋说话,我把我的话通过你的头盖骨灌输到里边去了。”

“漂亮的礼物!”

“你说怎么办?只有把包袱卸给别人,自己才会轻松。”

“你轻松了吗?”

“绝对轻松了。胃也空了。心也自由了。全身整洁清新。”

“这样很好。我什么也不说了。”

“就该这样!如果现在你敢提起昨夜发生的什么事,我不会承认的。我否认……你敢试试看?什么事也不曾发生过。”

她向他挑战。面对她充满欢笑、态度镇定,已经完全休息过来的容颜,再也看不出昨夜痉挛的痕迹。玛克张着嘴看呆了。

“见鬼的女人!”他说,“她们有七个灵魂,七张面孔。”

吕丝说:“这不算什么。”

她双手捧着玛克的脸,一边拧一边说:“我的好孩子!我的孩子!瞧你多么瘦!我欠你多少人情!你能够料想得到吗?不,不要猜!只有我一个人知道,那更好些。”

“可是我也完全知道。”

“你瞧……自高自大！虚荣的傻瓜！现在他要向我算他帮忙的账了……他也许自以为可以让我付出代价……”

“可不,完全正确,应当付代价。”

“犹大！你说要多少钱!”

“你要向我保证,以后决不再犯。”

“以后我每次再犯,事先来向你请求批准。”

“如果我拒绝呢?”

“我服从你。”

嘲笑的口吻突然以坚定、严肃的神气继续下去,坦率的眼神仿佛说:“不开玩笑了!”

“算数!”玛克说:“你被拴住了。”

两人互相握着双手。

“现在,”吕丝说,一边把两条腿从被筒里抽出来,“去吃早点吧,我饿极了……”

她从床上跳下来。

玛克窘住了。他的钱包已经瘪了。吕丝早就料到。她不怕害臊地对他说:“我津贴你。我来付钱!”

玛克坚决抗议。

“孩子,你得按照我的意愿办事。不然,过去的一切全不算。我重新干杀人的勾当。”

玛克想争论。

“闭上你的嘴！你到了餐桌上再张嘴吧!”

“吕丝,你想羞辱我?”

“那可不,毫无问题！这样对你的健康十分有益。你骄傲得要死。我必须给你放血。你把我洗刷了一遍。现在该轮到我洗刷你了。此外,请告诉我好不好,你从来没有用女人的钱吃过饭?”

“肯定没有!”

“好极了！现在用我的钱去吃吧。”

她满意地搓搓手,翘起一只脚,全身旋转一圈,挎起玛克的胳膊就走,在楼梯上,她拧他的胳膊,和他一起走到街上。

在一家学生餐馆里,他们狼吞虎咽地吃一块带血的牛排,吕丝又要了两份小吃,一碟很肥的布里干酪和一杯葡萄酒。她的眼睛充满调皮的神色,嘲弄地瞧着玛克。不应当向她挑战。玛克沉住气(很满意),让她去挑逗。他的意识沉默在舒服的麻木中,好像一只喂饱了的看门狗。偶然有一次能这样饱餐一顿,也是一件好事。

他们从餐馆出来之后,玛克该上班去了。吕丝说:“把你的钥匙给我!”

晚上,玛克发现吕丝安坐在他房中,身边是玛克的衬衣和袜子,她正在缝补。所有的抽屉和衣箱全倒空了,纸片、衣物堆满床上、两把椅子上和楼板上。一切都不是干净的,差得远呢！玛克把他的脏衣服扔在壁柜的角落。吕丝都拿了出来,整理、清点,仔细看过,甚至在洗脸盆里把衣服洗了。在窗子前的一条绳子上,晾着滴水的内衣和手帕。

玛克臊得恨不得钻进地洞。他最怕别人看见他身上的狼狈样和破烂内衣。他倒在床上,用手捂着眼睛,用哀怨的声调说:“啊,不,不,不！……”

吕丝和善地说:“算了,算了！……难道这不是很自然的吗?”

玛克呻吟着说:“所有这些破烂……”

“正因为这样,才需要我的手指来干活。”

“不,不能让这些垃圾弄脏你的手指。”

“难道你以为我的手指没有干这种活的习惯?只要是女人,这种事就见得多了!”

“这样不好！不,不！你没有权利……”

“我有我自己给的权利。经过昨夜的一切,我必须占你的上风。我已经占了,今天下午我就用了这种权利！我曾经对你说过:‘我要洗刷你。'我已经洗刷了,小坏蛋!"

玛克羞得喘不过气来,逃出房间去了。吕丝把手上的活计扔在一边,追上去抓住玛克的手臂,把他拉回来,对他说:"亲爱的小伙子,你这样,我更爱你。"

玛克一直把头扭向一边。吕丝抓住他的下巴,将他的脑袋转过来,说:"大傻瓜,我们是兄弟,难兄难弟……"

玛克感动了,他嘟嘟囔囔地,笑着说:"蠢猪兄弟。"

"还有什么比这更好?"

玛克帮助吕丝把衣服收拾起来。天开始昏暗下来,该点灯了。

"今天干这些就够了!"吕丝说,"还有足足一个下午的活要干。我明天再来。"

"怎么?"玛克说,"你要走了?"

"当然啰,我回我的住处去。"

她看见玛克脸上遗憾的表情。

"是的,朋友,昨天夜里美好的冒险行动,是不可能再重复的。"

他样子很尴尬。她笑了:"你不以为这样吗?第一次,在不可能的情况下却做得很成功。如果再做一次,简直是向魔鬼寻衅。"

"魔鬼巴不得有人向他寻衅。"

"说得好!还有女魔呢!"

"那又怎么样?"

"那可不行。"

"你有理。我们得到的,已经太好了。"

她用手指把头发塞进帽子,照着挂在窗上的镜子。她看见玛克站在她背后:"不管怎么说,你是个好小伙子。"

"你呢?你也不是那么坏!"

"可是也够坏的,我告诉你,对我的情夫们,我是够坏的。"

她转过身来,咄咄逼人。

"那么,我们呢?"

“那么,我们,……正因为这样!真运气,我们不是情夫情妇!得啦,不要噘嘴,要有点礼貌!”

“没有礼貌问题!”

“怎么没有,你说谎!那么,和我一同说:‘真运气!’……”

他向她伸出双手。她把手握住。

“真运气,你是你,我是我,而且我们互相拉着手!”

吕丝讽嘲地说:“我们互相拉着的是脚。”

“你走在我身上,我走在你身上。情人、朋友,如果我们不是这样,吕丝,那么我们是什么呢?”

“我们是自己的土地。我们陷进了烂泥坑,我们又站住了脚,又登上了岸。现在,我们重新出发。为了出发,我们可以亲个吻……下不为例。”

他们两人亲了吻,大口大口亲吻,像两个顽皮孩子。

玛克问:“可是你还要来的?”

“不来怎么行呢?叫花子,我还有你的那堆破烂衣物呢。而且,我们今天什么也没有说,明天我们谈谈。”

* * *

第二天,他们什么也没有谈。玛克下班回来晚了,吕丝已经先走。一叠衣服整齐地放着。只有一双袜子放在桌上,两个破洞展示在外面。从这两个破洞里,十个脚趾至少可以钻出来六个。这是一张恬不知耻的名片,意思是说:“明天我还要来。”

吕丝果然来了。那天是星期六。整个下午可以用来谈天。吕丝坐在床上。玛克骑坐在椅子上。他们拿着烟卷忘了吸,任烟头烧到手指,两人间的亲密关系没有怎样追求就坦率地建立起来。吕丝把她心中的隐秘都倾泻出来。所谓她的情夫们,其实是夸张的说法!实际上她只有过一个情夫,就是那天夜里她准备伏击的那个人。她在玩世不恭的伪装下，自嘲地承认，她在巴黎很自由的生活曾经遇到不少风险，但是她从来没能下决心采取冒失的行动：一种生理上的反感在最后瞬间保卫了她。“然而，”她抗议地说：“我是完整的，健全的，我有需要，我不怕满足我的需要，我和那个白痴在一起的时候看清了这一点……可是为什么一定非和这只牲口，这匹大马在一起不可（我真想在他背上抽断我的鞭子）……而不是和一个可以增加我食欲的人在一起，比方说，你？”

玛克让她去讲。接着他开口了：

“归根结底，你是个正派的法国女人，你勉强自己演一个对你不适合的角色，你顽固地演下去，就是由于气恼，由于和老父老母赌气。你更合适的位置应该在外省，在二老身边……”（吕丝抗议）“你完全不适合做那种拿着手枪在夜间去窥伺情夫的人，你天生适合在你床上保留一个唯一的、善良的、终身相处的丈夫，并且和他认真地生一群孩子，我可以设想他们一个个挂在你的奶头上……”

“我没有奶头，你不信摸摸看！”

“小母牛身上能挤出最好的乳汁来。”

“连母牛都不是！我只是一只瘦瘦的母山羊，在野地里跑，你却想象这只母山羊会让人拴在篱笆上过一辈子！”

“如果你愿意，可以看守山羊，让他跑在前头，跳跳蹦蹦，在别的篱笆上咬一点、嚼一点什么叶子。你可以在你的思想中，不止十次地对你丈夫不忠……甚至，上帝，我看不出有什么不妥当，如果让你丈夫戴一两次绿帽子。在漫长的一辈子，只让他戴一两次绿帽子，算不了什么大事！……”

“我倒要瞧瞧你的本事，江湖大盗！”

“不，不，问题不在于我。”

“不过，玛克，请你告诉我，坦率地告诉我，自从我们相识以来，难道你一次也没有想过吗？”

“想什么？”

“想让我给你戴绿帽子。”

“没有,真的没有。你想过吗?”

“此刻我想试试。可是我不能够。”

“我们两人不适合于套在一副辕驾上。”

“然而我们互相是这么理解！你是唯一理解我的人。我也理解你。问题就在这里！要互相结合,必须是两个毫不理解的人。”

“必须在夜里,两个人才能够互相结合。”

“你呀,你一定会有这种机会的。你会给自己找到机会,我敢肯定。你将要落入最能够损害你的女人的罗网中。你不愿意要一个完全坦率,不让你费事,你可以放心的女人,因为那样显得太明朗,和白昼一样。”

“这也许是真的。”

“两个人互相太了然对方的命运,太了然对方为我好应当干些什么,于是自然而然,对方不这么干。”

“这么说,我没有看得太不正确吧,你同意么?我看清了你应当是什么样,像你现在的样子。”

“我不应该是这样的。对,我在巴黎的生活,你说得对,它把我折磨死了。我生下来就是吕丝①,蜂窝,我的蜂窝,我的故乡卢瓦尔省蓝灰色太阳照耀下的蜂窝。可是这些庞大无比的白蚁窝,和它们有毒的蘑菇,使我充满恶心和憎恶。我真想放一把火烧掉它们。赶快用煤气来熏,把这些肮脏东西消除掉。”

“那好,你走吧!逃跑吧!回到农村去。”

“我不能。”

“为什么?”

“有我那老头子,他向我挑战了。”

“你认为你给他的教训还不够让他明智些?”

① “吕丝”,法文原意是蜂窝,蜂房。

“啊,我再不怕他了,他在病中,他老实了,不哼了。他只怕一件事,怕我再走。”

“那么?”

“那么,必须由他先向我表示让步。”

“让他向你求饶?”

“必须他认输!”

“如果他不肯,你就不动窝了?”

“不,肯定不动。”

“顽固的蠢驴!”

“顽固的山羊。”

他重新开始劝告她。她听着,不吭声,她心里觉得他有理。但是她坚决不改她的没有理。

为了改变话题(可是她暗中听从了他的思想),她向他说起白特。白特的怀孕几乎以悲剧告终。这个资产阶级小女子慌了手脚,一个劲地否认,可是她的怀孕已经像脸上的鼻子,明摆着。她不知道是保留,或是拒绝。后来,不幸中之大幸,她在楼梯上摔了一跤,总算把包袱甩掉了;可是她几乎送了命。

“是哪个坏家伙让她怀的孕?”玛克问。

“她自己也说不准。善良、软弱、简单、傻头傻脑的白特,让他们玩了个够。”

“谁?”

“所有的人。维隆、西蒙、舍瓦里埃,整整一帮人。你是唯一没有插手的人。”

“可怜的吕丝,我明白你的仇恨了。”

“不,仇恨也是错的。必须知道,在莽林中,只有一条规律:做最强的人。谁要是被欺弄,谁活该倒霉。”

“我们不能经常处在自卫地位。”

“那么进攻吧!没有别的选择!”

"我们呢,在目前这个时刻,我们怎么样,吕丝?"

她走过来跪在他面前,把面颊放在他手掌中。

"神圣的休战。"

玛克轻轻地抚摸她的头。

"就是嘛,应当利用这个时机。你跑吧,吕丝!离开莽林!否则你会把你这把骨头,你的小小的白骨,散落在莽林中。那才可怜呢。你比你自己愿意做的那种人更有价值。你自白要让人相信你是那样的人,我就不信……"

吕丝吻他的手掌:"我们是怎么回事?我们大家都有点神经病。"

"一切都混乱了。战争,不止一次的战争,新时代的野蛮风气,所有的老巢穴全被破坏了,蚂蚁都发疯了。你是能够的,你重建巢穴吧!这是最可靠的。我知道你不在乎你的巢穴。但是你需要有一个巢穴。为了重建,必须从头开始。建造你的小格子,一排排的格子,最后建成蜂房。"

吕丝站起来,长叹一口气,整理好她的鬓发,吹着口哨,伸展了一下双臂,说道:"玛克神甫,你应当给我们讲讲《教理入门》。"她冲着玛克的鼻子哈哈一笑,揪了一下他的鼻子,扬长而去。

她什么也没有干,让日子混过去。一天,她又来找玛克,戴着黑手套:

"老头子死了。你说得对。我等待得太久了。我要走了。已经迟了一步!……"

她说话的样子一点也不动感情。可是玛克看出她的痛苦和追悔不及的辛酸。

"过去的事已经过去了,"他一边说,一边握她的手,"我的吕丝,你要向前看!"

"你的吕丝,对,她将重新做人。要努力……可是你?孩子,我不放心。留在这儿的是你。至少你要答应我,有一天,你来尝尝!"

“尝什么?”

“尝尝吕丝,尝尝我,我的家庭,我的房子。”

“我同意,吕丝。你去酿你的蜂蜜吧!”

两人紧紧地拥抱了。

*　　　*　　　*

玛克重新投身于熔炉。那时他正处在血气旺盛的青春时期,其时“你的整个心融化在风暴中,在你身上,一切在振鸣、颤动、哆嗦……”这种和自然界的原始力量融为一体的感觉,当年法兰克福①的年轻普罗米修斯②,随风吹散着头发,在他的《狂风暴雨中的旅行者之歌》中高声吟唱过。玛克可惜没有瑰丽的抒情才华。他更不具备大资产阶级青年的特权,这些人经历各种思想上的饥饿,可是从来不知道什么是饥肠辘辘的滋味,不知道什么是为了糊口而累得精疲力竭的肉体苦难。然而玛克意识到自己源源不断的力量,以及他和大自然的融合,不论是善是恶,同一个肉体:

> 你不抛弃的那个人,神明,
> 不论狂风暴雨,
> 都不能使他心中为之震颤。
> 你不抛弃的那个人,神明,
> 将面对雨云引吭高歌;
> 面对冰雹倾泻而引吭高歌,
> 像你一样,云雀,
> 像你一样,高空飞翔,
> 你不抛弃的那个人,神明。

---

① 法兰克福,德国地名。

② 希腊神话中的神,这里指德国诗人歌德。

神明——魔鬼,是不会抛弃人们的。它狂怒地拍着翅膀。然而(诗人啊,你的谎言够多的了!)高空的云雀之所以能飞能唱,只因为它饱餐了从地面抢来的粮食。曼因河畔的普罗米修斯,你从来没有缺少过粮食!可是玛克必须寻求自己需要的粮食,像巴黎的麻雀一样,在马粪中寻找谷粒(在汽车汽油污染的城市中,连马粪都愈来愈少了)。

他狂热地消耗自己,一直找不到维持他从头到脚、在燃烧中的年轻身体所不可缺少的食物与休息。到了最后,他找到一个短期的、工资微薄而又很吃力的工作,无线电收音机的装配工。(和与他岁数相仿的男孩们一样,即使不大倾向于科学,玛克也很善于摆弄那些机械玩意儿。)于是他被编入摆布那种四不像机器的工人队伍,专门用声音的大杂烩在新人类头脑中制造一塌糊涂的混乱:音乐的声调和其中的蛀虫(他们把这叫"寄生虫"[①]),嘘嘘声、吱嘎声、轰轰声、电气的噼啪声、刺破耳膜的尖叫,包括教士宣道、药剂师和政客们做广告的巴别塔[②];政治和露天戏台"你见过我吗?"混合的杂耍广场,爵士音乐与歌咏队,快步舞曲与交响乐,并排的,重叠的,两层、三层、五层;一个吹大小军号的行进纵队,("上帝!我多么喜欢军人!")加上贝多芬的第九交响曲;一队竞选的游行队伍,奏着德彪西的曲调,或者是图卢兹地方一个旅行掮客的粗嗓子和意大利米兰一个男高音的"大叫大喊"[③]。这种各个国家离奇古怪的行列,按照音波的长短,使欧洲地图成为错综复杂的大拼凑,其中所有的语言,所有的种族都被辗压、被混合成一种唯一的泥浆,它只在卡法农[④]才能得到一个名称。但是也必须想到

① 收音机中的杂音,干扰。这一段是表示罗曼·罗兰对无线电收音机("四不像的机器")相当反感。

② 《圣经》传说:语言不同的各族人民聚集在一起建造巴别塔,由于大家说话彼此不懂,塔始终没有建成。

③ 原文为意大利文。

④ 巴勒斯坦古地名,耶稣曾在那里住过。

(所有的坏事都有好的一面!)那些年老无依的苏尔兹[1],蛰居家中,足不出户,只有从世界远方来报信某个神明到他的床上访问他……

玛克辛劳过度,整天埋头和埃俄罗斯[2]的皮囊打交道。从声音的熔炉中出来,耳朵里充满杂音的震荡,简直令人发烧。好似树林中萧萧瑟瑟的树叶之声,向他年轻的希格弗里德[3]的耳朵袭来。但这不是西尔河[4]畔清凉美丽的树林,在那里瓦格纳[5]张开充满灵感的耳朵倾听。玛克从一辆卡车的铁条震荡中,被沉重的电车震动着的轨道上,从周围的一切,接触到的一切,从一片他的手搓捏的树叶上,从使他吃惊的玻璃窗的碰撞声中,从他耳朵里嗡嗡响的空气中,到处听到音乐的和声,永远无法休息!没有地方可以找到一个洞穴让他钻进去。难道这就是古希腊罗马的大谎言家所说的我们可以听到的太空音乐?而他们自己的耳朵却堵塞着,对音乐一窍不通。(他们什么也听不见!)谢谢上帝,还给我们寂静,给我们没有耳朵的死亡,安静的坟墓!

玛克完全毁坏了他的身体,他跟一个坏小伙子学,用乙醚麻醉自己。他发生抽筋,夜里做噩梦,意识激动,分崩离析,丧失了自我;或者重新找到自我,然而已是残缺不全,变成碎块,头昏目眩地旋转,没有固定点。再说这也是欧洲意识上的疾病,战争年代的没有分寸,没有节制,没有成果的极度紧张的后果。知识分子们培植这种疾病,正如他们培植一切精神上的疾病一样。(精神本身难道不是一种疾病吗?)从北欧海域直到非洲海域,在乔伊斯[6]、普鲁斯特[7]、彼朗岱罗[8]的作品中,这种疾病在蔓延,在吹各式各样笛子的人中蔓延,他们使变成贵人

① 关于苏尔兹的故事,见罗曼·罗兰的小说《约翰·克利斯朵夫》第四卷第三部。
② 埃俄罗斯,希腊神话中的风神;“皮囊”,象征收音机的发声器。
③ 希格弗里德是瓦格纳歌剧中的人物。
④ 瑞士北部的河流。
⑤ 瓦格纳(1813—1883),德国音乐家,罗曼·罗兰对他的音乐十分赞赏。
⑥ 乔伊斯(1882—1941),爱尔兰小说家。
⑦ 普鲁斯特(1871—1922),法国小说家。
⑧ 彼朗岱罗(1867—1936),意大利剧作家、小说家。

的资产者,知识界的暴发户们随着笛声跳舞。令人惊讶的并不是在那里存在着疾病,而是职业的思想工作者:教授们和评论家们,满足于登记这种疾病,同时加以赞颂,为了显出自己,赶上潮流,他们并不为挽救欧洲精神的健康而坚决反对这种潮流,虽然他们的天职应当保卫欧洲精神的健康。玛克不大被眼光妖媚的法国犹太族两性人①的神经病式附庸风雅所吸引,也不被爱尔兰人②瘫痪的放荡行为所吸引,而是更多地受精神恍惚的西西里亚人③自我解体病的传染。因为解体现象和猛烈的爆炸同时发生,这是和引起解体的动作相连的。玛克的气质与此有联系。但是这种内心呓语在作家本身是向外倾泻(尤其当他已经达到成熟的阶段),在一个当刚刚成形的年轻人发烧一般、精疲力竭的,有内伤隐患的身上,可能产生致命的后果。

那勇敢的小伙子竭力斗争,不叫饶,不求援。气促力尽,他捏紧双拳,整个半身俯在深渊之上,目击坟坑中一个世界在可怕地解体。他嗅到文明的尸体腐烂时的恶臭,由于极度的憎恶与窒息,他几乎要坠入深渊,身上被猛烈的火箭穿通。他以盲目与愤怒的信念在等待,在呼唤从尸体的口中出现一枝碧绿和挺直的树木,长有新的生命、新的世界种子的树木。因为它一定会出现,它必须出现。

"我感觉到在我腹中,这个新世界在焚烧。我死去,或者我撒下种子。即使我死了,我也给新世界撒下了种子。新世界必将出现!是死是活,它是,我也是实体的浪潮,精神的浪潮,永远更新,永恒的复兴……"

* * *

① 影射普鲁斯特。

② 影射乔伊斯。

③ 影射彼朗岱罗。(通过这几句抨击普鲁斯特、乔伊斯和彼朗岱罗的话,罗曼·罗兰表示他强烈反对现代派文学。)

拉丁区的小旅馆遍体发烧,汗湿淋漓。晚上,那里有一大堆苍蝇嗡嗡作响。从楼上到楼下,全都听得见:拍门的声音,床和楼板吱咯吱咯的响声,喝醉酒的女人们白痴式的笑声、争吵声,以及弹簧床上拥抱的声音,仿佛你亲身参加了这一切活动。一人有事,众人着力! 人人都淹没在大伙的汗水中。你想在你的床单上找一块干燥地方,可是整个兽群都在上面睡过了……

玛克由于手头紧,疲劳乏力,甚至由于感到一切无聊,最后到这个小旅馆落脚。到了一个时刻,无聊之感是那么尖锐,以致你索性随波逐流,让恶心的感觉淹没自己。你不再选择哪个是最臭的,哪个是比较不臭的,反正大家都臭……他租了一个房间,在离楼梯最远的楼道角落,倒数第二间,在那儿听到的声音比较模糊,可是光线和空气也比较差。为了不让令人作呕的气味进来,玻璃发黄的窗子虽设而常关。窗子对面有一垛肮脏的墙,墙内是一个永不见天日的小天井。——和他邻接的最后一个房间,由一个沉默寡言的女客住着。和他一样,她白天不在家,回来很晚,关门干活,晚上看书到深夜。她也和他一样睡眠时间甚少。(隔壁最细小的动作他也听得见,两间房子的隔墙薄得像一片树叶。)她一点声音也没有。如果不是在睡梦中说话、呻吟,甚至叫喊,他连她的嗓音也不会知道。这是一个妇女的声调,一说一大串,断断续续,抑扬顿挫,富于节奏感,既凄切,又愤怒。起初,玛克被这种他不懂的语言吵醒,以为她不是一个人在房里,生气地敲打墙壁。于是她不响了。之后,他听见她长时间在床铺上翻来覆去,和他一样睡不着。他后悔自己粗暴,因为他知道对于干活辛苦的人,多睡几小时是多么宝贵。他夺走了邻人多睡一会儿的机会,心中很过意不去。他设想(不无理由),被他打断了梦中独白的女人,正在痉挛地害怕再说梦话。实际上,是那个突然被惊醒的外国女人的面颊夜里正在发烧,并不是她担心打搅邻人。她彻底藐视周围的一切。可是她气恨自己在睡梦中暴露了自己。于是直到天亮,她不让自己再睡着。

时间一久,他们两人互相习惯了。他强迫自己容忍夜间听到的长串说话,最后,他把这种声音当成他的伴侣。这声音很悦耳、庄重,有一点含混;并且有时辛酸,有时痛苦,引起他的怜悯。又有一个女子负荷着过分沉重的生活担子!他不知道,他自己也让邻室的女客听到同一类的戏剧场面。她听见他在隔壁说话、动弹。可是她一点也不设法吵醒他。所以他醒来之后,不知道他自己在梦中说过话。在这个旅馆里,许多别的人也在睡梦中独白、翻腾,一边打呼噜一边吞吞吐吐说些不清不楚的语句。所有这些疲乏的身体,都蒸煮在睡眠的熔炉中,艰难地消化着他们腐化堕落、受伤、贪婪和疲乏的灵魂,或者求饶,或者向猎物狂吠。

这种深夜的呓语,是精疲力竭的玛克的周期性病态。贫穷的玛克营养不良,住着不卫生的房子,再加拼命地工作,滥用他的力量,加之同欲念做斗争而又被欲念吮吸了精力;肚子里和头脑中有火在燃烧,愤怒地想在他的混乱状态中整理出秩序,对自己加以控制。他在沙漠中,远离一切人的视线,进行每时每刻的搏斗。这种致命的孤寂,使他处于发高烧的颤震中,耗尽了他身体与头脑的精力。他不知道如何获得休息。他滥用了麻醉药剂。现在,他一进入睡眠,就乱梦如麻。通过意识的微光,他发觉自己坠入到洞穴的深处,于是他身体向上,拼命想爬出穴坑。他醒了,神色慌张,疲乏得要死,直想呕吐,耳中充满声音的幻觉。一切都有声音,哪怕他轻轻接触到最小的东西:床架、窗上的玻璃、枕头。高烧使他听到的颤动声无限扩大。他焦急地想:“我成了疯狂的人。”一连几夜,他搏斗着。白天,他烧退了,一点力气都没有,在战场上虚脱地支撑着。最后一夜,他不甘心屈服,站在床上,高声喊叫:“不!”他用指甲从他两边的太阳穴和后脑勺上揪掉敌人……

房门打开了……一双女人的手抓住了他的手腕,开头,他愣住了,接着发起怒来,用力摆动自己的身体。可是那双手抓得很紧,像两把钳子。他狂怒了。俯下脑袋,咬了那只手。他的牙齿咬住了对方大拇指下端的皮肉。但是一只抱住他的手挣脱出来,在他下巴下边打了一拳。他放开嘴,昏头昏脑地倒在枕上。一个年轻妇女,俯身向着他,一个膝盖跪在床垫边沿；为了支撑她的身体，一只手挽住他的脖子，用唱歌般的嗓子对他说："安静，小伙子！"

她的眼珠是褐色的，带点橙红的闪光。他着迷似的注视她瞳孔中的赤色火焰。接着，他诧愕的视线落在靠近他面孔的那只手上：肌肉紧紧的小手，金黄中带点褐色的皮肤，食指上端，有一道浅色的创痕。他发烧的嗅觉，在贪婪与反感的混合中，闻到她皮肤上的硫磺气味。他作了最后一次努力，挺直身体，想挣扎起来，可是仍然不能动弹，他脸色很红，嘴张着，像露出水面的鱼一样在寻求空气，向那双闪着橙红亮光的眼睛，投射出绝翅的呼号的一瞥。他昏过去了。

他光赤着身体，横卧在又乱又脏的床上，一条腿垂在楼板上。

那位不速之客的妇女，用一条手臂托住失去知觉的年轻身体的瘦腰和腿，把他放在肮脏的床单上，仔细瞧了瞧他，摸摸他的额头。接着，她到自己房中拿来一个枕头，把玛克的脑袋垫高一点。她留在他的房中，不走了。

*　　*　　*

她中等身材，可以说比较矮小。外表纤弱，其实并不弱。身体虽瘦，可是很健壮，骨架粗大，胸脯平扁，可是腰部宽阔，胳膊肌肉厚实。她面色苍白，脸盘宽大，头颅滚圆，头骨坚硬。她有永久不会被驯服的母猫的嘴喙，眼神明朗坚定，永不慌乱。即使她心中慌乱的时候，眼神也不慌乱，好像其中有一块石头。她显示着意志坚毅的嘴边，有一条粗硬的皱纹；下唇有点鼓胀，有时被她咬着，这是她在回忆辛酸的往事，是她性格的不调和的表现。她全身表现出一股精力，令人吃惊，不放心，并且把人吸引住。（不应当太相信这种精力！它是时隐时现的，是一个有周期性的灵魂。）

她是俄国人，在巴黎避难，两年前她流落到巴黎，那时她二十岁。

在俄国革命初期,她只有十六岁。从十七岁到二十岁,她经历过二十种生活,见过那么多死人!她曾经被内战的洪流所冲刷。十八岁那年,她还是个孩子,可是已经做了母亲。在乌克兰马赫诺匪帮对叶卡捷林诺斯拉夫城①的一次袭击中,她眼看她的孩子,一个男孩,被杀死在她的怀抱中。十九岁时,她被弗兰格尔②的败兵卷走,在土耳其经历了流亡途中极其可憎可怕的遭遇。欧洲为了收容他们这群流亡者,提出残酷的耻辱的条件。欧洲的反动派先想利用这群人,把他们推入深渊,后来又抛弃了他们。她体验了仇恨的歇斯底里,既要报仇雪恨,又要使别人痛苦。她体验过面对残暴行为的反抗冲动,不论是她所属的党或者是敌人的暴行,她经历过痛苦到气息奄奄、满口呓语的身体昏迷。她见识过自己的和世界的可憎可怖的时刻,见识过令人呕吐的,不可能存在的生活。她也无法解释地体验过对她见过、生活过的一切的忘却,以及冷酷无情的周而复始的追忆。这些可怖的年月是一阵令人晕眩的旋风,在她的意识中几乎什么也没有剩下。在白天,往事是一片空白!夜间却恰恰相反,往事只剩下一场神思恍惚的幻梦。她用脚踢开这场梦,心想:"这是什么人?"她在她背后抛弃了那么多的"自我",陈旧的、玷污了的、被杀害了的"自我"!新的"自我"践踏着旧的"自我"的尸体前进。她徒然向生活啐唾沫,生活仍然活在她身上,而且还要活下去。她是一个骨盘宽大的二十二岁的少妇。

她父亲是喀山大学的法律史教授,老知识界受尊敬的高级代表。知识界曾经是俄国革命的踏登,可是不久就被革命超过,被砸碎,抛入最不堪的反动垃圾堆。几个星期之间,俄国的"智慧",有如乱了套的指南针,从克伦斯基跳到邓尼金,从革命社会主义跳到和白色反革命不可收拾的勾结。她没有喘过气来重新找到道路。在混乱与狂怒中迷失道路,风暴中张不开眼睛。她惊诧地发现自己置身于她像鄙视鞋底上的烂泥一样鄙视的人们之间。她觉得蒙受了耻辱,可是她没法从

① 乌克兰城市,今名第聂伯罗彼得罗夫斯克。

② 弗兰格尔(1889—1934),白党将军。

那里挣脱出来,她是被血块凝结在那里的,连她的舌头都被拴住了。她没有别的出路,只能在烂泥坑中愈陷愈深,什么也看不见,什么感觉也没有,直到死亡。费道·伏尔可夫[①]背着十字架刚刚走了几步,就幸运地死去了。(只有对正直的人才有十字架。基督被钉在十字架上时,有两个难友,那是两个自己走错路的人[②]。)伏尔可夫在逃跑时被俘获,他一言不发地让人枪毙,既不饶恕敌人,也不饶恕朋友和自己。他咬着牙,心里咒骂世界。总之,一片黑夜!

阿霞[③]有一个弟弟,十四五岁,非常敬爱她,同情她关于爱情与天才的幻梦。他一听到集合号角,立即和他同样年轻疯狂的中学生一起出发,拿着极少的武器,去和布尔什维克作战。他们全部被消灭了。阿霞独自在军队溃败的路上继续奔逃,每一站都标志着痛苦与耻辱。在途中,她不止一次地开过枪。若不是年轻人对生活的狂热和由此产生的呓语在她眼前遮了一块红色纱巾,并用马靴后跟的刺踢她腰部,每逢狂奔中停下来时,她很可能就会倒毙。她明明知道,也愿意如此。她对自己感到恶心与鄙视,这几乎使她窒息。既然要活下去,就必须将鄙视一切的念头吞下肚子。她大口大口地吞。

最后,她到达了西方的港口,在岩壁之间的海滩上。在那里,故意造成船难的人们,抢光了遇难者们留下的破烂物件。巴黎,喧闹的海滩,在那里,被海潮冲上岸的海蟹,堆积在篮筐中,互相吞食。在这西方的港口,阿霞独自躲藏在一边。俄国流亡者从革命一开始,就在那里支起了帐篷。阿霞和这些人一接触,立刻缩了回来,她遍身发凉。在她眼中,他们比外国人更陌生。他们和生活脱离了联系,他们什么也不懂。可是他们继续夸夸其谈,争吵,发号施令,没有发觉他们自己已经是死人。她每次看见他们,她觉得有一种令人神志迷惘的嫌恶之

① 据说不是历史人物。疑为小说中的人物,出处不详。

② 相传陪着耶稣基督在架上受刑的是两个盗贼。

③ 阿霞是阿娜斯达齐娅的简称。——原注

译者按:阿霞就是这里所说的俄国少妇,旧译阿西娅。

感,逼得她向后退,“死人,他们是死人……怎么他们自己感觉不出?”他们是感觉到的,在抽搐的绝望中感觉到。他们向上帝,向魔鬼,向沙皇,向死亡嗥叫,他们盼望亲人的死亡,别人的死亡,整个人类的死亡。既然欧洲,既然世界不愿意拯救他们,必须让欧洲,让世界和他们一起灭亡。杀人的疯狂毒害了他们的头脑,充满神秘主义的狂热与酒精引起的充满呓语的头脑。阿霞躲避他们,憎恨他们无聊的闲谈,他们的癫狂和一无用处。她躲避他们,憎恨能使她回想起一切往事。她沉浸在孤寂的无底深渊中,最大的深渊就在大城市中心。这个城市不理解它所庇护的俄国人,不亚于住在这城中而且鄙视这城市的俄国人(包括她自己)之不理解这个城市。阿霞和活人之间存在隔阂。她感觉自己属于一个已经泯灭的世界。但她不可能被淹没。她有不可摧毁的体质,只有外表可以改变。有如深海中的生物可以适应任何压力,她很可能没有眼睛而能看见,没有肺脏而能呼吸,时间未到,什么也不能使她移动位置,甚至她的意志也许也不能移动。

两年来,她生活在几乎绝对的孤立中,毫无生活费用,依靠令人难以置信的方式生活,有些日子,从货摊上偷一个苹果作为食物;另一些日子里,什么吃的也没有。或者她挣了一点钱,可以吃半个星期,像年轻的母狼般吞咽食物。她有哥萨克人的胃。按照食物的多少可以把这个胃放大或缩小。她不能井井有条地出力干活。有时她加一把劲,一个人干一个小组的活。任何劳动都吓不倒她。她曾经替一家咖啡店擦玻璃,擦痰迹。她光滑的钢筋铁骨般的腿,可以一口气站十四个小时,在一个家庭中干粗重的活,或者替一家商店送货上门,从巴黎这端跑到那端,货包的绳子勒伤她的手指,脚上穿着浸水的鞋子。有时候,夜里回到住处,她不睡觉,坐在一把破椅子上看书,一直看到破晓,穿着她的湿衣服,散发着淋湿的狗毛气味。她只脱下她的木底皮鞋,把肿胀的双脚放在水泥砖地上凉爽凉爽。可是有时她把工作扔在一边,不去上班了,也不向人道歉,成天仰躺在床上,弯着腿,耸起膝盖,浮想如云,可以说什么都想,什么都不想,眉毛紧锁,在搓皱的床单上抖满烟灰。此外,隔一段时间,她会产生一次到人群里去钻钻的渴望。她毫无目的,乱跑一夜,进入人声喧闹的地方,酒馆或舞厅。但是,她是用她野狗的方式到处闻闻,闻过就跑,消失在漆黑的夜里。她一点也不俏丽风骚,但对颜色有野蛮的爱好。从来没有一个男子想讪笑她。她的表情、动作,形成一种风格。她的出现并没有被人疏忽,别的妇女们看她长得丑,撇撇嘴,仔细分析她的丑态。可是毫无用处。这些妇女怒火上升,因为她们知道,阿霞经过的地方,没有一个男子不为之惊讶。如果她愿意,她很可以卖身为生。没有任何成见在管制她的消瘦、热烈和饥饿的身体。生活上的事,这个身体全都见识过了。可是她一次也没有出卖她的身体。即使是白送,她渴望男人的身体也没有和任何一个男性的身体拥抱过。对于往事无言的憎恶,对于这个身体经受过的痛苦,她怀有野蛮的积怨。痛苦,反抗,剧烈地抵制自然的需要,不可告人的一种赎罪的需要。一个骄傲和健康的人,曾遭受过不光彩的生活糟蹋过的人,在腹部保留永远不能愈合的创伤。这个创伤的效果,使她宗教式地深深看破了红尘。这个人为了所受的痛苦和凌辱而惩罚自己。两年来在巴黎可怕的孤寂中,她约束自己过贞洁的禁欲生活。全世界都不能够强迫她破坏她无形的誓愿,即使不止一夜饿得肠胃痉挛。正相反,愈是饿得直不起腰,她愈意志坚定,拒绝投降。战败者辛酸的骄傲对她起了防御作用,除此以外,她没有别的值得护卫的东西;有了这种情绪,她才不至于全身倒在地上,所以她保证决不让步,即使到了走投无路的绝境,虽然在这方面,她并不看重旧道德的价值。这是她最后残余的一点自由的标志。她不放心,猜疑别人会抢走她这点自由,她,这个不信神的女人,决定和早期基督教的那些顽强的修道士一样,坚持过没有水没有爱情的隐遁生活。

为了满足她的饥饿,她在奇特的智慧行动中找到一种代用品,时断时续,但是有时十分狂热,和饥肠辘辘同样地折磨着人。在满足这种智慧的饥饿时,也缓和了胃肠的饥饿。于是她到奥代翁剧院四周廊檐下书店前的摊子上,一站几个小时,阅读没有裁边的新书。在那里,冬天寒风凛凛,书店职员们穿着很厚的衣服,头上包着围巾,为了暖脚,不停地踱步。店员们让阿霞看书,日子久了,他们都认识她了。他们看见她来,觉得亲切。她小心谨慎,看完一本书之后,把书签套好[①]。但是她袖筒里藏着一个发卡,必要时拿出来作裁纸刀用。监管者一转过身,她就偷偷把书页裁开,这样她可以读完全书。她读一些知识性的论著和马克思的小册子。在过去三年间,她在革命追逐下东奔西跑,关于马克思她只听见过喧嚣的传闻,仿佛是神话中有七个头的巨龙的一个头。她在书摊前度过不止一个整天,一页一页,一章一章地狼吞虎咽,但她却不敢顺手牵羊地拿走一册书,像她在蔬菜食品店的货架上偷拿西红柿或苹果那样。那个正由她守护着的,赤身裸体躺在旅馆床上的小伙子,怎么也想不到她就是有一天在柯玛丹街上一家食品店门口被他抓住手腕的那个女人。如果她不是为了需要考虑下次还要去书店的干草槽中吃草的可能性,她会毫无顾虑地干脆拿走一本她渴望阅读的书,也很可能从她阅读的书中撕下一两页。她是这种危险的野蛮人(所有女人或多或少是这样的人):他们在贪婪地追求一星半点知识时,能毫不犹豫地损毁从图书馆借来的珍贵书籍。“为什么不能这样呢?书籍本来就是为了给我吃的……”但是,既然她必须保证第二天的食粮——书店老板桌子底下的碎屑,她就不能不和书店老板一样小心地对待她翻阅的书籍,她和书店老板互相信任。

看完书之后,她回到住处去咀嚼她吞下的燕麦。肚子空空,头脑充实。她咀嚼冬天的柑桔皮和籽核,免得空空如也的胃部痉挛。这种英勇的斋戒式生活过了两年——间或碰巧美餐一顿——她不但没有丧生,而且形成了新的生活。她具有斯拉夫民族令人不放心的弹性,若干世纪以来,他们学会了忍受一切痛苦而继续活下去。她具有这种奇迹般的再生能力。这种能力是优质灵魂的本领……(我说“灵魂”,也是说“身体”,有一些身体,你可以相信年龄与死亡对它们不产生作

① 过去法国的新书都不裁边,如果裁开了,只能当旧书出卖;而且每本书上都套有一寸多宽的条签,上面印有简短的内容说明。

用,没有创痕,没有瑕疵。如果有的地方磨损了,皱折的外皮便自行开裂、脱落,另一张完全新鲜的皮取而代之。)女人的灵魂是一部电影片。有如影片上的形象,灵魂们陆续出现,转动(被旋转着)。这些灵魂往往互不相识。即使最稳定的灵魂,即使是安乃德的灵魂,也不止一次看见过这种情节的展开。在安乃德这样的女人身上,一个灵魂与另一个灵魂之间,从来不至于发生那么截然不同的区别,在一般西方妇女身上也极少发生这种情况。而在阿霞身上,在一秒钟之内,处于统治地位的灵魂可以完全隐消,彻底被忘却;同时另一个灵魂,另一些意愿可能出现。她对此毫不惊讶,她立刻和它们融为一体。在隐消的全过程中,它们是属于她的,她是属于它们的。稍后,她发现自己在她刚刚离开的前一个心理境界中没有冲突、没有意外地站稳了脚。这是一种经常性的危险,但也是一种休息和保证,既然前一个灵魂重新回来(这是有把握的)!而在前一个灵魂淹没的时刻,它重新获得了力量和新的精神。它重新出现,仿佛人睡了舒适的一觉之后,从床单里钻出来。

就这样,阿霞没有人可以来往,没有一定住处,没有上帝,没有幻想,没有使人能够活下去的一切,然而她却生活着,不可摧折地活着,每天早晨弓弦又拉得紧紧的,坚实而且更新了,去猎取新的一天。从她往昔生活严峻的折磨中,她的精神与皮肉虽然受过摩擦,可是她皮肤上没有留下一个血泡,精神一点也没有留下虚无的味道,她是彻头彻尾健康的。理智徒然把一切都摧毁了,本能却在刀斧之下决定她年轻的前程。她无节制的自由批评,和她出自天性的野蛮健康,使她总是径直向目的地走去,决不以含糊的借口来阻碍自己,这使她渐渐接近新俄罗斯的观点。一开始,她并没有明确意识到;稍后,她想:“这和我有什么相干?我走我的路;有路,连狗都可以走!”当她和一个刚刚来的人发生接触——一个过去曾经和她同住一个公寓的女友,现在已经是共产党员,苏联大使馆的打字员——以及和她接触之后,她当即认清了她的立足地,她的精神气候。她的战败者骄傲情绪,使她一开始不愿意接近苏联,拒绝接受她思想的转变。然而,不论她接受与否,事实俱在。她这个俄国侨民,用革命和俄国人的眼睛,观察与判断其他俄国侨民以及整个西方,整个道德与社会领域。阻碍她参加到这方面来的最严重的因素,是一种个人主义的自傲,流亡中的孤寂生活更加强了这种自傲。她的生活处境,使她在天性上加了这条褶纹,可是她在天性深处,企望着和那些融合在一处的群众联系。正因如此,阿霞断断续续地犯着激烈的思乡病,像发烧一般昏昏沉沉的思乡病。

在那时,出现了上面所说她一连几天躺在床上一动不动、态度沮丧的现象。也就在这时,通过隔墙透漏过来的动静,她发现了隔壁那个看不见的年轻邻人。她躺在床上,四肢虽然像瘫痪了一样,可是听觉反而更敏锐。于是,她像一只极大的昆虫,把她的触角伸进缝,通到玛克房中。她探察邻室,一点一点地摸索,最后把那个兽穴和其中的野兽的形状画成一张草图。所谓野兽,我们指的是玛克。他受了邻室中毫无响动的假象欺骗,没有料到他的一切行动都被人仔细探测过了。没有眼睛的触角固执地从头到脚地探索他。玛克发烧时的独白不仅在他做梦时才说。当他以为只有他独自一人时,他不检点他内心的沸腾,从而发出一大串激奋的斥责,有些语句在阴暗中冒头,好比浪峰在阳光中涌出来,约伯与天使的对话①。邻室中注意力集中的听觉,通过听到的字句,像海鸥钻进日光下的浪花,钻入对方的内心深处。开始时,她注意的是对方的音色,以及由嗓音提示的对方的嘴的形状,正如香味提示果子的形状一样;接着从嘴开始,她的注意力摸索了对方全身。她努力在黑夜中认出这个身体。她闻到对方的气息,不是由于有什么特殊本领,而是凭着女性的原始本能,同时也因为她闲着没事干。当她结束了她的勘测,闻过、掂量过、尝过味道之后,当她占有了邻室中那个人之后,她产生了一种愿望——可是并不急迫——那就是想亲眼核对一下她用想象塑造出来的那个人。她并不去追求这种机会,可是一天晚上,她在楼梯上遇到了他。她设法躲在阴暗中,不让

① 典出《圣经》。

对方瞧见,可是她能瞧见对方。第一眼,她就认出他是柯玛丹街上那个小伙子,他曾用夹狼的夹子夹住了她的手腕,接着又放开了。(这时,她在床头俯身向着发高烧的玛克,凝视他,看着他指头修长的年轻俊秀的手,这只手曾经像钳子般钳住过她。于是,她用自己的手去抚摸玛克的手。)至于其他部分,玛克的真实形象似乎和她想象中塑造的差不多。于是,真实的形象立即代替了虚构的形象,以致在她思想上认为她从来没有见过他有另一种样子。

可以肯定的是,从这时起她对这个邻居增加了兴趣,她用更加深刻的目光,连同听觉,注意起对方的命运。这个年轻人生活的严肃性使她震惊。她自己的亲身经验使她去揭露对方像她那样不近人情的孤独生活中的各个隐蔽角落,也发现了对方的痛苦,而且由于他坚忍的骄傲,他不让别人看到他的痛苦。为了不至于泄漏她睡梦中的秘密,现在她勉强自己在夜里牺牲一部分时间不睡,这样就听到了对方睡梦中的秘密以及发烧的浪潮不断上涨。她看见在那年轻的身体之上,不肯消退的疾病像鹞鹰般在天空盘旋,盘旋一圈就缩小一圈。她在等待她去进行干涉的时间。时间终于来到。她走进了邻室。

*　　　*　　　*

疾病她可见得多了。在那些年月,她被溃败的军队像浪潮一样冲刷着,走上残酷的流亡之路;用就近取材的将就办法(用最狼狈的不幸办法),护理伤员们身体上一切苦难与羞为旁人所见的地方。因此,没有一种疾病会使阿霞感到出乎意外,束手无策。她认为毫无必要去请医生来给玛克诊视。她决定自己来对付。玛克的病能够痊愈,或者一病不起,在她手里和在医科大学里,还不是一码事,她按照自己的体验判断别人,认为要让玛克避免的第一件事就是进医院,而医生吩咐的第一件要办的事,恰好是进医院。不!如果要死,宁可独自一人死去。这是最后的奢侈。

她用强有力的局部刺激疗法①,在他大腿上贴芥末膏药,头上放冰包。她昼夜守着他,喂他饮食,替他洗擦身体。没有任何使人恶心的护理上的事,她不坦然承担。房间很脏,空气恶劣。白天,开向小天井的窗子被对面的墙堵着。墙靠得那样近,人从窗口探出身去,伸手就能摸到肮脏得像麻风病人皮肤似的墙壁。这位俄国女人住的楼道顶端房间有一个优点:可以望见街道。阿霞把两间房隔墙上的一扇门用力推开,把病人移到她的房间中。他个子比她高,两条瘦瘦的长腿垂着,一只手拖在楼板上。他很像年轻的基督,被人抬到坟墓中去②。阿霞一边走一边在腿上用劲,弓着身体,分开两条粗壮有力的大腿,嘴紧闭着,下唇盖住上唇,眉头紧锁,严峻的眼光注视着抱在怀中的身体。在她枯干的乳房中,有一种说不清的母性感觉苏醒了。当年她被杀害的孩子,就是从这乳头上被夺走的,孩子嘴里还含着人类温爱的乳汁。随着心脏的跳动,枯竭了的浪潮又上升了。她把失去知觉的人安置在她床上。当天晚上,玛克在一瞬间恢复了知觉,张开眼睛,叫了一声:"妈妈!"好像一个快要在水中没顶的人。他发现自己在一间陌生的房中,还有一张给人以安慰的温柔的嘴,含着怜悯对他说:"是我,我的孩子……"于是她在病人干燥的嘴唇上亲了一下。

她打扫被弃置的房间。在玛克发病前的几个星期,垃圾在房中成了堆,四处是散乱的纸片。她利用陪夜的时间,把纸片整理起来。其中有许多信件。她读了那些信。在床上躺着的那个人是她的猎获物,暂时是这样,可是只有当前这一段时间算数,以前和以后什么也不算。这俘虏的一切剩余物品都是她的战利品。

许多信是"妈妈"的来信。从挺拔娟秀和飞鸟识途、振翅高翔一样的笔迹中,显现出了安乃德。在阴暗的房间里,在阿霞眼中,安乃德充满激情的面容逐渐显现。入侵者③的手指一张张地翻阅信纸,安乃德

---

① 例如拔火罐。

② 西方有许多古典名画,描绘耶稣的遗体从十字架上放下来,被信徒们抬去埋葬。

③ 指阿霞。

傲气的温情面容愈来愈明晰了。不久,两个人面面相觑,用目光相互较量,相对无言。阿霞把信叠好以后,用鼻子闻闻那个不相识的女人。她估计到对方爱与搏斗的力量与生命的力量,她自己在这方面也很在行,不会弄错。在她身边床上躺着的人,因为是那个女人生出来的,价值更高了。

通过母亲的来信,阿霞设想出儿子的去信。她深入这个多疑的、永远在斗争的心中最隐蔽的角落:对世界和对自己的怒火,根性的纯洁与日常生活的不纯,使他自己反感得顿足;他的弱点和失败,使他更富于人情味。这使阿霞觉得更接近他。她看到他和母亲之间坦率的亲密关系,母亲的男子气理解力,她向儿子解释他的为人,并使之平静。阿霞感到嫉妒这个母亲了。这是她开始爱玛克的第一个信号。

她发觉了这个信号。她天性阴险地设法向她隐瞒的一切,却瞒不过她。她耸耸肩,站起来。她站在床边,她端详一直在疾病压制下挣扎的躺在那里的身体。虽然她采取了许多措施,病势毫不减轻,反而加重了。悲惨的结局不远了。阿霞的手抚摸病人火烫的额头,接着把手伸进被窝,温柔地捏住玛克的脚。她思索了一下,眼光投向放在桌上的几封信。她走出门,给母亲拍电报。

* * *

安乃德正和狄蒙在英国。当她接到简短而突然的没有署名的电报时,她摇摇晃晃,差点摔倒。狄蒙从她手里拿过电报来阅读。(安乃德连说话的力气都没有了。)这个很可能看见整个民族死亡都不会动情的狠心汉子,表示了出乎意料的仁善。安乃德在慌乱中拿起大衣披在肩上,打算跑到最近的火车站去,钱、护照、衣服,什么全忘了。狄蒙留住她,温情地叫她坐下:

“得啦,孩子!不要失去理性!准备一下,可是不要慌张。不到四个小时,你就在你儿子身边了。”

他打电话到飞机场,让人立刻把他的飞机准备好,他用自己的汽车送安乃德到机场。在途中,他以粗率的好脾气劝她放心。他的话不能说服她,但是这份心意使她感动。和她分手的时候,他不自禁他激动起来。他对她说:

"你一定能救活你的孩子。可是救活之后,你就回来!我不知道能不能支持到那时候!"

(这句话使安乃德害怕,可是这种害怕毕竟隔得远了一点,眼前她心里别有牵挂。)她说:"没有什么在威胁你……"

他回答:"我呀,当我剩下自己一个人的时候……你是知道的。没有你,我能够支持到今天吗?"

他看见安乃德心不在焉,于是说:"好,谢谢你!你对我的贡献,已经远远超过我对你的期待。可不要记住我那些你不爱看的脏事!"

"我记住我们的友谊。这种友谊始终是双手洁白的。"

"那好,把你的手给我!"

安乃德握住狄蒙的双手。飞机的马达开始轰鸣。安乃德注视着狄蒙的运动员型面孔,像是用拳头捶打出来的面孔,激情的粗暴手指在那里留下了印痕(有几种激情是高尚的,另一些是下流的,每一种激情都留下痕迹),他的额头像公牛的额头,他笨重的眼睛用粗粗的视线在吸取安乃德的形象,要像海绵吸水般将这个形象吸收进去。她把面孔靠近狄蒙,对他说:

"让我们亲个吻吧!"

房间的门是开着的。阿霞毫不担心有人进来。在她房里没有什么可偷的东西。而且她把所有邻居都不放在眼中。可是当她看见母亲进来(第一眼就认出是她),她惊讶了,她没有料到母亲来得这么迅速。两人之间没有说一句话。安乃德径直走向床边,来不及脱掉大衣,就俯身在儿子床上。但是像一个慈母所做的那样,她双臂轻举,手指柔和,有如微风轻拂草原上晒焦的草木。病人发烧的肢体接触到母亲的手,似乎感到轻松,嘴唇动了几下,叹了一口气,安乃德小心翼翼地把她扶起来的火烫头颅放回枕上。她转过身来解衣,看见另一个女人待在那儿,坚决不肯让位。双方的目光交锋了,直视的、严峻而短促的一瞥。安乃德说:"太太,是您给我打的电报吧?"

阿霞头都不动一下地说:"是我。"

安乃德向阿霞伸过手去。阿霞接住手。双方的手都没有热情。她们签了协定。安乃德走到邻室中去,做了个手势,让阿霞跟她过。她对阿霞说:"您讲吧!"

一个母亲有这样的权利,这是很自然的。可是阿霞自封的权力,与安乃德的母亲发生了冲突。她的本能对安乃德并非故意的专横语气与姿态表示反抗。在两个妇女的意志之间,有几秒钟无言的交火。她们几乎没有明确地意识到,可是她们的力量很紧张,好像被勒紧缰绳的马。接着,马让步了。阿霞说话了。她简略地叙述了疾病发生的经过。关于她和玛克之间存在的或不存在的关系,她一字不提。可是她暗暗得意地让安乃德知道,玛克现在躺在阿霞的床上。安乃德一边听阿霞说活,一边很快观察了两间房子的情况,毫不怀疑这个女人是玛克的情妇。对于安乃德的毫无成见的思想来说,从那时起,阿霞已经不是外人。她的态度缓和了。阿霞不理解这是什么原因。面对安乃德由严肃而变为柔和的眼睛,她仍然态度冷淡、僵硬。

两个妇女都不想互相解释一下。抢救病人要紧。两个人为了保卫病人而联合行动,把她们经验合起来用。安乃德对于阿霞经验的成熟以及她动作的稳准,感到惊讶。那年轻妇人以敏捷快速的动作和冷静的态度,毫不犹豫地做必要的事。一个多余的动作也没有,一个动作也没有做错。在母亲面前,她旁若无人地干着。最隐秘的护理工作丝毫不妨碍她。正如在医院的病床上,痛苦的肉体是护士的所有物,阿霞摆弄着玛克无抵抗的可怜身体。安乃德看了既不顺眼又佩服,对表面上好像不近人情的动作,不得不承认有正确的效果。她受了影响,当阿霞简捷地对她说:"快!扶住这条腿!抬起腰部!您没有瞧见吗? ……”安乃德驯顺地服从。

虽然安乃德也习惯于做这种护理工作,(哪一个欧洲妇女在战争时期没有学习过这种工作!)但她的双手一触到儿子的身体,就透露出内心的激动。她佩服阿霞不带感情的动作的准确性。这种不动感情的态度使安乃德惊奇,尤其是因为她立刻在阿霞面部发现了内在的暴烈与激情。通过出现在这面孔上的闪光,安乃德似乎比阿霞自己更早,而且更明白后者已经占有了玛克的身体。

两人分班陪夜。她们一先一后地守卫在玛克身边,轮换着休息。阿霞前几夜一点也没有睡,倒下就睡着了,像一根木头似的。安乃德一边反复思考问题,一边听着两个人热烈的呼吸。一个呼吸不匀而且断断续续;另一个呼吸急促,粗声粗气,好像急于要吃她的一份食粮。果然,到了约定换班的时刻,阿霞自己突然醒来,到玛克枕边来占领她的位置,同时强迫安乃德到她自己刚刚离开的床上去。在那里,她精神恍惚地睡过的地方还是暖烘烘的。

* * *

令人焦急的几天过去之后,玛克恢复了知觉。这时,他的还有点模模糊糊的目光,一见母亲温爱的面容就发亮了。他对母亲微笑,给母亲以极大的快慰。可是玛克的视线越过安乃德的肩头向后边探索时,碰到了阿霞紧锁的眉头和闪闪发光的眼睛。于是他的眼光停住不动了,很诧异,好像在询问别人,又像在询问自己,设法弄明白这是怎么回事。他的视线回到母亲脸上,母亲在他的视线中发现疑问的神色。站在她身后的阿霞一言不发。这么说,他们是互相不认识的。安乃德默默地观察。阿霞不声不响的保留态度,使人不好意思向她提出问题,她继续摆弄枕头上玛克的脑袋,一切要听她安排,好像她有权这样做。玛克不声不响地听任她摆布,不敢问她,看见有这样一个他无法解释的人在场,他惊呆了。他设法回想他发高烧的几夜中神志间或稍稍清醒的瞬间，寻找能打开这个哑谜的钥匙。他有一种奇特的担心，如果他提出问题，这个女人的影像会立即消失。在几次努力失败之后，他的思想找到了线索。在微暗中开始出现光明。不过他需要证实一下，以便核对他的设想是否正确。当着母亲的面，他不好意思问。最后，他利用母亲走开、阿霞俯身向他的时候轻轻地问她："您是我隔壁的邻居？"

她说："隔壁的人是您，您现在在我房中。"

他没有注意到这一点……他的目光在环视房间。他那还很虚弱的头脑中感到有一股热流涌上来，他的额头发红了。阿霞用坚定的手按在玛克的额头上："得啦！安静待着！过几天你再想这些事。"

阿霞仍然俯身向着玛克，好像在替他整理枕头；同时，她用极简单的，不容对方反问的语句，解释经过："这间房里空气充足些。我把你抱过来了。现在，别说话了！没有什么可以东想西想的。"

她用很低的声音说话，很粗鲁。可是安乃德发现，阿霞用专横的"你我"语气[①]说话，就能把受威胁的玛克吓倒在枕上。阿霞转过身时，她的眼光和另一个女人的眼光又一次交锋，她在对方的目光中发现了对方的不满。她毫不在乎！她没有什么需要隐瞒的。不过她不一定要把经过说出来。安乃德尊重这个沉默，等候着那个外国女人高兴起来多说几句。

这三个人就这样待着，互相观察，谁也不说心里话。玛克在慢慢地研究阿霞的身体，这个身体的不可解释的吸引力慢慢地在包围他。她身上有一个特点：分开来看，对于他都是陌生的，几乎是含敌意的；而合在一起却像一张网络，一个网眼网眼，纵横交织地收紧在他意志周围。他生气了，努力寻找使他迷惘的理由。他把所有对阿霞的批评意见加在一起，能达到一个总和，而它和各个部位加在一起的总和是不相同的。他发现，他不愿意去掉其中一个细小的部位，不愿意有任

① 不用比较礼貌的"您"称呼对方。

何改变。每一个细节都是网上不可缺少的网眼。因为这个女人不像人们爱别的女人一样,为了她们一张嘴,一个鼻子,乳房,或别的部分而爱她们。她存在着,人们爱她或恨她,是为了她的整体,为了她是独一无二的动物,她以强有力的存在令人不得不承认她;而每一个细节,美的或丑的,也许尤其是丑的,正是以其特有的标志而牵引人:"你,而不是任何别人……"

在默契中,他尽可能少和阿霞直接说话;而且决不冒犯她,用"您"称呼她。她却继续对他称"你",毫无拘束到傲慢无礼的程度(人家很可以说,这是她的挑战行为)。安乃德在两人之间起了使他们互相了解的作用。他们两人都听觉灵敏,能从这间房听到那间房中母亲和每人的单独谈话。可是阿霞知道,她要多加检点,设法避开安乃德想要探询她的情况而做出的耐心努力,不过她态度和婉了一些,因为安乃德亲切的眼光和友好的态度在争取对方和自己接近。她总是灵活地绕着弯子脱身而出。在短时间内,她这种绕弯子的办法曾经打开远景,但这远景却转眼即逝,无法补救,反而令人增加茫然之感。然而那位年轻的旁听者的失望却为抑扬与优美的说话声调带给他的快感所补偿。这声调比最美的身体更美,味道更醇。他闭着眼睛,用他的嘴和双手欣赏她的声调。这声调是热烈的,富于情欲的。这之后,当那个用"你"称呼他的女人来到他身边,用她柔和的手翻动他,使他全身像着火时,他便把背转向她,为了不使她张开意志坚毅的嘴巴,免得对他发生钻到她嘴中去的诱惑。

当玛克单独和母亲在一起时,他不是这样善于掩饰自己。他在恢复中的健康和他的欲念,同身上的精力一起涌入他年轻的肢体,使他天真地伸开肢体,让人看见。也许让那位不相识的女人的目光越过母亲的肩头,投射在他的肢体上,他暗中并不生气。虽然他好像只对母亲一个人说话。安乃德可是没有受骗。她知道儿子对她表示的无穷无尽的信任只有一半是属于她的。"狡猾的小家伙!……瞧!我吻你一下,和那个人平分,各得一半……但是这不能解决你的问题……"

玛克说他自己,说他自己,没完没了地说。他不夸口,他说自己好,也说自己坏,但是充满强烈与难以满足的激情。他这样激奋地说他自己,这是骗人。不论是反对自己,或者是赞成自己,反正他占用了所有的空气与光明。他是在吃另一个人。或者他在对她说:“吃我吧!”(这是一回事。)玛克天真、贪婪,不愿意或不能够承认这样一点:他在把自己贡献给陌生的女人的顽固地紧闭着的嘴巴。“张开嘴来!吃吧!”而那张嘴也是贪婪的,她一口也没有放弃。

她在强壮的牙齿之间咀嚼这个火热、激烈、辛酸、柔和、有如仍在发青的嫩芽般的精神。他被人吃起来嘴里有鲜嫩和健康的味道,他用兴奋的恳切态度展示和控诉他杂乱无章、自相矛盾的整个嫩芽般的生活,使两个妇女感动,微笑:(“可怜的小狗!”)在这生活中,没有什么损坏变质的地方,只有在他的毛上有水沟里沾染的污泥。(“来,我给你洗!”)可是崭新的身体仍然和初生婴儿一样,加上病后复原期的作用,等于重新降生了一次。阿霞在寂静的邻室中,似乎无动于衷,可是她在微颤。想接触一下那年轻而无所顾忌的身体的愿望,使她的双手发痒了,她在这坦率大胆的小伙子身上爱的是他山泉般的明澈以及他自相矛盾的突然转变。在这些思想矛盾,尤其是既要争夺这个人,又要使他冒不顺心的风险的这种本能的对立之中,阿霞为自己打算,心中游移不决。可是对于这种处境,她早已习惯了,她可以安然自在:这是她的天性。玛克却拼命想从矛盾中出来,于是他在墙上碰得头破血流。阿霞鄙视自己,鄙视生活,生活中的疯狂事件迫使她脸上留下一条皱纹。她辛酸的淡漠态度使她热爱玛克现在游戏中表现出的悲剧式严肃性。这个大傻瓜,她很想把他抱在怀中,轻轻地摇这个激烈和真实到荒诞的小伙子,人家就是由于他荒诞而爱他。

阿霞接近玛克,是由于他们两人相同的精神上的孤立,由于他们都脱离了各自的社会环境,并且深知社会环境无可救药的错误与虚荣。阿霞拆毁了她和俄国侨民阵营之间的桥梁,同时又不能转移到另一个阵营中去,因为他们杀死了她一家人,追逐她,侮辱她,她用被践踏者的骄傲的全部力量仇恨他们;同样,玛克在狂怒中否定了他的同辈法国人的一切行动,否定了整个青年界,看穿了他们的散漫、轻浮、天真、玩世不恭的或伪善的自私、向上爬、艺术上的说谎、思想和行动上的说谎、政治上的说谎、虚假的“智慧主义”、虚假的“现实主义”、虚假的“欧罗巴主义”、所有的奴役(“情报服务处!”)[①]、无能与贪利的假面具和谎言……

玛克是不公正的,残酷地不公正。对他证明这一点是没有用的,因为他自己也知道,他愿意这样。他为此受了太多的痛苦。他曾经参加这种行动,他需要报复,从他皮肤上撕下这种胶状物。安乃德不想和他辩论。她说:“这是你的败血在流失,你轻松轻松吧!试试你的牙齿!也可以在我身上试试,如果你认为那样比较痛快。这将不是你第一次咬我的奶头了。”

如果他要咬阿霞的奶头,阿霞也不会拒绝。这种年轻残酷的牙齿使她高兴。这种牙齿爱憎分明,就像她自己的牙齿一样。玛克的不公正,阿霞是能够体会的,这种不公正比那些走绳索的沽名钓利的猴子们要的重心平衡游戏,更接近她,更温暖。这不是一种寻常的动物,一个法国人能用报复性不顾羞耻的态度,把法兰西母亲(不!不是母亲,而是后母,悍妇!)伪善的外衣剥掉。无疑,法国人一直自己吹嘘(别国人民也一样)是唯一能批评自己,指责自己的民族,而别的民族则自己吹捧自己。但是对法国人来说(对别的民族也一样),这仍然是一种转弯抹角的自吹自捧。大家都有自己批评自己的危险特权。而且他们的批评很有限度。他们用焚香来伴随批评。他们批评完之后,带一身令人舒坦的香气,因为他们不把自己列入谴责的对象。玛克则决不把自己排除在外。他在自己背上用力鞭打他的同胞。阿霞和所有的斯拉夫人一样,进行自我分析,怀着辛辣的乐趣揭开自己身上的最后一层内衣(忏悔和坦白,对最有天资的斯拉夫人来说,是一种发展心理意

① “情报服务处”是英国情报机构的称号。

识的方法,虽然不利于道德观念)。阿霞用内行的目光赞赏玛克这种自我暴露,这种自由的眼光和赤裸裸的灵魂。她并非没有预感到,玛克是在为她而暴露自己的灵魂。确实是这样。一种阴暗的动物本能,使他给那个他本能地想占有的女人看见和闻到他的身体。"我脱光了,你呢,你也脱光吧!"

她听到了呼唤。现在她全身充满一股股冒着热气的愿望,想回答玛克,想解开衣扣,对他喊道:"你瞧!"

她对玛克的认识,远远超过玛克对她的认识。在她眼中,玛克再也没有任何隐蔽的东西。这个身体的每一个细小部位都铭刻在她眼睛深处。目前,在这身体上再生的生命正在向上升起。她眼中的玛克也渐渐恢复生气。疾病的余烬未灭,病人倒又活跃起来。他变得碍手碍脚了。

男人和女人——两个孩子——在互相窥伺,斜视的眼光,不放过对方的一个动作。现在两人都不吭声(玛克沉默了,等待着她对他的召唤有什么答复),在倾听欲念从各自的身上升起。此刻,那个病后休养的人尖锐的听觉,听到了欲念从女方身上升起的声音。可是,她自己愈觉得欲念上升,反而愈变得严峻、沉默。

一天晚上,男的很有把握地预感到,这妇人将要吐露她的秘密了。她围着他转,时而走近,时而离远。黄昏的薄暗笼罩着房间。安乃德出去了。他们两人单独在家。女的开始犹豫不决,最后决定了,突然走过来,俯下身去,如同过去多少次做过的那样,给病人整理床单。然而这一次,他肯定她的双臂将要抱住他,她的嘴将要像鹞鹰一样扑下来。于是他伸直了腰,皮肉紧张,等待着,准备咬她一口……

她脊梁一挺,抬起身来,后退到墙边,背靠墙站住,冷冷地说:"您已经痊愈了。各人回到自己房间的时间已经到了。"

他受了沉重的打击。在惊愕中,他找不到话回答。稍停了一下,气愤的情绪使他找到了该说的话。于是,他把双腿伸出床外,用哽咽的声音说:"马上就走。"

她耸耸肩,没有动弹地说:“明天搬就行了。”

“为什么要等待?”

她没有做任何要拉住他的姿势。他已经踏上楼板,床单拖在身后,怒气冲冲地,他光着的双脚被床单绊住了。安乃德进来了。她很惊讶。玛克说:“这件事已经决定了。”

阿霞令人不解的沉默等于表示同意。安乃德毫不坚持,她善观气色,她说:“那也好!搬家用不了多少时间。要换的东西只有床单。”

“何必换呢?”阿霞说,“这些,或那些,我们已经不在乎这点小小的讲究。”

在冷冰冰充满怒气的气氛中,玛克感谢阿霞不换床单的决定。他已经走进邻室。接着,他思索了一下,觉得阿霞这种满不在乎的样子,加上她冷冷的态度,对他有更大的侮辱性。于是他背转身子不理她们。

安乃德向两个赌气的人微笑。她对一直背靠着墙,噘着嘴的阿霞说:“我的女儿,我们太不像话,太打搅您了。请原谅!我怎么爱您也爱不够,您为我儿子出了这么大的力。”

阿霞嘟哝着说:“我什么也没有做。”

(她被安乃德的声音,被她的两句话,感动了。)

“您救了他。”安乃德说,向她伸出双臂。阿霞扑到安乃德怀中,额头向前,埋在母亲的胸脯上,没法抬起她那顽固的额头。安乃德只能吻阿霞的头发。

安乃德说:“我们商量一下怎样安排!现在,既然这个大小伙子能够出门了,我想最好给他另外找个住处,更卫生些。”

阿霞说:“我的意见也是这样。”

玛克嘟哝地说:“何必这样急!”

“为什么要等待?”阿霞咬着嘴唇说。

玛克,怒气冲冲,听出阿霞在用他刚才说过的话回敬他。

“很好!”他说,“那么明天就搬。”

“让我先找到房子!”安乃德说。

“房子是现成的。”阿霞说,“如果你们愿意,我告诉你们一个空着的住所,在沙迪永街,我有一个熟人前两天刚从那儿搬走。”

“我们明天去瞧。”安乃德说。她伸手给阿霞握了一下。阿霞回到自己房间,关上门不出来了。安乃德向儿子投射了怜悯和嘲笑的一眼,向他说声晚安,故意不注意他在发脾气。她回到自己房间,在同一个旅馆中租到的比玛克他们低两层的房间。

玛克剩下独自一人。他有的是时间慢慢消化怨气。他甚至有时间消掉他的傲气,只保留下忧伤之感。可是欲念仍然未消,却变成愤怒的干渴。泉水就在近边。虽有一垛墙把他和泉水隔开,一垛用石灰乱堆成的墙,一垛由阴暗的误会砌成的墙。可是到明天,隔开他们的将是整个城市。他没花时间多想一想,立即用手敲墙。刚刚敲过,他就后悔。他恨不得高喊一声:“您别过来!”他用不着费事说这样一句,她并不来。在隔壁,毫无动静。玛克又生气,又尴尬,用嘴咬自己的拳头……他等待着……黑夜将至。黑夜已经来临。越过屋顶,巴黎大学的时钟无力地敲了十一点、十二点和凌晨一点。玛克在折磨自己,脸冲着墙,身体在床单下发烧般蜷曲着,两个膝盖曲到胸前,像一条盘身卧在地上的狗。他想要什么?粗暴的拥抱。不,他也说不清要什么。这个女人,她怀抱的一切,她隐藏着的一切,他在她生活里,思想里嗅到的一切,善的与恶的,他什么全要。他需要这条水沟,为了使它和自己汇合。在水中流淌的是什么,他不知道。他需要这些水,需要一切……为了得到这一切,必须用粗暴的拥抱。这是唯一的途径。但是,如果你对这个小伙子说他要的是这个,他全身血液都会起来反抗。他将喊叫:“不!”而且他将是诚恳的。正如水沟流向小河,他不向她跑去,他跑向大海。他需要输血,为了它的支流不至于流到大海之前就消失在沙土中。玛克的嘴想喝阿霞的血……突然,这张双唇干燥的嘴贴在墙壁上,低声叫:“阿霞! ……”

最敏锐的耳朵也不可能听到。几分钟之后,玛克又叫:“阿霞!”叫得更响些。……死一般的沉寂。玛克愤恨,一直恨到喘不过气来。他倒卧在床上,双手捂住脖子,设法把扼死他的无形结子扯掉……少顷,空气回来了,大量涌来。在他听见声音之前,他看见……房门打开,那个女人进来了。

*　　*　　*

自从她回到自己房中,她一直待在那儿。黑夜里,她蜷缩在床上,不声不响,一动不动。她什么都听见了,第一次敲墙的声音,使她怒火燃烧;第一声很难听清的轻呼,又使她心中充满温柔感,几乎昏过去。她同时是冰,又是火,轮流着跳动;既是被活塞压下去的一股喷涌的热血,又是最彻底的感觉麻木……她下决心待着不动……可是,这是为了什么?她要那个男人,如果她愿意,这有什么为难之处?她以前要过别的男人……可是这个男人,不行!她是被他抓住了的。她不愿意再被男人抓住。她不愿意再热衷于幻想……而且由于这一次她真正爱上了一个人(她拒绝承认这一点),她不放心了,不但为自己不放心,而且为了他,为了她可能使他受到损害而不放心。因为她知道(这一点她同意承认)她不是一个不足为害的女人。谁如果要了她,就得和她身体一起要她的灵魂,焦虑不安、疲惫不堪的灵魂,饥火中烧的灵魂,还有她受损伤的、火烫的脚,一直行走到最后一口气的脚;谁要是要了她,还必须要她的过去和未来……对于那个发烧般的小伙子年轻的腰,这些负担太重了。夜里,她重新见到他,拥抱他!她摸索他柔软的脊梁。她的手感使她觉得他的脊梁弯曲得快要折断了,她推开他,可是她又伸手去摸。她不能够离开他了。

由于不断地说:“不!”不断地推拒对方,同时又寻求对方,她的手、胳臂、膝盖都牵引她去找他。她发现自己光着脚站在邻室的门槛上,她生气了,挺身反抗别人对她施加强力,憎恨那个恨她的人,准备用含有敌意的声音高喊:“您要我干什么?”

她奔向玛克,两人碰撞在一起。

*　　　*　　　*

现在,他们两人身体打成的结松散了,分开了。然而他们的思想仍然扭结在一起。一个紧挨着一个,他们感到,同样的血液在腹腔里通过脉冲把平静的温暖和它的金黄色浪潮,散布到他们的四肢。

玛克的收获使他陶醉,一边笑一边说,一边紧紧搂着阿霞:"我得到你了,得到你了!你是属于我的……"

阿霞不作声,她想:"我不属于你,也不属于我,也不属于任何人。"

但是,她把玛克细瘦的脊梁和柔软的腰搂在怀中,好像能把它们折断……她心中温情泛滥。她猛然弯下身去,吻遍玛克的背和腰。

这位年轻的伴侣叹了一口气,用他的纤细的手指抚摸阿霞热烈的面孔。她贪婪的嘴唇咬住了他的手指。玛克怀着狂热的感激心情,不停地讲话,讲话,叽叽喳喳地像鸟儿啼鸣。他用天真的,不连贯的语句,向她倾吐了心灵深处的感情。他直率地自述他的寂寞,他的生命与命运中最隐秘的部分。他把一切都交到这个陌生的女人手里。她把面孔藏在他腰间。她听他讲话,感动得心都融化了,也带一点辛酸和讽嘲的意味。他把自己交给了她,自以为他熟悉这个女人。其实关于她,他什么都不知道,一点不知道她的生活,不知道她的过去在她身上留下的创伤,留下的不可磨灭的印记,一点也不知道积在瓶底里的灵魂,不知道瓶底里是什么。如果他能听见她说话,他可能这样答复:

"你的根底,我知道,我比你自己知道得更多。如果我不能计算从你表面漂过的日日夜夜,我却接触了你的根底。"谁能说两人之中哪一个更有理?爱情的刺一直透过意识的深度。不过,他是盲目的,这倒是真的。他摸索,他执着,不过他说不清执着的是什么,他什么也没有看见。

然而他执着不放……当窗上的黄色玻璃被一种比平日更黄的(天

在下雨)光线照亮时,阿霞俯身向年轻的同伴。到了早晨,他终于睡着了。她却一夜没有合眼,她看着他疲乏的面容、幸福的嘴,柔软的身体懒懒地躺在那里,两人的腿互相盘曲在一起。她没有办法脱身,她想:“哪是我的?哪是他的?我们现在混合在一起了……”

由于疲乏与情欲,她想重新倒下……但是她挺起身来,心想:“不!不能这样!他有什么要和我干的事?我要和他干什么?让我们各走各的路吧!”

她挣脱出身子。这是很不容易的。玛克张开了眼睛。瞧见他的这种眼神,她差不多又支持不住了。她使出猛劲来控制住自己。她用嘴唇合上玛克的眼皮,对他说:“睡吧……我要出去一下,可是我不离开你,我把你带去,把我自己留在这儿。”

他重新沉入睡眠,太疲乏了,不能回答什么。她脱身走了。她说的是真话,她带走了深深铭刻在心中的一小块玛克。要想和他脱离,现在已经太晚了。阿霞去拍安乃德的房门,对她说:“我向您提起过一处空着的住所。我领您去看。我们一同出去吧!”

安乃德已经穿好衣服,把她的衣服和什物都收在手提箱中,好像准备动身了。她转身向着阿霞。她看了她一眼,就听出对方的胸膛里吹拂着强劲的热风,已经不是昨天晚上寒冷的北风。风暴还是风暴,可是方向变了。安乃德说:“出去吧!”阿霞没有听到另一位妇女的胸膛里正掀起哀痛的风暴。她焦急的目光瞥见摊开在桌上的一封电报:

“Timon dead……”①

阿霞瞥见了这几个字,但她立刻就不再去看了。这和她有什么关系?她们两人出门去了。

两人先是一边走一边互相谈几句天阴下雨的无关紧要的话;稍后,她们穿过卢森堡公园,从佩剑神甫街的铁栅门走到瓦凡街的铁栅门时,她们不说话了。在微雨中,草坪更显得碧绿。突然,阿霞不走

① 英语:狄蒙去世。——原注

了,她拿过一把椅子,对安乃德说:“您坐下吧,我有话对您说。”

雨继续下着,很细,很顽固地渗透一切。园中一个行人也没有。她们坐在牧羊女和她的小山羊白石雕像脚边。安乃德二话没说,就在水淋淋的椅子上坐下来。阿霞坐在她身边。安乃德穿着雨衣,阿霞只有一条红披肩,已经用得很旧了。她甚至并不设法用披肩裹住她的肩头。她大领口的,羊毛与棉线合织的灰色连衣裙吸饮着雨水。安乃德俯身向着阿霞,和她合用一把雨伞。阿霞说:“您不用管我!我见识得多了!这件连衣裙也见识过不少……”

安乃德依然用雨伞给阿霞挡雨。后者接着讲下去时,两位肩并肩坐着的妇女都被叙述的内容所感动,互相挨得更紧了,两人的头轻轻地互相摩擦着。

阿霞开门见山地说:

“五年以来,我在欧洲所有水沟里漂泊。我不怕多接受一次雨水的冲洗。我知道你们雨水中的烂泥和烟油的滋味!大城市的水不能用来洗涤,只能造成污染。不过我已经不在乎弄脏我的白貂皮裘了。我的皮裘上没有一处没在污垢中拖拽过。它上面积满了各式各样的兽群气味。您闻得出来吗?”(她把披肩放在安乃德的鼻孔下……)“它在乌克兰油腻的烂泥中和极端污浊的集市上打过滚,然后来到这儿,来拾取你们可怕的冷漠尘土……”

“我的?”安乃德轻声问。

“你们西方。”

“我只有我自己。”安乃德说。

“您很幸运!”阿霞说,“比我从来没有过的好运要好得多……您听我说!我不能不说……如果我的话使您恶心或者使您觉得无聊,您尽管走开……我不勉强留您。我不留任何人……不过,您先听听看!”

安乃德不吭声,她从侧面瞧这个额头隆起的少妇。她在雨中挺直脖子,眉毛紧锁,严峻的目光向前注视,可她在前方什么也看不见,一切都在内心,她走下回忆的监狱。

阿霞说:“您岁数比我大过一倍。可是我们两人中最老的是我。我什么都经历过。”

“我是母亲。”安乃德柔和地说。

“我也曾经是母亲。”阿霞用嘶哑的声音说。

安乃德吃了一惊。她谨慎小心地轻轻问道:“您没有孩子了?”

“他们在我的怀抱中把他杀死了。”

安乃德差点儿惊叫起来。阿霞注视着自己染有血迹的披肩一角。

“呐,这儿!您瞧!那帮屠夫!他们宰了孩子,像宰一只羊羔一样……”

安乃德说不出话来,做了一个本能的动作,把手放在阿霞肩上,说:“可怜的小母亲!”

阿霞躲开肩头,冷冷地说:“别动!……我们不需要悲天悯人……他们所干的事,我也许照样会干。”

安乃德大叫一声:“不!”

“我曾经想这样干。”阿霞接着说,“事后我起了誓,他们的孩子只要落到我手里,我就要杀死他,可是我办不到……我瞧见了那个人,为了报复,我差一点把他杀了。”

她闭嘴不说了。有几分钟,人们只听见细雨在下,不停地下,流水在淌。安乃德把手放在阿霞的膝盖上:“说下去!”

“您为什么打断我?”

她接下去说:“我不是为这样的时代而生的。我不得不适应这个时代。这个时代来到了。他们强奸了我。我并不是唯一的例子。在那边,像我这样的人成千上万。他们来到我们这些闺女们的床上抓我们,屠杀我们。你们西方的闺女们也会轮到的。我们的心和我们幻想中的全部血液流尽了。许多姑娘就这样死了。我呢,我活下来了。为什么?我不知道。您,您知道吗?那时当我快死的时候,如果谁告诉我,说我能够活到今天,我可能从心里用唾沫啐他一脸。我也许大声喊:‘不!’可是我活下来了!……我还活着!而且愿意活下去!难道这不可怕吗？谁愿意要我们？连我们自己都不要自己的时候，谁要我们？”

“我们的命运，”安乃德说，“还必须走一段漫长路程的人们的命运，我认识这个命运，在通过恋爱、绝望和耻辱三道神圣的关卡之前，没有权到达死亡的女人们的命运。你说下去吧！”

阿霞说起她在平静的家庭生活巢穴中度过的，懒洋洋的温暖童年。那种令人疲乏的甜蜜生活，往往是最后的暴乱打击的前奏。仁善、软弱、涣散——沼泽中百合花的香味……对于含糊的人道精神，以及在沉默中自我抚慰和从充满官能感觉的漠不关心发出的真诚爱好，形成了甜蜜气息，而与此同时，思想的蛆虫在被腐蚀的树枝上已经成熟，且即将落下果实。由于缺乏做凶狠人的力量，一想到残暴行动，就会使人抽搐地倒在地上。贮藏室中美丽的苹果在腐烂时发出的浓烈的软绵绵、暖洋洋且令人恶心的气息，却使人们感到舒适。人们自称托尔斯泰主义者。人们用厌腻的舌头，尝味斯克里亚宾①和两性人尼京斯基②富有弹性的击脚跳舞。但是人们把斯特拉文斯基③的粗暴预告作为辣椒接受……没有疑问，战争爆发了。它在那边，那边爆发，离得很远！好像是台底的布景。战争也是辣椒……于是十五岁的小姑娘瞧着自己的乳头像两朵花似的鼓胀起来，在她的灌木林中，她静听爱情之鸟在试唱情歌。自私的牧歌生活在继续，全家人隐居在那儿，生活中没有不幸的事，也没有艰苦的节约。在乱蓬蓬的大花园里，长满覆盆子、酸栗的果实，和荒草。两个孩子，兄妹二人，一边嗑葵花子，一边谈心，交流他们的经验与希望。他们饱尝 Pirojkis④ 和勃洛克⑤以及巴尔蒙特⑥的诗，一直到反胃的程度。他们以唯美主义为游戏，加上

① 斯克里亚宾（1872—1915），俄国作曲家。

② 尼京斯基（1890—1950），俄国舞蹈家，原籍波兰。

③ 斯特拉文斯基（1882—1971），俄国作曲家。

④ 俄文：小肉馅点心。

⑤ 勃洛克（1880—1917），俄国诗人。

⑥ 巴尔蒙特（1367—1942），俄国诗人。

一小撮神智学,当作调料,同时也培养一点“平民主义”。[1] 这完全是一种口头上的含混怜悯,一种软绵绵的空想式信念,要求热爱穷苦、无知、肮脏的人民,他们富于阴暗的贤智和仁善之心,好比沉睡在地壳下的一股泉水。书房中的理想主义是她父亲的宗教,寄托信心于善良的本性和一路顺风地走着老好人道路的人类进步,寄托信心于重大事变的明智,甚至寄托信心于战争与战败,为了不必费大力气而实现黄金时代,实现自由理性和资产阶级光明之心的神圣俄罗斯,寄托信心于柯罗连科[2],善良的天才,人们梦想中未来的理想共和国总统。甚至彼得堡十月事变前夕,人们还不相信威胁的严重性。人们对自己的力量这么有把握,以致不去考虑采取自卫措施。于是,早上醒来,人们发现自己已经战败了,连战斗都来不及进行。世界的面目已经改变。在全俄国,从这端到那端,就像发生了大地震,一切都崩塌了。庞大的气流冲垮了千万个巢穴。一群群飞鸟,惶惶然在空中乱转,纷纷坠落在地。大家发现自己跟着军队的浪潮四散奔逃。朝夕间生活的一切帷幕,直到贴身内衣,全被扯掉了。人们惊愕地发现,大堆大堆的怨愤与仇恨,凝结在平民百姓心中,而他们昨日还充满善意,还在呻吟。人们看见了野兽、疯狂的眼神、血盆大口,以及杀人的气息和奸淫的冲动……一个男仆,人们一直认为是可靠的,他是看着家里的孩子们长大的,他一直很谦卑和殷勤,可是,他忽然变得粗暴、凶狠起来,他要强奸主人的女儿……于是大家在克伦斯基分子和白党相混杂的队伍中逃命。在他们之间,在自己的阵营中,同样爆发了野兽的本能。突然间,最后一道防线,堡垒的角楼,被攻破了,于是姑娘们身上爆发了同样的疯狂。野兽的气息吹在你的脸上,你发现自己也和野兽一样……

“我就是野兽。而且(最可怕的),我毫不困难地成了野兽。第一下就成为……是不是应当相信我本来就是野兽?是不是贴在我们脸

① 这是俄国知识分子在革命前夕搞的一次规模很大的运动。——原注

② 柯罗连科(1853—1921),俄国作家。

皮上的文明假面具,是我们沉重的包袱,我们的手指急于把它扯掉?我父亲害怕地瞧着我……老人们不能够再脱皮换骨了。他的在场使我还有最后的一点拘束之感。这不算什么!他死的时候我已经怀孕。没有看见我生小孩,他就死了,这是他的幸运。我把过去的我和我父亲一同埋葬了。我把我父亲和过去的我一起,抛在后边抛在路上腐烂。我失去了故我,连姓名一起失去,连我的身份感一起丧失,两年以来,我不过是一个无名女子,被一群狂奔的畜生拖着跑的一个疯婆子。直到今天,到此刻,我眼睛里还充满灰尘。我瞧见了什么?干了什么?遭受了什么?"

"别说了,不幸的女人!"安乃德说,她的手抓住阿霞的膝盖,"不要回想过去了!"

"我愿意。"阿霞说,"我决不饶恕这一切。我对您说过,如果这太呛您的鼻子,您走吧!"

她不饶恕安乃德。她不饶恕自己。她叙述可怕的流亡,螺旋形的盲目下降,有时摔倒,有时跃起,直到圈子的底部。她不隐瞒任何一件耻辱的事,她既不表示遗憾,也不表示羞耻。她抬着脑袋,目光严峻,用冷冷的,急促、准确的语言说话。雨水起了眼泪的作用,沿着她的鼻子流下。安乃德深受震动,咽了一口气,赞赏阿霞的叙述简洁有力,紧凑充实,没有怜悯,没有后悔(既没有灵魂上的,也没有艺术上的后悔)。这篇叙述是惊心动魄的流亡影片,放映在四月雨水淋漓的一个早晨,如同映在养鱼的玻璃缸上。安乃德被形象的幻影所迷惑,以致想不到估计道德的价值。她的心怦怦地跳,倾听地狱般的狩猎,不知道她注视的扁鼻子的侧影是北国的狩猎女神还是猎物。雨伞在她肩上滴水,她心不在焉,手不知不觉地让伞斜侧在她肩上了。

卢森堡公园的一个看守从那儿经过,打量这两位妇女。她们没有注意。看守人走了几步又转身看看,见她们坐着不动,摇摇头,走了。有这么多神经失常的人!在巴黎,大家都司空见惯了。

阿霞现在叙述流放生活的耻辱和所遭受的欺凌;下贱、堕落的劳役使流亡者之中还相当骄傲的灵魂最后都被摧折,或者被逼发狂。可是这些折磨反而刺激了阿霞的灵魂,由于受到骄傲与鄙视的野蛮冲击而更加升高了;由于她在孤寂中禁锢自己的愤怒,以及她自愿不和男子接触的可怕时期得到的启示,她孤独无援的自我肯定,和这不相识的自我身上不可理解的力量,在向世界挑战,和世界对抗,——在这场两年之久的狂怒的斗争中,她成功地自卫着,不但抵抗了别人,而且也抵抗了自己的陷阱、自己的海底卷来的巨浪。关于她令人难以置信的精力,她说的比安乃德猜测到的要少一些。可是这种精力没有罗盘针,缺少中心,它愤怒地独自寻求中心,然而没有找到;在每日劳动的卑污苛求与屈辱中,在饥饿的痛苦中,它不断寻求方向与意义。她宁愿受苦受辱,而不肯接受以从属于一个党团或一个男子为代价得到的东西。这种援救了她的严峻的骄傲,是纯粹的钻石、独立的狂怒,安乃德以她富于经验的眼光,立刻在这个经受巨大灾难摧残的妇女浑浊的灵魂中辨认出来。她能够在河水冲成的乱石堆中发现一个世界的废墟所覆盖的道德与精神矿脉。她比阿霞自己看得更清楚。后者急于做热烈的坦白,拼命攻击自己。阿霞不停地讲安乃德听着,听着,沉思着……讲了多少时间?讲了一小时,或者更长些?在她于两句话之间稍作停顿时,如同一小把铅珠落入天秤的空盘,一所中学的时钟响了……阿霞停止说话,说下去的势头被打断了。她用手摸摸自己湿淋淋的额头。她从深渊中出来,不知道自己在干什么,为什么叙述这一切。她粗鲁地说:“您干吗在这儿听我讲话?”

安乃德不必回答。记忆重新涌现。阿霞说:“多年来,我从来没有把脚又放到这里边去……今天早上我是怎么回事?我干了什么事?……”

她呼吸了一下。她动作机械地拧她浸透了雨水的头发,不顾拧出的水会流到背上。她说:“啊!这么回事!您现在知道了我是什么人。收回您的儿子,把他带走!”

“就这么办,”安乃德说,“我们替他找一个住处。”

“可是要立刻去办！别让他再看见我，也别让我再看见他！”

“有什么危险？”

“我爱他！”

“他呢，他也爱您吗？”

阿霞耸耸肩：

“如果我爱这个人，这个人也会爱我。”

“如果他爱您，那我有什么办法呢？”

“您能够。您是他唯一能够左右的人，我认识您。我认识把你们两人联结在一起的纽带。你们比一般母子之间的联系更紧密，更亲热。”

“您知道些什么？”

“我看了您的那些信。”

安乃德气愤得喘不过气来了。

阿霞连道歉都没有想到。

“我等待得太久了。昨天晚上，我本想让他离开我。已经太晚了。现在，坏事已经做了。”

“坏事？”

“他吗，他会说这是好事。我也一样，如果光凭我自己，如果我不知道现在知道的事，现在我看到将要发生的事……趁还来得及，快把他带走吧。请您赶快办吧！明天，我就负不了责……我会把您的儿子抢走，我会做对他不好的事。我不愿意这样干，可这是无法避免的。”

安乃德问：“那么您呢？”

“我？我怎么啦？”

“什么是您的善？什么是您的恶？”

“这和您有什么关系？”

“我要求您回答。”

“这没有多大关系。”

“您跟我说过您爱他。”

“当然！要不然,为什么我跟您讲这些呢?”

“您是不是有这样的习惯？把所有您爱的人都赶走?”

“在他以前,我没有爱过任何人。对,我向您透露了这些情况之后,您晃晃肩头就行了。我也晃我的肩……再说,够了！这些和问题毫无关系。对于您,这些都不算数。”

“那也要看情况。”安乃德说。

她注视阿霞,雨水已经把她渗透了。她的连衣裙像海绵般吸饱了水。衣服紧紧贴在她身上,在衣服底下,双乳隆起。她好像穿着浴衣刚刚从水里出来。她脸上毫无血色,咬紧牙齿,面色苍白,全身冰凉。安乃德站起来:“走,回去！我们等一会再谈这些,在我房里谈。”

她强迫阿霞披上自己的雨衣,将她带走。阿霞想抗拒,但是刚刚大量消耗了体力,现在已经精疲力竭。

不应当在阿霞要同玛克决裂的意志中,看出一种为了爱情,为了避免玛克受她连累采取的无私行动。像阿霞那种人的爱情,不管多么炽热,也不可能是无私的。她确实想挽救玛克(她不是说谎),她自己对这种自我放弃也很惊讶,但这是一种爱情的欺骗！她首先想的还是要挽救她自己！她又一次落入情网,这对她来说是不可解释的,她已经起誓决不再投身在车轮之下,因为她已经被车轮碾碎过。从以前和爱情打交道的经验中,她对这种奴役保留着恐惧与憎恶,甚至仇恨。但是,如果从前的经验没有留下一点晕眩感,恐惧与憎恶恐怕也不至于如此强烈。她受到重新堕入这种晕眩的诱惑。她感到了面临深渊的危险,以及深渊的不可战胜的吸引力。玛克就是这个深渊,他整个占有了她,像火把般燃烧着的她全身,为这个亲爱的小伙子燃烧着的她整个心,由于他引起了她的温情和怜悯,由于一种隐秘的母性在起作用,由于优越感与自卑感混合在了一起,前者要求统治别人,后者则向人发出要求保护的呼号。经过了那一夜,她已经不能靠她个人的力量和他分离。她总算勉强还有一点力量去求助于安乃德。可是这一番努力使她精疲力竭了。安乃德挽着阿霞的手臂,把她领到旅馆。在途中,阿霞做了最后一次努力。她站住了。在大街上,在嘈杂的人群中,她叫住安乃德,对她怒吼:“别让你儿子纠缠我!把他带走!”

安乃德说:“我把他带走,如果您以后再来找他,那我才是上了大当!”

“这是您的事!您要让我以后不能够再找他!”

安乃德的手感到阿霞的腋下在抽搐,在微颤,她的腰紧挨着阿霞打着冷战的腰。接着,阿霞紧张的神经松弛了。安乃德的手臂上只剩了一个既沉重又驯顺的湿淋淋的包袱。她们回到旅馆。安乃德要阿霞去换衣服。可是阿霞把她的房门钥匙锁在了自己房中,要回她的房间,必须通过玛克的房间。她怕玛克看见她的狼狈相。安乃德让她到自己的房里,她去阿霞房中去找要换的内衣。阿霞想阻止安乃德。安乃德怀疑她是否真有可换的衣服。她踮着脚尖穿过玛克的房间。他还在睡,像无忧无虑的有福之人。她站了一下,看看她的儿子。自从阿霞离开他,他大概没有动过一下,安乃德悄悄地搜索了阿霞发霉的壁柜。她找到很少几件旧衣服,使她觉得可怜。至少,这点衣服相当清洁,说明主人斗争的坚定性,努力使她的下巴伸出水面,不致陷入泥坑。对此,安乃德是深有体会的!

安乃德回来了,发现阿霞还在原地靠墙站着。在她的脚周围,从身上滴下来的水形成一个小小的水洼。安乃德抓住她一只肩头,剥掉她粘在身上的衣服。阿霞从发愣的状态中清醒过来,肩和肘突然一动,从安乃德手中挣脱。但是后者又把她抓住:“您安静点儿!举起胳膊来!来!快点儿!”

阿霞嘟哝说:“蠢事!您认为我没有像今天一样在水里躺过二十次吗?”

安乃德不回答,却说起玛克睡觉的样子。阿霞不听话的身体立刻不动了。安乃德发现挂在对面墙上的斑斑点点的镜子里映出了阿霞的微微笑容,于是她也报以微笑。玛克是她们的孩子,属于她们两人。在这一点上,两个妇女一条心。

安乃德用她敏捷的手替阿霞脱光了衣服,从头到脚。这是一个健壮、灵活的身体,虽然不符合审美观点的要求,可是生来是为走路、搏斗、爱情和生育的。肌肉结实,皮肤呈深棕色,光滑、紧凑、有微暗的金黄色闪光。她遍身湿淋淋的。安乃德替她擦干身子。阿霞任人摆布。她已经没有什么要掩盖的了。她什么都给人看了,内部和外部。安乃德和赤条条的阿霞谈天:“您为什么要爱玛克?”

“我爱他是因为我爱他。”

“我问您为什么?”

阿霞明白了:“为什么?我怎么爱他?我爱他,就像人们相爱一样,因为人们有爱的饥饿。不过,不单是肉体的饥饿,肉体的饥饿是可以蒙混过去的,我不止一次地蒙混过去了。可是还有另一种饥饿,无法蒙混的饥饿,那就是追求真理的饥饿,追求洁净的饥饿,您的儿子是真实的,他在思想上是洁净的。他和您一样洁净……真的!我知道我在说什么。您自己也明白……难道您以为我会弄错?像我这样一个长达六年之久地从当代的灵魂的腐烂臭水中挣扎过来的人,当一个完整的灵魂出现在面前时,您以为我不会扑在他身上吗?”

“我的儿子也许不比您更天真,而且不像您的心灵那样完璧无瑕。他游荡了很长时间,他还要游荡。我使他生成一种混乱的天性,这是他的不幸。如果我对他根底的正直和意志的坚毅有充分信任,我相信他有一天会达到和谐境界。当然,这并非没有风险,也不是明天就可以实现的。”

“这我知道,这我知道!再说,我要和谐干什么?对,玛克缺少和谐,谢谢上帝!我看见他了,您的儿子,赤身裸体,就像您看见了我一样,赤裸裸的肉体,赤裸裸的灵魂。自从在他病中我开始窥探他以来,他没有任何东西不让我知道。不,他不是没有污点的,您的小羊羔!这个我知道。如果他一点污点也没有,我倒不会这样爱他了。我不喜欢(您也不)那些洁白的羔羊,咩咩地叫着,鼻子上还挂着母羊的一滴奶汁。如果你不曾在生活的洞穴里和生活较量过,如果你不曾在那里留下一块皮,你就不能算是一个人(您、我,他都一样)。必须在垃圾堆和荆棘丛中打过滚! 您是从那儿过来的。玛克也是从那儿过来的。可是他没有滞留在那儿。他是健康的。他是坦白的。他在仇恨中是真实的。他在爱情中是真实的。他身上有太多的健康的辛酸,所以不可能腐烂……"

"他跟您一样。"

阿霞话没有全说出来,突然中止了。她慌张地瞧着正在注视她的安乃德。两个女人在静默中互相注视,最后安乃德开口了。阿霞做了一个手势,让安乃德别说话。

"我拒绝,"安乃德下定决心说,一字一句都掂过分量,"我拒绝让玛克和您分离。"

阿霞想说话。安乃德用手势制止她开口。她接着说:"我知道我冒的风险,我在两方面冒风险。因为我现在负有双重责任,而不是一个责任。您和他,我接受这两个责任。我信任你们两人。你们在一起吧!"

阿霞激动得遍身麻木了。她听安乃德说话,好像不理解是什么意思。字句的意义滤过她的思想,冰冷地,一点一滴地,好像钟乳石一样凝结着……她开始哆嗦,身体是光赤的,只穿了一件安乃德像母亲般给她穿上的衬衣。她低下头,转身向墙,额头和双臂靠在墙上,捂着面孔,像小姑娘似的呜呜地哭起来。

* * *

安乃德把阿霞放在床上。用她自己的大衣盖上阿霞光赤的腿。她直打冷战。安乃德对她说:"您着凉了……"

"不,这不是着凉,"阿霞说,"让我在您身边再待一会儿,我请求您!"

"那么,您钻被窝吧。"

阿霞握着安乃德的手。安乃德坐在她身边,对她说:"您听我说!我今天动身。我当他助手的那个人,我的主人,朋友,目前突然失踪了。我要回到我离开的岗位上去。我要去几个星期。我把玛克交给您,也把您交给玛克。你们两人要多加小心。您明白我的意思吗,我的女儿?您没有误解吧?我对您说:多加小心,两人在一起,可以先等一下,不要立刻把你们捆在一起。两人分别保卫你们共同的自由!如果他一个人的力量不够,您也保卫他的自由。正直地观察您自己,需要一段很长的时间,才能够看清楚,不是对方内心深处,而是您自己的内心深处。要有足够的时间!要坦率!"

"我现在是坦率的,将来也是这样。"阿霞说,"我理解您的意思。我没有误解。您是懂得爱情的。您想必能够理解,既然我爱他,我担心我自己做了错事,也连累他……可是,如果他错误地爱了我,我是不是有足够的勇气让他张开眼睛?叫他离开我,也许更明智些。"

"如果我把您的话当真?"安乃德说。

"别,别!……千万别这样!我办不到了,现在已经太晚了。"

她沉思了一会,为她自己暴露了弱点觉得羞愧,加上一句:"不过我将什么都告诉他,让他什么全知道。"

安乃德忧郁地微笑:"不,我的女儿,我不鼓励你这样做。"

躺在床上的女人震惊了一下,她把被子推开,在床上坐了起来,注视着安乃德说:"您!您劝我不告诉他所有的实情?"

"对,一个母亲这样说,这很奇怪,是不是?"

"尤其是您这样说。"

"谢谢。对,我相信自己是真实的,一直是真实的,特别是当坚持真实对我很不利的时候。正因为如此,我今天才有权利劝您。您想把您的过去全部告诉玛克……"

"把今天的我告诉他。"阿霞说。

"您今天是这样的吗?您的脚曾经陷在大路上的烂泥中,而现在,已经洗干净了?不过这样也好!我也保留着踩过烂泥的记忆。我和过去的我保持着休戚相关的联系。我不喜欢那种人,当他们看见自己过去的不体面形象出现时,说:‘我不认识这个人!’不过,您认识您往昔的形象,这是您自己的事。但并不是非让别人都知道不可!”

“不是让别人知道,”阿霞说,“而是让他知道。”

“这样也就算了,”安乃德说,嘴边挂着机智的微笑,略带辛酸的讽刺意味,“这样也就算了,如果您对他什么都说的时候,等于勇敢地冒使他离开您的风险!可如果他爱您,您是有把握的(太有把握了),您将不让他离开您,但将使他留下创伤。而这个创伤,无疑是很痛苦的,将刺入他的皮肉,增加一条他和您之间的纽带。他将不会因此而少爱您一点,他将对您说:‘我什么都忘了。’实际上他什么也忘不了。一年之后,两年之后,十年之后,创伤将重新破裂,而且化脓。当您,您已经想不起谁是这个女人的时候,这个不堪痛苦,心慌意乱,于生死关头在夜里失身于人的女人,这个在要倒下去时,抓住一个能拉她一把,不让她死亡的不管怎样只要是活人身体的女人,而他,玛克,用他由爱而生妒的夜鸟般眼睛,将强迫您在他眼中重新看见那个过去的女人,他将罚您终生和那个过去的躯体连在一起,虽然您以为已经剥掉了这个躯体,如同剥掉一件破旧的连衣裙一样(我们都是那么剥的)。男子们愿意我们在皮肤下面,保留我们过去的已经腐烂的灵魂,可是感谢上帝,我们在自我更新的过程中,已经弃之如敝屣。我的女儿,男人们不能理解我们身上这种永远恢复青春的能力,这是我们的义务。”

她的声调,没有提高,可是变得清澈而辛酸。阿霞默不作声,惊讶地静观对方。安乃德不看她,有好一会,她不是对别人,而是在对自己说话。当她想起对面还有一个妇女在望着她时,于是转过身对阿霞会心地微笑了一下。

“‘女人是善变的’①。这就是男子们说我们的话。他们如果听见我刚才的话,就会这样讲。他们不理解,在一个真正的女人身上,真实

① 原文为意大利文。

的部分是不会变的。我们经历过的一切,如果曾经是我们的养料,那么就一点也不会丧失。它是我们血液的组成部分。我们从自身排除的只是无用与不纯之物。”

阿霞说:“我没有想到得到了一位同盟者。”

“我从来没有找到盟友,”安乃德说,“正因为如此,我同情没有盟友的人。”

“请您做我的盟友吧！我不会滥用您的友谊的。而且我求您帮助我,决不是反对玛克,而是为他好。既然您不愿我什么都对他讲,(我觉得您有理,可是我不保证我闭口不说!)我就把一切压在我心上的,完全交给您,放在您手中。今天,我把其中最重大的部分讲出来了,可是还有别的,您会全部都知道的。您有自由可以选择一个时间,利用这些材料来反对我,为了您的儿子。我决不会否认我说过的话。”

安乃德脸上闪过一个调皮的表情,她说:“很好！您小心吧！现在,您在我掌中了。”

“把我抓在手中吧！我愿意这样。我请您来评判我。这是我报答您给我的一切的唯一办法。”

“怎么?”

“您不要装做什么都不知道。您明白,您给我的一切,别人谁也没有给过我。不是爱情。爱情我已经有了,现在有,将来还会有。您给我的比这重要得多:信任。您对我有信心。您知道效果吗?您把信心还给了我,如果我以前有过信心的话。现在,我对自己有信心了。谢谢您！我复活了!”

她从床上下来,跪倒在地上,热烈地吻安乃德的膝盖。“我担保,”阿霞说,“拒绝玛克同我结婚,我要强迫他保持自己的自由,像我一样自由……”

安乃德从对方的肘下将她扶起来,嘲讽地微笑着说:“空口允诺,可是不知道自己能够办到什么。”

她吻了阿霞,摸了摸她的胸部和肩头,说:“你的皮肤现在已经干了……穿起衣服来吧！……他在等我们。”

* * *

阿霞下决心不和玛克结婚。这并不是她对安乃德表示忠诚，这是她早已拿定的主意。她的天性拒绝把两人拴在一副车辕上。“我爱，我爱你，今天我把我的生与死都交给你，可是我不把我的明天给你。别人决不能把我锁住！”

安乃德没有像阿霞那样充满幻想，知道事情已经到了哪一步，知道今后将如何发展。

这对情人一边直率地反复说“我们相爱，同时我们保持双方的自由”，实际上他们在尽力使自己不再自由。他们各人拼命捆住自己，同时捆住对方。

安乃德在伦敦逗留了三个星期之后，回来了。她在伦敦进行了调查。（狄蒙，从伦敦去布鲁塞尔的途中，神秘地失踪，从飞机上掉下去了。被谋杀还是自杀？一只秘密的手把所有可能帮助弄清情况的文件全部取走了。）安乃德，在这几个星期，被她对死者应尽的义务留住：整理残存的材料和她自己的悔恨。（如果她不让狄蒙独自在伦敦，他会这样死吗？）她被这种悔恨折磨着，可是她把这种思想放在心里，只让自己知道。在这种思想情况下的安乃德回到巴黎，发现玛克和阿霞落入了情欲的圈套，情欲一天接一天地在两人周围结网。事到如今，她有什么办法呢？把他们拆散？已经太晚了！把面临的危险告诉他们？他们是知道的。她自己知道的事——也许只有她能知道关于两个孩子的事——使她也坠入他们的罗网之中。这个阿霞，在像洪水一般无法控制的白白中，什么都告诉她了，不但有坏事，也有好事，稀奇的，最秘密的，一个骄傲的妇女最不肯轻易透露的事。这一切都像洪水一样泛滥在安乃德心中。她内行的眼光一下就欣赏上了这个赤裸裸的野蛮女人。在她流亡巴黎的年月里，她的毅力强加给自己的严格纪律,她主动接受并决不为之屈服的孤寂和贫困,她的对真理的执着的需要,对自己的忠诚精神,没有比这些更使安乃德敏感。和这种危险的德行相比,资产阶级所谓“纯洁性”,对安乃德来说是次要的。阿霞还能有色情方面的迷惑,这是浮面的狂风,不接触到本质的东西:灵魂的完整、诚恳与可靠。安乃德把阿霞的过去一笔勾销。(但是她知道,她儿子不会这样做,而这就是一种危险。)

危险无疑是有的,不但不少,而且很多,也不是只从一个方面来的。玛克也是危险的,他的危险性质与阿霞不同。她不会愿意把一个没有经验的初出茅庐的大姑娘交给玛克(正如阿霞所说,可是她并不真相信)。他缺乏自制力和均衡性,也不够小心谨慎,不够公正,缺少仁善与人道精神。安乃德看到这一切。她评判她的儿子。他太年轻,而且早熟,暴烈与不完全的经验在他身上留下了痕迹。将来,更晚些,到了四十岁,他可以变得明智和真正仁善起来。那时,他也许能够理解和引导一个年轻女人。而现在,他们两人在互相弄得神魂颠倒的过程中。他们势必互相引起痛苦,互相摧残。可是话说回来,让玛克独自一人待着,也不是好事。同一个中毒的社会环境单枪匹马地苦斗,久而久之,是违反本性的,他那受了损伤的年轻力量不足以应付。他需要一个助手,一个已经与生活肉搏而变得雄健了的伴侣,一个大姐姐,有点像母亲,像大哥,知道替他包扎创伤,必要时和他并肩作战。阿霞能不能成为这样一个助手?她能够。但是她知道不知道当这样的助手?有理由怀疑。有什么理由期待一个年轻妇人具有爱情的无私性,但男人却没有这种无私性,而用情欲代替它?(因为情欲是无私的对立面,它支配自己,像支配别人一样。)对于肯学习的人,年龄和长期的痛苦考验可以让他们学习无私。那么,为什么玛克和阿霞不去学习呢?对于她儿子,安乃德是有信心的。那么对于阿霞呢?为什么不一样?在信任方面,阿霞是取得了权利的。甚至(特别是)在她对玛克说一些从性质上看可以使他远离她的真心话。至少,风险是清楚的,赤露的,没有披上小小的德行外衣,如同某些妇人和姑娘们所做的那样,人们不知道她们在平静的水面下隐藏着什么。这种风险是以另一些更庄重的德行为代价的,和风险同样坦露与赤裸的德行。风险对风险,如果她是玛克,安乃德完全知道她要选择的是什么。所以她对玛克的选择是有思想准备的。如果她责备他,那么她就是不怀好意。如果母亲愿意让她儿子避免她预见的苦恼,她却不能使他避免她给他造成的不安和命运。去吧,孩子们,你们的命运!要拦他的路,是徒劳无益的。更明智,更有效的办法,是向他伸出赞助之手,向他更高尚的力量发出召唤,信任这种力量,对他说:“我相信你,我的信念向你保证。”

阿霞慌慌张张,急急忙忙,一边对她表示怀疑,一边求她同意或原谅,她这样宣布安乃德几个星期以前已经等待着的事:“我来收回我的话……不!我没有什么要收回的,我什么也没有应允您……我需要您的儿子。他也需要我。我们要结婚了。”

当安乃德听阿霞这样说时,她微笑而不答,注视着阿霞的眼珠。阿霞在等待安乃德说话。为了撞开对方使她不安的沉默之门,她自己先说了。她说他们已经作了决定,没有任何反对的意见不是她早已知道的,她看得十分清楚,他们的结合不可能不发生纠纷,他们难免互相抵触,她难免会损伤玛克,“对,这是可能的。甚至是必然的。可是她不能不这样办了!这是命里注定的……”(在她身上,当她个人抵抗的毅力已经到了强弩之末,命定论总是到最后关头出来干涉。)现在,她来通知安乃德。她让安乃德有表示反对意见的自由,因为她知道后者已经没有任何能力出来反对。“说到底,您为什么不开口?您沉默无言,只顾注视我,喂!说句话吧!……”

“您说了这么一大套话,还有什么必要非要我说呢?您需要玛克,玛克不能缺少您。您还要什么必需的东西呢?”

“我必须有您,要您说声:同意!”

“如果我对您说:‘不’,您才不当一回事呢。您并没有费事,并没有对我掩饰您的态度。我要是说:‘不’,只能让你们更加牢固地挂在钓钩上。你们已经吞下了钓钩。已经毫无办法了,我可怜的两条小鱼！你们只剩下一件事要做：消化吞下去了的鱼饵。这个鱼饵一半是用使你们结合的成分，一半是用使你们分离的成分做成的，是用你们两人不同的本性，不同的种族（这也是吸引力的一部分）做成的。你们有的是时间会感觉到鱼饵中的刺在扎你们的嗓子！不要把你们小小的内脏挂在他们的鱼钩上，这也许更明智些。你们有什么必要非结婚不可？不结婚你们反而更相爱……可是，既然木已成舟，那就这样办吧，如果取消这一切，只能使你们小小的内脏为之断裂，而我的内脏也会因此而流血。我对您说这一切，或者什么都不说，还不是一样。那么好，孩子们，你们好好地相爱吧！按照你们的方式，而不是我的方式。我知道你们两人实际上都比你们所作所为要强得多。单独一个人是很脆弱的。努力使你们两方面的弱点结合起来，成为一股力量！我把你交给我的儿子，把儿子交给你，我的女儿！”

阿霞用她的嘴亲安乃德的肩头，没有什么别的可说，只说了声：“Mamotchka……”①

她俩面颊贴着面颊，一动都不动地待着。阿霞，用她的高度洞察力，以及她智慧管制下的光明磊落（对于她天性的冲击不起作用），在嘴里反复咀嚼安乃德刚刚说的话。她同意这真的是疯狂行动：把婚姻看成陈旧过时的一种制度的她，一定要通过婚姻这个窄门把自己和玛克结合在一起。即使婚姻不像今后一样，只是一扇没有门闩的门，要离婚时可以随意把门打开，而还是像过去一样，是一只没出口的笼子，可以相信阿霞和玛克还是会喜欢结婚的。在爱情上，有些时候人们企望的是终身监禁的牢狱。人们当天说：“你不能通过……”这样强制人的本性，真是发疯。

安乃德理解阿霞，她的下巴紧靠着阿霞的太阳穴，感觉到其中血脉在跳动，她知道她头脑里有些什么活动。当她对无法阻拦的事表示同意时，除了某种“命运注定的爱情”②是年龄的影响之外，除了对把

① 原文为俄文：亲爱的妈妈。

② 原文为拉丁文。

你卷走的你不理解，理智不理解的巨大潮流之外，里边还有对玛克的命运神秘预感。这位妇人，她和狄蒙的亲密关系使她对社会现实，对即将到来的巨大冲突，头脑清醒了，她仿佛看到儿子的位置已经标明在战斗前线，在对面的阵营中！远在玛克和阿霞清楚地意识到这一点之前，（他们太忙于他们的情欲！）她已有此预感，不过还没有在头脑中形成明确的意识。安乃德走在他们前面，在朦胧的意识中，她等待着，她等待着这个命运在他们两人的结合中明确起来。她感觉到这个结合不管遇到什么考验，发生什么家庭变故，它是在他们前进的正确路线上的。管它有什么考验，什么不幸！前进吧！

* * *

这对情人互相看不够，他们的眼光好比承受喷泉之水的托盘。每人把眼睛先收拾空了，为的是承受对方眼光的流泉。两人都沉浸在欢乐中，各人都觉得自身充满了对方的生命。为了重新会合，他们互相搂抱，互相说：

“我得到你了！你得到我了！不要把我还给我！我也不把你还给你……啊，互相交换，这是多么好！我多么爱生活，现在，生活就是你的生活。我得到了你的生活，我会很好地保存它！”

到现在为止，两个孩子只有各人自己需要援救！而那也不是一件小事。通过什么样的搏斗，付出什么样的代价，他们才能够从这个垂死世界的破坏中抢救出自己？但是，为了单独的自我，贫乏的自我，一无所有，被玷污的，燃烧着的，而且破碎不堪，弯腰驼背，占有了你，纠缠着你，而你并不爱的自我，值得每天重新开始进行这么多搏斗，忍受这么多痛苦与自我牺牲，这么多凌辱与羞耻吗？啊！现在，他们可以这样想：“援救另一个人！他是属于我的。”有什么情感比这更激奋人心，更令人陶醉，有什么血液比这更充沛？他是属于我的，还是我属于他？我把他合并了，还是他合并了我？这里边是不是有激情的欺骗，不明说的自私自利？无论如何，这是扩大了的自私，两个人共有的个人主义。门开向大海。然而它开在海湾深处。爱情的小舟必须通过这扇门……

爱情的小舟没有出海的意向，在海湾的隐蔽处，大风突然平息。小舟在它金黄色的水面上停止不前。

幸福将从何方而来？从何种出人意料的风暴中来，旋风的中心就在爱情的心脏里吗？难道斗争要在两夫妻之间重新点燃？难道仇恨之风要从爱中吹过，使爱重新振作起来，使它的帆篷迎风鼓起，使它船头上的犁铧劈开海浪？起来，前进吧！骑在生活上奔腾的威严骑士，用你马靴上的铁刺刺激生活的腰部吧，刺激这两个孩子的腰部！没有马刺的刺激，世界不能前进。必须前进。如果你停步，你就要倒下……你不会倒下的，我将用痛苦来支持你。

*　　　*　　　*

一个世界的痛苦！与此同时，有些民族在压迫与贫困中死亡。巨大的饥荒刚刚吞噬了伏尔加流域的居民。在罗马城中，黑衫武士高举斧头与棍束[①]。匈牙利和巴尔干的监狱中，受毒刑拷打者的喊声被堵塞了。自由的古老国家，法国，英国，美国，让自由被人强奸，而他们却豢养着屠杀人民的凶手。德国暗杀了他们的“先驱者”。在莫斯科附近的白桦林中，列宁明澈的眼珠失去光明，他的意识熄灭了。革命失去了舵手。黑夜似乎笼罩着欧洲。

两个孩子的命运算什么呢？他们的欢乐和苦痛，这两滴水融合成一滴水，大海中的一滴水。凑近耳朵去听！你可以在这滴水中听到大海轰鸣。整个海洋都在一滴水中。所有的烦扰都在一滴水中响起回声。如果每一滴水都知道，都愿意倾听！来吧，来俯身听！听我刚刚

① 指当时意大利法西斯黑衫党。他们的旗帜上画着古罗马卫士们用的一束棍棒，中间插一把斧头。

从海滩上拾来的湿淋淋的海螺！一个世界在里面哭泣，一个世界正在死亡。

但是我在那边听到了，婴儿已经呱呱坠地。

一九三二年九月[1]

① 译者按：这个年月，在一九三三年初版上是有的，但是一九五一年的订定本把它删掉了。我们按照初版以及一九五一年订定本以前的几次重版，把这个年月加上，对于了解这一卷小说在什么历史背景下脱稿，是有用的参考。

约翰·克利斯朵夫 1

[法] 罗曼·罗兰 著

傅雷 译

艾珉 主编

罗曼·罗兰

第一卷

人民文学出版社

图书在版编目（CIP）数据

罗曼·罗兰文集：全10册/（法）罗曼·罗兰著；
傅雷等译.—北京：人民文学出版社，2017
ISBN 978-7-02-012489-3

Ⅰ.①罗… Ⅱ.①罗… ②傅… Ⅲ.①文学—作品综合集
法国—现代 Ⅳ.① I565.15

中国版本图书馆 CIP 数据核字（2017）第 040357 号

出版统筹 仝保民
责任编辑 陈 黎 黄凌霞
特约策划 李江华
装帧设计 陶 雷
责任印制 苋 屹

出版发行 人民文学出版社
社 址 北京市朝内大街166号
邮政编码 100705
网 址 http://www.rw-cn.com

印 刷 三河市祥宏印务有限公司
经 销 全国新华书店等

字 数 3900千字
开 本 710毫米×1000毫米 1/16
印 张 297.5
印 数 1—5000
版 次 2019年2月北京第1版
印 次 2019年2月第1次印刷

书 号 978-7-02-012489-3
定 价 990.00元（全10册）

作者像

《罗曼·罗兰文集》总目次

总　序

一个伟大的追梦者

如果用一句话来概括罗曼·罗兰(1866—1944),我会说:他是一个伟大的追梦者。

追梦者罗兰出生在法国中部涅夫勒省克拉姆西镇一个公证人的家庭,在故乡生活到初中毕业。他不满五岁,严母就教他习练钢琴,为他开启了音乐之门。他七岁起就被文学深深吸引,酷爱阅读,习作诗歌、小说、戏剧。音乐和文学梦的种子已经播撒在他聪颖的心田。

但他的文艺梦刚要起步就有夭折的危险:该读高中的时候举家迁居巴黎,只为他将来能上理工科大学。这并非罗兰所愿。他一边保证"一定尽我所能做好准备,报考巴黎综合工科大学"①,一边一如既往地倾心于音乐和文学。他沉浸于莎士比亚全集;为雨果患病和去世忧伤。他的坚持终于改变了父母,才得以报考以文史著称的巴黎高等师范学校。

高师学生罗兰从事钢琴演艺为时已晚,于是他更多地专注于文学。一八八六年他读了《战争与和平》,对托尔斯泰顿生崇拜之情。但是稍后他又读到了托尔斯泰的《怎么办?》。长居外省的贵族托尔斯泰,在人口普查时回到圣彼得堡,目睹大城市劳苦民众的贫困,对不平等的社会现实深感绝望,把文艺也视为邪恶世道的帮凶,甚至全盘否

① 见法国档案局一九六六年举办的《罗曼·罗兰生平和作品》展第30号展品。

定莎士比亚和贝多芬,这让罗兰大惑不解。他穷追不舍地连连致信托尔斯泰,大胆质疑。坦率的交流更加坚定了他的信念:艺术家可以通过自己的劳动“获得幸福”,同时也“使别人幸福”。做一个有益于人类的文学家,已经是青年罗兰追逐的梦想。

一八八九年罗兰高师毕业。文学志向既定,该证明自己的作家才能了。他为自己制定的座右铭是:“不创作,毋宁死。艺术创作对我来说不是一种职业或者消遣。它是一种生死攸关的必须。”①

他的文学梦始于戏剧创作。他认为大行其道的现代剧搬演资产阶级生活,败坏人心;他要走出一条新路就必须努力探求,具备非凡的坚毅。他最初写以古代人物为主角的性格戏剧;继而写信仰戏剧,主人公分别崇信宗教、国家和理性,表现信仰对于人的力量——英雄因信仰而伟大。他卧薪尝胆,写了十几部剧作,直到一八九七年才终有一部发表。十年间,为他的创作进言、给他支持和信心的最推心置腹的人,是比他年长近半个世纪的才女梅森葆②。他们逾千封的通信,记录下未来文学大师不屈的奋斗精神和高尚的情操。十九世纪九十年代末他再接再厉,转向反映十八世纪末法国资产阶级革命的题材,创作了《群狼》(1898)、《丹东》(1900)、《七月十四日》(1902)、《罗伯斯庇尔》(1939)等八部剧作,终获成功。早在法国资产阶级大革命时期国民公会就明令开创人民戏剧,把重大革命事件搬上舞台,这一夙愿正是由罗兰完成。戏剧创作在罗兰的文学成果中占有重要地位,他有理由自豪地宣称:“大家都认为我是音乐家,其实我更希望通过自己的戏剧来行动。”③

把法国资产阶级革命英雄搬上戏剧舞台的同时,罗兰还撰写了《贝多芬传》(1903)、《米开朗琪罗传》(1906)、《托尔斯泰传》(1911)

① 贝尔纳·杜沙特莱编:《罗曼·罗兰〈约翰·克利斯朵夫〉缘起》第122页,法国米纳尔出版社一九七八年出版。

② 玛尔维达·冯·梅森葆(1816—1903),德国贵族,博学多识。

③ 《罗曼·罗兰丛刊》第1卷第155页,法国阿尔班·米歇尔出版社一九四八年出版。

等一系列世界历史名人的传记。十九世纪中叶以来文坛上帕尔纳斯派、象征派、颓废派风生水起，自我中心主义泛滥恣肆。这些都与罗兰文学应有益于人类的主张相悖。他以名人传独树一帜，传主们来自不同种族，活动在不同领域，但都有高远的志向、进取的豪情、善良的心灵，通过英雄般的个人奋斗为社会做出不朽的贡献。正如罗兰在《名人传》卷首语中所言："打开窗子吧！让自由的空气重新进来！让我们呼吸英雄的气息。"罗兰的名人传在文坛，也在世人的精神生活中，掀起一股强劲的英雄主义之风。

罗兰追逐文学梦的顶峰之作，无疑是他从一九〇三年起积十年之功完成的长篇小说《约翰·克利斯朵夫》①。

《约翰·克利斯朵夫》的创作，经历了多年的前期酝酿。早在一八九〇年，受瓦格纳的歌剧《特里斯坦》的启发，罗兰就产生了写一部"音乐小说"的想法："我终于发现了音乐小说的真谛"，那就是"拒绝叙述事实和事件，选取有普遍典型意义、代表某种主要感情的个体，采用有象征价值的事件"。② 一八九五年，在雨果《悲惨世界》和托尔斯泰《战争与和平》的激励下，他又进一步明确了这部未来作品将是一部大型小说，以他最崇拜的贝多芬为主人公的原型，汇入自己的生平经验，谓之"我的贝多芬"。③《约翰·克利斯朵夫》就是他这双重创意的实践。

这部小说展示了一个音乐天才在与社会的一系列矛盾和冲突中，以不屈不挠的个人奋斗追求艺术成功、最后达至心灵平静的历程，富含哲理，颇多启示。不过，罗兰在旷日持久的写作过程中，在现实事变的感召下，创作思想几经升华，了解他写作这动人故事背后深层的动

① 该小说的主人公全名是 Jean－Christophe Krafft，Jean－Christophe 是复合名，Krafft 为姓，按通行的翻译规则应译为"约翰－克利斯朵夫·克拉夫特"，因此书名也应译为《约翰－克利斯朵夫》。

② 贝尔纳·杜沙特莱编：《罗曼·罗兰〈约翰·克利斯朵夫〉缘起》第99页，法国米纳尔出版社一九七八年出版。

③ 同上，第156页。

机,对理解这部作品及其作者也大有必要。

法国作家罗兰笔下的主人公为何是德国人呢?罗兰在回忆录中明确地回答:“我为什么把克利斯朵夫写成一个德国人?当形形色色的民粹主义在欧洲抬头的时候,我要用我的声音压倒仇恨的声音,大声疾呼:法国人,德国人,你们是兄弟!”①

罗兰的初衷诚然美好,他在小说的前四卷,以德国为背景的德国四部曲里,直到卷四的前半部分,也的确专心致志于“我的贝多芬”的个人际遇,仿佛天下太平。但是在一九〇六年写卷四后半部分时,军国主义和民粹主义在德国抬头,才引起罗兰的警觉,于是他笔锋陡转,通过克利斯朵夫将俾斯麦的德国和古老德国对比,进行了严厉的批判。

但民粹主义不仅在德国得势,在受战争威胁的法国也日趋高涨,这让罗兰领悟到只有民族间的友爱才是走出危境的根本之道,因而他在一九〇七年一月拟定的新计划中为后续的写作提出了新纲领:“随着作品进展,《约翰·克利斯朵夫》的主题(至少是主题之一),在我的思想中越来越清晰,即欧洲之特性。前四卷写德国,以后各卷写法国和意大利,写三个民族的必不可少的融合。深陷混乱的德国通过法国达到思想和意志的澄清;两个敌对姐妹最终和解,在意大利的宁静中臻于完美。”②正是在这新纲领的指导下,《约翰·克利斯朵夫》后六卷,罗兰通过德国人克利斯朵夫、法国人奥里维和意大利人葛拉齐亚这三个象征性人物,赋予了这部小说更深广的寓意。

克利斯朵夫在本国打抱不平,闯下命案,逃到法国,开始了法国三部曲。他在巴黎结识了法国青年诗人奥里维。奥里维立志建立新欧洲,克利斯朵夫要实现艺术之梦,二人性格迥异,然而友情深笃。作为德法两国人民的代表,他们承载着罗兰以德法为核心的新欧洲的

① 《巴特农报》一九一三年十一月五日文章《〈约翰·克利斯朵夫〉的日耳曼根源》。

② 贝尔纳·杜沙特莱编:《罗曼·罗兰,思想和行动》第88页,法国布勒斯特大学一九九七年出版。

希望。

在小说的最后三卷,即意大利三部曲里,葛拉齐亚和罗马是两个重要的象征。葛拉齐亚帮助克利斯朵夫,给他纯真的友谊,启发他认识人生,最终获得心灵的平静。克利斯朵夫夜晚从罗马的雅尼库拉山上眺望:“从罗马的这些山丘,西方的景象一览无余,我们被分裂的民族融汇于一种和谐。各种族各民族的人们,我们就是为实现这和谐而工作。”①

《约翰·克利斯朵夫》主人公的故事至卷九《燃烧的荆棘》获得心灵平静而结束,小说或许给人以低调收场的印象。其实非也。罗兰特别提醒人们小说卷十《新的一天》(傅雷译《复旦》)最重要,“它是通往天穹的锁钥”②;“人们起初只看到一层意义,一层最微末的意义:人们以为克利斯朵夫踏过燃烧的荆棘以后开始了新的一天;其实这是克利斯朵夫和他那一代人的新的一天之后开始的世界的新的一天。”③且看卷十的末尾,背着一个孩子、快要倒下的克利斯朵夫终于到达彼岸。他问孩子:“你究竟是谁呢?”孩子回答:“我是即将来到的日子。”这是一段高度象征化的描述,“孩子”是罗兰思想中理想未来的载体,意味着只要代代不息地坚持,人类定能达到普遍和谐的“天穹”。

在仇恨蔓延、战争蠢蠢欲动的氛围里,罗兰以他独创的艺术形式弘扬了德法友爱、“在意大利的宁静中臻于完美”,进而通过“各种族各民族的人们”的工作达到世界大同的理念。《约翰·克利斯朵夫》标志着罗兰的人道主义最高理想的确立。

《约翰·克利斯朵夫》是罗兰文学梦的最高成就,也是他的人道梦的最高体现。罗兰的人道主义思想由一个最朴素最基本的观念出发,即人总会死。他经常把 mortel(法文:总会死的)这个词作为“人”的同

① 罗曼·罗兰:《约翰·克利斯朵夫》。

② 《罗曼·罗兰丛刊》第 16 卷第 76 页,法国阿尔班·米歇尔出版社一九六五年出版。

③ 《罗曼·罗兰丛刊》第 22 卷第 319 页,法国阿尔班·米歇尔出版社一九七三年出版。

义词。他在《约翰·克利斯朵夫》的一则献词里说:“我把这部总会死的作品献给总会死的人,愿他们明白我们共同的灾难,忘掉分歧,友爱相处。”罗兰自幼受西方人道主义传统的熏陶;在成长过程中受莎士比亚、歌德、托尔斯泰、雨果等人道主义大师的影响尤深。他的各民族和平共生、世界大同的梦想,是这一西方优秀思想传统的继续,而又达到了超越前人的高度。

一九一二年十月全书完成,罗兰不但在法国声誉隆盛,而且在欧美广受赞赏。但一九一四年八月十二日英国向奥匈帝国宣战,第一次世界大战全面爆发,残酷的现实赤裸裸地呈现在他眼前。罗兰不满一岁时被粗心的女佣遗忘在寒冬的露台上,落下肺部病根;一九一〇年遭遇车祸,再添创伤,是免除兵役的,无须冒枪林弹雨,但为了捍卫在《约翰·克利斯朵夫》中抒发的和平理想,他毫不犹豫地挺身反战。一九一四年九月十五日,他在《日内瓦日报》上发表了振聋发聩的政论《超乎混战之上》,呼吁停止战争。在将近一年时间里,他又发表了一系列反战文章;一九一五年十一月结集,以《超乎混战之上》为书名出版。他指出普鲁士帝国主义不但是其他各国的祸害,而且是德国本身的祸害;但他认为罪责不在德国人民,他们只是受着政府的压迫,被他们利用做盲目的工具。他肯定法国青年的抗敌精神;但他揭露思想家和领袖们没有尽力阻止战争,浪费了他们的生命。他坚持欧洲和谐的理想,大声疾呼:“法国人,英国人,德国人,我们都是兄弟,我们并不彼此憎恨。”①《超乎混战之上》的作者,就这样成为一名最不超乎混战之上的反战斗士。

但是交战各国上上下下都陷入“爱国主义”的狂热,豪普特曼、托马斯·曼这些德国知识精英都在为侵略大唱赞歌;法国人更视罗兰为叛徒,大加挞伐。罗兰遭受的政治压力乃至生命威胁,远非常人所能想象。他曾经悲伤和绝望,但他的人类和平友爱的理想却没有动摇。

① 《罗曼·罗兰回忆录》第253页,法国阿尔班·米歇尔出版社一九四五年出版。

罗兰在第一次世界大战期间的反战立场,当年被群起而攻之,后世异议者仍间或有之。历史应鲜明地给罗兰一个公正的评价。反对战争符合人民的根本利益,和平共生是人类的普遍愿望。罗兰在文学作品中宣扬和平,在现实生活中坚决反战,在最严峻的日子里,他慨叹:"我已只有世界,没有祖国。"①实系孤身一人面对陷于战争狂热的整个世界。伏尔泰主张君主立宪,避居外省;雨果反对路易·波拿巴称帝,流亡国外;左拉抨击反犹恶行,横遭指控;像罗兰反战经历如此壮烈者,史无前例。罗兰为我们树立了一个以文载道、以行卫道的典范。第一次世界大战中一千六百万军民丧生。不久前纪念"一战"结束一百周年,法德领导人共为一块牌匾揭幕,再次确认两国和解对于欧洲和世界和平的意义。而这正是罗曼·罗兰一个世纪前冒天下之大不韪,无私无畏捍卫的理想。

第一次世界大战彻底粉碎了罗兰对西欧资本主义国家的幻想,他开始寻找可能实现自己理想的道路,把希望的目光转向不久前取得革命胜利的俄国。早在十九世纪九十年代罗兰就认识到:"如果还有某种希望让现在的欧洲、它的社会和它的艺术免于死亡,那就是社会主义。"②但他又像其剧本《被战胜者》中的那对年轻恋人,"他们不能容忍被压迫者的苦难,但也同样不能容忍一次流血的革命,解放了无产者,而又把他们变成压迫者"③。他仍然抱着反对一切暴力和专制的立场,并且宣称:"任凭浪涛汹涌,我绝不随波逐流。"④二十世纪二十年代中期前,他一直对十月革命后苏俄以及一九二二年后苏联的社会变革既肯定又保留,而试图另寻通途。他致力于组织国际性的精神独立阵线,在一九一九年三月发表了《精神独立宣言》,并不遗余力地征

① 《罗曼·罗兰丛刊》第 15 卷第 303 页,法国阿尔班·米歇尔出版社一九六四年出版。

② 《罗曼·罗兰回忆录》第 253 页,法国阿尔班·米歇尔出版社一九四五年出版。

③ 罗曼·罗兰:《被战胜者》第 9—10 页,法国吕米埃尔出版社一九二二年出版。

④ 《罗曼·罗兰丛刊》第 11 卷第 124—125 页,法国阿尔班·米歇尔出版社一九六〇年出版。

求各国知识精英们签名。甘地在印度发起的“非暴力、不合作”的民族主义运动引起他的重视。他对亚洲文明产生了信心，相信亚洲因素将会带给贫乏的欧洲新发展的可能。从一九二一年到一九二四年，他与无条件拥护暴力革命和无产阶级专政的巴比塞进行了旷日持久的激烈论战。

但少数知识分子的精神独立阵线毕竟能量有限，社会影响轻微。甘地主义也引起了他的怀疑：“不抵抗，到什么程度才合乎理性和人性呢？我们怎能担保不会把人们的命运拱手交给屠夫呢？[①]”另一方面，二十世纪二十年代后半叶和三十年代初，苏联社会主义建设如火如荼，法国国内以法共为核心的左派力量日益活跃。罗兰的思想逐渐改变。他开始接受有史以来第一个社会主义政权为建立新秩序而实施的专政：“尽管令人反感，尽管可怕，尽管犯了一些残酷的错误和罪恶，我走向孩子，我抱起新生儿，因为他是希望，人类可怜的希望。”[②]罗兰思想观点和政治立场的这一重要转变，用他自己的话说叫“归队”，在一九三一年四月《向过去告别》的长文中，他以忏悔的心情审视了自己从发表《超乎混战之上》以来的历程，毅然宣告：“隔开资本主义世界与无产阶级劳动联盟之间的鸿沟日益扩大”，“马克思概括为经济唯物主义的铁的规律终于导致我越过鸿沟，站在苏联一边。”[③]成为同路人的罗兰，保卫苏联更加坚决；行动上与法共的配合更加紧密；和昔日的论敌巴比塞重新携手；反法西斯的活动更加积极。他谴责国会纵火案；拒绝德国人颁发给他的歌德奖章；反对羁押季米特洛夫……德国法西斯发动战争的每一个阶段他都发出愤怒的吼声。罗兰从一九二一年到一九三三年创作的又一部长篇小说《欣悦的灵魂》，女主人公安乃德的私生子玛克的成长和战斗，以及玛克牺牲后安乃德继承其遗志投身于反法西斯、反沙文主义和保卫苏联的斗争，从个人主义走向集

---

① 《罗曼·罗兰丛刊》第19卷第48页，法国阿尔班·米歇尔出版社一九六九年出版。

② 罗曼·罗兰：《战斗十五年》第88页，利厄戴尔出版社一九三五年出版。

③ 同上，第188页。

体主义，在一定程度上反映了罗兰本人的思想变化和立场演进。罗兰从此更多地投入国际范围的进步活动。

一九三六年六至八月，法国作家纪德应邀访问苏联，不久后写了《访苏归来》一书，对苏联经济、政治、文化等方面的弊端多有揭露。罗兰一年前已作为贵宾访问了苏联，在日记中对苏联存在的某些现象也不无意见，但他没有应和纪德对苏联的批评。他认为“在苏联社会发展的现状中诚然有很多地方值得批评，令人遗憾”，但“重要的是批评出于善意还是恶意”①。在罗兰心目中，苏维埃就像《约翰·克利斯朵夫》结尾象征新的一天的“孩子”，它还不成熟，在成长过程中势必会有曲折和错误，他希望苏联能汲取教训、继续前行。罗兰的“宽容”，毋宁说是他对理想社会主义的执着。

第二次世界大战又让人类经历了一次磨难。一九四四年八月巴黎解放。战后罗兰唯一的一次社会活动，是逝世前不久以病弱之躯出席苏联驻法使馆的十月革命庆典，这象征着这位同路人向他永不言弃的理想再出发！

罗兰的一生是追梦的一生。他集作家、思想家和社会斗士于一身，其文学梦和人类梦紧密相连。作为文学家，他才华照人，著作等身，给我们留下一份十分宝贵的遗产，不仅有为数可观的戏剧、传记、小说、论文，还有堪称一个历史时期编年史的卷帙浩繁的笔记、日记和书信。这部十卷本《罗曼·罗兰文集》就是集其精华之大成。和谐共生，世界大同是罗兰的梦，也是人类的根本福祉所在，是全人类的普遍愿望。无私无畏，赤诚坦荡，罗兰在艰难曲折的追梦途中表现出高尚非凡的品格。他是思想的巨人，行动的英雄。他用自己的生命挥洒出一部最真实感人的“名人传”，激励我们为理想砥砺前行。

罗曼·罗兰在中国深受爱戴，他不但是和巴尔扎克、雨果、莫泊桑等齐名的文学大师，而且和中国人有着特殊的情缘。早在一九二四

---

① 罗曼·罗兰：《纪德叛变了》，转引自贝尔纳·杜沙特莱著《罗曼·罗兰实录》第330页，法国阿尔班·米歇尔出版社二〇〇二年出版。

年，天才翻译家敬隐渔①还是中专学生时就开始翻译《约翰·克利斯朵夫》。他后来在访问记《蕾芒湖畔》中说：他那一代人目睹了辛亥革命的成功和封建帝制的覆灭，岂料在废墟上滋生的是金钱的饥渴、疯狂的欧化、外国的侵凌和压迫、此起彼伏的内战。他们面临严重的精神危机，在苦闷中彷徨，突然在克利斯朵夫身上找到信任的榜样："他也有弱点、有迷惑、有堕落，但他的奋斗精神愈挫愈勇，竟胜了私欲，胜了世俗的妄谬、人生的痛苦，得享灵魂的和平自由。"一九二六年，《小说月报》又发表了罗兰的专文《约翰·克利斯朵夫向中国的弟兄们宣言》，罗兰宣称："我只知道世间有两个民族——一个上升，一个下降。"趋向光明的上升的民族，"无论他们生长在什么地方，都是我的朋友、同盟、弟兄。"一九三〇年，罗兰发表过支持中国抗日斗争的声明。还没有哪一位世界文豪，像罗曼·罗兰这样和中国人民有过如此亲密的感情接触。而今，罗兰的最高理想又和中国构建人类命运共同体的理念相通。

怀着中国人对罗曼·罗兰的这种特殊亲近的感情，笔者曾在其家乡勃莱沃村圣希莫昂教堂旁的墓园里凭吊过罗兰墓。那墓园人迹罕至。罗兰的墓紧挨教堂的墙根，依傍着一棵硕大的榆树；极普通的墓石上简单地刻着"罗曼·罗兰及其妻子玛丽"的字样。在绝对的静谧中，我不禁想起《约翰·克利斯朵夫》结尾克利斯朵夫背负的那个孩子，以及那孩子的回答："我是即将来到的日子。"

梦想之路可能还很漫长，但我深信，世界大同之日，全人类的伟人祠中必然有罗曼·罗兰当之无愧的位置。

张英伦

二〇一八年十二月于北京

① 敬隐渔（1901—1933），四川遂宁人，作家、翻译家，最早将罗曼·罗兰的《约翰·克利斯朵夫》部分译成中文，将鲁迅的《阿Q正传》译成法文。

目次

译者献词*

真正的光明决不是永没有黑暗的时间,只是永不被黑暗所掩蔽罢了。真正的英雄决不是永没有卑下的情操,只是永不被卑下的情操所屈服罢了。

所以在你要战胜外来的敌人之前,先得战胜你内在的敌人;你不必害怕沉沦堕落,只消你能不断地自拔与更新。

《约翰·克利斯朵夫》不是一部小说,——应当说:不止是一部小说,而是人类一部伟大的史诗。它所描绘歌咏的不是人类在物质方面而是在精神方面所经历的艰险,不是征服外界而是征服内界的战迹。它是千万生灵的一面镜子,是古今中外英雄圣哲的一部历险记,是贝多芬式的一阕大交响乐。愿读者以虔敬的心情来打开这部宝典吧!

战士啊,当你知道世界上受苦的不止你一个时,你定会减少痛楚,而你的希望也将永远在绝望中再生了吧!

* 这是傅雷先生一九三七年为本书写的献词，一九八六年再版时应读者要求重新收入。——编者

译者弁言

在全书十卷中间，本册所包括的两卷（卷四“反抗”，卷五“节场”）恐怕是最混沌最不容易了解的一部了。因为克利斯朵夫在青年成长的途中，而青年成长的途程就是一段混沌、暧昧，矛盾、骚乱的历史。顽强的意志，簇新的天才，被更其顽强的和年代久远的传统与民族性拘囚在樊笼里。它得和社会奋斗，和过去的历史奋斗，更得和人类固有的种种根性奋斗。一个人唯有在这场艰苦的争斗中得胜，才能打破青年期的难关而踏上成人的大道。儿童期所要征服的是物质世界，青年期所要征服的是精神世界。还有最悲壮的是现在的自我和过去的自我冲突：从前费了多少心血获得的宝物，此刻要费更多的心血去反抗，以求解脱。

> 这个时期正是他闭着眼睛对幼年时代的一切偶像反抗的时期。他恨自己，恨他们，因为当初曾经五体投地的相信了他们。——而这种反抗也是应当的。人生有一个时期应当敢把不公平，敢把跟着别人佩服的敬重的东西——不管是真理是谎言——一概摒弃，敢把没有经过自己认为是真理的东西统统否认。所有的教育，所有的见闻，使一个儿童把大量的谎言与愚蠢，和人生主要的真理混在一起吞饱了，所以他若要成为一个健全的

人,少年时期的第一件责任就得把宿食呕吐干净。

是这种心理状态驱使克利斯朵夫肆无忌惮地抨击前辈的宗师,抨击早已成为偶像的杰作,抉发德国民族底矫伪和感伤性,在他的小城里树立敌人,和大公爵冲突,为了精神的自由丧失了一切物质上的倚傍,终而至于亡命国外。(关于这些,尤其是克利斯朵夫对于某些大作的攻击,原作者在卷四底初版序文里就有简短的说明。)

至于强烈犷野的力在胸中冲撞奔突的骚乱,尚未成形的艺术天才挣扎图求生长的苦闷,又是青年期底另外一支精神巨流。

> 一年之中有几个月是阵雨的季节,同样,一生之中有些年龄特别富于电力……
>
> 整个的人都很紧张。雷雨一天一天的酝酿着。白茫茫的天上布满着灼热的云。没有一丝风,凝集不动的空气在发酵,似乎沸腾了。大地寂静无声,麻痹了。头里在发烧,嗡嗡的响着;整个天地等着那愈积愈厚的力爆发,等着那重甸甸的高举着的锤子打在乌云上面。又大又热的阴影移过,一阵火刺刺的风吹过;神经像树叶般发抖……
>
> 这样等待的时候自有一种悲怆而痛快的感觉。虽然你受着压迫,浑身难过,可是你感觉到血管里头有的是烧着整个宇宙的烈火。陶醉的灵魂在锅炉里沸腾,像埋在酒桶里的葡萄。千千万万的生与死的种子都在心中活动。结果会产生些什么来呢?……像一个孕妇似的,你的心不声不响的看着自己,焦急的听着脏腑的颤动,想道:“我会生下些什么来呢?”

这不是克利斯朵夫一个人的境界,而是古往今来一切伟大的心灵在成长时期所共有的感觉。

欢乐,如醉如狂的欢乐,好比一颗太阳照耀着一切现在的与未来的成就,创造的欢乐,神明的欢乐!唯有创造才是欢乐。唯有创造的生灵才是生灵。其余的尽是与生命无关而在地下飘浮的影子……

创造,不论是肉体方面的或精神方面的,总是脱离躯壳的樊笼,卷入生命的旋风,与神明同寿。创造是消灭死。

瞧,这不是贝多芬式的艺术论么?这不是柏格森派的人生观么?现代的西方人是从另一途径达到我们古谚所谓"物我同化"的境界的,译者所热诚期望读者在本书中有所领会的,也就是这个境界。

"创造才是欢乐","创造是消灭死",是罗曼·罗兰这阕大交响乐中的基调;他所说的不朽,永生,神明,都当作如是观。

我们尤须牢记的是,切不可狭义地把《克利斯朵夫》单看作一个音乐家或艺术家底传记。艺术之所以成为人生底酵素,只因为它含有丰满无比的生命力。艺术家之所以成为我们的模范,只因为他是不完全的人群中比较最完全的一个。而所谓完全并非是圆满无缺,而是颠扑不破地、再接再励地向着比较圆满无缺的前途迈进的意思。

然而单用上述几点笼统的观念还不足以概括本书底精神。译者在第一册卷首的献辞和这段弁言底前节里所说的,只是《克利斯朵夫》这部书属于一般的、普泛的方面。换句话说,至此为止,我们的看法是对一幅肖像画的看法:所见到的虽然也有特殊的征象,但演绎出来的结果是对于人类的一般的、概括式的领会。可是本书还有另外一副更错杂的面目:无异一幅巨大的历史画,——不单是写实的而且是象征的,含有预言意味的。作者把整个十九世纪末期的思想史、社会史、政治史、民族史、艺术史来做这个新英雄底背景。于是本书在描写一个个人而涉及人类永久的使命与性格以外,更具有反映某一特殊时期的历史性。

最显著的对比,在卷四与卷五中占着一大半篇幅的,是德法两个民族的比较研究。罗曼·罗兰使青年的主人翁先对德国作一极其严正的批判:

> 他们耗费所有的精力,想把不可调和的事情加以调和。特别从德国战胜以后,他们更想来一套令人作恶的把戏,在新兴的力和旧有的原则之间觅取妥协……吃败仗的时候,大家说德国是爱护理想。现在把别人打败了,大家说德国就是人类的理想。看到别的国家强盛,他们就像莱辛一样的说:"'爱国心不过是想做英雄的倾向,没有它也不妨事'并且自称为'世界公民'。如今自己抬头了,他们便对于所谓'法国式'的理想不胜轻蔑,对什么世界和平,什么博爱,什么和衷共济的进步,什么人权,什么天然的平等,一律瞧不起;并且说最强的民族对别的民族可以有绝对的权利,而别的民族,就因为弱,所以对它绝对没有权利可言。它,它是活的上帝,是观念的化身,它的进步是用战争、暴行、压力来完成的……"(在此,读者当注意这段文字是在本世纪初期写的。)

尽量分析德国民族以后,克利斯朵夫便转过来解剖法兰西了。卷五用的"节场"这个名称就是含有十足暴露性的。说起当时的巴黎乐坛时,作者认为"只是一味的温和、苍白、麻木、贫血、憔悴……"又说那时的音乐家"所缺少的是意志,是力;一切的天赋他们都齐备,——只少一样;就是强烈的生命"。

> 克利斯朵夫对那些音乐界的俗物尤其感到恶心的,是他们的形式主义。他们之间只讨论形式一项。情操,性格,生命,都绝口不提!没有一个人想到真正的音乐家是生活在音响的宇宙中的,他的岁月就寄于音乐的浪潮。音乐是他呼吸的空气,是他生息的天地。他的心灵本身便是音乐;他所爱,所憎,所苦,所惧,所希

望，又无一而非音乐……天才是要用生命力的强度来测量的，艺术这个残缺不全的工具也不过想唤引生命罢了。但法国有多少人想到这一点呢？对这个化学家式的民族，音乐似乎只是配合声音的艺术。它把字母当作书本……

等到达及文坛、戏剧界的时候，作者所描写的又是一片颓废的气象，轻佻的癖习，金钱的臭味。诗歌与戏剧，在此拉丁文化底最后一个王朝里，却只是"娱乐的商品"。笼罩着知识阶级与上流社会的，只有一股沉沉的死气：

豪华的表面，繁嚣的喧闹，底下都有死的影子。

巴黎的作家都病了……但在这批人，一切都归结到贫瘠的享乐。贫瘠，贫瘠。这就是病根所在。滥用思想，滥用感官，而毫无果实……

对此十九世纪底"世纪末"现象，作者不禁大声疾呼：

可怜虫！艺术不是给下贱的人享用的下贱的刍秣。不用说，艺术是一种享受，一切享受中最迷人的享受。但你只能用艰苦的奋斗去换来，等到"力"高歌胜利的时候才有资格得到艺术的桂冠……你们沾沾自喜地培养你们民族的病，培养他们的好逸恶劳、喜欢享受、喜欢色欲、喜欢虚幻的人道主义和一切足以麻醉意志，使它萎靡不振的因素。你们简直是把民族带去上鸦片烟馆……

巴黎的政界、妇女界、社会活动的各方面，却逃不出这腐化的氛围。然而作者并不因此悲观，并不以暴露为满足，他在苛刻的指摘和破坏后面早就潜伏着建设的热情。正如克利斯朵夫早年的剧烈抨击古代宗师，正是他后来另创新路的起点。破坏只是建设底准备。在此德法两民族底比较与解剖下面，隐伏着一个伟大的方案：就是以德意志的力救济法兰西的萎靡，以法兰西的自由救济德意志的柔顺服从，西方文化第二次的再生应当从这两个主要民族底文化交流中发轫。所以罗曼·罗兰使书中的主人翁生为德国人，使他先天成为一个强者，力底代表（他的姓克拉夫脱在德文中就是力的意思）；秉受着古弗拉芒族底质朴的精神，具有贝多芬式的英雄意志，然后到莱茵彼岸去领受纤腻的、精炼的、自由的法国文化底洗礼。拉丁文化太衰老，日耳曼文化太粗犷，但是两者汇合融和之下，倒能产生一个理想的新文明。克利斯朵夫这个新人，就是新人类底代表。他的最后的旅程，是到拉斐尔底祖国去领会清明恬静的意境。从本能到智慧，从粗犷的力到精炼的艺术，是克利斯朵夫前期的生活趋向，是未来文化——就是从德国到法国——底第一个阶段。从血淋淋的战斗到平和的欢乐，从自我和社会的认识到宇宙的认识，从扰攘骚乱到光明宁静，从多雾的北欧越过了阿尔卑斯，来到阳光绚烂的地中海，克利斯朵夫终于达到了最高的精神境界：触到了生命底本体，握住了宇宙底真如，这才是最后的解放，“与神明同寿”！意大利应当是心灵底归宿地。（卷五末所提到的葛拉齐亚便是意大利底化身。）

尼采底查拉图斯脱拉现在已经具体成形，在人间降生了。他带来了鲜血淋漓的现实。托尔斯泰底福音主义的使徒只成为一个时代底幻影，烟雾似的消失了，比“超人”更富于人间性、世界性、永久性的新英雄克利斯朵夫，应当是人类以更大的苦难、更深的磨炼去追求的典型。

这部书既不是小说，也不是诗，据作者的自白，说它有如一条河。莱茵这条横贯欧洲的巨流是全书底象征。所以第一卷第一页第一句便是极富于音乐意味的、包藏无限生机的“江声浩荡……”

对于一般的读者，这部头绪万端的迷宫式的作品，一时恐怕不容易把握它的真际，所以译者谦卑地写这篇说明作为引子，希望为一般探宝山的人做一个即使不高明、至少还算忠实的向导。

一九四〇年

献　给

各国的受苦、奋斗、而必战胜的自由灵魂。

——罗曼·罗兰

原　　序

我们印行《约翰·克利斯朵夫》这个定本[1]的时候，决定采取另外一种分册的方法。以前单行的十卷，实际是归纳为三大部分的：

一、约翰·克利斯朵夫……………………1. 黎明；2. 清晨；3. 少年；4. 反抗。

二、约翰·克利斯朵夫在巴黎……………1. 节场；2. 安多纳德；3. 户内。

三、旅程的终途……………………………1. 女朋友们；2. 燃烧的荆棘；3. 复旦。

现在我们不以故事为程序而以感情为程序，不以逻辑的、外在的因素为先后，而以艺术的、内在的因素为先后，以气氛与调性（tonalité）来做结合作品的原则。

这样，整个作品就改分为四册，相当于交响曲的四个乐章：

第一册包括克利斯朵夫少年时代的生活（黎明，清晨，少年），描写他的感官与感情的觉醒，在家庭与故乡那个小天地中的生活，——直到经过一个考验为止，在那个考验中他受了重大的创伤，可是对自己的使命突然得到了启示，知道英勇的受难与战斗便是他的命运。

---

① 《约翰·克利斯朵夫》最初陆续于《半月刊》上发表，以后又出十卷本的单行本，又合成三册本与五册本的两种版本。此四册本的版本，作者称之为定本（édition définitive）。

第二册(反抗,节场)所写的,是克利斯朵夫像年轻的齐格弗里德[①]一样,天真,专横,过激,横冲直撞的去征讨当时的社会的与艺术的谎言,挥舞着堂吉诃德式的长矛,去攻击骡夫,小吏,磨坊的风轮,和德法两国的节场。这些都可以归在反抗这个总题目之下。

第三册(安多纳德,户内,女朋友们)和上一册的热情与憎恨成为对比,是一片温和恬静的气氛,咏叹友谊与纯洁的爱情的悲歌。

第四册(燃烧的荆棘,复旦)写的是生命中途的大难关,是"怀疑"与破坏性极强的"情欲"的狂飙,是内心的疾风暴雨,差不多一切都要被摧毁了,但结果仍趋于清明高远之境,透出另一世界的黎明的曙光。

在《半月刊》上初发表的时候(1904年2月—1912年10月),每卷卷尾都附有两句拉丁文铭文,那是刻在哥特式大教堂的正堂门口圣·克利斯朵夫像的座下的:

当你见到克利斯朵夫的面容之日,
是你将死而不死于恶死之日。

作者借用这两句铭文,表示他私心愿望约翰·克利斯朵夫对于读者所发生的作用,能够和对于作者发生的作用一样:就是说,在人生的考验中成为一个良伴和向导。

考验是大家都经历到了;而从世界各地来的回响,证明作者的愿望并没有成为虚幻。他今日特意重申这个愿望。在此大难未已的混乱时代,但愿克利斯朵夫成为一个坚强而忠实的朋友,使大家心中都有一股生与爱的欢乐,使大家能不顾一切的去生活,去爱!

罗曼·罗兰

一九二一年一月一日,于巴黎

---

① 瓦格纳歌剧中的主人翁齐格弗里德,为瓦格纳创造的理想人物,为旧时代(瓦格纳说是黄金统治的时代,即资本主义时代)崩溃后的新人物。罗曼·罗兰创造的克利斯朵夫亦是一种理想的未来世界的人物,但他的活动是在艺术方面。

卷一·黎明

在平旦之前的黎明时分，
当你的灵魂在身内酣睡的时间……
《神曲·炼狱》第九

第一部

蒙蒙晓雾初开，
皓皓旭日方升……
《神曲·炼狱》第十七

江声浩荡，自屋后上升。雨水整天的打在窗上。一层水雾沿着玻璃的裂痕蜿蜒流下。昏黄的天色黑下来了。室内有股闷热之气。

初生的婴儿在摇篮里扭动。老人进来虽然把木靴脱在门外，走路的时候地板还是咯咯地响：孩子哼啊唷的哭了。母亲从床上探出身子抚慰他；祖父摸索着点起灯来，免得孩子在黑夜里害怕。灯光照出老约翰·米希尔红红的脸，粗硬的白须，忧郁易怒的表情，炯炯有神的眼睛。他走近摇篮，外套发出股潮气，脚下拖着双大蓝布鞋。鲁意莎做着手势叫他不要走近。她的淡黄头发差不多像白的；绵羊般和善的脸都打皱了，颇有些雀斑；没有血色的厚嘴唇不大容易合拢，笑起来非常胆怯；眼睛很蓝，迷迷惘惘的，眼珠只有极小的一点，可是挺温柔；——她不胜怜爱地瞅着孩子。

孩子醒过来，哭了。惊慌的眼睛在那儿乱转。多可怕啊！无边的黑暗，剧烈的灯光，浑沌初凿的头脑里的幻觉，包围着他的那个闷人的、蠕动不已的黑夜，还有那深不可测的阴影中，好似耀眼的光线一般透出来的尖锐的刺激，痛苦和幽灵，——使他莫名其妙的那些巨大的脸正对着他，眼睛瞪着他，直透到他心里去……他没有气力叫喊，吓得不能动弹，睁着眼睛，张着嘴，只在喉咙里喘气。带点虚肿的大胖脸扭做一堆，变成可笑而又可怜的怪样子；脸上与手上的皮肤是棕色的，暗红的，还有些黄黄的斑点。

“天哪！他多丑！”老人语气很肯定地说。

他把灯放在了桌上。

鲁意莎撅着嘴，好似挨了骂的小姑娘，约翰·米希尔觑着她笑道：“你总不成要我说他好看吧？说了你也不会信。得了吧，这又不是你的错，小娃娃都是这样的。”

孩子迷迷忽忽的，对着灯光和老人的目光愣住了，这时才醒过来，哭了。或许他觉得母亲眼中有些抚慰的意味，鼓励他诉苦。她把手臂伸过去，对老人说道：“递给我吧。”

老人照例先发一套议论：“孩子哭就不该迁就。得让他叫去。”

可是他仍旧走过来，抱起婴儿，嘀咕着：“从来没见过这么难看的。”

鲁意莎双手滚热，接过孩子搂在怀里。她瞅着他，又惭愧又欢喜地笑了笑：

“哦，我的小乖乖，你多难看，多难看，我多疼你！”

约翰·米希尔回到壁炉前面，沉着脸拨了拨火；可是郁闷的脸上透着点笑意：

“好媳妇，得了吧，别难过了，他还会变呢。反正丑也没关系。我们只希望他一件事，就是做个好人。”

婴儿与温暖的母体接触之下，立刻安静了，只忙着唧唧咂咂的吃奶。约翰·米希尔在椅上微微一仰，又张大其词地说了一遍：

“做个正人君子才是最美的事。”

他停了一会，想着要不要把这意思再申说一番；但他再也找不到话，于是静默了半晌，又很生气地问：“怎么你丈夫还不回来？”

“我想他在戏院里吧，”鲁意莎怯生生地回答，“他要参加预奏会。”

“戏院的门都关了,我才走过。他又扯谎了。”

“噢,别老是埋怨他!也许我听错了。他大概在学生家里上课吧。”

“那也该回来啦。”老人不高兴地说。

他踌躇了一会,很不好意思地放低了声音:

“是不是他又?……”

“噢,没有,父亲,他没有。”鲁意莎抢着回答。

老人瞅着她,她把眼睛躲开了。

“哼,你骗我。”

她悄悄地哭了。

“哎唷,天哪!”老人一边嚷一边往壁炉上踢了一脚。拨火棒大声掉在地下,把母子俩都吓了一跳。

“父亲,得了吧,”鲁意莎说,“他要哭了。”

婴儿愣了一愣,不知道还是哭好还是照常吃奶好;可是不能又哭又吃奶,他也就吃奶了。

约翰·米希尔沉着嗓子,气冲冲的接着说:“我犯了什么天条,生下这个酒鬼的儿子?我这一辈子省吃俭用的,真是够受了!……可是你,你,你难道不能阻止他么?该死!这是你的本分啊。要是你能把他留在家里的话!……”

鲁意莎哭得更厉害了。

“别埋怨我了,我已经这么伤心!我已经尽了我的力了。你真不知道我独自个儿在家的时候多害怕!好像老听见他上楼的脚声。我等着他开门,心里想着:天哪!不知他又是什么模样了?……想到这个我就难过死了。”

她抽抽噎噎地在那儿哆嗦。老人看着慌了,走过来把抖散的被单给撩在她抽搐不已的肩膀上,用他的大手摸着她的头:“得啦,得啦,别怕,有我在这儿呢。”

为了孩子,她静下来勉强笑着:"我不该跟您说那个话的。"

老人望着她,摇了摇头:"可怜的小媳妇,是我难为了你。"

"那只能怪我。他不该娶我的。他一定在那里后悔呢。"

"后悔什么?"

"您明白得很。当初您自己也因为我嫁了他很生气。"

"别多说啦。那也是事实。当时我的确有点伤心。像他这样一个男子——我这么说可不是怪你,——很有教养,又是优秀的音乐家,真正的艺术家,——很可以攀一门体面的亲事,用不着追求像你这样一无所有的人,既不门当户对,也不是音乐界中的人。姓克拉夫脱的一百多年来就没娶过一个不懂音乐的媳妇!——可是你很知道我并没恨你;赶到认识了你,我就喜欢你。而且事情一经决定,也不用再翻什么旧账,只要老老实实地尽自己的本分就完了。"

他回头坐下,停了一会,庄严地补上一句,像他平常说什么格言的时候一样:

"人生第一要尽本分。"

他等对方提异议,往壁炉里吐了一口痰;母子俩都没有什么表示,他想继续说下去,——却又咽住了。

他们不再说话了。约翰·米希尔坐在壁炉旁边,鲁意莎坐在床上,都在那里黯然伤神。老人嘴里是那么说,心里还想着儿子的婚事非常懊丧。鲁意莎也想着这件事,埋怨自己,虽然她没有什么可埋怨的。

她从前是个帮佣的,嫁给约翰·米希尔的儿子曼希沃·克拉夫脱,大家都觉得奇怪,她自己尤其意想不到。克拉夫脱家虽没有什么财产,但在老人住了五十多年的莱茵流域的小城中是很受尊敬的。他们是父子相传的音乐家,从科隆到曼海姆一带,所有的音乐家都知道他们。曼希沃在宫廷剧场当提琴师;约翰·米希尔从前是大公爵的乐队指挥。老人为曼希沃的婚事大受打击;他原来对儿子抱着极大的希望,想要他成为一个他自己没有能做到的名人。不料儿子一时糊涂,把他的雄心给毁了。他先是大发雷霆,把曼希沃与鲁意莎咒骂了一顿。但他骨子里是个好人,所以在认清楚媳妇的品性以后就原谅了她,甚至还对她有些慈父的温情,虽然这温情常常用嘀咕的方式表现。

没有人懂得曼希沃怎么会攀这样一门亲的,——曼希沃自己更莫名其妙。那当然不是为了鲁意莎长得俏。她身上没有一点儿迷人的地方:个子矮小,没有血色,身体又娇,跟曼希沃和约翰·米希尔一比真是好古怪的对照,他们俩都是又高又大,脸色鲜红的巨人,孔武有力,健饭豪饮,喜欢粗声大气的笑着嚷着。她似乎被他们压倒了;人家既不大注意到她,她自己更尽量的躲藏。倘若曼希沃是个心地仁厚的人,还可以说他的看中鲁意莎是认为她的朴实比别的长处更可宝贵;然而他是最虚荣不过的。像他那样的男子,长得相当漂亮,而且知道自己漂亮,喜欢摆架子,也不能说没有才具,大可以攀一门有钱的亲,甚至——谁知道? ——可能像他夸口的那样,在他教课的中产之家引诱个把女学生……不料他突然之间挑了一个小户人家的女子,又穷,又丑,又无教育,又没追求他……倒像是他为了赌气而娶的!

但世界上有些人永远做着出人意料,甚至出于自己意料的事,曼希沃便是这等人物。他们未始没有先见之明:——俗语说,一个有先见之明的人抵得两个……——他们自命为不受欺骗,把舵把得很稳,向着一定的目标驶去。但他们的计算是把自己除外的,因为根本不认识自己。他们脑筋里常常会变得一片空虚,那时就把舵丢下了;而事情一放手,它们立刻卖弄狡猾跟主人捣乱。无人管束的船会向暗礁直撞过去,而足智多谋的曼希沃居然娶了一个厨娘。和她定终身的那天,他却也非醉非癫,也没有什么热情冲动:那还差得远呢。但或许我们除了头脑、心灵、感官以外,另有一种神秘的力量,在别的力量睡着的时候乘虚而入,做了我们的主宰;那一晚曼希沃在河边碰到鲁意莎,在芦苇丛中坐在她身旁,糊里糊涂跟她订婚的时候,他也许就是在她怯生生地望着他的苍白的瞳子中间,遇到了那种神秘的力量。

才结婚,他就对自己所做的事觉得委屈。这一点,他在可怜的鲁意莎面前毫不隐瞒,而她只是诚惶诚恐地向他道歉。他心并不坏,就慨然原谅了她,但过了一忽儿又悔恨起来,或是在朋友中间,或是在有钱的女学生面前;她们此刻态度变得傲慢了,由他校正指法而碰到他手指的时候也不再发抖了。——于是他沉着脸回家,鲁意莎好不辛酸地马上在他眼中看出那股怨气。再不然他待在酒店里,想在那儿忘掉自己,忘掉对人家的怨恨。像这样的晚上,他就嘻嘻哈哈,大笑着回家,使鲁意莎觉得比平时的话中带刺和隐隐约约的怨恨更难受。鲁意莎认为自己对这种放荡的行为多少要负些责任,那不但消耗了家里的钱,还得把他仅有的一点儿理性再减少一点。曼希沃陷到泥淖里去了。以他的年纪,正应当发愤用功,尽量培植他中庸的天资,他却听任自己往下坡路上打滚,给别人把位置占了去。

至于替他拉拢金发女仆的那股无名的力量,自然毫不介意。它已经尽了它的使命,而小约翰·克利斯朵夫便在运命驱使之下下了地。

天色全黑了。鲁意莎的声音把老约翰·米希尔从迷惘中惊醒,他对着炉火想着过去的和眼前的伤心事,想出了神。

“父亲,时候不早了吧,”少妇恳切地说,“您得回去了,还要走好一程路呢。”

“我等着曼希沃。”老人回答。

“不,我求您,您还是别留在这儿的好。”

“为什么?”

老人抬起头来,仔细瞧着她。

她不回答。

他又道:“你觉得独自个儿害怕,你不要我等着他么?”

“唉!那不过把事情弄得更糟:您会生气的;我可不愿意。您还是回去吧,我求您!”

老人叹了口气站起来:“好吧,我走啦。”

他过去把刺人的胡须在她脑门上轻轻拂了一下,问她可要点儿什么不要,然后拈小了灯走了。屋子里暗得很,他和椅子撞了一下。但他没有下楼已想起儿子醉后归来的情景;在楼梯上他走一步停一步,想着他独自回家所能遭遇的种种危险……

床上,孩子在母亲身边又骚动起来。在他内部极深邃的地方,迸出一种无名的痛苦。他尽力抗拒:握着拳头,扭着身子,拧着眉头。痛苦变得愈来愈大,那种沉着的气势,表示它不可一世。他不知道这痛苦是什么,也不知道它要进逼到什么地步,只觉得它巨大无比,永远看不见它的边际。于是他可怜巴巴的哭了。母亲用温软的手摸着他,痛楚马上减轻了些;可是他还在哭,因为觉得它始终在旁边,占领着他的身体。——大人的痛苦是可以减轻的,因为知道它从哪儿来,可以在思想上把它限制在身体的一部分,加以医治,必要时还能把它去掉;他可以固定它的范围,把它跟自己分离。婴儿可没有这种自欺欺人的方法。他初次遭遇到的痛苦是更残酷,更真切的。他觉得痛苦无边无岸,像自己的生命一样,觉得它盘踞在他的胸中,压在他的心上,控制着他的皮肉。而这的确是这样的:它直要把肉体侵蚀完了才会离开。

母亲紧紧搂着他,轻轻地说:

“得啦,得啦,别哭了,我的小耶稣,我的小金鱼……”

他老是断断续续地悲啼。仿佛这一堆无意识的尚未成形的肉,对他命中注定的痛苦的生涯已经有了预感。他怎么也静不下来……

黑夜里传来圣·马丁教堂的钟声。严肃迟缓的音调,在雨天潮润的空气中进行,有如踏在苔藓上的脚步。婴儿一声号啕没有完就突然静默了。奇妙的音乐,像一道乳流在他胸中缓缓流过。黑夜放出光明,空气柔和而温暖。他的痛苦消散了,心笑开了;他轻松地叹了口气,溜进了梦乡。

三口钟庄严肃穆,继续在那里奏鸣,报告明天的节日。鲁意莎听着钟声,也如梦如幻地想着她过去的苦难,想着睡在身旁的亲爱的婴儿的前程。她在床上已经躺了几小时,困顿不堪。手跟身体都在发烧；连羽毛毯都觉得很重；黑暗压迫她，把她闷死了；可是她不敢动弹。她瞧着婴儿；虽是在夜里，还能看出他憔悴的脸，好似老人的一样。她开始瞌睡了，乱哄哄的形象在她脑中闪过。她以为听到曼希沃开门，心不由得跳了一下。浩荡的江声在静寂中越发宏大，有如野兽的怒嗥。窗上不时还有一声两声的雨点。钟鸣更缓，慢慢地静下来；鲁意莎在婴儿旁边睡熟了。

这时，老约翰·米希尔冒着雨站在屋子前面，胡子上沾着水雾。他等荒唐的儿子回来；胡思乱想的头脑老想着许多酗酒的惨剧，虽然他并不相信，但今晚要没有看到儿子回来，便是回去也是一分钟都睡不着的。钟声使他非常悲伤，因为他回想起幻灭的希望。他又想到此刻冒雨街头是为的什么，不禁羞愧交迸地哭了。

流光慢慢地消逝。昼夜递嬗，好似汪洋大海中的潮汐。几星期过去了，几个月过去了，周而复始。循环不已的日月仍好似一日。

有了光明与黑暗的均衡的节奏，有了儿童的生命的节奏，才显出无穷无极，莫测高深的岁月。——在摇篮中做梦的浑噩的生物，自有他迫切的需要，其中有痛苦的，也有欢乐的；虽然这些需要随着昼夜而起灭，但它们整齐的规律，反像是昼夜随着它们而往复。

生命的钟摆很沉重地在那里移动。整个的生物都湮没在这个缓慢的节奏中间。其余的只是梦境，只是不成形的梦，营营扰扰的断片的梦，盲目飞舞的一片灰尘似的原子，令人发笑令人作恶的眩目的旋风。还有喧闹的声响，骚动的阴影，丑态百出的形状，痛苦，恐怖，欢笑，梦，梦……一切都只是梦……而在这浑沌的梦境中，有友好的目光对他微笑，有欢乐的热流从母体与饱含乳汁的乳房中流遍他全身，有他内部的精力在那里积聚，巨大无比，无知无觉，还有沸腾的海洋在婴儿的微躯中汹汹作响。谁要能看透孩子的生命，就能看到湮埋在阴影中的世界，看到正在组织中的星云，方在酝酿的宇宙。儿童的生命是无限的。它是一切……

岁月流逝……人生的大河中开始浮起回忆的岛屿。先是一些若有若无的小岛，仅仅在水面上探出头来的岩石。在它们周围，波平浪静，一片汪洋的水在晨光熹微中展布开去。随后又是些新的小岛在阳光中闪耀。

有些形象从灵魂的深处浮起，异乎寻常的清晰。无边无际的日子，在伟大而单调的摆动中轮回不已，永远没有分别，可是慢慢地显出一大串首尾相连的岁月，它们的面貌有些是笑盈盈的，有些是忧郁的。时光的连续常会中断，但种种的往事能超越年月而相接……

江声……钟声……不论你回溯到如何久远，不论你在辽远的时间中想到你一生的哪一刻，——永远是它们深沉而熟悉的声音在歌唱……

夜里——半睡半醒的时候——一线苍白的微光照在窗上……江声浩荡。万籁俱寂，水声更宏大了；它统驭万物，时而抚慰着他们的睡眠，连它自己也快要在波涛声中入睡了；时而狂嗥怒吼，好似一头噬人的疯兽。然后，它的咆哮静下来了：那才是无限温柔的细语，银铃的低鸣，清朗的钟声，儿童的欢笑，曼妙的清歌，回旋缭绕的音乐。伟大的母性之声，它是永远不歇的！它催眠着这个孩子，正如千百年来催眠着以前的无数代的人，从出生到老死；它渗透他的思想，浸润他的幻梦，它的滔滔汩汩的音乐，如大氅一般把他裹着，直到他躺在莱茵河畔的小公墓上的时候。

钟声复起……天已黎明！它们互相应答，带点儿哀怨，带点儿凄凉，那么友好，那么静穆。柔缓的声音起处，化出无数的梦境，往事，欲念，希望，对先人的怀念，——儿童虽然不认识他们，但的确是他们的化身，因为他曾经在他们身上逗留，而此刻他们又在他身上再生。几百年的往事在钟声中颤动。多少的悲欢离合！——他在卧室中听到这音乐的时候，仿佛眼见美丽的音波在轻清的空气中荡漾，看到无挂无碍的飞鸟掠过，和暖的微风吹过。一角青天在窗口微笑。一道阳光穿过帘帷，轻轻地泻在他床上。儿童所熟识的小天地，每天醒来在床上所能见到的一切,所有他为了要支配而费了多少力量才开始认得和叫得出名字的东西,都亮起来了。瞧,那是饭桌,那是他躲在里头玩耍的壁橱,那是他在上面爬来爬去的菱形地砖,那是糊壁纸,扯着鬼脸给他讲许多滑稽的或是可怕的故事,那是时钟,滴滴答答讲着只有他懂得的话。室内的东西何其多!他不完全认得。每天他去发掘这个属于他的宇宙:——一切都是他的。——没有一件不相干的东西:不论是一个人还是一个苍蝇,都是一样的价值;什么都一律平等的活在那里:猫,壁炉,桌子,以及在阳光中飞舞的尘埃。一室有如一国;一日有如一生。在这些茫茫的空间怎么能辨得出自己呢?世界那么大!真要令人迷失。再加那些面貌,姿态,动作,声音,在他周围简直是一阵永远不散的旋风!他累了,眼睛闭上了,睡熟了。甜蜜的深沉的瞌睡会突然把他带走,随时,随地,在他母亲的膝上,在他喜欢躲藏的桌子底下,……多甜蜜,多舒服……

这些生命初期的日子在他脑中蜂拥浮动,宛似一片微风吹掠,云影掩映的麦田。

阴影消散,朝阳上升。克利斯朵夫在白天的迷宫中又找到了他的路径。

清晨……父母睡着。他仰卧在小床上,望着在天花板上跳舞的光线,真是其味无穷的娱乐。一忽儿,他高声笑了,那是令人开怀的儿童的憨笑。母亲探出身来问:“笑什么呀,小疯子?”于是他笑得更厉害了,也许是因为有人听他笑而强笑。妈妈沉下脸来把手指放在嘴上,叫他别吵醒了爸爸;但她困倦的眼睛也不由自主的跟着笑。他们俩窃窃私语……父亲突然气冲冲地咕噜了一声,把他们都吓了一跳。妈妈赶紧转过背去像做错了事的小姑娘,假装睡着。克利斯朵夫钻进被窝屏着气。……死一般的静寂。

过了一会,小小的脸又从被窝里探出来。屋顶上的定风针吱呀吱呀的在那儿打转。水斗在那儿滴滴答答。早祷的钟声响了。吹着东风的时候还有对岸村落里的钟声遥遥呼应。成群的麻雀,蹲在满绕常春藤的墙上聒噪,像一群玩耍的孩子,其中必有三四个声音,而且老是那三四个,吵得比其余的更厉害。一只鸽子在烟突顶上咯咯的叫。孩子听着这种种声音出神了,轻轻地哼着唱着,不知不觉哼得高了一些,更高了一些,终于直着嗓子大叫,惹得父亲火起来,嚷着:"你这驴子老是不肯安静!等着吧,让我来拧你的耳朵!"于是他又躲在被窝里,不知道该笑还是该哭。他吓坏了,受了委屈;同时想到人家把他比作驴子又禁不住要笑出来。他在被窝底下学着驴鸣。这一下可挨了打。他迸出全身的眼泪来哭。他做了些什么事呢?不过是想笑,想动!可是不准动。他们怎么能老是睡觉呢?什么时候才能起来呢?

有一天他忍不住了。他听见街上好像有只猫,有条狗,一些奇怪的事。他从床上溜下来,光着小脚摇摇晃晃地在地砖上走过去,想下楼去瞧一下;可是房门关着。他爬上椅子开门,连人带椅的滚了下来,跌得很痛,哇的一声叫起来;结果还挨了一顿打。他老是挨打的!……

他跟着祖父在教堂里。他闷得慌。他很不自在。人家不准他动。那些人一齐念念有词,不知说些什么,然后又一齐静默了。他们都摆着一副又庄严又沉闷的脸。这可不是他们平时的脸啊。他望着他们,不免有些心虚胆怯。邻居的老列娜坐在他旁边,装着凶恶的神气,有时他连祖父也认不得了。他有点儿怕,后来也惯了,便用种种方法来解闷。他摇摆身子,仰着脖子看天花板,做鬼脸,扯祖父的衣角,研究椅子坐垫上的草秆,想用手指戳一个窟窿。他听着鸟儿叫,他打呵欠,差不多把下巴颏儿都掉下来。

忽然有阵瀑布似的声音:管风琴响了。一个寒噤沿着他的脊梁直流下去。他转过身子,下巴搁在椅背上,变得很安静了。他完全不懂那是什么声音,也不懂它有什么意思:它只是发光,漩涡似的打转,什么都分辨不清。可是听了多舒服!他仿佛不是在一座沉闷的旧屋子里,坐在一小时以来使他浑身难受的椅子上了。他悬在半空中,像只鸟;长江大河般的音乐在教堂里奔流,充塞着穹窿,冲击着四壁,他就跟着它一齐奋发,振翼翱翔,飘到东,飘到西,只要听其自然就行。自由了,快乐了,到处是阳光……他迷迷忽忽地快睡着了。

祖父对他很不高兴,因为他望弥撒的时候不大安分。

他在家里,坐在地上,把手抓着脚。他才决定草毯是条船,地砖是条河。他相信走出草毯就得淹死。别人在屋里走过的时候全不留意,使他又诧异又生气。他扯着母亲的裙角说:"你瞧,这不是水吗? 干吗不从桥上过?"——所谓桥是红色地砖中间的一道道的沟槽。——母亲理也不理,照旧走过了。他很生气,好似一个剧作家在上演他的作品时看见观众在台下聊天。

一忽儿,他又忘了这些。地砖不是海洋了。他整个身子躺在上面,下巴搁在砖头上,哼着他自己编的调子,一本正经的吮着大拇指,流着口水。他全神贯注地瞅着地砖中间的一条裂缝。菱形砖的线条在那儿扯着鬼脸。一个小得看不清的窟窿大起来,变成群峰环绕的山谷。一条蜈蚣在蠕动,跟象一样的大。这时即使天上打雷,孩子也不会听见。

谁也不理他,他也不需要谁。甚至草毯做的船,地砖上的岩穴和怪兽都用不着。他自己的身体已经够了,够他消遣的了! 他瞧着指甲,哈哈大笑,可以瞧上几个钟点。它们的面貌各各不同,像他认识的那些人。他教它们一起谈话,跳舞,或是打架。——而且身体上还有其余的部分呢! ……他逐件逐件地仔细瞧过来。奇怪的东西真多啊! 有的真是古怪得厉害。他看着它们,出神了。

有时他给人撞见了,就得挨一顿臭骂。

有些日子,他趁母亲转背的时候溜出屋子。先是人家追他,抓他回去;后来惯了,也让他自个儿出门,只要他不走得太远。他的家已经在城的尽头,过去差不多就是田野。只要他还看得见窗子,他总是不停地向前,一小步一小步的走得很稳,偶尔用一只脚跳着走。等到拐了弯,杂树挡住视线之后,他马上改变了办法。他停下来,吮着手指,盘算今天讲哪桩故事;他满肚子都是呢。那些故事都很相像,每个故事都有三四种讲法。他便在其中挑选。惯常他讲的是同一件故事,有时从隔天停下的地方接下去,有时从头开始,加一些变化;但只要一件极小的小事,或是偶然听到的一个字,就能使他的思想在新的线索上发展。

随时随地有的是材料。单凭一块木头或是在篱笆上断下来的树枝(要没有现成的,就折一根下来),就能玩出多少花样!那真是根神仙棒。要是又直又长的话,它便是一根矛或一把剑;随手一挥就能变出一队人马。克利斯朵夫是将军,他以身作则,跑在前面,冲上山坡去袭击。要是树枝柔软的话,便可做一条鞭子。克利斯朵夫骑着马跳过危崖绝壁。有时马滑跌了,骑马的人倒在土沟里,垂头丧气地瞧着弄脏了的手和擦破了皮的膝盖。要是那根棒很小,克利斯朵夫就做乐队指挥;他是队长,也是乐队;他指挥,同时也就唱起来;随后他对灌木林行礼:绿的树尖在风中向他点头。

他也是魔术师,大踏步地在田里走,望着天,挥着手臂。他命令云彩:"向右边去!"——但它们偏偏向左。于是他咒骂一阵,重申前令;一面偷偷地瞅着,心在胸中乱跳,看看至少有没有一小块云服从他;但它们还是若无其事地向左。于是他跺脚,用棍子威吓它们,气冲冲地命令它们向左:这一回它们果然听话了。他对自己的威力又高兴又骄傲。他指着花一点,吩咐它们变成金色的四轮车,像童话中所说的一样;虽然这样的事从来没实现过,但他相信只要有耐性,早晚会成功的。他找了一只蟋蟀想叫它变成一匹马:他把棍子轻轻地放在它的背上,嘴里念着咒语。蟋蟀逃了……他挡住它的去路。过了一会儿,他躺在地下,靠近着虫,对它望着。他忘了魔术师的角色,只把可怜的虫仰天翻着,看它扭来扭去地扯动身子,笑了出来。

他想出把一根旧绳子缚在他的魔术棍上，一本正经地丢在河里，等鱼儿来咬。他明知鱼不会咬没有饵也没有钓钩的绳，但他想它们至少会看他的面子而破一次例；他凭着无穷的自信，甚至拿条鞭子塞进街上阴沟盖的裂缝中去钓鱼。他不时拉起鞭子，非常兴奋，觉得这一回绳子可重了些，要拉起什么宝物来了，像祖父讲的那个故事一样……

玩这些游戏的时候，他常常会懵懵懂懂地出神。周围的一切都隐灭了，他不知道自己在那里做些什么，甚至把自己都忘了。这种情形来的时候总是出其不意的。或是在走路，或是在上楼，他忽然觉得一片空虚……好似什么思想都没有了。等到惊醒过来，他茫然若失，发觉自己还是在老地方，在黑魆魆的楼梯上。在几步踏级之间，他仿佛过了整整的一生。

祖父在黄昏散步的时候常常带着他一块儿去。孩子拉着老人的手在旁边急急忙忙地挪着小步。他们走着乡下的路，穿过锄松的田，闻到又香又浓的味道。蟋蟀叫着。很大的乌鸦斜蹲在路上远远地望着他们，他们一走近，就笨重地飞走了。

祖父咳了几声。克利斯朵夫很明白这个意思。老人极想讲故事，但要孩子向他请求。克利斯朵夫立刻凑上去。他们俩很投机。老人非常喜欢孙子；有个愿意听他说话的人更使他快乐。他喜欢讲他自己从前的事，或是古今伟人的历史。那时他变得慷慨激昂，发抖的声音表示他像孩子一般的快乐连压也压不下去。他自己听得高兴极了。不幸逢到他要开口，总是找不到字儿。那是他惯有的苦闷；只要他有了高谈阔论的兴致，话就说不上来。但他事过即忘，所以永远不会灰心。

他讲着古罗马执政雷果卢斯，公元前的日耳曼族首领阿米奴斯，也讲到德国大将吕佐夫的轻骑兵——诗人克尔纳，和那个想刺死拿破仑皇帝的斯塔布斯。他眉飞色舞，讲着那些空前绝后的壮烈的事迹。

他说出许多历史的名词,声调那么庄严,简直没法了解,他自以为有本领使听的人在惊险关头心痒难熬,他停下来,装作要闭过气去,大声地擤鼻涕;孩子急得嗄着嗓子问:"后来呢,祖父?"那时,老人快活得心都要跳出来了。

后来克利斯朵夫大了一些,懂得了祖父的脾气,就有心装作对故事的下文满不在乎,使老人大为难过。——但眼前他是完全给祖父的魔力吸住的。听到激动的地方,他的血跑得很快。他不大了了讲的是谁,那些事发生在什么时候,不知祖父是否认识阿米奴斯,也不知雷果卢斯是否——天知道为什么缘故——上星期日他在教堂里看到的某一个人,但英勇的事迹使他和老人都骄傲得心花怒放,仿佛那些事就是他们自己做的;因为老的小的都是一样的孩子气。

克利斯朵夫不大得劲的时候,就是祖父讲到悲壮的段落,常常要插一段念念不忘的说教。那都是关于道德的教训,劝人为善的老生常谈,例如:"温良胜于强暴",——或是"荣誉比生命更宝贵",——或是"宁善毋恶";——可是他说起来,意义并没这样清楚。祖父不怕年轻小子的批评,照例张大其词,颠来倒去说着同样的话,句子也不说完全,或者是说话之间把自己也弄糊涂了,就信口胡诌,来填补思想的空隙;他还用手势加强说话的力量,而手势的意义往往和内容相反。孩子毕恭毕敬地听着,以为祖父很会说话,可是沉闷了一点。

关于那个征服过欧洲的科西嘉人①的离奇的传说,他们俩都是喜欢常常提到的。祖父曾经认识拿破仑,差点儿和他交战。但他是赏识敌人的伟大的,他说过几十遍:他肯牺牲一条手臂,要是这样一个人物能够生在莱茵河的这一边。可是天违人意:拿破仑毕竟是法国人;于是祖父只得佩服他,和他鏖战,——就是说差点儿和拿破仑交锋。当时拿破仑离开祖父的阵地只有四十多里,祖父他们是被派去迎击的,可是那一小队人马忽然一阵慌乱,往树林里乱窜,大家一边逃一边喊,

① 指拿破仑,因科西嘉为拿破仑出生地。

“我们上当了!”据祖父说,他徒然想收拾残兵,徒然扑在他们前面,威吓着,哭着:但他们像潮水一般把他簇拥着走,等到明天,离开战场已不知多远了,——祖父就是把溃退的地方叫作战场的。——克利斯朵夫可急于要他接讲大英雄的战功;他想着那些在世界上追奔逐北的奇迹出了神。他仿佛眼见拿破仑后面跟着无数的人,喊着爱戴他的口号,只要他举手一挥,他们便旋风似的向前追击,而敌人是永远望风而逃的。这简直是一篇童话。祖父又锦上添花地加了一些,使故事格外生色;拿破仑征服了西班牙,也差不多征服了他最厌恶的英国。

克拉夫脱老人在热烈的叙述中,对大英雄有时不免愤愤的骂几句。原来他是激起了爱国心,而他的爱国热诚,也许在拿破仑败北的时节比着耶拿一役普鲁士大败的时节更高昂。他把话打断了,对着莱茵河挥舞老拳,轻蔑地吐一口唾沫,找些高贵的字来骂,——他决不肯有失身份地说下流话。——他把拿破仑叫作坏蛋,野兽,没有道德的人。如果祖父这种话是想培养儿童的正义感,那么得承认他并没达到目的;因为幼稚的逻辑很容易以为“如果这样的大人物没有道德,可见道德并不怎么了不起,第一还是做个大人物要紧”。可是老人万万想不到孩子会有这种念头。

他们俩都不说话了,各人凭着自己的一套想法回味那些神奇的故事,——除非祖父在路上遇见了他贵族学生的家长出来散步。那时他会老半天的停下来,深深地鞠躬,说着一大串过分的客套话。孩子听着不知怎样的脸红了。但祖父骨子里是尊重当今的权势的,尊重“成功的”人的;他那样敬爱他故事中的英雄,大概也因为他们比旁人更有成就,地位爬得更高。

天气极热的时候,老克拉夫脱坐在一株树底下,一忽儿就睡着了。克利斯朵夫坐在他旁边,挑的地方不是一堆摇摇欲坠的乱石,就是一块界石,或是什么高而不方便的古怪的位置;两条小腿荡来荡去,一边哼着,一边胡思乱想。再不然他仰天躺着,看着飞跑的云,觉得它们像牛,像巨人,像帽子,像老婆婆,像广漠无垠的风景。他和它们低声谈话；或者留神那块要被大云吞下去的小云；他怕那些跑得飞快，或是黑得有点儿蓝的云。他觉得它们在生命中占有极重要的地位，怎么祖父跟母亲都不注意呢？它们要凶起来一定是挺可怕的。幸而它们过去了，呆头呆脑的，滑稽可笑的，也不歇歇脚。孩子终于望得眼睛都花了，手脚乱动，好似要从半空中掉下来似的。他睐着眼皮，有点瞌睡了。……四下里静悄悄的。树叶在阳光中轻轻颤抖，一层淡薄的水汽在空气中飘过，迷惘的苍蝇旋转飞舞，嗡嗡的闹成一片，像大风琴；促织最喜欢夏天的炎热，一劲儿的乱叫：慢慢地，一切都静下去了……树巅啄木鸟的叫声有种奇怪的音色。平原上，远远的有个乡下人在吆喝他的牛；马蹄在明晃晃的路上响着。克利斯朵夫闭上眼睛了。在他旁边，横在沟槽里的枯枝上，有只蚂蚁爬着。他迷糊了，……几个世纪过去了。醒过来的时候，蚂蚁还没有爬完那小枝。

有时祖父睡得太久了，他的脸变得死板板的，长鼻子显得更长了，嘴巴张得很大。克利斯朵夫不大放心地望着他，生怕他的头会变成一个怪样子。他高声地唱，或者从石头堆上稀里哗啦地滚下来，想惊醒祖父。有一天，他想出把几支松针扔在他的脸上，告诉他是从树上掉下来的。老人相信了，克利斯朵夫暗里觉得很好笑。他想再来一下；不料才举手就看见祖父眼睁睁地望着他。那真糟糕透啦，老人是讲究威严的，不答应人家跟他开玩笑，对他失敬，他们俩为此竟冷淡了一个多星期。

路愈坏，克利斯朵夫觉得愈美。每块石头的位置对他都有一种意义；而且所有石头的地位他都记得烂熟。车轮的痕迹等于地壳的变动，和陶奴斯山脉[①]差不多是一类的。屋子周围两公里以内路上的凹凸，在他脑子里清清楚楚有张图形。所以每逢他把那些沟槽改变了一下，总以为自己的重要不下于带着一队工人的工程师；当他用脚跟把一大块干泥的尖顶踩平，把旁边的山谷填满的时候，便觉得那一天并

① 陶奴斯山脉在德国西部美因河、莱茵河和拉恩河之间。

没有白过。

有时在大路上遇到一个赶着马车的乡下人,他是认识祖父的。他们便上车,坐在他旁边。这才是一步登天呢。马奔得飞快,克利斯朵夫快乐得直笑;要是遇到别的走路人,他就装出一副严肃的,若无其事的神气,好像是坐惯车子的;但他心里骄傲得不得了。祖父和赶车的人谈着话,不理会孩子。他蹲在他们两人的膝盖中间,被他们的大腿夹坏了,只坐着那么一点儿位置,往往是完全没坐到,他可已经快活之极,大声说着话,也不在乎有没有人回答。他瞧着马耳的摆动,哎唷,那些耳朵才古怪哟!它们一忽儿甩到左边,一忽儿甩到右边,一下子向前,一下子又掉在侧面,一下子又往后倒,它们四面八方都会动,而且动得那么滑稽,使他禁不住大笑。他拧着祖父要他注意。但祖父没有这种兴致,把克利斯朵夫推开,叫他别闹。克利斯朵夫细细的想了想,原来一个人长大之后,对什么都不以为奇了,那时他神通广大,无所不知,无所不晓。于是他也装作大人,把他的好奇心藏起来,做出漠不关心的神气。

他不作声了。车声隆隆,使他昏昏欲睡。马铃舞动:丁、当、冬、丁。音乐在空中缭绕,老在银铃四周打转,像一群蜜蜂似的;它按着车轮的节拍,很轻快地在那里飘荡;其中藏着无数的歌曲,一支又一支的总是唱不完。克利斯朵夫觉得妙极了,中间有一支尤其美,他真想引起祖父的注意,便高声唱起来。可是他们没有留意。他便提高一个调门再唱,——接着又来一次,简直是大叫了,——于是老约翰·米希尔生了气:“喂,住嘴!你喇叭似的声音把人闹昏了!”这一下他可泄了气,满脸通红,直红到鼻尖,抱着一肚子的委屈不作声了。他痛恨这两个老糊涂,对他那种上感苍天的歌曲都不懂得高妙!他觉得他们很丑,留着八天不刮的胡子,身上有股好难闻的气味。

他望着马的影子聊以自慰。这又是一个怪现象。黑黑的牲口侧躺着在路旁飞奔。傍晚回家,它把一部分的草地遮掉了,遇到一座草堆,影子的头会爬上去,过后又回到老地方;口环变得很大,像个破皮球;耳朵又大又尖,好比一对蜡烛。难道这真的是影子吗?还是另外一种活的东西?克利斯朵夫真不愿意在一个人的时候碰到它。他决不想跟在它后面跑,像有时追着祖父的影子,立在他的头上踩几脚那样。——斜阳中的树影也是动人深思的对象,简直是横在路上的栅栏,像一些阴沉的、丑恶的幽灵,在那里说着:"别再往前走啦。"轧轧的车轴声和得得的马蹄声,也跟着反复地说:"别再走啦!"

祖父跟赶车的拉拉扯扯的老是谈不完。他们常常提高嗓子,尤其讲起当地的政治,或是妨害公益的事的时候。孩子打断了幻想,提心吊胆地望着他们,以为他们俩是生气了,怕要弄到拔拳相向的地步。其实他们正为了敌忾同仇而谈得挺投机呢。往往他们没有什么怨愤,也没有什么激动的感情,只谈着无关痛痒的事大叫大嚷,——因为能够叫嚷就是平民的一种乐趣。但克利斯朵夫不懂他们的谈话,只觉得他们粗声大气的,五官口鼻都扭做一团,不免心里着急,想道:"他的神气多凶啊!一定的,他们互相恨得要死。瞧他那双骨碌碌转着的眼睛!嘴巴张得好大!他气得把口水都唾在我脸上。天哪!他要杀死祖父了……"

车子停下来。乡下人喊道:"哎,你们到了。"两个死冤家握了握手。祖父先下来,乡下人把孩子递给他,加上一鞭,车子去远了。祖孙俩已经在莱茵河旁边低陷的路口上。太阳往田里沉下去。曲曲弯弯的小路差不多和水面一样平。又密又软的草,窸窸窣窣地在脚下倒去。榛树俯在水面上,一半已经淹在水里。一群小苍蝇在那里打转。一条小船悄悄地驶过,让平静的河流推送着。涟波吮着柳枝,唧唧作响。暮霭苍茫,空气凉爽,河水闪着银灰色的光。回到家里,只听见蟋蟀在叫。一进门便是妈妈可爱的脸庞在微笑……

啊,甜蜜的回忆,亲切的形象,好似和谐的音乐,会终身在心头缭绕!……至于异日的征尘,虽有名城大海,虽有梦中风景,虽有爱人倩影,其刻骨铭心的程度,决比不上这些儿时的散步,或是他每天把小嘴贴在窗上嘘满了水汽所看到的园林一角……

如今是门户掩闭的家里的黄昏了。家……是抵御一切可怕的东西的托庇所。阴影,黑夜,恐怖,不可知的一切都给挡住了。没有一个敌人能跨进大门……炉火融融,金黄色的鹅,软绵绵地在铁串上转侧。满屋的油香与肉香。饱餐的喜悦,无比的幸福,那种对宗教似的热诚,手舞足蹈的快乐!屋内的温暖,白天的疲劳,亲人的声音,使身体懒洋洋地麻痹了。消化食物的工作使他出了神:脸庞,影子,灯罩,在黑魆魆的壁炉中闪烁飞舞的火舌,一切都有一副可喜的神奇的面貌。克利斯朵夫把脸颊搁在盘子上,深深地体味着这些快乐……

他躺在暖和的小床上。怎么会到床上来的呢?浑身松快的疲劳把他压倒了。室内嘈杂的人声和白天的印象在他脑中搅成一片。父亲拉起提琴来了,尖锐而柔和的声音在夜里哀吟。但最甜美的幸福是母亲过来握着半睡半醒的克利斯朵夫的手,俯在他的身上,依着他的要求哼一支歌词没有意义的老调。父亲觉得那种音乐是胡闹;可是克利斯朵夫听不厌。他屏着气,想笑,想哭。他的心飘飘然了。他不知自己在哪儿,只觉得温情洋溢;他把小手臂绕着母亲的脖子,使劲抱着她。她笑道:

"你不要把我勒死吗?"

他把她搂得更紧了。他多爱她!爱一切!一切的人与物!一切都是好的,一切都是美的……他睡熟了。蟋蟀在灶肚里叫。祖父的故事,英雄的面貌,在快乐的夜里飘浮……要像他们那样做一个英雄才好呢!……是的,他将来是个英雄!……他现在已经是了……哦!活着多有意思!……

这小生命中间,有的是过剩的精力,欢乐与骄傲!多么充沛的元气!他的身心老是在跃动,飞舞回旋,教他喘不过气来。他像一条小壁虎日夜在火焰中跳舞。[1] 一股永远不倦的热情,对什么都会兴奋的

① 欧洲俗谚谓此种壁虎能在火中跳跃不受灼伤。

热情。一场狂乱的梦,一道飞涌的泉水,一个无穷的希望,一片笑声,一阕歌,一场永远不醒的沉醉。人生还没有拴住他,他随时能躲过:他在无垠的宇宙中游泳。他多幸福!天生他是幸福的!他全心全意地相信幸福,拿出他所有的热情去追求幸福!……

可是人生很快会教他屈服的。

第 二 部

天已大明，
曙色仓皇飞遁，
远听宛似海涛奔腾……
《神曲·炼狱》第一

克拉夫脱家的祖籍是比利时安特卫普。老约翰·米希尔少年时脾气暴躁，喜欢打架，某次闹了乱子，逃出本乡。大约在五十年前，他栖身到这个亲王驻节的小城里：红的屋顶，尖的屋脊，浓荫茂密的花园，鳞次栉比地散布在一个柔和的山岗下，倒映在灰绿的莱茵河里。他是出色的音乐家，在这每个人都是音乐家的地方马上被人赏识了。四十岁后，他娶了王府乐队指挥的女儿克拉拉·萨多罗斯，在当地生了根。接着他承袭了岳父的差事。克拉拉是个温静的德国女子，生平只喜欢烹饪跟音乐。她对于丈夫的崇拜，只有她对父亲的敬爱可以相比。约翰·米希尔也非常佩服妻子。他们和和睦睦地过了十五年，生了四个孩子。随后克拉拉死了；约翰·米希尔大哭几场之后，过了五个月又娶了奥蒂丽·苏兹，一个二十岁的姑娘，腮帮通红，非常壮健，老带着笑容。奥蒂丽的长处正好和克拉拉的一样多，而约翰·米希尔也正好一样地爱她。结缡了八年之后，她也死了，但已经生了七个孩子。统共十一个儿女，只有一个活着。虽然他很疼孩子，但那些接二连三的打击并没改变他的快活脾气。最残酷的打击是三年以前奥蒂丽的死,他那个年纪已不容易重建人生,再造家庭了。可是悲痛了一晌,老约翰·米希尔又定下心来;任何灾难都不能使他失掉精神上的平衡。

他是富于感情的人;但他最特出的一点是健康。他天生不喜欢愁闷,需要佛兰德斯[①]式的狂欢,儿童般的痴笑。不论有如何悲伤的事,他决不少喝一杯,少吃一口;音乐更是从来不放弃的。在他指挥之下,亲王的乐队在莱茵河地区颇有些小名气,而约翰·米希尔运动家般的体格与容易动怒的脾气,也是遐迩皆知。他总不能克制自己,虽然他已经尽量地克制,因为这个性子暴烈的人实际是胆小的,生怕败坏名誉;他喜欢讲规矩,怕人批评,然而他受着血气支配:杀性起处,会突然之间暴躁起来,不但在乐队练习的时候,连在音乐会中有时也会当了亲王的面愤愤地摔他的指挥棒,发疯般地乱跳,狂叫怒吼,把一个乐师臭骂一顿。亲王看着好玩;被骂的音乐家可不免心中怀恨。约翰·米希尔事后觉得羞愧,便表示过分的礼貌想教人忘记;但一有机会他又马上发作了。年纪越大,极端易怒的脾气也越厉害,终于使他的地位不容易维持。他自己也有所察觉。有一天他大发脾气之后,乐队几乎罢工,他便提出辞呈,心里却希望以多年服务的资格,人家不让他走,会挽留他;可是并没能如愿。既然很高傲,不愿意转圜,他只得伤心地走了,认为人家无情无义。

从此,他就不知道怎样消磨日子。七十多岁的人还很壮健,他照旧工作,从早到晚在城里跑来跑去,不是教课,就是聊天,高谈阔论,什么都要过问。他心思巧妙,想出种种方法来消遣:修理乐器,做许多改良的试验,有时也实现一部分。他也作曲,拼命想作曲。从前他写过一部《弥撒祭乐》,那是他常常提到而为家庭增光的。他当时花了不少心血,差一点中风。他教自己相信那是一部杰作,但明明知道写作的

① 佛兰德斯,中世纪伯爵领地,包括今比利时的东、西佛兰德省和法国北部部分地区,其民素以乐天著称。

时候脑子里是多么空虚。他不敢再看原稿,因为每看一次,总发现一些自以为独创的乐句其实是别个作家的断片,由他费了好大的劲硬凑起来的。这是他极大的痛苦。有时他有些思想,觉得很美,便战战兢兢地奔向书桌,心里想这一回灵感总给他抓住了吧?——但手里才拿上笔,头脑已经空虚了,声音没有了,他竭力想把失踪的乐思给追回来,结果只听到门德尔松或勃拉姆斯等等的知名的调子。

乔治·桑说过:"有些不幸的天才缺乏表现力,正如那个口吃的大人物若弗鲁瓦·圣伊莱尔[①]所说的,他们把深思默想得来的秘密带到了坟墓里去。"约翰·米希尔便是这等人。他在音乐方面并不比在语言方面更能表现自己;但他老是一厢情愿:他真想说话,写作,做个大音乐家,大演说家!这种力不从心的隐痛,他对谁也不说,自己也不敢承认,竭力的不去想,但不由自主的要想,而一想到就觉得心灰意冷。

可怜的老人!在无论哪方面,他都不能完全表露他的本来面目:胸中藏着多少美丽而元气充沛的种子,可是没法长成;对于艺术的尊严,对于人生的价值,有着深刻动人的信仰,但表现的方式往往是夸张而可笑的;多么高傲,但在现实生活中老是佩服上级的人,甚至还带点儿奴性;多么想独往独来,结果却是唯命是听;自命为强者,实际上可凡事迷信;既向往于英雄的精神,也拿得出真正的勇气,而为人却那么胆小懦怯!——那是一个只发展了一半的性格。

于是约翰·米希尔把野心寄托在儿子身上,而曼希沃最初也表现得很有希望,他从小极有音乐天才,学的时候非常容易,提琴的演技很早就成熟了,大家在音乐会中捧他,把他当作偶像。他钢琴也弹得很不错,还能玩别的乐器。他能说会道,身体长得很好,虽然笨重一些,——可确是德国人认为古典美的那种典型:没有表情的宽广的额角,粗线条的五官生得很端正,留着卷曲的胡子,仿佛是莱茵河畔的一

① 法国十九世纪杰出的生物学家和动物学家。

尊朱庇特。老约翰·米希尔对儿子的声名很得意,看到演奏家的卖弄技巧简直出神了;老人自己就从来不能好好的弄一种乐器。要曼希沃表现思想是毫不困难的,糟糕的是他根本没有思想,甚至不愿意思想。他正如一个庸碌的喜剧演员,只知道卖弄抑扬顿挫的声音,而不问声音表现的内容,只知道又焦急又虚荣的留神他的声音对群众的效果。

最奇怪的是,他虽然像约翰·米希尔一样老是讲究当众的态度,虽然小心翼翼地尊重社会的成规,可始终有些趺趺撞撞的、出其不意的、糊里糊涂的表现,使人家看了都说克拉夫脱家里的人总带些疯癫。最初那还没有什么害处,似乎这种古怪劲儿正是大家说他有天才的证据:因为在明理的人看来,一个普通的艺术家决不会有这种现象。然而不久,大家看出了他的癫狂的性质:主要的来源是杯中物。尼采说酒神是音乐的上帝,曼希沃不知不觉也是这么想;不幸他的上帝是无情的:它非但不把他所缺少的思想赐给他,反而把他仅有的一点儿也拿走了。攀了那门大众认为荒唐,所以他也认为荒唐的亲事以后,他愈来愈没有节制了。他不再用功,深信自己的技巧已经高人一等,结果把那点儿高人一等的本领很快地就丢了。别的演奏家接踵而至,给群众捧了出来;他看了非常痛心;但他并不奋起力追,倒反更加灰心,和一伙酒友把敌手毁谤一顿算是报复。他凭着那种荒谬的骄傲,满以为能够承继父亲作乐队指挥,结果是任命了别人,他以为受了迫害,便装出怀才不遇的神气。老克拉夫脱的声望,使他在乐队里保住了提琴师的职位,但教课的差事差不多全部丢了。这个打击固然伤害了他的自尊心,但尤其影响到他的财源。几年以来,因为时运不济,家庭的收入已经减少许多。经过了真正富足的日子,窘境来了,而且一天一天地加剧。曼希沃全然不理会,在装饰与享受方面毫不因此少花一文。

他不是一个坏人,而是一个半好的人,这也许更糟;他生性懦弱,没有一点儿气魄,没有毅力,还自以为是慈父、孝子、贤夫、善人;或许他真是慈父孝子等等,如果要做到这些,只要有种婆婆妈妈的好心,只要像动物似的,爱家人像爱自己一部分的肉体一样。而且他也不能说是十分自私:他的个性还够不上这种资格。他是哪一种人呢?简直什么都不是。这种什么都不是的人真是人生中可怕的东西!好像一块挂在空中的没有生命的肉,他们要往下掉,非掉下不可;而掉下来的时候把周围的一切都拉下来了。

小克利斯朵夫开始懂得周围的事,正是家境最艰难的时候。

那时他已经不是独子了,曼希沃使妻子每年生一个孩子,完全不管将来的结局。两个在很小的时候就死了。其余两个正好是三岁和四岁。曼希沃从来不照顾他们。鲁意莎要出门,就得把两个小的交给克利斯朵夫,他现在已经有六岁了。

这个职务使克利斯朵夫牺牲不小:下午他不能再到野外去舒舒服服地玩。可是人家拿他当大人看,他也很得意,便一本正经地尽他的责任。他竭力逗小兄弟们玩儿,把自己的游戏做给他们看,拿母亲和小娃娃说的话跟他们胡扯。再不然他学大人的样轮流地抱他们;重得吃不住了,他就咬紧牙关,使劲把小兄弟搂在怀里,不让他跌下。两个小的老是要人抱;克利斯朵夫抱不了的时候,他们便哭个不休。他们磨他,常常把他弄得发窘。他们很脏,需要收拾,照顾。克利斯朵夫不知道怎么办。他们常常欺负他。有时他真想打他们一顿,可是又想:"他们还小呢,什么都不知道,"便满不在乎地让他们抓、打、耍弄。恩斯德会无缘无故地叫嚷,跺脚,满地打滚:他是个神经质的孩子,鲁意莎嘱咐克利斯朵夫不能跟他别扭。洛陶夫却像猴子一样的狡猾,老是趁克利斯朵夫手里抱着恩斯德的时候,在他背后百般捣乱:砸破玩具,倒翻水,弄脏衣服,在壁橱里乱掏,把碟子都掉在地下。

洛陶夫捣乱的凶狠,往往使母亲回来非但不夸奖克利斯朵夫,反而对着狼藉满地的情形愁眉苦脸的说一句(虽然不是埋怨他):

"可怜的孩子,你真不高明。"

克利斯朵夫受着委屈,心里说不出的难过。

鲁意莎从来不错过挣钱的机会,遇到特殊情况照旧出去当厨娘,人家结婚或是小孩子受洗的时候,她帮着做酒席。曼希沃假装不知道,因为这有伤他的自尊心;但瞒着他去做,他也并不生气。小克利斯朵夫对于人生的艰苦还一无所知;他除了父母的意志以外不知道还有什么别的约束,而父母的约束也并不怎么严,他们是差不多让他自生自发的。他只希望长大成人,可以为所欲为。一个人一步一趋所能碰到的钉子是他意想不到的;他尤其想不到连父母也不能完全自主。他第一次看到人有治人与治于人的分别,而他家里的人并非属于前一类的那天,他整个身心都反抗起来:这是他一生第一次的受难。

那天,母亲替他穿了最干净的衣服,那是人家布施的旧衣衫,由鲁意莎很巧妙很耐性地改过了的。依着她的吩咐,他到她帮工的人家去接她。他一想要自个儿进去,不免有点儿胆小。一个当差在门洞下面闲荡,拦住了孩子用长辈的口气问他来意。克利斯朵夫红着脸,照母亲嘱咐的话,嘟囔着说要找"克拉夫脱太太"。

"克拉夫脱太太?找她干吗,克拉夫脱太太?"当差很俏皮地把"太太"两个字念得特别重,"她是你母亲吗?鲁意莎在厨房里,你从那边上去,厨房在走廊尽头。"

他朝着那个方向走过去,脸越来越红了;听见人家叫出母亲的小名,觉得很难为情,他窘极了,恨不得马上逃到可爱的河边,去躲在树底下,他平常自言自语编故事的地方。

一到厨房,他又被别的仆人包围,他们叫叫嚷嚷地招呼他。在里面靠近炉灶的地方,母亲对他笑着,又温柔又有些不好意思。他跑过去扑在她的腿中间。她戴着一条白围裙,手里拿着一支大木匙。她抬起他的下巴,让大家看到他的脸,叫他给在场的每个人去握手请安,这一下他可更加慌了。他不愿意那么做,扭转身子朝着墙壁,把手蒙着脸。可是,慢慢的他胆子大了些,在手指缝里露出一只亮晶晶笑眯眯的眼睛,给人家一瞧又立刻躲起来。他偷偷地打量屋子里的人。母亲那种大事在身的忙碌的神气,他从来没见过;她在每只锅子里尝尝味道,发表意见,用肯定的口气说明烹调的诀窍,原来在那个人家当差的厨娘恭而敬之地听着。屋子非常漂亮,摆着耀眼的铜器;母亲在这等地方受人佩服,当那种角色,孩子看了心里很骄傲。

大家的谈话突然停止。厨房的门打开了,进来一位太太,拖着硬绷绷的衣服悉索作响,不大放心地对四周看了看。她年纪已经不轻,可还穿着件袖子宽大的浅色衣衫;她手里提着衣摆,怕碰到什么东西。可是她仍旧走到灶前看看菜,甚至还尝尝味道。当她微微举起手臂的时候,袖子一滑,把肘子部分的胳膊都露了出来:克利斯朵夫认为怪难看,非常不雅。她对鲁意莎说话的口气多么刺耳,多么威严!而鲁意莎回答她又多么恭敬!克利斯朵夫看着愣住了。他躲在屋角想不给人家发现,可是没用。太太查问这个男孩子的来历,鲁意莎便过来拉他,要他去见太太,抓住了他的手不让他再把脸蒙起来。克利斯朵夫虽然想挣扎逃跑,可是莫名其妙地觉得,这一回是无论如何不能抗拒的了。太太望着孩子吓昏了的脸,先很和气地对他笑了笑,但马上又拿出长辈的神气,查问他的品行、宗教的功课等等。他只是一言不答。她也查看衣服怎么样;鲁意莎立刻说好极了,随手整了整他的上衣;克利斯朵夫觉得身上一紧,几乎要叫起来。他不明白为什么母亲要向那位太太道谢。

太太拉着他的手,说要带他到她的孩子那边去。克利斯朵夫求救似的望着母亲;可是她对女主人那种巴结的神气使他感到没有希望,只得跟着太太走,像一头被牵入屠场的羔羊。

他们到了一个园子里,那儿有两个孩子沉着脸,一男一女,和克利斯朵夫差不多年纪,好像正在生气。克利斯朵夫一来,倒是给他们解了围。两人走拢来打量这新来的孩子。克利斯朵夫被太太丢在那儿,呆呆地站在一条小道上,低着眼睛。那两个在几步之外,把他从头到脚地瞧着,彼此碰着肘子,指手画脚地笑。终于他们打定了主意,问他是谁,从哪儿来的,他父亲是做什么的。克利斯朵夫愣头磕脑地一声不出,窘得几乎哭出来;那个拖着淡黄辫子,穿着短裙,光着两腿的小姑娘,尤其使他害臊。

他们玩起来了。正当克利斯朵夫心神略定的时候,那位小少爷突然在他面前站住,扯着他的衣服说:"呦! 这是我的!"

克利斯朵夫莫名其妙。听说他的衣服是别人的,他觉得非常气愤,拼命地摇头否认。

"我还认得出呢!"那个男孩子说,"是我的旧蓝上装:这儿还有块污迹。"

他用手指点在上面。随后他又细细看下去,打量克利斯朵夫的脚,问他那双满是补丁的鞋头是用什么补的。克利斯朵夫的脸涨得通红。小姑娘撅着嘴轻轻地和她的兄弟说:"他是个穷小子。"这一下克利斯朵夫可想出话来了。他嗄着嗓子结结巴巴地说,他是曼希沃·克拉夫脱的儿子,母亲是当厨娘的鲁意莎,——他以为这个头衔和别的头衔一样好听,而且自己是很有理由的;也以为这样一说,他们那种瞧不起人的偏见就给驳倒了。但那两个孩子,虽然给这个新闻引动了兴味,可并不因此瞧得起他。相反,他们倒拿出老气横秋的口气,问他将来当什么差使,厨子还是马夫。克利斯朵夫又不作声了,仿佛有块冰直刺到他的心里。

两个有钱的孩子,突然对穷小子起了一种儿童的、残忍的、莫名其妙的反感,看他默不作声更大胆了,想用什么好玩的方法折磨他。小姑娘尤其不放松。她看出克利斯朵夫穿着紧窄的衣服不能跑,便灵机一动,要他做跳栏的游戏。他们用小凳堆起来做栅栏,叫克利斯朵夫跳过去。可怜的孩子不敢说出不能跳的理由,便迸足气力往前一冲,马上倒在地下,只听见周围哈哈大笑。他们要他再来过。他眼泪汪汪的,拼了一下命,居然跳过了。可是那些刽子手还不满意,认为栅栏不够高,又把别的东西加上去,堆成了一座小山。克利斯朵夫试着反抗,说不跳了。小姑娘便叫他胆怯鬼,说他害怕。克利斯朵夫听着受不住,明知非跌不可,也就跳了,跌了。他的脚碰到了障碍物,所有的东西都跟着他一齐倒下。他擦破了手,差点儿砸破脑袋;而最倒霉的是,他的衣服在膝盖部分和旁的地方都撕裂了。他又羞又恼，只听见两个孩子高兴得在周围跳舞；他心里难过死了，觉得他们瞧不起他，恨他：为什么？为什么？他宁可死了！——最难受的痛苦就是儿童第一次发现别人的凶恶：他以为全世界的人都在迫害他，没有一点儿倚傍：真是什么都完了，完了！……克利斯朵夫想爬起来；男孩子把他一推又跌倒了；小姑娘还要踢他。他重新再爬：两个孩子却一齐扑在他身上，坐在他背上，把他的脸揿在土里。于是他心头火起；一桩又一桩的磨折怎么受得了！手疼得发烧，又撕破了美丽的衣衫，——那真是大难临头了！——羞愧，悲伤，对强暴的愤懑，一下子来的多少灾难，统统变成一股疯狂的怒气。他把手和膝盖撑在地下，撅起身子，像狗一样抖擞了一下，把两个敌人摔开了；等到他们再扑上来，他便低着头直撞过去，给了小姑娘一个嘴巴，又是一拳把男孩子打倒在花坛中间。

于是一阵叫嚷，孩子们尖声喊着逃进屋子去了。然后只听见砰砰訇訇的开门，怒气勃勃的啰唣。太太出现了，拖着长裙，尽力奔来。克利斯朵夫看见她来并不想逃，他被自己所做的事吓坏了：这是闯了大祸，犯了大罪，但他一点也不后悔。他等着。他完了。管它！他已经绝望了。

太太向他直扑过来。他觉得挨了打，听见她狂叫怒吼，说了许多话，一句也听不出。两个小冤家又来了，看着他受辱，一边还咭咭呱呱的直着嗓子叫。仆人们也都到场，七嘴八舌地嚷成一片。又为了彻底收拾他，鲁意莎也给叫了来；她非但不保护他，反而不问情由就是几个嘴巴，还要他赔礼。他愤愤地拒绝了。母亲更用力推他的身子，拉他到太太跟孩子前面，要他下跪。可是他跺脚，大叫，咬着母亲的手，终于在仆人们的哄笑声中逃跑了。

他走了，伤心得不得了；又气愤，又挨了顿巴掌，脸上火辣辣的发烧。他竭力不去想它，急急忙忙移动脚步，因为不愿意在街上哭。他恨不得马上到家，用眼泪来发泄一下；喉咙塞住了，血都跑到了头里，他差不多要爆裂了。

终于到了家,他奔上黑魆魆的楼梯,奔到他睡觉的地方,临着河,在一个窗洞底下。他气吁吁地倒在床上,眼泪像洪水似的决了口。他不大明白为什么要哭,但非哭不可,第一阵的巨潮快完了,他接着又哭,因为抱着一肚子的恨,他要哭,要教自己难过,好似他责罚了自己,同时也就责罚了别人。后来,想到父亲快回家,母亲要把事情全盘说出来,他觉得苦难还没有完呢。他决心逃了,不管上哪儿,只要能从此不回来。

不料他下楼的时候,正碰到父亲回家。

“你干吗,孩子?往哪儿去?”曼希沃问他。

他不回答。

“大概闯了祸吧,你做了什么事啊?”

克利斯朵夫一味的不作声。

“你做了什么事?回答我呀!”

孩子哭起来了,曼希沃嚷起来了,两人的声音越来越高,临了鲁意莎也急急忙忙上楼了。她还像刚才一样的神魂不定,一进来就大骂,又加上几个嘴巴,曼希沃听明白了,也帮着揍他,(或许没有明白之前已经动手了,)那股狠劲差不多可以打死一条牛。他们俩叫着嚷着。孩子号着。结果父母吵架了,火气都一样的大。曼希沃一边揍着孩子一边说孩子并没错,说这是侍候别人的好处,他们仗着有钱,肆无忌惮。鲁意莎一边揍着孩子一边骂丈夫野蛮,说她不答应他碰孩子,把他打伤了。的确,克利斯朵夫流了些鼻血,他自己并不在乎;母亲粗手粗脚地拿湿布堵住他鼻子,他也并不感激,因为她还在骂他。末了,他们把他推在一间黑房里,不给他吃晚饭。

他听见他们对叫对嚷;他不知道更恨哪一个,似乎是母亲,他从来想不到她会这样凶的。一天的苦难一齐压在他心上:所有的委屈,两个孩子的强凶霸道,那太太的强凶霸道,父母的强凶霸道,——还有他虽然不大明白,可是像剧烈的伤口一般使他感觉到的,是他引以自傲的父母居然会向那些卑鄙的恶人低头。这种卑躬屈膝的态度,他第一次隐隐约约地感觉到,认为简直是无耻。他心中一切都动摇了:对父母的尊敬与钦佩,对人生的信心,希望爱人家、同时也受到人家的爱的那种天真的需要,盲目而绝对的道德信仰,一股脑儿都给推翻了。这是天翻地覆的总崩溃。他给暴力压倒了,既没法自卫,也没法躲闪。他闭住了气,以为要死了。在无可奈何的反抗中,他身子都发僵了。他用拳、用头、用脚,往墙上乱打乱撞,大号大叫,抽搐着,拼命地撞着家具,倒在了地下。

父亲母亲都赶了来,把他抱在怀里,这一下他们俩是比赛谁更温柔了。母亲替他脱了衣服,放倒在床上,坐在旁边,直等到他比较安静的时候。但他一点儿不让步,一点儿不原谅,他假装睡着,不愿意和她拥抱。他认为母亲恶劣而又卑鄙。至于她为生活和养活他而受的苦,不得不站在人家一边跟他为难的隐痛,他是万万想不到的。

等到孩子眼中流不完的眼泪也流到了最后一滴,他觉得松动了些。他累极了,可是神经过于紧张,还不能立刻睡着。他迷迷忽忽地觉得刚才的印象又在那里浮动,尤其是那个小姑娘,睁着明亮的眼睛,耸着小鼻子,一脸的瞧不起人,肩上披着长头发,光着腿,说着那些幼稚而装腔作势的话。他打了个寒噤,好像又听到她的声音了。他记得自己在她面前多么傻,不由得恨死了她。他不能原谅她的欺侮,恨不得也把她欺侮一顿,教她哭一场。他寻思种种的方法,可一个办法都想不出。看样子,她完全不把他放在心上。可是为了消消自己的气,他假定一切都能够如愿以偿。他把自己想做一个有权有势的人,而她又爱上了他。根据这个,他就造出一段荒唐的故事,结果他竟信以为真了。

她为他害了相思病;可是他不理她。他在她门前走过,她躲在窗帘后面偷偷地看他;他明明知道,却故意假痴假呆,同人家有说有笑。甚至为了增加她的苦闷,他出门到远地去了。他干了很大的事业。——他从祖父的英雄故事中挑出几段做穿插。——那时她可悲伤得病倒了。她的母亲,那位骄傲的太太来哀求他:"我可怜的女儿快死了。我求你,请你来吧!”于是他去了。她躺在那儿,脸色苍白,瘦得不得了。她向他伸出手来。她说不上话,只顾捧着他的手亲着哭着。于是他很慈悲很温柔地望着她,嘱咐她保养身体,允许她爱他。故事编到这个地方,他为了延长自己的快意,便把那一段对话和动作翻来覆去讲了好几遍,结果他睡了,心平气和地睡熟了。

他睁眼醒来,已经天亮了,可是这一天的光辉没有昨天早晨那样轻快了:世界有过一点儿变化了。克利斯朵夫已经尝到了人间的不公道。

有些时候家里非常艰难,而这种情形越来越多了。遇到这些日子,大家吃得很苦。感觉最清楚的要算克利斯朵夫。父亲是一点不觉得的;他第一个捡菜,尽量的拿。他咭咭呱呱地说话,自得其乐地哈哈大笑,全没注意到他的女人强作笑容,和瞧他捡菜的那种目光。盘子从他手里递过来,一半已经空了。鲁意莎替孩子们分菜,每人两个马铃薯。轮到克利斯朵夫,往往盘子里只剩了三个,而母亲自己还没拿。他早已知道,没轮到他就已经数过了。他便鼓足勇气,装作满不在乎的说:“只要一个,妈妈。”

她有点不放心了。

“两个吧,跟大家一样。”

“不,真的,我只要一个。”

“你不饿么?”

“对啦,我不大饿。”

可是她也只拿一个,他们俩仔仔细细的剥皮,把它分成小块,慢条斯理的吃着。母亲留心看着他,等他吃完了就说:“喂,把这个吃了吧!”

“不,妈妈。”

“你可是病了?”

“不是的,我吃饱了。”

有一回父亲怪他作难,把最后一个马铃薯充公,自己拿去吃了。从此克利斯朵夫留了神,把剩余的一个放在自己盘里,留给小兄弟恩斯德;他一向是贪嘴的,早就在眼梢里瞅着了,待了一忽儿就说:"你不吃吗?给我行不行,克利斯朵夫?"

哦!克利斯朵夫多恨他的父亲,恨他的不想到他们,连吃掉了他们的份儿都没想到!他肚子多饿,他恨父亲,竟想对他说出来;可是他又高傲的想起来,自己没有挣钱的时候没有说话的权利。父亲多吃的这块面包,是父亲挣来的。他还一无所用,对大家只是一个负担。将来他可以说话,——要是还能挨到将来!喔!就怕等不到那一天早已饿死了!……

这种残酷的挨饿的痛苦,他比别的孩子感觉得更清楚。他的强壮的胃受着毒刑;有时他为之发抖,头疼;胸口有个窟窿在打转,越转越大,仿佛有把锥子往里钻。可是他忍着不说,他觉得母亲在注意他,便装作若无其事。鲁意莎很揪心地,隐隐约约地懂得,儿子省着不吃是为了让别人多吃一些;她拼命丢开这念头,总是丢不开。她不敢追究,不敢查问克利斯朵夫的真情;要是真的,她又怎么办呢?她自己从小就挨饿惯的。既然没有办法,抱怨有什么用?的确,她因为身体衰弱,不需要多吃东西,没想到孩子挨饿的时候更难受。她什么话也不和他说。有一两次,两个孩子跑在街上,曼希沃出去了,她要大儿子留在身边替她做点儿小事。她绕线,克利斯朵夫拿着线团。冷不防她丢下活儿,热情冲动地把他拉在怀里,虽然他很重,还是抱他坐在膝上,紧紧地搂着他。他使劲把手臂绕着她的脖子。他们俩无可奈何地哭着,拥抱着。

"可怜的孩子!……"

"妈妈,亲爱的妈妈!……"

他们一句话也不多说,可是彼此心里很明白。

克利斯朵夫过了好久才发觉父亲喝酒。曼希沃的酗酒并不超过某个限度,至少在初期。发酒疯的时候也并不粗暴。大概总是过分的快乐。他说些傻话,几小时地拍着桌子,直着喉咙唱歌;有时他死拖活拉地要跟鲁意莎和孩子们跳舞。克利斯朵夫明明看见母亲垂头丧气,躲得远远的,低着头做活;她尽量不去看酒鬼;他要是说出使她脸红的野话,她就很温和地叫他住嘴。可是克利斯朵夫弄不明白;他多么需要快乐,父亲兴高采烈地回家,在他简直像过节一样。家里老是那么凄凉,这种狂欢正好让他松动一下。父亲的滑稽的姿势,不三不四的玩笑,使他连心都笑开了;他跟着一起唱歌,跳舞,觉得母亲很生气地喝阻他非常扫兴。这有什么不对的地方,父亲不也在那样做吗?虽然他一向头脑很灵,把事情记得很清,觉得父亲好些行为都跟他儿童的正直的本能不尽符合,可是他对父亲仍旧很崇拜。这在儿童是一种天然的需要。也是自我之爱的一种方式。倘使儿童自认为没有能力实现心中的愿望,满足自己的骄傲,他就拿这些去期望父母;而在一个失意的成人,他就拿这些去期望儿女。在儿童心中,父母便是他自己想做而做不到的人物,是保卫他的人,代他出气的人;父母心中的儿女亦然如此,不过要等将来罢了。在这种"骄傲的寄托"中间,爱与自私便结成一片,其奋不顾身的气势,竭尽温存的情绪,都达于沉醉的境界。因此克利斯朵夫把他对父亲的一切怨恨都忘了,尽量找些景仰他的理由:羡慕他的身段,羡慕他结实的手臂,他的声音笑貌,他的兴致;听见人家佩服父亲的演技,或者父亲过甚其词地说出人家对他的恭维话,克利斯朵夫就眉飞色舞,觉得很骄傲。他相信他的自吹自擂,把父亲当作一个天才,当作祖父所讲的英雄之一。

一天晚上七点光景,只有他一个人在家。小兄弟们跟着老祖父散步去了,母亲在河边洗衣服。门一开,曼希沃闯了进来;他光着头,衣衫不整,蹦蹦跳跳的,一倒便倒在桌前的椅子里。克利斯朵夫笑了,以为他像平常一样又来玩把戏了,便迎上前去。但走近一看,他再也笑不出来了。曼希沃坐在那里,垂着手臂,眨巴着眼睛望着前面,脸色通红,张着嘴,不时发出很可笑的咽咽声。克利斯朵夫愣住了。他先是以为父亲开玩笑,可是看他一动不动,便害怕了。他喊着:“爸爸!爸爸!”

曼希沃仍是像母鸡一样咽咽地叫。克利斯朵夫无可奈何地抓着他的胳膊,尽力地推他摇他:“爸爸,好爸爸,你回答我啊!”

曼希沃身子软绵绵地晃来晃去,差不多快倒下来;他脑袋向前,对着克利斯朵夫的头伸过来,瞪着他,气哼哼地嘟囔着,根本说不成话。赶到克利斯朵夫的眼睛和他神色错乱的眼睛碰在一起的时候,孩子忽然大吃一惊,逃到卧房的尽里头,跪在床前,把脸埋在被窝底下。这样的过了半晌。曼希沃在椅子上重甸甸地摇摆,傻笑。克利斯朵夫掩着耳朵不愿意听,打着哆嗦。他的心绪真是没法形容:只觉得昏天黑地,又是怕又是痛苦,仿佛死了什么人,死了一个心爱而敬重的人。

没一个人回家,屋子里只有父子两个;天黑下来了,克利斯朵夫的恐惧一分钟一分钟地增加。他不由自主地要伸着耳朵听,可是一听那个认不得的声音,全身的血都凉了;瘸腿似的钟摆,替那胡闹的怪声打拍子。他受不住了,想逃了。可是要走出屋子非在父亲面前过不可;而克利斯朵夫一想要看到父亲的眼睛就发抖,仿佛会吓死的。他想法蹲在地下,手脚并用地爬到房门口。他既不敢喘气,也不敢抬头望一眼,只要在桌子底下看到父亲的脚有点小小的动作,他就停住。醉鬼的一条腿在那里索索地抖。克利斯朵夫终于到了门口,笨拙的手也抓住了门钮,不料慌慌张张地一松手,门又突然关上了。曼希沃想转过身来看,他坐着摇摆的椅子冷不防失去了重心,稀里哗啦地倒在了地下。克利斯朵夫吓得连逃出去的气力也没有了,靠在墙上眼看着父亲躺在脚下;他喊救命了。

一跤跌下,曼希沃清醒了些。把摔他下地的椅子骂着,咒着,捶了几拳,挣扎着想站起而站不起来之后,他背靠着桌子坐定了,开始认出周围的环境。他看见克利斯朵夫哭着,就叫他过去。克利斯朵夫想逃,可是挪不动身子。曼希沃又叫他;看孩子站着不动就生了气,赌起咒来。克利斯朵夫只得浑身哆嗦着向前。曼希沃把他拉过去,抱他坐在膝上,先拧着孩子的耳朵,结结巴巴的,把儿童应该如何尊重父亲的话教训了一顿。随后,他忽然改变了念头,一边说着傻话一边把他抱在怀里颠簸,哈哈大笑。然后他又急转直下地想到不快活的念头,哀怜孩子,哀怜自己,紧紧搂着他,几乎教他喘不过气,把眼泪和亲吻盖满着孩子的脸,末了,他高声唱着“我从深处求告”①,摇着孩子给他催眠。克利斯朵夫吓昏了,一点不敢挣扎。他在父亲怀里闷死了,闻到一股酒气,听着醉汉的打嗝儿,给讨厌的泪水与亲吻的口水沾了一脸,他又害怕又恶心地在那儿受难。他真想叫喊,可是一声也喊不出。他觉得这可怕的情形仿佛有一世纪之久,——直到后来,房门一开,鲁意莎挽着一篮衣服进来了。她大叫一声,把篮子摔在地下,拿出她从来未有的狠劲,奔过来从曼希沃怀里抢出了克利斯朵夫。

“哎哟!该死的酒鬼!”她嚷着,眼里冒着火。

克利斯朵夫以为父亲要去杀死母亲了。可是曼希沃被他女人声势汹汹的态度吓呆了,一句话也没有,哭起来了。他在地下乱滚,把头撞着家具,嘴里还说她是对的,他是一个酒鬼,害一家的人受苦,害了可怜的孩子们,他愿意马上死掉。鲁意莎转过身子不理他,把克利斯朵夫抱到隔壁房里,尽量抚慰他。孩子还在发抖,对母亲的问话也答不上来;接着他又号啕大哭。鲁意莎把他的脸在水里浸了一忽儿,拥抱他,对他说着温柔的话,和他一起哭了。终于他们俩都静下来。她跪在地下,叫他也跪在旁边。他们做了个祈祷,求上帝治好父亲这种恶习,使他仍旧和和气气的,跟从前一样。鲁意莎安排孩子睡下。他要她坐在床边拿着他的手。那一夜,鲁意莎在发烧的克利斯朵夫的床头坐了好久。酒鬼却躺在地下打鼾。

过了一晌,克利斯朵夫上学了;他老望着天花板上的苍蝇,把拳头捶着旁边的孩子,推在地下;他动个不停,笑个不停,从来不念书。有一天,克利斯朵夫自己摔在了地下,讨厌他的老师便说了句难听的话

① 《旧约·诗篇》第一三〇篇:“耶和华啊,我从深处向你求告,主啊,求你听我的声音……”

影射某个大家知道的人,说他大概要青出于蓝地走上那条路了。所有的孩子听着都哈哈大笑;有些同学还揭穿隐喻,加上一些又明白又有分量的注解。克利斯朵夫爬起来,羞得满脸通红,拿起墨水瓶对准一个正在笑的人扔过去。老师冲上来就是一顿拳头,用鞭子抽他,要他跪在地下,再加上极重的罚课。

他脸色发了青,憋着一肚子怨气回家,冷冷地说他再也不上学了。家里人并没把他的话放在心上。明天早上,母亲提醒他该上学了,他却安安静静地回答,他早说过不去的了。鲁意莎对他软骗硬吓都没用。他坐在一角,死赖在那里。曼希沃揍他,他就直嚷;每次揍过了叫他上学,他总是火气更大地回答一声"不去!"人家要他至少说出理由来,他却咬紧牙关,死不开口。曼希沃抓着他硬送到学校交给老师。可是他一到座位上,就有计划的毁坏手头所有的东西:墨水瓶,笔,练习簿,书本,而且故意做得教人看见,带着挑战的意味望着老师。结果他被关进黑房。——过了一会,老师发现他用手帕缚着脖子,拼命往两头拉:他要把自己勒死。

人家只得打发他回去。

克利斯朵夫很能吃苦。他结实的身体是父亲与祖父的遗传。家里没有一个娇弱的人:生病也罢,不生病也罢,他们从来不抱怨,什么也不能使克拉夫脱父子的习惯改动分毫。他们不管什么天气都出门,夏天跟冬天一样,几小时的淋着雨或晒着太阳,有时还光着头,敞开着衣服,由于疏忽或由于逞强,走上几十里地也不觉得疲倦。可怜的鲁意莎一声不出地跟在后面,血色全无,两腿虚肿,心跳得要蹦出来了,只能走一下停一下,他们又可怜她又瞧不起她。克利斯朵夫也差不多要跟着他们轻视母亲了:他不懂一个人怎么会生病的。他跌了一跤,碰了一下,弄破了,烫坏了的时候,他是不哭的,只对着使他受罪的东西生气。父亲跟小伙伴们的强暴,街上和他打架的野孩子,把他磨炼得十分结实。他不怕挨打,鼻青眼肿地回家是常事。有一天,他在这一类的恶斗中,被敌人压在身底下,拼命把他的脑袋撞着街上的石板;他被救出来的时候,差不多快闷死了。他可认为稀松平常,预备把这一套照样去回敬别人。

然而他也害怕许许多多的东西;虽然为了骄傲而不说,但他最痛苦的莫过于童年时代那些连续不断的恐怖。尤其有两三年之久,它们像病一般的把他折磨着。

他怕藏在暗处的神秘的东西,怕那些要害人性命的恶鬼,蠢动的妖魔,那是每个孩子的头脑里都有而且到处看得见的。一方面这是原始动物的遗传;一方面因为初生的时期,生命与虚无还很接近,在母胎中昏睡的记忆,从冥顽的物体一变而为幼虫的感觉,都还没有消失:这种种的幻觉便是儿童恐怖的根源。

他怕那扇阁楼的门:它正对着楼梯,老是半开着。他要走过的时候,心就跳了,便鼓足勇气窜过去,连望也不敢望一下。他觉得门背后总有什么人或什么东西。逢到阁楼门关上的日子,他从半开的猫洞里清清楚楚听到门后的响动。这原不足为奇,因为里边有的是大耗子;但他的幻想认为那是一个鬼怪:身上是七零八落的骨头,百孔千疮的皮肉,上面是一个马头,一双吓得死人的眼睛,总之是奇奇怪怪的形状。他不愿意想它,但不由自主地要想。他手指颤巍巍地去摸摸门键是否拴牢,摸过之后,走到半楼梯还要再三回去瞧瞧。

他怕屋外的黑夜。有时他在祖父那边待久了,或是晚上被派去有什么差使。老克拉夫脱住的地方差不多已经在城外,一过他的屋子便是上科隆去的大路。在这座屋子与市梢上有灯火的窗子中间,大约隔着二三百步,克利斯朵夫却觉得有三倍的远。有一段路拐了弯,什么都看不见了。黄昏时的田野是荒凉的;地下都黑了,天上灰灰的好不可怕。走完环绕大路的丛树而爬上土丘的时候,还能看到天边有些昏黄的微光;但这种光并不发亮,反比黑夜更教人难受,黑的地方显得更黑:那是一种垂死的光。云差不多落到地面上。小树林变得很大很大,在那儿摇晃。瘦削的树好似奇形怪状的老人。路旁界石上的反光，像青灰色的衣服。阴影似乎在蠕动。土沟里有侏儒坐着，草里闪着亮光，空中有东西飞来飞去，可怕得很，还有不知从何而来的虫，叫得那么尖厉刺耳。克利斯朵夫老是提心吊胆，预备自然界中出点儿什么凶恶的怪事。他飞奔着，心在胸中乱跳。

望见了祖父屋里的灯光，他才安心。但糟糕的是，往往老人还没回家；那才更可怕了。田野里只有这所孤零零的老屋子，便是在白天，孩子已经非常胆怯。要是祖父在家，他就忘了恐怖；但有时老人会不声不响丢下他出门。克利斯朵夫没有发觉。室内很安静。所有的东西对他都是很熟很和气的。屋里有张白木大床；床头的搁板上放着一部又大又厚的《圣经》，火炉架上供着纸花，两位太太和十一个孩子的照片，老人在每张相片下面都注着他们的生年死月。壁上挂着嵌在镜框里的祷文，莫扎特和贝多芬的粗劣的彩色肖像。屋角放着架小钢琴，另外一角放着一架大提琴；还有杂乱的书架，挂着烟斗；窗口摆着几盆风吕草。周围的一切好像都是朋友。老人在隔壁房里走来走去，可以听见他在刨木头，敲钉子；他自言自语，骂自己糊涂；再不然是大声唱着，把赞美诗，酒歌，感伤的歌，杀气腾腾的进行曲，杂凑在一起。在这种环境里，他觉得很安全。克利斯朵夫坐在靠窗的大沙发上，膝上摆着一本书，埋头看着图画，出神了。天慢慢地黑下来，他的眼睛迷糊了，终于丢开书本，恍恍惚惚地胡思乱想起来。车轮远远的在路上隆隆的响。一条母牛在田间叫。城里懒懒的钟声奏着晚祷，渺茫的欲望，模糊的预感，在惘然幻想的儿童心中觉醒了。

突然克利斯朵夫心中一慌，惊醒了。他抬起眼睛：黑夜茫茫，侧耳倾听：万籁俱寂。祖父才走出去。他打了个寒噤，靠着窗口，还想望一望他：路上很荒凉；万物开始扮起骇人的脸。天哪！要是它会来？——谁呢？……他可说不出。反正是可怕的东西……屋子里的门都关不严。楼梯咯咯作响，好似有人走过。孩子跳起来，拖着一张沙发，两张椅子和一张桌子，摆到室内最安全的一角，围成一道栅栏：沙发靠着墙壁，左边一张椅子，右边一张椅子，桌子摆在前面。中间布置一架双折的梯子,他爬在顶上,除了刚才看的书,又另外拿了几本抱在手里,当作被围受困时的防御物,于是他松了口气,因为在孩子的想象中,敌人无论如何不能冲过栅栏的了:那是禁止的。

但敌人有时就会从书中跳出来。——在祖父随便买来的旧书里,有些附着插图,给孩子很深刻的印象:他又想看又怕看。那全是些神怪的幻境,例如《圣安东尼的诱惑》,其中有鸟的骷髅在水瓶里下粪,无数的蛋在破开的青蛙肚子里像虫一般蠕动,没有身子的头在走路,屁股吹着喇叭,还有家用的器具和动物的尸身,裹着大氅,像老太太般,一边庄严地前进,一边行着礼。克利斯朵夫看着毛骨悚然,但就因为厌恶,反而常常要看。他老半天地瞪着它们,不时向四下里溜一眼,看是什么东西在窗帘的皱裥中扭动。——一本解剖书里有一幅人体的图尤其使他厌恶。快到书中那个地方的时候,他哆嗦着翻着书页。那些五颜六色的怪模样对他有种特别强烈的刺激。而儿童的创造力把呆板的图画又加了一番润色。他分不清这些光怪陆离的图跟现实有什么不同。而夜里做梦的时候,书中的图画反比白天看到的活的形象对他更有影响。

他也怕睡觉。有好多年,噩梦老是教他睡不安稳:——有时,他在地窖里闲荡,忽然看见风洞里钻进那个解剖图上的人体对他挤眉弄眼。——有时,他独自在一间屋里;听见走道上有轻微的脚声,他扑过去关门,才抓住门钮,外边已经有人在拉了;他锁不了门,没有气力了,只能喊救命。他知道外边要进来的是谁。——有时,他和家里的人在一块儿;可是突然之间,他们的脸变了,做出许多疯疯癫癫的事。——有时,他很安静地在看书;冷不防觉得有一个看不见的幽灵在他四周。他想逃,可是被拴住了。他要喊,嘴巴给堵住了。脖子给紧紧地箍着。他上气不接下气地醒过来,牙齿咯咯打战,直哆嗦了好些时候;他怎么样也摆脱不了恐怖的感觉。

他的卧室是屋子里没有窗没有门的一角;进口高头有根铁杆,挂着条破帘子,就算跟父母的卧房隔开了。重浊的空气使他呼吸阻塞。

和他睡在一床的兄弟们常常用脚踢他。他头里热烘烘的,白天牵挂着的小事这时给格外地夸大了,化为种种的幻觉。在这种近乎噩梦的,神经极度紧张的情形之下,一点儿极小的刺激都使他很痛苦。地板上咯咯的响声使他惊悸不止。父亲的鼾声大得异乎寻常,不像是人的呼吸,他听着不寒而栗,竟像是一头野兽睡在那里。黑夜把他压倒了,它简直是无穷无尽的,永远是这样的了:他仿佛已经躺了几个月。他喘着气,在床上坐起来,用衬衫的袖子抹着脑门上的汗。有时他推醒弟弟洛陶夫;可是他咕噜了几声,把所有的被一齐卷在身上又睡熟了。

他这种狂乱的苦闷,直要到帘子下面的地板上透露一线鱼白色的时候,才算过去。这道黎明时分幽微的白光,使他一下子平静了。虽然谁也不能在阴影中辨别出来,他已经觉得那道光溜进了屋子:热度立刻退下去,血流也正常了,仿佛泛滥的河水重新回进了河床;全身的温度平均了,他的失眠的干涩的眼睛终于闭上了。

晚上快到睡觉的时间他就惊慌。他打定主意要抵抗瞌睡,预备熬夜,免得做噩梦。可是疲倦终究把他征服了;而且总在他最不防备的时候,那些妖魔又出现了。

可怕的黑夜!大多数的孩子觉得多甜蜜而一部分的孩子觉得多可怕的黑夜!……他怕睡觉,又怕睡不着觉。睡着也罢,醒着也罢,周围总是些鬼怪的形象,幻想中的幽灵,还有那些母胎中的幼虫,在童年将尽时的微光中浮动,好似在疾病的阴影中荡漾。

但这些幻想的恐怖,不久便将在"大恐怖"前面消失。这大恐怖是蛀蚀一切人类的"死",古往今来的哲人竭力要忘掉它否定它而终于无效的"死"。

有一天他在壁橱里摸索的时候,抓到一些不认得的东西:一件孩子的衣衫,一顶有条纹的小帽。他得意扬扬地拿到母亲前面,她非但不对他笑,反而沉着脸叫他放还原处。他并没马上照办,还要追问为什么;母亲一言不答,把东西抢过来放在他拿不到的一格里去了。他觉得莫名其妙,便再三的发问。她被逼不过,终于说出那是他没有出世以前早已死掉的一个小哥哥的衣服。他愣住了:他从来没听说过这件事。他静默了一会,还想多知道些。可是母亲好像心不在焉;只说他也叫作克利斯朵夫,可是比他听话。他提出别的问句,她却不愿意回答,只说那个孩子在天上,为他们大家祈祷。克利斯朵夫再也问不出什么;母亲叫他住嘴,让她安心工作。她似乎真是一心在那里缝东西,若有所思的,眼睛也不抬起来。过了一忽儿,她看见他躲在一边生气,便对他笑笑,很温柔地叫他到外边去玩。

这些话给了克利斯朵夫很大的刺激。哦,原来有过一个孩子,跟他一样也是母亲的儿子,取着同样的名字,差不多和他没有分别,可是已经死了!——死,他不大明白是怎么回事,大概是挺可怕的吧。——人家从来没提到那个克利斯朵夫;他完全被遗忘了。那么要是他死了,势必是一样的了?——晚上和大家一桌子吃饭,看他们有说有笑,谈着不相干的事,他心里还想着那个念头。他要死了,敢情人家还会这样快活!嗳嗳!他做梦也想不到母亲这样的自私,死了儿子还能笑!他对父母都恨起来了,很想为自己痛哭一场,预先哭自己的死。同时他也想提出一大串问题,可是不敢,他记得母亲叫他住嘴的口气。——终于他忍不住了,到睡觉的时候,母亲来拥抱他,他就问:

"妈妈,他是不是也睡在我的床上?"

可怜的母亲打了个寒噤,勉强装着若无其事的声音问:"谁啊?"

"那孩子……那个死了的孩子。"克利斯朵夫声音很低。

母亲突然把他紧紧地抱着说:"住嘴,住嘴。"

她的声音在发抖;克利斯朵夫靠在母亲怀里,听到她的心跳。两人静默了一会,随后她说:

"小宝贝,这种话以后不能再提了,……安心睡觉吧……不,这不是他的床。"

她把他拥抱了一下;他以为母亲的腮帮湿了,只希望是真的湿了。他心里宽慰了些:原来她还是心痛的!但过了一会,听到母亲在隔壁屋里用着那种安静的,日常听惯的声音说话,他又起了疑心。究竟哪种声音是真的,现在的还是刚才的?——他在床上翻来覆去地想了好久,得不到答案。他极希望母亲难过;当然,母亲不快活他也要不快活的;可是那无论如何对他是一种安慰,可以减少他一些孤独之感。——然后他睡熟了,明天,他不再想了。

过了几星期,有个在街上和他一起玩耍的孩子,到了平时该来的时候竟没有来;有人说他病了;从此他不来玩也没有人奇怪。事情已经有了解释,不是挺简单吗?——一天晚上,克利斯朵夫很早上了床,从他的一角看见父母屋里还亮着灯光。有人敲门,一位邻居的太太来谈天。他心不在焉地听着,一边照例编他自己的故事,并没把人家的谈话句句听清。忽然邻人说了句"他死了",克利斯朵夫的血便马上停住:因为他知道说的是谁,就屏着气听下去。他的父母大惊小怪地叫了几声。曼希沃又扯着他的粗嗓子嚷道:"克利斯朵夫,听见没有?可怜的弗理兹死了。"

克利斯朵夫挣扎了一下,静静地回答说:"是的,爸爸。"

他的气闭住了。

可是曼希沃又顶了一句:"是的,爸爸。你就会说这一句么?你不觉得难过么?"

鲁意莎很了解孩子,说道:"别闹了!让他睡觉!"

于是他们把声音放低了。可是克利斯朵夫竖起耳朵,想听清所有的细节:什么伤寒,什么冷水浴,什么神志昏迷,什么父母的哀痛。听到后来,他不能呼吸了,有股气塞着他,直升到喉头,他浑身哆嗦,所有可怕的景象都印在脑子里了。尤其是他们说那种病会传染,就是说他也能像弗理兹一样的死;想到这里,他吓得浑身冰冻了:因为他记得最后一次看见弗理兹是跟他握过手的,当天也曾在他屋前走过。——可是他忍着不作声,免得给人家逼着说话,便是父亲在邻居走了以后问他:"克利斯朵夫,你睡熟了么?"他也不回答。于是他听见父亲对母亲说:

"这孩子没心肝。"

母亲一言不答,可是过了一会,她轻轻地来揭开帘子,向他的小床望了望。克利斯朵夫赶紧闭上眼睛,装着他听见兄弟们睡熟的时候那种均匀的呼吸。母亲提着足尖走开了。他却恨不得留住她,告诉她,说他怎样害怕,求她救救他,至少得安慰他一下!但他怕人耻笑,把他看作胆怯无用;而且心里也很明白,人家说什么也没用的。一连几小时,他痛苦到了极点,自以为病已经上了身,头疼得要死,胸口也不舒服,他万分恐怖地想道:"完了完了,我病了,我要死了,我要死了!……"一忽儿,他在床上坐起来,低声叫着母亲;可是他们睡得很熟,他不敢惊醒他们。

从这时起,死亡的念头把他童年的生活给毒害了。他的神经使他无缘无故地受种种磨难,一忽儿胸口受着压迫,一忽儿有一阵剧烈的痛苦,一忽儿又是喘不过气来。凭着他的想象力,他把自己吓昏了,以为每种痛苦里头都有那只吃人的野兽来取他性命。几次三番,就在母亲身旁几步路的地方,也没有给母亲发觉,他受着临终的痛苦。因为他尽管胆小,还是有勇气把他的恐惧藏起来,而这股勇气是许多情绪混合成功的:第一是傲气:他不肯求助于人;第二是羞耻心:他不敢说出自己的害怕;第三是体贴:不愿惊动母亲。但他老在心里想:"这一次我可是病了,病得很重了。这是咽喉炎哪……"咽喉炎这名词是他偶然听到而记着的……"喔,上帝!饶了我这一次吧!"

他颇有宗教思想,完全相信母亲说的话,说灵魂在死后升到上帝前面,如果它是虔敬的,可以进入天国的乐园。但他对于这个旅行非但不受吸引,倒反害怕。他一点不羡慕那些孩子,在睡梦中毫无痛苦地被上帝召了去,照母亲说是上帝奖赏他们。他快睡熟的时候,不免心惊胆战,唯恐上帝对他也这么来一手。骤然之间离开了暖和的床,给拉到空中带到上帝前面:一定是挺可怕的。在他想象中,上帝有如一颗奇大无比的太阳,讲话的声音像打雷一般:那不是大大的受罪吗?眼睛,耳朵,整个的灵魂,都会给烧掉的!何况上帝还会惩罚;谁保得了呢?……除此以外,还有多少可惊可怖的事,他虽然不大了了,可是从谈话中能猜到:身体要给装进一口匣子,孤零零地躺在一个窟窿里,在平时人家带他去做祷告的可厌的公墓上,举目无亲……天哪!天哪!多惨啊!……

可是活着也不见得愉快,眼看父亲喝得烂醉,被他毒打,受别的孩子欺负,大人们的怜悯又多么难堪,没有人了解他,连自己的母亲在内。大家教你受委屈,没有人爱你,孤零零的,孤零零的,一个人多么渺小!——是啊;但就因为这个他想活下去。他觉得自己有股怒潮汹涌的力。而这力又是多么奇怪的东西!它眼前还一筹莫展;它好像在很远的地方,被什么东西堵着,包着,僵在那里;他完全不知道它要什么,将来变做什么。但这股力的确在他心中,那是他很清楚的,它在那儿骚动,怒吼。明天,喔!明天,那它才来报复哩!他有种如醉如狂的欲望要生存,为的是翦除暴力,主持正义,为的是惩罚恶人,为的是干一番伟大的事业。"喔!只要我活着……"(他想了一下)"只要能活到十八岁!"——有时他认为要活到二十一岁。那是最大限度了。他相信活了那些年纪,尽够他统治世界了。他想起他景慕的英雄,想起拿破仑,想起更古远而他最崇拜的亚历山大大帝。没有问题,他将来是跟他们一样的人物,只要能再活十二年……十年。他简直不哀怜在三十岁上死掉的人。他们已经老了,享受过人生了……要是他们白活了一世,那只能怪他们自己。但现在就死,那可什么都完了!年纪轻轻就死掉,在大人们心中永远留着一个谁都可以埋怨的小孩子的印象,真是太惨了!他想到这里就拼命地哭,仿佛他已经死了。

这些关于死亡的悲痛,使他在童年时代受到许多磨难,——直到后来他厌恶人生的时候才摆脱掉。

在这片沉闷的黑暗中,在一刻浓似一刻的令人窒息的夜里,像一颗明星流落在阴暗的空间,开始闪出那照耀他一生的光明:音乐,神妙的音乐!……

不久以前,祖父送给孩子们一架旧钢琴,那是他的一个主顾预备扔掉而由他花了许多心血修理得像个样子的。这件礼物并没受到欢迎。鲁意莎觉得屋子里不再添东西也已经很窄了,曼希沃说爸爸米希尔并没破费,那不过是堆烧火用的木柴。唯有小克利斯朵夫不知为什么对这件新来的东西非常高兴。他认为这是一只神仙的匣子,有的是奇妙的故事,好像祖父偶尔给他念几页而两人都为之着魔的《天方夜谭》。他听见父亲试音的时候,从中奏出一组轻快的琶音,仿佛阵雨之后,暖和的微风在林间湿透的枝条上吹下一阵淅沥的细雨。他拍着手叫:“再来一次!”可是父亲满脸瞧不起地阖上琴盖,说它完全不中用了。克利斯朵夫不敢再要求,可是老在乐器四周徘徊,只要人家一转背,他便揭开琴盖捺一个键子,好像掀起什么大虫的绿壳,想把关在里头的怪物放出来。有时,他急忙中用力太猛了,母亲就嚷着:“你不能安静一会吗?不准什么东西都乱动!”有时他阖上琴盖的时候压痛了手指,便哭丧着脸放在嘴里吮着……

如今他最快乐的是母亲整天出去帮佣或上街买东西的时候。他听着她下楼,到了街上了,走远了。只有他一个人了。于是他揭开钢琴,拖着一张椅子,爬在上面,肩头刚和键盘一样高:那就行了。为什么他要等大人不在家呢?平常也没人拦着他不许玩,只要声音不太大。但当着别人他不好意思,他不敢。而且他们说话,走动,把他的乐趣给破坏了。没有人的时候才妙呢!……克利斯朵夫屏着气,因为希望周围更静,也因为心里慌张,仿佛要去开炮似的。他把手指按上琴键,心就跳了;有时他把一个键子捺了一半就放手,再去捺另外一个。谁知道从这一个里出来的是什么呢?……忽然声音来了:有些是沉着的,有些是尖锐的,有些是当当地响着,有些是低低地吼着。孩子一个又一个地听上老半天,听它们低下去,没有了;它们有如田野里的钟声,飘飘荡荡,随着风吹过来又吹远去;细听之下,远远的还有别的不同的声音交错回旋,仿佛羽虫飞舞;它们好像在那儿叫你,引你到鸾远的地方……愈趋愈远,直到那神秘的一角,它们埋进去了,沉下去了……这才消失了！……喔，不！它们还在喃喃细语呢……还在轻轻地拍着翅膀呢……这一切多奇怪！好像是些精灵鬼怪。它们多么听话，让人家关在这只破旧的箱子里，这可弄不明白了！

但最美的是用两个手指在两个键上同时按下去。那你永远不会知道是什么结果。有时两个精灵是敌对的；它们彼此生气，扭打，怨恨，起哄，声音变得激昂了，叫起来了，一忽儿是愤愤的，一忽儿又是很和平的。克利斯朵夫顶爱这种玩意儿；那可以说是被缚的野兽，咬着它们的锁链，撞着笼子的壁，仿佛要把它撞倒了跳出来，正像童话里的鬼怪，给关在封有所罗门印玺的阿拉伯箱中。——有些精灵却奉承你，诱哄你，其实它们也只想咬人，而且都是火辣辣的。克利斯朵夫不知它们要什么，它们勾引他，使他神摇意荡，差不多脸红了。——还有一些相亲相爱的音，在那儿互相搂抱，好似两个人的亲吻；它们是妩媚的，柔和的。这是些善良的精灵：它们笑靥迎人，脸上没有一丝皱痕，它们喜欢小克利斯朵夫，小克利斯朵夫也喜欢它们；他含着眼泪听着，一遍又一遍地把它们叫回来。那是他的朋友，亲爱的、温柔的朋友……

孩子就是这样的在音响的森林中徘徊，觉得周围有无数陌生的力量，偷偷地觑着他，呼唤他，有的是为了抚慰他，有的是为了要吞掉他……

有一天他被父亲撞见了。粗声大气的嗓子把他吓得发抖。克利斯朵夫以为做了错事，用手捂着耳朵，预防猛烈的巴掌。可是父亲出乎意外地没有骂，他很高兴，他笑着：

“嗯，你喜欢这个么，孩子？”他说着亲热地拍拍孩子的头，“要不要我教你弹？”

怎么不要呢？……他高兴极了，嘟囔着回答说要的。两人便一齐坐在钢琴前面。这一回克利斯朵夫是坐在一大堆厚厚的书上了，很用心地上他的第一课。他先听说这些咿咿唔唔的精灵都有古怪的名字，中国式的，单音节的，甚至是单字的。他觉得很诧异，他另外造出一些美丽动人的名字,好似神话里的公主一般。他不喜欢父亲提到它们时那种亲狎的态度。而且他召来的不是原来的那些精灵了;在他手指底下滚出来的都显得神情冷淡。但克利斯朵夫仍旧很高兴地学到了音与音的关系和等级,那些音阶好比一个王统领着一队兵士,或是一队鱼贯而行的黑人。他又很诧异地发现,每个兵士或每个黑人都可以轮流地做王做领袖,带领一个同样的队伍,甚至在键盘上可以从下到上引出整个的联队。他喜欢抓住那个支配它们的线索来玩。可是这些比他早先发现的要幼稚多了,他再也找不到那个迷人的森林了。然而他很用功,因为那也并不沉闷。父亲的耐性使他很奇怪。曼希沃毫不厌倦地教他把同样的功课来了一遍又一遍。克利斯朵夫不明白父亲怎么肯这样费心:难道是喜欢他么?喔!他多好!孩子一边用功一边心里很感激。

要是他知道了老师的存心,他就不会这样满意了。

从这天起,曼希沃把孩子带到一个邻居家里。那边有一个室内音乐会,每星期演奏三次。曼希沃当第一小提琴手,约翰·米希尔当大提琴手。另外还有一个银行职员,一个席勒街上的老钟表匠。不时还有个药剂师挟着长笛来加入。总是下午五点开始,九点散场。一阕终了,大家喝些啤酒,街坊上的人随便进进出出,靠壁站着,一声不出地在那里听,按着拍子摇头顿足,抽的烟把屋子弄得乌烟瘴气。演奏的人一页复一页,一曲复一曲地奏下去,始终是那么耐性。他们不说话,聚精会神的,拧着眉头,偶然鼻子里哼几声表示高兴,可是他们非但不能把曲子的美表现出来,并且也感觉不到。他们的演技既不十分准确也不十分按拍,但从来不越轨,很忠实地依照谱上的标识。他们对于音乐,容易学会,容易满足;而那种不高不低的成就,在这个号称世界上最富音乐天才的民族中间是很普遍的。他们贪多务得而并不挑剔品质;对于这等强健的胃口,一切音乐都是好的,分量重的尤其好,——他们既不把贝多芬与勃拉姆斯加以区别,也不知道同一作家的一阕空洞的协奏曲和一阕深刻动人的奏鸣曲之间有何差异，因为它们都是同样的原料做成的。

克利斯朵夫躲在一边，在钢琴后面，没有人会惊动他，因为连他自己也得在地下爬着进去。里边黑洞洞的，地位刚好容得下他这个孩子，蜷着身子躺在地板上。人家抽的烟直刺他的眼睛与喉咙；另外还有灰尘，一大球一大球的像羊毛；可是他毫不在意，只顾严肃地听着，像土耳其人般盘膝而坐，肮脏的小手指把琴后布上的那些窟窿愈挖愈大。所奏的音乐他并不全部喜欢，但绝对没有使他厌烦的东西；他也从来不想整理出什么意见来，因为他觉得年纪太小，什么还没有懂。有些音乐使他瞌睡，有些使他惊醒；反正没有不入耳的。虽然他自己并没知道，可是使他兴奋的总是些上品的音乐。他知道没有人看见，就扮着鬼脸，耸着鼻子，咬着牙齿，或者吐出舌头，做出发怒的或慵懒的眼神，装着挑战的、威武的神气挥舞手足，他恨不得往前走，打，把世界碎为齑粉。他骚动得那么厉害，终于钢琴顶上露出了一个人头，对他喊道："喂，孩子，你发疯了么？不准和钢琴捣乱，把手拿出来好不好？我要来拧你的耳朵了！"——这一下他可是又羞又恼。干吗人家要来扫他的兴呢？他又不干坏事。真的，人家老是跟他过不去！他的父亲又从而附和。人家责备他吵闹，不喜欢音乐。结果连他自己也相信这话了。——那些老实的公务员只会像机器似的奏些协奏曲；要是告诉他们，说在场的人中间对音乐真有感觉的只有那个孩子的话，他们一定会大吃一惊的。

倘使人家要他安静，那么干吗奏那些鼓动他的曲子呢？在那些乐章中，有飞奔的马，刀剑的击触，战争的呐喊，胜利的欢呼，人家倒要他跟他们一样摇头摆脑的打拍子！那他们只要奏些平板的幻想曲，或唠叨了大半天而一句话也没说的乐章就得了。这类东西在音乐中有的是，例如戈德马克[①]的那一阕，刚才老钟表匠就很得意地说："这个很

① 卡尔·戈德马克(1830—1915)，匈牙利作曲家，作品有歌剧《萨巴女王》《炉边的蟋蟀》等。

美。一点也不粗糙。所有的棱角都给修得圆圆的……”那时孩子就迷迷糊糊的很安静了。他不知道人家奏些什么,到后来甚至听不见了,但他很快活,四肢酥软,在那里胡思乱想。

他的幻想可并不是什么连贯的故事,而是没头没尾的。他难得看到一幅清楚的形象:母亲做着点心,用刀刮去手指上的面糊;——或是隔天看见在河里游泳的一只水老鼠;——再不然是他想用柳条做的那根鞭子……不知道为什么现在会想起这些!——他往往是一无所见,可是明明觉得有无数的境界。那好比有一大堆极重要的事,不能说或不必说,因为是人尽皆知的,从古以来就是这样的。其中有些是凄凉的,非常凄凉的;但绝对没有日常生活中遇到的那种难堪,也并没有像克利斯朵夫挨着父亲的巴掌,或是羞愤交加地想着什么委屈的时候那种丑恶与屈辱:它们只使他精神上感到凄凉静穆。同时也有些光明的境界,散布出欢乐的巨流,于是克利斯朵夫想道:“对啦,……我将来要做的就是这样的。”他完全不知道所谓这样的是怎么回事,也不知道为什么他说这句话;但他觉得非说不可,觉得那是极明显的事。他听到一片海洋的声音,就在他身旁,只隔着一道砂堤。这片海洋是什么东西,要把他怎样摆布,克利斯朵夫连一点观念都没有。他只意识到这海洋要从堤岸上翻过来,那时……啊,那时才好呢,他可以完全快乐了。只要听着它,给它宏大的声音催眠着,一切零星的悲痛与耻辱就都能平复下来;固然这些感觉还使他伤心,可是再没有可耻与侮辱的意味:一切都显得那么自然,差不多是甜美的了。

平庸的音乐往往使他有这种醉意。写作这类东西的人是些可怜虫,一无所思,只想挣钱,或是想把他们空虚的人生编造一些幻象,所以才依照一般的方式——或为标新立异起见而全然不照方式——把音符堆砌起来。但便是一个伧夫俗物所配制的音乐,也有一股强烈的生命力,能把天真的心灵激发出狂风骤雨。甚至由俗物唤引起来的幻想,比那些使劲拖曳他的强有力的思想更神秘更自由:因为无意义的动作与废话并不妨害心灵自身的观照……

孩子这样的躲在钢琴后边物我两忘,——直到他忽然觉得蚂蚁爬上他大腿的时候,才记起自己是个小孩子,指甲乌黑,把鼻子往墙上轻轻挨着,双手攀着脚的小孩子。

曼希沃踮着足尖走进来,撞见孩子坐在太高的键盘前面的那天,他把他打量了一会,忽然心中一亮:“哦,神童!……怎么早先没想到呢?……这不是家庭的运气吗!”没有问题,他一向认为这孩子将来不过是个乡下人,跟他母亲一样。“可是试一下又不破费什么。喝,这倒是一个机会!他将来可以带着他周游德国,也许还能到国外去。那不是又愉快又高尚的生活吗?”——曼希沃老想在自己的行为中发掘出一点高尚的成分,而发掘不出的时候是难得有的。

有了这点信心以后,他一吃过晚饭,最后一口东西刚下肚,就马上把孩子再去供在钢琴前面,要他复习白天的功课,直到他眼睛累得要阖拢来的时候。然后明天又是三次。后天又是三次。从此竟是每天如此。克利斯朵夫很快就厌倦了,后来竟觉得闷得慌;终于他支持不住,试着反抗了。人家教他做的功课真无聊,不过要他的手在键盘上飞奔,越快越好,一边要把大拇指很快地偷渡过去,[①]或是把跟中指与小指牵连在一块儿的无名指练得婉转如意。这些都教他头痛;而且听起来一点不美。余音袅袅的妙境,迷人的鬼怪,一刹那间感觉到的梦一般的世界,……一切都完了……音阶之后又是练习,练习之后又是音阶,枯索,单调,乏味,比着餐桌上老讲着饭菜,而且老是那几样饭菜的话更乏味。孩子先是不大用心听父亲所教的东西了。给骂了一顿,他老大不愿意地继续下去。这样当然招来了冷拳,他便用最恶劣的心情来反抗。有一晚听见父亲在隔壁屋子说出他的计划,克利斯朵夫的气更大了。哦,原来是为了要把他训练成一头玩把戏的动物拿到人前去卖弄,才这样地磨他,硬要他整天去拨动那些象牙键子!他连去看

① 按钢琴指法,中指弹过第三个音时当用拇指在食指中指下面弯过去弹第四个音。

看亲爱的河的时间都没有了。他们干吗要跟他过不去呢?——他的骄傲与自由都受了伤害,他愤慨极了。他决意不是从此不弄音乐,便是尽量的弹得坏,使父亲灰心。这对他也不大好受,可是他的自由独立非挽救不可。

从下一课起,他就实行他的计划。他一心一意地把音弹错,把装饰音弄成一团糟。曼希沃叫着喊着,继之以怒吼;戒尺像雨点一般落下来。他有根粗大的戒尺,孩子弹错一个音,就打一下手指;同时在他耳边咆哮,几乎把他震聋。克利斯朵夫疼得把脸扭做一团,咬着嘴唇不让自己哭出来,忍着痛苦照旧乱弹,觉得戒尺来了便把脑袋缩下去。但这不是个好办法,他不久也发觉了。曼希沃和他一样固执,他发誓哪怕两天两晚地拼下去,他也决不放过一个音,直到他弹准为止。克利斯朵夫拼命留神要教自己每次都弹错,曼希沃看见他每逢装饰音就故意使性子,把小手重重地打在旁边的键子上,也就怀疑他是存心闹鬼。戒尺的记数加了倍,克利斯朵夫的手指完全失去了知觉。他不声不响地,可怜巴巴地抽咽着,把眼泪往肚里咽。他懂得这样下去是没有侥幸可图的,只能试试最后一个办法。他停下来,一想到他将要掀起的暴风雨,先就发抖了:“爸爸,我不愿意再弹了。”他鼓足勇气说。

曼希沃气得不能呼吸了。

“怎么!……怎么!……”他喊道。

他摇着孩子的手臂差点儿把它扭断。克利斯朵夫越来越哆嗦,一边举着肘子防备拳头,一边继续说:“我不愿意再弹。第一,因为我不愿意挨打。而且……”

他话没有说完,一个巴掌把他打断了呼吸。曼希沃嚷道:“嘿!你不愿意挨打?你不愿意挨打?……”接着拳头就像冰雹一样落下来。

克利斯朵夫大哭大叫的说:“而且……我不喜欢音乐!……我不喜欢音乐!……”

他从凳上滑了下来。曼希沃狠狠地把他重新抱上去,抓着他的手腕往键盘上捣了一阵,嚷道:“你非弹不可!”

克利斯朵夫嚷道:“我偏不!”

曼希沃没有法儿,只能把他推在门外,说要是他不好好地弹他的练习,一个音都不错,就整天整月地没有东西吃。他朝他屁股上踢了一脚,关上了门。

克利斯朵夫给赶到了楼梯上,又脏又暗、踏级都给虫蛀了的楼梯上。天窗的破玻璃中吹进一阵风,墙上湿漉漉的全是潮气。克利斯朵夫坐在肮脏的踏级上、又愤怒又激动,心在胸中乱跳。他轻轻地咒骂父亲:

“畜牲!哼,对啦,你是畜牲!……小人……野兽!……我恨你,我恨你!……只希望你死,死!”

他悲愤填胸,无可奈何地瞅着滑腻腻的楼梯,望着破玻璃窗高头迎风飘荡的蜘蛛网。他觉得自己在苦难中孤独无助。他望着栏杆中间的空隙……要是往下跳呢?……或者从窗里跳呢?……是啊,要是用跳楼自杀来惩罚他们,他们良心上该多么难过!他仿佛听见自己堕楼的声音。上面急急忙忙开门,好不凄惨地叫起来:“他跌下去了!跌下去了!”一阵脚声在楼梯上滚下来。父亲母亲哭着扑在他身上。母亲哭哭啼啼地嚷着:“都是你呀!是你害死他的!”父亲把手臂乱动了一阵跪在地下,把脑袋撞着栏杆,喊着:“我该死呀!我该死呀!”——想着这些,克利斯朵夫的痛苦解淡了,差不多要哀怜那些哭他的人了;但转念一想,又认为他们活该,觉得自己出了口气非常痛快……

编完了故事,他发觉自己还是在楼梯高头的黑影里;再对下面瞧了一眼,跳楼的念头完全没有了;甚至还打了个寒噤怕掉下去,赶紧退后了些。于是他觉得真的做了犯人,好似一头可怜的鸟给关在笼里,除了千辛万苦,绞尽脑汁以外,别无生路。他哭着哭着;用肮脏的小手擦着眼睛,一忽儿就把整个脸涂得乌七八糟。他一边哭一边照旧望着周围的东西;这倒给了他一点儿消遣。他把哼啊嗐的哭声停了一会,仔细瞧了瞧那只开始蠕动的蜘蛛。然后他又哭,可是没有多大的劲了。他听着自己哭,尽管无意识的在那里哼着,可已经不大明白为什么要这样哼了。不久他站起来;窗子在吸引他。他坐在窗槛上,小心翼翼地把身子紧靠着里头,斜着眼睛瞅着他又好奇又厌恶的蜘蛛。

莱茵河在屋下奔流。人在楼梯的窗口临河眺望,好似悬在动荡的天空。克利斯朵夫平常一拐一拐下楼的时候总是对河瞧上一眼的,但从来没见到今天这样的景色。悲伤使感觉格外锐敏;眼睛经过泪水的洗涤,往事的遗迹给一扫而空,一切在眼膜上刻划得更清楚了。在孩子心目中,河仿佛是个有生命的东西,是个不可思议的生物,但比他所见到的一切都强得多!克利斯朵夫把身子往前探着,想看个仔细;嘴巴鼻子都贴着玻璃。它上哪儿去呢?它想怎么办呢?它好似对前途很有把握……什么也拦不住它,不分昼夜,不论晴雨,也不问屋里的人是悲是喜,它总是那么流着;一切都跟它不相干;它从来没有痛苦,只凭着它那股气魄恬然自得。要能像它一样的穿过草原,拂着柳枝,在细小晶莹的石子与砂块上面流过,无愁无虑,无挂无碍,自由自在,那才快活咧!……

孩子全神贯注地瞧着,听着,仿佛自己随波逐流地跟着河一起去了……他闭上眼睛,便看到光怪陆离的颜色,蓝的、绿的、黄的、红的;还有巨大的影子在飞驰,水流似的阳光在倾泻……种种的景象渐渐分明了,一片辽阔的平原,微风挟着野草与薄荷的香味,把芦苇与庄稼吹得有如涟波荡漾。矢车菊,罂粟,紫罗兰,到处都是花。啊,多美!空气多甜蜜!躺在那些又软又厚的草上多舒服啊!克利斯朵夫觉得又快活又有些迷糊,好像过节的日子父亲在他的大玻璃杯中倒了一点儿莱茵美酒……河流又往前去……景色变了……一些垂在水面上的树:齿形的叶子像小手般在水底下打回旋。林间有座村落倒映在河里。微波轻拍的白墙上面,可以看到杉木与公墓上的十字架……随后是巉岩,是连绵起伏的山峦,坡上有葡萄藤,有小松林,有城堡的遗迹。过后又是平原,庄稼,禽鸟,阳光……

浩荡的绿波继续奔流,好像一整片的思想,没有波浪,没有皱痕,只闪出绿油油的光彩。克利斯朵夫简直看不见那片水了;他闭上眼睛想听个清楚。连续不断的澎湃的水声包围着他,使他头晕眼花。他受着这永久的,控制一切的梦境吸引。波涛汹涌,急促的节奏又轻快又热烈的往前冲刺。而多少音乐又跟着那些节奏冒上来,像葡萄藤沿着树干扶摇直上:其中有钢琴上清脆的琶音,有凄凉哀怨的提琴,也有缠绵婉转的长笛……那些风景隐灭了。河流也隐灭了。只有一片柔和的,暮霭苍茫的气氛在那里浮动。克利斯朵夫感动得心都颤抖了。那时又看到些什么呢?哦,全是些可爱的脸!……一个黄发垂髫的小姑娘在叫他,带着慵懒与嘲弄的神气……一个脸色苍白的男孩子,碧蓝的眼睛不胜怅惘地望着他。……还有别的笑容别的眼睛,——有的是好奇而乱人心意的眼睛,简直把你瞧得脸红,——有的是亲切而痛苦的眼睛,像狗那么和善的目光,——有傲慢的眼睛,也有苦恼的眼睛……还有那张惨白的妇人的脸,乌黑的头发,紧锁的嘴巴,眼睛似乎占据了半个脸庞,恶狠狠的瞪着他……而最可爱的却是那张对他微笑的脸,淡灰的眼睛,微微张开的嘴巴,小小的牙齿多么光亮……啊!慈悲的温柔的笑容!把他的心都融化了!他觉得多舒畅,多爱它!啊,再来一次吧!再对我笑一下吧!你别走呀!——哎哟!它隐掉了!可是他心中已经留下一股无法形容的温柔的感觉。凡是可怕可悲的事都没有了,什么都没有了……只有一场轻飘的梦,一阕清朗的音乐,在阳光中浮动,好似处女座中的众星在夏季的天空闪烁……——可是刚才那些是怎么回事呢?使孩子神摇魄荡的好多景象又是什么呢?他从来没看到过,可是明明认识它们。它们从哪儿来的?从生命的哪一个神秘的深渊中来的?是过去的呢还是将来的呢?……

然后,什么都隐灭了,一切形象都化掉了……然后,好像一个人在高空,隔着云雾,最后一次又看到那洋溢的河在田野中泛滥,那么威严那么迟缓的流着,简直像是静止的。而远远的仿佛有道灰白的微光,一片汪洋,一线水波在天边颤动,——那是大海。河向着海流去,海也向着河奔来。海吸引河,河也需要海。终于河流入海,不见了……音乐在那里回旋打转,舞曲的美妙的节奏疯狂似的来回摆动;一切都卷入它们所向无敌的漩涡中去了……自由的心灵神游太空,有如为空气陶醉的飞燕,尖声呼叫着翱翔天际……欢乐啊!欢乐啊!什么都没有了!……哦!那才是无穷的幸福!……

时间流逝,黄昏来了,楼梯那边已经黑了。雨点滴在河面上,化成无数的圆涡跟着水波打转。有时,一根树枝,几片黑色的树皮,无声无息地浮过,顺流而去。凶残的蜘蛛饱餐之后躲在最暗的一角,——小克利斯朵夫老是伏在窗洞边上;抹得乌七八糟的苍白的脸上闪着幸福的光彩。他睡熟了。

第三部

日色曚昽微晦

《神曲·炼狱》第三十

他不得不让步了。虽然英勇的抵抗极其顽强,终究给戒尺制服了。每天早上三小时,晚上三小时,克利斯朵夫必须坐在这架刑具前面。又要用心,又是厌烦,大颗大颗的眼泪沿着鼻子跟腮帮淌着:他把常常冻得红肿的小手在黑白的键子上搬动,弹错一个音戒尺就打下来,同时还要听老师的咆哮,那是他觉得比挨打更受不了的。他自以为对音乐恨透了,但他拼命用功,那可不是单单为了怕父亲的缘故。祖父有过几句话给了他深刻的印象。老人看见小孙子哭,就郑重其事地和他说,为着人间最美最高尚的艺术,为着安慰苍生,为人类增光的艺术而吃些苦是值得的。克利斯朵夫一方面因为祖父把他当作大人看待而非常感激,一方面因为那些话跟他儿童的刻苦与高傲的精神非常投合而大为感动。

但主要的原因,还是音乐所引起的某些情绪深深的印在心头,使他不由自主地留恋音乐,把一生奉献给这个他自以为深恶痛绝,竭力反抗而无效的艺术。

依照德国的惯例,城里有座戏院,演着歌剧,喜歌剧,轻歌剧,话剧,喜剧,歌舞,杂耍,以及一切可以上演的东西,不拘种类不拘风格。

每星期表演三次,从下午六点到九点。老约翰·米希尔每次必到,对所有的节目都感到同样的兴趣。有一次他带着孙子一起去。好几天以前,他先把情节详细解释了一番。克利斯朵夫一点也不明白,只记得有些可怕的事;他一边迫不及待地想看,一边也十分怕看。他知道剧中要有一场雷雨,他就怕给霹雳打中。他知道剧中有一场战争,他就不敢说自己会不会被杀死。头天晚上,他在床上真是急坏了。到了上演的日子,他几乎希望祖父有事不能来。可是开演的时间近了而祖父还没到,他又开始发愁,时时刻刻从窗里张望。终于老人出现了,他们俩动身了。他的心在胸中乱跳,口干舌燥,连一个字都说不上来。

他到了那座神秘的屋子,那是家里的人常常提起的。约翰·米希尔在门口碰上几个熟人;孩子紧紧抓着他的手,生怕把祖父丢了,他不明白这个时候他们怎么还能泰然自若地有说有笑。

祖父坐在老位置上,在第一排紧靠乐队的地方。他凭着栏杆,立刻和低音提琴手拉不断扯不断地谈起话来。这儿是他的天地了;凭他音乐方面的权威,这儿可有人听他说话了;他便利用,甚至滥用这种机会。克利斯朵夫什么也听不见。看着这富丽堂皇的剧场,使他胆小的那么多的观众,等待开演的心情,把他神志都搅糊涂了。他不敢回过头去,以为所有的目光都盯着他一个人。他哆哆嗦嗦地把小鸭舌帽夹在膝盖中间,圆睁着眼睛瞪着那个奇妙的幕。

终于台上敲了三下。祖父擤过鼻子,掏出脚本,那是他一字不肯放过的,有时倒反因之不注意台上的戏文。乐队开始演奏,一听开头几个和弦,克利斯朵夫就安心了。这个音响的世界可是他的世界了;从此以后,不管演的戏多么离奇,他总觉得很自然的。

一开幕便是些纸板糊起来的树,和差不多跟这个一样假的东西。孩子张着嘴望着,觉得有趣极了,可并不惊奇。戏剧的情节发生在假想的东方,那是他连一点概念也没有的。诗歌体的台词全是无聊的废话,叫人摸不着头脑。克利斯朵夫什么也看不清,把剧情都弄错了,拿这个角儿认作那个角儿,扯着祖父的衣袖提出可笑的问句,证明他全盘不懂。可是他非但不厌烦,倒反看得出神了。他拿那个荒谬的脚本自己杜撰了一个故事,和台上演的全不相干;眼前的情节随时跟他的故事抵触,不得不随时修正,孩子可并不着急。演员们叫着各种不同的声音;他从中挑了几个他喜欢的角儿,提心吊胆地注意他们的命运。他尤其为一个美人儿颠倒,不老不少的年纪,金黄的长发,大得有点过分的眼睛,光着脚。不近情理的怪场面并没使他觉得刺眼。高大臃肿的演员的丑态,畸形怪状的合唱队分站两行,做着毫无意义的姿势,穷嘶极喊时的怪相,凌乱的假头发,男高音歌手的高底靴,女主角的化妆五颜六色地涂抹一脸:儿童尖锐的眼睛对这些都没有注意到。他好似一个动了爱情的人,看不见爱人的真面目。儿童创造幻觉的奇妙的力量,能随时拦住不愉快的感觉把它改头换面。

这些奇迹原是音乐促成的。它把所有的东西罩上一层薄雾,使一切都显得高尚、美丽、动人。音乐使心灵狂热的需要爱,使它觉得周围的空虚,然后又提供许多幽灵似的对象来填补这空虚。小克利斯朵夫情绪紧张到极点。有些话,有些手势,有些乐句,使他非常不自在;他不敢看了,不知道那是正当的还是不正当的,脸一忽儿红一忽儿白,脑门上全是汗;而他还怕旁人发觉自己的慌乱。歌剧到第四幕,照例有桩不可避免的祸事要临到一对爱人头上,让男主角与女主角有个尖声大叫的机会;但那时孩子觉得要闭过气去了,他喉咙像着了凉一样的难过,双手掐着脖子,连口水都咽不下了;他胀饱了泪水。幸而祖父感动的程度也和他不相上下。他对戏剧的兴趣,像儿童一样的天真。逢到惊心动魄的情节,他装作若无其事的轻轻咳嗽,遮掩心中的激动;可是克利斯朵夫看得很清楚,觉得很高兴。他热极了,昏昏欲睡,坐在那儿又非常不舒服。但他一心一意地想着:“是不是还有好久呢? 希望它不要完呀! ……”

可是,突然之间一切都完了,他不明白为什么完了。幕一闭,大家都站起身子,心荡神驰的境界给打断了。

一老一小的两个孩子在夜里回去。多美的夜! 多恬静的月光!

他们俩一声不出，翻来覆去想着他们的回忆。终于老人问道："你快活吗？"

克利斯朵夫一时答不上来，他还受着感情的控制，并且他不愿意说话，生怕把幻景赶跑了；他勉强振作了一下，深深叹了口气，声音很轻地回答说："哦！是的！"

老人笑了笑，过了一会又说："你瞧，做个音乐家多了不起！造出这些奇妙的场面，不是最大的光荣吗？那简直跟上帝下凡一样。"

孩子听了大吃一惊。怎么！这是人造出来的？他真没想到。他几乎以为那是自然而然产生的，是天造地设的……原来一个人，一个音乐家，就像他将来也会成功的那种人，竟能造出这样的作品！哎唷！希望自己能有那么一天，便是一天也好！过后……过后，随便怎么都可以！就是死也甘心了！他问："祖父，这是谁作的呢？"

祖父说作者叫作弗朗索瓦·玛丽·哈斯莱，是个德国的青年音乐家，住在柏林，他从前认识的。克利斯朵夫竖起耳朵听着，突然问道：

"那么您呢，祖父？"

老人打了个寒噤。

"什么？"他问。

"您，您有没有也做过这些东西？"

"当然。"老人的声音有点儿不高兴。

说完他不作声了；走了几步，又深深地叹了口气。这是他终身隐痛之一。他一向想写戏剧音乐，可是灵感不帮忙。他纸夹里头的确藏着他创作的一二幕乐谱；但他对它们的价值毫无把握，从来不敢拿给人家去评一评。

直到家里，他们俩再也不说一句话。两人都睡不着觉。老人心里很难过，念着《圣经》安慰自己。克利斯朵夫在床上回想着当晚的情形，连小地方都记得，赤足的女郎又在他面前出现了。快睡着的时候，一句音乐忽然清清楚楚在耳边响着，好像乐队就在近边；他不由得惊跳起来，昏昏沉沉地靠着枕头想道："将来有一天，我也要写这种东西。

噢！我是不是能写呢?”

从那时起,他唯一的欲望就是看戏。因为人家把看戏作为他工作的酬报,他对功课更上劲了。他老想着戏:上半星期想着过去的戏,下半星期想着下次的戏。他甚至怕上演的那天害病;这种恐惧使他常常觉得有三四种病的征象。到了那天,他吃不下饭,好像担着重大的心事,骚乱不堪,跑去对时钟看了几十次,以为天不会黑的了。临了他忍不住了,在售票房开门以前一个钟点就出发,怕没有位置,又因为他第一个到,对着空荡荡的场子不免暗暗发急。祖父和他说过,有两三次因为看客不多,演员宁可退还票价而停演。他注意来的人,数着:“二十三,二十四,二十五……噢！不够啊……人数老是不够啊!”看到花楼或正厅里来了几个重要的人物,他心又轻松了些,对自己说:“这一个,他们总不敢请他回去吧？为了他,总得开演吧!”——可是他还没有把握,直要乐师们进了场才放心。但他到最后一刻还在发急,不知道会不会开幕,会不会像某一晚那样临时宣布更改戏码。他山猫似的小眼睛瞅着低音提琴手的乐谱架,瞧瞧谱上的题目是不是当晚演的戏。等到看清楚了,过了两分钟又看一下,只怕刚才看错了……乐队指挥还没有进场,一定是害病了……幕后有人忙忙碌碌地乱做一堆,又是谈话声,又是急促的脚步声。可是闯了祸,出了事吗？还好,声音没有了。指挥已经在他的位置上。明明一切都准备好了……还不开场！是怎么回事呢？……他急坏了。——终于开演的记号响了。他的心跳了。乐队奏着序曲;然后,克利斯朵夫有几个钟点在极乐世界中载沉载浮,美中不足的就是担心这境界早晚要完的。

过了些时候,一件音乐界的大事把克利斯朵夫刺激得更兴奋了。第一次使他激动的那出歌剧的作者,弗朗索瓦·玛丽·哈斯莱要来了。他要亲自指挥乐队演奏他的作品。全城都为了这件事轰动起来。年轻的大音乐家正在德国引起剧烈的争辩;十五天内,大家只谈论他。可是他到了城里,情形又不同了。曼希沃和老约翰·米希尔的朋友们老讲着他的新闻,把音乐家的起居生活说得那么离奇;孩子非常热心地听在耳里。想到大人物就在这儿,住在他的城里,呼吸着同样的空气,走着同样的街道,他暗中激动到极点,只希望能见到他。

大公爵①把哈斯莱招待在他的府第里。除了上戏院去主持预奏会,音乐家难得出门,而逢到预奏的场合,克利斯朵夫是不能进去的;他又因为生性很懒,进出都坐着亲王的车。因此克利斯朵夫很少有瞻仰到他的机会,他只有一次看见他在路上过,而且只看见车厢底里的皮大氅,虽然他在路旁等了几小时,用肘子左一下右一下地在人堆中钻到第一排,还得想法不给人家挤掉。他又花了好多时间站在爵府外面,听人家说哪儿是音乐家的卧室,他就远远地对那边的窗子东张西望,聊以自慰。他往往只看到百叶窗:因为哈斯莱起得很晚,差不多整个上午窗子总是关着的。所以消息灵通的人说哈斯莱怕见日光,永远过着夜生活。

末了,克利斯朵夫终于能靠近他的大人物了。那是举行音乐会的一天。全城的人都到场。大公爵和他的家族占据了御用的包厢,高头悬着冠冕,由两个肥胖的小天使高高地举在空中。戏院的布置像举行什么大典一样。台上扎着橡树的枝条和带花的月桂。凡是有些本领的音乐家,都以能参加乐队为荣。曼希沃坐在他的老位置上,约翰·米希尔担任合唱队的指挥。

哈斯莱一出现,立刻来了个满堂彩,妇女们还站起来想看个仔细。克利斯朵夫恨不得用眼睛把他吞下去。哈斯莱的相貌很年轻很清秀,可是有些虚肿,疲倦;鬓角已经不剩什么,在蜷曲的黄头发中间,头顶有点儿秃了。眼睛是蓝的,目光没有神,淡黄的短髭下面,那张带有嘲弄意味的嘴巴老是在那里微微扯动。他身躯高大,好似站不稳的样子,可并非为了局促,而是由于疲倦或是厌烦。他的指挥艺术灵活而带点任性,整个高大而脱骱似的身子在那里波动,手势忽而柔媚忽而

① 克利斯朵夫本乡的城市是一个诸侯的首府,诸侯的爵位当是大公爵。书中屡次提及亲王,是欧洲人对一般诸侯的尊称,与实际的爵位无关。

激烈,像他的音乐一样。可见他非常的神经质;而他的音乐也反映出这种性格。一向无精打采的乐队这时也感染了那种震荡颠动的气息。克利斯朵夫呼吸迫促,虽然怕引起人家的注意,还是没法安安静静地坐在那里;他烦躁之极,站起身子,音乐给了他那么剧烈那么突兀的刺激,逼得他摇头摆脑,手舞足蹈,使邻座的人大受威胁,只能尽量躲闪他的拳脚。而且全场的人都兴奋若狂,音乐会的盛况比音乐本身更有魔力。末了,掌声跟欢呼声像雷雨似的倒下来,再加乐队依照德国习惯把小号吹得震天价响,表示对作者致敬。克利斯朵夫得意之下,不由得浑身哆嗦,仿佛那些荣誉是他受到的。他很高兴看见哈斯莱眉飞色舞,像儿童一样的心满意足;妇女们丢着鲜花,男人们挥着帽子;大批的听众像潮水一般往舞台拥过去。每人都想握一握大音乐家的手。克利斯朵夫看见一个热烈的女人把他的手拿到唇边,另外一个抢着哈斯莱放在指挥台上的手帕。他莫名其妙地也想挤到台边,可是他要真的到了哈斯莱身边,马上会不胜惊惶地逃走的。他像头羊似的低着脑袋在裙角与大腿之间乱钻,想走近哈斯莱,——但他太小了,挤不过去。

祖父在大门口把他找到了,带他去参加献给哈斯莱的夜乐会①。那时已经天黑了,点着火把。乐队里全体人员都在场,所谈的无非是刚才听到的神妙的作品。到了爵府前面,大家静悄悄地集中在音乐家的窗下。虽然哈斯莱跟众人一样早已知道,可是大家还装得非常神秘,在静寂的夜里开始演奏哈斯莱作品中最著名的几段。哈斯莱和亲王在窗口出现了,众人对他们欢呼,而他们俩也对大家行礼。亲王派了一个仆人来请乐师们到府里去。他们穿过大厅,壁上满是油画,绘着戴盔的裸体人物:深红的皮色,做着挑战的姿势,天上盖着大块的云像海绵一般。另外也有男男女女的大理石像,穿着铁片做的短裙。地毯那么柔软,走在上面没有一点声音。后来进入一间大厅,光亮如同白昼,桌上摆满着饮料和精美的食物。

---

① Sérénade 为曲体名称(即所谓小夜曲),亦为演奏此种乐曲之音乐会名称,原为男女相悦求爱之用,后演变为对名流伟人之歌颂,但仍照昔时习惯,于夜间露天举行。

大公爵就在那间屋里,可是克利斯朵夫看不见他:他心目中只有哈斯莱一个人。哈斯莱迎着乐师走过来,向他们道谢,他一边说一边找字,赶到句子说到一半想不出下文,便插一句滑稽的俏皮话,引得众人都笑了。然后大家开始吃东西。哈斯莱特别把四五个艺术家请在一边,把克利斯朵夫的祖父也找了来,恭维了一番。他记得最先演奏他作品的那些人里头就有约翰·米希尔,又提到他常常听见一个朋友,祖父从前的学生,说他如何如何了不起。祖父不胜惶恐地道谢,回答了几句过火的奉承话,连极崇拜哈斯莱的克利斯朵夫听了也非常难为情。但哈斯莱似乎觉得挺舒服挺自然。等到祖父不知所云地说了一大堆,没法接下去的时候,便把克利斯朵夫拉过去见哈斯莱。哈斯莱对克利斯朵夫笑了笑,随手摸着他的头;一知道孩子喜欢他的音乐,为了想见到他已经好几晚睡不着觉,他便抱起孩子,很亲热地向他问长问短。克利斯朵夫快活得面红耳赤,紧张得话也不会说了,望也不敢望了。哈斯莱抓着他的下巴颏儿,硬要他抬起头来。克利斯朵夫先偷偷地张望了一下:哈斯莱眼睛笑眯眯的,非常和善,于是他也笑了。然后,他觉得在他心爱的大人物的臂抱中那么快乐,那么幸福,以至眼泪簌落落地直掉下来。哈斯莱被这天真的爱感动了,对他更亲热,把他拥抱着,像母亲一样温柔地和他说话。同时他尽挑些滑稽的话,呵孩子的痒,逗他发笑;克利斯朵夫也禁不住破涕为笑了。一忽儿他已经跟他很熟,毫无拘束地回答哈斯莱的话,又自动咬着哈斯莱的耳朵说出他所有的小计划,仿佛他们俩是老朋友;他说他怎样想做一个像哈斯莱那样的音乐家,写出像哈斯莱那样美妙的作品,做一个大人物等等。一向怕羞的他居然放心大胆的说着,可不知道说些什么,他出神了。哈斯莱听着他的唠叨笑开了,说:

“等你大了,成功当上一个音乐家的时候,你得上柏林来看我,我可以帮你的忙。”

克利斯朵夫快活得答不上话。哈斯莱便跟他开玩笑说:“你不愿意吗?”

克利斯朵夫拼命摇头,摇了五六次,表示决不是不愿意。

“那么一言为定喽?”

克利斯朵夫点点头。

“那么你亲我一下啊。”

克利斯朵夫把胳膊勾着哈斯莱的脖子,使劲的抱着他。

“哎啊,小家伙,你把我弄潮了!放手!你擤擤鼻子好不好!”

哈斯莱一边笑一边亲自替又羞又喜的孩子擤鼻子。他把他放在地下,拉他到桌子旁边,把糕饼塞满了他的口袋,说道:

“再会了!别忘了你答应的话。”

克利斯朵夫快乐得有点飘飘然。世界上一切都不存在了。他怀着一腔热爱,目不转睛地看着哈斯莱所有的表情,所有的动作。可是忽然有句话使他听了很奇怪。哈斯莱举起杯子,脸色顿时紧张起来,说道:

“我们在这种快乐的日子也不该忘了我们的敌人。那是永远不应该忘掉的。我们没有被打倒并不是因为他们留情。我们也用不着为了他们的生存而留情。所以我的干杯祝贺对有些人是除外的!”

大家对于这古怪的祝词笑着鼓掌;哈斯莱也跟着大家一起笑,又像刚才一样的高兴了。但克利斯朵夫心里很不痛快。虽然他崇拜哈斯莱,不敢议论他的行为,可是他觉得今天晚上应当和颜悦色,只有些快乐的念头才对,哈斯莱想到那些丑恶的事未免太扫兴了。可是这个印象是模糊的,而且很快就被过度的欢乐和在祖父杯子里喝的一点儿香槟酒赶跑了。

祖父在回家的路上自言自语地说个不停,哈斯莱对他的恭维使他高兴极了;他大声地说哈斯莱是个天才,一百年只会出一个的那种天才。克利斯朵夫一声不出,把他像爱情那样的醉意都藏在心里:啊!他亲过他,抱过他!他多好!多伟大!

他在小床上热烈地抱着枕头想道:

“噢!我为他死也甘心的,甘心的!”

光明的流星在小城的天空照耀了一晚之后,克利斯朵夫精神上便受到确切不移的影响。在他整个的童年时代,哈斯莱变成他的模范,他的眼睛始终盯住了他。学着哈斯莱的样,六岁的孩子也决心要写音乐了。其实好久以前,他已经不知不觉地在那里作曲了;他没有知道自己作曲的时候已经在作曲了。

对一个天生的音乐家,一切都是音乐。只要是颤抖的、震荡的、跳动的东西,大太阳的夏天,刮风的夜里,流动的光,闪烁的星辰,雷雨,鸟语,虫鸣,树木的呜咽,可爱或可厌的人声,家里听惯的声响,咿咿呀呀的门,夜里在脉管里奔流的血,——世界上一切都是音乐;只要去听就是了。这种无所不在的音乐,在克利斯朵夫心中都有回响。他所见所感,全部化为音乐。他有如群蜂嗡嗡的蜂房。可是谁也没注意到,他自己更不必说了。

像所有的儿童一样,他一天到晚哼个不停。不论什么时候,不论做着什么事:——在路上一蹦一跳的时候,——躺在祖父屋子里的地板上,手捧着脑袋,看着书中的图画的时候,——在厨房里最黑的一角,薄暮时分坐在小椅子里惘然出神的时候,——他的小嘴老是在那里咿咿唔唔,闭着嘴,鼓着腮帮,卷动舌头。他这样会毫不厌倦地玩上几小时。母亲先是没有留意,然后不耐烦地叫起来了。

等到这种迷迷忽忽的状态使他厌烦了,他就想活动一下,闹些声音出来。于是他编点儿音乐,给自己直着嗓子唱。他为了日常生活不同的节目编出不同的音乐。有的是为他早上像小鸭子一般在盆里洗脸时用的。有的是为他爬上圆凳坐在可恶的乐器前面时用的,——更有为他从凳上爬下来时用的(那可比爬上去时的音乐明朗多了)。也有为妈妈把汤端上桌子时用的,——那时他走在她前面奏着军乐。——他也有气概非凡的进行曲,一边哼一边很庄严地从餐室走向卧室。有时他趁此机会和两个小兄弟组织一个游行队伍:三口儿一个跟着一个,一本正经地走着,各奏各的进行曲。当然,最美的一支是克利斯朵夫留给自己用的。什么场合用什么音乐都有严格的规定,克利斯朵夫从来不会用错。别人都会混淆,他可对其中细微的区别分辨得很清楚。

有一天他在祖父家里打转,跺着脚,仰着脑袋,挺着肚子,无休无歇的转着,转着,直转得自己头晕,一边还哼着他的曲子,——老人正在剃胡子,停下来探出他满是皂沫的脸,望着他问:“你唱什么呢,孩子?”

克利斯朵夫回答说不知道。

“再来一下!”祖父说。

克利斯朵夫试来试去,再也找不到他的调子了。祖父的留神使他很得意,想借此卖弄一下他的好嗓子,便独出心裁唱了一段歌剧,可是老人要他哼的并非这个。约翰·米希尔不作声了,似乎不理他了。可是孩子在隔壁屋里玩耍的时候,他特意让房门半开着。

几天之后,克利斯朵夫用椅子围成一个圆圈,做着一出音乐喜剧,那是用戏院里断片的回忆凑起来的;他学着人家的样,一本正经地跳着小步舞,向挂在壁上的贝多芬像行礼。正当他用一只脚站着打个转身的时候,看见祖父在半开的门里探着头对他望着。他以为老人家笑他,便害臊起来,立刻停止了,奔到窗前把脸贴在玻璃上,好像看着什么挺有趣的东西。老人一句话也不说,走过来拥抱他;克利斯朵夫这才看出他很快活。小小的自尊心不免乘机活动了:他相当聪明,知道人家赏识他,可拿不准在剧作家、音乐家、歌唱家、舞蹈家这些才能中间,祖父最称赏他哪一项。他想大概是歌舞部分,因为那是他自己最得意的玩意儿。

过了一星期,他已经把那件事完全忘了,祖父却像有什么秘密似的告诉他,说有些东西给他看。老人打开书桌,检出一本乐谱放在钢琴上叫孩子弹。克利斯朵夫莫名其妙地勉强摸着。[1] 乐谱是手写的,还是老人用他肥大的笔迹特别用心写的。题目都用的花体字。祖父

① 凡是一个新曲子,在琴上一边辨认音符一边慢慢的弹,在弹琴的人叫做“摸”。

坐在克利斯朵夫身边替他翻谱，过了一会问孩子那是什么音乐。克利斯朵夫只顾着弹琴，根本没注意弹的东西，回答说不知道。

“你想想吧，难道不认得吗？”

不错，这音乐明明是熟的，可想不起在哪儿听过……祖父笑道：“再想想吧。”

克利斯朵夫摇摇头，说：“我想不起。”

他仿佛心中一亮，觉得这些调子……可是他不敢……不敢指认……

“祖父，我不知道。”

他脸红了。

“哎，小傻子，你自己的调子还认不得吗？”

对，他知道是自己的，可是给人家一提，倒反吃了一惊，他嚷着：

“噢！祖父！”

老人喜洋洋地把那份谱解释给他听：“你瞧：这是咏叹调，是你星期二躺在地下唱的。——这是进行曲，是我上星期要你再唱而你想不起来的。——这是小步舞曲，是你在我的安乐椅前面按着拍子跳舞的……你自个儿瞧吧。”

封面上，美丽的哥特字体[①]写着：

童年遣兴：咏叹调，小步舞曲，华尔滋舞曲，进行曲。

约翰·克利斯朵夫·克拉夫脱作品第一号

克利斯朵夫简直愣住了。他看到自己的名字，美丽的题目，大本的乐谱，他的作品！……他只能结结巴巴地接着说：

“噢！祖父！祖父！……”

老人把他拉到身边。他扑在老人膝上，把头钻在他怀里，快活得

① 哥特字体俗称为花体字，产生于十三世纪，早期印刷书写多用此体。

脸红了。比他更快活的老人,装着若无其事的声音和他说(因为他觉得自己快要感动得忍不住了):

"当然,我按照调性替你加上了伴奏跟和声。还有……"他咳了一声,"还有,我在小步舞曲后面加上一段特里奥①,因为……因为那是习惯如此!……而且……我想也没有什么害处。"

他把那段特里奥弹了一遍。——克利斯朵夫因为能跟祖父合作,觉得很得意:

"那么,祖父,也得写上您的名字啊。"

"不用写。除了你也用不着别人知道。只要……"他声音发抖了,"只要将来我不在的时候,这点儿纪念能教你想起我。你总不会忘了祖父吧,嗯?"

可怜的老人没有把话完全说出来,他预感到孙儿的作品将来不会像他的一样湮没不彰,所以在自己那些可怜的调子里挑了一个放进去。而这种对假想的荣名沾点儿光的欲望,也很谦卑很动人,因为他只想以无名的方式参加一缕思想,不让它完全消灭。——克利斯朵夫感动到极点,拼命把他亲吻。老人越来越压不住自己的感情,一味亲着他的头发。

"你说,你不会忘了的,是不是?将来你成了一个音乐家,一个大艺术家,为家、为国、为艺术争光的时候,成了名的时候,你会记得是你的老祖父第一个赏识你,第一个料到你将来的造就的?"

他听着自己的话,眼泪都上来了,可还不愿意给孩子看出他动了感情。他狂咳了一阵,沉着脸,拿乐谱当作宝贝似的藏起来,把孩子打发走了。

克利斯朵夫回到家里,快乐得飘飘然。路上的石子都在他周围跳舞。可是家里人的态度使他有点儿扫兴。他得意扬扬地忙着讲他的音乐成绩,他们却你一声我一声地嚷起来。母亲嘲笑他。曼希沃说是

① 特里奥(Trio)原义为三种乐器合奏之音乐,称为三重奏。但十八世纪后期小步舞曲之第二部常称为特里奥,乐器数量及音乐本身均与第一部小步舞曲成为对比。

老人家疯了，与其把孩子弄得神魂颠倒，还不如保养保养自己身体；至于克利斯朵夫，得趁早丢开那些无聊的玩意儿，立刻到琴上去练四个钟点。第一，先得把琴弹得像个样；至于作曲，将来有的是时间，等到无事可做的时候再去研究不迟。

这篇大道理，初听好似曼希沃想防止儿童年纪轻轻就趾高气扬的危险，其实并不然。而且他不久就会表示他的意思正相反。但因他自己从来没有什么思想需要在音乐上表现，也不需要表现任何思想，所以他凭着演奏家的迷信，认为作曲是次要的东西，只能靠了演奏家的艺术才能显出它的价值。当然，他对于像哈斯莱一流的大作曲家所引起的狂热也并非无动于衷；那些掌声雷动的盛况也使他肃然起敬（得到群众捧场的，他无不尊敬）；可是他不免暗中忌妒，因为觉得作者抢掉了他演奏家应得的彩声。经验告诉他，人家给大演奏家捧场的时候也一样热闹，而且特别是捧他个人的，所以受的人觉得更舒服更痛快。他假装极崇拜大音乐家的天才，但非常喜欢讲他们可笑的逸事，使人家瞧不起他们的头脑与私德。他认为在艺术的阶梯上演奏家是最高的一级，因为他说，既然舌头是人身最高贵的器官，那么没有语言，还谈什么思想？没有演奏家，还有什么音乐？

不管用意如何，他的训诫对孩子精神上的发展究竟是好的，使它不致因祖父的夸奖而失去平衡。并且在这一点上，他的训诫还嫌不够。克利斯朵夫立刻认为祖父比父亲聪明得多；他虽然毫无怨色地坐在钢琴旁，可并非为了服从，而是为了能像平时一样，一边心不在焉地让手指在键盘上移动，一边胡思乱想。他弹着无穷无尽的练习，同时听见有个骄傲的声音老在心中叫着："我是一个作曲家，一个大作曲家。"

从那天起，因为他是个作曲家，他就开始作曲了。连字还不怎么写得起来，他已经在家用账簿上撕下纸片，涂着蝌蚪似的音符了。可是为了苦苦追求自己有什么思想，怎么写下来，他反而什么思想都没有了，只知道自己要思想。他构造乐句的时候也一样的执着；而因为他是天生的音乐家，尽管言之无物，好歹总算达到了目的。然后他得意非凡地拿给祖父去看，祖父快活得哭了，——他年纪越大越容易流泪，——还说是妙极了。

这是很可能把孩子宠坏的。幸而他天性淳厚，再加一个从来不想给人什么影响的人的影响救了他。——那是鲁意莎的哥哥，以通情达理而论，他可以说是个模范。

他和她一样矮小，瘦弱，有点儿驼背。人家不知道他准确的年纪，大概不出四十岁，但好像已经五十，甚至五十开外了。小小的脸上全是皱襞，粉红的皮色，和善的淡蓝眼睛像有点枯萎的相思花。他因为怕冷，怕过路风，到哪儿都戴着他的鸭舌帽，要是脱下来，便露出一个小小的、粉红的、圆锥形的秃脑袋，教克利斯朵夫和小兄弟们看了直乐。为了这脑袋，他们老是跟他淘气，问他把头发弄到哪儿去了，父亲在旁说些粗俗的笑话，使孩子们更狂起来，恐吓着说要抽他的光头了。他总是第一个先笑，耐着性子让他们玩儿。他是个小贩，从这一村到那一村，背着个包裹，其中包罗万象：什么糖、盐、纸张、零食、手帕、围巾、靴子、罐头食品、日历、流行歌曲的谱、药品，一应俱全。好几次有人想要他住定一处，替他盘下一家杂货店、一个针线铺什么的。可是他总混不惯；忽然有一天他夜里起来把钥匙放在门下，背着包裹走了。大家可以几个月地看不见他；然后他又出现了：多半是黄昏时候，只听见轻轻敲了几下，门推开了一半，规规矩矩地脱着帽子，露出一个秃顶的小脑袋，一双和善的眼睛，一副腼腆的笑容。他会先说一声："大家好。"进来之前，他从来不忘了把脚下的灰土踩干净，再挨着年纪向每个人招呼，然后拣屋里最隐僻的一角坐下。他点起烟斗，伛着背，大家照例一窝蜂地取笑他，他却静静地等那阵冰雹过去。克利斯朵夫的祖父跟父亲都瞧不起他，对他冷言冷语。他们觉得这个丑家伙太可笑了；行贩这个低微的地位又伤了他们的尊严。这些他们都表现得明明白白；但他好似毫无知觉，照旧很敬重他们，结果他们也心软了，尤其是把人家的敬意看得很重的老人。他们常常跟他说些过火的笑话，使鲁意莎都为之脸红。她早已死心塌地承认克拉夫脱家里的人高人一等,相信丈夫与公公是不会错的;但她对哥哥极有手足之情,而他不声不响的也非常爱她。本家已经没有亲属,兄妹俩都是谦抑、退让、被生活压倒的人;彼此的怜悯,暗中忍受的相同的苦难,使两人相依为命,大有辛甜交迸之感。克拉夫脱父子可身体结实,生性粗鲁,直叫直嚷,元气充足,喜欢把日子过得痛痛快快的,在他们中间,那一对仿佛老站在人生之外或人生边上的懦弱的好人,心心相印,同病相怜,彼此可从来不说出来。

克利斯朵夫以小孩子的那种轻薄无情,跟祖父父亲一样,对小贩存着瞧不起的心。他拿舅舅解闷儿,把他当作一件滑稽的东西;他死乞白赖地捣乱,舅舅总是泰然忍受。克利斯朵夫心里可爱着他,只不大明白为什么,他喜欢舅舅,第一因为他像一件听话的玩具,要他怎么就怎么。第二因为他总捎着点好东西来:一块糖啊,一张图画啊,或是别的玩意儿。这矮子不来便罢,一来孩子们总是皆大欢喜,因为他必有些出人意外的新鲜事儿。他不论怎么穷,还是有办法给每人送一样小东西。家里人的命名节,他一个都不会忘掉,老是不早不晚,在那一天上赶到,从袋里掏出些可爱的,一片诚心挑来的礼物。人家受惯了这些礼,简直不大想到向他道谢;而他只要能拿点东西送人,似乎已经挺高兴了。睡眠不大安稳的克利斯朵夫,夜里常常温着白天的事,有时想起舅舅真好,觉得对这个可怜的人说不尽的感激,可是在白天一点不向舅舅表示,因为那时,他只想要弄他了。而且他年纪太小,还没懂得好心多么可贵:在儿童的语言中,善与蠢差不多是同义字;高脱弗烈特舅舅不就是一个活榜样吗?

一天晚上曼希沃有人请吃饭,高脱弗烈特一个人待在楼下,鲁意莎安排两个小的去睡觉了,他便出去坐在屋子附近的河边。克利斯朵夫闲着无事,也跟在后面,照例像小狗似的捉弄舅舅,直弄到自己上气不接下气地滚在他脚下。他扑在地上,把鼻子钻在草里。喘息稍定,他又想找些别的胡话,想到之后又大声嚷着,笑弯了腰,把脸埋在土里。舅舅只是一声不出。他觉得这静默有点儿古怪,便抬起头来预备把胡话再说一遍,不料劈面看到舅舅的脸,四下里暮霭沉沉,一层黄黄的水汽照着他。克利斯朵夫话到嘴边又咽了下去。高脱弗烈特微微笑着,半阖着眼睛,半张着嘴巴,凄苦的脸容有种说不出的严肃。克利斯朵夫把肘子托着下巴,眼睛盯着他。天黑了,舅舅的脸慢慢隐没了。万籁俱寂。克利斯朵夫也被舅舅脸上那股神秘的气息感染了。地下漆黑,天色清明:星都亮了。河上微波拍岸。孩子迷迷忽忽的,不知不觉嘴里嚼着草梗。一只蟋蟀在身边叫。他觉得自己快睡着了……忽然高脱弗烈特在黑暗里唱起来。他的声音很轻,有点儿嗄,像是闷在心里的,一二十步以外就听不清。但它有一种动人的真切味儿,可以说是有声音的思想;从这音乐里头,好像在明净的水里面,可以直看到他的心。克利斯朵夫从来没听到这样的唱,也从来没听到这样的歌。又慢,又简单,又天真,歌声用着严肃的,凄凉的,单调的步伐前进,从容不迫,间以长久的休止,——然后又继续向前,逍遥自在,慢慢地在黑夜里消失了。它仿佛来自远方,可不知往哪儿去。清明高远的境界并掩饰不了骚乱不宁的心绪;恬静的外表之下,有的是年深月久的哀伤。克利斯朵夫凝神屏气,不敢动弹,他紧张得浑身发冷。歌声完了,他在地下爬过去,嗄着嗓子叫了声:"舅舅!……"

高脱弗烈特不回答。

"舅舅!"孩子又叫着,把手和下巴颏儿都搁在他膝盖上。

高脱弗烈特非常亲热地回了声:"孩子。"

"那是什么啊,舅舅?告诉我,您唱的是什么啊?"

"我不知道。"

"您说啊,那是什么!"

"我说不出是什么,就是一支歌。"

"是您编的吗?"

"不,不是我编的!你问得好蹊跷!……那是一支老歌。"

"谁编的呢?"

“不知道。”

“什么时候的歌?”

“不知道……”

“是您小时候的歌吗?”

“我出世以前,我父亲,父亲的父亲,父亲的父亲的父亲以前,一向就有的。”

“好怪! 从来没人跟我提过。”

他想了一会,说:“舅舅,您还会唱别的吗?”

“会。”

“再唱一支别的行不行?”

“干吗再唱别的? 唱一支就够了。我们要唱的时候,不能不唱的时候才唱。不能唱着玩儿。”

“人家演奏音乐的时候不是来了一曲又一曲吗?”

“我唱的那个不是音乐。”

孩子愣住了。他不十分明白,可并不想要人解释。的确,那不是音乐,不是一般的音乐。他又问:“舅舅,您是不是也编呢?”

“编什么?”

“编歌呀!”

“歌? 噢! 我怎么能编呢? 那是编不起来的。”

孩子用他那种一贯的逻辑追着问:“可是,舅舅,反正从前是人家编的呀……”

高脱弗烈特固执地摇摇头:“那是一向有的。”

孩子紧跟着又说:“可是,舅舅,难道人家不能再编些别的,新的歌吗?”

“为什么要编? 各种各样的歌都有了。有的是给你伤心的时候唱的;有的是给你快活的时候唱的,有的是为你觉得累了,想着远远的家的时候唱的;有的是为你恨自己的时候唱的,因为你觉得自己是个下贱的罪人,好比一条蚯蚓;有的是为了人家对你不好,你想哭的时候唱的;有的是给你开心的时候唱的,因为风和日暖,天朗气清,你看到了上帝的天堂,他是永远慈悲的,好像对你笑着……一句话说完,你心里想唱什么就有什么歌给你唱。干吗还要我编呢?"

"干吗要编?为的要做个大人物啊!"孩子一肚子全是祖父的教训和他天真的梦想。

高脱弗烈特温柔地笑了笑。克利斯朵夫有点儿生气了,问:"您笑什么?"

高脱弗烈特回答:"噢!我啊,我是个挺平常的人。"

他摩着孩子的头,问:"那么你是要做个大人物了,你?"

"是的。"克利斯朵夫挺高傲地回答。

他以为舅舅会夸他几句,不料舅舅又问:

"干吗要做大人物?"

"为编些好听的歌呀!"

高脱弗烈特又笑起来:"你想编些歌,为的要做个大人物;你想做个大人物,为的要编些歌。你倒像一条狗追着自己的尾巴打圈儿。"

克利斯朵夫听了大不高兴。要是在别的时候,他决不肯让一向给他嘲笑惯的舅舅反过来嘲笑他。同时,他做梦也想不到舅舅会那样聪明,一句话把他驳倒。他想找个理由或是什么放肆的话顶回去,可是找来找去找不到。高脱弗烈特接着又说:"大人物有什么用?哪怕你像从这儿到科布伦茨一样大,你也作不了一支歌。"

克利斯朵夫不服气了:"要是我想作呢!……"

"你越想作越不能作。要作的话,就得跟它们一样。你听啊……"

月亮刚从田野后面上升,又圆又亮。地面上,闪烁的水面上,有层银色的雾在那里浮动。青蛙们正在谈话,草地里的蛤蟆像笛子般唱出悠扬的声音。蟋蟀尖锐的颤音仿佛跟星光的闪动一唱一和。微风拂着榛树的枝条。河后的山岗上,传来夜莺清脆的歌声。

高脱弗烈特沉默了半晌,叹了口气,不知是对自己说还是对克利斯朵夫说:

“还用得着你唱吗？它们唱的不是比你所能作的更好吗？”

这些夜里的声音，克利斯朵夫听过不知多少次，可从来没有这样的感觉。真的！还用得着你唱吗？……他觉得心里充满着柔情与哀伤。他真想拥抱草原、河流、天空和那些可爱的星。他对高脱弗烈特舅舅爱到了极点，认为他是最好、最美、最聪明的人，从前自己把他完全看错了。克利斯朵夫不了解他，大概他很难过吧。他悔恨交集，真想叫出来：“舅舅，不要难过了，我以后不跟您淘气了！原谅我吧，我多爱您！”可是他不敢说。——忽然他扑在舅舅怀里，没法说出心里的话，只热烈地拥抱着舅舅，说了好几遍：“我多爱您！”高脱弗烈特又惊又喜，亲着孩子，一叠连声地嚷着：“怎么啦？怎么啦？”然后他站起来拉着他的手说了声：“得回去了。”克利斯朵夫很不高兴，以为舅舅没有懂得他的意思。可是快到家的时候，高脱弗烈特对他说：“以后，要是你愿意，咱们可以在晚上再去听上帝的音乐，我再给你唱别的歌。”等到克利斯朵夫不胜感激地拥抱舅舅，预备去睡觉了，他看出舅舅是完全了解他的。

从此他们常常在晚上一块儿散步：一声不出地顺着河边走，或是穿过田垄。高脱弗烈特慢慢地抽着烟斗，克利斯朵夫拉着他的手，对着黑暗有点害怕。他们坐在草地上；静默了一会之后，高脱弗烈特和他谈着星辰、云彩，教他辨别泥土、空气和水的气息，辨别在黑暗中飞舞蠕动，跳跃浮游的万物的歌声、叫声、响声，告诉他晴雨的先兆，夜间的交响曲中数不清的乐器。有时高脱弗烈特唱些或是悲凉或是快乐的歌，总是那一派的；而克利斯朵夫听了也总是一样地激动。他要唱的话，一晚也只唱一支歌。克利斯朵夫又发觉，凡是要求他唱的，他总唱得很勉强；最好是要他自动想唱的时候。往往你得不声不响的等个老半天，正当克利斯朵夫想着“他今晚不会唱了……”的时候，高脱弗烈特才唱起来。

一天晚上，恰好舅舅不唱歌，克利斯朵夫忽然想起把他费了许多心血，觉得非常得意的作品，挑一个唱给他听。他要表示自己是个了

不起的艺术家,舅舅静静地听完了说:

“多难听,可怜的克利斯朵夫!”

克利斯朵夫懊丧得一句话也回答不出来。高脱弗烈特带着可怜他的意味又说:

“为什么你要作这个呢?多难听!又没人硬要你作。”

克利斯朵夫气得满面通红地顶了句:“祖父可说我的音乐挺好呢。”

“啊!”舅舅不慌不忙地回答。“他一定不会错的。他是个挺博学的人,对音乐是内行。我一点也不懂……”

停了一会,他又接着说:“可是我觉得很难听。”

他非常安静地瞅着克利斯朵夫,看见他又气恼又伤心,便笑道:“你还作些别的调子吗?也许我更喜欢别的。”

克利斯朵夫认为这意思不错,也许换一个调子可以消灭刚才那一支的印象,便把他作的统统唱了一遍。高脱弗烈特一声不出,等他唱完了,才摇摇头,十分肯定的说:

“这些更难听了。”

克利斯朵夫咬着嘴唇,下巴发抖;真想哭出来。舅舅仿佛也很丧气,一口咬定说:

“哦!多难听!”

克利斯朵夫带着哭声嚷道:“可是为什么您要说它难听呢?”

高脱弗烈特神色泰然地望着他,回答道:“你问我为什么?……我不知道……第一因为它无聊……对啦,……它无聊,它没有意思,所以难听……你写的时候,心里就没有什么可说的。干吗你要写呢?”

“我不知道,”克利斯朵夫声音怪可怜地说,“我就想写一个好听的歌。”

“对啦!你是为写作而写作的。你为了要做一个大音乐家,为教人家佩服才写作的。你骄傲,你扯谎:所以你受了罚,你瞧!谁要在音乐上骄傲,扯谎,总免不了受罚。音乐是要谦虚,真诚。要不然还成什么音乐呢？那不是对上帝不敬吗？亵渎上帝吗？他赐给我们那些美丽的歌，都是说真话跟老实话的。”

他发觉孩子不高兴，想拥抱他。可是克利斯朵夫愤愤地躲开了：几天之内他对他生了气。他恨舅舅。他再三对自己说：“他是头驴子！什么都不知道。比他聪明得多的祖父，可认为我的音乐很好呢。”然而他心里明白舅舅还是对的。那些话深深地印在他脑子里了；他觉得自己扯了谎很可耻。

所以他虽然老是记恨，从此写音乐的时候总忘不了舅舅；因为想到舅舅看了要怎么说，他常常把写的东西撕掉。要是不顾一切的写完了一个明知不大真诚的调子，他便很小心地藏起来。他最怕舅舅的批评；只要高脱弗烈特对他某一个曲子说一声：“嗯，还不太难听……我喜欢这个……”他就高兴极了。

有时他为了出气，故意捣鬼，把名家的作品冒充自己的唱给他听，倘若舅舅偶尔认为要不得，他就乐死了。可是舅舅并不着慌。看到克利斯朵夫拍着手在他身边快活得直跳，他也真心地跟着笑了；而且他老是这样的解释：“这也许写得很好，可是没说出一点儿意思。”——他从来不愿意听曼希沃他们的那些小规模的音乐会。不论作品多美，他总是打呵欠，表示不胜厌倦。过了一忽儿他支持不住，无声无息的溜了。他说：

“你瞧，孩子：你在屋子里写的那些，全不是音乐。屋子里的音乐好比屋子里的太阳。音乐是在外边，要呼吸到好天爷新鲜的空气才有音乐。”

他老是讲起好天爷，因为他很虔诚，跟那两位虽然每星期五守斋[①]而自命为强者的克拉夫脱父子不同。

不知为什么，曼希沃忽然改变了主意。他不但赞成祖父把克利斯

① 基督旧教规定，每星期三、五两日不食肉类，现代旧教徒往往只在星期五守斋一日。

朵夫的灵感记录了下来，而且花了几晚功夫亲自把乐稿抄了两三份，使克利斯朵夫大为惊奇。人家无论怎么问他，他总一本正经地回答说："等着瞧吧……"或是一边笑一边搓着手，使劲摸着孩子的头算是跟他开玩笑，再不然是高高兴兴地打他几下屁股。克利斯朵夫讨厌这一类的亲热；可是他看到父亲的确很快活，不知道为什么。

曼希沃跟约翰·米希尔常常很秘密地在一块儿商量着什么。一天晚上，克利斯朵夫很惊讶的听见说，他，克利斯朵夫，把《童年遣兴》题献给雷沃博大公爵殿下了。原来曼希沃先设法探听亲王的意思，亲王表示很乐意接受这份敬意。于是曼希沃得意非凡地宣布，事不宜迟，应当立刻进行下列几项步骤：第一，备一份正式的申请书送呈亲王；第二，刊印作品；第三，组织一个音乐会演奏孩子的作品。

曼希沃和约翰·米希尔又开了好几次长久的会议，很紧张地讨论了两三晚。那是不准人家去打扰他们的。曼希沃起草，修改；修改，起草。老人直着嗓子说话，仿佛在那里吟诗。他们有时争执，有时拍桌子，因为找个字儿找不到。

然后，他们把克利斯朵夫叫去，安排他坐在桌子前面，拿着笔，右边站着父亲，左边站着祖父。祖父嘴里念着文句，教孩子写下来。他完全不知道写的是什么，一则他每写一个字都得费很大的劲，二则父亲在他耳边直嚷，三则祖父把抑扬顿挫的音调特别加强，使克利斯朵夫听了就心慌意乱，再也顾不到去听它的意义。老人也跟孩子一样紧张，他没法坐下，老在屋子里踱来踱去，按着文字的内容做出各种表情，又时时刻刻来看孩子写的那张纸。克利斯朵夫给两颗掩在背后的大脑袋吓昏了，吐着舌头，笔也抓不稳，眼睛也看不清，不是笔划的勾勒太长了，就是把写好的给弄糊涂了；——于是曼希沃狂叫，怒吼，米希尔大发雷霆；——只得从头再写，过了一忽儿又从头再写；赶到快写完了，毫无斑点的纸上忽然掉了一大滴墨水：——于是大家拧他的耳朵，他眼泪汪汪的，可不准哭出来，因为怕弄湿了纸；——然后从第一行起再来过。孩子以为那是一辈子没有完的了。

终于完工了。约翰·米希尔靠着壁炉架，把信再念一遍，快乐得连声音都发抖；曼希沃仰在椅子里，眼睛望着天花板，颠头耸脑地装作内行，体味着下面那封信的风格：

高贵尊严之殿下！

窃臣行年四岁，音乐即为臣儿童作业。自是以还，文艺之神宠赐有加，屡颁灵感。光阴荏苒，倏届六龄；文艺之神频频以抒写胸臆为嘱。顾渺小幼弱，稚骇无知，臣愚又安敢轻于尝试。唯神命难违，不得不勉力以赴，乃成拙作，谨敢不辞罪戾，渎呈于吾

高贵之殿下之前，以博

一粲。伏维

殿下聪明睿智，德被六艺；四方才士，皆蒙

恩泽；区区愚忱，当邀

洞鉴！

臣约翰·克利斯朵夫·克拉夫脱

诚惶诚恐百拜具呈

克利斯朵夫什么也没听到；他能把工作交代已经高兴之极，唯恐人家要他再来一遍，便赶紧溜到野外去了。他对刚才写的东西一点概念都没有，也完全不把它放在心上。可是老人念了一遍，又念一遍，想更深切的体味一番；念完之后，他和曼希沃一致认为是篇杰作。信和乐谱一经送呈，大公爵也表示同样的意见。他叫人传话，说两者的风格都一样地动人。他批准了音乐会，传令把音乐研究院的大厅交给曼希沃支配，并且答应在举行音乐会那天召见儿童艺术家。

于是曼希沃赶紧组织音乐会。宫廷音乐联合会答应帮忙，初步奔走的成功愈加触动了他喜欢大场面的脾气，便同时筹备用精美的版本刊印《童年遗兴》。他本想在封面上加一张他和克利斯朵夫两人的镂版像，孩子坐在钢琴前面，他自己拿着提琴站在旁边。但他不得不放

弃这个计划,并非为了费用太贵——那是曼希沃决不顾虑的——而是为了时间赶不及。于是他换了一幅象征的图,画着一只摇篮、一支小号、一个鼓、一只木马,中间是架竖琴在那儿放光。书名上有段很长的献辞,亲王的名字印得异乎寻常的大,作者的署名是"约翰·克利斯朵夫·克拉夫脱,旹年六岁"。(其实他已经七岁半了。)插图的镂版费很贵,结果祖父卖掉了一口十八世纪的雕有人像的柜子;那是老人从来不肯割爱的,虽然古董商华姆塞跟他提过好几回想收买。可是曼希沃绝对相信,乐谱发售预约①的收入不但抵得够成本,还能有多余。

还有一件事要他们忙的,就是克利斯朵夫在音乐会中穿的服装。他们为此特意开了一个家庭会议。曼希沃的意思,想要孩子穿着短装,光着腿,像一个四岁的孩子打扮。可是克利斯朵夫年纪虽小,已经长得很壮健;而且,大家认识他,也瞒不过人的。于是曼希沃想出一个非常得意的念头,决定了燕尾服和白领结。鲁意莎说他们要叫可怜的孩子闹笑话了,但她的反对毫无用处。曼希沃猜透众人的心理,认为这种出人不意的装束一定能博个满堂彩。事情就这样决定了,裁缝给叫来量这个小人物的尺寸。另外还得置办讲究的内衣和漆皮鞋,又是些贵得惊人的东西。克利斯朵夫穿着新装拘束不堪。为了使他习惯起见,人家要他穿了新衣把他的作品练了好几次,又教他怎么行礼。一个月中间他老坐在琴凳上,连一刻儿的自由也没有了。他气愤之极,可不敢反抗:因为他想到自己要完成一件显赫的事业,他为之又骄傲又害怕。并且大家很疼他:怕他着凉,用围巾裹着他的脖子;鞋子有人替他烘燥,怕他脚上受寒;饭桌上他吃的是最好的菜。

终于那了不得的一天到了。理发匠来主持他的化妆,要把他倔强的头发烫得蜷起来,直到头发给收拾得像羊毛一般服帖才算完工。家里的人一个个在他前面走了一转,说他漂亮极了。曼希沃把他左右前后仔细端详过后,拍了拍脑门,赶紧去摘了一大朵花拴在孩子衣襟上。

① 当时印行图书乐谱,均有赖于发售预约。书印出以后的发售,往往为数极微。

可是鲁意莎一看见他,不由得举着胳膊怪难受地说,他的神气真像只猴子。克利斯朵夫听了懊恼万分。他不知道对自己那副古怪的打扮应该得意还是害臊。他只觉得窘极了;可是在音乐会中他更慌得厉害:在这个大可纪念的一天,他除了发窘以外根本没有别的感觉。

音乐会快开场了,座位还空着一半。大公爵没有到。在这种场合自有一位消息灵通的热心朋友来报告,说府里正在开会,大公爵不会来了:这是从极可靠的方面传出来的。曼希沃听了大为丧气,魂不守舍地踱来踱去,靠在窗上东张西望。老约翰·米希尔也着了急,但他是为孙子操心,把嘱咐的话絮絮叨叨的说个不停。克利斯朵夫也给他们刺激得很紧张:他并不把弹的曲子放在心上,只是想到要向大众行礼而着慌,而且他越想心里越急。

可是非开场不可了:听众已经表示不耐烦了。乐队奏起《科里奥兰序曲》[①]。孩子既不知道科里奥兰,也不知道贝多芬;他虽然常常听到贝多芬的音乐,可并不知道作者。他从来不关心听的作品是什么题目,却自己造出名字来称呼它们,编些小小的故事,幻想出一些零星的风景。他通常把音乐分作三类:水、火、土,其中当然还有无数细微的区别。莫扎特属于水的一类:他的作品是河畔的一片草原,在江上飘浮的一层透明的薄雾,一场春天的细雨,或是一道五彩的虹。贝多芬却是火:有时像一个洪炉,烈焰飞腾,浓烟缭绕,有时像一个着火的森林,罩着浓厚的乌云,四面八方射出惊心动魄的霹雳;有时满天闪着毫光,在九月的良夜亮起一颗明星,缓缓地流过,缓缓地隐灭,令人看着中心颤动。这一次,那颗英雄的灵魂,不可一世的热情,照旧使他身心如沸。他被卷进了火海。其余的一切都消灭了,跟他不相干了!垂头丧气的曼希沃,焦灼万状的约翰·米希尔,那些忙乱的人,听众,大公

① 科里奥兰是罗马族长,公元四九一年被逐,他带领佛尔西安人进攻罗马,在其母亲和妻子哀求下撤兵,随即被佛尔西安人所杀。《科里奥兰序曲》是贝多芬为德国戏剧家科林的同名戏剧所谱写。

爵,小克利斯朵夫:他和这些人有什么关系?他被那个如醉如狂的意志带走了。他跟着它,气吁吁的,噙着眼泪,两腿麻木,从手掌到脚底都痉挛了;血在那里奔腾,身子在那里发抖……——他正这样的竖起耳朵,掩在布景的支柱后面听着的时候,忽然心上好似挨了一棍:乐队中止了;静默了一忽儿之后,号角和铜鼓奏起军乐来。两种音乐的转变,来得那么突兀,克利斯朵夫不禁咬牙切齿,气得直跺脚,对墙壁抡着拳头。可是曼希沃高兴极了:原来是亲王驾到,所以乐队奏着国歌向他致敬。约翰·米希尔声音颤巍巍的对孩子又把话嘱咐了一遍。

序曲重新开始,这一回可是奏完了。然后就轮到克利斯朵夫。曼希沃把节目排得很巧妙,使他的和儿子的技艺能同时表显出来:他们要合奏莫扎特的一阕钢琴与小提琴的奏鸣曲。为了增加效果,克利斯朵夫应当先出场。人家把他带到前台进口的地方,指给他看放在台前的钢琴,又把所有的举动教了他一遍,便把他推出后台。

他在戏院里早走惯了,并不怎么害怕。可是独自个儿站在台上,面对着几百只眼睛,他忽然胆小起来,不由自主地往后一退,甚至想退进后台:但他看见父亲直瞪着他,做着手势,只得继续向前。并且台下的人已经看到他了。他一边往前,一边听见四下里乱轰轰的一片好奇声,又继之以笑声,慢慢地传遍全场。不出曼希沃所料,孩子的装束果真发生了他预期的效果。看到这皮色像波希米人般的小孩儿,拖着长头发,穿着绅士式的晚礼服,怯生生地跨着小步:场子里的人都不禁哈哈大笑,有的还站起身来想看个仔细;一忽儿竟变成了哄堂大笑,那虽然毫无恶意,可是连最镇定的演奏家也不免要为之着慌的。笑声,目光,对准着台上的手眼镜,把克利斯朵夫吓得只想赶快走到钢琴那里,在他心目中,那简直是大海中的一座岛屿。他低着头,目不斜视,沿着台边加紧脚步;走到中间,也不按照预先的吩咐对大众行礼,却转过背去扑向钢琴。椅子太高了,没有父亲的帮忙坐不上去:他可并不等待,竟自慌慌张张地屈着膝盖爬上了,教台下的人看着更好笑。但克利斯朵夫是得救了:一到乐器前面他就谁都不怕了。

终于曼希沃也出场了:承蒙群众好意,他得到相当热烈的彩声。奏鸣曲立刻开始。小家伙弹得挺有把握,毫不慌张,他集中精神,抿紧着嘴,眼睛盯住了键盘,两条小腿挂在椅子下面。他越弹下去,越觉得自在,仿佛置身于一些熟朋友中间,一阵喁喁的赞美声一直传到他的耳边;他想到大家不声不响地在那儿听他,欣赏他,心里很得意。但曲子一完,他又怕了;众人的彩声使他只觉得害羞而不觉得快乐。父亲拉着他的手到台边向大众行礼的时候,他更难为情了。他不得不深深地,傻头傻脑地行着礼,面红耳赤,窘到极点,仿佛做了什么可笑而要不得的事。

他又被抱上钢琴,独奏他的《童年遣兴》。那可轰动了全场。奏完一曲,大家热烈叫好,要求他再来一遍;他对自己的成功非常得意,同时对他们带有命令意味的喝彩也差不多生气了。演奏完毕,全场的人站起来向他欢呼,大公爵又传令一致鼓掌。那时只有克利斯朵夫一个人在台上,便坐在椅子里一动也不敢动。掌声越来越热烈,他的头越来越低下去,红着脸,羞得什么似的;他拼命扭转身子,对着后台。曼希沃出来把他抱在手里,要他向台下飞吻,把大公爵的包厢指给他看。克利斯朵夫只是不理。曼希沃抓着他的手臂轻轻地威吓他。于是他无可奈何地做了个手势,可是低着眼睛,对谁都不看,始终把头扭向别处,觉得那个罪真受不了。他非常痛苦,可不知痛苦些什么;他自尊心受了伤害,一点不喜欢台下那些听众。他们对他拍手也不相干,他不能原谅他们笑他,看着他的窘相觉得开心;他也不能原谅他们看到他这副可笑的姿态,悬在半空中送着飞吻;他差不多恨他们喝彩了。曼希沃才把他放下地,他立刻奔向后台;半路上有位太太把一束紫罗兰掷中了他的脸,他吃了一惊,愈加飞奔起来,把一张椅子也给撞倒了。他越跑,人家越笑;人家越笑,他越跑。

终于他到了前台出口的地方,一大堆人挤在那儿看他,他却拼命低着头钻过去,直跑到后台的尽里头躲着。祖父快活极了,对他尽说着好话。乐队里的乐师都笑开了,夸奖他,可是他既不愿意望他们一眼,也不肯跟他们握一握手。曼希沃侧着耳朵听着,因为掌声不绝,想把克利斯朵夫再带上前台,孩子执意不肯,死拉着祖父的衣角,谁走过去,他就伸出脚来乱踢,接着又大哭了,人家只得把他放下。

正在这个时候,一个副官进来说,大公爵传唤两位艺术家到包厢里去。孩子这种模样怎么能见人呢?曼希沃气得直骂;他一发怒,克利斯朵夫哭得更凶了。为了止住他那股洪水,祖父答应给他一磅巧克力糖,只要他不哭;贪嘴的克利斯朵夫马上停了,咽着眼泪,让人家带走,可还要人家先赌着顶庄严的咒,决不出其不意地再把他送上台。

到了亲王包厢的客室里,他先见到一位穿着便服的先生,小哈巴狗式的脸,上嘴唇留着一撮翘起的胡子,颔下留着尖尖的短须,身材矮小,脸色通红,有点儿臃肿,半取笑半亲热地大声招呼他,用肥胖的手轻轻地拍着他的腮帮,叫他"再世的莫扎特!"这便是大公爵。——接着他被递给公爵夫人,她的女儿,以及别的随从。可是因为他不敢抬起眼睛,对这些漂亮人物的唯一的回忆,只是从腰带到脚那一部分的许多美丽的衣衫和制服。他坐在年轻的公主膝上,既不敢动弹,也不敢呼吸。她向他提出许多问话,都由曼希沃在旁毕恭毕敬地,用着呆板的套语回答;可是她根本不听曼希沃,只顾耍弄着孩子。他觉得脸越来越红,又以为给每个人注意到了,便想找句话来解释,他深深地叹了口气,说道:

"我热得脸都红了。"

公主听了这话大声笑了。克利斯朵夫可并不因之像刚才恨大众一样的恨她,因为那笑声很好听;她拥抱他,他也一点不讨厌。

这时候,他瞥见祖父又高兴又不好意思的,站在走廊里包厢进口的地方;他很想进来说几句话,可是不敢,因为人家没招呼他,只能远远地看着孙儿的光荣,暗中得意。克利斯朵夫忽然动了感情,觉得应当为可怜的老人家主持公道,让人家知道他的价值。于是他凑在他新朋友的耳边悄悄地说:

"我要告诉您一桩秘密。"

她笑着问:“什么秘密呀?”

“您知道,我的小步舞曲里那一段好听的特里奥,我刚才弹的,……您知道吗?……(他轻轻地哼着)——嗳!那是祖父作的,不是我的。别的调子都是我的。可是那最美的一支是祖父作的。他不愿意人家说出来。您不会说的吧?……(他指着老人)瞧,祖父就在那边。我真爱他。他对我真好。”

年轻的公主哈哈大笑,说他真是一个好宝贝,拼命地亲他;可是她马上把这件事当众说了出来,使克利斯朵夫跟老祖父都吃了一惊。大家一齐笑了;大公爵向老人道贺,他却慌做一团,想解释又解释不清,说话结结巴巴的,像做了什么错事。但克利斯朵夫再也不对公主说一句话;尽管她逗他惹他,他总是一声不出,沉着脸:他瞧不起她,因为她说了话不算。他对亲王们的印象也为了这件背信的事而大受影响。他气愤之极,以至人家说的话,和亲王笑着称他为“宫廷钢琴家,宫廷音乐师”等等,一概没有听见。

他和家里的人出来,从戏院的走廊到街上,到处被人包围着,有的夸奖他,有的拥抱他,那是他大不高兴的:因为他不愿意给人拥抱,也受不了人家不得他的同意就随便摆布他。

终于,他们到了家,门一关上,曼希沃立刻骂他“小混蛋”,因为他说出了特里奥不是他作的。孩子明知道他做的是件高尚的行为,应该受称赞而不是受埋怨的,便忍不住反抗起来,说些没规矩的话。曼希沃气恼之下,说要不是刚才弹得不错,他还得挨打呢;可是他做了这桩傻事,把音乐会的效果全给破坏了。克利斯朵夫极有正义感,便坐在一边生气;他对父亲,公主,所有的人,都瞧不起。他觉得不舒服的,还有邻人们来向他的父母道喜,跟他们一起嘻嘻哈哈,好像是他的父母弹的琴,又好像他是他们的,他们大家的一件东西。

这时,爵府里一个仆人奉大公爵之命送来一只金表,年轻的公主送他一匣精美的糖。克利斯朵夫看了两件礼物都很喜欢,不知道更爱哪一件;但他心情那么恶劣,一时还不肯承认自己高兴;他继续在那里怄气,眼睛瞟着糖果,心里想着一个背信的人的礼物该不该收下的问题。他正想让步的时候,父亲要他立刻坐到书桌前面,口授一封道谢的信,教他写下来。那可是太过分了!或许是因为紧张了一天,或许是因为父亲要他写"殿下的贱仆,音乐家某某……"那样羞人的字句,他竟哭了。没有办法教他写一个字。仆人嘴里冷一句热一句的,在旁等着。曼希沃只得自己动笔。那当然不会使他对孩子多原谅一些。更糟的是克利斯朵夫把表掉在地下,打破了。咒骂像冰雹似的落在他身上。曼希沃嚷着要罚掉他的饭后点心。克利斯朵夫愤愤地说偏要吃。为了惩罚他,母亲说要没收他的糖果。克利斯朵夫气极了,说她没有这权利,那是他的东西,不是别人的,谁也不能抢他的!他挨了一个嘴巴。大怒之下,他把匣子从母亲手里抢过来,摔在地下乱踩。他给揍了一顿,抱到房里,脱了衣服放在床上。

晚上,他听见父母跟朋友们吃着丰盛的晚餐,那顿为了庆祝音乐会而八天以前就预备起来的晚餐。他对这种不公平的行为,差点儿在床上气死了。他们大声笑着,互相碰杯。父母对客人推说孩子累了;而且谁也没想到他。可是吃过晚饭,大家快告别的时候,有个人拖着沉重的脚步溜进房间:老祖父在他床前弯下身子,非常感动地拥抱他,叫着:"我的好克利斯朵夫!……"一边把藏在袋里的几块糖塞给了他,然后,好像很难为情地,他溜走了,再也不说什么。

这一下克利斯朵夫觉得很安慰。但他已经为白天那些紧张的情绪累死了,不想再去碰祖父给的好东西。他疲倦之极,差不多马上睡着了。

他一晚没有睡好。他神经不安,常常突然之间身子抽搐,像触电似的。梦里有种犷野的音乐跟他纠缠不清。他半夜里惊醒过来。白天听到的贝多芬的序曲,在耳边轰轰地响,整个屋子都有它急促的节奏。他在床上坐起,揉了揉眼睛,弄不清自己是不是睡着……不,他并没有睡。他认得这音乐,认得这愤怒的呼号,这疯狂的叫吼,他听到自己的心在胸中忐忑乱跳,血液在那里沸腾,脸上给一阵阵的狂风吹着,它鞭挞一切,扫荡一切,又突然停住,好似有个雷霆万钧的意志把风势镇压了。那巨大的灵魂深深的透入了他的内心,使他的肢体和灵魂尽量的膨胀,变得硕大无朋。他顶天立地的在世界上走着。他是一座山,大雷大雨在胸中吹打。狂怒的大雷雨!痛苦的大雷雨!……哦!多么痛苦!……可是怕什么!他觉得自己那么坚强……好,受苦吧!永远受苦吧!……噢!要能坚强可多好!坚强而能受苦又多好!……

他笑了。静寂的夜里只听见他的一片笑声。父亲醒了,叫道:

"谁啊?"

母亲轻轻地说:

"别嚷!是孩子在那里做梦!"

他们三个都不作声了。周围的一切都不作声了。音乐没有了,只听见屋子里的人平匀的打鼾声,——他们都是些患难的同伴,相倚相偎地坐在脆弱的舟中,给一股天旋地转的力量卷进黑夜去了。

卷一 终

卷二·清晨

第一部

约翰·米希尔之死

三年过去了。克利斯朵夫快满十一岁。他继续受他的音乐教育。他跟圣·马丁教堂的管风琴师弗洛李昂·霍才学和声,那是祖父的朋友,非常博学的。老师告诉他,凡是他最喜欢的和弦,他听了身心陶醉,禁不住要打寒噤的和声,都是不好的,不能用的。孩子追问理由的时候,老师说就是这么回事,和声学的规则是这样的。但因他天性倔强,倒反更喜欢那些和声。他最高兴在人人佩服的大音乐家的作品中找出这一类例子,拿去给祖父或老师看。祖父回答说,那在大音乐家是了不起的,对贝多芬或巴赫是百无禁忌的。老师可不这么迁就,他生气了,挺不高兴地说那不是他们所作的最好的东西。

现在克利斯朵夫可以随便到音乐会和戏院里去;同时他每样乐器都学一点,小提琴已经拉得很好,父亲想替他在乐队里谋个位置。他实习了几个月,居然非常称职,便正式被任为宫廷音乐联合会的第二小提琴手[①]。他就这样的开始挣钱;而这也正是时候了,因为家里的情形一天不如一天。曼希沃的酗酒更厉害,而祖父也更老了。

克利斯朵夫体会到家里凄惨的境况,已经有了少年老成和心事重重的神气。他打起精神干他的差事,虽然觉得毫无兴趣,晚上不免在

---

① 音乐总谱上关于小提琴的音乐有两种,低音部分的小提琴音乐是由第二小提琴演奏的。

乐队里打瞌睡。戏院再也引不起他小时候那样的情绪了。那时——四年以前——他最大的野心是爬到他现在这个位置。但人家要他演奏的音乐,一大半是他不喜欢的;尽管还不敢下断语,他暗中认为它们无聊;要是偶然演奏些美丽的乐曲,他又看不上别人那种颟顸的态度,他最爱的作品,结果也像乐队里的同事们一样令人生厌:他们在谢幕之后喘喘气,搔搔痒,然后笑嘻嘻的抹着汗,消消停停地讲些废话,好似才做了一小时的健身运动。他从前钟情的人物,那个金发赤足的歌女,此刻又从近处看到了;幕间休息的时候,他常常在餐厅里碰到她。她知道他小时候喜欢她,就很乐意拥抱他;可是他一点不感到愉快:她的化妆,身上的气味,粗大的胳膊,狼吞虎咽的胃口,都招他厌;现在他简直恨她了。

大公爵没有忘记他的钢琴师:这并不是说,以钢琴师的名义应有的一点儿月俸会准期支付,那是永远要去催讨的;但克利斯朵夫常常被召进府去,或者因为有什么贵宾到了,或者因为爵爷们兴之所至要听他弹琴了,差不多老是在晚上,正当克利斯朵夫想独自清静一会的时候。那就得丢下一切,急急忙忙赶去。有时,人家教他在穿堂里等着,因为晚餐没有终席。仆役们因为常常看到他,和他说话的口气挺随便。然后他被带进一间灯烛辉煌,有很多镜子的客厅,那些酒醉饭饱的人毫无礼貌地用好奇的眼睛瞧着他。他得走过上足油蜡的地板去亲吻爵爷们的手;他可是越大越笨拙了,因为他觉得自己可笑,而自尊心也受了伤害。

随后他坐在钢琴旁,不得不替那些笨蛋演奏(他认为他们是笨蛋)。有时候,人家那种漠不关心的态度简直使他受不了,几乎要停下来。他缺乏空气,好像快闷死了。奏完以后大家随便夸奖一阵,介绍他见这个见那个。他觉得被人当作古怪的动物,跟亲王动物园里的珍禽异兽一样,所有赞美的话多半是对主人而不是对他说的。他自以为受了羞辱,因之他的多心几乎成了一种病态,而且因为不敢表现出来,所以愈加痛苦。哪怕是人家最无心的行动,他也看出有侮辱的成分:

有人在客厅的一角笑,那一定是笑他,可不知笑他什么,是笑他的举动呢还是笑他的服装,笑他的面貌呢还是笑他的手足。一切都使他感到屈辱:人家不跟他谈话他觉得屈辱,跟他谈话也觉得屈辱,把他当作小孩子般给他糖果也觉得屈辱,要是大公爵用着贵人们那种不拘小节的态度,给他一块金洋把他打发走,他尤其难堪。他因为穷,因为被人看作穷而苦恼。有一天晚上回家的时候,他手里拿的钱使他心里难过到极点,甚至把它扔在地窖的风洞里。可是过了一忽儿,他不得不压着傲气去捡回来,因为家里积欠肉店的账已经有好几个月了。

他的家长可想不到这些为了自尊心所受的痛苦,倒还因为他受到亲王的优遇而很高兴呢。儿子能在爵府里跟那些漂亮人物一起消磨夜晚,老实的鲁意莎简直想不出还有什么更美的事。至于曼希沃,那更是向朋友们经常夸耀的资料。但最快乐的还是老祖父。他表面上装作独往独来,说话毫无忌讳,瞧不起名衔地位,骨子里却是挺天真地仰慕金钱、权势、荣誉、声望;看见孙儿能接近那些有财有势的人,他真得意极了,仿佛孩子的光荣能直接反射到自己身上;他虽然装作若无其事,总掩不住脸上的光彩。凡是克利斯朵夫进爵府的晚上,老约翰·米希尔就得借端待在媳妇那里。他等孙儿回来的心情,竟像小孩子一样的不耐烦。克利斯朵夫一回家,他先装着漫不经心的神气,提出些无关紧要的问句,好比:

"嗯,今儿弹得不坏吧?"

或者是亲热的暗示,例如:

"哦,我们的小克利斯朵夫回来了,一定有些新闻讲给我们听了。"

再不然便用一句巧妙的恭维话捧捧他:

"公子在上,我们这厢有礼了!"

可是克利斯朵夫沉着脸,心绪恶劣,冷冷地回答了一声"您好",就去坐在一旁生气。老人家继续问下去,提到些比较实际的事,孩子的回答只有唯唯否否。家里别的人也插进来问长问短:克利斯朵夫可愈来愈拧着眉头,一字一句差不多全得从他嘴里硬逼出来,终于约翰·

米希尔发脾气了,说出难听的话。克利斯朵夫也不大客气地顶回去,结果闹得不欢而散。老人砰的一声带上了门,走了。这些可怜虫所有的乐趣都给克利斯朵夫破坏了,而他们也完全不了解他恶劣的心绪。他们奴颜婢膝的神情,可并非他们的过失!他们根本没想到另有一套做人的方法。

于是克利斯朵夫变得深藏了;虽然对家人不下什么判断,他总觉得自己跟他们隔着一道鸿沟。当然,他也夸张了这种隔膜的情形;因为即使思想不同,要是他能推心置腹地跟他们谈一谈,他们也不见得不了解他。然而父母与子女之间要能彻底地推心置腹,哪怕彼此都十二分的相亲相爱,也极不容易办到:因为一方面,尊敬的心理使孩子不敢把胸臆完全吐露;另一方面,有自恃年长与富有经验那种错误的观念从中作梗,使父母轻视儿童的心情,殊不知他们的心情有时和成人的一样值得注意,而且差不多永远比成人的更真。

克利斯朵夫在家里看到的客人,听到的谈话,使他和家人隔离得更远了。

上他们家来的有曼希沃的朋友,多数是乐队里的乐师,喜欢喝酒的单身汉,并不是坏人,但俗不可耐;他们的笑声和脚声使屋子都为之震动。他们爱好音乐,但议论音乐时的胡说八道的确令人气恼。孩子的感情是含蓄的,那些大人兴高采烈的恶俗的表现把他伤害了。遇到他们用这种态度来称赞他心爱的乐曲,他仿佛连自己也受了侮辱,便浑身发僵,脸都气白了,装出一副冰冷的神气,好似对音乐全无兴趣;要是可能,他竟要恨音乐了。曼希沃说他:

"这家伙没有心肝,没有感觉。不知他这种性格像谁。"

有时他们一起唱着四部合唱的日耳曼歌,和声极平板,速度极慢,又笨重,又一本正经,跟那些唱的人一样。克利斯朵夫便躲在最远的一间房里对着墙壁咒骂。

祖父也有他的朋友:管风琴师,地毯匠,钟表匠,低音提琴手,全是些多嘴的老头儿,永远说着同样的笑话,无休无歇地讨论艺术,政治,或是当地世家的家谱,——他们的兴趣并不在于所讲的题目,只要能说话,能找到说话的对手就高兴了。

至于鲁意莎,她只跟几个邻居的妇女来往,听些街坊上的闲言闲语;每隔相当时候,也有些“好心的太太”,说是关切她,跑来约她在下次宴会中帮忙,同时还越俎代庖,过问孩子们的宗教教育。

所有的客人中,克利斯朵夫最讨厌丹奥陶伯伯。他是约翰·米希尔前妻克拉拉祖母的前夫之子,跟人家合开一个做非洲与远东贸易的商号。他可以说是新派德国人中的一个典型:一方面对民族古老的理想主义冷嘲热讽地表示唾弃,一方面因为国家打了胜仗,特别崇拜强权与成功,而那种崇拜,正显出他们是暴发户,最近才领略到强权与成功的滋味。但要改换上百年的民族性是不能一下子办到的,所以被压制的理想主义,随时会在言语、举动、道德习惯和日常生活中动不动引用歌德的名句等等上面流露出来。那真是良心与利害观念很古怪的混合品,也是一种很古怪的努力,想把旧时德国中产阶级的道德,和新式商人的不顾廉耻加以调和:这种混合,老带着不可向迩的虚伪的气息,因为它结果把德国的强权,贪心,利益,作为一切权利,一切正义,一切真理的象征。

克利斯朵夫耿直的天性受不了这一套。他不能判断伯父是否有理;可是他瞧不起他,觉得他是敌人。祖父也不喜欢那种观念,反对那些理论;但他要不了三言两语就被驳倒了,因为丹奥陶口齿伶俐,老人气度宽宏的天真,在他嘴里马上会变得幼稚可笑。结果约翰·米希尔也对自己的好心肠引以为羞了;甚至为表示他并不像人们所想的那么落伍,也学着丹奥陶的口吻:但他说来总不是味儿,连自己都觉得别扭。可是不管他心里怎么想,丹奥陶毕竟威风得很;而老人对一个在实际事务上能干的人素来很尊敬,尤其因为自己绝对没有这等才具,所以更羡慕不止。他巴望孙儿之中也有一个能爬到那种地位。曼希沃也有这意思,决心要洛陶夫走伯父的路。因此全家都奉承这位有钱的亲戚,希望他将来帮忙。他知道人家少不了他,便借此机会大模大样地摆架子:什么都得过问,什么都要批评,毫不隐瞒他轻视艺术和艺术家的心理,甚至故意摆在脸上,羞辱那些当乐师的亲戚。他嘴里肆无忌惮地刻薄他们,他们居然厚着脸跟着他笑。

克利斯朵夫尤其被伯父作为嘲笑的目标;他可是不能忍耐的。他一声不出,咬着牙,沉着脸。伯父又拿他这种不声不响的气愤开玩笑。有一天丹奥陶在饭桌上把他折磨得太不像话了,克利斯朵夫不由得心头火起,对他脸上唾了一口。那可真是件骇人听闻的事了。伯父先是愣了一愣,然后其势汹汹地破口大骂。克利斯朵夫也给自己的行为吓呆了,连雨点般打在他身上的拳头都不觉得;可是人家要拉他跪在伯父前面的时候,他就拼命挣扎,推开母亲,逃到屋外去了。他在田野里乱窜,直跑到气都喘不过来方始停下。他听见远远的有叫唤他的声音;他心里盘算:既不能把敌人摔在河里,要不要自己跳下去。他在田里睡了一夜。天亮的时候,他去敲祖父的门。老人为了克利斯朵夫的失踪急坏了,一夜不曾阖眼,再没勇气埋怨他。他送他回家,大家看他那么紧张,便绝口不提昨天的事;而且还得敷衍他,因为晚上要到爵府里去弹琴。可是曼希沃唠叨了几个星期,口气之间并不指定谁,只抱怨着说,要希望那些没出息的、教你丢脸的人,看到品行端方、循礼守法的好榜样而觉悟,真是太难了。至于丹奥陶伯伯,在街上碰到克利斯朵夫的时候,便掉过头去,掩着鼻子,表示痛心疾首。

在家里既得不到什么同情,他便尽量不待在家里。人家不断加在他身上的约束使他非常痛苦:要他尊重的人物跟事情太多了,又不许他追问理由;克利斯朵夫可是生来不知忌惮的。人家越想要他驯服,做个循规蹈矩的德国小布尔乔亚①,他越觉得需要摆脱羁绊。在乐队里或爵府里,一本正经地,无聊透顶地受够了罪,他只想和小马一样在草里打滚,也不管什么新短裤,就从绿草如茵的山坡上滑下来,或是跟街坊上的野孩子摔着石头打架。他不常常这么玩,倒并非为了怕挨骂

① 布尔乔亚是法语 bourgeoisie(资产阶级)之译音,在本书中,多半系指中产阶级或市民阶层。

或挨打,而是因为没有同伴。他和别的孩子老是格格不入,连街上的野孩子也不喜欢跟他玩儿,因为他对游戏太认真,下手也太重。而他也孤独惯了,和那些年纪相仿的孩子离得远远的;他为了自己游戏玩得不高明很难为情,不敢加入他们的伙。于是他虽然假装不感兴趣,心里却极希望人家邀他参加。可是谁也不跟他说一句话,他就做出满不在乎的神气,好不难过地走开了。

他的安慰只有在高脱弗烈特舅舅来的时候和他出去闲逛。他越来越接近他了,认为舅舅独往独来的性格是对的。高脱弗烈特到处流浪,不肯住定一个地方的乐趣,现在他完全懂得了。他们俩常常在黄昏时到田野去散步,漫无目的,只是一味往前走,因为高脱弗烈特老想不起时间,回去总是很晚,给家里人埋怨。最快活的是趁夜里大家睡熟的时候溜出去。高脱弗烈特明知那是不应当的,可禁不住克利斯朵夫苦苦哀求,而他自己也舍不得放弃这种乐趣。半夜前后,他到屋子前面照着约定的暗号吹一声唿哨。和衣睡着的克利斯朵夫便偷偷地下床,手里拿着鞋子,屏着气,像野人一样巧妙地爬到临街的厨房窗下。他爬上桌子,舅舅在外边用肩头接应他。于是他们俩出发了,快活得像小学生一样。

有时他们还去找渔夫奚莱弥,高脱弗烈特的朋友;他们坐着他的小艇,慢慢地在月下荡出去。桨上滴下的水珠好似一组琶音,或是一连串的半音阶。一层乳白色的水汽在河面上颤动。群星在天空打着寒噤。两岸的鸡声遥遥呼应,有时听见半空中云雀那种颤动不已的歌声,它们是误会了月光从地上飞起来的。大家相对无语。高脱弗烈特轻轻地唱着一支歌。奚莱弥讲着关于动物生活的奇怪的故事;像谜一样简短的话,使事情显得更神秘。月亮隐在树林后面去了。小艇驶到了一带黑沉沉的岗峦下面。黑的天光和黑的水色合成一片。河上没有一丝波纹。万籁俱寂。扁舟在黑夜里荡漾。简直说不出它是在荡漾,飘浮,还是停着不动。……芦苇摇曳,往四下里纷披,声音像丝绸的摩擦。他们悄悄地靠岸,下了地,走回去。有时要到黎明才回家。

他们顺着河边走。一大群银白色的阿勃兰德鱼,像麦穗一般的绿,又像宝石一般的蓝,在晨光熹微中簇拥而来,它们像美杜莎[①]头上的群蛇似的万头攒动,拼命追逐人家丢下去的面包,一边打圈儿一边往水里沉,然后像一道闪光似的忽然不见了。河水给反光染上粉红与葵花的色调。鸟儿一批一批地醒了。他们加紧步子赶回去。像出门时一样的小心,孩子爬进空气恶浊的卧室,爬上他的床,马上睡熟了,身上带着田野里清新的香味。

他这样的出去,回来,一点事儿都没有,可以永远不给人发觉,要不是有一天小兄弟恩斯德出头告密的话:从此,这种事被禁止了,克利斯朵夫也受到监视了。可是他照旧有法子溜出去。他对谁都看不上,就喜欢跟这个当行贩的舅舅和他的朋友来往。家里的人看了气恼极了。曼希沃说他自甘下流。老约翰·米希尔忌妒克利斯朵夫对高脱弗烈特的亲热;他责备孩子有了接近上流社会,侍奉贵人的机会,不该屈尊俯就,去交接那些市井小人。大家认为克利斯朵夫不爱惜身份。

虽然曼希沃的纵酒与懒惰使家里经济日趋困难,但约翰·米希尔在世的时候,生活还过得去。第一,只有他一个人还能对曼希沃有些影响,使他在沉湎耽溺的下坡路上多少有所顾忌。而且老人的声望也令人忘了醉鬼的无行。还有,家里缺少钱用的时候,他总尽力帮忙。凭了前任乐队指挥的资格,他有笔小小的恩俸,此外他继续收些学生,替人家的钢琴校音,挣些零钱。这些进款大部分都交给媳妇。她虽然用种种方法瞒着,他还是看出她手头很紧。鲁意莎想起他为了他们而熬苦非常抱歉。老人家生活一向过得挺舒服的,极需要享用的,所以他的撙节尤其是难能可贵。有些时候他日常的牺牲还嫌不够;譬如为了偿还急迫的债务,约翰·米希尔就不得不偷偷地卖掉一件心爱的家具,或是书籍,或是纪念品。曼希沃发觉父亲暗中拿钱给鲁意莎,就常

① 美杜莎为希腊神话中的蛇发女妖,被其目光触及者即化为石头。

常硬抢了去。老人一知道这情形,——不是从鲁意莎那里,因为她的痛苦是从来不让他知道的,而是从随便哪一个孙子嘴里,——他就大发雷霆,而父子之间也就大吵一场,叫人看了直打哆嗦。他们俩的脾气都异乎寻常的暴烈,一忽儿功夫就口出恶言,互相威吓,差不多预备动武了。但即使在最冲动的时候,曼希沃也摆脱不了那根深蒂固的敬意;并且不管他醉得多厉害,结果还是低下了头,让父亲大叫大骂地百般羞辱。然而下次一有机会,他照样再来。约翰·米希尔一想到将来就寒心。

"可怜的孩子们,"他和鲁意莎说,"我死了,你们怎么办?……还算运气,"他拍了拍克利斯朵夫,"我还能撑到这孩子能养活你们的时候!"

可是他计算错了:他已经到了生命的终点。这当然是谁也没想到的。八十多岁的人,头发还没有掉,白发中间有几簇还是灰的,浓密的胡子也有好些全黑的。牙齿虽然只剩了十来颗,但咬嚼起来还挺有劲。要看他吃饭的神情才有意思呢。他胃口很好,虽然责备曼希沃纵酒,他自己喝起来量也是挺大的。他特别喜欢摩泽尔河一带出产的白酒。至于葡萄酒,啤酒,苹果汁,凡是上帝创造的一切可口的东西,他都很欣赏。他可决不糊涂到把理性掉在酒杯里,他是有节制的。固然,像他那种宽大的尺度,换了比较脆弱的理性,也得在酒杯里惨遭灭顶的了。他目力很好,脚下很健,忙来忙去的不怕疲倦。六点起床,梳洗非常到家:因为他很重视规矩跟身份。他自个儿在家过活,一切都亲自动手,绝对不要媳妇来管他的事;他打扫卧室,煮咖啡,缝纽扣,敲打,粘贴,修理;光穿着件衬衣在屋里来来往往,上上下下,响亮的男低音嗓子一刻不停地唱着,还加上些做歌剧的手势。——随后他出门了,不管是什么天气。他去办他的事,一件也忘不了,但他是难得准时的:不是在街头巷尾跟熟人絮絮不休,便是和他忽然记起了面貌的邻妇说笑打趣:因为他既喜欢老朋友,也喜欢年轻娇艳的脸蛋。他这样的东待一下,西留一下,从来不知道时间。可是他决不错过用餐的时刻:他到处可以吃饭,根本不用人家邀请。他要到晚上天黑了,把孙儿们看饱之后才回去。他躺在床上,在未曾阖眼之前打开破旧的《圣经》来念一页;半夜里——因为他每一觉不过睡一两个钟点,——他起来拿一本冷摊上买来的旧书:不管什么历史、神学、文学或科学,翻到哪里便念几页,也不管有趣没趣;他不大明白书中的意义,可一字不肯放过,直念到重新睡着的时候。星期日他上教堂去望弥撒,带着孩子们散步,玩着滚木球的游戏。——他从来不闹病,除非脚趾里有些痛风,使他夜里在床上念着《圣经》的时候咒骂几声。他仿佛可以这样的活到一百岁,他觉得也没有理由不超过一百岁;人家说他将来一定百岁而终,他可认为对于上帝的恩惠绝对不应当指定界限。唯有他的容易流泪和越来越坏的脾气,才显出他的老态。只要一点儿不耐烦,他就会暴跳如雷:红红的脸与短短的脖子都变了紫红;他怒气冲冲地叫吼着,直到气都喘不过来才停下。家庭医生是他的一个老朋友,劝他保养身体,把脾气与胃口都节制一些。但他像所有的老人一样固执,为了表现大无畏精神,反而更放纵了;他嘲笑医药,嘲笑医生。他表示全不把死放在心上,说起话来也一味夸口,证明他绝对不怕死。

一个很热的大暑天,他喝了许多酒,又跟人家争论了一番,回到家里在园子里做工。平时他就喜欢翻泥巴。那天,他秃着脑袋,晒着大太阳,争论的怒意还没消下去,气愤愤地掘着地。克利斯朵夫坐在绿荫下面,手里拿着一本书,可并不看;他听着催人入梦的蟋蟀的鸣声出神,心不在焉地望着祖父的动作。老人背对着他,弯着腰在那儿拔草。克利斯朵夫突然看见他站起来,手臂乱动了一阵,就像石块似的扑倒在地下。他当时竟想笑出来,可是看见老人躺着不动,他就叫他,跑过去使劲摇他。慢慢地他害怕了。他蹲下身子,想把倒在地下的大脑袋捧起来。可是它重得不得了,再加上孩子浑身哆嗦,简直没法挪动。后来他一看见望上翻过去的,颜色惨白,淌着鲜血的眼睛,他吓得身子都凉了,马上大叫一声,一松手把祖父的头丢下,魂不附体地站起身子,往外奔逃,一边嚷一边哭。有个过路人把孩子拦住了,克利斯朵夫一句话也说不上来,只指着屋子,那人就走进大门,孩子也跟在后面。住在邻近的人听见叫喊也走来了。一霎时园子里挤满了人。大家踏着花草,俯在老人身上抢着说话。两三个男人把他从地下抬起。克利斯朵夫站在屋门口,脸朝着墙,拿手蒙了脸,他怕看,又禁不住要看,众人抬着祖父走过的时候,他在指头缝里瞧见老人巨大的身体像一堆软绵绵的东西:一条胳膊垂在地下;脑袋靠在一个扛抬的人膝上,抬的人走一步,脑袋就跳一下;面部浮肿,沾满了泥土,淌着血,张着嘴,眼睛挺可怕。孩子看了又大叫一声,逃了。他一口气奔到自己家里,好似有人追逐一般。他直着嗓子叫出凄厉的声音,冲进厨房。母亲正在剥洗蔬菜。他扑上去,拼命搂着她向她求救,号啕大哭,脸扭做了一团,话也不能说了。但他一开口,母亲就明白了,马上脸色发白,让手里的东西都掉在地下,一言不发地奔了出去。

克利斯朵夫一个人靠着柜子,哭个不休。小兄弟们都在玩耍。他不大明白刚才是怎么回事,他也没想着祖父,只想着那些可怕的景象,唯恐人家要他回去再看。

果然,到了傍晚,两个小兄弟在屋里淘气淘够了,嚷着玩厌了,肚子饿了的时候,鲁意莎急急忙忙回家,拉着他们往祖父家里去。她走得很快;恩斯德与洛陶夫照例嘀嘀咕咕;可是母亲吆喝的口气那么凶,他们不敢出声了。他们本能地感到一种恐惧:进门的时候一齐哭了。天色还没完全黑;落日最后的微光照在屋内,照在门钮上,镜子上,挂在外间半明半暗的壁上的小提琴上,变成一种异样的反光。老人卧房内点着一支蜡烛;摇曳的火焰和惨淡的暮色交错之下,室内的阴影愈加令人窒息了。曼希沃坐在窗下大声哭着。医生弯着腰站在床前,遮掉了床上的人。克利斯朵夫心跳得要爆裂了。鲁意莎教孩子们跪在床边。克利斯朵夫大胆觑了一眼。在下午那一幕之后,他准备看到些更可怕的景象,所以一瞥之下他差不多松了口气。祖父一动不动地好似睡在那儿。孩子一念之间以为祖父病好了。但他听到急促的呼吸,细看之下又看见那张肿大的脸上有个跌得紫红的伤痕,才明白祖父是快死了,而他又开始哆嗦起来。他一边照母亲的吩咐做着祷告,希望祖父病好,一边却又默祷着,要是祖父不能好,那么希望他现在这样就算是死了。他对于以后要发生的事恐惧到极点。

老人自从跌跤之后就失了知觉。他只清醒了一忽儿,那一忽儿恰好使他明白自己的情形:而这真是惨极了。神甫已经到场替他做着临终祷告。老人给扶起来靠着枕头;他好容易睁开那不听指挥的眼睛,大声呼着气,莫名其妙地瞪着火光和众人的脸;然后他脸上突然表示一种难以形容的恐怖,张开嘴来结结巴巴地说:

"哦,那么……那么,我是要死了吗?……"

那沉痛的音调直刺克利斯朵夫的心,使他永远忘不了。老人不再说话,只像小孩儿一样的哼哼唧唧。接着他又昏过去,但呼吸更困难了;他呻吟叫苦,双手乱动,仿佛在抵抗那个要他长眠不起的睡眠。在半昏迷半清醒的状态中,他叫了声:

"妈妈!"

多沉痛啊!跟克利斯朵夫一样,老人竟会呼天抢地地喊他的母亲,喊他从来没提到过的母亲:这岂不是对着最大的恐怖作一次最大而无益的呼吁吗?……他似乎安静了一会,心中又闪出一道微光。那双重甸甸的眼睛,虹彩仿佛都散掉了,和孩子吓呆了的眼睛碰在一处,忽然亮了起来。老人挣扎着想笑,想说话。鲁意莎拉着克利斯朵夫走近床边。约翰·米希尔扯了扯嘴唇,想用手摸孩子的头。可是他又立刻昏迷,从此完了。

孩子们被赶到隔壁房里,大家很忙乱,没有功夫照顾他们。克利斯朵夫,由于愈怕愈想看的心理,站在半开半阖的门口偷觑着,看那张凄惨的脸仰倒在枕上,好像被一股残暴的力紧紧掐着脖子……脸上的皮肉越来越瘪下去了……生命渐渐地陷入虚无,仿佛是有个唧筒把它吸走了……痰厥的声音教人毛骨悚然,机械式的呼吸像在水面上破散的气泡,这最后几口气表示灵魂已经飞走而肉体还想硬撑着活下去。——然后脑袋往枕旁一滑,什么声音都没有了。

直到几分钟以后,在号啕声,祈祷声,和死亡所引起的纷乱中,鲁意莎才瞥见克利斯朵夫脸色发青,嘴巴抽筋,眼睛睁得很大,抓着门钮,身子在那儿抽风。她奔过去,他马上在她怀里发厥了。她把他抱走。他失去了知觉。等到醒过来的时候,他发现自己躺在床上,因为陪的人走开了一忽儿,吓得直叫,又发了病,昏了过去,当夜和次日一天都有热度。最后,他安静下来,到第二天晚上睡着了,直睡到第三天下午。他觉得有人在房里走动,母亲扑在床上拥抱他;也仿佛远远的有柔和的钟声。可是他不愿意动弹;他好像在一个梦里。

他重新睁开眼睛的时候,看见高脱弗烈特舅舅在床前坐着。他疲倦极了,什么也想不起。但过了一会,记忆又恢复了,他哭了。高脱弗烈特走过来拥抱他。

"怎么啦,孩子? 怎么啦?"他轻轻地说。

"哎哟! 舅舅,舅舅!"孩子紧紧地靠着他,哼个不停。

"哭吧,"舅舅说,"你哭吧!"

他也跟着哭了。

克利斯朵夫哭得心中松快了一些,揉着眼睛,望着舅舅。舅舅知道他要问什么事了,便把手指放在嘴上,说道:"别问,别说话。哭是对你好的。说话是不好的。"

孩子一定要问。

"问也没用。"舅舅回答。

"只要问一件事,一件就够了! ……"

"什么呢?"

克利斯朵夫犹豫了一会,说:"哎,舅舅,他现在在哪儿呢?"

"孩子,他和上帝在一起。"

可是克利斯朵夫问的并不是这个。

"不,您不明白我的意思。我是问他,他在哪儿?"

(他是指肉体。)

他声音颤动地又问:

“他还在屋子里吗?”

“今儿早上已经给葬了,我们那亲爱的人,”高脱弗烈特回答,“你没听见钟声吗?”

克利斯朵夫松了口气。但过后一想到从此不能再看见亲爱的祖父,他又非常伤心地哭了。

“可怜的孩子!”高脱弗烈特不胜同情地望着他。

克利斯朵夫等着舅舅安慰他;可是舅舅毫无举动,他觉得安慰也是没用的。

“舅舅,”孩子问,“难道您不怕这个吗,您?”

(他心里真希望舅舅不怕,并且告诉他怎么样才能不怕!)

但高脱弗烈特好似担了心事。

“嘘!”他声音也有点变了……

“怎么不怕呢?”他停了一会又说,“可是有什么办法?就是这么回事。只能忍受啊。”

克利斯朵夫摇摇头,表示不接受。

“只能忍受啊,孩子,”高脱弗烈特又说了一遍,“他要这样就得这样。他喜欢什么,你也得喜欢什么。”

“我恨他!”克利斯朵夫对天晃着拳头,愤愤地说。

高脱弗烈特大惊之下,叫他住嘴。克利斯朵夫自己也对刚才说的话怕起来,便跟着舅舅一同祈祷。但他心里怀着一腔怒火,虽然念念有词地说着卑恭的话,暗中对那可怕的事,和造成那可怕的事的妖魔似的主宰,恨到了极点,只想反抗。

多少的日子过去了,多少的雨夜过去了:在新近翻动过的泥土底下,可怜的老约翰·米希尔孤零零地躺着。当时曼希沃几次三番的大号大哭,可是不到一星期,克利斯朵夫听见他又在高高兴兴地笑了。人家提到死者的名字,他立刻哭丧着脸,但过了一会,又指手画脚地说起话来,挺有精神了。他的悲伤是真的,但不可能教自己的心绪老是那么抑郁。

懦弱隐忍的鲁意莎,对什么都是逆来顺受的,就一声不响地接受了这桩不幸。她在每天的祷告中加了一段祷告,按着时候去打扫墓地,仿佛照顾坟墓也是她家务中的一部分。

高脱弗烈特对于老人长眠的那一小方地的关心,真教人感动。他要来的话,总带一件纪念物,不是亲手做的十字架,便是约翰·米希尔生前喜欢的什么花。这种事他从来不忘记,而且老是瞒着人去做的。

鲁意莎有时带着克利斯朵夫一同上公墓。那块肥沃的土地,阴森森地点缀着花草树木,在阳光中发出一股浓烈的气味,和萧萧哀吟的柏树的气息混在一起。克利斯朵夫厌恶那块地,厌恶那些气味,可是不敢承认,因为他觉得这表示自己怕死,同时对死者不敬。他非常苦闷。祖父的死老压在他心上。好久以前他就知道什么叫作死,久已想过死,也久已害怕死,但还没有见过死的面目。而一个人对于死直要亲眼目睹之后,才会明白自己原来一无所知,既不知所谓死,亦不知所谓生。一切都突然动摇了;理智也毫无用处。你自以为活着,自以为有了些人生经验,这一下可发觉自己什么都没知道,什么都没看见:原来你是在一个自欺欺人的幕后面过生活,而那个幕是你的精神编织起来,遮掉可怕的现实的。痛苦的观念,和一个人真正的流血受苦毫不相干。死的观念,和一路挣扎一路死去的灵肉的抽搐也毫不相干。人类所有的语言,所有的智慧,和现实的狰狞可怖相比之下,只是些木偶的把戏;而所谓人也只是行尸走肉,花尽心机想固定他的生命,其实这生命每分钟都在腐烂。

克利斯朵夫日夜想着这个问题。祖父临终的景象老是在他的记忆中,他还听到那可怕的呼吸。整个的天地都改变了,仿佛布满着一片冰雾。在他周围,不论转向哪一边,总觉得那盲目的野兽有股血腥气吹在他脸上;他知道有种毁灭一切的力威胁着他,而他一无办法。但这些念头非但压不倒他,反而激起他的愤怒与憎恨。他没有一点儿听天由命的性格,只知道低着头向“不可能”直撞过去。虽然撞得头破血流,虽然眼看自己不比敌人高强,他还是不断地反抗痛苦。尔今尔后,他的生活就是对命运的残酷作着长期的斗争,因为他不愿意忍受那个命运。

正当他被死的念头缠绕不休的时候,生活的艰难可把他的思想转移了目标。家庭的衰落一向被老祖父挡着,他不在之后就一发不可收拾了。克拉夫脱一家最大的财源与老人同归于尽;贫穷的苦难进到家里来了。

而曼希沃还要火上添油。他非但不加紧工作,并且因为摆脱了唯一的管束,反而加深了嗜好。他几乎每天晚上都喝得烂醉,挣的钱也从来不带一个回家。教课的差事差不多已经完全丢了。有一次,他酩酊大醉地到一个女学生那里去上课:从此就没有一家再要他上门。至于乐队的差事,人家只为了看在他故世的父亲面上,才勉强让他保留着;但鲁意莎担心他随时可能出点乱子,给人撵走。而且人家已经把开差的话警告过他了,因为有几晚他在戏快完场的时候才赶到,还有两三次他完全忘了,根本没去。再说,他有时发起酒疯来,心痒难熬地只想说些傻话或做些傻事。那时他什么事都做得出。有一晚台上正演着《女武神》①,他竟想拉起小提琴协奏曲来! 大家好容易才把他拦住了。而在台上演戏的时候,为了戏文里的,或是为了脑筋里忽然想起的好玩事儿,他居然哈哈大笑。他教周围的同事乐死了。大家看他会闹笑话,许多地方都原谅他。但这种优容比严厉的责备更难受。克利斯朵夫看了简直置身无地。

那时孩子已经当了第一小提琴手。他设法监视父亲,必要时还代他的职务,在他发酒疯的日子要他住嘴。那可不是件容易的事,最好还是不理不睬;否则醉鬼一知道有人瞧着,就会做鬼脸,或是长篇大论地胡说一阵。克利斯朵夫只能掉过头去,唯恐看到他做出什么疯疯癫

① 《女武神》为瓦格纳所作《尼伯龙根的指环》四部曲中的第二出歌剧。

癫的事;他想聚精会神只管自己的工作,可总免不了听见父亲的瞎扯和旁人的哄笑。他急得眼泪都冒上来了。那些乐师也是好人,发觉了这情形,对孩子很表同情,便放低笑声,不在克利斯朵夫面前谈论他的父亲。但克利斯朵夫觉得他们是可怜他,知道只要自己一走,大家马上就会嘲笑的;他也知道父亲已经成为全城的话柄。他因为无法阻止,好像受着刑罚一样。戏完场以后,他陪着父亲回家:教他抓着自己的手臂,忍着他的唠叨,想遮掉他东倒西歪的醉态。可是这样的遮掩又瞒得了谁呢?纵使费尽心机,他也不容易把父亲带回家里。到了街上拐弯的地方,曼希沃就说跟朋友们有个紧急的约会,凭你怎么劝,他非去不可。而且还是谨慎一些,少说几句为妙,否则他拿出父亲的架子骂起来,又得教街坊上推出窗来张望了。

所有家用的钱也给他拿去花掉。曼希沃不但拿自己挣来的钱去喝酒,还把女人和儿子辛辛苦苦换来的钱也送到酒店里去。鲁意莎常常流泪,但自从丈夫恶狠狠地说家里没有一件东西是她的,她嫁过来根本没有带一个钱,她就不敢抗拒了。克利斯朵夫想反抗:曼希沃却打他嘴巴,拿他当野孩子看待,把他手里的钱抢了去。孩子虽然不足十三岁,身体却很结实,对于这种训责开始咕噜了;可是他还不敢抗争,只能让父亲搜刮。母子俩唯一的办法是把钱藏起来。但曼希沃心思特别灵巧,他们不在家的时候,他总有办法把藏的钱给找出来。

不久,光是搜刮家里的钱也不够了,他开始变卖父亲传下来的东西。克利斯朵夫好不痛心的眼看着书籍,床,家具,音乐家的肖像,一件一件的给拿走。他一句话也不能说。有一天,曼希沃在祖父的旧钢琴上猛烈地撞了一下,揉着膝盖,愤愤地咒骂,说家里简直没有转动的余地,所有的旧东西非出清不可;那时克利斯朵夫可大声嚷起来了。不错,为了卖掉祖父的屋子,卖掉克利斯朵夫童年时代消磨了多少美妙的光阴的屋子,把那边的家具搬过来以后,家里的确很挤。而那架声音发抖的旧钢琴也的确不值什么钱,克利斯朵夫早已不用,现在弹着亲王送的新琴了。但不管那琴怎么破旧怎么老弱,总是克利斯朵夫最好的朋友:音乐那个无穷的天地是它启示的;音响的世界是在它变黄了的键盘上发现的;而且它也是祖父留下的一个纪念,他花了好几个月为孙儿修理完整,那是一件神圣的东西。所以克利斯朵夫抗议说父亲没有权利卖掉它。曼希沃叫他住嘴,他却嚷得更凶,说琴是他的,谁也不能动的。他这么说是准备挨打的。但父亲冷笑着瞪了他一眼,不作声了。

第二天,克利斯朵夫已经把这件事忘了。他回到家里觉得很累,但心绪还不坏。他看到小兄弟们的眼神好似在暗中笑他,未免奇怪。他们假装专心看书,可是偷偷地觑着他,留神他的动作,要是被他瞪上一眼,就一齐低下头去看书。他以为他们又在捣什么鬼了,但他久已习惯,也就不动声色,决意等发觉的时候照例把他们揍一顿。他便不再追究,只管跟父亲谈话;父亲坐在壁炉旁边,装出平日没有的那种关切,问着孩子当天的事。克利斯朵夫一边说话,一边发现父亲暗中和两个小的挤眉弄眼。他心里一阵难受,便奔到自己房里……钢琴不见了!他好不悲痛地叫了一声,又听见小兄弟俩在隔壁屋里匿笑,他全身的血都涌上了脸,立刻冲到他们面前,嚷着:

“我的琴呢?”

曼希沃抬起头来,假作吃了一惊的神气,引得孩子们哈哈大笑。他看着克利斯朵夫的可怜相也忍不住掉过头去笑了。克利斯朵夫失掉了理性,像疯子似的扑向父亲。曼希沃仰在沙发里猝不及防,被孩子掐住了喉咙,同时听见他叫了一声:

“你这个贼!”

曼希沃马上抖擞一下,把拼命抓着他的克利斯朵夫摔在地砖上。孩子脑袋撞着壁炉的铁架,爬起来跪着,扬着脸气冲冲地又喊道:

“你这个贼!……偷盗我们,偷盗母亲,偷盗我的贼!……出卖祖父的贼!……”

曼希沃站着,对着克利斯朵夫的脑袋抡着拳头;孩子可是眼睛充满了憎恨,瞪着父亲,气得浑身发抖。曼希沃也发抖了。他坐了下去,把手捧着脸。两个小兄弟尖声怪叫地逃了。屋子里喧闹了一阵忽然静下来。曼希沃嘟嘟囔囔不知说些什么。克利斯朵夫靠在墙上,还在那里咬牙切齿地用眼睛盯着他。曼希沃开始骂自己了:

"对,我是一个贼!我把家里的人都搜刮完了,孩子们瞧不起我。还是死了的好!"

他嘟囔完了,克利斯朵夫照旧站着,吆喝着问:

"琴在哪儿?"

"在华姆塞那里。"曼希沃说着,连头也不敢抬起来。

克利斯朵夫向前走了一步,说:"把钱拿出来!"

失魂落魄的曼希沃从袋里掏出钱来交给了儿子。克利斯朵夫快走出门了,曼希沃却叫了声:"克利斯朵夫!"

克利斯朵夫站住了。

曼希沃声音发抖地又说:"我的小克利斯朵夫!……别瞧不起我!"

克利斯朵夫扑上去勾住了他的脖子,哭着叫道:

"爸爸,亲爱的爸爸!我没有瞧不起您!唉,我多痛苦!"

他们俩都大声地哭了。

曼希沃自怨自叹地说:"这不是我的错,我并不是坏人。可不是,克利斯朵夫?你说呀,我不是坏人!"

他答应不喝酒了。克利斯朵夫摇摇头表示不信;而曼希沃也承认手头有了钱就管不住自己。克利斯朵夫想了一想,说道:"爸爸,您知道吗,我们应当……"

他不说下去了。

"什么啊?"

"我难为情……"

"为了谁?"曼希沃天真地问。

"为了您。"

曼希沃做了个鬼脸:"没关系,你说吧。"

于是克利斯朵夫说，家里所有的钱，连父亲的薪水在内，应当交给另外一个人，由他把父亲的零用按日或按星期交给他。曼希沃一心想讨饶，——并且还带着点酒意，——认为儿子的提议应当更进一步，他说要当场写个呈文给大公爵，请求自己的薪水按期由克利斯朵夫代领。克利斯朵夫不愿意这么办，觉得太丢人了。可是曼希沃一心要作些牺牲，硬把呈文写好。他被自己这种慷慨的行为感动了。克利斯朵夫不肯拿这封信；而刚回家的鲁意莎，知道了这件事，也说她宁可去要饭，也不愿意丈夫丢这个脸。她又说她是相信他的，相信他为了爱他们，一定能痛改前非。结果大家都感动了，彼此亲热了一阵。曼希沃的信留在桌上，随后给扔进抽屉藏了起来。

过了几天，鲁意莎整东西的时候又发现了那封信；因为曼希沃故态复萌，使鲁意莎非常难过，所以她非但不把信撕掉，反而放在一边。她把它保留了好几个月，虽然受尽磨折，还是几次三番把送出去的念头压了下去。可是有一天她看见曼希沃又殴打克利斯朵夫，抢去了孩子的钱，便再也忍不住了，等到只有跟哭哭啼啼的孩子两个人在家的时候，她就拿出信来交给他，说："你送去吧！"

克利斯朵夫还拿不定主意；但是他懂得家里已经败光了，要是想抢救他们仅有的一些进款，就只有这办法。他向着爵府走去，二十分钟的路程直走了一个钟点。这桩丢人的事压着他的心。想到要去公然揭破父亲的恶癖，他最近几年孤独生活所养成的傲气就受不住。他有一种奇怪的，可是很自然的矛盾：一方面明知父亲的嗜好是大众皆知的，一方面偏要自欺欺人，假装一无所知，他宁可粉身碎骨，也不愿承认这一回事。现在可是要由他自己去揭穿了！……他好几次想掉过头来回家，在城里绕了两三转，快到爵府了又缩回来。但这件事不单跟他一个人有关，还牵涉他的母亲和兄弟。既然父亲不管他们，他做大儿子的就应当出来帮助他们。再没有迟疑的余地，再没有心高气傲的余地：羞愧耻辱，都得往肚子里咽下去。他进了府邸，上了楼梯，又差点儿逃回来。他跪在踏级上，一只手抓着门钮，在楼梯台上待了几分钟,直到有人来了才不得不进去。

办公室里的人都认得他。他求见剧院总管阁下,哈曼·朗巴哈男爵。一个年轻的办事员,胖胖的,秃着头,皮色娇嫩,穿着白背心,戴着粉红领结,和他亲热地握着手,谈论着昨晚的歌剧。克利斯朵夫把来意重新说了一遍。办事员回答说男爵这时没空,克利斯朵夫要有什么呈文,不妨拿出来,让他们跟别的要签字的文件一块儿递进去。克利新朵夫把信递给他,办事员瞧了一眼,又惊又喜地叫道:"哎!这才对啦!他早该这么办了!他一辈子也没做过一件比这个更好的事。哎!酒鬼!他怎么会下这个决心的?"

他说不下去了。克利斯朵夫把呈文一手抢回,气得脸都青了:

"我不答应,……我不答应你侮辱我!"

办事员愣住了:"可是,亲爱的克利斯朵夫,谁想侮辱你呢?我说的话还不是大家心里都想到的!便是你自己也是这么想的。"

"不!"克利斯朵夫气冲冲地回答。

"怎么!你不这样想?你以为他不喝酒吗?"

"不,根本没有这种事!"克利斯朵夫说着,跺了跺脚。

办事员耸耸肩膀:"那么,他干吗要写这封信呢?"

"因为……"克利斯朵夫说,——(他不知怎么说好了),——"因为我每个月来领我的薪水,可以同时领父亲的。用不着我们两个都来……父亲很忙。"

他自己对这种荒唐的解释也脸红起来。办事员瞧着他,神气之间有点儿讥讽,也有点儿怜悯。克利斯朵夫把信在手里揉着,想往外走了。那办事员可站起来,抓着他的手臂说:"你等一忽儿,我去想办法。"

他说着便走进总管的办公室。克利斯朵夫待在那儿,别的办事员都望着他。他不知道应当怎么办,想不等回音就溜,他正要拔步的时候,门开了,那位怪殷勤的职员说:

"爵爷请你。"

克利斯朵夫只得进去。

哈曼·朗巴哈男爵是个矮小的老人，整齐清洁，留着鬓脚跟小胡子，下巴剃得干干净净。他翻起眼睛从金边眼镜的上面望了望克利斯朵夫，照旧写他的东西，也不理会他局促的行礼。

"哦，"他停了一会说道，"克拉夫脱先生，你是请求……"

"爵爷，"克利斯朵夫抢着回答，"请原谅。我重新考虑过了，不想再请求了。"

老人并不迫问他为什么一下子改变了意见，只是更仔细地瞧着克利斯朵夫，轻轻咳了几声，说道："克拉夫脱先生，请你把手里的信交给我。"

克利斯朵夫发现总管的目光盯着他不知不觉还在那儿揉着的纸团。

"用不着了，爵爷，"他嘟囔着说，"现在用不着了。"

"给我吧，"老人若无其事的又说了一遍，仿佛什么也没听见。

克利斯朵夫不由自主地把揉作一团的信递给了他，嘴里还说着一大堆不清不楚的话，伸着手预备收回他的呈文。爵爷把纸团小心地展开来看过了，望着克利斯朵夫，让他不知所云地说了一会，然后打断了他的话，眼睛一亮，带点儿俏皮的意味："好吧，克拉夫脱先生，你的请求批准了。"说完他摆一摆手，把孩子打发了，重新写他的东西。

克利斯朵夫丧然若失地走出来，经过公事房的时候，那位办事员亲热地和他说：

"别恨我啊，克利斯朵夫！"

克利斯朵夫低着头，让人家握了握他的手。

他出了爵府，羞得身子都凉了。人家和他说的话都回想起来：他以为那些器重他而哀怜他的人，同情之中有些侮辱意味的讥讽。他回到家里，对母亲的问话只愤愤地回答几个字，仿佛为了刚才做的事而恨着她。他一想到父亲，良心就受着责备，恨不得把事情统统告诉他，求他原谅。可是曼希沃不在家。克利斯朵夫眼睁睁地醒着在床上等，直等到半夜。他越想越难过:把父亲的好处渲染了一番,认为他是个懦弱的好人,给自己人出卖的可怜虫。一听见楼梯上的脚声,他就跳起来,想迎上去扑在他怀里。可是曼希沃那副烂醉的模样,使克利斯朵夫一阵恶心,连走近他的勇气都没有了。他重新上了床,好不心酸地觉得自己的梦想简直可笑。

过了几天,曼希沃知道了这件事,立刻大发雷霆。他不管克利斯朵夫怎样哀求,竟跑到爵府里去吵了一场。回来的时候他可是垂头丧气,对经过的情形一字不提。原来人家对他很不客气,告诉他关于这件事他不应该有这种口吻,——他还能有这份薪水,是靠儿子的面子,将来他再要胡闹,哪怕是一点儿小事,就得给取消了。所以,曼希沃马上接受了这个办法,还在家里得意扬扬地自吹自捧,说这个牺牲的念头原是他第一个想起的。这样一来,克利斯朵夫也觉得良心平安了。

另一方面,曼希沃却在外边诉苦,说他的钱给女人跟儿子搜刮完了,自己一辈子为他们卖命,临了倒给人家管束得连一点享用都没有。他也设法骗克利斯朵夫的钱,甜言蜜语,花样百出,使克利斯朵夫看了好笑,虽然他并没笑的理由。可是克利斯朵夫决不让步,曼希沃也不敢坚持,这个十四岁的孩子把他看透了;曼希沃对着这双严厉的眼睛只觉得心虚胆怯。他常常在暗地里捣乱一下,作为报复。他上小酒店去开怀畅饮,一个钱都不付,推说儿子会来还的。克利斯朵夫怕丑事闹大了,不敢争论;他跟母亲俩千辛万苦地去偿还曼希沃的债。——并且曼希沃自己领不到薪水以后,更不注意乐队里的职务了,缺席的次数愈来愈多,终于给人家开了差,连克利斯朵夫代他央求也没用。从此父亲与兄弟的生活,全家的开支,都只靠孩子一个人了。

这样,克利斯朵夫在十四岁上就做了一家之主。

他毅然决然挑起这副沉重的担子。他的傲气不许他向别人求助。他发誓要凭自己一个人的力量去解决困难。母亲的到处央求,到处接受那些难堪的帮助,他从小就看了痛苦极了。逢到她从有钱的太太们家里,高高兴兴地拿了些钱回来,母子之间就得吵一架。她并不以为人家的施舍有何恶意;而且这笔钱可以使克利斯朵夫少辛苦一点,给菲薄的晚饭添个菜,她还觉得挺快活呢。可是克利斯朵夫沉下了脸,整晚的不开口了,对那个添的菜一口也不吃。鲁意莎看了很难过,还不识时务硬要儿子吃,而他又偏不吃;结果她生了气,说些刺耳的话,他也照样顶回去。末了他把饭巾往桌上一扔,跑出去了。父亲耸耸肩,说他假清高;兄弟们嘲笑他,把他的一份瓜分了。

可是总得想法过日子。乐队里的薪水已经不够应付家用,他便开始教课。他的演奏的才能,他的人品,尤其是亲王的器重,替他在有钱的中产阶级里招来不少主顾。每天早上,从九点起,他去教女孩子们弹琴;学生的年纪往往比他大,卖弄风情的玩意儿使他发窘,弹得一塌糊涂的琴使他气恼。她们在音乐方面是奇蠢无比,而对可笑的事倒感觉得特别灵敏;俏皮的眼睛决不放过克利斯朵夫笨拙的举动。那他真是受罪了。坐在她们身旁,挨在椅子边上,他脸红耳赤,一本正经,心里气死了,可不敢动弹,竭力忍着,既怕说出什么傻话来,又怕说话的声音惹人笑。他勉强装作严厉的神气,却又觉得人家在眼梢里觑着他,便张皇失措,在指点学生的时候心里忽然慌起来,怕自己可笑,其实是已经可笑了;终于他一阵冲动,不由得出口伤人。学生要报复是挺容易的;她们决不错过机会:瞅着他的时候,或向他提出一些简单的问话的时候,她们都有办法使他发窘,羞得他连眼睛都红了;再不然,她们要求他做些小事情,——譬如到一件家具上拿什么忘掉的东西:那可把他折磨得太厉害了,因为他必须在含讥带讽的目光注视之下走过房间,它们毫不客气地觑着他可笑的动作,不灵活的腿,僵硬的手臂,因为不知所措而变得强直的身体。

上完了课,他得奔赴戏院的预习会。他常常来不及吃中饭,袋里带着些面包咸肉之类在休息时间吃。乐队指挥多皮阿·帕弗很关切孩子,不时教他代为主持乐队的预习,作为锻炼。同时他还得继续自己的音乐教育。接着又有些教课的事,一直忙到傍晚戏院开演的时候。完场以后,爵府里往往召他去弹一二个钟点的琴。公主自命为懂音乐的,不分好坏,只是非常喜欢。她向克利斯朵夫提出些古怪的节目,把平板的狂想曲与名家的杰作放在一起。但她最喜欢要他即席作曲,出的全是肉麻的感伤的题目。

克利斯朵夫半夜里从爵府出来,累得要死,手是滚烫的,头里发烧,胃里又没有一点东西。他浑身是汗,外面可下着雪或是寒气彻骨的雾。他得穿过大半个城才能到家,一路走,一路牙齿打战,瞌睡得要命,还得留神脚下的水洼,免得弄脏了他独一无二的晚礼服。

他终于回到了一向和兄弟们合住的卧房。踏进那间空气恶浊的顶楼,苦难的枷锁可以暂时脱卸一下的时候,他才格外感觉到自己的孤独,感觉到生活的可厌和没有希望。他差不多连脱衣服的勇气都没有了。幸而一上床,瞌睡立刻使他失去了痛苦的知觉。

但在夏季天方黎明的时候,冬季远在黎明之前,他就得起身。他要做些自己的功课:只有五点到八点之间,他是自由的,可还得挪出一部分光阴去对付公家的事,因为宫廷乐师的头衔和亲王的宠幸,使他不得不为宫廷里的喜庆事儿作些应时的乐曲。

所以他连生命的本源都受了毒害,便是幻想也是不自由的。但束缚往往使人的幻想更有力量。行动要不受妨碍,心灵就缺少刺激,不需要活跃了。谋生的烦恼,职业的无聊,像牢笼一般把克利斯朵夫关得越紧,他反抗的心越感觉到自己的独立不羁。换了一种无牵无挂的生活,他可能随波逐流,得过且过。现在每天只有一二小时的自由,他的精力就在那一二小时之内尽量迸射,像在岩石中间奔泻的急流一样。一个人的力量只能在严格的范围之内发挥,对于艺术是最好的训练。在这一点上,贫穷不但可以说是思想的导师,而且是风格的导师;它教精神与肉体同样懂得澹泊。时间与言语受了限制,你就不会说废话,而且养成了只从要点着想的习惯。因为生活的时间不多,你倒反过了双倍的生活。

克利斯朵夫的情形就是这样。他在羁绁之下参透了自由的价值;

他绝对不为无聊的行动与言语而浪费宝贵的光阴。他天生是多产的，兴之所至，往往下笔不能自休，思想虽然真诚，可是毫无选择：现在他不得不利用最短的时间写出最丰富的内容，那些缺点就给纠正了。对于他精神方面艺术方面的发展，这是最重大的影响，——远过于老师的教导与名作的榜样。在他个性酝酿成熟的那几年内，他养成了一种习惯，把音乐看作一种确切的语言，每个音有每个音的意义；他痛恨那些言之无物的音乐家。

然而他当时所作的曲子还谈不上自我表现，因为他根本还没发现他的自我。教育把许多现成的感情灌输给儿童，成为他们的第二天性；克利斯朵夫就在这一大堆现成的感情中摸索，想找出他自己。他对自己真正的性格只有一些直觉；青春期的热情，还没有像一声霹雳廓清天空的云雾那样，把他的个性从假借得来的衣服下面发掘出来。在他心中，暧昧而强烈的预感，和一些摆脱不掉而与自己不相干的回忆混在一起。他痛恨这些谎言，又看了写出来的东西远不及他所想的而懊丧。他很苦闷地怀疑自己。但他又不肯吃了莫名其妙的败仗就算了，发愤要写出更好的、伟大的作品。不幸他老是失败。写的时候往往还有幻想，以为不坏；过后他又觉得毫无价值，把东西撕掉，烧掉。而他最难堪的是，那些应时的曲子，他作品中最坏的一部分，偏偏给人家珍藏起来，没法销毁，——例如为庆祝亲王诞辰所作的协奏曲《王家的鹰》，为公主亚台拉伊特婚礼所写的颂歌，都被人不惜工本，用精致的版本印出来，使他恶俗不堪的成绩永垂后世：——因为他是相信后世的。……想到这样的羞辱，他竟哭了。

多紧张的年月！无休无歇！辛苦的工作没有一点儿调剂。没有游戏，没有朋友。他怎么能有呢？下午，别的孩子玩耍的时候，小克利斯朵夫正拧着眉头，集中精神，在尘埃满目、光线不足的戏院里，坐在乐谱架前面。晚上，别的孩子已经睡觉了，他还是在那儿，筋疲力尽地软瘫在椅子上。

他和兄弟们绝对谈不到亲切。最小的一个，恩斯德，十二岁，是个下流无耻的小坏蛋,整天跟一批和他差不多的小无赖鬼混,不但学了种种的坏习气,而且还有些丢人的恶癖,老实的克利斯朵夫连想也没想到,直到有天发觉了不胜痛恨。至于洛陶夫,丹奥陶伯伯最喜欢的那个,是预备学生意的。他规矩,安分,可是性情阴险,自以为比克利斯朵夫高明万倍,不承认他在家里有什么权,只觉得吃他挣来的面包是应当的。他跟着父亲伯父恨克利斯朵夫,学他们那套胡说乱道。两兄弟都不喜欢音乐;洛陶夫为了模仿丹奥陶伯伯,还故意装作瞧不起音乐。克利斯朵夫把当家的角色看得很认真,他的监督与训诫使小兄弟们感到拘束,想起来反抗;但克利斯朵夫拳头又结实,对自己的权限又看得很清,把两个兄弟收拾得服服帖帖。可是他们尽可拿他随意摆布,利用他的轻信做的圈套无不成功。他们拐骗他的钱,扯着弥天大谎,再在背后嘲笑他。而克利斯朵夫是永远会上当的。他极需要人家的爱,听到一个亲热的字眼就会怨气全消,得到一点儿感情就会原谅一切。有一次,小兄弟俩假情假意地和他拥抱,使他感动得流泪,乘机把觊觎已久的亲王送的金表骗上了手,又偷偷地笑他的傻;克利斯朵夫碰巧听见了,不禁信心大为动摇。他瞧不起他们,但因为天生的需要爱人家,相信人家,所以还是继续受骗。他也明明知道,他恨自己,一发觉兄弟俩耍弄他,就把他们揍一顿。可是事过境迁,只要他们再丢下什么饵,他又会上钩的。

可是还有更辛酸的事呢。他从有心讨好的邻人那边,知道父亲说他坏话。曼希沃从前为了儿子的光荣大为得意,此刻却不知羞耻地忌妒起来。他要想法把孩子压倒。这简直是荒谬绝伦,唯有付之一笑,便是生气也大可不必:因为曼希沃对自己做的事也莫名其妙,只是为了失意而恼羞成怒。克利斯朵夫一声不出,怕一开口就会说出太重的话,但心里是气愤极了。

晚上大家一块儿吃晚饭的时候,没有一点儿家庭的乐趣:围着灯光,对着斑斑污点的桌布,听着无聊的废话跟咀嚼的声音,克利斯朵夫觉得他们又可恨,又可怜,而结果还是情不自禁的要爱他们!他只跟好妈妈一个人还有些息息相通的感情。但鲁意莎和他一样整天的辛苦,到晚上已经毫无精神,差不多一句话也不说,吃过晚饭在椅子上补着袜子就打瞌睡了。而且她那种好心使她对丈夫和三个孩子的感情不加区别;她一视同仁地爱他们。所以克利斯朵夫不能把母亲当知己,虽然他极需要一个知己。

于是他把一切都藏在心里,几天不开口,咬着牙齿做他那些单调而辛苦的工作。这种生活方式对儿童是很危险的,尤其在发育期间,身体的组织特别敏感,容易受到损害而一辈子不能恢复。克利斯朵夫的健康因之大受影响。父母原来给他一副好筋骨,一个毫无疵点的健康的身体。可是过度的疲劳,小小年纪就得为生活操心,等于在身上替痛苦开了一个窟窿;而一朝有了这窟窿,他的结实的身体只能给痛苦添加养料。他很早就有神经不健全的征象,小时候一不如意就会发晕,抽风,呕吐。到七八岁刚在音乐会中露面的时代,他睡眠不安,梦里会说话,叫嚷,或是哭,或是笑,只要他有了什么心事,这些病态的现象就会复发。接着是剧烈的头疼,一忽儿痛在颈窝或太阳穴里,一忽儿头上像有顶铅帽子压着。眼睛也使他不好过:有时像针尖戳入眼窠,又常常眼花得不能看书,必须停止几分钟。吃的东西不够,不卫生,不规则,把他强健的胃弄坏了:不是肚子疼,便是泻肚子,把他搅得四肢无力。但使他最受不了的是心脏:它简直像发疯一般的没有规律,忽而扑通扑通的在胸中乱跳,仿佛要爆裂了;忽而有气无力,好似要停下来了。夜里,孩子体温的倏升倏降真是怕人,它能从高热度一变而为贫血的低温度。他一下子热得发烧,一下子冷得发抖,他闷死了,喉咙管打了结,有个核子塞在那里使他没法呼吸。——当然,他慌张到极点,一方面不敢把这些感觉告诉父母,一方面却不断地加以分析;而精神越集中,病痛的程度越加增,或者还创造出一些新的痛苦。他把知道的病名都轮流地加在自己身上:以为眼睛快要瞎了,又因为走路的时候偶然发晕,便以为马上要倒下去死了。——永远是这种夭折的恐怖缠绕他,压迫他,紧紧地跟着他。哎!要是他非死不可,至少不要现在就死,在他还没有胜利之前死!……

胜利……那个执着的念头老在他胸中燃烧,虽然他并没意识到;而他筋疲力尽,不胜厌恶地在人生的臭沟中挣扎的时候,也老是那个念头在支持他!那是一种渺茫而强烈的感觉,感觉到他将来的成就和现在的成就……现在的成就?难道就是这么一个神经质的,病态的,在乐队里拉着提琴和写些平庸的协奏曲的孩子吗?——不是的。真正的他决不是这样的一个孩子。那不过是个外表,是一天的面目,决不是他的本体。而他的本体,跟他目前的面貌,目前的思想形式,都不相干。这一点他知道得很清楚。只要照一照镜子,他就认不得自己。这张又阔又红的脸,浓厚的眉毛,深陷的小眼睛,下端臃肿而鼻孔大张的短鼻子,狠巴巴的牙床骨,撅起的嘴巴,这整个又丑又俗的面具跟他全不相干。而他在自己的作品中也一样找不到自己。他批判自己,知道现在所作的东西和他现在的人都毫无出息。可是将来会变成怎样的人,能写出怎样的作品,他的确很有把握。有时他责备自己这种信念,以为那是骄傲的谎话;他要教自己屈辱,教自己痛苦,作为对自己的惩罚。然而信念历久不变,什么都不能使它动摇。不管他做什么,想什么,没有一宗思想,一桩行为,一件作品,有他自己在内,把自己表白出来的。他知道这一点,他有种奇怪的感觉,觉得最真实的他并非目前的他,而是明日的他……没有问题,将来一定能显出自己来的!……他胸中充满了这种信仰,他醉心于这道光明!啊!但愿今天不要把他中途拦住了!但愿自己不要掉在今天所安排的陷阱之中!……

他抱着这样的心情,把他的一叶扁舟在时间的洪流中直放出去,他目不旁视,危然肃立,把着舵,眼睛直望着彼岸。在乐队里,和饶舌的乐师在一块儿的时候,在饭桌上,和家人在一块儿的时候,在爵府里,心不在焉地弹着琴为傀儡似的贵族消闲的时候,他老是生活在这个不可知的,一个小小的原子就能毁灭的未来中间。

他一个人在顶楼上对着破钢琴。天色垂暮,日光将尽。他使劲睁着眼睛读谱,直读到完全天黑的时候。以往的伟大的灵魂流露在纸上的深情,使他大为感动,连眼泪都冒上来了。仿佛背后就站着个亲爱的人,脸上还感觉到他呼出来的气息,两条手臂快来搂住他的脖子了。他打了个寒噤转过身去。他明明觉得,明明知道不是孤独的。身边的确有一颗爱他的,也是他爱的灵魂。他因为没法抓住它而叹息。但便是这点儿苦闷,和他出神的境界交错之下,骨子里还是甜蜜的。甚至那种惆怅也不是暗淡的。他想到在这些音乐中再生的亲爱的大师,以往的天才。他抱着一腔热爱,想到那种人间天上的欢乐,——没有问题,这是他光荣的朋友们的收获,既然他们的欢乐的余辉也还有这么些热意。他梦想要和他们一样,布施几道爱的光芒。他自己的苦难,不就是见到了神明的笑容而苏慰的吗?将来得轮到他来做神明了!做个欢乐的中心,做个生命的太阳!……

可是,等到有一天他能和他心爱的人们并肩的时候,达到他企慕的一片光明的欢乐的时候,他又要感到幻灭了……

第二部

奥 多

某星期日，乐队指挥多皮阿·帕弗，请克利斯朵夫到离城一小时的乡间别墅去吃饭。他搭着莱茵河的船。在舱面上，他坐在一个和他年纪差不多的少年旁边，那少年看他来了，就很殷勤地把身子让过一点。克利斯朵夫并没留意。可是过了一忽儿，他觉得那邻座的人老在打量他，便也瞅了他一眼，看见他金黄的头发光溜溜地梳在一边，脸蛋儿又红又胖，嘴唇上隐约有些短髭，虽是竭力装作绅士模样，仍脱不了大孩子神气。他穿得非常讲究：法兰绒服装，浅色手套，白皮鞋，淡蓝领带，还拿着一根很细的手杖。他在眼梢里偷觑着克利斯朵夫，可并不转过头来，脖子直僵僵的像只母鸡。只要克利斯朵夫一望他，他就脸红耳赤，从袋里掏出报纸，装作一心一意地读报。可是几分钟以后，他又抢着把克利斯朵夫掉在地下的帽子给捡起来。克利斯朵夫对于那么周到的礼貌觉得奇怪，又瞧了他一眼，他又脸红了；克利斯朵夫冷冷的谢了一声，因为他不喜欢这种过分的殷勤，不愿意人家管他的事。可是受到这番奉承，他心里毕竟是怪舒服的。

一忽儿他把这些都忘了，只注意着一路的风景。他好久没有能出城，所以尽量吟味着刮在脸上的风，船头的水声，浩荡的河面，岸上时刻变换的风景：灰色的平淡无奇的崖岸，一半浸在水里的丛柳，金黄的葡萄藤，有好多传说的削壁，城镇上矗立着哥特式的钟楼，和工厂里黑烟缭绕的烟突。他正在自言自语的出神,邻座的少年却怯生生的,嗄着嗓子,穿插几句关于那些修葺完整,挂满了常春藤的废墟的掌故。他说着话,仿佛对自己演讲似的。克利斯朵夫给他提起了兴致,便向他问长问短。对方马上抢着回答,很高兴能够显显他的才学,嘴里老是把克利斯朵夫叫作宫廷提琴师先生。

"敢情你认得我吗?"克利斯朵夫问。

"哦! 是的。"少年那种天真的钦佩的口吻,教克利斯朵夫听了非常得意。

他们就此搭讪起来。那少年在音乐会中看见过克利斯朵夫,而人家所说的关于克利斯朵夫的故事更给了他深刻的印象。他并没说出这一点,可是克利斯朵夫体会得到,并且还因之而惊喜交集。从来没有人对他用过这种感动而恭敬的口吻。他继续打听关于一路上城镇的史迹,那少年就把最近才得来的知识一齐搬出来,使克利斯朵夫大为钦佩。但这不过是他们的借题发挥:两人真正的兴趣是在于认识对方的人。他们不敢直接爽快地提到正文,只偶尔提出一两句笨拙的问话。终于他们下了决心;克利斯朵夫才知道这位新朋友叫作"奥多·狄哀纳先生",是城里一个富商的儿子。一谈之下,他们当然发现了共同的熟人,话慢慢地多起来了。船到了克利斯朵夫的目的地的时候,他们正谈得非常有劲。奥多也在这儿下船。这种巧事,他们认为非常奇怪。克利斯朵夫提议在午餐以前随便遛遛,于是两人就往田野里走去。克利斯朵夫亲热地挽着奥多的手臂,告诉他自己的计划,好像从小就认识他的。他因为年龄相仿的同伴一个也没有,所以和这个有教养,有知识,对他表示好感的少年在一块儿,感到说不出的快乐。

时间过得很快,克利斯朵夫可不觉得。狄哀纳因为青年音乐家对他那么信任而很得意,也不敢提醒他午餐的时间已经到了。最后他认为非说不可的时候,克利斯朵夫正在树林中往山岗上爬去,回答他到了高头再说,而一到岗上,他又往草地上躺下,仿佛准备在那儿待上一天似的。过了一刻钟,狄哀纳看他全没动身的意思,就很胆小地又说了一遍:“你的中饭怎么办呢?”

克利斯朵夫仰躺在那里,把手枕着头,满不在乎地回答说:“管它!”

说完了他望着奥多,看到他吃惊的神气,便笑起来,补充了两句:“这儿太舒服了,我不去了。让他们等吧!”

他抬起半个身子,接着又说:“你有事吗?没有,是不是?我看还是这样吧:咱们一块儿去吃饭。我认得一家乡村饭店。”

狄哀纳很想反对,并不是有谁等着他,而是因为要他突然之间决定一件事有点儿为难:他很有规律,什么都得事先有个准备。可是克利斯朵夫说话的口吻简直不容许人家反对,他只得由他摆布。于是两人又谈下去了。

到了饭店,兴致就差了点儿。他们想着谁作东道的问题,各人都要争面子做主人,一个是因为有钱,一个是因为没有钱。他们嘴上不说,但狄哀纳点菜的时候,竭力装出俨然的口气;克利斯朵夫看破了他的用意,就点些更精致的菜表示抢做主人,还故意显得态度很自然。狄哀纳想再争一下,抢着挑酒,克利斯朵夫狠狠地瞪了他一眼,拣饭店里最贵的一瓶要了来。

对着那些丰盛的饭菜,他们都觉得胆小了,一时话也没有了:既不敢痛痛快快地吃,举动也变得很僵。他们忽然想到对方是个陌生人,不由得留了神。两人拼命找话来说,总是说不下去。开头半个钟点真是窘到极点。幸而酒饭起了作用,彼此的眼神表示有了信心。尤其是难得这样大吃大喝的克利斯朵夫,话特别的多。他讲他生活的艰难;而奥多也不再拘谨,说他也并不快乐。他娇弱,胆小,常常受同伴的欺侮。他们嘲笑他,因为他看不上他们的举动而恨他,耍弄他。——克利斯朵夫握着拳头,说要是给他看到了,他们一定得吃苦头。——奥多也得不到父母的了解。那种苦闷克利斯朵夫是知道的;他们俩便同病相怜。狄哀纳家里想要他做个商人,接父亲的事。他可是想做诗人,哪怕要像席勒一样逃出本乡,尝遍千辛万苦,还是要做诗人!(而且父亲的财产将来全是他的,也不是个小数目。)他红着脸说已经写过几首关于生活的苦恼的诗,可是不敢念出来,虽然克利斯朵夫再三要求。最后,他终于感动得上气不接下气地吟了二三首。克利斯朵夫认为妙极了。他们互相说出心中的计划:将来,他们要写剧本,写歌曲。他们彼此钦佩。除了克利斯朵夫音乐的名气,他的魄力与举动的大胆也使奥多觉得了不起。克利斯朵夫可佩服奥多的温文尔雅,落落大方,——在这个世界上一切原是相对的,——也佩服他的博学多闻,那是克利斯朵夫完全没有而非常渴望的。

他们吃了饭昏昏欲睡,把肘子靠在桌上,轮流的讲着,听着,眼神都显得非常温柔。大半个下午过去了,该动身了。奥多作了最后一次努力去抢账单,可是给克利斯朵夫气愤愤的眼睛一瞪,就不敢坚持了。克利斯朵夫只担心一件事,怕身边的钱不够付账;那时他可决不让奥多知道,预备拿出表来。可是还不到这地步;那顿饭只花了他差不多一个月的收入。

两人重新走下山坡。松林里已经展开傍晚的阴影;树尖还在夕阳中庄严的摆动,发出一片波涛声;遍地是紫色的松针,像地毯似的踏上去没有一点儿声响。他们俩一句话也不说。克利斯朵夫心旌摇荡,有股异样的、甜美的感觉,他很快乐,想说话,紧张到极点。他停了一会,奥多也跟着停下。四下里寂静无声。一群苍蝇在一道阳光中嗡嗡作响。一根枯枝掉在地下。克利斯朵夫抓着奥多的手,声音抖动着问:

"你愿意做我的朋友吗?"

奥多嘟囔着回答:"愿意的。"

他们握着手,心儿直跳,简直不敢互相看一眼。

过了一会,他们又往前走,两人之间隔着几步路,把树林走完了也不再说一句话:他们怕自己,怕心里那种神秘的激动,脚下走得很快,直走出了树荫方始停下。到了那儿,他们定了定神,挽着手,欣赏着清明恬静的晚景,断断续续地吐出一言半语。

两人上了船,坐在船首,在明亮的夜色中勉强谈些不相干的话,可是根本没有听,只觉得懒洋洋地快乐极了:既不需要谈话,也不需要握手,甚至也用不着互相望一望:他们不是已经心心相印了吗?

快到岸的时候,他们约定下星期日相会。克利斯朵夫把奥多一直送到他家的大门口。在暗淡的煤气灯下,彼此羞怯地笑了笑,很感动地、喃喃地说了声“再会”。两人分别之后都松了一口气,因为几小时以来,他们精神那么紧张,直要费尽气力才能找出一言半语来打破沉默,把他们磨得累死了。

克利斯朵夫一个人摸黑回去,心在那里唱着:“我有个朋友了,我有个朋友了!”他什么都看不见了,什么都听不到了,什么也不想了。

一回家,他马上睡熟了,可是夜里醒了二三次,仿佛有个摆脱不掉的念头在那儿惊扰他。他再三说着:“我有个朋友了。”说完又睡着了。

第二天早上,他觉得一切好似做了一个梦。为了证明不是梦,他尽量回想隔天所有的小事。教学生的时候他还在回想;下午在乐队里又是那样的心不在焉,甚至一出门就记不起刚才奏的是什么东西。

回家他看见有封信等着他。他根本用不到想它是哪儿来的,就跑去关着房门细读。淡蓝色的信纸,工整、细长、柔软的字体,段落分明地写着:

> 亲爱的克利斯朵夫先生,——我可以称为我极尊敬的朋友吗?
>
> 我念念不忘地想着昨天的聚首,并且要谢谢你的盛意。我真感激你对我的一切:你的可爱的谈话,愉快的散步,还有出色的午餐!我只因为你破费了那么多钱而觉得抱歉。昨天真是过得太好了!我们的相遇岂非是出于天意吗?我觉得这是命中注定的。一想到下星期的约会,我就不胜欣慰!但望你不致因为爽约而与宫廷乐长先生有何不快,否则我真是太过意不去了!

亲爱的克利斯朵夫先生,我永远是你的忠仆与朋友

奥多·狄哀纳

附笔:——下星期日请勿枉驾敝寓,最好至公园相见。

克利斯朵夫含着泪读完了信,把它吻着,大声笑着,在床上仰着身子把两腿往空中高高的举了一下,然后立刻坐在桌旁,拿起笔来写回信,连一分钟都不能等。可是他没有写信的习惯:不知道怎样表现他满腹的热情。笔尖戳破了信纸,墨水沾污了手指,他急得直跺脚。他吐着舌头换了五六次稿纸,终于用歪歪斜斜,高低不一的字把信写成了,别字连篇是不必说的:

我的灵魂!为什么你为了我爱你,就说感激的话呢?我不是告诉你,没有认识你之前我是怎样的忧郁怎样的孤独么?你的友谊对我是世界上最宝贵的东西。昨天我是幸福了,幸福了!那是我有生以来第一次。我念着你的信,快活得哭了。是的,你别怀疑,我们的相识是命运决定的:它要我们结为朋友,做一些大事业。朋友这个字多甜蜜!哪里想得到我竟会有个朋友的?噢!你不会离开我的吧?你对我是永远忠实的吧?永远!永远!……一块儿长大,一块儿工作,我把我音乐的奇想,把在我脑子里翻来覆去的古怪东西,你把你的智慧与惊人的才学,共同合作,那才美呢!你知道的事情真多!我从来没见过像你这样聪明的人。有时候我很着急:觉得不够资格做你的朋友。你这样高尚,这样有本领,居然肯爱我这样一个俗物,我真是感激不尽!……啊,不!我刚才说过不应该提到感激两字!朋友之间谈不到恩德。我是不受人家施舍的!我们相爱,我们就是平等的。我恨不得早些看到你!好吧,你不愿意我上你家里去,我就不去,虽然我不大明白你干么要这样谨慎;——可是你比我聪明,你一定不会错的……

还有一句话！你永远不能提到钱。我恨钱，听到钱这个字就恨。虽然我没有钱，可还有力量款待我的朋友；为了朋友把所有的东西拿出来才是我的乐事。你不是也会这样的吗？我需要的时候，你不是会把你全部的家产给我吗？——可是这种情形是永远不会有的！我有手，有脑子，不愁没有饭吃。——好，星期日见吧！——天哪！要跟你分别整整的一星期！而两天以前，我还不认识你呢！我真不懂，没有你跟我做朋友的时候，我怎么能活了那么些年的！——我们的指挥想埋怨我。我可不在乎，你更用不着操心！那些人跟我有什么相干？不管是现在是将来，他们对我爱怎么想就怎么想吧！我心里只有你。你得爱我啊，我的灵魂！你得像我爱你一样地爱我！我是你的，你的，从头到脚都永远是你的。

克利斯朵夫

克利斯朵夫在那个星期中等得心烦意躁。他特意走了好多路绕到奥多住的地方，在四周徘徊，并不是想看到他本人，但看到他的家已经使他紧张到脸上一忽儿红一忽儿白。到星期四，他忍不住了，又写了第二封信，比第一封更热烈。奥多的复信也是一派多愁善感的气息。

终于到了星期日，奥多准时而至。可是克利斯朵夫在公园走道上已经等了快有一个钟点，在那里发急了。他怕奥多害病，至于奥多会不会失约，他根本没有这念头。他老是轻轻地念着：“天哪！希望他来呀！”他捡起走道上的小石子拿棍子敲着，暗暗地说，如果连着三下敲不着，奥多就不会来了，敲着的话，奥多会立刻出现。可是虽然他那么留神，玩意儿也并不难，他竟连失三下。正在那个时候，奥多倒是不慌不忙的来了：因为奥多就在最激动的时候也是规行矩步的。克利斯朵夫奔过去，嗄着嗓子招呼他：你好。奥多也回答了一声：你好。随后他们再也找不到话，除非说些天气极好，此刻正是十点五分或六分，要不然就是十点十分(因为爵府的大钟老是走得慢的)一类的话。

他们上车站搭火车到邻近的一个名胜区。路上他们谈不到十句话,便是想用富有表情的眼神来补充,也没有什么结果。他们想从眼睛里表示两人是何等样的朋友,可是表示不出,只像在那里做戏。克利斯朵夫发现了这一点,心里很难堪。他不懂:怎么一小时以前满腹的感情,现在非但无法表白,并且感觉不到了。奥多也许对这个境界没有体会得这样清楚,因为他不像克利斯朵夫那么真,比较把自己看得重;但他也感到失望。原因是两个孩子的感情在离别的一星期内所达到的高峰,没法在现实生活中维持,而一旦重新相见之下,第一个印象便是发觉各人想的全是虚幻的。唯一的办法是放弃那些幻象,但他们不能毅然决然地承认这一点。

他们在乡间遛了一天,始终摆脱不了那种不痛快的情绪。那天是过节的日子:乡村客店和树林里都挤满了游客,——全是一般小布尔乔亚的家庭,叫叫嚷嚷的,随处吃东西。两人心绪愈加坏了,认为便是这些讨厌的人使他们没法再像上次一样地无拘无束。可是他们照旧谈着,搜索枯肠地找出话来,生怕没有话说。奥多搬出书本上的知识。克利斯朵夫提到音乐作品与小提琴演奏的技术问题。他们教彼此受罪,自己听了自己的话也觉得受罪。他们可依旧讲个不停,提心吊胆地唯恐中断:因为一静下来,不是冷冰冰的更有了个窟窿吗?奥多想哭出来,克利斯朵夫差点儿丢下朋友跑掉,因为他恼羞成怒,烦闷极了。

直等到搭车回去以前一个钟点,他们的精神才松动。树林深处有条狗的声音;它在那儿追着什么。克利斯朵夫提议躲在它经过的路上,瞧瞧那被狗追逐的野兽。他们在密林中乱跑。狗一忽儿走远,一忽儿走近。他们或左或右,忽前忽后地跟着它。狗叫得更凶了,那种杀气腾腾的狂吠,表示它已经急得冒火;它向他们这边奔来了。小径里有些车轮的沟槽,铺满了枯叶,克利斯朵夫和奥多伏在上面,屏着气等着。吠声没有了;狗失掉了它的线索,远远的叫了一声之后,树林里顿时静下来。万籁俱寂,只有无数的生物一刻不停地蛀着树木,摧毁森林的虫豸在那里神秘地蠕动,——那是无休无歇的死的气息。两个孩子听着,待着不动。正当他们灰心了想站起来说一声"完啦,它不会来了"的时候,忽然一头野兔从密林中向他们直窜过来:他们同时看到了,快活地叫起来。野兔从地上一纵,跳往旁边,一个筋斗栽到小树林里;树叶纷披地波动,像水面上一下子就消失的皱纹。他们后悔不该那么叫一声,但这点儿小事已经把他们逗乐了。他们想着野兔吓得栽筋斗的模样,笑弯了腰,克利斯朵夫还很滑稽地学它的样,奥多跟着也来了。然后他们俩一个追,一个逃地玩起来。奥多做野兔,克利斯朵夫做狗,在树林中,在草原上,往来驰骋,穿过篱垣,跳过土沟。一个乡下人直着嗓子大嚷,因为他们窜进了麦田;他们可照旧奔着。克利斯朵夫学狗叫学得那么逼真,奥多笑得直流眼泪。最后,他们在斜坡上往下滚,一路发疯似的大叫大喊,赶到他们连一个字都说不上来的时候,就坐在地下,笑盈盈地彼此瞧着。现在他们可快活了,不恼自己了。因为这一下他们不再扮什么生死之交的角色,只痛痛快快地露出了他们的本来面目,两个孩子的面目。

他们手挽着手回去,唱着莫名其妙的歌;可是快进城的时候,又想要装腔作势,把两人姓名的缩写,交错着刻在最后一株树上。幸而他们兴高采烈,把那套多情的玩意儿给忘了,在回家的火车上,只要眼睛碰在一起,就禁不住哈哈大笑。他们一边告别,一边说这一天真是过得"太有劲"了。而分手之后,两人更觉得那句话是不错的。

他们又开始惨淡经营,比蜜蜂更耐性更巧妙:只凭一些平淡无奇的零星的回忆,居然把彼此的友谊和他们自己都构成一幅美妙的图画。两人花了一星期的时间把对方理想化,然后到星期日见面;虽然事实与幻象差得很远,但他们已经看不见那个差别了。

他们都认为能和对方做朋友是值得骄傲的。截然不同的性格反而使他们接近。克利斯朵夫没有见过比奥多更漂亮的人物。纤巧的手,美丽的头发,鲜艳的皮色,羞怯的谈吐,彬彬有礼的举动,整齐清洁的服装,都使克利斯朵夫看了喜欢。奥多却是给克利斯朵夫充沛的精力跟独立不羁的性格唬住了。几百年遗传下来的根性,使他对一切权势都诚惶诚恐地抱着敬意。现在跟一个天生瞧不起成规的同伴混在一块儿,他不免又惊又喜。听着克利斯朵夫批评城里有声望的人,看他肆无忌惮地学大公爵的举动,奥多微微发抖,有种恐怖的快感。克利斯朵夫一发觉自己有这种魔力,便越发过火地拿出他嘻笑怒骂的脾气,像老革命党似的把社会的习俗,国家的法律,攻击得体无完肤。奥多听着又害怕又高兴,大着胆子附和几句,但事先总得瞧瞧周围有没有人。

两人一同散步的时候,克利斯朵夫喜欢爬在人家墙上采果子,一看见什么栅栏上写着闲人莫入的字样,就故意要跳过去。奥多心惊胆战,唯恐被人撞见;但这些情绪自有一种快感,而晚上回家之后还自以为英雄好汉。他战战兢兢地佩服克利斯朵夫。凡事只听朋友安排:他服从的本能不是得到了满足吗?克利斯朵夫也从来不要他费心打主意:他决定一切,替他分配一天的时间,甚至一辈子的时间,不容分辩的为奥多定下将来的计划,像定他自己的一样。奥多听到克利斯朵夫支配他的财产,将来造一所独出心裁的戏院,未免有些愤懑,可是也赞成了。他朋友认为大商人奥多·狄哀纳先生所挣的钱,再没有比这个更高尚的用途,说话时那种独断的口吻,吓得奥多不敢表示异议,而那种深信不疑的态度,使奥多也相信了他的主张。克利斯朵夫想不到这个会拂逆奥多的意志。天生是专断的脾气,他不能想象朋友或许另外有个志愿。要是奥多表示出一个不同的欲望,他会毫不迟疑地把自己的牺牲。他还恨不得多牺牲一些呢。他极希望能为了朋友去冒险,有个机会表现一下他友谊的深度。他渴望散步的时候遇上什么危险,让他勇往直前地去抵抗。为了奥多,他便是死也死得快乐的。目前他只能小心翼翼地照顾他,遇到难走的路,像搀小姑娘似的搀着他;他怕他累了,怕他热了,怕他冷了;坐在树底下,就脱下自己的上装披在他肩上；一同走路的时候，又替他拿着大衣，他简直想把朋友抱着走呢。他不胜怜爱地瞅着他，像个动了爱情的人。他的确是动了爱情了。

他自己可不知道，他还不懂什么叫作爱情。但他们在一块儿的时候，有时他会像初交那天在松林中一样，觉得心荡神驰，身上一热，血都上了头脸。他怕了。两个孩子不约而同地、慌慌张张地在路上忽前忽后，彼此躲开；他们假装在灌木丛中找桑实，只不懂为什么心会这样乱。

在他们的信里头，这些感情表现得尤其热烈，而且也不用怕和事实抵触，自欺欺人的幻想丝毫不受妨碍。他们每周要通信二三次，都是热烈的抒情的表现，差不多不谈实际的事，只用晦涩的文句提出一些严重的问题，常常从极度的兴奋一变而为绝望。他们互称为“我的宝贝，我的希望，我的爱，我的我”。他们滥用“灵魂”这个字眼，把自己可悲的命运描写得可歌可泣，一方面又因为把自己的苦难扰乱了朋友而难过。

“亲爱的，我很生气，”克利斯朵夫写道，“因为我给了你痛苦。我受不了你痛苦：你不应该痛苦，我不愿意你痛苦。（他在这两句下面划了一道线，把信纸都戳破了。）要是你痛苦了，我哪儿去找生活的勇气呢？要你快乐了，我才会快乐。噢！你快乐吧！所有的苦难都给我吧，那是我乐于忍受的！你得想到我！爱我！我需要人家爱我。你的爱情之中有股暖气，可以给我生命。唉，你真不知道我冷得发抖呢！我心里仿佛是寒风凛冽的冬天。噢！我拥抱你的灵魂。”

“我的思想亲吻你的思想。”奥多回答。

“我把你的头抱在手里，”克利斯朵夫又写道：“凡是我嘴上没有说过的，将来也不会说的，都由我整个的心灵来表现。我拥抱你，像我爱你一样的热烈。你瞧吧！”

奥多假装怀疑他：“你爱我，是不是像我爱你一样呢？”

“噢！天哪！”克利斯朵夫嚷道，“岂止一样，而是十倍、百倍、千倍于你！怎么！难道你不觉得吗？你要我怎么样才能打动你的心呢？”

“我们的友情多美啊!”奥多叹道,“从古以来可有这样的感情吗?多甜蜜,多新鲜,跟梦一样。但愿它别消散了!要是你不爱我了,我怎么办呢?”

“亲爱的,你多糊涂,”克利斯朵夫回答,“原谅我责备你,这种小心眼儿的恐惧使我愤慨。你怎么能问我会不爱你呢?对于我,活着就是为爱你。哪怕是死也消灭不了我的爱。你要毁灭我的爱也办不到。纵使你欺骗我,使我心碎肠断,我一边死一边还要祝福你,拿你感应于我的爱来祝福你。你这种忧虑是对不起人的,千万别再拿这些念头来使你自己受罪,使我伤心!”

可是过了一星期轮到他这么写了:

“三天以来,我听不到你的一言半语。我浑身发抖了。你把我忘了吗?想到这点,我的血都凉了……对啦,你把我忘了……前天,我已经觉得你对我冷淡。你不爱我了!你想离开我了!……告诉你:你要忘了我,欺骗我,我会杀死你像杀条狗一样!”

“亲爱的,你侮辱我,”奥多呻吟着说,“你使我流泪。我可是冤枉的。可是你爱怎办就怎办吧。你对我可以为所欲为,甚至你毁灭了我的灵魂,我还会留下一道光明来爱你!”

“神灵在上!”克利斯朵夫嚷道,“我使我的朋友哭了!……咒我吧!打我吧!把我摔在地下吧!我该死!我不配受你的爱!”

他们信上的地址有特别的写法,邮票有特别的粘法,斜粘在信封的右下角,表示跟他们写给普通人的信不同。这些孩子气的玩意儿对他们的确有爱情那样神秘的魅力。

有一天,克利斯朵夫教课回来,在一条邻近的街上看见奥多跟一个年纪相仿的少年亲热地谈着笑着。克利斯朵夫的脸发了白,瞅着他们,看他们在拐角儿上不见了。他们没有看见他。他回到家里,仿佛乌云遮着太阳,一切都黑了。

下星期日见面的时候,克利斯朵夫先是一句不提。溜达了半小时,他才声音嘶嗄地说:“星期三我在十字街头看到你的。”

“哦!”奥多回答了一声,脸红了。

克利斯朵夫接着说:“那天不光是你一个人呢。”

“是的,我跟别人在一块儿。”

克利斯朵夫咽了口唾沫,假装若无其事地问:

“跟谁呢?”

“我的表兄弟法朗兹。”

“哦!”

克利斯朵夫停了一会又说:“你没跟我提过他。”

“他住在莱纳巴哈。”

“你跟他常见面吗?”

“他有时到这儿来的。”

“你也上他那儿去吗?”

“有时候也去。”

“哦!”克利斯朵夫又哼了一声。

奥多想换个题目,把在树上啄磨的一只鸟指给朋友看。他们便扯到别的事去了。十分钟以后,克利斯朵夫忽然又问:

“你们俩很好吗?”

“你说谁啊?”奥多问。

(他心里很明白说的是谁。)

“你跟你的表兄弟啰。”

“是的。你为什么要问?”

“不为什么。”

奥多不大喜欢这位表兄弟,因为常常给他要弄。可是有种古怪的淘气的本能,使他补上一句:“他是挺可爱的。”

“谁?”克利斯朵夫问。

(他也知道是谁。)

“法朗兹啰。”

奥多以为克利斯朵夫有话要说了;但他好像没听见,只管在榛树上折着丫枝。

“他好玩得很,老是有故事讲的。”奥多又道。

克利斯朵夫心不在焉地打着唿哨。

奥多可更进一步:“他又那么聪明……那么漂亮!……”

克利斯朵夫耸耸肩,仿佛说:“这家伙跟我有什么相干?”

奥多因为逗不出话来,还想往下说,克利斯朵夫却是很不客气地把他岔开了,指着远远的一个目标提议奔过去。

整个下午,他们不再提了;可是彼此很冷淡,装出那种平素没有的过分的礼貌,尤其在克利斯朵夫这方面。他的话老在喉咙口。终于他忍不住了,对着跟在后面五六步远的奥多转过身来,其势汹汹地抓着他的手,把话一齐倒了出来:

“听我说,奥多!我不愿意你跟法朗兹亲热,因为……因为你是我的朋友,我不愿意你爱别人甚于爱我!我不愿意!你不是知道的吗,你是我的一切。你不能……你不该……要是我丢了你,我只有死了!我不知道会做出些什么事来。我会自杀,也会杀死你。噢!对不起!……”

他眼泪都涌了出来。

他这种痛苦,真实的程度甚至会说出威胁人的话,使奥多又感动又惊骇,赶紧发誓,说他目前,将来,永远不会像爱克利斯朵夫一样地去爱别人,又说他根本不把法朗兹放在心上,倘若克利斯朵夫要他不跟表兄弟见面,他就永远不跟表兄弟见面。克利斯朵夫把这些话直咽到肚子里,他的心活过来了。他大声地呼着气,大声地笑着,真情洋溢地谢了奥多。他对自己刚才那一场觉得很惭愧,但心中确是一块石头落了地。他们面对面站着,握着手,一动也不动。两人都非常的快乐,非常的窘。他们一声不出地踏上归途,接着又谈起话来,恢复了愉快的心情,觉得彼此更亲密了。

但这一类的吵架并非只此一遭。奥多发觉他对克利斯朵夫有这点儿力量以后,便想滥用这力量;他知道了哪儿是要害,就忍不住要动手去碰。并非他乐于看克利斯朵夫生气;那他是挺怕的呢。但折磨克利斯朵夫等于证实自己的力量。他并不凶恶,而是有些女孩子脾气。

所以他虽然许了愿,照旧和法朗兹或什么别的同伴公然挽着手,故意叫叫嚷嚷,做出不自然的笑。克利斯朵夫埋怨他,他只是嘻嘻哈哈,直要看到克利斯朵夫眼神变了,嘴唇发抖,他才着了慌,改变语气,答应下次不再来了。可是第二天他还是这么一套。克利斯朵夫写些措辞激烈的信给他,称他为:

"坏蛋!但愿从今以后再也听不到你的名字!我再也不认得你了。你去见鬼吧,跟那些像你一类的,狗一般的东西,一齐去见鬼吧!"

但只要奥多一句哀求的话,或是像有一次那样送一朵花去,象征他永远的忠诚,就能使克利斯朵夫愧悔交迸地写道:

"我的天使!我是个疯子。把我的荒唐胡闹忘了吧。你是世界上最好的人。单是你的小指头就比整个的愚蠢的克利斯朵夫有价值多了。你有多么丰富的感情,而且多么细腻,多么体贴!我含着泪吻着你的花。它在这儿,在我的心上。我把它用力压入皮肤,希望它使我流血,使我对你的仁爱,对我的愚蠢,感觉得更清楚些!……"

可是,他们慢慢地互相厌倦了。有人说小小的口角足以维持友谊,其实是错误的。克利斯朵夫恨奥多逼他做出那些激烈的行为。他平心静气地想了想,责备自己的霸道。他的忠诚不二与容易冲动的天性,第一次经验到爱情,就把自己整个儿给了人,要别人也整个儿的给他。他不答应有第三者来分享友谊。自己早就预备为朋友牺牲一切,所以要朋友为他牺牲一切不但是名正言顺,而且是必需的。可是他开始觉得:这个世界不是为配合他这种顽强的性格造的,他所要求的是不可能得到的。于是他勉强压制自己,很严厉地责备自己,认为自私自利,根本没有权利霸占朋友的感情。他很真诚地做了番克己功夫,想让朋友完全自由,虽然那是他极大的牺牲。他甚至为了折辱自己,还劝奥多别冷淡了法朗兹;他硬要自己相信,他很高兴奥多跟别的同伴来往，也希望奥多和旁人在一起觉得愉快。可是心中雪亮的奥多故意听从了他劝告的时候，他又禁不住沉下脸来，而突然之间脾气又发作了。

充其量他只能原谅奥多更喜欢别的朋友，但他绝对不能容忍说谎。奥多既非不老实，也不是假仁假义，只是天生的不容易说真话，好像口吃的人不容易吐音咬字。他的话既不完全真，也不完全假。或是因为胆怯，或是因为没有认清自己的感情，他说话的方式难得是干干脆脆的，答语总是模棱两可的；无论什么事，他都藏头露尾，像有什么秘密，使克利斯朵夫心头火起。倘使给人揭穿了，他非但不承认，反而竭力抵赖，胡扯一阵。有一天，克利斯朵夫气愤之下，打了他一个嘴巴。他以为他们的友谊从此完了，奥多永远不会原谅他的了。不料别扭了几个钟点，奥多反而若无其事地先来迁就。他对于克利斯朵夫的粗暴的举动并不记恨，或许还觉得有种快感呢。他既不满意朋友的容易上当，对他的话有一句信一句，同时还因此瞧不起克利斯朵夫而自认为比他优越。在克利斯朵夫方面，他也不满意奥多受了羞辱毫无抵抗。

他们不用初交时期的目光相看了。两人的短处都很鲜明地显了出来。奥多觉得克利斯朵夫独往独来的性格没有先前那么可爱了。散步的时候，克利斯朵夫给人许多麻烦。他完全不顾体统，不修边幅，脱去上衣，解开背心，敞开衣领，撩起衣袖，把帽子矗在手杖顶上，吹着风觉得很痛快。他走路时舞动手臂，打着唿哨，直着嗓子唱歌，皮色通红，流着汗，浑身灰土，像赶节回来的乡下人。贵族脾气的奥多最怕给人看到他和克利斯朵夫在一起。要是迎面碰上了车子，他便赶紧落后十几步，仿佛他只是一个人在那里散步。

在乡村客店或回来的车厢里，只要克利斯朵夫一开口，也一样的惹人厌。他大声嚷嚷，想到什么说什么，对奥多的狎习简直教人受不了；他不是毫无好感地对大众皆知的人物批评一阵，就是把坐在近旁的人评头论足，或是琐琐碎碎地谈着他的私生活与健康。奥多对他丢着眼风,做出惊骇的表情,克利斯朵夫却全不理会,照旧旁若无人。奥多看见周围的人脸上挂着微笑,恨不得钻下地去。他觉得克利斯朵夫粗俗不堪,不懂自己怎么会给他迷住的。

最严重的是,克利斯朵夫继续藐视所有的篱笆,墙垣,“禁止通行、违即严惩”等等的牌示,和一切限制他的自由而保卫神圣的产业的措施。奥多时时刻刻提心吊胆,劝告是白费的:克利斯朵夫为表示勇猛,反而捣乱得更凶。

有一天,克利斯朵夫,后面跟着奥多,不顾(或正因为)墙上胶着玻璃瓶的碎片,爬进一个私人的树林。他们正像在自己家里一样舒舒服服散步的时候,给一个守卫劈面撞见了,大骂一顿,还威吓着说要送去法办,然后态度极难堪地把他们赶了出来。在这个考验中,奥多一点也没显出本领来:他以为已经进了监狱,哭了,一边还愣头愣脑地推说,他是无意之间跟着克利斯朵夫进来的,没留神到是什么地方。赶到逃了出来,他也并不觉得高兴,马上气咻咻地责备克利斯朵夫,说是害了他。克利斯朵夫狠狠地瞪了他一眼,叫他“胆怯鬼”。他们很不客气地抢白了几句。奥多要是认得归路的话,早就跟克利斯朵夫分手了;他无可奈何地跟着克利斯朵夫;他们俩都装作各走各路。

天空酝酿着雷雨。他们因为心中有气,没有发觉。虫在闷热的田里嘶嘶乱叫。突然之间万籁俱寂。他们过了几分钟才发觉那种静默:静得耳朵里嗡嗡地响起来。他们抬头一望,天上阴惨惨的,已经堆满了大块的乌云,从四下里像千军万马般奔腾而来,好似有个窟窿吸引它们集中到一处。奥多心中忧急,只不敢和克利斯朵夫说;克利斯朵夫看了好玩,故意装不觉得。可是他们不声不响的彼此走近了。田里没有一个人,也没有一丝风影。仅仅有股热气偶尔使树上的小叶子轻轻抖动。忽然一阵旋风卷起地下的灰尘,没头没脑地抽打树木,把树身都扭弯了。接着又是一片静寂,比先前的更加凄厉。奥多决意开口了,他声音颤动着说:“阵雨来了。该回去了。”

克利斯朵夫答道:“好,回去吧!”

可是已经太晚了。一道眩目的剧烈的光一闪，天上就发出隆隆的响声，乌云吼起来了。一霎时，旋风把他们包围着，闪电使他们心惊胆战，雷声使他们耳朵发聋；两人从头到脚都浸在倾盆大雨里。他们在无遮无蔽的荒野中，半小时的路程内没有人烟。排山倒海似的雨水，死气沉沉的黑暗，再加一声声的霹雳发出殷红的光。他们心里想快快地跑，但雨水浸透的衣服紧贴在身上，没法开步，鞋子发出咕吱咕吱的声音，身上的水像急流似的直泻下来。他们连喘气都不大方便。奥多咬着牙齿，气疯了，对克利斯朵夫说了许多难听的话；他要停下来，认为这时走路是危险的，威吓着说要坐在路上，躺在耕过的泥地里。克利斯朵夫一言不答，尽管往前走，风、雨、闪电，使他睁不开眼睛，隆隆的响声使他昏昏沉沉，他也有些慌了，只是不肯承认。

忽然阵雨过了，像来的时候一样突兀。但他们都已经狼狈不堪。其实，克利斯朵夫平时衣衫不整惯了，再糟些也算不了什么；但那么整洁又那么讲究穿着的奥多，就不免哭丧着脸；他好像不脱衣服洗了个澡；克利斯朵夫回头一望，禁不住笑出来。奥多受了这番打击，连生气的力气都没有了。克利斯朵夫看他可怜，就高高兴兴地和他谈话。奥多却火气很大地瞪了他一眼。克利斯朵夫带他到一个农家。两人烘干了衣服，喝着热酒。克利斯朵夫认为刚才那一场很好玩。但奥多觉得不是味儿，在后半节的散步中一声不出。回家的路上两人都恼了，临别也不握握手。

自从出了那件胡闹的事，他们有一个多星期不见面，心中都把对方很严厉地批判了一番。但他们把星期日的散步自己罚掉了一次以后，简直闷得发慌，胸中的怨恨终于消了。克利斯朵夫照例先凑上去，奥多居然接受了。两人也就言归于好。

他们虽然有了裂痕，还是彼此少不了。他们有很多缺点，两人都很自私，但这种自私是天真的，不自觉的，不像成年人用心计的自私那么可厌，差不多是可爱的，并不妨害他们的真心相爱。他们多么需要爱，需要牺牲！小奥多编些以自己为主角的忠诚义侠的故事，伏在枕上哭了;他想出动人的情节,把自己描写做刚强,英勇,保护着自以为疼爱之极的克利斯朵夫。至于克利斯朵夫,只要看见或听见什么美妙的或出奇的东西,就得想:“可惜奥多不在这儿!”他把朋友的面目和自己整个的生活混在一起;而这面目经过渲染,显得那么甜美,使他陶然欲醉,把朋友的真相完全给忘了。他又想起好久以前奥多说过的某些话,拿来锦上添花地点缀了一番,感动得中心颤抖。他们互相模仿。奥多学着克利斯朵夫的态度、举动、笔迹。克利斯朵夫看见朋友变了自己的影子,拿自己的话,自己的思想都当作是他的,不禁大为气恼。可是他不知不觉也在模仿奥多,学他的穿扮,走路,和某些字的读音。这简直是着了魔。他们互相感染,水乳交融,心中洋溢着温情,像泉水一般到处飞涌。各人都以为这种柔情是给朋友激发起来的,可不知那是青春时期的先兆。

对谁都不提防的克利斯朵夫,一向是把纸张文件随处乱扔的。但怕羞的本能使他把写给奥多的信稿和奥多的回信特意藏在一边,并不锁起来,只夹在乐谱中间,以为那儿是决没有人去翻的。他根本没想到小兄弟们的捣乱。

最近他发觉他们常常望着他一边笑一边窃窃私语:咬着耳朵,乐不可支。克利斯朵夫听不见他们的话;他用他的老办法,不管他们说什么,做什么,只装全不在意。可是有几个字好像很熟,引起了他的注意。不久,他就觉得兄弟们毫无问题偷看了他的信。恩斯德和洛陶夫互相称着“我亲爱的灵魂”,装着那种可笑的一本正经的神气;克利斯朵夫喝问他们的时候,一句话都逼不出来。两兄弟假装不懂,说他们总该有爱怎么称呼就怎么称呼的权利。克利斯朵夫看见所有的信都放在原处,也就不追问下去了。

接着有一天,小坏蛋恩斯德在母亲的抽屉里偷钱,被克利斯朵夫撞见了,大骂一顿,他乘机把心里的话都说了出来,毫不客气地揭穿恩斯德的不少罪状。恩斯德听了不服,傲慢地回答说克利斯朵夫没有资格责备他,又对克利斯朵夫与奥多的友谊说了些不三不四的话。克利斯朵夫先是不懂,但听见对方把奥多牵涉到他们的口角中去,就硬要恩斯德说个明白。小兄弟只是冷笑;然后,看到克利斯朵夫气得脸色发青,他害怕了,不肯再开口。克利斯朵夫知道这样逼是没用的,便耸耸肩坐下来,装作不屑搭理的神气。恩斯德恼羞成怒,又来那一套下流的玩意儿;他要教哥哥难堪,说着一大堆越来越要不得的脏话。克利斯朵夫竭力忍着不发作。赶到明白了兄弟的意思,他不由得起了杀性,从椅子上一跃而起。恩斯德连叫嚷也来不及,克利斯朵夫已经扑在他身上,和他一起滚在地下,把他的头往地砖上乱撞。一片惨叫声把鲁意莎、曼希沃、全家的人,都吓得赶来了。等到恩斯德给救出来的时候,已经被打得不像话了。克利斯朵夫还死抓不放,直要别人打了他才松手。大家骂他野兽;他的模样也的确像野兽:眼睛暴突,咬牙切齿,只想往恩斯德扑过去。人家一问到缘故,他火气更大了,嚷着要杀死兄弟。恩斯德对打架的原因也不肯说。

克利斯朵夫饭也吃不下了,觉也睡不着了。他在床上浑身哆嗦,号啕大哭。那不单为了奥多而痛苦,而且心中正在经历一场剧烈的变化。恩斯德决想不到自己使哥哥受的是怎么样的痛苦。克利斯朵夫像清教徒一样的严正,绝对不能忍受下流的事,而事实上免不了一桩一桩地发现出来,使他深恶痛绝。虽然生活很自由,本能很强烈,他在十五岁上还是天真未凿。纯洁的天性与紧张的工作,使他一点不受外界的沾染。兄弟的话替他揭开了一个丑恶的窟窿。他从来想不到人会有这种丑行的;现在一有这观念,他的爱人家和被人家爱的乐趣完全给破坏了。不但是他和奥多的友谊,而是一切的友谊都被毒害了。

更糟的是,几句冷嘲热讽的话使他以为(也许并没有这回事),小城里有些居心不正的人在那里注意他;尤其隔不多时,父亲对他和奥多的散步也说了几句。父亲可能是无意的,但存了戒心的克利斯朵夫听到无论什么话都觉得有猜疑他的意味;他几乎自以为真的做了坏事。同时,奥多也经历着同样的苦闷。

他们还偷偷地相会,但再没从前那种忘形的境界。光明磊落的友谊受了污辱。两个孩子相亲相爱的感情一向是那么羞怯,连友爱的亲吻也不曾有过;最大的快乐便是见见面,在一块儿体味他们的梦想。被小人的猜疑玷污之下,他们甚至把最无邪的行动也自疑为不正当:抬起眼睛望一望,伸出手来握一握,他们都要脸红,都要想到不好的念头。他们之间的关系简直使他们受不住了。

两人并不明言,但自然而然的见面少了。他们勉强通信,可老是注意着字句,写出来的话变得冷淡无味,彼此灰心了。克利斯朵夫借口工作繁重,奥多推说事忙,彼此停止了通信。不久,奥多进了大学;于是照耀过他们一生中几个月的友谊就此隐没了。

同时,新的爱情就要来占据克利斯朵夫的心,使别的光明都为之黯然失色。这次跟奥多的友谊,其实只是未来的爱情的先导罢了。

第 三 部

弥 娜

在下面那些事发生以前四五个月，参议官史丹芬·冯·克里赫新寡的太太，离开了故夫供职的柏林，带着女孩子搬回到她的出生地，这个莱茵河流域的小城里来。她在这儿有一所祖传的老屋，附带一个极大的花园，简直跟树林差不多，从山坡上蜿蜒而下，直到河边与克利斯朵夫的家相近的地方。克利斯朵夫从顶楼上的卧室里，可以看到垂在墙外的沉重的树枝，和瓦上生着藓苔的红色屋顶。园子右边，从上到下有条人迹罕至的小路，爬上路旁的界石可以望见墙内的景致：克利斯朵夫就没有放过这机会。他看到荒草塞途的小径，盘错虬结的树木，草坪像野外的牧场，屋子正面粉着白色，板窗老是关得很严。每年一二次，有个园丁来绕一转，开一下门窗，把屋子通通气。随后花园又给大自然霸占了，一切重归静寂。

这静悄悄的气息给克利斯朵夫的印象很深。他偷偷地爬在他那个瞭望台上：先是眼睛，然后是鼻尖，然后是嘴巴，跟着人的长大慢慢地达到了墙顶的高度；现在他踮着脚尖已经能把手臂伸进墙内了。这姿势虽然很不舒服，他却是把下巴颏儿搁在墙头上，望着，听着：黄昏将临，草坪上散布着一片金黄色的柔和的光波，松树阴下映着似蓝非蓝的反光。除非路上有人走过，他可以老在那儿出神。夜里，种种的香气在花园四周飘浮：春天是紫丁香，夏天是声息花，秋天是枯萎的落叶。克利斯朵夫深夜从爵府回来,不管怎么疲倦,总得在门外站一忽儿,呼吸一下这股芳洌的气息,然后不胜厌恶地回进他臭秽难闻的卧室。克里赫家大铁门外有块小空地,石板缝里生满了野草,克利斯朵夫小时候就在这儿玩过。大门两旁有两株百余年的栗树,祖父常常来坐在下面抽着烟斗,掉下的栗子正好给孩子们做弹丸做玩具。

有一天早晨他在小路上走过,照例爬上界石,心不在焉地望了一下。正想爬下来了,他忽然觉得有些异样的感觉:一看屋子,原来窗户大开,阳光直晒到室内;虽然没有一个人影,但屋子仿佛从十五年的长梦中睡醒了,露着笑容。克利斯朵夫回家不免心中纳闷。

在饭桌上,父亲提到街坊上纷纷议论的资料;克里赫太太带着女儿回来了,行李多得难以相信。栗树四周的空地上挤满了闲人,争着看箱笼什物从车上卸下来。这件新闻在克利斯朵夫眼界很窄的生活中简直是桩大事;诧异之余,他一边去上工,一边根据父亲照例夸大的叙述,对那迷人的屋子里的主人空想了一阵。随后他忙着工作,把那件事给忘了;直到傍晚将要回家的时候,一切才重新在脑中浮起;他为了好奇,爬上瞭望台,想瞧瞧围墙里头究竟有了些什么事。他只看见那些静悄悄的小径,一动不动的树木好似在夕阳中睡熟了。过了几分钟,他完全忘了为什么爬上来的,只体味着那片和平恬静的境界。这个古怪的位置,——摇摇晃晃地站在界石顶上,——倒是他沉思幻想最好的所在。在湫隘闷人的小路尽头,四周都是黑洞洞的,晒着阳光的花园自有一些神奇的光彩。那是令人心旷神怡的地方,他的思想在那儿自由飘荡,音乐在耳边响起来,他听着差不多要睡着了……

他这样的睁着眼睛,张着嘴,幻想着,也说不出从哪时开始幻想的,因为他什么都没看见。忽然他吃了一惊。在他前面,花园里一条小径拐弯的地方,有两个女人对他望着。一个是穿着孝服的少妇,面目姣好而并不端正,浅灰的金黄头发,个子高大,仪容典雅,懒洋洋地侧着头,眼神又和善又俏皮的瞅着他。另外是个十五岁的小姑娘,站在母亲背后,也穿着重孝,脸上的表情活脱是想傻笑一阵的孩子。母亲一边望着克利斯朵夫，一边做着手势叫小姑娘不要作声；她可双手掩着嘴巴，好似费了好大的劲才没笑出来。那是一张鲜艳的，又红又白的圆脸；小鼻子太大了一些，小嘴巴太阔了一些，小小的下巴颏儿很饱满，眉毛细致，眼神清朗，一大堆金黄的头发编着辫子，一个圈儿盘在头顶上，露出一个浑圆的颈窝与又光又白的脑门：总而言之，活像克拉纳赫画上的脸庞①。

克利斯朵夫出其不意地看到这两个人，愣住了。他非但不逃，反而像钉在了他的位置上。直到年轻的太太装着又可爱又揶揄的神气，笑盈盈地向他走近了几步，他方始惊醒过来，从界石上不是跳下而是滚下，把墙上的石灰抓去了一大块。他听见人家用和善而亲热的口气叫了他一声“孩子”，接着又有一阵儿童的笑声，轻快清脆，像鸟儿的声音。他在小路上手和膝盖都着了地，稍微愣了愣，马上拔步飞奔，仿佛怕人追赶似的。他非常难为情，回到自己卧房里一个人的时候，更羞得厉害了。从此他不敢再走那条小路，唯恐人家埋伏在那儿等他。要是非经过那屋子，他就挨着墙根，低着脑袋，差不多连奔带跑地走过，决不敢回头瞧一眼。同时，他可念念不忘地想着那两张可爱的脸；他爬上阁楼，脱了鞋子，使人听不见脚声，从天窗里远望克里赫家的住宅和花园，虽然明知道除了树梢和屋顶上的烟突以外什么都瞧不见。

一个月以后，在每周举行的音乐会中，他演奏一阕自己作的钢琴与乐队的协奏曲。正弹到最后一段，他无意中瞥见克里赫太太和她的女儿，坐在对面的包厢中望着他。这是完全想不到的，他呆了一呆，几乎错过了跟乐队呼应的段落。接着他心不在焉地把协奏曲弹完了。弹完以后，他虽不敢向克里赫母女那边望，仍不免看见她们的拍手有点儿过分，仿佛有心要他看到似的。他赶紧下了台。快出戏院的时候，他在过道里又看见克里赫太太只和他相隔几排人，似乎特意等他走过。说他不看见她是不可能的：但他只做没有看见，马上回过头来，

① 克拉纳赫为十五至十六世纪德国大画家，所作女像自成一格，脑门特别宽广，眼梢向上，有类中国古时的美女典型。

打戏院的边门急急忙忙走了出去。过后他埋怨自己不应当这样,因为他很明白克里赫太太对他并没恶意。可是他知道,要是同样的情形再来一次的话,他一定还是逃的。他怕在路上撞见她:远远的看到什么人有点儿像她,就立刻换一条路走。

结果还是她来找他。

有一天他回家去吃午饭,鲁意莎得意扬扬地告诉他,说有个穿制服的仆人送来一封信,是给他的;说着她递过一个黑边的大信封。反面刻着克里赫家的爵徽。克利斯朵夫拆开信来,内容正是他怕读到的:

本日下午五时半敬请
光临茶叙,此致
宫廷乐师克利斯朵夫·克拉夫脱先生。
约瑟芬·冯·克里赫夫人启

"我不去。"克利斯朵夫说。

"怎么!"鲁意莎喊道,"我已经回报人家说你去的了。"

克利斯朵夫跟母亲吵了一场,埋怨她不该预闻跟她不相干的事。

"仆人等着要回音。我说你今天正好有空。那个时候你不是没事吗?"

克利斯朵夫尽管怄气,尽管赌咒说不去,也是没用,这一下他是逃不过的了。到了邀请的时间,他脸上挺不高兴的开始穿扮,心中可并不讨厌这件意外事儿把他的闹彆扭给制服了。

克里赫太太当然一眼就认出,音乐会中的钢琴家便是那个乱发蓬松的,在她花园墙顶上伸头探颈的野孩子。她向邻居们打听了一下他的事,被孩子那种勇敢而艰苦的生活引起了兴趣,想跟他谈谈。

克利斯朵夫怪模怪样地穿着件不称身的常礼服,像个乡下牧师,胆怯得要命地到了那里。他硬要自己相信,克里赫母女当初第一次看见他的时候来不及辨清他的面貌。穿过一条很长的甬道,踏在地毯上听不见一点脚声,他被仆人带到一间有扇玻璃门直达花园的屋子。那天正下着寒冷的细雨,壁炉里的火生得很旺,从窗里可以望见烟雾迷蒙中的树影。窗下坐着两位女人:克里赫太太膝上摆着活计,女儿捧着一册书,克利斯朵夫进去的时候她正在高声朗诵。她们一看见他就很狡狯地互相递了个眼色。

"哎,她们把我认出来了。"克利斯朵夫想着,心慌了。他小心翼翼地,可是很笨拙地行了个礼。

克里赫太太愉快地笑着,对他伸出手来。

"你好,亲爱的邻居,"她说,"我很高兴见到你。自从那次音乐会以后,我就想告诉你,我们听了你的演奏多么愉快。既然唯一的办法是请你来,希望你原谅我的冒昧。"

这些平凡的客套虽然有点儿俏皮的意味,可还有不少真情实意,让克利斯朵夫松了口气。

"哦,她们并没认出我呢。"他想着,心宽了。

克里赫小姐正阖上书本,很好奇地打量着克利斯朵夫;她的母亲指着她说:

"这是我的女儿弥娜,她也很想见见你。"

"可是,妈妈,我们并不是第一次见面啊。"弥娜说着笑了出来。

"噢!她们早认得我了。"克利斯朵夫想到这个又慌了。

"不错,"克里赫太太也笑着说,"我们搬来的那天,你来看过我们的。"

小姑娘听了这些话,越发放声大笑,而克利斯朵夫的窘相使弥娜更笑个不住;那是种狂笑,连眼泪都笑出来了。克里赫太太想阻止她,可是自己也禁不住笑,克利斯朵夫虽然局促不安,也不由得跟着一起笑。她们那种高兴是情不自禁的,教人没法生气。可是弥娜喘了口气,问克利斯朵夫在她们墙上可有什么事做的时候,他简直不知所措了。她看着他的慌张觉得好玩,他却心慌意乱,结结巴巴的不知说些什么。幸而克里赫太太叫人端过茶来,把话扯开了,才给他解了围。

她很亲热地问他生活情形。但他的心还没放下。他不知道怎么坐,不知道怎么抓住那摇摇晃晃的茶杯;他以为每次人家替他冲水、加糖,倒牛奶,捡点心,就得赶紧站起,行礼道谢;而常礼服,硬领,领带,把他紧箍着,使他身子僵直像戴了个甲壳,不敢也不能把头向左右挪动一下。克里赫太太无数的问话与动作使他发窘,弥娜的目光使他心惊胆战,似乎老盯着他的脸,手,动作和衣服。她们想让他自在一点,所以克里赫太太滔滔不尽地和他说话,弥娜好玩地对他做着媚眼,他可是慌得更厉害了。

结果她们知道除了唯唯诺诺与行礼之外,再也逗引不出他什么;克里赫太太独自说话也说得腻烦了,便请他坐在钢琴旁。他弹了莫扎特的一段柔板,比对着音乐会里的听众更羞怯。但便是这种羞怯,便是给两位妇女挑引起来的那种惶惑,便是使他又快活又发慌的那些胸中的激动,跟乐章里头的温柔与童贞的气息非常调和,使音乐更显得像春天一样的可爱。克里赫太太听了大为感动,把心中的感觉说了出来,语气之间不免显出上流人物惯有的态度,把他夸奖了一番,但她的真诚并没因之而减少一点;而过分的恭维出诸一个可爱的人,也是听了舒服的。顽皮的弥娜不作声了,她不胜惊奇地瞧着这个说话那么蠢而手指那么富于表情的少年。克利斯朵夫感到她们的同情,胆子大了一些。他继续弹着,向弥娜微微转过身子,很局促地笑了笑,低着眼睛,怯生生地说:

"这就是我在你们墙上作的。"

他弹了一个小曲子,主题的确是站在他喜欢的那个地方,望着花园的时候想到的,可并不是他见到弥娜和克里赫太太的那晚,——(不知为了什么神秘的理由,他硬要自己相信是那一晚!)——而是好几晚以前的。那段悠闲沉静的稍快的行板里面,有的是清明高远的印象:群鸟在那里欢唱,庄严的大树在恬静的夕阳中沉沉入睡。

两位妇女听得高兴极了。曲子一完,活泼的克里赫太太马上站起身子,兴奋地握着他的手,非常热情地向他道谢。弥娜拍着手嚷着“妙极了”,又说为了使他再作出些跟这个一样“登峰造极”的曲子,她要叫人靠墙放一座梯子,让他能舒舒服服的工作。克里赫太太叫克利斯朵夫不要听弥娜的疯话,只说既然他喜欢这个花园,尽可以随时来玩,也不必来招呼她们,要是他觉得拘束的话。

“你不必来招呼我们,”弥娜好玩地学着母亲的话,“可是,要是真的不来招呼,你得小心些!”

她用手指点了几下,装出威吓的神气。

弥娜并不一定要克利斯朵夫来拜访她们,也不想勉强他尽什么礼数;但她喜欢给人家一点儿印象,本能地觉得这是怪有意思的玩意儿。

克利斯朵夫快活得满面通红。克里赫太太又讲起他的母亲,说从前还认识他的祖父,这些小手段把他完全笼络了。两位妇女的亲热,诚恳,渗透了他的心;他夸张这种浮而不实的好意和交际场中的殷勤,因为他一厢情愿要认为那是深刻的感情。凭着天真的信心,他把自己的计划和苦难都说了出来。他再也不觉得时间过得多快,直到仆人来请用晚饭才吃了一惊。但克利斯朵夫的羞愧立刻变为欣喜,因为女主人请他一块儿吃饭,认为大家早晚是,而且现在已经是,好朋友了。他坐在母女的中间,可是他在饭桌上所显的本领,远不如在钢琴上的讨人喜欢。他这一部分的教育是完全欠缺的;他认为坐上饭桌主要是吃喝,用不着顾及什么方式。爱整洁的弥娜就撅着嘴瞧着他,表示大不高兴了。

人家预备他一吃过饭就走的。但他跟着她们回进小客厅,和她们一起坐下,不想动身了。弥娜好几次忍着呵欠,向母亲示意。他完全不觉得,因为他快乐得有点醉意了,以为别人也和他一样;——因为弥娜望着他的时候照旧睐着眼睛(其实那是她的习惯),——还有因为他一坐下来就不知道怎样站起来告辞。要不是克里赫太太拿出她又可爱又随便的态度把他送走,他竟会这样的坐一夜的。

他走了,克里赫太太的褐色眼睛,弥娜的蓝眼睛,都有一道爱怜的光留在他心上;像花一般柔和细腻的手指,有种温馨的感觉留在他手上;还有一股他从来没闻过的,微妙的香味,在他周围缭绕,使他迷迷忽忽,差点儿发晕。

两天以后,照着预先的约定,他又到她们家里,教弥娜弹琴。从此他经常一星期去上两次课,时间是早晨;往往他晚上还要去,不是弹琴,便是谈天。

克里赫太太很高兴和他见面。这是一位聪明仁厚的女子。丈夫故世的时候,她三十五岁,虽然身心都还年轻,以前在交际场中非常活跃,却毫无遗憾地退隐了。她的特别容易抛弃世俗,也许因为浮华的乐趣已经享受够了,觉得她以前的那种日子不能希望永久过下去。她不忘记丈夫,倒不是为了在结婚的几年中对他有过近乎爱那样的感情:她是只要真诚的友谊就足够的;总之,她是淡于情欲而富于情感的人。

她预备一心一意地教养女儿。凡是一个女人需要爱人家,需要被人家爱的那种独占的欲望,只能以自己的孩子为对象的时候,母性往往会发展过度,成为病态。可是克里赫太太在爱情方面的中庸之道,使她对儿女之爱也有了节度。她疼爱弥娜,但把她看得很清楚,决不想遮藏女儿的缺点,正如她对自己也没有什么幻想一样。极有机智,极通情理,她那百发百中的眼光一瞥之间就能看破每个人的弱点与可笑之处:她只觉得好玩,可没有半点恶意;因为她宽容的气度与喜欢嘲弄的脾气差不多是相等的;她一边笑人家,一边很愿意帮助人家。

小克利斯朵夫正好给她一个机会,能够把善心与批评精神施展一下。她来到本城的初期,为了守丧与外界不相往来,克利斯朵夫便成为她消闲解闷的对象。第一是为了他的才具。她虽不是音乐家,但很爱好音乐,懒洋洋地在那个缠绵悱恻的境界中出神,觉得身心愉快。克利斯朵夫弹着琴,她坐在炉火旁边做着活计,迷迷忽忽地笑着:手指一来一往地机械地动作,在或悲或喜的往事中飘忽不定的幻想,都使她默默体味到一种乐趣。

但她对音乐家比对音乐更感兴趣。她相当聪明,感觉到克利斯朵夫那种少有的天赋,虽不能辨别出他真正的特点。眼看那神秘的火焰在他心中冒上来,她就很好奇地注意它觉醒的过程。至于他品格方面的优点,他的正直,勇敢,以及在儿童身上格外显得动人的刻苦精神,都很快地受到她的赏识。但她观察他的时候,还是一样的洞烛幽微,还是用的锐敏而嘲弄的目光。他的笨拙,丑陋,可笑的地方,她都觉得好玩;她也并不把他完全当真(她当真的事情根本不多)。并且,克利斯朵夫暴烈的性子,古怪的脾气,滑稽的激烈的冲动,使她认为他精神不大正常,而是一个十足地道的克拉夫脱,他们一家世代都是老实的好人,优秀的音乐家,但多少有点儿疯癫。

克利斯朵夫并没觉察这种轻描淡写的嘲弄的态度,只感觉到克里赫太太的慈爱。他是一向得不到人家的温情的!虽说宫廷里的差事使他和上流社会每天都有接触,可怜的克利斯朵夫始终是个野孩子,既无知识,又无教养。自私的贵人们对他的关切,只限于利用他的才具,绝对不想在任何方面帮助他。他到爵府里去,坐在钢琴旁弹奏,弹完了就走路,从来没人肯纡尊降贵和他谈谈,除非是漫不经心地夸他几句。从祖父死了以后,不论在家里在外边,没有一个人想到帮助他求点学问,学点立身处世之道,使他将来好好地做个人。无知无识与举动粗鲁,使他受累不浅。他千辛万苦,搞得满头大汗,想把自己培植起来,可是一无结果。书籍,谈话,榜样,什么都没有。他很需要把这种苦闷告诉一个朋友,却下不了决心。便是在奥多面前,他也不敢开口,因为刚说了几个字,奥多就拿出自命不凡的轻蔑的口气,使他好似心上放了块烧红的烙铁。

在克里赫太太面前,一切可变得自然了。用不着克利斯朵夫要求,——(那是他高傲的脾气最受不了的!)——她自动地而且挺温和地给他指出,什么是不应该做的,什么是应该做的;教他衣服如何穿着,吃饭、走路、说话应当用什么态度;在趣味与用字的习惯方面所犯的错误,她一桩都不放过;而且她对孩子多疑的自尊心应付得那么轻巧那么留神,使他没法生气。她也给他受点文学教育,表面上好像是不经意的:他的极端的无知,她绝对不以为奇,但一有机会总指出他的错误,简简单单的,若无其事的,仿佛克利斯朵夫犯的错是挺自然的;她并不拿沉闷的书本知识吓唬他,只利用晚上在一块儿的机会,挑些历史上的,或是德国的,或是外国的诗人的美丽的篇章,教弥娜或克利斯朵夫高声朗诵。她把他当作一个家属的孩子,亲热的态度带点儿保护人的意味,那是克利斯朵夫不觉得的。她甚至管他的衣着,给他添换新的,打一条毛线围巾,送些穿扮用的小东西,而给的时候又那么亲切,使他能毫不难堪地收下礼物。总之,她对他差不多像慈母一样地处处照顾,事事关心。凡是本性善良的妇女,对一个信托她的孩子都有这种本能,用不着对孩子有什么深刻的感情。但克利斯朵夫以为这些温情是专为他个人而发的,便感激到了极点;往往他突然之间有些热情冲动的表现,使克里赫太太尽管看了好笑,心里还是很舒服。

和弥娜的关系又是另外一种了。克利斯朵夫去给她上第一课时,前天的回忆和小姑娘的媚眼还使他充满了醉意,不料一去就看到个和前天完全不同的,装作大人气派的女孩子,不由得呆了一呆。她连望也不望他,也不留神他的说话,偶尔向他抬起眼睛,那副冷若冰霜的神色又使他大吃一惊。他寻思了半晌,要知道什么地方得罪了她。其实他并没得罪她;弥娜对他的感情,不多不少跟前天一样,就是说完全不把他放在心上。那天她对他笑脸相迎,无非是由于女孩儿卖弄风情的天性,喜欢随便碰到一个人就试试自己的媚眼的力量,哪怕是个丑八怪,她也会这样做一下来解解闷的。可是到了第二天,对这个太容易征服的俘虏,她已经全无兴趣。她把克利斯朵夫很严厉地打量过了,认为他是个又丑又穷,又没教养的男孩子,琴弹得很好,可是手脏得厉害,饭桌上拿叉的样子简直要不得,吃鱼的时候还用刀子!所以在她眼里,他一点没有可爱之处。她很愿意跟他学琴,甚至也愿意和他玩儿,因为目前没有别的同伴;而且她虽然想装作大人,还常常有疯狂的冲动,需要让过剩的快活劲儿发泄一下,而这个快活劲儿,和她母亲的一样,由于在家守丧的关系,更憋闷得慌。但她对克利斯朵夫并不比对一头家畜多关心一点。要是她在最冷淡的日子还会向他挤眉弄眼,那纯粹是由于忘形,由于心里想着别的事情,——或是单单为了不要忘掉习惯。可是给她这么瞧上一眼,克利斯朵夫的心会直跳起来。其实她连看也不大看他:她自己在那里编故事呢。这少女的年龄,正是一个人用愉快而得意的梦境来麻醉自己的年龄。她时时刻刻想着爱情,那种浓厚的兴趣与好奇心,要不是因为她愚昧无知,简直不能说是无邪的了。并且,她以有教养的闺女身份,只知道用结婚的方式去想象爱情。理想中的对象该是哪种人物,始终还没确定。有时她想嫁一个军官,有时想嫁一个伟大的正宗的诗人,像席勒一派的。她老是有新的计划代替旧的计划,每个计划来的时候,她总看得很认真,信念很坚定。但不论什么理想,只要接触到现实就会立刻退让。因为那种有传奇性格的少女,一朝看到了一个不甚理想的,但比较切实的真正的人物走进了她的圈子,就极容易把她们的梦想忘掉。

目前,多情的弥娜还很安定很冷静。虽然有个贵族的姓氏和世家的称号使她自豪,骨子里她的思想跟青春期的德国女仆的那一套根本没有什么分别。

克利斯朵夫自然不懂得女子心理的这些复杂的变化,——而且表面比实际更复杂。他常常给两位女朋友的态度弄糊涂了;但他能够爱她们是多么快活,甚至把她们使他困惑使他有点难过的表情都信以为真,唯有这样,他才能相信她们对他的感情和他对她们的一样。只要听到亲热的一言半语,或是看到可爱的眼神,他就快乐之极,有时竟感动得哭了。

他在清静的小客厅里对着桌子坐着,旁边克里赫太太在灯下缝着东西——弥娜在桌子对面看书;他们一声不出:从半开的花园门里,可以看到小径上的细沙在月光下闪烁;一阵轻微的喁语从树巅上传来——他觉得非常快活,便突然无缘无故从椅子上跳起来,跪在克里赫太太面前,抓着她的手狂吻,不管她手里有没有针;他一边哭着一边把他的嘴、他的腮帮、他的眼睛贴在她的手上。弥娜从书上抬起眼睛,耸了耸肩膀,抿了抿嘴。克里赫太太微微笑着,看着这个扑在她脚下的大孩子,用另一只空闲的手摩着他的头,又用她那种慈祥,悦耳,同时又带点嘲弄意味的声音说:

"嗯,小傻子,嗯,你怎么啦?"

噢!多甜美啊:这声音,这安逸,这宁静,这微妙的气氛,没有叫嚷,没有冲突,没有苦恼,在艰难的人生的一片水草中间,——还有那照着生灵万物的英雄的毫光,——念着大诗人歌德、席勒、莎士比亚辈的作品而想起的——奇妙的世界,力的巨潮,痛苦与爱情的巨潮!……

弥娜把头埋在书里在那儿朗诵,说话的兴奋使她脸上微微有点红晕,清脆的声音偶尔把音念糊涂了,读到战士与帝王的谈吐,她故意装出俨然的语调。有时克里赫太太自己拿起书本,遇到悲壮的段落就羼入她那种温柔的,富于性灵的韵味。她平常总喜欢仰在安乐椅里静听,膝上放着永不离身的活计,对着自己的念头微笑:——因为在所有的作品里,她老是发现自己的思想。

克利斯朵夫也试着念,可是过了一会只能放弃:他结结巴巴的,跳过句读,好似完全不懂书中的意义,遇到动人的段落连眼泪都要淌出来,没法再念下去。于是他很气恼地把书丢在桌上,引得两位朋友哈哈大笑……噢!他多爱她们!他到哪儿都看到她们两人的影子,把她们和莎士比亚与歌德的人物混在一起,几乎分不清了。诗人某句隽永的名言,把他的热情从心底里挑动起来的名句,和第一次念给他听的亲爱的嘴巴分不开了。二十年后,他重读《哀格蒙特》与《罗密欧》[1],

① 《哀格蒙特》为歌德名剧,《罗密欧》即莎士比亚《罗密欧与朱丽叶》的简称。

或看到它们上演的时候,某些诗句总使他想起这些恬静的黄昏,这些快乐的梦,和心爱的克里赫太太与弥娜的脸容。

他可以几小时的望着她们,晚上,在她们念书的时候,——夜里,在床上睁着眼睛梦想的时候,——白天,在乐队里心不在焉地演奏,对着乐谱架半阖着眼睛出神的时候。他对两人都有一种天真无邪的温情;虽然还不知道什么叫作爱情,他自以为动了爱情。但他不知道爱的是母亲还是女儿。他一本正经地思索了一番,没法挑选。可是他觉得既然非有所抉择不可,他就挑了克里赫太太。一朝决定之后,他果然发现他爱的真是她。他爱她聪明的眼睛,爱她那副嘴巴张着一半的浮泛的笑容,爱她年轻的美丽的前额,爱她分披在一边的光滑细腻的头发,爱她带点儿轻咳的,好像蒙着一层什么的声音,爱她那双柔软的手,爱她大方的举动,和那神秘的灵魂。她坐在他身旁,那么和气地给他解释一段文字的时候,他快乐得浑身哆嗦:她的手靠在克利斯朵夫肩上;他觉得她手指的温暖,脸上有她呼吸的气息,也闻到她身上那股甜蜜的香味:他出神地听着,完全没想到书本,也完全没有懂。她发觉他心猿意马,便要他还讲一遍:他一个字都说不出;她就笑着生气了,把他鼻子揿在书里,说这样下去他只能永远做头小驴子。他回答说那也没有关系,只要能做"她的"小驴子而不给她赶走。她假作刁难,然后又说,虽然他是一头又蠢又坏的小驴子,除了本性善良以外没有一点儿用处,她还是愿意留着他,或许还喜欢他。于是他们俩都笑开了,而他更是快乐极了。

克利斯朵夫自从发觉自己爱了克里赫太太之后,对弥娜就离得远了。她的傲慢冷淡,已经使他愤愤不平:而且和她常见之下,他也渐渐放大胆子,不再检点行动,公然表示他的不痛快了。她喜欢惹他;他也毫不客气地顶回去,彼此说些难堪的话,把克里赫太太听得笑起来。克利斯朵夫斗嘴的技术并不高明,有几次他出门的时候气愤之极,自以为恨着弥娜了。他觉得自己还会再上她们家去,只是为了克里赫太太的缘故。

他照旧教她弹琴,每星期两次,从早上九点到十点,监督她弹音阶和别的练习。上课的屋子是弥娜的书房,一切陈设都很逼真地反映出小姑娘乱七八糟的思想。

桌上摆着一组塑像,是些玩弄乐器的猫,有的拉着小提琴,有的拉着大提琴,等于整个的乐队。另外有面随身可带的小镜子,一些化妆品和文具之类,排得整整齐齐。骨董架上摆着小型的音乐家胸像:有疾首蹙额的贝多芬,有头戴便帽的瓦格纳,还有贝尔凡特的阿波罗①。壁炉架上放着一只青蛙抽着芦苇做的烟斗,一把纸扇,上面画着拜罗伊特剧院的全景。② 书架一共是两格,插的书有吕布克、蒙森、席勒、儒勒·凡尔纳、蒙田诸人的作品。③ 墙上挂着《圣母与西斯廷》和海高玛作品的大照片;④周围都镶着蓝的和绿的丝带。另外还有一幅瑞士旅馆的风景装在银色的蓟木框里;而特别触目的是室内到处粘着各式各种的相片,有军官的,有男高音歌手的,有乐队指挥的,有女朋友的,全写着诗句,或至少在德国被认为诗句似的文字。屋子中间,大理石的圆柱头上供着胡髭满颊的勃拉姆斯的胸像。钢琴高头,用线挂着几只丝绒做的猴子和跳舞会上的纪念品,在那儿飘来荡去。

弥娜总是迟到的,眼睛睡得有点儿虚肿,一脸不高兴的神气;她向克利斯朵夫略微伸一伸手,冷冷地道了一声好,便不声不响,俨然地坐在钢琴旁。她独自个儿的时候,喜欢无穷无尽地尽弹音阶,因为这样可以懒洋洋地把半睡半醒的境界与胡思乱想尽拖下去。但克利斯朵夫硬要她注意那些艰难的练习,她为了报复,便尽量地弹得坏。她有

① 按系阿波罗神雕像之一种。贝尔凡特乃罗马教皇宫内的美术馆名称。此处所指系藏于该馆的阿波罗雕像的复制品。

② 按系专演音乐家瓦格纳作品之剧院。拜罗伊特系德国地名。

③ 吕布克为德国美术史家,蒙森为德国史学家。以上二人均十九世纪人物。儒勒·凡尔纳为法国十九世纪科学小说作家,蒙田为法国十六世纪文学家。

④ 拉斐尔生平作圣母像极多,大半均系不朽之作,此为其中之一,因图中绘有教皇西斯廷二世,故名。海高玛为十九世纪后半期的德国画家。

相当的音乐天才而不喜欢音乐,——正像许多德国女子一样。但她也像许多德国女子一样认为应当喜欢;所以她对功课也还用心,除非有时为了激怒老师而故意捣鬼。而老师最受不了的是她冷冰冰的态度。要是遇到谱上富于表情的段落,她认为应当把自己的心灵放进去的时候,那就糟透了:因为她变得非常多情,而实际是对音乐一无所感。

坐在她身旁的小克利斯朵夫并不十分有礼。他从来不恭维她:正是差得远呢。她为此非常记恨,他指摘一句,她顶一句。凡是他说的话,她总得反驳一下;要是弹错了,她强说的确照着谱弹的。他恼了,两人就斗嘴了。眼睛对着键盘,她偷觑着克利斯朵夫,看他发气,心里很高兴。为了解闷,她想出许多荒唐的小计策,目的无非是打断课程,教克利斯朵夫难堪。她假做勒住自己的喉咙,引人家注意;或是一叠连声地咳嗽,或是有什么要紧事儿得吩咐女仆。克利斯朵夫明知道她是做戏;弥娜也明知道克利斯朵夫知道她做戏;可是她引以为乐,因为克利斯朵夫不能把心里的话说出来,揭破她的诡计。

有一天她正玩着这一套,有气无力地咳着,用手帕蒙着脸,好似要昏厥的样子,眼梢里觑着气恼的克利斯朵夫,她忽然灵机一动,让手帕掉在地下,使克利斯朵夫不得不给她捡起来,他果然很不高兴地照办了。然后她装着贵妇人的口吻说了声"谢谢!",他听了差点儿气得按捺不住。

她觉得这玩意儿妙极了,大可再来一下。第二天她便如法炮制。克利斯朵夫却怀着一腔怒意,竟自不理。她等了一忽儿,含嗔带怨地说道:

"请你把我的手帕给捡起来,好不好?"

克利斯朵夫忍不住了:

"我不是你的仆人,"他粗暴的回答,"你自个儿捡吧!"

弥娜一气之下,突然站起来,把琴凳都撞翻了:

"嘿! 这是什么话!"她愤愤地把键盘敲了一下,出去了。

克利斯朵夫等着。可是她竟不回来。他对自己的行为很惭愧。

觉得太粗野了。同时他也忍无可忍，因为她把他耍弄得太不像话了。他怕弥娜告诉她的母亲，使他永远失掉克里赫太太的欢心。他不知道怎么办：虽然后悔自己的粗暴，可他怎么也不愿意道歉。

第二天他听天由命地又去了，心里想弥娜大概不见得会再来上课。但弥娜心高气傲，决不肯告诉母亲，何况她自己也担点儿干系，所以让他比平时多等了五分钟之后就出来了，直僵僵地坐在琴旁，既不转过头来，也不说句话，好似根本没有克利斯朵夫这个人。可是她照旧上课，以后也继续上课，因为她很明白克利斯朵夫在音乐方面是有本领的，而自己也应当把琴弹得像个样，倘使她想做一个教育完全的大家闺秀的话，她不是自命为这种人吗？

可是她多烦闷啊！他们俩多烦闷啊！

三月里一个白茫茫的早晨，小雪球像羽毛般在灰色的空中飘舞，他们俩在书房里。天色很黑。弥娜弹错了一个音，照例推说是谱上写的。克利斯朵夫明知她扯谎，仍不免探着身子，想把谱上争论的那一段细看一下。她一只手放在谱架上，并不拿开。他的嘴巴跟她的手靠得很近。他想看谱而没看见：原来他望着另外一样东西，——望着那娇嫩的、透明的、像花瓣似的东西。突然之间，不知脑子里想到了什么，他把嘴唇用力压在那只小手上。

他们俩都吃了一惊。他往后一退，她把手缩了回去，——两人都脸红了。彼此一声不出，望也不望。慌慌张张地静了一忽儿，她重新弹琴，胸部一起一伏，像受到压迫似的，同时又接二连三地弹错音。他可没有发觉：他比她慌得更厉害，太阳穴里跳个不住，什么都听不见。为了打破沉默，他嗄着嗓子，胡乱挑了几个错。他自以为在弥娜的心目中从此完了，对自己的行动羞愧无地，觉得又荒唐又粗俗。课上完了，他和弥娜分手的时候连瞧也不敢瞧，甚至把行礼都忘了。她却并不恨他，再也不觉得克利斯朵夫没有教养了；刚才她弹错那么多音，是因为她暗中瞅着他，心里非常好奇，而且破天荒第一遭地对他有了好感。

他一走，她并不像平时那样去找母亲，却是一个人关在屋里推敲那件非常的事。她两手托着腮帮，对着镜子，发现眼睛又亮又温柔。她轻轻咬着嘴唇在那儿思索。一边很得意地瞧着自己可爱的脸，一边又想到刚才的一幕，她红着脸笑了。吃饭的时候她很快活，兴致很好，饭后也不愿意出去走走，大半个下午都待在客厅里，手里拿着活儿，做不到十针就弄错了；她可不管这些。她坐在屋子的一角，背对着母亲，微微笑着；或是为了松动一下而在屋子里蹦蹦跳跳，直着嗓子唱歌。克里赫太太给她吓了一跳，说她疯了。弥娜却是笑弯了腰，勾着母亲的脖子狂吻，差点儿使她气都喘不过来。

晚上回到房里，她过了好久才上床。她老对着镜子回想，但因为整天想着同样的事，结果是什么都想不起来。她慢条斯理地脱衣服，随时停下来，坐在床上追忆克利斯朵夫的面貌：而在脑海里出现的却是一个她想象中的克利斯朵夫，那时她也不觉得他怎么丑了。她睡下，熄了灯。过了十分钟，早上那幕忽然又回到记忆中来，她大声地笑了。母亲轻轻地起来，推开房门，以为她不听吩咐又躲在床上看书，结果发觉弥娜安安静静地躺着，在守夜小灯的微光下睁着眼睛。

"怎么啦？"她问，"什么事儿教你这样快活？"

"没有什么，"弥娜一本正经的回答，"我只是瞎想。"

"你倒很快活，自个儿会消遣。现在可是该睡觉了。"

"是，妈妈。"弥娜很和顺地回答。

可是她心里说着："你走吧！快点儿走吧！"一直嘀咕到房门重新关上，能够继续体味她那些梦的时候。于是她懒洋洋地出神了。等到身心都快入睡的时候，她又快活得惊醒过来：

"噢！他爱我……多快活啊！他会爱我，可见他多好！……我也真爱他！"

然后她把枕头拥抱了一下，睡熟了。

两个孩子第一次再见的时候，克利斯朵夫看到弥娜那么殷勤，不禁大为诧异。除了例有的招呼以外,她又装着甜蜜的声音向他问好,然后安安分分、端端正正地坐在琴旁,简直乖得像个天使。她再没顽皮学生的捣乱念头,而极诚心地听着克利斯朵夫的指点,承认他说得有理;一有弹错的地方,她自己就大惊小怪地叫起来,用心纠正。克利斯朵夫给她弄得莫名其妙。在那么短的时间内她竟大有进步:不但是弹得好了些,而且也喜欢音乐了。连最不会恭维人的克利斯朵夫,也不由得把她夸奖了几句;她高兴得脸红了,用水汪汪的眼睛望了他一眼表示感激。从此以后,她为他费心打扮,扎些色调特别雅致的丝带;她笑盈盈的,装着不胜慵困的眼神看着克利斯朵夫,使他又厌恶又气恼,同时也觉得心荡神驰。现在倒是她找话来说了,但她的话没有一点儿孩子气:态度很严肃,又用着装腔作势的迂腐的口吻引用诗人的名句。他听着不大回答,只觉得局促不安:对于这个他不认识的新的弥娜,他感到惊奇与惶惑。

她老是留神着他。她等着……等什么呢?……她自己可明白吗?……她等他再来。——他却防着自己,认为上次的行动简直像个野孩子;他似乎根本不想那件事了。但她开始不耐烦了;有一天,他正安安静静坐在那儿,跟那危险的小手隔着相当的距离,她突然烦躁起来,做了一个那么快的动作,连想也来不及想,把手送过去贴在他的嘴上。他先是吓了一跳,接着又恼又害臊。但他仍旧吻着她的手,而且非常热烈。这种天真的放浪的举动使他大为愤慨,几乎想丢下弥娜立刻跑掉。

可是他办不到。他已经给抓住了。一阵骚乱的思潮在胸中翻上翻下,使他完全摸不着头脑。像山谷里的水汽似的,那些思想从心底里浮起来。他在爱情的雾氛中到处乱闯,闯来闯去,老是在一个执着的、暧昧的念头四周打转,在一种无名的、又可怕又迷人的欲望四周打转,像飞蛾扑火一样。自然,那些盲目的力突然骚动起来了……

他们正在经历一个等待的时期:互相观察,心里存着欲望,可又互相畏惧。他们都烦躁不安。两人之间照旧有些小小的敌意和怄气的事,可再不能像从前那样的无拘无束了:他们都不出声。各人在静默中忙着培植自己的爱情。

对于过去的事,爱情能发生很奇怪的作用。克利斯朵夫一发觉自己爱着弥娜,就同时发觉是一向爱她的。三个月以来,他们差不多天天见面,他可从来没想到这段爱情;但既然今天爱了她,就应该是从古以来爱着她的。

能够发现爱的是谁,对他真是一种宽慰。他已经爱了好久,只不知道哪个是他的爱人!现在他轻松了,那情形就好比一个不知道病在哪里,只觉得浑身不舒服的病人,忽然看到那说不出的病变成了一种尖锐的痛苦而局限在一个地方。没有目标的爱是最磨人的,它消耗一个人的精力,使它解体。固然,对象分明的热情能使精神过于紧张过于疲劳,但至少你是知道原因的。无论什么都受得了,只受不了空虚!

虽然弥娜的表示可以使克利斯朵夫相信她并非把他视同陌路,但他仍不免暗自烦恼,以为她瞧不起他。两人彼此从来没有明确的观念,但这观念也从来没有现在这样的杂乱:那是一大堆不相连续的、古怪的想象,放在一起没法调和的;因为他们会从这个极端跳到另一个极端,一忽儿认为对方有某些优点,——那是在不见面的时候,——一忽儿又认为对方有某些缺陷,——那是在见面的时候。——其实,这些优点和缺点,全是凭空杜撰的。

他们不知道自己要些什么。在克利斯朵夫方面,他的爱情是一种感情的饥渴,专横而极端,并且是从小就有的;他要求别人满足他的饥渴,恨不得强迫他们。他需要把自己,把别人,——或许尤其是别人,——完全牺牲;而这专制的欲望中间,有时还夹着一阵一阵的冲动,都是些暴烈的、暧昧的、自己完全莫名其妙的欲念,使他觉得天旋地转。至于弥娜,特别是好奇心重,有了这个才子佳人的故事很高兴,只想让自尊心和多愁善感的情绪尽量痛快一下;她存心欺骗自己,以为有了如何如何的感情。其实他们的爱情一大半是纯粹从书本上来的。他们回想读过的小说,把自己并没有的感情都以为是自己有的。

可是快要到一个时期,那些小小的谎言,那些小小的自私自利,都得在爱情的神光前面消失。这个时期或是一天,或是一小时,或是永恒的几秒钟……而它的来到又是那么出人意外!……

一天傍晚,只有他们两人在那儿谈话。客厅里黑下来了。话题也变得严重起来。他们提到"无穷","生命","死亡"。那比他们的热情规模大得多了。弥娜慨叹自己的孤独,克利斯朵夫听了,回答说她并不像她所说的那么孤独。

"不,"她摇摇头,"这些不过是空话。各人只顾自己,没有一个人理睬你,没有一个人爱你。"

两人静默了一会。然后,克利斯朵夫紧张得脸色发青,突然说了句:

"那么我呢?"

兴奋的小姑娘猛的跳起来,抓着他的手。

门开了,两人往后一退。原来是克里赫太太进来了。克利斯朵夫随手抓起一本书看着,连拿颠倒了都没觉得。弥娜低着头做活,让针戳了手指。

整个黄昏他们再没有单独相对的机会,他们也怕有这种机会。克里赫太太站起来想到隔壁屋子去找件东西,一向不大巴结的弥娜这回竟抢着代母亲去拿;而她一出去,克利斯朵夫就走了,根本没向她告辞。

第二天,他们又见面,急于把昨晚打断的话继续下去,可是不成。机会是很好。他们跟着克里赫太太去散步的时候,自由谈话的机会真是太多了。但克利斯朵夫没法开口,他为之懊恼极了,干脆在路上躲着弥娜。她假装没注意到这种失礼的举动,可是心里很不高兴,并且在脸上表示出来。等到克利斯朵夫非说几句话不可的时候,她冷冰冰地听着,使他几乎没有勇气把话说完。散步完了,时间过去了;他因为不知利用而很懊丧。

这样又过了一星期。他们以为误解了对方的感情,甚至竟不敢说那天晚上的一幕是不是做梦。弥娜恼着克利斯朵夫。克利斯朵夫也怕单独见到弥娜。他们之间从来没有这么冷淡过。

终于有一天,早上和大半个下午都阴雨不止。他们在屋子里,一句话不说,只是看看书,打打呵欠,望望窗外;两人都憋闷得慌。四点左右,天开朗了。他们奔进花园,靠着花坛,眺望底下那片一直伸展到河边的草坪。地下冒着烟,一缕温暖的水汽在阳光中上升;细小的雨点在草地里发光;潮湿的泥土味与百花的香味混在一起;黄澄澄的蜜蜂在四周打转。他们身子靠得很近,可是谁也不望谁;他们想打破沉默,却又下不了决心。一只蜜蜂跌跌撞撞地停在饱和雨水的紫藤上,把水珠洒了她一身。两人同时笑起来,而一笑之下,他们马上觉得谁也不恼谁了,仍旧是好朋友了;但还不敢互相望一眼。

突然之间,她头也没回过来,只抓着他的手说了声:

“来吧!”

她拉着他奔入小树林。那里有些拐弯抹角的小路,两旁种着黄杨,林子中间还有一块迷宫似的高地。他们爬上小坡,浸透了雨的泥土使他们溜来滑去,湿漉漉的树把枝条向他们身上乱抖。快到坡脊,她停下来喘口气。

“等一忽儿……等一忽儿……”她轻轻说着,想把呼吸缓和一下。

他望着她。她望着别处,微微笑着,嘴张着一半,喘着气;她的手在克利斯朵夫的手里抽搐。他们觉得手掌与颤抖的手指中间,血流得很快。周围是一片静寂。树上金黄色的嫩芽在阳光中打战;一阵细雨从树叶上飘下,声音那么轻灵;空中有燕子尖锐的叫声。

她对他转过头来:像一道闪电那么快,她扑上他的脖子,他扑在她的怀里。

“弥娜! 弥娜! 亲爱的弥娜! ……”

“我爱你,克利斯朵夫,我爱你!”

他们坐在一条潮湿的凳上。两人都被爱情浸透了,甜蜜的、深邃的、荒唐的爱情。其余的一切都消灭了。自私,自大,心计,全没有了。灵魂中的阴影,给爱情的气息一扫而空。笑眯眯的含着泪水的眼睛都说着:“爱啊,爱啊。”这冷淡而风骚的小姑娘,这骄傲的男孩子,全有股强烈的欲望,需要倾心相许,需要为对方受苦,需要牺牲自己。他们认不得自己了;什么都改变了:他们的心,他们的面貌,照出慈爱与温情的光的眼睛。几分钟之内,只有纯洁,舍身,忘我;那是一生中不会再来的时间!

他们你怜我爱地嘟囔了一阵,立了矢忠不渝的誓,一边亲吻,一边说了些无头无尾的、欣喜欲狂的话,然后他们发觉时间晚了,便手挽着手奔回去,一忽儿在狭窄的小路上几乎跌跤,一忽儿撞在树上,可是什么也没觉得,他们快活得盲目了,醉了。

和她分手以后,他并不回家:回家也睡不着觉的。他出了城,在野外摸黑乱走。空气新鲜,田野里荒荒凉凉的,漆黑一片。一只猫头鹰寒瑟瑟地叫着。他像梦游病者那样的走着,从葡萄藤中爬上山岗。城里细小的灯光在平原上发抖,群星在阴沉的天空打战。他坐在路边矮墙上,忽然簌落落地流下泪来,不知道为什么。他太幸福了,而这过度的欢乐是悲与喜交错起来的;他一方面对自己的快乐感激,一方面对那些不快乐的人抱着同情,所以他的欢乐既有“好景不长”的感慨,也有“人生难得”的醉意。他哭得心神酣畅,不知不觉地睡着了。醒来的时候,天已经黎明。白茫茫的晓雾逗留在河上,笼罩在城上,那儿睡着困倦的弥娜,她的心也给幸福的笑容照亮了。

当天早上,他们又在花园里见面了,彼此把相爱的话重新说了一遍,可是已不像昨天那样的出诸自然。她似乎学做舞台上扮情人的女演员。他虽然比较真诚,也扮着一个角色。两人谈到将来的生活。他对自己的清贫引为恨事。她则表示慷慨豪爽,同时为了自己的豪爽很得意。她自命为瞧不起金钱。这倒是真的:因为她不知道钱是什么东西,也不知道没有钱是怎么回事。他对她许愿,要成为一个大艺术家:

她觉得很有意思,很美,像小说一样。她自以为一举一动非做得像个真正的情人不可。她念着诗歌,多愁善感。他也被她感染了,注意自己的修饰,装扮得非常可笑,也讲究说话的方式,满嘴酸溜溜的。克里赫太太看着他不由得笑了,心里奇怪什么事把他搅成这样蠢的。

可是他们也有些诗意盎然的时间,往往在平淡的日子突然放出异彩,好比从雾霭中透过来的一道阳光。一瞥一视,一举一动,一个毫无意义的字眼,就会使他们沉溺在幸福里面;傍晚在黑洞洞的楼梯上说的"再会!",眼睛在半明半暗中的相探和相遇,手碰到手的刺激,语声的颤抖:这些无聊的琐碎事儿,到夜里,——在听着每小时的钟声就会惊醒的轻浅的梦中,心头像溪水的喁语般唱着"他爱我"的时候,——又会一件一件地重新想起。

他们发现了万物之美。春天的笑容有无限的温柔。天空之中有光华,大气之中有柔情,这是他们从来没领略到的。整个的城市,红色的屋顶,古老的墙垣,高低不平的街面,都显得亲切可爱,使克利斯朵夫中心感动。夜里,大家睡熟的时候,弥娜从床上起来,凭窗遐想,懵腾腾的,骚动不已。下午他不在的时候,她坐在秋千架上,膝上放着本书,半阖着眼睛出神,懒懒的似睡非睡,身心一齐在春天的空气中飘荡。她又几小时的坐在钢琴前面,翻来覆去地老弹着某些和弦,某些段落,令人听了厌倦不堪,她可是感动得脸色发白,身上发冷。她听着舒曼的音乐哭了。她觉得对所有的人都抱着恻隐之心,而他也和她一样。路上碰到穷人,他们都偷偷地给点儿钱,然后不胜同情地彼此望一眼,因为自己能这样慈悲而非常快乐。

其实他们的善心是有间歇性的,弥娜忽然发觉,从她母亲小时候就来当差的老妈子弗列达,过的那种微贱的、替人尽心出力的生活多么可怜,便跑到厨房里,把正在补衣服的女仆勾着脖子亲热一阵,使她大吃一惊。可是两小时以后她对弗列达说话又很不客气了,因为她没有一听到打铃马上就来。至于克利斯朵夫,尽管对整个的人类抱着热爱,尽管为了怕踏死一条虫而绕着弯儿走路,对自己家里的人可冷淡极了。由于一种奇怪的反应,他对别人越亲热,对家人越冷越无情:他连想也不大想到他们,对他们说话非常粗暴,见到他们就讨厌。弥娜和他两人的慈悲心原来只是过剩的爱情,一朝泛滥起来,随便碰到一个人就会发泄,不问是谁。除了这种情形以外,他们反而比平常更自私,因为心中只有一个念头,而一切都得以那个念头为中心。

这少女的面貌在克利斯朵夫生活中占了多重要的地位！当他在花园里找她而远远地瞥见那件小小的白衣衫的时候,在戏院里听见楼厅的门开了,传来那么熟悉的快乐的声音的时候,在别人的闲话中听见提到克里赫这可爱的姓氏的时候:他多么激动！他脸上白一阵红一阵,几分钟之内,什么都看不见了,什么都听不见了。接着急流似的血在身上奔腾,多少无名的力在胸中激撞。

这天真而肉感的德国姑娘有些奇怪的玩意儿。她把戒指放在面粉上,要大家轮流用牙齿衔起而鼻子不沾白粉。或者用根线穿着饼干,各人咬着线的一端,得一边嚼着线一边尽最快的速度咬到饼干。他们的脸接近了,气息交融了,嘴唇碰到了,勉强嘻嘻哈哈地笑着,可是手都凉了。克利斯朵夫很想咬她的嘴唇让她疼一下,便突然往后倒退;她还在那儿强笑。两人都转过头去,假作冷淡,暗中却是偷眼相看。

这些乱人心意的游戏,又吸引他们又教他们发慌。克利斯朵夫简直害怕,他宁可有克里赫太太或别人在一起而觉得拘束的。不论当着谁的面,两颗动了爱情的心照旧息息相通;而且越是受到外来的约束,心的交流越来得热烈而甜蜜。那时,他们之间一切都有了无穷的价值:只要一句话,一抿嘴,一个眼神,就能在日常生活的平淡无奇的面幕之下,把双方内心生活的丰富而新鲜的宝藏重新显露出来,而只有他们俩能看到,至少他们相信如此。于是他们便会心而笑,对这些小小的神秘挺得意。旁人听来,他们所说的无非是些极普通的应对;但在他们俩竟好比唱着永远没有完的恋歌。声音笑貌之间瞬息万变的表情,他们都看得清清楚楚,像本打开的书;甚至他们闭着眼睛也能看到:因为只要听听自己的心,就能听到朋友心中的回声,他们对人生,对幸福,对自己,都抱着无穷的信心,无穷的希望。他们爱着人,也有人爱着,那么快乐,没有一点阴影,没有一点疑心,没有一点对前途的恐惧!唯有春天才有这种清明恬静的境界!天上没有一片云。那种元气充沛的信仰,仿佛无论如何也不会枯萎。那么丰满的欢乐似乎永远不会枯竭。他们是活着吗?是做梦吗?当然是做梦。他们的梦境与现实的人生没有一点相像的地方。要有的话,那就是在这个不可思议的时间,他们自己就变了一个梦:他们的生命在爱情的呼吸中溶解了。

克里赫太太不久就窥破了他们自以为巧妙而其实很笨拙的手段。有一天,弥娜和克利斯朵夫说话的时候身子靠得太紧了些,她母亲出其不意的闯进来,两人便慌慌张张地闪开了。从此弥娜起了疑心,认为母亲已经有点儿发觉。可是克里赫太太装作若无其事,使弥娜差不多失望了。弥娜很想跟母亲抵抗一下,这样就更像小说里的爱情了。

她的母亲可偏不给她这种机会;她太聪明了,决不因之操心。她只在弥娜前面用挖苦的口气提到克利斯朵夫,毫不留情地讽刺他的可笑,几句话就把他毁了。她并非是有计划地这么做,只凭着本能行事,像女人保护自己的贞操一样,施展出那种天生的坏招数。弥娜白白地反抗,生气,顶嘴,拼命说母亲的批评没有根据,其实是批评得太中肯了,而且克里赫太太非常巧妙,每句话都一针见血。克利斯朵夫的太大的鞋子,难看的衣服,没有刷干净的帽子,内地人的口音,可笑的行礼,粗声大气的嗓子,凡是足以损伤弥娜自尊心的缺点,一桩都不放过:而说的时候又像是随便提到的,没有一点存心挑剔的意味;愤慨的弥娜刚想反驳,母亲已经轻描淡写地把话扯开。可是一击之下,弥娜已经受伤了。

她看克利斯朵夫的目光,慢慢的不像从前那么宽容了。他隐隐约约地有点儿觉得,就不安地问:“你为什么这样望着我?”

她回答说:“不为什么。”

可是过了一忽儿,正当他挺快活的时候,她又狠狠地埋怨他笑得太响,使他大为丧气。他万万想不到在她面前连笑也得留神的:一团高兴马上给破坏了。——或是他说话说得完全出神的时候,她忽然漫不经意地对他的衣着来一句不客气的批评,或者老气横秋着挑剔他用字不雅。他简直没有勇气再开口,有时竟为之生气了。但他一转念,又认为那些使他难堪的态度正表示弥娜对他的关心;而弥娜也自以为如此。于是他竭力想虚心受教,把自己检点一下;她可并不满意,因为他并不真能检点自己。

至于她心中的变化,他根本来不及觉察。复活节到了,弥娜要跟母亲上魏玛那边的亲戚家去玩几天。

分别以前的最后一个星期,他们又恢复了初期的亲密。除了偶然有点儿急躁以外,弥娜比什么时候都更亲热。动身前夜,他们在花园中散步了很久;她拉着克利斯朵夫到小树林里,把一口小香囊挂在他的颈上,里头藏着她的一绺头发;他们把海誓山盟的话又说了一遍,约定每天通信;又在天上指定了一颗星,以便夜晚两人在两地同时眺望。

重大的日子到了。夜里他再三想着:“明天她在哪儿呢?”这时又想道:“啊,是今天了。早上她还在这儿,可是晚上……”不到八点,他就去了。她还没起床。他勉强到花园里遛了一下,觉得支持不住,只得回进屋子。走廊里堆满了箱笼包裹;他在一间房里拣着个角儿坐下,留神开门的声音和楼板的响动,认出上面屋里的脚声。克里赫太太微微带着点笑意,和他俏皮地招呼了一声,停也不停地走过去了。终于弥娜出现了,脸色苍白,眼睛虚肿,她昨夜并没比他睡得更好。她做出很忙的神气对仆人发号施令,一边给克利斯朵夫握手,一边继续和老弗列达谈话。她已经准备出发了。克里赫太太又进来,母女俩讨论着帽笼的事。弥娜好像完全没注意到克利斯朵夫:他站在钢琴旁边,可怜巴巴的,谁也不理会他。她跟着母亲出去,一忽儿又进来;在门口和克里赫太太又说了几句,然后把门带上。那时只有他们两个了。她奔过来抓着他的手,把他拉到隔壁百叶窗已经关上的客厅去。于是她突然把脸凑上来偎着他的脸,使劲地拥抱他,一边哭一边问:

"你应许我吗,应许永远爱我吗?"

他们轻轻地哭着,抽抽噎噎地压制自己,不让人家听到。一有脚声,他们赶紧分开。弥娜抹了抹眼睛,跟仆人们又装出那副俨然的神气,可是声音有点儿发抖。

她把一块又脏又皱,浸透眼泪的小手帕掉在地下,给他偷偷地捡了去。

他搭着她们的车把她们送到站上。两个孩子面对面坐着,彼此连望也不敢望,怕忍不住眼泪。他们的手互相摸索,用力握着,把手都掐痛了。克里赫太太假痴假呆地只做不看见。

终于时间到了。克利斯朵夫站在车厢门口,车子一发动,他就跟着跑,眼睛老盯着弥娜,一路和站上的员工乱撞,一忽儿便落在列车后面。他还是跑着,直到什么都看不见了方始上气不接下气地停下来,和一些不相干的人站在月台上。回到家里,大家都出去了,他哭了一个上午。

他初次尝到离别的悲痛,这是所有的爱人最受不了的磨折。世界,人生,一切都空虚了。不能呼吸了。那是致命的苦闷。尤其是爱人的遗迹老在你周围,眼睛看到的没有一样不教你想起她,现在的环境又是两人共同生活过的环境,而你还要重游旧地竭力去追寻往日的欢情:那时好比脚下开了个窟窿,你探着身子看,觉得头晕,仿佛要往下掉了,而真的往下掉了。你以为跟死亡照了面。不错,你的确见到了死亡,因为离别就是它的一个面具。最心爱的人不见了:生命也随之消灭了,只剩下一个黑洞,一片虚无。

克利斯朵夫到他们相爱过的地方都去走了一遭,特意要让自己痛苦。克里赫太太把花园的钥匙留给了他,使他照旧可以去散步。他当天就去了,痛苦得差点儿闷死。他去的时候以为能找到一点儿离人的痕迹:哪知这种痕迹只嫌太多,每一处的草坪上都有她的影子在飘浮;每条小路的每个拐弯的地方,他都等她出现,虽然明知不可能,但硬要相信可能;他也竭力去找他爱情的遗迹:那些曲折迷离的小路,挂着紫藤的花坛,小林子里的木凳,还老对自己说着:“八天以前……三天以前……昨天,就不过是昨天,她还在这儿……今天早上还在这儿……”他把这些念头在胸中翻来覆去地想个不停,直到快闭过气去了才丢开。——他除了哀伤之外,还有对自己的愤恨,因为他虚度了良辰,没有加以利用。多少钟点,多少光阴,他有那么大的福分看到她,把她当作空气,当作养料,而他竟不知体味那福分!他听任时间飞逝,没有把它一分钟一分钟地细细咀嚼……现在……现在可太晚了……没法挽救了!没法挽救了!

他回到家里,只觉得亲属可厌:他受不了那些脸,那些举动,那些无聊的谈话,和昨天,前几天,她在的时候完全一样的谈话!他们过着照常的生活,仿佛根本没有他这件不幸的事。城里的居民也同样的毫无知觉。大家只顾着自己的营生,笑着,嚷着,忙着;蟋蟀照旧的唱,天上照旧发光。他恨他们,觉得被普天之下的自私压倒了。殊不知他一个人就比整个的宇宙都更自私。在他心目中一切都没有价值了。他再没有什么慈悲,也不再爱什么人了。

他过着悲惨的日子,只机械地干着他的事,可没有一点儿生活的勇气。

一天晚上,他正不声不响,垂头丧气地和家里的人一同吃饭,邮差敲门进来,送给他一封信。没看到笔迹,他的心就知道是谁写的了。四个人眼睛直盯着他,用着很不知趣的,好奇的态度等他看信,希望他们无聊的生活得到点儿消遣。克利斯朵夫把信放在自己盘子旁边,忍着不拆,满不在乎地说信的内容早已知道了。但两个兄弟绝对不信,继续在暗中留神,使他吃那顿饭的时候受尽了罪。吃完了,他才能把自己关在房里。他心儿乱跳,拆信的时候差点把信纸撕破。他担心着不知信上写的什么,可是刚念了几个字就快活极了。

那是一封很亲热的短信,弥娜偷偷地写给他的。她称他为“亲爱的克利斯德兰”,说她哭了好几回,每晚都望着星,她到过法兰克福,那是一个了不起的大城,有华丽的大商店,但她什么都没在意,因为心里只想着他。她教他别忘了忠诚自矢的诺言,说过她不在的时候谁都不见,只想念她一个人。她希望他把她出门的时期整个儿花在工作上面,使他成名,她也跟着成名。最后她问他可记得动身那天和他告别的小客厅,要他随便哪天早上再去,她的精神一定还在那儿,还会用同样的态度和他告别。她签名的时候自称为“永远永远是你的……”;信后又另外加了几句,劝他买一顶平边的草帽,别再戴那个难看的呢帽:——“平边的粗草帽,围一条很阔的蓝丝带:这儿所有的漂亮绅士都是戴的这一种。”

克利斯朵夫念了四遍才完全弄清楚。他昏昏沉沉,连快活的气力都没有了;突然之间他疲乏到极点,只能上床睡觉,把信翻来覆去地念着,吻着,藏在枕头底下,老是用手去摸,看看是否在老地方。一阵无可形容的快感在他心中泛滥起来。他一觉睡到了天明。

他的生活现在比较容易过了。弥娜忠诚不二的精神老在周围飘荡。他着手写回信,但没有权利自由发挥,第一要把真情隐藏起来:那是痛苦而不容易做到的。他用的过分客套的话一向很可笑,现在还得拿这些套语来很拙劣地遮掩他的爱情。

信一寄出去,就等着弥娜的回音:他此刻整个儿的生活就是等信了。为了免得焦急,他勉强去散步,看书。但他只想着弥娜,像精神病似的嘴里老念着她的名字,把它当作偶像,甚至拿一册莱辛的著作藏在口袋里,因为其中有弥娜这个名字,每天从戏院出来,他特意绕着远路走过一家针线铺,因为招牌上有 Minna 这五个心爱的字母。

想到弥娜督促他用功,要他成名的话,他就责备自己不该荒废时日。那种劝告所流露的天真的虚荣,是表示对他有信心,所以他很感动。为了不负她的期望,他决定写一部不但是题赠给她,而且是真正为她写的作品。何况这时他也没有别的事可做。计划刚想好,他就觉得乐思潮涌,好比蓄水池中积聚了几个月的水,一下子决破了堤,奔泻出来。八天之内他不出卧房,鲁意莎把三餐放在门外,因为他简直不让她进去。

他写了一阕单簧管与弦乐器的五重奏。第一部是青春的希望与欲念的歌;最后一部是喁喁的情话,其中杂有克利斯朵夫那种带点儿粗犷的诙谑。作品的骨干是第二部轻快的广板,描写一颗热烈天真的心,暗示弥娜的小影。那是谁也不会认得的,她自己更认不得;但主要的是他能够认得清清楚楚。他自以为把爱人的灵魂整个儿抓住了,快乐得发抖了。没有一件工作比这个更容易更愉快。离别以后郁结在他胸中的过度的爱情,在此有了发泄;同时,创造艺术品的惨淡经营,为控制热情所作的努力,把热情归纳在一个美丽清楚的形式之中的努力,使他精神变得健全,各种官能得到平衡;因之身体上也有种畅快的感觉。这是所有的艺术家都领略到的最大的愉快。创作的时候,他不再受欲念与痛苦的奴役,而能控制它们了;凡是使他快乐的,使他痛苦的因素,他认为都是他意志的自由的游戏。只可惜这样的时间太短:因为过后他照旧碰到现实的枷锁,而且更重了。

只要克利斯朵夫为这件工作忙着,就差不多没有时间想到弥娜不在:他和她在一起生活。弥娜不在弥娜身上,而整个儿在他心上。但作品完成以后,他又孤独了,比以前更孤独更没精神了;他想起写信给她已经有两星期而还没有回音。

他又写了封信,可不能再像第一封那样的约束自己。他埋怨弥娜把他忘了,用的是说笑的口吻,因为他并不真的相信。他笑她懒惰,很亲热地耍弄了她几句。他藏头露尾地提到自己的工作,故意刺激她的好奇心,同时也因为想让她回来以后出其不意地高兴一下。他把新买的帽子描写得很仔细;又说为了服从小王后的命令,——他把她每句话都当真的,——老守在家里,对一切邀请都托病谢绝;可并没补上一句,说他连跟大公爵都冷淡了,因为某次爵府里有晚会找他,他竟没去。全封信都表示他快活得忘其所以,信里最多的是情人们顶喜欢的,心照不宣的话,以为只有弥娜一个人懂的,他觉得自己手段高明,居然把应该用到爱情二字的地方都用友谊代替了。

写完了,他暂时宽慰了一下:第一因为写信的时候好像就和弥娜当面谈了一次;第二因为他相信弥娜一定会马上答复。所以他三天之内很有耐性,这是预算信件一来一往必需要的时间。可是过了第四天,他又觉得活不下去了,一点精力也没有,对什么事也不感兴趣,除了每次邮班以前的那个时间。那时他可焦急得浑身发抖,变得非常迷信,为了要知道有没有信来,到处找些占卜的征兆,譬如灶肚里木柴的爆裂声,或是偶然听到的什么话。时间一过,他又垂头丧气:既不工作,也不散步,生活唯一的目标是等下次的邮班,而他还得用全副精神来撑到那个时间。到了傍晚,当天的希望断绝之后,他可消沉到极点:似乎怎么样也活不到明天的了。他几小时的坐在桌子前面,话也不说,想也不想,甚至也没有去睡觉的气力,直要最后迸出一些残余的意志才能上床。他睡得昏昏沉沉的,做着乱梦,以为黑夜是永无穷尽的了。

这种连续不断的等待,结果变成了一场真正的病。克利斯朵夫竟疑心他的父亲,兄弟,甚至邮差,收了他的信藏起来。一肚子的惶惑把他折磨得好苦。至于弥娜的忠实,他没有一刻儿怀疑过。所以要是她不写信,那一定是害了病,快死下来了,或许已经死了。他抓起笔来写了第三封信,那是悲痛之极的几行,感情,字迹,什么都不顾虑了。邮班的时间快到了,他乱涂一阵,信纸翻过来的时候把字弄糊了,封口的时候把信封搅脏了:管它!他决不能等下一次的邮班。他连奔带跑地把信送到了邮局,便凄怆欲绝地开始再等。第二天夜里,他清清楚楚地看到弥娜病着,在那里叫他;他爬起来,差点儿要动身去找她了。可是她在哪儿呢?上哪儿去找呢?

第四天早上,弥娜的信来了——半页信纸——口气又冷又傲慢。她说不懂他这种荒唐的恐惧是从哪儿来的,她身体很好,只是没有空写信,请他以后别这样的冲动,并且停止通信。

克利斯朵夫看了大为沮丧。他可不怀疑弥娜的真诚，只埋怨自己，觉得弥娜恼他那些冒昧而荒谬的信是很对的，认为自己糊涂，用拳头敲着自己的脑袋。但这些都是白费：他终究感到了弥娜的爱他不及他的爱弥娜。

以后几天的沉闷简直无可形容。虚无是没法描写的。唯一使克利斯朵夫留恋人生的乐趣——和弥娜的通信——被剥夺了，现在他只是机械地活着，日常生活中唯一想做的事，就是晚上睡觉以前，把他和弥娜离别的无穷尽的日子，像小学生似的在月历上划去一天。

回来的日子已经过了。一星期以前她就该到了。克利斯朵夫从失魂落魄的阶段转变到狂热的骚动。弥娜临走答应把归期和时刻先通知他。他随时等候消息，预备去迎接；为了猜测迟到的原因，他把念头都想尽了。

祖父的朋友，住在近边的地毯匠费休，常常吃过晚饭衔着烟斗来和曼希沃谈话；有天晚上他又来了。独自在那里苦闷的克利斯朵夫，眼看最后一次的邮差过后，正想上楼睡觉，忽然听见一句话使他打了个寒噤。费休说明天清早要上克里赫家去挂窗帘，克利斯朵夫愣了一愣，问道：

“她们可是回来了吗？”

“别开玩笑了吧！你还不跟我一样的明白？”费休老头儿咕噜着说，“早来了！她们前天就回来的。”

克利斯朵夫什么话都听不见了；他离开房间，整整衣衫预备出门。母亲暗中已经留神了他一些时候，便跟到甬道里怯生生地问他哪儿去。他一言不答，径自走了，心里很难过。

他奔到克里赫家，已经是晚上九点。她们俩都在客厅里，看他来了似乎不以为奇，很从容地招呼他。弥娜一边写信一边从桌上伸过手来，心不在焉地向他问好。她因为没有把信搁下来表示抱歉，装作很留心听他的话，但又时常扯开去向母亲问点儿事。他原来预备好一套动人的措辞,说她们不在的时候他多么痛苦;但他只能嘟嘟囔囔地说出几个字,因为谁也不注意,也就没勇气往下说了:他自己听了也觉得不顺耳。

弥娜把信写完了,拿着件活儿坐在一边,开始讲她旅行的经过,谈到那愉快的几个星期,什么骑着马出去玩儿啦,古堡中的生活啦,有趣的人物啦。她慢慢地兴奋起来,说到某些故事,某些人,都是克利斯朵夫不知道的,但她们俩回想之下都笑了。克利斯朵夫听着这篇话,觉得自己是个外人;他不知道取什么态度好,只能很勉强地陪着她们笑,眼睛老盯着弥娜,但求她对自己望一眼。弥娜说话多半是对着母亲的,偶尔望着他,眼神也跟声音一样,虽然和气,可淡漠得很。她是不是为了母亲而这样留神呢?他很希望和她单独谈一谈,可是克里赫太太老待在这儿。他设法把话扯到自己身上,谈他的工作,谈他的计划;他觉得弥娜毫不关心,便竭力引起她对自己的兴趣。果然她非常注意地听着了,常常插几个不同的惊叹辞,虽然有时不甚恰当,口气倒表示很关切。正当弥娜可爱地笑了笑,使他心里飘飘然又存着希望的时候,她拿小手掩着嘴巴打了个呵欠。他立刻把话打住。她很客气地道歉,说是累了。他站起身子,以为人家会留他的;可是并不。他一边行礼一边拖延时间,预备她们请他明天再来:但谁也不说这个话。他非走不可了。弥娜并不送他,只淡淡地很随便地跟他握了握手。他就在客厅的中央和她分别了。

他回到家里,心中只觉得恐惧。两个月以前的弥娜,他疼爱的弥娜,连一点影踪也没有了。怎么回事呢?她变了怎么样的人呢?世界上多少心灵原来不是独立的,整个的,而是好些不同的心灵,一个接着一个,一个代替一个的凑合起来的。所以人的心会不断的变化,会整个儿的消灭,会面目全非。可怜克利斯朵夫还从来没见识过这些现象,一朝看到了简单的事实,就觉得太残酷了,不愿意相信。并且他不胜惊骇地排斥这种念头,硬以为自己看错了,弥娜还是当初的弥娜。他决定第二天早上再去,无论如何要跟她谈一谈。

他睡不着觉,听着自鸣钟报时报刻,一小时一小时地数着。天一亮,他就在克里赫家四周打转,等到能进去了就马上进去。他碰见的可并非弥娜,而是克里赫太太。她素来起早,好动,那时在玻璃棚下提着水壶浇花;一看到克利斯朵夫,她就开玩笑似的叫了起来:

"哦!是你!……来得正好,我正有话跟你谈。请等一等……"

她进去放下水壶,擦干了手,回出来望着克利斯朵夫局促不安的脸色笑了笑;他已经觉得大祸临头了。

"咱们到花园里去吧,可以清静些。"她说。

他跟着克里赫太太在花园里走,那儿到处有他爱情的纪念。她看着孩子的慌乱觉得好玩,并不马上开口。

"咱们就在这儿坐吧。"她终于说了一句。

他们坐在凳上,就是分别的前夜弥娜把嘴唇凑上来的那条凳上。

"我要谈的事,你大概知道了吧,"克里赫太太装出严肃的神气,使孩子更窘了,"我简直不敢相信,克利斯朵夫。过去我认为你是个老实的孩子,一向信任你。哪想到你竟滥用我的信任,把我女儿弄得七颠八倒。我是托你照顾她的。你该敬重她,敬重我,敬重你自己。"

她语气之中带点儿说笑的意味:她对这种儿童的爱情并不当真;——但克利斯朵夫感觉不到;他一向把什么事都看得很严重,当然认为那几句埋怨是不得了的,便马上激动起来。

"可是,太太……太太……"他含着眼泪结结巴巴地说,"我从来没滥用您的信任……请您别那么想,……我可以赌咒,我不是一个坏人,……我爱弥娜小姐,我全心全意地爱她,并且我是要娶她的。"

克里赫太太微微一笑。

"不,可怜的孩子,"她所表示的好意骨子里是轻视,这一点克利斯朵夫也快看出来了,"那是不可能的,你这话太幼稚了。"

"为什么?为什么?"他问。

他抓着她的手,不相信她是说的真话,而那种特别婉转的声音差不多使他放心了。她继续笑着说:"因为……"

他再三追问。她就斟酌着用半真半假的态度（她并不把他完全当真），说他没有财产，弥娜还喜欢好多别的东西。他表示不服，说那也没关系，金钱，名誉，光荣，凡是弥娜所要的，将来他都会有的。克里赫太太装着怀疑的神气，看他这样自信觉得好玩，只对他摇摇头。他可一味的固执。

"不，克利斯朵夫，"她口气很坚决，"咱们用不着讨论，这是不可能的。不单是金钱一项，还有多少问题！……譬如门第……"

她用不着说完。这句话好比一支针直刺到他的心里。他眼睛终于睁开了。他看出友好的笑容原来是讥讽，和蔼的目光原来是冷淡；他突然懂得了他和她的距离，虽然他像儿子一样的爱着她，虽然她也似乎像母亲一样的待他。他咂摸出来，她那种亲热的感情有的是高傲与瞧不起人的意味。他脸色煞白地站了起来。克里赫太太还在那儿声音很亲切地和他说着，可是什么都完了；他再也不觉得那些话说得多么悦耳，只感到她浮而不实的心多么冷酷。他一句话都答不上来。他走了，四周的一切都在打转。

他回到自己房里，倒在床上，愤怒与傲气使他浑身抽搐，像小时候一样。他咬着枕头，拿手帕堵着嘴，怕人家听见他叫嚷。他恨克里赫太太，恨弥娜，对她们深恶痛绝。他仿佛挨了巴掌，羞愤交集地抖个不停。非报复不可，而且要立刻报复。要是不能出这口气，他会死的。

他爬起来，写了一封又荒谬又激烈的信：

> 太太，我不知是不是像你所说的，你错看了我。我只知道我错看了你，吃了大亏。我以为你们是我的朋友。你也这么说，面上也做得仿佛真是我的朋友，而我爱你们还远过于我的生命。现在我知道这些都是假的，你对我的亲热完全是骗人：你利用我，把我当消遣，替你们弄弄音乐，——我是你们的仆人。哼，我可不是你们的仆人！也不是任何人的仆人！
>
> 你那么无情的要我知道，我没有权利爱你的女儿。可是我的

心要爱什么人,世界上无论什么也阻止不了;即使我没有你的门第,我可是和你一样高贵。唯有心才能使人高贵:我尽管不是一个伯爵,我的品德也许超过多少伯爵的品德。当差的也罢,伯爵也罢,只要侮辱了我,我就瞧不起他。所有那些自命高贵而没有高贵的心灵的人,我都看作像块污泥。

再会吧!你看错了我,欺骗了我。我瞧不起你。

我是不管你怎么样,始终爱着弥娜小姐爱到死的人。——(因为她是我的,什么都不能把她从我心里夺去的。)

他刚把信投入邮筒,就立刻害怕起来。他想丢开这念头,但有些句子记得清清楚楚;一想起克里赫太太读到这些疯话,他连冷汗都吓出来了。开头还有一腔怒意支持他;但到了第二天,他知道那封信除了使他跟弥娜完全断绝以外决不会有别的后果:那可是他最怕的灾难了。他还希望克里赫太太知道他脾气暴躁,不至于当真,只把他训斥一顿了事;而且,谁知道,或许他真诚的热情还能把她感动呢。他等着,只要来一句话,他就会去扑在她脚下。他等了五天。然后来了一封信:

亲爱的先生,既然你认为我们之中有误会,那么最好不要把误会延长下去。你觉得我们的关系使你痛苦,那我决不敢勉强。在这种情形之下大家不再来往,想必你认为很自然的吧。希望你将来有别的朋友,能照你的心意了解你。我相信你前程远大,我要远远地,很同情地,关切你的音乐生涯。

约瑟芬·冯·克里赫

最严厉的责备也不至于这样残酷。克利斯朵夫眼看自己完了。诬蔑你的人是容易对付的。但对于这种礼貌周全的冷淡,又有什么办法？他骇坏了。想到从今以后看不到弥娜，永远看不到弥娜，他是受不了的。他觉得跟爱情相比，哪怕是一点儿的爱情，世界上所有的傲气都值不得什么。他完全忘了尊严，变得毫无骨气，又写了几封请求原谅的信，跟他发疯一般闹脾气的信一样荒谬。没有回音。——什么都完了。

他差点儿死。他想自杀，想杀人。至少他自以为这样想。他恨不得杀人放火。有些儿童的爱与恨的高潮是大家想不到的，而那种极端的爱与恨就在侵蚀儿童的心。这是他童年最凶险的难关。过了这一关，他的童年结束了，意志受过锻炼了，可是也险些儿给完全摧毁掉。

他活不下去了。几小时的靠着窗子，望着院子里的砖地，像小时候一样，他想到有个方法可以逃避人生的苦难。方法就在这儿，在他眼睛底下，……而且是立刻见效的……立刻吗？谁知道？……也许先要受几小时残酷的痛苦……这几小时不等于几世纪吗？……可是他儿童的绝望已经到了那种地步，逼得他老在这些念头中打转。

鲁意莎看出他在痛苦；虽然猜不透他想些什么，但凭着本能已经有了危险的预感。她竭力去接近儿子，想知道他的痛苦，为的是要安慰他。但可怜的女人早就不会跟克利斯朵夫说什么心腹话了。好些年来，他老是把思想压在心里；而她为了物质生活的烦恼，也没有时间再去猜儿子的心事，现在想来帮助他，却不知从何下手。她在他四周绕来绕去，像个在地狱中受难的幽灵；她只希望能找到一些安慰他的话，可是不敢开口，生怕恼了他。并且她虽然非常留神，她的举动，甚至只要她一露面，他都觉得生气，因为她一向不大伶俐，而他也不大宽容。他的确爱着母亲，母亲也爱着他。但只消那么一点儿小事就能使两个相爱的人各自东西。例如一句过火的话，一些笨拙的举动，无意之间的眨一眨眼睛，扯一扯鼻子，或是吃饭、走路、笑的方式，或是没法分析的一种生理上的不痛快……尽管大家心里认为不值一提，实际却有数不清说不尽的意义。而往往就是这种小地方，足以使母子、兄弟、朋友、那么亲近的人永远变成陌路。

因此克利斯朵夫在他的难关中并不能在母亲身上找到倚傍。何况情欲的自私只知有情欲,别人的好意对它也没有什么用。

一天晚上,家里的人都睡了,他坐在房里既不思想也不动弹,只是没头没脑地浸在那些危险的念头中间:静悄悄的小街上忽然响起一阵脚声,紧跟着大门上敲了一下,把他从迷惘中惊醒了,听到有些模糊的人声。他记起父亲还没回家,愤愤地想大概又是喝醉了被人送回来,像上星期人家发现他倒在街上那样。曼希沃,这时已经毫无节制;他不顾一切地纵酒与胡闹,换了别人早已送命,而他体育家般的健康还是毫无影响。他一个人吃的抵得几个人,喝起酒来非烂醉不休,淋着冷雨在外边过夜,跟人打架的时候给揍个半死,可是第二天爬起来照旧嘻嘻哈哈,还想要周围的人跟他一样快活。

鲁意莎已经下了床,急急忙忙去开门了。克利斯朵夫一动不动,掩着耳朵,不愿意听父亲醉后的嘟囔,和邻居叽叽咕咕的埋怨……

突然有阵说不出的凄怆揪住了他的心:他怕出了什么事……而立刻一阵惨叫声使他抬起头来,向门外冲去……

黑魆魆的过道里,只有摇曳不定的一盏灯笼的微光,在一群低声说话的人中间,像当年的祖父一样,担架上躺着个湿淋淋的、一动不动的身体。鲁意莎扑在他颈上痛哭。人家在磨坊旁边的小沟里发现了曼希沃的尸体。

克利斯朵夫叫了一声。世界上别的一切都消灭了,别的痛苦都给扫空了。他扑在父亲身上,挨着母亲,他们俩一块儿哭着。

曼希沃脸上的表情变得庄严,肃穆;克利斯朵夫坐在床头守着长眠的父亲,觉得亡人那股阴沉安静的气息浸透了他的心。儿童的热情,像热病的高潮一般退尽了;坟墓里的凉气把什么都吹掉了。什么弥娜,什么骄傲,什么爱情,唉!多可怜!在唯一的现实——死亡——面前,一切都无足重轻了。凭你怎么受苦,愿望,骚动,临了还不是死吗？难道还值得去受苦，愿望，骚动吗？……

他望着睡着的父亲，觉得无限哀怜。他生前的慈爱与温情，哪怕是一桩极小的事，克利斯朵夫也记起来了。尽管缺点那么多，曼希沃究竟不是个凶横的人，也有许多好的品性。他爱家里的人。他老实。他有些克拉夫脱刚强正直的家风：凡是跟道德与名誉有关的，决不许任意曲解，而上流社会不十分当真的某些丑事，他可绝不容忍。他也很勇敢，碰到无论什么危险的关头会高高兴兴地挺身而出。固然他很会花钱，但对别人也一样的豪爽：看见人家发愁，他是受不了的；随便遇上什么穷人，他会倾其所有的——连非他所有的在内，一齐送掉。这一切优点，此刻在克利斯朵夫眼前都显出来了：他还把它们夸大。他觉得一向错看了父亲，没有好好地爱他。他看出父亲是给人生打败的：这颗不幸的灵魂随波逐流地被拖下了水，没有一点儿反抗的勇气，此刻仿佛对着虚度的一生在那里呻吟哀叹。他又听到了那次父亲的求告，使他当时为之心碎的那种口吻：

"克利斯朵夫！别瞧不起我！"

他悔恨交迸地扑在床上，哭着，吻着死者的脸，像从前一样地再三嚷着：

"亲爱的爸爸，我没有瞧不起您，我爱您！原谅我吧！"

可是耳朵里那个哀号的声音并没静下来，还在惨痛地叫着：

"别瞧不起我！别瞧不起我！……"

而突然之间，克利斯朵夫好像看到自己就躺在死者的地位，那可怕的话就在自己嘴里喊出来；而虚度了一生，无可挽回地虚度了一生的痛苦，就压在自己心上。于是他不胜惊骇地想道："宁可受尽世界上的痛苦，受尽世界上的灾难，可千万不能到这个地步！……他不是险些儿到了这一步吗？他不是想毁灭自己的生命，毫无血气地逃避他的痛苦吗？以死来鄙薄自己，出卖自己，否定自己的信仰，但世界上最大的刑罚，最大的罪过：跟这个罪过相比，所有的痛苦，所有的欺骗，还不等于小孩子的悲伤？

他看到人生是一场无休、无歇、无情的战斗,凡是要做个够得上称为人的人,都得时时刻刻向无形的敌人作战:本能中那些致人死命的力量,乱人心意的欲望,暧昧的念头,使你堕落使你自行毁灭的念头,都是这一类的顽敌。他看到自己差点儿堕入深渊,也看到幸福与爱情只是一时的欺罔,为的是教你精神解体,自暴自弃。于是,这十五岁的清教徒听见了他的上帝的声音:

"往前啊,往前啊,永远不能停下来。"

"可是主啊,上哪儿去呢?不论我干些什么,不论我上哪儿,结局不都是一样,不是早就摆在那里了吗?"

"啊,去死吧,你们这些不得不死的人!去受苦吧,你们这些非受苦不可的人!人不是为了快乐而生的,是为了服从我的意志的。痛苦吧!死吧!可是别忘了你的使命是做个人。——你就得做个人。"

卷二 终

卷三·少年

第一部

于莱之家

家里变得冷清清的。父亲死后,仿佛一切都死了。没有了曼希沃的粗嗓子,从早到晚就只听见令人厌烦的河水的声音。

克利斯朵夫发愤之下,埋头工作了。他因为过去希图幸福而恨自己,要罚自己。人家安慰他,或是跟他说些亲热的话,他都逞着傲气置之不理。他聚精会神干着他的日常工作,冷冰冰地一心教课。知道他遭了不幸的学生,认为他的无动于衷不近情理。但年纪大一些而受过患难的,懂得一个孩子这种表面上的冷淡,实际是藏着多少痛苦,便觉得他可怜。他并不接受他们的同情。便是音乐也不能给他什么安慰,而仅仅是他的一项功课。他对什么都不感兴趣,或者自以为不感兴趣,故意要把生活弄得毫无意义而仍然活下去,仿佛这样他才痛快一点。

两个兄弟,看到家中遭了丧事那么冷静,都害怕起来,赶紧往外逃了。洛陶夫进了丹沃陶伯父的铺子,住宿在那里。恩斯德当过了两三种行业的学徒,结果上了船,在莱茵河上走着美因茨和科隆的航线;他直要用钱的时候才回来一次。家里只剩了克利斯朵夫和母亲两人,屋子显得太大了;而经济的困难,和父亲死后发觉的债务,使他们不得不忍痛去找一个更简陋而更便宜的住所。

在菜市街上,他们找到了一个三层楼面,一共有两三间房。地点是在城中心,非常嘈杂,跟河流,树木,所有亲切的地方都离得远了。但这时候应当听从理智,不能再凭感情做主。克利斯朵夫在此又找到了一个好机会教自己受些委屈。屋子的主人,法院的老书记官于莱,和祖父是朋友,跟他们都认识的:这一点就足以使鲁意莎打定主意;她守着空荡荡的老家太孤独了,只想去接近一般不忘记她心爱的家属的人。

他们开始准备搬家。在那所教人又爱又难受的,从此永别的老屋里,他们待了最后几天,深深体会着那种凄凉的情味。为了害羞或害怕,他们竟不大敢彼此诉说痛苦。各人都以为不应该让自己的感伤向对方流露。护窗板关了一半,房里阴惨惨的,两人在饭桌上急匆匆地吃着饭,说话也不敢高声,互相望也不敢望,生怕藏不住心中的慌乱。他们一吃完就分手:克利斯朵夫出门去做他的事,但一有空就回来,偷偷地溜进家里,提着足尖走进他的卧房或是阁楼,关了门,坐在屋角的一口旧箱子上或是窗槛上,不思不想地待在那里,而一走路就会东响一下西响一下的老屋子,有种莫名其妙的嗡嗡声填满他的耳朵。他的心跟屋子一样的颤动。他战战兢兢地留神着屋内屋外的声息,楼板的响声,和许多细小莫辨而熟悉的声音:那是他一听就知道的。他失去了知觉,脑子里全是过去的形象,直要圣·马丁教堂的大钟提醒他又得上工的时候才醒过来。

鲁意莎在下一层楼上,轻轻地走来走去。一忽儿脚声听不见了,她可以几小时的没有声音。克利斯朵夫伸着耳朵细听,不大放心地走下来。一个人遭了大难以后,就会长时期的这样动辄焦心。他把门推开一半:母亲背朝着他,坐在壁橱前面,四周堆满着许多东西:破布,旧东西,七零八落的杂物,都是她想清理而搬出来的。可是她没有气力收拾:每样东西都使她想起一些往事;她把它们翻过来转过去,胡思乱想起来;东西在手里掉下了,她垂着手臂,瘫在椅子里,几小时的在痛苦的麻痹状态中发呆。

现在,可怜的鲁意莎就靠回想过日子,——回想她那个苦多乐少的过去。但她受苦受惯了,只要人家回报她一点儿好意就感激不尽;几道仅有的微光已尽够照明她的一生。曼希沃给她的折磨已经完全忘了,她只记得他的好处。结婚的经过是她生平最了不起的一件事。曼希沃固然是由于一时冲动而很快就后悔了,她可是全心全意把自己交给他的,以为人家爱她也跟她爱人家一样,因此很感激曼希沃。至于丈夫以后的改变,她根本不想去了解。既不能看到事实的真相,她只知道凭着谦卑与勇敢的本性去接受事实;像她这样的妇女是用不着了解人生就能活下去的。凡是自己弄不清的,她都让上帝去解释。一种特殊的虔诚,使她把从丈夫与旁人那里受到的委屈,统统认作上帝的意思,而只把人家对她的好意算在人家头上。所以她那种悲惨的生活并没给她留下辛酸的回忆;她只觉得衰弱的身体给多年吃不饱而劳苦的生活搅坏了。曼希沃不在了,两个儿子高飞远走,离开了老家,另外一个也似乎不需要她了,她就完全失掉了活动的勇气:疲乏之极,恍恍惚惚,意志已经麻木了。她正患着神经衰弱症,一般辛苦的人老年逢到意外的打击而失掉了工作的意义,往往会有这种情形。她打不起精神来把袜子编织完工,把找东西的抽屉收拾好,连站起身子关窗的劲也没有:她坐在那里,脑子里空空洞洞,筋疲力尽,只能够回想。她觉得自己的衰老而为之脸红,竭力不让儿子发觉;而克利斯朵夫只顾着自己的痛苦,什么也没注意。当然,他对母亲现在动作说话之慢,暗中很不耐烦;但尽管这些情形和她往日的习惯大不相同,他也并不放在心上。

有一天他撞见母亲手里抓着、膝上放着、脚下堆着、地板上铺着各种各样的破布,才破题儿第一遭地奇怪起来。她伸着脖子,探着头,呆着脸,听见他进来不禁吓了一跳,苍白的腮帮上泛起红晕,不由自主地做了一个动作,想把手里的东西藏起,一边勉强笑了笑,嘟囔着:

“你瞧,我整东西来着……”

可怜的母亲对着往事的遗迹发呆的模样,他看了伤心之极,非常同情。但他故意用着稍微粗暴而埋怨的口吻,想使她振作一下:

“喂！妈妈，您这样可不行哪！屋子关得严严的，老待在那些灰尘中间，太不卫生了。上点儿劲吧，赶快把东西收起来。”

“好吧。”她很和顺地回答。

她勉强站起身子，想把东西归还到抽屉里去，但又立刻坐了下来，垂头丧气地让手里的东西掉在地下。“噢！不成，不成，我简直收拾不了！”她说着哭起来了。

他吓坏了，弯下身子摩着她的头：“哎，妈妈，怎么啦？要不要我帮忙？您病了吗？”

她不作声，只一劲儿的抽抽搭搭。他握着她的手，跪在她前面，想在这间黑魆魆的屋子里把她看个仔细。

“妈妈！”他有点揪心了。

鲁意莎把头靠着他的肩膀，眼泪直淌下来。

“孩子，我的孩子！”她把他紧紧的搂着，“你不会离开我吧？你得答应我，你不离开我吧？”

他听了心都碎了：“不会的，妈妈，我不离开您的。您哪儿来的这种念头？”

“我多苦恼！他们全把我丢了，丢了……”她指着周围的东西，可不知她说的是那些东西，还是她的儿子和死了的人。

“你会陪着我吗？不离开我吗？……要是你也走了，我怎么办呢？”

“我不走的。咱们住在一块儿。别哭啦。我答应您得了。”

她还是哭着，没法停下来。他拿手帕替她抹着眼泪。

“您心里想着什么啊，好妈妈？您难过吗？”

“我不知道，我不知道是怎么回事。”她竭力静下来装出笑脸。

“我再想得明白也没用：为了一点儿小事就会哭起来……你瞧，我又来了……原谅我吧。我真傻。我老了，没精神了，觉得什么都没意思，我对什么事也不中用了。我真想把自己跟这些东西一块儿埋掉算了。”

他把她像孩子一样紧紧地抱在怀里。

“别难受啦,您歇歇吧,别乱想了……”

她慢慢地静下来。

“真胡闹,我自己也难为情……可是怎么会这样的呢?怎么会这样的呢?”

这位一辈子勤勉的老太太,弄不明白她的精力怎么会一下子衰退的,只觉得非常难受。克利斯朵夫只做不觉得。

“妈妈,大概您是累了吧,”他竭力装出毫不介意的口吻,“没关系的,您瞧着吧。”

但他在那里担心了。他从小看惯母亲勇敢,隐忍,对所有的折磨都不声不响地抵抗过来。这一回的精神崩溃使他害怕了。

他帮着把散在地下的东西收拾起来。她往往抓着一件东西舍不得放下;他就轻轻地从她手里拿走,而她也让他拿走了。

从这天起,他尽量多跟母亲在一块儿。工作完毕,他不再关在自己房里而来陪她了。他觉得她那么孤独,又不够坚强担受这孤独:把她这样丢在一边是很危险的。

夜晚,他坐在她身旁,靠近打开着的临街的窗。田野慢慢黑下来了。人们一个一个都回家了。远远的屋子里,亮起小小的灯光。这些景象,他们见过千百次,可是不久就要看不到了。两人断断续续地说着话,互相指出黄昏时那些熟悉的、早就预料到的小事,感到很新鲜。他们往往半晌不作声。鲁意莎莫名其妙地提到忽然想起的一件往事,一些片断的回忆。如今身旁有了一颗对她怜爱的心,她舌头比较松动了。她费了很大的劲想说话,可是不容易:因为平时在家老躲在一边,认为丈夫儿子都太聪明了,和她谈不上话的;她从来不敢在他们之间插一句嘴。克利斯朵夫现在这种孝顺而殷勤的态度,对她完全是新鲜的,使她非常快慰也非常胆怯。她搜索枯肠,只表达不出胸中的意思;句子都是有头无尾的,不清不楚的。有时她对自己所说的也难为情起来,望着儿子,一桩事讲了一半就停止了。他握着她的手:她才放下了心。他对于这颗儿童般的慈母的心不胜怜爱,那是他小时候的避难所,而此刻倒是它来向他找倚傍了。他又高兴又悲哀地听着那些无聊的,除了他以外谁也不感兴趣的唠叨,听着那平凡而没有欢乐的一生的,微不足道的,但鲁意莎认为极宝贵的回忆。他有时拿别的话打断她,怕她因回想而伤心,劝她睡觉。她懂得他的意思,便用着感激的眼神望着他说:“真的,这样我心里倒觉得舒服些;咱们再待一会儿吧。”

他们坐到深夜,等街坊上全睡熟了的时候方始分手。她因为胸中的郁积发泄了一部分,觉得松快了些;他因为精神上多了一重担负,有点闷闷不乐。

搬家的日子到了。前一天晚上,他们在不点灯火的房间里比平时逗留得更久,一句话也不说。每隔一些时候,鲁意莎叹一声:“唉!天哪!”克利斯朵夫提到明天搬场的许多小节目,想使母亲分心。她不愿意睡觉,克利斯朵夫很温和地催她去睡。但他自己回到房里,也隔了好久才上床。靠着窗子,他竭力透过黑暗,对屋子底下黑魆魆的河面最后望了一番。他听到弥娜花园里大树之间的风声。天上很黑。街上没有一个行人。一阵冷雨开始下起来了。定风针咯咯作响。隔壁屋里有个孩子在啼哭。黑夜压在地面上,阴惨惨地教人透不过气来。破裂的钟声报出单调的时刻,一点,半点,一刻,在沉闷静寂的空气中叮叮当当,和屋顶上的雨声交错并起。

等到克利斯朵夫心中打着寒噤终于准备睡觉的时候,听见下一层楼上有关窗的声音。上了床,他想到穷人怀念过去真是件可悲的事:因为他们不够资格像有钱的人一样有什么过去;他们没有一个家,世界上没有一席地可以让他们珍藏自己的回忆:他们的欢乐,他们的苦恼,他们所有的岁月,结果都在风中飘零四散。

第二天,他们在倾盆大雨中把破旧的家具搬往新居。老地毯匠费休借给他们一辆小车和一匹小马,自己也过来帮忙。但他们不能把所有的家具带走,新租的房子比老屋窄得多。克利斯朵夫只能劝母亲把一些最旧最无用的丢掉。而这也费了好多口舌;她对无论什么小东西都认为很有价值:一张摆不平的桌子,一张破椅子,什么也不愿意牺牲。直要费休拿出他跟祖父老朋友的身份,帮克利斯朵夫一边劝一边埋怨;而这好人也了解她的痛苦,答应把这些宝贵的破东西存一部分在他家里,等他们将来去拿。这样,她才忍痛把它们留了下来。

搬家的事早就通知了两个兄弟,但恩斯德上一天回来说他没有空,不能到场;洛陶夫只在中午的时候出现了一下;他看着家具装上车子,发表了一些意见,就匆匆忙忙地走了。

他们在满是泥浆的街上出发了。克利斯朵夫拉着缰绳,马在泥泞的街面上滑来滑去。鲁意莎靠着儿子身边走,替他挡着雨。然后他们在潮湿的屋子里把东西安顿下来。天上云层很低,半明半暗的日色使房间更阴沉了。要没有房东的照顾,他们简直心灰意懒,支持不住。等到车子走了,家具乱七八糟地堆了一地,天已经快黑了。克利斯朵夫母子俩筋疲力尽,一个倒在箱子上,一个倒在布包上,忽然听见楼梯上一声干咳,有人敲门了。进来的是于莱老头,他先郑重其事地表示打搅了他亲爱的房客很抱歉,又请他们下去一块儿吃晚饭,庆祝他们的乔迁之喜。满腹辛酸的鲁意莎想拒绝。克利斯朵夫也不大高兴参与那种家庭的集会;但老人一再邀请,克利斯朵夫又觉得母亲第一晚搬来不应该老想着不快活的念头,便硬劝她接受了。

他们走到下一层楼,看见于莱全家都在那里:老人以外,还有他的女儿,女婿伏奇尔,两个外孙,一男一女,年纪比克利斯朵夫小一些。大家抢着上前,说着欢迎的话,问他们是否累了,对屋子是否满意,是否需要什么,一大串的问话把克利斯朵夫闹昏了,一句也没听懂;因为他们都是七嘴八舌,同时说话的。晚餐端了出来,他们便坐在桌子旁,但喧闹的声音还是照旧。于莱的女儿阿玛利亚立刻把街坊上所有的零碎事儿告诉鲁意莎,例如近边有哪几条街道,她屋里有哪些习惯哪些方便,送牛奶的几点钟来,她自己几点钟起床,买东西上哪儿家铺子,她平时给的是什么价钱。她直要把一切都解释清楚了才肯放松鲁意莎。鲁意莎迷迷忽忽的,竭力装作对这些话很注意,但她随便接了几句,证明她完全没有懂,使阿玛利亚大惊小怪地嚷起来,从头再说一遍。于莱老人却在那里对克利斯朵夫解释音乐家的前途如何艰苦。克利斯朵夫的另一边坐着阿玛利亚的女儿洛莎,从晚餐开始就没有停过说话,滔滔汩汩,连喘气的功夫都没有:她一句话说到一半,气透不过来了,但又马上接了下去。无精打采的伏奇尔对着饭菜咕噜。这可掀起了一场热烈的辩论。阿玛利亚、于莱、洛莎,都打断了自己的话加入论战,对红焖肉太咸还是太淡的问题争辩不休:他们你问我,我问你,可没有一个人的意见和旁人的相同。每人都认为别人的口味不对,只有他自己的才是健全而合理的。他们为此竟可以辩论到最后之审判。

末了,大家在怨叹人生残酷这一点上意见一致了。他们对鲁意莎和克利斯朵夫的伤心事很亲切地说了些动人的话,表示同情,称赞他们的勇敢。除了客人的不幸之外,他们又提到自己的,朋友的,所有认得的人的不幸。他们一致同意,说好人永远倒霉,只有自私的人和坏人才有快乐。他们得到一个结论,认为人生是悲惨的,空虚的,要不是上帝的意思要大家活着受罪,简直是死了的好。克利斯朵夫因为这些思想和他当时的悲观心理很接近,就很看重房东家里的人,而对他们小小的缺点视若无睹了。

等到他和母亲回到杂乱的房里,两人觉得又疲倦又抑郁,可不像从前那么孤独了。克利斯朵夫在黑暗里睁着眼睛,因为疲劳过度和街上吵闹而睡不着觉。沉重的车子在外边过,墙壁都为之震动,下一层楼上全家都睡了,在那里打鼾:他一边听着,一边以为在这儿跟这些好人在一起,即使不能快乐,也可以减少些苦恼,——固然他们有点讨人厌,但和他受着同样的痛苦,似乎是了解他而他也自以为了解他们的。

他终于蒙眬睡去,可是天方破晓就给邻人吵醒了,他们已经在开始争论,还有人拼命扳着唧筒打水,准备冲洗院子和楼梯。

乌斯多斯·于莱是个矮小的驼背老头,眼睛常带不安和郁闷的表情,红红的脸全是肉疙瘩与皱痕,牙齿都脱落了,乱七八糟的胡子,老是被他用手拈来拈去。他心地很好,为人正直,非常讲道德,从前和祖父也还投机。人家说他们很相像。的确,他们是同辈而在同样的礼教之下长大的,但他没有约翰·米希尔那样结实的体格,换句话说,尽管有许多地方两人意见相投,实际是完全不同的,因为造成一个人的特点的,性情脾气比思想更重要。虽然人与人间因智愚的关系而有不少虚虚实实的差别,但最大的类型只有两种:一种是身体强壮的人,一种是身体软弱的人。于莱老人可并不属于前一流。他像米希尔一样讲做人之道,但讲的是另外一套,他没有米希尔那样的胃口,那样肺量,那种快活的脸色。他和他的家属,在无论哪方面气局都比较狭小。做了四十年公务员而退休之后,他感到无事可做的苦闷,而在不曾预先为暮年准备好一种内心生活的老人,这是最受不了的。所有他先天的,后天的,以及在职业方面养成的习惯,都使他有种畏首畏尾与忧郁的气息,他的儿女多少也有些这种性格。

他的女婿伏奇尔是爵府秘书处的职员,大约有五十岁。他高大,结实,头发已经全秃,戴着金丝眼镜,脸色相当好,自以为闹着病,大概这倒是真的,虽然病没有像他所想的那么多,可是乏味的工作把他脾气弄坏了,终日伏案的生活把身体也磨得不大行了。他做事很勤谨,为人也不无可取,甚至还有相当教育,只是被荒谬的现代生活牺牲了。像多数当职员的人一样,他结果变得神经过敏。这便是歌德所说的"郁闷而非希腊式的幻想病者",他很哀怜这种人,可是避之唯恐不及。

阿玛利亚的做人既不像她父亲那一套,也不像丈夫那一套。强壮,活泼,粗嗓子,她绝不哀怜丈夫的唉声叹气,老实不客气地埋怨他。但两人既然老在一起过活,总免不了受到影响;夫妇之间只要有一个闹着神经衰弱,不消几年两人很可能都变做神经衰弱。阿玛利亚虽然喝阻伏奇尔的叹苦,过了一会她可婆婆妈妈地比他自己更怨得厉害;这种从责备一变而为帮着诉苦的态度,对丈夫全无好处;他的无病呻吟给她大惊小怪地一闹,痛苦倒反加了十倍。她不但使伏奇尔看到他的诉苦引起了意外的反响而更害怕,并且她的心绪也搅坏了。结果她对自己那么硬朗的身体,对父亲的,对儿子的,对女儿的,也来无端端地发愁了。那简直成了一种癖:因为嘴里念个不停,她竟信以为真。极轻微的伤风感冒就被看得很严重,无论什么都可以成为揪心的题目。大家身体好的时候,她还是要着急,因为想到了将来的病。所以她永远过着惴惴不安的日子。可是大家的健康不见得因之更坏,仿佛那种连续不断的诉苦倒是维持众人的健康的。每人照常吃喝,睡觉,工作,家庭生活也并不因之松弛下来。阿玛利亚光是从早到晚楼上楼下的活动还嫌不够,必须要每个人跟着她一块儿拼命,不是把家具翻身,就是洗地砖,擦地板,永远是一片叫喊声,脚步声,天翻地覆地忙个不停。

两个孩子,被这种呼来喝去的,谁也不让自由的淫威压倒了,认为低头听命是分内之事。男孩子莱沃那,脸长得漂亮而呆板,一举一动都是怪拘束的。女孩子洛莎,金黄头发,温和而亲切的蓝眼睛还相当好看;要不是那个太大而长相蠢笨的鼻子使面貌显得笨重,带点儿愣头愣脑的表情的话,她细腻娇嫩的皮肤跟那副和善的神气,还能讨人喜欢。她教你想起瑞士巴塞尔美术馆中霍尔朋的少女像:画的那个曼哀市长的女儿,低着眼睛坐着,手按着膝盖,肩上披着淡黄头发,为了她难看的鼻子神态有点发僵。洛莎可不在乎这一点,她的娓娓不倦的唠叨丝毫不受影响。人家只听见她成天尖着嗓子东拉西扯,——老是上气不接下气的,仿佛没有时间把话说完,老是那么一团高兴,不管母亲,父亲,外祖父气恼之下把她怎样埋怨;而他们的气恼并非为了她聒噪不休,而是因为妨碍了他们的聒噪。这般好心的人,正直,忠诚,——老实人中的精华,——所有的德性差不多齐备了,只缺少一样使生活有点儿趣味的,静默的德性。

克利斯朵夫那时很有耐性。忧患把他暴躁激烈的脾气改好了许多。和一般高雅大方而实际冷酷无情的人来往过后,他对那些毫无风趣,非常可厌,但对人生抱着严肃的态度的好人,更体会到他们的可贵。因为他们过着没有乐趣的生活,他就以为他们没有向弱点屈服。一旦断定他们是好人,认为自己应当喜欢他们之后,他就凭他的德国人性格,硬要相信自己的确喜欢他们了。可是他没有成功,原因是这样的:日耳曼民族有种一厢情愿的心理,凡是看了不痛快的事一概不愿意看见,也不会看见,因为一个人早已把事情判断定了,精神上得过且过地非常安静,决不愿意再让事情的真相来破坏这种安静,妨碍生活的乐趣。克利斯朵夫可没有这个本领。他反而在心爱的人身上更容易发现缺点,因为他要把他们整个儿的爱,绝对没有保留:这是一种无意识的对人的忠诚,对真理的渴望,使他对越喜欢的人越苛求,越看得明白。所以不久他就为了房东们的缺点暗中气恼。他们可并不想遮掩自己的短处,只把所有令人厌恶的地方全暴露在外面,而最好的部分倒反给隐藏起来。克利斯朵夫想到这点,便埋怨自己不公平,努力丢开最初的印象,去探寻他们加意深藏的优点。

他想法跟老于莱搭讪,那是于莱求之不得的。为了纪念从前喜欢他而夸奖他的祖父,他暗地里对于莱很有好感。可是天真的约翰·米希尔比克利斯朵夫多一种本领,能够对朋友存幻想,这一层克利斯朵夫也发觉了。他竭力想探听于莱对祖父的回忆,结果只得到一个米希尔的近于漫画式的,褪色的影子和一些毫无意义的片断的谈话。于莱提到他的时候,开场老是千篇一律地这么一句:

“就像我对你可怜的祖父说的……”

于莱除了当年自己说过的话,其余一概没听见。

约翰·米希尔从前说不定也是这样的。大多数的友谊,往往只是为了要找个对手谈谈自己,痛快一下。但约翰·米希尔虽然那么天真地只想找机会高谈阔论,至少还有同情心,准备随时发泄,不管得当与否。他对一切都感到兴趣,恨自己不是十五岁的少年,看不见下一代的奇妙的发明,没法和他们的思想交流。他有人生最可宝贵的一个德性:一种永久新鲜的好奇心,不会给时间冲淡而是与日俱增的。他没有相当的才具来利用这天赋,但多少有才具的人会羡慕他这种天赋!大半的人在二十岁或三十岁上就死了:一过这个年龄,他们只变了自己的影子;以后的生命不过是用来模仿自己,把以前真正有人味儿的时代所说的,所做的,所想的,所喜欢的,一天天的重复,而且重复的方式越来越机械,越来越脱腔走板。

老于莱真正生活过的时代已经是很久以前的事了,而且他当时也没有多少生气,留剩下来的自然更贫弱可怜。除了他从前的那一行和他的家庭生活,他什么也不知道,什么也不愿意知道。他对所有的事都抱着现成的见解,而那些见解还是他少年时代的。他自命为懂得艺术,却只知道几个偶像的名字,提到它们就搬出一套夸张的滥调,余下的都被认为有等于无,不足挂齿。人家和他说起现代艺术家,他或是充耳不闻,或是顾左右而言他。他自己说极喜欢音乐,要克利斯朵夫弹琴。克利斯朵夫上过一二次当;但音乐一开场,老人就和女儿大声说起话来,仿佛音乐能使他对一切不关音乐的事增加兴致。克利斯朵夫气恼之下,不等曲子弹完就站了起来:可是谁也不注意。只有三四个老曲子,有极美的,也有极恶俗的,但都是大众推崇的,才能使他们比较安静一些,表示完全赞成。那时老人听了最初几个音就出神了,眼泪冒上来了,而这种感动,与其说是由于现在体会到的乐趣,还不如说是由于从前体会过的乐趣。虽然这些老歌曲也有克利斯朵夫极爱好的,例如贝多芬的《阿台拉伊特》,结果他都觉得厌恶了:老人哼着开头的几个小节,一边拿它们和"所有那些没有调子的该死的近代音乐"作比较,一边说着:"这个吗,这才叫作音乐。"——的确,他对近代音乐是一无所知的。

他的女婿比较有点知识,知道艺术界的潮流,但反而更糟:因为他下判断的时候永远存心要压低人家。既不是不聪明,也不是没有鉴赏力,他可不愿意欣赏一切现代的东西。倘若莫扎特与贝多芬是和他同时代的,他一样会瞧不起,倘若瓦格纳与理查德·施特劳斯死在一百年前,他一样会赏识。天生不快活的脾气,使他不肯承认他活着的时候会有什么活着的大人物:这是他受不了的。他因为自己虚度了一生,必须相信所有的人都白活了一辈子,那是一定的事,谁要跟他意见相反,那么这种人不是傻瓜,便是存心开玩笑。

因此,他讲起新兴的名流总带着尖刻挖苦的口吻,又因为他并不傻,只要瞧上一眼就会发现人家的可笑和弱点。凡是陌生的名字都使他猜疑,关于某个艺术家还一无所知的时候,他已经准备批评了——唯一的理由就是不认识这个艺术家。他对克利斯朵夫的好感,是因为相信这个愤世嫉俗的孩子像他一样觉得人生可厌,而且也没有什么天才。一般病病歪歪,怨天尤人的可怜虫,彼此会接近的最大的原因,是能够同病相怜,在一块儿怨叹。他们为了自己不快乐而否认别人的快乐。但便是这批俗物与病夫的无聊的悲观主义,最容易使健康的人发觉健康之可贵。克利斯朵夫便经历到这个情形。伏奇尔那种抑郁的念头,原来他是很熟悉的,可是他很奇怪竟会在伏奇尔嘴里听到,而且认不出来了。他厌恶那些思想,他为之生气了。

克利斯朵夫更气恼的是阿玛利亚的作风。其实这忠厚的女人不过把克利斯朵夫关于尽职的理论付诸实行罢了。她无论提到什么事,总把尽职二字挂在嘴上。她一刻不停地做活,要别人也跟她一样地做活。而工作的目的并非为增加自己和别人的快乐:正是相反!她仿佛要拿工作来教大家受罪,使生活变得一点儿趣味都没有——要不然生活就谈不上圣洁了。她无论如何不肯把神圣的家务放下一分钟,那是多少妇女用来代替别的道德与别的社会义务的。要是没有在同一的日子同一的时间抹地板,洗地砖,把门钮擦得雪亮,使劲地拍地毯,搬动桌子、椅子、柜子,那她简直以为自己堕落了。她还对那些事大有炫耀的意思,当作荣誉攸关的问题。许多妇女不就是用这个方式来假想自己的荣誉而加以保护的吗?她们所谓的荣誉,就是一件必须抹得光彩四射的家具,一方上足油蜡,又冷又硬,滑得教人摔跤的地板。

伏奇尔太太责任固然是尽了,人并不因之变得可爱些。她拼命干着无聊的家务,像是上帝交下来的使命。她瞧不起不像她一样死干的人,喜欢把工作歇一歇而体味一番人生的人。她甚至闯到鲁意莎的屋里,因为她往往要停下工作出神。鲁意莎见了她叹口气,可是不好意思的笑了笑,终于向她屈服了。幸而克利斯朵夫完全不知道这种事:阿玛利亚总等他出去之后才往他们家里闯,而至此为止,她还没有直接去惹克利斯朵夫,他是决计受不了的。他暗中觉得和她处于敌对状态,尤其不能原谅她的吵闹:他为之头都疼了。躲在卧房里,——一个靠着院子的低矮的小房间,——他顾不得缺少空气,把窗子关得严严的,只求不要听到屋子里砰砰訇訇的响声,可是没用。他不由自主地要特别留神,楼下最小的声音都引起他的注意。等到短时间的安静了一下,那透过楼板的粗嗓子又嚷起来的时候,他真是气极了,叫着,跺着脚,大骂一阵。可是屋子里沸沸扬扬,人家根本没觉得,还以为他哼着调子作曲呢。他咒着伏奇尔太太,希望她入地狱。什么顾虑,什么尊敬,都不起作用了。在那种时候,他竟认为便是最要不得的荡妇,只要能不开口,也比叫叫嚷嚷的大贤大德的女人强得多。

因为恨吵闹,克利斯朵夫就去接近莱沃那。全家的人都忙做一团,唯有这年轻的孩子永远安安静静,从来没有提高嗓子的时候。他说话很得体,很有分寸,每个字都经过挑选,而且从容不迫。暴躁的阿玛利亚没有耐性等他把话说完,全家都为了他的慢性子气得直嚷,他却不动声色。什么也扰乱不了他心平气和与恭敬有礼的态度。克利斯朵夫知道莱沃那是预备进教会的,所以对他特别感到好奇。

对于宗教,克利斯朵夫的立场是很古怪的,而他自己也不大弄得清楚。他从来没时间去仔细想。学识既不够,谋生的艰难又把精神都占据了,他不可能分析自己,整理自己的思想。以他激烈的脾气,他会从这一个极端跳到另一个极端,从完全的信仰变成绝对的不信仰,也不想到和自己矛盾不矛盾。快乐的时候,他根本不大想到上帝,但是倾向于信上帝的。不快活的时候,他想到上帝,可不大相信:上帝会容许这种苦难与不公平的事存在,他觉得是不可能的。但他并不把这些难题放在心上。其实他是宗教情绪太浓了,用不着去多想上帝。他就生活在上帝身上,毋须再信上帝。信仰只是为软弱的人,萎靡的人,贫血的人的!他们向往于上帝,有如植物向往于太阳。唯有垂死的人才留恋生命。凡是自己心中有着太阳有着生命的,干吗还要到身外去找呢?

要是克利斯朵夫过着与世不相往来的生活,也许永远想不到这些问题。但社会生活的种种约束,使他对这等幼稚而无谓的题目不得不集中精神想一想,决定一个态度;因为它们在社会上占着一个大得不相称的地位,你随处都会碰上它们。仿佛一颗健全的,豪放的,精力充沛的,抱着一腔热爱的心灵,除了关切上帝存在不存在以外,没有成千成百更急迫的事要做!……倘若只要相信上帝,倒还罢了!可是还得相信一个某种大小,某种形状,某种色彩,某个种族的上帝!关于这些,克利斯朵夫连想也没想到。耶稣在他的思想中差不多一点没有地位。并非他不爱耶稣:他想到耶稣的时候是爱他的,问题是他根本不想到他。有时他因之责备自己,觉得闷闷不乐,不懂为什么他不多关心一些。但他对仪式是奉行的,家里的人都奉行的,祖父还常常读《圣经》;他自己也去望弥撒,还可以说参加陪祭,因为他是大风琴师,而且他的尽心职务可以作为模范。可是从教堂里出来,他不大说得清刚才想些什么。他努力念着《圣经》,教自己集中思想,念的时候也有兴趣,甚至感到愉快,但不过把它当作美妙的奇书,本质上跟别的书并无分别,谁也不会想到把它叫作圣书的。老实说,他对耶稣固然抱着好感,但对贝多芬更有好感。星期日他为圣·弗洛里昂教堂的弥撒祭弹管风琴,他逢着演奏巴赫的日子,比演奏门德尔松的日子宗教情绪更浓。[①] 有些祭礼特别引起他的热诚。可是他爱的究竟是上帝呢还是音乐呢?有一天一个冒失的神甫就这样打趣似的问过他,全没想到这句

① 十八世纪的巴赫与十九世纪的门德尔松都作有宗教音乐,前者宗教情绪尤为热烈。

带刺的话惹起了孩子多少烦恼。换了别人决不会把这一点放在心上,也决不会因之而改变生活方式——(不要知道自己想些什么而恬然自得的人,世界上不知有多少!)——但克利斯朵夫的需要真诚已经到了添加烦恼的程度,使他对无论什么事都要求良心平安。一旦心上有了不安,他就得永远不安下去。他非常恼恨,以为自己的行为有了骗人的嫌疑。他究竟信不信上帝呢?……可怜他在物质与思想两方面都没有能力独自解答,那是既要闲暇,又要知识的。然而这问题非解答不可,否则不是漠不关心就是假仁假义,而要他做这两种人都是办不到的。

他很胆怯地试着去探问周围的人。大家的神气全表示极有自信。克利斯朵夫急于想知道他们的理由,可毫无结果。差不多永远没有一个人给他明确的答复,他们说的都是闲文。有些人把他当作骄傲,告诉他这些事是不容讨论的,成千成万比他聪明而善良的人都不加讨论地相信了上帝,他只要依照他们的榜样就得了。还有些人居然生了气,仿佛向他们提出这个问题是侮辱他们;这也许不是对自己的信仰顶有把握的人。另外有般人却耸耸肩膀,笑着说:“噢!你相信了也没有什么害处啊……”他们的笑容是表示:“而且又不费一点儿事!……”这一等人是克利斯朵夫最瞧不起的。

他也试过把这些苦闷告诉一个神甫:结果是失望了。他不能正式讨论。对方虽是很殷勤,仍不免在客套中使人感到他和克利斯朵夫谈不上真正的平等;神甫的大前提是:他的高人一等的地位与知识是毫无疑义的,所有的讨论不能超过他指定的界限,否则便是有失体统……这完全是不痛不痒的装点门面的把戏。等到克利斯朵夫想越出范围,提出那个尊严的人物不愿意回答的问题,他就想法敷衍了事,先用长辈对小辈的神气笑了笑,背几句拉丁文,像父亲一般责令他祈祷,祈祷,求上帝来启示他,指引他。——克利斯朵夫在这番谈话之后,觉得神甫那种有礼而自命不凡的口吻,教人屈辱得厉害。不管自己有理没理,他无论如何不愿意再去请教什么神甫了。他承认这些人物在聪明与神圣的名衔上比他高;但讨论的时候就没有什么高级、低级、名衔、年岁、姓氏等等的分别!重要的是真理,而在真理之前,大家全是平等的。

因此,他能找到一个和他年纪相仿而有信仰的少年是挺高兴的。他自己也只求信仰,只希望莱沃那给他信仰的根据。他向他表示好感。莱沃那照例态度很温和,可并不怎么热心;他对什么事都不大热心的。因为家里老是有阿玛利亚或老人打岔,没法有头有尾地说话,克利斯朵夫便提议吃过晚饭一同去散步。莱沃那太讲礼貌了,不能拒绝,虽然心里并不情愿,因为他无精打采的性情素来怕走路,怕谈话,怕一切要他费几分气力的事。

克利斯朵夫不知道谈话应当怎样开始。说了两三句闲话,他就突如其来地扯到挂在他心上的问题。他问莱沃那是不是真的预备去做教士,那对他是不是一种乐趣。莱沃那愣了愣,不大放心地望了他一眼,看见克利斯朵夫绝对没有恶意,才安了心,回答说:

"是啊,要不然又是为的什么呢?"

"啊!"克利斯朵夫叹了一声,"你真幸福!"

莱沃那觉得克利斯朵夫的口气有些艳羡的成分,心里不由得很舒服。他立刻改变态度,话多起来了,脸色也开朗了。

"是的,我是幸福的。"他说着,眉飞色舞。

"你怎么能够到这一步的呢?"

莱沃那先不回答他的问题,提议到圣·马丁教堂的回廊底下找个安静的地方,拣条凳子坐下。那儿,可以望见种着刺球树的广场的一角,还有远远的罩在暮霭中的田野。莱茵河在小山脚下流过。他们旁边有个荒废的公墓沉沉睡着,铁门紧闭,所有的墓都被蔓草湮没了。

莱沃那开始说话了。他眼睛里闪着点得意的光彩,说能够逃避人生,找到一个可以托庇的,永远不受灾害的地方是多么舒服。克利斯朵夫最近的创伤还没平复,非常热烈地需要遗忘与休息;可是心中还有些遗憾。他叹了一口气,问:

“可是,完全放弃人生,你不觉得有所牺牲吗?”

“噢!”莱沃那安安静静地回答,“有什么可以惋惜的?人生不是又悲惨又丑恶吗?”

“可也有些美妙的地方。”克利斯朵夫说着,望着幽美的暮色。

“有些美妙的地方,可是极少。”

“这极少的一些,对我还是很多呢!”

“噢!得了吧,只要你心中放明白些,事情就很简单。一方面是一点点的好处和多多少少的坏处;另一方面是没有什么好,也没有什么坏,而这还不过是在活着的时候;以后可是有无穷的幸福。两者之间还有什么可迟疑的?”

克利斯朵夫不大喜欢这种算盘。他觉得这样锱铢必较的生活太贫乏了。但他勉强教自己相信这便是智慧。

“那么,”他带着一点讥讽的口气问,“你想你不至于被片刻的欢娱诱惑吗?”

“既然知道欢娱只有一刹那,而以后的时间却是无穷无尽,一个人还会这么傻吗?”

“那么你真的认为死后的时间是无穷无尽的了?”

“当然。”

克利斯朵夫便仔仔细细地问他。克利斯朵夫抱着一腔希望,冲动得厉害。要是莱沃那能给他千真万确的证据使他信仰的话,他要用着何等的热情去跟着他皈依上帝,把世界上的一切统统丢开!

最初,莱沃那很得意自己这个使徒的角色,同时以为克利斯朵夫的怀疑不过是一种姿态,表示不肯随俗,只要几句话就能使他为了顾全体统而信服的;他便搬出《圣经》,福音书,奇迹和传统等等。但克利斯朵夫听了一会便拦住了他的话,说这是拿问题来回答问题,他所要求的并非把正是他心中怀疑的对象敷陈演绎,而是指示他解决疑窦的方法。这样以后,莱沃那就沉下了脸,觉得克利斯朵夫的病比他想象中的严重得多,居然表示只有用理性才能说服他。然而他还以为克利斯朵夫喜欢标新立异——他想不到一个人的不肯随俗竟会是出于真诚的——所以他并不失望;他仗着新近得来的学问,搬出学校里的知识,关于上帝存在与灵魂不死的问题,把许多玄学的论证乱七八糟地一齐倒出来,而说话的方式是威严多于条理。克利斯朵夫精神很紧张,皱紧眉头听着,觉得非常吃力;他要莱沃那把话重复了几遍,竭力想参透其中的意义,把它灌进自己的脑子,一步一步跟着他推理的线索。终于他嚷起来,说这是跟他开玩笑,是思想的游戏,是能言善辩之徒的打趣,信口雌黄,自以为言之有物。莱沃那给他这一驳,竭力为经典的作者辩护,说他们是真诚的。克利斯朵夫可耸耸肩膀,打赌说这些人要不是滑稽大家,便是卖弄笔头的该死的文人;他一定要莱沃那提出别的证据。

等到莱沃那骇然发觉克利斯朵夫的中毒已经到了无可救药的田地,就对他不再发生兴趣了。他记得人家的嘱咐,说不要浪费光阴去和根本没有信仰的人争辩——至少在他们一味固执,不愿意相信的时候。那既不会使对方得益,反而有把自己也弄糊涂了的危险。最好让这种可怜虫听凭上帝安排;要是上帝有意思的话,自然会点醒他的;要是上帝没有这意思,那不是谁也没有办法吗?于是莱沃那不想再继续辩论。他只温和地说目前是无法可想了,一个人要决意不肯睁开眼来,那么任何推理都不能给他指示道路的;他劝克利斯朵夫祈祷,求上帝的恩宠;没有恩宠是什么都不成的;要信仰,必须心里要信仰。

心里要?克利斯朵夫苦闷地想道。那么,只要我心里要上帝存在,上帝便存在了!只要我喜欢否定死,死就不存在了!……唉!……为那些不需要看到真理的人,能够心里想要怎么样的真理就看到怎么样的真理的人,能造出些称心如意的梦而去软绵绵地躺在里面的人,生活真是太容易了!但在这种床上,克利斯朵夫知道自己是永远睡不着觉的……

莱沃那继续说着话,回到他最喜欢的题目,说静思默想的生活多么可爱;在这个毫无危险的阵地上,他又滔滔不竭了。用着单调的快乐得发抖的声音,他说皈依上帝的生活是多么幸福,可以远离世界,远离吵闹(他说到这里口气非常恼恨,他差不多和克利斯朵夫一样的厌恶吵闹),远离强暴,远离讥讽,远离那些零星的小灾难,每天守着信仰那个又温暖又安全的窝,对遥远的不相干的世界上的苦难,只消心平气和地取着静观的态度。克利斯朵夫一边听着一边意味到这种信仰的自私自利。莱沃那也觉得他在猜疑,便急急地解释。静思默想的生活并非懒散的生活!相反,那是以祈祷来代替行动的生活;世界上要没有祈祷,还成什么世界!我们用祈祷来为人赎罪,代人受过,把自己的功绩献给别人,在上帝面前替人讨情。

克利斯朵夫不声不响地听着,愈来愈愤慨了。他觉得莱沃那的出世明明是假仁假义。他不至于那么不公平,把一切有信仰的人都认为假仁假义。他很知道,舍弃人生的行为在一小部分的人是无法生活,是惨痛的绝望,是求死的表示;——而在更少数的一部分人,是一种热情的出神的境界……(这境界能维持多久是另一问题)……但在大半的人,逃世岂不往往是冷酷无情的计算,并非为了别人的幸福或真理,而只顾着自己的安宁吗?倘若这种情形被那般真诚的信徒觉察了,岂不要为了自己的理想受到亵渎而感到痛苦吗?……

满心喜悦的莱沃那,此刻正在陈说世界的美与和谐,那是他在神光照耀的云端里望出来的:底下,一切都是黑暗,偏枉,痛苦;上面,一切变得清楚,光明,整齐;世界有如一座时钟,什么都安排得井井有条……

克利斯朵夫只是漫不经意地听着,心里想:“他究竟是真有信仰呢,还是自以为有信仰?”可是他自己的信仰,需要信仰的热烈的意念,并没因之动摇。那决不是像莱沃那这样一个傻瓜的庸俗的心灵,贫弱的论证所能损害的……

城里已经黑了。他们坐的凳子已经埋在阴影里;天上的星亮了,一层白雾从河上飘起。蟋蟀在墓园的树底下乱叫。圣·马丁教堂的大钟开始奏鸣:先是一个最高的音,孤零零的,像一头哀鸣的鸟向天发问;接着响起第二个音,比前一个低三度,和高音的哀吟合在一起;然后是最低的一个五度音,仿佛是对前两个音的答复。三个音融成一片。在钟楼底下,那竟是一个巨大无比的蜂房里的合唱。空气和人的心都为之颤动。克利斯朵夫屏着气,心里想:音乐家的音乐,和这个千千万万的生灵一齐叫吼的音乐的海洋相比,真是多么可怜;这是野兽,是音响的自由世界,决非由人类的聪明分门别类,贴好标签,收拾得整整齐齐的世界所能比拟。他在这片无边无岸的音响中出神了……

等到那气势雄伟的喁语静默了,最后的颤动在空气中消散完了,克利斯朵夫便惊醒过来,骇然向四下里瞧了瞧……什么都认不得了。在他周围,在他心中,一切都变了。上帝没有了……

失掉信仰和得到信仰一样,往往只是一种天意,只是电光似的一闪。理智是绝对不相干的;只要极小的一点儿什么:一句话,一刹那的静默,一下钟声,已经尽够了。在你散步,梦想,完全不预备有什么事的时候,突然之间一切都崩溃了:周围只剩下一片废墟。你孤独了,不再有信仰了。

克利斯朵夫惊骇之下,弄不明白那是什么原因,怎么会发生的。那真像河水的春汛一样……

莱沃那依旧在那里喃喃不已,声音比蟋蟀的鸣声更单调。克利斯朵夫听不见了。天已经全黑。莱沃那不作声了。克利斯朵夫待着不动使他非常奇怪,又担心时间太晚,便提议回去。克利斯朵夫只是不理。莱沃那去拉他的手臂,克利斯朵夫微微一跳,睁着失神的眼睛瞪着莱沃那。

"克利斯朵夫,得回去啦。"莱沃那说。

"见鬼去吧!"克利斯朵夫气冲冲地回答。

"哎唷,我的天!我什么地方得罪了你呢,克利斯朵夫?"莱沃那问话的神气很害怕,他给他吓呆了。

克利斯朵夫定了定神。

"不错,你说得对,"他口气温和了些,"我不知道说些什么。见上帝去吧！见上帝去吧！”

他独自留下，心里苦闷到极点。

“啊！天哪！天哪！”他喊着，扭着手，热情冲动的仰望着漆黑的天。“为什么我没有信仰了呢？为什么我不能再有信仰了呢？我心中有了些什么事呢？……”

他信仰的破灭，跟他刚才与莱沃那的话是毫无关系的：这番谈话不能成为他信仰破灭的理由，正如阿玛利亚的叫嚣和她家人的可笑，不能成为他近来道德心动摇的原因。那不过是借端而已。骚动不是从外面，而是从他内心来的。他觉得有些陌生的妖魔在心中蠢动，他不敢对自己的思想细看，不敢正面去瞧一瞧他的病……他的病？难道这是一种病吗？他只知道有种恹恹无力的感觉，有股醉意，有种痛快的悲怆，把他的心浸透了。他自己做不了主了。他想振作起来，恢复昨天那种坚忍刻苦的精神，可是没用。一切都一下子崩溃了。他忽然感觉到有个广大无垠的世界，灼热的，野蛮的，不可衡量的……超越上帝的世界……

这不过是一刹那的事。但从此他就失掉了过去生活中的平衡。

于莱家里的人，克利斯朵夫完全没注意到的只有那个女孩子洛莎。她长得根本不好看；而自己也绝对谈不上俊美的克利斯朵夫，对别人的美貌倒很苛求。他有种青年人的冷酷，把生得丑的女人简直不当做人，除非她的年龄已经到了不会牵动柔情，只能令人有些严肃的、恬静的、近乎虔敬的感情的阶段。并且洛莎虽不是不聪明，可毫无特殊的天赋，而她的喋喋不休还使克利斯朵夫避之唯恐不及。所以他不愿意费心去了解她，以为她没有什么可了解的，充其量不过是偶尔望她一眼罢了。

可是她比许多年轻的姑娘强得多，至少远胜他热恋过的弥娜。她是个老老实实的女孩子，没有虚荣，不卖弄风情，在克利斯朵夫没搬来之前，从来没发觉自己的丑，或者是不把这一点放在心上，因为她周围的人不把这点放在心上。倘使外祖父或母亲嘀嘀咕咕的提到她长得丑,她只是笑笑,并不信以为真,或者认为无关重要;而他们也不比她多操什么心。多少别的女人,和她一样或更难看的,还不是照旧有人爱吗?德国人对体格的缺陷特别能宽容:他们会熟视无睹,甚至能化丑为妍,凭着一厢情愿的幻想,无论什么脸都可以和最出名的美女典型出其不意地拉上关系。于莱老人用不着别人怎么鼓励,就会说他外孙女的鼻子像卢多维西的朱诺雕像上的鼻子①。幸而他老是叽哩咕噜的脾气不喜欢说人好话;而全不在乎鼻子模样的洛莎,只知道依照习俗把家务做得好好的才值得自己骄傲。人家教她什么,她就当作福音书一般的接受。难得出门,没有人给她作比较,她很天真地佩服自己的尊长,完全相信他们的话。天生的喜欢流露真情,不知道猜疑,极容易满足,她竭力学着家里人叹苦的口吻,把听到的悲观论调照式照样挂在嘴边。她非常热心,老是想到别人,设法讨人喜欢,替人分忧,迎合人家的心意,需要待人好而不希望回报。她这种好心当然被家里的人妄用,虽然他们心地不坏,对她也很喜欢;但人们总不免滥用那些听凭摆布的人的好意。大家认为她的殷勤是分内之事,所以并不特别对她满意;不管她怎么好,人家总要她更好。而且她手脚不利落,匆忙急迫,动作莽撞像男孩子一样,又过分地流露感情,常常因之闯祸:不是打破杯子,就是倒翻水瓶,或是把门关得太猛了,使家里的人对她大为生气。不断地挨着骂,她只能躲在一边哭。但她的眼泪是一下子就完的,隔不多久她照旧笑嘻嘻的,咭咭呱呱地嚷起来,对谁也不记恨。

克利斯朵夫搬到这里来,在她生活中是件大事。她时常听见提到他。克利斯朵夫因为有点小名气,在城里也是人家谈话的资料。于莱一家常常说到他,特别是老约翰·米希尔活着的时候,喜欢对所有的熟人夸他的孙子。洛莎在音乐会中也看见过一两次年轻的音乐家。一知道他要住到她们屋子里来,她不禁连连拍手。为了这有失体统的

① 朱诺为罗马神话中朱庇特之妻。希腊及罗马时代,遗有朱诺雕像甚多;卢多维西的雕像乃指存于罗马卢多维西别墅(今改称皮翁龚巴尼博物馆)中的朱诺像。

行为受了一顿严厉的训斥,她非常不好意思。但她不觉得有什么不好的地方。她过着那样单调的生活,来个新房客当然是种意想不到的消遣。他搬来的前几天,她等得烦躁死了。她唯恐他不喜欢她们的屋子,便尽量想法要它显得可爱。搬来那天,她还在壁炉架上供了一小束花,表示欢迎。至于她自己,可绝对不想到装扮得好看一些;克利斯朵夫一瞥之下就断定她人既长得丑,衣服又穿得难看。她对他的看法可并不如此,虽然也很有理由断定他难看;因为那天克利斯朵夫又忙又累,衣冠不整,比平时更丑了。但洛莎对谁都不会批评的,认为她的父亲、母亲、外祖父,全是挺美的人,所以觉得克利斯朵夫的相貌跟她想象中的完全一样,而一心一意地钦佩他了。在饭桌上和他并坐在一起使她非常胆怯,而不幸她的胆怯是用唠叨不已的说话来表现的,以致马上失掉了克利斯朵夫的好感。她可并没发觉,这第一晚倒还给她留下一个光明的回忆呢。等到新房客上了楼,她独自在卧房里听到他们在上面走动的时候,她觉得那些声音非常可爱,屋子也似乎有了生气。

第二天,破题儿第一遭,她不大放心地仔细照了照镜子;虽然还不知道将来的不幸有多大范围,但她已经有些预感了。她想把自己的面貌批判一番,可是办不到。她颇有些疑惧的心理,深深地叹着气,想改变改变装饰,不料把自己装得更难看了。她还想出那种倒霉念头,竭力去巴结克利斯朵夫。好不天真地只想时时刻刻看到新朋友,替他们出些力,她在楼梯上奔上奔下地忙个不停:不是拿一样没用的东西去给他们,就是硬要帮他们忙,老是大声笑着,嚷着。只有听到母亲不耐烦的声音叫唤她了,她的热心和絮聒才会给打断一下。克利斯朵夫沉着脸,要不是竭力按捺的话,早已发作过几十次了。他忍耐了两天,到第三天把门上了锁。洛莎敲敲门,叫了几声,心里明白了,便不好意思地回下楼去,不再来了。他碰到她的时候,推说因为要赶一件工作,不能来开门。她不胜惶恐地向他道歉。她明明看出自己这种天真的巴结是失败了:本意是想跟人家亲近,结果却适得其反,把克利斯朵夫吓跑了。他老实不客气地表示对她不高兴,连话也不愿意听她的,也不遮掩他心中的不耐烦。她觉得自己的多说话招他厌,下着决心在晚上静默了一些时候;可是说话的劲比她的意志更强,突然之间又来噜苏了,克利斯朵夫不等她一句话说完,把她丢下就跑,她不恨他,只恨她自己,认为自己糊涂,可厌,可笑,觉得这些缺点真是可怕,非改不可,但她试了几次都失败了,就很灰心,以为永远改不掉了,自己没有力量改的了。但她还试着改。

然而还有些别的缺点是她无能为力的:她长得丑有什么办法呢?现在这是毫无疑问的了。有一天她照着镜子突然发觉这个不幸的时候,简直像晴天霹雳。不用说,她还要夸大自己的缺陷,把鼻子看得比实际大了十倍,似乎占据了整个脸庞;她不愿意再露面了,恨不得死掉才好。但少年人希望的力量那么强,极端失望的时间是不会久的;她紧跟着以为自己看错了,教自己相信早先的确是看错了,甚至有时候觉得鼻子跟普通人的一样,还可以说长得不坏呢。于是她凭着本能,很笨拙地想出一些幼稚的手段,例如把头发多遮掉一部分脑门,使面部的不相称不至于太显著。其中可并没卖弄风情的动机;她脑子里从来没有爱情的念头,或者至少她没有意识到。她所要求的并不多,只是很少的一点儿友谊;但这一点儿,克利斯朵夫就没有意思给她。洛莎觉得,只要他们相遇的时候,他能和和气气地,友好地道一声好,她就会非常快乐了。但克利斯朵夫的目光平常总是那么冷,那么无情!她见了心都凉了。他并没对她说什么难堪的话;她却宁愿受几句埋怨而不要这种冷酷的静默。

一天晚上,克利斯朵夫正在弹琴。他在阁楼上布置了一个小房间,在屋子最高的地方,免得听到人家吵闹。洛莎在下面非常激动地听着。她爱音乐,虽然因为没有受过训练而趣味很低级。只要母亲在家,她便待在房间的一角做活,仿佛很认真,但她的心老是牵挂着楼上的琴声。幸而母亲到近边买什么东西去了,洛莎就马上跳起来,丢下活计,心儿乱跳地一直爬到阁楼门口。她屏着气把耳朵贴在门上,直要母亲回家了方始蹑手蹑脚地下楼,不让自己闹出一点儿声响;可是她举动不大利落,永远是急急忙忙的,往往差一点从楼梯上滚下去。有一回她弯着身子,腮帮贴在锁孔上听着,一不小心身体失了平衡,把额角撞在门上。她吓得气都透不过来。琴声立刻停止:她可连逃跑的气力也没有。她站起身子,正好房门开了。克利斯朵夫看见是她,便恶狠狠地瞪了她一眼,也不开一声口,径自粗暴地把她推到一边,愤愤地奔下楼梯,出去了。他直等到吃晚饭才回家,对她那万分抱歉与求他原谅的眼神睬都不睬,好似没有她这个人;而好几个星期他根本不弹琴了。洛莎暗中大哭了几场,可没有一个人觉察,也没有一个人注意她。她热烈地祈求上帝……求什么呢?她不大明白。只是需要把心中的哀伤诉说一番。她以为克利斯朵夫一定是恨死了她。

虽然如此,她还存着希望。只要克利斯朵夫多少注意到她,好像在听她说话,或是握手比平常亲热一些,她就觉得有了希望。

最后,家里的人几句莽撞的话又教她做了一场空梦。

全家的人都对克利斯朵夫抱着好感。这个十六岁的大孩子,严肃,孤独,把责任看得很重,使他们都有些敬意。他的坏脾气,他的死不开口,他的郁闷的神色,他的莽撞的举动,在这样一个家庭里是决没有人奇怪的。连把一切艺术家都看作懒虫的伏奇尔太太,也不敢逞着心意埋怨他傍晚靠在阁楼的窗上对着院子呆望,直望到天黑:因为知道他白天已经被教课的事累死了;而且为了一个大家心照不宣的理由,她和别人一样的敷衍他。

洛莎和克利斯朵夫说话的时候,常常发现父母在旁挤眉弄眼,交头接耳。先是她并不在意。后来她奇怪起来,感到惶惑,很想知道他们说些什么,但又不敢动问。

有天傍晚,她爬上凳子去解开拴在两株树上晾衣服的麻绳,跳下来的时候在克利斯朵夫的肩头撑了一下,她眼睛忽然跟靠墙坐着抽烟斗的父亲与外祖父的眼睛碰在一处。两个男人彼此丢了一个眼色;于莱和伏奇尔说:“将来倒是出色的一对。”

伏奇尔发觉女儿在那里听着，用肘子把老人撞了撞，于莱便仿佛要周围的人都听见似的，大声的“嗯！嗯！”了两下，自以为把刚才的话很巧妙地混过去了。克利斯朵夫转着背，完全没觉得；但洛莎听了心里一怔，竟忘了自己在往下跳，把脚扭坏了。要不是克利斯朵夫一边埋怨她老是这么笨，一边把她扶住，她早已摔倒了。她的脚扭得很痛，但是不动声色，简直没想到痛而只想到才听见的话。她往自己屋里走去，走一步痛一步，可硬撑着不让人家发觉。她心里有种甜蜜的骚动。她往床前的一张椅子上倒下，把头埋在被单里。脸上热烘烘的，眼中含着泪，她笑了。她羞得几乎想钻下地去，没法集中思想，只觉得太阳穴里乱跳，脚踝骨疼得厉害，颇有些发着高热度而麻痹的境界。她隐隐约约听见外边的声音和街上玩耍的孩子的声音，外祖父的话还在耳朵里响着。她轻轻笑着，红着脸，往被窝里钻。她又是祷告，又是感谢，又有欲望，又觉得害怕，——她动了情了。

她听见母亲叫唤，就勉强站起，不料跨了一步便痛得受不住，差点儿发晕，觉得头脑昏昏沉沉地乱转。她以为要死了，她真希望就这样的死了，同时也拚命地想活，为了那个已经许给她的幸福而活。终于母亲跑来了，家里的人都着了慌。照例受了顿埋怨，包扎好了，躺上了床，她给肉体的痛苦与内心的喜悦刺激得精神恍惚。多么甜蜜的一夜！……这似睡非睡的夜里最琐碎的事，也变了她将来神圣的回忆。她并不想着克利斯朵夫，也不知道想些什么。她反正是幸福了。

第二天，克利斯朵夫自以为对这件事多少有些责任，便来问问她的情形，他破题儿第一遭对她表面上有些亲热。她心里感激到极点，甚至祝福她的痛苦了。她愿意终身受苦，为的要终身能有这种快乐。——她一动不动地躺了好几天，在床上只顾翻来覆去地想着外祖父的话，还要加以推敲，因为她起了疑心，不知道他说的“将来是……”呢，还是“可能是……”呢？

并且他究竟说过这种话没有？——说过的，他的确说过，她清楚得很……可是怎么！难道他们不觉得她难看，不觉得克利斯朵夫讨厌她吗？……然而能有个希望究竟是甜蜜的！她甚至以为自己弄错了，或许她并不像自己所想的那么丑；她在椅子上把身体抬起一点儿，照着挂在对面的镜子：不知道怎么想才好。总而言之，外祖父跟父亲的判断比她准确：一个人对自己的判断是靠不住的……天哪！要是真的可能！……要是碰巧……要是她真的长得好看而自己早先不知道的话！……或许她把克利斯朵夫并没多少好意的感情给夸张了。没有问题，这冷淡的男孩子从出事的第二天跑来表示一下关切以后，再也不把她放在心上，不想再来问问她的病状；但洛莎是原谅他的；他忙着多少事啊！怎么能有时间想到她呢？我们不能批评一个艺术家像批评别人一样。

可是不管她多么隐忍，当克利斯朵夫在旁走过的时候，仍不由自主要中心忐忑地等着，希望听到句好言好语……只要一个字，一个眼风就够了……其余的自有她的幻想来补足。初期的爱情只需要极少的养料！只消能彼此见到，走过的时候轻轻碰一下，心中就会涌出一股幻想的力量，创造出她的爱情；一点儿极无聊的小事就能使她魂销魄荡：将来她因为逐渐得到了满足而逐渐变得苛求的时候，终于把欲望的对象完全占有了之后，可没有这种境界了。——那时洛莎编了一个从头至尾都是杜撰的故事，让自己整个儿生活在里面而谁也不发觉。故事是这样的：克利斯朵夫偷偷地爱着她，可不敢说出来，为了胆小，或是为了别的什么原因，荒诞不经的，才子佳人式的，总之是这个多情的小姑娘想入非非找出来的原因。她根据这个，编成无穷尽的故事，完全是荒谬绝伦的；她也知道荒谬，可不愿意去想到它荒谬；她拿着活计可以几天几天地对自己扯谎。她甚至忘了说话：平日拉不断扯不完的话一齐往心里倒流，好似一条河忽然隐没到地下去了。在她心里，多嘴的脾气可是要痛痛快快发泄的：多少的长篇大论！多少没有声音的唠叨！有时人家看见她扯动嘴唇，好比有些人看书的时候轻轻地念着字音，以便了解意义一样。

从这些梦想中醒来，她又快乐又悲哀。她知道事实并不像她刚才所想的那样;但这些梦给她留下一道幸福的光,使她回到实际生活的时候增加了信心。而她对于争取克利斯朵夫这桩事也绝对不灰心。

她着手进攻了,可完全是无意识的。凡是强烈的感情需要行动的时候,都有那种万无一失的本能:笨拙的小姑娘,居然一下子想出了办法去打动朋友的心。她不直接拿他做目标;但等到完全康复,能在屋子里走动了,她便去亲近鲁意莎。只要有一点儿借口就行。她想出无数的小事情帮鲁意莎的忙:上街的时候替她带买东西,使鲁意莎不必再上菜市和商贩论价,也不必到院子里的龙头上去打水;甚至一部分的家务,像洗地砖、抹地板等等也由洛莎代劳了,鲁意莎虽是局促不安的拦阻也没用,而老人家精神不济,也没多大勇气拒绝人家帮忙。克利斯朵夫整天在外,鲁意莎非常孤独,有这个殷勤而热闹的小姑娘做伴心里也好过些。后来洛莎竟待在她家里不走了,拿了活计来跟鲁意莎谈天。她用些并不高明的小手段把话扯到克利斯朵夫身上。听见人家提起他,说到他的名字,洛莎就觉得快活,手指哆嗦,连眼睛都不敢抬起来。鲁意莎很高兴谈谈她心疼的儿子,讲他小时候的许多小事情,无聊的,可笑的;但洛莎决不认为无聊可笑。想到小孩子时代的克利斯朵夫,做着那个年龄上的或是胡闹或是惹人怜爱的事儿,洛莎的快乐和激动简直没法形容;每个女子都有的母性,在她心中和另外一种柔情融在一起,愈加甜蜜了;她笑得眼睛都湿了。鲁意莎看洛莎这样关心不禁大为感动。她猜到女孩子的心事,只装不知道;但她心里很喜欢,因为在这个屋子里所有的人中间,唯有她懂得这个姑娘的心是多么好。有时她把话打住了,望着洛莎。洛莎听见没有声音觉得奇怪,便抬起头来。鲁意莎对她微微笑着。于是洛莎热情冲动地扑在她臂抱里,把脸藏在她怀里。然后她们又照常做着活儿,谈着话。

晚上,克利斯朵夫回家的时候,鲁意莎既感激洛莎的好意,又想要实行自己的计划,便把邻家的孩子赞不绝口。克利斯朵夫也被洛莎的热心感动了,知道那是对母亲有好处的:她脸色不是开朗得多吗?他向她热烈道谢,洛莎支吾其词地溜了,唯恐露出自己的慌乱:克利斯朵夫认为,她这个办法比跟他说话聪明而且可爱多了。他看待她的眼光也不像以前那么怀着很深的成见了,并且明白表示出来:他想不到在她身上会发现那些意想不到的优点。洛莎也觉察到了,看到他的好感一天天的加增,以为这点好感正在往爱情的路上发展。她比先前更耽溺于梦想了。凭着年轻人万事如意的推想,她几乎相信凡是一心一意追求的一定能成功。——何况她的欲望也没有什么不合理的地方。克利斯朵夫对于她的好心,对于她需要为人家鞠躬尽瘁的本性,不是应当比别人更敏感吗?

然而克利斯朵夫心中并不想她,只是敬重她。在他的念头里,她一点儿地位都没有。他正为许多别的事操心。克利斯朵夫不再是克利斯朵夫了。他不认得自己了。心中经历着极大的转变,他的生命整个儿都给颠倒了。

克利斯朵夫感到极度的困倦,烦躁。他无缘无故的没有了气力,脑袋重甸甸的,眼睛,耳朵……所有的器官都像是醉了,在那里嗡嗡作响。什么事都不能使他集中精神。思想从这个题目跳到那个题目,激动狂乱,把他累得要死。五光十色的形象旋转不已,他为之头都晕了。他先还认为这是由于过度的疲乏与春天的困扰。可是春天过了,他的病状有增无减。

这便是轻描淡写的诗人们所说的青春期的困惑,凯鲁比诺的烦恼,[①]爱欲在年轻的身心中的觉醒。在他们看来,仿佛这全身动摇,死灭,再生的关头,信仰、思想、行动,整个生活准备在痛苦与欢乐的抽搐中毁灭而重新鼓铸的大变动,仅仅是小孩子的胡闹!

他的灵和肉都在那里发酵。他又惊奇又厌恶地看着这个情形,没

---

① 凯鲁比诺为博马舍的喜剧《费加罗的婚姻》中的侍从武士,至今成为羞人答答而情窦初开的少年的典型。他分析自己的时候说:“只要看见一个女人,我心就跳了;爱情与肉欲二字使我的心发抖,慌乱。我只想对人说:‘我爱你’,我甚至在花园里对树木,对云,对风,都自言自语的说着这句话。”

有力量挣扎。他完全不明白内心有了什么变化。他的生命解体了,成天地恍恍惚惚,无精打采。工作简直变了刑罚。夜里的睡眠是困顿的,断断续续的,做些妖形怪状的梦,种种的欲望抬起头来:他被兽性抓住了。浑身灼热,汗流浃背,他对自己只感到厌恶;他努力想丢开那些荒唐的脏念头,简直疑心自己疯了。

白天他也逃不了这些兽性的缠绕。他觉得自己正在往灵魂的黑暗的陷坑里沉下去,没有一点东西可以给他抓握,没有什么藩篱能挡住那种混乱。所有的盔甲,所有据以自卫的坚固的壁垒:他的上帝,他的艺术,他的高傲,他的道德信仰,一切都崩溃了,瓦解了。他看到自己赤裸裸的,被捆绑着,躺在地下,一动也不能动,像一个虫蛆满身的尸首。有时他使劲反抗了几下:他的意志到哪儿去了呢?他号召意志,意志也不来:正如一个人在梦中知道做着梦,拼命想醒而醒不过来。结果只能从这一个梦转到另一个梦。末了他觉得不去挣扎倒还少一些痛苦,便抱着无可奈何的心理听其自然了。

他生命的正常的波流似乎给阻断了。有时它渗进了地下的裂缝,有时却非常猛烈地飞涌起来。长流不尽的时间也会中断,显出些窟窿,张着大口,让你陷进去。克利斯朵夫看着这种情形,仿佛跟自己毫不相干。生灵,万物,——连他自己在内,——对他都不相干了。他照常办公,做事,可完全是无意识的;他觉得生命的机制已经发生障碍,随时可以停止。和母亲与房东们坐在饭桌前面,在乐队里,在乐师与听众之间,头脑会突然变成一片空虚:他呆呆地望着在他周围扭动的脸,什么都弄不清了。他问自己:"这些人跟……有什么关系呢?"他甚至不敢说出"这些人跟我"。因为他已经不知道自己是不是活着。他说话吧,声音仿佛是从别个身体上来的;做什么动作吧,又像在远处、高处、塔顶上,看到自己的动作。他失魂落魄,把手按着脑袋。他竟要做出一些荒唐胡闹的事来了。

尤其在众目睽睽之下,他自己格外留神的时候,更容易有这种情形。譬如在爵府里的那些晚会中间,或是他当众演奏的时候,突然之间他觉得需要扯个鬼脸,说些野话,向大公爵吐吐舌头,或是往什么太太的屁股上踢一脚。有一回他挣扎了一个晚上,因为他一边指挥乐队,一边竟想当众脱衣服;而他越是压制这念头,越是被这个念头纠缠不清,直要使尽全身之力才能撑过去。在这种荒唐的斗争之后,他一身大汗,觉得脑子里空空如也。他真是疯了。只要他想到不该做某一件事,某一件事就像偏执狂一样顽强地把他死抓不放。

于是他的生活不是被那些疯狂的力播弄,就是堕入虚无的境界。一切像是沙漠上的狂风。哪儿来的这阵风呢?这种疯狂又是怎么回事呢?扭他的四肢,扭他的头脑的欲望,从哪个窟窿里冒出来的呢?他仿佛是一张弓,被一只暴烈的手快拉断了——不知为了什么目的——过后又被扔在一边,像无用的枯枝似的。他不敢深究自己做了谁的俘虏,只觉得被打败了,非常屈辱,又不敢正视自己的失败。他困倦不堪,一点儿志气都没有了。那些不愿意看到难堪的真相的人,从前他是瞧不起的,现在他了解了。在这些虚无的时间,一想到浪费的光阴,丢掉的工作,白白断送了的前途,他吓得浑身冰冷。但他并不振作起来,只无可奈何地承认虚无的力量,而宽恕自己的懦弱无能。他觉得委身于虚无倒有种悲苦的快感,好比一条在水面上快要沉下去的船。挣扎有什么用?一切都是空的:美,善,上帝,生命,无论什么生物,都是空的。在街上走的时候,忽然他双脚离地了,既没有土地,也没有空气,也没有光明,也没有他自己:什么都没有。他头重脚轻,脑门向前探着;他能够撑着不跌下去也是间不容发的事了。他想他要突然倒下去了,被雷劈了。他以为自己已经死了……

克利斯朵夫正在脱胎换骨,正在换一颗灵魂。他只看见童年时代那颗衰败憔悴的灵魂掉下来,可想不到正在蜕化出一颗新的,更年轻而更强壮的灵魂。一个人在人生中更换躯壳的时候,同时也换了一颗心;而这种蜕变并非老是一天一天的,慢慢儿来的:往往在几小时的剧变中,一切都一下子更新了,老的躯壳脱下来了。在那些苦闷的时间,一个人自以为一切都完了，殊不知一切还都要开始呢。一个生命死了。另外一个已经诞生了。

一天晚上，他独自在卧室里，背对着窗，在烛光底下，把胳膊靠在桌上。他并不工作。几星期以来，他不能工作了。一切在他头里打转。宗教，道德，艺术，整个的人生，一股脑儿都同时成了问题。思想既然是总崩溃了，就谈不到什么条理跟方法；他只在祖父留下的或是伏奇尔的杂书中胡乱抓几本看看：神学书、科学书、哲学书，大都是些零本；他完全看不懂，因为每样都得从头学起；而且他从来不能看完一本，翻翻这个，看看那个，把自己搅糊涂了，结果是疲倦不堪，颓丧到了极点。

那天晚上，他正沉浸在困人的麻痹状态中发呆。全屋子的人都睡了。窗子开着，院子里一丝风也没吹过来。天上堆满了密云。克利斯朵夫像傻子似的，望着蜡烛慢慢地烧到烛台底里。他不能睡觉，什么也不想，只觉得那空虚越来越深，在那儿吸引他。他拼命不要看那个窟窿，却偏偏不由自主地要凑上去。在窟窿里骚然蠢动的是混乱，是黑暗。一阵苦闷直透入内心，背脊里打了个寒噤，他毛骨悚然，抓住桌子怕跌下去。他颤巍巍地等着什么不可思议的事，等着一桩奇迹，等着一个上帝……

忽然之间，在他背后，院子里好似开了水闸一样，一场倾盆大雨浩浩荡荡直倒下来。静止不动的空气打着哆嗦。雨点打在干燥坚硬的泥土上，好比钟声一般铮铮作响。像野兽那样暖烘烘的土地上，在狂乱与快乐的抽搐中冒起一大股泥土味，一股花香，果子香，动了爱情的肉香。克利斯朵夫神魂颠倒，全身紧张，连五脏六腑都颤抖了……幕揭开了。简直是目眩神迷。在闪烁的电光中，在黑暗的最深处，他看到了——看到了上帝，看到自己就是上帝。上帝就在他心中：它透过卧室的屋顶，透过四面的墙壁，把生命的界限推倒了；它充塞于天地之间，宇宙之间，虚无之间。世界像飞瀑似的冲入它的怀抱。对着这个天翻地覆的景象,克利斯朵夫吓呆了,出神了。旋风把自然界的规则扫荡完了,克利斯朵夫也被吹倒了,带走了。他失掉了呼吸,倒在了上帝身上,他醉了……深不可测的上帝!那是生命的火把,生命的飓风,求生的疯狂,——没有目的,没有节制,没有理由,只为了轰轰烈烈的生活!

精神上的剧变过去以后,他沉沉睡着了,那是久已没有的酣睡。第二天醒来,他头脑昏沉,四肢无力,像喝过了酒。昨夜使他惊骇万状的,那道阴森而强烈的光,在他心中还剩下一些余晖。他想要那道光再亮起来,可是办不到。而且他愈追求愈找不着。从此,他集中精力要求那个一刹那间的幻象再现一回,结果是劳而无功。出神的境界决不让意志做主的。

然而这种神秘的狂乱状态,并非只此一遭,以后又发生了好几次,但从来不像第一回那么剧烈。来的时候总是克利斯朵夫最意想不到的时候,短短的几秒钟,完全是出其不意的,甚至抬一抬眼睛,举一举手的时间,幻象已经过去了,他连想也来不及想到这是幻象,事后还疑心是做梦。第一晚是一块烈焰飞腾的陨石在黑暗中燃烧,以后的只是一簇毫光,几小点稍纵即逝的微光,肉眼只能瞥见一下就完了。但它们出现的次数愈来愈多,终于把克利斯朵夫包围在一个连续而模糊的梦境中,使他的精神都溶解在里头。凡是足以驱散这种朦胧的意境的,他都恼恨。他没法工作,甚至也想不到工作。有人在旁边他就恨,尤其是亲近的人,连母亲在内,因为他们自以为有权控制他的精神。

他跑出去,常常在外边消磨日子,到夜晚才回家。他寻求田野里的清静,为的能称心如意的,像狂人一般,把自己整个儿交给那些执着的念头。——但在荡涤尘怀的空旷中,和大地接触之下,那种纠缠变得松懈了,那些念头也没有幽灵一般的性质了。他的热狂并没减少一点,倒反加强,但已经不是危险的精神错乱,而是整个生命的健全的醉意:肉体和灵魂都为了自己的力而得意。

他重新发现了世界,仿佛还是第一次看到。这是童年以后的另外一个童年。似乎一切都被一句奇妙的咒语点化了。自然界放出轻快的火花。太阳在沸腾。天色一清如水,像河一般流着。大地咕噜作响,吐出沉醉的气息。生命的大火在空中旋转飞腾:草木,昆虫,无数的生物,都是闪闪发光的火舌。一切都在欢呼呐喊。

而这欢乐便是他的欢乐,这股力便是他的力。他和万物分不开了。至此为止,便是在童年时代快乐的日子,怀着热烈而欣喜的好奇心看着大自然的时候,他也觉得所有的生物都只是些与世隔绝的小天地,或是可怕的,或是滑稽的,跟他毫无关系,他也无从了解。连它们是否有感觉有生命,他也不大清楚,只认为是古怪的机器而已。凭着儿童无意识的残忍心理,克利斯朵夫曾经把一些可怜的昆虫扯得四分五裂,看着它们古古怪怪地扭动觉得好玩,根本没想到它们的受苦。平时那么镇静的高脱弗烈特舅舅看到他折磨一只苍蝇,禁不住愤愤地把它从手里抢下来。孩子先还想笑,后来也给舅舅的神气感动得哭了。那时他才明白他的俘虏也有生命,和他一样,而他是犯了凶杀的罪。从此以后,他虽然不再伤害动物,可也并不对它们有什么同情;在旁边走过的时候,他从来没想到去体会一下,那些小小的躯壳里头有些什么在骚动;他倒是把它当做噩梦一般的怕想到。——可是现在一切都显得明白了。那些暧昧的生物也放出光明来了。

克利斯朵夫躺在万物滋长的草上,在昆虫嗡嗡作响的树荫底下,看着忙忙碌碌的蚂蚁,走路像跳舞般的长脚蜘蛛,往斜刺里蹦跳的蚱蜢,笨重而匆忙的甲虫,还有光滑的,粉红色的,印着白斑,身体柔软的虫。或者他把手枕着头,闭着眼睛,听那个看不见的乐队合奏:一道阳光底下,一群飞虫绕着清香的柏树发狂似的打转,嗡嗡的苍蝇奏着军乐,黄蜂的声音像大风琴,大队的野蜜蜂好比在树林上面飘过的钟声,摇曳的树在那里窃窃私语,迎风招展的枝条在低声哀叹,水浪般的青草互相轻拂,有如微风在明净的湖上吹起一层绉纹,又像爱人窸窸窣窣的脚声走过了,去远了。

这些声音,这些呼喊,他都在自己心里听到。这些生物,从最小的到最大的,内部都流着同一条生命的巨川:克利斯朵夫也受着它的浸润。他和千千万万的生灵原是同一血统,它们的欢乐在他心中也有友好的回声;它们的力和他的力交融在一起,像一条河被无数的小溪扩大了。他就浸在它们里面。强烈的空气冲进他窒息的心房,胸部几乎要爆裂了。而这个变化是突如其来的:正当他只注意自己的生命,觉得它像雨水般完全溶解而到处只见到虚无之后,一旦他想在宇宙中忘掉自己,就到处体会到无穷无极的生命了。他仿佛从坟墓中走了出来。生命的巨潮泛滥洋溢地流着,他不胜喜悦地在其中游泳,让巨流把他带走,以为自己完全自由了。殊不知他更不自由了。世界上没有一个生物是自由的,连控制宇宙的法则也不是自由的,——也许唯有死才能解放一切。

可是刚在旧的躯壳中蜕化出来的蛹,只知道在新的躯壳中痛痛快快地欠伸舒展;它还来不及认识新的牢笼的界限。

日月循环,从此又开始了新的一周。光明灿烂的日子,如醉如狂的日子,那么神秘,那么奇妙,像童年时代初次把一件件的东西发现出来一样。从黎明到黄昏,他老是过着空中楼阁的生活。正事都抛弃了。认真的孩子,多少年来便是害病也没缺过一课,在乐队的预奏会中也没缺席一次,此刻竟会找出种种借口来躲避工作。他不怕扯谎,也不觉得惭愧。过去他喜欢用来压制自己的刻苦精神:道德,责任,如今都显得空洞了。它们那种专制的淫威,一碰到人类的天性就给砸得粉碎,唯有健全的,强壮的,自由的天性,才是独一无二的德性,其余的都是废话!那些繁缛琐碎、谨慎小心的规则,一般人称之为道德而以为能拘囚生命的:真是太可怜了!这样的东西也配称为牢笼吗?在生命的威力之下,什么都给推倒了……

精力过于充沛的克利斯朵夫,发疯似的想用盲目的暴烈的行为,把那股使他窒息的力毁掉,烧掉,让它发泄。这种兴奋的结果往往是突然之间的松弛;他哭着,扑在地下,亲着泥土,恨不得把牙齿和手陷进去,把泥土吞下肚子;烦闷与情欲使他浑身发抖。

一天傍晚,他在一个树林旁边散步。眼睛被日光照得有些醉意,头里昏昏沉沉地在打转,他精神非常兴奋,看出来的东西都是另外一副面目。柔和的暮色使万物更添了一种神幻的情调。紫红与金黄的阳光在栗树底下浮动。草原上好像放出一些磷火似的微光。天色像人的眼睛一样温和可爱。近边的草场上有个少女在割草。穿着衬衣和短裙,露着脖子跟手臂,她扒起干草,堆在一处。她长着个短鼻子,大脸盘,天庭饱满,头上裹着一块手帕;焦黑的皮肤给太阳晒得通红,仿佛在尽量吸收傍晚的日光。

克利斯朵夫对她动了心。他靠在一株榉树上看着她向林边走来。她并没留神,只是无意之间抬了抬头:他看见她黑不溜秋的脸上配着一对蓝眼睛。她走得那么近,甚至弯下身子捡草的时候,他从她半开的衬衣里看见了脖子跟背上那些淡黄的毛。郁积在他胸中的暧昧的欲望突然爆发了。他从后面扑上去,搂住了她的脖子和腰,把她的头往后扳着,拿嘴用力压在她半开的嘴里,吻着她那又干又裂的嘴唇,碰到了她把他怒咬的牙齿。他的手在她粗糙的胳膊和汗湿的衬衣上乱摸。她挣扎着,他可把她抱得更紧,差不多想掐死她。终于她挣脱了,大叫大嚷,吐着口水,用手抹着嘴唇,没头没脑地骂他。他一松手就往田里逃了。她在背后扔着石子,不住地用许多脏字称呼他。他脸红耳赤,倒不是因为被她当作或说做是怎么样的人,而是为了他对自己的感想。这个突如其来的无意识的行动,使他惊骇万状。他刚才做的什么事呢?准备做些什么呢?他所能想象到的只能引起心中的厌恶。而他竟想去做这桩他厌恶的事。他跟自己抗拒着,弄不清究竟哪一方面的才是真的克利斯朵夫。一股盲目的力在进攻他,他尽量地逃也逃不掉:那等于逃避自己了。那股力要把他怎么办呢?明天,一个钟点以内,……在他穿过田垄走上大路的时间内,他又会做出些什么来呢?连能不能走上大路也不敢说。会不会退回去再追那个姑娘呢?以后又怎么办呢?……他记起了掐住她喉咙的疯狂的一刹那。他不是什么事都会做出来吗?甚至可能犯罪!……是的,可能犯罪……心中的骚乱使他没法呼吸。到了大路上,他停下来喘口气。姑娘在那边跟一个听见她叫喊而奔过来的少女谈着话;她们把拳头叉在腰里,望着他哈哈大笑。

他回去以后,一连几天关在家里不敢动。便是在城里,他也只在不得已的时候才出去。凡是有走过城门往田野去的机会,他都战战兢兢地避免,生怕又遇到那股疯狂的气息,像阵雨以前的狂风一样,吹起他心中的欲念。他以为城墙可以给他保障,却想不到只要在紧闭的护窗里头露出一线看也看不见的,仅仅容得下一双眼睛的空隙,敌人就会溜进来。

第二部

萨皮纳

在院子对面,屋子的陪房部分,底层住着一个二十岁的新寡的女人和一个女孩子,叫作萨皮纳·弗洛哀列克太太,也是于莱老人的房客。她占着临街的铺面,和靠院子的两间房,还带着一小方花园,跟于莱家的只隔一道绕满藤萝的铁丝网。她难得在园子里露面;只有孩子从早到晚独自在那里扒着泥土。自生自发的园子有点乱七八糟,老于莱看了大不高兴,他是喜欢把小路给耙得平平整整,使自然界也显得有条有理的。关于这一点,他曾经对房客说过几回;或许就为了这个缘故她根本不到园子里来了,而园子也并没因此给收拾得像个样。

弗洛哀列克太太开着一个小针线铺,在这城中心商业繁盛的街上原来可以很发达;但她对铺子并不比对花园更关心。照伏奇尔太太的说法,一个爱面子的女人,家务是应当自己动手的,——尤其在没有相当的财产容许她闲荡的时候,更没有闲荡的理由,——可是那位太太雇了个十五岁的女孩子,每天早上来做几个钟点零活,打扫屋子,看守铺子,使她自己可以懒洋洋地赖在床上,或是把时间花在梳妆上面。

有时,克利斯朵夫从玻璃窗里看到她光着脚,拖着很长的睡衣在房里走来走去,或是几小时地坐在镜子前面发呆;因为她满不在乎,连窗帘都忘了放下,便是发觉了也懒得走过去动一动手。克利斯朵夫倒反更怕羞,特意从窗边走开,免得她发窘。但那诱惑的力量真是不小:

他红着脸,偷偷地瞟了一眼她那清瘦的裸露的胳膊,有气无力地环绕着披散的头发,两手勾搭着抱着颈窝;她就是这样的出神了,直要胳膊酸麻了才放下来。克利斯朵夫相信自己看到这幕可爱的景象完全是出于无意的,而他脑子里想着音乐的时候,也并不因之慌乱;可是他上了瘾,结果他看萨皮纳的时间和她为了梳妆花费的时间一样多。她并非卖弄风情,平时倒是随随便便的,对衣着还不及阿玛利亚或洛莎那么仔细周到。她老半天地照着镜子,纯粹是由于懒惰;每插一支针也像花了很大的劲,必须歇一歇,对镜子扮一下苦脸。白天快完了,她还没完全穿扮好。

萨皮纳没有收拾完毕,往往女仆已经走了,而顾客在门外打铃了。她听见铃响,还得人家叫了一二声,才决心从椅子上站起,笑眯眯地,从容不迫地走出去,——从容不迫地寻找顾客所要的货,——要是找了一下找不到,或是要花一些气力,譬如把梯子从这边搬到那边才能拿到,——她就消消停停地说那东西已经卖完了;因为她不想把屋子整理一下,也不肯添办卖缺的货,顾客们不是不耐烦了,就是照顾别的铺子去了。可是他们并不怪怨她。这样一个可爱的,说话连声音那么柔和的女人,对什么都是不慌不忙的:怎么能跟她生气呢?随便你说什么,她都无所谓;人家也感觉得很清楚,即使抱怨的话已经出了口,也没勇气再说下去;他们走了,对她可爱的笑容也回报一个笑容,可是从此不再上门了。她并不因之着慌。她老是那么笑盈盈的。

她的相貌很像佛罗伦萨的少女。眉毛向上,长得很好看;灰色的眼睛在浓密的睫毛底下只睁开一半。下眼皮带点儿浮肿,底下有条很浅的皱痕。玲珑的小鼻子,下端微微地向上翘着;鼻尖和上嘴唇中间另有一条小小的曲线;嘴巴张开着一点,上嘴唇往上吊起,有笑意,也有倦意,下嘴唇太厚了一些;脸盘的下部是圆的,像意大利画家菲利波·利比所画的圣母:有种天真而严肃的神气。皮色不十分清白,头发是浅褐色的,打卷的部分很乱,挽的髻尤其不知所云。细身材,小骨骼,动作老是懒洋洋的。穿扮并不讲究,——一件敞开着的短褂,纽扣七零八落，脚下拖着双破烂的旧鞋子，有点不修边幅，——但她青春的风韵，温和的气息，天真的娇媚，自有动人怜爱的魔力。她站在铺子门口换换空气的时候，过路的青年们总喜欢瞅她几眼。她虽然不把他们放在心上，却也注意到了，眼中表示出一点感激与喜悦；妇女被人好意相看之下，都有这种表情，意思仿佛是说："多谢多谢！……再来一下吧！再瞧我一眼吧！……"

可是她尽管觉得能讨人喜欢是种快乐，懒惰的天性使她从来不想做点儿什么去讨人喜欢。

在于莱和伏奇尔这些人看来，她正是一个引起反感的对象。她的一切都使他们愤慨：她的无精打采，家里的杂乱，衣着的随便，永远的微笑，客客气气听着他们的批评而满不在乎，对于丈夫的死，孩子的病，营业的衰落，日常生活中大大小小的烦恼，都若无其事地不以为意，无论什么也改变不了她的习惯和游手好闲的脾气，——她的一切都教他们生气；而最糟的是这样一个人居然会讨人喜欢。这是伏奇尔太太不能原谅的。仿佛萨皮纳故意拿她的行为来取笑根深蒂固的传统，真正的做人之道，一板三眼的责任，毫无乐趣的工作，取笑那些忙乱，闹哄，吵架，叹苦和有益身心的悲观主义；而这悲观主义便是于莱一家的，也是所有的规矩人的生存的意义，使他们的生活成为补赎罪孽的准备的。要是一个女人饱食终日，无所事事，把神圣的日子糟蹋完了，还胆敢不声不响地瞧不起人，人家却像苦役犯一般忙得要命，——而结果大家倒派她有理，那还像话吗？不要教守本分的人灰心吗？……幸而，谢谢上帝！世界上还有些明白人，能使伏奇尔太太跟他们一起得到些安慰。他们从百叶窗里偷觑着小寡妇，每天都得把她议论一番。吃晚饭的时候，这些闲话使全家的人都嘻嘻哈哈地乐死了。克利斯朵夫心不在焉地听着。伏奇尔夫妇素来好批评邻居们的行为，他早已听腻了，再也不去注意。何况他对萨皮纳的认识仅限于脖子和裸露的手臂，虽然觉得可爱，还谈不到对她的为人有什么确切的见解。然而他觉得自己对她非常宽容；而且为了故意跟人家弩扭，他很高兴萨皮纳教伏奇尔太太生气。

天气很热的时候,吃过晚饭,大家没法待在院子里;那边整个下午晒着太阳,连晚上都很闷热。只有靠街的一边还能让人透口气。有时于莱跟伏奇尔和鲁意莎在门口坐一会。伏奇尔太太和洛莎不过露一露脸:她们忙着家里的事;而伏奇尔太太还要争面子,格外表示她没有闲逛的时间;为了要人听到,她高声地说,所有在这儿靠着屋门打着呵欠,十个指头不肯动一动的人,都叫她头疼。既然她不能强迫他们做事(那是她觉得非常遗憾的),她唯有眼不见为净,回到屋里去狠命地做自己的事。洛莎自以为应当学她的样。而于莱与伏奇尔,觉得到处是过路风,因为怕着凉,也回到楼上去了。他们睡得极早,并且哪怕你请他们做皇帝,也不能教他们改变一点儿习惯。从九点起,门外只剩下鲁意莎和克利斯朵夫两个人了。鲁意莎整天关在屋子里;晚上,克利斯朵夫一有空闲就陪着她,硬要她换换空气。她自个儿是决不会出来的:街上的声音使她害怕。孩子们尖声怪叫的追来追去,街坊上所有的狗都汪汪的叫起来,跟他们呼应。还有钢琴声,远处又有单簧管声,旁边的街上又有人吹着短号。四下里都有彼此招呼的声音。三三两两的人来来往往,在屋子前面走过。要是让鲁意莎一个人待在这个嘈杂的环境中,她简直不知怎么办;跟儿子在一起,她几乎对这些感到兴趣了。声音慢慢地静下去。孩子跟狗最先睡觉。一群一群的人也散了伙。空气更新鲜,周围也更静了。鲁意莎用细小的声音讲着阿玛利亚或洛莎告诉她的小新闻。她并不觉得这些有多大的兴味,但一方面不知道跟儿子说些什么好,一方面又需要和他亲近,找些话来谈谈。克利斯朵夫咂摸到这种用意,便假装关心她说的话,但并不细听。他迷迷忽忽地想着许多白天的事。

一天晚上,母亲正这样的讲着,他看见隔壁针线铺的门开了。一个女人的影子悄悄地走出来,坐在街边,和鲁意莎的椅子只差几步路。克利斯朵夫虽然瞧不见她的脸,可已经认得是什么人了。他恢复了精神。空气仿佛更甜美了。鲁意莎没有觉察萨皮纳在场，照旧轻轻地说着闲话。克利斯朵夫听得比较留神了，甚至觉得需要参加一些议论，说几句话，或许还要教旁人听见。瘦小的影子待着不动，有点困倦的模样，两腿交叉着，双手叠在一起平放在膝上。她向前望着，似乎什么都没听到。鲁意莎想睡觉了，进了屋子。克利斯朵夫说他还想待一忽儿。

时间快到十点。街上没有人了。最后几个邻居一个一个都回进了屋子，只听见铺子关门的声音。玻璃窗内的灯映了映眼睛，熄了。还有一两处亮着的，接着也熄掉了。四下里静悄悄的……只有他们两人，彼此可并不瞧一眼，都屏着气，似乎不知道各人身边还有一个人。远处的田里传来一阵新近割过的草原的香味，邻家的平台上飘来种在盆里的丁香花的香味。空气静止。天河缓缓地在那里移转。一座烟突的上空，大熊星座和小熊星座的车轴在滚动；群星点缀着淡绿的天，像一朵朵的翠菊。本区教堂的大钟敲着十一点，别的教堂在四周遥遥呼应，有些是清脆的声音，有些是迟钝的声音，家家户户的时钟也传出重浊的音调，其中还有喉音嘶嗄的鹧鸪声①。

他们从幻想中惊醒过来，同时站起，正要进门的时候，一声不出地互相点了点头。克利斯朵夫回到楼上，点起蜡烛，坐在桌子前面，把手捧着头，一无所思的待了好久。然后他叹了一口气，睡了。明天他一起来就不由自主地走近窗口，向萨皮纳的房间那边望了一眼。可是窗帘拉得很严。整个上午都是这样。从此也永远是这样。

第二天晚上，克利斯朵夫向母亲提议再到门前去坐一回；他居然有了乘凉的习惯。鲁意莎觉得很高兴：以前看他吃罢晚饭就躲在自己房里，把玻璃窗跟护窗一齐关着，她有些担心。——不声不响的小影子也照旧出来，坐在老地方。他们很快的点了点头，鲁意莎根本没发

① 这是一种以鹧鸪的叫声报告时刻的挂钟。

觉。克利斯朵夫和母亲谈着话。萨皮纳对她的女孩子微微笑着,看她在街上玩;到九点,萨皮纳带她去睡了,然后又悄悄地出来。她要是在屋里多待了一些时候,克利斯朵夫就担心她不会再来。他留神屋子里的动静,听着不肯睡觉的女孩子的笑;萨皮纳还没有在铺门口出现,他已经听到衣服窸窸窣窣的声音,便掉过头来,声音更兴奋地和母亲谈着话。有时他觉得萨皮纳觑着他,他也偷偷地瞟她几眼。可是他们的眼睛从来没碰在一起。

终于孩子做了他们的联系。她在街上和别的儿童奔跑。一条和善的狗把脸搁在脚上,躺在地下打盹;他们去惹它,它把红眼睛睁开了一半,结果给惹恼了,咕噜了几声。他们便一边叫一边逃,又怕又乐。女孩子尖声嚷着,尽往后面瞧,好像被狗追着似的:她往鲁意莎这边直扑过来,把鲁意莎逗笑了。她拉住了孩子问长问短,开始跟萨皮纳搭讪。克利斯朵夫并不插嘴。他不跟萨皮纳说话,萨皮纳也不向他说话。两人心照不宣的,都装作没有对方这个人。但她们说的话,他一个字都没放过。鲁意莎觉得他的不开口仿佛表示敌意。萨皮纳并不这样想;但他使她胆怯,回答鲁意莎的话不免因之有些慌张,过了一会她借端进去了。

整整一个星期,鲁意莎因为感冒,不得不待在屋里,外边只剩克利斯朵夫与萨皮纳两个人了。第一次,他们都有些害怕。萨皮纳为免得发僵,把女儿抱在膝上不住地亲吻。克利斯朵夫非常局促,不知道是否应当继续不理不睬。那的确有点儿为难;他们虽没直接谈过话,鲁意莎早已把他们介绍过。他想讲出一两句话来,不料声音在喉咙里搁浅了。幸而女孩子又来给他们解了围。她玩着捉迷藏,在克利斯朵夫的椅子周围打转,他把她拦住了亲了一下。他不大喜欢小孩子,但拥抱这一个的时候有种特殊的快感。孩子一心想玩,竭力挣脱。克利斯朵夫要弄她,被她在手上咬了一口,只得把她放走了。萨皮纳笑了起来。他们一边瞧着孩子一边交换了几句无聊的话。随后,克利斯朵夫想把谈话继续下去(他自以为应当如此),可是找不出多少话来;而萨

皮纳也帮不了他的忙,只把他说的重复一遍:

“今晚天气很舒服。”

“是的,真舒服。”

“院子里简直透不过气来。”

“是的,闷得很。”

话说不下去了。萨皮纳趁着孩子该睡觉的时候,进了屋子不再出来。

克利斯朵夫怕她以后几晚都要这样,怕鲁意莎不在的时候,她会躲着不跟他单独在一起。事实可并不如此;第二天,萨皮纳又跟他搭讪了。她是为了要说话而说话,而不是为了说话有什么乐趣。明明她费了很大的劲才找到话题,她对自己的问话也觉得憋闷:不论是回答是发问,都往往在难堪的静默中停住了。克利斯朵夫想起从前和奥多最初几次的会面;但和萨皮纳的谈天,范围更窄了,而她还没有奥多的耐性。试了几下不成功,她就丢手:太费气力的事,她是不感兴趣的。她不作声了,他也就跟着不作声。

这样以后,一切又立刻变得很甜美。黑夜恢复了它的安静,心灵恢复了它的幽思。萨皮纳在椅子上缓缓摇摆,沉入遐想。克利斯朵夫也在一旁出神。他们一句话也不说。半小时以后,一阵薰风从装着杨梅的小车上吹来,带着醉人的香味,克利斯朵夫不由得轻轻地自言自语。萨皮纳回报他一两个字。他们俩又不作声了,只体味着这种宁静跟那些不相干的话。他们做着同样的梦,想着同一的念头,什么念头呢? 不知道,他们自己也不承认有同样的思想。大钟敲了十一点,两人笑了笑,分手了。

第二天,他们根本不想再开始谈话,只守着他们心爱的静默,隔了半晌才交换一言半语,证明他们原来都想着同样的事。

萨皮纳笑着说:“不勉强自己说话真是舒服多了! 你以为该找点儿话来说,可是多麻烦啊!”

“唉!”克利斯朵夫声音非常感动,“要是大家都像你这样想才好呢!”

两人一齐笑了。他们都想到了伏奇尔太太。

“可怜的女人!”萨皮纳说,“真教人头疼!”

“她自己可从来不头疼。”克利斯朵夫表示很痛心。

萨皮纳瞧着他的神色,听着他的话,笑了起来。

“你觉得有趣吗?”他说,“你满不在乎,因为你不受这个罪。”

“对啦,我锁了门躲在家里。”

她差不多没有声音地,轻轻地笑了一笑。克利斯朵夫在恬静的夜里很高兴地听着她。他吸了一口新鲜的空气,觉得畅快极了。

“啊! 能够不作声多舒服!”他说着伸了个懒腰。

“说话真没意思!”她回答。

“对啦,不说话大家已经很了解了!”

两人又没有声音了。他们在黑暗里彼此瞧不见,可都微微地笑着。

然而,即使他们在一起的时候有同样的感觉——或者自以为如此——还谈不到互相有什么认识。萨皮纳根本不在乎这一点。克利斯朵夫比较好奇,有天晚上问她:

“你喜欢音乐吗?”

“不,”她老老实实地回答,“我听了心中发闷,一点儿都不懂。”

这种坦白使他很高兴。一般人听到音乐就烦闷,嘴里偏要说喜欢极了:克利斯朵夫听腻了这种谎话,所以有人能老实说不爱音乐,他差不多认为是种德性了。他又问萨皮纳看书不看。

不,先是她没有书。

他提议把他的借给她。

“是正经书吗?”她有些害怕地问。

她要不喜欢的话,就不给她正经书。他可以借些诗集给她。

“那不就是正经书吗?”

“那么小说呢?”

她噘了噘嘴。

难道这个她也不感兴趣吗?

兴趣是有的;但小说总嫌太长,她永远没有耐性看完。她会忘了开头的情节,会跳过几章,结果什么都弄不清,把书丢下了。

"原来是这样的兴趣!"

"哦,对一桩凭空编出来的故事,有这点儿兴趣也够了。一个人在书本以外不是也该有点儿兴趣吗?"

"也许喜欢看戏吧?"

"那才不呢!"

"难道不上戏院去吗?"

"不去。戏院里太热,人太多。哪有家里舒服?灯光刺着你眼睛,戏子又那么难看!"

在这一点上,他和她表示同意。但戏院里还有别的东西,譬如那些戏文吧。

"是的,"她心不在焉地回答,"可是我没空。"

"你忙些什么呢,从早到晚?"

她笑了笑:"事情多呢!"

"不错,你还有你的铺子。"

"哦!"她不慌不忙的说,"为铺子我也不怎么忙。"

"那么是你的女孩子使你没有空啰?"

"也不是的,可怜的孩子,她很乖,会自个儿玩的。"

"那么忙什么呢?"

他对自己的冒昧表示歉意。但她觉得他的冒昧很有意思。

"事情多呢,多得很!"

"什么呢?"

她可说不清。有各种各样的事要你忙着。只要起身,梳洗,想中饭,做中饭,吃中饭,再想晚饭,收拾一下房间……一天已经完了……并且究竟还该有些空闲的时间!……

“你不觉得无聊吗?”

“从来不会的。”

“便是一事不做的时候也不无聊吗?”

“就是那样我不会无聊;要做什么事的时候,我心里倒堵得慌了。”

他们互相望着,笑了。

“你真幸福!”克利斯朵夫说,“要我一事不做就办不到。”

“你一定办得到的。”

“我这几天才知道我也会不做事的。”

“那么你慢慢地就会一事不做了。”

他跟她谈过了话,心里很平静很安定。他只要看见她就行了。他的不安,他的烦躁,使他的心抽搐的那种紧张的苦闷,都松了下来。他跟她说话的时候,想到她的时候,心一点儿不乱。他虽然不敢承认,但一接近她,就觉得进入了一种甜蜜的麻痹状态,差不多要蒙眬入睡了。

这些夜里,他比平时睡得特别好。

做完了工作回家的时候,克利斯朵夫总向铺子里瞧一眼。他难得不看见萨皮纳的,他们便笑着点点头。有时她站在门口,两人就谈几句话;再不然他把门推开一半,叫小孩子过来塞一包糖给她。

有一天,他决意走进铺子,推说要几颗上装的纽扣。她找了一会找不到。所有的纽扣都混在一起,没法分清。她因为被他看到东西这么乱,有点儿不大得劲。他可觉得很有趣,低下头去想看个仔细。

“不行!”她一边说一边用手遮着抽屉,“你不能看!简直是堆乱东西……”

她又找起来了。但克利斯朵夫使她发窘,她懊恼之下,把抽屉一推,说道:“找不到了。你到隔壁街上李齐铺子去买吧。她一定有。她那儿是要什么有什么的。”

他对她这种做买卖的作风笑了。

“你是不是把所有的顾客都这样介绍给她的?”

“这也不是第一回了,”她满不在乎地回答。

可是她究竟有些不好意思。

“整东西真麻烦,”她又说。“我老是一天一天的拖着,可是明儿我一定要开始了。”

“要不要我帮忙?”

她拒绝了。她心里是愿意的:可是不敢,怕人家说闲话,而且他来了,她也会胆怯的。

他们继续谈着话。过了一会,她说:“你的纽扣怎么样呢?不上李齐那边去买吗?”

“才不去呢,”克利斯朵夫说,“等你把东西整好了我再来。”

“噢!”萨皮纳回答,她已经忘了刚才的话,“你别等得那么久啊!”

这句老实话使他们俩都笑开了。

克利斯朵夫向着她关上的抽屉走过去。

“让我来找行不行?”

她跑上来想拦住他:“不,不,不用再找,我知道的确没有了。”

“我打赌你一定有的。”

他一来就把他要的纽扣得意扬扬地找到了。可是他还要另外几颗,想接着再找;但她把匣子抢了过去,赌着气自己来找了。

天黑下来了,她拿了匣子走近窗口。克利斯朵夫坐在一旁,只离开她几步路。女孩子爬在他的膝上,他装作听着孩子胡扯,心不在焉地回答着。其实他瞧着萨皮纳,萨皮纳也知道他瞧着她。她低着头在匣子里掏。他看到她的颈窝跟一部分的腮帮,——发现她脸红了,他也脸红了。

孩子老是在讲话,没有人理她。萨皮纳木在那里不动了。克利斯朵夫看不清她做些什么,但相信她是什么也没做,甚至也没看着她手里的匣子。两人还是不作声,孩子觉得奇怪,从克利斯朵夫的膝上滑了下来,问:“干吗你们不说话了?”

萨皮纳猛地转过身子,把她搂在怀里。匣子掉在地下,纽扣都往家具底下乱滚;孩子快活得直叫,赶紧跑着去追。萨皮纳回到窗子前面,把脸贴着玻璃好似望着外边出神了。

“再见。”克利斯朵夫说着,心乱了。

她头也不回,只很轻地回答了一声“再见”。

星期日下午,整个屋子都空了。全家都上教堂去做晚祷。萨皮纳可是一向不去的。有一次当优美的钟声响个不歇,好似催她去的时候,克利斯朵夫看见她在小花园里坐在屋门口,便开玩笑似的责备她;她也开玩笑似的回答说,非去不可的只有弥撒祭,而不是晚祷;过分热心非但用不着,并且还有些讨厌;她认为上帝对她的不去做晚祷决不会见怪,反而觉得高兴呢。

“你把上帝看作跟你自己一样。”克利斯朵夫说。

“我要是他,那些仪式才使我厌烦呢!”她斩钉截铁地说。

“你要做了上帝,就不会常常来管人家的事了。”

“我只求他不要管我的事。”

“那倒也不见得更糟。”克利斯朵夫说。

“别说了,”萨皮纳叫起来,“这些都是亵渎的话!”

“说上帝跟你一样,不见得有什么亵渎。”

“你别说了行不行?”萨皮纳半笑半生气的说。她怕上帝要着恼了,便赶快扯上别的话:“再说,一星期中也只有这个时间,能够安安静静的欣赏一下园子。”

“对啦,他们都出去了。”

他们彼此望了一眼。

“多么清静!”萨皮纳又说,“真难得……我们不知道自己在哪儿了!……”

“嘿!”克利斯朵夫愤愤地嚷起来,“有些日子我真想把她勒死!”

他们用不到解释说的是谁。

“还有别人怎么办呢?”萨皮纳笑着问。

“不错,”克利斯朵夫懊丧地说,“还有洛莎。”

"可怜的小姑娘!"

他们不作声了。然后克利斯朵夫又叹了口气:

"要永远像现在这样才好呢! ……"

她笑眯眯地把眼睛抬了一下,又低下去。他发觉她正在做活:

"你在那里做什么?"

(他和她隔着两方花园之间绕满常春藤的铁丝网。)

"你瞧,我剥青豆来着。"她把膝上的碗举起来给他看。

她深深地叹了一声。

"这也不是什么讨厌的工作。"他笑着说。

"噢! 老是要管三顿吃的,麻烦死了!"

"我敢打赌,要是可能,你为了不愿意做饭,宁可不吃饭的。"

"当然啰!"

"你等着,我来帮你。"

他跨过铁丝网,走到她身边。

她在屋门口坐在一张椅子上,他坐在她脚下的石级上。从她的衣兜里,他抓了一把豆荚;然后把滚圆的小豆倒在萨皮纳膝间的碗里。他望着地下,瞧见萨皮纳的黑袜子把她的脚和踝骨勾勒得清清楚楚。他不敢抬起头来看她。

空气很闷。天上白茫茫的,云层很低,一丝风都没有。没有一张飘动的树叶。园子给关在高墙里头:世界就是这么一点儿。

孩子跟着邻家的妇人出去了。屋子里只有他们两个。什么话也不说,也不能再说什么。他低着头只顾在萨皮纳的膝上掏起一把把的豆荚;碰到她身子,他的手指就颤抖,有一回在鲜润光滑的豆荚中跟她也在发抖的手指碰上了。他们继续不下去了。两人都待着不动,也不互相瞧一眼:她仰在椅子里,微微张着嘴巴,让手臂往下掉着;他坐在她脚下,靠着她,觉得沿着肩膀与胳膊有股萨皮纳腿上的暖气。他们都有些气喘。克利斯朵夫把手按在石级上想教它冷:可是一只手轻轻碰到了萨皮纳伸在鞋子外边的脚,就放在上面,拿不开了。他们打着寒噤,像要发晕似的。克利斯朵夫的手紧紧抓着萨皮纳纤小的脚趾。萨皮纳流着冷汗,向克利斯朵夫弯下身子……

一阵很熟悉的声音把他们的醉意赶走了,使他们吓了一跳。克利斯朵夫纵起身子,跳过铁丝网。萨皮纳把豆荚撩在衣兜里进了屋子。他在院子里回头望了一下,她正站在门口,便彼此瞅了一眼。雨点开始簌簌地打在树叶上……她把门关上了。伏奇尔太太和洛莎回家了……他也上了楼……

正当昏黄的天色暗下来,被阵雨淹没了的时候,他从桌边站起;有股按捺不住的力鼓动着他;他奔到关着的窗子前面,向着对面的窗伸出手臂。同时,对面的玻璃窗里,在黑洞洞的室内,他看见——自以为看见——萨皮纳也向他张着臂抱。

他急急忙忙从家里冲出去,下了楼梯,奔进园子。冒着被人看见的危险,他正想跨过铁丝网,可是望了望她刚才出现的窗子,看到护窗都关得严严的,屋子似乎睡着了。他迟疑了一下。于莱老人正要下地窖去,见了他就跟他招呼。他走了回来,自以为做了个梦。

洛莎不久就发觉了周围的情形。她并不猜疑,还不知道什么叫作妒忌。她准备倾心相与,不求酬报。但她虽然很伤心地忍受了克利斯朵夫的不爱她,可也从来没想到克利斯朵夫可能爱上别人。

一天晚上,吃过晚饭,她刚把做了几个月的一件挑绣收拾完工,觉得很快活,想松动一下,去跟克利斯朵夫谈谈。趁母亲转过背去的时候,她偷偷地溜出房间,溜出屋子,像个犯了什么错处的小学生。克利斯朵夫曾经瞧不起她,说她那个活儿是永远做不完的,如今她很高兴能够驳倒他了。克利斯朵夫对她的感情,可怜的小姑娘是知道的,可是没用;她老以为自己看到别人感到愉快,别人看到她一定也是一样的。

她走出去了。克利斯朵夫和萨皮纳坐在门前。洛莎一阵难过,可并没把这个直觉的印象特别放在心上,仍旧高高兴兴地招呼着克利斯朵夫。在静寂的夜里，她的尖嗓子给克利斯朵夫的感觉好像是个弹错的音。他在椅子里打了个哆嗦，气得把脸扭做一团。洛莎得意扬扬地把挑绣直送到他面前，克利斯朵夫不耐烦地把它撩开了。

“完工啦，完工啦！”洛莎盯住了他说。

“那么再做一条吧！”克利斯朵夫冷冷地回答。

洛莎愣了一愣。她的兴致都给扫尽了。

克利斯朵夫还接着刻薄她：“等到你做了三十条，人也老了的时候，你至少可以觉得这一辈子没有白活！”

洛莎真想哭出来：“天哪！你话说得多狠，克利斯朵夫！”

克利斯朵夫觉得很惭愧，和她说了几句好话。她是只要一点儿鼓励就会满足而得意起来的，便马上直着嗓子唠叨：她不能轻声说话，老是照家里的习惯大叫大嚷。克利斯朵夫竭力压着自己，可仍掩饰不了恶劣的心绪。他先还气哼哼地回答一句半句，后来竟不理她了，转过身子，在椅子上扭来扭去，听着她的叫嚣咬牙切齿。洛莎明明看见他不耐烦，知道应该住嘴了；可是她反而聒噪得更厉害。萨皮纳，不声不响，和他们只隔几步路，坐在黑影里，无关痛痒地在那儿冷眼旁观。后来她看腻了，觉得这一晚是完了，便进了屋子。克利斯朵夫直到她走了好一会才发觉，也立刻站起身子，冷冷地说了声再会就不见了。

洛莎一个人在街上，狼狈不堪，望着他进去的大门。她含着眼泪赶紧回家，轻手轻脚地，免得跟母亲说话；她急急忙忙脱下衣服，一上床就蒙着被号啕大哭。她并不推敲刚才的情形，也没想到克利斯朵夫爱不爱萨皮纳，克利斯朵夫和萨皮纳是不是讨厌她；她只知道什么都完了，活着没意思了，只有死了。

第二天早上，她又凭着那种永远打不倒的，自骗自的希望，转起念头来了。回想到前一天的事，她觉得不应该看得那么严重。固然克利斯朵夫是不爱她，她也认命了；但心里存着个念头(虽然自己不肯承认)，以为自己的爱情早晚会博得他的爱情。可是她从哪儿看出他和萨皮纳有什么关系呢？像他那样聪明的人，怎么会爱一个无聊平庸的女子?那些缺点不是大家都看得很清楚吗?这样一想,她放心了,——可是并不因此不监视克利斯朵夫。白天她什么都没看到,既然根本没有什么事;但克利斯朵夫看见她整天在他周围打转,又不说出为了什么,不禁大为气恼。而他更气的是,晚上她老实不客气到街上来坐在他们旁边。那等于把前一晚的事重演一遍:只有洛莎一个人说着话。萨皮纳没有等多久便进去了;克利斯朵夫也学了她的样。洛莎不得不承认自己的出场对他们是大煞风景;但可怜的姑娘还想骗自己。她并没发觉最糟的就是硬要教人理睬她;而以她那种素来笨拙的手段,以后几晚她还是来那么一套。

第三天,克利斯朵夫被洛莎在旁边紧盯着,空等了一场萨皮纳。

第四天,只有洛莎一个人了。他们俩都不愿意再挣持下去。可是她除了克利斯朵夫的憎恨以外,什么也没到手。他把她恨死了,因为黄昏时那一忽儿功夫是他唯一快乐的时间,而现在给她剥夺了。再加克利斯朵夫一心只顾着自己的感情,从来不想到去体会一下洛莎的心事,所以更不能原谅她。

萨皮纳可久已猜透洛莎的心:她对自己是否动了爱情还没弄清楚,就已经知道洛莎在那里忌妒了,但嘴上一字不提;并且像一切漂亮妇女一样,她有种天生的残忍,因为知道自己必胜无疑,就不声不响的,很狡猾的,冷眼看着那个笨拙的情敌白费气力。

洛莎打了胜仗,对着她战略的后果非常丧气地考虑了一番。对她来说,最好是别一把死抓,别和克利斯朵夫去纠缠,至少在目前:而这个办法正是她所不用的;最坏的是跟他提到萨皮纳:而这就是她所用的手段。

为了试探克利斯朵夫的意思,她心中忐忑地,怯生生地和他说了句萨皮纳长得俏。克利斯朵夫冷冷地回答说她的确很俏。虽然这种回答早在洛莎意料之中,她仍觉得心上挨了一拳。她很知道萨皮纳好看,可从来没注意过,如今是用了克利斯朵夫的眼光第一次去看她;她看到萨皮纳面目清秀,小鼻子,小嘴,身材玲珑,态度举动多么有风韵……啊!她看了多痛苦!……要能有这样的身材,她有什么东西不肯牺牲呢!人家为什么不爱她而爱萨皮纳,她也太明白了!……她的身体!……她怎么会长了个这样的身体的呢?它使她精神上受到多大的压迫!她觉得它多丑!多可厌!而且只有死才能摆脱这个躯壳!……她太高傲,同时也太谦卑了,决不肯因为得不到人家的爱而怨叹:她没有这个权利;她想教自己更谦虚一点。但她的本能表示反抗……不,这是不公平的!……为什么这个身体是她的,她的,而非萨皮纳的呢?……人家为什么要爱萨皮纳呢?她用什么方法教人爱的呢?……洛莎用着毫不留情的眼光看她,觉得她懒惰,随便,自私,对谁都不理不睬,不照顾家,不照顾孩子,什么都不管,只顾着自己,活着只为了睡觉,闲荡,一事不做……而这倒能讨人喜欢……讨那么严厉的克利斯朵夫,她最敬重最佩服的克利斯朵夫的喜欢!哎哟!这可太不公平了!太荒唐了!……克利斯朵夫怎么会不发觉的呢?——她禁不住在他面前时常说几句对萨皮纳不好听的话。她并不愿意说,但不由自主地要说。她常常后悔,因为她心肠很好,不喜欢说任何人的坏话。但她更加后悔的是这些话惹起了克利斯朵夫尖刻的答复,显出他对萨皮纳是怎样的钟情。他的感情受了伤害,他便想法去伤害别人,而居然成功了。洛莎一言不答地走了,低着头,咬着嘴唇,免得哭出来。她以为这是自己的错,是咎由自取,因为她攻击了克利斯朵夫心爱的人,使克利斯朵夫难过。

她的母亲可没有她这种耐性。心明眼亮的伏奇尔太太,和老于莱一样,很快就注意到克利斯朵夫和邻家少妇的谈话:要猜到其中的情节是不难的。他们暗中想把洛莎将来嫁给克利斯朵夫的愿望受了打击;而在他们看来,这是克利斯朵夫对他们的一种侮辱,虽然他并不知道人家没有征求他的同意就把他支配了。阿玛利亚那种专横的性格,决不答应别人和她思想不同;而克利斯朵夫在她几次三番表示瞧不起萨皮纳以后,仍然去和萨皮纳亲近,尤其使她愤慨。

她不客气地把那种意见对克利斯朵夫唠叨。只要他在场,她总借端扯到萨皮纳身上,想找些最难堪的,使克利斯朵夫最受不了的话来说;而凭她大胆的观点和谈锋,那是很容易找到的。在伤害人或讨好人的艺术中,女子强悍的本能远过于男子;而这种本能使阿玛利亚对于萨皮纳的不清洁,比对她的懒惰与道德方面的缺点攻击得更厉害。她的放肆而喜欢窥探的眼睛,透过玻璃窗,一直扫到卧室里头,在萨皮纳的梳洗方面搜寻她不干净的证据,然后再用那种粗俗的兴致,一件一件的说给人家听,要是为了体统攸关而不能全说,她就用暗示来教人懂得。

克利斯朵夫又难堪又愤怒,脸色发了白,嘴唇抖个不住。洛莎眼看要出事了,央求母亲不要再说,甚至替萨皮纳辩护;但这些话反而使阿玛利亚攻击得更凶。

突然之间,克利斯朵夫从椅子上跳起来,拍着桌子,嚷着说这样的议论一个女人,暗地里刺探她而抖出她的私事是卑鄙的;一个人真要刻毒到极点,才会去拼命攻击一个好心的,可爱的,和善的,躲在一边的,不伤害谁,也不说谁的坏话的人。可是,倘若以为这样就能教她吃亏,那就错了:那倒反增加别人对她的好感,愈加显出她的善良。

阿玛利亚也觉得自己过火了些,但听了这顿教训恼羞成怒,把争论换了方向,认为在嘴上说说善良真是太容易了:这两个字可以把什么都一笔勾销了吗?哼!只要不做一件事,不照顾一个人,不尽自己的责任,就能被认为善良,那真是太方便了!

听了这番话,克利斯朵夫回答说,人生第一应尽的责任是要让人家觉得生活可爱,但有些人认为凡是丑的,沉闷的,教人腻烦的,妨害他人自由的,把邻居、仆人、家属,跟自己一股脑儿折磨而伤害了的,才算是责任。但愿上帝保佑我们,不要像碰到瘟疫一样地碰到这一类的人,这一种的责任!……

大家越争越激烈。阿玛利亚变得非常不客气了。克利斯朵夫也一点不饶人。而最显明的结果,是从此以后克利斯朵夫故意跟萨皮纳老混在一块儿。他去敲她的门,和她快快活活地有说有笑,还有心等阿玛利亚与洛莎看得见的时候这么做。阿玛利亚说些气愤的话作为报复。可是无邪的洛莎被这种残忍的手段磨得心都碎了;她觉得他瞧不起她们,他要报复;她辛酸地哭了。

这样,从前受过多少冤枉气的克利斯朵夫,也学会了教别人受冤枉气。

过了一些时候,萨皮纳的哥哥给一个男孩子行洗礼;他是面粉师,住在十几里以外的一个叫作朗台格的村子上。萨皮纳是孩子的教母。她教人把克利斯朵夫也请了。他不喜欢这种喜庆事儿,但为了气气伏奇尔一家,同时又能跟萨皮纳做伴,也就很高兴地答应了。

萨皮纳有心开玩笑,也请了阿玛利亚与洛莎,明知她们是不会接受的。而结果的确不出她所料。洛莎很想答应。她并没瞧不起萨皮纳,甚至为了克利斯朵夫喜欢她的缘故,有时对她也很有好感,颇想去勾着萨皮纳的脖子,把自己的心意告诉她。可是她的母亲在面前,她的榜样也摆在面前:只得拿出一些傲气来谢绝了。等到他们动身以后,想到他们在一起很快活,在田野里散步,七月里的下午又多美,而她却关在房里,面前放着一大堆衣服得缝补,母亲又在旁边嘀咕,她可透不过气来了;她恨自己刚才的傲气。啊!要是还来得及的话!……要是还来得及的话,她也能一样的去乐一下……

面粉师派了他那辆铺着板凳的马车来接克利斯朵夫和萨皮纳,路上又接了几位别的客人。天气又凉快又干燥。鲜明的太阳把田野里一串串鲜红的樱桃照得发亮。萨皮纳微微笑着。她的苍白的脸,吹着新鲜的空气有了粉红的颜色。克利斯朵夫把女孩子抱在膝上。他们彼此并不想说话,只跟坐在旁边的人闲扯,不管跟谁,也不管谈些什么:他们很高兴听到对方的声音,很高兴能坐在一辆车里。两人交换着像儿童一样快活的目光,互相指着一座屋子,一株树,一个走路人。萨皮纳喜欢乡下,可差不多从来不去:无可救药的懒惰使她绝对不会去散步;她不出城快一年了,所以这天看到一点儿小景致就觉得趣味无穷。那对克利斯朵夫当然说不上新鲜;但他爱着萨皮纳,也就像所有谈恋爱的人一样,对一切都用情人的眼光去看,凡是她中心喜悦的激动他都感觉得到,还要把她所感到的情绪鼓动得更高:和爱人在精神上合而为一的时候,他把自己的生机也灌注给她了。

到了磨坊,庄子上的人和别的来客在院子里招呼他们,大声叫嚷,把人耳朵都震聋了。鸡、鸭、狗,也一齐哄叫起来。面粉师贝尔多是个浑身黄毛的汉子,脑袋和肩膀全是方的,个子的高大肥胖,正好和萨皮纳的瘦小纤弱成为对比。他把妹子一把抱起,轻轻巧巧地放在地下,仿佛怕她会碰坏了似的。克利斯朵夫很快就看出来,小妹妹向来是对她彪形大汉的哥哥爱怎办就怎办的,而他尽管说些戆直的笑话,挖苦她的使性、懒惰和数不清的缺点,照旧对她百依百顺。她受惯了这种奉承,认为挺自然的。她把一切都认为挺自然的,对什么也不以为奇。她决不做点儿什么去讨人喜欢,只觉得有人爱她是稀松平常的事;要不然她也不以为意;因为这样,才每个人爱她。

克利斯朵夫还有一个比较不大愉快的发现,原来洗礼不但要有一个教母,还得有一个教父,教父对教母照例有些特权,那是他决不肯放弃的,倘若教母又年轻又漂亮的话。一个佃户,长着金黄的卷发,耳上戴着环子,走近萨皮纳,笑着把她两边的腮帮都亲了亲;克利斯朵夫看了才记起那个风俗。他非但不以为早先没想到是自己糊涂,为之而生气是更其糊涂,他反而对萨皮纳大不高兴,像故意把他诱进圈套似的。在以后的仪式中和萨皮纳不在一起的时候,他心绪更坏了。大家在草场上蜿蜒前进,萨皮纳不时从队伍中转过身来对他很和善地望一眼。他假装不看见。她知道他在那儿怄气,也猜到是为的什么;但她并不着慌,只觉得好玩。虽然她跟一个心爱的人闹了别扭非常难过,可永远不想花点儿精神去解除误会:那太费事了。只要听其自然,每样事都会顺当的……

在饭桌上,克利斯朵夫坐在面粉师的太太和一个脸颊通红的大胖姑娘中间。刚才他曾经陪着这姑娘去望弥撒,连看都不屑于看,这时他对她瞧了瞧,认为还过得去,便有心出气,闹哄着向她大献殷勤,惹萨皮纳注意。他果然成功了;但萨皮纳对什么事什么人都不会忌妒的:只要人家爱着她,她决不计较人家同时爱着别人;所以她非但没有气恼,倒反因克利斯朵夫有了消遣而很高兴。她从饭桌的那一头,对他极温柔地笑着。克利斯朵夫可是慌了,那毫无问题表示萨皮纳满不在乎;他便一声不响地发脾气,不管人家是跟他开玩笑还是灌酒,始终不开口。他憋着一肚子的火,不懂自己干吗要跑来吃这顿吃不完的饭;后来他有些迷迷忽忽了,竟没听到面粉师提议坐着船去玩儿,顺手把有些客人送回庄子。他也没看到萨皮纳向他示意,要他去坐在同一条船上。等到想起了,已经没有位置,只能上另一条船。这点小小的不如意也许会使他心绪更坏,要不是他马上发觉差不多所有的同伴都得在半路上下去。这样他才展开眉头,对大家和颜悦色。况且天气很好,在水上消磨一个下午,划着船,看那些老实的乡下人嘻嘻哈哈的,他恶劣的心绪也消灭得无影无踪了。萨皮纳既不在眼前,他用不着再留神自己,只管跟别人一样的玩个痛快了。

他们一共坐了三条船,前后衔接,互相争前,兴高采烈地骂来骂去。几条船靠拢的时候,克利斯朵夫看见萨皮纳对他眼睛笑眯眯的,也禁不住向她笑了笑,表示讲和了,因为他知道等会他们是一块儿回去的。

大家开始唱些四部合唱的歌,每个小组担任一部,逢到重复的歌词就来个合唱。几条船疏疏落落地散开着,此呼彼应。声音滑在水面上像飞鸟掠过似的。不时有条船傍岸,让一两个乡下人上去;他们站在河边,向渐渐远去的船挥着手。小小的一队人马分散了,唱歌的人也一个一个地离开了乐队。末了只剩下克利斯朵夫、萨皮纳和面粉师。

他们坐在一条船上,顺流而下地回去。克利斯朵夫和贝尔多拿着桨,但并不划。萨皮纳坐在船尾,正对着克利斯朵夫,一边和哥哥谈话,一边望着克利斯朵夫。这段对话使他们能彼此心平气和地静观默想。要不是靠那些信口胡诌的话,他们就不会有这个境界。嘴里仿佛说:“我看的不是你呀。”但两人的眼睛是表示:“不错,我是爱你的,但你是谁呢?……不问你是谁,我是爱你的,但你究竟是谁啊?……”

忽然天上盖了云,雾从草原上升起来,河里冒着水汽,太阳给遮掉了。萨皮纳哆哆嗦嗦地把头和肩膀都用小黑披肩裹紧了。她仿佛很累。船沿着岸在垂柳底下滑过的时候,她闭上眼睛,小小的脸发了白,抿着嘴,一动不动,好似很痛苦,——好似受过了痛苦,已经死了。克利斯朵夫一阵难过,向她探着身子。她睁开眼来,看见克利斯朵夫很不放心地瞧着她打着问号,就对他微微一笑。那对他简直是一道阳光。他低声问:

“你病了吗?”

她摇摇头说:“我觉得冷。”

两个男人把自己的外衣一齐披在她身上,裹着她的脚、腿、膝,像对付一个睡在床上的孩子。她听凭摆布,只拿眼睛来表示谢意。一阵小小的冷雨下起来了。他们拿起桨来急急忙忙赶着回去。浓密的乌云遮黑了天空。河里卷起乌油油的水浪。田野里,东一处西一处的屋子亮起灯光。回到磨坊的时候,已经大雨倾盆,而萨皮纳是浑身湿透了。

厨房里生起很旺的火,大家等阵雨过去。但雨势越来越大,再加狂风助威。他们进城还得坐车走十几里路。面粉师说决不让萨皮纳在这样的天气中动身,劝他们两个都在庄子上过夜。克利斯朵夫不敢立刻答应,想在萨皮纳的眼中看她的表示;但她的眼睛老盯着灶肚里的火,好像怕影响了克利斯朵夫的决定。可是克利斯朵夫一答应,她就把红红的脸——(是不是被火光照着的缘故呢?)——转过来对着他,他看出她很高兴。

多愉快的一晚……外面雨下得很凶。炉火把一簇簇的金星往烟突里送。他们一个圈儿坐着,奇奇怪怪的人影在墙上跳动。面粉师教萨皮纳的孩子看他用手做出种种影子。孩子笑着,可不大放心。萨皮纳弯着身子向着火,拿根笨重的铁棒随手拨弄;她有点儿疲倦,微笑着在那里胡思乱想;嫂子跟她谈着家常,她只点点头,可并没有听进去。克利斯朵夫坐在黑影里,靠近面粉师,轻轻地扯着孩子的头发,望着萨皮纳的笑容。她知道他望着她。他知道她向他笑着。整个晚上他们没有谈一句话或是正面看一眼;而他们也没有这个欲望。

晚上他们很早就分手了。两人的卧房是相连的,里头有扇门相通。克利斯朵夫无意中看了看门,知道在萨皮纳那边是上了锁的。他上床竭力想睡。雨打在窗上,风在烟突里呼呼地叫。楼上有扇门在那里咿咿呀呀。窗外一株白杨被大风吹得咯咯作响。克利斯朵夫没法睡觉。他想到自己就在她身旁,在一个屋顶之下,只隔着一堵壁。他并没听见萨皮纳的屋里有什么声音,但以为是看见她了,便在床上抬起身子,隔着墙低声叫她,跟她说了许多温柔而热情的话。他似乎听到那个心爱的声音在回答他,说着跟他一样的话,轻轻地叫着他;他弄不清是自问自答呢,还是真的她在说话。有一声叫得更响了些,他就忍不住了,立刻跳下床去,摸黑走到门边;他不想去打开它,还因为它锁着而觉得很放心。可是他一抓到门钮,门居然开了……

他愣了一愣,轻轻地把门关上了,接着又推开,又关上了。刚才不是上了锁的吗?是的,明明是上了锁的。那么是谁开的呢?……他心跳得快窒息了,靠在床上,坐下来喘了喘气。情欲把他困住了,浑身哆嗦,一动也不能动。盼望了几个月的,从来没有领略过的欢乐,如今摆在眼前,什么阻碍都没有了,可是他反而怕起来。这个性情暴烈的,被爱情控制的少年,对着一朝实现的欲望突然感到惊怖,厌恶。他觉得那些欲望可耻,为他想要去做的行为害臊。他爱得太厉害了,甚至不敢享受他的所爱,倒反害怕了,竟想不顾一切的躲避快乐。爱情,爱情,难道只有把所爱的人糟蹋了才能得到爱情吗?……

他又回到门口,爱情与恐惧使他浑身发抖,手握着门钮,打不定主意。

而在门的那一边,光着脚踏在地砖上,冷得直打哆嗦,萨皮纳也站在那里。

他们这样的迟疑着……有多久呢?几分钟吗?几个钟点吗?……他们不知道他们都站在那儿;但心里明明知道。他们彼此伸着手臂,——他给那么强烈的爱情压着,竟没有勇气进去,——她叫着他,等着他,可又怕他真的进去……而当他决意进去的时候,她刚下了决心把门拴上了。

于是他认为自己是个疯子。他使劲推着门,嘴巴贴在锁孔上哀求:

"开开吧!"

他轻轻地叫着萨皮纳;她连他喘气的声音都听得到。她站在门旁,一动不动,浑身冰冷,牙齿咯咯的响着,既没有气力开门,也没有气力退回到床上……

狂风继续抽打着树木,把屋里的门吹得砰砰訇訇……他们各自回到床上,拖着疲累的身子,心里充满着苦闷。雄鸡嘶嗄的声音唱起来了。满布水雾的窗上透出一些东方初动时的微光。黯淡的,惨白的,给不断的雨水淹没的黎明……

克利斯朵夫等到能够起身的时候就立刻起身,到厨房里跟人闲谈。他急于要动身,怕单独见到萨皮纳。主妇说萨皮纳病了,昨天在外边着了凉,今天不能动身:他听了差不多松了口气。

归途很凄凉。他不愿意坐车,便独自走回去。田里湿透了,黄黄的雾像尸衣一般笼罩着大地,树木,村舍。生命也像日光似的熄灭了。一切都像幽灵。他自己也像个幽灵。

他回去看见每个人脸上都挂着怒意。他和萨皮纳在外边过夜,天知道在哪里:大家为之非常气愤。他关在房里埋头工作。第二天萨皮纳回来,也躲在家里。他们加意提防,避免相见。天气很冷,雨老是不停:两人都不出门。他们彼此只在关着的玻璃窗中看到。萨皮纳裹了很多衣服,烤着火胡思乱想。克利斯朵夫钻在他的纸堆里面。两人隔着窗子冷冷地点点头。他们不大明白自己的心里有些什么感觉,只是互相恼恨,恼自己,恼一切。农庄上那夜的事已经置之脑后了:他们想到就脸红,可不知道是为了他们的情欲而脸红,还是为了没有向情欲低头而脸红。他们觉得见面非常痛苦,因为要想起那些不愿意想起的事,便齐了心躲在自己屋里,希望能彼此忘掉。但那是办不到的,他们还为了藏在心中的敌意而难过。萨皮纳冰冷的脸上所表现的恼恨,克利斯朵夫看见了一次就永远排遣不了。她对这些念头也一样的痛苦,想把它们压下去,否认它们,可是不行,她无论如何丢不开。其中还有羞愧的成分,因为她的心事被克利斯朵夫猜到了,也因为自己想给人而结果并没有给。

有人请克利斯朵夫到科隆与杜塞尔多夫两处去举行几次演奏会,他马上接受了。他很乐意能出门两三个星期。为了筹备音乐会,又要作一个新的曲子到那边去演奏,克利斯朵夫把全副精神拿了出来,忘了那些难堪的回忆。萨皮纳也恢复平常那种恍恍惚惚的生活,过去的事逐渐淡下来了。两人想到对方的时候,甚至可以无动于衷。他们真的相爱过吗?竟有些怀疑了。克利斯朵夫快要出发了,根本没有向萨皮纳告别。

动身的前一天,不知怎么他们又有了接近的机会。那是全家不在的一个星期日的下午。克利斯朵夫为了准备旅行的事也出去了。萨皮纳坐在小园子里晒太阳。克利斯朵夫回到家里,非常匆忙,看到她点了点头就想走了。但就在快走过的时候,不知为什么他停了下来:是为了萨皮纳脸上没有血色呢,还是为了什么说不出的情绪:悔恨,恐惧,温情?……他回过身子,靠在铁丝网上对萨皮纳道了一声好。她一声不出,只向他伸出手来。她的笑容非常温柔,——他从来没见过她这样温柔。她伸出手来的意思仿佛是说:“我们讲和了吧……”他在铁丝网上抓住了她的手,弯下身去亲吻。她并不想缩回去。他真想扑在她脚下和她说“我爱你”……两人不声不响地互相瞧着,可并没解释什么。过了一会,她把手挣脱了,掉过头去。他也掉过头去,遮掩心中的慌乱。然后,他们又彼此望着,眼神都显得安定了。落日正在西沉。晚霞在明净寒冷的天空变幻出橙黄、青紫……种种细腻的颜色。她用着平日惯有的姿势,瑟瑟索索地把披肩裹一裹紧。

“你好吗?”他问。

她微微抿了抿嘴,好像这样的话用不着回答。他们还在那里互相望着,非常快乐:仿佛两人一度失散了,这一回才重新遇上……

终于他打破了沉默,说道:“我明天走了。”

萨皮纳吃了一惊:“你走了?”

他赶紧补充:“噢!不过是两三个星期。”

“两三个星期!”她有点儿失魂落魄了。

他说他是去开音乐会的,去了回来便整个冬天不出门了。

“冬天,”她说,“那还远得很……”

“噢!那不是一晃眼的事吗?”

她眼睛望着别处,摇摇头,隔了一会又说:“我们什么时候再能见面呢?”

他不大明白这问句,他不是早已回答过了吗?

“回来了就能见面了,不过是半个月,至多二十天。”

她神气还是那么黯然若失。他想跟她说句笑话:

“你不会觉得时间太久的,睡睡觉不就得了吗?”

“是的。”

她勉强想笑,可是嘴唇在发抖。

“克利斯朵夫!……”她突然向他挺起身子,叫了一声。

她说话之间有些悲痛的音调,好像是说:“待在家里吧!别走啊!……”

他握着她的手,望着她,不懂她为什么把这半个月的旅行看得这样重;但只要她说出一句要他不走的话,他就会马上回答:“好,我不走……”

她正想说话的时候，街上的大门开了，洛莎回来了。萨皮纳挣脱了克利斯朵夫的手，赶紧回进屋子。在屋门口，她又回头望了他一下，——然后不见了。

克利斯朵夫预备晚上再和她见一次面。但伏奇尔一家盯着他，母亲也到处跟着他，行装又照例没有收拾停当，他竟抽不出时间溜出屋子。

第二天，他清早就动身了。走过萨皮纳的门口，他很想进去敲她的窗子，觉得没有和她告别而离开非常难过；——昨天他还没有来得及说再会，就给洛莎岔开了。但他想到这时她还睡着，把她叫醒一定要使她不高兴。而且见了面又说些什么呢？要取消旅行如今也太晚了；而倘使她竟要求他取消又怎办呢？……最后，他下意识地感到，对她试试自己的魔力——必要时甚至让她痛苦一下——倒也不坏。他并不把萨皮纳和他离别的痛苦如何当真；只想着也许她真的对他有情，那么这次短时间的分离还可以增加她的感情。

他奔到车站。不管怎么样，他总有些内疚。可是车子一动，什么都忘了。他觉得心中朝气蓬勃。古城中的屋顶和钟楼给朝阳染上了粉红色，他欣然和它们作别，又用着出门人那种无挂无虑的心思，对着一切留着的人说了声再会，就把他们丢开了。

他逗留科隆与杜塞尔多夫的时期，从来没想到萨皮纳。从早到晚忙着预奏会，音乐会，饭局，谈话，他只注意着无数新鲜的事，演奏的成功使他非常得意，再没工夫想起过去的事。只有一次，离家以后的第五夜，他做了个噩梦突然惊醒过来，发觉自己在睡梦中想着她，而他就是因为想到她而惊醒的，但他记不起是怎么样想到她的。他又是悲痛又是骚动。那也不足为奇：晚上他在音乐会中表演，散会以后被人请去吃宵夜，喝了几杯香槟。既然睡不着觉，他便起来了。老是有段音乐在脑中纠缠不清。他以为睡眠不安是为了这个缘故，就把那段乐思写了下来。写完了再看一遍,他发现其中有股悲伤的情调,不禁大为诧异。他写的时候并不悲伤,至少他觉得如此。但他有几回真的悲伤的时候,倒只能写出欢乐的音乐,教自己看了生气。所以这时他也不去多想。内心的这种出其不意的表现,他虽然莫名其妙,已经习惯了。当下他又立刻睡熟,到下一天早上,什么都忘了。

他的旅行延长了三四天。那是他逞一时高兴,因为他知道只要自己愿意,就能立刻回去;可是他并不急。直到上了归途的车厢,他方才又想起了萨皮纳。他没有写信给她,并且那样的满不在乎,连上邮局问问有没有他的信也懒得去。他对自己这种杳无音信的态度暗暗的觉得痛快,因为知道那边有人等他,有人爱他……有人爱他?她还从来没向他这么说过,他也从来没向她说过。没有问题,两人都知道这一点,用不着说的。可是还有什么比听到对方的心愿更可宝贵的呢?为什么他们迟迟不说呢?每次他们正要倾吐的时候,老是有桩偶然的事,不如意的事,把他们岔开了。为什么呢?为什么呢?他们浪费了多少时间!……他迫不及待地想从那张心爱的嘴里听到那几句心爱的话。他也迫不及待地想把那些话说给她听。在空无一人的车厢里,他高声说了好几遍。离家越近,他心越急,竟变成一种悲怆的苦闷了……快点儿到吧!快点儿到吧!噢!一小时之内他可以看到她了!

他回到家里正是早上六点半。一个人都没起来。萨皮纳的窗子关着。他提着脚尖走过院子,不让她听见。他想到教她出其不意的惊奇一下,不由得笑了。他奔上楼去,母亲还睡着。他毫无声息地洗了脸;肚子饿得很,到食橱里去找东西又怕惊醒母亲。他听见院子里有脚步声,便悄悄地打开窗子,看见照例最先起床的洛莎在那里扫地。他轻轻地叫她。她一看见就做了个又惊又喜的动作,接着可又一本正经地沉下了脸。他以为她还在生他的气;但他兴致很好,便下楼走到她身边:

"洛莎,洛莎,"他声音很高兴地说,"拿些东西给我吃,要不然就得吃你啦！我饿死了！”

洛莎笑了笑，带他到楼下的厨房里，一边替他倒一碗牛奶，一边不由得对他的旅行和音乐会提出一大堆问话。他很乐意回答，因为到了家觉得挺快活，连听到洛莎的絮聒也差不多喜欢了；可是洛莎在问长问短的时候突然停住，拉长着脸，眼睛望着别处，好似有什么心事。随后她重新说下去；但她似乎埋怨自己的多嘴，又突然停住了。终于他注意到了，问：“你怎么啦，洛莎？还跟我怄气吗？”

她拼命摇头，表示否认，然后转过身来向着他，以她那种举动突兀的习惯，冷不防两手抓住了他的胳膊，说：“噢！克利斯朵夫！”

他吃了一惊，把手里的面包掉在地下：“什么！什么事？”

她又说：“噢！克利斯朵夫！……闯了大祸呀！……”

他把桌子一推，结结巴巴的问：“这里？”

她指着院子对面的屋子。

他嚷道：“噢！萨皮纳！”

洛莎哭着说：“她死了。”

克利斯朵夫什么都看不见了。他站起来，觉得要跌跤，赶紧抓住桌子，把桌上的东西都倒翻了，他想叫喊。他感到剧烈的痛苦，终于呕吐起来。

洛莎吓坏了，抢着上前，捧着他的头，哭了。

赶到能开口的时候，他说：“那决不会是真的！”

他明知是真的，但他要否认事实，要已经发生的事没有发生。一看到洛莎泪流满颊，他就不再怀疑，号啕大哭了。

洛莎抬起头来叫了声：“克利斯朵夫！”

他扑在桌上蒙着脸。她向他探着身子：“克利斯朵夫！……妈妈来了！……”

克利斯朵夫站起来：“噢！不，我不愿意她看见我。”

他晃晃悠悠的，眼睛给泪水蒙住了；她拉着他的手，把他带进一间靠着院子的柴房。她关上了门，里边全黑了。他随便坐在一个劈柴用的树根上,她坐在柴堆上。外边的声音在这儿已经听不大清;他尽可以大叫大嚷,不用怕人听到。他便放声大哭。洛莎从来没看见他哭过,甚至想不到他会哭的;她只知道像她那样的女孩子才会落眼泪,一个男人的绝望可使她又是惊骇又是哀怜。她对克利斯朵夫抱着一腔热爱;而这种爱全没有自私的意味,只是一心一意地要为他牺牲,为他受苦,代他受罪。她像做母亲一般地把手臂绕着他,说:"好克利斯朵夫,别哭了!"

克利斯朵夫掉过头去,回答说:"我愿意死!"

洛莎合着手:"别说这个话,克利斯朵夫!"

"我愿意死。我活不下去了……活不下去了……活着有什么意思?"

"克利斯朵夫,我的小克利斯朵夫!你不是孤独的。还有人爱你……"

"那跟我有什么相干?我什么都不爱了。别人死也好活也好。我什么都不爱,我只爱她,只爱她!"

他把头埋在手里,哭声更大了。洛莎再没有什么可说的。克利斯朵夫的爱情这样自私,她心如刀割。她自以为和他最接近的时候,不料变得更孤独更可怜。痛苦非但没有把他们拉近,倒反隔得更远了。她很伤心地哭着。

过了一会,克利斯朵夫止住了哭声,问:"可是怎么的呢?怎么的呢?……"

洛莎明白他的意思,回答说:"你走的那晚,她害了流行性感冒,就此完了……"

"天哪!……干吗不写信给我呢?"他抽搭着问。

"我写了信,可不知道你的地址:你又没告诉我们。我到戏院去问,也没人知道。"

他知道她是怕羞的,上戏院去一定很难为了她。

"可是……可是她要你写的?"他又问。

她摇摇头:“不。可是我想……”

他眼睛里表示出一点感激,洛莎的心融化了:“可怜的……可怜的克利斯朵夫!”

她流着泪勾着他的脖子。克利斯朵夫咂摸到这种纯洁的感情多么可贵。他多么需要安慰,便把她拥抱了:“你真好,那么你也喜欢她吗,你?”

她挣脱了身子,向他热情地望了一眼,一句话也不回答,哭了。

这一眼使他心中一亮,那就等于说:“我爱的不是她啊……”

克利斯朵夫几个月来不知道的——不愿意看到的事,终于看到了:她爱着他。

“嘘!有人叫我了。”

他们听见阿玛利亚的声音。

“你愿意回家去吗?”洛莎问。

“不,我还不能回去,不能跟母亲说话……等一会儿再看……”

“那么你留在这儿,我去去就来。”

他待在黑暗的柴房里,只有那结着蜘蛛网的小风洞漏进一道阳光。街上有女人叫卖的声音,隔壁马房里,一匹马在喘气,把蹄子踢着墙。克利斯朵夫发觉了洛莎的心事并不高兴,只是精神分散了一下。他从前不明白的事,如今全明白了。从来不加注意的无数的小事,都给回想起来,显得简单明了。他很奇怪怎么会想到这些,又觉得把自己的苦难从心上丢开,哪怕是一分钟吧,也是不应该的。然而这苦难太残酷了,保卫生命的本能比他的爱情更强,逼着他把目光转向别处,去想到洛莎的问题;那好比一个投河自杀的人不由自主的要随便抓住一件东西,让自己再在水面上支持一会。并且因为此刻他正在痛苦,所以能感觉到另外一个人的痛苦,——为他而受的痛苦。他明白了刚才她流的那些眼泪。他觉得洛莎可怜,也想到从前自己对她多么残忍,——将来还是要残忍。因为他不爱她。他爱她有什么用呢?可怜的小姑娘!……他白白的对自己说她心肠很好(她刚才已经给他证明了)，但她心肠好跟他有什么相干？她的生命又跟他有什么相干？……

他想："为什么她倒不死而死了那一个呢？"

他又想："她活着，她爱我，她爱我这句话今天可以对我说，明天可以对我说，我终身她都可以对我说；——可是另外一个，我唯一爱的一个，她可没有说出她爱我就死了，我也没有跟她说我爱她，我永远不能听她说的了，她也永远不能听到我的了……"

最后一晚的情景又在心头浮起：他记得他们正要说话的时候，被洛莎岔开了。于是他恨洛莎。

柴房的门开了。洛莎低声唤着克利斯朵夫，摸黑找他。她抓着他的手。他一碰到就觉得有种反感：他埋怨自己不应该这样，可是没用；那简直是不由自主的。

洛莎一声不出。她的深刻的同情居然教会了她静默。克利斯朵夫很高兴她不用无聊的话来扰乱他的悲伤。可是他想知道……只有和她才能讲起她。他低声问：

"她什么时候……？"

(他不敢说出死这个字。)

"到上星期六刚好八天。"

忽然有件过去的事在他脑中闪过。他问："是在夜里吗？"

洛莎诧异的望着他："是的，在夜里两三点钟的时候。"

那个凄凉的调子又在他心中响起来。

"她有没有受到剧烈的痛苦？"他哆嗦着问。

"不，不，谢谢老天；告诉你，好克利斯朵夫，她差不多没有什么痛苦，人那么软弱，一点儿没有挣扎。我们马上看出她是完了。"

"可是她，她自己有没有这样觉得？"

"不知道。我相信……"

"她有没有说什么话？"

"没有，一句也没有。她只是像小孩子一样的叫苦。"

“那时你在那里吗?”

“是的,头两天她哥哥没有来以前,就是我一个人在那里。”

他感激之下,紧紧握着她的手:

“谢谢你。”

她觉得自己的血往心中倒流。

静默了一会,他吞吞吐吐地问出那句老是压在心上的话:“她没有留下什么话……给我吗?”

她很难过地摇摇头。她真想能说出他心里期待着的话,只恨自己不会扯谎。她安慰他说:“她神志昏迷了。”

“她说话吗?”

“我们听不大清。她说得很轻。”

“女孩子到哪儿去了?”

“给舅舅带到乡下去了。”

“她呢?”

“她也在那边,是上星期一从这儿出发的。”

他们俩又哭了。

外边,伏奇尔太太的声音又在叫洛莎了。克利斯朵夫一个人在柴房里温着那些死后的日子。八天!已经八天了……噢!天哪!她变成怎么样啦?八天之中下过多少雨!……而这个时期内他倒在笑,倒在快活。

他在口袋里碰到一个纸包,是鞋子上用的一副银扣子,他买来预备送她的。他想起那天夜晚自己的手放在她脱着鞋子的脚上。那只纤小的脚如今在哪儿呢?一定觉得很冷吧!……他又想到,那个温暖的感觉便是他对这个心爱的肉体的唯一的回忆。他从来不敢用手碰一碰她的身体,把它抱在怀里。现在她去了,对他始终是个陌生人。关于她的肉体和灵魂,他都一无所知。她的外表,她的生命,她的爱情,他没有拿到一点儿纪念……她的爱情吗?……他有什么证据?没有一封信,没有一件遗物,——什么也没有。到哪儿去抓握她的爱呢?

在他自己心里呢,还是在他以外?……唉!只有一片虚无!除了他对她的爱,除了他自己,她还剩些什么?……——可是不管怎样,他努力想把她从毁灭中抢救出来,想否认死:这种热烈的愿望,使他在激昂的坚信的冲动之下,紧紧抓着那一点儿最后的残余:

……我没有死,我只改换了住处;
我在你心中常住,你这见到我而哭着的人。
被爱者化身为爱人的灵魂。

他从来没读到这几句伟大的名言;但它们的确藏在他的心底里。每个人都要轮到去登上千古长存的受难的高岗。每个人都要遇到千古不灭的痛苦,抱着没有希望的希望。每个人都追随着前人抗拒过死,否认过死,——而终于不得不死。

他躲在屋里,整天关着护窗,免得看见对面的窗子。他避着伏奇尔家里的人,只觉得他们讨厌。其实他并没可以责备他们的地方:这些人多么忠厚多么虔敬,决不会再说出他们对亡人的感想。他们知道克利斯朵夫的痛苦,不管心里以为如何,面上总是尊重他的痛苦,留着神绝对不在他面前提到萨皮纳的名字。但他们是她生前的敌人,便是这一点就能使克利斯朵夫在萨皮纳死后跟他们做敌人了。

并且,他们叫叫嚷嚷的作风并没改变,即使他们的同情是真诚的,而且还是短时间的,他们也显而易见没有受到这个不幸的打击,——(那不是挺自然的吗?)——甚至暗里觉得拔去了眼中钉也难说。至少克利斯朵夫是这么猜想。因为伏奇尔一家对他的用意现在被他看破了,他更容易加以夸张。其实他们对他并不在乎,倒是他把自己看得很重。他相信萨皮纳的死既然替房东们的计划去掉了一重障碍,他们一定觉得洛莎有希望了。因此他讨厌洛莎。只要别人——(不问是伏奇尔夫妇,还是鲁意莎,是洛莎)——在暗中支配他,他就不管什么情形，非和人家硬要他爱的人疏远不可。每逢他的最不能受到侵犯的自由似乎受到侵犯的时候，他就会跳起来。而且这一回的事不只跟他一个人有关。旁人一厢情愿地替他做主，不但损害了他的权利，同时也损害了他倾心相与的死者的权利。所以他竭力要加以保卫，虽然并没有人攻击那些权利。他怀疑洛莎的好意，因为她看着他痛苦而痛苦，时常来敲他的门，想安慰他，和他谈谈故世的人。他并不拒绝，他需要和认识萨皮纳的人提到萨皮纳，打听她病中的细节。但他并不因之感激洛莎，以为她的好心是有作用的。她一家的人，连阿玛利亚在内，让她跑来作长时间的谈话，要是阿玛利亚自己没有好处，会答应洛莎这样做吗？洛莎不是也跟家里的人有默契吗？他不能相信她的同情是完全真诚而没有私心的。

当然她不能毫无私心。洛莎的哀怜克利斯朵夫是真的；她努力想用克利斯朵夫的眼光来看萨皮纳，想从克利斯朵夫身上去爱萨皮纳；她狠狠地埋怨自己从前不该对死者抱有恶感，甚至在夜晚的祷告中求萨皮纳宽恕。可是她，她是活着的，每天时时刻刻看到克利斯朵夫，她爱着他，用不着再怕另外一个，另外一个已经消灭了，连她留给人的印象将来也会消灭，现在只有她一个人了，或许有朝一日……——这些念头，洛莎能不想吗？固然朋友的痛苦就是她的痛苦，但在她痛苦的时候，她能把突然之间冒起来的快乐与非分的希望压下去吗？接着她马上责备自己。而那些念头也不过像电光般的一闪。可是已经够了，克利斯朵夫已经看到了。他眼睛一瞪，她心里就凉了半截，看出他的恨意；萨皮纳死了而她活着，他就恨她这一点。

面粉师赶了车来搬萨皮纳的家具。克利斯朵夫教课回来，看见门前和街上，堆着一张床，一口橱，被褥，衣裳，所有她留下来的东西。他看得难受极了，便急急忙忙地走过去，不料在门洞里劈面撞见贝尔多，被他拦住了：

“啊！亲爱的先生，”他兴奋地握着克利斯朵夫的手，“咱们那天在一块儿的时候哪想得到？咱们多高兴呵！可是她的确是从那次该死的游河以后得了病的。唉,别说了吧,怨也没用！现在她死了。以后就要轮到我们了。这就叫作人生……你,你身体怎么样？我吗,我很好,托老天的福!”

他满脸通红,流着汗,有股酒气。一想到他是她的哥哥,可以随便提到她的事,克利斯朵夫觉得很难堪。面粉师可是很高兴遇到一个朋友能够谈谈萨皮纳;他不了解克利斯朵夫的冷淡。他一出现就教人突然之间想到农庄上的那一天,又冒冒失失地提起快乐的往事,一边说话一边用脚踢着萨皮纳的可怜的遗物:这些情形会勾起克利斯朵夫多少痛苦,在面粉师是万万想不到的。只要他嘴里一提到萨皮纳的名字,克利斯朵夫心就碎了。他想找个机会教贝尔多住嘴。他踏上楼梯,可是面粉师盯着他不放,在踏级上挡住了他絮絮不休。有些人,特别是乡下人,谈到疾病就津津有味;面粉师便是这个脾气,他非常细致地描摹萨皮纳的病情,克利斯朵夫再也忍不住了(他硬撑着,使自己不至于痛苦得叫起来),不客气地打断了贝尔多的话,冷冷地说了声:

“对不起,少陪了。”

他连作别的话都不说就走了。

这种冷酷无情使面粉师大为气愤。他并不是没猜到妹子跟克利斯朵夫暗中相恋的情形。而克利斯朵夫竟表示这样的不关痛痒,真教他觉得行同禽兽,认为克利斯朵夫毫无心肝。

克利斯朵夫逃到房里,气都喘不过来了。在搬家的时间,他不敢再出门,也决心不向窗外张望,可是不能不望;他躲在一角,掩在窗帘后面,瞧着爱人零零碎碎的衣服都给搬走。那时他真想跑到街上去喊:“喂！喂！留给我吧！别把它们带走啊!”他想求人家至少留给他一件东西,只要一件,别把她整个儿的带走。但他怎么敢向面粉师要求呢？他在她的哥哥面前根本没有一点儿地位。他的爱,连她本人都没知道:他怎么敢向别人揭破呢？而且即使他开口,只要说出一个字,他就会忍不住号啕大哭的……不,不,不能说的,只能眼看她整个儿的消灭,沉入海底,没法抢救出一丝半毫……

等到事情办完,整个屋子搬空了,大门关上,车轮把玻璃震动着,慢慢地去远了,听不见了,他就扑在地下,一滴眼泪都没有,连痛苦的念头,挣扎的念头都没有,只是全身冰冷,像死了一样。

有人敲他的门,他躺着不动。接着又敲了几下。他忘了把门上锁:洛莎开进来了,看见他躺在地板上,不由得惊叫了一声,站住了。克利斯朵夫怒气冲冲地抬起头来说:

"什么事? 你要什么? 别来打搅我!"

她迟疑不决地靠在门上,嘴里再三叫着:

"克利斯朵夫! ……"

他一声不响地爬起来,觉得被她看到这情形很难为情。他扑着身上的灰尘,恶狠狠地问:"哦,你要什么?"

洛莎怯生生地说:"对不起……克利斯朵夫……我来……我给你拿……"

他看见她手里拿着一件东西。

"你瞧,"她向他伸出手来,"我问贝尔多要了一件纪念品。我想你也许会喜欢……"

那是一面手袋里用的银的小镜子,她生前并非为了卖弄风情而是为了慵懒而几小时照着的镜子。克利斯朵夫马上抓住了,也抓住了拿着镜子的手:

"噢! 好洛莎! ……"

他被她的好意感动了,也为了自己对她的不公平非常难过。他一阵冲动,向她跪了下来,吻着她的手:"对不起……对不起……"

洛莎先是不明白,随后却是太明白了;她脸一红,哭了出来。她懂得他的意思是说:

"对不起,要是我不公平……对不起,要是我不爱你……对不起,要是我不能……不能爱你,要是我永远不爱你! ……"

她并不把手缩回来:她知道他所亲吻的并不是她。他把脸偎着洛莎的手,热泪交流:一方面知道她窥破了他的心事,一方面因为不能爱她,因为使她难过而十分悲苦。

两人便这样的在傍晚昏暗的房中哭着。

终于她挣脱了手。他还在喃喃地说:“对不起!……”

她把手轻轻地放在他的头上。他站起身子。两人不声不响地拥抱着,嘴里都有些眼泪的酸涩的味道。

“我们永远是好朋友。”他低声地说。

她点了点头,走了,伤心得一句话都说不上来。

他们都觉得世界没有安排好。爱人家的得不到人家的爱。被人家爱的偏不爱人家。彼此相爱的又早晚得分离。……你自己痛苦。你也教人痛苦。而最不幸的人倒还不一定是自己痛苦的人。

克利斯朵夫又开始往外逃了。他没法再在家里过活,不能看到对面没有窗帘的窗,空无一人的屋子。

更难受的是,老于莱不久就把底层重新出租了。有一天,克利斯朵夫看见萨皮纳的房里有些陌生面孔。新人把旧人的最后一点儿遗迹也给抹掉了。

他简直不能待在家里,成天在外边闲荡,直到夜里什么都看不见了才回来。他到乡下去乱跑,而走来走去总走向贝尔多的农庄。可是他不进去,也不敢走近,只远远地绕着圈子。他在一个山岗上发现一个地点,正好临着庄子、平原与河流;他就把这地方作为日常散步的目的地。从这儿,他的目光跟着纡曲的河流望去,直望到柳树荫下,那是他在萨皮纳脸上看到死神的影子的地方。他也认出他们俩终宵不寐的两间房的窗子:在那边,两人比邻而居,咫尺,天涯,被一扇门,一扇永恒的门,分隔着。他也能在山岗上俯瞰公墓,可踌躇着不敢进去:从小他就厌恶这些霉烂的土地,从来不愿意把他心爱的人的影子跟它连在一起。但从高处远处看,这墓园并没阴森的气象,而是非常恬静,在阳光底下睡着……睡着!……哦,她多喜欢睡啊!……这儿什么也不会来打搅她了。田野里鸡声相应。庄子上传来磨子的隆隆声,鸡鸭的聒噪声,孩子们玩耍的呼号声。他看见萨皮纳的女孩子,还能分辨出她的笑声呢。有一回,靠近庄子的大门,他躲在围墙四周凹下去的小路上,等她跑过便把她拦住了,尽量地亲吻。女孩子吓得哭了,差不多认不得他了。他问:

"你在这儿快活吗?"

"快活……"

"你不愿意回去吗?"

"不!"

他把她松了手。小孩子的满不在乎使他很难过。可怜的萨皮纳!……但孩子的确就是她,有点儿是她……虽然是那么一点儿!孩子不像母亲;她明明是从母腹中经过的,但那神秘的勾留只给她淡淡的留下一点儿母亲的气息,留下一点儿声音的抑扬顿挫,吊起嘴唇,侧着脑袋的模样。其余的部分全是另外一个人;而这另外一个和萨皮纳混合起来的人,使克利斯朵夫非常厌恶,虽然他没有明白承认。

克利斯朵夫只有在自己心中才能找到萨皮纳。她到处跟着他;但他只有在孤独的时候才真正觉得和她在一起。她和他最接近的地方莫过于那个山岗,远离着闲人,就在她的本乡,到处都有她往事的遗迹。他不惜赶了多少里路到这儿来,一边奔着一边心跳地爬上岗去,好像赴什么约会似的;那的确可以算是个约会。他一到便躺在地下,——那是她曾经躺过的;他闭上眼睛,就被她的印象包围了。他看不见她的面貌,听不见她的声音,他不需要这些;她进到他心里,把他抓住了,他也把她占有了。在这种热情冲动的幻觉中,除了和她同在以外,什么知觉都没有了。

而这种境界也是不长久的。——实在说来,自然而然来的幻觉只经验到一次;第二天便是他有意追求的了。而以后虽然克利斯朵夫尽力要它再现也没用。那时他方始想起要把萨皮纳真切的形象唤引起来;以前他可是没有这个念头的。有时他居然成功了,像几道电光似的一闪,使他心中一亮。但那是要几小时的等待,熬着几小时的黑暗才能得到的。

“可怜的萨皮纳!”他想道,“他们都把你忘了,只有我爱着你,永远把你存在心里,噢!我的宝贝!我占有你,抓着你,决不让你逃掉的!……”

他这样说着,因为她已经逃掉了:她在他的思想里隐去,好似水在手里漏掉一样。他老是回到那里去赴她的约会。他要想念她,便闭上眼睛。过了半小时,一小时,甚至两小时,他发觉自己一无所思。山谷里的声响,闸口下面潺潺的水声,在坡上啮草的两头山羊的铃声,在他头上的小树间的风声,一切都渗进他软绵绵的思想,好似浸透一块海绵那样。他对着自己的思想发脾气,硬要它服从意志,钉住那个死者的形象;但过了一忽,他疲倦不堪,叹了口气,又让思想被外来的感觉催眠了。

他振作精神,在田野里跑来跑去,寻访萨皮纳的印象。他到镜子里去找,那是映射过她的笑容的。他到河边去找,那是她的手曾经在水中浸过的。但镜子和水只反射出他自己的影子。走路的刺激,清新的空气,奔腾活跃的血,唤起了他心中的音乐。他想既然找不到她,就换个方向吧。

“噢!萨皮纳!……”他叹了一声。

他把这些歌曲题赠给她,努力要使他的爱情与苦恼在其中再现……可是没用:爱情与苦恼固然是重现了,可完全没有萨皮纳的份。爱情与痛苦是望着前面而不是回顾以往的。克利斯朵夫没法抵抗他的青春。生命的元气又挟着新的威势在他胸中迸发了。他的悲伤,他的悔恨,他的贞洁的火炽的爱情,他压在心里的肉欲,把他的狂热煽动起来了。虽然哀痛,他的心却是跳得那么轻快激昂,兴奋的歌曲按着如醉如狂的韵律响亮起来;一切都在庆祝生命,连悲哀也带着庆祝的意味。克利斯朵夫太坦白了,不能老是骗着自己;他承认自己并不在想念爱人,就瞧不起自己。可是生命在那里鼓动他;精神上充满着死气而肉体充满着生气,他只能很悲哀地听凭那再生的精力,和生活的盲目的狂欢把他摆布;痛苦,怜悯,绝望,无可补救的损失的创伤,一切关于死的苦闷,对于强者无异是猛烈的鞭挞,把求生的力量刺激得更活泼了。

克利斯朵夫也知道,在他心灵深处有一个不受攻击的隐秘的地方,牢牢地保存着萨皮纳的影子。那是生命的狂流冲不掉的。每个人的心底都有一座埋藏爱人的坟墓。他们在其中成年累月地睡着,什么也不来惊醒他们。可是早晚有一天——我们知道的——墓穴会重新打开。死者会从坟墓里出来,用她褪色的嘴唇向爱人微笑,她们原来潜伏在爱人胸中,像儿童睡在母腹里一样。

第三部

阿达

多雨的夏季之后,接着是晴朗的秋天。果园里的树枝上挂满了各种果实。红的苹果像牙球一样发着光。有些树木早已披上晚秋灿烂的装束:那是如火如荼的颜色,果实的颜色,熟透的甜瓜的颜色,橘子与柠檬的颜色,珍馐美馔的颜色,烤肉的颜色。林中到处亮出红红的光彩;透明的野花在草原上好似朵朵的火焰。

一个星期日的下午,他在一个山坡上走下来,迈着大步,因为是下坡路,差不多是连奔带跑的了。他哼着一个调子,那节奏在散步开始的时候就在脑子里盘旋不已。满面通红,敞开着衣服,他一边走一边挥着手臂,眼睛像疯子一般骨碌碌的乱转;在路上拐弯的地方,他忽然撞见一个高大的黄头发的姑娘,骑在一堵墙上,使劲拉着一根粗大的树枝,摘着紫红色的枣子狼吞虎咽。他们俩一见之下都愣了一愣。她含着满嘴的东西,呆呆地对他望了一会,大声笑了。他也跟着笑了。她的模样教人看了好玩:圆圆的脸嵌在金黄的卷发中间,粉红的腮帮很饱满,一双大蓝眼睛,鼻子大了一点,鼻尖俨然地向上翘着,嘴巴又小又红,露出一口雪白的牙齿,四个狠巴巴的犬牙特别显著,下巴颏儿很肥,个子又胖又高,非常壮健。克利斯朵夫对她嚷着:

"好啊,你多吃一点吧!"

说完他就想继续赶路,可是被她叫住了:

“先生！先生！发发善心帮我下来行不行？我没法……”

他回头走了几步，问她是怎样上去的。

“用我的手脚啰，爬上来总是容易的……”

“尤其在头上挂着开胃的果子的时候……”

“是啊……可是吃过了就没有勇气，不知道怎么下地了。”

他看着她吊在高头，说：“这样你不是挺舒服吗？还是消消停停待在这儿吧。我明天再来看你。再见了。”

他身子可并不动，只管站在她下面。

她装作害怕的神气，拿腔作势地哀求他别把她丢在这儿。他们一边笑一边彼此望着。她指着手里抓住的丫枝问：“你也来一点儿吧？”

克利斯朵夫自从和奥多一块儿玩的那个时候起，到现在还不知道尊重私人的产业，便毫不迟疑地接受了。而她也就好玩地把枣子往他身上大把大把地丢下来。等他吃过以后，她又说：“现在我可以下来了吧？……”

他还俏皮地让她等了一会。她在墙上开始不耐烦了。最后他说：“好，来吧！……”他一边说一边对她张开手臂。

但她正要跳下来的时候又说：“等一忽儿，让我再多摘几颗带着走！”

她把能够采到的最好的枣子统统采下，装满了上衣的衣兜，又警告他：“小心！接我的时候别把它们压坏了！”

他几乎想故意把它们压坏。

她从墙上弯下身子，跳在他的臂抱里。他虽然很结实，她的体重也差点儿使他往后翻倒。他们个子一样高，脸也碰到了。他吻着她满是枣子汁的嘴唇，她也大大方方还了他一吻。

“你上哪儿去？”他问。

“我不知道。”

“你是一个人出来散步的吗？”

“不，还有朋友呢。可是我跟他们走失了……哎！喂！”她突然大声叫起来。

没有回音。她也满不在乎。两人就信步往前走去。

“你呢,你往哪儿去?”她问。

“我也不知道。”

“那么很好。咱们一块儿走吧。”

她从上衣兜里掏出枣子咬起来了。

“你要吃坏肚子了。”他说。

“才不会呢！我整天都吃的。”

从上衣的隙缝里,他看到了她的衬衣。

“你看,枣子都烘热了。”她说。

“真的吗?”

她笑着递了一个给他。他拿去吃了。她一边像小孩子般吮着枣子,一边从眼梢里觑着他。他不大知道这桩奇遇等会儿怎么结束。她可至少有点儿预感了。她等着。

“哎！喂!”有人在树林里喊。

她答应了一声:“哎！喂!”又接着对克利斯朵夫说:“原来他们在那儿,还算是我运气!”

其实她倒认为是不运气。但女人是不能说出心里的意思的……谢天谢地！要不然世界上就不可能有什么礼教了……

人声慢慢地逼近。她的朋友们快走到大路上来了。她忽然把身子一纵,跳过路旁的土沟,爬上土堆,躲在树木后面。他看着她这种举动觉得奇怪。她可做着手势硬要他过去,他就跟着她,一路进了树林。走得相当远了,她又叫起来:

“哎！喂！……”接着又对克利斯朵夫解释,“至少得教他们来找我。”

那些人在大路上停着脚步,听她的声音是从哪儿来的。他们答应了一声,也进了树林。她可是并不等,只一忽儿往东,一忽儿往西的乱窜。他们直着嗓子叫她,叫到后来也不耐烦了,觉得要找着她的最好的办法是不去找她，就嚷了声："好，希望你一路顺风！"说完他们径自唱着歌走了。

他们对她这样的置之不理，使她大为气恼。她的确想摆脱他们，可不答应他们这样轻易地对付她。克利斯朵夫看着呆住了：和一个陌生女子玩捉迷藏，他觉得并没多大兴趣；他也不想利用只有他们两个人的机会。她也没有这个念头；气愤之下，她已经把克利斯朵夫忘了。

"噢！岂有此理！"她拍了拍手说，"他们竟不管我啦？"

"那不是你自己愿意的吗？"克利斯朵夫说。

"不是的！"

"明明是你躲开的。"

"我躲开是我的事，跟他们不相干。他们应当来找我。我要迷了路怎么办呢？……"

她想着可能遭遇到的情形自怜自叹起来，要是……要是碰到了跟刚才相反的事又怎么办呢！

"哼！我一定得把他们骂一顿。"

她迈开大步，往回头的路上奔去。

上了大路，她想起了克利斯朵夫，又望着他。——可是情形已经不同。她笑了出来。几分钟以前盘踞在她心里的小妖怪已经不在了。在另外一个小妖怪还没来到以前，她对克利斯朵夫觉得无所谓了。而且她肚子很饿，使她想起已经到了晚餐的时间，急于要上乡村客店去跟朋友们会齐。她抓着克利斯朵夫的手臂，把全身的重量都压在他的胳膊上，哼唧着说没有气力了。可是她把克利斯朵夫拖着下坡的时候，照旧一边跑，一边叫，一边笑，像发疯似的。

他们谈着话。她问清楚了他是谁，但她从来没听见过他的名字，也不觉得音乐家的头衔如何了不起。他打听出她是大街上一家帽子铺里的女店员，名字叫阿台哀特，——朋友们都称她阿达。今天一同出来玩的有一个女同事和两个规规矩矩的青年：一个是惠莱银行的职员，一个是时髦布店的伙计。他们利用星期日出来游玩，约定上勃洛希乡村客店吃晚饭——在那儿可以眺望莱茵河上美丽的风景——然后搭船回去。

克利斯朵夫和阿达走进客店,三个同伴早已在那里了。阿达对朋友们发了一阵脾气,抱怨他们不该把她丢下,接着把克利斯朵夫给介绍了,还说是他救了她的。他们完全不把她的怨叹当真;但他们认得克利斯朵夫:银行职员是因为久仰他的大名,布店伙计是因为听过他的几个曲子,——(他马上哼了一段。)他们对他表示的尊敬引动了两个姑娘的好奇心。阿达的女友,弥拉——真名叫做耶娜——是一个暗黄头发的女孩子,眼睛睐个不停,脑门上骨头很显著,头发很硬,脸蛋像中国女人,黄澄澄的油腻的皮色,有些怪模怪样,可是不俗,颇有动人之处。她立刻对宫廷音乐师大献殷勤。他们请他赏光和他们一块儿吃饭。

他从来没受过这样的恭维:每个人都尊敬他奉承他,两个女子,彼此不伤和气地,争着要博取他的欢心。她们俩都在追求他:弥拉用的手段是特别周到的礼貌,躲躲闪闪的眼睛,在桌子底下轻轻碰他的腿;——阿达可厚着脸把她的眼睛、嘴巴和漂亮的人品所有的魅力一齐施展出来。这种不大雅观的卖弄风情,使克利斯朵夫局促不安,心里发慌。但这两个大胆的女子,和他家里那些面目可憎的人比较,究竟是别有风味。他认为弥拉很有意思,比阿达聪明;可是她那种过分的客套和意义不明的笑容使他又喜欢又厌恶。她敌不过阿达朝气蓬勃的魅力;而她也很明白这一点,一发觉没有了希望,就不再坚持,照旧笑盈盈的,耐性的,等着自己当令的日子。至于阿达,看到自己能够左右大局了,也不再进攻;她刚才的举动,主要是为跟她的女友捣乱,这一点成功了,她也就感到满足。但她已经弄假成真。她在克利斯朵夫的眼中咂摸出被她燃烧起来的热情;而这热情也在她胸中抬头了。她不作声了,那套无聊的搔首弄姿的玩意儿也停止了:他们你望着我,我望着你,嘴上都还有那个亲吻的余味。他们时常突然之间附和别人的说笑,闹哄一阵;随后又不出一声,彼此偷偷地瞧着。临了他们连瞧都不瞧了,仿佛怕流露真情似的。他们都一心一意地在那里培养自己的情欲。

吃完饭,大家准备动身了。要到渡轮的码头,还得在树林中走两里路。阿达第一个站起来,克利斯朵夫跟在后面。他们在门口的阶沿上等着其余的同伴:——两人并肩站着,一言不发,浓雾中只有客店门前那盏独一无二的挂灯透出些少光明……

阿达抓着克利斯朵夫的手,拉着他沿着屋子往园中黑暗的地方走去。在一座挂满葡萄藤的平台底下,他们躲了起来。四下里一片漆黑。他们彼此看不见。柏树的梢头在风中摇曳。他的手指被阿达紧紧地勾着,感觉到她手指上的暖气,闻到系在她胸口的葵花的香味。

她突然之间把他拉在怀里;克利斯朵夫的嘴碰到了阿达的被雾水沾湿的头发,他吻着她的眼睛、睫毛、鼻孔、胖胖的脸蛋、嘴角,找来找去找到了她的嘴唇,胶住了。

其余的人出来了,叫着:"阿达!……"

他们一动不动,紧紧地抱着,几乎停止了呼吸。

他们听见弥拉的声音说:"他们走在前面去了。"

同伴的脚声在黑暗里远去。他们俩搂得更紧了,喃喃地吐出几个热情的字。

村里的大钟远远的响起来。他们松了手。得赶快地奔到轮船码头了。两人一句话也不说,挽着胳膊,握着手,调整着脚步上路,——那是像她的为人一样急促而坚决的步子。路上很荒凉,田野里没有一个人,十步之外看不见一点东西;在这样可爱的良夜,他们心定神安,稳稳实实地走着,从来也不踢到地下的石子。因为已经落后,他们就抄着近路。曲折的小道在葡萄园中忽上忽下,然后又有一大段沿着半山腰前进。他们在浓雾中听见河水的汹汹声,轮船靠埠时的机轴声,便离开了正路,往田间斜刺里奔去,终于到了莱茵河畔的岸上,但离开码头还有一程路。两人安定的心绪并没受到骚乱。阿达忘了晚间的疲倦。在静寂的草地上,在罩着朦胧的月色而雾气更湿更浓的河边,他们仿佛能够走上一夜。轮船的汽笛响了,那个妖魔般的大东西在黑暗中离了岸。

“好,咱们搭下一班吧。”他们笑着说。

一阵水浪冲在河边的沙滩上,在他们的脚下四散分溅。

码头上人家告诉他们:“最后一班才开出。”

克利斯朵夫的心忐忑跳着。阿达把他的胳膊抓得更紧了。

“得了吧,”她说,“明儿总该有一班吧。”

几步路以外,在雾的光晕中,一盏灯挂在临河的平台上,发出闪闪的微光。再远一点,有几扇照亮的玻璃窗,原来是一家小客店。

他们走进园子。细沙在脚下窸窸窣窣地响着。他们摸索着找到了梯子的踏级,进门的时候屋子里正在开始熄火。阿达挽着克利斯朵夫的胳膊,说要一间客房。人家把他们带进一间临着园子的卧室。克利斯朵夫靠在窗上,看着河中变幻不定的水光和豆一般的灯光,巨大的蚊虫张着翅膀往挂灯的玻璃上乱撞。房门关上了。阿达站在床边微笑。他不敢瞧她。她也不瞧他,但在睫毛底下留神着克利斯朵夫所有的动作。每走一步,楼板就会咯咯的响。客店里无论多么细小的声音都听得见。他们坐在床上,一声不出地紧紧搂抱了。

园子里摇曳不定的灯光熄灭了。一切都熄灭了。……

黑夜有如深渊……没有光明,没有意识……只有生命。暧昧的,凶狠的,生命的力。强烈的欢乐。痛快淋漓的欢乐。像空隙吸引石子一般吸引生命的欢乐。情欲的巨潮把思想卷走了。那些在黑夜中打转的陶醉的世界,一切都是荒唐的,狂乱的……

夜里……有的是他们混和在一起的呼吸,有的是交融为一的两个身体的暖气,有的是他们一齐陷了进去的麻痹的深渊……一夜有如几十百夜,几小时有如几世纪,几秒钟的光阴像死一样的长久……他们做着同一个梦,闭着眼睛说话,蒙眬中互相探索的脚碰到了又分开了,他们哭着,笑着;世界消灭了,他们相爱着,共同体验着睡眠那个虚无的境界,体验那些在脑海中骚乱的形象,黑夜的幻觉……莱茵河在屋下小湾中唧唧作响;水波在远处撞着暗礁,仿佛细雨打在沙上。泊船的浮埠受着水流激荡,发出呻吟声。系着浮埠的铁索一松一紧,发出叮当声。水声一直传到卧室里。睡的床好比一条小船。他们偎倚着在眩目的波浪中浮沉,——又像盘旋的飞鸟一般悬在空中。黑夜变得更黑了,空虚变得更空虚了。他们彼此挤得更紧,阿达哭着,克利斯朵夫失去了知觉,两人一齐在黑夜的波涛中消失了……

黑夜有如死……——为何还要再生?……

潮湿的窗上透出熹微的晨光。两个软瘫的肉体中重新燃起生命的微光。他醒了。阿达的眼睛对他望着。他们的头睡在一个枕上。手臂相连。嘴唇胶在一起。整整的一生在几分钟内过去了:阳光灿烂的岁月,庄严恬静的时间……

“我在哪儿呢?我变了两个人吗?我还是我吗?我再也感觉不到我的本体。周围只有无穷。我好比一座石像,睁着巨大的安静的眼睛,心里是一片平和……”

他们又堕入天长地久的睡梦中去了。清澈的远钟,轻轻掠过的一叶扁舟,桨上溜滑下来的水珠,行人的脚步,一切黎明时分例有的声音并没有打扰他们,只使他们知道自己活在那里,抚摩着他们迷迷忽忽的幸福,使他们加意吟味……

轮船在窗前呼呼的响着,把半睡半醒的克利斯朵夫惊醒了。他们预定七点动身,以便准时赶回城里工作。他低声地问:“你听见没有?”

她依旧闭着眼睛,微微地笑了笑,把嘴唇凑过来,挣扎着把他吻了一下,脑袋又倒在克利斯朵夫的肩上了……他从玻璃窗中望见船上的烟突,空无一人的跳板,一大抹一大抹的浓烟在白色的天空映过。他又昏昏睡着了……

一小时过去了,他一点儿没觉得,听到钟响才惊跳起来。

“阿达!阿达!……”他轻轻地在她耳边叫,“已经八点了。”

她始终闭着眼睛,拧了拧眉毛,扯了扯嘴巴,表示不高兴。

“噢!让我睡吧!”她说。

她挣脱了他的手臂,非常困倦地叹了口气,转过背去又睡了。

他在她身边躺着。两个身体都是一样的温度。他胡思乱想起来。血流得那么壮阔,那么平静。所有的感官都明净如水,连一点儿小小的印象都非常新鲜地感受到。他对自己的精力与少壮觉得很愉快,想到自己已经成人尤其骄傲。他对他的幸福微笑,觉得很孤独,像从前一样的孤独,也许更孤独,但那是毫无悲戚而与神明相通的孤独。再没有什么狂乱。再没有什么黑影。天地自由自在地反映在他清明宁静的心上。他仰躺着,对着窗子,眼睛沉没在明晃晃的雾雰中,微微笑着:

“活着多有意思!……”

哦!活着!……一条船在河上驶过……他突然想起亡故的人,想起那条过去的船,他们不是曾经同舟共济的吗?他——她……——是她吗?……不是这一个睡在身旁的她。——可是那唯一的爱人,可怜的,已经死了的她吗?但目前这一个又是怎么回事呢?她怎么会在这儿的?他们怎么会到这间房里,这张床上的?他望着她,可不认识她:她是个陌生人;昨天早上,他心中还没有她。他关于她又知道些什么呢?——只知道她并不聪明,并不和善,也知道她此刻并不美丽:凭她这张憔悴而瞌睡的脸,低低的额角,张着嘴在那里呼气,虚肿而紧张的嘴唇显出一副蠢相。他知道自己并不爱她。他不胜悲痛地想到:一开始他就亲吻了这对陌生的嘴唇,第一天相遇的晚上就接触了这个不相干的肉体,——至于他所爱的,眼看她在旁边活着,死掉,可从来没有敢抚摩一下她的头发,而且也从此不可能领会到她身上的香味。什么都完了。一切都化为乌有。尘土把她整个儿抢了去,他竟没有保卫她……

他俯在这无邪的睡熟的女人身上,细细端详她的面貌,用着恶意的目光瞅着她。她觉得了,被他瞧得不安起来,使劲撑起沉重的眼皮对他笑着，像儿童初醒的时候一样口齿不清地说："别瞧我呀，我难看得很……"

她困倦得要死，笑着说："噢！我真瞌睡得很啊。"接着又回到她的梦里去了。

他禁不住笑了出来，温柔的吻着她像儿童一样的嘴巴跟鼻子，然后又把这个大女孩子瞧了一忽，跨过她的身子，悄悄地起床了。他一离开，她就宽慰地叹了口气，伸手伸脚地躺个满床。他一边洗脸一边留神着怕惊醒她，其实她决不会醒的；他梳洗完毕，坐在靠窗的椅子里，眺望雾气缭绕，像流着冰块的江面；他迷迷忽忽地沉入遐想，听到有一曲凄凉的田园音乐在耳边飘荡。

她不时把倦眼睁开一半，茫然望着他，过了几秒钟才认出来，对他笑着，又从这个梦转到别一个梦里去了。她问他是什么时候了。

"九点差一刻。"

她蒙眬中想了想："九点差一刻，那又怎么呢？"

到九点半，她四肢欠伸了一会，叹了口气，说要起床了。

敲了十点，她还没有动，可气恼着说："啊，钟又响了！……时间过得真快……"

他笑了，走到床边挨着她坐下；她把手臂绕着他的脖子，讲她的梦境。他并不留神细听，常常说几个温柔的字打断她。可是她叫他别作声，一本正经的，好似讲的是最重要的事：

"她在吃晚饭：大公爵也在座；弥拉是一头纽芬兰种的狗……不，是一头卷毛的羊，在那里侍候他们……阿达竟会在桌上腾空走路，跳舞，躺着，都是在空中。哦，那是挺方便的；你只要做就是了……你瞧，这样……这样……那就行了……"

克利斯朵夫取笑她，她也笑了，但对他的笑有点儿生气。她耸耸肩说："噢！你完全不懂！……"

他们在床上吃了早点，用的是同一只碗，同一把羹匙。

终于她起来了：把被褥一推，伸出美丽雪白的脚，肥胖的大腿，一滑就滑到床前的地毯上。然后她坐着喘了会气,望着她的脚。末了,她拍拍手要他出去;他稍一迟疑,她就抓着他的肩膀推到门外,把门拴上了。

她慢腾腾地把美丽的四肢细细瞧了一番,舒舒服服地欠伸了一阵,哼着一支感伤的歌,看见克利斯朵夫在窗上弹指,就用水泼他的脸,临走又在花园里摘了枝头最后的一朵玫瑰:他们俩终究上船了。雾还没有散,可是阳光已经透出来了,两人在乳白色的光中蠕动。阿达和克利斯朵夫坐在船尾,依旧带着困倦与不乐意的模样,咕噜着说阳光射着她的眼睛,一定要整天闹头痛了。克利斯朵夫并不把她的话怎么当真,她便沉着脸不出声:眼睛半开半阖,那种俨然的神气像个才睡醒的孩子。船到了第二个码头,有个漂亮女人上来,坐在靠近他们的地方:阿达就马上提起精神,和克利斯朵夫说了好些多情而风雅的话,又用起客套的"您"字来了。

克利斯朵夫一心想着她该用什么理由向女店主解释她的迟到。她可是完全不放在心上:

"噢,这又不是第一次。"

"什么第一次?"

"我的迟到啰。"她对他的问话有点儿气恼。

他不敢追问她迟到的原因。

"这一回你怎么说呢?"

"说我母亲病了,死了……我哪知道等会儿怎么说呢?"

这种轻薄的口气使他听了很不愉快。

"我不愿意你扯谎。"

她可生了气:"告诉您吧,第一,我从来不扯谎……第二,我总不成对她说……"

"为什么不能?"他半说笑半正经地问。

她耸了耸肩,笑了,说他粗野,下流,并且先请他别对她这么"你呀你呀"的称呼。

“难道我没有权利吗?”

“绝对没有。”

“凭了咱们的关系还不成吗?”

“咱们根本没有什么关系。”

她带着挑战的神气,眼睛盯着他笑了;虽然她是说笑,但他觉得,要她一本正经地这样说,甚至真的这样想,也不费她什么事。接着大概想起了什么好玩的事分了心,她突然望着克利斯朵夫哈哈大笑,拥抱着他亲吻,一点也不顾忌旁边的人,而他们也似乎不以为奇。

如今,他每次散步都得跟那些女店员和银行职员做伴,他们的俗气使他很厌恶,时常想在路上和他们走散;但阿达老喜欢跟人别扭,偏不愿意再在林中迷路了。逢到下雨或是因为别的理由而不出城,克利斯朵夫就带阿达上戏院,逛美术馆,逛公园;因为她非要和他一同露面不可,甚至还要他陪着去望弥撒;但他真诚到近乎荒谬的性格,使他自从失掉信心以后不肯再踏进教堂,连管风琴师的职位也早已借端辞掉;而同时他的宗教情绪又太重了(他自己可不知道),不能不认为阿达的提议是种亵渎的行为。

晚上他到她家里去。他老在那儿碰到住在一幢屋子里的弥拉。弥拉对他并不记恨,照旧伸出软绵绵的,大有抚爱意味的手,谈些不相干的或是轻薄的事,然后很识趣地溜开了。照理两个女人在那种情形之下不可能再亲密,但她们倒反显得交情更深,而且形影不离。阿达什么事都不瞒弥拉,弥拉把什么都听在肚里;说的人和听的人似乎都一样的得劲。

克利斯朵夫和两个女人在一起觉得很窘。她们之间的友谊,古怪的谈话,放浪的行动,尤其是弥拉看事情的态度和见解非常放肆(在他面前已经好多了,但那些背后的谈话自有阿达告诉给他听),她们不顾体统的好奇心,老是涉及无聊的或是淫猥的题目,所有那些暧昧而有点兽性的气氛,使克利斯朵夫极难受,同时又极有兴趣;因为他从来没见识过。一对小野兽似的女人说着废话,胡说乱道地瞎扯,傻笑,讲到粗野的故事高兴得连眼睛都发亮:克利斯朵夫听着,简直给她们搅糊涂了。弥拉一走开,他真觉得松了口气。两个女人在一块儿等于一个陌生世界,而他完全不懂那个世界的语言。他没法教她们听他的:她们连听也不听,只取笑他这个陌生人。

他和阿达单独相对的时候,他们仍旧说着两种不同的语言;但至少他们努力想彼此了解。其实,他越了解她,骨子里反而越不了解她。克利斯朵夫在她身上才第一次认识女人。虽然萨皮纳可以算是他认识的,但他对她一无所知;她仅仅是他心上的一个梦。如今是阿达来使他找补那个错失的时间了。他也竭力想解决女人的谜,——而女人或许只有对一般想在她们身上寻求多少意义的人才成其为谜。

阿达绝对不聪明,而这还不过是她最小的缺点。要是她承认不聪明,克利斯朵夫觉得倒也罢了。然而虽然只知道注意无聊的事,她还自命风雅,很有自信地判断一切。她谈论音乐,对克利斯朵夫解释他最内行的东西,而她的意见与否决都是绝对的。你根本不用想去说服她,她对什么都有主张,都能领略,自视甚高,顽固不化,虚荣心极重,对什么也不愿而且不能了解。她就是固执到底,不肯去了解事情!当她愿意凭着她的优点和缺点,老老实实地保持本来面目的时候,克利斯朵夫才更喜欢她呢!

事实上,她根本不想用什么头脑。她所关心的不过是吃,喝,唱歌,跳舞,叫喊,嬉笑,睡觉。她希望快活;要是她真能快活也很不错了。可是虽然天生的有了一切快活的条件:贪吃懒做,肉欲很强,还有那种使克利斯朵夫又好气又好笑的天真的自私自利,总而言之,虽然凡是能使自己觉得生活有趣的坏习气都已齐备(也许朋友们并不能因为她的坏习气而也觉得人生可爱,但一张高高兴兴的脸,只要长得好看,总还能让接近的人沾到些快乐的光!)——虽然她有那么多的理由应该对人生满足,阿达却没有这点儿知足的聪明。这个漂亮强壮的姑娘,又娇嫩,又快活,气色那么健康,兴致那么好,胃口那么旺,居然为自己的身体操心！她一个人要吃几个人的量，而口口声声抱怨身体不行。她不是叹这个苦，就是叹那个苦：一忽儿是脚拖不动啦，一忽儿是不能呼吸啦，又是头痛啦，脚痛啦，眼睛痛啦，胃痛啦，再不然是神魂不安，害了心病。她对每样东西都害怕，迷信得像个害神经病的，认为到处都有预兆：吃饭的时候，刀子，交错的叉，同桌的人数，倒翻的盐瓶等等，全与祸福有关，非用种种的仪式来消灾化吉不可。散步的时候，她数着乌鸦，看是从哪个方向飞来的；她走在路上老是留神脚下，倘若上午看见一只蜘蛛爬过，就要发愁，就要回头走了；你想劝她继续散步，只有教她相信时间已经过午，所以那是好兆而不是噩兆了。她也怕自己做的梦，絮絮不休地讲给克利斯朵夫听；倘若忘了什么细节，她会几个钟点的想下去；她要把每个小地方告诉克利斯朵夫，而那些梦总是一大串荒谬的事，牵涉到古怪的婚姻，死了的人，或是什么女裁缝、亲王，诸如此类的滑稽可笑或淫乱的故事。克利斯朵夫非听她不可，还得发表意见。往往她会给这些胡闹的梦境纠缠到好几天。她觉得人生不如意，看人看事都很苛刻，老在克利斯朵夫前面嘀嘀咕咕地诉苦。克利斯朵夫离开了那般怨天尤人的小市民，又来碰到他的死冤家，“郁闷而非希腊式的幻想病者”，未免太犯不上了。

她在叽哩咕噜地不高兴的时候，会突然之间乐起来，没头没脑地闹哄一阵；这种兴致和刚才的愁闷同样无理可喻。那时她就没来由地，笑不完地笑，在田里乱跑，疯疯癫癫地胡闹，玩着小孩子的游戏，扒着泥土，弄着脏东西，捉着动物，折磨蜘蛛，蚂蚁，虫，使它们互相吞食，拿小鸟给猫吃，虫给鸡吃，蜘蛛给蚂蚁吃，可是并无恶意，只由于无意识的作恶的本能，由于好奇，由于闲着没事。她有种永远不会餍足的需要，要说些傻话，把毫无意思的字说上几十遍，要捣乱，要刺激人家，要惹人厌烦，要撒一阵野。路上一遇到什么人，——不管是谁，——她就得卖弄风情，精神百倍的说起话来，又是笑又是闹，装着鬼脸，引人注意，拿腔作势地做出种种急剧的举动。克利斯朵夫提心吊胆的预感到她要说出正经话来了。——而她果然变得多情了，并且又毫无节制,像在别的方面一样:她大声嚷嚷的说她的心腹话。克利斯朵夫听得难受极了,恨不得把她揍一顿。他最不能原谅的是她的不真诚。他还不知道真诚是跟聪明与美貌一样少有的天赋,而硬要所有的人真诚也是一种不公平。他受不了人家扯谎,而阿达偏偏扯谎扯得厉害。她一刻不停的,泰然自若的,面对着事实说谎。她最容易忘记使他不快的事,——甚至也忘了使他高兴的事,——像一切得过且过的女子一样。

虽然如此,他们究竟相爱着,一心一意地相爱着。阿达的爱情,真诚不减于克利斯朵夫。尽管没有精神上的共鸣作基础,他们的爱可并不因此而减少一点真实性,而且也不能跟低级的情欲相提并论。这是青春时期的美妙的爱:虽然肉感很强,究竟不是粗俗的,因为其中一切都很年轻;这种爱是天真的,差不多是贞洁的,受过单纯热烈的快感洗练的。阿达即使在爱情方面远不如克利斯朵夫那么无知,但还保存着一颗少年的心,一个少年的身体;感官的新鲜,明净,活泼,不亚于溪水,差不多还能给人一个纯洁的幻象,那是任何东西代替不了的。在日常生活中她固然自私,平庸,不真诚,但爱情可使她变得纯朴,真实,几乎是善良的了;她居然能懂得一个人为了别人而忘却自己的那种快乐。于是克利斯朵夫看着她觉得心都醉了,甚至愿意为她而死:一颗真正动了爱情的心,借了爱情能造出多少又可笑又动人的幻觉,谁又说得尽呢?克利斯朵夫因为赋有艺术家天生的幻想力,所以恋爱时的幻觉比常人更扩大百倍。阿达的一颦一笑对于他意义无穷;亲热的一言半语简直是她善心的证据。他在她身上爱着宇宙间一切美好的东西。他称她为他的我,他的灵魂,他的生命。他们都爱极而哭了。

他们两人的结合不单是靠欢娱,而还有一种往事与幻梦的说不出的诗意,——是他们自己的往事与幻梦吗?还是在他们以前恋爱过的人,生在他们以前而现在活在他们身上的人的往事与幻梦?他们林中相遇的最初几分钟,耳鬓厮磨的最初几天,最初几晚,躺在彼此怀里的酣睡,没有动作,没有思想,沉溺在爱情的急流中,不声不响体会到的欢乐的急流中……这些初期的魅惑沉醉,他们彼此不说出来,也许自己还没觉得,可是的确保存在心里。突然之间显现出来的一些境界,一些形象,一些潜伏的思想,只要在脑海中轻轻掠过,他们就会在暗中变色,浑身酥软,迷迷忽忽地好像周围有阵蜜蜂的嗡嗡之声。热烈而温柔的光……醉人而甜美的境界使他们的心停止了跳动,声息全无……这是狂热以后的困倦与静默,大地在春天的阳光底下一边颤抖一边懒懒的微笑……两个年轻的肉体的爱,像四月的早晨一样清新,将来也得像朝露一样消逝。心的青春是献给太阳的祭礼。

使克利斯朵夫和阿达关系更密切的,莫如一般人批判他们时所取的态度。

他们初次相遇的第二天,街坊上就全知道了。阿达一点儿不想法隐瞒那段姻缘,反而要把她征服男子的得意在人前炫耀。克利斯朵夫原想谨慎一点,但觉得被大家用好奇的目光钉着,而他又不愿意躲躲闪闪,便干脆和阿达公然露面了。小城里顿时议论纷纷,乐队里的同事带着调侃的口气恭维他,他可置之不理,认为自己的私事用不着别人顾问。在爵府里,他的有失体统的行为也受到了指摘。中产阶级的人更把他批评得厉害。他丢掉了一部分家庭教课的差事。还有一部分家庭,是从此在克利斯朵夫上课的时候都由母亲用着猜疑的神气在旁监视,好像他要把那些宝贵的小母鸡抢走似的。小姐们表面上照理装得一无所知,实际上可无所不知,于是一方面认为克利斯朵夫眼界太低而对他表示冷淡,一方面可更想多知道些这件事情的底细。克利斯朵夫原来只有在小商人和职员阶级中走红。但恭维与毁谤使他一样着恼;既然没法对付毁谤,他便设法不受恭维:这当然是很容易的。他对于大众的爱管闲事非常恼恨。

对他最生气的是于莱老人和伏奇尔一家。他们觉得克利斯朵夫的行为不检是对他们的侮辱。其实他们并没当真想招他做女婿,他们——尤其是伏奇尔太太——一向不放心那种艺术家性格。但他们天性忧郁,老是以为受着命运播弄,所以一发觉克利斯朵夫和洛莎的婚姻没有了希望,就相信自己原来的确是要那件婚事成功的,而这个打击又证明他们碰来碰去都是不如意的事。照理,倘若他们的不如意应当归咎于命运的话,那么就跟克利斯朵夫不相干了;但伏奇尔夫妇的推理,只会使他们找出更多的理由来怨天尤人。因此他们断定:克利斯朵夫的行为恶劣不单是为了自己寻欢作乐,并且是有心伤害他们。除此以外,他们对克利斯朵夫的丑行的确深恶痛绝。凡是像他们那样虔诚、守礼、极有私德的人,往往认为肉体的罪恶是所有的罪恶中最可耻的,最严重的,差不多是唯一的罪恶,因为只有这罪恶最可怕,——安分良民决不会偷盗或杀人,所以这两桩根本不用提。这种观点使他们觉得克利斯朵夫骨子里就不是个好人,便对他改变了态度。他们板起一副冰冷的面孔,遇到他就掉过头去,克利斯朵夫本不稀罕和他们交谈,对他们的装腔作势只耸耸肩膀。阿玛利亚一方面装出瞧不起他而躲开他的神气,一方面又尽量要和他搭讪,以便把心里的话对他说出来:但克利斯朵夫只做不看见。

他看了真正动心的,只有洛莎的态度。这女孩子对他的批判比她的父母更严。并非因为克利斯朵夫这次新的恋爱把她最后的被爱的机会打消了,那是她早知道没希望的,(虽然她心里也许还在希望……她是永远在那里希望的!)而是因为克利斯朵夫是她的偶像,而这尊偶像如今是倒下来了。在她无邪的心里,这是最大的痛苦,比受他轻视更残酷的痛苦。从小受着清教徒式的教育,亲炙惯了她热诚信奉的狭隘的道德,她一朝得悉了克利斯朵夫的行为,非但惋惜,而且痛心。他爱萨皮纳的时候,她已经很痛苦,已经对她崇拜的英雄失掉了一部分幻象。克利斯朵夫竟会爱一个这样平凡的人,她觉得是不可解的,不光彩的。但至少这段恋爱是纯洁的,而萨皮纳也没有辜负这纯洁的爱情。何况死神的降临把一切都变得圣洁了……但经过了那一场,克利斯朵夫立刻爱上另外一个女人——而且是怎样的一个女人!——那真是堕落得不像话了!洛莎甚至为死者抱不平了。她不能原谅他忘掉萨皮纳……其实他对于这一点比她想得更多；她没法想象一颗热烈的心同时容得下两种感情；她认为一个人要忠于“已往”，就非牺牲“现在”不可。她纯洁，冷静，对于人生，对于克利斯朵夫，都没有一点儿观念。在她心目中，一切都应当像她一样的纯洁，狭窄，守本分。她的为人与心胸尽管很谦卑，可也有一桩骄傲，就是纯洁，她对己对人都要求纯洁。她不能，永远不能原谅克利斯朵夫这样的自暴自弃。

克利斯朵夫即使不想向她有所声辩（对于一个清教徒式的女孩子根本不能解释什么），也想跟她谈谈。他很愿意告诉她，他还是她的朋友，很重视她对他的敬意，而他还有受这敬意的资格。可是洛莎躲着他，冷冷地一声不出，明明是瞧不起他。

他对这个态度又伤心又气愤，自以为不该受此轻蔑；但他的心绪终于给搅乱了，认为自己错了。而最严酷的责备乃是在想起萨皮纳的时候对自己的责备。他苦闷地想道：

“天哪，怎么会的呢？……我怎么会变成这样的呢？……”

然而他抵挡不住冲击他的巨浪。他想到人生是罪恶的，便闭上眼睛不去看它而只顾活着。他多么需要活，需要爱，需要幸福！……他的爱情没有一点可鄙的地方！他知道爱阿达可能是他的不聪明，没有见识，甚至也不十分快乐；可是这种爱绝对谈不到卑鄙。即使（他竭力表示怀疑）阿达在精神方面没有多大价值，为什么他对于阿达的爱就会因此而减少它的纯洁呢？爱是在爱的人的心里，而非在被爱的人的心里。凡是纯洁的人，强壮健全的人，一切都是纯洁的。爱情使有些鸟显出它们身上最美丽的颜色，使诚实的心灵表现出最高尚的成分。因为一个人只愿意给爱人看到自己最有价值的面目，所以他所赞美的思想与行动，必须是跟爱情塑成的美妙的形象调和的那种。浸润心灵的青春的甘露，力与欢乐的神圣的光芒，都是美的，都是有益健康而使一个人心胸伟大的。

朋友们误解他固然使他难过；但最严重的是他的母亲也开始烦恼了。

这个忠厚的女人决不像伏奇尔一家把做人之道看得那么窄。她亲身经历了多少真正的痛苦,不会再想去自寻烦恼。她生来是个谦卑的人,只受到人生的折磨,没享到人生的快乐,更不希求快乐,随遇而安,也不想去了解她的遭遇,绝对不敢批判或责难别人,她自以为没有这权利。要是旁人的思想跟她的不同,她就自认为愚蠢,不敢说人家错误;她觉得硬要他人遵守自己在道德与信仰方面的死板的规则是可笑的。而且,她的道德与信仰完全出之于本能:她只顾自己的纯洁与虔敬,全不管别人的行为,这正是一般平民容忍某些弱点的态度。这也是当年约翰·米希尔不满意她的一点:在体面的与不体面的两等人中,她不大加以区别;在街上或菜市上,她不怕停下来跟街坊上人尽皆知而正经妇女视若无睹的、那些可爱的女人谈话。她觉得分别善恶,决定惩罚或宽恕,都是上帝的事。她所要求人家的只有一点儿亲切的同情;为了减轻彼此生活的重担,这是必不可少的。主要是在于心地好,其余的都无关大体。

但自从她搬进了伏奇尔的屋子,大家开始来改造她的性格了。那时她已经萎靡不振,无力抵抗,所以房东一家喜欢中伤别人的脾气更容易把她控制。先是阿玛利亚抓住了她;在从早到晚一起做活,而只有阿玛利亚一个人开口的情形之下,柔顺而颓丧的鲁意莎,不知不觉也染上了批评一切判断一切的习惯。伏奇尔太太当然不会不说出她对克利斯朵夫的行为是怎么看法。鲁意莎的无动于衷使她很气恼。她觉得鲁意莎对他们那么愤慨的事不加过问,简直有悖礼法;她直到把鲁意莎说得心都乱了方始满意。克利斯朵夫也觉察到这一点。母亲虽不敢埋怨他,但每天总得怯生生地,不大放心地,絮絮不休地说几句;倘使他不耐烦了,把话顶回去,她就不再开口,但眼神还是那么忧郁;有时他出去了一次回来,看出她是哭过了。他对母亲的性格认识得太清楚了,知道那些烦恼决不是从她心里来的。——从哪儿来的呢？他完全明白。

他决意要结束这种局面。一天晚上,鲁意莎忍不住眼泪,晚饭吃到一半就站起来,也不让克利斯朵夫知道她为什么难过。他便急急忙忙奔下楼去,敲伏奇尔家的门。他恼怒极了。他不但因为伏奇尔太太挑拨他的母亲而着恼,他还得把她的教唆洛莎跟他不和,把她的中伤萨皮纳,以及他几个月来隐忍着的一切,痛痛快快地报复一下。他胸中的怨气越积越多,非发泄不可了。

他闯进伏奇尔太太家里,用着勉强装作镇静,但禁不住气得发抖的声音,问她向母亲说了些什么,把她弄成这个模样的。

阿玛利亚对他毫不客气,回答说她爱说什么就说什么,用不着把她的行为向任何人报告,——尤其是对他。她借此机会把久已准备好的一套话统统说了出来,还说要是他母亲苦闷,他除了自己的行为以外,用不到再找旁的理由;而那种行为对他是羞耻,对大众是件丑事。

克利斯朵夫巴不得她先来攻击以便反攻。他声势汹汹地嚷着说,他的行为是他自己的事,决不管伏奇尔太太高兴不高兴;她要抱怨,向他抱怨就是,她爱怎么说都可以:那不过像下一阵雨罢了,可是他禁止她,——(听见没有?)——他禁止她跟他母亲去噜苏,要知道侵犯一个又老又病的可怜的女人是卑鄙的。

伏奇尔太太高声大叫起来。从来没有一个人敢对她用这种口气的。她说她决不受一个野孩子的教训,——并且还在她自己家里!——她便尽量的羞辱他。

听到吵架的声音,大家都跑来了,——除了伏奇尔,他对于可能妨害他健康的事,一向是躲得老远的。气极了的阿玛利亚把情形告诉了老于莱,老于莱就声色俱厉地请克利斯朵夫以后少发议论,也不必上门。他说用不着克利斯朵夫来告诉他们怎么做人,他们只知道尽责任,过去如此,将来也如此。

克利斯朵夫回答说他当然要走的,将来也不再踏进他们家里了。可是他先得把关于这该死的责任的话(此刻这责任几乎成为他的私仇了)痛痛快快说完了才肯走。他说这个责任反而会使他喜欢邪恶。他们拼命把“善”弄得可厌,使人不愿意为善。他们教人在对照之下,觉得那些虽然下流但很可爱的人倒反有种魔力。到处滥用责任这个字,无聊的苦役也名之为责任,无足重轻的行为也名之为责任,还要把责任应用得那么死板、霸道,那非但毒害了人生,并且亵渎了责任。责任是例外的,只有在真正需要牺牲的时候才用得着,绝对不能把自己恶劣的心绪和跟人过不去的欲望叫作责任。一个人不能因为自己愚蠢或失意而悲苦愁闷,就要所有的人跟他一块儿悲苦愁闷,跟他一样过那种残废的人的生活。最重要的德性是心情愉快。德性应该有一副快活的、无拘无束的、毫不勉强的面目!行善的人应该觉得自己快乐才对!但那个永不离嘴的责任,老师式的专制,大叫大嚷的语调,无聊的口角,讨厌的、幼稚的、无中生有的吵架,那种闹哄,那种毫无风趣的态度,没有趣味、没有礼貌、没有静默的生活,竭力使人生变得贫乏的、鄙陋的悲观主义,觉得轻蔑别人比了解别人更容易的、傲慢的愚蠢,所有那些不成器局、没有幸福、没有美感的布尔乔亚道德,都是不健全的,有害的,反而使邪恶显得比德性更近人情。

克利斯朵夫这样想着,只顾对伤害他的人泄愤,可没有发觉自己和他们一样的不公平。

无疑的,这些可怜虫大致和他心目中所见到的差不多。但这不是他们的错:那种可憎的面目、态度、思想,都是无情的人生造成的。他们是给苦难折磨得变了形的,——并非什么飞来横祸,伤害生命或改换一个人面目的大灾难,——而是循环不已的厄运,从生命之初到生命末日,点点滴滴来的小灾小难……那真是可悲可叹的事!因为在他们这些粗糙的外表之下,藏着多少的正直、善心和默默无声的英勇的精神!……藏着整个民族的生命力和未来的元气!

克利斯朵夫认为责任是例外的固然不错,但爱情也一样是例外的。一切都是例外的。一切有点儿价值的东西,它的最可怕的敌人,并非是不好的东西(连恶习也有它的价值),而是它本身成了习惯性。心灵的致命的仇敌,乃是时间的磨蚀。

阿达开始厌倦了。她不够聪明,不知道在一个像克利斯朵夫那样生机蓬勃的人身上,想法使她的爱情与日俱新。在这次爱情中间,她的感官与虚荣心已经把所有的乐趣都榨取到了。现在她只剩下一桩乐趣,就是把爱情毁灭。她有那种暧昧的本能,为多少女子(连善良的在内)多少男人(连聪明的在内)所共有的。——他们都不能在人生中有所创造:作品,儿女,行动,什么都不能,但还有相当的生命力,受不了自己的一无所用。他们但愿别人跟自己一样的没用,便竭力想做到这一点。有时候这是无心的;他们一发觉这种居心不良的欲望,就大义凛然地把它打消。但多数的时候他们鼓励这种欲望,尽量把一切活着的、喜欢活着的、有资格活着的,加以摧毁;而摧毁的程度当然要看他们的力量如何:有些是小规模的,仅仅以周围亲近的人作对象,有些是大举进攻,以广大的群众为目标。把伟大的人物伟大的思想拉下来,拉得跟自己一般高低的批评家,还有以引诱爱人堕落为快的女孩子,是两种性质相同的恶兽。——可是后面的一种更讨人喜欢。

因此阿达极想把克利斯朵夫腐化一下,使他屈辱。其实她还没有这个力量。便是腐化人家,她那点儿聪明也嫌不够:她自己也觉得,所以她怀恨克利斯朵夫的一大原因,就是她的爱情没有力量伤害他。她不承认有伤害他的欲望;要是能阻止自己,也许她还不会这么做。但她认为要伤害他而办不到未免太岂有此理。倘使一个女人没有一种幻象,使她觉得能完全驾驭那个爱她的人,给他不论是好是坏的影响,那就是这个男人爱她爱得不够,而她非要试试自己的力量不可了。克利斯朵夫没有留意到这些,所以阿达说着玩儿地问他:

"你肯不肯为了我把音乐丢掉?"(其实她完全没有这个意思。)

他却老老实实地回答:

"噢!这个吗,不论是你,不论是谁,都没有办法的。我永远丢不了音乐。"

"哼!亏你还说是爱我呢!"她恨恨地说。

她恨音乐,——尤其因为她完全不懂,并且找不到一个空隙来攻击这个无形的敌人,来伤害克利斯朵夫的热情。倘若她用轻蔑的口吻谈论音乐,或是鄙夷不屑地批评克利斯朵夫的曲子,他只是哈哈大笑;阿达虽然懊恼之极,结果也闭上了嘴,因为知道自己可笑。

但即使在这方面没有办法,她可发现了克利斯朵夫的另一个弱点,觉得更容易下手;那就是他的道德信仰。他虽然和伏奇尔一家闹翻了,虽然青年期的心情使他沉醉了,可依旧保存着他那种精神上的洁癖而自己并不觉得,使一个像阿达般的女人看了始而诧异,继而入迷,继而好笑,继而不耐烦,终于恼恨起来。她不从正面进攻,只是狡猾地问:

"你爱我吗?"

"当然。"

"爱到什么程度?"

"尽一个人所能爱的程度。"

"那不能算多……你说,你能为我做些什么?"

"你要什么就什么。"

"要你做件坏事你做不做?"

"要用这种方式来爱你,太古怪了!"

"不是古怪不古怪的问题。只问你做不做?"

"那是永远不需要的。"

"可是假使我要呢?"

"那你就错了。"

"也许是我错了……可是你做不做?"

他想拥抱她,被她推开了。

"你做还是不做?你说?"

"不做,我的小宝贝。"

她气愤愤地转过身子。

"你不爱我,你根本不懂什么叫作爱。"

"也许是吧。"他笑嘻嘻地说。

他明知自己在热情冲动的时候，会像别人一样做出一桩傻事，也许坏事，或者——谁知道？——更进一步的事；但他认为很冷静地说出来以此自豪是可耻的，而说给阿达听是危险的。他本能地感到他那个心爱的敌人在旁等着，只要他漏出一点儿口风便乘机而入；他不愿意让她拿住把柄。

有几次，她又回到老题目上来进攻了：

"你是因为你爱我而爱我呢，还是因为我爱你而爱我？"

"因为我爱你而爱你。"

"那么假使我不爱你了，你还是会爱我的？"

"是的。"

"要是我爱了别人，你也永远爱我吗？"

"啊！这个我可不知道……我想不会吧……总之我那时不再爱别的人了。"

"我爱了别人，情形又有什么不同？"

"哦，大不同了。我也许会变，你是一定会变的。"

"我会变吗？那又有什么关系？"

"当然关系很大。我爱的是你现在这样的你。你要变了，我不敢担保再爱你。"

"噢！你不爱我，你不爱我！这些废话是什么意思？一个人要就爱，要就不爱。如果你爱我，你就该爱我，爱我现在的样子，也不管我做些什么，永远得爱下去。"

"这样的爱你，不是把你当作畜牲了吗？"

"我就是要你这样的爱我。"

"那么你看错人了，"他开玩笑似的说，"我不是你心目中的那种人。我即使愿意这样做也未必做得到。何况我也不愿意。"

"你自命为聪明！你爱你的聪明甚于爱我。"

"我爱的明明是你，你这个没良心的！我爱你比你爱自己还深切。你越美丽，心越好，我越爱你。"

“你倒是个老学究。”她懊恼地说。

“你要我怎么办呢？我就是爱美，恨丑。”

“便是我身上的丑也恨吗？”

“尤其是在你身上的。”

她愤愤地跺着脚：“我不愿意受批判。”

“那么你尽管抱怨吧，抱怨我批判你，抱怨我爱你。”他温柔地说着，想抚慰她。

她让他抱在怀里，甚至还微微笑着，允许他亲吻。但过了一忽，他以为她已经忘了，她又不安地问：“你觉得我丑的是什么呢？”

他不敢告诉她，只是很懦怯地回答：“我不觉得你有什么丑的地方。”

她想了一想，笑着说：“你说你是不喜欢扯谎的，可不是？”

“那我最恨了。”

“对。我也恨。我从来不扯谎，所以在这方面我不用操心。”

他对她瞧了瞧，觉得她是说的真心话。对自己的缺点这样的毫无知觉，他看了心软了。

“那么，”她把手臂勾着他的脖子，“假使我一朝爱了别人而告诉了你，你干吗要恨我呢？”

“别老是折磨我啊。”

“我不折磨你；我不跟你说我现在爱了别人；而且还可以告诉你现在不爱别人……可是将来要是我爱了……”

“咱们不用想这个。”

“我可是要想的……那时候你不恨我吗？总不能恨我吧？”

“我不恨你，只是离开你。”

“离开我？为什么？要是我仍旧爱着你的话？……”

“一边爱着别人一边还爱我？”

“当然啰，那是可能的。”

“对我们可不会有这种事。”

“为什么?”

“因为你爱上别一个的时候,我就不爱你了,决不再爱你了。”

“刚才你还说:‘也许……’现在你说你不爱我了!”

“这样对你更好。”

“为什么?”

“因为你爱着别人的时候我要是还爱你,那么结果对你,对我,对别人都是不利的。”

“哦!……你简直疯了。那么我非一辈子和你在一块儿不可吗?”

“放心,你是自由的。你爱什么时候离开我就什么时候离开我。可是那时候不是再会而是永别了。”

“但要是我仍旧爱你呢?”

“爱是需要彼此牺牲的。”

“那么你牺牲吧!”

他对她这种自私不由得笑了;她也笑了。

“片面的牺牲只能造成片面的爱。”他说。

“绝对不会的,它能造成双方的爱。如果你为我而牺牲,我只有更爱你。你想想吧,在你一方面,既然能为我牺牲,就表示你非常爱我,所以你就能非常幸福了。”

他们笑了,很高兴能够把彼此那么认真的意见丢开一下。

他笑着,他望着她。其实她的确像她所说的,决无意思此刻就离开克利斯朵夫;虽然他常常使她腻烦,使她气恼,她也知道像他这样的忠诚是多么可贵;而且她也并不爱别人。她刚才的话是说着玩的,一半因为知道他不喜欢这种话,一半因为觉得玩弄这些危险而不清不白的思想自有一种乐趣,像小孩子喜欢搅弄脏水一样。他知道这点,并不恨她。但对于这一类不健全的辩难,对于跟这个捉摸不定而心神不安的女子的争执,他觉得厌倦了;为了要无中生有的,在她身上找出优点来骗自己而花那么大的劲,他也厌倦了,有时甚至厌倦得哭了。他想:“为什么她要这样呢,一个人为什么要这样呢?人生真无聊!”……

同时他微微笑着,望着俯在他身上的那张娇艳的脸,蓝的眼睛,花一般的皮色,爱笑爱唠叨而带点蠢相的嘴巴,半开半阖的,露着舌头与滋润的牙齿的光彩。他们的嘴唇差不多碰上了;可是他仿佛是远远地看着她,很远很远,像从别一个世界上望过来的;他眼看她慢慢地远去,隐没在云雾里了……随后他竟瞧不见她了,听不见她了。他忘了一切,只想着音乐,想着他的梦,想着跟阿达完全无关的事。他听见一个调子。他静静地在那里作曲……啊!美妙的音乐!……多么凄凉,凄凉欲绝!可又是温柔的,慈爱的……啊!多么好!……可不是?可不是?……其余的一切都是虚幻的。

他被人抓着手臂推了几下,听见有个声音喊着:

"喂,你怎么啦?你真的疯了吗?干吗这样瞅着我呢?干吗不回答我呢?"

他又看到了那双望着他的眼睛。那是谁啊?……——啊!是的……——他叹了一口气。

她仔细地把他打量着,要知道他想些什么。她弄不明白,只觉得自己白费气力,没法把他完全抓住,他老是有扇门可以逃的。她暗中生气了。

有一次她把他从这种出神的境界中叫回来,问:"你干吗哭呀?"

他把手抹了抹眼睛,才觉得湿了。

"我不知道。"他说。

"干吗你不回答?我已经问了你三遍啦。"

"你要什么呢?"他语气很温和地说。

她又开始那些古怪的辩论,他做了一个厌倦的手势。

"别急,"她说,"我再说一句就完啦。"

可是她又滔滔不竭地说开去了。

克利斯朵夫气得直跳起来:"你能不能不再跟我说这些下流话?"

"我是说着玩儿的。"

"那么找些干净一点的题目!"

"至少你得跟我讨论一下,说出你讨厌的理由。"

"这有什么理由可说的!譬如垃圾发臭,难道还得讨论它发臭的原因吗?它发臭,那就完了,我只能堵着鼻子走开。"

他愤愤地走了,迈着大步,呼吸着外边冰冷的空气。

可是她又来了,一次,两次,十次。凡是能伤害他良心的,使它难堪的,她都一齐抖出来摆在他面前。

他以为这不过是一个神经衰弱的女子的病态的玩意儿,喜欢把折磨人当作消遣。他耸耸肩膀,或是假装不听她的,并不拿她当真。但他有时仍不免想把她从窗里扔出去:因为神经衰弱这个病和闹神经衰弱的人对他都不是味儿……

然而只要离开她十分钟,他就会把一切讨厌的事忘得干干净净。他又抱着新的希望新的幻象回到阿达身边去了。他是爱她的。爱情是一种永久的信仰。一个人信仰,就因为他信仰,上帝存在与否是没有关系的。一个人爱,就因为他爱,用不着多大理由!……

克利斯朵夫和伏奇尔一家吵过以后,不能再在他们屋子里住下去了,鲁意莎只能另找一所屋子。

有一天,克利斯朵夫的小兄弟,久无音讯的恩斯德,突然回家了。他试过各种行业,结果都给人撵走。丢了差事,不名一文,身体也搅坏了,他认为还是回到老家来养息一下的好。

恩斯德和两个哥哥的关系都不算坏;他们瞧不起他,他知道这点,可并不介意,所以不恨他们。他们也不恨他,因为恨他也是徒然。人家无论对他说什么都等于是耳边风。他眯着谄媚的眼睛笑着,装作痛悔的神气,心想着别处,嘴里可是诺诺连声,说着道谢的话,结果总在两个哥哥身上敲到一些钱。克利斯朵夫对这个讨人喜欢的坏蛋,不由自主地很有好感。他外表更像他们的父亲曼希沃。和克利斯朵夫一样的高大,结实,他五官端正,面貌之间好似人很爽直,眼神清朗,鼻子笔直,嘴巴带着笑意,牙齿美丽,举动很迷人。克利斯朵夫一看见他心就软了,预先准备好要责备他的话,连一半都没说出,他骨子里对这个漂亮少年有点像母亲对儿子那样的偏宠,他不但和他同一血统,而且至少在体格上是替他挣面子的。他认为这兄弟心并不坏,再加恩斯德也一点儿不傻。他虽然没有教育,倒也不俗,甚至对陶养心情的活动还感到兴趣。他听着音乐觉得津津有味,尽管不懂哥哥的作品,可仍好奇地听着。克利斯朵夫一向没有得到家里的人多少同情,所以在某些音乐会中看到小兄弟在场也很高兴。

但恩斯德主要的本领,是彻底认识和善于利用两个哥哥的性格。克利斯朵夫知道恩斯德的自私和薄情,知道他只有用得着母兄的时候才想到他们,但他照旧受他甜言蜜语的哄骗,难得会拒绝他的要求。他对他比对另一个兄弟洛陶夫喜欢得多。洛陶夫为人规矩安分,做事认真,很讲道德,不向人要钱,也不拿钱给人,每星期日照例来看一次母亲,待上一个钟点,老讲着自己的事,自吹自捧,吹他的商店和有关他的一切,从来不问一下别人的事,一点儿不表示关心,时间一到就走,认为责任已尽,有了交代了。这个兄弟,克利斯朵夫简直受不了。他在洛陶夫回家的时候总想法待在外边。洛陶夫可是忌妒克利斯朵夫:他瞧不起艺术家,克利斯朵夫的名气使他心里难过。然而他在他的商人社会中常常利用哥哥的声誉,只从来不跟母亲或克利斯朵夫提到,假装不知道哥哥有什么名望。反之,凡是克利斯朵夫出了点不愉快的事,哪怕是极小的,他都知道。克利斯朵夫瞧不起这些胸襟狭窄的行为,故作不知,但他从来没想到(要是发觉了,他是受不住的),洛陶夫所知道的对他不利的消息,一部分是从恩斯德那里来的。这小坏蛋把克利斯朵夫跟洛陶夫不同的地方看得很清:当然他承认克利斯朵夫的优越,或许还对他的戆直有些略带讥讽意味的同情。但他决不肯不利用克利斯朵夫的戆直;另一方面,他尽管瞧不起洛陶夫的心地不好,也照旧不顾羞耻地利用他那种心地。他迎合洛陶夫的虚荣和忌妒,恭恭敬敬听他的埋怨,把城里的丑事,尤其是关于克利斯朵夫的,告诉他,——而恩斯德对于克利斯朵夫的事也知道得特别详细。终于他目的达到了:洛陶夫虽然那么吝啬,结果也和克利斯朵夫一样让他把钱骗了去。

这样,恩斯德一视同仁地利用他们,也一视同仁地嘲笑他们。而他们两个也一样的喜欢他。

恩斯德虽是诡计多端,回到老家的时候情形也怪可怜了。他从慕尼黑来,在那儿他丢了最后一个差事,照例他是谋到一个事马上就会丢了的。一大半的路程,他是走的,冒着大雨,晚上天知道住在哪儿。浑身泥巴,衣衫褴褛,他简直像乞丐一样,咳嗽又非常厉害,因为在路上害了恶性支气管炎。一看见他这副模样的回来,鲁意莎骇坏了,克利斯朵夫真心感动地迎上前去。眼泪不值钱的恩斯德,少不得借此利用一下;于是大家都动了感情,三个人哭做一团。

克利斯朵夫腾出他的房间;大家熏暖了被窝,把似乎快要死下来的病人安置睡下。鲁意莎和克利斯朵夫轮流在床头看护。既要请医生,买药,又要在房里生火,张罗一些特殊的食物。

接着他们又替他从头想到脚,里里外外,把衣服鞋袜都办起来。恩斯德让他们去费心。鲁意莎和克利斯朵夫,满头大汗的,到处去设法弄钱。这时他们手头很拮据:新近搬了家,屋子是照样的不舒服,租金倒更贵;克利斯朵夫教课的差事减少了,支出可加增了许多。他们平时仅仅弄到一个收支相抵,此刻更不得不想尽方法筹款。当然,克利斯朵夫可以向洛陶夫要钱,他才更有力量帮助恩斯德;可是克利斯朵夫不愿意,他定要争口气,独力来救济小兄弟。他认为这是自己的责任,因为他是长兄,尤其因为他是克利斯朵夫。半个月以前,有人向他接洽,说一个有钱的业余音乐家愿意出资收买一部作品用自己的名字出版,克利斯朵夫当时愤慨地拒绝了,如今可不得不忍着羞辱答应下来,而且还是自己去央求的。鲁意莎出去做散工,替人家缝补衣服。他们的牺牲都不让彼此知道,关于钱的来源,总是互相扯谎。

恩斯德在养病期间,坐在火炉旁边缩做一团,一边咳嗽一边说出他欠了些债。他们都替他还了。没有一个人埋怨他。对一个浪子回头的病人,说责备的话似乎显得自己气量太小了。恩斯德也好像吃过苦而改变了。他含着眼泪讲起从前的错误;鲁意莎拥抱他,劝他不必再想。他有一套软功夫,一向会装腔作势地哄骗母亲。从前克利斯朵夫为此而忌妒他,现在可觉得最年轻最虚弱的儿子当然应该最受疼爱。他虽然和恩斯德年纪相差不多,却不光把他看作兄弟,简直当作儿子一样。恩斯德对他非常尊敬,有时还提起克利斯朵夫沉重的负担,金钱的牺牲……克利斯朵夫不让他说下去,恩斯德便用谦恭的亲切的眼神表示感激。克利斯朵夫对他的忠告,他嘴上无不接受,似乎准备一朝身体恢复之后立刻重新做人,好好的去工作。

他病好了,但养息的时间很长。他从前把身体糟蹋得厉害,医生认为需要特别小心。因此他继续住在母亲身边,和克利斯朵夫合睡一张床,胃口很好地吃着哥哥挣来的面包和母亲给他预备的好菜。他绝口不提动身的话。鲁意莎与克利斯朵夫也不跟他提。一个是找到了心疼的儿子,一个是找到了心疼的兄弟,他们俩都太高兴了。

夜长无事,克利斯朵夫慢慢地和恩斯德谈得比较亲密了。他需要跟人说些心腹话。恩斯德很聪明,思想很快,只要一言半语就懂得,所以跟他谈话是很有趣的。可是克利斯朵夫还不敢提到最贴心的事,——他的爱情,仿佛说出来是亵渎的。而什么都一清二楚的恩斯德只做不知道。

有一天,已经完全复原的恩斯德,趁着晴朗的下午出去沿着莱茵河溜达。离城不远,有所热闹的乡村客店,星期日人们都到这儿来喝酒跳舞;恩斯德看见克利斯朵夫和阿达与弥拉占着一张桌子,正在嘻嘻哈哈地闹哄。克利斯朵夫也看见了兄弟,脸红起来。恩斯德表示识趣,不去招呼他就走过了。

这次的相遇使克利斯朵夫非常为难,跟那些人在一起尤其觉得惭愧;被兄弟撞见的难堪,非但是因为从此失掉了指摘兄弟的资格,而且也因为他对长兄的责任抱着很高,很天真,有点儿过时的,在许多人看来未免可笑的观念;他觉得这样的不尽长兄之责等于是堕落。

晚上他们在卧室里碰到了,他等恩斯德先开口讲那件事。恩斯德偏偏很小心地不作声,也在那里等着。直到脱衣服的时候,克利斯朵夫才决意和兄弟提到他的爱情。他心慌得厉害,简直不敢望一望恩斯德,又因为羞怯,便故意装出突如其来的口吻。恩斯德一点儿不帮他忙;他不声不响,也不对哥哥瞧一眼,可是把什么都看得很清:克利斯朵夫笨拙的态度和言语之间所有可笑的地方,都逃不过恩斯德的眼睛。克利斯朵夫竟不大敢说出阿达的名字;他所描写的她的面貌,可以适用于所有的爱人。但他讲着他的爱,慢慢地被心中的柔情鼓动起来,说爱情给人多少幸福,他在黑夜中没有遇到这道光明以前是多么苦恼,没有一场深刻的恋爱,人生等于虚度一样。恩斯德肃然听着,对答得很聪明,绝对不提问句,只是很感动地握一握手,表示他和克利斯朵夫抱有同感。他们交换着关于恋爱与人生的意见。克利斯朵夫看到兄弟能这样了解他,快慰极了。他们在睡熟之前友爱地拥抱了一下。

从此克利斯朵夫常常和恩斯德提到他的爱情,虽然老是很胆怯,不敢尽量吐露,但这位兄弟的谨慎与识趣使他很放心。他也表示出对阿达的疑虑,但从来不指摘阿达,只埋怨自己。他含着眼泪说,要是失掉了她,他就活不了。

同时他也在阿达面前提起恩斯德,说他长得怎么美,怎么聪明。

恩斯德并不要求克利斯朵夫介绍阿达;只是郁郁闷闷地关在房里不肯出门,说是一个熟人都没有。克利斯朵夫觉得自己不应该每星期日和阿达到乡间去玩,而让兄弟独自守在家里。另一方面他觉得要不能和情人单独相处也非常难受;然而他总责备自己的自私,终于邀请恩斯德和他们一块儿去玩了。

在阿达门外,他把兄弟介绍了。恩斯德和阿达很客气地行了礼。阿达走了出来,后边跟着那个形影不离的弥拉;她一看见恩斯德就惊讶地叫了一声。恩斯德微微一笑,拥抱了弥拉,弥拉若无其事地接受了。

“怎么！你们原来是认识的?”克利斯朵夫很诧异地问。

“当然啰!”弥拉笑着说。

“从什么时候起的?”

“好久好久了。”

“噢！你也知道的?”克利斯朵夫问阿达,“干吗不跟我说?”

“你以为我认识弥拉所有的情人吗?”阿达耸了耸肩膀。

弥拉假装对阿达的话生了气。克利斯朵夫所能知道的就是这些。他很不快活,觉得恩斯德、弥拉、阿达,都不坦白,虽然实际上不能说他们扯谎;但要说事事不瞒阿达的弥拉偏偏把这一件瞒着阿达是难于相信的,说恩斯德和阿达以前不相识也不近事实。他留神他们。他们只谈几句极平常的话,而以后一起散步的时候,恩斯德只关心着弥拉。在阿达方面,她只和克利斯朵夫谈话,而且比平时格外和气。

从此以后,每次集会必有恩斯德参加。克利斯朵夫很想摆脱他,可不敢说。他的动机单单是因为觉得不应该把兄弟引做作乐的同伴,可绝对没有猜疑的心。恩斯德的行动毫无可疑之处:他似乎钟情于弥拉,对阿达抱着一种有礼的,差不多是过分敬重的态度,仿佛他要把对于哥哥的敬意分一些给哥哥的情人。阿达并不感到奇怪;她自己的行动也十分谨慎。

他们在一起作着长时间的散步。两兄弟走在前面,阿达与弥拉在后面又是笑又是唧唧哝哝。她们停在路中间长谈,克利斯朵夫与恩斯德停下来等她们。结果克利斯朵夫不耐烦了,自个儿往前了;可是不久,他听见恩斯德和两个多嘴的姑娘有说有笑,就懊恼地走回来,很想知道他们说些什么;但他们一走近,话就突然中止了。

“你们老是在一块儿商量什么秘密呀?”他问。

他们用一句笑话把他蒙过去了。他们三个非常投机,像节场上的小偷似的。

克利斯朵夫才跟阿达狠狠地吵了一架。从早上起他们就生气了。平时,阿达在这种场合会装出一副一本正经而恼怒的面孔,格外地惹人厌,算做报复。这一次她只做得好似没有克利斯朵夫这个人,而对其余的两个同伴照旧兴高采烈。仿佛她是欢迎这场吵架的。

反之,克利斯朵夫极想讲和;他比什么时候都更热情了。除了心中的温情以外,他还感激爱情赐给他的幸福,后悔那些无聊的争论糟蹋了光阴,再加一种莫名其妙的恐惧,似乎他们的爱情快要完了。阿达只做不看见他,和别人一起笑着;他很悲哀地瞧着她俊美的脸,想起多少宝贵的回忆;有时这张脸(现在就是的)显得多么善良,笑得多么纯洁,以至克利斯朵夫问自己,为什么他们没有相处得更好,为什么他们以作践幸福为乐,为什么她要竭力忘掉那些光明的时间,为什么她要抹煞她所有的善良与诚实的部分,为什么她一定要(至少在思想上)把他们纯洁的感情加以污辱而后快。他觉得非相信他所爱的对象不可,便竭力再造一次幻象。他责备自己不公平,恨自己缺少宽容。

他走到她身边跟她搭讪,她冷冷地回答了几句,一点没有跟他讲和的意思。他紧紧逼着她,咬着她耳朵要求她和别人离开一会,单独听他说话。她很不高兴地跟着他。等到他们落后了几步,弥拉与恩斯德都瞧不见他们了,他便突然抓着她的手,求她原谅,跪在树林里的枯叶上面。他告诉她,他不能这样跟她吵了架而活下去;什么散步,什么美丽的风光,无论什么他都不感乐趣了;他需要她爱他。是的,他往往很不公平,脾气暴躁,令人不快;他求她原谅,说这种过失就是从他爱情上来的,因为凡是平庸的,和他们宝贵的往事配不上的,他都不能忍受。他提起过去的事,提起他们的初遇,最初几天的生活;他说他永远那样的爱她,将来也永远爱她,但愿她不要离开他!她是他的一切……

阿达听着,微笑着,有点儿慌,差不多心软了。她的眼睛变得很柔和,表示他们相爱,不再怄气了。他们互相拥抱,紧紧靠在一起,往木叶脱落的树林中走去。她觉得克利斯朵夫很可爱,听了他温柔的话很高兴;可是她那些想入非非的作恶的念头,连一个也没放弃。她有些迟疑,念头不像先前坚决了,但胸中所计划的事并不就此丢开。为什么?谁说得清呢?……因为她早已打定主意要做,所以非做不可吗?……谁知道?或许她认为,在这一天上欺骗朋友来对他证明,对自己证明她的不受拘束是更有意思。她并不想让克利斯朵夫跑掉,那是她不愿意的。现在她自以为对他比什么时候都更有把握了。

他们在树林里走到一片空旷的地方,那儿有两条小路通到他们要去的山岗。克利斯朵夫拣的一条,恩斯德认为是远路,应当走另外一条。阿达也那么说。克利斯朵夫因为常在这儿过,坚持说他们错了。他们不承认。结果大家决定来实地试一试,各人都打赌说自己先到。阿达跟恩斯德走。弥拉可陪着克利斯朵夫,表示她相信克利斯朵夫是对的,还补充着说他从来不会错的。克利斯朵夫对游戏很认真,又不愿意输了东道,便走得很快,弥拉觉得太快了,她并不像他那么着急。

"你急什么,好朋友,"她口气又安闲又带些讥讽的意味,"我们总是先到的。"

给她一说,他也觉得自己不大对了:"不错,我走得太快了;用不着这样赶路的。"

他放慢了脚步又说:"可是我知道他们的脾气,一定连奔带跑地想抢在我们前面。"

弥拉大声笑了:"放心吧!他们才不会跑呢。"

她吊着他的胳膊跟他靠得很紧。她比克利斯朵夫稍微矮一点,一边走一边抬起她又聪明又撒娇的眼睛望着他。她的确很美,很迷人。他简直不认得她了:她真会变化。平时她的脸带点苍白,虚肿;可是只要有些刺激,或是什么快乐的念头,或是想讨人喜欢的欲望,这副憔悴的神气就会消失,眼睛四周和眼皮的皱裥都没有了,腮帮红起来,目光有了神采,整个面目都有股朝气,有种生机,有种精神,为阿达所没有的。克利斯朵夫看到她的变化奇怪极了;他掉过眼睛,觉得单独跟她在一起有点心慌意乱。他局促不安,不听她的话,也不回答她,或是答非所问:他想着——硬要自己只想着阿达。他记起了她刚才那双柔和的眼睛,心中便充满着爱。弥拉要他欣赏林木的美,纤小的枝条映在清朗的天空……是啊,一切都很美:乌云散开了,阿达回到他怀抱里来了,他们之间的冰山给他推倒了;他们重新相爱,合而为一。他呼吸自由了,空气多轻松!阿达回到他怀抱里来了……一切都使他想念她……天气很潮湿:她不至于受凉吧?……美丽的树上点缀着冰花:可惜她没看见!……他忽然记起所赌的东道,便加紧脚步,特别留神不让自己迷路,一到目的地,就得意扬扬地叫起来:"我们先到了!"

他很高兴地挥着帽子。弥拉微微笑着,望着他。

他们所到的地方是树林中间一片很长的削壁。这块山顶上的平地,周围是胡桃树与瘦小的橡树,底下是郁郁苍苍的山坡,松树的顶上盖着紫色的云雾,莱茵河像一条带子,躺在蓝色的山谷中间。没有鸟语。没有人声。没有一丝风影。这是冬季那种恬静岑寂的日子,它仿佛瑟瑟缩缩地在朦胧暗淡的阳光底下取暖。山坳里驰过的火车,不时远远的传来一声短促的呼啸。克利斯朵夫站在岩崖边上看着风景。弥拉看着克利斯朵夫。

他向她转过身子,高高兴兴地说:"嘿!那两个懒东西,我不是早告诉过他们吗?……好吧,只有等他们了……"

他在到处开裂的地上躺了下来,晒着太阳。

"对啦,咱们等吧……"弥拉说着抖开了头发。

她语气挖苦得厉害,克利斯朵夫不禁抬起身子望着她。

"怎么啦?"她若无其事地问。

"你刚才说什么?"

"我说:咱们等吧。真用不着要我跑得那么快的。"

"对啦。"

他们俩在高低不平的地上躺下。弥拉哼着一个调子。克利斯朵夫跟着唱了几句,但他时时刻刻停下来伸着耳朵听,说道:"好像听到他们的声音了。"

弥拉继续唱着。

“你静一会儿好不好?”

弥拉停了一下。

“噢,一点声音都没有。”

她又哼起来了。

克利斯朵夫开始坐立不安:“也许他们迷了路。”

“迷路？才不会呢。恩斯德对这里的路熟得很。”

克利斯朵夫忽然有了个古怪的念头,“要是他们先到了这儿又出发了呢?”

弥拉仰躺着,望着天,唱歌唱到一半突然狂笑起来,差点儿连气都闭住了。克利斯朵夫硬要回到车站去,说他们一定在那里了。弥拉听到这句才决意开口:

“这才是跟他们走散的好办法呢！……我们又没说过车站,约好在这儿相会的。”

他重新坐在她身边。她看他等急了觉得好玩。他也发觉她的目光在笑他。但他一本正经地操心起来,——不是怀疑他们而是担心他们的遭遇。他又站起身子,说要回到树林里去找他们,叫他们。弥拉轻轻地嗤了一声,从袋里掏出针线剪刀,消消停停地拆开帽上的羽毛把它重新缝过:她的神气好似准备在这儿待上一天的了。

“别忙,傻子,”她说,“他们要是愿意来,不会自个儿来吗?”

他心里一震,回过身来向着她。她可不瞧他,专心做着自己的手工。他走近去叫着:

“弥拉!”

“嗯?”她一边说一边依旧做她的事。

他蹲下去想对她瞧个仔细,又叫了一声:“弥拉!”

“怎么啦?”她抬起眼睛,笑盈盈地望着他,“什么事?”

她看着他慌张的神气不禁露出嘲笑的脸色。

“弥拉!”他说话的声音都嗄了,“告诉我你是怎么想的……”

她耸耸肩,笑了笑,又低下头去做活了。

他抓着她的手,把她正在缝的帽子拿开:“别做了,别做了,你告诉我呀……”

她正面瞧着他,心软了。她看见克利斯朵夫的嘴唇在发抖。

“你以为,”他声音更轻了,“恩斯德和阿达……”

她微微一笑:“嘿!嘿!”

他气得直跳起来:“不!不!那是不可能的!你决不会这样想的!……不!不!”

她把手按着他肩膀,笑倒了:“哎啊!亲爱的,你多傻!你多傻!”

他用力摇着她的身子说:“别笑!干吗你笑?要是真的话,你就不会笑了。你是爱恩斯德的……”

她继续笑着,把他拉过去拥抱了。他不由自主地还了她一吻。但他一接触她的嘴唇,感觉到还有他兄弟的亲吻的暖气,就往后一退,把她的头捧着,隔着相当的距离,问:

“那么你是早知道的!你们早商量好的?”

她一边笑一边说:“是的。”

克利斯朵夫既不叫嚷,也没有一个发怒的动作。他张着嘴仿佛不能呼吸了,闭着眼睛,把手紧紧地压着胸部:心快要爆裂了。接着他躺在地下,捧着脑袋,因为厌恶与绝望而浑身抽搐起来,像小时候一样。

并不怎么温柔的弥拉这时也觉得他可怜了;她凭着那种母性的同情,俯在他身上,和他说着亲热的话,拿出提神醒脑的盐来要他闻一闻。他可不胜厌恶地把她推开了,冷不防站起身子,吓了她一跳。他没有报复的气力,也没有报复的念头。他瞅着她,痛苦得脸都抽搐了。

“混蛋,”他垂头丧气地说,“你不知道你害得人多苦……”

她想留住他。可是他往树林中逃了,对着这些无耻的勾当,污浊的心灵,和他们想拖他下水的乱伦的淫猥,深恶痛绝。他哭着,哆嗦着,又恨又怒,大声号了出来。他厌恶她,厌恶他们,厌恶自己,厌恶自己的肉体与心灵。他心中卷起一股轻蔑的怒潮:那是酝酿已久了的;

对于这种卑鄙的思想,下流的默契,他在里面混了几个月的恶浊的空气,他迟早要起来反抗的;只因为他需要爱人家,需要把爱人造成种种幻象,才尽量地拖了下来。现在可突然爆发了:而这样倒是更好。一股精纯的大气,一阵冰冷的寒风,把所有的臭秽一扫而空。厌恶的心情一下子把阿达的爱情给毁灭了。

如果阿达以为这件事可以加强她对克利斯朵夫的控制,那就更证明她庸俗不堪,不了解她的爱人。嫉妒的心理,可以使不清白的人更恋恋不舍,但在一个克利斯朵夫那样年轻、纯洁、高傲的性格,只会因之而反抗。他尤其不能而且永远不能原谅的,是这次的欺骗在阿达既非由于热情冲动,也非由于女人的理智难于抗拒的那种下流的使性。不是的,——他现在明白了,——她的用意是要使他丢人,使他羞辱,因为他在道德方面和她抗衡,因为他抱着与她敌对的信仰而要惩罚他,要把他的人格降低到跟普通人一样,把他踩在脚下,使她感觉到自己作恶的力量。他不明白:为什么多数的人要把自己和别人所有的纯洁一齐玷污而后快?为什么这般猪狗似的东西,乐此不疲地要在垃圾中打滚,要浑身没有一块干净的地方才快活?……

阿达等了两天,以为克利斯朵夫会去迁就她的。过了两天她发急了,给了他一封亲热的短信,绝口不提过去的事。克利斯朵夫置之不理。他对阿达切齿痛恨,简直没有言语可以形容。他把她从自己的生活中扫除了。世界上没有她这个人了。

克利斯朵夫摆脱了阿达的羁绊,但还没有摆脱他自己的。他徒然对自己作种种的幻想,徒然想回到过去那种贞洁,坚强,安静的境界。一个人决不能回到过去,只有继续向前。回头是无用的,除非看到你早先经过的地方,和住过的屋顶上的炊烟,在天边,在往事的云雾中慢慢隐灭。可是把我们和昔日的心情隔离得最远的,莫如几个月的热情。那好比大路拐了一个弯,景色全非;而我们是和以往的陈迹永诀了。

克利斯朵夫不肯承认这一点。他向过去伸着手臂,非要他从前那种高傲而隐忍的精神复活过来不可。可是这精神已经不存在了。情欲的危险不在于情欲本身,而在于它破坏的结果。尽管克利斯朵夫现在不爱了,甚至暂时还厌恶爱情,也是没用;他已经被爱情的利爪抓伤了,心中有了个必须想法填补的窟窿。对柔情与快感的需要那么强烈,使尝过一次滋味的人永远受着它的侵蚀:一旦没有了这个风魔,就得有别种风魔来代替,哪怕是跟以前相反的,例如"憎厌一切"的风魔,对那种"高傲的纯洁"的风魔,"信仰道德"的风魔。——而这些热情还不能餍足他的饥渴,至多是暂时敷衍一下。他的生活变成了一连串剧烈的反动,——从这一个极端跳到另一个极端。时而他想实行不近人情的禁欲主义:不吃东西,只喝清水,用走路、疲劳、熬夜等等来折磨肉体,不让它有一点儿快乐。时而他坚信,对他那一类的人,真正的道德应当是力,便尽量去寻欢作乐。禁欲也罢,纵欲也罢,他总是烦恼。他不能再孤独,却又不能不孤独。

他唯一的救星可能是找到一种真正的友谊,——也许像洛莎的那一种,那他一定会借以自慰的。但两家之间已经完全闹翻,不见面了。克利斯朵夫只碰到过一次洛莎。她望了弥撒从教堂里出来。他迟疑着不敢上前;她一见之下似乎想迎着他走过来;可是他从潮水般的信徒堆里向她挤过去时,她把头转向了别处;而他走近的时候,她只冷冷地行了个礼就走开了。他觉得这姑娘对他存着冷淡与鄙薄的心,可不知道她始终爱着他,极想告诉他;但她又因之埋怨自己,仿佛现在再爱他是一桩罪过,因为克利斯朵夫行为不端,已经堕落,跟她距离太远了。这样,他们就永远分离了。而这对于两人也许都有好处。虽然心地极好,她可没有活泼泼的生命力去了解他。他虽然极需要温情与敬意,也受不了平凡的,闭塞的,没有欢乐,没有痛苦,没有空气的生活。他们俩一定会痛苦的,——为了教对方痛苦而痛苦。所以使他们俩不能接近的不幸,归根结蒂倒是大幸,——那对一般刚强而能撑持的人往往是这样的。

但在当时,这个情形对他们毕竟是大大的不幸与苦恼,尤其对克利斯朵夫。一个有道德的人这样的不容忍,这样的心地偏狭,把最聪明的人变得不聪明,把最慈悲的人变得不慈悲的偏狭,使克利斯朵夫非常气愤,觉得受了侮辱,甚至为表示抗议起见,他走上了极端放纵的路。

他和阿达常到郊外酒店去闲坐的时候,结识了几个年轻人,——都是些过一天算一天的光棍;他们无愁无虑的心情与无拘无束的态度,倒也并不使他讨厌。其中有一个叫作弗烈特曼,跟他一样是音乐家,当着管风琴师,年纪三十上下,人很聪明,本行的技术也不坏,可是懒得不可救药,宁可饿死渴死也不愿意振作起来。他为了给自己的懒散解嘲,常常说一般为人生忙碌的人的坏话;他那些不大有风趣的讥讽,教人听了发笑。他比他的同伴们更放肆,不怕——可是还相当胆小,大半出之以挤眉弄眼与隐隐约约的措辞,——讽刺当道的人,甚至对音乐也敢不接受现成的见解,把时下徒负虚名的大人物暗中加以挞伐。他对女人也不留余地,专门喜欢在说笑话的时候,引用憎厌女性的某修士的名言:"女人的灵魂是死的。"克利斯朵夫比谁都更欣赏这句尖刻辛辣的话。

心乱如麻的克利斯朵夫,觉得和弗烈特曼谈天是种排遣。他把他的为人看得很透,对那种粗俗的挖苦人的脾气也不会长久喜欢的;冷嘲热讽和永远否定一切的口吻,很快教人腻烦,只显出说话的人的无能;但这个态度究竟和市侩们自命不凡的鄙俗不同。克利斯朵夫心里尽管瞧不起这同伴,实际却少不了他。他们老混在一起,跟弗烈特曼的那些不三不四的朋友待在酒店里,而他们比弗烈特曼更无聊:整夜的赌钱,嚼舌,喝酒。在令人作恶的烟草味道与残肴剩菜的味道中间,克利斯朵夫常常突然惊醒过来,呆呆地瞪着周围的人,不认得他们了,只是痛苦的想道:

"我在哪儿呢?这是些什么人啊?我跟他们在一起干什么呢?"

他们的谈话与嬉笑使他恶心,可没有勇气离开他们:他怕回家,怕跟他的欲念与悔恨单独相对。他入了歧路，知道自己入了歧路：他在弗烈特曼身上寻找，而且清清楚楚地看到，他有朝一日可能变成的那副丢人的面目；而他心灰意懒，看到了危险非但不振作起来，反而更加萎顿了。

要是可能，他早已入了歧路。幸而像他那一类的人，自有别人所没有的元气与办法，能够抵抗毁灭：第一是他的精力，他的求生的本能，不肯束手待毙的本能，以智慧而论胜过聪明，以强毅而论胜过意志的本能。并且他虽然自己不觉得，还有艺术家的那种特殊的好奇心，那种热烈的客观态度，为一切真有创造天赋的人都有的。他尽管恋爱，痛苦，让热情把自己整个儿的带走，他可并不盲目，还是能看到那些热情。它们固然是在他心中，可并不就是他。在他的灵魂中，有千千万万的小灵魂暗中向着一个固定的，陌生的，可是实在的目标扑过去，像整个行星的体系在太空中受着一个神秘的窟窿吸引。这种永远不息的、不自觉的自我分化的境界，往往发生在头晕目眩的时候，正当日常生活进入麻痹状态，在睡眠的深渊中射出神秘的目光，显出生命的各种各样面目的时候。一年以来，克利斯朵夫老是给一些梦纠缠着，在梦中清清楚楚地感到一种幻象，仿佛自己在同一刹那之间是几个完全不同的人，而这几个不同的人往往相隔很远，有几个世界的距离，有几个世纪的相差。醒了以后，他只有梦境留下来的一种骚乱惶惑的感觉，而一点记不起造成这惶惑的原因。那感觉好比一个执着的念头消灭以后所给你的困倦；念头的痕迹始终留在那儿，你可无法了解。一方面他的灵魂在无穷的岁月中苦苦挣扎，一方面另有一颗清明宁静而非常关切的灵魂，在他心中看着他劳而无功的努力。他瞧不见这另外一颗灵魂，但它那道潜在的光的确照着他。这灵魂对这些男男女女，对这个世界、这些情欲、这些思想，不问是折磨人的、平庸的，或竟是下贱的思想，都极需要而且极高兴的去感觉，观察，了解，为之受苦；——而这一点就让那些思想与人物感染到它的光明，把克利斯朵夫从虚无中救度了出来。这第二重的心灵使他感到并不完全孤独。它什么都要尝试,什么都要认识,在极有破坏性的情欲前面筑起一座堡垒。

这另一颗心灵固然能够使克利斯朵夫的头浮在水面,但还不能使他单靠自己的力量跳出水来。他还不能控制自己,不能韬光养晦。什么工作都没有心思去做。他精神上正在过一道难关,结果是极有收获的:他将来的生命都在这个转变中间长了芽;——但这种内心的财富,目前除了极端放荡以外别无表现;这样丰满的生命力在当时所能产生的结果,跟最贫弱的心灵的并无分别。克利斯朵夫被生命的狂流淹没了。他所有的力都受着极猛烈地推动,长大得太快了,而且是同时并进的。只有他的意志并没同样迅速地长成,倒反被这些妖魔吓坏了。他的身心到处都在爆裂。可是这个惊天动地的精神上的剧变,别人是一无所见的。克利斯朵夫自己也只觉得没有意志,无力创造,无力生存。而欲念,本能,思想,却先后地涌了出来,宛如硫磺的浓烟从火山口中奔腾直冒;于是他问自己:

"现在又要冒出些什么来呢?我要变成怎么样呢?难道永远是这样的了?还是我克利斯朵夫就要完了?永远一无所成了吗?"

而他遗传得来的本能,前人的恶习,此刻忽然暴露了出来。

他拼命喝酒了。

他往往酒气冲人,嘻嘻哈哈地回家:完全消沉了。

可怜的鲁意莎对他望了望,叹着气,一句话也不说,只管祈祷。

有天晚上他从酒店里出来,在城门口瞥见高脱弗烈特舅舅滑稽的背影,驮着包裹走在他前面。这矮子已经有几个月不到本地来,在外边逗留的时期越来越长了。克利斯朵夫非常高兴地老远叫他。给包袱压得弯了身子的高脱弗烈特,回过头来瞧见克利斯朵夫装着鬼脸,便坐在路旁的界石上等他。克利斯朵夫眉飞色舞,连奔带纵地跑过来,握着舅舅的手使劲地摇,表示十二分亲热。高脱弗烈特对他瞅了好久,才说:

"你好,曼希沃。"

克利斯朵夫以为舅舅认错了,禁不住哈哈大笑。他想:"可怜的人老啦,记忆力都没有了。"

的确,高脱弗烈特神气老了许多,皮肤更皱,人更矮,更瘦弱,呼吸也短促而费劲。克利斯朵夫还在那里唠唠叨叨。高脱弗烈特把包裹驮在肩上,默默无声地又走起来了。他们俩肩并肩地一同回家,克利斯朵夫指手画脚,直着嗓子说话。高脱弗烈特咳了几下,只是不作声。克利斯朵夫问他什么话的时候,他仍旧管他叫曼希沃。这一回克利斯朵夫可问他了:

"哎!您怎么叫我曼希沃?我明明是克利斯朵夫,难道您忘了吗?"

高脱弗烈特只管走着,抬起眼睛把他瞧了瞧,摇摇头冷冷地说:

"不,你是曼希沃,我清清楚楚认得是你。"

克利斯朵夫停着脚步,呆住了。高脱弗烈特照旧迈着小步走着,克利斯朵夫不声不响地跟在后面。他酒醒了。走过一家有音乐的咖啡店门口,不清不楚的镜子里照出门灯和冷清清的街道,克利斯朵夫上去照了一下,也认出了父亲的面目,不由得失魂落魄地回到家里。

他整夜的反省,彻底做了番检讨。现在他明白了。不错,他认出了在心中抬头的本能与恶习,觉得不胜厌恶。他想起在父亲遗骸旁边守灵的情景,想起当时许的愿,又把那时以后自己的生活温了一遍,发觉每件事都违背了他起的誓。一年以来他做了些什么呢?为他的上帝,为他的艺术,为他的灵魂,他做了些什么呢?为他不朽的生命做了些什么呢?没有一天不是白过的,不是糟蹋掉的,不是玷污的。没有写过一件作品,没有转过一个念头,没有作过一次持久的努力。只有一大堆混乱的欲念纷至沓来,互相毁灭。狂风,尘埃,虚无……他的志愿有什么用?要做的事一件也没做到,而所做的全是跟志愿相反的。他做了一个他不愿意做的人:这便是他生活的总账。

他一夜没有睡着。早上六点,天还没有亮,他听见舅舅准备动身了。——因为高脱弗烈特不愿多耽留。他只是经过这儿,照例来看看他的妹妹与外甥,早就声明第二天要走的。

克利斯朵夫走下楼去。高脱弗烈特看见他血色全无,一夜的痛苦使他的腮帮陷了下去。他向克利斯朵夫亲热地笑了笑,问他可愿意送他一程。天还没有破晓,他们就出发了。两人用不着说话,彼此都很了解。走过公墓的时候,高脱弗烈特问:

"你可愿意进去一下吗?"

他到城里来一次,总得去看一次约翰·米希尔和曼希沃的墓。克利斯朵夫不到这儿已有一年了。高脱弗烈特跪在曼希沃的墓前说道:

"咱们来祈祷吧,但愿他们长眠,永息,别来缠绕我们。"

他这个人一方面极有见识,一方面又有古怪的迷信,有时使克利斯朵夫非常诧异;但他这一回对舅舅完全了解。直到走出公墓,他们一句话也不多说。

两人关上了咿呀作响的铁门,顺着墙根走去,寒瑟的田野正在醒过来,小路高头是伸在墓园墙外的柏树枝条,积雪在上面一滴滴的往下掉。克利斯朵夫哭了。

"啊!舅舅,"他说,"我多痛苦!"

他不敢把他爱情的磨难说出来,怕使舅舅发窘;他只提到他的惭愧,他的无用,他的懦怯,他的违背自己的许愿。

"舅舅,怎么办呢?我有志愿,我奋斗;可是过了一年,仍旧跟以前一样。不!连守住原位也办不到!我退步了。我没有出息,没有出息!我把自己的生命蹉跎了,许的愿都没做到!……"

他们正在爬上一个俯瞰全城的山岗。高脱弗烈特非常慈悲地说:

"孩子,这还不是最后一次呢。人是不能要怎么就怎么的。志愿和生活根本是两件事。别难过了。最要紧是不要灰心,继续抱住志愿,继续活下去。其余的就不由我们做主了。"

克利斯朵夫无可奈何地再三说着:"我许的愿都没做到!"

"听见没有?"高脱弗烈特说。

(鸡在田野里啼。)

"它们也在为了别个许了愿而做不到的人啼。它们每天早上为了我们每个人而啼。”

“早晚有一天，”克利斯朵夫苦闷地说，“它们会不再为我啼的……那就是没有明天的一天。那时我还能把我的生命怎么办呢？”

“明天是永远有的。”高脱弗烈特说。

“可是有了志愿也没用，又怎么办呢？”

“你得警惕，你得祈祷。”

“我已经没有信仰了。”

高脱弗烈特微微笑着：

“你要没有信仰，你就活不了。每个人都有信仰的。你祈祷吧。”

“祈祷什么呢？”

高脱弗烈特指着在绚烂而寒冷的天边显现出来的朝阳，说道：

“你得对着这新来的日子抱着虔敬的心。别想什么一年十年以后的事。你得想到今天。把你的理论统统丢开。所有的理论，哪怕是关于道德的，都是不好的，愚蠢的，对人有害的。别用暴力去挤逼人生。先过了今天再说。对每一天都得抱着虔诚的态度。得爱它，尊敬它，尤其不能污辱它，妨害它的发荣滋长。便是像今天这样灰暗愁闷的日子，你也得爱。你不用焦心。你先看着。现在是冬天，一切都睡着。将来大地会醒过来的。你只要跟大地一样，像它那样的有耐性就是了。你得虔诚，你得等待。如果你是好的，一切都会顺当的。如果你不行，如果你是弱者，如果你不成功，你还是应当快乐。因为那表示你不能再进一步。干吗你要抱更多的希望呢？干吗为了你做不到的事悲伤呢？一个人应当做他能做的事。……*Als ich kann*（竭尽所能）。”

“噢！那太少了。”克利斯朵夫皱着眉头说。

高脱弗烈特很亲热地笑了：

“你说太少，可是大家就没做到这一点。你骄傲，你要做英雄，所以你只会做出些傻事……英雄！我可不大弄得清什么叫做英雄；可是照我想，英雄就是做他能做的事，而平常人就做不到这一点。”

“啊，”克利斯朵夫叹了口气，“那么生活还有什么意思呢？简直是多余的了。可是有些人说‘愿即是能!’……”

高脱弗烈特又温和地笑了起来:“真的吗?那么,孩子,他们一定是些说谎大家。要不然他们根本没有多大志愿……”

他们走到了岗上,很亲热地互相拥抱了一下。小贩拖着疲乏的步子走了。克利斯朵夫若有所思地看着舅舅走远,反复念着他那句话:

“*Als ich kann*。”

他笑着想:“对,……竭尽所能……能够做到这一步也不错了。”

他向着城中回头走。冰冻的雪在脚下咯咯的响。冬天尖利的寒风,在山岗上把赤裸的枯枝吹得发抖。他的脸也被吹得通红,皮肤热辣辣的,血流得很快。山岗底下,红色的屋顶迎着寒冷而明亮的阳光微笑。空气凛冽。冰冻的土地精神抖擞的好似非常快乐。克利斯朵夫的心也和它一样。他想:

“我也会醒过来的。”

他眼中还含着泪。他用手背抹掉了,望着沉在水雾中间的旭日,笑了出来。大有雪意的云被狂风吹着,在城上飘过。他对乌云耸了耸鼻子表示满不在乎。冰冷的风在那里吹啸……

“吹吧,吹吧!随你把我怎么办吧!把我带走吧!……我知道我要到哪儿去。”

当你见到克利斯朵夫的面容之日,
是你将死而不死于恶死之日。

(古教堂门前圣者克利斯朵夫像下之拉丁文铭文)

卷三 终

卷四·反抗

卷四初版序

约翰·克利斯朵夫正要进入一个新阶段的时候,比较激烈的批评可能使各方面的读者感到不快;我请求我的和约翰·克利斯朵夫的朋友们切勿把我们的批评认为定论。我们每一缕的思想,只代表我们生命中的一个时期。倘使活着不是为了纠正我们的错误,克服我们的偏见,扩大我们的思想与心胸,那么活着有什么用?所以请大家忍耐些!如果我们错了,还是要请你们信任。我们知道我们会错的。一朝发觉了我们的谬妄,我们要比你们批评得更严厉。我们每过一天都想和真理更接近一些。且待我们到了终点,再请你们判断我们努力的价值。古话说得好:"暮年礼赞人生,黄昏礼赞白昼。"

罗曼·罗兰

一九〇六年十一月

第 一 部

松动的沙土

摆脱了！……摆脱了别人，摆脱了自己！……一年以来把他束缚着的情欲之网突然破裂了。怎么破裂的呢？他完全不知道。他的生命奋发之下，所有的锁链都松解了。这是发育时期的许多剧变之一；昨天已死的躯壳和令人窒息的往昔的灵魂，在发育时期都被强毅的天性撕得粉碎。

克利斯朵夫非常畅快地呼吸着，可不大明白自己有了什么改变。他送了高脱弗烈特回来，寒气凛冽的旋风在城门洞里打转。行人都低着头。上工的姑娘们气愤愤地和往裙子里直钻的狂风撑持；她们停下来喘着气，鼻子和腮帮都给吹得通红，脸上露着愤怒的神色，真想哭出来。克利斯朵夫可快活得笑了。他所想的并非眼前的这阵风暴，而是他才挣脱出来的精神上的风暴。他望着严冬的天色，盖满着雪的城市，一边挣扎一边走路的人们；他看看周围，想想自己：一点束缚也没有了。他是孤独的……孤独的！多快乐啊，独立不羁，完全自主！多快乐：摆脱了他的束缚，摆脱了往事的纠缠，摆脱了所爱所憎的面目的骚扰！多快乐：生活而不为生活俘虏，做着自己的主人！……

回到家里，浑身是雪。他高兴的抖了抖，像条狗似的。母亲在走廊里扫地，他在旁边走过，把她从地下抱起，嘴里唧唧哝哝地亲热地叫了几声，像对付小娃娃那样。克利斯朵夫身上全给融化的雪弄潮了；

年老的鲁意莎在儿子的臂抱里拼命撑拒,像孩子般天真地笑着,叫他做"大畜牲"!

他连奔带爬地上楼,进了卧室。天那么黑,他照着小镜子竟不大看得清自己。可是他心里快活极了。又矮又黑,难于转身的卧房,他觉得差不多是个王国。他锁上门,心满意足地笑着。啊,他终于把自己找到了!误入歧途已经有多少时候!他急于要在自己的思想中沉浸一番。如今他觉得自己的思想像一口宽广的湖,到了远处跟金色的雾化成一片。发过了一夜的烧,他站在岸旁,腿上感觉到湖水的凉气,夏日的晨风吹拂着身体。他跳下去游泳,不管也不在乎游到哪儿,只因为能够随意游泳而满心欢喜。他一声不出,笑着,听着心中无数的声音:成千累万的生命都在里头蠢动。他头在打转,什么都分辨不清了,只咂摸到一种目眩神迷的幸福。他很高兴能感觉到这些无名的力,可是他懒洋洋地还不想马上加以试验,只迷迷忽忽地体味着这个志得意满的陶醉的境界,因为自己的内心已经到了百花怒放的季节,那是被压了几个月而像突然临到的春天一样爆发起来的。

母亲招呼他吃饭了。他昏昏沉沉地下楼,好似在野外过了一整天以后的情形;脸上那种光彩甚至使鲁意莎问他有什么事。他不回答,只搂着她的腰在桌子周围跳舞,让汤钵在桌上冒汽。鲁意莎喘着气喊他做疯子;接着她又拍着手嚷起来。

"天哪!"她很不放心地说,"我敢打赌你又爱上什么人了!"

克利斯朵夫放声大笑,把饭巾丢在空中。

"又爱上了什么人!"他喊道,"啊!天!……不,不!那已经够了!你放心。嘿!那是完啦,完啦,一辈子的完啦!"

说罢,他喝了一大杯凉水。

鲁意莎望着他,放心了,可是摇摇头笑着:"哼,说得好听!还不像酒鬼一样,要不了一天就不算数的。"

"便是一天也是好的。"他很高兴地回答。

"不错!可是究竟什么事教你这样乐的?"

"我就是乐,没有什么理由。"

他肘子靠在桌上,和她对面坐着,把他将来要干的事统统告诉她。她又亲切又不大相信地听着,提醒他汤要凉了。他知道她并没有听,可也不在乎;因为他是说给自己听的。

他们俩笑着,互相望着:他说着话,她并不怎么听进去。虽然她有这样一个儿子很得意,可并不十分重视他艺术方面的计划;她只想着:"既然他这样快活,那就行了。"他一边对自己的议论听得飘飘然,一边望着母亲的脸,头上紧紧地裹着黑巾,头发雪白,年轻的眼睛不胜怜爱的瞅着他,神气那么安静那么慈祥。他完全能看出她的思想。

"我说的这些,你都满不在乎,可不是?"他带着开玩笑的口气说。

"哪里? 哪里?"她勉强否认。

他把她拥抱着说:"怎么不是,怎么不是! 得了吧! 用不着辩。你这么办也不错。只要爱我就行了。我不需要人家了解我,既不要你了解,也不要谁了解。现在我再也不需要谁,不需要什么了:我心里什么都有! ……"

"啊,"鲁意莎接着说,"他现在又疯着一点儿什么了! ……也罢! 既然非风魔不可,我宁可他有这一种。"

让自己在思想的湖上飘浮,多甜蜜,多快乐! ……躺在一条小船里头,浴着阳光,水面上清新的微风在脸上轻轻拂过,他悬在空中,睡着了。在他躺着的身子底下,在摇摆的小船底下,他感觉到深沉的水波;他懒懒地把手浸在水里。他抬起身子把下巴搁在船边上,像童时那样望着湖水流过。他看见水中映出多少奇怪的生灵像闪电般飞逝……一批过了又是一批,从来没有相同的。他对着眼前这种奇幻的景象笑了,对着自己的思想笑了;他不需要固定他的思想。挑选吗? 干吗要在这千千万万的梦境中挑选呢? 有的是时间! ……将来再说吧! 等到他要的时候,只消撒下网去就能把在水里发光的怪物捞起……现在先让它们过去,等将来再说吧!

小船随着温暖的微风与迟缓的水波飘浮。天气温和,阳光明媚,四下里静悄悄的。

他终于懒洋洋地撒下网去;俯在到处起泡的水上,他瞧着网完全沉下。待了一忽儿,他从容不迫地把网拉起来,觉得越拉越重了;正要从水中提出的时候,他停下来喘一口气。他知道有了收获,可不知道是什么收获;他有心延宕,想多咂摸一下等待的乐趣。

终于他下了决心:五光十色的鱼出现到水外来了;它们扭来扭去像一窠乱蛇。他好不诧异地瞧着,拿手指去拨动,想挑出最好看的放在手里鉴赏一会;但才把它们提到水外,变化无穷的色彩就黯淡了,它们本身也在他手中化掉了。他重新把它们扔进水里,重新下网。他对于心中蠢动的梦境,极想一个一个地瞧过来,可一个都不愿意留下;他觉得它们在明净的湖中自由飘浮的时候更美……

他唤起各式各样的梦境,一个比一个荒唐。他的思想已经积聚了多少时候没有用过,心中装满的宝藏膨胀得要爆起来了。可是一切都乱七八糟:他的思想好比一个杂货栈,或是犹太人的骨董店;稀有的宝物,珍奇的布帛,废铜旧铁,破烂衣服,统统堆在一间屋里。他分辨不出哪些是最有价值的,只觉得全都有趣。其中有的是互相击触的和弦,像钟一般奏鸣的色彩,像蜜蜂般嗡嗡响着的和声,像多情的嘴唇般笑盈盈的调子。有的是幻想的风景,面貌,各种热情,各种心灵,各种性格,文学的或玄学的思想。有的是庞大的无法实现的计划:什么四部剧,十部剧,想把什么都描写为音乐,包括各式各样的天地。还有的(而且是最多的)是暧昧的,闪电似的感觉,都是突然之间无缘无故激发起来的,说话的声音,路上的一个行人,滴答的雨声,内心的节奏,都可成为引子。——许多这一类的计划只有一个题目;大多数只有一二行,可是已经够了。他像小孩子一样,把幻想中创造的当作已经真的创造了。

然而他活泼的生机不容许他长时间的以这种烟雾似的幻梦为满足。虚幻的占有,他觉得厌倦了,他要抓住梦境。——可是从何下手呢？这一个跟那一个都显得一样重要。他把它们翻来覆去，一忽儿丢下，一忽儿又捡起……不，那是不能重拾的，它已经不是原来的模样了，一个梦决不给你连抓到两次；它随时随地都在变，在他手里，在他眼前，在他眼睁睁地瞧着的时候已经变了。必须赶快才好，可是他不能；工作的迟缓使他惶惑。他恨不得一天之中把什么都做完，但连最小的工作他也觉得困难得不得了。最糟的是他才开始工作已经在厌恶这工作。他的梦过去了，他自己也过去了。他做着一桩事，心里就在懊恼没有做另外一桩。只要他在美妙的题材中挑定一个，就会使他对这个题材不感兴趣。因此他所有的宝藏都变成毫无用处。他的思想，唯有他不去碰它的时候才有生命；凡是他能抓握到的都已经死了。这真是坦塔罗斯式的痛苦：仰取果实，变为石块；俯饮河水，水即不见。①

为了苏解他的饥渴，他想乞灵于已经获得的泉源，把他从前的作品来安慰一下……可是那种饮料简直受不了！他喝了第一口便连咒带骂地唾了出来。怎么！这不冷不热的东西，这种乏味的音乐，便是他的作品吗？——他把自己的曲子重新看了一遍，心里说不出的懊丧：他莫名其妙，不懂当初怎么会写出来的。他脸红了。有一次，看到特别无聊的一页，他甚至转过身去看看室内有没有人，又去把脸埋在枕上，好似一个害臊的儿童。又有几次，他的作品显得那么可笑，以至他竟忘了是自己的大作……

"嘿！该死的！"他叫着，笑弯了腰。

但他最受不住的，莫过于那些他从前自以为表白热情，表白爱情的喜悦与悲苦的乐曲。他从椅子上跳起来，仿佛给苍蝇叮了一口，用拳头打着桌子，敲着脑门，愤怒得直叫，用粗话来骂自己，把自己当作蠢猪，混蛋，畜牲，小丑。最后他喊得满面通红的站在镜子前面，抓着自己的下巴，说着："你瞧，你瞧，你这蠢东西，你这蠢驴似的嘴脸！你扯谎！让我来教训你！替我去投河死了吧，先生！"

---

① 坦塔罗斯为神话中吕狄亚国王，因杀子飨神，被罚永久饥渴。

他把脸埋在面盆里，直浸到闭过气去，然后他脸色绯红，眼珠往外突着，像海豹一般直喘大气，也顾不得抹一抹脸，就奔向书桌，拿起该死的乐曲气冲冲地撕掉了，嘴里咕噜着："去你的吧，你瞧，混蛋！该死的家伙！……你瞧，你瞧！……"

他这才觉得松了口气。

这些作品里使他最气恼的是谎话。没有一点东西出于真正的感觉。只是背熟的滥调，小学生的作文：他谈着爱情，仿佛瞎子谈论颜色，全是东摭西拾，人云亦云的俗套。而且不只是爱情，一切的热情都被他当作高谈阔论的题目。——固然，他一向是力求真诚的，但光是想要真诚还不够：问题是要真能做到；而一个人对人生毫无认识的时候，又怎么能真诚呢？靠了最近六个月的经历，他才能发觉这些作品的虚伪，才能在现在和过去之间突然看出一条鸿沟。如今他跳出了虚幻的境界，有了一个真正的尺度，可以测验他思想真伪的程度了。

既然痛恨从前没有热情就写下来的作品，再加上他矫枉过正的脾气，他就打定主意，从此不受热情驱策决不写作。他也不愿意再去捕捉自己的思想，发誓除非创作的欲望像打雷似的威逼他，他是永远放弃音乐的了。

他这么说着，因为他明明知道暴风雨快来了。

所谓打雷，他要它在什么地方什么时候发生就在什么地方什么时候发生。但在高处比较更容易触发，有些地方——有些灵魂——竟是雷雨的仓库：它们会制造雷雨，在天上把所有的雷雨吸引过来；一年之中有几个月是阵雨的季节，同样，一生之中有些年龄特别富于电力，使霹雳的爆发即使不能随心所欲，至少也能如期而至。

整个的人都很紧张。雷雨一天一天地酝酿着。白茫茫的天上布满着灼热的云。没有一丝风，凝集不动的空气在发酵，似乎沸腾了。大地寂静无声，麻痹了。头里在发烧，嗡嗡的响着；整个天地等着那愈积愈厚的力爆发，等着那重甸甸的高举着的锤子打在乌云上面。又大又热的阴影移过,一阵火辣辣的风吹过;神经像树叶般发抖……随后又是一片静寂。天空继续酝酿着雷电。

这样等待的时候自有一种悲怆而痛快的感觉。虽然你受着压迫,浑身难过,可是你感觉到血管里头有的是烧着整个宇宙的烈火。陶醉的灵魂在锅炉里沸腾,像埋在酒桶里的葡萄。千千万万的生与死的种子都在心中活动。结果会产生些什么来呢?……像一个孕妇似的,你的心不声不响的看着自己,焦急的听着脏腑的颤动,想道:“我会生下些什么来呢?”

有时不免空等一场。阵雨散了,没有爆发;你惊醒过来,脑袋重甸甸的,失望,烦躁,说不出的懊恼。但这不过是延期而已;阵雨早晚要来的;要不是今天,就是明天,它爆发得越迟,来势就越猛烈……

瞧,它不是来了吗?……生命的各个隐蔽的部分,都有乌云升起。一堆堆蓝得发黑的东西,不时给狂暴的闪电撕破一下;——它们飞驰的迅速使人眼花缭乱,从四面八方来包围心灵;尔后,它们把光明熄灭了,突然之间从窒息的天空直扑下来。那真是如醉若狂的时间!……奋激达于极点的元素,平时被自然界的规律——维持精神的平衡而使万物得以生存的规律——幽禁在牢笼里的,这时可突围而出,在你意识消灭的时候统治一切,显得巨大无比,莫可名状。你痛苦之极。你不再向往于生命,只等着死亡来解放了……

而突然之间是电光闪耀!

克利斯朵夫快乐得狂叫了。

欢乐,如醉如狂的欢乐,好比一颗太阳照耀着一切现在的与未来的成就,创造的欢乐,神明的欢乐!唯有创造才是欢乐。唯有创造的生灵才是生灵。其余的尽是与生命无关而在地下飘浮的影子。人生所有的欢乐是创造的欢乐:爱情,天才,行动,——全靠创造这一团烈火迸射出来的。便是那些在巨大的火焰旁边没有地位的:——野心家,自私的人,一事无成的浪子,——也想借一点黯淡的光辉取暖。

创造,不论是肉体方面的或精神方面的,总是脱离躯壳的樊笼,卷入生命的旋风,与神明同寿。创造是消灭死。

可怜的是不能生产的人,在世界上孤零零的,流离失所,眼看着枯萎憔悴的肉体与内心的黑暗,从来没有冒出一朵生命的火焰!可怜的是自知不能生产的灵魂,不像开满了春花的树一般满载着生命与爱情的!社会尽管给他光荣与幸福,也只是点缀一具行尸走肉罢了。

克利斯朵夫受着光明照耀的时候,一阵电流在身上流过,使他发抖了。那好像在黑夜茫茫的大海中突然出现了陆地。也好像在人堆里忽然遇到一双深沉的眼睛瞪了他一下。这种情形,往往是在几小时的胡思乱想,意气消沉之后发生的,尤其在想着别的事,或是谈话或是散步的时候。倘若在街上,他还因为顾虑而不敢高声表示他的快乐。在家里可什么都拦不住他了。他手舞足蹈,直着嗓子哼一支欢呼胜利的调子。母亲听惯了这种音乐,结果也明白了它的意义。她和克利斯朵夫说,他活像一只才下了蛋的母鸡。

乐思把他渗透了:有时是单独而完整的一句;更多的时候是包裹着整部作品的一片星云:曲子的结构,大体的线条,都在一个幕后面映现出来;幕上还有些光华四射的句子,在阴暗中灿然呈露,跟雕像一样分明。那仅仅像一道闪电;有时是接踵而至的好几道闪电;而每一道光明都在黑暗中照出一些新的天地。但这个捉摸不定的力,往往出其不意地漏了一忽儿脸,会在神秘的一隅躲上几天,只留下一道光明的痕迹。

克利斯朵夫一味体验着这种灵感的乐趣,对其余的一切都厌弃了。有经验的艺术家当然知道灵感是难得的,凡是由直觉感应的作品必须靠智力完成;所以他尽量挤压自己的思想,把其中所有的神圣的浆汁吸收干净,——(甚至还常常加些清水)。——可是克利斯朵夫年纪太轻,自信太足,不免轻视这些手段。他抱着不可能的梦想,只愿意产生一些从头至尾都是自然而然流出来的作品。要不是他有心不顾事实,他不难发觉这种计划的荒谬。没有问题,那时正是他精神上最丰富的时代,绝对没有给虚无侵入的空隙。对于这源源不绝的灵感,无论什么都可以成为引子;眼中见到的,耳中听到的,在日常生活中接触到的;一瞥一视,片言半语,都可以在心中触发一些梦境。在他浩无边际的思想天地中,布满着千千万万的明星。——然而便是这种时候,也有一切都一下子熄灭的事。虽然黑夜不会长久,虽然思想的缄默不致延长到使他痛苦的程度,他究竟怕这无名的威力一忽儿来找着他,一忽儿离开他,一忽儿又回来,一忽儿又消灭……他不知道这一回的消灭要有多久,也不知道还会不会恢复。——高傲的性格使他不愿意想到这些,他对自己说着:"这力量就是我。一朝它消灭了,我也不存在了:我会自杀的。"——他不住地心惊胆战;可是这倒反给他多添了一种快感。

然而即使灵感在目前还没有枯竭的危险,克利斯朵夫也已经明白单靠灵感是永远培养不起一部完整的作品的。思想出现的时候差不多总是很粗糙,必须费很大的劲把它们去芜存精。并且它们老是断断续续,忽起忽落的;倘使要它们连贯起来,必需羼入深思熟虑的智慧和沉着冷静的意志,才能锻炼成一个新生命。克利斯朵夫既是一个天生的艺术家,当然不会不做这一步功夫;但他不肯承认,而硬要相信自己仅仅是传达心中的模型,其实他为了使它明白晓畅起见,早已把内心的意境多多少少变化过了。——不但如此,他有时竟完全误解思想的含义。因为乐思的来势太猛了,他往往没法说出它意义所在。它闯入心灵隐处的时候,还远在意识领域之外,而这种纯粹的力又是超出一般的规律的,意识也无法辨认出来,使自己骚动而集中注意的究竟是什么,它所肯定的感情又是哪一种:欢乐,痛苦,都在那独一无二的,因为是超乎智力而显得不可解的热情中混在一起。可是了解也罢,不了解也罢,智慧究竟需要对这种力给一个名字,使它和人类孜孜矻矻砌在头脑里的,逻辑的结构,有所联系。

因此,克利斯朵夫相信,——要自己相信,——在他内心骚扰的那种暧昧的力,的确有一个确定的意义,而这意义是和他的意志一致的。

从深邃的潜意识中踊跃出来的自由的本能,受着理智的压迫,不得不和那些明白清楚而实际上跟它毫不相干的思想合作。在这种情形之下,作品不过是把两种东西勉强放在一起:一方面是克利斯朵夫心中拟定的一个伟大的题材,一方面是意义别有所在而克利斯朵夫也茫然不知的那些粗犷的力。

他低着头摸索前进,受着多少矛盾的,在胸中互相击撞的力的鼓动,在支离灭裂的作品中放进一股暗晦而强烈的生命,那是他无法表白,但是使他志得意满,非常高兴的。

自从他意识到自己有了簇新的精力,他对于周围的一切,对人家过去教他崇拜的一切,对他不假思索而一味尊敬的一切,敢于正视了;——并且立刻肆无忌惮地加以批判。幕撕破了:他看到了德国人的虚伪。

一切民族,一切艺术,都有它的虚伪。人类的食粮大半是谎言,真理只有极少的一点。人的精神非常软弱,担当不起纯粹的真理;必须由他的宗教、道德、政治、诗人、艺术家,在真理之外包上一层谎言。这些谎言是适应每个民族而各各不同的:各民族之间所以那么难于互相了解而那么容易彼此轻蔑,就因为有这些谎言作祟。真理对大家都是一样的,但每个民族有每个民族的谎言,而且都称之为理想;一个人从生到死都呼吸着这些谎言,谎言成为生存条件之一;唯有少数天生的奇才经过英勇的斗争之后,不怕在自己那个自由的思想领域内孤立的时候,才能摆脱。

由于一个极平常的机会,克利斯朵夫突然发觉了德国艺术的谎言。他早先的不觉察,并非因为他没有机会常常看见,而是因为距离太近,没有退步的缘故。现在,山的面目显出来了,因为他离得远了。

他在市立音乐厅的某次音乐会里。大厅上摆着十几行咖啡桌,——大概有二三百张。乐队在厅的尽里头的台上。克利斯朵夫周围坐着些军官，穿着紧窄的深色长外套，——胡子剃得很光，阔大的红红的脸，又正经又俗气；也有些高声谈笑的妇人，过分装作洒脱；天真的女孩子们露着全副牙齿微笑；胡髭满面，戴着眼镜的胖男子，活像眼睛滚圆的蜘蛛。他们每喝一杯酒总得站起来向什么人举杯祝贺健康，态度非常恭敬、虔诚，把脸色与说话的音调都变过了：好似念着弥撒祭里的经文，他们扮着庄严而可笑的神气互相敬酒。音乐在谈话声与杯盘声中消失了。可是大家把说话和饮食的声音尽量压低。乐队指挥是个高大的驼背老人，挂在下巴上的须像条尾巴，往下弯的长鼻子架着眼镜，神气颇像一个语言学家。——这些典型的人物，克利斯朵夫久已熟识。但这一天，他忽然用着看漫画的目光看他们了。的确，有些日子，凡是平时不觉察的旁人的可笑，会无缘无故跃入我们眼里的。

音乐会的节目包括《哀格蒙特序曲》，瓦尔德特费尔的《圆舞曲》，《汤豪塞巡礼罗马》，尼柯莱的《温莎的风流娘儿们》，《阿塔利进行曲》，《北方的明星》幻想曲。[1] 贝多芬的《序曲》奏得很照规矩，《圆舞曲》奏得很激昂。轮到《汤豪塞巡礼罗马》的时候，台下有开拔瓶塞的声音。克利斯朵夫邻桌的一个胖子，按着《温莎的风流娘儿们》的音乐打拍子，挤眉弄眼地做着福斯塔夫[2]的姿势。一位又老又胖的妇人，穿着天蓝衣衫，束着一条白带子，扁鼻梁上夹着一副金边眼镜，皮色鲜红的胳膊，粗大的腰围，用洪大的嗓子唱着舒曼和勃拉姆斯的歌。她扬着眉毛，做着媚眼，睐着眼皮，忽左忽右地摇头摆脑，满月似的脸上挂着个肥大的笑容，穷形极相地做着哑剧：要没有她那副庄重老成的气息，简直像咖啡店里的歌女。这位儿女满堂的妈妈，居然还扮作痴骙的姑娘，想表现青春，表现热情；而舒曼的歌也就跟着像逗弄小娃娃的

① 《哀格蒙特序曲》为贝多芬作品，瓦尔德特费尔（1837—1919），法国钢琴家，当年最知名的圆舞曲作家之一。《汤豪塞巡礼罗马》为瓦格纳歌剧《汤豪塞》中的一段。尼柯莱（1810—1849），德国作曲家，以根据莎士比亚喜剧所写的《温莎的风流娘儿们》而闻名于世。《阿塔利进行曲》为门德尔松所作。《北方的明星》为梅耶贝尔所作的喜歌剧。

② 福斯塔夫为《温莎的风流娘儿们》中的男主角，为愚蠢可笑的角色。

玩意儿。大家都听得出神了。可是南德合唱班的人马一出台,听众的注意简直到了庄严的程度。合唱班一忽儿咿咿唔唔的,一忽儿大声叫吼的,唱了几支极有情致的歌。四十个人的声音等于四个人,似乎他们有意取消真正合唱的风格,只卖弄一些旋律的效果,凄凄楚楚的自以为极尽细腻,轻的时候像要咽气,响的时候又突然震耳欲聋,好似敲着大铜鼓;总之是既不浑厚,又不平衡,纯粹是柔靡不振的风格,令人想起博顿[1]的妙语:

"让我来装作狮子吧。我的叫吼可以跟嘴里衔着食物的白鸽的声音一样柔和,也可以教人相信是夜莺的歌唱。"

克利斯朵夫听着,一开头就越来越诧异。这些情形对他绝对不是新鲜的。这些音乐会,这个乐队,这般听众,他都是熟的。但突然之间他觉得一切都虚伪。一切,连他最心爱的《哀格蒙特序曲》在内,那种虚张声势的骚动,一板三眼的激昂慷慨,这时都显得不真诚了。没有问题,他所听到的并非贝多芬和舒曼,而是贝多芬和舒曼的可笑的代言人,而是嘴里嚼着东西的群众,把他们的愚蠢像一团浓雾似的包围着作品。——不但如此,作品中间,连最美的作品中间,也有点儿令人不安的成分,为克利斯朵夫从来没感觉到的……究竟是怎么回事呢?他不敢分析,以为怀疑心爱的大师是亵渎的。他不愿意看,可是已经看到了,而且还不由自主地要看下去;像彼萨的含羞草一般,他在指缝里偷看。

他把德国艺术赤裸裸的看到了。不论是伟大的还是无聊的,所有的艺术家都婆婆妈妈的,沾沾自喜的,把他们的心灵尽量暴露出来。有的是丰富的感情,高尚的心胸,而且真情洋溢,把心都融化了;日耳曼民族多情的浪潮冲破了堤岸,最坚强的灵魂给冲得稀薄,懦弱的就给淹溺在它灰色的水波之下:这简直是洪水;德国人的思想在水底里睡着了。像门德尔松、勃拉姆斯、舒曼,以及等而下之的那些浮夸感伤的歌曲的小作家,又有些怎么样的思想!完全是沙土,没有一块岩石。

① 博顿为莎士比亚名剧《仲夏夜之梦》中的织工。

只是一片湿漉漉的,不成形的黏土……这一切真是太荒唐太幼稚了,克利斯朵夫不相信听众会不觉得。但他向周围瞧了一下,只看见一些恬然自得的脸,早就肯定他们所听到的一定是美的,一定是有趣的。他们怎么敢自动加以批评呢?对于这些人人崇拜的名字,他们是非常尊敬的。并且有什么东西他们敢不尊敬呢?对他们的音乐节目,对他们的酒杯,对他们自己,他们都一样地尊敬。凡是跟他们多少有些关系的,他们心里一概认为"妙不可言"。

克利斯朵夫把听众与作品轮流打量了一番,觉得作品反映听众,听众也反映作品。克利斯朵夫忍俊不禁,装着鬼脸。等到合唱班庄严的唱起一个多情少女的羞怯的《自白》,他再也抑止不住,竟自大声地笑了。四下里立刻响起一片愤怒的嘘斥声。邻座的人骇然望着他,而他一看到这些吃惊的脸更笑得厉害,甚至把眼泪都笑了出来。这一下大家可恼了,喊着:"滚出去!"他站起来走了,耸耸肩膀,笑得浑身扭动。全场的人看了都气愤之极。从此克利斯朵夫就慢慢地跟他城里的人处于敌对的地位。

有了这次经验以后,克利斯朵夫回到家里,决定把几个"素受尊重的"音乐家的作品重新浏览一遍。结果他大为懊丧,因为发现他最敬爱的某些大师也有说谎的。他竭力怀疑,以为自己看错了。——可是不,没有怀疑的余地……一个伟大民族的艺术财富中竟有那么些平庸的作品与谎言,他真是大吃一惊。经得起磨勘的乐曲实在太少了!

从此,要去看别的心爱的作品的时候,他就免不了心惊肉跳……可怜他像中了妖法似的,到处都碰到同样的失意!他为了某几个大师简直心都碎了,仿佛失掉了一个最爱的朋友,也仿佛突然发觉自己那么信任的朋友已经把他欺骗了多年。他为之痛哭流涕,夜里睡不着了,苦恼不已。他责备自己:是不是他不会判断了?是不是他完全变了傻子?……不,不,他比什么时候都更能看到太阳的光辉,更能感到生命的丰满:他的心并没愚弄他……

他又等了好久,不敢惊动他认为最好最纯粹的作家,那些圣中之圣。他唯恐把自己对他们的信心动摇了。但一颗事事讲求真理的灵魂,本能上对一切都要追根究底,看透真相,即使因之而惹起痛苦也在所不顾:对这种铁面无私的本能,又有什么方法抗拒呢?——于是他打开那些神圣的作品,看看像军中的禁卫队似的最后一批精华……不料才看了几眼,就发现它们并不比别的更纯洁。他没有勇气继续了。有时他竟停下来,阖上乐谱,仿佛挪亚的儿子用外衣把父亲裸露的身体给遮起来似的。①

这样以后,他对着这些废墟丧然若失。他恨不得牺牲一切,不让他神圣的幻象破灭。他心里悲痛极了。幸而元气那么充足,他对艺术的信仰并不因之而动摇。凭着年轻人天真自大的心理,他似乎认为以前谁也没经历过人生,还得他重头再来。因为沉醉于自己新生的力,他觉得——(也许并非没有理由)——除了极少的例外,在活生生的热情和艺术所表现的热情之间,一点关系都没有。他以为自己表现的时候更成功更真切,那可错了。因为他充满着热情,所以在自己的作品中不难发现热情;但除了他以外,谁也不能在那些不完全的辞藻中辨别出来。他所指摘的艺术家多数是这种情形。他们心中所有的,表现出来的,的确是深刻的感情;但他们语言的秘钥随着他们的肉体一齐死了。

克利斯朵夫不懂得人的心理,根本没想到这些理由:他觉得现在是死的一向就是死的。他拿出青年人的霸道与残忍的脾气,修正他对过去的艺术家的意见。最高贵的灵魂也给他赤裸裸地揭开了,所有可笑的地方都没有被放过。而所谓可笑,在门德尔松是那种过分的忧郁,高雅的幻想,四平八稳而言之无物;在韦伯是虚幻的光彩,枯索的心灵,用头脑制造出来的感情;李斯特②是个贵族的教士,马戏班里的

① 挪亚为《旧约》中救人类于洪水的希伯莱族长,醉后裸卧,其二子萨姆与耶弗为之以衣覆蔽。

② 李斯特于一八三九年曾受奥皇册封为贵族,于晚年(1865)在罗马入圣·芳济会为修士。马戏班骑师与江湖气,均指其卖弄技巧。

骑师,又是新古典派,又有江湖气,高贵的成分真伪参半,一方面是超然尘外的理想色彩,一方面又是令人厌恶的卖弄技巧;至于舒伯特,是被多愁善感的情绪淹没了,仿佛沉在几里路长的明澈而毫无味道的水底里。便是英雄时代的宿将,半神,先知,教会的长老,也不免虚伪。甚至那伟大的巴赫,三百年如一日的人物,承前启后的祖师,——也脱不了诳语,脱不了流行的废话与学究式的唠叨。在克利斯朵夫心目中,这位见过上帝的人物,[①]他的宗教有时只是没有精神的,加着糖的宗教,而他的风格是七宝楼台式的,繁琐纤细的风格。他的康塔塔[②]中,有的是牵惹柔情的老虔婆式的调子,仿佛灵魂絮絮不休地向耶稣谈情,克利斯朵夫简直为之作恶,似乎看到了肥头胖耳的爱神飞舞的大腿。并且,他觉得这位天才的歌唱教师[③]是关在屋子里写作的,作品有股闭塞的气息,不像贝多芬或韩德尔有那种外界的强劲的风,——他们以音乐家而论也许不及他伟大,可是更富于人性。克利斯朵夫对一般古典派的大师不满意的,还因为他们的作品缺少自由灵动的气息,而差不多全部是"建筑"起来的:有时是一种情绪用音乐修辞学的滥调加以扩大的;有时只是一种简单的节奏,一种装饰的素描,循环颠倒,翻来覆去,用机械的方式向各方面铺张,发展。这种对称的,叠床架屋的结构——奏鸣曲与交响乐——使克利斯朵夫大为气恼,因为他当时对于条理之美,对于规模宏大、深思熟虑的结构之美,还不能领会。他以为这是泥水匠的而非音乐家的工作。

他在批评浪漫派时,严厉也不下于此。可怪的是,他最受不了的倒是那般自命为最自由、最自然、最少用"建筑"功夫的作家,像舒曼那样在无数的小作品中把他们的生命一点一滴全部灌注进去的人。他尤其恨他们,因为在他们身上认出他自己少年时代的灵魂,和所有他

---

① 巴赫每作一曲,必先称:"耶稣佑我!"一曲完成,必于纸尾附加一笔:"荣耀归主!"其虔诚为音乐家中罕见。"见过上帝"一语尤指巴赫所作圣乐而言。

② 康塔塔(Cantata)与奏鸣曲、托卡塔等同为曲体名称。康塔塔为歌唱体,有时为一人独唱,有时为数部合唱或大合唱,往往由乐队伴奏。性质或为圣乐,或为俗乐。

③ 巴赫曾任莱比锡圣多玛学院歌唱教师二十七年。

此刻发誓要摆脱干净的无聊东西。当然,虚伪的罪名决不能加之于淳朴的舒曼:他几乎从来不说一句不是真正感觉到的话。然而他的榜样正好使克利斯朵夫懂得,德国艺术最要不得的虚伪还不在于艺术家想表现他们并不感到的情操,倒是在于他们想表现真正感到的情操,——因为这些情操本身就是虚伪的。音乐是心灵的镜子,而且是铁面无情的镜子。一个德国音乐家越天真越有诚意,他越暴露出德国民族的弱点,动摇不定的心境,婆婆妈妈的感情,缺少坦白,伪装的理想主义,看不见自己,不敢正视自己。而这虚伪的理想主义便是一般最大的宗师——连瓦格纳在内——的疮疤。克利斯朵夫重读他的作品时,不禁咬牙切齿。《罗恩格林》于他显得是大声叫嚣的谎言。他恨这种粗制滥造的豪侠的传奇,虚假的虔诚,恨这个不知害怕的,没有心肝的主角,简直是自私与冷酷无情的化身,只知道自画自赞,爱自己甚于一切。① 这等人物,他在现实中只嫌见得太多:有的是这种德国道学家的典型,漂亮而没有表情,无懈可击而刻薄寡恩,把自己看作高于一切,不惜牺牲别人来供养自己。《漂泊的荷兰人》的浓厚的感伤情调与忧郁的烦闷,使克利斯朵夫同样不能忍受。《四部曲》中那些颓废的野蛮人,在爱情方面完全枯索无味,令人作恶。西格蒙德劫走弱妹的时候,居然用男高音唱起客厅里的情歌。在《众神的黄昏》里,齐格弗里德和布伦希尔德以德国式的好夫妻的姿态,在彼此面前,尤其在大众面前,夸耀他们虚浮的,唠叨的闺房的热情。② 各式各种的谎言都汇集在这些作品里:虚伪的理想主义,虚伪的基督教义,虚伪的中古色彩,虚伪的传说,天上的神,地下的人,无一不虚伪。在此自命为破除一切

① 瓦格纳所作《罗恩格林》歌剧中的主角罗恩格林(天神),营救人间被冤的女子哀尔撒,并与之结为夫妇,条件为新娘绝对不能问其为何许人,从何处来。婚后哀尔撒向其追问,罗恩格林即飘然远引,一去不返。当时瓦格纳自比为罗恩格林,要社会爱他而不问其为何许人,从何处来。

② 《漂泊的荷兰人》《四部曲》均为瓦格纳所作歌剧。《四部曲》原名《尼伯龙根的指环》,包括《莱茵河的黄金》《女武神》《齐格弗里德》《众神的黄昏》四部歌剧。西格蒙德为《女武神》中人物,布伦希尔德在《女武神》以下三歌剧中均有出现。瓦格纳歌剧本事均取材于古代日耳曼民族传说,人物有神道、侏儒、野蛮人等。

成规的戏剧中间,标榜得最显著的就是成规。眼睛,头脑,心,决不会不发觉这种情形,除非它们自愿。——而它们竟甘心情愿要受蒙蔽。对于这种幼稚而又老朽的艺术,野性毕露的粗人与装腔作势的小姑娘的艺术,德国人居然非常得意。

可是克利斯朵夫的厌恶是没用的:一听到这音乐,他照旧被作者恶魔般的意志抓住了,和别人一样的激动,也许更厉害。他笑着,哆嗦着,脸上火辣辣的,心中好似有千军万马在奔腾;于是他认为,在那些有这种飓风般的威力的人是百无禁忌的。他在唯恐幻梦破灭而战战兢兢地打开的神圣的作品中,发现自己的情绪和当年一样热烈,什么也没有减损作品的纯洁:那时他快活得叫起来了。这是他在大风浪中抢救出来的光荣的遗物。多运气啊!他似乎把自己救出了一部分。而这怎么不是他自己呢?他所痛恨的那些伟大的德国人,可不就是他的血和肉,就是他最宝贵的生命吗?他所以对他们这样严,因为他对自己就是这样严。还有谁比他更爱他们呢?舒伯特的慈祥,海顿的无邪,莫扎特的温柔,贝多芬的英勇悲壮的心,谁比他感觉得更真切?韦伯使他神游于喁喁的林间,巴赫使他置身于大教堂的阴影里面,顶上是北欧灰色的天空,四周是辽阔无垠的原野,大教堂的塔尖高耸云际……在这些境界中谁比他更虔诚呢?——然而他们的诳语使他痛苦,永远忘不了。他把谎言归咎于民族性,认为只有伟大是他们自身的。那可错了。伟大与缺点同样是属于这个民族的,——它的雄伟而骚动的思潮,汇成一条音乐与诗歌的最大的河,灌溉着整个欧罗巴……至于天真的纯洁,他能在哪一个民族中找到而敢于对自己的民族这样苛求呢?

可是他完全没想到这些。仿佛一个宠惯的孩子,他无情无义地把从母亲那边得来的武器去还击母亲。将来,将来他才会发觉受到她多少好处,发觉她多么可贵呢……

但这个时期正是他闭着眼睛对幼年时代的一切偶像反抗的时期。他恨自己,恨他们,因为当初曾经五体投地地相信了他们。——而这种反抗也是应当的。人生有一个时期应当敢不公平,敢把跟着别人佩服的敬重的东西——不管是真理是谎言——一概摒弃,敢把没有经过自己认为是真理的东西统统否认。所有的教育,所有的见闻,使一个儿童把大量的谎言与愚蠢,和人生主要的真理混在一起吞饱了,所以他若要成为一个健全的人,少年时期的第一件责任就得把宿食呕吐干净。

克利斯朵夫到了一个身心健康的人厌恶一切的关头。本能逼着他把满肚子不消化的东西一齐淘汰。

第一先得摆脱那种令人恶心的多愁多病的情绪,那在德国人心中点点滴滴流出来的时候,像是从潮湿的地道里来的,有股霉烂的气息。来点儿光明吧!来点儿光明吧!像雨点一样多的歌[①],涓涓不绝地流出德国人的心情,散布着瘴气、臭味,必须来一阵干燥峭厉的风把它们一扫而空才好。歌的题材永远脱不了什么欲望,思乡,飞翔,请问,为何?敬月,敬星,献给夜莺,献给春天,献给太阳;或是什么春之歌,春之快乐,春天的旅行,春夜,春讯;或是爱情的声音,爱情的圆满,情话,情愁,情意;或是花之歌,花之敬礼,花讯;或是我心殷殷,我心如捣,我心已乱,我眼已花;还有是跟蔷薇,小溪,斑鸠,燕子等等来一套天真而痴騃的对白;再不然是提出些可笑的问句;——"要是野蔷薇没有刺的话",——"燕子筑巢的时候,她的配偶是老的一个呢还是新结合的?"——总而言之,全是春花秋月,触景生情,无病呻吟的靡靡之音。多少美妙的东西给亵渎了,多少高尚的感情被滥用了!而最糟的是,一切都是浪费掉的,老在公众前面把自己的心赤裸裸地拿出来,只想亲热的,愣头愣脑的,向人大声诉说衷曲。明明无话可说而偏偏絮絮

① 此处所谓的歌(Lied)为德国特有的一种歌唱乐曲,有纯粹的民间歌谣,亦有音乐家以著名的诗歌谱成的。自无名作家以至贝多芬、舒伯特、舒曼等均制作甚伙,而庸俗作家的产量尤为丰富,在德国为家家户户歌咏的最通俗的音乐。本书中凡用仿宋体排的歌字,均指此种体裁的歌。

不休！这些唠叨难道没有完的吗？——喂！池塘里的青蛙，你们静静行不行！

克利斯朵夫觉得最难堪的，莫过于表白爱情时的谎言，因为他更有资格拿它和事实相比。那套如泣如诉而循规蹈矩的情歌的公式，跟男子的情欲与女人的心都不相干。可是爱情这回事，写作的人也经历过来，一生中至少有过一次的！难道他们就是这样恋爱的吗？不，不，他们是扯谎，照例的扯谎，对自己扯谎；他们想要把自己理想化……而所谓理想化就是不敢正视人生，不敢看事情的真相——到处是那种胆怯，没有光明磊落的气概。到处是装出来的热情，浮夸的戏剧式的庄严，不论是为了爱国，为了饮酒，为了宗教，都是一样。所谓酒歌，只是把拟人法应用到酒和杯子方面去的玩意儿，例如“你，高贵的酒杯啊……”等等。至于信仰，应该像泉水一般从灵魂中出其不意的飞涌出来的，这里却是像货物一样故意制造出来的。爱国的歌曲仿佛是写来给一群绵羊按着节拍咩咩地叫的……——哎！你们大声地吼吧！……怎么！难道你们竟永远的扯谎，永远的理想化，——连喝醉的时候，厮杀的时候，疯狂的时候也要扯谎吗？……

克利斯朵夫甚至恨理想主义。他以为这种谎言还不如痛痛快快的赤裸裸的暴露。——骨子里他的理想主义比谁都浓厚，他以为宁可忍受粗暴的现实主义者，其实这些人是他最大的敌人。

但他给热情蒙蔽了。缥缈的雾，贫血的谎言，“没有阳光的幽灵式的思想”，使他浑身冰冷。他迸着全部的生命力向往于太阳。他一味逞着青年人的血气，瞧不起周围的虚伪或是他假想的虚伪；他没看到民族的实际的智慧在那里逐渐造成一些伟大的理想，把粗野的本能加以驯服或加以利用。要使一个民族的心灵改头换面，既不是靠些片面的理由，靠些道德的与宗教的规律所能办到，也不是立法者与政治家，教士与哲学家所能胜任：必须几百年的苦难和考验，才能磨炼那些要生存的人去适应人生。

然而克利斯朵夫照旧作曲;而他指责别人的缺点,在自己的作品中就不能避免。因为创作在他是一种抑捺不住的需要,不肯服从智慧所定的规律的。一个人创作的动机并不是理智,而是需要。——并且,尽管把大多数的情操所有的谎言与浮夸的表现都认出来了,仍不足以使自己不蹈覆辙,那主要是得靠长时期艰苦的努力的。在现代的社会里,大家秉受了多少代懒惰的习惯之后,更不容易绝对地守真返朴。而有一般人,有一些民族,尤其办不到;因为他们有种不知趣的癖癖,在极应当缄口的时候,偏偏让自己的心唠叨不已。

克利斯朵夫还没认识静默的好处:在这一点上他的精神是纯粹德国式的;同时他也没有到懂得缄默的年纪。由于父亲的遗传,他爱说话,爱粗声大气地说话。他自己也觉察到,拼命想改掉;但这种挣扎反而使他一部分的精力变得麻痹了。此外他还得跟祖父给他的另外一种遗传斗争,就是要准准确确地把自己表现出来极不容易。他是演奏家的儿子,卖弄技巧对他有很大的诱惑,当然是危险的诱惑:——那是纯粹属于肉体方面的快感,能够把肌肉灵活运用的快感,克服困难,炫耀本领,迷惑群众,一个人控制成千成百的人的快感。虽然追求这种快感在一个青年人是可以原谅的,差不多是无邪的,但对于艺术对于心灵究竟是个致命伤。那是克利斯朵夫知道的,是他血统里固有的;他竭力唾弃而结果仍免不了让步。

因此,种族的本能与自己天赋的本能都在鼓动他,过去的重负像寄生虫般黏着他,使他无法摆脱,他只能摇摇晃晃地前进,而结果已经和他深恶痛绝的境界相去不远。他当时所有的作品,全是真实与夸张,明朗的朝气与口齿不清的傻话的混合品。前人的性格束缚着他的行动,他的个性难得能突破包围透露出来。

并且他是孤独的。没有一个人帮助他跳出泥淖。他自以为跳出的时候,实际却是陷得更深。他暗中摸索,屡次尝试,屡次失败,糟蹋了许多精神与时间。甜酸苦辣的味道他都尝过了,创作的骚动使他心绪不宁,也辨别不出自己的作品中哪些是有价值的。他想着些荒唐的计划,轮廓庞大而宣传哲理的交响诗,把自己难住了。可是他又太真诚,不能长此拿这些妄想来骗自己;他还没有动手起草,已经不胜厌恶地把那些计划丢开了。或者他想把最没法下手的诗歌谱成序曲。于是他在那个不属于自己的园地中迷了路。等到他亲自动手写脚本的时候,(因为他自以为无所不能,)那就完全是荒谬绝伦的东西;他又想采用歌德,克莱斯特,黑贝尔或莎士比亚的名著,[①]可是把原作的意义都误解了。并非因为他缺少聪明,而是缺少批评精神;他不了解别人,因为太想着自己;他到处只看见自己那个天真而浮夸的心灵。

除了这些根本没法长成的怪物以外,他又写了许多小品,直接表现那些一刹那的——实际是最永久的——情感,写了许多歌。在这儿,跟别的地方一样,他竭力一反流行的习惯。他重新采用别人已经谱成音乐的著名的诗篇,狂妄地要跟舒曼与舒伯特作法不同而更真切。有时他把歌德笔下的富有诗意的人物,把迷娘或《威廉·麦斯特》中的竖琴师等等[②],刻划出他们明确而骚动的个性。有时他也制作一些爱情的歌,灌输入犷野而肉感的气息,把贫弱的艺术家与浅薄的群众素来心照不宣地蒙在情歌上的感伤色彩,一扫而空。总而言之,他要使人物与热情为了他们本身而存在,不让那般星期日坐坐啤酒店,找机会随便发泄一下感情的德国家庭当作玩物。

但他往往觉得诗人的作品太文雅,宁愿采用最简单的题材,什么古老的歌,在善书里读到的年代悠久的敬神的民谣;他特意不用它们原有的赞美歌性质,而大胆地用世俗的,活泼的手法去处理。或者他利用一些成语,甚至随便听到的几句话,民众的对白,儿童的感想:这一类笨拙而平淡的语言倒反透露出最纯粹的感情。在这等地方,他是

① 克莱斯特(1777—1811)为德国戏剧家。黑贝尔(1813—1863)为德国诗人,近代最大戏剧家之一,首创心理描写。

② 歌德所作小说《威廉·麦斯特》,述一意大利伯爵洛泰利奥因女儿迷娘自幼被吉普赛人拐走,乃扮作行吟诗人,手弹竖琴,周游各地寻访,卒获团聚。迷娘卒与大学生威廉·麦斯特结为夫妇。十九世纪法国音乐家托马采用此故事谱成歌剧,题作《迷娘》。

得其所哉了,他自己不觉得,可的确达到了深刻的境界。

好的也罢,坏的也罢——坏的居多——他所有的作品都充满着生命力。当然不是全部新鲜的东西,那还差得远呢。克利斯朵夫往往就因为真诚而显得平凡;有时他不惜采用人家早已用过的形式,因为他觉得这种形式能够准确表现他的思想,而且因为他的感觉是这样而不是那样。他无论如何不愿意求新奇,以为只有平庸之极的人才操心这种问题。他但求说出自己的感觉,决不问前人有没有说过。他很骄傲地相信,这才是求新奇的最好的办法;世界上不是永远只有一个克利斯朵夫吗?凭着青年人目空一切的气概,他认为古往今来还一无成就,一切还得开始或是从头再做。因为觉得内心这样的充实,人生这样的无穷无极,他就处于得意忘形的、欢欣鼓舞的境界。时时刻刻都在欢欣鼓舞。这种心绪也用不着快乐来支持,便是悲哀它也能够适应:他的力是他欢欣鼓舞的泉源,是一切幸福,一切德性之母。生活吧,尽量地生活吧!……凡是感觉不到自己有这种力的醉意,这种生的欢欣(哪怕是极痛苦的生活)的人,便不是艺术家。这等于一块试金石。必须不问欢乐与痛苦都能够欢欣鼓舞的,才是真正的伟大。门德尔松或勃拉姆斯,仅仅像十月的雾,像淅沥的细雨,从来没有这种神通。

这种神通克利斯朵夫却是有的;他以天生的戆直冒昧的性格,尽量在人前显露他的快乐。他不觉得这种举动有什么恶意,只是想跟旁人分享他的快乐。他没想到这种快乐会伤害大多数没有这快乐的人。同时他也不管别人高兴不高兴;他就是极有自信,认为把自己的信念告诉人家是挺自然的。他把自己的丰满和一般音符制造家的贫弱作了一个比较,觉得要人家承认他的优越是极容易,太容易了。只消把自己拿出去就行。

于是他就把自己拿出去了。

大家等着他。

克利斯朵夫并不隐瞒他的感想。自从明白了德国人的虚伪,对什么都不愿意看到真相之后,他就决意要表露自己的真诚,绝对的,不稍假借的真诚,对任何人任何作品都不留余地。又因为他做什么事都不能不走极端,便说出许多荒唐的话骇人听闻。而他的小孩子脾气也真是可惊。只要碰到一个人,他就马上说出他对德国艺术的感想,好似一个人有了奇妙的发现,不愿留为独得之秘。别人听了会对他不满意,那是他万万想不到的。一发觉某一部名作里头有什么荒谬的地方,他就一心想着这个问题而急于逢人便诉,不管听的人是音乐家或是业余的爱好者。他得意扬扬地发表他的怪论。旁人先还不当真,听了他的胡说八道笑笑。可是不久他们发觉他老说着这一套,一味坚持的作风未免趣味恶劣。克利斯朵夫的那些怪论,显而易见不是嘴上说说而是深信不疑的,那时大家就不觉得有趣了。并且他肆无忌惮,公然在音乐会里叫叫嚷嚷,发表他刻薄的议论,或者明白表示瞧不起那般声名显赫的大师。

在小城里,什么都会不胫而走地传播开去的:克利斯朵夫说的话,一句也没有漏过人们的耳朵。他去年的行为已经惹动公愤。大家没有忘掉他和阿达那种招摇的无耻的行动。他自己倒是记不起了:岁月递嬗,往事都成陈迹,现在的他和从前的他已经渺不相关。但别人替他一一想起:所有的小城市自有一般人把街坊邻舍的过失、污点,悲惨的、丑恶的、不愉快的事件,全部牢记在心,仿佛这是他们的社会职务。克利斯朵夫的案卷中,在过去的话柄之外,如今又加上一批新的。两相对照,事情给衬托得更明显了。从前是触犯礼教,现在又伤害了风雅。最宽容的人说他是“标新立异”,大多数却肯定他是“完全疯了”。

还有另一种更危险的舆论在外边开始传布;——因为是从最高方面来的,所以更轰动一时:据说克利斯朵夫在继续供职的宫廷中,胆敢对大公爵本人也不成体统的毁谤德高望重的大师;他把门德尔松的《以利亚》[①]称作伪善的牧师的废话,把舒曼的一部分歌也同样加以侮

① 《以利亚》为门德尔松所作有名的清唱剧。

辱;——而克利斯朵夫这种话还是正当威严的亲王们表示尊重这些作品的时候说的。大公爵冷冷地回答说:“听你的话,先生,有时人家竟会疑心你不是德国人。”

这句报复的话,从那么高贵的人嘴里吐出来,直流传到街头巷尾。凡是妒忌克利斯朵夫的声名,或为了其他的私仇而和他过不去的人,立刻补充说,他的确不是一个纯粹的德国人。大家记得他父系方面是佛兰德族。外方来的移民毁谤他所在国的荣誉当然不足为奇。这一下可把事情解释明白了,而日耳曼民族除了看不起敌人以外,也更有理由抬高自己的身价了。

至此为止,大家只是对克利斯朵夫作些精神上的报复,可是他还要提供更具体的材料。一个人自己要被人批评的时候去批评别人,是最不智的事。换了一个聪明一点的艺术家,一定会尊敬他的前辈。但克利斯朵夫认为别人的庸俗是应当瞧不起的,自己的力量是应当得意的,没有理由把他的轻视别人和自己的得意藏在肚里。而他的表示得意又是忘形的。最近一些时候,他非常地需要发泄。他一个人消受不了那么些欢乐,要不是分一些给别人,他竟会快乐得爆裂的。既没有朋友,他就把乐队里的一个青年同事,叫作西格蒙德·奥赫的,当作心腹。他是魏登贝格人,在乐队里当副指挥:脾气很好,城府极深,一向对克利斯朵夫很尊敬的。他对这位同事毫不提防;他怎么会想到把自己的快乐告诉一个闲人或是敌人有什么不妥呢?他们不是应该反过来感谢他吗?他这是不分敌友,使大家一齐快乐啊。——殊不知天下的难事就莫过于教人家接受一桩新的幸福;他们几乎更喜欢旧的苦难,因为他们所需要的是一种咀嚼了几百年的粮食。一想到这个幸福是得之于别人的,他们尤其受不了。这简直是一种侮辱,直要无法避免的时候才肯容忍,而且他们是要设法报复的。

因此,克利斯朵夫的心腹话尽管有一千个理由不会受任何人欢迎,但有一千零一个理由可以受到西格蒙德·奥赫的欢迎。乐队指挥多皮阿·帕弗不久就要告老,克利斯朵夫虽然年纪很轻,可大有继承的希望。奥赫既是纯粹的德国人,当然承认克利斯朵夫有这个资格,既然宫廷方面这样宠任他。可是奥赫自命不凡,以为倘若宫廷方面多了解他一点,他自己更有资格当指挥。所以看到克利斯朵夫高高兴兴而故意扮着正经面孔跑进戏院的时候,他就堆起一副异样的笑容,来接受克利斯朵夫倾箱倒箧的心腹话了。

"哦,"他狡猾地说,"又有什么新的杰作吗?"

克利斯朵夫一把抓住了他的手臂回答:"啊!朋友!这一件作品可是登峰造极了……要是你听到的话……该死!那太美了!唉,将来能听到这个曲子的,简直是天赐之福!大家听过以后连死也甘心的了。"

听到这种话的可不是个聋子。奥赫并不一笑置之,也不拿这种幼稚的狂热嘻嘻哈哈地打趣一番。克利斯朵夫的脾气是倘使有人指出他的可笑,他自己就会先笑的。可是奥赫假装听得出神,逗克利斯朵夫多说一些傻话;等到一转背,就赶快添枝接叶地把这些话柄传播出去。大家先在音乐家的小圈子里把他挖苦一阵,然后好不心焦地等机会来批判那些可怜的作品。——可怜的作品,不曾问世已经被判决了。

作品终于露面了。

克利斯朵夫在乱七八糟的稿子里,选了一阕以黑贝尔的《于第斯》为题材的《序曲》,那种粗犷有力的作风,和德国人的萎靡不振对照之下,使他特别觉得可取。(可是他已经讨厌这作品,认为黑贝尔老是不顾一切的喜欢卖弄天才,多所做作。)其次是一阕交响曲,借用瑞士画家巴斯莱·伯克林的浮夸的题目,叫作:*人生的梦*,又加上一句小题词:*人生是一场短促的梦*。还有一组歌,和几阕古典作品,再加奥赫的一支欢乐进行曲:那是克利斯朵夫明知平庸但为了表示亲热而放进去的。

几次的预奏会还平静无事。虽然乐队绝对不了解所奏的作品,各人心里对这种古怪的新音乐非常骇异,但还来不及有什么意见;尤其在群众没有表示之前,他们决不能有何主张。看到克利斯朵夫那么自信,他们也就俯首帖耳地接受了。一般音乐师都很能服从,很有纪律,像一切良好的德国乐队一样。唯一的困难倒是在女歌唱家方面。她就是上次音乐厅中穿蓝衣服的太太,在德国很有声望,曾经在德累斯顿和拜罗伊特扮演瓦格纳剧中的主角,肺量的宏大是没有话说的。她虽然学会了瓦格纳派最得意的咬音的艺术,把辅音唱得高扬,元音唱得沉重得像击锤一样,可是就因为这样,她没有懂得自然的艺术。她对付一个字有一个字的办法:所有的音都加强,所有的音节仿佛穿着铅底鞋子在那里重甸甸地拖着,每一句都带着悲剧的气息。克利斯朵夫要求她把戏剧化的成分减少一些。她先还乐意听从,可是天生笨重的声音和卖弄嗓子的习惯使她无法控制。克利斯朵夫变得心烦意躁,告诉这位可敬的太太,说他是要叫人类说话,而不是要巨龙法夫内吹小号①。她听了这种不客气的话当然大不高兴。她回答说谢谢上帝,她已经知道什么叫作歌唱,她也很荣幸地唱过勃拉姆斯的歌,就在那位大人物前面,而他也听得津津有味。

“那可糟了! 糟了!”克利斯朵夫喊道。

她傲然笑着,要求他把这句谜一样的惊叹语解释明白。他回答说勃拉姆斯一辈子也没有懂得什么叫作自然,他的称赞简直是最难堪的责备,虽然他克利斯朵夫有时不大有礼貌——就像她刚才指摘的——可也不至于说出对勃拉姆斯那种唐突的话。

两人继续用这种口吻争执下去;那位太太始终依着她慷慨激昂的方式唱,——结果有一天,克利斯朵夫冷冷地说他看明白了,那是她的天赋如此,没法改的;但既然他的歌唱不好,还是干脆不唱,从节目中删掉得了。——那时已经到了音乐会的前夜:大家都知道音乐会中有他的歌,她自己也在外边提过;并且她不无相当的音乐天才,很能赏识那些歌里面的某些优点;克利斯朵夫临时改变节目等于是侮辱她。而

---

① 法夫内为《齐格弗里德》歌剧中守护尼伯龙根指环的巨龙,以女歌唱家善唱瓦格纳作品,故以此讽之。

她想到明天的音乐会也许会奠定青年音乐家的声名，也就不愿意跟这颗将升的明星伤了和气。所以她突然让步了，在最后一次预奏会中，完全依照了克利斯朵夫的指示。可是她打定主意，在下一天的音乐会中非用她自己的作风唱不可。

日子到了。克利斯朵夫一点不着急。他脑子里装满了自己的音乐，没法加以批判。他知道他的作品有些地方要给人笑。可是有什么相干？一个人怕闹笑话，就写不出伟大的东西。要求深刻，必需有胆子把体统，礼貌，怕羞和压迫心灵的社会的谎言，统统丢开。倘若要谁都不吃惊，你只能一辈子替平庸的人搬弄一些他们消受得了的平庸的真理，你永远踏不进人生。直要能把这些顾虑踩在脚下的时候，一个人才能成其伟大。克利斯朵夫居然这样做了。大家很可能嘘他，他有把握不让他们安静的。想到熟人们对曲子里某些大胆的部分会装出怎样的嘴脸，他暗暗觉得好玩。他预备受一番尖刻的批评，先在肚里好笑了。无论如何，除非是聋子，他作品中的力量是谁都不能否认的——至于这力能否讨人喜欢是另一问题。并且那有什么关系？……讨人喜欢！讨人喜欢！……只要有力量就行了。让它像莱茵河一样把什么都卷走吧。

他碰的第一个钉子是大公爵不到场。爵府的包厢里只有几个不相干的人，在府里当随从的太太们。克利斯朵夫愤愤地想道："这混蛋跟我怄气，他不知道对我的作品怎样表示才好：他不来就是怕为难。"他耸耸肩膀，假装不在乎这些无聊的事。但别人看了很注意：这是对克利斯朵夫的第一个教训，同时对他的前途也是个威胁。

听众也不比主子殷勤：三分之一的座位是空的。克利斯朵夫不由得心酸地想起他童年音乐会的盛况。要是他稍有经验，一定会懂得演奏上品音乐的时候，听众的数目自然比不上演奏平凡音乐的时候：因为大部分人感到兴趣的是音乐家而非音乐；而且一个跟普通人没有分别的音乐家，显然不及一个穿着短裤的儿童音乐家那么好玩、那么动人,能够教傻瓜们开心。

克利斯朵夫空等了一会儿听众,决意开场了。他硬要自己相信这样倒是更好,以为“朋友虽少,都是知己”。——可怜他这种乐观的心绪也维持不了多久。

一曲又一曲的音乐尽管奏下去,场子里寂静无声。有种寂静无声是因为大家感情冲动到极点,快要涌出来的缘故。但眼前的寂静简直是一无所有,一无所有。大家仿佛睡着了。每一句音乐都掉在漠不关心的深渊里。克利斯朵夫背对着听众,全神对付着乐队,可是依旧感觉到场子里的情形。凡是真正的艺术家都有一种精神上的触觉,能够感知他演奏的东西是否在听众心里引起共鸣。他照常打着拍子,非常兴奋,可是从池子和包厢里来的那股沉闷的空气,使他心都凉了。

终于《序曲》奏完了,大家有礼地、冷冰冰地拍了一阵手,就静下来了。克利斯朵夫宁可受人嘘斥一顿……便是怪叫一声也好!至少得有点儿生命的表示,对他的作品表示一点反响!……——可是完全没有。——他瞧瞧群众,群众也彼此瞧瞧。他们互相在目光中探求一些意见而探求不到,只能又扮起那副漠不关心的脸。

音乐重新开始,轮到那支交响曲了。——克利斯朵夫几乎不能终曲,屡次想丢下指挥棒,掉过头来就走。他也感染到了大众的麻木,结果竟不懂自己指挥的东西了;他明明觉得掉入了烦闷的深渊。连他预料在某些段落上群众会交头接耳说的俏皮话也没有,大家都在一心一意地翻阅节目单。克利斯朵夫听见众人同时哗啦啦的翻纸张的声音;然后又是一片静默,直到曲子完了;然后又是一阵有礼的掌声表示懂得一曲已经奏完。——大家静下来以后还有两三下零星的掌声,因为没有回响,也就不好意思地停住了:空虚显得更空虚,而这件小小的事故更显得听众是多么厌烦。

克利斯朵夫坐在乐队中间,不敢向左右张望一下。他真想哭出来,同时也气得浑身哆嗦。他恨不得站起身子向大家喊:“你们多讨厌!多讨厌!……一齐给我滚吧!……”

听众稍为清醒了些，等着女歌唱家出场，那是他们听惯而捧惯的。刚才那些新作品等于一片大海，他们没有指南针，只能在那里彷徨；她可是稳固的陆地，决没有令人迷失的危险。克利斯朵夫看出大家的思想，轻蔑地笑了一笑。女歌唱家也知道群众在等她；克利斯朵夫去通知她上台的时候，她的神气就像王后。他们俩用着敌对的态度彼此望了一眼。照例克利斯朵夫应当搀着她手臂，但他竟双手插在袋里，让她自个儿出台。她气冲冲地走过去；他很不高兴地跟在后面。她一露脸，立刻来了个满堂彩；大家松了口气，脸上发出光来，有了精神；所有的手眼镜都一齐瞄准。她对自己的魔力很有把握，开始唱起歌来，不消说是照她自己的方式，全不遵从克利斯朵夫上一天的嘱咐。替她伴奏的克利斯朵夫脸色变了。这种捣乱他是预先料到的。一发觉她走腔，他立刻敲着钢琴，愤怒地说了声：

"不是这样的！"

可是她不理。他就在背后用着又重浊又生气的声音提醒她：

"不！不！不是这样的！……不是这样的！……"

这些气愤愤的咕噜，虽然台下听不见，对乐队里的人可是句句分明；她一急，拼命把节奏拉慢，不该休止的地方也休止。他没有留意，自顾自地弹下去，终于歌和伴奏相差了一节。听众一点没觉得：他们久已认定克利斯朵夫的音乐既不会悦耳，拍子也不会准的；但克利斯朵夫并不这样想，他像疯子似的，脸都扭做一团，终于爆发了。他突然半中间停下来，直着嗓子嚷道："得了吧！"

她一口气收不住，继续唱了半节，然后也停住了。

"得了吧！"他粗暴地又说了一遍。

全场为之愣了一愣。过了一忽儿，他又冷冷地说："咱们再来！"

她愣然望着他，双手哆嗦着，真想把乐谱往他头上扔过去，事后她竟不懂当时怎么没有那样做。但她慑于克利斯朵夫的威严，只得重新开始。她把全部的歌唱完了，连一个拍子一个小地方也不敢变动：因为她觉得克利斯朵夫绝对不会留情，而一想起要再受一次侮辱就吓得浑身发抖。

她唱完以后,台下掌声不绝。他们并不是捧她唱的歌(要是她唱别的作品,也可以博得同样的掌声),而是捧这位有名的老资格的女歌唱家:他们知道赞赏她是没有错的。同时大家还想补偿一下她受的侮辱。他们隐隐然觉得她刚才唱错了,但认为克利斯朵夫当场给她指出来简直不成体统。大家都喊着“再来一次”。克利斯朵夫可很坚决地把琴关上了。

她没有发觉这桩新的侮辱;她心里乱得很,根本不想再来一次。她急急忙忙下了台,躲在化妆室里把胸中郁积着的恼恨与愤怒一齐发泄了出来:又是哭,又是叫,把克利斯朵夫直骂了一刻钟……狂怒的叫声一直传到门外。据那些进去探望她的朋友出来说,克利斯朵夫对她的态度简直跟下等人一样。众人的议论在戏院中是传得很快的。所以克利斯朵夫重新踏上指挥台演奏最后一曲的时候,场子里颇有些骚乱的现象。但这个曲子不是他的,而是奥赫的《欢乐进行曲》。听众既喜欢这曲平凡的音乐,便不必嘘斥克利斯朵夫而就有极简单的办法来表示他们的不满意:他们有心替奥赫捧场,热烈鼓掌要求作者露面了二三次;奥赫当然不肯放过机会。而这时音乐会也完了。

大公爵和宫廷方面的人,那些终日无聊而爱说短道长的内地人,对音乐会的情形当然知道得清清楚楚。和女歌唱家有交情的几家报纸,绝口不提那件不愉快的事,只一致恭维她歌唱的艺术,而在报导她所唱的作品的时候顺便提了提那些歌。关于克利斯朵夫其他的作品,只是寥寥几行,所有的报纸全是大同小异的论调:“……对位学很有功夫。风格非常繁琐。缺少灵感。没有旋律。纯粹是头脑的而非心灵的产物。缺乏真诚。只想独创一格……”——接下去的一段文字是讨论真正的独创,举出一般故世的大师,“不求独创一格而自然独创一格的”,如莫扎特、贝多芬、勒韦、舒伯特、勃拉姆斯等等的作品为证。——然后笔头一转又转到当地的戏院不久要重演克罗伊策的作品,就手把那出“永远清新永远美丽的歌剧”长篇累牍地描写了一番。

总之,便是对克利斯朵夫最有好感的批评家也完全不了解他的作品;而绝对不喜欢他的人自然更表现出阴险的仇视态度;——至于大众,既没有批评家,不管是好意的或恶意的批评家领导,只能一声不出。让大众自己去思想的时候,他们就干脆不思想。

克利斯朵夫灰心到了极点。

其实他的失败不足为奇。他的作品不讨人喜欢的理由不止一个,而有三个。第一,它们还不够成熟。第二,它们还太新鲜,不能教人一下子就懂得。第三,把这肆无忌惮的青年教训一顿是大家都高兴的事。——可是克利斯朵夫头脑不够冷静,不肯承认他的失败是势所必然的。一个真正的艺术家,长时期的被人误解以后,看惯了人类无可救药的愚蠢,会变得心胸开朗;而克利斯朵夫还谈不到这一点。他相信群众,相信成功,以为那是一蹴即就的,既然他具备着成功的条件:这种幼稚的信心现在可是被粉碎了。有敌人,他倒认为稀松平常。但他觉得奇怪的是连一个朋友都没有了。凡是他认为可靠的,一向对他的音乐感到兴趣的人,从那次音乐会以后,再没一句鼓励他的话。他想法去试探他们,他们总是闪烁其词。他再三追问,要知道他们真正的想法:结果是一般最真诚的人把他从前的作品,早年的幼稚的东西,提出来作比较。——接连好几次,他听到人家拿他的旧作做标准,说他的新作不行,——可是几年以前,在那些作品还是簇新的时候,他们也认为不好的。新的就是不好的:这是一般的原则。克利斯朵夫可不懂这一套,便大惊小怪地叫起来。人家不喜欢他也可以,他不但容许,甚至还欢迎,因为他并不想做每个人的朋友。可是人家喜欢他而又不许他长大,硬要他一辈子做个小孩子,那可不像话了!在十二岁上是好的作品,到二十岁上便不行了;他希望不要老是停留在那个阶段上,希望要变,变,永远的变下去……想阻遏一个人的生命不让它发展的,岂非混蛋!……他童年的作品所以有意思,并非在于它幼稚无聊,而是在于有股前程无限的力潜伏在那里!而这前程,他们竟想把它毁掉！……可知他们从来没懂得他，也从来没爱过他；他们所喜欢的只是他的庸俗，只是他跟庸俗的人没有分别的地方，而并非真正的他：他们的友谊其实是误解……

也许他把这些情形夸张了些。一般老实人不能爱好一件新的作品，但它有了二十年的寿命，他们就会真诚地爱好：这是常有的现象。新生命的香味太浓了，他们虚弱的头脑受不住，必须由时间来把这味道减淡一点才行。艺术品一定要积满了成年累月的油垢，方始有人了解。

但克利斯朵夫不允许人家不了解现在的他，而等他成为过去之后再了解他。他宁可人家干脆不了解他，在任何时间任何情形之下都不了解他：所以他气愤之极。他痴心妄想地要人了解，替自己说明，跟人家辩论；这才是白费气力，那不是要把整个时代的口味都改过来吗？但他自信很强，决心要把德国人的口味彻底洗刷一番，不管人家愿不愿意。其实他绝对不可能做到这一点。要说服一个人决不是几次谈话所能济事；他说话的时候既找不到适当的字，又是对大音乐家，甚至对谈话的对方取着狂妄傲慢的态度，结果只多结了几个冤家。殊不知他先得从从容容把自己的思想整理好了，才能强迫人家听他的……

而他的星宿，他的坏星宿，恰好来给了他说服人家的机会。

他在戏院的食堂里和乐队里的几个同事围着一张桌子坐着，他们听了他的艺术批评骇坏了。他们的意见也并不一致，但对他放肆的言论都大不乐意。中提琴师老克罗斯是个忠厚人，很好的音乐家，一向是真心喜欢克利斯朵夫的；他装着咳嗽，想等机会说一句双关的笑话把话题扯开去。克利斯朵夫可完全没注意，倒反越说越有劲，教克罗斯灰心了：

“他干吗要说这些话呢？真是天晓得！一个人尽管心里这么想，可用不着说啊！”

最奇怪的是，他也“这么”想过；至少他怀疑过这些问题，克利斯朵夫的言论把他心里的许多疑惑挑了起来,但他没有勇气承认,——一半是怕冒不韪,一半是因为谦虚,不敢相信自己。

吹短号的韦格尔可是一句话也不愿意听;他只愿意赞美:不论什么东西,不论好的坏的,天上的星或地下的煤气灯都一律看待;他的赞美也没有什么等差,只知道赞美,赞美,赞美。这是他生活必不可少的条件,受到限制就要痛苦的。

但大提琴师哥赫痛苦得更厉害:他全心全意地爱好下品的音乐。凡是被克利斯朵夫嬉笑怒骂的,痛诋的,都是他最心爱的;他本能地挑中一些最陈腐的作品,心中装满着浮夸的,动辄落眼泪的感情。但他的崇拜一切虚伪的大人物完全是出于真心。唯有他自以为崇拜真正的大人物时才是扯谎,——而这扯谎还是无邪的。有些勃拉姆斯的信徒,以为在他们的上帝身上可以找到过去的天才们的气息:他们在勃拉姆斯身上爱着贝多芬。哥赫却更进一步,他爱贝多芬的倒是勃拉姆斯的气息。

可是对克利斯朵夫的怪论最表愤慨的还是吹巴松管的史比兹。他的音乐本能所受的伤害,还不及他天生的奴性所受的伤害。某个罗马大帝是连死也要站着死的。他可非合扑在地下死不可,因为扑在地下是他天生的姿势;在一切正统的,大家尊重的,成功的事物前面匍匐膜拜,他觉得其乐无穷;他最恨人家不许他舔泥土。

于是,哥赫唉声叹气,韦格尔做着绝望的姿势,克罗斯胡说八道,史比兹大叫大嚷。但克利斯朵夫不慌不忙比别人喊得更响,说着许多对德国与德国人最难堪的话。

在旁边一张桌子上,有一个青年听着克利斯朵夫的话捧腹大笑。他长着一头乌黑的鬈发,一对聪明秀美的眼睛,大鼻子到了快尽头的地方不知道往左边去还是右边去,便同时往两边摊开了,底下是厚嘴唇;他神情不定,可是不俗。听着克利斯朵夫的话,对每个字都又同情又俏皮地留着神,他笑得连脑门,太阳穴,眼角,鼻孔,腮帮,到处都打起皱来,有时还要浑身抽搐。他并不插嘴,可是把每句话都听在耳里。

克利斯朵夫的高论说到一半,忽然愣住了,给史比兹奚落之下,更气得结结巴巴的,最后才找到了像块大石头般的字儿把敌人打倒:看到这情形,那青年格外高兴。而当克利斯朵夫冲动之极,越出了他思想的范围,突然说出些骇人听闻的胡话,使在场的人都大声怪叫的时候,邻座的青年更乐不可支了。

最后各人对于这种自以为是的争辩也腻烦了,彼此分手了。剩下克利斯朵夫最后一个想跨出门口,那个听得津津有味的青年便迎上前去。克利斯朵夫一向没注意到他。但那青年很有礼貌地脱下帽子,微笑着通报自己的姓名:"弗朗兹·曼海姆"。

他对于自己在旁窃听这种冒昧的行动,先表示了一番歉意,又把克利斯朵夫大刀阔斧痛击敌人的气魄恭维了一阵。想到这点,他又笑了。克利斯朵夫挺高兴地望着他,可是还不大放心:

"真的吗?"他问,"你不是取笑我吗?"

那青年赌着咒否认。克利斯朵夫脸上登时有了光彩。

"那么你认为我是对的,是不是?你同意我的主张了?"

"老实说,我不是音乐家,完全是门外汉。我所喜欢的唯一的音乐,——绝对不是恭维,——是你的音乐……至少这可以表明我的趣味不算太坏……"

"唔!唔!"克利斯朵夫虽然还有些怀疑,究竟被捧上了,"这还不能算证据。"

"哎,你真苛求……得了吧!……我也跟你一样想:这算不得证据。所以你对德国音乐家的意见,我决不敢大胆批评。但无论如何,你对一般的德国人,老年的德国人,批评得太中肯了;那些糊涂的浪漫派,那种腐败的思想,多愁多病的感情,人家希望我们赞美的陈言俗套,真叫作'这不朽的昨日,亘古不灭的昨日,永久长存的昨日,因为它是今日的金科玉律,所以也是明日的金科玉律!……'"

他又念了一段席勒诗中的名句:

"……亘古常新的昨天,永远是过去的也永远会再来……"

“而他就是第一个该打倒的!”曼海姆又加上一句按语。

“谁?”克利斯朵夫问。

“写下这种句子的老古董喽。”

克利斯朵夫不懂他的意思。曼海姆接着又说:

“第一,我希望每隔五十年大家把艺术和思想做一番大扫除的工作,只要是以前的东西,一样都不给它剩下来。”

“那可过分了些。”克利斯朵夫笑了笑。

“一点儿都不过分,我告诉你。五十年已经太长了,应当是三十年,或者还可以少一些!……这才是一种卫生之道。谁会把祖宗的旧东西留在家里呢?他们一死,我们就恭恭敬敬地把他们送出去放在一边,让他们去烂,还得堆上几块石头,使他们永远不得回来。软心的人也会放些花上去。那我不反对,我也无所谓。我只要求他们别跟我来麻烦。我就从来不麻烦他们。活的在一边,死的在一边:各管各的。”

“可是有些死人比活人更活!”

“不!不!要是说有些活人比死人更死倒更近于事实。”

“也许是吧。不管怎么样,有些老人的确还年轻。”

“假使他还年轻,我们自己会发觉的,——可是我不信这个话。从前有用的,第二次决不会再有用。只有变才行。第一先得把老人丢开。在德国,老人太多了。得统统死掉才好!”

克利斯朵夫聚精会神听着这些古怪的话,费了很大的劲讨论;他对其中一部分的见解有同感,也认出有好多思想跟自己的一样,只是听到别人用夸张可笑的口吻说出来,觉得有点刺耳。但因为他相信人家和他一样的严肃,便认为那些话或许是这个似乎比他更有学问更会讲话的青年根据了他的原则,按照逻辑推演出来的。多少人不能原谅克利斯朵夫的刚愎自用,其实他往往谦虚得有点孩子气,极容易受一般教育程度比他高的人愚弄,尤其在他们不是为了避免讨论难题而拿自己的教育做挡箭牌的时候。曼海姆故意以发表怪论为乐,一问一答,话越说越野,自己听了也在暗笑。他从来没碰到一个人拿他当真的,如今看到克利斯朵夫费尽心力想讨论,甚至想了解他的胡说八道,不由得乐死了;他一边嘲笑克利斯朵夫,一边因为克利斯朵夫对他这么重视而很感激,觉得他又可笑又可爱。

他们分手的时候已经变成好朋友;可是过了三小时,克利斯朵夫在戏院预奏会中看见曼海姆在乐队的小门里伸出头来,笑嘻嘻地对他做着鬼脸,仍不免有点奇怪。预奏完毕,克利斯朵夫过去找他。曼海姆很亲热地抓着他的胳膊说:

"你有功夫吗?……你听我说。我有个主意在这儿,也许你会觉得是胡闹……你不想抽个空,把你对音乐和对那些无聊的音乐家的感想写下来吗?与其跟乐队里四个只会吹吹笛子拉拉提琴的傻瓜白费口舌,直接向大众说话不是有意思得多吗?"

"你问我这样做是不是有意思得多?……是不是我愿意?……嘿,可是我写了文章送到哪儿去呢?你倒说得好,你!……"

"我不是说过有个主意吗?……我跟几个朋友:亚达尔培·洪·华特霍斯,拉斐尔·高特林,亚陶尔夫·梅,吕西安·哀朗弗尔,——办了一份杂志。这是本地唯一有见解的杂志,名字叫作酒神——你一定知道的吧?……我们都佩服你,很想请你加入我们的团体。你愿意担任音乐评论吗?"

克利斯朵夫听了这话受宠若惊,恨不得马上接受;他就是怕不够资格,不会写文章。

"放心,"曼海姆说,"你一定会写的。何况一朝做了批评家,你尽可以为所欲为。别顾虑什么公众。你才想不到他们多蠢呢。做个艺术家算得什么!谁都可以嘘他。可是批评家有权利向大家说:'替我嘘这个家伙!'场子里的听众,反正把思想这件麻烦事儿交给你了。你爱怎么想都可以,只要你装作在思想。那些傻蛋只求塞饱肚子,不管是什么。他们没有不吃的东西。"

克利斯朵夫终于答应了,非常感动地道谢。他只提一个条件,就是文字的内容绝对不受限制。

“自然啰，自然啰，”曼海姆回答，“绝对自由！咱们每个人都是自由的。”

晚上散戏的时候，他又第三次去盯着克利斯朵夫，把他介绍给亚达尔培·洪·华特霍斯和其余的朋友。他们都对他很诚恳。

除了华特霍斯是本地的旧世家出身，余下的尽是犹太人，都很有钱：曼海姆的父亲是银行家；高特林的是有名的葡萄园主；梅的是冶金厂经理；哀朗弗尔的是大珠宝商。这些父亲全是老派的以色列族[1]，勤俭啬刻，永远守着他们的民族精神，不惜千辛万苦地搞钱，而对自己的毅力比对财富更得意。但那些儿子似乎生来要把父亲挣起来的家业毁掉；他们取笑家庭的成见，取笑那种像蚂蚁般苦吃苦熬，惨淡经营的生活；他们学着艺术家派头，假作瞧不起财产，把它从窗里扔出去。其实他们根本没有多大手面，尽管荒唐胡闹，也不会昏了头，忘了实际。并且做父亲的也很留神，把缰绳拉得很紧。最会挥霍的是曼海姆，真心想把家私大大方方地花个痛快；可是他一无所有，只能在背后直着嗓子骂父亲吝啬，心里倒也满不在乎，还认为父亲的办法是对的。归根结蒂，唯有华特霍斯一个人财产自主，拿得出现钱，杂志便是由他出钱维持的。他是诗人，写些阿尔诺·霍尔茨和沃尔特·惠特曼一派的“自由诗”，[2]一句长一句短的，所有的点，逗点，三点，横划，静默，大写字，斜体字，底下加线的字等等，都有一种极重要的作用，不下于叠韵和重复的词句。他用各国文字中的字，各种没有意义的声音羼在诗里。他自命——(不知道为什么)——要在诗歌方面做一个塞尚[3]。的确，他很有想象力，对枯索无味的东西很有感觉。他又是感伤又是冷淡，又是纯朴又是轻浮，偏要把加工雕琢的诗句装作名士派。在时

① 今欧洲人统称希伯莱族为以色列人或犹太人。

② 阿尔诺·霍尔茨(1863—1929)，德国新现实派的诗人兼剧作家。沃尔特·惠特曼(1819—1892)十九世纪美国诗人。

③ 塞尚(1839—1906)，法国后期印象派画家，为二十世纪初期的野兽派、立体派之先驱。

髦人物心目中,他很可能成为一个好诗人。可惜杂志上,沙龙里,这等诗人太多了;而他还想做到只此一家。他一味充作没有贵族偏见的王爷,其实他这种偏见比谁都要多,只是自己不承认。他有心在他主持的杂志周围只安插一批犹太人,为的是让教他的反犹太家属骇怪,同时向自己证明他的思想自由。他对同人说话的口吻很客气很平等,骨子里是不动声色地瞧不起他们。他明知他们利用了他的姓氏和金钱非常得意,却也由他们去,因为这样他才能自得其乐地轻视他们。

而他们也瞧不起他听任他们利用,因为知道他有利可图。其实他们是互相利用。华特霍斯拿出姓氏和金钱;他们拿出文才和做买卖的头脑,同时也带来一批主顾。他们比他聪明得多,并不是更有个性,那也许比他还少呢。但在这个小城里,像在无论哪里无论什么时候一样,——因为种族的关系而孤立了几百年,刻薄的眼光给磨练得格外尖锐,——他们的思想往往最前进,对于陈旧的制度与落伍的思想的可笑感觉得最清楚。可是他们的性格不像他们的头脑来得洒脱,所以尽管挖苦那些制度跟思想,还是想从中渔利而并不愿意改革。他们虽自命为在思想上独往独来,实际和那位贵族出身的华特霍斯同样是内地的冒充时髦的朋友,同样是游手好闲的纨绔子弟,把文学当作消闲打趣的玩意儿。他们喜欢装出一副刽子手的神气,可是并不凶,拿来开刀的无非是些不相干的人,或是他们认为对自己永远不足为害的人。他们绝对没有心思去得罪一个社会,知道自己早晚要回到社会,跟大家过一样的生活,接受他们早先排斥的偏见的;而当他们一朝冒着危险去对一个当代的偶像,——已经在动摇的偶像,——大张挞伐的时候,他们也决不破釜沉舟,为的是一有危急立刻可以上船。而且不问厮杀的结果如何,一场完了,必须等好些时候才会再来一次。非利士人尽可放心,那些新大卫派的党徒[1]只是要人家相信他们发起狠

[1] 德国大音乐家舒曼早年曾集合爱美爱真的同志,创立一秘密音乐团体,号称"大卫党";因古代以色列王大卫曾征服非利士人,而非利士人又为十九世纪德国大学生对一般商人市侩的轻蔑的称呼,舒曼更以非利士人称呼音乐界中的俗物与顽固分子。

来非常可怕;——可是他们并不愿意发狠。他们更喜欢和艺术家们称兄道弟,和女演员们一块儿吃宵夜。

克利斯朵夫在这个环境中很不舒服。他们最爱谈论女人跟马,而且谈得毫无风趣。他们都很呆板。华特霍斯说话慢腾腾的,声音清楚而没有音色,那种细到的礼貌显得他又无聊又讨人厌。编辑部秘书亚陶尔夫·梅是个臃肿笨重的家伙,缩着脑袋,神气很凶横,老是认为自己没错:他事事武断,从来不听人家的回答,好似非但瞧不起对方的意见,压根儿就瞧不起对方。艺术批评家高特林,有种神经性的抽搐,一刻不停地眨巴着眼睛,戴着副大眼镜,——大概为了模仿他来往的那些画家,特意留着长头发,默默地抽着烟,嘟嘟囔囔地说个一言半语,永远没有完整的句子,用大拇指在空中莫名其妙地乱划一阵。哀朗弗尔是个秃顶的矮个子,堆着笑容,留着淡黄色的胡子,一张细腻而没有精神的脸,弯弯的鼻子,在杂志上写些关于时装和社交界的消息。他声音软绵绵地说些挺露骨的话;人很聪明,可是阴险,往往还很卑鄙。——这般富家子弟全是无政府主义者;那是再恰当也没有了:一个人丰衣足食之余来反对社会是最奢侈的享受,因为可以把得之于社会的好处一笔勾销,正像路劫的强盗把一个行人搜刮光了,对他说:"你还待在这儿干么?去你的吧!我用不着你了!"

克利斯朵夫在这一群人里头只对曼海姆抱有好感。当然他是五个人中最有生气的一个,他对自己说的话和旁人说的都觉得好玩;他结结巴巴的,嘟嘟囔囔的,嘻嘻哈哈的,老说着混话,既不能有条有理的讨论什么,也不大知道自己在想什么;可是他很和气,没有野心,对谁都不记恨。其实他并不十分老实,常常扮着一种角色,但不是有意的,而且是与人无害的。他会醉心于一切荒诞不经的——往往是救世济人的——理想,但凭他那种精明的头脑与玩世不恭的态度,他决不完全相信;便是兴奋的时候他也能保持冷静,永远不至于为了实行理论而找麻烦。但他需要有点儿东西让他风魔,那对他是一种游戏,时时刻刻要变换的。目前他风魔的是慈悲。不用说,他觉得仅仅做人做得慈悲是不够的,非要显得慈悲不可;他宣传慈悲,同时又指手画脚地加以表现。因为故意要闹别扭,反对家里的人那种刻板而辛苦的生活,反对礼教,反对军国主义,反对德国人的市侩气,所以他是托尔斯泰的信徒,相信涅槃,相信佛教,相信福音,——他自己也弄不大清究竟信些什么,——总之是宣扬一种软绵绵的,没有骨头的,婆婆妈妈的,宽大为怀的道德;它很乐意原谅一切罪恶,尤其是肉的罪恶,并不讳言对这一类罪恶的偏心,可不大能容忍所有的德性,——这种道德所标榜的简直是:共同寻欢,如有盟约,彼此娱乐,仿佛结社,而最后还要放上一个圣洁的光轮才觉得高兴。这中间颇有点小小的虚伪,那味道在感觉细致的人是不大好闻的,甚至还是恶心的,如果拿它当真的话。可是曼海姆并不拿这一套当真,只是玩玩而已。这种下流无耻的基督教是随时准备让位的,无论什么偶像都可以来取而代之:暴力也好,帝国主义也好,什么古怪的野兽也好。曼海姆是在做戏,真心地做戏;在他没有跟别人一样恢复老老实实的犹太人面目和犹太精神之前,他把自己所没有的各种情操轮流地试过来。他是一个可爱而又极可厌的人。

在某一时期内,克利斯朵夫成为他风魔的对象之一。曼海姆什么都相信他,到处把他的名字挂在嘴上,在家人前面把他恭维备至。据他说来,克利斯朵夫是个天才,是个了不起的人,写着古怪的音乐,关于音乐的议论尤其精妙,才思焕发,——并且是一表人才:一张秀美的嘴,一副漂亮的牙齿。他还补上一句,说克利斯朵夫很佩服他。——终于有一晚他把克利斯朵夫带到家里来吃饭了。而克利斯朵夫也就见到了这位新朋友的父亲,银行家洛太·曼海姆,和弗朗兹的妹妹于第斯。

这是他第一遭踏进一个犹太人的家庭。这民族虽然在小城里人口不少,并且以它的财富,团结,智慧,在当地占着重要地位,可是跟别的社会很少往来。民间一向对它抱着牢不可破的成见,暗中有点敌意,有种近于侮辱的怜悯。克利斯朵夫家里的人就存着这种心。当年祖父是不喜欢犹太人的;——不料命运跟他开玩笑,他两个最好的学生,(一个成了作曲家,一个成了有名的演奏家,)偏偏是以色列人;这一下老人家可为难了:因为有时他真想拥抱这两位优秀的音乐家,但又记起他们曾经把耶稣钉上十字架;他不知道怎么解决这个矛盾。临了他还是把他们拥抱了,相信上帝看在他们爱好音乐面上会原谅他们的。——克利斯朵夫的父亲曼希沃自命为自由思想者,决不会挣了犹太人的钱而心里起什么疙瘩,还认为是极应该的;但他时常取笑他们,瞧不起他们。——至于他的母亲,可不敢断定她偶然替犹太人当厨娘是不是一桩罪过。他们对她很傲慢:但她并不记恨,她对谁也不记恨,反而对这般被上帝罚入地狱的可怜虫非常同情。在她去帮忙的人家,看见主人的女儿走过,或听见孩子们快乐的笑声,她就不由得要这样想:

"多美丽的姑娘!……多好看的孩子!……真可惜!……"

听到克利斯朵夫说晚上要去曼海姆家吃饭,她一句话也不敢说,心里可不大好过。她以为人家说犹太人的坏话固然不该相信,——(所有的人都被人说坏话的,)——老实人是到处有的,但犹太人管犹太人,基督徒管基督徒,各管各的,究竟是更好更得体。

克利斯朵夫完全没有这些成见,因为永远要跟周围的人闹别扭,所以反而受这个异族的吸引。可是他对它并没有什么认识。他有过来往的几个犹太人只是最粗俗的一批,无非是些小商人和猬集在莱茵河与大教堂中间的几条街上的平民。他们以人类共有的群居本能,正在把那个区域变做犹太人居留地。克利斯朵夫偶然上那儿去闲逛,用着好奇而善意的目光,随便瞧瞧那些腮帮陷下去的女人,嘴唇和颧骨都很突出,堆着神秘的笑容,稍微有点下流神气,恬静的面部表情的和谐,不幸被粗俗的谈吐与粗野的笑声给破坏了。但便是在下层阶级中,在这些脑袋特别大,眼睛没有神,神气浑浑噩噩,又矮又臃肿的人身上,在这最高贵的民族的没落的后裔身上,甚至在那些臭秽的渣滓中间,也有几点微弱的光在那儿闪闪烁烁,好似在沼泽上空飘荡的磷火:那是一些奇妙的眼神,灵光四射的智慧,从污泥之中发射出来的微妙的电流,使克利斯朵夫看了有些着迷,有些惶惑。他想其中必有些高尚的灵魂在挣扎,必有些伟大的心灵想从泥淖中超拔出来;他很想能碰到他们,帮助他们;虽然没认识他们,而且心里还有些害怕,他已经喜欢他们了。但他从来没有跟一个犹太人有过什么亲密的关系,更没机会接近犹太社会里的优秀分子。

因此,上曼海姆家吃饭对他颇有一种新鲜的,甚至像禁果一般的诱惑力。而把禁果递给他的夏娃使禁果显得更有味道。一进门,克利斯朵夫眼里只看见于第斯·曼海姆一个。她跟他至此为止所认识的女人完全不同。高大,轻灵,虽然长得结实,个子还是细瘦的;脸庞四周的黑头发并不多,可是很浓,部位很低,遮着太阳穴和瘦骨嶙峋的黄澄澄的脑门;眼睛有点近视,眼皮很厚,眼珠稍微突出了一点,高鼻子底下的鼻孔很大;腮帮清瘦,下巴厚重,皮色相当红润;美丽的侧影轮廓很分明,很有性格;正面的表情比较含糊,复杂;两只眼睛和两边的面颊都是不相等的。在她身上,你可以感觉到一个很强的种族,感觉到杂凑在这个种族的模子里的许多成分,乱七八糟的,有极美的,也有极恶俗的。她的美,特别在于那张不大说话的嘴巴,在于那双因近视而显得更深沉,因四周的黑影而显得更阴气的眼睛。

对于这双不只是个人的而是整个种族的眼睛,必须要一个比克利斯朵夫更有经验的人,才能透过它们湿漉漉而火辣辣的眼帘,看出这个女人的真正的心。而这在一对又热烈又沉闷的眼睛里头,他所发现的便是整个以色列族的灵魂,为她本人并没意识到的。克利斯朵夫一见之下,可搅糊涂了。直要再过很多时候,常常在这种眼睛里迷失以后,他才能在这个东方的大海上看出一点头绪来。

她望着他,清明的眼神毫无骚乱的现象;似乎这基督徒的灵魂被她全部看透了。他也感觉到了。他觉得在她迷人的目光下面有股刚强,明白,冷静的意志,毫不客气的在那里搜索他的内心;虽是毫不客气,可并无恶意。她只是拿他一把抓住了。有种卖弄风情的女人对谁都要施展一下迷人的魅力;于第斯可并不是这种作风。卖弄风情,她比谁都厉害;但她知道自己的力量,只让本能去施展她的力量,——尤其对一个像克利斯朵夫那样容易征服的俘虏,更犯不上多费气力。她更感兴趣的是要认识她的敌人——(凡是男人,陌生人,对她都是敌人,——以后遇到相当的机会也可能跟他们携手)。人生是一场赌博,唯有聪明人才能赢;所以第一要看清敌人的牌而不能泄露自己的牌。能够做到这一步,她就感到胜利的快意。她并不在乎胜利能否给她什么好处。她这么做是为了好玩。她热心的对象是聪明,但并非那种抽象的聪明,虽然她头脑相当扎实,研究无论什么学问都可以成功,要是她愿意的话,而且比她的哥哥更配继承银行家洛太·曼海姆的事业;然而她更喜欢活泼泼的,对付人的那种聪明。她最喜欢参透一个人的灵魂,估量它的价值,——(在这一点上,她和麦西的犹太女人称金洋一样仔细);——她靠着奇妙的感觉,能够在一霎眼之间看破别人的弱点与污点,从而找到了心灵的秘钥,把它抓住:这便是她控制人的手段。但她并不恋恋于她的胜利,也绝对不利用她的俘虏。好奇心与骄傲一朝满足之后,她就把俘虏丢过一边,注意别的对象去了。她这种力完全是虚耗掉的。在一颗这么活泼的灵魂中有一股死气。好奇与无聊这两个特点,在于第斯是兼而有之的。

因此,克利斯朵夫瞧着她,她也瞧着克利斯朵夫。她不大说话,但只要嘴角上露出一点不可捉摸的笑影,就可把克利斯朵夫催眠。笑影掠过以后,又是一副冰冷的面孔,淡漠的眼睛;她招呼晚饭,冷冷地和仆人说话,似乎不再听客人的话了。然后,她眼睛又亮起来,插几句话,清楚明白,表示她什么都听到,什么都懂得。

她把她哥哥对克利斯朵夫的评语冷静的检查了一下:她素来知道弗朗兹夸大的脾气;一看到克利斯朵夫,她那个喜欢挖苦的性格正好有了用武之地;她哥哥不是在她面前夸说克利斯朵夫长得如何漂亮如何体面吗?——似乎弗朗兹有种天赋,专门会看到事实的反面,或是故意以此为乐。但把克利斯朵夫仔细研究之下,她也承认弗朗兹说的并非完全虚妄;而她一步一步推究进去的时候,发现克利斯朵夫的确有一种力,虽然还没固定,还没平衡,但是很厚实很大胆。她看了很高兴,因为她比谁都明白力量多么难得。她有本领教克利斯朵夫说话,教他自动透露思想,显出他智力的限度与缺点。她要他弹琴。她不喜欢音乐,可懂得音乐,并且能辨别出克利斯朵夫的音乐的特色,虽然毫不感动。始终保持着冷淡而有礼的态度,她只用几句简短,中肯,而没有一点夸奖意味的话,表示她对克利斯朵夫的关切。

克利斯朵夫感觉到这一点,非常得意;因为他觉得这样的判断是有价值的,她的赞许是难得的。他毫不掩藏他有征服她的意思,而因此所表示的天真,教三位主人都为之微笑:他只对于第斯说话,也只为了于第斯说话;对其余两个,他简直不理,仿佛根本没有那两个人。

弗朗兹瞧着他,嘴唇和眼睛都跟着克利斯朵夫说话而扯动,神气有点佩服又有点俏皮。他跟父亲和妹子丢着眼风,不由得笑了出来。妹子却不动声色,只装不看见。

洛太·曼海姆是个高大结实的老人:背有点儿驼,皮色鲜红,灰色的头发梳得根根向上,像刷子一样,须和眉毛部很黑;一张笨重的脸很有气魄,神气是喜欢挖苦人的。他用着老奸巨猾的和善的态度,也在研究克利斯朵夫;而他也立刻辨别出这个青年的确“有点儿东西”。但他既不关心音乐,也不关心音乐家:那不是他的本行,他一点不懂,而且非但不隐瞒,还为此自鸣得意:——像他这种人肯承认有什么事不懂,是为的表示骄傲。——克利斯朵夫很不客气而并无恶意地,明白表示用不着银行家先生奉陪,只要有于第斯小姐和他谈天就不会寂寞了;老人家听了觉得怪有意思,便去坐在火炉旁边读报,心不在焉的,含讥带讽的,听着克利斯朵夫的废话和他古怪的音乐,想到竟会有人懂得这一套而觉得有趣,不由得暗中好笑;后来他也不愿意再留神他们的谈话,把估量生客这件差事交给女儿去了。而她也的确不辱使命。

克利斯朵夫走了以后,洛太问于第斯:

“嗯,你居然套出了他的真话;你觉得这个艺术家怎么样?”

她笑了笑,想了一会,作了个总结:“他有点儿糊涂,可并不傻。”

“对,”洛太接着说,“我也觉得这样。那么他是会成功的了?”

“我相信他会成功。他是个强者。”

“好,”只有对强者才感兴趣的洛太用着一种强者的逻辑回答,“那就该帮助他了。”

克利斯朵夫回去也很佩服于第斯·曼海姆,但并不动心。对这一点于第斯是看错了。一个是由于感觉灵敏,一个是由于本能(那在他是代替机智的),两人彼此都误会了。她脸上那个谜和头脑的活跃,的确把克利斯朵夫迷住了;但他并不爱她。他的眼睛和精神是受了诱惑,心可是并不。——为什么呢?——倒不容易说。因为在她身上看到了什么暧昧不明的或令人不安的性格吗?但在别的情形之下,这反而多了一个刺激爱情的因素:一个人不怕自讨苦吃的时候,才是爱情最强的时候。克利斯朵夫的不爱于第斯,跟他们本人都不相干的。真正的理由,使他们俩都觉得有点屈辱的理由,是他和最近一次的恋爱还隔得太近。他并不是吃一次亏,学一次乖。但他在热爱阿达的时候消耗了多少的信心,多少的精力,多少的幻象,现在剩下来的已不够培植一股新的热情。要希望冒起另外一朵火焰,必须在心中另外烧起一堆火来:在旧火已熄,新火未燃的期间,只能有些转眼即灭的火星,有些上次大火中留下来的残灰余烬,发出一道明亮而短促的光,因为缺乏燃料而马上熄灭的。再过六个月,他或许会盲目地爱上于第斯。现在他只把她当朋友看待,——当然是一个乱人心意的朋友;——但他努力驱除这种骚乱:因为这会引起他对于阿达的不愉快的回忆。于第斯对他的吸引力,是在于她跟别的女人不同的地方,而非在于跟别的女人相同的地方。她是他见到的第一个聪明女子。聪明,是的,她浑身上下都是聪明。便是她的美,——她的举止,动作,面貌,嘴唇的曲线,眼睛,手,清瘦典雅的身段,——也反映出她的聪明;她的身体就是靠聪明塑成的;没有了聪明,她就会显得丑了。这聪明使克利斯朵夫非常喜欢。他以为她胸襟如何宽大,如何洒脱,其实她并没到这个程度;他还不知道她令人失望的地方呢。他渴想向于第斯推心置腹,把自己的思想让她分担一些。他从来没有能找到一个关切他的思想的人:得一知己是多么快乐啊!他小时候常常抱怨没有姊妹,认为一个姊妹应当比一个兄弟更能了解他。见到了于第斯,友谊那个虚幻的希望又复活了。他根本没想到爱情。因为没有爱情,所以他认为和友谊相比之下,爱情简直太平凡了。

克利斯朵夫这种微妙的心理,于第斯不久就感觉到了,大为气恼。她并不爱克利斯朵夫;而且为她颠倒的年轻人已经有过不少,都是本地有钱而有身份的子弟,即使克利斯朵夫对她倾心,也不见得会使她怎么得意。但知道他竟无动于衷,她可心中有气了。眼看自己只能在理智方面对他发生影响,未免太委屈了;女人要能使男人失掉理智才觉得更有意思!何况她并没用什么理智去影响人家,根本是克利斯朵夫一厢情愿,凭空造出来的。于第斯脾气很专横。她平素把她认识的一般青年的软弱的思想支配惯了。既然他们庸庸碌碌,她认为控制他们也没多大意思。对付克利斯朵夫可困难得多,所以也有趣得多。她压根儿不理会他的什么计划,但很高兴去支配那个簇新的头脑,那股犷野的力,使它们成器,——当然是照她的而不是照她不屑了解的克利斯朵夫的办法。但她立刻发觉要做到这一步非经过一番斗争不可;克利斯朵夫有的是各种各样的成见,有的是她认为过激而幼稚的思想:那都是些败草,她决意要拔掉的;可是一根都没拔掉。她的自尊心一点没得到满足。克利斯朵夫倔强得厉害。既然不动爱情,他也用不着在思想上对她让步。

她不服气,在某一个时期内想要征服他。克利斯朵火那时虽然头脑清楚,也差点儿重蹈覆辙。男子只要有人奉承,使他的骄傲与欲望获得满足,就极容易上当;而富于幻想的艺术家更容易受骗。于第斯不难把克利斯朵夫诱入恋爱的陷阱,把他再毁一次,也许毁得更彻底。可是她照例很快就不耐烦了,认为犯不上费那么大的劲去征服这样的一个人;克利斯朵夫已经使她腻烦;她已经不了解他了。

他一过了某种限度,她就不能了解。至此为止,她是完全懂得他的。再要往前,就不能单靠她出众的聪明了;那需要一点热诚,或者暂时可以刺激热诚的幻想,就是说:爱情。她很了解克利斯朵夫对人对事的批判,认为很有意思,相当中肯;她自己也不是没有这么想过。她所大惑不解的是,在实行这些思想可能碰到危险或麻烦的时候,为什么要用思想去影响自己的实际生活。克利斯朵夫对所有的人取着反抗态度是不会有结果的:他总不见得自命要改造社会吧?……那么是什么意思呢?……不是自己把脑袋往墙上撞吗?一个聪明人尽可批判别人,暗地里嘲笑别人,轻视别人;但他的行事是跟他们一样的,仅仅略胜一筹罢了:这才是控制人的唯一的办法。思想是一个世界,行动又是一个世界。何苦做自己思想的牺牲品呢?思想要真实:那当然!可是干吗说话也要真实呢?既然人类那么蠢,担当不了真理,干吗要强迫他们担当?忍受他们的弱点,面上迁就,心里鄙薄,觉得自己无挂无碍:你岂不得意?要说这是聪明的奴隶的得意也可以。但反正免不了做奴隶,那么即以奴隶而论,还是逞着自己的意志去做奴隶,不必再作那些可笑而无益的斗争。最要不得的是做自己思想的奴隶而为之牺牲一切。一个人不该上自己的当。——她清清楚楚看到,要是克利斯朵夫一意孤行,走着和德国艺术德国精神的偏见反抗到底的路,一定会使所有的人跟他作对,连他的保护人在内,结果是一败涂地。她不懂为什么他要跟自己过不去,要把自己毁灭而后快。

要懂得这一点,先要懂得他的目的不在于成功而在于信仰。他信仰艺术,信仰他的艺术,信仰他自己,把这些当作不但是超乎一切利害的,而且是超乎他的生命的现实。等到她的批评使他不耐烦了,他用着天真的夸大的口气说出这些理由时,她先是耸耸肩膀,不拿他当真。她认为他只是唱高调,像她哥哥那样,每隔多少时候总得宣讲一番又荒唐又伟大的决心而决不冒冒失失去实行的。后来看见克利斯朵夫真是为这些空话着了迷,她便认为他是疯子,对他不感兴趣了。

从此她不再费心表现自己的长处,只拿出她的本相来了:她骨子里是个十足地道的德国人,远过于你一开头所看到的,也远过于她自己所想象的。——大家错怪以色列人,说他们不属于任何民族,在欧洲无论哪一个地方都保存着他们清一色的民族性,不受当地民族的影响。其实,世界上没有一个民族比犹太人更容易感染土著的气息;法国犹太与德国犹太之间固然有不少共同点,但从他们居留的国家得来的不同点更多;他们接受异族的思想习惯特别快,并且接受的还是习惯多于思想。而所谓第二天性的习惯,在大多数人竟是独一无二的天性,所以一个地方的土著根本没资格责备犹太人缺少深刻而经过思考的民族性,因为这特性在土著身上连影子都找不到。

女人原来对外界的影响感觉比较灵敏,对生活情况也适应得更快,更能随遇而安;而全欧洲的犹太女人尤其能把当地的物质与精神两方面的风气学得惟妙惟肖,往往还过分,——同时仍保存着她们的轮廓,保存她们的民族特有的那种乱人心意的,浓烈的,经久不散的魅力。克利斯朵夫看了大为惊异。他在曼海姆家遇到那些姑母、堂表姊妹和于第斯的女朋友们。其中有几个虽然极不像德国人,热烈的眼睛和鼻子离得很近,鼻子又和嘴巴离得很近,轮廓分明,暗黄色的皮肤长得很厚,虽然她们整个的外表都不像德国女人,可是比真正的德国女人更彻底地德国化:谈话,装束,都跟德国女人一般无二,甚至还要过火。于第斯比她们这一批都高明;你比较之下就能看出她的智力有哪些过人的地方,她的人品有哪些是自己修养得来的。可是别人所有的大多数缺点,她也一样具备。在思想方面她比别人自由得多,差不多完全独往独来,但她的行事并不比人家更大胆;至少她实际的利害观念在这儿代替了她独往独来的精神。她相信社会,相信阶级,相信偏见,因为通盘计算之下,她觉得这些对她还是有利的。她徒然嘲笑德国气质,她自己就是亦步亦趋的追随着德国潮流。她很能感觉到某个知名的艺术家的平庸,但照旧尊敬他,因为他是知名的;而假使她和他有来往,她更要佩服他,让自己的虚荣心满足一下。她不大喜欢勃拉姆斯的作品,暗中还疑心他不过是个第二流的艺术家;但他的荣名使她肃然起敬;又因为收到过他五六封信,她更毫不迟疑地断定他是当代最大的音乐家。克利斯朵夫的价值,副官长弗雷希的愚蠢,都是她确认的事实;但弗雷希的追求她的财富,比克利斯朵夫纯粹的友谊使她更得意:因为不管他多么傻,一个军官终究是另一阶级的人物;而一个德国的犹太女子比别的女子更难踏进这一个阶级。她并不相信这些无聊的封建观念,也很明白假使她嫁给副官长弗雷希,倒是她给了他面子,然而她还是拼命想勾引他,不惜卑躬屈膝对这个傻瓜做着媚眼,逢迎吹拍,唯恐不至。这个骄傲的犹太姑娘,有资格骄傲的姑娘,银行家曼海姆的聪明而眼高的女儿,平素多么瞧不起德国的小布尔乔亚妇女的,竟想降低身份去学她们的样。

这一次的经验,时间并不久。克利斯朵夫对于第斯的幻想很快就消灭了,差不多和幻想来的时候一样快。说句公道话,这是应该由于第斯负责的,因为她一点不想法使他保留幻想。像这种性格的女子一朝把你批判定了,把你在心中丢开之后,你就不存在了,她心目中已经没有你这个人,会对着你毫无顾忌地暴露她的灵魂,不以为羞,好似不怕在猫狗前面赤身露体一样。克利斯朵夫看到了于第斯的自私,冷酷,性格的平庸。幸而时间还短,他没有完全为她着迷。但他的发现已经使他痛苦,使他烦躁。他虽不爱于第斯,可爱着于第斯可能成就的——应该成就的人物。她美丽的眼睛使他感到一种痛苦的诱惑,难以忘怀;尽管他现在知道了这双眼睛里面只有一颗萎靡不振的心灵在那儿睡着,他仍旧把它们看作先前所看到的,他愿意看到的那个样子。这是没有爱情的爱的幻觉。一般艺术家不完全耽溺在自己作品里的时候,那种幻觉在他们心中是占着很重要的地位的。无意中碰到的一张脸就会使他们有这个境界;他们能看出它所有的美,为本人不觉得的,不以为意的;而因为本人不以为意,所以艺术家更爱那个美。他们有如爱一件快要死灭而无人赏识的美妙的东西。

这也许是他自己看错了,于第斯这个人说不定早已定局,不能再有什么发展。但克利斯朵夫有过一个时候是相信她有前途的;这个幻觉始终存在,所以他不能用客观的眼光去判断她。他觉得她所有美好的地方都是她独有的,她本身整个儿都是美好的;她所有的庸俗,应当让德国与犹太这个双重的民族性去负责,尤其是德国,因为他自己为了德国性格受过更多痛苦。既然别个民族他还一个都不认识,他就把德国气质作为负罪的羔羊,拿世界上所有的罪过一齐教它担当。于第斯给他的幻灭,使他又多了一项攻击德国气质的理由,认为它摧残了这样一颗灵魂的热情是不能原谅的。

这便是他和以色列族初次相遇的情形。他本希望在这个刚强而孤立的民族中间找到一个奋斗的盟友,而今一切都成泡影。热情冲动的直觉原是极不稳定的,常常使他从这一个极端跳到另一个极端;因此他立刻断定,犹太民族并没像一般所说的那么坚强,而接受外来影响也太容易了。它除了本身的弱点之外,还要加上它到处搜罗得来的弱点。他在这儿非但找不到一些倚傍来支持他的艺术,反而有跟这个民族一同陷在沙漠里的危险。

一边发觉了危险,一边又没冲过危险的把握,他便突然不上曼海姆家去了。人家请了他好几回,他都谢绝了,也不说明理由。至此为止,他一向是殷勤得有点过分的,这一下突然之间的改变当然引起了注意:大家认为这是他的"怪癖",但曼海姆一家三个人,都相信跟于第斯不无关系;洛太和弗朗兹在饭桌上常常把这个问题作为取笑的资料。于第斯耸耸肩,说征服一个男人弄到这个局面也太妙了,接着又冷冷地要求她的哥哥别老跟她开这种玩笑。可是她也不放过逗引克利斯朵夫回来的机会。她写信给他,借口问他一个只有他能解答的音乐问题,末了很亲切地提到他近来很少去而大家渴想见见他的话。克利斯朵夫复了信,回答了她的问题,推说事情忙,始终不去。有时,他们在戏院里碰到。克利斯朵夫眼睛老向着别处,避免看到曼海姆家的包厢;于第斯存心想给他一个最动人的微笑,他却装作连于第斯这个人都没看见。她也不坚持。本来对他就无所谓,她觉得这个起码艺术家让她白费心血也不应该。他要愿意回来,他自个儿会回来的!要不然也就算了!……

结果真的算了;没有他,曼希姆家里晚上也并不怎么寂寞。可是于第斯不由自主地恨着克利斯朵夫。他在的时候她不把他放在心上,她倒认为很平常,他要因之而不高兴也可以;但要不高兴到绝交的程度,那她觉得简直是狂妄,骄傲,只有自私而没有热情。——同样的缺点只要不在自己身上而在别人身上,于第斯就觉得不能容忍。

然而她对克利斯朵夫的作品和行事倒反更注意。她不动声色地逗他的哥哥提到这些问题,把他白天和克利斯朵夫的谈话讲出来,然后她含讥带讽地评论几句,凡是可笑的地方一桩都不放过,使弗朗兹对克利斯朵夫的热情不知不觉地降低下去。

在杂志方面,先是一切都很好。克利斯朵夫还没看出那些同事的庸俗;他们也因为他是自己人而承认他有天才。最初发现他的曼海姆还没读到他一个字,就已经在到处宣扬,说克利斯朵夫是个出色的批评家,他当作曲家是走错了路,最近才由曼海姆把他点醒的。他们在杂志上用着神秘的措辞替他的文章做预告,大大地引起了读者的好奇心。他第一篇评论披露的时候,在这个人心麻木的小城里好似一块大石头掉在鸭塘里。题目叫作:音乐太多了!

"音乐太多了,吃的东西太多了,喝的东西太多了!大家不饥而食,不渴而饮,不需要听而听,只是为了狼吞虎咽的习惯。这简直和斯特拉斯堡的鹅一样。这民族竟是害了贪食症。你给他随便什么都可以。瓦格纳的《特里斯坦》也好,《赛金根的吹号手》也好,贝多芬也好,玛斯卡尼也好,赋格曲也好,两拍子的军队进行曲也好,亚丹,巴赫,普契尼,莫扎特,马施纳,都好。他连吃什么东西都不知道,只要有得吃。甚至吃了也不觉得快乐。瞧瞧他在音乐会里的神气吧。有人还说什么德国式的狂欢!其实什么叫作欢乐他们就不知道:他们永远是狂欢的!他们的狂欢和他们的悲哀一样是像雨水般随便流的:贱如泥上的欢乐,没有精神也没有力。他们愣头傻脑地笑着,几小时地吸收声音,声音,声音。他们一无所思,一无所感,只像一些海绵。真正的欢乐与真正的痛苦——力——决不会像桶里的啤酒般流上几小时的。它掐住你的咽喉,使你惊心动魄地慑服,以后你不会再想要别的:你已经醉了!

"音乐太多了!你们糟蹋自己,糟蹋音乐。你们糟蹋自己是你们的事;可是音乐,别胡来了吧!我不许你们糟蹋世界上的美,把圣洁的和声跟恶浊的东西放在一只篮里,把《帕西发尔》的序曲插在《联队女儿》的幻想曲和萨克管的四重奏中间,或是把贝多芬的柔板跟美洲土人舞乐或莱翁卡瓦洛的无聊作品放在一起。你们自命为世界上最大的音乐民族,你们自命为爱音乐。可是爱哪一种音乐呢?好的还是坏的?你们不论好坏都同样地拍手喝彩。你们先挑 下行不行?究竟要哪一种?你们不知道,不愿意知道:你们怕决定,怕闹笑话……你们这种谨慎小心,给我见鬼去吧!——你们说,你们在一切偏见之上,是不是?——其实你们是被压在一切偏见之下……"

于是他引了格特弗里德·凯勒的两句诗,——那是一个苏黎世的布尔乔亚,他的光明磊落、勇于战斗的态度,本地风光的生辣的气息,是克利斯朵夫非常爱好的:

> 得意扬扬自命为超乎偏见之上的人,
> 其实是完全在偏见之下。

他又继续写道:"你们应当有勇气保持你们的真!应当有勇气不

怕显得丑！假如你们喜欢恶劣的音乐，就痛痛快快地说出来。把你们的本相拿出来。把你们灵魂上的不清不楚的胭脂花粉统统抹掉吧，用水洗洗干净吧。多少时候你们没有在镜中照照你们这副丑相了呢？让我来照给你们看吧。作曲家，演奏家，乐队指挥，歌唱家，还有你们，亲爱的听众，你们可以彻底明白你们是什么东西了……你们爱做什么人物都可以，但至少要真！要真，哪怕艺术和艺术家因之而受到损害也没关系！假使艺术不能和真理并存，那么就让艺术去毁灭吧！真理是生，谎言是死。”

这番激烈的血气方刚的话，再加那种不雅驯的态度，自然使大家叫起来了。可是对于这篇每个人都牵涉在内而没有一个人清清楚楚受到攻击的文字，谁也不愿意认为针对自己。每个人都是，都自以为，自称为真理的朋友，所以那篇文章的结论决不致受人非难。人家不过讨厌它的语气，一致认为失态，尤其是出之于一个半官方艺术家之口。一部分的音乐家开始骚动了，愤懑地抗议了：他们料到克利斯朵夫决不会这样就算了的。另外一批人自以为更聪明，去恭维克利斯朵夫有勇气，可是对他以后的文字也同样在那里惴惴不安。

抗议也好，恭维也好，结果总是一样。克利斯朵夫已经冲了出去，什么都拦不住他了；而且依着他早先说的话，作家和演奏家都免不了受到攻击。

第一批开刀的是乐队指挥[1]。克利斯朵夫决不限于对指挥乐队的艺术作一般性的讨论。他把本城或邻近诸城的同事一一指出姓名，或者用着极明白的隐喻，令人一望而知说的是谁。譬如，每个人都能认出那个毫无精神的宫廷乐队指挥，阿洛伊·洪·范尔奈，小心谨慎的老人，一身载满了荣誉，什么都害怕，什么都要敷衍，不敢对乐师们有

① 法、意两国，凡负责及指挥某一教堂的音乐节目的，称为教堂乐长（maitre de chapelle）。在德国，十九世纪及以前，诸侯宫廷中的教堂乐长，亦称 Kapellmeister，近代用义更广，不论教堂的、民间的、剧院的乐队指挥，均统称为 Kapellmeister，比英语中的 Conductor 多一点尊称的意味。

何指摘,只知道俯首帖耳地跟着他们的动作。除了有过二十年的声誉,或至少经过学士院的什么大老盖过官章的作品以外,他决不敢把新作随便排入节目。克利斯朵夫用着挖苦的口吻恭维他的大胆,称赞他发现了加岱,德沃夏克,柴科夫斯基;恭维他的乐队演奏准确,节拍不差毫厘,表现得细腻入微;他提议在下次音乐会中可以替他把车尔尼的《速度练习曲》配成器乐来演奏,[①]又劝他不要过于疲劳,过于热情,得保重身体。——再不然,克利斯朵夫对他指挥贝多芬《英雄交响曲》的作风发出愤怒的叫喊:

"轰啊!轰啊!给我轰死这些家伙吧!……难道你们全不知道什么叫作战斗,什么叫作对于人类的荒谬与野蛮的战斗,——还有那个一边欢笑一边把它们打倒在脚下的力吗?嘿,你们怎么会知道呢?它所攻击的就是你们!你们的英勇是在于能够听着,或忍着呵欠而演奏贝多芬的《英雄交响曲》,——(因为这个曲子使你们厌烦……那么老实说出来吧,说那个曲子使你们厌烦,厌烦得要死!)——你们的英勇还有什么表现?大概是光着脑袋,驼着背,忍着过路风而恭迎什么大人物吧。"

对于这些音乐院的长老演奏过去的名作时所用的"古典"风格,他只嫌冷嘲热讽的字不够用。

"古典!这句话把什么都包括了。自由的热情,像学校的课本一样被删改修正了!生命,这片受着长风吹打的广大的平原,——也给关在古典学院的院子中间!一颗颤动的心的犷野威武的节奏,被缩成钟锤的摆动,安安静静的,规规矩矩的,按着四拍子前进,在重拍上加强一下!……你们要把大海装入小玻璃缸,放些金鱼,才能鉴赏大海。你们要把生命扼杀之后才懂得生命。"

他对这般他称为"打包匠"式的乐队指挥固然不客气,但对"马戏班骑师"式的名指挥尤其严厉,——他们周游各地,教人家欣赏他们手

① 车尔尼为十九世纪钢琴家兼作曲家,所作尤多为学生练习指法用的曲子。《速度练习曲》为此种练习曲之一。

舞足蹈的姿势,爬在大名家的背上显本领,把人尽皆知的作品弄得面目全非,难于辨识,在贝多芬的《第五交响曲》中表现他们的身手矫捷。克利斯朵夫把他们当作卖弄风情的老妇,走江湖的吉普赛人,走绳索的卖技者。

演奏家也是给他嘲弄的好材料。他批判他们卖弄手法的音乐会时,声明自己是外行,说这些机械的练习是属于工艺学院的范围的:时间的长短,音符的数目,耗费的精力等等,只有画成图表才能显示,才能估量它们的价值。有时,一个著名的钢琴家堆着笑脸,头发掉在眼角上,在两小时的音乐会中解决了技术上最大的困难,克利斯朵夫说他根本还不能把莫扎特的一曲简单的行板弹得像个样。——当然,他并非不知克服困难的乐趣。他自己也体味过来:这是人生一乐。但只看见作品的物质的一方面,认为艺术上的英勇壮烈就只有这一点,那他觉得又丑恶又可耻了。什么"钢琴之狮","钢琴之豹",他都不能原谅。——同时他对那般在德国很出名的老学究也不大客气,因为他们苦心孤诣要保存名作的原文,便加意压制思想的奔放,并且像汉斯·冯·比洛那样,表演一阕热情的奏鸣曲的时候,简直像教大家上一堂朗诵台词的课程。[①]

歌唱家们也有挨骂的份儿。克利斯朵夫对于他们粗俗笨重的歌唱和内地式的浮夸的腔派,心中真有千言万语要说。这不但因为他记得和那位蓝衣太太的争执,而且许多使他受罪的表演更加强了他的恨意。他竟说不清他的眼睛跟耳朵哪一样更难受。至于舞台面的恶俗,服装的难看,颜色的火暴等等,克利斯朵夫因为缺少比较的材料,还不能充分的批评。他所厌恶的,尤其在于人物、举动、态度的粗俗,歌唱的不自然,演员的不能感染剧中人的精神,漠不关心地从一个角色换唱另一个角色,只要音域相仿。那些身发财发、好不得意的妇人,不管是唱伊索尔德还是唱卡门,只知道卖弄自己。阿姆福尔塔斯居然变了

① 汉斯·冯·比洛(1830—1894),德国十九世纪最大的钢琴家和指挥家之一,此处批评其演技,系作者本人亲聆以后的评语。

费加罗!① ……但克利斯朵夫感觉得最清楚的,当然是歌唱的恶劣,特别是以旋律的美为主的古典作品。德国已经没人会唱十八世纪末期的那种完美的音乐,也没人肯费心去研究了。格鲁克和莫扎特的清朗明净的风格,与歌德的一样,好似浴着意大利的阳光的,到韦伯已经染上狂乱颤动的气息而开始变质,到梅耶贝尔又给笨重的漫画手法变得可笑,而到瓦格纳风靡一世的时候更被完全压倒了。尖声怪叫的女武神在希腊的天空飞过。斯堪的纳维亚的神话掩蔽了南国的光明。现在再没有人想到唱音乐,只想到唱诗。细节的疏忽,丑恶的地方,甚至错误的音符,都被认为无关宏旨,借口说唯有作品的全体才重要,唯有思想才重要②……

"思想!好,就谈思想吧。仿佛你们是懂得思想的!……可是不管你们懂不懂,至少得尊重思想所挑选的形式。第一得让音乐成其为音乐!"

而德国艺术家自命为对于表情与深刻的思想的关心,在克利斯朵夫看来简直是开玩笑。表情吗?思想吗?是的,他们到处都用上了,——到处,而且是一律的。一双羊毛靴子,跟一座米开朗琪罗的雕像,他们一样地会在其中找到思想,——不多也不少。不论演奏哪一个作家,哪一件作品,用的老是同样的精力。在多数人心目中,音乐的要素只是音量,只要不是杂声而是音乐的声音就得了。德国人对唱歌的兴趣那么浓,其实只是为了声带经过了运动以后的快感。主要是尽量地鼓起气来,尽量地放射出去,要有力,持久,按着拍子。克利斯朵夫称赞某个有名的女歌唱家,说可以送她一纸健康证书。

---

① 伊索尔德为瓦格纳歌剧《特里斯坦与伊索尔德》中的女主角,卡门为法国比才所作歌剧《卡门》的女主角。两部作品的风格,女主角的性格,完全不同。阿姆福尔塔斯为瓦格纳歌剧《帕西发尔》中的角色,费加罗为莫扎特歌剧《费加罗的婚姻》中的角色,性质迥异,声部亦不同(一为男中音,一为男低音)。

② 以上一段均系批评瓦格纳歌剧对近代音乐的不良影响。瓦格纳对歌剧另有一套理论,意欲融音乐、诗歌、哲学、神话、戏剧于一炉。而其歌剧的歌唱风格亦另辟蹊径,此处即攻击此种风格的弊病。

他吆喝了艺术家还不算，更要从台上跳到台下，把那些张着嘴巴看他开刀的群众教训一顿。群众被他呵斥之下，觉得啼笑皆非。那真要令人呼冤叫屈了，因为他们一向很留神，不加入任何艺术论战，小心翼翼地跟一切棘手的问题都站得老远，而且唯恐自己犯错误，所以对一切都拍手叫好。但克利斯朵夫认为拍手就是他们的罪状！……对恶劣的作品拍手吗？——那已经该死了！可是克利斯朵夫更进一步，说他们最不应该对伟大的作品拍手。

"轻薄的家伙！你们想教人相信你们竟这样热烈吗？……得了吧！这恰恰证明完全相反。要拍手，等热闹的结束来的时候再拍手吧，那些段落原来是像莫扎特说的为'驴子耳朵'写的[①]。在这儿，你们尽管尽兴吧：人家是准备你们大叫大嚷的，那也是音乐会中应有的一套。可是在贝多芬的《弥撒曲》以后鼓掌……你们不是该死吗！……那明明是最后之审判。*荣耀归主*那一章[②]，惊心动魄的气势像海洋上的狂风暴雨，大力士般的猛烈的意志好比一阵飓风，忽然停在云端里，双手攀着深渊，然后又奋力向太空飞去……狂风怒号。在最惊险的关头，突然来了一段转调，一种抖动的声音透过乌云从天上直落到颜色惨白的海上，像一片光。这是到了结束的阶段。死神那种疯狂的飞翔冷不防停了下来，它的翅膀被三道闪电[③]钉住了。周围的一切还在发抖，迷糊的眼睛还在发花。心忐忑地跳着，气息仅属，四肢瘫痪……而最后一个音符还在振动的时候，你们已经在高兴了，乐了，你们叫着，笑着，议论纷纷，拍手了！……难道你们一无所见，一无所闻，一无所感，一无所悟吗？一个艺术家的痛苦为你们原来只是一出

① 神话载，弗里基弥达斯因不喜阿波罗所奏的竖琴，被阿波罗将其耳朵变为驴耳。今以此语喻不懂音乐的人。

② 贝多芬的《弥撒曲》共分五大颂曲：（一）吾主怜我，（二）荣耀归主，（三）我信我主，（四）圣哉圣哉，（五）神之羔羊。而第二部《荣耀归主》本身又分成三章，以下所描写的是第一章的境界。

③ 所谓三道闪电系指第一章将结束时由大号用特别加强的声量（*fff*）奏出的三个和弦。

戏,认为贝多芬临终的血泪给描写得非常精细!你们对耶稣上十字架竟喊着'再来一次!'这个超凡入圣的人在痛苦中挣扎了一辈子,结果只给你们这批愚夫愚妇消磨一个钟点!……"

这样,他无意之间诠释了歌德的两句名言,不过他没有达到歌德那种清明高远的境界罢了:

"大众把崇高伟大当作游戏。要是他们看到了崇高伟大的面目,那就连望一望的勇气也没有了。"

克利斯朵夫还不肯就此罢休。热情冲动之下,他跳过了群众,像一颗炮弹似的去轰那个圣坛,那个禁地,那个庸才俗物的避难所——批评界了。他把同业骂得体无完肤。其中有一个胆敢攻击当时最有天才的作曲家,最前进的乐派的代表,哈斯莱。他写过许多标题交响曲,虽然不免偏激,究竟是才气纵横的作品。克利斯朵夫小时候见过他,为了纪念当时的情绪,始终对他很感激。现在看到一个不学无术的愚蠢的批评家竟然敢教训这样的天才,不禁气愤到极点,大叫起来:

"反了!反了!难道你除了王法以外,不知道还有别的法纪吗?天才决不给你拖上庸俗的老路的。他创造法纪,他的意志会成为大家的规律。"

在这一段傲慢的开场白之后,克利斯朵夫抓住了倒霉的批评家,把他近来所写的荒谬的文字痛加批驳,淋漓尽致地训了一顿。

整个批评界都觉得受了侮辱。他们一向对论战置身事外,不想冒冒失失地去碰钉子;他们对克利斯朵夫认识很清楚,知道他内行,也知道他没有耐性。至多他们之中有几个很含蓄地表示,一个这样优秀的作曲家越出了本行去乱撞未免可惜。他们不论意见怎么样(在他们能有个意见的时候),总还尊重他跟他们一样享有批评家的特权,可以批评一切而自己不受批评。但看到克利斯朵夫突然把同行之间的默契破坏以后,他们立刻把他看作国民公敌了。他们一致认为,一个青年胆敢冒犯那些为国增光的宗师真是岂有此理,就开始对他作剧烈地攻击。他们并不写什么长文章来一套有系统的辩论;——(虽然新闻记者有种特殊的本领,用不着顾到对方的论证,甚至毋须一读,照旧能进行他的论战,此刻也不愿意跟一个实力充足的敌人在这种阵地上对垒。)——凭着多年的经验,他们知道报纸的读者总是相信他的报纸的,报纸则一有辩论的口吻就会减低自己的声望;还不如直捷了当地肯定一切,或更好是否定一切。否定比肯定加倍有力。这是可以从重心律直接推演出来的:把一颗石子从上面丢下来,不是比往上抛更容易吗?因此他们宁可用一些阴险的,挖苦的,侮辱的短文,逐日刊登在显著的位置,把傲慢的克利斯朵夫形容得非常可笑,从来不指出他的姓名,但一切都描写得十分明显。他们把他的言论改头换面,弄得荒谬绝伦;又讲他的轶闻秘史,往往事出有因而一大半是凭空捏造的,而且编得非常巧妙,刚好能挑拨克利斯朵夫跟城里人的,尤其是宫廷方面的感情。他们也攻击他的外表、面貌、服装,勾勒出一幅漫画。因为听到再三再四地说,大家终于觉得克利斯朵夫真是这副模样了。

克利斯朵夫的朋友们对这些都可以满不在乎,倘使他们的杂志在论战中没有挨打。其实外边的攻击不过是种警告;人家并不想把它牵入漩涡,而是有心把它和克利斯朵夫撇清,但这份杂志怎么不怕它的声誉受到影响未免令人奇怪;他们暗示,倘若它再不检点,就顾不得遗憾与否,对编辑部其余的人也要下手了。亚陶尔夫·梅和曼海姆开始受到的攻击虽然并不猛烈,已经使窠里的人张皇起来。曼海姆只是笑笑:以为那可以教他的父亲、伯叔、堂兄弟,以及无数的家族成员着恼,他们自命对他的行为举止有监护之责,一定要因之大为愤慨的。但亚陶尔夫·梅把事情看得非常严重,责备克利斯朵夫连累了杂志。克利斯朵夫不客气地把他顶了回去。其余几个因为没有挨骂,倒认为这个老是向他们说大话的梅代他们吃些苦也挺有意思。华特霍斯暗中很高兴;他说不砍破几个脑袋就不成其为厮杀。自然,他意思之中决不是说砍破自己的脑袋;他自以为靠着他的门第与社会上的关系,处于绝对安全的地位,至于他的犹太同志们吃些亏也没有什么害处。至此为止还没轮到的高特林和哀朗弗尔可不怕攻击,他们俩会回敬的。他们觉得不愉快的倒是克利斯朵夫那种死心眼儿,使他们跟所有的朋友,尤其是跟所有的女朋友弄得很僵。看到最初几篇文字,他们乐死了,以为这玩笑开得很妙,他们佩服克利斯朵夫捣乱的劲,同时以为只要一句话就能使他斗争的热情降低一点,至少对他们所指定的某些男女朋友留些情分。——可是不行。克利斯朵夫什么话都不听,什么请托都不理会,只像疯子一样地蛮干。要是让他再搅下去,简直没法在地方上过活了。他们的朋友已经哭哭啼啼,怒气冲冲地到社里来闹过几场。他们用尽手段劝克利斯朵夫在某些地方笔下留情:克利斯朵夫完全不理。他们生气了;克利斯朵夫也生气了,但他的态度还是照旧。华特霍斯看着这些朋友着急觉得好玩,却毫不动心,并且故意袒护克利斯朵夫使他们更气。他也许比他们更能赏识克利斯朵夫的勇敢的蛮劲,佩服他不留退路也不为将来着想,只低着头逢人便撞。至于曼海姆,对这番大锣大鼓的吵架看得高兴极了,自以为把一个疯子带到这群循规蹈矩的人里去的确是开了个大大的玩笑;眼看克利斯朵夫跟人家一拳来一脚去,他笑弯了腰。虽然他受着妹子的影响,开始相信克利斯朵夫真有点疯头疯脑,他倒反更喜欢他;他需要在他喜欢的人身上找出些可笑的地方。所以他和华特霍斯两人在别的朋友前面替克利斯朵夫撑腰。

他头脑很实际,虽然竭力自以为不实际;因此他认为替朋友着想,最好把他的利害关系和当地最前进的音乐团体的利害关系打成一片。

像大多数的德国城市一样,这里也有一个瓦格纳友谊会,代表反抗保守派的新思想。如今各处对瓦格纳的声望已经公认了,作品也排入了德国所有歌剧院的节目,替瓦格纳辩护当然不会再有什么危险。可是瓦格纳的胜利是硬争取得来的,而非由于人家的心悦诚服;骨子里大众仍旧很固执地抱着保守心理,尤其像这儿一样的小城市,跟时代的潮流完全隔绝,只知道仗着古老的名气自命不凡。德国人天生对新思想新潮流有种疑虑,凡是真实的强烈的东西,没有经过几代的人咀嚼的,他们都懒得去体会:这种情形在这里比别的地方更厉害。固然瓦格纳的作品已没有人敢非难,但一切受瓦格纳思想感应的新作品,大家都不大乐意接受,这就充分证明了上面所说的民族性。所以倘若所有瓦格纳友谊会能够热心保护艺术界新兴的杰出的力量,那么它们很可以做些有益的事。有时它们的确尽过这种责任,布鲁克纳与雨果·沃尔夫就受到某些瓦格纳会的支持。[①] 但大宗师的自私自利往往使门徒也跟着自私自利;拜罗伊特既然成了崇拜独一无二的上帝之所,[②]拜罗伊特所有的小支部也成为信徒们永远礼拜同一个上帝的小教堂。充其量,他们只在正殿旁边的小祭坛上供奉几个忠实信徒的神位,而还得这些信徒对那位独一无二的,多才多艺的神明,音乐、诗歌、戏剧、玄学各方面的祖师,表示五体投地地崇拜,对他神圣的主义能够一字一句地遵守勿渝才行。[③]

本地的瓦格纳友谊会就是这种情形。——可是它还装点门面,想结纳一批可为己用的有才气的青年,已经在暗中对克利斯朵夫留意了很久。它不着痕迹地向他表示好感,他根本不觉得;因为他不需要跟人家联络,他不懂为什么他的同胞一定要组织团体挨在一块儿,仿佛单枪匹马就什么事都做不了:唱歌,散步,喝酒,都是不行的。他讨厌所有的社团。但比较起来,他对瓦格纳友谊会还容易接受,它至少办些美妙的音乐会;而瓦格纳派的艺术主张,他虽然不全部赞同,究竟比别的音乐团体跟他接近得多。单看它对付勃拉姆斯和勃拉姆斯党跟他一样激烈,似乎他和这个党派之间的确还能找到一些共同的立场。因此他就听人拉拢了。居间的是曼海姆,他是没有一个人不认识的。虽非音乐家,他也是瓦格纳会的会员。——会中的领袖们早就留意克利斯朵夫在杂志上掀起的论战。他打发敌人的某些作风被认为很有

① 布鲁克纳(1824—1896)与雨果·沃尔夫(1860—1903)生前受勃拉姆斯党徒排挤。

② 德国巴伐利亚邦拜罗伊特城的瓦格纳剧院,为瓦格纳亲自设计监造,绝对不演他人作品。

③ 此处所称大宗师,独一无二的上帝,神明,祖师,均指瓦格纳。

力量,大可加以利用。固然克利斯朵夫对他们神圣的偶像也很不恭敬地刺过几下,但他们宁可装做不看见;——而且这几下最初的,并不如何猛烈的攻击,对于他们急于要趁克利斯朵夫未作更进一步的攻击之前就去加以笼络,也许不为无因,虽然他们并不承认。他们很殷勤地征求他同意,可不可以拿出他几支歌参加瓦格纳会主办的音乐会。克利斯朵夫听了很得意,便答应了。他上他们会里去,又禁不住曼海姆的怂恿,马上入了会。

当时领导这个瓦格纳友谊会的人有两个:一个是公认为权威的作家,一个是权威的乐队指挥。两人都是对瓦格纳信仰极坚的。前者名叫约西亚斯·克林,写过一部《瓦格纳辞典》,可以使人随时随地了解大师的思想,可知者无所不知,可解者无所不解,真是他一生的杰作。他在饭桌上能够整章整卷的背出来,不下于法国内地的中产阶级熟读《毕赛尔诗歌》[1]。他也在《拜罗伊特公报》上发表讨论瓦格纳与亚利安精神的文字。当然,他认为瓦格纳是纯种亚利安典型,德国民族在亚利安种内是抵抗拉丁的塞米气息的中流砥柱,尤其能抵抗法国的塞米气息的坏影响。[2] 他宣告高卢族淫靡的风气已经给打倒了,但他仍旧天天不断地拼命攻击,仿佛那个永久的敌人始终还有威胁的力量。他对法国只承认有一个大人物,高皮诺伯爵[3]。克林是个矮小的老人,很有礼貌,像处女一样动不动会脸红。——会中另一个台柱名叫埃里希·劳贝尔,四十岁以前是一家化学厂的经理;然后丢掉了一切去做

① 《毕赛尔诗歌》为伏尔泰所作讽刺圣女贞德的长诗,纯粹是反宗教的,曾风行一时。

② 亚利安族被认为是纯血种的白种民族,源出中亚细亚,经由印度而移殖欧洲,征服土著,并与土著混合。而纯种亚利安族究由现代何种民族代表,言人人殊,或谓日耳曼族,或谓拉丁族。塞米气息系指塞米族的性格。塞米族指今之阿拉伯人,叙利亚人,犹太人。

③ 高皮诺伯爵(1816—1882),法国外交家兼文学家,著有《种族不平等论》一书,认为亚利安族为最优秀的人种;而最纯粹的亚利安种在今日为日耳曼人(但并非德国人,因德国人已与高卢族及斯拉夫族混血),即住居英、比及法国北部、斯堪的纳维亚半岛的淡色头发,脑壳长度大于宽度四分之一的人。此项学说被德国学者利用,并转指德国人为纯种亚利安人,作为大日耳曼主义之根据。尼采与瓦格纳等的主张,皆与高皮诺的学说有关。

乐队指挥。他之所以能够达到目的,一半是靠他的意志,一半是靠他的有钱。他是拜罗伊特的狂热的信徒:据说他曾经穿了朝山的布鞋从慕尼黑步行到拜罗伊特。奇怪的是,这位博览群书,周游大地,做过各种不同的行业而处处显出性格坚强的人,在音乐方面竟会变成一头巴奴越的绵羊①。他所有的那些特出的性格,一到这儿只使他表现得比别人更蠢。因为在音乐方面太无把握,不敢相信自己的感觉,所以他指挥瓦格纳作品的时候,完全依照在拜罗伊特注册过的艺术家和指挥的演奏法。他要把演出的场面与五颜六色的服装,照式照样地模仿,迎合瓦格纳小朝廷里的幼稚而低级的口味。他很像那种风魔米开朗琪罗的人,临画的时候把原作的霉点都要摹写下来,因为霉点沾在神圣的作品上,所以也是神圣的了。

克利斯朵夫对这两个人物原来不会怎么钦佩的。但他们是交际场中的人物,和蔼可亲,相当博学;而劳贝尔只要谈到音乐以外的问题也不无趣味。再加他是个糊涂虫,而克利斯朵夫并不讨厌糊涂虫:觉得他们不像明白人那么庸俗可厌。他还不知天下最可厌的莫过于说废话的人,也不知在大家误称为“怪物”的人身上,所谓特色比其余的人更少。因为这些“怪物”实在只是疯子,他们的思想已经退化到跟钟表的动作相仿。

克林和劳贝尔为了笼络克利斯朵夫,对他非常敬重。克林写了篇文章把他恭维了一阵,劳贝尔指挥他作品的时候完全听从他的吩咐。克利斯朵夫看了大为感动。不幸这些殷勤的效果给那般献殷勤的人的不聪明完全糟蹋了。他不可能因为人家佩服他而对他们产生幻想。他很苛求;别人佩服他的地方倘使跟他的真面目相反,他就不容许,凡是把他认识错了而做他朋友的,他差不多会认为仇敌。所以他极不满意克林拿他当作瓦格纳的信徒,在他的歌和瓦格纳的《四部曲》中找共

① 典出法国拉伯雷名著《巨人传》:巴奴越受羊贩邓特诺诟辱,乃购其一羊驱之入海,群羊见之均起而效尤,纷纷投海,卒至羊贩邓特诺于抢救时亦溺死海中。今以巴奴越绵羊喻盲从之群众。

同点，——实际是除了一部分音阶相同以外根本渺不相关。而听到自己的作品给排在一个瓦格纳学者的无聊的仿制品旁边，——两头又放着永远少不了的瓦格纳的两件大作，他也并不愉快。

不用多少时候他就觉得在这个小党派里头透不过气来。这又是一个学院，跟那些老的学院一样窄，而且因为它在艺术上是个新生儿，所以气量更小。克利斯朵夫对于艺术形式或思想形式的绝对价值，开始怀疑了。至此为止，他以为伟大的思想到一处就有一处光明，而今他发觉思想尽管变迁，人还是一样：而且归根结蒂，主要还在于人：有什么样的人，就有什么样的思想。假如他们生来是庸俗的、奴性的，那么便是天才也会经由他们的灵魂而变得庸俗、奴性；而英雄扭断铁索时的解放的呼声，也等于替以后的几代签下了卖身契。——克利斯朵夫忍不住把这种意思说出来。他痛诋艺术上的拜物教，说什么偶像，什么古典的大师，都用不着；只有瞧不起瓦格纳，敢把他踩在脚下，扬着脸前进，永远看着前面不看后面的人，敢让应该死的死而跟人生保持密切关系的人，才配叫作瓦格纳思想的承继者。克林的胡说乱道惹恼了克利斯朵夫。他挑出瓦格纳作品里的错误或可笑的地方。瓦格纳的信徒们免不了说这是他妒忌他们的上帝，而且是荒唐可笑的妒忌。至于克利斯朵夫，他相信那些在瓦格纳死后拼命崇拜瓦格纳的人，一定就是在他生前想把他扼杀的人：这可冤枉他们了。像克林与劳贝尔一流的人，也有受着灵光照耀的时间；二十年前他们也站在前锋，然后像多数的人一样留在那儿不动了。人的力量太薄弱了，上山只爬了第一段就不济事而停住了，唯有极少数的人才有充分的气力继续攒奔。

克利斯朵夫的态度使那些新朋友很快跟他疏远了。他们的好感是桩交易：要他们跟他站在一起，必须他跟他们站在一起；而克利斯朵夫显而易见连一点成见都不肯抛弃：他不愿意加入他们的一党。人家就对他冷淡了。他所不愿意送给大小神明的谀辞，人家也不愿意送给他了。他的作品不像从前那样受到欢迎；有人还抗议他的名字在节目单上出现得太多。大家在背后嘲笑他,批评的话也多起来了,克林和劳贝尔也不加阻止,似乎表示赞成他们的意见。可是会里的人还不想跟克利斯朵夫决裂:一是莱茵河畔的民族喜欢骑墙派的作风,喜欢用不了了之的办法使不上不下的局面尽拖下去;一是大家还希望克利斯朵夫就范,即使不能被说服,至少可能因疲劳而让步。

克利斯朵夫却不给他们这种机会。他一发觉人家对他抱着反感而不愿意明白承认,还想自欺欺人地和他维持友好的关系,他就非要对方明白他是敌人不可。有一晚他在瓦格纳友谊会中看出了大家的虚情假意,便直截了当地向劳贝尔表示退会。劳贝尔莫名其妙;曼海姆赶到克利斯朵夫家里想调停。克利斯朵夫才听了几个字就嚷起来:

"不,不,不,不!别跟我再提这些家伙。我不愿意再看见他们了……我受不了,受不了……我对他们讨厌死了,对他们连一个都不能看。"

曼海姆哈哈大笑。他这时忘了劝克利斯朵夫平平气,倒是想看热闹了:

"我知道他们要不得,"他说,"可也不是从今天起的:又出了什么新的事呢?"

"没有什么新的事。我就是受够了……好,你笑吧,笑我吧:没有问题,我是疯子。谨慎的人是照着理性行事的。我可不是这样,我是凭冲动的。我身上的电积得太多的时候,它就需要发泄,不惜牺牲;要是别人受到痛苦,就算他们倒霉!也算我倒霉!我生来不是过集体生活的。从今以后,我只管我自己了。"

"你总不成对谁都不理吧?"曼海姆说,"你不能赤手空拳演奏你的音乐。你需要男的女的歌唱家,需要一个乐队,一个指挥,需要听众,需要啦啦队……"

"不!不!不!"克利斯朵夫嚷着;听到最后一句他更跳起来:"啦啦队!你不害臊吗?"

"不是出钱收买的啦啦队,——虽然老实说,除此以外,要群众明白一件作品的价值还找不出第二个方法。——可总得有人捧场,有个组织严密的小团体;这是每个作家都有的:朋友的用处就在这等地方。”

“我不要朋友!”

“那么你得给人家嘘。”

“我愿意给人家嘘!”

这一下,曼海姆可乐死了。

“给人嘘这种福气你也保持不久的。将来人家会根本不奏你的作品。”

“不奏就不奏!你以为我非成个名人不可吗?……是的,我过去一个劲儿想达到这个目的……真是无聊!发疯!愚蠢!……仿佛满足了最庸俗的骄傲,就能补偿种种的牺牲:烦闷,痛苦,羞愧,耻辱,卑鄙无耻,讨价还价,所有这些拿去收买光荣的代价!假使我还打着这种算盘,我真是见了鬼了!这一套再也不来了!我不愿意再跟群众和宣传发生关系。宣传简直是无耻的玩意儿。我要关起门来,只为了自己而生活,为了我喜欢的人而生活……”

“对啦,”曼海姆用着讥讽的口气说,“可也得有个行业。你干吗不学做鞋子呢?”

“哎!要是我像那个妙人萨克斯一样是个靴匠的话![①] 我的生活才多快乐呢!平时是靴匠,星期日是音乐家,而且是个自得其乐的,在小圈子里跟两三个知己玩玩的音乐家!这才像一种生活!……牺牲了我的时间跟心血,让那些混蛋批评我,我不是发疯吗?有几个老实人喜欢你了解你,不是比教成千成万的傻子来听你,瞎说一阵,吹拍一阵好得多吗?……什么骄傲,什么成名的欲望,这些魔鬼休想再抓住我了:这是你可以相信我的!”

“一定相信,”曼海姆说着,心里在想,“要不了一个钟点,他会说

① 萨克斯为十六世纪德国诗人,早年曾为鞋匠。

出完全相反的话的。”于是他若无其事地加上一个结论，说道：“那么行啦，瓦格纳友谊会的事就归我去料理了？”

克利斯朵夫不由得举起胳膊嚷起来：“我舌敝唇焦地跟你说了一个钟点，竟是白费的吗？……我告诉你，我再不踏进那个会里去的了！我恨透了这些瓦格纳会，所有的会，所有的羊圈，一定要你挨着我，我挨着你，才能会齐了声音咩咩地叫。替我去告诉那些绵羊：我是一只狼，我有牙齿，我不是生来啃草根的！”

“好，好，我跟他们说去，”曼海姆一边走一边觉得这早晨过得挺有意思，心里想，“他是个疯子……疯得该锁起来了……”

他急急忙忙去告诉妹妹，她耸耸肩膀说：“疯吗？他要教人家这么想就是了！……其实他是愚蠢，并且骄傲得可笑……”

可是，克利斯朵夫在华特霍斯的杂志上继续发表他激烈的批评文章，并非他感到什么趣味：他觉得批评这一行很讨厌，差不多想丢掉了。但因为人家拼命要他住嘴，所以他有心固执，不肯露出让步的神气。

华特霍斯有点不放心了。只要拳头不落在他身上，他永远会毫不动心地站在云端里看厮杀。但几星期以来，别的报纸似乎忘了他的不可侵犯的身份，居然开始对他作家的自尊心攻击了，而且刻薄得厉害；倘若华特霍斯精明一些的话，很可以看出那是朋友放的冷箭。的确，那些攻击是哀朗弗尔和高特林两人暗中唆使出来的：他们认为唯有这个办法才能使他阻止克利斯朵夫的笔战。而他们果然看准了。华特霍斯立刻公开地说克利斯朵夫使他厌烦，接着也不袒护他了。从此，杂志里的人就想尽方法要他住嘴。可是要他住嘴，等于想把口罩去套在一头正在咬东西的狗嘴上！人家对他说的话反而刺激他。他把他们叫作胆怯鬼，声明他是什么话都要说的，——凡是他有权利说的都要说。他们要撵走他，尽管把他撵走吧，那可以教城里人知道他们跟别人一样没种；要他自动离开可办不到。

他们听了面面相觑，狼狈不堪，抱怨曼海姆送了他们这样的一件礼物,一个疯子。老是嘻嘻哈哈的曼海姆,夸口说他自有办法制服克利斯朵夫;他打赌从下一期起,克利斯朵夫就会在酒里搀些清水。他们表示不信;但事实证明曼海姆并没夸口。克利斯朵夫的下一篇文字,虽谈不上怎么殷勤,可是对谁也没有不客气的话了。曼海姆的方法挺简单,说穿了,大家都奇怪怎么早没想到。克利斯朵夫从来不把他发表的东西再看一遍,看校样也极快极马虎。亚陶尔夫·梅屡次用婉转的口气责备他,认为有一个错字就是丢了杂志的脸。克利斯朵夫原来不把批评当作一种艺术,便回答说挨骂的人不会看不懂的。曼海姆就抓住机会说克利斯朵夫有理,校对是印刷所监工的事;他愿意代劳。克利斯朵夫感激得有点不好意思了。但大家一致告诉他,这种办法可以免得损失时间,倒是帮了杂志的忙。于是克利斯朵夫把校样交给曼海姆,请他仔细地改。曼海姆自然不肯马虎:那对他简直是种游戏。开场他只是很小心地改几个字,删掉一些令人不快的形容词。后来看到事情很顺当,他便胆子大起来,更进一步了:他把整个句子重新写过,改动意义,着实显出一点本领。这玩意儿是在于大体上保持句子的轮廓,保持克利斯朵夫特有的笔调,同时把意义改得和克利斯朵夫的恰恰相反。曼海姆为了删改工作所花的心血,远过于他自己写一篇;他一辈子也没用过这样的苦功。但他看着结果很得意:一向被克利斯朵夫挖苦的某几个音乐家,看到他态度慢慢地缓和,终于恭维他们的时候,不禁大为诧异。杂志里的人都欢喜极了。曼海姆把他呕尽心血的杰作高声朗诵,引得众人哄堂大笑。有时哀朗弗尔对曼海姆说:“小心点儿!你太过分了!”

“噢,没有危险的。”曼海姆回答。

于是他变本加厉地干下去。

克利斯朵夫什么都没觉察。他到社里来丢下原稿就不过问了。有时他还把曼海姆拉到一边说:

“这一回,我对他们才不客气呢,这些下流东西!你念吧……”

曼海姆便拿来念了。

“嗯,你觉得怎么样?”

“凶极了,朋友,简直不留余地!”

“你想他们会怎么说?”

“啊! 一定是大叫大嚷啰!”

可是毫无动静。相反,在克利斯朵夫周围,人家的脸色反而好看起来,他痛恨的人居然在街上向他行礼。有一回,他拧着眉毛,叽哩咕噜地跑到社里来;把一张名片往桌上一丢,问:“这算什么意思?”

这是最近被他痛骂了一顿的一个音乐家的名片,上面写着“感激不尽”几个字。

曼海姆笑着回答:“他是说的反话呀。”

克利斯朵夫马上松了口气:“嘿! 我就怕我的文章使他高兴呢。”

“他气死了,”哀朗弗尔说,“可是他不愿意表示出来,想装得满不在乎地一笑置之。”

“一笑置之? ……混蛋!”克利斯朵夫气愤愤地说,“让我再写一篇。最后笑的人才笑得痛快呢!”

“不,不,”华特霍斯听了克利斯朵夫的话不大放心,“我不相信他是笑你。我看倒是屈服的表示,他是个真诚的基督徒;人家打了他左边的嘴巴,他就把右边的送上来。”

“那更妙了!”克利斯朵夫说,“嘿! 胆怯鬼。既然他要,我就赏他一顿板子吧!”

华特霍斯还想插几句,可是别人都笑起来了。

“让他去吧……”曼海姆说。

“对,”华特霍斯忽然镇静了,“也不在乎多一篇少一篇! ……”

克利斯朵夫走了。同事们手舞足蹈地狂笑了一阵。等到大家静了一些,华特霍斯对曼海姆说:“笑尽管笑,究竟差点儿闯祸……我求你还是小心些吧。你要教我们倒霉了。”

“噢,别急!”曼海姆回答,“日子还长呢……再说,我也替他结了好多交情。”

第二部

陷落

正当克利斯朵夫改革德国艺术的经验到了这一个阶段,城里来了个法国戏班子。说准确些,那是一群乌合之众,因为照例是不知从哪儿搜罗得来的一般穷光蛋,和只要能做戏就不管人家剥削的青年演员。班首是一个有名的过时的女戏子。她这一回到德国来巡回表演,路过这小小的省城就做三天戏。

华特霍斯的一般同人为这件事搞得很热闹。曼海姆和他的朋友们对巴黎的文坛和社交界是很熟的,或自命为很熟的;他们把从巴黎报纸上看来的似解非解的谣言,逢人便说。他们在德国是法国派的代表。这就教克利斯朵夫不想再去多了解什么法国精神。曼海姆赞美巴黎的话使克利斯朵夫听腻了。他上巴黎去过几次:那儿也有他的一部分家族;——那是普及于整个欧罗巴的,他们到一处都得到一处的国籍,得到一处的高官厚爵:在英国有个男爵,在比国有个参议员,在法国有个部长,在德国有个议员,另外还有一个教皇册封的伯爵。他们以犹太人而论彼此很团结,很重视共同的根源,同时也诚心诚意地做了英国人、比国人、法国人、德国人,和教皇的臣属;他们的骄傲使他们认为自己所选择的国家是世界上第一个国家。唯有曼海姆喜欢发怪论,有心把一切别的国家看得比他自己的更可爱。所以他常常很热烈地提到巴黎;但他称赞巴黎人的时候,总把他们形容做荒唐胡闹,大叫大嚷的疯子,一天到晚不是闹革命就是寻欢作乐,从来没有一本正经的时间。所以克利斯朵夫对于这个“拜占廷式的,颓废的,伏越山那一边的共和国”并不觉得可爱。他想象中的巴黎,仿佛最近出版的德国艺术丛书中某一册卷首的插画:前景是巴黎圣母院的一个妖怪俯瞰着城中的屋顶,①令人想到那个传说:

> 永恒的肉欲,有如永不餍足的吸血鬼,
> 在伟大的都市上面,看着嘴边的食物馋涎欲滴。

以纯粹的德国人性格,克利斯朵夫瞧不起那些放浪的法国人和他们的文学;关于法国,他只知道一些粗俗的滑稽作品,只看过《哀葛龙》与《没遮拦太太》,②还有咖啡店音乐会里的小调。小城市里趋奉时髦的习气,一般最无艺术趣味的人到戏院去争先定座的情形,使克利斯朵夫对那个走码头的女角儿格外表示冷淡与轻视。他声言决不劳驾去听她的戏。加以票价贵得惊人,他也花不起,所以更容易说到做到。

法国剧团带到德国来的戏码,除了两三出古典剧以外,大部分是无聊的,“专门用来出口的”巴黎货色:因为越是平庸的东西越是国际化。第一晚上演的《托斯卡》③是克利斯朵夫熟识的;他看过翻译本的演出,照例带点儿德国内地剧院所能加在法国作品上的轻松趣味。所以看着朋友们上剧院的时候,他冷冷地笑着说他用不着去再听一遍倒落得耳根清净。但第二天他仍不免伸着耳朵听他们热烈谈论昨晚的情形,而且因为自己没有去,不能驳他们的话,他又气极了。

预告的第二出戏是法译本的《哈姆莱特》。对于莎士比亚的戏,克

① 巴黎圣母院屋顶四周,有许多中世纪的雕刻,表现妖魔鬼怪。

② 《哀葛龙》为法国洛斯当的戏剧,于一九〇〇年在巴黎上演。《没遮拦太太》为法国萨尔都与莫洛合作的戏剧,一八九三年在巴黎初演。剧中女主角说话毫无忌讳,故名为没遮拦太太。

③ 《托斯卡》为萨尔都所作五幕剧,于一八八七年在巴黎上演,后普契尼又以之谱成歌剧。

利斯朵夫是一向不肯放过机会的。在他心目中,莎士比亚和贝多芬都是取之无尽用之不竭的生命的灵泉。而在他最近所经过的烦闷惶惑的时期内,《哈姆莱特》更显得可贵。虽然怕对这面神奇的镜子把自己的本相再照一遍,他还是有点动心,在戏院的广告四周转来转去,很想去定一个座。可是他那么固执,因为对朋友说过了那些话,不愿意食言。要不是回去的路上碰到了曼海姆,他那晚一定像第一天一样守在家里的。

曼海姆抓着他的胳膊,气愤愤的,可是照旧很俏皮地告诉他,有个老混蛋的亲戚,父亲的姊妹,不早不晚带着大队人马闯了来,使他们不得不留在家里招待。他想往外溜,可是父亲不答应他在家族的礼数和对长辈的敬意方面开玩笑;而他这时候因为要刮一笔钱,不能不敷衍父亲,只有让步,不上戏院去。

"你们已经有了票子吗?"克利斯朵夫问。

"怎么没有!一个挺好的包厢;而且临了还得拿去(我此刻就为这个出来的),送给那该死的葛罗纳篷,爸爸的股东,让他带着妻子女儿去摆架子。这才有趣呢!……我非把他们挖苦一下不可。可是他们决不会放在心上,只要我送了他们票子,——虽然他们更希望这些戏票变成钞票。"

他突然停住,张着嘴瞪着克利斯朵夫:

"噢!……行了行了!……有办法了!……"他咽咽咽地叫了几声。

"克利斯朵夫,你看戏去吗?"

"不去。"

"哦,你去吧,帮我一次忙。你不能拒绝的。"

克利斯朵夫莫名其妙:"可是我没有位置啊。"

"位置在这儿!"曼海姆得意非凡地说着,把戏票塞在他手里。

"你疯了,你父亲吩咐你的事怎办呢?"

曼海姆捧着肚子大笑:"他一定要大发雷霆了!……"

他抹了抹眼睛,说出他的结论:

“明儿一起床我就向他要钱,趁他还蒙在鼓里的时候。”

“既然知道他要不高兴,我就不能接受你的。”克利斯朵夫说。

“知道?你什么都不用知道,也什么都没知道,那跟你毫不相干。”

克利斯朵夫捻开票子:“我一个人拿了四个座儿的包厢怎么办?”

“随你怎么办。你可以睡在里头,可以跳舞,要是你高兴。还可以带些女人去。你总有几个吧?要不然向人家借也借得到。”

克利斯朵夫把戏票递还给曼海姆:“我不要,真的不要。你拿回去吧。”

“我才不拿回来呢,”曼海姆往后退了几步,“你要不耐烦去,我也不强迫;可是我决不收回。你把票子扔在火里也好,拿去送给葛罗纳篷也好,你这个道学先生!我管不了。再见吧!”

他说完就走,让克利斯朵夫抓着票子待在街上。

克利斯朵夫真是为难了。他想照理应当把戏票送给葛罗纳篷去,可是没有这个劲。他三心二意地回家;等到想起看一看钟点,只有穿起衣服来上戏院的时间了。糟掉这张票子当然太傻。他劝母亲一块儿去,母亲却宁可睡觉。于是他出发了,像小孩子一样地高兴,可是一个人享受这样的乐趣总有点不舒服。对曼海姆的父亲和被他抢掉位置的葛罗纳篷,他倒不觉得过意不去,只对于可能和他分享的人抱歉;给一般像他一样的青年,那不是天大的乐事吗?他想了好久也想不出请谁一同去。而且时间已经很晚,得赶紧的了。

他进戏院的时候走过售票房,看见窗子关上,挂着客满的牌子。好些人都在懊丧地退出去,其中一个姑娘还舍不得走,带着艳羡的神气看着进去的人。她穿着黑衣服,非常朴素,个子不十分高大,一张瘦瘦的脸非常秀气;他没注意她长得好看不好看。他在她前面走过,停了一会,忽然转过身来,脱口问道:“小姐,你没买到票吗?”

她脸一红,回答说:“没有,先生。”她说话是外国口音。

“我有个包厢不知怎么办。可不可以请你一起去?”

她脸更红了,一边道谢一边表示不能接受。克利斯朵夫被她一拒绝,心里一慌,也跟着道歉,同时又继续邀请,可是说来说去她总不肯答应,虽然她心里很愿意。他急起来了,忽然下了决心说:“好吧,我有个办法。你把票子拿去。这出戏我早已看过,——(那是夸口。)——我不在乎,你一定比我更感兴味。请你拿了吧,我完全是诚心的。”

那姑娘被他这种真诚的态度感动了,差点儿连眼泪都涌上来。她结结巴巴地道谢,表示决不愿意他作这样的牺牲。

“那不是得了吗?咱们进去吧。”他笑着说。

他的神气那么善良,那么坦白,她觉得刚才就不应该拒绝,便不好意思地回答说:“那么多谢你了。”

他们进去了。曼海姆的包厢在戏院的中央,突出在外面,毫无隐蔽的。他们一进场就被大家注意到了。克利斯朵夫请那少女坐在前面,自己坐得靠后面一点,免得她发窘。她正襟危坐,羞得连头也不敢转动一下,心中懊悔不该接受他的邀请。克利斯朵夫为了让她定一定神,同时也为了无话可说,假装望着别处。但他不论望到哪儿,都觉察为了自己带着一个陌生女了混在漂亮的包厢客人中,旁人都在大惊小怪,议论纷纷。他向大家瞪着眼睛,觉得他不去过问别人而别人老是来过问他,真是岂有此理。他没想到那种冒昧的好奇心尤其针对他的同伴,而众人对她的目光也更露骨。为了表示不把旁人的思想议论放在心上,他便探着身子和她搭讪。可是他一开口,她更惊慌得厉害,觉得要回答他的话真是件苦事;她低着头,好容易才说出一个是或否。克利斯朵夫看她怕羞得可怜,也就缩在包厢的尽里头不理她了。幸而台上的戏也开场了。

克利斯朵夫没有看广告,也不关心那有名的女演员扮什么角色。他像那些天真的人一样,到戏院来是看戏而非看戏子的。他根本不去猜那名角是扮奥菲利娅还是扮王后;并且即使他要猜,以两个剧中人的年龄来说,也一定以为她是扮王后,而万万想不到她会扮哈姆莱特的。一看到这个角色出现,一听见这个像玩具娃娃似的机械的音色,他竟老半天不敢相信……

“这是谁呢?是谁呢?”他轻轻地问着自己,“总不成是……”

等到他不得不承认那的确是哈姆莱特的时候,不由得开口骂了一句,那位女伴是外国人,没有懂,但左近的包厢里已经听到,马上气愤愤的把他喝住了。他便缩在包厢的尽里头,好称心如意地咒骂一顿。他气极了。要是他能公平一点,对于化妆的漂亮,把一个六旬老妇变成青年男子,甚至还显得俊美(至少在一般捧角的人心里)的艺术上的“解数”,可能表示敬意。但他压根儿就讨厌“解数”,讨厌一切违反自然的现象。他喜欢女是女,男是男。(这种事现在就不大可能。)贝多芬的莱奥诺拉那种幼稚可笑的化妆,[1]他已经觉得不舒服。女扮男装的哈姆莱特更荒谬绝伦了。把一个结实,肥胖,苍白,易怒,思想太多,见神见鬼的丹麦人变成一个女子,——连女子也算不上,因为女人扮的男人永远是个妖怪,——把哈姆莱特弄成一个太监,一个不雌不雄的家伙,……那真要当时的人懦弱到极点,批评界无聊到极点,才会让他出台而不把他嘘下去!女戏子的声音使克利斯朵夫怒不可遏。她那种歌唱式的,念一个字像敲一下锤子似的说白,平板单调的朗诵,似乎从尚梅莱[2]以来就被世界上最无诗歌感觉的民族奉为至宝。克利斯朵夫气得不知怎么办了,干脆背对着舞台,怒容满面,朝着包厢的板壁,好似一个孩子受着面壁的处罚。幸而他的同伴不敢向他望,要不然一定会把他当作疯子的。

克利斯朵夫脸上古怪的表情突然停止了。他一动不动,声息全无。一种优美的富有音乐味的声音,一个女性的沉着而温柔的声音响亮起来。克利斯朵夫竖起耳朵,一边听着台上的话一边转过身子,好不诧异地想瞧瞧有这等天籁的究竟是何等人物。原来是奥菲利娅。

---

① 贝多芬的歌剧《莱奥诺拉》(亦称《菲岱里奥》),女主角莱奥诺拉女扮男装,入狱营救丈夫。此系剧中情节使然,与此处演哈姆莱特而女扮男装完全不同。

② 尚梅莱为十七世纪法国女演员,以演拉辛的悲剧见称于史。

当然这奥菲利娅跟莎士比亚的奥菲利娅一点不相干。她是个美丽的姑娘,高大,壮健,身段窈窕,像希腊的雕刻一样,浑身上下都极有生气。虽然为了她的角色竭力压制自己,她仍旧有股青春与欢乐的力在皮肤里、举动里和笑眯眯的深色的眼睛里闪耀。美丽的身体的魔力,居然使一刹那前对于哈姆莱特的表演那么愤懑的克利斯朵夫,不觉得这个人物跟他意想中的奥菲利娅不符有什么遗憾;而且他满不在乎地把自己意想中的奥菲利娅为这个台上的奥菲利娅牺牲了。和热情冲动的人一样,他凭着无意的自欺欺人的心理,认为剧中人贞洁而骚乱的心头应当有这股青春的热情。而使他更着迷的,还有她那神奇的声音,纯粹,温暖,醇厚:每个字都像一个美丽的和弦;而在音节四周,更有那种轻快的南方口音,活泼松动的节奏,好比一阵茴香草与野薄荷的香味在空中缭绕。一个南欧的奥菲利娅不是奇观吗?……她带来了金黄的太阳和法国南部的季候风。

克利斯朵夫忘了他的同伴,竟移到包厢前排,坐在她的身旁,眼睛直盯着那个不知名姓的女演员。可是一般并非来听一个无名女戏子的群众,完全不注意她;直要等女扮男装的哈姆莱特开口,他们才决心鼓掌。克利斯朵夫看了大为生气,低声骂着"蠢驴"使十步以内的人都听见了。

到幕间休息的时候,克利斯朵夫才记起了他的同伴;看她始终那么羞怯,他一边笑一边想到她一定给他粗野的举动吓坏了。——不错:这年轻的姑娘,和他萍水相逢而相处几小时的少女,的确拘谨得近乎病态:刚才要不是在特别兴奋的情形之下,她决不会接受他的邀请。而她一接受就后悔,恨不得找个机会溜掉。更糟的是她成了众目睽睽的目标,而同伴在背后——(她连转过头去望一望都不敢)——低声咒骂,咕噜不已,越发使她慌张得厉害。她以为他什么都会做出来的;他一坐到前面来,她简直吓得身子都凉了:知道他还有什么古怪的行动呢!她真想钻下地去。她不知不觉退后了一些,生怕碰到他的身子。

可是在休息时间听到他和善的说话,她又放心了。

“我是个挺不愉快的同伴，是不是？请你原谅。”

她望着他，看见他挺和气的笑着，就像刚才使她决意接受邀请的时候的笑容。

他接着又说：“我不能隐藏我的思想……可是那也太不成话了！……这个女人，活了那么一把年纪的女人！……”

他脸上又做了个厌恶的表情。

她微微一笑，轻轻地回答：“说是这么说，究竟是很美的。”

他注意到她的外国口音，就问：“你是外国人吗？”

“是的。”

“是教员吗？”他一边看着她朴素的衣服一边又问。

“是的。”她红着脸回答。

“请问是哪一国人？”

“法国人。”

他做了个惊讶的姿势：“法国人？真想不到。”

“为什么？”她胆怯地问。

“你这样的……严肃！”

（她以为这句话在他嘴里不完全是恭维。）

“法国像我这样的也有的是。”她说的时候有点不好意思。

他瞧着她那张小小的忠厚的脸，鼓起的脑门，笔直的小鼻子，四周簇拥着栗色头发的瘦瘦的腮帮。可是他视而不见，心里只想着那美丽的女演员，再三说：

“怪了，你是法国人！……真的吗？你跟那个奥菲利娅是一个国家的？简直教人不能相信。”

他静默了一会又说：“她多美啊！”

他这么说着，完全没觉得这个话仿佛把奥菲利娅跟这个女伴作了个不大客气的比较；她明明感觉到了，可并不怪克利斯朵夫，她自己也认为奥菲利娅美极了。他想从她那儿打听一些关于那个女戏子的消息，她却一点不知道；显而易见她对剧坛的情形很隔膜。

“听到台上说法国话,你一定很愉快吧?”他问。

这句话他是随口说的,不料正说到了她的心里。

“啊!”她那种流露真情的口吻使他很注意,“我真高兴。在这儿我闷死了。”

这一回他可对她仔细瞧了瞧:她的手微微痉挛着,好似感到压迫的样子。但她立刻想起这种话可能得罪他:“噢! 对不起,”她说,“我不知道说些什么。”

他老老实实地笑了:“得了吧,不用客套! 你说得很对。在这儿,不一定要法国人才堵得慌,嘿!”

他耸起肩膀呼了口气。

可是她觉得说出了心里的话很难为情,从此不作声了。同时她也注意到,隔壁几个包厢里有人在偷听他们的谈话:他也发觉了,大为愤怒。他们俩就这样打断了话。休息的时间还没完,他便走到戏院的回廊里去遛遛。少女的话还清清楚楚在他耳朵里,他可心不在焉,脑子里全是奥菲利娅的形象。在以后的几幕中,她更把他完全抓住了;等到奥菲利娅发疯的一场,唱着那一段爱与死的凄凉的歌,她的声音那么动人,使克利斯朵夫惊心动魄,快要放声大哭了。他恨自己这样软弱,——(他认为真正的艺术家是不应该哭的,)——又不愿意让人家看到,便突然从包厢里走了出去。回廊里,大厅上,都没有人。他心慌意乱地走下楼梯,不知不觉出了大门。他需要呼吸一下晚上凉爽的空气,在黑洞洞的荒凉的街上迈开大步走一会。他走到运河边上,把肘子靠着栏杆,望着静静的水,看街灯的倒影在那里摇晃。他的心情也跟这个一样:含糊,激动;除了一大片欢乐在表面上飘荡,什么都看不见。报告时刻的大钟响了,他不可能再回到戏院去看戏剧的结束。去看福尔蒂布拉斯的胜利吗?① 他没有这兴致。谁会羡慕这个胜利的人? 看饱了人生的可笑与残酷,谁还愿意当他这个角色呢? 整个作品

① 福尔蒂布拉斯为挪威王子,因哈姆莱特及丹麦王等先后惨死而获登王位。

是对人生的可怕的控诉。可是剧中的生命力多么强烈,以至连悲伤也成为欢乐,惨痛也令人陶醉了……

克利斯朵夫回到家里,把那个被他丢在包厢内而连姓名也不知道的少女完全忘了。

第二天早上,他到一家三等旅馆去访问女演员。剧团的经理把她和其余的伙伴安顿在这儿,那个名角儿住的却是城里的第一家旅馆。克利斯朵夫被带进一间杂乱的小客厅,打开着的钢琴上放着残余的早餐,还有些夹头发的针和又脏又破烂的乐谱。奥菲利娅在隔壁屋子直着嗓子唱,像个只想弄些声音闹哄一下的孩子。人家去通报的时候,她停了一下,问话的声音挺高兴,也不管客人会不会听到:

"他找我有什么事,那位先生?他叫什么名字?……克利斯朵夫……姓什么?……克拉夫脱!克利斯朵夫·克拉夫脱?……多怪的姓!"

她重复了两三遍,念到R的时候拼命地卷舌头。

"不像个姓,倒像个赌咒的字……"接着她真的赌了一个咒。

"他是个年轻人还是个老头儿?……讨人喜欢吗?……——行,我就来。"

于是她又唱起来:

再没有比我的爱情更甜蜜的了……

同时她在房里搜索,咒骂那支躲在乱东西里找不到的贝壳别针。她不耐烦了,吼了几声,表示火气很大。克利斯朵夫虽然看不见,也能想象出她隔壁的举动,不由得笑了。终于他听到脚声走近,奥菲利娅其势汹汹地打开了门,出现了。

她还没完全穿好衣服,只裹着件浴衣,宽大的袖子里露出一对赤裸的手臂,头也没梳,一卷卷的头发垂在眼睛和腮帮上。美丽的深色眼睛,嘴巴,面颊,下巴上那个可爱的酒涡,一股脑儿都堆满着笑意。她用着沉着而歌唱般的声音,对自己的衣着略微表示一下歉意。她明知道用不着道歉,客人只会欢迎她这副打扮。她以为他是来访问的新闻记者。但听到他说是专诚为她,为钦慕她而来的,她非但没有失望,反觉得十分高兴。她心地很好,很殷勤,最得意的是能够讨人喜欢,也不把这一点瞒人。克利斯朵夫的访问和热心使她快乐极了,——她还没给人宠坏呢。她的动作,态度,都那么自然,连她小小的虚荣心,和因为能讨人喜欢而表示的高兴,也是自然的,所以他一点不发窘。两人立刻像老朋友一样。他说几句不成语法的法语,她说几句不成语法的德语;要不了一小时,两人把所有心里的话都说出来了。她完全没有送客的意思。这个壮健快活的南方女子,又聪明,又活泼,在那些无聊可厌的伙伴中间,在这个不通语言的地方上,要不是天生的性情快乐,早就闷死了;现在有个人谈谈,当然喜出望外。至于克利斯朵夫,跟本地一般狭窄虚假的小市民混腻了,遇到这个无拘无束的,很有平民气息的南方女子,也觉得说不出的痛快。他还不知道这一类的性格也有做作的地方,跟德国人不同的是他们除了外面所表现的那些,心里就没有别的,甚至连面上所表现的那些也没有。可是她至少是年轻的,活泼泼的,想什么说什么,直截了当;她对一切都要批评,用着新鲜的眼光,毫无顾虑;她身上的气息就像那种扫除云雾的南方的季候风。她很有天分,没有教育,也不会思索,对一切美的好的东西随时随地都能感觉到,并且真的非常感动;但过了一会又哈哈大笑了。不用说,她喜欢搔首弄姿,喜欢做媚眼,在敞开了一半的梳妆衣下面露出她的胸脯,很想教克利斯朵夫着迷:但这纯粹是出于本能。她毫无心计,更喜欢说说笑笑,跟人家随随便便的,一来就熟,没有拘束也没有客套。她和他讲着戏班子里的内幕,她的苦闷,同事之间无聊的猜忌,奚撒贝(她这样地称呼那个名角儿)的要手段,不让她出头。他和她说出对德国人的不满,她听了拍手附和。她心很好,不愿意说谁的坏话,可是不能因之而不说;她一边取笑别人,一边埋怨自己缺德,而说话之间又显出南方人特有的那种观察力,滑稽而中肯:她压制不了自己,形容一个人的时候说话非常刻薄。她乐死了,嘻开着苍白的嘴唇,露出一副小狗般的牙齿;脸上的血色给脂粉遮掉了,只有围着黑圈的眼睛在那里发亮。

他们忽然发觉已经谈了一小时。克利斯朵夫向高丽纳(这是她在戏班里的名字)提议下午再来,带她到城里去遛遛。她听了快活极了;两人约定吃过中饭就见面。

时间一到,他就来了。高丽纳坐在旅馆的小客厅里,捧着一个本子高声念着。她用笑眯眯的眼睛招呼他,只管念下去,念完了一句,才做手势要他坐在大沙发上,挨着她:

"这儿坐吧。别说话。我得把台词温一遍。一刻钟就完了。"

她用指尖点着脚本,念得又快又草率,像个性急慌忙的小姑娘。他提议替她背一遍。她就把脚本递给他,站起来背了。她不是吞吞吐吐,就是把一句的结尾念上三四遍才能想到下一句。她脑袋摇摇摆摆,把发针都掉在地下。碰到一个固执的字不肯回到记忆中来,她便像野孩子一样地暴躁起来,说出古里古怪的赌咒的话,甚至很粗野的字眼,——其中有一个很粗野很短的,是她用来骂自己的。克利斯朵夫看她那么有才气又那么孩子气,觉得很奇怪。她把声音的抑扬顿挫调动得很准确,很动人;可是她聚精会神地念到一段,半中间竟不知所云地胡诌起来。她的背功课活像一头小鹦鹉,完全不问其中的意义,那时就变成可笑的胡言乱语了。她可一点不着急;一发觉就捧腹大笑。最后,她喊了一声"算啦!"便从他手里抢过脚本往屋角一扔,说:

"放学了! 时间到了! ……咱们走吧!"

他可替她的台词有些担心,问:"你想你这样行了吗?"

"当然啰,"她肯定地回答,"并且还有那提词的人,要他干吗的?"

她到房里去戴帽子。克利斯朵夫因为等着她,便坐在钢琴前面按了几个和弦。她听了在隔壁屋里喊起来:"噢! 这是什么? 你再弹呀! 那多好听!"

她跑来了,随手把帽子往头上一套。他弹完了,她要他再弹,嘴里还来一阵娇声娇气的赞叹;那是法国女子的习惯,不管是为了《特里斯坦》或是为了一杯巧克力。克利斯朵夫笑了:这对他的确换了一种口味,和德国人张大其词的派头完全不同。其实是一样的夸张,不过是两个极端罢了:一个是把一件小骨董说得山样大,一个是把一座山说得小骨董样小:还不是一样可笑! 可是他那时觉得后面的一种比较可爱,因为是从他心爱的嘴里说出来的。高丽纳问他弹的是谁的作品;一知道是他的大作,她又叫了起来。他早上已经告诉过她,他是个作曲家,但她根本没注意。她挨着他坐下,硬要他把全部作品弹一遍。散步的事给忘了。这不但表示她有礼,而且因为她极喜欢音乐,她靠着奇妙的本能补足了教育的缺陷。他先还不拿她当真,只弹些最浅的曲子。但他无意中奏了一段自己比较看重的作品而她居然更喜欢,虽然他并没告诉她什么,他就又惊又喜了。一般德国人遇到懂音乐的法国人,都会表示一种天真的诧异,克利斯朵夫就是这样:

"怪了! 想不到你鉴赏力很高! ……"

高丽纳冷笑了一声。

这样以后,他弹着越来越难懂的作品,想瞧瞧她究竟懂到什么程度。可是大胆的音乐似乎并没有把她搞糊涂;而在一阕因为从来没有被德国人了解,连克利斯朵夫自己也开始怀疑的,特别新颖的曲调之后,高丽纳竟要求他再来一遍,而且还站起身子背出调子来,几乎一点没错;那时克利斯朵夫的诧异更是可想而知了。他转过身来对着她,非常感动地握着她的手,嚷道:"噢! 你倒是个音乐家!"

她笑了,说她早先在一个外省的歌剧院中唱过,但有个剧团经理在跑码头的时候碰到她,认为她有演韵文剧的才具,劝她改了行。

"多可惜!"他说。

"为什么? 诗也是一种音乐啊。"

她要他把歌的意义给解释了;他又用德语把歌词念给她听,她马上跟着学,像猴子一样容易,连他抿嘴唇挤眼睛的动作都学上了。后来她背着唱的时候可错误百出,闹了很多笑话,背不出的地方就随口造些古怪的声音填上去,把两人都笑死了。她毫不腻烦地要他尽弹,他也毫不腻烦地听着她美丽的声音;她还不懂歌唱这一行的诀窍,像小姑娘一样尖着喉咙,但自有一种说不出的清脆动人的味道。她说话爽直,想什么说什么。虽然她没法解释为什么她有的喜欢有的不喜欢,但她的判断骨子里的确有个理由。奇怪的是,逢到那些最规矩的,在德国最受赏识的作品,她反而最不惬意,只为了礼貌而恭维几句,但人家明明看出她不感兴趣。因为她没有音乐素养,所以不会像那些鉴赏家与艺术家一样,对“耳熟”的东西不知不觉地感到愉快,也不会在一件新的作品中去爱好在前人的作品中爱好过的形式或公式。同时她并不像德国人那么喜欢优美悦耳的感伤情调(至少她的感伤情调是另外一种,而克利斯朵夫还没发觉这一种感伤的缺点);在德国最受欢迎的靡靡之音,她不会对之出神;她完全不赏识克利斯朵夫作的一个最平庸的歌,——而那正是克利斯朵夫恨不得毁掉的,因为朋友们觉得好容易才有个机会捧他,老跟他提到这件作品。高丽纳天生能把握一切戏剧情绪,她喜欢的作品是要能清清楚楚表现出某一种热情,而且表现得很率直的,这也正是他认为最有价值的东西。可是有些和声的生辣,克利斯朵夫觉得挺自然,她对之并无好感:那给她一个非常突兀的感觉,使她唱不下去;她停下来问:“难道真是这样的吗?”他回答说是的,她就想法勉强唱下去,但终于扮了个鬼脸,被克利斯朵夫看在眼里。往往她宁可跳过那一节,他却在琴上再弹一遍,问:“你不喜欢这个吗?”

她皱皱眉头说:“我觉得它不自然。”

“怎么不自然?”他笑着说,“你想想它的意思吧。在这儿听起来难道会不真吗?”他指了指心窝。

“也许对那儿是真的……可是这儿觉得不自然。”她扯了扯自己的耳朵。

从极轻忽然吊到极响的德国派朗诵,她也觉得刺耳:

"干吗他要这样大叫呢？又没有别人在场，难道怕邻居听不见吗？他真有点儿这种神气……（对不起！你不会生气吧？）……他好像远远的招呼一条船。"

他并不生气，倒是真心地笑了，认为这种见解不无是处。她的议论使他听了好玩；从来还没人和他讲过这一套呢。结果他们都同意：用歌唱表现的朗诵最容易把很自然的说话变得不成样子，像一条越来越大的虫。高丽纳要求克利斯朵夫替她写一阕戏剧音乐，用乐队来为她的说白作伴奏，偶然穿插几段歌唱。他听了这个主意很兴奋；虽然场面的安排极不容易，但他觉得为了高丽纳的嗓子值得一试；于是他们想着许多将来的计划。

等到他们想出门，已经快五点了。在那个季节里，天很早就黑的。散步是不可能了。晚上高丽纳还要参加排戏，那是谁也不准参观的。所以她约他明天下午来带她出去，完成今天的计划。

第二天差点儿又跟上一天一样。他发现高丽纳骑在一张高凳上，吊着腿，照着镜子，正在试一副假发。旁边有服侍她上装的女仆和理发匠，她嘱咐理发匠要把一卷头发给弄得高一些。她一边照着镜子，一边望着站在背后微笑的克利斯朵夫，吐吐舌头。理发匠拿着假发走了，她便挺高兴地转过身来说："你好，朋友！"

她把腮帮迎上去让他亲吻。他不防她有这种亲热的表示，可也不肯错过机会。其实她并不把这举动看得怎么了不起，仅仅当作招呼的一种方式罢了。

"噢！我真快活！"她说，"今晚上可行了，行了。（她说的是假发。）我真急死了！要是你早上来，就可以看到我可怜得什么似的。"

他追问什么缘故。原来巴黎的理发匠包装的时候搞错了，替她放了一副跟她的角色完全不配的假发。

"完全是平的，笔直地往下挂着，难看死了。我一看就哭了，哭得昏天黑地。可不是吗，台齐莱太太？"

“我进来的时候,”那女仆接着说,“太太把我吓坏了。太太脸色白得像死人一样。”①

克利斯朵夫笑了。高丽纳在镜子里看到了,愤愤地说:“你觉得好笑吗,没心肝的!”可是她也跟着笑了。

他问她昨晚排戏的情形怎么样。——据说一切都很好。但她很希望人家把别的演员的台词多删掉一些,可别删掉她的……两人谈得那么有劲,把一个下午又虚耗了一半。她慢条斯理地穿着衣服,征求克利斯朵夫对她装束的意见。克利斯朵夫称赞她漂亮,天真地用他不三不四的法语说从来没见过比她更“淫乱”的人。——她先是愕然瞪着他,然后扑哧一声笑了出来。

“我说了什么啊?”他问:“不该这么说的吗?”

“不错!不错!”她简直笑弯了腰:“你说得正对。”

终于出门了。她的花花绿绿的服装和咭咭呱呱的说话,引起了大家的注目。她看一切都用着俏皮的法国女子的眼光,完全不想隐藏自己的感想。看到时装店陈列的衣衫,卖画片的铺子里乱七八糟的样品,有的是谈情说爱的镜头,有的是滑稽或肉麻的照片,有的是当地的妓女,有的是皇族,有穿红衣服的皇帝,穿绿衣服的皇帝,还有穿水手装的皇帝,把着“日耳曼号”的船舵向天睥睨的神气:她简直为之笑倒了。对着饰有瓦格纳那副生气模样的头像的餐具,或是理发店橱窗里的蜡人头,她又高声狂笑。便是在表现忠君爱国的纪念像前面,对着穿着旅行外套,头戴尖盔的老皇,前呼后拥的还有普鲁士,德意志各邦的代表,和全身裸露的战神:她也毫无体统的嘻嘻哈哈。路上碰到什么人,只要面貌,走路的架式,说话的腔调,有什么可笑的地方,都被她作为当场打趣的资料。被她挖苦的人看她狡猾的眼光就明白了。她猴子般的本能会使她不假思索地,用嘴唇鼻子学他们或是缩做一团或是大张嘴脸的怪样子。她鼓起腮帮,模仿随便听来的一句话,因为她

① 法国戏院习惯,后台员役对女演员均称“太太”。

觉得那声音挺滑稽。他很高兴地跟着她笑，绝对不因为她放肆而发窘，他自己也不比她安分。幸而他的名誉已经没有什么可损失的了；否则光是这一次的散步就能使他声名扫地。

他们去参观大教堂。高丽纳虽然穿着高跟鞋和长袍子，还是要爬上塔顶，衣摆在踏级上拖着，在扶梯的一只角上给勾住了，她可不慌不忙，痛快把衣服一扯，撕破了，然后毫无顾忌的把衣裾提得老高，继续往上爬。她差点儿把大钟都要敲起来。到了塔顶，她大声念着雨果的诗句，——克利斯朵夫一个字都不懂，——又唱着一支通俗的法国歌。随后，他学着伊斯兰教祭司的模样高叫了几声。——天快黑了。他们回到教堂里，浓厚的黑影正沿着高大的墙壁上升，正面的花玻璃像神幻的瞳子一般闪闪发光。克利斯朵夫瞥见那天陪他看《哈姆莱特》的少女跪在侧面的一个小祭堂里。她一心一意地在那儿祷告，没看见他；但她痛苦而紧张的脸引起了他的注意。他很想和她说几句话，至少跟她打个招呼；但他被高丽纳拉着往前直奔。

他们不久就分手了。她得准备上台；根据德国的习惯，戏院是很早开场的。但他才回家，就有人打铃，送来一张高丽纳的便条：

好运气！奚撒贝病了！停演一天！万岁啊万岁！……朋友！你来吧！咱们一起吃晚饭！——别忘了多带些乐谱来！……

高丽纳

他一时看不懂。等到弄明白了，他和高丽纳一样快活，马上到旅馆去了。他担心吃饭的时候要碰到整个戏班子的人，不料一个都没看见。甚至高丽纳也失踪了。最后他听见屋子尽里头有她很响很高兴的声音；他跟着去找，终于在厨房里找到了。她忽发奇想地要做一盘别出心裁的菜，放着大注香料，使满街满巷都闻到的南方菜。她和旅馆里的胖子老板娘混得好极了，两人咭咭呱呱说着一大堆乱七八糟的话，又有德语，又有法语，又有野人话，简直不知道是什么话。她们互相尝着她们的出品,哈哈大笑。克利斯朵夫的出现使她们闹哄得更厉害了。她们不许他进去,他偏要进去,也尝到了那盘名菜,扯了个鬼脸:于是她说他是个德国蛮子,真犯不上为他费心。

他们一起回到小客厅,饭桌已经摆好:只有他和高丽纳两个人的刀叉。他不由得问戏班子里的同伴在哪儿。

"不知道。"高丽纳做了个满不在乎的手势。

"你们不一起吃饭吗?"

"没那回事! 在戏院里碰见已经够受了! ……还得一块儿吃饭吗? ……"

这一点和德国习惯大不相同,他听了又奇怪又羡慕。

"我以为你们是个很会交际的民族呢!"

"那么,"她回答说,"难道我不会交际吗?"

"交际的意思是过集体生活。我们这儿是要大家混在一起的! 男的,女的,小的,从出生到老死,都是团体的一分子。什么事都得跟大家伙儿一起做:跟大家一起吃饭,一起歌唱,一起思想。大家打喷嚏,你也跟着打喷嚏;要不是跟大家一块儿,我们连一杯啤酒都不喝的。"

"那可好玩喽,"她说,"干吗不在一只杯子里喝呢?"

"你不觉得这表示友爱吗?"

"滚它的蛋,友爱! 我跟我喜欢的人才友爱,决不跟所有的人友爱……呸! 这还像什么社会,简直是个蚂蚁窠!"

"像我这样跟你一样思想的人,在这儿过的有趣日子,你可知道了吧?"

"那么上我们那儿去呀!"

那正是他求之不得的。他问她关于巴黎和法国人的情形。她告诉了他许多事情,可并不完全准确。除了南方人喜欢吹牛的习气,她还本能地想教听的人入迷。据她说,在巴黎谁都是自由的;并且巴黎人个个聪明,所以大家都运用自由而不滥用自由,你爱怎么做就怎么做,爱怎么想就怎么想,爱信什么就信什么,爱什么就爱什么,不爱什么就不爱什么:决没有人多句话。那儿,决没人干预旁人的信仰,刺探旁人的心事,或是管人家的思想。那儿,搞政治的决不越出范围来干涉文学艺术,决不把勋章、职位、金钱去应酬他们的朋友或顾客。那儿,决没有什么社团来操纵人家的声名和成功,决没有受人收买的新闻记者,文人也不相轻,也不互相标榜。那儿,批评界决不压制无名的天才,决不一味捧成名的作家。那儿,成功不能成为不择手段的理由,一帆风顺也不一定就能博得群众的拥戴。人情风俗都那么温厚,那么亲切,那么诚恳。人与人间没有一点儿不痛快。从来没有毁谤人家的事。大家只知道互相帮助。新来的客人,不管是谁,只要真有价值,可以十拿九稳地受到人家欢迎,摆在他面前的尽是康庄大道。这些不计利害的,豪侠大度的法国人心中,全是纯粹的爱美的情绪。他们唯一的可笑是他们的理想主义,为了这个,他们虽然头脑清楚,仍免不了上别的民族的当。

克利斯朵夫听着,连嘴都合不拢来了,那真教人听得出神呢。高丽纳自己也听得飘飘然;至于昨天向克利斯朵夫说她过去的生活如何艰苦等等,她完全忘了,而他也一样地记不起。

可是高丽纳并非单单要教德国人喜欢她的国家;她同样关心的是要人家喜欢她本人。倘使一个晚上没有一些调情打趣的玩意儿,她会觉得沉闷而可笑的。她免不了逗弄克利斯朵夫,可是白费;他简直没觉得。克利斯朵夫压根儿不懂什么叫作调情。他只知道爱或不爱。他不爱的时候无论怎么也想不到爱情方面去。他对高丽纳的感情只是热烈的友谊,他从来没领教过这种南方女子的性格;她的魔力,风度,快活的心情,敏捷的理解力,开旷的胸襟,他都体会到;这些已经大大超过了爱情所需要的条件;可是“爱情之来是不可捉摸的”,这一回它偏不来;至于没有爱情而玩爱情的游戏,他连想也没想到过。

高丽纳看着他一本正经觉得好玩。他在钢琴上弹着他带来的音乐,她挨在他身旁,把裸露的手臂绕着克利斯朵夫的脖子,并且为了看乐谱,她身子往前探着,几乎把脸靠着他的脸。他觉得她的睫毛掠在他的脸上,看见她眼梢里带着俏皮的意味,也看到那张可爱的脸撅着嘴唇笑着,等着。——她的确等着。克利斯朵夫可不懂这暗示,只觉得高丽纳使他弹琴不方便,他不知不觉挣脱了身子,把坐椅挪动了一下。过了一会,他回过头去想跟高丽纳说话,发觉她拚命想笑,她的酒涡已经在笑了,可还抿着嘴忍着。

"你怎么啦?"他很奇怪地问。

她望了他一下,禁不住哈哈大笑了。

他完全莫名其妙:"你笑什么? 难道我说了什么古怪的话吗?"

他越盯着问,她越笑。快歇住了,一看他那副发呆的神气,她又大笑起来。她站起身子,跑去倒在屋子那一头的大沙发上,把脸埋在靠枕里,让自己笑个痛快,她全身都跟着抽动。他也被她引得笑起来,走过去拍着她的背。等到她称心如意地笑够了,才抬起头来,抹着眼泪,对他伸着手:

"哎啊! 你多老实!"她说。

"不见得比别人更坏吧?"

她抓着他的手还在咯咯地笑:"法国女人不正经是不是?"

(她学着他古怪的法语读音。)

"你这是嘲笑我啊。"他也兴致挺好地回答。

她温柔地望着他,用力摇着他的手,问:"咱们是朋友吗?"

"当然!"他照样摇着她的手。

"高丽纳走了,你会想起她吗? 你不恨她吗,这个不正经的法国女人?"

"德国蛮子这么傻,你也不恨他吗?"

"就为他傻才喜欢他呢……你会上巴黎去看我吗?"

"一定的……你会跟我通信吗?"

"我可以赌咒……你也得赌咒。"

"行,我就赌咒。"

"不是这样的。得伸出手来。"

她学着古代罗马人发誓的模样。她要他答应写一个剧本，一出通俗的歌剧，将来译成法语，让她在巴黎上演。下一天她就得跟着剧团走了。他约定后天上法兰克福去看她，剧团要在那边公演。他们又谈了些时候。她送给克利斯朵夫一张照片，上半身差不多是裸体的。两人高高兴兴地分手了，像兄妹似的拥抱了一番。自从高丽纳看出克利斯朵夫很喜欢她而不是爱她以后，她也真的喜欢他，不动爱情而把他当作好朋友。

他们都睡得很好，谁也不做乱梦。第二天他早上有预奏会，不能送她。可是第三天他把事情安排妥当，上法兰克福赴约去了。那只是两三个钟点火车的路程。高丽纳并不以为他真能说到做到，他可把约会看得很认真，戏院开场的时候已经到在那里了。他在休息时间上化妆室去找她，她一看见就又惊又喜地叫起来，扑上他的脖子。他来赴约使她非常感激。克利斯朵夫觉得不痛快的是，法兰克福很多聪明而有钱的犹太人，能够赏识她眼前的美貌，料到她将来的走红，都争着来恭维她。时时刻刻有人上化妆室来，全是些眼睛挺有神而面团团的家伙，用着生硬的口音说些无聊的奉承话。高丽纳当然搔首弄姿地跟他们卖俏；以后跟克利斯朵夫说话也不由得拿腔作调，带着逗弄的口吻，使他不大高兴。她毫无顾忌地在他面前化妆，他可一点不感兴趣；眼看她把胳膊、胸脯、脸搽脂抹粉，他只觉得讨厌。他想等戏完了马上就走，不再来找她。他向她告别，抱歉地说不能参加终场以后人家请她的宵夜，她就非常真诚的表示难过，使他的决心动摇了。她叫人把火车表拿来，证明他能够有，应当有时间多陪她一会。他当然很乐意接受她的劝告，便参加了宵夜餐，他对于人们的胡闹跟高丽纳对随便什么混蛋都敷衍的手段，居然也不过分显出心中的厌恶。对她是没法记恨的。那么纯朴的姑娘，没有什么道德观念，懒洋洋的，肉欲很强，喜欢玩儿，像孩子一样撒娇，同时又那么正直，那么善良，连她所有的缺点也是自然的，健康的，只能教人发笑，甚至还会喜欢。她说话的时候，克利斯朵夫坐在她对面，望着她生动的脸，精神奕奕的美丽的眼睛,有点儿臃肿的下巴,像意大利人那样的笑容,和善,细腻,可是缺少清秀和灵气:他这一下才把她仔细看清楚了。有些地方使他想起阿达:举动,目光,带点粗俗的卖弄风情的手段,女人总脱不了女人的性格!但他喜欢的是那种南方人的心情,慷慨豪爽,尽量施展她天赋的优点,绝对不装出交际场中的漂亮和书本式的聪明,完全保存着她的和谐,她的身心好像生来就是为在阳光中舒展的。——他走的时候,她特意站起来和他到一边去道别。两人又拥抱了一下,把通信和再见的话重复了几遍。

他搭最后一班火车回去。在一个中间站上,对面开来的火车已经先等在那儿。克利斯朵夫在对方列车的三等车里,——正对着他的车厢,——看见那个陪他看《哈姆莱特》的法国少女。她也看到了克利斯朵夫,认得是他。两人都愣了一愣,不声不响行了个礼,一齐低下头去,连动都不敢动。可是他一眼之间已经看见她戴着一顶旅行便帽,身边放着一口旧提箱。他没想到她离开德国,以为是出门几天。他不知道应不应当和她说话,迟疑了一会,心里盘算着和她说些什么,正当他要去放下车窗招呼她的时候,忽然听到开车的讯号,就放弃了说话的念头。列车开动之前又过了几秒钟。他们俩面对面望着。彼此的车厢里都没有别人,他们把脸贴在车窗上:透过周围沉沉的黑夜,四只眼睛碰在一起。双重的车窗隔着他们。要是伸出胳膊,还可以碰到呢。咫尺,天涯。车子开动了。她始终望着他,在这个分离的一刹那,她不觉得胆小了。两人望得出了神,连最后一次点点头都没想到。她慢慢地远去了,不见了;他眼看她的列车在黑夜里消灭。像两个流浪的星球似的,他们俩走近了一下,又在无垠的太空中分开了,也许是永久地分开了。

等到看不见她了,他才感到自己心里给那道陌生的目光挖了一个窟窿;他不明白为什么,可是明明有个窟窿。半阖着眼皮,蒙蒙眬眬地靠在车厢的一角,他觉得自己眼睛里深深的印着那一对眼睛的影子;别的思想都静了下来,让他仔细体会那个感觉。高丽纳的形象在心房外面转动,好比一只飞虫扑着窗子;但他不让她进来。

等他下了车,呼吸着夜晚凉爽的空气,在万籁无声的街上走动之下,精神一振,又看到了高丽纳的影子。他回想到那个可爱的女戏子,自个儿微微笑着,又高兴又气恼,因为一忽儿想到她亲热的举动,一忽儿想到她粗俗的调情。

他怕惊醒睡在隔壁屋子里的母亲,不声不响地脱着衣服,一边轻轻地笑着咕噜道:

“这些古怪的法国人!”

可是那天晚上在包厢里听到的一句话又回到他的记忆里:

“像我这样的也有的是。”

他第一次跟法国接触就看到了它双重的性格。但像所有的德国人一样,他根本不想去解答这个谜。回想到车厢里那个少女,他只随便对自己说了句:

“她不像一个法国人。”

仿佛怎么样才能算法国人倒要一个德国人来决定似的。

像法国人也罢,不像法国人也罢,总而言之他想着她;因为他半夜惊醒过来,心里一阵难过;原来他记起了放在少女身边的箱子,忽然明白那姑娘是一去不回的了。其实他早该想到而竟没想到。这一下他却隐隐约约有点儿伤感。但他在床上耸了耸肩想道:“那跟我有什么相干?想它干吗!”于是他又睡着了。

可是下一天他出门第一个就碰到曼海姆,叫他布吕歇尔[①],问他可有意思去征服整个法兰西。他从这个有脚告示嘴里,知道包厢的事闹大了,出乎曼海姆的意料之外。

“你真是个大人物,”曼海姆嚷着说,“我甘拜下风了!”

“我又没做什么。”克利斯朵夫回答。

---

① 布吕歇尔(1742—1819),德国将军,曾数次带领普鲁士军队攻进法国。

“你真了不起！老实说，我忌妒你。一手抢掉了葛罗纳篷的包厢，还请了他们的法国女教师去代替他们，嘿嘿！那太妙了，我就没这个本领！”

“她是葛罗纳篷家的女教师吗？”

“对，你尽管装不知道，只做是无心的，我也劝你这么办！……爸爸简直不肯罢休。葛罗纳篷一家都气死了！……可是事情很快就有了解决，他们把那姑娘撵走了。”

“怎么！”克利斯朵夫叫起来，“他们把她歇了！……为了我把她歇了？”

“你没知道吗？她没跟你说吗？”

克利斯朵夫表示很难受。

“好家伙，别烦恼了，”曼海姆说，“那也没关系。而且你早该想到的，只要葛罗纳篷他们一发觉……”

“什么？发觉什么？”克利斯朵夫嚷着。

“发觉她是你的情妇啰！”

“可是我连认识都不认识她，连她是谁也不知道。”

曼海姆微微一笑，意思是说：“你把我当作傻子了。”

克利斯朵夫气恼之下，一定要曼海姆相信他的话。曼海姆便道：“那就更怪了。”

克利斯朵夫骚动起来，说要去找葛罗纳篷，把事实告诉他们，替少女洗刷明白，曼海姆劝他不必：“朋友，你越跟他们解释，他们越不信。何况也太晚了。现在那女孩子已经不知在哪儿了。”

克利斯朵夫难过到极点，竭力想寻访女孩子的踪迹，想写信向她道歉。可是谁也不知道她的事。他上葛罗纳篷家去问，碰了个钉子；他们不知道她上哪儿去的，并且也不关心这种事。克利斯朵夫一心想着自己害了人，悔恨不已。除了悔恨，还有那双眼睛的神秘的魔力，像一道光似的悄悄地照着他的心。岁月的洪流，新的念头，似乎把那魅力与悔恨一齐淹没了，盖掉了；可是它们暗中老在他心底里。克利斯朵夫始终忘不了他所谓的牺牲者。他发誓要把她找到。明知道机会很少,他却有把握能够和她再见。

至于高丽纳,她从来没复他的信。过了三个月,他不再存什么希望了,忽然收到她一通四十字长的电报,用着怪高兴的语调给他许多亲密的称呼,问"大家是否还相爱"。后来,杳无音讯地差不多隔了一年,又接到一封短信,像小孩子似的把字写得挺大挺潦草,装着贵妇人的口吻,一共只有寥寥几句,都是亲热而古怪的话。以后,又没消息了。她并没忘了他;只是没工夫想到他。

目前,高丽纳的印象还很新鲜,两人交换的计划老在心中盘旋,克利斯朵夫便打算写一阕戏剧音乐给高丽纳去演,其中夹几段她可以唱的调子,——大概是一种诗歌体音乐话剧的形式①。这一门艺术从前在德国极受欢迎,莫扎特曾经热烈称赏;贝多芬、韦伯、门德尔松、舒曼,一切伟大的作家都有制作;但从瓦格纳派的艺术得势,以为替戏剧与音乐找到了一个确切不移的公式之后,诗歌体杂剧就衰落了。瓦格纳派的学究,不单排斥一切新的杂剧,还要把以前的杂剧彻底清除:他们费尽心血把歌剧中所有语体对白的痕迹删掉,替莫扎特、贝多芬、韦伯等补上他们自出心裁的吟咏体;他们很虔诚地把垃圾堆在杰作上面,自以为把大师们的思想给补足了。

高丽纳的批评使克利斯朵夫对于瓦格纳派的朗诵体格外觉得笨重,甚至难听;他考虑到在戏剧中把说白与歌唱放在一处,用吟咏体把它们合在一起,是不是无聊,是不是违反自然:因为那好比把一匹马和一只鸟拴在同一辆车上。说白与歌唱各有各的节奏。一个艺术家为了他所偏爱的一种艺术而牺牲另一种,那是可以理解的。但要在两者

① 音乐话剧(Melodrame)有两种:一是通俗戏剧,以惊心动魄的紧张场面为主,羼杂悲剧与喜剧的成分,间亦用音乐作穿插。另一种为音乐部分极占重要的戏剧,但与歌剧不同,歌唱与说白兼而有之,而说白又有音乐伴奏。历史上著名的例子有贝多芬的《哀格蒙特》,门德尔松的《仲夏夜之梦》,比才的《阿莱城的姑娘》等。

之间求妥协,就非两败俱伤不可:结果是说白不成其为说白,歌唱不成其为歌唱。歌唱的壮阔的波澜,势必受狭窄单调的河岸限制;而说白的美丽的裸露的四肢,也要包上一层浓艳厚重的布帛,把手势与脚步都给束缚了。为什么不让它们俩自由活动呢?就像一个美丽的女子,沿着一条小溪轻快地走着,幻想着,给喁喁的水声催眠着,步履的节奏不知不觉与溪水的歌声相应。这样,音乐与诗歌都自由了,可以并肩前进,把彼此的幻梦融和在一起。当然不是任何音乐任何诗歌都能这样结合的。一般粗制滥造的尝试和恶俗不堪的演员,往往使反对杂剧的人振振有词。克利斯朵夫也久已跟他们一样存着厌恶之心:演员们依着乐器的伴奏念那些语体的吟诵的时候,并不顾到伴奏,并不想把他们的声音与伴奏融合为一,只想教人听到他们的声音:这种荒谬的情形的确使一切有音乐感觉的耳朵受不了。可是从他听到了高丽纳和谐的声音,听到了她流水似的,纯净的声音,像一道阳光照在水里那样在音乐中动荡,和每句旋律的轮廓化成一片,成为一种更自由更流畅的歌声,他仿佛看到了一种新艺术的美。

他或许看得很对;但这一类的艺术倘使要真有价值,可以说是所有的体裁中最难的,像克利斯朵夫那样没有经验的人去贸然尝试,决计免不了危险。尤其因为这种艺术有一个主要条件:就是诗人、艺术家、演员三方面的努力必须非常调和。克利斯朵夫完全不理会这些,就冒冒失失的去尝试只有他一个人感觉到它的法则的新艺术。

最初他想采取莎士比亚的一出神幻剧①或《浮士德》后部中的一幕来配制音乐。但戏院方面并无意作这种尝试,认为是费用既不赀,而且是荒唐的试验。大家承认克利斯朵夫对音乐是内行,但看到他胆敢对戏剧也有所主张,就觉得好笑而不把他当真了。音乐与诗歌,好似两个漠不相关而暗中互相仇视的世界。要踏进诗歌的领域,克利斯朵夫必须和一个诗人合作;而这诗人是不容许他选择的,连他自己也

① 神幻剧(feerie)是音乐部分极占重要的一种戏剧,形式上与音乐话剧相似,但神幻剧内容多以希腊神话或著名诗歌为题材,不似音乐话剧之比较通俗。

不敢选择:因为他不敢信任自己的文学趣味。人家说他完全不懂诗歌,事实上他对于周围的人所赞赏的诗歌,的确完全不懂。凭着他那种老实与固执的脾气,他费了不少苦心去领略这一首诗或那一首诗的妙处,始终没成功,他不胜惶愧,承认自己没有诗人的素质。其实他很爱好某几个过去的诗人;这一点使他还有点安慰。但他爱好那些诗人的方式大概是不对的。他发表过奇特的见解,说唯有把诗译成了散文,甚至译成了外国文的散文而仍不失其为伟大的诗人才算伟大,又说文辞的价值全靠它所表现的心灵。朋友们听了都嘲笑他。曼海姆把他当作俗物。他也不敢辩白。只要听文人谈论音乐,就可知道一个艺术家一旦批评他外行的艺术就要闹笑话。这种例子他天天有得看到,所以他决意承认(虽然心里还有点怀疑),自己对诗歌真是外行,而对那些他信为更在行的人的见解,闭着眼睛接受了。杂志里的朋友们给他介绍了一个颓废派诗人,斯蒂芬·冯·赫尔穆特,说他写了出别出心裁的《伊菲姬妮亚》①。当时的德国诗人和他们的法国同行一样,正忙着把古希腊的悲剧改头换面。赫尔穆特的作品就是半希腊半德国式的那一种,把易卜生,荷马,甚至王尔德的气息混在一起,当然也没忘了查看一下考古学。他所写的阿伽门农是个神经衰弱病者,阿喀琉斯是个懦怯无用的人:他们互相怨叹自己的处境,而这种怨叹当然也无济于事。全剧的重心都在伊菲姬妮亚一个人身上:她又是一个神经质的,歇斯底里的,迂腐的伊菲姬妮亚,教训着那些英雄,狂叫怒吼,对着大众宣说尼采派的厌世主义,结果是醉心于死而在狂笑中自刎了。

这部狂妄的作品,完全代表一个穿着希腊装束的没落的野蛮民族,与克利斯朵夫的精神根本是不相容的。但周围的人都异口同声的

① 据希腊神话,伊菲姬妮亚为迈锡尼王阿伽门农之女。希腊人欲在奥利斯港口航海,为逆风所阻。卜者加尔加斯谓当以伊菲姬妮亚祭献与阿耳忒弥斯神,方能挽回风向。阿伽门农乃遣于里斯往迎其女,伪称欲以嫁与米米同斯王阿喀琉斯。及伊菲姬妮亚至,将行祭礼时,神示忽称可以牝鹿代供牺牲。此项情节自古希腊以来,剧作者多采作题材。

说是杰作。他变得懦弱了,也信了他们的话。其实他脑子里装满了音乐。念念不忘的是音乐而非剧本。剧本只等于一个河床,给他用来宣泄热情的巨流的。真正为诗歌配制音乐的作家必须懂得退让,放弃自己的个性,克利斯朵夫可绝对办不到。他只想到自己,没想到什么诗歌;而他还不愿意承认这一点。他自以为了解诗人的作品:殊不知他所了解的根本不是原作的意思。像小时候一样,他脑子里编了一个脚本,跟摆在眼前的那个毫不相干。

等到排演的时候,他可发现了作品的真面目。有一天他听着其中的一幕觉得荒谬之极,以为是演员们把它改了样;他不但当着诗人向演员解释剧本,还对那个替演员们辩护的诗人解释。作者不服气了,怪不高兴地说他总该明白自己所要表白的东西吧。克利斯朵夫一口咬定赫尔穆特完全不了解剧本。众人听了哄堂大笑,克利斯朵夫才觉得自己闹了笑话。他住了嘴,承认那些诗句究竟不是自己写的。于是他看出了剧本的荒谬,大为丧气;他不懂怎么早先会误解的。他骂自己糊涂,扯着自己的头发。他想聊以自慰,暗暗的说:"好吧,我根本没懂。别管剧本,只管我的音乐吧!"——可是剧中人的举动,姿势,说话的无聊,装腔作势的激昂,不必要的叫喊,使他受不了,甚至在指挥乐队的时候连棍子都举不起来,恨不得去躲在提示人的洞里。他太坦白,太不懂世故了,没法掩藏自己的感想,使朋友,演员,剧作者,每个人都感觉得清清楚楚。

"是不是你不喜欢这个作品?"赫尔穆特冷笑着问。

克利斯朵夫鼓着勇气回答:"说老实话,我不喜欢。我不懂。"

"那么你写音乐以前,没把剧本念过一遍吗?"

"念过的,"克利斯朵夫天真地说,"可是我误会了,把作品了解错了。"

"可惜你没有把你所了解的自己写下来。"

"唉! 我要能自己写才好呢!"克利斯朵夫说。

诗人气恼之下,为了报复,也批评他的音乐了。他埋怨它繁重,使人听不到诗句。

诗人固然不了解音乐家,音乐家也固然不了解诗人,演员们却是对他们俩都不了解,而且也不想了解。他们只在唱词中找些零星的句子来卖弄自己的特长。他们绝对不想用朗诵去适应作品的情调和节奏:他们和音乐分道扬镳,各自为政,仿佛他们永远没把音唱准似的。克利斯朵夫气得咬牙切齿,拼命把一个一个的音符念给他们听:可是他叫他的,他们唱他们的,根本不懂他的意思。

要不是为了已经排演到相当程度,怕取消了会引起诉讼,克利斯朵夫早就放弃这个戏了。曼海姆听到他灰心的话,满不在乎地说:

"怎么啦?事情很顺当啊。你们彼此不了解吗?噢!那有什么关系?除了作家本人,谁又懂得一件作品?作家自己能懂,已经算了不起了!"

克利斯朵夫为了诗的荒谬非常担心,说是会连累他的音乐的。曼海姆当然知道那些诗不近人情,赫尔穆特也是个无聊家伙;可是他觉得无所谓:赫尔穆特请客的时候饭菜挺好,又有一个美丽的太太:批评界对他还能要求什么呢?——克利斯朵夫耸耸肩,说他没有功夫听这种轻薄话。

"哪里是轻薄话!"曼海姆笑着说,"他们都是些老实人!完全不知道人生中什么是重要的。"

他劝克利斯朵夫别为赫尔穆特的事那么操心,得想到自己的事。他鼓励他做些宣传工作。克利斯朵夫不胜愤慨地拒绝了。一个新闻记者来问到他的身世,他憋着气回答:"跟你有什么相干!"

又有人代表一个杂志来向他讨照相,他直跳起来,说谢谢老天,他没有做德皇,用不着把照片摆在街上给路人瞧。要他跟当地最有势力的沙龙有所联络简直不可能。他不接受人家的邀请;便是不得不接受了,临时又忘了去,或是心绪恶劣的去,好像存心跟大家怄气。

而最糟的是,上演的前两天,他和杂志方面的人也闹翻了。

不可避免的事终于发生了。曼海姆继续篡改克利斯朵夫的文字，把批评的段落毫无顾忌地整行整行的删掉，写上恭维的话。

有一天，克利斯朵夫在某个沙龙里遇见一个演奏家，——一个被他痛骂过的小白脸式的钢琴家，嘻开着雪白的牙齿向他道谢。他厉声回答说用不着谢。那钢琴家依旧絮絮叨叨地表示感激。克利斯朵夫直截了当地打断了他的话，说要是他满意他的批评，那是他的事，可是写的人决不是想使他满意的；说罢他转过身子不理了。演奏家以为他好人歹脾气，便笑着走开了。克利斯朵夫可记起不久以前收到另一个被他痛骂的人的谢启，突然起了疑心，便出去到报亭里买了份最近期的杂志，找出他那篇的文字读了一遍……当时他竟以为自己疯了。过了一会，他恍然大悟，便气得什么似的奔到社里去。

华特霍斯与曼海姆正在那儿跟一个相熟的女演员谈天。他们用不着问克利斯朵夫的来意。他把杂志往桌上一摔，连喘口气都等不及，就声势汹汹地对他们破口大骂，又是叫又是嚷，说他们是坏蛋，是无赖，是骗子，抓着一张椅子使劲往地板上乱捣。曼海姆还想嘻嘻哈哈：克利斯朵夫要飞起脚来踢他的屁股。曼海姆逃在桌子后面捧腹大笑。华特霍斯可是对他一脸瞧不起的样子，拿出尊严沉着的气派，竭力在喧闹声中表示不答应人家对他用这种口气，教克利斯朵夫等他的消息；一边把名片递给他①。克利斯朵夫拿来扔在他脸上，叫道：

"摆什么臭架子！……用不着你的名片，我早知道你是什么东西了……你是个流氓，骗子！……你想我会跟你决斗吗？……哼，你只配给人家揍一顿！……"

他的声音直闹到街上，连走路人都停下来听。曼海姆赶紧关起窗子。那女客吓坏了，想溜，可是克利斯朵夫把房门堵住了。华特霍斯脸色发了青，连气都透不过来；曼海姆涎皮赖脸地笑着，两人嘟嘟囔囔的想跟他争。克利斯朵夫可绝对不让他们开口，把所能想象到的最不

① 西俗：两人吵架时一方把名片递给对方是表示愿意决斗。

中听的话对他们说尽了,直到无可再骂,连气都塞住了才走掉。而华特霍斯和曼海姆等他走了才能说出话来。曼海姆马上又活泼了:他挨了骂不过像鸭子淋了阵雨。可是华特霍斯愤怒到极点,他的尊严受了伤害;而且当着别人受辱,他尤其不能原谅。同事们也跟着附和他。社里所有的同人中唯有曼海姆不恨克利斯朵夫:他拿他要弄够了,觉得听几句粗话不能算划不来。那是怪有趣的玩意儿,假使这种事临到他,他自己就会先笑的。所以他准备跟克利斯朵夫照常来往,好像根本没那回事。克利斯朵夫可记在心上,不管对方怎样来迁就他,始终拒绝。曼海姆也无所谓:克利斯朵夫是个玩具,已经给他称心如意地玩够了;他又在进攻另一个傀儡了。从此他们断绝了关系。但曼海姆在人家提到克利斯朵夫的时候依旧说他们是好朋友。也许他的确这样想。

吵架以后两天,《伊菲姬妮亚》公演了。结果是完全失败。华特霍斯的杂志把剧本恭维了一阵,对音乐只字不提。别的刊物可快活极了。大家哄笑,喝倒彩。戏演了三场就停了,众人的笑骂可并不跟着停止:能有个机会说克利斯朵夫坏话真是太高兴了;连续好几个星期,《伊菲姬妮亚》成为挖苦的资料。大家知道克利斯朵夫再没自卫的武器,就尽量利用机会,唯一的顾忌是他在宫廷里的地位。虽然他跟那位屡次责备他而他置之不理的大公爵很冷淡,他仍不时在爵府里走动,所以群众认为他还得到官方的支持,——有名无实的支持。——而他还要把这最后一个靠山亲自毁掉。

他受了批评。它不但针对他的作品,还牵涉他那个新的艺术形式,那是人家不愿意了解的,可是要把它歪曲而使它显得可笑倒很容易。对于这种恶意的批评,最好是置之不理,继续创作:但克利斯朵夫还没有这点儿聪明。几个月以来,他养成了坏习惯,对一切不公平的攻击都要还手。他写了一篇把敌人们丑诋一顿的文章,送给两家正统派的报馆,都被退回了,虽然退稿的话说得很婉转,仍带着讥讽的意味,克利斯朵夫固执起来,非想法登出来不可。他忽然记起城里有一份社会党的报纸曾经想拉拢他。他认识其中的一位编辑,有时和他讨论过问题的。克利斯朵夫很高兴能找到一个人,敢毫无忌讳地谈到当局、军队和一切压迫人的古老的偏见。可是谈话的题目也至此为止,因为那社会主义者说来说去脱不了马克思,而克利斯朵夫对他就没有兴趣。他觉得那个思想自由的人物,除了一套他不大喜欢的唯物主义以外,还有刻板的教条,思想方面的专制,暗中崇拜武力,简直是另一极端的军国主义;总之他的论调和克利斯朵夫在德国每天听到的并没多大分别。

虽然如此,他被所有的编辑封锁之后,他所想到的还是这位朋友和他的报纸。他很知道他的举动会骇人听闻:那份报纸素来很激烈,专门骂人,大家都认为要不得的;但克利斯朵夫从来不看它的内容,所以只想到那些大胆的思想(那是他不怕的),而没想到它所用的卑鄙的口吻(那是他看了也要厌恶的)。并且别的报纸暗中联合起来打击他,使他恨无可泄,所以即使他知道报纸的内容,也不见得会顾虑。他要教人知道要摆脱他没这么容易。——于是他把那篇文章送到社会党报纸的编辑部,结果大受欢迎。第二天,文章就给登出来了,编者还加上一段按语大吹大擂地说他们已经约定天才青年,素来对工人阶级的斗争极表同情的克拉夫脱同志长期执笔。

克利斯朵夫既没看到自己的文章,也没看到编者的按语;那天是星期日,天没亮他就出发往乡下散步去了。他兴致很好,看着太阳出来,又笑又叫,手舞足蹈。什么杂志,什么批评,一股脑儿丢开了!这是春天,大自然的音乐,一切音乐中最美的音乐,又奏起来了。黑洞洞的,闷人的,气味难闻的音乐厅,可厌的同伴,无聊的演奏家,都给忘得干干净净!只听见喁喁细语的森林唱出奇妙的歌声;令人陶醉的生气冲破了地壳,在田野中激荡。

他给太阳晒得迷迷忽忽的回家,母亲递给他一封信,是他不在的时候爵府里派人送来的;信上用的是公事式的口气,通知克拉夫脱先生当天上午就得到府里去一次。上午早已过了,时间快到一点,克利斯朵夫可并不着急。

“今儿太晚了,”他说,“明儿去吧。”

可是母亲觉得不妥:“不行,亲王找你去,你得马上去,或许有什么要紧事儿。”

克利斯朵夫耸耸肩:“要紧事儿?那些人会跟你谈什么要紧事儿吗?……还不是说他那一套关于音乐的见解,教人受罪!……只希望他别跟齐格弗里德·迈尔[①]比本领,也写一曲什么《颂歌》!那我可不客气喽。我要对他说:你干你的政治吧!你在政治方面是主人,永远不会错的,可是艺术,替我免了吧!谈到艺术,你的头盔,你的羽饰,你的制服,你的头衔,你的祖宗,统没有啦;……我的天!试问你没有了这些,你还剩什么?”

把什么话都会当真的鲁意莎举着手臂喊起来:

“怎么能说这个话!……你疯了!你疯了!……”

他看母亲信以为真,更故意跟她玩儿,尽量吓唬她。鲁意莎直到他越来越荒唐了才明白他在逗她,便转过背去说:“你太胡闹了,孩子!”

他笑着拥抱她。他兴致好极了:散步的时候有个美丽的调子在胸中蹦呀跳的,好似水里的鱼儿。他肚子饿得很,必要饱餐一顿才肯上爵府去。饭后,母亲监督着他换衣服;因为他又跟她淘气,说穿着旧衣衫和沾满了灰土的鞋子,也没有什么不体面。但临了他仍旧换了一套衣服,把鞋子上了油,嘴里嘁嘁喳喳地打着唿哨,学做各式各种的乐器。穿扮完了,母亲给检查了一遍,郑重其事地替他把领带重新打过。他竟例外的很有耐性,因为他对自己很满意,——而这也不是常有的事。他走了,说要去拐走阿台拉伊特公主。那是大公爵的女儿,长得相当美,嫁给德国的一个小亲王,此刻正回到母家来住几个星期。克

① 齐格弗里德·迈尔为当时德国写煽动文字的评论家替德皇起的诨名。——原注

利斯朵夫小时候,她对他很好;而他也特别喜欢她。鲁意莎说他爱着她,他为了好玩也装作这个样子。

他并不急于赶到爵府,一路瞧瞧铺子,看到一条像他一样闲荡的狗横躺着在太阳底下打呵欠,就停下来把它摩一会。他跳过爵府广场外面的铁栏,——里头是一大块四方形的空地,四面围着屋子,空地上两座喷水池有气无力的在那儿喷水;两个对称的没有树荫的花坛,中间横着一条铺着沙子的小路,像脑门上的一条皱痕,路旁摆着种在木盆里的橘树;场子中央放着一座不知哪一个公爵的塑像,穿着路易·菲利浦式的服装,座子的四角供着象征德性的雕像。场中只有一个闲人坐在椅子上拿着报纸打盹。府邸的铁栏前面,等于虚设的岗位上空无一人。徒有其名的壕沟后面,两尊懒洋洋的大炮似乎对着懒洋洋的城市打呵欠。克利斯朵夫看着这些扯了个鬼脸。

他走进府第,态度并不严肃,至多是嘴里停止了哼唱,心却照旧快活得直跳。他把帽子往衣帽间的桌上一扔,毫不拘礼地招呼他从小认识的老门房。——当年克利斯朵夫跟着祖父晚上第一次到府里来看哈斯莱,他已经在这儿当差了:——老头儿对于他嘻嘻哈哈的说笑一向不以为忤,这一回却是神色傲慢。克利斯朵夫没注意。更往里走,他在穿堂里又碰到一个秘书处的职员,平素对他怪亲热,话挺多的,这回竟急急忙忙地走过了,避免和他搭讪,克利斯朵夫看了很奇怪。可是他并不拿这些小节放在心上,只管往前走去,要求通报。

他进去的时候,里头刚吃过中饭。亲王在一间客厅里,背靠着壁炉架,抽着烟和客人谈天;克利斯朵夫瞥见那位公主也在客人中间抽着烟卷,懒洋洋地仰在一张靠椅中,和四周的几个军官高声说着话。宾主都很兴奋;克利斯朵夫进门就听到大公爵一片粗豪的笑声。可是亲王一看见克利斯朵夫,笑声马上停止。他咕噜了一声,直扑过来嚷道:

“嘿!你来啦!你终于赏光到这儿来啦!你还想把我耍弄下去吗?你是个坏东西,先生!”

克利斯朵夫被这当头一棒打昏了,待了好一会说不上话来。他只想着他的迟到,那也不至于受这样的羞辱啊,他便结结巴巴地说:“亲王,请问是怎么回事?”

亲王不理他,只顾发脾气:“住嘴!我决不让一个坏蛋来侮辱我。”

克利斯朵夫脸色发了白,喉咙抽搐着发不出声音;他挣扎了一下,嚷道:

“亲王,您既没告诉我是什么事,也就没权利侮辱我。”

大公爵转身对着他的秘书,秘书马上从袋里掏出一份报纸。他生那么大的气,不光是因为性子暴躁,过度的酒也有相当作用。他直跳到克利斯朵夫面前,像斗牛士拿着红布一般,抖开那张打皱的报纸拼命挥舞,怒不可遏的叫着:

“瞧你的脏东西,先生!……你就配人家把你的鼻子揿在里面!”

克利斯朵夫认出那是社会党的报纸:“我不觉得这有什么不对的地方。”他说。

“怎么!怎么!你那样的无耻!……这份混账的报纸!那班流氓天天侮辱我,说着最下流的话骂我!……”

“爵爷,我没看过这个报。”

“你扯谎!”

“我不愿意您说我扯谎,”克利斯朵夫说,“我没看过这个报,我只关心音乐。并且,我自有爱在哪儿发表文章就在哪儿发表的权利。”

“你什么权利也没有,唯一的权利是不开口。过去我待你太好了。我给了你跟你的家属多少好处,照你们父子两个的行为,我早该跟你们断绝了。我不准你再在跟我捣乱的报上发表文字。并且将来不经我的许可,也不准你再写什么文字。你为音乐掀起的笔墨官司,我也看够了。凡是有见识有心肝的人,真正的德国人所看重的东西,我不准一个受我保护的人去加以攻击。你还是作些高明一点的曲子吧,要是作不出,那么练习练习你的音阶也好。我不要音乐界里来一个社会党,搞些诋毁民族的光荣,动摇人心的玩意儿。谢谢上帝!我们知道什么是好东西,用不着你来告诉我们。所以,还是弹你的琴去吧,先生,别跟我们捣乱!”

肥胖的公爵正对着克利斯朵夫,把恶狠狠的眼睛直瞪着他。克利斯朵夫脸色发了青,想说话,扯了扯嘴唇,嘟囔着说:

“我不是您的奴隶,我爱说什么就说什么,爱写什么就写什么……”

他气都塞住了,羞愤交迸,快要哭出来;两条腿在那里发抖。他动了动胳膊,把旁边家具上的一件东西撞倒了。他觉得自己非常可笑,也的确听见有人笑着;他模模糊糊地看到公主在客厅那一头和几个客人交头接耳,带着可怜他和讥讽他的意味。从这时起,他就失了知觉,不知道经过些什么情形。大公爵嚷着。克利斯朵夫嚷得更凶,可不知道自己说些什么。秘书和另一个职员走过来要他住嘴,被他推开了;他一边说话一边无意中抓着桌上的烟灰碟子乱舞。他听见秘书喊着:

“喂,放下来,放下来……”

他又听见自己说着没头没脑的话,把烟灰碟子往桌边上乱捣。

“滚出去!”公爵愤怒之极,大叫起来,“滚!滚!给我滚!”

那些军官走过来想劝公爵。他好像脑充血似的突着眼睛,嚷着要人家把这个无赖赶出去。克利斯朵夫心头火起,差点儿伸出拳头去打公爵的脸;可是一大堆矛盾的心理把他压住了:羞愧,愤怒,没有完全消灭的胆怯,日耳曼民族效忠君王的性格,传统的敬畏,在亲王面前素来卑恭的习惯,都在他心头乱糟糟地混在一起。他想说话而不能说话,想动作而不能动作;他看不见了,听不见了,让人家把他推了出来。

他在仆役中间走过。他们声色不动地站在门外,把吵架的情形都听了去。走出穿堂的二三十步路,他仿佛走了一辈子。回廊越走越长,似乎走不完的了!……从玻璃门里望见的外边的阳光,对他像救星一样……他踉踉跄跄地走下楼梯,忘了自己光着脑袋,直到老门房叫他才回去拿了帽子。他拿出全身的精力才能走出府第,穿过院子,回到家里。路上他把牙齿咬得咯咯的响。一进家里的大门,他的神气跟哆嗦就把母亲吓坏了。他推开了她,也不回答她的问话,走进卧房,关了门倒在床上。他抖得那么厉害,竟没法脱衣服,气也透不过来,四肢也瘫痪了。……啊!但愿不再看见,不再感觉,不必再支撑这个可怜的躯壳,不必再跟可羞可鄙的人生挣扎,没有气没有思想地倒下去,不要再活,脱离世界!……——他费了好大的劲才脱下衣服,乱七八糟地摔在地下,人躺在床上,把眼睛蒙住了。屋子里什么声音都没有,只有他的小铁床在地砖上咯咯的响。

鲁意莎贴在门上听着,敲着门,轻轻地叫他:没有回音。她等着,听着房里寂静无声好不揪心,然后她走开了。白天她来了一二次,晚上睡觉之前又来了一次。一天过去了,一夜过去了:屋子里始终没有一点声音。克利斯朵夫忽冷忽热,浑身哆嗦,哭了好几回;半夜里他抬起身子对墙壁晃晃拳头。清早两点左右,发疯似的一阵冲动使他爬下了床,半裸着湿透的身子,想去杀死大公爵。恨与羞把他折磨着,身心受着火一般的煎熬。可是这场内心的暴风雨在外面一点都不表现出来:没有一句话,没有一个声音。他咬紧牙齿,把一切都压在肚里。

第二天他照常下楼:精神上受了重伤， 声不出,母亲也一句不敢动问。她已经从邻居那边知道了原委。整天他坐在椅子里烤火,跟哑巴一样,浑身发烧,驼着背像老头儿。母亲不在的时候,他就悄悄地哭。

傍晚,社会党报纸的编辑来找他。自然,他已经知道了那件事而来打听细节。克利斯朵夫很感激,天真地以为那是对他表示同情,是人家为了连累他而来向他道歉。他要挣面子,对过去的事一点不表后悔,不觉把心上的话全说了出来:跟一个像自己一样恨压迫的人痛痛快快谈一谈,他觉得松了口气。那编辑逗他说话,心里想即使克利斯朵夫不愿亲自动笔,至少可以供给材料,让他拿去写篇骇人听闻的文章。他预料这位宫廷音乐家受了羞辱,一定会把他高明的笔战功夫,和他所知道的宫廷秘史(那是更有价值的),贡献给社会党。他认为用不到过分的含蓄,便老老实实把这番意思对克利斯朵夫说了。克利斯朵夫跳起来,声明他一个字都不能写:由他去攻击大公爵,人家会看作他报私仇;过去他发表自己的思想是冒着危险的,现在他一无束缚之后,反而需要谨慎了。那编辑完全不了解这些顾虑,认为克利斯朵夫没出息,骨子里还是个吃公事饭的,他尤其以为克利斯朵夫是胆小。

"那么,"他说,"让我们来:由我动笔。你什么都不用管。"

克利斯朵夫求他不要写,但他没法强制他不写。而且对方告诉他这件事不单和他个人有关,连报纸也受到侮辱,他们有权利报复的。这一下克利斯朵夫无话可说了,他充其量只能要求别滥用他的某些心腹话,那是拿他当作朋友而非当作新闻记者说的。对方一口答应下来。克利斯朵夫仍旧不大放心:他这时候才明白自己的莽撞,可是已经太晚了。——客人一走,他回想起说过的话不禁害了怕,立刻写信给编辑,要求他无论如何不能和盘托出;——可怜他在信里把那些话又重复了一部分。

第二天,他迫不及待地打开报纸,在第一版上就看到了他全部的故事。他上一天所说的一切,经过新闻记者那种添枝接叶的手段,当然是夸大得不成样了。那篇文章用着卑鄙而激烈的语调把大公爵和宫廷骂得淋漓尽致。某些细节明明只有克利斯朵夫知道,很可以令人疑心通篇是他的手笔。

这一个新的打击可是中了克利斯朵夫的要害。他一边念一边直淌冷汗,念完之后简直吓昏了。他想跑到报馆去;但母亲怕他闯祸——而这也不无理由——把他拦住了。他自己也怕;觉得要是去了,说不定又会闹出什么傻事来;于是他待在家里,——做了另外一件傻事。他写了一封义正辞严的信,痛责记者的行为,否认那篇文章里的事实,表示跟他们的一党决绝了。这篇更正并没登出来。克利斯朵夫再写信去,一定要他们披露他的信。人家把他发表谈话那晚的第一封信抄了一份副本寄给他,问他要不要把这封信一起发表。他这才觉得给他们拿住了。以后他不幸在街上又碰见那位冒失的记者,少不得把他当面骂一顿。于是第二天报上又登出一篇短文,说那些宫廷里的奴才,即使被主子撵走了还是脱不了奴性;再加上几句影射最近那件事的话,使大家都明白是指的克利斯朵夫。

赶到谁都知道克利斯朵夫连一个后台也没有了的时候,他立刻发觉自己的敌人多得出乎意料之外。凡是被他直接间接中伤过的人,不问是个人受到批评的,或是思想与识见受到指摘的,都马上对他反攻,加倍报复。至于一般的群众,当初克利斯朵夫振臂疾呼,想把他们从麻痹状态中唤醒过来的人,现在看着这个想改造舆论,惊扰正人君子的好梦的狂妄的青年受到教训,也不禁暗暗称快,克利斯朵夫掉在水里了。每个人都拼命把他的头揿在水底下。

他们并不是一齐动手的。先由一个人来试探虚实,看见克利斯朵夫不还手就加紧攻势。然后别的人跟着上前,然后大队人马蜂拥而来。有些人把这种事看作有趣的玩意儿,好似小狗喜欢在漂亮地方放屁:那都是些外行的新闻记者,好比游击队,因为一无所知,只把胜利的人捧一阵,把失败的骂一顿,教人忘掉克利斯朵夫。另外一批却搬出他们的原则来作猛烈的攻击。只要一经他们的手,世界上就可以变得寸草不留:那是真正的批评界,能制人死命的批评界。

幸而克利斯朵夫是不看报的。几个忠实的朋友特意把诬蔑最厉害的几份报寄给他。可是他把它们堆在桌上,不想拆阅。最后有一篇四周用红笔勾出的文字引起了他的注意;原来说他所作的歌像一头野兽的咆哮,他的交响曲是疯人院里的出品,他的艺术是歇斯底里的,他的抽风似的和声只是遮掩他心灵的枯索与思想的空虚。那位很知名的批评家在结论里说:

"克拉夫脱先生从前以记者的身份写过些东西,表现特殊的文笔与特殊的口味,在音乐界中成为笑谈。当时大家好意劝他还是作他的曲子为妙。他的近作证明那些劝告虽然用心甚好,可并不高明。克拉夫脱先生只配写写那种文章。"

看了这一篇，克利斯朵夫整个上午不能工作；他又去找别的骂他的报纸，预备把失意的滋味饱尝一下。可是鲁意莎为了收拾屋子，老喜欢把所有散在外面的东西丢掉，那些报纸早给她烧了。他先是生气，随后倒也安慰了，把那份留下来的报递给母亲，说这一份也早该一起扔在火里的。

可是还有使他更难受的侮辱呢。他寄给法兰克福一个有名的音乐会的一阕四重奏，被一致地否决了，[①]而且并不说明理由。科隆乐队有意接受的一阕序曲，在他空等了几个月之后也给退回来，说没法演奏。但最难堪的打击是出于当地的某音乐团体。指挥于弗拉脱是个很不差的音乐家，但和多数的指挥一样，一点没有好奇心；他有那种当指挥的特有的惰性：凡是已经知名的作品，他可以无穷尽地重复搬弄，而一切真正新颖的艺术品却被视为洪水猛兽，避之唯恐不及。他永不厌倦地组织着贝多芬、莫扎特或是舒曼的纪念音乐会：在这些作品里头，他只要让那些熟悉的节奏把自己带着跑就是了。反之，现代的音乐就教他受不住。但他不敢明白承认，还自命为能够赏识有天才的青年；实际是这样的：假如人家给他一件仿古的作品，——仿一件五十年前算是新的作品，——他的确极表欢迎，甚至会竭力教大众接受。因为这种东西既不妨害他演奏的方式，也不会扰乱大众感受作品的方式。可是一切足以危害这美妙的方式而要他费力的作品，他都深恶痛绝。只要开辟新路的作家一天没有成名，他鄙薄的心就一天不会消失。假使这作家有成功的希望，他的鄙薄就一变而为憎恨，——直到作家完全成功的那一天为止。

克利斯朵夫当然谈不到有成功的希望，那还差得远呢。所以他间接知道于弗拉脱先生很愿意演奏他的作品，不禁大为诧异。这位指挥是勃拉姆斯的好朋友，也是被克利斯朵夫在杂志上痛诋过的别的几个音乐家的朋友，因此克利斯朵夫更觉得他的表示出乎意外。但他自己

① 凡作家投寄新作于音乐团体请其演奏时，当先由乐队董事会投票表决。

是好人,以为他的敌人也像他一样的宽宏大度。他猜想他们是看到他受到攻击,特意要表示他们决不作小心眼儿的报复:想到这点,他竟为之感动了。他送了一阕交响诗给于弗拉脱,附了一封情辞恳切的信。对方教乐队秘书复了信,措辞冷淡,可是很有礼貌,声明他的曲子已经收到,但照会章规定,作品在公开演奏之前必须提交乐队先行试奏。章程总是章程:克利斯朵夫当然没有话说。而且这纯粹是种手续,免得一般讨厌的鉴赏家多所议论。

两三个星期以后,克利斯朵夫接到通知,说他的作品快要试奏了。照规矩,这种试奏是不公开的,连作家本人也不能旁听。事实上所有的乐队都容许作家到场,他只是不公然露面罢了。每个人都知道他在这儿,而每个人都装作不知道。到了那天,一个朋友来把克利斯朵夫带进会场,拣着一个包厢坐下。他很奇怪地发觉,这个不公开的预奏会居然差不多会客满,至少在楼下:大批的时髦朋友,有闲阶级,批评家,都在那里咭咭呱呱,非常兴奋。乐队照例是装作不知道有这些人的。

开场是勃拉姆斯采用歌德《冬之默想》里的一段所作的狂想曲,有女低音独唱和男声合唱,由乐队伴奏的。克利斯朵夫早就讨厌这件作品浮夸的感伤情调,以为这或许是勃拉姆斯党一种挺客气的报复,因为他从前很不恭敬地批评过这个曲子,特意强迫他听一遍。他想到这点不由得笑了,而听到以后又紧接着被他攻击过的两个别的作家的东西,他认为更有意思了:可见他猜得不错,他们的用意不是很显明了吗?他一边装着鬼脸,一边想这究竟是挺公平的斗争:他虽不欣赏那音乐,可很能欣赏这种玩笑。群众对着勃拉姆斯和同一派的作品热烈鼓掌的时候,克利斯朵夫也俏皮地附和几下。

终于轮到克利斯朵夫的交响曲了。乐队和听众之间都有人向他的包厢瞟几眼,证明大家知道他在场。他尽量地躲起来。他等着,心跳得很厉害。音乐像河水般悄悄地集中在一处,但等指挥的棍子一动就马上决破堤岸:在这种情形之下,每个作曲家都会觉得惴惴不安。

他自己还从来没听到这个作品演奏的效果。他所幻想的生灵究竟是什么面目呢？声音又是怎么样的呢？他觉得它们在他心中轰轰地响；他靠在音响的深渊之上浑身哆嗦，急于要知道出来的是什么。

出来的却是一种无名的东西，一片不成形的混沌。明明是支撑高堂大厦的结实的梁柱，出来的可是没有一组站得住的和弦，它们相继瓦解，好似一座只有断垣残壁的建筑物，除了灰土瓦砾之外，一无所有。克利斯朵夫竟不敢相信奏的是他的作品。他找不到他思想的线条和节奏，根本认不出自己的思想了：只觉得它嘟嘟囔囔，摇摇晃晃，好比一个扶墙摸壁的醉鬼；他羞死了，仿佛自己就在当众表现这副醉鬼的模样。他明知他写的不是这种东西，可是没用：一个荒唐的代言人把你的话改头换面的变了样，你自己也会当场糊涂起来，弄不清你对这种荒谬的情形应不应当负责。至于群众，他们可不理会这些：他们相信表现的人，歌唱的人，相信他们听惯的乐队，正如相信他们读惯的报纸一样，他们是决不会错的；要是他们说了荒唐的话，一定是作者荒唐。这一回群众尤其不会起疑，因为他们原来就要相信作者可笑。克利斯朵夫还以为指挥也觉察到这种混乱的情形，会教乐队停下来重新开始的。各种乐器都失去了联络。圆号插进来的时候，落后了一拍子，又继续吹了好几分钟，才若无其事地停下来倒去口水。有几段双簧管的部分竟消灭得无影无踪。哪怕是最精细的耳朵也没法找到乐思的线索，甚至不能想象它有什么线索可言。变化很多的配器法，幽默的穿插，都给恶俗的演奏变得可笑了。作品显得荒谬绝伦，简直是一个白痴，是一个完全不懂音乐的人开的玩笑。克利斯朵夫扯着自己的头发，竟想跑出去阻断乐队的演奏；可是陪着他的朋友把他挡住了，说指挥先生自会辨别出演奏的错误而全部纠正的，——何况克利斯朵夫根本不该出头露面，他的指摘只有把事情弄得更糟。他把克利斯朵夫硬留在包厢里。克利斯朵夫听他摆布，只是把拳头敲着自己的脑门；而每次听到一段太不像话的表演，就又愤怒又痛苦地咕噜几声："孽障！孽障！……"他一边呻吟，一边咬着手不让自己叫出来。

那时除了错误的音符,群众也开始骚扰,有了声音。先还不过是一种震颤的音浪;不久克利斯朵夫分明听到他们在笑了。乐师给他们暗示,有几个竟老实不客气表示忍俊不禁。群众明白了作品真的可笑时,便捧腹大笑起来,全场的人都乐死了。赶到一个节奏很强的主题又在低音提琴上出现,而给表现得特别滑稽的时候,大家更乐不可支。只有指挥一个人在喧闹声中不动声色地继续打着拍子。

曲子终于奏完了:——(世界上最得意的事也要结束的。)——那才轮到大众开口。他们高兴之极,闹哄了好几分钟。有的怪声嘘叫,有的大喝倒彩:更俏皮的人却喊着“再来一次!”花楼中有人用男低音模仿那个可笑的主题。别的捣乱分子跟上来争奇斗胜。还有人嚷着:“欢迎作家!”——这些风雅人士好久没有这样的乐了。

等到喧闹声稍微静了一些,乐队指挥若无其事地把大半个脸对着群众,可是仍装作不看见群众,——(因为乐队是始终认为没有外人在场的),——向乐队做了一个记号表示他要说话。有人嘘了一声,全场静默了。他又等了一忽儿才用着清楚,冷酷,斩钉截铁的声音说:

“诸位,我一定不会让这种东西奏完的,要不是为了把胆敢侮辱勃拉姆斯大师的那位先生给大家公断一下的话。”

说完了,他跳下指挥台,在大众的欢呼声中走了出去。掌声继续到一二分钟之久,但他竟不再出场。乐队里的人开始散了。群众也只能走了。音乐会已经告终。

大家总算过了一天快乐的日子。

克利斯朵夫已经出了包厢。他一看见指挥走下台,便立刻冲出去,三脚两步地奔下楼,要去打指挥的嘴巴。陪他来的朋友在后面追着,想拦住他。克利斯朵夫把他一推几乎跌下楼梯:——(他很有理由相信这位朋友也是做这个圈套的一分子。)——还算是于弗拉脱的运气,也是克利斯朵夫的运气,后台的门关着,尽管他用拳头乱敲也敲不开。而群众已经从会场里出来,克利斯朵夫不得不赶快溜了。

他当时的情形真是没法形容:他漫无目的地走着,舞动着手臂,骨碌碌的转着眼珠,大声地自言自语,活像一个疯子;愤慨与狂怒的叫声越来越响了。街上差不多没有什么人。音乐会场是上一年在城外新盖的;克利斯朵夫不知不觉穿过荒地,向郊外走去;荒地上东一处西一处有几所板屋和正在建造的屋子,四周都有篱垣。他心中起了杀性,竟想把那个侮辱他的人杀死……可是即使杀了他,那些百般耻笑他的人,——他们笑声至今还在他耳朵里响着,——会把兽性改掉一点吗?他们人数太多了,简直无法可想;他们在多少事情上都意见分歧,但在侮辱他压迫他的时候却联合起来了。那不止是误解,而且还有一股怨毒在里头。他究竟在什么地方得罪了他们呢?他心中的确藏着些美妙的东西,教人愉快教人幸福的东西;他想说出来,让别人一同享受,以为他们也会像他一样的快乐。即使他们不能欣赏,至少也得感激他的好意,充其量可以用友好的态度指出他错误的地方;但他们因之而怀着恶意取笑他,把他的思想歪曲,诬蔑,踩在脚下,把他变成小丑来制他死命,真是从何说起!他气愤之下,把人家的怨毒格外夸大了,过分地当真了:其实那般庸碌的人压根儿没有什么当真的事。他号啕大哭地嚷着:“我什么地方得罪了他们呢?”他闭住了气,觉得自己完了,像童年第一次看到人类凶恶的时候一样。

这时他向周围和脚下看了看,原来他走到了磨坊邻近的小溪旁边,几年以前父亲淹死的地方。投水自杀的念头立刻在他脑中浮起,他想马上往下跳了。

正当他站在岸上,俯瞰着清澈恬静的水光感到幻惑的时候,一只很小的鸟停在近边的树枝上开始唱起来,唱得非常热烈。他不声不响地听着。水在那里喁语。开花的麦秆在微风中波动,簌簌作响;白杨萧萧,打着寒噤。路旁的篱垣后面,园中看不见的蜜蜂散布出那种芬芳的音乐。小溪那一边,眼睛像玛瑙般的一头母牛在出神。一个淡黄头发的小姑娘坐在墙沿上,肩上背着一只轻巧的稀格的藤篓,好似天使张着翅膀,她也在那儿幻想,把两条赤裸的腿荡来荡去,哼着一个全无意义的调子。远远的,一条狗在草原上飞奔,四条腿在空中打着很大的圆圈……

克利斯朵夫靠在一株树上,听着,望着春回大地的景象;这些生灵的和平与欢乐的气息把他感染了……他忘了一切……突然他拥抱着美丽的树,把腮帮贴着树干。他扑在地下,把头埋在草里,浑身抽搐的笑了,快乐之极地笑了。生命的美,生命的温情,把他包裹了,渗透了。他想道:

"为什么你这样的美,而他们——人类——那样的丑?"

可是不管这些!他爱生命,觉得自己永远会爱生命,无论如何不会跟它分离的了。他如醉若狂地拥抱着土地,拥抱着生命:

"我抓住你了!你是我的了。他们决不能把你抢走的。他们爱怎办就怎办吧!便是要我受苦也无妨!……受苦,究竟还是生活!"

克利斯朵夫鼓起勇气重新工作。什么名副其实的文人,有名无实的文人,多嘴而不能生产的人,新闻记者,批评家,艺术界的商人和投机分子,他都不愿意再跟他们打交道。至于音乐家,他也不愿再白费光阴去纠正他们的偏见与嫉妒。他们讨厌他是不是?好吧!他也讨厌他们。他有他的事业,非实现不可。宫廷方面恢复了他的自由:他很感激。他感激人们对他的敌意:因为这样他才能安心工作了。

鲁意莎完全赞成他的意见。她毫无野心,没有克拉夫脱的脾气,她既不像父亲,也不像祖父。她完全不指望儿子成就什么功名。当然,要是儿子有钱有名望,她心里也喜欢的;可是倘若名利要用多少不如意去换来,那她宁可不提此话。克利斯朵夫和宫廷决裂以后,她的悲伤并不是为了那件事情本身,而是因为儿子受到很大的痛苦。至于他和报纸杂志方面的人绝交,她倒很高兴。她对于字纸,像所有的乡下人一样抱着反感,以为那些东西不过使你浪费时间,惹是招非。有几回她听到杂志方面的几个年轻人和克利斯朵夫谈话:她对于他们的凶恶觉得可怕极了;他们诽谤一切,诬蔑一切,而且坏话越说得多,他们越快活。她不喜欢这批人。没有问题,他们很聪明,很博学,可决不是好人。所以克利斯朵夫和他们断绝往来使她很安慰。她非常通情达理:他跟他们在一起有什么好处呢?至于克利斯朵夫自己,他是这样想的:

"他们喜欢把我怎么说,怎么写,怎么想,都由他们吧;他们总不能使我不成其为我。他们的艺术,思想,跟我有什么相干!我都否认!"

能否认社会固然很好,但社会决不轻易让青年人说说大话就把它否认了的。克利斯朵夫很真诚,可是还抱着幻想,没有把自己认识清楚。他不是一个修道士,没有遁世的气质,更没到遁世的年龄。最初一个时期他还不大痛苦,因为他一心一意浸在创作里头;只要有工作可做,他就不会觉得有什么欠缺。但旧作已完,新作还没在心中抽芽的期间,精神上往往有个低潮:他徬徨四顾,不禁对自己的孤独寒心。他问自己为什么要写作。正在写作的时候是不会有这种问题的:写作,就因为应当写作,那不是挺简单吗?等到一件作品诞生了,摆在面前之后,先前把作品从胸中挤压出来的那个强烈的本能就不出声了,而我们也不明白为什么要产生这件作品了,不大认得它了,几乎把它看作一件陌生的东西,只想把它忘掉。可是只要作品没印出来,没演奏过,没有在世界上独立生存过,我们就忘不了它。因为在这个情形之下,作品还是个与母体相连的新生儿,连在血肉上的活东西;要它在世界上存活,必得把它切下来。克利斯朵夫制作越多,越受这些从他生命中繁衍出来的东西压迫;因为它们无法生存,也无法死灭。谁替他来解放它们呢?一种模糊暧昧的压力在鼓动他那些思想上的婴儿;它们竭力想和他脱离,想流布到别的心中去,像活泼的种子乘着风势吹遍世界一样。难道他得永远被封锁起来,没法生长吗?那他可能为之发疯的。

既然所有的出路(戏院,音乐会)都已经断绝,而他也无论如何不肯再低首下心去向那些拒绝过他的指挥们钻谋,那么除掉把作品印出来以外别无办法;但要找一个肯捧他出场的出版家,也不比找一个肯演奏他作品的乐队更容易。他试了两三次,手段都笨拙到极点,结果他觉得受够了;与其再碰一次钉子,或是和出版商讨价还价,看他们那种长辈面孔,他宁可自己出钱印刷。那当然是胡闹。过去靠了宫廷的月俸和几次音乐会的收入,他积了一点儿钱;但收入的来源已经断绝,而要找到一个新的财源还得等好些时候,照理他应当小心谨慎的调度这笔积蓄,来度过他刚踏进去的难关。现在他非但不这样做,反因为原有的积蓄不够对付印刷费而再去借债。鲁意莎一句话都不敢说;她觉得他没有理性,同时也不大明白,为什么一个人为了要把姓名印在书上愿意花这么一笔钱。但既然这是一种方法使他肯耐着性子,肯留在她身边,她也就挺高兴了。

克利斯朵夫拿出去问世的,并非他作品中比较通俗的,不费人家精神的那一类,而是一批最有个性而自己最重视的作品,都是些钢琴的曲子,其中也夹几支歌,有的很简短,调子很通俗,有的规模很庞大,差不多有戏剧情调的。这些作品合起来是一组或悲或喜的印象,衔接得很自然,有时用钢琴独奏来表现,有时用独唱或是钢琴伴奏的歌唱来表现。"因为,"克利斯朵夫说,"我幻想的时候,我并没什么固定的形式:我只是痛苦,快活,没有说话可以形容;但忽然我觉得需要说话了,就不假思索地唱起来:有时只是一些意义不大明确的字,断断续续的句子。有时是整篇的诗;然后我又沉入幻想。日子便这样的过去了;而我的确想描写一天的情绪。为什么一定要印一部纯粹是歌或纯粹是序曲的集子呢?那不是很勉强很不调和吗?让心灵自由活动不是更好吗?"所以他把集子题做一日,集中各部分还有小题目,简括地指出内心的梦也有先后的程序。克利斯朵夫又加上神秘的献词,缩写的字母,日子,只有他自个儿懂得,而能够回想起诗意盎然的时间或是心爱的面貌的,例如满面笑容的高丽纳,不胜慵懒的萨皮纳,还有那不知名姓的法国少女。

除了这些作品,他又选了三十阕歌,都是自己最喜欢的,所以是群众最不喜欢的。他绝对不选入他"最悦耳"的曲子,而选了最有特点的。——(一般老实人最怕"特点",凡是没有性格的东西,他们认为高明多了。)

这些歌的词句是十七世纪西里西亚诗人的作品;[①]克利斯朵夫偶尔在一部通俗丛书里读到这些诗篇,很喜欢它们真挚的气息。其中有两个作家尤其使他心折,那是像两兄弟般的,都在三十岁上夭折的短命天才。一个是富有风趣的保尔·弗莱明,高加索和伊斯法罕[②]一带的流浪者,在战争的残暴,人生的苦难,黑暗腐败的环境中,仍旧保持着一颗纯洁,慈悲,恬静的灵魂。另外一个是抑郁痛苦,沉湎酒色,佯狂玩世的天才约翰·克里斯蒂·冈特[③]。克利斯朵夫所取材于冈特的是反抗压迫的挑战的呼声,是巨人被困时狂怒的诅咒,把雷电霹雳回击上天的号叫;取材于弗莱明的则是像鲜花一样柔和的情诗,像群星旋舞似的,清明欢悦的心的舞曲;他的一首悲壮而又静穆的十四行诗,题目叫作《自献》的,尤其为克利斯朵夫当作早祷一般讽咏不已。

虔诚的保尔·格哈特[④]的乐天气息,同样使克利斯朵夫心向神往,在悲哀之后得到一种安息。他喜欢他在上帝身上看出来的大自然的景象:新鲜的草原上,小溪在沙上流着,发出幽密的歌声,鹳鸟在百合花和白水仙中间庄严地散步,燕子和白鸽在明净的空气中掠过,雨后的阳光显得无限欢畅,明亮的天色在云层的空隙中微笑,黄昏时一切都有股清明肃穆的情调,森林,羊群,城市,原野,都安息了。克利斯朵夫把这些至今还在新教教堂里唱着的圣诗谱成音乐,可并不保存原有的赞美歌性质,那是他最厌恶的。他给圣诗一种自由活泼的表辞,例如流浪的基督徒之歌,某些段落被加上了高傲的气息,夏日之歌原来像平静的水波,此刻被异教徒式的狂欢一变而为汹涌的急流。这些改

---

① 西里西亚为中欧一大平原,居民为斯拉夫族。一七四五以前受奥帝国治下的小诸侯管辖,一七四五以后大部分并入普鲁士邦版图。两诗人生前,西里西亚尚纯属奥帝国诸侯的统治。

② 伊斯法罕为波斯古都。

③ 弗莱明(1609—1640)与冈特(1695—1723)均为德国十七世纪抒情诗人。

④ 格哈特(1606—1676),德国的圣诗作者。

变都会使原作者格哈特为之骇然的。

乐谱终于付印了,当然一切都做得不合情理。为克利斯朵夫代印代售的出版家,除了是个邻居以外,根本没有别的资格。他不配做这一类重要的工作,因此拖了好几个月,又花了很多钱改正错误。全盘外行的克利斯朵夫让他多算了三分之一的账,费用大大地超过了预算。赶到大功告成之后,克利斯朵夫捧着一册硕大无朋的乐谱,不知道怎办。那出版家是没有什么主顾的,也一点不设法推销作品。虽然他做事全无精神,和克利斯朵夫的态度倒配搭得正好。为了良心上有个交代,他要求克利斯朵夫拟一段广告,克利斯朵夫回答说:“用不着;倘若作品是好的,那么它本身就是广告。”出版家完全尊重他的意思,把印好的乐谱藏在栈房的尽里头。要说保存,真是保存得太好了,因为六个月中间连一部也没卖掉。

在没有主顾的期间,克利斯朵夫先得想法填补亏空;而他也不能苛求了,因为除了还债,还得维持生活。他不但债务超出了预算,并且积蓄也没早先计算的那么多。是他无意之中丢了钱呢,还是把积蓄计算错了?——大概是算错的成分居多,因为他从来不能做一个准确的加法。不管钱是怎么短少的,总而言之是短少了。鲁意莎不得不流着血汗来帮助儿子。他看了难过极了,只想不惜牺牲赶快把债料清。尽管向人自荐和遭人拒绝是多么难堪,他还是到处去找教课的差事。可是大家已经对他完全冷淡,极不容易找到学生。所以听到某所学校里有个位置,他就很高兴地接受了。

那是个带点宗教气息的学校。校长为人精明,虽不是音乐家,很明白在目前的情形之下只要花很少代价就能把克利斯朵夫派作多少用场。他面上很客气,钱却是出得很少。克利斯朵夫怯生生地指出这一点,校长便和颜悦色地笑着告诉他,没有了官衔,他就不能希望更多的报酬。

而且还是件苦差事!人家并非要他教学生音乐,而是要让家长们以为他们的子弟会弄音乐,使学生也自以为会弄音乐。他最大的任务是教他们能够在招待外客的典礼中登台唱歌。至于用什么方法是无关紧要的。克利斯朵夫对这些情形厌恶透了;照理一个人尽了职务总觉得自己做了些有益的工作:可是他连这点儿安慰都没有,反而良心上受到责备,仿佛干了什么自欺欺人的事。他想给孩子们受点切实的教育,使他们认识并且爱好纯正的音乐;他们可满不在乎。克利斯朵夫没有方法教他们听话,他缺少威严;其实他也不配教小学生。他对他们结结巴巴的歌唱不感兴味,想立刻和他们解释乐理。上钢琴课的时候,他要学生和他一起在琴上弹一阕贝多芬的交响曲。那当然是办不到的;于是他大发雷霆,把学生从琴上拉下来,自个儿弹上半天。——对于学校外面的私人学生,他也是同样的作风:一点儿耐性都没有,譬如他对一个以贵族出身自豪的小姑娘说,她的琴弹得跟厨娘一个样;或是写信给学生的母亲表示不愿意再教了,说这样没出息的学生,要他再教下去,他会气死的。——这套办法当然只会把事情搞得更糟。绝无仅有的几个学生也跑掉了;他不能把一个学生留到两个月以上。母亲数说他,要他答应至少别跟学校闹翻;倘使丢了这个位置,他简直不知怎么糊口了。所以虽然心里厌恶,他只能勉强压着自己,从来没有迟到早退的事。可是当一个蠢得像驴子似的学生在同一地方犯到第十次的错误,或是要他为下次的音乐会拿一段无聊的合唱一遍又一遍地教学生(因为人家不放心他的鉴别力,连编排节目的权也不给他),那他真不容易遮盖心中的思想。不用说他是不会热心的了。但他还是硬撑着,一声不出,皱着眉头,冷不防用拳头敲敲桌子,使学生们吓得直跳,算是发泄一下胸中的怒气。有时这种苦水实在太苦了,咽不下去;他就在半中间拦着学生,嚷道:

“得啦得啦!这东西别唱了!还是让我来替你们弹弹瓦格纳吧。”

他们正是求之不得。等他一转背,他们就玩起纸牌来。结果总有一个学生把这种情形报告校长;于是克利斯朵夫受到埋怨,说他在这儿的任务并非教学生爱好音乐而是教他们唱歌。他气哼哼地听着这些教训,终于忍受了:因为他不愿意决裂。——几年以前,当他的前程显得光明,可靠,但实际上还一无成就的时候,谁又敢说,等到他一朝有了点价值,就得受这样的委屈?

在学校里担任教职而受到的许多屈辱中间,对同僚们必不可少的拜访也是件不容易受的苦事。他随便拜访了两个,心里就堵得慌,再没勇气去访问别的。那两位受到拜访的同事对他也并不满意,其余的更认为是对他们个人的侮辱。大家拿克利斯朵夫看得在地位上智慧上都比他们低,对他摆着一副老气横秋的神气。他们那种自信和把克利斯朵夫看透了的态度,使克利斯朵夫也相信他们的见解是不错的,觉得和他们一比,自己的确非常愚蠢:他能有什么话和他们说呢?他们三句不离本行,根本不知道还有什么别的天地。他们不能算人。倘使是书本倒也罢了,但他们只是书本的注解,考据文字的诠释。

克利斯朵夫避免和他们在一起。但有时候非见面不可。校长按月招待一次宾客,时间定在下午;他要大家都到。第一次,克利斯朵夫规避了,连道歉的话也不说,只是无声无息地装死,还一厢情愿的希望他的缺席没有被注意;可是第二天他就给话中带刺地说了几句。下一回,因为受到母亲责备,他只能抱着送葬般的心情去了。

到的有本校和当地别的学校的教员,带着他们的妻子和女儿。大家挤在一间太小的客厅里,依着各人的级位分成几个小组,对他理都不理。邻近的一组正谈着教学法和食谱。这些教员太太都有各式各种的烹饪秘诀,发挥得淋漓尽致。男人们对这些问题的兴趣也一样浓厚,也差不多一样内行。丈夫钦佩妻子治家的才具,妻子钦佩丈夫的博学多闻:彼此钦佩的程度也恰好相等。克利斯朵夫站在一扇窗子旁边,靠着墙,不知道怎么好,有时勉强装着傻笑,有时沉着脸,眼睛发呆,脸上的线条扭做一团,真是厌烦死了。离开他不远,有个没人理睬的少妇坐在窗槛上,也和他一样地在那里纳闷。两人只望着客室里的人物,彼此都没看到。过了一会,他们支持不住而转过头去打呵欠的时候,才互相注意到了。就在那一刹那间,两对眼睛碰在一起了。他们彼此会心的瞅了一眼。他往前走了一步。她轻轻地对他说：

“你觉得这儿有劲吗?”

他背对着众人,望着窗子,吐了吐舌头。她大声笑了出来,忽然精神一振,做个手势教他坐在旁边。他们通了名姓。原来她是本校生物学教员莱哈脱的妻子,新近到差,当地还没有一个熟人。她绝对谈不上好看,臃肿的鼻子,难看的牙齿,一点也不娇嫩,可是眼睛很灵活清秀,老带着天真的笑容。她像喜鹊一样的多嘴;他也兴致很好地和她对答:她的爽直教人看了好玩,又会说些发噱的话;他们大声交换着心中的感想,全不顾虑周围的人。而那些邻人,在他们孤独的时候偏不肯发发善心理睬他们,这时可对他们侧目而视了:当着众人这样的嘻嘻哈哈,大家认为太不雅观。……但他们爱怎样想都可以,两个饶舌的人简直不放在心上:难道他们就不能痛快一下吗?

最后莱哈脱太太把她的丈夫给克利斯朵夫介绍了。他长得奇丑无比,一张苍白的,没有胡子的,阴惨惨的脸,可是神气和善到极点。他的声音是在喉咙里迸出来的,说起话来出口成章,又快又不清楚,常常在音节之间停下来。

他们结婚才只有几个月,这对丑夫妻倒是非常相爱:在大庭广众之间,彼此的眼风,说话,拉手,都有种特别亲热的方式,又可笑又动人。一个喜欢什么,另外一个也喜欢什么。他们马上约克利斯朵夫等这儿散了,上他们家去吃晚饭。克利斯朵夫先是用说笑话的方式辞谢,说今晚最好是各人回去睡觉:大家都累死了,好像走了几十里路。莱哈脱太太回答说,心里不快活就更不应该立刻睡觉:那是对身体有害的。克利斯朵夫终于让步了。他在孤独的环境中很高兴遇到这两个好人,他们虽然不大聪明,可是老实,殷勤。

莱哈脱夫妇的家也像他们一样好客:礼数太多了一点,到处是标语。桌椅,器具,碗盏,都会说话,老是翻来覆去地表示欢迎“亲爱的来客”,问候他的起居,说着好多殷勤的和劝人为善的话。挺硬的沙发上

放着一个小小的靠枕,在那里怪亲热地,悄悄地说:

“您再坐坐吧。”

人家端给他一杯咖啡,杯子又劝他:

“再来一滴吧!”

盘子碟子盛着很精美的菜,同时也借机会替道德作宣传。有的说:

“得想到全体:否则你个人也得不到好处。”

有的说:“亲热和感激讨人喜欢,忘恩负义使大家憎厌。”

虽然克利斯朵夫不抽烟,壁炉架上的烟灰碟子也忍不住要勾引他:

“这儿可以让烧红了的雪茄歇一歇。”

他想洗手,洗脸桌上的肥皂就说:

“请我们亲爱的客人使用。”

还有那文绉绉的抹手布,好似一个礼貌周到的人,尽管没有什么可说,也以为应当多少说一点,便说了句极有道理而不大合时的话:“应当早起享受晨光。”

临了克利斯朵夫竟不敢再在椅子上动一下,唯恐还有别的声音从屋子的所有的角落跑出来招呼他。他真想和它们说:

“住嘴吧,你们这些小妖怪!人家连说话都听不见了。”

他不禁哈哈大笑起来,推说是想起了刚才学校里的集会。他无论如何不愿意使主人难堪。并且他也不大容易发觉人家的可笑。这般人和这些东西的好意的噜嗦,他不久也习惯了。你有什么事不能原谅他们呢?他们人都那么好,也不讨厌,即使缺少点儿雅趣,可并不缺少了解人的聪明。

他们来到这儿还没多久,觉得很孤独。内地人往往有种可厌的脾气,不愿意外乡人不先征求他们的同意(那是规矩)就随随便便闯到地方上来。莱哈脱夫妇对于内地的礼法,对这种新来的人对先住的人应尽的义务,没有充分注意。充其量,莱哈脱可能当作例行公事一般地去敷衍一下。但他的太太最怕这些苦役,又不喜欢勉强自己,便一天天地拖着。她在拜客的名单上挑了几处比较最不讨厌的人家先去;其余的都给无限期地搁在那儿。不幸,那些当地的要人就在这一批里头,对于这种失敬的行为大生其气。安日丽加·莱哈脱(她的丈夫叫她丽丽)态度举动挺随便,怎么也学不会那种一本正经的口气。她会跟高级的人顶嘴,把他们气得满面通红;必要时也不怕揭穿他们的谎言。她说话最直爽,并把心里想到的一齐说出来不可,有时竟是大大的傻话,被人家在背后取笑;有时也是挺厉害的缺德话,把人当场开销,结了许多死冤家。快要说的时候,她咬着嘴唇,想忍着不说,可是已经说出口了。她的丈夫可以算得最温和最谦恭的男人,对于这一点也怯生生地跟她提过几回。她听了就拥抱他,埋怨自己糊涂,认为他说得一点不错。但过了一忽她又来了,而尤其在最不该说的场合和最不该说的时候脱口而出:要是不说,她觉得简直会胀破肚子。她生性是和克利斯朵夫相投的。

在正因为不该说而说的许多混话中间,她时时刻刻要把德国怎么样法国怎么样作些不伦不类的比较。她自己是德国人(而且是德国气息最重的),可是生长在阿尔萨斯,和一般法国籍的阿尔萨斯人很有交情,受着拉丁文化的诱惑;那是归并地带[①]内的多少德国人都抗拒不了的,连表面上最不容易感受拉丁文化的人在内。也许因为安日丽加嫁了一个北方的德国人,一朝处于纯粹日耳曼式的环境中而故意要表示与众不同,所以这种诱惑力对她格外强烈。

初次遇到克利斯朵夫的那天晚上,她就扯到她的老题目上来了。她称赞法国人说话多自由,克利斯朵夫马上做了她的应声虫。对于他,法国便是高丽纳:一对光彩焕发的眼睛,一张笑嘻嘻的年轻的嘴巴,爽直随便的举动,清脆可听的声音:他一心希望多知道些法国的

① 阿尔萨斯与洛林两州在近代史上常为德法两国争夺之地。本书原作于二十世纪初期,而书中时代背景又在普法战争以后,这两州方归入在德国版图的时期,故言归并地带。

情形。

丽丽·莱哈脱发觉克利斯朵夫跟自己这样投机,不禁拍起手来。

"可惜我那年轻的法国女朋友不在这儿了,"她说,"但她也撑不下去,已经走了。"

高丽纳的形象马上隐掉。好似一支才熄灭的火箭使阴暗的天空突然显出温和而深沉的星光,另外一个形象,另外一对眼睛出现了。

"谁啊?"克利斯朵夫跳起来问,"是那个年轻的女教员吗?"

"怎么?你也认识她的?"

他们把她的身材面貌说了一说,结果两幅肖像完全一样。

"原来你是认识她的?"克利斯朵夫再三说,"噢!把你所知道的关于她的事统统告诉我吧!"

莱哈脱太太先声明她们俩是无话不谈的知交。但涉及细节的时候,她知道的就变得极其有限了。她们第一次在别人家里碰到,以后是莱哈脱太太先去跟那姑娘亲近,以她照例的诚恳的态度,邀她到家里谈谈。她来过两三次,彼此谈过些话。好奇的丽丽费了不少劲才探听到一点儿法国少女的身世:她生性沉默,你只能零零碎碎把她的话逼出来。莱哈脱太太只知道她叫作安多纳德·耶南,没有产业,全部的家族只有留在巴黎的一个兄弟,那是她尽心尽力地帮助的。她时时刻刻提到他,唯有在这个题目上她的话才多一些。丽丽·莱哈脱能够得到她的信任,也是因为对于那位既无亲属,又无朋友,孤零零地待在巴黎,寄宿在中学里的年轻人表示同情的缘故。安多纳德为了补助他的学费,才接受这个国外的教席。但两个可怜的孩子不能单独过活,天天都得通信;而信迟到了一点,两人都会神经过敏地着慌。安多纳德老替兄弟担心:他没有勇气把孤独的痛苦藏起来;每次的诉苦都使安多纳德痛彻心肺;她一想起兄弟的受罪就难过,还常常以为他害着病而不敢告诉她。莱哈脱太太好几次埋怨她这种没有理由的恐惧;她当时听了居然也宽慰了些。——至于安多纳德的家庭,她的景况,她的心事,莱哈脱太太却一无所知。人家一提到这种问题,那姑娘马上惊惶失措,不作声了。她很有学问,似乎早经世故,可是天真而老成,虔敬而没有丝毫妄想。在这儿住在一个既没分寸又不厚道的人家,她很苦闷。——怎么会离开的,莱哈脱太太也弄不大清。人家说是因为她行为不检。安日丽加可绝对不信;她敢打赌那是血口喷人,唯有这个愚蠢而凶恶的地方才会这样狠毒。可是不管怎么样,总是出了点乱子,是不是?

"是的。"克利斯朵夫回答的时候把头低了下去。

"总而言之她是走了。"

"她临走跟你说些什么?"

"啊!"丽丽·莱哈脱说,"真是不运气。我刚巧上科隆去了两天,回来的时候……太晚了!……"她打断了话头对老妈子这么说,因为她把柠檬拿来太晚了,来不及放在她的茶里。

于是,她拿出真正的德国女子动不动把家庭琐事扯上大题目的脾气,文绉绉地补充了两句:

"太晚了,人生遭遇,人多如此……"

(可不知道她说的是柠檬还是那打断的故事。)

随后她又接着说:"我回来发现她留给我一个字条,谢谢我帮忙她的地方。她说回巴黎去,可没留下地址。"

"从此她再没写信给你吗?"

"没有。"

克利斯朵夫又看到那张凄凉的脸在黑夜中不见了;那双眼睛刚才只出现了一刹那,就像最后一次隔着车窗望着他的情形。

法兰西这个谜重新在他心头浮起,更需要解决了。克利斯朵夫老是向莱哈脱太太问长问短,因为她自命为熟悉那个国家。她从来没到过法国,可是仍旧能告诉他许多事情。莱哈脱是很爱国的,虽然对法国并不比太太认识得更清楚,心里却充满着成见,看到丽丽对法国表示过分热心的时候,不免插几句保留的话;而她反更坚持她的主张,莫名其妙的克利斯朵夫又很有把握地替她打边鼓。

对于他,丽丽·莱哈脱的藏书比她的回忆更有价值。她搜集了一小部分法语书:有的是学校里的教科书,有的是小说,有的是随便买来的剧本。克利斯朵夫既极想知道而又完全不知道法国的情形,所以一听到莱哈脱说他尽可以拿去看,就喜欢得像得了宝物似的。

他先从几本文选,——几本旧的教科书入手,那是丽丽或莱哈脱从前上学用的。莱哈脱告诉他,要想在这个完全陌生的文学里头弄出一些头绪,就该先从这些书着手。克利斯朵夫素来尊重比他博学的人的意见,便恭恭敬敬地听了他的话,当晚就开始看了。他第一想把所有的宝物看一个大概。

他先认识了一大批法国作家,从第一流到不入流的都有,尤其是不入流的占到绝大多数。他翻了翻诗歌,从拉辛,雨果,到尼韦努瓦,夏瓦纳,一共有二十几家。克利斯朵夫在这座森林中迷失了,便改道走进散文的领域。于是又来了一大批知名与不知名的作家,例如比松,梅里美,马尔特·布戎,伏尔泰,卢梭,米拉博,马扎德等。在这些法国文选中,克利斯朵夫读到德意志帝国的开国宣言;又读到一个叫作弗雷德里克-康斯坦·特·鲁热蒙的作家描写德国人的文字,说:"德国人天生宜于过精神生活,没有法国人那种轻佻而喧闹的快乐脾气。他们富有性灵,感情温婉而深刻,劳作不倦,遇事有恒。他们是世界上最有道德的民族,也是寿命最长的民族。作家人才辈出,美术天赋极高。别的民族常以生为法国人英国人西班牙人自豪,德国人却对于全人类都抱着一视同仁的热爱。而且以它位居中欧的地势来说,德国似乎就是人类的心和脑。"

克利斯朵夫看得累了,又很惊讶,阖上书本想道:

"法国人很有度量,可不是强者。"

他另外拿起一册。那是比较高一级的读物,为高等学校用的。缪塞在其中占了三页,维克多·迪吕伊占了三十页。拉马丁占了七页,梯也尔占了将近四十页。《熙德》差不多全本都选入了(只删去了唐·

第爱格和罗德里格的独白,因为太长),朗弗莱因为极力为普鲁士张目而攻击拿破仑一世,所以在选本中所占的地位特别多,他一个人的文字竟超过了十八世纪全部的名作。左拉的小说《崩溃》中所写的一八七〇年晋法之役法国惨败的情形,被选了很多篇幅。至于蒙田,拉·罗什富科,拉·布吕耶尔,狄德罗,斯当达,巴尔扎克,福楼拜,简直一个字都没有。[①] 反之,在别本书里所没有的帕斯卡,本书里倒以聊备一格的方式选入了;因此克利斯朵夫无意中知道这个十七世纪的詹森派信徒"曾经参加巴黎近郊的波尔·罗亚尔女隐修院……"[②]

克利斯朵夫正想把一切都丢开了,他头昏脑涨,只觉得莫名其妙。他对自己说:"我永远弄不清的了。"他没法整理出一些见解,把书翻来翻去,花了几个钟点,不知道读什么好。他的法语程度原来就不高明,而等到他费尽气力把一段文字弄明白了,又往往是毫无意义的空话。

可是这片混沌中间也有些闪烁的光明,击触的刀剑,喑哑叱咤的字眼,激昂慷慨的笑声。他从这一次初步的浏览上面慢慢地得到一些印象,这也许是编者带着偏见的缘故。那些德国的出版家,故意挑选法国人批评法国而推重德国的文章,由法国人自己来指出德国民族的优秀和法国民族的缺点。他们可没想到,在一个像克利斯朵夫那样思想独往独来的人心目中,这种衬托的办法倒反显出法国人自由洒脱的精神,敢于指摘自己,颂扬敌人。法国的史学家米什莱就很恭维普鲁士王弗里德里希二世,朗弗莱也颂扬特拉法尔加一役中的英国人,十九世纪的法国陆军部部长夏拉赞美一八一三年代的普鲁士。拿破仑的敌人诋毁拿破仑的时候,还没有一个敢用这种严厉的口吻。便是神圣不可侵犯的东西,在这些刻薄的嘴里也不能幸免。在路易十四的时代,那些戴假头发的诗人也一样的放肆。莫里哀对什么都不留情。拉

① 以上所述,完全证明德国人选的法国文学集轻重倒置,不伦不类。

② 克利斯朵夫所看到的法国文学选集,一本是《中等学校适用法国文学选读》,温杰拉德编,一九〇二年第七版,斯特拉斯堡印行;另一本是《法国文学》,埃里格与蒲葛合编,滕德林改订,汉堡一九〇四年版。——原注

封丹对什么都要嘲笑。布瓦洛呵斥贵族。伏尔泰痛骂战争,羞辱宗教,谑弄祖国。伦理学家,作家,写讽刺文章的,骂人文章的,都在嘻笑怒骂上面用功夫。那简直是藐视一切。老实的德国出版家有时为之吓坏了,觉得需要求个良心平安;看到帕斯卡把士兵跟厨子,小偷,流氓混为一谈的时候,他们便替帕斯卡申辩,在附注里说他要是见到了现代的高尚的军队,决不会说这样的话。他们又赞扬莱辛的改作拉封丹《寓言》,原来是乌鸦受了吹拍而把嘴里的乳饼给狐狸吃了,莱辛却把乳饼改成一块有毒的肉,使狐狸吃了死掉:

“但愿你们永远只吃到毒药,可恶的谄媚的小人!”

出版家在赤裸裸的真理前面,好似对着强烈的阳光一样睁不开眼睛;克利斯朵夫却觉得非常痛快:他是爱光明的。但他看到有些地方也不免吃惊;一个德国人无论怎么样独往独来,总是奉公守法惯的,在他眼里,法国人那种毫无顾忌的放肆,的确有点儿作乱犯上的意味。而且法国式的挖苦也把他弄糊涂了,他把有些事看得太认真,至于真正否定的话,他倒认为是好笑的怪论。可是诧异也好,吃惊也好,总之他是慢慢地被迷住了。他不想再整理他的印象,只是随便从这个感想跳到另一个感想,生活不就是这么回事吗?法国小说的轻松快乐的气息:——尚福尔,赛居尔,大仲马,梅里美诸人的作品,使他非常痛快;而不时还有大革命时浓烈粗犷的味道一阵阵从书本中传出。

快天亮的时候,睡在隔壁屋里的鲁意莎醒来,从克利斯朵夫的门缝里看见灯还没熄。她敲着墙壁,问他是不是病了。一张椅子倒在地板上;她的房门忽然给打开了:克利斯朵夫穿着衬衣,一手拿着蜡烛,一手拿着书本出现了,做着庄严而滑稽的姿势。鲁意莎吓得从床上坐起,以为他疯了。他哈哈大笑,舞动着蜡烛,念着莫里哀剧本中的一段台词。他一句没念完又扑哧笑了出来,坐在母亲床脚下喘气;烛光在他手里摇晃。这时鲁意莎才放了心,好意地嘀咕道:

“什么事呀?什么事呀?还不睡觉去!……可怜的孩子,难道你真的发疯了吗?”

他照旧疯疯癫癫地说："你得听听这个！"

他说着坐在她床头，把那出戏从头再念起来。他仿佛看到了高丽纳，听到她那种夸张的声调。鲁意莎拦着他，嚷着：

"去吧！去吧！你要着凉了。讨厌！让我睡觉！"

他还是不动声色地念着，装着浮夸的声音，舞动着手臂，把自己笑倒了，他问母亲是不是妙极。鲁意莎翻过身去钻在被窝里，掩着耳朵说：

"别跟我起腻！……"

可是听到他笑，她也暗暗地笑了。终于她不作声了。克利斯朵夫念完了一幕，再三追问她意见而得不到回答的时候，俯下身子一看，原来她已经睡熟了。于是他微微笑着，吻了吻她的头发，悄悄地回到自己房里去了。

他又回到莱哈脱家去找书。所有那些乱七八糟的东西都给他吞了下去。他多么想爱那个高丽纳与无名女郎的国家，他心中那么丰富的热情找到了发泄的机会。便是第二流的作品，也有片言只语使他呼吸到自由的气息。他还加以夸张，尤其在满口赞成他的莱哈脱太太前面。她虽是毫无识见，也故意要把法国文化跟德国文化作对比，拿法国来压倒德国，一边是气气丈夫，一边因为在这个小城里闷死了，借此发发牢骚。

莱哈脱听了大为不平。他除掉本行的学科以外，其余的知识只限于在学校里得来的一些。在他看来，法国人在实际事务上很聪明，很灵巧，很和气，会说话，但不免轻佻，好生气，傲慢，一点都不严肃，没有强烈的感情，谈不到真诚，——那是一个没有音乐，没有哲学，没有诗歌(除掉布瓦洛，贝朗瑞，科佩以外)的民族，是一个虚浮，轻狂，夸大，淫猥的民族。他觉得贬斥拉丁民族不道德的字眼简直不够用；因为没有更适当的名词，他便老是提到轻佻两个字，这在他的嘴里，像在大多数德国人嘴里一样，有种特别不好的意思。临了他又搬出颂扬德国民族的老调,——说德国人是道德的民族(据赫尔德说,这就是跟别的民族大不相同的地方),——忠实的民族(其中包括真诚、忠实、义气、正直等等的意思),——卓越的民族(像费希特说的),——还有德国人的力,那是一切正义一切真理的象征,——德国人的思想,——德国人的豪爽,——德国人的语言,世界上唯一有特色的语言,和种族一样保持得那么纯粹的,——德国的女子,德国的美酒,德国的歌曲,……"德国,德国,在全世界德国都是高于一切!"

克利斯朵夫表示不服。莱哈脱太太跟着哄笑。他们三个一齐直着嗓子大叫大嚷,但还是很投机,因为他们知道彼此都是真正的德国人。

克利斯朵夫常常到这对新朋友家里去谈天,吃饭,和他们一起散步。丽丽·莱哈脱很宠他,替他做些很好的饭菜,很高兴能借此机会满足一下她自己的食欲。她在感情方面和烹调方面都体贴得不得了。庆祝克利斯朵夫生日的时候,她特意做了一块蛋糕,四周插着二十支蜡烛,中央用糖浇成一个希腊装束的肖像,手里抱着一束花,代表伊菲姬妮亚。克利斯朵夫虽然嘴里反对德国人,骨子里是十足地道的德国人,对她那股不大高雅的真情的表现大为感动。

至诚的莱哈脱夫妇还会想出更细腻的方法来证明他们的友情。只认识几个音符的莱哈脱,听了太太的主意,买了克利斯朵夫的二十本歌集(这是那出版家卖出的第一批货),分送给他各地教育界方面的熟人;他又教人寄了一部分给莱比锡和柏林两地的书铺,那是他为了编教科书而有往来的。这种瞒着克利斯朵夫所做的又动人又笨拙的推销工作,暂时也并没一点儿效果。分散出去的歌集似乎不容易打出路来:没有一个人提到它。莱哈脱夫妇眼看社会这样冷淡非常伤心,觉得幸而没有把他们的举动告诉克利斯朵夫;否则非但不能使他安慰,反而要加增他的痛苦。可是实际上什么都不会白费的,人生就不少这样的例子;任何努力决不落空。可能多少年的杳无音讯;忽然有一天你会发觉你的思想已经有了影响。克利斯朵夫的歌集就是这样的迈着小步，踏进了少数人士的心坎，他们孤零零地待在内地，或是因为胆小，或是因为打不起精神而没有对他说出他们的感想。

只有一个人写信给他。在莱哈脱把集子寄出了三个月以后，克利斯朵夫收到一封挺客气的，热烈的，表示写的人非常感动的信，用的是老式的体裁，发信的地方是图林根邦的一个小城，署名是大学教授兼音乐导师彼得·苏兹博士。

那真使克利斯朵夫愉快极了，但他在莱哈脱家把搁在口袋里忘了好几天的信拆开来的时候，莱哈脱夫妇比他更愉快。他们一同看信。莱哈脱夫妇彼此丢着眼色，克利斯朵夫并没注意。他当时满面春风，可是莱哈脱发现他把信念到一半忽而沉下脸来，停住了。

"嗯，干吗你不念下去了？"他问克利斯朵夫。

克利斯朵夫把信往桌上一扔，愤愤地说："嘿！岂有此理！"

"怎么啦？"

"你去看吧！"

他背对着桌子，站在一边生气了。

莱哈脱和太太一起念着，看来看去全是些佩服到五体投地的话。

"怎么回事？我看不出呀……"

"你看不出？你看不出？……"克利斯朵夫嚷着，拿起信来送到他眼前，"难道你不识字吗？你没看出他也是个勃拉姆斯党吗？"

莱哈脱这才注意到：那位音乐导师的信里有一句话把克利斯朵夫的歌比之于勃拉姆斯的歌。克利斯朵夫叹道：

"嘿！朋友！我终算找到了一个朋友……可是刚找到就失掉了！"

人家把他跟勃拉姆斯相比，他气死了。以他的脾气，他竟会马上写一封莽撞的复信去；最多在考虑之下，以为置之不理是最世故最客气的办法了。幸而莱哈脱一边笑他的生气，一边拦着他，不让他再胡闹。他们劝他写一封道谢的信。但这封信因为是不乐意写的，所以很冷淡很勉强。彼得·苏兹的热心可并不因之动摇，又写了两三封非常亲热的信来。克利斯朵夫对书翰一道素来不大高明；虽然感于对方的真诚而有点儿回心转意,他还是让他们的通信中断了。结果苏兹也没消息了。克利斯朵夫也忘了这件事。

现在他每天都看到莱哈脱夫妇,往往一天还看到好几次。晚上,他们差不多老在一起。孤独了一天之后,他生理上需要说些话,把心里想到的一齐倒出来,不管人家懂不懂,也需要嘻嘻哈哈笑一阵,不问笑得有理无理,他需要发泄,需要松动一下。

他弄点音乐给他们听:因为没有别的方法对他们表示感激,便几小时地坐在钢琴前面弹奏。莱哈脱太太完全不懂音乐,好不容易地压着自己,才不至于打呵欠;但因为她喜欢克利斯朵夫,也就装作很有兴趣。莱哈脱虽然并不更懂,可对于某些音乐有种生理上的反应;那时他会受到剧烈的感动,甚至于眼泪都冒上来;他自己认为这种表示简直是胡闹。别的时候,可就毫无影响;他只听见一片喧闹的声音。一般而论,他为之感动的往往是作品中最平凡的部分,最无意义的段落。夫妻俩自命为了解克利斯朵夫;克利斯朵夫也很愿意这么相信。当然他常常存着俏皮的心跟他们开玩笑,弹些毫无价值的杂曲,教他们以为是他作的。等到他们大捧特捧地称赞完了,他才说出他的恶作剧。于是他们提防了;从此以后,只要他用着莫测高深的神气奏一个曲子,他们就疑心他又来捣鬼,便尽量加以批评。克利斯朵夫听任他们说,附和他们,说这种音乐的确不值一文,随后忽然哈哈大笑:

"哎,混蛋!你们说得一点不错!……这是我作的呀!"

他因为要弄了他们而乐死了。莱哈脱太太有点儿生气,过来把他轻轻地打一下;但他那种天真的傻笑使他们也跟着笑起来。他们决不以为自己是不会错的。既然左也不是,右也不是,他们就决定以后丽丽·莱哈脱永远管批评,她的丈夫永远管恭维:这样,他们可以有把握两人之中必有一个能合乎克利斯朵夫的意思了。

在他们眼里,克利斯朵夫的可爱倒并不在于他是音乐家,而是因为他忠厚老实,有点疯癫,可是诚恳,有朝气。人家说他的坏话反而增加他们对他的好感:他们像他一样给小城里的空气闷得发慌,也像他一样的直爽,凡事要凭自己的头脑判断,所以他们拿他看作一个不懂世故的大孩子,吃了坦白的亏。

克利斯朵夫对两位新朋友并不抱什么幻想;他想到他们不了解——永远不能了解自己最深刻的一方面,觉得不胜怅惘。但他缺乏友谊而极需要友谊,所以他们能多少喜欢他已经使他感激不尽了。最近一年的经验告诉他不能再苛求。要是在两年以前,他决没有这种耐性。他想起对待可厌而善良的于莱一家多么严厉,不禁又后悔又好笑。哦!他居然学乖了!……他叹了口气,心里对自己说:"可是能有多久呢?"想到这个,他笑了笑,同时也觉得安慰了。

他多希望能有个朋友,一个懂得他而和他心心相印的朋友;可是他虽然年轻,对于社会已经有相当的经验,知道这种心愿是最不容易实现的,而他亦不能希求比以前的真正的艺术家更幸福。这一类的人的历史,他已经知道了一点。莱哈脱的藏书中,有一部分使他认识了十七世纪德国音乐家的艰苦的经历。那时战乱频仍,疫疠流行,家破国亡,整个民族受着异族的蹂躏,心灰意懒,既没有奋斗的勇气,对任何东西也没有兴趣,只希望早死以求安息;[①]在这样的环境中,伟大的心灵——特别是英勇的许茨,[②]——始终不懈地趱奔着他的前程。克利斯朵夫想道:"看了这种榜样,谁还有抱怨的权利?他们没有群众,没有前途,只为了自己和上帝而写作。今天写的明天也许就会毁掉,可是他们继续写着;他们并不丧气,什么都不能动摇他们乐天的心情。他们只要能歌唱就满足了,只要能活着,能挣口苦饭,能把他们的思想在艺术上表现出来,找到两三个既不是艺术家,也不能了解他们的老实人真心地爱他们:除此以外对人生也就不再要求什么。——而他克利斯朵夫,怎么敢比他们更苛求呢?人生有个最低限度的幸福可以希冀,但谁也没权利存什么奢望:你想多要一点幸福,就得由你自个儿去

① 十七世纪正是三十年战争(1618—1648)的时代,日耳曼各邦的政治情形极为混乱。

② 许茨(1585—1672)在音乐史上被称为德国音乐的始祖。

创造,可不能向人家要求。”

想到这些,他心平气和了,更喜欢那对老实的莱哈脱夫妇了。他万万没想到连这点儿最后的友情也得被人剥夺。

他没想到内地人的恶毒。他们的仇恨,因为是没有目标的,所以更消不掉。真有名目的仇恨,一朝达到了目的,恨意就会慢慢的解淡。但为了无聊而作恶的人是永远不肯罢休的;因为他们永远无聊。而克利斯朵夫便成了他们消闲的牺牲品。他固然被打倒了,但居然没有垂头丧气的表现。他固然不再麻烦人,但也不把人家放在心上。他一无所求,人家对他毫无办法。他和他的新朋友在一起很快活,全不理会旁人对他作何感想,有何议论。这种情形教人看了有气。而莱哈脱太太教人更气。她不顾全城的清议而公然结交克利斯朵夫,就是和她平日的态度一样有心触犯舆论。丽丽·莱哈脱对人对事都没有惹是招非的意思;她不过独行其是,不问旁人的意见罢了。但这一点就是最可恶的挑衅。

大家暗中留神他们的行动。他们却毫不提防。克利斯朵夫是放肆惯的,莱哈脱太太是糊里糊涂的,他们一同出去的时候,或是晚上靠在阳台上谈笑的时候,都不知道顾忌。他们在举动方面非常亲热,不知不觉给了人造谣生事的材料。

一天早上,克利斯朵夫接到一封匿名信,卑鄙龌龊地说他是莱哈脱太太的情夫。他看着愣住了。他连跟她调情打趣的念头都从来没有;他太方正了,对奸淫像清教徒一样的痛恨,甚至想到这种事就受不了。欺侮朋友的妻子在他眼中是罪大恶极的行为;而对丽丽·莱哈脱,他尤其不可能犯这个罪:她长得一点儿不美,凭什么会引起他的热情呢?

他又羞又难堪地去看他的朋友,发觉他们也一样局促不安。他们也每人收到了一封匿名信,不敢说出来;三个人暗中互相留神,同时也留神自己,不敢随便有所动作,也不敢说话,慌慌张张地闹得很僵。要是丽丽·莱哈脱一时恢复了天真的本性,嘻嘻哈哈、胡说乱道的时候,她的丈夫或者克利斯朵夫会突然瞪她一眼,使她愣了一愣,马上想起匿名信的事而慌起来;克利斯朵夫和莱哈脱也跟着慌了。各人都在心里想:

"他们知道没有?"

他们彼此不露一点口风,竭力想过着从前一样的生活。

然而匿名信继续不断地来,而且措辞越来越下流,使他们骚乱不堪,屈辱得没法忍受。他们收到了就各自躲在一边,没有勇气原封不动地扔在火里,偏偏手指颤巍巍地拆开来,心惊肉跳地展开信纸,而一读到那些怕读到的字句,题目相同而内容略有变化的辱骂,——存心捣乱的人所造的荒唐无稽的谣言,都悄悄地哭了。他们想来想去也猜不出谁在那里跟他们缠绕不休。

有一天,莱哈脱太太痛苦得忍不住了,把她所受的迫害告诉了丈夫;而他也含着泪说他受着同样的痛苦。要不要告诉克利斯朵夫呢?他们不敢。可是总得通知他,要他谨慎一些才好。——莱哈脱太太红着脸才说了几个字,就大为奇怪的发觉,克利斯朵夫也一样地收到那些匿名信。人心险毒到这种死不放松的田地,使他们怕起来了。莱哈脱太太以为全城的人都在阴损他们。但他们非但不互相支持,反而都泄了气。他们不知道怎办。克利斯朵夫说要去砍掉那个人的脑袋。——但那个人是谁呢?而且也只能替造谣的人多添些资料……把那些信交给警察署吧,那更要把谣言传布出去……假作痴呆又不可能。他们的友谊已经受了影响。莱哈脱绝对相信太太和克利斯朵夫都是正人君子,可也不由自主地要猜疑了。他觉得这种猜疑是可耻的,荒唐的;他有心让太太和克利斯朵夫单独在一块儿。但他痛苦不堪;而丽丽也看得很明白。

在她那方面,情形可更糟。她和克利斯朵夫一样,从来没想到什么调情。然而那些谣言暗示她一种可笑的念头,以为克利斯朵夫也许真的爱着她;虽然他连一点儿表示都没有,她认为至少应当防卫一下,当然不是言语之间有什么明白的表示，而是用一些笨拙的方法；克利斯朵夫先还不懂，等到明白了，他可气坏了。那太胡闹了！说他会爱上这个又丑又平凡的小布尔乔亚！……而她竟相信这回事！……而他又没法辩白，没法对她和她的丈夫说：

“得了吧！你们放心！决没有这种危险的！……”

不，他不能得罪这一对好人。并且他觉得：她怕给他爱上，骨子里就因为她有点儿爱他的缘故；而这种荒唐的传奇式的念头，的确是那些匿名信种下的根。

他们之间的关系变得那么僵，那么难堪，继续不下去了。丽丽·莱哈脱只有嘴巴强，而没有坚强的性格，对着当地人士的阴险没了主意。他们想出种种借口来避不见面，什么“莱哈脱太太不舒服……莱哈脱有事……他们上外埠去待几天……”等等，都是些笨拙的谎话，常常无意之中露出破绽来。

克利斯朵夫可比较痛快，他说：

“咱们分手吧，可怜的朋友们！咱们都不够强。”

莱哈脱夫妇一齐哭了。——但决绝之后，他们的确松了口气。

城里的人大可得意了。这一回克利斯朵夫的确是孤独了。大家剥夺了他最后呼吸到的一口气；——这口气便是温情，不论怎么淡薄，但少了它一个人的心就不能活的。

第三部

解脱

他完全孤独了。所有的朋友都不见了。亲爱的高脱弗烈特,在艰难的时候帮助过他而他此刻极需要的,也一去数月,而且这一次是永远不回来的了。一个夏天的晚上,鲁意莎收到一封从很远的村子里寄来的信,字写得挺大,说她的哥哥死了,就葬在那边的公墓里。近年来他身体已经不行,可还是到处流浪,这一回就是在浪游的途中死在那个村上的。这个多有骨气而又多么恬静的人,原是克利斯朵夫最后一个朋友,他的温情——很可能给克利斯朵夫做个精神上的倚傍的——不幸被死亡吞掉了。他孤零零地守着只知道爱他而不了解他思想的老母。周围是德国的大平原,等于一片阴森森的海洋。他每次想跳出去,结果总是更往下沉。仇视他的小城眼睁睁地看着他淹在海里……

正在挣扎的时候,黑夜里忽然像闪电似的显出了哈斯莱的形象,那是他儿童时代多么爱慕,而现在已经名震全国的人物。他记起了当年哈斯莱答应过他的话,便立刻拼着最后的勇气想抓住那颗最后的救星。哈斯莱能够救他的,应当救他的!向他要求什么呢?不是援助,不是金钱,不是任何物质上的帮忙。只求他了解。哈斯莱像他一样地受过迫害。哈斯莱是个独往独来的人,一定能了解一个受着庸俗的德国人仇视与虐待的独往独来的人。他们都是一个阵营中的战士。

他一有这念头,便马上实行。他通知母亲要出门一星期,当夜就搭着火车往德国北部的大城出发,哈斯莱在那边当着乐队指挥。他不能再等了。这是为求生存的最后一次努力。

哈斯莱已经享了重名。他的敌人并没缴械;但他的朋友们大吹大擂地说他是古往今来最大的音乐家。其实拥护他的和否认他的都是一样荒谬的家伙。可是他没有坚强的性格,看到反对他的人他就气恼,看到捧他的人他就软化。他拿出全副精神专门做些伤害那班批评家和使他们痛心疾首的事,好比一个孩子专爱搞些捣乱的玩意儿。但那些玩意儿往往是最低级趣味的:他不但浪费天才在音乐上做些怪僻的东西,使德高望重的人发指;而且还故意采用荒唐的题材,暧昧的不雅的场面,总之只要是逆情背理的,伤害礼教的,他都特别喜欢。中产阶级疾首蹙额地一叫起来,他就乐了;而中产阶级永远识不破他的诡计。连那个像一般暴发户与诸侯那样喜欢冒充内行,干预艺术的德皇陛下,也把哈斯莱的享有盛名认为社会之羞,处处对他无耻的作品表示轻蔑与冷淡。哈斯莱看到帝王的轻蔑觉得又气又高兴,因为德国前进派的艺术界认为官方的反对就是证明自己的前进,所以哈斯莱捣乱得更有劲了。他每闹一次骇人听闻的事,朋友们就喝一次彩,说他是天才。

哈斯莱的帮口,主要是一般文学家、画家、颓废的批评家组成的,他们代表革命派对反动派(它们在德国北部一向势力很雄厚)的斗争,对冒充的虔诚和国定礼教的斗争,在这方面他们当然是有功的;但斗争的时候,他们独立不羁的精神往往过于激昂,不知不觉地到了可笑的地步;因为他们之中虽然有些人不乏相当粗豪的才具,但还不够聪明,而见识与趣味尤其不高明。他们制造了虚幻的境界把自己关在里头跳不出来;并且和所有的艺术党派一样,结果对实际的人生完全隔膜了。他们替自己,替上百个读他们的出版物,盲目地相信他们的傻瓜,定下规律。这帮口的吹捧对哈斯莱是致命伤,使他过分地自得自满。他脑子里想到什么乐思,就不加考虑地接受;他暗中认为便是他写的东西够不上自己的标准,比别的音乐家已经高明多了。固然他这种看法往往是不错的,但决不是一种健全的看法,同时也不能使他产生伟大的作品。哈斯莱骨子里是不分敌友,对谁都瞧不起,结果对自己对人生也取了这种轻视与冷嘲热讽的态度。因为他从前相信过不少天真与豪侠的事,所以一旦失望,他更加往讥讽与怀疑的路上走。既没有勇气保护他的信念不受时间一点一滴的磨蚀,也不能自欺欺人,自以为还相信他早已不信的东西,他便尽量嘲笑自己过去的信念。他有种德国南方人的性格,贪懒,软弱,担当不起极端的好运或厄运,太热与太冷,他都受不了,他需要温和的气候维持精神上的平衡。他不知不觉地只想懒懒地享受人生:好吃好喝,无所事事,想些萎靡不振的念头。他的艺术也沾染了这种气息,虽然因为他才气纵横,便是在迎合时流的颓废作品中也藏不住光芒。他对自己的没落比谁都感觉得更清楚。老实说,能感觉到的只有他一个人;而那种时间是少有的,并且是他竭力避免的。那时他就变得悲观厌世,心绪恶劣,只想着自私的念头,担忧自己的健康,——而对于从前引起他热情或厌恶的东西漠不关心了。

克利斯朵夫想来向他求一点鼓励的便是这样一个人物。在一个下着冷雨的早晨,来到哈斯莱住的城里的时候,克利斯朵夫抱着不知多大的希望。他认为这个人物在艺术界是独立精神的象征,指望从他那儿听到些友善的勉励的话,使自己能继续那毫无收获而不可避免的斗争,那是一切真正的艺术家和社会的斗争,一息尚存决不休止的斗争。席勒说过:"你和群众的关系,唯有斗争是不会使你后悔的。"

克利斯朵夫性急到极点,在车站附近的一家旅店中丢下了行李,立刻奔到戏院去探问哈斯莱的住址。他住在离开城区相当远的地方,在郊外的一个小镇上。克利斯朵夫一边啃着一个小面包,一边搭上电车。快到目的地的时候,他的心不由得跳起来。

在哈斯莱所住的区域内,奇形怪状的新建筑触目皆是;现代的德国尽量在这方面运用渊博的学问，创造一种野蛮的艺术，以钩心斗角的人工来代替天才。在谈不到什么风光的小镇上，在笔直的平板的街道中，出人不意地矗立着埃及式的地窖，挪威式的木屋，寺院式的回廊，有雉堞的堡垒，万国博览会会场式的建筑；大肚子的屋子没头没脚地深深地埋在地下，死气沉沉的面目，睁着一只巨大的眼睛，地牢式的铁栅，那种潜水艇上的门，窗的栏杆上嵌着金字，大门顶上蹲着古怪的妖魔，东一处西一处地铺着蓝珐琅的地砖，都是在意想不到的地方，五光十色的碎石拼出亚当与夏娃的图像，屋顶上盖着各种颜色的瓦；还有堡垒式的房屋，屋脊上砌着奇形怪状的野兽，一边完全没有窗，一边是一排很大的洞，方形的，矩形的，像伤疤一般；一堵空无所有的大墙，忽然有些野蛮人的雕像支着一座很大的阳台，上边只开一扇窗，阳台的石栏杆内探出两个有胡子的老人头，伯克林画上的人鱼。在这些监狱式的屋子中间，有一所门口雕着两个奇大无比的裸体像，低矮的楼上，外边刻着建筑师的二行题辞：

前无古人，后无来者，

艺术家显示他的新天地！

克利斯朵夫一心一意想着哈斯莱，对这些只带着惊骇的目光瞧了瞧，无心去了解。他找到了哈斯莱的住处，那是最朴实的一所屋子，卡洛林式的建筑。内部很华丽，俗气；楼梯道有一股温度太高的气味；克利斯朵夫放着一座狭窄的电梯不用，宁可两腿哆嗦着，心跳动着，迈着细步走上四楼，因为这样可以定定神去见这位名人。在这短短的途程中，从前和哈斯莱的相见，童年时代的热情，祖父的形象，都一一回到记忆中来，仿佛只是昨天的事。

他去按铃的时候已经快到十一点。应门的是一个精神抖擞的女仆，颇像管家妇模样，很不客气地把他瞧了一眼，先是说："先生不见客，他很累。"随后，大概是克利斯朵夫脸上那种天真的失望的神气使她觉得好玩,所以把他从头到脚打量了一番之后,忽然缓和下来,让克利斯朵夫走进哈斯莱的书房,说她去想办法教先生见客。她说完眨了眨眼睛,关上门走了。

壁上挂着几幅印象派的画,和法国十八世纪的描写风情的镂版画:哈斯莱自命为对各种艺术都是内行,听了他小圈子里的人的指点,从马奈到华托都有收藏。[①] 这种混杂的风格也可以从家具上看出来,一张极美的路易十五式的书桌周围,摆着几张“新派艺术”的沙发,一张东方式的半榻,花花绿绿地靠枕堆得像山一样高。门上都嵌着镜子;壁炉架中央摆着哈斯莱的胸像,两旁和骨董架上放着日本小骨董。独脚的圆桌上,一只盘里乱七八糟散着一大堆照片,有歌唱家的,有崇拜他的妇女们的,有朋友们的,都写着些警句和措辞热烈的题款。书桌上杂乱不堪;钢琴打开着;骨董架上全是灰;到处扔着烧掉一半的雪茄烟尾……

克利斯朵夫听见隔壁屋里有一阵不高兴的咕噜声;女仆扯着尖嗓子在那里跟他拌嘴。那分明是哈斯莱不愿意见客,也分明是女仆非要他见客不可;她毫不客气地用着狎习的语气跟他顶撞,尖锐的声音隔着一间屋还能听到。她埋怨主人的某些话使克利斯朵夫听了很窘,主人可并不生气。相反,这种放肆的态度仿佛使他觉得好玩:他一边叽咕,一边逗那个女孩子,故意惹她冒火。终于克利斯朵夫听到开门声,哈斯莱拖着有气无力的脚步走过来了。

他进来了。克利斯朵夫忽然一阵难过。他认得是他。怎么会不认得呢?明明是哈斯莱,可又不是哈斯莱。宽广的脑门上依旧没有一道褶裥,脸上依旧没有一丝皱痕,像孩子的脸,可是头已经秃了,身子发胖了,皮色发黄了,一副瞌睡的神气,下嘴唇有点儿往下掉,撅着嘴巴,好似挺不高兴。他驼着背,两手插在打绉的上衣袋里;脚下曳着一双旧拖鞋;衬衣在裤腰上面扭做一团,纽扣也没完全扣好。克利斯朵

---

① 马奈为法国十九世纪大画家,为近代画派之始祖。华托为十八世纪法国大画家,作品以风流蕴藉见称。

夫嘟囔着向他通报姓名,他却睁着没有光彩的倦眼瞧着他,机械的行了个礼,一声不出,对着一张椅子点点头教克利斯朵夫坐下;接着他叹了口气,往半榻上倒下身子,把靠枕堆在自己周围。克利斯朵夫又说了一遍:

“我曾经很荣幸的……你先生曾经对我一番好意……我是克利斯朵夫·克拉夫脱……”

哈斯莱埋在半榻里促膝而坐,右边的膝盖耸得跟下巴一样高,一双瘦削的手勾搭着放在膝盖上。他回答说:

“想不起。”

克利斯朵夫喉咙抽搐着,想教他记起他们从前会面的经过。要克利斯朵夫提到这些亲切的回忆原来就不容易,而在这种情形之下尤其使他受罪:他话既说不清,字又找不到,胡言乱语,自己听了都脸红了。哈斯莱任他支吾其词,只用着那双心不在焉的淡漠的眼睛瞪着他。克利斯朵夫讲完了,哈斯莱把膝盖继续摇摆了一会,仿佛预备克利斯朵夫再往下说似的。随后,他回答:

“对……可是这些话并不能使我们年轻啊……”

他欠伸了一会,打了个呵欠:“对不起……没睡好……昨天晚上,在戏院里吃了宵夜……”他说着又打了个呵欠。

克利斯朵夫希望哈斯莱提到他刚才讲过的事;但哈斯莱对那些往事一点不感兴趣,连一个字也没提,也不问一句克利斯朵夫的生活情形。他打完了呵欠,问:

“你到柏林很久了吗?”

“今天早上才到。”

“啊!”哈斯莱除了这样叫一声,也没有别的惊讶的表示。“什么旅馆?”

说完他又不想听人家的回答,只懒懒地抬起身子,伸手去按电铃:

“对不起。”他说。

矮小的女仆进来了,始终是那副放肆的神气。

“凯蒂，”他说，“难道你今天要取消我一顿早饭吗？”

“您在会客，我怎么能端东西来呢？”她回答。

“干吗不？”他一边说一边俏皮地用眼睛瞟了瞟克利斯朵夫，“他喂养我的思想；我喂养我的身体。”

“让人家看着您吃东西，像动物园里的野兽一样，您不害羞吗？”

哈斯莱非但不生气，反而笑起来，改正她的句子：“应当说像日常生活中的动物……”他又接着说：“拿来吧，我只要吃早饭，什么难为情不难为情，我才不管呢。”

她耸耸肩退出去了。

克利斯朵夫看到哈斯莱老不问起他的工作，便设法把谈话继续下去。他说到内地生活的苦闷，一般人的庸俗，思想的狭窄，自己的孤独。他竭力想把自己精神上的痛苦来打动他。可是哈斯莱倒在半榻上，脑袋倚着靠枕往后仰着，半阖着眼睛，让他自个儿说着，仿佛并没有听；再不然他把眼皮撑起一忽儿，冷冷地说几句挖苦内地人的笑话，使克利斯朵夫没法再谈更亲密的话。——凯蒂捧了一盘早餐进来了，无非是咖啡、牛油、火腿等等。她沉着脸把盘子放在书桌上乱七八糟的纸堆里。克利斯朵夫等她出去了，才继续他痛苦的陈诉，而那又是极不容易说出口的。

哈斯莱把盘子拉到身边，倒出咖啡，呷了几口；接着他用一种又亲热，又随便，又有点儿轻视的神气，打断了克利斯朵夫的话：“也来一杯吧？”

克利斯朵夫谢绝了。他一心想继续没有说完的句子，但越来越沮丧，连自己也不知说些什么。看着哈斯莱吃东西，他的思路给扰乱了。对方托着碟子，像孩子一样拼命嚼着牛油面包，手里还拿着火腿。可是他终究说出他作着曲子，说人家演奏过他为黑贝尔的《犹滴》所作的序曲。哈斯莱心不在焉地听着，忽然问：“什么？”

克利斯朵夫把题目重新说了一遍。

“啊！好！好！”哈斯莱一边说，一边把面包跟手指一齐浸在咖啡杯里。

他的话只此一句。

克利斯朵夫失望之下,预备站起身来走了;但一想到这个一无结果的长途旅行,他又鼓起余勇,嘟囔着向哈斯莱提议弹几阕作品给他听。哈斯莱不等他说完就拒绝了:

“不用,不用,我对这个完全外行,”他说话之间大有咕噜,挖苦和侮辱人的意味,“并且我也没有时间。”

克利斯朵夫眼泪都冒上来了。可是他暗暗发誓,没有听到哈斯莱对他的作品表示意见,决不出去。他又惶愧又愤怒地说道:

“对不起;从前你答应听我的作品;我为此特意从内地跑来的,你一定得听。”

没见惯这种态度的哈斯莱,看到这愣头傻脑的青年满脸通红,快要哭出来了,觉得挺好玩,便无精打采地耸耸肩,指着钢琴,用一种无可奈何地神气说:

“那么……来吧!”

说完他又倒在半榻上,仿佛想睡一觉的样子,用拳头把靠枕捶了几下,把它们放在他伸长的胳膊下面,眼睛闭着一半,又睁开来,瞧瞧克利斯朵夫从袋里掏出来的乐谱有多少篇幅,然后他轻轻叹了口气,准备忍着烦闷听克利斯朵夫的曲子。

克利斯朵夫看到这种态度又胆小又委屈,开始弹奏了。哈斯莱不久便睁开眼睛,竖起耳朵,像一个艺术家听到一件美妙的东西的时候一样,不由自主地提起了精神。他先是一声不出,一动不动;但眼睛不像先前那么没有神了,撅起的嘴唇也动起来了。不久他竟完全清醒过来,叽叽咕咕地表示惊讶跟赞许,虽然只是些闷在喉咙里的惊叹辞,但那种声音绝对藏不了他的思想,使克利斯朵夫感到一种说不出的喜悦。哈斯莱不再计算已经弹了多少,没有弹的还有多少。克利斯朵夫弹完了一段,他就嚷:

“还有呢?……还有呢?”

他的话慢慢地有了人味儿了:

“好,这个!好!……妙!……妙极了!……该死!”他嘟囔着,非常惊讶,“这算什么呢?”

他坐起来,探着脑袋,把手托着耳朵,自言自语地,满意地笑着;听到某些奇怪的和声,他微微伸出舌头,好像要舔嘴唇似的。一段出其不意的变调使他突然叫了一声,站了起来,跑到钢琴前面挨着克利斯朵夫坐下。他仿佛不觉得有克利斯朵夫在场,只注意着音乐。曲子完了,他抓起乐谱,把刚才那页重新看了一遍,接着又看了以后的几页,始终自言自语地表示赞美和惊讶,好像屋子里只有他一个人:

“怪了!……亏他想出来的,这家伙!……”

他把克利斯朵夫挤开了,自己坐下来弹了几段。在钢琴上,他的手指非常可爱,又柔和,又轻灵。克利斯朵夫瞧着他保养得挺好的细长的手,带点儿病态的贵族气息,跟他身体上别的部分不大调和。哈斯莱弹到某些和弦停住了,反复弹了几遍,眯着眼睛,卷着舌头发出笃笃的声音,又轻轻学着乐器的音响,一边照旧插几个惊叹辞,表示又高兴又遗憾:他不由得暗中气恼,有种下意识的嫉妒,而同时也感到非常快乐。

虽然他老是自个儿在说话,好像根本没有克利斯朵夫这个人;克利斯朵夫却高兴得脸红了,不免把哈斯莱的惊叹辞认为对自己发的。他解释他的旨趣。先是哈斯莱没留神他的话,只顾高声自言自语;后来克利斯朵夫有几句话引起了他注意,他就不作声了,眼睛老盯着乐谱,一边翻着一边听着,神气又像并不在听。克利斯朵夫越来越兴奋,终于把心里的话全说了出来:他天真的,激昂的,谈着他的计划和生活。

哈斯莱不声不响,又恢复了含讥带讽的心情。他让克利斯朵夫把乐谱从他手里拿了回去:肘子撑在琴盖上,手捧着脑门,望着克利斯朵夫,听他凭着少年人的热情与骚动解释作品。于是他想着自己早年的生活,想着当年的希望,想着克利斯朵夫的希望和在前途等着他的悲苦,不禁苦笑起来。

克利斯朵夫老在那里说着,低着眼睛,生怕找不到话接上去。哈斯莱的静默使他胆子大了些。他觉得对方在打量他,一句不漏地听着他;仿佛他们中间冰冷的空气给他融化了,他的心放出光来了。说完之后,他怯生生地,同时也很放心地,抬起头来望望哈斯莱。不料他看到的又是一双没有神的,讥讽的,冷酷的眼睛在那里瞪着他,心中才开始的那点儿喜悦,像生发太早的嫩芽一般突然给冻坏了。他马上把话打住了。

默然相对了一会,哈斯莱开始冷冷地说话了。这时他又拿出另外一种态度,对克利斯朵夫非常严厉,毫不留情地讥讽他的计划,讥讽他的希望成功,好似自嘲自讽一样,因为他在克利斯朵夫身上看到了自己过去的影子。他狠命地摧毁克利斯朵夫对人生的信念,对艺术的信念,对自身的信念。他不胜悲苦地拿自己做例子,痛骂自己的近作:

"都是些狗屁不通的东西!为那般狗屁不通的人只配这种东西。你以为世界上爱音乐的人能有十个吗?唉,有没有一个都是疑问!"

"有我啊!"克利斯朵夫兴奋地嚷着。

哈斯莱瞧着他,耸耸肩,有气无力地回答说:

"你将来也会跟别人一样,只想往上爬,只想寻欢作乐,跟别人一样……而这个办法是不错的……"

克利斯朵夫想和他辩;可是哈斯莱打断了他的话,拿起他的乐谱,把刚才赞扬的作品加以尖刻的批评。他不但用难听的话指摘青年作家没留意到的真正的疏忽,写作的缺点,趣味方面或表情方面的错误;并且还说出许多荒谬的言论,和使哈斯莱自己受尽痛苦的,那班最狭窄最落伍的批评家说的一模一样。他问这些可有什么意思。他简直不是批评,而是否定一切了:仿佛他恨恨的要把先前不由自主感受的印象统统抹掉。

克利斯朵夫失魂落魄,不想回答了。在一个你素来敬爱的人嘴里,听到那些令人害臊的荒唐的话,你又怎么回答呢?何况哈斯莱什

么话都不愿意听。他站在那儿,手里拿着阖上的乐谱,睁着惘然失神的眼睛,抿着嘴巴。末了,他好似又忘了克利斯朵夫:

"啊!最苦的是没有一个人,没有一个人能了解你!"

克利斯朵夫激动到极点,突然转过身来把手放在哈斯莱的手上,抱着一腔热爱,又说了一遍:"有我呢!"

可是哈斯莱的手一动也不动;使这青年的呼声使他的心颤动了一刹那,但瞅着克利斯朵夫的那双黯淡的眼睛并没露出一点儿光彩。讥讽与自私的心绪又占了上风。他把上半身微微欠动一下,滑稽地行了个礼,回答说:"不胜荣幸!"

他心里却想道:"哼!那我才不在乎呢!难道为了你,我就白活一辈子吗?"

他站起身来,把乐谱往琴上一丢,拖着两条摇晃不定的腿,又回到半榻上去了。克利斯朵夫明白了他的思想,感到了其中的隐痛,高傲地回答说,一个人用不着大家了解,有些心灵抵得上整个的民族;它们在那里代替民族思想;它们所想的东西,将来自会由整个民族去体验。——可是哈斯莱已经不听他的话了。他回复了麻痹状态,那是内心生活逐渐熄灭所致的现象。身心健全的克利斯朵夫是不会懂得这种突然之间的变化的,他只模模糊糊地觉得这一下是完全失败了;但在差不多已经成功的局面之后,他一时还不肯承认失败。他作着最后的努力,想把哈斯莱重新鼓动起来:他拿着乐谱,解释哈斯莱所挑剔的某些不规则的地方。哈斯莱却埋在沙发里,始终沉着脸一声不出,他既不首肯,也不反对:只等他说完。

克斯朵夫明明看到留下去没有意思了,一句话说了一半就停住。他卷起乐谱,站起身子。哈斯莱也跟着站起。胆怯而惶愧的克利斯朵夫嘟嘟嚷嚷地表示歉意。哈斯莱微微弯了弯腰,用着高傲而不耐烦的态度伸出手来,冷冷的,有礼的,送他到大门口,没有一句留他或约他再来的话。

克利斯朵夫回到街上,失魂落魄。他往前走着,糊里糊涂走过了两三条街,又到了来时下车的站头。他搭上电车,根本不知自己做些什么。他倒在凳上软瘫了,手臂,大腿都好像折断了。不能思索,也不能集中念头:他简直一无所思。他怕看自己的内心。因为内心只有一片空虚。在他四周,在这个城里,到处都是空虚,他连气也喘不过来:雾气跟高大的屋子使他窒息。他只想逃,逃,越快越好,——仿佛一离开这儿就能丢下他在这儿遇到的悲苦的幻灭。

回到旅馆,还不到十二点半。他来到这个城里只有两小时,——那时他心里是何等光明!——现在一切都是黑暗了。

他不吃中饭,也不进房间,径自向店里要了账单,付了一夜的租金,说要动身了:店主人听了大为奇怪,告诉他不用这么急,他要搭的火车还有几个钟点才开呢,不如在旅馆里等。他可执意要立刻上车站去搭第一班开的车,不管是什么车,在这儿连一小时也不愿意多待了。他花了一笔钱老远跑来,原想大大地乐一下的,除了访问哈斯莱,还想去参观博物院,上音乐会,认识几个人,——而今他唯一的念头只有动身两个字了……

他回到车站。正如人家告诉他的,他要搭的火车要三点钟才开。而且那班既非快车,(因为克利斯朵夫只能坐最低的等级,)——路上还要随时停留;还不如搭迟开两小时而中途赶上前一班的车。但要在这儿多留两小时,克利斯朵夫就受不住。他甚至在等车的期间也不愿意走出车站。——多凄凉的等待!在那些空荡荡的大厅上,闹轰轰的,阴沉沉的,全是些不关痛痒的陌生面孔,匆匆忙忙,连奔带跑地进进出出,没有一张熟识的,友善的脸。黯淡的天色黑下来了。给浓雾包围着的电灯,在黑暗中好似一点点的污渍,使阴暗显得更阴暗。越来越闷塞的克利斯朵夫,等着开车的时间,五内如焚。他每小时要把火车表看上十多次,唯恐弄错了。有一次他为了消磨时间,从头至尾又看一遍,冷不防有一个地名引起了他的注意:他觉得这个地方是认得的,过了一会想起那是给他写过多亲热的信的苏兹的住处。他那时正心神无主,忽然想去拜访这位陌生朋友了。那地方并不在他回去的路上,而是要再搭一二小时的区间车,在路上过一夜,换两三次车,中间还不知要等多少时候。克利斯朵夫可完全不计算这些,马上决定了:他的本能非要找些同情的慰藉不可,便不假思索,拟了一通电报打给苏兹,告诉他明天早上到。但电报才发出,他已经后悔了。他很懊恼的笑自己老是有幻想。干吗再要去找新的烦恼呢?——可是事情已经定了,要改变主意也来不及了。

在最后一部分等车的时间,他就想着这些念头。车终于挂好了,他第一个上去;他的孩子气使他直等到车子开了,从车门里望见下着阵雨的灰色的天空下面,城市的影子慢慢在黑夜中消失了,方始能痛痛快快地呼吸。他觉得要是在这里住上一晚的话,简直会闷死的。

正在这个时候——下午六点光景——哈斯莱有封信送到克利斯朵夫的旅馆。克利斯朵夫的访问惹起了他许多感触,整个下午都不胜懊丧地想着,他对于这个怀着一腔热情来看他,而竟受他那么冷淡的可怜的青年,并非没有好感。他后悔自己的态度。其实他是常常这样心血来潮地闹脾气的。为了挽救一下,他送了一张歌剧院的门票去,又附了一张便条,约他在完场以后见面。——克利斯朵夫对这些事当然一点不知道。哈斯莱看见他没来就心里想:

"他生气了。那么就算了!"

他耸耸肩,也不再往下追究。

第二天,一切都忘了。第二天,克利斯朵夫和他已经离得很远,——远得连一辈子也不会再见了。而他们俩也永远地孤独下去了。

彼得·苏兹已经七十五岁。他身体非常衰弱,而且那么大一把年纪也是不饶人的。个子相当高大,驼着背,脑袋垂在胸前,支气管很弱,呼吸很困难。气喘,鼻粘膜炎,支气管炎,老是和他纠缠不清;那张不留胡子的瘦长脸上刻画着痛苦的皱裥,很鲜明地显出他和病魔苦斗的痕迹,半夜里常常需要在床上坐起来,身体向前弯着,流着汗,拼命想给他快要窒息的肺吸收些空气进去。他鼻子很长,下端有点儿臃肿。深刻的皱痕在眼睛下面就一道一道地从横里把腮帮分成两半,而腮帮也因为牙床骨瘪缩而陷了下去。塑成这张衰败零落的面具的,还不只是年龄与疾病;人生的痛苦也有份儿。虽然如此,他并不忧郁。神态安详的大嘴巴表示他是个仁厚长者。但使老人的脸显得和蔼可亲的,特别是那双清明如水的淡灰眼睛,永远从正面看着你,那么安静,那么坦白,没有一点儿隐藏,你仿佛可以看到他的心。

他一生没有经过多少事,独身已有多年,太太早死了。她性情不大好,人也不大聪明,长得一点不美。但他想起她的时候,心里还是对她很好。她死了有二十五年:二十五年到现在,他每晚睡觉以前,总得和她默默地作一番凄凉而温柔的谈话,他每天都像是和她一起过活的。他没有孩子,那是他的终身恨事。他把感情移在学生身上,对他们的关切不下于父亲对儿子。人家可并没怎么报答他。老人的心很能接近年轻人的心,甚至自以为并不比他们的更老:他觉得所差的年岁根本算不了什么。然而年轻人并不这样想,认为老年人是属于另一个时代的;并且他眼前需要操心的事太多了,本能地不愿意去看自己忙了一世以后的可悲的下场。偶尔有些学生,看到苏兹老人对他们的祸福那么关心,也不由得很感激,不时来问候他;离开了大学,他们还写信来道谢,有几个在以后几年中还跟他通信。然后,老人听不到他们的消息了,只有在报纸上知道这个有了发展,那个有了成绩,觉得非常安慰,他们的成就仿佛就是他的成就。他也不怪怨他们不通音信;原谅他们的理由多的是;他决不怀疑人家的感情,甚至以为那些最自私的学生也有像他对他们一样的感情。

但他精神上最好的避难所还是书本:它们既不会忘了他,也不会欺骗他。他在书本中敬爱的心灵现在已经超脱了时间的磨蚀,它们所引起而它们自己也似乎感受到的爱,还有它们像阳光一般布施给人家的爱,都是恒古长存,不会动摇的了。苏兹是美学兼音乐史教授,他好比一个古老的森林,在心中千啼百啭的全是禽鸟的歌声。这些歌有的是极远极远的,从几世纪以前传过来的,但亦不减其温柔与神秘。有的对他比较更熟更亲切,那是些心爱的伴侣,每一句都使他想起悲欢离合的往事,所牵涉到的生活有的是有意识的;有的是无意识的;(因为在太阳照耀的岁月下面,还有被无名的光照着的别的岁月。)最后还有些从来没听到过的,说着大家期待已久而极感需要的话:那时听的人就会打开心来欢迎它们,像大地欢迎甘霖一样。苏兹老人就是这样地在孤独生活中听着群鸟歌唱的森林,像传说中的隐士一般,被神奇的歌声催眠了,而岁月悠悠,慢慢地流到了生命的黄昏;可是他的心始终和二十岁的时候一样。

他精神上的财富不限于音乐。他也爱好诗人,——不分什么古人近人。他比较更喜欢本国的诗,尤其是歌德的,但也爱好别国的。他很博学,精通好几国文字。他思想上是和赫尔德[①]与十八世纪末期的"世界公民"同时代的。他经历过一八七〇年前后的艰苦的斗争,受过那时代波澜壮阔的思想的熏陶;但他虽然崇拜德国,可并不是一个"骄傲的人"。他像赫尔德一样的认为:"在所有骄傲的人里头,以自己的国家来炫耀的人尤其荒谬绝伦",也像席勒一样地认为"只为了一个民族而写作是最可怜的理想"。他的思想有时候是懦弱的,但胸襟是宽大的,对于世界上一切美妙的东西随时都能热心接受。他也许对庸俗的东西过于宽容,但他的本能决不会错过最优秀的作品;虽然他没有勇气指斥舆论所捧的虚伪的艺术家,可永远有勇气替那些公众不了解的杰出而强毅的人辩护。他往往受好心的累,唯恐对人不公平;大家喜欢的作品,他要是不喜欢的话,他一定认为错在自己,终于也把那作品爱上了。他觉得爱是世界上最甜蜜的事。他精神上需要爱,需要钦佩,比他可怜的肺需要空气更迫切。所以,凡是给他有个爱的机会的人,他真是感激到极点。——克利斯朵夫万万想象不到他的歌集对他

① 赫尔德(1744—1803)为最早鼓吹浪漫派文学的作家之一,对近代德国文学影响极大。

所发生的作用。他自己写作的时候所感到的情绪,还远不及这位老人所感到的那么生动,那么真切。因为在克利斯朵夫,这些歌仅仅是内心的炉灶里爆发出来的几点火星而已,它还有别的东西要放射;可是苏兹老人等于忽然发现了整个的新天地,等他去爱的新天地。而这个天地的光明把他的心给照亮了。

一年以前,他不得不辞退大学教席;一天坏似一天的身体不容许他再继续授课。正当他躺在床上闹病的时候,书商华尔夫照例派人送来一包新到的乐谱,其中就有克利斯朵夫的歌集。他单身住着,身边没有一个亲人,几个少数的家属久已死了,只有一个年老的女仆照料。而她欺他病弱,每样事都自作主张。两三个和他一样高年的朋友不时来瞧瞧他;但他们身体也不大行,气候不好的时节也躲在家里,疏于访问了。那时正是冬季,街上盖满着正在融化的雪:苏兹整天没看到一个人。房里很黑,窗上蒙着一层黄色的雾,像幕一样地挡住了视线;炉子烧得挺热,教人累得很。邻近的教堂里,一座十七世纪的古钟每刻钟奏鸣一次,用那种高低不匀、完全不准的声音唱着赞美诗中的断片零句,快乐的气息听来非常勉强,尤其在你心里不高兴的时候。老苏兹背后垫着一大堆靠枕咳个不停。他拿着一向喜欢的蒙田的集子想念下去,但今天念起来不像平时那么有味,就让书本在手里掉了下去。他喘着气,呼吸很困难,出神似的在那里幻想。送来的乐谱放在床上,他没勇气打开来,只觉得心里很悲伤。终于他叹了口气,仔细解开绳子,戴上眼镜,开始读谱了。但他的心在别处,老想着排遣不开的往事。

他一眼瞥见一支古老的赞美歌,那是克利斯朵夫采用一个诚朴虔敬的诗人的词句,而另外加上一种新的表情的,原作是保尔·格哈特的《基督徒流浪曲》:

希望吧,可怜的灵魂,

希望之外还得强毅勇猛！

…………

等待啊，等待：
你就会看到
欢乐的太阳！

这些赞美歌的词句是老苏兹熟悉的，但他从来没听见这种口吻……那已经不是单调到使你心灵入睡的、恬淡而虔敬的情绪，而是像苏兹的心一样的一颗心，比他的更年轻更坚强的心，在那里受着痛苦，存着希望，希望看到欢乐，而真的看到了。他的手索索地抖着，大颗的泪珠从腮帮上淌下。他又往下念：

起来吧，起来！跟你的痛苦，
跟你的烦恼，说一声再会！
让它们去吧，一切烦扰你的心灵，
使你悲苦的东西！

克利斯朵夫在这些思想中间渗入一股年轻的刚强的热情，而在最后几句天真而充满着信念的诗中，还有他的英雄式的笑声：

统治一切，领导一切的
不是你，而是上帝。
上帝才是君王，
才能统治一切，统治如律！

还有一节睥睨一切的诗句，是克利斯朵夫逞着少年的狂妄，从原诗中摘出来做他的歌的结论的：

即使所有的妖魔反对，
你也得镇静，不要怀疑！
上帝决不会退避！
他所决定的总得成功，
他要完成的总得完成，
他会坚持到底！

……然后是一片轻快的狂热，战争的醉意，好似古罗马皇帝的凯旋。

老人浑身打战，气吁吁地追随着那激昂慷慨的音乐，有如儿童给一个同伴拉着手往前飞奔。他心跳着，流着泪，嘟嘟囔囔地嚷着：

“啊！我的天！……啊！我的天！……”

他又哭，又笑。他幸福了，窒息了。接着来了一阵剧烈的咳呛。老妈子莎乐美跑来，以为老人要完了。他继续哭着，咳着，嘴里叫着：“啊！我的天！……啊！我的天！……”而在短促的换口气的时间，在两阵咳呛的过渡期间，他又轻轻地尖声笑着。

莎乐美以为他疯了。等到她弄明白了这次咳呛的原因，就很不客气地埋怨他：

“怎么能为了这种鬼事而搞成这副模样！把这个给我！让我拿走。不准再看。”

但老人一边咳着一边不肯让步，大声叫莎乐美别跟他烦。因为她还是和他争，他就勃然大怒，发誓赌咒，闹得气都喘不过来。她从来没看见他生这么大的气，敢和她这样顶撞。她愣了一愣，不禁把手里抓着的东西放下了；可是她恶狠狠地把他数说了一顿，拿他当老疯子看待，说她一向认为他是个有教养的人，现在才知道看错了，他居然说出连赶车的也要为之脸红的咒骂，眼睛差点儿从头里爆出来，倘使那是两支手枪的话，还不早要了她的命！……要不是苏兹气得从枕上抬起身子大叫一声“出去！”，她尽可以这样地唠叨下去。可是主人那种斩钉截铁的口气,使她出去的时候把门大声碰了一下,说从此以后尽管他叫她,她也不愿意劳驾的了,他要死过去,她也不管了。

于是,一点点黑起来的屋子里又安静了。钟声在平静的黄昏中又响起来,依旧是那种平板的,可笑的声音。老苏兹对刚才的发怒有点惭愧,一动不动地仰天躺着,气吁吁的,等心里的骚动平下去;他把心爱的歌集紧紧搂在怀里,像孩子一般的笑着。

一连好几天,他好像出神了。他再也不想到他的疾苦,不想到冬天,不想到黯淡的日色,不想到自己的孤独。周围一切都是爱,都是光明。在行将就木的年龄,他觉得自己在一个陌生朋友的年轻的心中再生了。

他竭力想象克利斯朵夫的相貌,可始终不是他的真面目。他把克利斯朵夫想象得像他自己喜欢长的模样:淡黄的头发,瘦削的身材,蓝眼睛,声音很轻,好像蒙着一层什么似的,性格和平,温柔,胆小。并且不管他究竟长得怎么样,他总是预备把他理想化。凡是他周围的人:学生,邻居,朋友,女仆,他都把他们理想化。他的仁厚跟不会批评的脾气,——一半也是故意的,因为这样才好减少烦恼,——在周围造成了许多清明纯洁的面目,跟他自己的一样。那是他的善心扯的谎,没有它,他就活不了。但他也并不完全受这些谎话的骗;夜里躺在床上的时候,他往往叹着气想到白天无数的小事情,都是跟他的理想抵触的。他明知莎乐美在背后跟邻舍街坊嘲笑他,在每周的账目上有规则的舞弊。他明知学生们用到他的时候对他恭而敬之,利用完了就把他置之脑后。他明知大学里的同事们从他退职以后把他完全忘了,他的后任剽窃他的文章而根本不提他的名字,或是提到他的名字而引他的一句毫无价值的话,挑他的眼儿:——这种手段在批评界中是惯用的。他知道他的老朋友耿士今天下午又对他扯了一个大谎,也知道另外一个朋友卜德班希米脱借去看几天的书是永远不会还他的了,——那对一个爱书本像爱真人一般的人是非常痛苦的。还有许多别的伤心事,新的旧的,都常常浮到他脑子里来;他不愿意去想;可是它们老在那里,他清清楚楚地感觉到。那些回忆有时竟使他痛苦得心如刀割,在静寂的夜里呻吟着:"啊!我的天!我的天!"——随后,他把不痛快的念头撩在一边,否认它们:他要保持自己的信心,要乐天知命,要相信别人,结果他便真的相信了。他的幻象已经被无情的现实毁灭了多少次!——但他永远会生出新的幻象,……没有幻象他简直不能过活。

素不相识的克利斯朵夫,在他的生活中成为一个光明的中心。克利斯朵夫给他的第一封措辞冷淡的复信,应当会使他难过的(也许他的确是难过的);——可是他不愿意承认,倒反喜欢得像小孩子一样。他那么谦虚,对别人根本没有多大要求,只要得到人家一点儿感情就足够做他爱人家感激人家的养料。他从来不敢希望有福气看到克利斯朵夫,他太老了,不能再上莱茵河畔去旅行一次;至于请克利斯朵夫到这儿来,更是做梦也没想到的。

克利斯朵夫的电报送到的时候,他正坐在桌子旁吃晚饭。他先是弄不明白:发报人的名字很陌生,他以为人家送错了电报,不是给他的;他翻来覆去看了好几遍,慌乱中眼镜也戴不稳,灯光又不够亮,字母都在眼前跳舞。等到明白以后,他简直骚动得把晚饭都忘了。莎乐美提醒他也没用:没法再吞一口东西。他把饭巾往桌上一丢,也不像平时那样把它折好,便摇摇晃晃地站起身子,去拿了帽子和手杖往外就跑。好心的苏兹遇到一件这样快乐的事,第一个念头便是要把他的快乐分点给别人,把克利斯朵夫要来的消息通知他的朋友们。

他有两个朋友,都是像他一样爱好音乐的,也被他引起了对克利斯朵夫的热情:一个是法官萨缪尔·耿士,一个是牙医生兼优秀的歌唱家奥斯加·卜德班希米脱。三个老朋友常在一起谈着克利斯朵夫,把所能找到的克利斯朵夫的作品统统演奏过了。卜德班希米脱唱着,苏兹弹着琴,耿士听着。然后,三个人几小时地低徊赞叹。他们弄着音乐的时候,不知说过多少次:"啊!要是克拉夫脱在这儿的话!"

苏兹在街上想着自己的快乐和将要使朋友们感到的快乐,自个儿笑起来了。天快黑了;耿士住在离城半小时的一个小村上。可是天色还很亮:四月的黄昏多么柔和;夜莺在四下里歌唱。老苏兹快活得心都化开了,呼吸一点没有困难,两条腿像二十岁的时候一样。他轻快的走着,全不防在黑暗中常常绊脚的石子。遇到车辆,他就精神抖擞地闪在路旁,高高兴兴地和赶车的打招呼,对方在车灯底下看到是他,不由得很奇怪。

走到村口耿士家的小园子前面,天已经全黑了。他敲着门,直着嗓子叫耿士。耿士打开窗来,神色仓皇的出现了。他在暗中探望,问:“谁啊?叫我干吗?”

苏兹喘着大气,兴高采烈地嚷道:“克拉夫脱……克拉夫脱明天到……”

耿士莫名其妙,只认出了他的声音:“苏兹!怎么啦?这么晚赶来什么事啊?”

苏兹又说了一遍:“他明天到,明天早上!……”

“什么?”耿士一点儿摸不着头脑。

“克拉夫脱!”

耿士把这句话想了一会,忽然很响亮地叫了一声,表示他明白了。

“我就来!”他喊道。

窗子重新关上。他在石阶上出现了,手里拿着灯,往园子里走过来。他是个身材矮小的老头儿,挺着大肚子,脑袋也很大,灰色头发,红胡子,脸上和手上都有雀斑。他衔着一个瓷烟斗,迈着细步走来。这个和善而有点迷迷忽忽的人,一辈子从来不为什么事着急的。可是苏兹带来的新闻也不免使他一反常态,兴奋起来;他把短短的手臂跟手里的灯一齐舞动着,问:“真的?他到这儿来吗?”

“明天早上。”苏兹好不得意地扬了扬电报。

两位老朋友到凉棚底下坐在一条长凳上。苏兹端着灯。耿士小心翼翼地展开电报,慢慢地低声念着;苏兹又从他肩头上高声念着。耿士还看了电报四周的小字,拍发的时刻,到达的时刻,电文的字数。

随后他把这张宝贵的纸还给了苏兹。苏兹得意地笑着,耿士侧了侧脑袋瞧着他说:“啊!好!……啊!好!”

耿士想了一会,吸了一大口烟又吐了出来,然后把手放在苏兹膝盖上,说道:

“得通知卜德班希米脱。”

“我去。”苏兹说。

“我跟你一块儿去。”耿士说。

他进去放下了灯,马上又出来。两个老人手挽着手走了卜德班希米脱住在村子那一头。苏兹和耿士一路说着闲话,心里老想着那件事。忽然耿士停住脚步,用手杖往地上敲了一下:“啊!该死!……他不在这儿!……”

这时他才记起卜德班希米脱下午到邻近一个城里开刀去了,今晚要在那边过夜,而且还得待上一二天。苏兹听了这话慌了。耿士也一样地发急。卜德班希米脱是他们俩非常得意的人物;他们很想拿他来做面子的。因此两人站在街上没了主意。

“怎么办?怎么办?”耿士问。

“非教克拉夫脱听一听卜德班希米脱的唱不可。”苏兹说。

他想了想又道:“得打一个电报给他。”

他们就上电报局,共同拟了一个措辞激动的长电,简直教人弄不明白说的是什么。发了电报,他们走回来。

苏兹计算了一下:“要是他搭头班车;明天早上就可以到这儿。”

但耿士认为时间已经太晚,电报大概要明天早上才送到。苏兹摇摇头;两人一齐说着:“事情多不巧!”

他们俩在耿士门口分手了;耿士虽然和苏兹友谊那么深,可决不至于冒冒失失地把苏兹送出村口,回头再独自在黑夜里走一段路,哪怕是极短的路。他们约定明天在苏兹家里吃中饭。苏兹又望望天色,不大放心地说:“明儿要能天晴才好!”

自命为通晓气象的耿士,郑重其事地把天色打量了一会,——(因

为他也像苏兹一样,极希望克利斯朵夫来的时候能看到他们的地方多美)——说道:

“明儿一定是好天。”

这样,苏兹的心事才轻了一半。

苏兹回头进城,好几次不是踏在车辙里差点儿跌跤,就是撞在路旁的石子堆上。回家之前他先到点心铺定了一种本地著名的饼,快到家了,又退回去到车站上问明车子到达的时刻。到了家中,他和莎乐美把明天的饭菜商量了老半天。这样以后,他才筋疲力尽地上床;可是他像圣诞前夜的小孩子一样兴奋,整夜在被窝里翻来覆去,一刻儿都没睡着。到半夜一点,他想起来吩咐莎乐美,明天中上最好做一盘蒸鲤鱼,那是她的拿手菜。结果他并没去说,而且也是不说的好。但他仍旧下了床,把那间预备给克利斯朵夫睡的卧室收拾一番:他十二分地小心,不让莎乐美听见声音,免得受埋怨。他提心吊胆,唯恐错失了火车的时刻,虽然克利斯朵夫在八点以前决不会到。他一大早就起身了,第一眼是望天:耿士说得不错,果然是大好的晴天。苏兹蹑手蹑脚地走下地窖,那是因为怕着凉,怕太陡的梯子而久已不去的;他挑出最好的酒,回上来的时候脑门在环洞高头重重地撞了一下,赶到提着满满的一篮爬完梯子,他以为简直要闭过气去了。随后他拿着剪刀往园子里去,毫不爱惜地把最美的蔷薇和初开的紫丁香一齐剪下。随后他回到卧室,性急慌忙地刮着胡子,割破了两三处,穿扮得齐齐整整,动身往车站去了。时间还只有七点。尽管莎乐美劝说,他连一滴牛奶都不肯喝,说克利斯朵夫到的时候一定也没用过早点,他们还是回来一起吃吧。

他到站上,离开火车到的时候还差三刻钟。他好不耐烦地等着克利斯朵夫,而结果竟把他错过了。照理应该耐着性子等在出口的地方,他却是站在月台上,被上车下车的旅客挤昏了。虽然电报上写得明明白白,他却以为,天知道为什么缘故,克利斯朵夫搭的是下一班车,并且他也绝对想不到克利斯朵夫会从四等车厢里跳下的。克利斯朵夫到了好久,直接往他家里奔去的时候,苏兹还在站上等了半小时。更糟的是,莎乐美也上街买菜去了:克利斯朵夫发现大门上了锁。邻人受着莎乐美的嘱托,只说她一忽儿就回来的;除此以外,再没别的解释。克利斯朵夫既不是来找莎乐美的,也不知道莎乐美是谁,认为那简直是跟他开玩笑;他问到大学音乐导师苏兹在不在,人家回答说在,可不知道上哪儿去了。克利斯朵夫一气之下,走了。

老苏兹挂着一尺长的脸回来,从也是刚回家的莎乐美嘴里知道了那些情形,不禁大为懊恼,差点儿哭出来。他认为老妈子太蠢了,怎么在他出门的时候没有托人家请克利斯朵夫等着。他非常愤怒。莎乐美跟他一样气哼哼地回答说,她想不到他会那样的蠢,甚至把特意去迎接的客人都错失了。老人并不浪费时间和她争,立刻回头走下楼梯,依着邻人渺渺茫茫的指点,出发找克利斯朵夫去了。

克利斯朵夫到了门前,没见到一个人,连一张道歉的字条都没有,很是生气。在等下一班火车开行之前,他不知道怎么办:看到田野很美,便散步去了。这是一座安静宜人的小城,坐落在一带柔和的山岗底下;屋子四周全是园子,樱桃树开满了花;有的是碧绿的草地,浓密的树荫,年代并不悠久的废墟;青草丛里矗立着白石的柱子,上面置有古代公主们的胸像,脸上的表情那么温和,那么可爱。城的周围,只看见青葱的草原与小山。野花怒放的灌木丛中,山鸟叫得非常快乐,好比一组轻快响亮的木笛在那里合奏。要不了多少时候,克利斯朵夫恶劣的心绪消散了:他把苏兹完全给忘了。

老人满街跑着,向走路人打听,都一无结果。他直爬到山坡高头的古堡前面,正当他好不伤心地走回来的时候,他那双看得很远的尖锐的眼睛,忽然瞥见在几株树底下有个男人躺在草地上。他不认得克利斯朵夫,不能知道是不是他。那男子又是背对着他,把半个头都埋在草里。苏兹绕着草地,在路上转来转去,心跳得很厉害:

"一定是他了……噢,不是的……"

他不敢叫他,可是灵机一动,把克利斯朵夫的歌里头的第一句唱起来:

赫夫！赫夫！……(起来吧！起来!)

克利斯朵夫一跃而起,像条鱼从水里跳出来似的,直着嗓子接唱下去。他高兴之极地回过身来:满面通红,头上尽是乱草。他们俩互相叫着姓名,向对方奔过去。苏兹跨过土沟,克利斯朵夫跳过栅栏。两人热烈地握着手,大声说笑着一同往家里走。老人把早上的倒霉事儿说了一遍。克利斯朵夫几分钟以前还决定搭车回家,不再去找苏兹,现在立刻感觉到这颗心多么善良多么纯朴,开始喜欢他了。还没走到苏兹家里,他们已经彼此说了许多心腹话。

一进门,他们就看到耿士;他听说苏兹出去找克利斯朵夫了,便消消停停地在那儿等着。女仆端上咖啡跟牛奶。克利斯朵夫说已经在乡村客店用过早点。老人听了大为不安:客人到了本地,第一顿饭竟没有在他家里吃,他觉得难过极了;像他那种至诚的心是把这些琐碎事儿看作天样大的。克利斯朵夫懂得他的心理,暗中觉得好玩,同时也更喜欢他了。为了安慰主人,他说还有吃第二顿早点的胃口,而且他马上用事实来证明了。

克利斯朵夫所有的烦恼一霎时都化为乌有:他觉得遇到了真正的朋友,自己又活过来了。讲到这次的旅行和失意的时候,他把话说得那么滑稽,好比一个放假回来的小学生。苏兹眉飞色舞,不胜怜爱地瞅着他,心花怒放的笑了。

不久,话题就转到三个人友谊的关键上去,他们谈着克利斯朵夫的音乐。苏兹渴望克利斯朵夫弹几阕他的作品,只是不敢说。克利斯朵夫一边谈话一边在室内来回踱着。他走近打开着的钢琴的时候,苏兹就留神他的脚步,心里巴不得他停下来。耿士也是一样的期望着。果然,克利斯朵夫嘴里说着话,不知不觉地在琴前坐下,眼睛望着别处,把手指在键盘上随便抚弄;这时两老的心都跳起来。不出苏兹所料,克利斯朵夫试了两三组琶音以后真的动了兴:一边谈着一边又按了几个和弦,接着竟是完整的乐句;于是他不作声了,正式弹琴了。两个老人交换了一个得意的,会心的眼色。

"你们知道这个曲子吗?"克利斯朵夫奏着他的一阕歌问。

"怎么不知道!"苏兹挺高兴地回答。

克利斯朵夫只顾弹着,侧着脸,说:"喂,你的琴不大高明了!"

老人非常懊丧,赶紧道歉:"是的,它老了,跟我一样了。"

克利斯朵夫转过身子,望着这个好像求人原谅他老朽的苏兹,把他两只手一齐抓着,笑起来了。他打量着老人天真的眼睛,说:"噢!你,你比我还年轻呢。"

苏兹听了哈哈大笑,顺便说到自己衰老多病的情形。

"得了吧!"克利斯朵夫抢着回答,"那有什么相干?我知道我的话是不错的。是不是,耿士?"

(他已经省去"先生"二字了。)

耿士一叠连声的表示同意。

苏兹看到人家恭维他的年轻,也想让他的钢琴沾点儿光。

"还有几个音很好听呢。"他胆怯的说。

他随手按了四五个相当明亮的音,在琴的中段,大概有半个音阶。克利斯朵夫懂得这架琴对他是个老朋友,便一边想着苏兹的眼睛一边很亲热地回答:

"不错,它还有很美的眼睛。"

苏兹脸上登时有了光彩,对旧钢琴说了些不清不楚的赞美的话,可是看到克利斯朵夫重新弹琴了,就马上住嘴。歌一支又一支地奏下去,克利斯朵夫用不高不低的声音唱着。苏兹眼睛水汪汪的,对他每一个动作都留着神。耿士交叉着手按在肚子上,闭着眼睛细细地吟味。克利斯朵夫不时得意扬扬地转过头来,对着两个听得出神的老头儿说:

“嘿！多美啊！……还有这个，你们觉得怎么样？……还有这个……那是顶美的一个……——现在我再给你们奏一个曲子，让你们快乐得像登天一样……”尽管他说话这么天真，两个老人却决不会笑话他。

他才奏完一个如梦如幻的曲子，挂钟里的鹧鸪叫起来了。克利斯朵夫听了怒气冲冲地直跳直嚷。耿士被他惊醒了，睁大着眼睛骨碌碌地乱转。苏兹先是莫名其妙，直看到克利斯朵夫一边对着摇头摆尾的鹧鸪摩拳擦掌，一边嚷着要人把这混账的鬼东西拿开的时候，苏兹才破题儿第一遭觉得这声音的确难受，端过一张椅子，想上去把煞风景的东西亲自摘下来。他差点儿摔跤，被耿士拦住了不让再爬。于是他叫莎乐美。莎乐美照例慢腾腾地走来，而不耐烦的克利斯朵夫已经把挂钟卸下，放在她的怀里了。她抱着钟愣在那里：

“你们要我把它怎么办呢？”她问。

“随你怎办。拿去就是了，只要从此不看见它！”苏兹说着，和克利斯朵夫一样地不耐烦。

他不懂自己对于这厌物怎么会忍耐了那么些年的。

莎乐美以为他们都疯了。

音乐重新开始。时间一小时一小时地过去。莎乐美来报告说中饭已经开出来了。苏兹可教她住嘴。过了十分钟，她又来了；再过十分钟，她又来了：这一回她可气冲冲地，勉强装着镇静的神气，站在屋子中间，不管苏兹怎么样绝望地对她做着暗号，径自大声地说：

“诸位先生喜欢吃冷菜也好，喜欢吃热菜也好，对我都没关系；只要吩咐就是了。”

苏兹对于这种没有规矩的事很惭愧，想把女仆训斥一顿：可是克利斯朵夫大声笑了出来。耿士也笑了，终于苏兹也跟着笑了。莎乐美看到自己的话有了作用很得意，转过身来走了，神气活像一个皇后赦免了她的臣下。

“她真痛快！”克利斯朵夫离开了钢琴，站起来说，“她也没错。音乐会中间闯进个把人有什么大不了呢?”

他们开始吃饭了。饭菜挺丰富挺有味道。苏兹激起了莎乐美的好胜心,而她也巴不得找个机会来显显本领,决不辜负这种机会。两位老朋友非常好吃。耿士上了饭桌子简直变了一个人,眉开眼笑,像太阳一般,那模样大可以给饭店做个招牌。苏兹对好酒好菜的欣赏也不下于耿士,可惜为了病病歪歪的身子不能尽量。但他不大肯顾虑到这一点,因之常常要付代价。那他可绝对不抱怨;要是他病了,至少肚里明白是怎么回事。和耿士一样,他也有家传的食谱。所以莎乐美是服侍惯一般内行的。可是这一次,她把所有的杰作都拿来排在一个节目上,仿佛是莱茵菜的展览大会,那是一种本色的,保存原味的烹调,用着各式各种草本的香料,浓酽酽的沙司[①],作料丰富的汤,标准的清炖砂锅,奇大无比的鲤鱼,酸咸菜烧腌肉,全鹅,家常饼,茴香面包。克利斯朵夫嘴巴塞得满满的,狼吞虎咽地得意极了。他跟他的父亲祖父胃口一样大,一次可以吞下整只的鹅。平时他能整星期地光吃面包和乳饼,而有机会的时候可以吃得胀破肚子。苏兹又诚恳又殷勤,眼睛挺温柔地瞧着他,给他灌了许多莱茵名酒。满面通红的耿士认为这一下才遇到了对手。莎乐美嘻开着大脸盘乐死了。——克利斯朵夫刚到的时候,她有点儿失望。苏兹事先对她把客人说得天花乱坠,所以她理想中的克利斯朵夫是个大官儿一样的人物,浑身都是头衔。见到了客人的面,她不由得肚里想着:

“原来也没什么大不了!”

在饭桌上,克利斯朵夫可得到了她的好感,像他那样大为赏识她的本领的人,她还是第一次碰到。所以她竟不回到厨房去而站在饭厅门口,看着克利斯朵夫一边说着傻话,一边东西照旧吃个不停;她把拳头叉在腰里,哈哈大笑。大家都兴高采烈。美中不足的就是没有卜德

① 沙司为西菜中浇在鱼或肉类上面的酱汁,大概可分黑白两种,以牛肉汤或鸡汤为底,将牛油与面粉调和后,另加作料,做法各有巧妙不同。欧洲人对沙司的重视不下于正菜本身。

班希米脱在座。他们几次三番地说：

“嘿！要是他在这儿，他才会吃，会喝，会唱呢！”

这一类赞扬的话简直说不完。

“要克利斯朵夫能听到他的唱才好呢！……大概是听得到的。今晚卜德班希米脱可以回来了，至迟也不会过今天夜里……”

“噢！今天夜里我早已不在这儿了。”克利斯朵夫说。

苏兹喜孜孜的脸立刻沉了下来。

“怎么不在这儿？”他声音发抖了，“你今天不会走吧？”

“要走的，”克利斯朵夫嘻嘻哈哈地回答，“搭夜车走。”

这一下苏兹可伤心了。他是预算克利斯朵夫在他家里住几天的，便嘟嘟囔囔地说：“那怎么行呢？……”

耿士也接着说：“还有卜德班希米脱怎办呢？……”

克利斯朵夫把他们俩都瞧了瞧，两人友好的脸上那种失望的表情使他感动了，就说：“唉！你们多好！……那么我明天早上走，行吗？”

苏兹马上握着他的手：“啊！好极了！谢谢你！谢谢你！”

他跟小孩子一样把明天看得那么远，远得用不着去想。他只知道克利斯朵夫今天不走，今天一天，今天晚上，他们都可以在一起，他要睡在他的家里：除此以外，苏兹不愿意想得更远了。

大家又恢复了兴致。苏兹忽然神色庄严地站起来，预备为远来的贵客干杯；他用着感动而浮夸的措辞，说客人肯光临小城，枉顾寒斋，对他是极大的光荣和愉快；他祝颂他归途平安，祝颂他前程远大，祝颂他成功，祝颂他荣名盖世，也祝颂他享尽人世的幸福。接着他又为“高贵的音乐”干杯，——为他的老朋友耿士干杯，——为春天干杯，——最后也没忘了为卜德班希米脱干杯。耿士也起来为苏兹和另外几个朋友干杯，克利斯朵夫为结束这些干杯起见，便起来为莎乐美干杯，把她羞得涨红了脸。然后，他不等两位演说家致答词，马上唱起一支著名的歌，两个老人也跟着唱起来。一曲完了又是一曲，末了是一支三部合唱的歌，大意是称颂友谊、音乐和美酒的：笑声与碰杯声，和歌声闹成一片。

离开饭桌的时候已经三点半,他们头脑都有点重甸甸的。耿士倒在一张沙发里,很想睡个中觉。苏兹经过了早上那种紧张的情绪,再加那些干杯,也支持不住了。两人都希望克利斯朵夫坐下来给他们弹上几小时的琴。可是那怪脾气的年轻人精神百倍,兴致好得很:他按了两三个和弦,突然把琴关上了,望望窗外,提议出去遛个半天。他觉得田野美极了。耿士表示不大热心,但苏兹立刻认为这主意妙极了,他本应当带客人去瞧瞧本地的公园。耿士皱了皱眉头,可也不表异议:因为他和苏兹一样愿意让克利斯朵夫欣赏一下他们的本地风光。

于是他们出去了。克利斯朵夫搀着苏兹的手臂走得很快,超过了老人的体力。耿士跟在后面抹着汗。他们很兴奋地谈着话。人家站在屋门口看见他们走过,都觉得苏兹教授今天的神气活像个年轻人。一出城,他们就往草原上走。耿士抱怨天气太热。一点不体恤人的克利斯朵夫可认为气候好极了。还算是两老运气,因为他们常常停下来讨论问题,而继续不断的谈话也令人忘了路程的遥远。他们进了树林。苏兹背着歌德和莫里克的诗句。克利斯朵夫很喜欢诗歌,可一首都记不得,他一边听一边恍恍惚惚地幻想起来,终于音乐代替了字句,把诗完全给忘了。他佩服苏兹的记忆力。把他和哈斯莱比较之下,差别真是太大了!一个是又老又病,一年倒有一大半关在卧房里,差不多在这个内地小城中过了一辈子,可是他精神多么活跃!一个是又年轻又出名,住着艺术中心的大都市,举行音乐会的时候跑遍了欧洲,可是他对什么都不感兴趣,什么都不愿意知道!克利斯朵夫所知道的现代艺术的潮流,苏兹不但全部熟悉,而且还知道无数关于古代与外国音乐家的事,为克利斯朵夫闻所未闻的。他的记忆仿佛是一口深不可测的蓄水池,凡是天上降下的甘霖都给它保存在那里。克利斯朵夫聚精会神地汲取它的宝藏;苏兹看见克利斯朵夫兴致这样浓厚也觉得不胜快慰。他有时碰到过一些殷勤的听众或温良恭顺的学生,可始终缺少一颗年轻而热烈的心来分享他丰富的热情。

直到老人冒冒失失地说出他对勃拉姆斯的钦慕为止,他们俩是世界上最知己的朋友。但一提到这个名字,克利斯朵夫立刻变了脸色,冷冷地生气了:他把苏兹的手臂放了下来,声色俱厉地说,凡是喜欢勃拉姆斯的人不能跟他做朋友。那简直是在他们的快乐上面浇了一盆冷水。苏兹胆子太小了,不敢争辩;又是太真诚了,不能扯谎,便支吾其词地想解释一番。可是克利斯朵夫斩钉截铁来一句:"甭提了!"根本不容许对方再说下去。然后是一片难堪的静默。他们继续走着,两个老人低着头,彼此连望都不敢望。耿士咳了几声,想把话接下去,提到树林和美妙的天气;但克利斯朵夫气恼之下,除了几个单字,根本不答腔。耿士在这一方面得不到回音,便转过来向苏兹谈话;可是苏兹喉咙梗塞着,竟没法开口。克利斯朵夫在眼梢里觑着他,想笑出来:他已经原谅他了。其实他并没真正地怀恨,甚至觉得自己使可怜的老人伤心未免野蛮;但他滥用威力,不愿意立刻取消前言。所以直到走出树林,三个人始终保持着这种态度:两个垂头丧气的老人拖着沉重的脚步,克利斯朵夫轻轻地打着唿哨,只装不看见他们。突然之间,他忍不住了,大声笑了出来,转身向着苏兹,伸出结实的手抓着他的胳膊:

"好朋友!"他亲热地望着他说,"你瞧,这多美啊!多美啊!……"

他说的是田野和天气;但他笑眯眯的眼睛仿佛是说:

"你是好人。我是蛮子。原谅我吧!我真爱你。"

老人的心化开来了,好像日蚀之后又出了太阳。但他直要过了一会儿才能开口。克利斯朵夫重新搀着他的手臂,格外亲热地和他谈着话;他一上劲,不知不觉加紧了脚步,没留意把两个同伴累得筋疲力尽。苏兹可并不抱怨:他满心欢喜,简直不觉得累。他知道今天这样的不保重,事后一定要付代价的。可是他想:"喝,明天,管它干吗!反正他走了我尽可以休息。"

可是不像他那么兴奋的耿士已经落后了十几步,显得可怜巴巴的。终于克利斯朵夫也觉察了,不胜惶愧地道歉,提议在白杨底下的草坪上躺一会。苏兹当然赞成,没想到他的支气管会不会受影响。幸而耿士替他想起了;或者他至少觉得这么一说,自己不必浑身大汗的去躺在凉快的草地上。他建议到邻近的站上搭火车回去。大家立刻照办了。虽然很累,他们还得加紧脚步以免迟到;结果他们到站的时候,火车正好进站。

这时忽然有个胖子冲到车厢门口,大声叫着苏兹和耿士的名字,还加上一大串他们的头衔和赞扬他们德性的形容词,舞动着手臂像个疯子。苏兹和耿士也叫叫嚷嚷的,舞动着手臂回答他,一边扑向胖子的车厢,胖子也在人堆里推呀撞地奔过来。克利斯朵夫莫名其妙地跟着跑,问:"什么事啊?"

两人欣喜欲狂地喊道:"就是那卜德班希米脱呀!"

这名字对他并没多大意思。他早已忘了饭桌上的干杯。卜德班希米脱站在火车的平台上,苏兹和耿士站在踏级上,高声喧嚷,闹得人耳朵都聋了;他们觉得这一次的巧遇真是妙不可言。火车已经开动,他们赶紧爬上去。苏兹把大家介绍了。卜德班希米脱行过礼,马上呆着脸,像根柱子一样站得笔直,先说了一大堆客套,然后抓着克利斯朵夫的手拼命地摇了五六下,好似要把它拉掉似的,接着又大声地嚷了。克利斯朵夫在他的叫喊声中听出来,他感谢上帝和他的本命星君使他能有这番奇遇。可是过了一忽儿他又拍着大腿诅咒那个倒霉运,使他从来不离开本城的人,偏偏在指挥先生光临的时候出了门。他看到苏兹的电报,早车已经开出一小时;送达的时候他还睡着,人家以为不该惊动他。他为此跟旅馆里的人发了一个早上的脾气,便是现在,他的气还没消呢。为了急于回来,他把他的主顾,看诊的约会,一股脑儿丢开了,马上搭着第一班车。不料这该死的车和干线上衔接的车脱了班,让卜德班希米脱在交叉站上等了三小时;在那边他把他字典中所有的惊叹辞都用尽了,拿这件倒霉事儿向站上看门的和别的等车的旅客讲了几十遍。后来终于出发了。他一路提心吊胆,唯恐赶不上贵客……幸而,谢谢上帝!谢谢上帝!……

他重新抓着克利斯朵夫的手,把它放在指头毛茸茸的大手掌里拼命地捏。他长得意想不到的胖,个子的高大也跟他的胖成比例:方脑袋,红红的头发剪得很短,脸上不留胡子,长着许多小疱,大眼睛,大鼻子,厚嘴唇,双叠下巴,短脖子,背脊阔得异乎寻常,肚子像个酒桶,胳膊和身体离得老远,大手大脚,整个儿是一座山一般的肥肉,因为吃得过分,喝多了啤酒而变得不成样了,活像在巴伐利亚各乡各镇的街上摇来摆去,跟填鸭一样喂起来的那些胖子。为了高兴也为了天热,他浑身像一堆牛油似的发亮;两只手忽而放在分开着的膝盖上,忽而放在邻人的膝盖上,他一刻不停地说着话,卷着舌头把所有的辅音在空中打转,像放连珠炮。有时,他笑得前仰后合,张着嘴巴,一叠连声地呵呵大笑,差点儿闭过气去。他笑得把苏兹和耿士都感染了,他们狂笑了一阵,擦着眼睛望着克利斯朵夫,神气之间仿佛是问他:"嗯,你觉得怎么样?"

克利斯朵夫一声不出,只是骇然地想着:"唱我的歌的难道就是这个怪物吗?"

他们回到苏兹家里。克利斯朵夫只希望能避免听卜德班希米脱的唱。虽然卜德班希米脱心痒难熬地想显本领而一再暗示,他可绝对不接下文。但苏兹和耿士一心一意要拿他们的朋友来献宝,克利斯朵夫这关是逃不过的了。他便没精打采地坐到钢琴前面,心里想:"好家伙,好家伙,你真不知轻重呢:小心点儿!我是对什么都不留情的。"

他想到等会儿要让苏兹伤心,不由得很难过;但他认为与其让这个福斯塔夫①糟蹋他的音乐,宁可使他老人家受些痛苦。可是这一点倒毋须他操心:胖子的声音美极了。一听最初几节,克利斯朵夫就做了个惊讶的动作,使眼睛老盯着他的苏兹吓了一跳,以为他不满意,赶到克利斯朵夫一边弹着一边脸色开朗起来,他才放下了心。于是老人的脸也给克利斯朵夫的快乐照出反光来了。一曲完了,克利斯朵夫转过身来嚷着说,他从来没听见一个人把他的歌唱得这样美的,那时苏

① 莎士比亚剧中的福斯塔夫是个荒淫无耻的小人典型,同时是个大胖子。

兹的快乐简直无可形容;他的欢喜是比克利斯朵夫的满意和卜德班希米脱的得意更甜蜜更深刻:因为他们俩所感到的不过是自己一个人的愉快,而苏兹是把两个朋友的愉快都感到了。音乐继续下去。克利斯朵夫高兴得叫了:他不懂这个又笨重又庸俗的家伙怎么会传达出他的歌的思想。当然这并不是说他把所有细腻的地方都能准确地表现出来;可是他有克利斯朵夫从来没法使职业歌唱家完全感觉到的那种激动和热情。他望着卜德班希米脱,心里想:"难道他真有这样的感情吗?"

但他在胖子的眼睛里,除了虚荣心获得满足的表示,根本没看到什么热情。只有一股无意识的力在这个大块文章的身体中蠢动。这股盲目的,被动的力,好比一队士兵在那里厮杀,既不知道跟谁厮杀,也不知道为什么厮杀。一旦给歌的精神吸住之后,它便欢欣鼓舞地听任摆布:因为它需要活动,而要是让它自寻出路的话,它就永远不会知道怎么活动的。

克利斯朵夫心里想,在创造人类的那天,造物主并没为搭配人的四肢百体花过多少心血,只是随随便便地凑起来,不管它们放在一处是否相称。所以每个人都是被他用信手拈来的零件配成的;应该是一个人的各个部分,竟分配在五六个不同的人身上:脑子在一个人身上,心在另一个人身上,而适合这个心灵的身子又在第三个人身上;乐器在一边,奏乐器的人在另外一边。有些人好比极名贵的小提琴,只因为没人会拉,就给永远关在匣子里头,而那班生来配拉这种提琴的人,倒反终身只能抱着一些可怜的乐器。他所以会发生这样的感慨,尤其因为他自恨从来不能好好地唱一个歌。他的嗓子是唱不准的,自己听了就讨厌。

可是,卜德班希米脱得意忘形,开始在克利斯朵夫的歌曲里"加点儿表情",就是说把他自己的表情代替了原作的表情。克利斯朵夫自然不会觉得自己的曲子因之而生色,便慢慢地沉下脸来。苏兹也发觉了。他是没有批评精神而只知道佩服朋友的,自个儿决不能发现卜德班希米脱的趣味恶劣。但他对克利斯朵夫的热情,使他感受到少年的思想中最微妙的地方:他的心已经不在自己身上而在克利斯朵夫身上了;所以他对卜德班希米脱浮夸的唱法也觉得受不了,想阻止他这种危险的倾向。可是要卜德班希米脱住嘴不是件容易的事。他唱完了克利斯朵夫的作品,接着想唱些教克利斯朵夫一听名字就要恶心的、庸俗的歌曲,苏兹费了不知多大的劲才把他拦住了。

幸而仆人来请吃晚饭,堵住了卜德班希米脱的嘴巴。一上饭桌,他有了另外一个显本领的机会。在这方面他是没有敌手的;克利斯朵夫经过了中午的一顿,此刻懒得再和他较量了。

时间过得很快。三位老朋友围着饭桌望着克利斯朵夫,把他的话句句咽在肚里。克利斯朵夫很奇怪:在这个偏僻的小城里,和这些素昧平生的老人怎么会相处得比自己的家人还亲热。他想:一个艺术家倘使能知道自己的思想在世界上会交结到这些不相识的朋友,他将会感到多么幸福,——他的心会多么温暖,加增多少勇气……可是事实往往并不如此:各人都孤零零的活着,孤零零的死掉,并且感觉得越深切,越需要互相倾诉的时候,越不敢把各人的感觉说出来。随便恭维人的俗物,说话是挺容易的。可是爱到极点的人非竭力强迫自己就不能开口,不能说出他们的爱。所以对于一般敢说出来的人,我们应当感谢:他们不知不觉地在那里帮助作者和他合作。克利斯朵夫非常感激苏兹。他决不把苏兹和其余的两位一般看待,感觉到他是这一小组朋友中的灵魂,是爱与慈悲的洪炉,其余两人不过是这口炉子射出的反光而已。耿士和卜德班希米脱对他的友谊是截然不同的。耿士是自私的家伙,音乐给他的满足,只像一只猫受到人家抚爱。卜德班希米脱是一方面为了满足虚荣心,一方面为了练习嗓子有种生理上的快感。他们完全不想了解克利斯朵夫,唯有苏兹是真正的忘了自己,真正地爱着。

夜深了,两位客人都已经动身。屋子里只剩下克利斯朵夫和苏兹,他对老人说:

“现在我要为你一个人弹琴了。”

他坐在钢琴前面,——像对着心爱的人那样的弹奏。他弹着最近的作品,把老人听得出神了。他坐在克利斯朵夫旁边,眼睛老盯着他,屏着气。他那颗慈祥恺恻的心,连一点儿极小的幸福都不忍独享,他不由自主地反复说着:“唉!可惜耿士不在这儿!”

克利斯朵夫听了可有点儿不耐烦。

一个钟点过去了:克利斯朵夫老在那里弹着;他们一句话都不说。克利斯朵夫弹完了,他们还是不作声。一切都很静:屋子,街道,都睡熟了。克利斯朵夫转过身子,看见老人哭着,便站起来拥抱他。两人在恬静的夜里低声谈着。隔壁屋里的时钟,滴滴答答的声音隐约可闻。苏兹轻轻地说着话,抱着手,身子往前探着一点;因为克利斯朵夫问到,他便讲着他的身世,他的悲伤;他老防着自己,唯恐流露出叹苦的口吻,他心里真想说:“我错了……我不该抱怨的……大家都对我很好……”

事实上他并没抱怨,只是在他平平淡淡叙述孤独生活的时候,有一种不由自主的惆怅的意味。他在最痛苦的叙述中参入某种很渺茫很感伤的理想主义,使克利斯朵夫听了不快而不忍加以反驳。其实,那在苏兹心中也不见得是一种坚定的信仰,只是需要信仰的一种热望,——一种渺茫的希冀,是他当作水面上的浮标一般抓着不放的。他瞧着克利斯朵夫,想在他的眼睛中间找些加强他信仰的表示。克利斯朵夫看到朋友的眼神对他那么信赖的老盯着,向他求救,同时也听到希望他怎么回答的暗示。于是克利斯朵夫说出了一番有勇气有信心的话,正是老人所希望听到而觉得非常安慰的。一老一少忘了年岁的差别,像年龄相仿而相爱相助的弟兄一般接近;弱的一个向强的一个求援:老人在青年的心中找到了倚傍。

半夜过后,他们分手了。克利斯朵夫明天应当起早,他要搭的车就是他坐着来的那一班。所以他赶紧脱着衣服上床。老人把客房收拾得仿佛预备他住上几个月似的。桌上花瓶里插着几朵蔷薇和一枝月桂。书桌上铺着一张全新的吸水纸，当天早上他教人搬了一架钢琴进去，又在自己最珍视最心爱的书籍里挑了几册摆在近床的搁板上。没有一个小地方他没想到，而且都是一片诚心的想到的。可是一切都白费了：克利斯朵夫什么也没看见。他倒在床上，立刻睡熟了。

苏兹可睡不着。他再三回味着白天的快乐，同时已经在体验离别的悲哀。他把彼此说过的话温了一遍，想到亲爱的克利斯朵夫睡在他身旁，跟自己的床只隔着一堵壁。他四肢酸软，浑身瘫倒了，气也塞住了；他觉得在散步的时候着了凉，旧病快复发了；可是他只想着："只要能支持到他动身就好了。"

他唯恐忽然来一阵咳呛把克利斯朵夫惊醒。他因为感激上帝，便作了一首诗，题材是根据西面的"主啊，如今你可以照你的话，释放仆人安然去世……"[①]那一段。他浑身是汗地起床，坐在书桌旁把诗句写下，仔细誊了一遍，又题上一段情意恳切的献辞，署了姓名，填了日子和时刻；等到重新上床的时候，他打了个寒噤，整夜都不觉得温暖。

黎明来了。苏兹不胜惆怅地想起昨天的黎明。但他埋怨自己不该让这种思想把他最后几分钟的快乐给糟蹋了；他知道明天还要追悔今天这个时间呢；因此他竭力不让自己辜负眼前这段光阴。他伸着耳朵听隔壁屋子里的动静。可是克利斯朵夫声息全无。他睡的姿势还是晚上睡下去的姿势。六点半了，他还睡着。要使他错过开车的时间真是太容易了，反正他也不过一笑置之。可是老人没有得到对方同意，决不敢随便支配一个朋友。他心里想：

"那决不能说是我的错，而且跟我完全不相干。只要我不作声就行了。倘使他不准时起床，我还可以陪他一天。"

可是他又回答自己说："不，我没有这权利。"

---

① 《圣经》载，耶路撒冷有圣者名西面，自言得有圣灵启示，知道自己未死之前，必看见主所立的基督。他受了圣灵感动，进入圣殿，正遇见耶稣的父母抱着孩子进来，西面就用手接过来，称颂神说："主啊，如今可以照你的话，释放仆人（按即指他自己）去世……"见《路加福音》第二章第二六至二九节。今人引用此语，乃表示久待之事果然实现的欣喜，年老多病的苏兹以此作诗，尤有深意。

于是他以为应当把他叫醒了,去敲房门。克利斯朵夫并不就醒,还得再敲几下。老人心里很难过,想着:"啊!他睡得多甜!很可以睡到中午呢!……"

终于克利斯朵夫声音挺高兴地在里头答应了。他一知道钟点不由得叫了一声,接着就在屋子里忙起来,乱哄哄地梳洗,唱着断片的歌曲,还隔着墙和苏兹亲热的招呼,说些傻话把悲伤的老人也逗乐了。然后他开了门走出来,精神挺好,一团高兴,根本没想到自己使人家难过。其实他又没有什么事需要他赶回去,多待几天对他也毫无损失,而对苏兹却是莫大的愉快。但克利斯朵夫想不到这些。而且他不管对老人抱着多少好感,也很想告别了:昨天一天絮絮不休的长谈,那些拚着最后一点热情抓着他的人物,已经使他厌倦。何况他还年轻,以为来日方长,大家尽有重新聚首的机会:他现在也不是上什么天涯地角,——不比那老人,明知不久就要到比天涯地角更远的地方去,所以他瞧着克利斯朵夫的目光大有从此永诀的意味。

他虽然筋疲力尽,还是把克利斯朵夫送到车站。外边悄悄地下着寒冷的细雨。到了站上,克利斯朵夫打开钱袋,发觉钱已经不够买直达家乡的车票。他知道苏兹会非常高兴地借给他的,可不愿意……为什么?为什么不让一个爱你的人有个机会帮你的忙而快活一下呢?大概是为了不愿意打搅人,或是为了自尊心。他把车票买到中间站,决意从那儿走回家。

开车的时间到了。他们在车厢的踏级上拥抱。苏兹把夜里写的诗塞在克利斯朵夫手里,站在正对着他车厢的月台上。在已经告别而还没分手的情形之下,两人无话可说了。但苏兹的眼睛继续在那里说话,直到车子开动以后才离开了克利斯朵夫的脸。

火车在铁道拐弯的地方隐没了。苏兹孤零零地踏着泥泞的路回家,拖着沉重的脚步,突然之间觉得又累又冷,雨天的景色格外凄凉。他好容易才挨到家里,爬上阶梯。一进卧房,一阵狂咳把他气都闭住了。莎乐美马上赶了来。他一边不由自主地哼着,一边反复不已的说:“还好!……居然能够撑到这个时候……”

他觉得非常不舒服,就睡下了。莎乐美请医生去了。一到床上,他的身子简直像一堆破絮。他没法动弹;唯有胸部在那里翕动,好比炉灶的风箱。脑袋重甸甸的,发着高热,他整天温着昨日的梦,连一分一秒都不放过:他觉得万分惆怅,继而又责备自己,不该有了这样的幸福以后再抱怨。他合着手,一片热诚地感谢上帝。

克利斯朵夫往着家乡进发。经过了那么一天,他心绪安定了,老人的温情恢复了他的自信。到了中间站,他高高兴兴地下来赶路。离家还有六十公里地,他可不慌不忙,像小学生闲逛一样地走着。这时正是四月,田野里一切还没怎么长成。树叶像皮肤打皱的小手似的在苍黑的枝头展开来;疏疏的几株苹果树开着花,嫩弱的野蔷薇爬在篱笆上微笑。光秃的树林抽着嫩绿的新芽;林后高岗上,像枪尖一般矗立着一座罗曼式的古堡。浅蓝的天空飘着几朵乌云,影子在初春的田野中缓缓移动:骤雨过了,又出了大太阳,鸟在那儿唱着。

克利斯朵夫发觉自己怀念着高脱弗烈特舅舅,而且已经想了一忽儿;他好久没想起这可怜的人,为什么这一下忽然念念不忘了呢?他沿着水光荡漾的河边,在两旁种着白杨的路上走着的时候,舅舅的面貌简直形影不离的紧盯着他,以至到了一堵墙的拐角上,仿佛就要劈面撞见他了。

天阴了,一阵猛烈的暴雨夹着冰雹下起来,远处还有雷声。克利斯朵夫刚走近一个村子,看到一些粉红的门面和深红的屋顶,周围还有几株树。他脚下一紧,奔到村口第一家人家的屋檐下去躲雨。冰雹下得很厉害,打在瓦上琤琤琮琮,掉在地下像铅丸似的乱蹦乱跳,车辙里的水直往四下里流着。在繁花满树的果园顶上,一条虹在暗蓝的云端里展开着鲜明的彩带。

一个年轻的姑娘站在门口打毛线。她很客气地请克利斯朵夫到里面去,他便跟着走进一间屋子,同时是做饭、吃饭、睡觉的地方。尽里头生着一堆很旺的火,上面吊着一只锅子。有个女人在那里剥着蔬菜,跟克利斯朵夫招呼了一声,叫他走到火边去烘干衣服。那姑娘去找了一瓶酒来给他喝。她坐在桌子对面继续打着毛线,同时照顾着两个彼此拿草塞在脖子里玩儿的孩子。她和克利斯朵夫搭讪着。过了一会,他才发觉她是个瞎子。她长得一点儿不美,个子很高大,红红的脸蛋,雪白的牙齿,手臂很结实,可是面貌不大端整,她跟多数的瞎子一样脸上堆着点笑容而没有表情,也和他们一样,谈到什么人和什么东西的时候,仿佛是亲眼目睹的。克利斯朵夫先听她说今天田野里风光很美,他气色很好,不由得愣了一愣,疑心她说笑话。他把瞎子姑娘和剥蔬菜的女人轮流瞧了一会,觉得她们都没有什么惊讶的表示。两个妇女很亲热地问他从哪儿来,打哪儿过。瞎子那股说话的劲似乎有点儿夸张:她听着克利斯朵夫讲到路上和田里的情形,总得插几句嘴,议论一番。当然,这些议论往往跟事实完全相反。但她好像硬要相信自己和他看得一样清楚。

家里其余的人也回来了:一个三十岁光景的壮健的农夫和他年轻的女人。克利斯朵夫跟四个人东拉西扯地谈话,看了看慢慢开朗的天色,等候动身。瞎子一边打着毛线,一边哼着一个调子,使克利斯朵夫想起许多从前的事。

"怎么!你也知道这个?"他说。

(高脱弗烈特从前教过他这个歌。)

他接着哼下去。那姑娘笑起来了。她唱着每句歌词的前半句,他唱着后半句。他站起身子想去瞧瞧天气,在屋子里绕了一转,无意之间把每个角儿都打量了一下,忽然看到食器柜旁边有件东西,他不由得直跳起来。那是一根长而弯曲的拐杖,抓手的部分很粗糙的雕着一个小人弯着腰在那儿行礼。克利斯朵夫对这个东西真是太熟了,很小的时候就常常拿它玩儿的。他过去抓着拐杖,嗄着嗓子问:

"这是哪儿来的?……哪儿来的?"

男人瞧了瞧,回答:"是个朋友丢下来的;一个故世的老朋友。"

“是高脱弗烈特吗？”克利斯朵夫嚷起来。

“你怎么知道的？”大家转过身子问。

克利斯朵夫一说出高脱弗烈特是他的舅舅，全屋子的人都紧张起来。瞎子猛地站起，把毛线团掉在地下乱滚；她踩着她的活儿，过来抓着克利斯朵夫的手再三问：

“啊，你是他的外甥吗？”

大家七嘴八舌的同时说话，闹成一片。克利斯朵夫却又问：

“可是你们……你们怎么会认识他的？”

“他就是死在这儿的。”男人回答。

他们重新坐下；等到紧张的情绪稍微平静了一点，那母亲一边做活一边说，高脱弗烈特跟她们是多年的朋友了，他来来往往经过这儿的时候，总在她们家住。他最后一次来是去年七月，神气很累；他卸下了包裹，老半天没气力说话；可是谁也没留意，他每次来总是这样的：大家知道他容易气喘。他可不抱怨。他从来不抱怨的：无论什么不舒服的事，他总会找出一点儿安慰自己的理由。倘使做着件辛苦的工作，他会想到晚上躺在床上该多么舒服，要是害了病，他又说病好以后该多么愉快……——说到这里，老婆子插了几句闲话：

“可是，先生，一个人就不该老是满足；你自己不抱怨的话，别人也不可怜你了。所以我呀，我是常常诉苦的……”

因此当时大家没注意他，甚至还跟他开玩笑，说他气色很好。摩达斯太(那是瞎子姑娘的名字)，帮他把包裹卸下了，问他是不是要永远这样地奔东奔西不觉厌倦，像年轻人一样。他微微一笑算是回答，因为他没气力说话。他坐在门前的凳上。家里人都做活去了：男人到了田里去；母亲管着做饭。摩达斯太站在凳子旁边，靠在门上打毛线，和高脱弗烈特说着话。他不回答她，她也不要他回答，只把他上次来过以后家里的事讲给他听。他气吁吁的呼吸很困难；她听见他拼命想说话。她并没为之操心，只和他说：

“别说话。你先好好地歇一歇，等会儿再说吧……干吗费这么大的劲?”

于是他不作声了。她还是说她的,以为他听着。他叹了口气,再没一点儿声响。过了一会,母亲出来,看到摩达斯太照旧在说话,高脱弗烈特在凳上一动不动,脑袋往后仰着,向着天,原来刚才那一阵,摩达斯太是在跟死人说话了。她这才懂得,可怜的人临死以前想说几句话而没有说成,于是他照例凄凉地笑了笑,表示听天由命,就这样的在夏季那个恬静的黄昏闭上了眼睛……

阵雨已经停止,媳妇照料牲口去了;儿子拿着锹在门前清除污泥淤塞的小沟。摩达斯太在母亲开始讲这一节的时候早已不见了。屋里只剩下克利斯朵夫和那个母亲;他感动得一句话也说不上来。多嘴的老婆子耐不住长时间的静默,把她认识高脱弗烈特的经过从头至尾讲了一遍。那是年代久远的事了。她年轻的时候,高脱弗烈特爱着她,可是不敢和她说。大家把这件事当作话柄;她取笑他,大家都取笑他,——(他是到处被人取笑的,)——但高脱弗烈特还是每年一片诚心地来看她。他觉得人家嘲笑他是挺自然的,她不爱他也是自然的,她嫁了人,跟丈夫很幸福也是自然的。她那时太幸福了,太得意了;不料遭了横祸。丈夫暴病死了。接着她的女儿,长得挺美,挺壮健,人人称羡的女儿,正当要和当地最有钱的一个庄稼人结婚的时候,一不小心瞎了眼。有一天她爬在屋后大梨树上采果子,梯子一滑,把她摔了下来,一根断树枝戳进了她脑门上靠近眼睛的地方。先是大家以为不过留个疤痕就完了;哪想到她从此脑门上老是像针刺一般的痛,一只眼睛慢慢地失明了,接着另外一只也看不见了;千方百计的医治都没用。不必说,婚约是毁了;未婚夫没说什么理由就回避了。一个月以前为了争着要和她跳一次华尔兹舞而不惜打架的那些男子,没有一个有勇气(那也是很可了解的)再来请教一个残废的女子。于是,一向无愁无虑的,老挂着笑脸的摩达斯太,登时痛不欲生。她不饮不食,从朝到晚哭个不休;夜里还在床上呜咽。大家不知道怎么办,只能和她一起悲伤;而她哭得更厉害了。结果人家不耐烦了,狠狠的埋怨了她一顿,她就说要去投河。有时牧师①来看她,和她谈到仁慈的上帝,灵魂的不死,说她在这个世界上受的痛苦,可以在另外一个世界上得到幸福;可是这些话都安慰不了她。有一天高脱弗烈特来了。摩达斯太对他一向是不大好的。并非因为她心地坏,而是因为瞧他不起;再加她不用头脑,只想嘻嘻哈哈地玩儿:她没有一件缺德的事没对他做过。他一知道她的灾难就大吃一惊,可是对她一点儿不露出来。他坐在她身旁,绝口不提那桩飞来横祸,只是安安静静地谈着话,跟从前一样。他没有一句可怜她的话,仿佛根本没觉得她瞎了眼睛。他也不提她看不见的东西,而只谈她能听到的或是能感觉到的;这些他都做得非常自然,好像他自己也是个瞎子。她先是不听他的,照旧哭着。第二天,她比较肯听了,甚至也跟他说几句话了……

"真的,"那母亲接着说,"我也不懂他跟她有什么可说的。我们要去割草,没空照顾她。可是晚上回来,我们看到她心平气和地在那里说话了。从此以后,她精神渐渐地好起来,似乎把痛苦给忘了。有时候她还不免想起,她哭着,或者和高脱弗烈特谈些伤心的事;但他只做不听见,若无其事地净讲些使她镇静而她感到兴趣的话。她自从残废以后,不愿意再出家门一步,临了居然被他劝得肯出去遛遛了。他先带着她在园子里走一转,以后又带她到田野里去,走得远一点。如今她上哪儿都认得路,什么都分得出,就跟亲眼看见一样。连我们没注意到的东西,她也会觉察;从前她除了自身以外对什么都不大关心的,现在对一切都有兴趣了。那一回,高脱弗烈特待在我们家的时期特别长。我们不敢多留他,可是他自动地住下来,直到她比较安静的时候。有一天,我听见她在院子里笑了。那一笑给我的感觉,我简直说不上来。高脱弗烈特似乎也很高兴。他坐在我的身旁。我们彼此望了一眼,我可以不怕羞地告诉你,先生,我把他拥抱了,而且诚心诚意地拥抱了。于是他跟我说:'现在,我

① 按此系德国北部,居民多奉新教;克利斯朵夫生于德国南部,居民多奉旧教。

想可以走了。这儿用不着我了。'我想留他。他回答说:'不,现在我该走啦。我不愿意多留了。'大家知道他像流浪的犹太人,不能长住一个地方的;[①]所以我们也没多劝他。他走了。可是从此以后,他经过这儿的次数比从前多了,而他每来一次,摩达斯太总是非常快活,她的精神也一次比一次好。她重新管起家务来了;哥哥结了婚,她帮着照顾孩子;现在她再也不抱怨了,神气老是那么快乐。有时我心里不由得想:她要是眼睛不瞎的话,是不是能像现在一样的快活。是的,先生,有些日子我觉得还是像她那样的好,可以不看见那些坏人那些坏事。世界变得不像话了,真是一天坏似一天……可是我很怕好天爷把我的话当真;因为我呀,虽然世界那么坏,还是想睁着眼睛看下去……"

摩达斯太又走了出来,话扯到旁的事情上去了。天已经转晴,克利斯朵夫想动身;可是他们不许,非要他在这儿吃了晚饭过一夜不可。摩达斯太坐在他身旁,整个晚上都守着他。他同情她的遭遇,很想和她亲切地谈一谈。可是她不给他这种机会。她只向他打听高脱弗烈特的事。听到克利斯朵夫说出她所不知道的情形,她显得又快活又忌妒。她自己提到高脱弗烈特的时候,哪怕是一点儿小事,心里也老大地不愿意:你明明觉得她有许多话藏着没说,或者说了出来马上后悔。凡是关于他的回忆,她都当作自己的私产,不愿意跟别人分享。她这种感情跟那些把土地看作性命似的乡下女人一样地顽强:想到世界上还有另外一个人像她一样的爱着高脱弗烈特,她就受不了,而且也不信有这种事。克利斯朵夫窥破了这一点,就让她去自得其乐。他听着她的话,发觉她虽然当初看得见高脱弗烈特的时候眼光很苛刻,但从失明以后,她已经把他构成了一个与事实不同的形象,同时她心中那点儿爱情的渴望,也都集中在这个幻想人物的身上。而且什么也不会

① 基督教传说,耶稣背负十字架,向一犹太人阿哈斯佛吕斯求宿,遭受斥逐,耶稣就说:你将来要永远流浪,直要到我再来的时候为止。于是此犹太人即莫名其妙的四处流浪,无法定居。迄今此项传说成为犹太民族被罚远离祖国的象征。

来阻挠她一厢情愿的玩意儿。瞎子都有种坚强的自信力会把自己不知道的事若无其事的编造出来,所以摩达斯太竟会对克利斯朵夫说:“你长得跟他一个样。”

他懂得,多少年来她在一间窗户紧闭,真相进不去的屋子里混惯了。如今她学会了在黑影里看东西,甚至把黑影都忘了;倘使她的世界中射进一道光明,说不定她倒会害怕。在断断续续的,喜孜孜的谈话中,她和克利斯朵夫提到一大堆无聊的小事,都是跟他不相干的,使他听了很不痛快。他不明白一个受过这么许多痛苦的人,竟没有在痛苦中磨炼出一点儿严肃,而只想着些琐琐碎碎的念头;他几次三番想扯到比较正经的问题,都得不到回音;摩达斯太不能——或是不愿意——把谈话转到这方面去。

大家去睡觉了。克利斯朵夫老半天地睡不着。他想着高脱弗烈特,竭力要从摩达斯太无聊的回忆中间去找出他的面貌,可是极不容易,不由得很气恼。想到舅舅死在这儿,遗体一定在这张床上放过:他觉得很悲伤。他拚命体会舅舅临死以前的苦闷:不能说话,不能使盲目的少女懂得他的意思,他就阖上眼睛死了。克利斯朵夫恨不得揭开舅舅的眼皮,瞧瞧那里头的思想,瞧瞧这一颗没有给人知道,或许连自己也没认识清楚而就此长逝的灵魂;究竟藏着什么神秘。舅舅自己就从来不想知道这个神秘;他所有的智慧是在于不求智慧,对什么都不用自己的意志去支配,只是听其自然地忍受一切,爱一切。这样他才感染到万物的神秘的本体;而瞎子姑娘,克利斯朵夫,以及永远不会发觉的多少其他的人,之所以能从他那边得到那么些安慰,也是因为他并不像一般人那样说反抗自然的话,而只给你带来自然界的和平,恬静跟乐天安命的精神。他安慰你的方式像田野与森林一样……克利斯朵夫想起和舅舅一起在野外消磨的晚上,童年的散步,黄昏时所讲的故事,所唱的歌。他又记起那个冬天的早上,他万念俱灰的时候和舅舅在山岗上最后一次散步的情景,不由得眼泪都冒上来了。他不愿意睡觉;他无意中来到这个小地方,到处都有高脱弗烈特的灵魂,他要把这转侧不寐的神圣的一夜细细地咂摸。可是他听着急一阵缓一阵的泉声,尖锐的蝙蝠的叫声,不知不觉被年轻人的困倦压倒了;他睡着了。

一觉醒来,太阳已经很高,农家的人都上工去了。楼下的屋子里只有那个老婆子和几个孩子。年轻的夫妇下了田,摩达斯太挤牛奶去了;没法找到她。克利斯朵夫不愿意等她回来,心里也不大想再见她,便推说急于上路,托老婆子对其余的人多多致意以后就动身了。

他走出村子,在大路的拐角儿上瞥见瞎子姑娘坐在山楂篱下的土堆上。她一听见他的脚声就站起身子,笑着过来抓着他的手,说:“你跟我来!”

他们穿过草原往上走,走到一片居高临下的空地,到处都是鲜花跟十字架。她把他带到一座坟墓前面,说:“就在这儿。”

他们一齐跪下。克利斯朵夫想起当年和舅舅一同下跪的另一座坟墓,心里想:

“不久就要轮到我了。”

他这么想着,可没有一点感伤的意味。一片和平从泥土中升起。克利斯朵夫向墓穴弯着身子,低声祷告说:“希望你进到我的心里来!……”

摩达斯太合着手祈祷,默默地扯动着嘴唇。随后,她膝行着在墓旁绕了一转,用手摸索着花跟草,像抚摩一般;她那些灵敏的手指代替了她的眼睛,把枯萎的枝藤和谢落的紫罗兰轻轻地拔去。她用手撑在石板上想站起来:克利斯朵夫看见她的手指偷偷的在高脱弗烈特几个字母上摸了一遍。她说:“今天的泥土很滋润。”

她向他伸出手来;他也伸手给她。她教他摸摸那潮湿而温暖的泥土。他握着她的手不放;彼此勾在一起的手指直掐到泥里。他拥抱了摩达斯太。她也吻了他的嘴唇。

他们站起身来。她把才摘下的一束新鲜的紫罗兰递给他,把一些枯萎的放在自己胸口,扑了扑膝盖上的泥土,两人默默无言地出了墓园。云雀在田里啾啾地叫。白蝴蝶在他们头上飞。他们坐在一块草地上。村子里的炊烟向着雨水洗净的天空一直线地上升。平静的河水在白杨丛中闪闪发光。一片明晃晃的蔚蓝的水汽在草原与森林上面铺了一层绒毛。

静默了一会,摩达斯太低声讲着美好的天气,仿佛亲眼看见似的。她半开着嘴唇,深深地呼吸着,留神万物的声响。克利斯朵夫也知道这种音乐的价值,把她想到而说不出的代她说了出来。他又把草底下或空气中细微莫辨的叫声和颤动指出了几种,她说:

"啊!你也懂得这些吗?"

他回答说是高脱弗烈特教他的。

"他也教你的吗?"她说话的神气有点儿懊丧。

他真想和她说:"你别忌妒了吧!"

但他看见光明的世界在他们周围充满着笑意。他瞧着她那双失明的眼睛,觉得非常同情。他问:"那么,你也是跟高脱弗烈特学的了?"

她回答说是的,又说她现在比以前更能体会这些。(她不说在"什么"以前,她避免提到失明二字。)

他们相对无语地过了一会。克利斯朵夫不胜怜悯地瞧着她。她也觉得了。他真想告诉她,表示他的惋惜,希望她对他说些心里的话。"你以前有过痛苦吗?"他很恳切地问。

她一声不出地僵在那里,拉下几根草放在嘴里乱嚼。过了一会,(云雀唱着歌往高空飞去,)克利斯朵夫讲到他自己也有过痛苦,高脱弗烈特安慰他。他说出他的悲伤,苦难,像在那里自言自语。瞎子姑娘留神听着,阴沉的脸色渐渐开朗了。克利斯朵夫仔细瞧着她,看见她预备说话了:她把身子挪动了一下想靠近他,向他伸出手来。他也往前挪动了一点,——可是一刹那之间她又恢复了先前那种麻木的神态,他说完以后,她只回答几句极无聊的话。看她没有一丝皱痕的丰满的脑门,你可以觉得她有种乡下女人的固执,像石子一样地硬。她说得回家去招呼哥哥的孩子了,说话之间神色很从容,还带着几分笑意。

他问:“你觉得快乐吗?”

听他这么说着,她似乎更快乐了。她回答说是的,又把她觉得快乐的理由说了几遍;她竭力要他信服,谈着孩子,谈着家庭……

“是的,”她说,“我非常幸福!”

她站起身子预备走了;他也站了起来。两人告别的时候,语气都很轻快。摩达斯太的手在克利斯朵夫手里稍微抖了一下。她说:“今儿你上路,天气一定好的。”

她又嘱咐他在某处的三岔口上别走错了路。两人之中,眼睛失明的,倒像是克利斯朵夫。

于是他们分手了。他走下山岗。到了下面,他回头一看,她还站在老地方扬着手帕对他示意,像看见他似的。

对自己的残废这样一厢情愿地否认,那么勇敢那么可笑,使克利斯朵夫又感动又不痛快。他觉得摩达斯太多么值得怜悯,甚至也值得佩服;可是要和她在一起住两天,他就受不了。——他一边赶着路(两旁都是开满野花的篱垣,)一边又想到可爱的苏兹老人,想起那双清朗而温柔的眼睛,面对着多少伤心事和难堪的现实而不愿意看。

“他把我又看成怎么样呢?”他问自己,“我跟他理想中的我多么不同!他所看到的我,只是他心里想看到的。一切都像他自己的面目,像他一样的纯洁,高尚。要是看到了人生的真相,他是受不住的。”

他又想起那个姑娘,包围在黑暗里面而否认黑暗,定要相信有者为无,无者为有。

于是他对以前痛恨的德国人的理想精神,看出了它的伟大,以前他恨的是这种理想精神被一般庸俗的心灵拿去搞出虚伪的荒唐事儿。如今他看到,这种信念之美是在于能在这个世界上另造一个世界,跟这个世界截然不同的世界,好比海洋中间的一个小岛。可是他自己受不了这种信念,他不愿意逃到这个*死人的岛*上去……他要的是生命,是真理！他不愿意做一个说谎的英雄。也许没有了这种乐观的谎言一般弱者就活不成；倘使把支持那些可怜虫的幻象加以破灭，克利斯朵夫也要认为是罪大恶极的暴行。然而他自己没法拿这个做借口：与其靠了自欺欺人的幻想而活着，他宁可死的……可是艺术不也是一种幻想吗？——不，艺术不应当成为幻想，应当是真理！真理！我们得睁大眼睛，从所有的毛孔中间去吸取生命的强烈的气息，看着事实的真相，正视人间的苦难，——并且放声大笑！

一眨眼又是几个月。克利斯朵夫没希望离开家乡了。唯一能够帮助他的人，哈斯莱，不愿意帮助他。至于苏兹老人的友谊，是他才得到而马上就失掉的。

回家以后，他写过一封信去，跟着接到两封很亲热的来信，可是因为懒，尤其因为不善于用书信来表白情感，他把复信一天天地搁了下来。而正当他决心提笔的时候，忽然接到耿士一封短简，报告他的老友死了。据说苏兹从旧病复发的支气管炎变成肺炎，病中老惦念着克利斯朵夫，可不许人家惊动他。虽然他闹着多年的病，身体已经衰弱到极点，临终仍免不了长期残酷的痛苦。他托耿士把自己的死讯通知克利斯朵夫，说他到死都记念着他，感谢他赐予他的幸福，只要克利斯朵夫在世一天，他就在冥冥中祝福他一天。——耿士可没有说出来，他旧病复发、终致不起的祸根，大概就在陪着克利斯朵夫的那天种下的。

克利斯朵夫悄悄地哭了一场。他这才感到亡友的价值，这才觉得自己原来多么爱他；像往常一样，他后悔没有把这一点和他说得更明白些。如今可是太晚了。——他此刻还剩下些什么呢？仁慈的苏兹只出现了一刹那，而这一刹那反而使克利斯朵夫在朋友死后觉得更空虚。——至于耿士和卜德班希米脱，除了他们与苏兹那点儿相互的友谊以外，谈不到什么别的价值。克利斯朵夫和他们通了一次信，彼此的关系就告了一个段落。——他也试着写信给摩达斯太，她教人回了他一封很平淡的信,只讲些无关紧要的话。他不愿意再继续下去了。他不再给谁写信,而谁也不写信给他。

静默。静默。沉重的静默一天一天地压在他心上。仿佛一切都成了灰烬。仿佛生命已经到了黄昏;而克利斯朵夫才不过开始生活呢。他决不愿意就此听天由命!他还没到睡觉的时间,还得活下去……

可是他没法再在德国活下去。小城市的那种闭塞偏狭压着他的精神,使他气愤得对一切都不公平了。他的神经都暴露在外面,动不动就会受到伤害,会流血。他活像关在市立公园的笼子跟土洞里的可怜的野兽,受着苦闷煎熬。由于同情,克利斯朵夫有时候去看它们,打量着它们美妙的眼睛,看着那犷野而绝望的火焰一天天地黯淡下去。啊!那还不如痛痛快快把它们一枪打死,倒是解放了它们呢!无论什么手段,也比那些人的不理不睬,教它们活不成死不得的态度要好一些!

克利斯朵夫最感压迫的,还不是一般人的敌意,而是他们变化无定的性格,既没有格局也没有内容的性格。他宁可跟那些死心眼儿的、头脑狭窄的、对一切新思想都不愿意了解的老顽固打交道!硬来,可以硬去;哪怕是岩石吧,可以用铁锹去开凿,用火药去炸毁。可是对付一块没有定形的东西,轻轻一碰就会像肉冻似的陷下去而不留一点痕迹的,你能有什么办法?一切的思想,一切的精力,掉在这种泥淖里都变得无影无踪:即使有块石头掉下去,深渊的面上也不会泛起多少皱纹;嘴巴才张开了一下,马上又闭了起来:刚才的面目早已消灭了。

他们可不能说是敌人。真是差得远呢!他们这种人,在宗教上,艺术上,政治上,日常生活上,都没有勇气去爱,去憎,去相信,甚至也没勇气不相信;他们耗费所有的精力,想把不可调和的事情加以调和。特别从德国战胜[①]以后,他们更想来一套令人作恶的把戏,在新兴的力

① 所谓德国战胜系指一八七〇年的普法战争。

和旧有的原则之间觅取妥协。古老的理想主义并没被人唾弃,因为大家没有那个气魄敢坦坦白白地这样做,而只想把传统思想加以歪曲,来迎合德国的利益。头脑清明而两重人格的黑格尔,直等到莱比锡与滑铁卢两仗以后,才把他的哲学立场和普鲁士邦的沆瀣一气[①]:这是一个显著的榜样。——利害关系既然改变了,一切的原则也就跟着改变了。吃败仗的时候,大家说德国是爱护理想。现在把别人打败了,大家说德国就是人类的理想。看到别的国家强盛,他们就像莱辛一样地说:"爱国心不过是想做英雄的倾向,没有它也不妨事",并且自称为"世界公民"。如今自己抬头了,他们便对于所谓"法国式"的理想不胜轻蔑,对什么世界和平,什么博爱,什么和衷共济的进步,什么人权,什么天然的平等,一律瞧不起:并且说最强的民族对别的民族可以有绝对的权利,而别的民族,就因为弱,所以对它绝对没有权利可言。它,它是活的上帝,是观念的化身[②],它的进步是用战争,暴行,压力,来完成的。如今自己有了力量,力量便是神圣的。力代表了全部的理想主义,全部的智慧。

实际上,德国几百年来都因为徒有理想没有实力而吃了大亏,所以在历尽艰辛之后,不得不伤心的承认最要紧的是力:这一点是很可以原谅的。可是以埃尔特与歌德的后人而有这样的自白,其隐痛也可想而知。德国民族的胜利其实是德国理想的衰微与没落……可怜连最优秀的德国人也偏向于服从,所以要他们放弃理想是最容易不过的。一百年以前默泽就说:"德国人的特征是服从。"特·斯塔尔夫人也说:"德国人是勇于服从的。他们会用一套自圆其说的哲学来解释世界上最不合理的事,例如对强权的尊重,以自己的恐惧为软心肠,从

① 黑格尔(1770—1831)早年轻视普鲁士,称颂拿破仑;晚年则崇拜普鲁士,甚至于所著《历史哲学》的绪论中提到"绝对观念"时,隐含国家至上,尤其是普鲁士至上之意。莱比锡一役(1813)为拿破仑败于俄、奥、普联军之役。而莱比锡与滑铁卢战争已为黑格尔晚年之事。

② 此处所谓"观念",当即指黑格尔的"绝对观念"。又观念一词在此应视为形而上学中之"原理"。

而使尊重强权一变而为佩服强权。”①

克利斯朵夫在德国最伟大的人物和最渺小的人物身上都发现这种心理。席勒笔下的威廉·退尔②,肌肉像挑夫一般的拿腔作调的布尔乔亚,就是一例,无怪那个直言不讳的伯尔内要批评他说:“为了使荣誉与恐惧不致抵触,他故意低着头走过格斯勒的冠冕,表示他没看见冠冕而不行礼,可不是抗命。”小而言之,七十岁的老教授韦斯又是一个例子;他在克利斯朵夫城里是最有声望最受尊敬的学者,可是在街上一碰到什么少尉之流,会赶紧从人行道上闪到街心去让路。克利斯朵夫看到日常生活中这些琐碎的奴性表现,不由得心头火起。他为之痛苦极了,仿佛卑躬屈节的便是他自己。他在街上眼看着军官们飞扬跋扈,暗中非常气愤:他故意不让路,一边还直瞪着眼回敬他们。好几回他差点儿闹事,仿佛有心寻衅似的。虽然他比谁都明白这一类惹是招非的举动的无聊跟危险,但他往往有些理智不大清楚的时间:因为他老是压着自己,再加那些日积月累、无处发泄的强壮的精力,使他烦躁不堪。在那种情形之下,他随时可以闯祸,他觉得要是在这儿再待一年,他就完了。他痛恨强暴的军国主义,好像压在自己的心上;他也恨那些拖在街面上铿锵作声的刀剑,在营门口摆着的仪仗,和对着城墙预备开放似的大炮。当时有一批喧腾众口的黑幕小说,揭穿各地军营里的腐败,把军官全描写成坏蛋,除了做个听人支配的傀儡以外,只晓得闲逛,喝酒,赌钱,借债,受人豢养,互相攻讦,从上到下的欺负下属。克利斯朵夫想到自己将来有一天要服从这种人,他连气都喘不过来了。不,那他是受不了的,永远受不了的;他怎么能委屈自己去向他们低头,被他们羞辱呢?……他可不知道军人中间有一部分极高尚

① 默泽(1775—1830),德国政论家。特·斯塔尔夫人为法国浪漫运动的先驱人物,以反对拿破仑,流亡德国甚久,著有《论德国》一书有名于时,此处即引该书中语。

② 威廉·退尔为传说中解放瑞士的民族英雄。相传(并非史实)十四世纪时奥皇所派统辖瑞士的总督格斯勒在于莱城广场上置有冠冕,全市民经过均须鞠躬,独威廉·退尔抗命,卒领导民众推翻奥国统治云云。德国诗人席勒曾根据此项传说写成诗剧。

的人也在那里痛苦,因为他们眼看自己的幻想破灭了,多少精力,青春,荣誉,信仰,不惜牺牲的热情,都给糟蹋了,浪费了,剩下的只有职业的无聊。——而当军人的要不拿牺牲做目标,他的生活就变了最没意思的活动,只摆着臭架子,仿佛没有信仰而成天念着经一样……

乡土对于克利斯朵夫已经显得太窄了。他像飞鸟一般,到了某个固定的季候,觉得有股无名的力,像海洋上的潮汐似的,突然在胸中觉醒,——那便是天南地北到处流浪的本能!在苏兹老人遗赠他的埃尔特与斐希德的著作里,他也发现和自己同样的心灵,——并非俯首帖耳,死守家园的"大地之子",而是永远扑向光明的"精灵",是"太阳之子"。

往哪儿去呢?他不知道。但他的眼睛望着南方的拉丁国家。第一是法兰西。法兰西永远是德国人彷徨无主的时候的救星。已经有过多少回了,德国的思想界一边诋毁它,一边利用它;被德国大炮轰得烟雾弥漫的巴黎,便是在一八七〇年以后,对德国仍然有极大的魔力。各种形式的思想和艺术,从最革命的到最落伍的,在那儿都可以轮流地,或是同时地,找到实际的例子或精神上的感应。像多少德国音乐家在困苦绝望的时候一样,克利斯朵夫远远地瞻望着巴黎……关于法国人,他知道些什么呢?——不过两个女性的脸,和偶尔念过的一些书罢了。可是这已经足够他想象出一个光明,快乐,豪侠的国家,甚至高卢民族自吹自捧的习气,也和他年轻而大胆的精神非常投机。他相信这些,因为他需要相信,因为他满心希望法国是这样的。

他决意走了。——可是为了母亲而不能走。

鲁意莎老了。她疼爱儿子,他是她唯一的安慰;而他在世界上最爱的也只有母亲。但他们互相折磨,使彼此痛苦。她不大了解克利斯朵夫,并且不想了解,只知道一味地爱他。她头脑狭窄,胆子很小,思路不清,心肠挺好,那种爱人和被爱的需要令人感动,也令人喘不过气来。她敬重儿子,因为觉得他很博学;但她的所作所为都是使他的性灵窒息的。她以为他一定会陪着她,终身住在这个小城里。两人一块儿过了多少年,她做梦也没想到这种生活方式将来会变化。既然她这样很幸福,他又怎么会不幸福呢?她的梦想不过是他将来娶一个当地小康人家的女儿,每星期日在教堂里弹着管风琴,永远陪着她。她把儿子老是当作只有十二岁,巴不得他永远不超过这个年龄。不幸儿子业已长大成人,在这个狭窄的天地中没法呼吸。而她竟无意中教可怜的人受罪。

做母亲的不了解什么叫作雄心,只知道有了天伦之乐,尽了平凡的责任,便是人生的全福;这一套不假思索的哲学的确也有许多真理和伟大的精神在内。她那颗心是只知有爱不知有其他的。舍弃人生,舍弃理性,舍弃逻辑,舍弃世界,舍弃一切都可以,只不能舍弃爱!这种爱是无穷的,带着恳求意味的,同时是苛求的。她自己把什么都给了人,要求人家也什么都给她;她为了爱而牺牲人生,要被爱的人也作同样的牺牲。一颗单纯的灵魂的爱就有这种力量!像托尔斯泰那么彷徨歧途的天才,或是衰老的文明过于纤巧的艺术,摸索了一辈子,几世纪,经过了多少艰辛,多少奋斗而得到的结论,一颗单纯的灵魂,靠了爱的力量一下子便找到了!……可是在克利斯朵夫胸中激荡着的另外一个世界自有另外一批规则,需要另外一种智慧。

他久已想把自己的决心告诉母亲,但怕她难过,每次话到了嘴边又咽下去,想过一晌再说吧。有过两三次,他怯生生地露出要离家的意思;鲁意莎却不把这些话当真:——或许是她假装如此,为的要使他相信他自己也不过是说着玩儿的。于是他不敢再往下说了;但他沉着脸,担着心事,一望而知有桩秘密压在心里。可怜的母亲虽然凭着直觉早已猜到这桩秘密,可老怀着鬼胎不愿揭穿。晚上他们俩一灯相对,默然无语的时候,她突然觉得他要说出来了;惊骇之下,她开始东拉西扯,把话说得很快,连自己也不知道说什么,可是无论如何非阻止他开口不可。通常她总本能地找到些使他开不得口的最好的话:怨自己身体不行,抱怨虚肿的手脚和关节不遂的腿;她把疾苦格外夸张,说自己是个老瘫子,完全不中用了。这些天真的手段其实也瞒不过他;他悲哀地望着母亲,似乎暗中埋怨她;过了一会,他站起身来,推说疲倦,睡觉去了。

但所有这些策略也不能把事情长此拖下去。一天晚上她又用到那套法宝的时候,克利斯朵夫鼓足了勇气,把手放在母亲手上,说道:“妈妈,你听着。我有事跟你说。”

鲁意莎吃了一惊,勉强笑着回答,喉咙已经在抽搐了:“什么事啊,孩子?”

克利斯朵夫嘟嘟囔囔地说出要离家的意思。她竭力认为他是开玩笑,像往常一样设法把话扯开;但这一回他始终板着正经的脸说下去,神气的坚决和严肃使人没有怀疑的余地。于是她不作声了,血都停止了,浑身冰冷,眼睛吓得呆呆的,直瞪着克利斯朵夫。眼睛里那副痛苦的表情把他也噤住了开不得口;一时间他们俩都没有了声音。赶到她透过气来,便嘴唇哆嗦着说:“那怎么行呢!……怎么行呢!……”

两颗很大的眼泪沿着她腮帮淌下来。他丧气地转过头去,双手捧着脸。母子俩一齐哭了。过了一会,他进了卧室,直躲到明天。他们再也不提昨天的事;因为他不提,她勉强教自己相信他已经让步了。可是她始终担着心事。

他终于到了忍无可忍的地步。他太痛苦了,不管说出来是怎么伤心也非说不可了。因为痛苦,他变得自私,同时就忘了自己所能给人的痛苦。他把话一口气说完,躲着母亲的目光,唯恐搅乱了自己的心。他连动身的日子都定了,免得再费第二次口舌;他不知像今天这样可怜的勇气能不能再有第二次。鲁意莎嚷着:“别说了,别说了……”

他咬紧牙齿拿定了主意,继续说着。说完之后,——(她号啕大哭了,)——他握着她的手,想使她明白为了他的艺术,他的生活,到外地去待些时候是绝对必须的。她却不愿意听,只哭哭啼啼地说着:“不成,不成……我不愿意……”

解释了半天一无结果，他走开了，以为过一夜或许她会想明白些。可是第二天他在饭桌上狠着心肠又提到那个计划的时候，她马上把嘴边的面包放下，用着悲痛的埋怨的口气说："难道你一定要折磨我吗？"

他心软了一软，可是回答说："妈妈，没有办法呀。"

"怎么没办法！……你这是要我痛苦……你简直疯了……"

他们俩都想说服对方，可都不听彼此的话。他懂得争辩是没用的，只能增加双方的痛苦；他就摒挡一切，公然作出发的准备。

鲁意莎看到无论怎么样哀求都拦不住他，就变得垂头丧气，抑郁到极点。她整天关在自己屋里，晚上也不点灯；她不说话，不吃东西，夜里还在床上哭。他听了像受着刑罚一样，终夜在床上翻来覆去，受良心责备，痛苦得差点儿叫起来。他多爱她！干吗要使她痛苦呢？……可怜将来为他痛苦的还不止母亲一个人呢；那他也看得很明白……干吗命运要给他完成某种使命的愿望和力量，使他所爱的人为之受苦呢？

"啊！"他心里想，"要是我能够自主，要是没有这股专横的力逼着我去完成使命，否则我就得羞愧而死的话，那么我一定会使你们——我所爱的人们——幸福！先让我生活，活动，奋斗，受苦；然后我将抱着更大的爱回到你们怀里！本来，我只希望能够爱，爱，除了爱以外什么都不管！……"

假使伤心的母亲能有勇气把抱怨的话忍着不说出来，他一定会软心的。可是不够坚强而又多嘴的鲁意莎，偏藏不住心里的痛苦而说给邻居听了，也说给其余的两个儿子听了。小兄弟俩看到有个好机会可以抓住克利斯朵夫的错处，怎么肯轻易放过呢？尤其是洛陶夫素来忌妒长兄，——虽然克利斯朵夫目前的情形没有什么可教人忌妒的，——只要听见一两句赞美克利斯朵夫的话就受不住，暗中还怕他将来会成功；尽管自己不敢承认有这种卑鄙的念头，但他的确担着心事。因为他相当聪明，感觉到哥哥的天才，并且怕别人也一样地感觉到。所以洛陶夫此刻能凭着优越的地位来压倒克利斯朵夫，真是高兴极了。他明知母亲手头拮据而自己很有力量帮助母亲,却永远把全部的责任放在克利斯朵夫一人身上。然而一听到克利斯朵夫的计划,他马上变成孝子了。他对于哥哥遗弃母亲的行为愤慨非凡,斥为自私自利的兽行。他居然当面跟克利斯朵夫这样说,用长辈的口吻教训他,仿佛对付一个该打的小孩子;他傲慢地叫克利斯朵夫别忘了对母亲的责任,和母亲为他所作的种种牺牲。克利斯朵夫气坏了,把洛陶夫连捶带踢地赶出门外,拿他看作小坏蛋,假仁假义的畜牲。洛陶夫为了出气便去煽动母亲。鲁意莎被他一激,以为克利斯朵夫真是个忤逆的儿子。她听见洛陶夫说克利斯朵夫没有离家的权利,觉得正中下怀。哭原来是她最有力量的武器,但光是哭哭啼啼她还不甘心,便说了些偏激的话埋怨克利斯朵夫,把他惹恼了。两人彼此说了些难堪的话;结果是至此为止还在犹豫的克利斯朵夫反而下了决心,加紧作出发的准备。他知道那般慈悲的邻居哀怜他的母亲,认为她是牺牲者而他是刽子手,便咬咬牙齿,再也不改变主意了。

日子一天一天地过去。克利斯朵夫和母亲简直不大说话了。他们非但不尽量享受这最后几天,反而生着无谓的气,把有限的光阴虚度了,把多少感情糟蹋了,——两个相爱的人往往有这种情形。他们只在吃饭的时候见面,相对坐着,彼此不瞧一眼,不作一声,勉强吞几口东西,不是为了吃而是为了免得发僵。克利斯朵夫费了好大的劲才从喉头迸出几个字:鲁意莎却置之不理;而等到她想开口的时候,又是他不作声了。母子俩都受不了这个局面;但这局面越延长,他们越没法摆脱。难道他们就这样地分手吗?那时鲁意莎可明白自己过去的偏枉和笨拙了;但她那么痛苦,不知道怎样去挽回她认为已经失掉的儿子的心,不知道怎样去阻止她绝对不允考虑的远行。克利斯朵夫偷觑着母亲苍白虚肿的脸,心里难过得像受着毒刑一样;但他已经下了必走的决心,而且知道那是自己生死攸关的大事,便只希望自己已经走了,免得多受良心责备。

行期定在后天。他们照旧冷冰冰的,不声不响吃完了晚饭,克利斯朵夫回进卧房,手捧着头对桌子坐着,什么工作都不能做,他只是千思百想的折磨着自己。夜深了,已经快到一点。他突然听见隔壁屋里响了一声,一张椅子翻倒了。他的房门给打开了,母亲穿着衬衣,光着脚,号啕着扑过来勾住他的脖子。她浑身滚热地拥抱着儿子,一边呜咽一边打着嗝:“别走呀!别走呀!我求你!我求你!孩子,你别走呀……!我会伤心死的……那我是受不住的,受不住的!……”

他惊骇之下,把她拥抱着,再三地说:“好妈妈,静静吧,静静吧,我求您。”

可是她又接着说:“我受不住的……我现在只有你了。你一走,我怎么办呢?……我一定会死的。我死也要死在你面前,不愿意孤零零地死。等我死了再走吧!”

她的话使他心都碎了。他不知道说些什么来安慰她。对这种爱和痛苦的发泄,讲理有什么用?他把她抱在膝上,把她亲吻,说着好话。她慢慢地静下来,轻轻地哭着。看她比较安定了些,他就说:“去睡觉吧;别着了凉。”

她可老说着:“你别走呀!”

“我不走就是了。”他声音很轻地回答。

她浑身哆嗦了一下,抓着他的手:“真的吗?真的吗?”

他非常丧气地转过头去:“明儿,明儿再告诉您……现在您去吧,我求您!……”

她很柔顺地站起来,回到自己房里去了。

第二天早上,她觉得半夜里神经病似的发作了一场好不惭愧,同时想起儿子等会不知怎么答复又非常害怕。她坐在屋子的一角等着,拿着打毛线的活儿,可是她的手不愿意拿,让活计掉在地下。克利斯朵夫进来了。两人轻轻招呼了一声,彼此都不敢抬起头来看一眼。他沉着脸站在窗前,背对着母亲不作一声。他心里在交战,可早已知道结果是怎么回事,故意想多挨一些时间。鲁意莎不敢和他说话,生怕引起那个她急于想知道而又怕知道的答复。她勉强捡起活儿,视而不见的做着,把针子都弄错了。外边下着雨。沉默了半晌,克利斯朵夫走到她身边来了;她一动不动,心忐忑地跳着。克利斯朵夫呆呆地望着她,然后突然跪下,把脸藏在母亲的裙子里,一句话也不说,哭了。于是她懂得他是不走了,心里的悲痛不由得减轻了许多;——可是她又立刻后悔,因为她感觉到克利斯朵夫为她所作的牺牲;她这时的痛苦,正和克利斯朵夫牺牲了她而决意出走的时候所受的痛苦一样。她弯下身子吻着他的额角和头发。他们俩一齐哭着,痛苦着。终于他抬起头来;鲁意莎双手捧着他的脸,望着他,眼睛对着眼睛。她真想和他说:"你走吧!"可是她没有勇气。

他真想和她说:"我留在家里很快活。"而他也没有勇气。

这种难解难分的局面,母子俩都没法解决。她叹了口气,表示她爱到极点,也痛苦到极点:"唉,咱们要能同生同死才好呢!"这种天真的愿望把他深深地感动了,擦了擦眼泪,强笑着说:"咱们会死在一块儿的。"

她紧跟着问:"一定吗?你不走了吗?"

他站起身来回答:"一言为定。甭提了。用不着再谈了。"

的确,克利斯朵夫是一言为定了:他不再提离家的话;但要心里不想可不是他自己能做主的。他固然留在家里了,但抑郁不欢与恶劣的心绪使母亲对于他的牺牲付了很大的代价。笨拙的鲁意莎,——明知自己笨拙而老做着不该做的事,——明知道他为什么抑郁,却偏偏要逼他亲口说出来。她用着婆婆妈妈的,惹人气恼的,纠缠不清的感情去烦他,使他想起他跟母亲的性情多么不同,而这一点原是他竭力要忘掉的。他屡次想和她说些心腹话。但正要开口的时候,他们之间忽然有了一道万里长城,使他立刻把心事藏起来。她猜到他的意思,可是不敢,或是不会去逗他说出来。万一她作这种尝试,结果倒反使他把闷在心里受不了而极想吐露的秘密格外的深藏。

还有无数的小事情,没有恶意的怪脾气,也使克利斯朵夫心中着恼,觉得和母亲格格不入。老年人免不了嘴碎,常常把街坊上的闲话翻来覆去地唠叨,或是用那种保姆般的感情,搬出他幼年时代的无聊事儿,永远把他跟摇篮连在一起。我们费了多大力量才从那里跳出来,长大成人,此刻居然由朱丽叶的乳母[①]抖出当年的尿布,翻出那些幼稚的思想,教你想起受着冥顽的物质压迫的混沌时代!

在这方面,她感情表现得那么动人,——仿佛对付一个小孩子,——把他软化了;他只能听凭摆布,也把自己当作一个小孩子。

最糟的是两人从早到晚在一起生活,跟旁人完全隔离。心中苦闷的时候,因为有了两个人而且彼此爱莫能助,所以苦闷格外加强;结果各人又怪怨对方,到后来真的相信自己的痛苦是应该由对方负责的。在这种情形之下,还是孤独比较好,痛苦也只有一个人痛苦。

这样,母子俩每天都在受罪。要不是出了件偶然的事,出了件表面上很不幸,而骨子里是大幸的事,把他们不上不下的局面给解决了的话,他们竟永远跳不出这个互相争持的苦海。

十月里的一个星期日,下午四点光景。天气很好。克利斯朵夫整天躲在房里默想,咂摸着他的悲苦。

他忍不住了,觉得非到野外去走一程,消耗一点精力,用疲倦来阻断自己思想不可。

他从上一天起就跟母亲很冷淡。他差不多要不辞而别地出去了。可是到了楼梯台上,他又想起这样的走掉,她独自在家一定要为之整个黄昏都不快活的,便重新回进屋子,推说忘了什么东西。母亲的房门半开着。他探进头去看到了母亲,一共是几秒钟的功夫……可是这几秒钟在他今后的生命中占着多重要的地位!

鲁意莎刚做罢晚祷回来,坐在平时最喜欢的那个靠窗的角上。对面一堵开裂而乌七八糟的白墙挡着视线;但从她的一角,在右边可以望见邻家的两个院落,和院落那一边的一方像手帕本小的草坪。窗槛

① 《罗密欧与朱丽叶》第一幕第三场,朱丽叶的乳母对朱丽叶母女追述朱丽叶幼年的情景。

外面,一盆五龙爪沿着绳子往上爬,布满着纤巧的蔓藤,在斜阳中摇曳。鲁意莎坐在一张小椅子上,伛着背,膝上摆着本厚厚的《圣经》,可并不念。她把两手——血管隆起,指甲坚硬,方方的往下弯着,明明是做工的手——平放在书上,温柔地望着蔓藤和在蔓藤中透露出来的天空。阳光照着绿叶,间接地反映出她疲倦的脸,还洒上一些惨绿色的影子,白头发很细,可是不多,半开的嘴巴在那里微笑。她体味着这一忽儿的悠闲恬适。那是她一星期中最愉快的时间。她沉浸在所有痛苦的人觉得最甜蜜的,一无所思的境界里:迷离惝恍,只有一颗朦胧半睡的心在喁喁细语。

"妈妈,"他说,"我想出去,上蒲伊那边遛遛,回来要晚一些。"

半睡半醒的母亲略微惊跳了一下,转过头来,用着慈祥和平的眼睛望着他:

"好,你去吧,孩子:你这主意很不错,别错过了好天气。"

她向他笑笑。他也向她笑笑。他们俩彼此瞧了一会,然后点点头,眯了眯眼睛,表示告别了。

他轻轻地把门带上。她慢慢地又回到她的幻想中去了,儿子的笑容给她的梦境照上一道明亮的反影,像阳光射在黯淡的五龙爪上一样。

于是,他离开了她,——永远的离开了她。

那天傍晚,温和的太阳颜色只是淡淡的。田野懒洋洋的仿佛快睡着了。各处村子上的小钟在静寂的原野里悠悠地响着。一缕缕的烟在阡陌纵横的田间缓缓上升。一片轻盈的暮霭在远处飘浮。白的雾铺在潮湿的地下,等着黑夜降临好往上升去……一条猎狗鼻子尽嗅着泥土,在萝卜田里乱窜。成群的乌鸦在灰色的天空打转。

克利斯朵夫一边胡思乱想,一边茫无目的而不知不觉的向着一个目标走去。几星期来,他到城外散步老是以一个村子为中心,知道在那儿一定能遇到一个吸引他的美丽的姑娘。那不过是种吸引,可是很强烈的，有点乱人心意的吸引。要克利斯朵夫不爱什么人是不大可能的，他的心难得会空虚，其中永远有一个为它膜拜的偶像。至于那偶像是否知道他的爱，他完全不以为意；但他需要爱，心中不能有一忽儿没有光明。

这一回他热情的对象是个乡下姑娘，好似埃利泽遇见利百加一样，也是在水边遇到的；但她并不请他喝水，倒反把水撩在他脸上。①她跪在一条小溪的堤岸缺口的地方，在两株杨柳中间，树根在周围盘成岩洞一般：她精神抖擞地洗着衣服，嘴巴跟手臂一样的忙着，因为她和对岸洗衣服的同村女伴在那里大声说笑。克利斯朵夫躺在几步以外的草地上，两手支着下巴望着她们。她们毫不羞怯，照旧嘻嘻哈哈的，说话很放肆。他并不留神她们说些什么，只听着她们的嬉笑声，捣衣声，远处草地里的牛鸣声，目不转睛地盯着那漂亮的洗衣女郎出神了。——不久，那些女孩子发觉了他注视的对象，互相说些俏皮话；那姑娘也冷言冷语地刻薄他。因为他老待着不动，她便站起身子把绞干的衣服晾到小树上去，顺便过来对他看个仔细。走近他身边的时候，她有心把衣服上的水洒在他身上，涎皮赖脸地望着他笑。她个子很瘦，很结实，尖尖的下巴往上抄起，鼻子很短，眉毛很弯，深蓝的眼睛光彩四射，带点儿凶相，神气很大胆，嘴巴很好看，厚嘴唇微微往前撅着，像个希腊面具，浓密的金黄鬈发披在颈窝上，皮肤是紫铜色的。她头挺得笔直，无论说什么总带着讪笑的意味；走路像男人一样，给太阳晒得乌黑的两手甩来甩去。她一边晾衣服一边用挑拨的目光瞅着克利斯朵夫等他开口。克利斯朵夫也瞪着她，却没有意思跟她搭讪。末了，她朝着他哈哈大笑了一阵，回到同伴那儿去了。他始终躺着，直到薄暮时分，眼看她背着篓子，抱着胳膊，伛着背，咭咭呱呱的一路说笑一路回去。

① 《旧约·创世记》载：亚伯拉罕遣仆人埃利泽为己子以撒娶妻。埃利泽行至拿鹤城，在水井边祈祷，倘遇到第一个给他喝水的女人，就定聘为以撒之妻。后利百加先至，埃利泽求水，利百加即予水，卒聘为以撒之妻。

过了两三天,他在城里的菜市上,在成堆的萝卜、番茄、黄瓜、青菜中间又碰见了她。他信步走去,望着那些女菜贩整整齐齐的站在菜篮后面,好似预备出卖的奴隶。警察局的职员一手拿着钱袋一手拿着一叠票子,向每个菜贩收一文小钱,给一张小票。卖咖啡的女人提着满篮的小咖啡壶绕来绕去。一个老虔婆,吃得肥肥胖胖的,挽着两只挺大的篮,嘴里老天爷长老天爷短的向人讨菜蔬,没有半点羞怯的神气。大家叫叫嚷嚷;古老的秤托着绿色的篮,的的笃笃的响个不停;拖着小车的大狗高高兴兴的叫着,自以为当着重要的角色而得意非凡。就在这片喧闹声中,克利斯朵夫瞥见了他的利百加,——真名叫做洛金。——她在金黄色的发髻上戴着一张白里泛绿的菜叶,好似一个齿形的头盔,面前堆着金黄的蒜头,粉红的萝卜,碧绿的刀豆,鲜红的苹果。她坐在一只篓子上咬着苹果,一个又一个的尽吃,根本不在乎卖不卖,不时拿围裙抹抹下巴和脖子,用手臂撩撩头发,把面颊挨着肩头,或者把鼻子挨着手背,摩擦几下。再不然,她无精打采地抓着一把豌豆在两只手里倒来倒去。她东张西望,态度很悠闲,可是把周围的情形都瞧在眼里:凡是针对她的目光,她都不动声色地一一记着。她当然看到克利斯朵夫,便一边和买菜的主顾说话,一边拧着眉毛从他们的肩头上望出去,注意他。她面上做得非常庄严,心里却在暗笑克利斯朵夫。他的模样也的确很可笑:像木头人似的站在几步以外,死命用眼睛盯着她,过后又一言不发地走了。

他好几次到她的村子四周徘徊。她在院子里来来往往,他站在路上远远地望着。他不承认是为她而来的,其实也差不多是无意中走来的。他一心一意作曲的时候,常常像害了梦游病一样:心灵中有意识的部分贯注着乐思,其余的部分便让另外一个无意识的心灵占据了,那是只要他稍一分心就会起来控制他的。他对着这姑娘,往往被胸中嗡嗡作响的音乐搞得迷迷糊糊:眼睛望着她,心里依旧在沉思幻想。他不能说爱她,甚至想也没想过,只是喜欢看到她。他根本没注意自己有个欲望老是要来找她。

他这样的时常露面,当然引起人家的议论。农庄上后来知道了克利斯朵夫的来历,把他作为笑柄。可是谁也不以为意,因为他并不侵犯人家。一句话说完,他不过像个呆子,而他自己也不在乎是否像呆子。

那天正是村里的一个节日。儿童们掷着豌豆,喊着:"君皇万岁!"关在棚里的小牛在叫,酒店里传出唱歌的声音。尾巴像彗星似的风筝在田野的上空飘荡。母鸡在肥料堆中乱扒;风吹着它们的羽毛好似吹进老妇人的裙子。一头粉红色的肥猪好不舒服地横躺在地下晒太阳。

克利斯朵夫向着三王客店走去。一面小旗在红色的屋顶上飘荡,门前吊着成串的蒜头,窗上缀着红的黄的金莲花。他走进烟味浓烈的大厅,壁上挂的是发黄的石印图画,正中是皇帝的彩色肖像,四周扎着橡树叶子。大家在跳舞。克利斯朵夫断定他漂亮的女朋友一定在内。果然,他第一个看到的就是她。他拣着一个位置坐下,在那边可以安安静静地看到跳舞的人。他虽然留着神不让别人看见,可是洛金自会把他发现出来。她一边跳着没有完的华尔兹舞,一边从舞伴的肩头上向他丢了几个眼风,并且为了挑拨他,故意和村里的少年调情打趣,嘻开着大嘴傻笑,高声说些无聊的话。在这一点上,她和一般交际场中的姑娘并无分别:被人家一瞧,她们就以为非当众嬉笑骚动一阵不可。——其实她们并不见得怎么傻,因为知道大家是瞧她们而不听她们的。——克利斯朵夫肘子撑在桌上,拳头托着下巴,看着她装腔作势不禁从眼睛里表示出他的热情与愤怒:他头脑还算清醒,不至于看不出她的诡计,但已不够清醒到不上她的当;所以他时而愤愤地咕噜,时而耸耸肩膀,笑自己的受人愚弄。

此外还有一个人在注意他:那是洛金的父亲。矮胖个子,大脑袋,短鼻子,光秃的头被太阳晒成了暗红色;四周剩下的一圈头发,从前一定是金黄的,如今变做一个个浓密的小卷儿,像丢勒画的圣·约翰;胡子剃得光光的,神色非常镇静,嘴角上挂着一根长烟斗:他慢腾腾地和别的乡下人说着闲话,眼梢里老注意着克利斯朵夫的表情,不由得在肚里暗笑。他咳了一声;灰色的眼中忽然闪出一道狡猾的光,他过来挨着克利斯朵夫坐下。克利斯朵夫挺不高兴地向他掉过头来,正好碰上那双阴险的眼睛;老人却衔着烟斗,很随便地和他搭讪起来。克利斯朵夫一向认识他:认为是个老混蛋;可是对于女儿的好感使他对父亲也变得宽容了,甚至和他在一处还有种异样的快感:奸刁的老头儿看透了这一点。他先说了一阵天气,把那些俊俏的姑娘做题目说了几句俏皮话,再提到克利斯朵夫的不去跳舞,认为他这个办法真聪明,坐在桌子前面把杯独酌不是舒服得多吗?说到这里,他老实不客气地向克利斯朵夫讨了一杯。老头儿一边喝着,一边有一搭没一搭的谈到他的小买卖,说什么生活艰难,天时不正,百物昂贵等等。克利斯朵夫听了全无兴趣,只在鼻子里随便哼几声,眼睛始终望着洛金。老人静了一会,等他回答;他置之不理,老人可又不慌不忙地说下去了。克利斯朵夫心里想这家伙来跟他鬼混,说那些话,究竟是什么意思。结果他明白了。老人怨叹完毕,把话题换过一章,把他庄上出产的菜蔬,家禽,鸡蛋,牛奶,夸了一阵,突然问克利斯朵夫能否把他的出品给介绍到爵府里去。克利斯朵夫听了可直跳起来:“怎么他会知道的?……难道他认识他吗?……”

“当然啰,”老人说,“什么事都会知道的。”

他心里还有一句话没说出来:“……尤其是我亲自出马探听的时候。”

克利斯朵夫暗自好笑地告诉他,虽然“什么事都会知道”,但他们还没晓得他最近已经跟宫廷闹翻,即使他的话当初在爵府的总务处和厨房里有点儿作用(而这还大有问题),此刻也早已完了。老人听到这话,略微抿了抿嘴,但并不灰心,过了一会,又问克利斯朵夫能不能替他介绍某些家庭,接着就背出一切和克利斯朵夫有来往的人家的姓名,因为他在菜市上把什么都打听清楚了。要不是想到老人尽管那么狡猾也免不了上当,而不由得想笑出来的话,克利斯朵夫对这种间谍式的勾当早就气得直跳了;因为对方万万料不到克利斯朵夫的介绍非但不能替他招徕几个新主顾,反而使他连老主顾都会保不住的。因此克利斯朵夫听凭老头儿枉费心机地去要那些无聊的小手段,既不回答他一个是,也不回答他一个否。但那乡下人死钉不放,最后竟来进攻克利斯朵夫和鲁意莎了,硬要推销他的牛奶,牛油和乳脂;他早就盘算好,即使找不到别的主顾,这两个总是逃不了的。他又补充说,既然克利斯朵夫是音乐家,那么每天早晚吞一个新鲜的生鸡蛋是保护嗓子最好的办法:他自命为能供给刚生下来的,暖烘烘的,最新鲜的蛋。克利斯朵夫一听到老人把他误认为歌唱家,不禁哈哈大笑。老头儿借此机会又叫了一瓶酒。然后,觉得眼前在克利斯朵夫身上再也弄不到别的好处,便掉头不顾地去了。

天已经黑了。跳舞的场面越来越热闹。洛金完全不理会克利斯朵夫,只忙着勾引村里一个富农的儿子,所有的姑娘都争着要讨他的喜欢。克利斯朵夫很关切她们这种竞争;女孩子们彼此笑着,动手动脚,乐不可支。克利斯朵夫把自己忘了,一心希望洛金成功。但等到洛金真的成功了,他又有些悲哀。他立刻责备自己。他既不爱洛金,那么她喜欢爱谁就爱谁,不是挺自然的吗?——但感到自己这样孤独也不见得有趣。那些人都为了想利用他才关切他,而过后还得嘲笑他。洛金因为把她的情敌气坏了,格外快乐,人也显得更好看了:克利斯朵夫叹了一口气,望着她笑了笑,预备走了。时间已经九点:进城还得走好几里路。

他刚从桌边站起,大门里突然闯进十几个兵。他们一出现,全场的空气登时冷了下来。大家开始交头接耳。几对正在跳舞的伴侣停住了,不安的望着那些新来的客人。站在大门口的几个乡下人假装转过身子和自己人谈话,虽然表面上做得若无其事,暗中都小心翼翼地闪在一旁让他们走过。——整个地方上的人和城市四周炮台里的驻军已经暗斗了一些时候。大兵们烦闷得要死,常常拿乡下人出气,很下流地取笑他们,糟蹋他们,把乡间的妇女当作属地上的女人看待。

上星期就有一批喝醉的兵去骚扰邻村的节会,把一个庄稼人打得半死。克利斯朵夫知道这些事,和乡下人一样地愤愤不平。此刻他便回到原位上,看有什么事发生。

那些兵根本不理会大众的恶感,乱哄哄地奔向坐满客人的桌子,硬挤下去。大半的人都咕噜着挪开身子。一个老头儿让得慢了些,被他们把凳子一掀,摔在地下,他们看了哈哈大笑。克利斯朵夫大为不平,站起来正想过去干涉,不料那老人费了好大的劲从地下爬起来,非但没有半句怨言,反而连声道歉。另外两个兵走向克利斯朵夫的桌子:他握着拳头看着他们过来。可是他用不着这么紧张。那不过是跟在惹是生非的坏蛋后面,想狐假虎威来一下的两个脓包罢了。他们被克利斯朵夫威严的神气镇住了;他冷冷地说了声"这儿有人……",他们就赶紧道歉,缩在凳子的一头,唯恐惊动了他。他说话颇有主子的口吻,而他们天生是奴才脾气。他们看出克利斯朵夫不是个乡下人。

这种屈服的态度使克利斯朵夫的气平了一些,观察事情也冷静了些。他一眼就看出这些大兵的主脑是个班长——眼睛凶狠的小个子,斗牛狗似的脸,卑鄙无耻的恶棍,就是上星期日闹事的主角之一。他坐在克利斯朵夫旁边的一张桌上,已经醉了。他凑到人家面前,说着不三不四的侮辱的话,而那些受辱的人只做不听见。他特别盯着跳舞的人,评头论足,用的全是脏话,引得他的同伴哈哈大笑。姑娘们红着脸,差不多要哭了;年轻的汉子气得暗暗的咬牙切齿。恶棍的眼睛慢慢地把全场的人一个一个看过来:克利斯朵夫看见他的目光扫到自己身上来了,便抓着杯子,握着拳头,预备他说出一句侮辱的话,就把酒杯劈面摔过去。他心里想:

"我疯了。还是走掉的好。我要被他们把肚子都切开了;再不然,也得给他们关到牢里去,那可太犯不上了。趁他们没有来惹我之前先走吧。"

但他骄傲的性格不让他走:他不愿意被人看出他躲避这些流氓。——对方那双阴狠凶横的眼睛盯住了他。克利斯朵夫浑身紧张,愤怒非凡地瞪着他。那班长把他打量了一会,被克利斯朵夫的脸打动了说话的兴致,用肘子撞着同伴,一边冷笑一边教他看克利斯朵夫,正要张开嘴来骂。克利斯朵夫迸着全身之力,预备把杯子摔过去了。——正在千钧一发的关头,一件偶然的小事救了他。醉鬼刚想开口,不料被一对跳舞的冒失鬼一撞,把他的酒杯打落在地下。于是他怒不可遏地转过身去,把他们狗血喷头地大骂一顿。目标转移了,他完全忘了克利斯朵夫。克利斯朵夫又等了几分钟,看见敌人无意再向他寻衅,方始站起,慢慢地拿着帽子,慢慢地向大门走去。他眼睛老盯着军官的桌子,要他明白他决不怕他。可是那醉鬼已经把他忘得干干净净:再没有人注意他了。

他握着门钮:再过几秒钟,他就可以身在门外了。但命中注定他这一天不能太平无事地走出去。大兵们喝过了酒,决心要跳舞了。但既然所有的姑娘都有舞伴,他们便把男的赶走,而那些男的也毫无抵抗地让他们驱逐。洛金可不答应。克利斯朵夫看中的那双大胆的眼睛和强项的下巴,的确有些道理。她正发疯般跳着华尔兹,不料那班长看上了她,过来把她的舞伴拉开了。洛金跺着脚,叫着嚷着,推开军官,说她决不跟像他这样的坏蛋跳舞。他追着她,把那些被她当作屏风般掩护的人乱捶乱打。末了,她逃到一张桌子后面;在那个障碍物把对方暂时挡住的几秒钟内,她又喘过气来骂他;看到自己的抗拒完全没用,她气得直跳,想出最难堪的字眼,把他的头比做各式各种畜牲的头。他在桌子对面探着脑袋,挂着阴险的笑容,眼中闪出愤怒的火焰。突然他发作起来,跳过桌子,把她抓住了。她拳打足踢地挣扎,像一个放牛的蛮婆。他身子原来就不大稳,差点儿倒下。愤怒极了,他把她按在墙上打了一个嘴巴。他来不及打第二下:一个人在他背后跳过来,使劲回敬了他一巴掌,又飞起一脚把他踢到了人堆里。原来是克利斯朵夫排开了众人,在桌子中间挤过来把他扭住了。军官掉过身来,气疯了,拔出腰刀,但来不及应用,又被克利斯朵夫举起凳子打倒了。这一架打得那么突兀,在场的观众竟没想到出来干涉。但大家一看那军官像牛一样地倒在地下了,立刻乱哄哄地骚动起来。其余的兵都拔着刀奔向克利斯朵夫。所有的乡下人又一齐扑向他们。登时全场大乱。啤酒杯满屋地飞,桌子都前仰后合。乡下人忽然觉醒了:需要把深仇宿怨发泄一下。大家在地下打滚,发疯似的乱咬。早先和洛金跳舞的人是个庄子上结实的长工,此刻抓着刚才侮辱他的大兵的脑袋往壁上撞。洛金拿着一条粗大的棍子狠命地打。别的姑娘叫喊着逃了,两三个胆子大一些的却高兴到极点。其中有个淡黄头发的矮胖姑娘,看见一个高个子的兵——早先坐在克利斯朵夫旁边的——把敌人按在地下用膝盖压着胸脯,她便赶紧往灶屋里溜了一转,回来把那蛮子的头往后拉着,用一把灼热的火灰摔在他眼里。他疼得直叫。她可得意极了,看他受了伤,听凭乡下人痛殴,不禁在旁百般诟辱。最后,势孤力弱的大兵顾不得躺在地下的两个同伴,竟自往外逃了。于是恶斗蔓延到街上。他们闯到人家屋里,嘴里一片喊杀声,恨不得捣毁一切。村民拿着铁叉追赶,放出恶狗去猛扑。第三个兵又倒下了,肚子上给锹子戳了个窟窿。其余的不得不抱头鼠窜,被乡人直追到村外。他们跳过田垄,远远地喊着说去找了同伴再来。

村民得胜之后,欣喜若狂地回到客店里;那是蓄意已久的报复,过去受的耻辱都洗雪了。他们还没想到闯了这个祸的后果呢。大家七嘴八舌地争着说话,各人夸说自己的英勇。他们和克利斯朵夫表示亲热,他也因为能够跟他们接近而很高兴。洛金过来抓着他的手,握了好一会,嘻嘻哈哈地把他当面取笑了几句。那时她不觉得他可笑了。

然后大家检点受伤的人口。村民中间不过有的打落牙齿,有的伤了肋骨,有的打得皮肉青肿,都没什么了不起。士兵方面可不然了。三个重伤:眼睛被灼坏的大家伙,肩膀也给斧头砍去了一半;戳破肚子的一个,喉咙里呼里呼鲁的好似快死了;还有被克利斯朵夫打倒的那个班长。他们躺在炉灶旁边。三个之中受伤最轻的班长睁开眼来,满怀怨毒的目光把周围的乡下人看了好久。等他清醒到能想起刚才的情形,他便破口大骂,发誓要报复,把他们统统牵连在内;他愤怒到气

都喘不过来,恨不得把他们一齐杀死。他们笑他,可是笑得很勉强。一个年轻的乡下人对他喊道:

"住嘴!要不然就杀死你!"

军官挣扎着想爬起来,杀气腾腾的眼睛瞪着那个说话的人:

"狗东西!你敢?人家要不砍掉你的脑袋才怪!"

他继续直着嗓子乱嚷。戳破肚子的那个像死猪般尖声怪叫。另外一个直僵僵的躺着不动,像死了一样。一片恐怖压在那些村民心上。洛金和几个妇女把伤兵抬到隔壁屋里。班长的叫嚷和垂死者的呻吟都不大听得见了。乡下人一声不响,站在老地方围成一圈,仿佛那些伤兵依旧躺在他们脚下;他们一动也不敢动,面面相觑的骇呆了。临了,洛金的父亲说了句:"哼!你们做的好事!"

于是场中起了一片无可奈何的,唧唧哝哝的声音:大家咽着口水。然后他们同时说起话来。先只是窃窃私语,像怕人在门外偷听似的;不久声音高起来,变得尖锐了:他们互相埋怨,这个说那个打得太凶,那个说这个下手太狠。争论变成口角,差不多要动武了。洛金的父亲把他们劝和了,然后抱着手臂,向着克利斯朵夫,抬起下巴指着他说:"可是这家伙,他到这里来干什么的?"

群众所有的怒气立刻转移到克利斯朵夫身上,有人喊道:"对啦!对啦!是他先动手!要不是他,决不会出乱子的!"

克利斯朵夫愣住了,勉强回答说:"我是为了你们,不是为我,你们很明白。"

但他们怒不可遏地反驳他:"难道我们不会保护自己吗?要一个城里人来告诉我们怎么做吗?谁请教过你的?谁请你到这儿来的?难道你不能待在自己家里吗?"

克利斯朵夫耸耸肩膀,向大门走去。可是洛金的父亲把他拦住去路,恶狠狠地嚷着:"好!好!他给我们闯下了大祸,倒想一走了事。哼,可不能让他走。"

乡下人一齐跟着吼起来:"不能让他走!他是罪魁祸首,什么事都得归他担当!”

他们磨拳擦掌地把他团团围住。克利斯朵夫看见那些骇人的脸越逼越近:恐怖使他们变得疯狂了。他一声不响,不胜厌恶地扯了个鬼脸,把帽子往桌上一扔,径自坐到屋子的尽里头,转过背去不理他们了。

可是大抱不平的洛金直冲到人堆里,气得把俊美的脸扭做一团,涨得通红,粗暴地推开围着克利斯朵夫的人,喊道:“你们这些胆怯鬼!畜牲!你们羞也不羞?你们想教人相信什么都是他一个人干的!以为没有人看到你们是不是?你们之中可有一个不曾拼命乱捶乱打的?……要是有谁在别人打架的时候抱着手臂不动,我就唾他的脸,叫他胆怯鬼!胆怯鬼!”

那些乡下人被她出其不意地一顿臭骂,呆住了,静默了一会,又叫起来:“是他先动手的!要不是他,什么事都不会有的。”

洛金的父亲竭力对女儿示意,可是没用;她回答说:“不错,是他先动手的!那对你们也没什么体面。要没有他,你们会听任人家侮辱,听任人家侮辱我们,你们这些脓包!没有骨头的东西!”

她又骂她的男朋友:“还有你,你一声不出,只会挤眉弄眼,把屁股送过去给人家的皮靴踢;对啦,你还会道谢呢!你不害臊么?……你们都不害臊么?你们简直不是人!胆子像绵羊似的,连头都不敢抬一抬!直要等到这城里人来给你们做榜样!——如今你们把什么都推在他头上!……哼,那可不行,老实告诉你们!他是为了我们打架的。你们要不把他放走,就得跟他一起倒霉:我决不放过你们!”

洛金的父亲拉她的手臂,气得直嚷:“住嘴!住嘴!……贱骨头,你还不住嘴!”

洛金把他一手推开,倒反嚷得更凶了。全场的人都直着嗓子叫,她比他们叫得更响,尖锐的声音几乎震破耳鼓:“我先问你,你还有什么可说的?你刚才把躲在隔壁的那个半死的兵乱踩,难道我没看见吗?还有你,把手伸出来看看!……还有血迹呢。你以为我没看见你拿着刀吗？我要把亲眼看到的统统说出来，要是你们敢伤害他的话。判起刑来，我教你们一个都逃不了。”

那些乡下人愤怒之极，气哼哼地把脸凑近洛金，对着她怒吼。其中一个似乎要把她掌嘴了，洛金的男朋友便抓着他的衣领，互相扭做一团，预备大打出手了。一个老头儿和洛金说：“我们抵了罪，你也逃不了。”

“对，我也逃不了；我可不像你们这样没有种。”

于是她又叫嚷起来。

他们不知怎么办了，回头去找她的父亲：“难道你不能要她住嘴吗？”

老人懂得，一个劲儿的逼洛金不是个聪明办法。他对大众递了个眼色教他们静下来。赶到只有洛金一个人说话，没人跟她顶嘴的时候，好像火没有了燃料，她也停住了。过了一忽，父亲咳了一声，说道：“哎，那么你要怎么样呢？总不见得要断送我们吧？”

“我要你们把他放走。”她说。

他们都转起念头来了。克利斯朵夫始终坐在那里，凭着傲气兀然不动，仿佛没听见大家在讲他的事；但他对于洛金的义愤非常感动。洛金也好像不知道他在场，背脊靠着他的桌子，带着挑战的神气瞪着那些抽着烟，眼睛望着地下的村民。最后，她的父亲把烟斗在嘴里咬弄了一会，说道：“把他招出来也罢，不招出来也罢，——他要留在这儿，结果是不用说的了。那班长是认识他的，哪里肯放松！他只有一条路，就是马上逃，逃过边境去。”

他思索的结果，认为无论如何，还是克利斯朵夫逃走对他们有利：因为这样一来，他等于把罪名坐实了；而他既不能在这儿替自己申辩，他们就很容易把案子的重心推在他身上。这个意见，众人都表示同意。他们彼此心里都很明白。——一朝大家打定了主意，便巴不得克利斯朵夫已经走了。他们并不因为先前对克利斯朵夫说过许多难堪的话而觉得不好意思，倒反走拢来好似对他的命运非常关切。

"先生,一刻都不能耽误了,"洛金的父亲说,"他们马上会来的。半个钟点赶到营里,再加半个钟点就能赶回……现在只有快快溜了。"

克利斯朵夫站起身子。他也考虑过了。他知道倘使留着,自己一定是完的。可是走吗,不见一面母亲就走吗?……不,那又不行。他就说先回去一次,等半夜里再走,还来得及越过边境。但他们都大声叫起来。刚才大家拦着他不许逃;此刻却因为他不逃而表示反对了。回到城里毫无问题是自投罗网:他还没有到家,那边先就知道了;他会在家里被捕的。——他可执意要回去。洛金懂得他的意思,便说:"你要看你的妈妈是不是?……我代你去好了。"

"什么时候去?"

"今天夜里。"

"你准去吗?"

"准去。"

她拿着头巾包起来:"你写个字条给我带去……跟我来,我给你墨水。"

她把他拉到里边一间屋里。到了门口,她又掉过身来招呼她的男朋友:"你先去收拾一下,等会由你带他上路。你得看他过了边境才能回来。"

"好吧,好吧。"他说。

他比谁都急于希望克利斯朵夫快点到法国,最好是更远一点,倘使可能的话。

洛金和克利斯朵夫进到隔壁房里。克利斯朵夫还迟疑不决。他想到从此不能再拥抱母亲,痛苦得心都碎了。什么时候再能见到她呢?她已经那么老,那么衰弱,那么孤独!这一下新的打击会把她断送了的。他不在这里了,她怎么办呢?……可是倘使他不走,判了罪,坐上几年的牢,她又怎么办呢?那她不是更无倚无靠,没法过日子了吗?现在这样一走,不管走得多远,他至少是自由的,还能帮助她,她也能上他那儿去。——他没有时间把思想整理出一个头绪来。洛金

握着他的手,立在旁边瞧着他:他们的脸差不多碰到了;她把手臂绕着他的脖子,亲了亲他的嘴:

"快点儿!快点儿!"她指着桌子轻轻的说。

他便不再考虑,坐了下来。她在账簿上撕下一页划着红线的有格的纸。他写道:

"亲爱的妈妈:对不起!我要使您感到很大的痛苦。当时我是迫不得已。我并没干什么不正当的事,可是现在不得不逃了,不得不离乡别土了。送这张字条给你的人会把情形告诉您的。我本想跟您告别,可是大家不许,说我没有到家就会被捕。我痛苦已极,什么意志都没有了。我将越过边境,但没有接到您回信之前,我在靠近边境的地方等着;这次送信的人会把你的复信带给我的。请您告诉我该怎么办。不论您说什么,我一定依您。要不要我回来?那就叫我回来好了!我一想到把您孤零零地丢下,真是受不了。您怎么过日子呢?原谅我吧!原谅我吧!我爱您,亲吻您!……"

"先生,快点儿吧;要不然就来不及了。"洛金的朋友把门推开了一半,说。

克利斯朵夫匆匆签了名,把信交给了洛金:"你亲自送去吗?"

"是的,我亲自去。"她已经准备出发了。

"明天,"她又说,"我带回信给你;你在莱顿地方等我——(德国境外的第一站)——在车站的月台上相见。"(好奇的女孩子在他写的时候把信看过了。)

"你得把情形统统告诉我,她听了这个坏消息怎么样,说些什么,你都不瞒我吧?"克利斯朵夫用着恳求的口吻说。

"行,我都告诉你就是了。"

他们不能再自由说话了,洛金的朋友在门口望着他们。

"并且,克利斯朵夫先生,"洛金说,"我会常常去看她,把她的消息告诉你的;你放心好了。"

她像男人一样使劲握了握他的手。

“咱们走吧!”预备送他上路的乡下人说。

“走吧!”克利斯朵夫回答。

三个人一齐出门。他们在大路上分手了。洛金往一边去,克利斯朵夫和他的向导往另外一边。他们一句话都不说。一钩新月蒙着水汽,正在树林后面沉下去。苍白的微光在田垄上飘浮。浓雾从低陷的土洼里缓缓上升,像牛乳一样的白。瑟索的树木浴着潮湿的空气……走出村子不到几分钟,带路的人突然往后退了一步,向克利斯朵夫示意教他停下。他们静听了一会,发觉前面路上有步伐整齐的声音慢慢地逼近。向导立刻跳过篱垣,往田野里走去。克利斯朵夫跟着他向耕种的田里直奔。他们听见一队兵在大路上走过。乡人在黑暗中对他们晃晃拳头。克利斯朵夫胸口闷塞,好似一头被人追逐的野兽。随后他们重新上路,躲开村子和孤独的农庄,免得狗叫起来泄露他们的行踪。翻过一个有树林的山头以后,他们远远地望见铁路上的红灯。依着这些灯光的指示,他们决意向最近的一个车站走去。那可不容易。一走下盆地,他们就完全被大雾包围了。越过了两三条小溪,又闯进一片无穷无尽的萝卜田和垦松的泥地:他们东闯西撞,以为永远走不出了。地下高高低低的,到处可以教你摔跤。两人被雾水浸得浑身湿透,摸索了半晌,突然看到几步之外,土堆高头就挂着铁路上的信号灯。他们俩便爬上去,不管会不会被人撞见,竟沿着铁道走了,直到将近车站一百米的地方才重新绕到大路上。到站的时候,离开下一班火车的到达还有二十分钟。那向导不顾洛金的吩咐,丢下克利斯朵夫先走了:他急于要回去看看村子里的情形和自己的产业。

克利斯朵夫买了一张到莱登的车票,在阒无一人的三等待车室里等着。车到时,早先躺在长凳上瞌睡的职员起来验过了票,开了门。车厢里一个人也没有。整个列车都睡熟了。田野也睡熟了。唯有克利斯朵夫,虽然累到极点,始终醒着。沉重的车轮慢慢地把他带近边界的时候,他忽然感到一股强烈的欲望,只想快快逃出魔掌。再过一小时,他可以自由了。但这期间,只消一句话他就会被捕,……被捕!

想到这个,他整个身心都反抗起来!受万恶的势力压迫吗?……他简直不能呼吸了。什么母亲,什么故乡,都被置之脑后了。自由一受到威胁,自私的心理使他只想挽救他的自由。是的,无论如何要挽救,不管付什么代价!甚至为此而杀人放火也在所不惜!……他埋怨自己不该搭火车,应该徒步越过边境才对。他原想争取几小时的时间,贪图便宜!哼,这才是送入虎口呢!没有问题,边境的车站上一定有人等着他;命令已经传到了……有一忽儿他真想在到站之前跳下火车,连车厢的门都打开了;可是太晚了,已经到了。列车在站上停了五分钟,好像有一世纪之久。克利斯朵夫倒在车厢的尽里头,掩在窗帘后面,惊魂不定地望着月台:一个宪兵一动不动地站在那儿。站长从办公室出来,手里拿着一个电报,向着宪兵立的地方匆匆忙忙走过去。克利斯朵夫想那准是关于他的事了。他想找一件武器;可是除了一把两面出锋的刀子以外再没旁的东西。他在衣袋里把它打开了。一个职员胸前挂着一盏灯,和站长迎面走过,沿着列车奔着。克利斯朵夫看他走近了,便把抽搐的手紧紧抓着刀柄,想道:“这一下可完了!”

他那时紧张的程度,竟会把那职员当胸扎上一刀,倘使那倒霉蛋过来打开他车厢的话。但职员开了隔壁的车厢,查看了一下一个才上车的旅客的票子。火车又开动了。克利斯朵夫这才把忐忑的心跳压下去。他一动不动地坐着,还不敢认为自己已经得救。只要车子没有过边境,他就不敢这么想……东方渐渐发白。树木的枝干从黑影里出现了。一辆车的奇奇怪怪的影子在大路上映过,睁着一只巨眼,叮叮当当的响着……克利斯朵夫把脸贴在车窗上,竭力辨认旗杆上帝国的徽号,那是统治他的势力终止的记号。等到火车长啸一声,报告到达比利时境内的第一站时,他还在曙色中窥探。

他站起身子,打开车门,呼吸着冰冷的空气。自由了!整个的生命摆在他面前了!啊!生存的欢乐啊!……——可是一片悲哀立刻压在他心上,想起离开的一切而悲哀,想起未来的一切而悲哀;而昨夜兴奋过后的疲倦又把他困住了。他倒在了凳上。那时离开到站只有一分钟的时间。一分钟以后,站上的职员打开车厢,看见克利斯朵夫睡着了。被人推醒之下,他惶惶然以为已经睡了一个钟点。他步履蹒跚地下车,向着关卡走去;等到正式踏入外国境内,用不着再警戒的时候,他倒在待车室里的一条长凳上,伸着四肢昏昏入睡了。

中午,他醒了。在两三点钟以前,洛金是不会到的。他一边等车,一边在月台上踱着,直踱到月台以外的草场上。天色阴沉沉的令人不欢,完全是冬天将临的光景。阳光睡着了。四下里静悄悄的好不凄凉,只有一辆交替的机车在那儿哀鸣。到了边界近旁,克利斯朵夫在荒凉的田里站住了。前面有个小小的池塘,一泓清水映出黯淡的天空。四周围着栅栏,种着两株树。右边是一株秃顶的白杨在瑟索摇曳。后面是一株大胡桃树,黑黝黝的光秃的枝干像鬼怪似的。成群的乌鸦停在树上沉重的摇摆。枯萎的黄叶一张一张落在静止的水塘里……

他觉得这些都好像看见过的:这两株大树,这个池塘……——而突然之间他迷迷惘惘的一阵眩晕。那是过去常有的境界。仿佛时间有了一个空隙。你不知道身在何处,不知道你自己是谁,不知道生在什么时代,也不知道这种境界已经有了几千百年。克利斯朵夫觉得那是早已有过的,现在的一切不是现在的,而是另一个时代的。他不复是他了。他从身外看着自己,从极远的地方看着自己,站在这儿的像是另外一个人。无数陌生的往事在他耳边嗡嗡作响;血管也在那里汹涌不已:

"是这样的……是这样的……是这样的……"

几百年的旧事在他胸中翻腾……

在他以前的多少克拉夫脱,都曾经受过像他今日这样的磨难,尝过这逗留祖国的最后几分钟的悲痛。永远流浪的种族,为了独立不羁,精神骚乱而到处受到放逐,永远受着一个内心的妖魔播弄,使它没法住定一个地方。但它的确是个留恋乡土的民族,尽管给人驱逐,它自己倒轻易舍不得那块土地……

如今是轮到克利斯朵夫来经历这些途程了;他已经踏上前人的旧路。泪眼晶莹,他望着不得不诀别的乡土隐没在云雾里……早先他不是渴望离乡的吗?——是的,但一朝真的走了出来,又觉得心碎肠断。人非禽兽,怎么能远离故土而无动于衷呢?苦也罢,乐也罢,你总是跟它一起生活过来的;乡土是你的伴侣,是你的母亲:你在她心中睡过,在她怀里躺过,深深地印着她的痕迹;而她也保存着我们的梦想,我们的过去,和我们爱过的人的骸骨。克利斯朵夫又看到了他以往的岁月,留在那边地上地下的亲爱的形象。便是他的痛苦也和他的欢乐一样宝贵。弥娜,萨皮纳,阿达,祖父,高脱弗烈特舅舅,苏兹老人,——一霎时都在他眼前显现了。他总丢不开这些亡人(因为他把阿达也算作死了)。想起他的母亲,他所爱的人中唯一活着的一个,如今也被遗弃在那些幽灵中间,他简直悲不自胜。他认为自己的逃亡太可耻了,几乎想越过边境回去。他已经下了决心:要是母亲的回信写得太痛苦的话,他便不顾一切地回去。倘若接不到回信,或是洛金见不到母亲,那么,他也预备回去。

他回到站上,无聊地等了一会,火车终于到了。克利斯朵夫准备看到洛金那张大胆的脸在车门外面;因为他断定她决不会失约;但她竟没有露面。他不大放心地跑到每间车厢里去找,正在潮水般的旅客中挤来撞去的时候,忽然瞥见一张并不陌生的脸。那是个十三四岁的女孩子,矮身量,脸蛋很胖,红得像苹果,往上翘起的鼻子又短又小,大嘴巴,头上盘着一根粗辫子。他仔细一看,发觉她手里拿着一只提箱好像是他的。她也在那里像麻雀似的打量他,看到他注意她,便向他走近了几步,但到了克利斯朵夫面前又停住了,睁着耗子似的小眼睛骨碌碌地望着他,一声不出。克利斯朵夫这一下可认出来了:她是洛金家里放牛的女孩子。他便指着箱子问:“这是我的,是不是?”

小姑娘站着不动,傻头傻脑地回答:“等一等。先要知道你是从哪儿来的?”

“蒲伊喽。”

“那么东西是谁给你送来的?”

“不是洛金是谁!得啦,给我吧!”

女孩把箱子递给他:“拿去吧!”

她又补上一句:“噢!我早认得是你。”

“那么你刚才等什么?”

“等你自己说出是你啊。”

“洛金呢?干吗她没来?”

小姑娘不回答。克利斯朵夫懂得她不愿意在人堆里说话。他们先得到关卡上去验行李。验完了,克利斯朵夫把她带到月台的尽头。那时她的话可多了:

“警察来过了。你们一走差不多就到的。他们闯到人家屋里,每个人都受到盘问,沙弥那大汉子给抓去了,还有克里斯顿,还有加斯班老头。曼拉尼和琪脱罗特两个虽然不承认,也被逮走。她们都哭了。琪脱罗特还把警察打了一个嘴巴。大家尽管说是你一个人干的也没用。”

“怎么是我?”克利斯朵夫叫起来。

“自然啰,”女孩子若无其事地回答,“反正你走了,这么说也没关系,是不是?所以他们就到处找你,还派了人追你呢。”

“那么洛金呢?”

“洛金那时不在家,她进城去了,过后才回来的。”

“她看到我的母亲吗?”

“看到的。有信在这儿。她要自个儿来的,可是也被抓去了。”

“那么你怎么能来的?”

“是这样的:她回到村里,没有被警察看到;她正想动身上这儿来的时候,琪脱罗特的妹妹伊弥娜把她告发了,警察就来抓她。她看见警察来,就往楼上跑,喊着说换一件衣服就下来。我正在屋子后面的葡萄藤底下;她从窗里轻轻地喊我:‘丽第亚!丽第亚!’我上去了;她把你的提箱和你母亲的信交给我,要我到这儿来找你,又吩咐我快快地跑,别给人抓去。我就拼命地跑。这样我就来了。"

"她没有别的话吗?"

"有的。她教我把这方头巾交给你,证明我是她派来的。"

克利斯朵夫认出那条绣花边的小红豆花的白围巾,就是昨夜洛金裹在头上的。她为了要送他这件表示爱情的纪念物而想出来的借口,未免可笑,可是克利斯朵夫并不笑。

"现在,"那女孩子说,"对面的火车到了。我得回去了。再会吧。"

"等一等,你来的路费怎么样的?"

"洛金给我的。"

"还是拿着吧。"克利斯朵夫把一些零钱塞在她手里。

女孩子快走了,他又抓着她的胳膊:"还有……"

他弯下身子亲了亲她的脸,她好似不大愿意。

"别挣扎呀,"克利斯朵夫说,"那不是为你的。"

"噢!我知道,是为洛金的。"

其实他亲吻这个放牛女孩子的大胖脸还不光是为洛金,并且是为他整个的德国。

小姑娘一溜烟奔上正在开动的火车,在车门口对他扬着手帕,直到望不见他为止。这个乡村使者给他带来了故乡和所爱的人的最后一缕气息,然后他又看着她去远了。

等到她的影子不见了,他是完全孤独了,这一回是真的孤独了,在异国的土地上举目无亲。他手里拿着母亲的信和爱人的围巾。他把围巾塞在怀里,想拆开信来。但他的手索索地抖个不住。里头写些什么呢?母亲有什么痛苦的表示呢?……不,他受不了那些仿佛已经听到的如泣如诉的责备:他势必要回去的了。

终于他拆开信来:

可怜的孩子,别为了我难过。我自己会保重的。好天爷把我惩罚了。我不该自私自利把你留在家里的。你上巴黎去吧。也许这对你更好。别管我。我会想办法的。最要紧是你能够幸福。我拥抱你。

能写信的时候随时写信来

妈妈

克利斯朵夫坐在提箱上哭了。

站上的职员正在招呼上巴黎去的旅客。沉重的列车隆隆地进站了。克利斯朵夫抹了抹眼泪,站起身子,心里想:“非这样不可。”

他朝着巴黎的方向看了看天色。阴沉的天空在那方面似乎格外的黑,像一个阴暗的窟窿。克利斯朵夫好不悲伤;可是他反复念着:“非这样不可。”

他上了车,把头伸在窗外继续望着远处可怕的天色,想道:

“噢,巴黎!巴黎!救救我吧!救救我吧!救救我的思想!”

黯淡的雾越来越浓。在克利斯朵夫后面,在他离别的国土之上,沉重的乌云中间露出一角淡蓝的天,只有一双眼睛那么大,——像萨皮纳那样的眼睛,——凄凉地笑着,隐灭了。火车开了。下雨了。天黑了。

卷四 终

约翰·克利斯朵夫 3

[法] 罗曼·罗兰 著
傅雷 译
艾珉 主编

罗曼·罗兰
第三卷

人民文学出版社

目　次

卷八·女朋友们

虽然克利斯朵夫在法国以外有了点声望,两位朋友的境况并没好转。每隔一个时候,总有些艰苦的日子使他们不得不束紧裤带。有了钱,他们便拼命吃一个饱,补偿过去的饥饿。但日子久了,这种饮食习惯究竟是伤身体的。

此刻他们又逢着穷困的时期。克利斯朵夫熬着夜替哀区脱做完了一件乏味的改谱工作,到天亮才上床;他纳头便睡,以便找补那损失的时间。奥里维清早就出门,到巴黎城的那一头去教课。八点左右,送信上楼的门房来打铃了,平时他按铃不应就把信塞在门下。这天早上他却继续敲门。克利斯朵夫睡眼惺松,叽叽咕咕地去开门,完全没注意门房微笑着,唠唠叨叨跟他讲起报上的一篇文章,他拿了信,连瞧也不瞧一眼,把门一推,没关严就上了床,一下子又睡着了。

过了一小时,他又被屋子里的脚步声惊醒了:他看见床前有个陌生人对他很郑重地行礼,不禁大为诧异。原来是个新闻记者,因为大门开着,便老实不客气地走了进来,克利斯朵夫愤愤地从床上跳起,嚷道:"你来干什么?"

他抓起枕头往客人扔过去,客人赶紧退了一步,说明来意,自称为《民族报》的记者,为了《大日报》上的一篇文章特意来访问克拉夫脱先生。

"什么文章?"

"先生你没看到吗?"记者说着,便自告奋勇把那篇文字的内容告诉他。

克利斯朵夫重新躺下,要不是瞌睡得迷迷忽忽的话,他早就把来人赶出去了,但他觉得让来人说话究竟没有把他驱逐来得费力。他便钻入被窝,闭上眼睛,假装睡觉。他很可能弄假成真地睡去。可是来客非常固执,提高着嗓音,开始念文章了。听了最初几行,克利斯朵夫就竖起耳朵,人家把克拉夫脱先生说作当代第一个音乐天才。克利斯朵夫把假装睡觉的事忘了,大惊小怪地咒了一声,在床上坐起,说道:"他们疯了。难道他们着了魔吗?"

记者趁此机会停止了朗诵,向克利斯朵夫提出一大串问题,克利斯朵夫都不假思索地回答了。他捡起那篇文章,好不惊奇地打量着印在第一版上的自己的相片。他还没有时间看文字,第二个记者又跑进房里来了。这一回克利斯朵夫可真恼了。他命令他们出去,可是他们没有把室内的布置、墙上的照片、艺术家的面貌迅速地记录下来以前,决不肯照办,克利斯朵夫又好气又好笑,衣服也没穿好,推着他们的肩膀,把他们一直送出门外,赶紧上了锁。

然而这一天他是命中注定不得安静的。梳洗还没完毕,又有人敲门了,而且用着只有几个最亲密的朋友知道的方式敲着。克利斯朵夫开了门,发现又是个陌生人,他决意直截了当地把他打发走,不料来人立刻分辩说,他就是今天报上那篇文字的作者。对一个捧你为天才的人,有什么办法拒绝呢?克利斯朵夫懊恼之下,只能领受他的崇拜者的热诚。他奇怪这种声名怎么会忽然从云端里掉在他头上,是不是他上一天给人家演奏了什么连自己也没觉察的杰作?他可没有时间追究这些。这个记者是不管他愿不愿意,特意来拉他出去的,想一边谈一边带他上报馆:大名鼎鼎的阿赛纳·伽玛希等在那里要见他,汽车已经在楼下了。克利斯朵夫推辞了一番;但对于人家好意的邀请,他是天真的,却不过情面的,终于不由自主地听人摆布了。

十分钟后,他就被介绍给谁见了都害怕的无冕之王。那是个身强力壮的男子,年纪在五十上下,矮小,肥胖,又圆又大的脑袋,灰色头发,留着平头,红红的脸,说话带着命令式,声音笨重,浮夸,常常会口若悬河的来一套议论。他在巴黎拿种族平等做幌子。既会做买卖,又会利用人,自私自利,又天真又狡猾,热情,自负,他把自己的事业跟法国的、甚至和全人类的合而为一。他的利益,他的报纸的发达,是和公众的福利息息相关的。他一口咬定谁损害他就是损害法兰西,并且为了打倒一个敌人,他连推翻政府都在所不惜。除此以外,他也不乏宽宏的度量。像有些人在酒醉饭饱之后一样,他是个理想主义者,喜欢模仿上帝的作风,不时从沟壑中提拔几个可怜的穷人出来,表现他权势的伟大可以平空白地造出一个名人,或是什么部长之流;只要他愿意,他也能制造君王,废黜君王。他的神通是无限的。倘使他高兴,他也能制造天才。

这一天,他来“制造”克利斯朵夫了。

发动这件事的其实是无心的奥里维。

不为自己作任何钻营,痛恨宣传而避新闻记者如避疫疠一般的奥里维,为了他的朋友却是另一种看法了。他仿佛那些温柔的妈妈,明明是老实的小布尔乔亚,贞节的妻子,为了替无赖的儿子求情,竟不惜出卖自己的身体。

奥里维在杂志上写文章的时候,和许多批评家与爱好音乐的人接触的时候,一有机会就提到克利斯朵夫;而从某些时候以来,他很奇怪地发觉居然有人听他的话,周围有个好奇的运动,有些神秘的传说,在文学集团与上流社会中传布。这个运动是怎么来的呢?是最近英德两国演奏了克利斯朵夫的作品在报上引起的回声吗?其中似乎也没有一个确切的原因。但巴黎有帮善观气色的人,比圣·雅各街的气象台更有把握能在前一天预测酝酿中的风向,知道明天那阵风会吹点儿什么东西来。在这个神经质的大都市中,有的是使人震颤的电流,有的是看不见的光荣的波浪。一个将升的明星跑在另外一个明星前面,沙龙里流行着一些渺茫的传说,到了某个时间,就会在一篇广告式的文字中宣布出来,粗声大气的喇叭把新偶像的名字吹进最麻木的耳朵。这阵喧闹往往把它所颂扬的人的第一批最好的朋友吓跑了。其实这种情形还是应当由第一批最好的朋友负责的。

因此奥里维和《大日报》那篇文字也脱不了干系。他利用人家对克利斯朵夫的关切,很巧妙地透露些消息,刺激大众的情绪。他不让克利斯朵夫和新闻记者直接发生联系,免得闹笑话。但他依着《大日报》馆的请求,暗中使克利斯朵夫和一个记者在某咖啡店不露声色地见了一面。所有这些预防的措施更引起人家的好奇心,使克利斯朵夫显得更有意思。奥里维从来没跟新闻界打过交道,想不到开动了一架可怕的机器——你一朝拨动之后,再要加以控制或要它减缓一些是办不到的了。

他在上课去的路上读到《大日报》的文字,不禁吓坏了。他没料到有这一下,尤其没料到来得这么快。他以为报纸一定要等到把所有的材料收齐了,对于他们所要谈的人认识更清楚之后,方才动手写文章。这想法真是太天真了。倘使一份报纸肯费心发现一个新人物,当然是为了报纸本身,为了和同行争取发现新人物的荣誉。所以它得赶紧,完全不管对这个新人物是否了解。而被捧的人也决不会抱怨别人误解,一朝有人捧了,那他当然是被人相当了解的了。

《大日报》先对克利斯朵夫清苦的生活零零碎碎叙述了一些荒唐的故事,把他写成德国专制政府的一个牺牲者,一个自由的使徒,被迫逃出德意志帝国,躲到自由灵魂的托庇所——法兰西——来——(作者借此发挥了一套排外的议论)——然后又对他的天才肉麻地颂扬一番,而关于这天才,作者一无所知,只知道他早期在德国作的几支平常的歌,那是克利斯朵夫引以为羞而要毁去的东西。那个记者虽不知道克利斯朵夫的作品,可自命为知道克利斯朵夫的用意——他所假借给克利斯朵夫的用意。从克利斯朵夫或奥里维嘴里,甚至从自以为知道得很详尽的古耶一流的人嘴里,东零西碎听来的几句话,已经足够为记者造成一个"共和政治的天才——民主主义的大音乐家约翰·克利斯朵夫"的形象。他又乘机毁谤当代的法国音乐家,尤其是最有特色,最自由，最不关心民主的那一批。他只把一二个作曲家除外，因为他们在选区里很有声望。可惜他们的音乐远不及他们的政治活动得人心。但这是小节。而且他们的捧场，便是对克利斯朵夫的捧场，也远不及对别人的批评来得重要。在巴黎，你读到一篇恭维某人的文字，最聪明的办法是先要推敲它的反面文章，心里想一想："这是说谁的坏话呢？"

奥里维一边看着报，一边羞得脸红了，对自己说："我做的好事！"

他心不在焉地上完了课，立刻赶回家。一听说克利斯朵夫已经和新闻记者出去了，他简直吓呆了。他等他回来吃午饭。克利斯朵夫可不回来。奥里维一小时一小时地越来越焦急，心里想："他们要逗他说出多少傻话啊！"

三点左右，克利斯朵夫高高兴兴地回来了。他和阿赛纳·伽玛希一同吃了饭，被香槟酒灌得糊里糊涂的，完全不懂奥里维的忧虑，不懂他为什么很不放心地追问他说了什么话，做了什么事。

"你问我做了什么事？吃了一顿好饭。我好久没这样大嚼了。"

他把菜单背给奥里维听："还有酒……各种颜色的我都灌下去了。"

奥里维打断了他的话，问他同席的是些什么人。

"同席的？……我不知道。有伽玛希。那矮胖子真痛快。还有那篇文章的作者格劳杜米，挺可爱的青年，还有三四个我不认识的记者，人很快活，待我很好很殷勤，都是一般最好的好人。"

奥里维似乎不大相信。克利斯朵夫觉得他的冷淡有些古怪，便问：

"难道你没看到那篇文字吗？"

"看到了，就为这个啊。你，你仔细看过没有？"

"看的……就是说瞅了一眼。我没有时间。"

"那么你去念一遍吧。"

克利斯朵夫念了开头几行就乐死了："啊！混账东西！"

他笑弯了腰，接着又说："喝！批评家都是这路货：一窍不通！"

可是念到后来，他生了气：那太胡闹了，人家简直把他搞得不成体统，说他是“一个共和政治的音乐家”，这算什么意思！……除了这种笑话，人家还拿他“共和的”艺术作为抨击前辈大师的“教堂艺术”的武器——（实际上他是以这些伟人的心灵作为精神养料的）——那还像话吗？……

“狗东西！他们竟要教人把我当作白痴了！……”

而且在提到他的时候，有什么理由骂倒一些有天分的法国音乐家呢？这些音乐家还是他多少爱着的——（虽然爱的程度很少）——他们都是行家，为本行增光的。而最可恶的是硬说他对他的祖国有那种卑鄙的仇恨心！……那可受不了……

“我要写信给他们。”克利斯朵夫说。

奥里维劝他：“不，现在别写！你太兴奋了。明天，等你头脑冷静的时候再写……”

克利斯朵夫固执得很。他一朝有话要说就不能等，只答应把信先给奥里维看过。这一点当然很重要。信稿经过严密的修正，要点是更正他对于祖国的意见。然后，克利斯朵夫马上连奔带跑地拿信送往邮局。

“这样，”克利斯朵夫回来说，“事情总算挽回了一半，我的信明天就可登出来。”

奥里维带着怀疑的神气摇摇头。随后，他还是很不放心地瞅着克利斯朵夫，问：“你吃中饭的时候，没说什么冒失的话吗？”

“没有啊。”克利斯朵夫笑着回答。

“可是真的？”

“当然真的，胆怯鬼。”

奥里维稍微宽心了些。克利斯朵夫可并不。他想起自己曾经胡说八道地说过好些话。当时他无拘无束的，对人家一见如故，丝毫没有戒心：他觉得他们多诚恳，对他多好！这倒是真的。人们对于受自己恩惠的人总是挺好的。克利斯朵夫又是那么兴高采烈，把别人的兴致也提高了。他的亲热的随便的态度,嘻嘻哈哈的俏皮话,老饕式的胃口,灌了多少酒而面不改色的宏量,使伽玛希觉得很对劲;因为他也是个饭桌上的好汉,结实,粗野,血色挺好,最瞧不起身体娇弱,既不敢吃也不敢喝的巴黎人。他是在饭桌上判断人的,所以很赏识克利斯朵夫。他当场向克利斯朵夫提议,把他的《卡冈都亚》编成歌剧在歌剧院上演。——对于这些法国布尔乔亚,艺术的顶点就是把《浮士德入地狱》或九阕交响曲搬上舞台。[1] ——克利斯朵夫听了这古怪的主意哈哈大笑,好不容易才把报馆经理拦住了,不让他立刻打电话给歌剧院或美术部下达命令。(据伽玛希说,那些人都是由他支配的。)这个提议使克利斯朵夫想起从前改编交响诗《大卫》的事,就手把众议员罗孙为要捧情妇出场而主办的那次表演叙述了一遍。[2] 原来与罗孙不和的伽玛希,听了很高兴。克利斯朵夫喝多了酒,又看到听众那么热心,不知不觉又讲了许多别的逸事,给人家一一记在心里。离开饭桌就把话忘得干干净净的,只有克利斯朵夫一个。此刻经奥里维一问,他不由得想起那些故事,直打寒战。因为他已经有相当的经验,知道可能发生的后果。现在没有了酒意,他对于将来的情形看得格外清楚,好像已经发生了,冒失的故事经过一番点缀之后,被人登在攻讦隐私的报纸上,他关于艺术方面的胡说八道也一变而为攻击他人的冷箭。至于他更正的信会有什么结果,他和奥里维知道得一样清楚:去答复一个新闻记者是浪费笔墨,说最后一句话的永远轮不到你。

事实果然和克利斯朵夫预料的一模一样。他所泄露的私事被发表了,更正的信却没有登出来。伽玛希只让人传话,说他知道克利斯朵夫心胸宽大,这种有良心的作风是令人钦佩的;但伽玛希用他有良心的作风守着秘密,而硬派作克利斯朵夫的意见却继续传播开去,先在巴黎的报上,继而在德国的报上,引起尖刻的批评,因为一个德国艺术家对于祖国发表这样有失身份的言论,简直动了公愤。

---

① 《浮士德入地狱》为柏辽兹名作。九阕交响曲指贝多芬的全部交响曲。

② 参看卷五:《节场》。——原注

克利斯朵夫自作聪明,利用别家报馆的记者访问的时候,声明他对于德国政府是爱护的,说在那边至少跟在法兰西共和国一样自由。——不料那记者所代表的是一份保守党的报纸,便立刻替他编了一套反对共和党的言论。

“越来越妙了!”克利斯朵夫说,“唉,我的音乐跟政治扯得上什么关系呢?”

“这是我们这儿的习惯,”奥里维回答,“你瞧那些关于贝多芬的论战罢。有的说他是雅各宾党,有的说他是教会派,有的说他是平民派,有的说他是保王党。”

“嘿,贝多芬真会把他们一齐踢出去呢!”

“那么你也如法炮制就是了。”

克利斯朵夫心里很想这样做。可是他无法推却那些对他亲热的人的情面。奥里维总不放心让他一个人在家。因为不断有人来访问,而克利斯朵夫尽管答应小心行事,结果还是有一句说一句,把脑子里想到的统统说出来。有些女记者自称为他的朋友,逗他说出他的恋爱经历。也有些来利用他毁谤这一个或那一个。奥里维回家的时候,常常发觉克利斯朵夫狼狈不堪。

“你又胡闹了是不是?”他问。

“是啊。”克利斯朵夫垂头丧气地回答。

“你这个脾气竟没法改吗?”

“我真该让人关起来才好……可是,我向你赌咒,这一次一定是最后一次了。”

“哼!下次还是这么一套……”

“不,不,我决不再犯了。”

第二天,克利斯朵夫得意扬扬地告诉奥里维:“又来了一个。被我撵走了。”

“别过火,对付他们得非常小心。这畜生凶得很……你一抵抗,他就攻击你……他们要报复真是太容易了!哪怕是一句极平常的话,他们也会找到把柄的。”

“啊,天哪!”克利斯朵夫用手捧着脑门。

“怎么呢?”

“我关门的时候对他说……”

“说什么?”

“说了一句德皇的话。”

“德皇的?”

“是的,要不是德皇的,就是皇族的……”

“该死!明天一定登在报纸的第一版上。”

克利斯朵夫急得直打哆嗦。但他明天看到的,是关于他的屋子的描写,——其实那记者连脚也没踏进去,——另外是完全杜撰的一段对话。

消息一路传开去一路改头换面。外国报纸又加上许多误会。法国报上叙述克利斯朵夫穷得没办法的时候替人把有名的曲子改成吉他谱,一家英国的日报却说他弹着吉他沿街卖唱。

他看到的并非全是恭维的话。那才差得远呢!因为克利斯朵夫是《大日报》所捧的,别的报纸就对他攻击了。他们的尊严,决不容许同行发现一个他们所不知道的天才,所以他们都拿他开玩笑。古耶因为抓在手里的活宝给人抢了去而很气,便写了一篇“以正视听”的文章。他亲昵地提起他的老朋友克利斯朵夫,——初到巴黎的时期,一切行动都是由他领导的。他说,没有问题,克利斯朵夫是个很有天分的音乐家,但是——(他可以这样说,因为他们是朋友),——修养不够,缺少特色,骄傲得不像话,现在人家用如此可笑的方式去奉承,去助长这种骄傲的脾气,实在是害了他,因为他需要的是一个有头脑、有眼力、有学问、好意而严正的导师,——(这是古耶的自画像)。一般音乐家勉强笑着,表示极瞧不起一个有报纸撑腰的艺术家;他们装作讨厌逢迎吹拍,因为吃不到葡萄而说葡萄是酸的。有些是中伤克利斯朵夫,有些是对他假装怜悯,又有些是回过头来恨奥里维——(那都是奥里维的同文)。——他们素来恨他的强硬,恨他不和他们亲近。其实他这种态度是爱好孤独的成分多,厌恶他们的成分少。某几个人还隐隐约约地说他在《大日报》那些文章中间有利可图。又有几个替克利斯桌夫抱不平,责备奥里维不该把一个娇弱的、老是做梦一般的、精力不足以应付人生的艺术家——克利斯朵夫推到嘈杂的节场上去,使他迷路。他们说这种办法简直把克利斯朵夫的前途给断送了:他虽没有天才,但若用功的话还能有点儿成就,现在被人家的巧言令色冲昏了头脑,岂不可怜!难道人们不能让他无声无息地耐性工作吗?

奥里维很想告诉他们:“吃饱了肚子才能工作。谁给他面包呢?”

可是这种话是难不倒他们的。他们很可以非常清高地回答说:“这个嘛,不过是小节。人是应当受苦的。”

当然,高唱这种禁欲主义的都是上流社会的人。例如有人求某个百万富翁帮助一个穷艺术家的时候,那富翁回答说:“先生,穷有什么关系!莫扎特就是穷死的!”

要是奥里维告诉他们,说莫扎特只求生存,克利斯朵夫也决不肯饿死,那他们一定会觉得奥里维趣味恶劣。

克利斯朵夫被这些长舌妇的胡说八道搅得厌倦透了。他心里想这种情形是不是要永远继续下去。可是过了半个月,事情就完了。报纸上不再提到他了。但他已经出了名。人家提到他的名字,并不说:“《大卫》的作者”或“《卡冈都亚》的作者”,而是说:“啊,是的,那个《大日报》上的人物!……”所谓声名,就是这么回事。

奥里维也发觉了这一点,因为他看见克利斯朵夫收到大批的信,而他自己也间接收到不少:写脚本的作家、音乐会的掮客,都来招揽生意;初期的敌人摇身一变而成为新朋友,特意来信表示亲善;还有妇女们忙着寄请帖来。为了报纸的特辑,人家提出许多问题来征求他的意见,例如法国人口锐减问题,理想派的艺术问题,女人的胸衣问题,舞台上的裸体问题,——还问他德国是不是已经到了颓废的阶段,音乐是不是已经完了等等。他们俩看了都笑起来。但尽管心里满不在乎，克利斯朵夫这个粗人也居然接受那些宴会的邀请。奥里维简直不敢相信自己的眼睛。

“你，你也上那些地方去吗？”

“是的，”克利斯朵夫嘟哝着回答。“你以为只有你会去看太太们吗？现在也轮到我了，告诉你！我也要去玩玩了！”

“你去玩玩？可怜的朋友！”

实际是克利斯朵夫在家关得太久了，忽然觉得非出去走走不可。并且他也很乐于呼吸一下新的光荣的气息。在那些晚会里，他照旧厌烦，觉得所有的人都是混蛋。但他回家故意卖弄狡狯，对奥里维说着相反的话。他到处都去，可是同一个人家决不去两回；他会找出古古怪怪的借口，用着骇人的满不在乎的态度，回避他们第二次的邀请，教奥里维看了也认为岂有此理。克利斯朵夫却哈哈大笑。他到沙龙去不是为了培养自己的声名，而是为了添加他生命的养料，搜集一些新人的目光，举止，语声，以及种种的形式、声音、色彩；因为一个艺术家每隔多少时候就得把他的调色板充实一次。一个音乐家的营养决不能以音乐为限。一句说话的抑扬顿挫，一个动作的节奏，一个和谐的笑容，都可以比一个同业的交响乐给你更多的音乐感应。不幸沙龙里那些面貌那些心灵的音乐，和音乐家的音乐同样枯索，同样单调。各人有各人固定的姿态。一个年轻美貌的女人的微笑，那种刻意研求的妩媚，和一支巴黎曲调同样是印板式的。而男人比女人更无聊。萎靡的风气使一般刚强的人物化为泡沫，特殊的个性很快地软化了，消灭了。克利斯朵夫看到艺术家中已死的与将死的人太多了：某个青年音乐家朝气蓬勃，天分极高，结果竟被荣誉压倒，只想呼吸那种毒害他的谄媚逢迎的空气，只想享乐，只想睡觉。他二十年后的模样，只要看那个坐在沙龙一角的年老的大师便可知道：有钱，有名，一身兼了所有的学士院的会员，登峰造极，似乎用不着再怕什么敷衍什么，而他却对所有的人低头，怕舆论，怕政府，怕报纸，不敢说出自己的思想，并且也不再思考,不再存在,只像载着自己遗骸的驴子一般在人前展览。

而在从前曾经伟大或是可能伟大的那些艺术家和有识之士后面,一定有个女人在腐蚀他们。她们都是危险的,不管是蠢的或是不蠢的,爱他们的或只爱自己的,最好的女子其实是最可怕的,因为她们目光浅陋的感情更容易毁掉艺术家,她们一心要驯服天才,把他压低,把他删除,剪削,搽脂抹粉,直到这天才能够配合她们的感觉,虚荣,平凡,并且配合她们来往的人的平凡才甘心。

克利斯朵夫虽是在这个社会里不过走马看花,但看到的已经足以使他感到危险。想利用他、拿他点缀沙龙的女人,不止一个。克利斯朵夫对于低颦浅笑的勾引也不能说完全无动于衷。要不是他有见识,要不是看到周围那些可怕的榜样,他可能逃不过的。但他并不想替那般看守呆子的美女扩充她们的羊群。倘若她们不是紧紧地盯着他,他所冒的危险反倒更大。大家一朝相信他们中间有着一个天才的时候,照例要来摧残他的。这般人看见一朵花就想把它摘下插在瓶里,——看到一只鸟就想把它关在笼里,——看见一个自由人就想把他变成奴隶。

克利斯朵夫迷惑了一会儿,马上振作起来,把他们一股脑儿丢开了。

命运老是要弄人。它会让一般粗心大意的人漏网,但决不放过那些提防的、谨慎的,有先见之明的人。投入巴黎罗网的倒并非克利斯朵夫而是奥里维。

他的朋友的成功使他沾到些好处:克利斯朵夫声名的光彩也射到他身上。他此刻比较出名了,不是为了他六年来所写的文章,而是为了他发现了克利斯朵夫。所以克利斯朵夫被邀请的时候也有他的分;他陪着克利斯朵夫去,存着暗中监督的意思。但大概他太专心于这件任务了,来不及再顾到自己,爱神在旁边经过,把他带走了。

那是一个头发淡黄的少女:清瘦,妩媚;细致的卷发,像波浪般围着她的狭窄而神情开朗的额角,淡淡的眉毛,沉重的眼皮,碧蓝的眼睛,玲珑的鼻子,微微翕动的鼻孔,有点凹陷的太阳穴,表示任性的下巴,清秀而肉感的嘴,嘴角向上,很有风韵的笑容仿佛是纯洁的田野之神的笑容。她的脖子长得又长又细,身材细小而苗条,年轻的脸显得很快活,也有点若有所思的神气,笼罩着初春的恼人的谜。——她叫雅葛丽纳·朗依哀。

她年纪还不到二十岁。家庭是信旧教的,有钱,高尚,思想很开通。父亲是个聪明的工程师,心思灵巧,做事能干,胸襟宽广,能够接受新思想。他靠了工作,靠了政治关系,靠了他的婚姻,挣了一笔财产。太太是金融界里一个十足巴黎化的漂亮女人,他们的婚姻可以说是爱情的结合,也可以说是金钱的结合,——在这般人心目中,这才是真正爱情的结合。金钱是保留了,爱情可是完了。但还留下一些残余的光辉,因为双方当年都是很热烈的;可是他们并不过分地自命为忠实。各干各的事,各寻各的快乐,彼此照旧很投机,像两个自私自利的好伙计一样,一方面觉得问心无愧,一方面也很谨慎。

女儿是他们中间的桥梁,同时是暗中争夺的对象:因为他们都非常疼她。各人在她身上看到自己的面目,自己的缺陷,——那是各人特别喜欢而被儿童的妩媚加以理想化了的,双方都费尽心机想把女儿抓在自己手里。这个情形自然瞒不过孩子;并且儿童都有一种天真的想法,把自己当作宇宙的中心,所以她尽量利用机会,刺激父母,使他们比赛谁更爱她。任何使性的行为,倘使一个表示反对,她有把握得到另外一个的赞许;而早先那个反对的因为自己被疏远而气恼,会进一步答应更多的条件。这样她就受着过分的溺爱;幸亏她天性中没有什么坏的成分。——当然她像所有的儿童一样很自私,但因她太受宠太有钱了,从来没遇到过阻碍,所以她的自私更带点病态的意味。

朗依哀夫妇虽然疼女儿疼到极点,可决不为她牺牲一些他们个人的方便。白天大部分时间,他们让孩子一个人玩儿。因此她并不缺少幻想的时间。由于早熟,由于人们当着她的面说的不检点的话——

（他们并不为她而有所顾忌），——她六岁的时候就对拿在手里玩的小娃娃讲着恋爱故事，其中的人物是丈夫、妻子、情人。不用说，她这是没有邪念的。等到有天她咂摸到说话后面有着感情的影子，她的故事就不拿小娃娃做对象而给自己保留起来了。她天真无邪，可是欲魔已经在远远地叫吼，仿佛在地平线那一边的、看不见的远钟，有时风中传来几阵声音，不知从哪儿来的，只觉得自己被它包裹了，脸红了，又害怕又快活地喘不过气来。但你对这种情形完全莫名其妙。随后音乐没有了，像来时一样突兀。什么都听不见了。仅仅有些嗡嗡声，隐隐约约的回音，在碧蓝的天空融化。你只知道应当上那边去，在山的那一面，越快越好：幸福就在那个地方。啊！要到了那儿才好呢！……

没到达以前，她对于那边的情形想入非非的做着种种猜测。以这个女孩子的头脑而论，要猜到那未来的境界简直是桩大事。她有位年龄相仿的女朋友，西蒙纳·亚当，常常跟她讨论这些重大的问题。各人拿出十二岁上的聪明与经验，听到的谈话和偷看的书作参考。两个小姑娘提着足尖，抓着石头，想从旧墙上展望自己的前途。但她们白费气力，以为从墙缝中窥到了什么，其实是一无所见。她们天真烂漫，便是淘气也不无诗意，同时也有巴黎人喜欢嘲弄的脾气。她们说了野话而完全没觉得，并且拿小事看作天一样大。可以在家到处搜索而无人敢阻止的雅葛丽纳，把父亲的书都翻遍了。幸而她的无邪与纯洁的本能，使她没有受什么坏影响：只要一幕稍稍露骨的景象，一句稍为放肆的话，她就不胜厌恶，立刻把书扔掉了；她在下流的队伍中穿过，有如一头小猫在脏水洼里跳出来，居然没沾到泥浆。

小说并不怎么吸引她：那太明确太枯燥了。使她心儿颤动而怀着希望的，却是诗人的——当然是谈爱情的诗人的——作品。这等诗人的气质和女孩子的很接近。他们看不见事实，只从欲望或悔恨的三棱镜中想象事实；他们的神气就像她一样伏在旧墙的隙缝中瞧望。但他们知道的事多得很，凡是应该知道的都知道，而且他们用着非常甜蜜与神秘的字眼把它们包裹着，你得小心翼翼地揭开来才能找到……找到……啊！结果什么都没找到，可是永远在就要找到的关头……

两个好奇的孩子一点都不厌倦。她们彼此轻轻地念着阿尔弗雷德·特·缪塞和苏利·普吕多姆的诗句，打着寒战，以为那就是邪恶的深渊；她们把诗抄下来，互相推敲某些段落的隐藏的意义，而有时根本没有什么隐藏的意义。这些十三岁的小妇人，无邪的，荒唐的，完全不知道什么叫作爱情，可半嬉笑半正经地讨论着爱情与肉欲；她们在课室内当着和善可欺的教员的面，——一个挺柔和挺有礼貌的老头儿，——在吸墨纸上涂些有天被他抄到而为之错愕的诗句：

让我，噢！让我紧紧地搂抱你，
在你的亲吻里喝着狂乱的爱情，
一点一滴地，长久地！……

她们进的学校是富家子女就读的学校，教员都是教育界里的名流。在这儿，她们的感情可有了发泄的机会。差不多所有的女孩子都钟情于她们的教授。只要他们年轻，长得不太难看，就可使她们神魂颠倒。她们把功课做得挺好，为的要讨她们的偶像喜欢。作文卷子的分数差了一些，她们就得哭一场；被老师赞美几句，她们脸上便红一阵白一阵，还要对他丢几个感激而卖俏的眼神。要是给叫到一边去指点什么或夸奖一番，那简直快乐得像登天一样了。并且要她们喜爱，也无须怎么了不得的人才。老师在体操课上把雅葛丽纳抱到秋千架上的时候，她会浑身发热。此外又有多么剧烈的竞争！多少嫉妒的心理！一个又一个的眼神向老师丢过去，多么谦卑，多么迷人，想把他从一个骄横的情敌手里抢过来！他在教室里一开口，钢笔与铅笔就像飞一般地忙起来。她们并不求理解，主要是不能听漏一个字。她们一边写，一边用好奇的目光偷偷注意偶像的脸色和举动，雅葛丽纳和西蒙纳彼此轻轻地商量："你想他戴一条蓝点子的领带好看不好看？"

后来她们又拿些彩色画，荒诞不经的诗句，风花雪月的插图，作为理想人物的根据，——恋着优伶，演奏家，过去的或现存的作家，一忽儿是穆内-苏利，一忽儿是萨曼[①]，一忽儿是德彪西。想到在音乐会中，沙龙里，街道上，和一些陌生的青年交换的眼神，她们脑海里马上会组织起一些爱情故事。总之，心里永远需要爱，需要有个爱的借口。雅葛丽纳和西蒙纳彼此无话不谈：这就证明她们并不真有多少感情；并且这也是仗自己永远没有深刻的感情的好办法。可是这等心情变成了一种慢性病，她们自己虽然觉得好笑，暗中却在有意培植。两人互相刺激。西蒙纳颇有许多想入非非的念头，但实际是谨慎的。真诚而热烈的雅葛丽纳倒更容易把荒唐的计划实地去做。她不知有多少次差点儿闹出大笑话来……这是少年人常有的情形：有时候，这般可怜的受惊的小动物——（我们都经历过这阶段，）——不是差一点自杀，就是差一点投入随便碰到的一个人的怀里。可是徼天之幸，几乎所有的青年都至此为止。雅葛丽纳起了十多封情书的稿子，想寄给那些仅仅见过一面的人，结果都没寄出，除了一封非常热烈的不署名的信，给一个奇丑无比的，俗不可耐的，自私的，无情的，心胸狭窄的批评家。她因为在他的文章里看到有二三行富于感情的句子，就对他倾心了。她也迷着一个住在近边的名演员；每次走过他的屋子，心里总想："要不要进去呢？"

有一回她竟大着胆子走到他住的那层楼上，一到那儿，她却立刻逃了。她能和他说些什么呢？根本没有什么可说的。她并不爱他。她也明明知道。这种疯癫一半是有心哄骗自己，另外一半是需要爱，那是永远少不了的，又甜美又愚蠢的需要。既然雅葛丽纳很聪明，这些她都明白。可是她并不因此而不疯癫。一个心中明白的疯子抵得两个。

她常常出去交际。许多青年都为她着迷，到处有人巴结她，而爱她的也不止一个。她一个都不爱，却和所有的男人调情。她并不把自

① 穆内-苏利为十九世纪法国著名悲剧演员；萨曼为十九世纪法国诗人。

己可能给人家的痛苦放在心上。一个美貌的少女是把爱情当作一种残忍的游戏。她认为人家爱她是挺自然的,可是她只对自己所爱的人负责,她真心地相信:谁爱上她就够幸福了。这也难怪,因为她虽然整天想着爱情,其实对爱情一无所知。大家以为在暖室里长大的上流社会的少女,总比乡下女子早熟;实际恰恰相反。看到的书,听到的话,使她念念不忘于爱情,而在她游手好闲的生活中,这念念不忘的心情竟变成了一种嗜好;她有时把一个剧本念熟了,所有的字句都能背了,结果对内容反而毫无感觉。在爱情方面像艺术方面一样,我们不应该去念别人说的话,而应该说出自己的感觉;要是在无话可说的时候急于说话,可能永远说不出东西来。

因此,雅葛丽纳像多数的女孩子一样,靠着别人的感情的残灰余烬过生活,那些灰烬虽然替她维持着骚动的心情,使她双手发热,喉咙干涩,眼睛发痛,可是也使她看不见事物的真相。她自以为认识它们。她并不缺少意志。她尽量地看书,听人家的谈话,东鳞西爪的得了不少知识,甚至也努力省察自己的心。她比周围的人高明,因为她更真。

有一个女子给了她很好的影响,可惜时间太短。那是她父亲的一个不出嫁的姊妹,叫作玛德·朗依哀,年纪在四十至五十岁之间,长得五官端正,可是表情忧郁,谈不到什么美;她永远穿着黑衣服,举止大方而有点局促,很少说话且声音极低。要没有那双灰色眼睛的清明的目光,和哀怨的嘴角上那个慈祥的笑容,人家简直不会注意到她。

她只在某些没有外客的日子才在朗依哀家露面。朗依哀对她很敬重,心里却有点厌烦。朗依哀太太对丈夫老实表示对她的访问不感兴趣。可是他们为了礼数,每星期留她在家吃一顿饭,表面上也不露出敷衍的意味。朗依哀谈着自己的事,那是他永远感到兴趣的。朗依哀太太想着别的事,照例笑盈盈的,回答的话常常莫名其妙。彼此相处得很好,礼貌非常周到。并且当知趣的姑母出人意外地提早告退的时候,也颇有些亲热的表示;有些日子,朗依哀太太想到一些特别愉快的往事,她的媚人的微笑便越发显得神采奕奕。玛德姑母把一切都看在眼里,兄弟家中很有些教她受不了或心里难过的事。但她绝对不露声色:表示出来有什么用呢?她爱她的兄弟,对他的聪明与成就很得意;跟老家里其余的人一样,她认为当初的牺牲和长子现在的成就比较之下,并不算付了过高的代价。但她至少对他保持着批评精神。和他一样聪明,精神上比他更坚实更刚强,——(法国很多女人都比男人高明),——她把他看得很明白,他征求她意见的时候,她会老老实实说出来。可是朗依哀久已不来请教她了!他认为最好是不要知道那些意见,或者是——(因为他和她一样明白)——闭上眼睛。她为了高傲,远远地躲在一边。谁也不关心她的内心生活。大家觉得还是不知道更方便。她过着独身生活,难得出门,只有很少的几个并不十分亲密的朋友。她不难利用兄弟的交际和自己的才能,但她并不利用。她在巴黎有名的杂志上写过两三篇关于历史和文学的文章,那种朴素、确切、特殊的风格曾经受到注意。她可是至此为止,和一般关心她而她也乐于认识的优秀人士,她很可能交些有意思的朋友。但他们尽管表示亲近,她只是不理。有时她在戏院订了座,预备去看她心爱的作品上演,结果竟没有去,而在能够做一次她所喜欢的旅行的时候,临了还是留在家里。她的性格是禁欲主义和神经衰弱的奇怪的混合物。但神经衰弱绝对没有损害到她思想的纯朴。她的生命是受伤了,精神却并没有。唯有她一个人知道的一个旧创,在她心上留下了痕迹。而更深刻更暧昧的,——连她自己也不知道的,——是命运的烙印,是已经在那里摧残她的潜伏的疾病。——然而朗依哀一家只看见她那双有时使他们难堪的雪亮的眼睛。

雅葛丽纳在无忧无虑的快乐的时候,——这是她幼年的正常状态——根本不大注意到姑母。但她到了一定年纪,身心都骚动起来,使她处在莫名其妙的神魂颠倒的状态,虽然时间并不长久,但觉得自己要死去一般的时间,尝到了悲苦、厌恶、恐怖、郁闷的滋味,——像个孩子淹在水里而不敢喊救命的时候,那她在身旁就只看见玛德姑母对她伸着手了。啊！其余的人和她离得多远！父母都像外人似的，面上亲切而实际自私，又是那样自满，哪有心思来理会一个十四岁的小娃娃的悲伤！但姑母是懂得的，并且对她表示同情。她一句话都不说，只是非常纯朴地笑笑，隔着饭桌对雅葛丽纳挺和善地瞧一眼。雅葛丽纳觉得姑母了解她，便躲在她身旁。玛德不声不响，只拿手摸着雅葛丽纳的头。

于是她信赖姑母了，心中一不好过就去访问这位好朋友。不论什么时候去，她都有把握可以遇到同样宽容的眼睛，把它们的恬静灌注一部分到她心里。她并不和姑母提起她幻想的罗曼史，那会让她觉得害羞的；她也感到那绝对不是真的。但她说出她渺渺茫茫的，深刻的，更实在的苦闷。

“姑妈，”她有时叹了口气说，“我多么愿意幸福啊！”

“可怜的孩子！”姑妈微微笑了笑。

雅葛丽纳把头枕在她膝上，吻着那抚摩她的手：“我将来能幸福吗？姑妈，告诉我，我将来能幸福吗？”

“我不知道，亲爱的。一半要靠你……一个人愿意幸福的时候一定会幸福的。”

雅葛丽纳表示不信。

“那么你幸福吗？你？”

玛德凄凉笑笑：“幸福。”

“可是真的？你可真是幸福的？”

“难道你不信吗？”

“信是信的。可是……”雅葛丽纳停住了。

“怎么呢？”

“我要幸福，可不是像你那种方式的。”

“可怜的孩子！我也希望如此。”玛德说。

“真的，”雅葛丽纳坚决地摇摇头，继续说，“像你那样，我先就受不了。”

“我也想不到自己会受得了。可是有许多办不到的事,人生会让你办得到。”

雅葛丽纳听了不大放心,回答说:“噢!我可不愿意学这一套,我要的幸福一定得是合我自己心意的那种。”

“可是人家问你究竟要怎么样的幸福,你就答不出了。”

“我很知道我要什么。”

她要的事多得很。可是要她举出来,她只找到一件,翻来覆去像复唱的歌词一样。

“第一,我要人家爱我。”

玛德不出一声,做着针线。过了一会儿,她说:“倘使你不爱人家,单是人家爱你有什么用?”

雅葛丽纳愣了一愣,回答:“可是,姑妈,我说的当然是限于我所爱的人!其余的都不算的。”

“要是你一无所爱又怎么样呢?”

“你这话好怪!一个人总是有所爱的。”

玛德摇摇头,表示怀疑。“一个人并不能真爱,只是心里要爱。爱是上帝给你的一种恩德,最大的恩德。你得求他赐给你。”

“倘使人家不爱我呢?”

“人家不爱你,你也得这样。你会因之更幸福。”

雅葛丽纳拉长着脸,装出气恼的模样:“我可不愿意,我对这个一点儿不感兴趣。”

玛德很亲热地笑了,望着雅葛丽纳叹了口气,随后又做她的活儿。

“可怜的孩子!”她又说了一遍。

“你为什么老说可怜的孩子?”雅葛丽纳不大放心地问。“我不愿意做个可怜的孩子。我多么希望幸福呢!”

“就因为此我才说:可怜的孩子!”

雅葛丽纳有些恼了。但不久也就过去了。姑母笑得那么尽兴,使她沉不下脸来。她一边假装生气一边拥抱她。其实,一个人在这个年龄上听到自己将来——在很远的将来——会有点儿悲哀的事,反而是得意的。从远处看,人生的不幸还很有诗意呢,一个人最怕庸庸碌碌的生活。

雅葛丽纳完全没觉察姑母的脸色越来越惨白,只注意到她出门的次数越来越少,以为那是她喜欢待在家里的怪脾气,雅葛丽纳还常常因之取笑她。有一两次她去探望的时候,碰到医生出门。她就问姑母:"你病了吗?"

姑母回答:"只是一点儿小病。"

可是她连每星期上朗依哀家吃一顿饭都不去了。雅葛丽纳气愤地去质问她。

"好孩子,"玛德很温和地说,"我累了。"

雅葛丽纳不相信,以为是推托。

"哼,每星期上我们家来两小时就累了吗?你不喜欢我。你只喜欢待在你那个火炉旁边。"

她回家得意扬扬地把这些刻薄话讲出来,不料立刻被父亲训了几句:

"别跟姑妈去烦!你难道不知道她病得很厉害吗?"

雅葛丽纳听着脸都白了;她声音颤抖地追问姑母害了什么病。人家不肯告诉她。最后她才知道是肠癌,据说姑母只有几个月的寿命了。

雅葛丽纳心里害怕了好几天,等到见了姑母才宽慰一些。玛德还算运气好,并不太痛苦。她依旧保持着安详的笑容,在透明的脸上映出内心的光彩。雅葛丽纳私下想:

"大概不是吧。他们弄错了,要不然她怎么能这样安静呢?"

她又絮絮叨叨地讲那些心腹话,玛德听了比从前更关切了。可是谈话中间,姑母有时会走出屋子,一点儿不露出痛苦的神色;她等剧烈的疼痛过去了,脸色正常了,才回来。她绝口不提自己的病,竭力掩饰,也许她不能多想它;她明明知道受着病魔侵蚀,觉得毛骨悚然,不愿意把思想转到这方面去;她所有的努力是在于保持这最后几个月的和平恬静。可是病势出人意料地急转直下。不久她除了雅葛丽纳以外不再接见任何人。后来雅葛丽纳探望的时间也不得不缩短。后来终于到了分别的日子。姑母躺在几星期来没离开过的床上,跟小朋友告别,说了许多温柔与安慰的话。然后她关起门来等死。

雅葛丽纳有几个月工夫非常痛苦。姑母死的时候,她正经历着精神上最苦闷的时期;在这种情形之下能支持她的原来只有姑母一个人。此刻她孤独到了极点。她很需要一种信仰做倚傍。从表面上看,这种倚傍似乎不会缺少的:她从小就奉行宗教仪式;她的母亲也是的。但问题就在这儿:母亲是奉行仪式的,玛德姑母却并不:怎么能不把她们作比较呢?大人们视若无睹的谎言逃不过儿童的眼睛,他们很清楚地看到许多弱点与矛盾。雅葛丽纳发觉母亲跟一般自称信仰宗教的人照旧怕死,仿佛没有信仰一样。真的,靠宗教是不够的……此外,还有些个人的经验,反抗,厌恶,一个笨拙的忏悔师伤害她的话……都使她怀疑宗教。她继续上教堂去,可是并无信仰,只像拜客一样,表示自己有教养。她觉得宗教像世界一样空虚。唯一的救星是对于死者的回忆,她把她完全裹在身上了。她悔恨当初不该逞着青年人自私的脾气而忽视姑母,如今是叫也叫不应了。她把她的面目理想化;而玛德留下的深刻的韬晦的生活榜样,使她讨厌社会上那种不严肃不真实的生活。她眼中只看见它的虚伪;而那些可爱的诱惑,在别的时间会使她觉得好玩的,此刻却使她深恶痛绝。她患着神经过敏症。无论什么都会叫她痛苦;她的意识一点儿不受蒙蔽。凡是一向因为漠不关心而没注意到的事,她现在统统看到了。其中有一件竟把她伤害入骨。

有天下午,她在母亲的客室里。朗依哀太太正在见客——一个时髦画家,装腔作势的小白脸,是她们家的熟客,但并非十分知己的朋友。雅葛丽纳觉得自己在场使母亲跟客人都不方便,因此她愈加留着不去了。朗依哀太太有点儿不耐烦,轻微的偏头痛使她昏昏沉沉,再不然是被今日的太太们像糖果一般咬着的头痛丸搞糊涂了,不大留神自己的话。她无意之间把客人叫作“我的心肝……”

她立刻发觉了。他也和她一样不动声色。两人继续用客气的口吻谈下去。正在一旁沏茶的雅葛丽纳心中一震,差点儿把一只杯子滑在地下。她感觉到他们在背后交换着会心的微笑。她转过身来,果然看到他们心照不宣的目光,一下子就给遮掩过去了。——这个发现把她吓坏了。雅葛丽纳从小过着放任的生活,不但常常听到这一类的玩意儿,她自己也会嘻嘻哈哈地提起的,可是这一回竟感到难以忍受的痛苦,因为看见她的母亲……她的母亲,那事情可不同了!以她惯于夸大的性情,她从这一个极端转到另一个极端。至此为止,她对什么都不猜疑的。从今以后,她对一切都猜疑了。她想着母亲过去的行为,推想某些小节。没有问题,轻佻的朗依哀太太犯嫌疑的地方太多了,但雅葛丽纳还要加些上去。她很想接近父亲;他跟她一向比较密切,而他的聪明也对她很有吸引力。她愿意多爱一些父亲,对他表示同情。可是朗依哀似乎不需要人家为他抱怨;于是这神经过敏的少女又起了疑心,比对母亲的猜疑更可怕,就是说父亲是什么都明白的,但认为假作痴聋更方便;只要自己能够为所欲为,别的事他都不放在心上。

于是雅葛丽纳觉得没希望了。她不敢鄙薄他们。她爱他们。可是她在这儿过不下去了。西蒙纳的友谊对她并没帮助,她很严厉地批判她从前的伴侣的弱点,对自己也不随便放过,看到自身的丑恶与平庸大为痛苦,只无可奈何地怀念着纯洁的姑妈。但这些回忆点慢慢地消失了;时间的洪流把它们淹没了,把它们的痕迹洗掉了。由此可见,一切都是要完的,她将来要跟别人一样掉在污泥里……噢!无论如何都得跳出这个世界!救救我啊!救救我啊!……

就在这个又狂乱又孤独、又厌世又热烈的时期,抱着神秘的等待的心情、向着一个无名的救主伸手乞援的时候,雅葛丽纳遇到了奥里维。

朗依哀太太和大家一样邀请了那个冬天走红的音乐家克利斯朵夫。克利斯朵夫来了,照例不想讨人喜欢。朗依哀太太可仍旧觉得他可爱:——只要在当令的时候,他拿出无论什么态度都可以;人家总觉得他可爱;这往往是几个月的事。雅葛丽纳并不觉得他怎么了不起,克利斯朵夫受到某些人的恭维先就使她不信任。何况他粗鲁的举动,高声的说话,快活的心情,都叫她看不上眼。以她那时的心境,生活的兴致显得是鄙俗的;她所追求的是凄凉的,半明半暗的境界,自以为喜欢这种境界。克利斯朵夫身上的光太强了。但他谈话之间提起了奥里维:他需要把他的朋友跟他一切愉快的经历连在一起。他把奥里维说得那么有意思,使雅葛丽纳以为看到了一个合乎理想的人物。她要母亲把奥里维也邀请来。奥里维并不马上接受;而在他姗姗来迟的那个时期之内,克利斯朵夫和雅葛丽纳更能从从容容地描出一个幻想的奥里维的肖像,而等到他决意应邀而来的时候,真正的面目跟那幻想的图画也不会不像了。

他来了,可很少说话,也不需要说话。他的聪明的眼睛,他的笑容,他的文雅的举止,浑身上下那种光辉四射的恬静,自然把雅葛丽纳迷住了。再加有克利斯朵夫在旁边做对照,更烘托出奥里维的妙处。但她脸上全无表示,因为怕正在心中萌动的感情;她继续跟克利斯朵夫谈话,谈的却是奥里维的事。克利斯朵夫能够谈到他的朋友,得意极了,根本没注意雅葛丽纳听得津津有味。他也提到自己,而她虽然毫无兴趣,也殷勤地听着,随后又不着痕迹地把话题扯上跟奥里维有关的故事。

雅葛丽纳的风情对于一个不自警戒的人是很危险的。克利斯朵夫不知不觉已经被她迷住了:他喜欢常常到她家里去,开始注意自己的装束,他熟识的那种感情又笑眯眯地混入他所有的幻想中来了。奥里维从最初几天起也入了迷,以为对方冷淡他,暗中很难过。克利斯朵夫高高兴兴地把自己和雅葛丽纳的谈话告诉他听,更增加他的痛苦。奥里维根本没想到自己会讨雅葛丽纳喜欢。虽然因为跟克利斯朵夫一起生活,他看事比较乐观了些,但仍旧没有自信;他把自己看得太清楚了,不相信会得到人家的爱。——其实,倘若一个人的被爱要靠他本身的价值而不是靠那个奇妙与宽容的爱情,那么够得上被爱的人也没有几个了。

一天晚上,他收到朗依哀家的邀请,但觉得再去看那个冷淡的雅葛丽纳太难堪了,便推说疲倦,叫克利斯朵夫一个人去。蒙在鼓里的克利斯朵夫挺快活地去了。以他天真的自私心理,他只想着和雅葛丽纳单独相对的快乐。可是他得意的时间并不久。一听到奥里维不来的消息,雅葛丽纳马上露出一副懊丧的、气恼的、烦闷的、失望的神情;她再也不想讨人喜欢了,也不听克利斯朵夫说的话,只随便回答几句。他甚至非常难堪地看见她掩着嘴,不耐烦地打了个呵欠。她真想哭出来。突然之间她走出客厅,不再露面了。

克利斯朵夫不胜狼狈地回去,一路上推敲这种突如其来的改变态度究竟是怎么回事,慢慢地居然看到了一点儿真相。回到家里,奥里维等着他,装着若无其事的神情问他晚会的情形。克利斯朵夫把那桩不如意事讲给他听。他一边讲着一边看到奥里维脸色渐渐开朗起来。

"你不是累了吗?"他问,"干吗不睡呢?"

"噢,我觉得好多了,"奥里维回答,"我不累了。"

"对啦,"克利斯朵夫很俏皮地说,"你今晚不去,的确使你精神恢复不少。"

他亲切的,狡猾地望了望奥里维,回到自己房里去了。到了那儿,他笑了,轻轻的,可是笑得连眼泪都淌了出来:

"坏东西!"他心里想,"她居然拿我开玩笑!而他也在耍我。想不到他们俩有这一手!"

从此他把自己对雅葛丽纳的念头一齐丢开,而像孵着小鸡的母鸡一样去孵育两个小情人的罗曼史,表面上只装作不知道他们的秘密,也不代他们之中任何一个向对方揭破,只在暗中帮助他们。

他一本正经地以为自己的责任应当把雅葛丽纳的性格研究一番,

以便决定奥里维跟她在一起是否能幸福。因为笨拙,他就向雅葛丽纳提出许多古怪的问题使她气恼,有的是关于趣味方面的,有的是道德方面的……

“岂有此理!他这样问长问短是什么意思?”雅葛丽纳愤愤地转过背去想。

奥里维看见雅葛丽纳不再关切克利斯朵夫,高兴极了。而克利斯朵夫看见奥里维高兴也高兴极了。他甚至把自己的快乐表现得比奥里维更露骨。雅葛丽纳看了莫名其妙,她万万想不到克利斯朵夫在他们的爱情中看得比她还清楚,所以只觉得他讨厌至极,不懂奥里维怎么能为一个这样粗俗的朋友入迷。克利斯朵夫猜到这点,有心捉弄她,惹她生气。随后他推说事忙,谢绝了朗依哀家的邀请,让雅葛丽纳和奥里维单独相处。

可是他对前途还是很担忧,自以为对这桩酝酿中的婚事有很大的责任,心里很烦恼,因为他把雅葛丽纳看得相当准确,担心着许多事:第一是她的有钱,其次是她的教育,她生活的环境,尤其是她的弱点。他想起从前的女朋友高兰德。没有问题,雅葛丽纳为人更真,更坦白,更热情,对于勇敢的生活很有点儿向往之情,也有英勇壮烈的志愿。

“但单是有志愿还不够,”克利斯朵夫想道,“还得有魄力。”

他想把危险通知奥里维。但一看见奥里维从雅葛丽纳那边回来,眼中闪着快乐的光彩,他就没勇气开口了,心里想:“两个孩子很快活。别扰乱他们的幸福吧。”

对奥里维的友爱慢慢地使他感染到奥里维的信心。他终于相信雅葛丽纳的确是像奥里维所看到的,也是像她自己所愿意看到的那种人物。她意志多么坚强!她爱奥里维,就是爱他不同于她和她的社会的地方。她爱他,因为他清贫,因为他在道德观念上不肯让步,因为他在社会上不善于应付。她爱奥里维爱得那么纯洁那么彻底,恨不得自己和他一样穷……有时还恨不得要自己变丑,因为这样她可以更加肯定奥里维爱她是为了她本身,为了她的一腔热爱,那是他渴望的……

啊！有些日子，他在眼前的时节，她觉得自己脸色发白，双手发抖。她勉强嘲笑自己的激动，故意装作关心别的事，不去瞧他，用讥讽的口吻说话。可是她突然停下来，躲到卧室里去，关上门，放下了窗帘，坐在那儿，两个膝盖紧挤着，交叉着手臂抱着胸部，压制自己的心跳。她凝神屏气地待在那里，一动也不敢动，唯恐惊散了那幸福的境界。她一声不出地把爱情紧紧抱着。

现在克利斯朵夫一心一意只关切奥里维的成功，像母亲一样照顾他，留心他的修饰，对他的衣着发表意见，替他打领带。奥里维很耐心地由他摆布，宁可到了楼梯上拆开领带重新打过。他心里好笑，但对这种亲切的表示非常感动。爱情使他胆怯，不敢信任自己了，所以他很愿意请教克利斯朵夫，把会面的经过告诉他听。克利斯朵夫和他一样激动，有时会在夜里几小时地搜索枯肠，替朋友的恋爱设计谋划。

在巴黎近郊，亚当岛森林近旁的一个小地方，在朗依哀家别庄的大花园里，奥里维和雅葛丽纳有了一次确定终身的谈话。

克利斯朵夫陪着朋友一同在那里，但他在屋子里发现了一架风琴，便弹着琴，让两个人双双地散步去了。——其实他们不希望他这样。他们怕单独相对。雅葛丽纳不声不响，有点儿敌意。上次见面的时候，奥里维已经发觉她态度突然变得冷淡，目光显得残酷，甚至有敌对的意味。他看了心都凉了。他不敢盘问，怕从爱人嘴里听到什么残忍的话。那天看到克利斯朵夫一离开，他心就发抖，觉得唯有克利斯朵夫在场才能使他不至于受到意料中的打击。

雅葛丽纳爱奥里维的心并没有削减。她只有更爱他。就因为此，她对他有点儿敌意。她从前当作游戏而那么渴望的爱情，此刻来了，在她面前了；但她看到它在脚下变了个窟窿，便吓得望后倒退。她弄不明白了，心里想："可是为什么？为什么？这是什么意思呢？"

于是她望着奥里维，用着那种使他痛苦的目光，又想："这男人是谁呀？"

她不知道。

“我为什么爱他呢?”

她不知道。

“我爱不爱他呢?”

她不知道……不知道;但她知道她是被抓住了,被爱情抓住了;她自己将要完全消亡在爱情中间,她的意志,她的独立,她的自私,她对于未来的梦想,一切都要在这个怪物身上消亡。于是她气愤地跳起来,有些时候简直恨奥里维了。

他们直走到花园尽处,到了有一行大树和草坪隔离着的菜园里,迈着细步在小径上走,两旁种满了红醋栗树,挂着许多红的深色的果实,还有一畦畦清香扑鼻的杨梅。时值六月,阵雨之后气候很凉爽。天空灰灰的,只有半明半暗的光;低低的云大块大块地随着风沉重地移动。但这阵来自远方的风一丝都吹不到地上来:连一片树叶都不动。无限凄凉的气息笼罩着一切,笼罩着他们的心。而在花园那一头,从那望不见的别庄的半开的窗子里,传来一阵风琴声,奏着约翰·塞巴斯蒂安·巴赫的《降 E 小调赋格曲》。他们俩紧挨着坐在井栏上,脸色惨白,一声不吭。奥里维看见雅葛丽纳脸上淌着眼泪。

“你怎么哭啦?”他嘴唇抖动着,轻轻地问了一声。

而他的眼泪也淌了出来。

他拿着她的手。她把头靠在奥里维肩上。她不想再抗拒了,她给打败了;这才松了口气!……两人轻轻地哭着,听着音乐,沉重的云无声无息地在头上移动,仿佛就在树梢上掠过。他们想着自己过去的痛苦——也许还想着将来的痛苦。在一个人的命运周围酝酿的哀愁,有时会由音乐突然透露出来……

过了一会儿,雅葛丽纳擦擦眼睛,望着奥里维。突然之间他们拥抱了。噢!无法形容的幸福!神圣的幸福!这样的甘美,这样的深邃,甚至令人感到痛苦了!……

雅葛丽纳问:"你的姊姊像你吗?"

奥里维吃了一惊:"你为什么提起她?难道你认识她吗?"

"克利斯朵夫讲给我听的……你曾经非常痛苦,是不是?"

奥里维点点头,感动得答不上话来。

"我从前也很痛苦的。"她说。

于是她讲起她的亡友,亲爱的玛德姑母,很心酸地说她曾经哭得死去活来。

"你会帮助我的,是不是?"她用着哀求的口吻说,"帮助我生活,做个好人,把可怜的姑妈做榜样!你喜欢我的姑妈吗,你?"

"她们俩我们都爱。正如她们俩也会彼此相爱。"

"可惜她们不在这儿了。"

"她们在这儿呀!"

两人紧紧抱着,连彼此的心跳都感觉得到。忽然来了阵细雨,使雅葛丽纳直打寒战。

"我们进去吧。"她说。

树荫底下差不多已经黑了,奥里维吻着雅葛丽纳潮润的头发;她向他仰起头来,他的嘴唇第一次感觉到那动了爱情的嘴唇,那种少女的灼热而有点儿龟裂的嘴唇。他们差点儿晕过去了。

快到屋子的时候,他们又停下来。

"以前我们多孤独啊!"他说。

他已经把克利斯朵夫给忘了。

可是他们立刻想起他。琴声已经没有了。他们走进屋子。克利斯朵夫把肘子靠在风琴上,双手捧着脑袋,也想着许多过去的事。他听见开门才从幻梦中惊醒过来,对他们和颜悦色,堆着一副庄严而温柔的笑容。他看到他们的眼睛就知道了二人经历的情形,便握着他们的手,说道:“坐下吧。让我弹些东西给你们听。”

他们坐下了,他在琴上把胸中所有的感情,对他们俩所有的爱,一齐倾诉了出来。弹完之后,三个人都一声不响。随后他站起身子瞧着他们。他的神气多么和善,比他们老成多了,坚强多了!她这才破天荒第一遭体会到克利斯朵夫的心。他把他们俩都搂在怀里,对雅葛丽纳说:“你很爱他是不是?你们都非常相爱吧?”

两人都觉得对他感激不尽。可是克利斯朵夫马上转变话题,高声笑着,走向窗子,跳到花园里去了。

以后的几天,他劝奥里维向雅葛丽纳的父母求婚。奥里维不敢,怕遭到意料中的拒绝。克利斯朵夫同时也逼他去找个差事。假定二老答应了,奥里维在不能谋生的情形之下,就不能接受雅葛丽纳的财产。奥里维跟他有一样想法,可不同意他对于跟有钱的女子结婚所抱的过分警戒而近乎可笑的态度。克利斯朵夫始终认为财富是毒害心灵的。他最喜欢引用一个哲人对一个为灵魂得救问题操心的富家妇人说的话:

“怎么,太太,您有了百万家私,还想有一颗不朽的灵魂?”

“你得提防女人,”他半正经半取笑地和奥里维说,“提防女人,特别是有钱的女人!女人爱艺术,也许是真的,但她把艺术家压得透不过气来。有钱的女人可是把艺术跟艺术家都伤害了。财富是一种病。女人比男人更受不住。所有的富人都是不正常的……你笑吗?你笑我吗?哼!难道一个富翁会懂得什么叫作人生?难道他跟艰苦的现实有什么接触?他尝过饥寒交迫的滋味吗?闻到过用自己的劳动换来的面包的味道吗?感觉到自己胼手胝足去垦植的土地的气息吗?他懂得什么众生万物?连看都看不见呢!……我小时候有几次给人家带着坐了大公爵的马车出去玩。车子走过我每根草都熟悉的草原,穿过我独自奔驰而心爱的树林。可是那时我什么都看不见了。所有那些可爱的景致,都变得像带我游览的那些糊涂虫一样的僵死,一样的不自然。那批昏庸老朽的人好比幕一般把草原跟我的心隔断了;不但如此,只要脚下踏着木板,头上盖着车顶,就可以使我和天地绝缘。要能感到大地是我的母亲,必须把我的脚踩入它的肚子里,好似一个初见光明的新生儿一样。财富斩断大地跟人类的联系,斩断所有大地之子相互间的连系。这样,你怎么还能成为一个艺术家?艺术家是大地的声音。一个有钱的人不能成为一个大艺术家。如果能够,那么在这样水土不宜的环境中,他必须有胜过别人千倍的天才。而且即使成功了,他也免不了是一颗暖室里培养出来的果子。连伟大的歌德也没用:跟他的心灵配搭的是萎缩的四肢,他缺少那些被财富斩断的主要器官。你既没有歌德的气魄,势必被财富吞掉,尤其被一个有钱的妻子吞掉,这一点在歌德至少是避免了的。单身的男人还可以抗拒灾难。他有一股天生的强悍之气,有些坚韧的本能把他跟土地连在一块儿。但女人是容易中毒的,还要把毒素传给别人。她喜欢闻财富的那股加着香料的臭气。她有了资财而还能保持心灵的健康简直是奇迹,好似一个百万富翁有天才一样……而且我不喜欢妖魔。凡是财产超过生活需要的人就是一个妖魔——一个侵蚀他人的癌。”

奥里维笑道:“可是,我总不能因为雅葛丽纳不穷而不爱她,也不能硬要她为了爱我而变穷。”

“你要是救不了她,至少得救你自己!而这还是救她的最好的方法。你得保持纯洁。你得工作。”

奥里维无须克利斯朵夫告诉他这些顾虑。他比他更敏感,并非他把克利斯朵夫对财富的诅咒当真,他自己也是有钱人家出身,绝对不鄙薄财产,而且认为财产和雅葛丽纳俊俏的脸蛋非常匹配。但他受不了人家猜疑他的爱情是为了图利,所以要求重进教育界。目前所能希望的只有一所内地中学里一个很普通的职位,这便是他所能献给雅葛丽纳的可怜的新婚礼物。他很不好意思地和她谈起此事。雅葛丽纳先是不能接受他的理由:以为这种过分的要强是克利斯朵夫影响他的,她认为可笑的;一个人真有爱情的时候,和所爱的人同甘共苦不是挺自然的吗？拒绝爱人乐于贡献给他的优惠，不是矫情吗？……可是临了，她仍赞同了奥里维的计划；因为这计划中间颇有些苦涩与不愉快的成分，她才下了决心，觉得这倒是一个机会可以满足她牺牲的热情。姑母的死惹动了她对环境的反抗，爱情更把她刺激得兴奋起来。凡是自己天性中跟神秘的热情不相容的成分，她一概加以否定；她仿佛引满了一张弓要把自己的生命向一种理想射去，而所谓理想便是极纯洁、极艰苦，同时又有幸福的光辉的生活……将来的阻碍，清苦的境况，对她都变成了欢乐。那才是多美妙的境界！……

朗依哀太太一心只管着自己，没工夫留意周围的事。最近她只想着健康问题，整天忙着她那些莫须有的病，一会儿试试这个医生，一会儿试试那个医生：每个新医生都是救星；过了十五天可又得换一个。她几个月不待在家里，住着费用昂贵的疗养院，不胜虔诚地做种种可笑的治疗，把女儿和丈夫统统给忘了。

比较关心家庭的朗依哀先生开始猜到女儿的计划了。那是他为父的嫉妒心理提醒他的。他对雅葛丽纳素来有着谜一般的温情，为许多父亲对女儿都感觉到而不肯承认的；那是一种神秘的、肉感的，几乎是神圣的好奇心，使一个人想在自己的化身、是自己的骨肉而是个女人的人身上再生。在这等幽密的心情中间，有些影子与黯淡的闪光，还是不知道的好。至此为止，他觉得女儿使青年们风魔很好玩，他喜欢她这样：卖弄风情，想入非非，可是头脑清楚——像他自己。但他看到事情弄假成真就不放心了。他开始在雅葛丽纳面前取笑奥里维，后来又用一种相当尖刻的口吻批评他。雅葛丽纳先是笑笑，说："别说他这么多坏话，爸爸，你以后要发窘的，倘使我嫁给了他。"

朗依哀先生高声嚷起来，把她当作疯子。这才是使她完全成为疯子的好方法！他说她永远不能嫁给奥里维。她说非嫁他不可。幕揭开了。他发现她已经不把他放在心上。做父亲的自私心不禁大为气愤。他赌咒说再不让奥里维和克利斯朵夫上门。雅葛丽纳听了气坏了。有天早上，奥里维开了门，看见她像一阵狂风似的卷进屋子，脸色发白,非常坚决地对他说;“你把我带走吧!爸爸妈妈不答应。我却非要不可。我不回去了。”

奥里维又是惊骇又是感动,并不想和她从长计议。幸而克利斯朵夫在家。平常他是最没理性的,那天反倒劝他们讲理性了。他说他们这样会闹出丑事来,以后会更痛苦。雅葛丽纳怒不可遏地咬着嘴唇,回答说:“以后我们自杀就完了。”

这句话非但没有把奥里维吓倒,反而使他打定了主意。克利斯朵夫好容易叫两个疯子姑且耐着性子;他说在用到这最后一招儿之前,总得试过其他的方法,雅葛丽纳先回家,由他去找朗依哀先生做说客。

古怪的说客!他才说了几句,朗依哀先生差点儿撵他出门;然后他又觉得事情可笑。来客的严肃,诚实,深信不疑的态度,慢慢地使听的人动容了;然而朗依哀始终表示不动心,继续说些讥讽的话。克利斯朵夫只做没听见,可是逢到对方来一下特别尖锐的冷箭,他也停下来,不声不响地迟疑一会儿;随后又往下说。到了一个时候,他把拳头望桌上敲了一下,说道:

“请你相信我一句话:我这次的拜访对我并不是一件有趣的事,我真得竭力压制自己才能不来挑剔你某些措辞;可是我认为我有权利对你说话,所以我就说了。请你像我一样的客观一些,把我的话考虑考虑。”

朗依哀先生听着;一听见自杀的计划,他耸耸肩膀,装作一笑置之,但心里的确震动了。以他的聪明,决不致把这种威吓当作玩笑看;他知道应该顾到痴情女子的疯狂。从前他有个情妇,平素嘻嘻哈哈的,脾气挺好,他认为决不会实行她的大话的,居然当着他的面把自己打了一枪,当场并不没有死;那一幕他现在又觉得如在眼前了……对付那些疯疯癫癫的女孩子简直毫无把握。想到这儿,他不由得一阵心酸……“她自己要吗?那么好吧,傻孩子活该倒霉!……”当然,他可能用点儿手段,假作应允,把日子拖一拖,再慢慢地使雅葛丽纳疏远奥里维。可是这样非得花一番他不愿意或不能花的心血。何况他也是个软心人;因为他曾经恶狠狠地对雅葛丽纳说过一声“不!”现在就大为不忍而愿意说一声“好”了。归根结底,世界上的事谁说得准呢?或许孩子的看法是对的。主要是两人相爱。朗依哀先生也并非不知道奥里维是个正人君子,也许还有才气……因此他同意了。

结婚前一天,两个朋友厮守了半夜没睡觉。他们对于一个可爱的过去的最后几个钟点,都想好好地领略一番。可是眼前这个时间已经是过去了。好似那些凄凉的离别,在车子开行以前大家执意要留在月台上,彼此瞧着,说着话,但心早已不在这儿,朋友已经远去了……克利斯朵夫一句话说到一半,发觉奥里维心猿意马的眼神,便停下来,笑了笑,说:“你已经不在这儿了!”

奥里维不胜惶恐地道歉,因为自己在最后一段亲密的时间这样分心,觉得很难过。但克利斯朵夫握着他的手,说:“算了吧,别勉强。我很快活。你做你的梦吧,孩子。”

他们偎依着站在窗口,望着黑暗中的花园。过了一会儿,克利斯朵夫对奥里维说:

“你想逃开我吗?你以为可以躲掉我了?你想着你的雅葛丽纳。可是我会追上来的。我也想着她。”

“好朋友,”奥里维回答,“我何尝不想你!即使……”说到这儿他停住了。

克利斯朵夫笑着把他的话接下去:“……即使要想着我是多么不容易!……”

参加婚礼的时候,克利斯朵夫打扮得很体面,可以说很漂亮了。他们不用宗教仪式:奥里维是因为对宗教冷淡,雅葛丽纳是因为存着反抗的心,两人都不愿意要。克利斯朵夫写了一个交响乐体裁的曲子预备在区公所演奏,但到最后一刻,他明白了公证结婚是怎么回事,便把音乐放弃了,认为那是可笑的,表示一个人既没有信仰,也没有自由思想。一个真正的旧教徒好容易变成了自由思想者,并非要把一个公务人员变成教士。在上帝与自由良心之间,绝无理由把国家拉来代替宗教。国家只管登记,不管结合。

奥里维和雅葛丽纳结婚的情形,使克利斯朵夫觉得幸好没有把音乐放到典礼中去。区长俗不可耐地恭维着新夫妇,恭维着新娘的有钱的家庭和那些挂着勋章的证婚人。奥里维心不在焉的,含讥带讽地听着。雅葛丽纳可完全不听,偷偷地向冷眼觑着她的西蒙纳吐舌头,她曾经跟她打赌,说结婚"决不会使她紧张",她现在快要赢这个东道了:她简直不大想到结婚的就是自己,即使想到也只觉得好玩。其余的人都是为了来宾而装腔作势,来宾也都拿着眼镜瞧他们。朗依哀先生只管在人前卖弄;虽然对女儿的感情那么真,他当时最注意的还是宾客,心里想有没有漏发什么请帖。唯有克利斯朵夫很激动,他仿佛一人身兼了父母、结婚当事人和区长这许多角色。他目不转睛地盯奥里维,奥里维可并不瞧他。

晚上,新人动身去意大利。克利斯朵夫和朗依哀先生送他们到车站,看见新夫妇很快乐,毫无遗憾,也不隐瞒他们巴不得快点儿走掉的心绪。奥里维像一个少年人,雅葛丽纳像一个小姑娘……这一类离别使人非常惆怅。父亲眼看着女儿被一个陌生人带走……从此跟他越离越远。但他们只感到一股解放的醉意。什么束缚都没有了,什么阻碍都没有了,他们自以为到了人生的顶点,万事齐备,用不着再怕什么,可以死而无憾了……过后,他们才知道这不过是一个阶段。拐过了山峰,又是遥遥前途摆在那里;而且很少人能到达第二个阶段……

火车在黑夜里把他们带走了。克利斯朵夫和朗依哀一同回去,俏皮地说了句:

"咱们现在都是鳏夫了!"

朗依哀先生笑了。他们道了再会,各自走上回家的路。两人都很难过。但那是一种又悲伤又甜美的感觉。克利斯朵夫自个儿在卧室里想道:"现在我生命中最高尚的一部分得到了幸福了。"

奥里维的屋子里一切都保持原状。两位朋友约定:在奥里维没回来搬家之前,他的家具和纪念物照旧存在克利斯朵夫那边。所以他还是在眼前。克利斯朵夫瞧着安多纳德的相片,拿来放在自己桌上,对它说道:

“朋友,你快活吗?”

他常常——稍为太密了些——写信给奥里维。回信很少,内容也是心不在焉的,朋友在精神上渐渐跟他疏远了。他很失望,但硬要自己相信这是应当如此的;他并不为他们友谊的前途操心。

孤独并不使他难受。以他的口味而论,他觉得还不够孤独呢。《大日报》的撑腰已经使他感到厌恶。阿赛纳·伽玛希有个脾气,以为由他费了心血吹捧出来的名流应当归他所有,而他们的光荣理当和他的光荣打成一片,好似路易十四在宝座周围摆着莫里哀、勒·布朗和吕里一样。克利斯朵夫觉得在艺术上便是德皇也不见得比他《大日报》的老板更可厌。因为这个新闻记者对艺术既不比皇帝更懂,成见倒不比他少;只要是他不喜欢的,他绝对不容许存在,说是恶劣的,危险的;他为了公众的福利要把它们消灭。最丑恶而最可怕的,莫过于这般畸形发展的,不学无术的市侩,自以为用了金钱和报纸,不但能控制政治,还能控制思想:凡是听他们指挥的人,就赏赐一个窠,一条链子,一些肉饼;拒绝他们的,他们就放出成千成百的走狗去咬!——克利斯朵夫可不是受人呵斥的家伙。他认为一头蠢驴胆敢告诉他在音乐方面什么是应该作的,什么是不应该作的,未免太不像话;他言语之间表示艺术需要比政治更多的准备。他直截了当地拒绝把一部无聊的脚本谱成音乐,不管那作者是报馆高级职员之一而为老板特别介绍的。这一件事就使他和伽玛希的交情开始冷淡了。

但克利斯朵夫反而因之高兴。他才从默默无闻的生活中露出头来,已经急于要回到默默无声的生活中去了。他觉得“这种声势赫赫的名气,会使自己在人群中迷失”。关心他的人太多了。他玩味着歌德的话:

“一个作家凭着一部有价值的作品引起了大众的注意,大众就设法不让他产生第二部有价值的作品……一个深自韬晦的有才气的人,也会不由自主地卷入纷纭扰攘的社会,因为每个人都认为可以从作家身上沾点儿光。”

于是他关上大门,守在家里,只接近几个老朋友。他又去探望近来比较疏远了的亚诺夫妇。亚诺太太白天一部分的时间总是孤独的,很有余暇想到别人的悲伤。她想到克利斯朵夫在奥里维走后所感到的空虚,便压着胆怯的心情请他吃晚饭。她很愿意不时来照顾一下他的家务,可是她没有胆子,这也许更好:因为克利斯朵夫绝对不喜欢人家过问他的事。但他接受上亚诺家吃饭的邀请,黄昏时也常到他们家去坐一会儿。

他发现这对夫妇老是那样亲密,维持着同样温柔而悒郁的气氛,比从前更灰色了。亚诺精神上经过一个颓丧的时期,教书生涯把他磨得很苦——累人的劳作,一天又一天的永远没有变化,仿佛一个轮子老在一个地方打转,从来不停,也从来不向前。虽然很有耐性,这好人也不免垂头丧气。他为了某些不公平的事很难过,觉得自己的忠诚毫无用处。亚诺太太说些温婉的话鼓励他;她似乎永远那么平和恬静,可是人慢慢地憔悴了。克利斯朵夫当着她的面祝贺亚诺有这样一位贤德的夫人。

“是的,”亚诺说,“她真好,无论遇到什么事总是很安定。这是她的运气,也是我的运气,要是她对我们的生活觉得痛苦的话,我会一蹶不振的。”

亚诺太太红着脸不出声。接着她用着平稳的语调扯到别的事上去了。——克利斯朵夫的来往照例对他们很有好处;而在他那方面,也乐于到这些好人旁边来让自己的心温暖一下。

那时来了另外一个女朋友,更准确地说,是克利斯朵夫去找来的;因为她虽然愿意认识他,可决不会自动来看他。那是一个二十五岁左右的女子，音乐家，得国立音乐院的钢琴头奖的，名叫赛西尔·弗洛梨。矮个子，相当胖；眉毛很浓，美丽的大眼睛水汪汪的，又小又粗的鼻子下端往上翘着，带些红色，像鸭嘴，厚嘴唇，表示人很笃实，温柔；下巴肥肥的，很结实，很有个性；脑门长得并不高，可是很宽；浓密的头发绾成个大髻挂在脖子上；粗壮的胳膊，钢琴家的手，又长又大，指尖是方的，大拇指跟别的手指离得很远。她浑身上下都元气充足，像乡下人一样的健康。她和母亲住在一起，对她很孝顺。母亲也是个好心的女人，对音乐毫无兴趣，但因为常常听人谈到，便也谈着音乐，知道音乐界发生的一切事情。赛西尔过着平凡的生活，整天教课，有时也举行些没人注意的音乐会。平日她回家很迟，或是步行，或是坐街车，筋疲力尽，可是兴致不坏；回来还打起精神练琴，缝帽子，话很多，爱笑，爱莫名其妙地哼哼唱唱。

人生并没宠她。她懂得辛辛苦苦换来的一点儿享受是多么宝贵，也很能体会一些小小的快乐，体会她的境况或艺术方面的些许进步。只要她本月比上月多挣五法郎，或者把弹了几星期的一段萧邦终于弹好，她就欢喜不尽。她自修的功课并不过度，恰好配合她的能力，像适当的健身运动一般使她身心愉快。弹琴，唱歌，教课，这些正常而有规则的活动使她一方面觉得日子没有虚度，一方面能过着小康的生活，有点平平稳稳的成就。她胃口很好，吃得下，睡得着，从来不闹病。

她为人正直，合理，谦虚，精神很平衡，一无烦恼：因为她只管现在，不问已往也不问将来。既然身体好，生活安定，不会有什么风浪，她就差不多永远是快乐的。她高兴练琴，也高兴管家务，也高兴一事不做。她的生活不是一天天过的，——(她很经济，做事有预算)，——而是一分钟一分钟过的。她心中毫无高远的理想，即使有，也是见诸她所有的行为与思想的布尔乔亚理想，就是说心安理得地爱好她所做的事。星期日她上教堂去；但宗教情绪在她的生活中毫无地位。她佩服那些狂热的人，像克利斯朵夫一般有一种信仰或天才的；但她并不羡慕：有了他们的烦闷和他们的天才，又怎么办呢？

那么她怎么能体会到大作家的音乐的?她自己也说不清。她只知道的确体会到。她高出别的演奏家的地方,在于她身心的健康与平衡。这颗自己并无热情而生命力很强的灵魂,对陌生人的热情倒是一块特别富饶的园地。她并不因之受到骚乱。侵蚀过艺术家的可怕的热情,她能尽量传达出它的气势而自己不受它的毒害,她只感到那些作品的力量和弹完以后的痛快的疲劳。那时她满头大汗,筋疲力尽,安详地笑着,觉得心满意足了。

克利斯朵夫有一晚听到她的表演,大为称赏。他在会后向她握手道贺。她非常感激:那晚听众很少,而且她素来不大有人捧的。她既没巧妙的手段去加入什么音乐集团,也没那种本领招致一帮捧角的人跟在她后面;既不用过分的技巧来标新立异,也不用想入非非的方式去表演名作引人注意,同时她也不自命为巴赫或贝多芬的专家,更不对她所奏的东西标榜什么理论,只是老老实实地把自己感觉到的弹出来——因此谁也不注意她,批评家们也不知道她:因为没人告诉他们说她弹得好,而他们自己又不知道好坏。

克利斯朵夫以后常常看到赛西尔。这个身子结实而精神安定的女子对他有种说不出的吸引力。她人很刚强,淡泊名利。他因为人家不知道她而很气愤,提议要叫《大日报》的朋友们提到她。她虽很乐意有人称赞,却求他切勿为她钻谋。她不愿意争竞,花许多气力,惹人家妒忌;她只求安安静静地过日子。人家不提起她倒是更好。她决不忌才,对于别的演奏家的技巧,她第一个会惊叹佩服。既无野心,亦无欲望,她太懒了,没有这个劲。要是当前没有什么确定的目标需要她关心,她便一事不做:连胡思乱想都没有;夜里躺在床上,不是马上睡着,就是一无所思。多少在这个年纪没嫁人的女子,念念不忘的想着婚姻,唯恐做老处女,她却没有这种烦恼。人家问她喜欢不喜欢有一个好丈夫,她回答说:

"咄,抱这种野心干吗?为什么不梦想五万法郎的进款呢?做人应当知足,应当安分守己。人家要是给你,那么更好!要不然就算了。

一个人不能因为没有蛋糕吃就觉得白面包不够味。尤其在你吃过了长久的硬面包之后!"

"并且,"母亲接着说,"还有许多人不是每天都有得吃呢!"

赛西尔自有她不相信男人的理由。几年前故世的父亲是个懦弱而懒惰的人,使妻儿子女吃了不少苦。她也有一个不成器的兄弟,不知在混些什么,每过一些时候出现一下,向家里要钱,大家怕他,觉得他丢人,唯恐有朝一日会听到他出什么乱子;可是大家疼他。克利斯朵夫看见过他一次。他正在赛西尔家,忽然有人打铃,母亲跑去开门了。然后他听到隔壁屋子里有人谈话,不时高声地嚷几下。赛西尔似乎慌了,也出去了,让克利斯朵夫一个人待在那里。隔壁继续在争吵,陌生人慢慢地有了威吓的口气,克利斯朵夫以为应当出去干涉,便开出门去,但他只看到一个身子有点儿畸形的年轻人的背影,就给赛西尔赶来拦住了,求他回进屋子。她也跟着一同进来;大家不声不响地坐着。来人在隔壁又嚷了几分钟,走了,把大门使劲碰了一下。于是赛西尔叹了口气,对克利斯朵夫说:"是的……是我的兄弟。"

克利斯朵夫明白了。"啊!"他说,"我知道……我,我也有一个……"

赛西尔握着他的手,又亲切又同情的说:"你也有吗?"

"是的……那都是叫家里的人发笑的宝贝。"

赛西尔笑了;他们的谈话换了主题。真的,这种使家人发笑的宝贝,对她不是味儿,而结婚的念头也不会打动她的心,男人都没意思,还是过独立生活好。母亲看到女儿这样,只有叹气;她可不愿意丧失自由,平时唯一的梦想是将来能有一天——天知道什么时候!——住到乡下去。但她不愿意费心去想象那种生活的细节,觉得想一桩这样渺茫的事太没意思,还不如睡觉——或是做她的工作……

在未能实现她的梦想之前,她夏天在巴黎近郊租一所小屋子,跟母亲两人住着。那是坐二十分钟火车就可以到的。屋子和孤零零的车站离得相当远,在一大片荒地中间,赛西尔往往夜里很晚才回去,可是并不害怕,不相信有什么危险。她虽然有支手枪,但常常忘在家里,而且也不大会用。

克利斯朵夫去探望她的时候,常常要她弹琴。她对于音乐作品的深切的领悟使他看了很高兴,尤其是当他用一言半语把表情指点给她的时候。他发觉她嗓子很好,那是她自己没想到的。他劝她训练,教她唱德国的老歌谣或是他自己的作品;她唱得很感兴趣,技巧也有进步,使他们俩都很惊奇,她天分极高。音乐的光芒像奇迹似的照在这个毫无艺术情操的巴黎小布尔乔亚女子身上。夜莺——(他这样称呼她)——偶尔也提到音乐,但老是用实际的观点,从来不及于感情方面;她似乎只关心歌唱与钢琴的技巧。她和克利斯朵夫在一起而不弄音乐的话,就谈论俗事:不是家务,便是烹饪或者日常生活。平时一分钟都不耐烦和一个布尔乔亚女人谈这些题目的克利斯朵夫,和夜莺倒谈得津津有味。

他们这样在一块儿消磨夜晚,彼此真诚地相爱,用一种恬静的,几乎是冷淡的感情。有天晚上他来吃晚饭,比平时待久了些,突然下了一场阵雨。等到他想上车站去赶最后一班火车的时候,外面正是大风大雨;她对他说:"算了罢! 明儿早上走吧。"

他在小客厅里睡着一张临时搭起来的床。客厅和赛西尔的卧室之间只有一重薄薄的板壁,门也关不严。他在床上听到另一张床咯咯地的响,也听到赛西尔平静的呼吸。过了五分钟,她已经睡熟了;他也跟着入梦,没有一点儿骚乱的念头惊扰他们。

同时,他又得到一批陌生朋友,被他的作品招引来的。他们住的地方大半离巴黎很远,或是幽居独处,从来不会遇到克利斯朵夫的。一个人的名气即使是鄙俗的,也有一桩好处,就是使上千上万的好人能够认识艺术家,而这一点,要没有报纸上那些荒谬的宣传就办不到。克利斯朵夫和其中的几个发生了关系。有的是孤独的青年,生活非常艰苦,一心一意地追求着一个自己并无把握的理想:他们尽量吸收着克利斯朵夫友爱的精神。也有的是一些内地的无名小卒,读了他的歌以后写信给他,像老苏兹一样,觉得和他声气相通。也有的是清苦的艺术家——其中有一个作曲家——不但没法成功,并且也没法表白自己:他们看到自己的思想被克利斯朵夫表现了出来,快活极了。而最可爱的也许是信上不署名的人:因为这样他们说话可以更自由,很天真地把信心寄托在这个支持他们的兄长身上。克利斯朵夫多么愿意爱这些可爱的灵魂,但他永远不能认识他们,因之大为惆怅。他吻着那些陌生人的信,好似写信的人吻着克利斯朵夫的歌一样,各人都在心里想:"亲爱的纸张,你给了我多少恩惠!"

这样,根据物以类聚的原则,他周围有了一群志同道合的人,仿佛是一个天才的家属,在他身上汲取营养,同时也给他营养。这集团慢慢地扩大,终于形成一颗以他为中心的集体灵魂,——好像一个光明的世界,一个无形的星球在太空中运行,把它友爱的歌声跟一切星球之间的和声交融为一。

正当克利斯朵夫和他那些精神上的朋友有了神秘的联系的时候,他的艺术思想发生了重大的变化,变得更宽广,更富于人间性。他不再希望音乐只是一种独白,只是自己的语言,更不希望它是只有内行了解的艰深复杂的结构。他要音乐成为和人类沟通的桥梁。唯有跟别人息息相通的艺术才是有生命的艺术。约翰·塞巴斯蒂安·巴赫在最孤独的时间,也靠着他在艺术中表白的宗教信仰和其余的人结合为一。亨德尔和莫扎特的写作,由于情势所迫,也是为了一批群众而不是只为他们自己。连贝多芬也得顾及大众。而这是大有裨益的。人类应当用这种话提醒天才:

"你的艺术中间哪些是为我的?要是没有,那么我不需要你!"

这种强制使艺术家第一个得到好处。当然,只表白自己的大艺术家也有。但最伟大的总是那些心儿为全人类跳动的艺术家。谁要面对面地见到活的上帝,就得爱人类;在自己荒漠的思想中是找不到上帝的。

然而当代的艺人谈不到这种爱。他们只为了一批虚荣的,混乱的,脱离社会生活的少数人士写作——这等少数人士绝对不愿意分享别人的热情,或竟加以玩弄。为了不要跟别人一样,他们宁可和人生割绝。这种人还是死了的好。我们可是要走向活人堆里去的,我们要喝着大地的甘乳,吸收人类最圣洁的部分,汲取他们爱家庭爱土地的感情。在最自由的世纪,意大利文艺复兴的代表拉斐尔,在那些圣母像中讴歌母性的光荣。今日谁能为我们在音乐上作一幅《圣母坐像》呢?[①] 谁能为我们作出人生各个阶段的音乐呢?你们一无所有,你们法国一无所有。你们想拿些歌曲给民众的时候,不得不剽窃德国往日的名作。在你们的艺术中,从底层到顶峰,一切都得从头做起,或者重新做起……

克利斯朵夫和此刻卜居在外省的奥里维通信,想靠书信来继续他们从前产量丰富的合作。他要他搜集优美的诗歌,和日常的思想行动有密切关系、像德国的老歌谣那样的,例如圣书或印度诗歌中的片段,宗教的或伦理的颂歌,自然界的小景,关于爱情的或天伦的感情,清晨,黄昏与黑夜的诗歌,适合一般纯朴而健全的心灵的东西。每支歌只消四句或六句就行,表情要极朴素,用不着发挥得如何高深,用不着精练的和声,你们那些冒充风雅的人的卖弄本领对我是没用的。希望你爱我的生命,帮助我爱自己的生命!替我写些《法兰西的祈祷》吧。咱们应当找些明白晓畅的曲调。所谓艺术的语言,我们应当避之唯恐不及,那是像今日多少音乐家的作品一样,变了一个阶级专用的术语。应当有勇气以人的立场而非以艺术家的立场说话。瞧瞧前人的作品吧。十八世纪末期的古典艺术,就是从大众的音乐语言中来的。如格鲁克,如一般创造交响曲的作者,初期歌谣的作家,他们的乐句和巴赫与拉莫的精练高深的句子比较起来,有时会显得平淡庸俗。但就是这种本地风光的背景造成了伟大的古典作者的韵味与通俗性。它们是

---

① 拉斐尔所作圣母像多至不胜枚举,《圣母坐像》为其中之一,现藏意大利佛罗伦萨毕帝博物馆。

从最简单的音乐形式,从歌谣里来的;这些日常生活里的小小的花朵,深深地印在莫扎特或韦伯的童年的心上。——你们不妨效仿他们,写作一些为大众的歌曲。以后你们再创作交响乐。越级有什么用?金字塔不是从顶上造起的。你们现在的交响乐只是一些没有躯干的头颅。噢,美丽的思想,你们得有一个身体啊!必须有几代耐性的音乐家和群众亲近。一个民族的音乐决不是一朝一夕所能建立起来的。

克利斯朵夫不但把他的原则应用于音乐,并且还鼓励奥里维在文学方面施行:

"现在的作家,"他说,"努力描写一些绝无仅有的人物,或是在健全的大众以外,只有在不正常的人群中才有的典型。既然他们自愿站在人生的门外,那么你用不着管他们,你自己向着有人类的地方去吧。对普通的人就得表现普通的生活,它比海洋还要深,还要广。我们之中最渺小的人也包藏着无穷的世界。无穷是每个人都有的,只要他甘于老老实实地做一个人,不论是情人,是朋友,是以生儿育女的痛苦换取光荣的妇女,是默默无闻的牺牲自己的人。无穷是生命的洪流,从这个人流到那个人,从那个人流到这个人……你写这些简单的人的简单的生活吧,写这些单调的岁月的平静的史诗吧,一切都那么相同又那么相异,从开天辟地起,一切都是同一母亲的子女。你写得越朴素越好。切勿学现代艺术家的榜样,枉费心力去寻求微妙的境界。你是向大众说话,得运用大众的语言。字眼无所谓雅俗,只有把你的意思说得准确不准确。不论你做什么,得把自己整个儿放在里头,保持你的思想,保持你的感觉。文字应当跟从你心灵的节奏。所谓风格是一个人的灵魂。"

奥里维赞成克利斯朵夫的意见,但他用怀疑的口气说:

"一部这样的作品可能是美的;但它永远到不了那些能够读这等作品的人眼里。批评界在半路上就把它压下去了。"

"你老是这套法国小布尔乔亚的说法!"克利斯朵夫回答,"你担心批评界对你的作品作何感想!……告诉你,那些批评家只知道记录成功或失败。你只要成功就行了！……我完全不把他们放在心上！你也得不把他们放在心上……”

但奥里维不放在心上的东西正多着呢！他可以不需要艺术，不需要克利斯朵夫。那时他只想着雅葛丽纳。

他们只知有爱情，不知有其他；这种自私的心理在他们周围造成一片空虚，毫无远见地把将来的退路都给断绝了。

在初婚的醉意中，两颗交融的生命专心一意地只想彼此吸收……肉体与心灵的每个部分都在互相接触，玩味，想彼此参透。仅仅是他们两人就构成了一个没有规则的宇宙，一片混沌的爱，一切交融的成分简直不知道彼此有什么区别，只管很贪婪地你吞我，我吞你。对方身上的一切都使他们销魂荡魄，而所谓对方其实还是自己。世界对他们有什么相干？有如古代的两性人①在和谐美妙的梦里酣睡一般，他们对世界闭着眼睛，整个的世界都在他们身上。

噢，白天，噢，黑夜，你们织成了同一片梦境，你们这些像美丽的白云般飞逝的时间，在眩晕的眼中只现出一道光明的轨迹——还有令人感到春倦的温暖的气息，肉体的暖意，爱情的沉醉，贞洁的淫乱，疯狂的搂抱，叹息与欢笑，喜极而泣的眼泪——噢，微尘般的幸福，你还留下些什么呢？……我们的心简直想不起你了，因为你在的时候，时间是不存在的。

岁月如流，老是同样的日子……甜蜜的黎明……两个紧紧搂抱的肉体从睡眠的深渊中同时浮起来；笑盈盈的，呼吸交融，一同睁开眼来，又相见了，又亲吻了……平旦清明之气使身体上的热度退了下去……无穷的岁月只有酣畅迷惘的感觉，其中还有黑夜的甜美在嗡嗡作响……夏日的午昼，在田野里，在草茵上，在萧萧的白杨底下出神……幽美的黄昏，双双挽着手在明朗的天空下回向爱情的床席。风

① 此系古希腊神话中假想之民族，谓其兼具男女两性。

吹着丛树的叶子,明净如水的天上,像鹅毛般浮着一轮银色的月。一颗星掉下来,陨灭了——使你心中一震……——一个世界无声无息地吹掉了。路上,在他们旁边,难得闪过一些默默无声的影子。城里的钟声报告明天的佳节。他们停了一会儿,她紧紧靠着他,默然无语……啊!但愿生命就像这时候一样,一动不动地……她叹了口气说:

"我为什么这样爱你呢?……"

在意大利旅行了几星期之后,他们在法国西部的一个城里安顿下来,奥里维在那儿有个中学教员的位置。他们差不多谢绝宾客,对什么都不关心。等到不得不出去拜客的时候,他们毫无顾忌地对人很冷淡,使有些人不快,使有些人微笑。所有的闲言碎语只在他们身上滑过,毫无作用。他们跟一般新婚夫妇一样傲慢,神气仿佛说:

"哼,你们,你们才不知道呢……"

在雅葛丽纳那张俊俏而有点儿气恼的脸上,在奥里维的快乐的,心不在焉的眼中,显然透露出这样的意思:

"你们多讨厌!……什么时候我们才能清静呢?"

哪怕在众人面前,他们也是我行我素。人们常常会发现他们一边说话一边眉目传情。他们用不着彼此瞧望就能看到对方;两人微微笑着,知道彼此同时想着同样的念头。等到从应酬场中出来,他们简直快活得直叫直嚷,做出种种痴儿女的狂态,仿佛只有八岁。他们说着傻话,互相用古怪的名字称呼。她把奥里维叫作奥里佛,奥里丸,奥里芬,法南,玛米……竭力装作小女孩子的模样。她要同时成为他的一切,又是母亲,又是姊妹,又是妻子,又是情人,又是情妇。

她不但以分享他的快乐为满足,还要实现自己从前许的愿望,分担他的工作,这也是一种游戏。初期,她又好玩又热心地干着,因为工作对于她这样的女人是件新鲜的玩艺儿,所以对最枯索的事也感到有兴趣:图书馆里的抄写,翻译无味的书,都变成了她生活计划中的一部分。她理想的生活不就是纯洁,严肃,全部贡献给共同的、高尚的思想与劳作的吗？只要有爱情的光辉照着，一切都很好，因为她只想着他，而不是想着她所作的事。最奇怪的是，凡是她这样作出来的一切都作得很好。她的头脑，对于那些在一生中别的时间决不能胜任的抽象的读物，都能毫不费力地应付，爱情使她整个人脱离了俗世；她自己可不觉得，好比一个梦游患者在屋顶上走着，非常安闲，什么都看不见，只管做着她的严肃而快乐的梦……

过了一晌，她开始看到屋顶了，可并不惊慌，只盘问自己在屋顶上干什么，便回到了屋子。工作使她厌烦了。她以为它影响了爱情。那当然是因为她的爱情已经不及从前热烈。但表面上还看不出什么。他们俩一刻都不能分离，竟自闭门谢客，所有的应酬都不去了。他们讨厌别人对他们的感情，讨厌自己的工作，讨厌一切打扰他们爱情的事。和克利斯朵夫的通信也减少了。雅葛丽纳不喜欢他：他仿佛是个情敌，代表奥里维过去的一部分；而这一部分是完全没有她的分的。克利斯朵夫在奥里维的生活中越占地位，她本能上越想抢掉那个地位。她并不存心，只暗中使奥里维跟他的朋友疏远，她取笑克利斯朵夫的态度，面貌，写信的体裁，艺术方面的计划；她这么做并没有恶意，也不弄手段：那是忠厚的天性使她避免了的。奥里维听了她的批评觉得好玩，也不觉得有何居心；他自以为爱克利斯朵夫的心始终不减，但此刻所爱的只限于克利斯朵夫那个人了：而这是在友谊中没有多大作用的；他没发觉自己渐渐地不了解他，不再关切他的思想，不再关切使他们从前心心相印的英勇的理想主义。对于一颗年轻的心，爱情这股味道真是太浓了：和它比较之下，什么信仰都会显得没有意思。爱人的肉体，以及在这个神圣的肉体上面体会到的灵魂，代替了所有的学问，所有的信仰。在这种情形之下，一个人看着别人热爱的理想，看着自己从前热爱过的理想，只觉得可怜可笑。关于轰轰烈烈的生活和艰苦的努力，他只看到一刹那的鲜花，以为是千古不朽的东西……爱情把奥里维吞掉了。最初他的幸福还有力量用妩媚的诗歌来表现自己。后来连这个也显得空虚而侵占了爱情的时间了！而雅葛丽纳也像他一样,除了爱情以外,把一切生活的意义都竭力摧毁,殊不知大树一倒,藤萝般的爱情也就失去了倚傍。这样,他们俩就在爱情中互相毁灭。

可怜一个人对于幸福太容易上瘾了!等到自私的幸福变了人生唯一的目标之后,不久人生就变得没有目标。幸福成为一种习惯,一种麻醉品,少不掉了。然而老是抓住幸福终究是不可能的……宇宙之间的节奏不知有多少种,幸福只是其中的一个节拍而已;人生的钟摆永远在两极中摇晃,幸福只是其中的一极:要使钟摆停止在一极上,只能把钟摆折断……

他们尝到了安乐的烦闷,需要刺激的感觉越来越不知餍足。甜蜜的光阴减低了速度,变得软弱无力,像没有水分的花一般黯然失色了。天空老是那么蓝,可已经没有清晨那种轻快的空气。一切静止,大地缄默。他们孤独了,正如他们所愿望的那样。——可是他们不胜悲伤。

一种说不出的空虚的情绪,一种并非没有魅力的渺茫的烦恼出现了。他们不知道是怎么回事,只模模糊糊的感到不安。他们多愁善感,近乎病态,神经在静寂中紧张起来,一遇到最轻微的意外的击触,就会像树叶般发抖。雅葛丽纳无端端地流着眼泪,虽然她以为是爱极而泣,其实并不是的。结婚以前的几年,她那么紧张,热烈,苦恼;一朝达到了而且超过了目的,她的生命力就突然停止活动,而一切新的行动——或许连一切过去的行动在内——也忽然显得毫无意义:这种情形使她莫名其妙地感到困惑与消沉。她自己不肯承认,以为是神经疲倦所致,便勉强笑着;但她的笑和她的哭同样带着不安的意味。她鼓足勇气想再去干以前的工作。不料她马上不胜厌恶地扔下了,甚至还弄不明白以前怎么会对这样无聊的事感到兴趣的。她又勉强出去交际,也同样没结果:习惯已深,她再也受不了平庸的人物与无聊的谈话;这些原是人生不可避免的,她却只觉得鄙俗不堪,便守着丈夫孤独下去,同时还拿这些不幸的尝试硬叫自己相信:人生除了幸福以外竟是一无足取。有一晌她果然比什么时候都更耽溺于爱情了。但那纯粹是意志的力量。

不像她那么狂热但更温柔的奥里维,比较不容易受这些烦闷侵扰,他本人只觉得偶然有点儿说不出的颤抖。并且他的爱情在某种程度内也受着日常事务——他不喜欢的职业——的限制而不至于完全消耗。但他既然非常敏感,爱人心中所有的动静都会在他心中引起反应,那么雅葛丽纳暗地里的困惑当然会传染给他了。

一个天气美好的下午,他们在野外溜达。出门以前,两人都觉得这次的散步一定是很愉快的。周围的一切都有笑意。不料才走了几步,一种阴沉的,令人困倦的忧郁忽然涌上心头。他们没法谈话,可勉强谈着:每个字都使他们感到空虚。散步完了,他们像木偶似的一无所见,一无所感,非常悲伤地回家。时间已经到了傍晚,屋子里只显得空虚,黑暗,寒冷。为了避免看到对方,他们并不马上点灯。雅葛丽纳走进卧室,帽子跟大衣都不脱,径自默默地靠窗坐下。奥里维在隔壁靠着书桌站着。两间屋子中间的门打开在那里,彼此离得很近,连呼吸都能听到。两人在半明半暗中悄悄地哭了,哭得很伤心。他们掩着嘴,不让自己出声。最后奥里维沉痛地叫了声:"雅葛丽纳……"

雅葛丽纳含着眼泪回答:"怎么呢?"

"你不来吗?"

"我来了。"

她脱了大衣,洗了脸。他点起灯来。过了几分钟,她进来了。两人不敢相视,知道彼此都哭过了。他们不能互相安慰:因为各人都明白是为的什么。

终于到了一个时候,他们俩不能把胸中的苦闷再隐藏下去。因为大家不愿意承认其中的原因,便想法另外找一个原因,那当然是不难的。他们认为一切都是枯索的内地生活造成的。这一下他们宽慰了。朗依哀先生知道女儿对于刻苦的生活厌倦了,并不怎么惊奇。他托了政界的朋友把女婿调到巴黎来。

一听到好消息，雅葛丽纳快活得跳起来，觉得过去的幸福又回来了。一朝要离开的时候，这个可恶的地方倒反显得亲切可爱：这儿留着他们多少爱情的纪念！最后几天，他们尽量去搜寻那些遗迹，心里又惆怅又感动。恬静的原野是看见他们幸福过来的。他们听见心中有个声音喁喁地说着：

"你留下的东西你是知道的。你可知道将来的遭遇吗？"

动身前夜，雅葛丽纳哭了。奥里维问她为什么。她不愿意回答。他们拿起一张纸写道：——（平时他们怕自己说话的音调引起误会，常常用这个办法。）——

"亲爱的小奥里维……"

"亲爱的小雅葛丽纳……"

"我为了要离开而很难过。"

"离开哪儿呢？"

"离开我们相爱的地方。"

"上哪儿去呢？"

"到我们要更老的地方去。"

"到我们偕老的地方去。"

"可是不会再这样相爱了。"

"只有更爱。"

"谁知道？"

"我知道。"

"我非要更相爱不可。"

于是他们在纸尾画上两个圆圈，表示两人拥抱。随后她抹着眼泪，笑了，把他穿扮得像亨利三世的爱人一般，头上戴着她的便帽，身上披着高领的白坎肩，使奥里维的头活像一颗杨梅。

在巴黎，他们又遇到了亲朋故旧，觉得这些人都跟离开的时候不同了。一听到奥里维来到的消息,克利斯朵夫马上高兴非凡地赶来。奥里维也同样高兴。可是一见之下,他们都意想不到地发窘。两人都想提起精神来,只是没用。奥里维很亲热,但多少有点儿改变了,克利斯朵夫很清楚地感觉到。一个结婚以后的朋友,无论如何不是从前的朋友了。男人的灵魂现在羼入了一些女人的灵魂。克利斯朵夫在奥里维身上到处发现这种痕迹:眼睛有些不可捉摸的光彩,嘴唇有些从前没有的褶痕,声音与思想也有些新的抑扬顿挫。奥里维自己没觉得,反倒奇怪克利斯朵夫和从前大不同了。当然他不至于以为是克利斯朵夫改变,承认是自己改变;在他看来,这是跟着年龄来的正常的演变。他还诧异克利斯朵夫没有先前的进步,责备他始终保持着那些思想,那是他以前非常重视而现在认为幼稚与老朽的。因为奥里维的心给一个陌生人占据了,而克利斯朵夫的思想和这个外来的灵魂格格不入。这种感觉在雅葛丽纳也参加谈话的时候特别明显:那时奥里维和克利斯朵夫之间隔着一重冷言冷语的幕。可是大家都竭力掩藏心中的印象。克利斯朵夫继续到他家里去。雅葛丽纳无邪地向他放几下冷箭,他不以为意。但他回去以后很难过。

到巴黎以后的最初几个月,对雅葛丽纳是相当快乐的时期,所以对奥里维也是的。她先是忙于布置新居。他们在帕西区一条老街上找了一所可爱的小公寓,窗外有一方小花园。家具与糊壁纸的选择足足花了她几个星期。雅葛丽纳拿出全副精神,甚至把热情都放了上去,仿佛她永久的幸福就靠几口旧橱的颜色与形状似的。然后她对于父亲、母亲、朋友,作了一番新的认识。因为她在沉醉于爱情的那一年把他们完全忘了,这一下倒是真正的新发现;尤其因为,像她的灵魂渗入了奥里维的灵魂一样,奥里维的灵魂也渗入了她的灵魂,所以她对旧时的熟人不免用新的眼光来看。她觉得这些人比从前有意思得多。最初,相形之下,奥里维还不如何逊色。把他和亲朋故旧放在一起,双方都相得益彰。他的沉潜韬晦,半明半暗的诗意,使雅葛丽纳在那些只求享乐、炫耀、讨人喜欢的浮华人物身上发现更多的魅力;另一方面,他们可爱而危险的缺点,——因为她是这个社会出身,所以认识得格外清楚,——使她更赏识丈夫的忠诚可靠的心。她喜欢作这些比较,而且喜欢老是比较下去,以便证明她的选择着实不错。——但比较到后来,她有时竟不明白为什么做了这个选择了。幸而这种时间并不长久。甚至她因之感到内疚,而事后对奥里维也比任何时期都更温柔。然后她重新再来。等到她这一套成了习惯,便不觉得有趣了;比较的结果,慢慢地使两种相反的人物不像从前那样相得益彰,而开始冲突起来。她私下想,奥里维倘使有一些她此刻在那些巴黎朋友身上所赏识的优点,甚至于缺点,岂不是更好?她嘴上绝对不跟奥里维提;但奥里维感觉到她用苛刻的目光打量他,心里觉得又不安又屈辱。

虽然如此,他对雅葛丽纳还没失去爱情给他的优势,青年夫妇的温柔与勤勉的生活还可继续得相当长久,要是没有特殊的事故把他们的境况改变,把那勉强维持在那里的平衡破坏的话。

我们这才觉得财神是最大的敌人……

朗依哀太太的一个姊妹去世了。她是一个有钱的实业家的寡妇,无儿无女,全部的财产都转移到朗依哀家里。雅葛丽纳的财富增加了一倍以上。遗产来的时候,奥里维记起了克利斯朵夫那番关于财富的话,便说:“没有这笔财产,我们也过得很好,也许钱多了反而有害处。”

雅葛丽纳取笑他:“傻子!这也会有害吗?何况我们可以不改变生活。”

表面上生活固然照旧。因为照旧,以至过了一些时候,雅葛丽纳抱怨钱不够了;那显然是有些事情已经改变了。事实上,收入多了三倍,还是全部花光,也不知花在哪里的。他们简直不懂以前是怎么过活的了。钱像水一般地流出去,被无数新添出来而马上成为日常必不可少的用度吞掉。雅葛丽纳结识了一批有名的裁缝,把从小熟识的上门做活的女裁缝辞退了。从前戴的是不费多少材料就能做得很美的四个铜子的小帽子，穿的是并不十全十美，但反映着自己的妩媚，有些自己气息的衣衫：这些日子现在都完了。周围所有的东西原来都有种温暖亲切的情调，现在一天天地减退。她身上的诗意消失了，变得庸俗了。

他们换了一个公寓。从前费了多少心血，那么高兴布置起来的屋子，显得狭窄难看了。那些反映一个人的心灵的，朴素的小房间，窗外摇曳着清瘦的树影的景致，现在不需要了，他们另外租了个宽大的、舒服的、屋子分配得很好的、可是他们不喜欢而且没法喜欢的、烦闷得要死的公寓。熟悉的旧东西代之以陌生的家具与糊壁的花绸。往事在这儿是毫无地位的。最初几年共同生活的印象从脑海里给扫出去了……对于夫妇，最不幸的是他们和过去的爱情的联系一朝被斩断。因为接着初期的温情必有一个精神沮丧的时期，那时一个人只有靠过去的回忆才能支撑。用钱的方便使雅葛丽纳在巴黎，在旅途上——（现在他们时常旅行了）——接近了一帮有钱而无用的人物，和他们交往的结果，使她瞧不起其余的人，瞧不起劳作的人。以她奇妙的接受能力，她立刻被那些贫弱而腐败的心灵同化。要她抵抗是办不到的。一想到人家能够——而且应该——在尽了日常生活的责任之后，在平凡的环境中得到幸福，她立刻表示气恼，认为那是“布尔乔亚的下贱”。她甚至对自己过去在爱情中慷慨献身的行为也不了解了。

奥里维没有力量奋斗。他也改变了。他辞掉了教职，再没有非做不可的作业。他只是写作，生活的平衡因之也有了变动。至此为止，他因为不能完全献身于艺术而痛苦。如今他可以完全献身于艺术的时候，却缥缥缈缈的像在云雾中一样。倘使艺术没有一桩职业维持它的平衡，没有一种紧张的实际生活作它的倚傍，没有日常任务给它刺激，不需要挣取它的面包，那么艺术就会丧失它最精锐的力量和现实性。它将成为奢侈的花，而不再是——（像一批最伟大的艺术家表现的）——人间苦难的神圣的果子……奥里维尝到了有闲的滋味，老想着“一切皆空”的念头，什么也不来压迫他了：他丢下了笔，游手好闲，迷了方向。他和自己出身的阶级,和那些耐着性子、不怕艰苦、披荆斩棘的人,失去了接触。他走进了一个完全不同的世界,虽然觉得不大自在,可也并不讨厌。他以懦弱、可爱、好奇的性格,欣然玩味着这个并非没有风趣、可是动摇不定的社会,他不觉得自己已经受着它的熏陶:他的信念不像从前那么坚定了。

可是他的转变不及雅葛丽纳的迅速。女人有种可怕的特长,能够一下子完全改变。一个人的这些新陈代谢的现象,往往使爱他的人吃惊。但为一个不受意志控制而生命力倒很强的人,朝三暮四的变化是挺自然的。那种人好比一道流水。爱他的人要不被它带走,就得自己是长江大河而把它带走。两者之中不论你挑哪一种,总之得改变。这的确是危险的考验:你只有向爱情屈服过以后才真正认识爱情。在共同生活的最初几年中,生活的和谐非常脆弱,往往只要两个爱人之中有一个有些极轻微的转变,就会把一切都毁掉。而遇到财产或环境突然有大变化的时候,情形更危险。必须是极坚强的人或是极洒脱的人才抗拒得了。

雅葛丽纳和奥里维既不坚强,亦不洒脱。他们看见彼此都换了一副模样,熟习的面貌变得陌生了。在发现这种可悲的情形的时候,他们为了怕动摇爱情而互相躲藏:因为两人始终是相爱的。奥里维可以借正常的工作来逃避,工作对他有镇静的作用。雅葛丽纳却是无所隐遁。她一事不做,老是赖在床上,或是长时间地梳妆,几小时地坐着,衣衫穿了一半,一动不动地在那里出神,同时有种说不出的悲哀一点一滴地积聚起来,像一层冰冷的雾。她固执的想着爱情,没法把念头转向别处……爱情!它作着自我牺牲的时候才是人生最了不得的宝物。倘使它仅仅是对于幸福的追求,那么它是最无聊的,最欺人的东西……而雅葛丽纳除了追求幸福以外,不能想象人生还有其他的目的。在意志坚强的时间,她勉强去关切旁人,关切旁人的苦难:可是办不到。旁人的痛苦使她感到一种无可抑制的厌恶;她的神经使她不能看到痛苦的景象,甚至连想都不能想。为了向自己的良心有个交代,她曾经有两三次做了几件好事,结果并不高明。

"你瞧,"她对克利斯朵夫说,"一个人心里想行善,结果反作了恶。还是不做为妙。我的确没有这种缘分。"

克利斯朵夫望着她,想到他偶尔碰到的某个女朋友,明明是自私的,轻佻的,不道德的,不能有真正的温情的,但她一看见人家受苦,不论是不相干的或不相识的,马上会有一种母性的同情。哪怕是最脏的看护工作也吓不倒她:甚至最需要她作克制功夫的照顾,她反而感到特别的乐趣。她自己不以为意,似乎她心里有股模糊的理想的力,在这儿发泄了出来,她的灵魂在生活中别的场合明明是麻痹的,到了这种难得的时间却振作起来了;减少一些旁人的痛苦使她心里非常舒服,那时的快乐差不多是过分的。——这个本性自私的女子所表现出的仁慈不能说是德,本性善良的雅葛丽纳所表现出的自私不能说是恶;那对两人都是一种精神上的调剂。可是另外那个人更健康。

雅葛丽纳绝对不能想到痛苦二字。她宁愿死而不愿受肉体上的痛楚,宁愿死而不愿丧失快乐的来源:美貌或青春。要是她自以为应该有的幸福不能全部都有,——(因为她对幸福抱着绝对的,荒谬的,宗教般的信仰),——要是别人有了比她更多的幸福,她就认为是天下最不公平的事。幸福不但是信仰,并且也是德性。在她心目中,苦难简直是种残疾,她整个生活慢慢地都照着这个原则安排。她处女时代为了羞怯,把自己真正的性格用理想主义包裹着,现在这性格显出来了。并且为了反抗过去的理想主义,她对一切都换了一副清楚而大胆的目光。无论什么人或事,必须配合社会的舆论与生活的方便才会受到她重视。她的心情跟母亲到了同样的境界:她也按期上教堂去,不关痛痒的奉行宗教仪式。她不再操心真诚不真诚的问题:有的是其他更实际的烦恼,想到自己小时候那种带有神秘色彩的反抗,她只觉得可怜可笑。——可是她今日注重实际的思想不比她昨日的理想主义更实在,两者都是自己强求的。她不是神明,不是野兽,只是一个烦恼的可怜的女人。

她烦恼,烦恼……因为烦恼的原因既非奥里维不爱她,也非她不爱奥里维,所以她更烦恼。她觉得自己的生活被封锁了,闭塞了,没有前途了;她渴望一种时时刻刻变换的新的幸福,——其实像她这样的不懂得消受幸福,便根本不配有这种儿童式的梦想。她跟多少别的女人,多少有闲的夫妇一样,具备了一切幸福的条件而始终在那里烦恼。他们都有钱,有着美丽的孩子,很好的身体;人也聪明,能够欣赏美妙的东西;倘使要活动,要行善,要充实自己的与别人的生活,条件都齐备,而他们整天地抱怨,不是说他们不相爱,就是说他们爱着另一个人或不爱另一个人,——永远只关心自己,关心他们的感情关系或性欲关系,关心他们自以为应该有的幸福,关心他们矛盾的自私自利,老是争辩,争辩,争辩,扮着爱情的喜剧,痛苦的喜剧,结果竟信以为真……对于这等人,真该告诉他们:

"你们太无聊了。一个人有了多少幸福的条件还要怨天尤人,简直是荒唐!"

同时也应该有人把他们的财产、健康,和一切他们不配有的神奇的天赋,统统剥夺!给这些自己不能解脱的,对自己的自由害怕的奴隶,重新戴上艰难的枷锁和真正的痛苦的枷锁!倘若他们非辛辛苦苦挣取自己的面包不可,他们一定会很快活地吃下去的。而一朝看到了痛苦的真面目,他们也不敢再拿痛苦来玩可恶的把戏了……

可是归根结底,他们的确痛苦着。他们俩是病人,怎么不叫人可怜呢?——雅葛丽纳的疏远奥里维,和奥里维的没有羁縻雅葛丽纳,同样是无辜的。她完全保持着天性。她不知道结婚是对天性的挑战,早该料到天性会起来反抗,而自己应当预备勇敢地应战的。她只发觉自己把事情看错了,不胜恼恨。失意之下,她迁怒于她从前所爱的一切,仇视她从前所信仰的奥里维的信仰。一个聪明的女子,比男人更能够在一刹那间凭着直觉体会到那些有关永恒的问题,但要她锲而不舍地抓住就不容易了。抱着这种思想的男人是用自己的生命去灌溉它的。女子却拿这种思想来做自己的养料,她吸收它,绝对不创造它。

她的精神与感情不能自给自足,永远需要新的养料。没有信仰没有爱的时候,她就从事于破坏,——除非她徼天之幸,能够有那最高的德性、恬静。

从前,雅葛丽纳热烈地相信以共同的信仰为基础的结合,相信共同奋斗、共同受苦,共同建造便是幸福。但这个信心,只有在受到爱情的阳光照射的时候,她才相信;太阳慢慢地落下去,她的信心就像一座阴沉的荒山矗立在空虚的天上;雅葛丽纳觉得没有气力继续她的行程了:爬到了山巅又有什么用呢?山的那一边又有些什么呢?简直是个大骗局!雅葛丽纳再也弄不明白,奥里维怎么会继续受这些侵蚀生命的幻想欺骗;她以为他既不十分聪明,也没多大生气。她在他的空气中感到窒息,不能呼吸;求生的本能使她为了自卫而开始攻击了。她还爱着奥里维,但她要把他的信仰破坏得干干净净,因为那些信仰是她的敌人;讥讽与肉欲都被她用作武器;她把自己的欲望和琐碎的心事像藤萝一般缠绕他,希望把他做成自己的影子……而所谓"她自己",不但不知道要些什么,连自己是怎么样的人都弄不清!她觉得奥里维没有成名对她是种屈辱,可不问他的不成名是对的还是不对的:因为她终于相信,归根结底,一个人有没有出息,有没有才情,是靠名气决定的。奥里维感觉到妻子对他这样的怀疑,不禁大为丧气。可是他竭力挣扎。像他那样挣扎的人,过去有的是,将来也有的是,挣扎大半是毫无效果的。在这个势力不均的斗争中间,被女子自私的本能利用来对抗男人灵智的自私的,是男人的软弱,失意,和世故人情,——世故人情便是一个遮掩人生磨蚀和男人的懦弱的名词。雅葛丽纳与奥里维至少比一般的战士高明多了。因为奥里维永远不会欺骗自己的理想,不像普通的男人听任懒惰、虚荣、混乱的爱情驱使,甘心否定自己的灵魂。而且倘若他做到了这一步,雅葛丽纳也要瞧不起他。然而她在那种盲目的情形之下,竭力要毁灭奥里维的力量,不知这力量便是她的力量,是他们两人的保障;她还凭着本能把支持这股力量的友谊也加以破坏。

自从他们得了遗产以后,克利斯朵夫觉得跟他们在一起时有点格格不入。雅葛丽纳故意在谈话时表现得冒充风雅和平凡的实际观念,终于达到了目的。有时他愤慨之下,说些尖刻的话,使对方听了生气。但两位朋友交情太深了,从来不因之有何芥蒂。奥里维无论如何不愿意牺牲克利斯朵夫,同时又不能强制雅葛丽纳跟自己一样;他为了爱情,绝对不忍心使她痛苦。克利斯朵夫看到奥里维的苦衷,便自动引退了。他懂得自己在他们之间周旋不能对奥里维有任何帮助,反而会妨碍他,便想出种种借口和他疏远;懦弱的奥里维居然接受了,可是他体会到克利斯朵夫所作的牺牲,心里非常难过。

克利斯朵夫并不恨他。他想,人家说女人是半个男人,这话是不错的。因为结了婚的男人只剩半个男人了。

他竭力把生活重新组织起来,希望能丢开奥里维,硬叫自己相信分离是暂时的,可是没用:他虽然乐观,有时也很抑郁。他过不惯一个人的生活了。当然,他在奥里维居住外省期间已经是孤独的了,但那时他有方法可以自我安慰,想到朋友在远处,会回来的。如今朋友回来了,却比什么时候都离得更远。一朝失掉了几年来和他的生活打成一片的温情,他仿佛失掉了行动的意义。自从他爱了奥里维,所有的思想都脱离不了朋友。工作已不够填补空虚:因为克利斯朵夫在工作中间惯于羼入朋友的影子。现在朋友对他冷淡了,克利斯朵夫就像一个失去平衡的人:为了恢复这个平衡,他需要另外找一股温情。

亚诺太太和夜莺始终对他很好。但这些精神安定的朋友那时对他是不够的。

她们两人似乎也猜到克利斯朵夫的哀伤,暗中对他很表同情。有天晚上,克利斯朵夫很奇怪地看见亚诺太太到他家里来。这是她破天荒第一遭来看他,神色有点儿骚动。克利斯朵夫不加注意,以为她是胆怯。她一声不吭地坐下。克利斯朵夫为了免得她发窘,便带她参观屋子;既然到处有奥里维的纪念物,两人就不知不觉地提到奥里维。

克利斯朵夫很高兴地谈着,绝对不透露他们之间的情形。但亚诺太太不禁用着怜悯的神气望着他,问:“你们差不多不见面了,是不是?”

他以为她是来安慰他的,不由得恼了:他最讨厌人家干预他的事,便回答说:“我们高兴不见面就不见面。”

她红着脸,说:“噢!我那句话并没刺探你们的意思。”

他后悔自己的粗暴,便握着她的手:“对不起。我老是怕人家攻击他。可怜的孩子!他跟我一样的痛苦……是的,我们不见面了。”

“他也没写信给你吗?”

“没有。”克利斯朵夫觉得不大好意思。

“人生多可悲啊!”亚诺太太过了一会儿又说。

克利斯朵夫抬起头来:“不,人生并不可悲。它不过有些可悲的时间。”

亚诺太太隐隐约约用一种哀伤的口吻又道:“大家相爱了,又不相爱了。可见爱也是空的。”

“已经相爱过就行了。”

她又说:“你为他作了牺牲。要是你的牺牲能够对所爱的人有些好处,倒也罢了。可是他并不因之更幸福!”

“我并没牺牲,”克利斯朵夫愤愤地回答,“即使我牺牲,也是因为我乐于牺牲。这是没有问题的。一个人就是做他应当做的事。要是不那么做,他会痛苦的。牺牲这个字简直荒谬极了!不知是哪些心路不宽的牧师,把一种忧郁的、阴沉的观念跟牺牲搅在一起。仿佛一定要牺牲之后感到苦闷,你那牺牲才算有价值……见鬼!如果牺牲对你是悲哀的而不是快乐的,那么还是不要牺牲,你根本不配。一个人的牺牲,并非替人做苦工,而是为你自己。如果你在献身的时候不觉得快活,还是去你的吧!你不配生活。”

亚诺太太听着克利斯朵夫,对他望都不敢望。突然她站起来说:“再见了。”

这时他才想起她此来一定有什么心里话告诉他,便说:“噢!对不起,我自私透了,老讲着自己的事。再坐一会吧,好不好?”

“不坐了……谢谢你……”说完她走了。

他和亚诺太太隔了相当长的时间没见面。她既没给他消息,他也不上她家去,也不上夜莺家去。他很喜欢她们,可是怕谈到使他悲哀的事。而且她们那种安静平凡的生活,稀薄的空气,暂时也与他不相宜。他需要看一些新人物,需要关心一件事,或是有什么新的爱情使自己振作起来。

为了排遣心中的愁闷,他又上疏阔已久的戏院去。他觉得,对于一个想观察热情和记录热情的音乐家,戏院是一所极有意思的学校。

这并非说他对法国戏剧比他初到巴黎的时期更有好感。他除了不喜欢那些永久不变的、平板的、火爆的题材,老是分析爱情的那套心理学以外,还认为法国人的戏剧语言也是虚伪的,尤其在诗剧方面。他们的散文与韵文,跟民众的活语言和民众的特性都毫不相干。散文是一种做作的语言,上焉者像社交版记者的笔调,下焉者像粗俗的副刊文章。至于诗歌,恰如歌德所说的:“越是那些无话可说的人越喜欢写诗。”

它是一种冗长的,装腔作势的散文;心中一无所感而勉强制造出来的形象,使一切真诚的人都觉得是谎言。克利斯朵夫并不把这些诗剧看得比靡靡之音的意大利歌剧更高。倒是演员比剧本使他感到更大的兴趣。妙的是作家们都在竭力模仿演员。“要不是把戏子们的恶习做你剧中人物的粉本,那么你的戏上演的时候决没成功的希望。”从狄德罗写了这段文字以来①,情形并没有如何改变。喜剧演员成为艺术的模型。只要一个戏子成了名,他立刻可以有他的戏院,有他的剧作家,——他们会像殷勤的裁缝一般照他的身材定制剧本。

在这些走红的明星中间,有个叫作法朗梭阿士·乌东的,引起了

① 即十八世纪以来。

克利斯朵夫的注意。近一两年来大家都已对她着迷了。她也有她的剧本供应者,但她并不只演为她特写的剧本。从易卜生到萨杜,邓南遮到小仲马,萧伯纳到亨利·巴太依,在她相当混杂的戏码内都可以找到。有时,她也在古典诗剧和莎士比亚的作品中露脸。可是在这等场合,她比较不自在。不论演什么,她总表现她自己,永远只表现她自己。这是她的短处,也是她的长处。她本人没受到群众注意的时候,她的演技并不受欢迎。但一朝引起了大众的好奇心,她无论演什么就都显得出神入化。事实是一看到她,你的确会忘掉那些贫弱的作品;经过她的生命点缀之后,那些作品都显得美了。克利斯朵夫觉得比她所演的作品更动人的,倒是这个由一颗陌生的灵魂塑成的、女性的肉体之谜。

她的侧影美丽,清楚,像悲剧中的人物,可不像罗马女子那么轮廓鲜明。她的细腻的,巴黎人的线条,和约翰·古雄的雕像一般,好比一个少年男子。鼻子虽短,但很有姿态。美丽的嘴巴,嘴唇很薄,有一道悲苦的皱痕。聪明的脸蛋,清瘦,年轻,有些动人的表情,反映出内心的痛苦。下巴的模样显出她性格强硬。皮肤惨白、惯于不动声色的脸,照旧像镜子一样反射出她的心灵。头发,眉毛,都很细腻。变幻莫测的眼睛,又是灰灰的,又是琥珀色的,闪着或青或黄的光彩,像猫眼。她表面的神态也跟猫一样迷迷惘惘,半睡半醒,可是睁着眼睛,窥伺着,永远提防着,常常会突然之间发性子,流露出她隐藏的残忍。身材并没看起来那么高,身体也没看起来那么瘦,她的肩头和胳膊都很好看,一双手又长又软。衣着和头发的式样都很大方,素雅,不像某些女演员的不修边幅或是过分的修饰,——虽然出身低微,本能上却是一个贵族,——这一点又是像猫。她骨子里还有非常强悍的性格。

她年纪大概不到三十岁。克利斯朵夫在伽玛希那边听见人家谈到她,用粗野的口吻表示对她佩服,仿佛谈论一个很放浪的、聪明的、大胆的女子,极有魄力,极有野心,可是泼辣,古怪,暴烈;据说她没成名以前曾经沦落风尘,得志以后便尽量地报复。

有一天,克利斯朵夫搭火车到默东去探望夜莺,一打开车厢的门,发现那女演员已经先在那儿。她似乎非常骚动,痛苦,克利斯朵夫的出现使她大为不快,马上转过背去,老望着窗外。克利斯朵夫注意到她神色有异,便目不转睛地盯着她,那种天真的同情的神气简直令人发窘。她不耐烦了,对他狠狠地瞪了一眼;他只觉得莫名其妙。在下一站上,她走下去换了一个车厢。[①] 那时他才想到是自己把她吓跑的,因此很不痛快。

过了几天,他在同一路线上预备搭车回巴黎,占着月台上那张独一无二的凳子。她又出现了,过来坐在他旁边。他想站起来走开,她却说了声:"你坐下吧。"

那时没有旁人在场。他对于那天使她更换车厢的事表示歉意,他说要是早想到自己使她发窘,他一定会下车的。她冷冷地笑着回答:"不错,那天你一刻不停地老瞪着我,讨厌透了。"

"对不起,"他说,"我自己也压制不住……你那天好似很痛苦。"

"那又怎么呢?"

"我那是不由自主的。倘若看见一个人淹在河里,你不是会伸手救他吗?"

"我吗?我才不呢!我要把他的脑袋按在水里,让他早点儿完蛋。"

她说这些话的时候,既有点儿嬉笑怒骂,又有点儿牢骚的口吻。因为他愕然望着,她便笑了。

火车到了。除了最后一辆,列车都已经客满。她上去了。车守催着他们。克利斯朵夫不愿意重演上次的故事,想另找一节车厢。可是她说:"上来吧。"

他上去以后,她又补了一句:"今天我无所谓了。"

他们谈着话。克利斯朵夫一本正经地跟她解释,说一个人不该对

---

① 欧洲各国行驶于内地或郊外的区间火车,往往都是八人一室的车厢,直接有门上下,与其他车厢完全隔绝,并无长廊通连,故更换车厢必须下车。

旁人抱着漠不相关的态度;互相帮助,互相安慰,大家都可以得益……

“安慰对我不生作用……”她说。

克利斯朵夫坚持着,她就傲慢地笑了笑,回答说:“不错,安慰人家的角色当然对扮演的人是有利的。”

他想了一会儿,才明白对方是怀疑他别有用心,不禁愤愤地站起来,打开车门,不管火车开动,就想往下跳。她好容易把他挡住了。他怒气冲冲地关上了门,重新坐下,那时火车刚进地道。

“你瞧,”她说,“跳下去不是要送命吗?”

“我不管。”

他不愿意再和她说话。

“人真是太蠢了,”他说,“大家互相折磨,又把自己折磨,人家想来帮助他的时候,他倒反猜疑。可恶透了！这种人是没有人性的。”

她一边笑一边抚慰他,把戴着手套的手按在他的手上,亲热地和他谈着,喊出他的名字。

“怎么,你认得我吗?”他说。

“怎么不认识?你,你也是一个红人呐。我刚才不该对你说那种话。你是个好人,我看得出的。算了吧,别生气了。好！咱们讲和吧！”

他们握了握手,友好地谈着话,她说:“可是那也不是我的错。我跟一般人接触的经验太多了,不得不提防。”

“他们也常常欺骗我,”克利斯朵夫说,“我却老是相信他们。”

“我看出你是这样的,你大概是个天生的傻瓜。”

他笑了:“是的,甜酸苦辣我一生尝过不少了,可是对我没有什么害处。我的胃很强,饱也没关系,饿也没关系,必要的时候也能吞下那些来攻击我的可怜虫。我反而身体更好。”

“那是你运气,你啊,你是个男人。”

“而你,你是个女人。”

“那又算不了什么。”

“那是很有意思的,做个女人!”

她听着笑了。“哼!”她说,“可是人家怎么对付女人的?”

“得自卫啊。”

“那么所谓善心也维持不久的了。”

“那是因为一个人还不够慈悲。”

“或许是吧。可是吃苦也不能吃得太多,太多了一个人的心会干枯的。”

他正想对她表示同情,忽然记起了她刚才的态度……

“你又要说安慰人家的人是别有用心了……”

“不,”她说,“我不说这个话了。我觉得你心地好,非常真诚。我很感激。可是请你什么话都别跟我说。你不知道……谢谢你的好意。”

他们到了巴黎,分手了,双方既没留下地址,也没说什么请去谈谈的话。

过了一两个月,她跑来敲克利斯朵夫的门。

“我来找你,想跟你谈谈。从那次见面以后,我不时在想起你。”她说着坐下了。“只要一会儿工夫,不会打搅你很久的。”

他开始和她谈话。她说:“请等一会儿,好不好?”

他们不出声了。过了一下她笑着说:“刚才我支持不住了。现在可好些了。”

他想问她。

“不,”她说,“别问我这个!”

她向四下里瞧了一眼,把各种东西看过了,估量了一下,忽然瞧见鲁意莎的照片。

“这是你的妈妈吗?”

“是的。”

她把照片拿在手里,非常同情地瞧着。“多好的老太太!”她说,“你运气不错!”

“可惜她已经去世了。”

“那没关系。反正你是有过这样一个母亲的。”

“那么你呢?”

她拧了拧眉头,把话题扯开了。她不愿意人家问起她的事。

“跟我谈谈你的事吧。告诉我……告诉我一些关于你生活方面的事……”

“这跟你有什么相干?”

“不用管,你讲吧……”

他不愿意讲,可是不由自主地回答了她的问话,因为她问得非常巧妙。而他所叙述的正是使他悲伤的事,他的友谊的故事,跟他分离了的奥里维。她听着,带着又同情又嘲弄的笑意……突然她问:“什么时候了?啊!天!我来了两个钟点了!对不起……啊!此刻我心情安定多了……”

接着她又说:“我希望能再来……不是常常……而是有时候……这对我有些好处。可是我不愿意使你厌烦,浪费你的时间……只要偶尔谈几分钟就行了……”

“我可以到你那边去,”克利斯朵夫说。

“我不要你上我家去。我更喜欢在你这儿谈……”

可是她许久没有来。

有天晚上,他无意中知道她病得很重,已经停演了几星期,便不管她从前阻拦的话,径自跑去看她。人家回答说她不见客;但里头知道了他的名字,又把他从楼梯上叫回去。她躺在床上,病好些了;她害了肺炎,模样有了相当的改变,但始终保持着那副嘲弄的神气和锐利的目光。她见到克利斯朵夫,心里真的很高兴,要他坐在床边,用着满不在乎的游戏态度谈到自己,说她差点儿死去。他听着脸色变了。她却取笑他。他埋怨她不早通知他。

“通知你要你来吗?那才不呢!”

“我相信你连想也没想到我。”

“那就是你的运气了,”她又俏皮又悲哀地笑着说,“我病中从来没想到你。只是今天刚想到。得了吧,你别难过。我闹病的时候谁都不想的。我只要求人家一件事,就是让我清静。我把鼻子朝着墙等着,愿意孤零零地死掉。”

“自个儿痛苦究竟是不好受的。”

“我惯了。我受过多少年的磨折,没有一个人来帮助我,现在已经成了习惯。而且这样倒更好。你倒了霉,谁都是无能为力的,不过在屋子里闹些声音,给你一些不识趣的关切,虚情假意的叹息一阵……我宁可一个人清清静静地死。”

“你倒很能够隐忍!”

“隐忍?我简直不知道这个字是什么意思。我只是咬紧牙关,恨那个使我痛苦的病。”

他问是不是没有人来看她,关心她。她说戏院里的同事都是些好人,——是些糊涂蛋,——对她很殷勤,很好,虽然是浮表的。

“倒是我,告诉你,倒是我不愿意见他们。我是一个不容易相交的人。”

“我可不怕。”他说。

她带着可怜他的神气望着他:“你!你也会说这种话吗?”

“对不起,对不起……天哪!我竟变成了巴黎人!……惭愧惭愧……我敢打赌,我说的话简直想都没想过……”

他把脸蒙在被单里。她不由得大声笑了出来,在他头上轻轻地拍了一下:“啊!这话可不是巴黎人说的了!还好!我又认出你的本来面目了。好,把头抬起来。别哭湿了我的被单。”

“那么你原谅我了?”

“当然。甭提啦。”

她又和他谈了一会儿,问他做些什么,随后她累了,厌烦了,就把他打发走。

她约他下星期再来。到期正要出门,他忽然接到她的电报,叫他别去,她正逢着心情恶劣的日子。——后来,过了一天,她又通知他去了。她差不多已经痊愈,靠窗躺着。那是初春时节,天上照着晴朗的太阳,树木抽着嫩芽。他从来没看见她这样亲切这样温和。她说前天连一个人都不能见:便是克利斯朵夫也要跟别人一样受她厌恶。

"那么今天呢?"

"今天,我觉得自己年轻,新鲜,对周围一切年轻和新鲜的人——比如你,——都有好感。"

"可是我已经不年轻不新鲜了。"

"你到死都是的。"

他们谈着他在别后所做的事,谈着她不久又要去登台的戏院,说到这儿,她告诉他对于戏剧的意见,她厌恶它,又舍不得它。

她不愿意他再上她家里来,答应以后继续去探望他,可是怕打搅他。他把比较不会妨害他工作的时间告诉她,约定一种暗号,教她用某种方式敲门,他随着自己的心绪而决定开或不开……

她绝对不滥用这种约会。可是有一次她去赴一个晚会担任诗歌朗诵,忽而临时不得劲了,半路上打电话推辞掉,转车到克利斯朵夫寓所来。她原本只想跟他招呼一下就走的。可是那晚上她居然把一生的历史统统说了出来。

悲惨的童年:她从来不知道谁是她的父亲。母亲在法国北部某城的近郊,开着一所声名狼藉的小客店;许多赶车的跑来喝酒,跟女店主睡觉,同时还虐待她。其中有一个跟她结了婚,因为她有几个钱;他常常酗酒,打老婆。法朗梭阿士有一个姊姊在小客店里当侍女,做牛做马的辛苦到极点,还被继父当着她母亲的面奸占了,结果是害肺病死的。法朗梭阿士从小挨着拳头,看尽了下流无耻的事。她皮肤苍白,性子暴躁,沉默寡言,童年的心中火气十足,野性很厉害。她眼看母亲和姊姊忍气吞声,受尽了痛苦,耻辱,终于死掉。她可是意志倔强,不肯屈服,她是个敢于反抗的女人,受到某些羞辱的时候,神经发作起来,会对打她的人乱抓乱咬。有一回她想自杀,结果没成功:刚开始上吊已经不愿意死了,生怕真会吊死,等到她气透不过来的时候,便赶紧用抽搐的手指解开绳子,一心一意只想活了。既然不能借死亡来逃避,——(克利斯朵夫听到这里不禁悲哀地笑笑,想到自己的同样的经历),——她就发誓要出人头地,要自由,要有钱,把一切压迫她的人都打倒在脚下。有一晚她在小房间里听见那男的在隔壁咒骂,被他殴打的母亲叫着嚷着,被他凌辱的姊姊哭着,她便暗暗发下这个愿。她觉得自己多可怜,发了这个愿,心里才松动些。她咬紧牙齿想道:“我要把你们一齐打死。”

在这个黯淡的童年只有一线光明:有一天,一个和她常在小沟边上玩儿的孩子,因为父亲是戏院里的门房,便带她冒着禁令去看了一次排戏。他们在黑暗里躲在戏池的最里头。舞台上神秘的景致,在黑暗中愈加显得光华灿烂,那些人说的美妙而不可解的话,女演员那副王后一般的神气,——她的确在一出浪漫派的音乐话剧中串演王后,——把她看呆了。她紧张得浑身冰冷,心跳得很厉害……“对啦,对啦,要做个这样的人才好呢!……噢!要是办得到的话……”——等到排演完了,她无论如何要看一看晚上的公演。她假装跟着同伴一起出去,却又偷偷地溜回来躲在戏院里,伏在凳子底下,在灰尘中捱了三小时。戏快要开场,观众已经来了,她正想从躲的地方钻出来,不料被人当场捉住,大受羞辱,结果被押送回家,又挨了一顿打。那一晚要不是已经知道她将来能够对这些恶徒报复的话,她一定会自杀的了。

她打定了主意,投到一般演员们寄宿的剧场旅馆去当侍女。她字也没识多少,写也不大会写,一本书也没看过,也没有一本书可看。但她愿意学习,发愤用功,在客人房中偷了书,拿来在月夜或是黎明的时候读,免得耗费灯烛。因为演员们生活毫无规律,她这种偷窃的行为很久没有被发觉:至多是失主发一阵脾气了事。并且她把书看过了也还给他们,——可不是完璧:因为她把喜欢的几页撕了下来。书拿回去总是塞在床底下或是家具底下,让失主发现的时候以为从来没出过房间。她常常把耳朵贴在门上,偷听演员们念台词。随后她自个儿在走廊里轻轻地学着他们的声调,做着手势。人家撞见了,便拿她取笑一阵,羞辱一阵。她只得气愤愤的不作声。——这种方式的教育可以长久继续下去,要不是她有一次偷了一个演员的脚本的话。失主大发雷霆,因为除了她,谁也没进过他的卧室,就咬定是她偷的。她拼命抵赖;演员说要叫人搜查,她便吓坏了,立刻扑在地下招认了,同时也招认了别的窃案和撕掉的书页。他大骂了一顿,但他的心地不像外表那样凶。他追究她为什么要干这些事,一听到她说要做一个女戏子,不由得哈哈大笑,随后又仔细问她,她把记得烂熟的脚本背了好几页,他非常奇怪,问道:"喂,你说,要不要我教你?"

她快活极了,吻着他的手。

"啊!"她打断了话和克利斯朵夫说,"那时我心里多喜欢他啊!"

不料那家伙立刻补上一句:"可是,孩子,你知道,什么都要付代价的……"

那时她还是个处女,人家对她的袭击,她一向是拿出蛮劲来躲过的。这种野人似的贞操,对不洁的行为,对没有爱情的性欲的厌恶,是从小就有的,是家里那些悲惨的景象感应她的;她至今还保持这种性格,——可是,唉!她受到多么惨酷的惩罚!……命运弄人,竟然到这个地步!……

"那么你答应他了?"克利斯朵夫问。

"啊!那时倘若能跳出他的魔掌,我连跳到火里都愿意!可是他恐吓说要把我当贼一样送去法办。我无路可走。——这样我就投进了艺术……投进了人生。"

"那该死的混蛋!"克利斯朵夫嚷着。

"是的,我当然恨他。但从此以后,我见得多了,他还不算是顶坏的呢。至少他对我没失信,把他所知道的——(也并不多!)——一套本领教给我。他介绍我进了剧团。我先得侍候大家,替每个人当差,串戏也只串跑龙套。后来,有一晚,扮侍从的女角儿病了,人家临时把我补上去。从此我就当上了这个角儿。大家认为我要不得,滑稽可笑。那时我长得很丑。我始终是丑的,直到有一天人家忽然认为我是奇特的,理想的女人……嘿!那些混蛋!——我的演技被认为一点儿不照规矩,荒唐胡闹。看客不赏识我,同伴们取笑我。但人家始终把我留着,因为我究竟还有点儿用处,而且薪水很低。不但薪水很低,还得给人代价。每学一点儿东西,每次的升级,都要用肉体去报酬。同伴、经理、戏子掮客、戏子掮客的朋友……"

她不出声了,脸色发白,咬着牙齿,睁着恶狠狠的眼睛,但你可以咂摸到她心中流着血泪。一刹那,她又看到了当年那些耻辱,和支持她的那股非战胜不可的强烈的意志;每经历一次新的污辱,她的意志就锻炼得更加坚强。她很希望死;但就在这些屈辱中间倒下去是太可怕了。要是在以前自杀倒还罢了。要不然等胜利以后也行。可是在已经堕入泥潭而还毫无取偿的时候死掉,未免……

她半天不作声。克利斯朵夫气愤至极,在屋子里来回走着。他恨不得把磨难这女子、污辱这女子的那些男人一齐打死。然后他不胜怜悯地望着她,站在她前面,捧着她的头,扶着她的前额,亲热地抱着,叫了声:"可怜的孩子!"

她挣扎了一下。他说:"别怕,我很喜欢你。"

于是眼泪在法朗梭阿士惨白的脸上淌下来了。他跪在旁边,吻着她美丽的细长的手,任两颗泪珠掉在上面。

随后他重新坐下。她也定了定神,很安静地继续讲她的身世。

终于有个作家把她捧了出来。他在这个古怪的女人身上发现有魔性,有天才,认为她是一个"戏剧的典型,代表时代的新女性"。自然,在那么许多人之后,他也把她占有了。而她在那么许多人之后也让他占有了,不但毫无爱情,甚至还有跟爱相反的情绪。可是他成就了她的名气,她也成就了他的名气。

"现在,"克利斯朵夫说,"人家对你可没办法了,轮到你来随心所欲地支配他们了。"

"你以为是这样吗?"她辛酸地回答。

于是她又讲起另外一件被命运捉弄的事。——她对一个自己瞧不起的坏蛋产生了热情:他是个文人,拿她最痛苦的秘密作了写文章的材料,然后把她丢了。

"我瞧不起他,把他看作跟我脚底下的泥巴一样。可是我爱他,只要他叫一声,我就会跑去向这个该死的家伙低头;想到这点,我气坏了。可是有什么办法?我的心永远不爱我的理智所喜欢的对象。感情和理性,两者必有一个受委屈。我有一颗心。我也有一个肉体。它们叫着,嚷着,都要求满足。我又没有制服它们的武器,我没有信仰,我是自由的……哼,自由!老做着我的心和肉体的奴隶,它们要这个要那个,往往都是我不愿意要的。它们使我屈服,我只觉得惭愧。可是怎么办呢?……"

她停了一会儿,呆呆地用钳子拨着火灰,然后又说:"我看到书上说做戏子的人是麻木不仁的。事实上,我所见到的那一批,的确是虚荣的大孩子,除了些争面子的小问题,什么思想都没有。我不知道他们和我,究竟谁才是真正的戏子。我相信决不是我。总之我替他们付了代价。"

她打住了话头,时间已经到了夜里三点。她站起身子想走。克利斯朵夫劝她等天亮再回去,姑且在床上躺一躺。她却宁可坐在熄灭的壁炉旁边,继续在寂静无声的屋子里谈话。

"你明天会累的。"

"我惯了。可是你呢……明儿有事吗?"

"我是闲人。要十一点才替一个学生上课呢……并且我身体很棒。"

"那就更需要睡觉了。"

"是的,我睡得像死人一样。无论什么痛苦都抵抗不了瞌睡。有时我恨透了。糟掉了多少光阴!……偶尔熬上一夜,对睡眠报复报复,我倒是挺高兴的。”

他们继续轻轻地谈着,中间隔着长时间的静默。克利斯朵夫睡着了。法朗梭阿士看着笑笑,扶着他的头不让它倒下来……她胡思乱想,靠窗坐着,望着漆黑的园子,园子不久也亮起来了。七点左右,她轻轻唤醒了克利斯朵夫,和他道别。

在同一个月里,她又来了一回,恰好克利斯朵夫不在家,门关着。以后克利斯朵夫把公寓的钥匙交给她,让她能随时进去。果然,好几次克利斯朵夫都出去了,她在桌上留下一小束紫罗兰,或是在纸上写几个字,涂几笔速写,漫画——表示她来过了。

一天晚上,她从戏院出来,到克利斯朵夫家谈天。她发现他在工作,两人谈了几句,就发觉彼此都没有上回那样的兴致。她想走,可是太晚了。并非克利斯朵夫阻止她,而是她自己的意志不允许她再走。于是他们留着,都动了欲念。

他们便互相占有了。

这一夜以后,有好几个星期不见她的踪迹。他久已麻木的欲火被她在那一夜挑了起来,竟少不了她了。她不准他到她家里,他便上戏院去,躲在最后几行的位置上,心里又是爱,又是冲动,浑身打战。她演戏的时候所发泄的悲壮热烈的情绪,使他跟她一样的筋疲力尽。他终于写信给她:

“朋友,你恨我吗?要是我使你不快,还得请你原谅。”

一看到这种谦卑的话,她立刻跑来扑在他怀里,说:

“大家简简单单地做个好朋友倒是更好。但既然不可能,也用不着勉强挣扎了。咱们听其自然吧!”

他们过着共同生活,可是并不住在一起,各人保持各人的自由。法朗梭阿士不可能和克利斯朵夫过有规律的同居生活,她的地位也不容许。只能由她到克利斯朵夫家里来,或是白天,或是黑夜,和他消磨几个钟点,但每天都回家去过夜。

在戏院停演的暑假中,他们在巴黎郊外,靠叶弗那边租了一所屋子。虽然不免有些凄凉忧郁的时间,他们的确过了些快乐的日子,心心相印和刻苦用功的日子。他们有一间精美的光线很好的卧室,居高临下,一望无际,眼底尽是碧绿的田垄。夜里,他们在床上可以从窗内望见奇奇怪怪的云影,在阴沉黯淡的天空驰骋。他们互相抱着,在半睡半醒的状态中听着蟋蟀的欢唱,听着雷雨的声音和泥土的呼吸,——金银树,仙人草,蔓藤,割下的干草的气味,——透到屋子里来,透入他们的身体。黑夜那么寂静。两人睡得那么甜。万籁俱寂。远处几声狗吠,几声鸡鸣。晨光透露了。在灰暗寒冷的晓色中,远钟传来早祷的声音,使身体躺在温暖的床上打着寒战,彼此靠得更紧了。群鸟在爬墙的蔓藤上醒来,叽叽喳喳地聒噪。克利斯朵夫睁开眼睛,屏着气,抱着一腔柔情看着身旁这个朋友的可爱的脸,看着她在爱情激动过后的惨白的颜色……

他们的爱不是自私的情欲,而是肉体也要求参与一份的深刻的友谊。他们不相妨碍,各做各的工作。克利斯朵夫的天才、慈悲、人格,都是法朗梭阿士非常重视的。在某些事情上她觉得自己比他年长,因此感到一种母性的快乐。她很抱憾一点儿不懂他所弹的东西:她不能领会音乐,除非在极难得的时间,才觉得有一股狂野的情绪把她控制了,但那种情绪还不是直接从音乐来的,而是由于她当时感染的热情,由于她和她周围的一切、风景、人物、颜色、声音,都感染到的那股热情。但她在这个莫名其妙的神秘的语言中,同样能感觉到克利斯朵夫的才气。仿佛看着一个伟大的演员讲着外国语做戏,她自己的性灵也被鼓动起来了。至于克利斯朵夫,他创造一件作品的时候,往往把思想与热情都寄托在这个女子身上,看到这些思想与热情比在自己心中更美。跟一个这样女性、这样软弱、这样善心、这样残忍,而有时还有天才的光芒闪耀的灵魂,心心相印的结果,简直有种估计不尽的富藏。

她教了他许多关于人生和人的知识,——关于他不大认识而为她清明的目光判断得很尖刻的女人的事。他尤其靠了她而对于戏剧有了进一步的认识;她使他深深体味到这个一切艺术中最完美、最朴实、最丰满的艺术的精神。他这才知道戏剧是创造梦境的最奇妙的工具,她告诉他不应该为自己一人写作,像他现在这种倾向,——(那是多少艺术家都免不了的,他们学着贝多芬的样子,不肯"在有灵感的时候为一张该死的提琴写作"。)——可是为了某一个舞台而写作,让自己的思想去适应某几个演员:一个伟大的诗剧作家也不以为羞,不觉得这种办法会把自己变得渺小;因为他知道,倘若幻想是美的,那么实现这幻想当然是伟大的。戏剧像壁画,一样是最严格的艺术,——是活的艺术。

法朗梭阿士所表现的这些思想,正和克利斯朵夫的思想符合。他那时在艺术生涯中所到达的阶段,正倾向于一种和人类沟通的集体艺术。法朗梭阿士的经验,使他体会到群众与演员之间的神秘的合作。法朗梭阿士虽然那么现实,毫无自欺欺人的幻象,也感觉到那种互相感应的力,把演员和群众联系起来的共鸣的电波,她咂摸到一个演员的声音便是无声无息的千万人的心声。当然,这种感觉是间歇的,极难得的,从来不会在同一出戏同一个段落上再现。其余的时间,只有演员个人的没有灵魂的演技,巧妙而无热情的呆板功夫。但值得重视的就是例外的情形:那时仿佛电光一闪,刹那间照出了深渊,照出了由一个人来表白而实际是千百万人的共同的灵魂。

大艺术家的责任就在于把这共同灵魂具体表现出来。他的理想应当像希腊古时代的诗人一样,先摆脱了自我,然后把那股吹遍人间的集体的热情放入心中。法朗梭阿士尤其渴望这一点,因为她没法达到这个无我之境,老是要表现自己。——一百五十年以来,个人抒情主义过分地发展,已经到了病态的程度。一个人想求精神上的伟大,必须多感觉,多控制,说话要简洁,思想要含蓄,绝对不铺张,只用一瞥一视,一言半语来表现,不像儿童那样夸大,也不像女人那样流露感情;应当为听了半个字就能领悟的人说话,为男人说话。现代音乐唠叨不已地讲着自己,遇到无论什么人都倾箱倒箧地说心腹话,这是没有廉耻,不登大雅之堂的。那颇像某些病人,津津有味地对旁人讲着自己的病症,把可厌可笑的细节描摹得淋漓尽致。法朗梭阿士虽非音乐家,也感觉到音乐像寄生虫般侵害诗歌的情形是种颓废的象征。克利斯朵夫先是否认,但细细想了想,觉得这说法也许有一部分是对的。根据歌德的诗谱成的第一批德国歌谣是朴素的,准确的,不久,舒伯特就掺入他罗曼蒂克的感伤性;舒曼又加上他小姑娘式的多愁善感;到了沃尔夫竟变作一种特别加强的朗诵,毫无含蓄的分析,非把灵魂赤裸裸地暴露不可了。凡是遮盖神秘的心灵的幕都被撕掉了。

克利斯朵夫对这种艺术有点儿惭愧,觉得自己也感染了。他当然不愿意复古,——(那是荒唐的,违反自然的),——可是他挑出几个把思想表现得特别含蓄,具有集体艺术意识的大师,让自己熏陶一下:他重新浏览亨德尔的作品,——亨德尔因为厌恶德国民族的禁欲主义的宗教,特意把圣乐写成史诗一般,替平民写作平民歌谣。现在的困难是要找出能唤醒现代民众的情绪,像亨德尔时代的圣经那样的题材。今日的欧罗巴没有一部共同的经典了:没有一首诗,没有一节祷词,没有一种信仰,可以说是属于大众的。这是今日所有的文人,艺术家,思想家的耻辱!为了大众而写作,为了大众而思想的人一个都没有。只有贝多芬留下几页安慰心灵的福音书;但这几页只有音乐家能够读,大多数人是永远听不到的。瓦格纳曾经想在拜罗伊特的山岗上建立一种联合全人类的宗教艺术。但他伟大的心灵已经染上当时的颓废音乐与颓废思想的污点:来到这神圣的高岗上的已非迦里里的渔夫,而是一批法利赛人了。①

克利斯朵夫对自己应当做的工作看得很清楚;但他缺少一个诗人,只能靠自己,以音乐为限。而音乐,虽然大家认为是普遍的语言,究竟不是普遍的:应当要拿文字来做一张弓,才能把声音射到大众的

---

① 按耶稣少年时代曾在迦里里传道,劝说渔夫:“来跟从我,我要叫你们得人如得鱼一样。”法利赛人原为古犹太民族中的一种,后移用为伪君子的同义词。

心里去。

克利斯朵夫计划写一组以日常生活为根据的交响曲。他假想一阕《家庭交响曲》，可不是理查德·施特劳斯式的①，并不把家庭生活用一幅电影式的图画来表现，并不用一些传统的字母，以音乐的辞藻依着作者的意志来表现各种人物。那是对位学者的迂腐而幼稚的玩意儿！……他不预备描写人物或动作，而是要说出每个人都熟悉的，都能在自己心中觅得回声的情感。第一章，表现一对青年夫妇严肃而天真的幸福，温柔的感情和对于前途的信心。第二章是哭一个亡儿的挽歌。克利斯朵夫表现痛苦的时候竭力避免写实；没有什么个人的面貌，只有一片无边的苦难，——你的，我的，一切人的苦难，也许就是谁都逃不了的命运。因死亡而沮丧的心灵，痛苦地挣扎着，慢慢地振作起来，把它的苦难作为奉献给神明的牺牲。紧接第二章的乐曲，表现心灵继续前进，——是一支意志坚强的《赋格曲》，遒劲的线条与固执的节奏终于把整个人感染了，把他在斗争与血泪中拖着向前，唱着威武的进行曲，抱着百折不回的信仰。最后一章是描写人生的暮景：第一章开始时的那些主题重新出现，——依然有着动人的信心和温柔的情绪，——可是更成熟了；它们受过了磨炼，在痛苦的阴影中浮现出来，戴着光明的冠冕，向天空唱着颂歌，对无穷的生命表示虔敬与热爱。

克利斯朵夫也在古书中寻找简单的、有人情味的题目，能够诉之于大众的心灵的。他选择了两个：约瑟与尼奥贝。但克利斯朵夫在这儿遇到了把诗与音乐结合起来的难题。和法朗梭阿士的谈话使他又想起从前和高丽纳商量过的计划②，一种介乎吟咏歌剧与话剧之间的乐剧，——以自由的语言与自由的音乐结合起来的艺术，——那是今日没有一个艺术家想到的，也是被浸淫于瓦格纳传统的，墨守旧法的批评家取笑的艺术。但这的确是崭新的事业，因为要点并不在追随贝

① 德国现代音乐家理查德·施特劳斯作有《家庭交响曲》。

② 参阅卷四：《反抗》。——原注

多芬,韦伯,舒曼,比才之后,虽然他们在音乐话剧方面都很有成就;也并不在把某种朗诵配合某种音乐,竭力用颤音为粗俗的群众制造粗俗的效果;而是在于创造一种新的体裁,使歌唱的声音和近于这些声音的乐器结合起来,把音乐的幻想与嗟叹的回声羼和在优美和谐的诗句中间。这样的形式只能适用于某些有限的题材,适用于心灵的某些特殊的时间,适用于亲切的默省的境界:唯有这样才能给人一种诗的韵味。没有一种艺术比这个更含蓄更贵族化了。所以在艺术家们自命不凡而实际全是鄙俗的暴发户时代,这种艺术很少有发展的机会。

或许克利斯朵夫也不比别人更适合于这种艺术;他的长处,他的平民式的力,就是极大的障碍。他只能想象到这种艺术,同时靠了法朗梭阿士的助力,作出一些略具雏型的样品。

他用这种方法把《圣经》上的文字谱成音乐,差不多是逐字移译,——例如约瑟和他的兄弟们重新相聚的那个不朽的故事,约瑟试过了多少方法以后,才那么感动的,那么轻轻的,说出几句使老年的托尔斯泰为之落泪的话:

"我忍不住了……告诉你们,我是约瑟;父亲还活着吗?我是你们的兄弟,你们失掉了的兄弟……我是约瑟……"①

这个美妙而自由的结合没法持久。他们在一起固然有些生活极丰满的时间,但性格相差太远了。双方性子都很暴躁,时常会发生冲突,可不是为了琐碎无聊的事:因为克利斯朵夫素来敬重法朗梭阿士。而可能很残酷的法朗梭阿士,对于一片好心待她的人也报以一片好心,无论如何不愿意伤害他。并且他们生性都很快活。她常常嘲笑自己,但照旧很痛苦:因为从前的热情始终占据着她的心灵,她还想着她所爱的那个坏蛋;这种割舍不掉的情形使她感到羞辱,更受不了被克利斯朵夫猜疑到这桩心事。

---

① 《旧约》载:约瑟为雅各之子,希伯莱的族长,幼年被兄弟卖往埃及,后为埃及行政长官,终回希伯莱与父亲兄弟团聚。

克利斯朵夫看见她默不作声，浑身紧张，成天在郁闷中发呆，便奇怪她为什么不快乐。现在她不是已经达到目的，成为众人景仰的大艺术家了吗？……

"是的，"她说，"可怜我不像那般女戏子，没有那种老板娘式的心思，把做戏看成做买卖。这等人一朝爬到相当的地位，嫁了个有钱的布尔乔亚，并且登峰造极，拿到一颗勋章的时候，当然心满意足了。我，我所要的可不止这些。只要一个人不是傻瓜，成名比不成名显得更空虚。这一点你是应该知道的！"

"我知道，"克利斯朵夫说。"啊！天！我小时候理想的光荣绝对不是这样的。那时我对它多么热望！它在我眼里显得多光明！我远远地膜拜它，把它当作神圣的东西；哪知道实际上完全不是这么回事……可是没关系！你出了名也有一种奇妙的后果，就是能给人好处。"

"什么好处？胜利固然胜利了。可是有什么用？一切还是照旧。戏院，音乐会，还不是跟从前一样？不过是一个新的潮流代替了旧的潮流。他们不了解你，或者是走马看花地瞅你一下；而他们已经心不在焉，想旁的事了……便是你自己，你是不是了解别的艺术家？至少你没有被别的艺术家了解。你最爱的人也和你离得多远！你忘了你和托尔斯泰那回事吗？……"

克利斯朵夫曾经写信给托尔斯泰；他对他的著作十分佩服，想把他一个通俗的短篇谱成音乐，请求他的许可，同时把自己的歌集寄给他。托尔斯泰没有答复，正如舒伯特与柏辽兹把杰作寄给歌德的结果一样。他叫人把克利斯朵夫的音乐奏了一遍，完全不懂，非常气恼。他认为贝多芬是颓废的，莎士比亚是江湖派。反之，他倒醉心于虚伪矫饰的小作家，认为《一个侍女的忏悔录》极有基督教精神。

"大人物是用不到我们的，"克利斯朵夫说，"我们应该想到别人。"

"别人？谁？布尔乔亚的群众，那些行尸走肉似的影子吗？为这些人写作,表演吗?为他们而虚度一生,那才惨呢!"

"对!我对他们的看法也和你一样,可并不丧气。他们不见得坏到哪里去!"

"你真是个乐天的德国人!"

"他们也是像我一样的人,为什么不能了解我呢?……而他们不了解我的时候,难道我就为之发愁吗?在这些成千上万的人中间,总有一两个赞成我的……这就得啦,只要一扇天窗就能呼吸到外边的空气……你得想到那些天真的看客,那些少年,那纯朴的老人,为你悲壮的美把他们从平庸的日子里超度出来的人。你得回想一下你自己小时候的情形!把人家从前给你的好处和快乐转给别人,——哪怕只给一个人也是好的。"

"你以为真的有人会领情吗?我简直不敢相信……那些爱我们的人,其中最优秀的分子是怎样爱我们的?怎样看我们的?连会不会看都成问题。他们用着使我们屈辱的方式赞美我们;他们看到无论哪个江湖派的戏子,还不是感到同样的兴趣!他们把我们归在我们瞧不起的傻子行列。凡是走红的人,在他们眼里都是平等的。"

"可是,的确是最伟大的才能传到后世,成为最伟大的人。"

"那只是距离的作用。你离得越远,山显得越高。山的高度固然是看清楚了,可是你和它离得更远了……而且谁能说这些的确是最伟大的呢?凡是默默无闻的古人,你认得吗?"

"管他!"克利斯朵夫说,"即使连一个人也感觉不到我是怎么样的人,我却还是我。我有我的音乐,我爱它,我相信它;它比一切都更真。"

"在你的艺术里你是自由的,你可以为所欲为。可是我,又怎么办呢?我不得不扮演人家要我扮演的东西,一演再演,演到你心头作恶。美国有些演员把《里普》或《罗伯特·玛凯尔》[①]上演到一万次,一辈子

① 《里普》为一喜歌剧,故事见华盛顿·欧文短篇名著《里普大梦》。《罗伯特·玛凯尔》为十九世纪风行一时的喜剧,剧中人罗伯特·玛凯尔为荒淫无耻的小人典型。

倒有二十五年搬弄着一个无聊的角色。我们在法国虽还没到这个做牛马的地步,可是也走上这条路。可怜的戏剧!群众所能容忍的天才只是极小量的,修正剪裁过的,洒着时兴的香水的……一个“时髦的天才”!不教你作呕吗?……浪费的精力不知有多少!你瞧人家怎么对付穆内的?他一辈子有什么东西可演?只有两三个人物是值得久存的:一个奥狄泼,一个卜里安克德。其余尽是无聊的东西!可是你想想吧,他可能创造出多伟大多了不起的角色!……在法国以外,情形也不见得更好。人家把杜斯①怎样安排的?她的生命是为了什么消耗的?为了多少无聊的角儿!”

“你真正的任务,是强迫社会接受强有力的艺术品。”

“白费心血,而且不值得。只要这些强有力的作品一上舞台,就会失去诗意,变成谎言。群众的气息把它摧残了。窒息臭秽的城里的群众,已经不知道什么叫作野外,什么叫作大自然,什么叫作健全的诗意,它需要一种像我们的脸一样褪色的诗。——啊!而且……而且……即使会成功的话,也不能充实生命,不能充实我的生命……”

“你还想着他。”

“想谁?”

“那个坏蛋喽。”

“是的。”

“如果你跟那家伙在一起,如果他爱你,你也得承认你决不会快乐,你还是会自寻烦恼的。”

“不错……唉!我自己也弄不明白……过去的生活需要我奋斗的地方太多了,我受的折磨太厉害了,再也恢复不了平静的心境,我心里老是烦恼,骚动……”

“那是你没受过折磨以前早有的。”

“也许是吧……不错,我小时候就有烦恼。”

---

① 杜斯(1859—1924)为意大利有名的女演员。

“那么你究竟要些什么呢?”

“我怎么说得清?我要的不是我的力量所能做到的。”

“我知道这种境界,”克利斯朵夫说,“我少年时代也是这样的。”

“可是你已经成人了。我却永远是少年,根本是个不完全的人。”

“没有一个人是完全的。所谓幸福,是在于认清一个人的限度而安于这个限度。”

“那对我是不可能了。我已经越出界限。生活逼着我,糟蹋我,把我变成残废了。可是我觉得自己很可能成为一个正常的,又健康又美丽的女子,不至于像那些糊里糊涂的人一样。”

“你还是能够啊。我看你现在多好!”

“告诉我,你把我看作怎么样的人?”

他假定她是在自然与和谐的情形之下发展起来的,非常快乐,爱着人家,也受到人家的爱。她听着心里很舒服,可是过后又说:“现在不可能了。”

“那么你应当像老亨德尔双目失明的时候那样对自己说。”

他又在琴上弹给她听。她把他拥抱了,拥抱她亲爱的疯癫的乐天主义者。他给她安慰;她可给他苦恼,至少是怕要使他苦恼。她常常像发病一样地受到绝望的侵袭,又没法瞒着他;爱情使她变得软弱了。夜里,两人躺在床上,她悄悄地熬着痛苦的时候,他猜到了,要求这个似近而实远的朋友把压着她的重担分一些给他;于是她忍不住了,扑在他怀里,一边哭着一边说出心里的话;克利斯朵夫整夜地安慰她,很有耐性,一点儿都不生气。可是日子一久,这种无穷尽的烦恼势必要打击他。法朗梭阿士唯恐他传染到自己的骚乱。她太爱他了,决不能让他为了自己受苦。有人请她到美国去登台;她答应了,借此强迫自己动身。她和他分手,使他心里非常屈辱。而她自己也有同样的感觉。可叹两个人竟不能使彼此幸福!

“可怜的朋友,”她又悲哀又温柔地笑着说,“咱们真不高明!将来我们永远没有这样美妙的机会,永远找不到这样的友谊了。可是没有办法,没有办法。咱们太蠢了!……”

他们互相望着,垂头丧气,难过到极点,为了免得哭而笑着,拥抱着,分别了,眼中含着泪。他们从来没像分别的时候那么相爱。

她动身以后,他又回到他的老伙伴——艺术中去……噢!群星密布,天上是一片和平!……

隔不多时,克利斯朵夫接到雅葛丽纳的一封信。她写信给他,这还不过是第三次;信中的语气和她以往的大不相同。她表示因为不再见到他而非常遗憾,很亲热地要他去,倘若他不愿意使两位爱他的朋友伤心的话。克利斯朵夫快活极了,但并不奇怪。他早就料到,雅葛丽纳对待他的不公平的态度不会永远继续下去的。他喜欢念着老祖父的一句取笑的话:“女人早晚必有些心地善良的时间,只要你耐心等待。”

因此他就回到奥里维那边去,他们见到他表示非常快慰。雅葛丽纳特别殷勤,把她素来刻薄的口吻也藏起来了,绝口不说足以伤害克利斯朵夫的话,她关心他的工作,很有见地的谈到一些严肃的问题。克利斯朵夫以为她改变了。其实她的改变仅仅是为讨他喜欢。雅葛丽纳听人提起克利斯朵夫和时髦女戏子的恋爱,——那是已经传遍巴黎的新闻,——不禁对克利斯朵夫有了好奇心,另眼相看了。她这一回久别重逢之下,觉得他果然比从前可爱得多,连他的缺点也不无魅力。她发现克利斯朵夫有天才,应当叫他爱上自己才好。

青年夫妇的生活情况并没好转,甚至更坏。雅葛丽纳烦闷得要死……女人是多么孤独啊!除了孩子以外,什么都牵不住她;而孩子也不足以永远牵住她:因为倘若她不但是个女人,而且是个十足地道的女性,有着丰富的灵魂而对生活苛求的话,她就天生地需要做许多事情,而那是没有人家帮忙,不能单独完成的!……男人可没有这样孤独,哪怕在最孤独的时候也到不了女人那个地步。他心里的自言自语就足够点缀他的沙漠;而倘若他和另外一个人一起孤独的话,他就更加能适应,因为他更不注意孤独,而老是自言自语了。他想不到自己若无其事地在沙漠中自个儿说话,使身边的女人觉得她的静默更残酷,她的沙漠更可怕,因为对于她,一切的语言都已经死了,爱情也不能使它再生了。他没注意到这一点;他不像女人一样把整个生活孤注一掷地放在爱情上面,他还关心地着旁的事……但谁去关心女人们的生活和无穷的欲望呢?这些亿兆的生灵,怀着一股热烈的力量,自从有人类起,四千年来老是毫无结果地燃烧着,把自己奉献给两个偶像:爱情与母性,——而母性这个崇高的骗局,对千千万万的女人还靳而不与,对另一部分的女子不过是充实了她们几年的生命……

雅葛丽纳在失望中煎熬。她有时感到恐怖,好比有把刀直刺她的心窝。她想:

"我为什么活着呢?我为什么要生在世界上呢?"

这样她就悲痛到极点。

"天哪!我要死了!天哪!我要死了!"

这个念头常常在夜里跟她缠绕不休。她梦见自己说着:"今年是一八八九年。"

"不,"有人回答她,"是一九〇九年。"

她想到实际的年龄比自己想象的大了二十岁,非常难过。

"生命快完了,我还没有生活过!我这二十年是怎么过的?我把自己的生命怎么搞的?"

她梦见自己变了四个小姑娘,住在同一间房里,分床睡着。四个都是同样的身材,同样的脸,一个八岁,一个十五岁,一个二十岁,一个三十岁。三个都染了时疫死了。第四个在镜子里照着,突然害怕起来;她看到自己的鼻子瘦下去了,脸拉长了……她也要死了,——一切都完了……

"……我把自己的生命怎么搞的?……"

她流着泪醒来;噩梦并不因白天的来到而消失,白天就是噩梦。

她把她的生命怎么搞的？谁把它糟蹋了？……她开始恨奥里维了，拿他当作无邪的共谋犯——（无邪也不相干，反正是害了人！）——当作压迫她的盲目的规律的共谋犯。事后她后悔，因为她心是好的；但她太痛苦了；而那个压迫她生命的人物虽则也在痛苦，她仍禁不住要使他更痛苦，作为报复。过后她更难过，厌恶自己；她觉得如果没法救出自己，那她还要增加人家的痛苦。而这救出自己的方法，她就在周围摸索寻找，好比一个淹在水里的人，不管什么都要抓住；她试着去关心一些事情，一件作品，一个人物，好让她拿来变做自己的事，自己的作品，自己的人物。她勉强再去做些文化工作，学外国语，写一篇论文，一个短篇，从事绘画、作曲……可是没用：她第一天就灰心了。觉得太难了。而且“书啊，艺术品啊，算什么呢？我还不知道是否爱它们，不知道它们究竟存在不存在……”——有些日子，她非常兴奋地和奥里维有说有笑，似乎对他所说的很热心，她想法叫自己麻醉……只是徒然：突然之间兴致没有了，心凉了，她只得躲起来，没有眼泪，没有喘息，只是垂头丧气。——她侵蚀奥里维的工作已经有几分成功。他变得怀疑，倾向于浮华了。但她并不满意，觉得他和自己一样软弱。两人几乎每天晚上都出门，她在巴黎各处交际场中厮混。谁也没想到，她那含讥带讽而精神老是紧张的笑容下面，藏着悲痛欲绝的苦闷。她想找一个能够爱她，支持她，不让她掉入深渊的人……可是找不到。她无可奈何地呼吁，毫无回响。只有一片静默。

她绝对不爱克利斯朵夫，她受不了他粗鲁的举止，令人难堪的爽直，尤其是他的淡漠无情。她绝对不爱他，但她感到他至少是强者，——是死亡上面的一块岩石。她想依附这块岩石，依附这个身在水中而头在水外的人，要不然就把他拖下水去……

而且，单使丈夫跟他的朋友分离还嫌不够，她得把那些朋友从他手里抢过来。最老实的女子有时也有一种本能逼她们尽量的，甚至于过分的施展她们的威力。这样滥用威力的结果，她们的弱点才显出力量。倘若是一个自私的，傲慢的女人，那么她会觉得窃取丈夫的朋友的友谊有种不可告人的乐趣。事情挺容易:只要丢几个眼神就够了。不管那男的老实不老实,他难得不上钩的;朋友尽管知己,尽管能够避免行动,但思想上总是已经欺骗了他的朋友。那朋友要是发觉的话,双方的友谊就完了:彼此都用另一副眼光相看了。——玩这种危险手段的女子,往往至此为止,不再有进一步的行动:她把两个友谊破裂的男人一齐抓在手里,任意摆布。

克利斯朵夫注意到雅葛丽纳的亲热,毫不惊奇。他一朝对一个人抱着好感的时候,自有一种天真的倾向,认为人家一定也会毫无作用地爱他。所以看着雅葛丽纳那么殷勤,他也表示一样的殷勤,觉得她非常可爱,跟她玩得很痛快。结果他对她观感太好了,差不多要认为奥里维的不能幸福是由于奥里维自己的笨拙。

他陪着他们坐汽车去作几天短期旅行。朗依哀家在蒲高涅乡下有一所老屋子,仅仅为了它是老家的纪念物而保存着,平时不大去住的:克利斯朵夫就在那儿做客。屋子孤零零地位于葡萄园与森林中间;内部已经破旧,窗子也关不严;到处有股霉烂的、阴凉的、被太阳晒热的树脂味。和雅葛丽纳一起过了几天之后,克利斯朵夫渐渐地感到一种甜蜜的情绪,可是精神并不骚动;他看着她,听着她,拂触到那美丽的身体,呼吸到她的气息,颇有一种无邪的,可是也带点儿肉感的快乐。奥里维稍微担着心,一声不出。他毫无猜疑的意思,但心里模模糊糊地觉得不安,而又不敢承认。他认为自己不应该这样揪心,便故意让他们常常单独在一块。雅葛丽纳看到他的心事,觉得很感动,想和他说:"喂,朋友,别难过吧。我爱的还是你啊。"

可是她并不说:他们三个人听任自己去冒险:克利斯朵夫是一无猜疑,雅葛丽纳是不知道自己有什么欲望,也就存着弄到哪儿算哪儿的心;唯独奥里维一个人有着先见之明,有着预感,但为了自尊心和爱情,不愿意去想。然而意志缄默的时候,本能就要说话了;心不在这儿的时候,肉体就要自由行动了。

一天晚上,吃过晚饭,大家觉得夜景美极了,——没有月亮,满天星斗,——都想到园中去溜溜。奥里维和克利斯朵夫已经走出屋子。雅葛丽纳上楼去拿一条围巾,好久不下来。最讨厌女人行动迟缓的克利斯朵夫,进屋去找她。——(近来他不知不觉当了丈夫的角色)。——他听见她在那边来了。但他进去的那间屋子,百叶窗统统关了,什么都瞧不见。

"喂!来吧,老是收拾不完的太太,"克利斯朵夫嘻嘻哈哈地嚷着,"你把镜子照个不停,不怕把镜子照坏吗?"

她不回答,停住了脚步。克利斯朵夫觉得她已经在屋子里,可是站着不动。

"你在哪儿啊?"他问。

她还是不作声。克利斯朵夫也不说话了,只在暗中摸索;突然他感到一阵骚动,心儿乱跳,也停了下来,听见雅葛丽纳的呼吸就在身边。他又走了一步,又停住了。他知道她就在近旁,但他不愿意再向前。静默了几秒钟。突然之间,两只手抓住了他的手,把他拉着,一张嘴贴在了他的嘴上。他把她紧紧搂着。大家没有一句话,一动也不动。——然后嘴巴离开了,彼此挣脱了。雅葛丽纳走出屋子。克利斯朵夫气喘吁吁地跟着她,两腿瑟瑟发抖。他靠着墙站了一会儿,让全身奔腾的血平静下来。终于他追上了他们。雅葛丽纳若无其事地和奥里维说着话。他们走在前面,和他相隔几步。克利斯朵夫垂头丧气地跟着。奥里维停下来等他。克利斯朵夫也跟着停下。奥里维亲热地叫他。克利斯朵夫只是不答。奥里维知道朋友的脾气和那种死不开口的脾性,也就不坚持而继续和雅葛丽纳望前走了。克利斯朵夫木头人似的随在后面,隔着十来步,像条狗一样。他们停下,他也停下。他们走,他也走。大家在园中绕了一圈,进去了。克利斯朵夫上楼去关在自己房里:不点灯,不睡觉,不思想。到了半夜,他倦极了,把手和脑袋靠在桌上,睡着了。过了一小时,他醒过来,点起蜡烛,性急慌忙地把纸张杂物都收起来,整好了衣箱,倒在床上直睡到天亮。然后他带着行李下楼,动身了。大家整天等着他,找他。雅葛丽纳面上装作

很冷淡,心里又气又恼,用一种侮辱的讥讽的神气,故意检点她的银器。直到第二天晚上,奥里维方才接到克利斯朵夫一封信:

好朋友,别怪我像疯子一般走了。我是疯子,你也知道的。有什么办法呢?我就是我。谢谢你亲切的招待。那真是太好了。可是你瞧,我从来不能和别人一起生活。也许我根本不配生活,我只能躲在一边,远远地爱着别人,这样比较妥当。要从近处看人,我会厌恶他们。而这是我不愿意的。我愿意爱别人,爱你们。噢!我多愿意使你们幸福。要是我能够使你们,——使你幸福,我肯牺牲我自己所能有的幸福……但这是不允许的。一个人只能为别人引路,不能代替他们走路。各人应当救出自己。救你吧!救你们罢!我多爱你!——耶南太太前乞代致意。

克利斯朵夫

"耶南太太"抿着嘴唇,念完了信,带着轻蔑的笑容冷冷地说:"那么听他的劝告。救救你自己吧。"

奥里维伸出手去想收回信来,雅葛丽纳却把信纸搓成一团,摔在地下;两颗眼泪在眼眶中涌了上来。奥里维抓着她的手,慌慌张张地问:"你怎么啦?"

"别管我!"她愤愤地叫着。

她出去了,在门口又嚷了一声:"你们这批自私的家伙!"

克利斯朵夫终于把《大日报》方面的保护人变成了仇敌。那是早在意料之中的。克利斯朵夫天生有那种为歌德所称扬的"不知感激"的德性:"不愿意表示感激的脾气是难得的,只有一般出众的人物才会有。他们出身于最贫寒的阶级,到处不得不接受人家的帮忙;而那些恩德差不多老是被施恩的人的鄙俗毒害了……"

克利斯朵夫认为不能为了人家的援助而降低自己的人格,也不能放弃自由,那跟降低人格并无分别。他要给人好处,决不自居为希望收利息的债主,而是把好处整个地送人的。他的恩主们的见解可不是这样。他们认为受恩必报是天经地义,所以克利斯朵夫不肯在报馆主办的一个含有广告性质的游艺会中,替一支荒谬的颂歌写音乐,在他们眼中简直是岂有此理。他们暗示克利斯朵夫说他行为不对。克利斯朵夫置之不理。不久他还很不客气地否认报纸所宣传的他的主张,使那些恩主们愈加恼羞成怒。

于是报纸开始用各种武器攻击他了。人们又搬出一些血口喷人的古老的武器,那是一切低能的人用来攻击一切创造者而从来杀不死一个人的,可是对于所有的糊涂蛋,的确百发百中,极有效果。他们指控克利斯朵夫的罪名是剽窃。他们割裂他的作品,取出其中的一段,再从一些无名作家的曲子里取出一段来化装一番,证明他偷了别人的灵感,说他想扼杀年轻的艺术家。这一套要是出之于一般以狂吠为职业的人,出之于爬在大人物肩上喊着“我比你更伟大”的下贱的批评家,倒还罢了;可是有才气的人也要互相倾轧,竭力叫对方受不了。他们完全不知道:世界之大尽够他们安安静静地各做各的工作,而各人为了发展自己的才能已经需要拼命地奋斗了。

德国有些嫉妒的艺术家常常把武器供给克利斯朵夫的敌人,必要的时候还能发明些武器。这种人在法国也有的是。音乐刊物上的国家主义者——其中不少是外国人,——指出克利斯朵夫出身的种族,也算是对他的一种侮辱。克利斯朵夫的名气已经不小;就因为他走红,连那些毫无成见的人看了也恼了,——其余的更不必说。在音乐会听众里面,此刻有一批上流人物和前进杂志的作家热烈拥护克利斯朵夫,不问他写什么,总一致叫好,说在他以前简直没有音乐。有几个人解释他的作品,发现其中有哲学意义,使克利斯朵夫听了吃惊。又有几个从中看到一种音乐革命,说是对于传统的攻击,不知克利斯朵夫正敬重传统。他尽管分辩也没用。大家会说他根本不知道自己写的是什么。他们这样佩服他就等于佩服他们自己。所以报纸上对克利斯朵夫的攻击，使他音乐界的同行非常痛快，因为他们相信那虚构的“谎言”是事实而表示愤慨。其实他们不爱他的音乐也用不着这些理由；自己并无思想可以表现，但照着呆板的方式把思想表现得非常流利的大多数人，一朝看到克利斯朵夫思想丰富，而凭着创造的想象力（表面上不免有点儿杂乱）表现得有些笨拙的时候，当然要恼怒了。一帮当书记的家伙，只知道所谓风格便是文社学会里的公式，只消把思想放进去，像烹饪时把食物放入模子一样：所以他们一再指责克利斯朵夫不会写作。至于他最好的一批朋友，不想了解他的，或是因为老老实实地爱他（因为他使他们幸福）而真能了解他的，都是在社会上没有发言权的无名的听众。唯一能够替克利斯朵夫作强有力的答复的奥里维，和他分离了，似乎把他忘了。于是克利斯朵夫同时落在他的敌人和他的崇拜者手里；这两种人作着竞争，看谁把他损害得更厉害。他厌恶之余，绝对不加声辩。有一回他在一份大报上读到一个为大众的愚昧与宽纵所造成的艺术界权威，——一个僭越的批评家对他的宣判，他耸耸肩说：

“好吧，你批判我吧。我也批判你。一百年以后看你们投降不投降！”

可是眼前到处是对他的毁谤；而群众照例是有一句信一句，对于最荒谬最卑鄙的控诉都信以为真。

克利斯朵夫仿佛觉得自己的处境还不够困难，居然挑了这个时期跟他的出版家反目。其实他没有什么可以抱怨哀区脱的，他依次印行他的新作，跟他的交易也很诚实。固然，这种诚实并不能使他不订立对克利斯朵夫不利的契约；但这些契约他是遵守的，只嫌遵守得太严格。有一天，克利斯朵夫出乎意料地发现他的七重奏被改为四重奏，一支普通的钢琴曲被改为——而且改得很笨拙——四手的钢琴曲，事先都没通知他。他便跑去见哀区脱，把这些违法的乐谱丢在他面前，问：“你知道这个吗？”

“当然知道。”

“你竟然敢……竟然敢私自窜改我的作品，不经我的许可！……”

“什么许可？”哀区脱静静地说，“你的作品是属于我的。”

“也是属于我的！”

“不是的。”哀区脱语气很温和地说。

克利斯朵夫跳起来：“怎么，我的作品会不属于我的？”

“你把它们卖掉了。”

“你这是跟我开玩笑了！我卖给你的是纸。你要拿它去赚钱，尽管去赚吧。但写在纸上的是我的血，是属于我的。”

“你什么都卖给我了。以初版每份三十生丁计算，我已经预付你三百法郎，作为你卖绝的代价。在这种条件之下，你把作品的全部权利都让给我了，没有任何限制，也没有任何保留。”

“连毁掉它的权利也在内吗？”

哀区脱耸耸肩，按了铃，对一个职员说：“把克拉夫脱先生的案卷给拿来。”

他静静地把契约条文念给克利斯朵夫听，那是当时克利斯朵夫并没看过一遍就签了字的，——也是依照音乐出版家普通契约的规则定的：——“哀区脱君取得作家全部的权利，由哀区脱独家出版，发行，镌版，印刷，翻译，出租，出售，在音乐会、咖啡店音乐会、舞场、戏院等处演奏，加以修正，改削，以便适合任何乐器，或增加歌词，或更换题目，或……均由哀区脱君自由处理，与任何人无涉……”

“你瞧，”他说，“我还是极客气的呢。”

“不错，”克利斯朵夫说，“我得谢谢你。你还可以把我的七重奏改成咖啡店音乐会里的小调呢。”

他不作声了，狼狈不堪地用手捧着头，再三说：“我把灵魂出卖了。”

“放心吧，”哀区脱带着讥讽的口气，“我决不滥用我的权利。”

“你们的共和国竟允许有这种交易吗？你们说人是自由的。实际上你们却是在拍卖思想。”

“你已经取得了代价。”哀区脱回答。

“是的,三十生丁,”克利斯朵夫说,“拿回去吧。”

他在袋里掏着,想拿出三百法郎来还给哀区脱,可是拿不出。哀区脱微微笑着,带着轻蔑的神气。这笑容使克利斯朵夫愈加有气。

“我要我的作品,”他说,“我向你赎回来。”

“你没有赎回的权利,”哀区脱回答,“可是我素来不愿意勉强人,只要能赔偿我的损失,我答应你赎回。”

“好吧,就是为此而要把我自己卖掉也行。”

哀区脱在半个月以后提出的条件,他毫不争论地接受了。他发了傻劲,决意收回全部作品的出版权,代价是比他从前的收入多出五十倍,虽然这赔偿的数目不能说夸张:因为那是哀区脱根据实际的利润精密计算出来的。克利斯朵夫一时没法偿付,而这也早在哀区脱意料之中。他并不想打击克利斯朵夫,认为以艺术家而论,以一个普通人的人格而论,他比任何青年音乐家都值得重视;但他要给克利斯朵夫一个教训:他绝对不容许人家干涉他权利以内的行动。并且那些契约的规则不是他定的,而是当时通行的;所以他觉得很公平。此外他还真心相信,那些条文对作家的好处并不亚于对出版家,出版家更懂得推广作品的方法,不像作家那样拘泥着一些感情问题,——这种顾虑不用说是很高尚的,但究竟和他真正的利益背道而驰。他决意要叫克利斯朵夫成功,可是要照他的方式,要克利斯朵夫完全听他摆布才行。他要使克利斯朵夫感觉到,不要他帮忙也没这么容易。于是他们订立了一个协定:如果六个月以内克利斯朵夫不能赔偿损失,克利斯朵夫的作品就完全归哀区脱所有。显而易见,在那个期限之内,克利斯朵夫连这笔款子的四分之一都不见得能凑起来。

可是他一味固执,把多么可纪念的屋子退租了,另外租了一所便宜的,卖掉了好多东西,——他很奇怪地发觉竟没有一件值钱的,——借着债,求助于好心的莫克,不幸他那时贫病交加,闹着关节炎,没法出门。他又去找别的出版家,条件到处都和哀区脱的一样不公平,有的甚至还不愿意接受。

那时正碰上音乐刊物对他攻击最猛烈的时期。巴黎某一份大报对他特别凶狠,一个不署名的编辑拿他当作该打的孩子:没有一星期不在“回声”栏内写些诬蔑的文字把他形容得非常可笑。另外一个音乐批评家再来跟那位不露面的同事唱双簧:任何细微的借口都可以使他发泄一下残暴的兽性。这还不过是第一战役:他预告过几天再来一个彻底的歼灭战。他们不慌不忙,知道任何确凿的指控对群众的效果还不及反复不已的讽示,便像猫儿耍弄耗子一样耍弄克利斯朵夫,把每篇文字寄给他。他虽抱着鄙夷不屑的态度,也不免因之痛苦。然而他始终缄默,不去答复那些侮辱,——(即使他要答复,也不一定能够),——只固执着为了无益的、过分夸大的自尊心,跟他的出版家奋斗。他为此损失了时间、精力、金钱,同时又损失了他唯一的武器,因为他意气用事,不愿意让哀区脱再为他的音乐作宣传。

突然,一切改变了。报上预告的文字始终没发表。对群众的讽示也静默下来。攻击忽然停止了。不但如此,两三星期以后,那份日报的批评家还借着偶然的机会写了几行赞美的文字,似乎证实他们已经讲和了。莱比锡一个有名的出版商有信要求承印他的作品,契约的条件对作者很有利。一封盖有奥国大使馆印章的恭维信,向克利斯朵夫表示很愿意在使馆的庆祝会中演奏他的曲子。克利斯朵夫所赏识的夜莺也被请去演奏。这样以后,夜莺立刻被德意两国侨居巴黎的贵族邀请。有一回克利斯朵夫也不能不出席这一类的音乐会,居然受到大使热烈的招待。可是只谈了几句话,他就知道这位主人并不懂得音乐,对他的作品茫然无知。那么这种突如其来的好感是从何而来的呢?似乎有一个人在暗中照拂他,替他排除障碍,替他开路。克利斯朵夫探问之下,大使提到克利斯朵夫的两位朋友,说裴莱尼伯爵和伯爵夫人对他非常钦佩。克利斯朵夫连这两个姓氏都没听到过,而在他到使馆去的那晚,也没机会见到他们。他并不一定要认识他们。这个时期他对所有的人都觉得厌恶,对朋友也像对敌人一样的不信任。他

认为友和敌都同样靠不住,只要吹过一阵风,他们就会改变的;我们不应当依赖他们,而应当像那位十七世纪的名人所说的:

“上帝给了我朋友,又把他们收回去了。他们把我遗弃。我也把他们丢了,从此只字不提。”

自从他那天离开了奥里维的屋子,奥里维再没消息给他,他们之间似乎一切都完了。克利斯朵夫不想再交新朋友,以为裴莱尼伯爵夫妇也是那些自称为他的朋友的时髦人物,所以完全不想跟他们见面,反倒有心躲避他们。

不但如此,他还想躲避整个的巴黎。他需要在亲切而孤独的环境中隐遁几个星期。啊!要是他能够到故乡去静修几天的话,——只要几天就行了!这种思想慢慢地变成了一种病态的欲望。他要再见他的莱茵,他的天空,埋着他的亡人的土地。他非要重见一次不可。但那是有被捕的危险的:从他亡命以来,通缉令始终没撤销。可是他觉得,为了要回去,哪怕只是回去一天,他什么傻事都会做出来的。

幸而他和一个新的保护人提到这个心愿。德国使馆有个青年随员,在某次演奏他作品的晚会中遇到他,说他的祖国对于一个像他那样的音乐家一定是很得意的,克利斯朵夫很心酸地回答:“不错,祖国为了我得意极了,甚至于让我死在国门外面而不许我进去。”

年轻的外交官要他把原因解释了。过了几天,他去找克利斯朵夫,对他说:

“上面有人关心你。一个地位极高的人物,有权使那个通缉令暂时不生效力的人,知道了你的情形,深表同情。我不知道你的音乐怎么会使他喜欢的:因为——(我们之间不妨老实说)——他趣味并不高明,但是个聪明人,心很好。他此刻虽不能马上撤销你的通缉令,但倘若你想回去两天,看看你的家属的话,地方当局可以装聋作哑。这儿是一张护照。你到的时候跟离开的时候叫人家验一验。诸事小心,别引起人家的注意。”

克利斯朵夫又见到了一次故乡。依照人家答应的期限,他耽了两天,只跟乡土和埋在乡土里的人叙了一番旧话。他看到了母亲的坟。草长得很长,但鲜花是新近供上的;父亲跟祖父肩并肩地长眠着。他坐在他们脚下。墓背后便是围墙,高头是一株长在墙外凹陷的路上的栗树的树荫。从矮墙上望过去,可以看到金黄色的庄稼,温暖的风在上面吹起一阵柔波,太阳照着懒洋洋的土地;鹌鹑在麦田里叫,柏树在墓园上面簌簌地响。克利斯朵夫自个儿在那里出神,心非常安静:双手抱着膝盖坐着,背靠着墙垣,望着天。他把眼睛闭了一会儿。啊,一切多单纯!他仿佛就在自己家里,和亲人在一块儿。他和他们挨得很近,手握着手。这样过了几小时。傍晚,沙子铺的走道上忽然有脚步的声音。守墓的人走过,对坐在地下的克利斯朵夫望了望。克利斯朵夫问那些花是谁供的。那人回答说是蒲伊农庄上的主妇,每年总得上这儿来一二次。

“是洛金吗?”克利斯朵夫问。

他们就此攀谈起来。

“你是儿子吗?”园丁问他。

“她有三个儿子呢。”克利斯朵夫回答。

“我说的是汉堡的那一个。其余两个都没出息。”

克利斯朵夫的头微微往后仰着,一动不动,不作声了。太阳下山了。

“我要关门了。”园丁说。

克利斯朵夫站起来,和他在墓园中绕了一圈。园丁带他去看他住的地方。克利斯朵夫在那里停了一会儿,看看死者的留名。啊,多少熟人的名字都在这儿了!老于莱,——于莱的女婿,——还有他童年的伴侣,和他玩耍的小姑娘,——最后有一个名字使他心中一动:阿达!……大家都得到安息了……

晚霞如带,铺在平静的天边。克利斯朵夫走出墓园,在田野里溜达了好久。星都亮起来了……

第二天他又去,在老地方消磨了一个下午。但上一天那种恬静的心境变得活跃了。心中唱着一支无愁无虑的快乐的颂歌,他坐在墓栏上把那支歌用铅笔记在小册子上。一天又这样过去了。他觉得自己在当年的小房间里工作,妈妈就在隔壁。写完了歌,要动身的时候,——已经走了几步,——他忽然改变主意,回来把小册子藏在草里。天上滴滴答答地下了几点雨。克利斯朵夫想道:

"不久那就得化为泥土。好吧!……我这是给你一个人的,不是给别人的。"

他又看到了河,看到了熟悉的市街:情形跟从前大不同了。城门口,在废弃的濠沟的走道上,有个小小的皂角树林,他以前看着种起来的,现在占了很大的地方,把老树都挤塞了。沿着特·克里赫家花园的围墙走去,他还认得那块界碑,小时候爬在上面眺望园子的;他不胜奇怪地发现;那条街,那道墙,那个花园,都变得狭小了。在铁门前面,他停了一会儿,等到继续往前走的时候,恰好有辆车经过;他无意中抬起头来,看见一个鲜艳的,肥胖的,得意扬扬的少妇,好奇地在车中打量他。接着她惊讶地叫了一声,做了个手势叫车子停下,喊道:"是克拉夫脱先生吗?"

他停住了脚步。

她笑着说:"我是弥娜呀……"

他迎上前去,心里差不多像初次遇到她[1]的时候一样的慌乱。和她一起有位高大秃顶,胡须望上翘起的,志得意满的男子,她介绍说是"法官洪·勃龙罢哈先生,"——她的丈夫。她要克利斯朵夫到她家里去。他想法推辞。但弥娜一味嚷着:"不,不,一定要来,还得在我们家吃晚饭。"

她说话又响又急,不等克利斯朵夫问,就把自己这几年的情形统统讲了出来。克利斯朵夫被她的大声叫嚷闹昏了,只听到一半,只管

---

① 参阅卷二:《清晨》。——原注

望着她。啊,啊,这便是他的小弥娜!她长得结实,丰满,皮肤挺好,颜色像蔷薇似的,但线条都松了,尤其是那个丰腴的鼻子。姿势,态度,风韵,都和从前一样,唯有身材变了。

她老是说个不停,和克利斯朵夫讲着她过去的历史,她的私事,讲着她爱丈夫和丈夫爱她的方式。克利斯朵夫听了很窘。她却非常乐观,没有一点儿批评精神,觉得——(至少在当着别人的时候),——她的城市,她的屋子,她的家庭,都胜过别的城市,别的屋子,别的家庭。她在丈夫面前说丈夫是"她从来没有见过的最伟大的男子",在他身上有"一股超人的力量"。而那"最伟大的男人"一边笑着一边拍拍弥娜的腮帮,和克利斯朵夫说她是"一个了不得的贤惠的太太"。这位法官似乎知道克利斯朵夫的事,无法决定对他应该表示敬意还是轻蔑,既然一方面他还有旧案未了,另一方面又有大佬庇护;结果他决定参用这两种态度。弥娜可老是滔滔不绝地说着,对克利斯朵夫说了一大堆关于自己的事,又转过话题来提到他了;她问他这个那个,内容的亲密恰好像她的自白一样,因为她刚才的叙述就是对他并未提出而由她自己假想出来的问题的答复。她能重新见到克利斯朵夫,真是高兴极了;她对他的音乐一无所知,可是知道他已经成名,觉得自己被他爱过——(而被她拒绝)——是很可以得意的,便在说笑之间提到那件事,也不管措辞的雅俗。她要他在纪念册上签名,紧盯着盘问他巴黎的情形。她对这个城市所表示的好奇心,正好跟她的轻蔑相等。她自称为认识巴黎,去过歌舞剧场,歌剧院,蒙玛特尔,圣·格鲁。据她说来,巴黎女子都是些淫娃荡妇,毫无母性,只希望孩子越少越好,有了也置之不问,把他们丢在家里而自己到戏院与娱乐场所去。她绝对不允许人家表示异议。晚上,她要克利斯朵夫在琴上奏一阕。她觉得妙极了,但心里认为丈夫的琴和克利斯朵夫弹得一样高明。

克利斯朵夫很高兴见到弥娜的母亲,特·克里赫太太。他暗中老是感激她,因为她以前待他很好。她此刻心地还是那样慈悲,并且比弥娜更自然,但对克利斯朵夫永远带点取笑的态度,那是他从前为之气恼的。她和他当年离开她的时候完全一样,喜欢着同样的东西,觉得一切都很好,也不可能有另一种面目。她把以前的克利斯朵夫和今日的克利斯朵夫相比,还是更喜欢小时候的克利斯朵夫。

除了克利斯朵夫,克里赫太太周围的人一个也没改变思想。死气沉沉的小城,眼界的狭窄,使他受不了。那晚上有一部分的时间,主人们都在说他不认识的人的坏话。他们老注意着乡邻的可笑,把凡是跟他们不同的地方都叫作可笑。这种恶意的好奇心,永远关切着一些无聊的事,终于使克利斯朵夫非常难受。他提到自己在外国的生活,但立刻感到他们是没法领会这种法国文明的。过去他讨厌这种文明,现在回到本国来,倒是他代表这文明而觉得它可贵了;——自由的拉丁精神的第一条规律是了解:不惜把"道德"牺牲了去换取"尽量的了解"。在那些主人们身上,尤其在弥娜身上,他重新发现以前伤害过他而他已经忘了的那种骄傲,——从弱点上来的、也是从德性上来的骄傲,——只知道守本分而没有一点儿慈悲心,以自己的德性来傲视别人:凡是自身没有的缺陷,他们都瞧不起;最重要的是体统,"不合常规"的优越都是要不得的。弥娜心平气和的,俨然的,相信自己永远不会错;批判别人的时候用的老是同样的尺寸,她不愿意费心去了解他们,只知道关心自己。她的自私染上了一层模糊的玄学色彩,无论什么都离不开她的自我和自我扩张。或许她心地很好,能够爱别人。但她太爱自己,尤其是太尊重自己。她似乎永远要在她的自我前面加一个"长老"或"敬礼"的字眼。我们可以觉得,要是她最心爱的男人胆敢有一刻儿——(以后他一定会后悔无穷),——对她尊严的自我失敬的话,她就会不爱他,永远地不爱他……嘿!为什么不丢开你这个"自我",想想"你"呢?……

然而克利斯朵夫并不用严厉的眼光看待她。他平时那么容易气恼,此刻竟非常耐心地听着,不让自己批判她,只把童时的回忆像一道光轮般罩着她,一心一意要在她身上找出小弥娜的影子。她某些姿态的确保存着当年的模样,嗓子有些音色也还能引起动人的回忆。他耽溺着这些，不声不响，也不听她的话，只装作听着的样子，始终对她表示一种温柔的敬意。可是他不大能集中精神：现在这个弥娜的叽里呱啦的声音使他听不见从前的弥娜。最后他有点儿腻了，站起身来，心里想着：

“可怜的小弥娜！他们想叫我相信你在这里，在这个大声叫嚷、使我厌烦的、美丽肥胖的女人身上。但我明明知道不是。算了吧，弥娜。咱们跟这些人是不相干的。”

他走了，推说明天再来。倘若他说出当晚动身的话，不到开车的时间他们一定不让出门的。在黑夜里才走了几步，他又恢复了没有遇到弥娜以前的那种愉快的印象。不痛快的夜晚一下子就给忘了；莱茵的声音把什么都淹没了。他走到河滨，靠近自己出生的屋子。他一看就认得了。窗户关得严严的，里头的人已经睡了。克利斯朵夫在路中停下，觉得要是去敲门的话，那些熟识的幽灵一定会来开的。他走上屋子四周的草原，到河边从前跟舅舅谈话的地方坐下。以往的日子仿佛都回来了。而那个跟他一起做过美妙的初恋的梦的、心爱的小姑娘，也复活了。少年的温情，甜蜜的眼泪，无穷的希望，都重新温了一遍。他自嘲自讽地笑着对自己说：

“我简直没得到人生的教训。明知故犯……明知故犯……永远做着同样的梦。”

能够始终如一地爱，始终如一地信仰是多么好！凡是被爱过的都是不死的。

“弥娜，和我在一起的——不是和另外一个男人在一起的……弥娜，永远不会老的弥娜！……”

朦胧的月从云端里出来，在河上照出粼粼的银光。克利斯朵夫觉得河面跟他所坐的陆地比以前近多了。他走过去细看了一下。是的，从前在这里，在这株梨树的外边，有一带沙地和一方小小的草坪，他老在上面玩儿。河流把它们侵蚀了，水已经浸到梨树的根。克利斯朵夫不由得悲从中来。然后他向车站走去。那儿也变了一个新兴的市区:——有穷人的住家,有正在建筑的工场,有工厂的烟囱。克利斯朵夫记起下午看到的皂角树林,想道:“那边,河流也在侵蚀……”

在阴影中沉睡的古旧的城市,和城里的一切生人与死者,对他更显得可贵了,因为他觉得它们受着威胁……

敌人已经占有了城垣……

赶快把我们的人救出来吧!死亡窥伺着我们所爱的一切。赶快把正在消失的脸庞塑成永久的铜像罢。我们得从火焰中救出国家的财宝,趁着大火还没把宫殿烧毁的时候……

克利斯朵夫好似一个逃避洪水的人,上了火车走了。可是也和那般从城里救出护城神的人一样,克利斯朵夫把那些从乡土里爆起来的爱的火花,过去的神圣的灵魂,一齐揣在怀里带走了。

在某个时期内,雅葛丽纳和奥里维彼此接近了些。雅葛丽纳的父亲故世了。在真正的苦难面前,她才感到别的苦难都是无聊的;而奥里维的温情也把她对他的感情重新燃烧起来。她觉得倒退了几年,过着像玛德姑母死后那些凄凉而紧接着爱情的日子。她认为自己对人生太不知足,应当要感谢人生没有把它所给的些许东西收回。现在知道了这些许东西的价值,她就拼命地抓着。医生劝她离开一下巴黎,免得永远想着丧事;她便和奥里维作了一次旅行,到他们初婚那年住的地方走了一转,结果愈加感动了。生命的旅程拐了弯,他们不胜惆怅地又看到了先前认为已经消失的爱情,看着它来,也知道它仍旧要消灭,——消灭多少时候呢?也许是永远!——于是两人无可奈何地把爱情死抓着……

“留下来啊,和我们守在一块儿啊!”

但他们明明知道要失掉的……

雅葛丽纳回到巴黎,觉得身上有了一个被爱情燃烧起来的小生命。但爱情已经过去了。这个渐渐加重起来的担负,并不使她和奥里维靠得更紧。她并不感到意料之中的快乐,只是很不放心地追问自己。从前她苦闷的时候,往往以为生个孩子一定可以救她。现在孩子来了,救星可没有来。这是一株植物,根须深深种在她的肉里:她不胜惊骇地觉得它在生长,喝着她的血。她整天出神,惘然听着,整个生命都被这个占据着她的陌生的生命吸引。那是一种模糊的,柔和的,催眠的,悲痛的,嗡嗡的声音。她忽然惊醒过来,——汗流浃背,打着寒战,想要反抗了。她掉入了"自然"的网罗,竭力想挣扎。她要生活,要自由,觉得被"自然"欺骗了。随后她又觉得这些思想可耻,觉得自己残忍,不知道自己的心地是不是比别的女子坏,是不是跟她们完全不同。然后她又慢慢平静下去,迷迷忽忽地想着在怀中成熟的"活果"。它将来是怎么样的呢?……

一听见它出世以后的第一声叫喊,一看到那可怜而动人的小身体,她整个的心都溶化了,刹那间尝到了母性的光荣的欢乐;世界上最强烈的欢乐,从痛苦中创造出一个用自己的血肉制成的生物,一个人。策动宇宙的爱的巨浪,把她从头到脚裹住了,连卷带滚,挟着上天了……噢,上帝!能够创造的女人是跟你平等的,而你还领略不到她那样的欢乐:因为你没有受苦……随后,浪头落下去了,心又沉到了海底。

奥里维激动得浑身哆嗦,瞧着孩子。他对雅葛丽纳微微笑着,想了解在他们俩和这个可怜的、略具人形的生物之间,有什么神秘的生命的关系。他又温柔又有点儿厌恶的,把嘴唇亲了亲那个黄黄的打皱的小脑袋。雅葛丽纳望着他,很忌妒地把他推开了,接过孩子,紧紧地搂在怀里,拼命亲吻。孩子嚷了,她马上放下,掉过头去哭了。奥里维走来拥抱她,替她抹眼泪。她也把他拥抱了,勉强笑着。然后她要求让她休息,把孩子留在身边……唉!可怜!一朝爱情死了,还有什么办法?男人是把自己一大半交给智慧的,只要有过强烈的感情,决不会在脑海中不留一点儿痕迹,不留一个概念。他可能不再爱,却不能忘了他曾经爱过。一个毫无理由的、整个儿爱人家的女人,一朝毫无理由地整个儿不爱的时候,却是没有办法的。发愿心吗?自欺吗?但要是她太懦弱而不能发愿心,太真诚而不能骗自己的时候又怎么办呢?……

雅葛丽纳把肘子撑在床上,又温柔又哀怜地望着孩子。他是什么呢?不管他是什么,总不完全是自己。他也是“另外一个”。而这“另外一个”,她已经不爱了。可怜的孩子!亲爱的孩子!她对于这个要把她和一个已经死灭的“过去”连在一起的生物感到恼怒;她低着头瞧他,拥抱他,拥抱他……

现代女子的大不幸,是她们太自由而又不够自由。倘使她们更自由一点儿,就可以想法找点儿事作倚傍,从而得到快感和安全。倘使没有现在这样的自由,她们也会忍受明知不能破坏的夫妇关系而少痛苦些。但最糟的是,有着联系而束缚不了她们,有着责任而强制不了她们。

如果雅葛丽纳相信她是一辈子注定守在这个小家庭里的,那么她可能不觉得家庭这么窄,这么不方便,她会把它安排得更舒服,终于会像开始的时候一样爱家庭。可是她知道能够走出家庭,便觉得在屋子里窒息了。她可以反抗:结果她竟相信是应该反抗的了。

现代的道德家真是些古怪的动物。他们把整个生命都做了“观察器官”的牺牲品。他们只想看人生,既不十分了解它,更谈不到有什么愿望。他们把人性认清了,记录下来之后,就以为尽了责任,他们说:“瞧,人生就是这么回事。”

他们并不想改造人性,在他们心目中,仿佛“存在”便是一种德性。因此所有的缺陷都有一种神圣的权利。社会是民主化了。从前不负责任的只有君主,现在是所有的人,尤其是那些无赖,都是不负责任的了。这种导师真是了不起!他们殚精竭虑,竭力要教弱者懂得他们软弱到什么程度,懂得那是他们的天性,应当永远这样的。在这个情形之下,弱者除了抱着手臂发呆以外还有什么事可做?凡是不欣赏自己的弱点的人算是上乘的了。但女人老听见人家说她是个有病的孩子,就以疾病与幼稚自傲。人们培植她们的懦弱,帮助她们变得更懦弱。要是有人敢公然宣称,少年时代有个年龄,因为心灵还没得到平衡,所以大有犯罪、自杀、灵肉堕落的危险,而这些都是可以原谅的——那么立刻会有罪案发生。即便是成年人,只要你反复不已地和他说他是不能自主的,他就可以不能自主而听任兽性支配。反之,只消告诉女子,说她能够支配她的肉体和意志,她就可以做到这一步。可是你们这般懦怯的家伙偏不肯说:因为你们要利用她们不知道这个道理而从中取利!……

雅葛丽纳所处的可悲的环境终于使她完全迷路。自从她和奥里维疏远以后,她又回到她少年时代瞧不起的社会中去。在她和她的已嫁的女朋友周围,有一小群有钱的青年男女,都是漂亮的,有闲的,聪明的,意志薄弱的。他们的思想言论都绝对自由,但他们极有风趣,不至于自由到过火的地步,反倒使自由有点儿调剂的作用。他们很乐意引用拉伯雷的箴言:

> 你爱做什么就做什么。

其实这是他们夸口,因为他们并没有多大愿望,只是些在德廉美修院[①]里烦闷的人物。他们乐于宣扬"本能自由"的教义,但这些本能在他们身上差不多已经消灭;他们的放纵只是在头脑里空想一番。他们最高兴让自己在这个文明的浴池中溶化,呼吸那种淡薄的淫乐的空气——人类的精力,强烈的生命,原始的兽性,信仰,意志,热情,责任,都在那微温的泥洼里化为液体。雅葛丽纳美丽的身体,就浸在这黏液似的思想里。奥里维没法阻止她。他也传染到当时的流行病,以为自

① 十五世纪时拉伯雷创此集团,集合一帮高贵而优秀的人物,以提倡风雅生活为目的。

己没权利限制他所爱的人的自由;除非靠着爱情的力量,他什么都不愿意争取。雅葛丽纳可并不对他感到满意,因为她认为自由原来是她的权利。

糟糕的是,她把她的心整个地交托给了这个两重生活的社会,而她的心是绝对不容许有模棱两可的情形的:一朝有了信仰,就得倾心相与;那个热烈慷慨的灵魂,便是在自私的行为中也是火辣辣地燃烧着她所有的血管,而且在她和奥里维共同生活的期间,她也保持着遇事不稍假借的精神,即使是不道德的事也预备彻彻底底地去干。

她的一帮新朋友是太谨慎了,决不会给别人看到自己的真相。如果他们在理论上扬言绝对不受道德与社会的偏见支配,实际上却安排得决不和任何对他们有利的偏见断绝关系;他们利用道德与社会,同时欺骗它们,好比不忠实的仆役盗窃主人财物。由于游手好闲,也由于习惯,他们之间还互相窃盗。很有些丈夫知道妻子养着情夫,这些妻子也知道丈夫有着外遇。他们各得其便。只要不吵吵嚷嚷地闹起来,就无所谓丑事。这些好夫妻都像合伙股东——也可以说是共谋犯——一样有默契的。可是雅葛丽纳比较坦白,对什么都一本正经。第一,要真诚。第二,要真诚。第三,还是要真诚,永远要真诚。真诚也是当时所宣扬的德性之一。但我们在这儿可以看到,对于健全的人,一切都是健全的;对于腐败的心灵,一切都是腐败的。真诚有时是多么丑恶!一般庸劣的人要洞烛他们的内心简直是一种罪孽。因为他们只看到自己的庸劣而还沾沾自喜。

雅葛丽纳老是在镜中研究自己,看到了最好是永远不要看到的东西:因为一朝看到了,她就没勇气把眼睛移往别处;她非但不加扑灭,反而看着它们长大,变得硕大无朋,终于把她的眼睛和思想一齐占据了。

孩子并不充实她的生活。她不能自己喂奶,孩子一天天地委顿了。只得雇用乳母。她先是非常悲伤……不久可觉得松了口气。孩子健壮了,长得很强壮,脾气很乖,没有声响,常常睡着,夜里也难得哭喊。乳母是一个并非初次哺育的结实的女子，对婴儿有种本能的、嫉妒的、过分的感情，——她反倒像是真正的母亲。雅葛丽纳要是发表什么意见，乳母也只管依着自己的心思做去；倘若雅葛丽纳争论几句，马上会发现自己原来一无所知。产后，她的健康始终没恢复：初期的静脉炎使她精神上大受打击；几星期地躺着不动，她更苦恼了，狂乱的思想翻来覆去地盯着同一个问题，永远是那几句怨叹："我根本没生活，而现在我的生命已经完了……"因为她神经过敏，自以为永远残废了，又认为孩子是致病的原因，暗中非常恨他。这种心理并不像一般人所想的那么少，不过是被遮上一重幕罢了；有这种心理的女子还不敢对自己承认，觉得是可耻的。雅葛丽纳责备自己：自私与母爱在她胸中交战。看到婴儿睡得那么甜蜜，她就心软了；但一忽儿她又好不辛酸地想道："他要了我的命。"

同时她对孩子无知无觉的酣睡有种反感：他的幸福是用她的痛苦换来的。便是她病好了，孩子大了一些之后，她暗地里仍旧怀着这种敌意。但因为她觉得可耻，便把敌意转移到奥里维身上。她继续拿自己当病人，老是担忧健康问题，医生们又推波助澜，鼓励她一事不做，——其实一事不做就是她的病根，——使她和婴儿隔离，绝对不能行动，绝对的孤独，几星期地躺着，百无聊赖，吃得饱饱地睡在床上，像一只填鸭，——结果她的注意力都集中在自己身上。现代的医学治疗真是古怪，它拿另外一种病——自我扩张病，去代替神经衰弱！你们为什么不替他们的自私病施行放血治疗呢？倘若他们的血不太多，那么为什么不把他们头里的血移一部分到心里去？

病后，雅葛丽纳身体更强壮，更发福，更年轻了，——精神上却是比什么时候都病得厉害。几个月的孤独把她和奥里维思想上最后的联系给斩断了。只要留在他旁边，她还能受到这个理想主义者的影响，因为他虽然懦弱，还维持他的信念。她一向想摆脱一个精神上比她更强的人的控制，想反抗那洞烛她的内心，而有时使她不得不责备自己的目光，只是徒然。但她一朝偶然跟这个男人分离了，没有他那种明察秋毫的爱压在她心上,她完全获得自由以后,他们之间友善的信心立刻会消灭,代之而起的是一种怨恨的心理,恨自己曾经倾心相与,恨长时期的受着感情的束缚,这感情自己是早已没有的……在一个你所爱的而你也以为爱你的人心中酝酿的怨恨,简直没法形容。一夜之间,什么都变了。上一天她还爱着,似乎爱着,自以为爱着。忽而她不爱了,把先前所爱的人在心上丢开了。他突然发现了这一点,觉得莫名其妙,完全没看到她心中长时期的酝酿,从来没猜疑到她暗中日积月累的恨意,也不愿意去体会这种报复与仇恨的原因。那些原因往往是长久以前就潜伏着的,多方面的,捉摸不到的,——有些是埋在床帷之下的,——有些是自尊心受了伤害,心中的秘密被对方窥见了,批判了,——又有些……连她自己都不知道。有种暗中的伤害,虽然是无心的,可是受到的人永远不能原谅。这等伤害,人们永远不能知道,她自己也不大清楚;但伤痕已经深深地刻在她的肉体上,而她的肉体就永远忘不了。

要挽回这种可怕的越来越冷淡的感情,必须一个性格和奥里维不同的男人才有办法;——这种人一定是更接近自然,更单纯,同时也更有伸缩性,没有婆婆妈妈的顾虑,本能很强,必要时能采取为他的理性不赞成的行动。奥里维却是没有上阵就打败了,灰心了;太明察的目光使他早已在雅葛丽纳身上辨认出比意志更强的遗传性,——她母亲的心灵;他眼看她像一块石子般掉在她那个种族的深渊里;而他又懦弱又笨拙,所有的努力反而使她往下掉得更快。他强作镇静。她却无意之间有种打算,不让他保持镇静,逼他说出粗暴鄙俗的话,使自己更有理由轻视他。要是他忍不住而发作了,她就瞧不起他。如果他事后羞愧,她就更瞧不起他。如果他耐着性子,不上她的当,——那么她恨他。最糟的是他们一连好几天不说话。令人窒息、恐怖的沉默,连最温和的人也受不住而要为之发狂的;有时你还感到一种想作恶,叫喊,使别人叫喊的欲望。静默,漆黑一片的静默,爱情会在静默中分解,人会像星球般各走各的,湮没在黑暗中……他们甚至会到一个阶段,使一切的行为,即使目的是求互相接近,结果都促成他们的分离。双方的生活变得没法忍受了。而一桩偶然的事故更加速了事情的演变。

一年以来,赛西尔·弗洛梨时常在耶南家走动。奥里维最初在克利斯朵夫那里碰到她;以后,雅葛丽纳请她到家里去,赛西尔便常常去探望他们,便是在克利斯朵夫和他们分手之后也是这样。雅葛丽纳对她很好,虽然自己不大懂音乐,认为赛西尔很平凡,但喜欢她的唱,觉得一看到她,精神上很舒服。奥里维很高兴和她一起弹琴唱歌。久而久之,赛西尔做了他们的朋友。她使人感到心神安定:一踏进耶南家的客厅,那双坦白的眼睛,健康的气色,微嫌粗野但令人听了怪舒服的笑声,好比浓雾中透入一道阳光。奥里维和雅葛丽纳的心都为之苏慰了。她每次离开的时候,他们很想对她说:"你再坐坐吧,坐坐吧!我多冷啊!"

雅葛丽纳出门养病时,奥里维见赛西尔的次数更多了;他不能对她瞒着心中的悲伤,便不假思索地尽量诉说,正如一个懦弱而温柔的心灵在苦闷的时候需要发泄一样。赛西尔听了很感动,用些慈爱的话安慰他。她替他们俩惋惜,鼓励奥里维不要灰心。可是或许因为她觉得听了这些心腹话比他更窘,或许因为别的什么理由,她托词把访问的次数减少了。没有问题,她以为自己的行动对雅葛丽纳不大光明,她没权利知道这些秘密。奥里维认为她的疏远是为了这个理由,而且那理由也很充分:他埋怨自己不应该向她诉苦。可是疏远的结果是,他发觉了赛西尔在他心中的地位。他已经惯于把自己的思想交给她分担;唯有她才能使他从压迫他的痛苦中解放出来。他素来把自己的感情看得雪亮,所以他这一回对赛西尔的感情究竟是哪一种,胸中早已了然。他绝对不和赛西尔说,但禁不住要把自己所感到的写下来。近来他又恢复那危险的习惯,借笔墨来自言自语。在他和雅葛丽纳爱情浓厚的几年中,这种嗜好已经戒掉了;但一朝恢复了只身独处的生活,遗传的癖性又发作了:这是痛苦的发泄,也是一个喜欢自我分析的艺术家的需要。他描写自己,描写他的痛苦,好似对赛西尔当面说着一样,——而且可以更自由,因为赛西尔永远不会看到这些文字。

但不巧这些文字竟落在雅葛丽纳眼里。那天她正觉得自己精神上和奥里维非常接近,那接近的程度是多年来没有的。她整着柜子,翻到他以前给她的情书,感动得哭了。坐在柜子的黑影里,没法再收拾东西,她把过去的历史温了一遍,眼看自己把它毁了,懊悔到极点,同时又想到奥里维的悲伤。关于这一点,她从来不能无动于衷;她可能忘掉奥里维,但想到他为她而痛苦就受不住。她心碎肠断,真想扑在他的怀里对他说:“啊!奥里维,奥里维,咱们怎么搞的?咱们是疯子,疯子!别再自寻烦恼了吧!”

要是他这时候走进屋子的话该多么好!……

不料正在这时候,她发现了奥里维给夜莺的那些信……于是什么都完了。——她是不是以为奥里维真正欺骗了她呢?也许是的。但这一点是不相干的。她认为精神上的欺骗比行为方面的欺骗更要不得。她可以原谅她所爱的人有一个情妇,可不能宽恕他私下把心给了另外一个女子。当然,她这个想法是不错的。

“这有什么了不起!”有的人会这样说。因为一般可怜的人直要到爱情的欺骗成为事实的时候才感到痛苦……殊不知只要心不变,肉体的堕落是不足道的。要是心变了,那就一切都完了。

雅葛丽纳不想把奥里维再争取回来。那已经太晚了!她对他的爱不像以前那么深切了。或者是太爱他了……但这不是嫉妒,而是全部信心的崩溃,而是她对他所有的信仰与希望的破灭。她没想到原来是她瞧不起这信仰与希望的,是她使他灰心的,逼他倾向于这次的爱情的,也没想到这爱情是无邪的,一个人的爱或不爱究竟是不能自主的。她从来没想到拿自己和克利斯朵夫的调情跟这次的事作比较:她不爱克利斯朵夫,所以那根本不算一回事。在过分冲动的情形之下,她以为奥里维对她扯谎,完全不把她放在心上了。正当她伸出手去抓握最后一个倚傍的时候,竟扑了一个空……一切都完了。

奥里维永远不知道她那一天所感到的痛苦。但他一见她的面,也觉得一切都完了。

从此以后,他们不再交谈,除非当着别人的面。他们互相观察,好比两头被追逐的野兽,提心吊胆,非常害怕。耶雷米阿斯·高特海尔夫[①]曾经淋漓尽致地描写一对不再相爱而互相监视的夫妇,各人窥探对方的健康,疾病的征象,不是希望对方速死,但似乎希望一件意外的祸事,希望自己比对方身体强壮。有时雅葛丽纳和奥里维就是互相以为有这种思想,其实两人都没有;但仅仅有这种怀疑就够痛苦了:例如雅葛丽纳在夜里胡思乱想而失眠的时候,便想到丈夫比她健康,正在慢慢地磨她,不久会把她压倒……一个人的幻想与心灵受惊以后,竟会有这样疯狂的念头!——然而他们俩心中最优秀的部分暗地里还是相爱的!

……奥里维被压倒了,不想再奋斗;他站在一边,把控制雅葛丽纳心灵的舵丢下了。没有了把舵的人,她对着她的自由头晕眼花;她需要有个主宰好让她反抗:倘使没有的话,就得自己造一个出来。于是她老是执着一念。至此为止,她虽然痛苦,还从来没有离开奥里维的意思。从那天起,她以为所有的约束都摆脱了。她要趁早爱一个人;因为她年纪轻轻,却已经自以为老了。——她曾经有过那些幻想的,强烈的热情,对于第一个遇到的对象,一张仅仅见过一次的脸,一个名人,或者只是一个姓氏,一朝依恋之后,再也割舍不掉;而且那些热情硬要她相信,她的心再也少不了它所选择的对象;它整个地被他占据了,过去的一切都给一扫而空:她对别人的感情,她的道德观念,她的回忆,她的自我的骄傲,对别人的尊重,统统被这新的对象排挤掉。等到固执的意念没有了养料,烧过了一阵也归于消灭的时候,一个新的性格便从废墟里浮现出来,是个没有慈悲,没有怜悯,没有青春,没有幻想的性格,只想磨蚀生命,好似野草侵犯倾圮的古迹一样。

---

① 十九世纪瑞士小说家。

这一次,固执的念头照例属意于一个玩弄感情的人物。可怜的雅葛丽纳竟爱上了一个风月场中的老手。他是个巴黎作家,既不好看,又不年轻,臃肿笨重,皮色赭红,憔悴不堪,牙齿都坏了,人又狠毒,唯一的价值是当时很走红,唯一的本领是糟蹋了一大批女性。她并非不知道他自私自利:因为他在作品中拿来公然炫耀。他这么做是有作用的:用艺术镶嵌起来的自私好比捕雀的罗网,吸引飞蛾的火焰。在雅葛丽纳周围,上钩的已不止一个:最近她朋友中一个新婚少妇,被他很容易地骗到了,接着又丢掉了。这些女子可并没因之死去活来,只是为了怨恨而闹些笑柄,让别人看了开心。受害最烈的女子,因为太顾虑自己的利益和社会关系,只得勉强忍受。她们并不闹得满城风雨。尽管欺骗丈夫和朋友,或是被丈夫和朋友欺骗,事情决不张扬。她们是为了怕舆论而不惜牺牲自己的女英雄。

但雅葛丽纳是个疯子,她不但说得出,做得到,而且做得到,说得出。她对于自己的疯狂完全不加计算,不顾利害。她有这个可怕的长处,老是要对自己保持坦白,不怕行动的后果。她比她那个社会里的人比较有价值,所以做出来的事更糟。她要是爱了一个人,起了奸淫的念头,就会毫无顾忌地跳下火坑。

亚诺太太一个人在家,像珀涅罗珀做着那件有名的活计一般[①],又镇静又兴奋地打着毛线。也像珀涅罗珀一般,她等着她的丈夫。亚诺先生整天在外面。早上和傍晚,他都有功课。通常他总回来吃午饭,不管两腿怎么酸软,不管中学是在巴黎城的那一头;这并非由于他对妻子的感情,也非由于节省金钱,而是由于习惯。但有些日子,替学生温课的事把他留住了;或者他利用机会,在那一区的图书馆里工作。吕西·亚诺独自留在空荡荡的家里。除了上午八时至十时来帮助她

① 珀涅罗珀为《奥德赛》史诗中主角俄底修斯之妻。俄底修斯出征期间,追求珀涅罗珀者甚众,珀涅罗珀以完成织物后再决定为推托,实则日间编织,晚上拆掉,故永远不会完工。

做些粗活的女仆，和杂货商每天来送货以外，没有一个人上门。整幢屋子里，她一个熟人都没有了。克利斯朵夫搬了家。楼下花园里来了新房客。赛丽纳·夏勃朗嫁给了安特莱·哀斯白闲。哀里·哀斯白闲全家远行，有人委托他上西班牙开矿去了。老韦尔的太太死了，韦尔本人差不多从来不住这个巴黎的公寓的。唯有克利斯朵夫跟他的女朋友赛西尔，仍旧和吕西·亚诺保持着友谊；但他们住得很远，又忙又累，常常几星期不来看她。她只能一个人对付着过日子。

她可并不厌烦。只要一点儿小事就足够培养她的兴趣，例如日常琐碎的工作：一株极小的植物，她每天早上都用慈母般的心情把那些稀少的叶子拂拭一番；还有那安静的灰色猫，好似受人疼爱的家畜一样，久而久之也感染了一些主人的脾气：它跟她一样成日蹲在火炉旁边，或是待在桌上靠着灯，看她手指一来一往地做着活儿，有时抬起古怪的眼睛瞅她一会儿，随后又满不在乎地闭上。便是家具也仿佛在那儿陪着她。每件东西都有一副亲切的面貌。她把它们掸灰抹尘，连凹处都揩拭干净，然后小心翼翼地把它们放还原位：那时她简直像儿童一样高兴。她在心里跟它们谈着话，对着家中独一无二的古董家具——一张路易十六式的圆脚书桌——微笑。她每天看到它都感到同样的快乐。她也忙着检点衣服，几小时地站在椅子上，头和手臂都埋在那口乡村式的大衣柜内，瞧着，整理着，那猫儿在一旁看着，觉得好不奇怪。

她做完了事，独自吃了午饭，天知道她吃些什么——（她没有多大胃口），——需要上街料理的事办妥了，一天的工作结束了，四点左右回到家里，她靠着窗或靠近壁炉安顿下来，陪着她的就是她的活计和猫：那时她可得意了。有些时候，她会想出理由来根本不出门。倘若能守在家里，尤其在冬季下雪的天气，她是最高兴的。她怕冷，怕风，怕雨，怕泥浆，因为她自己也是一头很干净、很细巧、很柔和的小猫。伙食商偶尔把她忘了的时候，她宁可不吃东西，而不愿意出去买菜，只啃着一块巧克力糖，或者在伙食柜里找一个水果吃了就完事。她不让亚诺知道,这是她偷懒。那往往是阴天,有时也是大好的晴天,——(外面,蔚蓝的天光照着大地,街上闹哄哄的声音笼罩着幽静与阴暗的公寓:仿佛一座海市蜃楼包围着一颗灵魂),——她坐在那最喜欢的一角,脚下放着一张小凳,一动不动地做着活儿,身边摆着一册心爱的书,总是那些朴素的红封面的本子,英国小说的译本。她看得很少,一天难得看完一章;书摆在膝上,始终翻着那一页,或者竟完全合上了;书上的事她已经记熟,自个儿想着。狄更斯与萨克雷的长篇小说,她会几星期地看下去,而她的幻想更要维持到几年之久,老是让书中的温情催眠着。今日一般读书又快又潦草的人,对于那些要慢慢咀嚼方能感到的妙处,是不能领略的。亚诺太太毫不置疑地相信,小说中人物的生涯和她自己的生涯一样真实。其中颇有一些她极喜爱的人:例如那温柔而嫉妒的凯塞胡特夫人,默默无声地爱着,始终保存着慈母与处女的心,对于她好比一个姊姊;那个小东贝又好比是她的小儿子;她自己是那个垂死的老小孩陶拉。对这些睁着善良而纯洁的眼睛在世界上走过的儿童般的心灵,她伸出手去;她周围尽是些可爱的流浪者,与人无害的怪物:他们追求着可笑而动人的梦想,——为首的便是狄更斯,存着博爱的心,对自己的梦境笑着,哭着。在这种时候,她要是向窗外眺望的话,路人中间就有那个幻想世界里某个可爱的或可怕的人物的影子。而在那些屋子的墙壁后面,她猜到也有一批同样的人物。她的不爱出门,就因为怕这个充满着神秘的世界。她发现周围藏着许多悲剧,上演着许多喜剧。这倒不一定永远是一种幻象。幽居独处的结果,她有了神秘的直觉,使她在偶尔碰到的目光中间看出他们生活上不少过去未来的秘密,往往是他们自己不知道的。她又拿小说的回忆羼入真实的景象中去,把它们变了样。她觉得自己在这个巨大的宇宙中迷失了,需要回到家里才能定下心神。

可是她也无须去看或观察别人,只要观察一下自己就行了。这个在外面看来多么苍白黯淡的生命,里面是何等的光明灿烂!何等的丰满充实!多少回忆,多少宝藏,都是谁也想不到的!……这些回忆与宝藏是不是真实的呢？当然是真实的，既然她觉得真实……渺小的生命被神奇的幻梦改变了面目！

亚诺太太回想她的过去，直追溯到童年；于是那些烟消云散的希望，又像小小的花朵般悄悄地开放了……儿时第一次爱慕的对象，是个使她一见生情的少女；她爱着她，那种爱情只有一个人在非常纯洁的年龄才会有，她曾经想亲她的脚，做她的女儿，跟她结婚；偶像出嫁了，不大幸福，生了一个孩子，不久就死了，接着她也死了……十二岁时，她又爱了一个年龄相仿的女孩子，性情专横，非常淘气，嘻嘻哈哈，喜欢惹她哭，然后拼命地亲她；两人对于将来定下许多想入非非的计划：不料那姑娘突然进了嘉曼丽德教会修行，不知道为什么，据说是很快活……后来，她又对一个年纪比她大得很多的男人有了热情。但谁也没知道这股热情，连那个被爱的人也是茫然的。她却借此把牺牲的热诚和感情大大发泄了一番……后来，又是另外一股热情；这一回人家可爱她了。可是因为胆怯，因为对自己没有把握，她不敢相信人家爱她，也不敢表示她爱人家。幸福过去了，来不及把握……后来……后来……多少琐琐碎碎的事，对她都有一种深刻的意义：或是朋友的亲切的表示，或是奥里维无意中说的一句可爱的话，或是克利斯朵夫的访问，和他的音乐唤起来的神奇的世界，或是一个陌生人的目光，——是的，便是在这个忠实、纯洁、贤德的女人心中，也会有些不贞的念头，使她惶惑，使她脸红。而她虽然竭力想丢开这种无邪的思念，心里究竟感到一点儿暖意……她很爱丈夫，虽说他并不完全符合她的理想。但他的心多好，有一天和她说："我的好太太，你不知道你在我心中占着什么地位。你是我整个的生命……"她听了心都融化了；那一天她觉得自己整个地、永久地跟他合二为一了。每过一年，他们的结合总更紧密一些。工作的梦，旅行的梦，孩子的梦，结果是一无所有……而亚诺太太还在梦想这些。她有个理想中的孩子，因为不断地想着，而且想得那么深切，所以差不多真有这个孩子了，就象在眼前一样。她为他花了多少年的心血，时时刻刻把她认为最美的、最心爱的成分使理想中的孩子变得更美……

她的天地不过是这么一些,但大千世界都包括在里面了。多少无人知道的,连最亲密的人也不知道的悲剧,藏在表面上最恬静最平庸的生命中间!最悲壮的是——这些满怀希望而一无所遇的生命,尽管声嘶力竭地要求他们应得的权利,要求自然所答应而又拒绝他们的东西,尽管熬着热情的悲痛,但表面上却什么都不显露出来!

亚诺太太的运气是她并不只关切自己。她的生命在她的幻梦中只占据一部分。她也在体验她所认识的或曾经认识的人的生活,为他们设身处地;她想着克利斯朵夫,想着她的女朋友赛西尔。她今天又在想着。两个妇女彼此感情很好。奇怪的是,两人之中倒是壮健的赛西尔需要来倚傍娇弱的亚诺太太。那高大,结实,快乐的姑娘,骨子里并没有外表那样强。她正感到剧烈的苦闷。最安静的心也不能避免命运的偷袭。她慢慢地有了一种感情,先是不愿意理会,但它越来越强,逼得她非承认不可了——原来她爱着奥里维。这个青年的柔和恳切的态度,近乎女性的魅力,懦弱而容易受人支配的性格,立刻把她吸引了——一个富于母性的人特别喜欢需要她照顾的人——以后知道了这对夫妇的苦闷,她对奥里维更有了一种危险的同情心。当然,光是这些理由还不足以解释感情问题。谁能说为什么一个人爱上某一个人呢?往往两人对于这种爱都是不相干的;那是时间的拨弄,它会突然之间使一颗不加提防的心遇到随便什么感情就被征服。——等到赛西尔把自己的心境看清楚了,就很勇敢地拔掉那支爱情的箭,认为这是不应该有的,荒唐的。可是她因之痛苦不已,伤口始终不能平复。没有一个人猜到她的心事:她鼓足勇气装出很快乐的样子。唯有亚诺太太知道她骨子里忍着多少痛苦。赛西尔常常把头倒在清瘦的亚诺太太怀里,悄悄地流几滴眼泪,拥抱她,然后快快活活的走了。她喜欢这个娇弱的朋友,觉得她的毅力与信仰都比自己高强。她并不吐露心中的秘密。但亚诺太太能够在片言只语上猜到。她觉得人生是个无法消解的可悲的误会。一个人只能爱,怜悯,梦想。

要是梦想在她胸中像蜂房一般过于喧闹,使她有点头晕了,她便走到钢琴前面让自己的手在键盘上轻轻抚弄,让音响的那种安慰心灵的光明罩住人生的幻景……

然而这位好太太决不忘记日常功课的时间:亚诺回家的时候,看到灯总是点上了,晚饭也做好了,妻子那张苍白的脸笑容可掬地等着他。他万万想不到她在精神上所作的那些旅行。

困难的是要把日常生活和海阔天空的精神生活并行不悖地放在一起。幸而亚诺在书本和艺术品中也过着一部分幻想生活,靠那些作品的永恒的火,维持着他心中摇曳不定的火焰。可是近年来他也渐渐有了许多操心的事;教书这一行的苦闷,待遇的不公平,夤缘得势的现象,同事之间与学生之间的麻烦事儿,使他变得愤懑,开始谈论政治,骂政府,骂犹太人,认为自己在教育界里遇到的失意的事都应该由德莱弗斯负责。他这种满腹牢骚的性情也传染了一些给亚诺太太。她快四十了,正是生命力动摇而求平衡的年纪,在思想上颇有些空白。某一时期,他们俩都失去了生存的意义,不知道把他们生命的网结在什么上面好。不问现实的支持是怎么软弱,好歹总得有一个,才能寄托自己的梦想。他们可是什么支持都没有,不能再互相倚傍。他非但不帮助她,反而要依靠她了。她觉得支持不了丈夫,于是她自己也支持不住了。唯有一桩奇迹才能把她救出来。她就呼吁这奇迹……

这奇迹是从灵魂深处来的。亚诺太太感到她孤独的心里有一个荒唐而神圣的需要,需要不顾一切地创造,为了创造而创造,需要在空间织起她的网来,让神的呼吸,让风把她吹到应当去的地方。结果是神的气息把她和人生重新联系起来,替她找到了无形的倚傍。于是,夫妇俩又用着他们最纯粹的血,很耐性他织造那些美妙而虚无的梦境。

亚诺太太一个人在家里……天快黑了。

她被一阵铃声惊醒,打断了梦想。她把活计仔细收拾好了,走去开门。进来的是克利斯朵夫，神色非常紧张。她很亲热地抓着他的手，问：

“什么事啊，朋友？”

“唉，奥里维回来了。”

“回来了？”

“今天早上他来了，和我说：克利斯朵夫，救救我！——我把他拥抱了。他哭着说：我只有你了。她走了……”

亚诺太太大吃一惊，合着手说：“可怜！”

“她走了，”克利斯朵夫又补上一句，“跟她的情夫走了。”

“那么她的孩子呢？”

“丈夫、孩子，她都丢下了。”

“可怜的女人！”亚诺太太又道。

“他始终爱着她，只爱着她，”克利斯朵夫说，“这一下的打击使他爬不起来了。他老跟我说着：克利斯朵夫，她欺骗了我……我的最好的朋友欺骗了我。——我白白的和他说：既然她欺骗了你，她就不是你的朋友而是你的敌人了。把她忘了吧，或者干脆把她杀了吧！”

“噢！克利斯朵夫，你说什么？这话太残忍了！”

“是的，我知道，你们大家都觉得杀人是原始时代的野蛮行为：我一定要听到你们漂亮的巴黎社会攻击这种兽性，认为一个男人不应该杀死欺骗他的女人，同时你们还要说出宽恕那个女人的理由！嗬！大慈大悲的使徒！这批乱交的狗居然义愤填膺地反对兽性，真是太妙了！他们把人生摧残了，剥夺了它所有的价值，再来诚惶诚恐地崇拜人生……怎么！这个没有心肝没有廉耻的生命，这个肉包着血的臭皮囊，原来在他们眼中是值得尊重的东西！他们对于这块屠场上的肉恭敬得无微不至，谁敢去触犯它便是罪大恶极。杀死灵魂倒没关系，但肉体是神圣的……”

亚诺太太回答：“杀死灵魂的凶手当然是最可恶的凶手，但决不能因此而认为杀害肉体就不成其为罪恶，这一点你是很明白的。”

“我知道,朋友。你说得对。我这是脱口而出,根本没想过……谁知道!也许我真会那么做。”

“不会的,你这是毁谤自己。你的心多好。”

“被热情控制的时候,我会像别人一样残忍。你瞧我刚才紧张成什么样子!……一个人看到所爱的朋友痛哭,怎么能不恨使他痛哭的人?而且对付一个抛弃了儿子,跟情夫跑掉的该死的女人,还会嫌太严厉吗?”

“别这么说,克利斯朵夫。你有所不知。”

“怎么,你为她辩护吗?”

“我是可怜她。”

“我可怜那些痛苦的人,却不可怜使人痛苦的人。”

“唉!你以为她不痛苦吗?以为她是有心抛弃她的孩子,毁坏她的生活吗?你得知道她把她自己的生活也毁了。我不大认识她,克利斯朵夫。我只见过她两次,都是偶然碰到的,她没跟我说一句好听的话,对我并无好感。可是我比你更认识她。我断定她不是一个坏人。可怜!我能猜到她心中经过的情形……”

“你,朋友,生活这么严肃,这么有理性的人!……”

“是的,克利斯朵夫。你有所不知,你虽然心好,但你是个男人,和所有的男人一样是冷酷的,尽管慈悲也没用;——你对自身以外的事都不闻不问。你们从来不替身边的女人着想,只管用你们的方式去爱她们,决不操心去了解她们。你们对自己太容易满足了,自以为认识我们……可怜!如果你知道我们有时多么痛苦,因为看到你们——并非不爱我们,——而是看到你们爱我们的方式,看到最爱我们的人把我们当作怎么样的人!有些时候,克利斯朵夫,我们不得不把指甲深深地掐在肉里,免得叫起来:噢!别爱我们吧,别爱我们吧!怎么都可以,只不要这样地爱我们!……你知道有个诗人说过下面那样的话吗?——便是在自己家里,在自己的儿女中间,表面上尽管安富尊荣,女人也受到一种比最不幸的苦难还要难忍千百倍的轻蔑。——你想一想这些吧,克利斯朵夫……”

“你这些话把我弄糊涂了。我不大明白。可是照我所看到的……你自己……”

“我也经过这些苦闷。”

“真的吗?……可是无论如何,你总不能使我相信,你会做出像这个女人一样的行为。”

“我没有孩子,克利斯朵夫,我不知道我处在她的地位会怎么办。”

“不,那是不可能的,我太相信你,太敬重你了,我敢赌咒那是不可能的。”

“别打赌!我差点儿跟她一样……我很难过要毁掉你对我的好印象。可是你应当学一学怎样认识我们,要是你不愿意对人不公平的话。——是的,我没做出这样疯狂的事也是千钧一发了。而且还多少是靠了你的力量。两年以前,我有个时期极苦闷,觉得自己一无所用,谁也不重视我,谁也不需要我,丈夫没有我也没关系,我简直是白活的……有一天我正想跑出去,天知道做些什么!我上楼去看你……你记得吗?……当时你没懂得我的意思。其实我是来向你告别的……以后,不知经过些什么,也不知你对我说了些什么,我记不大清了……但我知道你有几句话……(你完全是无心的……)……对我好比一道光明……那时只要一点儿极小的事就可以使我得救或是堕落……等到我从你屋子里出来,回到家里,我关上大门,哭了一天,以后就好了,那一阵苦闷过去了。”

“今天,”克利斯朵夫问,“你对那件事后悔吗?”

“今天?啊!要是做了那件疯狂的事,我早已沉在塞纳河里了。我决受不了那种耻辱,受不了我给丈夫的痛苦。”

“那么你现在是快乐的了?”

“是的,一个人在这个世界上可能怎么快乐,我就怎么快乐。两个人能互相了解,互相尊重,知道彼此都可靠,不是由于一种单纯的爱情的信仰,——那往往是虚幻的,——而是由于多少年共同生活的经验,多少灰色的,平凡的岁月,再加上渡过了多少难关的回忆。随着年龄的老去,情形变得好起来……这些都是不容易的。”

她突然停下,脸红了:“天哪!我怎么能说出来?……我怎么了呢?……克利斯朵夫,我求你,这番话对谁都不能说的……”

“放心,”克利斯朵夫握着她的手回答,“我把这件事看作神圣的。”

亚诺太太因为透露了这些秘密很难为情,把身子转过一边,后来又说:

“照理我不该告诉你这些……可是你瞧,这是为了要你知道,便是在结合得最好的夫妇之间,便是在你……你敬重的女人心中……也有些时间……不光是像你所说的一时糊涂,而是真实的,不能忍受的痛苦,能够把你带上疯狂的路,毁灭整个生命,甚至两个人的生命。所以我们不应当太严。大家就是在最相爱的时候也会使彼此痛苦的。”

“那么应不应当过着各管各的、孤独的生活?”

“那对我们更糟。一个女人要过孤独的生活,像男人一样奋斗(往往还要防着男人),在一个没有这种观念而大家对之抱着反感的社会里,是最可怕的……”

她不作声了,微微探着身子,眼睛瞅着壁炉里的火焰。随后,她又用着那种蒙着一层纱的声音,很温和地,断断续续地往下说:

“然而这不是我们的过失:一个女人的孤独并非由于任性,而是由于迫不得已;她必须自己谋生,不依靠男人,因为她没有钱就没有男人要她。她不得不孤独,而一点儿得不到孤独的好处:因为,在我们这儿,她要是像男子一样独往独来,就得引起批评。一切对她都是禁止的。——我有个年轻的女朋友,在外省中学当教员。她哪怕被关在一间没有空气的牢房里,也不至于比她现在这种自由的环境更孤单更窒息。中产阶级对这些努力以工作自给的女子是闭门不纳的;它用着猜疑而轻视的态度看待她们,恶意地侦察她们的一举一动。男子中学里的同事们对她们疏远,或是因为怕外界的流言蜚语,或是因为暗中怀着敌意,或是因为他们粗野,有坐咖啡店、说野话的习惯,或是整天工作以后觉得疲倦,对于知识妇女觉得厌恶等等。而她们女人之间也不能相容,尤其是大家住在学校宿舍里的时候。女校长往往最不了解青年人的热情,不了解她们一开场就被这种枯燥的职业与非人的孤独生活磨得心灰意懒;她让她们暗中煎熬,不想加以帮助,只认为她们骄傲。没有一个人关切她们。她们没有财产,没有社会关系,不能结婚。工作时间之多使她们无暇创造一种灵智的生活给自己作倚傍跟安慰。这样的一种生活,倘若没有宗教或道德方面的异乎寻常的情操支持,——我说异乎寻常,其实应该说是变态的,病态的,因为把一个人整个地牺牲掉是违反自然的,——那简直是死生活……——精神方面的工作既不能做,那么慈善事业能不能给她们一条出路呢?一颗真诚的灵魂在这方面得到的又无非是悲苦的经验。那些官办的或者名流办的救济机关,实际只是慈善家的茶话室,把轻佻、善举、官僚习气,混在一块儿,令人作呕;他们在调情说笑之间拿人家的苦难当玩具。要是有个女人受不了这种情形,胆敢自个儿直接闯到那个她只有耳闻的苦难场所,那她看到的景象简直无法忍受,简直是个活地狱。试问她要帮助又从何帮助起?她在这个苦海中淹没了。然而她依旧挣扎,为苦难的人奋斗,跟他们一同落水。她要能救出一两个来已经是天大的幸事了!可是她自己,有谁来救她呢?谁想到来救她呢?因为她,她为了别人的和自己的痛苦也在那里煎熬,她把她的信仰给了别人,自己的信仰就逐渐减少;所有那些受难的人都抓着她,她支持不住了。没有一个人加以援手……有时人家还对她扔石子……克利斯朵夫,你不是认识那个了不起的女人吗?她献身给最卑微最可敬的慈善事业:在家里收留着才分娩的、为公共救济会所拒绝的或者是怕救济会的妓女,竭力帮助她们恢复身心健康,连她们的孩子一起收留着,唤醒她们的母爱,帮她们重建家庭,找工作,过着安分守己的生活。她所有的力量还不够对付这种凄惨的、令人失意的事业,——(救出来的人太少了!愿意被救的人太少了!还有那些死亡的婴儿,生下来就被判了死刑的无辜！……)——而这个把别人的痛苦当作自己的痛苦的女子，这个发愿要补赎人类自私的罪行的无邪的人，你知道人家怎样批评她吗？公众的恶意诬蔑她在事业中赚钱，甚至说她剥削那些受她保护的人。她不得不离开本区，心灰意懒地搬往别处……你永远想象不到一般独立的女子，对于今日这个守旧的，没有心肝的社会，作着何等残酷的苦斗，——这个毫无生气，濒于死境的社会，还要拿出它仅有的一些力量阻止别人生活！”

“可怜的朋友，这种命运不是女子所独有的，我们都尝到这些斗争的滋味。可是我也认识避难的地方。”

“哪里是避难的地方？”

“艺术呀。”

“这是为你们的，不是为我们的。便是在男人中间，能够得到它好处的又有几个？”

“例如咱们的朋友赛西尔。她是幸福的。”

“你知道些什么？啊！你对一个人的结论下得太容易了！因为她勇敢，因为她不老抓着她的伤心事，因为她瞒着别人，你便说她是幸福的！不错，她因为强壮，因为能够奋斗而幸福。但她的斗争是你不知道的。你以为她天生是配过这种艺术的骗人的生活的吗？呵，艺术！有些可怜的女子希望靠写作、演戏、唱歌来成名，以为那是幸福的顶点！那么，是否因此就可以把她们别的一切都剥夺了，使她们不知道把自己的感情交给什么才好？……艺术！如果我们同时没有其余的一切，光是艺术对我们有什么用？世界上只有一件东西能令人把其余的一切都忘掉：就是一个可爱的小娃娃。”

“可是有了娃娃，你又觉得不够了。”

“是的，有了孩子也不一定够……女人总是不大幸福的。做个女人真难，比做个男人难多了。你们不大想到这些。你们，你们能为了思想为了活动而忘掉一切。你们使自己变成残废，反而觉得快乐。可是一个健全的女子面对这种情形是要痛苦的。把自己压掉一部分是违反人性的。我们哪,我们在某种方式下幸福的时候,又因为不能得到另一种方式的幸福而悔恨。我们有好几个灵魂。你们只有一个,而且更强,往往是粗暴的,甚至是残酷的。我佩服你们。但你们不能过于自私！你们没想到你们自私的程度。你们无意之中给人很大的痛苦。”

“有什么办法呢？那不是我们的过失。”

“不错,克利斯朵夫,那不是你们的过失,也不是我们的。归根结底,你瞧,人生不是一件简单的事。人们说只要自自然然的生活就行了。但什么才是自然的呢?”

“对,我们的生活中没有一件事谈得上自然。独身不是自然的。结婚也不是自然的。自由结合只能使弱者受强者欺侮。我们的社会本身就不是自然的,是我们造出来的。大家说人类是合群的动物。真是胡说！那是为了生存而不得不如此。人的合群是为他的便利,为了要保卫自己,为了求享乐,为了求伟大。这些需要逼他签订了某些契约。但自然会起来反抗人为的约束。自然对我们并不适宜。我们设法征服它。那是一种斗争:结果我们常常打败,而这也不足为奇。怎么样才能跳出这个樊笼呢？——唯有坚强。”

“唯有慈悲。”

“噢,上帝！我们要慈悲,要摆脱自私,要呼吸空气,要爱生命,爱光明,爱自己卑微的任务,爱那一小方种着自己的根的土地！要是不能往横的方面发展,就得向深的、高的方面去努力,仿佛一株局促一隅的树向着太阳生长！”

“是的。咱们先要彼此相爱。但愿男子自认为是女人的弟兄而不是她的俘虏或主宰！但愿男人和女人都能排斥骄傲,少想一些自己,多想一些别人！咱们都是弱者,得互相帮助。切勿对倒在地上的人说:我不认识你了。应当说:拿出勇气来,朋友！咱们会渡过难关的。”

他们不说话了,对着壁炉坐着,小猫蹲在他们中间,大家都待着不动,望着火出神。快要熄灭的火焰闪闪烁烁地映在亚诺太太清秀的脸上;平时所没有的内心的激动,使她脸色有点儿红。她奇怪自己居然会这样的吐露心事。她从来没说过这么多话,以后也不会说这么多话了。

她把手放在克利斯朵夫的手上,问:“那么,你们把那孩子怎么办呢?”

她一开始就在想这个念头。那天她简直变了一个人,滔滔不绝地说着话,像喝醉了似的,但心里只想着这个问题。一听克利斯朵夫最初几句话,她就惦念着那个被母亲遗弃的孩子,想到抚育他的快乐,在这颗小小的灵魂周围织起她的幻梦与爱,但她紧跟着又想道:“不,这是不对的,我不应该拿别人的苦难成就自己的幸福。”

可是她无论如何压不下这念头。她一边说话一边在静默的心头抱着希望。

克利斯朵夫回答说:“是的,当然我们想到这问题。可怜的孩子!奥里维跟我都不能抚育。应当有个女人来照顾,我想到也许有个女朋友可能帮助我们……”

亚诺太太屏着气等着。

克利斯朵夫继续往下说:“我想来跟你商量这件事。碰巧赛西尔上我们那儿去,就是一忽儿以前。她一知道这件事,一看到孩子,就感动得不得了,表示那么高兴,和我说:克利斯朵夫……”

亚诺太太血都停止了;她听不见下文,眼前一切都模糊了。她真想对他嚷道:“喂,喂,把他给我吧!……”

克利斯朵夫还说着话,她听不见他说些什么,但是勉强振作了一下,想到赛西尔从前对她吐露的心事,便对自己说:“赛西尔比我更需要他。我还有我亲爱的亚诺……还有我家里这些东西……而且,我比她年纪大……”

于是她笑了笑,说:“那很好。”

炉火熄了,她脸上的红光也褪下去了。可爱的疲倦的脸上只有平时那种隐忍的慈爱的表情。

“我的朋友把我欺骗了。”

这种思想把奥里维压倒了。克利斯朵夫为了好意而尽量地反激他也是没用。

“那有什么办法呢?”他说,“朋友的欺骗是一种日常的磨难,像一个人害病和闹穷一样,也像跟愚蠢的人斗争一样。应当把自己武装起来。如果支撑不住,那一定是个可怜的男子。”

“啊!我就是个可怜的男子。我在这等地方顾不得骄傲了……一个可怜的男子,是的,需要温情的,没有了温情便会死的男子。”

“你的生命没有完,还有别的人可以爱。”

“我对谁都不信任了,根本没有朋友了。”

“奥里维!”

“对不起。我并不怀疑你,虽然我有时候怀疑一切……怀疑我自己……但你,你是强者,你不需要任何人,你可以不需要我。”

“她比我更不需要你呢。”

“你多么忍心,克利斯朵夫!”

“好朋友,我对你很粗暴;但这是为激励你,使你反抗。把爱你的人和你的生命一齐为了一个取笑你的人牺牲,不是见鬼吗?不是可耻吗?”

“那些爱我的人于我有什么相干!我爱的是她啊!”

“干你的工作吧!那是你以前感到兴趣的……”

“现在可不行了。我厌倦到极点,好似已经离开了人生。一切都显得很远,很远……我眼睛虽然看见,可是心里弄不明白了……想到有些人乐此不疲,每天做着同样的钟摆式的动作,从事于无聊的作业,报纸的争辩,可怜的寻欢作乐;想到那些为了攻击一个内阁,一部书,一个女戏子而鼓起的热情……啊!我觉得自己多老!我对谁都没有恨,没有怨。只觉得一切使我厌烦,一切都是空的。写作吗?为什么写作?谁懂得你呢?我只为了一个人而写作,我整个的人生都是为了一个人……如今什么都完了。我疲倦不堪,克利斯朵夫,我疲倦不堪,只想睡觉。”

“那么,朋友,你睡吧。让我来守护你。”

但睡眠就是奥里维最难做到的。啊! 倘若一个痛苦的人能睡上几个月,直到伤痕在他更新的生命中完全消失,直到他换了一个人的时候,那该多好! 但谁也不能给他这种恩典;而他也绝对不愿意。他最难忍受的痛苦,莫过于不能咂摸自己的痛苦。奥里维像一个发着寒热的人,把寒热当作养料。那是一场真正的寒热,每天在同一时间发作,尤其在薄暮时分,太阳下山的时候。其余的时间,他就受爱情折磨,被往事侵蚀,想着同样的念头,像一个白痴似的将一口食物老在嘴里咀嚼,咽不下去。精神上所有的力量都专注着唯一的、固定的念头。

他不像克利斯朵夫那样能诅咒他的痛苦,恨造成痛苦的原因。因为对事情看得更明白更公平,他知道自己也要负责,知道受苦的不止他一个人:雅葛丽纳也是个牺牲者——是他的牺牲者。她把整个身心交给了他,他怎么对待的呢? 倘若他没有能力使她幸福,为什么要把她跟他连在一起呢? 她斩断那个伤害她的束缚原是她权利以内的事。他想:“这不是她的错,是我的错。我爱她不得其法。我的确很爱她,但不懂得怎么爱她,既然不能使她爱我。”

这样,他就归咎于自己。这也许是对的,但抱怨过去并无济于事,甚至也不能阻止他下次一有机会再犯同样的错误,而在目前反倒使他活不下去。强者发现事情无可挽救的时候,能忘记人家给他的伤害,也能忘记自己给人家的伤害。但一个人的强并非靠理智,而是靠热情。爱情与热情是两个远房的家族,难得碰在一起的。奥里维有的是爱情;他只在攻击自己的时候才有力量。在他这个心神沮丧的时期,一切的病都乘虚而入。流行性感冒、支气管炎、肺炎,都来找到他了。大半个夏天,他病着。克利斯朵夫,靠着亚诺太太的帮忙,尽心服侍他,终于把病魔赶走了。但对付精神上的疾病,他们无能为力;无穷无尽的悲伤慢慢地使他们觉得太折磨人了,需要逃避了。

灾祸往往会令人特别孤独。人类对于祸害有种本能的厌恶,似乎怕它有传染性;至少它是可厌的,使人避之唯恐不及。看你在那里痛苦而还能原谅你的人太少了！永远是约伯的朋友那个老故事：提幔人以利法责备约伯不耐烦。书亚人比勒达认为约伯的遭难是上帝惩罚他的罪恶；拿玛人琐法指斥约伯自大。“而末了，布西人兰姆族巴拉迦的儿子以利户大发雷霆，因为约伯自以为义，不以神为义。”①——世界上真正悲哀的人是很少的。应征的一大批，被选中的寥寥无几。奥里维却是被选中的。像一个厌世的人说的：“他似乎乐意受人虐待。可是扮这种受难的角色并没好处，只有教人家瞧不起。”

奥里维对谁都不能说出他的痛苦，便是对最亲密的人也不能。他发觉那会使他们丧气。连他心爱的克利斯朵夫对这种固执的苦恼也感到不耐烦。他自知笨拙，没法挽救。实在说来，这个慷慨豪爽，经过多少苦难的人，并不能感觉到奥里维的痛苦。这是人类天性的一种缺陷。尽管你慈悲、矜怜、聪明，受过无数的痛苦，你决不能感到一个闹着牙痛的朋友的苦楚。要是病拖延下去，你可能认为病人的诉苦不免夸大。而当疾病是无形的，藏在灵魂深处的时候，岂不令人更觉得夸张？局外的人看到另外一个人为了一种对他不相干的感情愁闷不已，自然要觉得苦恼。末了，这个局外人为了良心上有个交代，便对自己说：“那有什么办法呢？我把理由说尽了都没用。”

是的，把理由说尽了都没用。你要使一个在痛苦中煎熬的人得到一点好处，只能爱他，没头没脑地爱他，不去劝他，不去治疗他，只是可怜他，爱的创伤唯有用爱去治疗。但爱并不是汲取不尽的，便是那些爱得最深的人也是如此；他们所积聚的爱是有限的。朋友们把所能找到的亲热的话说完了，写完了，自以为尽了责任以后，就小心谨慎地引退了，把病人丢在一边，仿佛他是个罪犯。但因他们暗中惭愧对他帮助得那么少，便继续帮助，可是帮得越来越少了；他们想法使病人忘记他们，也想法忘记自己。如果不识时务的苦难一味固执，有点儿回声

① 据《旧约·约伯记》，耶和华欲试验正人约伯之心，降祸于他，使其身长毒疮，体无完肤。约伯三友提幔人以利法、书亚人比勒达、拿玛人琐法，各从本处赶来安慰约伯。因约伯自怨其生，诉苦不已，三友乃责以大义。

传到他们隐避的地方,他们就要严厉批判那个没有勇气的,受不起磨折的人:而他一朝倒下去的时候,他们除了真心可怜他以外,暗中一定还想着:“可怜的家伙!我当初没想到他这样的不中用。”

在这种普遍的自私的情形之下,一句简单的温柔话、一种体贴入微的关切、一道可怜你而爱你的目光,可能给你不少安慰!那时一个人才感到慈悲的价值,而比较之下,一切其余的东西都显得贫弱了!……使奥里维对亚诺太太比对克利斯朵夫更接近的便是这种慈悲。可是克利斯朵夫还是非常有耐性,为了爱而把心中的感想瞒着奥里维呢。但奥里维的目光被痛苦磨炼得更尖锐了,自然能看到朋友胸中的斗争,看到自己的悲伤沉重地压在克利斯朵夫心上。这一点就足够使他对克利斯朵夫也不愿意亲近了,恨不得对他说:“算了吧,朋友,你去吧!”

这样,苦难往往会把两颗相爱的心分离。有如一架簸谷机把糠跟谷子分作两处,它把愿意活的放在一边,愿意死的放在另一边。这是可怕的求生的规律,比爱情更强!母亲看到儿子死去,朋友看到朋友淹溺——如果不能救出他们,自己还是要逃的,不跟他们一块儿死的。可是他们爱儿子爱朋友明明是千百倍于爱自己的……

克利斯朵夫虽然怀着深切的爱,也不得不逃避奥里维。他是强者,身体太好了,在没有空气的苦难中感到窒息。他很惭愧,恨自己一点儿不能帮助朋友;同时他又需要对什么人报复一下,便恨透了雅葛丽纳。虽然听过亚诺太太那番深刻的话,他仍旧很严厉地批判她。对于一个年轻的、性子暴烈的人,这是应有的现象;因为对人生还没充分的经验,他不能哀怜人的弱点。

他去探望赛西尔和托付给她的孩子。赛西尔被这个借来的母性完全改变了;她显得那么年轻,快乐,细腻,温柔。雅葛丽纳的出奔并没使她对不敢自承的幸福存什么希望。她知道,奥里维和她的关系,在奥里维想念雅葛丽纳的时候比着雅葛丽纳在家的时候反倒更疏远了。而且,从前使她中心慌乱的情潮早已过去;雅葛丽纳的误入歧途把她的苦闷给廓清了;她精神上恢复了向来的平静,已经不大明白从前不平静的原因。爱情的需要,如今在抚爱儿童的感情中得到了满足。凭着女子奇妙的幻想和直觉,她能在这个小生命中发现她所爱的人:他现在是幼弱的,委身相与的,整个的属于她的;她能够爱他,热烈地爱他,用着跟这个孩子的无邪的心与清明的眼睛同样纯洁的爱情爱他……但她的温情中并非全无惆怅的遗憾的成分。啊!这究竟不能跟一个从自己血肉里来的孩子相比……但无论如何还是甜蜜的。

克利斯朵夫如今用另一种眼光来看赛西尔了。他想起法朗梭阿士·乌东说过的一句取笑的话:"你和夜莺是天生的一对,怎么会不相爱呢?"

但法朗梭阿士比克利斯朵夫更懂得其中的原因:像克利斯朵夫这样的人,难得会爱一个给他好处的人,而宁愿爱一个使他受苦的人。两个极端才会互相吸引,人的本性老在寻找能毁灭自己的东西,它倾向于尽量消耗自己的、热烈的生活,不喜欢俭约的谨慎的生活。对于克利斯朵夫这样的人,这办法是对的,因为他所求的并非在于尽可能地活得长久,而在于活得轰轰烈烈。

可是不像法朗梭阿士看得那么透的克利斯朵夫,以为爱情是一股违反人性的力量。它把一些不能相容的人放在一起,而排斥性格相似的人。和它所毁灭的比较,它给人的好处真是太微末了。圆满的爱情消磨你的意志,不圆满的爱情伤害你的心。它有什么好处给人呢?

正当他这样毁谤爱情的时候,他看到爱神温柔地讥讽地笑着,对他说:"你这个忘恩负义的家伙!"

克利斯朵夫不能不再上奥国大使馆去出席一个晚会。夜莺在那边唱舒伯特、沃尔夫和克利斯朵夫的歌。她看到自己的成功和她朋友的成功很愉快:他现在得到优秀阶级的赏识了。便是在广大的群众前面,克利斯朵夫的名字也有了号召力;雷维-葛一流的人再没法装作不知道他。他的作品在各个音乐会里演奏;还有一部剧本被喜歌剧院接受了。似乎冥冥中有人在那里关切他。神秘的朋友,已经屡次帮助过他的朋友,继续促成他的志愿。克利斯朵夫好几次感到有人在暗中帮他活动而竭力躲着。他想要找这个人,但这朋友似乎恼着克利斯朵夫没早点儿设法认识他,所以老是不让他找到。并且他忙着别的事,想着奥里维,想着法朗梭阿士;那天早上他就在报上读到她在旧金山病重的消息:他想像她在外国一个人住着客店,不愿意接见任何人,不愿意写信给任何朋友,咬紧牙关,孤零零地在那里等死。

被这些思想纠缠着,他避开众人,躲在一间冷僻的小客厅里。背靠着墙壁,站在被树木花草遮得阴暗的一角,他听着夜莺的美妙的、凄凉的、热烈的声音唱着舒伯特的《菩提树》;纯洁的音乐唤起了回忆往事的惆怅。对面壁上,一面大镜子反映出隔壁客厅里的灯光和人物。他并不看镜子,只望着自己的内心;眼睛蒙着一层泪水凝成的雾……忽而,像舒伯特的《菩提树》一般,他莫名其妙地哆嗦起来,脸色苍白,一动不动地过了几秒钟。随后,眼泪没有了,他瞧见前面镜子里有一个"女朋友"对他望着……女朋友?她是谁呢?他除了知道她是朋友,是他认识的以外,什么都不知道。眼睛对着她的眼睛,他靠在墙上继续哆嗦。她微微笑着。他既没看到她的脸庞与身体的线条,也没看到她眼睛是什么颜色,身材是高是矮,穿的是什么衣服。他只看见一样,就是在她同情的微笑中反映出来的慈悲。

而这笑容突然在克利斯朵夫心头唤起一件童年的往事……在六岁至七岁期间,他在学校里非常可怜,才被一帮比他年长有力的同学羞辱了一场,打了一顿,大家嘲笑他,老师又不公平地责罚他,别的孩子在玩儿,他却垂头丧气蹲在一边,悄悄地哭着。一个神态幽怨的,不跟别的同学玩的女孩子,——(从那时起他从来没想到她,但此刻分明看到她的模样:短短的身材,头很大,淡黄的头发与眉毛简直像白的一般,蓝眼睛显得惨白,宽大而黯淡的腮帮,微微虚肿的嘴唇与脸庞,一双红红的小手),——走到他身旁,站住了,把大拇指含在嘴里,看着他哭;接着她把小手放在克利斯朵夫头上,怯生生地,匆匆忙忙地满怀好意地堆着笑容说:“别哭啦! ……”

于是克利斯朵夫忍不住了,大声号了出来,把鼻子靠在小姑娘的围裙上。她却用着颤抖而温婉的声音又说了声:“别哭啦! ……”

过了几星期,她死了。那件事发生的时候,她大概已经落在死神的掌握中了……为什么他这时忽然想到她呢? 在这个出身微贱的,在遥远的德国小城里被人遗忘的死了的女孩子,和此刻望着他的贵族少妇之间,有什么关系呢? 但所有的人都只有一颗灵魂,虽然亿兆的生灵各各不同,好像在太空中旋转的无数的星球一般,但照耀那些为时间分隔着的心灵的,都是同一道爱的光明。当年在那个安慰他的女孩子苍白的嘴唇上映现过的微光,现在克利斯朵夫又看到了……

这不过是一刹那的事。一群人像潮水似的把门挡住了,克利斯朵夫再也瞧不见另外一个客厅里的情形。他缩回到黑影里,躲在镜子照不到的地方,生怕自己慌乱的情绪被人注意。等到定了定神,他想再见她,唯恐她已经走了。但他一走进客厅,立刻在人堆里把她找到了,虽然不再像镜子里那个模样。这一下他看到的是她的侧影,坐在一群漂亮的妇女中间,肘子搁在安乐椅的靠手上,支着头,微微探着身子在那里听人家谈话,脸上堆着一副机灵的、心不在焉的笑容。她的面貌活像拉斐尔的名画《圣体争辩》中的圣·约翰,眼睛半开半合,想着自己的心事微笑……

然后她抬起眼睛,看到了他,一点儿没有诧异的神气。他这才发觉她的微笑是对他而发的。他向她行着礼,非常感动地走近去:

“您认不得我了吗?”她问。

就在这时候,他认出了她,叫了声:“葛拉齐亚……”①

同时,大使夫人在旁边过,说他们彼此仰慕了这么久,这一回终于相遇,真是幸事。她把克利斯朵夫介绍给“裴莱尼伯爵夫人”。可是克利斯朵夫心里激动得那么厉害,根本没听见;他完全没注意到这个陌

① 参阅卷五:《节场》。——原注

生的姓氏。在他心目中,她始终是他的小葛拉齐亚。

葛拉齐亚二十二岁,一年以前嫁了奥国大使馆的一个青年随员。他是贵族出身,和奥国的首相有亲戚关系;人非常时髦,喜欢玩儿,高雅大方,已经有点儿未老先衰。她当初是真心地爱上了他,现在虽把他看透了,还是爱他的。她的老爸爸死了,丈夫被任命为驻巴黎使馆的随员。由于裴莱尼伯爵的社会关系,也由于她本身的魅力和聪明,从前为了些小事就会吃惊的胆怯的少女,在她既不卖弄也不发窘的巴黎社会中,竟变成了最受注目的太太之一。年轻,美貌,讨人喜欢,也知道自己讨人喜欢:这些都成为一种力量。同样有作用的是她生就有着一颗平静的、非常健全非常清明的心;欲望与命运又是非常调和,使她很快乐。这是人生最美丽的阶段,但由意大利的光明与和平培养起来的她的拉丁精神,依旧保持着那种恬静的音乐气息。很自然地,她在巴黎社交场中有了势力;她并不为之惊奇,而且懂得把这种势力运用到有求于她的艺术事业与慈善事业中去,可是不居名义:因为她在乡下别庄内所消磨的无拘无束的童年,始终给她留下独立不羁的性格,觉得社会又有趣又可厌;但她能适应自己的地位,用一副表示善意与殷勤的笑容来遮盖她的厌烦。

她没忘记她的好朋友克利斯朵夫。当年不声不响地抱着天真的爱的女孩子,固然已经不存在了,现在的葛拉齐亚是个极有理性而全无荒唐的幻想的女人,对于自己幼年时代的夸大的感情觉得又甜蜜又可笑。但是想到这些往事,她照旧很激动。关于克利斯朵夫的回忆的确是她一生最纯洁的岁月的回忆。她听到他的姓名就感到愉快;他每次的成功都使她非常高兴,好似其中也有她的一份:因为他的成就是她早已预感到的。她来到巴黎以后就想法寻访他,邀请他,在请柬上加注她少女时代的名字。克利斯朵夫没有留意,把请柬往纸篦里扔掉了。她并不生气,继续暗暗地留神他的工作,甚至也探听他的生活状况。最近使报纸上抨击克利斯朵夫的笔战突然停止了,便是由于她的力量。纯朴的葛拉齐亚和报界没有多大交情,但为了帮助一个朋友,她能够运用狡猾的手段,笼络那些她最不喜欢的人。她把狺狺狂吠的报纸经理请来,略施小技就使他大为颠倒;她满足了他的自尊心,把他收拾得服服帖帖:仅仅在无意之间提了一句,表示人家对克利斯朵夫的攻击很可诧异也很可鄙,那攻击就立刻中止了。经理把预计在第二天刊出的一篇谩骂的文字临时抽掉;执笔的记者问他理由,反而挨了一顿骂。他还更进一步,吩咐他的走狗之一在十五天内制造一篇热烈恭维克利斯朵夫的文字;结果当然是照办,文字的确写得很热烈,可也是荒谬绝伦。她又发起在大使馆内举行几个演奏克利斯朵夫作品的音乐会,更因为知道他有心提拔赛西尔,也就帮助那年轻的女歌唱家崭露头角。末了她利用和德国外交界的交谊,慢慢地用着巧妙的手腕,使当局注意到被德国判罪的克利斯朵夫。她无形中促成了一种舆论,准备向德皇要求特赦,让一个为国增光的艺术家能够回去。又因为这个特赦不能希望立刻实现,她设法使人家答应克利斯朵夫回故乡去逗留两天而假作痴聋。

而克利斯朵夫,一向感到有一个看不见的朋友在保护他而始终不知道是谁,此刻才在镜中对他微笑的圣·约翰脸上辨认出来。

他们谈着过去。究竟谈些什么,克利斯朵夫也不大知道。他既看不见所爱的人,也听不见所爱的人。一个人真爱的时候,甚至会想不到自己爱着对方。克利斯朵夫就是这样。她在面前,这就够了。其余的都不存在了……

葛拉齐亚停止了说话。一个很高大的青年,长得相当美,很有风度,不留胡子,头发已经秃了,带着一副厌烦而轻蔑的神气,从单眼镜里打量着克利斯朵夫,一边又高傲又有礼貌地弯着身子。

"这位便是我的丈夫。"她说。

客厅里的声音又听到了。心里的光明熄灭了。克利斯朵夫登时心中冰冷,不声不响地答着礼,马上告退。

这些艺术家的心灵，和统治他们感情生活的那种幼稚的原则，真是太可笑，太苛求了！这位朋友从前爱他的时候是被他忽视的，他多少年来一向没想起的；如今才跟她重遇，他就觉得她是他的，是他的宝物了；倘若别人把她占有了，那是从他那里抢去的；她自己也没有权利委身于另外一个人。克利斯朵夫并没觉察自己有这些情绪。但他那个创造的精灵代他觉察了，使他在这几天内产生了几支把苦恼的爱情描写得最美的歌。

他隔了许多时候没去看她。奥里维的痛苦和健康问题老是纠缠着他。终于有一天，找到了她留下的地址，他决心去了。

走在楼梯上，他听见工人们敲锤子的声音。穿堂里很杂乱地堆着箱笼。仆役回答说伯爵夫人不能见客。克利斯朵夫大为失意地留了名片，想下楼了，不料仆人又追上来，一边道歉一边请他进去。克利斯朵夫被带到一间会客室，地毯已经拿掉了卷在一旁。葛拉齐亚浮着光辉四射的笑容迎上前来，又快乐又兴奋地伸着手。他同样快乐而激动的握着她的手，吻了一吻。

“啊！”她说，“你能够来，我快活极了！我真怕不能再见你一面就走了！”

“走了？你要走了？”

阴影又罩了下来。

“你瞧，”她指着室内凌乱的情形，“本星期末，我们就要离开巴黎了。”

“离开多少时候呢？”

她做了个手势：“谁知道！”

他拼足了气力说话，喉管已经在抽搐了。

“上哪儿去呢？”

“美国。我的丈夫调到驻美大使馆去当一等秘书。”

“那么，那么，那么……，”他嘴唇发抖了，“……就此完了吗？”

“朋友！”她被他的声音感动了，“不，并不完了。”

“我才把你找到就把你失掉了!”

他眼中含着泪。

“朋友!”她又叫了一声。

他用手蒙着眼睛转过身去,想遮掩他的情感。

“别难过啊。”她把手放在他的手上。

这时他又想到那个德国小姑娘。他们俩都不作声了。

“为什么你来得这么晚?”她终于问道,“我想法要见你。你可从来没回音。”

“我一点儿都不知道,一点儿都不知道……告诉我,是你帮助了我多少次而我没有猜到吗?……是靠了你的力量我能够回到德国去的吗?是你做了我的好天使在暗中护卫我吗?”

她回答:“我很高兴能为你尽些力。我应当报答你的多着呢!”

“什么?我又没帮过你忙。”

“你不知道你给了我多少好处。”

于是她讲起童年在姑丈史丹芬家遇到他的时代,由于他的音乐,她发现了世界上一切美妙的东西。慢慢地,带着点儿兴奋的情绪,她又明显又含蓄地,说起当年参与克利斯朵夫被人大喝倒彩的音乐会,她对这音乐会的感触与悲哀,说出她怎样的哭,怎样的写信给他而没有回音,因为他没收到。克利斯朵夫听着,把现在对着这个妩媚的脸庞所感到的温情与激动,统统移注到过去的事情里去了。

他们天真地谈着话,觉得非常亲切,非常快乐。克利斯朵夫一边说一边握着葛拉齐亚的手。突然之间他们俩都不作声了:葛拉齐亚发觉克利斯朵夫爱着她,而克利斯朵夫自己也发觉了……

从前葛拉齐亚爱着克利斯朵夫,克利斯朵夫完全没注意。如今克利斯朵夫爱着葛拉齐亚,而葛拉齐亚对他只有一种恬静的友谊了:她爱着另外一个。好比两架生命的钟:这一座比那一座走得快了一点儿,就可以使双方全部的生涯改变……

葛拉齐亚把手缩回去,克利斯朵夫也不勉强抓着。他们不声不响的呆坐了一会儿。

然后葛拉齐亚说了声:“再见。”

克利斯朵夫又叹道:“这样就完了吗?”

“也许这样倒更好。”

“在你动身以前,我们不能再见了吗?”

“不能了。”她说。

“我们什么时候再能相会呢?”

她作了一个惆怅的困惑的手势。

“那么我们这次相见有什么意思呢?”克利斯朵夫说。

但一看到她幽怨的目光,他立刻补充:“啊,对不起,我这话是不应该的。”

“我永远会想念你的。”她说。

“可怜!我连想念你都不能。我一点儿都不知道你的生涯。”

她平心静气地用几句话把平时的生活告诉了他,描写她过日子的方式。她提到她和她的丈夫,始终堆着那副亲切的美丽的笑容。

“啊!”他心中有点儿忌妒地说,“你爱他吗?”

“爱的。”她回答。

他站起身来。

“再会了。”

她也站起来。这时他才发觉她怀着身孕,心中立刻感到一种说不出的厌恶,温柔,妒忌,和热烈的怜悯。她把他送到小客厅门口。他转过身来,向朋友的手伛着身子,亲了长久。她一动不动,半合着眼睛。终于他抬起身子,望也不望一下,很快地走了出去。

……那时谁要问我什么,
我唯有装着谦卑的脸,
只回答他一个字:
　　爱。

那天是诸圣节。外边是阴沉的天和寒冷的风。克利斯朵夫在赛西尔家。赛西尔站在孩子的摇篮旁边,顺路来探望的亚诺太太探着身子瞧着。克利斯朵夫独自在那里出神。他觉得自己错过了幸福,可并不想抱怨:他知道幸福是存在的……噢,太阳!我用不着看到你才能爱你!便是在阴暗中发抖的冗长的冬季,我的心仍旧充满着你的光明;我的爱情使我感到温暖,我知道你在这里……

赛西尔也在幻想。她打量着孩子,居然相信这是她自己的孩子了。噢,幻想的力量,能创造生命的幻想,真应该祝福你啊!生命……什么是生命?它并不是像冷酷的理智和我们的肉眼所见到的那个模样,而是我们幻想中的那个模样。生命的节奏是爱。

克利斯朵夫望着赛西尔,眼睛很大而带点儿村野气息的脸上闪耀着母性的本能——比真正的母亲更纯粹的母亲。他又望着亚诺太太温柔而疲倦的脸。他在这张脸上看到,像一本打开的书一样清楚,看到这个做妻子的生活中隐藏着多少的甜酸苦辣,虽然人家一点儿没猜疑到,有时却和朱丽叶或伊索尔德的爱情同样富于喜乐与痛苦的滋味。但她的这种喜乐与痛苦更近于宗教的伟大……

人事的与神事的结合=配偶。①

他想,一个人的幸与不幸并不在于信仰的有无;同样,结婚与不结婚的女子的苦乐,也并不在于儿女的有无。幸福是灵魂的一种香味,是一颗歌唱的心的和声。而灵魂的最美的音乐是慈悲。

这时奥里维走进来了。他动作很安详,蓝眼睛里头有一道新的,清明的光彩。他对孩子微微笑着,跟赛西尔和亚诺太太握了握手,开始安安静静地谈话。他们都用着亲热而诧异的态度打量他。他一切都不同了。在他抱着满腔悲苦把自己幽闭着的孤独中间,好似一条躲

① 此系罗马法中解释配偶之条文,与爱情之徒为人事的而非神事的有别。

在窠里的青虫,艰辛地工作了一番以后,终于把他的苦难像一个空壳似的脱下了。他怎样的自以为找到了一个美妙的目标来贡献他的生命,且待下文再述。从此他对于生命只关切一点,便是把生命作牺牲;而从他心中舍弃了生命的那一天起,生命就重新有了光彩:这是必然之理。朋友们都望着他,不知道他有了些什么事,又不敢多问;但他们觉得他是解脱了,他心中对任何人任何事都不再有遗憾或悲苦了。

克利斯朵夫站起来,走向钢琴,对奥里维说:"要不要我唱一支老勃拉姆斯的歌给你听?"

"勃拉姆斯?"奥里维说,"你现在弹你死冤家的作品了?"

"今天是诸圣节,对谁都应当宽恕。"克利斯朵夫说。

为了免得惊醒孩子,他放低着声音唱着施瓦本地方的一支老歌谣中的几句:

> 我感谢你曾经爱过我,
> 希望你在别处更幸福……

"克利斯朵夫!"奥里维叫了起来。

克利斯朵夫把他紧紧地搂在怀里:"好了,我的孩子,咱们运气不坏。"

他们四个都坐在睡熟的孩子周围,不做一声。要是有人问他们想些什么,那么,他们脸上表示着谦卑的神气,只回答你一个字:

——爱。

卷八 终

卷九·燃烧的荆棘

第 一 部

精神安定。一丝风都没有。空气静止……

克利斯朵夫神闲意适,心中一片和平。他因为挣到了和平很得意,暗中又有些懊丧,觉得这种静默很奇怪。情欲睡着了,他一心以为它们不会再醒了。

他那股偏于暴烈的巨大的力,没有了目的,无所事事,处于蒙眬半睡的状态。实际是内心有点儿空虚的感觉,"看破一切"的怅惘,也许是不懂得抓握幸福的遗憾。他对自己,对别人,都不再需要多大的斗争,甚至在工作方面也不再有多大困难。他到了一个阶段的终点,以前的努力都有了收获;要汲取先前开发的水源真是太容易了;他的旧作才被那般天然落后的群众发现而赞赏的时候,他早已把它们置之脑后,可也不知道自己是否还会更向前进。他每次创作都感到同样愉快。在他一生的这一时期,艺术只是一种他演奏得极巧妙的乐器。他不胜羞愧地觉得自己变成了一个以艺术为游戏的人。

易卜生说过:"在艺术中应当坚守勿失的,不只是天生的才气,还有充实人生而使人生富有意义的热情与痛苦。否则你就不能创造,只能写些书罢了。"

克利斯朵夫就是在写书。那他可是不习惯的。书固然写得很美;他却宁愿它们减少一些美而多一些生气。好比一个休息时期的运动家,不知怎么对付他的筋骨,只像一头无聊的野兽一般打着哈欠,以为将来的岁月都是平静无事的岁月,可以让他消消停停地工作。加上他那种日耳曼人的乐观脾气,他确信一切都安排得挺好,结局大概就是这么回事;他私自庆幸逃过了大风暴,做了自己的主宰。而这点儿成绩也不能说少了……啊! 一个人终于把自己的一切控制住了,保住了本来面目……他自以为到了彼岸。

两位朋友并不住在一起。雅葛丽纳出走以后,克利斯朵夫以为奥里维会搬回到他家里来的。可是奥里维不能这样做。虽然他需要接近克利斯朵夫,却不能跟克利斯朵夫再过从前的生活。和雅葛丽纳同居了几年,他觉得再把另外一个人引进他的私生活是受不了的,简直是亵渎的——即使这另一个人比雅葛丽纳更爱他,而他爱这另一个人也胜于爱雅葛丽纳。——那是没有理由可说的。

克利斯朵夫很不了解,老是提到这问题,又惊异,又伤心,又气恼……随后,比他的智慧更高明的本能把他点醒了,他便突然不作声了,认为奥里维的办法是对的。

可是他们每天见面,比任何时期都更密切。也许他们谈话之间并不交换最亲切的思想,同时也没有这个需要。精神的沟通用不着语言,只要是两颗充满着爱的心就行了。

两人很少说话,一个耽溺在他的艺术里,一个耽溺在他的回忆里。奥里维的苦恼渐渐减轻了;但他并没为此有所努力,倒还差不多以苦恼为乐事:有段长久的时期,苦恼竟是他生命的唯一的意义。他爱他的孩子;但一个只会哭喊的小娃娃不能在他生活中占据多大的地位。世界上有些男人,对爱人的感情远过于对儿子的感情。我们不必对这种情形大惊小怪。天性并不是一律的;要把同样的感情的规律加在每个人身上是荒谬的。固然,谁也没权利把自己的责任为了感情而牺牲。但至少得承认一个人可以尽了责任而不觉得幸福。奥里维在孩子身上最爱的一点,还是这孩子的血肉所来的母亲。

至此为止,他不大关心旁人的疾苦。他是一个与世隔绝的知识分子。但与世隔绝不是自私,而是爱梦想的病态的习惯。雅葛丽纳把他周围的空虚更扩大了;她的爱情在奥里维与别人之间划出了一道鸿沟;爱情消灭了,鸿沟依旧存在。而且他气质上是个贵族。从幼年起,他虽然心很温柔,但身体和精神极其敏感,素来是远离大众的。他们的思想和气息都使他厌恶。——但自从他亲眼看见了一桩平凡的琐事以后,情形就不同了。

他在蒙罗区的高岗上租着一个很朴素的公寓,离克利斯朵夫与赛西尔的住处很近。那是个平民区,住在一幢屋子里的不是靠少数存款过活的人,便是雇员和工人的家庭。在别的时期,他对于这个气味不相投的环境一定会感到痛苦;但这时候他完全不以为意;这儿也好,那儿也好:他在何处都是外人。他不知道,也不愿意知道邻居是些什么人。工作回来——(他在一家出版公司里有一个差事),——他便关在屋里怀念往事,只为了探望孩子和克利斯朵夫才出去。他的住处不能算一个家,只是一间充满着过去的形象的黑房;而房间越黑越空,形象就越显得清楚。他不大注意在楼梯上遇到的人。但不知不觉已经有些面貌印入他的心里。有些人对于事物要过后才看得清楚。那时什么都逃不掉了,最微小的枝节也像是用刀子刻下来的。奥里维就是这样:他心中装满了活人的影子,感情一激动,那些影子便浮起来,跟它们素昧平生的奥里维居然认出了它们,有时他伸出手去抓……可是它们已经消失了!……

有一天出去的时候,他看到屋子前面有一堆人,围着叽叽呱呱的女门房。他素来不管闲事,差不多要不加问询地走过去了,但那个想多拉一个听众的看门女人把他拦住了,问他知不知道可怜的罗赛一家出了事。奥里维根本不知道谁是那些"可怜的罗赛",只漫不经意,有礼地听着。等到知道屋子里有个工人的家庭,夫妇俩和五个孩子一齐自杀了的时候,他像旁人一样一边听着女门房反复不厌地唠叨,一边抬起头来望望墙壁。在她说话的时候,他渐渐地想起那些人是见过的,他问了几句……不错,是他们:男的——(他常常听见他在楼梯上呼里呼噜地喘气)——是面包师傅,面色苍白,炉灶的热气把他的血都吸干了,腮帮陷了下去,胡子老是没刮好,他初冬时害了肺炎,没完全好就去上工,变成复病,三星期以来,他又是失业又没有一点儿气力。女的永远大着肚子,被关节炎把身子搞坏了,还得拼命忙着家里的事,整天在外边跑,向救济机关求一些姗姗来迟的微薄的资助。而这期间,一个又一个的孩子生下来了:十一岁,七岁,三岁,中间还死过两个;最后又是一对双生儿在上个月下了地,真是挑了一个最好的时期!一个邻居的女人说:

"他们出生那天,五个孩子中最大的一个,十一岁的小姑娘于斯丁纳,——可怜的丫头!——哭着说,要她同时抱一对双生兄弟,怎么吃得消呢……"

奥里维听了,脑海中立刻现出了那个小姑娘的模样,——挺大的额角,毫无光泽的头发往后梳着,一双惊惶不定的灰色眼睛,部位长得很高。人家不是看到她捧着食物,就是看到她抱着小妹子,再不然手里牵着一个七岁的兄弟——那是个娇弱的孩子,相貌很细气,一只眼睛已经瞎了。奥里维在楼梯上碰到她,总是心不在焉地,有礼地说一声:"对不起,小姐。"

她一声不出,只直僵僵地走过,也不闪避一下,但对于奥里维的虚礼暗中很高兴。头一天傍晚六点钟,他下楼还最后看到她一次:提着一桶炭上去,东西似乎很重。但在一般穷苦的孩子,那是极平常的事。奥里维照例招呼了一声,并没瞧她一眼。他往下走了几级,无意中抬起头来,看见她靠在栏杆上,伸着那张小小的抽搐的脸瞧他下楼。接着她转身上去了。她知道不知道自己上哪儿去呢?奥里维认为她是有预感的。他想着这可怜的孩子手里提着炭等于提着死亡,而死亡便是解放。对于可怜的孩子们,不再生存就是不再受罪!想到这儿,他没法再去散步了,便回到房里。但明知道死者就在近旁,只隔着几堵壁,自己就生活在这些惨事旁边,怎么还能安安静静地待在家里呢?

于是他去找克利斯朵夫,心里非常难受,觉得世界上多少人受着千百倍于自己的、可以挽救的苦难,他却为了失恋而成天自嗟自叹,不是太没有心肝了吗?当时他非常激动,把别人也感染了。克利斯朵夫因之大为动心。他听着奥里维的叙述,把才写的一页乐谱撕了,认为自己搞这些儿童的玩意儿简直是自私自利……但过后他又把撕破的纸张捡起来。他完全被音乐抓住了,而且心里感觉到,世界上减少一件艺术品并不能多添一个快乐的人。饥寒交迫的悲剧对他也不是新鲜的事,他从小就在这一类的深渊边上走惯而不让自己掉下去的。甚至他对自杀还抱着严厉的态度,因为他这时期精力充沛,想不到一个人为了某一种痛苦竟会放弃斗争的。痛苦与战斗,不是挺平常的吗?这是宇宙的支柱。

奥里维也经历过相仿的磨难,但从来不肯逆来顺受,为自己为别人都是这样。他一向痛恨贫穷,因为那是把他心爱的安多纳德磨折死的。自从娶了雅葛丽纳,让财富和爱情把他志气消磨完了以后,他就急于丢开那些悲惨年代的回忆,把跟姐姐两人每天都得毫无把握地挣取下一天的面包的事赶快忘掉。现在爱情完了,这些形象便重新浮现了。他非但不躲避痛苦,反而去找它。那是不必走多少路就能找到的。以他当时的心境,他觉得痛苦在社会上触目皆是。社会简直是一所医院……遍体鳞伤,活活腐烂的磨折!忧伤侵蚀,摧残心灵的酷刑!没有温情抚慰的孩子,没有前途可望的女儿,遭受欺凌的妇女,在友谊、爱情与信仰中失望的男子,满眼都是被人生撕伤的可怜虫!而最惨的还不是贫穷与疾病,而是人与人间的残忍。奥里维才揭开人间地狱的盖子,所有被压迫的人的呼号已经震动他的耳膜了,受人剥削的无产阶级,被人虐害的民族,被屠杀的亚美尼亚,被窒息的芬兰,四分五裂的波兰,殉道的俄罗斯,被欧洲的群狼争食的非洲,以及所有的受难者。奥里维为之气都喘不过来了,他到处听见他们的哀号,不懂一个人怎么还能想到旁的事。他不住地和克利斯朵夫说着。克利斯朵夫心绪被扰乱了,回答说:"别烦了,让我工作!"但他不容易平静下来,便气恼了,咒着说:“该死!我这一天完全给糟掉了!你算是有进步了,嗯?”于是奥里维赶紧道歉。“孩子,”克利斯朵夫说,“别老望着窟窿。你要活不下去的。”

“可是我们应当把那些掉在窟窿里的人救出来呀。”

“当然。可是怎么救呢?是不是我们也跟着跳下去?你就是这个办法。你有一种倾向,只看见人生可悲的事。不用说,这种悲观主义是慈悲的,可是叫人泄气的。想使人家快活,你自己先得快活!”

“快活!看到这么多的苦难之后,还会有这种心肠吗?只有努力去减少人家的苦难,你才会快活。”

“对。可是乱打乱杀一阵就能帮助不幸的人吗?多一个不中用的兵是无济于事的。我能够用我的艺术去安慰他们,给他们力量,给他们快乐。你知道不知道,一支美丽的歌能够使多少的可怜虫在苦难中得到支持?应当各人干各人的事!你们法国人,真是好心糊涂虫,只知道抢着替一切的不平叫屈,不管是为了西班牙还是为了俄罗斯,也没弄清是怎么回事。我喜欢你们这个脾气。可是你们以为这样就能把事情搞好吗?你们乱哄哄地投入旋涡,结果是成事不足,败事有余……你瞧,你们的艺术家自命为参与着世界上所有的运动,可是你们的艺术从来没有像今天这样的黯淡。奇怪的是,多少玩票的小名家跟坏蛋,居然自称为救世的圣徒!嘿,他们不能少灌一些坏酒给群众喝吗?——我的责任,第一在于做好我的事,替你们制作一种健全的音乐,恢复你们新鲜的血液,让阳光照到你们心里去。”

要散布阳光到别人心里,先得自己心里有阳光。而奥里维就感缺少。像今日一般最优秀的人一样,他不能独自发挥他的力量,只有跟别人联合起来才能够。可是跟谁联合呢?思想是自由的,心可是虔诚的,他被一切的政治党派与宗教党派摒诸门外。他们因为胸襟狭小,不能容忍而互相排挤。一朝有了权力,他们又加以滥用。所以只有被压迫的人才吸引奥里维。在这方面,他至少是和克利斯朵夫相同的,认为在反抗远处的不平之前,先得反抗近处的不平,反抗那些在我们周围而且是我们多少负有责任的。攻击别人的罪恶而忘掉自己所犯的罪恶的人,真是太多了。

于是他先从帮助穷人入手。亚诺太太因为参加着一个慈善组织,便介绍奥里维入了会。一开始他就遇到好几桩失意的事:他负责照顾的穷人并不都值得关切;或者是他的同情没有得到好的反应,他们提防他,对他深闭固拒。并且一个知识分子根本难于在单纯的慈善事业上面获得满足:在灾祸的国土中,这种办法所灌溉到的园地太小了!它的行动几乎老是支离破碎的,零星的;它似乎毫无计划,发现什么伤口就随时包扎一下。以一般而论,它的志愿太小,行动太匆忙,不能一针见血地对付病源。而探讨苦难的根源正是奥里维不肯放过的工作。

他开始研究社会的灾难。在这一方面,向导决不愁缺少。当时社会问题已经成为上流社会的一个问题。在交际场中,在小说或剧本中间,大家都谈论着。每个人都自命为很熟悉。一部分青年为此消耗了他们最优秀的力量。

每一代的人都得有一种美妙的理想让他们疯魔。即使青年中最自私的一批也有一股洋溢的生命力,充沛的元气,不愿意毫无生产;他们想法要把它消耗在一件行动上面,或者——(更谨慎的)——消耗在一宗理论上面。或是搞航空,或是搞革命;或是作肌肉的活动,或是作思想的活动。一个人年轻的时候需要有个幻象,觉得自己参与着人间伟大的活动,在那里革新世界。他的感官会跟着宇宙间所有的气息而震动,觉得那么自由,那么轻松!他还没有家室之累,一无所有,一无所惧。因为一无所有,所以能非常慷慨地舍弃一切。妙的是能爱,能憎,以为空想一番,呐喊几声,就改造了世界;青年人好比那些窥伺待发的狗,常常捕风捉影地狂吠。只要天涯地角出了一桩违反正义的事,他们就疯起来了……

黑夜里到处是狗叫。在大森林中间,从这一个农庄到那一个农庄,此呼彼应。夜里一切都骚动得很。在这个时代,睡觉是不容易的!空中的风带来多少违反正义的回声!而违反正义的事是没有穷尽的,为了补救一桩不义,你很可能作出另外一些不义。而且,什么叫作不义,什么叫作暴行呢?——有的说是可耻的和平,残破的国家。有的说是战争。这个说是旧制度的被毁,君王的被黜。那个说是教会的被掠。另外一个又说是未来的被窒息,自由的受到威胁。对于平民,不平等是不义;对于上层阶级,平等是不义。不义的种类那么多,每个时代都得特别挑一个,——既要挑一个来加以攻击,又要挑一个来加以庇护。

那时大家正在竭力攻击社会的不公道,——同时也在不知不觉地准备新的不公道。

当然,自从工人阶级的数量与力量增高,成为国家的主要机轴以来,社会的不公道特别显得不堪忍受,特别令人注目。但不管工人阶级的政客与讴歌者怎样宣传,工人阶级的现状并没变得更坏,反而比从前改善。今昔的变化并非在于现代的工人们更苦,而是在于更有力量。这种力量是资本家的力量造成的,是经济与工业发展的必然的趋势造成的;因为这种发展把劳动者集合在一起,使他们成为可以作战的军队;工业的机械化使武器落到了劳动者手里,使每个工头都变成支配光、支配电、支配力的主宰。近来一般领袖正想加以组织的、这些原动力中间,有一股烈焰飞腾的热度和无数的电浪,流遍了整个社会。

有头脑的中产阶级所以被平民问题震动,决不是——虽然他们自以为是——为了这个问题的合乎正义,也不是为了观念的新奇与力量,而是为了它的生命力。

以平民问题所牵涉的正义而论,社会上千千万万别的正义被蹂躏了,谁也不动心。以观念而论,它只是些零零碎碎的真理,东一处西一处地捡得来,牺牲了旁的阶级而依了一个阶级的身量剪裁过的。那不过是一些跟所有的“原则”同样荒谬的“原则”,——例如君权神圣,教皇无误,无产阶级统治,普及选举,人类平等;——倘使你不从鼓动这些原则的力量方面着眼而单看它们的理由,还不是同样的荒谬?但它们的平庸是没有关系的。无论什么思想,都不是靠它本身去征服人心,而是靠它的力量;不是靠思想的内容,而是靠那道在历史上某些时期放射出来的生命的光辉。仿佛一股浓烈的肉香,连最迟钝的嗅觉也受到它的刺激。以思想本身来说,最崇高的思想也没有什么作用;直到有一天,思想靠了吸收它的人的价值(不是靠了它自己的价值),靠了他们灌输给它的血液而有了传染性的时候,那枯萎的植物,奚里谷的玫瑰[①],才突然之间开花,长大,放出浓郁的香味布满空间。——张着鲜明的旗帜,领导工人阶级去突击布尔乔亚堡垒的那些思想,原来是布尔乔亚梦想家想出来的。只要不出他们的书本,那思想就等于死的,不过是博物馆里的东西,放在玻璃柜中的木乃伊,没有人瞧上一眼的。但一朝被群众抓住了,那思想就变了群众的一部分,感染到他们的狂热而变了模样,有了生气;抽象的理由中间也吹进了如醉如狂的希望,像穆罕默德开国时代的那阵热风。这种狂热慢慢扩张开去。大家都感染到了,可不知道那热风是谁带来的,怎么带来的。而且人本身的问题反而漠视掉了。精神的传染病继续蔓延,从头脑狭窄的人物传达给优秀人物。每个人都无意之间做了传布的使者。

这些精神传染病的现象在每个国家每个时代都有的,即使在特权阶级坚壁高垒,竭力撑持的贵族国家也不能免。但在上层阶级与平民之间没有藩篱可守的民主国家,这种现象来势特别猛烈。优秀分子立刻被传染了。他们尽管骄傲,聪明,却抵抗不了疫势;因为他们远没有自己想象的那么强。智慧是一座岛屿,被人间的波涛侵蚀了,淹没了,只有等大潮退落的时候,才能重新浮现。大家佩服法国贵族在八月四日夜里放弃特权的事[②]。其实他们是不得不这样做。我们不难想象,他们之中一定有不少人回到府里去会对自己说:“哎,我干的什么事

① 奚里谷玫瑰产于叙利亚与巴勒斯坦,未开花即萎谢,但移植湿地,即能再生。

② 一七八九年七月十四日法国大革命爆发后,八月四日夜,若干贵族在国民议会中宣布放弃特权。

啊？简直是醉了……”好一个醉字！那酒真是太好了，酿酒的葡萄也太好了！可是酿成美酒来灌醉老法兰西的特权阶级的葡萄藤，并非特权阶级栽种的。佳酿已成，只待人家去喝。而你一喝便醉。就是那些绝不沾唇而只在旁边闻到酒香的人也不免头晕目眩。这是大革命酿出来的酒！……一七八九年份的酒，如今在家庭酒库中只剩几瓶泄气的了；可是我们的曾孙玄孙还会记得他们的祖先曾经喝得酩酊大醉的。

使奥里维那一代的布尔乔亚青年头昏脑涨的，是一种同样猛烈而更苦涩的酒。他们把自己的阶级为牺牲，去献给新的上帝，无名的上帝，——平民。

当然，他们并非每个人都一样的真诚。许多人看不起自己的阶级，为的是要借此崭露头角。对大多数人，是把这种运动作为精神上的消遣，高谈阔论的训练，并不完全当真的。一个人自以为信仰一种主义，为它而奋斗，或者将要奋斗，至少是可能奋斗，的确是愉快的事，甚至觉得冒些危险也不坏，反而有种戏剧意味的刺激。

这种心情的确是无邪的，倘使动机天真而没有利害计算的话。——但一批更乖巧的人是胸有成竹地上台的，把平民运动当作猎取权位的手段。好似北欧的海盗一般，他们利用涨潮的时间把船只驶入内地，预备深入上流的大三角洲，等退潮的时候把征掠得来的城市久占下去。港口是窄的，潮水是捉摸不定的：非有巧妙的本领不行。但是两三代的愚民政治已经养成了一批精于此道的海盗。他们非常大胆地冲进去，对于一路上覆没的船连瞧都不瞧一眼。

每个党派都有这种恶棍，却不能叫任何一个党派负责。然而一部分真诚的与坚信的人，看了那些冒险家以后所感到的厌恶，已经对自己的阶级绝望了。奥里维认识一帮有钱而博学的布尔乔亚青年，都觉得布尔乔亚的没落与无用。他对他们极表同情。最初，他们相信优秀分子可能使平民有新生的希望，便创立许多平民大学，花了不少时间与金钱,结果那些努力完全失败了。当初的希望是过分的,现在的灰心也是过分的。民众并没响应他们的号召,或竟避之唯恐不及。便是应召而来的时候,他们又把一切都误会了,只学了布尔乔亚的坏习气。另外还有些危险人物溜进布尔乔亚的使徒队伍,把他们的信用给破坏了,把平民与中产阶级一箭双雕,同时利用。于是一般老实人以为布尔乔亚是完了,它只能腐蚀民众,民众应当不顾一切地摆脱它而自个儿走路。因此,中产阶级只是发起了一个运动,结果非但这运动没有他们的份,并且还反对他们。有的人觉得能够这样舍身,能够用牺牲来对人类表示深切而毫无私心的同情是种快乐。只要能爱,能舍身就行。青年人元气那么充足,用不着在感情上得到酬报,不怕自己会变得贫弱。——有的人认为自己的理智和逻辑能够满足便是一种愉快;他们的牺牲不是为了人,而是为了思想。这是最刚强的一批。他们很得意,因为凭着一步一步的推理断定自己的阶级非没落不可。预言不中,要比眼他们的阶级同归于尽使他们更难受。他们为了理想陶醉了,对着外边的人喊道:"打呀,打呀,越重越好!要把我们收拾得干干净净才好!"他们居然做了暴力的理论家。

而且所提倡的是对别人的暴力。因为宣传暴力的使徒差不多永远是一般文弱而高雅的人。有些是声称要推翻政府的公务员,勤勉、认真、驯良的公务员。他们在理论上宣扬暴力,其实是对自己的文弱、遗憾、生活的压迫的报复,尤其是在他们周围怒吼的雷雨的征兆。理论家好比气象学家,他们用科学名词所报告的天气并非将来的,而是现在的。他们是定风针,指出风从哪儿吹来。他们被风吹动的时候,几乎自以为在操纵风向。

然而风向的确转变了。

思想在一个民主国家里是消耗得很快的,特别因为它流行得快。法国多少的共和党人,不到五十年就厌恶共和,厌恶普选,厌恶当年如醉若狂争取得来的自由。以前大家相信"多数"是神圣的,能促进人类的进步,现在可是暴力思想风靡一时了。"多数"的不能自治,贪赃枉法,萎靡不振,妒贤嫉能,引起了反抗;强有力的"少数"——所有的"少数"——便诉之于武力了。法兰西行动派的保王党和劳工总会的工团主义者居然接近了,这是可笑的,但是必然的。巴尔扎克说他那个时代的人"心里想做贵族,但为了愿望而做了共和党人,唯一的目的是能够在同辈中找到许多不如他的人"……这样的乐趣也可怜透了!而且要强迫那些低下的人自认低下才行,要做到这一点,只有一个办法,就是建立一种威权,使优秀分子(不论是工人阶级的或中产阶级的)拿他们的优越使压迫他们的"多数"屈服。年轻的知识阶级,骄傲的小布尔乔亚,是为了自尊心受了伤害,为了痛恨民主政治的平等,才去投入保王党或革命党的。至于无所为而为的理论家,宣扬暴力的哲学家,却高高地站在上面,像准确的定风针似的,发出暴风雨的讯号。

最后还有一批探求灵感的文人,——能写作而不知道写什么的,好比困在奥利斯港口的希腊水手①,因为风平浪静而没法前进,不胜焦灼地等待好风吹满他们的帆。——其中也有些名流,被德莱弗斯事件出其不意地从他们字斟句酌的工作中拉了出来,投入公共集会。在先驱者看来,效仿这种榜样的人太多了。现在多数的文人都参加政治,以左右国家大事自命。只要有一点儿借口,他们马上组织联盟,发表宣言,救护宗庙。有前锋的知识分子,有后方的知识分子,都是难兄难弟。但两派都把对方看作唱高调的清客而自命为聪明人。凡是侥幸有些平民血统的人自认为光荣至极,笔下老是提到这一点。——他们全是牢骚满腹的布尔乔亚,竭力想把布尔乔亚因为自私自利而断送完了的权势恢复过来。但很少使徒能够让热心持续长久的。最初那运动使他们成了名,——恐怕还不是得力于他们的口才,——大为得意。以后他们继续干着,可没有先前的成功了,暗中又怕自己显得可笑。久而久之,这种顾虑渐渐占了上风,何况他们原是趣味高雅,遇事怀疑

① 典出希腊神话,参阅第二册一二五页注。

的人,自然要觉得他们的角色不容易扮演而感到厌倦了。他们等待风色和跟班们的颜色,以便抽身引退;因为他们受着这双重的束缚。新时代的伏尔泰与约瑟·特·曼德尔①,虽然文字写得大胆,实际是畏首畏尾,非常胆小,唯恐得罪了青年人,竭力要博取他们的欢心,把自己装得很年轻。不管在文学上是革命者或反革命者,他们总是战战兢兢地跟着他们早先倡导的文学潮流亦步亦趋。

在这个布尔乔亚的先锋队中间,奥里维所遇到的最奇怪的典型是一个因为胆怯而变成革命分子的人。

那人本名叫比哀尔·加奈。出身是有钱的布尔乔亚,保守派的家庭,跟新思想完全无缘的;家里的人尽是些法官和公务员,以怨恨当局,跟政府闹别扭而丢官出名的;这批中间派的布尔乔亚,想讨好教会,很少思想,可是很会用思想。加奈莫名其妙地娶了一个有贵族姓氏的女人,思想不比他差,也不比他多。顽固,狭窄,落伍,老是苦闷而发牢骚的社会,终于使加奈气恼至极,——尤其因为太太又丑又可厌。他资质中等,思想相当开通,倾向于自由思想,却不大明白它的内容:那在他的环境里是无法懂得的。他只知道周围没有自由,以为只要跑出去就可以找到了。但他不能独自走路:在外边才走了几步,就很高兴的和中学时代的朋友混在一起,其中颇有些醉心于工团主义的人。在这个社会里,他觉得比在自己的社会里更不得劲,但不愿意承认:他总得有个地方混混,可惜找不到像他那种色彩(就是说没有色彩)的人。这一类的家伙在法兰西有的是。他们自惭形秽,不是躲起来,就是染上一种流行的政治色彩,或者同时染上好几种。

依着一般的习惯,加奈尤其和那些跟他差别最厉害的朋友接近。这个法国人,十足的布尔乔亚,十足的内地人气质,居然形影不离的跟一个青年犹太医生做伴。他叫作玛奴斯·埃曼,是个亡命的俄国人。

---

① 特·曼德尔为法国十八世纪宗教哲学家,提倡教皇至上主义,适与伏尔泰之排斥神权相反。此处举此二人代表左右两极端。

像他许多同胞一样，他有双重的天才：一方面能够在别的国家像在本国一样的安居，一方面又觉得无论什么革命都配他的胃口。人家竟弄不清他对革命感到兴趣的，究竟是革命的手段呢还是革命的宗旨。他自己经历的和旁人经历的考验，对他都是一种消遣。他是真诚的革命党人，同时他的科学头脑使他把革命党人（连自己在内）看作一种精神病者。他一边观察，一边培养这精神病。由于兴高采烈的玩票作风和朝三暮四的思想，他专门找那些与自己对立的人来往。他和当权的要人，甚至和警察厅都有关系；东钻钻，西混混，那种令人起疑的好奇心使许多俄国革命家都像是骑墙派，有时他们弄假成真，的确成了骑墙派。那并不是欺骗而是轻浮，往往是没有利害计算的。不少干实际行动的人都把行动当作演戏，尽量施展他们的戏剧天赋，像认真的演员一样，但随时准备改换角色。玛奴斯尽可能地忠于革命党人的角色，因为他天生是个无政府主义者，又喜欢破坏他所侨居的国家的法律，所以这个角色对他最合适。可是归根结底，那不过是一个角色而已。人家从来分不清他的话里哪些是实在的，哪些是虚构的，结果连他自己也不大明白了。

他人很聪明，喜欢讥讽，有的是犹太人与俄国人细腻的心理，能一针见血地看出自己的跟别人的弱点而加以利用，所以他毫不费力就把加奈控制了。他觉得拿这个桑丘·潘沙[①]拉入堂吉诃德式的队伍挺好玩。他老实不客气地支配他，支配他的意志、时间、金钱，——并不是放在自己口袋里（那他不需要，谁也不知道他靠什么过活的），——而是用来对他的主义作最不利的宣传。加奈听人摆布，硬要相信自己和玛奴斯一般思想。他明知道实际并不如此：那些思想是不合情理，使自己害怕的。他不喜欢平民，并且他不是勇敢的人。这个又高又大、身体魁梧、肥肥胖胖的汉子，小娃娃式的脸，胡子剃得精光，呼吸急促，说话甜蜜、浮夸、孩子气十足，长着一身大力士式的肌肉，还是很高明

① 塞万提斯名著《堂吉诃德》中的骑士迷堂吉诃德的侍从。

的拳击家,骨子里却是个最胆小的人。他在家属中间因为被认为捣乱分子而很得意,但看着朋友们的大胆,暗中直打哆嗦。没有问题,这种寒战的感觉并不讨厌,只要是闹着玩儿的。可是玩意儿变得危险了。那些混蛋居然张牙舞爪地凶起来,野心越来越大,使加奈的自私心理,根深蒂固的财产观念,和布尔乔亚的怕事的脾气,都发作了。他不敢问:“你们要把我拉到哪儿去呢?”但他暗暗诅咒那般不管死活的人,一味要跟人家打得头破血流,也不问同时会不会砸破别人的脑袋。——可是谁强迫他跟他们走呢?他不是可以引退的吗?但他没有勇气,他怕孤独,好比一个落在大人后面哭哭啼啼的孩子。他跟大多数人一样;没有一点儿意见,除非是不赞成一切过激的意见。一个人要独立,就非孤独不可;但有几个人熬得住孤独?便是在那些最有眼光的人里头,能有胆量排斥偏见,丢开同辈的人没法摆脱的某些假定的,又有几个?要那么办,等于在自己与别人之间筑起一道城墙。墙的这一边是孤零零的住在沙漠里的自由,墙的那一边是大批的群众。看到这情形,谁会迟疑呢?大家当然更喜欢挤在人堆里,像一群羊似的。气味虽然恶劣,可是很暖和。所以他们尽管心里没有某种思想,也装作有某种思想(那对他们并不很难),其实根本不大知道自己想些什么!……希腊人有句古谚:“一个人先要了解自己”,但这般几乎没有什么“自己”的人怎么办呢?在所有的集体信仰中,不管是宗教方面的还是社会方面的,真正相信的人太少了,因为可称为“人”的人就不多。信仰是一种力,唯大智大勇的人才有。假定信仰是火种,人类是燃料,那么这火种所能燃烧的火把,一向不过是寥寥几根,而往往还是摇晃不定的。使徒,先知,耶稣,都是怀疑过来的。其余的更只是些反光了,——除非精神上遇到某些干旱的时节,从大火把上掉下来的火星才会把整个平原烧起来;随后大火熄灭了,残灰余烬底下只剩一些炭火的光。真正信仰基督的基督徒不过寥寥数百人。其余的都自以为信仰或者是愿意信仰。

那些革命家中间,许多便是这样的人。老实无用的加奈愿意相信自己是个革命家,所以就相信了。但他对自己的大胆十分吃惊。

所有这些布尔乔亚都标榜种种不同的原则:有的是从感情出发的,有的是从理智出发的,有的是从利益出发的;这一批把自己的思想依附《福音书》,那一批依附柏格森,另外一批又依附马克思,蒲鲁东,约瑟·特·曼德尔,尼采,或是乔治·索兰尔。有的革命家是为了趋附时髦,有的是为了生性孤僻;有的是为了需要行动,抱着牺牲的热情;有的是为了奴性特别强,像绵羊一般驯良。可是全部都莫名其妙的被狂风卷着。你可以远远的看到明晃晃的大路上灰尘滚滚,表示大风暴快来了。

奥里维和克利斯朵夫望着这阵风卷过来。两人眼力都很好,但看法不同。奥里维明察秋毫的目光,看透了一般人的用意,对他们的平庸觉得受不了,但他也窥见暗中鼓动他们的力量。他所注意的特别是悲壮的面目。克利斯朵夫却更注意可笑的地方。使他发生兴趣的是人,不是主义或思想。他对这些故意装作不关心,讥笑改造社会的梦想。他素来喜欢跟人别扭,再加对于风靡一时的病态的人道主义有种本能的反抗,所以表面上做得特别自私。他因为是靠自修成功的,不免以自己的体力和意志骄人,把一切没有他那种力量的人看作贪吃懒做。他既是从穷苦与孤独中间挣扎出来的,别人为什么不照样做?……嗬!社会问题!什么叫作社会问题?是指吃不饱穿不暖吗?

“那个味道我是尝过的,”他说,“我的父亲,母亲,我自己,都是过来人。只要你跳出来就是了。”

“这不是每个人都办得到的,”奥里维说,“有病人,有倒霉的人……”

“那么大家去帮助他们呀,不是挺简单吗?可是像现在这样去捧他们决不是帮助。从前人们拥护强者的权利固然要不得,我可不知道拥护弱者的权利是不是更要不得,它扰乱现代的思想,虐待强者,剥削强者。今日之下,一个人病弱,穷苦,愚蠢,潦倒,差不多是美德了,——而坚强,健康,克服环境等等反成了缺点。最可笑的,倒是那些强者最先相信这种观点……这不是一个挺好的喜剧题材吗?奥里维,你说!"

"我宁可让人家取笑,也不愿意让别人哭。"

"好孩子!"克利斯朵夫回答,"哎!谁不跟你一样想呢?看到一个驼子,我的脊梁就觉得不舒服。我们不能不演喜剧,可不应当由我们去写喜剧。"

有人相信将来会有个公平合理的社会,克利斯朵夫可决不为这种梦想着迷。他的平民式的头脑,认为将来仍旧逃不出过去的一套。奥里维指责他说:

"倘若人家关于艺术问题跟你说这种话,你不要跳起来吗?"

"也许。总之我只懂得艺术。你也是的。我素来不信那般谈外行事情的人。"

奥里维也同样不信任这等人。两位朋友甚至过于怀疑,老是跟政治离得远远的。奥里维不免有点儿惭愧地承认他从来没使用过选举权,十年以来没有向市政府领过选民登记表。他说:

"干吗要去参加一出我明知毫无意义的喜剧呢?选举吗?选谁?那些候选人对于我全是陌生的,我也说不上看中哪一个。而且我敢断定,他们一朝被选出了,都立刻会背弃他们的主张。监督他们吗?逼他们尽责吗?那不过是白白糟蹋我的生活。我既没时间,也没精力;既没有辩才,也没有不择手段的勇气和喜欢行动的心情。所以还不如放弃权利。我可以受罪,至少我没有实施罪行!"

但他尽管把事情看得这样清楚,尽管厌恶政治上一切应有的手法,仍旧对革命抱着虚幻的希望。他明知道虚幻,可并不放弃希望。这个神秘的现象是从种族中来的。奥里维的民族是西方最爱破坏的民族,为了建设而破坏,也为了破坏而建设的民族,——它跟思想赌博,跟人生赌博,老是推翻一切,预备从头做起,拿自己的血作赌注。

克利斯朵夫并没有这种遗传的救世精神。他的浓厚的日耳曼气

息不相信革命的作用。他认为世界是没法改造的,大家只是搬弄一些理论,说一大套空话罢了。他说:

"我用不着掀起革命——或是长篇大论地讨论革命——来证明我的力量。我更用不着像那些青年一样,推翻政府来拥立一个君主,或是成立什么救国委员会来保卫我。这算证明一个人的力量吗?那才怪了!我会保卫自己的。我不是无政府主义者;我喜欢必不可少的秩序,也尊重统治宇宙的规律。可是我跟这个规律之间用不到中间人。我的意志会发号施令,同时也知道服从。你们满嘴都是先哲的至理名言,那么该记得你们的高乃依说过:'只要我一个人就够了!'你们希望有一个主宰,就表示你们软弱无用。力是和光明一样的,只有瞎子才会否认!你们得做个强者,心平气和的,不用理论,不用暴力;那时候,所有的弱者都会像植物向着太阳一般向着你们……"

他尽管说不能为了讨论政治而浪费时间,实际上并不真的那样不关心。在艺术家立场上,他也受到社会骚动的影响。因为一时没有热情鼓动他,他便彷徨四顾,问自己究竟是为谁工作。看到现代艺术的那般可怜的顾客,身心俱疲的优秀分子,存着玩票心理的布尔乔亚,他不由得想道:"为这些人工作有什么意思呢?"

当然,思想高雅,博学多闻,懂得个中甘苦,能够赏识新奇,赏识古拙的情趣——(那跟新奇是一而二,二而一的)——的人,并非没有。但他们厌倦一切,灵智的成分太多而生命力太少,以为艺术是虚空的;他们只对音响的或思想的游戏感到兴趣;而多数还得为世俗的事分心,为无数不必要的事耗费精神。要他们接触到艺术的核心几乎是不可能的;他们认为艺术不是血肉构成的,只是舞文弄墨的玩意儿。他们的批评家造成了一种理论,证明他们没有能力摆脱玩票的作风是对的。即使有几个人还有相当的弹性,对于强烈的和弦能够产生共鸣,可没有力量消受;他们在人生舞台上已经残废了:不是神经病就是瘫痪。艺术在这个病院中间又能做些什么呢?——可是在现代社会里,艺术根本没法摆脱这些变态的人:他们有的是金钱和报纸,唯有他们才能使一个艺术家活下去。所以艺术家非受羞辱不可,不得不在交际晚会中拿出他披肝沥胆的艺术,充满了内心生活的秘密的音乐,给一般趋时的群众和厌倦不堪的知识分子作娱乐,——更确切地说,是给他们解闷,或者是让他们有些新的烦闷。

克利斯朵夫寻访真正的群众,相信人生的情绪和艺术的情绪都是真实的、能够以新鲜的心情来接受的群众。他暗中受着大家所预告的新社会——平民——吸引。因为想起了童年的事,想起了高脱弗烈特和一般微贱的人,启示他深邃的生命的或是和他一同享受神圣的音乐的人,他便相信真正的朋友是在这方面。像多少天真的青年一样,他想着一些大众艺术的计划,什么平民音乐会,平民戏院,内容他也不大说得清。他希望革命能让艺术有个更新的机会,以为社会运动使他感到兴趣的就只有这一点。其实他是欺骗自己:像他那么元气充足的人,决不能不受当时最有活力的行动吸引。

他最瞧不上眼的是布尔乔亚的理论家。这一类的树所生的果实往往是干瘪的;所有生命的精华都冻结了,成了空洞的观念。克利斯朵夫对这些观念是不加区别的。他无所偏好,便是他自己的主张一朝凝结为一种学说之后,他也不再爱好。他存着瞧不起的心理,既不理会那些拥护强权的理论家,也不理会奉承弱者的理论家。在无论什么喜剧里,爱发议论的角色是最不讨好的。观众不但更喜欢值得同情的人,甚至觉得串反派的角儿也不像他那么可恶。在这一点上,克利斯朵夫跟群众的心理完全相同,认为喋喋不休地谈论社会问题只能叫人起腻。但他很好玩地打量着别人,打量着那些相信的人和愿意相信的人,受骗的和但求受骗的人,以劫掠为业的海贼,和生来供人剪毛的绵羊。对于像胖子加奈一般有些可笑的老实人,他很宽容。他们的庸俗不至于使他感到像奥里维那样难堪。他对无论什么角色都用一种亲热而含讥带讽的心情看着,自以为跟他们所演的戏毫不相干,并没觉得他慢慢地已经参加进去。他自以为只是一个旁观者,看着狂风吹过。殊不知狂风已经吹到他的身上,把他带着走了。

这出社会剧可以说戏中有戏。知识分子演的那一部分是穿插在喜剧中的喜剧,民众不爱看的。正戏乃民众所演。旁人既不容易看清情节,连民众自己也不大明白。出乎意料的变化在那个戏里只有更多。

说白当然多于行动。不论是布尔乔亚还是平民,所有的法国人都是尽多尽少的话都吞得下的,正如尽多尽少的面包都吃得下。但大家吃的不是同样的面包。有为挑剔的味觉用的高级的语言,也有为塞饱饿鬼的肚子用的更富营养的语言。即使字面相同,捏造的方式却不一样;味道,香气,意义,都各各不同。

奥里维第一次参加一个民众集会的时候,尝到这一类的面包,觉得毫无胃口,食物哽在喉头咽不下去。思想的平凡,措辞的单调和野蛮,空洞的滥调,幼稚的逻辑,抽象的理论和乱七八糟的事实,好比做坏了的芥末酱,只能使奥里维作呕。一方面是用字不恰当,另一方面还没有平民谈吐中那点儿生动的趣味。那完全是一批报纸上的字汇,褪色的服装,从布尔乔亚的修辞学旧货店中捡来的。说话的烦琐尤其使奥里维骇怪。他可忘了文字的简洁不是天然的,而是修炼出来的,由上层阶级琢磨出来的。大都市里的平民决不能单纯,老是喜欢寻找纤巧而复杂的辞藻。奥里维不懂这些浮夸的话对听众所能产生的影响。在这方面,他完全不得其门而入。我们把别个民族的语言叫作外国语。殊不知在同一个民族里,语言的种类几乎跟社会的阶层一样多。唯有对人数有限的上层阶级,语言才是几世纪的经验的结晶,对其余的人,它只代表他们自身的和他们集团的经验。那些被优秀分子用旧了、摒弃了的字,仿佛是一所空屋子,从优秀分子迁出以后,又搬进了新人物。你要愿意认识主人,就得走进屋子。

克利斯朵夫便是这么办了。

他和工人们发生关系是由一个在国家铁路上办事的邻居介绍的。那邻居四十五岁,个子矮小,未老先衰,头发都秃了,眼睛陷得很深,腮帮瘪缩,弯弯的鼻子挺大,嘴巴的长相显得人很聪明,畸形的耳朵,边上的肉裂成了几片:他浑身上下都是衰败的模样。他叫阿西特·高蒂哀,不是平民出身,而是中等的、清白的布尔乔亚,家里为了教育这个独子,把一份薄产花光了还没有能完成他的学业。很年轻的时候,他谋到了一个国家机关的差事,那在贫穷的中产阶级眼里是救星,其实是死亡,——是活埋。一朝进去之后,再也出不来了。他又犯了一桩错误——(那是现代社会的许多错误之一),——爱上一个美丽的女工,结了婚,不久她就露出鄙俗不堪的本性。她替他生了三个孩子。当然他得养活这一家几口。这个聪明而一心想进修的男人被贫穷困住了,觉得心中有些潜伏的力量被生活的艰难窒息了,却又不甘屈服。他从来不得清静:当着会计处的职员,整天消磨在机械的工作里;一起办公的都是又俗气又饶舌的同事,讲些废话,骂骂上司,算作对无聊的生活出气,同时也嘲笑他,因为他不懂得把求知欲在他们面前藏起来。回到家里,他只看到一个气味难闻的,丑恶的寓所,和一个吵吵嚷嚷,庸碌至极的女人。她不了解他,把他当作懒虫或疯子。孩子们一点儿不像他而像母亲。为什么他得过这种生活呢?这算是公道的吗?牢骚,痛苦,穷困,无聊的职业,使他从早到晚找不到一小时的光阴来修心养气,找不到一小时的静默,他被折磨得力倦神疲,烦躁不堪。为了忘掉这些,他最近常酗酒,结果更把他断送了。克利斯朵夫看到这个悲剧大为震动;残缺不全的个性,没有充分的修养,没有艺术趣味,但生来是为做些大事业的,可是现在被不幸的遭遇压倒了。高蒂哀立刻抓住了克利斯朵夫,好似快淹死的弱者碰到了一个游泳健将的手臂。他又喜欢又羡慕克利斯朵夫,带他去参加群众集会,见到革命党里的某些领袖,那是他为了怨恨社会而结交的。因为想做贵族而没做成,所以他跟平民混在一起极感痛苦。

克利斯朵夫却比他平民化得多——尤其因为他并不需要做平民——对这些集会很感兴趣。会场上的演说使他觉得好玩。他不像奥里维那样感到厌恶,对语言的可笑也并不敏感,认为所有多嘴的家伙都是半斤八两。他素来瞧不起高谈阔论。但他虽没费心去了解那套辞令,却在演说家与听讲者的心里咂摸到说话的音乐。演说家的力量一旦引起了听众的共鸣,立刻增加了百倍。克利斯朵夫先是只注意到前者;他出于好奇,居然结识了几个演说家。

对群众最有影响的一个是加齐米·育西哀——深色头发,脸色苍白,年纪在三十至三十五之间,相貌像蒙古人,身形清瘦,病病歪歪的,眼睛的神气又热烈又冷静,头发很少,胡子尖尖的。他的力量不在于他那种空泛、急促、跟语气不调和的姿势,也不在于他的失音的,常带嘶嘶声的浮夸的说话,而在于他这个人本身,在于他深信不疑的态度。他似乎不允许人家跟他有不同的思想;而既然他的思想就是群众愿意想的,所以群众和他很投机。他把大家期待的话三遍、四遍、十遍地告诉他们,像发疯般拼命在同一只钉子上尽敲;他的群众也学着他的样尽敲,尽敲,直把那只钉嵌入肉里。——除了这种本领以外,他过去犯的许多政治案子也增加了他的声望。他表面上有股百折不挠的毅力,但明眼人可以看出他骨子里被多年的辛苦和努力磨得疲倦死了,厌烦死了,愤愤不平地恨着命运。他每天消耗的精力都入不敷出:从小就被工作和贫穷把身子磨坏了,做过玻璃匠,白铁匠,印刷工人;又害着肺病,使他对他的主义,对自己,常常心灰意懒,有时又兴奋若狂。他的暴烈一方面是有意的,一方面是病态的;就是说一半是为了政治作用,一半是为了冲动。他的学问是乱七八糟自修来的:有些事懂得很透彻,例如科学,社会学,以及他学过的各种手艺;对许多别的事他只是一知半解;但真懂的也好,不懂的也好,他都很有把握。他有理想世界,有准确的观念,有愚昧无知的地方,有非常实际的头脑,有偏见,有经验,有对布尔乔亚的猜忌和仇恨。可是他照旧对克利斯朵夫很好,因为看到一个知名的艺术家来结交他,心里很得意。他那等人是生来当领袖的,无论做什么事,对工人们都很不客气。他虽然真心要平等,但事实上对高级的人比对低级的人更容易平等。

克利斯朵夫还遇到工人运动的别的几个领袖。他们之间没有多少好感。共同的斗争好容易促成了一致的行动,可是没有把大家的心联合起来。可见所谓阶级的分野完全是浮浅的,暂时的。许多年深月久的敌对状态不过是被延缓了一下,掩饰了一下,实际始终存在。在工人领袖中间,我们照旧看到南方人与北方人的对立,彼此存着根深蒂固的轻蔑的心理。干这一行的妒忌另外一行的工资,而每行又自以为比别行高卓。但人与人间最大的区别还不在于这些而在于气质。狐狸、狼、绵羊,天生吃人的野兽和天生被人吃的野兽,因为阶级相同,利害相同而集合在一起,但大家伸着鼻子嗅着,彼此都认了出来,毛都竖起来了。

克利斯朵夫有时在一家兼卖牛奶的小饭店里吃饭,那是高蒂哀的老同事,因罢工而被撤职的铁路职员西蒙开的;常客都是一般工团主义者。他们总共是五六个人,聚在最里头一间屋子里,靠着又小又黑的天井,两只挂在亮处的金丝雀老是叫得很起劲。和育西哀同来的是他的情妇,美丽的贝德,身子结实而风骚的姑娘,没血色的皮肤,戴着大红便帽,眼睛迷迷糊糊的带着笑意。一个年轻的小白脸像跟班一样盯着她,那是聪明而装腔作势的机器匠雷沃博·格拉伊沃,这一帮中间的"雅人"。他自命为无政府主义者,反对布尔乔亚最激烈的一个,但气质上是个最要不得的布尔乔亚。多少年来,他每天早上都要买些一个铜子一份的文学报,把上面的黄色小说吞下去。这些读物把他变成一个头重脚轻的怪物:脑子里想着精益求精的寻欢作乐的玩意儿,身体却肮脏到极点,日常生活也鄙俗到极点。他最喜欢病态的富翁们作兴奋剂用的"奢侈"。因为肉体享受不到这奢侈,他就在精神上享受。那当然是浑身难过的。但这样一来,他跟有钱的人并肩了,而且他还恨他们。

克利斯朵夫受不了这种人,更喜欢电气匠塞巴斯蒂安·高加。那是和育西哀一样最受听众欢迎的演说家,可没有满嘴的理论。他有时不大清楚自己要往哪儿去,只知道勇往直前,可以说是地道的法国人。个子很结实,年纪四十上下,血色很好的大胖脸。圆圆的脑袋,红红的头发,留着一大簇胡子,脖子跟嗓子都像牛一样。他和育西哀同样是能干的工人,可是嘻嘻哈哈,喜欢吃喝。虚弱的育西哀看着这么健旺的身体非常妒羡;他们俩虽是朋友,暗中却怀有敌意。

饭店的主妇奥兰丽,四十五岁,当年大概长得很美,现在经过了时间的侵蚀还颇有风韵,她拿着件活儿坐在旁边听他们谈话,脸上挂着一副亲切的笑容,嘴唇跟着他们的话扯动;随时也穿插一两句,一边工作一边颠头耸脑地替自己的话打拍子。她有一个已经出嫁的女儿,和两个分别为七岁和十岁的孩子,一男一女——他们伏在一张满是污点的桌上做功课,吐着舌头,不时把一两句他们不应该听的话听在耳里。

奥里维陪克利斯朵夫去了两三次,觉得混在这帮人中间很不自在。那些工人只要不受工场中严格的时间限制,不是被那个顽强的汽笛使唤,就不知道会浪费多少光阴:或是在工作以后,或是在上下班之间,或是在偷懒的时候,或是在失业的时期。克利斯朵夫那时无事可做;在旧作已完,新作还没有端倪的阶段,他也不比他们更忙,很高兴把肘子撑在桌上,抽烟,喝酒,谈天。可是奥里维以他布尔乔亚的本能,以他思想须有纪律、工作须有规则、时间必须经济等等意识,大大地看不上眼;他不喜欢这样糟蹋光阴。并且他既不会说话,又不会喝酒。最后还有那种生理上的不舒服,潜伏在出身不同的人士之间的反感:心灵要求沟通而肉体抱着敌意,仿佛是肉对灵的反抗。他单独和克利斯朵夫在一起的时候,常常很激动地说应当亲近群众;一旦面对了群众,他却没法亲近了。而嘲笑他那种思想的克和斯朵夫,倒毫不费力的可以和街上随便遇到的工人称兄道弟。奥里维看到自己跟这些人隔离,非常伤心。他勉强学他们,和他们一样思想,一样说话,可是不行。他的嗓子不够响亮,不够清楚,音调跟他们的不一样。他学他们的某些谈吐,但字眼不是哽在喉头,就是声音走腔。他竭力留神,觉得很窘,同时也教别人发窘。在他们眼里,他是一个形迹可疑的外人,谁对他也没有好感,他一走,大家都会松一口气。这些他都知道。

他常常遇到一些冷酷的目光,充满着敌意,跟一般因饥寒交迫而愤懑不平的工人看中产阶级的目光一样。或许这态度同时也是对克利斯朵夫的,但克利斯朵夫完全看不见。

那批人中间愿意接近奥里维的只有奥兰丽的两个孩子。他们对布尔乔亚当然没有怨恨。那男孩子还受着布尔乔亚思想的诱惑呢。他的聪明足够他去爱这种思想,却不够去了解。长得挺好看的女孩子,有一回被奥里维带到亚诺太太家里,看着华丽的陈设出神了:坐在漂亮的安乐椅里,用手指摸一下鲜艳的衣衫,她心里快活到极点;她有那种小家碧玉的本能,只希望溜出平民阶级而跳进布尔乔亚的安乐窝。奥里维完全没心思培养她这种倾向;而她对于他的阶级所表示的天真的敬意,也不能补偿别人暗中对他的反感——那是他深感痛苦的。他抱着一腔热忱想了解他们,事实上也许太了解他们了,把他们观察得太仔细了,使他们生了气。但他的观察并非由于冒昧的好奇心,而是由于喜欢分析人家心理的习惯。

他不久便发现了隐藏在育西哀生活中的悲剧:第一是那个侵蚀他的病,其次是他的情妇的残忍游戏。她的确很爱他,觉得有他这样一个情人是值得自傲的,但她生机太旺了;他知道她将来会逃掉,同时因为嫉妒而心里苦恼。她却以此为乐:挑逗男人,用眼神逗他们,喜欢疯疯癫癫地东拈西惹。也许她在背后和格拉伊沃欺骗育西哀,也许是故意要他这么相信。总而言之,这种事不是今天,便是明天,早晚会发生的。育西哀不敢禁止她爱她喜欢的人。他不是宣传女人和男人同样有权利,可以自由吗?有一天他咒骂她。她就又狡猾又放肆地提醒他这一点。他的关于自由的理论和他暴烈的本能,在胸中猛烈交战。他的心还是一个旧时代的人的心:专制,嫉妒;他的理智却是一个新时代的人的理智,理想世界的人的理智。至于她,她就是个女人,昨天的,明天的,千古不变的女人。——奥里维眼看着这场暗斗,凭着自己的经验知道这场斗争的残酷,所以对育西哀极表同情。育西哀猜到奥里维窥破他的心事,但绝对不感激他。

另外有个人也用着宽容的目光在那里留神这一场爱与恨的游戏。那是饭店的主妇奥兰丽,不动声色地把一切看在眼里。她是懂得人生甘苦的。这个健全、安静、规矩的女人,年轻时也胡闹过:最初在花店里做工,有过一个布尔乔亚的情人,而且还有别的。以后她嫁了个工人,变成了贤妻良母。但她懂得一个人在感情方面的荒唐,懂得育西哀的嫉妒,也懂得那个喜欢玩儿的姑娘,常常用几句亲切的话替他们排解:

"唉,咱们总得彼此迁就才行。犯不上为这么一点儿小事生气……"

她也并不奇怪她说的话毫无用处……

"那永远是没用的。人总是自寻烦恼……"

她有一种平民式的达观,可以使苦难不至于在心中多留痕迹。苦难,她也有过的。三个月以前,她那么疼爱的十五岁的儿子死了……非常悲伤……可是现在她有说有笑,照常办事了。"尽想下去是活不了的。"她说。

所以她就不再想了。那并非自私,而是迫不得已,她生命力太强,老注意着"现在",不能留恋"过去"。她适应既成事实,也适应可能临到的事实。如果革命来了,把一切都颠倒了,她还是会站定脚跟,做她可做的事,不管被放在哪儿,总是得其所哉。骨子里她对革命的信仰不过尔尔。她对什么事都不怎么相信。不消说,她彷徨的时候也会去起课卜卦,看到出丧的队伍也从来不忘记划十字。她头脑开通,胸襟宽大,像巴黎的平民阶级一样,怀疑而不悲观。虽是革命党员的妻子,她对丈夫的,丈夫的党派的、别的党派的思想,照旧像母亲看孩子那样,抱着嘲弄的态度,正如她觉得青年人的愚蠢和成年人的愚蠢同样可笑。很少有事情能够使她激动,但她对一切都感到兴趣。运气好也罢,坏也罢,她都能够担当。总而言之,她是个乐天派。

"愁什么!……只要身体好,一切就有办法……"

这样一个女子当然和克利斯朵夫是意气相投的。他们用不着多说话就觉得彼此精神上是一家人：常常相视而笑，听着别人唠唠叨叨，叫叫嚷嚷。但往往她自个儿笑着，眼看克利斯朵夫也卷入了辩论，比别人更兴奋。

克利斯朵夫没注意到奥里维的孤独与难堪。他并不去猜那些人的心事，只知道跟他们吃喝，嬉笑，生气。他们也不猜忌他，虽然彼此争论得很激烈。他老实不客气对他们说出心里的话，其实也说不出究竟是赞成他们还是反对他们。他根本没想过这一点。要是有人强迫他选择，他一定会站在工团主义方面①，而反对社会主义以及主张建立一个政府的任何主义——因为政府这个怪物只能制造公务员跟机器人。他的理智赞成同业工会的努力，那柄两面出锋的利斧可以把社会主义政体那种抽象的观念，和贫乏的个人主义同时铲除。个人主义只能分散精力，把群众的力量化为个别的弱点；而这个近代社会的大弊病是应当由法国大革命负一部分责任的。

然而天性比理智更强。克利斯朵夫一接触工团组合——那些弱者的可怕的联盟——他的强有力的个人主义便起反抗了。他瞧不起这帮需要把彼此缚在一起才能战斗的人。即使他承认他们可以服从这个规则，他却声明这规则决不适用于他。而且，被压迫的弱者固然值得同情，但他们一旦压迫别人的时候就不值得同情了。克利斯朵夫从前对一帮孤独的老实人喊着“你们得联合起来！”现在初次看到老实人的集团中间有的是并不老实的人，把他们的权利和力量看得高于一切而随时想加以滥用，他就不大痛快了。一般最优秀的人，和克利斯朵夫以前住在一幢屋子里的朋友们，一点也得不到这些战斗集团的好处。他们心地太好，胆子太小，看到这种团体不免惊惶失措；他们注定

① 工团主义是工会运动中损害无产阶级利益的一个小资产阶级机会主义的流派，它把无政府主义思想带进了工会。这个流派于十九世纪末及二十世纪初在法、意等国尤为盛行。工团主义对工人阶级的政治斗争起了有害的影响：它否认无产阶级专政的必要，认为工会不要工人阶级政党即能保证对资产阶级斗争的胜利，达到把劳动工具与生产手段转归工会所有的最终目的。

是第一批被压倒的。面对着工人运动，他们和奥里维处于同样的境地。奥里维固然同情正在组织起来的劳动阶级，但他自己是在崇拜自由的气氛中长大的，而自由两字却是革命分子最不介意的。今日除了一个对社会毫无影响的优秀阶级之外，还有谁关切自由？自由正逢着黯淡的日子。罗马的教皇们掩蔽理智的光。巴黎的教皇们熄灭天上的光[①]。共和党人熄灭街上的光。到处是帝国主义的胜利：罗马教皇的神权的帝国主义；唯利是图的与神秘的君主国的军事帝国主义；资本家共和国的官僚帝国主义；革命委员会的独裁帝国主义。可怜的自由，世界上没有你的存身之处了！……革命党人所提倡而实行的“滥用权力”，使克利斯朵夫和奥里维大为反感。他们对那些不肯为共同利害受苦的黄色工人[②]当然很轻视，但觉得用武力去强制这些人更可恨——但你非打定主意不可。事实上今日不是要你在帝国主义与自由之间挑选，而是要在一种帝国主义和另一种帝国主义之间挑选。奥里维说：

“两种都要不得。我只知道跟被压迫的人站在一起。”克利斯朵夫同样痛恨压迫者的专制。但他跟在反抗的劳动队伍后面，也学着他们使用武力的榜样。他自己可不觉得，还向同桌吃饭的人声明他不是跟他们一伙的。他说：

“只要你们只关心物质的利益，你们就不会让我感兴趣。等到有一天你们为了一种信仰而奋斗的时候，我一定跟你们联合起来。要不然，大家为了肚子而拼命，我来干什么？我是艺术家，有保卫艺术的责任，不能拿艺术去替一个党派服务。我知道近来有些野心的作家，为了要争取那种不干净的名气，做出了不少坏榜样。我认为他们这样的保卫一个主义不一定使主义得到什么好处；而叛弃艺术倒是真的。我们的职责是要救出智慧的光明。那决不能卷进你们盲目的斗争。倘

① 此语引自法国某议员的荒谬的演讲词。——原注

② 初期工团联盟中，反对革命与罢工的一派被称为黄色工人，激烈的一派被称为红色工人。

若我们不拿着火把，谁拿？你们打过仗以后看到光明依然无恙，一定是很高兴的。大家挤在甲板上扭打的时候，总得有些工人管着锅炉不让它熄灭。我们要了解一切，对什么都不恨。艺术家好比一支罗盘针，外边尽管是狂风暴雨，它始终指着北斗星……”

他们认为他唱高调，说他自己的罗盘针已经丢了。他们很高兴能不伤和气地奚落他一阵。在他们心目中，艺术家是个取巧的家伙，只想做些最少而最舒服的工作。

他回答说他跟他们工作一样多，更多，还不像他们那么怕工作。他最恨怠工，最恨粗枝大叶，以偷懒为原则。

“所有这些可怜虫，”他说，“都怕碰坏了他们宝贵的皮肤！……天哪！我从十岁起就没停过工作。你们却不爱工作，你们骨子里是布尔乔亚，还自以为能够毁灭旧世界！哼，你们非但办不到，而且也不愿意。真的，你们不愿意！你们吵吵闹闹的吓人，好像要把一切都破坏干净，其实都是空的。你们心中只有一个念头：就是把什么都抢过来，躺到布尔乔亚热乎乎的床上去。只有几百个可怜的扛泥巴的小工始终预备给人家剥皮或是剥人家的皮，莫名其妙地——也许是为了好玩，也许是为要找点儿补偿，为几百年的辛苦出口气；除此以外旁人只想溜之大吉，一有机会便混进布尔乔亚的队伍。他们当什么社会主义者，新闻记者，演说家，文人，议员，部长……哎，别骂他们。你们也不见得高明。你们说那些是卖党求荣的混蛋。可是以后轮到谁呢？你们都要走上这条路，没有一个不上钩的！怎么能不上钩呢？你们中间没有一个相信灵魂不朽的。你们只有肚子，只想多多益善地把空肚子填满。”

说到这里，大家都生气了，七嘴八舌地同时开口。克利斯朵夫争论的时候往往热情冲动，比别人更激烈。那是不由他做主的：一旦看到了一桩侵犯正义的事，他的知识方面的骄傲，为了求精神上的陶醉而虚构出来的唯美的世界观，都顿时消灭了。世界上十分之八的人不是赤贫便是生活艰难，你还谈美学吗？得了吧！只有无耻的特权阶级才敢唱这种高调。像克利斯朵夫那样的艺术家,良心上不能不拥护劳工的政党。不公平的社会情形、贫富的悬殊,使脑力劳动者感到的痛苦比谁都深刻。艺术家或是挨饿,或是成为百万富翁,完全凭那个捉摸不定的风气,或是在操纵风气的人手里。坐视优秀分子消灭,或者给他极不公平的待遇:那种社会不是个社会而是个妖魔,应当铲除。不管工作不工作,每个人都应当有每天的口粮。每种工作,不论是好的是普通的,它的报酬应当以工作的人的正当与正常的需要为标准,而不能以工作的真价值为标准,——(要估计工作的真价值,而且要永远的公平,谁有这个资格?)——对于替社会增光的艺术家、学者、发明家,社会应当给予充分的津贴,让他们能有时间与方法替社会争取更大的光荣。这就够了。达·芬奇的名作《蒙娜丽莎》并不值一百万。一笔钱跟一件艺术品根本是不相干的;艺术品既不在金钱之上,亦不在金钱之下,而是在金钱之外。问题并不在于付它的代价,而在于使艺术家能够生活。你得让他有饭吃,能安安静静地工作。财富是多余的,是盗窃旁人。我们应当老实不客气地说:谁要是财产超过了他和他家族的生活费,超过了为他的智慧正常发展所必需的费用,便是一个贼。他多出来的就是别人缺少的。人家提到法兰西无尽的财富,巨大的产业,我们听了只能苦笑;因为我们这批代表民族活力的人是劳动大众,是工人,是知识分子,不论男女,从小就得筋疲力尽地挣取一些免于饿死的生活费,还常常眼看最优秀的人被劳苦磨死。你们却吞饱了人间的财富,靠着我们的灾难与痛苦而致富。你们心里不会觉得不安,有的是自欺欺人的诡辩,说什么产权是神圣的,为生存而斗争是健康的,求进步是最高的目的。嗬!进步,牺牲了别人的"所有"去求那个大成问题的进步!然而无论如何,你们总是太多了。你们所拥有的远过于你们生活的需要。我们却不够。而我们比你们更有价值。如果你们喜欢不平等,那么小心些,也许明天你们自己就会吃不平等的苦!

克利斯朵夫便是这样的受着周围的热情鼓动。接着他对于自己的滔滔雄辩觉得奇怪,但并不在意,认为那是喝多了酒的缘故。他只惋惜没有好酒,顺便把莱茵佳酿夸上一阵。他还自以为和革命思想毫不相干。可是慢慢地有了一种奇怪的现象:克利斯朵夫辩论的时候情绪越来越热烈,而那些同伴相比之下倒似乎越来越冷淡。

他们没有他那么多的幻想。连一帮激烈的煽动家,布尔乔亚最害怕的家伙,心里也摇摇不定,并且布尔乔亚的意识特别强。笑声如马啸似的高加,直着嗓子,做着可怕的手势,但对自己大叫大嚷的话也将信将疑:他是拿暴力来吹牛的人。看透了布尔乔亚的心虚胆怯,他故意恫吓他们,勉强装作强者。关于这一点,他会嘻嘻哈哈地在克利斯朵夫面前承认的。格拉伊沃却批评一切,批评人家想做的一切,叫什么都流产。育西哀则是永远肯定,从来不认错。他明明看到自己的论点有哪些缺陷,但反而更固执;为了保全自己的主张,他连事业的成功都不惜牺牲。可是他也会从极固执的信仰一变而为讥讽嘲弄,非常悲观,毫不留情地指出所有的理论都是谎话,所有的努力都是白费。

大多数的工人都是这样。他们一忽儿如醉若狂,说得天花乱坠,一忽儿垂头丧气,心灰意懒。他们抱着极大的、毫无根据的幻想,不是自己苦心孤诣创造出来的,只凭着把他们带到下等酒店去的懒惰的习气,从别处现成接受来的。无可救药的思想的懒惰,原因太多了:好比一头困惫不堪的野兽,只想躺在地下,消消停停地咀嚼它的食料,做它的梦。梦消灭以后,只有更累,更觉得口干舌燥。他们老是没头没脑地捧一个领袖,过了一晌又对他猜疑,把他丢掉。最可叹的是他们并没有错:一个又一个的领袖都是被功名、财富和虚荣勾引来的。育西哀因为害着肺病,眼看死期不远,才没有走上这条路;但除了育西哀之外,那些卖党求荣或中途厌倦的人又有多少!像当时各党各派的政客一样,他们被腐化的风气断送了;堕落的原因不外乎女人或金钱(这两样其实是分不开的)。不论在政府中间或在在野党中间,有的是第一流的才俊,有大政治家素质的人(在别的时代他们或许可以成功);但他们没有信仰,没有品格;寻欢作乐的需要,寻欢作乐的习惯,寻欢作乐的不够刺激,使他们烦躁不堪,往往在大计划中间做出些莫名其妙的事,或者半路上突然把事情丢下了,不管国家,不管自己的主义,径自停下来休息或享福了。他们有足够的勇气去死在战场上,可是很少有领袖能不说一句大话,一动不动地把着舵,死在自己的岗位上。

因为大家对自己这种天生的弱点怀着鬼胎,所以把革命运动搞成了一个半身不遂的局面。那些工人你指责我,我指责你。罢工老是失败:因为领袖与领袖之间,工会与工会之间,改良派与革命派之间,永远闹意见;——因为表面上虚声恫吓而骨子里是胆小到极点;——因为绵羊般的遗传性,使反抗的人一接到司法当局的命令就乖乖地把枷锁重新套到自己的脖子上;——因为投机分子自私自利,卑鄙无耻,利用别人的反抗去博主子的欢心,同时把主子大大地敲诈一下。而群众中必然有的混乱现象与无政府思想,还没计算在内。他们很想来一下革命性的工业罢工,却不愿意被人看作革命党。动刀动枪的事对他们不是味儿。他们想不敲破鸡蛋而炒鸡蛋,或者是只敲破邻居的鸡蛋。

奥里维瞧着,观察着,并不惊奇。他断定这些人没资格做他们自以为能做的事业,但也认出那股鼓动他们的无可避免的力,并且发现克利斯朵夫已经不知不觉跟着潮水走了。奥里维自己巴不得让潮水带走,而潮水偏不要他。他只能站在岸上望着它流过。

这是一道强有力的水流。它掀起一大堆热情、信仰、利害关系,使它们互相冲击,交融,激起无数相反的水沫与旋涡。为首的是那些领袖。他们是队伍中最不自由的人,因为被人推动着,而且也许是队伍中最少信仰的:他们的信仰已经是过去的事了,正如那般受他们奚落的教士,因为发了愿,因为从前相信过而不得不硬着头皮相信下去。跟在他们后面的大队人马是暴烈的,没有主见的,短视的。大多数人的信仰完全是受偶然支配。他们有信仰,因为现在潮水正向着这些乌托邦流去;今晚上他们可以不信仰,因为潮水有转变的倾向。另外许多人是因为需要活动,需要冒险而相信的。还有一批是单凭不通情理的,专断的逻辑相信的。另有一批是为了心地慈悲而相信。而最乖巧的只把思想用作战争的武器,为了争某个数目的工资,减掉多少钟点的工作而斗争。胃口健旺的人,暗中希望自己贫苦的生活将来能大大地找一点补偿。

但那股潮水比他们这些人都聪明;它知道它往哪儿去。暂时被旧世界的堤岸冲散一下有什么关系呢?奥里维料到社会革命在今日是要被压倒的,但也知道打败仗可以和打胜仗一样促成革命的目的:因为压迫者一直要等到被压迫者叫他们害怕的时候,才肯答应被压迫者的要求。革命党的主义是公平的,所用的暴力是不公平的,但对于他们的目标同样有利,两者都是整个计划中的一部分,而所谓计划便是带着人往前的那个盲目而切实的力的计划。

"你们这群被主子召唤的人,你们自己估量一下吧。你们中没有多少哲人,没有多少强者,没有多少高尚的人。但主子选择了这个世界上的疯子来骇惑哲人,选择了弱者来骇惑强者,选择了下贱的,被人轻蔑的,空虚的事,来摧毁实在的事……"

然而不问操纵的主子是谁,是理性还是非理性,虽然工团主义所准备的社会组织可能使将来的局面有些进步,奥里维还是觉得他和克利斯朵夫犯不上把所有幻想与牺牲的劲儿放到这场战斗中去,放到这场庸俗而不能开辟新天地的战斗中去。他对革命所抱的神秘的希望幻灭了。平民不见得比别的阶级更好,更真诚,甚至是没有多大分别。

在骚乱的热情与追求名利的浪潮中,奥里维的眼睛跟心特别受着几座独立的小岛吸引,那是一些真正的信徒,东一处西一处地矗立着,好像漂在水上的花朵。优秀分子尽管想跟群众混在一起也没用,他总倾向于优秀分子,各个阶级各个党派的优秀分子,倾向于那些胸中怀有灵光的人。而他的神圣的责任就在于守护这道灵光,不让它熄灭。

奥里维已经选定了他的任务。

跟他的家隔着几间门面,比街面稍微低一些,有一家小小的靴店,那是用木板、玻璃、纸板拼凑起来的小棚子。进门先要走下三步阶梯，站在里头还得弓着背。所有的地方恰好够摆一个陈列靴子的搁板和两只工作凳。老板像传说中的靴匠一样整天哼唱。他打呼哨，敲靴底，嗄着嗓子哼小调或革命歌曲，或是从他的斗室中招呼过路的邻居。一只翅膀破碎的喜鹊在阶沿上一纵一跳，从门房那边过来，停在小店门外的第一级上望着鞋匠。他便停下工作，不是装着甜蜜的声音向它说些野话，便是哼《国际歌》。它仰着嘴巴，俨然在听着，又好像向他行礼一般，不时做一个往前扑的姿势，笨拙地拍拍翅膀，让自己站稳一些，然后忽然掉过头去，不等对方把一句话说完，便飞到路旁一张凳子的靠背上，瞪着街道上的狗。于是靴匠重新敲他的靴子，同时把那句没说完的话说完。

他五十六岁，兴致挺好，可是喜欢生气，浓眉底下藏着一对笑眯眯的小眼睛，光秃的脑袋好比一个矗在头发窠上的鸡蛋，多毛的耳朵，牙齿不全的黑洞洞的嘴，哈哈大笑的时候像口井，又乱又脏的须，他常常用那些被鞋油染黑的手指捋来捋去。街坊都管他叫斐伊哀老头，或是斐伊哀德，或是拉·斐伊哀德，也故意叫他拉斐德惹他冒火，因为老头儿在政治上是标榜赤色思想的①，年轻时就因为参加巴黎公社而被判死刑，后来改成流配。他对这些往事非常骄傲，恨死了拿破仑三世与迦利弗②。凡是革命的集会，他无不踊跃参与，很热烈地拥护高加，因为他会用诙谐百出的辞令，打雷似的声音，预言将来大家可以痛痛快快地报复一下。他从来没错过一次高加的演讲，把每句话都咽在肚里，听到发噱的地方便咧着嘴大笑，听到咒骂的话又大为激动，对着那些战斗和未来的天堂心花怒放。第二天在小店里，他还得在报上重新读一遍演讲的摘要，对自己和徒弟高声朗诵，并且为了要细细地咂摸，他又教徒弟念，倘若漏掉了一行就拧他的耳朵。因此他的活儿往往不能如期交货，但手工挺讲究：鞋子把你脚都穿痛了还不会坏。

---

① 拉斐德为十九世纪法国大金融资本家，行动反复无常，素为工人阶级所不齿。

② 迦利弗为法国将军，镇压巴黎公社的刽子手。

徒弟是老人的孙子，十三岁，驼背，身体很弱，而且是软骨。其母亲在十七岁时跟一个没出息的工人跑了，后来工人变了无赖，被抓去判了罪，从此不知下落，她被家里赶了出去，独自抚养着小爱麦虞限。她性情暴烈，嫉妒得有点病态，把对情夫的爱与恨一齐移在孩子身上：拼命地爱他，同时又粗暴地虐待他，然后，儿子一有病，又急得发疯似的。逢着心绪恶劣的日子，她不给他吃晚饭就叫他睡觉。要是他在街上累得走不动了或是倒在地下了，她就踢他一脚逼他站起来。她说话颠颠倒倒，前言不对后语，一忽儿痛哭流涕，一忽儿快活得像疯子。等到她死了，祖父便把孩子接回，那时他才六岁。老人很喜欢他，但他有他的一套喜欢的方式：对孩子很凶，百般辱骂，从早到晚的扯耳朵，打嘴巴，为的是教他手艺，同时也把他的社会主义理论与反宗教理论灌输给他。

爱麦虞限知道祖父的心并不坏，但他老是准备举起肘子来防巴掌。老人使他害怕，尤其在酩酊大醉的夜晚，因为斐伊哀德老头名不虚传[①]，每个月总要醉上两三次，胡说八道，嘻嘻哈哈，做出许多怪模样，结果孩子总得挨几下。其实那也是雷声大，雨点小。但孩子很胆怯，因为身体不好而更敏感，头脑早熟，遗传了母亲那种犷野而骚乱的心情。祖父粗暴的举动和革命的议论又把他吓坏了。外界的印象都会在他心中发生回响，好似小靴店被沉重的街车震动一样。日常的刺激，儿童的痛苦，早熟的悲惨的经验，巴黎公社的故事，从夜校中听来的零碎知识，报纸的副刊，工人集会中的演讲，和遗传得来的、骚动不已的、性的本能，都在他糊里糊涂的幻想中混成一片，像钟声的颤动。这种种合起来变成一个梦中的世界，奇形怪状，仿佛黑夜里的池沼，闪出一些耀眼的希望的光。

鞋匠把徒弟带上来到奥兰丽的酒店。奥里维就在那边注意到这个尖声尖气的小驼子。既然不大跟工人们交谈，他有的是时间研究孩

---

① “斐伊哀德”原义为一种酒桶的名称。

子病态的脸,鼓起的脑门,又强悍又畏怯的神气。只要有人跟孩子说一句粗野的笑话,孩子就不声不响把脸扭作一团。听到某些革命的议论,他柔和的栗色眼睛又对未来的幸福悠然神往,其实即使这幸福一旦实现了,他那可怜的命运也不见得会怎么改变。但当时他眼睛里的光辉照着他可憎的脸,竟令人忘了它的可憎。这一点,连美丽的贝德也注意到了;有一天她对他说出了这个感想,冷不防亲了亲他的嘴。孩子惊跳一下,脸色马上变了,不胜厌恶地往后退避。贝德没有留意,她已经在那里和育西哀吵架了。发觉爱麦虞限这样骚动的只有奥里维,他眼睛盯着孩子,看他缩到黑影里,双手哆嗦,垂着头,低着眼睛,从旁用着又热烈又恼怒的目光偷觑贝德。奥里维走过去跟他很温柔很客气地说话,一下子就把他的性子给压下去了……柔和的态度对于一颗被人轻蔑的心的确是很大的安慰,好比久旱的泥土迫不及待地吸收的一滴水。只要几句话,只要一个笑容,就能使爱麦虞限暗中向奥里维倾心,把他当作知己。以后在街上遇见奥里维而发觉他们是近邻的时候,他更觉得那是一种缘分了。他特意等奥里维在铺子门前走过,好跟他招呼,倘若奥里维心不在焉地没留意,爱麦虞限就会不高兴。

有一天,奥里维走进斐伊哀德老头的店去定一双靴子,爱麦虞限真是快活极了。靴子完工了,他便趁奥里维在家的时候送过去,想借此见见他。奥里维正想着旁的事,没有理会,付了钱,一句话也没说。孩子好似等着什么,东张西望,不胜遗憾地预备走了。奥里维猜到了他的心思,虽然觉得和平民谈话是桩苦事,也笑着跟他搭起讪来。而这一回他竟找到了简单而直接的话。对于痛苦的直觉,使他把孩子看作——当然是看得太简单了些——像自己一样被人生伤害的小鸟,把头钻在翅膀里面,在鸟架上缩成一团,幻想着在光明中自由翱翔,聊以自慰。由于一种本能的信赖,孩子自然而然地跟他很接近了,觉得这颗静默的心灵,不叫不嚷,不说一句粗暴的话,自有一股吸引人的力量,待在他旁边,你跟街上的暴行完全隔离了。还有那屋子,装满了书,装满了几百年来神妙的语言,使孩子看了不由得肃然起敬。他很乐意回答奥里维的问话,但不时还显出一些骄傲的野性,说话也找不到字。奥里维小心翼翼地发掘这颗暧昧的、吞吞吐吐的灵魂,发觉它对世界的革新抱着又可笑又动人的信仰。他明知道那信仰是个不可能的梦,决计改变不了世界,可没有讥笑他的意思。基督徒也做过不可能的梦,也没把人类改好。从伯里克理斯到法利爱先生,①人类在道德方面有什么进步呢?……但所有的信仰都是美的,气运告尽的信仰黯淡的时候,应当欢迎那些新兴的,信仰永远不会嫌太多。奥里维又好奇又感动地瞧着摇晃不定的微光在孩子的脑海中燃烧。嗬,多古怪的头脑!奥里维没法追踪它思想的线索,它不能做有头有尾的推理,只是急剧地乱奔乱窜,人家跟他说话,他的思想却落在后面:才说过的一句话里不知怎么会浮起一些景象,让他出神,然后他的思想又追上来,一跳跳过了你,从一句极平淡的话,极平淡的思想中掀起整个奇妙的世界,找出一个英雄式的、疯狂的信条。这颗恍恍惚惚而常常会突然惊醒的灵魂,特别倾向于乐天的观念,那是一种幼稚而强烈的需要;无论人家对他说什么,艺术或是科学,他总要加上一个一厢情愿的戏剧式的结局,配合他想入非非的愿望。

奥里维由于好奇,每到星期日便念几段书给孩子听。他以为写实的亲切的故事可以引起他兴致,便念托尔斯泰的《童年回忆》。孩子却觉得平淡无奇,说道:

"嗯,是的,这是我们知道的。"

他不懂干吗人家要花那么多精神写些真实的事。

"他讲的不过是个孩子,孩子。"他又轻蔑地补上一句。

他对历史也没有更大的兴味,科学使他厌烦,觉得像神话前面的一篇枯索无味的序:种种看不见的力替人类服务,有如那些可怕而被制服的精灵。长篇大论地解释一阵干什么呢?一个人找到了什么,只

① 伯里克理斯系公元前五世纪时希腊大政治家,雅典的独裁者,以贤明闻名于世。法利爱系法国一九〇六至一九一三年间总统。

要把东西说出来,用不着说出怎样找到的。分析思想是布尔乔亚的奢侈。平民所需要的是综合,是现成的观念,不管是好的是坏的,尤其是坏的,只要能发动人实际去干,他还需要富有生机的,充满电力的现实。在爱麦虞限所认识的文学作品中,他最受感动的是雨果那种史诗式的悲愤,和那些革命演说家的乱七八糟的辞藻,那不但他不大明白,连演说家本人也不是常常弄得清的。对于他,像对于他们一样,世界并非一个由许多种事实连贯起来的总体,而是一片无穷尽的空间,有的是影子,也有的是闪闪的光明,黑洞里有照着阳光的巨翼飞过。奥里维白白地教他布尔乔亚的逻辑,可是没法抓住这颗存心反抗的、烦闷的灵魂;它很高兴在自己那些骚动而互相冲突的幻觉中载沉载浮,好似一个动了情的女人闭着眼睛听人摆布。

奥里维对这个孩子觉得又亲切又惶惑,因为一方面他和他多么接近:孤独,骄傲,对理想热情;一方面孩子又和他多么不同:精神的不平衡,盲目而放纵的欲望,完全不知道何谓善何谓恶的、肉欲方面的野性。关于这野性,奥里维还只看到一部分。他永远想不到有一个情欲骚动的世界在这个小朋友心中萌动。我们布尔乔亚的隔世遗传把我们训练得太明智了,简直不敢细看自己的内心。倘使把一个老实人的梦想,或者把一个贞洁的女人所经历的古怪的热情说出百分之一,大家就会骇而却走。好吧,我们不能让妖魔开口,得关上铁门。但应当知道他们是存在的,在年轻的心灵中随时准备破壁而出。凡是公认为淫乱的欲念,爱麦虞限心里都有,它们会出其不意的,象狂风一般地把他卷住,又因为他长得丑,没人理睬,所以那些欲望格外强烈。奥里维可一点不知道。在他面前,爱麦虞限觉得很难为情。奥里维的和平的气息把他感染了,这样一种生活的榜样对他有镇静的作用。孩子非常热烈地爱着奥里维。他那些被压制的情欲都变成骚乱的梦想,社会的幸福,人类的博爱,科学的奇迹,神怪的航空,幼稚而野蛮的诗意,总之是充满着功业、滑稽、淫乐与牺牲的世界。而他如醉如狂的意志就在那个世界中摸索。

在祖父的小棚子里，没有时间可以让他这样出神，老头儿从早到晚地吹哨，絮聒，敲打。但梦想的机会总是有的。一个人可以站着，睁着眼睛，在一刹那做上多少天的梦。体力的劳动，跟断断续续的思想是不冲突的。凡是内容严密而比较冗长的思想，他不经过意志的努力就不大能抓住线索，即使能够，也要错过许多关节；但有节奏的动作一有空隙，思想倒能随时插进来，形象能浮起来；肉体的有规律的举动像锅炉旁边的风箱一般，能帮助它们出现。这就是平民的思想，是熄而复燃、燃而复熄的一堆火，一缕烟。但偶然有朵火花被风卷去的时候，就会把布尔乔亚充实的仓库烧起来。

奥里维把爱麦虞限推荐到一家印刷所当学徒。这是孩子的愿望，祖父也不反对：他很乐意看到孙子比他更有学问，对印刷所里的油墨也颇有敬意。这一行手艺比老手艺更辛苦，但孩子觉得在工人堆里比跟老祖父在一起更可以胡思乱想。

最舒服的是吃午饭的时间。成群结队的工人占据着阶沿上的饭桌，挤满了本区里的酒店，爱麦虞限却拐着腿躲到邻近的广场上去，靠近一座手执葡萄，作着跳舞姿势的牧神像，啃着面包和裹在油纸里的猪肉，在一群麻雀中间慢慢地体味。小小的喷泉在草地上放射雹霰似的细雨。几只宝蓝色的鸽子停在阳光底下的一株树上，睁着圆眼咕咕地叫。四周是巴黎的永远不歇的市声，车辆的隆隆声，潮水似的脚步声，街上一切熟悉的叫喊声，修补搪瓷用具的工人远远送来的轻快的芦笛声，修路工人敲击路面的锤子声，一座喷泉的庄严的歌唱声，裹着巴黎的梦境。坐在凳上的小驼子含着满嘴的食物，并不马上咽下去，懒洋洋的出神了，他再也不觉得骨子里的痛楚和自己的渺小，只是恍恍惚惚的非常快乐……

"……明天将要照临我们的温暖的光明，正义的太阳，不是已经辉煌四射了吗？一切都这样的善，这样的美！大家富足、健康、相爱……是的，我爱着，我爱大家，大家也爱我……啊！多舒服！将来大家多舒服！……"

工厂的汽笛响了,孩子惊醒过来,咽下了嘴里的东西,在近旁的喷泉上喝了一大口水,然后弓着背,蹒蹒跚跚地回到印刷所去,站在他的位置上,面对着奇妙的字母,早晚会写出"一切都将秤过,算过,分配过[①]"那样的句子的字母。

斐伊哀老头有个老朋友叫作德罗郁,在对面开着一家兼卖杂货的文具店,橱窗里摆着玻璃缸,装着红红绿绿的糖果,没有臂没有腿的纸娃娃。两个朋友,一个在门前阶沿上,一个在棚子里,隔着街挤眉弄眼,摇头摆脑,做着各式各种的记号。有时鞋匠累了,以至于像他所说的臀部抽筋的时候,两人就远远地招呼一下,拉·斐伊哀德尖着嗓子,德罗郁用着牛鸣似的声音,一同到邻近的酒店里去喝一杯,一到那儿可就不急于回来了。那简直是一对话匣子。他们俩认识快有五十年了。文具店的主人在一八七一年那出戏[②]里也露过脸。谁想得到呢?他表面上仅仅是个极普通的人,长得胖胖的,戴着小黑帽,穿着白色工装,留着一簇老兵式的灰白须,迷迷惘惘的眼睛上有一丝丝的红筋,眼皮臃肿得厉害,软绵绵亮晶晶的腮帮老淌着汗,拖着一双痛风的腿,呼吸急促,说话也不大利落。但他始终保持着当年的幻象。在瑞士亡命了几年,他遇到各国的同志,特别是俄国人,使他窥到了博爱的无政府主义之美。在这一点上,他和拉·斐伊哀德意见可不同了,因为拉·斐伊哀德是老派的法国人,他心目中的自由是要用武力与专制手段去执行的。除此以外,两人都绝对相信将来必有社会革命,必有一个劳工理想国。各人崇拜一个领袖,把自己的理想寄托在他身上。德罗郁拥戴育西哀,拉·斐伊哀德拥戴高加。他们滔滔不竭地辩论彼此意见地分歧点,以为共同的思想早已讲清楚了;干了两杯之后,他们几乎相信这共同思想已经实现了。两人之中,鞋匠更好辩。他是凭理智而相信的,至少自认为如此:因为他的理智是怎样特殊的理智,只有天晓

① 见《旧约·但以理书》第五章。

② 指巴黎公社。

得!只适用于他一个人的。可是虽然在理智方面不及在靴子方面内行,他仍敢说他的理智对别人也一样适用。比较懒惰的文具店老板却不愿费心来证明他的信念。一个人只证明他所疑惑的事。德罗郁可并不疑惑。他那种永远乐观的脾气是依着自己的愿望来看事情的,凡是跟他的愿望不合的,他就看不见或者是忘了。不愉快的经验在他皮肤上滑过,一点不留痕迹。——两人都是想入非非的老孩子,没有现实感觉,一听革命这个名词就飘飘然,仿佛那是一个可以随便编造的美丽的故事,简直弄不清它是不是有一天会实现,或者是不是目前已经实现了。他们俩对人类像对上帝一样信仰,算是把千百年来膜拜基督的习惯转变一下。因为不用说,他们都是反对教会的。

妙的是文具店老板和一个热心宗教的侄女住在一起,完全受她的支配。那个深色头发,眼睛挺精神,说话又急又快,还带着很重的马赛口音的矮胖女人,是个寡妇,丈夫以前在商务部当文书。她没有财产,只有一个女儿,母女俩被叔父收留着,但她自命不凡,差不多认为在铺子里管买卖是给了老板面子,神气得活像一个失宠的王后。还算是叔父的生意和主顾们的运气,她精神饱满,兴高采烈,把傲慢的态度冲淡了不少。以她那种高贵的身份,她当然是保王党兼教会派。亚历山特里太太把这两种心情表现得非常露骨,最喜欢捉弄那不信神道的老人。她自居于主妇的地位,认为对全家的信仰负有责任;如果她不能使叔父改变信仰——她发誓终有一天会成功的——至少要把这老怪物浸在圣水里。她在墙上钉着卢尔特的圣母像和巴杜的圣女安多纳像,壁炉架上的玻璃罩内供着彩色的神像,八月里又在女儿床头摆一座小型的圣母寺,插着蓝色的小蜡烛。这种含有挑衅意味的虔诚,人家也说不出她是什么动机,是为了爱护她的叔父,希望他皈依正教呢,还是单单为了要惹他生气。

无精打采,半睡半醒的老头儿处处让着她,决不敢惹到侄女好斗的脾气;他这样不伶俐的口齿决不是她的对手,所以但求息事宁人。只有一次,他冒火了,因为一个小小的圣·约瑟像竟然溜进了他房里,高踞在床后的墙上。那一下他可占了上风,因为他气得差点儿发疯,把侄女吓坏了,从此不敢再来。其余的事,他都装聋作哑。那种老虔婆气息的确使他难堪,但他不愿意去想。骨子里他是佩服侄女的,觉得被她呼来喝去也不无快感。而且他们在宠爱小丫头兰纳德那一点上是意见一致的。

兰纳德十三岁,老是闹病。几个月以来她害了骨节痨,成天躺在床上,半个身体都用夹板夹着,好似包在树皮中的达夫妮①。她的眼睛像受伤的小鹿眼睛,黯淡的神色好比缺乏阳光的植物;头原来长得太大,加上很细很紧密的淡黄头发就越显得大了;但脸很清秀,富于表情,配着一个小小的生动的鼻子,一副天真烂漫的笑容。母亲的宗教热在这个有病而无所事事的孩子身上更变本加厉。她几小时地念着经,拿着教皇祝福过的珊瑚念珠,常常热烈地亲吻。她差不多整天闲着,又不喜欢做针线:母亲从来没培养她这方面的兴趣。她偶然看几本枯索无味的传道小册子,和叙述奇迹的故事,那种呆板而浮夸的风格对她就跟诗一样。糊涂的母亲也把周报上附有插图的犯罪新闻交给她念。逢到她偶尔打毛线的时候,心也不在活计上,只念念有词地和什么圣女或仁慈的上帝谈话。本来嘛,不一定要圣女贞德才能得到上帝的访问,我们都受过这种恩宠的。那些天国的使者往往并不开口,只让我们坐在家里独白。但兰纳德决不气恼,他们不开口就是默认。并且她有那么多的话对他们说,没时间让客人回答:她都替他们代答了。她是一个不出声的多嘴姑娘,遗传了母亲的唠叨的脾气,但滔滔汩汩的话都变成了内心的言语,像一条小溪似的流到地底下去了。不必说,为了使叔祖皈依正教,她也参与母亲的计谋。只要能把灵光带一点儿到黑暗的家里来,她就非常快慰;她拿圣牌缝在老人衣服的夹层内,或者把一颗念珠塞在他口袋里,叔祖为了让她高兴,假装不注意。两个虔婆对这反教会的老头儿所玩的手段,使鞋匠看了又好

① 神话载:水神达夫妮被阿波罗热恋,乃求其母地神将其变为月桂。

气又好笑。他惯于用粗野的话调侃泼辣的女人,便常常取笑他那个慑于雌威的朋友,使他听了无可奈何。因为他是过来人,被一个脾气挺坏而滴酒不沾的老婆管了二十年,被她当作醉鬼,骂得哑口无言,至今不敢提起这些事。所以文具店老板只是不大好意思辩论几句,结结巴巴地说一套克鲁泡特金式的宽宏大量的话。

兰纳德和爱麦虞限是朋友,从小就天天见面,但爱麦虞限不大敢溜进她家里。亚历山特里太太讨厌他,认为他是无神论者的孙子,下流的小坏蛋。兰纳德整天躺在楼下靠窗的一张长椅里,爱麦虞限经过的时候轻轻地敲击玻璃,鼻子贴在窗上,扯个鬼脸跟她打招呼。夏天,窗子开着,他便停下来,把胳膊高高的靠在窗子的横闩上,自以为这个姿势对他比较有利,肩头高耸之后可以遮掩他的残废。其实没有朋友来往的兰纳德早已想不到爱麦虞限是驼子。而一向害怕并且讨厌女孩子的爱麦虞限,也把兰纳德看作例外。这个半瘫的姑娘对他是可望而不可及的。只有在贝德把他亲吻过后的那天晚上和下一天,他回避兰纳德,对她有种本能的厌恶,急急忙忙地低着头走过,然后不大放心地,远远地偷觑一下,好似一条野狗。过了两天,他又找她了。的确兰纳德不能算女人!平日放工的时候,钉书的女工穿着像睡衣一样长的工装,都是个子高大的嘻嘻哈哈的姑娘,饿虎似的眼睛会一眼把你瞧尽的,他走在她们中间拼命把自己缩小,赶紧往兰纳德的窗子逃过去。他很高兴他的女朋友残废:在她面前,他可以摆出优越的,甚至保护人那样的神气。他把街坊上的事讲给她听,故意把自己说得很重要。逢着他想讨人喜欢的时候,还带一些东西给她,冬天是烤栗子,夏天是樱桃等等。而兰纳德也从摆在橱窗里的两口玻璃缸内掏些花花绿绿的糖给他,拿着风景片一同看着玩儿。这是最快活的时光:两人都忘了幽禁他们童心的可怜的肉体。

但他们也会像大人一样为了政治与宗教而争论,那时也就和大人一样愚蠢。和谐的氛围被破坏了。她讲着奇迹,九日祈祷,赦罪日,镶着纸花边的圣像,他学着祖父的口头禅,说这些都是胡闹,可笑。他讲起老人带他去参加的集会,她也鄙夷不屑地打断他的话,说那些人都是酒鬼。双方的语气变得难听了,提到彼此的家长,一个把祖父侮辱对方母亲的话说出来,一个把母亲侮辱对方祖父的话说出来。然后他们又互相攻击本人,尽量找些不客气的字眼。这当然很容易,他说出最粗野的话,可是她能找到最恶毒的。于是他走了。下次再见的时候,他说他曾经和别的女孩子在一起,她们都长得漂亮,大家玩得很痛快,还约好下星期日再见。她一声不出,假装不把他的话放在心上,可是突然之间她发作了,把编织的钩针摔在他头上,嚷着叫他走开,说她恨他,随后用双手捧着脸。他走了,心里并没为了胜利而得意。他很想拿开她瘦削的小手,跟她说刚才的话是假的。但他为了傲气,硬着头皮撑下去。

终于有一天,人家代兰纳德报复了一下。他和工厂里的伙伴在一块儿。他们不喜欢他,因为他不理人,也因为他不说话或太会说话:幼稚,夸大,像书本上或报纸上的文章——(他脑子里装满了这一套)。那天大家谈着革命跟将来的世界。他兴奋得不得了,说话很可笑。一个同伴恶狠狠地挖苦他说:

"得了吧,你太丑了。将来的社会上不会再有驼子。像你这种家伙一生下来就得给淹死的。"

那一下他可从雄辩的高峰上直跌下来,狼狈不堪地住嘴了。旁人都笑弯了腰。整个下午他咬紧牙关,一声不出。傍晚他回家去,急于想躲在他的一角自个儿痛苦。奥里维路上遇到他,看他面如土色,不禁吃了一惊。

"啊,你心里不好过。为什么呢?"

爱麦虞限不愿意回答。奥里维很亲热地追问,孩子老不开口,牙床骨直打哆嗦,像要哭了。奥里维搀着他的胳膊,带他到家里。奥里维对于疾病和丑恶有种本能的厌恶,那是生来不能做慈善会修士的人都免不了的,但他一点不流露出这种情绪。

"是不是人家和你过不去?"

“是的。”

“怎么回事呢?”

这时孩子可忍不住了。他说他长得丑,同伴们说他们的革命没有他的份。

“也没有他们的份,同时也没有我们的份。”奥里维回答。

“那不是一朝一夕的事。我们是为着后来的人干的。”

孩子听到革命要这么晚才成功,不免很失望。

“为了替像你这样成千成万的少年,成千成万的人谋幸福而工作,难道你不乐意吗?”

爱麦虞限叹了口气:“可是自己能有一些幸福究竟是舒服的。”

“孩子,别不知好歹。你住的是世界上最美的都市,生在最奇妙的时代,你并不傻,眼力也很好。你想,周围有多少事值得你去看,去爱。”

他给他指出了几桩。

孩子听着,摇摇头:“不错,可是我背着这个躯壳,永远摆脱不掉!”

“你会摆脱的。”

“到那个时候,一切都完了。”

“你怎么知道一切都完了?”

孩子听了这话愣住了。唯物主义是祖父信条中的一部分,他以为只有教士才相信灵魂不死,因为知道奥里维不是这等人,便私忖他说这句话是否能当真。可是奥里维握着他的手,说了许多理想主义者的信仰,说无穷的生命只是一个整体,无始无终的亿兆生灵与亿兆的瞬间只是独一无二的太阳的光芒。但他并不用这种抽象的话。他一边说着,一边不知不觉被孩子的思想同化了:古老的传说,古老的宇宙观中实际而深刻的幻想,都被回想起来。他半笑半正经地讲着万物的轮回与递嬗,灵魂在无量数的形式中流过,滤过,像从这一口池流到那一口池的一道泉水。说话之间他又渗入一些基督教的回忆和眼前这个夏日傍晚的景象。他靠近打开的窗子坐着:孩子站在他旁边,让他拿着手。那天是星期六。傍晚的钟声响着。最近才回来的第一批燕子掠过房屋的墙。远天对着包裹在黑影中的都市微笑。孩子凝神屏气，听着年长的朋友讲的神话。奥里维看到孩子这样专心也感动了，不禁对自己的叙述悠然神往。

人生往往有些决定终身的时间，好似电灯在大都市的夜里突然亮起来一样，永恒的火焰在昏黑的灵魂中燃着了。只要一颗灵魂中跳出一点火星，就能把灵火带给那个期待着的灵魂。这个春天的黄昏，奥里维安安静静地说话，在残废的小身体所禁锢的精神中间，好像在一盏歪歪斜斜的灯笼里，燃起了永远不熄的光明。

他完全不懂奥里维的议论，甚至也不大听在耳里。但这些传说，这些形象，在奥里维看来只是美丽的寓言和譬喻，在爱麦虞限心中却是有血有肉的现实。神话变了生动的东西，在他周围飞舞。从房间的窗洞里看到的形象，街上来往的穷穷富富的人，掠过墙头的燕子，驮着重物的疲乏的马，被黄昏的影子湮没的房屋的砖石，光明隐灭的暗淡的天色——这整个外表的世界突然印在他心头，像一个亲吻。那仅仅是电光般的一闪，马上熄灭了。他心里想到兰纳德，便说："可是那些去参加弥撒，相信上帝的人，明明是头脑不清的家伙！"

奥里维笑了笑回答："他们跟我们一样有所信仰。我们都信着同样的事。只是他们的信仰没有我们的坚强罢了。他们要关上窗户，点上灯，才能看到光明。他们把上帝寄托在一个人身上。我们眼光更好。但我们爱的总是同样的光明。"

孩子回家去了，黑洞洞的街上，煤气灯还没有点起来。奥里维的话在他头里嗡嗡地响。他忽然想到，嘲笑眼光不好的人跟嘲笑驼子同样是残忍的。他又想起眼睛挺美的兰纳德，想起他曾经使那双眼睛流泪，不由得难过极了，便回头向文具店走去。窗子还半开在那里，他轻轻地伸进头去，低声叫着："兰纳德……"

她不回答。

"兰纳德！我请你原谅。"

兰纳德在黑影里回答说:“坏东西,我恨你。”

“对不起。”他又说了一遍。

随后忽然兴奋起来,他更放低了声音,又惶惑又羞愧地说:

“告诉你,兰纳德,我也相信上帝了,跟你一样。”

“真的吗?”

“真的。”

他这么说是特别为了表示自己宽宏大量。但说过以后,他的确有些相信了。

两人相对无言,彼此也瞧不见。外边是美妙的夜晚。残废的孩子喃喃地说,“一个人死了才舒服呢! ……”

他听到兰纳德轻微的呼吸,便说了声:“再见!”

兰纳德也用着温柔的声音回答:“再见!”

他心情轻快地走了。兰纳德原谅了他,他很快活。其实这苦命的孩子暗中也乐意兰纳德为他而痛苦一下。

奥里维又躲在家里了。不久克利斯朵夫也回来了。真的,他们俩不是干社会革命的人。奥里维不能和这些战士联盟。克利斯朵夫不愿意和他们联盟。奥里维因为是被压迫的弱者而躲避,克利斯朵夫因为是独立不羁的强者而躲避。可是尽管一个蹲在船首,一个蹲在船尾,他们总还是在那条载着劳工队伍与整个社会的船上。自以为精神洒脱,意志坚强的克利斯朵夫,用一种带着鼓励意味的关切的态度,看着无产阶级团结起来,他喜欢到骚动的平民堆里混一下,让精神放松一点,事后觉得自己更有劲更新鲜。他继续跟高加来往,偶尔也仍旧上奥兰丽铺子去吃饭,在那儿兴之所至,毫无顾忌,什么怪诞的论调都不会使他吃惊,他还故意放刁,煽动人家把话越说越荒唐,越说越激烈。在场的人竟弄不清克利斯朵夫是否正经,因为他一边说一边激动起来,终于忘了他本意是闹着玩儿的。大家的醉意把艺术家也熏醉了。有一回他得了灵感,在奥兰丽铺子的后间作了一支革命歌曲,立刻给人背熟了,第二天就传遍工人团体。因此他犯了嫌疑,受到警察当局的注意。消息灵通的玛奴斯有一个年轻朋友,叫作爱克撒维·裴那,在警察局办事,同时也喜欢文学而自命为崇拜克利斯朵夫的(因为第三共和的看家狗中间也渗进了无政府思想与享乐主义)。他告诉玛奴斯:“你们的克拉夫脱简直胡闹。他想充英雄好汉。我们是知道底细的,可是上级很高兴在这些革命阴谋中抓个外国人——尤其是德国人——这是诬蔑革命党私通外国的老办法。倘若这傻瓜不小心,我们就得抓他了。那不是麻烦吗?你去通知他一声。”

玛奴斯告诉了克利斯朵夫,奥里维要他谨慎些。克利斯朵夫却不以为意。

“得了吧!”他说。“谁都知道我不是个危险人物。难道我不能玩一下吗?我喜欢这些人,他们像我一样做着工,像我一样有个信仰。老实说,信仰是不同的,我们不是一条战线上的人……好吧,打架就打架,我不怕……有什么办法?我不能像你这样缩在壳里。跟布尔乔亚在一块,我透不过气来。”

奥里维的肺不需要这么多空气。他待在狭小的屋子里,和两个精神安定的女朋友做伴觉得很舒服。那时亚诺太太忙着慈善事业,赛西尔专心抚养孩子,口口声声只谈着孩子,也只跟孩子谈着,叽叽喳喳,学着小鸟的声音,把孩子那种不成腔的歌曲慢慢地变做人话。

奥里维跟工人们混了一下,结果有了两个熟人,像他一样是无党无派的。一个是地毯匠葛冷。他的工作完全是逞他高兴的,非常任性,可是手段很巧。他爱自己的手艺,天生对艺术品有鉴赏力,还加上观察,工作,参观博物馆等等的修养。奥里维托他修过一件古式家具:活儿很不容易做,他居然应付得很好,花了不少的精力和时间,只向奥里维要了一笔很公道的修理费,因为他能够做成这件活儿已经挺高兴了。奥里维对他产生了兴趣,探问他的身世和他对劳工运动的意见,葛冷毫无意见,他完全不把这问题放在心上。他不属于这个阶级,也不属于任何阶级。他就是他。很少看书,所有知识方面的成就都是靠感官,眼睛,手,和真正的巴黎平民天生的鉴别力来的。他非常快活。在工人阶级的小布尔乔亚中间,这等人很多,那是法兰西最聪明的种族之一:因为肉体的劳作和精神活动在他们身上是平衡的。

奥里维的另外一个熟人却更古怪了。他名叫乌德罗,职业是邮差。长得很体面,个子高大,眼睛很亮,留着淡黄的胡子,性格开朗,一望便知是个快活人。有一天他为了送一封挂号信,走进奥里维的屋子。趁奥里维签字的时候,他在书房里绕了一转,把书题扫了一眼。

"嘿!嘿!你的古书真不少……"接着又道,"我也收着关于蒲高尼的文献"[①]。

"你是蒲高尼人吗?"

邮差笑着,哼了一支蒲高尼的民谣,回答说:"是的,我是阿凡龙地方人。我的家庭文献有早到一二〇〇年的,另外还……"

奥里维听了大为惊异,很想多知道些。乌德罗也巴不得有说话的机会。他的确是蒲高尼最古老的旧家之一。有一个祖先曾经参加腓列伯·奥古斯德的十字军,又有一个当过亨利二世的国务大臣。从十七世纪起,家道衰落了,大革命时期更被平民的巨潮卷了下去。现在靠着邮差乌德罗的体力与魄力,奉公守法的地做着事,对家族的忠诚,这一家才又浮到水面上来。他最好的消遣是搜集一些谱系的史料,不是有关他一家的,便是有关他的乡土的。放假的日子,他到档案保存所去抄录旧文件,遇到不懂的地方,就去请教因送信而认识的考古学院学生或巴黎大学文科的学生。显赫的家世并没使他得意忘形,他一边笑一边叙述,没有什么怨恨命运的口气。他那种健康的、无忧无虑的,快活的心情,叫人看了舒服。奥里维望着他,不禁想到一代又一代的种族循环往复,在地面上浩浩荡荡地流上几百年,在地底下销声匿迹几百年,随后又从泥土里吸收了新的力量重新涌现。他觉得平民是

① 蒲高尼为法国地理名,包括东部各州,以产酒著名。

口广大无边的蓄水池，过去的河流可以在其中隐没不见，未来的河流又从中发源——其实除了名字不同以外还不是同样的河流？

他很喜欢葛冷与乌德罗，但他们不能跟他做伴，彼此没有什么可谈的。倒是爱麦虞限那孩子多费他一些精神，他几乎每天晚上都来。从那次神秘的谈话以后，孩子精神上有了很大的变动。他抱着狂热的求知欲钻到书本里去，等到抬起头来，简直发呆了，似乎没有以前聪明了，话也更少了，奥里维想尽方法只能逼出他几个唯唯诺诺的字；问他什么，他又胡说八道地乱答一阵。奥里维很灰心，竭力忍着不表示出来，以为自己看错了，这孩子原来是个笨蛋。他可没看见狂热的孵化工作正在这颗灵魂中进行。他是个不高明的教育家，只能拿一把良好的种子随意往田间散播，却不会耕地，犁地。逢到克利斯朵夫在场，他更惶惑，觉得给他看到这样一个信徒很难堪，而爱麦虞限当着克利斯朵夫的面也显得更蠢，使奥里维更羞愧。那时，孩子咬紧牙关，恶狠狠的一句话也不说。他恨克利斯朵夫，因为奥里维爱克利斯朵夫，他不答应除了自己以外还有别人在他老师心中占有地位。克利斯朵夫和奥里维都想不到孩子心里有这种偏激的爱与嫉妒。克利斯朵夫当年也是这样的。但在一个性格不同的人身上，他认不得自己的面目了。爱麦虞限是受到多少病态的遗传的，所以他的爱，憎，潜伏的天才，发出来的声音与众不同。

五一节近了。

巴黎有些可怕的谣言。劳工总会的一帮吹牛大王尽量地推波助澜。他们的报纸宣告大审的日子到了，号召工人纠察队，喊出“饿死他们！”的口号，那是布尔乔亚最害怕的。他们拿总罢工做威吓。胆小的巴黎人有的下乡了，有的怕受封锁，忙着囤积粮食。克利斯朵夫遇到加奈驾着汽车，带着两只火腿和一袋番薯。他吓坏了，竟弄不大清自己属于哪一党，一会儿是老共和党，一会儿是保王党，一会儿是革命党。他的暴力崇拜好似一支疯狂的罗盘针，一下子从北跳到南，一下子从南跳到北。当着大众,他照旧附和朋友们的虚张声势,心里可是预备拥戴随便哪个独裁者来打倒赤色的幽灵。

克利斯朵夫嘲笑这种普遍的胆怯病,相信什么事都不会发生的。奥里维却没有这个把握。他是布尔乔亚出身,而回想起当年的大革命和等待将来的革命,布尔乔亚老是有些心惊胆战的。

"得了吧!"克利斯朵夫说,"尽管安心睡觉吧。你这革命决不是明天会来的!你们怕革命,怕挨打……到处是这个心理,布尔乔亚,平民,整个的民族,西方所有的民族。大家的血都不够,生怕再流掉。四十年来不过是说大话。瞧瞧你们的德莱弗斯案子吧!'杀呀!杀呀!'你们还喊得不够吗?好一帮吹大炮的家伙!费了多少的唾沫跟墨汁!可是流过几滴血呢?"

"别这样肯定,"奥里维回答,"你知道为什么大家怕流血?因为我们本能地感觉到,只要流了第一滴血,兽性就会一发不可收拾。文明人的面具马上会掉下来,野兽的利爪会伸出来,那时谁能把它制服只有天晓得了!每个人都对着战争踌躇不决,但一朝爆发之后可惨了……"

克利斯朵夫耸耸肩,说吹牛大王西拉诺和冒充英雄的尚德莱①会在这个时代走红不会无因。

奥里维摇摇头。他知道,自吹自擂在法国是行动的前奏曲。但说到五一节,他也不比克利斯朵夫更相信会有什么革命:事情过于张扬了,政府已经有了准备。指挥暴动的领袖们一定会把战争延缓到一个更适当的时间。

四月的下半个月,奥里维患着感冒,那是差不多每年到这个时候都要发作的,同时还得触发支气管炎的老毛病。克利斯朵夫在他家里住了两三天。这次病势很轻,很快就过去了。但热度退后,奥里维照

① 西拉诺与尚德莱均洛斯当所作的戏剧中人物。

例还要拖几天，非常疲倦。他躺在床上，几小时地不想动弹，呆呆地望着克利斯朵夫背对着他，伏在书桌上写东西。

克利斯朵夫在那里专心工作：写得厌倦了，便突然站起来，过去弹一会儿琴，倒不是弹他才写下的曲子，而是信手弹奏。于是出现了一个很古怪的现象：他写出来的东西和他以前的风格明明是一贯的，此刻弹的倒像是另一个人的作品：粗暴，狂乱，支离破碎，完全没有他别的作品里那种严谨的逻辑。这些不假思索的即兴，逃过了意识的监视，不是从思想而是从肉体来的，像野兽的嚎叫，显出精神非常不平衡，正在酝酿未来的暴风雨。克利斯朵夫自己不觉得，但奥里维听着，望着克利斯朵夫，隐隐约约地感到不安。在病体虚弱的情形之下，他特别能洞察幽微，预知未来，窥见谁也没注意到的事。

克利斯朵夫按了最后一个和弦，满头大汗，面目狰狞地停住了；他用惊惶不定的眼睛向四下里扫了一遍，碰到了奥里维的眼睛，笑了一阵，回到他的书桌上。

"你弹的什么呀，克利斯朵夫？"奥里维问。

"没有什么。我是把水搅动一阵，想捉些鱼。"

"你预备写下来吗？"

"写什么？"

"你才弹的。"

"我弹些什么已经记不得了。"

"那么你刚才想些什么？"

"不知道，"克利斯朵夫说着，用手按着脑门。

他继续写他的东西。屋子里又静了下来。奥里维始终瞧着克利斯朵夫。克利斯朵夫觉察到了，便转过身来，看到奥里维眼中含着无限的温情。

"你这个懒虫！"他嘻嘻哈哈地说。

奥里维叹了口气。

"怎么啦？"克利斯朵夫问。

“唉,克利斯朵夫,你胸中还有多少东西?眼看你在这儿,紧靠着我,可是你将来给别人的多少宝物,都没有我的份了……”

“你疯了吗?你怎么了?”

“你将来的生活是怎么样的呢?还得经历怎么样的危险,怎么样的难关呢?……我愿意跟你在一起……可是我什么都看不见了。我得糊里糊涂地搁浅在半路上。”

“要说糊涂,你现在就很糊涂。即使你自己要赖在半路上,我也不让你那么做。”

“你会把我忘了的。”奥里维回答。

克利斯朵夫站起来,走过去坐在床上,靠近奥里维,握着他出着虚汗的手腕。衬衣的领口敞开着,露出瘦骨嶙峋的胸部,娇弱而紧张的皮肤好似一张被风吹饱而快要破裂的帆。克利斯朵夫结实的手指不大利落地把他的衣领给扣上了。奥里维只是听他摆布。

“亲爱的克利斯朵夫,”他温柔地说,“我这一辈子也有过美满的幸福了!”

“哎,你这话是什么意思?你不是和我一样,身体很好吗?”

“是的。”

“那么干吗说这些傻话?”

“对,我这是不应该的,”奥里维羞愧地笑着,“大概这次感冒使我精神萎靡了。”

“得振作起来呀。哎,喂!起来吧。”

“让我歇一下再说。”

他仍旧躺在床上胡思乱想。第二天他起来了,坐在壁炉旁边继续出神。

那年的四月天气很暖,常常下雾。小小的绿叶在银色的雾中舒展,看不见的鸟一叠连声地唱着,欢迎隐在云后的太阳。奥里维抽引着千丝万缕的往事:看到自己小时候坐着火车,在大雾中跟哭哭啼啼的母亲离开家乡,安多纳德自个儿坐在车厢的一角……美丽的侧影,秀美的风景,一一映在他的眼帘上。美妙的诗句自然而然地涌出来,音韵,节奏,都已经齐备了。他原来坐在书桌旁边,只要伸出手臂就可以抓到笔,把这些诗意盎然的境界记下来。可是他不想这么办。他疲倦不堪,也明明知道梦境一旦被固定之后,香气就会散掉。那是一向如此的:他没法表现自己最优秀的部分。他的心仿佛一个百花盛开的山谷,可是谁也进不去,而且只要动手去采,那些花就会谢落的。结果只勉强剩下几朵,几个短篇,几首诗,发出一股隽永的凄凉的气息。这种艺术上的无能早已成为奥里维最大的苦闷。感觉到内心藏着多少生机竟无法抢救!现在他隐忍了。用不着人家看到,花也一样会开放,在无人采摘的田里反倒更美。开遍了原野,在阳光底下出神的鲜花不是悠然自得,挺快活吗?阳光是难得有的;但没有阳光,奥里维的幻景只有更丰富。他那几天编了多少凄怨的、温柔的、神怪的故事!不知它们从哪儿来的,好似片片白云在夏日的天空飘浮,在空气中融化,然后又来了新的;这种故事他心里有的是。有时天上晴空万里,奥里维便晒着太阳迷迷糊糊,直等到无声的幻梦张着翅膀再来的时候。晚上,小驼子来了。奥里维胸中装满了故事,不由得对他讲了一个,微微笑着,出神了。他常常这样说着话,眼睛望着前面;孩子一声不吭。后来他也忘了有孩子在场……故事说到一半,克利斯朵夫闯进来听到了,觉得美妙至极,要奥里维从头再讲一遍。奥里维却不愿意:"我跟你一样,已经忘了。""没有这回事,"克利斯朵夫说,"你是个古怪的法国人,自己说的,做的,老是心里有数。你从来不会忘掉什么事。"

"这便是我的不幸。"

"因为你忘不了,我才要你把刚才的故事再说一遍。"

"多厌烦。而且有什么用?"

克利斯朵夫恼了。

"这是不对的,"他说,"那么你的思想对你有什么用?你把自己所有的统统丢掉,那是永远的损失。"

"什么都不会损失的。"奥里维回答。

奥里维讲着他的梦境的时候,小驼子始终坐在那里一动不动,此刻才醒过来,向着窗子睁着迷迷糊糊的眼睛,沉着脸,神气恶狠狠的,不知道在想些什么。他站起来说了句:"明儿一定是好天气。"

克利斯朵夫听了对奥里维说:"我相信你说的话他一个字也没听进去。"

"明儿是五月一日。"爱麦虞限补上一句,沉闷的脸上有了光辉。

"这是他的故事,"奥里维说。"喂,你明儿来讲给我听。"

"胡说八道!"克利斯朵夫说。

第二天,克利斯朵夫来接奥里维到城里散步。奥里维病已经完全好了,但老是异乎寻常的困倦。他不想出去,心里有点隐隐约约的恐惧,又不喜欢跟群众混在一起。他的心和精神是勇敢的,肉体却是娇弱的:怕喧闹,骚乱,和一切暴烈的行动。他明知自己生来要作强暴的牺牲品,不能够也不愿意自卫:因为他受不了叫人家受罪,正如受不了自己受罪一样。凡是虚弱的人总比旁人更怕肉体的痛苦,因为更熟悉这种痛苦,而他们的幻想还要把它特别加强。奥里维想到自己的精神不怕吃苦而肉体偏偏这样怯弱,觉得很惭愧,竭力想加以压制。但那天早上,他不愿意跟任何人接触,只想整天躲在家里。克利斯朵夫埋怨他,取笑他,不顾一切地要他出去振作一下:他已经有十天工夫没上街换换空气了。奥里维只做听不见,克利斯朵夫便说:"好吧,我一个人去。我要去看看他们的五一节。要是我今晚不回来,你可以说我是被抓进去了。"

他走了。在楼梯上,奥里维追了上来。他不愿意克利斯朵夫独自出门。

街上人很少。三三两两的女工衣襟上缀着一串铃兰。像过星期日一样穿得整整齐齐的工人们,很悠闲的遛着。街头巷尾,靠近地道车站的地方,掩掩藏藏地站着成群的警察。卢森堡公园的大铁门给关上了。天气老是很温暖,罩着雾。已经好久没有太阳了……两个朋友挽着手臂,不大说话,心里非常相爱,偶然交换一言半语,唤起一些亲切的往事。在区公所前面,他们停下来瞧瞧气压表:颇有上升的趋势。

“明儿我可以看到太阳了。”奥里维说。

那时他们正走在赛西尔家附近,想进去瞧瞧孩子。

“噢,等回来的时候再去吧。”

过了塞纳河,人渐渐多起来。安安静静散步的人,服装和脸色都是过假日的模样;无聊的闲人带着孩子,工人们也随便溜达着。有几个在钮孔上缀着红蔷薇,神气却很和善:都是些冒充的革命分子。你可以感觉到他们非常乐观,一点儿极小的幸福就能使他们满足:这天放假的日子只要是天晴或者天气不太坏,他们就很感激了……感激谁呢?可不大清楚……他们从容不迫的,满脸笑容,看着树上的嫩芽,瞧着女孩子们的装扮,很得意地说,“只有在巴黎才能看到穿得这样整齐的孩子……”

克利斯朵夫取笑那个大吹大擂预告的示威运动。好家伙!他心里又喜欢他们又瞧不起他们。

他们俩越往前进,人越来越挤了。形迹可疑的苍白的脸,混在人堆里等机会。水已经给搅动了。每走一步,水就更混浊一些。好似从河底下浮起来的气泡一样,有些声音互相呼应;口哨声,无赖的叫喊声,在喧闹的人堆中透露出来,令人感到积聚的水势。街的那一头,靠近奥兰丽饭店的地方,声音尤其宏大,像水闸似的。警察和士兵拦着去路。大家在那儿不由得挤做一堆,又是叫嚷,又是吹哨,又是唱,又是笑……那是群众的笑声,因为他们不能用说话来表达种种暧昧的情绪,只能用笑发泄一下……

这些群众并没恶意。他们不知道自己要些什么。在不知道以前,他们只闹着玩儿:烦躁,粗暴,可还没有恶意;觉得彼此拥挤,骂骂警察,或者互相吆喝一阵,都挺有意思。但他们渐渐急躁起来。站在后面的人因为看不见前面的情形而不耐烦,又因为躲在肉屏风后面危险性比较少而格外表示激烈。站在前面的人进退不得,闷死了,越来越受不了的局面使他们气愤至极;而压迫他们的人潮的力量,又把他们自身的力量增加了百倍。大家越挤越紧,像一群牲口,觉得全群的热气流到了自己身上,所有的人凑成了一个整体,而每个人都等于是全体,跟巨人勃里阿莱①一样。热血的怒潮不时在千首怪物的胸中直冒,眼睛含着仇恨,声音含着杀气。躲在第三四行的人开始扔石子了。好些人在临街的窗口张望,仿佛是看戏;他们一边刺激群众,一边焦灼不耐地等军队开火。

克利斯朵夫手脚并用地闯进这个密集的人堆,像楔子一般硬挨进去。奥里维跟着他。人墙略微露出了一点儿隙缝,让他们过去,随后又闭上了。克利斯朵夫兴高采烈,完全忘了五分钟以前自己还说民众不会暴动。不论他跟法国的群众和他们的要求是怎样的不相干,他一卷进这股潮水,便立刻被融化了;不管群众要的是什么,他只知道跟着要;不管自己往哪儿去,他只知道往前,呼吸着这般狂乱的气息……

奥里维跟在后面,被克利斯朵夫牵引着,毫无兴致,头脑很清楚,对于他同胞的热情,对于那股把他推着拥着的热情,比克利斯朵夫不知冷淡多少倍。因为病后身体虚弱,他和人生离得更远了……又因为神志清楚,精神洒脱,所以连最小的枝节都深深地印入他的脑海。他很愉快地瞧着前面一个姑娘的后影,黄澄澄的脖子,皮肤苍白而细腻。同时,从这些紧挤在一起的人身上蒸发出来的气息使他作呕。

“克利斯朵夫。”他用哀求的口吻叫了一声。

克利斯朵夫不理他。

“克利斯朵夫!”

“怎么呢?”

“咱们回去吧。”

“你可是害怕了?”克利斯朵夫问。

他继续向前。奥里维苦笑着跟在后面。

① 勃里阿莱为神话中的巨人,有五十个头与一百条手臂。

在几排以前的危险地带内(没法向前的群众挤在那儿好比一道栅栏),奥里维瞧见他的小驼子爬在一所卖报亭的顶上。他用两手撑着,非常不方便地蹲在那里,一边笑一边向人墙那一边眺望,不时回过头来,得意扬扬地望着群众。他看到了奥里维,眉飞色舞地瞅了他一眼,然后又眺望广场那方面,睁大着眼睛等着……等什么呢?等将要来到的事……而且不止他一个,周围多少的人都等着奇迹!奥里维瞧了瞧克利斯朵夫,发觉他也在等待……

奥里维招呼孩子,嚷着要他下来。爱麦虞限只装听不见,不再对他望了。他也看到了克利斯朵夫。他很高兴在骚乱中露面,一方面是向奥里维表示勇敢,一方面是让他着急,算是他和克利斯朵夫在一起的惩罚。

奥里维在人堆里也遇到几个别的朋友。黄胡子高加只等冲突发生,用专家的眼光估量着爆发的时间。更远一些,美丽的贝德和旁边的人互相说些难听的话。她居然挤到了第一排,扯着嗓子骂警察。高加走近克利斯朵夫。克利斯朵夫一看见他,讥讽的脾气又发作了:"我不是早说过吗?什么事都闹不起来的。"

"等着瞧吧!"高加说,"别老待在这儿。随时会出乱子的。"

"别胡扯!"克利斯朵夫回答。

那时骑兵被人家扔石子扔得不耐烦了,上前来想清通到广场的入口,中间的队伍领先,放开奔马的步子。于是秩序乱了。像《福音书》上说的,头变作了尾。最前的一排变成了最后一排。可是他们也不愿意老是受窘,一边逃一边向追兵辱骂,一枪还没有放就把他们作"凶手!"贝德尖声怪叫的往人堆里直溜,像一条鳗鱼似的。她找到了朋友们,躲在高加阔大的肩膀后面喘过气来,紧挨着克利斯朵夫,把他的胳膊拧了一把,为了害怕或是别的理由,向奥里维丢了一个眼神,又咆哮着对敌人们晃晃拳头。高加抓着克利斯朵夫的手臂,说:"咱们走吧,上奥兰丽铺子去。"

他们走几步路就到了。贝德和格拉伊沃两人已经先在那儿。克利斯朵夫正要进去,后面跟着奥里维。这条街是中间高,两头低的;站在小饭铺前面五六级高的阶沿上可以眺望街心。奥里维从人堆里钻出来,呼了一口气。他一想这气味恶劣的酒店和那些疯子的狂叫就觉得恶心,便和克利斯朵夫说:"我回去了。"

"好吧,我过一个钟头来找你。"

"别再出去了,克利斯朵夫!"

"胆怯鬼!"克利斯朵夫笑着回答。

说罢他便走进酒店。

奥里维刚要在铺子的转角处拐弯,再走几步就可以拐进一条小巷,和骚乱的场面隔离了。但他那个小朋友的形象忽然在脑中浮现,便回过头去东张西望地找,正看到爱麦虞限从他的瞭望台上摔下来,奔逃的群众踩在他身上,警察又在后面追。奥里维不假思索,立刻跳下阶沿奔过去救护。一个马路小工看到情形非常危急:大兵们拔出了腰刀,奥里维伸出手去想把孩子拉起来,被势如潮涌的警察把两人一齐冲倒了。小工惊叫了一声,也冲了进去。同伴们跟在他后面奔过来。站在酒店门口的人,还有已经进了酒店的人,都先后听见了呼救声奔出来。两队人马像狗一般扭在一起。站在阶沿高头的女人们吓得直嚷。奥里维这个贵族的小布尔乔亚,比谁都厌恶斗争的人,竟这样拨动了斗争机钮……

克利斯朵夫被工人们牵引着,加入了混战,可不知道谁发动的。他万万想不到有奥里维在内。他以为他已经走了,在绝对安全的地方了。当时简直没法看出战斗的情形。每个人都弄不清攻击自己的是谁。奥里维在旋涡中不见了:船沉到水底下去了……不知哪儿飞来一拳,打在他左胸上,他立刻倒下去,被一窝蜂的群众踏在脚下。克利斯朵夫被一阵逆流挤到战场的另一头。他心里没有一点儿仇恨,只是兴高采烈地跟大家推来推去,好似在乡村里赶集似的。他并没想到事情的严重性,所以被一个肩膀阔大的警察抓着手腕,拦腰抱住的时候,他还开玩笑地说:"可要跳个华尔兹,小姐?"

可是第二个警察又扑上他的背,他便像野猪似的抖擞一下,抡着拳头往两人身上乱捶乱打,他怎么肯被人制服呢?扑在他背上的敌人滚在地下了。另外一个狂怒之下,拔出刀来。克利斯朵夫看见刀尖离自己的胸脯只差两寸,马上闪过身子,抓着敌人的手腕,拼命想夺下武器。他一下子弄不明白了,至此为止,他把事情看作游戏一样……但那时他跟敌人扭做了一团,互相打着嘴巴。他没有时间思索。对方眼里有了杀机,而他心中也起了杀机。他眼看自己要像一头绵羊似的被人宰割了,便冷不防把敌人的手腕跟刀一齐扭转来,对着敌人的胸脯扎进去,他觉得自己要杀人了,真的杀了。于是他眼睛里看出来的东西都不同了,如醉若狂地大叫起来。

一叫之下,效果简直不可想象。群众嗅到了血腥。一刹那间,他们变成了一群凶恶的猎犬。到处都放起枪来。许多窗口挂出了红旗。巴黎革命的隔世遗传,使他们立刻布置了障碍物。街面的砖石给掘掉了,街灯的柱子给扭曲了,树木给砍下了,一辆街车在街上仰天翻着。大家利用几个月来为铺设地下铁道而掘开的壕沟。围着树木的铁栏扭成了几段,被人当作弹丸用。口袋里和屋子里都出现了武器。不到一小时,局面完全变成了暴动的形势,全区都成了战场。克利斯朵夫的模样叫人认不得了,爬在障碍物上高声唱着他作的革命歌,几十个声音在四周附和。

奥里维被人抬到奥兰丽酒店里,已经失去知觉。人家把他放在铺面后间的一张床上。床脚下蹲着那个驼子,垂头丧气。贝德先是吓了一跳,远望以为受伤的是格拉伊沃,等到认出是奥里维,不由得失声叫起来:“还好还好!我以为是雷沃博呢……”

然后她动了恻隐之心,把奥里维拥抱了一下,在枕上扶着他的头。奥兰丽照例很镇静,解开他的衣服,先作了一个初步的包扎。犹太医生玛奴斯·埃曼碰巧带着他形影不离的加奈在场。他们像克利斯朵夫一样为了好奇心来看看示威运动,目睹这场混战,看着奥里维倒下去的。加奈哭得很伤心,同时又想:"我到这儿来干吗呢?"

玛奴斯给奥里维诊察了一遍,立刻断定没希望了。虽然对奥里维很有好感,但他不是一个看着无可挽救的事发呆的人,便不再关心奥里维而想到克利斯朵夫了。他一向佩服克利斯朵夫,拿他当作一个病理的标本看的。他知道他关于革命的思想,很不愿意克利斯朵夫以局外人的身份去冒无谓的危险。轻举妄动而打破脑袋还是小事,倘若克利斯朵夫被抓去了,官方一定会拿他出气的。人家早已通知他,警察当局在暗中监视克利斯朵夫;将来他不但要对自己闹的乱子负责,还得替别人闯的祸负责。玛奴斯刚才遇到爱克撒维·裴那在人堆里徘徊,为了好玩也为了公事;他向玛奴斯招招手,说道:"你们的克拉夫脱真胡闹,居然爬在障碍物上臭得意!这一回我们可不放过他了。该死!你叫他快快溜吧。"

说是容易,做起来可难了。倘若克利斯朵夫知道奥里维死了,他会变成疯子,还要乱杀人,直到把自己的命送掉为止。玛奴斯对裴那说:"要是他不马上溜,一定完了。让我去把他带走。"

"你怎么办呢?"

"加奈有汽车,就停在拐角处。"

"哎,对不起,对不起……"加奈气吁吁地说。

"你把他送到拉洛什,"玛奴斯打断了他的话,"还赶得及蓬塔利埃的快车。你送他上瑞士的车子。"

"他不愿意的。"

"我有办法。我可以告诉他,耶南会到瑞士去跟他相会,甚至说他已经走了。"

玛奴斯不再听加奈的意见,径自到障碍物堆上去找克利斯朵夫。他胆子不大,听到枪声就挺挺腰板,表示不怕,他一边走一边数着地下的石板——看是双数还是单数,预卜自己会不会送命。但他并不退缩,一个劲儿往目的地走去。他走到的时候,克利斯朵夫正爬在仰天翻倒的街车高头,骑在一个轮子上,拿手枪向天空放着玩儿。障碍物四周,一大堆全是巴黎的流氓,像大雨后阴沟倒灌时流出来的脏水。在他们中间,你分不清谁是第一批的战士了。玛奴斯大声喊着克利斯朵夫。克利斯朵夫背对着他,没听见。玛奴斯爬上去扯他的衣袖,被他一推几乎倒下来。玛奴斯挺了挺身子,又嚷:

"耶南……"

下半句被喧闹声淹没了。克利斯朵夫突然住了嘴,手枪掉在了地下,从车轮上爬下来,跑到玛奴斯前面。玛奴斯拉着他就走。

"你得赶快溜了。"

"奥里维在哪儿?"

"得赶快溜了。"玛奴斯又说了一遍。

"为什么?"

"要不了一个钟点,这儿就要被军队攻下。今晚上你就得被捕。"

"我又没做什么!"

"瞧瞧你的手吧……别糊涂了!……你赖不掉的,他们怎么肯饶你呢?大家已经把你认出来了。快点儿,一分钟都不能耽误。"

"奥里维在哪儿?"

"在他家里。"

"我去找他。"

"不行。警察在门口等着你。他要我来通知你。你快走吧。"

"你要我上哪儿去呢?"

"上瑞士去。加奈用汽车送你。"

"那么奥里维呢?"

"我们没时间多说了……"

"我没见到他是不走的。"

"你可以在那边见到他呀。明儿他搭头班车到瑞士找你。快点儿!别的事等会儿再告诉你。"

他一手抓着克利斯朵夫。克利斯朵夫被喧闹声和刚才那种发疯似的冲动搞得迷迷糊糊,既不了解自己做的事,也不了解人家要他做的事,只莫名其妙地让人家拉着跑。玛奴斯一手抓着克利斯朵夫,一手抓着加奈,把他们送上汽车。加奈对于人家派给他的差事很不愿意接受,也不愿意克利斯朵夫被捕,但他宁可由别人来救克利斯朵夫。玛奴斯素来知道加奈的脾气,因为不放心他的胆小,所以正要跟他们分手而汽车已经发动的时候,玛奴斯突然改变主意,也上了汽车。

奥里维依旧神志昏迷,旁边只有奥兰丽和爱麦虞限两个人。房间里没有空气,没有光线,非常凄凉。天差不多已经黑了……奥里维在深渊之中浮起了一刹那,手上感觉到爱麦虞限的嘴唇和眼泪,有气无力地笑了笑,挣扎着把手放在孩子头上。啊,他的手多么重啊!……他又失去了知觉……

在弥留者的枕上,奥兰丽放着一小束铃兰。院子里一个没有关紧的龙头让水滴滴答答地流在桶里。思想深处,种种的形象颤动了一刹那,好似一道快要熄灭的光明……一所内地的屋子,墙上爬着蔓藤;一个花园,有个孩子在玩儿:他躺在草坪上,一道喷泉涓涓地流入石钵。一个女孩子笑着……

第二部

他们出了巴黎，穿过那些罩着浓雾的广大的平原。十年以前，克利斯朵夫到巴黎的时候也是这样一个黄昏。那时他已经开始逃亡了。但那时他的朋友，他所爱的朋友是活着的，而克利斯朵夫是不知不觉地逃到朋友那里去的……

最初克利斯朵夫还受着混战的刺激，非常兴奋，提高着嗓子说了很多话，乱七八糟地讲他所看到的和所做的事，对自己的英勇非常得意。玛奴斯和加奈也说着话，使他分心。然后狂热的情绪慢慢退下去，克利斯朵夫不出声了，只有两个同伴继续谈着。他被下午的事搅糊涂了，可并不丧气。他想到从德国逃出来的时代。逃，逃，老是得逃……他笑了。逃就是他的命运。离开巴黎并不使他难过：世界大得很，人又是在哪都一样的。上哪儿都没关系，只要和朋友在一起。他预备第二天早上就能和奥里维相会……

他们到了拉洛什。玛奴斯与加奈等火车开了才和他分手。克利斯朵夫问了他们好几遍，应当在哪个地方下车，投宿什么旅馆，向哪个邮局领取信件。他们和他作别的时候，脸上表示很难过。克利斯朵夫却高高兴兴地握着他们的手，说道："得了吧，别这么哭丧着脸。后会有期！这又不算一回事。我们明天就写信给你们。"

火车开了，他们望着他远去了。

"可怜的家伙！"玛奴斯叹了一声。

他们回到汽车，一句话也不说。过了一会儿，加奈说："我觉得我们这一下是犯了罪。"

玛奴斯先是不做声，随后回答道："嘿！死的总是死了。应当救活的。"

天慢慢地黑了，克利斯朵夫紧张的心情也跟着静下来。掩在车厢的一角，他呆呆地想着，头脑已经清醒，可是浑身冰冷。他瞧了瞧手，看到了血，不是自己的血，便不胜厌恶地打了个寒战。杀人的一幕又浮现了，使他想起杀了人，可不明白为什么杀的。他把战斗的经过在脑子重温了一遍，但这一回眼光不同了，不懂自己怎么会参加的。他又从头至尾想了想当天的事：怎样和奥里维一块儿出门，走过几条街，直到他被旋涡卷进去为止。想到这儿，他糊涂了，思想的线索断了。他怎么能跟那些与他信仰不同的人一起叫喊，打架呢？他们的要求又不是他的要求。那时他变了另外一个人了！……他的意识、意志，都消灭了。这一点使他又惊愕又惭愧：难道他竟不能自主吗？那么谁是他的主宰？……现在快车带着他在黑夜里跑，但那个在精神上带着他跑的黑夜也一样的阴沉，那股无名的力也一样的令人头晕目眩……他努力想定一定神，结果只换了一个操心的题目。越近目的地，他越想念奥里维，莫名其妙地觉得不安了。

到站的时候，他向车门外张望，看看月台上有没有那张熟识的亲爱的脸……下了车，又向四面探望。有一两次，他有点儿眼花，仿佛……噢，不，不是"他"。他到约定的旅馆去，奥里维也没有在。这当然不足为奇：奥里维怎么能比他先到呢？但从此克利斯朵夫好不心焦地开始等待了。

时间正是早上。克利斯朵夫上楼到房间里转了一转，下去吃了饭，上街闲逛，装作毫无心事的样子，他欣赏了一下湖，瞧瞧铺子里的陈设，跟饭店里的姑娘说了几句笑话，翻着画报……一点没有劲。时间过得真慢。到晚上七点，克利斯朵夫不知如何是好，便提早吃了晚饭,也吃不下什么,重新上楼,吩咐仆人等朋友一到,立刻带到他屋子里来。他背对着房门,坐在桌子前面,无所事事:没有一件行李,没有一本书,只有才买来的一份报。他勉强拿来看着,心不在焉,耳朵老听着走廊里的脚声。整天等待的疲倦和整晚的没有睡觉,使他神经过敏到极点。

他突然之间听见房门开了。一种异样的感觉使他不马上掉过头去。他觉得有一只手放在他的肩上,便转过身子,看见奥里维微微笑着。他并不惊奇,只是说:

"啊!你终于来了!"

只有一刹那功夫,幻景就消灭了……

克利斯朵夫猛地站起,推开桌子,把椅子翻倒在地下。他呆了一会儿,毛骨悚然,脸像死人一样,牙齿打得很响……从那个时候起,虽然他一无所知,虽然对自己再三说着"我又没知道什么",他已经什么都知道了,将要发生的事都预感到了。

他没法再待在屋子里,到街上走了一个钟点。回到旅馆,看门的在穿堂里递给他一封信。啊,他早知道会有信的。他双手哆嗦着接过来,奔到楼上,拆了信,一读到奥里维的死讯,马上晕过去了。

信是玛奴斯写的,说昨天瞒着他催他动身,完全是奥里维的意思,奥里维要他的朋友逃走;信上又说克利斯朵夫留在那里一无用处,只能送命,但克利斯朵夫为了纪念他的亡友,为了其余的朋友,为了他自己的光荣,应当活下去……奥兰丽用着又大又颤抖的字迹也附了两三行,说那位可怜的先生的后事,她会照顾的……

克利斯朵夫一醒过来,大发神经,只想杀死玛奴斯,立刻奔往车站。旅馆的穿堂里空无一人,街上冷清清的,黑夜里几个寥寥落落晚归的行人,也没注意到这个眼睛发疯的、气喘吁吁的家伙。他只有一个念头,像一条想咬人的恶狗:"杀玛奴斯!杀!"他要回巴黎去。夜快车已经开出一小时,非等到第二天早上不可。那怎么行!他随便搭了下一班往巴黎那方向开去的火车。那是一班逢站必停的慢车。克利斯朵夫独自在车厢里嚷着:“那是不可能的!不可能的!”

到了法国境内的第二站,火车完全停止,不再往前了。克利斯朵夫暴跳如雷,下了车,打听另外一班车,睡眼惺忪的职员们根本不理他。但不论他怎么办,总是太晚了。为奥里维是太晚了。他甚至也来不及找到玛奴斯,先得被捕。那么怎么办呢?怎么办呢?继续向前吗?回头走吗?有什么用呢?有什么用呢?……他想向一个在旁边走过的宪兵自首。但暧昧的求生的本能把他拦住了,劝他回瑞士。两三点钟以内,往任何方向去的火车都没有。克利斯朵夫坐在候车室里,又坐不下去,便走出车站,在黑夜里胡乱拣着一条路往前直闯。一忽儿他到了荒凉的田野,踏进了草原:东一处西一处的有些小柏树,表示靠近一个森林了。他进了林子,才走了几步就扑在地下嚷着:“啊,奥里维!”

他横躺在路上,号啕大哭。过了好久,听见火车远远的一声长啸,他爬了起来,想回车站,可是走错了路,走了整整一夜。好吧,走到哪儿都是一样,只要尽走下去,不让自己思想,走到不会再思想,走到死!啊!要是能死才好呢!……

黎明的时候,他走进一个法国村子,和边境已经离得很远了。一夜之间他都是往法国这一边走着。他进入一家乡村客店,大吃了一顿,重新上路。日中,他在一片草原上倒下,直睡到傍晚。等到醒过来,天又黑了。他那股疯狂的劲也没有了,只觉得痛苦难忍,没法呼吸,好容易捱到一个农家,讨了一块面包,要求借宿。农夫把他打量了一番,切了一块面包给他,带他到牛棚里,把门反锁了。克利斯朵夫躺在草垫上,靠近气味难闻的母牛,嚼着面包。他淌着眼泪,又是饿又是痛苦。幸而睡眠把他解放了几小时。第二天早上,开门的声音把他惊醒了,他可依旧一动不动地躺着,心里只想不要再活下去。农夫站在他面前把他打量了好久,不时又瞧一下手里的纸。临了,他走前一步,把一张报纸交给克利斯朵夫看,上面赫然印着他的照片。

“不错,就是我,”克利斯朵夫说,“你去把我告发吧。”

“你起来。”

克利斯朵夫站起身子,农夫做个手势叫他跟着走。他们从牛棚后面,在果子树中间走上一条曲曲弯弯的小路。到了一座十字架底下,农夫指着一条路对克利斯朵夫说:

“边境在那一边。”

克利斯朵夫莫名其妙地上了路。他不懂自己为什么走着,身子和精神都累到极点,随时想停下来。但他觉得要是一倒下去,就没法再爬起来。于是又走了一天。身边连一个小钱都没有了,不能再买面包。而且他回避村子。由一种非理智所能控制的奇怪的心理,这个但求一死的人竟怕给人抓去,他的身体好似一头被人追急的野兽,拼命地奔逃。肉体的痛苦,疲倦,饥饿,奄奄一息的生命隐隐约约感到的恐惧,暂时把他精神上的悲痛压倒了。他但求找到一个栖息的地方,好细细咂摸自己的悲苦。

他过了边境,远远地望见一个钟楼高耸,烟囱林立的城市:绵延不断的烟像黑色的河流一般,在雨中,在灰色的天空,望着同一个方向吹去。他忽然想起这儿有个当医生的同乡,叫作哀列克·勃罗姆,去年还有过信来,祝贺他的成功。不管勃罗姆为人怎么平凡,不管他们之间的关系怎么疏离,克利斯朵夫像受伤的野兽一般,拼着最后一些力量去投奔他,觉得要倒下来也得倒在一个并不完全陌生的人家里。

又是烟,又是雨,一片迷蒙,街道跟屋子只有红与灰两种颜色。他在城里乱闯,什么都看不见,问了路又走错了,回头再走。他筋疲力尽,靠着意志的最后一些力量,走进一条陡峭的小巷子,爬上通到一座小山岗的石梯,岗上有所阴森森的教堂,四周都是民房。六十步红色的石级,每三级或六级就有一个狭窄的平台,刚好让人家的屋子开个大门。克利斯朵夫每到一个平台总得摇摇晃晃地歇一会儿。成群的乌鸦在教堂的塔顶上盘旋。

他终于在一所屋子的门上看到了他寻访的姓名,便敲起门来。巷子里很黑。他困顿不堪,闭上眼睛。心里也是漆黑一片……几个世纪过去了……

狭窄的门开了一半,出现一个女人。她的背光的脸叫人没法看到,但身腰显得很清楚,因为外边黑,里头亮。她背后是一条长廊,长廊尽处有个照着斜阳的小花园。她个子高大,笔直地站着,一句话也不说,只等他开口。他看不见她的眼睛,只感觉到她的目光。他说要见哀列克·勃罗姆医生,同时报了自己的姓名,每个字都不容易从喉咙里吐出来。他饥渴交加,累到极点。那女人听了一声不出,回身进去了,克利斯朵夫跟着她走进一间窗户紧闭的屋子,在黑洞里跟她撞了一下:肚子和大腿碰到了那个没有声音的身体。她出去带上了门,让他自个儿待在黑房里。他把身子靠着墙,脑门贴在光滑的护壁上,一动不动,生怕撞翻什么东西,耳朵里轰轰地乱响,只觉得天旋地转。

楼上有挪动椅子的声音,有人惊讶地叫了几声,又有砰砰訇訇的关门声。沉重的步子在楼梯上走下来了。

"他在哪儿?"一个熟人的声音问。

房间的门打开了。

"怎么!叫客人待在黑房里!该死!阿娜,怎么不来个灯呀?"

克利斯朵夫虚弱到极点,狼狈到极点,听见这个喧闹的但是诚恳的声音,觉得大大的安慰。主人伸出手来,他抓住了。这时灯火也来了。两个人互相望着。勃罗姆身材矮小,红红的脸上留着又硬又乱的黑须,一双和善的眼睛在眼镜后面笑着,鼓起的宽广的脑门上满是皱痕,起伏不平,没有什么表情,头发整整齐齐地紧贴在脑壳上,中间分出一道头路,直到脑后。他长得奇丑无比,但克利斯朵夫瞧着他,握着他的手,心里非常舒服。勃罗姆大惊小怪地叫起来;"天啊!你变得多厉害!怎么搞成这个样的?"

"我从巴黎来,"克利斯朵夫说,"我是逃出来的。"

"我知道,我知道,报上说你被捕了。啊,还算运气!阿娜跟我都想到你呢。”

他打断了话，指着那个招待克利斯朵夫进门的不声不响的女人，说：“这是内人。”

她手里拿着一盏灯，站在房门口。下巴长得很结实，脸相表示她是沉默寡言的人。灯光照着她深色的头发，映出赭红的反光，腮帮的皮肤没有什么光彩。她直僵僵地向克利斯朵夫伸出手去，肘子夹着身体，他望也不望跟她握了握手，已经支持不住了。

“我是来……”他结结巴巴地想说明来意，“我想你或许……要是我不太打搅你们的话……或许愿意……收留我一两天……”

勃罗姆马上把话接了过去：“什么一两天！……二十天，五十天，你喜欢待多久就多久。只要你在这个地方，你就住在我们家里；我还希望你多住一阵呢。这是给我们面子，使我们高兴的。”

克利斯朵夫听了这些亲热的话大为感动，竟扑在勃罗姆的臂抱里。

“好朋友，好朋友，”勃罗姆说着，“啊，他哭了……怎么啦？……阿娜！阿娜！……赶快！他晕过去了……”

克利斯朵夫在主人的怀里失去了知觉。几小时以来他觉得要昏迷的现象终于来了。

等到重新睁开眼睛的时候，他已经躺在一张大床上。打开的窗子里传来一股潮湿的泥土味。勃罗姆在床边伛着身子。

“啊，对不起！”克利斯朵夫结结巴巴地说着，想坐起来。

“他这是饿坏的！”勃罗姆叫了一声。

他太太出去，捧了一杯东西回来给他喝。勃罗姆扶着他的头。克利斯朵夫喝完了才有了点生气；可是疲倦比饥饿更厉害，头一倒在床上，他就睡熟了。勃罗姆夫妇守在旁边，看他除了睡觉以外没有别的需要，便出去了。

这种睡眠仿佛一睡就可以睡上几年，是困倦之极而又令人困倦的睡眠,好比沉在湖底下的铅块。日积月累的疲乏,永远在意志门外窥伺的牛鬼蛇神的幻象,把他压倒了。他想醒过来,可是浑身滚烫,仿佛筋骨都断了,在浑浑沌沌的黑夜中没法挣扎,只听见大钟永远打着半点。他不能呼吸,不能思想,不能动弹,被捆缚着,堵住了嘴,好像被人淹在水里,想挣扎起来却又沉到了底下。终于黎明来了,姗姗来迟的,灰暗的黎明,下着雨。热度退了,但身体似乎被压在一座山底下。他醒了。情形却更可怕……

"为什么还要睁开眼来?为什么要醒呢?要像朋友一样长眠地下才好啊……"

他仰天躺着,虽然觉得这个姿势很累,还是一动不动;手和腿像石头一般的重。他似乎进了坟墓。光线暗淡。几滴雨水打在窗上。一只鸟在花园中轻轻地哀鸣。噢!可怜的生命!空虚的生命……

光阴一小时一小时地过去。勃罗姆走进屋子,克利斯朵夫也不掉过头来。勃罗姆看他睁着眼睛,便高高兴兴地跟他招呼。因为克利斯朵夫眼睛始终盯着天花板,他想替他排遣一下,便坐在床上,粗声大气地说话了。那声音使克利斯朵夫简直受不住,攒足了气力好容易说出一句:"请你让我安静一下。"

好心的主人立刻换了口气,说:"你不喜欢有人陪你是不是?好极了。你静静地躺着吧,好好地歇着,别说话。我们替你把饭端上来。你什么都不用操心。"

但要他说话简洁是不可能的。唠唠叨叨地解释了一番,他提着脚尖走出去了,笨重的靴子又使地板咯吱咯吱地响了一阵。克利斯朵夫一个人在屋子里,累得要死。他的思想被痛苦像雾一般包围着。他竭力想弄明白……"为什么要认识他?为什么要爱他?安多纳德的牺牲有什么用?所有那些生命,那些一代又一代的人,多少的考验,多少的希望,结果造成了这样一个人,而所有的生命都跟他同归于尽,白活了一辈子!"生也无聊,死也无聊。一个人消灭了,整个的家族也跟着消灭了,不留一点儿痕迹。这种情形不是又可恨又可笑吗?克利斯朵夫因为失望,愤怒,不由得狞笑了一下。痛苦的无能,无能的痛苦,致了他的命。他的心被压碎了……

屋子里除了医生出诊时的脚步以外,寂静无声。等到阿娜出现,克利斯朵夫已经完全丧失了时间观念。她用盘子端进午饭来。他一动不动地望着她。也不开口道谢。但在他好像空无一物的发呆的眼里,少妇的影子像照相一样印了进去。隔了好久以后,对她认识更清楚的时候,他所看到的她仍旧是当时的模样;多少新的形象都抹不掉第一个回忆,头发很浓,绾着个很大的髻;脑门鼓得高高的,脸盘很大;又短又直的鼻子,眼睛老是低垂着,要是和别人的眼睛碰上了,就冷冷地不很坦白地躲开去;微显厚的嘴唇抿得很紧;神气固执,近乎凶狠。她个子高大,身体长得很好,很结实,可是穿的衣衫太窄,动作非常僵。她一声不出,把盘子放在近床的桌上,然后胳膊贴着身体,低着头退出去。克利斯朵夫看到这个古怪而可笑的人并不觉得惊异,也不吃端来的东西,只管暗暗地折磨自己。

白天过了。晚上阿娜又端来一些新的菜,看到中午拿来的食物原封不动,也就不声不响地端着走了。她不像一般女子那样,看到病人会自然而然地说些好话。她似乎不觉得有克利斯朵夫这个人,或者根本不觉得有她自己。克利斯朵夫好不耐烦地看着她笨拙与强直的动作,感到一种敌意。可是他感激她的不开口。过了一会儿,医生来了,因为发觉克利斯朵夫没有吃东西;他的大声嚷嚷使克利斯朵夫愈觉得阿娜的静默可爱。医生看到他的太太没有劝克利斯朵夫吃饭大不高兴,亲自来强迫克利斯朵夫。克利斯朵夫为了求个清静,只得喝几口牛奶,喝完又转过身去不理不睬了。

第二夜情形比较安定。他困倦至极,再也没有痛苦的感觉,再也没有丑恶的生命的痕迹……可是一醒过来,更窒息了。他把那天琐琐碎碎的情形都记起来了,想到奥里维不愿意出门,再三说要回去,于是他不胜悲痛地对自己说:

"是我送了他的命。"

他不能再一动不动地待在房里,让那目光凶恶的斯芬克斯[1]把死尸的气息吹过来,用它的问题和折磨,便非常骚动的爬起来,走出卧室,下了楼梯,本能的,怯生生的,需要挨在别人身边。可是他一听见人声又马上想躲开了。

勃罗姆那时在餐厅里,很亲热地接待克利斯朵夫,立刻问到巴黎的事。克利斯朵夫抓着他的胳膊,说:"别问我。过一晌再谈吧……请你原谅。我简直受不了。我累得要死,累得……"

"我知道,我知道。"勃罗姆态度很殷勤,"你神经受了震动,前几天的刺激太厉害了。别说话。别拘束。你爱怎办么就怎么办,好像在你自己家里一样。我们决不打搅你。"

他的确说到做到。为了避免惊动客人,他又趋于另外一个极端:在克利斯朵夫面前,他夫妇之间也不敢交谈了;说话都放低着声音,走路提着脚跟,屋子里变得没有一点声响。克利斯朵夫看到这窃窃私语的情形和强制的静默,非常难堪,只得要求勃罗姆照常办事,跟从前一样过活。

这样以后,主人就一切都让克利斯朵夫自便。他几小时的坐在屋子的一角,或者像游魂似的踱来踱去,说不出想些什么,几乎连痛苦的气力都没有了。他像呆子一般,看到自己心如槁木,不由得厌恶至极。唯一的念头是跟"他"一起埋葬,万事全休。有一次,他看到花园的门开着,不知不觉走了出去。但一到阳光底下,他就非常难受,赶紧退回来,仍旧躲在窗户紧闭的屋子里。天气晴好的日子使他受罪。他恨太阳。他受不了自然界的恬静。在饭桌上,他不声不响的只顾吃着勃罗姆搛给他的菜,眼睛盯着桌子。有一天,勃罗姆指给他看客厅里有一架钢琴,克利斯朵夫竟骇然掉过头去。他对无论什么声音都厌恶,只求静默,只求黑暗!心中只有空虚,也只需要空虚。生命的欢乐,像大鹏般振翼高歌,直冲云霄的欢乐是完了!一天又一天地呆在房里,唯

① 希腊神话载,人面狮身的斯芬克斯向路人提出神秘的谜语,凡不能解答者皆被吞食。

一的生命感觉,是隔壁屋子里时钟嘀嗒的声音,仿佛在他脑子里摆动。可是欢乐的野鸟还在他胸中,常常突然之间飞起来,撞在栅栏上,使心灵深处有一阵可怕的骚动,一个人独自在渺无人烟的荒野中悲号……

人生的苦难是不能得一知己。有些同伴,有些萍水相逢的熟人,那或许还可能。大家把朋友这个名称随便滥用了,其实一个人一生只能有一个朋友。而这还是很少的人所能有的福气。这种幸福太美满了,一朝得而复失的时候你简直活不下去。它无形中充实了你的生活。它消灭了,生活就变得空虚:不但丧失了所爱的人,并且丧失了一切爱的意义。为什么世界上有过这样的一个人(朋友)呢?为什么要有我呢?……

这一下死的打击对于克利斯朵夫格外可怕,因为那时克利斯朵夫生命的本体暗中已经动摇了。人生有些年龄,机体内部会酝酿一种蜕变,肉体与心灵特别容易受外界的打击;精神疲惫,有种说不出的惆怅,对一切都觉得厌倦,对过去的成就毫不留恋,对前途也看不出一点儿端倪。在这些心病发作的年纪上,大多数人有家庭的责任把他们束缚着,这种责任固然使他们缺少批判自己,寻觅新路、重新缔造坚强的新生活所必需的自由精神,但同时也做了他们的保镖,固然,在那种情形之下你牢骚满腹,藏着不少的隐痛……还得永远地往前走……没法躲避的工作,对家庭的照顾,逼着一个人像一匹站着打盹的马似的,在两根车辕中间拖着疲乏的身子继续向前。可是一个无牵无挂的人,临到一片空虚的时间就毫无倚傍,没有一点强迫他前进的东西,只是为了习惯而走着,不知道往哪儿去。力量被扰乱了,意识不清楚了。在他这样迷迷糊糊的时候,要是来了一声霹雳,把他的梦游病惊醒过来,他就吃苦了。他倒下去了……

几封从巴黎转过来的信,把克利斯朵夫的麻痹状态驱散了一些。那是赛西尔和亚诺太太写来的,无非是安慰的话。可怜的安慰!没用的安慰!嘴里谈着痛苦的人并不是身受的人……那些书信只使他听到那个已经消失声音的回声。他没有勇气答复,人家也不再写来了。在这个意志消沉的情形之下,他要抹掉自己的痕迹,叫自己消灭。痛苦能够使一个人变得不公平:他过去喜欢的那些人对他都不存在了。只有死掉的那一个才永久存在。连着好几个星期,他努力要叫亡友再生,他和他谈话,写信给他:

“我的灵魂,今天我没收到你的信。你在哪儿呀? 回来吧,回来吧,跟我说话啊,写信给我啊! ……”

虽然他夜里费尽心力,还是不能在梦中和他相见。这一点是很难办到的,只要你还在为了朋友的死亡而心痛的时候。直要以后你慢慢地把故人忘了,故人才会重新出现。

然而外界的生活已经逐渐渗入心灵的坟墓。克利斯朵夫开始听到屋内各种不同的声音,不知不觉地关心起来了。他知道几点钟开门,几点钟关门,白天一共开关几次,有几种方式,依着来客的性质而定。他能认出勃罗姆的脚声,在想象中看到医生出诊回来,在穿堂里挂他的帽子和外套,老是用那种细心而古怪的方式。要是听惯的声音到时没听见,他就不由自主地要探究原因。在饭桌上,他也无意识地听人家谈话了,发觉勃罗姆差不多老是一个人说话,太太只简短地回答几句。虽然缺少交谈的对象,勃罗姆可并不在乎,照旧高高兴兴的,讲着他才看过的病人和听来的闲话。有时,勃罗姆说着话,克利斯朵夫居然瞧着他,勃罗姆发觉后非常快活,更尽量引起他的兴致。

克利斯朵夫勉强想和自己的生活重新结合起来……可是没劲!他觉得自己多老,跟天地一样老! ……早上起来照着镜子,看到自己的身体,姿势,愚蠢的外形,觉得厌倦不堪。为什么要起床,要穿衣服? ……他拼命逼自己工作:可是工作让他受不了。既然一切都得归于虚无,创造有什么用? 他不能再搞音乐了。一个人唯有经过了患难才能对艺术——好似对其他的事情一样——有真切的认识。患难是试金石。唯有那个时候,你才能认出谁是经历百世而不朽的,比死更强的人。经得起这个考验的真是太少了。某些被我们看中的灵魂——所爱的艺术家一生的朋友，——往往出乎我们意外的庸俗。谁能够不被洪涛淹没呢？一接触到了患难，人世的美就显得非常空洞了。

可是患难也会疲倦的，它的手也麻痹了。克利斯朵夫神经松了下来，睡着了，他无穷无尽地睡，仿佛怎么也睡不足。

终于有一夜，他睡得那么熟，到第二天下午才醒。屋子里一个人都没有。勃罗姆夫妇出去了。窗子开着，明媚的天空笑着。克利斯朵夫觉得卸掉了一副重担。他起来走到花园里。一方狭窄的三角形的地，四周围着高墙，像修道院模样。在几块草地与极平常的花卉中间，有几条铺着细沙的小径；一根葡萄藤和一些蔷薇爬在一个花棚上。一个碎石砌成的洞内有一道细小的喷泉；一株靠墙的皂角树，香味浓郁的枝条挂在隔邻的花园高头。远处矗立着红岩砌成的教堂的钟楼。时间是傍晚四点。园中已经罩着阴影。树巅和红色的钟楼还沐浴着阳光。克利斯朵夫坐在花棚下面，背对着墙，仰着头，从葡萄藤和蔷薇的空隙中望着晴朗的天。他似乎才从噩梦中醒来。周围是一片静寂。一根蔷薇藤懒洋洋地挂在头顶上。忽然最好看的一朵花谢了，落英缤纷，在空中散开来，好比一个无邪的美丽的生命就这样平平淡淡地消逝了……这一下克利斯朵夫哀痛至极，透不过气来，把手捧着脸哭了……

钟声响了。从这一个教堂到另一个教堂，钟声相应……克利斯朵夫不知道过了多长时间。等到抬起头来，钟声已止，夕阳已下。克利斯朵夫被眼泪纾解了，精神被冲洗过了，听见心头像泉水似的涌出一阕音乐，眼望着一钩新月溜上天空。他被一阵脚步声惊醒，立刻回到房里，关了门，拴上了，让他音乐的泉源尽量奔泻出来。勃罗姆上来招呼他吃饭，敲敲门，推了几下，克利斯朵夫只是不理。勃罗姆从锁孔里张望，看见克利斯朵夫大半个身子扑在桌上，四周堆满了纸，才放心了。

过了几小时，克利斯朵夫筋疲力尽，走到楼下，发觉医生在客厅里一边看书一边等着。克利斯朵夫过去拥抱了他,请他原谅他来到这儿以后的行为,并且不等勃罗姆开口,自动把最近几星期中惊心动魄的事告诉了他。他跟医生提到这些,只有这么一次,而勃罗姆是否完全听清还是问题:因为一则克利斯朵夫的话没有系统,二则夜色已深,勃罗姆虽然非常好奇,也瞌睡死了。最后——时钟已经敲了两点——克利斯朵夫发觉了,便跟主人道了晚安,分手。

从此克利斯朵夫的生活慢慢恢复了正常。那种一时的兴奋当然不能维持,他常常觉得很悲哀,但那是普通的哀伤,不致妨碍他的生活了。得活下去,是的,非活下去不可!他失去了在世界上最爱的人,受着忧苦侵蚀,心中存着死念,可是有一股那么丰满那么专横的生命力,便是在哀伤的言语中也会爆发,在他的眼睛、嘴巴、动作中间放射光芒。不过生命力的核心已经有条蛀虫盘踞了。克利斯朵夫常常会哀痛欲绝。他明明心里很安静,或是在看书,或是在散步,突然之间出现了奥里维的笑容,那张温柔而疲倦的脸……那好比一刀扎入了心窝……他身子摇摇晃晃,一边哼唧一边把手抱在胸前。有一次,他在琴上弹着贝多芬的曲子,跟从前一样弹得慷慨激昂……忽然他停住了,扑在地下,把头埋在一张椅子的靠枕里,喊道:"啊!我的孩子!……"

最苦的是觉得一切都"早已经历过了"。他老是遇到一些同样的姿势,同样的言语,同样的经验。什么都是熟识的,预料到的。某一张脸使他想起从前看到的另外一张脸,会说出——他敢预先断定——而且真的说出,另外一个人说过的话;同样地人经历着同样的阶段,遇到同样的障碍,同样的消耗完了。有人说:"人生再没比爱情的重复更令人厌倦的了。"这句话要是不错,那么整个人生的重复不是更可厌吗?那简直会叫人发疯。——克利斯朵夫竭力不去想它,既然要活下去就不能想,而他是要活下去的。这种自欺欺人的心理叫人非常痛苦:为了内疚,为了潜在的,压制不了的,求生的本能,而不愿意认清自己的面目！明知世界上没有安慰可言,他就自己创造安慰。明知生活没有什么意义,他偏创造生活的意义。他叫自己相信应当活下去,虽然活不活跟谁都不相干。必要的时候,他还会对自己说是死了的朋友鼓励他活的。同时他知道这是把自己的话硬放在死者嘴里。人就是这么可怜！……

克利斯朵夫重新上路,步子似乎跟以前一样的稳健了;他把心门关起来,不让痛苦闯进去。他不对别人提到他的痛苦,自己也避免和痛苦劈面相见:他好像很平静了。

巴尔扎克说过:“真正的苦恼在心灵深处刻了一道很深的沟槽,它似乎毫无动静,睡熟了,实际上却继续在腐蚀灵魂。”凡是认识克利斯朵夫而能仔细观察他的人,看着他来来往往,弹奏音乐,有说有笑,——他居然会笑了！——一定会感到这个人虽然那么壮健,虽然眼里燃着生命之火,但精神上已经有些东西给摧毁了。

他和人生重新结合之后,就得找个生计。当然不是离开那个城市,瑞士是最安全的避难所,而且这样豪爽的主人,到哪儿去找呢？但他的傲气使他不愿意加重朋友的负担。虽然勃罗姆竭力推辞,一个钱都不肯收,他却直至找到了几处教琴的事,能付一笔固定的膳宿费给了屋主,才觉得安心。那可不容易。他轻举妄动参加革命的事到处都有人知道,一般布尔乔亚家庭当然不愿意跟这个危险的,至少是古怪的“不相宜的”人打交道。然而他靠着自己在音乐界的名气和勃罗姆的斡旋,居然踏进了四五个胆子大一些的,或是更好奇的人家。他们也许想以惊世骇俗的方式表示风雅,但另一方面照旧很小心的监视着他,使学生对老师抱着敬而远之的态度。

勃罗姆家里的生活是非常有规律的。早上,各人干各人的事:医生出去看诊,克利斯朵夫出去教课,勃罗姆太太上菜市场和教堂。克利斯朵夫到一点左右回来,大概总比勃罗姆早。勃罗姆不许人家等他吃中饭,所以克利斯朵夫跟年轻的主妇先吃。那于他绝对不是愉快的事,因为他对她毫无好感,也没有什么话可以和她谈。她当然觉察到人家对她的印象,可是听其自然,既不想注意一下修饰,也不愿意多用思想。她从来不先向克利斯朵夫开口。动作跟服装毫无风韵,人又笨拙,又冷淡,使一切像克利斯朵夫那样对女性的妩媚很敏感的男人望而却步。他一边想到巴黎女子的高雅大方,一边望着阿娜,不由得想道:“啊,她多丑!”

可是这并不准确;不久他发现她的头发、手、嘴,还有那双一看到他就闪开去的眼睛,都长得很美。但他心里对她的批评并不因之改变。为了礼貌,他勉强跟她搭讪,很费力地找些谈话的题目,她那边又一点儿不合作。有两三次,他问她一些事,关于她的城市的,她的丈夫的,她本人的:可什么都问不出来。她只回答几句极无聊的话,努力装着笑容,而那种努力又使人不愉快:她笑得很不自然,声音很闷,说话断断续续,每句后面总带着难堪的静默。临了克利斯朵夫只得尽量避免跟她谈话,那也是她求之不得的。医生一回家,两人都觉得松了一口气。勃罗姆老是很高兴,大声嚷嚷,忙这个忙那个,非常俗气,心却挺好。他能吃能喝,说个不停,也笑个不停。跟他在一起,阿娜还略微说几句;但他们俩谈的无非所吃的菜和每样东西的价钱。有时勃罗姆取笑她对宗教的热心和牧师的讲道,她沉着脸,一声不吭,就在饭桌上生气了。医生多半讲着他看病的情形,津津有味地描写某些可怕的病症;那种刻画入微,淋漓尽致的叙述,使克利斯朵夫大为气恼,拿饭巾丢在桌上,不胜厌恶地站起来,把医生看得乐死了;他立刻打断了话,一边笑一边道歉。可是下一餐上他又来了。这些医院里的笑话,似乎能够使麻木不仁的阿娜听了快活。她会突然之间笑起来,而且是种狞笑,有些兽性的意味。实际上她对她所笑的事也许和克利斯朵夫同样的厌恶。

下午,克利斯朵夫学生很少。医生跑在外面的时候,克利斯朵夫往往和阿娜留在家里,可并不见面。各人干着自己的工作。最初勃罗姆要克利斯朵夫教阿娜弹琴,说她还有相当的音乐天分。克利斯朵夫要阿娜弹些东西给他听。她虽然不大高兴,却也不推三阻四,照例态度冷冰冰的,弹得非常机械,毫无表情:一切音符都是相等的,没有一点儿抑扬顿挫,为了翻谱,她会若无其事地把弹了一半的乐曲停下来,然后再从容不迫地接下去。克利斯朵夫气坏了,不等曲子弹完就走掉,免得说出粗野的话得罪她。她可并不慌,声色不动地直弹到最后一个音符,对于他的失礼毫无伤心或生气的表示,甚至也没十分留意。但从此他们之间再也不提音乐了。有几天下午,克利斯朵夫照例是出去的,倘若突然之间回家,就会发现阿娜在那儿练琴,冷冷的,毫无兴致,可是态度很固执,把同一乐节弹上四五十遍也不厌倦,也不兴奋。知道克利斯朵夫在家的时候,她从来不弄音乐。她的时间除了虔修之外,都花在家务上:缝这个,缝那个,监督女佣,特别注意整齐清洁。丈夫认为她是一个贤德的女人,有点儿古怪,据他说是“像所有的女人一样”;但也“像所有的女人一样”很忠诚。关于最后这一点,克利斯朵夫心里不表同意,觉得勃罗姆的心理学太简单了;但反正是勃罗姆的事,想它干吗!

吃过晚饭,大家待在一起。勃罗姆和克利斯朵夫谈着话,阿娜做着活儿。由于勃罗姆的请求,克利斯朵夫又常常弹琴了,在临着园子的黑洞洞的大客厅内直弹到深夜,使勃罗姆在一旁听得出神……世界上不少人就是醉心于他们不懂的或完全误解的东西的,他们也正因为误解而爱那些东西。克利斯朵夫不再生气,他一生已经遇到多少混蛋!但听到某些可笑的惊叹,也立刻停下,回到房里去了。勃罗姆终于猜到了原因,便竭力把声音压低。并且他音乐的胃口很快就会餍足,留神细听的时间不能持续到一刻钟以上:不是看报,便是打盹,不再打搅克利斯朵夫了。阿娜坐在屋子的尽里头,一声不出,膝上放着活计,似乎在那里工作,但她直瞪着眼,手指不动。有时她在曲子的半中间无声无息地出去了,不再露面。

日子这样一天天地过去。克利斯朵夫又有了精力。勃罗姆的过分的,但是真诚的好意,屋子里的清静,日常生活的有规律,特别丰富的日耳曼式的饮食,把他结实的身体给恢复了。肉体已经和以前一样的健康,但精神上还是病着。新长出来的气力只有加强骚乱的心绪,因为它始终不曾恢复平衡,有如一条装载不平均的船,受到一点极小的震动就会跳起来。

他完全孤独,跟勃罗姆谈不到精神上的相契,与阿娜的交际仅仅限于早晚的招呼,和学生又毫无好感可言:因为他公然表示,以他们的才能,最好还是放弃音乐。城里他一个人都不认得。而这也不完全是他的过错。固然他自从奥里维死后老是很孤独地待在一边,但周围的人也根本不让他接近。

他住的那个古城颇有些聪明强毅之士,但都是骄傲的特权阶级,自得自满,与外界不相往来。他们是一般布尔乔亚的贵族,爱好工作,教育程度很高,可是胸襟狭猛,奉教非常热心,认为自己是最优秀的种族,自己的城市是最优秀的城市,沾沾自喜地厮守着他们分支繁衍的古老的家族。每一家规定好一个招待亲属的日子,余下的时间便门禁森严。这些实力雄厚的世家从来不想炫耀财富,彼此都是知道底细的:这就够了;别人的意见根本无足重轻。有些百万富翁穿得像小布尔乔亚一样,声音嘶嗄,讲着别有风趣的土话,天天一本正经地上公事房,即使到了连一般勤谨的人也要退休的年纪还是照常办事。太太们自命为精通治家之道。女儿是没有陪嫁的。有钱的父母要子女像自己一样辛辛苦苦地去挣他们的家业。日常生活过得非常节俭:那些巨大的财产有极高尚的用途,例如收藏艺术品,办美术馆,资助社会事业。慈善机关和博物院常常收到数额很大的,匿名的捐款。这种又伟大又可笑的现象都是属于另一时代的。大家只知道有自己,似乎不知道外边还有别的世界。其实为了商业关系,为了交游广泛,为了叫儿子们到远方去游学,他们对外面的世界很熟悉。可是无论什么出名的东西,无论哪个国外的名流,在他们心目中一定要经过他们认可之后才算成立。他们对自己的社会也管束极严,互相支持,互相监督。这样就产生了一种集体意识,凭着一致的宗教观念与道德观念,把个人的许多不同点——在那些性格刚强的人身上特别显著的不同点——给遮掉了。每个人都奉行仪式,都有信仰。没有一个人敢有一点儿怀疑,即使怀疑也不愿意承认。你休想掏摸他们的心事,因为知道受着严密的监视,谁都有权利窥探别人的心,所以他们格外深藏。据说连那些离开乡土而自以为独立不羁的人,一朝回到本乡,照旧会屈服于传统、习惯、和本城的风气:最不信仰的人也不得不奉行仪式,不得不信仰。在他们眼里,没有信仰是违反天性的,没有信仰的人是低级的,行为不端的人。只要是他们之中的一分子,就决不能回避宗教义务。不参加教礼等于永远脱离自己的阶级。[1]

这种纪律的压力似乎还嫌不够。那些人在本身的阶级里头还觉得彼此的联系不够密切,所以在大组织中间又形成无数的小组织,把自己完全束缚起来。小组织大概有好几百个,而且每年都在增加。一切社会活动都有团体:有为慈善事业的,为虔修的,为商业的,为虔修而兼商业的,为艺术的,为科学的,为歌唱的,为音乐的,有灵修会,有健身会,有单为集会而组织的,有为了共同娱乐的,有街坊联合会,有同业联合会,有同等身份的人的会,有同等财富的人的会,有同等体重的人的会,有同名的人的会:据说有人还想组织一个不隶属任何团体的人的团体,结果这种人不满一打。

在这城市、阶级、团体三重束缚之下,一个人的心灵是给捆住了。无形的压力把各种性格都约束了。其中多半是从小习惯的——从几百年来就习惯的;他们认为这种压迫很卫生,倘若有人想摆脱,就是不合体统或不健全。看到他们心满意足的笑容,谁也想不到他们心里有什么不舒服。但人的天性也要报复一下的。每隔相当时候,必有几个反抗的人,或是倔强的艺术家,或是激烈的思想家,不顾一切地斩断锁链,使当地的卫道之士头痛。但卫道之士非常聪明,倘若叛徒没有在

① 此处所称宗教均指基督新教。瑞士最普遍的宗教是新教。

半路上被压倒,倘若比他们更强,那么他们不一定要把他打倒——(打架总难免闹得满城风雨——而是设法把他收买。对方要是一个画家,他们就把他送入美术馆;要是思想家就送入图书馆。叛徒大声疾呼说些不入耳的话,他们只做听不见。他尽管自命为独往独来,结果仍旧被同化了。毒性被中和了。这便叫作以毒攻毒的治疗。但这些情形很少有,叛徒总是在半路上被扼杀的居多。那些安静的屋子里藏着不知多少无人知道的悲剧。里头的主人往往会从从容容的,一声不响地跑去跳进河里;再不然在家中幽居半年,或者被妻子送进疗养院。大家把这些事满不在乎地谈着,态度的冷静可以说是本地人最了不起的特点之一,即使面对着痛苦与死亡也不会受影响。

这些严肃的布尔乔亚,因为看重自己人,所以对自己人很严,因为瞧不起别人,所以对别人比较宽。对于像克利斯朵夫一般的外侨,例如德国的教授,亡命的政客,他们都相当宽容,觉得跟自己无关痛痒。并且他们爱好智慧,决不为了前进的思想而惊慌,知道自己的儿孙是不受影响的。他们用着冷淡的,客气的态度对待外侨,不与他们亲近。

克利斯朵夫毋须人过多所表示。那时他正特别敏感,到处看到自私自利与淡漠无情,只想深自韬晦。

勃罗姆的患者在社会上是个范围很小的小圈子,属于新教中教规极严的一派,勃罗姆太太也是其中一分子。克利斯朵夫名义上是旧教徒出身,事实上又已经不信仰了,所以更受到歧视。而他自己也觉得有许多事看不上眼。他虽然不信仰,可是脱不了先天的旧教精神:理智的成分少,诗的意味多,对于人性采取宽容的态度,不求说明或了解,只知道爱或是不爱;同时他在思想方面和道德方面保持着绝对的自由,那是他无形中在巴黎养成的习惯。因此他和极端派的新教团体冲突是必然的事。加尔文主义的缺陷在这个宗派里格外明显,那是宗教上的唯理主义,把信仰的翅膀斩断了,让它挂在深渊上面:因为这唯理主义的大前提和所有的神秘主义同样有问题,它既不是诗,也不是散文,而是把诗变成了散文。它是一种精神上的骄傲,对于理智——

他们的理智——抱着一种绝对的,危险的信仰。他们可以不信上帝,不信灵魂不灭,但不能不信理智,好似旧教徒不能不信仰教皇,拜物教徒不能不崇拜偶像。他们从来没想到讨论这个“理智”。要是人生和理性有了矛盾,他们宁可否定人生。他们不懂得心理,不懂得天性,不懂得潜伏的力,不懂生命的根源,不懂“尘世的精神”。他们造出许多幼稚的,简化的,雏型的人生与人物。他们中间颇有些博学而实际的人,读书甚多,阅历不少,但看不见事物的真相,只归纳出一些抽象的东西。他们贫血得厉害,德行极高,但没有人情味:而这是最要不得的罪恶。他们心地的纯洁往往是真实的,并且高尚,天真,有时不免滑稽,不幸那种纯洁在某些情形之下竟有悲剧意味,使他们对别人冷酷无情,不是由于愤怒,而是一种深信不疑的态度。他们怎么会迟疑呢?真理,权利,道德,不是都在他们手里吗?神圣的理智不是给了他们直接的启示吗?理智是一颗冷酷的太阳,它散发光明,可是叫人眼花,看不见东西。在这种没有水分与阴影的光明底下,心灵会褪色,血会干枯的。

而克利斯朵夫当时觉得最无意义的便是理智。这颗太阳只能替他照出深渊的内壁而不能指示一条出路,甚至也不能使他看出深渊的深度。

至于艺术界,克利斯朵夫很少有机会、也没有心思去和它发生关系。当地的音乐家多半是保守派的好好先生,属于新舒曼派或勃拉姆斯派的,克利斯朵夫跟这些乐派是斗争过的。只有两人是例外:一个是管风琴师克拉勃,开着一家出名的糖果店;他是个诚实的君子,出色的音乐家,照某个瑞士作家的说法,要不是“骑在一匹被他喂得太饱的飞马上”,他还能成为更好的音乐家。另外一个是年轻的犹太作曲家,很有特色,很有气魄,情绪很骚动;他也开着铺子,卖瑞士土产——木刻的玩艺儿,伯尔尼的木屋和熊等等。这两个人因为不把音乐当作职业,胸襟都比较宽大,很乐意亲近克利斯朵夫,而在别的时期,克利斯朵夫也会有那种好奇心去认识他们的,但那时他对艺术,对人,都毫无兴趣,只感到自己和旁人不同的地方而忘了相同的地方。

他唯一的朋友,听到他吐露思想的知己,只是城里穿过的那条河,就是在北方灌溉他故乡的莱茵。在它旁边,克利斯朵夫又想起了童年的梦境。但在心如死灰的情形之下,那些梦境也像莱茵一样染着阴森森的色调。黄昏日落的时候,他在河边凭栏眺望,看着汹涌的河流,混沌一片,那么沉重,黯淡,急匆匆地老是向前流着,一眼望去只有动荡不已的大幅的轻绡,成千成万的条条流水,忽隐忽现的旋涡:正如狂乱的头脑里涌起许多杂乱的形象,永远在那里出现而又永远化为一片。在这种黄昏梦境中,像灵柩一样漂流着一些幽灵似的渡船,没有一个人影。暮色渐浓,河水变成大块的青铜,照着岸上的灯火乌黑如墨,闪出阴沉的光,反射着煤气灯黄黄的光,电灯月白色的光,人家窗里血红的烛光。黑影里只听见河水的喁语。永远是微弱而单调的水声,比大海更凄凉……

克利斯朵夫几小时地听着这个死亡与烦恼的歌曲,好容易才振作起来,爬上那些中间剥落的红色的石级,穿过小巷回家,他身心交瘁,握着砌在墙头里的、被高头教堂前面空袤的广场上的街灯照着发光的栏杆……

他再也弄不明白了:人为什么要活着?回想起亲眼目睹的斗争,他不由得怅然若失,佩服那批对信念锲而不舍的人。各种相反的思想,各种不同的潮流,循环不已——贵族政治之后是民主政治,个人主义之后是社会主义,古典主义之后是浪漫主义,尊重传统之后又追求进步:交相起伏,至于无穷。每一代的新人,不到十年就会消磨掉的新人,都深信不疑地以为只有自己爬到了最高峰,用石子让前人摔下来;他们忙忙碌碌,叫叫嚷嚷,抓权,抓光荣,然后再被新来的人用石子赶走,归于消亡……

克利斯朵夫不能再靠作曲来逃避;那已经变成间歇的,杂乱无章的,没有目标的工作。写作?为谁写作?为人类吗?他那时正厌恶人类。为他自己吗?他觉得艺术一无用处,填补不了死亡所造成的空虚。只有他盲目的力偶尔鼓动他振翼高飞,随后又力尽筋疲地掉下来。黑暗中只有一阵隐隐的雷声。奥里维消失了,不留一点儿痕迹。凡是充实过他生命的,凡是他自以为和其余的人类共有的感情跟思想,他都恼恨。他觉得过去的种种完全是骗自己:人与人的生活整个儿是误会,而误会的来源是语言……你以为你的思想能够跟别人的沟通吗?其实所谓关系只有语言之间的关系。你自己说话,同时听人家说话,但没有一个字在两张不同的嘴里会有同样的意义。更可悲的是没有一个字的意义在人生中是完全的。语言超出了我们所经历的现实。你嘴里说爱与憎……其实压根儿就没有爱,没有憎,没有朋友,没有敌人,没有信仰,没有热情,没有善,没有恶。所有的只是这些光明的冰冷的反光,因为这些光明是从熄灭了几百年的太阳中来的。朋友吗?许多人都自居这个名义,事实上却可怜透了!他们的友谊是什么东西?在一般人的心目中,友谊是什么东西?一个自命为人家的朋友的人,一生中有过几分钟淡淡地想念他的朋友的?他为朋友牺牲了什么?且不说他的必需品,单是他多余的东西,多余的时间,自己的苦闷,为朋友牺牲了没有?我为奥里维又牺牲过什么?(因为克利斯朵夫并不把自己除外,在他把全人类都包括进去的虚无中,他只撇开奥里维一个人。)艺术并不比爱情更真实。它在人生中究竟占着什么地位?那些自命为醉心于艺术的人是怎么样爱艺术的?……人的感情是意想不到的贫弱。除了种族的本能,除了这个成为世界轴心的,宇宙万物所共有的力量以外,只有一大堆感情的灰烬。大多数人没有蓬蓬勃勃的生气使他们整个卷进热情。他们要经济,谨慎到近乎吝啬的程度。他们什么都是的,可是什么都具体而微,从来不能成为一个完整的东西。凡是在受苦的时候,爱的时候,恨的时候,做无论什么事的时候,肯不顾一切地把自己完全放进去的,便是奇人了,是你在世界上所能遇到的最伟大的人了。热情跟天才同样是个奇迹,差不多可以说不存在的!……

克利斯朵夫这样想着,人生却在准备给他一个可怕的否定的答复。奇迹是到处有的,好比石头中的火,只要碰一下就会跳出来。我们万万想不到自己胸中有妖魔睡着。

"……别惊醒我,啊!讲得轻些吧!……"①

一天晚上,克利斯朵夫在钢琴上即兴,阿娜站起身来出去了,这是她在克利斯朵夫弹琴的时候常有的事。仿佛她讨厌音乐。克利斯朵夫早已不注意这些,也不在乎她心里怎么想。他继续往下弹,后来忽然想起要把所弹的东西记下来,便跑到房里去拿纸,他打开隔室的门,低着头往暗里直冲,不料在门口突然跟一个僵直不动的身体撞了一下。原来是阿娜……这么出其不意的一撞吓得她叫起来。克利斯朵夫生怕她撞痛了,便亲切地抓着她的两只手。手是冰冷的,人好像在发抖,大概是受了惊吓吧?

"我在餐厅里找……"她结结巴巴地解释。

他没听见她说找什么,也许她根本没说出来。他只觉得她在黑暗里找东西很奇怪。但他对于阿娜古怪的行动已经习惯了,也不以为意。

过了一小时,他又回到小客厅和勃罗姆夫妇坐在一起,在灯下伏在桌上写音乐。阿娜靠着右边,在桌子的另外一头缝东西。在他们后面,勃罗姆坐在壁炉旁边一张矮椅子上看杂志。三个人都不说话。淅沥的雨断断续续打在园中的沙上。克利斯朵夫原来把大半个身子歪在一边,那时为了要完全孤独,便掉过身去,背对着阿娜。他前面壁上挂着一面镜子,反映着桌子,灯,和埋头工作的两张脸。克利斯朵夫似乎觉得阿娜在望他,先是并不在意,后来脑子里老转着这个念头,便抬起眼睛瞧了瞧镜子……果然阿娜望着他,而且那副目光使他呆住了,不由得屏着气把她仔细打量。她不知道他在镜子里看她。灯光映着她苍白的脸,那种惯有的严肃与静默显得她心里郁积着一股暴戾之

① 此系米开朗琪罗为其雕像《夜》所作的诗句。

气。她的眼睛——他从来没机会看清楚的陌生的眼睛——盯在他身上:暗蓝的巨大的瞳子,严峻而火辣辣的目光,悄悄地抱着一股顽强的热情在那里搜索他的内心。难道这是她的眼睛吗?他看到了,可不相信。他是不是真的看到呢?他突然转过身来,她眼睛低下去了。他跟她搭讪,想强迫她正面望他。可是她声色不动地回了话,始终低着头做活,没有抬起眼睛,你只能看到围着黑圈的眼皮,和又短又紧密的睫毛。要不是克利斯朵夫头脑清楚,很有把握的话,他又要以为那是个幻象了。但他的确知道他是看到的……

然后他又集中精神工作,既然对阿娜不感兴趣,也就不去多推敲这个奇怪的印象。

过了一星期,他在琴上试一支新作的歌。勃罗姆一半由于摆丈夫的架子,一半由于打趣,素来喜欢要太太弹琴或唱歌,这一晚的要求来得特别恳切。往常阿娜只说一句斩钉截铁的话;以后不论人家如何要求,恳请,揶揄,再也不屑回答,咬着嘴唇,只做听不见。但那天晚上,出乎勃罗姆和克利斯朵夫意料,她居然收起活儿,站起身来向钢琴走过去了。这是一支她连看都没看过的歌,她竟自唱了,而唱的结果简直是奇迹。声音沉着,完全不像她说话时那种嘶嗄的,蒙着一层什么的口音。一开始她就把音唱准了,既不慌张,也不费力,音乐给表现得极有气魄,而且很纯粹,很动人,她自己也达到热情奔放的境界,使克利斯朵夫大为激动,觉得她唱出了他的心声。她唱着,他望着她呆住了,这一下他才第一次把她看清楚。阴沉的眼睛里有股野性,表示热情的大嘴巴,边缘很好看的嘴唇,肉感的笑容并不秀媚,有点儿杀气,露出一副雪白的很好的牙齿;一只美丽结实的手放在琴谱架上;壮健的体格被狭窄的衣服紧束着,被过于简单的生活磨瘦了,但一望而知是年轻的,精力充沛,线条非常和谐。

她唱完了,回去坐着,一双手放在膝盖上。勃罗姆恭维了她几句,但觉得她唱得不够柔媚。克利斯朵夫一声不出,只顾打量她。她惘然微笑,知道他瞧着她。当晚他们之间没说什么话。她明白自己刚才达到了从来未有的境界,或者是第一次成为她"自己",可不懂是怎么回事。

从那一天起,克利斯朵夫对阿娜留神观察了。她又恢复了不声不响,冷淡麻木的态度,只管没头没脑地做活,叫丈夫都看了气恼;其实她是借工作来压制骚乱的天性,不让那些暧昧的思想抬头。克利斯朵夫看来看去,只看到她和早先一样是个动作发僵的布尔乔亚。有时她无所事事地瞪着眼睛出神。你刚才发觉她这样,过了一刻钟还是这样,一动也没动过。丈夫问她想些什么,她便惊醒过来,微微一笑,回答说不想什么。而这也是事实。

她无论碰到什么事都镇静自若。有一天她梳妆的时候,酒精灯爆裂了。一刹那间,阿娜四周布满了火焰。女仆一边呼救一边逃。勃罗姆着了慌,手忙脚乱,叫叫嚷嚷,吓坏了。阿娜撕掉了梳妆衣上的搭扣,把着火的内衣从腰部扯去,踩在脚下。等到克利斯朵夫慌乱中提着一个水瓶奔来,阿娜只剩着件内衣,露着胳膊,立在一张椅子上,不慌不忙地在那里扑灭窗帘上的火焰。她身上灼伤了,却一句不提,只觉得被人看到这副样子很气恼。她红着脸,笨拙地用手遮着肩头,因为有失尊严而气哼哼地走到隔壁屋里去了。克利斯朵夫很佩服她的镇静,可说不出这种镇静是表示她勇敢呢还是表示她麻木。他以为大概是后者的成分居多。实际上,她对什么都不关心,对别人,对自己,都是一样。克利斯朵夫甚至怀疑她没有心肝。

等到他又看见了一桩事,更毫无疑问地把她断定了。阿娜有一条小黑狗,眼睛挺聪明挺温和,全家都很疼它。克利斯朵夫关起房门工作的时候,常常把它抱在屋子里,丢下工作,逗它玩儿。他要出门,它就在门口等着,紧盯着他:它需要有个散步的同伴。它在前面拼命飞奔,不时停下来,对自己的矫捷表示得意,眼睛望着他,挺着胸部,神气俨然。它会对着一块木头狂叫,但远远的看到了别的狗就溜回来,躲在克利斯朵夫两腿之间直打哆嗦。克利斯朵夫笑它,疼它。他与世不相往来之后,和动物更接近了,觉得它们很可怜。这些动物只要得到你一些好意,就对你那么信赖!它们的性命完全操纵在人手里,所以要是你虐待这些对你忠诚的弱者,简直是滥用威权,犯了一桩可怕的罪恶。

那条可爱的小黑狗虽然对大家都很亲近,还是最喜欢阿娜。她并不特别宠它,只是很乐意抚摩它一下,让它蹲在膝上,也照顾它的食料,似乎尽她可能地喜欢它。有一天,小黑狗差不多当着主人们的面,被街上的汽车撞倒了。它还活着,叫得非常悲惨。勃罗姆光着头跑出去,搂着那个血肉模糊的东西回来,想至少减轻它一些痛苦。阿娜过来瞅了一眼,也不弯下身子细看,便不胜厌恶地走开了。勃罗姆含着泪,眼看这小东西受着临终的痛苦。克利斯朵夫在园子里捏着拳头,大踏步走着,听见阿娜若无其事地吩咐仆人工作,便问她:"难道你心里不觉得难过吗?"

"那有什么办法?"她回答,"最好还是不去想它。"

他听了先是恨阿娜,后来想起那句滑稽的回答,不禁笑起来,私忖阿娜倒大可以把怎么能不想到悲哀的事的秘诀教给他。对于那些幸而没有心肝的人,生活不是很容易对付吗?他想要是勃罗姆死了,阿娜也不见得会怎么难过,于是他觉得自己幸而没结婚。与其终生跟一个恨你的,或者(更要不得的)把你看作有等于无的人在一起,还是孤独比较舒心些。的确,这女人对谁都不爱。那个规矩极严的教派使她的心干枯了。

十月将尽的时候,她有件事使克利斯朵夫大为奇怪。大家在吃饭,克利斯朵夫和勃罗姆谈着一件轰动全城的情杀案。乡下有两个意大利姊妹爱着一个男人。两人因为都不愿意牺牲,便用抽签的方法决定哪一个退让,而所谓退让是自动投入莱茵河。等到抽过了签,倒霉的一个却不大愿意接受这决定。另外一个对于这种不顾信义的行为大为愤慨。两人先是咒骂,继而动武,终而至于拔刀相向,随后,突然之间变了风向,姊妹俩哭着拥抱起来,发誓说她们是相依为命的,可是她们又不能退一步分享一个情人,便决定把情人杀死。事情就这样发生了。一天夜里,两个姑娘把那个自以为艳福不浅的男人叫到她们房中,一个把他热烈地抱住,另外一个拿刀刺入他的脊背。人家听到叫喊,赶来把他从两个情人怀中抢下来,已经受了重伤,同时她们也被捕了。她们抗辩说,这件事谁也管不了,唯有她们俩是当事人,只要她们同意把属于她们的人处死,没有一个人有权利干涉。那受伤的男人差不多也同意这种说法;可是法律不了解,勃罗姆也不了解。

"她们是疯子,"他说,"应当送进疯人院去锁起来!……我懂得一个人为了爱情而自杀,也懂得一个人受了情人欺骗而杀死情人……我并不原谅他,但我承认有这种事;那是间歇遗传的兽性,是野蛮的,可是讲得通的;一个人因另外一个人而痛苦,所以杀那个人。但杀死一个你所爱的人,没有怨,没有恨,单单为了别人也爱他的缘故,那不是疯狂是什么?……你能了解这个吗,克利斯朵夫?"

"哼!"克利斯朵夫说,"我怎么会了解!爱就是丧失理性。"

阿娜默不作声,好似并没有听,那时却抬起头来,声音很安静地说:"绝对不是丧失理性,倒是挺自然的。一个人爱的时候就想毁灭他所爱的人,使谁也没法侵占。"

勃罗姆瞅着他的太太,敲敲桌子,抱着手臂叫起来:"你这话从哪儿听来的?……怎么!要你来表示意见吗?你懂什么?"

阿娜略微红了红脸,不作声了。勃罗姆接着又说:"一个人有所爱的时候就要毁灭?……这种胡说八道不是骇人听闻吗?毁灭你所爱的人,便是毁灭你自己……相反,一个人爱的时候,照理是以德报德,你疼他,保护他,对他慈爱,对一切都慈爱!爱是现世的天堂。"

阿娜眼睛望着暗处,听他说着,摇摇头,冷冷地回答:"一个人爱的时候并不慈悲。"

克利斯朵夫不想再听阿娜唱歌了。他怕……他说不上来是怕失望还是怕别的什么。阿娜也一样的害怕。他一开始弹琴,她就避免待在客厅里。

可是十一月里有一天晚上,他正在火炉旁边看书,发现阿娜坐着,膝上放着活计,又出神了。她惘然瞧着空间,克利斯朵夫觉得她眼睛里又像那一晚一样有股特殊的热情。他把书合上了。她也觉得克利斯朵夫在注意她,便重新缝着东西,但尽管低着眼皮,还是把什么都看得清清楚楚。他站起来说了声:“你来吧。”

她眼神还没完全安定,瞪了他一下,懂得了,起来跟着他走了。

“你们上哪儿去?”勃罗姆问。

“去弹琴。”克利斯朵夫回答。

他弹着。她唱着。立刻他发现了她第一次那样的感情。她一下子就达到了雄壮的境界,仿佛那是她固有的天地。他继续试验,弹了第二个曲子,接着又弹了更激昂的第三个曲子,把她胸中无穷的热情都释放出来,使她越来越兴奋,他自己也跟着兴奋,到了最高潮的时候,他突然停下,盯着她的眼睛,问:“你究竟是谁啊?”

“我不知道。”阿娜回答。

他很不客气地又说:“你心里有些什么,能够使你唱得这样?”

“我只有你给我唱的东西。”

“真的吗?那么我的东西并没放错地方。我竟有点疑心这是我创造的还是你创造的。难道你,你对事情真是这样想的吗?”

“我不知道。我以为我唱的时候已经不是我自己了。”

“可是我以为这倒是真正的你。”

他们不说话了。她脸上微微冒着汗,胸部起伏不已,眼睛盯着火光,心不在焉地用手指剥着烛台上的溶蜡。他一边瞅着她,一边随便捺着键子。他们彼此用生硬的口气说了几句局促的话,随后又交换了一些俗套,然后大家缄默,不敢再往深处试探……

第二天,他们很少说话,心里都有些害怕,不敢正视彼此。但晚上一块儿弹琴唱歌已经成了习惯。不久连下午也弄音乐了,而且每天都把时间加长。一听到最初几个和弦,她就被那股不可思议的热情抓住了,把她从头到脚地烧着。只要音乐没有完,这个教规严厉的新教徒就是一个泼辣的维纳斯女神①,表现出心中所有狂乱的成分。

勃罗姆看到阿娜为唱歌入迷有些奇怪,但对女人的行为也不想推究原因。他参与这些小小的音乐会,摇头摆脑地打着拍子,不时发表些意见,觉得非常快活,心里却更喜欢比较温柔的音乐,认为消耗这么多精力未免过分。克利斯朵夫感觉到有点儿危险,但他头脑迷迷糊糊,经过最近一场痛苦之后,精神衰弱,没法抗拒了。他不知道自己心里有些什么,也不愿意知道阿娜心里有些什么。有天下午,一支歌唱到一半,正在热情骚动的段落上,她忽然停下来,一声不出地离开了客厅。克利斯朵夫等着她,她始终不回来。过了半小时,他在甬道中走过阿娜的卧房,从半开的门里看见她在屋子的尽头,脸上冷冰冰地做着祈祷。

然而他们之间也有了一点儿,很少的一点儿信任。他要她讲从前的历史,她只泛泛地回答几句,费了好大的力量,他才零零碎碎地套出一部分细节。因为勃罗姆很老实,说话挺随便,克利斯朵夫居然知道了她一生的秘密。

她是本地人,姓桑弗,名叫阿娜-玛丽亚,父亲叫作玛丁·桑弗。那是一个世代经商的家族,几百年的百万富翁,阶级的骄傲与奉教的严格在他家里是根深蒂固的。玛丁抱着冒险精神,像许多同乡一样在远方住过好几年,到过近东,南美洲,亚洲中部,为了自己铺子里的买卖,也为了趣味和爱好科学。周游世界之后,他非但没捞到一分钱,反而把自己的躯壳和所有古老的成见都丢掉了。回到本乡,他凭着火暴的性子和固执的脾气,不顾家族沉痛的反对,竟娶了一个庄稼人的女儿——声名不大好,先做了他的情妇然后嫁给他的。他除了结婚,无法保持这个他割舍不掉的美丽的姑娘。家族方面既然反对而不生效力,便一致把他摒诸门外。城里所有的体面人物,遇到有关礼教的事

① 古代拉丁民族以维纳斯女神为爱神。

照例是一致行动的,当然对这两个不知轻重的男女表示了态度。冒险家吃了这个大亏,才懂得要反抗社会的偏见,在基督徒的国家不比在喇嘛的国家更少危险。他性格不够强,不能对社会的舆论无动于衷。在经济方面,他不但把自己的一份家产挥霍尽,同时还找不到一个差事,到处对他闭门不纳。铁面无情的社会给他的羞辱,使他抱着一腔怒气,把精力消磨完了。他的健康受着纵欲无度与性情暴躁的影响,没法再支持下去。结婚以后五个月,他中风死了。他的太太心很好,可是软弱,没有头脑,嫁了过来没有一天不哭,丈夫故世以后四个月,生下了小阿娜,就在产褥中咽了气。

玛丁的母亲还活着。她什么都不肯原谅,便是当事人死了以后也不原谅,既不原谅儿子,也不原谅那个她不愿意承认的媳妇。可是媳妇故世以后——天怒人怨的罪恶总算消除了一部分——她把孩子带回去抚养。玛丁的老太太是个热心宗教而非常狭猛的女人,有钱而吝啬,在古城里一条黑洞洞的街上开着一家绸缎字号。她把儿子的女儿不当作孙女,只当作为了发善心而收留的孤儿,所以孩子是应当像奴仆一样报答她的。话虽如此,她给她受的教育倒很不差,但始终采取着严厉与猜疑的态度,似乎认为孩子是她父母的罪恶的产物,所以拚命想在孩子身上继续追究那个罪恶。她不让她有一点儿消遣,凡是儿童在举动,言语,甚至思想方面所流露的天性,都被当作罪恶一般铲除,年轻人的快乐被剥夺完了。阿娜从小就在礼拜堂里闷得发慌而不敢表示出来,地狱里的种种恐怖老是把她包围着。老礼拜堂的门口,摆着些丑恶的雕像,两腿被火烧着,还有蛤蟆与蛇在上面爬:儿童的躲躲闪闪的眼睛每星期日看到这些形象害怕死了。她经常压制着本能,对自己扯谎。到了能帮助祖母的年龄,她便从早到晚在黑洞洞的绸铺里做事。看着周围的榜样,她也学会了那套作风:做事有秩序,处处讲究节省和不必要的刻苦,淡漠无情,还有抑郁不欢而瞧不起一切的人生观——那是宗教信仰在一般强作虔诚的教徒身上自然而然发生的后果。她对宗教的热心,连那位老祖母也觉得过分了:她一味地禁食,苦修,有一个时期竟把一条有针刺的腰带束在身上,只要有所动作,针就扎着她的皮肉。大家莫名其妙地看着她脸色惨白。后来她晕过去了,人家请了医生来。她却不让医生听诊,——她宁死也不愿意在一个男人面前脱掉衣服——只是说了实话。医生把她大大地埋怨了一顿,她才答应不再这么做。而祖母为了保险,也从此检查她的衣着。阿娜并没在这些苦行中得到什么神秘的快感;她没有想象力,凡是圣·法朗梭阿或圣女丹兰士所有的诗意,对她都谈不到。她的苦修是悲观的,唯物的,折磨自己并非为了求到世界的幸福,而是由于苦闷的煎熬,求一种自虐狂的快感。出人意外的是,这颗像祖母一样冷酷的心居然能领会音乐,至于领会到什么程度,连她自己也不知道。她对别的艺术都木然无动于衷,也许从来没对一幅画瞧过一眼,简直没有造型美的感觉,因为她骄傲,冷淡,所以一点不感兴趣。一个美丽的肉体,在她心中只能引起裸体的观念,就是说像托尔斯泰所讲的乡下人那样,只能有种厌恶的情绪,而这种厌恶在阿娜心中尤其强烈,因为她跟一般她喜欢的人在一起的时候,暗中只有欲念的冲动,而很少心平气和地审美地批判。她从来不想到自己长得好看,正如从来不想到被压制的本能有多少力量;其实是她不愿意知道,而且因为对自己扯谎成了习惯,结果也认识不清了。

勃罗姆和她是在人家的婚宴上遇到的。那次她去吃喜酒是例外——大家一向认为她出身下贱而不敢请她。她那时二十二岁。勃罗姆对她留了心,可并非因为她有什么惹人注意的举动。她在席上坐在他旁边,姿态强直,衣服穿得很难看,简直不开口。但勃罗姆一刻不停地和她谈着——就是说他自个儿说着话——回去不禁大为动情。他凭着肤浅的观察,觉得那邻座的姑娘幽娴贞静,通情达理;同时他也赏识那个健康的身体和一望而知善操家政的长处。他去拜访了祖母,第二次又去,就提了婚,祖母同意了。陪嫁是一个钱都没有的:桑弗老太太把家产捐给公家发展商业去了。

这年轻的女人对丈夫从来不曾有过爱情,认为那是良家妇女应当看作罪恶一样回避的。但她知道勃罗姆的好心是了不起的,也感激他不顾她的出身暧昧而跟她结婚。她对于妇道看得很重,结婚七年,夫妇之间不曾有过风波。他们守在一块儿,既不了解,也不因此而有什么不安。在大众眼里,他们正是一对模范夫妻。两人难得出门。勃罗姆的患者相当多,但没法使妻子踏进那个社会。她不讨人喜欢,出身的污点还不能完全抹掉。阿娜自己也不想法去亲近人家。对于从小受到的轻蔑,使她的童年抑郁不欢的原因,她至今心里很气愤。并且她在人前觉得很局促,也愿意人家把她忘掉。为了丈夫的事业,她不得不拜访和接待一些不可避免的客人。那群女客都是些好奇的,喜欢说坏话的小布尔乔亚。她们蜚短流长的议论,阿娜完全不感兴趣,也不隐藏这种心理。而这一点就是不可原谅的。因此宾客的访问渐渐稀少了,阿娜孤独了。而她正求之不得,只希望什么都不来打扰她心里翻来覆去的梦境,和她身上那种暧昧的骚动。

几星期来,阿娜似乎闹着病,脸瘦下去了。她躲着不跟克利斯朵夫与勃罗姆见面,成天关在卧房里胡思乱想;人家和她说话,她也不回答。勃罗姆照例不会因女人这种任性的行为着慌的,他还对克利斯朵夫解释呢。好似一切生来看不透女人的男子一样,他自以为了解她们。他的确相当了解,可是毫无用处。他知道她们往往很固执地做着梦,心里存着敌意,一味地不开口;那时最好听其自然,别去追究,尤其别追究她们在那个危险的潜意识领域里做些什么。虽然如此,他也开始为阿娜的健康担心了,以为她的形容憔悴是由于她的生活方式,由于老关在家里,从来不出城,也难得出大门的缘故。他要她去散散步。他自己不大能陪她:星期日她忙着敬神礼拜的功课;平日他忙着看诊。至于克利斯朵夫,又特意避免跟她一同出去。有过一二次,他们一块到城门口做短距离的散步:那简直烦闷得要死。话是没有的。对于阿娜,自然界仿佛是不存在的,她一无所见;田野在她眼里不过是草木和石头,那种冥顽不灵的态度使人心都凉了。克利斯朵夫曾经叫她欣赏

一角美丽的风景。她望了望,冷冷地笑了一下,勉强敷衍他说:

“噢!是的,那很神秘……”

她也会用着同样的态度说:“嗯,太阳好得很。”

克利斯朵夫气得用手指掐着自己的手掌,从此再也不问她什么;她出去的时候,他总借故留在家里。

其实阿娜对于自然界并不是无动于衷的,只是不喜欢人家所谓美丽的风景,不觉得那和其余的景色有什么分别。但她喜欢田野,——不管是哪一种——喜欢土地跟空气。不过她对于这种爱好,像对于别的强烈的感情一样,自己并不感觉到;而和她共同生活的人自然更不容易觉察。

勃罗姆一再劝说的结果,阿娜终于答应到近郊去玩一天。这是她为了免得人家纠缠不清而让步的。散步定在一个星期日。到最后一刹那,为这件事喜欢得像小孩子一样的医生,竟为了一个急症不能分身,只能由克利斯朵夫陪着阿娜出发。虽是冬天,气候却非常好,也没有下雪:空气清冽寒冷,天色开朗,太阳明晃晃的,吹着一阵砭骨的北风。他们搭着区间小火车,往远山如黛的地方驶去。车厢里挤满了人;他们俩分开坐着,一句话也不说。阿娜脸色很不高兴;上一天她出乎勃罗姆意料地说这个星期日不去做礼拜了。这是她生平第一次缺席。是不是反抗的表示呢?……她内心的斗争,谁说得出呢?——当时她脸色惨白,直瞪着面前的凳子……

他们下了火车,开始散步的时候,彼此都很冷淡。两人并肩走着;她步子很坚决,对什么都不注意,两条胳膊甩来甩去。鞋跟在冰冻的地上嗒嗒地响着。——慢慢地,她脸色活泼起来,走路的速度使苍白的腮帮有了血色。她把嘴巴张开了一点呼吸空气。在一条弯弯曲曲向上的小路的拐角儿上,她从斜刺里沿着一个石坑,爬上山岗,像一头羊,遇到要颠扑的时候便用手抓着身旁的灌木。克利斯朵夫跟着她。她越爬越快,滑跌了,又抓着草爬起来。克利斯朵夫嚷着要她停下。

她不回答,尽管弯着身子,手脚并用地往上跑。浓雾像银色的绞绡般飘浮在山谷上空,遇有树木的地方才露出一道裂缝。两人穿过雾,到了高处的阳光里。到了顶上,她回过身来,神色开朗,张着嘴喘气,带着嘲弄的表情瞧着克利斯朵夫在后面爬上来,脱下大衣扔在他脸上,然后不等他喘过气来又向前奔了。克利斯朵夫在后面追着。他们都动了游戏的兴致,清新的空气使他们迷迷糊糊地好像醉了。她拣一个陡峭的山坡奔下去,石子在脚下乱滚,可并不跌跤,溜来滑去,连蹿带跳,像一支箭一般飞去。她不时回顾一下,估量她跑在克利斯朵夫前面有多远。他越追越近,她便溜入树林。枯叶在脚下簌簌的响着,撩开去的树枝又回过来拂着她的脸。最后她蹴在一个树根上,被克利斯朵夫抓住了。她挣扎着,拳打脚踢地抗拒,狠狠地打了他几下,想要把他摔下地,又是叫又是笑。她紧贴在他身上,胸部起伏不已,两人的腮帮差不多碰着了,他沾到了阿娜额上的汗珠,呼吸到她头发上潮湿的气味。突然她使劲一推,挣脱了身子,用着挑战的眼睛瞅着他,没有一点骚动的表情。他发觉她有一股日常生活中从来不使出来的力量,不由得大为惊奇。

他们向邻近的村庄出发,很轻快地在富有弹性的干草堆里穿过去。前面有群觅食的乌鸦在田野中飞。太阳很旺,寒风砭骨。克利斯朵夫搀着阿娜的胳膊。她穿的衣服不十分厚,他能感觉到她身体上蒸发出来的暖气与汗湿。他要她把大衣穿上,她不肯,并且为了表示勇敢,把领扣也松了。他们到一家乡村客店吃饭,招牌上画着个"野人"的标志,门前种着一株小柏树,餐厅壁上装饰着德文的四节诗和两幅五彩印版画:一幅带着感伤意味的,叫作《春》;一幅带着爱国意味的,叫作《圣·雅各之战》;另外还有一个十字架,下端刻着一个骷髅。阿娜狼吞虎咽的胃口,克利斯朵夫从来没见过。他们兴致很好,喝了一点儿白酒。饭后,他们像两个好伙计似的,又到田里玩儿去了,心里很安静,只想着走路的乐趣,想着在他们胸中激动的热血和刺激他们的空气。阿娜舌头松动了,不再存心提防,想到什么就说什么。

她讲着童年的事:祖母带她到一个靠近大教堂的老太太家里;两个老人谈天的时候,打发她到大花园里去玩。教堂的阴影罩着园子,她坐在一角,一动不动,听着树叶的哀吟,探着虫蚁的动静:又快活又害怕。她可没说出在她想象中盘旋不去的念头,对魔鬼的恐惧。人家说那些魔鬼老在教堂门前徘徊,不敢进去;她以为蜘蛛,蜥蜴、蚂蚁,所有在树叶下、地面上,或是在墙壁的隙缝里蠢动的丑恶的小东西,全是妖魔的化身。随后她谈到当年的屋子,没有阳光的卧室,津津有味地回想着;她在那儿整夜地不睡觉,编着故事……

"什么故事呢?"

"想入非非的故事。"

"讲给我听吧。"

她摇摇头,表示不愿意。

"为什么?"

她红着脸,笑着补充:"还有白天,在我工作的时候。"

她想了一下,又笑起来,下了个结论:"都是些疯疯癫癫的事,不好的事。"

他取笑她说:"难道你不害怕吗?"

"怕什么?"

"罚入地狱喽。"

她的脸登时冷了下来,说道:"噢!你不应该提到这个。"

他把话扯开去了,表示佩服她刚才挣扎的时候的气力。于是她又恢复了信赖的表情,说到她小姑娘时代的大胆。——(她嘴里还不说"小姑娘"而说"男孩子",因为她幼时很想参加男孩子们的游戏和打架。)有一回她和一个比她高出一头的小朋友在一起,突然把他捶了一拳,希望他还手。不料他一边嚷着一边逃了。另外一次,旁边走过一条黑母牛,她跳上它的背,母牛吃了一惊,把她摔下来,撞在树上,险些送了命。她也曾经从二层楼的窗口往下跳,唯一的理由是因为她不信自己敢这样做,结果除了跌得青肿之外竟没有什么。她独自在家的时候,还发明种种古怪而危险的运动,要她的身体受各种各式奇特的考验。

“准想得到你是这样的呢,”他说,“平常你那么严肃……”

“噢,你还没看见我有些日子自个儿在房里的模样呢!”

“怎么,你现在还玩这一套吗?”

她笑了,随后又忽然扯到另外一个话题,问他打猎不打。他回答说不。她说她有一回对一只黑鸟放了一枪,居然打中了。他听了很愤慨。

“嗬!”她说,“那有什么关系?”

“你难道没心肝吗?”

“我不知道。”

“你不以为禽兽跟我们一样是生物吗?”

“我是这样想的。对啦,我要问你:你可相信禽兽也有一颗灵魂吗?”

“我相信是有的。”

“牧师说没有的。我,我认为它们有的。”她又非常严肃地补上一句,“并且我相信我前生就是禽兽。”

他听着笑了。

“有什么可笑的?”她这么说着也跟着笑了,“我小时候就给自己编造这样的故事。我想象我是一只猫,一头狗,一只鸟,一匹小马,一条公牛。我感到有它们的欲望,很想跟它们一样长着毛或是翅膀,试试是什么味儿,仿佛我真的试过了。唉,你不懂吗?”

“不错,你是个动物,是个古怪的动物。可是你既然觉得和禽兽同类,又怎么能虐待它们呢?”

“一个人总要伤害别人的。有些人伤害我,我又去伤害别的人。这是必然的事。我从来不抱怨。对人不能太柔和!我教自己狠受了些痛苦,纯粹是为了玩儿!”

“怎么,你伤害自己吗?”

“是的。你瞧,有一天我用锤子把一只钉敲在这只手里。”

“为什么?”

"一点儿不为什么。"(她还没说出她曾经想把自己钉上十字架。)

"把你的手给我,"她说。

"干吗?"

"给我就是了。"

他把手伸她。她抓着拼命地掐,他不由得叫起来。他们像两个乡下人那样比赛,看谁能够叫谁更痛,玩得很高兴,心里没有什么别的念头。世界上其余的一切,他们生命的锁链,过去的悲哀,未来的忧惧,在他们身上酝酿的暴风雨,一切都消灭了。

他们走了十几里,不觉得疲倦。突然她停下来,倒在地下的干草上,一声不出,仰天躺着,把胳膊枕在脑后,眼睛望着天。多么安静!多么恬适!……几步路以外,一道看不见的泉水断断续续地流着,好似脉管的跳动:忽而微弱,忽而剧烈。远远的天边黑沉沉的。紫色的地上长着光秃与黑色的树木,一层水汽在上面浮动。冬季末期的太阳,淡黄的年轻的太阳,蒙眬入睡了。飞鸟像明晃晃的箭一般破空而过。乡间可爱的钟声遥遥呼应,一村复一村……克利斯朵夫坐在阿娜身旁瞅着她。她并没想到他,美丽的嘴巴悄悄地笑着。

他心里想道:"这真是你吗?我认不得你了。"

"我自己也认不得了。我相信我是另外一个女人了。我不再害怕了,我不怕他了。啊!他使我窒息,他使我痛苦!我仿佛被钉在灵柩里……现在我能呼吸了,这个肉体,这颗心,是我的了。我的身体。我的自由的身体,自由的心。我的力,我的美,我的快乐!可是我不认识它们,我不认识自己:你怎么能使我变成这样的呢?……"

他以为听见她轻轻地叹着气。但她什么都没有想,唯一的念头是很快活,觉得一切都很好。

黄昏来了。在灰灰的淡紫的雾霭之下,倦怠的太阳从四点钟起就不见了。克利斯朵夫站起来走近阿娜,向她伛着身子。她转过眼睛瞅着他,因为久望天空而还有些眼花,过了几秒钟才把他认出来,堆着一副谜样的笑容瞪着他,克利斯朵夫感染到她眼中的惶乱,赶紧闭了一会眼睛,等到重新睁开,她还望着他,他觉得彼此已经这样望了好几天了。他们看到了彼此的心,可不愿意知道看到些什么。

他向她伸出手来,她一声不出地握着,重新向村子走去,远远的就望见山坳间那些屋顶作蒜形的钟楼,其中有一座在满生藓苔的瓦上,像戴着一顶小圆帽似的有一个空的鸟窠。在两条路的交叉口上,快要进村子的地方,有一个喷水池,上面供着一座木雕的圣女玛特兰纳,模样儿很妩媚,带点儿撒娇的神气,伸着手臂站着。阿娜无意中模仿神像伸着手的姿势,爬上石栏,把一些冬青树枝,和还没被鸟啄完,也没被冻坏的山梨实放在女神手里。

他们在路上遇到一群又一群的乡下男女,穿着过节的新衣服。皮肤褐色,血色极旺的女人,绾着很大的蛋壳形髻,穿着浅色衣衫,帽子上插着鲜花,戴着红袖口的白手套。她们尖着嗓子,用着平静的,不大准的声音唱些简单的歌。一条母牛在牛棚里曼声叫着。一个患百日咳的儿童在一所屋子里咳嗽。稍微远一些,有人呜呜地吹着单簧管和短号。村子的广场上,在酒店与公墓之间,有人在跳舞。四个乐师骑在一张桌上奏着音乐。阿娜和克利斯朵夫坐在客店门前瞧着那些舞伴。他们你撞我,我撞你,彼此大声吆喝。女孩子们为了好玩而叫叫嚷嚷。酒客用拳头在桌上打拍子。要是在别的时候,这种粗俗的玩乐一定会使阿娜憎恶,那天下午她却很欣赏,脱下帽子,眉飞色舞地瞧着。克利斯朵夫听着可笑而庄严的音乐,看着乐师们一本正经的滑稽样儿,不禁哈哈大笑。他从袋里掏出一支铅笔在账单的反面写起舞曲来了,不久一张纸就写满了,问人家又要了一张,也像第一页那样涂满了又潦草又笨拙的字迹。阿娜把脸挨近着他的脸,从他肩头上看着,低声哼着,猜句子的结尾,猜到了或是句子出其不意的完全变了样,她就拍手欢笑。写完以后,克利斯朵夫拿去递给乐师。他们都是技巧纯熟的施瓦本人①。马上奏起来。调子有一种感伤与滑稽的意味,配着

① 施瓦本为靠近瑞士的一个德国山区。

急激的节奏,仿佛穿插着一阵阵的哄笑。那种可笑的气息叫人忍俊不禁,大家的腿都不由自主地动起来。阿娜扑进人堆,随便抓着两只手,发疯似的打转,头上一支贝壳别针掉下了,头发也散开了挂在腮帮上。克利斯朵夫始终望着她,很赏识这头美丽壮健的动物,那是至此为止被无情的纪律压得没有声音的,不会活动的。她当时那副模样,谁都没见过:仿佛戴了一个别人的面具,活脱是个精力充沛的酒神。她叫他。他便跑上去抓着她的手腕跳舞,转来转去,直撞到墙上,才头昏目眩地停下来。天完全黑了。他们休息了一会儿,才跟大家告别。平常日子因为局促或是因为轻蔑而对平民很矜持的阿娜,这一回却是很和气的跟乐师、店主,以及刚才一块儿跳舞的村子里的少年握手。

在明亮而寒冷的天色下面,他们俩孤零零地重新穿过田野,走着早上所走的路。阿娜起先还非常兴奋。慢慢地,她话少了,后来为了疲倦或者为了黑夜的神秘抓住了她的心,完全不作声了。她很亲热地靠在克利斯朵夫身上,走下她早上连奔带爬翻过来的山坡,叹了口气。他们到了站上。快要到村口第一所屋子的时候,他停下来对她瞧着。她也瞧着他,不胜怅惘地笑了笑。

车中的乘客跟来时一样多,他们没法谈天。他和她对面坐着,目不转睛地盯着她。她低着眼睛,抬了一下,又转向别处,他无论如何没法使她掉过头来。她望着车外的黑夜,嘴唇上挂着茫然的笑容,嘴边有些疲倦的神气。然后笑容不见了,变得无精打采。他以为火车的节奏把她催眠了,竭力想跟她谈话。她只冷冷地回答一言半语,头始终向着别处。他硬要相信这种变化是由于疲倦的关系,但心里知道真正的原因是别有所在。越近城市,阿娜的脸越凝敛。生气没有了,活泼美丽的肉体又变成了石像。下车的时候,她不接受他伸给她的手。两人不声不响地回到了家里。

过了几天,傍晚四点左右,勃罗姆出去了,只有他们俩在家。从隔天起,城上就罩着一层淡绿的雾。看不见的莱茵河传来一片奔腾的水声。街车的电线在雾气中爆出火星。天色暗淡,日光窒息,简直说不出是什么时间:那是非现实的时间,在时间以外的时间。前几日吹过了料峭的北风,这一下气候突然转暖,郁勃薰蒸,非常潮湿。天上雪意很浓,大有不胜重负之势。

他们俩坐在客厅内,周围的陈设和女主人一样带着冷冷的呆板的气息。两个人都不说话:他看着书,她做着针线。他起身走到窗口,把阔大的脸贴在玻璃上出神;一片苍白的光,从阴沉的天空反射到土铅色的地上,使他感到一阵迷惘;他有些不安的思想,可是抓握不住。一阵悲怆的苦闷慢慢地袭上了他的身,他觉得自己在往下沉;灼热的风在他生命的空隙里,在累积的废墟底下回旋飞卷。他背对着阿娜。她正专心工作,没看见他;可是她打了一个寒战,好几次把针扎了自己的手指,不觉得疼。两人都感到危险将临,有点儿神魂无主。

他竭力驱散自己的迷惘,在屋子里走了几步。钢琴在那里勾引他,使他害怕,连望都不敢望。可是在旁边走过,他的手抵抗不了诱惑,不由得捺了一个音。琴声像人声一样颤动起来。阿娜吓了一跳,活计掉在了地下。克利斯朵夫已经坐在那里弹琴,暗中觉得阿娜走过来站在他身边了。他糊里糊涂弹起一个庄严而热烈的曲子,便是她上回听了第一次显露本相的歌;他拿其中的主题临时作了许多激昂的变奏曲。她不等他开口就唱起来。两人忘了周围的一切。音乐的神圣的狂潮把他们卷走了……

噢!音乐,打开灵魂的深渊的音乐!你把精神的平衡给破坏了,在日常生活中,普通人的心灵是重门深锁的密室。无处使用的精力,与世枘凿的德性与恶癖,都被关在里面发锈;实际而明哲的理性,畏首畏尾的世故,掌握着这个密室的锁钥。它们只给你看到整理得清清楚楚的几格。可是音乐有根魔术棒能把所有的门都打开。于是心中的妖魔出现了。灵魂变得赤裸裸的一无遮蔽……——只要美丽的女神在歌唱,降妖的法师就能监视那些野兽。大音乐家坚强的理性能够催眠他解放出来的情欲。但音乐一停下来,降妖的法师不在的时候,被他惊醒的情欲就要在囚笼中怒吼,找它们的食物了……

曲子完了。一片静默……她唱歌的时候把一只手放在克利斯朵夫肩上。两人一动都不敢动,浑身哆嗦……突然之间,像闪电那么快,她弯下身子,他仰起头来,两人的嘴巴碰到了,呼吸交融了……

她把他推开,马上溜走。他在黑影里呆着不动。勃罗姆回家了,大家坐上桌子吃饭。克利斯朵夫不能再用思想。阿娜好似心不在焉,眼睛望着别处。吃了晚饭,她立刻回到卧室。克利斯朵夫不能跟勃罗姆单独相对,也告辞了。

半夜左右,已经睡觉的医生被请去出诊。克利斯朵夫听着他下楼,听着他出门。外边已经下了六小时的雪,屋子跟街道都被盖掉了。天空好似装满了棉絮。街上既没人声,也没车声,整个城市仿佛死了。克利斯朵夫睡不着,觉得有种恐怖的情绪,越来越厉害。他不能动弹:仰躺在床上,睁着眼睛。雪地上和屋顶上反映出来的银光在壁上浮动……忽然有种细微莫辨的,只有他在那么紧张的情形之下才听得出来的声音,把他吓得直打寒战。克利斯朵夫听见甬道的地板上有阵轻微的拂触,便直起身子坐在床上。声音逐渐逼近,停下了,一块地板响了一下。显而易见有人在门外等着……然后静默了几秒钟,或许是几分钟……克利斯朵夫气也透不过来了,浑身是汗。外边大块的雪花扑在窗上,好似鸟儿的翅膀。有只手在门上摸索,把门推开了,一个影子慢慢地走过来,到离床几步的地方又停下。克利斯朵夫什么都看不清,只听见她的呼吸和自己的心跳……她走近几步,又停了一下。他们的脸靠得那么近,甚至呼吸都交融在一起了。彼此的目光在黑影里探索,可是看不见……她倒在他身上。两人悄悄地发疯似的互相抱着,一句话也没有……

过了一小时,两小时,也许是过了一世纪,楼下的大门开了。阿娜挣脱身子，溜下了床，离开了克利斯朵夫，像来的时候一样没有一句话。他听她光着脚走远，很快地拂着地板。她回到房里，勃罗姆看到她躺着，好像睡得很熟。她可是挨在丈夫身边，屏着气，一动不动，睁着眼睛过了一夜。她这般不知已经熬过多少夜了！

克利斯朵夫也睡不着觉，心里难过到极点。他对于爱情，尤其是婚姻，素来抱着严肃的态度，最恨那些荒淫的作家。通奸是他深恶痛绝的，那是他平民式的暴烈的性格和崇高的道德观念混合起来的心理。对别人的妻子，他一方面极尊敬，一方面在生理上感到厌恶。欧洲某些上层阶级的杂交使他恶心。为丈夫默认的通奸是下流，瞒着丈夫的私情是无耻，好比一个仆人偷偷地欺骗主子，污辱主子。曾经有过多少次，他毫不留情地痛斥这种罪人！有过多少次他跟这一类自暴自弃的朋友绝交！……现在他竟做出同样下贱的事！而他的情形尤其是罪无可恕。他以忧患病弱之身投奔到这儿来，朋友把他收留了，救济了，安慰了，始终那么慷慨，殷勤。无论克利斯朵夫怎么样，主人从来没有厌倦的表示。他如今还能活在世界上完全是靠这个朋友。而他竟污辱朋友的名誉，剥夺朋友的幸福——那么可怜的家庭幸福！——作为报答。他卑鄙无耻地欺骗了朋友，而且是跟谁？跟一个他不认识的，不了解的，不爱的女人……他不爱她吗？他的心马上抗议了。他想到她的时候胸中那道如火如荼的激流，爱情这个字还不足以形容。那不是爱情，而是千百倍于爱情的感情……他心绪像暴风雨般翻腾不已地过了一夜。他把脸浸在冰冷的水里，气塞住了，打着寒战。精神上的狂乱结果使他发了一场寒热。

等到困顿不堪地起来的时候，他以为她一定比他更羞愧。他走到窗前。太阳照在耀眼的雪上。阿娜在园子里晾衣服，一心一意地做着活儿，似乎没有一点儿骚乱。她的体态举动有一种她素来没有的庄严气概，连动作也像一座雕像的动作。

吃中饭的时候，两人遇到了。勃罗姆整天不在家。克利斯朵夫一想到要跟勃罗姆见面就受不了。他要和阿娜说话,可是不得清静:老妈子来来往往,他们俩非留神不可。克利斯朵夫竭力想瞧瞧阿娜的目光,她却老是不对他望。她非但没有骚乱的现象,并且一举一动都有平时没有的那种高傲与庄严的气派。吃过饭,他以为能谈话了,不料女仆慢腾腾地收拾着饭桌;他们到了隔壁屋子,她又设法盯着他们,老是有些东西要拿来或拿去,在走廊里摸东摸西,靠近半开的门,阿娜也不急于把门关上。老妈子似乎有心刺探他们。阿娜拿着永不离身的活儿坐在窗下。克利斯朵夫背光埋在一张大靠椅里,把一本书打开着而并不看。可以从侧面看到他的阿娜,一眼就发现他对着墙壁,脸上很痛苦,便冷冷地笑了笑。屋顶上和园中树上的融雪,滴滴答答地掉在沙上,发出清越的声音。远远地,街上的孩子们玩着雪球,纵声笑着。阿娜似乎入睡了。周围的静默使克利斯朵夫苦闷至极,差点儿要叫起来。

终于老妈子下了楼,出门了。克利斯朵夫站起来,对着阿娜,正想要说:"阿娜!阿娜!咱们干的什么事啊?"

不料阿娜望着他,把原来一味低着的眼睛抬了起来,射出一道热辣辣的火焰。克利斯朵夫被她这么一瞧,支持不住了,要说的话马上咽了下去。他们互相走近,又紧紧地抱着了……

黄昏的黑影慢慢地展开去。他们的血还在奔腾。她躺在床上,脱了衣服,伸着胳膊,也不抬一抬手遮盖她的身体。他把脸埋在枕上,呻吟着。她抬起身来,捧着他的脑袋,用手抚摩着他的眼睛跟嘴巴,凑近他的脸,直瞪着克利斯朵夫。她的眼睛像湖一般深沉,微微笑着,似乎对于痛苦毫不介意。意识消灭了。他不作声了。一阵阵的寒噤像波浪般流过他们的全身……

这一夜,克利斯朵夫独自回到房里,想着自杀的念头。

第二天,他一起床就找阿娜。此刻倒是他怕看到对方的眼睛了。只要一接触她的目光,他要说的话立刻会想不起。但他拼足了勇气开口,说他们的行为是怎么卑鄙。她才听了几个字,就用手堵住他的嘴巴,接着又走开去,拧着眉头,咬着嘴唇,神色非常凶恶。他继续说着。她便把手中的活儿扔在地下,打开门预备出去了。他上前抓着她的手,关了门,不胜悲苦地说她能忘掉自己的过失真是幸福。她把他推开了,勃然大怒地说:

"住嘴!你这个没种的东西!难道你看不见我痛苦吗?……我不要听你的话。"

她的脸陷了下去,眼睛的神气又是恨又是害怕,像一头受了伤害的野兽,她恨不得一瞪之下就要了他的命。——他一松手,她就跑去待在屋子的另外一角。他不去追她,心中苦闷到极点,也恐惧到极点。勃罗姆回来了。他们俩呆呆地望着他,像呆子一样。那时除了自己的痛苦,仿佛世界上什么都不存在了。

克利斯朵夫出去了。勃罗姆和阿娜开始吃饭。饭吃到一半,勃罗姆突然起来打开窗子,阿娜昏过去了。

克利斯朵夫托词旅行,出门了半个月。阿娜除了吃饭的时间,整星期都关在房里。她又恢复了平时的意识、习惯,和一切她自以为已经摆脱、而实际是永远摆脱不掉的过去的生活。她故意装作看不见一切,可是没用。心中的烦恼一天天地增加,一天天地深入,终于盘踞不去了。下星期日,她仍旧不去做礼拜。但再下一个星期日,她又去了,从此不再间断。她不是心悦诚服,而是战败了。上帝是个敌人——是她竭力想摆脱的一个敌人。她对他怀着一腔怨恨,像个敢怒而不敢言的奴隶。做礼拜的时间,她脸上冷冷的全是敌意;心灵深处,她的宗教生活是一场对抗主子的恶斗,主子的责备对她是最酷烈的刑罚。她只做不听见,可是非听见不可;她和上帝争得很凶,咬紧着牙关,脑门上横着皱痕表示固执,露出一副狰狞的目光。她恨恨地想起克利斯朵夫,不能原谅他把她从心灵的牢狱里放出了一刹那,而又让她重新关进去,受刽子手们的折磨。她再也睡不着觉了,不论白天黑夜都想着那些折磨人的念头;她可不哼一声,硬着头皮继续在家指挥一切,对付日常生活也始终那么倔强固执,做事像机器一样的有规律。人渐渐地瘦下来,似乎害着心病。勃罗姆好不担忧,很亲切地问她,想替她检查身体。她却是愤愤地拒绝了。她越觉得对不起他,越对他残酷。

克利斯朵夫决意不回来了,拼命用疲劳来折磨自己:走着长路,作着极辛苦的运动,划船,爬山。可是什么都压不下心头的欲火。

他整个儿被热情制服了。天才是生来需要热情的。便是那些最贞洁的,如贝多芬,如布鲁克纳,也永远要有个爱的对象;凡是人的力量都在他们身上发挥到最高点,而因为那些力受着幻想吸引,所以他们的头脑被无穷的情欲抓去作了俘虏。往往那些情欲是短时间的火焰:来了一个新的,旧的一个就被压倒;而所有的火焰都被创造精神的弥天大火吞掉。但等到洪炉的热度不再充塞心灵的时候,无力自卫的心灵就落在它不能或缺的热情手里;它要求热情,创造热情,非要热情把它吞下去不可……并且除了刺激肉体的强烈的欲望以外,还有温情的需要,使一个在人生中受了伤害而失意的男人投向一个能安慰他的女子。同时,一个伟大的人比别人更近于儿童,更需要拿自己托付给一个女子,把额角安放在她温柔的手掌中,枕在她膝上……

但克利斯朵夫不懂这些……他不信热情是不可避免的,以为那是浪漫派的胡说八道。他相信一个人应当奋斗,相信奋斗是有力量的,相信自己的意志是有力量的……他的意志在哪儿呢?连影踪都没有了。他没法排遣。往事跟他日夜不休地纠缠着。阿娜身体上的气味,使他的嘴巴鼻子都觉得火辣辣的。他好比一条沉重的破舟,没有了舵,随风漂荡。他拼命想逃避也没用:来来去去总漂到老地方;他对着风喊道;

"好吧,把我吹破了吧!你要把我怎么办呢?"

为什么,为什么要有这个女人?为什么爱她?为了她心好吗?为了她有头脑吗?比她聪明而心更好的多的是。为了她的肉体吗?他也有过别的情妇更能满足他的感官。那么使他割舍不得的是什么呢?——"一个人就是为了爱而爱,没有什么理由。"——是的,可也有一个理由,哪怕不是普通的理由。是疯狂吗?那等于不说。为什么要疯狂?

因为每个人心里有一颗隐秘的灵魂,有些盲目的力,有些妖魔鬼怪,平时都被封锁起来的。自有人类以来,所有的努力都是用理性与宗教筑成一条堤岸,防御这个内心的海洋。但暴风雨来的时候(内心越充实的人,越容易受暴风雨控制),堤岸崩溃了,妖魔猖獗了,跟那些被同类的妖魔掀动起来的别的灵魂相击相撞……它们投入彼此的怀抱,紧紧地搂着。我们也说不出那是恨是爱,还是互相毁灭的疯狂……总而言之,所谓情欲是灵魂作了俘虏。

克利斯朵夫一无结果地挣扎了十五天以后,又回到阿娜家里。他离不开她了。他精神上闷死了。

但他继续奋斗。回来那晚,他们俩都推托着避不见面,也不在一块儿吃饭。夜里,两人战战兢兢地各自锁在房里。可是没用。到了半夜,她赤着脚跑来敲他的门,他开了,她爬到他床上,浑身冰冷地靠着他,悄悄地哭了,把泪水沾在克利斯朵夫的腮帮。她竭力教自己静下来,可是心中太痛苦了,压制不住,把嘴唇贴在克利斯朵夫的颈上,号啕大哭。他看她这样难过,倒吓得把自己的痛苦忘了,只能说些温柔的话安慰她。她呻吟着说:“我受不了,我愿意死……”

他听了心如刀割,想拥抱她,被她推开了。

“我恨你!为什么你要跑到这儿来?”

她挣脱了他的臂抱,翻过身去。床很窄;他们虽然竭力避免,还是要互相碰到身体。阿娜背对着克利斯朵夫,又愤怒又痛苦,瑟瑟的抖个不住。她把他恨得要死。克利斯朵夫垂头丧气,一句话都不说。阿娜听到他呼吸困难,便突然转过身来,勾着他的脖子,说道:“可怜的克利斯朵夫!我让你受罪了……”

他破天荒第一遭听见她有这种怜悯的口吻。

“原谅我吧。”她说。

"咱们俩彼此都是一样的。"他回答。

她直起身子,似乎不能呼吸了。伛着背,坐在床上,她好不丧气地说:"我完了……这是上帝要我完的。他把我交给了敌人……我怎么能反抗他呢?"

她这样坐了好久,才重新睡下,不再动弹。天快亮了,屋里有了一道曚昽的光。半明半暗中,他看见她痛苦的脸偎着他的脸。他轻轻地说了声:"天亮了。"

她一动不动。

于是他说:"好吧,管它!"

她睁开眼来,下了床,神气疲倦得要死。她坐在床沿上望着地板,用着毫无生气的音调说:"我预备今晚上把他杀了。"

他吓了一跳,叫了声:"阿娜!"

她沉着脸,瞪着窗子。

"阿娜,"他又说,"天地良心!……不应该杀他呀!……这样一个好人!……"

她跟着说:"对,不应该杀他。"

他们彼此望着。

那是他们久已知道的,知道那才是唯一的出路。两人都不能过欺骗丈夫欺骗朋友的生活,同时也从来没想到一块儿逃亡的念头,心里都明白这不是个解决问题的办法:因为最难受的痛苦,并非在于分隔他们的外界的阻碍,而是在于他们内心的阻碍,在于他们不同的心灵。他们既不能分离,也不能共同生活。简直毫无办法。

从那时起,他们不接触了:死神的影子已经罩在他们头上;他们俩把彼此都看作神圣的了。

可是他们不愿意决定日子,心里想:"等明天吧,明天吧……"实际上他们永远不敢正视这明天。克利斯朵夫刚强的灵魂常常起来反抗;他不承认失败,他瞧不起自杀,不能下这种可怜的结论,把伟大的生命白白送掉。至于阿娜,既然以她的信仰而论,这样的死就是永远不得超生,[①]那她又何尝是心甘情愿的?可是事势所迫,仿佛非死不可了。

第二天早上,他见到了勃罗姆,这是欺骗了朋友之后第一次和他单独相见。至此为止他居然能避着他。这一下他可受不住了,竭力要想法不跟勃罗姆握手,不在桌子上跟他一块儿吃饭;那是每口东西都会梗在喉头咽不下去的。握他的手,吃他的面包,那不等于犹大的亲吻吗[②]?……最可怕的还不是自己瞧不起自己,而是想到勃罗姆一朝得悉之下的悲痛……一转到这个念头,他真像受刑罚一样。他知道勃罗姆是永远不会报复的,是不是有力量恨他都成问题,可是要绝望到什么程度简直不能想象……他要用怎样的目光看待他呢?克利斯朵夫觉得受不了他的批判。——而勃罗姆又是早晚会发觉的。现在他不是已经有点儿疑心了吗?相别才半个月,克利斯朵夫看到他大大地改变了:勃罗姆完全不是从前的模样,兴致没有了,或者是勉强装作快活。饭桌上,他常常偷看阿娜,眼看她不说话,不吃东西,像灯尽油干似的在那里煎熬。他怯生生的,非常动人地想照顾她,她却恶狠狠地拒绝了,他只得低下头去,不出一声。饭吃到半中间,阿娜透不过气来,把餐巾扔在桌上,出去了。两个男人不声不响地继续吃着,或是假装吃着,连头都不敢抬起来。等到吃完了,克利斯朵夫正想离开的时候,勃罗姆突然两手抓着他的胳膊,叫了声:"克利斯朵夫!……"克利斯朵夫心慌意乱地望着他。

"克利斯朵夫,"勃罗姆声音发抖了,"你可知道是怎么回事吗?"

克利斯朵夫仿佛给人当胸扎了一刀,一时答不上话来。勃罗姆怯生生地望着他,马上补充:"你是常看到她的,她很相信你……"

克利斯朵夫几乎要亲着勃罗姆的手求他原谅了。勃罗姆瞧见克利斯朵夫神色慌张,吓得不愿意再看,只用着哀求的目光,结结巴巴地说:"你一点都不知道,是不是?"

"是的,我一点都不知道。"克利斯朵夫不胜狼狈地回答。为了不

---

① 基督教的说法,凡自杀的人不得入天堂。

② 犹大出卖耶稣之前,尚亲吻耶稣。

使这个受欺侮的男子伤心而不能招供，不能说出真相，真是多痛苦啊！对方问着你，但眼神明明表示他不愿意知道真相，所以你就不能说出来……

"好吧，好吧，谢谢你……"勃罗姆说。

他站在那里，双手抓着克利斯朵夫的衣袖，仿佛还想问什么而不敢出口，躲着克利斯朵夫的目光。随后他松了手，叹了口气，走了。

克利斯朵夫因为又说了一次谎，难过得不得了，跑去找阿娜，慌慌张张地把刚才的情形告诉她。阿娜无精打采地听着，回答说："那么，让他知道就是了！有什么关系？"

"你怎么能说这种话呢？"克利斯朵夫叫起来，"无论如何，我不愿意使他痛苦！"

阿娜可发脾气了："他痛苦的时候，难道我，我不痛苦吗？他也得痛苦才行！"

他们彼此说了些难堪的话。他埋怨她只顾着自己。她责备他只关心她的丈夫而不关心她。可是过了一会儿，他说不能再这样混下去，要向勃罗姆和盘托出的时候，她倒又埋怨他自私，嚷着说她并不在乎克利斯朵夫的良心平安不平安，可决不能让勃罗姆知道。

她虽则话说得很凶，心里却是跟克利斯朵夫一样想着勃罗姆。固然她对丈夫没有真正的爱情，但还是很关心他。她非常重视他们俩的社会关系和责任。或许她没想到妻子应该温柔，应该爱她的丈夫，但认为必须把家务照顾周到，对丈夫忠诚；在这些地方失职，她是觉得可耻的。

她也比克利斯朵夫更明白：勃罗姆不久就会知道的。她不跟克利斯朵夫提到这一点也有相当理由，或者是因为不愿意使克利斯朵夫心绪更乱，或者是因为她不肯示弱。

不论勃罗姆的家怎样与世隔绝，不论布尔乔亚的悲剧怎样深藏，总有一些风声透到外边去。

在这个城里,谁也不能隐藏他的生活。那真是奇怪的事。街上没有一个人对你望,大门跟窗户都关得很严。但窗口都挂着镜子;你走过的时候,可以听见百叶窗开着一点而立刻关上的声音。谁也不理会你,似乎人家根本不知道有你这个人,可是你每一句话,每一个举动,都逃不过人家的耳目;人家知道你所做的,所说的,所见的,所吃的,甚至还知道,自以为知道你所想的。你受着秘密的,普遍的监视。仆役,送货员、亲戚、朋友、闲人、不相识的路人,大家一致合作,参与这种出于本能的刺探;那些东零西碎的事不知怎样都会集中起来。人家不但观察你的行为,还要看你的内心。在这个城里,谁也没权利保持良心的秘密;但每人都有权利搜索你隐秘的思想,而倘若你的思想跟舆论抵触的话,大家还有权利和你算账。集体灵魂的无形的专制,压在个人身上;所谓个人是一辈子受人监护的小孩子,什么都不是属于他自己的,而是属于全城的。

阿娜接连两个星期日不在教堂露面,大家就开始猜疑了。平时仿佛没有一个人注意她参加礼拜;她那方面是过着离群索居的生活,而大家也似乎忘了有她这样一个人。但第一个星期日的晚上,她的缺席就被人注意到了,记在心里。第二个星期日,那些虔诚的信徒把眼睛盯着《福音书》或牧师的嘴,没有一个不是聚精会神地管着灵修的事业;同时也没有一个不在进门的时候就留意到,出门的时候又复按一次阿娜的位置空着。下一天,阿娜家中来了一批几个月没见面的客人:她们借着各式各种的借口,有的是怕她病了;有的是对她的事,对她的丈夫,对她的家,又感到兴趣了;有几个对她家里的事消息特别灵通,可没有一个提及——(那是故意藏头露尾地避免的)——她两星期不去做礼拜的事。阿娜推说不舒服,谈着家务。客人们留神听着,附和几句;阿娜知道她们其实是一个字都不信。她们的眼睛在四下里乱转,在屋子里搜寻,注意,一样一样地记在心里,始终保持着冷静的态度,面上嘻嘻哈哈,但眼神显而易见是好奇到极点。有两三次,她们装作无心的神气,问到克拉夫脱先生的近况。

过了几天,——(在克利斯朵夫出门旅行的时期),——牧师也亲自来了。那是一个长得极漂亮的老实人,年富力强,非常殷勤,而且心定神安,表示世界上所有的真理都在他手里了。他很亲热地问到阿娜的健康,很有礼貌的,心不在焉的,听着他并不要求的她的解释,喝了一杯茶,谈笑风生,提到饮料问题,说葡萄酒在《圣经》上已经有记载,不是含有酒精的饮料,又背了几段经典,讲了一个故事。动身之前,他隐隐约约说到交坏朋友的危险,说到某些散步,某些亵渎神道的思想,某些邪恶的欲念,以及跳舞的不道德等等。他仿佛并不针对阿娜而是对当时一般的情形说的。他静默了一会儿,咳了几声,站起来,非常客气的请阿娜向勃罗姆先生致意,说了一句拉丁文的笑话,行了礼,走了。阿娜听了他的讽示,气得心都凉了。那是不是讽示呢?他怎么知道克利斯朵夫跟她的散步呢?他们在那边又没遇到一个熟人。但在这个城里,不是一切都会有人知道的吗?相貌很特别的音乐家跟穿黑衣服的少妇在乡村客店跳舞的事被人注意到了;既然什么都会不胫而走,这消息自然也传到了城里,而老是喜欢管闲事的人立刻认出是阿娜。当然这还不过是种猜测,但人家听了特别高兴;另外再加上阿娜的老妈子所提供的情报。公众的好奇心如今在旁边等他们自投罗网了,成千成百的眼睛都在暗中窥探。狡猾的城里人不声不响地埋伏在那里,好似一只等着耗子的猫。

倘使阿娜不是这个跟她过不去的社会出身,没有那种虚伪的性格,那么虽有危险,她或许还不会让步:一般人的卑鄙的恶意倒可能激怒她,使她反抗。但是教育把她的天性给制服了。她尽管批判舆论的横暴与无聊,心里还是尊重舆论;舆论要是制裁她,她也会接受;如果舆论的制裁和她的良心冲突,她会派她的良心不是。她瞧不起城里人,又受不了被城里人瞧不起。

终于到了一个大家可以公然毁谤的时间。狂欢节近了。

直到这个故事发生的时代为止——以后是改变了——当地的狂

欢节始终保存着肆无忌惮与不顾一切的古风。这个节日最初的作用，原是让大家放松一下的；因为一个人不管愿意不愿意，精神上老是受着理性约束，所以在理性的力量越强的时代，风俗与法律越严格的地方，狂欢节的表现越大胆。阿娜所在的城市就是这样的一个地方。平日为了礼教森严，一举一动，一言一语都受到牵制，到了那个节日，大家就格外放纵起来。所有积在灵魂下层的东西：嫉妒，暗中的仇恨，下流无耻的好奇心，人类作恶的本能，一下子都突围而出，要吐口气了。每个人都可以戴了面具，到街上去羞辱他心中记恨的人，把自己耐着性子在一年中听来的消息，一点一滴搜集起来的丑闻秘史，在广场上当众宣布。有的人用一辆车来表演。有的擎着高脚灯，字画兼用地揭露城中的秘密故事。有的竟化装为自己的敌人，形容毕肖，叫街上的野孩子一看就能指出本人的姓名。那三天之内还有专事诽谤的小报出版。上流人士也狡猾地参与这种匿名攻击的玩意儿。地方当局绝对不加干涉，除了带有政治意味的隐喻以外——因为这种漫无限制的自由曾经好几次引起本地政府与外邦代表的纠纷，但市民是毫无保障的。大家老是提心吊胆，怕受到这样的公然侮辱。这一点对于本城的风化的确大有裨益；而那种表面上的清白便是城里人引以自豪的。

当时阿娜心里就存着这种恐怖，——其实并无根据。她没有多大理由需要害怕。在当地的舆论界中，她的地位是太不足道了，人家不会想到去攻击她的。但在与世隔绝的情形之下，加上几星期的失眠所引起的极度疲乏与神经过敏，她能想象出最无理由的恐怖。她把那些不喜欢她的人的凶恶过分夸张了：以为四面八方都有人猜疑她，只要一件极小的事就能把她断送掉，而谁敢说这种事不是已经做下了呢？那么她势必受到可怕的侮辱，人家会不留余地地揭露她的隐私，搜索她的内心：阿娜一想到要这样当众丢丑，恨不得钻下地去。据说几年以前，一个受到这种羞辱的姑娘不得不全家逃出本乡。——你又绝对没法自卫，没法阻止，甚至也没法知道会出点儿什么事。何况单单疑心要出事，比着切实知道要出什么事更不好过。阿娜像无路可走的野兽一般，睁着眼睛向四下里瞧望。她知道，就在自己家里，她已经被包围了。

阿娜的老妈子年纪四十开外，名叫巴比，高大，结实，太阳穴和脑门部分的肉已经瘪缩，脸盘很窄，下半部却很宽很长，牙床骨底下的肉往两边摊开去，像一只干瘪的梨。她永远挂着笑容，眼睛跟钻子一样的尖，陷得很深，拼命地往里边缩，眼皮红红的，看不见睫毛。她老是装作很快活，爱戴主人，从来没有相反的意见，很亲热地关心他们的健康；有事吩咐她吧，她对你笑着；责备她吧，她也对你笑着。勃罗姆认为她忠诚老实，什么考验都经得起。喜孜孜的神色和阿娜的冷淡正好成为对照。但好些地方她很像女主人：像她一样说话极少，穿扮严肃而整齐；也像她一样热心宗教，陪她去做礼拜，凡是灵修方面的功课都做得很到家；至于仆役的本分，例如清洁，准时，操守，烹饪，更是没有话说。总而言之，她是个模范仆人，同时也是一个埋伏在家里的标准敌人。阿娜凭着女性的本能，那是不大会误解女人的心思的，把巴比看得很清楚。她们你瞧不起我，我瞧不起你，而且心里都知道这一点而不表示出来。

克利斯朵夫回来那夜，阿娜痛苦到极点，虽然打定主意不再看见他，仍旧偷偷地赤着脚，在黑洞里摸着墙壁走过去。正要进克利斯朵夫卧房的时候，她忽然觉得脚底下不是光滑冰冷的地板，而是一层暖暖的，软绵绵的灰。她蹲下去用手一摸，心里明白了：原来通道里有二三米的地方，都给铺了一层薄薄的细灰。巴比的狡诈，无意中居然跟当年的矮子伏偻生用来侦察特里利斯坦和伊索尔德幽会的老办法一模一样。少数的好榜样跟坏榜样，几百年来都有人模仿：可见人类真会保存经验。——当时阿娜毫不迟疑，一方面瞧不起这种诡计，一方面要表示什么都不怕，便继续向前，走进克利斯朵夫的卧房，也没对他提到这件令人不安的事，只在回去的时候，拿一把壁炉的扫帚，仔细把灰上的脚印扫平了。——第二天早上阿娜和巴比相见之下，一个冷冷的沉着脸,一个照例堆着笑容。

巴比有个比她年纪大一些的亲戚常常来看她。那是在教堂里看门的,做礼拜的日子就在门口站岗,缠着白地黑条、吊着银坠子的臂章,手里拿着一根上端弯曲的杖。他本行是做棺材的,名叫萨米·维兹希,人长得又高又瘦,脑袋望前伛着一点,不留胡子,像乡下老头儿一样的严肃。他对宗教很诚心,凡是有关本区教徒的谣言,他比谁都熟悉。巴比和萨米想结婚,他们互相佩服,佩服彼此的严肃,坚定的信仰,和凶狠的性格。但两人并不急于决定,都很谨慎地在暗中观察。——最近萨米来的次数比较多了,而且是神不知鬼不觉地进来的。阿娜走过厨房,往往从玻璃门中瞧见萨米靠近炉灶坐着,巴比在一边缝着东西。他们俩尽管说话,你可听不见一点儿声音,只看到巴比眉飞色舞地扯动嘴唇,萨米抿着那只一本正经的大嘴笑着,完全是副怪相:喉咙里却没有声响,屋子里静悄悄的。阿娜一进厨房,萨米就恭恭敬敬站起来,一声不出,直要等她走了才敢坐下。巴比听见开门声,马上打断了话,还故意装作刚才谈的是无关紧要的话题,极恭顺地向阿娜堆着笑脸,等待吩咐。阿娜疑心他们在议论自己,但她太瞧不起他们了,决不肯降低身份去偷听他们的谈话。

铺灰的诡计被阿娜破掉以后的第二天,阿娜跨进厨房,一眼就瞧见萨米拿着她夜里扫平脚印的小帚。原来她是在克利斯朵夫房里拿的,这时才想起忘了归还原处,竟丢在自己屋里,被巴比尖锐的眼睛发现了。此刻巴比和萨米正在推敲这件故事。阿娜声色不动,巴比顺着女主人的目光瞧着扫帚,假意笑了笑,解释道:“扫帚坏了,我要萨米给修理一下。”

阿娜不屑揭穿这个无聊的谎话,只当没听见;她瞧了瞧巴比的活儿,批评了几句,若无其事地走了出来。可是一关上门,她的傲气完全没有了,不由得躲在走廊的拐角儿处偷听——她的确是屈辱到了极点才会出此下策——只听见很短促的笑了一声,接着又是一阵唧唧哝哝,轻得简直听不见。但她当时吓昏了,自以为听到了她怕听的话,似乎他们谈的是下次狂欢节中的化装会和喧扰。没有问题,他们想把铺灰的故事穿插进去……可能是她听错了,但她神经过敏到病态的程度,半个月来又老想着被公众羞辱的念头,所以她非但把不确定的事当作可能,而且是必然的了。

从此她就打定了主意。

当天晚上(就是狂欢节以前的星期三),勃罗姆被请到离城二十里左右的地方去出诊,要第二天早上才能回来。阿娜关在屋里,不下来吃饭。她预备就在这晚上实行她的计划。但她决意自个儿实行,不告诉克利斯朵夫。她瞧不起他,心里想:

"他虽然答应也不相干。男人总是自私的,只会扯谎。他有他的艺术,很快会把我忘了的。"

并且这个好像毫无恻隐之心而生性暴戾的女人,或许对她的同伴还有点儿怜悯。但她太强悍了,自己还不愿意承认有这点同情。

巴比告诉克利斯朵夫,说太太要她代为道歉,因为不大舒服,想早些休息。克利斯朵夫只能在巴比监视之下独自吃晚饭;她絮絮叨叨地在旁嚼舌,逗他开口,并且一而再,再而三地替阿娜说客气话,终于连那么轻信的克利斯朵夫也起了疑心。他正想利用这一晚跟阿娜彻底谈一谈。他也拖不下去了。当天黎明时分约定的话,他并没忘掉。如果阿娜要求,他是准备履行诺言的。同时他也明白两个人这样的自杀未免太荒唐,什么事都解决不了,只有把痛苦和丑事压在勃罗姆身上,最好还是彼此分手,自己一走了事——只消他有勇气离开她;但这一点便大有问题,他最近不是走了又回来的吗?可是他又想,等到离开她以后觉得受不了的时候,再一个人自杀也不为迟。

他希望吃过晚饭能溜进阿娜的卧房。但巴比老跟在他背后。往常她的工作很早就完的;这一晚她偏在厨房里洗刷不完;赶到克利斯朵夫以为终于得到释放的时候,她又想出主意在通到阿娜卧房的甬道中整理一口壁橱。克利斯朵夫看到她一本正经地坐在一只高凳上,才知道她整个晚上不会走开了。他气愤至极,恨不得把她跟那些一堆又一堆的盘子碟子一齐摔下楼去;但他捺着性子,叫她去问问女主人怎么样,他能不能去看她一下。巴比去了,回来用一种狡猾的、高兴的神气瞧着他,说太太好了一些,想睡一会儿,希望别打搅她。克利斯朵夫又恼又烦躁,想看书又看不下去,便回到自己屋里去了。巴比直等他熄了灯才上楼,还预备在暗中监视,特意把房门半开着,以便听到屋子里的声音。不幸她没法熬夜,一上床就睡熟了,而且一觉睡到天亮,哪怕天上打雷,哪怕存着极大的好奇心,也不会醒的。这一点对谁都瞒不了,她的打鼾声隔了一层楼也听得见。

克利斯朵夫一听到这熟悉的声音,便到阿娜房里去了。他心里非常不安,需要和她谈话,他走到门口,旋着门钮,不料门拴上了,便轻轻敲了一会儿:没有回音。他拿嘴巴贴在锁孔上,先是低声的,继而是迫切的哀求……毫无动静,毫无声息。他以为阿娜睡着了,但觉得自己心里说不出的难受。因为竭力要听屋子里的声音,他把脸紧贴在门上:一股好似从门内透出来的气味使他吃了一惊,便低下身子,仔细辨了辨,原来是煤气。他登时浑身冰冷,拼命的推房门,也顾不得会不会惊醒巴比了,可是房门动都不动……他想出来了,跟阿娜的卧室相连的盥洗室内有一个小煤气灶,一定是被她把龙头旋开了。非砸开房门不可。克利斯朵夫虽然慌乱,头脑还清楚,知道无论如何不能让巴比听见。他把全身的重量压在门上,悄悄地使劲一顶。那扇坚固而关得很严的门只咯咯地响了一下,还是不动。阿娜的卧室和勃罗姆的书房中间另外有扇门相通。他便绕进书房,不料那扇门也关上了。这儿的锁是在外边的,他想把它拉下来,可是不容易。他先得撬去木头里的四只大螺丝钉,但身边只有一把小刀,黑洞里什么都看不见,又不敢点火,怕把煤气引着了,连屋子都炸掉。他摸索了半日,终于把刀尖旋进一只螺丝,接着又旋进了另外一只,刀尖断了,手也弄破了,那些螺丝钉又是异样的长,怎么也旋不出来。浑身淌着冷汗,又焦急又狂乱,他脑子里忽然浮起一件童年往事:似乎看到自己十岁的时候被关在黑房里,撬去了锁逃出屋子的情形……终于最后一只螺丝退下了,锁也拿下来了,掉下许多木屑。克利斯朵夫冲进房间,打开窗子,立刻吹进一阵冷风。克利斯朵夫撞着家具,在黑暗中找到了床,摸索着,碰到了阿娜的身子,颤巍巍的手隔着被单摸到一动不动的腿,直摸到她的腰:原来阿娜坐在床上发抖。煤气还没有发生作用:屋子的天顶很高,窗户都不大紧密,到处有空气流通。克利斯朵夫把她搂在怀里。她却气愤愤地挣扎着,嚷道:"去你的吧!……你来干什么?"

她把他乱打一阵,可是感情太激动了,终于倒在枕上,大哭着说:"哎哟!哎哟!得重新再来的了!"

克利斯朵夫抓着她的手,拥抱她,埋怨她,和她说些温柔而又严厉的话:"你死!你自个儿死!不跟我一块儿死!"

"哼!你!"她这话是表示一肚子的怨恨,意思是:"你,你是要活的。"

他责备她,想用威吓的方法改变她的主意;"疯子!你不要把屋子炸掉吗?"

"我就是要这样。"她气哼哼地嚷着。

他挑动她宗教方面的恐惧,这一下果然中了她的要害。他才提了两句,她就嚷着要他住嘴。他却不顾一切地说下去,认为唯有这样,才能唤醒她求生的意志。她不出声了,只抽抽搭搭地打嗝儿。他说完了,她恨恨地回答:"现在你快活了吧?你做得好事!把我收拾完了,叫我怎么办?"

"活下去啊。"他说。

"活下去!你不知道不可能吗?你一点儿都不知道,一点儿都不知道!"

"什么事呢?"他问。

她耸了耸肩膀:"你听着。"

于是她用简短的断续的句子,把她一向瞒着的事统统说了出来:巴比的刺探,铺灰的经过,萨米的事,狂欢节,无可避免的羞辱等等。

她说的时候也分不出哪些恐惧是有根据的,哪些是没有根据的。他听着,狼狈不堪,比她更分不出真正的危险与假想的危险。他万万想不到人家暗地里盯着他们。他想了解这个情形,一句话都说不上来:对付这一类敌人是没办法的,他只是没头没脑地气疯了,唯一的念头是想打人。

“干吗你不把巴比打发走呢?”他问。

她不屑回答。把巴比赶出去当然比让巴比待在这儿更危险,克利斯朵夫也懂得自己问得无谓。许多思想在他脑子里冲突,他想打定一个主意,立刻有所行动。他握着抽搐的拳头说:“我要去杀他们。”

“杀谁?”她觉得这些废话不值一笑。

他勇气没有了。周围埋伏着奸细,可是一个也抓不到,每个人都是奸党。

“卑鄙的东西!”他垂头丧气地说了一句。

他倒在地下,跪在床前,把脸紧贴在阿娜的身子上。——两人一声不出。她对于这个既不能保卫她又不能保卫自己的男人,觉得又可鄙又可怜。他的脸感觉到阿娜的大腿在那里冷得发抖。窗子开着,外面气温很低;明净如镜的天空,星都打着哆嗦。

她看见他跟自己一样的失魂落魄,心里痛快了些,然后声音很凶但又很困倦地吩咐:“去点一支蜡烛来!”

他点了火。阿娜牙齿咯咯地响着,蜷着身子,抱着手臂放在胸口,下巴放在膝盖上。他关了窗,坐在床上,抓着阿娜冰冷的脚,用手跟嘴巴焐着。她看了不由得感动了。

“克利斯朵夫!”她叫了一声,眼神凄惨到极点。

“阿娜!”

“咱们怎么办呢?”

他瞅着她回答:“死吧。”

她快活地叫起来:“噢!真的吗?你也愿意死吗?……那么我不孤独了!”说完,她把他拥抱了。

“你以为我会丢掉你吗?”

“是的。”她低声回答。

他听了这句话,才体会到她痛苦到了什么地步。

过了一会儿,他用眼睛向她打着问号,她明白了,回答说:“在书桌的抽屉里。靠右手,最下面的一个。”

他便去找了。抽屉的尽里头果然有把手枪,那是勃罗姆在大学念书的时代买的,从来没用过。克利斯朵夫又在一只破匣子内找到几颗子弹,一股脑儿拿到床前。阿娜望了一眼,立刻掉过头去。克利斯朵夫等了一会儿,问道:“你不愿意了吗?”

阿娜猛地回过身来:“怎么不愿意!……快点儿!”

她心里想:“现在我得永远掉在窟窿里了。早一些也罢,晚一些也罢,反正是这么回事!”

克利斯朵夫笨手笨脚地装好了子弹。

“阿娜,”他声音发抖了,“咱们之中必有一个要看到另外一个先死。”

她一手把枪夺了过去,自私地说:“让我先来。”

他们俩还在互相瞧着……可怜!便是快要一块儿死的时候,他们觉得彼此还是离得很远!……各人都骇然想着:“我这是干的什么呢?什么呢?”

而各人都在对方眼中看出这个念头。这件行为的荒唐,在克利斯朵夫尤其感觉得清楚。他整个的一生都白费了;过去的奋斗,白费了;所有的痛苦,白费了;所有的希望,白费了,一切都随风而去,糟掉了,一举手之间,什么都给抹得干干净净……要是在正常状态中,他一定会从阿娜手中夺下手枪,望窗外一扔,喊道:“不!我不愿意。”

可是八个月的痛苦,怀疑,令人心碎的丧事,再加这场狂乱的情欲,把他的力量消耗了,把他的意志吞噬了,他觉得毫无办法,身不由己……唉!归根结底,有什么关系?

阿娜相信这样的死就是灵魂永远不会得救的死,便拼命地想抓住这最后一刹那:看着摇曳不定的烛光照着克利斯朵夫痛苦的脸,看着墙上的影子,听着街上的脚声,感到手里有一样钢铁的东西……她抓住这些感觉,仿佛一个快淹死的人抱着跟他一起沉下去的破船。以后的一切都是恐怖。为什么不多等一下呢?可是她反复说着:"非如此不可……"

她和克利斯朵夫告别了,没有什么温情的表示,匆匆忙忙的,像一个怕错过火车的旅客;她解开衬衣,摸着心,拿枪口抵在上面。跪在床前的克利斯朵夫把头钻在被单里。正要开枪的时候,她左手放在克利斯朵夫的手上,好比一个怕在黑夜中走路的孩子……

那几秒钟工夫真是可怕极了……阿娜没有开枪。克利斯朵夫想抬起头来抓住阿娜的手臂,但又怕这个动作反而使阿娜决意开枪。他什么也听不见了,失去了知觉……直听到一声哼唧,他方始仰起头来,看见阿娜脸色变了,把手枪扔在床上,在她面前,她哀号着说:"克利斯朵夫!子弹放不出呀!……"

他拿起手枪看了看,原来生了锈,机关还是好的;也许是子弹不中用了。——阿娜又伸出手来拿枪。

"算了吧!"他哀求她。

"把子弹给我!"她带着命令的口吻。

他递给了她。她仔细瞧了瞧,挑了一颗,浑身哆嗦着上了膛,重新用火器抵住胸部,扳着机钮。——还是放不出。阿娜一撒手把手枪扔了,嚷着;"啊!我受不了!受不了!他竟不许我死!"

她在被单中打滚,像疯子一般。他想走近去,她又叫又嚷地把他推开了,终于大发神经。克利斯朵夫直陪她到天亮。最后她安静下来,差不多没有气了,闭着眼睛,惨白的皮肤底下只看见脑门的骨头和颧骨:她像死了一样。

克利斯朵夫把乱七八糟的床重新铺好,捡起手枪,拆下的锁也装还原处,把屋子都整理妥当,走了,时间已经七点,巴比快来了。

勃罗姆早上回家的时候,阿娜还是在虚脱状态。他明明看到发生了一些非常的事,但既不能从巴比那儿,也不能从克利斯朵夫那儿知道。阿娜整天不动,眼睛闭着,脉搏微弱到极点,有时竟完全停止,勃罗姆好不悲痛地以为她的心已经不会跳了。慌乱之下,他对自己的医道起了怀疑,便找了一个同道来。两人会诊的结果,无法决定这是发高热的开始呢,还是一种忧郁性的神经病:还得仔细观察病状的变化。勃罗姆老是守在阿娜床头,连饭也不愿意吃了。到了晚上,脉搏并不像寒热,而是极度的疲乏。勃罗姆喂了她几羹匙牛乳,她马上吐掉了。她的身体在丈夫的臂抱中像折臂断腿的木偶。勃罗姆在她身边坐了一夜,时时刻刻起来为她听诊。巴比并不为了阿娜的病着慌,但非常尽职,也不愿意睡觉,和勃罗姆一块儿守夜。

星期五,阿娜眼睛睁开了。勃罗姆和她说话,她却不觉得有他这个人,只是一动不动,眼睛瞪着墙上的一角。中午,勃罗姆看见她大颗大颗的眼泪从瘦削的腮帮上直淌下来,便很温柔地替她抹着,但她始终流着泪。勃罗姆喂了她一些东西,她完全听人摆布,晚上又说了些没头没脑的话,提到莱茵河,想跳下去,可是河水太浅。她迷迷糊糊地始终想着自杀的念头,想出种种古怪的死法,而老是死不了。有时她不知跟什么人在那里争论,神气又愤怒又恐惧;她也跟上帝谈话,固执地向他证明是他错了;再不然是眼中燃着情欲的火焰,说出一些她似乎不会知道的淫荡的话。一忽儿她注意到巴比,清清楚楚地吩咐她第二天应该洗的衣服。夜里,她昏昏地睡着了,忽而又抬起身子,勃罗姆赶紧跑上去。她神情好古怪地瞅着他,结结巴巴地,很不耐烦地,胡说一阵。

"亲爱的阿娜,你要什么呀?"他问。

她恶狠狠地回答说:"去把他找来!"

"找谁啊?"

她依旧瞅着他,还是那样的表情,突然之间哈哈大笑,然后用手摸了摸脑门,哼唧着说:"哎!上帝!你忘了吧!……"

她说着又睡熟了,很安静地睡到天亮。快拂晓的时候,她身子欠动了一会儿;勃罗姆扶着她的头,给她喝水,她很和顺地喝了几口,亲了一下勃罗姆的手,又昏迷了。

星期六早上九点左右,她醒过来,一言不发,伸出腿来想下床。勃罗姆要她睡下。她却非下床不可。他问她干什么。她回答说:“做礼拜去。”

他跟她解释,说今天不是星期日,教堂关着。她不声不响,尽管坐在床边的椅子上,手指颤巍巍地穿衣服。勃罗姆的朋友,那位医生,恰好走进房里,便跟勃罗姆一同劝阻;后来看她一味坚持,就察看了一下病状,也答应她出去了。他把勃罗姆拉在一边,说他太太的病似乎完全在精神方面,最好顺着她一点,出去也没什么危险,只要有勃罗姆陪着。勃罗姆就对阿娜说跟她一块儿去。她先是拒绝,要自个儿出门。但她在房里才走了几步就摇摇晃晃,便一声不响,抓着勃罗姆的手臂出去了。她身子虚得厉害,路上时时刻刻得停下。好几次他问她愿不愿意回家,她可是继续往前走。到了教堂,就像预先告诉她的一样,大门关着。阿娜坐在门口一条凳上,打着寒战,直坐到中午,然后搀着勃罗姆的胳膊,悄悄地走回来。晚上她又要上教堂。勃罗姆苦劝也没用,只得重新出门。

克利斯朵夫那两天完全是孤独的。勃罗姆心事重重,当然想不到他了。只有一次,星期六上午,因为阿娜闹着要出门,他想转移目标,问她愿不愿意见见克利斯朵夫。不料她立刻显得又害怕又厌恶,把他吓得从此不敢再提克利斯朵夫的名字。

克利斯朵夫关在自己屋里。忧急,爱情,悔恨,一片混沌的痛苦在他胸中交战。他把所有的罪过都加在自己身上,痛恨自己。好几次他站起身来想把事情向勃罗姆和盘托出——可是又立刻想到,那只能多添一个痛苦的人。他始终受着情欲控制,老是在甬道里,在阿娜的门外走来走去,一听见脚声又马上逃到自己屋里。

下午,阿娜由勃罗姆陪着出去的时候,克利斯朵夫躲在窗帘后面看到了。原来是身子笔直,姿势挺拔的人,现在竟驼着背,缩着头,皮色蜡黄,人也显得老了;勃罗姆替她裹着大衣与围巾,她身子缩作一团,难看死了。但克利斯朵夫并没看见她的丑,只看见她的不幸,心中充满着怜悯与爱,恨不得奔过去跪在地下,亲她的脚,亲她这个被情欲扫荡的身体,求她原谅。他一边望着她一边想:"这是我的成绩!……"

他在镜子里也看到了自己的形象:脸色一样难看,身上同样有着死亡的预兆。于是他又想:"是我的成绩吗?不是的。那是叫人失掉理性的,致人死命的,残酷的主宰的成绩。"

屋子里一个人都没有。巴比到街坊上报告一天的经过去了。时间一分钟一分钟地过去,敲了五点。克利斯朵夫想到快要回来的阿娜和快要临到的黑夜,突然害怕起来。他觉得这一夜再没勇气跟她住在一幢屋子里了,理智完全被情欲压下去了。他不知道会干些什么事,也不知道自己要些什么,除了要阿娜以外。他无论如何要阿娜。想到刚才在窗里看见的那张可怜的脸,他对自己说:"啊!把她从我手里救出去吧!……"

他忽然下了决心,把散满一桌的纸张急急忙忙收起,用绳捆好,拿了帽子跟外套,出去了。走在甬道里靠近阿娜房门的地方,他突然害了怕,加紧脚步。到了楼下,他对荒凉的园子最后瞧了一眼,像贼一样溜出大门。冰冷的雾刺着皮肤。克利斯朵夫沿着墙根走,唯恐遇到一张熟识的脸。他直奔车站,踏上一节开往卢塞恩的火车,在第一站上写了封信给勃罗姆,说有件紧急的事要他离开几天,很抱歉在这种情形之下跟他分别,希望他和他通信,给了他一个地址。到了卢塞恩,他又换乘开往戈塔的火车,半夜里在阿多夫和哥施埃能中间的一个小站上跳下来,根本不知道这地方的名字,以后也从来没有知道。他在车站旁边看到一家小客店就歇了脚。路上是一片汪洋。倾盆大雨下了一夜,又下了明天一天。雨水从一个破烂的水斗中泻下来,声音像瀑布一般。天上地下都被洪水淹没了,融化了,像他的思想一样。他躺在潮湿而有股煤烟味的被单里,没法睡觉,心中老想着阿娜所冒的危险,竟忘了自己的痛苦。无论如何不能让她受到公众的侮辱,非给她一条出路不可。在极端兴奋的情形之下,他忽然想出了一个古怪的主意:写信给城中和他有点来往的少数音乐家中的一个,糖果商兼管风琴师克拉勃。他告诉他说,为了一件爱情的纠葛,他上意大利去了,那件事他没到勃罗姆家以前就开始了,他本想在那里把热情压下去,可是办不到。信写得相当明白,可以使克拉勃懂得,也相当的含混,可以让克拉勃用他自己的猜想去补充。克利斯朵夫要求克拉勃保守秘密,因为知道那家伙最喜欢说长道短,预备他一接到信就把事情张扬出去。——事实上也果真是这样。为了进一步的淆惑听闻,克利斯朵夫在信尾又加上几句,对勃罗姆与阿娜的病表示很冷淡。

当夜和第二天,他一心一意想着阿娜,把自己和她一起消磨的最后几个月,一天一天地回想起来。他从热情的幻景中去看她,永远拿她当作自己理想中的人物,给她一种精神上的伟大、悲壮的意识,因为这样他才更爱她。阿娜既不在眼前,这些热情的谎言当然更像事实了。他认为她天生是个健全而自由的人,受着压迫,想挣脱她的枷锁,渴慕一种坦白的、阔大的生活;然后她又害了怕,把本能压下去,因为它们不能跟她的命运调和,反而使她更痛苦。她对他喊着:“救救我!”他便紧紧地抱着她美丽的身体。所有的回忆折磨着他;他觉得加深自己的伤痕有种痛苦的快感。白日将尽,苦闷越来越厉害,简直不能呼吸了。

他莫名其妙地站起来,走出卧房,付了旅馆的账,搭上第一班往阿娜的城市开去的火车,半夜里到了那儿,直奔勃罗姆家。小巷子里有一个和勃罗姆的花园接连的园子。克利斯朵夫翻过墙头,跳进邻家的花园,再跳进勃罗姆的花园,站在屋子前面;漆黑一片,只有一盏守夜灯的微光照着一扇窗——阿娜的窗。阿娜就在那里受苦。他再跨一步就可以走进屋子了,手已经向门钮伸出去了。但他瞧了瞧自己的手,瞧了瞧门,园子,突然明白了自己的行动。七八小时以内,他完全糊涂了,到这时才醒过来,吓得浑身哆嗦。他竭力振作了一下,把那双好像钉在地下的脚拔起来,奔到墙边,爬过去,逃了。

当夜他就离城,第二天跑到山里去隐在一个盖着白雪的小村子内……去埋葬他的心事,催眠他的思想,努力忘掉一切……

“所以你得起来,用你精神的力量
克服你的疲倦,
只要你神完气足,不为形役……”

“于是我就起来,拿出我本来没有的,
那种大无畏的精神,回答:
善哉善哉!我多么坚强,多么勇敢!”

——《神曲·地狱》第二十四

我的上帝,我冒犯了你什么呀?为什么要打击我呢?从我童年起,你就给了我贫穷,要我奋斗。我毫无怨言地奋斗了。我也爱我的贫穷。你给我的这颗灵魂,我曾经努力保持它的纯洁;你放在我心中的这朵火焰,我曾经努力抢救……主啊,你却拼命要毁灭你所创造的东西,你把这火焰熄灭了,把这灵魂污辱了,凡是我赖以生存的都被你剥夺了。我在世界上只有两件财宝,我的朋友和我的灵魂。现在我一无所有了。你把什么都拿走了。在荒漠的世界上,只有一个人是属于我的,而你从我手里抢去了。我们两个人的心等于一颗,而你把它们撕破了,你给我们尝到相依为命的甜蜜,为的是要我们更感到生死永诀的惨痛。你在我的周围,在我的心中,造成了一片空虚。我身心交瘁,我病了,没有意志,没有武器,好比一个在黑夜里啼哭的孩子。你可是特意在这个时间打击我。你轻轻的,像个奸细似的,从背后走来把我刺伤了;你对我放出情欲,放出你的那条恶狗。你知道我那时没有气力,不能奋斗;情欲把我制服了,把我什么都拿走了,一切都给玷污了,一切都毁灭了……我对自己厌恶到极点。倘若我能把心中的痛苦与羞耻叫喊出来,或是在创造的巨浪中把它忘掉,倒也罢了!可是我没有精力,创作的机能也萎缩了。我像一株死了的树……死,我不是等于死了吗?噢,上帝!把我解放了吧,把这个肉体跟灵魂一齐毁灭了吧,别让我留在世界上了,别让我活下去了,别让我无穷无尽地在沟壑中挣扎了!慈悲的上帝,把我杀了吧!

克利斯朵夫的理智早已不信上帝,可是他在痛苦中依旧向他这样的呼吁。

他躲在瑞士的汝拉山脉中一个孤独的农家。屋子背靠着树林,藏在山坳里:后面是一块隆起的高地,挡住了北风;前面是林木茂密的斜坡,沿着草地迤逦而下。岩石到了某个地方突然完了,形成一座削壁;蜷曲的松树挂在边缘上,枝条修长的榉树往后仰着。天色暗淡。渺无人迹。一片茫无边际的空间。整个世界都在雪底下睡着。只有半夜里,狐狸在林间悲啼。那是严冬将尽的时节。迟迟不去的冬天。永无穷尽的冬天。似乎快完了,不料它又重新开始。

可是一星期以来,昏睡的土地觉得它的心复活了。似是而非的初春悄悄地溜入空中,溜入冰冻的地下。像翅膀一般伸展着的榉树枝上,雪滴滴答答地掉下来。一望皆白的草原上面,已经有些嫩绿的新芽像针尖似的探出头来;它们周围,在雪的空隙中间,潮湿的黑土仿佛张着小嘴在那里呼吸。每天有几个钟点,在坚冰底下昏睡的流水重新吐出喁喁的声音。光秃的林中,几只鸟唱出尖锐响亮的歌。

克利斯朵夫对这些都没留意。在他,一切都跟从前一样。他不是成天在房里打转,就是在外边乱跑,绝对没法休息。灵魂被内心的妖魔分割完了。它们在那里互相搏斗。被压制的情欲照旧发疯般地乱冲乱撞。而憎恶情欲的心理也同样激烈。它们互相咬着咽喉,要拚个你死我活,克利斯朵夫的心被它们撕裂了。同时还有关于奥里维的回忆,关于他死亡的哀痛,创造欲不得满足的苦闷,看到了虚无而竭力反抗的傲气。总而言之,所有的妖魔都在他心里,不让他有一分钟安静。即使有高潮退落,表面上比较平静的时候,他也孤独到极点,在心中找不到一点儿自己的东西:思想,爱情,意志,都被毁尽了。

创造!创造才是唯一的救星。把生命的残渣剩滓丢在波涛里吧!乘风破浪,逃到艺术的梦里去罢!……创造!他要创造,可是办不到。

克利斯朵夫的工作一向是没有规律的。在身心健康的时候,他非但不用担忧精力会衰竭,反倒觉得过于旺盛的元气是种累赘。他完全逞着性子,高兴工作就工作,不高兴工作就不工作,没有任何固定的规则。实际上他随时随地都在工作,头脑从来不空闲。生命力没有他那么丰富而更深思熟虑的奥里维,曾经屡次告诫他:

"小心点儿。你太信任你的能力了。那好像山上的激流:今天滔滔滚滚,明天可能点滴无存。一个艺术家应当把他的才气抓在手里,不能随便挥霍。你应当疏导你的精力,把它纳入正规。你得用习惯约束自己,按时按日地工作。这种习惯对于一个艺术家的重要,不下于操练步法之于一个士兵的重要。逢到精神骚动的时候——那是永远免不了的——工作的习惯等于你的一副铁甲,可以使你的心灵不至于崩溃。我很知道这一点。我能够活到现在,就是靠了它。"

克利斯朵夫听了只是嘻嘻哈哈:"那对你是好的,朋友!厌倦人生吗?哼!我才不会呢!我胃口太好了。"

奥里维耸了耸肩膀:"物极必反。最强壮的人闹起病来是最危险的。"

奥里维的话此刻证实了。朋友死了以后,克利斯朵夫的内心生活并不马上枯竭,可是变得断断续续的,会突然之间奔泻一阵,然后又埋在泥土底下不见了。克利斯朵夫没留意这情形;那时他对什么都无所谓。悲痛与方在萌动的情欲占据了整个的思想。但是飓风过后,他又想找那个源泉来解渴的时节,便什么都找不到了。只有一片沙漠,一滴水都没有。心灵枯涸了。他尽管在沙土中挖掘,想叫地下的潜流飞涌出来,尽管不惜任何代价地要创造,精神可不听指挥了。他不能向习惯求救。而习惯才是忠实的盟友;我们有时会把一切的生活意义都失掉,只有它始终如一,永远跟着我们,一声不出,一动不动,直瞪着眼睛,抿着嘴唇,用它那双稳定的、从来不哆嗦的手,带着我们穿过危险的行列,直到我们重见光明,对人生又有了兴趣的时候为止。克利斯朵夫却是孤零零的,他的手在黑夜里碰不到一只援助他的手。他没有力量再爬上山顶去迎接阳光。

这是最凶险的关口。他觉得快要发疯了。有时他跟自己的头脑作着荒唐而狂乱的斗争,因为他像狂人一样有些执着的念头,数目和他纠缠不清:他往往数着地板,数着森林中的树木。有时根音[①]的数目字与和弦的度数在他脑中打架。有时他像死人一样的虚脱。

没有一个人关切他。他住的是一所偏屋,跟正屋分开的。卧房归他自己收拾,并且也不天天收拾。每顿饭都由人家送来,放在楼下,他简直看不见一个人。房东是沉默而自私的乡下老头,根本不理会他。克利斯朵夫吃东西也好,不吃东西也好,那是他自己的事。连克利斯朵夫晚上回不回家也不大有人注意。有一次他在林中迷了路,半个身子陷在雪里,差点儿回不来。他竭力用疲劳来累死自己,免得思想,可是不成。他很少有机会能不胜困倦地睡上几小时。

关切克利斯朵夫的唯有一头圣·裴那种的老狗:他坐在屋子前面的凳上,它过来把眼睛血红的大脑袋靠在他的膝上。他们俩你望着我,我望着你,可以瞧上大半天。克利斯朵夫让它待在身边,像病中的歌德一样,并不为这双眼睛有什么不安,也不想对它们说:"去你的吧!……你这是白费气力,鬼东西,你抓不住我的!"

他听让这一对表示哀求的、半睡半醒的眼睛吸引,同时他也很想

① 根音为和声学上的专门名词。

帮助它们,觉得这是一颗被拘囚的灵魂向他求告。

因为受着痛苦的磨炼,活活地脱离了人生,遭着人类自私自利的蹂躏,他才看到了被人类迫害的牺牲者,看到了人类得意扬扬地屠宰别的生物的战场,心中不由得又怜悯又厌恶。便是在幸福的时候,他也一向喜欢动物,不忍看到它们受虐待,对于打猎有种强烈的反感,只因为怕人笑话而不敢表示出来,或许对自己也不敢承认,但他不愿意亲近某些人,骨子里的确是为了这个原因;他从来不能跟一个以杀害动物为乐的人做朋友。这倒不是为了温情主义:他比谁都明白生活是建筑在痛苦与残忍上面的,一个人要活着就不能不使旁的生物受苦。那不是闭上眼睛,说说空话所能解决的。也不能因此而放弃生活,像小孩子一般的抽抽搭搭。倘若今日还没有旁的方法可以生活,就得为了生活而杀戮。但为杀戮而杀戮的人是个凶手。虽然是无意识的,可究竟是凶手。人类应当努力减少痛苦与残忍:这是我们最重要的责任。

平时这些思想在克利斯朵夫心中是深深地埋着的。他不愿意去想它。想有什么用呢?有什么办法呢?他应当成为克利斯朵夫,完成他的事业,不惜任何代价地求生存,哪怕要牺牲一些弱者也得生存……世界不是他造的……别想吧,别想吧!

可是等到他也遭了祸害,打了败仗,就非想到不可了!从前他责备奥里维,不该对于人家所受的和给旁人受的苦难抱着无谓的同情,自己为之而悔恨焦急更加是多此一举。如今他却比奥里维更进一步:因为他元气充足,所以冲动之下,对宇宙间的悲剧看得格外透彻。他体会到世界上所有的痛苦,仿佛自己的皮肉都被剥光了。一想到那些动物,他不由得浑身战栗,悲愤到极点。他完全了解禽兽眼中的表情,看到它们有一颗和他的灵魂一样的灵魂,一颗无法申诉的灵魂。它们的眼睛在那里嚷着:“我又没侵犯你们,干吗要叫我受罪呢?”

日常看惯了的最平淡的景象,此刻他都受不了:或是一头关在栅栏里哀鸣的小牛,大眼睛凸在外面,眼白带着蓝色,粉红的眼皮,白的眼睫毛,堆在脑门上的蜷毛,紫色的面部,向内蜷曲的膝骨;或是一头羔羊被一个乡下人缚着四脚倒提着,把脑袋拼命望上仰,像小孩子般的哼哼唧唧,伸着灰色的舌头,咩咩地叫着;或是挤在笼里的母鸡;或是一头被人屠杀的猪在远处哀号;或是在厨房桌上被人破了肚子的鱼……人类加在这些无辜的动物身上的酷刑,都紧紧地掐着他的心。假定它们也有一点儿理性的话,世界对于它们该是一场多么可怕的噩梦!那些麻木不仁,又盲又聋的人,割着它们的喉管,剖着它们的肚子,把它们腰斩,活活地烧着,看着它们痛苦地抽搐。便是在非洲吃人的种族里头,也没有比这个更残暴的事。对于一个没有成见的人,看到动物的痛苦比人类的痛苦更难忍受。因为人的受苦至少被认为不应该的,而使人受苦的也被认为罪人。但每天都有成千上万的动物受到不必要的屠杀,大家心上没有一点儿疙瘩。谁要提到这一点,就会给人笑话。然而这的确是不可赦免的罪恶。只要犯了这一桩罪,人类无论受什么痛苦都是活该的了。这是他欠下的血债。如果真有一个上帝而竟容忍这种罪恶,那就是上帝欠的血债。倘若上帝是慈悲的,那么最卑微的生灵就应该得救。倘若上帝只对强者发慈悲,而对于弱者,对于给人类做牺牲的下等的生物没有正义,那么压根儿就没有什么慈悲,什么正义……

可怜人类的屠杀在宇宙的大屠杀中还不算一回事呢。禽兽也在互相吞噬。和平的植物,无声无息的树木,在它们之间也等于凶暴的野兽。所谓森林的恬静,只是文人学士的好听的辞藻而已,因为他们只认识书本中的宇宙……克利斯朵夫屋子旁边的森林中就有着可怕的斗争。杀人犯似的榉树扑在美丽的松树身上,掐着像古希腊柱头那样苗条的腰肢,使它们窒息。同时它们也扑在橡树身上,把它们拗得折臂断腿。巨人式的百臂的榉树,一株抵得上十株的树,把周围的一切都毁灭了。没有敌人的时候,它们便同类相残,彼此扭做一团,好像洪荒时代的巨兽。斜坡下面的树林里还有皂角树在林边往里头钻进来,攻击小松树,压着敌人的根株,用树胶把它们毒死。那是拼个你死我活的斗争,得胜的把敌人的地盘和残骸一齐并吞了。大妖魔没收拾完的,还有小妖魔来收拾。长在根上的菌竭力吮吸病弱的树,慢慢地消耗它的元气。黑蚁侵蚀那些已经在腐烂的林木。几千百万看不见的虫豸把一切蛀蚀,穿洞,把生命化为尘土……而这些战斗都是在静默中上演的!自然界的和平不过是一个悲壮的面具,面具底下还不是生命的痛苦与惨酷的本相吗?

克利斯朵夫笔直地往下沉了。但他不是一个束手待毙,让自己淹死的人。他心里想死,事实上却竭尽所能地求生存。莫扎特说过,“有一等人是始终要奋斗的,除非到了实在没办法的时候。”克利斯朵夫便是这样的人。他觉得自己快消亡了,所以一边往下掉一边舞动手臂,东抓抓,西找找,想找一个倚傍,让自己吊着。他以为找到了。他才想起奥里维的孩子,立刻把所有的求生的意志寄托在他身上,拼命把他抓住了。对啦,他应当找这个孩子,要人家给他,让他教养,让他爱,代替父亲的地位,他要使奥里维在儿子身上再生。既然他因为痛苦而变得自私了,怎么不早想到这一点呢?于是他写信给抚养孩子的赛西尔,很焦心地等着回音。他全副精神想着这个念头,叫自己镇静:啊,还有个希望呢。而且他很有把握,因为知道赛西尔的心是极好的。

回信来了。赛西尔告诉他,奥里维死后三个月,一位戴孝的太太跑到她家里来对她说:“还我孩子!”

这便是当初丢下奥里维和孩子的女人——雅葛丽纳,可是已经面目全非。她那次疯狂的爱情没有多久就完了。情人还没有对她厌倦的时候,她先对情人厌倦了,回到娘家,懊丧至极,对一切都厌恶,人也老了许多。为了那桩闹得沸沸扬扬的桃色事件,许多朋友跟她断绝了来往。平时行为最不检点的人并不是最宽容的。连她的母亲都对她表示那样的轻蔑,使她住不下去。她看破了社会上的虚伪。奥里维的死更是个重大的打击。她那副失魂落魄的神气,叫赛西尔不忍拒绝她的要求。把一个视同己出的小娃娃退还给人家当然是极难受的,但对一个比你更有权利而且更不幸的人,骨肉分离岂不更痛苦吗?她原来想写信给克利斯朵夫,征求他的意见。但克利斯朵夫从来没答复她的信,她已经不知道他的通信处,甚至也不知道他是不是还活着……人生的快乐得而复失,有什么办法?唯有隐忍而已。主要是孩子能够幸福,能够有人爱……

回信是傍晚到的。迟迟不去的冬天又下了雪,下了整整一夜。已经长出新叶的树林中,枝条又被积雪压断了,噼噼啪啪地响着,像战场上的声音。克利斯朵夫独自待在屋里,不点灯火,在白光闪烁的黑影里每次听到林中悲壮的声响都吓得直跳,他也像那些树木一样,给沉重的担子压得咯咯地响着。他想:

"如今是什么都完了。"

一夜过后,又是白天,树木并没有断。整整那一天,整整那一夜,还有以后的几天几夜,树木继续受着压迫,噼噼啪啪地响着,可始终没断下来。克利斯朵夫一点儿生存的意义都没有了,可是照旧活着。他再没有理由奋斗了,可是他照旧奋斗,一拳来一脚去,跟那腐蚀他脊骨的无形的敌人肉搏,好比雅各对天神的苦斗。他对斗争并不存什么希望,只等有个结束:他永远在那里苦斗,嘴里喊着:

"你尽管把我打倒吧!干吗不打倒我呢?"

几天过去了。克利斯朵夫的苦斗告了个段落,所有的生命力都消耗完了。可是他仍旧撑着身子,走出门去。唉,那些在生命的空白中有个坚强的种族支持的人,还是幸福的。祖父和父亲的腿,把快要倒下来的儿子的身体撑住了;强壮的祖先们一举手之间把那颗筋疲力尽的灵魂给托住了,好像战士虽死,他的坐骑还是把他驮着。

他走在两个土洼中间一条高起的路上,又走下一条地上都是尖石头的小径,石头中盘根错节地长着些发育不全的橡树根,他不知道自己往哪儿去,但脚步比神志清楚的人更稳实。他没有睡觉,几天以来差不多没吃过东西,眼睛前面蒙着一层雾,向着下边的山谷走去。那时正是复活节的前几日。天是阴的。冬季最后一个寒潮退下去了,和煦的春天正在酝酿中。下面许多小村子里传来一阵阵的钟声。先是从山脚下土坳里的一个钟楼上来的,钟楼顶上盖着杂色的干草,有黑的,有黄的,长着一层藓苔,像丝绒一样。接着是另一山腹中看不见的那个钟楼。随后又是对河平原上的那些。还有在很远的地方,雾霭苍茫中的一个村子隐隐约约发出一片模糊的声音……克利斯朵夫停住脚步,几乎要昏过去了。那些声音似乎对他说:

"到我们这儿来吧!这儿只有和平,没有痛苦。不但痛苦消灭了,思想也消灭了。我们可以催眠你的灵魂,让它在我们的怀抱中睡着。来吧,休息吧,你从此不会醒了……"

他觉得多么疲倦!真想睡觉。可是他摇摇头,回答:

"我所找的不是和平,而是生命。"

他又往前走,不知不觉走了好几里地。因为身体虚弱,头昏目眩,最单纯的感觉也有意想不到的反响。他的思想在天上地下反射出许多奇奇怪怪的微弱的光。在他前面,照着阳光的荒凉的路上闪过一个不知从何而来的影子,把他吓了一跳。

到一个树林出口的地方,他发觉近边有个村子,因为怕见人,马上回头走,可是不能不走近村子高头的一座孤零零的屋子:它靠着山腰,像一所疗养院,四周是个向阳的大花园,寥寥落落的有几个步子不大稳健的人在沙道上走着。克利斯朵夫没有留意;但在小径的拐角儿上,他迎面遇到一个眼睛惨白的人,软绵绵地坐在两株白杨底下的凳上,脸又胖又黄,眼睛直勾勾地瞪着前面。身后另外坐着一个人。两人都不出一声。克利斯朵夫已经在他们面前走过了,又忽然停下来,觉得那双眼睛是他认识的,回过头去瞧了瞧。那人始终不动,瞪着前面,仿佛有一个固定的目标。旁边那个看见克利斯朵夫招手,便走过来。

"他是谁啊?"克利斯朵夫问。

"疗养院里的一个病人。"那人指着屋子回答。

"我好像认识他。"

"可能的。他是德国一个很出名的作家。"

克利斯朵夫说出一个姓名。果然是的。克利斯朵夫从前在曼海姆杂志上写文章的时候跟他见过。那时他们处于敌对的地位。克利斯朵夫才露头角,对方已经成名了。他性格很强,很有自信,不是他的作品他都瞧不起。他那些写实的,刺激感官的小说,不像一般流行的作品那么庸俗。克利斯朵夫虽然讨厌他,对于他那种世俗的,真诚的,范围狭小的,但很完美的艺术,也不由得暗暗钦佩。

"他这个病已经有一年了。"那个看护的人说,"医过一阵,大家以为他好了,送他回去了。不料复发了。一天晚上,他竟然从窗里跳下去。初到这儿的时候,他又是骚动,又是叫嚷;现在却非常安静,整天就这样坐着。"

"他在那里瞧什么呢?"克利斯朵夫问。

他走近凳子,不胜怜悯地瞅着这个被病魔打败的人,脸上没有一点血色,眼皮很厚,一只眼睛差不多闭着。那疯子似乎不知道克利斯朵夫在他旁边。克利斯朵夫叫着他的姓名,握着他的手,觉得又软又潮,丝毫无力,像一样死的东西;他不敢再把它拿在自己手里。疯子用往上翻起的眼睛向克利斯朵夫瞧了瞧,又瞪着前面,呆头呆脑的笑着。

"你瞧什么啊?"

"我等着。"那人一动不动地低声回答。

"等什么?"

"等复活。"

克利斯朵夫打了个寒战,赶紧跑了。这句话像火箭一般射到他的心里。

他没头没脑地往森林里钻,朝着回家的方向爬上山坡,因为心绪很乱,迷了路,走进一个大松林。一片阴影,万籁无声。不知从哪儿来的几点火黄的阳光透入浓厚的阴影。克利斯朵夫被这几道光催眠了，觉得周围漆黑一团。他踏着厚厚的针毡，像脉管般隆起的树根常常绊他的脚。树下没有一株植物，没有一片藓苔。枝头上也没有鸟声。树身下部的枝条已经枯了，所有的生机全躲在上面有阳光的地方。再往前去，连这点儿生意也熄灭了。那是树林中间被某种神秘的病侵蚀的部分。各种细长的地衣像蜘蛛网似的包裹着红红的松枝，把它们从头到脚捆缚着，从这一株树蔓延到那一株树，让森林窒息了。它们像水底下的海藻，到处伸着触角。四下里也如同海洋深处一样地静寂。高头的阳光暗淡了。死气沉沉的林中不知怎么溜进了一片雾，包围着克利斯朵夫。一切消灭了，什么都没有了。他乱窜了半小时。白茫茫的雾越来越浓，变得黑沉沉的，刺他的喉咙，他自以为望前直走，其实在那里绕圈子。松树上挂着奇大无比的蜘蛛网，雾气经过的时候在网上留下摇摇欲坠的水珠。临了，天罗地网似的迷阵露出一个空隙，让克利斯朵夫走出了海底森林，又看到些生气蓬勃的树木，松树跟榉树的无声的斗争。但周围还是没有一点儿动静。酝酿了几小时的静默，骚动起来了。克利斯朵夫停下来听着。

突然之间远远地来了一阵波涛。树林深处先卷起一阵风，像奔马似的到了树顶上，树尖都像水浪一般的波动。那阵风好比米开朗琪罗画上的上帝在百丈巨涛中汹涌而来，在克利斯朵夫头顶上滚过。森林为之战栗，克利斯朵夫的心也为之战栗了。那是大地回春的先兆……

然后一切又静下来。克利斯朵夫凛凛然赶回家，两腿瑟瑟地抖个不停，走到屋门口，像被人追逐似的往后回顾了一下。天地仿佛死了。山坡上的树林都死气沉沉地睡着了。静止不动的空气显得异样的透明。万籁无声。唯有一道剥蚀岩石的泉水，呜呜咽咽地替大地唱着哀歌。克利斯朵夫浑身滚烫地睡下。和他一样烦躁不安的牲口在隔壁的牛棚里骚动……

夜里，他迷迷忽忽的似睡非睡。远远的又起了一阵波涛：风又来了，这一回却是飙风——是春天的季候风，它吐出灼热的呼吸，使酣睡未醒,打着寒战的土地感到一点儿温暖;它把冰融化了,把一路上的甘霖都给带来了。土洼那边的树林中,风像打雷一般咆哮怒吼,越来越近,越来越膨大,以千军万马之势冲上山坡,整个山林都是一片呼啸声。屋子里有匹马嘶鸣不已,几头母牛也跟着叫。克利斯朵夫坐在床上听着,连头发也竖了起来。狂风吹到了,呼呀呼呀地直叫,定风针咯咯地响着,屋瓦乱飞,屋子也摇摇欲动。一个花盆被吹在地下,打破了。克利斯朵夫没有关严的窗哗啦啦地打开了,一阵热风直冲进来,劈面吹着克利斯朵夫,也吹到了他裸露的胸部。他跳下床,张着嘴,连气都透不过来。似乎有个活的上帝冲进了他空虚的灵魂。这就是复活!空气进入他的喉管,新生命的波浪灌饱了他的脏腑。他觉得自己要爆裂了,想要叫喊,叫出他又痛苦又快乐的情绪,但他只能吐出几个没意义的声音。纸张被狂风吹得满屋乱飞。他摇摇晃晃地用手臂敲着墙,在房间里手舞足蹈的嚷着:

"噢!你,你,你终于回来了!"

"你回来了,你回来了!噢,你,我不是找不到你了吗?……干吗把我丢了呢?"

"为了要完成我的使命,完成你所放弃的使命。"

"什么使命?"

"战斗啊。"

"你为什么还要战斗?你不是万物的主宰吗?"

"不是的。"

"你不就是万物吗?"

"我不是万物。我是征服虚无的生命。我不是虚无。我是在黑夜中烧毁虚无的火。我不是黑夜。我是永久的战斗。我是永远在奋斗的自由意志。跟我一同战斗,一同燃烧吧。"

"我打败了,不中用了。"

"你打败了?你觉得完了?那么别人会打胜的。别想着你自己,得想着你的队伍。”

“我是孤独的,只有我一个人,我没有队伍。”

“你不是孤独的,你不是属于你的。你是我的许多声音中间的一个,是我的许多手臂之中的一条。得替我说话,替我作战。倘若手臂断了,声音哽了,我还是站着,我可以用别的声音,别的手臂来斗争。你即使打败了,还是属于一个永不打败的队伍。别忘了我的话,你便是死了还是会胜利的。”

“主啊,我多痛苦!”

“你以为我不痛苦吗?千百年来,死亡追着我,虚无等着我。只靠了一次又一次的胜仗,我才打出路来。生命的大河被我的血染红了。”

“战斗,永远要战斗吗?”

“是的。上帝也在那里战斗。上帝是一个征服者,是一头吞噬一切的狮子。虚无包围上帝,上帝把虚无降服。战斗的节奏才是最高妙的和声。这和声可不是让你那些人间的耳朵听的。只要知道它存在就行了。安安静静地尽你的本分,让神明去安排一切。”

“我没有气力了。”

“替那些强者歌唱吧。”

“我的嗓子破裂了。”

“那么祈祷吧。”

“我的心已经不干净了。”

“把它扔掉,拿我的去。”

“主啊,要忘掉自己,把自己死了的灵魂丢掉,倒还罢了。可是怎么能丢弃我的死者,怎么能忘掉我所爱的人呢?”

“把他们跟你自己死了的灵魂一齐丢掉吧。只要找到了我的活生生的灵魂,你就会发觉你的死者并没死了。”

“噢,你曾经把我遗弃,将来还会遗弃我吗?”

“会的,一定的。可是你决不能把我丢下。”

“要是我的生命熄灭了呢?”

“那么把别的生命点起来。”

“倘若我连心都死了呢?”

“那么生命是在别的地方了。打开你的窗户迎接它吧。你这糊涂虫,屋子坍了,你还把自己关在里头!快快出来吧。还有别的地方可以住呢。”

“噢!生命,噢!生命!我明白了……过去我在自己心中,在我的空虚而闭塞的灵魂中找你。我的灵魂破碎了,不料我的伤口等于一扇窗子,从那里透进了空气;我又能够呼吸了;噢,生命!我又把你找到了!”

“是我把你找回来的……别说话,你听着。”

克利斯朵夫便听见生命的歌声像泉水喁语一般在胸中响起。凭窗远眺,昨天还是奄奄一息的树林,今天却在春风春日之下汹涌澎湃。阵阵的风涛,欢乐的颤抖,在树干中间飘过;蜷曲的枝条向着明朗的天空欣欣然伸着手臂。急流奔泻,有如欢笑的钟声。同样的景色昨天还埋在坟墓里,今天就复活了;生命回来了,而克利斯朵夫心中的爱也醒过来了。得到上帝恩宠的灵魂简直是一桩奇迹!灵魂从噩梦中觉醒,一切都在它周围再生。心又跳动了。枯涸的泉水又开始流了。

克利斯朵夫重新加入神圣的战斗……他自己的战斗,人类的战斗,一到这个阳光像雪片般乱舞的大混战中就显得太渺小了!……他把自己的灵魂剥光了。好比一个人在梦里常常会吊在空中似的,他从高处看自己,从大千世界中看自己;那时他的痛苦的意义立刻显出来了。他的斗争是众生万物的大斗争中的一部分。他的失败只是一个小小的插曲,而且马上得到补救的。他为大家斗争,大家也为他斗争。他们分担他的忧苦,他也分享他们的光荣。

“同伴们,敌人们,向前吧,踏在我的身上吧,炮车尽管在我身上辗过吧!我根本不想到那个伤我皮肉的铁轮,不想那些踩着我脑袋的脚,我只想着替我报复的人,想着主宰,想着成千上万的队伍的领袖。我的血是给他未来的胜利铺路的……"

如今他觉得上帝不是一个麻木不仁的创造者,不是一个尼罗在铁塔上眺望他自己放下的大火①。上帝也在受苦。上帝也在战斗,跟战斗的人一块儿战斗,援助受苦的人。因为它是生命,是黑夜里的一点光明,它慢慢地展布开去,要吞没黑夜。可是黑夜无边,神的战斗永远没有休止;而谁也不知道结果。那是英雄的交响乐,连那些互相冲突,互相混杂的不和谐的音也会化作清明恬静的音乐。像榉树林无声无息地做着猛烈的战斗一样,生命就在永恒的和平中做着战斗。

这些战斗,这种和平,在克利斯朵夫心中都有回响。他是一个贝壳,其中可以听到海洋的波涛。小号的呼号,各种声响的巨风,英勇的呐喊,在威镇一切的节奏上面飞过。因为在这颗有声的灵魂中,一切都变了声音。它为光明歌唱,为黑夜歌唱,为生命歌唱,为死亡歌唱,为战胜的人歌唱,也为他自己——战败的人歌唱。它唱着。一切都唱着。它只是歌唱。

滔滔汩汩的音乐,像春雨一般渗进那片在冬天龟裂的泥土。羞耻、哀伤、悲苦,如今都显出了它们神秘的使命:它们使泥土分解,给它肥料;痛苦这把犁刀一方面割破了你的心,一方面掘出了生命的新的水源。田野又开满了花,可不是上一个春天的花。一颗新的灵魂诞生了。

它时时刻刻都在诞生。因为它的骨骼还没固定,不像那些发育到顶点而快要老死的灵魂。它不是一座雕像,而是在溶液状态中的金属。它身上每秒钟都显出一个新的宇宙。克利斯朵夫不想固定它的界限。他好像把自己的过去统统丢开了,出发作一次长途旅行:凭着年轻人的热血,无挂无碍的心胸,呼吸着海洋的空气,以为这旅行是没

① 尼罗为罗马帝国的大帝,以荒淫无道著称于史。相传公元六十四年时罗马城中的大火为其所纵。

有完的,他觉得快乐极了。在世界上到处奔流的那股创造力又把他抓住了,世界的财富使他看得出神了。他爱着,他能够化身,化身为他的同胞。而一切都是他的同胞,从他踩在脚下的草到他握着的人家的手。或是一株树,或是映在山上的云影,或是草坪的气息,或是嗡嗡作响的夜晚的天空,其中有的是蜂群一般数不清的太阳……那简直是热血的旋涡。他不想说话,不想思索,只是笑着,哭着,在这生气洋溢的幻境中化掉了……写作,为什么写作?难道你能写出不可言说的境界吗?然而不管可能与否,他非写不可。那是他避不掉的。到处都有种种的思想一闪一闪地照射他。怎么能等待呢?所以他就写了,不管用什么写,也不管写在什么上面;往往他还说不出胸中飞涌的那些句子是什么意思;而一个乐思还没写完,另外一个又来了。他写着,写着,写在衬衣的袖口上,写在帽子的飘带上;不管他写得多快,思想总是来得更快,简直需要一种速记术才好……

可是这不过是些不成形的片段。等到他要把这些思想放进一般的音乐形式,困难就来了:他发觉从前的模子没有一个再适用,如果要把自己的意境忠实地保留下来,就得先把至此为止所听到的,所写过的,统统忘掉,把所有学得来的公式和传统的技术一齐推翻,那只能给萎靡不振的精神做拐杖,给那些懒于用自己的脑子去思想、袭取他人的见解的人做一张现成的床铺。从前,在他自以为生命与艺术已经成熟的时期,(其实只到了他许多生命中一个生命的终点),他用来表白的是一般的语言,不是跟自己的思想同时产生的新语言;他的感情是随着现成的逻辑发展的,那逻辑提供他一部分公式化的句子,带他走着前人的老路,到一个早先定妥而且是群众所等待的结局。此刻可没有现成的路了,应当由情操去开辟出来,思想只有跟从的份儿。他的任务已经不是描写热情,而是要和热情合为一体,使他跟内心的规律交融。

同时,克利斯朵夫挣扎了好久而不愿意承认的矛盾居然消灭了。因为他虽是一个纯粹的艺术家,也常常为一些与艺术无关的问题操心,认为艺术有一种社会的使命。他没觉得自己原来有两种人的性格:一个是创造的艺术家,完全不问道德后果的;一个是行动者,喜欢推理的,希望他的艺术有道德的与社会的作用。他们俩有时使彼此非常为难。现在他一心一意地想着创造,等于受着自然规律支配的时候,就把实用的念头丢开了。当然他照旧瞧不起时下那种卑鄙的不道德的风气,始终认为淫猥的艺术是最低级的艺术,是艺术的一种病,长在腐烂的树干上的毒菌。但即使以享乐为目标的艺术等于把艺术送入娼门,克利斯朵夫也不至于矫枉过正,提倡庸俗的实用主义,提倡以道德为目标的艺术,把天马阉割了叫它去犁田。最高的艺术,名副其实的艺术,决不受一朝一夕的规则限制;它是一颗向无垠的太空飞射出去的彗星。不管在实用方面这股力是有用的,无用的,或者是危险的,它总是力,总是火,是天上闪出来的电光;因为这一点,它是圣洁的,是善的。它的善,可能在实用世界中也成为善;但它真正的,神圣的善,跟信仰一样是超乎自然的。它和它的来源——太阳——相同①。太阳既非道德的,亦非不道德的。它是生命,它战胜黑夜。艺术亦如此。

所以完全沉浸在艺术中间的克利斯朵夫不胜惊愕地发觉,心中涌起许多陌生的,意想不到的力量:既不是他的情欲,也不是他的悲哀,更不是他有意识的灵魂……——而是一颗陌生的,对他的所爱所苦,对他的整个生涯全不关心的灵魂,一颗欢乐的、神妙的、犷野的、不可解的灵魂!它把克利斯朵夫当作马一样驱策,老是用踢马刺踢着他。偶尔能歇下来喘口气的时候,他一边看着所写的东西,一边问自己:

“怎么,怎么这个会从我身上出来的?”

他那时被精神的狂乱降服了,那是所有的天才都领教过的、不受意志拘束的、独立的意志,是“世界与生命的谜”,被歌德称为“妖魔一般的”;他自己虽有武装保护,也被它制服了。

---

① 希腊神话以阿波罗为驾驭太阳的光明之神,同时亦为艺术之神,象征艺术与太阳同源。

克利斯朵夫写着,写着,成天成月地写着。有些时期,丰满的精神不需要任何养料,继续在那里无穷无尽地生产。只要轻轻地撩拨一下,微风送来一些花粉,就能使千千万万的内心的萌芽长起来……克利斯朵夫没有时间思索,也没有时间生活。忙于创造的灵魂威镇着生命的废墟。

随后,一切都停止了。克利斯朵夫筋疲力尽,老了十岁——可是得救了。他离开了克利斯朵夫,托生到了上帝身上。

头上突然出现了星星白发,好似秋天的花在九月里一夜之间开遍了草原。腮帮上有了新的皱纹。可是恬静的眼神恢复了,嘴巴的神气表示隐忍了。他心平气和。如今他明白了。他明白:一朝面对着震撼世界的力量,他的骄傲,人类的骄傲,都是虚妄的。没有一个人能完全自主。非警惕不可。要是你睡着了,那股力就会溜进我们胸中把我们带走……带到哪样的深渊里去呢?带到泉源枯竭的地方,把我们丢在干涸的河床里面。单是愿意战斗还不够。应当向不可知的神明低头,他兴之所至,会随时随地给你爱情、死亡或是生命。没有上帝的意志,单是人的意志是毫无用处的。上帝在一刹那就能毁灭我们多少年的劳作与努力。而他高兴的时候,也能使朽腐化为神奇。一个能创造的艺术家,特别感觉到自己逃不过神的掌握;因为真正伟大的艺术家是只说神灵启示他的话。

克利斯朵夫这才懂得海顿老人的明哲——他每天早上执笔之前先要跪着……战战兢兢地提防,诚惶诚恐地祈祷。所以你得祈祷上帝,求他和你同在。你得抱着虔诚与热爱的心和生命之神沟通。

夏天将尽,一个巴黎朋友经过瑞士,发现了克利斯朵夫的隐居,特意登门拜访。他是音乐批评家,一向最赏识他的作品。和他同来的还有一个知名的画家,也是崇拜克利斯朵夫的。他们告诉他,欧洲各地都在演奏他的作品,极表欢迎。克利斯朵夫对这个消息并不感到兴趣,认为过去的他已经死了,早已不把那些作品放在心上。因为客人要求,他拿出最近作的曲子。但对方完全不懂,以为克利斯朵夫疯了。

“没有旋律,没有节奏,没有主题的经营;只是一种流汁,没有冷却的液体,它可能适应任何形式而自己并没有一个固定的形式;它什么都不像,只是一片混沌中的几点微光。”

克利斯朵夫笑了笑回答:“差不多是这么回事。混沌的眼睛在世界的幕后发光……”

但来客不懂得诺瓦利斯①的这句名言,只暗暗地想:“他才气尽了。”

克利斯朵夫并不希望他了解。

客人告别的时候,他陪着他们走一程,有心带他们看看山上的风光。但他也没有走多少路。看到一片草原,音乐批评家便提起巴黎戏院的装饰;那位画家又认为色调配合得很不高明,完全是瑞士风味,像又酸又无味的大黄饼,霍特娄②一派的东西,并且他对自然界也表示很冷淡。

“自然界?什么叫作自然界?我就不认识!有了光和色,不就行了吗?我才不理会什么自然呢……”

克利斯朵夫跟他们握了手,让他们走了。他对这些情形都不动心了。他们都是在土洼那一边的。这样倒更好。他不想对人家说:“要到我这里来,应当走同样的路。”

几个月来让他烧着的火低下去了。但克利斯朵夫心中依旧保持着那股暖气,知道火一定还会烧起来,要不是在他身上,就在另外一个人身上。不管它在哪儿,他总是一样爱它:火总是同样的火。在这个九月的傍晚,他觉得那道火蔓延在整个的自然界。

他往回家的路上走。一阵暴雨过了,又是阳光遍地。草原上冒着烟。苹果树上成熟的果子掉在潮湿的草里。张在松树上的蜘蛛网还有雨点闪闪发光,好比古式的车辆。湿漉漉的林边,啄木鸟咯咯的笑

① 诺瓦利斯为十八世纪德国诗人。

② 霍特娄为十九世纪瑞士历史画家。

着。成千成万的小黄蜂在阳光中飞舞,连续而深沉的嗡嗡声充塞着古木成荫的穹窿。

克利斯朵夫站在林中一片空地上:那是土坳中间一片椭圆形的盆地,满照着夕阳;泥土赭红,中间有一小方田,长着晚熟的麦与深黄的灯芯草。周围是一片秋色灿烂的树林:红铜色的榉树,淡黄的栗树,清凉茶树上的果实像珊瑚一般,樱桃树伸着火红的小舌头,叶子橘黄的苔桃,佛手柑,褐色的火绒……整个儿像一堆燃烧的荆棘。在这个如火如荼的树林中,飞出一只吃饱了果实,被阳光熏醉的云雀。

而克利斯朵夫的心就像云雀一样。它知道等会要掉下来的,而且还要掉下无数次。但它也知道永远能够往火焰中飞升,唱出呖呖流转的歌声,向那些留在地下的同伴描写天国的光明。

卷九 终

卷十·复旦

Du holde Kunst, in wie viel grau-en Stunden…

（你，可爱的艺术，在多少黯淡的光阴里……）

生命飞逝。肉体与灵魂像流水似的过去。岁月镌刻在老去的树身上。整个有形的世界都在消耗，更新。不朽的音乐，唯有你常在。你是内在的海洋。你是深邃的灵魂。在你明澈的眼瞳中，人生决不会照出阴沉的面目。成堆的云雾，灼热的、冰冷的、狂乱的日子，纷纷扰扰、无法安定的日子，见了你都逃避了。唯有你常在。你是在世界之外的，你自个儿就是一个完整的天地。你有你的太阳，领导你的行星，你的吸力，你的数，你的律。你跟群星一样的和平恬静，它们在黑暗的夜空画出光明的轨迹，仿佛由一头无形的金牛拖曳着的银犁。

音乐，你是一个心地清明的朋友，你的月白色的光，对于被尘世的强烈的阳光照得眩晕的眼睛是多么柔和。大家在公共的水槽里喝水，把水都搅浑了；那不愿与世争饮的灵魂却急急扑向你的乳房，寻他的梦境。音乐，你是一个童贞的母亲，你纯洁的身体中积蓄着所有的热情，你的眼睛像冰山上流下来的青白色的水，含有一切的善，一切的恶——不，你是超乎恶，超乎善的。凡是栖息在你身上的人都脱离了时间的洪流，所有的岁月对他不过是一日，吞噬一切的死亡也没有用武之地了。

音乐,你抚慰了我痛苦的灵魂;音乐,你恢复了我的安静,坚定,欢乐——恢复了我的爱,恢复了我的财富。音乐,我吻着你纯洁的嘴,我把我的脸埋在你蜜液似的头发里,我把我滚热的眼皮放在你柔和的手掌中。咱们都不作声,闭着眼睛,可是我从你眼里看到了不可思议的光明,从你缄默的嘴里看到了笑容;我蹲在你的心头听着永恒的生命跳动。

第一部

克利斯朵夫不再计算那些飞逝的年月。生命一点一滴地过去了。但他的生命是在别处。它没有历史,只有它创造的作品。音乐的灵泉滔滔不尽地歌唱着,充塞了灵魂,使它再也感觉不到外界的喧扰。

克利斯朵夫得胜了。声名稳固了;头发也白了,年龄也到了。他却是毫不介意;他的心是永远年轻的;他的力,他的信仰,都保持原状。他又得到了安静,可不是燃烧的荆棘以前的安静。暴风雨的打击和骚动的海洋使他在深渊中看到的景象,始终留在他心灵深处。他知道控制人生的战斗的是上帝,没有得到他的允许,谁也不能自主。那时克利斯朵夫心中有两颗灵魂:一颗是受着风雪吹打的一片高原,另外一颗是威镇着前者的,高耸在阳光中的积雪的峰尖。这种地方当然不能久居;但下界的云雾使你冷得难受的时候,你可认得了上达太阳的路。克利斯朵夫便是在迷雾中也不感到孤独了。健壮的圣女赛西尔[①],睁着巨大的眼睛在他身旁向着天空凝听。他自己也像拉斐尔画上的圣·保罗一样,不声不响地沉思着,靠在剑上,既不恼怒,也不再想战斗,只顾创造他的梦境。

他那个时间期写作偏重于钢琴曲与室内音乐。这些曲体可以使

① 赛西尔为四世纪时殉道之圣女,后被奉为保护音乐家之神。

创作更自由更大胆;内容与形式之间比较更直接,而思想也不致有中途衰竭的危险。弗雷斯科巴第、哥波冷、舒伯特、萧邦等等的表现方法与风格的大胆[①],比配器方面的革命早五十年。如今由克利斯朵夫那双有力的手像抟土似的抟出来的音响,簇新的和声,令人头昏目眩的和弦,跟当时的人所能接受的声音距离太远了;它们对于精神的影响等于一些神奇的咒语。凡是大艺术家在深入海底的旅行中带回来的果实,群众必须过了相当的时间才能领会。所以很少人能了解克利斯朵夫大胆的晚年作品。他的声名完全是靠他早期的成绩。但有了声名而不被了解比没有声名更难堪,因为那是无法想象的。在他唯一的朋友死了以后,这种难堪的情绪使克利斯朵夫更偏向于逃避社会了。

德国的旧案已经撤销。法国那桩流血的事也早已被忘了。现在他爱上哪儿都可以。但他怕到巴黎去勾起伤心的往事。至于德国,虽然他回去过几个月,虽然还不时去指挥自己的作品,可并不久住。使他看不上眼的事太多了。固然那些情形不是德国独有而是到处一样的,但我们对本国总比对别国更苛求,对本国的弱点也觉得更痛苦。何况欧洲的罪恶大部分是应当由德国负责的。一个人胜利之后就得负胜利的责任,好似对战败的人欠了一笔债,你无形中有走在他们前面带路的义务。路易十四在他称霸的时代,把法兰西理性的光彩照遍了欧洲。但色当战役[②]的胜利者——德国——给世界带了些什么光明来呢?难道就是刀剑的闪光吗?没有翅膀的思想,没有豪侠心肠的行动,粗暴的,甚至也不能说是健康的理想主义;只有武力与利益,竟然是个掮客式的战神。四十年来,欧罗巴惴惴不安地在黑暗中摸索。胜利者的钢盔把太阳遮掉了。无力抵抗的降卒固然只能使人轻视,使人可怜,但你看到头戴钢盔的人又作何感想!

---

① 弗雷斯科巴第为十七世纪意大利作曲家,历史上有名的管风琴师。此处所称弗雷斯科巴第及哥波冷、舒伯特、萧邦诸人的表现方法与风格的大胆,均指各人在管风琴、洋琴、钢琴及其他室内音乐(如二重奏,三重奏,四重奏等)方面的作品。

② 一八七〇年普法战役,法军大败于色当,为法国战败的关键。

最近太阳又出来了,云端里开始透出一些光明。为了要成为第一批看到日出的人,克利斯朵夫从钢盔的影子底下走出来,自愿回到他从前亡命的瑞士。那些互相敌对的国家,使当时多少渴慕自由的心灵感到窒息,无法生存;克利斯朵夫和他们一样要找一个中立的,可以让人呼吸的地方。在歌德时代,开明的教皇治下的罗马,曾经被各个民族的思想家像躲避风雨的鸟一样作为栖息的岛屿。但现代的避难所又在哪儿呢?岛屿被海水淹没了。罗马不是当年的罗马了。群鸟已经离开了七星岗①,只有阿尔卑斯依然如旧。在你争我夺的欧罗巴的中心,仅有(不知还能维持多久?)这个二十四郡的小岛巍然独存②。这儿当然没有千年古都的诗情梦境,也呼吸不到史诗中的神明与英雄的气息;可是这块光秃的土地有它气势宏伟的音乐,山脉的线条有它雄壮的节奏,而且比任何地方都更能够使你感觉到原始力量。克利斯朵夫不是来求满足怀古的幽情的。只要有一片田野,几株树木,一条小溪,一望无极的天空,他就够了。不消说,他本乡那种安静宜人的景色,比着阿尔卑斯山中巨神式的战斗对他更亲切;可是他不能忘了他是在这儿找到新生的力量的,是在这儿看到上帝在燃烧的荆棘中出现的。他每次回到瑞士,心中必有点儿感激与信仰的情绪,并且像他这样的人决不止他一个。被人生伤害的战士,在这块土地上重新找到了毅力来继续斗争,保持他们对斗争的信仰的,不知有多多少少!

因为住在这个国家,他慢慢地对它认识清楚了。多少过路的旅客只看见它的疮疤:大麻疯似的旅馆把国内最美的景色给糟蹋了;外国人麕集的城市,让世界上肥头大耳的人来赎回他们的健康;那些承包客饭的马槽;那种酒池肉林的浪费;那些游戏场中的音乐,加上意大利戏子的可厌的叫嚣,使一般烦闷而有钱的混蛋眉开眼笑;还有铺子里无聊的陈列品:什么木熊,木屋,胡闹的小玩意儿,老是那一套,毫无新鲜的发明;老实的书商卖着专讲黑幕秘史的小册子,到处充满着下流

① 罗马城建立在七个山岗之上,后人常以七星岗为罗马的代名词。

② 瑞士东南部及中部偏东均有阿尔卑斯山脉。又瑞士全国分为二十四郡。

无耻的气息。而每年到这儿来的成千成万的有闲阶级,除了市井小人的娱乐之外不知道还有什么高尚的娱乐,甚至也不知道还有什么同样富于刺激性的娱乐。

至于当地民族的生活,外来的游客连一点儿观念都没有。他们万万想不到,这里还有积聚了几百年的、道德的力量与公民的自由,想不到加尔文与辛格里[①]的薪炭还在灰烬下面燃烧,想不到还有拿破仑式的共和国永远不能梦见的、那种强毅的民主精神,想不到他们政治制度的简单与社会事业的广大,想不到这三个西方主要民族联合起来的国家[②]所给予世界的榜样等于未来的欧罗巴的缩影。他们更想不到其粗糙的外表之下还藏着文化的精华,例如鲍格林的犷野的、电光四射的梦境,霍特娄的声音嘶嗄的英雄精神,高特弗里德·凯勒的清明纯朴与率直的性格,史比德雷的巨型的史诗与天国的光明,通俗节会的传统,在粗糙而古老的树上酝酿的春天的活力。所有这些年轻的艺术有时会刺激你的舌头,像那些野梨树上的生硬的果实,有时也像又青又黑的苔桃一般淡而无味。但它们至少有股泥土味,是一般独学自修的人的作品;而他们的老派的修养并没使他们跟民众分离,他们所读的仍旧和大家一样是人生那部大书。

克利斯朵夫喜欢那帮不求炫耀而但求生存的人。虽然他们最近也受到德美两国的工业化的影响,但质朴温厚的古欧洲的一部分特点,使人精神安定的特点,依旧由他们保存着。他交了两三个这样的朋友,都是严肃的、忠实的,过着孤独的生活,想念着以往的时代,抱着无可奈何的心情和加尔文式的悲观主义,眼看古老的瑞士一天天地消灭。克利斯朵夫难得和他们相见。表面上他的旧创已经结疤,可是伤口太深了,不能完全康复:他怕跟人家重新发生关系,怕再受情爱与苦恼的纠缠。他觉得住在瑞士挺舒服,一部分就为这个缘故:因为在这里比较容易过离群索居的生活,在陌生人中做一个陌生人。并且他也

① 辛格里为十五至十六世纪时瑞士宗教改革家。

② 瑞士包括德、法、意三种民族。

不在同一个地方久住。仿佛一只流浪的老鸟,他需要空间,他的王国在天上……

夏季有一天傍晚的时候,他在村子高处的山上漫步:手里拿着帽子,走着一条曲曲折折向上的路。有一处拐弯的地方,小路转入两个斜坡中间,两旁都是矮矮的胡桃树和松树,俨然是个与世隔绝的小天地。到拐角儿上,仿佛路尽了,只看见一片空间。前面是淡蓝的远景,明晃晃的天空。黄昏静穆的气氛一点一滴地蔓延开去,像藓苔下面的一条琤琮的流水……

在第二个拐角上,她出现了:穿着黑衣,背后给明亮的天空衬托得格外显著;后面跟着两个六岁到八岁的孩子,一男一女,采着花玩儿。他们一走近便彼此认出来了,眼神都表示很激动,可是没有惊讶的声音,只微微做了一个诧异的手势。他非常骚动,她嘴唇也有点儿颤抖。双方停住了脚步,同时轻轻地说:

"葛拉齐亚!"

"你原来在这里!"

他们握着手,一言不发。结果还是葛拉齐亚打起精神先开口。她说出自己住的地方,又问他的地址。那些机械的问答,当场差不多谁也没有留神,直到分别以后才听见。他们彼此打量着。孩子们从后面跟上来,她叫他们见过了克利斯朵夫。克利斯朵夫一声不出,对他们瞧了一眼,不但毫无好感,而且还带些恶意。他心中只有她一个人,全神贯注地研究她那张痛苦、衰老,而风韵犹存的脸。她被他瞧得不好意思了,便道:"你晚上来看我行吗?"

她把旅馆的名字告诉了他。

他问她丈夫在哪儿,她把身上戴的孝指给他看。他心里太激动了,没法再谈下去,便和她匆匆告别。走了两步,他又回到正在采摘杨梅的孩子旁边,突然搂着他们亲了一下,赶紧溜了。

晚上他到旅馆去。她在玻璃阳台下等着。两人离得远远地坐下。

周围并没多少人,只有两三个上了年纪的。克利斯朵夫因为有外人在场觉得很气恼。葛拉齐亚望着他,他也望着葛拉齐亚,嘴里轻轻念着她的名字。

"我改变了很多,是不是?"她问。

他不禁大为感动地回答:"噢,你受过很多痛苦了。"

"你也是的。"她瞧着他被痛苦与热情鞭挞过的脸,非常同情。

然后,双方没有话说了。

过了一会儿,他问:"我们不能找个没人的地方谈谈吗?"

"不,朋友,还是待在这儿吧,咱们不是很好吗?又没有谁注意我们。"

"我可不能痛痛快快地说话。"

"这样倒是更好。"

他当时不懂为什么。过后他回想起这一段谈话,以为她不信任他。其实她是怕感情冲动,特意要找个安全的地方,使彼此不至于有什么心血来潮的表现,所以她宁愿在旅馆的客厅里受点拘束,好遮盖自己的慌乱。

他们把各人过去的事说了一个大概,声音很轻,话也是断断续续的。裴莱尼伯爵几个月以前在决斗中送了命。克利斯朵夫才明白她的夫妻生活不十分幸福。最大的一个孩子也死了。但她言语之间没有怨叹的口气,自动地把话搁过一边,探问克利斯朵夫的情形,听到他痛苦的经历非常同情。

教堂里的钟声响了。那天是星期日。大家的生命都告了一个小段落……

她约他过两天再去。这种并不急于跟他再见的表示使他心里很难过。他又是快乐又是悲伤。

第二天她推说有事,写了个字条要他去。他一看那几句泛泛的话高兴极了。这次她在自己的客厅里接见他,和两个孩子在一起。他望着他们,心里还有点儿惶惑,同时也对他们非常怜爱。他觉得大的一个——那女孩子——相貌像母亲,可不考虑那男孩子像谁。他们嘴里谈着当地的风俗、天气,在桌上打开着的书本,眼睛却说着另外一套话。他想和她谈得更亲切一些。谁知来了一个她在旅馆里认识的女朋友。葛拉齐亚很殷勤地招待着,似乎对两位客人不分亲疏。他心中怏怏,可并不怪怨她。她提议一块儿去散步,他答应了。但有了那个生客——虽然她也年轻可爱——他觉得非常扫兴,认为这一天完全给糟掉了。

以后过了两天,他才跟葛拉齐亚再见。那两天之内,他念念不忘地只想着约会。但见了面,他仍不能和她说什么知心的话。她很温柔,可绝不放弃矜持的态度。看到克利斯朵夫那一派德国人的感伤脾气,她愈加局促不安而不由自主地要反抗了。

他给她写了封信,使她大为感动。他说人寿几何,他们俩都已经到了相当的年龄,聚首的日子也有限得很了。倘若再不利用机会痛痛快快地谈一谈,不但是痛苦的,而且是罪过的。

她很亲切地复了他的信,说她自从精神上受伤以后,老是有这种不由自主的戒心。她很抱歉,但摆脱不了这矜持的习惯。凡是太强烈的表现,即使所表现的感情是真实的,她也会难堪,也会害怕。但这一回久别重逢的友谊,她也觉得很难得,跟他一样快慰。末了她约他晚上去吃饭。

他读了信不由得感激涕零,在旅馆里伏枕大哭了一场。十年孤独的郁积都发泄了出来。从奥里维死了以后,他始终是孤单的。对于他那颗渴望温情的心,葛拉齐亚的信等于复活的呼声。温情!……他自以为早已放弃了,其实那是迫不得已。如今他才觉得多么需要温情,心中又积着多少的爱。

那是甜蜜的,圣洁的一晚……虽则彼此都不想隐藏,他却只能跟她谈些不相干的话题。他弹着琴,她的眼神鼓励他尽情倾吐,他便借着音乐说了许多抚慰的话。她想不到这个性情暴烈的骄傲的人会变得这么谦卑。分别的时候,两人不声不响地握着手,表示彼此的心又碰在了一起,再也不会相左了。外边下着雨,一点儿风都没有。克利斯朵夫的心在那里欢唱……

她在当地只有几天的逗留了,绝对不考虑延缓行期。他既不敢要求,也不敢抱怨。最后一天,他们带着两个孩子去散步。半路上他心里充满着爱和幸福,竟然想和她说出来了,可是她很温柔地做一个手势,笑容可掬把他拦住了:

"别说了!你要说的,我都体会到了。"

他们坐在前几天相遇的那个小路的拐角儿上。她始终微微笑着,望着脚底下的山谷,但她所看到的并不是山谷。他瞅着她秀美的脸刻画着痛苦的标记,乌黑的头发中间到处有了白发。看着这个被心灵的痛苦浸透的肉体,他感到一股怜悯的,热烈的敬意。时间给了她多少创伤,但伤口中处处显出她的灵魂。于是他轻轻地,声音有点儿颤抖地,要求她给他一根白发作纪念。

她走了。他不懂为什么她不要他送。固然他相信她的友谊,但对她的矜持感到失意。他不能再在当地住下去,便往另一个方向出发。他竭力让旅行与工作占据他的思想。他写信给葛拉齐亚;但每次都要过了两三个星期,她才复一封短短的信,表示一种恬静的友谊,没有什么烦躁与不安的情绪。克利斯朵夫看了这些信又痛苦又安慰,认为自己没有权利责备她;他们的感情,时间还很短,到最近才恢复的:他唯恐把它丢了。幸而她每一封来信都那么安静,可以使他放心。但两人的性格太不同了……

他们约定秋末在罗马相会。要不是为了去看她,克利斯朵夫根本不想作这个旅行。长时期的孤独养成了他闭门不出的习惯,没兴致像今日一般烦躁的有闲阶级那样作无谓的奔波。他怕改变习惯会影响思想的有规律的活动。而且意大利完全不能吸引他。他对它的认识只限于"现实主义作家"的腐败的音乐和那些男高音歌曲,使一般文人学士在旅行的时候着迷的。他和前进的艺术家一样,对意大利存着戒心与敌意,因为最无聊的学院派作家老是把罗马这个字挂在嘴上。再说,北方人是本能的厌恶南方人的,至少认为意大利是代表南方人自吹自捧的典型,所以对它抱着强烈的反感。只要一想到意大利,克利斯朵夫就鄙夷不屑地噘起嘴来……他的确无意对那个没有音乐的民族作进一步的认识。他凭着过火的脾气说:"意大利人弹弹曼陀铃,大叫大喊地唱唱音乐话剧,在今日的欧洲乐坛上能有什么地位!"但葛拉齐亚是属于这个民族的。为了去看她,克利斯朵夫有什么路不愿意走呢?在没有和她相会以前,只要对一切都闭上眼睛就行了。

闭上眼睛,是的,那他早已学会了。多少年来,他对付自己的内心生活就是用这个办法。在此秋天将尽的时节,尤其非闭上眼睛不可。淫雨连绵,下了三星期还没停。随后又是漫天的乌云,像一顶灰色帽子一般罩着瑞士的山谷,使它湿漉漉地打着寒战。人的眼睛已经想不起阳光是怎么回事了。要在自己心中重新找到阳光的热力,你先得使周围变成漆黑,闭着眼睛,往下走到矿穴里,走到梦中的地道里。在那儿,你才能看到往日的太阳。但一个人爬在地底下垦掘过后,回出来的时候就觉得浑身滚热,脊骨与膝盖都僵了,四肢也变形了,眼睛也花了,像夜晚出现的鸟似的。好几次,克利斯朵夫都从矿穴中取出辛辛苦苦提炼成的阳光,来温暖他冰冻的心。可是北方的梦境有火炉那样的热度。你在里头生活的时候当然不觉得,你爱那个沉闷的暖气,爱那个半明半暗的光,和装满你沉甸甸的头脑的梦。一个人只能有什么爱什么,应当知足!

克利斯朵夫迷迷糊糊坐在车厢的一角,出了阿尔卑斯的关塞,忽然看到明净的天空和流泻在山坡上的光明,觉得像做梦一般。暗淡的天色,半明半暗的日光,都被丢在关塞那一边了。突如其来的变化使他在欣喜之前觉得惊奇。直要相当的时间,他麻木的心灵才能慢慢地活动,突破那个把它幽闭的牢笼,从过去的阴影中探出头来。随着太阳的移动,柔和的光似乎伸出手臂把他搂抱了,于是他忘了过去的一切，目迷五色地陶醉了。

那是米兰周围的平原。蔚蓝的运河反映出明晃晃的白日，脉管似的支流在绒毛似的稻田中穿过。秋天的树木，瘦削而苗条，轮廓分明，体态婀娜的躯干披戴着一簇簇赭红的绒毛。宛然是达·芬奇画上的山水。积雪的阿尔卑斯，光彩变得很柔和，气势雄伟的线条围绕着地平线，挂着橙黄、青黄、淡蓝的坠子。黄昏降在亚平宁山脉上。羊肠小径沿着嵯峨险峻的山峰蜿蜒而下，时而重复、时而交错的节奏，好似法国南部普罗旺斯的舞蹈。而突然之间，山坡底下吹来海水杂着橙树的气味。海，拉丁的海，闪烁颤动的光，几条小船落着帆，仿佛在海面上睡着了……

火车停在海边的一个渔村。车守报告说，热那亚与比萨之间有一条隧道被大雨冲毁了；各班列车都迟到了好几小时。克利斯朵夫原来买着直达罗马的车票，却不像别的旅客那样抱怨这桩意外的事，反倒很高兴。他跳下月台，直向海边奔去。海把他迷住了，过了两三小时，火车长啸一声重新开出的时候，他竟坐在一条小船里远远地对火车喊着再会了。在明晃晃的海上，明晃晃的夜里，他听任微波荡漾，把他催眠着，沿着小杉树环绕的海角漂去。他住在村子里，欣喜若狂地直待了五天。好似一个人在长期禁食之后狼吞虎咽一般，他所有的感官都忙着享受光明的盛宴……光明，你是世界的血，生命的河，你从我们的眼里、鼻孔里、嘴唇里、皮肤的所有的毛孔里渗入我们的肉体……啊，光明，对于生命比面包更重要的光明，凡是看到你卸下了北方的面网而显得这样纯粹这样热烈的人，不禁要自问以前没有你的时候怎么能活，同时也知道以后是永远少不了你了。

五天之中，克利斯朵夫被太阳灌醉了。五天之中，他生平第一次忘了自己是音乐家。心中的音乐都变了光明。空气、海洋、陆地，这是太阳的交响乐。而意大利是凭它了不起的聪明运用这个乐队的。别的民族只能描绘自然；意大利人却是跟自然合作，跟太阳一同描绘。色彩的音乐：一切都是音乐，一切都会歌唱。路上的一堵红墙露出金色的缝隙,上面是两株浓荫匝地的杉树,四周是蓝得异样的天。一座大理石的梯子,雪白、陡峭,在粉红的墙中间直达一个蓝色的门面。五色杂陈的房屋;杏子、柠檬、佛手,都在橄榄树中发光……意大利的风景对感官是种强烈的刺激;眼睛的享受色彩,好似舌头尝到了一颗水汪汪的香甜的果子。克利斯朵夫素来在灰暗的天地中过着禁欲生活,如今可不胜贪馋地吃着这餐筵席,给自己补偿一下了。他的丰富的生机一向受着环境压制,这一下才忽然觉得自己原来是需要享受的,便尽量抓着眼前的一切:色、香、味,人声、钟声、海声所合成的音乐,空气与光明的抚爱……克利斯朵夫什么思想都没有了,到了极乐的境界:即使偶尔惊醒过来,他也忙着把心中的快乐告诉他所遇到的人:告诉他的舟子,那眼睛锐利,戴着一顶威尼斯参议员式的红帽子的老渔翁;——告诉一个跟他同桌吃饭的米兰人,麻木不仁的家伙,吃着通心粉,骨碌碌地转动着奥赛罗式的眼睛,恶狠狠地射着怒火;——告诉饭店里的侍者,托盘的时候低着头,弯着胳膊,伛着胸部,好似贝尼尼画上的天使;告诉一个年轻的圣·约翰,对人瞟着极有风情的眼色在路上行乞,拿一个带着绿梗的橙子作为献礼。克利斯朵夫也跟那些低着脑袋、断断续续哼着一支永远没有完的、鼻音极重的歌的车夫打招呼:他骇然发觉自己竟唱起《乡村骑士》[①]来了!他把旅行的目的完全忘了,忘了他急于要到目的地跟葛拉齐亚相会的事……

是的,他把一切都忘了,直到那心爱的倩影重新浮现的那一天。怎么浮现的呢?是路上遇到的一道目光引起来的,还是一种沉着而带着歌唱调子的声音引起的?他根本想不起。可是到了一定时间,他四周所有的景物,在密布橄榄树林的小山上,强烈的阳光与浓厚的阴影交错着的亚平宁山脉的高脊上,在橙树林中,在海风中,都有女朋友那副光彩四射的笑容。空气中无数的眼睛似乎都是葛拉齐亚的眼睛。她在这块土地上含苞欲放,好似蔷薇树上的一朵蔷薇。

---

① 《乡村骑士》为玛斯加尼所作的喜歌剧,素为克利斯朵夫所厌。

于是他搭着火车往罗马进发，一路不再停留。意大利的古迹，以往的艺术名城，都没引起他的兴趣。他在罗马什么也没有看到，什么也不想看。而且他最先瞧见的只是些没有风格的新兴的市区和方形的建筑，使他也不想多领教了。

一到罗马，他马上去见葛拉齐亚。

她问："你从哪条路来的？在米兰、佛罗伦萨，都待了些时候吗？"

"没有。干吗要在那些地方待下来？"

她笑了："你这话真是妙极了！那么你对罗马又作何感想？"

"毫无感想，我什么都没看见。"

"真的？"

"真的。我没工夫。一出旅馆，我就上这儿来了。"

"罗马是随处可以看到的……瞧对面这堵墙……只消看看上面的光就行了。"

"我只看见你啊，"他说。

"你真是个蛮子，只想着自己的念头。那么你什么时候从瑞士动身的？"

"八天以前。"

"八天之内你做了些什么呢？"

"我不知道。我在海边一个村子里住了几天，也说不出地方的名字。我睡了八天。就是说睁着眼睛睡了八天。我不知道看到些什么，梦见些什么。大概是梦见了你吧。我只知道那些梦很美。但最妙的是我把一切都忘了……"

她说了声："好得很！"他可没听见，继续往下说："是的，我忘了当时的一切，过去的一切。我好似一个重新开始生活的新人。"

"不错，"她眼睛笑盈盈地望着他，"从我们上次见面以后，你的确改变了。"

他也望着她，觉得她也大不相同了。并非她在两个月中间有什么变化，而是他看她的眼光不同了。在瑞士的时候，过去的形象，年轻的葛拉齐亚的淡淡的影子，还留在他的记忆中，使他对于当前的朋友看不真切。如今北国的幻梦被意大利的阳光融化了：他看到了爱人的真面目。她和当年像野鹿一般幽禁在巴黎的情形差得多远，也和初婚时期的少妇，跟他相聚了几天而又立刻分别的少妇，差得多远！拉斐尔笔下的小圣母现在变了一个俊美的罗马女子。

她外表丰满，和谐，浑身上下有股悠然自得的慵懒的气息。整个的人给恬静的气氛包围着。她最喜欢阳光遍地的静寂的境界，幽思冥想，体味着生活的恬静，那是北方的灵魂从来不能真正领会的。在过去的性格中，她特别保留着她的慈悲心。可是她光彩照人的笑容中间已经有了些新的成分：有点感伤意味的宽容，有点倦于人世的心情，也有点含讥带讽的心理和恬淡的胸襟。年龄替她挂上了一层冷淡的幕，使她不会再受感情欺骗。她难得说什么心腹话，脸上堆着一副把什么都看透了的笑容，提防着克利斯朵夫不容易遏制的冲动。除此以外，她有她的弱点，有使性的日子，也有她自己觉得可笑而不愿意压制的卖弄风情。她对一切，对自己，都不加反抗；在一个心地极好而看破人生的人，这是一种很温和的宿命观。

她家里客人很多，她也不怎么挑选——至少在表面上——但一般熟客大半都属于同一个社会，呼吸着同样的空气，受着同样的习惯熏陶，所以他们聚在一起相当和谐，跟克利斯朵夫在德法两国所遇到的大不相同。多数是意大利旧家，偶尔也和外族通婚，增加一点新生的力量。表面上，他们天下一家的色彩很浓，四种主要的语言都是通行的，西方四大国的文化也交流得很好。每个民族都加入一部分资本：例如犹太人的惶惑，盎格鲁·撒克逊人的冷静；但一切都在意大利这口坩埚中溶化了。盗魁匪首称王了几百年的影响，一个民族决不能轻易摆脱：质地尽管改变，痕迹始终留着。移植在拉丁古土上的北方种族，就有十足意大利型的面貌，吕尼画上的笑容，铁相画上的恬静而肉感的目光。不管你涂在罗马画板上的是何种颜色，调出来的总是罗马色彩。

那些心灵往往很庸俗,有几个还不止是庸俗而已,但照旧发出一种千年不散的香味与古文明的气息,使克利斯朵夫虽不能分析自己的印象,也不由得大为叹服。极平凡的小地方都有那股微妙的香味:彬彬有礼的风度,文雅的举动,殷勤亲切而仍保持着机诈与身份,一瞥一笑与随机应变的聪明所显出来的高雅与细腻,而那种聪明还带着些慵懒的怀疑的色彩,方面很广,表现得非常自然。不呆板,不狂妄。也没有书本式的迂腐。你在这儿决不会遇到巴黎社交场中的那般心理学家,或是相信军国主义的德国博士。你所见到的是简简单单的人,富于人情味的人,像当年丹朗斯和西比翁·爱弥里安[①]的朋友们一样……

“我是人,只要与人类有关的,我都感到兴趣……”

实际上这些都是徒有其表。他们所表现的生命只是浮表的,不是真实的。骨子里是无可救药的轻佻,跟无论哪一国的上流社会一样。但与别国人的轻佻不同而成为意大利的民族性的,是那种萎靡不振的性格。法国人的轻佻附带着神经质的狂热,头脑老是在骚动,哪怕是空转一阵。意大利人的头脑却很会休息,太会休息了。躺在温暖的阴影里,把萎靡的享乐主义和长于讥讽的聪明枕着自己的头,的确是很舒服的;他们的聪明富有弹性,相当好奇,其实是异乎寻常的麻木。

所有这些人都没有定见。不管是政治还是艺术,他们都用同样的玩票作风对待。有的是性格极可爱的人,脸是意大利贵族的俊美的脸,五官清秀,眼睛又聪明又温和,举止安详,爱自然,爱古画,爱花,爱女人,爱图书,爱精美的烹调,爱乡土,爱音乐……他们什么都爱,却没有一样东西特别爱。在旁人看来,仿佛他们竟一无所爱。然而爱情还

---

① 丹朗斯为公元前二世纪时拉丁诗人,所作喜剧有名于史,西比翁·爱弥里安为公元前二世纪时罗马贵族党的领袖。

在他们的生活中占着极大的位置,只是以不扰乱他们为条件。他们的爱情也是萎靡的,懒惰的,像他们一样;即使是狂热的爱也近于家庭之间的感情。他们稳实而和谐的聪明其实是非常麻木的:不同的思想尽可以在脑子里碰在一起,非但不会冲突,反而能若无其事地结合起来,彼此的锋芒都给挫钝了,不足为害了。他们怕彻底的信仰,怕激烈的手段;只有似了非了的解决方式和若有若无的思想,他们才觉得舒服。他们的精神是开明的保守党的精神,需要一种不高不低的政治与艺术,需要一种气候温和的疗养地,使人不至于气喘,不至于心跳。在哥尔多尼那些懒惰的剧中人身上,或是在曼佐尼那种平均而散漫的光线中,他们可以看到自己的面目,但他们的懒散的习气并不因之而感到不安。他们不像他们伟大的祖先般说"第一要生活……",而是说"第一要安安静静地生活!"

大家的心愿就是要安安静静地生活,连那些最刚毅的,指挥政治活动的人也是这样。例如某个小型的马基阿维里[①],很有能力控制自己,控制别人,心肠像头脑一样的冷酷,精明强干,只问目的,不择手段,不惜为了自己的野心而牺牲所有的朋友,同时也不惜把野心为了另外一个目的牺牲,那目的便是神圣不可侵犯的"安安静静地生活"。他们需要长时期的麻木。过后他们才仿佛睡足了觉,精神饱满;庄重的男人,幽静的妇女,会突然之间兴奋起来,有说有笑,快快活活地去应酬交际:他们需要说许多话,做许多手势,发许多怪论,逞着莫名其妙的兴致,消耗他们的精力;总而言之,他们在那里扮演滑稽歌剧。在这些意大利人的肖像上,我们难得会找到经过思想磨蚀的痕迹,寒光闪闪的瞳子,被永无休止的精神活动磨瘦的脸庞,像我们在北方见到的那样。可是跟别处一样,这儿也有苦闷的心灵,在淡漠无情的外表之下藏着它们的创伤,欲望,忧虑,而且还用迷迷糊糊的境界来麻醉自己。某些心灵还会不由自主地流露出一些古怪的现象,畸形的,乖张

---

① 马基阿维里(1469—1527)为意大利政治家兼史学家,著有《霸术》一书,有名于世。后以马基阿维里为好弄权术,不择手段,专制残暴的政治家之代名词。

的,暗示它们的精神不平衡,那是一般古老的民族都免不了的,有如在罗马郊外剥落分裂的断层岩。

这些心灵,这些平静的,爱取笑的,隐藏着悲剧的眼睛,自有一种谜一般的魅力。但克利斯朵夫没有兴致去体会它。他看见葛拉齐亚和这些时髦人物周旋,非常气恼。他恨他们,恨她。他对她生气,好似对罗马生气一样。他去看葛拉齐亚的次数减少了,已经想要动身了。

可是他并不动身。尽管讨厌那个意大利社会,他竟不由自主地感觉到它的魔力了。

暂时他不跟人家往来,只自个儿在城内城外溜达。罗马的阳光,平台上的花园①,被旭日照耀的海像腰带般环绕着的郊野,慢慢地把这块奇妙的土地的秘密让他体会到了。他瞧不起那些古代的建筑,发誓决不自动去找它们,除非它们来找着他。而它们果然来找他了:在岗峦起伏的城中随便散步的时候,他就碰见了它们。夕照之下的大广场,一半已经坍了的巴拉丁拱门,后面衬托着蔚蓝的天空:克利斯朵夫都不期然而然地看到了。他在一望无际的郊野徘徊:半红不红的台伯河浑浊一片,挟带着淤泥,仿佛是泥土在那里流动——残废的古代水桥好比古生物的硕大无朋的脊骨②。大块的乌云在蓝色的天空卷过。乡下人骑着马,挥着鞭子,赶着一群长角的淡灰的牛。笔直的古道,尘埃飞扬,没有一点阴蔽:脚如羊足,大腿上裹着长毛皮的牧人在那里静悄悄地走着。辽远的天际,意大利中部的庄严的山脉展开着连绵不断的峰峦;另一方面的天边,却映着古老的城垣,圣·约翰教堂的正面矗立着姿态飞舞的雕像,远望只看见黝黑的侧影……万籁俱寂……日光

① 欧洲庭园,特别在罗马,颇多利用地形筑成高至数丈之花坛,规模不下于花园。

② 大广场位于古罗马城的中心(在今城之南端),罗马帝国时代作为市集、审判及举行国民大会之用。今为罗马城中最伟大的古迹之一。巴拉丁为罗马七岗之一,今存有著名的废墟。台伯河为横贯罗马的意大利第二大河。水桥为罗马帝国时代将城外之水运至城内时安放水管之建筑,高出地面数十丈,下有无数环洞,远望宛似连绵不断的巨型凯旋门。

如火……风在平原上吹过……一座没有头的,臂上雕着衣饰的石像,被蔓长的野草淹没了;一条蜥蜴爬在石像上晒着太阳,只有肚子在那儿轻轻地翕动。克利斯朵夫被阳光灌醉了,(有时也被加斯丹利酒灌醉了),坐在破烂的大理石像旁边的黑色的泥地上,微微笑着,蒙蒙眬眬地把什么都忘了,尽量吸收着那股罗马特有的气息,那股安静而强烈的力,直到黑夜将临的时候。悲壮的日色隐没了,四下里一片凄凉,那时他中心悒郁,赶紧溜了……噢,大地,热情如沸而默无一言的大地!你面上多么和平,内心却多么骚动;我还在你的胸中听见罗马军团的号角声呢。多少生命的怒潮在你怀中汹涌!多少欲望都在要求觉醒!

克利斯朵夫遇到了几个心中还燃烧着千年火炬的人物。在死者的尘土下面,那个火始终被保存着。人家以为它已经和玛志尼同归于尽[①],不料它复活了。还是同样的火。当然,愿意看到它的人是很少的,因为大家想睡觉。那是一道明亮而剧烈的光。凡是心中有这光明的人,大半是青年,最大的也不满三十五岁,头脑开通,气质、教育、意见、信仰,各各不同的知识分子,都为了崇拜这朵新生命的火焰而联合起来了。党派的名称尽管不同,思想的派别尽管各异,都没有什么关系:主要是“拿出勇气来思想”。要坦白,要敢作敢为!他们大声疾呼,要惊醒民族的迷梦。自从意大利听了英雄志士的号召在政治上复活以后,自从它最近在经济上复活以后,现代的青年更努力要把意大利的思想从坟墓中救出来。优秀阶级的懒惰而畏怯的麻痹状态,懦弱的性格,大言不惭的习气,使他们像受到奇耻大辱一般的痛苦。华而不实的空谈和奴颜婢膝的作风,几百年来像浓雾似的罩着民族精神,现在他们嘹亮的声音把浓雾冲破了,一阵狂风把无情的现实主义和不稍假借的正气吹过来了。他们竭力要用清楚的头脑支配坚决的行动。必要的时候,他们能够为了民族生活所必不可少的纪律而牺牲个人的

① 玛志尼(1805—1872)为近代意大利民主革命运动的领袖。

主张，但最高的祭坛和最纯洁的热诚仍是留给真理的。他们又兴奋又虔诚地爱着真理。这些青年中的一个领袖①被敌人侮辱，毁谤，威胁之下，气度伟大地回答：

“你们得尊重真理！我这是开诚布公地跟你们说，没有一点儿怨恨。我忘了你们给我的伤害，也忘了我可能给你们的伤害。你们第一得真诚！凡是对真理没有虔诚的热烈的敬意的人，绝对谈不到良心，谈不到崇高的生命，谈不到牺牲，谈不到高尚。忠于真理是件艰苦的事，但愿你们努力。凡是拿虚伪做武器的，在没有损害别人之前，先要损害自己。哪怕眼前得到成功，也是徒然的。你们的灵魂不可能有根基，土地都被谎言蛀空了。现在我不是以敌人的资格和你们说话。咱们都站在一个超乎争执以外的立场上，即使你们的情欲在你们嘴里用着国家的名义，也改变不了这个事实。世界上还有些东西比国家更重要的，那便是人类的良心，世界上也有些你们不能侵犯的规律，要不然你们便不能称为意大利人。如今站在你们面前的只是一个寻求真理的人，你们应当听听他的呼声。他只希望你们伟大，纯洁；他也极愿意和你们一起努力。因为不管你们愿意不愿意，咱们始终是和世界上一切为真理努力的人共同努力的。我们的成绩（那是不能预料的）将要刻着我们共同的标记，如果我们的行为不违背真理的话。人类的特点就在于他有种奇妙的禀赋，能够寻求真理，看见真理，爱真理，为真理而牺牲自己。——凡是把握真理的人，都能分享到真理的健康的气息！……”

克利斯朵夫初次听到这些话，好似听到了自己的声音的回声，觉得这些人和他原来是弟兄。固然，民族与思想的斗争，早晚有一天会使他们厮杀一场；可是朋友也好，敌人也好，他们总是同一个大家族出

① 指葛斯伯·泼莱索里尼，当时与巴比尼共同领导一个叫作“民族之声”的社团。——原注

译者按：泼莱索里尼生于1882年，为意大利作家，对近代意大利文学影响极大。

身。这一点,他们像他一样知道,比他先知道。他没有认识他们,他们先认识他了。因为他们早已是奥里维的朋友。克利斯朵夫发现他朋友的作品——几册诗,几册批评的集子——在巴黎只有极少数的读者,可是已经被那些意大利人翻译过去,对他们是很熟悉的东西了。

以后他才发觉他们和奥里维之间有着不可超越的距离。他们批判旁人的方式,表示他们完全保存着意大利人的面目,死抓着他们的民族思想。他们在外国作品中所找的,只限于他们民族的本能所愿意找到的成分,所采取的往往还是他们不知不觉先羼了进去的自己的思想。天生是平庸的批评家,拙劣的心理学者,他们太想到自己和自己的热情了,即使在醉心真理的时候也如此。意大利的理想主义永远忘不了自己,对于北方人的那些无我的梦境绝对不感兴趣;它把一切归结到自己身上,归结到自己的欲望,归结到民族的骄傲。不幸这些健美的,很适宜于实际行动的意大利人,偏偏只凭热情行事,很快会感到厌倦;但是被热情吹打的时候,他们比无论哪个民族都飞得高,只要看近代意大利的统一运动就可知道。——现在又是这一类声势浩大的风在一切党派的意大利青年中吹起来了:国家主义派,新加特力教派,自由的理想主义者,一切不屈不挠的意大利人,希望做罗马帝国——世界之后——的公民的人,都受着这股潮流激荡。

最初克利斯朵夫只注意到他们的热诚,以及使他跟他们意气相投的共同的反感。在瞧不起上流社会那一点上,他们当然和克利斯朵夫立场相同。克利斯朵夫恨上流社会是因为葛拉齐亚喜欢跟它来往。但他们比他更恨那种谨慎、麻木、苟安的精神,恨那些可笑的丑态,半吞半吐的说话,含糊两可的思想,遇事无所取舍的骑墙作风。他们都是自学出身的好汉,从头到脚都是自己造起来的,没有时间也没有能力加一番最后的琢磨,倒反有心露出他们天生的粗野和乡下人的辛辣的口吻。他们要教人听见他们的话,要逗人家攻击;无论怎样都可以,只受不了大众的不理不睬。为了刺激民族的元气,他们便是自己先吃民族元气的亏也是乐意的。

当时他们不受欢迎,也不想法求人家欢迎。克利斯朵夫白白地和葛拉齐亚提到他这批新朋友。她既然是一个喜欢和平与中庸之道的人,当然觉得他们可厌。她认为他们便是在支持最值得人同情的问题的时候,所用的方式有时也会引起反感。这个批评是不错的。他们爱挖苦人,一味采取攻势,批评的苛酷差不多近于侮辱,哪怕对他们不愿意伤害的人也是如此。他们太自信,对事情的推论太快,肯定得太快。自己没有发展成熟就要参与公共的行动,所以他们一下子醉心这个,一下子醉心那个,态度都是一样的偏激。热烈,真诚,肯整个儿地舍身,不稍吝惜,他们一方面过分重视理智,一方面过早地参加狂热的劳作,把自己消耗完了。年轻的思想一出胎就暴露在太阳里是不卫生的,心灵会被灼伤的。只有时间与沉默才能酝酿丰满的果实。但他们就缺少时间与沉默。多数有才气的意大利人都遇到这种不幸。暴烈而不成熟的行动好比一种酒精:理智尝到了这味道立刻会上瘾,而理智的发展也可能从此不正常了。

他们这种直言无讳的坦白,和一般专讲中庸之道的人的枯索平凡,畏首畏尾,不敢说一个是或非的作风相比之下,不用说克利斯朵夫是赏识年轻人的朝气的。但过后他不得不承认,讲中庸之道的人的恬静而体贴的智慧也有它的价值。反之,他的那些朋友们使生活永远处于战斗状态,结果也不免令人厌恶。克利斯朵夫自以为上葛拉齐亚那儿去是替他们辩护,但有时候倒是为了要把他们忘掉一下才去的。没有问题,他们跟他很相像,太相像了。今日的他们就是二十岁时候的他。而生命的河流是不能回溯的。克利斯朵夫很明白自己和这种激烈的思想已经告别了,此刻正向着和平的路走去,而葛拉齐亚的眼睛中间似乎就藏着和平的密钥。那么为什么他对她感到愤愤不平呢?……因为爱情是自私的,他想把她独占。他受不了葛拉齐亚来者不拒的嘉惠于人,对谁都招待得那么殷勤。

她看透了他的心思,有一天便用着那种可爱的坦白态度和他说:

“你不喜欢我的作风是不是？唉，朋友，别把我看得太理想。我是一个女人，不比别的女人更有价值。我不一定要跟那些人来往，但我承认看到他们也很愉快，正如我有时候喜欢看不大高明的戏，念无聊的书，那都是你瞧不起的，可是对我是种安息，是种娱乐。我有什么就享受什么。”

“那些混蛋，你怎么受得了呢？”

“生活的教训使我不再苛求了。一个人不能要求太多。真的，倘若有些老老实实的人来往，只要心地不坏，人生也算对你不差了……当然你不能对他们存什么希望。我知道一朝我需要人帮忙的时候，多半的朋友马上会不见的……可是他们对我很好。只要得到一点儿真情，其余的我可以满不在乎。你不喜欢我这样是不是？原谅我这么平凡。可是至少我分得出自己哪些地方是最好的，哪些地方是比较差的。而对你，我的确拿出了最好的一部分。”

“我要的是整个。”他嘟哝着说。

可是他很明白她说的是真话。他以为她对他的感情是毫无问题的，所以踌躇了几星期，有一天终于问她：“难道你始终不愿意……”

“什么啊？”

“属于我。”他马上又补充：“……就是说你不愿意我属于你吗？”

她微微一笑：“现在咱们不就是这样了吗，朋友？”

“你明明知道我说的不是这意思。”

她听了有点儿慌乱，但她握着他的手，很坦白地望着他，温柔地回答：“不，朋友。”

他话说不上来了。她看出他很伤心。

“对不起，我使你心里难受。我早知道你会对我说这个话的。咱们既然是好朋友，应当非常坦白。”

“朋友！只能做个朋友吗？”他不胜怅惘地说。

“别这么不知足！你还要什么呢？跟我结婚吗？……从前你眼睛

里只看见我美丽的表姐的时候(你记得不记得?)我很难过,因为你不明白我对你的感情。不错,咱们的一生可能完全是另外一副面目。现在我认为这样倒更好;我们没有让友谊受到共同生活的考验,没有在日常生活中把最纯洁的东西亵渎了,不是更好吗?……"

"你说这种话,因为你不像从前那么爱我了。"

"噢!不,我始终是那么爱你的。"

"啊!这还是你第一次对我说呢。"

"咱们中间不应该再有什么隐瞒。告诉你,我对婚姻已经没有信心了。我自己的经验,我知道,不能作为一个有力的例证。可是我仔细想过,在周围仔细看过:幸福的婚姻实在太少了。这个制度有点儿违反天性。要把两个人连在一起,他们的意志必有一个受到摧残,或者竟是两败俱伤;而这种痛苦的磨炼还不能使灵魂得到什么益处。"

"啊!"他说,"我的意见恰好相反,我认为婚姻是两心相印,相忍相让的结合,真是多美妙的事啊!"

"是的,在你梦里是美妙的。事实上你会比谁都更痛苦。"

"怎么?你以为我永远不能有个妻子,有些儿女,有个家庭吗?别跟我说这个话!我会多么爱他们啊!难道你以为我不可能有这种幸福吗?"

"那很难说。我看是不可能的……要是有个老实的女子,不大聪明,不大美丽,对你忠诚的,可是不了解你的,那也许还可能……"

"你太刻薄了!……可是你不应该取笑人家。一个好心的女人,即使谈不上风雅,究竟是好的。"

"对呀!要不要我替你找一个?"

"别说了好不好?你简直是刺我的心。怎么能说这种话呢?"

"我又没说什么。"

"难道你竟一点儿不爱我,所以能够想到我跟别的女子结婚吗?"

"正是相反;我正因为爱你,所以要使你幸福。"

"你要是真的……"

“甭提了！甭提了！告诉你,那对你是不幸的……”

“别替我操心。我发誓我会幸福的！可是老实告诉我:你,你自己是不是跟我一起的时候会痛苦?”

“噢,痛苦？不会的。朋友,我太敬重你了,太佩服你了,决不会跟你在一起而觉得痛苦……并且我可以告诉你:我相信如今无论遇到什么事,我都不会怎么痛苦了。我见的太多了,把一切都看得很淡……可是很坦白地说——你不是要求我坦白的吗？你不会生气吧？——我知道我的弱点,我或许会相当的愚蠢,过了几个月要觉得跟你在一起不十分幸福;那是我不愿意的,正因为我对你抱着最圣洁的感情,我无论如何不愿意使这点感情受到影响。”

他听了很悲哀:“是的,你这么说无非是为减轻我眼前的痛苦。我不能讨你喜欢。我有些地方使你非常讨厌。”

“哪里哪里！没有这种事！别这样垂头丧气的。你是一个挺好挺可爱的男人。”

“那么我简直糊涂了。为什么我们不能融洽相处呢?”

“因为我们太不同了。两个人的性格都太显著,太特殊了。”

“就因为这个我才爱你。”

“我也是的。但也因为这个,我们将来会发生冲突。”

“不会的!”

“会的！或者因为我知道你比我有价值,我要埋怨自己不应该让我这个渺小的人来妨碍你;那时我就会把自己的个性压下去,一声不出,但心里是要痛苦的。”

克利斯朵夫眼泪都冒上来了。

“噢！这一点我是绝对不愿意的。我自己受什么罪都可以,却不能叫你受罪。”

“朋友,你别急……你知道,我这么说也许把我自己看得太高了些……也许我还不能为你牺牲呢。”

“那不是更好吗?”

“可是你要被我牺牲了，然后我回过头来也得痛苦了……你瞧，不论从哪方面看，都没法解决。还是像现在这样吧。天下还有什么东西胜于我们的友谊的？”

他摇了摇头，不胜悲苦地笑了笑：“是的，这些无非证明你骨子里并不怎么爱我。”

她也很亲切地笑了笑，带点儿惆怅的意味，叹道：“也许是吧。你说得不错。我不是个年轻的人了，朋友。我疲倦了。生活真磨人，尤其对一个不像你这样强的人……噢！你，有些时候我看你还像个十七八岁的大孩子呢。”

“唉！大孩子！脸已经这么老，皱褶这么多，皮肤这么憔悴了！”

“我知道你受过很多痛苦，和我一样多，也许更多。那是我看得出的。但你有时候望着我，眼睛完全跟年轻人的一样，于是我感觉到你心中涌出一股朝气。我吗，我是已经熄灭了。我当年有热情的时节，像人家所说的黄金时代，我可是多么不幸啊！现在我没有力量再那么来一下了。我只有一点儿极稀薄的生命，没有胆量再去尝试婚姻。啊！从前，从前……倘若一个我熟识的人向我有所表示的话！……”

“你说啊，说啊……”

“唉，甭提了……”

“这样说来，要是我从前……噢，天哪！”

“什么？要是你从前？我又没说什么。”

“我明白了。你太狠心了。”

“从前我是疯了，如此而已。”

“你现在说这个话是更要不得。”

“可怜的克利斯朵夫！我说什么都会使你伤心。不说也罢。”

“说吧，说吧……跟我说呀。”

“说什么？”

“说点儿好听的。”

她笑了。

“别笑我啊。”

“你可别伤心哪。”

“我怎么能不伤心呢?”

“你不应该伤心,真的!”

“为什么?”

“因为你有了一个非常爱你的女朋友。”

“真的吗?”

“我告诉了你,你还不信?”

“再说一遍吧!”

“说了你可以不难过了吧? 可以知足了吧? 咱们这番宝贵的友谊总该叫你满意了吧?”

“不满意也没办法!”

“薄幸啊,薄幸啊! 而你还说爱我。其实我爱你还甚于你的爱我呢?”

“嘿! 怎么可能!”

他这样说的时候,那种爱情的激动把她逗笑了。他也笑了。他还坚持着说:“那么你再说一遍啊……”

她静了一会儿,望着他,随后突然凑近克利斯朵夫的脸,把他亲了一下。那真是太突兀了,把他愣住了。等到他想张开手臂搂抱,她已经挣脱身子,在客室门口瞧着他,使一个手指放在嘴边,说了声:“嘘!”——就不见了。

从这一天起,他不再和她提到爱情,而他跟她的关系也不像过去那么拘束了。从前,不是故意沉默便是无法抑制的感情激烈的表现,现在可变了一种纯朴的、恬淡的交谊。这是朋友之间坦白的好处。说话没有弦外之音了,幻象与恐惧也没有了。他们彻底认识了彼此的思想。克利斯朵夫在葛拉齐亚家里跟那些他讨厌的外客碰在一起的日子,听见女朋友和他们交换一些无聊的谈话,说些交际场中的俗套,而他觉得不耐烦的时候，她立刻发觉了，望着他微微一笑。那就够了。他知道他们俩是在一起，他的心情也就变得平静了。

和爱人觌面可以使自己的幻想不至于再有毒素，欲念也不至于再那么狂热；既然精神上把爱人占有了，一个人也不会再心猿意马。——并且葛拉齐亚和谐的天性，无形中有一股魅力散布在周围的人身上。过火的举动，语气，即使是无意中流露的，也会使她难堪，觉得是不纯朴的，不美的。在这等地方，她慢慢地使克利斯朵夫受了影响。他自从不需要压制冲动以后，渐渐养成一种自主力；而因为不必再为了无谓的暴躁的脾气消耗，那股力量尤其强大。

他们的心灵彼此渗透了。葛拉齐亚那种只顾体味生活的甜美而蒙眬半睡的境界，一遇到克利斯朵夫蓬蓬勃勃的生机，也觉醒了。她对于精神生活的兴趣变得更直接，更积极。她素来不大看书，懒洋洋的只喜欢几部过去的名著，回来回去地翻着；现在却对于别的思想开始注意，不久也受到了吸引。她并非不知道现代思潮的丰富，但没有兴致自个儿去探险，如今有了一个带路的同伴，她不觉得胆怯了。不知不觉的，她一边推拒，一边跟着人家去了解那个年轻的意大利，虽然她一向讨厌它用那种激昂慷慨的热情去推翻传统。

两颗灵魂交融的结果，还是克利斯朵夫得益更多。在爱情中间，往往是性格比较弱的一个给的多；并非性格强的人爱得不够，而是因为他强，所以非多拿一些不可。从前克利斯朵夫就是这样的得了奥里维不少精神上的财富。但这一次神秘的结合给他的收获更丰富，因为葛拉齐亚带来的是最难得的、奥里维所没有的珍宝——欢乐，心的欢乐，眼睛的欢乐。无处不在的光明好比拉丁天空的笑容，把最微贱的东西的丑陋都洗净了，在古旧的墙上点缀了鲜花，甚至使悲哀也闪出恬静的光彩。

光明的盟友是苏生的春天。新生命的梦在温暖麻痹的空气中酝酿。银灰的橄榄树有了绿意。古水道的暗红穹窿之下，杏仁树开满了白花。初醒的罗马郊野，春草如绿波，欣欣向荣的罂粟如火焰，赤色的葵花,如茵如褥的紫罗兰,像溪水一般在别庄的草坪上流动。蔓藤绕着伞形的柏树;城上吹过一阵清风,送来巴拉丁古园的蔷薇的幽香。

他们常常一块儿散步。只要她肯从几小时的迷迷糊糊,像东方女子那种似醒非醒的境界中醒过来,她就完全变了一个人。她喜欢走路:高个子,腿很长,又结实又窈窕的身段,侧影颇像森林的女神狄安娜。两人最常去的地方,不外乎那些别庄,八世纪时庄丽的罗马被比哀蒙蛮族蹂躏以后的遗物。他们最喜欢玛丹别庄,位于罗马古城的边缘,可以从那儿俯瞰荒郊。他们沿着橡树成荫的走道蹀躞,两旁全是古墓,树叶丛中宛然透露出那些罗马夫妇的凄凉的面目和手搀着手的影子。两人坐在走道尽头的蔷薇棚下,背靠着一个白椁。前面一片荒凉,清静到极点。喷泉慢慢地滴着水,懒洋洋得像要咽气似的……他们俩低声谈着。葛拉齐亚神态安详的眼睛盯着朋友的脸。克利斯朵夫叙述他的生涯,他的斗争,他的过去的苦恼;现在提到这些已经不觉得悲伤了。在她身旁,在她的目光之下,一切都很单纯,好像是应该那样的……她也讲她的故事。他不大听到她说的话,但她的思想都被他抓住了。他和她的心合二为一。他用她的眼睛观看,而且到处看到她的眼睛,那么安静的,燃着一朵深沉的火焰的眼睛:他在古代雕像的残废的脸上看到,也在它们沉默的谜一般的目光中看到。树叶像羊毛似的杉树周围,在太阳底下乌油油发光的橡树中间,罗马的天空笑得多么甜蜜,而在这天上也有她的眼睛。

拉丁艺术的意义,经过葛拉齐亚的眼睛渗进了克利斯朵夫的心。至此为止,他对意大利作品是完全不感兴趣的。野蛮的理想主义者,日耳曼森林中的孤僻的人,对于阳光底下的,美丽的石像的浓郁的韵味,像一盘蜂蜜一般的味道,还没懂得体会。他老实不客气对梵蒂冈博物院中的古物抱着敌意。那些蠢笨的头,那些女性化的或是大块文章的躯干,那种鄙俗的肥胖的身段,那些小白脸,那些武士,他都深恶痛绝。他喜欢的只限于几个雕塑的肖像;但它们所代表的人物并没使他感到一点兴趣。他也讨厌没有血色的,装腔作势的佛罗伦萨派的作品,病态的妇女,拉斐尔以前的皮色苍白,患着肺病的维纳斯。至于模仿西施庭作风的粗野颟顸的英雄,汗流浃背的运动家①,在他眼中仅仅是一堆当炮灰的肥肉。唯有米开朗琪罗一人,为了他悲剧式的痛苦,为了他鞭挞世俗的傲气,为了他圣洁的热情,才得到克利斯朵夫暗中的敬意。他像那位大师一样用着一种纯洁而野蛮的热爱,爱他那些年轻的无邪的裸体,爱他那些犷野的处女,痛苦的《黎明》,眼神犷悍的《圣母》,和美丽的《丽亚》②。但在这位痛苦骚乱的英雄心中,克利斯朵夫所发现的仍旧是自己的心灵的扩大的回声。

葛拉齐亚替他打开了一个新艺术世界的门。他领会到拉斐尔与铁相的清明恬静的境界,看到了古典天才的庄严的华彩,像狮子般威镇着这个被他们征服的,由他们支配的"外形"的宇宙。威尼斯大师③的霹雳般的目光直射到你的心里,强烈的闪电把遮蔽人生的迷蒙的大雾给撕破了。还有那些拉丁天才,不但征服了世界,并且征服了自己,战胜之余始终守着严格的纪律,挑出最有价值的战利品让自己吸收;其成绩便是拉斐尔的一批意境高远的肖像画,和他在梵蒂冈宫中所作的几间屋子的壁画。对于克利斯朵夫,那些名作是比瓦格纳的音乐更丰富的音乐。线条明净,结构和谐的音乐,完全显出颜面、手足、衣褶、举止的美。一切都是智慧,一切都是爱。有的是年轻的身心中涌跃出来的爱。也有的是精神的力,享受生命的力。永远年轻的温情,带着讥讽意味的智慧,动了春情的肉香,驱散阴影,把热情催眠的笑容。还有被艺术家驯服的倔强的生命力……

克利斯朵夫不由得问自己:"他们既然能把罗马的力跟和平联合起来,为什么我们就办不到呢?现在一般最优秀的人往往为了追求其中的一个而摧残另外一个。波生、洛朗,与歌德所赏识的和谐的境界,

① 十六世纪后半期至十七世纪时,意大利艺术家模仿米开朗琪罗在西施庭教堂所作的壁画(《最后之审判》与《创世纪》),大半流于粗野鄙俗。

② 《黎明》《圣母》《丽亚》均系米开朗琪罗雕塑的女像。

③ 威尼斯大师系指铁相(1477—1576),因其为威尼斯画派的领袖。威尼斯派在画史上以色彩鲜明著称。

倒是意大利人比别个民族更不懂得领会。难道再要一个外国人来提醒他们吗？并且谁能够把这种和谐传授给我们的音乐家呢？音乐上还没有一个拉斐尔那样的人。莫扎特仅仅是个孩子,是个德国小布尔乔亚,神经质的,感伤的,话太多,举动太多,为了一点儿小事就会哭,就会笑。烦琐的巴赫,英勇的贝多芬,他的巨人式的后裔,尽管把贝利翁山叠在奥萨山上咒骂天神①,也始终没看到上帝的笑容……”

可是克利斯朵夫看到了,因为看到了,所以对自己的音乐感到惭愧:无益的骚动,浮夸的热情,唐突的怨叹,拉拉扯扯地老谈着自己,漫无节制的发泄,使他觉得又可耻又可怜。那等于一个没有牧人的羊群,一个没有君主的王国。骚动的灵魂非加以控制不可……

在这几个月中间,克利斯朵夫似乎把音乐忘了,没有这种需要了。他的精神受着罗马气息的感应,正在怀胎的时期。他整天像喝醉了酒似的出神。初春时节的自然界也和他一样,一方面因为酣睡方醒而非常困倦,一方面又飘飘然有点醉意。大自然跟他一起做着梦,彼此像一对睡梦中的情人那样紧紧地抱着。他不再讨厌罗马郊外的骚动的神秘气息,因为他已经体会到悲壮的美;他把沉沉酣睡的大地之神抱在怀里了。

四月中,他得到巴黎方面的邀请,要他去指挥几个音乐会。他不加考虑就想谢绝了,但认为先应该跟葛拉齐亚谈一谈。他觉得把自己的生活去和她商量,心里非常愉快,这样他可以假想她是参加他的生活的。

这一回她可使他大为失望。她要他把事情详细说了一遍,劝他接受。他听了非常难过,认为这表示她对他冷淡。

葛拉齐亚这么劝他的时候也许心中并不是没有遗憾。但克利斯朵夫为什么要去跟她商量呢？既然他要她代为决定,她便认为对于朋

① 神话载,古代有巨人族,将贝利翁山叠在奥萨山上与邱比特作战。

友的行为负了责任。自从他们在思想上沟通以后,她也有点感染到克利斯朵夫的意志,觉得行动不但是我们做人的义务,而且也是件美事。至少她认为她的朋友应当把行动当作一种责任,不能随便放弃。她比他更清楚,意大利的气息有种麻醉的力量,好似温暖的南方季候风包含着迷人的毒素一样,会潜入你的血管,催眠你的意志。她屡次感觉到这种不大好的魅力而无法抗拒。所有她的朋友多多少少全害着这个精神上的疟疾。从前一般比他们更刚强的人都受过这病菌的害;它把母狼像上的青铜都腐蚀了[①]。罗马城中有股死气:古人的坟墓太多了。在这儿久居,不如作客比较卫生。住在罗马太容易忘记时代:而这一点对一般年纪还轻、需要干一番事业的人是危险的。葛拉齐亚明知她的环境为一个艺术家不是一个有生气的环境。同时,她虽然对克利斯朵夫抱着比对无论哪个人都更深切的友谊(她是否敢承认还有问题)心里可并不因为他要走开而觉得不高兴。可怜!他也使她厌倦了,而使她厌倦的就是她所喜欢他的地方:他的太多的智慧,和积了多少年而快要溢出来的生命力,她的平静的心境被扰乱了。厌倦的理由也许还有一部分是因为她老是觉得受到爱情的威胁;这爱情虽是甜蜜的,动人的,但带着苦苦纠缠的意味,需要她时时刻刻提防,最好还是隔得远一点。她决不承认这些,以为自己出的主意完全是为克利斯朵夫着想。

而为克利斯朵夫着想,她的理由就多了。一个音乐家在当时的意大利不大容易过活。他的空气受着限制,音乐生活是窒息了。这块土地当年是替欧洲音乐播种的,现在被戏剧工厂铺满了油腻的灰跟滚热的烟。凡是不肯加入这个歌唱队的,不能或不愿意进戏剧工场的,就得被遗弃或被窒息。民族的性灵并没有枯竭,但人家让它停滞,让它迷路。长于旋律是意大利宗师的特色,古代艺术的单纯精练的美几乎是种本能;青年音乐家中葆有这些长处的,克利斯朵夫不止遇见一个。

① 母狼为罗马城的象征,历代雕塑家多以此为题材塑成铜像。

可是谁关切他们呢？他们的作品既没有人肯演奏，也没有人肯出版。纯粹的交响曲没有人感兴趣。不是涂脂抹粉的音乐就没有人听！所以他们只能有气无力地唱给自己听，结果也静下来了。有什么用呢？还不如睡觉吧。克利斯朵夫很愿意帮助他们。但即使可能，他们多有猜疑的自尊心也不能接受。不管他做些什么，他总是一个外国人。一切旧家出身的意大利人，面上尽管殷勤备至，心里始终把外国人看作蛮子。他们认为，他们的艺术害了病，应当归他们自己解决。所以虽然对克利斯朵夫非常友善，他们总不拿他看作一家人。那他还有什么办法？他究竟不能和他们竞争，他们在太阳底下的位置原来只有那么一点儿，还好意思跟他们争吗？

况且，天才不能缺少养料。音乐家不能缺少音乐——不能没有音乐听，也不能不把自己的音乐奏给人家听。短时期的退隐对于精神固然有益，使它能韬光养晦，但必须以重新出山为条件。孤独是高尚的，但对于一个从此摆脱不了孤独的艺术家是致命的。一个人应该体验当代的生活，哪怕这生活是喧闹的，糜烂的；应当一刻不停地吸收，一刻不停地给，给，然后再接受……在克利斯朵夫的时代，意大利不是当年那个艺术大市场了，也许它有一天会恢复这个地位。但眼前的思想市场，沟通各个民族心灵的市场在北方。你要愿意活下去，就得上那儿去生活。

克利斯朵夫凭着一厢情愿的心思，极不愿意回到喧闹的社会中去。但关于克利斯朵夫的责任，葛拉齐亚反倒感觉得更清楚。她对他比对她自己苛求得多。没有问题，那是因为她看重他的缘故，同时也因为这样为自己更方便。她把打起精神去生活的事交给他代办了，自己仍旧保持清明恬静的心境。他没有勇气怪怨她。她跟圣母一样，已经尽了她最大的使命。在人生中，各有各的角色。克利斯朵夫的角色是行动。她嘛，只要世界上有她这样一个人就行了。他也不要求她更多……

是的，他不要求她更多，只要求一点，就是希望她的爱他能少为他一些而多为她自己一些。因为他不满意她的友谊毫无自私的成分,以至于只会替她的朋友的利益着想,而这朋友是只求她不要想起他的利益的。

他走了。他跑得远了,可是并没离开她。古话说得好:“你心里不同意的时候,永远不会离开你的朋友。”

第二部

他到巴黎的时候心里非常不好过。从奥里维死了以后,这是克利斯朵夫第一次回来。他本来是永远不想再看见这个城市的。从车站到旅馆的路上,他坐在马车里简直不大敢向车外张望。最初几天,他老躲在屋里不愿意出门。一想到在门外等着他的那些往事,他就有一阵悲怆。但究竟是哪一种悲怆呢?自己弄清楚了没有呢?他自以为怕看到往事活生生地跳出来,或者看到过去的面目都已经死了,那是使他更痛苦的:他的悲怆可是这种恐惧造成的吗?……其实对于旧梦重温的痛苦,一个人的本能无形中已经发动了所有的机智,有了防备。因此,他挑了一个(也许自己不觉得)和从前住的区域离得很远的旅馆。初次上街散步的时候,到音乐厅指挥预奏会的时候,重新接触巴黎生活的时候,他先还闭着眼睛,不愿意看到眼前的景象,一味固执着只看到从前的景象。他对自己再三说着:"是的,这是我认识的,认识的……"

艺术界和政界仍旧是那么专横那么混乱。广场上仍旧是同样的市集。只有演员的角色换过了:当年的革命党变成了布尔乔亚,超人变成了时髦人物。以前的无党无派人士正在压迫现在的无党无派人士。二十年前的青年如今比他们当初攻击的老头儿更保守,他们的批评家不承认新来的人有生活的权利。表面上什么都没改变。

但实际上什么都改变了……

“朋友,请你原谅!你真好,不埋怨我这么久没信给你。你的来信使我非常快慰。几星期以来,我心乱如麻。人亡物在,故旧星散。你不在眼前尤其使我怅然若失。和我生离死别的人,在我周围造成了一片可怕的空虚。一切我和你讲起过的老朋友都不见了。夜莺——你该记得她的歌声吧——就在那可悲可喜的夜晚,我在人堆里徘徊,在一面镜子里看见了你对我望着的眼睛。——夜莺实现了她目标并不太高的理想,得了一笔小小的遗产,住到诺曼底去了,她在那儿管着一个农庄。亚诺先生告老了,夫妇两人回到他们的南方,住在翁热附近的一个小城里。我那时代的名人,死的死了,倒的倒了,唯有几个老朽的木头人,二十年前在艺术上政治上初露头角的,现在还做着他们的戏,老戴着那副假面具。除了这些面具以外,我连一个人也认不出来了。我觉得他们好似站在坟墓上扯鬼脸。这种感想真是可怕。并且我初到这儿的时期,生理上也很不舒服:离开了你们灿烂的阳光,跑到这灰暗的北方!看到种种事物的丑恶,暗淡的屋子,某些穹窿与某些纪念建筑物上的庸俗的线条,过去从来没注意到的,现在都使我受罪。而精神气氛也不见得使我更愉快。

“可是我没有理由抱怨巴黎人。人家对我的态度跟从前大不同了。仿佛我在离开巴黎的几年中变成了名流。这些恕不多谈了,我知道那是怎么回事。他们在文章上口头上说我的好话,使我很感动,我很感谢他们。可是告诉你:我觉得自己和从前攻击我的人倒比现在恭维我的人更接近……这是我的错,我知道。别埋怨我!有一个时间我心里有点惶惑,那是应有之事。现在可好了,我明白了。是的,你打发我回到社会里来是对的。那时我的孤独把我埋在了沙堆里。扮查拉图斯特拉的角色是不卫生的①。生命的波流消逝了,从我们身上消逝了。必有一个时间,我们只能成为一片沙漠。要在沙土底下掘一条新的水道通到大江必须花许多艰苦的日子。这一点现在已经办到了。

① 查拉图斯特拉为七世纪时伊朗宗教的复兴运动者。尼采假托其名宣传超人哲学,著为《查拉图斯特拉如是说》,假定他在山中隐居十年,然后悟道。

我不觉得眼花了。我又赶上了大江。我瞧着,我看到……

“唉,朋友,法国人这个民族多古怪!二十年前我以为他们完了……不料他们又往前了。亲爱的奥里维曾经对我预言,我疑心他是骗骗自己。当时怎么能相信他的话呢?法兰西跟它的巴黎一样到处是土堆瓦砾,给人拆得东一个窟窿,西一个窟窿。我曾经说,他们把什么都毁了……不是一个蛀虫式的民族是什么!哪知它竟是一个海狸式的民族①。人家以为他们死抓着残垣断瓦的时候,他们却就拿这些残垣断瓦奠定他们新都的基础。此刻我看见到处都在动工盖屋子,这真叫作:一件事情成功的时候,连傻子都会懂得……

“其实,法国人的骚动混乱依然如故。你一定要习惯之后,才能在喧哗扰攘之中辨别出各尽本分的劳动者。这些人,你是知道的,不能做一件事而不爬在屋上把事情大声叫喊出来,也不能做着自己的事而不非难邻人的工作。的确,这种作风使最清楚的头脑也会糊涂的。可是像我这样在他们中间混了近十年之后,不会再给他们的叫叫嚷嚷骗过去了。你会发觉那是他们刺激工作的一种方法。尽管叽里呱啦地说个不停,他们手里也忙个不停。每个营造厂都在盖它的屋子,结果整个城市都翻造好了。最了不起的是全部的建筑并不怎么不谐调。虽然各人坚持各人的论调,大家的头脑却长得一个样儿。别瞧他们一片混乱,骨子里有的是共同的本能,有的是民族的逻辑,它的作用跟纪律一样。而归根结底,这纪律也许比一个普鲁士连队的纪律更可靠。

“到处都是对于建设的兴致与热诚:在政治上,社会主义者与国家主义者争先恐后地工作,想把松懈的政权加以巩固;在艺术上,有的想为特权阶级重建一座贵族的古宫,有的想替大众造一所广厦,给集体灵魂歌唱:一方面是光复过去,一方面是缔造未来。而且不论做些什么,那些灵巧的动物老是在构造同样的细胞。他们海狸式的或是蜜蜂式的本能,使他们在几百年中完成了同样的行为,找到了同样的形式。

① 海狸善于破坏陆地树木,用以建造它们海中的巢穴,其整齐工巧不逊于人间的村镇。

最激烈的革命分子也许(不自觉的)和最古老的传统结合得最密切。在工团组织中,在最优秀的青年作家中,我发现不少人有中古时代的灵魂。

“现在我对于他们骚动的作风重新习惯以后,我就心里很高兴地看着他们工作。老实说,我太老了,太孤僻了,待在他们的屋子里不会觉得舒畅,我需要自由的空气。但他们究竟是极优秀的工人。这是他们最高的德性。它把一般最平庸的最腐化的人也超升了。他们的艺术家的审美感又是多么灵敏!我从前还不大注意,那是你点醒我的。罗马的阳光使我睁开了眼睛。你们文艺复兴期的人物使我懂得了这里的作家。德彪西的一页乐谱、罗丹的一座半身像、舒阿莱的一句散文,都是跟你们一五〇〇年代的人物同一血统的。

“使我不快的事这儿并不是不多。我又遇到了当年节场上的熟人,曾经激起我多少义愤的人。他们并没有改变。可是我,我改变了,不敢再对他们严厉了。赶到我忍不住要对这种人不留余地地批判一顿的时候,我就对自己说:你没有这权利。你自以为是强者,可是做的事比这些人更要不得。同时我也弄明白了,世界上原来没有一件东西没用的,便是最下贱的人在悲剧中间也有他们的角色。腐败的享乐主义者,不可向迩的无道德主义者,完成了他们那种白蚁式的任务;摇摇欲坠的屋子,先得拆了才好重造。犹太人也尽了他们神圣的使命,这使命是在一切别的民族中成为一个异族,从世界的这一头到那一头织成一个人类大同的网。他们把各民族中间的知识壁垒推倒,为通灵的理性开辟出一个自由的天地。最下流的腐蚀分子,冷嘲热讽的破坏分子,便是在毁灭我们对过去的信仰,杀害我们亲爱的死者的时候,无形中也是为了神圣的事业工作,为了新生而工作。国际的银行家固然造成多多少少的祸害来满足他们凶残的欲望,骨子里也是不由自主地和那些要打倒他们的革命家站在一条线上,为未来的世界大同努力,而且他们的贡献比幼稚的和平主义者更实际。

“你瞧,我老了,不会再咬人了,牙齿钝了。在戏院里我不再像一般天真的观众那样咒骂演员,诟辱卖国贼了。

“慈悲的女神,我只跟你谈我的事,可是我心里只想着你。你才不知道我对自己多么气恼呢!那个‘自我’压迫我,把我淹没了。那是上帝挂在我脖子上的重负。我真想拿它放在你的脚下!当然是可怜的礼物……你的脚生来是为踏在柔软的泥土和清脆可听的沙上的。我还看到这双亲爱的脚懒洋洋地踏在铺满风信花的草坪上呢……(你有没有再上陶里阿别庄去过?)走不多时你的脚已经累了!现在你又斜躺在你平时最喜欢的地方,在客室的尽里头,手托着下巴,拿着一本书,可并不看。你那么慈祥地听着我,没十分留意我的话:因为我使你厌烦。你为了增加耐性,有时想着你自己的念头;但你是殷勤的,体贴的,留着神不让我生气,偶尔有一言半语把你从极远的地方叫回来的时候,你那怅然若失的眼睛立刻会装出聚精会神的模样。而我,嘴里说着话,其实跟你一样心不在焉,也不大听见我自己的声音;我一边留神我的话在你脸上引起的反应,一边在我心坎里听到另外一套话;那是我没有对你说出来的,和我嘴里说的完全相反的,可是你,慈悲的女神,你都清清楚楚地听到了,只是假装没听见。

“再会了。我想你不久会重新见到我。我不会在这儿无精打采地待下去的。音乐会举行过了,还有什么事可做呢?我亲你的两个孩子,亲他们可爱的脸蛋。那是你的出品:我亲了他们不是应该满足了吗?

克利斯朵夫”

“慈悲的女神”的复信是这样写的:

“朋友,我就在你回想得那么清楚的客厅的一角收到你的信。我看一会儿,让你的信休息一会儿,让我自己也像信一样休息一会儿!别笑我!这个办法可以使你的信显得更长。这样我跟它消磨了一个下午。孩子们问我老看不完地看着什么。我说是你的一封信。奥洛拉瞧了瞧信纸,不胜同情地说:唷!写一封这样长的信真是受罪喽!我解释给她听,这可不是我给你的罚课,而是我们在一块儿谈话。她听着一声不响,带着弟弟溜到隔壁屋子玩去了;过了一会儿,正当雷翁那罗大声嚷嚷的时候,我听见奥洛拉说:别嚷,妈妈正在跟克利斯朵夫先生谈话呢。

"你说的关于法国人的情形使我很感兴趣,可并不惊奇。你该记得,我曾经埋怨你对他们不公平。人家尽可以不喜欢他们,但不能不承认他们是一个多聪明的民族!有些平庸的民族是靠了好心或强壮的体格得到补救的。法国人是全靠聪明。聪明把他们所有的弱点洗刷掉了,使他们再生。人家以为他们颠覆了,堕落了,腐化了,不料他们那种涓涓不竭的智慧使他们返老还童了。

"可是我还得埋怨你。你求我原谅你只谈着你的事:这简直是胡说。你一点没跟我提到你自己,没提到你的所作所为,所见所闻。直要表姐高兰德——干吗你不去看她呢?——把关于你音乐会的剪报寄给我,我才知道你的成功,你只在信里随便提到一句。难道你竟这样看破一切吗?……我想不会的。你该告诉我说,那些事使你高兴……而且应该使你高兴,因为第一,我就觉得高兴。我不喜欢你把一切看得这样冷淡。来信语气很凄凉,真是不应该。你对别人更公平固然很好,但决不能因此而自卑,说你比他们之中最糟的还要糟。虔诚的基督徒可能称赞你。我却认为不对。我不是一个虔诚的基督徒,而是一个老实的意大利女子,不喜欢人家为了过去的事而烦恼。能管着眼前已经很够了。我不大知道你以前究竟做了些什么。你只提过寥寥几句,其余的我大概可以猜想到。那当然不大体面,但我心中还是把你看得很重。可怜的克利斯朵夫!一个女子到了我这个年纪,决不会不知道一个男人往往是很软弱的。要是不知道他的弱点,她也不会这样爱他了。别再想你做过的事。不如想你将要做的事。后悔是没用的。那只是往后退。而不论在好的方面还是坏的方面,什么事总是往前进的。'永远要向前啊,萨伏阿!'①……倘使你以为我肯让你

① 十九世纪意大利统一运动有此口号。因该时以萨伏阿王族为建国的核心。

回到罗马来,你可错了!这儿没有你的事。还是留在巴黎吧,去创造,去活动,去参与艺术生活。我不愿意你采取听天由命的态度。我愿意你作些美妙的东西,我希望它们成功,希望你越来越强,以便帮助一帮新的克利斯朵夫去开始同样的斗争,突破同样的难关。你应该寻访他们,帮助他们,好好地对待你的后辈,别像你的前辈当初对你那样。并且我愿意你坚强,让我知道你是强者:你真想不到这一点能给我多少力量。

“我几乎每天都和孩子们上鲍尔该士别庄去。前天我们坐着车到邦德·谟尔,然后徒步在玛丽沃岗上绕了一圈。你瞧不起我可怜的腿,它们对你很生气:他说些什么,这位先生?说我们在陶里阿别庄走了十几步就会累吗?他才不认识我们呢。我们不愿意辛苦是因为我们懒,不是做不到……朋友,你忘了我是乡下姑娘出身……

“你该去看看我的表姐高兰德。你还对她记恨吗?骨子里她是个老实人,而且对你佩服得五体投地。似乎巴黎女子都被你的音乐颠倒了。瑞士的野人快要成为巴黎的红人了,只要他自己愿意。有什么太太们给你写情书吗?来信连一个女人都没提到。你还会钟情吗?不妨讲给我听听,我决不忌妒。

你的朋友　G.”

“呵!你以为我会感激你信上的最后一句话吗?爱取笑的女神,你要忌妒,别希望我来使你忌妒。你说的那些为我疯疯癫癫的巴黎女人,我对她们毫不动心。疯癫!她们的确愿意,但事实上她们是最不疯癫的人。别希望我会被她们迷住。倘若她们对我的音乐漠不关心,也许我还可能上当。但她们的确爱着我的音乐;我怎么还会受骗呢?一朝有人和你说懂得你,你就可以断定他是永远不会懂得你的……

“可是我这些嬉笑怒骂的话,你别太当真。我对你的感情不至于使我对旁的女子不公平。自从我不再用爱人的目光去看她们之后,我对她们的好感可以说是从来未有的。我们男人太愚蠢了,只知道自私自利,压迫女人,使她们过着一种委屈的、不健全的、近乎仆役的生活,结果是男人女人两败俱伤。三十年来她们为了摆脱那种生活所花的心血,我觉得是这个时代的一件大事。在这样一个都会里,我们不能不佩服这一代的女性,不管那么多的障碍,凭着天真的热情去征服学问,征服文凭,那是她们认为能够解放她们,替她们打开陌生世界的秘库,使她们和男子跻身于平等之列的!……

"当然,这种信念是虚幻的,有些可笑的。但无论哪种进步,从来不能照我们所希望的方式实现;途径尽管不同,进步还是一样的进步。现代女性的努力决不会白费。它可以使女人更完全,更富于人性,好似那些大时代中的妇女一样。她们对于世界上重大的问题不再表示冷淡了:那种冷淡根本不合人性,因为便是一个最重视家庭责任的女人,也不应该不想到她在现代都市中的责任。她们的曾祖母,在圣女贞德和凯塞琳·斯福查[1]的时代,就不是这样想的。从那个时候到现在,女性变得贫血了。我们苛扣了她们的空气和阳光。如今她们居然拼命从我们那里把阳光和空气夺回去了。嘿,真是了不起!自然,在今日这些奋斗的妇女中间,有许多会夭折,有许多会身心失常。这是疾病到了生死关头的时代。元气过分衰弱的人做这种努力未免太剧烈了。一株久旱的植物遇到第一场雨就可能完事大吉。可是进步而不必付代价的事是没有的。将来的人一定会靠着这些苦难发芽滋长。现在一般献身于战斗的可怜的处女,好些是永远结不了婚的,但她们为未来所预备的果实,将要比以前多少代生儿育女的女性更丰富:因为新的黄金时代的女性会从她们的牺牲中间产生。

"这些勤勉的蜜蜂,决不能在你表姐高兰德的沙龙中遇到。你为什么一定要我上那儿去呢?我不得不服从你的命令;但这是不对的,你滥用威权了。我拒绝了她的三次邀请,收到了两封信没有复。于是

---

① 凯塞琳·斯福查为意大利十五世纪时贵族,在当时封建战争中以保卫家族著名。

她到我某次的预奏会上(人家正在试奏我的第六交响曲)来盯我了。在休息时间,我看见她迎面而来,探着鼻子拼命地呼吸,嘴里嚷着:唔,真有点儿爱情的气息!……啊!我多喜欢这个音乐!……

“她的外表改变了,唯有猫儿似的豹眼和扯动不已的鼻子依然如故。脸盘变得宽大,结实,气色很好,非常健康。参加体育活动的结果,她和从前不同了。她对于这个玩意儿喜欢得如醉若狂。你知道她的丈夫是汽车俱乐部和航空俱乐部的要人。所有的飞行比赛,所有水、陆、空的运动,史丹芬·台莱斯德拉特没有一次不到。他们老是奔东奔西地旅行。要跟他们谈话简直不可能;两人说的无非是赛跑,赛船,赛球,赛马。这是一批新的时髦人物。悲莱阿斯的时代过去了。如今大家不在精神方面讲究时髦了。少女们所追求的,是在露天与阳光底下跑来跑去晒出来的鲜红的肤色。她们瞧着你的时候,眼睛跟男人的一样,笑也笑得很粗野,语气也更火暴更放肆了。你的表姐有时会若无其事地说些野话。她过去是这也不吃那也不吃的,此刻居然成为饭桌上的健将。她还抱怨胃不好,因为她这样说惯了,事实上并不因此少动一叉。她连一本书都不看。在她那个社会里,谁也不看书了。唯有音乐还承蒙她们瞧得起,同时它也因为文学失势而沾了光。等到这些家伙疲倦得浑身瘫软了,音乐就等于他们的土耳其浴,温暖的蒸汽,按摩,东方烟袋……完全用不着他们思想的。在体育活动与恋爱之间,音乐是一种过渡的玩意儿,并且也还是一种运动。但在一切审美的娱乐中,今日最受欢迎的运动是跳舞。俄国舞、希腊舞、瑞士舞、美国舞,在巴黎什么都可以拿来跳舞:贝多芬的交响曲,埃斯库罗斯[1]的悲剧,巴赫的《十二平均律》,梵蒂冈教廷中的古物,格鲁克的歌剧《奥尔弗》,瓦格纳的《特里斯坦》……那些人都害上了想入非非的怪毛病。

“最有意思的是看你的表姐怎样把这些调和起来。她的唯美主

① 埃斯库罗斯为古希腊的悲剧诗人。

义,她的体育活动,她的精明干练——因为她母亲处理事务的才干跟日常生活中的专制作风,她都承继了,——合在一起必然成为一种莫名其妙的混合物,但她觉得很舒服。她的最疯狂的怪癖并不妨碍她清楚的头脑,正如她驾着风驰电掣的汽车不会眼花也不会手忙脚乱。那真是一个了不得的女子;丈夫、宾客、仆役,都被她随心所欲地支配着。她也参与政治,拥护殿下①,我不相信她是保王党,可是这样一来,她的忙乱可以多一个借口。并且她虽然一本书念不上十页,照旧参加学士院的选举。她自告奋勇要做我的后台。你知道这对我就不是味儿。最可恶的是,我是为了听从你的话才去看她的,不料她自以为对我有什么影响……我自然要气气她,当面把她揭穿了。她听了不过笑笑,还厚着脸跟我顶嘴。你说她骨子里是个老实人,不错,只要在她有点儿事情可做的时候。她自己也承认这一点:倘若机器没有东西可以研磨,它为了找材料,什么都做得出。我上她家去了两次。现在我不去了。对你,这已经足够证明我的服从。你总不至于要我的命吧?我从她那儿出来简直筋疲力尽,累得要死。我上次看了她回来,夜里做了一个可怕的噩梦:我变作她的丈夫,整个生活都给搅得天翻地覆……真正的丈夫可决不会做这样荒唐的梦;因为所有我在她府上见到的人里头,他是和她相处最少的一个;便是碰在一起,他们也只谈运动。他们俩非常投机呢。

"所有这批人怎么会捧我的音乐呢?我不想去了解。据我看,大概那对他们是一种新的刺激。他们喜欢我的音乐粗暴。目前他们爱着一种油脂厚重的艺术。至于油脂里头的灵魂,他们连想也没想到。他们会从今天的如醉若狂转变到明天的视若无睹,再从明天的视若无睹转变到后天的非难中伤,实际是从来没有认识对象。这种情形是所有的艺术家都遇到的。我对于自己的走红不存什么幻想,那是不会久

① 本书写作时期,法国王室的后裔是路易·菲力浦·劳白·奥莱昂公爵(1869—1926)。自十八世纪大革命以后,法国的保王党运动始终存在,每个时代的党人均以当时在王室世系上应当继承王位的人为假想的王,称之为"殿下"。

的,而且还要我付代价呢。眼前我只冷眼看着那些怪现象。对我崇拜最热烈的(你猜是谁?……)是咱们的朋友雷维-葛,那位漂亮人物,从前我跟他作过一次可笑的决斗的,你总该记得吧?此刻他在开导那些从前不了解我的人,而且开导得很好。所有谈论我的人还算他最聪明。其余的是些什么货也就可想而知了。你瞧,我有什么可得意的?

"并且我也没有这心思。人家所赞美的我的作品,我自己听了羞死了。我看出自己的面目,而我不觉得我美。对于一个有眼睛的人,一件音乐作品是一面多么无情的镜子!幸而他们又是瞎子又是聋子。我在作品里放进了自己多少的骚乱与弱点,以至于我有时候觉得把这些魔鬼放到世界上来简直是干了件坏事。直看到群众非常安静,我才放下心:他们穿着三重的铁甲,什么都伤害不到他们,否则我非入地狱不可了……你埋怨我责己太严。那是因为你的认识我并不像我的认识我自己。人家只看见我们现在的模样,看不见我们可能成为的模样;大家称赞我们的,多半是推移我们的时势和支配我们的力量,而很少是我们修养得来的成绩。让我讲一个故事给你听吧。

"前天晚上我走进一家咖啡馆。巴黎有些咖啡馆奏着相当美好的音乐,虽然方式很奇怪,我去的便是这样一家。他们用五六种乐器,加上一架钢琴,奏着所有的交响曲,弥撒祭乐,清唱剧。那正如罗马的大理石铺子出卖小型的梅迭西斯祭堂,给人做壁炉架上的装饰品。似乎这么办是对艺术有益的。为了要使艺术流通,非把它铸成铜子儿不可。除此之外,那些音乐会倒也货真价实:节目非常丰盛,演奏的人都很尽心。我在那儿遇到一个跟我素有往来的大提琴师,他的眼睛跟我父亲的很像。他把一生的经历告诉我。祖父是农夫,父亲是北方一个村公所里的办事员。家人想培植他做个上等人,当律师,便送他到附近的城里去念中学。孩子又结实又粗野,不是做小公证人那种细功夫的料子。他不能安分守己,从墙上跳出去,在田野里乱跑,追逐女孩子,逞着蛮力跟人打架,要不然就游手好闲,做梦一般地想着些永远做不到的事。只有一样东西吸引他,就是音乐。天知道为什么!家族里头没有一个音乐家,除了一个疯疯癫癫的叔祖。那种怪物,内地有的是,往往很聪明,很有天赋,可惜孤高自傲,为了一些古怪的无聊事儿把才气消磨尽了。那叔祖发明了一种新的记谱法,(你瞧,又是一种!①)可以促成音乐革命的,他还自以为发明了一种速记术,可以把歌词、曲调、伴奏三者同时记录下来,但一写下来,他自己先认不清了。家族一边嘲笑这个老头儿,一边也很得意,心里想:——他是个老疯子。可是谁知道?也许他真是天才……大概侄孙的爱好音乐就是从他那里遗传得来的。他在那小地方能听到些什么音乐呢?可是恶俗的音乐所引起的爱,跟美好的音乐所引起的一样纯洁。

"不幸这种热情似乎在他的环境里是不可告人的,孩子又没有叔祖那股顽强的戆气。他只能偷偷地翻着老疯子呕尽心血的作品,作为他畸形的音乐教育的基础。在父亲面前和舆论面前,他又虚荣又胆怯,在没有成功之前决不敢提起他的志愿。老实的孩子受着家庭的压迫,像所有法国的小布尔乔亚一样,因为懦弱,不敢和家属的意志对抗,表面上一味服从,实际却永远过着偷偷摸摸的生活。他并不走自己喜欢的路,却毫无兴趣地做着人家指定的工作:既不能好好地有所成就,也不能痛痛快快地失败。考试都马马虎虎地考及格了。考及格的好处,是从此可以逃掉内地与父母的双重监督。他看到法律就头痛,决意将来不吃这碗饭。但只要父亲活着,他就不敢说出自己的志愿。也许他很乐意在决定取舍之前再等些时候。像他那等人,一辈子都空想着将来做些什么,可能做些什么,目前却一事不做。巴黎的新生活使他陶醉了,出了轨,凭着乡下青年的狠劲,把自己交给了两桩热情:女人和音乐;一方面被音乐会搅昏了头,一方面也为了寻欢作乐搅昏了头。他为此虚度了几年,一点不想办法补足他的音乐教育。骄傲,暴躁,独立不羁与多疑的坏脾气,使他没法跟任何教师学习,也不愿向任何人请教。

① 很多欧洲人发明新的记谱法,认为五线谱还不够完美。

“父亲死后,他把法律书一股脑儿丢开了。没有勇气学习必不可少的技术,他先就开始作曲。由于懒惰游荡的老毛病与寻欢作乐的嗜好,他不能再下苦功。心里很有感情,但他始终抓不住自己的思想与形式,结果只能写些无聊的滥调。最糟的是,这个平庸的家伙心中的确有点儿伟大的东西。我看过他两件从前的作品,东零西碎的颇有些动人的思想,仅仅露出些端倪,马上就变了样。那仿佛泥坑上面的一些磷火……而且他的脑子又是好不古怪!他想对我解释贝多芬的奏鸣曲,居然看到其中有些幼稚可笑的故事。然而他抱着何等的热情,态度何等的严肃!他一边说一边含着眼泪。他能够为了所爱的东西把自己的命都送掉。你一看到他就会觉得他又动人又滑稽。正当我预备当面笑他的时候,心里竟想拥抱他了……真是老实到了骨子里。他瞧不起巴黎文艺社团的欺诈,也瞧不起那些空头的名人——另一方面仍禁不住像小布尔乔亚一样天真地仰慕走红的人……

“他得了一笔小小的遗产,几个月工夫就把它吃完了,而等到分文不名的时候,又像许多跟他差不多的人一样,偏偏老实起来,娶了一个被他勾引的没有钱的女人。她嗓子很好,并不爱好音乐而弄着音乐。两人的生活,只靠她的嗓子和他的不高明的大提琴演技来维持。自然,他们不久就发现了彼此的平庸,不能忍受。他们生了一个女儿,父亲在她身上又大做其好梦,以为自己做不到的事可以由她来实现了。小姑娘像她的母亲,只能成为一个毫无天分的钢琴匠;她非常敬爱父亲,拼命用功,想博取他的欢心,几年之中,他们跑遍了名城胜地的旅馆,挣来的钱还不如受的羞辱多。娇弱而劳作过度的孩子死了。绝望的妻子脾气越来越坏。简直是无边的苦海,没有希望跳出来,同时他心里又抱着一个没有能力达到的理想,更增加自己的痛苦……

“唉,朋友,我看到这可怜的一事无成的家伙,一生只是一组连续不断的悔恨,我就心里想:瞧,我就可能成为这种人。我们童年时代的心灵很有些相同的地方,一生的遭遇也差不多;甚至我们的音乐思想也有某些共同点;不过他的是在半路上停了下来。我没有像他那样陷落靠的是什么呢？没有问题，是靠了我的意志，但也靠了偶然的际遇。并且即以我的意志而论，难道那完全是凭我自己的努力得到的吗？岂非多半是靠我的种族，靠我的朋友们，靠那帮助我的神的力量吗？想到这些，我就变得谦卑了。一个人觉得所有爱艺术，为艺术受苦的人跟自己都是兄弟。从末流到第一流，距离并不大……

“在这一点上，我想到了你信上的话。你说得对：一个艺术家只要还能帮助别人的时候，决不该独善其身。所以我留在这里了，我要强迫自己每年在这儿住几个月，或是在维也纳，或是在柏林，虽然我已经住不惯这些都市。可是我不应该离开岗位。即使这种逗留不能有益于人，那是我很有理由担心的，至少可能对我自己有点儿好处。而且想到这是你的愿望，我还可以觉得安慰。再说……（我不愿意扯谎）……我在这儿也渐渐感到愉快了。再会吧，专制的王后，你胜利了。我不但做了你要我做的事，并且喜欢做了。

克利斯朵夫”

这样他就留在巴黎，一部分是为讨她喜欢，一部分也因为他艺术家的好奇心觉醒之下，被新生的艺术界景象迷住了。他精神上把所见所为的一切都献给葛拉齐亚，写信告诉她。他很知道，希望她对这些感到多大兴趣未免是妄想，也许她还有点儿漠不关心呢。但他感激她并不过于表示出来。

她经常每半个月复他一封信，都是措辞亲切而极有节度的，像她的动作一样。提到自己的生活的时候，她始终保持着温柔，高傲，矜持的态度。她知道她的话会在克利斯朵夫心中引起何等剧烈的反响，所以宁可表示得冷淡一点而不愿意挑动他的热情，因为她不愿意跟着他一起兴奋。可是她凭着女性的聪明，自有办法不让朋友的爱情感到失意，倘使她有何冷淡的话扫了对方的兴，她会立刻用几句甜蜜的话把伤口包扎起来。克利斯朵夫不久就看透这种策略，便也使出爱情的狡计，努力压制自己的冲动，把信写得更有节制，使葛拉齐亚复信的时候减少一点儿警惕。

他在巴黎越住下去,对于大家忙忙碌碌的新的活动越感到兴味。特别因为青年人对他的好感比较少,所以他觉得更有意思。他没有看错:他的走红不过是昙花一现。十年退隐之后再回到巴黎来,他不免在社会上轰动一时。可是命运弄人,这一回捧他的竟是他从前的敌人——时髦朋友和上流人物;一般艺术家倒反暗中对他抱着敌意,或者存着猜忌的心。他的权威是靠着他年代悠久的名字,数量巨大的作品,热烈肯定的语气,不顾一切的真诚。固然大家不得不承认他是个人物,不得不佩服他或敬重他,可是不了解他,不喜欢他。他已经站在当代的艺术潮流之外了。他是个怪物,是个不合时宜的活榜样。那他一向是的。十年的孤独更加强了这一点。他不在的那段时期,在欧洲,尤其在巴黎,就像他亲眼看到的,完成了一番复兴的事业。一个新的秩序产生了。一代新人兴起来了——爱行动甚于爱了解,爱占有甚于爱真理的一代。它要生活,要抓住生活,哪怕要用谎言去换取也有所不顾。骄傲的谎言——各式各种骄傲的谎言:种族的骄傲,阶级的骄傲,宗教的骄傲,文化与艺术的骄傲——对它都是好的,只要是一副铁的盔甲,只要能供给它刀剑盾牌,保护它踏上胜利之路。所以这一代的人最讨厌听到响亮的苦恼的声音,使他们想起世界上还有怀疑与痛苦:那仿佛是飓风,曾经扰乱那个才溜掉不久的黑夜的;而且大家虽然否认,虽然想忘记,那些飓风还继续威胁着世界。距离太近了,要不听见是不可能的;于是青年们恨恨地掉过头去,大声疾呼地嚷着,想震聋自己的耳朵。但那个声音比他们的更响。所以他们恨克利斯朵夫。

反之,克利斯朵夫倒很友善地望着他们,看到大家不顾一切地向着一个切实的目标,一个新的秩序攀登,不由得表示敬意。他们在这个潮流中故意做得胸襟狭窄,并不使他惊骇。一个人向着目标迈进的时候应当笔直地朝前望的。至于他,坐在一个世界的拐角儿上,能够回头瞧瞧那个惊心动魄的黑夜,向前瞻望那年轻的笑容可掬的希望,对着清新而狂热的黎明体会一下那种不可捉摸的美,觉得挺有意思。

他站的地位是钟摆的轴心上稳定的一点,钟摆却又在往一边荡过去了。他虽然不跟着钟摆一起动作,却非常高兴地听着人生的节奏跳动。那般人否认他过去的悲怆,他可是和他们一同希望着。要来的一定会来的,就像他所梦想的一样。十年以前,奥里维在黑暗与痛苦中——那可怜的高卢小公鸡——曾经用他脆弱的歌声报告天将破晓的消息;歌唱的人不在了,歌的精神却实现了。法兰西园子里的鸟都已经醒过来。突然之间,克利斯朵夫听见奥里维的声音复活了,盖过了别的啼声,更响亮,更清楚。

他在一家书铺的柜子上随便翻着一本诗集。作者的姓名很陌生。但有些字句引起了他注意,使他不忍释手。他在没有裁开的书页中间慢慢地读下去,仿佛认出了一个很熟的声音,一些很熟悉的特点……既不能确定他的感觉是怎么回事,又不忍把书丢开,便买了下来。回到家里,他继续念着,不料那执着的念头占据着他的思想。诗中彪悍强劲的气息,清清楚楚地令人想起那些广大无边的古老的灵魂——想起那些冬天的树木(人类只是它们的枝叶与果实),想起那些人类的祖国。字里行间跃现出母性的超人的面目,现在、过去、将来,永久存在的面目,君临着世界,有如中世纪艺术上的圣母,像山一般高,虫蚁似的人类在她们脚下祈祷。诗人颂赞这些伟大的女神做着英勇的决斗,从有史以来就在那里短兵相接:这些几千年的伊利亚特史诗之于特洛伊战迹,就好比阿尔卑斯山脉之于希腊岗峦。

像这样一部骄傲与战斗的史诗,对于克利斯朵夫那样的欧罗巴灵魂,思想上当然距离很远。可是在法国诗人的幻想中(妩媚的处女雅典娜拿着盾牌,蓝眼睛在黑暗中发光;她是劳动的女神,盖世无双的艺术家,高于一切的理性,用她毫光四射的长矛把蠢动的蛮族制服了[1]),——克利斯朵夫在闪烁的光明中瞥见一道目光,一副笑容,是

① 希腊神话以雅典娜为童贞的女神,代表战争,代表艺术,代表聪明,代表劳动,保护农业,保护城市。她的德性与职责多至不胜枚举。

他认识的,爱过的;但正要去抓握的时候,幻景消失了。他因为追逐不到而非常懊恼,不料翻过一页,读到了一桩奥里维去世以前不久讲给他听的故事。

他大为惊愕,马上跑到出版者那里去问诗人的住址。人家照例不肯说。他生了气,可是没用。后来他想也许可以在年鉴中找到,果然不错;他立刻奔到作者家里。他的脾气是想做什么就做什么,从来不肯等的。

在巴底诺区里,他爬到一座屋子的最高一层楼上。公共走道里有好几扇门,克利斯朵夫依着人家的指点敲了一扇。可是开的倒是隔壁的门。一个并不好看的年轻的女人,额上覆着深褐色的头发,肤色乌七八糟的,抽搐的脸配着一对炯炯有神的眼睛,带着猜疑的神气问他来意。克利斯朵夫把访问的目的说明了,对方又提出别的问话,便报了自己的姓名。于是她走出屋子,从身上掏出钥匙开了另外一扇门,并不请克利斯朵夫进去,先叫他在过道里等着。她自己进去之后重新把门关上。后来他终于踏进了戒备森严的屋子,先穿过一间空荡荡的做餐室用的房间,里头摆着几件破烂的家具,靠近没有窗帘的窗口放着一个笼子,有十几只鸟在那里乱叫。隔壁房内,一张破破烂烂的便榻上躺着一个男人。他抬起身子迎接克利斯朵夫。那张灵光四射的瘦削的脸,那对火辣辣的、秀美的、绒样的眼睛,那双长长的细致的手,那个残废的身体,那种带点沙哑的尖锐的声音……克利斯朵夫马上认出来了……那不是爱麦虞限吗?就是那残废的小工人,无意之间断送了……爱麦虞限也突然站了起来,认出了克利斯朵夫。

他们俩一言不发,同时都看到了奥里维的影子……不敢马上伸出手来。爱麦虞限往后退了一步。那种连自己也不承认的怨恨,从前对克利斯朵夫的妒意,过了十年又在暧昧的本能深处抬起头来。他站在那里,存着戒心,抱着敌意。可是看到克利斯朵夫那么感动,看到他们俩心里都想着的名字(奥里维……)快要被克利斯朵夫说出来的时候,他忍不住了,立刻扑在对他张开着的臂抱里。

“我知道你在巴黎,可是你,你怎么能找到我的?”

克利斯朵夫回答:“我读了你最近的著作,我听到了他的声音。”

“是吗?你认出了他是不是?我现在的一切都是他赐给我的。”(他避免说出名字。)

停了一会儿,他沉着脸又说:“你我之间,他更喜欢你呢。”

克利斯朵夫笑了笑:“真正爱的人没有什么爱得多爱得少的,他是把自己整个儿给他所爱的人的。”

爱麦虞限望着克利斯朵夫,个性坚强的眼中那点儿悲壮的严肃,突然蒙上一道柔和的光。他抓着克利斯朵夫的手,请他坐在便榻上,靠近着他。

他们把彼此过去的经历讲了一遍。从十四到二十五岁之间,爱麦虞限干过不少行业:印刷工人,地毯工人,小贩,书店掮客,诉讼代理人的书记,政客的秘书,新闻记者……在所有的行业中,他都想办法下苦功自修;偶然也有几个好人,被这小家伙的毅力感动了,帮他一点忙,但多半的人是利用他的穷苦与天赋。他得了不少惨酷的经验,结果总算不太灰心,只是把他原来就很娇弱的健康都损失完了。因为学习古文字特别快(在一个传统上受到人文主义熏陶的民族中间,这种才能并不算是例外),他积累到一个研究古希腊学问的教士帮忙。虽则他没有时间把这些学问钻研得如何精深,可是已经养成了思想的纪律和文字的风格。这个出身微贱,一切知识都靠自修得来而漏洞很多的人,居然学会了运用辞藻的能力,能够用思想来控制形式,那是布尔乔亚青年经过十年的高等教育也不容易培养成功的。他把这种好处归功于奥里维。虽然别人给他的帮助比较实际,但替这颗心灵在黑夜中把长明灯点起来的,的确是奥里维。别人不过是做了添加灯油的工作。

他说:“从他去世的时候起,我才开始了解他。但他和我说过的话都进到了我的心里。他的光明从来没有离开我。”

他谈着他的作品,谈着自以为是奥里维留给他的任务,提到法兰西民族精神的觉醒,英勇的理想主义的火焰,为奥里维所预告的;他想替这些做一个响亮的声音,超临在战斗之上,报告未来的胜利。他为他复兴的民族唱着史诗。

他的诗歌的确是这个奇异的民族的出品。经过了多少世纪,这民族把克尔特古族的气息始终保持得那么牢固,同时又有一种古怪的骄傲的脾气,把罗马征服者的遗物和法律裹在自己的思想外面。爱麦虞限的诗中有的是高卢族的胆气,疯狂的理智,辛辣的讽刺,英勇的精神,又是自大又是勇敢的性格,例如敢向罗马贵族挑战,洗劫台尔弗神庙①,狞笑着对天挥舞长枪的气魄。但这个巴黎侏儒像他那些戴假头发的祖先一般,也像他未来的子孙一般,还会把他的热情寄托在两千年前的希腊英雄和神明身上。这是法兰西民族的奇怪的本能,和它追求"绝对"的需要融洽一致的本能:它的思想明明追随着几千年前的足迹,但它反而以为是把自己的思想叫以后几千年间的人作为楷模。古典形式的束缚反而使爱麦虞限的热情愈加奋激。奥里维认为法兰西是有前途的,他的信念是安详沉着的,到了他的门徒身上却变成了如火如荼的信仰,急于行动而胜券在握的信仰。他要胜利,看到了胜利,欢呼胜利。他所以能煽动法国群众的心,便是靠这股狂热的信仰和乐观的气息。他的著作跟战争一样有力量。怀疑与恐怖的阵线被他突破了。所有年轻的一代都跟着他蜂拥向前,向新的命运扑过去……

他一边说着一边兴奋起来:眼里冒着火焰,苍白的脸上东一处西一处有了红晕,嗓音也提高了。克利斯朵夫不禁注意到这一堆气势逼人的烈火,和烧着这堆烈火的可怜的身体之间的对照。但这个命运弄人的惨状,他还只看到一部分。诗人讴歌咏叹的是毅力,是这一代醉心于体育、行动、战斗的勇猛的青年,诗人本身可是连走路都是上气不接下气的,只能过着极有节制的生活,饮食受着限制,只喝清水,不能抽烟,没有情妇;他浑身上下都是热情,但为了脆弱的健康不得不过着

① 台尔弗为希腊古城,曾被高卢族攻陷。

清心寡欲的日子。

克利斯朵夫打量着爱麦虞限,觉得他又可佩又可怜。他当然不愿意流露出来;但大概他的眼睛透露了一些消息,或者是伤口始终没结好的爱麦虞限的傲气,以为在克利斯朵夫眼中看到了恻隐之心,那是他觉得比恨更要不得的。忽然之间,他激昂慷慨的感情低了下去,不作声了。克利斯朵夫竭力想把他的信心争取回来,只是徒然。心灵已经关上了门。克利斯朵夫看出对方是被他伤害了。

爱麦虞限一声不出,抱着敌意。克利斯朵夫站起来,爱麦虞限默默无言地送到门口。他一走路就更显出他的残废;他自己知道这一点,因为骄傲而装作毫不介意;但他以为克利斯朵夫在暗中留神,于是心里愈加怨恨。

他正冷冰冰地握着客人的手告别,忽然有个年轻的漂亮女人来按他的门铃。一个装模作样的男人做着她的跟班,那是克利斯朵夫在戏院上演新戏的时候注意过的,老是笑容可掬,絮絮不休,颠头耸脑的行着礼,吻着妇女们的手,从正厅的座位上嘻着脸和熟人打招呼,直招呼到最后几排。克利斯朵夫不知道他的姓名,便叫他"花花公子"。那时"花花公子"和他的女伴,一见爱麦虞限就拿出肉麻的礼数和亲热的态度扑向"亲爱的大师"。克利斯朵夫一边走出来,一边听见爱麦虞限斩钉截铁地回答说今天有事,不能见客。他很佩服他不怕得罪人的胆量。可是爱麦虞限为什么对这批上门来献殷勤的、有钱的时髦人物这样冷淡,克利斯朵夫还不知道呢。他们说话很甜,满嘴都是恭维,可并不想减轻他的灾难,正如赛查·法朗克的朋友们让他到死都靠教钢琴过活。

克利斯朵夫又去看了好几次爱麦虞限,却没法再恢复初次访问时那种亲密的感觉。爱麦虞限看到他,并不表示愉快,只抱着猜疑而矜持的态度。有时他的性灵需要发泄一下,被克利斯朵夫一句话打动了心,忍不住兴奋起来,让他的理想主义射出一些绚烂的光芒,照着他深藏的灵魂。接着他的热情突然下降,憋着一肚子的怨气不出声了,使克利斯朵夫又看到了敌人的面目。

两人不同的地方太多了。年龄的差距也关系很大。克利斯朵夫越来越认清自己,越来越能控制自己。爱麦虞限却还在变化不定的阶段,精神上比克利斯朵夫一生无论哪一个时期都更骚乱。他的面貌所以这么特别,是因为他心中有许多互相冲突的因素:严格的苦行精神竭力想把隔世遗传的欲念压下去——我们别忘了他父亲是个酒徒,母亲是个卖淫妇;狂热的幻想竭力反抗着铁一般的意志,不受约束;极自私的心理和极慈爱的心肠,叫人永远看不出两者之中哪一个会占上风;还有英勇壮烈的理想主义和对于光荣的渴慕,使他一看到旁人的优越就会着急到近于病态的程度。即使奥里维的思想,独往独来的个性,大公无私的精神,都可以在他身上发现;即使他有诗才,有平民的活力(使他不会讨厌实际行动),有粗糙的表皮(使他不会厌恶这个,厌恶那个),因而胜过他的老师:可绝对达不到奥里维那种清明恬静的心境。他天生是虚荣的,骚动的,而除了自己的苦闷以外还要加上别人的苦闷。

他和一个邻居的少妇,第一次接待克利斯朵夫的那个女子,住在一起,常常争执。她爱着爱麦虞限,一片热诚地照顾他,替他打杂,抄写作品,或是把他念出来的文字写下来。人长得一点儿不美,感情却非常骚动;平民出身,做过很久的纸版女工,后来又当过邮局职员,毫无生趣的童年是在巴黎一般穷苦工人的环境中过的。身体与精神都受着挤逼,做着辛苦的工作,永远是乱七八糟的环境,没有空气,没有静默,从来不得清静一下,心中的小天地老是受到外界的扰乱。脾气很高傲,对于真理抱着一种迷迷糊糊的理想与宗教式的热情,她夜里睁着倦眼,有时甚至没有灯火,在月光底下抄写雨果的《悲惨世界》。她遇到爱麦虞限的时候,正是爱麦虞限贫病交迫,比她更潦倒的时候;从此她就委身于他。这桩热情是她生平第一次的,也是仅有的一次爱情,所以她像饿鬼似的一把死抓。但对于爱麦虞跟,她的感情反而是个重担;他那方面并没这种情分,只是勉强容忍她的。看到她无微不至的忠诚,他极其感动,知道她是最可靠的朋友,只有她拿他当作自己的性命一样。但这种心理,他就难以忍受。他需要自由,需要孤独;她时常用眼神哀求他瞧她一眼,他却觉得厌烦透了,对她恶声相向,恨不得和她说:"去你的吧!"她的丑陋和急促的举动惹他生气。尽管他很少认识上流社会,同时还轻视上流社会(因为相形之下,他显得更丑更可笑了),骨子里却喜欢高雅,喜欢那个社会里的女子;不料她们对他的心情正和他对那个女朋友的心情一样。他勉强和她表示好感,心里可并没有这种好感,或者是常常不由自主要爆发出来的恨意把他的好感淹没了。他毫无办法。他有一颗慈悲的心,竭力想对人好;同时身上又有一个强暴的魔鬼,拼命想损害人家。达种内心的冲突,和他明知道冲突的结果对自己有弊无利的感觉,使他暗中恼怒;这怒意发作的时候,克利斯朵夫就得受到无妄之灾了。

爱麦虞限不由自主地对克利斯朵夫有两种反感:一种是他从前的嫉妒遗留下来的(那些童年的偏见,即使原因早已忘了,仍旧有它的作用);一种是由激烈的民族主义煽动起来的。他把上一代的优秀人士所想象的关于正义、怜悯、博爱的美梦,全部寄托在法兰西身上。他并不认为法兰西和欧洲其余的民族处于敌对地位,靠着别国的衰微而繁荣的;他是把自己的民族放在别的民族的行列前面,仿佛一个正统的王后为了大家的福利而统治,为理想作卫士,替人类作向导。他宁可法国灭亡而不愿意它犯一桩蹂躏正义的罪行。但他决不怀疑它有这种事。他的心胸、他的修养,都证明他彻头彻尾是个法国人,单靠法国传统作养料的;而在他的本能里面,他就能找到法国传统的深刻的意义。他老老实实否认外国的思想,对它抱着轻蔑的态度——倘若外国人不肯接受这种屈辱的待遇,他的轻蔑就一变而为恼怒。

这一切,克利斯朵夫都看得挺明白,但因为年纪比较大了,人生的教训受得多了,他决不因之而不愉快。虽然这种民族的骄傲使人很难堪,克利斯朵夫却并没受到伤害,认为那是爱国心促成的幻象。神圣的感情即使过火,他也不想加以指摘。并且所有的民族都自命不凡地相信自己的使命,那对整个人类也有好处。他和爱麦虞限格格不入的原因固然很多,但使他真正难过的只有一点,便是爱麦虞限有时把嗓子逼得太尖,使克利斯朵夫的耳朵大为受罪,甚至脸都抽搐了。他想法不让爱麦虞限觉察,努力叫自己只听音乐,不听那乐器。残废的诗人常常提到为别的胜利作前驱的精神的胜利,提到征服天空,提到那个把民众煽动起来的"飞翔的上帝",像伯利恒的明星①一般引着他们如醉若狂地扑向无垠的空间,或走向未来世界……那时可怜的驼子脸上就显出了悲壮的美。但在这些庄严的境界中间,克利斯朵夫感觉到了危险:这冲锋陷阵的步子,和这个新《马赛曲》的越来越响亮的歌声,将来会把民众带到什么路上去,克利斯朵夫已经预感到了。他带着点讥讽的心情想着(可并没有对于过去的惆怅和对于将来的恐惧),这些诗歌将要产生出诗人意想不到的后果,早晚有一天,人们会不胜感慨地追念以往的"节场"时代……那时大家才多么自由!真是自由的黄金时代,一去不复返了。世界正在走向一个新时代,有的是力、健康、强毅的行动,也许还有光荣;但同时你得守着严格的纪律,不能越出狭窄的范围。我们不是一心一意企望这个铁的时代,古典的时代吗?伟大的古典时代——路易十四或拿破仑,从远处看来都是人类的高峰;也许民族在那个时代把它国家的理想实现得最完满了。可是你去问问当时的那些英雄作何感想。你们的尼古拉·波生跑到罗马去过了一辈子,死也死在那里②;他在你们家里透不过气来。你们的巴斯加,你们的拉辛,都向社会告别。而在一般最伟大的人物中间,因为受到社会的歧视,压迫,而过着隐居生活的又有多多少少!便是莫里哀吧,心中也藏着多少悲苦。至于在你们怀念不止的拿破仑治下,你们的父亲那一辈似乎也不觉得幸福;那位英雄自己也看得很准,知道他死了

① 据《新约》载,耶稣生在犹太的伯利恒,有几个博士从东方来拜,说是因为看见了生下来作犹太人之王(即指耶稣)的星。

② 尼古拉·波生(1594—1665)为法国画家,一六二四年前往罗马,至一六四〇年被路易十三强逼回国,一年后因受宫廷画家嫉妒,返回罗马,终老于罗马。

以后,大家都会松一口气,叫一声“啊!……”在皇帝四周,思想界是多么荒凉!等于非洲的太阳照在广袤无垠的沙漠上……

这些翻来覆去想着的念头,克利斯朵夫绝对不说出来。只要露一些口风已经使爱麦虞限怒不可遏,怎么再敢尝试呢?但他把自己的思想藏在肚里也没用,爱麦虞限知道他那么想着。而且他还隐隐约约感觉到克利斯朵夫比他看得更远,因之他更气恼。青年人是不肯原谅他们的前辈强迫他们看到二十年以后的事的。

克利斯朵夫看透了他的思想,对自己说着:“他这是对的。各有各的信仰!一个人应当相信他所相信的。我千万不能扰乱他对于未来的信念。”

但只要他在场,彼此精神上就会骚动。两人待在一起的时候,尽管都抑捺着自己的个性,结果总是这一个压倒那一个,使那一个因为屈辱而心怀怨恨。爱麦虞限的骄傲的脾气,因为克利斯朵夫的经验与性格都比他优越而感到痛苦。也许他还强自压制,不让自己对克利斯朵夫发生感情,因为事实上他已经慢慢地在喜欢他了。

他变得更孤僻了:关起门来谁都不见,信也不复。克利斯朵夫只得不去找他。

时间到了七月初。克利斯朵夫把几个月的收获总结了一下。新思想,很多;朋友,很少。轰动一时而完全虚空的成功,看到自己的面目与作品在一帮平庸的头脑中反映出来,不是变得模糊了就是变成了漫画,真不是味儿。他很愿意得到某些人的了解,无奈他们对他毫无好感;他去接近他们,他们简直不理不睬;不管他怎么样想参加他们的理想,做他们的盟友,可始终不能加入他们的队伍。似乎他们多所猜忌的自尊心不愿意接受他的友谊,宁可他做一个敌人。总而言之,他眼看自己的一代像潮水般的过去了而自己没跟它一同过去,下一代的潮水又不要他加入。他是孤独的,可并不惊异,他一辈子孤独惯了。但他认为在这一次新的尝试之后,可以问心无愧地回到瑞士隐居去了。他心中还有一个计划,最近越来越成熟了:随着年龄的老去,他念念不忘地想回到家乡去终老。那边已经没有一个熟人,也许精神上比住在这外国的都市里更孤独;但家乡总是家乡;你并不要求和你血统相同的人和你思想也相同:大家暗中有着无数的联系;彼此的感觉都能领会天地这部大书,彼此的心也讲着同样的言语。

他心平气和地把自己的失意告诉葛拉齐亚,说他想回瑞士去,还说笑似的要求她允许。动身的日子定在下星期内。可是他在信尾添了一句:

"我改变了主意。行期延迟了。"

克利斯朵夫绝对信任葛拉齐亚,跟她无话不谈,但心里还有一个部分只有他自己有钥匙的,那是一些不单属于他,而也属于那些亲爱的死者的回忆。所以他绝口不提奥里维的事。这种保留并非由于故意,而是在他想和葛拉齐亚提到的时候说不出口。她和他是不认识的啊……

那天早上,他正在写信给他的女朋友,有人敲门了。他一边去开门,一边因为被人打搅而嘴里嘀咕着。来的是一个十四五岁的男孩子,说要见克拉夫脱先生。克利斯朵夫不大高兴地让他进来了。黄头发,蓝眼睛,面目清秀,不十分高大,身材瘦瘦的,他站在克利斯朵夫面前有点儿胆怯,不出一声。过了一会儿他定了神,抬起清朗的眼睛把克利斯朵夫好奇地打量着。克利斯朵夫瞧着这可爱的脸笑了笑,孩子也笑了笑。

"说吧,有什么事呢?"克利斯朵夫问。

"我是来……"孩子又慌起来,红着脸,不作声了。

"不错,你是来了,"克利斯朵夫笑道,"可是为什么来的?你瞧我呀,难道怕我吗?"

孩子重新堆着笑脸,摇摇头:"不怕。"

"好极了!那么先告诉我你是谁。"

"我是……"

他又停住了,好奇的眼睛在屋子里扫了一转,无意中发现克利斯朵夫的壁炉架上摆着一张奥里维的照相。克利斯朵夫不知不觉跟着他的目光望去。

“说啊！拿点儿勇气出来！”

孩子就说：“我是他的儿子。”

克利斯朵夫大吃一惊，从椅子里直跳起来，两手抓着孩子，拉他到身边，重新坐下，把他紧紧搂着。他们的脸差不多碰在一起了。他瞅着他，瞅着他，再三说着：

“我的孩子……我可怜的孩子……”

他突然之间把孩子的头捧在手里，亲着他的额角、眼睛、腮帮、鼻子、头发。孩子被这种激动的表示吓坏了，心里很不舒服，挣脱了他的臂抱。克利斯朵夫松了手，捧着脸，把额角靠在墙上，过了几分钟。孩子直退到屋子的尽头。等到克利斯朵夫重新抬起头来，脸色已经平静了；他堆着亲切的笑容，望着孩子：“我把你吓坏了。啊，对不起……你瞧，我太爱他了。”

孩子不回答，心还有点儿慌乱。

“你多像他！”克利斯朵夫说，“……可是我又认不得你。是哪些地方不同呢？”

他接着又问：“你叫什么名字？”

“乔治。”

“不错。我记得了。你叫作克利斯朵夫-奥里维-乔治[1]……你几岁啦？”

“十四岁。”

“十四岁！嘀！日子过得真快……我还觉得是昨天的事呢，好像老是在我眼前呢……你多么像你父亲，脸完全一样，可又明明不是他。眼睛的颜色是相同的，目光却不同。同样的笑容，同样的嘴巴，可是声音不同。你更结实，腰背更直，脸蛋更饱满，也和他一样会脸红。你过

① 西方人的名字往往不止一个，大都为纪念前人或亲友而袭用他们的名字。奥里维·耶南的儿子名字叫作克利斯朵夫-奥里维-乔治，前面两个名字即纪念父亲的好友与父亲。

来,坐下吧,咱们来谈谈。谁叫你到我这儿来的?”

“我自己来的。”

“噢,你自己来的?你怎么知道我的呢?”

“人家跟我讲起您。”

“谁?”

“母亲。”

“啊?她知道你到我这儿来吗?”

“不知道。”

克利斯朵夫静默了一会儿,又问;“你们住在哪儿?”

“靠近蒙梭公园。”

“你是走来的?路不少呢,你累了吧?”

“我从来不觉得累的。”

“好极了!把手臂伸出来给我瞧瞧。”

他拍拍他的胳膊。

“好小于,长得很棒……告诉我,你怎么会想起来看我呢?”

“因为爸爸最喜欢您。”

“是她……”他又改口说:“是你母亲和你说的吗?”

“是的。”

克利斯朵夫微微一笑,心里想:“她也在忌妒!……他们全都那样爱他!干吗他们不早对他表示呢?……”

然后他又问:“干吗你等了那么久才来看我呢?”

“我早想来的。可是我以为您不愿意见我。”

“我不愿意见你?”

“好几个星期以前,在希维阿音乐会上,我看见了您,那时我跟母亲在一块儿,离您只有几张椅子的距离;我对您行礼,您斜着眼睛瞪了我一下,皱了皱眉头,不理我。”

“我,我对你看了一下吗?……可怜的孩子,你竟以为我?……唉,我没看见你啊。我有点近视,所以我皱眉头……难道你以为我很凶吗?"

"我想您可能很凶的,倘使您要凶的话。"

"真的吗?"克利斯朵夫接着说。"既然你认为我不愿意见你,又怎么敢来的?"

"因为我,我要看您呀。"

"要是我把你撵出去,你怎办?"

"我不会让人家这么做的。"

他这么说的时候神气很坚决,有点难为情,也有点挑战的模样。

克利斯朵夫不禁哈哈大笑,乔治也跟着笑了。

"你倒可能把我撵出去呢,是不是?嘿!好大的胆子!……你真不像你的父亲。"

孩子笑嘻嘻的脸突然沉了下来:"您觉得我不像他吗?您刚才明明说……那么您以为他会不喜欢我吗?您也不喜欢我吗?"

"我喜欢不喜欢你,对你有什么关系?"

"关系大呢。"

"为什么?"

"因为我喜欢您啊。"

一刹那,他的眼睛、嘴巴、脸上各个部分,有了好几种不同的表情。好比四月里的天,春风把一堆堆乌云的影子照在田里。克利斯朵夫看着他,听着他,心里舒服极了,过去的烦恼都被一扫而空;他的可悲的经验,受的磨折,他的和奥里维的痛苦,一切都给抹掉了。孩子是从奥里维生命中长出来的嫩芽,而克利斯朵夫自己也在这个嫩芽身上复活了。

他们俩谈着话。几个月以前,乔治还完全不知道克利斯朵夫的音乐;但自从克利斯朵夫回到巴黎以后,凡是演奏他作品的音乐会,乔治一次都没错过。一提到他的乐曲,他就眉飞色舞,眼睛发亮,笑眯眯的,连眼泪都要流出来了,简直是入了迷。他告诉克利斯朵夫,说他热爱音乐,同时也想学音乐。但克利斯朵夫提了几个问题,发觉孩子对音乐还一无所知。他询问他的学业,原来是在念中学,他还轻松地说自己不是一个好学生。

“你在哪一方面比较强呢？文学还是科学?”

“都差不多。”

“怎么？怎么？难道你是个没出息的学生吗?”

他坦白地笑了:“大概是吧。”

接着他又补上一句真心话:“可是我知道不至于的。”

克利斯朵夫禁不住笑了。

“那么干吗不用功呢？难道没有一样东西使你感到兴趣吗?”

“相反！什么都使我感到兴趣。”

“那又怎样呢?”

“什么都有了兴趣,就没时间啦。”

“没时间？那你干什么鬼勾当去了?”

他做了个意义不明的姿势。

“噢,事情多呢。我搞音乐,参加运动,参观展览会,还要看书……”

“最好多念念你的课本。”

“课本顶没意思了……而且我们还要旅行。上个月,我在英国看牛津跟剑桥比赛。”

“嗯,这样你的功课才会进步呢!”

“您别说这个话！这样可以比在中学里学得更多的东西。”

“你母亲对这些认为怎么样?”

“母亲是很讲理的。我要怎么办,她就怎么办。”

“坏东西！……算你运气,没有像我这样的人做你父亲。”

“倒是您没运气有我这样的儿子……”

他那种撒娇的神气真讨人喜欢。

“那么告诉我,你这个旅行家,”克利斯朵夫说,“你认得我的国家吗?”

“认得。”

“我敢说你连一句德语都不懂。”

“怎么不懂！我的德语很好呢。”

“咱们来试试看吧。”

两人便说起德语来了,孩子乱七八糟地说着,语法也不准确,可是非常有把握;他很聪明,机灵,懂得的少,猜到的多,常常猜错;那时他自己先笑开了。他挺有劲地讲他的旅行,讲他看的书。他看得很多,匆匆忙忙的,浮光掠影的,只看着一半,把没有过目的自己造出来,但永远受着一种强烈而新鲜的好奇心刺激,到处寻找使自己兴奋的因素。他从这个题目跳到另一个题目,眉飞色舞地讲着他受过感动的戏剧或作品。所有的知识都毫无系统:他会看一本不入流的书而偏偏不知道那些最出名的。

“这些都很有意思,”克利斯朵夫说,“可是你要不用功的话,决不会有什么成就。”

“噢！我用不着。我们有钱。”

“该死！这个话可严重了。你愿意做一个一无所用,一无所事的人吗?”

“哪里！我什么都要干。一辈子只干一行,太傻了。”

“可是唯有这样,一个人才能把本行干得像个样。”

“有人是这么说呀。”

“怎么！有人是这么说?……我,我就这么说。瞧,我把自己的一行研究了四十年,才有点儿门径。”

“学本领就得花四十年,那么什么时候才能动手做呢?”

克利斯朵夫笑起来了。

“小家伙,你倒会顶嘴呢!”

“我愿意做个音乐家。”乔治说。

“那么马上就学也不算早了。要不要我教你?”

“噢!那我多高兴啊!”

“你明天再来。我要瞧瞧你有多大出息。要是你没出息,我就不许你碰钢琴。要是你有天分,咱们可以想法教你有点儿成就……但是我先告诉你,你非用功不可。"

"我一定用功。"乔治说着,快活极了。

他们把约会定在第二天。临走,乔治想起明天已经有别的约会,后天也是的。对啦,这个星期简直没空。于是他们另外定了一个日子和钟点。

但到了那一天那个时间,克利斯朵夫空等了一场,大为失望。他想到能够再看见乔治,竟欢喜得像小孩子一样。这个意想不到的访问使他的生活有了光明。他为之那样的快乐、感动,甚至当夜没有能睡觉,不胜感激地想到这小朋友是代表他的朋友来看他的;他对着脑子里那张可爱的脸微笑;孩子的天真,可爱,又调皮又老实的谈吐,完全把他迷住了。他体会着这种醉意,耳朵里跟心里只听见嗡嗡的响声,快乐的情形像他和奥里维定交的时期一样。同时他还有一种更严肃的,几乎是虔敬的感情,因为他的心除了活人以外又看到了故人的笑容。乔治失约以后,他一连等了好几天。始终没有人来,也没有一封道歉的信。克利斯朵夫悲伤之下,竭力想出理由来原谅孩子。他不知道他的住址。即使知道了,也不敢写信去。老年人喜欢青年人,是不好意思把少不了对方的心情表示出来的;他知道青年人心里并没有这种需要:双方的情势根本不同,而我们最怕用感情去强制一个对我们并不在乎的人。

日子一天天地过去,消息全无。克利斯朵夫虽然很难过,却硬着头皮不去想法找耶南一家的踪迹,只每天等着。他也不上瑞士去,整个夏天都待在巴黎。他觉得自己荒唐,但再没兴致旅行了,直到九月才上枫丹白露去住了几天。

十月将尽的时候,乔治·耶南跑来敲门了。他若无其事地道了歉,对于失信的事没有一点儿惭愧的神气。

"我没有能来,"他说,"后来我们又动身到布列塔尼去了。"

"你该写信给我啊。"

"是的,我想写信的。可是我老是没有空……并且,"他笑着说,"我也忘了,把什么都忘了。"

"你什么时候回来的?"

"十月初。"

"哼,你又等了三星期才来看我?……老实告诉我,是不是你母亲不准你来?……是不是她不喜欢你来看我?"

"不!正好相反。今天还是她叫我来的。"

"怎么?"

"暑假以前我来看过您之后,回去一五一十都说给她听了。她说我做得很对;她问起您,这个那个地问了好多话。三星期以前,我们从布列塔尼回来的时候,她就要我再来看您。八天以前,她又提醒我一回。今儿早上,知道我还没有来,她生气了,要我吃过午饭立刻就来,不许再拖了。"

"你跟我讲着这些,不觉得难为情吗?直要人家逼了,你才肯到我这儿来吗?"

"不是的,不是的,您别这样想!……噢!我使您生气了!对不起……我真糊涂……您尽管骂我吧,可是别恨我。我很喜欢您。要不然我也不会来了。人家并没强迫我。第一,人家只能强迫我做我愿意做的事。"

"坏东西!"克利斯朵夫说着,不由得笑了出来,"那么你关于音乐的计划怎么了?"

"噢!我老在想呀。"

"光是想,就会成事吗?"

"现在我要开始了。最近几个月的确忙不过来,我有多多少少的事要做!可是现在,您瞧着罢,我要用功了,倘使您还肯教我的话……"

(他抛着媚眼。)

"你这是开玩笑了。"克利斯朵夫回答他。

“您不拿我当真吗?”

“不当真。”

“讨厌！没有一个人把我当真的。我灰心透了。”

“要看到你用功的时候我才把你当真。”

“那么马上就来!”

“我没空,明天吧。”

“不,明天太远了。我不能让您在这一天之内瞧不起我。”

“你多讨厌。”

“我求您……”

克利斯朵夫看着他那些缺点笑了笑,叫他坐在钢琴前面,和他谈起音乐来。他问了他几句,又要他解答几个和声方面的小问题。乔治根本不懂,但他的音乐本能把他的愚昧无知给补足了不少;虽然不知道和弦的名字,他居然找到了克利斯朵夫所要的和弦;便是找错了,那种笨拙也显出他有特别的趣味和特别敏锐的感觉。克利斯朵夫的批评,他先要讨论过了才肯接受;而他提出的那些很聪明的问题又表示他非常真诚,不承认艺术是一种教条似的公式,而是要经过自己体验的。他们所讨论的并不限于音乐。提起和声的时候,乔治谈到一些图画,风景,人物。他像野马一般的不受束缚,得时时刻刻把他拉回来;克利斯朵夫往往没有这勇气。他听着这聪明活泼的小家伙嘻嘻哈哈地东拉西扯,觉得挺好玩。他的性格和奥里维的完全不同……父亲的生命是一条埋在地下的河,默默无声地流着;儿子的却全部暴露在外面,像一条任性的溪流,在阳光底下玩耍,消耗它的精力。可是本质上是同样纯洁的水,像他们俩的眼睛一样。克利斯朵夫微微笑着,看到乔治有某些出于本能的反感,看到他喜欢的东西跟不喜欢的东西,都是他熟识的。还有那种天真的执着,对自己喜欢的人倾心相与的热情……所不同的是乔治喜欢的对象太多了,使他没有时间爱一个对象爱得怎么长久。

下一天和以后的几天,他都来了。他对克利斯朵夫有了那种青年人的热情,把他教的东西都学得很有劲……然后,高潮低下去了,来的次数减少了……然后他不来了,又是几星期的没有踪影。

他轻佻,健忘,自私得天真,亲热得真诚,心地很好,非常聪明,可舍不得用这个聪明。人家因为喜欢看到他,便处处原谅他。他是幸福的……

克利斯朵夫不愿意批判乔治,也不怪怨乔治。他写信给雅葛丽纳,谢谢她叫儿子来看他。她复了一封短信,显而易见是压着情感写的,她只希望克利斯朵夫照顾乔治,指点他怎么做人,语气之间没有想和克利斯朵夫见面的表示。因为怕触动旧事,也为了高傲,她不敢来找他。而克利斯朵夫也觉得不被邀请就没有权利先去。所以他们不相往来,只偶尔在音乐会里远远地看到,还有孩子难得的访问使他们之间有点儿联系。

冬天过去了。葛拉齐亚很少来信。她对克利斯朵夫始终保持着忠实的友谊。但因为是真正的意大利女子,很少有感伤气息,只关心现实,所以她即使不一定要看到了朋友才会想起他们,至少要看到了他们才会想起跟他们谈天的乐趣。为了保持心中的记忆,她非要把眼睛的记忆常常更新一下不可。因此她的信变得简短而稀少了。她从来不怀疑克利斯朵夫的友谊,好似克利斯朵夫从来不怀疑她的友谊一样。但这种信念所能给人的,多半是光明而不是热度。

克利斯朵夫对于这些新的失意不觉得怎么难过。音乐方面的活动尽够消磨他的光阴。到了相当的年龄,一个强毅的艺术家大半在艺术中过活,实际生活只占了很少的一部分,人生变成了梦,艺术倒反变成了现实。和巴黎接触之下,他的创造力又觉醒了。只要看到这个大家都在埋头工作的都市,你就受到极大的刺激。便是最冷静的人也会感染它的狂热。克利斯朵夫在健康的孤独生活中休息了几年,养精蓄锐,又有一笔精力可以拿来消耗了。法国人的不知餍足的好奇心,在音乐的技术方面有了新的收获;克利斯朵夫拿着这笔新的财产,也开始去搜索他的新天地;他比他们更粗暴,更野蛮,比他们走得更远。但他现在这种大胆的尝试,再也不是凭本能去乱碰的事了。克利斯朵夫一心一意追求的是“清楚明白”。他的天才,一辈子都跟着缓一阵急一阵的流水的节奏;它的规则是每隔一个时期就得从这个极端转换到另一个极端,而把两端之间的空隙填满。前一个时期,他把自己整个儿交给“在秩序的面网底下闪烁发光的一片混沌”,甚至还想撕破面网看个真切。可是他忽然感到要摆脱混沌的诱惑,重新把理性盖住人生的谜了。罗马那股征服天下的气息在他身上吹过了。像当时的巴黎艺术一样(那是他不免有所感染的),他也渴望着秩序。但并非依照那般疲倦不堪的开倒车的人的方式,他们只能拿出最后一些精力保护他们的睡眠——也不是华沙城中的秩序①。那般好好先生回到了圣·桑与勃拉姆斯的路上,回到了一切艺术上的勃拉姆斯,把学校里的功课做得挺好,因为求安静而回到平淡无味的新古典派去了。他们的热情不是消耗完了吗?哼!朋友们,你们疲倦得真快……我所说的可不是你们的秩序。我的秩序不是这一类的,而是要靠自由的热情与意志之间的和谐建立起来的……克利斯朵夫在自己的艺术中竭力想做到一点,就是使生命的各种力量得到平衡。那些新的和弦,那些被他在音乐的深渊中挑起来的妖魔,他是用来建造条理分明的交响乐的,建造阳光普照的大建筑的,像盖着意大利式穹窿的庙堂一样。

这些精神的游戏与斗争,消磨了他整个的冬天。而冬天过得很快,虽然有时候,克利斯朵夫在黄昏时做完了一天的工作,回顾着一生的成绩,也说不出冬天究竟是短是长,他自己究竟是少是老……

于是,人间的太阳射出一道新的光明,透过幻梦的幕,又带来了一次春天。克利斯朵夫收到葛拉齐亚一封信,说预备带着两个孩子到巴黎来。她早已有这个计划,高兰德几次三番地邀请过她。可是要她打

① 一八三一年华沙被俄军占领时,波兰外长塞巴斯蒂尼答复议员质问,声称:“华沙城中秩序很好。”实际是俄军在城内镇压波兰民族之反抗,以求“恢复秩序”。

破习惯，离开心爱的家，走出懒洋洋的恬静的境界，回到她所熟识的巴黎旋涡中来，是需要打起精神的，而她就怕打起精神，便一年一年地拖了下来。那年春天，有种凄凉的情绪，也许是什么暗中的失意(一个女人心里藏着多少为别人不知道而自己也否认的可歌可泣的故事！)使她想离开罗马。恰好当时有传染病流行，她便借此机会带着孩子们赶快动身了。写信给克利斯朵夫不多几天之后，她人也跟着来了。

她才到高兰德家，克利斯朵夫就去看她。他发觉她迷迷惘惘的，仿佛心还不在这儿。他看了有点难过，却不表示出来。现在他差不多把他的自我牺牲完了，所以变得心明眼亮，懂得她有一桩极力想隐藏的伤心事；他便不让自己去探索，只设法替她排遣，嘻嘻哈哈地说出他不如意的遭遇，他的工作，他的计划，一方面不着痕迹地把一腔温情围绕着她。她被这般不敢明白表露的柔情渗透了，知道克利斯朵夫已经猜着她的苦闷，大为感动。她把自己那颗哀伤的心依靠着朋友的心，听它讲着两人心事以外的别的事。久而久之，怅惘的阴影在朋友的眼中消失了，两人的目光更接近了，越来越接近了……终于有一天，他和她谈话的时候突然停下来望着她。

“什么事啊?”她问。

“今天你才算是回来了。”

她微微一笑，轻轻地回答说：“是的。”

要安安静静地谈话不是件容易的事。两人难得有单独相对的时间。高兰德常常陪着他们表示殷勤，使他们觉得太殷勤了些。她虽然有许多缺点，人倒是挺好，很真心地关切着葛拉齐亚和克利斯朵夫，但她万万想不到自己会使他们厌烦。她的确注意到(她把什么都看在眼里)，她所谓克利斯朵文与葛拉齐亚的调情：调情是她生活中的一个重要节目，她看了只会高兴，只想加以鼓励。但这正是人家不希望她做的，他们但愿她别过问跟她不相干的事。只要她一出现，或是对两人中的一个说一句心照不宣的话(那已经是冒失了)，暗示他们的友谊，就会使克利斯朵夫与葛拉齐亚沉下脸来，把话扯开去。高兰德看到他们这样矜持,不禁竭力寻思,把种种可能的理由都想遍了,只漏掉了一个,就是那真正的理由。还算两个朋友的运气,高兰德不能坐定在一个地方。她来来往往,进进出出,监督家中所有的杂务,同时有几十件事情在手里。在她一出一进之间,只剩下克利斯朵夫与葛拉齐亚单独跟孩子们在一起的时候,他们才能继续那些无邪的谈话。两人从来不提到彼此的感情,只交换一些身边琐事。葛拉齐亚拿出她的女人脾气,盘问克利斯朵夫的日常生活。他在家里把什么都搞得很糟,老是和打杂的女仆吵架,她们对他虚报账目,无所不为。她听着不由得哈哈大笑。同时因为他不会管事,她有点像母亲可怜孩子那样的心情。有一天,高兰德把他们纠缠得比平时格外长久;等到她走开了,葛拉齐亚不禁叹了口气:“可怜的高兰德!我很喜欢她……她把我闹得多烦!……”

“如果你是因为她把我们闹得心烦才喜欢她,那么我也喜欢她。”克利斯朵夫说。

葛拉齐亚听着笑了:“告诉我……你允许不允许……(在这儿真没法谈话)……我上你那边去一次?”

他听了浑身一震。

“上我那边?你会上我那边去吗?”

“那不会使你不高兴吧?”

“不高兴!啊!天哪!”

“那么星期二行不行?”

“星期二,星期三,星期四,哪一天都行。”

“那么准定星期二,下午四点。”

“你真好,你真好。”

“别忙。我还有一个条件呢。”

“条件?干什么?随你吧。你知道,反正你要我怎办都可以,不管有没有条件。”

“我喜欢有个条件。”

“我答应你就是了。”

“你还没知道是什么条件呢。”

“那有什么相干？我答应了就完了。什么条件都依你。”

“也得先听一听呀，你这个死心眼儿的！”

“说吧。”

“就是从现在起，你家里不能有一点儿变动，听清没有？一点儿都不能变动。你屋子里每样东西都要保持原状。”

克利斯朵夫立刻拉长了脸，愣住了。

“啊！这算是哪一门呢？”

她笑了：“你瞧，我早告诉你别答应得太快。可是你已经答应了。”

“你为什么要？……”

“因为我要看看你家里的情形，你平时并不等我去的时候前情形。”

“可是你得允许我……”

“不。我什么都不允许。”

“至少……”

“不，不，不，不。你说什么我都不爱听。或者我干脆不上你那儿去倒也没关系……”

“你知道我什么都会答应的，只要你肯去。”

“那么你答应了？”

“是的。”

“一言为定了？”

“是的，专制的王后。”

“她好不好呢？”

“专制的王后不会好的，只有被人喜欢和被人恨的两种。”

“我是两者都是的，对不对？”

“不！你只是被人爱的。”

“那你真是哭笑不得了。”

到了那天,她来了。克利斯朵夫素来把答应人家的话看得挺认真的,在乱七八糟的屋内连一张纸都不敢收拾,觉得移动一下便是失信。但他心里很难过,一想到朋友看了这情形作何感想,就非常难为情。他好不心焦地等着。她来的时间很准,只迟到了四五分钟,很稳健地迈着小步踏上楼梯。打铃的时候,他已经站在门背后,马上开了。她穿得朴素大方。从她的面网中间,他看见她眼神很镇静。两人低声道了一声好,握着手。她比平时更沉默了,又局促又激动,一声不出,免得显出心里的慌乱。他请她进来,早先预备下对于屋子的杂乱向她说几句道歉的话,结果也没说。她坐在一张最好的椅子里,他坐在旁边。

"这就是我工作的屋子。"他所能说的就是这么一句。

大家静默了一会儿。她从容不迫地望着,非常慈爱地微微笑着,她也有些心慌意乱呢。(后来她告诉他,她还是个女孩子的时候,曾经想到他家里去,但正要进门又吓得跑掉了。)她看到屋子里凄凉的景象大为感触:过道又窄又黑,环堵萧然,到处是寒酸相。她很同情这位老朋友一辈子做了多少工作,受了多少痛苦,也有了点名气,而物质生活还是这么清苦!同时她也注意到他不在乎起居的舒服不舒服。房间里四壁空空,没有一张地毯,没有一幅图画,没有一件艺术品,没有一张沙发;除了一张桌子,三张硬椅,一架钢琴之外,再没别的家具;和几册书乱堆在一起的是许多纸张,而且到处都是纸,桌上,桌下,地板上,钢琴上,椅子上,她看到他这样诚心的守约,不禁微微地笑了。

过了一会儿,她指着他的座位问:"你是在这里工作的吗?"

"不,在那边。"

他指着室内最黑的一角和背光摆着的一张矮矮的椅子。她走过去有模有样地坐着,一声不响。两人默然相对了几分钟,不知道说什么好。他在钢琴前面坐下了,临时即兴地弹了半小时,觉得自己整个儿被朋友的精神包围了,心里只有一片欢乐的感觉。他闭着眼睛,弹着一些奇妙的东西。于是她体会到这个房间的美,其中充满了出神入化的音乐;她也听到了这颗热爱的苦恼的心,仿佛就在自己胸中跳动。

音乐完了,他还对着钢琴一动不动地呆了一会儿,随后听见朋友在背后抽噎的声音,才掉过身来。她走来抓着他的手,轻轻地说了句:“谢谢你。”

她嘴巴有点儿哆嗦,闭着眼睛。他也把眼睛闭上了。两人这样的握着手过了几秒钟,时间停止了……

她重新睁开眼睛,为了压制心中的惶乱,她问:“能让我瞧瞧别的屋子吗?”

他也很高兴能避免感情的激动,便打开隔室的门,可是他马上觉得很难为情。里头摆着一张又窄又硬的铁床。

(后来他告诉葛拉齐亚,说他从来没带过一个情妇到他家里去;她挖苦他说:“那也是想象得到的,她要有极大的勇气才行呢。”“为什么?”——“睡在这样一张床上,不是要有勇气的吗?”)

卧室里还有一口乡下人家用的五斗柜,墙上挂着一个贝多芬的头像,近床的地方,值不了几个钱的框子里放着他母亲和奥里维的相片。五斗柜上另外有张葛拉齐亚十五岁时的相片,那是在她罗马的照相簿里偷来的。他当时对她招认了,请她原谅。她瞧着相片说:“在这张像上你居然认得我吗?”

“认得,我还记得你那时的模样呢。”

“两个人中,你更喜欢哪一个?”

“你始终没有变。我总是一样地爱你。我到处都认得你,便是在你小时候的照片上也认得。我在这个幼虫身上已经能感到你整个的灵魂了。单凭你的灵魂,我就知道你是不朽的。我从你出生的时候起,出生以前起,就爱你了,直爱到你……”

他不说了。她也一言不答,心中充满了爱,不胜惶惑。她回到书房,他指给她看窗外的一株小树,说是他的朋友:许多麻雀在树上聒噪。

她说:“现在咱们来吃点心吧。茶叶跟蛋糕,我都给捎来了,因为我知道你不会有的。并且我还带着别的东西。把你的大衣给我。”

"我的大衣?"

"是的,是的,给我吧。"

她从手提包里掏出针和线。

"怎么? 你……"

"前天我看见有两个扣子快掉下来了。现在到哪儿去了?"

"不错,我还没想到缝上去。太麻烦了!"

"可怜的孩子! 拿来给我吧。"

"那多难为情!"

"别管,你去沏茶。"

他把水壶跟酒精灯端进来,一会儿都不肯离开朋友。她一边缝一边很俏皮地在眼梢里觑着他笨拙的举动。喝茶的杯子都是残缺的,用的时候不能不小心;她认为这些茶具简直要不得,他却一本正经地辩护,因为那是他和奥里维同居时代的纪念物。

她快走的时候,他问:"你不笑我吗?"

"笑什么?"

"屋子里搞得这样乱糟糟的。"

她笑了:"我慢慢会把它整理好的。"

她走到门口预备开门了,他忽然跪在地下亲了亲她的脚。

"你干什么啊?"她叫起来,"疯子,亲爱的疯子。再会吧。"

她约定以后每星期在同一天到这儿来,要他答应不再做出颠狂的行为,不再跪在地下亲她的脚。克利斯朵夫被她温柔安静的气息感化了,便是在情绪激动的日子也同样受到影响。他一个人私下想到她的时候,往往热情冲动得厉害;但见了面,他们永远像两个不拘形迹的好朋友。他从来没有一个字或一个举动会引起葛拉齐亚不安的。

到了克利斯朵夫的节日,她把奥洛拉穿扮得跟自己初遇克利斯朵夫的时代一模一样,又教孩子在琴上弹着克利斯朵夫当初教她弹的曲子。

这种情意，这种温柔，这种深厚的友谊，和许多矛盾的心情混在一起。她是轻浮的，喜欢交际，受人奉承，就是被傻瓜们奉承也觉得高兴；她会卖弄风情，除掉和克利斯朵夫——甚至和克利斯朵夫也不免。他要对她表示温柔的话，她便故意装作冷淡，矜持。倘若他表示冷淡与矜持的话，她却装出温柔与亲热的态度挑逗他了。不用说，她是女人之中最规矩的女人。但就在最规矩的女人身上有时也会露出风骚的本相。她要敷衍人，适应社会习惯。她很有音乐天分，懂得克利斯朵夫的作品，但不十分感兴趣，他也很清楚。对于一个真正的拉丁女子，艺术的妙处在于能够归纳到人生，再由人生归纳到爱情……而所谓爱情是藏在肉体的，困倦的身体中的那种爱情……至于波澜起伏的交响乐，英勇壮烈的思想，北欧人那种醉心于理想的热情，对她是不相干的。她需要的音乐，是能使她费最少的力量，把藏在心里的欲念舒展出来的那种音乐，是有热情而不至于使她精神疲劳的那种歌剧，总之是感伤的，有刺激性的，懒洋洋的艺术。

她性格软弱，很容易变化；凡是正经的研究工作，只能断断续续地做；她需要消遣，今天说明天要做某一件事，到了明天不一定会作。幼稚和使性的地方不知有多少！女人的骚乱的天性，病态的不讲理的脾气常常会发作……她也感觉到这些，便想法躲起来让自己孤独几天。她知道自己的弱点，恨自己脾气压制得不够，既然那些弱点使朋友伤心；有时她为了他做着很大的牺牲，他根本没觉得；但归根结底，天性总是强于一切。并且葛拉齐亚受不了克利斯朵夫有支配她的神气；有一两次，为了表示独往独来，她故意做了跟克利斯朵夫要求的完全相反的事。过后她懊悔了，深夜扪心，埋怨自己没有使克利斯朵夫更快乐。她爱他的程度，远过于面上所表示的；她觉得这场友谊是她一生最可宝贵的一部分。两个性格完全不同的人，一朝相爱之下，往往在分离的时候精神上最接近。克利斯朵夫与葛拉齐亚的没有能结合，固然是由于小小的误会，错处却也不像克利斯朵夫所想的完全在他这方面。便是从前葛拉齐亚爱着克利斯朵夫的时代，她会不会嫁给他也是问题。也许她肯把生命为他牺牲,可是她能一辈子和他过共同生活吗?她明知道(当然不告诉克利斯朵夫)自己爱着丈夫,即使到了今天,丈夫使她受了那么多的痛苦之后,她仍旧像从前一样爱着他,而那种爱的程度是她从来没爱过克利斯朵夫的。那是感情的神秘,肉体的神秘,自己觉得并不体面而瞒着心爱的人的,一则为了敬重他们,二则也为了觉得自己可怜……克利斯朵夫因为是纯粹的男人脾气,决不能猜到这些,但有时也会灵机一动,发觉最爱他的人其实并不把他放在心上,可见一个人在世界上对谁都不能完全依靠。他心中的爱并不因此受到影响,甚至也没有什么牢骚。他被葛拉齐亚的和平的气息笼罩了,对什么都平心静气地接受了。噢,人生,有些东西原来是你不能给的,为什么要怪怨你呢?你的本来面目不是已经很美很圣洁了吗?《育公特》[①],我们应当爱你的微笑……

克利斯朵夫把朋友的优美的脸长时间地打量着,看到许多过去未来的事。在他幽居独处的悠长的岁月中,在旅行中,观察多于说话的结果,使他学会了揣摩脸相的本领,懂得面部的表情是多少世纪培养成功的丰富复杂的语言,比嘴里讲的更复杂到千百倍的语言。整个民族性都借它来表白了……脸上的线条和嘴里的说话是永远成为对比的。譬如某个少妇的侧影,轮廓清晰,毫无风韵,像柏恒·琼斯一派的素描[②],像个悲剧的角色,似乎有股秘密的热情,妒忌的心理,莎士比亚式的苦恼,把她侵蚀着……但一开口明明是个小布尔乔亚,愚蠢无比,连她的风骚与自私也是平凡的,根本没意识到自己在相貌上表现的那种可怕的力量。然而那热情,那暴戾之气,的确在她身上。将来用什么形式发泄出来呢?是孜孜为利的性格吗?是夫妇之间的嫉妒吗?还是了不起的毅力,或是病态的凶恶?我们无从知道。甚至这些现象在本人身上来不及爆发,倒先遗传给她的后人了。但这个因素老是无

① 《育公特》一名《蒙娜丽莎》,为达·芬奇画的有名的女像,鉴赏家均谓画上的笑容象征人生之谜。

② 柏恒·琼斯为十九世纪英国画家,作品带有象征,神秘,感伤的意味。

形中罩在那种族的头上,像宿命一样。

葛拉齐亚也承受着这份乱人心意的遗产,在古老家庭的所有的遗产中,这一份是保存得最完整的。她至少认识这一点。一个人真要有很大的力量,才能知道自己的弱点,才能使自己即使不能完全作主,至少能控制自己的民族性(那是像一条船一样把你带着往前冲的),才能把宿命作为自己的工具而加以利用,拿它当作一张帆似的,看着风向把它或是张起来或是落下去。葛拉齐亚闭上眼睛的时候,便听见心中有好几个令人不安的声音,那音调都是她熟悉的。但在她健全的心灵中,所有的不协和音终于融和了;它们被她和谐的理性作成了一段深邃的、柔和的乐曲。

不幸,我们没法把自己最好的部分传给我们的骨肉。

在葛拉齐亚的两个孩子中间,十一岁的小姑娘奥洛拉是像她的:没有她好看,比较粗糙一点,略微有些瘸腿。她脾气很好,性情快活,对人亲热,身体非常强壮,很有志气,可惜缺少天分,只想闲着,一事不做。克利斯朵夫很疼她,看她挨在葛拉齐亚身旁,等于看到了两个年龄不同的葛拉齐亚……那是一根枝干上的两朵花,达·芬奇笔下的《圣家庭》圣母与圣·安娜是同一个笑容变化出来的[①]。你一眼之间把女性的两个阶段,含苞欲放和花事阑珊的景象,同时看到了;这是多美多凄凉的景象,因为你眼睁睁地看着花开花落……所以一个热情的人会对姊妹或母女同时抱着热烈而贞洁的爱。克利斯朵夫便是在爱人的子女身上爱他的爱人。她的一颦一笑,脸上的每一条皱纹,岂非都是她眼睛没睁开以前的生命的回忆吗?岂非也是她眼睛闭上以后的未来的生命的预告吗?

男孩子雷翁那罗刚好九岁。他像父亲,比姐姐俊俏得多,因为父系的血统更细气,太细气了,已经因贫血而衰败了。他很聪明,很有些

① 圣·安娜是圣母玛丽亚的母亲。

恶劣的本能,会奉承,会作假。大蓝眼睛,淡黄的长头发像女孩子的,皮色苍白,肺很娇弱,近于病态的神经质,那是他一有机会就利用的;因为他天生的会做戏,特别能抓住别人的弱点。葛拉齐亚偏疼着他:第一是做母亲的对身体单薄的孩子总要宠爱一些,其次,她像那些老实而善良的女人一样,觉得既不老实又不善良的儿子特别可爱,因为自己一向压制着的某些性格可以在他们身上发泄一下。同时这种儿子教她回想到那个使她又痛苦又快乐,也许被她瞧不起但私下仍旧爱着的丈夫。那都是些异香扑鼻,令人心醉的花木,在下意识的暧昧而温暖的花房中生长的。

葛拉齐亚虽是尽量的对两个孩子一视同仁,奥洛拉仍感觉到有高低厚薄之分,因此心里不大舒服。克利斯朵夫猜到她的心事,她也猜到克利斯朵夫的心事,两人不知不觉地互相接近,不像在克利斯朵夫与雷翁那罗之间暗中有股反感,那反感在孩子方面是用撒娇的方式来遮盖的,在克利斯朵夫方面是认为可耻而抑捺着的。他克制自己,硬要自己喜欢这个另外一个男人的孩子,把他当作葛拉齐亚生的。他不愿意找出雷翁那罗的恶劣的天性,和令人想起另外一个男人的特征;他竭力在孩子身上只看到葛拉齐亚的灵魂。心明眼亮的葛拉齐亚,的确把儿子看得清清楚楚,但反而因之更爱他。

在孩子身上潜伏了多年的肺病终于爆发了。葛拉齐亚决意带着孩子躲到阿尔卑斯山中的一所疗养院里。克利斯朵夫要求陪她一同去。她为了顾虑舆论,把他劝阻了。他看到她这样过分地重视礼教,心里很不舒服。

她走了,把女儿留在高兰德家里。但她不久就感到孤单得可怕:周围的病人只讲着自己的疾苦,气象森严的自然界似乎对那些残废的人扮着一副冰冷的脸。那般可怜虫手里捧着痰盂,偷偷地你瞧着我,我瞧着你,眼看死神的影子在邻居身上渐渐地扩大。葛拉齐亚为了躲避他们,从巴拉斯旅店搬出来,租了一所木屋和她的小病人单独住下。

海拔的高度非但没有减轻雷翁那罗的病势,反而把它加重了。热度更高起来。夜里,葛拉齐亚焦急万状。克利斯朵夫远远地凭着直觉感到了,虽则朋友信上只字不提。她硬着头皮撑着,心里很希望有克利斯朵夫做伴;但她当初不许他跟着来,现在也不敢告诉他说:“我支持不住了,我需要你……”

一天傍晚,她站在木屋外边的走廊里。心中苦闷的人最怕这黄昏日落的时间……她看见,自以为看见,在架空铁道的小站通到屋子来的小路上,有个男人急匆匆地走着,走一会儿停一会儿,有点儿踌躇,微微伛着背,抬起头来望着木屋。她赶紧躲到屋子里不让他看见,把手压着胸口,激动到极点,笑了出来。虽则她对宗教并不热心,却也跪在地下,拿手捧着脸,觉得需要感谢什么人……可是他还不上门。她回到窗口,躲在窗帘后面张望。他背对着一片空地外边的栅栏,在靠近木屋大门的地方停着,不敢进来。而她心里比他更慌乱,一边微笑一边轻轻地说着:“喂,你来呀……来呀……”

终于他下了决心,打铃了。她早已到了门口,把他请了进来。他的眼睛好似一头怕挨打的狗,嘴里说着:“对不起,我是来……”

“多谢你!”她回答。

然后她说出自己是多么急切地盼望他来的。

克利斯朵夫全心全意地,帮助她看护病势日渐沉重的孩子。孩子对他非常凶暴,说出许多恶毒的话,不再掩饰仇恨的心理。克利斯朵夫认为是疾病所致。他那时的耐性是从来没有的。他们俩在孩子床头一连过了好几天痛苦的日子,尤其是情势危急的一夜。过了那一夜,似乎没有希望的雷翁那罗居然得救了。两人守在睡着的孩子旁边,觉得快乐到极点。她突然站起来,拿着大衣,拉着克利斯朵夫往外跑,在雪地里走着。静寂的夜里,天上亮着瑟缩的星。她搀着他的胳膊,欣欣然呼吸着那股凛冽的、和平的气息。两人难得开口,根本没有一句影射他们爱情的话。回来的时候,她站在门外的阶沿上,因为孩子得救而眼中闪着幸福的光芒,叫了声:

“亲爱的，亲爱的朋友！……”

除此以外再没有别的表示。但两人都觉到彼此的关系变为神圣的了。

经过了长时期的休养以后，她回到巴黎，在帕西区租了一所屋子，不再顾虑什么舆论。她觉得自己颇有勇气为了朋友而冒犯舆论了。从此以后，他们亲密的程度使她觉得，倘若因为怕人议论（那是不可避免的）而把两人的友谊再藏起去，未免太懦怯了。她随时招待克利斯朵夫，和他一起出去，散步，上戏院，当着众人跟他挺亲热地谈话。谁都以为他们俩是一对情侣了。甚至高兰德也觉得他们过于招摇，和葛拉齐亚隐隐然提了一句，葛拉齐亚微微一笑拦住了她的话，若无其事地扯到别的话题上去了。

可是她并没给克利斯朵夫什么新的权利。他们不过是朋友而已；他和她说话的时候，口气老是那么亲切，恭敬。两人之间再没有什么隐瞒的事，一切都彼此相商。克利斯朵夫不知不觉地在她家里有了相当的权威：葛拉齐亚常常听从他的劝告。自从在疗养院中过了一冬以后，她完全变了：忧虑和疲劳损害了她素来结实的身体，便是精神也受到了影响。虽然以前那种使性的脾气还留着一部分，她可另外有一点儿更严肃更沉着的气息，更加想努力进修，慈爱待人，不叫旁人痛苦。克利斯朵夫的无所为而为的温情，纯洁的心地，把她感动了；她预备将来把克利斯朵夫已经不敢再希望的幸福给他，就是说跟他结婚。

他自从被她拒绝以后，从来没向她再提那个话，也不敢再提。但他对于这个不可能的梦想始终抱着遗憾。尽管他尊重朋友的话，但她把婚姻看作完全虚空的议论并没使他信服；他还是相信，两个相爱的人，用一种深刻而虔敬的爱情与相爱的人的结合，是人生最大的幸福。等到他和亚诺夫妇相遇之时，心里更觉得遗憾了。

亚诺太太五十多岁，她的丈夫已经到了六十五六。两人的外貌都似乎不止这个年龄。他发胖了；她又瘦又小，皮肤有点儿打皱；从前已经那么弱不禁风，现在更只剩一丝气了。从亚诺退休以后，夫妇俩隐居在内地。在死气沉沉的小城市中与他们半睡半醒的麻痹生活中，他们已经和时代隔绝了，只有报纸还把世界上的喧扰带来一些明日黄花的回声。有一回在报上看到克利斯朵夫的名字，亚诺太太写了一封亲热的短信给他，稍微带着客套，表示他们知道他的成功很高兴。克利斯朵夫接到信，也不通知他们，立刻搭火车动身了。

他到的时候，他们正在园子里，坐在一株槐树底下蒙眬出神。时方盛夏，天气很热。像鲍格林笔下的老夫妻一般，两人手握着手在花棚下面打盹。阳光，睡眠，衰老，使他们觉得沉甸甸的，掉在另外一个世界的梦境中，大半个身子已经埋了进去。两人的温情始终如一，那是生命最后的微光：彼此手拉着手，渐渐熄灭下去的肉体中还有一阵暖气互相交流……克利斯朵夫的访问使他们想起了所有的往事，欢喜极了。他们谈着过去的日子，回顾之下，那才显得多么光明。亚诺很有兴致说话，却记不起这个那个的姓名。亚诺太太在一旁提醒他。她不大开口，更喜欢听人家说；但当年的许多形象在她沉默的心中保存得很新鲜；它们一闪一闪地透露出来，像一条小溪中的乱石子。她那么亲切那么同情地望着克利斯朵夫，克利斯朵夫明明觉得她那时想的是谁，可是大家都没说出奥里维的名字。亚诺老人对太太表示出那种絮烦而动人的关切，不是怕她冷了，就是怕她热了，又用着非常操心的，不胜怜爱的神气，端详着那张心爱的憔悴的脸；她却堆着疲倦的笑容努力安慰他，叫他放心。克利斯朵夫瞧着他们，又感动，又羡慕……这便是所谓白头偕老的景象。丈夫在太太身上连岁月的磨蚀都爱到家了。他们彼此说着："你眼睛旁边的，鼻子上面的那些小皱纹，我是认得的，看着它一条条地刻下来，我知道它们是什么时候来的。这些可怜的灰灰的头发一天天地褪色了，和我的一同褪色了，并且一部分也是为了我！这张细腻的脸，被煎熬我们的疲劳苦难磨得虚肿了，发红了。我的灵魂，因为你和我一起痛苦，一起衰老，所以我更爱你了！你的每一条皱纹，为我都是过去的一阕音乐。"……可爱的老人们，战战兢兢地在一块儿过了一辈子,快要在和平恬静的黑夜中一块儿睡下去了!看到他们,克利斯朵夫悲喜交加。噢!这样的生命多有意思,这样的死也多有意思!

他回去不免把这次的访问告诉葛拉齐亚,并没说出自己的感想。但她体会到了。他说话时常常出神,把眼睛向着别处,话也是断断续续的。她望着他,微微笑着,克利斯朵夫心里的骚乱把她传染了。

那天晚上她独自在卧室里的时候,不由得胡思乱想起来。她把克利斯朵夫的叙述重温了一遍;但眼前的形象不是那对在槐树底下打盹的老夫妻,而是她朋友不敢吐露而热烈希望着的梦境。于是她心里充满了爱,躺上了床,熄了灯,想道:

"是的,错过这样的幸福是荒唐的,罪过的。能使你所爱的人快乐,不是世界上最大的幸福吗?怎么!难道我爱着他吗?"

她静下来,不胜激动地听见她的心回答说:"是的,我是爱他的。"

正在这个时候,隔壁孩子的卧室里忽然有一阵急促的、声音嘶嗄的咳嗽。葛拉齐亚马上竖起耳朵。从儿子害病以后,她老担着心事。她问他。他不回答,只继续咳嗽。她便赶紧下床,走到他身边去。他气哼哼地抱怨,说是不舒服,一句话没说完,又咳了。

"什么地方不舒服呢?"

他不回答,只是哼哼唧唧地叫苦。

"好宝贝,你说呀,哪里不舒服呢?"

"不知道。"

"是这儿吗?"

"是的。哦,不是的。我不知道。我浑身都不好受。"

说到这里,他又剧烈地,过分夸张地咳起来,把葛拉齐亚吓坏了;她觉得他是故意要咳嗽,但看着孩子浑身是汗,上气不接下气的模样,又觉得冤枉了他,便抱着他,和他说些好话。他渐渐安静了,可是只要母亲想走开去,孩子就会立刻咳起来。她不得不打着寒战留在床头,因为他不许她去穿衣服,要她抓着他的手,他也要抓着她的,到完全睡着为止。那时她才冻得冰冷地上床,又是急,又是累,没法再把刚才的梦做下去。

那孩子有种特别的本领会猜透母亲的心。我们往往发现——但很少到这个程度——血统相同的人有这种本能:只要眼睛一扫,就能知道对方的思想,从无数不可捉摸的征兆上猜到。这种天赋,经过共同生活的训练当然更有进步,而在雷翁那罗是被他处心积虑的恶意琢磨得愈加尖锐了。阴损别人的欲望,使他的眼睛格外明亮。而他又是恨极了克利斯朵夫。为什么呢?为什么一个孩子会对这一个或那一个从来没得罪过他的人怀着仇恨呢?往往是由于偶然。只要孩子有一天自以为恨某人,这个恨就能成为习惯;而且人家越是开导他,他越固执;起先他不过是玩弄仇恨,结果却真的恨起来了。但有时还有些更深刻的理由,超过儿童的想象力的,儿童自己也不觉得的……从看到克利斯朵夫的最初几天起,裴莱尼伯爵的儿子对他母亲曾经爱过的人就有了恨意。后来葛拉齐亚心里想嫁给克利斯朵夫的时候,仿佛孩子在直觉上是当场感觉到的。从此他就一刻不停地监视他们,紧跟着他们。只要克利斯朵夫来了,他就不肯离开客厅,或者正当他们在一起的时候出其不意地闯进去。更厉害的是,倘若母亲独自在家而暗中想着克利斯朵夫的话,他会坐在旁边用眼睛盯着她,直把她看得非常难堪,几乎脸红了。她只得站起来遮盖慌乱的心绪。他又顶高兴当着母亲的面用难听的话提到克利斯朵夫。她要他住嘴。他偏偏说个不停。要是她想惩罚他,他就用害病来威吓。这是他从小用惯而极有效力手段。他还很小的时候,有一天挨了骂,就想出报复的办法:脱光了衣服,赤裸裸地躺在砖地上让自己受凉。有一回,克利斯朵夫带来一个曲子,特意为葛拉齐亚的生日作的,不料被雷翁那罗拿去弄得不见了。后来人家在一口柜子内发现,已经给撕成一条条的了。葛拉齐亚冒了火,把孩子狠狠地训了一顿。于是他又哭又叫,跺着脚,躺在地下打滚,大大地发了一场神经病。葛拉齐亚吓坏了,只得抱着他,哀求他,答应了他所有的要求。

从此他成为主人了,因为他看清了这一点,并且几次三番拿出这个有效的武器。人家简直弄不明白他的神经病有几分是真的,有几分是假的。后来他也不限于在人家违拗他的时候用作报复,而只要母亲和克利斯朵夫想一块儿消磨一个黄昏,他就纯粹凭着恶意来捣乱了。他甚至于因为闲得无聊,因为想做戏,因为要试试自己的威力能够到什么程度而玩着这个危险的把戏。他极巧妙地发明许多古怪的、歇斯底里的花样:有时饭吃到一半突然抽搐起来,把玻璃杯打翻,或是把盘子打破;有时在楼梯上用手抓着栏杆,手指痉挛,说是伸不开了;再不然,他肩膀底下像针刺一般的疼,直叫直嚷地打滚;或者是要闭过气去了。自然,他结果也闹了一场真正的神经病。但他的辛苦并没白费。克利斯朵夫和葛拉齐亚都被他骇住了。他们再也不得安静,悠闲地谈话,看书,弄音乐,所有这些微薄的幸福,为他们当作天大的乐事的,从此都给破坏完了。

每隔许多时候,小坏蛋把他们略微放松一下,或是因为玩得腻了,或是因为恢复了孩子脾气,想着别的事。(现在他知道能控制他们了。)

于是,他们赶快利用。凡是这样偷来的时间,每小时都显得特别宝贵,因为没把握是否能从头至尾不受扰乱。他们觉得彼此多亲近!为什么不能长此下去呢?……有一天葛拉齐亚自己也表示这种遗憾。克利斯朵夫便抓着她的手问:

"是啊,为什么呢?"

"你是知道的,朋友。"她不胜怅惘地笑了笑。

不错,克利斯朵夫是知道的。他知道她为了儿子把他们的幸福牺牲了,知道雷翁那罗的手段并没有瞒过她,可是她还是心疼自己的儿子。他知道那种盲目的骨肉之爱,使最优秀的人把所有的牺牲精神都为了要不得的或是没出息的儿女消耗完了,以至于对一般最有资格消受的、自己最爱的,但不是同一血统的人,反倒没有什么可给了。克利斯朵夫虽然很气,有时想杀死这个破坏他们生命的小妖魔,结果仍旧默默无声地忍了下去,懂得葛拉齐亚不得不这么做的苦衷。

于是他们俩都放弃了心中的念头,不再做无益的反抗。他们分内的幸福固然被剥夺了,可是什么也不能阻止他们两颗心的结合。并且就为了放弃幸福,为了共同的牺牲,他们之间的关系比肉体的关系更密切。各人都对朋友倾吐心中的苦闷,也听着朋友的苦闷:互相交换之下,连悲哀本身都变作欢乐了。克利斯朵夫把葛拉齐亚叫作“忏悔师”。凡是他的自尊心感到屈辱的弱点,他都毫不隐瞒,同时又过分地责备自己;她一边笑着,一边劝解这个老孩子的顾虑。他甚至对她说出物质方面的窘况。但那是先要她答应了不给他任何帮助,他也声明不接受任何帮助之后才说的。这是他非维持不可而她也加以尊重的最后一道骄傲的防线。她因为不能使朋友的生活过得舒服一点,便尽量把他最重视的东西——她的温情——给他。他没有一个时间不是觉得被她温柔的气息包裹着;早上睁开眼睛之前,夜里闭上眼睛之前,他都要先做一番爱情的默祷。在她那方面,醒来的时候或是夜里几小时的睡不着的时候,她总想着:

“我的朋友在想念我。”

于是他们周围布满了和平恬静的气息。

葛拉齐亚的健康受了损害。她老是躺在床上,或者整天睡在一张躺椅里。克利斯朵夫每日来跟她谈天,念书给她听,把他的新作品给她看。于是她从椅子上站起来,撑着虚肿的脚,一拐一拐地走到琴前,弹他拿来的音乐。这是她所能给他的最大的快乐。在他的学生中间,她和赛西尔两人最有天赋。但在赛西尔是本能的感觉到而并不了解的音乐,对于葛拉齐亚是一种懂得很透彻的美妙和谐的语言。她完全不知道人生与艺术中间有什么魔力的因素,只拿自己玲珑剔透的心把音乐照亮了,把克利斯朵夫的心也给照亮了。朋友的演奏,使他对自己所表白的暧昧的热情了解得更清楚了。就在自己的思想的迷宫中,他闭着眼睛听着她,跟着她,握着她的手。从葛拉齐亚的心中再去领会自己的音乐,等于和这颗心结合了,把它占有了。这种神秘的交流又产生出新的音乐,有如他们生命交融以后的果实。有一天,他送给她一册选集,都是他和朋友的生命交织起来的乐曲,他对她说:"这是咱们的孩子。"

不管是否在一起,两人的心永远息息相通。在幽静的古屋中消磨的夜晚又是多么甜蜜!周围的环境似乎就为了衬托葛拉齐亚而安排的,轻声轻气而非常亲切的仆役对她竭尽忠诚,同时又把他们对女主人的敬意与关切转移一部分到克利斯朵夫身上。两人一同听着时间的歌曲,看着生命的水波流逝,觉得其乐无穷。葛拉齐亚的身体虚弱不免使他们的幸福染上一点不安的影子。但她虽则有些小小的残废,心胸却是那么开朗,那些不说出来的疾苦反而增加了她的魅力。她是"他的亲爱的、痛苦的、动人的、脸上放射光明的朋友"。有些夜晚,克利斯朵夫从她家里出来,胸中的热爱要溢出来了,等不及明天再跟她说,便写信给"亲爱的亲爱的亲爱的亲爱的亲爱的葛拉齐亚……"

他们享了几个月这种清福,以为能永久继续下去了。孩子似乎把他们忘了,注意着旁的事。但放松了一个时期,他又回过头来,这一回可抓着他们不再放手。阴狠险毒的小子非要把他母亲和克利斯朵夫分离不可。他又做起戏来:没有什么预定的计划,只逞着每天的性子做到哪里是哪里。他想不到自己对人家的损害,只想拿捣乱作消遣。他纠缠不休地逼着母亲,要她离开巴黎到远方去旅行。葛拉齐亚没有力量抵抗。而且医生也劝她上埃及去住些时候,不应当再在北方过冬。最近几年来精神上的刺激,永远为了儿子健康问题的担心,长时期的踌躇,面上不露出来的内心的斗争,因为使朋友伤心而伤心:总之,影响她身体的事太多了。克利斯朵夫对这些都很明白,而且不愿意再增加她的烦恼;所以虽然离别的日子一天天地逼近使他很悲伤,他也一句话不说,也不想法延缓她的行期,两人都强作镇静,但互相感应之下,他们真的变得心平气和了。

日子到了。那是九月里的某一个早上。他们先在七月中一同离开巴黎，到和他们六年前相遇的地方很近的安加第纳，消磨了离别以前的最后几星期。

五天以来，淫雨不止，他们不能再出去散步，差不多单独留在旅馆里，大部分的旅客都溜了。最后一天早上，雨停了，但山顶上还盖着云。两个孩子和仆人们先坐了第一辆车动身。随后她也出发了。他把她送到山路曲曲弯弯望着意大利平原急转直下的地方。潮气透进车篷。他们俩紧紧靠在一起，一声不出，也不彼此瞧一眼，四周是半明半暗的异样的天色……葛拉齐亚呼出来的气在面网上凝成一片水雾。他隔着冰冷的手套紧紧压着她温暖的小手。两人的脸靠拢了。隔着潮湿的面网，他吻了吻那张亲爱的嘴。

到了山路拐弯的地方，他下来了。车辆埋在雾中不见了。他还听到车轮和马蹄的声音。一片片的白雾在草原上飘浮，织成密密层层的网，寒瑟的树木似乎在网底下哀吟。没有一丝风。大雾把生命窒息了。克利斯朵夫气吁吁的停下来……什么都没有了，一切都过去了。

他深深地吸了一口浓雾，重新上路。对于一个不会过去的人，什么都不会过去的。

第三部

一朝离别,爱人的魔力更加强了。我们的心只记着爱人身上最可宝贵的部分。远方的朋友传来的每一句话,都有些庄严的回声在静默中颤动。

克利斯朵夫和葛拉齐亚通信的口吻变得沉着、含蓄,好似一对已经受过爱情磨炼的夫妇,因为过了难关,手搀着手走着,对于他们的前途和脚力很有把握了。各人都相当地强,足以支持对方,领导对方,也相当地弱,需要受对方的支持与领导。

克利斯朵夫回到巴黎。他本来不愿意再去,可是自己发的这些愿有什么用呢!他知道在那边依旧能找到葛拉齐亚的影子。情势的发展,仿佛和他暗中的愿望串通一起,把意志推翻了,使他看到在巴黎还有一件新的义务等着他。消息灵通的高兰德告诉克利斯朵夫,说他的小朋友耶南正在胡闹。素来溺爱儿子的雅葛丽纳不想管束他了。她精神上也在经历一个苦闷的时期,自顾不暇,没有心思再管儿子。

自从那次可悲的情变把她的婚姻和奥里维的生活一齐毁掉以后,雅葛丽纳闭门不出,过着很稳重的生活。巴黎社会扮着伪君子面孔,把她当作瘟疫一般隔离了相当时间,又来亲近她,她可是拒绝了。她不觉得为了自己的行为在这些人前面有什么惭愧,也认为无须向他们负责:因为他们比她更要不得;她坦坦白白做的事,在她所认识的女子中,有半数是无声无息的,戴着家庭的假面具做的。她觉得痛苦的只有一件事,就是害了她最好的朋友,她唯一的爱人。她不能原谅自己在这么贫弱的世界上失去了像他那样的爱。

这些遗恨和痛苦慢慢地减淡了,剩下来的仅是一种郁闷,一种瞧不起自己瞧不起别人的心理,还有是对儿子的爱。她因为所有的爱没有地方可发泄了,便统统倾注在母爱里面,使她对儿子一无办法,没有力量抵抗他的任性。为了譬解自己的懦弱,她硬要相信这是向奥里维补赎罪过。在某个时期内她可以对儿子温柔到极点,然后又厌倦了,马上不闻不问;一会儿她用着苛求的、过分烦心的爱和乔治纠缠不清;一会儿觉得腻烦了,什么都由他做去。她明白自己教子无方,心里懊恼得很,但并不改变方法。等到她偶尔想要把做人之道依着奥里维的精神改塑一番的时候,结果真是可叹;奥里维的悲观主义对她母子俩都不合适。她想只用感情来控制儿子。这当然是对的,因为两个人不管怎么相像,除了感情以外究竟没有别的联系。乔治·耶南很受母亲的吸引,喜欢她的声音,她的姿态,她的动作,她的柔媚,她的爱。但他觉得精神上和她是完全陌生的。在母亲方面,直要到青春期的第一阵风吹起来,把儿子吹远去了,她才发觉这情形。于是她惊异,愤慨,以为他的疏远是由于别的女性的影响,便很笨拙地想消灭那些影响,结果反而使他离得更远。其实他们一块儿生活的时期,素来各转各的念头,对于双方的分歧点抱着自欺欺人的幻想,因为有些表面上的共同的好恶而以为彼此相同;但等到孩子从模棱两可的、留着女性气息的阶段转入成人的阶段,那些共同的情感就没有了。雅葛丽纳很心酸的对儿子说:"我不知道你究竟像谁:既不像你父亲,也不像我。"

这样她更使他体会到两人之间的不同;他暗中还因之骄傲,同时也有点焦躁不安的情绪。

上一代跟下一代对于彼此格格不入的成分,永远比对于彼此接近的成分感觉得更清楚;他们都需要肯定自己的生命,即使要用不公平的行为或扯谎作代价也在所不惜。但这种感觉的强弱是看时代而定的。在古典时代,因为文化的各种力量在某一个时期内得到了平衡,好比由陡峭的山坡围绕着的一块高地,所以在上一代和下一代之间,水准并不相差太大。可是在一个复兴的时期或颓废的时期,那些或是往上攀登或是往陡峭的山坡冲下去的青年,往往把前人丢得很远。而乔治和他年龄相仿的人正在攀登山峰。

在思想上,性格上,他没有过人的地方:无论学什么,能力都差不多,成绩没有一样是超过中上的。可是他入世的时候,已经毫不费力地比他的父亲,比那个在短短的一生中消耗了一笔不可估计的智慧与毅力的父亲,高出了几级。

他的理智在世界上才睁开眼来,就看到了周围这一片仅仅有几点眩目的微光的黑暗,一大堆的可知与不可知,敌对的真理,矛盾的错误,为他的父亲不胜烦躁地摸索过来的。但同时他意识到自己有一件武器可以使用,那是奥里维从来没认识的:他的力。

他的力?从哪儿来的?……那是一种神秘的现象:一个疲弱到昏昏入睡的民族突然复活起来,好似山中的一道急流到了春天突然泛滥一样……他怎么使用这股力呢?是不是也要拿去开发现代思想这个迷离扑朔的丛林呢?不,那对他毫无吸引力。他还觉得有许多潜伏的危险在那里威胁他。它们曾经把他的父亲压倒了。与其再来一次同样的经验而回到悲惨的森林中去,他宁可放一把火把它烧了。凡是奥里维为之着迷的,讲着明哲的理论或是表现神圣的疯狂的书,例如托尔斯泰那种虚无主义的怜悯,易卜生那种以破坏为能事的骄傲,尼采的那种狂热,瓦格纳的那种壮烈的富于刺激性的悲观主义:他才看了一眼就又愤怒又惊骇地掉过头去了。他恨写实派的作家在半世纪中把艺术中间欢乐的成分都消灭了。可是笼罩着他童年的凄凉的梦影,究竟不能完全抹掉。他不愿意向后回顾,但明明知道影子就在后面。因为太健康了,他不能用上一个时代的懒惰的怀疑主义把不安的心绪引到别的路上去;他痛恨勒南和阿那托尔·法朗士一派的玩世气息,认为是自由思想的没落,没有快乐的笑,没有气魄的幽默:那种可耻的方法只适用于做奴隶的人，因为不能斩断铁索，就拿着铁索玩儿。

他太刚强了，不能拿怀疑来满足自己，同时又太懦弱了，不能由自己来确定什么；但他需要确定，一心一意地追求着。而社会上永远有些沽名钓誉的人，空头的大文豪，投机的思想家，利用青年们这个顽强的、苦苦追求的欲望，大吹大擂地叫卖他们的解毒剂。这些大医生个个都在台上喊着说，只有他的补药是好的，别人的全是不好的。其实他们的秘方都是半斤八两，没有一个卖药的肯费心去找什么新方子。他们都在柜子里搬出些破烂的药瓶。所谓万应灵丹，有的是旧教教会，有的是正统的王室，有的是古典的传统。还有一帮开玩笑的家伙，说只要恢复拉丁文化就能把所有的病都给治好。另外一批说些叫傻子们听了发呆的大话，一本正经地提倡地中海精神（过一晌也可以提倡大西洋精神呢！），俨然以新罗马帝国的继承人自诩，以反抗北方与东方的蛮子自诩……说来说去无非是废话，东拣西拾的废话。那好比图书馆中的底货，被他们拿来随便望四下里播送。年轻的耶南像他所有的同伴一样，到一个一个的贩子那边去听他们的夸口，有时也受着诱惑，走进棚子，然后大失所望地退出来，有点儿羞愧，因为糟蹋了金钱与时间，只看到衣衫破烂的老丑角。可是青年人的迷梦不容易醒，相信确定的事一定会找到的，所以听见一个新的贩子说有什么新的希望出卖，又跑去上当了。他是真正的法国人：天生爱好秩序，但非常挑剔。他需要一个领袖，可是对无论哪个领袖都受不了：他的铁面无情的讥讽把他们一个一个都批驳得体无完肤。

在他还没有找到一个能告诉他谜底的人的时候，他等不及了。他不像父亲肯一辈子以探求真理为满足。他的烦躁的年轻的力需要消耗。不管有无理由，他要打定主意，要行动，要使用他的精力。先是旅行，艺术，尤其是他拼命吸收的音乐，成为他间歇的如醉如狂的消遣。人长得很俊，又是早熟，又受到许多诱惑，早就发现了外表那么迷人的爱情的天地，便用一种富有诗意的、贪馋的、兴奋的心情跳进去。但这个善于钟情的少年，天真与贪得无厌的程度简直没有分寸，所以不久就对女人厌倦了,需要行动了。于是他对体育着了迷:每样都要试,每样都要玩。凡是斗剑和拳击的比赛,他无不参与,又是赛跑与跳高的全国冠军,当着某足球队的队长。他和几个像他一类的青年疯子,有钱而嚼瑟的家伙,在汽车竞赛中比胆量;其荒唐激烈的情形等于死亡的比赛。随后他又丢下一切去搞新的玩意儿。群众的飞机狂把他传染了。在兰斯举行的航空大会中,他和三十万人一齐呐喊着,快乐得哭了,觉得自己在这个庆祝欢呼的场合和全人类结合了。人和鸟一样的在他们头上飞过,把他们也带到了空中。自从大革命的黎明时期以来,破题儿第一遭,这些民众举眼望着天空,看到另外一个世界给打开了……年轻的耶南说要加入征服天空的队伍,使母亲听了大吃一惊。她哀求他,甚至于命令他放弃这个危险的野心。他却只管独断独行。雅葛丽纳以为克利斯朵夫一定是站在她一边的,不料他只嘱咐孩子小心一点;其余的话,他断定乔治决不会听,要是他处在乔治的地位也不会听的,他认为即使能够,也不可以阻挠那些年轻的力量,不让它们有健康而正常的活动:要是这么办了,他们可能回过来毁灭自己。

雅葛丽纳不能听天由命地让儿子逃出掌握。她真心以为自己已经把爱情放弃了,可是没用,她仍少不了爱情的幻想;她所有的感情,所有的行为,都染着爱的色彩。多少做母亲的人,都把不能在夫妇之间或情人之间发泄的热情移在儿子身上;一朝看到儿子对自己居然满不在乎了,不再需要她们了,精神上的痛苦就跟情人的欺骗和爱情的幻灭没有分别。这一下对于雅葛丽纳又是一个新的打击。乔治可完全没觉得。青年人万万想不到周围发生着什么感情的悲剧:他们来不及看到;自私的本能叫他们头也不回的往前直冲。

雅葛丽纳自个儿把这个新的痛苦吞了下去。直到日子久了,痛苦慢慢地解淡了,她才得到释放。同时她的爱也跟着解淡了。当然她始终爱着儿子;但那是一种远远的,没有幻想的情爱,因为明知这情爱是无用的,所以她对于自己的感情和儿子都不以为意了。她这样忧忧郁郁地挨了一年,他一点没注意。然后,这颗遭逢不幸的心既不能死,也不能没有爱情而活下去,就得造出一个对象来让自己爱。于是她忽然有了一种奇怪的热情;这个情形,在某些女性,特别是一般最高尚最不容易让人高攀的心灵,到了成熟时期而没有采到人生的美果的话,常常会发生的。她认识了一个女子,一见之下就被她神秘的吸引力抓住了。

那是一个女修士,年纪和她差不多,专做救济事业的。人长得高大,强壮,有点儿臃肿;褐色的头发,脸上的线条很好看,很鲜明;眼睛极精神,一张阔大而细腻的嘴巴老是在微笑,下巴的长相表示性格专横。她聪明过人,没有一点感伤气息,像乡下女人那么狡猾,对实际的事务很精明,再加上南方人的想象力,目光远大,必要时也会把尺度看得很准;神秘主义的气息和老公证人那样的阴险混在一起,特别有种韵味。她是惯于支配人的,而且支配得不着痕迹。雅葛丽纳立刻被她迷住了,对救济事业热心得不得了。至少她自己这么相信着。女修士安日尔知道这股热情为的是谁;挑起这一类的情绪原是她最拿手的本领;表面上装作没注意到对方的热情,骨子里她却是很冷静地拿它去献给她的上帝和她的救济事业。雅葛丽纳把金钱、意志、感情,统统捐献了出来。她变得慈悲了,因为需要爱而变得有信仰了。

大家很快就注意到她着了魔。只有她自己没觉得。乔治的监护人开始担心了。连一向很慷慨、糊涂、不注意金钱问题的乔治,也发觉了母亲被人利用,大为懊恼。他想和她恢复从前的亲密,可是太晚了;两人中间已经隔了一重幕。他把这个情形归咎于妖术作祟,对于那个他称为阴谋家的女人,甚至也对于母亲,公然表示气愤至极。他认为母亲的感情是他的私产,决不能让一个不相干的女子侵占。他可没想到那是自己放弃了才被人侵占的。这时他非但不想法把它争回来,反而对付得很笨拙,使人难堪。母子两个都是脾气急躁、性情激烈的人,不免交换一些难堪的话,加深了原有的裂痕。而安日尔左右雅葛丽纳的力量反倒因之更加巩固。乔治便像脱缰的野马一般往外跑了,只管忙着玩儿。他去赌博,输了很多的钱,并且一边乱搞,一边还故意在人前招摇,为了好玩,也为了报复母亲的胡闹。他和史丹芬·台莱斯德拉特家里的人是熟的:高兰德早就注意到这个漂亮青年,想在他身上再试一试她风韵犹存的魔力。她知道乔治的种种荒唐事儿,觉得挺有意思。表面上她虽很轻佻,人却是通情达理的,好心也是真的:由于这两点,她发觉了这个疯疯癫癫的青年所冒的危险。又因为她知道自己决计救不了他,便通知了克利斯朵夫。他接到信就赶回来了。

克利斯朵夫是唯一对年轻的耶南有点儿影响的人。影响并不大,而且是断断续续的,但因为无法解释,所以这影响尤其值得注意。克利斯朵夫属于昨日的一代,正是乔治和他的伙伴们以非常激烈的态度反抗的一代。克利斯朵夫又是那个暴风雨时代的最高代表之一,而青年人对于暴风雨时代的艺术和思想都存着猜忌的敌意。凡是新的《福音书》,小型的先知和老魔术师嘴里的符咒,向一般老实的年轻人佈送的、连罗马连法国连全世界都能挽救过来的灵验如神的秘方,都与克利斯朵夫无缘。他忠于自由的信仰,不受任何宗教的拘束,不受任何党派的影响,不受任何国家的限制,可是这种信仰已经不时兴了,或者还没有重新时兴。最后,他虽然已经把国家问题摆脱干净,但在巴黎究竟是个外国人,因为照当时的风气,每个国家的人都是把外国人看作蛮子的。

年轻的耶南,轻浮、快活,最恨扫兴的人,一味喜欢作乐,喜欢剧烈的游戏,极容易受当时那一套花言巧语的骗,因为筋骨强壮、思想懒惰而偏向于《法兰西行动》派[①]的暴力主义,同时又是国家主义者,又是保王党,又是帝国主义者(他自己也不大弄得清),心里却只佩服一个人:克利斯朵夫。凭着早熟的经验和得之于母亲的灵敏的感觉,他早已认出克利斯朵夫是了不起的,他自己的社会是一文不值的,虽然依旧割舍不得这个社会,也不因为它一文不值而减少自己的兴致。他白

① 《法兰西行动》为近代法国最反动的日报,创于一九〇八年。

白地拿运动和行动来麻醉自己,父亲的遗传始终没法摆脱。他常常会突然之间有一阵空泛的不安,觉得需要替自己的行动确定一个目标:这便是从奥里维身上来的。还有使他去接近奥里维曾经爱过的人的,那种神秘的本能,也是得之于奥里维。

他去探望克利斯朵夫。生性爱说话,甚至有点儿嘴碎,他喜欢讲自己的事,从来不管克利斯朵夫有没有时间听他。克利斯朵夫可听着他,毫无不耐烦的表示。但逢着乔治突如其来地上门,打断了他的工作的时候,他就心不在焉了。他的精神会溜走几分钟,把胸中的作品润色一下,然后再回到乔治旁边。他对于这种情形觉得很好玩,正如一个人提着脚尖回到屋里,没人听见。但也有一两次,乔治注意到了,愤愤地说:“你怎么不听我说啊?”

于是克利斯朵夫不好意思了,马上很温柔地听下去,并且听得格外用心,借此表示歉意。乔治说的故事颇有发噱的地方,克利斯朵夫听到某些胡闹的事不由得笑了:因为乔治无话不谈,并且坦白的程度使人对他毫无办法。

可是有些笑话在克利斯朵夫是觉得笑不出来的。乔治的行为往往使他很难过。克利斯朵夫不是一个圣人,并不自以为有教训别人的资格。乔治的风流韵事和挥金如土的作风,还不是克利斯朵夫最愤慨的事。他最难宽恕的,是乔治把自己的过失看得轻描淡写,非但不以为意,还认为挺自然。他对于“道德”的观念和克利斯朵夫的完全不同。对于他那一类的青年,男女关系只是一种自由的游戏,无所谓道德不道德。只要相当坦白,只要心地好(也不用顾虑周详),就够得上称为诚实君子了。他决不像克利斯朵夫那样认真,给自己找麻烦。克利斯朵夫看了大不以为然。尽管不愿意强迫别人跟他一样看法,他究竟不是个宽容的人,从前那种火气不过减掉了些,有时照旧会发作的。他不能不把乔治的某些手段看作卑鄙,老实不客气对他说出来。乔治不比他更有耐性。两人常常吵得很凶,接着便几星期不见面。克利斯朵夫发觉自己这样生气决不能改变乔治的行为,而硬要一个时代的道德去适合另一个时代的标准也有些不公平。但他不由自主,一有机会又发作了。对于我们依靠了一辈子的信仰,怎么能怀疑呢?那简直是放弃人生了!干吗要假装想着自己没有的思想,去学邻人或敷衍邻人呢?这是毁灭自己而对谁都没有好处的。最要紧的是保持我们的本来面目,应当有胆量说:“这是好的,那是坏的。”一个人要帮助弱者,应当自己成为强者,而不是和他们一样变成弱者。对于已经做了的坏事,不妨宽大为怀,如果你愿意。对于将做未做的坏事可决不能放松。

这态度当然是对的,但乔治决不肯把将要做的事和克利斯朵夫商量,他将要做些什么恐怕连自己都不知道,只等事后才告诉他。那时……那时,除掉不声不响的存着责备的心,像一个明知不会有人听的老伯老叔一般,望着这个淘气的孩子,耸耸肩膀笑笑以外,还有什么办法?

逢着这样的日子,他们就要沉默好一会儿。乔治瞧着克利斯朵夫那双出神的眼睛,觉得自己完全变成了小孩子。克利斯朵夫的俏皮的深刻的眼光赛似一面镜子,照出了乔治的本相,使他看了也不觉得体面。克利斯朵夫难得搬出乔治告诉他的心腹话来埋怨他,仿佛根本没听见。两人在眼睛里默默地交换了几句以后,他气哼哼地摇了摇头,然后讲一桩似乎跟刚才的事毫不相关的故事:或者是他自己的历史,或者是别人的,有时是真实的,有时是虚构的。乔治慢慢地看到,在可恼与可笑的情境中,明明白白地显出他的“副本”(那是他认得的),经历着一些和他类似的错误。他看了不由得要笑自己,笑他那副可怜的面目了。克利斯朵夫不加按语,这种洒脱的态度反倒加强了故事的作用。他提到自己像提到旁人一样,用着同样满不在乎的神气,同样达观同样安定的心情。这点儿安静的气息把乔治感动了。他就是来找这种气息的。等到絮絮叨叨地招供完了,他仿佛一个人在溽暑熏蒸的下午,伸手伸脚地躺在大树底下。火辣辣的阳光使人头晕眼花的刺激没有了。和平恬静的气氛像翅膀一样盖在他身上。眼看身边这个人心平气和地挑着那么重的人生的担子,乔治自己的骚动也平静了。听着克利斯朵夫说话,他整个的人都得到休息。他也和克利斯朵夫一样不是始终听着的,往往让自己的精神溜出去;但不管游魂到哪里,克利斯朵夫的笑声老是在他的周围。

可是,老朋友的思想对他仍旧是陌生的。他心里奇怪克利斯朵夫怎么能忍受那种精神上的孤独,怎么能跟艺术团体、政治党派、宗教党派、任何集团都不产生关系。他问他:“你从来不觉得需要把自己关在一个阵地里吗?”

“把自己关在一个阵地里?”克利斯朵夫笑道,“我们在外面不是很好吗?你整天跑在外边的人,倒说要把自己关起来!”

“啊!精神是和肉体不同的,”乔治回答说,“精神需要肯定,需要和别人一同思想,接受同时代所有的人都接受的原则。我羡慕从前的人,古典时代的人。我的朋友们要恢复过去美妙的秩序是对的。”

“没勇气的家伙!”克利斯朵夫说,“从来没见过像你这样灰心的人!”

“我并不灰心,”乔治愤愤地争辩,“我们中间没有一个是灰心的。”

“不灰心又怎么会怕你自己?怎么!你们需要一种秩序而不能自己来创造吗?你们要吊在曾祖母的裙角上!天哪!你们不能自个儿走路吗?”

“先得把自己的根种在土里。”乔治非常得意地说出这句当时流行的话。

“要把根种在土里,难道树木就得给装在箱子里吗?这儿有的是泥土,大众可用。把你的根插进去吧。找出你的规则来吧。在你自己身上找吧。”

“我没有时间。”乔治说。

“你这是害怕。”克利斯朵夫回答。

乔治先是不服,后来终于承认,要他瞧自己的内心的确没劲。他不懂人家怎么会对此津津有味:靠在这个漆黑的窟窿上面张望,不是有掉下去的危险吗?

“那么把你的手让我拿着好了。”克利斯朵夫说。

他说着便好玩地揭开窟窿的盖子,让乔治对人生的现实而悲壮的境界看了一眼。乔治马上倒退了一步,克利斯朵夫笑着把风洞重新关上。

“你怎么能这样过活的?”乔治问。

“我不是活着吗?并且很快乐呢。”克利斯朵夫说。

“我要是老看到这个,我会死的。”

克利斯朵夫拍拍他的肩膀。

“啊,啊,我们的运动健将原来不过如此!……好吧,你别瞧就是了,倘使觉得头脑不够结实的话。反正没有谁强迫你。向前吧,孩子!可是要向前,也用不着要一个主子在你肩膀上打印,像对待牲口一般。你等什么?信号早已发出。装鞍的军号已经吹过,马队已经在前进了。你只要管着你的马。快快归队,向前奔吧!”

“往哪儿去呢?”

“往你的队伍所去的地方,去征服世界。抓住空气,降服原素,冲破自然界的最后一批堡垒,你得逼空间后退,逼死神后退……

台太尔已经把天空试探过了……①

“你拉丁文很好,可知道下面这句话吗?能不能把它解释给我听?

他已经渡过了阿希龙……②

“……瞧,这便是你们的命运,你们这般幸运的征略者!……”

---

① 神话载台太尔为希腊大建筑家,被囚于克兰德迷宫,乃以羽毛与蜜蜡造成翅翼而遁。

② 神话载阿希龙为地狱之河,今作死亡解。

他把新的一代应当肩负的英勇的责任说得明明白白,乔治不禁诧异地问道:“既然你感觉到这些,干吗不跟我们一起来呢?”

“因为我另有任务。去吧,孩子,去干你的事。尽管追过我,只要你能够。我吗,我留在这儿,我要担任警戒……你读过《天方夜谭》,该记得其中有一个精灵,像山一般高,被关在压着所罗门印玺的箱子里……哎,你知道没有,精灵就在这儿,在我们的灵魂深处,就是你不敢低下头去瞧一瞧的那颗灵魂。我跟我同时代的人,和它搏斗了一辈子,我们没有把它打败,它也没把我们打败。如今我们和它都在透一口气,彼此瞪着眼,可没有怨恨,没有恐惧,对咱们的战斗都很满意,等着休战期满。你们哪,你们该利用休战的机会养精蓄锐,预备去摘取世界上的美果!你们尽量地快活吧,享受这个短时期的休息吧,可是千万记住,你们,或是你们的儿子们,有一天从征略大业中回来的时候,应当回到我现在所站的地方,拿出新的力量跟留在那边而为我在旁监视的精灵搏斗。这搏斗,虽然中间可能有多少次的休战,但直要等到两者之间有一个被打倒的时候才能结束。你们应当比我们更强,更幸福!目前,你尽管玩你的运动,如果你愿意;你得活动你的筋骨,锻炼你的心志;别发傻劲,把你跃跃欲试的精力为一些无聊的事浪费掉,放心,你现在所处的时代早晚会用到你的精力的。”

克利斯朵夫说的话,乔治并没记住多少。他胸襟相当宽大,足够容纳克利斯朵夫的思想;但他一只耳朵进,一只耳朵出,还没走完楼梯已经把什么都忘了。可是他仍旧有种甜美的畅快的感觉,即使在产生这种感觉的事情早已想不起的时候也是这样。他对克利斯朵夫非常尊敬,却完全不信克利斯朵夫所信仰的东西。(他心里一无信仰,对什么都是一笑置之。)但要是有谁敢毁谤他的老朋友,他是会拼命的。

幸而没有人在他面前说克利斯朵夫的坏话,否则他什么事都会干出来。

克利斯朵夫把风向看得很准,不久它果然转变了。年轻的法国音乐的理想是和他的理想不同的。这一点使克利斯朵夫对法国音乐的好感多添了一个理由,但法国音乐界对他绝对不表同情。他在群众之间那么流行,决不能使那些闹饥荒闹得最厉害的青年和他携手;他们肚子里没有多少东西,所以牙齿格外地长,格外地要咬人。克利斯朵夫可不把他们的凶恶放在心上。

"他们多么认真啊!"他说,"这些孩子正在磨炼牙齿呢……"

比较之下,他几乎更喜欢他们,而讨厌那帮因为他的声名而来巴结他的小狗,——好似杜皮尼[①]说的:"一头猛犬把头伸在一只奶油钵里时,就有小狗们来舐它的胡子表示庆贺。"

他有一部作品被歌剧院接受了。才接受,人家就开始排练。有一天,克利斯朵夫看到报上有攻击他的文章,说为了他的作品,人家把预定上演的一个青年作家的剧本无限期地搁下去了。那记者不胜愤慨,认为这种滥用势力的事应当由克利斯朵夫负责。

克利斯朵夫跑去见经理,对他说:"你没预先通知我。那怎么行呢?你该把那部先收下的歌剧先上演。"

经理大惊小怪地嚷着,嘻嘻哈哈地拒绝了。他把克利斯朵夫的人品、作品、天才,竭力恭维了一阵,对另外一部作品表示轻蔑到极点,一口咬定它一文不值,绝对不能卖座。

"那么你干吗收下来呢?"

"一个人不能每样事都由着自己的心思去做。每隔一些时候,我们不能不敷衍一下舆论。从前,那些青年尽管叫叫嚷嚷,谁也不理会的。此刻他们找到了一个方法,挑拨一帮国家主义派的报纸来攻击我们,把我们叫作卖国贼、劣等法国人,倘使我们不幸而没对他们的少壮派表示钦佩的话。哼!少壮派!就谈少壮派吧!……要不要我告诉你是怎么回事?我真是受够了!群众也是受够了。他们用那种挽歌

① 杜皮尼为十六、十七世纪的法国诗人,讽刺作家。

来叫你头痛！……血管里没有一滴血，对你老唱着弥撒祭，描写爱情的二重唱简直像追思祈祷……倘若我糊里糊涂拿人家硬要我接受的剧本上演，要不把我的戏院亏完才怪！我把作品接受下来就完了，人家不能要求我——唉，谈咱们的正经事吧。你呀，你的大作是准会叫座的。”

接着又是一大篇恭维。

克利斯朵夫直截了当地打断了他的话，气冲冲地说：“我决不上当。如今我老了，‘成功’了，你们便利用我来压倒青年人。我年轻的时候，你们也会用同样的手段压倒我。要不先上演那个青年的剧本，我就把我的撤回。”

经理举起胳膊向着天，回答说：“你难道不明白，倘使我们听了你的话，人家岂不以为我们对报纸的攻击屈服了吗？”

“那对我有什么相干？”

“随你吧！第一个吃亏的还是你。”

于是人家开始排练青年音乐家的作品，同时也不中止练习克利斯朵夫的作品。一部是三幕的，一部是两幕的；戏院决定拿它们在同一晚上演出。克利斯朵夫和他所提拔的人见了面。他要亲自报告这个消息。那青年说了许多感激的话，表示没齿不忘。

经理全副精神地对付克利斯朵夫的剧本，克利斯朵夫当然没法阻止。另一部作品的演出没有被照顾到，克利斯朵夫却一点都不知道，只参加了几次排练，觉得作品很平常，随便表示了一些意见，人家也不表欢迎；他便至此为止，不再过问。此外，经理又要那位新晋作家把作品删节一部分，倘若他愿意马上演出的话。这种牺牲，作者先是很乐意的答应的，不久却大不痛快了。

上演那晚，新作家的剧本完全失败，克利斯朵夫的大为成功。有几家报纸竭力攻击克利斯朵夫，说那是故意做的圈套，要陷害一个年轻而伟大的法国作家；他们说歌剧院为了巴结德国大师而把法国作家的音乐割裂了；而这个德国大师是妒忌一切新兴的明星的。克利斯朵夫耸耸肩膀,想道:"他会答复他们的。"

"他"可是一声不出。克利斯朵夫把这些批评剪了一部分寄给他,附了一句话:"你看到没有?"

他回信说:"遗憾之至!那位新闻记者太关切我了!真是,我很抱歉。最好还是别放在心上。"

克利斯朵夫笑了,心里想:"他说得对,这个胆怯鬼。"

于是他把这件事像他所谓的"置之脑后"了。

但那个难得看报,而且除了体育新闻以外都看得很马虎的乔治,这一回竟一眼看到了抨击克利斯朵夫最剧烈的文字。他认得那个记者,便跑到一家准可以找到他的咖啡店去,果然找到了,打了他嘴巴,跟他决斗,一剑刺伤了他的肩膀。

第二天,克利斯朵夫一边吃午饭一边从一封朋友的信中知道了这件事,马上气都塞住了,饭也没吃完,就赶到乔治家里。出来开门的就是乔治。克利斯朵夫像一阵狂风般卷进去,抓着他的胳膊,愤愤地摇着,破口大骂。

"畜生!你为了我去跟人打架!谁允许你的?你这个小子,你这个糊涂虫,居然来管我的事!难道我自己管不了吗,嗯?你以为占了便宜!你给这个坏蛋面子,跟他决斗。那正是他求之不得的呢。这一下他变了一个英雄了,知道没有,傻瓜?而且要是不巧……(我断定你是依着你的老脾气,冒冒失失地去干的)……要是你送了命!……可怜虫!我简直一辈子都不能原谅你!……"

乔治早已笑得像疯子一般,听了最后一句威吓的话,更是捧腹大笑,把眼泪都笑出来了:"老朋友,你真是怪了!太滑稽了!因为我替你出了气,你这样的骂我!下回我攻击你,也许你会跟我拥抱了。"

克利斯朵夫住了嘴,把乔治搂在怀里,亲着他的脸,然后又说:"我的孩子!……对不起。我老糊涂了……可是这个消息把我吓坏了。跟人打架,亏你想得出!我们犯得上跟这种人打架吗?答应我,以后不能再这样胡闹。"

“我什么也不答应你。”乔治说，“我爱做什么就做什么。”

“我可不许，听见没有？倘使你再闹这种事，我就不要再看到你了，我要登报否认你，我要把你……”

“取消继承权是不是？好，随你吧。”

“得啦，乔治，我是央求你呀……你这么来一下有什么用呢？”

“亲爱的老朋友，你人比我好几千倍，比我多知道的事简直数不清；但对于那些流氓，我比你认得更清楚。你放心，那是有用的，现在他们要侮辱你，先要把他们的毒舌掂掂斤量了。”

“嘿！那些小子对我有什么相干？他们说的话，我都一笑置之。”

“可是我并不一笑置之。你只管你自己的事吧。”

这样以后，克利斯朵夫唯恐再有什么新的文章引起乔治猜疑。事情真滑稽：以后的几天，从来不看报的克利斯朵夫，居然扑在咖啡店的桌子上翻着所有的日报，预备看到一篇辱骂的文章，就想尽方法（不管是怎么卑鄙的方法）不让它落在乔治眼里。过了一星期，他才放了心。孩子果然说得不错。乔治的举动叫那些叫叫嚷嚷的家伙都要想一想了，而克利斯朵夫一边尽管埋怨小疯子耽误了他八天的工作，一边觉得自己也没有资格教训他。他想到从前——还不算怎么长久呢——自己为了奥里维而跟人决斗的事。于是他仿佛听见奥里维对他说着：

“由他去吧，克利斯朵夫，我欠你的债也得还你的。”

人家的攻击，克利斯朵夫固然不以为意，另外一个人却没有看破一切的涵养。那便是爱麦虞限。

欧洲的思想界演变得非常快。它仿佛跟机械方面的新发明和新的引擎同时加增了速度。偏见与希望这种存粮，从前足够维持人类一二十年的，此刻在五年之中就被消化掉了。几代的思想都在那里飞奔，一代跟着一代，往往还是一代踏着一代：时间已经下了冲锋令——爱麦虞限被人追过了。

讴歌法兰西毅力的诗人从来没否认他宗师奥里维的理想主义。

尽管爱国心那么热烈,他依旧崇拜精神上的崇高伟大。他在诗歌中提高着嗓音预告法兰西的胜利,乃是要借此表示自己的信仰,表示他的爱法兰西是因为它代表今日欧罗巴最高的思想,代表那个向暴力反攻而得胜的权利。不料权利本身就染上了暴力的气息,暴力又赤裸裸地出现了。新兴的一代,结实、耐苦、渴望战斗,在没胜利之前就存着胜利者的心理。他凭着他的肌肉,凭着他宽阔的胸脯,凭着他的强烈而渴求享受的感官,凭着他像鸷鸟一般遨翔于平原之上的巨翼而得意扬扬,急不及待地想扑下来试试他的利爪。民族的英武,超越海洋超越阿尔卑斯的飞翔,横跨非洲沙漠的驰骋,新时代的十字军(神秘气息不比菲力浦二世和维尔哈杜伊昂为少,功利观念也不比他们多)[①],把民族的头脑冲昏了。那些年轻人对于战争的认识都是从书本上来的,以为是壮美的。他们声势汹汹,怀着挑衅的态度。什么和平,什么思想,他们都厌倦了;他们所宣扬的是战争,说法兰西的威力将来可以在战争的洪炉中锻炼出来。因为种种学说无非是可厌的空谈,他们便存了反抗的心,瞧不起以信仰为主的理想。他们大吹大擂,提倡狭窄的见识,粗暴的现实主义,也提倡民族的自私自利,露骨的自私自利,只要能增加本国的光荣,不惜把别人和别的民族踩在脚下。他们排斥外族,反对民主,极力主张——连最无信仰的人在内——恢复旧教的势力,因为他们需要把"宇宙万物的本体"集中在一处,需要把"无穷无极"交给维持秩序而掌权的人监督。昨天那些温和的饶舌家,空洞的理想主义者,人道主义的思想家,不但受到轻视,并且还被认为社会的罪人。在青年人眼中,爱麦虞限便是属于这一类的。而爱麦虞限为之非常痛苦,也非常愤慨。

他知道克利斯朵夫像自己一样受到这种不公平的待遇,而且更厉害,便同情克利斯朵夫了。他的恶劣的心绪早已使克利斯朵夫灰心,不再去看他。现在他的骄傲仍旧不允许他去找克利斯朵夫,使人看出

① 菲力浦二世为十二至十三世纪时的法王,第三次十字军领袖之一。维尔哈杜伊昂为十二至十三世纪时法国史家,政治家,曾发动第四次十字军。

他后悔。但他想出办法,好像是无意中遇到的,而且还使对方先来迁就他。这样以后,他的小心眼儿的脾气总算满足了,不再隐藏他欢迎克利斯朵夫的访问。从此两人时常见面,不是在这个家里,就是在那个家里。

爱麦虞限把心中的牢骚都对克利斯朵夫说了。他被那些批评惹得气愤至极;又因为克利斯朵夫不怎么动心,就拿报上评论克利斯朵夫的文字给他看,人家说克利斯朵夫不懂他本行的文法,不懂和声,剽窃同行,亵渎音乐,叫他作"老疯子";又说:"这些大发神经的表演,我们受够了!我们是代表秩序,代表理智,代表古典的平衡……"

克利斯朵夫看了只觉得好玩,他说:"这是应有的事。青年人总把老年人丢在臭沟里的……不错,在我的时代,一个人要到六十岁才被认为老。如今大家跑得快多了……无线电,飞机……每一代的人都疲倦得更快……可怜的家伙,他们的得意也不会久的!让他们赶快瞧不起我们,在太阳底下耀武扬威罢!"

但爱麦虞限不是像克利斯朵夫那样健康的人。他思想上是刚强的,却受着有病的神经控制;心是热烈的,身体是残废的;他需要战斗,却生来不是个战斗的人。某些恶毒的批评竟使他痛彻心肺。

"啊!"他说,"要是批评家们知道,他们随便说的一句不公平的话使艺术家受到怎样的痛苦,他们也要觉得那套本领可耻了。"

"他们何尝不知道!他们就靠这个过活的。世界上不是大家都得生存吗?"

"那简直是一群刽子手。我们被生活折磨到浑身是血,为了跟艺术斗争而筋疲力尽。他们非但不伸出手来,不用慈悲的态度提到你的弱点,不用友善的心情帮你补救那些弱点,反倒双手插在袋里,眼睁睁地看你挑着重担上坡,说,'哼!他到不了的!……'等到你上了山顶,有的说:'上是上去了,可是方法不对!'有些更固执的还说:'他并没爬到呀!……'他们不把石子摔在你腿上叫你倒下来,已经是你的大幸了。"

“话得说回来,有时他们中间也有两三个好人,那给你的好处才大呢!毒蛇猛兽到处都有,不论哪一行。没有慈悲心的艺术家,抱着一肚子虚荣和牢骚,把世界当作他自己的战利品,因为不能细细咀嚼而暴跳如雷:这样的人不是也有吗?那不是更要不得的吗?你得耐着性子。不论什么祸害都还有点儿好处。最凶恶的批评家对我们也是有益的;他好比一个练马的人,不许我们在路上闲逛。每次我们自以为达到了目的,就有猎狗来咬我们的腿。往前吧!得跑得更远一点,爬得更高一点!我还在向前,它已经不耐烦再来追我了。别忘了那句阿拉伯的名言:‘不结果的树是没人去摇的。唯有那些果实累累的才有人用石子去打。’我们应该可怜那帮不受骚扰的艺术家。他们将来会留在半路上,懒洋洋地坐着。等到他们想站起来,两条蜷曲的腿已经挪不动了。我的敌人其实是朋友,我欢迎他们。他们在我一生中给我的好处,远过于我的朋友,因为所谓朋友其实倒是敌人。”

爱麦虞限不由得微微地笑了。随后他说:“可是像你这样一个老战士,受一般刚出头的小子教训,不觉得难过吗?”

“我只觉得他们好玩,”克利斯朵夫回答,“这种傲慢表示他们热血奔腾,只想往外流。从前我自己就是这样的。这是三月中的骤雨,下在刚刚复活的土地上……让他们来教训我们吧。归根结底,他们是对的。应当由老年人去学青年人!他们利用了我们,忘恩负义是应有之事!……但他们凭了我们的努力,可以比我们走得更远,可以把我们尝试的事去实地做出来。倘若咱们还有点儿朝气,那么也来学一学,想法子脱胎换骨。要是办不到,要是咱们太老了,那么瞧着他们,咱们心里也高兴。看到萎靡不振的人类永远会开出鲜花来,看到这些青年人的乐天气息多么有生气,看到他们欢天喜地地去冒险,看到这些为征略世界而再生的种族,不是挺有意思吗?”

“没有我们,哪里会有他们!他们的欢乐是我们的眼泪培养出来的。那骄傲的力量是整整一代人的痛苦开出来的花。你们就是这样的为人作嫁……”

“这句古话是不对的。我们创造一个超出我们的种族，其实还是为了我们自己。我们把他们的储蓄收起来，在一间四面通风的小屋子里保护它，拼命地抵着门才能挡住死神。我们亲手开辟了胜利的路，让儿子们走。我们的苦难把前途挽救了。我们把方舟驶到了福地的进口。它将来会驶进港去，带着他们一起，同时也靠了我们的力量。”

“我们横渡沙漠，拿着神圣的火把，捧着我们民族的神明，把这批在今日已经成人的孩子背着走，可是他们还会有一天记得我们吗？……忧患痛苦，忘恩负义，这些滋味我们已经尝够了。”

“那么你后悔吗？”

“不。一个像我们这样轰轰烈烈的时代，为了它所创造的一个时代作牺牲，的确有一种悲壮的伟大，使你感到醉意。舍身忘我的欢乐，现代的人是体会不到的了。”

“我们还是最幸福的人。我们爬上了尼波山，山脚下展开着我们不会进去的地带[①]。但我们比那些将来进去的人更能欣赏那风景。凡是下降到平原中去的，就看不见平原的广大与遥远的天边了。”

克利斯朵夫给乔治和爱麦虞限的那种令人安定的影响，是从葛拉齐亚的爱情中汲取来的。由于这段爱情，他才感到自己和一切年轻的东西密切相连，才对于生命的一切新的形式永远抱着同情。不管使大地昭苏的是什么力量，他总是跟这力量在一起，哪怕在和他对立的时候。看到那些新兴的民主政治，一小部分的特权阶级为了自私自利而惊呼狂叫，克利斯朵夫可是不怕；他决不把衰老的艺术死抓住不放，决不奉那些陈言俗套为金科玉律；他深信不疑地等着，等一种比以前更有力量的艺术，从虚无缥缈的幻境中，从科学与行动已经兑现的梦想中产生出来；他欢迎世界上新的曙光，不管旧世界的美是否要跟自己一同死灭。

① 据《旧约·申命记》，摩西去世以前，曾登此眺望上帝预示他不能进去的福地。

葛拉齐亚知道她的爱情给克利斯朵夫的好处:因为知道了这一点,她精神上达到了更高的境界。她用书信来对他发挥力量。并非她有什么可笑的念头,想在艺术方面指导他:她太聪明了,对自己的局限看得很清楚。但她那个准确而纯粹的声音好比一只音叉,给他拿去调准灵魂的。只要克利斯朵夫觉得那声音说出来的就是他自己所想的;他就能想到一些完全准确,纯粹,而值得说出来的思想。一架美妙的乐器的声音,对于音乐家正像他的梦境所寄托的一个美丽的肉体。两颗相爱的心灵自有一种神秘的交流:彼此都吸收了对方最优秀的部分,为的是要用自己的爱把这个部分加以培养,再把得之于对方的还给对方。葛拉齐亚不怕告诉克利斯朵夫说她爱他了。因为大家不在一起,也因为她知道永远不会嫁给他,所以她说话倒更自由了。这爱情有股宗教般的热诚感染了克利斯朵夫,使他能永久保持和平的心情。

葛拉齐亚固然给克利斯朵夫领会到和平,但她自己早已没有和平了。身体完全磨坏了,精神的平衡也受到严重的损害。儿子的情形并无起色。两年来她老是惴惴不安地过日子,而雷翁那罗还要玩那种致人死命的手段,增加她的恐惧。他使爱他的人整天提心吊胆的本领,简直到了最高峰,为了要人注意,为了折磨他人,他空闲的头脑里装满了奇妙的念头,结果竟变成一种狂病。最惨的是,在他装病的时候,真正的病慢慢地加深了,死神来到门口了。真是惊心动魄的讽刺!葛拉齐亚几年来被儿子假装的病磨够了,等真病来的时候反倒不再相信……一个人的感情是有限度的。她的慈悲心被谎话透支完了。临到雷翁那罗说出了实话,她却以为他做戏;而她一朝明白真相之后,又一辈子悔恨不尽。

雷翁那罗恶毒的心理始终不变。他对谁都不爱,却不答应周围的人除他以外再喜欢别人。他唯一的情欲是妒忌。他把母亲和克利斯朵夫隔离了还不满足,还想毁掉他们之间始终如一的亲密的关系。他已经拿他常用的武器——害病——叫母亲发誓不再嫁人,但仍旧不放心,更要逼母亲和克利斯朵夫停止通信。这一下她忍无可忍了。儿子的滥用威权把她解放了。她揭穿他的谎话,狠狠地骂了他一顿,过后又责备自己,像犯了罪似的;因为雷翁那罗狂怒之下,真的病倒了。而他的病势因为母亲不愿意相信而更加严重。他愤恨至极,只希望快快死去,好对母亲出气,可没想到这希望真会实现。

等到医生告诉葛拉齐亚,说她的儿子没救的时候,她好似中了霹雳一般。但她还得把绝望的心情藏起去,骗那个屡次骗她的儿子。他自己也觉得这一回真的严重了,可不愿意相信,拼命瞅着母亲的眼睛,只盼望像他说谎的时候一样能看到责备他的表情。终于到了不能不信的时间。那对他跟他的家属都是可怕到极点:因为他不愿意死!

看到儿子终于长眠不起的时候,葛拉齐亚没有一声叫喊,没有一声怨叹;她的沉默使人奇怪,其实她连痛苦的气力都没有了,唯一的愿望是死。她继续干着日常的事,表面上照旧很镇静。过了几星期,她更加沉静的脸上甚至也会堆起笑容来了。谁也没想到她内心的悲苦,尤其是克利斯朵夫。她只把消息通知他,完全没提到她自己,对于克利斯朵夫又不安又恳切的来信置之不复。他想赶来,她叫他不要来。过了两三个月,她又恢复了以前那种严肃而恬静的口吻,认为把自己的弱点交给他负担是桩罪过。她知道她所有的感情都会在他心中引起回声,也知道他需要倚傍她。她并没怎么苦苦地压制自己。她的能够得救是靠一种精神上的纪律。在倦于生活的情形之下,使她还能活下去的只有两点,就是克利斯朵夫的爱情和她那种意大利女子的宿命观念,快乐也罢,痛苦也罢,骨子里她都是这个性格。这宿命观不是从智慧来的,而是一种动物的本能;凭着这本能,一头困惫至极的野兽会不觉得自己的困惫而眼睛发呆着往前走,像做梦一样,忘了路上的石子,也忘了自己的身体,直走到倒在地下为止。宿命观支持着她的肉体。爱情支持着她的心。她自己的生命已经消耗完了,只因为有克利斯朵夫可以给她寄托而活着。然而她那时更小心地避免在信中表白她的爱。没有问题,这是因为她的爱情比从前更强了,但也因为老记着亡儿的反对,使她的爱情受着良心的责备。于是她缄默了,强迫自己在某一个时期内不再写信。

克利斯朵夫不明白这缄默的道理。有时,他在一封语气单纯而平静的信中听到一些出人意外的口吻,表示有一股硬压着的热情在那里哀号。他吓坏了,却一句话都不敢提,好比一个人屏着气,生怕那个幻象消失。他知道她下一封信一定是特别冷淡的,因为要遮盖这一次的感情……然后又是一片恬静……

一天下午,乔治和爱麦虞限在克利斯朵夫家里。两人都想着自己的烦恼:爱麦虞限是对于文坛的牢骚,乔治是为了某次运动比赛的不如意。克利斯朵夫心平气和地听着,很亲热地跟他们打趣。忽然有人打铃,乔治去开了。原来高兰德的当差送一封信来。克利斯朵夫坐在靠窗的地方看信。两个朋友继续讨论,没看到背对着他们的克利斯朵夫。他走出了房间,他们根本没觉察,而等会发觉了也不以为意。但因为他老是不出来,乔治就去敲隔壁的门。没有回音。乔治知道老朋友的怪脾气,便不再坚持。过了几分钟,克利斯朵夫进来了,神色很镇静,很疲倦,很温和。他因为冷淡了客人表示很抱歉,又把刚才打断的话接下去,提到他们的烦恼,说了许多安慰的话。他的语气使他们莫名其妙地非常感动。

然后他们走了。乔治跑到高兰德家,看见她哭得泪人儿似的。她第一句就问:

"他受到这个打击怎么样啦,那可怜的朋友?真是太残酷了!"

乔治听了莫名其妙。高兰德向他解释,说她才送信去把葛拉齐亚故世的消息通知克利斯朵夫。

葛拉齐亚来不及向任何人告别就去了。几个月来,她的生命差不多已经连根拔起,只要轻轻的一阵风就能把她吹倒。这次的流行性感冒发作的头一天,她接到克利斯朵夫一封温柔的信,大为感动,想要叫他来,觉得一切把他们分隔的理由都是虚伪的,罪过的。因为没有精神,她把写信的事拖到下一天。到了下一天,她又不得不躺在床上,写了几行就头昏脑晕,而且也踌躇着不敢写出自己的病状,怕惊动克利斯朵夫。他那时正忙着练习一阕带有合唱的交响曲,根据爱麦虞限的一首叫作“福地”的诗写的:两人都很喜欢这个题材,因为有点象征他们的命运。克利斯朵夫把这作品向葛拉齐亚提过好几回。第一次的演奏定在下星期内……那当然不该打搅他。葛拉齐亚在信中只说起自己伤风,后来还以为说得太过分,便撕掉了,又没气力再写。她预备晚上再动笔。不料到晚上已经太迟了。要他来已经太迟了。连给他写信也太迟了……死真是来得多快!要几百年才能培养起来的东西,不出几小时就被毁灭了……葛拉齐亚只来得及把手上的戒指交给女儿,要她转交克利斯朵夫。她一向和奥洛拉不大亲近,现在要离开世界的时候,才抱着一腔热情瞅着这张留在世界上的脸,紧紧地握着女儿的手,这只手将来可以代表她去握她朋友的手的,她快乐地想道:

“我没有完全离开世界。”

怎么?我说,气势这样伟大的,充满着我耳鼓的,
同时又这样温柔的声音,是什么声音?……

——《西比翁之梦》[1]

乔治热情冲动之下,从高兰德家里出来又回到克利斯朵夫那里。高兰德平日冒冒失失的话,早已给他知道葛拉齐亚在他老朋友心中所占的地位,甚至——(青年人是不知轻重的)——他还当作打哈哈的资料。但那时他又同情又紧张,体会到这样一件祸事所能给克利斯朵夫的痛苦;他要跑到他前面,拥抱他,可怜他。因为知道克利斯朵夫的感情非常激烈,所以看了他刚才那种镇静的态度不大放心。他打了铃。没有动静。他再打铃,又照着跟克利斯朵夫约定的暗号在门上敲了几下,才听见一张椅子移动的声音,又听见沉重而迟缓的脚声。克利斯

① 《西比翁之梦》为古罗马作家西塞罗所著《共和国》第六卷内的一篇。

朵夫把门开了,脸上那么平静,使本来预备扑到他怀里去的乔治呆住了,不知道说什么好。克利斯朵夫很和气地问:“是你吗,孩子?可是忘了什么东西吗?”

乔治心慌意乱,结结巴巴地回答说:“是的。”

“那么进来吧。”

克利斯朵夫过去坐在乔治没有来以前就坐着的椅子里:靠着窗口,把头仰在椅背上,瞧着对过的屋顶和傍晚天上的红光,根本不理会乔治。乔治假装在桌上找东西,偷偷对克利斯朵夫瞅了一眼。老人脸上毫无表情,夕阳照着他上半部的腮帮和一部分额角。乔治走到隔壁屋里,好似继续找着什么。刚才克利斯朵夫便是拿了信把自己关在这儿的。此刻信还在床上,被褥上清清楚楚有个身体躺过的痕迹。另外有本打开的书掉在地毯上,正翻在折角的一页。乔治捡起来一看,原来是《福音书》里叙述玛特兰纳遇到园丁的一段①。

他又回到外面的屋子,东翻翻,西找找,免得手足无措,觑空又对一动不动的克利斯朵夫望了一眼。他很想告诉他,他替他多么难过。但克利斯朵夫神色那么开朗,使乔治觉得说什么都不大得体。那时的情形仿佛倒是他需要人家安慰了。他怯生生地说了句:“我走啦。”

克利斯朵夫头也不回过来,只说:“再会吧,孩子。”

乔治走了,轻轻地带上了门。

克利斯朵夫这样的待了好久。天已经黑了。他没有痛苦,没有思想,没有一个确切的形象。他好比一个困顿不堪的人,听着一阕模糊的音乐,并不想了解。等到他弯着腰站起来,时间已经到了深夜。他望床上一倒,呼呼睡熟了。音乐继续在那里响着。

于是他看见了她,她,那个心爱的人……她对他伸着手微微地笑着说:

---

① 据《新约·约翰福音》第二十章,玛特兰纳于耶稣葬后到墓上去,发现墓穴已空,回头看到一个人,以为是园丁,共实便是复活的耶稣。此处隐指一个人见到了真主而不认识。

“现在你已经越过了火线。”

他的心溶化了。一片和平充塞着明星密布的空间,各个星球的音乐展开着它静止的,深沉的洪流……

他醒过来的时候,天已经大亮,极乐的境界却依旧存在,听到的话始终在那里,像遥远的微光。他下了床。一种无声无息的,神圣的热诚鼓动着他的心。

……现在我看到了,我的儿子,
在俾阿特利斯和你之间只有这堵墙壁……

可是他已经跨过了他和俾阿特利斯之间的墙壁①。

他一半以上的灵魂久已到了那一边。一个人越是生活,越是创造,越是有所爱,越是失掉他的所爱,他便越来越逃出了死神的掌握。我们每受一次打击,每造一件作品,我们都从自己身上脱出一点,躲到我们所创造的作品里去,躲到我们所爱的而离开了我们的灵魂中去。最后,罗马已经不在罗马了;自己最好的一部分已经在身外了。在墙垣的这一边,只有一个葛拉齐亚把他留着。而她也去了……现在,痛苦世界的门已经给关上了。

他心里非常兴奋地过了一个时期,不觉得再有什么束缚,不再等待什么,不再依靠什么。他解放了。斗争已告结束。走出了战场,他望着燃烧的荆棘在黑夜中熄灭了。它已经离得很远。荆棘的火光替他照着路的时候,他自以为差不多到了山顶。可是从那时起,他又走了多少的路,而山顶并不见得更近。现在他才知道,即使永远走下去,也到不了那里。但是一个人进了光明的区域而没有把所爱的人丢在后面,那么即使跟着他们永远走下去,你也不会觉得时间太久。

① 俾阿特利斯为但丁终生倾慕的爱人,上引诗句见《神曲·净罪界》第二十七。

他闭门不出,也没有一个人来敲门。乔治把所有的同情一下子发泄完了:回到家里,放了心,第二天就把这件事忘得干干净净。高兰德上罗马去了。爱麦虞限一点都不知道。他老是那么小心眼儿,不声不响地生着气,因为克利斯朵夫没有去回拜他。克利斯朵夫因此尽可以安安静静地和他心坎里的人作着无声的谈话;从今以后,她像母腹中的婴儿一般不会再跟他分离了。而他们的谈话又是多么动人,非言语所能形容,便是音乐也不大能表达出来。克利斯朵夫感情洋溢的时间,只能闭着眼睛,一动不动地听着自己的心歌唱。或者他坐在琴前,让他的手指几小时地说着话。在这一个时期,他的临时即兴比一生任何时期都多。他不把自己的思想写下来。写下来干吗呢?

过了几星期,他重新出门和大家相见:除了乔治以外,跟他亲近的人谁也没想到他那些经过的情形。临时即兴的习惯还保留了一些日子,往往在意想不到的时候出现。一天晚上,在高兰德家里,克利斯朵夫在琴上弹了差不多有一小时,他尽情地发泄,忘了客厅里都是些不相干的人。他们都不想笑他。这些惊人的即兴把大家听得惶惶然不知所措。连那般不懂其中意义的人,心里也难过极了;高兰德甚至含着眼泪……克利斯朵夫弹完了,突然转过身来,看到大家激动的情形,便耸了耸肩膀,大声笑了出来。

他到了一个境界,便是痛苦也成为一种力量——一种由你统制的力量。痛苦不能再使他屈服,而是他叫痛苦屈服了:它尽管骚动,暴跳,始终被他关在笼子里。

这个时期产生了他的最沉痛同时也是最快乐的作品。其中有《福音书》里的一幕,那是乔治一听就知道的:

> "女人,你为什么哭?"
>
> "因为有人把我主挪走了,不知道放在哪里。"
>
> 她说完之后转过身来,看见耶稣站在面前:而她不知道就是耶稣。

——另外有一组悲壮的歌，依着西班牙的通俗歌谣写的，其中特别有一首情歌，凄怆的情调好比一朵黑色的火焰：

> 我愿成为那座埋葬你的坟墓，
> 使我的手臂可以永远抱着你。

——还有两阕交响曲，题目叫作“平静的岛”和“西比翁之梦”。在约翰·克利斯朵夫·克拉夫脱的全集中，这两件作品是把当时音乐上所有最高的成就，结合得最完美的：德意志的那种亲切、深奥、富有神秘气息的思想，意大利的那种热情的曲调，法兰西的那种细腻而丰富的节奏，层次极多的和声，都被他融和在一起了。

这种从“生离死别的悲痛中发生的热情”，维持了两三个月。然后，克利斯朵夫怀着坚强的心，踏着稳实的步子，又回到人生的行列中去了。悲观主义的最后一些雾霾，苦修的心灵的灰暗之气，半明半暗的神秘的幻境，都被死亡的风吹开去。纷纷四散的乌云中显出一条长虹。天色更明净，好像被泪水洗过了似的，堆着微笑。这是山峰上恬静的黄昏。

第四部

潜伏在欧罗巴森林里的火开始往上冒了。这儿给你扑灭了,它在别处又烧起来。浓烟滚滚,火星四射,从这一处跳到那一处,燃着干枯的荆棘。在东方,前哨战揭开了国际战争的序幕。整个的欧罗巴,昨天还带着怀疑色彩而萎靡不振的,像死了的树林一般的,今天已经被大火包围了。每个人的心里都有厮杀的欲望。战争随时可以爆发。你把它压下去了,它又抬头了。最无聊的借口也能成为它的养料。大家觉得受着偶然的支配,偶然就能发动争端。连一般最和平的人也感到事情不可避免了。那些理论家正扯着蒲鲁东的旗号讴歌战争,认为可以发挥人类最高的德性……

西方民族的身心复活,原来归结到这个结果!热情的行动与信仰,竟然把民族逼上了屠杀的路!要使这个乱冲乱撞的行动有个预定的,经过选择的目标,唯有一个拿破仑式的天才才能办到。但欧洲无论哪里都没有这种行动的天才。仿佛大家特意挑了一批最庸碌的人当家。人类的聪明不在这方面。你只有听任那个带着你往前冲的巨潮摆布。统治的和被统治的都是一样。欧罗巴的局势是普遍的紧张。

克利斯朵夫回想起那次跟惊慌不安的奥里维一同经历的,差不多一样紧张的情形。但那时战争的威胁不过像转瞬即逝的乌云。现在,威胁的影子可罩着整个的欧洲了。而克利斯朵夫的心情也改变了。他不能再参加这些民族的仇恨。他的心境正像一八一三年代的歌德:

没有恨,怎么能厮杀?过了青春,又怎么能恨?他早已走出仇恨的区域。他对于这些相持不下的民族完全一视同仁,不分轩轾。各个民族的价值,对世界的贡献,他都认识清楚了。一个人在精神上到了相当程度,就“不再分什么民族,而对于邻族的祸福会感觉得像同胞的祸福一样亲切”。暴雨的乌云已经沉到你脚底下,周围只有天空,——“给鹏鸟飞翔的无边无岸的天空”。

然而有时候,克利斯朵夫也觉得四周的敌意有点儿难堪。在巴黎,大家表示得那么露骨,使他随时感到自己属于敌对的民族;便是他心爱的乔治也忍不住在他面前表白他对德国的心情,使他悲伤。于是他走开了,推说要看看葛拉齐亚的女儿,到罗马去住了一阵。但那边的环境也并不安静。民族主义的骄傲已经像瘟疫一般的蔓延到了,改变了意大利人的性格。那些素来被克利斯朵夫认为麻木而懒散的人,现在也只想着武功,想着战争,想着侵略,想着罗马的鹰隼在利比亚沙漠的上空飞翔;他们自以为回到了罗马帝国时代①。最了不起的是,各个对立的党派、社会党、教会派、保王党,都极真诚地受着这种狂热的感染,而并不以为反叛自己的主义。可见各个民族一旦被传染病式的热情扫荡之下,所谓政治,所谓人类的理智,都会变得无足重轻。那些热情还不屑于消灭个人的热情,只是利用它们,使一切都集中到同一个目标。在功业彪炳的时代,情形一向是这样的。亨利第四的军队,路易十四的内阁,那些建立法兰西的丰功伟业的先民,富于理智与坚于信仰的,和追求名利与享乐的一样多。不论是詹森教派还是好色之徒,是清教徒还是情欲强烈的人,在满足他们的本能的时候,连带也为共同的使命出了力。在将来的战争中,国际主义者与和平主义者一定都会参加;像他们国民议会时代的祖先一样,各人都深信这是为了求自己民族的幸福,为了求永久的和平……

克利斯朵夫站在罗马耶尼居峰的平台上,带着嘲弄的笑容,眺望

① 公元前一世纪时,利比亚为罗马帝国领地;一九一二年后,又曾沦为意大利的殖民地。

这个又杂乱又和谐的城市,正好象征山峰底下的世界:古时的废墟,巴洛克式的屋面,现代的建筑,虬结在一处的杉树与蔷薇,各个世纪,各个作风,被聪明的头脑融成一个坚固而连贯的整体。同样的,人类的精神会把它本身所具备的秩序与光明,照在纷争不已的世界上。

克利斯朵夫留在罗马的时期很短。这个城市给他的印象太强了,他有点儿害怕。要能利用这种和谐,他必须站得远远的;在这儿留下去颇有被吞没的危险,好似多少与他同种的人一样。他不时上德国去住一下。但虽然德法两国的冲突迫在眉睫,结果还是巴黎永远在吸引他。那边有他当作儿子一般的乔治。而且他不但受着感情方面的影响,思想方面的理由对他也有作用。一个思想活跃的,热烈参与一切精神生活的艺术家,不容易再习惯德国的生活。并非那边缺少艺术家,而是艺术家在那边缺少空气。他们和自己的民族隔离了;大家对他们不感兴趣,都忙着别的事,或是社会方面的或是实际方面的。诗人们因为人家瞧不起他们的艺术,也就存着瞧不起人的心躲到他们的艺术中去了;他们一气之下,干脆把自己和群众生活的最后一些连系斩断,而只为了几个人写作。他们都是很有天分的,精练的,贫弱的小贵族,本身也分化为许多敌对的小组,在狭小的天地中喘不过气来;因为不能扩大范围,他们便拼命地往下挖,把泥土翻来翻去,直到把里头的精华吸尽为止。于是他们在一片混乱的梦境中迷失了,甚至不想把梦境彼此沟通。各人站在原位上在大雾中挣扎。没有一道共同的光明指引他们。各人只能在自己身上找光明。

反之,在莱茵河那一边,每隔一些时候必有些集体的热情,群众的骚动,在艺术上面吹过。像巴黎被铁塔威镇着一样,照在欧洲平原上的也有那座永远不熄的灯塔,那个古典的传统,靠着几百年的辛苦与光荣培养起来而一代一代地传到现在的。它既没有把精神奴役,也没有加以拘束,只是指出了几世纪以来所遵循的大路,使整个民族都受到它的光明。德国的思想家像黑夜里迷失的鸟一般投向遥远的灯塔的,已经不止一个。可是把邻国多少慷慨的心引到法兰西来的那股声气相求的力量,法国有谁想得到呢?伸手乞援而与政治的罪行毫不相干的人又不知有多少!……而你们德意志的弟兄们看不见我们,没听见我们说着:"瞧,我们在这儿伸着手啊。不论什么谎言与仇恨,都不能叫咱们分离。为了求我们精神的伟大,民族的伟大,我们需要你们,你们也需要我们。我们是西方的一对翅膀,缺了一翼就飞不起来。战争要来就来罢!咱们的手始终紧紧地握着,像兄弟般契合的心灵始终在一块儿飞跃。"

克利斯朵夫这么想着。他感觉到两个民族是怎样的相得益彰,也感觉到倘若彼此不相助的话,他们的精神,艺术,行动,又是怎样的残缺不全。他因为出身于莱茵河流域,正是两股文明合流的地方,所以从小就本能地感觉到它们需要联合一致,而他的天分一辈子都在无意中求两翼的平衡。他越富于日耳曼民族的梦想,便越需要拉丁民族的秩序与条理。法兰西对他显得那么可贵,就为了这一点;而他在法国也更加能认识自己,控制自己,保持自己的完整。

他能对付那些与他有害的成分,也能吸收与他不同的力量。一个元气旺盛的人在健康的时候,能吞下所有的力量,连有害的在内,而且能把它们化为自己的血肉。甚至有的时候,一个人会觉得跟自己最不相像的成分反倒最有吸引力,因为其中可以找到更丰富的养料。

克利斯朵夫喜欢的倒是那些和他对立的艺术家的作品,而不是他的模仿者的作品;一因为他也有了模仿者,自命为他的信徒,使他大为懊恼。那是一批老实的、用功的、品德兼备的青年,对他很恭敬。克利斯朵夫很愿意能喜欢他们的音乐,可是没有办法,他只觉得那些作品一无价值。倒是另外一帮对他个人表示反感、在艺术上代表与他对立的倾向的音乐家,能够使克利斯朵夫赏识他们的才华……反感,对立,那有什么关系呢?这等人至少是活的!生命本身是最主要的德性。一个人缺乏了生机,即使他有一切其他的德性,也不能称为有道之士,因为他不是一个完全的人。克利斯朵夫开玩笑地说过,他只承认那些攻击他的人是他的信徒。有一回一个青年音乐家对他诉说自己的志愿,把他恭维了一阵,以为能讨他喜欢。克利斯朵夫问他:“我的音乐使你满足吗?你就是用我的方式来表白你的爱或恨吗?”

“是的,大师。”

“那么你还是免开尊口!你根本没有什么可说的。”

因为痛恨那些只知道服从的人,因为需要吸收别人的思想,所以他受着和他的主张完全相反的人吸引。他所交的朋友都是把他的艺术,把他理想主义的信仰,把他的道德观念看作已经过去的人;他们对人生、爱情、婚姻、家庭、一切的社会关系,另有一套看法,他们都是好人,但精神上是发展到另一个阶段的;把克利斯朵夫的生命消磨了一部分的那种悲痛与苦闷,对他们简直是不可解的。这当然更好!克利斯朵夫也不愿意叫他们懂得。他不要求人家和他一般思想来证实他的思想:他对自己的思想很有把握。他所求的是要有机会认识别的思想,爱别的心灵。要爱,要认识,越多越好。要看,要想法子会看。他现在不但能容忍别人抱有他从前攻击过的思想,而且还觉得有意思,因为这样才能使世界更丰富。因为乔治不像他那样把人生看作悲剧,他才更喜欢乔治。倘若所有的人都道貌岸然,或者都像克利斯朵夫一般有那种英雄式的克制功夫,那么人类也太贫弱了,太灰色了。人类需要欢乐,需要无所顾忌,需要敢于大胆地亵渎偶像,包括最神圣的在内。但愿高卢民族的诙谐精神永远不灭!怀疑与信仰,两者都是必需的。怀疑能把昨天的信仰摧毁,替明日的信仰开路……一个人渐渐地离开人生的时候,一切都显得明白了,好比离开一幅美丽的画的时候,凡是近处看来是互相冲突的色彩都化成了一片和谐。

克利斯朵夫对于物质世界的无穷的变化,也像对于精神世界一样看清楚了。这是他当年第一次意大利旅行的收获。在巴黎,他特别和画家雕塑家来往,觉得法国民族的精粹都在他们那方面。他们非常大胆地追逐一切动的现象,抓住那些颤动的色彩,把遮蔽人生的网扯下来,使你的心快乐得直跳。在一个真有眼睛的人,一滴光明等于汲取不尽的宝藏。有了这种精神上的极乐境界,无聊的喧闹与战争还算得了什么！……便是这些喧闹与战争也成为世界奇观中的一部分。应当把什么都抓在手里，把积极的力与消极的力，把人生所有的材料都投入我们的心中让它们融化。结果便是在我们胸中锻炼出来的塑像，精神的美果；凡是能使这个美果更美的都是好的，哪怕需要我们牺牲也无妨。从事于创造的人是不足道的。只有创造出来的成绩才是真实的……想要伤害我们的敌人休想接触到我们。我们是受不到你们攻击的了……你们只咬到一件空的衣服，我的身体早已不在那里。

他创作的音乐，境界变得恬静了。当年的作品像春天的雷雨，在胸中积聚，爆发，消灭的雷雨。现在的作品却像夏日的白云，积雪的山峰，通体放光的大鹏缓缓地翱翔，把天空填满了……创造！就像在八月里宁静的太阳底下成熟的庄稼……

先是模模糊糊的，元气充沛的，迷惘的境界，像丰满的葡萄，饱绽的麦穗，像怀孕的妇女一般有种说不出的欢畅的感觉。管风琴隆隆地响着，蜂房里的蜜蜂唱着歌……从这片沉着响亮的音乐中间，渐渐地显出主要的节奏；行星的轨迹分明了，开始打转……

于是意志出现了。它抓着风驰电掣的梦境，像驯服野马一般地把它紧紧夹着。创作的灵感，懂得带着它飞奔的节奏自有它的规则，非服从不可；它约束那些疯狂的力，替它们定下目标，指定行程。理智与本能开始合作了。黑洞洞的影子开朗了。前面的路上还有一团团的光明，它们也会在未来的作品中酝酿为互相关连的小天地……

画上的图稿已经勾勒停当。晓色朦胧中露出了它的面目。色彩的和谐，脸上的线条，都变得明确了。为了完成作品，他拿出自己所有的宝藏。记忆的仓库也被打开，冲出一阵阵的香气。精神解放了感官，让它们如醉如狂；它自己可不声不响地伏在一边等着，预备挑选对象。

一切都已准备就绪：工人们用着从感官方面抓来的材料，把头脑所设计的作品开始去做了。一个大建筑家是需要一批技术纯熟而肯卖力的工人的。大教堂便这样的完工了。

“而上帝瞧着他的作品,觉得还不够好。”

建筑家把整个作品打量了一番,再亲自修改一下,使它更和谐。

幻梦完成了。噢,我的上帝!……

夏日的白云,通体放光的大鹏,缓缓地翱翔;整个天空被它们的巨翼掩蔽了。

然而他的生活并不限于艺术。像他这一类的人不能不有所爱;他要的不但是一视同仁的爱,为艺术家散播给一切生灵的爱:而且还需要有所偏爱;他需要把自己给一般由他亲自挑选的人。这是树木的根须。他心中所有的血都是靠这个爱更新的。

克利斯朵夫的血还没到枯竭的时候,还受着爱的培养——那是他最大的快乐。他的爱是双重的:一方面是对葛拉齐亚的女儿,一方面是对奥里维的儿子。他心中已经把两个孩子结合了,以后还要在实际上把他们结合起来。

乔治和奥洛拉是在高兰德那儿见到的。奥洛拉住在她的表姨母家里,每年在罗马住几个月,余下的时间都待在巴黎。她十八岁,比乔治小五岁。个子很高,身子很直,姿态优美,头不大而脸盘很宽,淡黄色头发,皮肤给太阳晒得黑黑的,上嘴唇有些薄髭的影子,明净的眼睛,笑盈盈的老是若有所思,肥胖的下巴,褐色的手,又美又圆又结实的胳膊,长得很好看的脖子。她很快活,爱享受,精神非常饱满。没有书卷气,也很少感伤情调,她性情像母亲一样懒散,能一口气睡十一个小时。余下的时间,她荡来荡去,嘻嘻哈哈,似乎还没完全醒。克利斯朵夫叫她“睡美人”,常常使他想起萨皮纳。她上床也唱歌,起床也唱歌,没来由地哈哈大笑,像儿童一样地傻笑,咯咯的笑声像打嗝。谁也说不出她把日子怎么消磨的。高兰德千方百计想教她一套漂亮的功架,那对一般的姑娘像油漆一样很容易涂上去,对奥洛拉可完全没用。她什么都不想学,一部书可以看上几个月,觉得作品挺有意思,但过了八天连名字题材都记不起了。她满不在乎地写别字,谈到高深的问题常常闹大笑话。她的年轻,她的兴致,她的没有书卷气,甚至她的缺点,近于麻木的糊涂,天真的自私,都使人觉得耳目一新。并且她老是那么自然。但这个老实而懒惰的女孩子有时也会挺无邪地卖弄风情,勾引一帮青年,居然到野外去写生,或者弹弹萧邦的《夜曲》,拿着从来不念的诗集,说些想入非非的话,戴着同样想入非非的帽子。

克利斯朵夫留神看着她,暗中好笑。他对奥洛拉的感情近于父亲的慈爱,宽容的,带点儿打趣的意味;同时也有一种虔敬的心理,因为这个预备接受另外一个人的爱的女孩子,便是他当年的爱人的化身。谁也不知道克利斯朵夫的情爱深到什么程度。唯一能猜到的是奥洛拉。她从小看见克利斯朵夫差不多老是在她身边,简直把他当作家族中的一分子了。以前不像兄弟那样受宠爱而感到痛苦的时期,她不知不觉地跟克利斯朵夫亲近,猜到他有同样的苦恼,而他也看到她的悲伤;两人并不明言,却把彼此的苦闷放在一起。后来她一发现母亲和克利斯朵夫之间的感情,便自以为参与了他们的秘密,虽然他们从来没告诉她什么。葛拉齐亚临死付托给她的使命,和此刻戴在克利斯朵夫手上的戒指,她都懂得其中的意义。所以她暗中和克利斯朵夫不知有多少的联系,用不着了解清楚就能感觉到它们的复杂。她很真心地喜欢那个老朋友,虽然从来不能花点儿精神把他的作品弹一遍或看一遍。她颇有音乐天分,可是连把题献给她的乐谱裁开来的好奇心都没有,只喜欢跟他不拘礼数地聊天。而自从知道在他那儿可以碰到乔治·耶南以后,她来的次数更多了。

在乔治那方面,也从来没觉得和克利斯朵夫在一块竟会这样有趣。

可是两个年轻人直过了好久才体会到自己真正的感情。他们先用着讥讽的眼光相看。两人没有一点相像的地方。一个是流动不已的水银,一个是沉沉酣睡的死水。但没有多少时间,水银变得平静了些,而酣睡的死水也似乎清醒了些。乔治指摘奥洛拉的装束,指摘她的意大利口味——不大懂得细腻的层次,喜欢对比的颜色。奥洛拉却挖苦乔治,学他那种老气横秋而有些装腔作势的谈吐。尽管互相揶揄,两人依旧很高兴——可不知为什么高兴,是为了能互相讥讽呢,还是为了能借此搭讪?他们甚至把克利斯朵夫也拉进去了,他也俏皮地替他们传递冷箭。他们假装不在意;其实正相反,他们对冷嘲热讽的话太注意了,而且绝对隐藏不了心里的怨恨,尤其是乔治,所以一见面就免不了斗嘴。那些口角并不怎样剧烈,因为大家怕伤害对方,觉得打在自己身上的手非常可爱,所以挨打也比打人更有意思。他们非常好奇地互相观察,睁着眼睛搜寻对方的缺陷,不料结果反而更加着迷。他们决不承认这一点。跟克利斯朵夫单独在一起的时候,各人都说那一个讨厌极了。但只要克利斯朵夫给他们一个碰面的机会,他们都不肯轻易放过。

有一天,奥洛拉在老朋友家里,说星期日上午再来看他。过了一会儿,乔治照例像一阵风似的卷进来,对克利斯朵夫说他星期日下午再来。星期日早上,克利斯朵夫空等了一场奥洛拉。赶到乔治约定的时间,她却出现了,道歉说她有事相阻,不能早来,接着又编了一个小故事。克利斯朵夫觉得她这种无邪的手段挺好玩,便说:“可惜。你本来可以遇到乔治;他来过了,我们一块儿吃了午饭;下午他没空,不能待在这儿。”

奥洛拉大失所望,不再听克利斯朵夫的话了。他却高高兴兴地和她谈着。她心不在焉地对答,差不多要恨他了。忽然有人打铃。原来是乔治。奥洛拉不由得大为惊愕。克利斯朵夫笑着,望着她。她这才懂得他是耍弄她,便红着脸笑了。他又俏皮地用手指作着威吓的姿势。突然她感情冲动之下,跑去拥抱他。他在她耳畔轻轻用意大利文说着:“小顽皮,小坏蛋,小奸刁……”

她用手堵着他的嘴。

乔治看着他们又是笑又是拥抱,觉得莫名其妙。而他的诧异的、甚至有点儿着恼的神色,愈加使他们俩乐开了。

克利斯朵夫便是这样的暗中使两个孩子接近。等到成功了,他又差不多埋怨自己。他不分高低地爱着他们,但把乔治批判得更严,因为他看出他的缺点;而另一方面他把奥洛拉看得非常理想,自认为对奥洛拉的幸福比对乔治的负有更大的责任:因为乔治近乎他的儿子,可以说代表自己的一部分。所以他不敢决定,把天真无邪的奥洛拉交给一个并不怎么天真无邪的同伴是不是罪过。

他们俩订婚之后不久,有一天在树荫底下谈话,碰巧克利斯朵夫在后面走过,听见奥洛拉一边说笑一边向乔治问起他以前的一桩私情,克利斯朵夫不禁吓了一跳,乔治却很痛快地说了出来。此外,他们俩还坦然说些别的话,表示奥洛拉对于乔治的道德观念并没像克利斯朵夫那么重视。两人虽然非常相爱,却并不把彼此看作是永远分不开的。在爱情与婚姻问题上,他们那种洒脱的精神固然也有它的美,但和旧制度的白头偕老,“至死勿渝”的结合是大不相同了。克利斯朵夫望着他们,不免有点儿惆怅……他们和他离得很远了!载着我们儿女的船驶得多快!……可是耐心点吧,早晚大家都会在彼岸相遇的。

目前,那条船并不怎么考虑它的航路,只是随风飘荡。使当时的风俗慢慢改变的自由精神,在思想与行动的别的方面照理也应当有所表现。可是并不:人类的天性是不在乎矛盾的。一方面风俗变得更自由了,一方面思想反倒变得不自由了,居然要求宗教替它戴上枷锁。而这两种各走极端的情形尽管极不合理,竟会在同一批心灵中出现。复兴旧教的潮流正在使一部分上流人物和知识分子着迷,把乔治和奥洛拉也迷住了。最有意思的是看到这个天生好辩的乔治,从来不信宗教,从来不理会什么上帝与魔鬼的——对一切都冷嘲热讽的真正的小高卢人——会突然之间说出真理就在基督旧教中间的话。他的确需要有一个真理,而这一个真理正好和他的需要行动,和他的法国布尔乔亚的间歇遗传,和他对于自由的厌倦相配合。小马游荡得够了;它走回来,自动地把自己缚在民族的犁上。只要看到几个朋友的榜样就够了:对于思想界的气压特别敏感的乔治立刻成为第一批俘虏。奥洛拉跟着他——无论他到哪儿,她都会跟着走的。他们一下子就非常的自信,瞧不起一切不和他们一般思想的人。噢,那真是大大的讽刺!这两个轻佻的孩子居然变了真诚的信徒;而葛拉齐亚与奥里维,凭着他们的纯洁、严肃、努力,和那样的苦心孤诣,反倒从来没得到信仰。

克利斯朵夫很好奇地观察着这些心灵的演变,可不像爱麦虞限那样想对抗;因为爱麦虞限抱着自由的理想主义,看到从前的敌人重新得势非常气恼。但我们不能对抗吹过的风,只能等它过去。人的理智太疲劳了。它才作了一次巨人般的努力,昏昏欲睡,像一个熬了一天的疲倦不堪的儿童,在睡觉之前作着祈祷。梦乡的门又给打开了:除了宗教,还有那些通神的、神秘的、玄妙的理论,跑到西方人的头脑里来。连哲学也有些动摇了。被奉为思想上的神明,如柏格森,如威廉·詹姆斯,都踉踉跄跄的,步履不稳了。甚至在科学里面也表现出理智的困乏。这种时间是会过去的。让他们喘一口气吧!明天,精神会清醒过来,变得更敏锐,更自由……辛辛苦苦地工作以后,睡眠是甜蜜的。难得有时间歇一下的克利斯朵夫,很高兴看到他的孩子们能代他享受这个清福,心定神安,自以为信仰坚固,相信着他们的美梦。他不愿意,也不能够和他们易地而处。他心里想,葛拉齐亚的哀伤和奥里维的烦闷在儿女身上居然解脱了,也是很好的事。

"我们所有的痛苦,我,我的朋友们,多少在我们以前的人所受的痛苦,不过是使这两个孩子能够得到快乐……这快乐,安多纳德,你是应该享受而被剥夺了的!啊!一般不幸的人对于他们的牺牲所能产生的幸福,倘若能预先体会到的话,那该多么好!"

为什么要反对这种幸福呢?我们不应该要人家依着我们的方式幸福,他们应该依着他们的方式幸福。充其量,克利斯朵夫不过很温和地要求乔治和奥洛拉,别太轻视像他一样不和他们一般信仰的人。

他们却是连跟他讨论都有所不屑,神气之间仿佛说:"他是不会了解的……"

在他们眼中,克利斯朵夫是个过去的人。而他们并不重视过去!他们中间常常很天真地谈着他们将来要做的事,等克利斯朵夫"不在"的时候……但他们的确很爱他……真是两个目空一切的孩子!他们在你身旁像蔓藤一般生长。这股自然界的力把你推着,赶着……

"去吧!去吧!你走开呀!现在轮到我了!……"

克利斯朵夫听到他们这种没有说出来的话,很想对他们说:"别这么急!我在这儿觉得很好呢。别把我当作死人看呀!"

他觉得他们天真的专横的脾气很好玩。有一天他们对他表示轻蔑,他就满不在乎地告诉他们:"你们痛快说出来吧,说我是个老糊涂吧。"

"不,老朋友,"奥洛拉哈哈大笑地回答,"你是世界上最好的好人,可是有些事你不知道。"

"而你又知道些什么,姑娘?你算是大贤大哲了吗?"

"别嘲笑我,我知道的事固然很少,可是他,乔治,他知道呢。"

克利斯朵夫笑了:"是的,孩子,你说得不错。爱人永远是无所不知的。"

要克利斯朵夫承认他们思想上比他高明还不难,要忍受他们的音乐可不容易。他们尽量磨他的耐性。只要他们一到,钢琴就不得休息了。仿佛小鸟似的,他们唱歌的兴致被爱情鼓动了,但不像小鸟那样会唱。奥洛拉对自己的音乐天分并不自负,可是对未婚夫的才华,看法就不同了;她不觉得乔治的演奏和克利斯朵夫的有什么高低,或许她还更喜欢乔治的呢。而乔治虽然很聪明,很会自嘲自讽,也差点儿被爱人的信心说服了。克利斯朵夫不和他们争,反而卖弄狡狯,跟奥洛拉说着一样的话。有些时候他厌烦死了,只能走出房间,把门关得特别响一些。他又恳切又怜悯地微微笑着,听乔治在琴上弹《特里斯坦》。那小子拿出全副精神,把这个壮烈的曲子表现得像少女一般温柔。克利斯朵夫不由得哈哈大笑,可不愿意说出他好笑的缘故,只拥抱着乔治。他就是喜欢他这样,说不定更喜欢他了……可怜的孩子!……噢,有了爱,艺术也无足轻重了。

他时常和爱麦虞限谈起他的孩子们——他是这样称呼他们的。很喜欢乔治的爱麦虞限,开玩笑似的说克利斯朵夫已经有了奥洛拉,应该把乔治让给他,克利斯朵夫垄断一切太不公平了。

虽是两人很少和外界往来,他们的友谊在巴黎社会中差不多已经成为美谈。爱麦虞限对克利斯朵夫抱着热情,只为了骄傲而不表示出来;为了要遮掉这点儿感情,他还故意喜怒无常,有时对克利斯朵夫很粗暴。但这也瞒不过克利斯朵夫。他知道这颗心现在对他多么忠诚,也知道这忠诚是多么可贵。没有一个星期他们不是见两三次面的。逢着身体不好,不能出门的时候,他们便写信,都是一些好像来自远方的信。世事的变化,远不及思想在科学与艺术方面所表现的进步使他们感到兴趣。他们老是在自己的思想中过活,对着他们的艺术苦思默想,或者在混沌的事实中间辨别出一些无人发现的,可是在人类的思想史上留下痕迹的微光。

更多的时候是克利斯朵夫上爱麦虞限那儿去。虽然从最近一次病后,他的身体也不见得比朋友的强,但他们早已认为爱麦虞限的健康需要更多的调养。要克利斯朵夫轻而易举地爬上爱麦虞限住的六层楼也不可能了,走到的时候要歇好一会儿才能喘过气来。他们俩都一样不知保重。尽管两人的支气管有病,时常会气塞,却都是烟瘾很大。克利斯朵夫宁愿自己上爱麦虞限家,这也是原因之一:因为奥洛拉往往为他抽烟的嗜好和他闹,使他不得不躲开。两个朋友在谈话中间时常会剧烈地咳嗽,停下来相视而笑,好比两个做了错事的小学生。有时,一个会教训另外一个正在咳嗽的人:但只消一口气平了下去,受教训的一个就坚决抗议,说咳嗽与抽烟无关。

爱麦虞限堆满纸张的书桌上有个空的位置,蹲着一只灰色的猫,一本正经地瞅着两个抽烟的人,带着责备的神气。克利斯朵夫说它是代表他们的良心,因为不要跟良心照面,他便把帽子盖在它身上。那只猫非常虚弱,也不是什么贵种,当时爱麦虞限在街上把它在半死状态中捡来的;它受了那次磨难从来没复原,吃得很少,难得玩儿,没有一点儿声响;性情极温和,睁着聪明的眼睛盯着主人,他不在家的时候显得挺可怜,他在家的时候便心满意足地待在他身边,不是沉思默想,便是几小时的对着可望而不可及的笼中的鸟出神。只要你对它表示一点儿关切,它就很有礼地打鼾。爱麦虞限兴之所至地摸它几下,克利斯朵夫下手很重地摸它几下,它都耐着性子接受,永远留着神不抓人,不咬人。它身体娇弱,一只眼睛老在淌眼泪,常常咳嗽;倘若它能说话,一定不会像两个朋友那样厚着脸皮说"抽烟与咳嗽无关";但他们的行为,它一律忍受,仿佛心里在想:"他们是人,他们不知道他们所做的事。"

爱麦虞限很疼它,觉得这个可怜的动物的命运和他的有些相像。克利斯朵夫还认为他们连眼睛的表情都是相同的。

"那也不足为奇。"爱麦虞限说。

动物往往反映它们的环境,相貌会跟着主人而变的。一个糊涂人养的猫,目光决不跟一个有思想的人养的猫相同。家畜的和善或凶恶,坦白或阴险,聪明或愚蠢,不但依着主人给它的教训,还跟着主人的行为而定。甚至也用不着人的影响,单是环境就可以改变动物的长相:山明水秀的风景可能使它的眼睛特别有神采。爱麦虞限的灰色猫,是和没有空气的顶楼,主人的残废,以及巴黎的天色调和的。

爱麦虞限变得和气多了,跟最初认识克利斯朵夫的时期大不相同。一桩平凡的悲剧给了他很深的刺激。有一回他脾气来了,很露骨地向他的女朋友表示受不了她的感情。于是她突然失踪了。他找了一夜,急得不得了,终于在一个警察分局里把她找到。原来她想跳在塞纳河里,正在跨过桥栏的时候被人扯住了衣角;她不肯说出姓名住址,还想去寻死。看到这个情形,爱麦虞限大吃一惊:自己受过了磨难以后再去折磨别人,那是他绝对受不了的。他把绝望的女子带回家,竭力安慰,要她相信她所要求的感情,他一定给她。他把她的气平下去了,无可奈何地接受了她的爱,拿自己生命中仅存的一部分交给了她。这样以后,所有他天性中的精华又在心中涌起来了。主张行动的使徒此刻竟相信只有一桩行动是好的:就是勿加害于人。他的使命已经完成。掀起人间的巨潮的那些力,只拿他当作触发行动的工具。一旦完成了任务,他就一无所用:行动继续在那里进行,可不需要他了。他眼看着它向前,对于加在他个人身上的侮辱差不多已经不以为意,但对于诋毁他信仰的行为还不能完全无动于衷。因为他这个自由思想者虽然自命为摆脱了一切宗教,还取笑克利斯朵夫是个伪装的教士,但像所有强毅的思想家一样,他究竟有他的祭坛,把梦想作为神明一般地供奉着,不惜拿自己作祭礼。现在这祭坛没人去礼拜了,爱麦虞限为之很痛苦。那些神圣的思想,大家千辛万苦才把它们捧上台的,一百年来最优秀的人为之受尽折磨的,现在却被后来的人踩在脚下:怎么能不伤心呢!所有这个法兰西理想主义的辉煌的遗产,对于自由的信念,为了它有过多少圣徒、多少英雄、多少殉道者的,还有对于人类的爱,对于天下为一家,四海皆兄弟的境界的渴望,都被现代的青年们闭着眼睛糟蹋完了!他们中了什么风魔,竟会追念那些被我们打败的妖怪,竟会重新套上被我们砸得粉碎的枷锁,大声疾呼地要求武力的统治,在我的法兰西心中重新燃起仇恨与战争的疯狂?

“这不但在法国,整个世界都变得这样了。”克利斯朵夫笑容可掬地说,“从西班牙到中国,都受到同样的暴风吹打。没有一个地方可以让你避风了!连我的瑞士也在高唱民族主义,不是滑稽吗?”

“你看了这个情形觉得放心吗?”

“有什么不放心的?我们在这儿看到的潮流不是少数人的可笑的情欲激发起来的,而是操之于一个支配宇宙的看不见的神明。在这个神明之前,我知道低头了。倘若我不懂得,那是我的过失,不是他的过失。你得想法去了解他。可是你们之中谁肯操心这个问题?你们得过且过,只看见近边的界石,以为那就是路程的终点;你们只看见鼓动你们的浪,看不见汪洋大海!今日的浪潮,是昨天的浪潮、我们的浪潮推动起来的。而今日的浪还得替明日的浪开路,使明日的浪忘记今日的浪,正如今日的浪忘记昨天的浪。我对于眼前的民族主义既不称赏,也不害怕。它会跟时间一同过去的,它正在过去,已经过去了。它是梯子上的一级。咱们爬到顶上去吧!输送给养的军曹自会来的。听呀,他已经在打鼓吹笛了!……

(克利斯朵夫拿手指在桌上打起鼓来,把猫吓了一跳。)

"……现在每个民族都有个迫切的需要,要集中自己的力量,立一张清单。因为一百年来各个民族都改变了,而这改变是由于相互的影响,由于世界上一切聪明才智之士作了巨大的投资,建立了新的道德,新的科学,新的信仰。每个民族和其余的民族一同踏进新世纪之前,的确需要把自己考察一番,清清楚楚地知道自己的面目和财产。一个新时代来了。人类要和人生定一张新的契约。社会将根据新的规则而再生。明天是星期日。各人都在那里结算一星期的账目,扫除房屋,希望把它整理得有条有理,而后站在共同的上帝面前和别人联合起来,跟上帝定一份新的同盟公约。"

爱麦虞限眼睛里反映着过去的梦境,望着克利斯朵夫。他等克利斯朵夫说完了,停了一会儿,才说:"你是幸福的,克利斯朵夫!你看不见黑夜。"

"我能在黑夜里看到东西,"克利斯朵夫回答,"在黑夜里日子过得久了,我变了一头猫头鹰了。"

那个时期,他的朋友们发觉他的举动态度有了改变。他往往心不在焉,人家说的话也不留神听。他笑容可掬,若有所思。人家一提醒他这种漫不经心的态度,他就忙着道歉。有时他用第三人称代表自己:

"克拉夫脱会替你把这件事办了的……"

或者是:

“克利斯朵夫才不在乎呢……”

一般不深知他的人说,那是他的自溺狂。

其实正好相反。他是站在旁人的地位上,从外面来看自己。他已经到了一个时期,对于为了美的奋斗也不在乎了,因为自己的任务已经完成,相信别人也会完成他们的任务;而且归根结底,像罗丹所说的,“美永远会得胜的”。社会的恶意与不公平也不能再使他反抗。他笑着说反抗是不自然的,而且生命已经渐渐地离开他了。

的确他没有从前那么健壮了。一点儿体力的劳动,走了一段长路,或是跑得快一些,都使他感到疲乏,立刻会喘不过气来,心跳得厉害。有时他想起老朋友苏兹。他这些感觉从来不跟别人提,提了有什么用呢?只能叫人担忧,同时你的健康又不会有起色。何况他对这些不愉快的事也并不当真。他不怕害病,倒是怕别人强迫他保重。

由于一种神秘的预感,他想再见一见故乡。这是他一年一年拖下来的计划。他老是想,等下年再说吧……这一回他可不再延期了。

他对谁也不通知,偷偷地走了。在故乡逗留的时间很短。克利斯朵夫要去找的景象都没有能找到。上次他回来看到城里刚开始有点儿变动,现在大功告成,小城一变而为工业城市了。古老的屋子不见了,公墓也不见了。原来是萨皮纳的农庄,此刻盖了一所烟囱高耸的工厂。河水把克利斯朵夫童时玩耍的那片草原给冲完了。一条全是古怪的建筑物的街道题着克利斯朵夫的名字。过去的一切都完了……好吧!生命还是在继续下去,或许在这条题着他名字的街上,破屋子里有别的小克利斯朵夫在出神,在痛苦,在奋斗。规模宏大的市政厅中,人家奏着他的一件作品,意义完全给颠倒了,他简直认不出来……好吧!音乐受到了误解,也许会把新的力量刺激起来。我们已经播了种子。你们爱把它怎办就怎办吧,把我们去作你们的养料吧!——黑夜将临的时候,克利斯朵夫在城市四周的田野中漫步,大雾在田上飘浮,他想着快要罩着他的生命的大雾,想着那些他心爱的,离开了世界的,躲在他心坎里的人,为将临的黑夜快要把他们和他一齐盖住的人……好吧！好吧！黑夜,我不怕你,你是孵育阳光的！一颗星熄了,无数的星会亮起来。好似一杯沸腾的牛乳,空间的窟窿里都洋溢着光明。你不能把我熄灭的。死神的气息会使我的生命重新冒起火焰……

从德国回来,克利斯朵夫想在当初遇到阿娜的城中耽搁一下。自从离开她以后,他完全不知道她的消息。他不敢写信去问:多少年来,一想到她的名字就会发抖……现在他安静了,什么都不怕了。可是晚上在靠着莱茵河的旅馆里,听到熟悉的钟声预告下一天的节日,过去的印象又复活了。河上传来当年那股危险的气息,他此刻已经不大了解。他整夜回想着那件故事,觉得自己躲过了可怕的主宰,不由得悲喜交集。他不知道下一天究竟怎么办,一会儿又想——("过去"不是离得那么远了吗!)——去拜访勃罗姆夫妇。但到了第二天,勇气没有了;他甚至不敢向旅馆打听一下医生和他的太太还在不在。他决意动身了……

正要动身的时候,有股不可抵抗的力量逼着他走到阿娜从前去做礼拜的教堂,掩在一根柱子背后——那儿可以望见她以前常来下跪的凳子。他等着,相信要是她来的话,一定还是坐在这个位置上。

果然有一个女人来了,他可认不得。她和别的妇女完全一样:胖胖的身材,饱满的脸,滚圆的下巴,淡漠与冷酷的表情。她穿着黑衣服,坐在凳上一动不动:既不像在祈祷,又不像在听,只向前望着。在这个女人身上,丝毫没有叫克利斯朵夫想起他所等待的那个女人的影子。只有两三次,有一个古怪的姿势,好似要抹平膝上的衣褶。从前她是有这个姿势的……出去的时候,她在他身边慢慢地走过,双手抱着放在胸前,捧着一本《圣经》。阴沉而烦闷的眼睛对克利斯朵夫瞅了一下,闪出一点儿微光。他们彼此都没认出来。她挺着身子,直僵僵地走过了,头也不回。直到一会儿以后,他才心中一亮,在那冰冷的笑容底下,在嘴唇的某些皱纹中间,认出那张他曾经亲吻过的嘴……他的气塞住了,腿也软下来了,心里想:

“主啊,这就是我曾经爱过的人吗?她在哪儿呢?她在哪儿呢?而我自己又在哪儿?爱她的人在哪儿?我们的身体,吞噬我们的残酷的爱情,现在留下些什么?不过是一堆灰烬。那么火在哪里?”

他的上帝回答道:“在我身上。”

于是他抬起眼睛,看着她挤在人堆里,走出大门,走到了太阳底下。

回到巴黎以后不久,他跟多年的敌人雷维-葛讲和了。雷维-葛是凭着诡计多端的本领和恶毒的用意,老是攻击他的,后来雷维-葛功成名就,心满意足了,倒还有那点儿聪明,暗中承认克利斯朵夫了不起,想法去接近他。可是攻击也罢,殷勤也罢,克利斯朵夫只装看不见。雷维-葛终于灰心了。他们住在一个区里,常常在街上遇到,都装作不相识的神气。克利斯朵夫走过的时候可以若无其事地对雷维-葛瞧一眼,仿佛根本没看见他这个人。这个目中无人的态度把对方气坏了。

他有一个女儿,大概在十八至二十岁之间,长得好看,细气,大方,侧影像小绵羊,一头金黄的卷发,一双极有风情的眼睛,笑容像意大利画家吕尼笔下的人物。父女两人时常一同散步,克利斯朵夫在卢森堡公园的走道上碰见他们,神气很亲密,女儿挺可爱地靠在父亲臂上。克利斯朵夫为了消遣,对优美的脸素来是注意的,而看到这一个尤其觉得喜欢。他想到雷维-葛,对自己说着:“这混蛋运气倒不坏!”

但一转念他又得意起来:“可是我也有一个女儿呢。”

于是他把她们俩作比较。当然他存着偏心,认为所有的长处都在奥洛拉方面。但这个比较终于使他把两个并不相识的女孩子假定为一对朋友,并且他精神上也不知不觉地跟雷维-葛接近了。

从德国回来,听说“小绵羊”死了,他那种为父的自私心理马上想到:“要是我的一个倒了楣,那还了得!”

这一下他对雷维-葛非常同情,当时就想写信给他,起了两次稿都不满意,而且还觉得不好意思,没有把信寄出。过了几天,他又遇到雷维-葛,一看对方那副痛苦的神气,可忍不住了,径自走过去伸出手来。雷维-葛也不假思索地握了他的手。克利斯朵夫说:“你那个孩子多可惜!”

雷维-葛被他激动的口吻深深地打动了,觉得说不出的感激……两人胡乱说了几句伤心的话。等到分手的时候,他们之间的隔膜完全没有了。他们是打过架的:没有问题,那是命中注定的;各有各的性格,各有各的使命,非完成不可!但悲喜剧演到了终场,各人都把在台上当作面具用的情欲丢开了,以本来面目相见之下,便发觉谁也不比谁高明;所以演过了自己的角色应当互相握手。

乔治和奥洛拉的婚期定在初春。克利斯朵夫的健康很快地往下坡路上走。他注意到孩子们很焦急地打量着他。有一回他听见他们低声地谈话。

乔治说:“他脸色多不好!很可能病倒的。”

奥洛拉回答:“但愿他别耽误了我们的婚期!”

他记着这几句,暗中答应他们的愿望。可怜的孩子们,放心吧!他决不妨碍他们的幸福的!

可是他的确不知保重。婚期前两天(最近他紧张得有点儿可笑,好像他自己要结婚似的),他竟糊里糊涂地让旧病复发了,远在节场时代发作的那个肺炎似乎又回来了。他骂自己不小心,决意要撑到婚礼结束的时候。他一方面回想起临死的葛拉齐亚,在他举行音乐会的前夕不愿意把病倒的消息通知他,免得妨碍他的正事与快乐;一方面又想到现在要把她从前对他做的事还给她的女儿,不禁非常快慰。所以他把自己的病瞒着人;但要硬撑下去的确不容易。幸而看着两个孩子的幸福,他欢喜极了,居然把长时间的教堂仪式挨了过去。从教堂回来,一到高兰德那里,他就精力不济,赶紧躲在一间屋里。过了一会儿,有个仆人发觉他晕倒了。克利斯朵夫醒来之后,不许人家跟当晚要出发去旅行的新夫妇提起。而他们也太注意自己了,根本没留神旁的事。他们快快活活地和他告别,答应写信给他,不是明天准是后天……

他们一走,克利斯朵夫立刻躺在床上。热度又来了,再也不退下去。他孤零零的没有人陪。爱麦虞限也闹着病,不能来。克利斯朵夫不看医生,并不认为自己的病势严重,同时也没有仆人可以去请医生。打杂的女人只有早上来两个钟点,根本不关心他;而他还更进一步,完全不要她服侍。她收拾屋子的时候,他嘱咐过几十次,别移动他的纸张。她却顽固得厉害,这一回他上了床,她认为机会到了,可以照自己的意思大大地清除一下。克利斯朵夫从衣柜的镜子里望见她在隔壁屋里把什么都搅乱了,不由得勃然大怒——真的,老人的脾气依旧没改!——立刻从被窝中跳出来,从她手里抢下了一卷纸,把她推出大门。他这一怒,马上发了一场高热;而那个老妈子气恼之下,从此不来了,也没通知一声"这个老疯子"(她是那样称呼他的)。于是他害着病,没人侍候。早上他起来拿门外的牛奶瓶,再瞧瞧看门女人有没有把那对爱人答应他的信塞在门下。结果是没有。他们快乐得把他忘了。他不怪怨他们,想到自己处在他们的地位也是一样的。他想着他们那种无愁无虑的快乐,又想到那是他给他们的。

等到奥洛拉的信终于来到的时候,他病已经好了一些,开始起床了。乔治只在信尾签了一个名。奥洛拉很少问起克利斯朵夫的近状,报告的消息也不多;但另外倒托他办一件事,要求把她忘在高兰德家的一条围巾寄给她。虽然这不是一件要事——还是奥洛拉没话找话,临时想起的——克利斯朵夫却因为还能帮他们忙而很高兴,赶着出去了。外面下着骤雨,又来了个寒潮,下过了雪,刮着冰冷的风。街上连车辆都没有。克利斯朵夫在寄包裹的地方等着。职员又无礼又故意把手续办得很慢,使他生气,可是生气也解决不了问题。他早已心神安定,照理不会让自己动火的,近来的脾气一部分是由于疾病所致;他的身体根本上已经动摇了,好似快要倒下来的橡树,挨了一斧,不由得发出一阵最后的颤抖。他哆哆嗦嗦地回家。看门女人在楼下递给他一段从杂志上剪下来的文字。他瞧了一眼,原来是一篇把他痛骂一顿的文章。这些东西现在是难得有的了。打一个不觉得挨打的人是没劲的!便是一些最顽强的敌人,尽管讨厌他,也不由自主地对他有了敬意,唯其如此,他们心里很气。俾斯麦曾经说过,似乎带着点遗憾的意味:"人家以为爱是最不由自主的。其实敬重更不由自主……"

但那篇文章的作者是一个比俾斯麦更强的强者,爱和敬都沾染不到他。他对克利斯朵夫信口谩骂,预告下半个月还要发表几篇攻击他的文字。克利斯朵夫看着笑了,一边上床一边对自己说:"哼,他要大吃一惊呢!那时他找不到我了。"

人家劝他雇一个看护,他执意不肯。他说他一向过着孤独的生活,这个时候请看护不是剥夺了他的清福吗?

他并不觉得无聊。近年来,他老是跟自己谈着话,仿佛一个人有了两个灵魂。而最近几个月,他心中的同伴愈加多了;他的灵魂不但有了两个,而且有了十个。它们互相交谈,但唱歌的时候更多。他有时参与他们的谈话,有时不声不响地听着它们。床上,桌上,就在随手抓得到的地方,他老放着空白的五线谱,可以把那些心灵和他自己的谈话记下来,一边听着针锋相对的议论发笑。他已经养成一个不假思索的习惯,"想"和"写"这两个动作差不多是同时的了;对于他,写下来等于想得更明白些。凡是打扰他和这些灵魂谈话的,都惹他厌烦和生气。有的时候,连他最心爱的朋友也不免使他有这种感觉。他竭力不对他们表示;但这种强制功夫使他非常疲倦。等到事后又能跟自己单独相对的时候,他高兴极了:因为他刚才是迷失了;人间的絮语把内心的声音盖掉了。他的静默是通神的静默!……

他只允许看门女人或是她的随便哪个孩子,每天来两三次看看他有什么事没有。他也托他们送字条,因为直到最后几天还跟爱麦虞限有书信来往。两位朋友差不多病得一样重,对自己的情形也看得很清楚。克利斯朵夫的有信仰的自由的心灵,和爱麦虞限的无信仰的自由的心灵,殊途同归,都到了物我不分的清明恬静的境界。笔画颤抖的字迹越来越不容易认了,但他们从来不提到自己的病况,只谈着那些永远谈不完的话题:他们的艺术,他们的思想的前途。

直到有一天,克利斯朵夫用着颤巍巍的手,写出瑞典王在战场上临死时的一句话:

“我目的达到了,兄弟,你自个儿想办法吧!”

好似对着一座重重叠叠的楼阁,他把自己的一生整个儿看到了……青年时期拼命地努力,为的要控制自己;顽强的奋斗,为的要跟别人争取自己生存的权利,为的要在种族的妖魔手里救出他的个性。便是胜利以后,还得夙夜警惕,守护他的战利品,同时还不能让胜利冲昏了头脑。友谊的快乐与考验,使孤独的心和全人类有了沟通。然后是艺术的成功,生命的高峰。他不胜骄傲地以为把自己的精神征服了,以为能够主宰自己的命运了。不料峰回路转,突然遇到了神秘的骑士。遇到了丧事,情欲,羞耻——上帝的先锋队。他倒下去了,被马蹄践踏着,鲜血淋漓地爬着,爬到了山顶上:锻炼灵魂的野火在云中吐着火焰。他劈面遇到了上帝,他跟他肉搏,像雅各跟天神的战斗一样。战斗完了,筋疲力尽。于是他珍惜他的失败,明白了他的界限,努力在主替我们指定的范围内完成主的意志。为的是等到播种,收获,把那些艰苦而美妙的劳作做完以后,能有权利躺在山脚下休息,对阳光普照的山峰说:

“祝福你们!我不欣赏你们的光明。但你们的阴影对我是甜美的……”

这时候,爱人出现了,握着他的手;死神摧毁了她肉体的障碍,把她的灵魂灌输到了他的灵魂里面。他们一同走出了时间的洪流,到了极乐的高峰,在那儿,过去,现在,将来,手挽着手围成一个圆周;平静的心同时看到了悲哀与欢乐的生长,发荣,与枯萎,在那儿,一切都是和谐的……他太急了一些,自以为已经到了彼岸。可是胸口的剧痛,脑子里乱哄哄的人影,使他明白还有最后而最不容易走的一程路……好,向前吧!……

他一动不动地躺在床上。一个蠢女人在上一层楼上几小时地弹着琴。她只会弹一首曲子,翻来覆去地弹着些同样的乐句,觉得其乐无穷。这些句子对于她是代表一种欢乐,代表千变万化的情绪。克利斯朵夫懂得她这种快乐的意义,可是听得厌烦之极,几乎要哭出来。要是她不弹得这么响倒还罢了!克利斯朵夫恨吵闹,像恨一个人的恶习一样……终于他也忍耐了,要能够听而不闻不是件容易的事。但也不见得像他想象中的那么难。他已经慢慢地离开他的肉体,离开这个又病又猥琐的肉体……在里头关了多少年也够受了!他看着它渐渐地坏掉,心里想:

"好吧,它把我关也关不多久了。"

他又想看看人究竟自私到什么程度,便问自己:"你究竟更喜欢哪一样?是克利斯朵夫的姓名永久流传而让他的作品消灭呢,还是作品永久存在而让他的姓名消灭?"

他毫不迟疑地回答道:"让我的作品永生而我自己消灭吧!在这种情形之下,我留存的只有我的最真实的,唯一真实的部分。让克利斯朵夫去死灭罢!……"

但过了一会儿,他觉得作品跟自己一样没有意思。相信他的艺术会永生,未免太可笑了!他不但明白看到自己的作品的命运,并且还见到一切现代音乐的命运。音乐的语言比什么都消耗得更快;一二百年之后,它只有少数的专家才懂得。现在能有几人了解蒙特威尔第与吕利的?藓苔已经在侵蚀古典森林中的橡树了。那些音响的建筑,我们在里头唱出我们的热情,可是将来都得成为空虚的庙堂,结果只剩下一片瓦砾……克利斯朵夫很奇怪,怎么自己能瞧着这些废墟而竟无动于衷。

"难道我并不怎样爱生命吗?"他不胜惊讶地问自己。

但他立刻懂得,这正是表示他更爱生命……对着艺术的废墟痛哭吗？那是犯不上的。艺术是人类反映在自然界中的影子。让它们一齐消灭吧，被阳光吞没吧！它们使我看不见阳光……自然界无穷的宝藏都在我们手指中间漏过。人类的智慧想在一个网眼里淘取流水。我们的音乐只是幻象。我们的音阶是凭空虚构的东西，跟任何活的声音没有关连。这是人的智慧在许多实在的声音中勉强找出来的折衷办法，拿韵律去应用在“无穷”上面。人需要用这个谎言去了解那个不可解；因为他要相信这个谎言，所以他就相信了。但它究竟不是真的，不是活的。精神从自己创造的音乐上所得到的快感，其实是把对于现实的直觉加以颠倒混乱的后果。不时有个天才，偶尔和大地接触了一刹那，居然看到了真正的流水，那是超乎艺术之外的。于是堤岸崩溃了。现实从一个隙缝里透了进来。但这裂痕不久就被填补了。人的理智必须有那个堤作保障。要是理智遇到了耶和华的目光，它就完了。所以它要把自己的牢房再涂上一层水泥，使外边的东西一进来就给它消化掉。这个办法对于一般不愿意睁开眼睛的人也许是美的……可是我，我是愿意看到耶和华的面目的。即使我会消灭，我还是要听你打雷似的声音。艺术的声音使我感到局促。精神别出声吧，人类别出声吧！……

但这段高论才说过了几分钟，他又到散在被单上的纸堆里去摸索，还想写下几个音符。一发觉自己的矛盾，他就微笑着说：

“噢，我的老朋友，我的音乐，你真好。我是个忘恩负义的人，我把你赶走，可是你，你绝对不离开我；尽管我使性，你却并不灰心。原谅我吧，你很明白，这不过是些废话。我从来没欺骗你，你也从来没欺骗我。我们彼此都是很信任的。朋友，咱们一起走吧。有始有终，留在我身边吧。”

然后咱们一同解脱……

他长时期地昏迷了一阵，发着高热，做着乱梦。等到他醒过来，奇奇怪怪的梦境还印在心头。他瞧着自己，摸着自己的身子，找自己，可是找不到了。他似乎变了"另外一个人"了。另外一个,比他更可宝贵的一个……谁啊?……仿佛梦中另外有个人化身在他身上了。是奥里维吗?是葛拉齐亚吗?……心脏和头脑都那么衰弱,他在所爱的人中分不出是哪一个了,而且分辨出来有什么用?他对他们都是一样爱的。

他精神酣畅,浑身酥软。他也不愿意动弹。他知道痛苦潜伏在一边,像猫等着耗子一样。他便装死。怎么!已经死了吗?……屋里没有一个人,楼上的琴声缄默了。孤独。静默。克利斯朵夫叹了口气。

"到了生命的终点而能够说就在最孤独的时候也从来没有孤独,那才叫人安慰呢!我一路上遇到的灵魂,在某一个时期帮助过我的弟兄们,在我思想中的神秘的精灵,死的与活的——全是活的——噢!我所爱的一切,我创造的一切,你们都这样热烈地抱着我,守着我,我听到你们美妙的声音。因为我能得到你们,我要祝福我的命运。我是富有的,富有的……我的心都给装满了!……"

他望着窗子……没有太阳,但天气极好,像一个美丽的瞎子姑娘……克利斯朵夫望着掠在窗上的一根树枝出神。树枝膨胀起来,滋润的嫩芽爆发了,小小的白花开满了。这个花丛,这些叶子,这些复活的生命,显得一切都把自己交给了苏生的力。这境界使克利斯朵夫不再觉得呼吸艰难,不再感到垂死的肉体,而在树枝上面再生了。那生意有个柔和的光轮罩着他,好似给他一个亲吻。在他弥留的时间,那株美丽的树对他微微地笑着;而他那颗抱着一腔热爱的心,也灌注在那株树上去了。他想到,就在这一刹那,世界上有无数的生灵在相爱。于他是临终受难的时间,于别人是销魂荡魄的良辰;而且永远是这样的,生命的强烈的欢乐从来不会枯涸。他一边气急,一边大声哼着一阕颂赞生命的歌——声音已经不听他的思想指挥,也许喉咙里根本没发出声音,但自己不觉得。

他忽然听到一个乐队奏起他的颂歌,不由得心里奇怪:

"他们怎么会知道的呢?我们又没练习过。希望他们把曲子奏完，别弄错了才好！”

他挣扎着坐在床上，要让整个乐队都能看到他，舞动着粗大的手臂打拍子。但乐队奏来一点不错，很有把握。多神妙的音乐！啊！他们竟自动替他奏出下文来了！克利斯朵夫觉得很有趣：

“等一等，好家伙！我一定追上你。”

于是他把棍子一挥，逞着兴致痛快把船驶了出去，向左，向右，穿过危险的水道。

“这一句，你们能接下去吗？……还有那一句，赶快啊！……这里又是一句新的了……”

他们老是把路摸得很清楚；你给他们一些大胆的乐句，他们的答句却是更大胆。

“他们还会搞出些什么来呢？这些坏东西！……”

克利斯朵夫高声叫好，纵声大笑。

“该死！要跟上他们倒不容易了！难道我要给他们打败吗？……你们知道，这个玩意儿是不能作准的！今天我累了……没关系！谁胜谁负还不一定呢……”

但乐队所奏的想入非非的东西，层出不穷，而且都是那么新奇；结果他只能张着嘴听他们，听得连气都喘不过来……克利斯朵夫觉得自己可怜极了。

“畜生！”他对自己说，“你完了。住嘴吧！你的本领不过如此。这个身体已经完了！需要换一个了。”

可是身体跟他反抗。剧烈的咳嗽使他听不见乐队。

“你还不安静下来吗！”

他掐着喉咙，用拳头捶着胸部，好似对付一个非打倒不可的敌人。他看到自己在那儿混战。一大堆的群众在那儿呐喊。一个人使劲把他抱着。他们俩一齐滚在地下。那人压在他身上。他窒息了。

“你松手啊，我要听！……我要听！要不然我就杀了你！”

他把那人的脑袋撞在墙上，但他始终不放……

“那究竟是谁啊？我跟谁扭做一团打架啊？我抓着的这个火辣辣的身体是什么呢？”

昏迷狂乱。一片混沌的热情。狂怒，淫欲，池塘里的污泥最后一次泛了起来……

“啊！难道还不马上完吗？黏在我皮肉上的水蛭，难道拉不下来吗？……好，你这个臭皮囊，跟水蛭同归于尽吧！”

克利斯朵夫挺着腰，撑着肩，突着膝盖，把那看不见的敌人推开……行了，他挣脱了！……那边，音乐老是在演奏，慢慢地远去。克利斯朵夫浑身淌着汗，向它伸着手臂：

“等等我呀！等等我呀！”

他跑上去追它，摇摇晃晃，碰到什么都得撞一下……跑得太急了，没法呼吸了。心跳得厉害，血在耳朵里响：一列火车在隧道中驶过……

“天哪！这不是胡闹吗？”

他无可奈何地对着乐队挥手，要他们别把他丢下来……终于出了隧道……一切都静下来了。他又听到了。

“多美！多美！再来一次！弟兄们，放大胆子……这是谁作的？……你们说是约翰·克利斯朵夫·克拉夫脱作的？得了罢！别胡说！那我可能认得的。这样的东西，他从来写不了十节……谁又来咳嗽了？静下来行不行！这个是什么和弦？……还有那一个呢？……别这么快，等等我呀……”

克利斯朵夫发出一些不成音的叫喊，用手抓着被单，做着写字的姿势，而困乏的头脑还不由自主地推敲这些和弦是怎么配合的，下面又应该是什么和弦。无论如何想不起来：心里一急，他不得不放手……又接着再来……啊！这一回，那可太……

“停下来，停下来，我跟不上了……”

他的意志完全涣散了。克利斯朵夫合上眼睛。紧闭的眼皮内淌着幸福的眼泪。门房的小姑娘瞧着他，很虔诚地替他抹着眼泪，他可没觉得。这个世界上的一切，他都感觉不到了。乐队的声音没有了，他耳朵里昏昏沉沉的只留下一片和声。谜始终没解决。固执的头脑还在那里反复想：

“这个是什么和弦呢？怎么接下去呢？我很想找出个答案来，趁我还没死以前……”

那时有许多声音响起来了。有一个热烈的声音。阿娜那双凄惨的眼睛……但一会儿又不是阿娜了。又是一双那么仁慈的眼睛了……

“啊，葛拉齐亚，是你吗？……究竟是你们中间的哪一个呢？哪一个呢？我再也看不清你们了……为什么太阳这样姗姗来迟？”

三座钟恬静的奏鸣着。麻雀在窗前鼓噪，提醒他是给它们吃东西的时候了……克利斯朵夫在梦中又见到了童年的卧房……钟声复起，天已黎明！美妙的音浪在轻快的空中回旋。它们是从远方来的，从那边的村子里……江声浩荡，自屋后上升……克利斯朵夫看到自己肘子靠在楼梯旁边的窗槛上。他整个的生涯像莱茵河一般在眼前流着。整个的生涯，所有的生灵，鲁意莎，高脱弗烈特，奥里维，萨皮纳……

“母亲，爱人，朋友……他们叫什么名字呢？……爱人，你们在哪儿？我的许多灵魂，你们都在哪儿？我知道你们在这里，可是抓不到你们。”

“我们和你在一起。你安息吧，最亲爱的人！”

“我再也不愿意跟你们相失了。我找你们找得好苦呀！”

“别烦恼了。我们不会再离开你了。”

“唉！我身不由主地给河流卷走……”

“卷走你的河流，把我们跟你一起卷走了。”

“咱们到哪儿去呢？”

“到咱们相聚的地方。”

“快到了吗？”

“你瞧吧！”

克利斯朵夫拚命撑着，抬起头来（天哪，头多重！）看见盈溢的河水淹没了田野，庄严地流着，缓缓的，差不多静止了。而在遥远的天边，像一道钢铁的闪光，有一股银色的巨流在阳光底下粼粼波动，向他直冲过来。他又听到海洋的声音……他的快要停止的心问道：

"是他吗？"

他那些心爱的人回答说：

"是他。"

逐渐死去的头脑想着：

'门开了……我要找的和弦找到了！……难道这还不完吗？怎么又是一个海阔天空的新世界了？……好，咱们明天再往前走吧。"

噢，欢乐，眼看自己在上帝的至高的和平中化掉，眼看自己为上帝效劳，竭忠尽力地干了一辈子：这，才是真正的欢乐！……

"主啊，你对于你的仆人不至于太不满意吧？我只做了一点儿事，没有能做得更多。我曾经奋斗，曾经痛苦，曾经流浪，曾经创造。让我在你为父的臂抱中歇一歇吧。有一天，我将为了新的战斗而再生。"

于是，潺潺的河水，汹涌的海洋，和他一齐唱着：

"你将来会再生的。现在暂且休息吧！所有的心只是一颗心。日与夜交融为一，堆着微笑。和谐是爱与恨结合起来的庄严的配偶。我将讴歌那个掌管爱与恨的神明。颂赞生命！颂赞死亡！"

> 当你见到克利斯朵夫的面容之日，
> 是你将死而不死于恶死之日。
>
> （古教堂门前圣者克利斯朵夫像下之拉丁文铭文）

圣者克利斯朵夫渡过了河。他在逆流中走了整整的一夜。现在他结实的身体像一块岩石一般矗立在水面上，左肩上扛着一个娇弱而沉重的孩子。圣者克利斯朵夫倚在一株拔起的松树上；松树弯曲了，他的脊骨也虬曲了。那些看着他出发的人都说他渡不过的。他们长时间地嘲弄他，笑他。随后，黑夜来了。他们厌倦了。此刻克利斯朵夫已经走得那么远,再也听不见留在岸上的人的叫喊。在激流澎湃中,他只听见孩子的平静的声音,他用小手抓着巨人额上的一绺头发,嘴里老喊着:“走吧!”他便走着,伛着背,眼睛向着前面,老望着黑洞洞的对岸,削壁慢慢地显出白色来了。

早祷的钟声突然响了,无数的钟声一下子都惊醒了。天又黎明!黑沉沉的危崖后面,看不见的太阳在金色的天空升起。快要倒下来的克利斯朵夫终于到了彼岸。于是他对孩子说:

“咱们到了!唉,你多重啊!孩子,你究竟是谁呢?”

孩子回答说:

“我是即将来到的日子。”

全书终

向约翰·克利斯朵夫告别*

我写下了快要消灭的一代的悲剧。我毫无隐蔽地暴露了它的缺陷与德性，它的沉重的悲哀，它的混混沌沌的骄傲，它的英勇的努力，和为了重新缔造一个世界、一种道德、一种美学、一种信仰、一个新的人类而感到的沮丧——这便是我们过去的历史。

你们这些生在今日的人，你们这些青年，现在要轮到你们了！踏在我们的身体上面向前吧。但愿你们比我们更伟大，更幸福。

我自己也和我过去的灵魂告别了；我把它当作空壳似的扔掉了。生命是连续不断的死亡与复活。克利斯朵夫，咱们一起死了预备再生吧！

罗曼·罗兰

一九一二年十月

---

* 编者按：现据阿尔班·米雪儿书局《约翰·克利斯朵夫》一九六一年圣经纸一卷本“最终定本”，将一九二六年版原《卷十初版序》移置于全书之末，改题为《向约翰·克利斯朵夫告别》。

约翰·克利斯朵夫 2

[法] 罗曼·罗兰 著
傅雷 译
艾珉 主编

罗曼·罗兰
第二卷

人民文学出版社

目 次

卷五·节场

卷五初版序

作者与克利斯朵夫的对话

作者:你是不是跟人家赌了东道才这么胡搅,克利斯朵夫?你简直教我跟所有的人都闹翻了。

克利斯朵夫:你不必假惺惺。一开场你就知道我要把你带到哪儿去的。

作者:你批评的事太多了。你惹恼了你的敌人,打搅了你的朋友。一个体面人家出了点不大光鲜的事,不去提它不是更雅吗?

克利斯朵夫:有什么办法?我根本不懂什么雅不雅。

作者:我知道,你是个蛮子。你太傻了!他们要人相信你是大众的敌人。你在德国已经得了反德国的名气。你到法国来又要得个反法国的——或者更严重些——反犹太的名气。你小心点儿。别提到犹太人……你得到他们的好处太多了,不能再说他们坏话。

克利斯朵夫:我认为是他们的好处跟坏处,干吗不能全部说出来呢?

作者:你特别是说他们的坏处。

克利斯朵夫:好处在后面呢。对他们难道应当比对基督徒更敷衍吗?我给他们的分量重一些,因为他们有这个资格。在我们这个光明正在熄灭的西方,他们既然占了重要的地位,我就得给他们一个重要的地位。他们之中一部分人大有把我们的文明断送的可能。可是我并非不知道,也有一些人对于我们的行动与思想是股很大的力量。我知道他们的民族还有哪些伟大的地方。我知道他们之中有成千累万的人竭忠尽智,孤高淡泊,充满着爱,力求上进,凭着孜孜不倦的毅力,默默无声地在那里苦干。我知道他们心中有个上帝。因为这样,我才恨那些否认上帝的人,恨那些为了求名求福而自甘堕落,而玷辱他们民族的使命的人。打击这等人便是爱护他们的种族,正如我打击腐化的法国人是为了爱护法国。

作者:孩子,这是你多管闲事。别忘了那个挨揍的史迦那兰女人。别管旁人的家务……犹太人的事跟我们不相干。至于法国,它就像玛蒂纳,愿意挨打而不愿意人家说出它挨打。[①]

克利斯朵夫:可是非跟它说老实话不可,并且我越是喜欢它,越是非说不可。倘若我不说,谁会跟它说?——你当然不说的。你们大家都给社会关系,面子关系,多多少少的顾虑,束缚住了。我没有束缚,我不是你们圈子里的人。我从来没参加任何社团、任何论战。我用不着附和你们,也无须跟着你们心照不宣地不出一声。

作者:你是外国人。

克利斯朵夫:对啦,人家会说一个德国音乐家没有权利来批判你们,也不会了解你们的,是不是?——好吧,我可能是错的。可是至少我能告诉你们,某些外国的大人物——你跟我一样认识的,——在过去的和活着的朋友中最伟大的人,对你们是怎么想的。——如果他们看错了,他们的见解也值得了解,对你们也不无帮助。而这一点也总比你们相信大家都在佩服你们强得多,比你们一忽儿佩服自己,一忽儿毁谤自己强得多。照你们的风气,你们在某一个时期内大叫大嚷地自称为世界上最伟大的民族,——在另一个时期内又说拉丁民族的颓废是无可救药的了,——过了一晌你们又说所有伟大的思想都是从法国来的,——然后又说你们除了给欧洲提供一些娱乐以外再没别的价值:试问这样的叫嚷有什么

① 莫里哀名剧《屈打成医》中主角史迦那兰殴辱妻子玛蒂纳,邻人闻声过户问讯,不料玛蒂纳以被殴为人所知,恼羞成怒,与其夫同殴邻人。

用？主要是不能对腐蚀你们的疾病闭上眼睛，也不能灰心，应当振作精神，为了你们民族的生存与荣誉而奋斗。凡是感觉到这个不甘灭亡的民族还能抗拒疾病的人，就能够，而且应该，把民族的恶习和可笑的地方大胆地暴露出来，把它们铲除，——尤其要铲除那些利用这些缺点而靠它们过活的败类。

作者：即使为了爱护法国，你也不要去碰法国。你会叫安分守己的人着慌的。

克利斯朵夫：对啦，安分守己的人，看到人家认为一切都不大行，看到人家挖出这么些惨事丑事来，是要痛苦的！他们受着剥削，可不愿意承认。他们发现人家吃的苦已经受不住了，所以宁愿无知无觉地做牺牲品。他们要别人至少每天对他们说一次，在世界上最完满的国家内，一切都尽善尽美，而"……法兰西，始终在世界上占着第一位……"然后，那些老实人心定神安，回头去睡觉了，让别人去为所欲为……这种老实人真是太好了！我使他们痛苦，将来我还要使他们更痛苦。我请他们原谅……可是即使他们不愿意有人帮助他们反抗压迫，至少也得知道别人跟他们一样受着压迫而不像他们那么逆来顺受，没有他们那种自欺欺人的本领，——还得知道另外有些人，就是被这种逆来顺受和自欺欺人的心理断送了，给压迫者随意摆布。而这批人是多么痛苦！你记住吧！我们受过多少罪！眼看气压一天天的加重，四周都是腐败的艺术，不道德的无耻的政治，萎靡不振而甘心乐意趋于虚无的思想：唉，跟我们一同受罪的人有多少！……我们目击心伤，彼此紧紧地挤在一起……啊！我们一块儿过了多么艰苦的岁月。我们的前辈，万万想不到我们的青春在他们的影子底下苦苦挣扎的惨痛！……我们是抵抗过了。我们是得救了……难道我们不能救别人吗？让他们受着同样的折磨，不伸出手去援助他们吗？不，他们的命运跟我们是分不开的。我们在法国有成千累万的人，心里所想的跟我明明白白说出来的完全一样。我意识到我是代他们说话。不久,我也要提到他们。我急于要给人看到真正的法兰西,被压迫的法兰西,深深地埋在底下的法兰西:——犹太人,基督徒,还有不论抱着什么信仰不论属于什么血统的自由灵魂。——可是要接触到这个法兰西,先得从封锁大门的守卫中间打出一条路来。但愿美丽的囚犯从麻痹中振作起来,推倒她牢狱的墙壁!她还没知道自己的力量和敌人的无用呢。

作者:你说得不错,我的灵魂。可是不管你做些什么,千万不能恨。

克利斯朵夫:我心中绝对没有恨。便是想起最凶恶的人的时候,我也知道他们是人,跟我们一样受着痛苦而有一天会死的。可是我非打倒他们不可。

作者:斗争,哪怕是为了行善的斗争,总是伤害人的。你自以为能使那些美丽的偶像——艺术,人类——得到的好处,是不是抵得上一个活人所受的痛苦呢?

克利斯朵夫:要是你这样想,那么你把艺术放弃吧,把我也放弃吧。

作者:不,你不能离开我!没有了你,我怎么办呢?——可是什么时候才会有和平呢?

克利斯朵夫:等到你争取到和平的时候。不久……不久……你瞧,春天的燕子不是已经在咱们头上飞了吗?

作者:美丽的飞燕,报告美丽的季节已经临到,我也已经看到。

克利斯朵夫:别幻想了,你抓着我的手,跟我来吧。

作者:我的影子,我的确非跟着你走不可。

克利斯朵夫:咱们两个究竟谁是谁的影子?

作者:啊,你长得多么大了!我认不得你了。

克利斯朵夫:那是太阳往下落了。

作者:我更喜欢你孩子的时候。

克利斯朵夫:来吧!白天快完了,咱们只剩几个钟点了。

罗曼·罗兰

一九〇八年三月

第一部

一切是有秩序中的无秩序。有的是衣衫不整,态度亲狎的铁路上的职员。也有的是抱怨路局的规则而始终守规则的旅客。——克利斯朵夫到了法国了。

他满足了关员的好奇心,搭上开往巴黎的火车。浸饱雨水的田野隐没在黑夜里。各个站上刺目的灯光,使埋在阴影中的无穷尽的原野更显得凄凉。路上遇到的火车越来越多,呼啸的声音在空中震荡,惊醒了昏昏入睡的旅客。巴黎快到了。

到达之前一小时,克利斯朵夫已经准备下车;他戴上帽子,把外衣的纽扣直扣到脖子,预防扒手,那据说在巴黎是极多的;他几十次地站起来,坐下去,几十次地把提箱在网格与坐凳之间搬上搬下,每次都笨手笨脚地撞着邻座的人,招他们厌。

列车正要进站的当口,忽然停下了,四周是漆黑一片。[①] 克利斯朵夫把脸贴在玻璃窗上,什么都瞧不见。他回头望着旅客,希望有个对象可以搭讪,问问到了什么地方。可是他们都在瞌睡,或是装作瞌睡的模样,又厌烦又不高兴,谁也不想动一下,追究火车停留的原因。克利斯朵夫看了这种麻木不仁的态度很奇怪:这些傲慢而无精打采的家伙,和他想象中的法国人差得多远!他终于心灰意懒地坐在提箱上,

---

① 巴黎好几个车站都在城中心,到站前一大段路程均系在地道中行驶,故“四周是漆黑一片”。

跟着车子的震动摇来摆去，也昏昏入睡了，直到打开车门，大家方始惊醒……巴黎到了！……车厢里的人都纷纷下车了。

他在人丛中挤来撞去地走向出口，把抢着要替他提箱子的伕役推开了。像乡下人一样多心，他以为每个人都想偷他的东西。把那口宝贵的提箱扛在肩上，也不管别人对他大声嚷嚷地招呼，他径自在人堆里往外挤，终于到了泥泞的巴黎街上。

他一心想着自己的行李，想着要去找个歇脚的地方，同时又被车辆包围住了，再没精神向四处眺望一下。第一得找间屋子。车站四周有的是旅馆：煤气灯排成的字母照得雪亮。克利斯朵夫竭力想挑一家最不漂亮的：可是寒酸到可以和他的钱囊配合的似乎一家也没有。最后他在一条横街上看到一个肮脏的小客店，楼下兼设着小饭铺，店号叫作文明客店。一个大胖子，光穿着衬衣，坐在一张桌子前面抽着烟斗，看见克利斯朵夫进门便迎上前来。他完全不懂他说的杂七杂八的话，但一看就知道是个愣头磕脑的，未经世故的德国人，第一就不让别人拿他的行李，只顾用着不知哪一国的文字说了一大堆话。他带着客人走上气息难闻的楼梯，打开一间不通空气的屋子，靠着里边的天井。他少不得夸了几句，说这间屋如何安静，外边的声音一点儿都透不进来：结果又开了一个很高的价钱。克利斯朵夫话既不大听得懂，也不知道巴黎的生活程度，肩膀又给行李压坏了，急于想安静一会，便满口答应下来。但那男人刚一走出，屋子里肮脏的情形就把他骇住了；为了排遣愁闷，他用满着灰土的、滑腻腻的水洗过了脸，赶紧出门。他尽量的不见不闻，免得引起心中的厌恶。

他走到街上。十月的雾又浓又触鼻，有股说不出的巴黎味道，是近郊工厂里的气味和城中重浊的气味混合起来的。十步以外就看不清。煤气街灯摇晃不定，好似快要熄灭的蜡烛。半明半暗中，行人像两股相反的潮水般拥来拥去。车马辐辏，阻塞交通，赛如一条堤岸。马蹄在冰冷的泥浆里溜滑。马夫们的咒骂声，电车的喇叭声与铃声，闹得震耳欲聋。这些喧闹，这些骚乱，这股气味，把克利斯朵夫愣住了。他停了一停,马上被后面的人潮拥走了。他走到斯特拉斯堡大街,什么也没看见,只是跌跌撞撞地碰在走路人身上。他从清早起就没吃过东西。到处都是咖啡店,可是看到里面挤着那么多人,他觉得胆小而厌恶了。他向一个岗警去问讯,但每说一个字都得想个老半天,对方没有耐性听完一句话,便耸耸肩膀,掉过头去了。他继续像呆子似的走着。有些人站在一家铺子前面,他也无意识地站定了。那是卖相片与明信片的铺子:摆着一些只穿衬衣或不穿衬衣的姑娘们的相片,和尽是些淫猥的笑话的画报。年轻的女人和孩子们都若无其事地瞧着。一个瘦小的红头发姑娘,看见克利斯朵夫在那里出神,便过来招呼他。他莫名其妙地对她望着,她拉着他的手臂,傻头傻脑地笑了笑。克利斯朵夫挣脱着走开了,气得满面通红。鳞次栉比的音乐咖啡店,门口挂着恶俗的小丑的广告。人总是越来越多;克利斯朵夫看到有这么些下流的嘴脸,形迹可疑的光棍,涂脂抹粉而气味难闻的娼妓,不禁吓坏了,心都凉了。疲乏,软弱,越来越厉害的厌恶,使他头晕眼花。他咬紧牙齿,加紧脚步。快近塞纳河的地带,雾气更浓。车马简直拥塞得水泄不通。一匹马滑跌了,横躺在地下;马夫狠命的鞭它,要它站起来;可怜的牲口被缰绳纠缠着,挣扎了一会,又无可奈何地倒下,一动不动,像死了一样。这个极平凡的景象引起了克利斯朵夫极大的感触:大家无动于衷地眼看着那可怜的牲口抽搐,他不禁悲从中来,感到自己在这茫茫人海中的空虚;——一小时以来,他对于这些芸芸众生,这种腐败的气氛,竭力抑捺着心中的反感,此刻这反感往上直冒,把他气都闭住了。他不由得呜呜咽咽地哭了出来。路上的行人看见这大孩子的脸痛苦得扭做一团,大为惊异。他往前走着,腮帮上挂着两行眼泪,也不想去抹一下。人们停住脚步,目送他一程。这些被他认为胸中存着恶意的群众,倘若他能看到他们心里去的话,也许会发现有些人除了爱讥讽的巴黎脾气之外,还有一点儿友好的同情;但他的眼睛被泪水淹没了,什么都瞧不见。

他走到一个广场上,靠近一口大喷水池。他在池中把手和脸都浸了浸。一个小报贩好奇地瞅着他,说了几句取笑的话,可并无恶意;他还把克利斯朵夫掉在地下的帽子给捡起来。冰冷的水使克利斯朵夫振作了些。他定一定神,回头走去,不敢再东张西望,也不想再吃东西:他不能跟人说一句话,怕为了一点儿小事就会流泪。他筋疲力尽,路也走错了,只管乱闯,正当他自以为完全迷失了的时候,不料已经到了旅馆门口:——原来他连那条街的名字都忘了。

他回到那间丑恶的屋子里,空着肚子,眼睛干涩,身心都麻木了,倒在屋角的一张椅子上坐了两个钟点,一动也不能动。终于他在恍恍惚惚的境界中挣扎起来,上床睡了。但他又堕入狂乱的昏懵状态,时时刻刻的惊醒,以为已经睡了几小时。卧室的空气非常闷塞。他从头到脚的发烧,口渴得要死;荒唐的噩梦老盯着他,便是睁开眼睛的时候也不能免;尖锐的痛苦像刀子一般直刺他的心窝。他半夜里醒来,悲痛绝望,差点儿要叫了;他把被单堵着嘴巴,怕人听见,自以为发疯了。他坐在床上,点着灯,浑身是汗,起来打开箱子找一方手帕,无意中摸到了母亲放在他衣服中间的一本破旧的《圣经》。克利斯朵夫从来没怎么看过这部书;但这时候,他真感到说不出的安慰。那是祖父的,祖父的父亲的遗物。书末有一页空白,前人都在上面签着名,记着一生的大事:结婚,死亡,生儿育女等等的日子。祖父还拿铅笔用那种粗大的字体,记录他披览或重读某章某节的年月;书中到处夹着颜色发黄的纸片,写着老人天真的感想。当初这部书一向放在他床高头的搁板上;夜里大半的时候他都醒着,把《圣经》捧在手里,与其说是念,还不如说是和它谈天。它跟他做伴,直到他老死,正如从前陪着他的父亲一样。从这本书里,可以闻到家中一百年来悲欢离合的气息。有了它,克利斯朵夫就不太孤独了。

他打开《圣经》,正翻到最沉痛的几段[①]:

① 下列各节,见《旧约·约伯记》。约伯为古代长老,以隐忍与坚信著称。

人在这个世界上的生活是一场连续不断的战争,他过的日子就像雇佣兵的日子一样……

我睡下去的时候就说:我什么时候能起来呢? 起来之后,我又烦躁地等着天黑,我不胜苦恼地直到夜里……

我说,我的床可以给我安慰,休息可以苏解我的怨叹;可是你又拿梦来吓我,把幻境来惊扰我……

你要到什么时候才肯放松我呢? 你竟不能让我喘口气吗? 我犯了罪吗? 我冒犯了你什么呢,噢,你这人类的守护者?

结果都是一样:上帝使善人和恶人一样的受苦……

啊,由他把我处死吧! 我永远对他存着希望……

庸俗的心灵,决不能了解这种无边的哀伤对一个受难的人的安慰。只要是庄严伟大的,都是对人有益的,痛苦的极致便是解脱。压抑心灵,打击心灵,致心灵于万劫不复之地的,莫如平庸的痛苦,平庸的欢乐,自私的猥琐的烦恼,没有勇气割舍过去的欢娱,为了博取新的欢娱而自甘堕落。克利斯朵夫被《圣经》中那股肃杀之气鼓舞起来了:西奈山上的[①],无垠的荒漠中的,汪洋大海中的狂风,把乌烟瘴气一扫而空。克利斯朵夫身上的热度退净了。他安安静静地睡下,直睡到明天。等到他睁开眼睛,天色已经大亮。室内的丑恶看得更清楚了;他感到自己困苦,孤独;但他敢于正视了。消沉的心绪没有了,只剩下一股英气勃勃的凄凉情味。他又念着约伯的那句话:

“神要把我处死就处死吧,我永远对他存着希望……”

于是他就起床,非常沉着地开始奋斗。

当天早上他就预备作初步的奔走。他在巴黎只认识两个人,都是年轻的同乡:一个是他从前的朋友奥多·狄哀纳,跟他的叔父在玛伊

① 西奈为阿拉伯半岛地名,又为山脉名,《圣经》载,上帝于西奈山上授律于摩西。

区合开着布店；一个是玛扬斯地方的犹太人，叫作西尔伐·高恩，在一家大书铺里做事，但克利斯朵夫不知道他的地址。

他十四五岁的时候曾经跟狄哀纳非常亲密[①]，对他有过那种爱情前期的童年的友谊，其实已经是爱情了。当时狄哀纳也很喜欢他。这个羞答答的呆板的大孩子，受着克利斯朵夫犷野不羁的性格诱惑，很可笑地模仿他，使克利斯朵夫又气恼又得意。那时他们有过惊天动地的计划。后来，狄哀纳为了学生意而出门了，从此两人没再见过；但克利斯朵夫常常从当地和狄哀纳通信的人那儿听到他的消息。

至于和西尔伐·高恩的关系，又是另外一种了。他们是从小在学校里认识的。小猢狲似的家伙老是要弄克利斯朵夫，克利斯朵夫上了当就揍他一顿。高恩毫不抵抗，让他打倒在地下，把脸揿在土里；他假哭了一阵，过后又立刻再来，刁钻古怪的玩意儿简直没有完，——直到有一天克利斯朵夫非常当真地说要杀死他方始害了怕。

克利斯朵夫那天清早就出门了，路上在一家咖啡店里用了早餐。他压着自尊心，决不放过讲法语的机会。既然他得住在巴黎，也许要住几年，自然应当赶快适应巴黎生活，消灭自己那种厌恶的心理。所以尽管侍者带着嘲笑的态度听着他不成腔的法国话，使他非常难受，他还是硬要自己不以为意，并且毫不灰心地花了很大的劲造出一些四不像的句子，翻来覆去地说，直说到别人听懂为止。

吃过早点，他就去找狄哀纳。照例，他有了一个念头，对周围的一切都会看不见的。根据这第一次散步所得的印象，他觉得巴黎是一个市容不整的旧城；克利斯朵夫看惯了新兴的德意志帝国的城市，它们很古老同时又很年轻，因为有股新生的力量而很骄傲；如今看到巴黎残破的市街，泥泞的路面，行人的拥挤，车马的混乱，——有古老的驾着马匹的街车，有用蒸汽的街车，用电气的街车，形形色色，不一而

① 参看卷二：《清晨》。——原注

足,——人行道上搭着板屋,广场上堆满着穿礼服的塑像,放着给人骑着玩的旋转的木马,总而言之,克利斯朵夫看见这个受着民主洗礼而始终没有脱掉破烂衣衫的中世纪城市,不由得诧异不置。昨夜的雾到今天变了蒙蒙的细雨。虽然时间已经过十点,多数的铺子还点着煤气灯。

克利斯朵夫在胜利广场四周迷宫似的街道中摸索了一阵,终于找到了那个银行街上的铺子。一进门,他仿佛瞥见狄哀纳和几个职员在很深很黑的铺子的尽里头整理布匹。但他有些近视,不敢相信自己的眼睛,虽然它们的直觉难得错误。克利斯朵夫对招待他的店员报了姓名,里头的人忽然骚动了一下;他们交头接耳地商量过后,人堆里走出一个青年来,用德语说:"狄哀纳先生出去了。"

"出去了?要好久才回来吗?"

"大概是吧。他才出门。"

克利斯朵夫想了想,说:"好。我等着吧。"

店员不禁呆了一呆,赶紧补充:"也许他要过两三个钟点才回来呢。"

"噢!没关系,"克利斯朵夫不慌不忙地回答,"反正我在巴黎没事,哪怕等上一天也行。"

那青年望着他愣住了,以为他开玩笑。可是克利斯朵夫已经把他忘了,消消停停地拣着一个角落坐下,背对着街,似乎准备长待在那里了。

店员回到铺子的尽里头,和同事们轻轻地说着话;慌张的神色非常可笑,他们商量用什么方法把这个讨厌家伙打发走。

大家含糊了一会,办公室的门开了。狄哀纳先生出现了。宽大红润的脸盘,腮帮和下巴上有个紫色的伤疤,淡黄的胡子,紧贴在脑壳上的头发在旁边分开,戴着金丝眼镜,衬衫的胸部扣着金纽子,肥胖的手指上戴着几只戒指。他拿着帽子和雨伞,若无其事地向克利斯朵夫走过来。坐在椅上胡思乱想的克利斯朵夫冷不防吃了一惊,马上抓着狄哀纳的手粗声大气地表示亲热,使店员们暗笑,使狄哀纳脸红。这个庄严的人物自有不愿意与克利斯朵夫重续旧交的理由;他决心第一次相见就拿出威严来不让克利斯朵夫亲近。可是一接触克利斯朵夫的目光,他觉得自己仍旧是个小孩子,不由得羞愤交集,赶紧嘟嘟囔囔地说:"到我办公室去吧……说话方便些。"

克利斯朵夫又看出了他谨慎小心的老习惯。

进了办公室,把门关严了,狄哀纳并不忙着招呼他坐,只是站着,很笨拙地解释:

"高兴得很……我本来要出去……人家以为我已经走了……可是我非出去不可……咱们只能谈一分钟……我有个紧急的约会……"

克利斯朵夫这才明白刚才店员是扯谎,而那个谎是和狄哀纳商量好了把他拒之门外的。他不由得冒了火,可是还按捺着,冷冷地回答说:"忙什么!"

狄哀纳把身子往后一仰,对这种放肆的态度非常愤慨。

"怎么不忙!有桩买卖……"

克利斯朵夫直瞪着他又说了声:"不忙!"

大孩子把眼睛低了下去。他恨克利斯朵夫,因为自己在他面前这样没用。他支吾其词地说着。克利斯朵夫打断了他的话:"你知道……"

(一听到这个你字,狄哀纳就心中有气;他一开头便用了客套的您字,表示疏远,不料竟是白费。)

"……你知道我为什么到这儿来的?"

"是的,我知道。"

(本国的来信已经把克利斯朵夫出了乱子而被通缉的事告诉狄哀纳。)

"那么,"克利斯朵夫接着说,"你知道我不是来玩儿,而是亡命。我一无所有,得想法子生活。"

狄哀纳等他提出要求。他一边接见他,一边觉得又得意又难堪:——得意,因为可以在克利斯朵夫面前显出自己的优越;难堪,因为不敢称心象意地教克利斯朵夫感觉到他的优越。

“啊!”他神气俨然地说,“那可是糟啦,太糟啦。这儿生活艰难,百物昂贵。我们开支浩大,再加这么多的店员……”

克利斯朵夫觉得他可鄙,截住了他的话:“放心,我不问你要钱。”

狄哀纳着了慌。克利斯朵夫接着又说:“你生意好吗?主顾不少吗?”

“是的,还不坏,托上帝的福……”狄哀纳很小心地回答。(他提防着。)

克利斯朵夫愤愤地瞪了他一眼,又道:“这儿的德国人中间,你熟人很多吧?”

“是的。”

“那么,你给我说说。他们大概都喜欢音乐吧。他们有孩子。我可以找些教课的事。”

狄哀纳神气很为难。

“怎么呢?”克利斯朵夫问,“难道你不放心,认为我不够资格教人吗?”

他要人帮忙,倒像是他帮人家的忙。而狄哀纳倘使不能教克利斯朵夫觉得欠了自己的情,是永远不肯出一分力的;所以他打定主意不为克利斯朵夫高抬贵手。

“怎么不够!你真是大材小用了……可是……”

“可是什么?”

“可是事情很难,很难,你不明白吗,为了你的处境?”

“我的处境?”

“是啊……那件事,那个案子……要是大家知道的话……我可为难了,那对我是很不利的。”

他看见克利斯朵夫脸色变了,便赶紧声明:“并不是为了我……我并不怕……啊!要是只有我一个人就好办了!……可是为了我的叔叔……你知道铺子是他的,没有他,我就毫无办法……"

克利斯朵夫的脸色和快要发作的怒气使他越来越害怕,他急忙补上一句——(他心并不坏;吝啬和要面子的心理在他胸中交战:他很愿意帮助克利斯朵夫,可是要用惠而不费的办法):"我给你五十法郎怎么样?"

克利斯朵夫脸发了紫。他向着狄哀纳走过去的神气,使狄哀纳马上退到门口,开着门预备叫人了。但克利斯朵夫只是满面通红地凑近去,大叫一声:"畜牲!"

他一手推开了他,从许多店员中间出去了。走到门口,他不胜厌恶地吐了一口唾沫。

他大踏步在街上走着,气得发了昏,直到淋着雨才醒过来。上哪儿去呢?他不知道。他一个人也不认识。走过一家书店,他停住脚步预备想一想,茫然望着橱窗里陈列的书。忽然一本书的封面上有个出版家的名字引起了他的注意,他不懂为什么要注意。过了一会,他才记起那是西尔伐·高恩办事的一家书店,便把地址记了下来……记了有什么用呢?他又不会去的……为什么不去?狄哀纳那个混蛋当初还是他的好朋友,尚且这样;现在对这个从前受过他糟蹋而势必恨他的家伙,又有什么可希望的?再去受不必要的羞辱吗?一想到这个,他心火就上来了。——但大概是从基督教教育来的悲观主义,反而使他想把一般人的卑鄙彻底领教一下。

"我不能再拿什么架子了。要饿死,也先得把所有的路都走完了。"

他心里又补上一句:"并且我也决不会饿死的。"

他把地址复看了一遍,找高恩去了。他决意只要高恩有一点儿傲慢的神气,就打烂他的脸。

那家出版公司在特兰纳区;克利斯朵夫走上二楼的客厅,说要找西尔伐·高恩。一个穿制服的仆人回答说:"没有这个人"。克利斯朵夫诧异之下,以为自己读音不清,便又说了一遍;那仆人留神细听以后,说公司里的确没有这个姓名的人。克利斯朵夫狼狈不堪,道了歉,预备走了,不料走廊尽头的门打开了,出来的便是高恩,送着一位女客。克利斯朵夫才碰了狄哀纳的钉子,便以为大家都在耍弄他。他一转念当作高恩在他进门的时候已经看见了,特意吩咐仆人挡驾的。这种岂有此理的举动使他气都喘不过来。他愤愤地已经往外走了,忽然听见人家跟他招呼。原来高恩尖利的目光老远就把他认出了,堆着笑容奔过来,伸着手,亲热得不得了。

西尔伐·高恩是个矮胖子,胡子剃得精光,完全是美国式,皮色太红了一点,头发太黑了一点,一张又阔又大的脸,肥头胖耳,打皱的小眼睛老在那里东张西望,嘴巴稍微有点歪,挂着一副呆板而狡猾的笑容。他穿得非常讲究,尽量要掩饰身段的缺陷,把太高的肩膀和太粗的腰身给遮起来。他觉得美中不足的就只有这几点;要是身体能再高二三寸,腰围再细几分,他哪怕给人踢几脚也是愿意的。至于别的部位,他自己非常满意,以为别人一看见他就会着迷的。而妙就妙在果真如此。这矮小的德国犹太人,这个伧夫俗物,居然做着巴黎的时装记者与时装批评家。他写一些无聊的,把肉麻当有趣的通讯。他是鼓吹法国风格,法国风雅,法国风流,法国精神的人,——脑子里全是摄政王时代,红靴跟,洛赞那一类的玩意儿。① 大家嘲笑他,但他照旧很出风头。凡是说"在巴黎,可笑是你的致命伤"的人,其实是不认识巴黎:"可笑"非但没有害死人,并且还有人靠它过活,在巴黎,"可笑"能使你获得一切:光荣,艳福,都不成问题。所以西尔伐·高恩对每天凭着装腔作势的肉麻话得来的钦慕已经不稀罕了。

他口音重浊,逼尖着喉咙,完全用假嗓子说话。

① 摄政王时代指路易十五未成年时由菲力浦·特·奥莱昂摄辅的时代(1715—1723),以风气淫靡著称。红靴跟为君主时代出入宫廷的贵族所穿的。洛赞为路易十四、十五两朝的幸臣。此处所用三典故,系泛指法国十八世纪的轻浮佻㒓的习气。

"啊！真想不到！"他一边高高兴兴地喊着，一边用皮肤绷紧、指头短而臃肿的手抓着克利斯朵夫的手拼命地摇。仿佛遇到了最知己的朋友似的，他竟舍不得放下克利斯朵夫。克利斯朵夫愣住了，心里想高恩是不是跟他开玩笑。可是并不。或者即使他存心嘲弄，也不超过他平时的分量。高恩太聪明了，决不作睚眦必报的打算。克利斯朵夫当年的欺侮早已被置之脑后：便是想起，他也不大在乎，倒很高兴教从前的同伴看看他现在的地位和典雅的巴黎风度。他所表示的惊讶也是真的；他万万想不到克利斯朵夫这个突如其来的访问。而且他虽然那么机灵，立刻猜到克利斯朵夫此来必有目的，也极愿意招待他，因为克利斯朵夫的有求于他，就等于对他的权势表示敬意。

"你从家乡来吗？妈妈身体怎么样？"那种亲昵的口吻，克利斯朵夫平时听了也许会讨厌，但此刻在一个外国的城里听到，他的确非常快慰。

"可是，"克利斯朵夫心里还有点儿猜疑，"怎么刚才人家回答我说这里没有高恩先生呢？"

"这里的确没有高恩先生，"西尔伐·高恩笑着说，"我改姓哈密尔顿了。"

他忽然说了声"对不起"，把话打住了。

有位女太太在旁边过，高恩笑脸相迎地上去跟她握了握手。然后他回来，说那是一个以写肉感小说写得火辣辣出名的女作家。这位现代的萨福①胸口缀着紫色丝带，②身材肥胖，淡黄头发带点儿红色，涂脂抹粉的脸大有志得意满之概；她用那种男性的嗓子，带着法国东部的乡音说些夸耀的话。

高恩又向克利斯朵夫问长问短，提到一切家乡的人，打听这个，打听那个，故意表示对谁都没忘记。克利斯朵夫忘了自己的反感，又感

① 萨福为公元前七世纪至六世纪时希腊女诗人，相传其私生活极为风流。

② 丝带为得最低级荣誉团勋章的标识，紫色的属于大学院（即教育界）范围的，男子系于左衣襟上角的纽孔内，女子则佩于胸前。

激又诚恳地告诉他许多细节,都是跟高恩渺不相关的。而高恩又说了声"对不起",打断了克利斯朵夫的话,去招呼另外一个女客。

"啊!"克利斯朵夫问,"难道法国只有女人会写文章吗?"

高恩听着笑了,神气俨然地回答说:"告诉你,好朋友,法国是女性的。你要想成功,就得走女人的路子。"

克利斯朵夫根本不听对方的解释,只顾说自己的话。高恩为结束他的谈话起见,便问:"可是你怎么会到这儿来的呢?"

"嘿!"克利斯朵夫心里想,"他还没知道呢。怪不得这么亲热。事情揭穿了,他要不改变态度才怪!"

他可觉得为了自己的面子,非把跟大兵的打架,当局的通缉,自己的逃亡等等一齐说出来不可。

高恩听着笑弯了腰,嚷着:"妙啊! 妙啊! 真够劲儿!"

他热烈地握着克利斯朵夫的手。只要是跟官方开玩笑,他听了就乐不可支;何况这一次的许多角色是他认识的,事情更显得滑稽而有趣了。

"听我说,时间已经过了十二点。你赏个脸吧……咱们一起吃饭去。"

克利斯朵夫感激不尽地接受了,暗暗地想:"倒是个好人。我把他看错了。"

他们一同出去。克利斯朵夫一路走一路说出了他的来意:

"现在你知道我的处境了。我到这儿来想找些工作,在大家还没知道我的时候先教教音乐。你能替我介绍吗?"

"怎么不能! 你要我介绍哪一个都可以。这儿我全是熟人。只要你吩咐就得了。"

他很高兴能表示自己多么有声望。

克利斯朵夫慌忙道谢,觉得心上一块石头落了地。

他在饭桌上狼吞虎咽,十足表现他两天没吃过东西。他把饭巾扣在脖子里,把刀伸到嘴边,那种贪嘴和土气十足的举动使高恩-哈密尔顿讨厌极了。克利斯朵夫却并没注意到高恩信口雌黄的可厌。高恩竭力想夸耀自己的交游和艳遇,可是白费:克利斯朵夫根本没听,还随便把他的话扯开去。此刻他也打开了话匣子,非常亲狎。感激之余,他很天真地把自己的计划噜噜嗦嗦地说给高恩听。高恩尤其头疼的是克利斯朵夫时时刻刻非常感动地从桌上伸过手去握他的手。他还要来一下德国式的碰杯,说着多情的话祝福故乡的人,祝福莱茵河;那简直是火上加油,使朋友气恼到极点。高恩一看他要唱起歌来了,更为之骇然。邻桌的人正用着讥讽的目光瞅着他们。高恩急忙推说有件要紧事儿,站了起来。克利斯朵夫却死抓着他,要知道什么时候能介绍他去见什么人,什么时候能开始授课。

"我一定想办法,白天不去,晚上准去,"高恩回答,"你放心,等会我就去找人。"

克利斯朵夫紧盯着问:"什么时候可以有回音呢?"

"明天……明天……或是后天。"

"好吧。我明天再来。"

"不用,不用,"高恩抢着说,"我会通知你的,你不必劳驾。"

"噢! 跑一趟算得什么! ……反正我眼前没事。"

"见鬼!"高恩心里想着,——又高声说:"不,我宁可写信给你。这几天你找不到我的。把你的地址告诉我吧。"

克利斯朵夫告诉了他。

"好极了,我明儿写信给你。"

"明儿吗?"

"明儿,一定的。"

他挣脱了克利斯朵夫的手,急急忙忙溜了。

"嘿!"他对自己说,"讨厌死了!"

他回去吩咐办公室的仆役,下次那"德国人"再来,就得挡驾。——再过十分钟,他把克利斯朵夫完全忘了。

克利斯朵夫回到小旅馆里,非常感动。

"真是个好人!"他心里想,"我小时候给他受了多少委屈,他居然不恨我!"

他为此责备自己,想写信给高恩,说从前对他误会了,觉得很难过;凡是得罪他的地方,务请原谅。他想到这些,眼泪都冒上来了。但他写信远不及写整本的乐谱容易;所以他把旅馆里那些要不得的笔跟墨水咒骂了一顿,涂来涂去,撕掉了四五张信纸以后,终于不耐烦了,把一切都扔了。

这一天余下的时间过得真慢;但克利斯朵夫因为昨夜没睡好,当天又奔了一个早晨,疲倦不堪,在椅子上打盹了。他睡到傍晚才醒,醒后就上床睡觉,一口气睡了十二小时。

下一天从八点起,他已经开始等回音了。他相信高恩决不会失约,唯恐他去办公以前会来看他,便守在房里寸步不移,中午叫楼下的小饭铺把中饭端上来。饭后他又等着,以为高恩会从饭店里出来看他的。他在屋子里踱来踱去,一忽儿坐下,一忽儿站起来踱步,楼梯上一有脚声立刻打开房门。他根本不想到巴黎城中去遛遛,免得心焦。他躺在床上,一刻不停地想着母亲;而她也在那里想他,——世界上也只有她一个人想他。他对母亲抱着无限的温情,又为了把她孤零零地丢下而非常不安。可是他并不写信,他要能够告诉她找到了工作的时候再写。母子俩虽然那么相爱,彼此都没想到写一封简单的信把这点感情说出来。他们认为一封信是应该报告确切的消息的。——他躺在床上,把手枕在脑后,胡思乱想。卧室跟街道尽管离得很远,巴黎的喧闹照旧传进来,屋子也常常震动。——天黑了,毫无消息。

又是一天,跟上一天没有什么分别。

克利斯朵夫把自己关在屋里关到第三天,憋闷得慌了,决意出去走走。但从初到的那晚起,不知为什么他就讨厌巴黎。他什么都不想看,对什么都没好奇心;他太关切自己的生活了,再没兴致去关切旁人的生活:什么古迹,什么有名的建筑,他都不以为意。才出门,他就觉得无聊得要命,所以虽然决意不等满八天不再去找高恩,也情不自禁地一口气跑去了。

受过嘱咐的仆人说哈密尔顿先生因公出门了。克利斯朵夫大吃一惊,嘟囔着问哈密尔顿先生什么时候回来。仆役随便回答了一句:"总得十天八天吧。"

克利斯朵夫失魂落魄地回去,在房里躲了好几天,什么工作都不能做。他骇然发觉那点儿有限的钱——母亲用手绢包着塞在他箱子底下的,——很快地减少下去,便竭力紧缩,只有晚上才到楼下小饭铺里吃一顿。饭店里的客人不久也认识他了,背后叫他"普鲁士人"或是"酸咸菜"①。——他花了好大的劲,写信给几位他隐隐约约知道姓名的法国音乐家。其中一个已经死了十年。他在信里要求他们听他弹弹他的作品:别字连篇,用了许多倒装句子,再加一大串德国式的客套话。信上的抬头写着"送呈法国通儒院宫邸"之类。——那些收信人中只有一个把信看了一遍,跟朋友们大笑一阵。

过了一星期,克利斯朵夫又回到书店里。这一回,运气帮了他的忙。他走到门口,高恩正好从里面出来。高恩眼见躲避不了,便扮了个鬼脸;克利斯朵夫快活之极,根本没觉察。他以那种惹人厌的习惯抓住了对方的手,挺高兴地问:

"啊,你前几天出门去了?旅行很愉快吗?"

高恩回答说是的,但仍旧愁眉不展。克利斯朵夫接着又说:"你知道我来过吧,……人家跟你说过了是不是?……有什么消息没有?你跟人提起我了吗?人家怎么说?"

高恩越来越愁闷。克利斯朵夫看他发僵的态度很奇怪:那简直是换了一个人。

"我提过你了,"高恩说,"可还不知道结果;我老是没空。上次跟你分手以后,我就忙不过来:公事堆积如山,简直不知道怎么对付。真

① 酸咸菜为德国的名菜,借作德国人的诨号。

累死人。我非病倒不可了。”

“你是不是身体不行?”克利斯朵夫很焦心很关切地问。

高恩狡狯地瞥了他一眼:“简直不行。这几天,不知道是怎么回事,只是非常不舒服。”

“啊!天哪!”克利斯朵夫抓着他的手臂说,“你得保重身体!好好地休息。我真抱歉,还要给你添麻烦!得老实告诉我呀。究竟是怎么样的不舒服呢?”

他把对方的推托那么当真,高恩一边拼命忍着不笑出来,一边也被他的戆直感动了。犹太人是最喜欢挖苦人的,——(在这一点上,巴黎多少的基督徒都是犹太人,)——只要对方给他们一个取笑的机会,哪怕他是厌物,是敌人,他们都会特别宽容。并且高恩看到克利斯朵夫对他的健康这样关切,也不由得感动了,决意帮助他。

“我有个主意在这里,”高恩说,“既然暂时找不到学生,你能不能先做点儿音乐方面的编辑工作?”

克利斯朵夫马上答应了。

“那就行啦!”高恩接着说,“有个巴黎最大的音乐出版家,但尼·哀区脱,我跟他很熟。我介绍你去;有什么事可做,你临时看着办吧。你知道,我在这方面完全外行。但哀区脱是个真正的音乐家。你们一定谈得拢的。”

他们约定第二天就去。高恩能够一方面帮了克利斯朵夫的忙,一方面把他摆脱了,觉得挺高兴。

第二天,克利斯朵夫到书店去和高恩会齐了。他依着他的嘱咐,带了几部作品预备给哀区脱看。他们到歌剧院附近的音乐铺子里找到了他。客人进门,哀区脱并不起身相迎;高恩跟他握手,他只冷冷地伸出两个手指;至于克利斯朵夫恭恭敬敬地行礼,他根本不理。直到高恩要求,他才把他们带到隔壁屋里,也不请他们坐下,自己背靠着没有生火的壁炉架,眼睛望着墙壁。

但尼·哀区脱年纪四十左右,个子高大,态度冷淡,穿着很整齐,腓尼基人的特点很显明,一望而知是聪明而脾气很坏的,脸上仿佛老是在生气,须发全黑,长胡子修成方形,像古代的亚述王。他差不多从来不正面看人,说话又冷又粗暴,便是寒暄也像跟人顶撞。他外表的傲慢无礼,固然是因为他瞧不起人,但也是一种手足无措的表现。这样的犹太人很多;大家讨厌他们,认为这个强直的态度是目中无人,实际是他们的精神与肉体都发僵到了无可救药的地步。

高恩有说有笑地用着夸张的口吻和吹捧,把克利斯朵夫介绍了。——他却是被主人那种招待窘住了,只顾拿着帽子和乐谱摇摆不定地站在那儿。哀区脱似乎至此为止根本不知道有克利斯朵夫在场,等到高恩说了一阵,才傲慢地转过头来,眼睛望着别处,说:“克拉夫脱……克利斯朵夫,克拉夫脱……从来没听见过这个姓名。”

克利斯朵夫仿佛当胸挨了一拳,气得满面通红地回答:“你将来会听见的。”

哀区脱不动声色,继续冷静地说着,当作没有克利斯朵夫一样:“克拉夫脱?……没听见过。”

像哀区脱那一等人,对一个姓名陌生的人就不会有好印象。

他又用德语接着说:“你是莱茵流域的人吗?……真怪,那边弄音乐的人这么多!没有一个不自称为音乐家的。”

他是想说句笑话而不是侮辱;但克利斯朵夫觉得是另外一个意思,他马上想顶回去了,可是高恩抢着说:“啊!请你原谅,你得承认我是外行。”

“你不懂音乐,我倒觉得是值得恭维的呢。”哀区脱回答。

“假如要不是音乐家你才喜欢,”克利斯朵夫冷冷地说,“那么很抱歉,我不能遵命。”

哀区脱始终把头掉在一边,神情淡漠地问:“你已经在作曲了吗?写过什么东西?总是些歌吧?”

“有歌,还有两个交响曲,交响诗,四重奏,钢琴杂曲,舞台音乐。”克利斯朵夫很兴奋地说着。

“你们在德国东西写得真多。”哀区脱的话虽客气，却颇有点儿鄙薄的意味。

他对于这个新人物的不信任，尤其因为他写过这么多作品，而他，但尼·哀区脱，从未听闻。

“那么，”他说，“或许我能给你一些工作，既然你是我的朋友哈密尔顿介绍来的。我们此刻正在编一部少年丛书，印一批浅易的钢琴谱。你能不能把舒曼的《狂欢曲》编得简单些，改成四手、六手或八手联弹的钢琴谱？”①

克利斯朵夫跳起来：“你叫我，我，做这种工作吗？……”

这天真的“我”字使高恩大笑起来；可是哀区脱沉着脸生气了：“我不懂你为什么听了这话奇怪；那也不是怎么容易的工作，你要觉得胜任愉快，那么再好没有！咱们等着瞧吧。你说你是出色的音乐家。我当然相信。但我究竟不认识你呀。”

他暗中想道：“听这些家伙的口气，他们比勃拉姆斯都高明。”

克利斯朵夫一声不出，——（因为他决心不让自己发作，）——把帽子一戴，往门口走了。高恩笑着把他挡住了说：“别那么急呀！”

他又转身向哀区脱：“他带着几部作品，预备给你瞧瞧。”

“啊！”哀区脱表示不大耐烦，“那么拿来瞧吧。”

克利斯朵夫一言不发，把稿本递给了他。哀区脱漫不经心地翻着。

“什么呢？啊，《钢琴组曲》……（他念着：）《一日》……老是标题音乐……”

虽然面上很冷淡，其实他看得很用心。他是个优秀的音乐家，关于本行的学识，他都完备，可是也至此为止；看了最初几个音符，他就明白作者是怎么样的人。他不声不响，一脸瞧不起地翻着作品，对作者的天分暗中觉得惊奇；但因为生性傲慢，克利斯朵夫的态度又伤了

① 四手、六手、八手联弹的琴谱，系供二人在一架钢琴上合奏，或三人四人在二架钢琴上合奏之谱。

他的自尊心,所以他一点儿都不表示出来。他静静地看完了,一个音都没放过。“嗯,”他终于老气横秋地说,“写得还不坏。”

这句话比尖刻的批评使克利斯朵夫更受不了。

“用不着人家告诉我才知道。”他气极了。

“可是我想,”哀区脱说,“你给我看作品,无非要我表示一点儿意见。”

“绝对不是。”

“那么,”哀区脱也生了气,“我不明白你来向我要求什么。”

“我不要求别的,只要求工作。”

“除了刚才说的,眼前我没有别的事给你作。而且还不一定。我只说或者可以。”

“对一个像我这样的音乐家,你不能分派些别的工作吗?”

“一个像你这样的音乐家?”哀区脱用着挖苦的口气说。

“至少跟你一样高明的音乐家,也没觉得这种工作有损他们的尊严。有几个,我可以说出名字来,如今在巴黎很出名的,还为此很感激我呢。”

“那因为他们都是些窝囊废,”克利斯朵夫大声回答,他已经会用些法语里的妙语了。“你把我当作他们一流的人,你可错了。你想用你那种态度,——不正面瞧人,说话半吞半吐的,——来吓唬我吗?我进来的时候对你行礼,你睬都不睬……你是什么人,敢这样对我?你能算一个音乐家吗?不知你有没有写过一件作品?而你居然敢教我,教一个以写作为生命的人怎么样写作!……看过了我的作品,你除了教我窜改大师的名作,编一些脏东西去教小姑娘们做苦工以外,竟没有旁的更好的工作给我!……找你那些巴黎人去吧,要是他们没出息到愿意听你的教训。至于我,我是宁可饿死的!”

他这样滔滔不竭地说着,简直停不下来。

哀区脱冷冷地回答:“随你吧。”

克利斯朵夫一路把门震得砰砰訇訇的出去了。西尔伐·高恩看着大笑,哀区脱耸耸肩对高恩说:“他会跟别人一样回来的。”

他心里其实很看重克利斯朵夫。他相当聪明,不但有看作品的眼光,也有看人的眼光。在克利斯朵夫那种出言不逊的,愤激的态度之下,他辨别出一种力量,一种他知道很难得的力量,——尤其在艺术界中。但他的自尊心受伤了,无论如何也不肯承认自己的错。他颇想给克利斯朵夫一点儿补偿,可是办不到,除非克利斯朵夫向他屈服。他等克利斯朵夫回头来迁就他:因为凭着他悲观的看法和阅世的经验,知道一个人被患难磨折的结果,顽强的意志终于会就范的。

克利斯朵夫回到旅馆,火气没有了,只有丧气的份儿。他觉得自己完了。他的脆弱的倚傍倒掉了。他认为不但跟哀区脱结了死冤家,并且把介绍人高恩也变了敌人。在一座只有冤家仇敌的城里,那真是孤独到了极点。除了狄哀纳与高恩,他一个人都不认识。他的朋友高丽纳,从前在德国认识的美丽的女演员,此刻不在巴黎,到外国演戏去了,这一回是在美国,不是搭班子,而是自己做主体:因为她已经很出名,报纸上常常披露她的行踪。至于那个被他无意中打破饭碗的女教师,他常常难过而决心到了巴黎非寻访不可的女子,如今来到巴黎之后,他可忘了她的姓氏,无论如何想不起来。他只记得她名字叫作安多纳德。其余的还得慢慢地回想,而且在茫茫人海中去寻访一个可怜的女教员,又是谈何容易!

眼前先得设法维持生活,越早越好。克利斯朵夫身边只剩五法郎了,他不得不抑捺着厌恶的心理,去问问旅馆的胖子老板,街坊上可有人请他教钢琴。老板对这个一天只吃一顿而又讲德语的旅客,原来就不瞧在眼里,现在知道他只是个音乐家,更失去了所有的敬意。他是老派的法国人,认为音乐是贪吃懒做的人的行业,所以就挖苦他:

“钢琴?……你弄这个玩意儿吗?失敬失敬!……真怪,竟有人喜欢干这一行!我吗,我听到无论什么音乐就跟听到下雨一样……也许你可以教教我吧。喂,你们诸位觉得怎么样?”他转身对一般正在喝酒的工人嚷着。

大家哄笑了一阵。

“这行手艺倒是怪体面的呢,”其中有一个说,“又干净,又能讨女人喜欢。”

克利斯朵夫不大懂得法语,尤其是取笑的话:他正在找话回答,也不知道该不该生气。老板的女人倒很同情他,对丈夫说:“得了吧,菲利浦,别这么胡说八道。”——她又转身向克利斯朵夫:“也许有人会请教你的。”

“谁呀?”丈夫问。

“就是葛拉赛那个小丫头。你知道,人家为她买了一架钢琴呢。”

“啊!你说的是他们,那些摆臭架子的!不错,那是真的。”

他们告诉克利斯朵夫,说那是肉店里的女儿:她的父母想把她装成一个大家闺秀,答应她学琴,哪怕借此招摇一下也是好的。结果是旅馆的主妇答应替克利斯朵夫说去。

第二天,他回报克利斯朵夫,肉店的女主人愿意先见见他。他便去了,看见她坐在柜台后面,四周全是牲畜的尸首。那个皮色娇嫩,装着媚笑的漂亮女人,一知道他的来意,立刻板起一副俨然的面孔。她开口就提到学费,声明她不愿意多花钱,因为弹琴固然是有趣的玩意儿,但并非必须的,她每小时只能给一法郎。之后,她又不大放心地盘问他是否真懂音乐。等到知道他不但会演奏,还会写作,她似乎安心了,态度也显得殷勤了些:她的自尊心满足了,决意向街坊们说她的女儿找到了一个作曲家做老师。

下一天,克利斯朵夫发现所谓钢琴是件旧货店里买来的破烂东西,声音像吉他;——而肉店里的小姐用着又粗又短的手指在键盘上扭来扭去,连这个音和那个音的区别都分不出,神气似乎不胜厌烦,不到几分钟就当着人打呵欠;母亲还在一旁监视,发表她那套对音乐与音乐教育的意见:——克利斯朵夫委屈之极,连发怒的气力也没有了。他垂头丧气地回去,有几晚连饭都吃不下。仅仅是几星期的功夫,他已经到了这田地,将来还有什么下贱的事不能做?当初又何必那么愤愤不平地拒绝哀区脱的工作?他现在做的事不是更丢人吗?

一天晚上,他在卧室中不由得流下泪来,无可奈何地跪在床前祈祷……祈祷什么呢?他能祈祷什么呢?他已经不信上帝,以为没有上帝了……但还是得祈祷,向自己祈祷。只有极平凡的人才从来不祈祷。他们不懂得坚强的心灵需要在自己的祭堂中潜修默炼。白天受了屈辱之后,克利斯朵夫在他静得嗡嗡作响的心头,感觉到他永恒的生命。悲惨生活的浪潮在生命的底下流动:但这悲惨生活跟他生命的本体又有什么关系呢?世界上一切的痛苦,竭力要摧毁一切的痛苦,碰到生命那个中流砥柱就粉碎了。克利斯朵夫听着自己的热血奔腾,仿佛是心中的一片海洋;还有一个声音在那里反复说着:

"我是永久,永久存在的……"

这声音,他是很熟悉的:不论回想到如何久远,他始终听到它。有时他会几个月地把它忘掉,想不起内心有它强烈单调的节奏;可是实际上他知道那声音永远存在,从来没停过,正如海洋在黑夜里也依旧狂啸怒吼。如今他又找到了那种镇静与毅力,像每次沉浸到这音乐中的时候一样。他心定神安地站了起来。不,他的艰苦的生活一点没有可羞的地方;他咬着面包用不着脸红;该脸红的是那些逼他用这种代价去换取面包的人。忍耐吧!终有一天……

可是到了明天又没耐性了;他虽是竭力抑制,终于有一次上课的时候,因为那混账而放肆的小丫头嘲笑他的口音,故意捣乱,不听他的指导,他气得大发雷霆。克利斯朵夫怒吼着,小姑娘怪叫着,因为一个由她出钱雇用的人胆敢对她失敬而大为骇怒。克利斯朵夫把她手臂猛烈地摇了几下,她就嚷着说他打了她。母亲像雌老虎般地跑来,拼命地吻着女儿,骂着克利斯朵夫。肉店老板也出现了,说他绝不答应一个普鲁士流氓来碰他的女儿。克利斯朵夫气得脸色发白,羞愤交加,一时竟不知道自己会不会把那个男人、女人、小姑娘一齐勒死,便在咒骂声中溜了。旅店的主人们看他狼狈不堪地回来,立刻逗他说出经过情形,使他们忌妒邻居的心借此痛快一下。但到了晚上,街坊上都传说德国人是个殴打儿童的蛮子。

克利斯朵夫又到别的音乐商那里奔走了几次,毫无结果。他觉得法国人不容易接近;他们那种漫无秩序的忙乱把他头都闹昏了。巴黎给他的印象是一个混乱的社会,受着专制傲慢的官僚政治统治。

一天晚上,他因为一无收获而垂头丧气在大街上溜达的时候,忽然看见西尔伐·高恩迎面而来。他一心以为他们已经闹翻了,便掉过头去,想不让他看见。高恩可是招呼他:"哎!你怎么啦?"他一边说一边笑,"我很想来看你,可是我把你的地址丢了……天哪,亲爱的朋友,那天我竟认不得你了。你真是慷慨激昂。"

克利斯朵夫望着他,又是诧异又是惭愧:"你不恨我吗?"

"恨你?干吗恨你?"

他非但不恨,还觉得克利斯朵夫把哀区脱训斥一顿挺好玩呢;他的确大大地乐了一阵。哀区脱和克利斯朵夫两个究竟谁是谁非,他根本不放在心上;他估量人是以他们给他的乐趣多少为标准的;他感到克利斯朵夫可能供应大量的笑料,想尽量利用一下。

"你该来看我啊,"他接着说,"我老等着你呢。今晚你有事没有?跟我一块儿吃饭去。这一下我可不让你走啦。吃饭的都是咱们自己人:每半个月聚会一次的几个艺术家。你应当认识这些人。来吧。我给你介绍。"

克利斯朵夫拿衣冠不整来推辞也推辞不掉。高恩把他拉走了。

他们走进大街上的一家饭店,直上二楼。克利斯朵夫看见有三十来个年轻人,大概从二十岁到三十五岁,很兴奋地讨论着什么。高恩介绍了他,说他是刚从德国牢里逃出来的。他们全不理会,只管继续他们热烈的辩论。初到的高恩也立刻卷了进去。

克利斯朵夫见了这些优秀分子很胆怯,不敢开口,只尽量伸着耳朵听。但他不容易听清滔滔不竭的法语,没法懂得讨论的究竟是什么重大的艺术问题。他只听见“托拉斯”,“垄断”,“跌价”,“收入的数目”等等的名词,和“艺术的尊严”与“著作权”等等混在一起。终于他发觉大家谈的是商业问题。一部分参加某个银团的作家,因为有人想组织一个同样的公司和他们竞争而愤愤地表示反对。一批股东为了私人利益而带着全副道具去投靠新组织,更加使他们怒不可遏。他们一片声地嚷着要砍掉那些人的脑袋,说什么“失势……欺骗……屈辱……出卖……”等等。

另外一批可不攻击活人而攻击死人,——因为他们没有版权的作品充塞市场。缪塞的著作最近才成为公众的产业,[①]据他们看来,买他著作的读者太多了。他们要求政府对从前的名作课以重税,免得它们低价发行。他们认为,已故作家的作品以廉价倾销的方式跟现存艺术家的作品竞争是不光明的行为。

他们又停下来,听人家报告昨天晚上这一出戏和那一出戏的收入。大家对某个在欧美两洲出名的老戏剧家的幸运羡慕得出神,——他们非常瞧不起他,但忌妒的心尤甚于瞧不起的心。——他们从作家的收入谈到批评家的收入,说某个知名的同文,只要大街上某戏院演一出新戏,——(一定是谣言吧?)——就能到手一笔不小的款子作为捧场的代价。据说他是个诚实君子:一朝价钱讲妥了,他总是履行条件的,但他最高明的手段——(据他们说)——是在于把捧场文章写得使那出戏在最短期间不再卖座而戏院不得不常排新戏。这种故事教大家发笑,但谁都不以为奇。

这些议论中夹着许多冠冕堂皇的字;他们谈着“诗歌”,谈着“为艺术而艺术”。这种名词,和钱钞混在一起无异是“为金钱而艺术”。而法国文坛上新兴的掮客风气,使克利斯朵夫尤其着恼。因为他对金钱问题完全不感兴趣,所以他们提到文学——其实是文学家——的时候,他已经不愿意往下听了。可是一听到维克多·雨果的名字,克利

① 作家的继承人于作家死后仍可享有著作权若干年(年限由各国法律规定),满期后即无所谓版权,出版家均可自由翻印,等于公共产业。

斯朵夫又留了神。

问题是要知道雨果是否戴过绿头巾。他们絮絮不休地讨论雨果夫人与圣伯甫的恋爱。过后,他们又谈到乔治·桑的那些情人和他们的价值。那是当时的文学批评最关切的题目:它把大人物家里一切都搜检过了,翻过了抽斗,看过了壁橱,倒空了柜子,最后还得查看他们的卧床。批评家非要学洛赞当年伏在路易十四和蒙特斯庞夫人的床下,①或是类乎此的方法,才算无负于历史与真理。——他们那时都是崇拜真理的。和克利斯朵夫同席的一般人都自命为真理狂:为了探求真理,他们孜孜不倦。他们对于现代艺术也应用这个原则,以同样渴求准确的热情,去分析时下几个最负盛名的人的私生活。奇怪的是,凡是平常决没有人看到的生活细节,他们都知道得清清楚楚,仿佛那些当事人为了爱真理的缘故,自己把准确的材料提供出来的。

愈来愈发僵的克利斯朵夫,想跟邻座的人谈些别的事。但谁也不理睬他。他们固然向他提出了几个空泛的关于德国的问题,——但那些问题只使克利斯朵夫非常诧异地发觉,那些似乎很博学的漂亮人物,对他们本行以内的东西(文学与艺术),一越出巴黎的范围,就连最粗浅的知识都没有;充其量,他们只听见过几个大人物的名字,例如豪普特曼,祖德尔曼,李伯曼,施特劳斯(是达维德·施特劳斯呢,约翰·施特劳斯呢,还是理查·施特劳斯?)②他们搬弄这些人名的时候非常谨慎,唯恐闹笑话。并且,他们询问克利斯朵夫也只是为了礼貌而非为了好奇心,那是他们完全没有的;至于他的回答,他们压根儿就不大想听,急于要回到那些教全桌的人都开心的巴黎琐事上去。

---

① 蒙特斯庞夫人之有宠于路易十四,得力于洛赞侯爵;洛赞乃嘱蒙特斯庞夫人代向路易十四要求炮兵总监之职。此处谓洛赞在朝中弄权窃柄,出入宫闱。

② 豪普特曼与祖德尔曼均为近代德国小说家兼剧作家。李伯曼为近代德国画家,地位相当于法国之马奈。达维德·施特劳斯为十九世纪德国神学家,以倡导耶稣仅能称为哲学家之说有名于世。约翰·施特劳斯为十九世纪奥国作曲家,以轻快的圆舞曲著称。理查·施特劳斯为十九世纪末至二十世纪初期的德国最大的作曲家。

克利斯朵夫怯生生地想谈谈音乐。可是这些文人中没有一个音乐家。他们心里认为音乐是一种低级的艺术。近年来音乐风行一时,未免使他们暗中着恼;但既然它走了运,他们也就装作很关心。有一出最近的歌剧,他们尤其谈得上劲,差不多认为有了这歌剧才有真正的音乐的,至少也得说是开了音乐的新时代。他们的愚昧无知与冒充风雅的脾气最适宜接受这种思想,因为那可以使他们无须再知道下文。歌剧的作者是个巴黎人,——克利斯朵夫还是初次听到他的名字,——有几个人说他把以前的东西全部推翻了,把音乐整个儿革新了,重新创造过了。克利斯朵夫听了直跳起来。他巴不得真有天才出现。可是这种一举手就把"过去"推倒了的天才,那还了得!好厉害的家伙!怎么能有这等神通呢?——他要人家解释给他听。那些人既说不出理由,又给克利斯朵夫问个不休,便把他交给他们一群中的音乐家,那位大音乐批评家丹沃斐·古耶。而他立刻和克利斯朵夫提到七度和弦九度和弦一类的名词。[①] 古耶所懂的音乐实际和史迦那兰所懂的拉丁文差不多[②]……

"……你不懂拉丁文吗?"

"不懂。"

"(兴高采烈地)*Cabricias, arci thuram, catalamus, singulariter*……*bonus, bona, bonum*……"

一朝遇到了一个"真懂拉丁文"的人,他就小心谨慎地躲到美学中去了。在那个不可侵犯的盾牌后面,他把不在这桩公案以内的贝多芬、瓦格纳和所有的古典音乐都攻击得体无完肤(在法国,要恭维一个音乐家,非把一切跟他不同的音乐家尽行打倒,做他的牺牲不可)。他

---

① 近代音乐之和声,除常用四度五度和弦之外,亦多用七度九度;故此处讥人侈言七度九度为表示自己懂得近代音乐。

② 典出莫里哀喜剧《屈打成医》。史迦那兰冒充医生,至病家诊病,知主人不懂拉丁文,乃信口胡诌,首四字纯出杜撰;后数字则从初级拉丁课本上随意缀拾而来,根本不成句,无意义可言。见原剧第二幕第四场。此典在法国已为家喻户晓之成语。"你懂拉丁文吗?"一语,常为讹诈外行之意。

宣称新艺术已经诞生,过去的成规都被踩在脚下了。他提到一种音乐语言,说是巴黎音乐界的哥伦布发现的;这新语言把全部古典派的语言取消了,因为一比之下,古典音乐已经成为死语言了。

克利斯朵夫一方面对这个革命派音乐家暂时取保留的态度,预备看过了作品再说;一方面也对大家把全部音乐作牺牲而奉为音乐之神的家伙大为怀疑。他听见别人用亵渎不敬的语气谈论昔日的大师,非常愤慨,可忘了自己从前在德国说过多少这一类的话。他曾在本乡自命为艺术叛徒,为了判断的大胆与直言无讳而激怒群众,而一到法国,一听最初几句话,就发觉自己头脑冬烘了。他很想讨论,但讨论的方式很不高雅,因为他不能像一般绅士那样只提出论证的大纲而不加说明,却要以专家的立场探讨确切的事实,拿这些来跟人麻烦。他不惮进一步地作技术方面的研究;但他愈说愈高的声音只能教上流社会听了头痛,提出的论据与支持论据的热情也显得可笑。那位批评家赶紧插一句所谓俏皮话,结束了冗长可厌的辩论,克利斯朵夫骇然发觉原来批评家对所谈的问题根本外行。可是大家对这个德国人已经有了定论,认为他头脑冬烘,思想落伍;不必领教,他的音乐已经被断定是可厌的了。但二三十个眼神含讥带讽的,最会抓住人家可笑的地方的青年,那时又都回头来注意这个怪人,看他挥着瘦小的胳膊和巨大的手掌做出许多笨拙而急剧的动作,睁着一双愤怒的眼睛,尖声尖气地嚷着。原来西尔伐·高恩特意要教朋友们看看滑稽戏。

谈话离开了文学,转移到女人身上去了。其实那是同一题材的两面:因为他们的文学总脱不了女人,而他们所说的女人也老是跟文学或文人纠缠不清。

大家正谈着一位在巴黎交际场中很出名的,贞洁的太太,最近把女儿配给自己的情夫,借此羁縻他的故事。克利斯朵夫在椅子上扭来扭去,疾首蹙额地表示不胜厌恶。高恩发觉了,用肘子撞撞邻座的人,说这个话题似乎把德国人激动了,大概他很想认识那位太太吧。克利斯朵夫红着脸,嘟囔了一阵,终于愤愤地说这等妇女简直该打。这句话立刻引起了哄堂大笑;高恩却装着甜美的声音,抗议说女人是绝对不能碰的,便是用一朵花去碰也不可以……(他在巴黎是个风流豪侠的护花使者。)——克利斯朵夫回答说,这种女子不多不少是条母狗,而对付那些下贱的狗只有一个办法,就是拿鞭子抽一顿。众人听了又大叫起来。克利斯朵夫说他们向女人献殷勤是假的,往往最会玩弄女子的人才口口声声尊敬女人;他对于他们所讲的丑史表示深恶痛绝。他们回答说那无所谓丑史,而是挺自然的事;大家还一致同意,故事中的女主角不但是个极有风韵的女子,并且是十足女性的女子。德国人可又嚷起来了。高恩便狡猾地问,照他的理想,"女人"应该是怎么样的。克利斯朵夫明知对方在逗他上当;但他生性暴躁,自信很强,照旧中了人家的计。他对那些轻薄的巴黎人宣说他对于爱情的观念。他有了意思没有字,好不为难地找着,终于在记忆中搜索出一些似是而非的名词,说了很多笑话教大家乐死了;他可是不慌不忙的,非常严肃,那种满不在乎、不怕别人取笑的态度,也着实了不得:因为说他没看见人家没皮没脸地耍弄他是不可能的。最后,他在一句话中愣住了,怎么也说不出下文,便把拳头往桌上一击,不作声了。

人家还想逗他辩论;他却拧着眉毛,把肘子撑在桌上,又羞又愤,不理睬了。直到晚餐终席,他一声不出,只顾着吃喝。他酒喝得很多,跟那些沾沾嘴唇的法国人完全不同。邻座的人不怀好意地劝酒,把他的杯子斟得满满的,他都毫不迟疑,一饮而尽。虽然他不惯于饱餐豪饮,尤其在几星期来常常挨饿的情形之下,他却还支持得住,不至于像别人所希望的那样当场出彩。他只坐着出神;人家不再注意他了,以为他醉了。其实他除了留神法语的对话太费劲以外,只听见谈着文学也觉得厌倦:——什么演员,作家,出版家,后台新闻,文坛秘史,仿佛世界上就只有这些事!看着那些陌生的脸,听着谈话的声音,他心里竟没留下一个人或一缕思想的印象。近视的眼睛,茫茫然老是像出神的模样,慢慢地往桌子上扫过去,瞅着那些人而又似乎没看见。其实他比谁都看得更清楚,只是自己不觉得罢了。他的目光,不像巴黎人或犹太人那样一瞥之间就能抓住事物的片段，极小极小的片段，马上把它剖析入微。他是默默地，长时间地，好比海绵一样，吸收着各种人物的印象，把它们带走。他似乎什么都没瞧见，什么都想不起。过了很久，——几小时，往往是好几天以后，——他独自一人观照自己的当口，才发觉原来把一切都抓来了。

当时他的神气不过是个蠢笨的德国人，只管狼吞虎咽，唯恐少吃了一口。除了听见同桌的人互相呼唤名字以外，他什么也没听到，只像醉鬼一样固执地思忖着，怎么有这样多的法国人姓着外国姓：又是法兰德的，又是德国的，又是犹太的，又是近东各国的，又是英国的，又是西班牙化的美国姓……

他没发觉大家已经离席，独自坐在那里，想着莱茵河畔的山岗，大树林，耕种的田，水边的草原，和他的老母。有几个还站在饭桌那一头谈着话，大半的人已经走了，终于他也决心站起，对谁都不瞧一眼，径自去拿挂在门口的大衣跟帽子。穿戴完毕，他正想不别而行的时候，忽然从半开的门里瞧见隔壁屋里摆着一件诱惑他的东西：钢琴。他已经有好几星期没碰过一件乐器了，便走进去，像看到亲人似的把键子抚弄了一会，竟自坐下，戴着帽子，披着外套，弹起来了。他完全忘了自己在哪儿，也没注意到有两个人悄悄地溜进来听：一个是西尔伐·高恩，极爱好音乐的，——天知道为什么，因为他完全不懂，好的坏的，一律喜欢；另外一个是音乐批评家丹沃斐·古耶。他倒比较简单，对音乐既不懂也不爱，可是很得劲地谈着音乐。原来世界上只有一般不知道自己所说的东西的人，思想才最自由；因为这样说也好，那样说也好，他们都无所谓。

丹沃斐·古耶是个胖子，腰背厚实，肌肉发达，黑胡子，一簇很浓的头发卷儿挂在脑门上，脑门颇有些粗大的皱痕，却毫无表情，不大端正的方脸仿佛在木头上极粗糙地雕出来的，短臂，短腿，肥厚的胸部：看上去像个木商或是当挑夫的奥凡涅人。他举动粗俗，出言不逊。他投身音乐界完全是为了政治关系；而在当时的法国，政治是唯一的进身之阶。他发现跟一个当部长的某同乡有点儿远亲,便投靠在他门下。但部长不会永久是部长的。看到他的那个部长快下台的时候,丹沃斐·古耶赶紧溜了,当然,凡是能捞到的都已经捞饱,特别是国家的勋章,因为他爱荣誉。最近他为了后台老板的劣迹,也为了他自己的劣迹,受到相当猛烈的攻击,使他对政治厌倦了,想找个位置躲躲暴风雨;他要的是能跟别人找麻烦而自己不受麻烦的行业。在这种条件之下,批评这一行是再好没有了。恰好巴黎一家大报纸的音乐批评的职位出了缺。前任是个颇有才具的青年作曲家,因为非要对作品和作家说他的老实话而被辞掉的。古耶从来没弄过音乐,全盘外行:报馆却毫不踌躇地选中了他。人们不愿意再跟行家打交道;对付古耶至少是不用费心的:他决不会那么可笑,把自己的见解看作了不起,他永远会听上面的指挥,要他骂就骂,要他捧就捧。至于他不是一个音乐家,倒是次要的问题。音乐,法国每个人都相当懂的。古耶很快就学会了必不可少的诀窍。方法挺简单:在音乐会里,只要坐在一个高明的音乐家旁边,最好是作曲家,想法逗他说出对于作品的意见。这样地学习几个月,技术就精通了:小鹅不是也会飞吗?当然,这种飞决不能像老鹰一样。古耶大模大样地在报纸上写的那些胡话,简直是天晓得!不管是听人家的话,是看人家的文章,都一味的缠夹,什么都在他蠢笨的头脑里搅成一团糟,同时还要傲慢地教训别人。他把文章写得自命不凡,夹着许多双关语和盛气凌人的学究气;他的性格完全像学校里的舍监。有时他因之受到猛烈的反驳,便哑口无言,装假死。他颇有些小聪明,同时也是鄙俗的伧夫,忽而目中无人,忽而卑鄙无耻,看情形而定。他卑躬屈节地谄媚那班"亲爱的大师",因为他们有地位,或是因为他们享有国家的荣誉(他认为估量一个音乐家的价值,这是最可靠的方法)。其余的人,他都用鄙夷不屑的态度对付;至于那些饿肚子的,他就尽量利用。——他为人的确不傻。

虽然有了权威有了声名,他心里明白自己对于音乐究竟是一无所知,也明白克利斯朵夫的确很高明。他自然不愿意说出来,可是少不得有点儿敬畏。——此刻他听着克利斯朵夫弹琴,努力想了解,专心一意,好像很深刻,没有一点杂念;但在这片云雾似的音符中完全摸不着头脑,只顾装着内家的模样颠头耸脑,看那个没法安静的高恩挤眉弄眼的意义,来决定自己称许的表情。

终于克利斯朵夫的意识慢慢从酒意和音乐中间浮起来,迷迷忽忽地觉得背后有人指手画脚,便转过身来,看见了两位鉴赏家。他们俩立刻扑过来,抓着他的手使劲地摇,——西尔伐尖声地说他弹得出神入化,古耶一本正经地装着学者面孔说他的左手像鲁宾斯坦,右手像帕岱莱夫斯基[①]——(或者是右手像鲁宾斯坦,左手像帕岱莱夫斯基)。——两人又一致同意地说,这样一个天才决不该被埋没;他们自告奋勇要教人知道他的价值,可是心里都打算尽量利用他来替自己博取荣誉和利益。

第二天,高恩请克利斯朵夫到他家里去,挺殷勤地把自己一无所用的一架很好的钢琴给他使用。克利斯朵夫因为胸中郁积着许多音乐,烦闷之极,便老老实实接受了。

最初几天,一切都很好。克利斯朵夫能有弹琴的机会快活极了;高恩也相当知趣,让他安安静静地自得其乐。他自己也的确领略到一种乐趣。这是一种奇怪的,但是我们每个人都能观察到的现象:他既非音乐家,亦非艺术家,而且是个最枯索,最无诗意,没有什么深刻的感情的人,却对于这些自己莫名其妙的音乐感到浓厚的兴趣,觉得其中有股迷人的力量。不幸他没法静默。克利斯朵夫弹琴的时候,他非高声说话不可。他像音乐会里冒充风雅的听众一样,用种种浮夸的词句来加按语,或是胡说八道地批评一阵。于是克利斯朵夫愤愤地敲着钢琴,说这样他是弹不下去的。高恩勉强教自己不要作声,但那竟不由他做主:一忽儿他又嬉笑,呻吟,吹啸,拍手,哼着,唱着,模仿各种乐

---

① 安东·鲁宾斯坦(1829—1894),十九世纪俄国钢琴家兼作曲家,帕岱莱夫斯基(1860—1941),波兰钢琴家兼作曲家,一度出任首相。

器的音响。等到一曲终了,要不把他荒唐的见解告诉给克利斯朵夫听,他会胀破肚子的。

他那个人是个古怪的混合物:有日耳曼式的多情,有巴黎人的轻薄,也有他喜欢自吹自捧的天性。他一忽儿酸溜溜地下些断语,一忽儿不伦不类来一个比较,一忽儿说出粗野的,淫猥的,不健全的,荒谬绝伦的废话。在赞颂贝多芬的时候,他竟看到作品中有猥亵的成分,有淫荡的肉感。明明是忧郁的思想,他以为有浮华的辞藻。《升C小调四重奏》,对于他是英武而可爱的作品。《第九交响曲》中那章崇高伟大的柔板,使他想起羞人答答的凯鲁比诺。听到《第五交响曲》最初的三个音符,他就喊:"不能进去!里面有人!"[①]他非常叹赏《英雄的一生》[②]里的战争描写,因为他在其中认出有汽车的呼呼声。他会到处找出些幼稚而不雅的形象来形容乐曲,叫人奇怪他怎么会爱好音乐。然而他的确爱好;对于某些段落,他用最荒唐最可笑的方式去领会,同时也真的会流眼泪。但他刚受了瓦格纳的某一幕歌剧的感动,会立刻在钢琴上弹一段奥芬巴赫模仿奔马的音乐;或是在《欢乐颂》之后马上哼一节咖啡店音乐会中的滥调。[③] 那可使克利斯朵夫气得直嚷了,——但最糟的还不是在高恩这样胡闹的时候,而是当他要说些深刻的微妙的话向克利斯朵夫炫耀的时候,以哈密尔顿而非西尔伐·高恩的面目出现的时候。在那种情形之下,克利斯朵夫便对他怒目而视,用冷酷的挖苦的话伤害哈密尔顿:钢琴夜会往往闹得不欢而散。可是第二天,高恩已经忘了;克利斯朵夫也后悔自己不该那么粗暴而仍旧回来。

---

① 以上各曲均为贝多芬作品。《升C小调四重奏》为一首痛苦的诗歌。《第九交响曲》的第三章柔板,富于恬淡隐忍,虔敬和平的情调。关于《第五交响曲》(俗称《命运交响曲》)开始第一句,贝多芬曾言:"命运就是这样来敲门的"。

② 《英雄的一生》是理查·施特劳斯的交响诗。

③ 十九世纪的奥芬巴赫(原籍德国,后人法国籍)以所作喜歌剧红极一时,实则仅为第二三流作家。《欢乐颂》系指贝多芬《第九交响曲》中最后一章合唱,歌词为德国诗人席勒原作。

这些都还没有关系,只要高恩不约朋友来听克利斯朵夫弹琴。但他需要拿他的音乐家向人卖弄,所以邀了三个小犹太人和他自己的情妇,——一个浑身都是脂肪的女人,奇蠢无比,老说些无聊的双关语,谈着她所吃的东西,自以为是音乐家,因为她每天晚上在多艺剧院的歌舞中展览她的大腿。克利斯朵夫第一次发现了这些人物,脸色就变了。第二次,他直截了当告诉高恩,说不再到他家里弹琴了。高恩赌咒发愿地说,以后决不再邀请任何人。但他暗中照旧继续,把客人藏在隔壁屋里。自然,克利斯朵夫后来也发觉了,气愤愤地掉头便走,这一次可真的不回来了。

虽然如此,他还是得敷衍高恩,因为他带他上各国侨民的家里,为他介绍学生。

另一方面,丹沃斐·古耶过了几天也上克利斯朵夫的小客店去访问他。古耶看见他住得这么坏,一点不表惊异,倒很亲热地说:

"我想,请你听音乐你一定觉得高兴吧;我到处都有入场券,可以带你一起去。"

克利斯朵夫快活极了。他觉得对方非常体贴,便真心地道谢。那天古耶完全变了一个人,和他第一晚见到的大不相同。跟克利斯朵夫单独相对的时候,他一点没有傲慢的态度,脾气挺好,怯生生地,一心想学些东西。唯有当着别人,他才会立刻恢复那种居高临下的神气与粗暴的口吻。此外,他的求知欲也老是有个实际的目的。凡是与现下的时尚无关的东西,他一概不发生兴趣。眼前,他想把最近收到而无法判断的一本乐谱征求克利斯朵夫的意见:因为他简直不大能读谱。

他们一同到一个交响曲音乐会去。会场的大门是跟一家歌舞厅公用的。从一条蜿蜒曲折的甬道走到一间没有第二出口的大厅:空气恶浊,闷人欲死;太窄的座椅密密地挤在一起;一部分听众站着,把走道都壅塞了;——法国人是不讲究舒服的!一个似乎烦恼不堪的男人,在那里匆匆忙忙地指挥着贝多芬的一支交响曲,仿佛急于奏完的神气。隔壁歌舞厅里的音乐和《英雄交响曲》中的《葬礼进行曲》混在一块儿。听众老是陆陆续续地进来，坐下，擎着手眼镜东张西望，有的才安顿好，已经预备动身了。克利斯朵夫在这个赶节一样的地方聚精会神地留意乐曲的线索，费了好大的劲终于得到一点儿快感，——（因为乐队是很熟练的，而克利斯朵夫也久已没听到交响乐）；——不料听了一半，古耶抓着他的手臂说："咱们得走了，到另外一个音乐会去。"

克利斯朵夫皱了皱眉头，一声不出地跟着他的向导。他们穿过半个巴黎城，到一间气味像马房似的大厅；在别的时间，这儿是上演什么神幻剧或通俗戏剧的：——音乐在巴黎像两个穷苦的工人合租一间房：一个从床上起来，一个就钻进他的热被窝。[①] ——空气当然谈不到：从路易十四起，法国人就认为这种空气不卫生；但戏院里的卫生和从前凡尔赛宫里的一样，是教人绝对喘不过气来的那种卫生。一个庄严的老人，像马戏班里驯服野兽的骑师一般，正在指挥瓦格纳剧中的一幕：可怜的野兽——歌唱家——也仿佛马戏班里的狮子，对着脚灯愣住了，直要挨了鞭子才会记起自己原来是狮子。一般假作正经的胖妇人和痴騃的小姑娘，堆着微笑看着这种表演。等到狮子把戏做完，乐队指挥行过了礼，两人都被大众拍过了手，古耶又要把克利斯朵夫带到第三个音乐会去。但这一回克利斯朵夫双手抓住了坐椅的靠手，声明再也不走了：从这个音乐会跑到那个音乐会，这儿听几句交响乐，那儿听一段协奏曲，他已经够受了。古耶白白地跟他解释，说音乐批评在巴黎是一种行业，并且是看比听更重要的行业。克利斯朵夫抗议说，音乐不是给你坐在马车上听的，而是需要凝神壹志地去领会的。这种炒什锦似的音乐会使他心里作恶，他每次只要听一个就够了。

他对于这种音乐方面的漫无节制觉得很奇怪。像多数的德国人一样，他以为音乐在法国占着很少的地位；所以他意想中以为能听到分量少而质地很精的东西。不料一开场，七天之内人家就给他十五个

① 至第一次大战为止，巴黎交响乐音乐会的场子均极简陋。

音乐会。一星期中每个晚上都有,往往同时有两三个,在不同的区域里举行。星期日一天共有四个,也是在同一时间内。克利斯朵夫对于这等奇大无比的音乐胃口不胜钦佩。节目的繁重也使他吃惊。他一向以为只有德国人听音乐才有这等海量,那是他从前在国内痛恨的;此刻却发现巴黎人的肚子还远过于德国人。席面真是太丰盛了:两支交响曲,一支协奏曲,一支或二支序曲,一幕抒情剧。而且来源不一:有德国的,有俄国的,有斯堪的纳维亚国家的,有法国的,仿佛不管是啤酒,是香槟,是糖麦水,是葡萄酒,——他们能一齐灌下,决不会醉。巴黎那些小鸟儿的胃口竟这么大,克利斯朵夫简直看呆了。他们却若无其事,好比无底的酒桶,尽管倒进许多东西,实际上可点滴不留。

不久,克利斯朵夫又发觉这些大量的音乐其实内容只有一点儿。在所有的音乐会中他都看到同样的作家,听到同样的曲子。丰富的节目老是在一个圈子里打转。贝多芬以前的差不多绝无仅有,瓦格纳以后的也差不多绝无仅有。便是在贝多芬与瓦格纳之间,又有多少的空白!似乎音乐就只限于几个著名的作家。德国五六名,法国三四名,自从法俄联盟以来又加上半打莫斯科的曲子。——古代的法国作家,毫无。意大利名家,毫无。十七十八世纪的德国巨头,毫无。现代的德国音乐,也毫无,只除掉理查·施特劳斯一个,因为他比别人乖巧,每年必定到巴黎来亲自指挥一次,拿出他的新作品。至于比利时音乐,捷克音乐,更绝对没有了。但最可怪的是:连当代的法国音乐也绝无仅有。——然而大家都用着神秘的口吻谈着法国的现代音乐,仿佛是震动世界的东西。克利斯朵夫只希望有机会听一听;他毫无成见,抱着极大的好奇心,非常热烈地想认识新音乐,瞻仰一下天才的杰作。但他虽然费尽心思,始终没听到;因为单是那三四支小曲,写得相当细腻而过于冷静过于雕琢的东西,并没引起他的注意,他也不承认它们便是现代的法国音乐。

克利斯朵夫在自己不能表示意见之前,先向音乐批评界去讨教一下。

那可不是件容易的事。批评界里谁都有主张,谁都有理由。不但各个音乐刊物都以互相抵触为乐,便是一个刊物的文字也篇篇矛盾。要是把它们全部看过来的话,你准会头脑发昏。幸而每个编辑只读他自己的文章,而群众是一篇都不读的。但克利斯朵夫一心要对法国音乐界有个准确的概念,便一篇都不肯放过,结果他不禁大为佩服这个民族的镇静功夫,处在这样的矛盾中间还能像鱼在水里一样的悠然自得。

在这分歧的舆论中,有一点使他非常惊奇:就是批评家们的那副学者面孔。谁说法国人是什么都不信的可爱的幻想家呢?克利斯朵夫所见到的,比莱茵彼岸所有的批评家的音乐知识都更丰富,——即使他们一无所知的时候也显得如此。

当时的法国音乐批评家都决意要学音乐了。有几个也是真懂的:那全是一些怪物;他们居然花了番心血对他们的艺术加以思考,并且用自己的心思去思考。不必说,这般人都不大知名,只能隐在几个小杂志里,除了一两个例外,是踏不进报馆的。他们诚实,聪明,挺有意思,因为生活孤独而有时不免发些怪论,冥思默想的习惯使他们在批评的时候不大容忍,倾向于唠叨。——至于其他的人,都匆匆忙忙学了些初步的和声学,就对自己新近得来的知识惊奇不置,跟姚尔邓先生学着语法规则的时候一样高兴得出神:

"D,a,Da;F,a,Fa;R,a,Ra,……啊,妙极了!……啊!知道一些东西多有意思……"①

他们嘴里只讲着主旋律与副主旋律,调和音与合成音,九度音程的联系与大三度音程的连续。他们说出了某页乐谱上一组和音的名称,就忙着得意扬扬地抹着额上的汗:自以为把整个作品说明了,几乎

① 莫里哀的喜剧《醉心贵族的小市民》写一个鄙俗的市侩姚尔邓想学做贵族,请了音乐教师、舞蹈教师、哲学教师来教育自己。此处所引系第二幕第四场姚尔邓与哲学教师的对白的节略。

以为那曲子是自己作的了。其实他们只像中学生分析西塞罗[①]的文法一般,背一遍课本上的名词罢了。但是最优秀的批评家也不大能把音乐看作心灵的天然的语言;他们不是把它看作绘画的分支,就是把它变成科学的附庸,仅仅是一些拼凑和声的习题。像这样渊博的人物自然要追溯到古代的作品。于是他们挑出贝多芬的错误,教训瓦格纳,至于柏辽兹和格鲁克,更是他们公然讪笑的对象。依照当时的风气,他们认为除了塞巴斯蒂安·巴赫与德彪西之外,什么都不存在。而近年来被大家乱捧的巴赫,也开始显得迂腐,老朽,古怪。漂亮人物正用着神秘的口吻称扬拉莫和库伯兰了。[②]

这些学者之间还要掀起壮烈的争辩。他们都是音乐家,但所以为音乐家的方式各个不同;各人以为唯有自己的方式才对,别人的都是错的。他们互诋为假文人,假学者;互相把理想主义与唯物主义,象征主义与自然主义,主观主义与客观主义,加在对方头上。克利斯朵夫心里想,从德国跑到这儿来再听一次德国人的争辩,岂不冤枉。照理,他们应该为了美妙的音乐使大家可以有许多不同的方式去享受而表示感激,可是他们非但没有这种情绪,还不允许别人用一种和他们不同的方式去享受。当时的音乐界正为了一场新的争执而分成两大阵营,厮杀得非常猛烈:一派是对位派,一派是和声派。一派说音乐是应当横读的,另外一派说是应当直读的。直读派口口声声只谈着韵味深长的和弦,融成一片的连锁,温馨美妙的和声:他们谈论音乐,仿佛谈论一个糕饼铺。横读派却不答应人家重视耳朵:他们认为音乐是一篇演说,像议院的开会,所有发言的人都得同时说话,各人只说各人的,决不理会旁人,直到自己说完为止;别人听不见是他们活该!他们尽可在明天的公报上去细读:音乐是给人读的,不是听的。克利斯朵夫

① 西塞罗为公元前一世纪罗马帝国时代的大演说家,大文豪。其选集为今法国中学生读拉丁文时必修之书。

② 拉莫(1683—1764)与库伯兰(1668—1732)均为法国作曲家,但其真正的价值直至十九世纪末二十世纪初方始被人赏识。近代法国音乐家如德彪西,如拉威尔,均尊奉前二人为法国音乐的创始者。

第一次听见横读派与直读派的争议，以为他们都是疯子。人家要他在连续派与交错派两者[①]之间决定态度，他就照例用箴言式的说法回答：

“诸位，此党彼党，我都仇视！”

但人家紧自问个不休：“和声跟对位，在音乐上究竟哪一样更重要？”

“音乐最重要。把你们的音乐拿出来给我看看！”

提到他们的音乐，他们的意见可一致了。这些勇猛的战士，在好斗那一点上互相争胜的家伙，只要眼前没有什么盛名享得太久的古人给他们攻击，都能为了一种共同的热情——爱国的热情——而携手。他们认为法国是个伟大的音乐民族。他们用种种的说辞宣告德国的没落。——对于这一点，克利斯朵夫并不生气。他自己早就把祖国批驳得不成样子，所以平心而论，他不能对这个断语有何异议。但法国音乐的优越未免使他有些奇怪：老实说，他在历史上看不出法国音乐有多少成绩。然而法国音乐家一口咬定，他们的艺术在古代是非常美妙的。[②] 为了阐扬法国音乐的光荣，他们先把上一世纪的法国名人恣意取笑，只把一个极好极纯朴的大师除外，而他还是个比利时人。[③] 做过了这番扫荡工作，大家更容易赞赏古代的大师了：他们都是被人遗忘的，有的是始终不知名而到今日才被发掘出来的。在政治上反对教会的一派，认为什么都应当拿大革命时代做出发点；音乐家却跟他们相反，以为大革命不过是历史上的一个山脉，应当爬上去观察山后的音乐上的黄金时代。长时期的消沉过后，黄金时代又要来了：坚固的城墙快崩陷了；一个音响的魔术师正变出一个百花怒放的春天；古老的音乐树上已经长出新枝嫩叶；在和声的花坛里，奇花异卉眯着笑眼望着新生的黎明；人们已经听到琤琮的泉声，溪水的歌唱……那境界

① 连续派与交错派即横读派与直读派，亦即对位派与和声派。

② 十四十五两世纪文艺复兴时代，法—比学派在音乐史上极占重要，十六世纪的法国音乐尤其盛极一时。但这种情形直至二十世纪初方被学者逐渐发现，向世人披露。

③ 此系指塞萨尔·弗兰克（1822—1890），生于比利时而久居巴黎，终入法国籍，为十九世纪最大作曲家之一，对近代法国音乐之再生运动极有影响。

简直是一首牧歌。

克利斯朵夫听了这些话,欢喜极了。但他注意一下巴黎各戏院的广告的时候,只看到梅耶贝尔、古诺和马斯内的名字,甚至还有他只嫌太熟的玛斯卡尼和莱翁卡瓦洛。他便问他的那般朋友,所谓迷人的花园是否就是指这种无耻的音乐,这些使妇女们失魂落魄的东西,这些纸花,这些香粉铺。他们却大为生气地嚷起来,说那是颓废时代的余孽,谁也不加注意的了。① ——可是实际上《乡村骑士》正高踞着喜歌剧院的宝座,《丑角》在歌剧院中雄视一切;马斯内和古诺的作品风靡一时:《迷娘》《乌格诺教徒》《浮士德》这三位一体的歌剧都声势浩大,超过了一千场的纪录。——但这都是无关紧要的例外,用不着去管它。一种理论要是遇到不客气的现实给它碰了钉子,最简单的就是否认现实。所以法国批评家们否认那些无耻的作品,否认那般捧这些作品的群众;并且用不着别人怎么鼓动,他们也快要把乐剧整个儿的抹杀。在他们心目,乐剧是一种文学作品,所以是不纯粹的。(他们自己都是文人,却偏不承认是文人。)一切有所表现、有所描写、有所暗示的音乐,总之,一切想说点儿什么的音乐都被加上一个不纯粹的罪名。——可见每个法国人都有罗伯斯庇尔的气质,不论对什么东西对什么人,非戕贼其生命,就不能使这个人或物净化。——法国的大批评家只承认纯粹音乐,其余的都是下劣的东西。

克利斯朵夫发现自己的趣味不高明,很是惭愧。但看到那些瞧不起乐剧的音乐家没有一个不替戏院制作,没有一个不写歌剧,他又感到一点儿安慰。——当然,这种事实仍不过是无关紧要的例外。既然

---

① 梅耶贝尔(1791—1864),德国歌剧作家,生前在欧洲红极一时,今日音乐史上的定论则仅是一个庸俗肤浅的作家。下文提到的《乌格诺教徒》即他的作品。古诺(1818—1893)对法国近代歌剧的创立极有贡献,但并非第一流的作曲家,最著名的作品即下文提到的《浮士德》。马斯内(1842—1912),法国歌剧作家,其作品偏于甜俗,做作,缺乏真情实感。玛斯卡尼(1863—1945)与莱翁卡瓦洛(1858—1919)均为意大利歌剧作家,即前文所称自然主义之代表人物,以描写人生的强烈而迅速的印象为主,作品光华灿烂而流于浅薄。玛斯卡尼最流行之作品为《乡村骑士》,莱翁卡瓦洛的为《丑角》。

他们提倡纯粹音乐,所以要批评他们是应当把他们的纯粹音乐做根据的。克利斯朵夫便访求他们这一类的作品。

丹沃斐·古耶把他带到一个宣扬本国艺术的团体中去听了几次音乐会。一般新兴的名家都在这儿经过长时期的锻炼与孵育。那是一个很大的艺术集团,也可以说是有好几个祭堂的小寺院。每个祭堂有它的祖师,每个祖师有他的信徒,而各个祭堂的信徒又互相菲薄。[①]在克利斯朵夫看来,那些祖师根本就没有多大分别。因为一向弄惯了完全不同的艺术,所以他完全不了解这种新派音乐,而他的自以为了解使他反而更不了解。

他觉得所有的作品永远浸在半明半暗的黑影里,好像一幅灰灰的单色画,线条忽隐忽现,飘忽无定。在这些线条中间,有的是僵硬,板滞,枯索无味的素描,像用三角板画成的,结果都成为尖锐的角度,好比一个瘦妇人的肘子。也有些波浪式的素描,像雪茄的烟圈一般袅袅回旋。但一切都是灰色的。难道法国没有太阳了吗?克利斯朵夫因为来到巴黎以后只看见雨跟雾,不禁要信以为真了;但要是没有太阳,艺术家的使命不就是创造太阳吗?不错,他们的确点着他们的小灯,但只像萤火一般,既不会令人感到暖意,也照不见什么。作品的题目是常常变换的:什么春天,中午,爱情,生之欢乐,田野漫步等等;可是音乐本身并没跟着题目而变,只是一味的温和,苍白,麻木,贫血,憔悴。那时音乐界中一般典雅的人,讲究低声说话。而那也是对的:因为声音一提高,就跟叫嚷没有分别:高声与低声之间没有中庸之道。

---

① 此处系隐射法国的民族音乐协会(*Société Nationale de Musique*),于一八七一年由国立音乐院教授皮西纳与圣·桑发起,目的为专门演奏当代法国作家的音乐,以培养法国新兴音乐为主。参加的有弗兰克,马斯内,福莱,迪帕克,拉罗,杜巴等。迩后无形中分成若干小组,各奉一知名作家为领袖,最重要的即弗兰克一派与圣·桑一派的对立。故本文中称有好几个祭堂的寺院。但事实上,在一八七〇至一九〇〇的三十年中所有法国近代音乐的名作都是由这个团体首先演奏,公诸于世的。故该会可称为现代法国乐坛的温床。

要选择只有低吟浅唱与大声呐喊两种。

克利斯朵夫快要昏昏入睡了,便打起精神来看节目;他感到奇怪的是,这些在灰色的天空飘浮的云雾,居然自命为表现确切的题材。因为,跟他们的理论相反,他们所作的纯粹音乐差不多全是标题音乐,至少都是有个题目的。他们徒然诅咒文学,结果还得拿文学做拐杖。好古怪的拐杖!克利斯朵夫发觉他们勉强描写的尽是些幼稚可笑的题材,又是果园,又是菜园,又是鸡埘,真可说是音乐的万牲园与植物园。有的把卢浮宫的油画或歌剧院的壁画作成交响曲或钢琴曲,把荷兰十七世纪的风景画家,动物画家,法国歌剧院的装饰画家的作品,取为音乐的题目,加上许多注释,说明哪是神话中某个神明的苹果,哪是荷兰的乡村客店,哪是白马的臀部。在克利斯朵夫看来,这是一些老小孩的玩意儿:喜欢画而又不会画,便信手乱涂一阵,挺天真地在下面用大字写明,这是一所屋子,那是一株树。

除了这批有眼无珠、以耳代目的画匠以外,还有些哲学家在音乐上讨论玄学问题。他们的交响曲是抽象的原则的斗争,是说明某种象征或某种宗教的论文。他们也在歌剧中间研究当时的法律问题与社会问题,什么女权与公民权等等。至于离婚问题,确认亲父问题,政教分离问题,他们都津津乐道。他们之间分成两派:就是反对教会的象征派和拥护教会的象征派。收旧布的哲学家,做女工的社会学家,预言家式的面包师,使徒式的渔夫,都在剧中直着嗓子唱歌。从前歌德已经说起他那时的艺术家想“在故事画中表现康德的思想”。克利斯朵夫这时代的作家却是用十六分音符来表现社会学了。左拉,尼采,梅特林克,巴雷斯,饶勒斯,孟戴斯,[①]《福音书》,红磨坊[②]等等,无一不是歌剧和交响乐的作者汲取思想的宝库。其中不少人士,看着瓦格纳

① 巴雷斯(1862—1923),法国小说家,提倡以自我分析的方式认识人与土地、自然及国家社会的关系。饶勒斯(1859—1914),法国社会党领袖,《人道报》的创办人。孟戴斯(1841—1909),法国诗人、小说家、剧作家。

② 红磨坊为巴黎有名的舞场,创立于一八八九年;一九一五年后改为杂耍歌舞场。

的榜样兴奋起来,大声嚷着:“我吗,我也是诗人呀!”——于是他们很有自信地在自己的乐谱上写起或是有韵或是无韵的东西来,那风格不是跟小学生的一样,就像那些颓废派的日报副刊。

所有这些思想家和诗人都是纯粹音乐的拥护者。但他们对这种音乐更喜欢议论而不喜欢制作。——偶然他们也写一些,但完全是空洞的东西。不幸,他们居然常常成功:内容却一无所有,——至少克利斯朵夫认为如此。——的确他也不得其门而入。

要懂得一种异国的音乐,先得学习它的语言,并且不该自以为已经知道这个语言。克利斯朵夫可是像一切头脑单纯的德国人一样,自以为早就知道了。当然他是可以原谅的。便是法国人也有许多不比他更了解。正如路易十四时代的德国人,因为竭力说法语而忘掉了本国的语言,十九世纪的法国音乐家也久已忘了自己的语言,以致他们的音乐竟变成了一种外国方言。直到最近,才有一种在法国讲法国话的运动。他们并不都能够成功:习惯的力量太强了;除了少数的例外,他们说的法语是比利时化的或是日耳曼化的。[1] 那就难怪一个德国人要误会了,难怪他要凭着武断的脾气,以为这仅仅是不纯粹的德语,而且因为他全然不懂而认为毫无意义。

克利斯朵夫的看法便是这样。他觉得法国的交响曲是一种抽象的辩证法,用演算数学的方式把许多音乐主题对立起来,或是交错起来;其实,要表现这一套,很可以用数字或字母来代替。有的人把一件作品建筑在某个音响的公式之上,使它慢慢地发展,直到最后一部分的最后一页才显得完全,而作品十分之九的部分都像不成形的幼虫。有的人用一个主题作变奏曲,而这主题只在作品末了,由繁复渐渐归于简单的时候才显出来。这是极尽高深巧妙的玩意儿,唯有又老又幼稚的人才会感到兴趣。作者为此所费的精力是惊人的,一支幻想曲要多少年才能写成。他们绞尽脑汁,求新的和弦的配合,——为的是表

① 指当时的法国音乐不是受弗兰克的影响,便是受瓦格纳的影响。

现……表现什么呢?管它!只要是新的辞藻就行了。人家说既然器官能产生需要,那么辞藻也会产生思想的:最要紧的是新。无论如何要新!他们最怕"已经说过的"词句。所以最优秀的人也为之而变成瘫痪了。你可以感到他们老是在留神自己,准备把所写的统统毁掉,时时刻刻问着自己:"啊!天哪!这个我在哪儿见过的呢?"……有些音乐家,——特别在德国,——喜欢把别人的句子东捡西拾地拼凑起来。法国音乐家却是逐句检查,看看在别人已经用过的旋律表内有没有同样的句子,仿佛拼命搔着鼻子,想使它变形,直要变到不但不像任何熟人的鼻子,而且根本不像鼻子的时候方始罢休。

这样的惨淡经营仍瞒不了克利斯朵夫。他们徒然运用一种复杂的语言,装出奇奇怪怪的姿态兴奋若狂,把乐队部分的音乐弄得动乱失常,或是堆砌一些不连贯的和声,单调得可怕,或是萨拉·贝恩哈特[①]式的说白,唱得走音地,几小时地啜啜不已,好似骡子迷迷糊糊地走在险陡的坡边上。——克利斯朵夫在这些面具之下,认出一些冰冷的毫无风韵的灵魂,搽脂抹粉,涂了一脸,学着古诺与马斯内的腔派,还不及他们自然。于是他不禁引用当年格鲁克批评法国人的一句不公平的话:

"由他们去吧。他们弄来弄去逃不出那套老调。"

可是他们把那套老调弄得非常艰深。他们拿民歌作为道貌岸然的交响曲的主题,像做什么博士论文一样。这是当代最时髦的玩意儿。所有的民歌,不论是本国的是外国的,都依次加以运用。他们可以用来作成《第九交响曲》或是弗兰克的《四重奏》,但还要艰深得多。要是其中有一小句意思非常显明的话,作者便赶紧插入一句毫无意义的,把上一句毫不留情地破坏掉。——然而大家还把这些可怜虫认作极镇静、精神极平衡的人呢!……

演奏这类作品的时候,一个年轻的乐队指挥,仪表端正而态度狰

① 萨拉·贝恩哈特(1844—1923),法国近代最优秀的女演员。

狞的家伙,费了九牛二虎之力,做着跟米开朗琪罗画上的人物一样的姿势,仿佛要鼓动贝多芬或瓦格纳的队伍似的。听众是一般厌烦得要死的时髦人物,以为尝尝这种烦闷的滋味是有面子的事;还有是年轻的学徒,因为能够把学校里的一套在此引证一番,在某些段落中去找点儿本行的诀窍而很高兴,情绪之热烈也不亚于指挥的姿势和音乐的喧闹……

"喝!那不是痴人说梦吗?……"克利斯朵夫说。

(因为他此刻已经会用巴黎人的俗语了。)

然而懂得巴黎的俗语究竟比懂巴黎的音乐容易。克利斯朵夫无处不用他的热情,又跟一般的德国人一样,天生地不了解法国艺术:他的判断就是以这种热情与不了解做根据的。但他至少是善意的,随时准备承认自己的错误,只要人家给他指出来。所以他并不肯定自己的见解,预备让新的印象来改变他的意见。

便是目前,他也承认这种音乐极有才气,有很好的材料,节奏与和声方面有奇特的发现,好似各式各种美妙的布帛,柔软、光亮、五光十色、竭尽巧思。克利斯朵夫觉得很好玩,便尽量采取它的长处。所有这些小名家都比德国音乐家头脑开通得多;他们很勇敢地离开大路,扑到森林中去摸索,想教自己迷失。但他们都是挺乖的小孩子,怎么样也不会迷路。有的走了一二十步,又绕到大路上来了。有的才走了一忽儿就累了,不管什么地方就停下来。有的差不多快摸到新路了,可并不继续前进,而坐在林边,在树下闲逛了。他们所最缺少的是意志,是力;一切的天赋他们都齐备,——只少一样:就是强烈的生命。尤其可惜的是他们那些努力仿佛是乱用的,在半路上消耗掉了。这些艺术家难得会清清楚楚地意识到自己的天性,难得会锲而不舍地把他们所有的精力配合起来去达到预定的目标。这是法国人胸无定见的最普通的后果:多少的天才和意志都因为游移不定与自相矛盾而浪费了。他们的大音乐家如柏辽兹,如圣·桑——只以最近代的来说——能够不至于因缺少毅力,缺少信心,缺少精神上的指南针而陷落而颠覆的,几乎一个都没有。

克利斯朵夫跟当时的德国人一样存着鄙薄的心,想道:

"法国人只知道浪费精力去求新发明,而不会利用他们的新发明。他们始终需要一个异族的主宰,要一个格鲁克或是一个拿破仑①才能使他们的大革命有点儿结果。"

他想到要是再来一次拿破仑式的政变②该是怎么一个局面,不禁微微地笑了。

但在混乱状态中,有一个团体竭力想替艺术家把秩序与纪律恢复过来。一开始它取了个拉丁名字,纪念一千四百年以前,高卢人与万达人南侵时代盛极一时的一种教会组织。③ 克利斯朵夫奇怪为什么要追溯到这样久远。一个人能够高瞻远瞩,不囿于所生的时代,固然很好;但一座十四个世纪的高塔难免不成为一座不大方便的瞭望台,宜于仰观星象而不宜于俯视当代的人群。可是克利斯朵夫不久就放心了,因为他看见那般圣·格列高利的子孙④难得留在高塔上,只在鸣钟击鼓的时候才攀登。其余的时间,他们都在底下的教堂里。克利斯朵夫参与过几次他们的祭礼,先还以为他们属于新教的某个小宗派,后来才发觉他们是基督旧教中人。在场的都是些匍匐膜拜的群众,虔诚的,偏执的,喜欢攻击人的信徒。为首的是个极纯粹极冷静的人,性情

① 格鲁克(1714—1784),德国音乐家,居留法国甚久,在近代歌剧史上为极重要的复兴运动者,对十八世纪的法国歌剧影响极大。拿破仑出生地为地中海上的科西嘉岛,岛民原非法国种族。故作者称他们同为"异族的主宰"。

② 指一七九九年十一月九日的雾月政变,拿破仑解散督政府,自任第一执政,而以后称帝之基业亦于此奠定。

③ 一八九六年,弗兰克的大弟子鲍台斯与文桑·但第在巴黎创办一音乐学院,以拉丁文取名为 *Schola Cantorum*(意义为宗教音乐歌唱学校),以纪念六世纪时教会歌唱组织。但此歌唱学校不久即教授乐理、音乐史、一切器乐,与一般音乐学院无异。法国近代名家十之七八均出身于该校。

④ 初期的基督教圣诗歌唱,调式(*mode*)驳杂不一,经六世纪时教皇格列高利一世整理统一,至今于基督旧教某些宗派(例如本多派)的寺院中歌唱,称为素歌(*plain chant*)。文桑·但第辈认为制作宗教音乐必须以素歌的精神为基础。故此处称此派的人为"圣·格列高利的子孙"。

固执而带几分稚气，在那里维护宗教、道德、艺术方面的主义，向少数选民用抽象的词句解释他那部音乐的福音书，谴责“骄傲”与“异端邪说”。他把艺术上所有的缺陷，和人类所有的罪恶都归咎于上面两点。文艺复兴，宗教改革，以及今日的犹太教，他都等量齐观，认为是骄傲与异端的表现。音乐界中的犹太人都被执行了火刑。巨人韩德尔也受到了鞭挞。唯有塞巴斯蒂安·巴赫一个人，靠了上帝的面子，被认为“误入歧途的新教徒”而获免。①

这座圣·雅各街的庙堂②做着布道事业，有心拯救人类的灵魂与音乐。他们很有系统的传授天才的法则。许多勤奋的学生辛辛苦苦地、深信不疑地拿这些秘诀来付诸实行。他们似乎想用虔诚的艰苦来补赎祖先们轻佻的罪过：例如奥柏与亚丹之流，还有那人也风魔，音乐也风魔的柏辽兹。③ 现在人们抱着了不起的热情和虔敬，为一班众所公认的大师努力宣扬。十几年中间，他们的成就确是可观：法国音乐的面目居然为之一变。不但是法国的批评家，并且连法国的音乐家也学起音乐来了。从作曲家到演奏家如今都知道巴赫的作品了！——他们尤其努力破除法国人闭关自守的积习。法国人平日老躲在家里，轻易不肯出门；所以他们的音乐也缺少新鲜空气，有股闭塞的，陈腐的，残废的气息。这和贝多芬不问晴雨地在田野里跑着，在山坡上爬着，手舞足蹈，骇坏了羊群的那种作曲方式完全相反。巴黎的音乐家决不会像波恩的大熊一般，④因为有了灵感而吵吵嚷嚷惊动邻居。他们制作的时候是在自己的思想上加一个弱音器的；并且也挂着重重的帷幕，使外面的声音透不进来。

---

① 谓巴赫是“误入歧途的新教徒”一语，是文桑·但第一派的哀特迦·蒂奈说的，言下认为巴赫的精神是旧教徒的精神。

② 巴黎宗教歌唱学校（简称歌唱学校）校址在拉丁区圣·雅各街。

③ 奥柏（1782—1871），法国第二流歌剧作家，以浮华的典雅红极一时。亚丹（1803—1856）的歌剧，尤次于奥柏。柏辽兹（1803—1869），法国近代最大的交响曲作家，生前生后均不甚得意。其对法国音乐的贡献，直至二十世纪初方渐渐被人发现，本书作者罗曼·罗兰对之尤为称赏，认为世界第一流的音乐天才。

④ 贝多芬的故乡为德国波恩，故称其为“波恩的大熊”。

歌唱学校这一派竭力想更换空气;它对“过去”开了几扇窗子。但也仅仅对着“过去”。[①] 这是开向庭院而非临着大街的窗子,没有多大用处。何况窗子才打开,百叶窗又关上了,好似怕受凉的老太太。从百叶窗里透进来的有些中世纪的作品,有些巴赫,有些帕莱斯特里纳,有些民歌。可是这又算得什么呢?屋子里霉腐的气味依旧不减。其实他们觉得这样倒是挺舒服的,对现代的大潮流反而怀有戒心。固然,他们知道的事情比旁人多,但一笔抹杀的也一样的多。在这种环境里,音乐自然会染上一股迂腐之气,而不是给精神的一种慰藉了;他们的音乐会不是等于历史课,就是含有鼓励作用的举例。凡是前进的思想都被变成学院化。气势雄伟的巴赫被他们供奉到庙堂里去的时候,也变得循规蹈矩了。他的音乐完全被一班学院派的头脑改了样子,正如温馨浓艳的《圣经》被英国人的头脑改装过了一样。[②] 他们所称扬的是一种贵族派的折中主义,想把六世纪至二十世纪中间的三四个伟大音乐时代的特点汇集起来。这个理想倘若实现的话,那么其成绩一定像一个印度总督旅行回来,把在地球上各处搜罗得来的宝贝凑成的一座聚宝盆。可是以法国人的通情达理,结果并没闹出学究式的笑柄;大家决不实行他们的理论,而对付理论的办法也好比莫里哀对付医生一样,拿了药方而并不配服,最有性格的走他们自己的路去了。其余的只做些繁复的练习和艰深的对位学,名之为奏鸣曲、四重奏或交响曲……——“奏鸣曲啊,你要怎么呢?”——它不要什么,只要成为一阕奏鸣曲而已。作品中的思想是抽象的,无名的,勉强嵌进去的、毫无生趣的东西。那很像一个高明的公证人起草文书的艺术。克利斯朵夫先是因为法国人不喜欢勃拉姆斯而很高兴,如今却看到法国有着无数的小勃拉姆斯。所有这些出色的工人,既勤谨,又用心,真是具备了各种

① 该校举行的音乐会最初只演奏古代大师帕莱斯特里纳、巴赫、蒙特威尔第、拉莫、格鲁克等的作品。

② 英国十七世纪的清教徒,对《圣经》的了解极其偏执,狭窄,严峻,有如极端派的加尔文主义。

的德性。克利斯朵夫从他们的音乐会里出来,非常得益,但是非常厌烦。

嘿,外边的天气多好啊!

然而巴黎的音乐家中究竟有几个无党无派的独立的人。唯有这般人才能引起克利斯朵夫的注意。也唯有这般人能使你衡量一种艺术的生机。学派与社团只表现一种浮面的潮流或硬生生制造出来的理论。深思默想的超然人士,却有更多的机会能发现他们当代的与民族的真精神。但就因为这一点,一个外国人对他们比对旁人更难了解。

克利斯朵夫初次听到那个鼎鼎大名的作品的时候,便是这种情形。为了那作品,法国人不知说了多少胡话,有一部分的人说是十个世纪以来最大的音乐革命。——(世纪对他们是不值钱的!他们又不知道什么天高地厚……)

丹沃斐·古耶和西尔伐·高恩把克利斯朵夫带到喜歌剧院去,听《佩利阿斯与梅丽桑德》,[①]他们把这件作品介绍给他觉得光荣极了,仿佛是他们自己作的,并且告诉克利斯朵夫,说他这一回保证会发现奇迹。歌剧已经开幕了,他们还呶呶不休地在旁解释。克利斯朵夫止住了他们的话,伸着耳朵细听。第一幕演完,高恩眉飞色舞地问:

"喂,朋友,你觉得怎么样?"

他反问他们:"以后是不是老是这样的?"

"是的。"

"那么根本没有什么东西啰。"

高恩可叫起来了,认为他外行。

"没有东西,"克利斯朵夫继续说,"没有音乐,没有发展。前后不相衔接,简直站不住。和声很细腻。配器的效果颇有些很美的花腔,格调很高。但内容是空无所有,空无所有……"

① 此系梅特林克一八九二年所作的悲剧,德彪西谱成歌剧,于一九〇二年公演。

他又听下去。慢慢地,作品露出一点儿光来了;他开始在半明半暗中发现一些东西了。不错,他看到作者存心要求素雅,一反瓦格纳那种用音乐的浪潮来淹没戏剧的理想;但他不禁带着点挖苦的心思追问:他们有这种牺牲的理想,骨子里是否把自己没有的东西牺牲。在这件作品里,他感到颇有些贪逸恶劳的意味,想以最低限度的疲劳来获得效果,因为懒惰而不愿意费力去建造瓦格纳派的巨制。至于唱词之单纯,简洁,朴素,声音的微弱,虽然他觉得单调,而且因为他是德国人而认为不真实,但也同样感到惊异。——(他认为歌词愈求真切,愈令人感到法国语言的不适宜于谱成音乐,因为它太合逻辑,太分明,轮廓太固定;语言本身固然完美,但没法跟旁的东西融和。)然而这种尝试毕竟是有意思的,在它一反瓦格纳派的铺张浮夸这一点上,克利斯朵夫是赞成的。那位法国音乐家①似乎很俏皮地讲究含蓄,要用低声喁语来表白热情。爱既没有欢呼,死也没有哀号。只有旋律的线条微微颤动一下,乐队像嘴唇轻轻一抿似的打个寒噤,你才感觉到在剧中人心里波动的情绪。仿佛作家战战兢兢地怕流露真情。他的艺术的格调真是高极了,——除非法国民族固有的那种取悦感官、喜欢做作的倾向在他胸中突然觉醒的时候。那时你才会发现有些头发太黄的,嘴唇太红的,第三共和以后的小家碧玉所扮演的大情人。但这种情形是难得的,是作者过于克制自己的反响,是需要松动一下的表现,整个作品的风格是一种精炼到极点的单纯,并不单纯的单纯,刻意追求得来的单纯,是古老的社会的一朵精美纤巧的花。年少犷野如克利斯朵夫,当然不能充分欣赏这种境界,他尤其讨厌那剧本,那些诗。他以为看到了一个半老的巴黎女人,装着小孩子,要人讲童话给她听。这当然不是瓦格纳派的懒洋洋的角色,不是又肉麻又蠢笨的莱茵姑娘;但一个法兰西与比利时的混血种②的懒洋洋的人物,装腔作势的"沙龙"气派,喊着"小爸爸啊"、"白鸽啊"那一套给交际场中的太太们应用的

① 指德彪西。

② 因戏剧的原作者梅特林克是比利时人,音乐的作者德彪西是法国人。

神秘气息,也未必高明。巴黎女人却对着这出戏出神了,因为在这面镜子里照见了她们多愁多病,才子佳人的腔调而顾盼自怜。意志两字完全谈不到。没有一个人知道自己要些什么,做些什么。

“那可不是我的过失啊!那可不是我的过失啊!……”这些大孩子都这样地呻吟着。整整的五幕——森林,岩穴,地窖,死者的卧室,——都在黯淡的微光中演出,荒岛上的小鸟简直没有挣扎。可怜的小鸟!美丽,细巧……它们多么害怕太强的光明,太剧烈的动作,太剧烈的说话,多么怕热情,怕生命!……生命并不曾精炼过,你不能戴着手套去抓握的……

克利斯朵夫听见隐隐的炮声在响了,快要把这垂死的文明,这一息仅存的小小的希腊轰倒了。

虽然如此,克利斯朵夫对这件作品依旧抱着好感;是不是因为他有点儿又轻视又怜悯的缘故呢?总之,他对它的关切远过于他口头的表示。他走出戏院回答高恩的时候,尽管口口声声说着“很细腻,很细腻,可是缺少奔放的热情,音乐还嫌不够”,心里却绝对不把《佩利阿斯》和其余的法国音乐一般看待。他被大雾中间的这盏明灯吸住了。他还发现有些别的光亮,很强的,很特别的,在四下里闪耀。这些磷火使他大为错愕,很想近前去瞧瞧是怎么样的光,可是不容易抓握。克利斯朵夫因为不了解而更觉得好奇的那般超然派的音乐家,极难接近。克利斯朵夫所不可或缺的同情,他们完全不需要。除了一两个例外,他们都不看别人的作品,知道得很少,也不想知道。他们几乎全部过着离群索居的生活,由于故意,由于骄傲,由于落落寡合,由于憎厌人世,由于冷淡,而把自己关在小圈子里。这等人虽为数不多,却又分成对立的小组,各不相容。他们的小心眼儿既不能容忍敌人和对手,也不能容忍朋友,——倘使朋友敢赏识另外一个音乐家,或是赏识他们而用了一种或是太冷淡,或是太热烈,或是太庸俗,或是太偏激的方式。要使他们满足真是太难了,结果他们只相信一个得到他们特许的批评家,一心一意坐在偶像的脚下看守着。你决不能去碰这种偶像。——他们固然不求别人了解,他们对自己也不怎么了解。他们受着奉承,被盟友的意见和自己的评价改了样,终于对自己的艺术和才具也弄模糊了。一般凭着幻想制作的人自以为是改革家,纤巧病态的艺术家自命为与瓦格纳争雄。他们差不多全为了抬高身价而断送了自己;每天都得飞跃狂跳,超过上一天的纪录,同时也要超过敌人的纪录。不幸这些跳高的练习并不每次成功,而且也只对几个同行才有点儿吸引力。他们既不理会群众,群众也不理会他们。他们的艺术是没有群众的艺术,只从音乐本身找养料的音乐。但克利斯朵夫的印象,不论这印象是否准确,总觉得法国音乐最需要音乐以外的倚傍。这株体态婀娜的蔓藤似的植物简直离不开支柱:第一就离不开文学。它本身没有充分的生命力,呼吸短促,缺少血液,缺少意志,有如弱不禁风的女子需要男性扶持。然而这位拜占庭式的王后,纤瘦,贫血,满头珠翠,被时髦朋友,美学家,批评家这些宦官包围了。民族不是一个音乐的民族;二十余年来大吹大擂的捧瓦格纳,贝多芬,巴赫,德彪西的热情,也仅仅限于一个阶级。越来越多的音乐会,不惜任何代价鼓动起来的,声势浩大的音乐潮流,并不是因为群众的趣味真正发展到了这个程度。这是一种风起云从的时髦,影响只及于一部分优秀人士,而且也把他们搅昏了。真正爱好音乐的人屈指可数,而最注意音乐的人如作曲家批评家,并不就是最爱好的人。在法国,真爱音乐的音乐家太少了!

克利斯朵夫这么想着,可忘了这种情形是到处一样的,真正的音乐家在德国也不见得更多,在艺术上值得重视的并非成千成万毫无了解的人,而是极少数真爱艺术而为之竭忠尽智的孤高虔敬之士。这类人物,他在法国见到没有呢?不论是作曲家或批评家,最优秀的都是远离尘嚣而在静默之中工作的,例如弗兰克,例如现代一般最有天分的人;多少艺术家过着没世无闻的生活,让以后的新闻记者争着以最先发现他们,做他们的朋友为荣;还有少数勤奋的学者,毫无野心,不求名利，一点一滴地把法兰西过去的伟大发掘出来；另外一批则是献身于音乐教育，为法兰西未来的光荣奠定基础。其中有多少聪明才智之士，性灵的丰富，胸襟的阔大，兴趣的广博，一定能使克利斯朵夫心向神往，要是认识他们的话。但他无意之间只瞥见了二三个这种人物，而他所了解的，见到的，又是他们被人改头换面的思想。克利斯朵夫只看到作者的缺点，被那些模仿的人和新闻界的掮客抄袭而夸大的缺点。

克利斯朵夫对那些音乐界的俗物尤其感到恶心的，是他们的形式主义。他们之间只讨论形式一项。情操，性格，生命，都绝口不提！没有一个人想到真正的音乐家是生活在音响的宇宙中的，他的岁月就等于音乐的浪潮。音乐是他呼吸的空气，是他生息的天地。他的心灵本身便是音乐；他所爱，所憎，所苦，所惧，所希望，又无一而非音乐。一颗音乐的心灵爱一个美丽的肉体时，就把那肉体看作音乐。使他着迷的心爱的眼睛，非蓝，非灰，非褐，而是音乐；心灵看到它们，仿佛一个美妙绝伦的和弦。而这种内心的音乐，比之表现出来的音乐不知丰富几千倍，键盘比起心弦来真是差得远了。天才是要用生命力的强度来测量的，艺术这个残缺不全的工具也不过想唤引生命罢了。但法国有多少人想到这一点呢？对这个化学家式的民族，音乐似乎只是配合声音的艺术。它把字母当作书本。克利斯朵夫听说要懂得艺术先得把人的问题丢开，不禁耸耸肩膀。他们却对于这个怪论非常得意：以为非如此不足以证明他们有音乐天分。像古耶这等糊涂蛋也是这样。他从来不懂一个人如何能背出一页乐谱，——（他曾经要克利斯朵夫解释这个神秘），——如今却向克利斯朵夫解释，说贝多芬伟大的精神和瓦格纳刺激感官的境界，对于音乐并不比一个画家的模特儿对于他所作的肖像画有更大的作用！

“这就证明，”克利斯朵夫不耐烦地回答说，“在你们眼里，一个美丽的肉体并没有艺术价值！一股伟大的热情也没有艺术价值！唉，可怜虫！……你们难道没想象到一张妩媚的脸为一幅肖像画所增加的美,一颗伟大的心灵为一阕音乐所增加的美吗?……可怜虫!……你们只关心技巧是不是?只要一件作品写得好,不必问作品表现些什么,是不是?……可怜虫!……你们仿佛不听演说家的词句,只听他的声音,只莫名其妙地看着他的手势,而认为他说得好极了……可怜的人啊!可怜的人啊!……你们这些糊涂蛋!"

克利斯朵夫所着恼的不单是这种那种的理论,而是一切的理论。这些清淡,这些废话,口口声声离不开音乐而只会谈音乐的音乐家的谈话,他听厌了。那真会叫最优秀的音乐家深恶痛绝。克利斯朵夫跟穆索尔斯基①一样的想法,以为音乐家最好不时丢开他们的对位与和声,去读几本美妙的书,或者去得点儿人生经验。光是音乐对音乐家是不够的:这种方式决不能使他控制时代而避免虚无的吞噬……他需要体验人生!全部的人生!什么都得看,什么都得认识。爱真理,求真理,抓住真理,——真理是美丽的战神之女,阿玛仲纳②的女王,亲吻她的人都会给她一口咬住的!

音乐的座谈室已经太多了,制造和弦的铺子也太多了!所有这些像厨子做菜一般制造出来的和声,只能使他看到些妖魔鬼怪而绝对听不见一种有生命的新的和声。

于是,克利斯朵夫向这批想用蒸馏器孵化出小妖魔来的博士们告别,跳出了法国的音乐圈子,想去访问巴黎的文坛和社会了。

像法国大多数的人一样,克利斯朵夫最初是在日报上面认识当时的法国文学的。他因为急于要熟悉巴黎人的思想,同时补习一下语言,便把人家说是最地道的巴黎型的东西用心细读。第一天,他在骇人的社会新闻里,——叙述和特写一共占了好几长行,——读到一篇报导一个父亲和十五岁的亲生女儿睡觉的新闻:字里行间仿佛认为这种事情是极自然的,甚至还相当动人。第二天,他在同一报纸上读到

① 穆索尔斯基(1839—1881),创立近代俄国乐派的五大家之一。

② 阿玛仲纳相传为古希腊时代居于小亚细亚的女性部落,以好战著称。

一件父子纠纷的新闻,十二岁的儿子和父亲同睡一个姑娘。第三天,他读到一桩兄妹相好的新闻。第四天,他读到姊妹同性爱的新闻,第五天……第五天,他把报纸丢了,和高恩说:

“嘿!这算是哪一门?你们都发疯了吗?”

“这是艺术啊。”高恩笑着回答。

克利斯朵夫耸了耸肩膀:“你这是跟我开玩笑了。”

高恩笑倒了,说:“绝对不是。你自己去瞧吧。”

他给克利斯朵夫看一个最近发刊的“艺术与道德”的征文特辑,结论是“爱情使一切都变得圣洁”,“肉欲是艺术的酵母”,“艺术无所谓不道德”,“道德是耶稣会派①教育所倡导的一种成见”,“最重要的是强烈的欲望”等等。——还有好些文章,在报纸上证明某部描写开妓院的人的风俗小说是纯洁的。执笔作证的人中颇有些鼎鼎大名的文学家和严正的批评家。一个信仰旧教,提倡伦常的诗人,把一部描绘希腊淫风的作品赞扬备至。那些极有抒情气息的文章所推重的小说,尽量铺陈各个时代的淫风:罗马的,亚历山大的,君士坦丁堡的,意大利和法兰西文艺复兴时代的,路易十四时代的……简直是部完备的讲义。另外有一组作品以地球上各处的性欲问题为对象:态度认真的作家们,像本多派教士一样耐性地研究着五大洲的艳窟。在这批研究性欲史地的专家中间,颇有些出众的诗人与优秀的作家。要不是他们学问渊博,旁人竟分辨不出他们与别的作者有什么两样。他们用着确切精当的措辞叙述古代的淫风。

可悲的是,一般笃厚的人和真正的艺术家,法国文坛上名副其实的权威,也在努力干这种非他们所长的工作。有些人还费尽心机写着猥亵的东西,给晨报拿去零零碎碎的登载。他们这样有规律的生产,像下蛋一样,每星期两次,成年累月的继续下去。他们生产,生产,到了山穷水尽,无可再写的时候,便搜索枯肠,制造些淫猥怪异的新花

① 耶稣会派是基督旧教的一个宗派,由西班牙人雷育拉于十六世纪时创立,以排斥异端,对抗宗教革命为主旨。十七世纪时在法国政治上一度极有势力。

样:因为群众的肚子已经给塞饱了,佳肴美味都吃腻了,对最淫荡的想象也很快觉得平淡无奇了:作者非永远加强刺激不可,非和别人的刺激竞争,和自己以前制造的刺激竞争不可;——于是他们把心血都呕尽了,叫人看了可怜而又可笑。

克利斯朵夫不知道这个悲惨职业的种种内幕;但即使他知道了,也不见得更宽容:因为他认为,无论什么理由也不能宽恕一个艺术家为了三十铜子而出卖艺术……

"便是为了维持他所亲所爱的人的生活也不能原谅吗?"

"不能。"

"你这是不近人情啊。"

"这不是人情不人情的问题,主要是得做一个人!……人情……喝!你们这套没有骨头的人道主义真是天晓得!……一个人不能同时爱几十样东西,不能同时侍候好几个上帝!……"

克利斯朵夫一向过着埋头工作的生活,眼界不出他那个德国小城,没想到像巴黎艺术界这种腐败的情形差不多在所有的大都市里都难避免。德国人常常自以为"贞洁",把拉丁民族看作是"不道德的":这种遗传的偏见慢慢地在克利斯朵夫心中觉醒了。高恩提出柏林的秽史,德意志帝国的上层阶级的腐化,蛮横暴烈的作风使丑行更要不得等等,和克利斯朵夫抬杠。但高恩并无意袒护法国人;他把德国的风气看得和巴黎的一样平淡。他只是玩世不恭地想道:"每个民族有每个民族的习惯";所以他对自己那个社会里的习惯也恬不为奇。克利斯朵夫却只能认为是他们的民族性。于是他不免像所有的德国人一样,把侵蚀各国知识分子的溃疡,看作是法国艺术特有的恶习和拉丁民族的劣根性。

这个和巴黎文学的初次接触使克利斯朵夫非常痛苦,以后直要过了相当的时间才能忘掉。不是专门致力于那些被人肉麻当有趣的称为"基本娱乐"的著作,并非没有。但最美最好的作品,他完全看不到。因为它们不求高恩一流的人拥护;它们既不在乎这般读者,这般读者也不在乎这种读物:他们都是你不知道我,我不知道你的。高恩从来没对克利斯朵夫提过这等著作。他真心以为他和他的朋友们便是法国艺术的代表;除了他们所承认的大作家之外,法国就没有什么天才,没有什么艺术了。为文坛增光,为法国争荣的诗人们,克利斯朵夫连一个都不知道。在小说方面,他只看到矗立在无数俗流之上的巴雷斯和法朗士的几部作品。可是他语言的程度太浅,难于领略前者的思想分析和后者幽默而渊博的风趣。他好奇地瞧了瞧法朗士花房里所培养的橘树,以及在巴雷斯心头开发的娇弱的水仙。在意境高远而不免空洞的天才梅特林克之前,他也站了一会,觉得有股单调的,浮华的神秘气息。他抖擞了一下,不料又卷进浊流,被他早已熟识的左拉的混浊的浪漫主义[①]搅得头昏脑涨;等到他踊身跃出的时候,一阵文学的洪流又把他完全淹没了。

而这片水淹的大平原还蒸发出一股浓烈的女性气息。那时的文坛正挤满了女性和女性化的男人。女人写作原来是很有意思的,只要她们能够真诚,把任何男性不能完全了解的方面——女子隐秘的心理——描写出来。可是很少女作家敢这么做;她们多半只为了勾引男子而写作:在书中如在客厅里一样的扯谎,搔首弄姿,和读者调情。自从她们没有忏悔师可以诉说她们的私情丑事以后,就把私情丑事公诸大众。这样便产生了像雨点那么多的小说,老是撒野的,装腔作势的,文字又如小儿学语一般的含糊不清,令人读了如入香粉铺,闻到一股俗不可耐的香味与甜味。所有这类作品都有这个气息。于是克利斯朵夫像歌德一样的想道:“女人们要怎样写诗,怎样写文章,都可以。但男子决不能学女人的样!那才是我最讨厌的。”不三不四的卖弄风情,存心为一般最无聊的人玩弄虚伪的情感,又是撒娇又是粗野的风格,恶俗不堪的心理分析,教克利斯朵夫看了不由得心里作恶。

① 一般读者仅知左拉为自然主义文学的领袖,其实他所谓的自然主义只是似是而非的科学理论;而左拉的浪漫主义的幻想成分远过于他自称为“观察家与实验家”的性格。

然而克利斯朵夫明白自己还不能下判断。节场上喧闹的声音把他耳朵震聋了。美妙的笛音也被市嚣掩住,没法听见。正如清朗的天空之下展开着希腊岗峦的和谐的线条,这些肉感的作品中间的确也有不少才气,不少风韵,表现一种生活的甜美,细腻的风格,像佩鲁吉诺和拉斐尔画中的不胜慵困的少年,半阖着眼睛,对着爱情的幻梦微笑。这一切,克利斯朵夫完全没看到。没有一点儿端倪使他能感觉到这股精神的暗流。便是一个法国人也极不容易摸出头绪。他眼前所能清清楚楚见到的,只有满坑满谷的出版物,泛滥洋溢,差不多成了公众的灾害。仿佛人人都在写作:男人,女人,孩子,军官,优伶,社交界的人物,剽窃抄袭的人,无一不是作家。那简直是一种传染病。

暂时克利斯朵夫不想决定什么意见。他觉得像高恩那样的向导只能使他越来越迷路。从前在德国和文学团体的来往使他有了戒心,对于书籍杂志都抱着怀疑的态度:谁知道这些出版物不是少数有闲者的意见,甚至除了作者以外再没别的读者?戏剧才能使你对社会有个比较准确的观念。它在巴黎人的日常生活中占着那么重要的地位:好比一家巨人的饭铺来不及满足二百万人的食量。即使各区的小剧场、音乐咖啡馆、杂耍班等等一百多处夜夜客满的场所不计在内,巴黎光是大戏院也有三十多家。演员与职员的人数多至不可胜计。四个国家剧场就有上三千的员役,每年需要一千万法郎开支,整个巴黎都挤满着起码角儿。他们的照相,素描,漫画,触目皆是,令人想起他们装腔作势的鬼脸;留声机上传出他们咿咿唔唔的歌唱,日报上披露他们对于艺术和政治的妙论。他们有他们特殊的报纸,刊载他们可歌可泣的或是日常猥琐的回忆。在一般的巴黎人中,这些靠互相模仿过日子的大娃娃俨然是主子,而剧作者做着他们的扈从侍卫。于是克利斯朵夫要求高恩带他到这个反映现实的国土里去见识一番。

但在这方面,高恩的向导也不见得比在出版界里高明。克利斯朵夫由他的介绍而对巴黎剧坛所得的第一个印象,使他厌恶的程度也不下于第一批读到的书籍。似乎到处都弥漫着精神卖淫的风气。

出卖娱乐的商人分做两派。一是旧式的国粹派,全是粗野的毫无顾忌的诙谑,把一切的丑恶和畸形的身体,作为说笑打诨的材料;那是臭肉一般的,淫猥的,大兵式的戏谑。他们却美其名曰"大丈夫的爽直",自命为把放浪的行为与道德调和了,因为在一出戏里演过了四场淫秽的丑史以后,再把情节调动一下,使不贞的妻子仍旧回到丈夫的床上,——只要法律得以维持,道德也就得救了。把婚姻描写得百般淫乱而在原则上仍旧尊重婚姻的态度,大家认为就是高卢人派头。[①]

另外一派是新式的,更细巧也更可厌。充斥剧坛的巴黎化的犹太人(和犹太化的基督徒),在戏剧中拿情操来玩种种花样,那是颓废的世界大同主义的特征之一。那般为了父亲而脸红的儿子,竭力否认他们的种族意识;在这一点上,他们真是太成功了。他们把几千年的灵魂摆脱之后,剩下来的个性只能拿别的民族的知识与道德的长处杂凑起来,合成一种混合品,自鸣得意。在巴黎剧坛称霸的人,最拿手的本领是把猥亵与感情混在一起,使善带一些恶的气息,恶带一些善的气息,把年龄、性别、家庭、感情的关系弄得颠颠倒倒。这样,他们的艺术便有一股特别的气味,又香又臭,格外难闻:他们却称之为"否定道德的主义"。

他们最喜欢采用的剧中人物之一是多情的老人。他们的剧本中有很多这个角色的肖像,使他们有机会把种种微妙的局面描写得淋漓尽致。有时,六十岁的老头儿把女儿当作心腹,跟她谈着自己的情妇;她也跟他谈着她的情夫;他们互相参加意见,像朋友一般;好爸爸帮助女儿犯奸;好女儿帮助父亲去哀求那个爱情不专的情妇,要她回来和父亲重续旧欢。有时,尊严的老人做了情妇的知己,和她谈着她的情夫,怂恿她讲述她放浪的故事,听得津津有味。我们还看到一大批情

① 高卢人为古罗马人称一部分凯尔特族的名字。法国人常自称为高卢人。而日常语言中尤以"高卢人派头"形容快乐,兴奋,轻薄的性格。

夫,都是十足地道的绅士,替他们从前的情妇当经理,监督她们的交际与匹配的事。时髦女人朝三暮四。男人做着龟奴,女人谈着同性爱。而干这些事的都是上流社会,就是说资产社会,——唯一值得重视的社会。而那个社会允许人家借了高等娱乐的名义,羼些坏货色供应主顾。经过了装潢,坏货色也很容易销售,把年轻的妇女与年老的绅士逗得笑逐颜开。但是其中有股死尸的气息跟娼家的气息。

他们戏剧风格之混杂也不下于他们的感情。他们造出一种杂糅的土话,把各阶级各地方迂腐而粗俗的口语,把古典的,抒情的,下流的,做作的,幽默的,胡说八道的,不雅的,隽永的话,统统凑在一处,好像带着外国口音。他们天生的会挖苦人,滑稽突梯,可是很少天趣;但他们凭着乖巧的手法,能仿着巴黎风气制造出一些天趣。虽然宝石的光泽不大美,镶工未免笨重繁琐,放在灯光下面至少会发亮:而只要有这一点就足够了。他们很聪明,观察很精密,却有些近视;几百年来在柜台上磨坏了的眼睛是要用放大镜来检视感情的,他们把小事扩大了好几倍,而看不见大事;他们因为特别喜欢假珠宝的光彩,所以除了他们暴发户心目中的典雅的理想以外,什么都不会描写。那简直是极少数游手好闲的人和冒险家争夺一些偷来的金钱与无耻的女性。

有时,这些犹太作家真正的天性,由于莫名其妙的刺激,会从他们古老的心灵深处觉醒过来。那才是多少世纪多少种族的一种古怪的混合物;一阵沙漠里的风,从海洋那边把土耳其杂货铺的臭味吹到巴黎人的床头,带来闪烁发光的沙土,奇怪的幻象,醉人的肉感,剧烈的神经病,毁灭一切的欲念,——似乎希伯来的勇士撒姆逊,从几千年的长梦中突然像狮子一般的醒过来,挟着疯狂的怒气把庙堂的支柱推倒了,压在他自己和敌人身上。①

---

① 非力士人拘囚撒姆逊,一日将其带往祭神大会,意欲当众加以羞辱。撒姆逊默祷上帝赐还神力(此神力被爱人达丽拉潜割头发后丧失),乃推倒庙堂,与非力士王及在场群众同归于尽。

克利斯朵夫掩着鼻子,对高恩说:

“这里头力量是有的;可是发臭。够了!咱们去看看别的东西吧。”

“你要看什么?”

“法国啊。”

“这不就是法国吗?”高恩说。

“不是的,”克利斯朵夫回答,“法国不是这样的。”

“怎么不是?还不是跟德国一样吗?”

“我绝对不信。这样的民族活不了二十年的:此刻已经有股霉味儿了。一定还有别的东西。”

“再没有更好的了。”

“一定有的。”克利斯朵夫固执着说。

“噢!我们也有很高尚的心灵,”高恩回答,“也有配他们胃口的戏剧。你要看这个吗?有的是。”

于是他把克利斯朵夫带到法兰西剧院①去。

那天晚上,演的是一出现代的散文体喜剧,讨论某个法律问题的。

一听最初几句对白,克利斯朵夫就不知道这剧情发生在哪个世界上。演员的声音异乎寻常的宏大、沉着、迟缓、做作,每个音节都咬得非常清楚,好像教朗诵的功课,又像永远念着十二缀音格的诗,夹着些痛苦的打嗝。姿势那么庄严,差不多跟教士一般。女主角披着古希腊大褂式的寝衣,高举着手臂,低着脑袋,活像神话里的女神,调弄着美妙的低音歌喉,迸出最深沉的音,脸上永远挂着苦笑。高贵的父亲踏着剑术教师般的步子,道貌岸然,带着阴森森的浪漫色彩。年轻的男主角很冷静地尖着嗓子装哭声。剧本的风格是副刊式的悲剧:通篇都是抽象的字眼,公事式的修辞,学院派的迂说。没有一个动作,没有一

① 法兰西剧院(亦称法兰西喜剧院)为法国四大国家戏院之一。

声出人不意的呼号。从头至尾像时钟一样呆板,只有一个严肃的问题,一个剧本的雏形,一副空洞的骨架,外边却毫无血肉,只是一些书本式的句子。那些想要显得大胆的讨论,其实只表示鳃鳃过虑的思想,和那种矜持的小市民精神。

剧中叙述一个女子嫁了个卑鄙的丈夫,生了个孩子;她离了婚,又嫁给一个她心爱的老实人。作者想借此说明,便是在这等情形中,离婚不独为一般成见所不许,抑且为人类天性所不容。要证明这一点是再方便没有了,作者设法使前夫在某次意外的情形中和离婚的妻子团聚了一次。这样以后,那女的并不继之以悔恨或羞惭。要说天性,这才是正常的反应。可是不,她反而更爱那个诚实的后夫。据说这是一种英勇的意识,出乎人情之外的表现!法国作家对于道德的确太生疏了:一提到它就会变得过火,令人难以置信。大家看到的仿佛尽是高乃依式的英雄,悲剧中的帝王。——而这些百万富翁的男主角,在巴黎至少有一所住宅和二三处宫堡的女主角,岂非真是帝王吗?在这等作家眼里,财富竟是一种美,几乎也是一种德。

但克利斯朵夫觉得观众比戏剧本身更可怪。不管是怎么不合理的情节,他们看了都若无其事。遇到发噱的地方,应该教人哄笑的对白,由演员预先暗示大家准备的地方,他们便哄笑一阵。当那般悲壮的傀儡照着一定的规矩打呃,叫吼,或是晕过去的时候,大家便擤鼻涕,咳嗽,感动得下泪。

"哼!有人还说法国人轻佻!"克利斯朵夫离开场子的时候说。

"轻佻和庄严,各有各的时候,"西尔伐·高恩带着嗤笑的口气说,"你不是要道德吗?你现在可看到法国也有道德了。"

"这不是道德而是雄辩!"克利斯朵夫嚷道。

"我们这儿,"高恩说,"舞台上的道德总是很会说话的。"

"这是法庭上的道德,"克利斯朵夫说,"只要是多嘴的人就会得胜。我压根儿讨厌律师。难道法国没有诗人吗?"

于是西尔伐·高恩带他去见识诗剧。

法国并非没有诗人，也并非没有大诗人。然而戏院不是为他们而是为胡诌的音韵匠设的。戏院跟诗歌的关系，有如歌剧院跟音乐的关系，像柏辽兹说的变了一种“荡妇卖笑”的出路。

克利斯朵夫所看到的，有一般以卖淫为荣的圣洁的娼妇，据说她们和上加伐山受难的基督一样伟大；——有一般为爱护朋友而诱奸朋友之妻的人；——有相敬如宾的三角式的夫妇；——有成为欧洲特产的，英勇壮烈的戴绿头巾的丈夫。——克利斯朵夫也看到一般多情的姑娘徘徊于情欲与责任之间：依了情欲，应该跟一个新的情夫；依了责任，应该守着原来的情夫，一个供给她们金钱而被她们欺骗的老人。结果，她们很高尚地挑了责任那条路。——克利斯朵夫觉得这种责任和卑鄙的利害观念并没分别；可是群众非常满意。他们只需要听到责任二字，根本不在乎实际；俗语说得好：扯上一面旗，船上的货物就得到保护了。

这种艺术的极致，是在于用最奇特的方式把性的不道德与高乃依式的英雄主义调和起来。这样就能使巴黎群众的荒淫的倾向，和口头上的道德同时得到满足。——可是我们也得说句公道话：他们对于荒淫的兴致还不及嚼舌的兴致。雄辩是他们无上的快乐。只要听到一篇美妙的说辞，他们便是给人抽一顿也是乐意的。不论是恶是善，是惊天动地的英勇的精神，是放荡淫佚的下流习气，只要像镀金似的加上些铿锵的音韵，和谐的字句，他们便一概吞下。一切都是吟诗的材料。一切都是咬文嚼字的章句。一切都是游戏。当雨果暴雷似的怒吼时，他们立刻加上一个弱音器，免得小孩子受了惊吓！——在这种艺术里，你永远感觉不到自然的力量。他们把爱情，痛苦，死亡，都变成浮华浅薄。像在音乐方面一样，——而且更厉害，因为音乐在法国还是一种年轻的艺术，还比较天真，——他们最怕“已经用过的”字眼。最有才具的人很冷静地在标新立异上面做功夫。诀窍是挺简单的：只要挑一篇传说或神话，把它的内容颠倒过来就得了。结果就有了被妻子殴打的蓝胡子，或是为了好心而自己挖掉眼睛，为阿雪斯与迦拉德的幸福而牺牲自己的波吕斐摩斯。[①] 而这一切,着重的还在形式。但克利斯朵夫(他还不是一个内行的批判者)觉得,这些重视形式的作者也不见得高明,只是一般抄袭模仿的匠人,而非独创风格,从大处落墨的作家。

这类诗的谎言,到了悲壮的戏剧中简直是谬妄之极。它对于剧中的英雄有这样一种滑稽可笑的概念:

> 主要是有一颗美妙的灵魂,
> 有一双鹰眼,像门洞一样宽广高大的脑门,
> 有一副严肃坚强的神气,光彩焕发而动人,
> 再加一颗善于战栗的心,一双充满着幻梦的眼睛。

这样的诗句居然有人信以为真。在浮夸的大言,长长的翎毛,白铁的剑与纸糊的头盔之下,我们老是看到萨尔杜[②]那一派的无可救药的轻薄,把历史当作木偶戏的大胆的俳剧演员。像西拉诺[③]式的荒唐的英雄主义,在现实世界里代表些什么呢?这般作者从天上搅到地下,把帝王与扈从,护教团与文艺复兴期的冒险家,一切骚扰过世界的元恶大盗,从坟墓里翻出来:——为的是教大家看看一个无聊的家伙,杀人不眨眼的暴徒,拥着残忍凶暴的军队,后宫全是俘虏得来的美女,忽然为了一个十几年前见过一面的女子颠倒起来;——再不然是给你

---

① 蓝胡子原是布列塔尼传说中的人物,杀过六个妻子。波吕斐摩斯为希腊神话中的人物,妒杀阿雪斯与迦拉德,终于被于里斯挖去双目。此处言法国诗剧作家专以传说与神话作翻案。

② 萨尔杜(1831—1908),法国喜剧及历史剧作家,写的都是传奇的英雄,热情的象征而非真正的热情,既无历史的真实,亦无人性的真实。但十九世纪末期萨尔杜称霸剧坛垂三十年。

③ 《西拉诺》为洛斯当(1868—1918)作韵文喜剧。作品红极一时,但艺术价值不高。故事系以十七世纪的诗人西拉诺为主,述西拉诺恋一女子名洛克萨纳,后知洛克萨纳深爱克里斯蒂安·特·纽维兰德,西拉诺乃帮助此情敌,代写情书。后纽维兰德死于战役,而西拉诺将此秘密保存至临终时方始吐露。此处所谓荒唐的英雄主义即指此。

看到一个亨利四世为了失欢情妇而被刺![1]

这般先生就是这样的玩弄着室内的君王与英雄。所谓诗人就这样的讴歌着虚伪的,不可能的,与真理不相容的英雄主义……克利斯朵夫很奇怪地发觉,自命为千伶百俐的法国人竟不知可笑为何物。

但最妙的是宗教交了时髦运!在四旬节里,喜剧演员在快乐剧场用管风琴伴奏,朗诵波舒哀的《悼词》。犹太作家替犹太女演员写些关于圣女特雷莎的悲剧。博迪尼埃戏院演着《殉难之路》,滑稽剧场演着《圣婴耶稣》,圣马丁戏院演着《受难记》,奥代翁戏院演着《耶稣基督》,移植园里奏着关于基督受难的乐曲。某个有名的嚼舌专家,讴歌肉欲之爱的诗人,在夏特莱戏院举行一次关于"赎罪"的演讲。当然,在全部《福音书》中,这些时髦朋友所牢记在心的不过是彼拉多与玛格达莱妮。[2] ——而他们的马路基督,又染了当时的习气,特别饶舌。

克利斯朵夫不禁喊道:

"这可比什么都糟了!扯谎竟扯成这个样!我透不过气来了。快快走吧!"

但在这批现代工业化的出品中,伟大的古典艺术始终支撑着,好比今日的罗马,虽然满眼都是恶俗的建筑物,也还有些古代庙堂的废墟残迹。可是除了莫里哀以外,克利斯朵夫没有能力欣赏那些古典名著。他对于语言的微妙还不能捉摸,对于民族的特性也当然无从领会。他觉得最不可解的莫如十七世纪的悲剧;——在法国艺术中,这是外国人最难入门的一部分,因为它是法国民族的心脏。他只觉得那种剧本冷冰冰的,沉闷,枯索,其迂阔和做作的程度足以令人作呕。动作

① 按法王亨利四世确于一六一〇年被刺,但绝非为了失欢情妇。作者在此讽刺作家故意歪曲史实。

② 彼拉多为判耶稣受刑的罗马帝国的犹太总督。玛格达莱妮为受耶稣感化之卖淫女,在十字架下哭耶稣而第一个发现耶稣墓穴空无尸身之人。

不是贫乏就是过火,人物的抽象有如修辞学上的论证,空洞无物有如时髦女子的谈话。整个剧本只是一幅古代人物与古代英雄的漫画:长篇累牍地铺张的无非是理性,理由,妙语,心理分析、过时的考古学。议论,议论,议论,永远是法国人的那些唠叨。克利斯朵夫存着讥讽的心思,不愿意断定它美还是不美,他只觉得毫无趣味。《西那》里面的演说家所持的理由如何,末了是哪个饶舌的家伙得胜,①克利斯朵夫全不理会。

可是他发现法国的群众并不和他一般见解,倒是非常热烈地喝彩。这也不能消除他的误会,因为他是从观众身上去看这种戏剧的;而他觉得现代的法国人就有些性格是古典的法国人遗传下来的,不过是变了形。正如犀利的目光会在一个妖冶的老妇脸上发现她女儿脸上的秀美的线条:那当然不会使你对老妇发生什么爱情!……法国人好像每天相见的家属一样,决不发觉彼此的相似。克利斯朵夫可一看见便怔住了,并且格外加以夸张,临了竟只看见这一点。当代的艺术无异是那些伟大的祖先的漫画,而伟大的祖先在他心目中也显得像漫画中的人物。克利斯朵夫再也分辨不出,高乃依和一般模仿者中间有何区别。拉辛也被末流的巴黎心理学家,成天在自己心中掏来摸去的子孙们弄得鱼目混珠了。

所有这些幼稚的人从来跳不出他们的古典作家的圈子。批评家老是拉不断扯不断地讨论着《伪君子》与《费德尔》,②不觉得厌倦。年纪老了,他们还在津津有味地搞着幼年时代心爱的玩意儿。这情形可以拖到民族的末日。以崇拜远祖列宗的传统而论,世界上是没有一个国家能和法国相比的。宇宙中其余的东西都不值他们一顾。除了路易十四时代的法国名著以外什么都不读,不愿意读的人不知有多多少少!他们的戏院不演歌德,不演席勒,不演克莱斯特,不演格里尔帕

① 《西那》为高乃依的有名的悲剧。此处所称"演说家所持的理由",指第二幕罗马大帝奥古斯德倦于政治,意欲退休,征询西那与玛克辛的意见,两人在御前争持各人的理由。

② 《伪君子》为莫里哀的喜剧;《费德尔》为拉辛的悲剧。

策,不演黑贝尔,不演斯特林堡,不演洛佩,不演卡尔德隆,[1]不演任何别的国家的任何巨人的名作,只有古希腊的是例外,因为他们(如欧洲所有的民族一样)自命为希腊文化的承继人。他们偶然觉得需要演一下莎士比亚,那才是他们的试金石了。表演莎士比亚的也有两派:一是用布尔乔亚的写实手法,把《李尔王》当作奥吉埃[2]的喜剧那么演出的;一是把《哈姆莱特》编成歌剧,[3]加进许多雨果式的卖弄嗓子的唱词。他们完全没想到现实可以富有诗意,也没想到诗歌对于一般生机蓬勃的心灵就是自然的语言。所以他们听了莎士比亚觉得不入耳,赶紧回头表演洛斯当。

可是二十年来,也有人干着革新戏剧的工作;狭窄的巴黎文坛范围扩大了,它装着大胆的神气向各方面去尝试。甚至有两三次,外界的战斗,群众的生活,居然冲破了传统的帷幕。但他们赶紧把破洞缝起来了。因为他们都是些娇弱的老头儿,生怕看到事实的真面目。随俗的思想,古典的传统,精神上与形式上的墨守成法,缺少深刻的严肃,使他们那个大胆的运动无法完成。最沉痛的问题一变而为巧妙的游戏;临了,一切都归结到女人——渺小的女人——问题上去。易卜生的英雄式的无政府主义,托尔斯泰的《福音书》,尼采的超人哲学,到了他们江湖派的舞台上只剩下那些巨人的影子,可笑而可怜!

巴黎的作家花了不少心血要表示在思索一些新的事情。骨子里他们全是保守派。欧洲没有一派文学像法国文学那样普遍的跳不出过去的樊笼:大杂志,大日报,国家剧场,学士院,到处都给"不朽的昨日"控制着。巴黎之于文学,仿佛伦敦之于政治,是防止欧洲思想趋于

① 克莱斯特(1777—1811),德国戏剧家。格里尔帕策(1791—1872),奥地利剧作家。黑贝尔(1813—1863),德国诗人和戏剧家。斯特林堡(1849—1912),瑞典戏剧家和作家。洛佩(1562—1635),西班牙戏剧家和作家。卡尔德隆(1600—1681),西班牙剧作家和诗人。

② 奥吉埃(1820—1889),十九世纪后期以中产阶级为主要观众的戏剧家,当时与小仲马分庭抗礼。

③ 《哈姆莱特》由托梅谱成歌剧,由加勒与巴皮哀二人编歌词。首次于一八六八年在巴黎公演。

过激的制动机。法兰西学士院等于英国的上议院。君主时代的制度对新社会依旧提出它们从前的规章。革命分子不是被迅速地扑灭,就是被迅速地同化。而那些革命分子也正是求之不得。政府即使在政治上采取社会主义的姿态,在艺术上还是闭着眼睛让学院派摆布。针对学院派的斗争,大家只用文艺社团来做武器;而且那种斗争也可怜得很。因为社团中人一有机会就马上跨入学士院,而变得比学院派的人更学院派。至于当先锋的或是当后备员的,又老是做自己集团的奴隶,跳不出一党一派的思想。有的是囿于学院派的原则,有的是囿于革命的主张:归根结蒂,都是坐井观天。

为了要使克利斯朵夫提提精神,高恩预备带他到一种完全特殊的——就是说妙不可言的——戏院去。在那边可以看到凶杀,强奸,疯狂,酷刑,挖眼,破肚:凡是足以震动一下太文明的人的神经,满足一下他们隐蔽的兽性的景象,无不具备。[①] 那对于一般漂亮女子和交际花尤其特具魔力,——她们平时就有勇气去挤在巴黎法院的闷人的审判庭上消磨整个下午,说说笑笑,嚼着糖果,旁听那些骇人听闻的案子。但克利斯朵夫愤愤地拒绝了。他在这种艺术里进得愈深,觉得那股早就闻到的气息愈浓,先是还淡淡的,继而是持久不散的,猛烈的,完全是死的气息。

豪华的表面,繁嚣的喧闹,底下都有死的影子。克利斯朵夫这才明白为什么自己一开始就对某些作品感到厌恶。他受不了的倒并非在于作品的不道德。道德,不道德,无道德,——这些名词都没有什么意义。克利斯朵夫从来没肯定什么道德理论;他所爱的古代的大诗人大音乐家,也并非规行矩步的圣人;要是有机会遇到一个大艺术家,他决不问他要忏悔单[②]看,而是要问他:“你是不是健全的?”

---

① 指巴黎的大木偶戏院,创立于一八九七年,所演的戏不是专门逗笑的,就是极端恐怖的。

② 旧教惯例,凡教徒向教士忏悔后,教士予以书面证明,称为忏悔单。法国习惯,凡教徒结婚时,须向本堂神甫缴验忏悔单。

关键就在于这“健全”二字。歌德说过：“要是诗人病了，他得想法医治。等病好了再写作。”

可是巴黎的作家都病了；或者即使有一个健全的，也要引以为羞，不让别人知道他健全，而假装害着某种重病。然而他们的疾病所反映于艺术的，并不在于喜欢享乐，也不在于极端放纵的思想，或是富于破坏性的批评。这些特点可能是健全的，可能是不健全的，看情形而定；但绝对没有死的根苗。如果有的话，也不是由于这些力量本身，而是由于使用力量的人，因为死的气息就在他们身上。——享乐，克利斯朵夫也一样喜欢。他也爱好自由。他为了直言不讳地说出他的思想，曾经在德国惹起小城里的人的反感；如今看到巴黎人宣传同样的思想，他反倒厌恶了。思想还不是一样的思想？可是听起来大不相同。以前克利斯朵夫很不耐烦地摆脱古代宗师的羁轭，攻击虚伪的美学、虚伪的道德的时候，并不像这些漂亮朋友一般以游戏态度出之；他是严肃的，严肃得可怕；他的反抗是为了追求生命，追求丰富的、藏有未来的种子的生命。但在这批人，一切都归结到贫瘠的享乐。贫瘠，贫瘠。这就是病根所在。滥用思想，滥用感官，而毫无果实。那是一种光华灿烂的，巧妙的，富有风趣的艺术；——当然是一种美的形式，美的传统，外边冲来的淤沙淹没不了的传统；——一种像戏剧的戏剧，一种像风格的风格，一批熟练的作家，很能写文章的文人，——是当年很有力量的艺术与很有力量的思想的骨骼，相当美丽的骨骼。可是也仅仅限于骨骼。铿锵的字眼，悦耳的句子，空空洞洞的互相摩擦的观念，思想的游戏，肉感的头脑，长于推理的感官；这一切除了自私自利地供自己享乐以外，毫无用处。那简直是往死路上走。而这个现象，和法国人口激减的情形相仿，是全欧洲不声不响地看在眼里而私心窃喜的。多少的聪明才智，多少的细腻的感觉，都浪费于无用之地，虚耗于下流可耻之事。他们自己可不觉得，只嘻嘻哈哈地笑着。但克利斯朵夫认为差堪安慰的也只有这一点：这些家伙还能够痛痛快快地笑，究竟不能算完全没希望。他们装作正经的时候，克利斯朵夫倒更不喜欢他们了;他觉得最难堪的,莫过于那些文人一边把艺术当作寻欢作乐的工具,一边自命为宣扬一种没有利害观念的宗教。

“我们是艺术家,”高恩得意扬扬地说,“我们是为艺术而艺术。艺术永远是纯洁的;它只有贞操,没有别的。我们在人生中探险,像游历家一般对什么都感兴趣。我们是探奇猎艳的使者,是永不厌倦的爱美的唐璜。”

克利斯朵夫忍不住回答说:

“你们都是虚伪的家伙,原谅我这样告诉你。我一向以为只有我的国家是如此。我们德国人老把理想主义挂在嘴上,实际永远是追求我们的利益;我们深信不疑地自命为理想主义者,其实是一肚子的自私自利。你们却更糟:你们不是用‘真理’,‘科学’,‘知识的责任’等等来掩护你们的懦怯(就是说,你们只顾自命不凡的研究,而对于后果完全不负责任),便是用‘艺术’与‘美’来遮饰你们民族的荒淫。为艺术而艺术!……喝!多么堂皇多么庄严的信仰!但信仰只是强者有的。艺术吗?艺术得抓住生命,像老鹰抓住它的俘虏一般,把它带上天空,自己和它一起飞上清明的世界!……那是需要利爪,需要像垂天之云的巨翼,还得一颗强有力的心。可怜你们只是些麻雀,找到什么枯骨便当场撕扯,还要喊喊喳喳的你争我夺。……为艺术而艺术!……可怜虫!艺术不是给下贱的人享用的下贱的刍秣。不用说,艺术是一种享受,一切享受中最迷人的享受。但你只能用艰苦的奋斗去换来,等到‘力’高歌胜利的时候才有资格得到艺术的桂冠。艺术是驯服了的生命,是生命的帝王。要做凯撒,先要有凯撒的气魄。你们不过是些粉墨登场的帝王:你们扮着这种角色,可并不相信这种角色。像那些以畸形怪状来博取荣名的戏子一样,你们用你们的畸形怪状来制造文学。你们沾沾自喜地培养你们民族的病,培养他们的好逸恶劳,喜欢享受,喜欢色欲,喜欢虚幻的人道主义,和一切足以麻醉意志,使它萎靡不振的因素。你们简直是把民族带去上鸦片烟馆。结局是死;你们明明知道而不说出来。——那么,我来说了吧:死神所在的地方就没有艺术。艺术是发扬生命的。但你们之中最诚实的作家也懦弱得可怜:即使遮眼布掉下了,他们也装作不看见,居然还有脸孔说:‘不错,这很危险;里头有毒素;可是多有才气!’

“那正像法官在轻罪庭上提到一个无赖的时候说:‘不错,他是个坏蛋;可是多么有才气!’”

克利斯朵夫心里奇怪法国的批评界怎么不起作用的。批评家并不缺少,他们在艺术界中繁殖得非常多。人数之多,甚至把他们的作品也给遮得看不见了。

一般来说,克利斯朵夫对于批评这一门是不怀好感的。这么多的艺术家,在现代社会里形成第四等级第五等级似的人物,①克利斯朵夫已经不大愿意承认他们有什么用处,只觉得是表示一个时代的消沉,连观察人生都交给别人代理,把感觉也委托人家代庖了。尤其可耻的是,这个社会连用自己的眼睛去看人生的反影都不能,还得借助于别的媒介,借助于反影之反影,就是说:依赖批评。要是这些反影之反影是忠实的倒也罢了。但批评家所反映的只有周围的群众所表现的犹豫不定的心理。这种批评好比博物院里的镜子,给观众拿着看天顶上的油画,结果镜子所反射出来的除了天顶以外就是观众的面目。

从前有一个时期,批评家在法国有极大的权威。群众恭而敬之地接受他们的裁判,几乎把他们看作高出于艺术家,看作聪明的艺术家——(艺术家与聪明两个字平时仿佛是连不到一处的)。——之后,批评家高速度地繁殖起来:预言家太多了,他们那一行便不免受到影响。等到自称为“真理所在,只此一家”的人太多的时候,人们便不相信他们了;他们自己也不相信自己了。大家都变得灰心:照着法国人的习惯,他们一夜之间就从这一个极端转向另一个极端。从前自称为无所不知的人,现在声明一无所知了。他们还认为一无所知就是

① 法国君主时代,社会分成贵族、教士、平民三级,平民称为第三等级。作者在此借用此历史名词,谓艺术家人数之多,几可自成一级,而为第四第五等级。

他们的荣誉,他们的体面。勒南[1]曾经告诉这些萎靡不振的种族说:要风雅,必须把你刚才所肯定的立刻加以否定,至少也得表示怀疑。那是如圣·保罗所说的"唯唯否否"的人。法国所有的优秀人物都崇奉这个两栖原则。在这种原则之下,精神的懒惰和性格的懦弱都得其所哉了。大家再也不说一件作品是好是坏,是真是假,是智是愚,只说:

"可能如此如此……并非不可能如此如此……我不知道……我不敢担保……"

要是人家演一出猥亵的戏,他们也不说:"这是猥亵的。"而只说:"先生,你别这样说呀。我们的哲学只许你对一切都用犹豫不定的口气;所以你不该说:这是猥亵的;只能说:我觉得……我看来是猥亵的……但也不能一定这么说。也许它是一部杰作。谁知道它不是杰作呢?"

从前有人认为批评家霸占艺术,现在可绝对用不着这么说了。席勒曾经教训他们,把那些舆论界的小霸王老实不客气地叫作"奴仆",说"奴仆的责任"是:

"第一要把屋子收拾清楚,王后快到了。拿出些劲来吧!把各个房间打扫起来。诸位,这是你们的责任。

"可是只要王后一到,你们这批奴才就得赶快出去!老妈子切不可大模大样地坐在夫人的大靠椅上!"

对今日这些奴仆得说句公平话:他们不再僭占夫人的大靠椅了。大家要他们做奴才,他们就真做了奴才,——但是挺要不得的奴才:根本不动手打扫,屋子脏极了。他们抱着手臂,把整理与清除的工作都让主人去做,让当令的神道——群众——去做。

从某些时候以来,已经有了一种反抗这混乱现象的运动。少数比较精神坚强的人正为着公众的健康而奋斗,——虽然力量还很薄弱。

① 勒南(1823—1892),法国史学家兼哲学家。

但克利斯朵夫为环境所限,绝对看不见这批人。并且人家也不理会他们,反而加以嘲笑。偶尔有一个刚强的艺术家对时行的、病态的、空虚的艺术起而反抗,作家们就高傲地回答说,既然群众表示满意,便证明他们作者是对的。这句话尽够堵塞指摘的人的嘴巴。群众已经表示意见了:这才是艺术上至高无上的法律!谁也没想到,我们可以拒绝一般堕落的民众替诱使他们堕落的人作有利的证人,谁也没想到应当由艺术家来指导民众而非由民众来指导艺术家。数字——台下看客的数字和卖座收入的数字——的宗教,在这商业化的民主国家中控制了全部的艺术思想。批评家跟在作家后面,柔顺的、毫无异议地宣称,艺术品主要的功能是讨人喜欢。社会的欢迎是它的金科玉律;只要卖座不衰,就没有指摘的余地。所以他们努力预测娱乐交易所的市价上落,看群众对作品如何表示。妙的是群众也留神着批评家的眼睛,看他认为作品怎么样。于是大家你瞪着我,我瞪着你,彼此只看见自己的犹豫不定的神气。

然而时至今日,最迫切的需要就莫过于大无畏的批评。在一个混乱的共和国家,最有威势的是潮流,它不像一个保守派国家里的潮流,难得会往后退的:它永远前进;那种虚伪的思想的自由永远在变本加厉,差不多没有人敢抵抗。群众没有披露意见的能力,心里很厌恶,可没有一个人敢把心中的感觉说出来。假使批评家是一般强者,假使他们敢做强者,那么他们一定可以有极大的威力!一个刚毅的批评家(克利斯朵夫凭着他年轻专断的心思这样想),可能在几年之内,在控制群众的趣味方面成为一个拿破仑,把艺术界的病人一股脑儿赶入疯人院。可是你们已经没有拿破仑了……你们的批评家先就生活在恶浊腐败的空气里,已经辨别不出空气的恶浊腐败。其次,他们不敢说话。他们彼此都是熟人,都变了一个集团,应当互相敷衍:他们绝对不是独立的人。要独立,必须放弃社交,甚至连友谊都得牺牲。但最优秀的人都在怀疑,为了坦白的批评而招来许多不愉快是否值得。在这样一个毫无血气的时代里,谁又有勇气来这样干呢?谁肯为了责任而把自己的生活搅得像地狱一样呢？谁敢抗拒舆论，和公众的愚蠢斗争？谁敢揭穿走红的人的庸俗，为孤立无助、受尽禽兽欺侮的无名艺人作辩护，用帝王般的意志勒令那些奴性的人服从？——克利斯朵夫在某出戏剧初次上演的时候，在戏院走廊里听见一般批评家彼此说着：

“嘿，那不糟透了吗？简直一塌糊涂！”

第二天，他们在报上戏剧版内称之为杰作，再世的莎士比亚，说是天才的翅膀在他们头上飞过了。

“你们的艺术缺少的不是才气而是性格，”克利斯朵夫和高恩说，“你们更需要一个大批评家，一个莱辛，一个……”

“一个布瓦洛[1]，是不是？”高恩用着讥讽的口气问。

“是的，也许法国需要一个布瓦洛胜于需要十个天才作家。”

“即使我们有了一个布瓦洛，也没有人会听他的。”

“要是这样，那么他还不是一个真正的布瓦洛，”克利斯朵夫回答。“我敢向你担保：一朝我要把你们的真相赤裸裸地说给你们听的时候，不管我说得怎样不高明，你们总会听到的，并且你们非听不可。”

“哎哟！我的好朋友！”高恩嘻嘻哈哈地说。

他的神气好似对于这种普遍的颓废现象非常满足，所以克利斯朵夫忽然之间觉得，高恩对法国比他这个初来的人更生疏。

“那是不可能的，”这句话是克利斯朵夫有一天从大街上一家戏院里不胜厌恶地走出来时已经说过的，“一定还有别的东西。”

“你还要什么呢？”高恩问。

克利斯朵夫固执地又说了一遍：“我要看看法兰西。”

“法兰西，不就是我们吗？”高恩哈哈大笑地说。

克利斯朵夫目不转睛地望了他一会，摇摇头，又搬出他的老话来：“还有别的东西。”

① 布瓦洛（1636—1711），诗人兼批评家，在法国文学史上以态度严正著称。

“那么,朋友,你自己去找吧。”高恩说着,愈加笑开了。

是的,克利斯朵夫大可以花一番心血去找。他们把法兰西藏得严密极了。

第　二　部

当克利斯朵夫把酝酿巴黎艺术的思想背景逐渐看清楚的时候，他有了一个更强烈的印象：就是女人在这国际化的社会上占着最高的，荒谬的，僭越的地位。单是做男子的伴侣已经不能使她餍足。便是和男子平等也不能使她餍足。她非要男子把她的享乐奉为金科玉律不行。而男子竟帖然就范。一个民族衰老了，自会把意志，信仰，一切生存的意义，甘心情愿地交给分配欢娱的主宰。男子制造作品；女人制造男子，——（倘使不是像当时的法国女子那样也来制造作品的话）；——而与其说她们制造，还不如说她们破坏更准确。固然，不朽的女性对于优秀的男子素来是一种激励的力量；①但对于一般普通人和一个衰老的民族，另有一种同样不朽的女性，老是把他们往泥淖里拖。而这另一种女性便是思想的主人翁，共和国的帝王。

由于高恩的介绍，又靠着他演奏家的才具，克利斯朵夫得以出入于某些沙龙。他在那些地方，很好奇地观察着巴黎女子。像多数的外国人一样，他把他对两三种女性的严酷的批判，推而至于全部的法国女子。他所遇到的几种典型，都是些年轻的妇女，并不高大，没有多少青春的娇嫩，身腰很软，头发是染过色的，可爱的头上戴着一顶大帽

① “不朽的女性”一语，见歌德的《浮士德》第二部：“不朽的女性带着我们向上。”

子;照身体的比例,头是太大了一些,脸上的线条很分明,皮肤带点虚肿;鼻子长得相当端正,但往往很俗气,永远谈不到什么个性;眼睛活泼而缺少深刻的生命,只是竭力要装得有神采,睁得越大越好;秀美的嘴巴表示很能控制自己;下巴丰满,脸庞的下半部完全显出这些漂亮人物的唯物主义:一边钩心斗角地谈爱情,一边照旧顾到舆论,顾到夫妇生活。人长得挺美,可不是什么贵种。这些时髦女人,几乎都有一种腐化的布尔乔亚气息,或者凭着她们的谨慎,节俭,冷淡,实际和自私等等这些阶级的传统性格,极希望成为腐化的布尔乔亚。生活空虚,只求享乐。而享乐的欲望并非由于官能的需要,而是由于好奇。意志坚强,但意志的本质并不高明。她们穿得非常讲究,小动作都有一定的功架。用手心或手背轻轻巧巧地整着头发,按着木梳,坐的地位老是能够对镜自照而同时窥探别人,不管这镜子是在近处还是在远处,至于晚餐席上,茶会上,对着闪光的羹匙、刀叉、银的咖啡壶,把自己的倩影随便瞅上一眼,她们更觉得其乐无穷。她们吃东西非常严格,只喝清水,凡是可能影响她们认为理想的,像面粉般的白皮肤的菜,一概不吃。

和克利斯朵夫来往的人中,犹太人相当多;他虽然从认识于第斯·曼海姆以后对这个种族已经没有什么幻想,仍不免受他们吸引。在高恩介绍的几个犹太沙龙里,大家很赏识他,因为这个种族一向是很聪明而爱聪明的。在宴会上,克利斯朵夫遇到一般金融家,工程师,报馆巨头,国际掮客,黑奴贩子一流的家伙,——共和国的企业家。他们头脑清楚,很有毅力,旁若无人,挂着笑脸,貌似豪放,其实非常深藏。克利斯朵夫觉得这些坐在供满鲜花与人肉的餐桌四周的人物,冷酷的面目之下都隐伏着罪恶的影子,不管是过去的或将来的。几乎所有的男人全是丑的。女人大体上都很漂亮,只要你不从太近的地方看:脸上的线条与皮色缺少细腻。可是她们自有一种光彩,显得物质生活相当充实;美丽的肩膀在众目睽睽之下像鲜花般傲然开放,还有把她们的姿色,甚至她们的丑恶,变做捕捉男人的陷阱的天才。一个艺术家看到了,一定会发现其中有些古罗马人的典型,尼禄或哈德良皇帝时代的女子。此外也有巴玛岛民式的脸蛋,淫荡的表情,肥胖的下巴埋在颈窝里,颇有肉感的美。还有些女人头发很浓,鬈得厉害,火辣辣而大胆的眼睛,一望而知是精明的,尖利的,无所不为的,比其余的女子更刚强,但也更女性。在这些女人中,寥寥落落的显出几个比较有性灵的。纯粹的线条,其来源似乎比罗马更古远,直要推溯到《圣经》时代的希伯来族:你看了感到一种静默的诗意,荒漠的情趣。但克利斯朵夫走近去听希伯来主妇与罗马皇后谈话时,发觉那些古族的后裔也像其余的女人一样,不过是巴黎化的犹太女子,而且比巴黎女子更巴黎化,更做作,更虚假,若无其事地说些恶毒的话,用一双像圣母般美丽的眼睛去揭露别人的身体与灵魂。

克利斯朵夫在东一堆西一堆的客人中间徘徊,到处格格不入。男人们提到狩猎的时候那么残忍,谈论爱情的口吻那么粗暴,唯有谈到金钱才精当无比,出之以冷静的,嬉笑的态度。大家在吸烟室里听取商情。克利斯朵夫听见一个衣襟上缀有勋饰的小白脸,在太太们中间绕来绕去,殷勤献媚,用着喉音说道:“怎么!他竟逍遥法外吗?”

两位太太在客厅的一角谈着一个青年女伶和一个交际花的恋爱。有时沙龙里还举行音乐会。人们请克利斯朵夫弹琴。女诗人们气吁吁的,流着汗,朗诵苏利·普吕多姆和奥古斯特·陶兴的诗。一个有名的演员,用风琴伴奏,庄严地朗诵一章“神秘之歌”。音乐与诗句之荒唐教克利斯朵夫作恶。但那些女子竟听得出了神,露着美丽的牙齿笑开了。他们也串演易卜生的戏剧。一个大人物反抗那些社会柱石的苦斗,结果只给他们作为消遣。

然后,他们以为应当谈谈艺术了。那才令人作呕呢。尤其是妇女们,为了调情,为了礼貌,为了无聊,为了愚蠢,要谈易卜生,瓦格纳,托尔斯泰。一朝谈话在这方面开了头,再也没法教它停止。那像传染病一样。银行家,掮客,黑人贩子,都来发表他们对于艺术的高见。克利斯朵夫竭力避免回答,转变话题,也是徒然:人家硬要跟他谈论音乐与诗歌。有如柏辽兹说的:“他们谈到这些问题的时候,那种不慌不忙的态度仿佛谈的是醇酒妇人,或是旁的肮脏事儿。”一个神经病科的医生,在易卜生剧中的女主角身上认出他某个女病人的影子,可是更愚蠢。一个工程师,一口咬定《玩偶之家》中最值得同情的人物是丈夫。一个名演员——知名的喜剧家——吞吞吐吐地发表他对于尼采与卡莱尔[①]的高见;他告诉克利斯朵夫,说他不能看到一张委拉斯开兹[②]——当时最走红的画家——的画而“不是大颗大颗的泪珠直淌下来”。但他又真诚地告诉克利斯朵夫,虽然他把艺术看得极高,但是把人生的艺术——行动,看得更高:要是他能够挑选一个角色来扮演的话,他一定挑俾斯麦。有时,这种场合也有一个所谓高人雅士。他的谈吐可也不见得如何高妙。克利斯朵夫常常把他们自说自话的内容,和实际所说的核对一下。他们往往言之无物,挂着一副莫测高深的笑容:他们是靠自己的声名过活的,决不拿声名来冒险。当然也有几个话特别多的,照例总是南方人。他们无所不谈,可是毫无价值观念,把一切都等量齐观。某人是莎士比亚,某人是莫里哀,某人是耶稣基督。他们把易卜生和小仲马相比,把托尔斯泰和乔治·桑并论;而这一切,自然是为表明法国已经无所不备。他们往往不通任何外国语文,但这一点对他们并无妨碍。听的人完全不问他们说的是否对,主要是说些有趣的事,尽量迎合民族的自尊心。什么责任都可以撩在外国人头上,——除了当时的偶像,因为不论是格里格,是瓦格纳,是尼采,是高尔基,是邓南遮,总有一个当令的,但决不会长久,偶像早晚要被扔入垃圾桶的。

眼前的偶像是贝多芬。贝多芬变了时髦人物,谁想得到?至少在上流社会与文人中间是这样:因为法国的艺术趣味是像天平秤一样忽上忽下的,所以音乐家们早已把贝多芬丢开了。法国人要知道自己怎么想,先得知道邻人怎么想,以便采取跟他一样的或是相反的思想。

---

① 卡莱尔(1795—1881),英国著名史学家及论文家。

② 委拉斯开兹为十七世纪西班牙画家。

看到贝多芬变得通俗了,音乐家中最高雅的一派便认为贝多芬已经不够高雅;他们永远自命为舆论的先驱而从来不追随舆论,与其和舆论表示同意,宁愿跟它背道而驰。所以他们把贝多芬当作粗声叫喊的老聋子;有些人还说他或许是个可敬的道德家,但是徒负虚名的音乐家。——这类恶俗的笑话绝对不合克利斯朵夫的脾胃。而上流社会的热心捧场也并不使克利斯朵夫更满意。倘若贝多芬在这个时候来到巴黎,一定是个红人,可惜他死了一百年。他的走运倒并不是靠他的音乐,而是靠他的多少带有传奇色彩的生活,那是被感伤派的传记宣扬得妇孺皆知的。粗犷的相貌,狮子般的脸相,已经成为小说中人的面目。那些太太对他非常怜爱,意思之间表示,如果她们认识了他,他决不至于那么痛苦;她们敢这样慷慨,因为明知贝多芬决不会拿她们的话当真……这老头儿已经什么都不需要了。——因此,一般演奏家,乐队指挥,戏院经理,都对他表示十二分虔敬;并且以贝多芬的代表资格领受大家对贝多芬的敬意。票价高昂,规模宏大的纪念音乐会,使上流社会能借此表现一下他们的善心,——偶然也能使他们发现几阕贝多芬的交响曲。喜剧演员,上流社会,半上流社会,共和政府特派主持艺术事业的政客,组织着委员会,公告社会说他们就要为贝多芬立一座纪念碑:除了几个被人当作通行证用的好好先生以外,发起人名单上有的是那些混蛋——倘使贝多芬活着的话,一定会把贝多芬踩在脚下的。

克利斯朵夫看着,听着,咬着牙齿,免得说出难听的话。整个晚上,他全身紧张,四肢抽搐。他既不能说话,也不能不说话。并非为了兴趣或需要,而是为了礼貌,为了非说些什么不可而说话,使他非常难堪。把真正的思想说出来吧,那是不行的。信口胡诌吧,又办不到。他甚至在不开口的时候也不会保持礼貌。倘使他望着旁边的人,就是眼睛直勾勾地瞪着人家,不由自主地研究对方,叫人生气。要是他说话,就嫌语气太肯定,又使大家——连他自己在内——听了刺耳。他觉得自己不得其所;而且他既有相当的聪明,能够感觉到自己把这个环境的和谐给破坏了，当然对自己的态度举动和主人们一样气恼。他恨自己，恨他们。

等到半夜里独自一人走到街上的时候，他烦闷到极点，竟没气力走回去了；他差不多想躺在街上，好像他儿时在爵府里弹了琴回家的情形。有时，即使那一个星期的全部存款只剩了五六个法郎，他也会花两法郎雇一辆车。他急急忙忙地扑进车厢，希望赶快溜走；他一路上在车子里呻吟不已。回到寓所，上床睡觉了，他还在呻吟……然后又猛地想起一句滑稽的话而放声大笑，不知不觉做着手势，把那句话重说一遍。第二天，甚至过了好几天，独自散步的时候，他又突然咆哮起来，像野兽一样……干吗他要去看这些人呢？干吗要再上那些地方去看他们呢？干吗勉强自己去学别人的模样，手势，鬼脸，装作关心那些并不关心的事？——他是不是真的不关心呢？——一年以前，他绝对不耐烦跟他们来往的。现在他觉得他们又好气又好笑了。是不是他也多少沾染了巴黎人满不在乎的脾气？于是他很不放心地怀疑自己的性格不及从前强了。但实际是相反：他倒是更强了。在一个陌生的环境里，他精神比较自由得多。他不由自主地要睁着眼睛看人类的大喜剧。

并且不管他喜欢不喜欢，只要他希望巴黎社会认识他的艺术，就得继续过这种生活。巴黎人对作品的兴趣，要看他们对作者认识的深浅而定。要是克利斯朵夫想在这些市侩中间找些教课的差事来糊口，他尤其需要教人家认识。

何况一个人还有一颗心，而心是无论如何必须有所依恋的；如果一无倚傍，它就活不了。

克利斯朵夫的女学生中有一个叫作高兰德·史丹芬，她的父亲是个很有钱的汽车制造商，入了法国籍的比利时人；母亲是意大利人。她的祖父是英美的混血种，卜居在安特卫普，祖母是荷兰人。这是一个十足地道的巴黎家庭。在克利斯朵夫看来，——像别人看来一样,——高兰德是个典型的法国少女。

她才十八岁,丝绒般的黑眼睛对年轻的男人特别显得温柔,像西班牙姑娘的瞳子,水汪汪的光彩把眼眶填满了,说话的时候,那个古怪而细长的小鼻子老是在翕动,乱蓬蓬的头发,一张怪可爱的脸,皮肤很平常,搽着粉,粗糙的线条,有点儿虚肿,神气像头瞌睡的小猫。

她个子非常小,衣服很讲究,又迷人,又淘气,举止态度都带几分撒娇,做作,痴骙;她装着小女孩子的神气,几个钟点的坐在摇椅里晃来晃去;在饭桌上看到什么心爱的菜,便拍着手小声小气地叫着:“噢!多开心啊!……”在客厅里,她燃着纸烟,在男人面前故意做得跟女友们亲热得不得了,勾着她们的脖子,摩着她们的手,咬着她们的耳朵,说些傻话,或是娇滴滴地说些凶狠的话,说得很巧妙,偶然也会若无其事地说些挺放肆的话,——而更会逗人家说这种话,——一忽儿她又扮起天真的憨态,眼睛挺亮,眼皮厚厚的,又肉感,又狡猾,从眼梢里看人,留神听着人家的闲话,很快地把粗野的部分听在耳里,想法吊几个男人上钩。

这些做作,像小狗般在人前卖弄的玩意儿,假装天真的傻话,对克利斯朵夫全不是味儿。他没有闲工夫来注意一个放荡的小姑娘耍手段,也不屑用好玩的心情瞧那些手段。他得挣他的面包,把他的生命与思想从死亡中救出来。他关心这些客厅里的鹦鹉,只在于她们能够帮助他达到目的。拿了她们的钱,他教她们弹琴,非常认真,紧蹙着眉头,全副精神贯注着工作,免得被这种工作的可厌分心,也免得被像高兰德·史丹芬一类轻佻的女学生的淘气分心。所以他对于高兰德,并不比对高兰德的十二岁的表妹更关切;那是个幽静而胆怯的孩子,住在史丹芬家和高兰德一起学琴的。

高兰德那么机灵,决不会不发觉她所有的风情对他都是白费,而且她那么圆滑,很容易随机应变地迎合克利斯朵夫的作风。那根本不用她费什么心,而是她天赋的本能。她是女人,好比一道没有定型的水波。她所遇到的各种心灵,对于她仿佛各式各种的水瓶,可以由她为了好奇,或是为了需要,而随意采用它们的形式。她要有什么格局,就得借用别人的。她的个性便是不保持她的个性。她需要时常更换她的水瓶。

她受克利斯朵夫吸引有许多理由。第一是克利斯朵夫的不受她吸引。其次因为他和她所认识的一切青年都不同;形式这样粗糙的瓶,她还没有试用过。何况估量各种水瓶各种人物的价值,她天生的特别内行;所以她明白克利斯朵夫除了缺少风雅以外,人非常厚实,那是巴黎的公子哥儿所没有的。

跟一切有闲的小姐一样,她也弄音乐;她为此花的功夫可以说很多,也可以说很少。这是说:她老是在弄音乐,而实际是差不多一无所知。她可以整天的弹琴,为了无聊,为了装腔,为了求麻醉。有时,她的弹琴像骑自行车一样。有时她可以弹得很好,有格调,有性灵,——(只要她设身处地地去学一个有性灵的人,她就变得有性灵了)。——在认识克利斯朵夫以前,她可以喜欢马斯内,格里格,托梅。认识克利斯朵夫以后,她就可以不喜欢他们。如今她居然把巴赫和贝多芬弹得很像样了,——(这倒不是恭维她的话);——但最奇怪的是她居然喜欢他们。其实她并不是爱什么贝多芬,托梅,巴赫,格里格,而是爱那些音符,声响,在键盘上奔驰的手指,跟别的弦一样搔着她神经的琴弦的颤动,以及使她身心舒畅的快感。

在她贵族化住宅的客厅里,——铺着浅色的地毯,正中放着一个画架,供着壮健的史丹芬夫人的肖像,那是个时髦画家的作品,把她表现得多愁多病,好比一朵没有水分的花,奄奄一息的眼睛,身子像螺旋般扭做几段,似乎非如此就不能表现这富家妇珍贵的心灵;——大客厅一面全是玻璃门,可以望见盖满白雪的老树,克利斯朵夫发现高兰德坐在钢琴前面,反复不已地弹着些同样的乐句,听着几个柔靡的不协和弦出神。

"啊!"克利斯朵夫一进门叫道,"猫儿又在打鼾了!"

"你又来缺德了!"她笑着回答……

(说着她向他伸出潮腻腻的手。)

"……你听呀。难道这不美吗?"

"美极了。"他口气很冷淡。

"你根本没有听!……你听一听行不行?"

"我早听到了……老是这一套。"

"啊!你不是音乐家。"她有点儿恼了。

"仿佛你搞的这个真是音乐似的!"

"怎么!……这不是音乐是什么,请问你?"

"你自己很明白!我可不能告诉你,说出来是不雅的。"

"那更要你说了。"

"要我说吗?……——那是你活该了!……你知道你坐在钢琴前面做些什么?……你是在调情。"

"这像什么话!"

"一点不错。你对钢琴说着:亲爱的钢琴,亲爱的钢琴,跟我说些好话呀,抚摩我呀,给我一个亲吻呀!"

"别说了行不行?"高兰德半笑半恼地说,"你竟一点儿不顾体统。"

"我就是不顾体统。"

"你真是蛮不讲理……再说,倘使这真正是音乐的话,我这种方式不就是真正爱好音乐的方式吗?"

"噢!我求你,别把这种东西和音乐搅在一起。"

"可是这就是音乐啊!一个美妙的和弦等于一个亲吻。"

"我没教你这么说。"

"难道不是吗?……干吗你耸肩膀?干吗你扯鬼脸?"

"因为我讨厌这种话。"

"你越说越妙了!"

"我讨厌人家用淫荡的口吻谈论音乐……噢!这也不是你的错,是你的社会的错。你周围那些无聊的人把艺术看作一种特准的淫乐……得啦,别说废话了！把你的奏鸣曲弹给我听吧。”

“不忙,我们再谈一会儿吧。”

“我不是来谈天而是给你上钢琴课的……来吧,开步走!”

“瞧你多有礼貌!”高兰德有点儿气恼了,心里却觉得这样碰一下钉子也痛快。

她非常用心地弹她的曲子;因为灵巧,所以成绩很过得去,有时还相当的好。胸中雪亮的克利斯朵夫暗里笑着这个淘气的女孩子“居然这样伶俐,虽然对弹的曲子一无所感,弹得倒像真有所感”。然而他不免因此对她抱着好感。高兰德竭力找机会跟他说话,觉得谈天比上课有趣得多。克利斯朵夫白白地拒绝,表示他不能回答,因为一说出心里的话就会得罪她;她却总有方法使他说出来;而且他的话越唐突,她越不觉得唐突:那对她是种游戏。精灵乖巧的姑娘知道克利斯朵夫最喜欢真诚,所以她大着胆子跟他一味顶撞,很固执地和他争论。而两人争论完了,一点不伤和气。

可是克利斯朵夫对这种沙龙里的友谊决不会存什么幻想,他们中间也永远谈不到什么亲密,要不是有一天,高兰德一半突如其来,一半出于勾引男人的本能而向克利斯朵夫推心置腹的话。

头天晚上,她父母在家里招待宾客。她有说有笑,像疯子一般大大地卖弄了一番风情;但第二天早上克利斯朵夫去上课的时候,她累死了,形容憔悴,脸色苍白,头涨得厉害。她无精打采地连话都不愿意说,坐在钢琴前面有气无力地弹着,逢到快的段落都脱落了,改了几次也没弹好,便突然停下来说:

“我弹不下去了……对不起……等一忽儿好不好?”

他问她是否不舒服。她回答说不。他心里想:

“她不大上劲……她有时就是这样的……虽然可笑,但也不能怪她。”

于是他提议改天再来;但她一定要留着他:

“只要一忽儿……过一下就会好的……我真胡闹,是不是?”

他觉得她的态度不大正常,可不愿意问,故意把话扯开去:

“哦,这是因为你昨天晚上风头太足了啊! 你太辛苦了。”

她含讥带讽地笑了笑:“嗯,对你倒是不能这样说。”

他老实不客气笑开了。她又道:“我想你昨天连一句话都没说。”

“对。”

“可是颇有几个有意思的人呢。”

“是的,那些多嘴的家伙,那些才子! 在你们这般没骨头的法国人中间,我简直搞糊涂了;他们什么都懂,什么都会解释,什么都能原谅,可是什么也没感觉到。他们几个钟点地谈着艺术啊,爱情啊,不叫人恶心吗?”

“你不喜欢讨论爱情,那么对艺术总该有兴趣呀。”

“这些事用不着讨论,要你去做。”

“要是不能做呢?”高兰德微微撅着嘴。

克利斯朵夫笑着回答:“那么让别人去做。艺术不是每个人都能搞的。”

“爱情也是这样吗?”

“也是这样。”

“我的天! 那我们还有什么事可做呢?”

“管家啰。”

“谢谢吧!”高兰德恼了。

她把手放在琴上再来尝试,可照旧弹不起来;她便敲着键盘呻吟道:

“没有办法! ……我简直一无所用。你说得不错。女人什么事都做不了。”

“能够这样说已经不坏了。”克利斯朵夫老老实实地回答。

她望着他,好似小姑娘挨了骂一样的垂头丧气,接着说:“别这么冷酷啊!”

“我并不毁谤贤淑的妇女,”克利斯朵夫高高兴兴地回答,“一个贤淑的女人是尘世的天堂……可是尘世的天堂……”

“对啦,谁也没见过尘世的天堂。”

“我并不悲观到这种程度。我只说:我,我从来没见过;可是一定有的。只要有,我就决心去寻访。但是很不容易。世界上一个贤淑的女子和一个有天才的男人同样难得。”

“除了他们以外,其余的男男女女都无足轻重了吗?”

“相反!社会上只看重这一批。”

“可是你呢?”

“对于我,这些人是有等于无。”

“噢,你多冷酷!”高兰德说。

“不错,我有点儿冷酷。但只要能对别人有些好处,也应当有几个冷酷的人!……倘若世界上不是东一处西一处有几颗石子的话,更要一团糟了。”

“你说得对,你很得意你是强者,”高兰德悲哀地说,“可是对那些不能成为强者的人,——尤其是女的,你别太严厉啊……你不知道我们的懦弱把我们磨得多苦。你看到我们嘻嘻哈哈,调情打趣,弄些可笑的玩意儿,便以为我们脑子里空空如也,瞧不起我们。哪知道一般十五岁到十八岁中间的小女人,尽管在社会上交际,出风头,——可是跳完了舞,说完了废话,怪论,发完了牢骚(人家看见她们笑也跟着笑),当她们对一班混蛋透露了一些心腹,在每个人眼里想找些光明而找不到之后,——夜里回家,关在静悄悄的卧室里,给孤独的苦闷煎熬得扑在地下,啊!要是你能看到她们这个模样!……”

“有这样的事吗?”克利斯朵夫惊愕地说,“怎么!你们竟这样的痛苦吗?”

高兰德一声不出,可是眼泪涌上来了。她强作笑容,把手伸给克利斯朵夫。他感动地握着:

“可怜的孩子!既然你们痛苦,为什么不想法摆脱这种生活呢?”

“你要我们怎么办？简直无法可想。你们男人，你们可以摆脱，爱做什么就做什么。可是我们，我们永远被世俗的义务跟浮华享乐束缚着跳不出去。”

“谁限制你们，不许你们跟我们一样的摆脱一切，干一件你们心爱而又能保障你们独立的事业，——像保障我们的一样？”

“像保障你们的一样？可怜的克拉夫脱先生！你们所谓独立的保障也不见得怎么可靠！……可是那至少是你们喜欢的事业。我们可又配做些什么呢？没有一件事情使我们感兴趣。——是的，我知道，我们现在什么都参加，假装关心着一大堆跟我们不相干的事；我们多么需要能关心一点儿什么！我跟旁人一样参加团体，担任慈善会的工作，到巴黎大学去上课，听柏格森和朱尔·勒迈特的讲演，听古代音乐会，古典作品朗诵会，还做着笔记，笔记……我自己也不知道记些什么！……我骗自己，以为这些是我所热爱的，或者至少是有用的。啊！我明明知道不是这么回事，我对什么都不在乎，对什么都腻烦！……我这样把每个人的思想老实告诉了你，你可不能瞧不起我。我并不比别的女人更蠢。可是哲学，历史，科学，究竟跟我有什么相干？至于艺术，——你瞧——我乱弹一阵，东涂西抹，涂些莫名其妙的水彩画；——难道这些就能使一个人的生活不空虚了吗？我们一生只有一个目的：就是嫁人。可是嫁给那些我跟你看得一样明白的家伙，你想是有趣的吗？唉，我把他们看透了。我没有你们德国多情女子的那种运气，会自己造些幻象……噢，太可怕了！看看周围的人，看看已经结婚的女子，看看她们所嫁的男人，想到自己也得跟她们一样，让身心变质，跟她们一样的庸俗！……我敢说，没有艰苦卓绝的精神决计受不了这种生活这种义务。而那种精神就不是每个女子都能有的……光阴如流矢，日月如穿梭，一眨眼青春就完了；可是我们心中究竟藏着些美的，好的东西，——只是永远不加利用，让它们一天天的死灭，结果还得拿去送给我们瞧不起，而将来也要瞧不起我们的蠢货！……并且没有一个人了解你！人家说我们是一个谜。那些男人觉得我们乏味，古怪,倒也罢了。女人应该是懂得我们的啊!她们是过来人,只要回想一下自己的情形就得了……事实可不是这样。她们决不给你一点帮助。便是做我们母亲的也不了解我们,也不真心想认识我们。她们只打算把我们嫁人。除此以外,死也罢,活也罢,都归你自己去安排!社会把我们完全丢在一边。"

"别灰心,"克利斯朵夫说,"每个人的生活经验都得由自己去体会的。如果你有勇气,一切都会顺利。想法到你的社会以外去找找吧。法国总该有些正派的男人。"

"有的。我也认识。可是他们多么可厌!……并且,我还得告诉你:我的社会虽然使我讨厌,可是我觉得,此刻我已经跳不出这个社会了。我已经习惯了。我需要相当的享受,相当高级的奢侈和交际,那不能单靠金钱得到,可也少不了金钱。这种生活当然谈不上什么光辉,我知道。可是我很有自知之明,我是弱者……请你别因为我告诉了你许多没勇气的话而跟我疏远。请你用慈悲的心肠听我说吧。跟你谈谈,我多么快慰!我觉得你是强者,是个健全的人:我完全信任你。给我一点儿友谊,你愿意吗?"

"当然愿意,"克利斯朵夫说,"可是我能帮你什么呢?"

"只要你听我说说,给我一些忠告,给我一些勇气。我常常烦闷得不得了!那时我真不知道怎么办。我对自己说:'奋斗有什么用?烦恼有什么用?这个或那个,有什么相干?不管是谁,不管是什么!'那真是一种可怕的境界。我不愿意掉进去。你帮助我吧!帮助我吧!……"

她垂头丧气,似乎一下子老了十岁;她用着善良的,顺从的,哀求的眼睛,望着克利斯朵夫。他答应了她的要求。于是她又兴奋起来,笑了,快活了。

晚上,她照常有说有笑地卖弄风情。

从这天起,他们之间亲密的谈话变成有规律的了。他们单独在一起,她把心里的愿望告诉他:他很费了点心血去了解她,提供意见;她听着他的劝告,必要时还得听他埋怨,那副严肃与小心的神气活像一个怪听话的女孩子:那对她是种消遣,甚至也是一种精神上的倚傍;她用感激而风骚的眼神表示谢意。——但她的生活一点没有改变:只是多添了一桩娱乐罢了。

她一天的生活是一组连续不断的变化。早上起身极晚,总在十二点光景,因为她夜里失眠,要到天亮才睡熟。她成天的不做事,只渺渺茫茫地,反复不已地想着一句诗,一个念头,一个念头的片段,谈话的回忆,一句音乐,一个她喜欢的脸庞。从傍晚四五点钟起,她才算完全清醒。在此以前,她总是眼皮厚厚的,面孔虚肿,撅着嘴,不胜困倦的神气。要是来了一个像她一样饶舌,一样爱听巴黎谣言的知己的女朋友,她便马上活跃起来。她们絮絮不休地讨论着恋爱问题。对于她们,恋爱心理学是和装束,秘史,诽谤这几件事同样谈不完的题目。她们也有一群有闲的青年,需要每天在裙边消磨二三个钟点:这些男人差不多自己也可以穿上裙子:因为他们的思想谈吐简直跟少女的一模一样。克利斯朵夫的出现也有一定的时间:那是忏悔师的时间。高兰德当场会变得严肃,深思。真像英国的史学家博德利所说的那种法国少女,在忏悔室里"把她镇静的预备好的题意尽量发挥,眉目清楚,有条有理,凡是要说的话都安排得层次分明"。——忏悔过后,她再拼命地寻欢作乐。白天快完了,她可越来越年轻了。晚上她到戏院去;在场子里看到几张永远不变的脸便是她永远不变的乐趣;——因为上戏院去的愉快,并不在于戏剧,而是在于认识的演员,在于已经指摘过多少次而再来指摘一次的他们的老毛病。大家跟那些到包厢里来访问的熟人讲别的包厢里的人坏话,或是议论女戏子,说扮傻姑娘的角色"声带像变了味的芥子酱",或者说那个高大的女演员衣服穿得"像灯罩一样"。——再不然是大家去赴晚会;到那儿去的乐趣是炫耀自己,要是自己长得俏的话:——(但要看日子而定;在巴黎,一个人的漂亮是最捉摸不定的);——还有把对于人物,装束,体格的缺陷等等的批评修正一番。真正的谈话是完全没有的。——回家总是很晚。大家都不容易睡觉(这是一天之中最清醒的时间),绕着桌子徘徊,拿一本书翻翻,想起一句话或一个姿势就自个儿笑笑。无聊透了。苦闷极了。又是睡不着觉。而半夜里,忽然之间来了个绝望的高潮。

克利斯朵夫只看到高兰德几个钟点,对于她的变化也只见到有限的几种,然而他已经莫名其妙了。他思忖她究竟什么时候是真诚的,——是永远真诚的呢还是从来不真诚的。这一点连高兰德自己也说不上来。她和大多数欲望无所寄托而无从发挥的少女一样,完全在黑暗里。她不知道自己是哪种人,因为不知道自己要些什么,因为她没尝试以前,根本无法知道自己要些什么。于是她依着她的方式去尝试,希望有最大限度的自由,冒最小限度的危险,同时模仿周围的人物,假借他们的精神。而且她也不急于要选定一种。她对一切都敷衍,预备随时加以利用。

但像克利斯朵夫这样的一个朋友是不容易对付的。他允许人家不喜欢他,允许人家喜欢他所不敬重甚至瞧不起的人,却不答应人家把他跟那些人一般看待。各有各的口味,是的;但至少得有一种口味。

克利斯朵夫尤其不耐烦的,是高兰德仿佛挺高兴地搜罗了一批他最看不上眼的轻薄少年:都是些令人作呕的时髦人物,大半是有钱的,总之是有闲的,再不然是在什么部里挂个空名的人,——都是一丘之貉。他们全是作家——自以为是作家。在第三共和治下,写作变了一种神经病,尤其是一种满足虚荣的懒惰,——在所有的工作中,文人的工作最难检讨,所以最容易哄骗人。他们对于自己伟大的劳作只说几句很谨慎但是很庄严的话。似乎他们深知使命重大,颇有不胜艰巨之慨。最初,克利斯朵夫因为不知道他们的作品和他们的姓名而觉得很窘。他怯生生地打听了一下,特别想知道大家尊为剧坛重镇的那一位写过些什么。结果,他很诧异地发现,那伟大的剧作家只写了一幕戏,——还是一部小说的节略,而那部小说又是用一组短篇创作连缀起来的,而且还不能说是短篇,仅仅是他近十年来在同派的杂志上发表的一些随笔。至于别的作家,成绩也不见得更可观:只有几幕戏,几个短篇,几首诗。有几位是靠了一篇杂志文章成名的。又有几位是为了“他们想要写的”一部书成名的。他们公然表示瞧不起长篇大著。他们所重视的仿佛只在于一句之中的字的配合。可是“思想”二字倒又是他们的口头禅:不过它的意义好似与普通的不一样:他们的所谓思想是用在风格的细节方面的。他们之中也有些大思想家大幽默家,在行文的时候把深刻微妙的字眼一律写成斜体字,使读者绝对不致误会。

他们都有自我崇拜:这是他们唯一的宗教。他们想教旁人跟着他们崇拜,不幸旁人已经都有了崇拜的目标。他们谈话,走路,吸烟,读报,举首,眨眼,行礼的方式,似乎永远有群众看着他们。装模作样的做戏原是青年人的天性,尤其在那些毫无价值而一无所事的人。他们花那么多的精神特别是为了女人:因为他们不但对女人垂涎欲滴,并且还要教女人对他们垂涎欲滴。可是遇到随便什么人,他们就得像孔雀开屏一样:哪怕对一个过路人,对他们的卖弄只莫名其妙地瞪上一眼的,他们还是要卖弄。克利斯朵夫时常遇到这种小孔雀,都是些画家,演奏家,青年演员,装着某个名人的模样:或是凡·代克,或是伦勃朗,或是委拉斯开兹,或是贝多芬;或是扮一个角色:大画家,大音乐家,巧妙的工匠,深刻的思想家,快活的伙伴,多瑙河畔的乡下人,野蛮人……他们一边走,一边眼梢里东张西望,瞧瞧可有人注意。克利斯朵夫看着他们走来,等到走近了,便特意掉过头去望着别处。可是他们的失望决不会长久:走了几步,他们又对着后面的行人搔首弄姿了。——高兰德沙龙里的人物可高明得多。他们的做作是在思想方面:拿两三个人做模型,而模型本身也不是什么奇人。再不然,他们在举动态度之间表现某种概念:什么力啊,欢乐啊,怜悯啊,互助主义啊,社会主义啊,无政府主义啊,信仰啊,自由啊等等;在他们心目中,这些抽象的名词仅仅是粉墨登场的时候用的面具。他们有本领把最高贵的思想变成舞文弄墨的玩意儿,把人类最壮烈的热情减缩到跟时行的领带的作用一样。

他们的天地是爱情,爱情是他们专有的。凡是享乐所牵涉的良心问题,他们无不熟悉;他们各显神通,想出种种新问题来解决。那永远是游手好闲的人的勾当:没有爱情,他们便"玩弄爱情",特别喜欢解释爱情。他们的正文非常贫弱,注解却非常丰富。最不雅驯的思想都加以社会学的美名,一切都扯上社会学的旗帜。一个人满足恶癖的时候,不管多么愉快,倘使不能同时相信自己是为未来的时代工作,总嫌美中不足。那是纯粹巴黎风的社会主义,色情的社会主义。

在此专谈恋爱问题的小团体中,讨论最热烈的问题之一,是男女在婚姻方面与爱情的权利方面的平等。从前有一般老实的青年,笃厚的,有些可笑的,崇奉新教的,——斯堪的纳维亚人或瑞士人,——主张男女道德平等:要求男子在结婚的时候和女子一样的童贞。巴黎的宗教道德学家可主张另外一种平等,淫乱的平等,说女子结婚的时候应该和男子一样的沾满污点,——这是情人权利的平等。巴黎人在幻想上和实际上把奸淫这件事做得太滥了,已经觉得平淡无味:于是文坛上有人发明一种处女卖淫的新玩意儿,——有规律的,普遍的,端方的,得体的,家族化的,尤其是社会化的卖淫。——最近出版的一部很有才气的书,便是对这个问题的权威。作者在四百页的洋洋巨著中,用一种轻佻的学究口吻,依照经验派的推理方法,研究"处理娱乐的最好的方式"。那真是自由恋爱的最完美的讲义:老是提到典雅,体统,高尚,美,真,廉耻,道德,——可以说是求为下贱的少女们的宝典。——当时这部著作简直是《福音书》,为高兰德和她周围的人添了不少乐趣,同时成为她引经据典的材料。那些怪论里头也有正确的,观察中肯的,甚至合乎人情的部分;但信徒们的脾气总喜欢把好处丢在一边而只记着最坏的。在这个诱人的花坛中,他们所采的老是最有毒性的花,——例如"肉欲的嗜好一定能刺激你工作的嗜好";——"一个处女肉欲没有得到满足就做了母亲是最残忍的事";——"占有一个童贞的男子,对女人是养成一个贤惠的母性最自然的准备",——

“母亲对于女儿的责任,是应该用着和保护儿子的自由同样细腻熨帖的精神,培养她们的自由”;——“必有一日,少女们和情夫幽会归来的态度,会像现在上了课或是参加了女朋友的茶会一样的自然。”

高兰德笑着说这些教训都是极合理的。

克利斯朵夫却痛恨这些论调。他把它们的重要性和害处都夸张了。其实法国人太聪明了,绝不会把纸上空谈付诸实行的。他们虚张声势想学做狄德罗,[①]骨子里却是和他一样,在日常生活中跟布尔乔亚一样规矩,也和别人一样胆小。而且正因为他们在实际行动上那么胆小,才在思想上把行动推到极端。那是种毫无危险的游戏。

然而克利斯朵夫不是一个附庸风雅的法国人。

高兰德周围的年轻人中,有一个她似乎最喜欢,而在克利斯朵夫心目中不消说是最可厌的。

他是那种暴发户的儿子,搞些贵族派的文学,自命为第三共和治下的贵族。他叫作吕西安·雷维-葛,两只眼睛离得很远,眼神很尖锐,鼻子是往里勾的,金黄的须修成尖尖的,像画家凡·代克的模样,头发已经未老先衰的秃落,但跟他的尊容很相配,说话很甜,举止潇洒,又细又软的手给人家握在手里仿佛会化掉似的。他永远装得彬彬有礼,周到细腻,便是对心里厌恶而恨不得推下海去的人也是如此。

克利斯朵夫在第一次跟着高恩去参加的文人宴会上已经见过他,虽然没交谈,但一听他的声音已经讨厌,当时不懂为什么,到后来才明白。人与人间有霹雳那样突如其来的爱,也有霹雳那样突如其来的恨,——或者说(为了不要使那些害怕一切热情的柔和的心灵害怕起见,我们且不用这个他们听了刺耳的“恨”字),是健康的人的本能,因为感觉到遇见了敌人而自卫的本能。

在克利斯朵夫面前,他代表那种讥讽与分化溶解的思想,他文文

① 百科全书派的领袖狄德罗,在十八世纪倡导新思想最力。

雅雅地，不动声色地，分解正在死去的上一个社会里的一切尊严伟大的东西：分解家庭，婚姻，宗教，国家；在艺术方面是分解一切雄壮的，纯洁的，健全的，大众化的成分；此外还动摇大家对思想、情操、伟人的信念，对一般人类的信念。这种思想实际只是以分析为乐，以冷酷的解剖来满足一种兽性的需要，侵蚀思想的需要，那是蛀虫一般的本能。同时又有一种女孩子的，特别是女作家的癖：因为到了他的手里，一切都是文学或变成文学。他的艳遇，他的和朋友们的恶癖，对他都是文学材料。他写了些小说和剧本，很巧妙地叙述他父母的私生活与秘史，还有朋友们的，他自己的；其中有一桩是他跟一个最知己的朋友的太太的秘史：人物的面目写得极高明，那朋友，那女的和别的群众，都被描写得很准确。他决不能得到一个女人的青睐或听了她的心腹话而不在书中披露。——照理，这种孟浪的举动应当使他和“女同志们”不欢。事实可并不如此：她们抗议一下，遮遮面子；骨子里可并不发窘，还因为给人拿去赤裸裸地展览而挺高兴呢；只要脸上留着一个面具，她们就不觉得羞耻了。在他那方面，这种说短道长的话并不表示他存心报复，也许连播扬丑史的用意都没有。他不比一般人更坏：以儿子来说不见得是更坏的儿子，以情夫来说不见得是更坏的情夫。在有些篇幅里，他无耻地揭露他父亲、母亲和他自己的情妇的隐私；同时又有好些段落，他用着富有诗意的温情谈到他们。实际上他是极有家族观念的，但像他那等人不需要尊重所爱的人；反之，他们倒更喜欢自己能够轻视的人；因为他们觉得这样的对象才跟自己更接近，更近人情。他们对于英勇的精神比谁都不了解，高洁二字尤其无从领会。他们几乎要把这些德性认作谎言，或者是婆婆妈妈的表现。然而他们又深信自己比谁都更了解艺术上的英雄，并且拿出倚老卖老的亲狎的态度批判他们。

他和一般有钱的，游手好闲的，布尔乔亚的堕落的少女最投机。他是她们的一个伴侣，等于一个腐化的女仆，比她们更放肆更机灵，有许多事能够教她们艳羡。她们对他毫无顾忌，尽可把这个为所欲为的,裸体的,不男不女的人仔细研究。

克利斯朵夫不明白一个像高兰德那样的少女,似乎性情高洁,不愿意受生活磨蚀的人,怎么会乐此不疲地跟这种人厮混……克利斯朵夫不懂心理学。吕西安·雷维－葛可深通此道。克利斯朵夫是高兰德的心腹;高兰德却是吕西安·雷维－葛的心腹。这一点就表示他比克利斯朵夫高明。一个女人最得意的是能相信自己在对付一个比她更弱的男子。那时不但她的弱点,便是她的优点——她的母性的本能,也得到了满足。吕西安·雷维－葛看准了这一点:因为使妇人动心的最可靠的方法之一,就是去拨弄这根神秘的弦。再加高兰德觉得自己相当懦弱,有些不甚体面但又不愿革除的本能,所以一听这位朋友的自白(那是他很有心计地安排好的),她就相信别人原来跟她一样的没出息,对于人类的根性不应当过事诛求,因之她觉得很快慰了。这种快慰有两方面:第一,她不必再把自己认为挺有趣的几种倾向加以抑制;第二,她发觉这样的处置很得当,一个人最聪明的办法是别跟自己别扭,应当对于没法克制的倾向采取宽容的态度。实行这种明哲的办法才不会使人感到一点儿痛苦。

在社会上,表面极端精炼的文明和隐藏在骨子里的兽性之间,永远有个对比,使那些能够冷眼观察人生的人觉得有股强烈的味道。一切的交际场中,熙熙攘攘的决不能说是化石与幽灵,它像地层一般,有两层的谈话交错着:一层是大家听到的,是理智与理智的谈话;另外一层是极少人能够感到的,是本能与本能,兽性与兽性的谈话。大家在精神上交换着一些俗套滥调,肉体却在那里说:欲望,怨恨,或者是好奇,烦闷,厌恶。野兽尽管经过了数千年文明的驯化,尽管变得像关在笼里的狮子一般痴呆,心里可念念不忘的老想着它茹毛饮血的生活。

然而克利斯朵夫的头脑还没冷静到这个程度:那是要年龄大了,热情消失以后才能办到的。他把替高兰德当顾问的角色看得很认真。她求他援助;他却眼看她嘻嘻哈哈地去冒险。所以克利斯朵夫再也不遮掩他对吕西安·雷维-葛的反感了。吕西安·雷维-葛对他先还保持一种有礼的,含讥带讽的态度。他也感觉到克利斯朵夫是敌人,但认为是不足惧的;他只是不动声色地把他变成可笑。其实,只要克利斯朵夫能对他表示钦佩,他就可以表示友好;但他偏得不到这种钦佩,他自己也知道,因为克利斯朵夫没有作假的本领。于是,吕西安·雷维-葛从完全抽象的思想的对立,不知不觉地转变为实际的,不露形迹的暗斗,而暗斗的目的物便是高兰德。

她对两位朋友完全一视同仁。她既赏识克利斯朵夫的道德和才具,也赏识吕西安·雷维-葛的极有风趣的不道德和聪明;而且心里还觉得吕西安使她更愉快。克利斯朵夫老实不客气地教训她;她用着可怜巴巴的神气听着他,使他软化。她天性还算好的,但因为懦弱,甚至也因为好心而不够坦白。她一半是在做戏,假装和克利斯朵夫一样思想。她很知道像他这种朋友的价值,但她不肯为了友谊做任何牺牲;不但为了友谊,而且为了无论什么人什么事,她都不愿意有所牺牲;她只挑最方便最愉快的路走。所以她把和吕西安始终来往不断的事瞒着克利斯朵夫。她像上流社会的女子一样凭了从小就学会的本领,若无其事地扯谎;凭了这扯谎的本领,她们才能保持所有的男朋友,使他们个个满意。她替自己辩护说是为了免得克利斯朵夫伤心而不得不如此;其实是因为她明知克利斯朵夫有理而不敢使他知道,也因为她照旧想做她喜欢的事而不要跟克利斯朵夫闹翻。有时克利斯朵夫疑心她捣鬼,便粗声大气地闹起来。她可继续装作痛悔的,诚恳的,伤心的神气,对他做着媚眼,——女人最后的法宝。——她想到可能丧失克利斯朵夫的友谊,的确非常难过,所以竭力装出娇媚的和正经的态度,居然把他软化了一些时候。但那是早晚要爆发的。在克利斯朵夫的气恼里头,不知不觉已经有些嫉妒的成分。高兰德甜言蜜语的笼络也已经有了一点儿,很少的一点儿,爱的成分。然而他们决裂的时候,来势倒反因之更猛烈。

有一天克利斯朵夫把高兰德的谎话当场揭穿了,老老实实提出条件来:要她在他跟吕西安之间挑选一个。她先是设法回避这问题,结果却声言她自有权利保留一切她心爱的朋友。不错,她说得对;克利斯朵夫也觉得自己可笑;但他知道他的苛求并非为了自私,而是为了真心爱护高兰德,非把她救出来不可,——即使因之而违拗她的意志也是应该的。所以他很笨拙地坚持着。看到她不回答了,他就说:

"高兰德,你是不是要我们从此绝交?"

"不是的,"她回答,"那我要非常痛苦的。"

"可是你为我们的友谊连一点儿极小的牺牲都不肯做。"

"牺牲! 多荒唐的字眼!"她说,"干吗老是要为了一件东西而牺牲另一件东西? 这是基督教的胡闹思想。你骨子里是个老教士,你自己不觉得就是了。"

"很可能,"他说,"在我,总得挑定一个。善跟恶之间,绝对没有中间地位。"

"是的,我知道;就为这一点我才喜欢你。我告诉你,我的确很喜欢你;可是……"

"可是你也很喜欢另外一个。"

她笑了,对他做着最媚人的眼色,用着最柔和的声音说:"仍旧跟我做朋友吧!"

他差不多又要让步的时候,吕西安进来了,高兰德用同样甜蜜的媚眼同样柔和的声音接待他。克利斯朵夫不声不响地看着高兰德做戏。然后他走了,打定主意和她决裂了。他心里有些难过。老是有所依恋,老是上人家的当,真是太蠢了!

回到寓所,他心不在焉地整理书籍,随便打开《圣经》,看到下面的一段:

……我主说:因为锡安的女子狂傲,行走挺项,卖弄眼目,俏步徐行,把脚上的银圈震动得叮当作响,

所以主必使锡安的女子头长秃疮,又使她们赤露下体……①

读到这里,他想起高兰德的装腔作势,笑了出来,便心情轻快地睡了。接着他又自以为跟巴黎腐败的风气已经同流合污到相当程度,才会读着《圣经》觉得好笑。但他在床上反复背着这伟大的恶作剧的审判者的判决,想象这种事要是临到高兰德头上的情景,不禁像孩子般哈哈大笑了一会,睡熟了。他已经不再想到他新的郁闷。多一桩也罢,少一桩也罢……他已经习惯了。

他照常到高兰德家上课,只避免跟她作亲密的谈话。她徒然表示难过,生气,玩种种花样:他始终固执着;两人都不高兴了;终于她自动想出理由来减少课程;他也找出借口来回避史丹芬家里的晚会。

他已经尝够巴黎社会的味道,再也受不了那种空虚,闲荡,萎靡,神经衰弱,以及无理由、无目标、徒然磨蚀自己的、苛酷的批评。他不懂,一个民族怎么能在这种为艺术而艺术、为享乐而享乐的,死气沉沉的空气中过活。可是这民族的确活在那里,从前有过伟大的日子,此刻在世界上还相当威风;从远处看,它还能引起人家的幻象。它从哪儿找到它生存的意义的呢?除了寻欢作乐,它又一无信仰……

克利斯朵夫正想着这些念头的时候,在路上突然撞见一群叫叫嚷嚷的青年男女,拉着一辆车,里面坐着一个老教士向两旁祝福。走了一程,他又看到一些兵拿着刀斧捶打一所教堂的大门,门内是一批挂有国家勋章的先生挥舞着桌椅迎接他们。这时他才觉得法国究竟还有所信仰,——虽然他不知道是什么信仰。人家告诉他说,政府与教会共同生活了一百年之后,现在要分离了,可是因为宗教不甘心脱离,政府便凭着它的权力与武力把宗教撵出门外。克利斯朵夫觉得这种办法未免有伤和气;但是巴黎艺术家的那种混乱的玩票作风使他腻烦

① 见《旧约·以赛亚书》第三章。

透了,所以遇到几个人为了什么公案——即使是极无聊的——而打得头破血流也觉得痛快。

他不久又发现这种人在法国为数不少。政见不同的报纸互相厮杀得像荷马史诗中的英雄一般,天天发表鼓吹内战的文字。固然这不过是叫喊一阵,难得有人真会动手。但也并非没有天真的人把别人所写的原则付诸实行。于是就有奇奇怪怪的景象可以看到:什么某几个州府自称为脱离法国啦,几个联队闹兵变啦,州长公署被焚啦,征收员收税要大队的宪兵保护啦,乡下人烧了开水保卫教堂啦,自由思想者以自由的名义去攻击教堂啦,普度众生的救主们爬在树上煽动葡萄酒省份去攻击酒精省份啦。东一处,西一处,几百万人摩拳擦掌,嚷得满面通红,结果真的动武了。共和政府先是巴结民众,然后又拔出刀来对付他们。民众却是把自己的孩子——军官与士兵——砍破脑袋。这样,各人都对别人证明自己理由充足,拳头结实。你在远处看,从报纸上看的时候,仿佛又回到了几个世纪以前去了。克利斯朵夫发现这法兰西——事事怀疑的法兰西——竟然是一个偏激若狂的民族。但他不知道究竟在哪方面偏激。为了拥护宗教呢还是反对宗教?为了拥护理性呢还是反对理性?为了拥护国家呢还是反对国家?——简直各方面都是。他们是为了喜欢偏激而显得偏激的。

一天晚上,他偶然和一个有时在史丹芬家碰到的社会党议员交谈。虽然不是初次谈话,他可绝对想不到这位先生的身份,因为他们一向只谈音乐。这一回他才不胜诧异地发觉这位交际家竟是一个激烈政党的领袖。

亚希·罗孙是个美男子,留着金黄的胡子,说话带着喉音,皮色很嫩,态度很诚恳,外表相当风雅,骨子里可是粗俗的,有时会不知不觉地流露出村野的举止:——譬如当众修指甲,跟人说话的时候像平民一样喜欢扯着别人的衣角,摇着别人的胳膊;——他能吃能喝,爱笑爱玩,胃口和兴致完全表示他是民间出身,只想掌握权势;人很灵活,能随着环境与对手随时改变态度,说话虽多,可是经过思索的;他懂得听人家的话,把听来的当场吸收;既有同情心,资质又聪明,对什么都感兴趣,——由于天性,由于社会的熏陶,也由于虚荣心;在某种限度以内他为人规矩诚实,就是说为他的利益用不着不诚实,或是不诚实有危险的时候,他是诚实的。

他有个相当好看的妻子,高大,匀称,非常壮健,身腰很美,艳丽的装束似乎太窄了些,把她肥胖的身体表露得过于明显;脸庞四周围着乌黑的鬈发;又黑又浓的大眼睛;下巴微微往上抄起;胖胖的脸蛋很动人,可惜被睐个不停的近视眼和阔大的嘴巴破坏了。她走路的姿态不大自然,颠颠耸耸,像某几种鸟;说话很做作,但非常殷勤,亲热。她出身是个有钱的经商人家;思想自由,是那种所谓贤淑的女子:凡是上流社会的数不清的责任,她都像奉教一般的信守,另外还履行她自己找来的,艺术的与社会的义务:家里有个沙龙,在平民大学①里宣扬艺术,参加慈善团体或研究儿童心理的机构,——可并不怎么热心,也没有浓厚的兴趣,——只是由于天生的慈悲心,由于充时髦,由于知识妇女的那种天真的学究气,仿佛永远背着一项功课,非记得烂熟就有失尊严似的。她需要干点儿事,却不需要对所干的事发生兴趣。这种紧张忙碌的活动,有如那些妇女手里老拿着毛线活儿,一刻不停地搬动着针,似乎救世大业就在这一件毫无用处的工作上。并且她也像编织毛线的女人一样,有那种良家妇女的小小的虚荣心,喜欢拿自己的榜样去教训别的女子。

那位当议员的丈夫心里瞧她不起,可是对她很亲热。他是为了自己的享乐与安宁而挑上她的;在这一点上说,他的确挑得很好。她长得很美,他为之挺得意:这就够了,他再没别的要求;她对他也没别的要求。他爱她,同时也欺骗她。她只要他爱着她就算了,也许对于他

---

① 平民大学于一八九八年创于巴黎,尔后遍及全国:由各界名流教授夜课。该时因德雷福斯事件发生,一部分知识分子创此机构,意欲借思想的交流而与平民及工人阶级接近。此项运动至一九〇四年以后渐趋衰落,不久即告终止。

的私情还觉得相当快慰。因为她生性安静,淫荡,完全是后宫中的妇女性格。

他们有两个美丽的孩子,一个五岁,一个四岁,她以贤妻良母的身份照顾他们,那种专心致志所表示的亲切与冷静,恰好跟她注意丈夫的政治与活动,注意最新的时装与艺术表现一样。在这个环境里,她把前进的理论,颓废的艺术,社交界的忙乱和布尔乔亚的感情,一股脑儿放在一起,成为最古怪的炒什锦。

他们请克利斯朵夫上他们家去。罗孙太太是个优秀的音乐家,弹得一手好钢琴:手指轻巧而扎实,小小的头对准着键盘,两只手在上面跳来跳去,活像母鸡啄食的神气。她很有天分,比一般法国女子也更有音乐修养,但对于音乐的深刻的意义是像笨蛋一样完全不关心的。那只是她听着的,或是背得一点不错的一组音符,一些节奏,一些微妙的调子罢了;她决不探求其中的心灵,因为她本身就不需要这个。这位可爱的,聪明的,朴实的,很愿意帮助人的太太,对克利斯朵夫像对别人一样很殷勤。可是克利斯朵夫并不感激,对她也没多大好感,根本不把她放在眼里。也许他还不知不觉地责备她,不该明知丈夫胡闹而甘心情愿地和那些情妇平分秋色。在所有的缺点中,俯首帖耳地听任摆布是克利斯朵夫最不能原谅的。

他和亚希·罗孙比较亲密。罗孙之爱音乐,正如爱别的艺术一样,方式虽然鄙俗,但很真诚。他爱好一阕交响曲的时候,仿佛恨不得和它睡在一起。他只有一些很浅薄的修养,但运用得很高明;在这一点上,他的妻子对他不无帮助。他对克利斯朵夫发生兴趣,是因为看到克利斯朵夫和他一样是个刚强的平民。并且他很想仔细观察一下这种怪物,——(观察人这件事,是他永远不会厌倦的,)——打听一下他对于巴黎的印象。克利斯朵夫直率严厉的批评,使他觉得好玩。他看事情也取着相当的怀疑态度,所以能承认对方的批评是准确的。他不因为克利斯朵夫是德国人而有所顾虑,反而以超越成见自豪。总而言之,他是极富于人情的——(这是他主要的优点),——凡是合乎人情的,他都表示好感。然而这也不能使他不抱另外一种深切的信念,以为法国人——古老的民族,古老的文明——总是优于德国人,所以他不能不嘲笑这个德国人。

在亚希·罗孙家里,克利斯朵夫又看到些别的政客,过去的或未来的阁员。要是这些名人肯屈尊,他倒很高兴和他们个别的谈谈。和流行的见解相反,他觉得跟这批人来往比他熟悉的文艺界更有意思。他们头脑比较活泼,对于人类的热情和公众的利益更关切。他们能言善辩,大半是南方人,非常爱风雅;个别而论,他们差不多和文人一样风雅。当然,他们欠缺艺术方面的知识,尤其是关于外国艺术的;但他们自命为多少懂一些,而且往往是真的爱好。有些内阁颇像那些办小杂志的文会。阁员中有的写剧本,有的拉提琴,同时是瓦格纳迷,有的涂几笔画。他们都搜集印象派的画,看颓废派的书,有心惊世骇俗,对于跟他们的思想不两立的,同时是极端贵族派的艺术非常欣赏。这些社会党或急进社会党的阁员,代表饥寒阶级的使徒,居然对高级的享受自称为内行,使克利斯朵夫看了大不顺眼。当然这是他们的权利,但他觉得这种作风不大光明。

最奇怪的是,这些人物在私人谈话中是怀疑主义者,肉欲主义者,虚无主义者,无政府主义者,而一朝有所行动的时候立刻会变成偏激狂。最风雅的人,才上了台就一变而为东方式的小魔王;他们染上了指挥一切干涉一切的瘾:精神上是怀疑派,天生的气质却是极端的专制。拿到了强有力的中央集权的机构,——那是当年最伟大的专制君主①一手建立的,——他们就忍不住要加以滥用了。结果是产生了一种共和政体的帝国主义,近年来又接种似的加上一种无神论的旧教主义。

在某一个时期内,一般政客只想统治物质——财产,——他们差

① 指路易十四。

不多不干涉精神方面的事，因为那是不能变成货币的。而那些优秀的人也不理会政治；不是政治高攀不上他们，就是他们高攀不上政治；在法国，政治被认为工商业的一支，生利的，可是不大正当的，所以知识分子瞧不起政客，政客也瞧不起知识分子。——可是近来政客和一般腐败的知识阶级始而接近，终于勾结了。一种簇新的势力登了台，自称为对思想界有绝对的支配权：那便是些自由思想家。他们和另一批统治者勾结起来，而这另一批统治者也认为他们是专制政治的完美的工具。他们主要的目的不在于打倒教会，而在于代替教会，事实上他们已经组成一个自由思想的教会，和旧有的教会一样有经典，有仪式，有洗礼，有初领圣餐，有宗教婚礼，有地方主教会议，有全国主教会议，甚至也有罗马的总主教会议。这些成千累万的可怜虫非成群结队就不能"自由的思想"，岂非可笑之尤！而他们所谓的思想自由，其实是假理智之名禁止别人的思想自由：因为他们的信仰理智，有如旧教徒的信仰圣处女，全没想到理智本身并不比圣处女更有意义，而理智真正的根源是在别处。旧教教会有无数的僧侣与会社，潜伏在民族的血管里散布毒素，把一切跟它竞争的生机都加以杀害。现在这反旧教的教会也有它的死党，有虔诚的告密者，每天从法国各地缮成秘密报告送到巴黎总会，由总会详细登记。共和政府暗中鼓励这些自由思想的信徒做间谍工作，使军队，大学，所有的政府机关都充满着恐怖；政府可不觉得他们表面上似乎为它出力，暗地里却在慢慢的篡夺它的地位，而政府也渐渐走上"无神论的神权政治"这条路，不比巴拉圭的那些耶稣会政权更值得羡慕。[①]

克利斯朵夫在罗孙家见过这一派的教会中人。他们都是一个比一个疯狂的拜物教徒。目前，他们因为把基督从神座上摔了下来而大为高兴。打烂了几个木偶，他们便以为已经摧毁了宗教。还有一般人，把圣女贞德和她童贞女的旗帜从旧教手里夺过来，把圣女贞德独

---

① 巴拉圭于一六〇七至一七六七年间曾受基督旧教中的耶稣会派统治。

占了。新教会中一个教士,和旧教会的信徒作战的将军,发表了一篇反教会的,颂扬古高卢民族领袖韦辛格托里克斯的演说,同时一般自由思想的人给这位平民英雄立了一座像,认为他是法兰西对抗罗马(罗马教会)的第一人。[①] 海军部长为了整肃舰队,气气旧教徒,把一条巡洋舰命名为“欧纳斯德·勒南”。[②] 另外一批自由思想家则努力于净化艺术的工作。他们把十七世纪的古典文学加以消毒,不许有上帝这个名词亵渎拉封丹的《寓言》。便是在古代音乐里,他们也不许有神的名字存在。克利斯朵夫听见一个老年的急进党——(歌德说过:老年人而做急进党是疯癫之尤。)——因为人家胆敢在一个通俗音乐会里排入贝多芬颂扬宗教的歌而大为愤慨,一定要人家把词句更改过。

还有一般更激进的分子,要求把一切宗教音乐和教授宗教音乐的学校加以取缔。一个在当时那群不懂艺术的人中被认为鉴赏力极高的美术司长,竭力解释说,对于音乐家至少得教以音乐,因为“你派一个兵到军营里去的时候,你总得逐步逐步教他如何用枪,如何放射。年轻的作曲家的情形也是一样,脑子里装满了思想,可是没法安排”。然而这种解释是白费的:他对于自己的勇气也有点吃惊,所以每一句都得附带声明:“我是一个老自由思想家”,“我是一个老共和党人”,才敢接下去宣称:“我不问佩尔戈莱西的作品是歌剧是弥撒祭乐;只问是不是人类艺术的产物。”——但对方用着专断的逻辑回答这个“老自由思想家”,“老共和党人”说:“音乐有两种:一种是在教堂里唱的,一种是在教堂以外唱的。”前者是理智与国家的仇敌;为了国家的利益,非取缔不可。

要是这些混蛋后面没有一般真有价值而和他们一样——或许更

① 韦辛格托里克斯(前72年—46年)为高卢族反抗凯撒大帝的领袖。此处言“法兰西对抗罗马(罗马教会)”,乃作者有意讽刺当时的反教会派牵强附会。文中所言立像,乃指一九〇三年立于法国南方格莱蒙—法朗城之韦辛格托里克斯塑像。

② 勒南早年为诚信的旧教徒,后研究哲学而不信宗教,著有《耶稣传》,认为耶稣只是一个非常的人。

甚——狂热的理智信徒做后盾,那么他们还不过是可笑而不致有多大危险。托尔斯泰曾经提到控制宗教、哲学、艺术和科学的“传染病一般的影响”,这种“荒谬的影响,人们只有在摆脱之后才会发现它的疯狂,在受它控制的时期内始终认为千真万确,简直毋庸讨论。”例如对于郁金香的风魔,[①]相信巫祝,误入歧途的文学风气等等。——理智的宗教也是这种疯狂之一。而且从愚蠢的到有知识的,从众议院的兽医到大学里最优秀的思想家,全染上了这种疯狂。而大学教授的入迷比愚夫愚妇的入迷更危险:因为这种风魔在没有知识的人还容易和一种愚妄的乐天气息相混,从而减少风魔的力量;知识分子的生命力可是被疯狂束缚住了,同时,偏激的悲观主义又使他们明白天性和理智是根本抵触的东西,所以更热烈的支持抽象的“自由”,抽象的“正义”,抽象的“真理”,跟恶劣的天性斗争。这种态度骨子里就是加尔文派,詹森派[②],雅各宾党的理想主义,就是那个古老的信念,以为人类的邪恶是不可救药的,只能够,也应当由受到理智感应的,——就是得到神灵启示的——选民,凭着他们的高傲来消灭那种邪恶。那真是地道的法国人中的一种,代表聪明而不近人情的法国人。他像石子,像铁一般硬,什么都钻不进去;而他碰到什么就砸破什么。

克利斯朵夫在亚希·罗孙家和这一类疯狂的理论家一谈之下,完全给搅糊涂了。他对于法国的观念也动摇了。他依着流行的见解,以为法国人是个冷静的,容易相处的,宽容的,爱自由的民族。不料他发现了一批狂人,没头没脑地死抓着抽象的观念和逻辑,为了自己的任何一套三段论法,老是预备把别人做牺牲品。他们嘴里一刻不停地说着自由,可是没有人比他们更不懂自由,更受不了自由的。无论哪里,你找不到比他们更冷酷更残暴的专制脾气,而这种专制纯粹是为了理智方面的风魔,或者是为了要表示自己永远是对的。

① 郁金香自十六世纪末流入欧洲后,种植郁金香成为民间极普遍的一种癖好。

② 詹森派为十七世纪旧教中的一个小宗派,盛行于法国,根据荷兰扬山尼主教人性本恶之学说,倡为一种极严格的道德及神学宗派。

一个党派如此,所有的党派无不如此。只要越出了他们政治的或宗教的钦定程式,越出了他们的国家或省份,越出了他们的团体和他们狭隘的头脑,那就不管是在这方面的还是在那方面的,他们便一律不愿意看见。有一般反对犹太人的,痛恨一切有钱人的人,因为恨犹太人,就把自己所恨的人都叫作犹太人。有些国家主义者恨——(逢到他们心地慈悲的时候是瞧不起)——一切别的国家,便在本国之内把跟他们意见不合的人统称为外国人,叛徒,卖国贼。有些反对新教的人,相信所有的新教徒都是英国人或德国人,恨不得把他们一齐逐出法国。有些西方人,对于莱茵河以东的,无论什么都要排斥;有些北方人,对于卢瓦尔河以南的,无论什么都表示唾弃;有些南方人,认为卢瓦尔河以北的都是野蛮的;还有以属于日耳曼族为荣的;以属于高卢族为荣的,而一切的疯子中最疯的,还有那些"罗马人",以他们祖先的败北为荣;还有布列塔尼人,洛林人……总而言之,各人只承认自己的一套,"自己"简直是个贵族的头衔,绝对不答应别人跟自己不一样。对于这种民族是无法可想的:你跟他们讲什么理,他们都不理会;他们天生是要烧死别人,或是被别人烧死的。

克利斯朵夫心里想,这样一个民族幸亏采用了共和政体,使那些小型的暴君可以你消灭我,我消灭你。可是其中要有一个做了王的话,恐怕谁也没有多少空气可以呼吸了。

他不知道凡是多议论的民族自有一种德性来救他们,——就是矛盾。

法国的政客就是这样。他们的专制主义被无政府主义冲淡了;他们永远在两个极端之间摇摆。要是他们在左边靠思想界的偏激狂作倚傍,那么在右边一定靠思想界的无政府主义者作倚傍。因此我们可以看到一大批玩票式的社会主义者,猎取权位的小政客,他们在仗没有打胜以前决不参加作战,可是追随在"自由思想"的队伍后面,每逢它打了一次胜仗,便一齐扑在打败的人的遗骸上面。拥护理智的人并非为了理智而努力……“理智啊,这不是为了你”……乃是为那些国际化的渔利主义者;而他们兴高采烈地践踏本国的传统,摧毁一种信仰,也并非为了要代以另一种信仰,而是要把他们自己填补上去。

在此,克利斯朵夫又碰到了吕西安·雷维-葛。他得悉吕西安是社会党员的时候并不怎么惊奇,只想到社会主义一定是有了成功的希望,吕西安才会加入社会党。他可不知道吕西安神通广大,在敌党中同样受到优待,并且跟反自由色彩,甚至反犹太色彩最浓的政客与艺术家结为朋友。

“你怎么能容留这等人物在团体里的?”克利斯朵夫问亚希·罗孙。

罗孙回答说:“噢!他多有才干!而且他为我们工作,他毁坏旧世界。”

“不错,他是在毁坏,”克利斯朵夫说,“他毁坏得那么厉害,我不知道你们将来用什么来建设。你有把握留下的梁木足够建造你们的新屋子吗?蛀虫已经钻进你们的建筑工场了。”

然而社会主义的蛀虫不止吕西安一个。社会党的报纸上充满着这些小文人,这些“为艺术而艺术”的家伙,装点门面的无政府主义者,把所有的进身之阶都霸占了。他们拦着别人的路,在号称民众喉舌的报纸上,长篇累牍地宣传他们那套颓废的风雅论调,以及“为生存的斗争”。他们有了位置还不够,还得有荣誉。急急忙忙赶造起来的雕像,颂赞石膏天才的演说,其数量之多超过任何一个时代。一般以捧场为业的人,按期举行公宴来祝贺自己党派中的伟人,不是祝贺他们的工作,乃是祝贺他们的受勋:因为这才是他们最感动的。美学家,超人,外侨,社会党的阁员,都一致同意,受到拿破仑创立的勋位是应该庆贺的。①

罗孙看到克利斯朵夫的诧异不由得笑开了。他并不以为这个德国人把他党里的人批评得过于苛刻。他自己和他们单独相处时也毫

① 法国一般的勋位均称荣誉团勋位,创始于拿破仑。

不客气。他们的胡闹与狡猾,他比谁都明白;但他照旧支持他们,因为要他们支持自己。他私下固然会用着轻蔑的词句谈论民众,一登讲坛却立刻变了一个人。他提高了嗓子,逼尖着声音,带点儿鼻音,每个字都咬得清楚有力,很庄严的,一忽儿用颤音,一忽儿咩咩的像羊叫,做着大开大阖,有点抖动的手势,像翅膀一样:活脱是个第一流的戏子。

克利斯朵夫想弄个明白,罗孙对他的社会主义究竟相信到什么程度。显而易见,骨子里他是完全不信,他怀疑主义的气息太重了。但他有一部分的思想是相信的;虽然他明知不过是一部分——(并且还不是顶重要的一部分),——他可把自己的生活与行为都根据了这一点来安排,因为这样对他更方便,这信仰不但跟他的实际利益有关,并且牵涉到他生存的兴趣,生存与行动的意义。他的相信社会主义是把它当作一种国教的。——大多数的人都是过的这种生活。他们的生命不是放在宗教信仰上,就是放在道德信仰上,或是社会信仰上,或是纯粹实际的信仰上,——(信仰他们的行业,工作,在人生中扮演的角色,)——其实他们都不相信。可是他们不愿意知道自己不相信:为了生活,他们需要有这种表面上的信仰,需要有这种每个人都是教士的公认的宗教。

罗孙还不是顶要不得的一个。党里头拿社会主义或激进主义作工具的人不知有多少!——简直说不上是为了野心,因为他们的野心也是目光太短,只限于立刻捞钱和重行当选。那些人仿佛真相信有个新社会似的。也许他们从前是相信的;但事实上他们只扒在垂死的社会身上,靠它来养活自己。短视的机会主义替享乐的虚无主义当差。未来的社会福利,为了眼前的自私而被牺牲了。因为要博取选民的欢心,人们把军队肢解了,还恨不得把国家都瓜分了。他们所缺少的绝不是聪明:大家很知道应该怎么做,可是因为太费力而不去做。人人都想以事半功倍的方式安排自己的生活。上上下下的道德信条都是一样:花最少限度的气力博取最大限度的快乐。这种不道德的道德,便是政治混乱的社会中唯一的纲领。政府的领袖们做出无政府的榜样，政策是乱七八糟的，同时追求着十几只兔子，结果是一只一只地放弃了：外交部在主战，陆军部在高唱和平，还为了肃军而破坏军队，海军部长挑拨兵工厂工人，军事教官宣传非战论，此外是一般业余性质的军官，业余性质的推事，业余性质的革命党员，业余性质的爱国分子。政治风纪是普遍的解体了。人人希望国家给他们职位，养老金，勋位；国家也的确不忘记敷衍它的顾客，把大家眼红的荣誉和差事赠送当权的人的儿子们、侄子们，侄孙们，奴仆们。议员投票表决增加自己的俸给。国库，职位，头衔，国家所有的资源都被挥霍滥用了。——上面既然有了这种榜样，下面就像凄厉的回声一般发生许多怠工的现象：小学教员教人反叛国家，邮局职员焚烧电信，工人把沙土和金刚砂放在机器的齿轮里，造船厂工人捣毁造船厂，焚烧船舶，工人大规模地破坏自己工作的成绩，——不是损害有钱的人，而根本是损害社会的财富。

最后，一般优秀的知识阶级认为一个民族这样的自杀于法于理均无不合，因为人类爱怎样追求幸福就可怎样追求，那是他神圣的权利。一种病态的人道主义把善与恶的区别给取消了，认为罪犯是“不负责任的，并且是神圣的”，应该加以怜悯；它对罪恶完全表示妥协，把社会交给它摆布。

克利斯朵夫心里想：

“法国是被自由灌醉了。它发了一阵酒疯之后，不省人事地昏了过去。将来醒过来的时候，恐怕它已经给关在牢里了。”

对于这种笼络群众的政治，克利斯朵夫最气恼的是，那些最可恶的强暴的手段，竟是一般胸无定见的人很冷静地干出来的。他们那种游移不定的性格，和他们所做的或允许人家做的粗暴的行为，实在太不相称了。他们身上似乎有两种矛盾的元素：一方面是惶惑无主的性格，对什么都不信；一方面是喜欢推敲的理智，什么话都不愿意听而把人生搅得天翻地覆。克利斯朵夫不懂那些心平气和的布尔乔亚,那些旧教徒,那些军官,怎么受尽了政客的欺侮而不把他们摔出窗外。既然克利斯朵夫什么都不能藏在肚里,罗孙便很容易猜到他的思想,他笑着说:

“当然,要是碰到了你跟我,他们的确是要被摔出去的。可是跟他们,决没有这个危险。那都是些可怜虫,没有勇气下什么决心,唯一的本领只有回骂几句。那些智力衰退的贵族,在俱乐部里混得糊里糊涂了,只会向美国人或犹太人卖俏,并且为了表示时髦,对于人家在小说和戏剧中给他们扮的那种可耻的角色,觉得挺有意思,还要把侮辱他们的人请去做上宾。至于容易生气的布尔乔亚,他们什么书都不读,什么都不懂,不愿意懂,只会平白地把一切批评得一文不值,话说得很尖刻,实际上一点儿效果都没有,——他们只有一宗热情:就是躺在钱袋上睡觉,痛恨扰乱他们好梦的人,甚至也痛恨那些做工的人;因为呼呼睡熟的时候有人动作,当然是打搅他们的!……如果你认得了这一般人,你就会觉得我们是值得同情的了……”

然而克利斯朵夫对这些人那些人同样不胜厌恶;他不承认因为被虐待的人卑鄙,所以虐待人家的人的卑鄙就可以得到原谅。他在史丹芬家时常遇到那种有钱的,无精打采的,正如罗孙所形容的布尔乔亚:

……愁容惨淡的灵魂,
没有毁谤,也没有赞扬……

罗孙和他的朋友们不但十拿九稳地知道自己能支配这些人,并且十拿九稳地觉得自己尽有权利对他们为所欲为:这理由克利斯朵夫是太明白了。罗孙他们并不缺少统治的工具。成千成万没有意志的公务员,闭着眼睛由着他们指挥。谄媚逢迎的风气;徒有其名的共和国;社会党的报纸看到别国的君主来访问就大为得意;奴才的精神,一见头衔,金钱,勋章,就五体投地:要笼络他们,只消丢一根骨头给他们咬咬,或是给他们几个勋章挂挂就得了。要是有个王肯答应把法国人全部封为贵族,法国所有的公民都会变成保王党的。

政客们的机会很好。一七八九年以来的三个政体:第一个被消灭了;第二个被废黜了,或被认为可疑;第三个志得意满地睡熟了。① 至于此刻方在兴起的第四个政府,②带着又嫉妒又威胁的神气,也不难加以利用。衰微的共和政府对付它,就跟衰微的罗马帝国对付它无力驱逐的野蛮部落一样,用着招抚改编的方法,而不久他们也变了现政府最好的看家狗。自称为社会主义者的布尔乔亚阁员,很狡猾地把工人阶级中最优秀的分子勾引过来,加以并吞,把无产阶级党派弄成群龙无首,没有领袖的局面,自己则吸取平民的新血液,再把布尔乔亚的意识灌输给平民算做回敬。

在布尔乔亚并吞平民的许多方式中,最妙的一种是那些平民大学。那是"无所不通"的知识杂货铺。据课程纲要所载,平民大学所教的"包括各部门的知识,物理方面的,生物方面的,社会学方面的:天文学,宇宙学,人类学,人种学,生理学,心理学,精神分析学,地理学,语言学,美学,伦理学……"花样之多,便是皮克·特·拉·米兰多拉那样的头脑也装不下。③

当然,平民大学初办的时候的确有一种真诚的理想,有个伟大的愿望,想把真、美、善普及大众;现在某些平民大学也还存着这个理想。工人们做了一天工之后,跑来挤在闷塞的讲堂里,表示他们求知的渴望胜过了疲劳:这是何等动人的景象。但人们又怎样的利用他们!除

① 一七八九年以后的三个政体,指第一共和(即大革命以后的,1792—1804),第二共和(即路易·菲利浦下台以后,1848—1852),及第三共和(普法战争以后,1870年9月起直至二次大战被德国侵入为止)。

② 此所谓第四个政权,暗指工人及平民阶级的抬头。

③ 意大利的皮克·特·拉·米兰多拉(1463—1494)为历史上有名的百科全书式的大博学家。

了少数聪明而有人性的真正的使徒,用意极好而不善于应付的善良的心以外,多多少少全是一般愚妄的,饶舌的,玩手段的家伙,没有读者的作家,没有听众的演说家,教授,牧师,钢琴家,批评家,拿自己的出品把民众淹没了。各人都在推销自己的货物。最能叫座的自然是那些卖膏药的,那些玄学大师,搬出许许多多老生常谈,末了再归结到一个社会的天堂。

极端贵族的唯美主义,例如颓废派的版画,诗歌,音乐,也在平民大学里找到了出路。大家希望平民对思想界发生一些返老还童的作用,促成民族的新生。可是人们一开头先把布尔乔亚所有雕琢纤巧的玩意儿,像疫苗似的种在平民的血里! 而平民也不胜贪馋地吸收进去,并非为了喜欢,而是因为那些都是布尔乔亚的东西。克利斯朵夫有一次跟着罗孙太太到一所平民大学去,在迦勃里哀·福莱的美妙的歌和贝多芬晚期的一阕四重奏之间,听她对着平民弹奏德彪西。他自己对贝多芬晚年的作品还是经过了许多年,趣味与思想起了许多变化方始了解的;这时他不禁怀着怜悯的心问一个邻座的人:“你懂得这个吗?”

那位邻人立刻把脖子一挺,像一只发怒的公鸡似的,回答说:“当然! 干吗我就不能像你一样的了解?”

为了证明他的了解,他更用着挑战的神气望着克利斯朵夫,哼着一段赋格曲。

克利斯朵夫吃了一惊,赶紧溜了,心里想这些畜牲竟把民族的生机都毒害了;哪里还有什么平民!

“你才是平民!”一个工人对一个想创办平民戏院的热心人说,“我嘛,我可是跟你一样的布尔乔亚!”

一个幽美的黄昏,软绵绵的天空罩在黑洞洞的都城上面,像一张强烈的色彩已经黯淡的东方地毯。克利斯朵夫沿着河滨大道从圣母院往安伐里特宫走去。夜色苍茫中,圆顶上面的两座钟楼仿佛摩西在战争中高举的手臂。小圣堂顶上的金箭,带着神圣的荆棘,高耸在万家屋舍之上。[①] 对岸,卢浮宫的窗子在夕照中闪出最后的微光,还显得有点儿生气。安伐里特广场的尽头,在威严的壕沟与围墙后面,在气概非凡的空地上,阴沉的金色穹窿高悬在那里,仿佛一阕交响曲,纪念那些年代久远的胜利。高岗上的凯旋门,像英雄进行曲似的,替帝国军团的行列开路。

克利斯朵夫忽然觉得这些很像一个已经死了的巨人,在平原上伸展着巨大的四肢。他心惊肉跳,停了下来,怅然望着这些奇大无比的化石,想起那个已经绝迹的,地球上曾经听见过它脚步声的传奇式的种族,——安伐里特的穹窿好比它的冠冕,卢浮宫殿好比它的腰带,拱形顶上无数的手臂似乎想抓握青天,拿破仑凯旋门的两只威武的脚踏着世界,而如今只有一些侏儒在它的脚跟底下熙熙攘攘。

克利斯朵夫虽然自己不求名,却也在高恩和古耶带他去的巴黎交际场中有了点小名气。他的奇特的相貌,——老是跟他两位朋友之中的一个在新戏初演的晚上和音乐会中出现,——极有个性的那种丑陋,人品与服装的可笑,举止的粗鲁,笨拙,无意中流露出来的怪论,琢磨得不够的,可是方面很广很结实的聪明,再加高恩把他和警察冲突而亡命法国的经过到处宣传,说得像小说一样,使他在这个国际旅馆的大客厅中,在这一堆巴黎名流中,成为那般无事忙的人注目的对象。只要他沉默寡言,冷眼旁观,听着人家,在没有弄清楚以前不表示意见,只要他的作品和他真正的思想不给人知道,他是可以得到人家相当的好感的。他没法待在德国是法国人挺高兴的事。特别是克利斯朵夫对于德国音乐的过激的批评,使法国音乐家大为感动,仿佛那是

① 哥特式建筑的教堂,正面钟楼上往往有下粗上细的极长的八角形柱作为结顶,末梢则为箭形。而八角形的长柱四周饰有树叶与枝条等作为装饰,此处称神圣的荆棘,乃言此种树叶枝条之装饰象征基督荆冠上之荆棘。小圣堂在今巴黎法院侧,建于十三世纪,与巴黎圣母院相距不远。

对他们法国音乐家表示敬意。——(其实他的批判是几年以前的,多半的意见现在已经改变了:那是他从前在一份德国杂志上发表的几篇文章,被高恩把其中的怪论加意渲染而逢人便说的。)——大家觉得克利斯朵夫很有意思,并不妨碍别人,又不抢谁的位置。只要他愿意,他马上可以成为文艺小圈子里的大人物。他只要不写作品,或是尽量少写,尤其不要让人听到他的作品,而只吸收一些古耶和古耶一流的人的思想。他们都信守着一句有名的箴言,当然是略微修正了一下:

我的杯子并不大,……可是我……在别人的杯子里喝。

一种坚强的性格,它的光芒特别能吸引青年,因为青年是只斤斤于感觉而不喜欢行动的。克利斯朵夫周围就不少这等人:普通都是些有闲的青年,没有意志,没有目的,没有生存的意义,怕工作,怕孤独,永远埋在安乐椅里,出了咖啡馆,就得上戏院,想尽方法不要回家,免得面对面看到自己。他们跑来,坐定了,几个钟点的瞎扯,尽说些无聊的话,结果把自己搅得胃胀,恶心,又像饱闷,又像饥饿,对那些谈话觉得讨厌极了,同时又需要继续下去。他们包围着克利斯朵夫,有如歌德身边的哈巴狗,也有如"等待机会的幼虫",想抓住一颗灵魂,使自己不至于跟生命完全脱节。

换了一个爱虚荣的糊涂蛋,受到这些寄生虫式的小喽啰捧场也许会很喜欢。可是克利斯朵夫不愿意做人家的偶像。并且这些崇拜他的人自作聪明,把他的行为看作含有古怪的用意,什么勒南派,尼采派,神秘派,两性派等等,使克利斯朵夫听了大为气愤。他把他们一齐撵走了。他的性格不是做被动的角色的。他一切都以行动为目标:为了了解而观察,为了行动而了解。他摆脱了成见,什么都想知道,在音乐方面研究别的国家别的时代的一切思想的形式和表情的方法。只要他认为是真实的,他都拿过来。他所研究的法国艺术家都是心思灵巧的发明新形式的人,殚精竭虑,继续不断地做着发明工作,却把自己的发明丢在半路上。克利斯朵夫的作风可大不相同:他的努力并不在于创造新的音乐语言,而在于把音乐语言说得更有力量。他不求新奇,只求自己坚强。这种富于热情的刚毅的精神,和法国人细腻而讲中庸之道的天才恰好相反。他瞧不起为风格而求风格。法国最优秀的艺术家,在他眼里不过是高等的巧匠。在巴黎最完美的诗人中间,有一个曾经立过一张"当代法国诗坛的工作表,详列各人的货物,出品或薪饷";上面写的有"水晶烛台,东方绸帛,金质纪念章,古铜纪念章,有钱的寡妇用的花边,上色的塑像,印花的珐琅……",同时指出哪一件是哪一个同业的出品。他替自己的写照是"蹲在广大的文艺工场的一隅,缀补着古代的地毯,或擦着久无用处的古枪"。——把艺术家看作只求技术完满的良工巧匠的观念,不能说不美,但不能使克利斯朵夫满足。他一方面承认他职业的尊严,但对于这种尊严所掩饰的贫弱的生活非常瞧不起。他不能想象一个人能为写作而写作。他不能徒托空言而要言之有物。

我说的是事实,你说的是空话……

克利斯朵夫有个时期只管把新天地中的一切尽量吸收,然后精神突然活跃起来,觉得需要创作了。他和巴黎的格格不入,对他的个性有种刺激的作用,使他的力量加增了好几倍。在胸中泛滥的热情非表现出来不可,各式各种的热情都同样迫切地要求发泄。他得锻炼一些作品,把充塞心头的爱与恨一齐灌注在内;还有意志,还有舍弃,一切在他内心相击相撞而具有同等生存权利的妖魔,都得给它们一条出路。他写好一件作品把某一股热情苏解,——(有时他竟没有耐性完成作品),——又立刻被另外一股相反的热情卷了去。但这矛盾不过是表面的:虽然他时时刻刻在变化,精神是始终如一。他所有的作品都是走向同一个目标的不同的路。他的灵魂好比一座山:他取着所有的山道爬上去;有的是浓荫掩蔽,迂回曲折的;有的是烈日当空,陡峭险峻的;结果都走向那高踞山巅的神明。爱,憎,意志,舍弃,人类一切的力兴奋到了极点之后,就和“永恒”接近了,交融了。所谓“永恒”是每个人心中都有的:不论是教徒,是无神论者,是无处不见生命的人,是处处否定生命的人,是怀疑一切,怀疑生亦怀疑死的人,——或者同时具有这些矛盾像克利斯朵夫一般的人。所有的矛盾都在永恒的“力”中间融和了。克利斯朵夫所认为重要的,是在自己心中和别人心中唤醒这个力,是抱薪投火,燃起“永恒”的烈焰。在这妖艳的巴黎的黑夜中,一朵巨大的火花已经在他心头吐放。他自以为超出了一切的信仰,不知他整个儿就是一个信仰的火把。

然而这是最容易受法国人嘲笑的资料。一个风雅的社会最难宽恕的莫过于信仰;因为它自己已经丧失信仰。大半的人对青年的梦想暗中抱着敌视或讪笑的心思,其实大部分是懊丧的表现,因为他们也有过这种雄心而没有能实现。凡是否认自己的灵魂,凡是心中孕育过一件作品而没有能完成的人,总是想:

“既然我不能实现我的理想,为什么他们就能够呢?不行,我不愿意他们成功。”

像埃达·迦勃勒[①]一流的,世界上不知有多少!他们暗中抱着何等的恶意,想消灭新兴的自由的力量;用的是何等巧妙的手段,或是不理不睬,或是冷嘲热讽,或是使人疲劳,或是使人灰心,——或是在适当的时间来一套勾引诱惑的玩意儿……

这种角色是不分国界的。克利斯朵夫因为在德国碰到过,所以早已认识了。对付这一类的人,他是准备有素的。防御的方法很简单,就是先下手为强;只要他们来亲近他,他就宣战,把这些危险的朋友逼成仇敌。这种坦白的手段,为保卫他的人格固然很见效,但对于他艺术家的前程决不能有什么帮助。克利斯朵夫又拿出他在德国时候的那套老办法。他简直不由自主地要这么做。只有一点跟从前不同:他

① 易卜生戏剧《埃达·迦勃勒》中的主角,怀有高远的理想而终流于庸俗浅薄。

的心情已经变得满不在乎,非常轻松。

只要有人肯听他说话,他就肆无忌惮地发表他对法国艺术界的激烈的批评,因之得罪了许多人。他根本不想留个退步,像一般有心人那样去笼络一批徒党做自己的倚傍。他可以毫不费力地得到别的艺术家的钦佩,只消他也钦佩他们。有些竟可以先来钦佩他,唯一的条件是大家有来有往。他们把恭维这回事看作放债一样,到了必要的时候可以向他们的债务人,受过他们恭维的人,要求偿还。那是很安全的投资。——但放给克利斯朵夫的款子可变了倒账。他非但分文不还,还没皮没脸地把恭维过他作品的人的作品认为平庸简谫陋。这样,他们嘴里不说,心里却怀着怨恨,决意一有机会便如法炮制,回敬他一下。

在克利斯朵夫做的许多冒失事中间,有一桩是跟吕西安·雷维-葛作战。他到处遇到他,而对于这个性情柔和的,有礼的,表面上完全与人无损,反显得比他更善良,至少比他更有分寸的家伙,克利斯朵夫没法藏起他过于夸张的反感。他逗吕西安讨论,不管题目如何平淡,克利斯朵夫老是会把谈锋突然之间变得尖锐起来,使旁听的人大吃一惊。似乎克利斯朵夫想出种种借口要跟吕西安拼个你死我活;但他始终伤不到他的敌人。吕西安机灵之极,即使在必败无疑的时候,也会扮一个占上风的角色;他对付得那么客气,格外显出克利斯朵夫的有失体统。克利斯朵夫的法语说得很坏,夹着俗话,甚至还有相当粗野的字眼,像所有的外国人一样早就学会而用得不恰当的,自然攻不破吕西安的战术了。他只是愤怒非凡地跟这个冷嘲热讽的软绵绵的性格对抗。大家都派他理屈,因为他们并看不出克利斯朵夫所隐隐约约感觉到的情形:就是说吕西安那种和善的面目是虚伪的,因为遇到了一股压不倒的力量而想无声无息地使它窒息。吕西安并不急,跟克利斯朵夫一样等着机会:不过他是等机会破坏,克利斯朵夫是等机会建设。他毫不费力地使高恩和古耶对克利斯朵夫疏远了,好似此前使克利斯朵夫慢慢地跟史丹芬家疏远一样。他使他完全孤立。

其实克利斯朵夫自己也在努力往孤立的路上走。他教谁都对他不满意,因为他不属于任何党派,并且还进一步反对所有的人。他不喜欢犹太人,但更不喜欢反犹太的人。这般懦怯的多数民族反对强有力的少数民族,并非因为这少数民族恶劣,而是因为它强有力;这种妒忌与仇恨的卑鄙的本能使克利斯朵夫深恶痛绝。结果是犹太人把他当作反犹太的;而反犹太的把他当作犹太人。艺术家则又认为他是个敌人。克利斯朵夫在艺术方面不知不觉把自己的德国脾气表现得特别过火。和某种只求感官的效果而绝不动心的巴黎乐派相反,他所加意铺张的是强烈的意志,是一种阳刚的,健全的悲观气息。表现欢乐的时候又不讲究格调的雅俗,只显出平民的狂乱与冲动,使提倡平民艺术的贵族老板大起反感。他所用的形式是粗糙的,同时也是繁重的。他甚至矫枉过正,有意在表面上忽视风格,不求外形的独创,而那是法国音乐家特别敏感的。所以他拿作品送给某些音乐家看的时候,他们也不细读,就认为它是德国最后一批的瓦格纳派而表示瞧不起,因为他们是一向讨厌瓦格纳派的。克利斯朵夫却毫不介意,只是暗中好笑,仿着法国文艺复兴期某个很有风趣的音乐家的诗句,反复念道:

> …………
>
> 得了吧,你不必慌,如果有人说:
> 这克利斯朵夫没有某宗某派的对位,
> 没有同样的和声。
> 须知我有些别人没有的东西。

可是等到他想把作品在音乐会中演奏的时候,就发现大门紧闭了。人们为了演奏——或不演奏——法国青年音乐家的作品已经够忙了,哪还有位置来安插一个无名的德国人?

克利斯朵夫绝对不去钻营。他关起门来继续工作。巴黎人听不听他的作品,他觉得无关紧要。他是为了自己的乐趣而写作,并非为求名而写作。真正的艺术家决不顾虑作品的前途。他像文艺复兴期的那些画家,高高兴兴地在屋子外面的墙上作画,虽然明知道十年之后就会荡然无存。所以克利斯朵夫是安安静静地工作着,等着时机好转;不料人家给了他一个意想不到的帮助。

那时克利斯朵夫正跃跃欲试地想写戏剧音乐。他不敢让内心的抒情成分自由奔放,而需要把它限制在一些确切的题材中间。一个年轻的天才,还不能控制自己,甚至不知道自己的真面目的人,能够定下界限,把那个随时会溜掉的灵魂关在里头当然是好的。这是控制思潮必不可少的水闸。——不幸克利斯朵夫没有一个诗人帮忙;他只能从历史或传说中间去找题材来亲自调度。

几个月以来在他脑中飘浮的都是些《圣经》里的形象。母亲给他作为逃亡伴侣的《圣经》,是他的幻梦之源。虽然他并不用宗教精神去读,但这部希伯来民族的史诗自有一股精神的力,更恰当的说是有股生命力,好比一道清泉,可以在薄暮时分把他被巴黎烟熏尘污的灵魂洗涤一番。他虽不关心书中神圣的意义,但因为他呼吸到犷野的大自然气息和原始人格的气息,这部书对他还是神圣的。诚惶诚恐的大地,中心颤动的山岳,喜气洋溢的天空,猛狮般的人类,齐声唱着颂歌,把克利斯朵夫听得出神了。

在《圣经》中他最向往的人物之一是少年时代的大卫。但他心目中的大卫并非露着幽默的微笑的佛罗伦萨少年,或神情紧张的悲壮的勇士,像韦罗基奥与米开朗琪罗表现在他们的杰作上的:他并不认识这些雕塑。他把大卫想象做一个富有诗意的牧人,童贞的心中蕴藏着英雄的气息,可以说是种族更清秀,身心更调和的,南方的齐格弗里德。——因为克利斯朵夫虽然竭力抵抗拉丁精神,其实已经被拉丁精神渗透了。这不但是艺术影响艺术,思想影响艺术,而是我们周围的一切——人与物,姿势与动作,线条与光——的影响。巴黎的精神气氛是很有力量的,最倔强的性格也会受它感化,而德国人更抵抗不了:他徒然拿民族的傲气来骄人,实际上是全欧洲最容易丧失本性的民族。克利斯朵夫已经不知不觉感染到拉丁艺术的中庸之道,明朗的心境,甚至也相当地懂得了造型美。他所作的《大卫》就有这些影响。

他想描写大卫和扫罗王的相遇,用交响诗的形式表现两个人物。①

在一片荒凉的高原上,周围是开花的灌木林,年轻的牧童躺在地下对着太阳出神。清明的光辉,大地的威力,万物的嗡嗡声,野草的颤动,羊群的铃声,使这个还没知道负有神圣使命的孩子引起许多幻想。他在和谐恬静的气氛中懒洋洋地唱着歌,吹着笛子。歌声所表现的欢乐是那么安静,那么清明,令人听了忧乐俱忘,只觉得是应该这样的,不可能不这样的……可是突然之间,荒原上给巨大的阴影笼罩了,空气沉默了;生命的气息似乎退隐到地下去了。唯有安闲的笛声依旧在那里吹着。精神错乱的扫罗王在旁边走过。他失魂落魄,受着虚无的侵蚀,像一朵被狂风怒卷的,自己煎熬自己的火焰。他觉得周围是一片空虚,自己心里也是一片空虚:他对着它哀求,咒骂,挑战。等到他喘不过气来倒在地下的时候,始终没有间断的牧童的歌声又那么笑盈盈地响起来了。扫罗抑捺着骚动不已的心绪,悄悄地走近躺在地下的孩子,悄悄地望着他,坐在他身边,把滚热的手放在牧童头上。大卫若无其事地掉过身子,望着扫罗王,把头枕在扫罗膝上,继续唱他的歌。黄昏来了,大卫唱着睡熟了;扫罗哭着。繁星满天的夜里又响起那个颂赞自然界复活的圣歌,和心灵痊愈以后的感谢曲。

克利斯朵夫写作这一幕音乐,只顾表现自己的欢乐,既没想到怎么演奏,更没想到可以搬上舞台。他原意是想等到乐队肯接受他的作品的时候在音乐会中演奏。

一天晚上,他和亚希·罗孙提起,又依着罗孙的要求,在钢琴上弹了一遍,让他有个概念。克利斯朵夫很诧异地发觉,罗孙对这件作品

① 大卫为以色列的第二个王,年代约在公元前一〇五五至一〇一四年,少年时为父牧羊,先知撒母耳为之行油膏礼,预定其继承扫罗王位。因以色列王扫罗为神厌弃,为恶魔所扰,致精神失常,乃从臣仆之言,访求耶西之子大卫侍侧弹琴,扫罗一闻琴声即觉精神安定。见《旧约·撒母耳记》上卷第十六章。此处将故事略加改动,弹琴易为吹笛,访求改为偶遇。

竟非常热心,说应该拿到一家戏院去上演,并且自告奋勇要促成这件事。过了几天,罗孙居然很认真地干起来,使克利斯朵夫更觉得奇怪;而一知道高恩,古耶,甚至吕西安·雷维-葛都表示很热心,他不但是诧异,简直给搅糊涂了。他只能承认他们为了爱艺术而把私人的嫌隙丢开了:这当然是他意想不到的。在所有的人中,最不急于表现这件作品的倒是他自己。那原来不是为舞台写的,拿去交给戏院未免荒唐。但罗孙那么恳切,高恩那么苦劝,古耶又说得那么肯定,克利斯朵夫居然动心了。他没有勇气拒绝。他太想听听自己作的曲子了!

为罗孙,什么事都轻而易举。经理和演员都争先恐后地巴结他。碰巧有家报馆为一个慈善团体募捐想办个游艺大会。他们决定在游艺会里表演《大卫》。一个很好的管弦乐队给组织起来了。至于唱歌的,罗孙说已经找到了一个理想的人物来表现大卫。

大家便开始练习。乐队虽然脱不了法国习气,纪律差一些,可是第一次试奏的成绩还算满意。唱扫罗王的角色嗓子有点疲弱,却还过得去,技术是有根底的。表演大卫的是个高大肥胖,体格壮健的美妇人;但她声音恶俗,肉麻,带着唱通俗歌剧的颤音,和咖啡馆音乐会的作风。克利斯朵夫皱着眉头。她才唱了几节,他已经断定她不能胜任了。乐队第一次休息的时候,他去找负责音乐会事务的经理,那是和高恩一同在场旁听的。他看见克利斯朵夫向他走过来,便得意扬扬地问:“那么你是满意的了?”

“是的,”克利斯朵夫说,“大概不至于有什么问题。只有一件事不行,就是那个女歌唱家。非换一个不可。请你客客气气地通知她;你们是搞惯这一套的……你总不难替我另外找一个吧?”

那位经理不由得愣住了,望着克利斯朵夫,似乎疑心他是开玩笑。

“噢!你这话是不可能的!”

“为什么不可能?”克利斯朵夫问。

经理跟高恩俩眨了眨眼睛,神气很狡猾:“她多有天分!”

“一点儿天分都没有。”克利斯朵夫说。

“怎么没有！……这样好的嗓子！”

“谈不到嗓子。”

“人又多漂亮！”

“那跟我不相干。”

“可是也不妨事啊。”高恩笑着说。

“我需要一个大卫，一个懂得唱的大卫，不需要美丽的海伦。”克利斯朵夫说。

经理好不为难地搔搔鼻子：“那很麻烦，很麻烦……可是她的确是个出色的艺术家：——我敢向你担保。也许她今天不大得劲。你再试一下看看。”

“好吧，”克利斯朵夫回答，“可是这不过是白费时间罢了。”

他重新开始排演。情形可是更糟。他几乎不能敷衍到曲子终了：他烦躁不堪，指点女歌手的口气先是还冷冷的不至于失礼，慢慢地竟直截了当，不留余地了；她花了很大的劲想使他满意，对他装着媚眼乞怜，只是没用。看到事情快要闹僵，经理就很小心地出来把练习会中止了。为了冲淡一下克利斯朵夫给人的坏印象，他赶紧去和女歌手周旋，大献殷勤；克利斯朵夫看了很不耐烦，神气专横地向他示意叫他过来，说道：

“没有什么可商量的了。我不要这个人。我知道人家心里会不舒服；可是当初不是我挑的。你们去想办法吧。”

经理神气很窘，弯了弯腰，满不在乎地回答：“我没办法。请你跟罗孙先生去说吧。”

“那跟罗孙先生有什么相干？我不愿意为这些事去麻烦他。”

“他不会觉得麻烦的。”高恩带着俏皮的口气说。

接着他指了指刚在门外进来的罗孙。

克利斯朵夫迎上前去。罗孙一团高兴地嚷着：“怎么？已经完啦？我还想来听听呢。那么，亲爱的大师，怎么样？满意不满意？”

“一切都很好，”克利斯朵夫回答，“我不知道向你怎么道谢才好……”

“哪里！哪里！”

“只有一件事不行。”

“你说吧，说吧。咱们来想办法。我非要使你满意不可。”

“就是那个女歌唱家。咱们自己人，不妨说句老实话，她简直糟透了。”

满面笑容的罗孙一下子变得冷若冰霜。他沉着脸说：“朋友，你这个话真怪了。”

“她太不行了，太不行了，”克利斯朵夫接着说，“没有嗓子，唱歌没有品，没有技巧，一点儿才气都没有。幸亏你刚才没听到！……”

罗孙的态度越来越冷了，他截住了克利斯朵夫的话，声音很难听的说：“我对特·圣德－伊格兰小姐知道得很清楚。她是个极有天分的歌唱家，我非常佩服的。巴黎所有风雅的人都是跟我一样的见解。”

说罢，他转过背去，搀着女演员的手臂出去了。正当克利斯朵夫站在那儿发呆的时候，在旁看得挺高兴的高恩，过来拉着他的胳膊，一边下楼一边笑着和他说：“难道你不知道她是他的情妇吗？”

这一下，克利斯朵夫可明白了。他们想表演这个作品原来是为了她，不是为了克利斯朵夫，怪不得罗孙这样热心这样肯花钱，他的喽啰们又这样上劲。他听高恩讲着那个圣德－伊格兰的故事：歌舞团出身，在小戏院里红了一些时候，就像所有她那一流的人一样，忽然雄心勃勃，想爬到跟她的身份更相当的舞台上去唱戏。她指望罗孙介绍她进歌剧院或喜歌剧院；罗孙也巴不得她能成功，觉得《大卫》的表演倒是一个挺好的机会，可以教巴黎的群众领教一下这位新悲剧人才的抒情天才，反正这角色用不到什么戏剧的动作，不至于使她出丑，反而能尽量显出她身段的美。

克利斯朵夫听完了故事，挣脱了高恩的手臂，哈哈大笑，直笑了好一忽。最后他说：

“你们真教我受不了。你们这些人都教我受不了。你们根本不把艺术放在心上。念念不忘的老是女人,女人。你们排一出歌剧是为了一个跳舞的,为了一个唱歌的,为了某先生或某太太的情人。你们只想着你们的丑事。我也不怪你们:你们原来是这样的东西,那么就这样混下去吧,挤在你们的马槽里去抢水喝吧,只要你们喜欢。可是咱们还是分手为妙:咱们天生是合不拢来的。再见了。"

他别了高恩,回到寓所,写了封信给罗孙,声明撤回他的作品,同时也不隐瞒他撤回的动机。

这是跟罗孙和他所有的徒党决裂了。后果是立刻感觉得到的。报纸对于这计划中的表演早已大事宣传,这一回作曲家和表演者的不欢而散又给他们添了许多嚼舌的资料。某个乐队的指挥,为了好奇心,在一个星期日下午的音乐会中把这个作品排了进去。这幸运对于克利斯朵夫简直是个大大的厄运。作品是演奏了,可是被人大喝倒彩。女歌唱家所有的朋友都约齐了要把这个傲慢的音乐家教训一顿;至于听着这阕交响诗觉得沉闷的群众,也乐于附和那些行家的批判。更糟的是,克利斯朵夫想显显演奏家的本领,冒冒失失地在同一音乐会里出场奏一阕钢琴与乐队合奏的幻想曲。群众的恶意,在演奏《大卫》的时候为了替演奏的人着想而留些余地的,此刻当面看到了作家就尽量发泄了,——何况他的演技也不尽合乎规矩。克利斯朵夫被场中的喧闹惹得心头火起,在曲子的半中间突然停住,用着挖苦的神气望着突然静下来的群众,弹了一段《玛勃洛打仗去了》,①——然后傲慢地说道:"这才配你们的胃口。"说完,他站起身来走了。

会场里登时乱哄哄地闹了起来。有人嚷着说这是对于听众的侮辱,作者应该向大家道歉。第二天,各报一致把高雅的巴黎趣味所贬斥的粗野的德国人骂了一顿。

然后是一片空虚,完全的,绝对的空虚。克利斯朵夫在多少次的孤独以后再来一次孤独,在这个外国的,对他仇视的大城里,比什么时

① 《玛勃洛》为通俗的儿童歌曲,其中的复唱句是:"玛勃洛打仗去了,不知什么时候回来。"

候都更孤独了。可是他不再像从前一样的耿耿于怀。他慢慢地有点儿觉得这是他的命运如此,终身如此的了。

他可不知道一颗伟大的心灵是永远不会孤独的,即使命运把他的朋友统统给剥夺了,他也永远会创造朋友;他不知道自己满腔的热爱在四周放出光芒,而便是在这个时候,他自以为永远孤独的时候,他所得到的爱比世界上最幸福的人还要丰富。

在史丹芬家和高兰德同时学钢琴的,还有一个年纪不满十四岁的女孩子。她是高兰德的表妹,叫作葛拉齐亚·蒲翁旦比,皮肤黄澄澄的,颧骨带点粉红,脸蛋很饱满,像乡下人一样的健康,小小的鼻子有点往上翘,阔大的嘴巴线条很分明,老是半开半阖的,下巴很圆,很白,神色安详的眼睛透着温柔的笑意,鼓得圆圆的脑门,四周是一大堆又长又软的头发,并不打鬈,只像平静的水波一般沿着腮帮挂下来。宽大的脸盘,沉静而美丽的目光,活像安德烈亚·德尔·萨尔托画上的圣处女。

她是意大利人。父母差不多成年住在乡下,在意大利北部的一所大庄子里:那边有的是平原,草场跟小河。从屋顶的平台上眺望,底下是一片金黄的葡萄藤,中间疏疏落落地矗立着一些圆锥形的杉树。远处是无穷尽的田野。四下里静极了。只听到耕田的牛鸣,和把犁的乡下人尖锐的叫喊:"吁嘻! ……走呀!"

蝉在树上唱,青蛙沿着水边叫。夜里,银波荡漾的月光底下,万籁俱寂。远远的,不时有些看守庄稼的农人蹲在茅屋里放几枪,警告窃贼表示他们醒在那里。对于蒙眬半睡的人们,这种声音跟在远处报时报刻的和平的钟声并没什么分别。过后,又是一片静寂包着你的心灵,好似一件衣褶宽博的软绵绵的大氅。

在小葛拉齐亚周围,生命似乎睡着了。人家不大理会她。她是在恬静的空气中自由自在地长大的。那么平静,那么从容。她性子懒懒的,喜欢东遛遛,西逛逛,没头没脑的尽睡。她会在园子里几小时的躺下去。她在静默中飘飘荡荡,好似一只苍蝇在夏日的溪水上轻轻拂弄。有时,她无缘无故地突然奔起来,奔着,奔着,像一头小动物,脑袋与胸脯微微向右边侧着,非常轻灵,自然。她简直是头小山羊,就为了喜欢蹦跳而在石子堆里溜滑打滚。她和小狗,青蛙,野草,树木,种田的人,院子里的鸡鸭,唠唠叨叨的说话。她疼爱周围的一切小生物,也很喜欢大人,可是不像对小东西那么毫无顾忌。她不大见到外界的人。庄子离城很远,完全是孤零零的。尘土飞扬的大路上,难得有个满面正经,拖着沉重的脚步的农夫,或是一个眼睛发亮,脸孔紫铜色的,美丽的乡下女人,昂着头,挺着胸,摇摇摆摆地走过去。葛拉齐亚在静悄悄的大花园里独自消磨日子:一个人也不看见,从来不厌烦,对什么也不怕。

有一次,一个流浪的汉子闯入冷落的田庄里想偷只鸡。他看见女孩子躺在草地上,一边哼着一支歌一边咬着一块长长的烤面包,不由得呆了一呆。她安闲地望着他,问他来做什么。他说:“给我一些东西,要不然我就吓你了。”

她把手里的面包递给了他,眼睛笑眯眯地说:“你别吓人啊。”

于是那浪人走了。

妈妈去世了。老爸爸心肠很好,很懦弱,是个世家出身的意大利人;他身子结实,性情快活,人很和善,就是有些孩子气,完全没能力管女孩子的教育。老蒲翁旦比的妹子,史丹芬太太,回来参加嫂子的葬礼,看见孩子那么孤单不由得很揪心,决意带她到巴黎去住些时候,让她忘记一下丧母的悲痛。葛拉齐亚哭了,老爸爸也哭了。可是史丹芬太太决定了什么事,大家只有服从的份儿,没有人能反抗的。她是一家之中最有决断的人;她在巴黎自己家里掌管一切:她的丈夫,她的女儿,她的情夫;——因为她对于责任和快乐能兼筹并顾,为人又实际又富于热情,——并且极喜欢交际,在外边非常活跃。

移植到巴黎之后,幽静的葛拉齐亚对着美丽的高兰德表姊深深地钟情起来,使高兰德看了好玩。人们把这个野生的和顺的小姑娘带到交际场和戏院去。大家继续拿她当孩子看待,她也自认为孩子,其实早已不是了。她颇有些自己藏得很紧而觉得害怕的感情,对于一个人一件东西常常会热情冲动。她暗中恋着高兰德,偷她一条丝带或一块手帕什么的;当着表姊的面,她往往一句话都说不出;而在等待的时候,知道就要看到表姊的时候,她又焦急又快活,简直会浑身颤抖。在戏院里,要是她先到了而后看见美丽的表姊穿着袒露的晚礼服走进包厢,受到众人注目的话,葛拉齐亚就满心欢喜地笑了,笑得那么谦卑,亲切,抱着一腔热爱;而高兰德和她一说话,她连心都为之化开了。穿着白色的长袍,美丽的黑发蓬蓬松松地披散在皮肤暗黄的肩上,把长手套放在嘴里轻轻咬着,又闲着没事把手指往手套里伸进一点,——她一边看戏一边时时刻刻回头看着高兰德,希望她对自己友好地瞧一眼,也希望把自己感到的快乐分点儿给她,用褐色的明净的眼睛表示:"我真爱你。"

在巴黎近郊的森林中散步时,她形影不离地跟着高兰德,坐就坐在她脚下,走就走在她前面,替她拨开伸在路中间的树枝,在没法插足的污泥中放几块石头。有天晚上,高兰德在花园里觉得冷了,问她借用围巾,她竟快活得叫起来,——(过后却又难为情,觉得不应该叫的,)——因为那等于她的爱人和她拥抱了一下,而围巾还给她的时候又留下了爱人身上的香味。

也有些她偷偷看着的书,有些诗——(因为人家还只给她看儿童读物)——使她感到一种慌乱的甜美的境界。还有某些音乐,虽然人家说她还不能领会而她也自以为不能领会,——她可感动得脸色发白,身上出汗。她那时的心情是谁都不知道的。

除此以外,她只是一个性情柔和的小姑娘:糊里糊涂的,懒洋洋的,相当贪嘴,动不动就脸红;有时几小时的不出声,有时咭咭呱呱的说个不休;容易哭,容易笑,会突然之间的嚎恸,也会像小孩子般纵声狂笑。毫无意思的一点儿小事就能使她乐,使她高兴。她从来不想装作大人,始终保存着儿童的面目。她尤其是心地好,绝对不忍心教人家难过,也绝对受不了别人对她有半句生气的话。她非常谦虚,老躲在一边;只要是她认为美与善的,她无有不爱,无有不钦佩;她往往一厢情愿地以为别人有如何如何的优点。

史丹芬家负责管她的教育,那是已经很落后的了。她跟克利斯朵夫学琴就是这样开始的。

她第一次看见他是在姑母家某次宾客众多的夜会上。跟无论哪种客人合不来的克利斯朵夫,尽弹着一阕没有完的柔板,把大家听得打呵欠:似乎快完了,又接了下去,使听的人以为是无穷无尽的了。史丹芬太太非常不耐烦,只是不便发作。高兰德却乐死了,觉得这可笑的局面挺有意思,也不怪克利斯朵夫感觉迟钝到这个地步;她只觉得他是一股力,而那股力使她很有好感,同时也认为很滑稽,但决不愿意为他辩护。唯有小葛拉齐亚被这音乐感动得眼泪都上来了。她躲在客厅的一角。最后她溜走了,因为不愿意让人家发现她的骚动,也因为受不了大家背后拿克利斯朵夫取笑。

几天之后,史丹芬太太在饭桌上说要请克利斯朵夫教她学琴。葛拉齐亚听了心里一慌,羹匙掉在汤盆里,把汤水溅在她自己跟表姊身上。高兰德便说她还得先学一学吃饭的规矩。史丹芬太太马上补充说,那可不能请教克利斯朵夫了。葛拉齐亚因为和克利斯朵夫一同受到埋怨,非常高兴。

克利斯朵夫开始上课了。她身子又僵又冷,手臂胶在身上没法搬动;克利斯朵夫拿着她的小手校正手指的姿势,把它们一只一只放在键盘上时,她竟要软瘫了。她战战兢兢,唯恐在他面前弹不好。但尽管练琴练到几乎害病,使表姊烦躁得叫起来,她当了克利斯朵夫的面总弹得不成样子:她喘不过气来,手指不是僵似木块,就是软如棉花;她把音弹糊涂了,重音也颠倒了;克利斯朵夫把她埋怨了一顿,生着气走了。那时她竟恨不得死掉才好。

他完全没注意她,只关心高兰德。葛拉齐亚看了表姊和克利斯朵夫的亲密很羡慕;虽然有些痛苦,但她那颗善良的小心毕竟替高兰德和克利斯朵夫欢喜。她认为高兰德远胜自己，所以大家的敬意归她一个人独占也是挺自然的。——直到后来她必须在表姊与克利斯朵夫两者之间挑选一个的时候，她才觉得自己的心已经不向着表姊了。她凭着小妇人的直觉咂摸出来，克利斯朵夫看了高兰德的卖弄风情和雷维-葛的拼命追求非常难过。她本能的不喜欢雷维-葛；而自从她知道克利斯朵夫厌恶他之后，她也厌恶他了。她不懂高兰德怎么能把雷维-葛放在和克利斯朵夫竞争的地位而引以为乐。她暗中开始用严厉的目光批判高兰德，一发觉她某些小小的谎话，便对表姊突然改变了态度。高兰德虽然觉得，可不明白为什么，以为那是小姑娘的使性。可是葛拉齐亚对她已经失掉信心是毫无疑问的了：高兰德从一桩小事情上可以感觉到。有天晚上，两人在园中散步，忽然来了一阵骤雨，高兰德有心表示亲热，想把葛拉齐亚裹在自己的大衣里面，免得她淋雨；要是在几星期以前，葛拉齐亚一定因为能够偎贴在亲爱的表姊怀里而感到说不出的欢喜，这一回她却冷冷地闪开了。并且高兰德说葛拉齐亚所弹的某支乐曲难听的时候，她还是照旧的弹，照旧的爱好。

从此她只关心克利斯朵夫。她的柔情使她有种直觉，能体会到他苦闷的原因。而以她那种孩子气的，多操心的关切，她也把他的痛苦大大地夸张了。她以为克利斯朵夫爱着高兰德，其实他对高兰德的关系仅仅是种苛求的友谊。她以为他很痛苦，所以她也为他而痛苦了。可怜她好心竟没得到好报：表姊把克利斯朵夫惹得冒火了，她就得代表姊受过；他心绪恶劣，借小学生出气，在琴上改她错误的时候极不耐烦。有天早上，克利斯朵夫被高兰德惹得格外气恼，在钢琴旁边坐下来的态度那么暴躁，把葛拉齐亚仅有的一些小本领都吓得无影无踪：她手足无措；他怒气冲冲地责备她弹错音符，更把她骇昏了，他又生了气，拿着她的手乱摇，嚷着说她永远没希望把一个曲子弹得像个样，还是弄她的烹饪或女红去吧，她爱做什么都可以，可是天哪！切勿再弄什么音乐，弹些错误的音叫人听了受罪！一说完，他掉转身子就走，课也没上完。可怜的葛拉齐亚把眼泪都哭尽了，那些难堪的话固然使她伤心,但更伤心的是她一心一意要使克利斯朵夫满意,结果非但没做到,反而搞出些糊涂事教自己心爱的人气恼。

后来克利斯朵夫不再上史丹芬家,葛拉齐亚就更痛苦了。她想回家乡去。这个连幻想都是那么纯洁的孩子,始终保存着朴实清明的心地,住在大都市里跟骚动狂乱的巴黎女子混在一起非常不惯。虽然不敢说出来,她已经把周围的人批判得相当准确。但她像父亲一样因为心好,因为谦虚,因为不敢信任自己而很胆小,懦弱。她让霸道的姑母和惯于支配一切的表姊摆布。虽然按期给父亲写着亲切的信,她可不敢告诉他说:"啊! 爸爸,把我接回去吧!"

老爸爸虽然心里极愿意,却也不敢接她回去。因为他怯生生地露出一些口风,史丹芬太太立刻回答他说,葛拉齐亚在巴黎很好,比跟他一起好多了,并且为她的教育,也应当留在巴黎。

可是终于有一天,这颗南国的小灵魂再也受不了放逐的痛苦,必须向着光明飞回去了。——那是在克利斯朵夫的音乐会之后。那天她和史丹芬一家一同在场,眼看那些群众以侮辱一个艺术家为乐,她心都碎了。……在葛拉齐亚眼里,艺术家就是艺术的化身,是生命中一切神圣的东西的化身。她想哭,想逃。但她非听完那些喧闹,嘘斥与叫嚣不可;回到姑母家还得听那些刻薄的议论,听高兰德一边哄笑,一边和吕西安交换些可怜克利斯朵夫的话。她逃到房里,倒在床上痛哭了半夜:她自言自语地和克利斯朵夫说着话,安慰他,恨不得把自己的生命献给他,因为毫无办法使他幸福而难过死了。从此,她不能再待在巴黎,求父亲接她回去。她说:

"我在这儿活不下去了,活不下去了,要是你让我再多留一些时候,我要死了。"

父亲马上赶了来;虽然抗拒刚强的姑母在父女两人都是极不容易的事,这一回他们也拿出最后一点儿意志,鼓足勇气把她顶住了。

葛拉齐亚回到酣睡如故的大花园里,不胜欣慰地跟她喜爱的自然界和生灵重新相聚。在她受过创痛而才安静下来的心中,她带来了一些北国的哀愁,仿佛一层薄雾,此刻给阳光照着,慢慢地融化了。她偶然想起苦恼的克利斯朵夫。躺在草坪上听着熟悉的蛙声跟蝉声,或是坐在她比以前接触更多的钢琴前面,她悠然想着自己看中的朋友;她和他几小时的低声谈着话,觉得有朝一日他可能推开门走进来的。她写了一封不署名的信,迟疑了好久以后,终于在一个早晨,瞒着人,心儿乱跳,走到三里以外,在农田的那一边,丢入本村的信箱。——那是一封亲切动人的信,告诉他说他不是孤独的,劝他不要灰心,有人在想念他,爱他,在上帝面前为他祈祷,——可怜的信,糊里糊涂地中途遗失了,他始终没收到。

随后,这个远方的女友仍然过着她单纯而宁静的岁月。意大利那种和平、恬静、安乐、默想的精神,又回到那颗贞洁沉默的心中,——可是关于克利斯朵夫的印象继续在她的心灵深处燃烧,像一朵静止不动的火焰。

克利斯朵夫完全不知道有股天真的温情远远地在关切他,将来还要在他的生命中占据极重要的地位。他也不知道就在他受辱的音乐会中,有一个将来成为他的朋友,成为他亲爱的伴侣,和他并肩携手,向前迈进的人。

他是孤独的。他自以为是孤独的。可是志气一点儿不消沉。他再没有从前在德国时那种悲苦郁闷的心境。他更强了,更成熟了;他知道是应该这样的。他对巴黎的幻想已经没有了:人到处都是一样的;应当忍受,不该一味固执,跟社会作无谓的斗争;只要心安理得,我行我素就行了。像贝多芬所说的:“要是我们把自己的生命力在人生中消耗了,还有什么可以奉献给最高尚最完善的东西?”他清清楚楚地体验到了自己的性格,也体验到了他从前批判得那么严厉的自己的种族。越受到巴黎气氛的压迫,他越觉得需要回到祖国,回到国魂所在的那些诗人与音乐家的怀抱中去。他一打开他们的书,仿佛满屋子都是阳光灿烂的莱茵的波涛,和那些被他遗弃的故人的亲切的微笑。

他曾经对他们多么无情无义！他们那种朴实的慈爱的宝藏，他怎么不早点儿发现呢？他不胜羞愧地想起自己从前在德国对他们说过多少偏激与侮辱的话。那时他只看见他们的缺点，笨拙而多礼的举动，感伤的理想主义，小小的谎言，小小的懦怯。啊！这些缺点跟他们伟大的德性相比，真是太不足道了！可是他当初怎么对他们的弱点会那样苛刻的呢？此刻他反因之而觉得他们更动人，更近人情了。在这个情形之下，他现在最受吸引的人便是以前被他用最蛮横的态度贬斥的人。对于舒伯特和巴赫，他有什么不客气的话没说过呢！如今他倒觉得跟他们非常接近。那些伟大的心灵，受过他的挑剔与讪笑的，对他这个亡命异国，举目无亲的人，笑容可掬地说着：

"朋友啊，我们在这里。你勇敢些吧！我们也受过非分的苦难！……可是临了我们还是达到了目的……"

于是他听见约翰·塞巴斯蒂安·巴赫的心灵像海洋一般的呼啸着：风狂雨骤，掩盖生命的乌云都给扫荡了，——有极乐的，痛苦的，如醉如狂的民众，有慈悲与和平的基督在他们上空翱翔，——多少城市被守夜的人叫醒了，居民欢欣鼓舞地迎着神明走去，他的脚声把世界都震撼了，①——无数的思想，热情，乐体，英雄生活，莎士比亚式的幻想，萨伏那洛拉式的预言，②牧歌式的，史诗式的，《启示录》式的幻象，蕴藏在这个歌唱教师身上！克利斯朵夫好像亲眼看到他这个人：双叠下巴，眼睛很小很亮，多褶的眼皮，往上吊的眉毛，性格阴沉而又快乐，有点可笑，脑子里充满着讽喻和象征，人是老派的，易怒，固执，心情高远，对人生抱着热情，同时又渴念着死……——在学校里，他是一个天才的学究，而那些学生是又脏又粗野，生着疮疖，像乞丐一般，唱歌的嗓子是嗄的，他常常跟他们吵架，有时和他们扭殴……——在家里他

① 巴赫作有《约翰福音所记的耶稣受难》与《马太福音所记的耶稣受难》两部圣乐，为音乐史上巨制。此段均系暗指两大圣乐中抒情的及戏剧化的境界。又巴赫曾任莱比锡圣多玛学校歌唱教师二十余年，故下文称其为"歌唱教师"。

② 萨伏那洛拉为意大利十五世纪时狂热的宗教家，曾于短时期内操纵佛罗伦萨的政局。

有二十一个孩子，十三个都比他死得早，①其中一个是白痴；其余都是优秀的音乐家，替他来些小小的家庭音乐会，……疾病，丧葬，争吵，贫困，侘傺不遇；——同时，他有他的音乐，他的信仰，解脱与光明，还有预感到的，一意追求而终于抓握到的欢乐，——神明的气息锻炼着他的筋骨，耸动着他的毛发，在他嘴里放出霹雳般的声音……噢！力！力！像雷震一般的欢乐的力！……

克利斯朵夫把这股力尽量吞下。他觉得在德国人心灵中像泉水般流着的这种音乐的力对他很有好处。这力往往是平庸的，甚至是粗俗的，可是有什么关系？主要的是有这股力，而且能浩浩荡荡地奔流。在法国，音乐是用滤水器一点一滴地注在瓶口紧塞的水瓶里的。这些喝惯无味的淡水的人，一看到长江大河式的德国音乐，就要吹毛求疵，挑德国天才的错误了。

“这些可怜的孩子！”克利斯朵夫这么想着，可忘了自己从前也一样的可笑过来，“他们居然找出了瓦格纳和贝多芬的缺点！他们需要没有缺陷的天才。仿佛狂风暴雨在吹打的时候会特别小心，一点都不扰乱世界上完整的秩序！……”

他在巴黎街上走着，对自己心中的力非常高兴。无人了解倒是更好！他可以更自由。天才的使命是创造，而要依着内心的法则创造一个簇新的有机体的世界，自己必须整个儿生活在里头。一个艺术家决不嫌太孤独。可怕的是，自己的思想反映到镜子里的时候被镜子把原来的形状改变了，缩小了。一件作品没有完成之前，不能告诉别人；否则你会没有勇气把作品写完；因为那时你在自己心中看到的已经不是你的，而是别人的可怜的思想。

如今他的梦想既不受任何外物的扰乱，就像泉水一样从他心灵的每一个角落，从他路上碰到的每一颗石子里飞涌出来。他所生活的境

① 所有巴赫的传记均称巴赫子女共二十人（前妻生七个，后妻生十三个），巴赫故世时（1750）尚生存者共有子女九人。作者言其子女共二十一人，有十三个比巴赫早故，不知何所据。

界像一个能见到异象的人的境界。他所见所闻的一切,在心中唤引起来的生灵与事物,跟实际的见闻完全不同。他只要听其自然,就能发觉他幻想中的人物都在周围活动。那些感觉会自动来找到他的。路人的目光,风中传来的语声,照在草坪上的阳光,停在卢森堡公园树上歌唱的小鸟,远处修道院里的钟声,卧室中瞥见的一角苍白的天空,一日之间时时变化的声音与风光:这些他都不用自己的而用着幻想人物的心灵去体会。——他觉得非常幸福。

可是他的情形比什么时候都更艰难。唯一的收入是靠几处的钢琴课,而那些差事都丢了。时方九月,巴黎人正在外省避暑,不容易找到新学生。他独一无二的学生是个又聪明又糊涂的工程师,在四十岁上忽发奇想,要做个提琴大家。克利斯朵夫的小提琴拉得不十分好,但总比他的学生高明;所以在某个时期内,他以每小时两法郎的代价每周给他上三小时的提琴课。过了一个半月,工程师厌倦了,突然发现他主要的天赋还是在绘画方面。——他把这个发现告诉克利斯朵夫的那一天,克利斯朵夫不禁哈哈大笑;笑完了,他把存款点了点数,原来只剩那个学生刚才付给他的十二法郎了。他可并不急,只想到此刻非另谋生路不可,又得上出版商那儿去奔走了。那当然不是有趣的事……管他!……何必事先烦恼呢?今天天气很好,还不如上墨东[1]去玩儿。

他忽然想到要走路了。走路可以促成音乐的收获。他心中装满了音乐,好似蜂房中装满了蜜一样;他对着在心头嗡嗡作响的金黄的蜜蜂笑着。往往那是一种转调极多的音乐。节奏是蹦蹦跳跳的,反复不已的,能够使你白日做梦……喝!关在屋里迷迷糊糊的时候,你以为能创造节奏吗?那只能像巴黎人一样杂凑一些微妙而静止的和声!

走得疲倦了,他便在林间躺下。树木微秃,天色像雁来红一样的蓝。克利斯朵夫恍恍惚惚在那里出神,他的梦也渐渐染上从初秋的白

① 墨东系巴黎近郊村镇,风景秀丽,为巴黎人常往游散之地。

云里漏出来的柔和的光彩。他的血在奔腾。他听到自己的思潮在胸中湍泻。它们从四面八方涌来:彼此冲突的新世界与旧世界,已往的心灵的片段,像一个城里的居民一般在他心头逗留过的、昔日的旅客。高脱弗烈特在曼希沃墓前说的话又给想起来了:他等于一座活的坟墓,多少亡人和多少不相识的人在其中蠢动。他听着这无量数的生命,很高兴让这个几百年的森林像管风琴般的奏鸣,其中有的是妖魔鬼怪,宛如但丁笔下的森林。他不再像少年时代那样的怕它们了,因为他有了能够控制它们的意志。他最快乐的莫过于挥着鞭子使野兽们咆哮,让自己清清楚楚地感觉到内心的动物园比以前更丰富了。他不是孤独的,也永远不会再孤独。他一个人等于整个的军队,几百年来那些快乐而健全的克拉夫脱都在他身上。跟仇视他的巴黎,跟一个种族对垒的时候,他也拿得出整个的种族,双方是势均力敌了。

他住的那个寒碜的旅馆,如今也嫌租金太贵而放弃了。他在蒙罗越区租了一间阁楼,虽然一无可取,空气倒很流通,穿堂风是不断的。好吧,他本来就需要畅快的呼吸。从窗里他可以看到一望无际的巴黎烟突。搬家的事一下子就办完了:一辆手推的小车已经足够;克利斯朵夫自己推着走。最贵重的家具,除了他的旧箱子以外,便是一个从那时起非常流行的贝多芬面像。他把它包得非常仔细,仿佛是件极有价值的艺术品。他和它是老在一起的。在巴黎的茫茫人海中,这是他栖身的岛屿,也是测验他精神的气压表。他心灵的温度,在那个面像上比在他自己的意识上标显得更清楚:一忽儿是乌云密布的天空,一忽儿是热情激荡的狂风,一忽儿又是庄严的宁静。

他不得不减少食粮,一天只在下午一点钟吃一顿。他买了一条粗大的香肠挂在窗上:每顿切着那么厚厚的一片,加上一大块面包,一杯自己发明的咖啡,就算是盛宴了。他还很想把那个量分做两顿吃。他恨自己胃口那么好,恶狠狠地骂自己像饿鬼似的,只想着肚子。其实他的肚子也不成其为肚子了,他比一条瘦狗还要瘦。至于身体上旁的部分倒很结实，骨骼像铁打的，头脑也始终很清楚。

他不大担忧什么明天的问题。只要有着当日的开支，他就不愿意操心。等到有一天不名一文了，他才决意再到出版商那里去转一转。可是到处都找不到工作。他两手空空地回来，路上走过高恩介绍过他的哀区脱的音乐铺子，他进去了，根本没记起以前在很不愉快的情形中来过这儿。他一进门便遇到哀区脱，来不及退出来，已经被哀区脱瞧见了。克利斯朵夫也不愿意露出退缩的神气，竟自向哀区脱走过去，不知道说些什么好，只预备必要的时候狠狠地顶他一下，因为他相信哀区脱对他一定还是傲慢的。事实可并不如此。哀区脱冷冷地伸出手来，说了几句普通的客套问他身体怎么样，并且不等克利斯朵夫要求，便指着办公室的门，自己闪在一旁让他进去。他对于这个意料之中而已经不再期待的访问，暗暗觉得欢喜。他表面上做得若无其事，实际上老在注意克利斯朵夫的行动；只要有机会听到他的音乐，他总去听。那次演奏《大卫》的音乐会，他也在场；对于群众的恶意，他一点儿不表惊奇，因为他素来瞧不起群众，而且他的确能感到作品的美。在巴黎，恐怕没有一个人比哀区脱更能赏识克利斯朵夫艺术的特色的了。可是他决不和克利斯朵夫说，不仅为了克利斯朵夫得罪过他，并且也因为要他和蔼可亲根本不可能：那是他天生的缺陷。他真心预备帮克利斯朵夫的忙，却绝对不肯自动表示：他等着克利斯朵夫上门来请求。现在克利斯朵夫既然来了，照理他很可以宽宏大量地借此机会消除他们以前的误会，不必教克利斯朵夫再那么委屈地向他开口；但他更喜欢让克利斯朵夫把请求的话从头至尾说一遍，并且还决意要把克利斯朵夫拒绝过的工作交给他做，哪怕只做一次也是好的。他给他五十页乐谱，要他改编为曼陀铃跟吉他的谱。这样以后，哀区脱看他已经屈服，也就满足了，便再给他一些比较愉快的工作，态度可始终那么傲慢，令人没法感激。而克利斯朵夫也真要被生活压迫得无路可走了，才会再来找他。话虽如此，他宁愿靠这些工作糊口，——不管是多么气人的工作，——而不愿受哀区脱周济。那是哀区脱试过一次的，而且也是出于诚意。克利斯朵夫早已感觉到哀区脱先要屈辱他然后帮助他的用意，所以即使不得不接受哀区脱的条件，至少可以拒绝他的施舍。他很愿意为他工作：有来有往，清清楚楚，可决不肯欠他一丝一毫的情。不像为了艺术而到处求人的瓦格纳，他绝对不把自己的艺术看得比灵魂更重；不是自己挣来的面包，他是咽不下去的。——有一回他把头天晚上做夜工赶起来的活儿送去的时候，哀区脱正在吃饭。哀区脱留意到他苍白的脸色和不由自主投向菜盘的目光，断定他还没吃东西，便邀他一起吃。用意是很好；但哀区脱那么明显的令人感到他是看出了人家的窘况，以致他的邀请也像是布施了：那是克利斯朵夫宁可饿死也不接受的。他不得不坐在饭桌前面，——（因为哀区脱有话跟他说）；——但对于盘里的菜丝毫不动，推说才吃过饭。其实他正是饿火中烧呢。

克利斯朵夫很想不去找哀区脱；可是别的出版商比哀区脱更要不得。——另外有一般有钱的音乐玩赏家，想出一句半句的音乐而不会写下来，便把克利斯朵夫叫去，对他哼着自己呕尽心血的结晶，说道："你听，这多美啊！"

他们把这一句半句交给克利斯朵夫，要他拿去"发展"，——（就是说把它写完篇）；——结果他们用自己的名字在一家大书铺出版。随后他们认为这件作品的确是自己写的了。克利斯朵夫就认得一个这样的人，旧家出身，手脚忙个不停的高个子，称他"亲爱的朋友"，抓着他的手臂，做出非常热心的表情，凑着他的耳朵嘻嘻哈哈，嘟嘟囔囔地说些胡话，不时还大惊小怪地叫几声：什么贝多芬啊，魏尔仑啊，奥芬巴赫啊，伊薇德·吉尔贝啊①……他要克利斯朵夫工作，可不想给酬报：只请他吃几顿饭，拉几下手就算了。最后他送给克利斯朵夫二十法郎，克利斯朵夫居然还那么傻，为了交情而不肯收。而那天他袋里的钱连一法郎都不到，同时还得买一张二十五生丁的邮票寄母亲的

① 伊薇德·吉尔贝（1867—1944），法国近代著名歌女，以善唱杂曲小调红极一时。

信。那是鲁意莎的命名节,克利斯朵夫无论如何要去封信的:可怜的妇人把儿子的信看得太重了,怎么也少不了。虽然写信对她是桩苦事,最近几个星期她来信也比往常多了些。她受不了孤独的痛苦,又下不了决心到巴黎来住在儿子一起:她胆子太小,又舍不得她的小城,她的教堂,她的家;她怕出门。况且即使她愿意来,克利斯朵夫也没有路费给她;他自己过日子的钱也不是天天有呢。

使他非常高兴的是有一次洛金寄东西给他:克利斯朵夫为了她而跟普鲁士兵打架的那个乡下姑娘,写信来说她已经结婚了,附带报告他妈妈的消息,寄给他一篮苹果和一方喜糕。这些礼物来得正好。那天晚上他正守着饿斋,又是四季斋,又是封斋,[①]挂在窗口钉子上的腊肠只剩一根绳子了。一收到这些礼物,克利斯朵夫自比为由乌鸦把食物送到岩上来的隐士。但那乌鸦大概忙着要给所有的隐士送粮,以后竟不再光顾了。

虽然情形这样苦,克利斯朵夫依旧不减其乐。他在面盆里洗衣服时,蹲在地下擦皮鞋时,嘴里老打着唿哨。他用柏辽兹的话安慰自己:“我们应当超临人生的苦难,用轻快的声音唱那句欢乐的祷词:震怒的日子……”[②]——他有时把这句唱到一半,停下来哈哈大笑,使邻人听了大为惊愕。

他过着非常严格的禁欲生活。正如柏辽兹说的:“情人生涯是有闲和有钱的人的生涯。”克利斯朵夫的穷,谋生的艰苦,饮食极度的俭省,创造的热情,使他没有时间也没有心绪去想到寻欢作乐。他不但表示冷淡,而且为了厌恶巴黎的风气,竟变了极端的禁欲主义者。他拼命要求贞洁,痛恨一切淫秽的事。那并非说他没有情欲。在别的时候,他也放纵过来。但他那时的情欲还是贞洁的:因为他所追求的不是肉体的快乐,而是绝对的舍身忘我与丰满的生命。而当他一发现不

① 基督旧教教会规定,每季之初的星期三、五、六应当守斋,谓之四季斋。复活节前的星期三至复活节(星期日)之间的守斋,称为封斋。

② 追思弥撒祭中有四段祷文,每段首句都是:“震怒的日子……”

是那么回事的时候,就不胜气愤地排斥情欲。他认为淫欲不是普通的罪恶,乃是毒害生命的大罪恶。凡是心中还有些古老的基督教道德而不曾被外来的沙土完全湮没的人,凡是今日还能感到自己是强健的种族(就是凭着英勇的纪律而缔造西方文明的)的后裔的人,都不难了解克利斯朵夫。他瞧不起那个国际化的社会把享乐当作独一无二的目标,独一无二的信条。——当然,我们应当求幸福,希望人类幸福,应当把野蛮的基督教义两千年来堆积在人类心头的悲观主义一扫而空。但我们必须存着造福人群的豪侠的信念。否则所谓求幸福是为的什么?不是极可怜的自私自利吗?少数的享乐主义者竭力想冒最少的危险去换最大的快乐,不管别人死活。——是的,他们这种沙龙里的社会主义,我们领教过了!……他们的享乐主义只宜于“肥头胖耳”的民众,只宜于安富尊荣的“特殊阶级”,对于穷人却是一味致命的毒药:这些道理在提倡享乐主义的人不是比谁都明白吗?……

“享乐的生活是有钱人的生活。”

克利斯朵夫不是个有钱的人,而且天生他是不会有钱的。他挣了一些钱就花在音乐上面,省下饭食去买音乐会门票。他买着最便宜的座位,在夏特莱戏院最高的一层楼上。他心中充满了音乐,音乐代替了他的宵夜跟情妇。他那么渴望幸福,又那么容易满足,对于乐队的不够标准简直不以为意。他在两三个钟点以内快乐得迷迷糊糊,演奏的格调不高,音符的错误,只能使他泛起一点儿宽容的笑意:他踏进会场已经把批评精神丢开了;他这是为了爱而非为了批判来的。在他周围,群众也像他一样的一动不动,半阖着眼睛,在无边的梦境中载沉载浮。克利斯朵夫仿佛看见一群人掩在黑影里头,蜷做一堆,像一头巨大的猫,津津有味地体验着、培养着他们的幻觉。半明半暗的黄澄澄的光线中,很神秘地显出几张脸,那种无可形容的风度,悄然出神的姿态,引起了克利斯朵夫的注意与同情:他留恋它们,听着它们,终于和它们身心融成一片。有时那些心灵中也有一个会觉察到,双方在音乐会的时间内隐隐然起一种共鸣的作用,互相参透生命中最隐秘的部分,直到音乐会终了,沟通心灵的洪流才会中断。这种境界,是一般爱好音乐的人,尤其是年轻而尽情耽溺的人所熟知的:音乐的精华主要是由爱构成的,所以一定要在别人心中体验才能体验得完满;唯其如此,音乐会中常常有人不知不觉地四处窥探,希望能在人堆里找到一个朋友,来分享他自个儿担受不了的喜悦。

在克利斯朵夫为了要充分领略音乐的甜美而挑选的这批临时朋友中间,有一张在每次音乐会上都遇见的脸,特别吸引他。那是个风骚的女工,不懂音乐而极喜欢音乐的。她的侧影好像一头小野兽,一个笔直的小鼻子比她微微撅起的嘴和细巧的下巴只突出一点,往上吊的眉毛很细,眼睛很亮:完全是无愁无虑的女孩子,在她那个淡漠的恬静的外表之下,有的是爱笑爱快活的心情。这些轻佻的姑娘,年轻的女工,也许最能映出久已绝迹的清明之气,像古希腊雕像和拉斐尔画上所表现的。当然这境界在她们的生命中不过是一刹那,欢情觉醒的一刹那,很快就萎谢的。但她们至少有过一忽儿美妙的光阴。

克利斯朵夫望着她非常高兴:一张可爱的脸永远使他心里很舒服,他能够欣赏而不动欲念,只从中汲取欢乐,力,安慰,——甚至于德性。不必说,她很快就注意到他在看她;而他们之间也不知不觉有了那种磁性的交流。并且因为差不多在每次音乐会中都坐着老位置,两人不久便熟悉了彼此的口味。听到某些段落,他们互相会心地瞧一眼;她要是特别喜欢某一句,就微微吐着舌头,好似要舔嘴唇的样子,要是她觉得某一句不对劲,就不胜轻蔑地撅着嘴。这些小小的表情有点儿无心的做作,那是一个人知道自己被人注意的时候免不了的。有时听到严肃的作品,她颇想做出庄严的神气:侧着脑袋,集中精神,脸上挂着点笑意,眼梢里觑着他是否注意她。他们俩已经成为很好的朋友,虽然从来没说过一句话,甚至也不想(至少在克利斯朵夫方面)在音乐会散场的时候见见面。

碰巧他们在某次晚上的音乐会中坐在一起。笑容可掬地迟疑了一忽,两人终于友好地攀谈起来。她声音很好听,关于音乐说了许多傻话,因为她完全不懂而要装懂;但她的确非常喜欢。最坏的跟最好的,马斯内与瓦格纳,她都爱好,只有那些平庸的东西她才厌烦。音乐对她是一种刺激感官的享乐,她全身的毛孔都在吸收,好似达娜哀的吸收黄金雨。[①]《特里斯坦》的序曲使她浑身发抖;《英雄交响曲》使她如临战阵,非常痛快。她告诉克利斯朵夫说贝多芬聋而且哑,但虽然这样,虽然他生得奇丑,要是她认识他,她一定会爱他。克利斯朵夫分辩说贝多芬并不怎么丑;于是他们讨论到美丑问题;她承认这是看各人口味而定的,这一个人认为美的,另一个人可以认为不美:"人不是金洋钱,没法讨每个人欢喜。"——克利斯朵夫宁可她不开口,那时倒更能听到她的内心。音乐会中奏到《伊索尔德之死》的那一段,她把汗湿的手递给他;他把它握着,直到乐曲终了;他们在勾连在一起的手指上感觉到交响乐的波流。

他们一同出场;快到半夜了。两人一边谈一边向拉丁区走去;她挽着他的胳膊,由他送回家;到了门口,她正想替他带路,他却告辞了,全没注意到她鼓励他留下的眼色。她当场不禁为之愕然,继而又大为气恼;过了一忽儿,她想到他这么蠢又笑弯了腰,回到房里脱衣服的时候,她又生起气来,终于悄悄地哭了。她在下次音乐会中碰到他,很想装出气恼,冷淡,使性的神气。但他那么天真朴实,使她的心软了下来。他们又谈着话,只是她的态度比较矜持了些。他很诚恳地,同时极有礼貌地和她谈着正经,谈着美妙的事,谈着他们所听的音乐和他的感想。她留神听着,竭力要跟他一般思想。她往往捉摸不到他说话的意义,可照旧相信他。她对克利斯朵夫暗暗抱着一种感激的敬意,面上却差不多不露出来。由于一种不约而同的心理,他们只在音乐会场上谈天。有一回他看见她跟许多大学生在一起。他们俩很庄严地行了个礼。她对谁都不提起他。她心灵深处有一个神圣的区域,藏着

① 希腊神话载:阿尔哥王阿克利西奥西斯因神示将被其生女达娜哀所杀,乃将达娜哀幽禁塔中,达娜哀为宙斯所恋,化身为黄金雨潜入塔中。

些美妙的,纯洁的,令人安慰的东西。

这样,克利斯朵夫用不着有所行动,光是有他这样一个人,就能给人一种心神安定的影响。他走到哪儿都不知不觉地留下一点儿内心的光。他自己可绝对想不到。在他身旁,就在他一座屋子里面,有些他从未见过的人,也在无意中慢慢地感受到他的嘉惠于人的光辉。

几星期以来,克利斯朵夫便是守斋也没有钱上音乐会去了,寒冬已届,在他那间最高层的屋子里,他冻僵了,不能再一动不动地坐在桌子前面。于是他下楼到巴黎街上乱跑,想靠走路来取暖。他常常会忘了周围熙熙攘攘的人,遁入无穷无极的时间中去。只要看到喧闹的街道之上,凄冷的明月挂在天空,或是白茫茫的雾里透出一轮红日,他就会觉得烦嚣的市声登时消灭,整个的巴黎沉入了无垠的空虚,那些生活景象仿佛是久已过去的几百年以前的生活的影子……文明的外衣没有能完全遮盖了的,自然界中的犷野的生活;只要有点儿极细微的,平常人无从感知的征象,就能使克利斯朵夫窥到那生活的全豹。在街面的石板缝中长出来的青草,在荒瘠的大街上,在没有空气没有泥土的铁栏中抽芽的树木,跑过的一条狗,飞过的一只鸟,充塞于原始天地而被人类毁灭了的野兽的最后一批遗迹,一群飞舞的蚊蚋,侵蚀一个市区的无形的疫疠:光是这些现象,已经能够使大地的浩然之气冲出闭塞的人类暖室,吹在克利斯朵夫的脸上,鞭策他的生命力把它鼓动起来。

在这种长时间的散步中,——往往饿着肚子,几天的不跟任何人交谈,他可以无穷无尽地做着梦。饥饿与沉默更刺激了这种病态的倾向。夜里他睡眠不安,做着累人的梦,时时刻刻看到他的老家,看到儿时的卧室;音乐老是和他纠缠不清。白天,他又跟那些躲在他心中的人,亲爱的人,离别的与亡故的人谈着话。

十二月里一个潮湿的下午,坚硬的草地上盖着冰花,灰色的屋顶与穹窿在大雾中变得一片迷糊,枝干裸露的树,瘦长的,畸形的,浴着水汽,好似海洋底下的植物,——克利斯朵夫从上一天起就老打着寒噤,无论如何不能使自己温暖,便走进了他不大熟识的卢浮宫。

至此为止,绘画没有使他怎么感动过。他太耽溺于内心的天地了,来不及再去把握色与形的世界。它们对他的影响仅限于它们跟音乐共鸣的部分,而那只能给他一种变了样的影子。当然,他也本能地隐隐约约地感觉到,眼睛看的形式与耳朵听的形式,它们的和谐都受着同样的规则支配;他也感觉到心灵深处的水波便是色彩与声音两条巨川的发源地,只是在人生的分水岭上往两个相反的方向分了路,灌溉着两个不同的山坡。但他只认得两个山坡中的一个,到了要应用眼睛的王国内就迷路了。所以那眼神清朗,号称为光明世界的王后的法兰西,它最动人而也许最自然的魅力的秘密,克利斯朵夫始终没有发现。

即使克利斯朵夫对绘画感兴趣,以他十足地道的德国人气息,也不容易接受一种这样不同的视觉的境界。有些风雅的德国人唾弃德国人的感觉而醉心于印象派,或是十八世纪的法国画,——有时还自命为比法国人了解得更深刻:克利斯朵夫可不是这样。跟他们比较,他也许是个野蛮人;但他老老实实做着野蛮人。布歇画上的粉红色的臀部;华托的下巴肥胖、多愁多病的才子,肌肉丰满的美人,胸衣高耸而精神完全是浮华空虚的人物;格勒兹的一本正经的眼风;弗拉戈纳尔的撩得很高的衬衣:所有这些富有诗意的裸体的玩意儿①给他的印象不过跟一份专讲色情的时髦报纸相仿。他完全没感觉到画上富丽堂皇的和谐。欧洲最精练的古文明的,那种绮丽的而有时也带点凄凉的梦境,对他是更生疏了。对于十七世纪的法国画,他也不见得更能赏识繁文缛节的虔诚,讲究气派的肖像;几个最严肃的大师的冷淡与

① 布歇等四人均为法国十八世纪画家。绘画采用妇女作题材,以法国十八世纪为最盛。布歇(1703—1770),法国画家,版画家和设计师。华托(1684—1721),法国画家。格勒兹(1725—1805),法国风俗画家和肖像画家。弗拉戈纳尔(1732—1806),法国画家,布歇的学生。

矜持的态度,尼古拉·普桑严峻的作品,和菲利浦·特·尚佩涅色彩不鲜明的人像上所表现的灰色的灵魂,①正是教克利斯朵夫和法国古艺术无从接近的。此外,他根本不认识新派艺术;而即使认识了,恐怕也不免于认识错误。在德国的时候他受到相当诱惑的现代画家只有一个伯克林②,但这位作家也不会使克利斯朵夫了解拉丁艺术。克利斯朵夫所领会的是这个粗暴的天才的原始与粗野的气息。他的眼睛看惯了生硬的颜色,看惯了那个如醉如狂的野蛮人的大刀阔斧的东西,当然不容易接受法国艺术的半明半暗的色调与柔和纤巧的和谐。

但一个人生活在一个陌生的环境里决不能无所沾染。环境多少要留些痕迹在你身上。尽管深闭固拒,你早晚会发觉自己有些变化的。

那天傍晚在卢浮宫一间间的大厅上溜达的时候,他就有些变化了。他又累,又冷,又饿;厅上只有他一个人。在他周围,荒凉的画廊罩着阴影,那些睡着的形象开始活动了。克利斯朵夫浑身冰冻,悄悄地在埃及的斯芬克斯,亚述的怪物,班尔赛巴里的公牛,巴利西的巨蛇中间走过。③ 他觉得自己进了神话世界,心头有些神秘的激动。人类的幻梦,——心灵的各种奇异的花,——把他包裹着……

走进连尘埃都是黄澄澄的书廊,色彩灿烂的果园,没有空气的图画之林,像发烧一般而快要病倒的克利斯朵夫,精神上突然受到一个极大的震动。——他被饥饿,室内的温度,和五光十色的图画搅得昏昏沉沉,视而不见地走着:他头晕了。走到靠着塞纳河的画廊尽头的地方,他站在伦勃朗的《善心的撒玛利亚人》前面,怕自己倒下,双手抓着画前的铁栏杆,把眼睛闭了一会。等到重新睁开眼来,看着那幅跟他的脸非常贴近的画的时候,他给迷住了……

---

① 普桑(1594—1665)与特·尚佩涅(1602—1674),为十七世纪法国画家。两人均为法国古典画派之宗师。

② 伯克林为十九世纪瑞士画家,以色彩强烈著称,兼有写实主义与浪漫主义的作风。作品侧重于表现思想,时或失之晦涩费解。

③ 按此系指卢浮宫底层的古代雕刻陈列室。

日光将尽。它已经远去,已经死了。看不见的太阳往黑暗中沉没了。这个奇妙的时间,心灵经过了一天的工作,困倦交加,入于麻痹状态,正好是精神的幻觉起来活动的时候。一切都寂静无声,只听见血在脉管里流动。无力动弹,气息仅属,心里头一片凄怆,没法自主了……只希望能投入一个朋友的怀里……只希望有奇迹出现,觉得它就要出现了……是的,它来了!昏暗的暮色中闪出一道金光射在壁上,射在背着垂死者的人的肩上,浸润着那些平凡的东西与卑微的人物,于是一切都显得和平甘美,有了神明的光辉。上帝亲自用他那双有力而仁爱的手臂紧紧搂着那些受难的、病弱的、丑陋的、贫穷的、肮脏的人,搂着那个袜子掉在脚跟上的仆人,那些蜂拥在窗下的畸形的脸,那些一言不发、心怀恐怖的麻木的生灵,——紧抓着伦勃朗画上所有的可怜的人,那群除了等待、哆嗦、哭泣、祈求以外一无办法的,受着束缚的,微不足道的灵魂。[①] ——可是上帝就在这儿。我们并不看到他的本相,只看到他的光轮,和他照在众人身上的光影。

克利斯朵夫摇摇晃晃地走出卢浮宫,头痛欲裂,什么都看不见了。在街上,他竟不大注意到石板之间的水洼和在鞋子里直淌的雨水。天快黑了,塞纳河的上空一片昏黄,一朵内心的火焰却像一盏灯似的在那里照着。克利斯朵夫的眼睛始终还在着魔的状态。他觉得什么都不存在:车辆并没震动街道;行人湿透的雨伞并没撞着他的身体;他并没在街上走,也许是坐在家里,做着梦;也许他已经不存在了……突然之间——(他身子虚极了!)——他一阵头晕,觉得自己要像石块似的向前倒下去了……但那不过是一刹那的事:他紧了紧拳头,挺了挺腿,马上把身体撑住了。

正在那个时候,正当他的意识从深渊里浮起来的一刹那,他的目

① 此节所述的景象,均以伦勃朗原作《善心的撒玛利亚人》画上的实景为主。据《新约·路加福音》第十章载,有一男子中途被盗,受伤垂死。一教士及一利未族祭司行经其旁,均不顾而去。素为犹太人痛恨之撒玛利亚人过而怜之,为之疗伤,以马载之而去。此乃耶稣为诠释“爱邻如爱己”一语所说之故事。后世文人画家多以此为题材,伦勃朗此作尤为知名。

光冷不防跟街道对面一道他很熟识而似乎在呼唤他的目光碰在了一处。他停下来,愣了一愣,心里想在哪儿见过的。过了一忽他才认出这双凄凉而温柔的眼睛,原来就是那个被他在德国无意中砸了差事,他竭力想向她道歉而没有能找到的法国女教员。她也在喧闹的人群中站住了,望着他。他忽然看见她想排开众人,走下人行道,向他这边过来。他赶紧迎上前去;可是无数的车辆拥塞在一起,把他们隔离着;他还看见她在人墙那一边挣扎;他想不顾一切地冲过去,不料被一匹马撞了一下,在泥泞的柏油路上滑跌了,差点儿给压死;等到他浑身泥污地爬起来,好容易到了对面阶沿上,她已经不见了。

他想追着去找她。可是又来了一阵头晕,只得罢了。病已经发作,他明明觉得而不肯承认,还固执着不肯就回去,反而绕着远路走。但这不过是自讨苦吃:临了他非认输不可;他手瘫脚软,好容易才回到家里。在楼梯上,他又透不过气来,只能坐在踏级上歇一歇。进了冰冷的卧室,他还硬撑着不睡,坐在椅子上,浑身浸透了雨水,脑袋重甸甸的,呼吸急促,昏昏然听着那些跟他一样困惫的音乐。《未完成交响曲》的句子在他耳边掠过。可怜的舒伯特!他写这个曲子的时候也是孤独的,发着高热,神思恍惚,处于大梦以前的半麻痹状态:他坐在火边沉思遐想,懒洋洋的音乐在四面飘浮,好比不大流畅的水;他耽溺在那个境界里,仿佛一个半睡半醒的儿童对着自己编造的故事出神,翻来覆去地念着其中的一段;然后是睡眠来了……死神降临了……而克利斯朵夫也听见另外一段音乐在耳边飘过,那境界像一个人双手滚热,眼睛紧闭,堆着一副憔悴的笑容,心里充满着叹息,正在想象那个解脱一切的死;那音乐便是巴赫的《康塔塔》中第一段合唱:*亲爱的上帝,我何时死?*……多舒服!沉浸在这些波折柔缓的,刚健婀娜的乐句中,像朦胧一片的远钟……死,跟大地的和平恬静合而为一!……“然后连自己也化为尘土……”

克利斯朵夫振作了一下,排斥这些病态的思想,不让那个想把病弱的灵魂吞噬的女妖的笑影诱惑。他站起身子想在房里走走,可是支持不住。他发冷发热,打着哆嗦,不得不躺上床去。他觉得这一回情形真是严重了,但他精神决不屈服,决不像一般害了病就让病魔摆布的人。他竭力挣扎,不愿意害病,尤其是打定主意不愿意死。他还有在家乡等着他的可怜的妈妈,他还有他的事业要干:他决不让疾病来致他死命。他咬紧着打战的牙齿,迸足着正在消失的意志;好似一个善于泅水的人和惊涛险浪搏斗。他时时刻刻往下沉:一片呓语,一堆杂乱的形象,或是故乡的或是巴黎沙龙的回忆;还有节奏与乐句的纠缠,无穷无尽地在那里打转,像马戏班中的马;还有《善心的撒玛利亚人》突然放出来的那道金光;黑影里的可怖的面貌;然后是深渊,是黑暗。过了一忽,他重新浮起,撕破那些妖形怪相的云雾,拳头与牙床都在抽搐。他拼命抓着他现在和过去的一切所爱的人,抓着刚才瞥见的女友的脸影,抓着他疼爱的妈妈,抓着他永远不灭的本体,觉得那是大海之中的岩石:"死神吞噬不了的"……——可是岩石又被海水湮没了,一个巨浪把灵魂冲开了。克利斯朵夫重新在昏迷中挣扎,说着荒唐的呓语,他在指挥,在演奏,一个幻想的乐队:长号,圆号,钹,定音鼓,巴松管,低音提琴……他发狂般的乱拉,乱吹,乱打,做出演奏各种乐器的动作。可怜他郁积着的音乐在胸中翻腾。几星期以来既不能听,又不能演奏,他像一口受着高压力的汽锅,差不多要爆裂了。某些纠缠不已的乐句像螺旋般钻进他的脑子,刺着耳膜,使他痛得直嚷。高潮过去以后,他倒在枕上,累得要死,浑身是汗,软瘫着,上气不接下气地快窒息了。他在床前放着水瓶,常常喝几口。隔壁屋子的声响,顶楼上关门的声音,都把他吓得直跳。他在昏懵中痛恨那些四周的人物。但他的意志始终在奋斗,它吹起英勇的军号和魔鬼宣战……"即使世界上都是妖魔,即使它们要吞噬我们,我们也不怕……"

而在他翻滚不已的,火辣辣的,黑暗的海面上,忽然展开一片平静的境界,透出一些光明,小提琴与七弦琴静静地在那里低吟,小号与圆号庄严肃穆地吹出胜利的曲调,同时病人心头又奏起一阕不屈不挠的歌,好似抵御狂涛的一堵巨墙,好似约翰·塞巴斯蒂安·巴赫的圣歌。

正当他发着高热和幽灵挣扎,胸部快要闷塞而竭力撑拒的时候,他迷迷糊糊地觉得房门打开了,有个女人拿着一支蜡烛走进来。他以为又是一个幻象。他想说话而不能,又晕过去了。每隔一些时候,他神志清醒一些,觉得有人把他的枕头垫高了,脚上添了一条被,背后又有些热腾腾的东西;或是睁开眼来,看见床跟前坐着一个脸并不完全陌生的女子。随后他又看到另外一张脸,原来是个医生在替他看病。克利斯朵夫听不清他们的话,但猜到是说要把他送医院。他想跟他们争,想大声地嚷着说不愿意去,宁可孤零零地死在这儿;可是他嘴里只发出一些莫名其妙的声音。那女的居然懂得他的意思,代他拒绝了,回过来安慰他。他竭力想知道她是谁。等到他好容易能讲出一句有头有尾的话的时候,他就提出这个问句。她回答说她是他顶楼上的邻居,因为听到他哼唧,就冒昧地进来了,以为他需要什么帮助。她恭恭敬敬地请他不要耗费精神说话。他听从了。并且刚才费了一点劲已经筋疲力尽,他只能躺着不动,一声不出,可是头脑继续在工作,拼命要把一些散乱的回忆归在一起。他在哪儿见过她的呢?……终于想起来了,不错,他是在顶楼的走廊里见过的;她是个帮佣的,叫作西杜妮。

他半阖着眼睛望着她,她可没有发觉。她个子很小,表情严肃,脑门鼓着,往后梳的头发把苍白的腮帮的上部和太阳穴都露在外边,骨头很显著,短鼻子,淡蓝眼睛,眼神又温和又固执,厚嘴唇抿得很紧,皮肤带点儿贫血,神气很谦卑,深藏,有点发僵。她非常热心地照顾着克利斯朵夫,可是不声不响,不表示亲密,从来不忘了她女仆的身份和阶级的区别。

等到他病势减轻而能聊天的时候,他的忠厚诚恳使西杜妮说话比较随便了些,但她始终提防着,有些事(他看得出来)她是不说的。她一方面很谦虚,一方面很高傲。克利斯朵夫只知道她是布列塔尼人,本乡还有个父亲,她提到的时候说话很小心;可是克利斯朵夫不难猜到他是个游手好闲的酒鬼,只管寻欢作乐而剥削女儿;她的傲气使她一声不出地让他剥削,经常把一部分工资寄给他;她肚里可完全明白。另外她还有个妹子正在预备受小学教师的检定试验,那是她觉得挺得意的。妹子的教育费差不多全部归她负担。她做活非常卖力。

"你现在的位置不坏吗?"克利斯朵夫问她。

"是的,可是我想离开。"

"为什么?是不是不满意主人?"

"噢!不是的;他们对我很好。"

"那么是工钱太少了?"

"也不是的……"

他不大明白,想要了解她,逗她说话。但她讲来讲去不过是她单调的生活,谋生的艰难,而她也不在乎这些:她不怕工作,那是她的一种需要,几乎是种乐趣。她不说自己最感压迫的是无聊。他只是猜到。慢慢地,由于深切的同情所引起的直觉,而这直觉是因为疾病的刺激而变得更敏锐,因为想起亲爱的老母在同样生活中所受的苦难而变得更深刻的,他居然能看透西杜妮的心事。他仿佛身历其境地看到这种闷人的,不健康的,反自然的生活,——在布尔乔亚社会中,这是当仆人的最普通的生活;——他看到那些并不凶恶可是漠不关心的主人,有时除了差遣之外几天不跟她们说一句话。她整天坐在没法喘气的厨房里,一扇天窗也是被柜子挡着,望出去只看见一堵肮脏的白墙。所有的快乐就是主人们漫不经意地说一声沙司做得不错或是烤肉烤得恰到好处。幽禁的生活,没有空气,没有前途,没有一点欲念与希望的光,对什么都不感兴趣。——最苦闷的时间是主人们到乡下过假期的时候。他们为了经济关系不带她一块儿去,付了她工钱,可不给她回家的路费,让她自己有钱自己去。她既没有这个欲望,也没这个能力。于是她孤零零地待在差不多空无一人的屋子里,不想出门,甚至也不跟别的仆役搭讪;她瞧不起她们,因为她们粗俗,不规矩。她不出去玩儿,生性很严肃,俭省,又怕路上碰到坏人。她在厨房或卧室里坐着:从卧室望出去,除了烟突之外,可以看见一所医院的花园里一株树的树顶。她不看书,勉强做些活儿,迷迷糊糊的,百无聊赖,烦闷得哭了;她能无穷无尽地净哭,哭简直是她的一种乐趣。但是她烦恼到极点的时候,连哭都哭不出来,心像冻了冰一样。随后她竭力振作起来,或是自然而然地又有了生意。她想着妹子,听着远处的手摇风琴声,胡思乱想,老是计算要多少天做完某件工作,要多少天才能挣多少钱;她常常算错,便重新再算,终于睡着了。日子过去了。

除了这种特别消沉的情形,她也有像儿童般爱取笑的快活劲儿。她笑别人,笑自己。她对于主人们的行为并非见不到,心里也并非不加批判:例如他们因为无所事事而来的烦恼,太太的郁怒和发愁,所谓优秀阶级的所谓正经事儿,对一幅画,一曲音乐,一本诗集的兴趣。她只有健全而粗疏的判断力,既不像十足巴黎化的女仆那么充时髦,也不像内地老妈子那样只崇拜她们不了解的东西;她对于弹琴,谈天,一切文雅的玩意儿,不但没用而且可厌的,在自欺欺人的生活中占着偌大位置的事,都抱着敬而远之的轻蔑态度。她不免把自己过的现实生活,和这种奢侈生活的虚幻的苦乐,似乎一切都由烦闷制造出来的苦乐,暗中比较一番。但她并不因此而愤愤不平。世界就是这么回事。她忍受一切,恶人,傻子,一律忍受。她说:“本来嘛,各种人合起来才成其为世界。”

克利斯朵夫以为她有宗教信仰作支持;但有一天,她提起那些更有钱更快乐的人的时候,说:“归根结蒂,所有的人将来都是一样的。”

“将来？什么时候?”克利斯朵夫问,“社会革命以后吗?”

“革命！嘿！还远得很呢！我才不信那些傻话。反正将来大家都是一样的。”

“什么时候呢?”

“当然是死了以后喽！那时不是谁都完了吗?”

他对着这种心平气和的唯物主义的看法非常诧异,心里想:“要是没有来世,那么一个人过着像你这种生活而眼看别人比你更幸福,不是太可怕了吗?”

虽然他不说,她似乎猜到了他的意思;她很冷静地用着一种听天由命而游戏人生的态度继续说:“一个人总得认命。怎么能每个人都中头奖呢?我们运气不好:话不是说完了吗?”

她甚至不想到外国(有人找她上美洲)去找一个多挣点儿钱的位置。她从来没有离开本国的念头。她说:“天下的石子都是一样硬的。”

她骨子里有一种怀疑的玩世不恭的宿命观。她完全是那种法国乡下人,很少信仰,或竟全无信仰;不需要什么生活的意义,生命力却非常地强;——人很勤谨,对什么都很冷淡,对一切都不满意,可是很服从;不怎么爱人生,却又抓得很紧,也用不着空空洞洞的鼓励来保持他们的勇气。

从来没见识过这等人的克利斯朵夫,看到这个诚朴的少女一无信仰,好不奇怪;他佩服她会留恋没有乐趣没有目标的人生,尤其佩服她不需要倚傍而很坚强的道德意识。至此为止,他所认识的法国平民只是从自然主义派的小说和当代小名士的理论中看到的;这批人刚和十八世纪与大革命时代的风气相反,喜欢把没有教育的人描写成无恶不作的野兽,以便遮掩他们自身的罪恶……现在他才不胜惊异地发现了西杜妮这种不稍假借的诚实。那不是道德问题,而是本能与骨气的问题。她也有她贵族式的骄傲。我们倘若相信平民就是粗俗的同义字,那就大错特错了。平民之中有贵族,正如布尔乔亚中有下等阶级。所谓贵族,是指那些具有比别人更纯洁的本能,也许还有更纯洁的血统的人;他们也知道这一点,知道自己的身份而有不甘自暴自弃的傲骨的。这种人当然为数不多;但即使处于孤立的地位,大家仍然知道他们是第一流人物;只要有他们在场,别人就会有所顾忌,不得不拿他们做榜样,或者装作这样。每个省,每个村子,每个集团,它的面目多少是它的贵族的面目;这里的舆论严,那里的舆论宽,都看各该地方的贵族而定。虽然今日“多数人”的力量这样过分的膨胀,这批默默无声的少数分子的固有的权威还是没改变。比较危险的倒是他们离开本乡,散到遥远的大都市中去。但即使如此,即使他们孤零零地迷失在陌生的社会里,优秀种族的个性始终存在,没有被周围的环境同化。克利斯朵夫所看到的巴黎的一切,西杜妮几乎一点儿都不知道,也不想知道。报纸上肉麻而猥亵的文学,和国家大事同样对她不生关系。她甚至不知道有所谓平民大学;即使知道,她也不见得会比对宣道会更感兴趣。她做着自己的工作,想着自己的念头,没有意思借用别人的。克利斯朵夫为此赞了她几句。

"这有什么稀奇呢?"她说,"我就跟大家一样。难道您没见过法国人吗?"

"我在法国人中间混了一年了;除了玩儿以外,或者学着别人玩儿以外还能想到别的事的,我连一个都没见过。"

"不错,"西杜妮说,"您只看到有钱的人。有钱的人是到处一样的。其实您还什么都没看见。"

"好吧,"克利斯朵夫回答,"那么让我来从头看起。"

他这才第一次见到法兰西民族,见到那使人觉得不朽,跟他的土地合而为一,像土地一样眼看多少征服它的民族,多少一世之雄烟消云散而它始终无恙的法国民族。

他慢慢地恢复健康,开始起床了。

他第一件操心的事是要偿还西杜妮在他病中垫付的款子。既然还不能出门去找工作,他便写信给哀区脱,要求预支一笔钱。哀区脱逞着那种又冷淡又慷慨的古怪脾气,过了十五天才有回音,——在这十五天之内,克利斯朵夫拼命地折磨自己,对西杜妮端来的食物差不多动都不动,直要被逼不过,才吃一些牛奶跟面包,而过后又责备自己,因为那不是自己挣来的;然后他从哀区脱那儿接到了款子,并没附什么信;在克利斯朵夫害病的几个月里,哀区脱从来不想来打听一下他的病状。他有种天赋,能够帮了人家的忙而教人家不喜欢他。因为他自己在帮忙的时候心里就没有什么爱。

西杜妮每天下午跟晚上来一下。她替克利斯朵夫预备晚餐:毫无声响地,很体贴地招呼他的事;看到他衣服破烂,她便一声不出地拿去补了。他们之间不知不觉增加了多少亲切的情分。克利斯朵夫唠唠叨叨地讲到他年老的母亲,把西杜妮听得感动了;她设身处地自比为孤苦伶仃的留在本乡的鲁意莎,对克利斯朵夫抱着慈母般的温情。他跟她说话的时候也努力想解解他天伦的渴望,那是一个病弱的人感觉得格外迫切的。和西杜妮在一起,他觉得精神上特别能够接近自己的母亲。他有时向她吐露一部分艺术家的苦闷。她很温柔地为他抱怨,同时看他为了思想问题而悲哀不免认为多此一举。这一点也使他想起他的母亲,觉得很快慰。

他想逗她说些知心话;但她不像他那样肯随便发表。他说笑似的问她将来要不要嫁人。她照例用着听天由命和看破一切的口气回答说:"给人当差的根本谈不到结婚:那会把事情搅得太复杂的。并且要挑到恰当;而这又不是容易的事。男人都是坏蛋。看你有钱,他们就来追求;把你的钱吃光了,就掉过头去不理啦。这种榜样太多了,我还想去吃这个苦吗?"——她没说出她已经有过一次毁婚的事:未婚夫因为她把所挣的钱统统供给她的家属,就把她丢了。——看见她在院子里很亲热地和邻居的孩子们玩,在楼梯上碰见他们又很热烈地拥抱他们,克利斯朵夫不由得想起他认识的一位太太,觉得西杜妮既不傻,也不比别的女子丑,倘使处在那些太太们的地位,一定比她们高明得多。多少的生命力被埋没了,谁也不以为意。另一方面,地球上却挤满着那些行尸走肉,在太阳底下僭占了别人的位置和幸福!……

克利斯朵夫丝毫不提防。他对她很亲热,太亲热了;他像大孩子一样的惹人怜爱。

有些日子,西杜妮神气很颓丧;他以为是她太辛苦的缘故。有一回正谈着话,她推说有件事要做,突然站起身来走了。又有一回,克利斯朵夫对她表示得比往常更亲热了些,她便几天没有来;而再来的时候,她跟他的说话更拘束了。他寻思在什么地方得罪了她。他问她,她赶紧说没有;但她继续跟他疏远。又过了几天,她告诉他要走了:她辞掉工作,离开这儿了。她说些冷冷的,不大自然的话,感谢他对她的好意,祝他和他的母亲身体康健,然后和他告别了。她走得这样突兀,使他惊异到极点,竟不知道说什么好;他探听她离开的动机,她只是支吾其词;他问她上哪儿去做事,她也置之不答,并且为了直截了当打断他的问话,竟站起身子走了。在房门口,他向她伸出手去,她兴奋地握了一握,但脸上仍旧没有什么表情;自始至终,她都是这副发僵的神气。她走了。

他永远不明白她为什么走的。

冬季长得很。潮湿,多雾,泥泞的冬季。几星期看不见太阳。克利斯朵夫的病虽然大有起色,还没完全好。右边的肺老是有一处地方作痛,伤口在慢慢的结疤,剧烈的咳呛使他夜里不能安眠。医生禁止他出门,甚至还想教他往东南海滨或大西洋上的加拿里群岛去疗养。但他非上街不可。要是他不去找晚饭,晚饭决不会来找他的。——人家又开了许多他没钱购买的药品。因此他干脆不去请教医生了:那不是白费钱吗?并且在他们面前,他老是很窘;他们彼此没法了解:简直是两个极端的世界。医生们对于这个自命为一个人代表整个天地,而实际是像落叶一般被人生的巨流冲掉的穷艺术家,抱着一种带点讪笑与轻视的同情心。他被这些人瞅着,摸着,拍着,非常畏缩。他对自己病弱的身体好不惭愧。他想:“将来它死了,我才高兴呢!”

虽然受着孤独,贫病和种种苦难的磨折,克利斯朵夫仍是很有耐性地忍受他的命运。他从来没有这样的耐性,连自己都为之诧异了。疾病往往是有益的。它折磨了肉体,可是把心灵解放了,净化了:日夜不能动弹的时候,平时害怕太剧烈的光明而被健康压在下面的思想抬头了。从来没害过病的人不能完全认识自己。

疾病使克利斯朵夫心非常安静。它把他生命中最凡俗的部分剔净了。他用着比以前更灵敏的官能,感觉到那个富有神秘的力量的世界,那是每人心中都有而被生活的喧扰掩盖得听不见的。他那天发着高热在卢浮宫中见到的景象,连最微末的回忆都深深地刻在心头;从此他就置身于和伦勃朗的名作同样温暖,柔和,深沉的气氛中。那颗无形的太阳放射出来的光彩,他心中也一样地感受到。虽然绝对没有信仰,他仍觉得自己并不孤独:神明的手牵引着他,把他带到一个跟神相遇的地方。而他也像小孩子一样的信赖它。

多少年来第一次,他不得不休息。发病以前过度紧张的精神使他筋疲力尽,至今还没恢复,所以便是疗养时期的疲乏倦怠对他也是一种休息。克利斯朵夫几个月的提心吊胆,日夜警惕,如今才觉得自己老盯着一处的目光渐渐地松了下来。但他并不因之而减少他的坚强,只是变得更近人情。天性中那股强大而有点畸形的生命力往后退了一步;他使自己和别人一样,精神上的偏执和行为方面的残酷与无情都给去尽了。他再也不恨什么,再不想到可恼的事,即使想到,也不过耸耸肩膀;他对自己的痛苦想得比较少,而对别人的想得比较多了。自从西杜妮使他想起地球上到处都有谦卑的灵魂默默无声地熬着苦难,毫无怨叹地奋斗,他就为了他们而把自己忘了。素来并不感伤的他,这时也不禁有些神秘的温情:那是在一个病人心中开出来的花。晚上,靠着院子那边的窗,听着黑夜里神秘的声音……附近的屋子里有人唱着歌,远听更显得动人,一个女孩子天真地弹着莫扎特……他心里想:

"你们,我并不认识而都爱着的人,还没受过人生的烙印,做着些明知是不可能的美梦,跟敌对的世界挣扎着的人,——我愿意你们幸福!噢,朋友们,我知道你们在那儿,我张着臂抱等你们……是的,我们之中隔着一道墙。可是我会一块一块地把墙拆毁的;同时我自己也消磨完了。咱们能有一天碰在一起吗?在另外一道墙——死——没有筑起以前,我还来得及赶到你们前面吗?……管它!孤独就孤独吧,孤独一世吧,只要我为你们工作,为你们造福,只要你们以后能稍稍爱我,在我死了以后!……"

大病初愈的克利斯朵夫就这样喝着“爱与苦难”这两位保姆的乳汁。

在这个意志比较松懈的情形之下，他觉得需要和别人接近。虽然身体还十分软弱，出门还不大妥当，他往往清早或傍晚出去，那是群众像潮水般从人烟稠密的街上涌往工作场所，或是从那儿回来的时间。他要到人与人息息相通的气氛中去浸一下，提提神。他并不跟谁交谈，也没有这念头。他只要看人家走过，猜他们的心事，爱他们。他又亲切又同情地瞧着那些急急忙忙赶路的工人，不曾工作已经有了困倦的神气，——瞧着这些青年男女，脸色苍白，表情活泼，挂着一副古怪的笑容，——瞧着那些透明而活动的脸，隐隐然可以看到欲望，忧患，游戏人生的心理，像潮水般流过，——瞧着这批大都会里多么聪明的，太聪明的，有些病态的市民。他们都走得很快，男人们一边走一边读报，女人们一边走一边啃着月芽饼。一个乱发蓬松的少女在克利斯朵夫身旁走过，脸睡得有点虚肿，像山羊一般迈着小步，显得烦躁，急促：克利斯朵夫恨不得牺牲自己一个月的寿命来使她多睡一两个钟点。噢，要是真有人跟她这么提议，她才不会拒绝呢！他真想把那些悠闲的有钱的妇女，养尊处优而烦闷的人，这时候还在重门深锁的寝室里高卧的，从床上拖起来，让这些灼热而困倦的身体，感觉新鲜、内心生活并不丰富、可是活泼而贪恋生命的人，去躺在他们床上，过一下那种安闲的生活。这般机灵而疲乏的小姑娘，又狡猾，又纯朴，那么无耻那么天真地贪快乐，而骨子里倒是诚实勤劳的女工：他现在看待她们非常宽容了。即使其中有几个当面讪笑他，或者对着他这个眼睛火辣辣的大孩子彼此示意，他也不生气了。

他也常在河滨大道上一边徘徊，一边沉思遐想。这是他最喜欢散步的地方。在这儿，他仿佛看到了心中渴念的，给他童年时代多少安慰的大河。当然，这不是莱茵河，既没有它浩浩荡荡的气势，也没有那辽阔的远景跟广大的平原，可以让他游目骋心。眼前这条河睁着灰色的眼睛，披着浅蓝的外衣，凭着它细腻而明确的线条，妩媚的姿态，柔软的动作，在浓艳的城市里懒懒地伸展着；桥梁是它的手钏，纪念建筑是它的项链；它像一个美女般对着自己的艳色微笑……这才显出了巴黎的光明！克利斯朵夫在这城里第一样喜欢的便是这条河；它一点一点地浸透了他的心，不知不觉把他的气质变换了。他认为这是最美的音乐，唯一的巴黎音乐。在暮色将临的时分，他几小时地在河滨流连，或是走进古法兰西的花园，[①]欣赏着和谐的光线照在紫色的雾霭缭绕的大树顶上，照在灰色的雕像和花盆上，照在纪念建筑的满生苔藓的石头上；而那些建筑物都是王朝的遗迹，吸收了几百年的日光的。——这种微妙的气氛，是柔和的太阳与乳汁般的水汽融化成的，——银色的尘雾中就有欢乐的民族精神在飘浮。

一天傍晚，他靠在圣米歇尔桥附近的石栏杆上，一边看着流水，一边随便翻着冷摊上的旧书。他无意之间打开米什莱著作中的一册单行本。他读过几页这史家的作品：那种法国式的浮夸，自鸣得意的辞藻，过于跌宕的句法，他不大喜欢。可是那一天他才看了几行就被吸住了。那是圣女贞德受审的最后一段情形。他曾经从席勒的作品中知道这个奥尔良的处女，一向认为她不过是个传奇式的女英雄，她的故事是大诗人给幻想出来的。[②] 不料这一回他突然看到了现实，被它紧紧地抓住了。他往下念着，念着；慷慨激昂的描写，悲惨的情节，使他心都碎了。读到贞德知道当晚就得给处决而惊死过去的时候，他的手抖了，眼泪涌上来了，只得停下。因为病后衰弱，他简直感情冲动到可笑的程度，自己也看了气恼。——他想把书念完，但时间晚了，书贩已经在收拾书箱。他决意买那本书；可是掏了掏口袋，只有六个铜子。穷到这样是常有的事，他并不着急；他刚才买了晚上吃的东西，预算下

① 古法兰西的花园系指卢浮宫前面的蒂勒黎花园。

② 圣女贞德（1412—1431），百年战争中挽救法国的民族女英雄，十六岁即率领军队反抗英军，解放被围的奥尔良，故史家亦称其为奥尔良的处女。贞德最后落入英人之手，被处火刑。

一天可以向哀区脱领到一笔抄谱的报酬。但要等到明天是太难受了！为什么把仅有的一些钱去买了食物呢？啊！要是能把袋里的面包跟香肠抵付书价的话，岂不是好！

第二天清早，他上哀区脱铺子去支钱，但走过圣米歇尔桥的时候，没有勇气不停下来。他在书贩的箱子里又找到了那部宝贵的书，花了两小时把它全部念完了。他为之错失了哀区脱的约会，又费了整天的功夫才见到他。最后，他终于接洽好了新的工作，领到了钱，马上去把那本书买了来。他怕给人捷足先登地买去。其实即使这样也不难再找一本；但克利斯朵夫不知道这本书是不是孤本；并且他要的是这一部而不是另一部。凡是爱好书的人都有一些拜物狂。哪怕只是寥寥几页，脏的也罢，有污迹的也罢，只要是激动过他们的幻想的，便是神圣的。

克利斯朵夫回去在静寂的夜里把圣女贞德的历史重读了一遍。没有旁人在场，他不用再压制自己的感情。他对这个可怜的女子充满着温情，怜悯，与无穷的痛苦，似乎看到她穿着乡下女子的红颜色的粗布衣服，高高的个子，怯生生的，声音很柔和，听着钟声出神，——（她也跟他一样爱钟声，）——脸上堆着可爱的笑容，显得那么聪明那么慈悲，随时会流泪，——为了爱，为了怜悯，为了软心而流泪：因为她兼有男性的刚强和女性的温柔，是个纯洁而勇敢的少女。她把盗匪式的军队的野性给驯服了，又能够镇静地用她的头脑，用她女人的机灵，用她坚强的意志，在孤立无助而被大家出卖的情形之下，成年累月地应付那些像豺狼虎豹一般包围着她的，教会与司法界人士的奸计。

而克利斯朵夫最感动的尤其是她的慈悲心，——打了胜仗之后，她要为战死的敌人哭，为曾经侮辱她的人哭；他们伤了，她去安慰；他们临终，她去祈祷，便是对出卖她的人也不怀怨恨，到了火刑台上，火在下面烧起来的时候，她也不想到自己，只担心着慰勉她的修士，教他快走。“她在最剧烈的厮杀中还是温柔的，对最坏的人也是善良的，便是在战争中也是和平的。战争是表示魔鬼得胜，可是在战争中间，她有上帝的精神。”

克利斯朵夫看到这儿,想到了自己:“我断杀的时候就没有这种上帝的精神。”

他把贞德的传记家笔下最美的句子反复念着:

“不论别人如何蛮横,命运如何残酷,你还得抱着善心……不论是如何激烈的争执,你也得保持温情与好意,不能让人生的磨难损害你这个内心的财宝……”

于是他对自己说着:“我真罪过。我不够慈悲。我缺少善意。我太严。——请大家原谅我吧。别以为我是你们的仇敌,你们这些被我攻击的人!我原意是为你们造福……可是我不能让你们做坏事……”

因为他不是个圣者,所以只要想到那些人,他的怨恨又觉醒了。他最不能原谅的是,一看到他们,从他们身上看到的法国,就叫人想不到这块土地上曾经长出这样纯洁的花,这样悲壮的诗。然而那的确是事实。谁敢说不会再有第二次呢?今日的法国,不见得比淫风极盛而竟有圣处女出现的查理七世时代的法国更糟。如今庙堂是空着,遭了蹂躏,一半已经坍毁了。可是没有关系!上帝在里面说过话的。

克利斯朵夫为了爱法国的缘故,竭力想找一个法国人来表示他的爱。

那时正到了三月底。克利斯朵夫不跟任何人交谈,不接到任何人的信,已经有几个月之久,除了老母每隔许多时候来几个字。她不知道他害病,也没把自己害病的事告诉他。他和社会的接触只限于上音乐铺子去拿他的活儿或是把做好的活儿送回去。他故意候哀区脱不在店中的时候去,免得和他谈话。其实这种提防是多余的:因为他只碰到一次哀区脱,而哀区脱对于他的健康问题也只淡淡地提了一两句。

正当他这样的无声无息,幽居独处的时候,忽然有天早上收到罗孙太太的一封请柬,邀他去参加一个音乐夜会,说有个著名的四重奏乐队参加表演。信写得非常客气，罗孙还在信末附了几行恳切的话。他觉得那回和克利斯朵夫的争执对自己并不怎么体面。尤其因为从那时起，他和那位歌女闹翻了，他自己也把她很严厉地批判过了。他是个爽直的汉子，从来不怀恨他得罪过的人；倘若他们不像他那么宽宏大量，他会觉得可笑的。所以他只要高兴跟他们重新相见，就会毫不迟疑地向他们伸出手去。

克利斯朵夫先是耸耸肩，赌咒说不去。但音乐会的日子一天天的近了，他的决心一天天的跟着动摇了。听不见一句话，尤其是听不见一句音乐，使他喘不过气来。固然他自己再三说过永远不再上这些人家去，但到了那天，他还是去了，觉得自己没有骨气非常惭愧。

去的结果并不好。一旦重新走进这个政客与时髦朋友的环境，他马上感到自己比从前更厌恶他们了：因为孤独了几个月，他已经不习惯这些牛鬼蛇神的嘴脸。这儿简直没法听音乐：只是亵渎音乐。克利斯朵夫决意等第一曲完了就走。

他把所有那些可憎的面目与身体扫了一眼。在客厅的那一头，他遇到一对望着他而立刻闪开去的眼睛。跟全场那些迟钝的目光相比，这双眼睛有一种说不出的天真朴实的气息使他大为惊奇。那是畏怯的，可是清朗的，明确的，法国式的眼睛，望起人来那么率直：它们自己既毫无掩饰，你的一切也无从隐遁。克利斯朵夫是认识这双眼睛的，却不认识这双眼睛所照耀的脸。那是一个二十至二十五岁之间的青年，小小的个子，有点儿驼背，看上去弱不禁风，没有胡子的脸上带着痛苦的表情，头发是栗色的，五官并不端正而很细腻，那种不大对称的长相使他的神气不是骚动，而是惶惑，可也有它的一种魅力，似乎跟眼神的安静不大调和。他站在一个门洞里，没人注意他。克利斯朵夫重新望着他；那双眼睛总是怯生生的，又可爱又笨拙地转向别处；而每次克利斯朵夫都“认得”那双眼睛，好像在另外一张脸上见过似的。

因为素来藏不住心中的感觉，他便向着那青年走过去；他一边走一边想跟对方说什么好；他走一下停一下，左顾右盼，好似随便走去，没有什么目标。那青年也觉察了,知道克利斯朵夫向自己走过来;一想到要和克利斯朵夫谈话,他突然胆小到极点,竟想往隔壁的屋子溜;可是他那么笨拙,两只脚仿佛给钉住了。两人面对面地站住了,僵了一忽儿,不知道话从哪儿说起。越窘,各人越以为自己在对方眼里显得可笑。终于克利斯朵夫瞪着那个青年,没有一句寒暄的话,便直截了当地笑着问:

"你大概不是巴黎人吧?"

对于这个意想不到的问句,那青年虽然局促不堪,也不由得笑了笑,回答说他的确不是巴黎人。他那种很轻的,像蒙着一层什么的声音,好比一具脆弱的乐器。

"怪不得。"克利斯朵夫说。

他看见对方听着这句奇怪的话有些惶惑,便补充道:"我这话没有埋怨的意思。"

可是那青年更窘了。

他们又静默了一会。那年轻人竭力想开口:嘴唇颤动着,一望而知他有句话就在嘴边,只是没有决心说出来。克利斯朵夫好奇地打量着这张变化很多的脸,透明的皮肤底下显然有点颤抖的小动作。他似乎跟这个客厅里的人物是两个种族的:他们都是宽大的脸,笨重的身体,好像只是从脖子往下延长的一段肉;而他却是灵魂浮在表面上,每一小块的肉里都有灵气。

他始终没法开口。克利斯朵夫比较单纯,便接着说:"你在这儿,混在这些家伙中间干什么?"

他粗声大气地嚷着,那种不知顾忌的态度便是人家讨厌他的地方。那青年窘迫之下,不禁向四下里望了望,看有没有人听见。这举动使克利斯朵夫大为不快。随后那年轻人不回答他的问话,又笨拙又可爱地笑了笑,反问道:"那么你呢?"

克利斯朵夫大声地笑了,笑声照例有点儿粗野。

"对啊,我又来干吗?"他高高兴兴地回答。

那青年突然打定了主意，喉咙哽塞着说："我多喜欢你的音乐！"

随后他又停住了，拼命想克服自己的羞怯，可是没用。他脸红了，自己也觉得，以至越来越红，直红到耳边。克利斯朵夫微笑着望着他，恨不得把他拥抱一下。青年抬起眼来说："真的，在这儿我不能，不能谈这些问题……"

克利斯朵夫抿着阔大的嘴暗暗笑着，抓着他的手。他觉得这陌生人瘦削的手在自己的手掌中微微发抖，便不由自主地很热烈地握着。那青年也发觉自己的手被克利斯朵夫结实的手亲热地紧紧握着。他们听不见客厅里的声音了，只有他们两个人了，觉得心心相印，碰到了一个真正的朋友。

但这不过是一刹那，罗孙太太忽然过来用扇子轻轻触着克利斯朵夫的手臂，说：

"哦，你们已经认识了，用不着我再来介绍了。这个大孩子今晚是专诚为您来的。"

他们俩听了这话，都不好意思地退后一些。

"他是谁呢？"克利斯朵夫问罗孙太太。

"怎么！您不认识他吗？他是个笔下很好的青年诗人，非常地崇拜您。他也是个音乐家，琴弹得挺好。在他面前不能讨论您的作品：他爱上了您。有一天，他为了您差点儿跟吕西安·雷维-葛吵起来。"

"啊！好孩子！"克利斯朵夫说。

"是的，我知道，您对吕西安不大公平。可是他也很喜欢您呢。"

"啊！别跟我说这个话！他要是喜欢我，就表示我没出息了。"

"我敢向您保证……"

"不！不！我永远不要他喜欢我。"

"您那个情人跟您完全一样。你们俩都一样的疯癫。那天吕西安正在跟我们解释您的一件作品。那羞怯的孩子突然站起来，气得全身发抖，不许吕西安谈论您。您瞧他多霸道！……幸亏我在场，我马上哈哈大笑，吕西安也跟着笑了；结果他道了歉。"

“可怜的孩子!”克利斯朵夫听得大为感动。

接着罗孙太太和他谈着别的事,但他充耳不闻,只自言自语地说:

“他到哪儿去了?”

他开始找他。可是那陌生朋友已经不见了。克利斯朵夫又去找着罗孙太太,问:

“请您告诉我,他叫什么名字?”

“谁啊?”

“您刚才跟我提到的那个。”

“您那个青年诗人吗?他叫作奥里维·耶南。”

这个姓氏的回声,在克利斯朵夫耳中像一阕熟悉的音乐一般。一个少女的倩影在他眼睛深处闪过。可是新的形象,新朋友的形象立刻把那个倩影抹掉了。

在归途中,克利斯朵夫在拥挤的巴黎街上走着,一无所见,一无所闻,对周围的一切都失去了知觉。他好似一口湖,四周的山把它跟其余的世界隔离了。没有一丝风,没有一点声音,没有一点骚动。只是一片和平宁静。他再三说着:

“我有了一个朋友了。”

卷五 终

卷六·安多纳德

耶南是法国那些几百年来株守在内地的一角，保持着纯血统的旧家之一。虽然社会经过了那么多的变化，这等旧家在法国还比一般意料的为多。它们与乡土有多多少少连自己也不知道的，根深蒂固的联系，直要一桩极大的变故才能使它们脱离本土。这种依恋的情绪既没有理智的根据，也很少利害关系；至于为了史迹而引起思古之幽情，那也只是少数文人的事。羁縻人心的乃是从上智到下愚都有的一种潜在的，强有力的感觉，觉得自己几百年来成了这块土地的一分子，生活着这土地的生活，呼吸着这土地的气息，听到它的心跟自己的心在一起跳动，像两个睡在一张床上的人，感觉到它不可捉摸的颤抖，体会到它寒暑旦夕、阴晴昼晦的变化，以及万物的动静声息。而且用不着景色最秀美或生活最舒服的乡土，才能抓握人的心；便是最朴实、最寒素的地方，跟你的心说着体贴亲密的话的，也有同样的魔力。

这便是耶南一家所住的那个位于法国中部的省份。平坦而潮湿的土地，没有生气的古老的小城，在一条浑浊静止的运河中映出它黯淡的面目；四周是单调的田野，农田，草原，小溪，森林，随后又是单调的田野……没有一点胜景，没有一座纪念建筑，也没有一件古迹。什么都不能引人入胜，而一切都教你割舍不得。这种迷迷糊糊的气息有一股潜在的力；凡是初次领教的都会受不了而要反抗的，但世世代代受着这个影响的人再也摆脱不掉，他感染太深了；那种静止的景象，那种沉闷而和谐的空气，那种单调，对他自有一股魅力，一种深沉的甜美，在他是不以为意的，加以菲薄的，可是的确喜爱的，忘不了的。

耶南世代住在这个地方。远在十六世纪,就有姓耶南的人住在城里或四乡:因为照例有个叔祖伯祖之流的人,一生尽瘁于辑录家谱的工作,把那些无名的,勤勉的,微末不足道的人物的世系整理起来。开头只是些农夫,佃户,村子里的工匠,后来在乡下当了公证人的书记,慢慢的又当了公证人,终于住到县城里来。安东尼·耶南的父亲,奥古斯丁,做买卖的本领很高明,在城里办了个银行。他非常能干,像农夫一样的狡猾,顽强,做人挺规矩,可并不太拘泥,做事很勤,喜欢享受,因为嘻嘻哈哈地好挖苦人,什么话都直言无讳,也因为他富有资财,所以几十里周围的人都敬重他,怕他。他个子又矮又胖,精神抖擞,留着痘疤的大红脸上嵌着一对炯炯有神的小眼睛,从前出名是个好色的,至今也还有这个嗜好。他喜欢说些粗野的笑话,喜欢好吃好喝。最有意思的是看他吃饭;儿子以外,几个和他一流的老人陪着他:推事,公证人,本堂神甫等等,——(耶南老头儿是瞧不起教士的,但若这教士能够大嚼的话,他也乐意跟他一块儿大嚼,)——都是些南方典型的结实的汉子。那时满屋子都是粗野的戏谑,大家把拳头往桌上乱敲,一阵阵的狂笑狂叫。快活的空气引得厨房里的仆役和街坊上的邻居都乐开了。

后来,在夏季很热的一天,老奥古斯丁只穿着件衬衣下地窖去装酒,得了肺炎。不出二十四小时,他就动身往他世界去了;他不大相信什么他世界,但像内地反对教会的布尔乔亚一样,在最后一分钟内还是办妥了所有的教会仪式,一则使家里的妇女不再啰嗦,二则他对这些手续也无所谓……三则死后之事究竟也不可知……

儿子安东尼接了他的买卖。他也是个矮胖子,一张绯红的喜洋洋的脸,不留胡子,只留鬓角,说话急促而含糊,声音很响,常常有些剧烈而短促的小动作。他没有父亲那种理财的本领,但办事能力还不坏。银行因为历史悠久,正在一天天的发达,他只要按部就班地继续下去就行了。他在当地颇有善于经商的名气,虽然他对事业的成功并没多大贡献。他只是很有规律很肯用心罢了。做人很体面,到处受到应有的尊重,他殷勤,爽直,对某些人也许太亲狎了些,真情也流露得太多了些,有点儿平民气息,可是不论城里乡下,他人缘都很好。他虽不浪费金钱,却很滥用感情,动不动会流泪,看到什么灾难会真诚地难过,使受难的人感动。

像多数内地人一样,政治在他思想上占着很大的地位。他是表面上很激烈而骨子里很温和的老革命党,偏狭的自由主义者,爱国主义者,并且学着父亲的样反对教会。他是市参议员,像同僚们一样以捉弄本区的神甫或本城妇女所崇拜的宣道师为乐。法国小城里的反教会的举动,永远是夫妇争执中的一个节目,是丈夫与妻子暗斗的一种借口,差不多没有一个家庭能够避免的。

安东尼·耶南对文学也很有抱负。跟他那一代的内地人一样,他颇受拉丁文学的熏陶,有些篇章能够背诵如流;而拉封丹、布瓦洛、伏尔泰等的格言,十八世纪小品诗人的名句,他也记得不少,还写些模仿他们的诗。他熟人中有这个癖的不止他一个,而这个癖也增加了他的声誉。大家传诵他的滑稽诗,四句诗,步韵诗,折句,讥讽诗,歌谣,有时是很唐突的,可是不乏风趣。口腹之欲的神秘在诗中也没有被遗忘。

这个壮健,快乐,活泼的矮个子,娶的太太和他性格完全不同。她是当地一个法官的女儿,叫作吕西·特·维廉哀。这家特·维廉哀其实只是特维廉哀,他们的姓像一块石子从上面往下滚的时候一分为二,变了特·维廉哀。① 他们世代都当法官,是法国老司法界中的人物,对于法律,责任,社会的礼法,个人的尤其是职业的尊严,看得很重,做人不但诚实不欺,而且还有些迂腐。在上一世纪里,他们受过吹毛求疵的詹森派的影响,至今除了对耶稣会派的轻蔑以外,还留下一点悲观和郁闷的气息。他们不从好的方面去看人生,非但不想克服人生的艰难,反而想加些上去,好让自己更有权利怨天尤人。吕西·特·

① 法国姓氏之前冠有“特”字,为贵族之标识。故特·维廉哀(即姓氏前冠有“特”字)与特维廉哀(特字根本即姓之一部分)所表示的出身完全不同。

维廉哀就有一部分这种性格，恰恰和她丈夫粗鲁豪放的乐天主义相反。她又瘦又高，比他高出一个头，身段长得很好，很会穿扮，可是大方而不很自然，使她永远显得——仿佛是故意的——比实在的年龄大；她非常贤淑，但对别人很严，不容许有任何过失，几乎也不容许有任何缺陷：大家认为她冷酷，骄傲。她对宗教很虔诚，为了这个，夫妇间常常争辩。但他们很相爱；尽管争辩，彼此都觉得少不了。至于实际的事务，两人都一样的不高明；他是因为不懂人情世故，一看到笑脸，一听到好话，就会上当；她是因为对于商业全无经验，从来不预闻，也不感兴趣。

他们有两个孩子：一个是女儿，叫作安多纳德，一个是儿子，叫作奥里维，比安多纳德小五岁。

安多纳德是个美丽的褐发姑娘，一张法国式的妩媚而忠厚的小圆脸，眼睛很精神，天庭饱满，下巴很细气，小鼻子长得笔直，——好似一个法国老肖像画家所说的，是“那种清秀的，很有格局的鼻子，有种微妙的小动作，使她显得神情生动，表示她说话或听人说话的时候心中很有点儿细密的思绪”。她从父亲那儿秉受着快乐的无愁无虑的脾气。

奥里维是个淡黄头发的娇弱的孩子，身材跟父亲一样矮小，性格却完全不同。小时候不断的疾病大大的损害了他的健康；虽然家里的人因之格外疼他，但虚弱的身体使他很早就成为一个悒郁寡欢的孩子，爱幻想，怕死，没有一点儿应付人生的能力。天生的怕见人，喜欢孤独，他不愿意和别的孩子做伴，觉得和他们在一起非常不舒服；他讨厌他们的游戏，打架，尤其受不了他们的凶横。他让他们打，并非因为没有勇气，而是因为胆怯，不敢自卫，怕伤害别人；要不是靠着父亲的地位，他可能被小朋友们磨折死的。他心肠很软，灵敏的感觉近乎病态：随便一句话，一个同情的表示，或是一句埋怨，就能使他大哭一场。比他健全得多的姊姊常常嘲笑他，叫他泪人儿。

两个孩子非常相爱,可是性情相差太远,混不到一块儿。他们各过各的生活,各有各的幻想。安多纳德越长越美,人家告诉她,她自己也知道,心里很高兴,编着些未来的梦。娇弱而悒郁的奥里维,一接触外界就觉得格格不入,便躲在他荒唐的小脑子里去胡思乱想。他像女孩子一样需要爱别人,也需要别人爱他。既然过着孤独生活,不跟年龄相仿的同伴往来,他便自己造出两三个幻想的朋友:一个叫作约翰,一个叫作哀蒂安,一个叫作法朗梭阿;他老是和他们在一起,所以从来不跟周围的人在一起。他睡得很少,空想极多。早晨,人家把他从床上拉起来,他往往把赤裸的两腿挂在床外,出神了;再不然他会把两只袜子套在一只脚上。双手浸在脸盆里,他也会出神的。在书桌上写字或温课的当口,他又会几小时的胡思乱想;随后他忽然惊醒过来,发觉什么也没做。在饭桌上,人家和他说话,他会吃了一惊,过了两分钟才回答;而回答了半句又不知自己要说些什么。他迷迷懵懵地听着自己的念头在胸中窃窃私语,过着内地那种度日如年的单调的岁月,被一些亲切的感觉催眠了。——空荡荡的大屋子只住了一半,有的是可怕而挺大的地窖和阁楼,上了锁的神秘的空房,百叶窗都关了,家具,镜子,烛台,都遮着布,祖先画像上的笑容老是在他的脑子里;还有帝政时代的版画,题材都是调皮的与勇敢的故事。外边,马蹄匠在对门打铁,锤子一下轻一下重,呼吸艰难的风箱在喘气,马蹄受着熏炙发出一股怪味道;洗衣妇蹲在河边捣衣;屠夫在隔壁屋子里砍肉;街上走过一匹马,蹄声嘚嘚;水龙头轧轧的响;河上的转桥转来转去,装着木料的沉重的船,被纤绳拉着在砌得很高的花坛前面缓缓驶过。铺着石板的小院子有块方形的泥地,长着两株紫丁香,四周是一大堆风吕草和喇叭花,临河的平台上,大木盆里种着月桂和开花的榴树。有时邻近的广场上有赶集的喧闹声,猪叫声,乡下人穿着耀眼的蓝色上衣。……星期日在教堂里,歌咏队连声音都唱不准,老教士做着弥撒快睡着了;全家在车站大路上散步,一路跟别人(他们也以为全家散步是必不可少的节目)脱帽招呼,——直走到大太阳的田里,看不见的云雀在上空盘旋,——或者沿着明净的,死水似的河走去,两旁的白杨瑟瑟缩缩的发抖,……然后是丰盛的晚餐,东西多得吃不完;大家头头是道、津津有味地谈着吃喝的问题;因为在座的都是行家,而讲究吃喝在内地是桩大事,是名副其实的艺术。大家也谈到商情,说些笑话,还夹着一些关于疾病的议论,牵涉到无穷的细节……而这孩子坐在一角,不声不响像只小耗子,尽管咬嚼,可并不怎么吃东西,拼命伸着耳朵听。他把大人的话句句听着,凡是听不大清的,便用想象去补充。像旧家的儿童一样给几百年的印象刻得太深了,他有种奇特的天赋,能够猜到他还从来不曾有过而不大了解的思想。——还有那厨房,充满着神秘的血腥和各种味道;老妈子讲着奇怪而可怕的故事……最后是晚上,蝙蝠悄悄地飞来飞去,妖形怪状的东西教人害怕,那是他明知在这座老屋子里到处蠢动的,例如大耗子和多毛大蜘蛛等等。随后是跪在床前的祈祷,根本不听自己说些什么;隔壁救济院里响起声音不平均的钟声,那是女修士们睡觉的钟,——然后是雪白的床,给他躺着做梦的岛……

一年最好的时节是春秋两季在离城几里的别庄中过的日子。那边,一个人都看不到,尽可以称心如意地幻想。像多数小布尔乔亚的子弟一样,两个孩子是不跟平民接触的,他们对仆役和长工还有点儿恐惧,有点儿厌恶。他们秉受了母亲的贵族脾气,——其实主要是布尔乔亚脾气,——瞧不起劳力的工人。奥里维成天骑在一株槐树的枝头读着奇妙的故事:美丽的神话,穆索伊斯或奥努瓦夫人的童话,《天方夜谭》,或是游记体的小说,因为法国内地的青年常常渴想遥远的世界,做着漫游海外的梦。一个小树林把屋子遮掉了,于是他自以为在很远的地方。但他知道离家很近,心里很高兴:因为他不大喜欢独自走远,他已经在大自然中迷失了。四周尽是树木,从树叶的空隙里可以看见远处黄黄的葡萄藤,杂色的母牛在草原上啮草,迟缓的鸣声冲破田野的静寂。尖锐的鸡啼在农庄间遥相呼应。仓屋里传出节奏不匀的捣杵声。成千成万的生灵在这个恬静的天地中活跃。奥里维不大放心地瞧着一行老是匆匆忙忙的蚂蚁,满载而归的蜜蜂像管风琴的管子一般轰轰地响着,漂亮的蠢头蠢脑的黄蜂到处乱撞,——所有这些忙碌的小虫似乎都急于要到一个地方去……哪儿呢?它们不知道。无论哪里都好!只要是到一个地方……奥里维处在这个盲目而满是敌人的宇宙内打了一个寒噤。他像一头小兔子,听到松实落地或枯枝折断的声音就会发抖……花园的那一头,安多纳德发疯似的荡着秋千,把架上的铁钩摇得吱咯吱格的响,奥里维听到这个才放了心。

她也在做梦,不过依着她的方式。她成天在园子里搜索,又贪嘴,又好奇,笑嘻嘻地像画眉般啄些葡萄,偷偷地采一只桃子,爬上枣树,或是在走过的时候轻轻摇几下,让小黄梅像雨点似的掉下来,入口即化,跟香蜜一样。再不然她就不顾禁令去采花:一眨眼她就把从早上起就在打主意的一朵蔷薇摘到手,往花园深处的夹道中一溜。于是她把小鼻子竭力往醉人的花心中嗅着,吻着,咬着,吮着;随后把赃物揣在怀里,放在她不胜奇怪的眼看在敞开着的衬衣底下膨大起来的一对小乳房中间……还有一件被禁止的,挺有意思的乐事,就是脱了鞋袜,赤着脚踏在小径的凉快的细砂上,潮湿的草地上,踩在阴处冰冷的或是给太阳晒得滚热的石板上;再不然她走入林边的小溪,用脚、用腿、用膝盖,去接触水,泥土,日光。躺在柏树荫下,她瞧着在阳光中照得通明的手,心不在焉地尽吻着细腻丰满的手臂上像缎子一般的皮肤;她用蔓藤和橡树叶做成冠冕,项链,和裙子,再加上蓝蓟,红的伏牛花,和带着青的柏实韵树枝作点缀。她把自己装成一个野蛮的小公主。然后她自个儿绕着小喷水池跳舞,伸着胳膊拼命地打转,直转到头晕眼花,才往草地上倒下,把脸钻在草里,莫名其妙地纵声狂笑,不能自已。

两个孩子就是这样的消磨他们的日子,只隔着几步路,却各管各的,——除非安多纳德走过的时候想要弄一下兄弟,抓一把松针扔在他鼻子上,或是摇他的树,威吓他要把他摔下来,或是冷不防扑在他身上吓他,嘴里叫着:“呜!呜!……”

她有时拼命要跟他淘气,哄他说母亲在叫他,要他从树上爬下来。

赶到他下来了,她却上去占了他的位置不肯走了。于是奥里维叽叽咕咕,说要去告她。可是安多纳德决不会永远待在树上:她连安静两分钟都办不到。骑在树上把奥里维戏弄够了,气够了,看他快要哭出来了,她就爬下来,扑在他身上,笑着摇他的身子,喊他"小傻瓜",把他摔在地下,拿一把草擦他的鼻子。他勉强挣扎,可不是她的对手,于是他仰天躺着,一动不动,像条黄金虫,细瘦的胳膊被安多纳德结实的手按在草地里,装着一副可怜的屈服的脸。这时安多纳德忍不住了,看着他打败而认输的神气放声大笑,突然把他拥抱了,撒手了,——但临走仍不免用一把青草塞在他嘴里表示告别,那是他痛恨的,只得拼命地吐,抹着嘴巴,愤愤地叫嚷,她却笑着赶紧溜了。

她老是笑着,夜里睡着的时候还在笑。奥里维在隔壁屋子里醒着,正在编故事,听到她的傻笑和在静悄悄的夜里断断续续地说梦话,常常吓了一跳。外边,风把树吹得簌簌地响,一只猫头鹰在哭;远远的,在树林深处的农庄里,狗狺狺地叫着。在半明半暗的夜色中,奥里维看见重甸甸黑沉沉的柏树枝像幽灵一般在窗前摇曳,那时安多纳德的笑声倒是让他松了口气。

两个孩子笃信宗教,尤其是奥里维。父亲公然反对教会的言论使他们听了骇然;但他让他们自由;骨子里他像多数不信教的布尔乔亚一样,觉得有家族代他信仰也不坏:在敌方有些盟友总是好的;将来的事,我们也没把握。并且他虽不信教,还是相信有神的,预备到必要的时候把神甫请来,像他父亲一样办法:那即使不会有什么好处,也不见得有害,一个人不一定因为相信家里要着火才去保火险的。

病态的奥里维很有点神秘的倾向。有时他觉得自己不存在了。又温柔,又轻信,他需要一个倚傍。平日忏悔的时候他体验到一种痛苦的快感,觉得把自己交托给无形的朋友非常舒服;他老是对你张着臂抱,你可以尽情倾诉,他什么都懂得,什么都原谅;在这种谦卑与爱的空气中洗过了澡,灵魂净化了,得到了休息。奥里维觉得信仰这回事那么自然,不懂别人怎么会怀疑;他想,那要不是由于人家的恶意,便是上帝特意惩罚他们。他暗中祈祷,求上帝开恩,点醒父亲。有一天在乡下参观一所教堂,奥里维看见父亲划了个十字,不禁大为快慰。在他心中,《圣徒行述》是和儿童故事混在一起的。他小时候认为两者都一样的真实。童话中嘴唇破裂的史格白克,多嘴的理发匠,驼背嘉斯伽,他都是很熟的;在乡间散步的时候,他常常留神找那黑色的啄木鸟,嘴里衔着觅宝人的神奇的草根,而迦南与福地,经过儿童的想象也就成为勃艮第或贝里雄①区域的地方了。当地一个圆形的山岗,顶上矗立着一株小树好像枯萎的羽毛一般,在他眼里仿佛就是亚伯拉罕燃起火把的山头。麦田尽处,有一堆枯萎的丛树,他认为就是上帝显灵的燃烧的荆棘,②因为年代久远而熄灭了的。后来到了不再相信神话的年纪,他仍旧喜欢拿那些点缀他的信心的通俗传说来陶醉自己,觉得其乐无穷;他即使并不真的受这些传说之骗,心里却极愿意受骗。因此有个很久的时期,他在复活节以前的星期六留着神,想看那些在星期四飞出去的钟从罗马带着小幡飞回来。后来,他终于懂得那不是真的,但听到教堂的钟声仍不免仰着鼻子向天空呆望;有一回他似乎看到——虽然明知不可能——有一口钟系着蓝丝带在屋顶上飞过。

他极需要浸在这个传说与信仰的世界里。他逃避人生,逃避自己。因为长得又瘦又苍白,身体娇弱,他非常痛苦,听人提到他这个情形就受不了。他天生的悲观,那无疑是从母亲方面来的,而悲观主义在这个病态的孩子身上特别容易生长。他自己可不觉得,以为所有的人都和他一样。这十岁的孩子在休息时间不到园子里去玩,反而关在自己房里,一边吃点心,一边写他的遗嘱。

他写得很多,每晚都要偷偷地写日记,——也不知道为什么要写,因为他除了废话以外,没有什么可说的。写作在他是一种遗传的癖

① 迦南为《圣经》上巴勒斯坦之古名,福地为其别名。勃艮第与贝里雄均为法国地名。

② 据《旧约·出埃及记》第三章,上帝化身为燃烧的荆棘,向摩西启示他的使命。本书卷九《燃烧的荆棘》题名即用此义。

好，是法国内地的布尔乔亚——这个毁灭不掉的古老的种族——几百年相传下来的需要，每天写着日记，直到老死，用着一种愚蠢的、几乎是英雄式的耐性，把每天的所见所闻，所作所为，所饮所食，详详细细记录下来。而且只为自己，不为别人。他知道谁也不会读到这些东西，自己写过以后也永远不会再看的。

音乐对于他像信仰一样是避难所，可以躲掉白天太剧烈的光明。姊弟俩都有音乐家的心灵，——尤其是奥里维从母亲那里秉有这种天赋。趣味是并不高明的。没有一个人能在这方面指导他们：内地人听到的音乐不过是本地的铜管乐队所奏的进行曲或是——逢到什么节日——亚丹的乐曲，教堂里的管风琴所奏的浪漫曲，中产阶级的小姐们在音没校准的钢琴上所弹的圆舞曲或波尔卡，通俗歌剧的序曲，莫扎特的两三支奏鸣曲，——老是那几支，弹错的音符也老是那几个。家里招待宾客的时候，那就是晚会节目中的一部分。吃过夜饭，凡是能弹琴的都被请出来献技：他们先红着脸推辞，终于拗不过大家的请求，便弹一个他们拿手的曲子。在场的人个个赞美艺术家的记忆力和完满的技巧。

差不多每次晚会都得来一下的这套玩意儿，把两个孩子对于晚餐的乐趣完全给破坏了。要是两人合奏什么巴尚的《中国旅行》或韦伯的小曲，他们因为彼此搭配得很好而还不怎么害怕。可是要他们独奏，那简直是受罪了。照例安多纳德总比较勇敢。她固然觉得厌烦得要死，但明知逃不了，也就毅然决然地在钢琴前面坐下，开始弹她的回旋曲，乱七八糟的，把这一段搞糊涂了，那一段又弹错了，然后停下来掉过头去向大家笑了笑："啊！我记不得了……"

说完了她跳过几拍子重新开始，一口气弹完了。然后，她因为大功告成而很快活，在客人的赞叹声中回到座位上，又笑着说："弹错的音很多呢！……"

可是奥里维的脾气没有这么好说话。他受不了在人前献技，成为大众注意的目标。当着别人说话,他已经够痛苦了。演奏,尤其为那些不爱音乐,——(他看得很明白),——甚至对音乐觉得厌烦,而只为了习惯才请他演奏的人演奏,更使他觉得是种专制,为他竭力反抗而没用的。他拼命地拒绝。有些晚上,他竟溜之大吉,躲到一间黑房里或走廊里,甚至顾不得对蜘蛛的恐怖而一直逃到阁楼上。可是他越撑拒,别人的请求越迫切,话也更俏皮,同时又引起父母的责难,而他反抗得太放肆的时候还得挨几下巴掌。结果他仍旧得弹奏,——当然是弹得很坏了。过后,他因为弹得不好在夜里很伤心,因为他是真正爱音乐的。

小城里的趣味并非老是这么平庸。有过一个时期,两三个布尔乔亚家里的室内音乐还弄得不坏。耶南太太常常提到她的祖父,很热心地拉着大提琴,唱着格鲁克、达莱拉克和贝尔东的歌曲。家里至今藏着一厚册乐谱和一本意大利歌谣。因为那可爱的老人像柏辽兹所说的安特列安先生一样"很喜欢格鲁克"。但柏辽兹立刻心酸地补充一句:"他也很喜欢皮契尼"①。或许他更喜欢的倒是皮契尼。总之,在外曾祖的收藏中,意大利歌曲占着绝大多数。那些作品便是小奥里维的音乐食粮。当然是没有多少实质的养料,有点像人们拼命塞给孩子吃的内地糖食,可能吃倒胃口,永远接受不了正当的食物。但奥里维嘴馋得很,决没有倒胃的危险。正常的营养,人们是不给他的。没有面包,他就拿糕饼充饥。这样,契玛罗萨、帕伊谢罗、罗西尼,就成为这个忧郁神秘的儿童的保姆,在应该喂他乳汁的时候把他灌了醇酒。

他常常自得其乐地独自弹琴。他已经深深地受到音乐的感染。对于所弹的东西,他不求了解,只知道消极地吟味。谁也没想到教他学和声,他自己也不在乎这个。一切与科学或科学精神有关的,在他家里完全是陌生的,尤其在母系方面。那些司法界中的人都是人文主义的头脑,遇到一个算题就弄昏了。他们提起一个进经纬局办事的远房兄弟,认为是个奇人。可是据说他结果还是为这种工作发了疯。内

---

① 格鲁克与皮契尼为十八世纪两大意大利歌剧作者,在法国竞争甚烈,当时爱好音乐的人分为格鲁克派与皮契尼派。

地旧家出身的布尔乔亚，思想很健全很实际，可是因为肚子塞得太饱，日子过得太单调而有些迷迷糊糊，以为自己的人情世故是了不得的法宝，只要靠了它，世界上没有一件解决不了的困难。他们差不多把科学家看作艺术家一流，比别人更有用，但不及别人高卓，因为艺术家至少是一无所用的；而一无所用就有点近于高雅。科学家却近乎要手艺的工人，——（这便是不大体面的地方，）——更有学问而有些疯癫的工头，在纸上固然很能干，但一出他们数目字的工厂就完了！要没有通情达理的，富有人生经验与商业经验的人做科学家的领导，科学家决计干不出什么大事来的。

不幸的是，这种人生经验与商业经验并不像这般明理的人所想的那么可靠。他们所谓经验只是一些奉行故事的老例，所能应付的仅限于极少数极平易的事。倘若出了件意外，必须当机立断地处理的话，他们就没有办法了。

银行家耶南便是这一等人。因为什么事都跟意料的一模一样，都是依了内地生活的节奏准确地重演的，所以他从来没有在业务上遇到严重的困难。他接了父亲的事，可并没对这一行有什么特殊的才具；既然从他接手以后一切都很顺利，他就归功于自己的聪明。他常说一个人只要老实，认真，通情达理，就行了；他预备将来把自己的职位传给儿子，而并不问儿子的兴趣所在，正像他的父亲当初对付他一样。他也不替儿子做事业方面的准备，让孩子们自生自长，只要他们做个好人，尤其希望他们幸福，因为他非常地疼他们。因此他们对人生的战斗连一丝一毫的准备都没有，简直是暖室里的花。那有什么关系呢？他们不是永远可以这样过下去吗？在环境安定的内地，在他们有钱的，受人尊重的家庭里，有着一个慈爱的，快乐的，亲热的父亲，交游广阔，在地方上占着第一流的位置，生活真是太容易太光明了！

安多纳德十六岁。奥里维正要举行初领圣体的大典。神秘的梦想把他搅得昏昏沉沉。安多纳德听着甜蜜而醉人的希望之歌，好似四月里夜莺的歌声填满了青春的心窝。她感到身心像鲜花似的开放，知道自己长得俊美而又听到人家这么说，不由得非常快活。父亲的夸奖，不知顾忌的说话，尽够使她飘飘然。

他对着女儿出神；她的卖弄风情，照着镜子顾影自怜，无邪而狡狯的小手段，使他看了直乐。他抱她坐在膝上，拿爱情的题目跟她打趣，说她颠倒了多少男子，有多少人来向他请婚，把一个一个的姓名举出来：都是些老成的布尔乔亚，一个比一个老，一个比一个丑，把她急得大叫大嚷，继之以大笑，把手臂绕着父亲的脖子，脸贴着父亲的脸。他问她谁能有那个福气被她挑中：是那个为他家的老妈子称为丑八怪的检察官呢，还是那胖子公证人。她轻轻地打他几下，要他住嘴，或者拿手掩着他的嘴巴。他吻着她的小手，一边把她在膝上颠簸，一边唱着那支老山歌：

> 俏姑娘要什么？
> 是不是要一个丑老公？

她扑哧一声笑了，拈弄着父亲下巴底下的络腮胡子，接唱下去：

> 与其丑，还是美，
> 夫人，就请您做媒。

她打定主意要自己挑选。她知道她有钱，或者是将来有钱的，——父亲用各种口吻跟她说过了：她是“极有陪嫁的”。当地有儿子的大户人家已经在奉承她，在她周围安排了许多小手段，张着雪白的网预备捉那条美丽的小银鱼。但那条鱼对他们很可能成为四月里的糖鱼，[1]因为聪明的安多纳德把他们的伎俩都看在眼里，觉得好玩；

① 西俗于四月一日以制成鱼形的可可糖馈赠儿童。

她很愿意教人捉,可不愿意给人捉住。她小小的头脑里已经挑定了将来的丈夫。

当地的贵族——(通常每地只有一家,自称为外省诸侯的后裔,其实往往只是祖上买了国家的产业,[①]或是在十八世纪当过行政官,或是在拿破仑时代承包军需的,)——叫作鲍尼凡,在离城几里以外有座宫堡,尖顶的塔盖着耀眼的石板,周围是大森林,中间还有好几口养鱼的池塘;他们正在向耶南家献殷勤。年轻的鲍尼凡对安多纳德很热心。他长得既漂亮,以年龄而论也相当强壮,相当胖。他整天只知道打猎,吃喝,睡觉,会骑马,会跳舞,举止也还文雅,并不比别人更蠢。他不时从古堡到城里来,穿着长靴,跨着马,或者坐着双轮马车;他借口生意上的事去拜访银行家,有时带一篓野味或一大束鲜花送给太太们。他借这种机会来追求耶南小姐。两人一同在花园里散步,他竭力巴结她,一边很愉快地和她谈天,一边拈着自己的须,把踢马刺蹬在阳台的石板上橐橐的响。安多纳德觉得他可爱极了。她的骄傲和她的心都是怪舒服的。童年初恋的岁月是多么温柔,她浸在里面陶醉了。奥里维却讨厌这个乡下绅士,因为他身强力壮,笨重,粗野,笑起来声音那么大,手像钳子一样,老是很轻蔑地把他叫作"小家伙……",同时又拧他的面颊。他尤其恨——当然是不自觉的——那个陌生人爱他的姊姊……爱这个属于他一个人而不属于任何人的姊姊!……

然而大祸来了。那是几百年来胶着在同一方土地上,吸尽了它的浆汁的老布尔乔亚家庭,早晚都得碰到的。他们消消停停地在那儿打盹,自以为跟负载他们的土地同样不朽的了。但脚下的泥土早已死掉,他们的根须也没有了,禁不起人家一铲子就会倒下来的。那时,大家以为遭了厄运,遭了飞来横祸。殊不知要是树身坚固的话,厄运就不成其为厄运;或者祸患只像暴风一般的吹过,即使打断几根丫枝,也

① 法国大革命后,教会产业大部分均公开标卖,入于中产阶级之手。

不至于动摇根本。

银行家耶南是个懦弱,轻信,而有些虚荣的人。他喜欢在眼睛里揉进点儿沙子,一厢情愿地把"实际"跟"表面"混为一谈。他乱花钱,花得很多,但由于世代相传的俭省的习惯和事后的懊悔,挥霍的程度(他浪费了几方丈的木材而舍不得用一根火柴)还不致使他的财产受到严重的损害。在商业方面,他也不知谨慎。朋友向他借钱,他从来不拒绝;而要做他的朋友也挺容易。他甚至没想到要人家写张收据;人欠的账目登记得不清不楚,人家不还,他决不讨。他对什么事都相信别人的善意,正如他认为别人也相信他的善意一样。虽然表面上很有决断,心直口快,其实他胆子很小,从来不敢回绝某些冒失鬼的请求,也不敢对他们有没有偿还的力量表示怀疑。这种作风是由于好心,也由于胆怯。他对谁都不愿意得罪,怕受到侮辱,所以永远让步。为了骗自己,他把这些事做得很热心,仿佛人家拿了他的钱是帮了他的忙。他差不多真的以为是这样了:他的自尊心与乐观的脾气很容易使他相信做的都是好买卖。

这种行事当然不会不博得债务人的好感:乡下人对他好极了,他们知道要他帮忙是永远没有问题的,也就不肯放过机会。但人们——连老实的在内——的感激是像果子一般应当及时采摘的。倘使让它在树上老了,就会霉烂。过了几个月,受过耶南先生好处的人,以为这好处是耶南先生应当给他们的;甚至他们还有一种倾向,认为耶南先生既然肯这样殷勤的帮忙,一定是有利可图。而一般有心人以为在赶集的日子拿一只野兔或一篮鸡蛋送了银行家,即使不能抵偿债务,至少情分是缴销了。

至此为止,为的不过是些小数目,并且跟耶南打交道的也是一批相当规矩的人:所以还没有什么大害,损失的钱——那是银行家对谁都不提一个字的,——也为数极微。但有一天耶南遇到一个办着大企业的阴谋家,探听到他的资源和随便放款的习惯,情形就不同了。那个架子十足的家伙,挂着荣誉团勋章,自称为朋友中间有两三个部长,一个总主教,一大批参议员,一群文艺界与金融界的知名人物,还认识一家极有势力的报馆;他有一种又威严又亲狎的口吻,对付他看中的人真是再适当没有。他为了证明身份所用的手段,其粗俗浅薄,只要是一个比耶南精明一些的人就会起疑的:他拿出一般阔朋友写给他的信,内容无非是普通的应酬,或是谢他的饭局,或是请他吃饭;因为法国人是从来不吝惜笔墨的,对一个认识了只有一小时的人既不会拒绝握手,也不会谢绝饭局,只要这个人有趣而不开口借钱,——其实便是借钱也行,倘使看见旁人也借给他的话。因此一个聪明人看到邻人有了钱觉得为难而想帮他解决的时候,一定会找到一头羊肯首先跳下水去,引其他的羊一齐下水。耶南先生大概就是第一头跳水的羊。他是那种柔顺的绵羊,天生给人家剪毛的。他被来客的交游广阔,花言巧语,奉承巴结,以及听了他的劝告而赚的第一批钱迷住了。他先用少数的款子去博,成功了;于是他下大注,终于把所有的钱,不但是自己的,并且连存户的都放了下去。他并不告诉他们,他以为胜券在握,想出其不意地教人看看他替大家挣了多少钱。

事业失败了。跟他有往来的一家巴黎商号在信里随便提起一句,说有一桩新的倒闭案,根本没想到耶南就是被害人之一:因为银行家从来没跟谁提过这事。他的轻举妄动简直不可想象,事先竟没有——似乎还故意避免——向消息灵通的人打听一下,把这桩事做得很秘密,一味相信自己的见识,以为永远不会错的,听了几句渺渺茫茫的情报就满足了。一个人一生常有这种糊涂事,仿佛到了某个时期非把自己弄得身败名裂不可,而且还怕有人来救,特意避免一切能够挽回大局的忠告,像发疯般迫不及待地往前直冲,好让自己称心如意地沉下去。

耶南奔到车站,不胜仓皇地搭上巴黎的火车。他要去找那个家伙,心里还希望消息不确,或者是夸张的。结果,人没有找到,祸事却证实了。他惊骇万状地回来,把一切都瞒着。外边还没有一个人知道。他想拖几个星期,便是拖几天也是好的;又凭着那种不可救药的乐观的脾气,竭力相信还有方法补救,即使不能挽回自己的损失,至少能补偿主顾们的。他做种种尝试,其忙乱与笨拙使他把可能成功的机会也糟掉了。借款到处遭了拒绝。在无可奈何的情形之下拿少数仅存的资源所作的投机事业,终于把他断送完了。而从此他的性情也完全改变。他嘴里一字不提,但变得易怒,暴躁,冷酷,忧郁得可怕。当着外人的面,他仍勉强装作快活,可是恶劣的心绪谁都看得很清楚:人家以为他身体不好。和自己人在一块的时候,他可不大留神了,他们马上觉得他瞒着什么严重的事。他简直变了一个人:忽而冲到一间屋里,在一件家具中乱翻,把纸片摔了一地,大发脾气,因为东西没找到,或是因为别人想帮助他。随后,他在乱东西中间发呆,人家问他找什么,也说不上来。他似乎不再关心妻子儿女了,或者在拥抱他们的时候眼中噙着泪。他吃不下,睡不着了。

耶南太太明明看到这是大祸将临的前夜,但她从来不过问丈夫的买卖,一点儿都不懂。她问他,他态度粗暴地拒绝了。而她一气之下,也不再多问。但她只是莫名其妙地心惊胆战。

孩子们是想不到危险的。以安多纳德的聪明,不会不像母亲一般有所预感;但她一心要体味初恋的快乐,不愿意去想不安的事;她以为乌云自会消散的,——或者等到无可避免的时候再去看不迟。

对于苦闷的银行家的心绪最能了解的还是小奥里维。他感到父亲在那里痛苦,便暗地里和他一起痛苦。但他什么都不敢说:他一无所能,一无所知。再则,他也尽量避免去想那些悲哀的念头。像母亲和姊姊一样,他也有一种迷信的想法,认为我们不愿意看到的祸事也许是不会来的。那些可怜的人一受到威胁,便像鸵鸟似的把头藏在一块石头后面,以为这样祸患就找不到他们了。

摇动人心的流言开始传播了,说是银行的资本已经亏折殆尽。银行家在主顾面前装作泰然自若也没用,猜疑得最厉害的几个要求提取存款了。耶南觉得这一下可完了,他拼命声辩,表示因为人家不信任他而非常气愤,甚至和老主顾们大吵一场,使大家更加疑心。提款的要求纷至沓来。他一筹莫展,绝望之下,简直搅糊涂了。他作了一个短期旅行,带着最后一些钞票到邻近一个温泉浴场去赌博,一刻钟内就输得精光。

他的突然出门愈加使小城里的人着了慌,说他逃了;耶南太太费了多少口舌对付那些愤怒而不安的人,求他们耐着性子,赌咒说她丈夫一定回来的。他们不大相信这话,虽然心里极愿意相信。所以大家一知道他回来都觉得松了口气,许多人还以为自己多操心,以耶南他们的精明,即使出了乱子,也不至于没法弥缝。银行家的态度恰好证实这个印象。如今他看明白了只有一条路可走,便显得很疲乏,可是很镇静。下了火车,他在车站大道上跟遇到的几个朋友从从容容地谈天,谈着田里已经有几星期缺乏雨水,葡萄长得挺好,还提到晚报上所载的倒阁的消息。

到了家里,他对于妻子的慌张和急急告诉他出门后所发生的事,装作全不在意。她努力看他的脸色,想知道他这番出门有没有把那隐忧大患消除;但她逞着傲气不去动问,等他先说。他可绝口不提那桩双方都在痛苦的事,把妻子想跟他接近,逗他吐露衷曲的意念打消了。他只提到天气太热,身体困乏,说是头疼得要命;随后大家坐上桌子吃晚饭。

他说话很少,精神很疲倦,拧着眉头,担着心事,把手指弹着桌布,勉强吃些东西,也觉得受到人家的注意;他呆呆地望着两个孩子和他的妻子:孩子因为大家不说话而很胆怯;太太生了气,沉着脸,可仍旧偷觑着他所有的动作。晚餐快完了,他似乎清醒了些,逗着安多纳德与奥里维谈话,问他们在他出门的时期做了些什么;但他并没听他们的回答,只听到他们的声音,而且对他们视而不见。奥里维觉察到了:话说到一半就停住,不想再继续下去。安多纳德窘了一阵,又兴奋起来,咭咭呱呱的说个不休,把手放在父亲手上,或是拿肘子触他的手臂,要他留神听她的话。耶南一声不出,一忽儿瞧瞧安多纳德,一忽儿瞧瞧奥里维，额上的皱痕越来越深了。女儿的故事讲到一半，他支持不住了，站起来走向窗子，唯恐人家窥破他的心绪。孩子们折好饭巾，也站了起来。耶南太太打发他们到园子里玩去；不一会两人在花园的小径中尖声叫着，互相追逐了。耶南太太望了望背对着她的丈夫，沿着桌子走过去，仿佛找什么东西似的。她突然走近去，一方面感情冲动，一方面怕用人听到，所以嗄着嗓子问："安东尼，怎么啦？你一定心中有事……是的！你有些事瞒着……可是什么倒霉事儿？还是身体不舒服？"

但耶南仍旧把她支开了，不耐烦地耸耸肩，冷冷地回答："没事，没事，我告诉你！别跟我烦！"

她愤愤地走开了，气恼之下，暗中对自己说，不管丈夫遇到什么事，再也不操心了。

耶南走到花园里。安多纳德继续在那儿疯疯癫癫，要弄她的弟弟，硬要他一块儿奔跑。可是奥里维突然说不愿意再玩了，他肘子靠在阳台的栏杆上，站在离着父亲不远的地方。安多纳德还过来跟他淘气；他却很不高兴地把她推开，她说了几句不中听的话，看到没有什么可玩，也就走进屋子弹琴去了。

外面只剩下了耶南和奥里维。

"怎么啦，孩子？"父亲温柔地问，"干吗你不愿意再玩了呢？"

"我累了，爸爸。"

"好吧。那么咱们在凳上坐一会吧。"

他们坐下了。时方九月，夜色清明。喇叭花甜蜜的香味，跟花坛的墙脚下淡而腐败的河水味混在一起。浅黄的蛾绕着花打转，嗡嗡的声音像小纺车。对岸的邻人坐在屋前谈话，悠闲的语声在静寂中清晰可闻。屋子里，安多纳德弹着歌剧里的调子。耶南握着奥里维的手，抽着烟。黑影把父亲的脸慢慢地遮掉了，孩子只看见烟斗里一星星的火光，忽而熄了，忽而燃着了，终于完全熄灭。他们俩都不作声。奥里维问到几颗星的名字。耶南像所有内地的布尔乔亚一样不大懂得自然界的现象,除了几个无人不晓的大星宿外,一个都说不出来;但他假装孩子问的就是那熟悉的几个,便一个一个的说出名字。奥里维并不声辩;他只要听到人家轻轻地说出它们神秘的名字,就觉得有种乐趣。并且他的发问不是真的为了求知,而是本能地要借此跟父亲接近。他们不说话了。奥里维把头枕在椅子的靠背上,张着嘴,望着天上的星,迷迷糊糊地出了神:父亲手上的暖气把他渗透了。突然那只手颤抖起来。奥里维好不奇怪,便用着轻快的困倦的声音说:"噢!爸爸!你的手抖得多厉害!"

耶南把手抽回去了。

过了一会,小脑袋老在胡思乱想的奥里维又说:"你是不是也累了,爸爸?"

"是的,孩子。"

孩子声音很亲切地又道:"别太辛苦啊,爸爸。"

耶南把奥里维的头拉到胸前,紧紧地搂着,低声回答了一句:"可怜的孩子!……"

但奥里维的念头已经转到别处去了。钟楼上的大钟敲了八下。他挣脱了父亲,说:"我要看书去了。"每逢星期四,他可以在晚饭以后看书,直看到睡觉的时候:那是他最大的乐趣,无论什么事都不能使他牺牲一分钟的。

耶南让孩子走了,自己还在黑魆魆的阳台上来回踱步,随后也进了屋子。

房里,孩子与母亲都围聚在灯下。安多纳德在胸褡上缝一条丝带,嘴里不是说话就是哼唱,使奥里维大不高兴;他面前摆着书,拧着眉头,肘子靠在桌上,双手掩着耳朵。耶南太太一边补袜子,一边和老妈子谈话,——她在旁边背着白天的账目,借机会唠唠叨叨地说些闲话,她老是有些好玩的故事讲,那种滑稽的土话教大家听了忍俊不禁,安多纳德还学着玩儿。耶南静静地望着他们。谁也没注意他。他游移不定地站了一会,坐下来拿一册书随手翻了翻,又阖上了,重新站起;他简直没法待在这儿,便点起蜡烛,跟大家说了声再会,走近孩子,感情很冲动地亲吻他们:他们心不在焉地答应了一声,连望也不望他,——安多纳德心在活计上,奥里维心在书本上。奥里维连掩着耳朵的手都没拿下来,一边看书一边不胜厌烦地说了声再会;——他在看书的时候,哪怕家里有人掉在火里也不理会的。——耶南出去了,在隔壁屋里又待了一会。老妈子走了,耶南太太过来把被单放进柜子,只作不看见他。他迟疑了一会,终于走近来,说:

"请你原谅。我刚才对你说话很不客气。"

她心里很想对他说:"可怜的人,我不恨你;但你究竟有什么事呢?把你的痛苦告诉给我听吧。"

可是她眼见有报复的机会,不由得要利用一下:

"别跟我烦!你对我多凶!把我看得连个用人都不如。"

她又恶狠狠地,愤愤不平地,把他的罪状说了一大堆。他有气无力地做了个手势,苦笑一下,走开了。

谁也没听见枪声。只有到了第二天事情发觉之后,邻居们才记起半夜里听到静寂的街上啪的一声,好像抽着鞭子。过后,黑夜的平静又立刻罩在城上,把活人和死人一齐包裹了。

过了一两个钟点,耶南太太醒来,发觉丈夫不在身边,心里一急,马上起来把每间房都找遍了,然后下楼走到跟住宅相连的银行办公室去,在耶南的公事房中,她发现他坐在椅子里,身子伏在书桌上,鲜血还在一滴一滴地往地板上流。她大叫了一声,把手里的蜡烛掉在地下,晕了过去。家里的仆人们听见了,立刻赶来,把她扶起,忙着救护,同时把男主人的尸体移在一张床上。孩子们的卧室紧闭着。安多纳德睡得像天使一样。奥里维听见一片人声和脚声,很想知道是怎么回事;但他怕惊醒姊姊,便又睡了。

第二天早上,孩子们还没知道,城里已经在开始传播消息了,那是老妈子哭哭啼啼地出去说的。他们的母亲根本不能用什么思想,连健康都还有问题。家里只剩两个孩子孤零零地陪着死者。在那个刚出事的时期,他们的恐怖比痛苦还厉害。并且人家也不让他们安安静静的哭。从早上起,法院就派人来办手续。安多纳德躲在自己的房内,凭着少年人的自私心理,拼命教自己只想着一个念头,唯有那个念头才能帮助她把可怕的,使她喘不过气来的现实丢在一边:她想着她的男朋友,每个钟点都等着他来。他对她从来没像最近一次那么殷勤的:她认为他一定会赶来安慰她。——可是一个人也不来,连一个字条都没有,丝毫同情的表示都没有。反之,自杀的消息一传出去,银行的存户立刻赶上门来,拿出恶狠狠的面孔对着孤儿寡妇大叫大骂。

几天之内,一切都倒下来了:死了一个亲爱的人,失去了全部的家产,地位,名誉,和朋友。简直是总崩溃。他们赖以生存的条件一个都不存在了。母子三人对于身家清白这一点都看得很重,所以眼看自己无辜而出了件不名誉的事格外痛苦。三人之中被痛苦打击得最厉害的是安多纳德,因为她平时最不知道痛苦。耶南太太和奥里维,不管怎么伤心,对痛苦的滋味并不陌生;既然天生是悲观的,所以他们这一回只是失魂落魄而并不觉得出乎意外。两人一向把死看作一个避难所,尤其是现在:他们只希望死。当然这种屈服是可悲可痛的,但比起一个乐观、幸福、爱生活的青年人,突然之间陷入绝望的深渊,或是被逼到跟毛骨悚然的死亡照面的时候所感到的悲愤,究竟好多了。

安多纳德一下子发现了社会的丑恶。她的眼睛睁开了,看到了人生,她把父亲,母亲,兄弟,统统批判了一番。奥里维陪着母亲一起痛哭的时候,她却独自躲在一边让痛苦煎熬。她的绝望的小脑瓜想着过去,现在,将来;她看到自己一无所有了,一无希望,一无靠傍,不用再想倚仗谁。

葬礼非常凄惨,而且丢人。教堂不能接受一个自杀的人的遗体。寡妇孤儿被他们昔日的朋友无情无义地遗弃了。只有两三个跑来临时露了一下脸,而他们那种窘相比根本不来的人更教人难堪,像是赏赐人家一种恩典,他们的沉默大有谴责,鄙薄,与怜悯的意味。家族方面是更要不得:没有一句安慰的话,反而来些狠毒的责备。银行家的自杀,不但不能平息大众的愤怒,而且被认为跟他的破产差不多一样的罪大恶极。布尔乔亚是不能原谅自杀的人的。倘若一个人不肯忍辱偷生而宁愿死,他们就认为形同禽兽,谁敢说“最不幸的莫如跟你们一起过活”,他们便不惜用最严厉的法律对付。

最懦怯的人也急于指责自杀的人懦怯。一个人捐弃了自己的生命,同时损害到他们的利益,使他们没法报复,他们尤其气愤。——至于可怜的耶南经过怎样的痛苦才出此下策,那是他们从来不去想的。他们恨不得要他受千百倍于此的痛苦。如今他既然溜之大吉,他们便回过来谴责他的家属。他们嘴里不说,知道那是不公平的,但做还是照样的做,因为他们非要拿一个人开刀不可。

除了悲泣以外什么事都做不了的耶南太太,听到人家攻击她的丈夫,立刻恢复了勇气。此刻她才发觉自己原来多么爱他。这三个前途茫茫的人,一致同意把母亲的奁赠和他们个人的产业完全放弃,拿去尽可能地偿还父亲的债务。而既然没法再待在当地,他们就决意上巴黎去。

动身的情形像逃亡一样。

第一天晚上,——(九月里一个凄凉的黄昏:田野消失在白茫茫的浓雾里,大路两旁,你慢慢往前走的时候,矗立着湿透的丛树的躯干,仿佛水中的植物,)——他们一同上墓地去告别。新近翻掘过的墓穴四周,围着狭窄的石栏,三个人一齐跪在上面,悄悄地淌着眼泪:奥里维不住地抽噎,耶南太太无可奈何地擤着鼻涕。她竭力自苦,老想着她跟丈夫最后一面时说的话。——奥里维想着坐在阳台的凳子上跟父亲的谈话。安多纳德想着他们将来的遭遇。各人心里对这个断送了他们,断送了自己的可怜虫,没有一点埋怨的意思。可是安多纳德想着:“啊!亲爱的爸爸,我们要吃多少苦啊!”

雾慢慢地黯淡下来,潮气把他们浸透了。耶南太太流连不忍去。

安多纳德看见奥里维打了个寒噤,便和母亲说:“妈妈,我冷。”

他们站起身来。将要离开的时候,耶南太太又最后一次回过头去,对坟墓说了声:

“可怜的朋友!”

他们在夜色中走出墓园。安多纳德牵着奥里维冰冷的手。

他们回到老屋。这是宿在老巢里的最后一夜了,——他们一向睡在这儿,生活在这儿,他们的祖先也生活在这儿:这些墙壁,这个家,这一小方土地,和家中所有的欢乐与痛苦都是息息相通,分不开的,它们仿佛成为家庭的一分子,成为大家生命中的一部分了,人们直要死了才会离开它们。

行李已经整好了。他们预备搭明天早上的第一班车,趁街坊上铺子还没开门的时候动身,免得引起人家的注意和恶意的议论。——他们需要彼此挨在一起,可是各人都不由自主地走进各人的卧房,一动不动地站着,也不想摘下帽子脱去外衣,摸着墙壁,家具,和一切即将分别的东西,把脑门贴在玻璃上,希望跟这些疼爱的东西多接触一会,把它们保留在心头。最后各人竭力排遣痛苦的念头,都集中到母亲屋里去——那是阖家团聚的房间,尽里头有深大的床位:从前吃过晚饭没有外客的时候,大家都是待在这里的。从前!……那他们觉得已经远得很了!——壁炉里生着小火,他们团团坐着,一言不发,随后跪在床前做了晚祷,很早就睡了,因为第二天黎明以前就得起身。可是他们都好久地睡不着。

清早四点光景,时时刻刻看着表的耶南太太,点着蜡烛起来了。安多纳德也没怎么睡,听到声音也起身了。只有奥里维睡得很熟。耶南太太心里很难过地望着他,不忍把他叫醒。她提着脚尖走开,吩咐安多纳德:“轻一点:让可怜的孩子在这儿好好的多享受几分钟吧!”

她们穿好衣服,把零星的包袱也收拾妥当。屋子周围依旧静悄悄的,在秋凉的夜里,所有的人,所有的动物,都格外贪恋他们温暖的睡眠。安多纳德牙齿打战:身子跟心都冰冻了。

外边寒气袭人,大门呀的一声开了。随身带着钥匙的老女仆,最后一次来侍候主人。她又矮又胖,气急得很,身子臃肿得有点不大方便,但以年龄而论还非常硬朗。她脸上围着块布,鼻子通红,眼泪汪汪地出现了,看到太太不等她来就起床了,厨房的炉子也生好了,大为不安。——她一进门,奥里维就醒了。可是他重新闭上眼睛,翻了一个身又睡了。安多纳德过来轻轻地把手放在弟弟的肩上,低声叫道:“奥里维,我的小乖乖,时候到了。”

他叹了口气,睁开眼睛,看见姊姊的脸靠近着他的脸凄然微笑,摩着他的额角,嘴里说着:“起来吧!”

他就起来了。

他们悄悄地走出屋子,像贼一样。各人手里拿着一个包袱。老妈子走在前面,推着一辆装载衣箱的小车。他们差不多把所有的东西都留下,除了身上穿的,只带着几件随身衣服。一些可怜的纪念物另外交给慢车运:无非是几册书,几幅肖像,古式的座钟,它的摆动似乎就是他们生命的脉搏……晨风峭厉,城里谁也没起来;护窗关着,街上空荡荡的。他们一声不出,只有老妈子在那里唠叨。耶南太太竭力想把最后一次见到的,使她回想起过去生活的形象,深深地刻在心上。

到了车站,她心里虽然很想买三等票,可是为了面子攸关,依旧买了二等;她受不了在认识她的两三个站员前面露出窘相。她急急忙忙扑入一间空的车厢,和孩子们躲起来。他们掩在窗帘后面,唯恐看到什么熟人的脸。可是一个人也没出现:他们动身的时候,城里的人都还不曾醒,车厢是空的;只有三四个乡下人,和几条把头伸在车栅上面悲鸣的牛。等了好久,才听到机车长啸一声,车身在朝雾中开始蠕动了。三个流浪者揭开窗帘,把脸贴在窗上,对着小城最后地瞧一眼。哥特式的塔尖在雾氛中隐约莫辨,山岗上都是干草堆,草地上盖着雪白的霜,冒着水汽:这已经是遥远的,梦中的风景,几乎不是现实的了。等到列车拐了弯,到岔道上走入另一条铁轨,所有的景色完全望不到了,再没被人瞧见的危险时,他们便忍不住了。耶南太太把手帕掩着嘴巴抽噎着。奥里维扑在母亲身上,把头枕着她的膝盖,淌着泪吻她的手。安多纳德坐在车厢那一头,向着窗子悄悄地哭着。每个人的哭有每个人的理由。耶南太太和奥里维只想着丢掉的一切。安多纳德却特别想到以后的遭遇:她埋怨自己不该这样,很愿意教自己浸在往事里……但她瞻望前途是对的:她比母亲与兄弟把事情看得更准确,不像他们对巴黎存着种种的幻想。安多纳德自己也没料到将来的遭遇。他们从来没到过京城。耶南太太有个姊姊在巴黎,丈夫是个有钱的法官;她这番就预备去求她帮忙。同时她相信凭着孩子们所受的教育和天分——在这一点上她像所有的母亲一样估计错了,——不难在巴黎找个体面的职业维持生计。

一到巴黎,印象就很恶劣。在车站上,行李房的拥挤和出口处水泄不通的车马把他们弄得狼狈不堪。天下着雨。找不到一辆车。他们走了很多路,沉重的包裹压得他们手臂酸痛,不得不在街中心停下,大有被车马压死或溅满一身污泥的危险。他们尽管招呼,没有一个车夫答应,后来终于有辆肮脏透顶的破车停了下来。他们把包裹递上去的时候,一卷被褥掉在泥浆里。车夫和扛衣箱的脚夫欺他们人地生疏,敲了一笔双倍的价钱。耶南太太给了车夫一个又坏又贵的旅馆的名字,那是内地客人下榻的地方,因为他们的祖父在三十年前住过,所以他们不管怎么不舒服还是到这儿来寄宿。他们在这里又被敲了一笔竹杠;人家推说是客满了,教他们挤在一个小房间里,算了他们三个房间的钱。吃晚饭的时候,他们想省一些,不到食堂去,只叫了一些简单的菜,结果是没吃饱而价钱一样的贵。他们刚到巴黎就大失所望。住旅馆的第一夜,挤在没有空气的屋子里怎么也睡不着觉:忽而热,忽而冷,不能呼吸,走廊里的脚声,关门声,电铃声,使他们时时刻刻的惊跳,车马和重货车的声响把他们头都胀疼了。他们跑到这可怕的城里来,茫无所措,只是吓坏了。

第二天,耶南太太赶到姊姊家去,姊姊在沃斯门大街上住着一个华丽的公寓。她嘴里不说,心里却巴望人家在他们没解决困难以前请他们住到那边去。但第一次的招待就使她不敢再存什么希望。波依埃-特洛姆夫妇两个对于这家亲戚的破产大为愤慨。尤其是那个女的,唯恐受到牵连,妨害丈夫的前程;现在这个败落的家庭还要投上门来进一步地拖累他们,她更认为岂有此理了。做法官的丈夫也是一样想法,但他为人相当忠厚,要不是被妻子盯着,也许还乐于帮忙,可是他心里也愿意妻子那么办。波依埃-特洛姆太太用着冷冰冰的态度招待她的妹妹;耶南太太不由得大吃一惊,勉强按着傲气,明白说出处境的艰难和对波依埃家的希望。他们只做不听见,甚至也不留他们吃晚饭,却是非常客套地约耶南一家在周末去吃饭。而这还不是出之于波依埃太太之口,倒是那法官觉得妻子的态度教人太难堪了,想借此缓和一下:他装作很随和,但显而易见不十分真诚,并且很自私。——可怜耶南母子们回到旅馆,对这初次的访问简直不敢交换一下意见。

以后的几天,他们在巴黎奔东奔西,想找个公寓,爬着一层又一层的楼梯累死了。住得那么挤的军营式的屋子,肮脏的楼梯,没有阳光的房间,对于住惯内地大屋子的人格外显得凄惨。他们越来越觉得受压迫。走在街上,进铺子,上饭店,他们老是慌忙失措,受人愚弄。他们似乎有种触手成金的本领,想买的东西都是贵得惊人。他们笨拙到不可思议的程度,没有一点自卫的力量。

耶南太太尽管对姊姊已经不存奢望,但对那顿被请而还没去吃的饭,仍旧一厢情愿地抱着许多幻想。他们一边穿扮一边心中乱跳。人家对付他们的态度是把他们当作外客而不是至亲。——并且除了客套以外,主人也并没为这顿饭破费什么。孩子们见到了跟他们年纪相仿的表兄弟姊妹,也不比他们的父母更和气。衣着漂亮而卖弄风情的女孩子,拿出傲慢而有礼的态度,装腔作势,跟他们胡扯一阵,使他们大为狼狈。男孩子因为陪着这些穷亲戚吃饭觉得受罪,尽量装出不高兴的模样。波依埃-特洛姆太太直僵僵地坐在椅子里,仿佛老是在教训妹妹,连让菜的神气也是这样。波依埃-特洛姆先生说些无聊的话,免得人家提及正事。谈的无非是吃的东西,唯恐牵涉到什么亲切的与危险的题目。耶南太太鼓足勇气,想把话扯上她心中念念不忘的问题:波依埃-特洛姆太太却直截了当的用一句毫无意义的话把她打断了。她也就没勇气再说了。

饭后,她教女儿弹一会琴,显显本领。小姑娘又窘又不高兴,弹得坏极了。波依埃他们厌烦得要死,只等她弹完。波依埃太太含讥带讽的抿了抿嘴唇,望着自己的女儿;随后,因为音乐老是不完,便跟耶南太太谈些不相干的事。安多纳德完全搅糊涂了,不胜惊骇地发觉自己弹到某一段忽然又回到了头上去;既然没法解决,她便决定不再往下弹,痛快敲了头两个不准确而第三个完全错误的和弦停了下来。波依埃先生喊了声:"好极了!"马上叫人端咖啡来。

波依埃太太说她的女儿跟着皮格诺[①]学琴。而那位"跟皮格诺学琴的"小姐接着说:"你弹得很好,我的小乖乖……"然后问安多纳德是在哪儿学的。

大家继续谈天。客厅里的小古董跟主妇们的装束都谈完了。耶南太太再三地想:"是时候了,我应当说呀……"

想到这个,她身子都抽搐了。正当迸足勇气,下了决心的时候,波依埃太太随便用着一种并不想表示歉意的口吻说,他们很抱歉,应当在九点半左右出门:为了一个不能改期的约会……耶南他们气恼之下,立刻起身预备走了。主人装作挽留的神气。可是过了一刻钟,有人打铃,仆役通报说是住在下层的邻居来了。波依埃跟妻子递了个眼色,急急忙忙和仆人咬了一会耳朵。波依埃含糊其辞地请耶南一家到隔壁屋里去坐。(他不愿意给朋友们知道有这门不名誉的亲戚在家。)他们被丢在没有生火的屋子里。孩子们对着这种羞辱大为愤慨。安多纳德眼中含着泪说要走了。母亲先还不答应,后来等得太久了,便也下了决心。他们走到穿堂,波依埃得到仆役通知,赶紧出来说几句

---

① 皮格诺(1852—1914),法国有名的钢琴家兼作曲家。

俗套表示歉意，假装挽留他们，但显而易见巴不得他们快点走。他帮着他们穿大衣，笑容可掬地，忙着握手，低声说些好话，把他们连推带送地打发到门外。——回到旅馆，孩子们气得哭了。安多纳德跺着脚，发誓永远不再上这些人家里去了。

耶南太太在植物园附近租了一个四层楼上的公寓。卧房临着一个黑洞洞的天井，四面是斑驳的高墙，餐室和客厅（因为耶南太太一定要有个客厅）临着一条嘈杂的街，整天有蒸汽街车和往伊佛莱公墓去的柩车走过。衣衫褴褛的意大利人，下流的孩子们，游手好闲地在路旁凳子上坐着，或是剧烈的争吵。为了这些喧闹的声音，没法开窗；傍晚从外边回来的时候，你必得在忙乱而发臭的人堆里挤，穿过一些泥泞而拥塞的街道，走过一家开在邻屋底层的下等酒店，门口站着些高大瞌睡的姑娘，黄黄的头发，脸涂得像石膏一般，用着下流的目光盯着行人。

耶南一家仅有的一点儿钱消耗得很快。每天晚上，他们不胜忧急地发觉荷包的漏洞越来越大了。他们想法子撙节，可是不会：节约是种学问，倘使你不是从小习惯的话，就得靠多少年的磨炼去学。天生不知俭省的人而勉强求俭省，只是白费时间：只要遇到一个花钱的机会，他们就让步了，心里老是想："等下次再省吧。"而要是偶然挣了或自以为挣了一些小钱的时候，又马上把这笔盈余花掉，结果是花费的比挣来的超过十倍。

过了几星期，耶南他们的财源都搞光了。耶南太太不得不把剩下的一点儿自尊心丢开，瞒着孩子去向波依埃借钱。她想法跟他在公事房里单独见面，求他在他们没有找到一个位置来解决生计之前，借一笔小款子。波依埃是个软心肠的，还相当讲人情，先用延宕的手段推诿了一番，终于让步了。在一时感情冲动而心不由主的情形之下，他居然借给她二百法郎，过后又立刻后悔，——尤其当他不得不告诉太太，而她对于丈夫的懦弱和妹妹的耍手段表示大为气恼的时候。

耶南母女天天在巴黎城中奔走,想谋个位置:耶南太太像内地有钱的布尔乔亚一样有种成见,认为除了所谓“自由职业”——大概是因为这种职业可以令人饿死,所以叫作自由——之外,任何旁的职业对她和她的儿女都有失身份。连家庭教师的位置,她都不愿意让女儿担任。在她心目中,只有公家的差事才不失体面。而要希望奥里维当个教员,先得设法完成他的教育。至于安多纳德,耶南太太很想替她在学校里谋个教职,或是进国立音乐院去得一个钢琴奖。但她所探问的学校有的是教员,资格都比她那个只有初级文凭的女儿强得多;至于音乐,那么得承认安多纳德的天分极其平常,多多少少比她优秀的人都还没法出头呢。他们发现巴黎逼着大大小小的人才为了生活作着可怕的斗争与无益的消耗。

两个孩子垂头丧气,甚至把自己看得一文不值,平庸到极点;他们硬要自己相信这一点,并且向母亲证明。奥里维在内地中学里不费多大气力已经是数一数二的角色,到这儿却是被种种磨难搅昏了,把所有的聪明都吓跑了。人家把他送进一所中学,居然弄到一份助学金。但他初期的成绩恶劣之极,助学金被取消了。他自以为愚蠢无比。同时他又讨厌巴黎,讨厌那些熙熙攘攘的人,讨厌下流的同学,卑鄙的谈话,以及某些同伴向他所作的可耻的建议。他甚至没勇气对他们说出他的轻蔑,仅仅想到他们的堕落,就觉得自己被玷污了。他跟母亲与姊姊每天晚上做着热烈的祈祷,算是唯一的安慰。他们奔波了一天所碰到的失望与委屈,对于这些无邪的心简直是种污辱,彼此连谈都不敢谈起。但是和巴黎潜伏着的无神主义接触之下,奥里维的信心不知不觉地开始崩溃了,仿佛新刷的石灰一淋着雨就在墙上掉下来。他虽然继续信仰,但在他周围,上帝已经死了。

母亲与姊姊仍旧奔来奔去,一无结果。耶南太太又去看波依埃夫妇。他们为了摆脱她,给她找了两个位置:为耶南太太的是替一位往南方过冬的老太太当伴读;为安多纳德的是到住在乡下的法国西部人家当家庭教师,报酬都还不差。耶南太太却拒绝了。除了她自己去服侍人家的屈辱以外,她更受不了的是她的女儿也要逼上这条路,并且还得跟她分离。不管他们如何不幸,而且正因为不幸,他们要苦守在一处。——波依埃太太听了这话大不高兴。她说一个人没法生活的时候,不能再挑剔。耶南太太忍不住责备她没心肝。波依埃太太就对于破产和耶南太太欠她的钱说了一大篇难听的话。赶到分手的时候,姊妹俩竟变了死冤家。一切的关系都断绝了。耶南太太一心一意只想把借的款子还清,可是办不到。

劳而无功的奔走还是继续着。耶南太太去访问本省的众议员和参议员,都是以前耶南常常帮忙的,结果到处碰到一副忘恩负义和自私自利的面孔。众议员对她的信置之不复,她上门去,仆人又回说不在家。参议员却用着一种教人受不了的怜惜的口吻提到她的处境,说都是“那该死的耶南”一手造成的,同时对他的自杀又说了许多难堪的话。耶南太太替丈夫辩护了几句。参议员回答说,他知道银行家不是欺诈,而是荒唐,说他是个饭桶,是个糊涂虫,什么事都自作聪明,不跟任何人商量,不听任何人的劝告。要是他只害了自己倒也罢了:那是他活该!可是,——不说连累别人,——光是把他的妻子儿女害到这步田地,丢下他们让他们自寻生路……那可只有耶南太太能够原谅他了,如果她是一个圣者的话;但他,参议员,他不是个圣者(s,a,i,n,t),只是个健全的人(s,a,i,n)①,一个健全的,明理的,会思考的人,他可没有丝毫宽恕他的理由。一个人在这种情形中自杀简直是混账到极点。唯一可以替耶南辩护的理由,就是这桩事不能完全教他负责。讲到这儿,他向耶南太太道歉,说他对她丈夫的批评未免激烈了一些:而这是因为他对她表示同情的缘故,接着他打开抽屉,拿出一张五十法郎的钞票,——算做布施,——被她拒绝了。

她到一个大机关里去谋个职位,手段却十分笨拙,而且是有头无尾的。她迸足了勇气才奔走了一次,回来却垂头丧气,几天之内再没

① 原文特意将此二字字母分别写。按圣者与健全二字,法语读音完全相同,此处有意作双关语。

气力动弹;赶到她再去问讯的时候,已经太晚了。她在教会方面也没能得到什么帮助,或是因为他们觉得无利可图,或是因为不愿意理睬一个家长从前是出名反对教会而现在身败名裂的家庭。耶南太太千辛万苦,好容易谋到一所修道院里教钢琴的职位,——极乏味而报酬极少的差事。为了多挣一些钱,她又在晚上替文件代办所做些抄写工作。可是人家对她很严。她的书法和疏忽,尽管用心还是要脱落字句,甚至整行的漏掉,——(她心里想着多少旁的事!)——使她受到很不客气的埋怨。她往往眼睛干涩作痛,四肢酸麻地做到半夜,而抄件还是要被退回来,那时她就失魂落魄地回家,整天的抽抽搭搭,不知道怎么办。她多年以前就有心脏病,经过这些磨难,病更加深了,使她有种种恐怖的预感。她有时很痛苦,透不过气来,仿佛要死过去了。她出门的时候身边老带着字条,写着自己的姓名住址,恐防会倒在路上。要是她死了,那怎么办呢?安多纳德尽量支持她,装出她本来没有的那种镇静的态度,她要母亲保养身体,让她去代替工作。可是耶南太太迸着最后一些傲气,无论如何不肯让女儿去受她所受的屈辱。

她尽管做得筋疲力尽,省吃俭用,仍是无济于事:挣的钱不够养活他们,非把留着的一些首饰变卖不可。而最糟的是这笔派了多少用途的钱,在耶南太太拿到手的当天就给偷去了。老是糊里糊涂的可怜的妇人,因为第二天是安多纳德的节日,想买件小小的礼物给她,顺路走进便宜百货公司。她把钱袋紧紧抓在手里,唯恐丢掉。为了要仔细看一件东西,她随手把钱袋往柜台上一放,过了一会儿想去拿回来,已经不见了。——这是最后一下的打击。

不多几天以后,八月将尽,正是一个闷热的晚上,——一股热腾腾的水汽重甸甸地罩在城上,——耶南太太把一篇紧急的抄件送往文件代办所回来。因为过了晚饭时间,又想节省三个铜子的车钱而怕孩子们揪心,她赶路太急了些,走得非常疲倦。爬上四层楼,她已经不能开口,不能呼吸了。像这种模样的回家是常有的事,孩子们已经不以为意了。她硬撑着和他们马上吃饭。大家都为了天气太热吃不下东西,勉强吃了些肉,喝了几口淡而无味的水。他们都不出声,一来没心思说话,二来特意让母亲歇一歇,——他们一齐望着窗子。

突然,耶南太太舞动着手,拼命抓着桌子,瞪着孩子,哼了几声,身子往下倒了。安多纳德和奥里维赶上去刚好把她扶住。他们俩发疯般叫着:“妈妈!我的小妈妈!”

可是她不回答。他们一下子没了主意。安多纳德抽搐着,紧紧搂着母亲,拥抱她,呼唤她。奥里维开着门大喊:“救命!”

看门女人爬上楼来,看到这个情形,便去找了个附近的医生。但医生到的时候,她已经完了。还算耶南太太的运气,死得这么快,可是她最后几秒钟看着自己死去,把孩子们孤零零地丢在苦海里的感触,谁又能知道呢?……

孩子们孤零零地受着惨祸的惊恐,孤零零地哭着,孤零零地料理可怕的后事。看门女人心地很好,帮了他们一点忙,耶南太太教课的修道院方面,只冷冷地说了几句惋惜的话。

母亲刚死的时期,两人简直是绝望到无可形容。但使他们得救的便是这过度的绝望,因为奥里维抽风抽得很厉害,使安多纳德只想着兄弟,把自身的痛苦忘了一部分,而她的深切的友爱也感动了奥里维,不至于因痛苦而有什么危险的冲动。两人拥抱着,坐在亡母的灵床旁边,在守夜灯的微弱的光线之下,奥里维喃喃地说应当死,两人一同死,立刻就死,他一边说一边指着窗口。安多纳德也有这种可怕的愿望,但她还是拼命地挣扎,要活下去……

“活着有什么用呢?”

“为了她呀,”安多纳德指着母亲,“她永远跟我们在一起。你想想吧……她为我们受了多少罪,我们不能使她再受一桩最苦的苦难:看到我们穷途潦倒地惨死……”她又接着很兴奋地说,“……啊!而且一个人不应该这样畏缩!我不愿意!我要反抗!我一定要你有一天能够幸福!”

“永远不会的了!”

“会的,你将来会幸福的。我们受的苦难太多了。物极必反,不会老是苦下去的。你能打出一条路来,你能有个家庭,你会幸福:我一定要你这样,我一定要!”

“怎么过活呢?咱们永远不能……”

“一定能够的。怎么办吗?先得撑到你能够谋生的时候。一切都归我负责。你瞧着吧,我一定做到。啊!要是妈妈让我做的话,我早已……”

“你去做些什么呢?我不愿意你干屈辱的事。并且你也不能……”

“怎么不能?……靠自己的工作糊口,只要是清清白白的,有什么屈辱!你别操心,我求你!你瞧着吧,没有什么做不到的事,你将来会幸福的,咱们都会幸福的,奥里维,母亲也要为了我们而高兴呢……”

跟在母亲灵柩后边的只有两个孩子。他们一致同意不去通知波依埃:这一份人家在他们心中早已不存在了,他们对母亲多么狠心,连她的死也是他们促成的。看门女人问他们可有别的亲属的时候,他们回答说:“一个也没有。”

在空荡荡的墓穴前面,他们手牵着手祷告。他们在绝望中逞着傲气,宁愿孤独而不愿意看到那些无情而虚伪的亲戚。——两人走回家,一路上跟他们挤来挤去的都是一般对于他们的丧事,他们的思想,他们的生命漠不关心而只有语言相同的群众。安多纳德让奥里维搀着手臂。

他们在同一所屋子里换了最高层的一个极小的公寓。——只有两间顶楼底下的卧室,一间给他们作餐室用的极小的穿堂,和一间像壁橱般大的厨房。换一个区域,他们或许能找到比较好一些的住所,但在这儿他们觉得仍旧跟亡母在一起。看门女人对他们很表同情;可是不久她也管着自己的事,谁也不理会他们了。屋子里没有一个房客认识他们,他们也不知道住在旁边的是谁。

修道院居然答应安多纳德接替她母亲教琴。她还想找些别的教课的事。她唯一的念头是教养弟弟,直到他进高等师范为止。这计划是她独自决定的,她研究高师的课程,到处打听,也征求奥里维的意见,——可是他毫无意见,她已经为他选择好了。一朝进了高师,他一生不用再愁生活,前途有望了。所以非要他达到这一步不可,无论如何都得活到那个时候。那不过是五六个辛苦的年头:一定能撑到的。这个意念给了安多纳德很大的勇气,使她整个身心都振作起来。她明白看到摆在她前面的是孤独艰苦的生活,唯有靠着"超拔兄弟"的热情才能挨受的。她打定主意倘若自己得不到幸福,至少要使兄弟幸福!……这个还没足十八岁的轻浮而温柔的姑娘,被她那英勇的决心改变了:她心中藏着一股献身的热诚和奋斗的傲气,不但谁都没想到,连她自己也没料到。女子在这个烦闷的年龄,有如万物骚动的初春,爱的力量充塞着整个身心,像一条潜藏的溪水在泥土下面流着,把它包裹,浸润,永远和它在一起纠缠,同时爱情也能化为种种形式,它只想献身给别人,给人家做养料:只要有一点儿借口就行了,它的无邪与深刻的肉感准备随时蜕化为牺牲。爱情使安多纳德做了友爱的俘虏。

她的弟弟因为没有这样的热情,精神上就没有这种倚傍。并且那是人家献身于他而非他献身于人,——这当然更方便更甜蜜,只要你是爱那个为你牺牲的人的。可是相反,他眼看姊姊为了他而筋疲力尽,心里非常难过。她回答说:"啊!好孩子!……难道你不看见我就靠这个生活吗?要没有你给我的辛苦,活着还有什么意思?"

他很明白这个。处在安多纳德的地位,他也会把这种甘心情愿的劳苦看得很重的;但人家为了自己而受罪,他的傲气与心灵就大为痛苦了。并且,一个像他这样懦弱的人,要负起别人强迫他担负的责任,非成功不可的责任,——既然姊姊把自己的一生在他身上孤注一掷,——真是多么沉重啊!想到这点,他就受不了,他非但不加倍地鼓起勇气,反而有时弄得垂头丧气。可是她逼着他无论如何要挣扎,要工作,要生存:那是他没有姊姊的督促决计办不到的。他大有甘心战败的倾向,——也许还有自杀的倾向,——要不是姊姊硬要他奋发有为,追求幸福的话,或许他早已完了。他因为自己的天性受了抑制而很苦闷;但这抑制就是他的救星。他也在经历一个转变的年龄:在此可怕的时期,成千累万的青年都因为一时糊涂,被两三年的疯狂把一生断送了。倘若他有胡思乱想的时间,恐怕早走上了不是灰心,便是放荡的路:他每逢反躬自省的时候,病态的幻想,对生活,对巴黎,对那些挤在一块儿腐化的千千万万的生灵的厌恶,就来占据他的心灵。可是一看到姊姊,噩梦就醒了,既然她为了他而活着,他也就活下去了,他将来也就会幸福了,虽然自己并不求幸福……

这样,他们的生活就靠一股热烈的信仰,而这信仰又是靠苦行,宗教,和高尚的志愿促成的。两个孩子所有的生命力都倾向着独一无二的目标,就是奥里维的成功。任何工作任何屈辱,安多纳德都能忍受:她当着家庭教师,差不多被人看作仆役,像老妈子一样的带学生去散步,在街上闲荡几小时,名目是教他们学德语。这些精神的痛苦与肉体的疲劳,使她的傲气和对兄弟的友爱都得到一种安慰。

她筋疲力尽地回家,还得照管奥里维。他白天在中学里寄一顿中饭,到傍晚才回来。她在煤气灶上或酒精灯上预备晚饭。奥里维从来不觉得肚子饿,对什么都没胃口,尤其是肉类;只能强迫他吃一点,或是想法替他做些心爱的菜;而可怜的安多纳德又不是个高明的厨娘!她花尽了气力,结果只听到兄弟说她的烹调不堪入口。一般笨拙的青年主妇,因为不善烹饪常常使生活暗中受到影响,连睡觉都睡不好,——直要对着炉灶不声不响地失望了多少次,才能懂得一些做菜的诀窍。

吃过晚饭,她把少数的碗盏洗完了,——(他要帮她,她可不许),——便像慈母一样的监督兄弟的功课。她教他背书,查看他的卷子,甚至也帮他准备,可老是留着神,不让这多疑的家伙生气。他们坐在一张独一无二的桌子,吃饭与写字两用的桌子旁边:他做他的功课;她不是缝东西,便是抄写文件,等他睡了,再替他整理衣服或做自己的活儿。

虽然生计这样艰难,他们还是决定把所能积蓄起来的一些钱先去偿还母亲欠波依埃家的债。那并非因为波依埃他们是怎么凶恶的债主:他们已经无声无息,再也不想到那笔他们认为丢定了的钱了,并且能够花这个代价摆脱了拖累人的亲戚,他们也很高兴。可是两个孩子的傲气与孝心,觉得母亲对他们瞧不起的人有所负欠是很难过的。他们尽量地节省:在娱乐上,衣着上,食物上,省下钱来,想积成二百法郎,——那对他们是一个了不得的大数目。安多纳德想由她一个人来熬苦。但兄弟一朝看出了她的用意,无论如何要跟她采取一致行动。他们为了这件事含辛茹苦,赶到每天能积下几个铜子,两人就很快活了。

节衣缩食,一个钱一个钱的省着,三年之中居然积满了那个数目。那真是他们极大的喜悦……一天晚上,安多纳德跑到波依埃家去。他们对她很不客气,以为她又要来干求了,便先下手为强,冷冷地责备她不通消息,连母亲的死讯也不报告,直要用到他们的时候才来。她打断了他们的话,说她并没意思打搅他们,只是来偿还以前的债务的;说罢她把两张钞票放在桌上,要求给她一张收据。他们的态度马上变了,假装不愿意收那笔钱,对她突然之间亲热起来,很像一个债主看见几年以前的债务人,把他早已置之脑后的欠款给送了来。他们探问姊弟两个住在哪儿,怎么过活的。她不回答这些问题,只催着要收据,说有事在身,不能多留;然后她冷冷地行了礼,走了。波依埃夫妇看到这个女孩子的忘恩负义不由得气坏了。

这桩心事放下了,安多纳德依旧过着同样清苦的生活,但如今是为奥里维了。唯恐他知道,她瞒得更紧。她舍不得穿着,有时甚至于饿着肚子省下钱来,花在兄弟的装饰上,娱乐上,使他的生活有些调剂,能不时到音乐会去或歌剧院去,——那是奥里维最大的快乐。他很不愿意自个儿去,但她自会想出种种不去的借口来减轻他的不安;她推说身子累了,不想出去,或竟说不喜欢去。他明明知道这都是为了爱他而扯的谎;可是小孩子的自私心理占了上风,便独自上戏院去了,一到那儿却又难过起来,他一边看戏,一边老在心里嘀咕:乐趣都给破坏了。有一个星期日,她打发他上夏特莱戏院去听音乐,过了半小时他回来了,告诉姊姊说走到圣米歇尔桥就没有再走的勇气:他对音乐会已经不感兴趣,不跟她一块儿享受,他太痛苦了。安多纳德听了非常安慰,虽然兄弟为她而牺牲了星期日的消遣使她很遗憾。但奥里维并不后悔:他回到家中看见姊姊脸上快乐的光彩,那是她掩饰不了的,就觉得比听到世界上最美的音乐还要愉快。那天下午,他们面对面坐在窗子旁边,他拿着书,她拿着活计,但一个并不看书,一个也并不做活,只谈着些对他们毫不相干的废话。这样甜蜜的星期日,他们还从来不曾有过,姊弟俩决定以后再不为了音乐会而分离了:要他们独自享乐是决计办不到的。

她暗中省下的钱居然能够替奥里维租一架钢琴,使他喜出望外,而且以租赁的方式,过了若干年月,那架琴可以完全归他们所有。这样她又凭空添了一个沉重的担子。到期应付的款子对她简直是个噩梦,为了张罗这笔钱,她把身子都磨坏了。但这桩傻事为他们添了不知多少幸福。

在这个艰苦的生涯中,音乐好比他们的天堂。他们沉浸在里头,把世界上其余的一切都给忘了。但那也不是没有危险的。音乐是现代许多强烈的溶解剂的一种。那种像暖室般催眠的气氛,或是像秋天般刺激神经的情调,往往使感官过于兴奋而意志消沉。但对于像安多纳德那样操劳过度而没有一点乐趣的人,音乐的确能使她松动一下。毫无休息地忙了一个星期,音乐会可以说是唯一的安慰。两人就靠着怀念过去的音乐会与企望下次的音乐会过活,靠着那超乎时间,远离巴黎的两三个钟点过活。他们冒着雨雪风寒,在场外紧紧地偎依着,心中还怕买不到座位,等了许多时间才挤入戏院,坐上又窄又黑的位置,在喧哗嘈杂的人海中迷失了。他们窒息着,被人紧挤着,又热又不舒服,难受到极点,——可是他们多快乐,为自己的快乐而快乐,为别人的快乐而快乐,为了觉得贝多芬与瓦格纳伟大的心灵中所奔泻的光、力、爱,也在自己心中奔泻而快乐,为了看到兄弟或姊姊那张困倦与早经忧患而变得苍白的脸突然闪出点光辉而快乐。安多纳德四肢无力,软瘫了,好像被母亲紧紧搂在怀里一样,她蹲在甜美温暖的窝里悄悄地哭了。奥里维握着她的手。谁也没注意他们。但在阴暗的大厅里,躲在音乐的慈爱的翅膀底下的,受伤的心灵何止他们两个呢。

安多纳德还有宗教支持。她很诚心,每天做着长久而热烈的祷告,每星期日去望弥撒。她遭了横祸,却始终相信基督的爱,相信他跟你一起受苦,将来有一天会安慰你。可是她精神上和死者的关系比和神明的关系更加密切,她受到磨难的时候总想到他们。但她理性很强,独往独来,跟旁的旧教徒不相往还;他们对她也不大好,认为她有邪气,差不多是自由思想者,或正在往这条路上去,因为依着纯粹法国女孩子的性格,她决不肯放弃她自由的判断:她的信仰是为了爱,而非为了像下贱的牲畜一般服从。

奥里维可不再信仰了。从初到巴黎的几个月起,他的信心就慢慢地开始瓦解,终于完全崩溃。他因之大为痛苦,因为只有强者或俗物才能没有信仰,而他既不够强,也不够俗,所以经过好几次剧烈的苦闷。他的心依旧保持着神秘的气息,虽没有了信仰,跟他的思想最接近的究竟还是姊姊的思想。他们俩都生活在宗教气氛里。分离了整整一天之后,晚上回到家里,狭小的寓所对他们无异大海中的港埠,安全的托庇所,尽管又冷又寒酸,可是纯洁的。在这儿,他们觉得跟巴黎的腐败气息完全隔离了……

他们不大谈到自己所做的事:一个人筋疲力尽地回来,再没心思把好容易挨过的一天重温一遍。他们本能地想忘掉白天的情形。尤其在刚回家的时候,他们一块儿吃着晚饭,尽量避免彼此问询,只用眼睛来打招呼,有时一顿饭吃完了也没交换一句话。奥里维对着饭菜发呆,像小时候一样。安多纳德便温柔地摩着他的手,微笑着说:"喂,拿出点勇气来!"

他就笑了笑,赶紧吃饭。整个晚餐的时间,谁都不想开口。他们极需要静默。直要休息够了,被对方体贴入微的爱渗透了,把白天所受的污辱淡忘了,他们话才多一些。

然后奥里维开始弹琴。安多纳德早已戒掉这个习惯,让他独自享受:因为那是他唯一的消遣,而他也尽量地借此陶醉。他在音乐方面很有天分:近于女性的气质,生来是为爱人家而不是为创造事业的性格,很能够和他弹的音乐在精神上打成一片,把细腻的层次都很忠实很热烈地表现出来,——至少在他软弱的手臂和短促的呼吸所容许的范围以内,因为像《特里斯坦》或贝多芬后期的奏鸣曲那样的作品,他没有气力对付。所以他更喜欢弹莫扎特和格鲁克的音乐,而那也是她最喜爱的。

有时她也唱歌,都是极简单的古老的调子。她的女中音嗓子,好像蒙着一层什么,调门低而微弱。她非常胆小,绝对不敢在别人面前唱,便是对奥里维也不免喉咙梗塞。她最喜欢贝多芬用苏格兰歌词谱成的一个曲子,叫作《忠实的琼尼》,极幽静而骨子里又极温柔的作品……就像她的为人。奥里维每次听了都禁不住要流泪。

她更喜欢听兄弟弹琴。她要把杂务赶紧做完,一方面开着厨房门,想听到奥里维的琴声;但不管她怎么小心,他老是抱怨她安放碗盏的声响。于是她把门关上,等到收拾完了,才来坐在一张矮凳上,并不靠近钢琴,——他弹琴的时候有人靠近就会受不了,——而是在壁炉前面,像一头小猫那样蹲着,背对着琴,眼睛瞅着壁炉内金黄的火舌在炭团上静静地吞吐,想着过去的种种,出神了。敲了九点,她得鼓着勇气提醒奥里维时间已到。要使他从幻想之中醒过来,要使她自己脱离缥缈的梦境,都不是容易的事。但奥里维晚上还有功课,并且又不宜于睡得太迟。他并不立刻听从,音乐完了以后,还要经过相当的时间才能工作。他的思想在别处飘浮,往往九点半过了还没有走出云雾。安多纳德坐在桌子对面做着活儿,明明知道他一事不做,可不敢多瞧他,免得露出监督的神气使他不耐烦。

他正在经历青春的转变时期,——幸福的时期,——喜欢过着懒洋洋的日子。额角长得很清秀;眼睛像女孩子的,放荡,天真,周围时常有个黑圈,一张阔大的嘴巴,嘴唇有点虚肿,挂着一副讥讽的,含糊的,心不在焉的,顽皮的笑容;过于浓密的头发直掉到眼前,在脑后的差不多像发髻一样,还有一簇挺倔强地在那里高耸着;——一条宽松的领带挂在脖子里,——(姊姊可是每天早上替他扣得好好的),上衣的纽扣是留不住的,虽然姊姊忙着替他缝上去;衬衣不用袖套;一双大手,腕部的骨头突得很出。他露出一副狡猾的,瞌睡的,爱舒服的神气,愣头傻脑地老半天望着天空,眼睛骨碌碌地把安多纳德屋里的东西一样样地瞧过来,——书桌是放在她屋里的,——瞧着小铁床和挂在床高头的象牙十字架,——瞧着父亲母亲的肖像,——瞧着一张旧照片,上面是故乡的钟楼与小河。等到眼睛转到姊姊身上,看她不声不响做着活儿,脸色那么苍白,他突然觉得她非常可怜而对自己非常恼恨,认为不应该闲荡,便振作精神,赶紧做他的功课,想找补那个损失的时间。

逢到放假的日子,他就看书。姊弟两人各看各的。虽然他们这样相爱,还是不能高声地一同念一本书。那会使他们觉得亵渎的。他们以为一册美妙的书是一桩秘密,只应当在静寂的心头细细的体会。遇到特别美的地方,他们就递给对方,指着那一节说:“你念吧!”

于是,一个念着的时候,另外一个已经念过的就睁着明亮的眼睛,瞧对方脸上的表情,跟他一同吟味。

他们往往对着书本不念:只顾把肘子撑在桌上谈天。越是夜深,他们越需要互相倾吐,而且心里的话也更容易说出来。奥里维抑郁不欢,老是需要把痛苦倾倒在另外一个人的心里,减轻一些自己的痛苦。他没有自信。安多纳德得给他勇气,帮助他对他自己斗争,而那是永无穷尽的,一天都免不了的斗争。奥里维说些悲苦的泄气话,说过以后觉得轻松了,可没想到这些话会不会压在姊姊心上。等到发觉的时候,已经太晚了:他消磨了她的勇气,把他的疑虑给了她。安多纳德面上绝对不露出来。天生是勇敢而快活的性格,她仍旧装作很高兴,其实她的快乐早已没有了。她有时困倦之极,受不了自我牺牲的生活。她排斥这种思想,也不愿意加以分析,但免不了受到影响。唯一的倚傍是祈祷,除非在心灵枯竭的时候连祈祷都不可能,——这也是常有的事。那时她又烦躁又惶愧,只能不声不响地等待上帝的恩宠。这些苦闷,奥里维是从来没想到的。安多纳德往往借端躲开,或是关在自己屋里,等烦闷过去以后再出现,出现的时候她抱着隐痛,堆着笑容,比以前更温柔了,仿佛为了刚才的痛苦而不好意思。

他们的卧室是相连的。两张床靠在同一堵墙上;他们可以隔着墙低声谈话,睡不着的时候,两人便轻轻地敲着壁,问:"你睡熟没有?我睡不着啊。"

姊弟之间只隔着这么薄薄的一堵壁,仿佛是两个睡在一张床上的朋友。但由于一种本能的根深蒂固的贞洁观念,——两间屋子的门在夜里总是关严的,除非奥里维病了,而那也是常有的事。

他虚弱的身体并没好转,反而愈来愈坏,老是不舒服:不是喉头,便是胸部,不是头部,就是心脏;极轻微的感冒在他也能变成支气管炎,他害过猩红热,差点儿死掉;平时他也有种种重病的奇特的征象,幸而没发作,肺部与心部常有几处作痛。有一天医生说他很有心包炎或肺炎的可能;随后他们去请教一个著名的专科医生,又证实了那个疑惧。结果却太平无事。他的病其实是在神经方面,会变出许多出人意料的病象;慌张了几天,事情居然过去了,但把安多纳德折磨得太厉害了。为了忧急,她多少夜睡不着觉,常常起来到兄弟房门口去听他的呼吸,心惊胆战,以为他要死了,是的,她知道他必死无疑了:于是她浑身颤抖的跳起来,合着手,紧紧地握着,抽搐着,堵着嘴巴,不让自己叫出来:"噢,天啊!天啊!别把他带走啊!不,不,——你不能这样做!——我求你,求你!……噢!好妈妈!救救我啊!救救他,救他一命呀!……"

她全身都紧张了。

“啊！已经做了这么些，他快要成功，快要幸福的时候，难道要半路上倒下来吗？不，不，那是不行的，那太残忍了……”

奥里维紧跟着又使她担心别的事。

他像她一样老实，但意志薄弱，思想太自由，太复杂，对于明知道不正当的事，不免有些心摇意乱，抱着怀疑而宽容的态度，并且他抵抗不了肉欲的诱惑。安多纳德那么纯洁，一向不知道兄弟的心理变化。有一天她突然发觉了。

奥里维以为她不在家。往常她那时是在外边教课的，这一天正要出门的时候，接到了学生的请假信，她心里很快慰，虽然微薄的收入又少了几个法郎。她疲乏已极，躺在床上，觉得能于心无愧的休息一天很高兴。奥里维从学校回来，带着一个同学坐在隔壁屋里谈天。他们的话，句句都可以听到；他们以为没有旁人，便一点没有顾忌。安多纳德听着兄弟快乐的声音，自个儿微微笑着。过了一会，她忽然沉下脸来，身上的血都停止了。他们非常下流地说着脏话，似乎说得津津有味。她听见奥里维，她的小奥里维笑着；她也听见她认为无邪的嘴里说出许多淫猥的话，把她气得身子都凉了，心里的痛苦简直没法形容。他们娓娓不倦地谈了好久，而她也禁不住要听着。临了，他们出去了，屋子里只剩下安多纳德一个人。于是她哭了，觉得心中有些东西死了，理想中的兄弟的形象，——她的小乖乖的形象，——给污辱了：那对她真是致命的痛苦。但两人晚上相见的时候，她一字不提。他看出她哭过了，可不知道为什么，也不懂姊姊为什么对他改变态度。她直过了相当的时间才恢复常态。

但他给姊姊最痛苦的打击是他有一回终夜不归。她整夜地等着。那不但是她纯洁的道德受了伤害，而且她心灵最神秘最隐秘的地方也深感痛苦，——那儿颇有些可怕的情绪活动，但她特意蒙上一层幕，不让自己看到。

在奥里维方面，他主要是为争取自己的独立。他早上回来，打算只要姊姊有一言半语的埋怨,就老实不客气顶回去。他提着脚尖溜进屋子,怕把她惊醒。但她早已站在那儿等着,脸色苍白,眼睛红肿,显而易见是哭过了。她非但不责备他,反而不声不响地照料他的事,端整早点,预备他吃了上学。他看她一言不发,只是非常丧气,所有的举止态度就等于一场责备:那时他可支持不住了,扑在她膝下,把头藏在她的裙子里。姊弟俩一齐哭了。他万分羞愧,对着外边所过的一夜深表厌恶,觉得自己堕落了。他想开口,她却用手掩着他的嘴巴;他便吻着她的手。两人什么话都没说,彼此心里已经很了解。奥里维发誓要成为姊姊所希望的人物。可是安多纳德不能把心头的创伤忘得那么快,她像个大病初愈的人,还得相当时日才能复原。他们的关系有点儿不大自然。她的友爱始终很热烈,但是在兄弟心中看到了一些完全陌生而为她害怕的成分。

奥里维的变化所以使她格外惊骇,因为同时她还受着某些男人追逐。她傍晚回家,尤其是晚饭以后不得不去领取或送回抄件的时候,常常给人盯着,听到粗野的游辞,使她痛苦得难以忍受。只要能带着兄弟同走,她就以强迫他散步为名把他带着;可是他不大愿意,而她也不敢坚持,不愿意妨害他的工作。她的童贞的,古板的脾气,和这些风俗格格不入。夜晚的巴黎对她好比一个森林,有许多妖形怪状的野兽侵袭她,一想到要走出自己的家,她心里就发颤。可是非出去不可。她不知道怎么对付,老是发急。而一转念间想到她的小奥里维也将要——或者已经——跟那些男人一样追着女人的时候,她回到家里简直没勇气伸出手来跟他招呼。她对于他有这种反感是他万万想不到的……

她长得并不怎么美,却很有点儿迷人的力量,能够吸引人家,虽然她绝对没有什么勾引人的动作。衣服极朴素,差不多老戴着孝,个子不甚高大,很窈窕,表情很细腻,不大出声,只悄悄地在人堆里穿过,唯恐引人注目,但那双困倦而温柔的眼睛,那张小小的、模样那么清秀的嘴巴,自有一种深邃的韵味,惹人注意。有时她发觉自己讨人喜欢,不禁有些惶愧,——可是心里也很高兴……一颗能感到别人好意的、平静的心中,不自觉地会有多少可爱而贞洁的风韵,谁能指点出来呢?那只在一些笨拙的动作,羞怯的躲躲闪闪的目光上有所表现,而这些又是多么好玩多么动人。惶乱的表情更增加了她的魅力。人家的欲念被她挑动了,既然她是一个清寒的没人保护的女孩子,别人也就毫无顾忌地对她明说了。

她有时到一般有钱的犹太人集会的拿端夫妇家去走动,那是她在教书的一个人家——拿端的朋友——认识的,她虽然那么孤僻,也不免去参加了两三次夜会。亚尔弗莱·拿端先生是巴黎的一个名教授,了不起的学者,同时又是个交际家,极有学问,也极其浮华,这种古怪的混合的人品在犹太社会中是常见的。而真实的好意与浮华的作风也在拿端太太心中占着相等的地位。夫妇俩都对安多纳德表示亲热的、真诚的、但有些间歇性的好感。——安多纳德在犹太人中倒比在旧教徒中得到更多的同情。固然他们缺点很多,但有一个很大的长处,而且是最重要的,就是富于生命力,富于人性,只要是有人性有生机的,他们无不关切。即使他们缺乏真正的热烈的同情,也永远有种好奇心,使他们肯探访一般比较有价值的心灵跟思想,不管那心灵和思想跟他们的如何不同。一般的说,他们并不怎么出力去帮助别人,因为同时感兴趣的事太多了,而且尽管自称为洒脱,其实他们对世俗的虚荣比谁都更留恋。但他们至少做了些事,而那在麻木不仁的现代社会里已经很了不起了。他们在社会上是行动的酵母,生命的原动力。——安多纳德在旧教徒中受尽了冷淡以后,看到拿端家对她的关切,不管怎么浮泛,也很感动。拿端太太约略看到了安多纳德笃于友爱的生活,对于她的仪表与操守的可爱都很赏识;她自命要做她的保护人。她没有儿女,但很喜欢年轻人,常常招待他们,再三约安多纳德上她家去,要她放弃那种孤独生活,找点儿消遣。她不难猜到安多纳德的孤僻一部分是由于境况不好,便有心拿些美丽的衣饰送给她,被高傲的安多纳德谢绝了;但这位恳切的保护人自有方法强迫她接受些小小的礼物,投合那无邪的女性的虚荣心。安多纳德又感激又惶愧,每隔许多时候,勉强去参加一次拿端太太家的夜会;因为年轻,她终于也觉得很愉快。

但在那个来往的人很杂而年轻人很多的场所,拿端太太所提拔的贫寒而美丽的女孩子,立刻成为两三个油滑少年的目标,以为轻而易举就可以得手。他们想利用她的羞怯来进攻,甚至彼此拿她赌东道。

终于她收到几封匿名信,——更准确地说是造了一个高贵的假名的信。——先是热烈的情书,措辞迫切,把约会都定下了,接着又很快地来了几封更放肆的信威吓,她随后又来了信口谩骂与侮辱的信,赤裸裸地描写她身体上的某些部分,说出下流淫猥的话;写信的人想利用安多纳德的天真,恐吓她倘使不去赴约就要教她当众出丑。安多纳德因为招惹了这些是非,痛苦得哭了,而她身心清白的骄傲也大大地受了伤害。她不知道怎么摆脱,同时又不愿意告诉兄弟,免得他伤心而把事情搞得更严重。但她也没有朋友可以商量。向警察署告发吧,她又不愿意,怕事情张扬出去。然而无论如何得把它结束。她觉得光是不理不睬并不能保卫自己,那个坏蛋一定还要纠缠不清,不发现危险决不会罢休。

随后又来了一封最后通牒式的信,限她第二天到卢森堡美术馆去相会。她去了。——绞尽脑汁想过之后,她相信这个磨难她的男人一定是在拿端太太家遇见的。有一封信里隐隐约约提到的事就是在那边发生的。于是她要求拿端太太帮她一次忙,坐着车陪她到美术馆,请拿端太太在车上等着。到时,她进去了。在指定的图画前面,那坏蛋得意扬扬地走过来,装得非常殷勤地跟她谈话。她不声不响地直瞪着他。他把一套话说完了,又涎着脸问她为什么这样目不转睛地盯着他。她回答说:

"我在看一个没骨头的人怎样欺侮女人。"

对方听了这话毫不在意,反而装作亲狎的神气。她又说:

“你拿当众出丑的话威吓我。好吧，我现在就给你这个机会。你怎么样？”

她气得浑身颤抖，说话的声音很高，表示她预备教人注意。旁边的人已经在瞧他们了。他觉得什么都吓不倒她，便放低了声音。她最后一次又叫了声：

“哼，你这个没骨头的男人！”

说完了，她掉过身子就走。

他不愿意露出认输的神气，便跟着她走出美术馆。她径自走向等着的车子，突然打开车门。背后那个男子劈面撞见了拿端太太，拿端太太马上叫着他的姓氏招呼他，他一时手足无措，赶紧溜了。

安多纳德没有办法，只得把事情讲给这位女朋友听。但她只讲了个大概，因为她极不愿意把伤害她的贞洁的痛苦告诉一个外人。拿端太太埋怨她没有早通知她。安多纳德要求她对谁都别提。事情就至此为止；拿端太太也用不着对那个坏蛋下逐客令，因为从此他没有敢再露面。

差不多同时，安多纳德另外有一件性质完全不同的伤心事。

有个很规矩的男子，年纪四十上下，在远东当领事，回国来过几个月的假期，在拿端家遇到安多纳德，爱上了她。那次的会见是拿端太太瞒着安多纳德预先安排好的，因为她一厢情愿要替这位年轻朋友做媒。他是犹太人，长得并不好看；头有点儿秃了，背有点儿驼了，可是眼睛非常柔和，态度很亲切，因为自己也受过痛苦而很能够同情别人。安多纳德已经没有当年才子佳人的梦，不再是娇生惯养的孩子，把人生想作在美妙的日子和情人散散步那么回事了；如今她认为生活是一场艰苦的斗争，每天都得来过一次，永远不能休息一下，要不然，你年复一年，一寸一尺的苦苦挣来的，就可能在一刹那间前功尽弃。她觉得倘使能够在一个朋友的怀抱里躺一会，跟他共尝甘苦，由他来守望而让自己闭一会眼睛，一定是非常甜美的。她知道这都是梦想，可还没有勇气完全丢开这个梦。她心里很明白,一个没有陪嫁的姑娘在她那个社会里是毫无希望的。法国老派的布尔乔亚在婚姻上看重金钱是世界闻名的。这种贪心,便是犹太人也有所不及。犹太人中有钱的青年娶一个贫寒的姑娘,或有钱的少女热烈的追求一个聪明的男子,都不算什么稀罕的事。但在内地信奉旧教的法国布尔乔亚中间,所谓婚姻无非是追求金钱。而那些可怜虫又干些什么呢?他们只有些平凡的需要,只知道吃喝,打呵欠,睡觉,——节省。安多纳德认识这般人,那是从小见惯的。她戴了富贵的眼镜见过他们,也戴了贫穷的眼镜见过他们,已经对他们不存什么幻想了。所以那位男的向她求婚使她有点喜出望外。她先是并不爱他,后来却是慢慢地对他有种感激的心和深刻的温情。倘不是要跟他到远地方去,把弟弟丢下的话,她早就应允的了。但在那种条件之下,她拒绝了。那朋友虽然懂得她的拒绝是由于极高尚的理由,心里仍旧不能原谅她:他知道爱人有哪些德性是极可贵的,但爱情的自私要爱人把这些德性也为自己牺牲。他便不再见她,动身之后也不再和她通信,音讯杳然地过了五六个月,——忽然有一天寄给她一张喜柬,原来他跟另外一个女子结婚了。

那对安多纳德是桩极大的伤心事。在多少悲苦之外再受一次悲苦,她唯有把自己的悲苦献给上帝,她硬要相信,因为忘了自己唯一的使命是献身给兄弟,所以应当受此惩罚。从此她就更一心一意地照顾兄弟。

她完全退出了社会,不再上拿端家去。自从她谢绝了那桩婚事以后,他们就对她很冷淡:他们也不承认她的理由。拿端太太断定这桩婚姻一定成功,将来也一定很圆满,此刻因安多纳德的缘故而一切都成泡影,未免伤害了她的自尊心。她认为安多纳德的顾虑当然是极有义气,但感伤色彩太浓了,所以她马上不再关心这位小朋友。她只知道帮助人家,不问人家同意不同意,这种心理上的需要此刻又找到了另外一个对象,让她能暂时发泄那关切与照拂人的感情。

奥里维完全不知道姊姊心中那页痛苦的罗曼史。他是个多情的,轻浮的少年,成天在幻想中过活。虽然他精神很活泼可爱,心也和安多纳德的一样温柔,但你要在什么事情上依靠他是没有把握的。他可以为了矛盾,消沉,闲荡或是单相思而浪费几个月的精力。他常常想着一些俊俏的脸蛋,在什么交际场中见过一面而完全没注意到他的风骚的姑娘。他也能为了一段文字,一首诗,一阕音乐而出神,几个月的浸在里头,把正课都荒废了。非要有人时时刻刻地监督他不可,而且还得留神,不能使他发觉而着恼。他发起脾气来一向很可怕,会极度的紧张,精神上失掉平衡,浑身发抖,好似可能害肺病的人所常有的现象。医生并不把这种危险瞒着安多纳德。这株本来就很软弱的植物,从内地移植到巴黎之后,极需要清新的空气与美好的阳光。那可是安多纳德不能供给的。他们没有足够的钱,不能在假期中离开巴黎。至于假期以外的时间,两人有工作在身,到了星期日都已经困倦不堪,除掉赴音乐会,再没心思出门了。

可是在夏天,有些星期日,安多纳德仍旧打起精神把奥里维拉到郊外的森林中去散步。但林中全是一对对粗声大气的男女,音乐咖啡馆的歌曲,油腻的纸张:这当然不是使精神休息而净化的清幽的境界。傍晚回家的时候,又得坐着闷人的,低矮的,狭窄的,黑洞洞的郊区火车,满是笑声,歌声,粗野的谈话,难闻的气息和烟草的味道。安多纳德与奥里维都是没有平民气质的,回到家中只觉得厌恶,丧气。奥里维要求安多纳德以后别再作这种散步,而安多纳德在某个时期内也没有这勇气了。但过了一晌,她还是要去,以为对于兄弟的健康是必需的,虽然她自己比奥里维更讨厌这种散步。每次新的尝试都不比上一次的更愉快;奥里维便狠狠地向她抱怨。结果两人只能关在闷塞的城里,对着牢狱式的院子想望田野。

中学的最后一年到了。学期终了便是高等师范的入学考试。而这也正是时候了。安多纳德已经累到极点。她预测兄弟一定能考上。中学里大家认为他是最优秀的投考生之一,所有的教员都称赞他的功课和聪明,唯一的缺点是思想没有纪律,不能按照计划做事。可是压在奥里维肩上的责任使他心慌意乱,考期近了,应付考试的能力越来越低了。一方面是极度的疲乏,一方面是怕考不上,而且胆小得近乎病态:这种种早就使他像瘫痪了一样。想到要当着大众站在许多考试委员前面,他就不由得浑身发抖。他永远受着胆小的累,轮到在教室里开口就脸红耳赤,喉咙都塞住了,最初只能在人家唤到他名字的时候答应一声。倘使无意中问他什么话,他倒还容易回答;要是预先知道要受到考问,他简直会吓昏的:一刻不停在那里胡思乱想的脑子,把将要临到的情形连细节都想象到了;而且越等得久,他越是被恐怖纠缠不清。他差不多没有一次考试不是至少考过两次的:因为考试以前的几夜,在梦中已经考过几次,把他的精力消耗完了,再也没法应付真正的考试。

然而他还到不了那个使他在夜里流冷汗的可怕的口试。[①] 笔试的时候,一个关于哲学的题目,在平时他是很能发挥的,不料那天六个钟点之内竟写不上两页。最初几小时他脑子里空空如也,一点儿思想都没有,仿佛给一座漆黑的墙堵塞了。到最后一小时,那堵墙溶解了,墙缝里居然透出几道光来。他这才写了很美的几行,可是篇幅不够教人把他评定等第。安多纳德看他那样狼狈,料他没希望了,于是也跟他一样地垂头丧气,只是面上不露出来。并且她便是到了绝望的局面,也还能抱着无穷的希望。

奥里维落选了。

他懊丧到了极点。安多纳德勉强笑着,仿佛事情并不严重;但她的嘴唇在发抖。她安慰弟弟,说那是运气不好,容易补救的,下年一定能考取,名次还可以高一些。她可没有说,为了她,他这一年是应该考上的,她身心交困,恐怕不能再撑一年了。但她非撑不可。要是她在奥里维没考取以前就死了,他可能永远没勇气独自奋斗下去,结果不

① 法国学校考试通例,凡笔试不及格者即落第,无资格再受口试。

免给人生吞掉。

因此她把自己的疲乏藏起来,反而加倍地努力。她流着血汗让他在暑假中有些娱乐,希望开学以后他精神好一些,更能够发愤用功。可是到开学的时候,她小小的积蓄用完了,同时又丢了几处薪水最高的教职。

还要苦苦地撑一年!……两个孩子为了这最后的一关把自己搞得筋疲力尽。第一先得生活,找一些别的差事。拿端他们介绍安多纳德上德国去教书。这是她最不愿意接受的,可是眼前没有别的机会,又不能久待。六年以来姊弟俩从来没分离过一天,她简直没法想象,不看见他不听见他以后她怎么能生活。奥里维想到这点也不免心惊肉跳,但他什么话都不敢说:这桩苦难是他造成的,要是他考取了,安多纳德决不至于到这个田地;[①]所以他没有反对的权利,也没有资格提出他个人的悲戚作为问题,一切只能由她一个人决定。

分离以前的最后几天,两人不声不响地熬着痛苦,仿佛有一个快要死了;痛苦得实在受不了的时候,他们便躲起来。安多纳德想在奥里维的眼神中征求意见。要是他对她说:"别走啊!"她就可以不走,虽然是应当走。直到最后一刻,坐在把他们送上车站去的马车里,她还准备打消原意,她觉得没有勇气执行她的计划。只要他一句话,一句话!……可是他不说出来。他跟她一样的全身发僵。——她要他答应每天写信给她,什么都不要隐瞒,只要有点儿不安的事,就立刻叫她回来。

她走了。一方面,奥里维走进中学宿舍连心都凉了,——如今他变了寄宿生;——一方面安多纳德在火车里痛苦万分。他们俩夜里睁着眼睛,觉得每过一分钟就离得远一点,不由得彼此低声呼唤。

安多纳德想到将要投身进去的社会非常害怕。六年以来,她大大地改变了。从前她是多么大胆,什么都吓不倒的,现在却养成了静默

① 法国国立高等师范学生不但完全免费,而且还津贴少数零用。

与孤独的习惯,反而以脱离孤独生活为苦事。幸福的岁月过去了,嘻嘻哈哈的,快活的,多嘴的安多纳德也跟着消灭了。忧患使她变得孤僻。大概因为跟奥里维住在一起,所以她也感染到他羞怯的性情。除了对兄弟,她很不容易开口。什么都使她害怕,便是去拜访人也要心慌。一想到要去住在陌生人家,跟他们谈话,老是站在人面前的时候,她更急坏了。可怜的小姑娘并不比她的兄弟更喜欢教书:她很尽职,但并不相信自己的工作对人有什么好处可以自慰。她生来是为爱人而不是教育人的。可是谁也不在乎她的爱。

德国那个新的差事,比无论什么地方都更用不着她的爱。她在葛罗纳篷家教孩子们读法语,主人绝对不关切她。他们又傲慢又亲狎,又冷淡又爱管闲事,因为出了相当高的薪水,便以为给了她恩惠,对她尽可以为所欲为,把她看作一个比较高级的仆人,不让她有半点自由。她甚至没有私人的卧室:只睡在一间跟孩子们的卧室相连的小屋子内,夜里房门都是不能关的。她从来没有清静的时间。虽然那是每个人应有的神圣的权利,他们可不承认。她的快乐只有在精神上跟兄弟在一起,和他谈话,只要有片刻的自由,她就尽量利用。但人家还要和她争这片刻的时间。她才提笔,就有人在她房内打转,问她写什么。她看信的时候,人家又问她信上写些什么。他们用一种亲狎与嘲笑的神气,打听“小兄弟”的情形。于是她只得躲起来。她有时需要用怎样的手段,躲在怎样的屋角里去偷偷地看奥里维的信,真是说出来也教人脸红。倘若有封信随便丢在房里,毫无疑问是会被人偷看了的;既然除了衣箱之外没有一件可以关锁的东西,她就不得不把所有不愿意给人看到的纸张都带在身上:人家老是在搜索她的东西和她的内心,竭力想发掘她思想的秘密。并非葛罗纳篷一家关切这些事,而是认为既然出钱雇了她,她这个人就是属于他们的了。其实他们并无恶意:刺探旁人的私事在他们是根深蒂固的习惯,他们之间决不会因这些事生气的。

安多纳德可最难容忍这种间谍式的,无耻的勾当,使她一天不能有一小时逃过他们不知趣的目光。她用一种带点高傲的矜持的态度对付葛罗纳篷家里的人,教他们大不高兴。当然,他们自有些冠冕堂皇的理由为他们的好奇心作辩护,批评安多纳德不应该躲避他们。对一个住在他们家里,成为家庭的一分子,负责教育他们儿女的姑娘,他们觉得应该认识她的私生活:这是他们的责任!——(多少主妇对于仆人就是这种说法,她们的所谓责任,并非在于使仆役少吃一些苦少受一些难堪,而是在于禁止他们作任何娱乐。)——所以他们认为,安多纳德的不肯接受监督一定是有不可告人之事:一个清白的女孩子是什么都不用隐藏的。

因此安多纳德时时刻刻受着磨折,时时刻刻得保护自己:这样她就比平时更冷淡更深藏了。

弟弟每天都给她写一封十二页的长信;她也居然能每天写一封,——哪怕只是短短的几行。奥里维竭力装得很勇敢,不过分流露心中的悲苦。但事实上他苦闷得要死。他的生活一向跟姊姊的难解难分,如今和她分离之后,他的生命似乎只剩了一半:他的手脚,他的思想,都调动不来了;他不能散步,不能弹琴,不能工作,也不能不工作,不能梦想,——除非是梦想她。他从朝到晚埋头在书本里,可是一点工作都做不出来,他的念头总想着别处,不是苦闷,便是想念姊姊,或者一边想着上一天的来信,一边眼睛盯着钟,等着当天的信。信到了,他手指哆嗦着拆阅,因为他又快活又害怕。便是情书也不会使一个情人感情冲动到这个田地。像安多纳德一样,他也躲在一边读她的信,把所有的都带在身上,夜里拿最后收到的一封放在枕头下面,在想着亲爱的姊姊而翻来覆去睡不着的时候,常常用手摸一下,看看它是否在老地方。他觉得跟她离得多远!要是邮局耽误,把安多纳德的信晚一天送到,他就特别难过。他们中间隔了两天两夜了!……因为从来没出过门,他把空间与时间格外夸大。他的想象力老是在那里活动:"噢,上帝!要是她病倒的话!她总该见到他一面才死吧……昨天为什么她只写寥寥几行呢?……是不是病了?……是的,她病了……"那时他简直喘不过气来。——除此以外,他更怕自己孤苦伶仃的死,远离着她,死在这些不相干的人中间,在这可厌的中学里,在这个凄凉的巴黎。想到后来,他真的病了……"倘若写信去要她回来又怎么样呢?……"但他想到自己这样没有勇气就害羞。而且他一提笔,因为能够和她谈谈而快活极了,居然暂时忘了痛苦。他仿佛见到她,听到她:他把什么都告诉给她听。跟她住在一起的时候,他倒从来没对她说过这样亲切和热烈的话;他把她叫作"我的忠实的,勇敢的,至爱的好小姊姊"。那是真正的情书。

这些信使安多纳德沉浸在温情里头,唯有在读信的时间她才觉得有点空气可以呼吸。信要不在早上预期的时间收到,她就苦恼得什么似的。有两三次,葛罗纳篷他们为了大意,或是——谁知道?——为了恶意地要弄,直到晚上,有一次直到第二天早上才把信交给她,那时她竟急得发烧了。——元旦那天,两个孩子不约而同地想了同样的主意:花了很多钱彼此发了一通长电,在两方面同时送到。奥里维继续在功课方面与思想方面征求安多纳德的意见;安多纳德替他出主意,支持他,鼓励他。

其实她自己也不见得有多少勇气,住在这陌生地方闷死了,一个人也不认识,一个人也不关切她,除了一个才来不久而和她同样住不惯的教员的太太。那位好心的女人母性很强,看到两个各处一方而相爱的孩子那么痛苦,非常同情——因为她向安多纳德探听到了一部分历史,——但她那样的粗声大气,那样的平庸,缺少机智,不识时务,把安多纳德贵族式的小灵魂吓得格外深藏了。因为对谁都不能吐露,她便把所有的烦恼都闷在肚里:而那是很重的担负。有时她自以为要倒下来了,但她咬咬嘴唇,重新向前。她的健康受了影响,瘦了许多。弟弟的信越来越消沉。有一次特别颓丧的时候,他竟写道:"你回来吧,回来吧!……"

可是信刚发出,他就觉得惭愧,又写了一封,声明前信作废,要求安多纳德别把那句话放在心上。他甚至装作很快乐,不需要姊姊。倘若给人看出他没有她便不能过活,他容易生气的性情也是受不了的。

这一点可瞒不过安多纳德，她看透他的思想，但不知道怎么办。有一天，她几乎真的要动身了，连行车时刻都到站上去问过了。随后，她觉得简直是胡闹：她在这儿挣的钱就是付奥里维的膳宿费的，两个人能撑多久就得撑多久。她没勇气打什么主意了：早上她很勇敢，但越到夜晚，精神越低落，只想逃了。她想念家乡，——想着那个对她多么残酷，可是埋着她过去所有的遗迹的家乡，——也想着弟弟的语言，为她用来表示心中的爱的语言。

那时恰好有个法国剧团路过那个德国小城。难得上戏院的安多纳德，——既没有时间，也没有兴致，——忽然渴想听一听法语，到法国去躲一下。其余的事，我们以前叙述过了。戏院已经客满。她遇到了一个不认识的青年音乐家约翰·克利斯朵夫，看到她失望的神气，邀她到他的包厢中去：她糊里糊涂地接受了。她和克利斯朵夫的露面引起了小城里许多闲话，立刻传到葛罗纳篷家里，而他们的存心是只要对这个法国少女有一点儿不利的猜疑就预备接受的，再加我们以前说过的那种情形，[1]他们被克利斯朵夫惹得气恼之极，便毫不客气地把安多纳德辞退了。

这颗贞洁而容易害羞的心灵，整个儿给手足之爱占据了，没有给任何卑污的思想沾染过，一朝懂得了人家指控她的罪名，简直羞愤欲死。但她并不恨克利斯朵夫，知道他跟她一样的无辜，虽然使她受累，用意是很好的：所以她很感激。她对于他的身世一无所知，只晓得他是个受到剧烈攻击的音乐家。她尽管不懂人情世故，但有种内心的直觉，因饱经忧患而变得非常敏锐，看出那个陪她看戏的同伴举动粗鲁，有点疯癫，可是性情和她一样戆直，并且慷慨豪侠，她只要想到他就觉得安慰。别人说克利斯朵夫的坏话，绝对不影响她的信心。自己是个被欺侮的，她认为他也是个被欺侮的，和她一样受着人们恶意的攻击，而且时期更长久。既然她惯于想着别人而忘掉自己，所以一想到克利

① 参看卷四：《反抗》。——原注

斯朵夫也在受罪,她自身的悲苦倒反减淡了些。可是她无论如何不愿意和他再见或通信。清高与狷介的性情不许她那么做。她以为他决不会知道连累她的事,而且以她的好心,还希望他永远不知道。

她走了。火车开出一小时以后,她碰巧又跟从外埠回来的克利斯朵夫在中途相遇。

在并列在一起停了几分钟的车厢里,他们俩在静悄悄的夜里见到了,一句话也没说。他们能说些什么呢,除非是一些极平淡的话?而这种话,反而要亵渎彼此的同情与神秘的共鸣;那是除了心心相印以外别无根据的,说不出的感情。在这最后一刹那,两个毫不相知的人互相望着,看到了平时跟他们一起生活的人从来没窥到的内心的隐秘。说话,亲吻,偎抱,都可以淡忘;但两颗灵魂一朝在过眼烟云的世态中遇到了,认识了以后,那感觉是永久不会消失的。安多纳德把它永远保存在心灵深处,——使她凄凉的心里能有一道朦胧的光明,像地狱里的微光。

她又跟奥里维团聚了。而她回来也正是时候了。他刚病着。这个神经质的骚动的孩子,老是怕在姊姊不在眼前的时候害病,——此刻真的病倒了,反而不肯写信告诉姊姊,免得她担忧。他只是在心里叫她,好像求一桩奇迹似的求着她。

奇迹出现的时候,他睡在中学的病房里发烧,胡思乱想。一见之下,他并不叫喊。他有过多少次的幻象,看见她进来……他在床上坐起,张着嘴,哆嗦着,以为又是一个幻象。赶到她挨着他在床上坐下,把他搂着,他倒在她怀中,嘴唇上感觉到娇嫩的面颊,手里感觉到那双在夜车里冻得冰冷的手,终于知道的确是姊姊,是他的小姊姊回来了,他就哭了出来。他只会哭,跟小时候一样是个"小傻瓜"。他把她紧紧搂着,唯恐她跑掉了。他们俩改变得多厉害!脸色多难看!……可是没关系,他们俩已经团聚:病房,学校,阴沉的天色,都变得光明了。两人彼此抓住了,不肯再松手了。她什么话还没说,他先要她发誓不再出门。没有问题,她决不会再走;离别真是太痛苦了;母亲说得对,无论什么总比分离好。便是穷,便是死,都还能忍受,只要大家在一起。

他们赶紧租了一个公寓。他们很想再住从前的那个,不管它多么丑;可是已经租出了。新的公寓也靠着一个院子,从墙高头可以望见一株小皂角树:他们立刻爱上了,把它当作田野里的一个朋友,也像他们一样给关在城市里。奥里维很快地恢复了健康,——而他的所谓健康,在一般强壮的人还是近于病的。——安多纳德在德国过的那些苦闷的日子,至少挣了一笔钱;她翻译的一册德语书被出版家接受了,更加多了些收入。钱的烦恼暂时没有了;一切都可以挺顺利,只要奥里维在学期终了能够考上。——可是考不上又怎么办呢?

一朝住在一块儿,恢复了过去那种甜蜜的生活,他们一心一意想着考试的事了。两人尽量地不提也是没用,无论如何避免不了。那个执着的念头到处跟着他们,便是在消遣的时候也是的,在音乐会里,它会在一曲中间突然浮现;夜里醒来,它又会像窟窿一般的张开嘴来吞噬他们。奥里维一方面竭力想解除姊姊的重负,报答她为他而牺牲了青春的恩德,一方面又怕落第以后无法避免的兵役:——那时考取高等学校的青年还可以免除兵役。他对于军营里——不管他看得对不对——肉体与精神方面的男风,心理方面的堕落,感到说不出的厌恶。他性格中所有贵族的与贞洁的气质都受不了兵役的义务,差不多宁可死的。保卫国家的大道理,时下已经成为普遍的信仰,人们很可以用这个名义来取笑、甚至指责奥里维的心理,可是只有瞎子才会否认那种心理!兼爱为名、粗俗其实的共同生活,强迫一般性情孤独的人所受的痛苦,可以说是最大的痛苦。

试期到了。奥里维差点儿不能进场:他非常地不舒服,对于不论考取与否都得经历的那种心惊胆战的境界害怕到极点,几乎希望自己真的病倒了。笔试的成绩还不差。但等待笔试榜揭晓的期间真是不好受。经过了大革命的国家实际是世界上最守旧的:根据它年代悠久的习惯,试期定在七月里一年之中最热的几天,仿佛故意要跟可怜的青年们为难,要他们在溽暑熏蒸的天气预备考试;而节目的繁重,恐怕没有一个典试委员知道其中的十分之一。在喧哗扰攘的七月十四①(那是教并不快活而需要清静的人受罪的狂欢节)的下一天,人们才披阅作文卷子。奥里维的公寓附近,广场上摆着赶集的杂耍摊,一天到晚,一夜到天亮,只听见气枪劈劈啪啪打靶的声音,让人骑着打转的木马呜呜地叫着,蒸汽琴呼哧呼哧地响着。热闹了八天之后,总统为了讨好民众,又特准延长半星期,那对他当然是没关系的:他又听不见!但安多纳德与奥里维被吵得头昏脑涨,不得不紧闭窗户,关在房内,掩着耳朵,竭力想逃避整天从窗隙里钻进来的声音,结果它们仍旧像刀子一般直钻到头里,使他们痛苦得浑身抽搐。

笔试及格以后,差不多立刻就是口试。奥里维要求安多纳德不要去旁听。她等在门外,比他哆嗦得更厉害。他从来不跟她说考得满意,不是把他在口试中回答的话使她发急,就是把没有回答的话使她揪心。

最后揭晓的日子到了。录取新生的榜是贴在巴黎大学文学院的走廊里的。安多纳德不肯让奥里维一个人去。出门的时候,他们暗暗地想:等会儿回来,事情已经分晓了,那时他们或许还要回过头来惋惜这个时间,因为这时虽然提心吊胆,可至少还存着希望。远远地望见了巴黎大学,他们都觉得腿软了。连那么勇敢的安多纳德也不禁对兄弟说:“哎,别走得这么快呀……”

奥里维瞧了瞧勉强堆着笑容的姊姊,回答道:“咱们在这张凳上坐一会好不好?”

他简直不想走到目的地了。但过了一忽儿,她握了握他的手:“没关系,弟弟,走吧。”

他们一时找不到那张榜,看了好几张都没有耶南的姓名。终于看到的时候,他们又弄不明白了,直看了好几遍,不敢相信。临了,知道

① 七月十四为法国大革命爆发的日子,后定为法国国庆日。

那的确是真的,是他耶南被录取了,他们一句话都说不上来。两人立刻往家中奔去:她抓着他的胳膊,握着他的手腕,他靠在她身上:他们几乎连奔带跑的,周围的一切都看不见了,穿过大街险些儿被车马轧死,彼此叫着:

“我的小弟弟!……我的小姊姊!……”

他们急急忙忙爬上楼梯。一进到屋里,两人马上投入彼此的怀抱。安多纳德牵着奥里维的手,把他带到父母的遗像前面,那是靠近卧床,在屋子的一角,对他们像圣殿一般的处所。她和他一齐跪下,悄悄地哭了。

安多纳德叫了一顿精美的晚饭。可是他们肚子不饿,一口都吃不下。晚上,奥里维一忽儿坐在姊姊膝下,一忽儿坐在姊姊膝上,像小孩子一样的要人怜爱。他们不大说话,累到极点,连快乐的气力都没有了。九点不到,他们就睡了,睡得像死人一样。

第二天,安多纳德头痛欲裂,但心上去掉了这么一个重担!奥里维也觉得破天荒第一遭能够呼吸了。他得救了,她把他救了,她完成了她的使命;而他也没辜负姊姊的期望!……——多少年来,多少年来,他们第一次可以让自己贪懒一下。到中午他们还躺在床上,谈着话,房门打开着,可以在一面镜子里瞧见彼此的快乐而累得有些虚肿的脸;他们笑着,送着飞吻,一忽儿又蒙眬入睡,瞧着对方睡着的模样;大家都懒洋洋地瘫倒了,除了吐几个温柔的单字以外简直没气力说话。

安多纳德从来没停止一个小钱一个小钱的积蓄,以备不时之需。她一向瞒着兄弟,不说出她预备给他一个意外的欣喜。录取的第二天,她宣布他们要到瑞士去住一个月,作为辛苦了几年的酬报。现在奥里维进了高师,有三年的公费,出了学校又有职业的保障,他们可以放肆一下,动用那笔积蓄了。奥里维一听这消息马上快活得叫起来。安多纳德可是更快活,——因兄弟的快活而快活,——因为可以看到她相思多年的田野而快活。

旅行的准备成为一桩大事,同时也成为无穷的乐事。他们动身的时候已是八月中了。他们不惯于旅行:头天晚上,奥里维就睡不着觉,火车上的那一夜,他也不能阖眼。他整天担心,怕错失火车。他们俩都急急忙忙,在站上给人家挤来挤去,踏进了一间二等车厢,连枕着手臂睡觉的地位都没有:——睡眠是号称民主的法国路局不给平民旅客享受的特权之一,为的让有钱的旅客能够独享这个权利而格外得意。——奥里维一刻都没闭上眼睛!他还不敢肯定有没有误搭火车,一路留神所有的站名。安多纳德半睡半醒,时时刻刻惊醒过来;车厢的震动使她的头摇晃不定。奥里维借着从车顶上照下来的黯淡的灯光瞅着她,看她脸色大变,不由得吃了一惊。眼眶陷了下去,嘴巴很疲倦地张着;皮色黄黄的,腮帮上东一处西一处的显着皱纹,深深的刻着沮丧与失望的日子的痕迹:她神气又老又病。——她的确是太累了!她心里很想把行期延缓几天,可又不愿意使兄弟扫兴,竭力教自己相信没有什么病,只是疲劳过度,一到乡下就会复原的。啊!她多么怕在路上病倒!……她觉得他瞧着她,便勉强振作精神,睁开眼来,——睁开这双多年轻,多清澈,多明净的眼睛,但常常不由自主地要被苦闷的浊流障蔽一会,好似一堆云在湖上飘过。他又温柔又不安地低声问她身体怎么样;她握着他的手,回答说很好。她只要听到一个表示爱的字就振作了。

在陶尔与邦太里哀之间,红光满天的曙色一照到苍白的田里,原野就仿佛醒过来了。高高兴兴的太阳——像他们一样从巴黎的街道、尘埃堆积的房屋、油腻的烟雾中间逃出来的太阳——照着大地,草原打着寒噤,被薄雾吐出来的一层乳白色的气雾包裹着。路上有的是小景致:村子里的小钟楼,眼梢里瞥见的一泓清水,在远处飘浮的蓝色的岗峦。火车停在静寂的乡间,阵阵的远风送来清脆动人的早祷的钟声,铁路高头,一群神气俨然的母牛站在土堆上出神。这种种都显得那么新鲜,引起安多纳德姊弟的注意。他们好似两株枯萎的树,饮着天上的甘露愉快极了。

然后是清晨,到了应当换车的瑞士关卡。平坦的田里只有一个小小的车站。大家因为一夜没睡,觉得有点儿恶心,清晨潮湿的空气又使人微微颤抖。四下里静悄悄的,天色清明,周围那些草原的气息冲进你的嘴巴,沾着你的舌头,沿着你的喉咙,像一条小溪似的流到你胸中。露天摆着一张桌子,大家站在那儿喝一杯提神的热咖啡,羼着带酪的牛乳,还有一股野花野草的香味。

他们搭上瑞士的火车,看了车上不同的设备高兴得像儿童一样。可是安多纳德累极了!她对于这种时时刻刻的不舒服觉得莫名其妙。为什么看到了这些多美多有趣的东西而并不怎么高兴呢?和兄弟作一次美妙的旅行,不用再为将来的生活操心,只顾欣赏她心爱的自然界:不是她多少年来梦想的吗?现在她是怎么回事呢?她埋怨自己,勉强教自己欣赏一切,看着兄弟天真的快乐强作欢容……

他们在土恩停下,预备第二天换车到山里去。可是在旅馆里,安多纳德晚上忽然发了高度的寒热,又是呕吐,又是头疼。奥里维慌了,心神不定地挨了一夜,天明就去请医生:——又是一笔意想不到的支出,对他们微薄的资源大有影响。——医生认为暂时并不怎么严重,不过是极度的劳顿,身体太亏了一点。继续上路是不可能了。医生要安多纳德整天躺在床上,并且说他们也许要在土恩多待一些日子。他们虽然难过,幸而事情没有意料中的严重,也就很安慰了。可是老远地跑来,关在简陋的旅馆里,卧房给太阳晒得像暖室一般,毕竟是够痛苦的。安多纳德劝兄弟出去散散步。他在旅馆外边走了一程,看见阿尔河的绿波,远远的天边又有白色的山峰在云端浮动,快活极了;但这快乐,他一个人没法消受,便匆匆回到姊姊房中,非常感动的把见到的风景告诉她,她奇怪他回来这么早,劝他再出去,他却像以前从夏特莱音乐会回来的时候一样的说:

"不,不,那太美了;我一个人看了心里会难受的……"

这种心绪是一向有的:他们知道,不跟对方在一起自己就不是个完全的人。但听到对方把这意思说出来总是怪舒服的。这句温柔的话给安多纳德的影响比什么药都灵验。她微微笑着,又喜悦,又困倦。——很舒畅地睡了一夜,她决意清早就走,不去通知医生,免得他劝阻。清新的空气和一同玩赏美景的快乐,居然使他们不致为了这个鲁莽的行动再付代价。两人平安无事地到了目的地;那是山中的一个小村,在什皮兹附近,临着土恩湖。

他们在一家小旅馆里待了三四星期。安多纳德没有再发烧;可是身体始终不硬朗。她只觉得脑袋重甸甸的支持不住,时时刻刻的不舒服,奥里维常常问到她的健康,只希望她的脸色不要那么苍白。可是他对着美丽的景色陶醉了,自然而然地把不愉快的思想撂在一边,所以听到她说身体很好,就很愿意信以为真,——虽然明知道事实并不如此。另一方面,她对于兄弟的快乐,清新的空气,尤其是对于休息,深深地感到快慰。经过了多少艰苦的年头而终于能休息一下,不是最愉快的事吗?

奥里维想把她拉着一同去散步,她心里也很高兴和他一块儿去;可是好几次,她勇敢地走了二十分钟,不得不停下,气透不过来了,心要停止跳动了。于是他只能自个儿向前,——虽然是并不辛苦的攀援,她已经忐忑不安,直要他回来了才放心。或者两人出去随便遛遛:她抓着他的胳膊,迈着细步,谈着话;他尤其多嘴,一边笑,一边讲他将来的计划,说着傻话。走在半山腰,临着山谷,他们遥望白云倒映在静止不动的湖里,三三两两的小艇在那里飘浮,仿佛氽在池塘上的小虫;他们呼吸着温和的空气,听着远风送来一阵又一阵的牛羊颈上的铃声,带着干草与树脂的香味。两人一同梦想着过去,将来,和他们觉得所有的梦里头最渺茫而最迷人的现在。有时,安多纳德不由自主地感染了兄弟那种小孩子般的兴致:跟他追着玩儿,扑在草里打滚。有一天他居然看到她像从前一样的笑了,他们小时候那种女孩子的憨笑,无愁无虑的,像泉水般透明的,他多年没听见过的笑声。

但更多的时候,奥里维忍不住要去作长途的远足。过后他心里难受,埋怨自己不曾充分利用时间和姊姊作亲密的谈话。便是在旅馆里,他也往往把她一个人丢下。同寓有一群青年男女,奥里维先是不去交际,可是慢慢地受着他们吸引,终于加入了他们的团体。他素来缺少朋友,除掉姊姊之外,只认得一般中学里鄙俗的同学和他们的情妇,使他厌恶。一旦处在年纪相仿,又有教养,又可爱,又快活的青年男女中间,他觉得非常痛快。虽然性情孤僻,他也有天真的好奇心,有一颗多情的,贞洁而又肉感的心,看着女性眼里那朵小小的火焰着迷。而他本人尽管那么羞怯,也很能讨人喜欢。因为需要爱人家,被人家爱,他无意中就有了一种青春的妩媚,自然而然有些亲切的说话,举动,和体贴的表现,唯其笨拙才显得格外动人。他天生的富于同情心。虽是孤独生活养成了他讥讽的精神,容易看到人们的鄙俗与缺陷而觉得厌恶,——但跟那些人当面碰到了,他只看见他们的眼睛,从眼睛里看出一个有一天会死的生灵,像他一样只有一次生命,而也像他一样不久就要丧失生命的。于是他不由自主地对它感到一种温情,无论如何也不愿意去难为它。不管心里怎么样,他总觉得非跟对方和和气气不可。他是懦弱的,所以天生是讨一般人喜欢的;他们对于所有的缺陷,甚至所有的美德,都能原谅,——只除了一件:就是为一切德性之本的力。

安多纳德可不加入这个青年人的集团。她的体力,她的疲乏,表面上没有原因的精神的颓丧,使她瘫下去了。经过了那么多年的操心与劳苦,她被折磨得身心交瘁;姊弟的角色颠倒了:如今她觉得跟社会,跟一切,都离得很远了!……她不能再回到社会里去;所有那些谈话,那些喧闹,那些欢笑,大家所关切的那些小事,都使她厌烦,疲倦,甚至于气恼。她恨自己这种心情,很想学着别的姑娘们的样,对她们所关切的也关切,对她们所笑的也笑……可是办不到了!她的心给揪紧了,仿佛已经死了。晚上她守在屋里,往往连灯也不点,在暗中坐着;奥里维却在楼下客厅里,搞他那些已经习惯的谈情说爱的玩意儿。安多纳德直要听见他上楼,听见他和女友们笑着,絮聒着,在她们的房门口恋恋不舍的，一遍又一遍地说着再会的时候，她才会从迷惘的境界中醒来，那时，她在黑洞洞的屋子里微微笑着，起来捻开了电灯。兄弟的笑声使她精神振作了。

秋深了。太阳黯淡了。自然界萎谢了：在十月的云雾之下，颜色慢慢的褪了，高峰上已经盖了初雪，平原上已经罩了浓雾。游客动身了，先是一个一个的，随后是成群结队的。而看见朋友们走，——即使是不相干的，——又是多么凄凉；尤其是眼看恬静而甘美的夏天，那些在人生中好比水草般的时光消失的时候，令人格外伤悲。姊弟俩在一个阴沉的秋日，沿着山，往树林里作最后一次的散步。他们不出一声，黯然神往的幻想着，瑟缩地偎依着，裹着衣领翻起的大氅，互相紧握着手指。潮湿的树林缄默无声，仿佛在悄悄地哭。林木深处，一只孤单的鸟温和地怯生生地叫着，它也觉得冬天快来了。轻绡似的雾里，远远传来羊群的铃声，呜呜咽咽的，好像从他们的心灵深处发出来的……

他们回到巴黎，都很伤感。安多纳德的身体始终没复原。

那时得置备奥里维带到学校去的被服了。安多纳德为此花掉了最后一笔积蓄，甚至还偷偷地卖去几件首饰。那有什么关系呢？将来他不是会还她的吗？——何况他现在进了学校，她自己用不着花什么钱了！……她不让自己想到他走了以后的情形：一边缝着被服，一边把她对兄弟的热情全部灌注在这个工作里头，同时她也预感到，这或许是她替他做的最后一件事了。

分别以前的几天，他们形影不离，唯恐虚度了一分一秒。最后一天晚上，他们睡得很迟，对着炉火，安多纳德坐在家中独一无二的安乐椅里，奥里维坐在她膝旁一张矮凳上，拿出他素来被宠惯的大孩子模样，惹人怜爱。对于将要开始的新生活，他觉得有些担心，也有些好奇。安多纳德想到他们的亲密从此完了，骇然自问将来怎么办。他似乎有心加强她的苦闷似的，这最后一晚的一举一动都比平时更温柔，他天真地撒娇,像一个快要出门的人把自己的优点与可爱的地方统统拿了出来。他坐在钢琴前面,久久不已地弹着她在莫扎特与格鲁克的作品中最喜爱的篇章,——那种缠绵悱恻,惆怅而高远的意境,正是他们过去的生涯的缩影。

分别的时间到了,安多纳德把奥里维送到校门口。她回到家中,又孤独了。但这一回和以前上德国去的情形不同,那次的离别与相会是可以由她做主的,只要她觉得支持不住就可以回来。这一回是她在家而他走了,那是长久的离别,终生的离别。可是她那么富于母性,初期只念念不忘地想着弟弟而没想到自己,想着他刚开始过着那么不同的新生活,受着老同学的欺侮,还有那些琐碎的烦恼,虽是无足重轻,但一个独居僻处而惯于为所爱的人担忧的人,特别会加以夸大。这种操心至少使她暂时忘了自身的寂寞。她已经想着明天上会客室去探望兄弟的那个半小时了。临时她早到了一刻钟。他对她很亲热,但一心一意的关切着他所见的新东西,觉得非常有趣。以后的几天,她始终抱着关切与温柔的心去看他;可是两人对这半小时会晤的反应,显而易见地不同起来。在她,那简直是她整个的生命。他当然很温柔地爱着安多纳德,却不能只想着她。有两三次,他到会客室来迟了一些。有一天她问他在学校里可厌烦,他竟回答说不。这些小事都像小刀一般扎着安多纳德的心。——她埋怨自己这种态度,认为自私;她明明知道,倘使他少不了她,或是她少不了他,她在人生中没有旁的目标的话,不但是荒唐,简直是不好的,违反自然的。是的,这一切她都知道。但知道又有什么相干?十年来她把整个的生命给了弟弟,到了今日还有什么办法?现在丧失了生活的唯一的目标,她便一无所有了。

她拿出勇气来想做些事,看看书,弄弄音乐,读些心爱的文章……天哪!没有了他,莎士比亚,贝多芬,显得多空虚!……——是的,那当然很美……可是他不在眼前了!倘使一个人不能用所爱者的眼睛去看,美丽的东西有什么意思?美,甚至于欢乐,有什么意思,倘使不能在别一颗心中去体味它们的话?

要是身体硬朗一些,她可能重新缔造她的生活,另外找一个目的。但她已经筋疲力尽。现在到了用不着咬紧牙关撑持到底的时候,意志涣散了……她倒下来了。在她身上酝酿了多年而一向被她的毅力压在那儿的疾病,从此抬头了。

孤零零地待在家里,她不胜悲苦地消磨着她的黄昏,没有气力把熄灭的炉火重新燃起,也没有气力上床睡觉,直坐到半夜,迷迷糊糊的,沉思遐想,打着寒战。她温着过去的生活,跟死了的人与破灭的幻象老是分不开,她那么沉痛地想着没有爱情的,虚度了的青春。那是一种暧昧的,自己不承认的痛苦……一个孩子在街上笑,一忽儿又在下一层楼上摇摇晃晃地学步,小脚一步步都踩在她心上!……有些疑虑,有些邪念,盘踞在她的心头;这个自私的、享乐的都市的气息,把她病弱的灵魂感染了。她压制着自己的遗憾,觉得自己的欲念可耻,不懂这些苦恼从何而来,以为是下劣的本能作祟。可怜的小奥菲利娅受着神秘的烦闷磨蚀,非常厌恶地觉得从她的心灵隐蔽的地方冒起一股犷野的,乱人心意的气息。她不能再工作,大部分的教职都辞掉了。她这个惯于早起的人有时竟睡到中午;起身与睡觉都没意义了,同时很少饮食,甚至于不饮不食。只有兄弟放假的日子——星期四的下午和星期日一天——她才勉强装得跟从前一样。

他什么都没觉察,因为对新生活太感兴趣了,无心再观察姊姊。他正到了青年的某一个时期,对人不容易倾心相与,对于从前感动过而将来还要为之骚动的事非常冷淡。成年人对自然和人生,往往比二十岁的青年有更新鲜的印象,更天真的体验。所以有人说年轻人的心并不年轻,感觉也并不锐敏。那往往是错误的。他们的冷淡并非因为感觉迟钝,而是因为他们的心被热情,野心,欲念,和某些执着的念头淹没了。赶到肉体衰老之后,对人生无所期待的时候,无拘无束的感情才恢复它们的地位,而像小孩子一样的眼泪也会重新流出来。奥里维心中想着无数的小事情,尤其是一种荒唐的单相思缠着他,——(那是他永远有的),——使他对旁的事一概视若无睹,或者淡然置之。安多纳德不知道他的心理变化,只看见他跟自己日渐疏远。那也不完全是奥里维的错。有时他回家来,想到要看见她、跟她谈话而很高兴,可是一进门会立刻变得冷冰冰的。姊姊那种多操心的感情,一把死抓的狂热,过分的殷勤,过分的关切,使他苦闷得马上放弃了吐露衷曲的意思,甚至以为安多纳德失了常态。她往常用来对付他的知情识趣的态度完全没有了。但他并不加以深思,对她的问话,只直截了当地回答一个是或否。她愈想逗他说话,他愈沉默,或竟用一句粗暴的话得罪她。于是她也很难堪地缄默了。一天过去了,虚度了。——他才跨出家门踏上回校的路,就后悔自己的行动。夜里他想到使姊姊难过,不由得自怨自艾;有时一到学校就写一封热烈的信给她,——但第二天早上重新念了一遍,又把它撕掉了。安多纳德一点不知道这等情形,只以为他不爱她了。

她还有——即使不能说是最后一次的快乐——至少是青年的感情最后一次的激动,使她的心又苏醒过来,使爱的力量与对幸福的希望又无可奈何的奋发了一下。并且那也是荒唐的,和她安静的性格相反的。要不是在心烦意乱,大病前期的兴奋过度与迷懵的状态中,她绝不会有这种情形。

她和兄弟在夏特莱戏院听音乐。他因为在一份小杂志上担任音乐批评,可以比当年坐着好一些的位置,但周围的群众倒反可厌。他们靠近台边,坐在两只弹簧凳上。[①] 那天有克利斯朵夫·克拉夫脱出场演奏。他们并不认识这位德国音乐家。但他一出台,她心里的血马上沸腾起来。虽然她困倦的眼睛不能清清楚楚地看见他,可是已经认出了她在德国受难时代的朋友。她从来没跟兄弟提过,便是她自己也不大想起:那时以后,她全部的思想都给生活问题占据了。并且她是个极有理性的法国女子,不愿意承认那种没有来由而又没有前途的感

① 法国戏院在每排固定座位的两端,备有弹簧凳(不用时可以翻起),作为临时加座之用。

情。她心中有一个深不可测的区域,藏着许多自己羞于见到的情愫;她明知有这些东西存在,可是不敢正视,因为对于不受理智监督的那个生命感到说不出的恐怖。

等到心情稍定的时候,她借着弟弟的手眼镜瞧了瞧克利斯朵夫,看到他站在指挥台上的侧影,认出他那副暴烈与孤僻的神气。他穿着一套极不称身的旧衣服。——安多纳德一声不出,浑身冰冷,眼看克利斯朵夫在这个可叹的音乐会里受着群众的侮辱。大家原来就不欢迎德国艺术家,此刻又觉得他的音乐非常沉闷。[①] 在一阕似乎太长的交响曲之后,他又出场弹几个钢琴曲子;群众的冷嘲热讽的态度,显然表示不大愿意再见他。他开始演奏了,好不厌烦的群众无可奈何地听着,最高一层的楼厅上有两个听众高声说着些很不客气的话,使场子里的人听了直乐。不料克利斯朵夫突然停下来,拿出像野孩子一样傲慢不逊的态度,用一只手弹着《玛勃洛打仗去了》的调子,站起来对群众说:"这才配你们的胃口!"

群众对于音乐家的用意先还不大明白,迟疑了一会,然后闹哄起来,有的嘘着,有的嚷着:"道歉呀! 非道歉不可!"人们气得满面通红,紧张得不得了,自以为真的愤慨了,那也许是事实,但更近于事实的是他们很高兴趁此机会放肆一下,大闹一阵,好似上了两小时课以后的中学生一样。

安多纳德没有气力动弹,似乎吓坏了,手指抽搐,把一只手套捻来捻去。从交响曲的最初几个音符起,她已经料到可能出事,觉得群众潜伏的恶意慢慢地在扩大,也看透克利斯朵夫的心情,断定他等不到完场就要发作的。她等着,越来越苦闷,恨不得去阻止他;但事情发生的经过简直和预料的一模一样,因此她受的打击跟受着宿命的打击没有分别,仿佛不是人力所能挽回的。她眼睛盯着克利斯朵夫,克利斯朵夫愤愤然瞪着呵斥他的群众,一刹那间他们的目光碰上了。克利斯

---

① 参看卷五:《节场》。——原注

朵夫的眼睛也许在一刹那间把她认出了,可是在当时狂乱的情绪中,他的头脑并没认出来,——他早已把她忘了,——接着他在大众的嘘斥声中不见了。

她想叫喊,想说话,可是像做着噩梦一般没法开口。等到看见勇敢的小兄弟,并没发觉她情绪激动而也在身旁分担着她的悲痛与愤慨,她才松了一口气。奥里维极有音乐天分,也有他自己的口味,决不受人拘束;只要爱好一件东西,他是敢冒天下之大不韪去爱的。听了克利斯朵夫的交响曲开头的几拍子,他就感觉到有些伟大的,生平从未遇到过的气息。他很热烈地,声音很低地自言自语:"啊,多美啊!多美!……"

姊姊听了,不知不觉地靠着他的身子,心里非常感激。交响曲奏完以后,他狂热地鼓掌,对群众的冷淡与讥讽表示抗议。等到全场骚乱的时候,他更气坏了:这胆怯的孩子居然站起身来,嚷着说克利斯朵夫是对的,他责问那些嘘斥的人,竟想跑过去跟他们打架。他的声音给场中的喧闹淹没了,人家用粗话骂他,说他混蛋。安多纳德眼见反抗是白费的,便抓着他的手臂,说:"住嘴,住嘴!"

他无可奈何地坐下,继续咆哮道:"丢人,丢人!这些该死的家伙!"

她一声不出,难受极了;他以为她对那音乐无动于衷,便对她说:"安多纳德,难道你,你不觉得这个美吗?"

她点点头表示感觉到的。她始终愣在那里,打不起精神来。但乐队准备奏另外一个曲子的时候,她突然站起,恨恨地凑着兄弟的耳朵说:"走吧,我不愿意再看这些人了!"

他们匆匆忙忙走了。在街上,手挽着手,奥里维兴奋地说着话,安多纳德一声不出。

以后的几天,她独自坐在卧室里被某一种感情搅得迷迷糊糊,虽然她避免正视那感情,但它老是跟她的思想纠缠不清,像血在太阳穴中剧烈的跳动一样,使她非常难受。

过了一晌,奥里维拿来一册克利斯朵夫的歌集,刚在一家书铺里发现的。她随便翻开,看到有支曲子上面题着一句德文:“献给那位受我连累的女子”,下面还写着年月日。

她很记得那个日子。——心里一慌,她看不下去了,便放下集子,要奥里维弹给她听,自己却走进卧房,关上了门。奥里维对这种新的音乐只觉得满心欢喜,马上弹了,没注意到姊姊的激动。安多纳德坐在隔壁,竭力压着心跳。突然她到衣柜里找出她的小账簿,查她离开德国的日期和那神秘的日子。其实她早已知道了,一查之下,果然那是和克利斯朵夫一同看戏的晚上。于是她躺在床上,闭着眼,红着脸,合着手放在胸部,听着那心爱的音乐,感激到极点……啊!为什么她的头疼得这样厉害呢?

因为姊姊不出来,奥里维弹完了一曲便走进房里,发现她躺着。他问她是否不舒服。她回答说是累了,接着就起来陪他。他们谈着,但她对于他的问话并不立刻回答,好似从迷惘中突然惊醒过来。她笑了笑,红着脸,抱歉地说头疼得厉害,人有点儿糊涂了。奥里维走了。她要他把集子留下,然后自个儿坐到深夜,在钢琴前面看着乐谱,并不弹,只随便捺几个音,轻轻的,唯恐使邻居讨厌。多半的时候她也不看谱,只是胡思乱想,对于那个怜悯她而凭着神秘的直觉与慈悲窥到她心灵的人,抱着满腔的感激与温情。她没法固定自己的思想,只觉得又快乐又悲哀,——悲哀……啊!她的头疼得多厉害!

她整夜做着甜美而困人的梦!万分惆怅。白天,为了振作精神,她想出去遛遛。虽然她头痛还很剧烈,可是硬要自己有个目的,便到一家百货公司去买些东西。她根本没想着她所做的事,只想着克利斯朵夫,但自己不承认。赶到她筋疲力尽,凄怆欲绝地走出来,忽然瞧见克利斯朵夫在对面的人行道上走过。他也同时瞧见了她。她马上不假思索地向他伸出手去。这一回克利斯朵夫也停住脚步,认出了她。他已经走下人行道迎着安多纳德来了,安多纳德也迎着他走过去了。

可是势如潮涌的人群把她推着挤着,像根草似的,街车的一匹马滑跌在泥泞的街上,在克利斯朵夫前面形成了一条堤岸,来往的车辆被阻塞了,成了个难解难分的局面。克利斯朵夫不顾一切地还想穿过来:不料夹在车马中间进退不得。他好容易走到看见安多纳德的地方,她已经不见了,她竭力想抵抗人潮而抵抗不住,也就灰了心,不再挣扎,觉得有股宿命的力量阻止她跟克利斯朵夫相会:而既然是命中注定的,又有什么办法?所以她从人堆里挤了出来,不想再回头走去。她忽然怕羞了:她敢对他说些什么呢,做何举动呢?他心目中又会把她看作怎么样呢?想到这些,她便溜回家了。

回到了家,她的心方始定下来。一进屋子,她在黑影里坐在桌子前面,连脱下帽子和手套的勇气都没有。她因为不能跟他说话而苦恼,同时心里又感到一道光明;黑影没有了,身上的病也没有了,只翻来覆去想着刚才的情形,又想到要是在另外一个情形之下又怎么样。她看见自己向克利斯朵夫伸手,看见克利斯朵夫认出了她而显得高兴的样子,于是她笑了,脸红了。她独自坐在黑暗的房里,对他又伸着手臂。那简直是不由自主的,她觉得自己要消灭了,本能地想抓住一个在身旁走过而非常慈悲地望着她的坚强的生命。她抱着一腔的温情与悲苦,在半夜里向他叫道:"救救我呀!救救我呀!"

她浑身滚热的起来点上灯火,拿着纸笔,给克利斯朵夫写了封信。要不是给疾病困住了,这个羞怯而高傲的少女永远不会想到写信给他的。她不知道写些什么,那时已经不能自主了。她叫他,跟他说她爱他……写到半中间,不觉骇然停下,想重新再写:可是热情已经退下去了,头里空荡荡的,像火一般的发烧,千辛万苦也不容易找到词句,她完全给疲倦压倒了,又觉得很难为情……这些能有什么用呢?这明明是骗自己,她不会把信寄出去的……而且即使愿意寄也不可能。她不知道克利斯朵夫的住址……可怜的克利斯朵夫!纵使他知道这些,对她存着一片好心,他又能帮什么忙?……太晚了!一切都是白费的了。一只窒息的鸟拼命拍着翅膀,做着最后的努力。她只有认命了……

她在桌子前面呆坐了好久,没法从麻痹状态中挣扎出来。等到她费尽气力,很勇敢地站起身子,已经过了半夜。她随手把信稿夹在架上一册书里,既没勇气把它藏起来,也没勇气把它撕掉。随后她睡了,打着寒战,身子滚热。谜底揭晓了:她觉得神的意志完成了。

于是她心里只有一片和平恬静的境界。

星期日早上,奥里维从学校回来,发现安多纳德躺在床上,神志有点昏迷。医生来了,断为急性肺病。

最后几天,安多纳德明白了自己的病情;早先使她害怕的精神骚动,如今被她把原因找出来了。可怜的姑娘老是为了近来的心绪暗中羞愧,一发觉那是疾病所致而不必由她负责,不禁大大地松了口气。她还有精神料理一些事,烧掉某些文件,写了一封信给拿端太太,恳求她在她……后的最初几星期,——(她不敢写下"死"这个字)——照顾她的弟弟。

医生毫无办法,病势太凶险,她的体力又被多年的劳苦磨坏了。

安多纳德非常镇静。自从她得悉自己不起之后,反而解脱了。她把过去所受的磨难一桩一桩的想起来;眼看自己大功告成,亲爱的奥里维得救了:她觉得说不出的快乐。她想道:"这是我的成绩。"

但她又责备自己的骄傲:"单靠我一个人是做不了的。那是上帝帮我的。"

于是她感谢上帝允许她活到今天,使她能够完成使命。她这时候离开世界固然非常悲伤,可是不敢抱怨:那等于忘了上帝的恩德了,因为他可能早几年召她去的。而要是她早死一年,情形又会变得怎么样呢?——想到这儿,她叹了口气,也就存着感激的心隐忍了。

她虽然呼吸艰难,可并不叫苦,——除非在昏昏沉沉睡着的当口,有时会像小孩子一般哼几声。这时她看人看事都用了乐天知命的心情。而一看到奥里维尤其欢喜不尽。她不开口,只动了动嘴唇叫他,

要他把头靠在她枕上,然后四目相对,她默默地,长久地瞧着他。临了,她抬起身子,把他的头紧紧捧在手里,喊着:

"啊!奥里维!……奥里维!……"

她拿下脖子里的圣牌,[①]挂在兄弟颈上。她把奥里维付托给她的忏悔师,医生,付托给所有的人。旁人都觉得她从此是托生在兄弟身上了,逃到他的生命里去了,仿佛他是大海中的一座岛屿。有时,热情与信仰的神秘的激动使她陶醉了,忘了肉体的苦楚。悲哀一变而为欢乐,——神明的欢乐,——在她的嘴上,在她的眼睛里发出光辉。她再三说着:"我很快乐……"

她神志渐渐昏迷。最后一次清醒的时间,她扯动着嘴唇,念念有词。奥里维走到床头俯在她身上。她还认得他,对他有气无力地笑着,嘴唇还在那儿哆嗦,眼眶里含着热泪。人家听不见她想说的话……可是奥里维像抓住一缕呼吸似的听到了几句歌词,那是他们俩十分喜欢的,她为他常唱的一支老歌:

我将再来,我的亲爱的人儿,我将再来……

接着她又昏迷了……她离开了世界。

平时她不知不觉地感动了许多不认识的人,对她非常同情。便是在同一座屋子里,她连姓名都不知道的房客也是这样。奥里维受到许多完全陌生的人的慰问。安多纳德的葬礼没有像她母亲的那样寂寞。奥里维的朋友,同学,她教过书的家庭,以及她不声不响见过的,彼此都不知道身世的,可是知道她的义气而佩服她的人,甚至也有些可怜的人,在她家做散工的女人,街坊上的小商人,都来送她到墓地。她去世的当天,奥里维就被拿端太太强邀了去,他已经痛苦得没有主意了。

① 旧教徒往往以小圆银质胸章贴身悬挂。胸章上镌有耶稣或圣母像。

他一生中的确只有这个时期才能担当这样一件祸事,——只有这个时间他才不至于整个儿被失望压倒。他才开始过一种新生活,处在一个集团中间,不由自主地受着大家推动。学校方面的作业与操心,求知的热诚,大大小小的考试,为了生活的奋斗,使他不能在精神上孤独起来躲在一边。为了这一点他大为痛苦,但幸亏如此他才得救。早一年或迟几年,他就完了。

然而他竭尽可能地躲在一边追念姊姊。他很伤心不能把他们共同生活的故居保留起来:他没有这笔钱。他希望那些似乎关切他的人能懂得他不能保存她的东西的悲哀。可是没有一个人懂得。他借了一点钱,再凑上替人家补习的学费,租了一个顶楼,把所能留下的姊姊的家具堆起来:她的床,她的桌子,她的靠椅。他把那个房间作为一个纪念她的圣地,逢到精神颓丧的日子,便去躲在那儿。他的同学以为他有什么外遇。其实他在这里待上几小时,想着她,手捧着脑袋:他只有她一张小小的照片,还是他们俩小时候一同拍的。他对着照片说着,哭着……她到哪儿去了呢?啊,只要她在世界上,哪怕在天涯海角,哪怕在什么到不了的地方,——他都要用着何等的热诚,何等快乐的心去寻访她,不管是怎么辛苦,也不管要跋涉几百年,只消每走一步能近她一步!……是的,即使他只有千分之一的希望能够遇到她……可是毫无办法。他多孤独!现在没有了她的爱,没有了她的指导与安慰,他对付人生的手段是多么笨拙多么幼稚!……谁要在世界上遇到过一次友爱的心,体会过肝胆相照的境界,就是尝到了天上人间的欢乐,——终生都要为之苦恼的欢乐……

对于一般懦弱而温柔的灵魂,最不幸的莫如尝到了一次最大的幸福。

在人生的初期就丧失了一个心爱的人固然悲痛,但还不及以后生机衰退的时候那么残酷。奥里维正在青年时期,虽然天性悲观,遭遇不幸,究竟是需要生活的。似乎安多纳德临死之际把一部分的灵魂移交给兄弟了。他相信是这样。他虽不像姊姊那样有信仰,却也隐隐然相信姊姊并没完全死,而是像她所说的托生在他的心上。布列塔尼一带有种信仰,说夭折的青年并不死;他们继续在生前居住的地方飘浮,直到应享的天年终了的时候。——这样,安多纳德仿佛继续在奥里维身旁长大。

他把她的纸张重新看了一遍。不幸她差不多把什么都烧了。而且她不是一个喜欢记录内心生活的人。揭露自己的思想,在她是会脸红的。她只有一本小日记簿,记着一些别人没法懂得的事,——不加说明的写了些日子,纪念她一生或悲或喜的琐碎事儿,那是她用不着写下细节就能全部想起来的,所有这些日子几乎都跟奥里维的生活有关。她也保存着他写给她的信,一封不缺。——不幸他没有那么细心;她写给他的差不多全部给丢了。他要那些信干什么呢?他以为姊姊是永远在身边的,温情的泉源是涓涓不绝的,永远可以浸润他的嘴唇与心;他当初毫无远见地浪费了他所得到的爱,现在却恨不得把它一点一滴的储藏起来……他随便翻着安多纳德的一册诗集,忽然看到一张破纸上有几个铅笔字:"奥里维,亲爱的奥里维!……"他看了差点儿晕倒。他号啕大哭,拼命吻着那张不可见的,在坟墓中和他说话的嘴巴。——从那天起,他把她所有的书都打开来,一页一页的找她有没有留下别的心腹话。他发现了她写给克利斯朵夫的信稿,才知道藏在她心里的略具雏形的罗曼史;他第一次窥见他从来不知道、也不想知道的她的感情生活,把她骚乱不宁的最后几天,被兄弟遗弃而向着不相识的朋友伸手乞援的心情,完全体验到了。她从来没和他说见过克利斯朵夫。他从信稿上才发觉他们以前在德国碰过面,克利斯朵夫曾经对姊姊很好,详细情形当然无法知道,只知道安多纳德至死没表白的感情是在那时发动的。

奥里维早已为了克利斯朵夫的音乐而喜欢克利斯朵夫,这一下对他更是说不出的爱好。她是爱过他的;奥里维觉得自己爱克利斯朵夫其实还是爱的她。他想尽方法去接近他,可不容易找到他的踪迹。克利斯朵夫经过了那次失败,在巴黎的茫茫人海中不见了;他退出了社会,谁也不注意他。过了几个月,奥里维偶然在街上遇见克利斯朵夫,正是大病初愈以后,毫无血色,形容憔悴。但他没勇气上前招呼,只远远地跟着,直到他住的地方。他想写信给他,又下不了决心。写什么好呢?奥里维不是单独一个人,精神上还有安多纳德和他在一起:她的爱情,她的贞洁的观念,都把他感染了;一想到姊姊爱过克利斯朵夫,他就脸红,仿佛自己就是安多纳德。另一方面,他的确想和他谈谈她的事。——可是不成。她的秘密把他的嘴巴给堵住了。

他设法要跟克利斯朵夫见面。凡是他认为克利斯朵夫可能去的地方,他都去。他热烈地希望跟他亲近。可是一见面,他又躲起来,唯恐被他发现了。

最后,他们共同参与一个朋友家的夜会,克利斯朵夫终于留神到他了。奥里维远远地站着,一句话也不说,只顾望着他。那天晚上,安多纳德一定是和奥里维在一起:因为克利斯朵夫在奥里维眼中看见了她,而且也的确是这个突然浮现的形象使克利斯朵夫穿过客厅,向陌生的年轻的使者走过去,去接受那幸福的死者的又凄凉又温柔的敬意。

卷六 终

卷七·户内

卷七初版序

多年以来，我在精神上跟不在眼前的识与不识的朋友们交谈，已经成了习惯，所以我今天觉得需要对他们高声倾吐一下。我决不能忘恩负义，不感谢他们对我的厚意。从我开始写《约翰·克利斯朵夫》这个冗长的故事起，我就是为他们写的，和他们一同写的。他们鼓励我，耐着性子陪着我，向我表示同情，使我感到温暖。即使我能给他们多少好处，他们给我的可是更多。我的作品是我们的思想结合起来的果实。

我开始执笔的时候，根本不敢希望同情我们的人会超过一小群朋友：我的野心只限于苏格拉底之家。[①] 然而年复一年，我觉得好恶相同，痛苦相同的弟兄们不知有多多少少，在巴黎犹如在内地，在法国以内犹如在法国以外。这一点，在克利斯朵夫吐露了他的和我的衷曲，表示他瞧不起节场的那一卷出版以后，我就明白了。我的著作所引起的回响，从来没有像这一卷那样迅速的。因为那不但是我的心声，同时是我朋友们的心声。他们很知道，《克利斯朵夫》不单是属于我的，而且也是属于他们的。我们把共同的灵魂大部分都灌输给它了。

既然《克利斯朵夫》是属于读者的，我就应当向他们对这一卷有所

① 苏格拉底建造屋舍，人谓太小，苏格拉底回答：“只要它能容纳真正的朋友就行了。”

解释。如在《节场》中一样,读者在此找不到小说式的情节,而本书主人翁的生涯似乎也中途停顿了。

因此我得说明这部作品是在什么情形之下着手的。

我那时是孤独的。像多少的法国人一样,我在一个精神上跟我敌对的世界里感到窒息,我要呼吸,我要反抗一种不健全的文明,反抗被一般僭称的优秀阶级毒害的思想,我想对那个优秀阶级说:“你撒谎,你并不代表法兰西。”

要达到这个目的,我必须有一个眼目清明,心灵纯洁的主人翁,——他又必须有相当高尚的灵魂才能有说话的权利,有相当雄壮的声音才能教人听到他的话。我很耐性地造成了这样的一个主角。在我还没决定开始动笔以前,这件作品在我心头酝酿了十年,直到我把克利斯朵夫全部的行程认清楚了,克利斯朵夫才开始上路,《节场》中的某些篇章,《约翰·克利斯朵夫》全书最后的几卷,[1]都是在《黎明》以前或同时写的。在克利斯朵夫与奥里维身上反映出来的法国景象,自始就在本书中占着重要地位。所以,主人翁在人生的中途遇到一个高岗,一方面回顾一下才走过的山谷,一方面瞻望一番将要趱奔的前途的时候,希望读者不要认为作品越出了范围,而认为是一种预定的休止。

显而易见,这最后几卷(《节场》与《户内》)跟全书其他的部分同样不是小说,我从来没有意思写一部小说。那么这作品究竟是什么呢?是一首诗吗?——你们何必要有一个名字呢?你们看到一个人,会问他是一部小说或一首诗吗?我就是创造了一个人。一个人的生命决不能受一种文学形式的限制。它有它本身的规则。每个生命的方式是自然界一种力的方式。有些人的生命像沉静的湖,有些像白云飘荡的一望无极的天空,有些像丰腴富饶的平原,有些像断断续续的山峰。我觉得约翰·克利斯朵夫的生命像一条河;我在本书的最初几

① 特别是第九卷《燃烧的荆棘》中关于阿娜的部分。——原注

页就说过的。——而那条河在某些地段上似乎睡着了,只映出周围的田野跟天色。但它照旧在那里流动,变化;有时这种表面上的静止藏着一道湍激的急流,猛烈的气势要以后遇到阻碍的时候才会显出来。这便是《约翰·克利斯朵夫》全书中这一卷的形象。等到这条河积聚了长时期的力量,把两岸的思想吸收了以后,它将继续它的行程,——向汪洋大海进发,向我们大家归宿的地方进发。

罗曼·罗兰

一九〇九年一月

第 一 部

我有了一个朋友了！……找到了一颗灵魂，使你在苦恼中有所倚傍，有个温柔而安全的托身之地，使你在惊魂未定之时能够喘息一会：那是多么甜美啊！不再孤独了，也不必再昼夜警惕，目不交睫，而终于筋疲力尽，为敌所乘了！得一知己，把你整个的生命交托给他，——他也把整个的生命交托给你。终于能够休息了：你睡着的时候，他替你守卫，他睡着的时候，你替他守卫。能保护你所疼爱的人，保护像小孩子一般信赖你的人，岂不快乐！而更快乐的是倾心相许，剖腹相示，整个儿交给朋友支配。等你老了，累了，多年的人生重负使你感到厌倦的时候，你能够在朋友身上再生，恢复你的青春与朝气，用他的眼睛去体验万象更新的世界，用他的感官去抓住瞬息即逝的美景，用他的心灵去领略人生的壮美……便是受苦也和他一块儿受苦！……啊！只要能生死相共，便是痛苦也成为欢乐了！

我有了一个朋友了！他跟我隔得那么远，又那么近，永久在我心头。我把他占有了，他把我占有了。我的朋友是爱我的。"爱"把我们两人的灵魂交融为一了。

参加了罗孙家的夜会以后，克利斯朵夫第二天醒来，第一个念头就想到奥里维·耶南。他立刻想要跟他再见。八点还没到，他已经出门了。早上的天气温暖而有些郁闷。那是夏令早行的四月天：一缕酝酿阵雨的水汽在巴黎城上飘浮。

奥里维住在圣热纳维耶高岗下面的一条小街上，靠近植物园。屋子坐落在街上最窄的地方。楼梯在一个黑洞洞的院子的尽里头，有种种难闻的气味。踏级的拐弯很陡，靠壁有些倾斜，壁上都给涂得乱七八糟。三层楼上，一个乱发蓬松的妇人敞开着衬衣，听见上楼的脚声开出门来，看见是克利斯朵夫便立刻很粗暴地把门关上了。每一层楼都有好几个公寓，从开裂的门缝里，你可以听见孩子们的吵闹。那是一群肮脏而极平凡的人，挤在低矮的屋内，外面只有一方令人作恶的院子。克利斯朵夫厌恶之下，心里想这些人不知受了什么诱惑，把至少还有空气可以呼吸的乡下丢了，也不知他们跑到巴黎来住在这坟墓一般的地方，能有什么好处。

他爬到了奥里维住的那一层。门铃的拉手是条打结的绳子。克利斯朵夫把它使劲拉了一下，铃声响处，好几家人家都打开了门。奥里维也出来开了门。他的素雅整齐的穿扮使克利斯朵夫大为惊奇；换了别的场合，克利斯朵夫决不会注意到这一点，但在这儿他感到一种出乎意外的愉快；奥里维的整洁，在这个恶浊的环境中教人觉得愉快和健康。头天晚上看了奥里维清明的眼神所感到的印象，又立刻回复过来。他向他伸出手去。奥里维慌慌张张地嘟囔着：

“怎么，你，你到这儿来！……”

克利斯朵夫一心想抓住这颗一刹那间慌忙失措的可爱的心灵，便对奥里维的问话笑而不答。他把奥里维往前推着，走进了那间卧室兼书房的独一无二的房间。近窗靠墙摆着一张小铁床；克利斯朵夫看到床上放着一大堆枕头。三张椅子，一张黑漆桌子，一架小钢琴，几架图书，就把一间屋挤满了。屋子又窄，又矮，又黑；但主人那种清朗的眼神似乎有种反光照在屋子里。一切都很清洁，整齐，好像是出于一个女人之手；水瓶里插着几朵蔷薇，给室内添了几分春意，四壁挂着一些佛罗伦萨派的古画的照片。

“噢，你这是来……来看我吗？”奥里维真情洋溢地说着。

“嗳,我非来不可啊,”克利斯朵夫回答,“你,你是不会来看我的。”

“你以为我不会吗?”

奥里维紧跟着又说:“对,你说得不错。可并非是我不想去。”

“那么有什么阻碍把你拦住了?”

“我太想见你了。”

“这理由真是太妙了!”

“是啊,你可别见笑。我就怕你不怎么愿意见我。”

“我,我才不顾虑这个呢!我想看你,我就来了。要是你不乐意,我自然会看出来的。”

“那你一定要眼光很好才行。”

他们彼此瞧着,笑了笑。

奥里维又说:“昨天我真蠢。我生怕你讨厌。我的胆小简直是一种病,连一句话都说不上来。”

“别抱怨了吧。你们贵国喜欢说话的人太多了,能够碰到一个不大出声的,便是为了胆小而不出声的,也教人高兴。”

克利斯朵夫笑了,很得意自己的俏皮。

“那么你是为了我的静默而来看我的了?”

“是的,为了你的静默,为了你那种静默的优点。静默也有好多种……我可喜欢你这一种,话不是说完了吗?”

“你仅仅见了我一面,怎么会对我发生好感?”

“那是我的事。我挑选朋友用不着多费时间,只要看到一张喜欢的脸,我马上会决定,马上会去找他,而且非找到不可。”

“你这样的追求朋友从来不会看错吗?”

“那是常有的事。”

“也许你这一回又看错了。”

“咱们慢慢瞧吧。”

“噢!那我就糟了。你会教我心都凉了的,只要一想到你在观察我,我就慌得手足无措了。"

克利斯朵夫又好奇又亲热的,瞧着那张容易冲动的脸一忽儿红一忽儿白。感情映在他的脸上好比云彩映在水里。

"多神经质的孩子!简直像女人一样。"克利斯朵夫心里想着,轻轻地碰了碰他的膝盖。

"得了吧,你以为我全副武装地来对付你吗?我最恨人家拿朋友做心理学实验。我所要求的是:两个人都应当无拘无束,开诚布公,没有不必要的害羞而永远把话闷在胸中,也不必怕自己前后矛盾,——今天喜欢的,明天尽可以不喜欢。这不是更有丈夫气,更光明磊落吗?"

奥里维肃然望着他,回答说:"没有问题,这是更有丈夫气。你是强者,我可不是的。"

"我敢断定你也是强者,不过是另外一种方式罢了。并且我现在正是要来帮助你成为强者,如果你愿意的话。我刚才已经声明过了,此刻我可以更坦白地补上一句,——(但并不担保以后的事,)——我喜欢你。"

奥里维从脸上红起直红到耳朵,窘得一动也不能动,一句话都没有能回答。

克利斯朵夫把屋子扫了一眼:"你住的地方太不行了。没有别的屋子了吗?"

"还有一间堆东西的小屋子。"

"嘿!简直透不过气来。你怎么能在这里过活的?"

"慢慢也就惯了。"

"我可是永远不会惯的。"

克利斯朵夫解开背心,拼命地呼吸。

奥里维走去把窗子完全打开了。

"你住在城里一定是不舒服的,克拉夫脱先生。我可决不因为精力过剩而难受。我只需要一点点的空气,哪儿都能活下去。可是到了夏天,有些晚上连我也受不了。我看到那种日子快来了就害怕。我坐在床上,仿佛要死过去了。”

克利斯朵夫瞧着床上的一堆枕头,又瞧着奥里维疲倦的脸,似乎看到他在黑暗里挣扎的情形。

“那么离开这儿呀,”他说,“干吗要住在这个地方呢?”

奥里维耸耸肩膀,满不在乎地回答:“噢!这儿那儿,反正都是一样!……”

这时他们听到头顶上有沉重的脚声,下一层楼上有尖锐的争吵声。墙壁每分钟都给街车震动得发抖。

“这种屋子!”克利斯朵夫继续说,“又脏又臭,又热又闷,只看见下贱悲惨的景象的屋子,你晚上怎么能踏进来?难道你不泄气吗?换了我,在这儿简直活不下去,宁可睡在桥底下的。”

“最初我也觉得痛苦,跟你一样厌恶这种环境。我记得小时候跟着大人去散步,只要走过肮脏的贫民区,心里就作恶,有时还有些不敢说出来的可笑的恐怖。我想:要是此刻发生地震,我就得死在这儿,永远留在这儿,而这是我最怕的。那时我万万想不到有一天会甘心情愿住在这等地方,说不定还要死在这里。我当然不能太挑剔,可是心里是永远厌恶的,只能竭力不去想它。上楼的时候,我把眼睛,耳朵,鼻子,所有的感官都封闭起来,跟外界隔绝。并且,你瞧,从那个屋顶望出去,有一株皂角树。我坐在这边屋角里,让自己什么都瞧不见,只瞧见那株树;傍晚风吹树动的景致,使我觉得自己远在巴黎之外了,这些齿形的树叶簌簌摇曳,有时比森林中的风涛声还更幽美动听呢。”

“是的,”克利斯朵夫说,“我知道你老是在出神;可是你不用你的幻想来创造一些别的生命,而仅仅用来对付生活的烦恼,不是浪费了吗?”

“大多数人的运命就是这样。你自己难道没有为了愤怒与斗争而浪费精力吗?”

“我的情形是不同的。我生来是为斗争的。瞧瞧我的胳膊跟手吧。跟人家搏斗是表示我健康。你哪,你可没有多大气力,我一眼就看出来了。”

奥里维凄然瞧着自己细弱的手腕:“是的,我身子弱得很,一向是这样的。有什么办法?总得生活啰。”

“你靠什么过活的?”

“教书。”

“教什么?”

“什么都教。替人补习拉丁文,希腊文,历史。我给人家预备中学毕业考试。在市立学校我还担任一门道德课。”

“什么课?”

“道德课。”

“见鬼!你们学校里教道德吗?”

“当然。”奥里维笑着说。

“你有什么话可以在讲堂上说到十分钟以上呢?”

“每星期我有十二个钟点呢。”

“那么你是教他们做坏事了?”

“为什么?”

“因为要人家知道什么叫作善,是用不着多费口舌的。”

“那么是不说为妙了?”

“对啦,不说为妙。不知道善恶不一定就不能为善。善不是一种学问,而是一种行为。只有一般神经衰弱的人才把道德讨论个不休。可是道德的最重要的规则便是不能神经衰弱。那些迂腐的家伙!他们好比手脚残废的人想要教我怎么走路。”

“那不是对你说的。你已经知道了,可是不知道的人多着呢!”

“那么让他们像小娃娃一样手脚并用地去爬吧,让他们自己去学走吧。但手脚并用也罢,不并用也罢,第一要他们会走。”

他在屋子里大踏步踱着,不到四步把整个房间走完了。走到钢琴前面,他站住了,揭开琴盖,随便翻了翻乐谱,把键盘抚弄了一会,说道:“弹些曲子给我听听。”

奥里维吓了一跳:“要我弹？多古怪的念头!”

“罗孙太太说你是很好的音乐家。来,来,弹吧。”

“在你面前弹吗？噢！那会教我羞死的。”

这个从心坎里发出来的天真的呼声,把克利斯朵夫听得笑了,奥里维自己也不好意思地笑了。

“在一个法国人说来,难道这能算一个理由吗?”

奥里维始终推辞:“可是为什么？为什么要我弹呢?”

“等会告诉你。你先弹吧。”

“弹什么呢?”

“随你。”

奥里维叹了口气,在钢琴前面坐下了,很柔顺地服从了这个自动挑中他的专制的朋友。他迟疑了半日,方始弹一曲莫扎特的B小调柔板,他先是手指发抖,连捺键子的气力都没有,后来胆子大了一些,自以为不过是复述莫扎特的话,可不知不觉地把自己的心灵透露了。音乐最容易暴露一个人的心事,泄露最隐秘的思想。在莫扎特那个伟大的曲子下面,克利斯朵夫发现了这个新朋友的真面目:他体会到凄凉高远的情调,羞怯而温柔的笑容,显出他是个神经质的,纯洁的,多情的,动不动会脸红的人。到了快终曲的时候,正当表现痛苦的爱情的乐句到了顶点而突然迸裂的时候,有种抑捺不住的贞洁的情绪使奥里维没法再往下弹;他手指哆嗦,没有声音,放下了手,说道:“我弹不下去了……”

站在后面的克利斯朵夫弯下身子,把中断的乐句弹完了,说:“现在我可听到你的心声了。”他抓着他两只手,把他瞧了好一会:“真怪！……我好像见过你的……好像已经认识你那么久那么清楚了。”

奥里维嘴唇发抖,差点儿要说出来,可是终于一句话也没说。

克利斯朵夫又把他瞧了一会,然后悄悄地笑了笑,走了。

他心花怒放地走下楼梯,半中间遇见两个丑八怪的孩子,一个捧着面包,一个拿着一瓶油。他亲热地把他们的腮帮拧了一下。门房沉着脸,他可向他笑笑。他走在街上低声唱着,不久进了卢森堡公园,拣着阴处的一条凳子躺下,闭上眼睛。没有一丝风,游人很少。喷水池的声音响一阵轻一阵。铺着细沙的路上偶尔有窸窸窣窣的声响。克利斯朵夫懒洋洋的,像一条晒着太阳的蜥蜴;树底下的阴影移过去了;但他连挣扎一下的气力都没有。他的思想在打转,却也没有意思把它固定;那些念头全都照着幸福的光辉。卢森堡宫的大钟响了,他也不理;过了一忽,他才发觉刚才敲的是十二点,便马上纵起身子,原来已经闲荡了两小时,错失了哀区脱的约会,一个早上都糟掉了。他笑着,打着唿哨回家,拿一个小贩叫喊的调子作了一支回旋曲。便是凄凉的旋律在他心中也带着快乐的气息。走过他住的那条街上的洗衣作,他照例瞧了瞧:那个头发茶褐色,皮肤没有光彩,热得满脸通红的姑娘在熨衣服,细长的胳膊直露到肩头,敞开着胸褡,跟往常一样很放肆地瞅了他一眼:破题儿第一遭,克利斯朵夫竟没有生气。他还在笑。进了屋子,先前留下的工作一件都找不到。他把帽子,上衣,背心前后左右乱丢一阵,接着便开始工作,那股狠劲仿佛要征服世界似的。他把东一张西一张的音乐稿子捡起来,可是心不在这儿,只有眼睛在那里看着。过了几分钟,他又觉得飘飘然了,像在卢森堡公园里一样。他惊醒了两三回,想打起精神,可是没用。他嘻嘻哈哈地骂自己,站起身子把头往冷水里浸了一会,才清醒了些,重新坐在桌旁,一声不出,堆着一副渺茫的笑容,想着:"这跟爱情有什么分别呢?"

他只敢悄悄地思索,似乎有些怕羞。他耸了耸肩膀,又想:"爱是没有两种方式的……噢,不,的确有两种:一种是把整个的身心去爱人家,一种是只把自己浮表的一部分去爱人家。但愿我永远不要害上这种心灵的吝啬病!"

他不敢往下再想了,只对着内心的梦境微笑,久久不已。他在心里唱着:

你是我的,我才成为整个的我……

他拿起一张纸,静静地把心里唱的写了下来。

他们俩决意合租一个寓所。克利斯朵夫的意思是要立刻搬,不管租期还剩着一半而要损失一笔租金。比较谨慎的奥里维,虽然也愿意马上搬家,可劝他等双方的租期满了再说。克利斯朵夫不了解这种计算,他像许多没钱的人一样,损失点儿钱是满不在乎的。他以为奥里维手头比他更窘。有一天看到朋友穷困的情形吃了一惊,他立刻跑出去,过了两小时又回来,把从哀区脱那儿预支到的几枚五法郎的钱币得意扬扬地摆在桌上。奥里维红着脸不肯收。克利斯朵夫一气之下,要把钱丢给一个在楼下院子里拉着琴要饭的意大利人,被奥里维拦住了。克利斯朵夫装着生气的样子走了,其实他是恨自己的笨拙,没法使奥里维接受。结果,朋友来了一封信,把他安慰了一番。凡是奥里维口头不敢表示的,都在信上表示了出来:他说出认识克利斯朵夫的快乐,说克利斯朵夫的好意使他多么感动。克利斯朵夫回了一封狂热的信,像十五岁时写给他的朋友奥多的一样,满纸都是热情跟傻话,用法语,德语,甚至也用音乐来作种种双关语。

他们终于把住的地方安顿好了。在蒙巴那斯区,靠近唐番广场,在一幢旧屋子的六层楼上,他们找到一个三间正屋带一个厨房的公寓:房间很小,朝着一个四面都是高墙的挺小的园子。在他们那一层,从对面一堵比较低矮的墙上望过去,可以瞧见一所修道院的大花园,那在巴黎还有不少,都是藏在一边,没人知道的。园子里荒凉的走道上,一个人都没有。比卢森堡公园里更高更密的古树,在阳光底下微微摆动,成群的鸟在歌唱;天刚亮就能听到山鸟的笛声,接着是麻雀吵吵闹闹而有节奏的合唱。夏日的傍晚,燕雀的狂噪穿过暮霭,在天空回绕。月夜还有蛤蟆像滚珠一样的叫声,好比浮到池塘面上的气泡。倘使这幢旧屋子不是时时刻刻被沉重的车子震动,仿佛大地在高热度中发抖的话,你决计想不到住在巴黎。

有一间屋比其余的两间更大更好,两个朋友便互相推让,结果大家同意用抽签来决定。首先作这个提议的克利斯朵夫存了心,用了一种他素来觉得不会做的巧妙的手法,居然使自己没抽到那个好房间。

于是他们开始了一个完全幸福的时期。那不是专靠某一件事,而是同时靠所有的事的:他们所有的行动和思想都浸在幸福中间,幸福简直跟他们一分钟都不离开了。

在这个友谊的蜜月中,那些深邃而无声的欢乐,唯有"得一知己"的人才能体会。他们难得说话,也不大敢说话,只要能觉得彼此在一起,能交换一个眼神,一句话,证明他们虽然静默了好久而思想仍旧在一条路上就行了。用不着互相问讯,甚至也用不着互相瞧一眼,他们随时都能看到对方的形象。动了爱情的人都不知不觉地把爱人的灵魂作为自己的模型,一心一意地想不要得罪爱人,想教自己跟对方完全合而为一,所以他凭着一种神秘的,突如其来的直觉,能够窥到爱人的心的微妙的活动。朋友看朋友是透明的,他们彼此交换生命。双方的音容笑貌在那里互相模仿,心灵也在那里互相模仿,——直要等到那股深邃的力,那个民族的本性,有一天突然抬起头来把他们友谊的联系扯断了的时候才会显出裂痕。

克利斯朵夫放低了声音说话,放轻了脚步走路,唯恐扰乱了隔壁屋子里幽静的奥里维;友谊把他改变了:他有种从来没有的快乐、信赖、年轻的表情。他疼着奥里维。奥里维大可以对朋友作威作福,要不是他觉得不配受这样的爱而为之脸红的话:因为他自以为还不及克利斯朵夫,不知克利斯朵夫也跟他一样的谦卑。双方的这种谦卑是从友爱来的,给他们多添了一种甜蜜。一个人觉得自己在朋友心中占着那么重要的地位,即使自以为不够资格,也是最快乐的。因此他们俩都非常感动和感激。

奥里维把自己的藏书与克利斯朵夫的放在一起,不分彼此。他提到某一册的时候,不说"我的书"而说"我们的书"。只有一小部分东西,他保留着不作为公共财产:那是姊姊的遗物,或是跟她的往事有关的东西。克利斯朵夫被爱情磨炼得机警了,不久便注意到这种情形,可不明白为什么。他从来不敢向奥里维问起他的家属;只知道奥里维所有的亲人都已经故世;除了带点儿高傲的感情使他不愿意探听朋友的私事以外,他还怕触动朋友过去的悲痛。他羞怯得连对奥里维桌上的照片都不敢仔细瞧一眼,虽然心里很有这个愿望。那张相片上有一位正襟危坐的先生,一位太太,还有一个十二三岁的小姑娘,脚下坐着一条长毛大狗。

在新居住了两三个月,奥里维忽然受了些风寒,躺在床上。克利斯朵夫动了慈母一般的感情,又温柔又焦急地看护他;医生听到奥里维肺尖上有点儿发炎,嘱咐克利斯朵夫用碘摩擦病人的背。克利斯朵夫一本正经地做着这工作的时候,瞧见奥里维脖子里挂着一块圣牌。他知道奥里维对一切宗教信仰比他都摆脱得干净,当下表示很奇怪。奥里维脸一红,说道:"那是件纪念物,是我可怜的安多纳德临死的时候带着的。"

克利斯朵夫打了一个寒噤。安多纳德这个名字使他忽然心中一亮。

"安多纳德?"他问。

"是的,她是我的姊姊。"

克利斯朵夫反复念着:"安多纳德……安多纳德·耶南……她是你的姊姊?……"他一边说,一边望着桌上的照片,"她不是很小就故世的吗?"

奥里维凄然笑了笑:"这是一张小时候的照片。可怜我没有别的……她死的时候已经二十五岁了。"

"啊!"克利斯朵夫很激动地说,"她可是到过德国的?"

奥里维点点头。

克利斯朵夫抓着奥里维的手:"那么我是认识她的啊!"

"我知道。"奥里维回答。

他勾着克利斯朵夫的脖子。

“可怜的姑娘！可怜的姑娘！”克利斯朵夫再三说着。

他们俩一齐哭了。

克利斯朵夫忽然想到了奥里维的病，便尽量安慰他，要他把手臂放进被窝，替他把被褥盖住肩头，像母亲一般替他抹着眼泪，坐在床头对他望着。

“对啦，对啦，”克利斯朵夫说，“怪不得我早认得你了，第一天晚上就认出你了。”

（不知他是对眼前这个朋友说，还是对那个已经死了的朋友说。）

“可是你，”他停了一会又说，“既然早知道了，干吗不对我说呢？”

安多纳德冥冥中借着奥里维的眼睛回答：

“我不能说。应当由你说的。”

两人沉默了一会；随后，在静悄悄的夜里，奥里维一动不动地躺在床上，向握着他的手的克利斯朵夫轻轻讲着安多纳德的一生，——可是那不该说的一段，连她自己也闭口不言的秘密，并没有说，——但也许克利斯朵夫已经知道了。

从此，他们俩都被安多纳德的精神包裹了。他们在一块儿的时候，她就跟他们在一块儿。他们甚至用不着想到她：两人都是以她的思想为思想的。她的爱是他们的两颗心相会的地方。

奥里维时常唤起她的形象：都是些零星的回忆，短短的逸事，让她那种羞怯而可爱的举动，年轻而端庄的笑容，深思而妩媚的情致，像一道微光似的透露出来。克利斯朵夫默默无言地听着，整个儿给这个看不见的朋友的光彩罩住了。因为天生的比别人容易吸收生机，他有时能在奥里维的说话中间听到深邃的回声，为奥里维自己所听不见的；而且那年轻的死者的生命，他也比奥里维更能够吸收。

在奥里维身边，他不知不觉代替了她的职位；笨拙的德国人居然会像安多纳德一样的殷勤，细心，作许多体贴周到的安排，教人看了感动。有时他竟弄不清是为了爱奥里维而爱安多纳德呢,还是为了爱安多纳德而爱奥里维。柔情牵动之下,他不声不响地到安多纳德墓上去供些花草。奥里维一向不知道,直到有一天在墓上发现了鲜花才觉察,可还不容易肯定是克利斯朵夫去过的。他怯生生地提到这问题,克利斯朵夫却粗声大气地把话岔开了。他不愿意奥里维知道,但有一天两人在公墓上碰到了。

另一方面,奥里维私下写信给克利斯朵夫的母亲,把克利斯朵夫的近况告诉她,说他对克利斯朵夫怎样的敬爱与钦佩。鲁意莎很笨拙很谦卑地回了信,表示感激涕零;她老是提到自己的儿子,口气像提到一个小孩子一样。

像情人似的经过了一个不大出声的时期以后,——经过了一个"心旷神怡的恬静,莫名其妙的欢乐"的时期以后,——两人的舌头松动了。他们几小时地摸索着,要在朋友的心中有点儿新发现。

他们俩性情那么不同,但本质都那么纯粹。他们因为如是其不同又如是其相同,所以相爱。

奥里维是娇弱,单薄,不能跟人生的艰苦搏斗的。一遇到阻碍,他便退缩,并非为了害怕,而是一小部分为了胆怯,一大部分为了不肯用强暴与粗鄙的手段去克服困难。他是靠替人补习功课,写些文艺的书来维持生活的,报酬照例是少得可怜。他也偶尔写些杂志文章,可从来不能自由发表意见,必须讨论他不大感兴趣的问题——他感到兴趣的题材,人家不要他写;他是诗人,人家却教他写评论;他懂得音乐,人家却要他谈画。他知道,关于这些问题他只能说些老生常谈:而这正是大众欢迎的;他不得不对平凡的人说些他们能懂的话。后来他厌恶到极点,不愿意再写了,只替一些小杂志写作。那些刊物虽没有稿费,但言论自由,所以是被许多青年真心爱护的。唯有在这等地方,他才能发表他值得留存的东西。

他为人温和有礼,表面上很有耐性,实际上却是非常敏感。一句略微过火的话就会使他气得热血奔腾;看到什么不公平的事,他会惊骇失措;他除了自己痛苦以外,还替别人痛苦。几百年前的某些丑恶的史实使他痛心疾首,仿佛当时遭人蹂躏的便是他自己。一想到遭受那些不幸的人的苦难,他脸色发白,浑身打战,苦恼到极点,可是他同情的人物已经跟他隔着几世纪了。要是他亲眼看到这一类的暴行,更是气得直打哆嗦,有时甚至会害病,睡不着觉。他外表的强作镇静,是因为知道自己一生气就会过火,可能说出别人不能原谅的话。那时人家恨他比恨素来性情暴烈的克利斯朵夫更厉害,因为奥里维冲动之下,似乎比克利斯朵夫更容易透露他隐秘的思想。而这是不错的。他的批判人,既没有克利斯朵夫那样盲目的夸张,也没有他那样一厢情愿的幻想,而是把事情看得非常清楚。这便是一般人最不能原谅的地方。他因此默不出声,知道争辩没用,就避免争辩。这种压制使他很痛苦。但他更痛苦的是自己的胆怯:为了胆怯,他有时竟不得不违反自己的思想,或者不敢坚持到底,或者还得向人道歉,好似那次为了讨论克利斯朵夫而跟吕西安·雷维-葛争吵的情形。他对人对己都打不定主意,常常为此苦闷。在比较更使性的少年时代,他不是极端兴奋,便是极端消沉,而转换的方式也非常突兀。他最快乐的时候,已经觉得悲哀在旁边等着他了。果然,他根本没看到悲哀是怎么来的,冷不防就给它抓住了。那时他不但烦恼,还要埋怨自己的烦恼,怀疑自己的言语,行为,诚实,站在别人的立场上攻击自己。他的心在胸中乱跳,可怜巴巴地挣扎着,快要窒息了。——自从安多纳德死后,也许是受了她的死亡之赐,受了在某些亲爱的亡人身上发出来的那种令人苏慰的光明之赐,好像黎明的微光把病人的眼睛与心灵都照得清明了一样,奥里维虽不能完全摆脱这些骚乱,至少能够隐忍而加以控制了。很少人想象得到这类内心的斗争,他把这个使自己感到屈辱的秘密藏在心里:一方面是软弱而骚动的身体,一方面是无挂无碍而清明宁静的智慧,虽不能完全控制那个骚乱,却也不致受它的害,——“在扰攘不息的心头始终保持着一片和平”。

这种智慧使克利斯朵夫大为惊异。那是他在奥里维的眼睛里看出来的。奥里维有的是直觉,有的是胸襟阔大的敏锐的好奇心,无所不包,无所不容,对什么都不恨,抱着广大的同情观照世界:这种清新的目光是最可贵的天赋,使他能够用一颗永远天真的心去体验宇宙间生生不息的现象。在这个内心的天地中,他觉得自己无挂无碍,广大无边,能够主宰一切了;他这才忘了自己的缺陷和肉体的痛苦。这个弱不禁风,随时可以奄然物化的身体,倘使你远远地用一种幽默而怜悯的态度去看它,的确另有一番风味。在这等情形中,一个人绝不执着自己的生命,可是更热烈地执着一般的生命。奥里维把不愿意在行动方面消耗的精力全部灌注到爱情和智慧中去。他没有充分的活力单独生存。他是根藤萝,需要有个倚傍。把整个身心施舍给人家的时候,才是他生命最丰满的时候。那是女性的灵魂,永远需要爱别人,需要被别人爱。他生来是跟克利斯朵夫配在一起的。历史上有一般高贵的可爱的朋友,为大艺术家作护卫,同时也靠着大艺术家坚强的心灵而繁荣滋长的:例如贝尔脱拉菲奥之于达·芬奇;卡瓦列雷之于米开朗琪罗;温布里安同乡之于年轻的拉斐尔;阿尔特·凡·赫尔德之忠于那个老而潦倒的伦勃朗。他们并没那些宗师的伟大;可是宗师所有高贵与纯洁的成分在那些朋友身上似乎更臻化境。他们是天才的最理想的伴侣。

他们的友谊对两人都有好处。有了朋友,生命才显出它全部的价值,一个人活着是为了朋友;保持自己生命的完整,不受时间侵蚀,也是为了朋友。

他们互相充实。奥里维头脑清明,身体虚弱。克利斯朵夫元气充沛,精神骚乱。一个是瞎子,一个是瘫子。合在一块儿,他们可是非常完满了。受了克利斯朵夫的熏陶,奥里维对阳光重新感到了兴趣;因为克利斯朵夫生气勃勃,身心康健,便是在痛苦,受难,憎恨的时候依旧能保持乐天的倾向;而这些他都灌输了一部分给奥里维。可是克利斯朵夫得之于奥里维的还远过于此。一般天才的通例,尽管有所给予,但他在爱情中所取的总远过于所给的,因为他是天才,而所谓天才一半就因为他能把周围的伟大都吸收过来而使自己更伟大。俗语说财富跟着富人跑。同样,力也是跟着强者走的。克利斯朵夫吸收了奥里维的思想来滋养自己,感染到他超然物外,洒脱自如的精神,和那种远大的目光,——静静的体验一切而控制一切的目光。但朋友的这些德性一朝移植到他这块更肥沃的土地上时,它们的发荣滋长变得格外有力了。

他们在对方的心灵中发掘出这些境界,对之赞叹不已。每个人贡献出无穷的富源,那是至此为止各人从来没意识到的全民族的精神财宝;奥里维所贡献的是法国人广博的修养和参透心理的本领;克利斯朵夫所贡献的是德国人那种内在的音乐与体会自然的直觉。

克利斯朵夫不能了解奥里维怎么会是法国人。这位朋友跟他所见到的法国人多么不同!没有遇见他之前,克利斯朵夫几乎把吕西安·雷维-葛看作现代法兰西精神的典型,不知他实际上只是一幅漫画。看到了奥里维,他才发觉巴黎还有比吕西安·雷维-葛思想更自由,而仍不失其纯洁狷介的人。克利斯朵夫拼命跟奥里维辩,说他和他的姊姊不完全是法国人。

"可怜的朋友,"奥里维回答,"关于法国,你知道些什么呢?"

克利斯朵夫拿他从前为了要认识法国而耗费的精力作为辩论的根据;他把在史丹芬与罗孙家中碰到的法国人一个一个的背出来,都是些犹太人,比利时人,卢森堡人,美国人,俄国人,甚至也有几个真正的法国人。

"我早料到了,"奥里维回答,"你连一个法国人都没见到。你只看到一个堕落的社会,一些享乐的禽兽,根本不是法国人,仅仅是批浪子,政客,废物,他们所有的骚动只在法国的表面上飘过,跟法国连接触都没接触到。你只看见成千成万的黄蜂,被美丽的秋天与丰盛的果园吸引来的。你没注意到忙碌的蜂房,工作的都城,研究的热情。"

“对不起，”克利斯朵夫说，“我也见过你们优秀的知识阶级。”

“什么？两三打文人吗？那才妙呢！在这个时代，科学与行动变得这样重要，文学只能代表一个民族的最浮表的思想。何况以文学而论，你也只看到些戏剧，所谓高级的娱乐，替国际饭店的有钱的主顾定制的国际烹调。巴黎那些戏院吗？一个真正工作的人根本不知道里面是怎么回事。巴斯德一生也没看过十次戏！像所有的外国人一样，你太重视我们的小说，太重视大街上的戏院，太重视我们那般政客的掀风作浪了……要是你愿意，我可以让你看到一般从来不看小说的女人，从来不上戏院的巴黎姑娘，从来不关心政治的男子，——而这些全是知识分子呢。你既没看到我们的学者，也没看到我们的诗人。你既没看到我们没世无闻的孤高的艺术家，也没看到我们革命志士的热烈的火焰。最伟大的信徒，你一个没见过；最伟大的自由思想者，你也一个没见过。至于平民阶级更不必谈了！除了那个看护过你的可怜的女人，你对法国的平民又知道些什么？你哪儿看得到呢？住在二三层楼以上的巴黎人，你认识几个？[①] 你要是不认识那般人，你就不认识法兰西。在可怜的公寓中，在巴黎的顶楼下，在静悄悄的内地，有的是善良，真诚的人，庸庸碌碌地过着一辈子，老抓着一些严肃的思想，每天都作着自我牺牲。——法国无论哪个时代都有这小小的一群人，数量是不足道的，精神是伟大的，差不多没人知道，没有一点儿表面的行动，然而的确是法兰西的力量，默默无声而持久的力量。至于自命为优秀的阶级却在那里不断的腐烂，不断的新陈代谢……你一朝看到一个法国人不是为了追求幸福，不是为了以任何代价追求幸福而活着，而是为了完成或是效忠于他的信仰而活着，你便觉得奇怪。可是有成千成万的人，像我这样，比我更有价值，更虔诚，更谦卑，鞠躬尽瘁，死而后已地为了一个没有回音的上帝服务，为了一个理想而服务。你不认识那些卑微的人，省吃俭用，按部就班，勤劳不倦，安安静静的，心中

① 巴黎公寓的房租层次愈低愈贵，愈高愈便宜；故平民多住在二三层楼以上。二十世纪三十年代以前，巴黎房屋普通都只有五六层。

却藏着一朵没有燃烧起来的火焰，——这是为了保卫乡土，跟自私的贵族抗争而牺牲的民众，是蓝眼睛的老沃邦一流的人。[①] 你既不认识平民，也不认识优秀阶级。像我们忠实的朋友一样，像支持我们的伴侣一样的书，你有没有看过一本？你根本不知道，我们以多少的忠诚与信心培植着一批年轻的刊物。你可想到有些正人君子是我们的太阳，它的光华使无赖小人畏惧吗？他们不敢正面相搏，只有对它低头，以便用手段去暗算它。无赖小人是奴隶，而所谓奴隶倒是主人。你只认识奴才，没认识主人……你看着我们的斗争，以为是胡闹，因为你不了解它的意义。你只看见太阳的反光和影子，可没看见内在的太阳，没看见我们几百年的灵魂。你有没有想法去认识它？有没有窥见我们英勇的行为，巴黎公社时代的十字军？有没有把握到法兰西精神的悲壮的气息？有没有对帕斯卡心中的深渊探着身子看过一眼？对于一个一千年来始终在活动在创造的民族，把它哥特式的艺术，十七世纪的文化，大革命的巨潮，传遍全世界的民族，——一个经过几十次磨炼而从来没死灭、而复活了几十次的民族，怎么能横加诬蔑呢？你们都是一样的。你所有的同胞，到这儿来都只看见腐蚀我们的寄生虫，文坛，政界，金融界的冒险者和他们的供应商，他们的顾客，他们的娼妓：你们把这批吞噬法兰西的坏蛋作为批判法兰西的根据。你们之中一个都没想到被压制的真正的法国，藏在内地的那个生命的储藏库，那些埋头工作的民众，根本不理会眼前的主人怎么喧闹……你们对这些情形一无所知也是挺自然的，我不怪怨你们：你们怎么会知道呢？连法国人自己都不大认识法国。我们之中最优秀的都给封锁在我们自己的土地上。人家永远不会知道我们的痛苦：我们锲而不舍地抓着我们的民族精神，把从它那儿得到的光明当作神圣的宝物一般储存在心中，竭尽心力保护它不让狂风吹熄，——我们孤零零的，觉得周围尽是那些异族散布出来的乌烟瘴气，像一群苍蝇似的压在我们的思想

① 沃邦（1633—1707），法国平民出身的元帅与军事工程家，以防御战著称。晚年发表宣言，主张贵族应与平民平等纳税，以此失欢于路易十四。

上，留下可恶的蛆虫侵蚀我们的理智，污辱我们的心灵，——而应当负责保卫我们的人反而欺骗我们；我们的向导，我们的非愚即怯的批评家，只知道谄媚敌人，求敌人原谅他们生为我们的族类；——民众也遗弃我们，既不表示关切，甚至也不认识我们……我们有什么方法使民众认识呢？简直没法跟他们接近。啊！这才是最受不了的！我们明知道法国有成千累万的人思想都和我们的一样，明知道我们是代表他们说话，而竟没法教他们听见！敌人把什么都霸占了：报纸，杂志，戏院……报纸躲避思想，要不然就只接受那些为享乐作工具，为党派作武器的思想。党派社团把所有的路封锁了，只许自甘堕落的人通过。贫穷和过度的劳作把我们的精力消磨尽了。忙着搞钱的政客只关心那批能够收买的无产阶级。而冷酷自私的布尔乔亚又眼睁睁地看着我们死。我们的民众不知道我们：凡是和我们一样斗争的人，也像我们一样被静默包围着，不知道有我们，而我们也不知道有他们……可怕的巴黎！固然巴黎也做了些好事，把法兰西思想所有的力量都集中在一处。可是它做的坏事至少不亚于它做的好事；而且在我们这样的时代，便是善也会变成恶的。只要一个冒充的优秀阶级占据了巴黎，借了舆论大吹特吹，法国的声音就给压下去了。何况法国人自己还分辨不清；他们噤若寒蝉，怯生生地把自己的思想藏起来……从前我为此非常痛苦。现在，克利斯朵夫，我可是安心了。我明白了我的力量，明白了我民族的力量。我们只要等洪水退下去。法兰西的质地细致的花岗石决不会因之剥落的。在洪水带来的污泥之下，我可以教你摸到它。眼前，东一处西一处已经有些岩石的峰尖透到水面上来了。”

克利斯朵夫发现了理想主义那股气势伟大的力；当时法国的诗人，音乐家，学者，都受着这股力鼓动。当今的人尽管喧呼扰攘，宣传他们鄙俗的享乐主义，把法国思想界的呼声压倒；可是法国的思想界为了自己的身份，不屑跟市井无赖的叫嚣去对抗，只为着自己，为着它的上帝,继续唱着它的热烈而含蓄的歌。它甚至为了躲避外界的喧扰,直退隐到它高塔上最深藏的地方。

诗人这个美丽的名词,久已被报纸与学会滥用,称呼那般追求名利的多嘴的家伙。但真正的诗人瞧不起鄙俗的辞藻与拘泥的写实主义,认为那只能浮光掠影的触及事物的表面而碰不到核心;他们守在灵魂的中心,耽溺着一种神秘的意境,那是形象与思想所向往的,它们像一道倾泻在湖内的急流,染上那内心生活的色彩。但这种为了另造一个世界而特别深藏的理想主义,大众是无法接受的。克利斯朵夫最初也不能领会。在叫嚣喧呼的节场以后,这情形未免太突兀了。好比在刺目的阳光底下经过了一番骚扰,忽然来了一片静悄悄的黑暗。他耳朵里乱响,什么都无从分辨。他先因为热爱生命,看了这对比非常不快。外边是热情的巨潮在震撼法国,震撼人类。而在艺术中间,初看竟没有一点骚乱的痕迹。克利斯朵夫问奥里维:

"你们为德雷福斯事件[①]闹得天翻地覆,但经历过这旋涡的诗人在哪儿?有宗教情绪的人,此刻心中正作着几百年来最壮烈的斗争,教会的威权与良心的自由正在冲突。哪儿有个诗人反映这种悲痛的?劳工阶级预备作战;有些民族灭亡了,有些民族再生了,亚美尼亚人遭受屠杀,亚洲在千年长梦中醒来,把欧洲的掌钥人,莫斯科巨人推倒了;土耳其像亚当般睁眼见了天日;空间被人类征服了;古老的土地在我们脚下裂开,把整个民族吞下了……所有二十年来的奇迹,尽够写二十部史诗的材料,你们诗人的作品中,可有这些大火的痕迹?现实的诗歌,难道就只有他们没看见吗?"

"你耐性一点,朋友,"奥里维回答,"别说话,你先听着……"

世界的车轴声慢慢地隐没了;行动的巨轮在街上震撼的声音去远了。静寂的神妙的歌声清晰可辨了:

---

① 德雷福斯事件为一八九四至一九〇六年间轰动法国的大狱。德雷福斯少校被诬通敌叛国,卒获平反。

蜜蜂的声音,菩提树的香味……
风用它黄金般的嘴唇吹着大地……
柔和的雨声挟着蔷薇的幽香。

我们听见诗人的刀斧在柱头上雕出“最朴素的事物的庄严的姿态”;“用他的黄金笛,用他的紫檀箫”表现严肃与欢乐的生活;又为“一切阴影都是光明”的心灵,唱出它们宗教的喜悦与信仰的甘美……还有那抚慰你,向你微笑的酣畅的痛苦,“在它严峻的脸上,射出一道他世界的光芒……”以及那“睁着温柔的大眼的,清明恬静的死亡”。

这交响曲是许多纯粹的声音合起来的。其中没有一个可以跟高乃依与雨果的音响宏大的小号相比;但它们的合奏更深刻,层次更复杂。那是现代欧罗巴最丰富的音乐。

克利斯朵夫不作声了,奥里维对他说:“现在你明白没有?”

这时也轮到克利斯朵夫向奥里维做手势,要他住嘴了。他虽然喜欢更阳性的音乐,但听着心灵像森林像泉水般的喁语,也欣然领受了。大众尽管为了争一日之短长而互相厮杀,诗人依旧在讴歌天地的长春,和“美的景物所给人的甜美的慈爱”。人类在那里“惊呼悲号,在一块贫瘠黑暗的田里打转”的时候,千千万万的生灵互相争取一些血淋淋的自由的时候,泉水和森林却齐声唱着:“自由!自由!圣哉!圣哉!”

诗人并没自私自利地做着恬静的好梦。他们胸中不少悲壮的呼声,也不少骄傲的呼声,爱的呼声,沉痛的呼声。

这是如醉若狂的飓风,“挟着它暴厉的威力或是深邃的甘美”;是骚乱的力,是兴奋若狂的史诗,唱出群众的狂热,唱着人与人间,喘息不已的劳动者间的战斗:

如金如墨的脸庞在黑影与浓雾中显现，
肌肉紧张或收缩的背，
站在巨大的火焰与巨大的铁砧前面……（锻炼着未来的城市。）

强烈而惨淡的光，照着“冷静的理智”，同时也映出一些孤独的心灵的悲壮的苦闷，他们以痛快淋漓的心情磨着自己。

这些理想主义者的许多特征，在德国人看来倒更近于德国式。但他们都爱好“法国式的隽永的谈吐”，诗中充满着希腊神话的气息。法国的风景与日常生活，在他们眼中都变成了阿提卡海的景物。古代的灵魂似乎至今在二十世纪的法国人身上活着，他们还想脱下现代的衣衫，显出他们美丽的裸体。

所有这一类的诗歌都有种成熟了几百年的文明的香味，那是在欧洲任何别的地方找不到的。你只要闻过一次，就永远不会忘掉。它把世界各国的艺术家都吸引到法国来，变成法国诗人，并且是十足地道的法国诗人；而崇拜法国古典艺术的信徒，也没比盎格鲁-撒克逊人，佛兰德人和希腊人更热烈的了。

克利斯朵夫受着奥里维的指引，让法国诗神的精炼的美把他渗透了，虽然以他的趣味而论，这个贵族式的，被他认为太偏于灵智的女神，不及一个朴素的，健全的，结实的，并不喜欢那么推敲，但懂得热爱的民间女子可爱。

全部的法国艺术都有同样美妙的香味，好似秋天被太阳晒暖的树林中发出杨梅熟透的味道。音乐仿佛就是隐在草里的小小的杨梅。最初，克利斯朵夫因为在本国看惯了茂密的杂树，所以在这些微小的植物旁边走过而没有看见。现在清幽的香味使他回过头来了；靠着奥里维的帮助，他发现在那些僭称为音乐的荆棘与枯叶中间,另有一小群音乐家制作着精炼而质朴的艺术。在种满菜蔬的田里,在工厂的煤烟中间,在圣·德尼平原的中心,一群无愁无虑的野兽在一个圣洁的小树林中舞蹈。克利斯朵夫不胜惊奇地听着他们的笛声,又恬静又俏皮,跟他一向所听到的渺不相似:

我只要一支小小的芦苇,
就能使蔓长的野草呻吟,
整片的草原悲鸣,
温柔的杨柳呜咽,
还有那小溪也会低吟:
我只要一支小小的芦苇,
就能使森林合唱齐鸣……

那些钢琴小曲,那些歌,那些法国的室内音乐,素来是为德国艺术家不屑一顾的,克利斯朵夫自己也没注意到其中富有诗意的技巧;但在慵懒的风度与享乐气息之下,他开始看到一种为了求脱胎换骨而来的骚动与苦闷,——那是莱茵彼岸的人无从领会的。法国音乐家用着这种心情在他们荒芜的艺术园地中寻找能够孕育未来的种子。德国音乐家守着乃祖乃父的营地,认为在他们往日的胜利之后,世界的进化已经登峰造极;可是世界依旧在前进;而法国人就是首先出发的先锋队。他们发掘艺术的远大的前程,访求那已经熄灭的和方在升起的太阳,追寻那已经消逝的希腊,和酣睡了几百年,重新睁着大眼,抱着无穷的梦想的远东。西方音乐素来受着章法结构与古典规则的限制,至此才由法国艺术家来开放古代的调式;他们在凡尔赛池塘中灌入世界上所有的水:通俗的旋律与节奏,异国的与古代的音阶,新的或翻新的音程。在此以前,法国的印象派画家已经替眼睛开辟了一个新天地,——他们是发现光明的哥伦布;——现在法国音乐家竭力要征服音响的世界了;他们在听觉的神秘幽深的区域中走得更远,在内心的海洋里发现了崭新的陆地。可是他们很可能有了收获而不做出什么结果来。他们一向是替人开路的。

克利斯朵夫很佩服这个刚刚复活而已经走在前锋的音乐。这个文雅细巧的家伙多勇敢!克利斯朵夫以前指摘他的荒谬,现在可变得宽容了。要永远不犯错误,只有一事不做。为了追求活泼泼的真理而犯的过失,比那陈腐的真理有希望多了。

不问结果如何,那种努力毕竟是了不起的。奥里维使克利斯朵夫看到了三十五年来完成的事业:人们花了多少精力把法国音乐从一八七〇以前的麻痹状态中救出来;那时法国没有自成一派的交响乐,没有深刻的修养,没有传统,没有大师,没有群众,一切都由柏辽兹一个人担当,而他还是郁郁不得志而死。如今克利斯朵夫对一般尽瘁于复兴大业的匠人感到敬意了;他不想再讥讽他们狭窄的美学或缺乏天才了。他们所创造的不只是作品而是整个的音乐民族。在锻炼法国新音乐的一切伟大的宗匠里头,塞萨尔·弗兰克对他特别显得可爱。他没看到自己惨淡经营的事业成功就死了;像德国的老苏兹一样,他在法兰西艺术最暗淡的时期始终保持着他的信心和他的民族天才。在繁华的巴黎,这个纯洁的大师,音乐界的圣者,艰苦勤劳地过了一辈子,从来没有丧失清明的心地与耐性;他的坚忍的笑容使他的作品蒙上一层慈爱的光彩。

克利斯朵夫因为没参透法兰西深刻的生命,所以看到一个没有信仰的民族中间居然有一个虔诚的大艺术家,就认为是桩奇迹了。

可是奥里维微微耸着肩,问他在欧洲哪个国家,能找到一位感受浓厚的圣经气息的画家,可以跟那清教徒式的弗朗索瓦·米勒相比的;——哪儿有一个学者比清明的巴斯德更加渗透热烈与谦卑的信仰的,——一朝他的精神像他自己所说的,“在悲怆惨痛的境界中”被“无穷”这个观念抓住之后,他便匍匐在地下,“哀求理智把他释放,因为他差不多和巴斯德一样要为了信仰而发狂了”。旧教教义既不妨碍米勒那种英勇的写实主义，也不妨碍巴斯德那种热烈的理智踏着稳健的步子，"走遍了原始的自然界，在无穷小的漆黑的天地中，[①]在生命发源的最隐蔽的地方摸索"。他们出身于内地，在内地的民众身上汲取他们的信仰，也就是一向潜伏在法国土地中的信仰；愚弄平民的政客尽管信口诬蔑也没用。奥里维对这个信仰认识很清楚：那是他生来就有的。

他又指点克利斯朵夫看到二十五年来旧教的革新运动。法国的基督教思想热烈的要跟理智，自由，生命融合起来；那些勇敢的教士，就像他们之中有一个说的，"受了一番人的洗礼"，主张旧教应该了解一切，跟所有正直的思想结合：因为"一切正直的思想，即使犯了错误，还是纯洁的，神圣的"。无数的青年教徒，一片诚心的祝望建立一个基督教共和国，自由，纯洁，博爱，容纳一切善意的人；虽然横遭诬蔑，被斥为异端邪说，受尽左派右派——（尤其是右派）——的暗箭，这个小小的维新队伍依旧非常镇静，坚毅不屈地踏上艰难的前途，知道非洒尽血泪决不能在世界上有什么持久的成就。

法国其他的宗教，也受着同样活泼的理想主义与热烈的自由主义的激荡。新教和犹太教那些庞大而麻木的躯体，也受着新生命的刺激而颤抖了。大家争先恐后地努力，想创造一个自由人的宗教，对热情与理智的威力都不加压制。

这种宗教的狂热并非为宗教所独有；它是革命运动的灵魂。在这儿，它更多了一点悲壮的意味。克利斯朵夫一向只看到卑鄙的社会主义，——被政客们用来笼络群众，拿些幼稚的，鄙俗的幸福之梦，去诱惑那些饥饿的顾客的；而所谓幸福，据政客们说，是他们一朝有了政权就能利用科学来赐给大众的普遍的快乐。此刻克利斯朵夫看到，跟这个令人作恶的乐观主义相对的，还有一般领导工会的优秀分子所提倡的神秘而激烈的运动。他们所宣传的是"战争，从战争中为垂死的世

① 巴斯德为近代研究细菌学之始祖，故言"无穷小"的天地。

界重新求得一种意义,一个目标,一宗理想”。这些伟大的革命家,痛恨那“布尔乔亚式的,商人化的,温和的,英国式的”社会主义,而另外提出一种壮烈的宇宙观,“它的规律是对抗”,它生存的条件是不断的牺牲。要是你能想象到被那些领袖驱向旧世界挑战的队伍,抱着以康德和尼采的理论同时见诸剧烈行动的神秘主义的话,那么这些高傲的革命志士就显得可惊了,——他们的如醉如狂的悲观气息,轰轰烈烈的英雄生活,对战争与牺牲的信仰,以战斗精神与宗教热诚而论,和条顿会①或日本武士道的理想完全相符。

可是这纯粹是法国的产物,那些人物是几百年来从未改变特征的法兰西民族。这类特征,克利斯朵夫借着奥里维的眼睛在执政时期的执政官与独裁者身上看到,在某些思想家,行动者,和大革命以前的改革家身上看到。加尔文派,詹森派,雅各宾党,工团主义者,都用着那种悲观的理想主义和自然斗争,不存幻想,也不灰心,像铁腕一般支撑着民族,往往也鞭挞民族。

克利斯朵夫一朝呼吸到这些神秘的斗争的气息,就开始懂得偏执狂的伟大,懂得为什么法国人对它这样的忠诚不二,为什么别的更善于调和的民族不能了解。像所有的外国人一样,他最初只觉得法兰西共和国标榜在一切建筑物上的口号,②和法国人的专制思想对照之下非常可笑,便尽量地加以讥讽。现在他可第一次看见了他们所热爱的、富于战斗性的“自由”的意义,——看到了理智的刀光剑影。那并不像他先前所想的,对法国人只是一句好听的话,一个空洞的观念。在一个需要理智高于一切的民族,为理智的斗争自然也高于一切的斗争。固然这种斗争被一般自命为实际的民族认为荒谬,但是有什么关系?用深刻的眼光来看,那些为了征服世界,为了帝国或为了金钱的斗争,何尝不是同样的虚空?不论是哪种斗争,百万年后还不是同样的化为乌有?但要是人生的价值就靠着斗争的剧烈性,靠着为了一个

① 条顿会为十二世纪时半军人半慈善性质的日耳曼团体。

② 法国公共建筑物上大半镌有大革命时期的口号:自由,平等,博爱。

崇高的理想而迸发全部的生命力,便是牺牲自己也在所不惜,那么,除了法国那些为了拥护理智或反对理智的永久的战斗以外,还有什么别的战斗更能为生命争光的?而凡是尝过这种辛辣的滋味的人,对世所盛称的盎格鲁-撒克逊人的毫无生气的宽容,只觉得太平淡,太没有丈夫气。盎格鲁-撒克逊人是有补偿的,因为他们在别的地方可以发泄他们的精力。可是他们的民族的力量并不在于宽容,宽容只有在许多党派中间成为英勇的行为的时候,才成其为伟大。但在现代的欧洲,宽容往往只是麻木不仁,缺少信仰缺少生命的表现。英国人借着伏尔泰的一句名言,说"英国靠了信仰分歧而得到的宽容",法国经过了大革命还没有能得到。——那是因为大革命时代的法国,比自称为有信仰的英国反而更有信仰。

像维吉尔带着但丁游地狱一样,奥里维带着克利斯朵夫看过了理想主义的钢铁志士,看过了为理智的战斗以后,直爬到山巅:那儿才有清明恬静的,真正超脱的,一小群法国的优秀人物。

他们可以说是世界上最超脱的人物。像停在凝静的天空的鸟一样的潇洒……在那个高度上,空气那么纯洁,那么稀薄,克利斯朵夫简直不容易呼吸。这儿你可以看到一般艺术家自命为神游于绝对自由的梦境中,——看到一般极端的主观主义者,像福楼拜一样瞧不起"相信万物是实有的伧夫";——看到一般思想家,以他们动荡的复杂的思想,模仿着动荡不已的万物的波涛,"昼夜不息地流转着",哪儿都不愿意停留,哪儿都不会遇到稳固的陆地或岩石,像蒙田所说的"不描写生命而只描绘过程,一天复一天,一秒复一秒的过程";——还有一般学者明知四大皆空,明知人类是在这个虚无中造出他的思想、他的上帝、他的艺术、他的科学的,可是他们继续创造世界和它的规则,创造那个昙花一现的梦境。他们并不向学问求安息,求幸福,甚至也不求真理:——因为他们没有得到真理的把握;——他们只是为学问而爱学问,因为它是美的,唯有它才是美的,真的。在思想的峰巅上,我们看到这些学者,热烈的怀疑主义者,不理会什么痛苦,什么幻灭,甚至连现实也不以为意,只顾闭着眼睛,听着许多心灵无声无息的合奏,听着数字与形式的微妙而壮丽的和声。这些大数学家,思想自由的哲学家,——世界上最严格最切实的头脑,——已经到了神秘的,入定的境界的极端;他们使周围都变成一片空虚,探着身子瞧着深渊,对于自己的目眩神迷感到一点儿醉意;他们欢欣鼓舞地,把思想的光彩在无边的黑夜中放射出来。

克利斯朵夫挨在他们身边也想瞧一下,只觉得天旋地转。他素来自命为自由,因为他除了自由的良知以外已经摆脱了所有的规则;但在这些连思想的一切绝对的规则,一切无可违拗的强制,一切生存的理由都摆脱干净的法国人旁边,他骇然发觉自己的自由原来是微不足道的。那么他们为什么还要活着呢?

"为了求自由呀,能够自由是最大的快乐。"奥里维回答。

可是这种自由使克利斯朵夫手足无措,甚至于企慕德国的极权主义和严格的纪律了;他说:"你们的快乐是自欺欺人,是抽鸦片的人做的梦。你们醉心于自由,忘记了生命。个人的绝对自由是疯狂,一个国家的绝对自由是混乱……自由!自由!这个世界上谁是自由的?你们的共和国里谁是自由的?——还不是那般无耻之徒!你们最优秀的人可是被窒息的。你们只能做梦。不久恐怕连梦也做不成了。"

"那也没关系!"奥里维回答,"可怜的朋友,自由的乐趣,你是不能知道的。那的确值得用危险,痛苦,甚至生命去交换。自由,感到自己周围所有的心灵都是自由的,——连无耻之徒在内,那真是一种没法形容的乐趣;仿佛你的灵魂在无垠的太空游泳。这样以后,灵魂再不能在别处生活了。你尽管给我像帝国军营内那样的安全,秩序,完满的纪律,我都认为不相干。我会闷死的。我需要的是空气,是自由,越多越好!"

"世界是需要规律的,"克利斯朵夫说,"早晚必有个主子来到。"

可是奥里维带着讥讽的神气,用着皮埃尔·特·莱斯图瓦斯的话回答：

> 用尽尘世的方法去禁锢法国的言论自由，
> 其无效就等于想把太阳埋在地下或关在洞里。

克利斯朵夫对于极端自由的空气慢慢地觉得习惯了。在法国思想的高峰上，一般通体光明的心灵在幻想；克利斯朵夫从山顶上向脚下的山坡瞧去，只看见一群英勇的人为着一种活泼泼的信仰——不管是哪种信仰——在那里奋斗，永远想攀登高峰：他们向着愚昧，疾病，贫穷，发动神圣的战争，一片热诚地致力于发明，征服光明与天空；那是科学对自然的大规模的战斗；——在山坡上比较低一些的地方，一群静默的，意志坚强的男男女女，善良而谦卑的心灵，千辛万苦才爬到半山腰，因为不能再往上，只能抱残守缺，过着平凡的生活，暗中还是非常热烈地抱着牺牲精神；——山脚底下，在险峻的羊肠小径中，多少患偏执狂的人，多少盲目的本能，为了一些抽象的思想拼命扯做一团，不知道在环绕他们的石壁之上还别有天地；——再往下去是一带卑湿的池沼和在污泥中打滚的牲畜了。可是沿着山坡，东一处西一处地开着些艺术的鲜花，音乐发出杨梅似的清香，诗人唱着如流水如鸣禽般的歌曲。

克利斯朵夫问奥里维："你们的民众在哪儿呢？我只看见精华跟糟粕。"

奥里维回答说："民众吗？他们种着自己的园地，完全不理会我们。每一群所谓优秀分子都想加以拉拢，他们可一概不理。从前他们至少还有点儿分心，听听政客们的花言巧语，现在却充耳不闻了。放弃选举权的人不知有几百万。那些政党尽管打得头破血流，民众可满不在乎，只要打架不打到他们的田里去：万一出了这种事，他们可恼了，不管什么党派，他们都迎头痛击。他们自己并不有所行动，只在工作与休息受到妨碍的时候起而反抗。对帝皇，对共和政府，对教士，对帮口,对社会主义者,民众所要求的只是不要让他们受到公共的危险,例如战争,混乱,疫疠等等,——同时让他们安安静静地种他们的园地。他们心里想:难道这些畜牲不让我们安静吗？然而这些畜牲竟是愚蠢不堪,把老实人缠个不休,非惹得他拿起镰刀来把他们逐出门外不止,——这便是我们的当局有一天会碰到的。从前,民众会给一些大事业煽动起来,将来也许还会有这种情形,虽然他们少年时代的疯狂久已过去;可是无论如何,他们的狂热决不持久;他们很快要回到几百年的老伙计——土地——那儿去的。使法国人留恋法国的是土地,而非法国的人民。多少不同的民族几百年来在这块土地上并肩工作,是土地把他们结合了的:土地才是他们热爱的对象。不管一生的祸福如何,他们老在那儿耕种;他们觉得土地上的一切连一小方泥土都是好的。”

克利斯朵夫极目所及,沿着大路,在池沼周围,在山崖的坡上,在战场与废墟中间,在法兰西的高山与平原上,一切都是耕种的土地:这是欧罗巴文明的大花园。它的可爱不但是由于土地的肥沃,并且也由于那个不知劳苦的民族,千百年来孜孜不倦地开垦,播种,使美好的土地更美好。

好古怪的民族！大家说他变化无常,他的性格可一点没有变。在中世纪哥特式的塑像上,奥里维敏锐的目光还能辨认出今日各行省的一切特征;正如在克卢埃或迪穆斯捷的画笔下,他能认出现代交际社会或知识分子的疲倦而带点讥讽意味的面貌,在勒拿[①]画上看出北部各州省的工人和农民的精神与明亮的目光。昔日的思想依旧在今日的心灵中流动。帕斯卡的精神也依旧存在,不独于深思虔敬之士为然,即在庸碌的中产者或工团运动的革命党心中也有痕迹可寻。高乃依与拉辛的作品对于民众始终是活的艺术;巴黎的一个小店员,会觉得路易十四时代的悲剧,比托尔斯泰的小说或易卜生的戏剧对他更接

① 克卢埃为十五至十六世纪时法国宫廷画家;迪穆斯捷为十六至十七世纪时的宫廷画家。勒拿三兄弟为十六至十七世纪时名画家。

近。中世纪的歌,法国传说中的特里斯坦,对现代法国人的关系,比瓦格纳的《特里斯坦》更密切。十二世纪以来在法国花坛中不断开放的思想之花,不管怎么庞杂,究竟都是亲属,而且跟周围的别的花不同。

克利斯朵夫对法国的认识太肤浅了,捉摸不到它持久不变的面目。他在这个富丽的景色中最觉得奇怪的,是土地的四分五裂。正如奥里维所说的,各有各的园地;每一方园地都用墙壁,篱垣,以及种种的栅栏,和旁的园地分隔着。充其极也不过偶尔有些公共的草原和树林,或者河这一边的居民不得不比对岸的居民彼此挤得更紧一些。各人都关在自己家里;而这种不可侵犯的个人主义,经过了几世纪的毗邻生活以后,非但没减退,反而更强了。克利斯朵夫心里想:

“噢! 他们这批人多孤独!”

以孤独而论,克利斯朵夫和奥里维住的屋子可以说是一个典型。那是一个社会的缩影,一个规矩老实,不怕辛苦的小法兰西,可是在它各个不同的分子中间毫无联系。一所摇摇欲坠的六层楼的老屋子,地板在脚底下咯咯的响,天花板已经被蛀坏了,雨水直打进克利斯朵夫和奥里维住的顶楼,使他们不得不找些工人来把屋顶胡乱修葺一下:克利斯朵夫听他们在头顶上工作,谈话。其中有一个使他觉得又好玩又讨厌:他一刻不停地自言自语,自个儿笑着,唱着,说些野话,傻话,一边不断地跟自己说话,一边不断地工作;他每做一件事总得在嘴里报告出来:“还得敲一只钉呢。我的工具到哪儿去了? 好吧,我敲了。敲了两只。还得再敲一下! 嘿,朋友,那不是行了吗? ……”

克利斯朵夫弹琴的时候,他先静了一会,听着,随后又大声地打着唿哨;碰到曲子轻快流畅的段落,他重重地敲着锤子,在屋顶上打拍子。克利斯朵夫大怒之下,爬上凳子,从顶楼的天窗里伸出头去想骂他。可是一看见他骑在屋脊上,嘴里满衔着钉,嘻开着那张年轻老实的脸,克利斯朵夫不由得笑了出来,那工人也跟着笑了。克利斯朵夫忘了怨恨,开始跟他搭讪。临了,他记起爬上窗来的动机,便说:

“啊！我问你：我弹琴不会妨害你吗？”

他回答说不，但要求他别挑太慢的曲子弹，因为他跟着音乐的节拍，慢的曲子会耽误他的工作。他们像好朋友一般的分手了。克利斯朵夫六个月内和整幢屋子里的邻居说的话，还不及他一刻钟内跟这工匠谈的多。

每层楼上有两个公寓，一个是三间屋的，一个是两间屋的，根本没有仆人住的下房：每个家庭都自己动手，只有住在底层和二楼的是例外，他们的屋子也是由两个公寓合起来的。

跟克利斯朵夫和奥里维同样住在六楼上的邻居是一个姓高尔乃伊的神甫，年纪四十左右，非常博学，思想很开通，胸襟很宽广，原来在一所大修院里教《圣经》，最近为了思想太新而受到罗马的处分。他接受了处分，虽然心里并没真正的屈服；他不出一声，既不想反抗，也不愿意听人家的劝告，把主张公布；他躲在一边，宁可坐视自己的思想崩溃而不肯把事情张扬出去。对于这一类隐忍的反抗者，克利斯朵夫是不能了解的。他想跟他谈话，但那教士客客气气的，冷冰冰的，绝对不提到他最关切的问题，他的傲气使他把自己活埋了。

下面一层，正好在两个朋友的公寓底下，住着一户人家；男的是工程师，叫作哀里·哀斯白闲，夫妇俩有两个七岁至十岁之间的女儿。他们都是优秀的可爱的人，老关在自己家里，尤其因为处境艰难而羞于见人。年轻的太太不辞劳苦的工作，但常常为了清寒而心里屈辱；她宁愿加倍地劳苦，只要不让人知道他们的窘况。这又是克利斯朵夫不容易领会的一种心情。他们是新教徒，法国东部出身。几年以前夫妇俩卷入了德雷福斯事件的大风潮；为了这件案子，他们激动得差点儿发狂，正像七年中间[1]无数如醉若狂的法国人一样。他们为之牺牲

① 德雷福斯事件前后经过七年方始结束。

了安宁,地位,社会关系,把多少亲切的友谊都斩断了,自己的身体也差不多完全搞坏了。他们几个月的不能睡觉,不能饮食,翻来覆去的讨论着同样的论点,像疯子一样的固执。他们互相刺激,情绪越来越激昂:虽然胆小,怕闹笑话,却照旧参加示威运动,在会场上发言;回到家中,两人都恍恍惚惚地心儿乱跳;夜里他们俩一齐哭了。为了战斗,他们把热情与兴致消耗完了,等到胜利来到的时候已经没有那个劲再去体会胜利的快乐,没有精力再去应付生活。当初的希望那么高,牺牲的热情那么纯洁,以致后来的胜利比起他们所梦想的果实竟是近乎讽刺了。他们那么方正,认为世界上只有一条真理;所以早先所崇拜的英雄们此刻在政治上讨价还价,使他们感到悲苦的幻灭。他们一向以为斗争中的伴侣都是激于义愤,主张正义的,——可是一朝把敌人打倒了,他们立刻扑过去抢赃物,夺政权,争荣誉,争位置,也轮到他们来把正义踩在脚下了!只有极少数的人依旧忠于他们的信仰,始终贫穷,孤独,被所有的党派遗弃,同时他们也丢开所有的党派,无声无息地退隐在一边,让悲哀与忧郁把他们磨着,对什么都不存希望,对人类厌恶到极点,对生活厌倦到极点。工程师哀斯白闲和他的妻子便是这一类的战败者。

他们在屋子里没有一点儿声音,怕打搅邻人,尤其因为他们时常被邻人打搅,而为了傲气不愿意声张。克利斯朵夫看到两个女孩子嘻嘻哈哈,蹦蹦跳跳的快活劲儿老是受到压制,觉得可怜。他是喜欢孩子的,在楼梯上一碰见她们就表示种种的亲热。女孩子们最初有些胆小,不久也跟克利斯朵夫混熟了,他永远有些笑话讲给她们听,或者分些糖果给她们吃。她们在父母面前提起他;他们先也并不领情;可是这个常常把钢琴声和砰砰訇訇搬动家具的声音惹他们厌烦的邻居,——(因为克利斯朵夫在房里透不过气来,老像一头关在笼子里的大熊一般踱来踱去,)——凭着那副坦白的神气慢慢地把他们征服了。他们之间的谈话却不容易投机。克利斯朵夫的带点村野的态度,有时使哀里·哀斯白闲为之骇然。工程师很不愿意放弃平素的矜持,但对于一个眼神那么恳切，心情那么快活的人也没法抗拒。克利斯朵夫不时从邻人嘴里逼出几句心腹活。哀斯白闲兴趣很广，做事很有勇气，可是意志消沉，性情忧郁，处处隐忍。他有毅力担受艰苦的生活，可没有毅力改变生活。这种情形仿佛是他特意要证实自己的悲观主义。有人请他上巴西去担任一个工厂的经理，报酬很好，他可拒绝了，因为怕那边的气候损害家人的健康。

“那么为什么不把他们留在这儿，你自个儿去替他们挣笔家业呢？”克利斯朵夫说。

“把他们留在这儿！”工程师嚷道，“可见你是没有孩子的人。”

“倘使我有孩子，我还是一样的想法。”

“我才不呢！……而且要远离乡土！噢！我宁可在这儿吃苦的。”

克利斯朵夫觉得大家挨在一块儿受罪才算爱乡土，爱家属，未免古怪。可是奥里维很了解，他说：“你想想吧！冒着举目无亲，远离骨肉，客死他乡的危险！世界上还有什么事比这个更可怕的？何况生命这样的短促，忙忙碌碌真是何苦呢！……”

“难道一个人非永远想到死不可吗？”克利斯朵夫耸耸肩回答，“而且便是死了，也是为自己所爱的人求幸福死的，那岂不胜于束手待毙吗？”

同一层楼上，在五楼那个小一些的公寓里，住着一个电气工人，叫作奥贝。——他的不跟邻居往来可不是他的过失。这个从平民阶级中跳出来的人物，决不愿意再回到平民阶级中去。小个子，带着病容，脑门的模样长得狠巴巴的，眼睛上面横着一条皱裥，目光很有精神，直勾勾地瞧起人来像螺旋一样尖锐；淡黄色的短髭，有点讥讽意味的嘴巴，语调很低，声音像蒙着什么似的；脖子里裹着围巾，因为喉咙老是不舒服，再加上整天抽烟的刺激；行动急躁，颇有害肺病的人的脾气。他自高自大，喜欢挖苦，嘲弄，满肚皮的牢骚，骨子里却兴致很好，浮夸，天真，时时刻刻受着人生的愚弄。他是一个布尔乔亚的私生子，从来没见过父亲,而抚养他的母亲又是个教人没法尊敬的女人:他从小就看到无数凄惨的,下流的事,学过各种手艺,跑过法国许多地方。他千辛万苦的自修:历史,哲学,颓废派的诗,可以说无书不读;戏剧,画展,音乐会,时下的潮流可以说无所不知。他对于文学和布尔乔亚思想崇拜得不得了,简直是入了迷。他脑子里都是大革命初期使中产阶级如醉若狂的那些模糊而热烈的观念:相信理智是永远不会错的,进步是无穷尽的,——古话说得好:活到老,学到老;——相信幸福不久就会来的,科学是万能的,相信人即是神,而法兰西又是人类的先锋。他反对教会,认为所有的宗教——尤其是基督旧教——都顽固守旧,所有的教士都天生是进步的敌人。社会主义,个人主义,排外主义,在他头脑里冲突不已。他精神上是人道主义者,气质上是专制主义者,事实上是无政府主义者。生性高傲,他知道自己缺少教育,所以说话非常谨慎,尽量吸收别人的话,但不愿意请教人家,以为有伤尊严。然而不论他多么聪明伶俐,聪明伶俐究竟不能完全补足他教育的缺陷。他一心想写作:像许多从来没下过功夫的法国人一样,文字倒颇有风格,自己也知道这一点;不幸思想很模糊。他把苦心孤诣写成的东西拿一部分给一个他崇拜的名记者看,被取笑了一场。经过这次羞辱以后,他对谁都不再提他的工作了,但仍继续写作:因为他需要发泄,并且那是他引为骄傲而快乐的事。他对自己一文不值的哲学思想和文章很满意,以为写得极有力量。至于挺有意思的现实生活的记载,他倒并不重视。他自命为哲学家,想写些社会剧和宣传思想的小说。凡是不能解决的问题,都被他毫不费力地解决了。他到处能发现新大陆,过后又发觉那些新大陆早已由前人发现了,便大失所望,心中很气,几乎要抱怨人家给他上当。他爱慕光荣,抱着一腔牺牲的热忱,因为不知道怎么应用而痛苦。他的梦想是要成为一个大文豪,厕身于作家之林,以为一个人有了作家的声望等于超凡入圣一样。可是他虽然需要对自己抱着种种幻想,他把事情看得很明白,知道自己毫无希望。他至少想生活在布尔乔亚思想的气氛中;远望之下,那气氛是非常光明的。这种无邪的愿望害了他,使他觉得为了地位关系不得不跟工人们来往真是难堪极了。既然他竭力想接近的中产社会对他闭门不纳,结果他便一个人都不来往。因为这个缘故,克利斯朵夫毫不费事就跟他接近了,并且还得赶快回避:要不然奥贝待在克利斯朵夫屋子里的时间,会比待在他自己屋里的时间还要多。他能找到一个艺术家谈谈音乐和戏剧,真是太高兴了。但我们可以想象得到,克利斯朵夫并不感到同样的兴趣:他更喜欢跟一个平民谈谈平民的事。那可是奥贝不愿意谈而且是完全隔膜了的。

一层一层的往下去,克利斯朵夫和邻居的关系自然越来越疏远。要他能踏进四楼的公寓,简直需要靠一种神奇的魔术才行。——四楼的一边住着两个女人,给年深月久的丧事磨得懵懵懂懂了。三十五岁的奚尔曼太太;死了丈夫和女儿之后,跟她年老而虔诚的婆婆杜门不出的住在一起。——四楼的另一边住着一个神秘的人物,看不出准确的年纪,大概有五六十岁,带着一个十来岁的小姑娘。他头发都秃了,胡子保养得很好,手长得很细气,说话很温和,举止大方。人家叫他做华德莱先生,说是无政府主义者,革命党,外国人,但说不清是俄罗斯人还是比利时人。其实他是法国北方人,早已不是什么革命党,但还保存着过去的声名。参加过一八七一年的暴动,判了死刑,不知怎么逃过了,他十多年来走遍了欧洲。在巴黎骚动的时期和以后,在亡命的时期和回来以后,在从前的同志而现在握了政权的人中,在所有的革命党派中,他看到不知多少的丑事,便退出党派,心平气和地守着他清白的、可是一无用处的信念。他书看得很多,也写些带点煽动性的书,领导着——(据人家说)——印度和远东那一带的无政府运动,从事于世界革命,也从事于同样含有世界性而意义比较温和的研究工作:他要创造一种为普及音乐教育用的新的世界语。他跟公寓里的人都不来往,遇到了仅仅是挺有礼貌地招呼一下。他对克利斯朵夫倒肯说几句他记载音乐的新方法。但这是克利斯朵夫最不感兴趣的:用什么符号来表示思想,他认为无足重轻;不管是哪一种语言,他都能运用。那位学者可毫不放松,又温和又固执地解释自己的学说;至于他其余的事,克利斯朵夫一点都没法知道。所以在楼梯上碰见他的时候,他只注意那老跟着他的女孩子:她长着淡黄头发,黄眼睛,苍白的脸,血色很不好,侧影很难看,身体很娇,病容满面,没有多大表情。他跟大家一样以为她是华德莱的女儿,其实是个孤儿,父母都是工人阶级;华德莱在她四五岁时父母染疫双亡之后把她抱养过来的。他对一般贫苦的儿童喜爱到极点,那简直是他的一种神秘地温情,像梵尚·特·保罗[1]的一样。因为不信任一切官办的慈善机关,也明白一般慈善团体的内容,所以他的救济事业是独自做的,瞒着别人,觉得另有一种愉快。他学了医,预备帮助人家。有一天他进到街坊上一个工人家里,看见有人病着,便给他们医治,他原来有些医药常识,此后更设法补充。看到儿童受苦在他是最受不了的。等到他替这些可怜的小生命解除了疾苦,瘦削的脸上重新浮起苍白的笑容,他才愉快极了,心都化开了。这是他尘世的天堂,而平时受他照顾的人给他的麻烦,他也忘了;因为他们难得感激他。门房的女人看到多少肮脏的脚踏上楼梯,常常气恼之极,说些尖刻的抱怨的话。房东对于这些穷苦工人——在他眼中就等于无政府党——的进进出出很不放心,对华德莱啧有烦言。他想搬家,又舍不得:他有些小地方很古怪,脾气又温和又固执,竟不把人家的话放在心上。

克利斯朵夫因为喜欢那女孩子,才得到华德莱一点信任。对孩子的爱是他们两人的共同点。克利斯朵夫每次遇到那小姑娘,心里总不舒服,觉得她的相貌跟萨皮纳的小女儿有些相像。萨皮纳不但是他初恋的对象,她那个昙花一现的影子,那种幽静的风度,至今还藏在他心里。所以他很关切这个从来不跑不跳,脸色惨白的女孩子:她不大有声音,也没有年龄相仿的小朋友,老是孤零零的,静悄悄的,玩些没有

① 梵尚·特·保罗(1581—1660),十七世纪时圣者,以救济孤儿著称于史。

动作没有声响的游戏,拿着个玩具的娃娃或一块木头之类,嘴唇轻轻地动着,自己编些故事。她对人又亲热又冷淡,有点儿生分的和捉摸不定的神气;但她的义父并没觉察,只知道一味的爱她。其实这种生分的和捉摸不定的神气,便是在我们亲生的儿女身上也不免。克利斯朵夫想把工程师的两个女孩子介绍给她。但哀斯白闲与华德莱双方都客客气气的,坚决的谢绝了。这些家伙似乎非活埋自己,各自关在笼里不可。充其量,他们只能勉强相助,但各人心中还怕人家疑心是他自己要人帮忙;并且双方的自尊心和困难的境况都不相上下,所以谁也不愿意先有表示。

三楼上的大公寓差不多永远空着。房东把它留作自用,可是从来不住的。他以前是个商人,等到财产挣到了预定的数目,就把业务结束了。一年大部分的时间,他都不在巴黎;冬天在东南海滨的一个旅馆里避冬,夏天在诺曼底一个海水浴场上避暑,靠利息过日子,不花什么大钱,光看着别人的奢华也就满足了自己的欲望,同时也像那些奢华的人一样过着空虚无益的生活。

贴邻那个较小的公寓是租给没有孩子的亚诺夫妇的。丈夫年纪在四十至四十五岁之间,当着中学教员,整天忙着上课,温课,抄写,腾不出时间来写他的博士论文,[①]终于放弃了。比他年轻十岁的妻子,人很和气,极度地怕羞。两人都很聪明,博学,夫妻感情很好;可是他们一个熟人都没有,从来不出去走走:丈夫是为的太忙,妻子是为的太闲。但她是个贤德的女人,竭力压着愁闷,尽量找事做,不是看书,就是替丈夫预备笔记,誊清笔记,补衣服,做自己的衣服帽子。她很想不时去看看戏;可是亚诺没有兴趣:晚上他太累了。于是她也就算了。

他们俩最大的乐趣是音乐。那是他们极喜欢的。他不会弹琴,她

① 法国制度,大学毕业生欲得博士学位,尽可于就业后几年中提出。

会弹而不敢弹;她要是在人前演奏,哪怕在丈夫面前,也会像初学的小姑娘。但便是这么一点儿对他们已经足够了。格鲁克,莫扎特,贝多芬,都是他们的朋友;那些音乐家的生平,他们连细枝小末都知道,非常同情他们的痛苦。还有一块儿看些美妙的书也是一桩乐事。但现代的文学作品中,这一类的好东西太少了:作家对于一般不能替他们增加声名、金钱、快乐的读者是不放在心上的;而这批在社会上不露面的谦卑的群众,就从来不写什么文章,只知道不声不响地爱好。这道艺术的光,在那些老实与虔敬的心中差不多有种神圣的意味,足以使他们过着和平的,相当快乐的生活,虽然有些悲哀,——(那也并不冲突,)——虽然非常孤独,而且也受过人生的伤害。他们俩的人品都远过于他们的地位。亚诺先生颇有思想,但既没空闲,也没勇气把它写下来。发表文章或出书都是太麻烦了,犯不上的,那完全是不必要的虚荣。他认为和他敬爱的思想家相形之下,自己太渺小了。他太爱好美妙的艺术品,不愿意再去"制造艺术",觉得这种志愿狂妄可笑。他以为自己的职务是推广艺术品的流传,所以只管把他的思想灌输给学生:将来他们会写出书来的,——当然不会提到他啰。——没有一个人像他那样舍得买书。穷人总是最慷慨的:他们自己掏出钱来买,有钱的人却以为不能白到手书是有失面子的事。亚诺为了买书把所有的钱都花掉了:这是他的弱点,他的癖。他为之很不好意思,常常瞒着太太。可是她并不埋怨,她也会这样做的。——夫妇俩老是有些美妙的计划,预备积一笔款子去游历意大利,——那可永远是梦想了,他们也很明白,笑自己不会积蓄。亚诺很知足,觉得有这样一个心爱的妻子,再加自己勤劳的生活与内心的喜悦也就够了;难道对她会不够吗?——她说:是的,够了。她可不敢说出来,要是丈夫有点名气,使她沾些光,把她的生活给照耀一下,让她有些舒服的享受,岂不更好!内心的欢乐固然很美,但外面的光彩也能给你很大的喜悦……然而她一声不出,因为胆小;并且她知道即使他想求名,也没有把握:现在已经太晚了!……他们更遗憾的是没有孩子。这一点,两人也藏在肚里不说,倒反因之更相爱,似乎这一对可怜的人互相要求原谅。亚诺太太心极好,非常殷勤,很乐意和哀斯白闲太太来往,可是不敢:因为人家没有表示。至于结识克利斯朵夫,那是夫妇俩求之不得的:他遥远的乐声早已把他们听得入了迷。但他们无论如何不愿意首先发动,以为那是太唐突了。

住二楼公寓的是法列克斯·韦尔夫妇。这一对有钱的犹太人,无儿无女,一年倒有六个月住在巴黎乡下。虽然他们在这儿住了二十年——(这完全是住惯的缘故,因为他们很容易找一个跟他们的财富更相称的屋子,)——却老是像过路的外方人,从来不跟邻居交谈一句话,人家关于他们的事也不比他们第一天搬来的时候知道得更多。这一点可不能成为不受批评的理由。正是相反:他们不讨人喜欢;当然他们也绝对不想讨人喜欢。其实他们的为人倒值得人家多知道一些:夫妇俩都是好人,而且绝顶聪明。六十岁左右的丈夫是一个亚述考古学家,为了中亚细亚的发掘享有盛名;像许多犹太人一样,他头脑开通,兴趣极广,决不以自己的专门学问为限;他平时注意着无数的事:美术,社会问题,一切现代思想界的运动。可是这些都控制不了他的精神,因为他觉得所有的学问都有意思,可没有为了任何一门入迷。他很聪明,太聪明了,太不受拘束了:这一只手建造起来的东西,老是预备用另一只手毁掉;因为他建设得很多,又有事业,又有理论,的确是精力过人。由于习惯,由于精神上需要活动,所以他虽不信自己的工作有什么用处,依旧不声不响的,极有耐性的,在学问方面下苦功。不幸他生在有钱的人家,没机会认识为生存而斗争的意义;并且自从他在近东做了几年发掘工作而感到厌倦之后,就没有接受任何公家的职位。但除了他自己的工作以外,他还是头脑很清楚地关切当前的问题,关切一些实际而立刻可以实行的社会改革,法国学校教育的改善等等。他宣传思想,倡导潮流,推动那些大规模的文化机构,可是不久他就厌倦了。好几次,人家根据他的论点而发起了一个运动,他却极尽尖刻地批评这个运动,使那般受他鼓动的人大为惊骇。他并非故意如此,而是天性使然;他生来是神经质的,喜欢挖苦的,锐利无比的目光一看到人物和事情的可笑就忍俊不禁。既然世界上连最好的事,最好的人,在某一角度上看或是在放大镜下看,也难免有可笑的地方,他的嘲弄的心情也就不容易抑制了。这种脾气当然不能帮助他结交朋友。他心里却极想给人家一点好处,事实上也这么做;人家并不感激他,便是受到恩惠的人,因为觉得自己在他面前显得可笑,也不能原谅他。他不能多见人,否则就没法爱他们了。他不是愤世嫉俗的人,也没有那种自信可以当愤世嫉俗的角色。他一方面取笑社会,一方面在社会面前觉得胆小,同时心里还不敢断定社会一定是错的,自己一定是对的。他避免显得和别人过分的不同,竭力想教自己的态度与表面上的见解跟别人一样,可是没用;他不由自主地要批判他们,对一切夸大的,不自然的现象感觉得太清楚了,而且又不会隐藏他厌恶的心理。第一,他对犹太人的可笑,感觉特别灵敏,因为对他们认识更清楚;其次,虽然他胸襟旷达,不承认种族的界限,但别个种族的人往往用这个界限来限制他。——同时,不管行事如何,他和这个基督教的思想界也格格不入。为了这许多原因,他孤傲自处,只管埋头工作,深深地爱着他的妻子。

最糟的是连这位妻子都免不了受他讽刺。她是一个贤德的女人,喜欢活动,愿意帮助人家,老在那里做着慈善事业;性格远没有丈夫的复杂,极有意志,极有责任观念,——这观念虽有些顽固,抽象,可是标准很高。没有孩子,没有什么称心如意的事,没有热烈的爱情:她相当凄凉的一生全部建筑在道德信仰上,这信仰其实只是需要信仰的意志促成的。丈夫善于讥讽的天性,自然把她信仰中间自骗自的成分觑破了,不由得要拿她开玩笑。他的个性是许多矛盾混合起来的。他对责任所抱的观念,标准也不亚于他妻子的,同时又铁面无情的需要分析,批评,不受蒙蔽,把她的道德信仰一片片地肢解。殊不知这种行为是毁掉了妻子的立足点,消磨了她的勇气。当他发觉的时候,他比她更痛苦;可是祸已经闯下了。虽然如此,他们俩依旧相爱,工作,行善。但妻子的冷淡尊严的态度,不比丈夫喜欢讽刺的脾气更得人心;既然两人都很高傲,不肯宣布自己做的善事,也不肯宣布行善的意愿,大家就把他们的老成持重认为淡漠无情,把他们的孤独认为自私自利。而他们愈觉得别人对他们抱着这种观念,便愈不愿意设法去破除这观念。犹太人多半是粗鄙冒失的,相反,这对夫妇却为了过于持重——骨子里是藏着许多高傲的成分——而吃了亏。

比小花园高出几个石级的底下一层,住着一个退职的炮兵军官夏勃朗少校,以前是属于殖民地部队的。这个还年轻而强壮的军人,在苏丹和马达加斯加有过光荣的战绩,不知怎么突然把一切都丢了,住到这儿来,再也不提军队二字,整天翻着花坛,吹着笛子,——可是技巧永远没有进步,——骂骂政治,把他疼爱的女儿埋怨几句。她是个三十岁的女子,不十分美,但很可爱,很孝顺,为了侍奉父亲而没有出嫁。克利斯朵夫凭窗眺望的时候,常常看见他们,当然是更注意那个女儿。她下半天大部分时间都在花园里,不是缝东西,便是胡思乱想,或是收拾园子,高高兴兴地和一天到晚叽咕的父亲做伴。她用着安静清脆的声音,和善的语气,回答他的抱怨。他却老是在小径上迈着细步走来走去;过了一会,他进去了;她便坐在园子里的凳上,几小时地缝着东西,既不动弹,也不说话,脸上堆着一副渺渺茫茫的笑容。而那一无所事的军官,在屋子里拼命吹着那支刺耳的长笛,或是为了变化一下,笨拙地按着那架上气不接下气的风琴,呜啊呜的,教克利斯朵夫时而好笑,时而气恼,——看日子而定。

所有这些人物,各管各的住在这座花园紧闭的屋子里,吹不到一丝外界的风。唯有克利斯朵夫,因为需要发泄感情,也因为生命力太丰满了,用他那种又明察又盲目的同情心包裹着他们,他们可不知道。他不了解他们,也没法了解。他不像奥里维能洞察人的心理。但他爱着他们,自然而然地能够设身处地,站在他们的地位上。由于神秘的电流作用,他渐渐在心头感觉到,那些咫尺天涯的心灵有些什么暧昧的意识,体会到那个居丧的妇人的痛苦的麻痹状态,知道那教士,犹太人,工程师,革命党人,为了高傲而把思想藏在心里;他眼见信仰与温情的暗淡而柔和的火焰,无声无息地在亚诺夫妇心中烧着,平民出身的工匠天真地想望着光明,军官抑捺着反抗的心,做些毫无结果的事;还有那坐在紫丁香下出神的少女,他也领会到她乐天安命的恬静。但能够参透这些心灵的无声的音乐的,只有克利斯朵夫一人;他们是听不见的,各人都给自己的悲哀与幻梦淹没了。

可是大家都在那里工作:怀疑派的老学者,悲观的工程师,教士,无政府主义者,不管是骄傲的或是灰心的人,全都工作着。屋顶上更有那泥水匠在唱歌。

屋子周围,克利斯朵夫在最优秀的人中也发现同样的精神上的孤独,——即使在结成团体的时候也是如此。

奥里维把他常常发表文字的一份小杂志介绍给克利斯朵夫。它的名字叫作《伊索》,借用蒙田的一段话作为它的箴言:

> 人家把伊索和别的两个奴隶一起送到市场上去卖。买主先问第一个能做些什么:他为了卖弄,把自己的本领说得天花乱坠;问到第二个,也是一样的回答,甚至还胜过前者。轮到伊索的时候,他回答:——我什么都不会,这两位已经把所有的事做完了,他们是无所不能的。

这纯粹是对蒙田所谓"以知识骄人的自夸自大之徒"的"无耻"下一针砭。《伊索》同人中自称为怀疑派的,其实比别人抱着更深刻的信仰。但在群众眼里,这个讽刺的面具当然没有多大吸引力,反而把人弄糊涂了。你要群众跟着你走,非跟他讲些简单,明了,有力,肯定的教条不可。刚强有力的谎言,就比贫血的真理更能讨群众喜欢。至于怀疑主义,只有在骨子里藏着极粗浅的自然主义或是基督教的偶像崇拜的时候,才能使他们惬意。所以这份《伊索》杂志的傲慢的怀疑主义只能适应一小部分的人,因为只有这批少数人士才领会到他们坚毅的精神。但这股力量是完全不参加行动的。

他们可不顾虑这些。法国愈民主化,它的思想,艺术,科学,似乎愈贵族化。科学躲在术语后面,躲在它的殿堂里头,比十八世纪时更难接近了,除了对那些已经入门的人。艺术,——至少是尊重自己而尊重美的那种,——也是一样的对人深闭固拒,瞧不起群众。便是对于行动比对于美更关切的作家,重视道德思想甚于美学观念的文人,也有种没法形容的贵族气息。他们似乎要把内心的火焰保持纯洁,而不是把这火焰传递给别人;他们仿佛不求自己的思想得胜,而只求证实。

可是这等作家里头也有从事大众艺术的。在最真诚的人中,有些是宣传无政府主义的、含有破坏性的思想,——那种遥远的未来的真理,也许在一百年或两千年后是有益的,但目前只能折磨心灵,灼伤心灵;另外一批却写些沉痛的或是挖苦的戏剧,没有幻象的,非常悲惨的。克利斯朵夫读过之后,觉得原来想把自己的痛苦忘掉几小时而来的观众,结果得到这样悒郁不欢的消遣,真是太可怜了。

"你们拿这个给大众吗?"他问,"那才是把他们活埋呢!"

"放心,"奥里维回答,"大众不会来的。"

"他们这才对啦!你们简直发疯,难道要把他们生活的勇气统统拿走吗?"

"为什么?让大众像我们一样知道事物的悲惨面,而仍旧打起精神来尽他们的责任,不是应当的吗?"

"打起精神?我不信。毫无乐趣却是一定的了。而一个人生活的乐趣给拿走以后,他也差不多完了。"

"有什么办法?我们总不能把真理歪曲。"

“可是也不能对所有的人把真理统统说出来。”

“这个话竟是你说的吗？你是永远求真理，自命为爱真理甚于一切的人！”

“是的，为我，还有为那些相当坚强而受得了的人，的确应当给他们真理。但对于另一些人，那简直是残忍，是胡闹。现在我看清楚了，我在本国的时候从来没想到。德国人不像你们这样的闹真理病：他们把生活看得太重，谨慎小心地只看着他们愿意看的事。你们不是这样，所以我喜欢你们：你们是勇敢的，直接爽快的，可是不近人情。你们自以为发掘出一项真理的时候，就得把它摔到社会上去，不问它会不会闯祸。你们倘若把自己的幸福为了爱真理而牺牲，我没有话说，我很敬重你们。但是为了爱真理而牺牲别人的幸福，那可不行！那太霸道了。应当爱真理甚于爱己，可是应当爱别人甚于爱真理。”

“难道因此就应当对别人扯谎吗？”

克利斯朵夫用歌德的几句话回答：

“凡是最高的真理，我们只能挑出能使社会得益的一部分来说。其余的，我们只能藏在心里；好像一颗隐蔽的太阳有种柔和的光晕似的，它们会在我们所有的行动上放出光彩。”

但这些顾虑不大能打动法国作家的心。他们不问手里的弓射出去的是“思想还是死亡”，或是两者都有。他们缺少爱。一个法国人有了思想，就硬要旁人接受。没有思想，他也同样要人接受。眼见做不到了，他便不愿意再有所行动。这是那般优秀人士不大管政治的主要原因。有信仰也罢，没信仰也罢，各人都深藏着。

有人做过种种尝试，想消灭这种个人主义，组织一些团体；但这种团体大半马上倾向于文学清谈，或者变成可笑的帮口。最优秀的都势不两立，以互相消灭为快。其中有些杰出之士，有精力，有信心，天生能联合与指导一般意志懦弱的人的。但各人有各人的队伍，决不肯跟别人的合并。他们组织什么会，什么社，发行杂志，所有的德性都齐备，只少一件，就是退让；没有一个团体肯对别的团体让步，它们互相争夺群众(其实也是为数极少而挺可怜的人),苟延残喘地存活了一些时候,终于一蹶不振地倒台了,而且并非由于敌人的打击,倒是——(叫人看了最痛心的!)——由于自己的摧残。许多不同的职业,——文人,剧作家,诗人,散文家,教授,小学教员,新闻记者,——形成了无数的小集团,而每个集团又分化为许多小组,彼此深闭固拒。相互的了解是谈不到的。在法国,无论对什么事都不会全体一致;除非在"全体一致"成为传染病的时候,——这种时间极其难得,而那"一致"往往还是错误的:因为它是病态的。法国无论哪一种活动都受个人主义控制,科学方面是这样,商业方面也是这样,商人们的不能团结不能联合,全是个人主义从中作梗。这个人主义并没有蓬勃的生机,可是顽固,执着,处处退缩。孤独自立,不有求于人,不与人往来,怕相形之下会感到自己的无能,也不愿意孤高自傲的安静受到扰乱:凡是创办"超然的"杂志,"超然的"剧场,"超然的"团体的人,差不多心中全存着这种思想。而创办那些杂志,剧场,团体的唯一的意义,往往只因为不愿意跟别人在一起,不肯为了一桩共同的行动或思想而团结;还有彼此的猜忌或党派间的仇视,使实际上最应当互相谅解的人互相提防。

即使彼此契重的人物为了同一事业而结合的时候,像奥里维和办《伊索》杂志的那些同志,他们之间似乎也永远存着戒心,绝对没有流露真情的兴致,那在德国是极常见而极容易使人厌恶的。在这群青年中间,有一个①特别吸引克利斯朵夫,因为他有一股惊人的力量,是一个逻辑严密,意志强毅的作家,对道德观念抱着极大的热情,准备把整个世界连他自己一齐为这些观念牺牲;他为此创办了一份杂志,差不多是一个人编辑的。他发誓要向法国和欧洲提出一个纯洁,自由,英勇的法兰西的观念;他深信将来必有一日,大家会承认他所写的可以成为法国思想史上最大胆的篇幅中的一页;——这一点他是想得不错的。克利斯朵夫很愿意对他有更深的认识,和他来往。可是没有办

① 即夏尔·班琪。——原注
译者按:班琪即作者发表本书的杂志《半月刊》的主编。

法。虽然奥里维常常跟他接触,也只在有事的时候见面;他们绝对没有亲密的谈话,充其量不过交换一些抽象的思想,实际上也无所谓交换,而是两人在一块儿自言自语,因为各人都把思想藏在肚里。而这还是彼此契重的战斗同志呢。

这种矜持有许多原因,连他们自己都不容易分辨。先是过度的批评精神使他们把各人精神上的不同点看得太明白了,过度的理智又把这些不同点看得太重;其次,他们缺少强烈而天真的同情心,就是说缺少强烈的爱。也许还有别的原因,例如事业的重负,生活的艰难,思想的骚乱,使一个人到了晚上再没精力跟人作些友善的谈话。最后还有法国人不敢承认而老在胸中作梗的那个可怕的心理,以为大家不是同种同族,而是在不同的时代住到法国土地上来的不同的种族,尽管彼此有了关系,却很少共同的思想,——这一点,为了大家的利益原来就不应该常常想到。而最重要的阻碍是太醉心于自由,对它抱着如醉若狂的危险的热情:一个人尝到了自由的滋味,简直会牺牲一切。这种自由的孤独,因为是用多少年的艰苦换来的,所以特别宝贵。优秀人物孤独自处,免得受制于俗人。宗教的或政治的团体威逼你,种种压迫个人的重负加在你身上:家庭,舆论,国家,帮会,党派,学派;孤独便是对这些压迫的反动。倘若一个囚徒要越过二十道高墙才能逃出牢笼,那么,非身强力壮的人决不能毫无损伤的达到目的。对于一颗自由的意志,这的确是艰苦的考验,但是从这儿经历过来的,就会终生留下苦斗的痕迹和独立不羁的癖性,永远不能跟旁人融和的了。

除了高傲的孤独,还有一种是隐忍退让促成的孤独。法国多少老实人都把他们的慈悲,勇敢,和真挚的感情埋藏在心里。数不清的有理没理的理由使他们不愿意行动。在某些人是为了服从,为了胆怯,为了习惯性;在另一些人是为了怕舆论,怕闹笑话,怕抛头露面,怕人家把他们毫无作用的行为说是有作用的。这一个不参加政治的与社会的斗争,那一个不参加慈善事业,因为他们看到做事不认真或没有头脑的人太多了,也因为怕别人把他们看作跟走江湖的与糊涂虫没有分别。差不多所有的人都感觉厌恶,困倦;怕行动,怕痛苦,怕丑恶,怕闹笑话,怕出乱子,怕负责任;还有那“有什么用?”的心理,把今日多少法国人的意志都给消磨了。他们太聪明了,——没有气魄的聪明,——他们看到正反两方面的理由。他们缺少力量,缺少生气。一个人生气蓬勃的时候决不问为什么生活,只是为生活而生活,——为了生活是桩美妙的事而生活!

那般优秀的人,有的是可爱的普通的优点:人生观很温和,欲望很淡泊,爱家庭,爱乡土,遵守礼教,谨慎小心,不强制别人,不妨害别人,不轻易泄露感情,永远取着矜持的态度。所有这些可爱的动人的特点,在某种情形之下可以和恬静,勇敢,内心的欢乐,并行不悖,但跟法国民族的衰老与贫血也不无关系。

在克利斯朵夫和奥里维的屋子底下,那个四面围着高墙的幽美的园子便是小型法兰西的象征。那是一片跟外界隔绝的绿茵。有时,外边的狂风打着回旋降到园里,给坐在那儿出神的少女带来一些遥远的田野和大地的气息。

克利斯朵夫看到了法国潜藏的生机,觉得它不应该让卑鄙无耻的人压迫。沉默的优秀阶级躲在里头的那个半明半暗的境界,使他感到窒息,禁欲主义只有对一般没有牙齿的人才配。他却需要无限的空气,广大的群众,辉煌的太阳,千万生灵的爱,需要把他所爱的人紧紧地抱在怀里,把敌人碎为齑粉;他需要战斗,需要胜利。

“你能这样做,”奥里维说,“你是强者,你凭着你的缺点——(对不起!)——跟优点,生来是为战斗的。你的民族不是一个太贵族的民族,这是你的运气。行动不会使你厌恶。必要的时候你甚至会去干政治!……并且你用音乐写作又是了不得的幸运。人家不懂你的话,你什么都可以说。倘使人家知道你的音乐里有瞧不起他们的意思,有他们否认的信仰,也有对于他们竭力想扑灭的东西不断的颂赞,那么他们绝不会饶你，一定要阻挠，捣乱，使你为了和他们奋斗而把大部分的精力消耗完了，等到你胜利的时候，你已经没有完成事业的余力，你的生命也快告终了。成功的大人物是得力于别人的误解。人家佩服他们的地方正是跟他们的真面目相反的。”

“唉！”克利斯朵夫回答，“你们可没有认识你们那般大师的懦怯。我早先以为你是孤独的，所以我原谅你没有行动。但实际上你们思想相同的人不知有多少。你们比压迫你们的人强过百倍，你们的价值比他们的超过千倍，而竟甘心情愿对他们无耻的行为屈服！我真不了解你们。你们有着最美的国土，了不得的聪明，又最富于人情味，你们却丝毫不加利用，还让少数的坏蛋把你们控制，污辱，踩在脚下。喂，拿出你们的真面目来吧，怕什么！别等奇迹或是拿破仑来帮你们忙！起来吧，团结起来吧。你们大家都得动员，马上把屋子打扫干净。”

但奥里维耸耸肩膀，无精打采而又含讥带讽地说：“跟他们去火并吗？不，那不是我们的任务，我们有更好的事可以做。我最恨强暴。结果怎么样，我是太明白了。那些一事无成而满腹牢骚的老朽，保王党里的年轻的傻瓜，宣传暴行与仇恨的恶魔，会一齐霸占我的行动，加以玷污。你难道要我再喊蛮子滚出去或法国人的法国这一套仇恨的老口号吗？”

“干吗不？”克利斯朵夫说。

“不，这都不是法国话。人家尽管把它们涂着爱国色彩到处宣传也是白费的。那只适用于一般野蛮的国家！我们的国家不是培养仇恨的国家。要肯定我们的民族性，并不在于否定别人或毁灭别人，而是在于把他们同化。不管是骚乱的北方人还是多嘴的南方人，都让他们来吧……”

“还有那含有毒素的东方？”

“连那含有毒素的东方也没关系：反正我们会吸收它，像吸收旁的一样，过去我们吸收的还不多吗？东方表示得意扬扬，我们中间有一部分人战战兢兢，都教我看了发笑。它以为把我们征服了，在我们的大街上,报纸上,杂志上,戏院舞台上,政治舞台上,耀武扬威。傻子!它才被我们征服呢。它滋养了我们,它自己可消灭了。高卢人的胃是强健的;两千年来被它消化的文明何止一个。我们受得起毒药的试验……你们德国人要怕,你们去怕吧!你们非纯粹不可,否则就没法存在。可是我们,主要的不在于纯粹而在于兼收并蓄。你们有一个皇帝,大不列颠也自称为帝国,但事实上真有帝国意味的倒是我们的拉丁民族的性格。我们是世界城的公民。"

"好得很,"克利斯朵夫说,"只要一个民族是健康的,在它年轻力壮的阶段,这一套都很好。但它的精力终有枯竭的一天,那时它就有被外来的巨潮淹没的危险。我们中间不妨老实说,你不觉得这种日子已经来到了吗?"

"这个话人家已经说了几百年了!但我们的历史每次都证明那是多虑。圣女贞德的时代,巴黎一片荒凉,豺狼出没;从那个时候到现在,我们受的考验简直数不清!今日的道德沦丧,淫乐无度,志气消沉,社会混乱,我都不放在心上。耐着点性子吧!要生存就得受苦。我很知道将来会有一个反动的潮流,——可是也不见得如何高明,结果也许搞出些同样胡闹的事:而今日靠浑水里摸鱼过日子的人,将来还是会叫叫嚷嚷的做领导……可是那有什么关系?这些运动并不接触到法兰西真正的民众。烂果子不会使果子树跟着烂的。它掉在地下就完了。在整个民族中间,所有那些人是太不足道了!他们死也罢,活也罢,跟我们有什么相干?难道值得我忙忙碌碌,去筑起堤岸,掀起革命来对付他们吗?现在的祸害不是一个制度造成的。这是奢侈带来的麻风病,是财富与聪明的寄生虫。它们会消灭的。"

"把你们腐蚀了以后。"

"对于这样一个民族,你不能绝望。它有那么一种潜在的德性,那么一股光明与理想主义的力,便是那些蚕食它破坏它的人也受到影响。甚至一般贪得无厌的政客也会受它诱惑。最平庸的人一旦握了政权,也感觉到国运的伟大;这国运把他们从小我中超脱出来,拿火把交给他们,叫他们一个一个的传递过去;而他们也跟着前人从事于消灭黑暗的神圣的斗争。民族的精神拖着他们;愿意也罢,不愿意也罢,他们都完成了他们所否定的上帝的意志……亲爱的国家,亲爱的国家,我对你的信心是永远不会动摇的! 你所受的致命的考验,倒反使我感到,我们在世界上所负的使命是值得骄傲的。我绝对不愿意我的法兰西瑟瑟缩缩关在一间病房里,不敢吹到外界的风。我不愿意病病歪歪的苟延残喘。一个人长大到我们这样的时候,倘使要停止长大,还不如痛快死掉。全世界的思想尽管扑到我们的思想中来吧! 我决不害怕。潮水把肥沃的淤泥带给我们的土地,然后它会退下去的。"

"可怜的朋友,"克利斯朵夫说,"在它没退下去的期间,可不是有趣的啊。而且等到你的法兰西从尼罗河中浮起来的时候,你自己在哪儿呢? 奋斗不是更好吗? 除掉你早已认为命中注定的失败以外,又没别的危险。"

"不,我所冒的危险远过于失败。我可能丧失精神上的平静:那对我是比胜利更重要的。我不愿意恨。哪怕对我的敌人,我也要给他一个公平的待遇。我要在大家热情汹涌的浪潮中保持我清明的目光,我要了解一切,爱一切。"

但克利斯朵夫觉得用这种超然物外的心情去爱人生,和自甘灭亡的退让没有什么差别;他像恩培多克勒老人[①]一样,觉得胸中有一支颂歌在那里颂赞恨,颂赞与恨相连的爱,——垦殖大地的,在大地上播种的,内容丰富的爱。他不能赞同奥里维那种安安静静的宿命观;并且他不大敢相信一个绝对不自卫的民族能够久存,所以恨不得唤起整个民族的健全的力,使全法国所有的老实人都奋臂而起。

你对一个人的了解,用一分钟的爱情能比几个月的观察更有成

① 公元前五世纪时希腊的哲学家。

绩，同样，克利斯朵夫之于法国，八天内足不出户的跟奥里维亲密相聚的结果，比他用着一年的光阴，走遍巴黎，走遍文化的与政治的沙龙所知道的更多。在他觉得茫无所措的那个普遍的混乱中，朋友的心灵对他仿佛是大海中的一个岛，代表理智与精神恬静的境界。奥里维内心的和平所以格外动人，是因为它没有一点精神上的倚傍，——因为他生活的境况是艰苦的，——（他穷，他孤独，他的国家又是这样的颓废，）——因为他身体衰弱，近乎病态，非常的神经质。可见他清明的心境并非由于意志坚强——（他根本缺少意志，）——而是从他的生命与种族的深处来的。在奥里维周围许多别的人身上，克利斯朵夫也窥见一道遥远的微光，体验到"万里无波的大海的沉静"；他自己素来是骚乱不宁的，拿出全部意志的力量才能使强烈的天性勉强得到一个平衡，现在这种隐藏的和谐，当然使他不胜艳羡了。

看到了法国的内情，他把过去对法国民族性所抱的观念全部推翻了。摆在他眼前的不复是那个快乐的，随和的，无愁无虑的，光芒四射的民族，而是一批含蓄的，孤独的心灵，表面上像蒙着一层明晃晃的水雾，颇有乐观的色彩，其实却是浸透了深刻而沉静的悲观气息，脑子里全是执着的念头，灵智的热情；——他们都是不可动摇的灵魂，只能加以毁灭而不能加以改变的。当然这仅仅限于法国的优秀阶级，但克利斯朵夫不懂它这种信心与坚忍刻苦的精神从哪儿来的。奥里维回答说：

"从失败中得来的。是你们，克利斯朵夫，把我们重新锻炼了。[①]唉，那当然不是没有痛苦的。你们想象不到，我们从小到大所经历的环境是怎样的凄惨。我们丧师辱国，跟死神照了面，暴力的威胁老是压在我们身上。我们的生命，我们的精神，我们的法兰西文明，十个世纪的伟大，——都操在一个不了解它、恨它、随时可以把它碎为齑粉的、强暴的征服者手里。可是我们就得为这些命运活下去！你想想

① 作者假定本书中的人物都是一八七〇年以后长成的一代，故此处所谓"失败"即指普法战争一役。

吧,那些法国的孩子,生在蒙丧的家庭里,罩着战败的黑影,受着沮丧的思想熏陶;人家教养他们的目标是希望他们雪耻报仇,而那个报仇也许是玉石俱焚的,也许是完全空的:因为他们虽然年纪很小,早已懂得这个世界上没有正义,只有强权!这一类的发现,使儿童的心灵不是从此堕落就是从此长成。许多人都自暴自弃了;他们想:既然如此,何必奋斗?何必振作?一切都是空的。想也没用。还是享乐吧。——但凡是挣扎过来的人都是真金不怕火的;任何幻灭都不能动摇他们的信仰:因为他们一开始就知道信仰之路和幸福之路全然不同,而他们是不能选择的,只有往这条路走,别的都是死路。这样的自信不是一朝一夕所能养成的。你决不能以此期待那些十五岁左右的孩子。在得到这个信念之前,先得受尽悲痛,流尽眼泪。可是这样是好的,应得要这样……

噢!信仰,你这纯钢百炼的处女,
用你的枪尖把各个民族被压制的心开发出来吧!……"

克利斯朵夫默然握着奥里维的手。

"亲爱的克利斯朵夫,"奥里维说,"你们德国给了我们多少痛苦。"

克利斯朵夫差不多要道歉了,仿佛那是他做的事。

"别难过,"奥里维笑着说,"德国不由自主地给我们的益处,远过于害处。是你们把我们的理想主义重新燃烧起来的,是你们把我们对于科学与信仰的热爱激动起来的,是你们促成了法国的普及教育,刺激了巴斯德的创造力,使他单凭一个人的发明,就把五十亿的战争赔款给挣来了,是你们使我们的诗歌,绘画,音乐再生的,我们民族意识的觉醒也全靠你们的力量。我们为了爱信仰甚于爱幸福所作的努力已经得到酬报:因为我们在麻痹的世界上已经感觉到那精神的力量,我们对于这种力,甚至对于胜利,都不再怀疑了。你瞧,克利斯朵夫,我们虽然显得这样渺小，这样软弱，——跟德国的威力相比只是大海中的一滴水，——我们却相信那是把整个海洋染色的一滴水。马其顿一个小小的军团就会把欧罗巴大队武装的人民冲倒！”

弱不禁风的奥里维眼中闪着信仰的光，克利斯朵夫望着他说：

“可怜的娇弱的小法国人！你们比我们更强。”

“噢！失败对我们是有好处的，”奥里维又说了一遍，“我们得祝福灾难！我们决不会背弃它。我们是灾难之子。”

第二部

失败可以锻炼一般优秀的人物，它挑出一批心灵，把纯洁的和强壮的放在一边，使它们变得更纯洁更强壮，但它把其余的心灵加速它们的堕落，或是斩断它们飞跃的力量。一蹶不振的大众在这儿跟继续前进的优秀分子分开了。优秀分子知道这层，觉得很痛苦，便是最勇敢的人对于自己的缺少力量与孤立暗中也很难过。而最糟的是，他们不但跟大众分离，并且也跟自己人分离。大家各自为政地奋斗着。强者只想救出自己。“噢，人哪，你得自助！”他们并没想到这句格言的真正的意思是，“噢，人哪，你们得互助！”他们都缺少对人的信赖，缺少同情的流露，缺少共同行动的需要，——那是一个民族在胜利的时候才会有的，——缺少元气充沛的感觉，缺少攀登高峰的意念。

关于这种情形，克利斯朵夫和奥里维也知道一些。巴黎有的是能了解他们的心灵，屋子里有的是不相识而真可以做朋友的人，可是他们像在亚洲的沙漠中一样孤独。

两人的境况很苦，差不多没有什么固定的收入。克利斯朵夫只有替哀区脱抄谱和改编乐曲的工作。奥里维冒冒失失地辞退了教职。因为姊姊死后，他颓丧到极点，加上在拿端太太那个社会里有了一次痛苦的恋爱经验：——（他从来没跟克利斯朵夫提，因为不愿意泄露心中的苦恼；他的迷人的地方，一部分就是由于他跟最亲密的朋友也永远保持着那种幽密的神秘。)——在极需要沉默的精神颓唐的时期,教书的职务对他竟是一件没法忍受的苦工。他对于这个需要把自己的思想高声宣布出来,老是和群众混在一起的行业,毫无兴趣。要名副其实地做一个中学教员,必须有种使徒式的热情:而这是奥里维所没有的;至于大学的教席,必须经常接触群众,而这又是教一个像奥里维那样爱孤独的人感到痛苦的。他曾经作过两三次公开演讲,结果是怕羞得异乎寻常。他最厌恶抛头露面地站在讲坛上。他看到群众,感觉到群众,好像自己长着触角一样,他知道其中大多数是专为解闷而来的游手好闲的人,但娱乐大众的角色对他不是味儿。更糟的是,从讲台上说出来的话常常会把你的思想改头换面;而你一不留神,还会在举动、语调、态度上面,表示思想的方式上面,甚至在心理方面,变成做戏。演讲往往会碰到两个暗礁:不是流于可厌的喜剧,便是流于时髦的学究气。对着几百个不认识而不作声的人高声朗诵的独白,等于大众可穿而谁也不合式的现成衣服,在一个有些孤僻与高傲的艺术家心中,简直是虚伪得受不了。奥里维需要凝神默想,每说一句话都要使自己的思想表现得很完整,所以他把千辛万苦挣来的教职放弃了;同时因为没有姊姊再来阻拦他的沉思遐想,他便开始写作。他很天真地以为只要有艺术价值,这价值就很容易被人赏识的。

不久他可醒悟了。要发表一些东西简直不可能。因为热爱自由,所以他痛恨一切损害自由的东西,只能在互相敌对的政党把国土和舆论一齐割据的局势之下,过着孤独生活,好似一株没法喘息的植物。他对于一切文学社团也抱着同样孤立的态度,而他们也同样的排斥他。在这些地方,他没有、也不能有一个朋友。除了极少数真有志愿的人,或是醉心于研究学问的人,一般知识分子的心灵的冷酷,枯索,自私自利,使他不胜厌恶。一个人为了头脑——头脑又不大——而不惜使心灵萎缩,真是可悲的事。没有一点慈悲,只有那种聪明像藏在鞘里的利刃一般,这利刃说不定有天会直刺你的咽喉。你得时时刻刻的防着。交朋友也只能交一般爱好美的老实人,决不以此图利的,生活在艺术以外的人。艺术的气息是大多数人不能呼吸的。唯有极伟大的人才能生活在艺术中间而仍保持生命的源泉——爱。

奥里维只能靠自己。而这又是极脆弱的倚傍。任何钻谋他都受不了。他不肯为了自己的作品受一点委屈。看到一般青年作家卑躬屈节地趋奉某个著名的剧院经理,甘心忍受比对仆役更不客气的待遇,奥里维简直脸都红了。哪怕为了性命攸关的问题,他也不能这么做。他只把原稿从邮局里寄去,或是送往戏院或杂志的办公室,让它原封不动地放上几个月。有一天他偶然遇到一个中学时代的老同学,一个又懒又可爱的家伙,对他始终存着钦佩而感激的情意,因为奥里维从前很高兴而且很容易地替他做过枪手;他对于文学一窍不通,但文人倒认得不少,这就比深通文学有用得多,更因为他有钱,会交际,喜欢充风雅,他就听让那般文人利用。他在一个自己有股份的大杂志的秘书面前替奥里维说了句好话:人家立刻把压置了好久的原稿发掘出来,读了一遍;又经过了多少的踌躇,——(因为即使作品有价值,作者的名字可没有价值,社会上谁知道他这个人呢?)——终于决定接受了。奥里维一知道这个好消息,以为自己的苦难快完了,其实才不过是开头呢。

在巴黎要教人接受一件作品还不算太难,但要把它印出来是另外一件事。那就得等了,得成年累月地等,有时甚至要等一辈子,倘若你没有学会趋奉别人或麻烦别人的本领,不时趁那些小皇帝刚起床的时候去朝见,让他们想起有你这个人,明白你决意要随时随地跟他们纠缠的话。奥里维只知道坐在家里,在等待期间把精力消磨尽了。他至多写些信去,永远得不到回复。烦躁的结果,他不能工作了。那当然是胡闹,可是你不能用理智来解释。他等每一班的邮差,对着桌子呆坐,非常苦闷,只为了下楼去等信件才走出自己的屋子:满怀希望的目光,一瞧见门房那儿的信箱就立刻变成失望;他视而不见地在街上遛着,只想等会再来;等到最后一次邮班过了,除了上层的邻居沉重的脚步声以外,屋子里都静下来的时候,他对于人家的那种冷淡感到窒息。

他只求一句回音,只要一句就行了！难道他们连这样的施舍也靳而不与吗？那靳而不与的人可想不到自己会给他痛苦。各人都用自己的形象去看世界。心中没有生气的人所看到的宇宙是枯萎的宇宙;他们不会想到年轻的心中充满着期待,希望,和痛苦的呻吟;即使想到,他们也冷着心肠,带着倦于人世的意味,含讥带讽的把他们批判一阵。

终于作品出版了。奥里维等得那么久,看到作品问世已经没有乐趣可言:那对他已经是死东西了。可是他希望它在别人眼中还是活的。其中有些诗意和智慧的闪光,决不致无人注意。但社会上对这件作品完全保持静默。——他又写了两三篇论文。既然跟一切党派都没有关系,他始终遇到同样的静默,甚至于敌意。他只觉得莫名其妙。他挺天真的以为每个人对一件新的、即使是不十分好的作品,必定会表示好意。对一个发愿要使别人得到一些美、力、或欢乐的人,大家不是应当感激的吗？可是他得到的只有冷淡或菲薄。他明明知道,他在作品中表现的思想不只是他一个人的,还有别人和他一般思想;殊不知那一类老实人并不读他的书,在文坛上也毫无说话的资格。便是有两三个读到他的文字,和他有同感,也永远不会对他说出来;他们用静默把自己封锁了。正如在选举的时候放弃投票一样,他们在艺术上也放弃权利;他们不看那些使他们受不了的书,不看他们厌恶的戏,却让敌人去投票选举他们的敌人,把一些只代表无耻的少数人的作品与思想捧上天去。

奥里维既不能倚傍在精神上和他契合的人(因为他们不知道他),就只能落在敌人手中,听凭与他的思想为敌的文人和受这种文人指挥的批评家摆布。

这些初期的接触使他心灵受伤了。他对于批评的敏感不下于老布鲁克纳,——新闻界的恶意所给他的痛苦使他不敢再让人家演奏他的作品。奥里维连老同事的支持都得不到。那些教育界的人因为职务关系,还能感觉到法国文化的传统,照理是能了解他的。但他们是服从纪律的，把精神整个儿交给工作的老实人，往往被吃力不讨好的职业磨得牢骚满腹，不能原谅奥里维与众独异的行为。因为是驯良的公务员，所以他们只有看到优越的才能跟优越的地位合而为一的时候才承认其优越。

在这等情形之下，只有两三条路可走：不是用强力摧破外界的壁垒，就是作可耻的妥协，或者是退一步只为自己写作。奥里维对第一第二条都办不到，便采取了最后一条。他为了生计，不得不忍着痛苦替人家补习功课，另外自个儿写些作品，——但因为没有见到天日的可能，作品也慢慢地变得没有血色，变成虚幻的，不现实的了。

在这种半明半暗的生活中，克利斯朵夫像暴风雨般突然闯了进来。他对于社会的卑鄙与奥里维的忍耐非常愤慨。

"难道你没有热血吗？"他嚷道，"你怎么能忍受这样的生活？你知道自己比这般畜牲高明而让他们压迫吗？"

"怎么办呢？"奥里维说，"我不能自卫，要跟我瞧不起的人斗争，我简直受不了。我知道他们会不择手段，用所有的武器攻击我；我可是不能。我不但厌恶用他们那种恶毒的手段，而且还怕伤害他们。我小时候老老实实地让同伴们打。人家以为我懦弱，怕挨打。其实我对于打人比挨打更怕。有一天一个蛮横的家伙正在折磨我，旁边有人跟我说：喂，跟他拼了吧，把他肚子上踢一脚不就结了！——我听了这话大吃一惊，我是宁可挨打的。"

"你太没有热血了，"克利斯朵夫又说了一遍，"并且也是你们该死的基督教思想种的根！还有你们只剩了一些《教理问答》的宗教教育；经过割裂的《福音书》，淡而无味的、萎靡的《新约》……婆婆妈妈的慈悲，老是预备流眼泪的……可是你们的大革命，卢梭，罗伯斯庇尔，一八四八的革命……难道都忘了吗？我劝你每天早上念一段血淋淋的《旧约》吧。"

奥里维表示异议。他对于《旧约》有种天生的反感。这种心理可以追溯到他童年偷偷地翻着一部插图本的《圣经》的时代，那是人家从来不看,也不许儿童看的东西。其实禁止也是多余的。奥里维看不多时,马上又恼又丧气地把它合上了,直到读了《伊利亚特》《奥德赛》和《天方夜谭》那一类的书,才把看《圣经》的时候那种不愉快的印象抹掉。

"《伊利亚特》中的神,"奥里维说,"是一般长得很美,极有神通而缺点很多的人:我懂得他们,我或是爱他们,或是不爱他们;即使我不爱,也喜欢这种人;我有点儿偏疼他们。我像帕特洛克勒斯一样,愿意亲吻阿喀琉斯的受伤的脚。[①] 但《圣经》里的上帝是一个自大狂的老犹太人,狂怒的疯子,时时刻刻都在咒骂,威吓,像发疯的狼一般怒嗥,在云端里发狂。我不懂得他,不喜欢他,他的无穷的诅咒使我头痛,他的残暴使我惊骇:

> 对摩押的默示……
> 对大马士革的默示……
> 对巴比伦的默示……
> 对埃及的默示……
> 对海旁旷野的默示……
> 对异象谷的默示……[②]

"那简直是个疯子,自以为一身兼审判官,检察官,刽子手,在自己监狱的庭院里把花和石子宣布死刑。这部杀气腾腾的书充满着顽强的恨意,令人气都喘不过来……——毁灭的叫喊……笼罩着摩押地方的叫喊;到处可以听到他的怒吼……——他不时在尸横遍野,妇孺惨毙的屠杀中休息一会;于是他笑了,好像约苏亚[③]军队中的老兵在围城之后坐在饭桌前面的狂笑:

---

① 帕特洛克勒斯与阿喀琉斯为希腊神话中的英雄,交情极密,皆参与特洛伊之役。

② 以上均为《旧约·以赛亚书》各章的摘要。

③ 约苏亚为希伯来首领之一。

万军之主耶和华给部下供张盛宴,让他们吃着肥肉,喝着陈酒。……主的剑上满着鲜血,涂着羊腰的油脂……①

"最要不得的是,这个上帝还用欺骗手段派先知去蒙蔽人类的眼睛,造成他使他们受苦的理由:

——去,把这个种族的心变硬,塞住他的耳目,不让他了解,不让他改变主张,不让他恢复健康。

——那么主啊,到哪时为止呢?

——到屋无居民,土地荒芜的时候……②

"真的,我从来没见过这样残暴的人!……

"当然,我不至于那么愚蠢,不了解这种语言的力量。但我不能把思想跟形式分离;倘使我对这个犹太上帝有时会低徊赞叹,也只像我对老虎低徊赞叹一样。莎士比亚专会制造妖魔鬼怪,也制造不出这样一个代表恨、代表神圣而有德的恨的角色。这部书真可怕。一切疯狂都是有传染性的;恨就是其中之一。而这种疯狂特别危险,因为它那残忍的骄傲还自命为能够澄清世界。英国使我发抖,因为它几百年来就浸淫着清教徒思想。幸而它和我隔着一个海峡。一个民族只要还在把《圣经》作养料,我就不相信他是完全开化的。"

"那么你应当怕我啰,"克利斯朵夫说,"我就是醉心于这种思想的。那等于猛狮的骨髓,强健的心的食粮。《福音书》要没有《旧约》做它的解毒剂,便是一盘淡而无味的,不卫生的菜,要生存的民族必须拿《圣经》做骨干。我们应当奋斗,应当恨。"

"我就恨这个恨。"奥里维说。

① 见《旧约·以赛亚书》第二十五章。

② 见《旧约·以赛亚书》第六章。

“恐怕你连这种恨意都没有吧！”

“不错，我连这点儿恨的气力都没有。我不能不看到敌人的理由。我常常念着画家夏尔丹[①]的话：要柔和！要柔和！”

“好一匹绵羊！”克利斯朵夫说，“可是你想做绵羊也没用。我要使你跳过壕沟，我要拼命拖着你向前。”

果然他把奥里维的事抓在手里，发动了论战。他开始并不十分高明。他不等人家把一句话说完就恼了；目的是为朋友辩护，结果反而对朋友不利；事后他发觉了，对于自己的笨拙觉得很难过。

奥里维也并不欠朋友的情。他也为了克利斯朵夫而跟人打架呢。虽然他怕斗争，虽然头脑清楚冷静，嘲笑一切极端的言语和行动，但一朝替克利斯朵夫辩护的时候，他可比克利斯朵夫和所有的人都更激烈。他头脑糊涂了。一个人在爱情中是应当会糊涂的。奥里维的确做到了这一点。——可是他比克利斯朵夫更巧妙。这个为了自己的事作风那么古板那么笨拙的青年，为了使朋友成功倒很有手段，甚至也能玩弄权术；他拿出惊人的毅力和机巧替克利斯朵夫争取朋友，有办法使音乐批评家与音乐爱好者对克利斯朵夫感兴趣。倘使要他为了自己去干求那些人，他一定会脸红的。

两人费了多少心力，结果也不容易改善他们的境况。相互的友爱使他们做了不少傻事。克利斯朵夫借了债私下替奥里维印一部诗集，不料一部也没卖掉。奥里维怂恿克利斯朵夫举行一次音乐会，临了是一个听众也没有。克利斯朵夫对着空无一人的场子，很勇敢地拿亨德尔的话安慰自己：“好极了！这样，音响的效果倒更好……”可是这种豪语并不能使他们把花的本钱收回。他们只得好不心酸地回家。

在这个艰难的情形中，唯一来帮助他们的是一个四十岁左右的犹

① 夏尔丹(1699—1779)，法国画家。

太人,叫作泰台·莫克。他开着一家艺术照相馆,对自己的行业很感兴趣,识见很高,也花了不少巧思。但他除此以外还关心许多事,甚至把买卖都疏忽了。便是他专心于照相的时候,也仅仅是研究技术的改进和印照片的新方法,那方法虽然巧妙,也难得成功,倒反浪费了不少钱。他读书极多,对于哲学、艺术、科学、政治、各方面的新思想无不留意;他感觉极灵,凡是别具一格的,有点力量的个性,他都会发掘出来,仿佛那些个性所隐藏的磁力会吸引他。奥里维的朋友都是和奥里维一样孤独,一样躲在一旁工作的,莫克在他们中间来来往往,成为一个联络人物,在他们不知不觉之间促成他们思想的交流。

奥里维要把莫克介绍给克利斯朵夫的时候,克利斯朵夫先表示拒绝;过去的经验使他不愿意再跟以色列族的人交往。奥里维笑着说,他对犹太人的认识并不比他对法国人的更高明。于是克利斯朵夫答应再试一下;可是他第一次看到泰台·莫克,就皱了皱眉头。莫克表面上犹太色彩特别浓,就像一般不喜欢他们的人所想象的那个模样:矮小,秃顶,身体长得很难看,鼻子臃肿,一双斜眼戴着一副大眼镜,脸上留着一簇乱七八糟的粗硬的黑胡子,多毛的手,很长的胳膊,短而弯曲的腿:活像一个腓尼基教里的上帝。但他眉宇之间有种那么慈爱的表情,把克利斯朵夫感动了。尤其莫克是很朴实的,不说一句废话:没有过分的恭维,只有非常识趣的一言半语。可是他最高兴帮别人的忙:人家还没开口,他已经把事情给办妥了。他常常来,甚至来得太密了些;而几乎每次都带着些好消息:不是为奥里维介绍写文章或教课的差事,就是为克利斯朵夫介绍学生。他从来不多耽留时间,竭力装得很随便。或许他已经觉察克利斯朵夫的不高兴,因为克利斯朵夫一看见那张一把大胡子的脸在门口出现,就要做出不耐烦的动作,但事后又对莫克的好心非常感激。

好心在犹太人身上并不少有:这是他们在所有的德行中最乐意承认的一种,即使他们并不实行。其实大多数人的好心都出之以消极的或无所谓的形式:宽容,淡漠,不愿意做坏事,含讥带讽的容忍,在他们都是好心的表现。莫克的好心却是很积极的。他永远预备为了什么人或事而鞠躬尽瘁:为他清寒的犹太教友,为亡命的俄国人,为各国的被压迫者,为不幸的艺术家,为一切的灾难,为一切慷慨的善举。他的荷包永远打开着,不论怎样不充裕,他总有方法掏出一些来;一文不名的时候,他会教别人掏出来;他从来不辞劳苦,不怕奔走,只要是为帮助别人。这些他都出之以很自然的态度。他的缺点便是表明自己老实与真诚的话说得太多了一些;但妙的是他的确老实,的确真诚。

克利斯朵夫对于莫克是同情与厌恶参半,有一回竟说了一句顽皮孩子的刻薄话;因为被莫克的好意感动了,他便亲热地抓着他的手说:

"啊!多可惜!……你生为犹太人真是太不幸了!"

奥里维吃了一惊,脸都红了,仿佛说的是他自己。他很难堪,竭力想把克利斯朵夫的话圆过来。

莫克笑了笑,带着凄凉而嘲弄的神气,静静地回答:

"更不幸的是生而为人。"

克利斯朵夫只觉得这句话是普通的牢骚;可是其中的悲观意味,比他所能想象的深刻得多;奥里维凭着细致的感觉立刻体会到了。除了大家认识的这个莫克以外,还有一个完全不同的,甚至在许多地方相反的莫克。他表面上的性格,是他把自己的天性长期压制的结果。这个好像很纯朴的人,骨子里很喜欢绕圈子,只要一不留神,就把简单的事搞得很复杂,使他最真实的感情也带点做作的嘲弄的性质。他面上很谦虚,有时甚至过分的自卑,实际上却非常骄傲,那是他知道得很清楚而痛自贬责的。他那种乐观,活动,时时刻刻地忙着帮助别人,都是一种掩饰,遮盖着根子很深的虚无主义,和不敢向自己瞧一眼的心情。莫克表示自己相信许多事:相信人类的进步,相信净化以后的犹太精神的前途,相信法兰西的使命是做一个新思想的战士,——他真心地把这三件事看作三位一体。——奥里维却看得很明白,对克利斯朵夫说:"其实他什么都不信。"

尽管莫克游戏人生,非常洒脱,他仍旧是个神经衰弱的人,不愿意看到内心的空虚。有时他精神上觉得一片虚无,半夜里突然呻吟着惊醒过来。好像在水里要抓住救命圈似的,他到处找一些借口让自己能够有所行动。

一个人生在一个太老的民族中间是需要付很大的代价的。他负担极重:有悠久的历史,有种种的考验,有令人厌倦的经验,有智慧方面与感情方面的失意,总之是有几百年的生活,——沉淀在这生活底下的是一些烦闷的渣滓。闪米特族的无穷的烦闷,和我们雅里安族的完全不同;我们的烦闷虽然也很痛苦,但至少有些确切的原因,原因消灭,烦闷也可以跟着消灭;而这原因大多是欲望不能满足。但在某些犹太人,往往连生机都被一种致命的毒素侵蚀了。他们没有欲望,没有兴趣,没有野心,没有爱,没有快乐。这些跟祖国的传统脱节的东方人,千百年来把精力消耗净尽,竭力想达到不动心的境界而达不到;他们始终没有失掉的——并非保持原状而是过分夸张了的,——只有思想,只有无穷的分析,使他们对什么都不觉得愉快,对一切行动都没有勇气。最有气魄的人也只是造出些角色来给自己扮演,而并不为自己打算。他们之中有些很聪明很严肃的人,往往对现实生活不关痛痒,一切都逢场作戏;——他们虽不承认有这个意思,但游戏人生的确是他们唯一的生活方式。

莫克也是个演员,可是自成一派。他成天忙着,为的要使自己麻木。但他的忙不像多半的人为了自私,而是为了别人。他对克利斯朵夫的忠诚是动人的,也是令人生厌的。克利斯朵夫有时对他很粗暴,过后又立刻后悔。莫克从来不恨克利斯朵夫。他无论碰到什么事都不会灰心。并非他对克利斯朵夫有怎么热烈的感情。他喜欢的是帮人家忙,而不一定是所帮的对象。对象仅仅是种借口,使他能做些好事,混过日子。

他花了那么大的劲,居然使哀区脱决心刊印克利斯朵夫的《大卫》和别的几件作品。哀区脱心里很器重克利斯朵夫的才具,但并不急于把他公诸大众。等到莫克预备把这部乐谱自己出钱托另一个出版家刊印了，哀区脱才为了争面子，自动接受下来。

有一回奥里维病倒了，钱用完了，境况非常困难，莫克竟会想到向法列克斯·韦尔，那个和两位朋友住在一幢屋子里的，有钱的考古学家去求援。莫克和韦尔是相识的，但彼此很少好感。他们俩性格太不同了，莫克这种骚动的、神秘的、激烈的性情，粗鲁的举止，或许会引起平静的、爱嘲弄的、举动文雅而思想保守的韦尔的讥讽。另一方面，他们骨子里也有共同点：对行动都没有什么深刻的兴趣，只靠顽强的机械的生命力支持着。但两人都不愿意感觉到这一点。他们只关心自己所扮的角色，而这些角色彼此并无接触。所以那天韦尔对莫克相当冷淡；莫克想把奥里维和克利斯朵夫的艺术计划打动韦尔的兴趣，韦尔却含讥带讽的表示怀疑。莫克老是醉心于这个或那个理想，早已使犹太社会看了好笑，同时认为他是个到处向人借钱的危险分子。但他凭着一贯的不灰心的作风，这一回也绝对不灰心；他一面坚持，一面提到克利斯朵夫和奥里维的友谊，居然使韦尔动心了。他觉察到这一点，便继续在这个题目上用功夫。

他的确挑动了对方的心。这个摆脱一切，没有朋友的老人，原来是把友谊看作神圣的。他一生最大的感情是对一个夭折的朋友的友谊。那是他内心的至宝，每次想起总觉得很安慰。他创立了一些事业，纪念这位朋友，把自己的著作题献给他。莫克说的克利斯朵夫与奥里维相互的友情使他大为感动。他的历史跟他们的颇有相像的地方。他所丧失的朋友当初对他是个长兄，是个青年时代的伴侣，他崇拜的指导者。一般年轻的犹太人，有的是智慧与慷慨的热情，在冷酷的环境中极感痛苦，想复兴他们的民族，再由他们的民族来复兴世界，他们鞠躬尽瘁地消耗着自己的精力，像火把一般在世界上照耀了几小时：韦尔的亡友便是这样的一个青年。他的火焰曾经使年轻的韦尔精神奋发。他在世的时候，韦尔始终跟着他在信仰的光轮中往前走着，——相信科学，相信精神的力量，相信未来的幸福。从朋友去世以后，懦弱而爱发牢骚的韦尔就让自己从理想主义的高峰直掉到《传道书》那样的沙土里，[①]那种气息是每个聪明的犹太人都有的，而且是随时预备把他们的聪明吞掉的。但他从来没忘了和朋友在一起的时候所过的光明的日子，把差不多已经隐灭的光彩始终保存在心里。他对谁都没提过这位朋友，连对他所爱的妻子在内：那是一件神圣的事。而这个被大家认为冷酷而毫无风趣的老人，到了暮年还在心里反复念着一个印度古代婆罗门高僧的又温婉又辛酸的句子：

“世界上受过毒害的树，还能产生比生命的甘泉更甜美的两个果子：一个是诗歌，一个是友谊。”

韦尔从此对克利斯朵夫和奥里维感到了兴趣。因为知道他们性情高傲，他就很识趣地向莫克要了一部奥里维最近出版的诗集。两位朋友并没采取什么行动，甚至想都没想到：他居然为这部作品弄到一笔学士院的奖金；而在他们艰苦的境况中，那也来得正是时候了。

克利斯朵夫知道了这个出乎意外的帮助是出之于一个他准备加以诋毁的人，就对于自己可能说的话或可能想的念头十分惭愧。虽然不喜欢拜访人家，他也勉强捺着性子去向韦尔道谢。但这番好意没有得到好结果。看到克利斯朵夫那种年轻人的热情，老韦尔笑傲人生的脾气不由自主的觉醒了；他们俩并不投机。

那天克利斯朵夫访问了韦尔，又感激又气恼地回到顶楼上，发现莫克又来给奥里维一些新的帮助，同时又读到吕西安·雷维－葛写的一篇对他的音乐很不好的评论，——不是坦白的批评，而是冷言冷语地把克利斯朵夫跟他痛恨的三四流音乐家相提并论。

克利斯朵夫等莫克走了以后和奥里维说：“你有没有注意到，我们老是跟犹太人打交道；而且只跟犹太人打交道！难道我们自己也得变成犹太人吗？仿佛我们是在勾引他们。敌人也罢，盟友也罢，我们到处只碰到他们。”

---

① 《旧约》中有一卷名《传道书》，大旨谓世事皆空，人生愚妄。

“那是因为他们比旁人更聪明，”奥里维说，“在我们法国，一个思想自由的人差不多只能跟犹太人谈谈什么新的和活生生的事。其余的人都抓着过去，不会动了。不幸，这个过去对犹太人是不存在的，至少他们的过去和我们的不同。所以我们跟他们只能谈论现在的事，跟我们同种的人只能谈昨天的事。你瞧，犹太人在各方面都有活动：商业，工业，教育，科学，慈善事业，艺术……”

“别提艺术。”克利斯朵夫说。

“我不说我对他们所做的事都有好感：我还常常讨厌呢。但至少他们是活的，懂得活着的人的。我们少不了他们。”

“别夸张，”克利斯朵夫带着取笑的口气说，“我就少得了他们。”

“对，你也许照旧能活下去。但要是你的生活与作品没法教大家认识的话（倘若没有他们，那是很可能的），你的生活又有什么意义？难道和我们同教的人会来帮助我们吗？旧教教会让它最优秀的子孙灭亡，绝对不救一下。凡是心灵深处真有宗教热忱的人，为上帝献身的人，如果胆敢不守旧教的规条，不承认罗马的威权，那么一般自称为的旧教徒不但立刻把他们视同陌路，抑且视同仇敌，不出一声的让他们落在共同的敌人手里。一颗自由的心灵，不管怎么伟大，倘使单有基督徒的精神而不肯服从，那么纵使他代表信仰中最纯洁最神圣的部分，一般的旧教徒也认为他是不相干的。他不盲不聋，要用自己的念头去思索；所以大家摒弃他，幸灾乐祸地看着他独自受苦，被敌人蹂躏，向他的弟兄们求救（他便是为了这般弟兄们的信仰而死的）。今日的基督旧教，它那种麻木不仁的力量真可以致人死命。它能宽恕敌人，可不能宽恕想唤醒它帮助它的人……可怜的克利斯朵夫，要是没有一小群思想自由的新教徒和犹太人，我们会变成怎么样？我们这批生为旧教徒而思想独往独来的人，我们的行动有什么用？在今日的欧洲，犹太人是一切善与恶中间最活跃的媒介，把思想的花粉随意散布出去。你的最凶狠的敌人和最早的朋友不是都在他们中间吗？”

“不错，”克利斯朵夫说，“他们曾经鼓励我，支持我，在战斗中说过使我振作精神的话,证明我还有人了解。当然这些朋友中很少始终如一的:他们的友谊只是一堆干草的火焰。可是也没关系!这道转瞬即逝的微光在漫漫长夜中已经了不起了。你说得对:咱们不能忘了他们的好处!”

“咱们尤其不能糊涂,”奥里维说,“不能再摧残我们那个陷于病态的文明,不能去攀折它几根最有生气的枝条。倘使不幸而犹太人被逐出欧洲的话,欧洲在智慧与行动方面就会变成贫弱,甚至有完全破产的危险。特别在我们法国,在这样一息仅存的情形之下,他们的放逐使我们的民族所受的打击,要比十七世纪时放逐新教徒的结果更可怕。没有问题,他们此刻占据的地位大大地超过了他们真正的价值。他们利用今日政治上跟道德上的混乱,还推波助澜,因为他们喜欢这种局面,因为他们觉得在其中得其所哉。至于像莫克一般最优秀的人,他们的错误,是在于真心把法国的命运和他们犹太人的梦想合而为一,那往往对我们害多利少。可是我们也不能责备他们由着他们的心意来改造法国,那表示他们爱法国。倘使他们的爱情是可怕的,我们只有起而自卫,教他们归到原位上去,他们的位置在我国是应当居于次要的。并非我认为他们的种族比我们的低劣,——(种族优越的问题是可笑而可厌的,)——可是我们不能承认一个还没跟我们同化的异族,自命为对于我们的前途比我们自己认识更清楚。它觉得住在法国很舒服,那我也很高兴,但它决不能把法国变成一个犹太国!要是一个聪明而强有力的政府能把犹太人安放在他们的位置上,他们一定能成为最有效率的一分子,促成法兰西的伟大;而这是对他们和我们同样有利的。这些神经过敏的,骚动的,游移不定的人,需要一条能够控制他们的法律,需要一个刚强正直,能够压服他们的主宰。犹太人好比女人,肯听人驾驭的时候是极好的;但由她来统治就要不得了,不管对男人对女人都是如此,而接受这种统治更要教人笑话。”

尽管相爱,尽管因为相爱而能够心心相印,克利斯朵夫和奥里维究竟有些地方彼此不大了解,甚至觉得很不愉快。结交的初期,各人都留着神,只把自己跟朋友相像的地方拿出来,所以双方没觉察。可是久而久之,两个种族的形象浮到面上来了。他们有些小小的摩擦,凭着他们那样的友情也不能永远避免的摩擦。

在误会的时候,他们都搞糊涂了。奥里维的精神是信仰、自由、热情、讥讽、怀疑等等的混合物,克利斯朵夫永远摸不着它的公式。奥里维方面,对于克利斯朵夫的不懂得人的心理也觉得不痛快;他有那种读书人的贵族气息,不由得要笑这个强毅的、可是笨重的头脑,笑他的稚拙,笑他的浑然一片,不懂分析自己,受人欺骗,也受自己欺骗。克利斯朵夫的婆婆妈妈的感情,容易激动,容易粗声大气地流露衷曲,有时在奥里维看来是可厌的,甚至有点儿可笑的。除此以外,克利斯朵夫对于力的崇拜,德国人对于拳头的信仰,更是奥里维和他的同胞不甘信服的。

而克利斯朵夫也不能忍受奥里维的讥讽,常常会因之大怒;他受不了那种翻来覆去的推敲,无穷尽的分析,仿佛世界上没有绝对的是非,——在一个像奥里维这样看重节操的人,那是很奇怪的现象,但它的根源就在于他兼收并蓄的智慧;因为他的智慧不愿意对事情一笔抹杀,喜欢看到相反的思想。奥里维看事情,用的是一种历史的,俯瞰全景的观点;因为极需要彻底了解,所以同时看到正反两面:他一忽儿拥护正面,一忽儿拥护反面,看人家替哪方面辩护而定;结果连他自己也陷于矛盾,无怪克利斯朵夫看了莫名其妙了。可是在奥里维,这倒并不是喜欢跟别人抵触或标新立异,而是一种非满足不可的需要,需要公道,需要通情达理:他最恨成见,觉得非反抗不可。克利斯朵夫对于不道德的人物与行为,往往夸大事实,不假思索就加以批判,使奥里维听了很不舒服。他虽然和克利斯朵夫同样纯洁,天性究竟没有那么顽强,会受到外界的诱惑,濡染,接触。他反对克利斯朵夫的夸张,但他自己在相反的方面也一样夸张。这个思想上的缺点使他每天在朋友前面支持他的敌人。克利斯朵夫生气了,埋怨奥里维的诡辩和宽容。

奥里维只是笑笑：他很知道因为没有自欺欺人的幻想才有这种宽容，也知道克利斯朵夫相信的事要比他多得多，而且接受得更彻底。克利斯朵夫是从来不向左右瞧一眼，只顾像野猪一般往前直冲的。他对于巴黎式的“慈悲”尤其厌恶。他说：

“他们宽恕坏蛋的时候，最大的理由是作恶的人本身已经够不幸了，或者说他们是不能负责的……可是第一，说作恶的人不幸是不确的。那简直是把可笑的、无聊的戏剧上的道德观念，荒谬的乐观主义，像斯克里布和卡皮[①]所宣传的那一套，拿来实行了。而斯克里布与卡皮，你们这两个伟大的巴黎人，最配你们那些享乐的、伪善的、幼稚的、懦怯的、不敢正视自己丑态的布尔乔亚社会……一个坏蛋很可能是个快乐的人，甚至比别人更多快乐的机会。至于说他不能负责，那又是胡说了。既然人的天性对于善恶都不加可否，因此也可以说是偏于恶的，那么一个人当然能够犯罪而同时是健全的。德不是天生的，是人造的。所以要由人去保卫它！人类社会是一小群比较坚强而伟大的分子建筑起来的。他们的责任是不让狼心狗肺的坏蛋毁坏他们惨淡经营的事业。”

这些思想实际上并不和奥里维的有多大分别；但因为奥里维本能的要求平衡，所以一听到战斗的话，就特别表示出游戏人生的态度。

“别这样的忙乱，朋友，”他对克利斯朵夫说，“让世界灭亡吧。像《十日谈》里头的那些伙伴一样，正当佛罗伦萨城在蔷薇遍地，杉树成荫的山坡底下为黑死病毁灭的时候，我们且安安静静地欣赏一下思想的园林吧。”

他像拆卸机器一样整天的分析艺术，科学，思想，希望从中找出些隐藏的机轴；结果他变得极端的怀疑，一切现实的东西都变为精神的幻想，变为空中楼阁，比几何图形都更空虚，因为几何图形还能说是满足思想上的需要。克利斯朵夫愤慨之下，说道：

---

① 斯克里布（1791—1861），十九世纪法国通俗戏剧作家，卡皮为法国近代新闻记者兼剧作家。

“机器走得很好,干吗把它拆开来呢?你可能把它搞坏的。而且你的成绩在哪儿?你要证明些什么?证明一切皆空,是不是?我也知道一切皆空。就因为我们到处受到虚无包围,我才奋斗。你说什么都不存在吗?我,我可是存在的。活动没有意义吗?我就在活动。喜欢死亡的人,让他们死吧!我活着,我要活。我的生命在一只秤托里,思想又在另一只秤托里……思想,滚它的蛋!……”

他逞着暴烈的性子,讨论问题的时候不免出口伤人。他说过就后悔,恨不得把话收回来;但听的人已经受到伤害。奥里维是很敏感的,脸很嫩,话重了一些,尤其是出之于他所爱的人,他简直心都碎了。但他为了傲气,把这一点憋在肚里,只退一步做着反省的功夫。他也发觉他的朋友像所有的大艺术家一样,会突然之间流露出无意识的自私。他觉得自己的生命有时候在克利斯朵夫心目中还不及一阕美丽的音乐可贵:——(克利斯朵夫对他也不隐瞒这种思想。)——他了解克利斯朵夫,认为克利斯朵夫是对的;但他心里很难过。

并且,克利斯朵夫的天性中有各式各种骚乱不宁的成分,为奥里维摸不着头脑而很操心的。第一是那种突如其来的古怪而可怕的脾气。有些日子,克利斯朵夫不愿意说话,或者像魔鬼上了身似的只想伤害人。再不然他失踪了,你可以一整天大半夜的看不见他。有一次,他接连两天没回来。天知道他做些什么!他自己也不大清楚……其实是他的强烈的天性被狭窄的生活跟寓所拘囚着,好像关在鸡笼里,有时差点儿要爆裂了。朋友的镇静使他气恼,竟想加以伤害。他只得往外逃,用疲劳来折磨自己,在巴黎跟近郊四处乱跑,心中渺渺茫茫地希望有些奇遇,有时也真会碰到;他甚至希望闹些乱子,例如跟人打架什么的,把过于旺盛的精力发泄一下……奥里维因为身体娇弱,觉得那是不可能的。克利斯朵夫自己也不比他更了解。他从这种神思恍惚的境界中醒来,好比做了一个累人的梦,——对于做过的事和将来还会再做的事,有点儿惭愧,有点儿不安。可是那阵突如其来的疯狂过去以后,他好比雷雨以后的天空,没有一丝污点,晴明万里,威临一切。他对奥里维更温柔了,因为给了他痛苦而恨自己。他对两人之间那些小小的口角弄不明白了。错处并不都在他这方面,但他认为自己同样要负责;他埋怨自己的好胜心,觉得与其把朋友驳倒而证明自己有理,还不如跟他一起犯错误。

最糟的是他们在晚上发生误会,闹着别扭过夜,那是两个人都不舒服的。克利斯朵夫往往起床写一张字条塞在奥里维的房门底下,第二天一醒过来就向他道歉。或者他还等不到天亮,当夜就去敲门。奥里维跟他一样的睡不着。他明知克利斯朵夫是爱他的,并非故意要伤害他;但他需要听克利斯朵夫把这些意思亲口说出来。而克利斯朵夫果然说了:一切都过去了。那才多么快慰呢!这样他们才能睡着。

"啊!"奥里维叹道,"互相了解是多么困难!"

"难道非永远互相了解不可吗?"克利斯朵夫说,"我认为不必。只要相爱就行了。"

他们事后竭力以温柔而不安的心情加以补救的这些小争执,使他们格外相爱。吵了架,奥里维眼中立刻映出安多纳德的形象。于是两位朋友互相体贴到极点。克利斯朵夫每逢奥里维的节日,总得作一个曲子题赠给他,送点儿鲜花,糕饼,礼物,天知道是怎么买来的,因为他平常钱老是不够用。在奥里维方面,却是在夜里睁着倦眼偷偷地为克利斯朵夫抄写总谱。

两个朋友之间的误会从来不会怎么严重,只要没有第三者插进来。但那是免不了的:在这个世界上,爱管闲事而挑拨人家不和的人太多了。

奥里维也认识克利斯朵夫从前来往的史丹芬一家,受着高兰德吸引。克利斯朵夫当初没有在她那边遇到他,因为那时奥里维遭了姊姊的丧事,躲在家里。高兰德绝对不邀他去:她很喜欢奥里维,可不喜欢遭逢不幸的人,她说自己太容易感动,看到人家伤心会受不住,所以要等奥里维的悲伤淡下去。赶到她知道他已经痊愈而不至于再传染别人的时候,就设法招引他。奥里维用不着人家三邀四请。他是个狷介与浮华兼而有之的人,很容易入迷的,何况那时又爱着高兰德。他和克利斯朵夫说想再到她家里去,克利斯朵夫因为尊重朋友的自由,没有责备他,只是耸耸肩,带着取笑的神气回答说:"去吧,孩子,要是你觉得好玩的话。"

克利斯朵夫自己可决不跟着他去。他已经决意不和那些卖弄风情的姑娘来往。并非他厌恶女性:那才差得远呢。对于一般劳动的青年妇女,每天清早睁着倦眼,急匆匆的,老是迟到的往工场或办公室奔去的女工,职员,公务员,他都抱有好感。他觉得女人只有在活动的时候,挣取自己的面包和过着独立生活的时候,才有意思。他甚至觉得,唯有这样,女性的风韵,动作的轻盈,感官的灵敏,她的生命与意志的完整,才能完全显露出来。他瞧不起有闲的享乐的女子,认为那等于吃饱了东西的野兽,一方面在那里消化食物,一方面感到无聊,做着些不健全的梦。奥里维却是相反,他最喜欢女人"无所事事"的悠闲,喜欢她们花一般的娇艳,以为只要长得美,能够在周围散布香味,就算她们不白活了。他的观点是艺术家的观点,克利斯朵夫的观点却更富于人间性。克利斯朵夫和高兰德相反:越是深尝人世的痛苦的人,他越喜欢。他觉得自己跟他们有一股友爱的同情作联系。

高兰德自从知道了奥里维和克利斯朵夫的友谊以后,更想见一见奥里维;因为她要详细打听一下。克利斯朵夫那么傲慢的把她淡忘了使她有点儿气愤,虽然不想报复,——那是不值得的,——却很乐意跟他开个玩笑。这是东抓抓,西咬咬,想惹人注意的猫的玩意儿。凭她那种迷人的本领,她毫不费力就套出了奥里维的话。只要不跟人家在一起,谁也比不上奥里维的明察和不受欺骗;面对着一双可爱的媚眼,谁也比不上他的天真和轻信。高兰德对于他跟克利斯朵夫的友谊表示那么真诚的关切,所以他把他们的历史原原本本讲了出来,甚至把他从远处看了好玩而都归咎于自己的误会,也说了一部分。他也对高兰德说出克利斯朵夫的艺术计划,说出他对法国与法国人的某些——

当然不是恭维的——批评。这些事情本身都没有什么关系,但高兰德立刻拿来张扬出去,还别出心裁的安排一下,为的使故事更动听,也为的把克利斯朵夫耍弄一下。第一个听到她的心腹话的,当然是那个跟她形影不离的吕西安·雷维-葛,而他并没有保守秘密的理由,所以那些话就越来越添枝接叶的传布开去,把奥里维形容做一个牺牲者,说话之间对他有种轻侮的同情。两个角色既没有多少人认识,照理故事是不会引起谁的兴趣的;但巴黎人最喜欢管闲事。辗转相传,结果克利斯朵夫自己也有一天从罗孙太太嘴里听到了这些秘密。她在一个音乐会中遇到他,问他是不是真的和可怜的奥里维·耶南闹翻了,又问起他的工作,言语之间所提到的某些事,克利斯朵夫以为只有他跟奥里维两个人知道的。他向她追问消息的原委;她说是吕西安·雷维-葛告诉她的,而吕西安又是听奥里维自己说的。

这一下对克利斯朵夫简直是当头闷棍。生性暴躁,又不懂得怀疑,他压根儿不想向人家指出这件新闻的不近事实;他只看见一桩事:便是他向奥里维吐露的秘密被泄漏给吕西安·雷维-葛了。他不能在音乐会里再待下去,马上走了。周围只有一片空虚。他心里想着:"我的朋友把我出卖了!……"

奥里维正在高兰德那里。克利斯朵夫把自己的卧室下了锁,使奥里维不能像平常一样在回来的时候跟他说一会闲话。果然他听见他回来了,把他的门推了推,在锁孔中轻轻地和他招呼了一声,他可是一动不动,在黑暗中坐在床上,双手捧着脑袋,反复不已地对自己说着:"我的朋友把我出卖了!……"这样的直挨了大半夜。这时他才觉得自己怎样地爱着奥里维;因为他并不恨朋友的欺骗,只是自己痛苦。你所爱的人对你可以为所欲为,甚至可以不爱你。你没法恨他;既然他丢掉你,足见你不值得人家的爱,你只能恨自己。这便是致命的痛苦。

第二天早上看到奥里维的时候,他一句不提;他觉得那些责备的话,自己听了就受不住,——责备朋友滥用他的信任,把他的秘密给敌人利用等等,他一句也不能说。但他的脸色代他说了:神气是冷冰冰的,含有敌意的。奥里维看了大吃一惊,可是莫名其妙。他怯生生地试探克利斯朵夫对他有什么不满意。克利斯朵夫却粗暴地掉过头去,置之不理。奥里维也恼了,不出声了,只想着胸中的悲苦。那天他们整日没有再见面。

即使奥里维使克利斯朵夫受到百倍于此的痛苦,克利斯朵夫也不会报复,甚至也不大会想到自卫。对于他,奥里维是神圣的。但他胸中的愤懑必须对什么人发泄一下,而发泄的对象既然不可能是奥里维,就得轮到吕西安·雷维-葛了。依着他平素那种偏枉而激烈的性情,他把先前归咎于奥里维的过失立刻派在吕西安头上;他想到这样一个家伙居然能抢走他朋友的感情,像从前抢掉高兰德对他的友谊一样,就不由得妒火中烧。而那一天他又看到吕西安的一篇关于《菲岱里奥》[①]的批评,愈加气坏了。吕西安冷嘲热讽的提到贝多芬,说剧中的女主角大可以得蒙底翁道德奖。这出歌剧的可笑的地方,甚至音乐方面的某些错误,克利斯朵夫比谁都看得清楚,他对于世所公认的大师们从来不盲目地崇拜。但他也并不自命为永远没有矛盾,像法国人那样始终合于逻辑。世界上有一般人很愿意挑自己所喜欢的人的错,可不答应别人那么做:克利斯朵夫便是这么一个人。并且克利斯朵夫的批评一个大艺术家,尽管尖刻,究竟是因为对艺术抱着热烈的信仰,爱护大师的光荣,不能忍受他有一丝一毫的瑕疵,吕西安的那一套却是想迎合群众的卑鄙心理,挖苦一个大人物来逗大家发笑:这两种批评当然是大不同的。何况克利斯朵夫虽然思想那么洒脱,还暗中认为有一种音乐是绝对不能触犯的:那不只是音乐而是更胜于音乐的音乐,是一颗伟大的仁慈的心灵的音乐,给你安慰,给你勇气,给你希望的音乐。贝多芬的作品便属于这一类;它现在受到一个卑鄙的家伙的侮辱,怪不得克利斯朵夫要义愤填胸了。那不光是一个艺术问题;—

① 《菲岱里奥》(亦称《莱奥诺拉》)为贝多芬作的歌剧。

切使人生有点儿价值的东西:爱情,牺牲,道德,全部都牵涉到了。我们不能允许人家侵犯这些,正如不能允许人家侮辱一个为我们敬爱的女子;在这种情形之下,一个人当然要恨,要拼命了……而这个侮辱的人又不是别人,竟是克利斯朵夫最瞧不起的家伙,那更有什么话说!

碰巧当天晚上克利斯朵夫和那个人劈面遇到了。

为避免跟奥里维单独在一起,克利斯朵夫一反平时的习惯,上罗孙家参加晚会去了。人家要求他弹奏,他勉强答应下来。但过了一忽儿,他正聚精会神想着所奏的作品,忽然抬起眼睛,看到几步以外的人堆里,吕西安含讥带讽的在那儿打量他。他一个乐节没弹完就马上停住,站起身子,背对着钢琴。大家登时静了下来,都有点儿发窘。罗孙太太诧异之下,向克利斯朵夫走过去,勉强堆着笑容,很谨慎地问(因为她不敢断定作品是否真的完了):"您不弹下去了吗,克拉夫脱先生?"

"我弹完了。"他冷冷地回答。

他说过了就觉得措辞不大得体,但非但不因此检点,倒反更烦躁了。他并没注意到人家用着讥讽的态度看着他,径自走去坐在客厅的一角,可以望见吕西安的动作的地方。旁边坐着一个脸色红红,眼睛浅蓝,神气想睡觉的老将军,以为应当向克利斯朵夫恭维一番作品的特色。克利斯朵夫不胜厌烦的弯了弯身子,胡乱回答了几句。老人继续说着,非常有礼,堆着一副痴騃的柔和的笑脸;他想请克利斯朵夫解释怎么能背出这许多页音乐。克利斯朵夫恨不得一拳把老头儿打倒在椅子底下。他只想听吕西安的话,找机会斗他一斗。几分钟以来,他觉得自己要胡闹了,怎么也抑捺不住。吕西安正在对几位太太尖着嗓子解释一般大艺术家的用意和秘密的思想。客厅里忽然静了一会,克利斯朵夫听见吕西安用着轻佻下流的隐喻,谈着瓦格纳和路易王[1]的交情。

① 指德国巴伐利亚王路易二世。

“住嘴!”克利斯朵夫拍着旁边的桌子嚷道。

大家愕然回过头来。吕西安跟克利斯朵夫照了面,脸色有点儿发白:

“你这话是对我说的吗?”

“是对你这个狗朵种说的!”克利斯朵夫回答,接着又跳起来,说:

“难道你一定要把世界上所有伟大的东西糟蹋完吗?滚出去,坏蛋!要不然我就把你从窗里摔出去!”

他迎着他走过去。妇女们都尖声叫着闪开了。屋子里乱了一阵。克利斯朵夫立刻给人包围了。吕西安抬了抬身子,接着又坐了下去,恢复他那个随便的姿势。一个当差在旁边走过,吕西安轻轻的招呼他,给了他一张名片,然后又若无其事的继续谈话,可是眼皮很紧张的颤动着,眼睛睒个不住,向四下里瞧了瞧大家的神色。罗孙过来站在克利斯朵夫前面,抓着他的衣襟,把他推着向门口走去。克利斯朵夫又羞又愤,低着头,只看到面前那片雪白的硬衬衫,不禁莫名其妙地数着它发亮的纽扣;胖子罗孙的呼吸直吹到他的脸上。

“嗯,朋友,怎么啦?”罗孙说,“这算是哪一门?你检点检点吧!你知道这儿是什么地方?你不是疯了吗?”

“嘿!我再也不上你这儿来的了!”克利斯朵夫说着,挣脱了对方的手,往门外走去。

大家很小心地闪过一边。在衣帽间里,一个当差的托着一个盘送过来,盘里放着吕西安·雷维-葛的名片。他糊里糊涂地拿着,高声念着;随后他突然气愤愤地在衣袋里找,掏出了半打左右的零碎东西,才捡出三四张褶皱的肮脏的名片:

“拿去!拿去!拿去!”他一边说一边把那些名片往盘里乱丢,猛烈的手势把其中的一张扔在了地下。

于是他走了。

奥里维对这件事一无所知。克利斯朵夫随便挑了两个证人:一个是音乐批评家丹沃斐·古耶，一个是瑞士某大学的私人教授[①]巴德博士，那是他有一晚在一家酒店里认识的，虽然不喜欢这个人，但可以和他谈谈本国的事。经过双方证人的协议，武器决定用手枪。克利斯朵夫是无论什么武器都不会用的。古耶劝他到射击房中去练一练，克利斯朵夫可拒绝了，因为决斗要第二天才举行，他当时又埋头工作起来。

当然他的工作是心不在焉的，好像做着噩梦，听见一个模糊而固执的念头在耳朵里嗡嗡地响着……"讨厌，真讨厌！……什么事讨厌呢？——明天那场决斗啰……嘿，那不过是闹着玩儿的！……谁也打不着谁的……可也说不定……那么以后呢？……对啦，以后呢？那个畜牲手指一捺就能结果我的性命……太笑话了！……明天，两天之内，我可能躺在这发臭的泥土底下……也罢！这儿也好，那儿也好……难道怕他不成？——可是，我明明觉得胸中有我自己的天地，在那里慢慢地长大，如今为了一桩无聊事儿把这天地断送，不是太胡闹吗？……这些现代的斗争，说是让敌我双方机会平等，真是见鬼！好一个平等，一个混蛋的性命，跟我的性命有同样的价值！干吗不用拳头或棍子来打一架呢？那倒还好玩。可是这冷冰冰的枪真不是味儿！……他对这一套当然是老手，我可从来没拿过什么手枪……他们说得不错：我应当去学一学……他想打死我吗？哼，我才要打死他呢。"

他奔下楼去。附近就有一家射击房：克利斯朵夫要了一支枪，叫人家指点他怎么拿。第一下，他险些儿把店里的管事打死；他重新来过，两次，三次，还是没有成绩；他不耐烦了，而结果是更坏。旁边有几个青年看着，笑着。他并不在意，只一味的固执，对于旁人的讪笑既那样的不在乎，意志又那样的坚决，使闲人看了也对他这种笨拙的耐性表示关切了。看的人中间有一个过来指点他几句。他平常性子那么暴烈，此刻却像孩子一般的听话，硬要制服自己的手，不让它发抖；他

① 德国大学有"私人教授"一职，资格必须有博士学位；其薪给不由公家支付而由学生直接负担。瑞士是否亦有此制度，不详。

挺着身子,拧着眉,脸上流着汗,一声不出,有时候气愤愤的跳一下,然后又聚精会神的打靶子。他逗留了两小时,两小时以后,他竟然打中了靶子。不听指挥的肉体被意志降服了:那也叫人看了佩服。最初笑他的人有些已经走了,有些慢慢的不出声了,却舍不得走开。等到克利斯朵夫走出铺子的时候,他们居然很亲热的跟他招呼。

回到家里,克利斯朵夫看到莫克很焦急地等着。莫克已经得悉吵架的事,想打听原因。虽然克利斯朵夫支吾其词的不愿意指责奥里维,莫克也终于猜到了。他很镇静,又深知两个朋友的为人,便断定奥里维在这件事里头是无辜的。他马上出去调查,毫不费事的就明白了所有的过错原来都是由于高兰德和吕西安·雷维-葛的多嘴。他急急忙忙的回来,把证据给克利斯朵夫看,以为这样可以阻止他去决斗了。可是相反:克利斯朵夫一知道是吕西安使他怀疑他的朋友的,便更加恨吕西安。莫克絮絮不休的劝阻他,他为了摆脱起见,便满口答应。可是他已经拿定主意,并且心里很高兴:他这是为了奥里维决斗,而不是为自己了!

车子穿进森林里的小路的时候,证人之中有一个说了一句感想,突然引起了克利斯朵夫的注意。他想研究一下那些人心里想些什么,结果觉得他们都对他不关痛痒。巴德教授在那里预算这件事几点钟可以完,能不能赶回去把他在国家图书馆手稿室开始的工作当天结束。因为他也是德国人,所以在克利斯朵夫的三个同伴中最关心决斗的结果。古耶既不理会克利斯朵夫,也不理会巴德,只跟于里安医生谈些淫猥的生理学问题。年轻的于里安是图卢兹人,从前和克利斯朵夫住在同一层楼上,常常向他借酒精灯,雨伞,咖啡杯等等,东西还来的时候没有一次不是打烂了的。为交换起见,他替克利斯朵夫义务诊病,把他做试验品,看着他的天真觉得好玩。表面上他像西班牙贵族一样的镇静,骨子里老是喜欢挖苦人。他对眼前这件事高兴得不得了,认为滑稽透顶。他料到克利斯朵夫的笨拙,先就乐死了。他最得意的是克利斯朵夫出了钱让他坐着车到森林里来玩一下。——这是三个人的头脑里最显明的思想;他们把事情看作一件不费分文的娱乐。谁也不拿什么决斗放在心上。并且他们对于一切可能发生的后果都很冷静的准备好了。

他们比对方先到。树林深处有家小客店。那是一个相当下流的娱乐场所,巴黎人常常到这儿来出卖他们的荣誉的。篱垣上开着野蔷薇,叶子古铜色的橡树荫下摆着几张小桌子。一张桌上坐着三个人,都是骑了自行车来的。一个是搽脂抹粉的女人,穿着短裤,脚上套着黑袜子,两个是穿法兰绒衣衫的男人,热得头昏脑涨,不时发出一些呜呜的声音,仿佛连话都不会说了。

车子一到,小客店里稍微忙乱了一阵。古耶跟这个店里的人已经认识多年,便自告奋勇去代办一切。巴德把克利斯朵夫拉到一个花棚底下,叫了啤酒。空气挺暖和,非常舒服,到处是蜜蜂的声音。克利斯朵夫忘了为什么到这儿来的。巴德倒空了瓶子,静了一会,说道:“我想清楚了该怎么办。”

他一边喝着啤酒,一边又说:“时间还来得及:过后我可以上凡尔赛去。”

他们听见古耶为了场地的租金跟店里的主妇争得很凶。于里安也没有浪费时间:在那几位骑自行车的游客身旁走过的时候,大惊小怪的对女人裸露的大腿叫好,招来一大阵粗野的咒骂,于里安也老实不客气回敬他们。巴德轻轻地说:“法国人都是无耻东西。兄弟,我祝贺你胜利。”

他拿酒杯和克利斯朵夫的碰了一下。克利斯朵夫却在那里胡思乱想:断片的乐句在脑海中飞过,好似一片和谐的虫声。他简直想睡觉了。

另外一辆车把小路上的细石子压出沙沙的声音,克利斯朵夫一看见吕西安苍白的脸上照例堆着笑容,不由得又动了火。他站起来,后面跟着巴德。

吕西安戴着高领,把脖子都埋得看不见了,他穿扮非常讲究,恰好跟对方的衣衫不整成为对比。跟着下车的是勃洛克伯爵,那是以情妇众多,收藏古代圣体匣,和极端保王党的意见出名的体育家;——随后是雷翁·摩埃,又是一个时髦人物,靠了文学而当选的议员,靠了政治野心而成功的文学家,年轻,秃顶,胡子剃得精光,苍白而带黄的脸,长鼻子,圆眼睛,尖脑袋;——最后是爱麦虞限医生,很细腻的标准闪米特族,对人很客气,可是心里很冷淡;他是医学学士院会员,某医院院长,以渊博的著作和一种医药上的怀疑主义闻名的,老是用含讥带讽的同情心听病家诉苦,而并不想法给他们医治。

这些新到的人物殷勤的行着礼。克利斯朵夫对他们似理非理,可是他很不高兴的看到自己的证人对吕西安的证人非常巴结。于里安认识爱麦虞限,古耶认识摩埃;他们都笑容满面,礼貌周全的走拢来。摩埃冷冷的有礼的接待他们,爱麦虞限照例嘻嘻哈哈的挺随便。站在吕西安身旁的勃洛克伯爵,眼睛一扫就把对方几个人所有的长礼服跟衬衣估计了一下,和他的主人交换了几句印象,嘴巴差不多动都没动,——因为他们俩都是镇静而极有规矩的。

吕西安若无其事的等主持决斗的勃洛克伯爵发令。他把这件事认为只是一种简单的仪式。他打枪打得极好,知道敌人的笨拙,可不想利用自己的本领,趁证人们不注意的时候——(那也不大可能,当证人的总设法不让决斗发生严重的后果),——一枪击中敌人:因为他知道,最傻的莫如教一个敌人伤在自己手里,让大家以为他是个牺牲者;倒不如用另一种方式无声无息的把他毁掉,那才是聪明的办法。可是克利斯朵夫脱去了外衣,敞开着衬衫,露出粗大的脖子和结实的拳头,低着额角,一双眼睛恶狠狠地盯着吕西安,集中全身精力等着,满脸都是杀气;勃洛克伯爵在旁边把他打量了一番,心里想文明人要能消灭决斗的危险才好呢。

等到双方都发了两颗当然毫无结果的子弹,证人就赶来祝贺两位敌人。大家都已经有了面子,——但克利斯朵夫没有满足。他站在那儿,拿着手枪,不相信这算是完了。他很乐意像隔天在射击房中一样,一枪一枪尽打下去,到打中为止。他听到古耶要他向敌人伸手,又看到敌人堆着那永久的笑容向自己走过来,觉得这种喜剧可恨极了,立刻丢下武器,推开古耶,往着吕西安直扑过去。众人费尽气力才把他拦住,不让他用拳头来继续决斗。

吕西安走开了,证人们都围着克利斯朵夫。他却冲出圈子,不理他们的哗笑跟埋怨,径自大踏步往森林中跑去,一边高声的自言自语,一边做着愤恨的手势,也没想起自己的外衣和帽子都留在场地上,只顾往树林的深处走。他听见证人们笑着叫他;后来他们不耐烦了,不理他了。不久,车子远去的声音表示他们已经动身。他自个儿站在静悄悄的林中,怒气平了,扑下身子,在草地上躺下了。

过了一会,莫克赶到了小客店。他从清早起就在找克利斯朵夫。客店里的人说他的朋友跑到树林里去了。他就开始搜寻,披荆斩棘,到处呼唤;赶到听见克利斯朵夫的歌声,他又咕哝着走回头来,跟着声音的方向走,终于在一片空地上把克利斯朵夫找到了:原来他四肢朝天,像一头小牛似的在那儿打滚。克利斯朵夫很快活的跟他招呼,叫他"老朋友"。他告诉他说,敌人被他浑身打满了窟窿,像筛子一样;他又强迫莫克跳着玩儿,重重地拍着莫克的身子。天真的莫克虽然手脚不大灵活,也差不多和他玩得一样高兴。——他们手拉着手走到小客店,然后到邻近的站上搭火车回巴黎。

奥里维一点都不知道,只奇怪为什么克利斯朵夫对他那么温柔:这些忽冷忽热的变化使他心中纳闷。到第二天,他才从报上知道克利斯朵夫决斗的事。他一想起克利斯朵夫所冒的危险差点儿吓坏了。他追究决斗的原因,克利斯朵夫又不肯说,等到被逼不过了,才笑着回答:

"为了你呀。"

除此以外,奥里维再也套不出一句话。最后还是莫克把故事原原本本讲了出来。奥里维惊骇之下,跟高兰德绝交了,又求克利斯朵夫原谅他的莽撞。克利斯朵夫为了要弄莫克,很俏皮的把一支法国的老歌谣改了几个字代替回答。莫克也为了两个朋友的快乐而高兴极了。克利斯朵夫的歌谣是:

"我的乖乖,这教你提防……

那有闲而多嘴的姑娘,

那吹牛拍马的犹太人,

那无聊的朋友,

那亲狎的敌人,

还有那泄气的酒,

你切勿上这些家伙的当!"

友谊恢复了。友谊破裂的威胁反而使友谊变得更可贵。过去一些小小的误会都消释了,便是两个朋友的不同的性格也对他们成为一种吸引力。克利斯朵夫把两个民族的灵魂在自己心中很和谐的结合了起来。他觉得自己的内心非常丰富,充实;而这种丰满的境界在他是照例用音乐来表达的。

奥里维听了惊叹不已。以他那种过分的批评精神,他几乎以为他所热爱的音乐已经发展到顶点。他常常有种病态的思想,认为一种文化进步到某个程度以后,必然要流于颓废,所以老是怕这个使他爱好生命的美妙的艺术会突然停顿,泉源枯竭。克利斯朵夫觉得这顾虑很可笑,拿出好辩的脾气,说在他以前世界上还一无成就,一切都得从头做起。奥里维提出法国音乐作反证,认为它已经到了尽善尽美,盛极而衰的地步,更无进步可言。克利斯朵夫耸耸肩,说道:

"法国音乐吗?……它还没诞生呢……你们在世界上有多少美妙的话可以说!你们真不是音乐家,要不然就不会见不到这些。啊!如果我是法国人的话!"

于是他举出一个法国人所能描写的一切:

"你们翻来覆去的搬弄一些跟你们不适合的体裁,适合你们民族性的事反而一件不做。你们是个典雅的民族,有的是浮华世界的诗意,有的是举止的美,态度的美,服饰的美,你们很能创造一种人家没法模仿的艺术——富于诗意的舞蹈,而你们倒反不再制作芭蕾舞乐……——你们是一个诙谐机智的民族,而你们却不再写喜歌剧,或是只让不入流的音乐家去做。啊!如果我是法国人的话,我要把拉伯雷的作品谱成音乐,我要制作滑稽史诗……——你们是一个小说家的民族,你们却并不在音乐上施展小说家的天才,——居斯塔夫·夏庞蒂埃的作品还谈不上这点。你们并不运用你们的分析心灵,参透个性的天赋。啊!如果我是法国人,我可以用音乐来制作肖像……(比方说,我能够替那静坐在下面花园中紫丁香旁边的姑娘写照)……我要用弦乐四重奏来表现你们斯当达的手腕……——你们是欧洲的第一个民主国,却没有平民戏剧,平民音乐。啊!如果我是法国人,我一定把你们的大革命谱为音乐:把七月十四,八月十日,①瓦尔米,②联欢大会,③以及所有的民众在音乐里表现出来!并非用那种浮夸的瓦格纳式的朗诵,而是用交响乐,合唱,舞蹈。……别说废话!我早听厌了。应当大刀阔斧的,在兼带合唱的大交响曲中写出大块文章的风景,荷马式的,圣经式的史诗,描写水,火,土地,光明的天,鼓舞人心的狂热,本能的活跃,民族的运命,节奏的胜利,仿佛一个世界之皇,驾驭着千万生灵,教千军万马出生入死……到处都是音乐,什么都是音乐!如果你们是音乐家,那么为你们所有的公共节目,所有的典礼,所有的工会,学生会,家庭庆祝,都可有个别的音乐……可是第一,倘若你们是音乐家,你们先得制作纯粹音乐,无所为而为的音乐,唯一的目的是使人温暖,使人呼吸,使人生活。你们得创造太阳!……你们的雨下得够了。你们的音乐使我伤风感冒。一切都是昏昏沉沉的:把你们的灯

① 一七九二年八月十日巴黎人民起义攻入王宫,废黜国王,摧毁了数百年来的封建君主制度。

② 瓦尔米为法国玛纳州中的一个市镇,一七九二年法人在此击败普鲁士人。

③ 一七九〇年十四日法国务州代表齐集巴黎,纪念攻下巴士底狱之第一周年,谓之联欢大会。

点起来吧……你们抱怨意大利的脏东西把你们的戏院给包围了，把你们的民众给征服了，把你们赶出了自己的家。这是你们自己的过失！民众被你们昏暗的艺术，神经衰弱的和声，繁琐沉闷的对位，搅得厌倦透了。他自然要扑向生命所在的地方，不管那生命粗野不粗野，——他们只要求生命！你们为什么要灭绝生命呢？你们的德彪西是一个大艺术家，但对你们是不卫生的。他促成你们的麻痹。你们需要人家用力把你们撼醒。”

“难道你要教我们走上施特劳斯的路吗？”

“那也不行。他会把你们毁掉的。要有我同胞们的胃口，才喝得下这种强烈的饮料。便是我的同胞也未必受得了……施特劳斯的《莎乐美》固然是杰作……我自己却并不想写这样的东西……我想到我可怜的老祖父和高脱弗烈特舅舅，他们讲起音乐的时候，用的是何等尊敬而温柔的口吻！唉！一个人有了神明般的力量而用在这等地方！……那是一颗烈焰飞腾的流星！一个伊索尔德，犹太的卖淫妇。[①]痛苦的兽性的淫欲。残杀，强奸，乱伦这一类狂热的欲望，在德国颓废的心灵深处咆哮……而你们却是在温柔乡中自杀……前者是野兽，后者是俘虏。人在哪里呢？……你们的德彪西是趣味高尚的天才；施特劳斯是趣味恶劣的天才。前者无味。后者可厌。一个有如一片银色的池塘消失在芦苇里，发出一种狂热的香味。一个有如溷浊的激流……而在这些水沫底下，又是低级的意大利风格，新派的梅耶贝尔，下流的感情，在那里蒸发臭气……《莎乐美》是一件可怕的杰作！它是《伊索尔德》的女儿……可是《莎乐美》又会产生些什么呢？”

“是的，”奥里维说，“我很想走前半个世纪。这个奔向深渊的趋势，无论用什么方式都得教它停止；要就是悬崖勒马，要就是下坠深谷。那时我们才能够呼吸。谢谢老天，不管有没有音乐，大地照样会开花。这种违反人性的艺术，我们要它做什么？……西方的火已经快

---

① 指理查·施特劳斯歌剧中莎乐美。

烧完了……不久……不久,别的光明将要从东方升起。”

“别再提你的东方了!”克利斯朵夫说,“西方还没有到山穷水尽的田地呢。你以为我会退让吗,我?我的前程还有好几百年呢。生命万岁!……欢乐万岁!……和我们的命运斗争吧,斗争万岁!扩大我们心胸的爱情万岁!温暖我们的信心,比爱情更甜蜜的友谊万岁!白天万岁!黑夜万岁!祝贺太阳!祝贺梦想与行动的神,祝贺创造音乐的神!胜利啊!……”

然后他在桌前坐下,把脑子里所想到的统统写下,再也不想到自己刚才的话了。

那时克利斯朵夫所有的力量完全平衡了。他不想讨论这一种音乐体裁或那一种音乐体裁的美学价值,也不殚精竭虑的去追求新奇;凡是可以用音乐来表现的题材,他用不着多费心力就找到了。对于他,什么都行。音乐像潮水一般的奔泻,克利斯朵夫竟来不及认出它表现哪一种感情。他只是快乐,因为能够尽量发泄而快乐,因为觉得天地万物的生命在他心中跳动而快乐。

这种快乐与丰富的生命力感染了他周围的人。

局处花园中的屋子对于他是太小了。隔壁原来有个修道院的大花园;清静的宽大的走道,上百年的古树,可以让他的心灵驰骋一下;但这种太美的景致是不能长久保持的。正对着克利斯朵夫的窗,人家正在盖一所六层楼的屋子,把远景挡住了,把他跟周围的环境隔绝了。他每日从早到晚只听见转动滑车,刮磨砖石,敲钉木板的声音。他在工人中又遇到那个盖屋的朋友,从前在屋顶上认识的。他们远远的点头。克利斯朵夫在街上碰到他,还带他上酒店去一块儿喝酒,使奥里维看了大为诧异。他可觉得这工人滑稽的唠叨和老是那么快活的兴致很好玩。但他照旧诅咒他跟他那群工人在前面筑起一堵高墙,夺去他的光明。奥里维并不怎么抱怨,他能适应这个坐井观天的环境,仿佛把它当作笛卡儿的火炉,被压迫的思想会从里面往天上飞去的。可是克利斯朵夫需要空气。既然被关在这个局促的地方,他就跟周围的心灵融成一片。他尽量把它们吸收,把它们谱成音乐。奥里维说他好像一个动了爱情的人。

"要是这样的话,"克利斯朵夫回答,"那么除了我的爱情以外,我便一无所见,一无所爱,对什么都不感兴趣的了。"

"那么你为什么这样高兴呢?"

"因为我健康,因为我胃口好。"

"幸福的克利斯朵夫!"奥里维叹着说,"你真应该把你的胃口分点儿给我们。"

健康是像疾病一样会传染的。第一个受到好处的是奥里维。他最缺少的是力。他躲避社会,因为社会的鄙俗使他厌恶。凭他广博的智慧和少有的艺术天分,他还是太细巧了,不能成为一个大艺术家。大艺术家不是一个吹毛求疵的人。健康的人最重视的是生活;特别是有天才的人,因为他比别人更需要生活。奥里维却逃避生活;他让自己在没有身体,没有皮肉,没有实质的诗情梦境中浮沉。像某些优秀人士一样,他需要在过去的时代中或是从来没存在过的时代中寻求美。生命的甘泉,仿佛今日的就不及过去的那么醉人!疲倦的灵魂不能直接接触生命,只能接受被过去的帘幕掩蔽的,或是出诸前人之口的生命。——克利斯朵夫的友谊慢慢地把奥里维从这些渺渺茫茫的艺术境界中拖了出来。阳光终于透进了他的灵魂深处。

工程师哀斯白闲也感染到克利斯朵夫的乐天主义。可是他的习惯并没改变,那是像痼疾一般牢不可拔的,并且我们也不能希望他一变而为精神抖擞,马上愿意到国外去挣家业。那对他是要求太高了。但他已经不是那么无精打采,对于久已放弃的研究工作,书本和科学,也重新感兴趣。要是有人告诉他,说他对于本行的兴致是克利斯朵夫给他提起来的,他一定会大吃一惊,而克利斯朵夫听了这话当然更要奇怪。

整幢屋子里和克利斯朵夫相交最快的是三层楼上的那对夫妇。

在他们门外走过的时候,他好几次留神到里面的钢琴声,只要不当着人,亚诺太太的琴弹得很不错。以后他送了几张自己的音乐会门票给他们,他们非常感激。从此他就不时在晚上到他们家去坐一会。可是他再也听不到少妇的弹奏了:她太胆小,不敢当着人弹琴,便是独自在家,因为知道人家可以从楼梯上听到,也老是踏着节音板。但如今倒是克利斯朵夫弹给他们听,和他们长时间的讨论音乐。亚诺夫妇在这些谈话里表示出一股朝气,使克利斯朵夫大为高兴。他不信法国人对音乐竟会爱好到这个地步。

"因为,"奥里维说,"你一向只看见音乐家。"

"我知道,"克利斯朵夫回答,"音乐家是最不爱音乐的人,可是你不能教我相信像你们这一类的人在法国真有多少。"

"成千累万。"

"那么是一种传染病,是最近时行的新潮流,对不对?"

"不,这不是一种时髦,"亚诺说,"要是一个人,听了乐器的美妙的和弦,或是听了温柔的歌声,而不知道欣赏,不知道感动,不会从头到脚的震颤,不会心旷神怡,不会超脱自我,那么这个人的心是不正的,丑恶的,堕落的;对于这种人,我们应当像对一个出身下贱的人一样的提防……"

"这话我听见过,"克利斯朵夫说,"那是我的朋友莎士比亚说的。"

"不,"亚诺很温和的回答,"那是在莎士比亚以前的我们的龙沙说的。你现在可看到爱好音乐的风气在法国并不是昨天才时行的了。"

法国人的爱好音乐固然使克利斯朵夫奇怪,但法国人差不多和德国人爱好同样的音乐使克利斯朵夫更奇怪。在他先前所遇到的巴黎艺术界和时髦朋友中间,最得体的办法是把德国的大师当作外国的名流看待,一方面向他们表示钦佩,一方面把他们放在相当距离之外:大家最高兴的就是嘲笑格鲁克的粗笨,瓦格纳的野蛮,并且拿法国人的细腻跟他们作比较。事实上,克利斯朵夫甚至怀疑一个法国人能否了解那些照法国的演奏方式所演出的德国音乐。有一次他听了一个格路克音乐会回来大为气恼:那些乖巧的巴黎人简直把这个性情暴躁的老人搽脂抹粉了。他们替他化装,扎些丝带,用棉花来点缀他的节奏,把他的音乐染上印象派色彩和颓废淫猥的气息……可怜的格鲁克!他那么善于表白的心灵,纯洁的道德,赤裸裸的痛苦,都到哪儿去了?难道法国人感觉不到吗?——可是,此刻克利斯朵夫看到他的新朋友们对于德国的古典作家、旧歌谣、和日耳曼民族性中间最有特性的部分,表示那么深刻那么温柔的爱,就不由得要问:他们不是素来认为这些德国人是外国人,而一个法国人只能爱法国艺术家的吗?

"不是的!"他们回答,"这是我们的批评家借了我们的名义说的。因为他们老跟着潮流走,就说我们也跟着潮流走。可是我们的不理会批评家,正如批评家的不理会我们一样。这般可笑的家伙居然想来教我们,教我们这批属于古老的法兰西族的法国人,说这个是法国的,那个不是法国的!……他们教我们说,我们的法兰西是只以拉莫——或拉辛——为代表的!仿佛贝多芬,莫扎特,格鲁克,都没到我们家里来过,没跟我们一起坐在我们所爱的人的床头,分担我们的忧苦,鼓动我们的希望……仿佛他们不是我们一家人!如果我们敢老实说出我们的思想,那么巴黎批评家所颂扬的某个法国艺术家,对我们倒真是外国人呢。"

"其实,"奥里维说,"倘使艺术真有什么疆界的话,倒不在于种族而在于阶级。我不知道是否真的有一种艺术叫作法国艺术,另外一种叫作德国艺术;但的确有一种有钱人的艺术跟一种没钱人的艺术。格鲁克是个了不起的布尔乔亚,他是属于我们这个阶级的。某个法国艺术家,这儿我不愿意指出他的姓名,却并不是:虽然他是布尔乔亚出身,但他以我们为羞,否认我们,而我们也否认他。"

奥里维说得很对。克利斯朵夫愈认识法国人,愈觉得法国的老实人和德国的老实人没有多大分别。亚诺夫妇使他想起他亲爱的老苏兹:爱好艺术的心那么纯洁,没有我见,没有利害观念。为了纪念苏兹,他也就喜欢他们了。

他觉得世界上的老实人不应当因种族不同而在精神上分疆划界,同时又觉得在同一种族之内,老实人也不应当为了思想不同而分什么畛域。他抱着这样的心情,无意之间使两个似乎最不能彼此了解的人,高尔乃伊神甫与华德莱先生,相识了。

克利斯朵夫时常向两个人借书看,而且用着那种奥里维不以为然的随便的态度,把他们的书交换的转借给他们。高尔乃伊神甫并不因此生气,他对别人的心灵有种直觉;他看出潜藏在年轻的邻居心中的宗教气息。一部从华德莱先生那边借来,而为三个人以各个不同的理由爱读的克鲁泡特金的著作,使他们精神上先就接近了。有一天他们俩偶尔在克利斯朵夫家里碰上了。克利斯朵夫先是怕两位客人彼此会说出不大客气的话。可是相反,他们一见之下竟非常殷勤,谈些没有危险的题目,交换旅行的感想和人生经验。他们发觉彼此都是仁厚长者,抱着《福音书》精神和想入非非的希望,虽然各人都是牢骚满腹,非常灰心。他们互相表示同情,但多少带点儿嘲弄的意味。这是一种心领神会的契合。他们从来不提到他们信仰的内容,平时很少相见,也不求相见,但遇到的时候都觉得很愉快。

以思想的洒脱而论,高尔乃伊神甫并不亚于华德莱。这是克利斯朵夫意想不到的。他对于这种自由的虔诚的思想,慢慢地看出了它的伟大,他觉得这个教士所有的思想,行为,宇宙观,都渗透了坚强而恬静的神秘气息,没有一点儿骚乱的成分,只使他生活在基督身上,就跟——照他的信仰来说——基督生活在上帝身上一样。

他对什么都不否认,对无论哪一种表现生命的力都不否认。在他看来,一切的著作,古代的跟现代的,宗教的跟非宗教的,从摩西到贝特洛[①],都是确实的,通神的,上帝的语言。《圣经》不过是其中最丰富

① 贝特洛(1827—1907),法国近代大化学家,政治家。

的一部,有如教会是一群结合在神的身上的最优秀的弟兄;但《圣经》与教会并不把人的精神束缚在一条呆板固定的真理之内。基督教义是活的基督。世界的历史只是神的观念不断扩张的历史。犹太庙堂的颠覆,异教社会的崩溃,十字军的失败,卜尼法斯八世的受辱,[①]伽利略的把陆地放在无垠的太空中间,王权的消灭,教会协定的废止:这一切在某一个时期都曾经把人心弄得彷徨无主。有的人拼命抓着倒下去的东西不肯放手;有的人随便抓了一块木板漂流出去。高尔乃伊神甫只问自己:"人在哪里呢?使他们生存的东西在哪里呢?"因为他相信:"生命所在的地方就是神所在的地方。"——他为了这个缘故对克利斯朵夫很有好感。

在克利斯朵夫方面,他也觉得一颗伟大的虔诚的心有如美妙的音乐,在他心中唤起遥远而深沉的回声。凡是天性刚毅的人必有自强不息的能力,也就是生存的本能,挣扎图存的本能,好比把一条倾侧的船划了一桨,恢复它的平衡,使它冲刺出去;——因为有这种自强不息的力量,克利斯朵夫两年来被巴黎的肉欲主义所引起的厌恶与怀疑,反而使上帝在他心中复活了。并非他相信上帝。他始终否认上帝,但心中充满着上帝的精神。高尔乃伊神甫微笑着和他说,他好似他的寄名神[②]一样,生活在上帝身上而自己不知道。

"那么怎么我看不见上帝的呢?"克利斯朵夫问。

"你好似成千累万的人一样:天天看见他而没想到是他;上帝用各种各样的形式显示给所有的人:——对于有些人就在日常生活中显示,好像对圣·比哀尔在加里莱那样;——对于另一些人,例如对你的朋友华德莱先生,就像对圣·多玛那样用人类的创伤与忧患来显示;——对于你,上帝是在你的理想的尊严中显示……你早晚会把他认出来的。"

"我永远不会让步,我精神上是自由的。"克利斯朵夫说。

---

① 卜尼法斯八世为十三世纪时教皇,以反对法国国王向教会征税而受辱。

② 所谓寄名神即圣者克利斯朵夫。

“和上帝同在的时候，你更自由。”教士安安静静的回答。

可是克利斯朵夫不答应人家把他硬派为基督徒。他天真的热烈的抗辩，仿佛人家把他的思想题上这个或那个名字真有什么关系似的。高尔乃伊神甫静静地听着他，带着一种教士所惯有的，人家不容易觉察的讥讽的意味，也抱着极大的慈悲心。他极有耐性，那是从他信仰的习惯来的。教会给他受的考验把他的耐性锻炼过了；虽然非常悲伤，经过很大的苦闷，他的耐性还没受到伤害。被上司压迫，一举一动都受到主教的监视，也被那些自由思想者在旁窥伺，——他们想利用他来做跟他的信心相反的事，——同教的教友与教外的敌人同样的不了解他，排斥他：这种种情形对他当然非常惨酷。他不能抗拒，因为应当服从。他也不能真心的服从，因为上司明明是错的。不说固然苦恼，说了而被人曲解也是苦恼。此外，还有你应当负责的别的心灵，你看着他们痛苦，等着你指导他们，援助他们……高尔乃伊神甫为了他们，为了自己而痛苦，可是他忍下去了。他知道在那么长久的教会历史中，这些磨难的日子根本不算一回事。——但是沉默隐忍的结果使他把自己慢慢地消磨完了：他变得胆小，怕说话，连一点儿极小的活动都担任不了，最后竟入于麻痹状态。他觉得这情形很难过，可并不想振作。这次遇到克利斯朵夫，对他是个很大的帮助。这个邻居的朝气，热诚，对他天真恳挚的关心，有时不免唐突的问话，使他精神上得到很多好处。这是克利斯朵夫强迫他重新加入活人的队伍。

电机工人奥贝在克利斯朵夫那儿遇到高尔乃伊。他一看见教士，不由得浑身一震，不大能把厌恶的心理藏起来。便是在初见面的刺激过去以后，他跟这个没法下一定义的人在一起还是觉得很不自在。但他能和有教养的人谈话是挺高兴的，所以把反对教会的心情硬压下去了。他对于华德莱先生和高尔乃伊神甫之间那种亲热的口吻非常诧异；同样使他惊奇的，是看到世界上竟会有一个民主派的教士和一个贵族派的革命党：那可把他所有的思想都搅糊涂了。他想来想去也没法把他们归类，因为他是需要把人归了类才能了解的。而要找到一个部门,能把这个读着阿纳托尔·法朗士和勒南的著作,安安静静的,又公平又中肯的谈论这两位作家的教士放进去,的确不容易。关于科学的问题,高尔乃伊神甫的原则是让那些懂得科学而非支配科学的人指导。他尊重权威;但他认为权威和科学不属于一个系统。肉,灵,爱:这是三个不同的系统,是神明的梯子的三个阶级。——当然奥贝体会不到这种精神境界。高尔乃伊神甫声气柔和的告诉克利斯朵夫,说奥贝使他想起从前看见过的那种法国乡下人:——有个年轻的英国女子向他们问路。她说的是英语,他们不懂。他们跟她说法语,她也不懂。于是他们不胜同情地望着她,摇摇头,一边说一边重新做他们的工作:"真可惜!这姑娘人倒长得挺好看!……"

最初一个时期,奥贝对着教士和华德莱先生的学问和高雅的举止感到胆小,不敢出声,尽量把他们的谈话吞在肚里。慢慢的他也插嘴了;因为他很天真的需要听到自己说话。他发表些渺渺茫茫的空想。那两位很有礼貌地听着,暗中不免有点好笑。奥贝高兴之下,控制不了自己;他利用着,不久更滥用高尔乃伊神甫的无穷尽的耐性。他对他朗诵自己呕尽心血的作品。教士无可奈何地听着,倒也不怎么厌烦:因为他所听的并不是对方说的话而是对方这个人。事后克利斯朵夫说他这样的受罪真是可怜,他却回答;"呕!我不是也听别人的一套吗?"

奥贝对华德莱先生和高尔乃伊神甫很感激;三个人不管彼此了解与否,居然很相爱,不知道为什么。他们觉得能这样的接近非常奇怪。那是出乎他们意料的。——原来是克利斯朵夫把他们结合了。

克利斯朵夫也拉拢了三个孩子做他的同党,那是哀斯白闲家的两个女孩子和华德莱先生的义女。他已经跟她们做了朋友,看她们那么孤独非常同情。他对她们中间每个人讲着她不认识的小朋友,久而久之引起了她们相见的愿望。她们互相在窗子里做手势,在楼梯上偷偷地交换一言半语。她们渴想交朋友的表示,再加上克利斯朵夫的帮助,居然使双方的家长答应她们在卢森堡公园相会。克利斯朵夫因为计划成功很高兴,在她们第一次约会的时候去看她们;发觉她们又窘又笨拙,不知道怎么对付这桩快乐事儿。他却是一下子就把她们的窘态给赶跑了,想出玩意儿来,提议大家奔跑,追逐;他自己也混在里头,仿佛只有十岁。公园里散步的人看着这大孩子一边嚷一边跑,被三个小姑娘追着,在树木中间绕来绕去。她们的父母却始终抱着猜疑的心思,不大乐意让卢森堡公园的集会多来几次,——因为在那种情形之下不容易监督孩子。——克利斯朵夫便设法教住在底层的夏勃朗少校请她们就在屋子下面的花园里玩。

一个碰巧的机会已经使克利斯朵夫和军官有了往来。——(碰巧的机会自会找到能够利用它的人。)——克利斯朵夫的书桌摆在近窗的地位。有一天,几页乐谱被风吹到下面的花园里去了。克利斯朵夫下楼去捡,照例秃着头,敞开着衣服。他以为只要跟仆人交涉一下就行了,不料开门的是军官的女儿。他略微愣了一愣,说明来意。她笑了笑,把他带进门去,一同到园子里。他捡齐了纸张,由她送出来的时候,恰好军官从外边回来,好不惊奇地望着这古怪的客人。女儿笑着把他们介绍了。

"啊! 原来就是楼上的音乐家? 好极了! 咱们是同行。"

他说着,握着他的手。两人用一种友善的说笑的口气,谈着他们互相供应的音乐会,就是说克利斯朵夫的琴声和少校的笛声。克利斯朵夫想走了;可是军官留着他,越扯越远地谈着音乐问题。突然之间他停下来,说:"来看我的加农。"

克利斯朵夫跟着他,心里想,要他克利斯朵夫来对法国炮队发表意见有什么用。但军官得意扬扬拿给他看的是音乐上的加农[①],是他费尽心血写成的乐曲,可以从末尾看起,等于一种回文体;或者两人同时看:一个在正面看,一个在反面看。这位少校是多艺学校出身,一向有音乐嗜好;但他所爱于音乐的特别是那些难题;他觉得音乐——(有

① 加农为近代的大炮,同时亦是一音乐术语,是一种轮唱曲(通译作"卡农")。此处用谐音作双关语。

一部分的确如此)——是一种奇妙的思想的游戏;他竭力想出并且解决音乐结构上的谜,都是愈来愈古怪,愈来愈无用的玩意儿。他服务军中的时代,当然无暇培养这个癖;但自从退休之后,他全部的热情都放在这方面了;他为此所花的精力,不下于当年在非洲大沙漠中为追逐黑人或躲避他们的陷阱所花的精力。克利斯朵夫觉得这种谜很好玩,便提出了一个更复杂的。军官欢喜极了,他们互相比赛巧妙:你来一个我来一个的搞出了一大堆音乐谜。两人直玩得尽兴之后,克利斯朵夫才上楼。可是第二天清早,邻居已经送来一个新的难题,那是他费了半夜的工夫想出来的;克利斯朵夫拿来解答了。两人这样的继续比赛,直到有一天克利斯朵夫厌倦之极而认输了方始罢休:这一下,军官可乐死了。他认为这个胜利等于把德国打败了。他请克利斯朵夫去吃饭。克利斯朵夫老实不客气说他的音乐作品恶劣之至,而一听他在风琴上呜呜的奏着海顿的行板,又高声嚷着说受不了。克利斯朵夫这种率直的态度居然博得了夏勃朗的欢心。从此他们常常在一块儿谈天,但不再提到音乐了。克利斯朵夫对于这方面的废话完全不感兴趣,宁可把话题转到军队方面。那正是军官求之不得的。音乐对这个可怜的人不过是一种无可奈何的消遣;他心里其实非常苦闷。

于是他娓娓不倦的叙述出征非洲的经过。伟大的事迹,可以和皮萨罗跟科尔特斯的故事媲美。① 克利斯朵夫不胜惊愕地听着这篇奇妙而野蛮的史诗,不但在他是闻所未闻,便是在法国也差不多没人知道:二十年中间,少数的法国征略者在黑色的大陆上,被黑人的军队包围着,连最简单的行动工具都没有,他们消耗了多少英勇的精神,巧妙而大胆的行动,超人的毅力,跟胆怯的舆论和政府奋斗,违反了法国的志愿替法国征服了一片比它本身更广大的疆土。这件行动里头有一阵强烈的欢乐气息和血腥味道,让克利斯朵夫看到了一批现代冒险家的面貌。他们生在今日的法国不但是出人意料,并且也是今日的法国羞

① 皮萨罗与科尔特斯均为十六世纪时西班牙冒险家:前者征服秘鲁,后者征服墨西哥。

于承认的:政府为了自己的面子关系,特意把一重帷幕盖在他们身上。少校提高着嗓子讲到这些往事,兴高采烈的叙述大规模的围剿,以人为目标的行猎:在那个没有侥幸可图的国土里,他时而追逐土人,时而被土人追逐。他还在悲壮的故事中穿插一些有关地质的描写。克利斯朵夫听着他,望着他,眼看这样的壮士放弃了活动,成日搞着些可笑的玩意儿,觉得非常同情,心里想他怎么能过这种日子。他提出这一点问他。少校先是不大愿意向一个外国人解释心里的怨恨。但法国人大半是多嘴的,尤其在责备别人的时候:

"像他们现在这样的军队,教我去干什么?当水兵的搞着文学。当步兵的搞着社会学。他们无所不干,只除了打仗,他们连准备也不准备,只准备不打仗,他们把战争变成哲学问题……战争的哲学,嘿!……谈天说地,废话连篇,那可不是我的事。还不如回家写我的加农!"

他还有最大的苦闷不好意思说出来:特务使军官们互相猜忌,愚昧而凶恶的政客发些专横的命令,军队不得不干些卑鄙的警察工作,清理教堂,弹压罢工,被当权的政党——那些急进派的反对教会的小布尔乔亚——用来争权夺利,向全国的人民泄愤。这老非洲人也讨厌现在那个殖民地部队,大部分都是招的一批最要不得的分子,因为要满足别人的自私,——他们不愿意分担保卫"大法兰西",保护海外的法兰西的荣誉和危险[①]……

克利斯朵夫当然用不着参与这些法国人的争执:那跟他毫不相干;但他对这个老军官很表同情。不论自己对战争是怎么看法,他总认为一个军队应当造成兵士,就像苹果树应当结苹果一样,也认为把政客、美学家,社会学家移植到军中去的确是荒唐的。可是他始终不明白这个刚强的人怎么会这样的退让。一个人不去制服他的敌人,便是自己最大的敌人。而一切比较有价值的法国人都是往后退

① 法国陆军中的殖民地部队,主要是招募壮丁编成的,因普通人都不愿意到国外去当兵。

的。——克利斯朵夫在军官的女儿身上也发现这种退让的精神，而且更令人感动。

她名字叫赛丽纳。细腻的头发梳得很讲究，把她的高爽的圆额角和尖尖的耳朵露在外面；脸很清瘦，下巴长得妩媚大方，美丽的黑眼睛神气很聪明，没有一点猜忌心，非常柔和，是那种近视的眼睛，鼻子稍微大了一些；上嘴唇角有颗小痣，沉静的笑容使她有点虚肿的下嘴唇怪可爱的往前突着。她天性仁厚，人也活泼，风雅，但一点好奇心都没有。她很少看书，新出的作品是完全不知道的，从来不上戏院，不出去旅行，——（那是当年旅行太多的父亲讨厌的，）——不参加上流社会的慈善事业，——（那是父亲批评得一文不值的，）——绝对不想研究什么，——（父亲嘲笑那些博学的女子，）——难得离开那个围在高墙里头的像口大井般的园子。她并不怎么烦闷，尽量地找些事消磨日子，快快活活的忍受她的命运。在她身上和她周围的气氛中间（女人到处都会无意识地创造自己的气氛），颇有夏尔丹画上的气息。那是一种和暖的静寂的境界，是面貌与态度之间的安详，迷迷糊糊的关切着例行工作，——也是家常生活中的诗意，对于每天按时按刻的思想与举动，始终那么深切的爱好；——还有布尔乔亚的那种平凡的恬静，奉公守法，诚实不欺，安静的工作，安静的娱乐，可是照旧富有诗意。大方，健全，清白，纯洁，像面包，像香草；一派的正直与善良。人物的和平，旧屋的和平，笑盈盈的心灵的和平……

克利斯朵夫对人的亲切与信赖也博得了她的信赖，做了她的好朋友；他们的谈话毫无拘束；她常常奇怪自己怎么会答复他某些问题；她对他说了许多对谁也没说过的事。

“那是因为你并不怕我的缘故，”克利斯朵夫跟她解释，“咱们没有谈恋爱的危险：咱们是太好的朋友，不会走上这条路的。”

“你多好！”她笑着回答。

那种带着恋爱意味的友谊，最配一般暧昧的，喜欢玩弄感情的人的胃口，但对于性格健全的她，好像对于克利斯朵夫一样是可厌的。

他们只是亲切的伴侣。

有一天他问她,有些下午她坐在园子里的凳上,膝上放着活计,几小时的待着不动的时候做些什么。她红着脸分辩,说并没有几小时,不过偶尔有几分钟,“继续讲她的故事”罢了。

“什么故事?”

“自己编的故事。”

“你自己编的?噢!讲些给我听吧!”

她说他太好奇了。她只告诉他,她并不把自己做故事的主角。

那他可奇怪了:“既然编故事,那么替自己编些美丽的故事,想象一种更幸福的生活,不是挺自然的吗?”

“要是我这样做了,我会绝望的。”

她因为泄漏了一些秘密的心事,脸红了,接着她又说:“我在园子里吹到一阵风就很快活。园子仿佛有了生气。而且倘使那阵风强劲峭厉,从远地方吹来的话,它给你带来多少消息!”

克利斯朵夫在她矜持的态度之下,咂摸到一种凄凉哀怨的心绪,为她平时用快活的性情以及她明知是无聊的活动遮盖着的。为什么她不把自己解放出来呢?像她这样的人不是极配过一种活动的,有益的生活吗?——她推说父亲疼她,舍不得她离开。克利斯朵夫说她父亲精神饱满,不需要她支持,这种性格的男人很可以自个儿过活,没有权利把她牺牲。她可替父亲辩护,为了孝心而扯谎,说并非他强留她在家里,而是她不忍心离开他。——这句话有一部分也是实在的。对于她,对于她的父亲,对于一切她周围的人,仿佛现状得永远继续下去,决不能有所变更。她有一个哥哥,已经结了婚,认为她代替他侍奉父亲是极自然的。他自己也只关心孩子。他疼爱他们的程度是绝对不让他们自主。为他,尤其是为他的妻子,这种爱变成一种自愿的枷锁,束缚自己的生命,限制自己的活动:似乎有了孩子以后,个人的生活就完了,应当永远放弃自己的发展。那个活泼,聪明,年轻的男子,已经在计算退休之前还得做多少年工作。——这一般好人甘心情愿让家人父子的感情把自己的志气消磨净尽;而重视家庭的空气在法国是那么浓厚,简直教人喘不过气来,尤其因为家庭已经减缩到最小限度:除了父母以外,只有一两个孩子。所谓感情只是一种畏缩的,一把死抓的爱,好似一个吝啬鬼紧紧抓着手里的黄金一样。

一件使克利斯朵夫对赛丽纳更感兴趣的偶然的事,让他看到了法国人这种感情的狭窄,对于生活的畏缩,连自己分内的东西都不敢拿下来。

哀斯白闲有一个年纪小十岁的兄弟,也是工程师。像不少中产阶级的人一样,他一方面很希望研究艺术,一方面又怕影响他布尔乔亚的前途。其实这也算不了难题,现在多数的艺术家都把这问题解决了,并没冒什么危险。可是一个人总得有志愿,而这一点毅力就不是每个人都能有,第一,他们先不敢肯定自己的志愿,而小康的生活慢慢的稳定之后,他们也就毫无反抗毫无声息的听其自然了。当然我们不责备他们,倘使本来可以成为安分守己的布尔乔亚,那自然不必做一个不入流的艺术家。不幸他们的幻灭往往在胸中留下一点愤懑的情绪:一个多么伟大的艺术家在我身上死了![①] 平时一个人用所谓"达观"勉强把这种情绪遮盖着,但生活的确是给破坏了,直到时间的磨蚀和新的烦恼把旧恨抹掉为止。这便是安特莱·哀斯白闲的情形。他很想从事于文学;但他的哥哥思想很固执,要他像自己一样投身于科学界。安特莱人很聪明,对于科学——或者文学——都还有中等的天分,他没有把握能成为一个艺术家,可是的确有把握能成为一个布尔乔亚;于是他让步了,先是暂时的(大家该明白所谓暂时是什么意思)顺从了哥哥的意志,进了中央工程学校;考进去的名次不高,出来的时候也是一样,从此他就干着工程师这一行,很认真,但毫无兴趣。当然,经过了这一番,他的一些艺术天分都丧失完了,所以他提到这事老带着自嘲自讽的口吻。

① 此系古罗马尼禄皇帝自杀前语。

“而且，”他说，——（克利斯朵夫一听就听出奥里维的悲观气息，）——“人生也不值得你为了错失一个前程而烦恼。多一个或少一个不高明的诗人有什么相干！”

弟兄俩很相爱；他们性格相同，可是很不投机。过去两人都是德雷福斯党。但安特莱受了工团运动的吸引，是个反军国主义者，而哀里却是爱国主义者。

有时安特莱来看克利斯朵夫而不去探望他的哥哥，使克利斯朵夫觉得很奇怪，因为他跟安特莱谈不到有什么好感。安特莱一开口只会怨天尤人，——那是够讨厌的了，同时他也不听克利斯朵夫说的话。因此克利斯朵夫老实表示他的访问是多余的，对方却并不介意，似乎根本没有发觉。终于有一天，克利斯朵夫注意到客人靠在窗子上，一心一意的留神着楼下的花园而不大理会他的说话，才明白了这个谜。他当场揭穿了，安特莱也老实承认他是认识夏勃朗小姐的，他来看克利斯朵夫也的确是为了她。话一多，他又说出他们两人已经有长久的友谊，也许还不止是友谊。哀斯白闲一家跟少校他们是多年的旧交，一度非常亲密，后来为了政见而疏远了，从此不再往来。克利斯朵夫认为这是荒谬的。难道他们不能各有各的思想而继续相敬相爱吗？安特莱分辩说，他当然是胸襟宽大的，可是对于两三个问题他不能容忍别人的意见跟他的相反，例如德雷福斯事件。说到这儿，他就不讲理了。那是当时的风气。克利斯朵夫知道这种风气，也就不跟他争，但他追问这件事是不是没有完了的一天，或者他的恨意是不是要天长地久的保持下去，牵连到我们的曾孙玄孙。安特莱听着笑了，他不回答克利斯朵夫的问话，却转过话题来赞美赛丽纳·夏勃朗，指责那父亲的自私，说他不该把女儿为自己牺牲。

“要是你爱她而她也爱你的话，你为什么不娶她呢？”克利斯朵夫问。

于是安特莱抱怨赛丽纳是个教会派。克利斯朵夫问这句话是什么意思。他说那是奉行宗教仪式，奴事上帝和上帝的僧侣。

“那对你有什么相干?”

“我不愿意我的妻子属于我以外的人。”

“怎么!你甚至对妻子的思想都忌妒吗?那么你比那个少校更自私了。”

“你这是唱高调。你自己会娶一个不喜欢音乐的太太吗,你?”

“我已经有过这经验了!”

“两人思想不同,怎么能一起过日子?”

“丢开你的思想吧!我可怜的朋友,一个人恋爱的时候,什么思想都不在乎的。要我所爱的女人像我一样的爱音乐,对我有什么作用?为我,她本身就是音乐!一个人像你一样有机会爱上一个姑娘而她也爱你的时候,那么让她相信她的,你相信你的。不是挺好吗?归根结蒂,你们俩的思想都同样的有价值。世界上只有一条真理:就是相爱。”

“你这是说的诗人的话。你没看到人生。为了思想不同而痛苦的夫妇,我看得太多了。”

“那表示他们相爱不深。一个人先得知道自己究竟要些什么。”

“意志并不是万能的。我便是要跟夏勃朗小姐结婚也不能。”

“让我听听你的理由行不行?”

安特莱便说出他的顾虑:自己地位还没有稳固,没有财产,身体不好。他怀疑自己究竟有没有权利结婚。那是多么重大的责任!……会不会造成你所爱的人的不幸?会不会使你自己痛苦?——何况将来还有儿女问题……最好还是等一等再说,——或者是根本放弃。

克利斯朵夫耸耸肩膀:“你的爱原来是这种方式的!如果她真有爱情,她一定很高兴为爱人鞠躬尽瘁。至于儿女,你们法国人真是可笑。你们要有把握使他们过着养尊处优的生活,不吃一点苦的时候,才肯把他们放到世界上来……见鬼!那跟你们有什么相干?你们只要给他们生命,使他们爱生命,有保卫生命的勇气就得了。其余的……他们活也罢,死也罢……那是各人的命运。难道放弃人生倒比碰碰人生的运气更好吗?”

克利斯朵夫这种健全的信心把安特莱感动了,可是不能使他下决心。他说:

“是的,也许……”

但他至此为止。像其余的人一样,他仿佛害上了不能有志愿不能有行动的软瘫病。

克利斯朵夫竭力想扫荡这种麻痹状态,那是他在大多数的法国朋友身上见到的,而奇怪的是他们尽管无精打采,却照旧不辞劳苦的,甚至于很兴奋的,忙着自己的工作。他在各个不同的中产社会里遇到的几乎全是牢骚满腹的人,厌恶秉政的当局跟他们腐败的思想,对于他们民族精神的受到污辱都觉得愤懑。而这并非个人的怨望,并非某些人或某个阶级被剥夺了政权与活动而发的牢骚,例如精力无处发泄的免职的公务员,或是躲在田庄上,像受伤的狮子般坐以待毙的贵族阶级的苦闷。这是一种精神上的反抗,潜在的,深刻的,普遍的:在军队里,司法界里,大学里,办公室里,在政府的一切重要机构中间,到处都有这种情绪。可是他们,毫无动作。他们先就灰心了,老说着:“无法可想,无法可想。”

于是他们战战兢兢地把自己的思想,谈话,回避着一切不愉快的事,努力在日常生活中找避难所。

要是他们仅仅脱离政治活动倒也罢了。但就在日常行动的范围里,那些老实人也都不愿意有所行动。他们含羞忍辱,跟他们瞧不起的坏蛋来往,避免和这批人斗争,认为是没用的。譬如说,克利斯朵夫所认识的那些艺术家,音乐家,为什么一声不出的让舆论界的小丑教训他们呢?其中有的是愚蠢无比的家伙,闹过多少大众皆知的,不学无术的笑话,而仍被认为大众皆知的权威。他们的文章跟书连写都不是自己写的,他们雇着书记;而那些可怜的饿鬼,为了衣食妻孥连出卖灵魂都愿意,倘使他们有灵魂的话。这种情形在巴黎是公开的秘密。

可是坏蛋继续高高在上的统治着,傲慢不逊的对待艺术家。克利斯朵夫读到他们某些评论,简直气得直嚷:

“噢!这般脓包!”

“你骂谁呀?”奥里维问,“老是骂节场上的那些鬼东西吗?”

“不,我是骂老实人。坏蛋们扯谎,抢劫,盗窃,凶杀,那是他们的本行。可是其余的人,一方面鄙薄坏蛋,一方面让坏蛋作恶的人,我更瞧不起。如果舆论界的同事,如果正直而有学问的批评家,如果被那些小丑戏弄的人,不是因为胆怯,因为怕连累自己,或是因为存着可耻的心和敌人默契,免得受到攻击,——如果不是为了这些理由而不声不响的纵容那些丑类,如果不让他们假借自己的名义与友谊做护身符,那么这种无耻的势力自然站不住的。无论什么事都是同样的毛病。我碰到过几十个正派的人,提到某个人的时候都说:‘他是个混账东西。’可是没有一个不称呼他‘亲爱的同行’,不跟他握手。他们都说:‘这种人太多了!’——是的,奴颜婢膝的人太多了。懦弱的好人太多了。”

“唉!你要我们怎么办呢?”

“你们自己去当警察呀!等什么?等老天来替你们处理吗?你瞧,这一回雪已经下了三天,把你们的街道壅塞了,把你们的巴黎弄成了一个泥洼。你们又干些什么?你们骂市政当局把你们丢在泥湫里。可是你们有没有试过想爬出来呢?真叫作天晓得!你们抱着胳膊发愣,连自扫门前雪的勇气都没有。没有一个人是尽责的,政府不尽政府的责任,私人不尽私人的责任:只互相推诿一阵了事。几百年君主制度的教育,养成了你们什么都不亲自动手的习惯,你们在等待奇迹出现之前,只会扯着脖子望着天。可是只有你们肯下决心行动,才是唯一可能的奇迹。你瞧,奥里维,你们的聪明跟品德尽够拿来转让给别人,可是你们缺少热血。第一应当由你来发动。你们的病既不在头脑,也不在心,而是在于你们的生机。它溜走了。”

“那有什么办法?得等它回来啊。”

“先要有志愿希望它回来！听见没有：要有志愿！为这一点，第一得吸收新鲜的空气。一个人既然不愿意走出家门，至少应当把他的屋子收拾干净。你们却是让节场上的乌烟瘴气把瘟疫带到家里来。你们的艺术跟思想三分之二被玷污了：你们却垂头丧气，连愤怒的情绪都鼓动不起来，差不多已经不以为奇了。这些荒唐的老实人中间，有几个吓坏了，甚至相信是自己错了，那般走江湖的倒是对的。你们《伊索》杂志的同人自命为不受任何事物的蒙蔽；我可在那儿碰到些可怜的青年，对于心里明明不喜欢的艺术，嘴上承认是喜欢的。他们因为像绵羊一般的懦弱，所以即使没有乐趣，也让自己麻醉了：结果他们在自骗自的情形之下烦闷得要死！”

克利斯朵夫像一阵风摇着酣睡的森林似的，又闯进那般游移不决的人堆里去。他并不想把自己的思想灌输给他们，只给他们一些毅力，要他们敢于有自己的思想。他说：

“你们太谦卑了。一个人最大的敌人是神经衰弱性的怀疑。宽容是可以的，而且是应当的。但决不能怀疑你所信为善与真的东西。凡是你相信的，你都应当保护。不问我们的力量怎么样，切不可退让。在这个世界上，最渺小的人和最强大的人同样有一种责任。而且——(那是他不知道的)——他也有他的威势。别以为单枪匹马的反抗是白费的！敢肯定自己的信念就是一种力量。你们近年来已经看到好几个例子，政府和舆论都不得不顾虑到一个正人君子的意见来处理一件事情，而这正人君子的唯一的武器只有他那种精神的力量，百折不回的，公开向世人昭示的……

“如果你们问我，辛辛苦苦费这许多力量有什么用，奋斗有什么用……那么我告诉你们：——因为法兰西已经奄奄一息了——因为欧罗巴也奄奄一息了——因为我们的文明，人类以几千年的痛苦缔造起来的文明要崩溃了，要是我们不奋斗的话。国家遭了危险，欧罗巴这个大国遭了危险，——尤其是你们的，你们的法兰西小国，被你们的麻木不仁给扼杀了。它就死在你们每一股死去的精力中,死在你们每一缕隐忍的思想中,死在你们每一个人贫弱的意志中,死在你们每一滴枯涸的血中……起来吧！应当生活！是的,要是你们非死不可,也得站起来死。”

最困难的还不在于要他们行动,而在于要他们共同行动,在这一点上,他们是绝对劝不醒的。他们互相抱怨。最优秀的人是最固执的。克利斯朵夫在自己那幢屋子里就看到这种例子。法列克斯·韦尔,工程师哀斯白闲,少校夏勃朗,三个人彼此都不声不响的抱着敌意。可是在不同的政党或不同的民族旗帜之下,他们所愿望的其实是同样的东西。

韦尔先生和少校有许多地方可以意见相投。那个埋头书本,终年在思想中过生活的韦尔先生,原来对军事问题兴趣非常浓厚:这种古怪的情形在一般思想家是常有的。书生本色的老人崇拜着拿破仑,把凡是能令人回想到帝政时代那首史诗的纪念物和书籍,都搜罗在家里。韦尔像同时代的多少人一样,被那颗煊赫的太阳的遥远的光芒照得眼花了。他一一追溯当年的战役,把它们重新排演一番,研究行军的步骤;他是学士院与大学里的那一派室内战略家,不是解释奥斯丹列兹一仗,便是纠正滑铁卢一役的错误。对于这种拿破仑迷,他第一个会诙谑百出的取笑,可是他仍不免为这些美妙的故事入迷,好比玩着游戏的小孩子。有些逸事甚至会使他流眼泪,他一发觉自己这样的动感情,便笑弯了腰,把自己叫作蠢老儿。其实,他的迷拿破仑并非为了爱国,乃是为了爱好奇妙的故事,爱好空中楼阁的活动。他的确是个爱国分子,比许多纯血种的法国人更爱法国。法国的反犹太主义者常常猜疑定居法国的犹太人,打击他们对法国的感情:这种行为简直愚蠢透了。一个家庭过了两三代以后,必然爱它居住的乡土,而犹太人除此以外还有特殊的理由,爱好这个在西方代表思想最前进最自由的民族。因为他们近百年来就在帮助这个民族往那个方向走,而所谓自由,一部分也是他们的成绩。所以看到什么封建势力威胁自由的时候,他们就会起来保卫它。破坏归化法国的民族与法国之间的感情,——有一群该死的疯子就希望这样,——等于帮助自己的敌人。

夏勃朗少校便是这一类头脑不清的爱国主义者,受着报纸的恐吓,以为所有定居在法国的外国民族都是潜伏的敌人,而他们虽然天生的好客,也硬教自己猜疑,憎恨,否认自己的民族有兼收并蓄、同化外来民族的泱泱大国的气度。所以夏勃朗认为对于二层楼上的房客是不应当理睬的,尽管心里很愿意认识他。另一方面,韦尔先生也很高兴和军官谈谈;但他知道对方的那一套国家主义,也就有点儿瞧不起他。

克利斯朵夫比少校更少理由对韦尔先生感兴趣。但他看着不公平的态度受不了。所以夏勃朗一攻击韦尔,他就跟他争辩。

有一天,少校照例叽叽咕咕的诅咒现状,克利斯朵夫和他说:"这得怪你们自己。你们全是往后退的。只要法国有什么事情不行,你们便逞着自己的脾气,吵吵嚷嚷的辞职了。仿佛你们把自己认输当作是有面子的。这样高兴打败仗的人,从来没见过。你是军人,请你告诉我,难道这能算一种作战的方式吗?"

"不是作战的问题,"少校回答,"我们不能拿法国做牺牲品而互相厮杀。但在这一类的斗争里头,就得说话,辩论,投票,跟多少无赖的人混在一起:那我是办不到的。"

"你真是灰心透了!在非洲你不是见得多了吗?"

"非洲的玩意儿哪有这些事情丑恶!在那边我们可以砍掉他们的脑袋!并且要战斗,先得有兵。在非洲我有我的狙击手。这儿我是孤掌难鸣。"

"可是好人并不少啊。"

"在哪儿?"

"到处都是。"

"那么他们在干什么?"

"跟你一样,他们一事不做,说是无法可想。"

"至少举出一个人来。"

"岂止一个,我随便就可以举出三个,而且都跟你住着一幢屋子。"

克利斯朵夫说出韦尔先生,——少校听了直嚷,——哀斯白闲夫妇,——他简直跳起来了:

"那个犹太人吗?那些德雷福斯党吗?"

"德雷福斯党?那有什么关系?"

"就是他们把法国断送了的。"

"他们跟你一样的爱法国。"

"要是真的,那么他们都是疯子,害人的疯子。"

"一个人不能对敌人公平一点吗?"

"跟那般明枪交战的,光明磊落的敌人,我当然能够。你瞧,现在我就在跟你这个德国人谈话。我看得起德国人,虽然心里很希望有朝一日能把我们吃的亏加利奉还他们。可是你说的那些内奸,情形就不同了:他们用的是暗箭,是不健全的观念,含有毒素的人道主义……"

"对啦,你的思想好比中世纪的武士第一次遇到炮弹一样。那有什么办法呢?战争在进化啊。"

"好吧。那么别扯谎,咱们就说这个是战争。"

"要是有个共同的敌人来威胁欧洲,难道你不跟德国人联盟吗?"

"那我们在中国已经实行过了。"①

"你向四下里瞧瞧吧!你的国家,所有我们的国家,在民族的英勇的理想主义上,不是都受到威胁吗?它们不是都给抓在政治冒险家跟思想冒险家的手里吗?对付这个共同的敌人,你们不是应该和你们的有魄力的敌人携手吗?像你这样的人怎么会看不见事情的真相?你所谓的敌人,无非是些拥护一种跟你的理想不同的理想的人!一种理想就是一种力!这是你不能否认的,在最近一次的斗争中,是你们对

① 指一九〇〇年八国联军入侵中国。

手方面的理想把你们打败了。与其为了反对那个理想而浪费你们的精力,干吗不把那个理想跟你们的放在一起,去对付一切理想的公敌,对付损害国家利益的人,对付侵蚀欧洲文明的蠹虫?"

"先得知道为了谁?为了促成我们敌人的胜利吗?"

"你们在非洲的时候,有没有考虑到你们打仗是为了一个王还是为了共和国。我看你们之中好多人都没想到什么共和国吧?"

"他们不管这些。"

"好吧!可是法兰西已经沾了光。你们的征战是为了它,也是为了你们。现在你们也得这样干!扩大战斗的阵营。别为了政治上或宗教上的细故而互相倾轧。那是些无聊的事。你们的民族是教会的代表也罢,是理性的代表也罢,都无关紧要。第一得教你们的民族活着!凡是能激发生机的都是好的。敌人只有一个,便是贪图享乐的自私自利,是它把生命的泉源吸干了,搅溷了。你们得把力量,光明,丰满的爱,牺牲的欢乐,尽量激发起来。永远不能教别人代庖。你们得自己来干,干,你们得联合起来!……"

他说着在钢琴上奏起《合唱交响乐》[1]中那段《降B调进行曲》的开头的几节。

"你知道",他停下来说,"如果我是你们的音乐家,或是夏庞蒂埃或者布吕诺,[2]我要替你们把《公民执戈前驱》《国际歌》《亨利四世万岁》《神佑法兰西》等等,一齐放在一阕合唱交响曲里,——(你听,就像这种派头),……——我要替你们做一盘大杂烩塞在你们嘴里!那当然是怪味道——(也不见得比他们做的更怪,)——可是我敢担保,你们吃下去肚子里会热腾腾的冒出火气来,你们非有所行动不可!"

他说着哈哈大笑。

少校也跟着他笑了:"你是个好汉,克拉夫脱先生。可惜你不是我们这一边的人!"

---

① 即贝多芬作的《第九交响曲》。

② 夏庞蒂埃与布吕诺均为法国近代音乐家。

"怎么不是？到处是同一的战斗。咱们靠拢一些吧！"

少校表示同意，但也至此而已。于是克利斯朵夫拿出固执的脾气，把话题又转到韦尔先生与哀斯白闲夫妇身上。军官跟他一样的死心眼儿，翻来覆去都是反对犹太人和德雷福斯党的那套老调。

克利斯朵夫因此很难过。奥里维和他说："你别伤心，一个人不能一下子改变整个社会的思想的。那太理想了！可是你已经不知不觉的做了不少事了。"

"做了些什么？"克利斯朵夫问。

"你是克利斯朵夫。"

"这对别人有什么好处？"

"噢！很大的好处。亲爱的克利斯朵夫，你只要保持你的面目。别替我们操心。"

可是克利斯朵夫决不肯罢休。他继续跟夏勃朗少校争辩，有时很激烈。赛丽纳看了觉得好玩。她听他们谈话，静静地做着活儿，并不加入辩论，但她似乎快活了些，眼睛更有光彩，四周的天地也扩大了。她开始看书，比较的肯往外走动了，感兴趣的事也多了些。有一天克利斯朵夫为了哀斯白闲跟她的父亲大开论战的时候，少校看见她微微笑着，便问她作何感想；她安详的回答："我觉得克拉夫脱先生是对的。"

少校不由得愣了一愣："怎么！你也这样说？……好吧，不管谁是谁非，反正我们现在这样过得很好，不用看见这些人。可不是，孩子？"

"不，爸爸，有些人来往来往，我觉得是愉快的。"

少校不出声了，只装没听见女儿的话。他表面上不愿意露出来，其实对于克利斯朵夫给他的影响并不是毫无感受。他的狭窄的头脑和暴躁的性情还没压倒他的正直和豪侠的心肠。他喜欢克利斯朵夫，喜欢他的坦白与精神的健康，常常惋惜他是德国人。他虽然跟克利斯朵夫争得面红耳赤，却老是要找这种辩论的机会，克利斯朵夫的理由慢慢地在他心中发生作用了。他当然不肯承认。有一天，克利斯朵夫发觉他躲躲闪闪的看着一本书。后来赛丽纳送克利斯朵夫出门的时候,说:“你知道他看的什么书吗?是韦尔先生的著作。”

克利斯朵夫听了很高兴。

“那么他怎么说呢?”

“他说:‘这倚傍……’可是他舍不得把书丢下。”

克利斯朵夫下次看到少校的时候绝口不提那件事。倒是他先问:“怎么你不再拿你的犹太人来跟我麻烦了?”

“用不着了。”克利斯朵夫说。

“为什么?”少校声势汹汹的追问。

克利斯朵夫不回答他,一边笑一边走了。

奥里维说得不错。一个人对于别人的影响,绝非靠言语完成,而是靠精神来完成的。有一般人能够用目光,举动,和清明的心境,在周围散布出一种恬静的,令人苏慰的气氛。克利斯朵夫所散布的是活泼泼的生命。它慢慢的,慢慢的,仿佛春天的一股暖气似的,透过死气沉沉的屋子,透过古老的墙壁和紧闭的窗子,使那些被多少年的痛苦,病弱,孤独,磨得枯萎憔悴,差不多已经死了的心再生。这是心灵对心灵的力量,感受的和施与的双方都不知道的。可是宇宙万物的生命就靠这种潮涨潮落的运动,而支配这运动的便是那神秘的吸引人的力量。

住在克利斯朵夫和奥里维的公寓的四层楼上的,便是上文提过的那个三十五岁的少妇,奚尔曼太太。她两年以前死了丈夫,一年以前又死了一个七八岁的女孩子。她和婆婆住在一起,她们都不跟人往来。在整幢屋子的房客中间,和克利斯朵夫最生疏的便是她了。他们难得碰到,并且从来不搭讪。

她是个高大,清瘦,身腰相当好看的女人:深色的眼睛没有光彩,没有表情,有时射出一道黯淡的阴沉沉的火焰,照着她蜡黄的扁平脸和瘪陷的嘴巴。老奚尔曼太太是个虔婆,成天待在教堂里。媳妇却一心一意想着自己的悲伤,对什么都不感兴趣。她周围放的全是亡女的遗物和照相等等;因为全神贯注着这些东西,她脑海里再也看不见孩子的形象;眼前那些死的形象把心中那个活的形象给毁掉了。她因为看不见孩子,便更固执的要看见孩子,她要想念她,要专心一意的想念她,结果是毫无办法。于是她冷冰冰的待在那里,惘然若失,一滴眼泪都没有,生命枯涸了。宗教也无能为力。她奉行仪式,可并不爱宗教,因此也没有活泼泼的信仰,她在教堂里献捐,但不积极参加慈善事业;她所有的宗教都建筑在一个念头上,就是跟女儿再见。其余的都对她不相干。上帝?她跟上帝有什么关系?要能再见女儿才行呢!……但这一点就毫无把握。她只是心里要这么相信,固执的,拼命的要相信;但老是怀疑着……她最受不了看到别人的孩子,心里想:"为什么这些孩子倒没有死?"

街坊上有个小姑娘,身段举动都像她死了的女儿。一朝瞧见她拖着小辫子的背影,她就浑身发抖,跟在后面,看到孩子回过头来而明明不是她的女儿的时候,她真想把她勒死。她抱怨哀斯白闲家的孩子在上一层楼吵闹;她们已经被父母管教得很安静了,但只要在屋子里迈着小步走几下,她立刻打发仆人上去要求静默。克利斯朵夫有一回带着那些小姑娘从外边回来碰到她,被她瞧孩子的那副凶狠的目光吓坏了。

一个夏天的晚上,这个活死人正靠近窗子,坐在暗中发愣,脑子里一片虚无,忽然听见克利斯朵夫的琴声。他惯于在这个时间一边弹琴一边幻想。她听到这音乐就恼,因为迷迷糊糊的境界被扰乱了。她愤愤的关上窗子;可是音乐直钻到房间里头,使她恨极了。她心里想禁止克利斯朵夫弹琴,但是没有这权利。从此,每天在同一个时间,她又愤怒又焦急地等琴声开始;倘若开场得迟了,她的怒气只有增加。她不由自主的要把音乐从头听到尾,等到音乐完了,她那个麻痹的境界再也找不到了。——有天晚上,她待在黑魆魆的卧室的一角;从紧闭的窗子中透过来的遥远的音乐使她打了个寒噤,久已枯涸的眼泪居然淌了出来。她过去打开窗子,一边听一边哭。音乐好比雨水,一点一滴的渗透了她枯萎的心,它又活过来了。她重新见到了天空,明星,夏夜,觉得像一线黯淡的光似的,心中有了些对于生命的兴趣,对于人类的同情。夜里,几个月来第一次,她的孩子在梦中出现了。因为使我们接近亡人的最可靠的办法,是积极地参加生活,他们是跟着我们的生存而生存,跟着我们的死亡而死亡的。

她并不想认识克利斯朵夫,但一听到他跟孩子们在楼梯上走过,不禁躲在门背后听几句儿童的唠叨,同时她的心忐忑的乱跳。

有一天她正要出门,听见小小的脚步在楼梯上走下去,声音比平时高了一些,有个孩子和她的妹妹说:"轻一点,吕赛德,你知道,克利斯朵夫说过的,别打搅那位伤心的太太。"

另外一个便放轻了脚步,低着声音说话。这一下奚尔曼太太可忍不住了,她开出门去,拼命抓着她们拥抱。她们害了怕,有一个甚至哭了。她只得把她们放下。

从此以后,遇到她们,她就对她们笑,可是笑起来脸有点儿抽搐。(她已经没有笑的习惯了。)她也和她们说些突兀的亲热的话,孩子们惊骇之下,只嗄着嗓子轻轻地回答几句。她们始终怕这位太太,比以前更怕了;走过她家的门口,唯恐她来抓她们而竟飞跑了。她却躲在门内偷瞧,心中非常惭愧,自以为对不起死了的女儿,甚至跪在地下祷告,请她原谅。但那时她生活的本能与爱的本能都已经苏醒,再也压不下去了。

一天晚上,克利斯朵夫从外面回来,发现屋子里乱哄哄的,好像出了事。人家告诉他华德莱先生突然发作心绞痛死了。克利斯朵夫想起那个义女,不禁为之凄然。没有人知道华德莱先生有什么亲属,所以那女孩子差不多是毫无倚靠了。克利斯朵夫连奔带爬的赶到四楼,华德莱公寓的门打开着,他冲进去,发现高尔乃伊神甫守在灵前,女孩子淌着眼泪叫着爸爸;看门女人很笨拙的在那儿安慰她。克利斯朵夫过去抱起孩子,跟她说些温柔的话。她伤心得无可奈何的勾着他的脖子;他想把她从家里带出来,她不肯。他只得留在那里陪她。白日将尽,他靠窗望着,把她在臂抱中轻轻的摇摆。孩子慢慢地静下来,呜呜咽咽地睡着了。克利斯朵夫把她放在床上,笨手笨脚的替她解鞋带。天快黑了。公寓的门还开着。有一个影子闪进来,连带还有裙子窸窸窣窣的声音。克利斯朵夫在昏暗中认出奚尔曼太太的那双火辣辣的眼睛。她站在门口,喉咙哽塞着说:"我是来……你可愿意……把她交给我吗?"

克利斯朵夫握着奚尔曼太太的手。她哭了。接着她坐在床头,过了一忽儿又说:"让我来照顾她吧……"

克利斯朵夫和高尔乃伊神甫一同回到顶楼上。教士有点不好意思,表示自己很唐突。他谦卑地说希望死者原谅:他不是以教士的身份而是以朋友的身份来的。

第二天早上,克利斯朵夫再到华德莱公寓的时候,发现女孩子抱着奚尔曼太太的脖子,那种天真跟信赖的神气,足见儿童对于能够讨他们喜欢的人是立刻会倾心的。她答应跟着新朋友走……原来她已经把义父给忘了,对新妈妈表示非常亲热。这种情形照理是教人不大放心的。奚尔曼太太自私的爱有没有看到这一层呢?……也许看到吧。可是有什么相干?她非爱不可。爱才是幸福……

华德莱先生下葬了几星期以后,奚尔曼太太带着孩子离开巴黎,到乡下去了。走的时候,克利斯朵夫和奥里维都在场。她那个衷心欢悦的表情,他们俩从来没见过。她完全没注意到他们,临走才发觉了克利斯朵夫,过来握着他的手说:"你救了我。"

克利斯朵夫听了很奇怪,他和奥里维回楼上去,说:"她是什么意思呢,这疯疯癫癫的女人?"

过了几天,他接到一张照片,是个陌生的女孩子,坐在一张圆凳上,很乖的把两只小手交叉着放在膝盖上,眼神清明而忧郁。照片下面写着一行字:"我的亡女感谢你。"

一缕新生的气息就是这样的在那些人中间吹过。一座热情的炉灶在六层楼上燃烧,它的光芒慢慢的透入整幢屋子。

克利斯朵夫可不觉得,他只嫌功效太慢。

"啊!"他叹道,"要那些不愿意相识的,信仰不同的,阶级不同的好人携手,难道竟不可能吗?"

"急什么!"奥里维说,"那需要互相的容忍和同情,而这些又得从内心的欢乐产生的。——所谓内心的欢乐,是一个人过着健全的,正常的,和谐的生活所感到的喜悦,——觉得自己作着有益的活动,参与着伟大的事业所感到的喜悦。要达到这种境界,必须国家处在一个伟大的时代,或者更好是正在走向'伟大'的时代。同时也需要——(这两点是同时来的)——有一个超党派的、聪明的、强有力的政权,能运用大家所有的精力的政权。这超党派的政权的力量一定是靠自己本身而非靠什么群众的,一定是不依赖那些混乱的'多数',而是以它所完成的事业使大众心悦诚服的,例如战胜的将军,匡救国难的独裁政府,'智慧高于一切'的政权……究竟是什么我也说不上来。那是我们做不了主的。要有机会,还要有懂得抓住机会的人,要幸运与天才两者具备。等着吧,希望吧！力量已经有在这里了:信仰的力量,科学的力量,古法兰西、新法兰西、大法兰西的工作的力量……如果有什么神咒能把这些联合的力量发动起来,那将是多么伟大的气势！可是这神咒,既不是你,也不是我念得出来的。谁能够呢?胜利吗?光荣吗?……耐着性子吧！主要的是,整个民族所有坚强的分子都得养精蓄锐地等着,不能消耗自己的力量,不能在时间没来到以前灰心。唯有能够用几世纪的耐性,劳苦,信仰,去换取幸运与天才的民族,才有获得幸运与天才的希望。"

"谁知道?"克利斯朵夫说,"幸运与天才往往来得出人意料的早,——就在大家并不期待的时候。你们计算的时候太看重'世纪'了。准备起来吧！把行装收拾起来吧！得永远穿着鞋子,拿着手杖,……谁敢说主不就在今晚走过你的门口呢?"

今晚他已经来得很近。他的翅膀的影子已经映在门上了。

德法两国之间出了些表面上无关紧要的事,接着邦交突然紧张起来。三天之内,大家从平时好乡邻的关系一变而为战争前奏的挑衅口吻。对于这种情形,谁也不会惊奇,除非是那般以为理性业已统治世界的梦想家。而这等人在法国是很多的,他们看到莱茵彼岸的舆论界忽然一夜之间变了态度,声势汹汹的高唱排法论调的时候,不由得大吃一惊。两国之内都有些报纸素来自命为享有爱国的专利权,以民族的代表自居,(有时是暗中受着政府的指使),要求政府采取某种政策。德国的舆论便是这样的对法国用了蛮横无理的,最后通牒式的口吻。原来德国跟英国有纠纷,而德国不答应法国置身事外。它那些傲慢的报纸强迫法国作拥护德国的声明,否则就要法国支付战争的第一批代价;它们想用恫吓手段来获取同盟国,不经战争而先把对方当作战败的、心悦诚服的属国看待,——总而言之,把法国看作跟奥国一样。这儿我们可以看出德意志帝国主义被胜利冲昏了头脑;也可以看出德国一般政治家完全不了解别的民族,把他们行之于国内的金科玉律,强权就是公理的那一套,应用到别人身上。对于一个古老的民族,在欧洲享有德国从来未有的几百年的光荣和威望的国家,这种强暴的压迫自然要引起跟德国的期望完全相反的后果。法兰西那股沉沉酣睡的傲气惊醒了,举国上下都沸腾起来,连最麻木的人也气得直嚷。

德国的民众跟这些挑衅行为完全不相干:每个国家的老百姓只要求和和平平的过日子,德国的百姓尤其来得和平,亲热,愿意跟大家安居乐业,并不想打倒别人而很乐于赞美他们,模仿他们。可是当局并不征求老实人的意见;他们也没有胆量发表意见。凡是没有勇气参与公共行动的人,势必成为公共行动的玩具,成为响亮而荒唐的回声,反射出舆论界的呐喊和领袖们的挑战;《马赛曲》或《保卫莱茵》便是这样产生的。

这件事对克利斯朵夫与奥里维真是一个可怕的打击。他们平素相亲相爱的程度,使他们没法想象为什么他们的国家不采取跟他们同样的办法。这股突然觉醒的深仇宿恨,两个人都看不出其中的理由,尤其是克利斯朵夫,他以德国人的身份,觉得对一个被自己的民族打败的民族没有憎恨的理由。他一部分同胞的骄傲狂悖使他非常痛心;在某个限度之内,他对于这种迫令投降的举动和法国人同样愤慨;可是他不大明白为什么法国不肯做德国的盟友。他认为德法两国有多少深刻的理由应当携手,有多少共同的思想,同时又有多么重大的使命应当协力完成,所以它们俩一味仇视的情形使他看了大为气恼。和所有的德国人一样,他觉得法国在这件误会中是主要的罪人;因为即使他承认战败的回忆对法国很痛苦,也认为只是自尊心的问题,而为了更重大的利益——为了文明,为了法兰西,——就不应当再想到自尊心。他从来没费心把阿尔萨斯-洛林问题思索一下。他在小学里已经学会了把并吞阿尔萨斯-洛林的行为看作天公地道的行为,那不过是在几百年的异族统治之后,把德国的土地归还给德国吧?所以一发觉他的朋友认为那是件罪行的时候,他简直搅糊涂了。他从来没跟他谈起这些事,满以为他们的意见是一致的;不料他素来相信为诚实的,胸襟宽大的奥里维,竟没有冲动,没有愤怒,而只是不胜悲苦的和他说,一个民族可能放弃对于这样一件罪行的报复,但要他同意这件罪行究竟对他是奇耻大辱。

他们俩极不容易彼此了解。奥里维举出许多历史上的理由,证明阿尔萨斯为拉丁土地而应当由法国收回,但对克利斯朵夫一点没作用,可以支持相反的主张的同样充分的论据多得很:不论哪一种政见,都可以在历史上找到它所需要的理由。——克利斯朵夫的重视这个问题,并不仅仅是为了牵涉到法国,而主要是为了人情问题。关键不在于阿尔萨斯人是否德国人。事实是他们不愿意做德国人,成为问题的只有这一点。谁有权利说:“这个民族是属于我的,因为他是我的兄弟。”倘使对方不认他是兄弟的话?即使这种否认是不应该的,那么错也错在不能讨兄弟喜欢的那一方面,因为他没有权利硬要对方跟着他走。四十年来,德国人用着武力和种种的威胁利诱,甚至也由贤明正直的德国当局行了许多德政以后,阿尔萨斯人始终不愿意做德国人。即使他们因意志消沉而不得不让步的时候,那般被迫离乡别井,逃亡异地的人的痛苦,——或者更惨的,那些没法离开而忍受着深恶痛绝的枷锁,眼看乡土被侵占,同胞被屈服的人的痛苦,是永远消灭不了的。

克利斯朵夫天真的承认自己从来没看到问题的这一方面,接着心里就不好过了。一个老实的德国人讨论问题往往非常坦白,那是看重自尊心的拉丁人——不管他多么真诚——不大办得到的。固然,历史上所有的民族都犯过这一类的罪恶:克利斯朵夫可并不援引那些例子做德国的口实。他太高傲了,不能去找那种可耻的借口,他知道人类越进步,人的罪恶越显得可怕,因为四周有着更多的光明。但他也知道,倘若法国打了胜仗,也不见得比德国更有节制,一定也会在罪恶的连锁中加上一环。这样,悲惨的冲突可以永远继续下去,使欧罗巴文明的精华受到危险。

克利斯朵夫固然为了这个问题很难受,但奥里维更痛苦。可悲的还不止在于两个最配携手的民族自相残杀。便是在法国内部,也有一部分人准备跟另一部分的人厮杀。和平运动与反军国主义运动,多少年来同时由国内最高尚的跟最下贱的分子在那里宣传。政府让他们干去;只要是不妨碍政客们眼前的利益的,政府对一切都采着旁观的态度,它没想到最危险的并不在于公开支持一种最危险的主义,而是在于听让这种主义潜伏在民族的血管中,等政府预备作战的时候来破坏战争。这主义一方面迎合自由思想的人,因为他们梦想建立一个友好的欧罗巴,由它把所有的努力结合起来,缔造一个更公平更有人性的世界,同时它也迎合无耻小人的自私自利,因为这般人是不论为什么人什么事都不肯把自己的皮肉去冒险的。——这些反战思想把奥里维和他的许多朋友都感染了。有一两次,克利斯朵夫在自己家里听到一些谈话,不禁为之骇然。那位好心的莫克,脑子里装满了人道主义的幻想,精神奕奕的睁着眼睛,语气非常柔和地说,应当阻止战争,而最好的方法是煽动士兵反抗,教他们向长官开枪。他保证那一定会成功。工程师哀里·哀斯白闲冷冷的回答说,倘若发生战事,他和朋友们先要跟国内的敌人算清了账,再上前线。安特莱·哀斯白闲却站在莫克一边。克利斯朵夫有一天看见弟兄俩争执得很凶,甚至互相以枪毙对方来威吓。虽然这些杀气腾腾的话还带着说笑的口吻,可是听的人很能感到他们说的话有朝一日的确句句会实行的。克利斯朵夫好不诧异的估量着这个荒唐的民族,永远预备为了思想而自杀……真是疯子。专讲逻辑的疯子。各人只看见自己的思想,不走到终点,决不肯有一点儿让步。而且他们当然是以互相消灭为快的。人道主义者对爱国主义者开火。爱国主义者对人道主义者开火。而这时候敌人来了,把国家和人类一齐压得粉碎。

"可是告诉我,"克利斯朵夫问安特莱·哀斯白闲,"你们和别的民族的无产阶级有没有联系好呢?"

"反正要有个人首先发难。那就由我们来了。我们素来是打先锋的。让我们来发信号吧!"

"要是别人不响应怎么办呢?"

"不会的。"

"你们有没有协定,有没有预先订下一个计划?"

"用不着协定!我们的力量比什么外交手段都强。"

"这不是一个观念的问题,而是战术的问题。倘使你们要消灭战争,就得用战争的方法。在两国之间先把你们的作战计划定下来,把你们在德法两国的行动和日期商量妥当。倘若你们只存着碰运气的心,那么结果怎么样?一方面是毫无计划的碰运气,另一方面是有组织的强大的力量,——你们不被他们压倒才怪!"

安特莱·哀斯白闲不听这些。他耸耸肩,只空空洞洞的说些威吓的话:他说拿一把沙子放在要害,放在齿轮里,就能把机器破坏。

可是从容不迫的谈理论是一件事,把思想付诸实行——尤其在需要当机立断的时候,——又是一件事。狂风巨浪在心坎里卷过的时间的确是难过的。一个人自以为是自由的,是自己思想的主宰;不料你忽然觉得不由自主地被什么东西拖着。你心中有个暧昧的意志要违反你的意志。你这才发现有个陌生的主宰,有一种无形的力统治着人类。

一般头脑最坚定,信仰最稳固的人,发觉自己的信仰溶解了;他们彷徨无措,不知道怎么决定,而结果往往会走上跟他们预定的完全不同的路,教自己大吃一惊。反对战争最激烈的人中,有些会觉得国家的骄傲与热情突然在胸中觉醒起来。克利斯朵夫看到一般社会主义者,甚至工团主义者,对着这些相反的热情与责任依违两可,无所适从。在两国冲突的初期,克利斯朵夫还没把事情看得严重,他用着德国人那种冒失的态度和安特莱·哀斯白闲说,这是实行他理论的时候了,要是他不愿意德国把法国吞灭的话。安特莱听着大怒,跳起来回答说:

"试着瞧吧!……你们这批混蛋,也算有个该死的社会党,拥有四十万党员,三百万选民,你们还不敢堵住你们皇帝的嘴巴,摆脱你们的枷锁!……哼,我们会来代劳的,我们!吞灭我们吧!我们才会吞灭你们呢!……"

等待的时期越拖长,大家心里越烦躁。安特莱痛苦不堪。明知自己的信仰是对的而没法加以保卫!同时还觉得受到那种精神疫疠的传染,——它就在民间传播集体思想的强烈的疯狂,传播战争的气息!这股气息对克利斯朵夫周围的人都起了作用,便是克利斯朵夫也免不了受到影响。他们彼此不说话了,大家都离得远远的。

但迟疑不决的心绪是不能长久拖下去的。行动的怒潮,不管那些踌躇的人愿意不愿意,把他们都推送到这个或那个党派里去了。有一天,人们以为到了最后通牒的前夜,——两国所有的活力都紧张到箭在弦上不得不发的时候,克利斯朵夫发现大家都已经挑选定了。一切敌对的党派都不知不觉站到它们先前嫉恨或瞧不起的政府方面去。颓废艺术的大师们和美学家们,在短篇的色情小说中加进一些爱国的宣传。犹太人说要保卫他们祖先的神圣的土地。哈密尔顿一听到国旗二字就会下泪。而大家都是真诚的,都是害了传染病。安特莱·哀斯白闲和他提倡工团主义的朋友们,跟别人一样,——并且更甚,为了形势所迫,为了不得不采取一个他们痛恨的主张,便抱着一肚皮阴沉的、悲观的怒意打定了主意,那种心绪就逼着他们替残杀做了疯狂的工具。电机工人奥贝,因为后天的人道主义与先天的排外主义在胸中交战得难解难分,差点儿发神经病。他失眠了好几夜,终于找到了一个解决一切的方式:认为法国便是全人类的化身。从此他不再跟克利斯朵夫谈话。差不多屋子里所有的人对他都闭门不纳了。连那么和气的亚诺夫妇也不再邀请他。他们继续弄着音乐,沉浸在艺术里,想忘掉那件大众关切的事,但他们时时刻刻会想到。他们之中每个人单独遇见克利斯朵夫的时候,仍旧很亲热的跟他握手,可是急匆匆的,躲躲闪闪的。倘使在同一天上克利斯朵夫又碰到他们而逢着他们夫妇俩在一块儿,他们就很窘的行个礼,连停也不停下来。反之,多少年来不交谈的人倒反突然接近了。有天晚上,奥里维做手势教克利斯朵夫走近窗口,要他看哀斯白闲一家和夏勃朗少校在下面园子里谈天。

克利斯朵夫对于大家思想上这种突然之间的变化并不惊奇。他自己的问题也尽够操心了。他心中骚乱惶惑,简直无法控制。比他更有理由骚动的奥里维却比他镇静。他似乎是唯一不受传染的人。尽管一边等着将临未临的战争,一边怕意料中的国内的分裂,他却知道迟早必须一战的两个敌对的信仰都是伟大的,也知道法国的使命是要做人类进步的实验场,而新思想的长成就得靠法国用热血来灌溉。但他自己不愿意卷入漩涡。对于人类的残杀,他很想引一句安提戈涅的名言:[①]“我是为了爱而生的,不是为了恨而生的。”——对啦,为了爱,也为了了解,那是爱的另外一种形式。他对克利斯朵夫的温情足以使他明白自己的责任。在这个千千万万的生灵准备互相仇恨的时间,他觉得,为了他和克利斯朵夫这样两颗灵魂的责任与幸福,应当在大风

① 安提戈涅为希腊神话中俄狄浦斯的女儿,一家均遭厄运,引语见希腊悲剧家索福克勒斯的悲剧。

暴中保持他们的友爱和理性。他记起歌德拒绝参加德国一八一三年代的仇法运动。

这种种，克科斯朵夫全感觉到，可是没法安静。在某种方式之下抛弃了德国而不能回去的他，虽然像老朋友苏兹一样，浸淫着十八世纪那些伟大的德国人的欧罗巴思想，厌恶新德意志的军国精神和经商主义，他心中却掀起了一股巨大的热情，不知道会把他拖到哪儿去。他并不把这个情形告诉奥里维，只整天惶惶然等着消息，偷偷地整着东西，收拾行李。他不再用理性思索了。他抑制不住了。奥里维很不放心的注意着，猜到他内心的斗争而不敢动问。他们觉得需要比平时更接近，事实上也比什么时候都更相爱；但他们怕谈话，唯恐发现思想上有什么不同而使他们分离。四目相对的时候，他们往往有一种不安的温柔的情绪，好似到了永别的前夜。两人都不胜苦闷地守着缄默。

可是，在天井对面那座正在建造的房屋顶上，在这些悲惨的日子里，工人们冒着狂风骤雨，正敲着最后几下的锤子；而克利斯朵夫的朋友，那个多嘴的盖屋工人，远远的笑着对他嚷道："瞧，我的屋子完工了！"

幸而阵雨过了，来得快也去得快。宫廷中半官式的文告像晴雨表似的报告天气转好。舆论界叫嚣的狗重新回到窠里。几小时之内，人心都松了下来。那是一个夏天的晚上。克利斯朵夫气吁吁地跑来把好消息告诉奥里维。他们好不痛快的呼了几口气。奥里维望着他，微微笑着，有点儿怅惘，还不敢把老挂在心上的问题提出来。他只说：

"哦，那些老是闹意见的人，你不是看到他们团结了吗？"

"我看见了，"克利斯朵夫笑嘻嘻的回答，"你们真会开玩笑！你们吵吵嚷嚷的好像彼此势不两立，其实都是一样的见解。"

"你应该满意了吧？"

"干吗不满意？因为他们的团结要拿我作牺牲品吗？……得了

吧！我是相当强的人，并且经历一下这个掀动我们的浪潮，看到这些魔鬼在心中觉醒，也很有意思。”

“我可是怕极了，”奥里维说，“我宁愿我的民族永远孤独下去，不希望它以这种代价来团结。”

他们不出声了；两人都不敢提到使他们心慌的问题。终于奥里维鼓足勇气，嗄着嗓子门：“老实告诉我，克利斯朵夫，你已经预备走了，是不是？”

“是的。”克利斯朵夫回答。

奥里维早已料到这句话，但听了心里仍不免为之一震：

“克利斯朵夫，你竟会……”

克利斯朵夫把手按了按脑门：“别谈这个了，我不愿意再想了。”

奥里维很痛苦的又提了一句：“你预备跟我们作战吗？”

“我不知道，我没想过这问题。”

“可是你心里已经决定了，是不是？”

“是的。”克利斯朵夫回答。

“对我作战吗？”

“对你？永远不会的！你是我的。我不论到哪儿，你总跟我在一起。”

“那么是对我的国家了？”

“为了我的国家。”

“这真是可怕，”奥里维说，“我也爱我的国家，像你一样。我爱我亲爱的法兰西，可是我能为了它而杀害我的灵魂，欺骗我的良心吗？那等于欺骗法兰西。我怎么能没有仇恨而恨，怎么能扮演那种仇恨的喜剧而不犯说谎的罪？自由思想的人第一个原则是要了解，要爱；现代的国家把它的铁律去约束自由思想的人简直是罪大恶极，它会因之自取灭亡的。要做皇帝就做皇帝，可不能自以为上帝！他要取我们的金钱性命，好吧，拿去就是。他可没有权利支配我们的灵魂，他不能拿血来溅污它们。我们到世界上来是为传播光明而非熄灭光明的。各有各的责任！倘若皇帝要战争，那么让他用自己的军队去战争，用从前那种以打仗为职业的军队去战争！我不会那么蠢，对着暴力呻吟。可是我不属于暴力的队伍而属于思想的队伍，我跟我千千万万的同胞代表着法兰西。皇帝要征服全世界，由他去征服吧！我们是要征服真理。”

“要征服，”克利斯朵夫说，“就得战胜，就得生活。真理不是由脑子分泌出来的硬性的教条，像岩洞的壁上分泌出来的钟乳石那样。真理是生活。你不应当在你的脑子里去找，而要在别人的心里去找。跟他们团结起来吧。你们爱怎么想都可以，但每天得洗一个人间的浴。应当体验别人的生活而忍受自己的命运，爱自己的命运。”

“我们的命运是保持我们的本来面目。思想或是不思想，都不由我们做主，即使因之而冒什么危险也没办法。我们到了文明的现阶段，再也不能往后退了。”

“不错，你们到了高峰的边缘上，到了一个民族只想往下跳的地方。宗教与本能在你们身上都没有力量了。你们只剩着智慧。危险啊！死神来了。”

“所有的民族都要到这个地步的，不过是几个世纪的上下而已。”

“丢开你的世纪吧！整个的生命是日子的问题。真要那般该死的梦想家才会把自己放在虚无缥缈间，而不去抓住眼前飞逝的光阴。”

“你要怎么办呢？火焰就在烧着火把。可怜的克利斯朵夫，一个人不能在现在与过去同时常住的。”

“应当在现在常住。”

“过去有些伟大的成就是不容易的。”

“要现在还有活着的并且是伟大的人能够赏识的时候，过去的伟大才成其为伟大。”

“与其成为今日这些醉生梦死的民族，你岂不愿意成为已经死了的希腊人？”

“我更愿意成为活的克利斯朵夫。”

奥里维不讨论下去了。并非他没有许多话可以回答,但他不感兴趣。刚才辩论的时候,他从头至尾只想着克利斯朵夫。他叹了口气,说:“你的爱我不及我的爱你。”

克利斯朵夫温柔地握着他的手:

“亲爱的奥里维,我爱你甚于爱我的生命。可是原谅我,我不能爱你甚于爱生命,甚于爱人类的太阳。我最恨黑夜,而你们虚伪的进步就在勾引我往黑暗中去。在你们一切隐忍舍弃的说话底下,都藏着同样的深渊。唯有行动是活的,即使那行动是杀戮的时候也是活的。我们在世界上只有两件东西可以挑:不是吞噬一切的火焰,便是黑夜。虽然黄昏以前的幻梦特别有种凄凉的韵味,我可不要这种替死亡作前奏的和平。至于无穷无极的空间,它的静寂是使我害怕的。让咱们在火上添些新柴吧! 愈多愈好! 连我也丢进去吧,要是必需的话……我不愿意火焰熄灭。倘使它熄灭了,我们就完了,世界上一切都完了。”

“你这种口吻我是熟悉的,”奥里维说,“那是从过去的野蛮时代来的。”

他在书架上抽出一部古印度诗人的集子。念道:

“你起来吧,坚决的去战斗。不问苦乐,不问得失,不计成败,尽你的力量战斗……”

克利斯朵夫从他手里抢过书来,接着念下去:

“……世界上没有一件东西强迫我行动,也没有一件东西不是我的,可是我决不抛弃行动。要是我不孜孜矻矻的干着,让人家照着我的榜样做,所有的人都要灭亡。倘若我的行动停止一分钟,我就要使世界陷入混沌,我要变成生命的刽子手。”

“生命,”奥里维再三说着,“生命,什么叫作生命?”

“一场悲剧,”克利斯朵夫回答,“往前冲吧!”

风浪过去了。大家怀着鬼胎,急于要把它忘掉。似乎没有一个人记起经过的情形。可是每个人都还在心里想着，只要看他们兴高采烈的恢复日常生活便可知道；受过了威胁，日常生活才更显得可贵。好似在每次大难以后，大家都拼命地把东西往嘴里塞。

克利斯朵夫用着十倍的兴致重新埋头创作。奥里维也受了他的影响。为了需要把忧郁的思想廓清一下，他们根据拉伯雷的作品合作一部史诗。健康的唯物色彩非常浓厚，那是精神受了压迫以后必然的现象。除了卡冈都亚，巴奴越，修士约翰，这几个知名的角色以外，奥里维受着克利斯朵夫的感应，又添了一个新人物，——一个叫作忍耐的乡下人。他天真，狡猾，被人殴打，被人窃盗也无所谓；——妻子被人亲吻，田地被人劫掠也无所谓，——不辞劳苦的种着他的田，——被逼去打仗，受尽千辛万苦也无所谓；他一边看着主子们剥削，一边等着他们的鞭子，心里想："事情不会老是这样的"；他料到他们会倒霉，在眼梢里瞅着，已经不声不响地扯着他的大嘴在那里笑了。果然有一天，卡冈都亚和修士约翰当了十字军，遭了难。忍耐真心的可惜他们，又很快活的安慰自己，把淹得半死的巴奴越救起来，说道："我知道你还要耍弄我；可是我少不了你；你能替我解闷，教我发笑。"

根据这篇诗歌，克利斯朵夫写成几支分幕的，附带合唱的交响曲，其中有悲壮而可笑的战争，有狂欢的节会，有滑稽的歌唱，有耶纳甘派的牧歌，有儿童一般粗豪的欢乐，有海上的狂风暴雨，有音响的岛屿和钟声，最后是一阕田园交响曲，充满着草原的气息：长笛，双簧管，民歌，唱出一派轻快喜悦的调子。——两位朋友非常愉快地工作着。清瘦苍白的奥里维洗了一个健身浴。欢乐的巨潮在他们的顶楼中卷过……用自己心灵的创作，同时也用朋友的心灵创作！便是情侣的拥抱也不会比这两颗友爱的灵魂的结合更甜蜜更热烈。两心相契的程度使他们常常同时有同样的思想，或者是克利斯朵夫写着一幕音乐，奥里维立刻想出了歌词。他带着奥里维向前迈进。他的精神笼罩了朋友，使朋友也产生了果实。

除了创造的快乐，又加上战胜的快乐。哀区脱决心把《大卫》付印了,一出版立刻在外国引起很大的回响。哀区脱有个瓦格纳党的朋友住在英国,是有名的乐队指挥,对克利斯朵夫这件作品非常热心,拿它在好几个音乐会里演出,极受欢迎,凭着这一点,同时靠着名指挥的力量,《大卫》在德国也被演奏了。那指挥又跟克利斯朵夫通信,问他要别的作品,说愿意帮忙,他也竭力替克利斯朵夫做宣传。以前被喝倒彩的《伊菲姬妮亚》,在德国被人重新发现了。大家都认为他是天才。克利斯朵夫传奇式的生涯使人家对他格外好奇。《法兰克福日报》首先发表了一篇轰动一时的文章。别的报纸也跟着来了。于是法国也有人发觉他们中间有着一个大音乐家。《拉伯雷史诗》还没完工,巴黎某音乐会的会长就向克利斯朵夫要求这件作品;而古耶,因为预感到克利斯朵夫快要享盛名了,使用着神秘的口吻提到他所发现的天才朋友。他写了篇文章把美妙的《大卫》恭维一阵,完全忘了他上年提到这作品的时候用的是两句侮辱的话。他周围的人也没有一个想起这一点。巴黎多多少少的人过去都揶揄瓦格纳和弗兰克,现在又捧着他们去打击新兴的艺术家,然后等新兴艺术家成为过去的人物之后再捧他们。

这次的成功出于克利斯朵夫意料之外。他知道自己早晚会胜利的,可没想到胜利来得这么快。他对于太迅速的成功怀着戒心,耸耸肩膀,说希望人家别跟他烦。要是人们在上一年他写作《大卫》的时候恭维他,他可能接受;但现在心情已经不同,他又多爬了几级。他很想和那些对他提起旧作的人说:

"别拿这个脏东西来跟我烦!我讨厌它,也讨厌你们。"

接着,他用一种因为被人打扰而有点儿生气的心绪,重新埋头做他的新工作。但他暗里毕竟感到一种快意。荣名的最初几道光辉是很柔和的。打胜仗是愉快的,增进健康的。那好比窗子打开了,初春的气息渗透了屋子。——克利斯朵夫虽然瞧不起自己的旧作,尤其是《伊菲姬妮亚》,但看到这件可怜的作品从前给他招来多少羞辱,而如今受着德国批评家的恭维与戏院的欢迎,究竟也出了一口气。他收到一封德累斯顿那边的信,说人家很愿意排演他的乐剧,在下一季中上演……

这个消息使他在多少年的忧患以后终于窥见了比较恬静的远景和胜利。但他当天又收到另外一封信。

那天下午,他一边洗脸一边隔着房间和奥里维高高兴兴的说话,门房从门底下塞进一封信来。他一看是母亲的笔迹:他正预备写信给她,因为能告诉她一些好消息而很快慰……他拆开信来,只有几句话……啊,她的字怎么抖得这样厉害呀?……

亲爱的孩子,我身体不大好。要是可能,我还想见你一面。我拥抱你。

妈妈

克利斯朵夫哭了。奥里维吃了一惊,立刻跑来。克利斯朵夫说不上话,只指着桌上的信。他继续哭着,也不听奥里维看完了信以后对他的安慰。然后他奔到床前,拿起外衣急匆匆穿了,领带也不戴,——(手指在发抖)——往外便走。奥里维追到楼梯上把他拦着,问他想怎么办。搭下班车吗?在黄昏以前就没有车。与其在站上等还不如在家等。必不可少的路费有了没有呢?——他们俩搜遍了各人的衣袋,统共也不过三十法郎左右。时方九月,哀区脱,亚诺夫妇,所有的朋友都不在巴黎。没有地方可以借。克利斯朵夫焦急地说他可以徒步走一程。奥里维要他等一小时,让他去张罗旅费。克利斯朵夫一筹莫展,只得由他摆布。奥里维破天荒第一遭进了当铺;他是素来宁愿挨饿而不肯把纪念物当掉一件的,但这次是为了克利斯朵夫,而且事情那么紧急。他便当了他的表,可是当来的钱和预算的还相差太远,便回家拿了几部书卖给旧书摊。当然他为之很难过,但此刻无暇想到,心中只记挂着克利斯朵夫的悲伤。回到家里,他发现克利斯朵夫神色惨沮地坐在原来的地方。奥里维张罗来的钱,再加上三十法郎,已经绰绰有余了。克利斯朵夫心乱如麻,根本没追究钱的来源,更没想到自己走了以后朋友还有没有钱过日子。奥里维也和他一样;他把所有的款子交给了克利斯朵夫,还得像照顾孩子似的照顾朋友,把他送上车站,直到车子开动了才和他分手。

夜里,克利斯朵夫睁大着眼睛,望着前面,想道:"我还赶得上吗?"

他知道,要母亲写信叫他回去,她一定是迫不及待的了。他焦急的心情恨不得要风驰电掣般的特别快车再加快一些速度。他埋怨自己不应该离开母亲,同时又觉得这种责备是空的,事势推移,他也做不了主。

车轮与车厢单调的震动,使他慢慢地平静下来,精神被控制了,有如从音乐中掀起的浪潮被强烈的节奏阻遏住了。他把自己的过去,从遥远的童年幻梦起,全部浏览了一遍:爱情,希望,幻灭,丧事,还有那令人狂喜的力,受苦,享受,创造的醉意,竭力要抓握人生的光明与黑暗的豪兴,——这是他灵魂的灵魂,潜在的上帝。如今隔了相当的距离,一切都显得明白了。他的欲望的骚动,思想的混乱,他的过失,他的错误,他的顽强的战斗,都像逆流和旋涡,被大潮带着冲向它永远不变的目标。他懂得了多年磨炼的深刻的意义:每次考验的时候必有一道栅栏被逐渐高涨的河流冲倒;它从一个狭窄的山谷流到另一个更宽广的山谷,把它注满了;视线变得更辽阔,空气变得更流畅。在法国的高地与德国的平原中间,河流找到了出路,冲到草原上,剥蚀着高岗下面的低地,把两国的水源都吸收了,汇集了。它在两国中间流着,不是为了把它们分野,而是为了把它们结合:两个民族在它身上融和了。克利斯朵夫这才第一次感觉到,他的命运是像动脉一般把两岸所有的生命力灌注到两岸敌对的民族中去。——在最阴惨的时间,他面前反出现一个恬静的境界和突如其来的和平……然后那些幻象消失了,眼前只有老母那张痛苦而温柔的脸。

他到本乡的时候,东方才发白。他得留神不给人家认出来,因为通缉令还没撤销。可是站上没有一个人注意他;大家还睡着,屋子都没开门,街上荒荒凉凉的:那是灰暗的时间,夜色已尽,日光未至,睡眠最甜,而梦境都染上曙色的时间。一个年轻的女仆正在打开铺子的百叶窗,嘴里唱着一支老歌。克利斯朵夫差点儿透不过气来。噢,故乡!亲爱的故乡!……他真想扑下去亲吻泥土;听着那个使他心都溶化的平凡的歌,他觉得远离乡土的时候多么苦恼,而自己又多么爱它……他凝神屏气的走着,一看到家,不得不用手掩着嘴巴,不让自己叫起来。留在这儿的被他遗弃的人,究竟怎么样了呢?他喘了口气,连奔带跑的直到门前。门半开着。他推进去。一个人都没有……旧扶梯在脚下咯咯作响。他走上二楼。屋子好像没人住的,母亲的房门关着。

克利斯朵夫的心忐忑地跳着,抓着门钮,没有气力推开……

鲁意莎孤零零的躺着,觉得自己快完了。其余两个儿子都不在这儿:经商的洛陶夫在汉堡成了家;恩斯德上美洲去了,杳无音讯。谁也不关切她,只有一个邻居的女人每天来看她两次,问她可需要什么,待上一会,就回家去干自己的事;——她来的时间没有准儿,往往来得很晚。鲁意莎觉得人家忘记她是挺自然的,跟自己闹病一样的自然,而且她苦惯了,涵养功夫好到极点。她心脏不好,常常会闭过气去,自以为要死了:她睁着眼睛,双手抽搐,满头大汗。她并不抱怨,以为是应当如此的。她已经准备好了,临终圣体也受过了。只有一件事情使她挂心:就是怕上帝不许她进天堂。其余的一切,她都能够耐着性子忍受。

在小房间的黑洞洞的一角,她在床高头的壁上和枕头四周,把所有心爱的人的照片都集中在一起:三个孩子的,丈夫的,(她对他始终保持着初期的爱情),老祖父的,还有哥哥高脱弗烈特的。凡是待她好的人,——不管那好心是怎样的不足道,——她都念念不忘。她把克利斯朵夫寄来的最后一张照相用针扣在褥单上,靠近着她的脸,又拿他最近几封信放在枕头底下。她最爱秩序和清洁,现在看到屋子里没有整理得顶好,就觉得不大好过。外边各种细小的声音,对她等于是报告时刻。那她听了多少年了!整整的一生都是在这个小天地中消磨的……她想着心爱的克利斯朵夫,多么希望他此时此刻能到这儿来,挨在她身边!可是他要不来的话也算了。没有问题,她一定能在天上见到他。现在她只要闭上眼睛就能看见他了。她迷迷糊糊的老是在回忆中过日子……

她在莱茵河边上的老屋内……家里在过节……正是夏季一个大好的晴天。窗子开着:太阳照在明晃晃的路上。鸟儿唱着歌。曼希沃跟祖父坐在门前抽烟,一边谈天一边挺高兴地笑着。鲁意莎看不见他们,但是很快活,因为这一天丈夫在家,祖父脾气很好。她在楼下做饭:一顿丰盛的午饭。她非常留神的照顾着,有一样大家意想不到的好东西:一块栗子蛋糕;一想到孩子会快活得叫起来,她心里就很舒服……啊,孩子,他在哪儿呢?在楼上:她听见他在弹琴。她不懂他弹的东西,但听到那琤琤琮琮的声音,知道他乖乖地坐在那里,她就很快活了。天气多好!大路上有辆车子传来轻快的铃声……啊!天哪!我的烤肉呢!但愿不要在她眼望窗外的时节给烤焦了!她唯恐她多么喜欢而又多么害怕的祖父不乐意,埋怨她……还好,托上帝的福,没有出事。瞧,什么都预备好了,饭桌也摆好了。她招呼曼希沃跟祖父。他们很愉快地答应了。可是孩子呢?……他不弹琴了。琴声已经停了一忽儿,她没留意……——"克利斯朵夫!"……他在干什么呢?一点声息都没有。他老是想不到下来吃饭的,又得给父亲骂了。她急急忙忙的上楼:——"克利斯朵夫!"……没有回音。她打开他屋子的门。没有人。屋子里空空的;钢琴也盖上了……鲁意莎不由得一阵心痛。他怎么的?窗子开着。天哪!他不会掉下去吧!……鲁意莎吓坏了,赶紧从窗口往下瞧……——"克利斯朵夫!"……哪儿都找不到他。各个房间都走遍了。祖父在楼下对她嚷着:"你来吧,别急,他自个儿会来的。"她可不愿意下楼,她知道他在这儿,一定是躲着玩儿,跟她捣乱。啊!可恶的孩子!……是的,毫无疑问的,楼板在那里咯咯的响,他躲在门后呢。可是钥匙不在门上。去拿钥匙吧！她在一张放着各式钥匙的抽屉内急急忙忙的找。这一个，这一个，…… 哦，不是的！——对啦，是这个！……可是插不进锁孔。鲁意莎的手拼命的发抖。她急得很，要赶紧呀。为什么？不知道；只知道要赶紧。要不然她就等不及了。她听见克利斯朵夫在门后呼吸……啊！这钥匙！……终于开了。她高兴得叫起来。是他呀，他扑上她的脖子……啊！可恶的孩子，好孩子，亲孩子！……

她睁开眼来。他果然在这里，在她面前。

他已经对她望了一些时候，望着这张大大改变了的，又瘦又有些虚肿的脸，那种无言的痛苦，给她听天由命的笑容衬托得格外凄惨；周围又是那么冷静，那么孤独……他看了心都痛了……

她见了他，并不惊奇，只微微笑着。那笑容是没法形容的。他扑上她的脖子，把她拥抱了；她也拥抱他，大颗的眼泪从腮帮上直淌下来，轻轻地说了声："等一等……"

他看见她气喘得厉害。

两人一动不动。她不住地流着泪，摩着他的头。他一边哭一边亲她的手，把被单遮着脸。

等到安静了一点，她想说话，可是说不上来：用的字都是错的，他很不容易懂得。那也没关系。反正他们已经见了面，始终那么相爱；那就行了。——他很气的查问为什么人家把她一个人丢在这儿。她替那个照顾她的女人解释道："她不能老待在这里：她有她自己的工作。"

然后她用着一种微弱的，断续的，连字母都念不周全的声音，很急促的嘱咐一些关于她坟墓的事。她要克利斯朵夫向其余两个把她忘了的儿子转达她为母的遗爱。她也提到奥里维，——他对克利斯朵夫那种深厚的友情，她是知道的。她要克利斯朵夫告诉他，说她祝福他，——但她马上改正了，用了两个更谦卑的字眼，说她对他表示敬爱……

说到这儿她又气急了。他扶着她在床上坐起来,满脸淌着汗。她勉强笑着,心里想现在握到了儿子的手,自己在这个世界上也没什么要求了。

克利斯朵夫突然觉得母亲的手在他手里抽搐起来。鲁意莎张着嘴,不胜怜爱的望着儿子,溘然长逝了。

当天晚上,奥里维赶到了。他不能让克利斯朵夫在这个悲痛的时间孤独无助,那种滋味他是经历过的。同时他也担心朋友回到德国所冒的危险。他要跟他在一起,保护他,可是没有旅费。送了克利斯朵夫回去,他决意卖掉几件老家传下来的首饰。那时当铺已经关门,而他又想搭明天第一班车走,便预备去找街坊上一个卖旧货的想办法,不料一出门就在楼梯上遇见了莫克。莫克知道了这些事,立刻表示奥里维没有去找他使他非常难过,他硬要奥里维接受他的钱。但他还是耿耿于怀,因为奥里维为了筹措克利斯朵夫的川资,当掉了表,卖掉了书,而没有向他开口。他那么热心的要帮助他们,甚至向奥里维提议陪他一同上克利斯朵夫那边去。奥里维好容易才把他拦住了。

奥里维的来到使克利斯朵夫精神上得到很大的支持。他陪着长眠的母亲,失魂落魄地过了一天。帮忙的女工来做了几件零碎事儿又走了,没有再来。整天死气沉沉的,仿佛时间停顿了。克利斯朵夫跟床上的遗骸一样的一动不动,眼睛老盯着她。他不哭,不想,也变了个死人了。——奥里维的来到,等于完成了一件友谊的奇迹,使他的眼泪和生命一齐回复了。

> 勇敢啊!只要有一双忠实的眼睛和我们一同哭泣的时候,
> 就值得我们为了生命而受苦。

他们拥抱了很久。然后两人坐在:鲁意莎旁边低声谈话……夜里……克利斯朵夫靠着床脚,随便提到些童年往事,说来说去老是牵涉到妈妈的形象。他静默了几分钟,又往下说。最后他疲倦之极,手捧着脸,完全不出声了。奥里维近前一看,原来他睡熟了。于是他独自守夜。不久他脑门靠着床架子,也给睡眠带走了,鲁意莎温柔地笑着,好像守护着两个孩子觉得很快乐。

天刚亮,他们就被敲门的声音惊醒。克利斯朵夫去开门。一个邻居的木匠来通知克利斯朵夫,说他已经被人告发,如果他不愿意被捕,应当马上就走。克利斯朵夫不愿意逃,定要把母亲送入了坟墓才离开。可是奥里维央求他立刻去搭车,答应一切后事都由他代办,他硬逼着克利斯朵夫走出屋子,并且为防他反悔起见,还送他上车站。克利斯朵夫执意要在动身之前去看看莱茵河。他是在河边长大的,他的灵魂像海洋中的贝壳一样始终保存着河水响亮的回声。虽是在城中露面很危险,但他打定了主意,不顾一切。两人沿着下临莱茵的巉岩走去,看它浩浩荡荡,在低矮的河岸中间向北流去。雾霭迷蒙,一座大铁桥的两个穹窿浸在灰色的水里,好比硕大无朋的车轮。远远的,隔着草原,薄雾中隐隐约约有几条船沿着曲折的河道上驶。克利斯朵夫看着这些景致出神了。奥里维抓着他的手臂把他带到车站。克利斯朵夫像害了梦游病似的完全听人摆布。奥里维把他安顿在升火待发的车厢里,约定下一天在法国境内第一个车站上相会,免得克利斯朵夫一个人回巴黎。

火车开了,奥里维回到屋里,门口已经有两个宪兵等着。他们把奥里维当作克利斯朵夫。奥里维也不急于分辩,好让克利斯朵夫逃得远一些。而且警察当局发觉了错误的时候并不着慌,也不急于去追逃掉的人;奥里维疑心他们其实是很愿意克利斯朵夫走掉的。

奥里维为了鲁意莎的葬事,直耽到第二天早上。克利斯朵夫的兄弟,做买卖的洛陶夫,当天才来参加丧礼。这个俨然的人物规规矩矩的送过殡,马上搭车走了,对奥里维没有一句问起哥哥近况或是感谢他为母亲办后事的话。奥里维在当地又耽留了一些时候。这儿他一个人都不认识,可是觉得有多少眼熟的影子:小克利斯朵夫,小克利斯朵夫所爱的人,使他受苦的人,——还有那亲爱的安多纳德。所有这些在此生存过的人,现在完全消灭了的克拉夫脱一家,还留下些什么?……只有一个外国人对于他们的爱。

那天下午,奥里维在约定的边界车站上和克利斯朵夫相会了。那是林木幽密,山峦起伏的一个小村。他们并不搭下一班开往巴黎的火车,决意走到前面的一个城市。他们需要孤独,便往静悄悄的森林中走去,只听见远处传来几下沉重的伐木声。他们走到山岗上一片空旷的地方。脚下那个狭窄的山谷还是德国的土地,有所看守树林的人的屋子,顶上盖着红瓦,一小方草地好比森林中一口碧绿的湖。四下里全是深蓝色的一望无际的林木,给水汽包裹着。雾氛在柏树枝间缭绕。一层透明的幕把线条遮盖了,把颜色减淡了。一切都静止不动。没有脚声,没有人声。秋天的榉树都变了金黄色,几点雨水淅淅沥沥地打在树上。一条小溪在乱石中流着。克利斯朵夫和奥里维停下脚步,呆住了。各人都想着自己的丧事。奥里维默默地对自己说着:

"啊,安多纳德,你在哪儿?"

克利斯朵夫却想着:"现在她不在世界上了,成功对我还有什么意思?"

但各人听见各人的死者安慰他们:

"亲爱的,别哭我们了。别想我们了。你想着他吧……"

他们彼此瞧了一眼,马上忘了自己的痛苦,而只感觉得朋友的痛苦。他们握着手,心中只有一片凄凉恬静的境界。没有一点风,雾气慢慢地散了,显出了青天。雨后的泥土那么柔和……它把我们抱在怀里,堆着一副亲热的笑容,和我们说:

"休息吧。一切都很好……"

克利斯朵夫的心松下来了。两天以来,他整个儿在回忆中,在亲爱的妈妈的灵魂中过活,他体验着那卑微的生活,单调而孤独的岁月,在孩子们都走了的静寂的家里,想念那些把她丢下的儿子……可怜的老妇,残废,勇敢,抱着乐天安命的信心,生就温和的脾气,恬然自得的忍受着一切,没有一点儿自私……克利斯朵夫也想起他认识的,一切谦卑的心灵。这时他觉得自己跟他们多么接近!在骚动的巴黎,眼看多少的思想人物发疯似的搅在一起,最近又看到那阵血腥的风,煽动神志错乱的民族互相仇视;克利斯朵夫经过了几年累人的争斗和激昂的日子,对于这个骚动而贫瘠的社会,对于自私的争战,对于自命为代表理智而实际只是掀风作浪的野心家,深深地感到厌倦。他所爱的却是成千累万的淳朴的心灵——他们在各个民族中间静静的燃烧着,本身便是些纯洁的火焰,代表慈悲,信仰,牺牲。

"是的,我认得你们,我终于跟你们团聚了,你们是和我同一血统的。我早先像浪子一般离开了你们,跟着大路上的那些影子走了。现在我回到你们中间来了,请你们把我留下吧。我们不问生死,都是一体;我到哪儿,你们也到哪儿。噢!母亲,我曾经生活在你的身上,如今是你生活在我身上了。还有你们,高脱弗烈特,苏兹,萨皮纳,安多纳德,你们全生活在我身上。你们是我的财富。咱们一同上路吧。我的话就是你们的声音。凭着我们联合的力量,我们一定能达到目的……"

树上缓缓地滴着雨水,一道阳光从树枝间溜进来。树林下面一小方草地上传来一群儿童的声音:三个女孩子在那里绕着屋子跳舞,唱着一支天真的德国山歌。而远远的,一阵西风像吹送蔷薇的异香似的,吹来法国方面的钟声……

"噢!和平,你是神圣的音乐,你是解脱的心灵的音乐,苦,乐,生,死,敌对的民族与友爱的民族,一齐交融在你身上……噢!我爱你,我要抓住你,我一定能抓住你……"

黑夜降临了。克利斯朵夫从幻梦中醒来,又看到了朋友那张忠实的脸。他对他笑笑,把他拥抱了。随后,他们俩穿过树林,悄悄地重新上道;克利斯朵夫在前面替奥里维开路。

孤零零的,不声不响,
一个在前,一个在后,
大路上来了两个年轻的弟兄……

卷七 终

欣悦的灵魂 1

[法] 罗曼·罗兰 著

罗大冈 译

艾珉 主编

罗曼·罗兰

第四卷

人民文学出版社

目　次

上

译者前言*

罗曼·罗兰一生写过两部多卷本的长篇小说，一部是《约翰·克利斯朵夫》，我国早有译本；另一部是《欣悦的灵魂》（又译《母与子》），到目前（一九七九年）为止，还没有完整的中译本。

《欣悦的灵魂》法文直译是：《受魅惑而欢欣鼓舞的灵魂》，过去译为《欣悦的灵魂》，接近直译而非完全直译。

罗曼·罗兰在一九三四年一月为这部小说的订定本写《导言》①时，对小说的标题有所说明。首先，他认为人生如梦，小说的主人公安乃德每次开始一场新的幻梦时，感到欢欣鼓舞，如同受到魔法的魅惑一样，等一场美梦幻灭之后，她又开始另一场美梦，于是又受一次魅惑，又欢欣鼓舞一番。这样连续不断地从一场美梦过渡到另一场美梦，直至生命终结。因此他把小说的女主人公称作"受魅惑而欢欣鼓舞的灵魂"。其次，作者在《导言》中声明，他故意用这个意义双关、模棱两可的词作为小说的标题，为的是让读者大费猜思，像猜谜一样。也就是说，这个标题本身是一个"谜"，也是一种文字游戏，用汉语直译是不可能的。

我曾考虑，与其用似是而非的直译，不如按照小说的真实内容采

---

* 这篇文章曾在本书初版时作为《译本序》登在上部的卷首，本次重版有删节，并改为《译者前言》。

① 见本书《订定本导言》。

用适当的改译,所以决定用小说第三卷的小标题《母与子》,作为全书的总题。译本改题,早有先例,而且不少,例如但丁的《神曲》,意大利文的原题直译是《神的喜剧》,雨果的《悲惨世界》,法文原题直译应作《苦难的人们》,诸如此类,不胜枚举。

本书篇幅巨大,全文中译达一百二十余万字,分为上、中、下三册。

这部小说实际上分为上下两部分。前半部写到第一次世界大战结束。后半部从二十世纪二十年代写起,写到三十年代初期。前半部的主人公是母亲安乃德;后半部虽然标题为《女信使》,实际主人公是儿子玛克。

罗曼·罗兰开始构思《欣悦的灵魂》远在《约翰·克利斯朵夫》完全脱稿以前,也就是说,在一九一二年之前。第一次世界大战的风暴及其对罗曼·罗兰的生活与思想的影响,肯定是这部小说之所以不能及早动笔的主要原因。一九二二年五月,罗曼·罗兰移居瑞士,六月开始写这部多卷本小说的第一卷《安乃德和西尔薇》,同年十月脱稿。紧接着他就写第二卷《夏季》,一九二三年春,《夏季》完成。在这以后,有两年之久,作者完全中止了小说的写作。

小说第三卷于一九二五年十月动笔,一九二六年五月完成。这之后,罗曼·罗兰的创作活动又中断了。这一次搁笔有三年之久。

最后一卷《女信使》(初版分为三册)一九二九年十一月才开始写,到一九三三年四月完成。至此,小说才算全部脱稿。

罗曼·罗兰创作第一部长篇小说《约翰·克利斯朵夫》时,用十年工夫写完十卷,每年写一卷,连续不断,按时完成。为什么写《欣悦的灵魂》时先后中辍两次,搁笔的时间加在一起有五年之久?应当说有客观与主观两方面的原因。

首先因为第一次世界大战以后,法国国内与国际间的形势都和战前大不相同。一九一九年六月“凡尔赛和约”签订后,人们(包括罗曼·罗兰在内)都感觉到这个不公正的和约埋下了再一次大战的祸根,大家对于世界大势不免悲观失望。当时世界上各种矛盾日趋激烈,风雷震荡,日子很不安宁。在这种形势下,小说家不可能长期闭门创作,不问世事。再加战后的罗曼·罗兰和战前也大不一样。用他自己的话说:“你不关心政治,政治会上门来找你。”实际上,从第一次世界大战期间开始,罗曼·罗兰书斋的门已经关不住了,政治的风不停地吹进门来,这位作家也不停地探头去看门外的热闹。从那时起,他的言论和行动已经和政治有直接的或间接的联系,也就是说,有一定程度的政治影响。由此可见,他即使想足不出户,埋头写作,按照原定计划,一卷接一卷地写十年、二十年,事实上也是完全办不到的。世界大势在快速地发展,作家的思想也在变化动荡,要使这一切完全不反映在他正在写的作品中,或者说要他正在写的作品和当前的现实完全无关,实际上是不可能的,何况罗曼·罗兰那时已经成了一个关心时事、关心政治的作家。

小说第三卷,母亲安乃德的言行与思想在一定程度上代表了第一次世界大战期间的罗曼·罗兰本人。在第四卷中,儿子玛克更忠实地反映了作者在第一次大战后,二十年代到三十年代初期那段时间的思想、言论和行动,主要是他同情无产阶级革命,拥护苏联,反对帝国主义战争,反对法西斯的政治立场。

不管作者自己宣扬的中心思想是什么,我们读完全书以后,深感这是一部现实意义很强的杰出作品。近年来法国有几个比较进步的评论家,认为《欣悦的灵魂》是法国当代社会主义现实主义文学的第一座里程碑,这种看法并不是毫无根据的。

由于工作需要,我不得不反复阅读合订本一千五百页的鸿篇巨著《欣悦的灵魂》。我想我应当算是这部小说的一个实实在在的读者。请允许我从读者的角度,谈一点肤浅的感想,供大家参考。

本书肯定是罗曼·罗兰的重要代表作,其重要性至少不亚于《约翰·克利斯朵夫》,而且某些地方它有《约翰·克利斯朵夫》所没有的特色,无论从思想内容,或从艺术形式看。

《约翰·克利斯朵夫》代表作者青年时代的人生理想,文章具有清新自然的抒情魅力,尤其是开头几卷(大致说从一至四卷)。《欣悦的灵魂》完全不同。这是一部在火辣辣的现实生活和社会斗争的炎阳照耀下写成的作品。当时作者已是六十岁左右的人,人生体验比写《约翰·克利斯朵夫》时要深刻得多。他已经不是一个不问世事的书斋工作者,至少在思想上他已经走上了街头。所以他说"我是思想上的革命家"。他是受了十月社会主义革命的伟大教育和深刻影响的西方知识界的代表人物;从那以后走上了向往光明、同情革命的进步道路的西方作家中的典型人物。《欣悦的灵魂》(尤其是后半部)就是反映这种倾向的名著。

这部小说在艺术上也有它的特色。罗曼·罗兰的创作生涯是从写剧本开始的。他曾经写过许多剧本,在他开始写小说以前,已经长期受过写剧本的锻炼。因此他的小说在结构上往往善于突出戏剧性的波澜,长于安排戏剧性的高潮和紧张场面;对话尤其精彩,他常常通过对话刻画人物的性格。以上这些优点,在《欣悦的灵魂》中达到很高的水平。此外,着重描写内心生活、思想斗争(也就是内心的戏剧场面),也是这部小说比较突出的特点。

总之,《欣悦的灵魂》是一部内容与艺术都有特色的值得重视的现实主义作品,它在现代法国文学中是无可否认的重要作品之一。

罗大冈

一九七九年十二月七日于湮园

初版序*

一个旅程将要开始，它虽然不像《约翰·克利斯朵夫》的旅程那么长，也将有不止一个阶段。在这新的旅程开始的时候，我向读者重申我在那位音乐家①的故事的一个转折点上，向大家提出的友好请求。我在《反抗》②卷首奉告读者，把每一卷书都当作一部在发展中的作品的一章来读，这作品的思想随着它所表现的生命同时展开。我引用了一句古老的成语："一生成败看晚节，一天得失看黄昏。"并且我还说："当我们到达终点时，再请你们评判我们的努力到底有多大价值。"

当然，我的意思是说，作为艺术作品，每一卷书都应当有它的特点，都能够单独地被评价。但如果根据一卷书判断全部思想，未免为时过早。我写一部小说时，选择一个我觉得和我有若干类似点的人物——（也许不如说是他选择了我）——这个人物一经选定，我就任他自由，一点没有把我自己的人格和他的相混合之意。在心中构思一个人物的性格达五十余年之久，这是沉重的负担。艺术创作的神圣恩惠，就在于给我们解除这样的重负，同时提供另一些灵魂，使我们从中汲取养料；提供另一些人的生活，使我们获得新的外衣——（我们的印

---

* 《欣悦的灵魂》第一卷《安乃德和西尔薇》于一九二二年初版问世，卷首有《告读者》一文。一九三四年《欣悦的灵魂》订定本出版时，这篇《告读者》改题为《初版序》。我们所根据的一九五一年出版的合订本（全一册）也作《初版序》。

① 指克利斯朵夫。

② 《反抗》是长篇小说《约翰·克利斯朵夫》中的一卷。

度朋友们可能这样说:《我们的另一些生活》:因为个体之中包含着全体……)。

当我选定约翰·克利斯朵夫或哥拉[①]或安乃德·李维埃[②]的时候,我只不过成了他们的思想的记录者。我倾听他们说话,观看他们行动,并且通过他们的眼睛观看一切。他们向自己的心灵学习,或向别人学习,我也跟随他们一起学习。他们有时弄错了,我也就趑趄不前;他们重振精神,我也昂首挺胸,于是我们继续上路。我并不是说这是一条最好的道路,但它是我们的道路。不论克利斯朵夫、哥拉和安乃德有理没理,反正他们存在。生活本身就是一条不小的理由。

请不要在这里寻找什么命题或理论。请看,这不过是一个真挚、漫长、富于悲欢苦乐的生命的内心故事,这生命并非没有矛盾,而且错误不少,它虽然达不到高不可攀的真理,却一贯致力于达到精神上的和谐,而这和谐,就是我们的至高无上的真理。

罗曼·罗兰

一九二二年八月

① 罗曼·罗兰的小说《哥拉·布勒尼翁》中的主人公。

② 小说《欣悦的灵魂》中的母亲,全书最主要的人物。

订定本导言

一九一四年五月，我在写《哥拉·布勒尼翁·告读者》[①]时提到："《约翰·克利斯朵夫》这副盔甲十年来对我的束缚。起初，盔甲是按照我的身材做的，后来却太紧了。"我不得不采取对策。其结果，就是那部表达"高卢式的自由欢乐"的作品[②]，它比另一些那时已经动工的作品先完成。

在当时已经动工的作品之中，还有一部是小说，"《约翰·克利斯朵夫》式的带一点悲剧气氛的小说"，（今天，我可以不用"带一点"这几个字了，因为二十年来，世界上悲剧气氛已经可怕地加剧。）这部小说，就是《欣悦的灵魂》。当时它已经在创作意图尚未明朗的幽暗中开始蠕动。

《约翰·克利斯朵夫》最末一卷的序言写于一九一二年十月。同年同月，我的永远不知休息的精神，记下了这样一句话："必须扩大善与恶。"

我的精神在寻找新的活动场地，在"男女两辈人的对立中〔寻找〕，这两辈人各自达到不同的演变程度……在同一时代的男人们和女人们之间，没有（从来没有）并驾齐驱的情况。女的一辈和同辈男子

---

① 《哥拉·布勒尼翁》是罗曼·罗兰的一部小说，人民文学出版社已出版中译本。

② 指上述小说。

相比,总要前进或落后一个世代[①]……今天的妇女们在争取独立[②]。男子们则在消受他们既得的独立……”[③]

《欣悦的灵魂》的女主人公安乃德·李维埃,属于这一辈妇女的先锋,她们在法国不得不对抗她们的男伴的成见与不良意愿,艰苦地开辟一条走向独立的道路。从那时以来,经过激烈的斗争,她们已经获得胜利——(政治方面除外,在这方面,几个拉丁国家里[④],老年男子们在顽抗,他们还占着上风)。但是第一支突击队战斗得十分激烈,尤其是安乃德那样的妇女,她们不顾贫穷与孤独,敢于担当风险,敢于不结婚而做母亲。在另一方面,这种生活充满考验与勇敢的孤寂,过这种生活的女战士那时只有寥寥可数的几个人,她们互不相识,只能单独作战,这样,却使她们形成比同辈的多数男子更为自由、更为坚强的性格……并不是说,这一胜利不使后来的妇女丧失优先地位。因为只有通过层层考验和在障碍上碰过许多钉子,这类人,不论是男是女,才能够前进……谢谢上帝,安乃德,我的女儿和伴侣,没有少遇到考验和障碍。直到她生命的末日,“河流[⑤]奔向大海……什么都不能阻止它!奔流的生命……向前进!即使在死亡中,浪潮推送我们……即使在死亡中,我们也在前进……”[⑥]

* * *

可是,这条生命的“河流”,虽然从一九一二年十月起,已经涓滴成泉,而且已经吸饮了泉水,却等到九年之后,才向前奔流。因为战争的汪洋大海,血腥的怒涛狂澜,以及哀痛与伤心的余波,充塞了一九一四

---

① 大约三十年。

② 指二十世纪初期。

③ 一九一二年的笔记。——原注

④ 拉丁语系的国家,如法兰西、意大利、西班牙等。

⑤ 原文 Rivière,音译“李维埃”,就是安乃德的姓。

⑥ 见《欣悦的灵魂》最后一章《神圣的道路》。——原注

至一九二〇年间的岁月。当时我的脑海中震荡着杀伐之声,从中飞溅出来的浪花,就是《李吕丽》[①]和《格来昂波》[②]。这一时期,以一场思想上与身体上的危机作为结束。一九一九至一九二〇年间我大病一场,从而使灵魂与生活都受到考验。

到一九二一年,死去的灵魂与生活都被抛弃了,“好比一个空虚的外壳……让我们死去吧,克利斯朵夫,为了获得新生!”[③]由于一种无意的象征,那时我向巴黎告别。在此以前,我在巴黎一直保留着一处寓所。从那时起,我将长期在法国境外定居。

在那些日子里,我写下一条笔记,它关系到创作计划,但是也可以应用于我的生活,尽管我自己并未料到:“发生的事件只不过是一些机会或借口。它们充其量只能发动一条弹簧而已,而这条弹簧是由内心需要的手慢慢地拧紧的。”

离开曾经孵育过我的战前作品的老旧寓所、老旧市区、老旧国土而启程远行,生命的一页翻过去了……“永别了,过去……”,同时,开始了新的一章。

一九二一年五月底从巴黎出发,六月上半个月在维尔纳芙[④]我就写道:“开始写一部新的小说:《安乃德和西尔薇》,极大的乐趣。一个不相识的生命潜入我的生命,它把自己的血液、思想和命运,灌注给我。”[⑤]

快乐的工作进行着,从一九二一年六月十五日到十月十八日,一

---

① 罗曼·罗兰的反战剧本,发表于一九一九年。

② 罗曼·罗兰的反战小说,发表于一九二〇年。

③ 见小说《约翰·克利斯朵夫》的后记《向约翰·克利斯朵夫告别》,写于一九二一年十月。

④ 这是瑞士日内瓦郊外,莱芒湖畔的一个小镇。从一九二一年起,罗曼·罗兰居住在那里,直到一九三八年才迁返法国。

⑤ 这人和我如此不同,以至在半路上,我不得不把原来按照我的爱好给此人设想的肖像加以改变,不得不接受不同的特征和性格——以及来自生命深处的、出人意料的事故和叛变——就像在生活中一样,你所爱的女人一朝变为漠不相识的陌生人。——原注

译者按:最后一句话沉痛地联系到作者的切身经验,那就是他和他的第一位夫人婚后同居九年,终于琴瑟不调,生活异常痛苦,不得不宣告离异。

口气写完《安乃德和西尔薇》。

上述那条笔记接着说:“人们总是把一生中发生的事写成故事。其实不然。真正的生活是内心生活。”

《安乃德和西尔薇》的《告读者》一文宣称:“一个真挚、漫长、富于悲欢苦乐的生命的内心故事,这生命并非没有矛盾,而且错误不少,它虽然达不到高不可攀的真理,却一贯致力于达到精神上的和谐,而这和谐,就是我们的至高无上的真理。”

这个内心生活和约翰·克利斯朵夫之辈的内心生活有所区别。不但因为这是妇女的和另一代人①的内心生活,而且因为这个妇女既然不能用整理一切、控制一切的精神搞创作,从而不断地发泄,把她从情欲的汹涌中解放出来,所以她在骚扰不宁的潜意识冲击下,也就显得更为孤立无援了。

在她周围,谁也没有猜疑到她身上这种层云密布的情欲。安乃德自己经过很久才注意到这一点。她表面上的生命好像茂桐②树林中沉睡的池塘③。可是这个故事有意思的地方,却在于这平静、诚实和理智的妇女身上,连她自己也不知道有一个看不见的爱神待在那儿,这个爱神不分 Fas 与 Nefas④ 的界限。

这爱神先后以四五种形式出现。最初是安乃德对于父亲的含糊的爱,其强烈远远超过她自己所承认的程度。父亲死后,她发现他生前有外遇,于是她对父亲的感情出乎意料地暴露出来。稍后,就是她对她妹妹的热烈的爱。这种爱由于一个俊美的帕里斯⑤的暂时出现而受到考验,使姐妹俩变成情敌。在爆发了一次短促的妒忌纠纷之后,

---

① 克利斯朵夫是过了五十岁死的,正当一九一四年的前夕。他比我年长几岁。安乃德不到六十岁就死了,正在我们今天的战斗之中。她和她妹妹属于出生于一八七五年至一八八〇年间的那一代人,阿西娅与玛克属于一九〇〇年这一代。——原注

② 巴黎郊外。

③ 见《安乃德和西尔薇》卷首几页所写幻觉式的梦。

④ 拉丁文:光明正大与阴暗、不吉利。

⑤ 帕里斯,荷马史诗《伊利亚特》中人物,此处作为美男子的代称。

两人一致舍己为人,把所爱的男子让给对方。——第三阶段,是母子之爱,不算许多别的激情的雷阵雨,企图通过婚姻,或非正式的结合,寻找不可能的和谐。儿子从来不曾衡量过母爱强烈到什么程度。这种内心生活的火焰,安乃德只让它在外表闪耀一点温和的光亮,因为她以长时间的孤身斗争为代价,已经学会了克制自己的灵魂。可是现在她知道,而且只有她一个人知道,她怀中有一个炽热的激情的天地,世人对此当然不以为意。——后来,在战争时代,被各个"祖国"的兽性本能践踏的人类,受凌辱和仇视的人类,使她触目惊心,激起强烈的怜悯。同时,作为一种反作用,她对一个被野蛮的人群肆意侮辱的受伤的俘虏,贡献了她的温情。——最后,当她的生活已经绕过巨大的转折点之后,被"无穷"所吸引着的,只是她的灵魂的万丈深渊①。

我在这里不过勾画一个轮廓。这个轮廓从第一天起已经草拟成形;后来在十年埋首的工作过程中,初步轮廓又经修改加工,十年来,这个工作几次被别的工作打断,同时也被别的工作所丰富②。

然而主要特点一直在于这条漫长宽阔的内心之河从头到尾奔流不息,水势湍急,地势陡峭,而且这种情况人们的眼睛是看不见的,即使最亲密的人也看不见。她的儿子,通过渗透作用,勉强感觉到一点。但是,尽管母子二人的血缘关系,两人间在最后重新恢复了亲密的温爱,母亲在她最亲爱的人面前,也不暴露她内心生活的种种秘密。

由此可知,她的生活在两个平行面上并驾齐驱。旁人只知道她那露在地面上的生活。在另一方面,她是孤独的,永远孤独的。

---

① 上述人物的生平概略,是从一九二一年六月的笔记中摘录下来的。这笔记比小说初稿的开始动笔,只早了几天。——原注

译者按:这一句表达了作者玄而又玄的哲理。

② 在思想方面,这些"修改"中最重要的是灵魂的反叛,它在令人惊心动魄、头晕目眩的"深渊"边缘,拒绝前进。(《预示消息的女使者》的最后分册)——那雄健的"我有何知?"(译者按:"我有何知?"是法国十六世纪文艺复兴时期的思想家、散文家蒙田的名言,基本上是认为真理不可知的怀疑主义。)控制并且引导她的神秘主义倾向,然而没有使之窒息。这里曾经发生激烈的搏斗,它的经过情况,可以在若干年来的笔记中追索痕迹……——原注

她孤独地处于烈火之中，身上包着一张神圣的帷幕。为什么有这个永恒的火焰，它好像没有目的，变换对象，然而自身不变，它是她生命的养料，同时又是她忧心忡忡之所在？安乃德几乎到生命的终点才得到答复，这答复使她理解并且接受生命的终止。

到了最后，当她回顾生命“河流”的全部流程时，她觉得这个火焰和它所吞噬的养料之间不成比例的情况，更显得触目惊心。使爱情依依不舍的每一个对象都是虚幻的。那真正是一种“魅惑”。这是这部书关键性的一个字，也是这部书的书名[①]。我使书名的意义像谜一般费猜思，这是故意如此的。“受魅惑的灵魂”在她一生中，不断地挣脱盖在她身上的虚幻衣衫。每一件衣服脱下时，她认为自己袒露了全身。但是另一件衣服代替了前一件。每一卷书都是她的巨大幻想的一小部分。“受魅惑者”用她炽热的手，把自己从梦中拉出来，结果却从一个梦落入另一个梦中，直到最后一梦（是不是最后，还难说），于是死亡切断了她和世人之间的最后纽带。

然而，如果说一切都是过目烟云，都是魔法迷人，却还剩下那本质的力量，梦与幻想的能力，生命力[②]——也就是那“伟大的魔法师”。它存在于她身上。这是她生命的源泉。和约翰·克利斯朵夫一样，安乃德属于创造性的灵魂这个伟大族类[③]，不过两人派别完全不同。她创造人，很少创造作品。“她从来不为写作而写作。她只有极少的时候，偶尔写一点，在那些时候，她觉得窒息，缺乏一切可以使她活下去的东西，而不得不用自己的血肉充当燃料，来维持生命的火焰；稍后，她把激情从她胸中逼出的野蛮的诗歌式呼喊，加以弃掷。”[④]她是女

---

① 罗曼·罗兰这部小说原名《受魅惑而欢欣鼓舞的灵魂》，中译本曾用其中第三、四卷的标题《母与子》为全书总名。详见《译本序》。

② 生命力（élan vital），直译为“生命的腾跃”。是柏格森唯心哲学中常用的术语。

③ “对安乃德来说，什么是‘创造’？——生育孩子或生育自己——像她那样的天性必须永远创造或孵育，也就是准备未来的创造。如果不这样做，她就感到不幸、不安，而且为破坏的力量所控制……创造，或破坏——自我破坏……”（一九二二年六月二十二日笔记。——原注）

④ 一九二一年七月二日笔记。——原注

儿、姐姐、情人、母亲,她是“世界的母亲”。在她一病不起的最后几天里,她领悟了人间的悲欢苦乐的时候,她甚至发出这一声充满创伤的愉快的喃喃低语:“小娃娃,世界这个小娃娃,你在我身上本来不是很好的吗?为什么你要从我身上出来呢?……”①

* * *

但是,在这部作品开始时,她还远远没有意识到这个内心的深渊,从那里迸发出生命的沸腾声音。第一卷《安乃德和西尔薇》,仅仅标志年轻的安乃德从幸福的酣睡中苏醒过来,在她父亲去世之前,她一直享受着这种温暖的、麻木的、没有梦的睡眠。这场酣睡被死亡的噩梦粗暴地打断了。她的心狂热地投向荒诞的爱情幻想,在这种爱情中,犹豫不决和盲目的官能冲动,东飞西飞,东碰西撞,好似一只疯狂的小鸟,心做出了选择,毫无理由地。但是巨大的幻想到达了终点:她怀孕了。

《夏季》,这儿开始真正的作品,真正的生活。《安乃德和西尔薇》无非是这部作品的青春序曲。许多人将仅仅满足于《安乃德和西尔薇》这支序曲,就像他们满足于《约翰·克利斯朵夫》中的《黎明》一样。这种人就是那些在音乐中只寻求生命的遗忘,而不寻求生命的预示的人。他们拿这些遗忘像一条绷带似的包住眼睛。然而《欣悦的灵魂》的真正意义和《约翰·克利斯朵夫》的真正意义一样,却在于将所有的绷带一条条地全部撕去。

和美丽的盲女同时,安乃德投身于幻想之网——对于孩子的幻想,对于情人,对于夫妇生活的幻想——她的命运的无情之手,所谓“偶然”,其实比世上的理智更为明智的手,使她在她的家产和幸福生活的废墟上,跨入她的 Vita Nuova 的门槛②。

① 见《新生》的最后部分(《预示消息的女使者》第二分册)。——原注

② 见上册卷二《夏季》,安乃德破产以后,为了谋生,开始艰苦奋斗、自食其力的新生活。Vita Nuova,意大利文,意为“新生”。但丁早年所写诗篇的标题。

一九二一年八月的笔记这样写:“贫穷之于安乃德,犹如流亡异域之于克利斯朵夫。贫穷使安乃德用新的眼光,看穿现代社会的谎话,虽然她生活在这个社会中,而且又是那么诚恳,却一直没察觉。”

到安乃德开始寻找面包时,她才进入发现许多真实情况的时期。爱情不算一个真正的发现。做母亲也不算什么发现。母性的本能一直在她身上存在,在这方面,现实还不能使她完全满足。于是自从她加入贫穷的阵营那天起,她发现了世界。首先,是生活的荒唐透顶的无用性——被今天的社会弄成残废的这种生活,十分之九是毫无用处的……(尤其是妇女的生活……)

吃饭、睡觉和生殖,对,这就是生活的十分之一的有用部分。可是其余的一切呢!……轮子在转,但是它在空转……人是不是真的为思想而生的?似乎可以说他自以为如此,他自己做出思想的姿态。他勉强这样做,就像不得不做公认的必要动作一样。然而他并不思想。他是一条打瞌睡的狗,被锁在日常琐事的锁链上,锁在使他满足或使他烦闷的事物的锁链上,关于妇女们,我们能说些什么呢?……

在《夏季》中,安乃德发现“虚无隐藏在文明的外衣下面,隐藏在文明的奢华、艺术以及旋风和喧闹的外衣下面……人的说话声,人的光芒,在其中表现出来的必要性,以及对于这种必要性的明确意识,这一切是多么稀少!……啊!人类是一座多么脆弱的建筑!它只是由于习惯而竖立着。它将一下子土崩瓦解……”

对于安乃德来说,这是第一个预示性的发现,它预示十五年之后,通过战争与革命,发生一场动摇全欧与世界的大地震!

贫穷,这个达西斯的 Poverello① 的神奇的未婚妻,它不但打开联系被牺牲的群众的友爱之门。它照亮了一种新的道德。不再是那个充

---

① 意大利文:穷汉。这儿指法朗沙·达西斯(1182—1226),意大利基督教徒,年轻时沉湎酒色,挥金如土。后来笃信基督教,散尽家财,过着贫穷的苦行生活。死后被罗马教廷封为“圣者”。法朗沙·达西斯自愿过极其贫穷的生活,以贫穷为“妻”。

满清规戒律,训诫、法庭,以及忏悔室的局促萎缩、苍白无力的旧道德(那是一个划分成等级的社会的看门狗),而是劳动的新道德……劳动,唯一的真正崇高的称号!创造性的生命的力量与主要的欢乐,也就是说,唯一真正活着的人——唯一参加永恒力量的人。为了活着的人们的共同体,他投身于生产行动,卑微的或强大的行动。而只有这个——行动,为了大家而行动——才是德行,雄健的意义上的德行。其余一切都是"渺小的德行"。

安乃德,从那时起走上了这条艰苦然而笔直的大道,她在这条大道上竭力寻求一个伴侣。在《夏季》中,她在大道上遇到的两个情人都给她指出,要将生命轴心的两端,怜悯与真理结合起来,那是不可能的。弱者(于里安)不能接受赤裸的真理,必须为他将真理遮掩起来。强者(菲力普)缺乏仁善之心,他践踏着失败者前进。安乃德既不能同意为他们而牺牲真理,也不能同意为他们而牺牲怜悯。在艰苦的道路上,她剩下独自一人。更有甚者,当此之时,她觉得被她儿子所抛弃,几乎被他所仇恨(因为她的激情总使她夸张,而且在各种意义上),她在精神上死亡了。

但是,这一次和以前几次一样,挽救她的是她天性中令人惊讶的韧性,以及她的蹦跳①。在她临近垮掉的时刻,从绝望的深渊里涌出一股如此猛烈的生命之风,使她的灵魂昂扬起来,并且重新给它力量。内心痛苦喷涌而成为诗歌。在这之后,灵魂便得到了解放。安乃德倒在床上,像沉重的物体,呼呼大睡。第二天,当她醒来时,痛苦已经消除。在她周围,一切照常,然而一切全是新的。她得到了新生。

① 她这种天赋得之于父亲。可是父亲自己把这宗财富浪费在自私的轻佻行为上;在安乃德身上,这种天赋和充沛的精力相结合,保卫了她,使她免于过分的忧郁,因为她母亲好讲道德和多愁善感的脾气,使安乃德也倾向于忧郁。可是在女儿身上,一切都打上激情的烙印。这就使她忧郁和萎靡无力的倾向转化为强有力的溶液,后者不但没有破坏它们冲刷的土地,反而使之更新。(一九二二年笔记。——原注)

——"怜悯、真理。我什么也没有牺牲。我独自一人。我完整无损。我拥抱生命,我认识生命的价值,也知道我为它付出的代价。生命万岁! 我向上帝挑战!"

这是搏斗中的均衡,充实而脆薄的时刻。这是可能的,因为当时她年富力强,心智成熟,达到饱满的程度。正处在盛夏的顶峰……

"金发的安乃德,北欧型的健壮妇女,她和驾一叶扁舟而浮于大海的北欧汉子们有同样的幻想。他们看见船头的棱角劈浪前进,他们为自己的飞腾而欢欣鼓舞,他们自以为是自由的,如同随船飞翔的海鸥……更快! 更有力! 逆浪前进! ——但是秋分到了。小心狂风巨浪,小心折断翅膀!"①

战争来到了。当这一卷书结束时,战争已经进入书内。

《夏季》的写作从一九二二年七月十一日继续到同年十一月五日,直到次年第一季度加以补充,始告完成。

*　　　*　　　*

间隔了两年,我才重新拾起这部作品。可是它重新开始之处,正是以前搁笔之处,在同一行上,同一声呼喊,"我向上帝挑战!"②一天也不曾中止。精神如栖身于岩崖边的海鸟,在等候冲天而飞的时刻。

一九二五年一月十日的笔记写道:

"今夜,突然瞥见可以让我逃遁的门……我发现自己被逼到非接受战争不可的境地。我想避开沉重地压在《格来昂波》之辈的和平主义上的战争。突然,'向上帝挑战'的安乃德,丝毫没有被战争这个原始力量的残酷所扰乱的安乃德,由于偶然遇见的现象——一队被辱骂的战俘——和一种激情的冲击而心神为之一变。

---

① 一九二一年笔记。——原注
② 一九二一年笔记。——原注

“她被动地接受了对于‘自然’事实的原谅——而同时,她自己有自己的‘自然’规律,更高级的‘自然’,她应当用这种‘自然’和野蛮的‘自然’对抗。通过她为了保护战俘而采取的猛烈干涉,冲突一发生,她精神的压抑之感立刻就消失了,这种压抑之感与其说是来自战争的非人道,不如说来自对这种非人道的接受。”

Pax enin non belli privato,

sed virtus est, quoe ex animi fortitudine oritur. ①

反对这股力量,需要一股更强的力量,而不是软弱,不是放弃!

和吉曼,这个受重伤而不久就要死去的人发生友好的亲密关系,一种比爱情更深刻的友谊,这就把安乃德的梦想断然引向行动。她生命的小舟以前在沉睡,现在已经出发,向着那些湍急的飞瀑驶去,和船上的乘客一齐去,包括安乃德的儿子,他的命运已经在远处初步形成。吉曼广博的智慧,在临终时,承认了一生的错误,他无所不知,使他对行动丧失了兴趣……

“他的错误不在于理解,而在于不采取行动……理解一切,而且行动……”

他对安乃德说:“站稳吧!你的心灵的本能,比我的分辨是非更为可靠。你有个男孩。告诉他,叫他不要满足于度量一切,爱一切,他应当有所偏爱!为人公正是好事,可是真正的公正并不是面对天平兀坐不动,注视天平两边秤盘的摆动。真正的公正必须裁判和执行判决词。”②

吉曼的这份遗嘱,安乃德应当转交给她儿子的这点遗赠之言,在

① 斯宾诺莎这一思想,成为本书的格言。——原注

译者按:原文是拉丁文,意为:因为和平不是战争的消失,这是从灵魂的力量中产生的美德。

② 一九二六年一月二十四日笔记。——原注

她手中沉重得很。因为,要采取行动的“真正的正义”,在这个压迫与普遍堕落的时代,注定要导致牺牲。安乃德尤其责无旁贷,因为在这一卷小说结束时,她经过一番痛苦的疑虑之后,成为她儿子的“父亲和母亲”。儿子做出了选择①。所以她必须替他选择。在最后的严峻谈话中,母子二人交换了他们秘密的灵魂,他们鄙视这个搞战争、弄和平的社会,他们对于这个和平(骗人的和平,孕育着战争胚胎的和平),正和对战争一样地不赞成。在这次谈话中,安乃德怀着恐怖的情绪,发现玛克思想中已经标志着自我牺牲的决心。于是她的母爱,和她的信念相反,想挽回玛克的决心。然而玛克却对她和她的信念有十分的把握,所以他把决心交给母亲。而她,毕竟不能歪曲儿子的决心。如果说,当时发生的事件——停战——使玛克的决心暂时搁置,非常明显,这不过是缓期执行而已,总有一天,牺牲者会死于火刑……“warte nur!”②在最后一页,安乃德设法使她的“预见”沉入梦幻的广阔地下水层,那是在她身上负荷着的,是她的避难所,它给安乃德以对于“普遍幻想”③的幻想。然而她知道,等她醒过来……“立刻,立刻……”Mater Dolorosa④在等着她。

*　　*　　*

这一卷书完成之后,又间隔了三年,才开始《预示消息的女使者》的三个分册。《母与子》这一卷写于一九二五年十月二十四日至一九二六年五月二十日之间。《预示消息的女使者》的写作是一九二九年

① 玛克对她说:“你是我的父亲和母亲。我是属于你一个人的。”一九二二年十二月二日笔记。——原注

② 德文:等着就是。

③ 可能是指对于和平的幻想。

④ 拉丁文:悲痛的母亲。本指耶稣的母亲,即所谓“圣母”,她眼看儿子被钉死在十字架上,心情十分悲痛。

十一月十一日开始的,一直继续到一九三三年四月七日。可是这作品一直被孵育在激情与狂热中,始终未曾停止。[1]

不但是安乃德和玛克那时在等待命运的进展,并且在他们的不眠之夜反复考虑他们准备牺牲的决心,作者自己也是如此。因为,牺牲是没有疑问的,在那个极不平静的时代,"生活不可能不是危机四伏的,除非对于懦夫"。(正如安乃德所说:"她不止一夜,已经预先痛哭她儿子的可能的牺牲。")——对于你们,年轻人(老年人已经不值一提),过去有,现在也一直有不同形式的牺牲,供你们选择。并不是选最美的形式(我们已经不是在"但愿姿态美,不问行动好!"的时代),而是要选择最有实效、最必须的形式,为了有助于一个新的人类的《产生》。

在那些年月里,我一直在探索社会运动的两种主要经验:印度和苏联[2]。两者我都赞美。从我认识它们的第一天起,我就替苏联和甘地辩护,反对它们的敌人。可是,历史的命运注定它们两者互相敌对。和玛克一样,竭力想成为这两支军队之间的联系人,在这两大革命,自由精神的革命和组织起来的无产阶级的革命之间,构成统一战线,来反对社会与政治的庞大反动力量,反对帝国主义的资本主义以及法西

① 《预示消息的女使者》有许多章节,它们的主要内容以及草稿,还是在一九二二年这部小说刚刚动笔时写的:例如于里安使安乃德遭受痛苦之后,自己因此有了新生机,又回到安乃德身边来——一个意大利老友的面目——关于玛克的婚姻的某些篇页。关于墨西拿城的故事,自从一九〇八年地震以来,已经写好,在那儿等着。有一条笔记,出奇地富于预示性,在一九〇六年四月八日,已经把这样一场大自然的悲剧,用作一部长篇小说的结尾(可能是《约翰·克利斯朵夫》的结尾)。但是大部分笔记和撰写,是完成于一九二九至一九三〇年间的。安乃德之死修改和重写了无数次。——原注

② 如果我的《甘地传》和《欣悦的灵魂》的头几卷是同时的……《论新印度的神秘和行动》等,则本书第三、四卷结束后,第五卷《预示消息的女使者》开始前,这一段时间写作的,即一九二七至一九二八年,出版则在一九二九年。另一方面,拥护苏联的决定性行动,是在一九三一年一月一日和六月十五日采取的,那就是对加斯东·里乌的答复:《欧洲,扩大你自己,否则不如一死!》以及那篇《向过去告别》。——原注

斯主义,它们威胁着,企图粉碎世界的进程,使它若干世纪之久不能前进。①

如果有可能使两个对立的原则,甘地的印度的非暴力不接受运动与有组织的革命之间,取得外部的和谐,必须在个人本身先实现这种和谐。我在思想中,上述两方展开"灵魂决斗",我把这副重担卸在年轻的玛克肩上,与此同时,我承认"这是人类在我注视之下,用我们的手臂描述并且进行《伊利亚特》②式的,内心神灵之间的巨大搏斗。"③玛克·李维埃温柔而暴烈的性格,"这个被四马分尸的年轻身体",体现了为着实现"不和谐的噪音之黑色蜜汁"而进行的拼命努力,用赫剌克勒斯④的名言来说,这种"黑蜜"就是"最美的和谐"。如果他活着不能办到,他将通过死亡,采取这种蜜汁。这个小伙子,头戴命中注定要早死的一圈圆光,在他身上,欧洲精神的灾难性的演变,集中在一个短促的时期内,经过匆匆的成熟,获得了完成。他并不是孤立的现象。我还认识别的一些这样的人。而且我知道,他们在玛克身上认出了自己。在他们,当代的优秀人物身上,使整个欧洲惶惑不安的严重的良心问题,即个人与社会之间的调和问题,正在纠结着、解决着。要使这种调和成为可能,必须放弃过去的——被超过了的——时代的生存理由和自豪感,那就是知识特权分子们的枯瘠的个人主义(并非本性枯瘠,而是由于退化)。他们将自己同今天必要的战斗,以及由此而提出的纪律隔离开来,使自己孤立在一种苍白寡血、抽象的、脱离生活的骄傲的精神独立中。即使为了将个人的灵魂从侵蚀着它的消瘦症中挽救出来,也必须通过个人对于正在战斗和前进中的具体的积极贡献,重新将它沉浸在社会灵魂的酿酒槽中。

玛克做到了这一点,他狂热地给自己打开一条道路,穿过一个比

① 我在这方面做出了努力,主要是一九三二年我向阿姆斯特丹国际反帝国主义战争,反法西斯大会发出的号召。——原注

② 荷马史诗。

③ 见《预示消息的女使者》(下),第一部分《搏斗》。——原注

④ 赫剌克勒斯,古希腊哲学家。

《约翰·克利斯朵夫》中的《广场上的杂耍》[①]更为残酷、更为肮脏的杂耍场——因为这是一个腐烂的“垂死的世界”。自己的皮肤上,血淋淋地撕去这个世界的谎言与脓毒。他揭发了这一切,他倒下了,倒在他用一生的辛酸与坦率的忏悔所准备的新时代的门口。

然而他的死亡本身就是新生……“Stirb und werde! ……”[②]他又站起,继续前进,被两个曾经怀抱过他的妇女怀抱着前进,一个是情人,一个是母亲。安乃德继续登上楼梯,就从儿子停步的那一级开始。儿子也跟母亲往上走。他在她身上。安乃德对阿西娅说得明白:“世界的规律颠倒了。我孕育了他。现在轮到他孕育我了。”[③]

这就是《预示消息的女使者》最后部分《新生》这个小标题的意义,双关的意义。通过一代人自愿牺牲,产生了一个新的时代。同时也是儿子之死产生了母亲的新生。

* * *

安乃德于是比她死去的儿子走得更远。她坚决投入战斗,而且把她儿子的儿子也投入战斗,把血统关系的,或继承关系的所有孩子都投入战斗。现在,她终于到达海口,这位李维埃,她的姓就是象征性的[④]。在她的宽阔的、看不见边岸的河床上,她的波涛,和冲破压迫之墙而开辟一条道路的大军的波涛,沸腾翻滚在一起。“In tyrannos! ……”[⑤]

然而受魅惑而欢欣鼓舞的灵魂,“即使死后,仍然前进”,她比今天的战斗走得更远,比被她征服的或建造的堡垒走得更远。在她最后的几场梦中,这位受魅惑而欢欣鼓舞的灵魂,和“创造力”等同起来。在

---

① 旧译《节场》。

② 德文:死亡与变化……(歌德诗句)。

③ 见《预示消息的女使者》第二分册《新生》的第三部分《神圣的道路》。——原注

④ 李维埃的法文原意为:河流。

⑤ 拉丁文:反对暴君。

黑夜中，创造力，这神圣液汁，发射出几条银河。她和命运及其至高无上的向前的进程，合为一体，从而在她临终的时刻，她承认“一辈子所有的痛苦是弯曲的道路”。

在这交响乐的最后乐章《神圣的道路》中，我本想将我的作品所有重要的音乐主题都配合在一起：孩子的初生时期；乔治和西尔薇（哥拉的侄孙女）的笑声；贝多芬的“Durch Leiden Freude”①，被我书中的两个智者加以转移，其中一个，于里安，将它转移为“通过痛苦，达到真理”（安乃德临终时所说的是“受痛苦，这就是学习”）；另一个，布鲁诺伯爵，将它转移为“通过光明，得到爱”（Per Chiarità Carità）②；音乐的交织，一种是“灵光焕发”，另一种是“我有何知？”牧羊人的笛子和惊醒睡梦的双簧管的细致繁复的吹奏，幻梦（“für alle Zeit”③的颂歌）和行动（当前时刻不可违抗的命令……）。

作品没有能实现这伟大的计划，太广阔了，双臂合抱不过来。时代的感动人的意向，费尽心机企图实现这个计划。这个交响乐是各个世纪乐队的合奏。我们永远只能听到一个断片，而我们在各种噪音还没有充分协调之前，就把弓弦交给别人。然而，自从头几个音节开始互相撞击，我们已经等待着这种协调。

无论它是什么样的，我这部作品是音乐。正如《约翰·克利斯朵夫》一样，我把这部作品献给和谐，和谐是一切梦幻之女王，也是我毕生的梦。

罗曼·罗兰

一九三四年一月一日

---

① 德文：通过痛苦，得到欢乐（相当于“苦尽甘来”之意）。

② 意大利文：通过光明，得到爱。

③ 德文：无论何时。

第　一　卷

安乃德和西尔薇

爱情，最早产生的生命，
爱情，后来它将孕育思想……
——黎俱吠陀

第一部

安乃德坐在窗前，背朝窗外，夕阳照在她的脖子和粗壮的后颈上。她刚刚从外边回屋。几个月以来，她一直没有像今天似的整日在外面奔跑。在田野间，一边走，一边陶醉于春天的暖阳中。醺人的阳光，如同美酒一样，光秃的树枝没有在酒中投下阴影，而正在消逝的寒冬，却用清新的空气增加了它醉人的力量。她的脑袋嗡嗡作响，血脉疾跳，眼前涌现一片奔流的光波。在她闭着的眼皮底下，浮现出大红和金黄颜色。在她身上，也有一片金黄和大红。一动也不动，四肢麻木地坐在椅子上，瞬间，她失去了清醒的意识……

在树林里，展开一片水塘，水上照着一团阳光，好比一只眼睛。四边的树干披着青苔做成的皮袄，围成一圈。安乃德产生了沐浴的愿望。她发现自己衣服全已脱光。池水用冰凉的手抚摸她的脚、她的膝盖。极大的快感使她遍身发麻。在大红和金黄色的池塘里，她观赏着自己赤裸的身体……她感到一种说不清楚的、莫名其妙的、困窘的情绪：好像旁边有别的眼睛在窥视，别人看见了她。为了逃避这种目光，她走向更深的水中，水一直没到下巴。池水的涟漪活泼地拥抱她；滑腻的水藻缠住了她的腿。她想挣脱，反而陷入淤泥。高高地照在池面上的那团阳光正在沉睡。她生气地用脚跟蹬了池底一下，于是重新浮到水面。水，现在是灰色、暗淡而混浊的。在那光亮的鳞甲上，阳光却老是……安乃德为了摆脱湿漉漉的污泥,攀住了一条横卧在水上的柳树枝干。婆娑的枝叶好似一只翅膀,盖住她赤裸的肩头和腰部。夜幕垂下来了,她觉得脖子后边凉飕飕的……

她从麻木状态中醒来。她沉浸在这种状态,只不过几秒钟。太阳消失在圣克卢[①]丘陵后面。黄昏凉意袭人。

安乃德醉意消失,站了起来,轻轻地打了一个寒噤;同时,刚才身不由主、精神恍惚的状态使她气恼。她皱着眉头,走到房间的那一边,面对壁炉坐下。这是可爱的木柴火,它的作用与其说在于取暖,不如说为了悦目和解闷,因为初春时节黄昏的湿润空气,和园中宿鸟噪林叽叽喳喳的声音,一齐从开着的窗口涌进来。安乃德又在遐想了。不过这一次她睁着眼睛想。她在日常的世界里重新站稳了脚。她在自己家里。她是安乃德·李维埃[②]。于是,俯身向着把她青春的容颜照得通红的炉火,一边用脚逗弄把肚子朝向金黄色炉烬的黑裘母猫,她重新勾起暂时忘怀的哀痛,她想起她失去了的亲人的(从她心里消失了的)形象。她身穿重孝[③],在额上,在唇边,哀痛的痕迹尚未全消,不久前的泪水使眼睑内侧留下余肿,可是她很健康,气色鲜朗,像新春的大自然一样满身热血。这位健壮的少女,虽然并不标致,却长得结实匀称,棕褐色的厚发,覆盖着她晒成金黄色的脖子,面颊和眼睛鲜亮得像花朵一样。她像一个年轻的寡妇,看见心爱的人影渐渐地消逝,想把散乱的忧悒的黑纱重新披上她圆圆的肩头,蒙住她心不在焉的目光。

寡妇,在安乃德心里,自己确实是个寡妇;她想用手抓住一个人的影子,这个人是她的父亲。

她失去父亲已有半年之久。在秋天将尽的季节里,拉乌尔·李维

① 圣克卢,巴黎近郊,在塞纳河西岸。

② 安乃德(名),李维埃(姓)。

③ 西俗,居丧穿黑色衣服。

埃,被突发的尿毒症在两天之内夺去了生命,年纪还不算老,不满五十岁。虽然好几年以来,由于他一向不够保重而成问题的健康,已经迫使他不得不小心谨慎,他却没有料到这样突然的收场。他是巴黎的建筑师,美术学院的毕业生,才华出众,生性机敏,而且食量过人;在沙龙里他很受欢迎,官方给他的优遇也是无以复加的,他一生善于发展企业,猎取荣誉地位,在风流场中也步步春风,虽然表面上他似乎并不刻意追求这一切。他的容貌是地道的巴黎型,被照相、刊物上的图像和漫画通俗化了的巴黎面容:饱满的天庭,鼓起的太阳穴,低着头,像向前冲撞的雄牛一样。他的两眼微突,目光毫不畏葸,丛密的白发剪成平顶,在含笑和贪馋的嘴下边有一颗黑痣,他的神情之中,敏慧、傲慢、风雅、放肆,兼而有之。全巴黎艺术界和寻欢作乐的社交界,谁都认识他。可是谁也不了解他。这是个双重性格的人,他非常善于适应社会,为了从中取利。但也会另外布置他隐私的生活。这是个有强烈情欲和强烈癖好的人,他一边培养这种情欲和癖好,同时却在他的主顾们面前丝毫不露痕迹,以免引起他们反感。他有他自己的秘密博物馆(Fas ac nefas)①,但是他只对极少数的内行人,把博物馆的大门打开一半;他并不把公众的趣味与道德当一回事,另一方面却使自己的表面生活和正式工作适合公众的趣味与道德。谁也不了解他,无论是他的朋友或敌人。……他的敌人?他没有敌人。至多有几个竞争的对手,这些人因为挡了他的路,都领教过他的厉害,可是他们都不怀恨。因为他作弄了他们之后,会用巧妙的手段使他们高兴,使他们像那些腼腆的人一样,自己的脚被人踹了一下,反而会向人赔笑脸,赔不是。这个又顽强又狡猾的家伙居然能有这么一手,被他取而代之的对手,他仍旧可以和他们保持良好的关系。对于被他一度征服,后来又被他遗弃的女人也一样。

他在家庭里反而不如在外面那么顺心。他的妻子不够通达,她对

---

① 拉丁文:辉煌的和黯淡的。

他的放荡行为感到痛苦。结婚已经二十五年,他想她本该有充分的时间来适应这一切;然而她还是不能忍受。她很诚实,总是板着脸,她的姿态有点儿冷冷的,正和她的里昂式姿容一样,她有强烈而专注的情感,可是一点也不善于克制;她更缺少那种很实际的才能,不会对无能为力的事装不知道。由于自尊心强,她不肯叫苦,可是她忍不住要对丈夫表示,说她知道他行为不轨,这使她很痛苦。由于他是软心肠的人(至少他自以为是这样),他故意不去想这些事,可是他心里恨她不会把她的自私心掩藏得更好些。多年来,夫妻俩差不多是分居的。可是在两人默契之下,这种情况不让外人看出来,甚至他们的女儿安乃德也始终蒙在鼓里。她没有根究父母失和的原因,那是一件使她感到不愉快的事。少年男女自己心里的事情已经够忙的了,别人的心事才管不着哩!……

拉乌尔·李维埃的高超手腕在于使他的女儿站在他这一边,当然,他丝毫没有故意这样做:妙就妙在这里。对于李维埃太太,他没有说过一句责备的话,没有暗示过她有什么不是。他有骑士风度;他让女儿自己发现她母亲的错处。他女儿果然这样做,因为她也被父亲迷住了。没有办法不责怪她母亲,做这样一个人的妻子而笨拙到有福不会享受的程度!在这场双方力量不成比例的斗争中,那可怜的李维埃太太不战而败。她先去世了。她这一死也就是无可挽回的失败。拉乌尔独霸了战场,同时也独占了他女儿的心。在最后的五年间,安乃德生活在她可爱的父亲的精神怀抱之中,他宠爱她,并且在没有邪念的情况下对她施展在他是很自然的魅惑力。最后两年,那终于夺去他生命的疾病,已经时常露头,他在家时间较多,在外面花钱比以前少了,为他女儿,他耗费得反而更多。

因此将父女二人结合在一起的那种温暖的亲密,充满在安乃德还没有完全觉醒的心中的那种亲密,丝毫没有被搅乱。那时她已经二十三四岁,可是她的心好像更年轻;她的心还不急于找一个着落儿。也许一切像她那样前程远大的人,觉得自己血管里跳动着一种深远的生命,于是让这种生命积累起来,并不忙着去计算盈亏。

她长得既像父亲,又像母亲。从父亲方面,她继承了端正的五官和迷人的微笑。这种微笑在她父亲脸上,好像可以同意别人很多的要求,比他实际上所想的更多,而在保持着纯洁的女儿脸上,这微笑好像给别人很多许诺,其实她心里并没那么想。从母亲方面,安乃德继承的是仪态安详,动静有度,还有道德上的严肃,虽然她的精神非常自由。既有父亲的魅惑力,又有母亲的深沉,这使安乃德加倍地吸引人。在她身上这两种气质哪一种占上风,谁也猜不透。她真正的性格怎样,那时还不知道。别人不知道,她自己也不知道。没有人揣测到她隐藏在内心的天地。她像乐园中的夏娃一样,半睡半醒。她身上潜在的种种欲望,她用不着去意识到它们。没有什么东西来唤醒这些欲望,因为什么也不和这些欲望发生抵触。对于她,这些欲望仿佛是伸手就可以摘取。她并不做这种尝试,她假寐在它们幸福的嗡嗡轰鸣声中。也许她不愿意尝试……谁知道一个人自欺自骗可以达到什么程度?人们总不愿意正视自身的隐忧……她宁愿不知道自己内心的海洋。众人眼中和她自己眼中的安乃德,是一个很文静、很理智、井井有条,能控制自己的年轻人,她有她的意志和自由的判别力,可是直到此刻,她还没有机会运用她的意志和判别力来反对社会和家庭中的清规戒律。

她并不忽视社交场中的种种义务,社交的种种乐趣并不使她厌倦,她用旺盛的胃口品味这种乐趣,然而感到有从事于更严肃的活动的需要。她坚持学习相当完整的课程,坚持到大学里去听课,参加考试,考得两个硕士学衔。她才思敏捷而且用功,她喜爱精确的研究,尤其是科学,在这方面她有很好的资质。也许她健康的天性,本能地要求精神上的均衡,而感觉到需要用一种方法清楚、思绪明朗,而不是云雾弥漫的严格的学问,来和她内心那种令人担忧的引诱相抗衡。她怕和这种引诱正面冲突,可是不管她多么小心,每到精神闲散的时刻,这种引诱总要来叩门。那种清爽、洁净和整饬的求学生活,在目前使她感到满足。将来怎样,她不愿意多想。婚姻毫不吸引她。她想都不去想它。从前,她父亲对她这些偏见,总是报以微笑,他不急于和她那些偏见展开斗争,因为他正好从中得利。

拉乌尔·李维埃去世之后,井井有条的建筑物一般的安乃德的生活,从根基上发生了动摇,因为她父亲就是这建筑物的主要支柱,尽管她自己并未察觉。她不是没有见过死亡的面目。五年前,她母亲和她永诀的时候,她认识了死亡。可是死亡的面容并不永远是一样的。李维埃太太在疗养院医治了几个月以后,无声无息地离开了人世,就像她活着的时候那样静悄悄地。她心中最后的怨愤,也和她生平的忧虑一样,始终秘不告人。她这一死,在女儿的年少无邪的自私心里,在温情的痛苦之中,留下一种如同初春的雨水一般令人轻松的不可告人的印象,同时也留下一点内疚的影子,这点影子,不久也就在美好的日子里被无忧无虑的心情所掩盖了。

拉乌尔的临终情况却与此完全不同。他是在幸福之中,而且自以为可以长期享受这种幸福的时候,突然病倒的,在与世长辞之际,他没有表现出一点旷达的胸襟。他用抗拒的喊叫对待死亡的临近和最后的痛苦。弥留的时候,他像疾驰上坡的马一样,在恐怖中挣扎,喘息急促,直到最后一口气。这种可怕的形象,深印在安乃德炽热的神经上,犹如火漆上的烙印。接着有多少夜晚,她在梦魇中度过。她躺在黑漆漆的房间里,每当蒙眬入睡或突然醒来的时候,她重新温习一遍死者临终的情况和面目,这种再现是这样强烈,以致使她感到自己就是垂死的那个人:临死的那个人的眼睛成了她的眼睛,那人的气息成了她的气息,她分辨不清了。在快要咽气的那人的眼眶中,她看到茫然的目光在发出呼号。她差点儿支持不住。——可是一个健壮的青年,具有怎样的弹力!弓弦越拉得紧,生命之箭射得越远。狂乱的形象发出的刺目的光芒,由于亮得过分,终于熄灭了,记忆中剩下一片漆黑。逝者的音容神采都已消逝,安乃德虽然竭力注视余留在她身上的黑影,却再也找不到什么。除了她自己之外,没有剩下别的。她形单影只……独自一个。伊甸园里的夏娃,醒来时发现身畔的伴侣不见了,她一向以为他总在近旁,从不曾给他下过什么定义。她没有想到,这个伴侣在她的思想中,获得了隐隐约约的爱情形态。而突然之间,乐园失去了安全。外界令人不安的种种气息,一齐吹入园中:有死亡的气息,也有生命的气息。安乃德睁开眼睛,好比原始人类在黑夜里,一边提心吊胆地觉得周围隐伏着千百种未知的危机,一边本能地准备不可避免的斗争。一转眼,在她身上沉睡的精力集中起来,紧张起来,随时准备应变。于是,她寂寞的生活充满了热情的力量。

心情已经失去了均衡。她的功课、作业,对于她已经无足重轻。这一切,曾经在她的生活中占一定的位置,而现在看起来,却是微不足道的。她的生活的另一部分,由于父丧的哀痛而受到损伤的那一部分,这时以不可估量的广度呈现了出来。创伤给她的震撼,惊醒这方面的每一缕神经。由于她心爱的伴侣逝世而在她心中造成的创伤周围,爱情的全部力量,隐秘的、连她自己都不知道的力量,都惊醒了,它们被她心中正在形成的空虚所吸引,从她生命的深远角落奔腾而来。对于这种入侵感到惊讶的安乃德,竭力想转移它的意义,她固执地把这种爱情力量,全部集中到她所悲悼的明确的对象上去;全部力量,包括被滋润的春风所沐浴的、生理上的灼热刺激;对于已经丧失的或正在盼望中的幸福的那种朦胧而强烈的向往;向着不在眼前的人而伸张的两条手臂;以及一颗留恋过去(或是企求未来)的蹦跳的心……可是这样,她只能将她丧父的哀痛融解在由痛苦、激情和隐晦的情欲织成的一种使人心慌意乱的神秘之感中。她被这种心情折磨得筋疲力尽,同时又怒气冲冲……

在这四月底的一个夜晚,反抗的情绪占了上风。她的理性对于乱麻似的幻梦大发怒火,理性不去管束这些幻梦已经有好几个月了,而且看出这里边存在着危机。理性想要抑制那些幻梦,可是并非没有困难,因为幻梦不再听从理性;后者已经丧失了发号施令的习惯……安乃德摆脱了炉火的光焰,摆脱了黑夜对她不怀好意的包围,她站起身来,觉得凉意袭人,拿父亲一件室内穿的长袍裹在身上,把房间里的电灯开亮。

这一间原来是拉乌尔·李维埃的书室。通过打开的玻璃窗和窗外树上疏朗的嫩叶,可以望见塞纳河的夜景,在仿佛一动不动的黝黑的河水上,倒映着对岸的房屋、灯光初亮的窗口以及远处圣克卢丘陵上空的一抹残照。拉乌尔·李维埃本是个有欣赏能力的人,虽然为着满足他那些有钱主顾的平淡乏味的陈规老套,或可笑的异想天开,他并不按照自己的趣味来办事,他在巴黎市区的边缘,布洛涅河岸[①]上,为自己选择了一所路易十六朝格式的古老宅第。这所房子并不是他自己建筑的。他只不过把它改装得更舒适一点,就算满意了。他的书室很可以兼作幽会的场所。可以有理由相信,他在这方面天赋的才能,并不是没有应用过一番的。李维埃在这间书房里不止一次地接待可爱的来访者,却没有引起任何人的猜疑,因为这间屋子有一扇门直接通到花园。可是两年来,门虽设而常关,因为访问书斋的唯一女客是安乃德。在那儿,父女俩谈得十分投机。安乃德一边走来走去,一边整理房间里的东西,或者给花瓶添点水,一刻不停;接着,突然静止下来,拿起一本书,蜷缩在大沙发上她喜爱的那个角落里,从那儿她可以默然眺望匹练似的河水,并且一边心不在焉地看书,一边心不在焉地和她父亲闲聊。可是他,慵倦无力地坐在那儿,他狡黠的侧面用眼角窥视他女儿的每一个动作。这个娇惯了的老孩子,无论到什么地方,总要使自己成为别人注意的中心,否则便不服气。他不断用俏皮话,用温柔的、嘲讽的、苛刻的或不安的问题挑逗安乃德,为了使她的注意力重新贯注在他身上,并且保证她在倾听一切……到末了,安乃德发现父亲不能片刻离开她,觉得又讨厌又喜欢,就索性放下别的一

① 布洛涅河岸是塞纳河边一条马路的名称。

切，专门伺候他。这下子，他可满意了，他对他的听众完全有了把握，于是将他变化无穷的出色的谈锋，毫不吝惜地施展出来。他像放焰火一样，说些耸人听闻的话，他给女儿谈他的往事。当然，他仔细选择最体面的事来谈；并且把它们安排得 ad usum Delphini——合乎公主的口味，他狡黠地观察哪些话能引起公主隐秘的好奇心，哪些又突然使她起鸡皮疙瘩，他对她叙述的恰好是她爱听的。安乃德全神贯注地在听，父亲对她推心置腹，她觉得自豪。她满相信她知道她父亲的事，比当年她母亲所知道的还多。她想她是她父亲的私房话的唯一听取者。

可是，父亲死后，另一宗私藏也落在她手里，那就是他的全部私人文札。安乃德并不想去探究内容。她的孝心告诉她，这些文札她不能随便动。另一种情绪，却叫她去动手。无论如何，这些文札必须加以处理。安乃德，她是父亲的唯一继承人，也不免有去世的一天，而这些家庭私信，不应当落在外人手里。所以亟须整理一番，该焚毁的焚毁，该保存的保存。几天以来，安乃德已经决定这样做。可是，一到晚间，独自一人在那间父亲音容宛在的房间里，她除了连续几小时一动不动地待着，使当日的气氛深深沉浸着她之外，没有别的勇气。她生怕打开那些旧信来一看，会过于突然地接触到现实……

可是事情又必须这样办。这天晚上，她下定了决心。在气氛十分柔和的夜里，朦朦胧胧的温情之中，她不安的心绪感觉到悲痛正在融解，她要肯定一下去世的那人究竟是不是属于她。她走向用玫瑰木做的家具，一口路易十五朝式的高高的小柜，与其说是一个勤劳的男子的用具，不如说它更适合于一个时髦的女人，柜子的抽屉有七八层，仿佛是美国摩天大楼逗人喜爱的造型；李维埃就在那些抽屉里储存他的私人文札。安乃德跪在地上，打开最下边的抽屉。为了更仔细地翻看，她索性把抽屉整个抽了出来。重新坐到壁炉旁边之后，她把抽屉放在膝上，埋头细看。家里静悄悄的，没有一点声音。除她之外，只有一个年老的姑母和她住在一起。姑母操持家务，在家里她是毫无地位的。维多莉娜姑母，是安乃德的父亲的一个默默无闻的姐姐。她一辈子伺候弟弟,并且觉得这是理所当然的。现在她伺候侄女,给她继续当老管家;就如同家里的那只老猫一样,终于成了全部家具不可分的一小部分,而老姑母对于家具像对家里的人一样依恋。一到夜晚,老姑母早就回她的房间。她远在楼上,穿毡底鞋的老人走动时无声无息。这一切,和安乃德身边的老猫一样,毫不搅乱她的遐思。

她开始看信,又好奇,又忐忑不安。可是她井井有条的习惯和对于安静的需要,要求在她心里和她周围,一切都整齐明净,这就使她在取信和打开信的时候,采取缓慢的动作和冷漠的态度,至少在短时间内,她有一种若无其事的幻觉。

她首先看到的几封是她母亲的信。信中忧郁的语气先使她回想起往日的印象;那些印象并不都是带有好感的,有时稍许有些怒意。用她的高明理由评判起来,这是真正病态的精神习惯。对此她多少有些怜悯之心:"可怜的妈妈!……"但是,渐渐地,接着往下念,她第一次发觉母亲那种心理状况并非没有原因。信中提到拉乌尔某些不忠实之处,使她感到不安。她不能下对父亲不利的判断,因为她偏袒父亲,她假装看不太懂,放了过去。她的孝心,使她有充分理由不理睬这些。但她却发现了李维埃夫人心灵上严肃的一面,和她受了伤的温情。于是安乃德责备自己,由于没有很好地认识母亲,使母亲被牺牲了的一辈子增添了忧伤。

在同一只抽屉里,并排躺着另外几包信札——其中有一些散乱的,和她母亲的那些信夹杂在一起——拉乌尔那种从容不迫的轻率习气,把这些信放在一起,正如在他那外遇极多的一生中,把那些和他通信的女人都混在一起。

这下子,安乃德勉强的镇定受到严重考验。从新打开的那叠信的每张信笺里,发出种种声音,它们比可怜的李维埃太太的声音似乎更为亲密,对于自己的权力更有把握,这些声音都在肯定它们对拉乌尔的所有权。这引起了安乃德极大的反感。她的第一个动作,是把拿在手里的信搓揉成一团,掷到炉火中去。可是她又从火堆里把纸团抢救出来。

她重新拿起这些已经开始被火焰烧焦的信纸,迟疑不决地瞧着。不用说,如果刚才她有充分理由不愿意与闻她父母之间过去的争吵,她现在有更充分的理由不想知道她父亲的那些风流往事。不过这些理由现在已经毫无分量,因为她感觉自己直接受到侵犯了。她说不清怎么回事,以什么名义,为什么。她一动不动地待着,上身略向前俯,皱着鼻尖,挺着下巴,忌恨地噘着嘴,像一只生气的母猫,恨不得把抓在手中的那些叫人生气的信件重新抛到炉火中去。可是她的手指在渐渐张开,她不能克制读这些信的愿望。于是,她突然下了决心,张开拳头,重新打开这些信纸,用手指仔细地摊平纸上搓皱的地方……她念信,她全部都念了。

*　　　*　　　*

安乃德怀着嫌恶的心情(但同时也多少受到了吸引),眼看她父亲的风流往事一页页地在她面前翻过,对于这些,她以前一无所知。父亲的情妇,简直是五光十色,离奇古怪一大群。拉乌尔在爱情方面的怪癖,也和艺术方面一样,是所谓“时代色彩”。安乃德认识这些人之中的几个姓名。她充满敌意,回想起从前,父亲的某一个宠妇对她的微笑和温抚。另一些情妇的社会地位是不很高的,信中书法错误之多,不下于所表达的情意的放肆。安乃德把嘴噘得更高一些;可是她的心灵,和她父亲一样具有灵敏而带嘲讽的眼色的心灵,却不难想见写这些信的女人,如何眨着眼皮,伸着舌尖,低着头,在纸上有什么写什么那种滑稽的专心姿态。所有这些艳遇,有的来往的时间长些,有的短些,反正都不是持续得很久的。一个接一个,后浪推前浪,都过去了。安乃德以微愠和不屑的神色,对于她们的结局表示满意。

她还没有全部发现。在一只抽屉里,有一捆旧信很仔细地单放在一边。她一定看见了,这些信比她母亲的信札收藏得更为仔细。在这新发现的一叠信中,安乃德才知道她父亲有这么一次延续较久的外遇。虽然信上的日期是漫不经心地标着的,不难看出这一堆信札所包括的时期足有若干年之久。信是由两种不同的笔迹写的。一种书法错误,字迹凌乱,行列歪斜,这种笔迹占这包信件的一半,以后就不见了。接着是另一种笔迹。一开始,那是孩子的工整笔迹,渐渐地成熟了,而且一直继续到最近这几年。并且,还不止这样,一直继续到她父亲逝世前几个月——这一点发现特别使安乃德难受。安乃德以为自己独占的那个神圣的时期,被这个通信者偷去了一部分;这个双重意义上的不速之客,给安乃德的父亲写信叫他:"我的父亲!……"

安乃德感受到难忍的创痛。用愤怒的姿势,一下扔开披在肩上的她父亲的大氅。那些信从她手里落下,丢在地上。她蜷缩在沙发上,眼睛发干,面颊发烧。她不去分析自己的心情。满腔热血使她说不清自己在想什么。可是,她充满激情地想:"我被他骗了!……"

她重新拾起讨厌的信件。这一次,她不念完最后一行,决不罢休。她闭着嘴,鼻子呼哧呼哧地出气,一直念下去,一种隐藏的妒火燃烧着她,同时燃烧她的还有另一种情感,模糊不清的、正在发生中的情感。她擅自看别人的私信,掌握了父亲的隐私,却一秒钟也没有想到,这是一桩违背良心的举动。她一秒钟也没有怀疑自己的权利……(她的权利!理性离开她多么远。另一种强大的力量,专制的力量,却在发言!)……正相反,倒是她认为自己的权利被人侵犯了:被她父亲侵犯了!

可是她定了定神。一刹那,她瞥见自己这种僭妄的想法多么荒唐。她耸了耸肩。在父亲身上,她有什么权利呢?他欠她什么不成?不可遏止的热情在轰鸣中说:"欠她一切。"用不着争辩!安乃德沉浸在毫无道理的气愤中,感到被咬伤似的痛苦;同时却品味到辛酸的享受,一种残酷的力量第一次用尖锐的针刺入她的皮肉,使她获得这种享受。

她看了半夜信。等到她终于决定睡觉的时候,一闭眼睛就重新看见信上的字句,这使她几次惊醒,一直到年轻人浓烈的睡意制服了她,于是一动不动地睡着了,伸开手脚,呼吸深沉,神色安宁,这是因为刚才耗费了许多精力,倒使她轻松了。

第二天,她重读那些信。紧跟着好几天,她把那些不断占据她的思想的信件,读了又读。现在她差不多可以设想出另一种生活,和她自己的生活并驾齐驱的一个骈枝的生活:母亲是个卖鲜花的,拉乌尔曾经给了她本钱,让她开了一家鲜花铺,女儿是做帽子的,或者是缝工(这一点不太清楚)。一个名叫黛尔菲娜,另一个(小的那个)名叫西尔薇。信上文字格调狂放、随便,可是在坦率之中并不缺乏风韵,从这一点看来,母女二人是相像的。黛尔菲娜仿佛曾经是个很可爱的人,她虽然在信里面不时要一些小花招,但她的各种苛求不见得使李维埃厌倦。无论母亲或女儿,都不从悲剧的角度看生命。再说,母女二人好像对于拉乌尔对她们的情谊满有把握似的。也许这正是维系这情谊的最好办法。可是这种狂妄的自信和她们对拉乌尔那种极端亲昵的口气,同样使安乃德不高兴。

西尔薇尤其引起安乃德的含妒的注意。西尔薇的母亲已不在人世;她和安乃德父亲那种亲密关系,在安乃德骄傲的眼中,似乎是不屑一顾的,她已经忘记前几天,每当她发现和这性质相同的那些缠绵关系时,对于她曾经是一种显然的冒犯。现在既然另一种深刻得多的亲密关系参加了竞赛,任何别的敌对行动好像都不必介意了。安乃德精神兴奋,努力想象那个素昧平生的女孩子是什么样的状貌。虽然她满心忌恨,也不能不承认对方只能一半算是外人。西尔薇信中支使她父亲,把他完全当作她的私产,她毫无拘束的欢笑,她若无其事的你我相称,都使安乃德生气,她想要用眼光盯住那个不识体统的陌生人,要使她无地自容。可是那个年轻的不速之客和她怒目相视。神气之间,她仿佛说:"这是我的财产,我身上有他的血液。"

安乃德愈生气,这种肯定愈在她思想中发展。她跟这种思想斗争得太厉害了,反而不能不渐渐习惯于这一战斗,习惯于这个对手。到末了,她简直无法摆脱了。早晨,她一醒来,第一个念头就是西尔薇,而这位敌手调皮的声音现在对安乃德说:“我身上有你的血液。”

这声音她听得非常清晰,同样清晰的是,有一天夜里她看到那位不相识的妹妹的幻影,在朦胧中,安乃德伸出双臂,要抱住对方。

第二天,安乃德直生气,直抗议,可又失去了抵抗力,一个愿望抓住了她,再也不松手。于是她走出家门,去寻找西尔薇去了。

*　　　*　　　*

地址是在旧信中找到的。安乃德走到曼纳大街,那时正是午后。西尔薇在车间干活。安乃德不好意思到那儿去打扰她。她等了几天,有一天吃过晚餐之后,她又去了。西尔薇还没有回来,要不就是她回来以后又出去了,人们说不清。安乃德每跑一趟,回来时总感到失望。焦急等待的心情使她成天全身痉挛一般紧张。一种隐约的怯懦心理,在劝她作罢。可是她属于那种一旦做出决定就决不回头的人;这种人愈是遇到难以克服的阻碍,愈是担心发生什么事,就愈不肯改变主意。

五月底的一天,晚上快九点的时候,她又去了。这一回,人们对她说西尔薇在家。七层楼。她上去,飞快地上去,因为她不愿意给自己留下临阵退却的余地。到了上头,她喘不过气来了。她在楼梯口站住。她不知道她将要找到的是什么样的人。

一条长长的普通甬道,没有地毯,铺着瓷砖。甬道两边的房门,都半开半掩着,两边房间里的人在遥相对答。从左边的门里透出一道夕阳的余晖,照在红砖地上。西尔薇就住在这儿。

安乃德扣了两下门:嗒,嗒!里边有人喊:“进来!”一边不断地闲扯。她推门进去。斜阳的余晖迎面照射过来。她看见一个姑娘,身体半裸着,穿一条衬裙,肩头袒露,光着脚,穿一双淡红的旧拖鞋,她走来走去,丰满而柔软的背脊向着安乃德。她在梳妆台上找什么东西,一边自言自语,一边拿粉扑往鼻子上扑粉。

“怎么啦！有什么事情吗?”她用嘶嘶的声调问,因为牙齿正斜咬着一些发夹。

接着,她忽然被一枝插在水罐子里的丁香花分了心,把鼻子凑在花上深深地闻着,同时发出一声舒畅的呻吟。当她抬起头来,看到镜子里自己的一双含笑的眼睛时,她发现在自己背后,安乃德站在门口,趑趄不前,头上照着一圈阳光。她“啊”了一声,转过身来,两只袒露的胳膊围在脑后,敏捷地将别发针别上重整的发髻,接着就向门口走来,伸着两手——突然又把手缩回去,做了一个接待的姿势,满客气,但是很有分寸。安乃德进来了,想说话,可是不知说什么好。西尔薇也不开口。她给来客端过一张椅子来,自己披上一件蓝条纹的梳妆时穿的旧长袍,然后坐在自己床上,面对着来客。两个人你瞧我,我瞧你;我等你先开口,你等我先开口……

她们两人是多么不同！各人都在端详对方,用锐利、精确而且毫不宽容的目光,在探问:“你是谁?”

西尔薇看见的安乃德长得个子高高的,气色鲜朗,脸庞较宽,鼻子略短而扁平,像小母牛似的巨额广颡,上面盖着一绺绺带金黄闪光的栗色头发,眉毛很浓,一双浅蓝色的大眼睛稍稍鼓起,和眼眶形成平面,有时因为心血上冲,眼神显得强硬;嘴阔大,嘴唇厚实,嘴角有一层金黄色的汗毛,嘴经常闭着,形成噘嘴,起防御作用,表示注意力集中或固执赌气,可是当这两片嘴唇一张开,就可能焕发出一个腼腆动人的微笑的光彩,使得她整个面容为之一变。她的下巴也和面颊一样丰满,可是没有臃肿之处,构造非常结实;脖子,后脑勺,两只手,都是蜂蜜般的深棕色;在美丽紧实的皮肤下面,流着纯洁的血液。她的腰身略微粗了一点,上身微微形成方形,胸脯广阔丰隆。西尔薇有训练的眼光,透过对方的衣服,估量对方的身体,尤其是那两只肩膀,它们的丰满和谐跟金黄浑圆的脖子配在一起,形成她全身最完美的部分。她很会打扮。打扮得很细心,在西尔薇看来,甚至过分细心了,仔细得有点刻板:头发梳得整整齐齐,没有一绺散乱的卷发,没有一个挂错的扣钩,一切井井有条。西尔薇暗想:“她心里呢,难道也这么整饬吗?”

在安乃德眼里,西尔薇和她自己差不多一般高——是啊,也许是一般高吧——可是腰身苗条,按照身体的比例,脑袋显得小了一点,半裸的身体裹着梳妆时穿的长袍,胸脯不很发达,可是身体很丰满,两条胖胖的手臂,小小的臀部,坐在那儿,身体摇摆着,两只手抱着一对圆圆的膝盖。她的额头和下巴也是圆圆的;鼻子不大,有点向上翘;浅褐色的很细的头发盖在太阳穴上,发卷垂在面颊上,散乱的短发披在后脑上,披在肤色洁白、细瘦的脖子上。她是室内长大的花草。她面孔左右两边的侧影是不对称的,右边是一只多情善感的、懒洋洋地睡觉的猫儿,左边是狡黠的,窥伺四周的、要咬人的猫儿。她说话的时候上唇微翘,露出一排充满笑意的白牙。这时,安乃德心里说:“留神呀!别让她咬你一口!”

她们是多么不相同!……可是,两人第一眼就互相在对方身上认出那种眼神、浅蓝色的眼珠、额头、嘴角的皱纹,总之,认出了父亲……

安乃德觉得有点儿窘,而且僵得很,硬着头皮说话,说明她自己是谁,叫什么名字,过分激动使她的声音变得僵硬,没有一点表情。西尔薇让她说,一边目不转睛地注视她,接着,她安详地说,上翘的嘴唇带一丝冷酷的微笑:

“我早就知道。”

安乃德吃了一惊:

“怎么?”

“我已经看见过你——常常看见——和父亲在一起……”

在说最后几个字时,她先稍微犹豫了一下。也许她会很调皮地说:“我的父亲。”可是她对于安乃德紧张的神色,产生了带讽刺意味的怜悯,那双眼睛正在注视西尔薇的嘴唇。安乃德明白了这一点,把视线移向别处,脸都臊红了。

西尔薇把一切看在眼里,丝毫不漏。她慢慢地品味着对方的红脸。她不慌不忙地、安详地把话扯下去。她讲到举行丧礼那天,她在教堂里,坐在靠近大门的一边,什么都看见了。她用略带鼻音的、唱歌似的声调滔滔不绝地叙述,一点儿不动声色。可是,如果说西尔薇善观气色,安乃德却善于体会弦外之音。西尔薇语音一落,安乃德就抬起眼睛,对她说,"你很爱他吧?"两姐妹互相交换了温存的一瞥。但这只不过一刹那,安乃德的眼睛里已经出现了妒忌的阴影,她接着说:"他很爱你。"她本来诚恳地想讨西尔薇的欢心,可是她的声音却不由自主带一点鄙夷的调子。西尔薇好像感觉对方语气之中以保护者自居。她马上就伸出小小的利爪,劲头十足地说:"对呀！他很爱我!"

稍停了一下,她接着又用和悦的神气,射箭似的说了这样一句:"他也很爱你,他常常对我提起你。"

安乃德充满激情的手,她那双神经质的大手,紧握在一起,在轻轻颤抖。西尔薇直瞧这双手。安乃德用激动的声调问:"他跟你谈起我吗？常常提到吗?"

"常常提到。"天真的西尔薇重复说。

西尔薇说的是否属实,这是不十分可靠的。可是不善于掩饰自己的思想的安乃德,对于别人的话却不加怀疑。西尔薇的话打动了她的心……这么说,她父亲和西尔薇常常谈起她;他们两人在一起谈论她!可是她呢,直到最后一天,什么都不知道。父亲好像跟西尔薇推心置腹,却让她安乃德蒙在鼓里,他不让她知道实情,她连有这么个妹妹都不晓得！……这样的不平等待遇,这样不公平,使她十分痛心。她觉得自己一败涂地。但是她不愿意有所表示。她在寻找武器,终于找到了一件,于是说:"在最后这几年,你很少见到他。"

"在最后这几年,"西尔薇十分遗憾地承认,"那当然啰,他那时有病。人家不让他出门。"

一阵充满敌意的寂静。两个人都面带微笑;两个人都憋了一肚子闷气。安乃德直率而矜持,西尔薇神情虚假,好比一枚模仿钱币的筹码。她显得那么委婉和悦,实际上是装腔作势。两人在继续斗法之前,各自先数了数已到手的分数。安乃德(略微)占了上风,稍稍感到轻松,同时她自己有一些念头使她暗暗惭愧,竭力想用更友好的口气谈下去。她谈起她有过一个愿望,想和西尔薇接近,因为她那死去的父亲,"有一点点"还存活在西尔薇身上。可是她白费力气:一提到和父亲的关系,她不由自主地把自己和对方之间划分出差别来。她的口气暗示,在对父亲的关系上,她是有优先权的。她向西尔薇叙述父亲如何度过最后的几年,她不自禁地表示自己和父亲更亲密得多。西尔薇等安乃德的话略一中断,就钻空子,讲她自己记忆中的父爱,来回敬安乃德。两人不知不觉地都在羡慕对方和父亲的关系,同时又互相夸耀自己所得的部分比对方多。一边说,一边听(尽管不愿意听进去,但仍然听得见),两个人不断地互相注视,从头看到脚。西尔薇将自己的长腿,活动在拖鞋中的一双小巧的光脚,纤瘦的脚腕,很凑趣地和安乃德有点粗壮的骨节和笨重的脚腕相比较。而安乃德,在细瞧西尔薇的手时,没有放过她那粉红得过分的指甲上,修剪得很整齐的半圆形白斑。对抗的不单单是两位姑娘,而且是两个对立的家庭。因此,尽管谈话从表面看来好像很随便,两人却一直是嘴角眼角,真刀真枪,互相窥伺,各不相让。残酷而尖锐的妒忌使她们每个人都能一眼看穿对方。开门见山,一望到底,连对方自己不觉得的污点、隐病都被看穿了。西尔薇在安乃德身上观察到的是骄傲的恶魔、主意的强硬和专制式的粗暴,虽然这一切还没有机会施展出来。安乃德在西尔薇身上观察到的是干枯的内心和满脸堆笑的虚伪。后来姐妹俩亲密相爱,为了忘却在当初互相观察到的这一切,还费了好大的力气。在这时,两人之间的敌意使她们互相用放大镜看对方的这些毛病。在短促的瞬间,她们互相仇视。安乃德心头沉重,她想:"这可不好,这可不好啊!我应当做个好榜样。"

她的跟光在这简陋的房间里扫了一圈,看到窗子、薄纱窗帘、沉浸在月色中的对面的房顶和烟囱、插在有裂纹的水罐子里的那枝丁香花。

外表虽然冷冷的,内心却燃烧着热情,她向西尔薇表示愿意贡献自己的友谊和援助。……西尔薇,漫不经心地,带着调皮的微笑,听着,不置可否……安乃德气得要命,她自己的骄傲和正在产生的热爱碰了钉子,按捺不住气愤,猛一下子站了起来。两人有口无心地客气一下,互相说了再见。于是安乃德怀着愁闷和怒意走了出来。

可是,当她走到铺瓷砖的甬道尽头,而且已经跨下楼梯的头几档时,西尔薇向她奔来,穿着她的小拖鞋,其中一只丢落在半道上,她从安乃德身后,用两臂抱住安乃德的脖子。安乃德一转身,激动得叫了起来。她一股热情,紧紧搂住西尔薇。西尔薇也叫起来,可是她是笑着喊,笑对方用这么猛的劲儿拥抱她。两人的嘴唇热烈地吻合了。一阵热爱的细语,温柔的嘟囔。双方互相表示感谢,并且相约不久再见面……

她们两人分开了。安乃德,幸福地笑着,发现自己已经在楼下,不知道怎样下的楼梯。她听到上面一声口哨,好像顽童唤狗吹哨一样,接着听见西尔薇的声音轻轻说:"安乃德!"她抬头一看,只见一直在上面,在一团亮光中,西尔薇俯下蓬松的头发,她笑着说:"接住!"安乃德脸上落满了水滴和西尔薇掷下来的一束湿漉漉的丁香花;西尔薇同时用双手向她送吻……

西尔薇不见了。安乃德,抬着头,还在找她,她已经不在楼梯上面。安乃德将浸湿的花枝抱在怀中,吻着丁香。

* * *

安乃德步行回家,不顾路很远,而且时间已那么晚,有些街道上是不太安全的。她恨不得跳起舞来。她终于回到家里,又高兴,又困乏,把花插在花瓶中,放在床边,才上床睡觉。她随即又起来,把花从瓶里拿出,插到水罐子里,如同在西尔薇家里一样。重新躺下以后,她让灯点着,因为她舍不得和这一天分离。三小时之后,她忽然在半夜里醒了过来。花,好好地插在那儿。她的确见到了西尔薇,并不是做梦……于是她又睡着了,靠在心爱的形象怀里。

打那天以后,日子充满着忙于建筑新蜂房的蜜蜂的嗡嗡声。好像一群蜜蜂在一个年轻的蜂王周围聚集起来。围绕着亲爱的西尔薇,安乃德在建立新的生活。老旧的蜂房被遗弃了。老蜂房中的蜂王确实是死了。为了竭力遮掩这一场宫廷革命,安乃德热情的心假装相信自己对父亲的爱现在已转移到西尔薇身上去,而父亲也在西尔薇身上重新找到这种爱……可是安乃德心里明白,她正在和父亲告别。

新的爱以怒潮汹涌之声势在创造和破坏……父亲的遗物,无情地被送到看不见的地方去。家常的物件,被她恭恭敬敬地放到房间的阴暗角落里,免得常常受到干扰。父亲的外套也束之高阁,放入老旧的壁橱深处。安乃德把它放进去以后,又取出来,犹豫不决,把面颊贴在衣服上,接着又突然把它掷入橱中,心中余恨未消。热情是多么没逻辑!她和父亲,究竟谁对不起谁呢?……

她热爱着刚刚被她发现的妹妹。她还不大认识这个妹妹!不过,只要有了爱情,即使对方的情况你还没有把握,也反而增加对你的吸引力。在人们以为已经认识的事物的魅惑力之外,又加上未知因素的神秘性。从匆匆一面的西尔薇身上,安乃德只愿意记住使她高兴的地方。在心里,她承认这不是很确实的。但当她想老老实实地回想西尔薇的形象的阴暗面时,她就想起小小的拖鞋在甬道上奔跑的趿拉声,和抱在她脖子上的西尔薇的两条光胳膊。

西尔薇快要来了。她答应要来的……安乃德准备着一切,为了接待她。让她到哪间屋子里来呢?——就在这儿,她自己的漂亮卧室里。西尔薇将要坐在这儿,在她自己最爱坐的地方,对着敞开的窗。安乃德好像看见西尔薇的眼睛,她把她的住宅,她的那些小摆设,那些披着嫩绿的新衣的树木,和远处百花盛开的小山坡,这大好景色,她将兴致勃勃地指给西尔薇看,和西尔薇分享这雅致和舒适的一切,使她自己的享受增加一种完全新鲜的感觉。——可是她又想起,西尔薇的眼睛会把她自己的住处和这座位于布洛涅区的宅第互相比较。她脸上出现了一丝阴影。这种不平等使她感到沉重,好像她有什么过错似的……命运给她的这些优厚条件,如果请西尔薇来共同享受,不恰好可以补救这种不平等吗? ……对呀,可是,这反而会给自己增加优势。安乃德预料到对方不会轻易同意的。她回想起她头几次向西尔薇表示邀请时,对方总保持嘲笑式的沉默。那么她就得设法使西尔薇不至于多心。怎么办? ……安乃德在脑袋里试用了四五个计划,没有一个使她满意。她不下十次地改变房间的陈设。她先怀着孩子气的乐趣,把一些最值钱的东西都摆出来;接着又全部收起,只剩下她所有的最简朴的东西。所有的细节——架上的一朵花,挂一张肖像的地方——无不经过她再三考虑……在一切就绪之先,但愿西尔薇别来到! 可是西尔薇迟迟不来。安乃德反而有充分的时间把她那些琐碎的安排,一次又一次地,改了又改。她觉得西尔薇来得真慢,不过她利用机会把她的计划做了一些修改。她不知不觉在演戏! 她那么重视那些无足轻重的细节,这是在自己骗自己。她这样坐立不安地整理,打乱又摆齐,都无非是托词,借此对她自己隐瞒充满热情的内心不宁,这种不安的情绪搅乱了她经常井然有序的理智生活。

托词终于都用完了。这一次,什么都已准备就绪。而西尔薇却还不到来。安乃德已经在想象中把西尔薇接待了不下数次。她等待得精疲力竭……她可不能再去找西尔薇! 万一见面的时候,她在西尔薇不耐烦的眼色中看出对方并不是那么非理她不可,怎么办! 一想到这点,安乃德的骄傲心好像受了创伤,鲜血直流……不,宁愿永远不再见面,也不去受那种屈辱! 可是……她匆匆下了决心,换上衣服要去找那个健忘的人儿。但她没等扣完手套上的扣子,已经丧失勇气;于是,两腿瘫软,她又坐在大门内挂衣间的椅子上,不知道怎么办才好。

恰好在这时刻——她四肢无力地坐在门边,头上戴着帽子,准备立刻出门,但又犹豫不决——正在这时,西尔薇按门铃了。

铃响,门开,两件事相隔不到十秒钟。开门的迅速和安乃德的发着高兴的光彩的眼睛,充分地向西尔薇说明,安乃德正在等候她。在门口,没来得及说一句话,两人的嘴已经吻合在一起。安乃德不由分说地拉着西尔薇往屋里走,一直拉着她的手,盯着她看个不够,放开嗓子憨笑,像一个快活的孩子……

经过的情况丝毫不像她事先的设想。事先打的腹稿,一见面要说的话,半句也没用上。她没有让西尔薇坐在事先选好的位子上。她们两人一起坐在长沙发上,背着窗子,肩并肩,你瞧我,我瞧你,说着话,却又不注意自己说的什么,她们的眼光好像在对话:

安乃德:"你来啦?终于来啦!"

西尔薇:"你瞧,我不是来了吗……"

可是,西尔薇打量了安乃德一眼之后,说:"你正要出去吗?"

安乃德摇摇头,不愿意加以解释。西尔薇完全明白,于是她俯着身,轻轻说:"你正要到我那儿去吧?"

安乃德吃了一惊,把面颊贴在她妹妹肩上,喃喃地说:"坏心眼儿!"

"那为什么?"西尔薇问,一边用嘴角轻轻吻着安乃德金黄色的眉毛。

安乃德不回答。西尔薇明白对方要答复的是什么。她微微一笑,调皮地窥视着安乃德。安乃德现在回避西尔薇的眼光。这个强悍的姑娘!她的泼辣劲儿消失了。突然发生的腼腆情绪,像罗网似的,罩在她身上。姐妹俩一动不动地待着,姐姐靠在妹妹肩上,妹妹感到满意,因为她这么快就在姐姐身上树立了权力。

接着,安乃德抬起头来;姐妹俩都控制了乍一见面时内心的激动,开始像一对老朋友似的交谈起来。

这一回两人之间不再存在敌意。相反,两人都愿意向对方倾吐衷肠……可是,也不是全部倾吐!她们知道,每人身上都有一些不足为外人道的东西。即使双方相爱的时候也这样吗?是的,正因为相爱,才这样!但是,说确切点,是指哪些东西呢?她们一边谈心,一边各人保守自己的秘密,探索着对方的友爱有多大容量。不止一句贴己话,一开头说得很坦率,说到中途却趑趄不前了,而结果,婉转地变为一句小小的谎话。她们互相并不熟悉,在许多方面,她们相互的印象是莫名其妙的哑谜,不管怎样,这是各不相识的两种天性,两个世界。为了这次访问,西尔薇竭力施展自己的吸引力,她想这样做,尽管她决不承认故意如此。她很能这样做一气。安乃德被她迷住了,同时她的某些卖弄风情的细小动作,使安乃德感到不大自在。西尔薇察觉了这一点,但并不想做什么改变;这个大姐姐,又自由又天真,又热情又沉着,很吸引她,使她觉得不好意思。(听她东扯西扯,谁想到她会不好意思!)两人都很机灵,都非常善于察言观色,她们都不放过对方的一个眼色,一个念头。她们相互间都不放心,既多疑,又爱讲话,她们愿意互相倾诉,这是对的,可是又不愿意予而不取!两人身上都附有小小的骄傲魔鬼,安乃德更厉害些。可是温情的冲动在她身上也更猛烈些,而且她自己控制不住。当她倾吐得比她愿意说的更多的时候,等于吃一个败仗。而西尔薇对于这样的败绩非常欣赏。她们好比两个商人,渴求成交,但双方都老于世故,谨慎从事,窥探着对方一举一动,小心地向前迈步……

这场决斗并不是势均力敌的。西尔薇很快就发觉安乃德不可遏止的、而且有所央求的热情。她比安乃德强。她要证实一下。她轻手轻脚地耍着安乃德,外表若无其事。安乃德觉得自己打了败仗,这使她感到又惭愧、又快活。

在西尔薇要求之下,安乃德领她看整个住宅。她决不会主动地这样做,她怕在西尔薇眼前炫耀自己的舒适生活,而使西尔薇不愉快;可是,西尔薇满不在乎,这倒使安乃德松了口气。西尔薇无拘无束,她走来走去,瞧瞧这个,摸摸那个,好像在自己家里一样。倒是安乃德看着西尔薇这种毫不在乎的神气,觉得不以为然;而同时,在她的温情之中,又使她感到愉快。从姐姐床前经过时,西尔薇在枕头上轻轻地、友好地拍了一下,她用好奇的眼光察看了安乃德的梳妆台,一眼就把所有的瓶瓶罐罐看个清楚确实,她心不在焉地走到藏书室里,在一对窗帘前面看得出神,评评这把沙发,试试那一把,把头伸到半开着的衣柜里,摸摸一件长袍的绸料,到各处转悠之后,又回到安乃德的卧室里,坐在靠近床的矮沙发上,继续谈话。安乃德请她喝茶,可是她宁愿喝一小杯甜酒。西尔薇一边用舌尖舔着饼干,一边看出安乃德迟疑不决,好像有什么话要说。西尔薇真想告诉安乃德:"快说吧!"

安乃德终于鼓起勇气,用由于柔情受到压抑而变得急骤的口气,向西尔薇提出邀她同住的建议。西尔薇微笑,不作声,咽下满嘴的食物,把饼干碎屑和手指一齐浸在酒杯里,再一次微笑,很和婉地,用眼色和塞满食物的嘴表示谢意,一边摇着头,好似在对小孩说话一样,接着,她说:"亲爱的……"她拒绝了。

安乃德着急地坚持着;她气势汹汹地硬逼对方答应。现在轮到西尔薇不愿意说话了!她直道歉,用断断续续的字句,温柔的声调,有一点窘,也有点要调皮……(她很爱这个直率、温情、天真的大姐姐!)……她说:"我不能。"于是安乃德问:"那是为什么?"西尔薇说:"我有个男朋友。"

在一瞬间,安乃德不明白这是怎么回事。接着,她恍然大悟,于是她垂头丧气了。西尔薇一直笑着,同时用眼角斜瞥着安乃德,站了起来,在一阵喃喃的细语和亲吻声中,她走了。

* * *

安乃德只好眼看着她的空中楼阁倒塌。她心中非常难过,这是一种由各种混杂的情感组成的说不清的难受。其中有相当辛酸的情感,她宁愿不尝这种味道,可是那些情感一阵阵地涌上她的喉头……她,还自以为不受成见束缚,一想到这漂亮的妹子……啊!这叫人太难受了!她真想痛快地哭一场……为什么呢!真愚蠢!难道又是嫉妒吗?……不!

她摇摇肩膀,站起来。她不愿意再想这些。——她却仍旧不停地在想……为了散散心,她大步地从这间房走到那间房。她发现自己恰好在这所宅子里重复她妹妹走过的路线。她念念不忘地想西尔薇。想她和她那个……这不是的的确确在嫉妒了吗?不!不!不!不!……她气得直跺脚,她决不承认嫉妒!……可是,不管她承认不承认,痛苦钻她的心。——她给自己找精神上的解释。她找到了:她本是冰清玉洁的,所以为她妹妹的行为而痛苦。她的天性复杂,富于对立的倾向,而且这些倾向从来不曾起过冲突,在这些倾向中,也不缺少清教徒式的力量。使她觉得不舒服的倒不是道德上的顾虑。她是被一个怀疑派的父亲,和一个自由思想的母亲,在不受任何教会拘束的情况下教养大的,因而她习惯于对一切都与之辩论。她不怕用研究的精神来对待任何社会成见。她不反对自由的两性关系;在理论上,她很能接受。在和父亲,或和同学们的谈话中,她常常赞成自由关系的权利;在这种要求中,并没有夹杂多少想要显得"先进"的那种稚气的愿望,因为她真诚地觉得性关系上的自由是合法的、自然的,甚至合情合理的。她从来不想去责备那些巴黎的漂亮姑娘,她们爱怎么生活就怎么生活。她用同情的目光看她们,无疑认为她们比她自己的资产阶级圈子中的妇女更值得同情……那么,现在是什么使自己这样难受呢?西尔薇在享受她自己的权利……她的权利?不,不是她的权利!别人行,她可不行!……人们对于不十分看重的人,要宽容得多。对于她的妹妹,正如对她自己一样,她有更严格的要求,不管这种要求正确不正确——对呀,是正确的!专一的爱情在她看来是一种内心的高贵品格。西尔薇堕落了,安乃德怨恨她!……"专一的爱?对你的爱!……你这嫉妒的人,你在自己诓骗自己!……"但是她愈嫉妒西尔薇,就愈爱她。她愈怨恨西尔薇,就愈爱她。对自己所爱的人,才能这么怨恨!……

小妹妹的魅力在从容不迫地起着作用。生气没有用,要她变个样儿,那也办不到。她就是那样。安乃德渐渐觉得被另一种情感支配着:好奇心。不由自主地,她在头脑中竭力设想西尔薇是怎样生活的。她在这方面想得太多了。有时候她假设自己就是西尔薇,她很惭愧地发现自己处在西尔薇的位置上,而且觉得并不坏。由此而产生的对她自己的鄙视和愤慨,使她对于西尔薇更加严厉。她继续赌气,不许自己去找她妹妹。

西尔薇毫不因此感到恐慌。安乃德一点消息也不给她,这件事一点儿也不使她担忧。她看透了大姐姐,她知道安乃德会回来的。这样等候着一点也不使她感到沉重。她心中有的是事。首先是她的男朋友——虽然他在她心中只占一个角落,而且时间不会太久。此外还有许多别的事!她很爱安乃德。可是归根一句话,她没有安乃德已经活了将近二十年了!她很可以再等几个星期……姐姐脑袋里在嘀咕些什么,她猜得到。因此她体会到一种好玩的感觉,在这里边,还夹杂着一些残存的敌意,两个敌对的种族,两个阶级。不动声色地,西尔薇在安乃德身上做了她两人生活与处境的比较。她想:"你瞧,反正我也有我那些小小的有利条件。我有你没有的东西……你以为抓住了我,你抓不住……对呀,好吧,好吧,你去噘你的嘴吧,去翘你的臃肿的嘴唇吧!……我没有给你面子……多么了不起的打击,可怜的安乃德!……"

她一边笑着想象中的安乃德脸上的丧气样子,同时吻一下自己的手,随即挥手给安乃德送了一个吻。可是,尽管她想安乃德心里一定很难受,这件事情太令人难堪,不好消受,她却并不因此感到不高兴。好像对付一个瞧着满满一汤匙食物而赌气不吃的小孩一样,西尔薇吹一口气,连哄带嘲地说:"吃呀,胖娃娃!张开嘴来!……吃下去吧!"

这不仅是面子攸关的问题。西尔薇十分明白,是在另一种远不能像体面问题那样公开承认的情感上,她伤害了安乃德。而这个坏家伙反而扬扬得意,因为她觉得这样能控制姐姐,能随意摆布姐姐……"可怜的安乃德!你尽管挣扎吧!……"西尔薇有把握,绝对有把握"抓得

住"姐姐！她带着嘲笑,同时也带着温情,她在心里轻轻地说:"得啦！我不会过分的……'

她不会过分吗？可是为什么不过分呢？过分多好玩！归根到底,生活是一场战争。一切权利属于胜利者！如果战败者同意这样做,那就是他也从中有利可图。

"呸！咱们瞧着办吧！"

* * *

一个星期一的早上,西尔薇有事上街,在赛弗尔路,她看见安乃德在她前面走,和她同一个方向。她好玩地跟在安乃德背后走,为了观察她。安乃德按照她的习惯,迈着大步走。跨着活泼的、轻快的跳舞一般的小步子的西尔薇,暗笑安乃德那种男子式的、运动员式的姿态;可是她赞美这强健身体的端丽匀称。安乃德直着脖子,不向周围看一眼,心中忙着想别的事。西尔薇追上了安乃德,在人行道上,靠近她身边继续走,安乃德却没有发觉。西尔薇模仿她姐姐的走路姿势,用眼角斜视姐姐好像带一点愁容而显得苍白的面颊,并不回过头去,而嘴唇轻轻地动着,低声说:"安乃德……"

在街上的喧杂声中,西尔薇的呼唤不可能被听见,连她自己都几乎听不见。然而安乃德却听到了,也许她意识到有这么个带嘲笑意味的"化身"不声不响地在她身边走,已经有一会儿了？她突然看见在自己身边一个笑嘻嘻的侧容,嘴唇滑稽地动着,可是不说话,含笑的小小的眼睛在斜睨着……于是,她站住,做了一个欣喜若狂的动作,这种动作已经有一次使西尔薇觉得出乎意料,并且被它吸引过。那就是,两条手臂突然伸张,整个人向前一冲。西尔薇心想:"她要跳起来了……"

这仅仅是一刹那的事情。很快地,安乃德控制了自己,接着她几乎冷冷地问:"你好,西尔薇。"

可是她的面颊泛红了，而且，眼看着西尔薇由于她自己的淘气乐得哈哈大笑，安乃德也就不能再硬绷绷的了。她和西尔薇一起笑，“哈！你跟上我啦！”

西尔薇挽起安乃德的手臂，两人互相调整了步伐，亲热地继续向前走。

“你在这儿已经有好一阵子了吗?”安乃德问。

“啊！已经半点钟了！”西尔薇毫不犹豫地肯定。

“真的吗?”安乃德信以为真地喊了起来。

“我在观察你的一举一动，我全都瞧见了，全部。你一边走一边说话。”

“没有的事！没有的事！”安乃德抗议，“啊！你这撒谎的小鬼！”

两人的手臂挽得更紧了。她们开始拉扯各人刚刚购买东西的情况。两人非常快活。两人起劲地谈着“廉价百货公司”的布品展览会[①]，她们有一个已经去看过，另一个正要去看。她们一边谈，一边用巴黎小女子老练的本能，穿行一条热闹的大街，从车辆中间溜过去。正在这当儿，西尔薇在安乃德的耳朵边轻轻地说：“你还没有亲亲我呢！……”

安乃德一个突如其来的动作，几乎使两人都让车轮轧着。到了人行道上，两人一边不停地走，一边嘴唇吻合在一起了……她们现在走到一条比较清静的街上，同时互相挽得更紧些，这条街通向……通向什么地方?

“咱们上哪儿去呀?”

她们站住，发现在闲谈中把路走迷了，觉得很好玩。西尔薇拉着安乃德，说：“一块儿去吃午饭吧。”

安乃德不肯去，说老姑母在家里等她。——意外的事情使安乃德高兴，但也有一些使她为难，因为她是个很有秩序的人。西尔薇不把

---

① “布品”指家用的床单、桌布、手巾等。

这些细节放在眼里,她抓住了安乃德,决不放她走。她让安乃德从一个邮局里打电话给姑母,接着就带她到一家自己熟识的小吃店。西尔薇硬要请那位比她有钱的姐姐(姐姐心里明白她的意思)吃这顿午餐。对这两位姑娘,尤其对于安乃德来说,这顿午餐简直是赏心乐事。安乃德觉得什么都味美无比。面包、炸猪排,都使她神往。最后,还有一道奶油草莓,两人吃得津津有味,舌头轻轻地舔着。

舌头不但忙于吃,更忙于说话。她们谈的却仅仅是一些无关紧要的事,两人用眼光、嗓音和焕发的神采,互相渗透着。本能有它自己的途径,而且是最短最好的途径。在这时,接触到主要题目的时间还没有到。她们二人在围绕主要题目转,兴高采烈地转,有如嗡嗡地飞着的马蜂,围绕一只碟子打十个转儿,这才停在碟子上。——她们可不在碟子上停下来……

西尔薇站起来,说:"现在,该干活去了。"

安乃德摆出一副尴尬的脸孔,好像一个孩子眼看自己的那份餐后小吃突然被人拿走了。她说:"咱们这样待着多带劲儿啊!我还愿意多待会儿呢。"

"我也愿意多待会儿,"西尔薇笑着说,"什么时候再来?"

"见面越快越好,见面的时间越长越好……这一回太匆促了。"

"那么就在今晚吧。你来找我,快到六点的时候,在车间门口等我。"

安乃德慌张地说:"不过,是不是只有咱们俩呢?"

她一想到也许会碰到"那个人",就觉得不安。西尔薇看透了她的心事,就带一点宽恕又有一点嘲笑的口吻说,"对,对,除了咱俩,没有别人。"接着从容地解释,她那男友到外省去了,回家去住两三天。被西尔薇猜透了的安乃德,不觉脸一红。她忘记了自己在昨晚和今晨下的决心:要对西尔薇表示,在道德上,她不能赞同。关于道德问题,她现在只看见一件事:今天晚上,他不在那儿。

"多么幸福呀,整个晚上我们可以在一起了!"

她一边说,一边拍手。西尔薇摇摆着她的一只脚,好像要跳舞似的,扮着高兴的鬼脸说:"皆大欢喜!"突然又改用很大方的神气——因为这时有一位男客进来,她说:"再见,亲爱的。"说完,一溜烟跑掉了。

几小时之后,她们重新见面了。她们在像一群蜜蜂般一哄而出的、嬉笑的人群中间相见,那是一群年轻的女缝工,叽叽喳喳地说着话,东张西望,连跑带走,一边照着带在身边的小镜子,或对着挂在墙角上的大镜子,整理鬓发,她们顺便回过头来,用她们那疲乏的,然而灵活、好奇的目光注视安乃德。连跑带走,东张西望,叽叽喳喳,她们走过去十多步,重新回过头来看正在和安乃德亲吻的西尔薇。于是安乃德觉得有点难过,因为显然西尔薇走漏了风声。

她把妹妹带到布洛涅,她自己家中去吃晚餐。西尔薇毫不客气地跟了她去。为了免得姑母大惊小怪,免得她大叫"哦!""啊!"姐妹二人在路上商量好,对姑母,就说西尔薇是朋友。虽然如此,西尔薇却仍然叫了一声"姑母",略示亲热之意,那时晚餐已结束,西尔薇这个小机灵鬼用和颜悦色取得老姑母的欢心,这时老婆婆站起来,要回房去了。

明朗的夏夜,大花园里只剩下姐妹俩。她们温情地互相挽着腰肢,慢步同行,呼吸着晴天的黄昏里,疲倦的花朵散发出来的香气。和花朵一样,陶人的心灵,也在发散出隐秘。西尔薇回答着安乃德提出的问题,这一回,她回答得比较坦率。她叙述自己的生平,从儿童时代起,首先,是关于她父亲的回忆。姐妹俩现在谈起父亲来已经不觉得窘,也没有互相嫉妒之感。父亲属于她们两人;她们带着宽容的、嘲笑的微笑来判断他,把他看成一个好玩的大孩子,很能吸引人,并不严肃,也不很正经……(所有的男子都是这样!)她们并不责怪他……

"你说呢,安乃德,如果他是正经人,就不会有我……"

安乃德紧紧抓住西尔薇的手。

"哎哟!别使这么大的劲儿!"

西尔薇接着讲起她母亲的鲜花店。那时她还是小孩子,坐在柜台下边,用凋残的花朵,编织她早期的梦想,听她母亲和顾客谈话,那是她的巴黎生活的最初经历。后来,黛尔菲娜去世了(西尔薇那时十三岁),她到一家女裁缝店去做学徒,那女裁缝是她母亲的朋友,把她收留了。后来,过了一年,女东家也死了,干活累死了。(在巴黎,人们很快就筋疲力尽!)她讲了她的种种遭遇,叙述得干脆而简短。辛酸的经历,一概用快活语气来讲述,用逗趣的眼光来看待。在叙述中,她顺便描绘人物的类型和性格,一针见血地突出某一个姿态,某一个特点,一句话或者一副嘴脸。她并没有把所有的事都讲出来,她的生活经历比她讲的要多,也许她不乐意回忆那些事。作为补偿(还有别的事她留着不说),关于她的男友,最近那个男友的事,她多讲了一些。那是一个医科大学的学生,在一次街道舞会上遇到的。(为了去跳舞,她不吃饭都干!)那人不十分漂亮,可是很和气,大个子,黑头发,眼神含笑,眼角有皱纹,鼻孔朝天,长着一只善良的狗儿的鼻子,挺好玩,挺依恋人……她毫不兴奋地描述她的男友,可是口气温和,夸耀他的一些优点,同时稍稍添油加醋,她对自己选择的人显然满意。讲到某些往事,或想到某些她没说出的记忆,她就笑得连话都说不下去。安乃德全神贯注地听,心里慌乱,可是很感兴趣,不说话,间或插一两句,好像不好意思说出口。西尔薇握着安乃德的一只手,用另一只手抚摸安乃德那只手的指头,一个接一个,拨念珠似的,一边说着话。她觉察到姐姐的窘态,她爱这种窘态,并且觉得好玩。

两个人坐在树下的长椅上。黑夜已经到来,她们面对面互相看不见了。利用这情况,西尔薇这小鬼头讲些有点儿轻佻的,可是很温情的场面,故意叫大姐姐窘态毕露。安乃德猜到对方在调皮捣乱,她不知道该微笑,还是该责备,她很想责备几句,但她是这么逗人爱,这个小妹子!她的嗓音是这么充满笑意,她的欢乐好像是这么健康!安乃德几乎停止了呼吸,竭力不透露出她的激动,她听了这些风流故事,激动得不得了。西尔薇,她通过指头接触感觉到对方的激动,就把话停顿一下,对方的激动使她开心,同时她又准备另一个调皮花招。她俯身向着安乃德,轻声地,天真地,问她是不是也有男朋友。安乃德为之一震——她没有防备这一招——弄得满面通红。西尔薇锐利的目光，在起保护作用的黑暗中窥探安乃德的表情，可是什么也看不见，她只好用指头摸摸安乃德的面颊……

“好烫的脸儿。”她笑着说。

安乃德笨拙地笑了，同时脸烧得更厉害。西尔薇搂住她姐姐的脖子。

“我的小傻瓜，笨妞儿，瞧你多么叫人疼！不，你可真绝！别生我的气！我笑死了。我挺爱你。你也爱着点儿你的西尔薇吧！这不是什么了不起的东西。可是，就像这样，她是属于你的呀。安乃德，我的小鸭子！伸过你的嘴唇来，我要亲你！……”

安乃德，感情炽烈地，将西尔薇紧抱在怀里，一直抱到喘不过气来。西尔薇，一边挣脱身子，一边用内行的口吻说：“你挺会抱吻。谁教给你的？”

安乃德用手猛一下子盖住西尔薇的嘴：

“别老开玩笑！”

西尔薇吻安乃德的手心，说：

“对不起，我再也不了。”

于是，面颊靠在姐姐手臂上，她乖乖地待着，不声不响，听着，看着，在一片被树枝隔成若干小块的，黑暗中略带透明的天空下，在半明半暗中，她看见安乃德的脸俯向自己，低声和她说话。

安乃德推心置腹地谈起来了。现在轮到她讲自己寂寞的少年时代，那是幸福而充实的生活，那是这个小小的狩猎女神的清晨。她满腔热情，但并不慌乱，她享受她希望获得的一切，和享受她已有的一切同样方便。两者之间的差别，只不过是今天与明天的差别而已。而她对明日是那样有把握，她在茉莉花架下先闻香气，不忙于采花。

她叙述在那些空闲无事，充满梦幻的浆汁的年月中她的平静、自私的心情。她讲到使她和父亲联在一起的亲密关系，以及使人整个沉浸在里边的温柔气氛。她在叙述自己的时候,却发生了这样的奇事,那就是她在发现自己,因为,到那时为止,她没有机会分析自己的过去。不止一次,她被她自己所讲的事吓住了。她讲到中途,停住了;有时她不知如何表达才好,有时她用慌乱的、形象化的热情表达自己。西尔薇并不是全都听得懂,她觉得好玩,不大注意听,倒更注意观察对方面部、全身和嗓音的表情。

安乃德现在招认,她在发现父亲有一个瞒着她的小家眷时,所感到的嫉妒的痛苦;招认她发现有这么一个对手,一个妹妹存在时所感到的震动。她用了火热的坦率,把以前使她面红耳赤的思想全部透露出来;在回忆过去的热情时,这种热情重新觉醒过来了。她说:“我恨过你!……”说这句话的口气是那么激昂,她自己的声音使她吃惊,话就停住了。西尔薇远没有那样激动,倒是很感兴趣,觉得贴在她面颊上的安乃德的手在颤动,她想:“这里边有的是火啊!”

安乃德继续倾吐她那些难于出口的自白。而西尔薇心想:“瞧,她古怪不古怪,什么都对我讲!”

可是她觉得对这位奇怪的大姐姐的敬意在增长。这种敬意固然是带点讽刺的,但有无限柔情在里边,这使她把脸在那友爱的手掌上抚摸似的擦着……

在她的叙述中,安乃德一直谈到了那不相识的妹妹的吸引力如何吸住她,她要抵抗也不济事,以及她如何和西尔薇第一次见面。可是说到这儿,她的坦白制服不住心中的激动。她试着继续说,话又停住了,只好放弃,不讲下去,她说:“我讲不下去了……”

一阵寂静。西尔薇微笑着。她抬起身来,把自己的面孔靠近姐姐的面孔,接着,一边拧她的下巴,一边轻轻地对姐姐说:“你是个了不起的多情人。”

“我?”安乃德否认,她觉得很不好意思。

西尔薇从长椅旁站了起来,她站在姐姐面前,温柔地把姐姐的脑袋贴在自己身上,说:“可怜的……可怜的安乃德……”

*　　*　　*

从那天起,姐妹俩经常见面。两人再也不能不见一次面而度过一个星期了。西尔薇常常晚上到布洛涅去,给安乃德来个出其不意。安乃德到西尔薇那儿去的次数比较少。在双方默契之下,她们设法使安乃德不和西尔薇的男友碰见。她们约定隔若干天到奶品小吃店去吃一次,并且好玩地互相订约会,有时在巴黎这儿见面,有时在巴黎那头见面。小别重逢,给双方带来的快乐是彼此相同的。这已成为一种需要。在不见面的日子里,双方都觉得度日如年,老姑母无法打破安乃德的沉默。至于西尔薇,脾气阴郁,老跟男朋友闹别扭,使他忍受不下去。等待再一次会面,往往使人觉得时间长得难以忍受,唯一的自慰办法,就是想想下次再见时说些什么。这也不总是能使人满足。安乃德感到最幸福的一次是:一天晚上,西尔薇来揿门铃的时候,已经过了十点钟,她说是急于想和安乃德亲吻,实在等不到第二天了。安乃德恨不得留住她,可是那小妹妹硬说她只能待五分钟,结果叽叽喳喳一口气扯了一个钟头,连气都不喘一口,赶快跑着去了。

安乃德很想叫妹妹享用她自己的住宅,享受她的舒适生活。可是西尔薇有她的倔脾气,把安乃德好意的试探都一把推开。她在脑袋里——她那个固执的小脑袋里——打定主意:她不接受任何金钱上的支援。相反,她可以毫不为难地接受一件化妆品,或者“借用”它(她借去的东西,都忘了归还了)。有那么一两次,她甚至顺手牵羊地把东西拿走……啊!没有什么大不了的东西!……而且,不用说,她绝不会碰一枚钱币的!钱,那是神圣的啊!可是一件小玩意儿,一件不值什么钱的首饰……她就禁不住手了。安乃德也看见了这种顺手牵羊的把戏,她觉得怪窘的。为什么西尔薇不向她要呢?她多么乐意把东西送给西尔薇!她竭力装作看不见。——可是最大的乐趣是两姐妹之间互换一件衬衫、一副乳罩或一件贴身的内衣,安乃德的热情因而如同火上加了油。西尔薇把姐姐的连衣裙改得适合她自己穿,在这门技术上,她是把好手;同时她的趣味多少改变了安乃德更为严肃的趣味。效果并不总是那么理想的。因为安乃德太热心了,有时模仿得太夸张,超过了与她个人的风格相适应的程度;西尔薇觉得怪有意思,不得不设法控制她的热心。她比安乃德机灵得多,她不说,可是知道利用安乃德落落大方的风度对她的启发,比方说话、姿势、态度上的一些细节;何况她的模仿是那样的巧妙,使人们会以为不是她模仿别人,而是别人在模仿她。

尽管她们两人那样亲密,安乃德所能认识到的,却仅仅是妹妹生活的一部分。西尔薇有她的独立性,并且她喜欢让人感觉到这一点。归根到底,她并没有完全解除武装,还保留着她的阶级敌意。她愿意使安乃德明白,只有趁她高兴的时候,人们才能够支配她,才能够摸她的底。再说,由于她的自尊心,她并非没有感觉到姐姐并不完全赞成她的一切,尤其不赞成她的恋爱关系,虽然安乃德竭力使自己接受这件事,可是她不会掩藏由于这件事所引起的不自在。要不她就避而不谈,如果她为了真心讨好西尔薇而不得不谈,在语气之间总有一点说不出来的勉强,西尔薇感觉到这一点,就用一言半语转移了话题。安乃德因此忧郁起来。她衷心愿意西尔薇幸福,按照西尔薇所喜欢的方式享受幸福。而这种幸福安乃德自己并不喜欢,这一点,她不愿意表露出来。可是,想必她还是表露出来了。一个人在情感强烈时,是不会太机灵的。西尔薇不满意安乃德,她用沉默来表示报复。几个星期之后,一个偶然的机遇才使安乃德明白了她妹妹生活里的某些重要事件。

说实话,不可能使西尔薇也认为事情有那么重要,也许在她的富于伸缩性的气质上,这些事情一滑就过去了;也可能她的自尊心使她故意装作若无其事。安乃德,在无意之中,获知这样一个消息:“好些日子以来”(不可能说得很精确,那已经是“古代史”了!……),男朋友已经不在那里,双方的关系已经断绝。西尔薇满不在乎。安乃德倒更在乎些,但这不是什么遗憾。她笨拙地试图知道事情的经过。西尔薇耸耸肩头,先笑了笑,说:“没有什么可讲的。事情已经过去,那就完啦。”

安乃德本该感到快慰,可是她妹妹的话倒使她心里不好受……多么奇特的情感!她多么不像样!……唉,说什么“过去了”……对于爱情问题能这样说!而且还是一边说,一边乐呵呵的!……

可是得到这个重要的消息(对于她,这是重要的消息)不久以后,紧接着又有另一个新发现。有一天,当安乃德表示她打算到西尔薇工作的车间门口去等候,西尔薇从容不迫地说:“不,不,我已经不在那儿了……”

“怎么?”安乃德惊讶地问,“从什么时候起?”

“哦,有一阵子了……”

(计算日子老是用这种含糊的方式!按这样说,指昨天或指去年都行!)

“发生了什么事情?”

“发生了……每年都发生的事情:(就像在《马尔布鲁赫》[1]里所唱的一样:‘到清明或者到三位一体节’)一过了‘大奖金’[2],到了淡季,女掌柜们就刁钻起来,动不动找个借口,把我们撵出去。”

“这么说,你现在在哪儿呢?”

“哦,我哪儿都去。我东颠西跑,什么都干。”

安乃德非常惊诧:“这么说来,你现在没有工作了,你还瞒着我呢!”

西尔薇装作满不在乎,早就习以为常的神气!她漫不经心地解

---

① 《马尔布鲁赫》,法国著名的传统民歌,有人说一七〇九年开始流行,有人说是一七二二年产生的。

② 指巴黎每年一定的时期举行的妇女时装展览评奖会。

释,而且略带优越的神情(这样引起对方激动,她心中反而得意),说她给卖成衣的老板娘草草地缝制一些廉价的服装,给一些小小的女袍沿沿边,缝男人的裤子(她一边讲,一边打哈哈)。可是安乃德一点也没有笑。在紧紧的追问中,她发现她妹妹为了寻找工作,东奔西跑,而且她有时接受累得人精疲力竭或令人反感的工作。现在,她明白了,为什么"一阵子"以来,这小家伙面色显得苍白……为什么她有时好几天不来,还编一些站不住脚的托词,说一些荒谬的谎话,想必是为了半宵半宵地缝她的活计,糟蹋她的眼睛和手指……西尔薇继续用假装满不在乎的讪笑口气,叙述她那些小小的倒霉的遭遇。可是她看见她姐姐的嘴唇气得在颤抖。突然间,安乃德发作了:

"不!"她说,"这太不像话!我不能够,我不能够忍受这些!怎么!你说你爱我,你自己要求我,说咱们两人做朋友,你自以为是我的朋友,可你把与你有关的最严重的事都瞒着我!"

(西尔薇向上翘的嘴唇说了声:"真是,有什么大不了!……"可是安乃德不让对方说下去,她自己的话像山洪泛滥,收不住了。)

"……我本来信任你,我以为你会把你的困难,你的烦恼,统统告诉我,就像我告诉你一样,我以为一切都是两人合成一份儿的……可你把我丢在一边,像一个外人一样;我什么都不知道,什么都不知道!要不是碰巧,我永远不会知道你处境这么困难,你东奔西跑找工作,你糟蹋自己的健康;而且,你什么工作都肯接受,就是不肯对我说,你明知道我的幸福就在于能帮助你。这样不好,不好!你伤了我的心。你这是缺乏真诚,缺乏友谊!……可是我再也不能宽容下去了!……不!……作为开头,你得到这儿来,一直待下去,等到失业的时期过去……

(西尔薇摇摇脑袋。)

"你一定要来,不许说不!你听我讲,西尔薇,我不会原谅你的。如果你对我说不,我从此不跟你再见面了,一辈子不……"

西尔薇,连道歉也不道歉,解释也不解释,一边微笑,一边固执地说:“不,不,亲爱的。”

她对于安乃德的激动,觉得很有趣,安乃德自己控制不住,快要哭出来了,她很想把妹妹打一顿。西尔薇心想:“她激动的时候,好看得多!”

可是她一点也不肯让步。她很满意,能这样对安乃德表示她也有自己的小主意。

气得满脸通红的安乃德,用恳求又兼命令的口气一再说:“留下!……你一定留下……我要你留下……就算说定了?……你留下?……你留下?……回答呀!……你同意了?……”

含着逼人生气的微笑,那个固执的小家伙回答说:“我不同意,亲爱的。”

安乃德走开了,气冲冲地:“这样,什么都完了。”

接着,她转过背来向着西尔薇,走到窗口,好像再也不看西尔薇一眼。那小家伙等了一会,然后站起来,用柔情的声调说:“安乃德,再见。”

安乃德连身也不回。“永别了。”她说。

她的两只手痉挛着。如果她稍动一动,天晓得会发生什么事!她会哭,会喊……她一动也不动地站着,样子傲慢,而且冷冰冰的。西尔薇有一点窘,而且并非一点儿都不着急。不过无论如何,她却感到好玩,一边向外走,一边在门后向安乃德扮了个翘鼻子鬼脸①。

她对于自己了不起的坚决拒绝,并不十分自豪(却也多少有一点儿自豪)。安乃德呢,发了一顿脾气,也觉得没有什么可以自豪的。她慌张地想,现在可是桥断路绝了:本该耐心地、巧妙地说服西尔薇,可现在,虽不是撵走了西尔薇,也差不多。西尔薇再也不会回来,这是一定的。安乃德逼她在两条路中选了一条,等于对她关上了大门。她不准自己重新给西尔薇开门。她既然说了那些话,反正不能再去找西尔

---

① 法国小孩常扮的鬼脸之一,表示嘲笑,其法以一只手的大拇指和小指向上翘,余三指下合,同时将大拇指指尖接触自己的鼻子,小指如矛头一般,指向对方。

薇了！要不然就等于自己承认低头。她的骄傲感不允许她这样做。她的正当权利也不允许,因为西尔薇表现得很不好……不,不,她决不再去……

她戴上帽子,径直到西尔薇那儿去。

西尔薇刚刚回家。在沉思中,她细察一团乱麻似的处境。她觉得这种处境很荒谬,但是她找不到一条出路,因为,屈服于安乃德意志之下,这是她不愿考虑的,可是也不能指望安乃德屈服。归根到底,她觉得小鸭子[①]没有错。可是她自己不愿意让步。西尔薇对于富裕的生活并不是无动于衷,安乃德生活的富裕在无形中已经足够对她产生诱惑,引起她的艳羡。(谁都不能自制,即使这个人并不是——或者几乎不是——嫉妒成性！当你有一个年轻的身体,充满了各种美好的小小欲望,你能不让你自己心里想,说你要是有一笔财产该怎样花用,说你比那些只会吃送到嘴边的现成烤肉似的,伸手接受现成财产的蠢笨家伙,在善于享用财产这一点上,不知道要强多少倍！……)所以她有点儿埋怨安乃德,虽然她不承认。如果这算是安乃德不对,要竭力要求西尔薇饶恕,而西尔薇恰好不愿意原谅安乃德……啊,这一切都是见不得人的念头！每人都在自己身上培养着五六个小妖精,隐藏得好好的。而谁都不会拿这来夸耀,人们装作瞧不见这些,可是谁都不急于抛弃它们……一个比较可以见人的情感是这样的:被别人的财富诱惑的西尔薇,偏要摆阔,装作不屑一顾的样子……可是,说实在的,这种摆阔绰没有多大意思,也没有多大用处。西尔薇对于她的胜利,没有尝到了不起的乐趣,没有,肯定没有;这里边也没有什么值得炫耀的,虽说她打了胜仗,受损失的还是她自己！使这种看法更加令人难堪的是,事实上,西尔薇的处境丝毫没有值得高兴的地方。她千辛万苦,好容易混下去。那时失业的人数十分可观;不用说,那些剥削者利用机会浑水摸鱼。西尔薇这小家伙的健康不十分好。炎热的七月把人烤

① 安乃德的昵称。小鸭子或小母鸭,法语为 Canette,读音与 Annette(安乃德)相近,所以调皮的西尔薇给安乃德取了这样一个昵称。

得喘不过气来,不止一次的熬夜,质量不高的伙食,大口喝下的淡而无味的白水,引起了肠炎带痢疾,使她身体软弱下去。西尔薇在阳光烤得像炉子似的房顶下,百叶窗垂着,脱得半裸,皮肤灼热,一边寻找一件清凉的东西,好把手放在上面,一边想,在布洛涅那所房子里,大概凉快多啦;就像她那样,虽没有别的财富,却十分富于讽刺感,她对于自己干的蠢事觉得很可笑。她干得真漂亮!……再说她和安乃德归根到底,并没有分歧!……现在,两人闹僵了……上帝!我们有多蠢!……这两个人是谁也不肯让步的!……

不用说,实际上她也不会让步的,她将一直蠢到底,她微笑了,翘着苍白的嘴唇,这时她听见走廊上响起安乃德来势汹汹的脚步声。立刻,她听出是谁,她一跃而起:

"安乃德来了!……亲爱的丫头!……"

她没有想到安乃德会来!……没问题,安乃德"最善良!……"

安乃德已经进来了。她跑得满身冒热气,满腔热情,满脸通红,却不知道该怎么办。可是一跨进门,她立刻知道该怎么办了。半明半暗的房间里,空气和炉膛里一样,闷得她喘不过气来。这时一股热情的怒火又冲上心头。她走到西尔薇跟前,西尔薇扑过来搂住她的脖子。她急躁的双手抱住西尔薇汗湿的肩头,西尔薇吻她,她不回吻,用生气的声调说:

"我把你带走……穿上衣服……不许争论!"

西尔薇不愿意改变习惯,还是争论了。她半推半就,听人摆布。安乃德不由分说地给她穿上衣服,给她穿上小皮靴,扣上衬衫扣子,粗鲁地把帽子给她扣在头上,像一个包袱似的将她摆弄一阵。西尔薇不停地说:"不,不,不!"表面上发出表示不高兴的低声喊叫,实际上,她被人这样粗暴对待,反而喜欢得不得了。等安乃德一切办妥之后,西尔薇拿起她的双手,吻它们,在上面留下她细小的牙印,一边满意地笑着,一边说:

"风暴夫人……毫无办法!我屈服……你把我刮走吧!……"

安乃德把她刮走。她强有力的手抓住西尔薇的手臂,好像用钳子钳住一般,两人坐上出租汽车。她们到了以后,西尔薇对安乃德说:

“现在我可以告诉你:我一直就巴不得到这儿来。”

“那么你为什么那样坏呢?”又抱怨又高兴的安乃德这样问。

西尔薇拿起安乃德的一只手,用微曲的食指,在她饱满的小额头上,卜,卜,敲了两下。

“对,这里边有的是调皮捣蛋的主意!”安乃德说。

“和你的额头一样。”西尔薇说,同时指着映在一面镜子中的她们两人固执的额头。两人相视微笑。

“而且,”西尔薇加了一句说,“我们知道这是从谁那儿来的。”

*　　　*　　　*

西尔薇的房间早就在那儿等候着她。甚至在认识西尔薇之前,安乃德已经给未来的女友准备好了这个樊笼。——女友没有来;有这么两三次,安乃德仿佛隐约地瞧见了女友的影子。安乃德相当与众不同的个性,她时冷时热的态度,突然的发作,不可遏止的冲动,在一个性格沉着的人身上,都使人觉得出乎意料,她那种难以形容的古怪、苛刻和她说了算的专断,在她自己毫无意识的情况下,即使在她怀着由衷的愿望,以充满热诚的卑躬屈节来舍己为人的时候,也点燃并且放射着一种火光——这一切使得那些和她年龄差不多的姑娘不愿意接近她,虽然她们无疑尊重她,接受她的一种(也许可以说是)电流般的影响,但是她们都小心翼翼,和她保持着距离。西尔薇是接受友谊之笼的第一人。可以相信她是不慌不忙地接受下来的,而且她哪一天高兴走出笼子,就走出去,决不至于感到为难。她一点也不怕安乃德。对于那间专为她安排的房间,她简直毫不感到意外。从她第一次来做客的时候起,在安乃德用煞费苦心的温情安排的某些细节上,以及从安乃德把房间指给她看时的那种笨拙慌张的神情,她已经猜出这房间是为她准备的。

现在,她既然承认失败——失败对她有利——就不再做丝毫抵抗。肠炎刚刚好,人还虚弱无力,这位正在病后疗养中的年轻人,很幸福地听任她姐姐无微不至地照顾她。请来医生,发现她贫血,劝她换换空气,到高山上去住一段时期。可是姐妹二人谁也不愿意马上离开共同的巢穴,她俩巧舌如簧,哄得医生只好说在布洛涅反正条件也很好,而且先让西尔薇在完全的休息之中恢复元气,再到山上去好好接受清新空气的轻轻鞭策,可能更为得计。

西尔薇得以随心所欲地在床上睡懒觉。对于她来说,这样的事已经很久很久没有发生过了。痛痛快快地睡大觉,多少次被抑制的睡意这一下都满足了,这是何等舒适。可是最舒适的却是躺在床上不入睡,在柔软讲究的被窝里面伸展四肢,全身麻木和幸福到受不了的程度,用脚找寻比较凉爽的角落。同时还不断地做梦!不过这些梦都飞不远,它们团团转,像那个在天花板上打转的苍蝇。梦里甚至连一句话都说不完整。这些乱梦用僵硬笨重的舌头,十次、二十次地来回反复说一个故事,一个计划,一段关于车间的、关于恋爱或者关于帽子的回忆。叙述到半路上,梦魂就头重脚轻,再一次沉入睡眠的水潭里。

“喂,西尔薇,你说呀,你说呀!……(西尔薇在梦中表示抗议)……这叫什么生活……你快醒醒好吗!”

西尔薇睁开半只眼睛,看见姐姐俯身向着她,于是她使劲说话(字眼勉强从嘴里出来):“安乃德!……弄醒我吧!”

安乃德说:“土拨鼠!”一边笑,一边推她。西尔薇好玩地装作小孩子:“啊!小妈妈,我怎么搞的呀,会有这样困?”

安乃德巨大的爱心转变为母性的热情冲动而倾注出来了。她坐在床上,觉得她紧搂在怀中的亲爱脑袋,仿佛是她女儿的脑袋。西尔薇听凭姐姐摆布,同时轻轻地哼哼:“这可叫我怎么办,我以后怎么还能重新工作呢?”

“你以后不工作了。”

“啊！那可不行,真的!”西尔薇倔强地说。

这一下子,她从睡梦中清醒过来了,一边挣脱姐姐的偎抱,抬起上半身,坐在床上,这个头发蓬乱的小家伙,用挑战的眼神盯着安乃德。

“瞧,她还以为别人要勉强留住她！……可是,我的孩子,你走吧!”安乃德笑着说,“去吧,如果你满心想走！谁也不会抓着你不放！……”

“如果是这样,那我就留下!”西尔薇故意闹别扭地说。说完之后,疲惫不堪,她又钻进被窝。

然而这种懒散的生活只持续了几天,等她睡够觉之后,便开始了一个没有法子叫她安静一刻的新时期。她一天到晚溜来溜去,衣衫不整,光着一半身子。穿着她姐姐的拖鞋,对于她那双光着的脚,拖鞋是太宽大了;披姐姐的浴衣,像古罗马长袍似的撩起来塞在腰带上;手臂和小腿都赤裸着,她从这间房串到那一间,什么都瞧瞧,什么都摸摸。“你的”这一概念,在她脑子里似乎并不很明确。(至于“我的”,那是另一个问题!)安乃德对她说过:“你是在自己家里。”她就把这句话当真了。她到处乱翻,什么都拿来试试。她一连几小时地在洗澡间里泡着,没有一个角落她不调查一下。安乃德发现她翻看安乃德的私人文书材料,其实那些东西很快就使她厌烦了。感到十分惊异的姑母,接受了这位衣不蔽膝的姑娘的入侵。她先在各种家具上东找西看,摸摸这个,动动那个,并且对这些物件的主人说些讨人喜欢的话(这位主人激动地注视着对方的行动),然后把一切都乱七八糟地丢在那里不管了,弄得那位老小姐又气恼,又喜欢。

到这时,家里充满没完没了的叽叽喳喳的声音,这是一种没头没尾的闲扯淡,没有结束,也没有结束的理由。这两位朋友,不论在什么地方,不论穿什么服装,有时高高地坐在圈椅的靠手上,手里拿着拢子,一边拢着头发,或者在楼梯中途突然站住,或者早上刚刚擦完身,穿着毛巾浴衣——谈呀,谈呀,谈呀,只要一开头,就可以谈上几个小时,甚至几天之久。她们谈得连睡觉都忘掉了,姑母提出抗议也无效,她咳嗽几声，敲敲天花板，她们俩竭力把语声压低，一边笑得喘不过气来。可是，五分钟以后……得！西尔薇的双簧管[①]式的尖嗓子又吹奏起来了，并且可以听到安乃德快乐的或者生气的惊叹声，她总是那样容易兴奋，她妹妹有这么一种本领，叫她上树她就上树。这一回，天花板上的敲击声整个儿带有怒意了。于是她们俩决定上床睡觉，可是脱衣服还得一阵工夫哩！两间卧室是连着的，门都不关，她们经常越界，穿着衬裙也谈话，脱了裙子也说话。幸亏年轻人瞌睡时立刻就睡着，因而结束了她们的饶舌，否则两人会在各自的床上，来个通宵对话。睡眠猛一下子落到她们身上，好像鹞鹰扑小鸡。她俩都倒在枕上，张着嘴，一句话说了一半就睡着了。安乃德像一块板似的睡得很死，她的睡眠沉重，十有九次是骚动不宁，满天雷电，而且不断做梦。她把被单乱拱一气，一面睡一面说话，可是不醒。西尔薇，睡得不大着实，轻轻地小声打呼噜(如果你告诉她打呼，她也许摆出自尊心受伤的面孔)，醒过来，听见她姐姐在说梦话，觉得好玩。有时，她起来，走到对面那张床边，安乃德四肢无力地躺在那张床上，屈着的双膝把被单支得像山一样。借床头守夜的灯光(因为安乃德不点灯是睡不着的)，西尔薇好奇地俯身窥视沉浸在梦幻之海中的那位女瞌睡虫的面孔。这面孔显得那么厚实和笨重，可是出奇地充满热情，有时给人以悲剧之感。她简直认不出这就是安乃德……

“这，就是我姐姐？安乃德？……”

她真想把她叫醒，把两条臂膀围着对方的脖子，喊：

“狼，你在那里吗？……”

“狼”在那里，这是她完全有把握的，所以不敢尝试。比起她那位带点危险性的姐姐来，西尔薇没有那么纯洁，可是更正常些，她虽会玩火，却不至于烧伤自己。

她们两人互相仔细端详，一边穿衣或脱衣，互相好奇地比较。安

① 双簧管，乐器，略似唢呐。

乃德有时不近情理地过分害臊,使西尔薇觉得好玩。西尔薇比较更自由、更开朗些。安乃德时常显得冷淡,几乎可以说含有敌意;她有时脾气暴躁,有时无缘无故地落泪。她过去引以自豪的那种里昂式的美好精神平衡,似乎颇成问题了。而最为严重的是她并不因此感到可惜。

私房话,现在扯得可远了。要将那些话全部写出来,不是那么容易的。两个姑娘相爱相亲,自然而然会在谈话中说出些若无其事的放荡话;在她们嘴边,这些话还保留着一半天真,如果让别人一传,那就一点儿也不天真了。在这些话中,可以看出那两人天性的不同:一个是嬉皮笑脸,没有恶意的稚气,毫不费力地置道德于不顾;另一个是富于热情,令人不安、严肃中充满电流。两人之间发生了一些摩擦:西尔薇谈到爱情问题时那种贪馋的轻佻,和故意毫无拘束的笑乐,使安乃德生气。她在心里虽然很大胆,在言语上却很有分寸,几乎可以说,她怕听见自己的思想。她过分地把自己锁闭在不近情理的沉默中,连她自己都不太理解为什么这样。西尔薇反而比她更理解。两星期的共同生活,她比安乃德自己更了解安乃德了。

然而那并不是西尔薇的聪明才智比一个可爱的巴黎平民姑娘水平高出一头。除了一种很正确、很老练的实际生活的意识之外,本不应当在她的生活范围之外,对她还有太多的要求,而对于实际生活意识,她并不充分利用,因为十有九次她宁愿任性行事。没有疑问,一切全使她觉得好玩,但没有什么东西使她真感兴趣,除了时装,而时装是没有什么“底”的。有关艺术的一切:绘画、音乐、文学,她一点都不超过老老实实的中等程度;有时甚至还够不上中等。她的趣味时常使安乃德觉得难堪。西尔薇发觉了,说:“得!我又出岔子了……那好,你告诉我,在上流社会里时兴什么衣服!……”(她谈论一幅绘画就像人们谈论帽子一样。)

“……人们应当赞美什么?只要让我知道一下,我会跟别人对付得一样好。”

可是,她并不是每次都那么好说话,她死咬住不放地赞赏一个通俗小说中的人物,或一部平淡乏味的传奇,她以为在那里找到了艺术上和情感上的最高表现。不过她逼得她姐姐不得不承认一种新的艺术种类的价值,那就是电影,她不管三七二十一,把电影爱得不得了,而安乃德直到那时为止,坚持不承认电影的价值,虽然她并没有看过电影。

有时也有这样的情况:西尔薇虽然不会欣赏一本两人共同阅读的书美在什么地方,却比安乃德更理解某些篇页写得有力,而安乃德反而被书里边奇特的事实弄得茫然了。因为西尔薇比她姐姐更认识生活。生活,这是一切书籍中第一本重要的书。谁要是不念这本生活之书,随他便。反正每人身上都有这么一本书,从头一行到最后一行,写得清清楚楚。可是,你要想念懂这本书,必须由一个严厉的老师——生活——的考验,来教你书中所用的语言。西尔薇老早就学习过这种课程,她念得满流利。安乃德开始得晚。这种课程进入人的头脑愈慢,就愈深入。

*　　　*　　　*

这年夏天异常炎热。一到八月中旬,花园里葱郁的树林已经枯焦了。在炎热如焚的夜晚,西尔薇伸着嘴,想吸一口吹过来的新鲜空气。她健康已经恢复,但脸色仍然苍白,而且胃口不大开。她一向胃口小,如果随她便,那么有些天晚餐,她只要吃一个冰淇淋和几个水果就够了。但是安乃德在监视……安乃德在责备,够她忙的。——她终于决定到山上去旅行。这趟旅行,她已经一星期一星期地推迟了又推迟,她心中暗盼最好能够免此一行。她恨不得整个夏天都把她妹妹留在她一个人身边。

她们到格里松山区的一个消夏场所,安乃德曾经去那里住过一次,还记得在老旧瑞士恬静的、牧歌式的环境中的一家简朴的好旅店。没想到几年以来,一切都改变了。那家旅店变成了一大群旅店,成了神气十足的大饭店聚集在一起的小城,草地被几条行驶汽车的大路贯穿;树林深处,人们听到电车轧轧的闹声。安乃德简直想逃跑。可是,在一天一宵闷热的旅行之后,她们很疲惫,不知去哪儿好,只想躺下,一动都不动。已经到了这地方,虽说一切都变了样,至少空气还保持着水晶般的纯洁。西尔薇用舌头舔这空气,就好像在巴黎,在大街的嘈杂声中,站在冰淇淋小贩的车子跟前,吮吸玻璃杯中的冰淇淋一样。于是她们商量好先住几天,等炎热的天气稍凉一点再做别的打算。一住下,却渐渐习惯了。觉得这地方自有它吸引人之处。

那时节游客正盛。一场网球比赛吸引了三四个国家的活跃青年。有几场舞会,几场小型的演出。游客像一群蜜蜂般嗡嗡乱飞,终日闲逛,男女调笑,招摇过市。安乃德本来不理会这一切,可是西尔薇玩得很痛快,而她表现出的乐趣,感染了她姐姐。两个人都兴致很好,她们没有任何理由赌气不理睬正适合于她们这种年龄的娱乐活动。

她们两人各有各的风韵,都年轻、快乐、吸引人,不久她们就成为许多人包围的中心。安乃德姿容焕发。在室外生活和体育活动中,她恰好发挥出自己的优点。体格强壮,身材健美,喜欢步行和蹦跳活跃的游戏,安乃德在网球场上是一个出色的对手,她眼力准确,弹跳灵活,腕力敏捷,回击起来像闪电一般。平常不喜欢多动作的安乃德,到了必要的时刻,却有令人羡慕的锐气,迅雷般的弹力。西尔薇看她姐姐蹦跳,大为赞赏,一边鼓掌,一边替姐姐感到骄傲。她佩服姐姐,尤其因为觉得自己无法模仿她。这个苗条的巴黎姑娘不适宜于任何运动,她对这些运动的吸引力也不大能理解。要搞这些,那就得做分量过大的动作!她觉得待在旁边瞧热闹更为舒适,尤其是更显得谨慎些。她并没有白糟蹋她自己的时间……

她组成一个小小的朝廷,自己坐上了宝座,好像她一辈子干惯了这一套似的。这个机灵鬼善于观察交际界的年轻妇女,模仿她们体面的、引人注目的和容易模仿的一切。她表面上似乎毫不在意,怪可爱地心不在焉,实际上她经常耳听四面,眼观八方,什么也不放过。可是她最好的模特儿，仍然是安乃德。通过她十拿九稳的本能，她不但善于在许许多多细节上抄袭安乃德，而且做些轻微的修改，使青出于蓝而胜于蓝。在某些情况下，甚至采取和模特儿相反的方式——哦！只有一点点相反，为的是显出抄袭得并不死板，而这正是锦上添花的一种手法。她表现得更聪明的是，永不超出自己觉得能有把握的范围。在范围里边，她在方式、姿态和格调方面，都是完美的。这是一种美妙的雅致大方，而且稍带一点放肆，就显得更为出色。用可爱的煞有介事的态度，西尔薇向她的小朝廷里的人，大讲她头天晚上刚刚从安乃德那儿贩来的知识，安乃德听了忍不住笑起来。西尔薇向安乃德调皮地眨一眨眼。当然不应当让西尔薇把话扯得太远，要不然，尽管她很机智，记忆力又好，也难免不露马脚。可是她不会处于被动的，她很注意自己的界限。再说，她很会选择对手。

她的对手多半是一些外国的年轻运动员：一些盎格鲁－撒克逊人和罗马尼亚人，他们对于运动方面的缺点很敏感，对于语言上的毛病却不那么敏感。在妇女的小圈子中最受欢迎的是一个意大利人。这人的姓是伦巴第[①]一个古老家族的响亮的姓（这家族虽然已经在好几个世纪以前绝灭了，而姓氏是永不会消灭的）。他代表意大利半岛上时髦青年中很流行的一种典型，与其说这是一个种族的典型，不如说是一个时代的典型。在这种典型上，人们看到五大马路的美国人，和十五世纪的意大利雇佣兵队长奇特地结合在一起。有时这种结合形成相当大的气派（歌剧舞台上的气派）。漂亮小伙子，高大、挺拔、身材匀称，圆圆的脑壳，刮得光光的脸，头发乌黑，两眼晶亮，一只傲慢的大鼻子，鼻孔略带蓝色，笨重的下颌，这个名叫杜里欧的青年，走起路来，腰肢灵活，挺胸凹肚。他的举止神态，是高傲、低声下气的礼貌和粗鲁的混合。一个具有不可抗拒的魅力的男子。他略一俯身，就可拾到女人们的心。他可不肯俯身，他等着女人们把心送来放在他的手中。

① 伦巴第，意大利北部地区，以米兰为首府。

也许正因为这个理由,安乃德不愿意把她的心献给他;他首先看中的却是安乃德。他是网球冠军,他欣赏那位健壮的姑娘身上的许多优点。和她交谈之后,他发现在另一些关于运动的话题上,比如骑马、划船,两人也兴味相投。安乃德用她的向不吝惜的热情搞过这些玩意儿。杜里欧的大鼻子,嗅到了这位处女身上过分充沛的精力,于是他对她产生了欲望。安乃德觉察到这种念头,又气恼,又感到被吸引。在灿烂的炎阳照耀下,在这群一味追求欢乐的青年人之间,在强烈的运动刺激中,安乃德的生理机能,多年来受半修道院式生活压抑,这时苏醒过来了。和西尔薇相处的最后几个星期,西尔薇放浪的谈吐,以及使她饱尝了的过分的温柔,都在她的本性之中引起了混乱,而她对于这种本性的宽广程度,还认识得很不够,很不清楚。面对官能的攻击,安乃德这所宅第没有很好的防御。她第一次感到性欲的烧灼。她觉得可耻,而且生气,好像被人打了一记耳光似的,但这并不是一个能使欲望消除的理由。她并不躲闪,而是用冷冷的傲岸态度和颤动的心,去招架对方的示意。他呢,一直以周到的殷勤包藏着他贪婪的馋欲,这种欲望的威慑力量却在闪闪地发光。他眼看对方已懂得他的意思,而且正在和他对抗,他就更加迷恋她了。这是另一场球赛,另有一番激动人心之处!双方互相狠狠地挑战,猛烈地打了若干回合,而表面上却不露声色。每当他用雄赳赳的礼貌,俯身去吻她的手的时候,每当她用高傲的风度,向他微笑的时候,她在他的眼色中读到这句话:“我一定把你弄到手。”

于是她紧闭着的嘴唇回答说:“决不!”

西尔薇用她野猫一般的锐利眼光,一直在注视这场决斗,她一边看得好玩,同时也产生了插一手的念头。怎么插一手?说真的,她心中完全无数……对呀,为着寻开心,为着做安乃德的助手,当然啰,那还用说!这小伙子模样儿不差,安乃德也挺是样儿。强烈的情感,总是使她显得美丽得多!这种灼人的高傲态度,准备角斗的小公牛似的这股冲劲,那种一阵泛红、一阵发白的心潮,西尔薇好像看见这种心潮像打冷战般一阵一阵冲刷着安乃德的身子……这一切使那个男子更弄假成真了……

“小伙子,这是毫无办法的,要是她不愿意,你决到不了手,不成,不成!……可是,她到底是愿意,还是不愿意呢?赶快决定吧,安乃德!他已上钩了。把他解决掉吧!……傻丫头!她不知道……得,让我们来帮她一手……”

借着夸奖安乃德,西尔薇和那男的开始认识了。两人都佩服安乃德。那意大利人是彻头彻尾被征服了。兴高采烈、眼光晶亮的西尔薇,从旁附和他的看法。在夸耀她姐姐这一点上,她显得十分灵巧。可是,用自己的一切媚人功夫将自己武装起来,在这方面,她的灵巧程度也一点不差。而且,媚人的法宝一经使用出来,就再也收不住了。她白白地对它们说:

“现在,老实点儿吧,够啦,你太过分啦……”

……它们一点也不听她了,只好随它们去施展吧……这是多么好玩!当然,那个傻瓜立刻着起火来了。男人们是多么愚蠢啊!他以为,你对他表示好感,是因为你看上了他那双漂亮的眼睛……话说回来,他那双眼睛也确实是漂亮……这下子,鱼儿夹在两只钓钩之间,看它怎么办?它会不会有一口吞下两个钩子的大胆想法?它会做出什么样的决定?“喂,老朋友,选择呀!”

西尔薇决不设法使对方容易选择些,决不在安乃德面前敛迹。安乃德呢,也不让步。从那刻起,她本能地加紧努力,为的是要盖过西尔薇。姐妹俩相亲相爱,西尔薇听别人称赞安乃德,她替安乃德感到骄傲,安乃德也一样,西尔薇给人好印象,她也觉得光彩。她俩互相商量。两人互相关心对方在打扮上的一些细节,通过一套很有把握的学问,她们善于利用两人间的对比,使双方相得益彰。在旅馆里的晚会上,姐妹二人吸引所有的视线。可是,这种集中在她们身上的眼光,在她们两人之间引起了对立,虽然她们对此感到恼火。她们想不让自己那样,也办不到。当她们跳舞的时候,她们每人都不由自主地要去估量另一个人受欢迎到什么程度,尤其是受那个人欢迎到什么程度。她们的确非常关心那个人,即使她们并不愿意如此……自从他不知她们之中哪一个更关心他,她们对他的关心大大地增加了。当安乃德看见杜里欧向她妹妹献殷勤的时候,她开始感到隐隐约约的痛苦。两人跳舞都跳得很好,各人却有自己的特色。安乃德不遗余力地要树立她的优越地位,而且在内行人眼中,她无疑跳得更好。可是西尔薇跳得更随人意,虽然不那么正规;而且等她一明白了安乃德的意图,她立刻变得不可抗拒了。杜里欧确实是抵挡不住了。安乃德痛苦地发现自己被冷落了。杜里欧和西尔薇接连跳了几次舞以后,两人趁着美丽的夏夜,有说有笑地出去了。安乃德再也克制不住自己,她也非得离开客厅不可。她不敢跟在他们后面,一同走到花园里去,却从通到花园去的玻璃走廊上,东张西望地找他们。她终于发现他们了。在甬道上,她看见他们头挨着头,一边走,一边相互亲吻。

这件事使她心中难受,但比起紧接着发生的又一件事来,简直算不了什么。——当她上楼回到房间里,不开灯,在黑暗中坐着,安乃德看见西尔薇很兴奋地回来。一看见她独自一人待在黑屋子里,西尔薇大惊小怪地喊起来,抚摸她的手,轻轻地吻她的面颊,跟平常一样,向她表示一千零一种温存姿态。等到安乃德以突然头痛为托词,说明她不得不回房以后,她问她妹妹,晚会接着怎样进行的,问她是不是和杜里欧一起散了步,西尔薇天真烂漫地回答说她没有去散步,说她不知道杜里欧干什么去了,而且,她说,杜里欧开始使她觉得腻烦,再说她并不喜欢那些长得太英俊的男人,再说杜里欧挺自以为了不起,再说他有点儿太黑了……说到这儿,西尔薇去睡觉了,一边哼着圆舞曲。

安乃德睡不着。西尔薇睡得很香。她没有想到她刚刚引起了一场风暴……安乃德被一群放出来的魔鬼缠住了。刚刚发生的事是一场灾祸,双重的灾祸。西尔薇是她的情敌,而且西尔薇对她撒谎。西尔薇,她最亲爱的人!西尔薇,她的快乐,她的信念!……一切都垮了。她不能再爱她了……不再爱她?她能够,能够不再爱她吗?……

啊，这种爱是多么根深蒂固，比她所能设想的还要根深蒂固！……可是，能不能爱你所鄙视的人呢？……啊，西尔薇的背信弃义，这还算不了什么！……还有别的事哩……“还有……还有……嘿，快说，还有什么！”是的，还有那个男的，安乃德瞧不起的那个男的——而现在，她爱上了他——爱他？不！——她要得到他。一种含妒的骄傲，发烧似的逼着她去占有那个男人，逼她从对方手里抢过来，尤其是逼她不让对方从她自己手里把这个男人抢走……（“对方”，在安乃德眼中，西尔薇已经成了“对方”！……）

这一夜，她连一小时都没有休息。她床上的被单烫她的皮肤。——而邻近的一张床，却发出一种不做亏心事的睡眠者的轻轻鼾声。

第二天早上，当她们两人重新面对面的时候，西尔薇头一眼就看出一切都变了，可是她不明白发生了什么事。安乃德，眼睛周围都起了黑圈，脸色苍白，表情严峻、高傲，可是出奇地比平常美丽——更美和更丑，好像在某一种号召之下，全部秘密的力量都突然发挥出来了——安乃德，披上骄傲的盔甲，冷冷地，含敌意地，沉默寡言，看着、听着西尔薇和平时一样说她的疯头疯脑的话，略略招呼了一下，走出房间……饶舌的西尔薇说到一句话的中间，停顿了下来。她也跟着出了房间，眼看着安乃德走下楼梯……

她明白了。安乃德看见了坐在大厅里的杜里欧，于是她横穿大厅，径直向杜里欧走去。他也察觉情况起了变化。安乃德坐在他身旁，他们两人找一些极平淡的话题来扯。她脖子挺得笔直，用不屑的神气，眼睛瞪着前面，故意不注视他。可是他毫不怀疑，她所注意的正是他。在微带蓝色的眼皮之下，这个好像躲避太强的光线而隐蔽起来的眼光，说了话：“你愿意要我吗？”

而他呢，正在自鸣得意地讲一个无聊的故事，一边赏玩他的指甲，他像一只大野猫似的，用眼光从侧面窥视那个胸脯鼓起的身体，并且问道：“你原来也愿意吗？”

“我要你要我。”这就是回答。

西尔薇毫不犹豫,绕着大厅走了一圈,她走到安乃德和杜里欧跟前,端过一把椅子来,坐在这两个人中间。安乃德的怒意从一个眼色里表露出来——仅仅是一个眼色,但已经足够了。西尔薇从这个眼色里,接受到了鄙视,好像从一把逼近她的枪口中,向她射来一粒子弹。她眨眨眼睛,装作没有看见。可是她好似一只身上通了电流的猫,全身的毛都竖起来了;她微微一笑,准备好要咬人了。一场三角决斗,软绵绵地,开始了。安乃德,好像不知道西尔薇也在这儿似的,不管她说什么,越过西尔薇的脑袋,直接向觉得有点儿窘的杜里欧说话。或者在不得不听西尔薇说话的情况下——因为西尔薇那张嘴会说得很——安乃德用一个微笑,或用嘲笑的字眼,来指出西尔薇语言中仍不免夹杂着的那些细微语病(因为,尽管那个小长舌妇很能干,她仍不能把那些杂草从她的花园里完全清除)。气得要命的西尔薇,目中已经没有姐姐,只有情敌了,她心想:“叫你也尝尝我的厉害,你等着吧。”

于是,她把嘴一翘,露出牙齿来,“以牙还牙,以眼还眼……不,两只眼睛对付一只……”,她投入了战斗。啊!不谨慎的安乃德!西尔薇不像她那样,由于矜持,反倒拘束了自己,只要能成功,西尔薇是不择手段的。以骄傲作为甲胄的安乃德,如果她让杜里欧窥见她的欲望的一点影子,就会自以为降低了身份。西尔薇却不为这样的顾虑伤脑筋,她要来演一套最适合奉承那位先生的把戏……

“你喜欢的是什么?你喜欢那种高雅的满不在乎的神气呢,还是喜欢别人赞美你?……”

她了解男人:虚荣的动物。杜里欧最爱别人给他戴高帽子。她就大量地用高帽子伺候他。这狡黠的姑娘,以从容而天真的放肆,列举了那位大饭店里的年轻格达梅拉达[①]的完美之处:他的仪表,他的才智和他的服装。主要是服装,因为,正如她所想的那样,对方最在乎服

① 格达梅拉达,十五世纪意大利雇佣军官,曾在威尼斯立战功,被时人誉为英雄。此处指杜里欧。

装。固然，任何夸奖他都乐意听。可是，你说他长得英俊，这他早就知道了；至于他有才智，他的姓氏对他来说已经是这方面的可靠保证。可是他的服装倒是他的个人作品；而且对于一个内行的巴黎女子的好评，他是很敏感的。用她的识货的眼光——这眼光在暗笑对方那些相当触目的幼稚趣味——西尔薇把杜里欧从头到脚赞美了一番。安乃德又气又臊，脸都红了。她觉得她妹妹的鬼把戏太粗鲁了，以至她心里产生疑问：

“他能受得了吗？”

他完全受得了：杜里欧简直像在喝奶汁一样痛快。当西尔薇一档一档地往下说，从橙黄的领带，说到紫丁香色的腰带，到绿里带金的鞋子，她停顿了一下：她想到一个主意！一边赞美着杜里欧的双脚长得秀气——（他很以此自豪）——她一边露出自己的两只脚来，她的脚长得很漂亮。用淘气的爱娇，她把自己的脚靠近杜里欧的脚，比较一下，同时把她的小腿一直裸露到膝盖。接着，她转身朝向傲慢地仰躺在摇椅上的安乃德，用甜蜜的笑脸说：

“亲爱的！把你的脚也拿出来瞧瞧！”

于是，用一个迅疾的手势，她把安乃德的脚完全掀露出来，连臃肿的踝骨和略显粗笨的腿。仅仅两秒钟。安乃德一把推开那只促狭的小爪子，它满意地缩了回去。杜里欧全瞧见了……

西尔薇还不想到此止步。整个上午，她挖空心思做各种比较，表面上装作不是故意的，而在这些比较中，占优势的总不是安乃德。在提到一条领子、一件衬衫或一块披巾时，西尔薇假装向杜里欧高明的鉴赏力请教，故意设法使杜里欧注意到她自己最不难看和安乃德最不出色的地方。安乃德气得发颤，装着听不见，竭力按捺住自己，才不至于去掐死西尔薇。西尔薇，一直是那么迷人，在耍完一套促狭的小把戏，等着耍第二套的时候，手指撮合在自己嘴唇上，向安乃德飞一个吻。可是，从两姐妹的眼睛里，常常各自射出一道闪光，互相交锋，仿佛说：

(安乃德)“我鄙视你。”

(西尔薇)“可能。不过,人家爱的是我呀!”

“不!不!”(安乃德喊)

“是我!是我!”(西尔薇回答)

她们交换挑战的一瞥。

安乃德没有力量用微笑把像一条躲在花丛里的小蛇似的敌意掩盖得很久。如果她再不走开,她就要高声喊出她的敌意来了。突然,她让西尔薇一个人去活动,昂着头走开了,同时向西尔薇投射了最后的挑衅眼光。西尔薇用讽刺的眼色回答说:

“谁活得长,谁就笑在后头。”

* * *

从第二天起,一连若干天,在旁观的人们好玩地注视之下,战斗继续进行,因为旅馆里所有的人都发觉了这件事。无数双闲着没事干的眼睛,调皮地在窥视;有些人打起赌来了。两个情敌忙于钩心斗角,哪儿还有工夫去注意旁人的把戏。

实情是,对于她们两人,这已经不是一场游戏。西尔薇和安乃德都真刀真枪地干起来了。有一个恶鬼使她们心神不宁,刺激她们的官能感觉。杜里欧,对于这样的好运气感到扬扬得意,毫不费劲地在一旁煽风点火。他的确长得很俊秀,也不缺少小聪明,他被他自己亲手点燃起来的欲望所焚烧:他是值得抢到手的。谁都没有他自己更明白这一点。

这一对姐妹情敌,每天晚上在她们房间里碰头。她们互相怀恨,可是她们装作不知道有这回事。如果她们互相说穿,每天夜里还怎么能床对床睡觉呢?那就得公开地吵翻,而这是她们应当避免的。她们做了安排,两人不在同一个时间进出,互相不说话,装作你瞧不见我,我瞧不见你。或者冷冷地、若无其事地说声“早上好”“晚上好”,因为完全不说话毕竟是办不到的。按最正直、最合情理的办法,本来应当互相解释一下,可是两人都不愿意这样干。她们也不能这样干。当一个女人身上热情泛滥的时候,那就谈不上什么正直;至于正常情理,更说不上了。

在安乃德身上,热情已经成为一种毒素。有一天晚上,杜里欧在楼道拐弯的地方,利用他的权力,在那个骄傲姑娘的嘴唇上粗暴地吻了一下——她并没有抗拒,在她身上引起了一股官能感觉的热血奔流。她以屈辱和愤怒的心情,和这股洪流做斗争。可是正由于这样的洪流还是头一次侵袭她,她还不善于招架。保卫得太严密的心真倒霉!情欲闯进来之后,最贞洁的心,最容易束手就缚……

有一夜,安乃德被失眠折磨,遍身像发烧一样,后来渐渐入睡,一边自以为还醒着。她看见自己躺在床上,张着眼睛,可是她动弹不得,她的四肢被捆住了。她知道西尔薇在旁边假装睡觉,而杜里欧快要来了。她已经听见走廊里地板咯咯地响,和小心翼翼地走过来的轻轻脚步声。她看见西尔薇从枕头上抬起身子,两条腿伸到床单外面,起床,轻轻地溜向半开着的房门。安乃德也想起床;可是她起不来。西尔薇好像听见了,她转过身,回到床边,瞧着安乃德,俯身向着安乃德,为了瞧得更仔细些。她一点也没有西尔薇的模样,她不像西尔薇,一点也不,然而她是西尔薇。她一脸不怀好意的笑容,露着两粒犬齿;她有长长的黑头发,没有发卷的、直而硬的头发,她一俯身,头发便垂到安乃德脸上,插入她的眼睛和嘴。安乃德的舌头感觉到粗硬的毛发味道和它们焦热的气息。敌手的面孔靠近了,靠得更近了。西尔薇揭开被单,钻入被窝。安乃德觉得一只硬硬的膝盖,顶在她的腰部。她气都喘不过来了。西尔薇有一把刀子,冰凉的刀锋擦过安乃德的咽喉,安乃德拼命挣扎、叫喊……——她发现自己在安静的房间里,坐在床上,被单乱七八糟。西尔薇宁静地在睡觉。安乃德抑制着心的狂跳,倾听她妹妹令人放心的呼吸。仇恨和憎恶还在使她战栗……

她恨……恨谁呢?她爱的又是谁呢?她评判杜里欧,她并不尊重他,她怕他,她对他没一点点、一点点信任之处。可是,为了在两星期前她连认识都不认识的这个男子,对于她来说无足重轻的男子,她却准备仇恨一个女人,那女的就是她的妹妹,她最爱的人,她现在仍然爱着的人……(不!……是的!……她始终爱她……)为了那个男子,她可以立刻牺牲她的全部生命……可是,怎么……可是这怎么可能呢!……

她非常害怕,可是她不能不看到疯狂的万能。在某些时刻,由于正常情理的灵光一闪,由于讽刺的意识跳动了一下,或由于她过去对西尔薇的温情像浪头似的回涨了一下,使安乃德的脑袋漂到水面上来。但是,只要含妒的一瞥,或者看到杜里欧和西尔薇窃窃私语,就足以使安乃德重新沉入水中……

很明显,她正在吃败仗。正因为这样,她的激情转变为愤怒。她是笨拙的,安乃德不会掩藏她受了伤的自尊心。杜里欧本来可以同意像一个善心的王子似的,不在她们两姐妹之间选择一个;而他却将他的定情手帕同时抛给姐妹二人。西尔薇,手脚灵便,将手帕拾了起来,她毫不客气,她保留着以后再使杜里欧按她的方式跳舞的机会。她看见这个唐璜[①]在安乃德的葡萄架上,偷偷摘葡萄似的亲了几个吻,这并不使她心慌意乱。如果她不乐意,也不一定要表露出来。谁都可以掩饰……安乃德却不会这样做。她不允许和别人平分秋色;而她太容易让人看出,杜里欧脚踏两条船的把戏,使她多么反感。

杜里欧开始对她冷淡。这种充满热情的严肃态度使他不自在,使他“腻烦”(跟许多外国人一样,他认为这个词儿是非常巴黎腔的)。在爱情上,有一点儿严肃是好的。可是不要太过分,不然爱情就成了

① 唐璜,十六世纪西班牙贵族,后来成为传说中的人物,惯于玩弄妇女的美男子。许多文学作品都以此为题。例如莫里哀写过题名《唐璜》的喜剧,拜伦用同一题目写过自传体长诗。

一种苦差事，而不再是一种乐趣了。杜里欧心目中的爱情就像一个primadonna①，她唱完了一大段歌子以后，伸张着双臂，回到台上来谢幕。然而安乃德的爱情好像不知道有观众存在。她只是为她自己演剧。她演得不高明……

她太真实了，过于真实地充满了激情，因而无暇想到把自己修饰得美好些，她那些痛苦、焦虑的痕迹和日常的一些缺点，都无暇加以修整。一个小心在意的女人，对这一切，每天总不止一次地要设法拂拭干净或描淡。安乃德现在显不出任何优越之处，她愈觉得自己失败，就愈变得丑了。

得意扬扬的西尔薇，已经有胜利的把握，她冷眼瞧那不知如何是好的安乃德，带着满足的嘲笑，而且洒上一点点儿恶意——归根到底，还带着一点点怜悯………

"怎么啦，你满足了吧？……你要的不就是这些吗？……瞧你这副神气！……一条挨了打的可怜的狗……"

于是西尔薇很想跑过去抱吻安乃德。可是当她走近去，安乃德对她表示这样的敌意，以致西尔薇一气就转过身来，嘟囔着说：

"你不愿意吗，丫头？……随你便！你自己想办法吧！……我是好人！……人人只顾自己，别人的事，呸，谁也不管！……说到最后，如果她痛苦，这个傻瓜，那也是她自作自受，谁叫她老是那么可笑地一本正经？"

（大家都这样认为。）

安乃德终于退出战斗。西尔薇和杜里欧组织一个化装表演晚会，在会上，她将显示出她所有的魅力，而且还要外加别的……（她是巴黎的一个小魔法师，她会用一小块纺织品，使自己幻变一系列的"化身"，全都比原形更悦目，可是这些补充了原形的"化身"，使原形更为迷人，因为每一个"化身"中都包含着原形）……如果安乃德想在这方面和

① 意大利文：首席女歌唱演员。

西尔薇斗法,必遭惨败。她心中再明白不过,她未战先败;真要是惨败,以后她怎么办呢?她要求不参加联欢,推说身体不舒服:她难看的气色,已经是足够有力的托词。杜里欧并没有十分坚持。她刚一拒绝,立刻觉得这样全部退出斗争更为痛苦。即使没有希望,斗争仍然是个希望。现在,她不得不让杜里欧和西尔薇两人单独在一起,待上好半天。为着故意要碍他们的事,她勉强自己去看每一次排演。她并不妨碍他们。她反而使他们兴奋——尤其是那个厚脸皮的女人,她叫人一连十次地重复排演那幕拜伦式的海盗劫走昏过去的宫女的场面,海盗两眼含着阴森的怒火,咬牙切齿,咄咄逼人,矫捷轻灵,像一只豹子似的,准备蹦跳。他演这个角色,好像要把整个旅馆都杀光烧光一般。至于西尔薇,好像天堂上揪先知胡须的千千万万个乌丽[1],反而都没有她乖巧。

正式演出的那天晚上到了,安乃德躲在大厅最后一排,幸亏在热闹中人们顾不上注意她。她没有看到终场就出来了,心里难受到极点。她的脑袋像火一样烫,嘴里发苦。她反复思索使她苦恼的事,遭到冷落的爱情使她痛彻衷肠。

她到旅馆周围的草地上去。可是她不能走远,她一直围绕着这所灯火辉煌的大厅转。太阳已经下山,天开始昏黑。一种兽类的本能,使她嫉妒地嗅到那一扇门,从那儿,他们两人一定将要出来。一扇小小的边门,它可以让演员不必穿过大厅,而到设在房子另一翼的化装室。——果然,他们两人出来了;他们并不走远,就滞留在昏暗的草地上谈话。躲在一丛树木后边的安乃德,听见西尔薇笑呀,笑呀……

"不,不,今天夜里不行!"

于是杜里欧坚持说:

"为什么?"

---

① 乌丽,伊斯兰天堂上的美女。

“首先,我要睡觉。”

“我们有的是时间可以睡觉!”

“不,不,老睡不够!……”

“那么,明天夜里。”

“别的夜晚,全都一样。再说,夜里,我不是一个人。有人监视着我!”

“这么说,永远不行了?”

于是那个小顽皮的西尔薇回答,一边笑得腰都直不起了:

“可是,我不怕白天!你呢,你怕白天吗?……”

安乃德不能再往下听。恶心、愤怒、痛苦,像一阵狂风似的把她卷起,在黑夜里,在野地里,她被卷跑了。也许人们听到她狂奔的脚步声,和树枝被她擦过的声音,好似一匹奔逃的野兽。可是,没有人听见她也罢,她再也不为这操心。对于她,什么都不值得计较了。她逃,她逃……往哪儿逃?她不知道。她始终不知道……她在黑夜里奔跑,一边呻吟着。她不瞧前面。她跑了五分钟,二十分钟,一小时?她始终不知道……一直到她的脚绊在树根上,她整个身子扑倒在地上,额头碰在树干上……到这时,她叫喊,她号叫,嘴对着地,像一匹受伤的野兽。

在她周围,只有黑夜。天上没有月亮,没有星星,一片漆黑。地上没有风,没有虫鸣,寂然无声。唯一的细小声音是乱石间的一道流水,在一株枯瘦的松树脚下,点点滴滴地流着,安乃德的额头就是碰在这棵树上。而从劈开这块陡坡的山沟里,可以听到一条溪流的怒吼。溪水的呻吟和受伤的女人的呻吟混成一片,两者仿佛合成了大地永恒的悲歌……

她在喊叫的时候,什么也没有想。被抽搐的呜咽摇撼着的身体,卸下了好几天以来压得她喘不过气的痛苦重担。精神沉默无言了。——接着,筋疲力尽的身体停止了呻吟,精神的痛苦重新浮到上面。于是安乃德意识到她被人抛弃的处境。她孤身一人,别人要弄了她,她的思想无法越出这个范围。她没有力量把她那如散乱的羊群一样的思想重新聚集起来。她甚至没有力气站起身,她让自己躺在地上,躺着……啊!要是大地肯接受她!……湍急的山溪用吼声在替她说话,替她思想。

吼声浸没了她的创伤。过了一段时间(无疑是很长一段时间),由于痛楚而软弱无力的安乃德,慢慢地抬起她吃了苦头的身体。额头的碰伤痛得相当厉害,这个痛苦使她顾不上别的,因而减轻了她思想上的负担。她把刮破了皮的双手浸在溪水中,把湿手放在受伤的发烫的额上。这样,她坐着,把她的太阳穴和眼睛贴在湿淋淋的手掌中,一种纯洁冰凉之感,透入她的身体。于是她远远地离开了她的创痛……她瞧着这种痛苦在呻吟,好像一个局外人一样,而她已经不明白这阵狂怒的意义何在。她想:

"为什么?……有什么用?……这样值得吗?"

湍急的溪水,在黑夜里,说道:

"疯狂、疯狂、疯狂……什么都白费……什么都是空的……"

安乃德,以辛酸的心情,发出怜悯的微笑:

"我要的是什么?……我连这个都说不清了……这个很大的幸福,上哪儿去了……谁要谁拿去!……我才不去争呢……"

接着,突然间,一阵阵心血来潮,她又想起这个幸福的种种形象,这幸福却是她自己本来愿意要的。她重新感觉到一阵阵欲望的热风,她的身体被这类欲念占有着,而且还要长时期被占有,虽然她的理性否认它们。在欲念的尖刺划出来的深沟道,有一股从狂怒的嫉妒中发出的恶劣气味跟在欲念后面。她一声不响地忍受它们的冲击,俯着身,好像在让一阵风从她头上吹过去。接着,她抬起头来,大声说:

"我错了……人家更爱西尔薇……这是公平的。她更适合于搞恋爱,而且她也更漂亮。我知道这些,而且我喜欢她。我喜欢她,因为她是这样的,所以我应当为她的幸福而高兴。我是个自私自利的人……可是,有一点,为什么,为什么她对我说假话?别的一切也就罢了,可是这一点不行！为什么她欺骗我？为什么她不爽爽快快地告诉我，说她爱他？为什么她把我当作敌人对待？……啊！还有，她心里的这一切东西，我多么不愿意看见，它们不太干净，不太好，也不太美！……但是这不能归咎于她。她怎么会知道呢？自从童年以来，她过的是什么样的生活！……我呢，是不是我有权责备她？难道我自己很坦率吗？……难道我心里的东西比她干净吗？我心里曾经有过的？现在还有的？我明白，一直在那儿……”

她叹了一口气，觉得很疲乏。接着，她说：

“好吧！不能再这样下去！我还大几岁，可是我更疯狂！……但愿西尔薇幸福！”

但是，说了“好吧”之后，她还待了一会儿，一动不动。她谛听着四周的寂静，一边沉思，一边用牙咬着她碰破了皮的手指尖。停了一下，她吸了口气，站起来，不说什么，开始走路。

* * *

她往回走，穿过黑夜。月亮快要出来了。月亮还远着呢，可是在地平线后边，人们觉得它从黑暗的深渊中上升。一道微弱的光给围绕在高坡上的树顶镶了一条花边，好像高脚酒杯的边缘。这些反映在微光中的树峰的侧影，一分钟比一分钟显得更为深黑。安乃德不慌不忙地走着，她那已经恢复了均匀呼吸的胸膛，缓缓地吸着新割过的草地的芳香。

在路上，远处的阴影里，她听到急促的脚步声。她心跳得厉害。她停止前进，她认出这是谁的脚步声。接着，她又开始走，走得更快，向对方迎上去。对方也听见了。一个不安的声音叫道：

“安乃德！”

安乃德不回答。她回答不出来，她太激动了。一条快乐的小溪流淌着，剩下的一切苦恼，全都消逝。她不回答，可是她走得更快，不断

地加快。对方呢,现在跑起来了,一边用焦急的嗓音再一次叫:

“安乃德!”

月亮正在阴暗的大墙后面往上爬,在朦胧的月光下,一个小小的模糊形体从逐渐发白的阴影中涌现。安乃德喊了一声:“亲爱的!……”接着就扑过去,双臂向前举着,好像一个盲人……

她们急于会合,在匆忙中,两人的身体撞在一起。她俩紧紧地拥抱。两人的嘴在互相找寻,终于合在一起……

“我的安乃德!”

“我的西尔薇!”

“我的大姐!我的爱!”

“我的亲爱的小妹妹!”

她们的手在暗影里抚摸对方的面颊、头发,抚摸对方的后脑勺、脖子和肩膀,重新占有了宝物,占有了失去的知己!……

“亲爱的!”西尔薇高声喊,她摸到了两只光赤的肩头,“你没有穿大衣吗?你身上什么都没有!……”

安乃德发现她果然只穿一件晚会上穿的长袍,于是觉得一阵寒气袭到身上,她打起冷战来了。

“你疯了!你疯了!”西尔薇嚷着,一面把对方紧紧裹到自己的大衣里。她的两手继续进行全身调查,弄清了对方受到损害的情况。

“你的长袍撕破了……你到底干了什么啦?发生了什么事?……看你的头发贴在面颊上……还有这儿,这儿,你额头上是什么?……安乃德,你摔跤了?……”

安乃德不言语。她控制不住自己,把嘴按在西尔薇肩上,哭起来了。西尔薇扶安乃德坐在道旁的斜坡上。月亮越过群峰的屏障,照亮了额头受伤、接受着西尔薇连连亲吻的安乃德。

“告诉我,你干什么啦……告诉我,经过的情况……我的宝贝,我的小母狼,我回到房间里,没有见到你,我真着急呀!……我到处喊你……我找你已经个把钟头了……啊!我刚才是多么难受!……我担心,我担心……我不能说我担心的是什么……你为什么走了?你为什么逃跑了?”

安乃德不愿意回答。

“我不知道,”她说,“我刚才很难受,我愿意……溜达溜达,换换空气……”

“不,你说的不是实话。安乃德,全对我说了吧!……”

她俯身接触到安乃德,更轻声地说:

“我的心肝,是不是为了那个……”

安乃德打断西尔薇:

“不,不……”

可是西尔薇坚持:

“别说谎!对我说真话。说呀!对你的小妹妹说呀!就是为了他?”

安乃德擦擦眼睛,勉强露出笑容,说:

“不,我向你保证不是……我刚才有点儿不好受,这是真的……真愚蠢……可是现在已经没有什么了。他爱你,我很高兴。”

西尔薇一下子蹦起来,生气地击着手掌,说:

“原来如此,正是为了他!啊!可是我不爱他,我不爱他,这个家伙!……”

“是的,你是爱他的……”

“不!不!不!”

西尔薇在路上跺脚。

“我爱他,是觉得好玩,我是闹着玩的,可是对于我,这是毫无意义的,和你比起来,毫无意义。啊,一个男子不论多少次接吻,对我说来,都不能补偿你的一滴眼泪……”

安乃德幸福得不知如何是好,问:

“真的吗?真的吗?”

西尔薇扑到安乃德怀里。

当姐妹俩稍稍平静了一点之后,西尔薇对安乃德说:

"现在,招认吧!你本来爱他,你也一样!"

"也一样?啊!你瞧是不是!你等于说你是爱他!……"

"不!我对你说,我不许你……我不愿再提起他。这算完啦,这算完啦。"

"这算完啦。"安乃德重复一遍。

她们从月光如水的路上走回来,相对微笑,重新又聚在一起,觉得十分高兴。

……突然间,西尔薇站住了,一边举起拳头向月亮摇晃,一边喊道:

"啊!畜牲!……我要叫他付出代价!……"

由于年轻人总不会放弃年轻的特权,她们哈哈大笑,笑西尔薇刚说的那句不怀好意的话。

"可是,你知道我们该怎么办?"愤愤不平的西尔薇接着又说,"我们马上去收拾行李,一回到旅馆就去收拾,到明天,明天早上,搭头一班车就溜。吃午餐的时候,他到饭桌上一看,人全不见了……两只鸟儿飞跑了!……啊!……再说……(她忍俊不禁)瞧我还忘了!……我跟他订约会,将近十点钟,在树林里,在最上面……整个上午,他将追着我跑……"

于是她笑得更厉害了,安乃德也一样。杜里欧失望与愤怒的嘴脸,使她们觉得十分滑稽。这两个疯姑娘!……她们已经把自己的痛苦抛得远远的。

"话说回来,"安乃德说,"亲爱的,你这样破坏自己的名誉,可不大好。"

"呸!对于我,这又有什么关系?"西尔薇回答,"我不算什么……对了,"她接着又说,一边轻轻地咬着安乃德拨弄她耳朵的那只手,"既然现在我是你的妹子,我应该更安分些……我以后一定安分,我答应你……可是你呀,你知道吗,老大,你比我安分不了多少。"

“是呀,的确是那样,”安乃德说,很懊恼的样子,“而且我担心,也许有的时候,我比你更不安分……”她一边说,一边更紧地挨着她妹妹,“啊！人心是多么奇怪的东西！人们永远、永远不知道心里将起什么风暴,而且把人卷走……不知卷到哪儿?”

“对呀,”西尔薇说,搂着她姐姐,“就因为这个我才爱你！在你心里,风刮得可不小呀!”

她们两个快要回到旅馆了。旅馆的屋顶在月光下发亮。西尔薇用一只手臂挽着安乃德的脖子,在她耳边,用她自己都不认识的严肃态度和热情的声音说:

“老大！我永远不会忘记今天晚上你受的苦——你由于我而受的苦……可不,可不,你别否认！……刚才我一边跑去找你,战战兢兢地直怕发生不幸,一边利用时间把事情想了一下……万一发生不幸！……啊！我将怎么办呢?……我也不回来了。”

“亲爱的,”安乃德激动地说,“过错并不在你,你不会知道你使我受的痛苦。”

“我知道得很清楚,我知道我使你痛苦,甚至——安乃德,你听呀——甚至这样做使我感到一种乐趣!”

安乃德心头沉重,她默默地想,刚才她也一样,如果能看见西尔薇痛苦,使她痛苦到出血,她一定会感到非常痛快。她把这话说给西尔薇听。她俩的手臂挽得更紧了。

“可是,我们到底怎么回事?我们到底是什么样的人?”她们互相问,感到可羞,而且丧气;可是想到对方也一样时,她们又觉得轻松了些……

“我们坠入了情网。”西尔薇说。

“坠入了情网。”安乃德机械地重复了一句。马上她又惊慌地说:

“这就是爱情吗?”

“而且你要知道,”西尔薇说,“这还不过是刚刚开始。”

安乃德坚决地抗议,说她再也不愿意恋爱了。

西尔薇讥笑安乃德。可是后者很严肃地重复说:“我不干了。我不是干这种事的人。”

西尔薇笑着说:“好啊,我可怜的安乃德,你可没有那样幸运!你呀,你会活到老,爱到老哩!”

第 二 部

十月初,天气阴沉而和暖。空气是宁静的。微温的雨丝,从容不迫地,笔直地从天空下降。润湿的土地,烂熟在贮藏室里的水果,在酒槽里榨酒的葡萄……都发出热腾腾的、肉感的气息……

在勃艮第地方,李维埃家的别墅中,靠近一扇打开的窗,姐妹俩坐在那儿,面对面,手里做着针线。低头做活,她们好像各人把自己圆圆的、没有皱纹的额头,伸向对方——两人都有饱满的额头,西尔薇的额头比较小巧,安乃德的比较壮实;前者的额头显得任性,后者的显得固执——一边是小山羊,另一边是小牛犊。可是当她们抬起头来,她们心照不宣地交换了一个眼色。她们的舌头一连几天整天叽叽喳喳之后,现在正在休息。她们在回味那种狂热,回味她们的激情和她们说过的满嘴满嘴的话,回味若干天以来,两人互相了解、互相汲取的一切。因为,这一回,她们可是互相推心置腹,无所不谈,无餍足地想要得到一切,也想把一切全给对方。而此刻,她们不说话了,为着更好地想一想已经珍藏起来的战利品。

可是,她们徒然想看到一切,得到一切,归根到底,她们每人在对方眼中,仍然是个谜。无论谁,对于别人来说,毫无疑问,都是谜,而且正因为这样,才吸引人,但是在一个人身上,别人永远不能理解的东西有多少啊!她们自己也正这样想(因为她们知道这一点):

“理解,这有什么作用呢?理解,就是解释。而爱是不需要解释的……”

话虽如此,理解还是很有作用的!作用就是,如果你不理解,你就得不到什么。再说,正是在爱的问题上,她们两人是怎样爱的呢?她们两人爱的方式是完全不同的。拉乌尔·李维埃的两个女儿,无疑都从她们父亲那里得到充沛的精力,可是在一个人身上,这种精力受到了压抑,在另一个人身上,它却被浪掷了。在两姐妹之间,最大的区别在爱情上。西尔薇有优美的自由的温情,嘻嘻哈哈、调皮淘气、厚脸皮、不识羞,归根结底却很有分寸,这种温情虽然非常好动,但永不迷失方向,虽然翼翅振振有声,可是只围绕着鸽子窝飞,从不飞向远处。盘踞在安乃德身上的奇特爱情魔鬼,被安乃德发现至多是半年以来的事,它受到安乃德的抑制,她竭力掩藏它,因为这使她害怕,她本能地感到,别人会误解她这种爱情的:关在笼子里的爱神,双眼被蒙住,坐立不安,又贪馋又饥饿,它在人世的铁栅栏上,静悄悄地把自己碰得遍体鳞伤,慢慢地腐蚀囚禁它的那颗心房!咬人的情欲热辣辣的,无声无臭、连续不断、不知不觉把安乃德搞得神魂颠倒,使她昏迷在一种受了伤的麻木状态的嗡嗡耳鸣中,这种状态并非毫无乐趣。同样,她在那些使她痛苦的感觉中,也找到了这种乐趣,例如接触一块粗糙的衣料;内衣太紧,裹着她的身体;手摸在一个家具的棱角上,或者摸在凹凸不平的墙壁冷冰冰的表面上。她咀嚼着从树枝上啃下的苦涩树皮,有时就沉浸到一种忘记自己、忘记时间的境界中,上帝知道,这种失去知觉的境界每次继续多久,一秒钟的四分之一,还是一刻钟?她赶紧从这种境界中出来,神色狐疑而且羞涩,因为感觉到西尔薇在暗暗地注视她。西尔薇一边假装做针线,一边调皮地用眼角斜睨她。那小家伙什么也不说。两个人谁也不动弹;可是阵阵红晕飞上安乃德的面颊。西尔薇,虽然不太明白,却用她的小鼻子嗅出这种内在的生活。这种生活在阳光下沉睡,突然动弹一下,粗野地蜷曲起来,好似树叶底下的一条蛇。她认为姐姐很奇特,有点儿疯头疯脑,确实与众不同……安乃德身上使她惊异的,倒不是那些热情的动作,那种火辣辣的劲儿,和她猜到的安乃德的一切混乱思想,而是安乃德对待这一切几乎都带点悲剧性的严肃。悲剧性?啊!真是的,什么主意!严肃?有什么用处呢?事物就是这样。人们就是如实地看待事物。西尔薇才不至于因为她心里产生千千万万想入非非的念头而感到慌乱!这些念头随生随灭。一切好的和使人感到舒适的事物,都是简单而自然的。一切既不好又使人觉得不舒适的事物,也同样是简单自然的。好与不好,我一口吞下,很快就咽了下去。为什么要这样装腔作势呢?……这个混乱、复杂的安乃德!她的思想时冷时热,乱七八糟;欲念和恐惧,像一团乱麻,一簇簇的热情,在各个角落里,都和含羞的心情混杂在一起!……谁能够把她清理出线索来?……可是,她这样不正常,这样过分,这样使人难以理解,这一事实使西尔薇感觉非常有趣,触动她的好奇心,吸引她,而她正因为这样更爱她姐姐了……

一阵长时间的沉默充满了令人不安的秘密。西尔薇突然从这种沉默中挣脱,横七竖八地随便找话扯……她低着头,鼻子快碰到手中的活计,好像在咒骂活计似的,很快,很快地,而且声音很轻地,她开始嘟囔着一连串疯狂般的短句,不成语调的声音,一般以 i 结尾的,快乐得全身颤动的金丝雀的“kikikiki”的叫声。接着,她突然改变调子,又采取严肃的调子,神气之间好像说:“什么?我?我什么也没有说……”或者一边咬着线,一边用她的尖细的通过鼻腔的高音,哼着一支很无聊的罗曼斯①,里面提到花儿,提到“饶舌的鸟儿”,或者哼一支欢乐轻佻的歌曲,她调皮地,装出规矩孩子的神气,从歌曲里引一句粗俚的玩笑话。安乃德吃了一惊,半嗔半笑地说:

“闭上你的嘴,行吗!”

两个人都感到轻松。气氛不紧张了。说什么话,这无关重要!说话的声音,和手一样,重新建立两人之间的联系。她们又会合了。刚才她们在哪儿呢?……要提防沉默啊!在一秒钟的遗忘中,我们怎么

① 抒情歌曲。

知道沉默能将你或我飞速地带到什么地方去？和我说话吧！我也和你说话。我抓住你。你也牢牢地抓住我……

她俩互相抓住不放。她们决心坚定，不论发生什么事，谁也不丢开谁。不论可能发生什么事，毫不影响这一主要事实："我是我。你是你。我们交换。说了算数！决不反悔。"这里边有相互的贡献，有默契，有一种灵魂的结合，由于没有任何外来的约束——既无书面的文契，又无教会或民政的批准手续——加压于这种婚姻之上，所以它反而效果更为显著。至于她们两人之间存在着这样的差别，那又有什么关系呢？人们以为最好的结合，基础在于双方的相同之点，或者在于彼此恰好成为对比之处，这种想法是不对的。作为基础的，既不是相同之点，也不是相异之点，而是一种内心的默契："我已经选择了，我要，我立下誓愿。"这种默契经过了很好的锻炼，并且牢牢地打上了双方固执的决定的钤印。——就像我们这两位额头圆圆的姑娘一样——"我得到了你；现在，我已经没有权力放你回去，也没有权力收回我自己……再说，你完全自由，愿意爱谁就爱谁，愿意干什么就干什么，干点什么疯头疯脑的事，必要时犯点小小的罪过，如果你乐意的话，(我明知你决不会干犯罪的勾当！可是，话还得这样说啊！)这都丝毫不会改变我们的公约……"谁愿意解释谁就解释去吧！那细心慎重的安乃德，如果她敢把自己的思想一直挖到底，恐怕不能不承认她对于西尔薇的道德价值，以及未来的行动，丝毫没有把握。而西尔薇，她把事情看得很明白，她可决不会竭力担保安乃德，说后者不至于有那么一天干出令人啼笑皆非的举动。但是这一切和别人有关系，和她们两人却不相干。她们俩，互相有把握，互相绝对信任。世界上别的事随便怎样安排都行！……不论她们干什么，只要不损害她们相互的爱情，她们一切都可以互相原谅，闭着眼睛，预先互相原谅。

这也许不是很道德；可是，管它呢！人们遵守道德的日子长远着哩，下次再说吧。

稍许有点学究气的安乃德，通过书本认识生活的安乃德——这并

不妨碍她后来发现了生活(因为在书本外边听到的生活,声音不同)——记起了席勒的美丽诗句:

> 啊,我的儿子们,世界上到处都是谎言和仇恨,人人都只爱自己;所有被一种脆薄的幸福连接起来的关系,都是没有把握的……随兴所至建立的联系,随兴所至可以把它拆散。只有本性是真诚的;只有它才是以不可动摇的铁锚为基础的。举世滔滔,随怒涛而浮沉……爱好相同使你获得朋友,休戚相关使你获得同伴。能有一个同胞兄弟的人是幸福的!……面对这你争我夺、尔虞我诈的世界,两兄弟可以合力抵抗……

当然,西尔薇不知道这些诗句!她无疑会觉得,为了表达这点简单的情感,何必说这么多纠缠不清的词儿。可是,一边瞧那低着脑袋却不干活的安乃德,瞧她那结实的后脑勺,她那一大堆盘在头上的厚实的头发,西尔薇一边想:

"老大又在那儿做梦了;她重新埋头在她盛满疯狂思想的箱子里边。那箱子里该有多少疯狂念头!……现在幸亏有我在这儿,不得我的许可,不让她打开箱子……"

因为小妹子也许有点夸张地坚信,在人情事理和经验方面,她比较优越。于是她心想:

"我要来保护她。"

她很可能有先保护自己的必要。因为在她自己的箱子里,疯狂的念头也不少。可是她的那些疯思想,她预先知道是怎么回事,她看待这种思想,好像房东看待房客似的。她给它们居住的地方,决不是毫无代价的……再说,"爱干什么干什么,不管三七二十一!"如果问题只关系到自己,这没有什么大不了……总可以有办法的。可是,保护另外一个人,这倒是一种新的情感,很有趣味的情感……

对的,不过……低着脑袋不干活的安乃德,恰好心中嘀咕着同样

的情感。她想:

“亲爱的疯丫头! ……幸亏我来得是时候,可以给她领路!”

安乃德为了西尔薇的前程,设想了许多方案,这些方案无疑是很动人的,可是安乃德从来没有和西尔薇商量过……

于是她们每人给对方的幸福(不消说,各人自己的幸福也包括在内,不另记账),来回反复地想了个够:

“呸! 我的针折断了……到这时刻已经瞧不清了……”

于是她俩抛开活计,一同出去,让坐得发麻的腿去活动活动。她们在雨中行走,两人裹在一件斗篷中,一直走到花园的尽头,在雨湿淋漓的树下,树叶像掉头发一样落下来。她们在葡萄架下,啃一串金黄色的葡萄,由于雨湿而味道更好。两人谈呀,谈呀……突然间,她们默不作声,一边谛听着,呼吸着秋风、落在地上的果子和黄叶的气味(浓得几乎可以舔的气味),谛听着、呼吸着到下午四点钟已经昏暗微弱的十月阳光下,麻木寂静、沉睡着的田野以及痛饮雨水的大地和夜晚的气息……等等。

于是,她俩手牵着手,和打冷战的大自然一同做梦,这大自然,正孕育着对春天的胆怯而炽热的希望——未来的哑谜……

* * *

在这好像卷在蜘蛛网中的、烟雾迷蒙的十月天,她俩的亲密关系对于她们是如此不可缺少,以至她们不了解为什么在那以前,她们可以没有这种亲密关系而生活。

可是,以前她们没有这种关系,日子也过来了;而且以后,她们还要过没有这种关系的日子。一过了二十岁,人们的生活,尤其是两个像她们那样羽翼丰满的人的生活,不可能禁闭在一种亲密关系之中,不管这种关系是多么珍贵。这两个人必须高飞远翔。无论她们相爱的意志有多么坚定,她们飞翔的本能却更强烈。安乃德和西尔薇温柔地互相问道：

“我们俩能够你没有我、我没有你而活得那么久，这怎么可能呢？”在同时，她们心里却还有一句话，不肯直说：

“可是早晚免不了还是要过我没有你、你没有我（多么可惜）的生活的！”

因为另一个人不能够代替你生活，为你生活，而且你自己也不愿意这样。她俩对相互间温情的需要，固然是很深切的，可是两人都有另一种更强烈的需要：对于独立的需要。这种需要有深远的根源，她们这两个李维埃家的姑娘的生命，就是这个根源。这两个人有那么多差别，偏偏在这一点上却是相同的。（这并不是她们运气！）对这一点，她俩都很清楚，甚至这也是使她们更加相爱的理由之一，虽然两人都不明说，因为她们在对方身上互相认出父亲的影响来了。——这么说来，她们两人怎样实现把生活融合在一起的计划呢？两人各自陶醉在梦想中，认为自己懂得如何保护对方的生活，而同时，各人却不是不知道对方不同意接受自己的保护，正和自己不同意接受对方的保护一样。这是一场温柔的美梦，她们把这场梦当作游戏。她们努力使这种游戏拖延得愈久愈好。

而这场好梦是不会拖延太久的。

双方都是爱好独立的人，仅仅是这样倒不算什么。可是这两个酷爱自由的小共和国，正和所有的共和国一样，并非故意地具有专制的本能。各人都有将这种专制的本能向对方输出的倾向，因为各人感觉到自己的法律很好。能够自己评判自己的安乃德，每次侵犯了她妹妹的领域之后，总要自怨自艾；但是她的老毛病常常重犯。她有一种完整和热情的性格，这种性格不由自主地倾向于发号施令。这种本性，在极大的温情的笼罩之下，很可能削弱一个时期，可是它并不会消失。而且必须承认，如果说安乃德努力使自己适应西尔薇的意志，西尔薇却并不给安乃德方便。她脑袋想到什么，就任性地干什么，而她的脑袋，在二十四小时之内，要改变二十四次以上的主意，而且所有的主意并不都是互相协调的。做事井井有条,很有秩序的安乃德,对于西尔薇变幻无常的任性,先是笑,后来感到不耐烦了。她管西尔薇叫"风中的玫瑰"和"我要……我要什么呢?"西尔薇管安乃德叫"阵头雨""发号令的夫人"和"正午恰好十二点",因为她对于安乃德严守时间的习惯感到不能忍受。

她们两人虽然相亲相爱,若要长时期互相迁就于同一种生活方式,却是困难的。她们没有共同的趣味和共同的习惯。由于她们相爱,安乃德很愿意用宽宏大量的耳朵,去听西尔薇的无聊扯淡,西尔薇眼力很好,能一览无余,听力更好,可是说话不大讲究。对于安乃德念给她听的那些令人讨厌的读物,西尔薇也能装出感兴趣的样子,同时,张大嘴打一个使她觉得好玩的哈欠……(别念了！别念了行吗!)而安乃德是为了要和西尔薇同享读书之乐而念给她听的。

"上帝！写得多么美,亲爱的!"

或者对某些有关生命、死亡或社会问题的荒唐可笑的偏执思想,装出感兴趣的样子……

("行啦！……嘟噜嘟嘟！……他们倒有的是可以随便糟蹋的时间!")

安乃德问:"你呢,西尔薇,你对这有什么感想?"

"去你的吧!"西尔薇心里想。可是她说:

"亲爱的,我的想法跟你一样。"

这种情况毫不妨碍她们俩互相爱慕,可是在闲谈的时候不免有点碍事。

怎样消磨日子呢?她俩孤零零地在这所郁闷的房子里,靠近树林,面对着收割干净的田野,在秋季的低沉天空下面,在雾中,天空和光赤的平原混合为一。西尔薇徒然说她热爱乡村,徒然以为是这样,可是没有多久她就尝够了乡村的乐趣。在乡村,她闲得没事干,不知所以,走投无路……大自然,大自然……坦率地说！她腻透了大自然……不行！这个倒霉鬼住的地方！……一些小不如意的事,她都忍受不了:风,雨,烂泥(和这儿的烂泥相比,巴黎的烂泥在她看来也是讨人喜欢的),那些在老旧的夹墙后面溜来溜去的小耗子,跑到房间里来过冬的蜘蛛,还有那些丑恶的小虫:拿西尔薇的脚踝和手腕当作美味饱餐一顿的那些吹吹打打的蚊子。由于烦躁和无聊,她恨不得痛哭一场。安乃德满心喜欢野外的空气,以及和心爱的妹妹单独在一起的生活。沉闷,她不怕;蚊子叮,她哈哈地笑。她常常设法拉着西尔薇和她一起到泥泞的地方去跑,没有注意到西尔薇阴沉和不耐烦的脸色。一阵风雨吹来,她遍身陶醉。她把西尔薇丢在脑后,大步地向耕过的田地走去,或者穿过树林,摇动着湿淋淋的枝丫。隔了许久,她才想起被冷落在一边的妹妹。至于西尔薇,一边赌气,一边狼狈不堪地看着镜子里边自己气鼓鼓的脸,十分心焦,暗忖道:

"什么时候才回去呢?"

总而言之,妹妹千变万化的意愿之中,有一个是好的,色泽稳定,任何东西都不能使之褪色,乡村的新鲜空气更增加了它的光彩:她喜爱自己的职业,真正地喜爱。出身于巴黎优良的工人族类,她必须用她的活计,她的针和顶针来占据她的手指和思想。她对于缝纫有天生的爱好,接连几小时地摸弄一块衣料,一块轻柔的织物,一块丝织的轻纱,把它叠成细折,压成皱纹,或用大拇指按平缎带上的叠折,对于她都成为一种肉体上的乐趣。再说,她的小脑袋,谢谢老天,并不以能够理解安乃德的大脑袋所收留的那些思想而感到得意。她的小脑袋知道,在她自己的领域里,在碎布断绸的王国中,她也有她自己的思想,而且多到可以转卖给别人的程度……这么说,难道她能放弃她自己的思想吗?人们以为对于一个妇女说来,最大的乐趣莫过于穿漂亮的连衣裙!……对于一个真正有才能的女子,裁制这样的连衣裙却是一种更大的乐趣。而这种乐趣,人们只要尝过一次,就不肯再错过。被姐姐留下来过着懒洋洋的闲散日子的西尔薇,每当安乃德秀丽的双手在钢琴键盘上漫游的时候,她就怀念起裁衣剪刀和缝纫机的声音来。所有的艺术作品,如果拿来给西尔薇,在她眼中都不如那个没有脑袋的老老实实的人体模型,人们想入非非地给它试衣服,把它转过来,又转过去,人们蹲在它面前,阴险地虐待它,有时趁着女工头不在,把它抱在怀里跳一圈舞。从西尔薇所说的东一句西一句的零星话中,足以猜出她心里想的是什么。不耐烦的安乃德,一看见西尔薇的眼睛发亮的时候,知道她又得硬着头皮听她妹妹讲一个缝衣车间里的故事了。

由于上述原因,当她们回到巴黎,西尔薇宣称要回到自己居住的地方,并且重新拾起她的旧业时,安乃德叹了一口气,但是她并没有感到意外。西尔薇本来以为安乃德会反对的,这一声叹息和接着的沉默,比所有的言语都使她感动。她跑到坐着的姐姐跟前,在她面前跪下,两只臂膀围着姐姐的腰,把嘴唇努向她,说:

"安乃德,别责怪我!"

"亲爱的,"安乃德说,"你的幸福就是我的幸福,这你是知道的。"

可是她心里难受。西尔薇也一样。

"这不是我的错,"西尔薇说,"我多么爱你,我保证!"

"是的,孩子,我完全相信。"

安乃德微笑了,于是她又长叹了一口气。一直跪在地上的西尔薇,把安乃德的脸捧在手里,同时把她自己的脸凑上去:

"我不许你叹气!……坏家伙!如果你这样叹气,我走不了啦。我又不是一个小小的刽子手。"

"是呀,亲爱的,你不是……我错了,我再也不那样了……可是那倒不是为责备你。为的是我们要分离了。"

"分离!……想得倒好!……坏家伙!……我们要见面,天天见面。你来看我,我来看你。你把房间给我保留下来。是不是你有这样的打算,说不定,要把这房间从我手中收回。不行,不行,房间是我的,我不还你。当我疲劳的时候,我非常想住在这间房子里,让人娇惯娇惯我。而且你知道,不定哪些天晚上,你并不等我来的时候,没早没晚地,我就到了,我有钥匙,不用敲门我就进来,给你来个出其不意……小心点吧,你要是玩了什么把戏的话!……你瞧着吧,瞧着吧,我们那样反而更开心;反而更好……分离……你以为我会愿意和你分离,我会放得下我标致的安乃德!"

"啊! 甜嘴子! 狐媚子!"安乃德笑着说,"瞧她多么懂得迷住你的心呀! 该死的小撒谎精!"

"安乃德! 别咒人,行吗?"西尔薇严厉地说。

"好吧! 光说你撒谎精……这样行了吧?"

"行,这样还过得去。"西尔薇说,宽宏大量地……

她扑过去搂住安乃德的脖子,吻得对方喘不过气来。

"我跟你撒谎,我跟你撒谎,我要把你吃个光! ……"

这个温柔和狡黠的西尔薇还有另一些可以使安乃德原谅她的办法。她要求安乃德帮助她自立门户。这个二十岁的"青年"想当家做主了,不愿意再听别人指挥,她也要来指挥别人了——哪怕仅仅指挥她那些人体模型。安乃德有了给钱的机会,非常高兴。两姐妹一起估计费用,没完没了地讨论铺子的布置,接着就天天跑出去找房子,然后出去挑选木器和用具,然后去把一切安装起来,然后到行政机关去办妥手续。天天晚上,两人起草顾客的名单。计划一个接一个地做,手续一道接一道地办——以致安乃德终于产生这样的幻觉,好像她自己在和西尔薇一起创立门户。于是她忘记了她们的生活将要分离。

*　　　*　　　*

在西尔薇的铺子里,女顾客们不久就出现了。安乃德出去做客时,把那个年轻的女裁缝制作的最漂亮的女袍,穿着到处走,并且一个劲儿替女裁缝吹嘘。她终于把她平常交往的好几个年轻妇女介绍给这小裁缝。西尔薇那方面,则毫无顾忌地利用她过去那些女东家的顾客的地址。可是她相当地懂事,不愿意太迅速地扩大她做生意的范围。慢慢来,她还年轻,来日方长,何必太急……她喜爱劳动,但并不是像某些人面蚂蚁,尤其是女性的人面蚂蚁似的,勤劳到成为一种怪癖,她看见这种人不顾死活地干活。她决意要给自己保留寻欢作乐的余地。劳动也是一种乐趣,可并不是唯一的乐趣……"什么都齐全,什么都有一点点。"她这句格言说明她胃口不大,可是贪馋而好奇……

不久以后,西尔薇的生活是那样忙碌,以致留给安乃德的部分已经不多了。无论如何,西尔薇总给安乃德保留着她的一份;对于这一点西尔薇很坚持。可是按照安乃德的心意来说,仅仅一份是不够的。她要是跟人好,就不会好一半,或者三分之一,或者四分之一。她不得不弄懂这样一个道理:在情谊方面,世界好像是一个小商贩,它只能把情谊零星地出售。安乃德费了很长时间才明白这一点,而接受这样一个事实,则要她花更长的时间。那时,她不过是在学习最初的几课。

渐渐地,她发现自己一连几天接触不到西尔薇,心里痛苦,嘴巴却不说。西尔薇无论在她的寓所里,或者裁缝作坊里,总不是一个人待着。过不多久,她除了忙本行之外,已经不是单独的人了:她又交了一个男友。安乃德向后撤退。她对于妹妹的温情,现在不许她再像从前那样嫉恨和严厉地判断妹妹,但这种温情并不能使她免于忧郁。西尔薇虽然轻率,可是爱她姐姐,这就足以使她直觉地感到她在姐姐身上引起的痛苦。不是为正经事就是为玩的事而不停地忙碌的西尔薇,往往从百忙中抽出身来——正在工作,或正在和人促膝谈心的时候,她一下子把迫切的事情丢在一边,跑到安乃德家里去了。于是,她像一阵温情的旋风似的吹了过来。当她到来的时候,西尔薇身上的温情并不比安乃德少。可是她一阵子就过去了,她和安乃德亲热够了之后,旋风重新将她卷回她的生意经方面,或者玩乐的事情上去。在那时,安乃德对于充满温爱的饶舌、发疯似的谈心、一边笑一边互相不断亲吻,对于这一阵来访的小小风暴满怀感激,同时叹着气,觉得自己更孤单、更心烦意乱了。

倒不是安乃德缺少可以忙的事情。她的日子过得跟西尔薇一样充实。

她的生活,她的研究学问和社交活动的双重生活,父亲去世以来一直中断着,现在又恢复了。最近这一年,她精神上的需要一直被感情上的苛求抑制着,而现在,这种需要又苏醒过来,而且更强烈了。她重新从事她的科学研究,一方面为了填补由于西尔薇不在而显得空虚的时间,另一方面也因为在一个资质很高的人,智慧获得感情生活的经验而更趋成熟了。她自己也惊讶,觉得在研究科学方面,从前没有这样清晰的眼光。她对于生物学感兴趣,并且计划着写一篇论文,探讨美学情感的根源及其在自然界的表现。

她把一些社交关系也重新接上了头,她回到以前和父亲一起往来的社交界。在这方面,她发现了一种新的乐趣:好奇的乐趣。由于精神更老练了,这种乐趣使她在那些本来熟识的人身上,发现了她从来没有想到的、出乎意料的一些现象。还有别的性质很不同的乐趣,其中有一些是说得过去的,另一些是不足为外人道的,讨人欢心的乐趣,暗中的吸引力(也有排斥力)在我们身上和我们周围觉醒;以虚伪的言辞作为掩饰,在心和心之间、身体和身体之间建立起来的磁性关系,隐约的占有欲,不时在沙龙中交换的思想,在单调不变的表面上,轻轻地拂过,无形中消失,可是在深处颤动着……

社交和工作只占她日常生活中最小的一部分。安乃德最沸腾的生活莫过于她独自一人的时候。就寝前的长久时刻和漫长的黑夜里,灵魂不能入睡,只好彻夜不眠,和它做伴的是那些紊乱恍惚的思想,好像潮落以后留在海滩上数不清的从海底幽壑中掏出来的生物,——在那样的时刻,安乃德静观着她内心之海的潮涨潮落,和遍撒了种子的沙滩。这正是春分大潮的时节。

在她身上活动的一部分力量,对她来说并不是新鲜的。可是,在这些力量加强了十倍时,精神以兴奋的清晰眼光,意识到它们。它们互相矛盾的节奏,给她心中带来了一种陶醉,一种晕眩……不可能抓住隐藏在这一团乱麻中的线索。情欲的猛烈撞击,曾经通过夏天的一阵雷雨摇撼过安乃德的心,留下了持久的震荡。关于杜里欧的记忆虽然已经磨灭,她的心神的均衡却久久不得恢复。平静无事的日子,给安乃德一种幻觉,她很可能以为什么事都不会发生,而且很愿意也喊一声:"Tempo Sereno! ……"[①]像意大利美丽的夜晚,那些守夜人没精打采的喊声一样。但是温暖的长宵酝酿着新的雷雨;不稳定的空气,颤动着不安宁的回流。经常不断的纷乱。一些已经死去,和重新活过来的灵魂,一批一批地向前冲,在她那个融化的灵魂中互相撞击……在这儿,是父亲危险的遗产,那些平常被忘却了的、沉睡着的欲望,像一片海底卷来的大浪般,突然涌起。在那儿,是一些互相对立的力量:一种精神上的自豪感,一种追求纯洁的热情。还有另一种对于独立性的热情,在她和西尔薇的结合中,她已经体会到这种热情使她不可违抗地受困窘,同时她不安地预感到,有一天,这种热情会跟爱情发生悲剧的冲突。在漫长的冬日里,这一切内心活动占有了她,充满了她。灵魂如同蚕蛹一样,蜷缩在迷蒙的光线形成的茧壳中,它在梦想未来,谛听自己的梦呓……

突然间,她摇摇欲坠。意识发生了这种中止的现象,如同上年的秋天,在勃艮第地方,意识上,这儿,那儿,有过会使人陷进去的空洞的地方。空洞的地方?不,并不空,可是,究竟是怎么回事?……这些奇异的现象,在十个月以前并没有被察觉,也许还不存在,尤其自从夏天那次爱情上的危机闹过以后,这些现象开始产生,而且现在变得更为频繁了。安乃德含糊地感觉到,这种心神上的深渊,有时在夜间也会张开大口,当她沉入像中了催眠术的人那样沉重的睡梦中的时候。等到她从那儿重新出来,好像从很遥远的地方回来一样,那边的事什么都回想不起来了。然而她老有这种纠缠不清的感觉,好像发生了严重的事情,那些莫名其妙的世界,超越理性所能允许和容忍的范围,属于禽兽的、超人的,好像和古希腊的怪物,和教堂檐溜上雕塑的怪兽在一起。一种不成形状的黏土,手指碰到就粘住的黏土。她感到自己和这

---

① 意大利文:天朗气清,平静无事之意。

不可知的梦幻世界活活地捆在一起。压在身上的是一种哀愁或羞耻，也就是一种说不清的、想跟别人一起干点坏事的灼热沉重之感。从那儿发出淡淡的腐臭气味，粘在肉体上，一连几天不消不散。就像人们隐藏着的一个秘密，和白天转瞬即逝的各种形象混在一起，好像关在门内一样，藏匿在光洁的、没有思想的额头里面，一双漠不关心的眼睛在向里边窥视，一双手乖乖地叉在腹部以上，而腹部好比沉睡的湖水……

安乃德无论走到哪里，总带着这个经常不醒的梦在一起，在熙熙攘攘的街道上，在埋头读书的课室或图书馆的麻木空气中，在沙龙中带有一点调情或讽刺意味的、可爱而平凡的谈话中。不止一个人，在晚会上，注意到这个姑娘茫茫然的眼神，她心不在焉地微笑，与其说是对别人跟她说的话在微笑，不如说是在对她的自言自语微笑。偶然听到几个耳边吹过的字眼，接着她又神游到遥远的地方去，一边听着那些躲在她的鸟笼中的不知名的鸟儿唱歌。

安乃德小小的内心世界的音乐会是这样热闹，以致有一天，她出其不意地被发现正在谛听这种音乐。这天，亲爱的西尔薇站在她面前，西尔薇对她笑，用她可亲的饶舌把她耳朵都震聋了，她说……对她说的是什么呢？西尔薇发觉了这情况，她笑着摇安乃德：

“你睡着了，你睡着了，安乃德！”

安乃德不承认。

“是的，是的，我瞧见你睡着了，你在站着做梦，好像一匹拉出租马车的老马。你天天晚上干些什么？”

“淘气鬼！……你自己晚上尽干什么？我来问问你……”

“我晚上尽干什么？你想知道吗？好极了！我来讲给你听。我们可不会闷得慌了。”

“别讲！别讲！”安乃德笑着说，她已经整个苏醒过来了。

她用手堵住妹妹的嘴。可是西尔薇挣脱了以后，抱住安乃德的脑袋，眼对眼地盯着她：

“你这双梦游病患者的美丽眼睛……瞧瞧,里边藏着的是什么……你在做什么梦,安乃德！说呀！说呀！说你做什么梦！讲呀！快讲呀！”

“你要我讲什么呢?”

“说你刚才在想些什么。”

安乃德不肯说,可是到末了她总是让步的。她们互相什么都谈,这也许对于她们是一种温情的强烈乐趣——也许是利己主义的乐趣。她们真是乐此不疲。所以安乃德就试着来理一理她乱麻般的梦,一边说给西尔薇听,可是更多是为了可以说了使自己轻松些。她并不是没有困难,而且用了一种使西尔薇扑哧地笑出来的谨慎和严肃的态度,来解释她那些疯狂的思想——天真的、憨直的、怪诞的、大胆的,有时甚至……的思想。

“怎么啦！怎么啦！安乃德！……你呀,只要你的劲儿一上来……!”西尔薇惊叹地说,她假装看不惯的样子。

西尔薇自己内心生活的离奇古怪也许并不亚于安乃德——(比起我们大家来也都不相上下)——可是她自己并不想到这些,她对这不感兴趣,作为一个小小的实际家,只有亲眼见过、亲手摸过一次的东西,她才相信,她的梦是并不高出地面的、通达世故的、庸俗的梦,凡可能扰乱她这种生活的一切,她都认为荒唐而加以摒斥。

她一边听她姐姐讲,一边哈哈大笑。这个安乃德,真是的,谁想到她竟会胡思乱想！她用天真的神气,有时候,一本正经地跟你讲一些不像话的事情。接着,对于那些人人知道的最简单的事,她倒是吓得手忙脚乱。她以可笑的、深信不疑的态度,讲给西尔薇听。在这些问题上,天晓得她脑袋里有什么不三不四的念头！……西尔薇觉得她姐姐很复杂,很可爱,叫人笑弯腰,而且出奇地不能干。老是有这么个毛病:对于那些只要听其自然,“想到什么就唱什么”的事,她偏要挖空脑筋地去想。

“事实是这样,”安乃德说,“有半打歌曲在一齐唱!”

“正是,那才好玩,”西尔薇说,“就像在贝弗狮像①广场上的节日一样。”

“多恶心!”安乃德两手掩着耳朵说。

“我呀,我最喜欢这一套。三四处跑木马的棚子,汽枪声,电车的喇叭声,蒸汽风琴的琴声,铃声,吹哨声,大家一齐喊叫,说起话来连自己都听不见,于是喊得比谁都响,轰轰隆隆,嘻嘻哈哈,真叫人开心……”

“你这个小平民!”

“可是,我的贵族小姐,这是你呀(你自己刚说),你就是这样的!如果你不喜欢这样,你只要学我的样子就行。在我身上,一切井井有条。每只野兔都顺着次序跑!”

没疑问,她说得一点不假。在堂槐广场②上或者在她的小脑袋里,不论嚣扰到什么程度,她反正不让自己迷失方向。在最难分难解的纷乱中,她能够即时理出头绪来。她善于把她的各种不同的需要,无论是身体方面或是感情方面的,属于资产阶级生活方式的,或不属于这一方面的各种需要,互相配合起来。每一种需要都有它自己的一个格子。正如安乃德所说:

“一个有抽屉的家具……你就是这样!……”

(安乃德说这话的时候,指着她父亲曾经存放过旧信札的那只路易十五式的了不起的文件柜。)

“对,”西尔薇调皮地回答,“他是像我的……”

(她说的不是家具。)

“……归根,真正的女儿是我……”

西尔薇故意叫安乃德发火,可是安乃德不再“上当”了。对于父亲

① 贝弗狮像,实际上就是指下文提到的“堂槐广场”中央的铜狮塑像。《欣悦的灵魂》一般版本均作“贝尔弗狮像”,这是符合事实的。因为巴黎市中的确有这个广场和这个狮像。但是一九三四年的《订定本》却作“贝弗”。今按《订定本》译出。

② 堂槐广场,全称是 Place Denfert - Rochereau,今在巴黎市第十四区。

的遗传,她不再感到妒忌。她自己接受了一份遗传。她很愿意把它转让给别人。这是,在某些日子里,一个相当碍手碍脚的客人!……

* * *

她不知道怎么回事,可是,最近一年以来,她觉得她合乎逻辑的精神,和坚定地站立在现实世界中的两条结实的腿,都失去了重心,而且她不知道如何才能够恢复这种重心。她宁愿付出很高的代价,如果能够穿上西尔薇的小皮靴,这双靴子毫不犹豫地迈出坚定的步子,靴跟踩在地上咯咯地响。她感觉自己不再跟日常生活以及大家每时每刻的生活有足够紧密的联系。和她妹妹相反,她过分地忙碌于内心生活;对于阳光底下的生活,却忙得不够。她势必将一直这样生活下去,只要她不落入情欲的陷阱中,惯于做梦的人比别人更容易掉进这个陷阱,而且样子更笨拙。充满危机的时刻到来了,网罗四布……

然而对于一个有点儿粗犷,而且属于高尚品类的灵魂,这张罗网够不够把它拘捕得很久?……

在她还不知道之前,她在陷阱周围转——无疑是没有想到这些;因为如果她想到,她势必以愤怒的反抗情绪,向后一跳而躲开。——这也无关紧要!反正她每走一步,更接近陷阱一步……

她不得不承认,在一年以前,她还在男人们面前摆出一副伙伴式的泰然自若的架势;无疑,这个伙伴有点儿爱娇,很可亲,然而很冷淡——因为对他们,她好像什么也不想望,什么也不怕——而现在,她却另眼看待他们了。她采取了一种观察和心慌意乱的期待的态度。自从发生和杜里欧的那段故事以来,她丧失了那种大模大样、冠冕堂皇的安详。

现在她知道,她没有他们不行。当她回想起她以前提到婚姻问题时那些孩子气的表示,她嘴边浮现出当时对她父亲的微笑。情欲在她的肉体里留下了它的马蜂刺。既贞洁而又为热情所燃烧,既天真而又懂事,安乃德认识她的那些欲望。如果说她把它们抑制在她思想的阴影中,它们却在她的另一些意念中,引起了混乱。她的全部精神活动都解体了,她的思考能力瘫痪了。在工作时,一边读着书,或写着字,她感到自己大不如以前了。只有以不成比例的极大努力作为代价,她才能够集中精神在一个问题上。事后,她精疲力竭,厌腻反感。她徒劳无功,她的注意力的结子总是松散的。在她的一切思考中,经常出现一片片的乱云。她以前给自己的智慧订立的十分清晰——过分清晰,过分明朗的目的,现在隐隐约约被雾遮住。通向这些目的的直达大路中断了,常常被切断了。安乃德丧气之余,想到:

“我永远不会有成就了。”

过去,她骄傲地认为男子的一切智慧能耐,女子也全有,而今,她惭愧地心想:

“我想错了。”

疲惫之感压迫着她,在这一印象下,她承认(可能对,可能错)女子的头脑有某些弱点,根源可能在于女子对超越利害关系的思想,对真正的科学与艺术所要求的客观的精神活动,千百年来,已经丧失了习惯,但是,更可能是由于那些巨大的、神圣不可侵犯的本能,老是在暗中纠缠。自然界使这些本能在安乃德身上留下丰富而沉重的积累,安乃德觉得,独自一人,她是不完整的,在精神、身体和情感各方面,都不完整。不过对于身心两方面,她竭力少想,因为这些在她思想中纠缠得已经太多了。

她到了生活中的这样一个时刻,如果没有伴侣,就活不下去。而且女子比男子更是这样,因为爱情在女子身上,不但唤醒了恋人,而且唤醒了母亲。她自己不知道,这两种企望,融合成为一种情感。安乃德,还没有把她的思念固定在任何一个对象上,心里充满着一种需要:把身体献给一个人。他既比她强,又比她弱;他既要把她搂抱在怀中,又吸饮她的乳汁。想到这儿,一股柔情,使她瘫软无力,她恨不得把全身血液都化为乳汁,为的是给那人吸饮……喝吧!……啊,亲爱的人！……

什么都给！……倒也不是！她不能什么都给人。她这样做是不允许的……什么都给！……对,可以贡献她的乳汁、她的血、她的身体和她的爱情……可是什么都给？她的整个灵魂？整个意志？而且整整给一辈子？……不,这可不能,她知道,她绝不会这样做。即使她愿意这样,也办不到。不属于自己的东西——我的自由灵魂,怎么能给别人呢？我的自由灵魂不属于我自己,我倒是属于我的自由灵魂。我不能支配我的灵魂……保全自己的自由,这不但是一种权利,而且更是一种宗教性的义务。

在安乃德的这些思想中,有来自她母亲方面的道德上的一点僵硬看法。可是在她身上,一切都取得激情的性质;她很愿意用她奔腾的热血来温暖那些最抽象的思想……她的"灵魂!"……这个"新教的"字眼！(这是她在说话……——她常常用这个字！……)灵魂,难道拉乌尔·李维埃的女儿只有一个灵魂吗？她有一大群灵魂,而且,在这一大堆里,有三四个身材魁梧的灵魂,它们并不总是相处得很和睦的……

话虽如此,这内心的战斗是在一种模糊的气氛中展开的。安乃德还没有机会考验她那些互相对立的激情。它们的对立始终是一种精神游戏,很热烈,相当激动人心,可是没有风险。她并不是非做出决定不可;她可以满不在乎地在思想上试试这一个或那一个解决办法。

这是爱情方面的问题之一,是她和西尔薇嬉笑争论的题目,年轻的心,在闲空或期待的时期,非常喜欢谈这些问题,等到有一天,现实突然替你做决定,不管你那一套精巧的安排。——西尔薇很了解安乃德的双重需要,可是在她看来,这里边毫无矛盾,只要像她那样处理就行:乐意恋爱的时候就恋爱,乐意自由的时候就自由……

安乃德摇摇头,说:

"不!"

"怎么！不?"

她拒绝解释自己的意见。

西尔薇含嘲地说：

"你以为这种办法对我正合适？"

安乃德否认：

"不，亲爱的。你明知道我爱你，就爱你现在这样子。"

可是西尔薇并没有弄错。安乃德，由于友爱，不愿意批评（一边轻轻地叹气）西尔薇随随便便的恋爱关系。可是对于她自己，这种爱情她连想都不去想它。这不仅来自她母亲的清教徒精神，认为这是伤风败俗的。这是她的"完整的"天性，也就是她的欲望的圆满性，这种圆满性不肯将她的欲望分作零零碎碎的小钱来使用。尽管一种强烈的官能生活向她发出隐约的号召，在此时此刻她的生活中，对她来说不可能毫无反抗地接受这样的爱情，在那里边，整个生命、全部官能感觉、心和思想、对于自己的尊重、对于对方的尊重、充满激情的灵魂的宗教性的冲动，并不是在筵席上各占一座，平分秋色的。身体给人家，思想留给自己——不，提都不用提……那是出卖自己！……这么说，只剩下一个解决的办法，结婚，唯一的爱情？对于这么一个安乃德来说，做这样的美梦是可能的吗？

不管可能不可能，这样的梦，先做做看，反正不花费什么。她没有少做。——她已经到了青年时代的边缘，到了美好时刻的最后一瞬，在这时，她一边享受着梦幻的荫蔽和保护，一边看到平原上，烈日下，开始伸展漫长的、灰白色的道路。我们的脚步将印在哪一条路上？丝毫不需要匆忙地选择。精神迟延不决，一边在欢笑着，而它选择了所有的路。——一个幸福的少女，不愁衣食，面上焕发着爱情的光彩，满怀希望，眼看一二十种不同生活的可能性，全都贡献到她的心上。于是，还没有问：

"哪一种生活是我比较喜欢的？"

她已经拿起整个花束，为的是闻闻花香。在想象中，安乃德依次品味将来和这个人，又和那个人，接着再和另一个伴侣，共同生活，拿起果子来咬一口就放下,去嚼另一个,接着又回来拿第一个,一边伸手摸着第三个——决定不了要哪一个——这是茫无头绪的年龄,起先,这种茫无头绪使人快乐、兴奋,可是不久也就使人感到疲乏和沉重的颓丧,有时甚至感到绝望的疑虑。

安乃德就这样地梦想她的生活——她未来的各种生活。她将这种茫然的期待,只向西尔薇一个人倾吐。西尔薇拿她姐姐这种无可奈何、心神不宁的犹豫开玩笑。她不大熟悉这种犹豫不决的心情,因为她倒是有这么一种习惯(她故意夸耀,让安乃德受不了)——那就是不加选择,先行决定。决定,马上决定。事后,有的是选择的时间……

"至少,"她用大吹大擂的神气说,"你心里有了底!"

* * *

安乃德在她常去的社交场所,很受欢迎。一大半小伙子都向她献殷勤。姑娘们,其中许多比她长得俏丽,对她不甚满意。她们尤其有理由不高兴,因为安乃德好像不费多大力气就可以博得男人们的欢心。心不在焉,精神有点儿不在现场,她丝毫不故意去刺激那些追求她的男子们的兴趣,也不恭维他们的自尊心。从容自若地安顿在沙龙的一角,她让那些男子向她走来,她并不注意他们就在眼前,微笑着听人讲话(从来没有人敢确定,她是不是听见了别人的话),而当她回答的时候,向来不出平常客气话的范围。可是,他们都到她这边来,并且都竭力想俘获她。他们有的是社交家,有的是很出风头的人,也有一些是诚实的青年。

那些嫉妒的女人,认为安乃德把她那套手段藏在里边,而她漠不关心的外表,只不过是一个有经验的风骚女人的诡计。她们指出,好些日子以来,安乃德服装方面那种带点冷冷的端庄,已被一些漂亮的穿戴所代替,这种出奇的格调,据那些含嫉的女子说,正好加强了安乃德睡觉般的丑态的无聊之感。这些说坏话的舌头还说,人们追求的是她的财产,不是她的秋波。可是,提起安乃德的穿戴,她迷人的修饰,不应当算在她自己账上:西尔薇的趣味和聪慧包办了一切。而且,没有疑问,安乃德是一门“很好的亲事”。不过,如果说追求她的那一小群人,无疑知道她很富有,那也只是在他们对她的恭维之中,表示轻微的敬意,对于有财产的人的敬意。假如她不是这样有钱,男子们将会更大胆地追求她,而不是相反。

她的诱惑力,在于更深刻的意义上。安乃德,虽然不算爱娇,却从她那些本能方面得到充分的帮助。她这些丰富与强大的本能,不需要别人指点它们该干什么事,它们的动作很有把握,因为意志并不干预。她含着笑,麻木瘫软地,好像紧缩在她的内心生活中,她在朦胧的梦想之中,舒适地随波荡漾,这种梦想并不妨碍她看和听,在一种令人陶醉的浪涛中,她的身体在替她发言。一股强烈的吸引力从她眼睛、嘴、粗壮和光洁的四肢发出,从她有如满架花开的藤萝一般充满爱情的青春中发出。魅惑力是这么大,无论谁(除非是个女人)见了她都不会想到她是丑的。如果说她讲话很少,她却只要在空洞的聊天中,这儿或那儿插几个字,就可以显示她的精神世界与众不同。因此,她能满足那些寻求灵魂的人的愿望,她同样能满足在她这昏昏沉沉的身体上(像沉睡的水)发现寻欢取乐的无穷源泉的那些人的贪欲。

她,仿佛不看什么,其实她看得非常清楚。这是妇女的天赋。在安乃德身上,这种天赋被强有力的直觉所补充,而这种直觉常常是强大的生命力的特征,在不言不动之中直接察觉生命与生命之间的言语。她常常好像心不在焉,这是因为她在听。人心,这难以捉摸的树林。他们——那些男子和她——是在狩猎。每人在寻找路线。安乃德在这一条和那一条路线之间,经过一阵犹豫之后,选定了她的路线。

在安乃德选择范围内的青年男子,都属于原先拉乌尔·李维埃所在的那个富有、聪明、活跃、思想先进(至少他们自己这么以为)的资产阶级。那时正是德雷福斯事件发生后不久[①]。这风暴使思想情况不同的各阶层人士互相接近,他们思想虽然不同,但是有一种社会正义感的共同本能,把他们集合在一起。这种本能,正如后来人们所看见的,并不是很经得起考验的。对于它来说,社会不公平只限于某一件孤立的事件。在这方面,李维埃就是成千例子中的一个,人间有多少不平的事,他照样睡他的觉。他竟然毫无内疚地同苏丹订约,经手了几笔很赚钱的生意,当时这位苏丹陛下冷酷地对亚美尼亚人进行第一次大屠杀,而欧洲却很识趣地对此保持缄默。可是,那有名的德雷福斯事件,却使他切实地受到震动。不应当对人们要求过高!他们在一生中曾经为正义战斗过一次,他们已经声嘶力竭了。至少,他们曾经有过主持正义的一天,必须对他们感到满意。他们自己也对此感到满意。李维埃的社会,那些今天钟情于安乃德的青年人的家庭,毫不怀疑它们在争取权利的斗争中立下的功劳,并且毫不怀疑他们无须做出新的努力来树立新的功劳。他们就此一劳永逸地成为进步行列中的人物,可以袖手旁观不干事了。

在国际问题上,他们是相当心平气和的,在这过渡的时期,国内的斗争几乎熄灭了民族的仇恨,除了由于蒲耳战争[②]的影响,排英情绪还像一根熄灭了火焰的焦柴似的,余烟袅袅。爱国主义削弱了,极少英武的气概;他们倾向于宽大容忍,和和气气,因为他们属于胜利的一方,他们条件优越——这样,他们给人的印象是一群很容易相处的人,道德观念很宽大,含含糊糊地有点人道主义倾向,但确确实实是实用主义者、怀疑派,没有了不起的原则,可是也没有了不起的成见……(关于这一点,可不能信以为真!……)在他们队伍里,有几个自由主义的天主教徒,不少的新教徒,许多犹太人,大部分属于地道的法国资产阶级,对于任何宗教都不关心,因为以政治代替了宗教。政治是带

① 法国陆军总部陷害犹太籍军官德雷福斯案,发生于一八九四年,直到一九〇六年才完全结束。

② 一九〇二年英国从荷兰手中夺取非洲殖民地的战争。

着各种不同的标签的,可是很少离开共和主义,这种主义存在了三十年之后,开始变为保守主义的一种形式——最实用的形式。社会主义在他们之中也有代表,可是代表社会主义的是一些有钱的青年资产者、知识分子,他们是被若雷斯①的三寸不烂之舌和他的榜样所征服的。那时饶来士与共和国正处在度蜜月的阶段。

安乃德从来没有认真地对政治感兴趣过。她强烈的内心生活不让她有这样的余暇。可是,在德来弗斯事件闹得最厉害的日子里,她也跟别人一样,经历过很兴奋的时刻。她热爱父亲,所以她的感觉随着父亲的感觉而左右。由于她的热情冲动,和她血液中的自由本能,她的倾向总是使她站在受压迫者一边。所以她也有过热情激动的时刻,在左拉和毕卡②与那巨大的野兽,即沸腾的舆论,进行搏斗的日子里。而且,正和当时许多少女一样,当她从寻午路监狱墙外走过的时候③,她的心为了关在狱中的那个人而突突地跳,这也不是不可能的。可是这类情感都没有经过多少理智的考虑;对于"案件",安乃德没能迫使自己去做一番批评性的考察。政治令她反感,她曾经试图走近政治,去仔细瞧瞧,立刻有一种厌倦与反感相夹杂的情绪,使她远离政治,她并不设法去分析那种情绪。她的眼光太直率,因而不能不瞥见卑鄙龌龊的总量是对立双方各占一半的。她的心,没有她的眼睛那么真挚,愿意继续相信:主持正义的一党想必是由那些最公正的人组成的。她不去更好地了解这些人的行动,她管这叫懒惰,因而责备自己。因此之故,对于他们,她勉强自己处于同情的等候状况——好比一个毕恭毕敬的听众,在等候由一个权威的名字保证着的一篇新乐章开始演奏一样,这位听众不懂这种音乐,他相信这支乐曲有许多优美的地方,往后他也许会发现这种美……

---

① 若雷斯(1859—1914),法国社会主义者,《人道报》的创刊人。由于他反对帝国主义战争,一九一四年七月被法国沙文主义者暗杀。

② 毕卡上校,德雷福斯案中的重要人物之一,他曾受命调查此案,而且认为德雷福斯是无罪的。

③ 当时德雷福斯上校被监禁在巴黎寻午路陆军监狱中。

安乃德是个正直的人,她相信那些标签真有作用,殊不知弄虚作假的勾当,在思想市场上,比在其他任何场合更为通行。她对于人们制造出来的那些“主义”,给各种各样的政治土产品盖上戳儿的“主义”,也承认它们是有现实意义的;同时她被那些代表比较先进的党派的“主义”所吸引。一种秘密的幻想,使她希望在这方面有更多的机会遇到终身伴侣。她习惯于自由流通的空气,于是就向那些像她一样,在古老的成见之外,在世世代代以来的老习性和令人窒息的老屋子之外,寻求自由流通的空气的人去接近。她一点也不说老住宅的坏话。祖祖辈辈曾经在那里边隐藏过他们的生命之梦。可是空气浑浊了。谁愿意在那儿待着,听便吧!反正得呼吸。于是她放眼寻找能帮她重建健康与明亮的房屋的男友。

在她常来往的那些沙龙里,好像并不缺少能了解她、帮助她的青年男子。其中有许多人,不管有没有标签,却有大胆的精神。可是,不幸的是,他们的大胆并不是向着一些相同的视野发展。正如哲学家所说,“生命力”是受限制的。这力量从来不是同时向各方面起作用。一边行进,一边把他们的光明射向四周,这种人才是稀少的,非常稀少的。那些能够点亮他们的灯笼的人(这种人为数不多!),大半都是把他们的灯对准他的面前照着,只照一点,唯一的一点;在四周,他们什么也瞧不见。有人甚至说,朝一个方向前进,差不多总是以从另一个方向后退做代价的。比如有人在政治上是革命者,在艺术上却是无聊的保守派。如果他把他的成见舍弃了一小撮(他比较不大在乎的成见之中的一小撮),他却把另一些成见更小气地紧紧抱在身上。

这种颠簸行程的不规则性,在男女双方的心理演变上,比在别处表现得更为显著。妇女为了努力和过去的恶习断绝关系,走上了导向新社会的一条小径,而在这途径上,却很难遇到一个也愿意建立新世界的男子。男子走另一条路。即使双方向上升的道路最后可能在山顶上会合,在目前,双方也互不理睬。这种目的上的分歧,在那时期的法国,是非常突出的。较长久地落在后面的法国妇女,几年来,突然地前进,而那时的男子们并没有意识到这种情况。妇女们自己对于这种情况也不一定摸得很准,除非有一天,在她们的亲身经验中碰了钉子,使她们发现有一垛墙把她们和她们的男人隔开。这是非常猛烈的撞击——安乃德也将发现这种使她受损害的痛苦的误解。

*　　　*　　　*

一群飘飘荡荡的灵魂围绕在安乃德四周,她的眼睛,她心不在焉的眼睛,在环视每一个这样的灵魂,而且已经选中了一个,旁人却没有看出来。她舍不得马上放弃这种错觉:好像她还在犹豫不决。人们在可以做决定而不再有什么困难时,自己却轻轻地说"还没有任何东西可以抓住我不放",同时最后一次地把希望之门一一敞开,这样做反而觉得有一种甜蜜之感。

有两个人尤其使安乃德乐于在他们之间让自己的终身问题举棋不定——尽管在实际上,选择哪一个,她心中有数。那是两个二十八到三十岁之间的青年男子,玛赛尔·法朗克和洛瑞·勃里索。两个人都属于比较富裕的资产阶级,两人都举止大方,可亲,聪明。可是两人的性格不同,并且属于不同的思想界。

玛赛尔·法朗克,出身于半犹太种族的家庭,他有那种吸引人的典型姿态,这种典型,是两个不同种族精英通婚而产生的。法朗克,中等身材,瘦瘦的,俊秀,文雅,有一双蓝眼睛,衬着一张白皙而不带油光的脸庞,鼻子有点钩,留一小撮金黄的胡须;面部侧影较长,稍稍有点马脸的样子,使人想起阿尔弗莱德·德·缪塞①。他也有缪塞那样敏慧而和蔼的眼色,有时给人以温存之感;有时则透过衣服,看到别人内

① 阿尔弗莱德·德·缪塞(1810—1857),法国浪漫派诗人。

部。他父亲,经营布匹的富商,是个机警的买卖人,有丰硕的热情,喜爱新艺术,给一些新刊物做后台老板,收买文森特·梵高[1]和税吏卢梭[2]的画。娶了一个美丽的图卢兹女子,她在戏剧歌舞学院得过话剧二等奖,在安东亚纳和波雷尔剧院里挂过一阵子头牌。先被那强壮的约那斯·法朗克抢了去,后来正式结婚,这使她在正大走红运的时候抛弃了舞台生活,去给她丈夫很聪明地主持一个在艺术家之间出名的文学沙龙,同时也管理她丈夫的买卖。这对非常和睦的夫妻,根据一种默契,互不过问对方的行为,而且双方知道,为了共同的利益,设法避免给旁人说闲话的机会。这对夫妻在一种宽容和敏锐的智慧气氛中,教养大了他们的独生子。在这气氛中,玛赛尔·法朗克了解在工作与游乐之间,存在着一种和谐,把两者巧妙地结合起来,生活的艺术就在其中了。他讲求这门艺术,不亚于别人。他在这门艺术中,成了很精明的内行。在国立博物馆总管理处供职的他,年纪轻轻,已经是有点名气的艺术评论家。正如善于观察图画一样,他也善于观察活人的面孔,用他那懒洋洋的、深刻的、冒失而又宽容的眼光。再说,在向安乃德献殷勤的那些年轻人之中,他最能看透安乃德的皮里阳秋。她心里很明白。有几次,安乃德从她的心不在焉的幻梦中醒来——在做梦的时候,她一边和人谈话,一边追随着和她所说的完全不同的思路——她的眼光碰到法朗克好奇的眼光,这眼光仿佛对她说:

“安乃德,你在我眼中是赤裸裸的。”

最令人惊奇的是,她,这洁身自好的安乃德,并没有觉得不好意思。她似乎想说:

“就像我现在这样,你觉得如何?”

两人交换了一个会心的微笑。如果他这样毫无遮拦地看着她,那也是无关紧要的:她心里有数,她是永远不会属于他的。玛赛尔看出了这种把握,他并不因此慌张。他心想:

---

① 梵高(1853—1890),荷兰画家。

② 卢梭(1844—1910),法国业余画家,他的本职是海关职员。

“走着瞧吧!”

因为他熟悉“另一个人”。

“另一个人”,就是洛瑞·勃里索,以前是玛赛尔的中学同学。法朗克完全理解,为什么安乃德比较喜欢勃里索……至少在开始的时候喜欢他……(“以后呢? ……以后怎么样,那是另一个问题! ……”)——勃里索是个漂亮小伙子,一张秀气白净的脸,表情坦率,一双快乐的棕色眼睛,五官端正,线条稍稍粗阔一点,脸庞丰满,牙齿整洁,不留胡须,茂密的青春黑发,在聪明的额头上从旁边分开向后梳。他身材高大,胸膛宽阔,两腿很长,手臂粗壮,动作轻捷自如,姿势活泼。他会讲话,很会讲话,嗓音颇有暖意和音乐感,稍稍有点低沉,带铜管声。人们喜爱他的嗓音,他自己也喜爱。在念书方面,他是法朗克的对手,他的智力活跃、轻松、出色,习惯于耍小聪明而受人欢迎。他对体育活动也同样感兴趣。在勃艮第,他家的产业,树林和葡萄园,毗邻李维埃家的别墅。在那里,他是勇敢的步行者、猎人和优秀的骑手。安乃德以前曾经不止一次在散步时遇见他。可是在那时期,她不大在乎男伴,她喜欢独往独来。至于洛瑞,他也一样,在那几个月的露天生活中,他远离巴黎的拘束,扮演年轻的希波里特①的角色;他装作更喜爱他的马和狗,不大喜爱姑娘。他们两人迎面而过的时候,至多不过互相招呼一下或互相注视一下而已。这种招呼和注视,却并没有完全落空。在他们的记忆中,由此而留下了一些令人快意的形象,和隐隐约约的互相吸引,这两人从身体方面说,可以配成很好的一对。

勃里索家里的人想到过这个问题。两家的产业,也不亚于两家的人,好像天生是要联在一起的。不过,拉乌尔·李维埃在世的时期,两家的邻居关系一直很冷淡,敬而远之。说起来也古怪,在思想开通这点上,李维埃不比任何人逊色,可是作为建筑师,他的顾主几乎完全在贵族和反动势力方面,这种情况一直继续到德雷福斯事件发生。而且

① 希波里特,希腊神话中的少年英雄。

由于他很精明,所以不能不给那些人帮腔,好像伺候神甫做弥撒,甚至不能不真的去听弥撒,借此给人以良好印象。在他本省的激进共和党眼中,他被视为反动,甚至是教会派(这一点使他笑不可抑!)。而勃里索一家,是激进派的台柱子。这个长袍家族[①]——律师、检察官——一个多世纪以来就是共和派,故而不可一世。在第一共和国时期,这一家人确实是共和派,可是他们忘记指出,他们的祖父,过去是“国民公约”派,在波旁王室复辟后,曾经接受过国王的百合花勋章。这个家庭信仰共和国,就好像别人信仰上帝老爹一样;而且他们自以为受到传统的约束,真是贵人有贵人的架子!所以这个家庭认为有义务来对拉乌尔·李维埃表示他们严峻的谴责,和他保持着距离。李维埃毫不在乎,因为他知道和勃里索家没有任何生意可做。——有名的德雷福斯案件发生了,在这时,人们看到,李维埃不加考虑地站到进步势力一边。这样一来,他立刻洗清了自己。人们对他过去的种种看法一笔勾销,人们甚至在他身上发现公民和共和分子的极大优点,这是他自己意想不到的。可是,如果死亡不来打乱他的各种计划,他势必会充分利用人们对他的好感。

勃里索一家的种种计划,丝毫没有被打乱。这些大共和分子,从一个世纪以来,善于使他们的政治原则和他们的实际利益并行不悖地受到尊敬。他们很有钱,而且很自然地企图使自己更有钱。大家知道李维埃给他女儿遗留了一笔很可观的家产。如果把李维埃在勃艮第的产业和勃里索家的财富结合在一起,使勃里索的财产得到补充,是会有人感到高兴的。然而对于具有勃里索家那样原则的人,财产的理由只能放在第二位,虽然有时他们也会优先考虑财产。谈到婚姻问题,首先还得把那年轻姑娘盘算在内,看看那姑娘能不能满足各项要求。安乃德使人满意,因为别人知道她的情况,她态度严肃,而且听说她很孝顺父亲。她以智慧和质朴给人以深刻印象。在社交场上,她的

---

① 法国法官、律师等人的制服是黑色长袍,这是封建时代的传统。那时武官称为“佩剑的人”,文官称为“穿袍的人”。

态度是完美的。既娴静,又有足够的隽智,身体也健康。没有疑问,人们对于她在巴黎大学的工作,她的科学研究,她的那些文凭,觉得有点装腔作势。不过人们以为那些都是聪明姑娘的无聊消遣而已,等到她将来生下了第一个孩子,就会把这些置诸脑后的。勃里索一家人不讨厌这一点,他们表示喜欢一个人读书明理,即使是个妇女——自然啰,只要这些大道理不碍手碍脚。谢谢老天!安乃德如果到勃里索家,并不是家里第一个女知识分子。勃里索夫人,洛瑞的母亲,以及阿黛尔小姐,洛瑞的姐姐,都是以有头脑的女人闻名的——从一定意义上,这也名副其实——同样,她们又是有感情的女人,她们善于参与家中男人们的思想生活,并且参与他们的实际行动。安乃德的知识修养是一种保障,因为这样,在她这方面就毫无接近教会的危险了。(这是重要的一点!)至于别的,她在新家庭里会得到温爱的监护,使她避免任何过火的举动。这亲爱的孩子,不会有任何困难,可以和那些将要跟她姓同一个姓的人合在一起,而且会感到十分幸福,因为能得到第二个母亲和比她稍大一点的姐姐的庇护,她们已经求之不得地要给她当指导了。这两位勃里索家的女眷,是很有观察力的,她们判定安乃德很可亲,非常落落大方,温顺,有礼貌,有涵养,腼腆(在她们看来,这并不是一种毛病),还有一点儿冷淡(这几乎是一种品德)。

因此,洛瑞追求安乃德是事先征求了家里的意见,并得到全家支持的。他什么都不瞒着家里,明知道家里反正会同意。这个大小伙子被全家当偶像崇拜着,他也很好地报答他们。在勃里索一家人之间,大家实行互相赞美的办法。其中有一个等级存在,可是每人都有每人的价值。必须承认,无论是智力和身体上的优越条件,还是在财产方面,他们各人都分得了相当优厚的一份。他们自己也承认这一点,可是他们的态度不使人讨厌,他们是很有教养的人。他们不把这一切摆在外表上,尤其对于那些他们认为低一等的人。不过,从他们的表情上,可以看出温和的有把握的样子,使人无法怀疑他们的自满。在他们的一切有把握的事情之中,洛瑞是最有把握的一件。他是这一家人充满了最大温情的骄傲,可能也是最有理由的骄傲。在勃里索家族的大树上,从来没有结过这样成功的果子。洛瑞具有他家族中最好的禀赋;如果说他也有他家族的缺点,这些缺点却丝毫不刺目:他风度潇洒,又加青春年少,使人忘掉了他的缺点。他才气横溢,对于他,一切都是轻而易举的,尤其长于辞令。口才是这个家族的祖产之一。家里已经出过一位大律师;全家人对于辞令都有与生俱来的兴趣。如果认为他们像南方那些爱说话的人一样,不说话就不能动脑筋,这是不公正的。然而他们需要说话,这是毫无疑问的。他们的真实才能在言辞中得到舒展;沉默可能使这些才能枯萎。洛瑞的父亲,曾经是为众议院的讲坛增光的、最出名的饶舌家伙之一。选民对他开了个恶意的玩笑,他们没有再一次提他的名,他的口才无处施展,憋得喘不过气来。洛瑞,那阵子才六岁,当家里只有他和父亲两人的时候,天真地对父亲说:

"爸爸,给我来个演讲吧!"

如今,他自己也在演讲了,为了他自己。在法院里,在律师的会议上,他年轻的声誉,一开始就出色地树立起来。正如勃里索家所有的男人一样,洛瑞把他的各种才能都用到政治方面。有关德雷福斯案件的集会,对于他是一种极好的跳板;他投身于角力场中,他在那里拼命地演讲。这个漂亮小伙子的激昂慷慨、英雄好汉的劲头,和滔滔不绝、且经过选择的言辞,得到德雷福斯派的年轻妇女们的热烈同情,同时吸引了许多比他更年轻的小弟弟。勃里索家的人虽然总愿意在进步的道路上不至于掉队,却顾虑重重,决不多跨一步,既不愿一步跨得太早,也不愿太靠前——他们审慎地考察了形势之后,怂恿他们的儿子,他们的少年名士,走上思想端正的社会主义道路。洛瑞,看准了路线,自动地投身到那边。正像那个时期比较优秀的青年一样,他被若雷斯的魔力慑服,他竭力使自己的演说配合那个大修辞家充满先知式的预见和虚幻的空中楼阁的灿烂言辞。他宣扬知识分子和平民接近的义务。这是他许多雄辩的演说的一个主题。如果说,缺少空闲的平民对此不甚了了,这些演说却感动了闲着没事干的资产阶级青年。洛瑞得到一小群朋友的捐款和帮助,创立了一个学习团体、一种报纸、一个党派。他在这上面花费很多的时间和一点点钱。长于计算的勃里索一家人,也懂得把钱花得恰到好处。他们乐意看到自己的儿子成为新一代人的领袖。他们给将要举行的选举做准备工作。在未来的众议院里,洛瑞的位子是预定了的,他自己也不是不知道。他从小就看见家里人都相信他,成了习惯,他自己也就相信自己。虽然自己并不确切知道自己的意见是什么,却对这些意见有绝对的信心。他一点不傲慢。他充满自信,可是显得那么自然!他干什么都获得成功,这在他也已经成为习惯,以致连引以为骄傲的想法都没有。可是,如果一切不是这样顺手,那倒会使他感到惊奇,他那些最有把握的教条会受到严重的损害。所以他是那么可亲、自私而自己并不知道,而且天真地自私到没有底的程度。善良的小伙子,又是漂亮的小伙子,他不惜给别人一些什么,不过更坚决地要从别人那儿得到些什么,而且认为别人不会拒绝他。纯朴,和蔼,热诚,苛求,他等待着全世界匍匐在他脚边……他确实是非常吸引人。

*　　　*　　　*

安乃德感受到了这种吸引力。她对他的判断是相当准确的,可是,她反而因此更爱他了。她用微笑对待他的一些弱点,对于她,这些弱点是非常珍贵的。她觉得由于那些弱点;他显得不大像大人,倒像个孩子。她愿意他既是大人,又是孩子,这样使她心中舒服。洛瑞有一种迷人之处,那就是他什么也不隐瞒,他把自己整个暴露在外边。他天真的自满,给他一种完全自然的姿态。

由于他热恋着安乃德,他更透彻地吐露自己的衷曲。热烈地,无保留地。无论爱什么,总要爱个彻底。但是他无论看什么,却只能看一半。

他的爱情火焰为安乃德而燃烧,一天晚上,在沙龙里,他表现了滔滔不绝的口才。安乃德什么也没有说,可是她非常仔细地听他讲话(至少他这样想)。她聪明的眼睛反映出他自己的思想,而且更为清晰,更为飘逸。她的微笑使他感受到善于辞令的快乐,并且感到安乃德和自己分享了这种快乐而增加了甜蜜……她,那个谛听他的人儿,样子是多么美啊!在这双注意力集中、含情脉脉的眼睛中,在这表示一切都明白了的微笑中,可以看出何等令人赞美的机敏,何等与众不同的灵魂!……虽然他独自一人在说话,他却有和安乃德一起在说话的幻觉。总而言之,他说话仅仅是为了她。他觉得,由于这种内心的对白,由于这种无言对答的神秘交流,他仿佛被提高到自己之上……

说真的,安乃德并没有怎么听。她的聪明足以使她很快就抓住洛瑞思想的大意,她按照习惯,心不在焉地听他那些匀称美丽的词句。可是她利用对方忙于卖弄口才的时刻,仔细看他:眼睛、嘴、手和他说话时下巴的动作,他那像嘶鸣中的小驹般的鼻孔,他那种将几个字母发成卷舌音的温和样子,以及这些所表达的一切,外表和内容……她善于观察。她看出他想叫别人赞美的愿望,她看出他想讨人喜欢的意趣,他想叫她认为他漂亮、聪明、善于辞令、令人惊奇。而她也一点没有觉得——(可是,有一点点,稍微一点点)——对方滑稽可笑。相反,面对这一切,她心动了……

(“对呀,亲爱的,你真俊、真迷人,聪明、有口才、惊人……你要我轻轻微笑一下吗?……得,亲爱的,我给你来两个微笑……再加上我温柔的眼色……你满意吗?……”)

于是他显得非常幸福,非常光荣,更加起劲地叽叽喳喳,像一只春天的鸟儿。她看到这些,心里笑了起来。

他品味着对方的夸奖,把这种夸奖当作美酒喝下去,不掺一点嘲笑之意。喝完了还嫌不够,他永不知足。他陶醉于自己的歌唱,并且把自己的歌儿和赞美他的那个人儿混在一起。她显得是他自身所有的美丽、纯洁和才华的人格化。他爱慕她。

她呢,当她看头几眼的时候,爱情已经降临在她身上——当她感觉到自己被对方对她的爱慕所沉浸,她不再做丝毫抵抗了。即使她用来掩护自己心跳的那种温和的讽刺,像武士护胸的甲胄似的,也脱落了。于是她把赤裸的胸脯献给爱情。她是这样地渴望柔情!能在诱惑她的这个人嘴唇上畅饮柔情,是多么甜蜜(她预先享受这种甜蜜)!他用这样热烈的冲动,先意承旨地将嘴唇送到她面前,这一事实使她充满了热烈的感激……

火焰真的点着了。各人都被对方的欲望所焚烧,并且以自己的欲望作为燃料,使对方的欲望燃烧得更旺。一个人越兴奋,他期待于对方越殷切;而对方也就越努力去超越这种期待。这是非常令人疲乏的。可是他俩都有无穷的青春力量可以消耗。

在眼前,安乃德的青春力量处于被动地位。人家不让她扮演别的角色。洛瑞向她入侵……她被淹没了。他几乎不让她有喘息的时间。他外露的、外溢的天性,需要什么都说,什么都告诉人。未来、现在和过去。而且说起来没个完!洛瑞占的地方不小!但是他也愿意什么都知道,什么都到手。他不管三七二十一,闯入安乃德的秘密天地。安乃德手忙脚乱地防守她那些最后的据点。她有点儿冒火,同时感到高兴和好玩,面对这种入侵,她仿佛有那么一点要表示倔强的意思;可是入侵者是这么可爱!……她就任人摆布,享受着极大的快感;在她这样忍受思想上的强奸时——(“Et cognovit eam……”他并不怎样认识她!……)——有一些表示愤慨和表示乐趣的秘密动作……

把自己整个儿交给人家,这是不太谨慎的。有一些在推心置腹时所说的私房话,日后有被知己者用来作为武器的危险。然而安乃德和洛瑞却不大顾虑这些。在这恋爱的时刻,被爱的人无论什么都不会令对方讨厌,都不会令对方惊异。所有被爱者的心腹话,远不至于使情人吃惊,却好像在满足对方未经表白的心愿。洛瑞随随便便谈心时,不比别人更检点——甚至更不检点——而安乃德宽宏大量的耳朵,却不知不觉地把洛瑞的话忠实地记录了下来。

他俩把各自的过去和现在,都作为双方共同所有,不管他们这样做可以得到怎样的乐趣,他们的现在和过去却都沉溺在对于来来,对于他们共同的未来的幻梦中。因为,虽然安乃德什么也没有说,没有答应,她和洛瑞的结合,却已经那样地被人认为势在必行,非此不可,以致安乃德自己到最后也觉得好像她已经表示同意。她幸福的眼睛半张半合,她听洛瑞用不倦的热情陈述——(他是这样的人,对于明日的享受,总是甚于享受今天)——他的思想和行动的美好前程……谁的前程?洛瑞的前程。不用说,也是安乃德的前程,既然她是洛瑞的一部分。对于这种吞并,她并不以为意,因为她听、看和吸饮这奇妙的洛瑞都忙不过来。他谈了很多的社会主义、正义、爱情、被解放的人类。他确实神采焕发。在口头上,他的慷慨大量是无边无垠的。安乃德很激动。想起她能够和这种强有力的仁善相结合,她感到陶醉。洛瑞从不问她的意见如何。不用说,她的意见是和他相同的,她不能有别的意见。他替她发言。他在说话,替他俩说话,因为他说得比较好。他说:

“我们将要干……我们将要有……”

她并不抗议。她倒是要谢谢他。这一切是这么广阔,这么含糊,这么超脱,所以她毫无理由在那里边感到不自在。洛瑞整个儿是光明,整个儿是自由……稍微有点儿迷蒙,也许。安乃德也许希望说得更精确些。可是这得慢慢来,不可能一下子什么全都说完。让乐趣延长一些时候!……今天,只要享受这些一望无际的地平线就行……

她享受的首先是那迷人的脸庞,是他俩健美的、含情的身体的炽热吸引力,在身体上突然通过电流,通过使他俩都膨胀起来的那种感官的热潮,两人都富于贞洁的青春力量,健康,茁壮,而且灼热。

洛瑞的词锋,在他说话中辍时,反而显得最有作用,在那个时刻,最后几句话余音袅袅,给他俩展开了令人兴奋的憧憬,他俩的视线会合在一起,这突然的接触好比一次拥抱。于是,在他们身上燃烧起这样强的欲望,以致他们呼吸都中止了。洛瑞再也想不起卖弄,想不起说话了。安乃德再也想不起人类的未来,甚至连她个人的未来都不去想。他们把一切都置诸脑后,周围的一切,沙龙和众人,都忘掉了。在那一瞬间,两人合成了唯一的生命,一块燃烧的火漆。除了自然的欲望之外,什么也没有——像烈火一样吞噬一切,纯洁而独一无二的自然欲望。稍后,安乃德两眼蒙眬,双颊火红,从晕眩中自己挣脱出来,感到一种使她战栗和陶醉的必然的结果:总有一天,她会抵挡不住……

*　　　*　　　*

无论对于谁,他们两人的爱情都已经不是个秘密。他们都不会遮掩这种热情。安乃德尽管闭口无言,也不中用,她的一双眼睛在替她说话。在旁人看来,正如在洛瑞看来一样,安乃德用眼色表示无言的认可是那样地雄辩,以致她好像已经是心照不宣的未婚妻。

只有勃里索家的人一直看得清楚,知道安乃德并没有同意。对于洛瑞求爱的表白,安乃德无疑喜欢听,而且显然感到乐趣。然而她避而不答,她有足够的办法,将谈话转移到某一个大题目上去,于是天真的洛瑞,放弃了原来的目标去追逐影子,跑得老远老远,越说越高兴。这一次,安乃德又什么都没有说。勃里索家的人,是一些谨慎的人,他们对这套把戏观察了两三次之后,决定插一手。并不是他们对安乃德的决心,以及对这样出色的对象能给她的幸福感到怀疑。可是,归根到底,年轻姑娘们莫名其妙的任性,是不可不防的!他们懂得人生,他们懂得人生道路上的陷阱。他们是老奸巨猾的法国外省人。当人们期待着的决定老不见到来,为了谨慎起见,必须前去迎接它。于是勃里索家的两位妇女出马了。

有一种微笑,在巴黎熟人圈子里,大家管它叫"勃里索微笑"。这是一种粗俗而温和、殷勤而高傲的微笑,带调侃的意味,可是有分寸,有分量,好像什么都早已知道,充满了善意,可是完全漠不关心;它双手满满地捧起东西献给别人,可是结果,两手什么也没有放,仍然是满满的。——勃里索家的两位妇女,满脸是这样的微笑。

勃里索夫人,洛瑞的母亲,是个高大健壮的妇人,面庞宽阔,双颊肥满,营养很好,全身圆实,体态沉重,胸脯丰隆,而谈吐娓娓动听,过分地恭维人,使诚恳的安乃德感到很窘。但这并不是专门对待安乃德一个人的——(她不久就看出了这一点,松了口气)——这种夸奖的语调是慷慨地分赠给大家的。一种经常性的玩笑口吻,陪伴着这种恭维的语调,在勃里索一家人的习惯中,这是礼貌地标志他们天生对于一切心中有数,同时标志着他们老老实实地接受这种天赋。

勃里索小姐,洛瑞的姐姐,也是身材高大健壮的女人。她金黄色的头发色泽很浅,浅到几乎发白,失去色素。她在面颊敷一层淡云似的白粉,嘴唇上画一条口红。她以路易十五时代的彩粉画作为模仿的理想。她很可以让讷蒂耶[1]照样画一幅勃艮第的福柏[2]神女,她装模作样,苍白无血色,可是肥壮多肉。母亲管这粗壮的女儿叫"我可怜的小宝贝",因为,身体健康得出奇的勃里索小姐,看到镜子里自己苍白的脸色,就认为自己的体质必定很虚弱。可是她并不利用这种情况,让别人娇惯她。她借此更好地显出她的精力,这样就更有权藐视那些比她软弱的、无病呻吟的女性。真的,她是令人钦佩的,很活跃,不知疲倦,什么都读,什么全看,什么都知道,又会绘画,又懂音乐,又谈文学。她每天随同勃里索太太去完成她们的拜访计划,她们必须在规定的时间内,到两百或三百处去进行拜访,又要接待别人的回拜,留客晚餐;此外,还去听音乐演奏,去看戏,到众议院去旁听,去参观展览会。她一点不畏缩,不喊累,除了在适当的时刻,勇敢地抑制自己的叹息声——而且她善于保养自己的身体,胃口很好(全家人都是这样),睡觉总是整宵无梦,睡到天亮。她不但能控制自己的身体,而且能控制自己的情感。她从容不迫地准备和一个做官的人结婚,这人四十岁上

① 讷蒂耶(1685—1766),法国画家,擅长肖像画。

② 福柏,希腊神话中的巨人之女。

下,那时正任海外某个大殖民地的总督。她丝毫没有想陪那个人到海外去。在这位东床快婿能够在法国给她安排好一个适合她身份的地位以前,她不愿离开巴黎,也不愿放弃勃里索家的姓。再者,她知道如何使上级机关不忘记这位快婿。她和他互相按时通信,热情友好而谈一些实际事务的信。这个远距离的勾搭,已经继续了好几年了。要到合适的时候,才能结婚。她并不着急。丈夫的年龄是大了一点,可是那样反而更好,更适合勃里索小姐的口味。她是很有头脑的人。——提起有头脑,勃里索家的人从来都是这样的。而勃里索小姐的头脑,则是很卓越的政治头脑。她母亲说,按照勃里索小姐的天资,足可以成为一个埃杰利①。勃里索夫人赞美勃里索小姐洞达事理。勃里索小姐赞美勃里索夫人治家的天才和她的风趣。她们两人互相做亲热昵爱的怪样。她们当着安乃德的面亲吻,非常动人。

为了奉承安乃德,母女二人的互相崇拜只好收敛一些。两人一个劲儿地恭维安乃德的人品,恭维她的房产、她的衣饰、她的爱好、她的敏慧、她的秀丽。过分夸奖的口气,使安乃德听了有一点刺耳,可是,人们对于别人给自己戴高帽子,总不至于完全无动于衷的,尤其是这里所谓“别人”,仿佛就是自己心爱的那个人的使者。很难怀疑事情不是这样的,因为那两位勃里索家的女士,在她们的谈话中不断提到洛瑞的名字。她们把对洛瑞的夸奖,和对安乃德的夸奖交织在一起;她们含笑地、坚持地影射安乃德给予洛瑞的印象,影射安乃德对洛瑞说过、而洛瑞立刻就热情地转告她们的话——(他什么都转告别人,安乃德生气了,可是也很感动)——她们称赞洛瑞的辉煌前程;并且勃里索夫人采取了一种深沉的语调,说她希望,她有信心,洛瑞一定可以找到——已经找到——配得上他的终身伴侣。她不提任何人的姓名,可是大家心里明白。所有这些小小的诡计,在二十步之外用肉眼就可以看穿。她们愿意被看穿。这是一种集体游戏,大家都必须围绕一个挂

① 埃杰利,罗马神话中的女神,有预言和立法的神通。

在口头的字说话,可是不许说出这个字来。勃里索夫人的微笑,仿佛就是在等待这个字从安乃德嘴里说出来,仿佛就是为喊一声:

“输了!”

安乃德微笑着,张开嘴来。可是那个字不出来……

安乃德有时被勃里索家邀去,在他们普罗旺斯路的寓所里,和一家人亲密地过一个夜晚。她认识了勃里索老先生,身形又大又胖,在密密丛丛的眉毛下,闪着狡黠的眼睛,红光满面,短短的灰白髭须,神气像一个诡诈而表面慈祥的诉讼代理人,他拼命地向安乃德献过了时的殷勤,说一些过了时的打趣话。他也想参加集体游戏,然而他的那些绕弯儿的言谈反而大煞风景。安乃德慌张了。勃里索太太对她丈夫暗暗示意,叫他别再瞎掺和。于是他就站在局外,用嘲笑的神气,斜着眼睛瞧别人玩儿,承认这不是他的事儿,女人们会比他完成得更好。

很巧妙地,勃里索夫人先请三四个最好的知己和安乃德一起到家里来。接着,请两个;接着,请一个;最后,安乃德以外的一个也不请了。这样,安乃德就成了单独一人,和勃里索家四个人在一起了。“都是一家人。”勃里索夫人说,声调充满非常动人的做婆婆的希望。安乃德感觉这里边有文章,可是她并不回避。她实在太乐意和洛瑞在一起。安乃德由于对洛瑞满怀温情,对他家里人就不计较了。在这个环境里暗暗地使她厌烦的一切,她装作看不见。凭女人细心的本能,勃里索母女对上述情况引起了警觉。虽然她们的自尊心是那么强,她们却绝不会让自尊心妨碍她们的利益。她们两人心照不宣,懂得销声匿迹,话说少些,不让自己的心事全部漏底,设法使两个情人常常有单独在一起的机会,不去打扰他们。洛瑞的利益只有他自己才是最好的维护者。越来越钟情的洛瑞,对于安乃德的含蓄态度感到不放心。如果他母亲和姐姐不提醒他,他对这一点还不会有这样深刻的印象。自从他的自信心受损伤,他变得从未有过地吸引人了。他不再发表演说,他的口才失灵了。生平第一次,他竭力想猜测别人的心思。坐在安乃德身旁,洛瑞用谦卑和热情的眼色,吞噬并且恳求那个谜一般的姑娘,他想猜透这个哑谜。洛瑞的慌乱,以及在他身上是如此新颖的那种腼腆,他在窥视安乃德每一个动作时那种战战兢兢的期待,对于安乃德是一种享受。她也深为震动。有时,她差不多俯身凑近他,要对他说出决定性的一句话。——虽然如此,她还是不说。到最后一瞬间,她猛的一下向后退缩,本能地,自己也不知为什么,她突然推开了洛瑞正打算向她求爱的表示,也推开了她自己的招供。她没有落网……

这样一来,网子又兜上来了。在一间紧邻的沙龙里,勃里索夫人和小姐轻手轻脚地在注意这边缺少成果的交谈。安乃德和洛瑞有时看见她们穿过这边的沙龙,含着笑,忙忙碌碌地。在走过的时候,她们顺便说一两句友好的话,可是她们不站住。于是两个青年人继续他们漫长的谈话。

一天晚上,他们两人心不在焉地翻阅一本照片册子,这是一种借口,为了两人可以头并头,轻声谈心。这时,沉默了一阵,突然间,安乃德察觉到危机。她要想站起来,可是洛瑞的一条胳膊已经围住她的腰身,于是小伙子热情的嘴唇吻在她半张的嘴上。她还想设法抵抗,但是自己怎么能够抗拒自己呢!她的嘴唇,正想摆脱对方的接吻时,反而还吻了对方一下。不过她还是想挣脱,正在这时,他们听见沙龙的另一端,勃里索夫人激动的声音响亮地喊道:

“啊!我亲爱的女儿!……”

于是她叫:“阿黛尔!……勃里索先生……”

弄得莫名其妙的安乃德,在一瞬间发现自己已经被得意扬扬、充满温情的勃里索全家人包围起来。勃里索夫人不断地亲安乃德,同时用手帕擦自己的眼睛,一再地说:

“你好好地爱他吧!”

勃里索小姐说:

“我的小妹妹!”

而那位总是不三不四的勃里索先生,却说:

“好容易!……你费的时间可不少!……”

在这同时,洛瑞跪在安乃德面前,亲她的双手,用恳求的眼色看着她,这眼色是虚怯的,又有点惭愧,既在告饶,又在祈求:

"你可别说不!"

呆若木鸡的安乃德,让别人亲她;她眼看那双她所爱的眼睛的哀求神色,觉得手脚整个被捆住了。她还做了最后一次努力,想抗议说:

(——可是,我什么也没有说!……)

但是她看见在洛瑞的眼睛里反映出这么真切的伤心的情绪,她受不住了,她只好强迫自己微微一笑,于是洛瑞的脸上立刻放出幸福的光辉,她的脸上也焕发着使别人快乐而得到的快乐。她双手捧住他的脑袋。洛瑞站起,高兴得叫了起来。于是两人在亲人们祝福的眼光注视之下,互相亲了订婚的吻。

夜里,安乃德独自一人在她家里的时候,心里难受得要命。她已经属于别人了。她把自己给了别人……给了别人!把她的生命给了别人!……她的心都焦虑得发紧了。

她把刚刚接受下来的那种婚姻关系的约束力量看得过分严重。她不像那些摩登女郎,她们会当着未婚夫的面,拿离婚问题满不在乎地来开玩笑。她不愿意一只手给别人东西,另一只手去收回。她已经不是她自己的了,她是勃里索家的人了。——于是,突然间,她觉得勃里索家的人是她的仇敌。几个星期以来,她所见的一切,重新出现在她眼前,线条特别清楚:他们步步紧逼的一切活动,目的在于包围她,他们侵犯她自由的阴谋,最后为了出其不意地逼她表示同意而演的那出喜剧……(洛瑞,洛瑞本人在这一切活动中是不是同谋?……)——她气得毛发倒竖,好似一头被围困的野兽,眼看包围的圈子愈收缩愈紧,觉得自己已经完蛋,准备低着头向猎人们冲过去,为了杀出一条路,或者索性一死,但是先要报仇。在勃里索一家人身上使她讨厌的一切,直到那时为止她故意不去想它,现在第一次变本加厉地出现在眼前,那么可憎,那么令人不能忍受……甚至洛瑞!……她决不能陷在他一个人的小圈子里生活，决不陷在这一家人的小天地中过日子，这种小天地的利害得失与她不相干，而且永远不会与她相干。她决定毁约……

毁约，她刚刚给了人诺言，还能毁约吗？洛瑞允许不允许她这样做呢？……必须叫他允许！他不能够阻止她……一想到洛瑞要反对，安乃德恨他。在这个时刻，对方的痛苦不算数了，为了恢复她的自由，她会毫不犹豫地碾碎他的心……一会儿，她仿佛又看见了他恳求的眼神。这一下她心慌意乱了……不管这些！受了威胁的生命的利己主义，人要保全自己的本能，比怜悯更为强烈！她必须拯救自己。谁挡住她的路，谁该倒霉！……

整整一宵，她在床上翻过去，转过来，浑身发烧似的睡不着，她把她将要和洛瑞发生争执的场面，预先体验了一遍。她说，她试着说她自己以及洛瑞将要说的一切话。她设法说服他，她争论，她发火，她又可怜他，又讨厌他。——到天亮时分，她已经精疲力竭，可是下定了决心。她要去找洛瑞……要不，不去找他！她给他写封信，在信上，她可以更自由地把要说的话说到头，不会被对方打断。她要和他们破裂。为了避免勃里索家的人来反攻，她决意离开巴黎，到巴黎附近的一个旅馆中去躲几天。一起床，她就写信，信中的措辞她已经在脑袋里转了一百遍。接着，她匆匆忙忙地做动身的准备。

她正在准备，洛瑞出其不意地来找她了。她没有预先交代闭门谢客，没有想到他会来得这么快。他进来了，走在进来通知客到的仆人前面，爱情使他迫不及待了。他拿着鲜花。他充满幸福和感激，而且他是那么温柔，那么年轻，那么诱惑人，以致安乃德一见他的面，再也没有力量开口。她的全部极好的决心都被抛在脑后，刚刚瞧了对方一眼，她的心又被他占领了。由于爱情令人惊异的反复无常，她马上发现有许多理由可以跟洛瑞结婚，正和一分钟以前她反对结婚的理由同样多。她试着想斗争，可是在她那因通宵忧虑而眼圈发黑的眼睛里，却闪动出欢乐的笑意。她瞧她的洛瑞在用陶醉的眼色吞噬她，于是她心想：

“可是我已下了决心……可是我必须下决心……我下了什么决心呀？……”

但是有什么办法知道呢，当对方用这样一种眼神，看得你好像把你的灵魂都摄了去！……思想，怎么思想，怎么能使自己重新定下神来！……她说不清怎么回事，她迷路了……在目前，觉得有人在爱自己，这是多么舒服呀！……她所能办到的，充其量，不过是——经过极大的努力——要求洛瑞不要急于结婚……而洛瑞立刻就摆出那样失望、那样伤心的神情，使得安乃德没有勇气继续讲下去。怎么能叫这样亲爱的小伙子难受呢？她赶紧温柔地叫他放心，对他说她爱他。她很软弱无力地企图推迟结婚的期限，而对方则好像生命攸关似的竭力反对。到末了，双方经过一场充满爱情的要价还价之后，各人退让一半，于是婚礼定在仲夏举行。

说完之后，洛瑞走了。安乃德，不知如何是好地对着镜子，重新想起她那些犹豫不决的问题……怎样能得到解决呢？她静静瞧着她准备了一半的行装。

“白折腾！”她说。

她耸耸肩头，笑了……洛瑞多么迷人！……她把打算装箱的内衣和什物，重新放入衣柜……

“话说回来，”她想，“我不愿意，我不愿意！……”

神经紧张，她把一叠衬衫掉在地上……噼里啪啦！那些梳洗用的刷子也跟着往下滚……她向这一堆东西踢了一脚，很不耐烦……

接着，她俯身从地板上又把这些东西都拾起来。收拾了一半，她感到厌倦，就坐在地板上，对于自己的意志，不觉得有什么值得骄傲之处……

“管它！”她说，一边伸躺在地毯上，“我还有四个月的时间可以变卦……”

身体俯卧着，把脸埋藏在一个椅垫里，她在计算日子。

*　　*　　*

勃里索家的人，为谨慎起见，表示同意安乃德要推迟婚期的愿望，他们不愿意显出太迫不及待，以致把已经办成的事弄糟。可是他们觉得在等待结婚的几个月里，有必要包围安乃德，人们不能让她一个人独自待着：这奇特的姑娘始终有漏网的危险。

这时已经快到受难主日①。勃里索邀请安乃德到他们在勃艮第的住宅去度复活节前后的几个星期。安乃德无可奈何地接受了邀请。她很想去，然而又害怕：怕在已经将她拴住的锁链上再增加锁链；怕彻头彻尾被人抓在手中，也怕一切都砸碎；还怕别的一些事情，那些更危险的、她不愿意瞧的事情。她并不要离开爱情悬而不决的境界，在那里，她像坐在摇篮里一样，听其自然地摇摆着，她感到一点痛苦，但觉得其中也有迷人之处。她愿意延长这种情境。不过她明知道这是不健康的；而面对洛瑞，她没有权这样做。

她终于决定将自己的心事向西尔薇倾吐。关于她对洛瑞的爱情，她还从来不曾对西尔薇提过一个字。虽然她平常什么也不瞒着西尔薇，关于所有别的小伙子们，她常常对西尔薇谈……对呀，可是别的一些小伙子，她不爱他们！而洛瑞这个名字一直是放在一边不提。

西尔薇大嚷大喊，管她叫“藏头藏尾”；安乃德设法对她解释自己的犹豫不决，自己的顾虑和苦恼，听了这些，西尔薇狂笑起来。

“说到末了，你那个鸟儿，他长得漂亮吗？”她问。

“漂亮。”安乃德回答。

“他爱你吗？”

“爱我。”

① 复活节前两周的星期日。

“你爱他吗?”

“我爱他。”

“这么说来,还有什么事阻挡你呢?”

“啊!困难得很!叫我怎么说好呢?……我爱他……我很爱他……他是那么讨人喜欢!……”

(她开始得意扬扬地描绘起洛瑞来,西尔薇用嘲笑的眼色看着她。她不说下去了……)

“我很爱他……很爱他……可是,同时,我也不爱他……在他身上有些东西……我不能够和这一起生活……我绝不能……再说……再说,他太爱我了。他想把我吃掉……”

(西尔薇哈哈大笑起来。)

“……真的呀,整个儿吃掉我,要吃我一辈子,吃掉我的全部思想,我呼吸着的全部空气……啊!我的那个洛瑞呀,是个食量很大的人!在餐桌上,叫人瞧着高兴……他胃口很好……可是,我呀,我不愿意让别人吃掉。”

安乃德也开怀大笑。西尔薇也笑,她坐在安乃德膝上,双臂环着安乃德的脖子。安乃德又说:“感觉到这样被人吞了下去,真是吓死人,活活地吞了下去,自己一点也不能剩下,什么也不能保留……而他呢,并没有这些顾虑……他爱我爱得要发疯了,可是,你瞧,我有一个念头,我觉得他连设法了解我都不曾试过,他才不为这个去操心呢。他来了,他伸手就拿,他将我带走……”

“这样啊,好得很呀!”西尔薇说。

“你光想那些蠢事!”安乃德说,一边把西尔薇搂在怀里。

“那么你要我想些什么呢?”

“想想结婚。这是件严肃的事情。”

“严肃!啊!对,并不是了不起的严肃!”

“什么!这还叫不严肃,把自己的一切都给别人,什么都不保留?”

“谁跟你说这些?想必是个疯子才这样说!”

“可是他,什么都要!”

西尔薇笑得身体扭来扭去,像一条小鱼儿。

“啊!嘎乃德[①]!大傻瓜!呆头呆脑!……”

(在西尔薇看来,自己愿意说什么就说什么,愿意给什么就给什么,同时,无须说,把剩下的自己都留下来,这都是多么简单!她对于男子和他们的要求,怀着一种带有情感的嘲讽。他们并不很精灵!……)

“可我也不很精灵呀。”安乃德说。

“啊!说起这个!”西尔薇说,“你对什么事都这样认真。”

安乃德很遗憾地承认这一点。

“这是很不幸的,无论如何!……我愿意跟你一样,你运气好!”

“咱们交换一下!把你的运气给我!”西尔薇说。

安乃德丝毫没有交换的意愿。——西尔薇离开她的时候,她心里踏实了一点。

话说回来,安乃德自己不理解自己!她觉得莫名其妙。

“奇怪得很!”她心里想,“我愿意什么全给别人。可是我也愿意什么全保存下来!……”

到第二天——她动身的前夕——她正在一边忙着结束准备行装,一边又开始苦恼着。一个古怪的客人来访,增添了她的不安,同时使这些不安的情绪更加清晰。仆人进来通报,说玛赛尔·法朗克到了。

很客气地寒暄了几句之后,他就间接提到安乃德订婚的事,洛瑞已经到处都讲开了。他很和蔼地向安乃德祝贺,他的语调和眼色,带着柔和的讽嘲和友情。安乃德觉得和他在一起非常自在,如同跟一个眼光锐敏的友人在一起一样,你不需要什么都告诉他,也不需要向他隐瞒什么,因为话说一半,双方就能互相了解。他们两人谈起洛瑞,玛赛尔·法朗克含笑表示羡慕洛瑞。安乃德知道他说的是真情,因为玛

① 安乃德之戏称[嘎乃德(Canette),又可以作“小母鸭”解]。

赛尔对她也产生了爱情。可是在两人之间,一点也没有慌乱之感。她问他对于洛瑞的意见,因为他和洛瑞是亲密的朋友。玛赛尔夸奖洛瑞,可是,由于安乃德再三要玛赛尔少说应酬的话,他打趣地说,不必由他来描绘洛瑞,因为安乃德自己对洛瑞同样地熟悉。而且,他一边说着这些话,一边用这样深刻的目光注视着她,以致她一时为之愕然,把眼转向别处。接着,当她也注视他的时候,她重新发现了他机敏的微笑,这表示两人心照不宣了。他们谈了一阵不相干的事情,突然间,安乃德打断了话头,心里有件事放不下:

"请你坦率地告诉我,"她说,"你觉得我做错了吗?"

"我决不能说你不对。"他说。

"不,不要说客气话!你是能告诉我真话的唯一的人。"

"你可是知道,我的处境是特别微妙啊。"

"这我知道。但是我也知道,你这种处境不至于影响你判断事情时的那种真诚。"

"谢谢你!"他说。

她接着说:

"你认为我们都不对吗,洛瑞和我?"

"我认为你们都弄错了。"

她低下头去。接着,她说:

"我也这么认为。"

玛赛尔不回答。他继续瞅着她,并且继续微笑。

"你为什么微笑?"

"我早就知道你一定是这么想的。"

安乃德把眼睛凑近了,说:

"现在请你告诉我,你看我怎么样?"

"我要说的你全都知道。"

"你可以帮助我看得更清楚些。"

玛赛尔告诉她:"你是一个容易钟情但是永不驯服的女性。你经常不断地钟情(对不起!),经常不断地叛逆。你有将自己给予别人的需要,也有将自己保留起来的需要……"

(安乃德不禁微微地一震。)

"我冲撞你了吗?"

"不,不,正相反!这是多么真实呀!说吧!再说下去……"

"你是个独立不羁的人,"玛赛尔接下去说,"而你却不能够孤独地生活。这是自然的规律。你对于这一规律感受得比别人更强烈,因为你比别人更生气勃勃。"

"对呀,你了解我!你比他更了解我。但是……"

"但是你爱的是他。"

语气之中一点也没有辛酸的意味。非常友好地,他们相对而视,对于这种奇怪的人性,觉得很好玩。

"生活不容易,"安乃德说,"两人一起生活不容易。"

"那倒不见得,本来是很容易的,如果不是若干世纪以来,人们想尽办法互相拘束,使生活复杂化。只要抛开这些拘束就行。可是,不用说,我们那位最好不过的洛瑞,正和任何一个老派的善良法国人一样,连这样的念头都没有。如果他们觉得自己身上失去了那些老旧的拘束,他们就不知所措了。'哪儿要是没有拘束,哪儿也就没有乐趣……'尤其是,自身受拘束时,也就拘束了旁边的人。"

"那么你对于婚姻有什么看法呢?"

"看作利害关系和乐趣的聪明结合。生活是双方共同经营的葡萄园,两人一同培植葡萄,一起收获。然而两人并不一定要老是面对面地在一起喝葡萄酒。一种双方各自掌握然而是相互的殷勤关切,将乐趣像一串葡萄似的要求对方,或给予对方,并且不动声色地让对方到别处去完成对于葡萄的采摘。"

"你说的是,"安乃德问,"通奸的自由吗?"

"老旧的过了时的字眼!"玛赛尔说,"我想说的是爱情的自由,一切自由中最主要的一种。"

“这是对我最无关紧要的一种,”安乃德说,“对我来说,婚姻并不是十字路口,在那儿,人们将自己给予所有的过路人。我只委身于一个人。到了我不再爱他,我爱上了别人的那天,我将和这第一个人分离。我不会将我自己分给几个人,而且我不能忍受这种分割。”

玛赛尔做了一个讽刺的姿势,好像是说:

“有什么关系呢?……”

“你瞧,我的朋友,”安乃德说,“说到最后,我和你的距离,比和洛瑞的距离更大。”

“你原来也是属于善良的老派的,”玛赛尔说,“‘让我们互相拘束吧’?”

“婚姻的唯一伟大之处,”安乃德说,“在于唯一的爱情,两颗心的互相忠实。如果婚姻丧失了这个伟大之处,它还剩下什么呢,除了一些实际生活上的便利?”

“这也并不是一钱不值的。”玛赛尔说。

“这是不够的,”安乃德说,“不足以补偿婚姻所要求的一切牺牲。”

“如果你这样判断,那么你还有什么可抱怨的呢?别人想法把你从锁链中解脱出来,你反而在锁链上加钉子。”

“我所要的自由,”安乃德说,“并不是感情的自由。我觉得我是足够坚强的,不论我把感情交给了谁,我能保持它不变。”

“你有把握吗?”玛赛尔从容不迫地问。

安乃德并不是那么有把握!她也产生过怀疑。现在说话的是她母亲的女儿,而不是整个安乃德。但她不愿意承认没有把握,尤其不愿意在辩论的时候,向玛赛尔承认。她说:

“我要这样。”

“意志,在这些问题上!……”玛赛尔含着他那种机灵的微笑说,“就好比人们硬把一盏红灯说成绿灯一样。爱情却是一盏可以变换光度的灯。”

可是固执的安乃德说道：

“我可不！……我不要！”

她完全感觉到，既需要变换，又需要继续不变，对于两者她有同样的要求。这是任何强烈的生命的两种热烈的本能。但是这两种本能，轮流地感到自己最受威胁，轮流地起来反抗。

玛赛尔，由于他很熟悉这位骄傲而固执的姑娘，就对她礼貌地鞠了一躬。安乃德，她对自己的看法完全和玛赛尔对她的看法一样，有点儿惭愧地说：

“反正，我不愿意……”

对于求实的精神这样让了步之后，她继续说下去，而且更坚决地，因为她觉得现在接触到了她有把握的场地：

“不过，作为双方互相忠实的爱情的交换条件，我愿意各人保留按照自己的灵魂而生活的权利，各走各的道路，各人追求各人的真理，必要时保证各自的活动范围。一句话，各人执行自己的精神生活的规律，不能为了另一个人的规律而牺牲自己的规律，哪怕这个人是最亲爱的人。因为任何人没有权利将另一个人的灵魂，作为自己的牺牲品，也没有权利将自己的灵魂给另一个人做牺牲品。否则是一种罪行。”

“美得很，亲爱的朋友，”玛赛尔说，“不过，我呀，你知道，说起灵魂，我是外行。也许洛瑞要比我内行得多。可是我担心，在这种情况之下，他对于灵魂问题也许理解得和你不一样。勃里索家的人会在他们家庭圈子里，除开自己的政治利益和私人利益的规律之外，设想另一种‘精神’规律，我看是不大可能的。”

“顺便告诉你，”安乃德笑着说，“明天我就到他们家去，到勃艮第去住两三个星期。”

“好呀，”玛赛尔说，“正好借此机会将你的理想主义和他们的理想主义对比一下。他们也是了不起的理想主义者！话说回来，我也许弄错了。我相信你和他们会相处得很好，归根到底，你和他们天生合拍，令人钦佩地合拍。”

“你别故意气我!”安乃德说,“我打那儿回来的时候,也许成了一个十足的勃里索家里人。”

“啊,呀呀！这可是不开心！……不,不要这样,我求求你！……不管你姓不姓勃里索,请给我们保持你这个安乃德!”

“咳！我希望能抛弃安乃德,可是办不到,就怕这样。”安乃德说。

玛赛尔吻了一下安乃德的手,告辞了,一边说:

“可惜,可惜,反正是！……”

他走了。安乃德心里也想,真是可惜。不过她所说的“可惜”,和玛赛尔所说的“可惜”意义不同。玛赛尔把她看得很透彻,但是没有什么用,他对她的了解,并不比洛瑞对她的了解更多,虽然洛瑞并不观察她。要了解她,必须具有比所有这些法国青年的灵魂更“宗教性”的灵魂——更宗教性的自由的灵魂。那些信教的青年,都是天主教传统中人,这传统要求他们服从,并且放弃精神的自由活动(尤其对于妇女)。至于那些思想自由的青年,他们很少关心灵魂的深刻需要。

* * *

第二天,安乃德到达勃艮第的一个小火车站时,洛瑞赶着马车在那儿等候。她一看见洛瑞,心里的忧愁立刻烟消云散了。洛瑞是那么幸福。她的幸福也不下于洛瑞。她暗暗感激勃里索家的那两位女眷,她们随便找了些借口,没有来接车。

一个春天的明朗傍晚。金黄的天边,围绕着一丛丛淡黄色新叶和淡红色耕地软绵绵的波纹。云雀在歌唱。双轮马车在灰白色的大路上飞驰,年轻火气旺的马匹,踏出清脆的蹄声。清新的空气冲击着安乃德红红的面颊,她紧紧地偎倚着她那年轻的伴侣。他呢,一边赶车,一边对她又说又笑,而且,有时突然俯身就着她的嘴唇,顺水推舟地吻她一下。她不抵抗。她爱他,爱他！可是她心里明白,这并不妨碍她过一会儿又开始评判他,也评判自己。评判是一回事,爱情又是另一回事。她爱他,就像爱这新鲜空气,爱这天空,爱这草原上的气息,爱这春天的一个片段一样。到明天,再来把她的思想弄个清楚!她先给她自己放假一天。且让我们来享受这良辰美景!这样的时刻是不会再来的……她仿佛觉得和心爱的人一起,在大地之上飞翔。

他们到家到得太快了,虽然在拐最后一个弯,车子穿过杨树夹道时,让马放慢了步子,而且在作为宅第正面的屏风的高大篱笆底下,在车停下来让马喘喘气的工夫,这两个年轻人一句话不说地,紧紧拥抱了好一阵。

勃里索一家人都很殷勤。他们用很有分寸的言辞,委婉地提到安乃德父亲的往事。在这家庭圈子里,安乃德第一晚就让人无微不至地照顾她,她心里又感激,又激动,她已经有那么久没尝到家庭的温爱了!她想给自己造成一种幻觉。每个人都对她献殷勤。她的抵抗力麻木了……

可是,到了半夜里,她醒来,在这古老宅子的寂静中,倾听一只小耗子在啃噬什么,这时,她的思想里出现了耗子笼这个概念,她心想:

“我被捉住了……”

她感到一阵焦急,她试着给自己讲道理:

“不,不,我不愿意被捉住,我没有被捉住……”

一身紧张的汗水,浸湿了她的双肩。她说:

“明天,我要认真地跟洛瑞谈一谈。必须让他明白我。我们必须老老实实地看一看,两人是不是能够在一起过日子……”

可是,到了第二天,她是那样喜欢和洛瑞重聚,让洛瑞火热的感情把她包裹起来,那样欢喜和洛瑞一同呼吸春天田野令人陶醉的甜意,那样乐于和他一同做着幸福的美梦——(这幸福也许是不可能的,但是谁知道?谁知道呢?……也许就在眼前……只要伸手就行了……)——以致她总把和洛瑞解释这件事推迟到第二天……下一次,又推迟到第二天……再一次,还是推迟到第二天……

于是,每天夜里,焦急苦恼折磨着她,一阵一阵地,心里受到一下又一下的撞击……

“必须,必须谈一谈……为了洛瑞,必须谈一谈……一天天,他在感情中越陷越深了,同时也使我越陷越深。我没有权利不开口。那样,等于欺骗他……”

上帝!上帝!她是多么软弱呵!……然而,在平常生活中,她并不是这样软弱的。而爱情的气息却像阵阵热风,火炽的熏蒸,使你骨节松散,心儿瘫软无力。隐秘的快感,使你感到非常困乏,不敢动弹,不敢思想……灵魂,蜷伏在它的好梦中,不敢从梦中醒来。——安乃德心里明白,只要她稍动一动,这场美梦就会烟消云散。

即使一动不动,时间也在替我们移动,而日子的消逝,就足以带走我们希望保留的幻想。人们处处检点,也是枉然,朝夕相处,日子一久,谁也不能不露出本相来。

勃里索家的真面目透露出来了。笑脸只是门面。安乃德已经登堂入室。她现在看见的是几个忙忙碌碌、面色阴沉的资产者,这些人以浓烈的乐趣,来管理他们的财产。在这儿,谁也不提社会主义了。在大革命的不朽原则之中,人们提到的仅仅是财产私有权的宣言。侵犯这种权利是了不得的事。他们的农林看守不断地忙着告发那些小偷小摸的人。他们自己也在进行严密的监视,对于他们,那是一种充满忧虑的消遣。他们好像跟他们的仆人、佃户、葡萄农以及所有的邻居,都在打伏击战。好打官司,好找人麻烦的精神,本来是他们家庭的特点,也是外省的特点,在这些场合,都得到充分发展。每逢勃里索老爹的陷阱中,抓住一个他久已注意的人,他痛快地笑了。然而他并不是最后笑的人,对方也是勃艮第材料做成的,决不让人乘其不备地抓住他,第二天,他会以自己的手法,发起反击。这样,双方又开始纠缠……

没疑问,安乃德并没有被邀请参加这种纠葛,勃里索一家人之间自己在谈,在沙龙里,或者在进餐的时候谈,而洛瑞和安乃德仿佛在忙他们的那一套。然而安乃德精细的注意力,并不放过周围人们所谈的一切。况且洛瑞常常中断他和安乃德的绵绵情话,来参加那使全家兴奋的谈论。在这些时候,他们情绪炽热,七嘴八舌,抢着说话,把安乃德丢在脑后了。要不,他们把安乃德不知道的一些事情告诉她,叫她做见证。——直到勃里索夫人想起旁边有安乃德在听他们,就一下子打断了高谈阔论,满面堆笑,转过脸来对着安乃德,重新把谈话引到遍地花开的道路上。于是,毫无间奏地,他们马上恢复了和蔼可亲的好脾气。在总的语气上,这是一种粗俚戏谑和过分正经两者的奇怪混合物,正如在这座庄院的生活中,慷慨和吝啬两者夹杂在一起。勃里索先生,兴致勃勃地说一些双关语。勃里索小姐谈论诗歌。在这个话题上,各人都发表自己的意见。他们自以为内行,他们的趣味是二十多年以前的老行市。凡是关于艺术的问题,他们都有固定的见解。他们见解的根据是他们的"朋友某君"经过严格鉴定的意见,而这位"某君",是满身挂着奖章的学院院士。没有比这些大资产者的精神更畏首畏尾——可是神气十足——他们自以为在艺术方面和在政治方面同样高明,而实际上在这两方面,他们同样不高明。因为,不论在这方面或那方面,他们除非等别人已经打了胜仗之后,才能够——有意识地——赶上形势。

安乃德觉得自己和这一切十分貌合神离。她看着,听着,心想:

"我和这些面目究竟有什么牵连呢?"

这两个妇女中的一个,可能妄想对安乃德执行监护人的任务,安乃德想到这儿,连生气都不必,只觉得好笑而已。她自忖道,如果有人赏给西尔薇这么一个婆家,她将做何感想呢?她将要发出怎样的喊叫,和怎样的哈哈大笑呢!……

安乃德有时以笑声回答这种笑声,独自一人,在花园里的时候。有时洛瑞诧异地听到她这样笑,问她:

"什么事使你这样笑呢?"

她回答说:

“什么也没有,亲爱的。我不知道。一些没有意义的事情。”

接着,她竭力恢复规规矩矩的面容。但是她实在控制不住,又哈哈大笑起来,而且笑得更厉害了,甚至当着两位勃里索女眷的面大笑。安乃德为自己的笑声道歉,于是两位勃里索女眷,宽宏大量,同时又有点儿恼,说道:

“这孩子!瞧她非笑个畅快不可!”

然而,她并不是经常笑。在她的好兴致上面,有时突然出现阴云。往往和洛瑞接连几小时兴高采烈地互相温存、互相信任之后,安乃德突如其来地、无缘无故地转入极度的忧郁、怀疑和焦躁不安中。自去年秋天以来她思想的不稳定,在最近几个月双方互爱互恋的生活中,不但远远没有平静,反而有变本加厉的趋势。像一阵阵狂风骤雨似的,有时是出奇的不协调的本能的侵扰,有时动不动就恼火,要不然就是古怪的幽默、调皮的讽刺,与人负气的骄傲,以及无法解释的怀恨。为了把这些一一加以遮盖,安乃德忙得不亦乐乎,而结果并不出色。那时,她似乎陷入一种含敌意的、令人不放心的沉默中。由于她始终保持清晰的智慧,上面所说的那些变化多端,使她感到诧异,她责备自己不该这样,这样也改变不了什么。不过,由于意识到自己的缺点,使她对别人的缺点,对那些“丑猴儿……”的缺点,(又来了!……没礼貌的家伙!……“对不起!我下次不这样了!”)也能包涵——这种包涵是故意的,不是真挚的。既然他们是洛瑞的亲人,她应当接受他们,如果她接受洛瑞的话……整个问题在于安乃德接受不接受洛瑞。至于其余,我的上帝,其余就没有多大关系了,如果是两个人结合起来进行自卫。

只不过,是不是两个人在一起呢?洛瑞会不会保卫她呢?而且,在她自己搞清楚是否接受他之前,还得问问洛瑞,当他终于看清她是怎么回事之后,是不是能以慷慨的心情,真诚地接受她?因为到目前为止,他只看见她的眼睛,她的嘴。至于她想的是什么,要的是什么——也就是真正的安乃德——几乎可以说,洛瑞并不很想了解;他觉得按他自己的意思去设想一个安乃德,更方便些。安乃德却怀着这样的希望,认为在爱情的帮助下,双方既已经勇敢地互相看透了对方的心,并不是不可能互相这样说:“我要你。我要你,就像你现在这样。我要你,连同你的那些缺点,你的那些魔鬼,你的那些苛求,以及你的生活规律。你就是你那个样子。就像那样,我爱你。”

在她这方面,她知道自己能够采取这样一种爱情行动。最近这些日子,她仔细地观察洛瑞,用笑吟吟的眼睛,一切都在这种眼睛里得到反映,而别人却不注意。洛瑞,现在他已经不处处提防了,常常显得比安乃德所料想的更富于勃里索味道,他对于他们家族的利益和争吵十分感兴趣,在这上面,他贡献了和他家里人同样的精神。他有某些比较狠心和狡黠的小地方,并不让安乃德喜欢。可是她不愿对这一切做严厉的判断,如果对于别人,她可能要严厉一些。洛瑞身上的这种表征,在她看来好像是模仿别人的。她仿佛觉得洛瑞在许多事情上,还是没有定见的孩子,他在自己的亲人们面前俯首帖耳,尽管他喜欢说一些空洞的大字眼。虽然安乃德开始看穿他的那些社会革新计划没有多少内容,虽然她对他口头上的理想主义,已经不再轻信,她却并不责怪他,因为她知道洛瑞不是故意欺骗她,而第一个上当的倒是他自己;她甚至怀着一种温柔的嘲弄之意,准备替洛瑞扫清他前进道路上可能扰乱他幻想的一切事物。为了生活,他需要幻想。连他天真的利己主义,他有时以笨重的方式显示出来的利己主义,也不引起安乃德反感,她觉得这是并无恶意的。归根到底,他的所有缺点,都是软弱性的缺点。好玩的是他还摆开强有力的架势……铜像式的人物……Aes triplex[①]……可怜的洛瑞!……几乎使人感动。安乃德轻轻地笑这一切,然而她对洛瑞仍旧保留着珍贵的宽宏大量。她很喜欢洛瑞。在她眼中,他无论如何是善良、慷慨和富于热血的。她好像是个母亲,用温柔的手,来处理一个亲爱的孩子的一些在她看来不太严重的小毛病。

① 拉丁文:巨大的铜像。

她并不认为孩子应当对这些毛病负责,她反而因此更倾向于怜惜他、疼他……啊！再说安乃德看洛瑞,不但用母亲慈祥的眼睛,而且还用情人偏见很深的眼睛！肉体在发言。它的声音很响亮。理智的声音爱说什么尽管说什么;这儿有一种理解方式,它就根据这些谴责,将欲念点燃起来。安乃德什么都看得很清楚,但是,正如有一种方式,可以侧着头,眨着眼睛看,使远近不同的风景和谐起来,安乃德面对着洛瑞那些令人遗憾的特点,却从某一角度去看,为的是使那些模样看起来比较不大突出。她差不多连他丑的地方都爱。因为,我们在被爱者身上连缺点都爱的话,我们就更多地将自己给予别人;如果我们爱的只是美的方面,那么我们对于别人只取而不予。安乃德想:

"我就爱你不完美。如果你知道我看见你不完美,你会恼火。对不起！我什么也没有瞧见……不过我呀,我可不跟你似的,我要你看见我不完美！我是不完美的,不完美的,而且我非这样不可。我身上不完美的地方,正是我自己,比其余部分更属于我自己。如果你爱我,你就连我不完美的地方也要。你要不要？……但是你不愿意认识这一点。你到底什么时候肯费神仔细瞧瞧我呢?"

* * *

洛瑞不着急。安乃德几次试着把洛瑞带到他好像在设法躲避的危险场地上来,然而不济事。于是有一次在散步的时候,她打断了谈话,站住,握起洛瑞的双手,说道:

"洛瑞,我们应该谈一谈。"

"谈吧!"他笑着说,"可是,我好像觉得我们并没有少谈!"

"不,"她说,"我的意思不是指那种一团和气地谈谈,而是严肃地谈一谈。"

洛瑞立刻显出有点惊慌的脸色。

"别害怕,"她说,"我想谈谈我自己。"

“谈你吗?”他一边说,一边渐渐恢复镇定,“这么说,那就不可能不是逗人喜爱的。”

“别忙! 别忙!”她说,“等你听我说完以后,你可能就不这样说了。”

“现在你还有什么可以使我吃惊的话对我讲呢? 这些日子以来,我俩总在一起,难道我们之间还有什么话没有说吗?”

“在我这方面,除了说‘亚门’以外,简直没有什么插嘴的余地,”安乃德笑着说,“总是你在说话。”

“啊! 调皮的家伙!”洛瑞说,“难道我说的不是你吗?”

“是啊,也是说我。甚至你在替我说话。”

“你觉得我说得那么多吗?”洛瑞天真地问。

安乃德咬着嘴唇:

“不,不,亲爱的洛瑞,我喜欢你说话。不过,你说到我的时候,我一直在听,说得那样美好,那样美好,以致我想:‘但愿如此!’可是实际上并不如此。”

“像你这样抱怨自己的画像太美的女人,我还是头一次看见。”

“我宁愿我的画像和我自己一样。洛瑞,你将挂在你家里的,不是一幅美丽的画像,我是一个活生生的女人,这女人有她的意志,她的情欲,她的思想。你敢担保她能带着全部行装,进入你家吗?”

“我要她,闭着眼睛要她。”

“我要你睁开眼睛。”

“我看见你明净的灵魂,表现在你的面孔上。”

“可怜的洛瑞! 善良的洛瑞! ……你不愿意瞧一瞧。”

“我爱你,对我说来,这就够了。”

“我也爱你,可是对于我,这是不够的。”

“这对你还不够吗?”他用惊愕的口气说。

“不够。我还需要了解。”

“你要想了解什么呢?”

“我想了解你怎样爱我。”

“我爱你甚于一切。”

“当然是！你不能够爱得比这少一些。可是我不问你多少，我问你怎样爱我……是的，我知道你爱我，但你要拿你的安乃德去做什么，说准确些？”

“做我自己的一半。”

“正是这样！……我的朋友，你瞧，正因为我不是一半。我是一个完整的安乃德。”

“这是一种说法。我的意思是说你就是我，我就是你。”

“不，不，不要做我！洛瑞，让我自己当安乃德吧！”

“将我俩的生活结合起来，岂不是合成同一个生活了吗？”

“叫我不放心的正是这个，我怕不能够完全成为同一个生活。”

“什么东西在搅扰你，安乃德？你这些是什么念头？你爱我，对吗？你爱我？这是主要的！别的你不用担心，别的是我的事。你瞧着吧，我会安排的。——我，和我的亲人们，也就是你的亲人们，我们会把你的生活安排得那样停当，你什么也不必管，只要让别人抬着你走就行了。”

安乃德眼睛注视地上，同时用脚尖在地上写了几个字母。她微笑着想：

“这亲爱的小伙子，一点儿都不明白……”

她抬起眼睛来看洛瑞，他从容不迫地等待她回答。她说：

“洛瑞，瞧瞧我。我不是有一双很结实的腿吗？”

“又结实，又漂亮。”他说。

“这！”她用手指威胁他一下说，“你答非所问……我不是一个很能走路的人吗？”

“可不，”他说，“我就爱你这样。”

“那么，你是不是认为我会让人抬着走？……你非常好，非常好，我谢谢你，不过，你让我自己走吧！我不是那种走道怕疲劳的女人。

如果要消除我的疲劳,等于消除我生活的兴趣。我有这么一点印象,觉得你和你的亲人们有这种倾向,你们不让我分担行动和选择的劳苦,你们把一切都井井有条地事先安排好,舒舒服服地——你的生活,他们的生活,我的生活——整个未来。我呀,我可不愿意这样。我不要。我觉得我正在开始,我在寻找,我知道我需要寻找,寻找我自己。"

洛瑞的神气是善意的,同时也带着嘲笑。

"那么你所能够寻找的到底是什么呢?"

他认为这些都是小女孩的任性。她感觉到了,用激动的声音说:

"你别讽刺!……我没有什么了不起,我并不把自己估计过高……可是,说到最后,我知道我是存在的,知道我有一个生命……一个可怜的生命……生命并不是很长的,而且生命只有一次……我有权利……不,不是权利……如果你不愿意这样说!这样说显得自私……我有义务,不能糟蹋我的生命,不能将生命随便地浪费……"

他听了并不感动,反而有点不高兴:

"你认为你是在浪费生命吗?难道你的生命会白白糟蹋掉吗?难道在这儿,你的生活不是将要有一个美好,一个非常美好的用处吗?"

"美好,这是无疑的……可是,什么用处?你将献给我什么呢?"

他又一次用火热的劲头,描绘他的政治道路,他所梦想的前程,他个人的和对于社会的雄心壮志。她听他讲,接着,和婉地在中途止住了他(因为一谈到这样的话题,他是永远不会疲倦的):

"是呀,洛瑞,"她说,"毫无疑问。这是很有意思的。但是,告诉你实话,你可别介意!对于你全力以赴的那个政治事业,我并不是像你那么有信心。"

"怎么!你不相信吗?你以前可是相信的,在巴黎,我们头几次见面,我跟你谈起这些的时候……"

"我有点变了。"她说。

"什么事使你变了呢?……不,不,这是不可能的……你还要再变的。我仁慈的安乃德对平民的事业,对社会的革新,是不至于漠不关心的!”

“可是,我并不是对这些漠不关心,”她说,“我不感兴趣的是政治事业。”

“这两件事是分不开的。”

“并不完全如此。”

“这方面的胜利,也就是那方面的胜利。”

“我有点儿怀疑。”

“不过这是为平民和为进步服务的唯一办法。”

(安乃德心想:“同时也为自己服务。”——可是她责怪自己这样想。)

“我见过别的一些人。”

“哪些人?”

“最古老的仍然是最好的。就像那些跟着基督走的人,他们把一切都给了别人,一切都抛下不要了,为的是走向平民。”

“好一个乌托邦!”

“是呀,我想是这样。洛瑞,你不是乌托邦主义者。起先,我以为你是的,现在我不再这样以为了。你在政治方面有现实意识。凭你这样的才华,我相信你将来一定会成功。如果我对于事业怀疑的话,我对你可不怀疑,一定会飞黄腾达。我仿佛已经看见你做了一个政党的首脑,受欢迎的演说家,在议会里获得多数,当上部长……”

“别说啦!”他说,“‘麦克白,你将要当国王!……’”①

“是的,我有一点像巫婆②……对于别人是这样。然而使人气恼的是,对于我自己,我不是巫婆。”

“这可并不难!如果我当了部长,与你也有关系……好吧,在这点上,坦率地说,难道这不使你高兴吗?”

“高兴什么?为了部长吗?……上帝啊!一点儿也不!……对不

①② 见莎士比亚的剧本《麦克白》。

起,洛瑞,为了你,这会使我高兴,一定的。如果我跟你在一起,请相信我会扮演我的角色,尽我的力量,我将因为帮助你而感到幸福……可是,(你不是愿意我坦率吗?对不对?)我承认这样一种生活不会充实——简直丝毫不会充实我的生命。”

“没疑问,我懂得这一点。一个最适合于分担政治生活的女人——你瞧,比方我那位令人钦佩的母亲——也不会将自己局限在那种生活里边的。她真正的任务在家庭里。而特别适合于她的专长的,在于做母亲。”

“我知道,”安乃德说,“这种专门行业不会有人和我们争夺的,但是……(我要对你说的话,使我害怕,我怕你不会了解我)……我还不知道当母亲是什么滋味,可是我很喜爱孩子。我相信我对我的孩子们一定非常关切……(你不喜欢这个字?是呀,在你眼中我显得冷冷的……)也许我会非常入迷……这是可能的。我不知道……可是我不愿说我心里没有感受到的东西,而且,说得恳切些,这种‘特长’,在我身上还没有完全觉醒过来。在生活还没有对我显示我所不知道的东西以前,我觉得无论如何,女人绝不应当把整个生命都沉浸在对孩子的爱中……(你不要皱眉头啊!……)我确信人们可以非常爱自己的小孩,老老实实地操持家务,同时保留足够的自己——我们应该这样——为了最主要的。”

“最主要的?”

“自己的灵魂。”

“我不明白。”

“怎么能使别人明白自己的内心生活呢?字句是那样晦涩,那样没有把握,都被人用滥了!灵魂……谈论自己的灵魂,这是可笑的!这是什么意思?……我不能解释这是什么。——但是有这么回事。我就是这样,洛瑞。这是最真实、最深刻的。”

“最真实、最深刻的,你不愿意交给我吗?”

“我不能什么全都给人。”她说。

“那么,你不爱。”

“那倒不是,洛瑞,我爱你。然而谁也不能把什么都给别人。”

“你爱得还不够。人在恋爱的时候,自己的什么东西也不想保留下来。爱情……爱情……爱情……”

他又飞腾到他那种长篇大论的演说中去了。安乃德听到他用充满感情的词句,赞美自我牺牲,赞美为了爱人的幸福牺牲自己从而获得快乐。她心想:“亲爱的,为什么你要说这些呢?难道你以为我不知道吗?你以为我不能够在必要时为你牺牲,从而使我自己得到快乐吗?可是有一条,那就是你不要向我提出这样的要求……你为什么要求这些?为什么你好像在期待着这些,好像这是你的权利似的?为什么你不信任我,不信任我的爱情呢?”

等到他讲完之后,她说:

“这些全好得很。我不能像你那样,把这些东西发挥得那么好,这你是知道的。可是,也许,只要有机会,我并不是不能感受这些……”

他喊起来说:

“‘也许!只要有机会!’……”

“你觉得这样未免太不够,是不是?……这比你所能料想的已经多得多了……但是我不喜欢开更多的支票……比我能够兑现的开得更多(也许更少)。我不能事先知道……应当互相信任。我们都是诚实的人。洛瑞,我们相爱,我们将尽力而为。”

他再一次把双臂举起:

“尽力而为!……”

她微笑了一下,接着说:

“你愿意不愿意信任我?我需要向你的信任发出呼吁。我有许多要求……”

他很谨慎:

“你说吧!”

“洛瑞,我爱你;但是我愿意开诚布公。自从童年时代以来,我一直相当孤独地,而且非常自由地生活着。我父亲给我充分的独立,而我呢,并不滥用这种独立,因为我觉得那完全是自然的,而且是健康的。这样,我养成了开动脑筋的习惯,现在要我放弃这种习惯,很难办到。我明白,在和我同一个阶层的姑娘们之中,我和她们大多数人有些不同。可是,我相信我所感觉到的,她们也能感觉到,只不过我敢说出来,而且我更清楚地意识到这些。——你要求我把我的生活和你的生活结合起来……这是我的愿望。找一个亲爱的伴侣,这对于我们每个女人来说,都是最深刻的心愿。我觉得你可以做我亲爱的伴侣,洛瑞……如果……如果你愿意……"

"如果我愿意!"他说,"多么会开玩笑!我求之不得呢!……"

"如果你真的愿意做我的伴侣。这不是开玩笑。你想一想!……把我们两人的生活结合在一起,并不意味着取消这个或那个生活……你贡献给我的是什么呢?……你不觉得要献给我什么,因为很久以来,世人对于这些不平等之处已经习惯了。然而它们对于我来说是新鲜的……你不是仅仅带着你的爱情到我这儿来的。你是和你的亲人们、你的朋友们、你的主顾们和亲戚们、你划定了的道路、你选定了的事业、你的政党和它的那些教条、你的家庭和它的那些传统——你带着属于你的整个世界,等于是你本人的整个世界,到我这儿来的。而我呢,我也有一个世界,我也是一个世界——你对我说:'不要管你的世界!把它抛开,而进入我的世界!'——洛瑞,我准备来,可是整个儿来。你是不是整个儿接受我呢?"

"我全都要,"他说,"刚才是你自己说的,你不能把什么全给我。"

"你不明白我的意思。我是说,你是不是把我当作一个自由的人而接受我?你是不是整个儿接受我?"

"自由?"洛瑞小心翼翼地问,"在法国,大家都是自由的,自从一七八九年以来……"

(安乃德微笑,心想:"多么好的票子!……")

"……可是,到末了,我们必须互相理解。非常明显,你一结了婚,就不再是完全自由的了。由于结婚这一事实,你承担了一些义务。"

"我不大喜欢这个字,"安乃德说,"可是它所代表的事实并不使我害怕,我将高兴地、自由地,在我所爱的那个人的辛劳操作之中,在共同生活的义务之中,承担起我的一份。而且在爱情的帮助下,这些辛劳和义务越是沉重,我就越觉得它们可贵。但是我并不因此而放弃我自己生活上的一些义务。"

"还有哪些义务呢?根据你跟我说的和我认为我已经知道的情况,你的生活,亲爱的安乃德,你一直是那么安静、那么谦逊的生活,好像没有什么大不了的要求。你的生活能有什么要求呢?你说的是不是你的学业?你是不是愿意继续你的学业呢?老实说吧,我觉得对于一个妇女来说,这一类的活动是令人失望的,除非真有特长。这在家庭生活中,是碍手碍脚的。然而我不信你在为这样的天赋而苦恼。你是太富于人情味了,而且精神状态非常均衡。"

"不,问题不在于我有什么特长。如果必须发展这种特长,那倒好办了……我对生活的要求,或者苛求(就像你所说),不能这样容易地提出来,因为这种要求并不是那样明确,而且更为广阔。问题在于任何活生生的灵魂必须提出来的一种权利——变换的权利。"

洛瑞喊道:

"变换!变换爱情?"

"即使像我所愿意的那样,一直忠于一个唯一的爱情,灵魂有权利变换……是的,洛瑞,我很明白,'变换'这个词使你害怕……对于我自己,也使我不安……面对美好的时辰,我愿意动弹一下……令人叹息的是不能把自己永远固定下来!……但是,洛瑞,我们不应当把自己固定下来,而且,也不能这样。人不能老待在一个地方。我们生活着,行走着,被别人推动着,必须,必须向前进!这一点并不会对爱情有什么损害。我们把爱情带着走。可是爱情不应当企图扯我们的后腿,不应当把我们和它一起禁闭在只有一个思想的、永远不变的甜蜜之中。一场美好的爱情可以继续一辈子,可是它不能使人一辈子都充实。亲爱的洛瑞,你想,尽管我爱你,也许不免有一天觉得(现在已经觉得)待在你的思想和行动的圈子里,狭窄到使人转不过身来。你的选择是否有价值,我从来没有想过要加以怀疑。可是,非要我接受这种选择,这难道是公正的吗?再说,承认我有下列这些自由,你不觉得那就更公平些吗?那就是:承认我有打开窗子的自由,如果我觉得空气不够——甚至把门也打开一点——(啊,我不会太过分的);承认我有自己行动的小天地,有精神方面的利益,有交往朋友的自由;不必老待在地球上某一点,老在一条地平线上,承认我有扩大地平线、换换空气以及迁移的自由……(我说,假如必要的话……我还不知道是否必要。但是,无论如何,有权利觉得我有这样做的自由,有愿意这样、愿意那样的自由,有呼吸的自由、自由……有获得自由的自由……即使我永远不去利用我的自由)……洛瑞,请原谅我,也许你觉得我这种需要是荒唐的、孩子气的。并非如此,我向你保证,这是我的生命最深刻的所在,是使我能活下去的一口气。如果别人不给我这个,我就会死去……为了爱情,我什么都干……但是,叫我受拘束,我就活不下去。受拘束,这个念头,会引起我的反抗……不,两个人的结合不应当成为相互束缚。这结合应当成为一种双份的鲜花怒放。我愿意各人不嫉妒对方的自由发展,而为能帮助对方这种发展感到高兴。洛瑞,你能这样吗?你能够爱我爱到足够的程度,可以爱我的同时却任我自由,不受你的拘束吗?……"

(她心想:"这样一来,我反而更属于你!……")

听着她说话的洛瑞,显得很担心、很急躁,又有一点气恼。任何一个男人都会这样。安乃德本来可以比这更机敏些。由于她需要直率,同时又怕欺骗别人,她总是倾向于将自己思想中最容易刺激人的部分加以夸张。可是这里有一种比对洛瑞的爱情更强烈的爱,这是不会弄错的。首先是自尊心受了伤的洛瑞,在两种情感之间摇摆不定:一种情感是把安乃德的女人的任性不当一回事;另一种情感是对她在道德方面的叛逆态度感到不快。他没有感觉到对方针对他的心,发出了感情激动的号召。从这种号召中,他只体会到一种隐隐约约的威胁,以及对于他的所有权的侵害。如果他对付女人更善于用手腕,他早就该把自己暗暗的气恼遮掩起来,同时答应一切……安乃德要什么他就答应什么。"情人口中的诺言,要多少有多少!那又何必吝啬呢?……"可是,洛瑞虽然有缺点,却也有他的优点,他是,正像人们所说,"一个好小伙子",他过分地处处想到自己,所以对妇女认识不足,而且他和妇女交往相当少。他不善于隐藏自己的反感。于是,安乃德期待他说一句豁达大度的话,结果却使她失望,因为她发现他一边听她说话,一边光想他自己。

"安乃德,"他说,"我跟你说实话,你对我所要求的,我不大理解。你跟我谈到我们的婚姻,好像在说监狱,而且你似乎除了想越狱以外,没有别的思想。我家的房子并没有在窗口安上栅栏,而且它相当宽大,足以叫人舒适地在里边待着。不过人们不能把所有的门全敞开来生活,而我家的房子是为了让人在里边居住而建造的。你跟我说你要离开家,要另起炉灶,要有你自己的交往,自己的朋友,甚至要,如果我理解正确的话,随你高兴,从家里出走,去寻找你所没有找到的天晓得什么东西,一直到了那么一天,你高兴回来时才回来……安乃德,这可不严肃!你没有想过!任何男子都不能同意他的妻子处于这样一种对他来说是耻辱,对她来说则是含含糊糊的境地。"

这些想法也许并不缺少情理。可是有的时候,干巴巴的情理,不通过心的直觉,是毫无意义的。安乃德有点儿不高兴了。为了遮掩内心的激动,她用冷冷的傲岸态度说道:

"洛瑞,一个人爱一个女子,就应该信任她;如果你要娶她,就不应当用蔑视的态度,认为她不像你自己那样关心你的荣誉。你难道认为我这样的女人会做出什么使你感到耻辱的含含糊糊的事情吗?任何对于你是耻辱的事,对于她也同样是耻辱。她愈自由,愈会感觉到她有责任照顾你委托给她的你自己的一部分。必须把我估计得更高一些。你难道不能够对我表示信任吗?"

他感到由于自己的怀疑,有把她疏远了的危险,于是,一边想无论如何对于这些妇人之见不应该过分重视,又想将来有的是时间来采取对策(如果她还记得这些!),于是他回到第一个念头,就是用开玩笑的态度来对付这一切。因此他认为最好的办法,就是用献殷勤的口吻说:

"完全信任,我的安乃德!我信任你美丽的眼睛。不过,你得向我起誓,你永远爱我,爱我一个人!别的我什么也不多要求你!"

可是,用调笑的方式来避免爽直地回答与安乃德前途攸关的问题,是不能和这小小的女修道士取得和解的,面对不可能的誓约,她的态度硬化了:

"不,洛瑞,我不能够,不能起这样的誓。我很爱你,可是不取决于我自己的事,我不能答应你。否则就是欺骗你,我是永远不会欺骗你的。我只能答应你什么都不瞒你。假如我不爱你了,假如我爱上别人,你一定第一个知道——甚至比那个第三者知道得更早。你呢,你也照样做吧!我的洛瑞,让我们真实点吧!"

这种办法是不会使洛瑞满意的。令人发窘的真理,并不是勃里索家的熟客。这个真理到他们家门口去拍门的时候,他们急忙叫仆人出来回话:

"家里人都不在!"

洛瑞照样办理。他高声说:

"亲爱的,瞧你是多么漂亮啊!……得,让我们谈谈别的吧!……"

* * *

安乃德回来了,她很失望。她本来满心希望能开诚布公地谈一谈。虽然她事先料到会碰钉子,但是她估计洛瑞的感情会照亮他的头脑。最使人痛心的并不是洛瑞没有了解她,而是他没有做出丝毫想要了解她的努力。在这个问题中,他好像一点也没有看见对安乃德说来是激动人心的成分。他整个儿停留在表面,而且按照他自己的形象看一切。对于一个有强烈的内心生活的女人,没有比这更使她敏感的了。

安乃德果然没有弄错。洛瑞被她的一番话说得既慌张,又烦恼,然而他并没有在这番话中体会出严肃的意味,他把那些话判断为无足轻重。他认为安乃德有一些离奇古怪的念头,有点儿故作惊人之谈,她很"奇特",这真叫人恼火。勃里索夫人和小姐善于摆出高高在上的态度,但是不"奇特"。可是不能要求任何人都十全十美。安乃德有另一些优点——也许洛瑞并不把它们看得那样高,可是(必须指出),在目前,他对安乃德的那些优点比任何时候都重视。在他对安乃德的热爱中,身体的成分大于精神成分,不过精神在其中有它的一份。在安乃德的精神姿态中,洛瑞最欣赏她冲动的热情,只要这种热情不发挥在使他为难的题目上,他很放心。安乃德,用她正直的态度,对他表示她爱他。他深信她离不开他。

他没有想到身边正在演出一出内心冲突的戏剧。——说真的,安乃德非常爱洛瑞,所以如果把洛瑞看成那么可笑可怜,这使她不能忍受。她宁愿认为是自己弄错了。她试用了别的一些办法,她竭力从自己这方面多让步。假如洛瑞不承认她有独立权,那么在他的生活中,他至少将给她怎样的地位呢?……可是一些新的观察不能不令她失望。洛瑞天真的利己主义,总的来说,将她的地位贬低到餐桌上、沙龙里和枕席之间。他很愿意很和气地对她讲讲他的事务,但她听了之后,除了表示赞成之外,不能说别的。他不允许她有和他不同的社会活动。同样地,他也不打算承认她有合作者的权利,不认为她可以讨论他的政治行动,并且加以修改。一个爱他的女人,应当把她全部的生活交给他,而她从他的生活中,只能获得一部分,这在洛瑞看来,是十分自然的(事实上一向如此)。在他内心深处,存在着男性优越这种古老的信念,这使他以为自己给予女人的东西,素质更为高级。但是他口头决不承认,因为他是个好小伙子,又是善于向妇女献殷勤的法国人。如果安乃德强调女人也应当和丈夫一样有某些权利……

“这可不是一回事。”洛瑞就微笑着说。

“为什么?”安乃德问。

洛瑞把他的答复支吾过去了。一个固定的信念,不去讨论它,就少冒一些被动摇的风险。洛瑞的这种信念是根深蒂固的。安乃德想叫他怀疑自己,可以说是走错路了。在她想让他接受她的意见而没有办到之后,她又多方示意和努力,想在两人之间找一个协商的基础,而洛瑞却把这些理解为他在安乃德身上所施行的权力的又一证明。因此他反而对于自己更有把握。甚至,他变得自负起来了。突然间,安乃德火了,于是她的言语中带着气得发颤的调子……洛瑞立刻来了个急转弯,他重新用他认为刚才他用得非常顺手的方式:他一边笑,一边你要求什么,他一概允诺。据说只要调子好听,歌曲就能流行。而洛瑞唱的就是这样一支歌。安乃德感觉到受了欺侮。

另一些更为严重的问题也提到日程上来了。安乃德和西尔薇的亲密关系很可能大受威胁。显然,在这样的环境中,那个放任的姑娘是很难被接受的,而作为一个年轻的女裁缝,就更难被接受了。虚荣和摆架子的勃里索一家人,为了他们自己或为了他们的儿媳妇,绝不会接受那样丢人的亲戚关系。这种关系是要掩藏起来的。西尔薇和安乃德一样,不会愿意这样做,她们各有各的傲气,而且各人都替对方感到骄傲。安乃德爱洛瑞,她要他,她这种愿望比她自己承认的程度更为炽烈,但她绝不肯为洛瑞而牺牲西尔薇。她曾经过分地热爱西尔薇。如果说这种爱情也许已经苍白无力了,她没忘记在某些时候,她曾经由此而接触到热情的最深处(这一点只有她自己一个人知道,连西尔薇都只料到一半)。可是,在和洛瑞推心置腹的时候,安乃德把这些事情叙述得实在太多了。洛瑞听了好像感到很好玩,很感动……是的,不过有个条件,这些事情必须属于过去。他决不愿意看见这拖泥带水的友爱关系继续下去。他甚至暗暗决定要使这种关系中断,慢慢地使它中断,不露形迹地。他不愿任何人和他分占他妻子的亲密生活。他的妻子……“这条狗是我的……”正和勃里索家的人一样,他对属于自己的东西有很强烈的占有欲。

安乃德在洛瑞家住得越久,洛瑞对她的占有越紧密,不管这种占有是用怎样亲热的外表装潢起来的。勃里索家人要想这么办,他们就非那样办不可。勃里索太太和小姐的家庭专制,通过千百种细节,一天比一天更为露骨了。正如人们所说,她们对于一切都已经“打定”了她们的“主意”,无论是关于家务,或社交来往;关于日常生活,或道德生活方面的重大问题,都是用螺丝钉拧紧了、固定了的,一劳永逸地。一切都明确规定:什么是公认为值得称道的,什么是必须否定的——尤其是应当否定的一切!多少事物必须排斥!多少人,多少事物,多少思想或行动的方式,被判决,被定罪了,不能上诉,而且永世万代不能改变了!他们的语气和微笑,使人丧失和他们争辩的愿望。他们神气之间仿佛说(实际上他们也常常这样说):

“亲爱的孩子,没有两种想法。”

或者,当安乃德试着想表示她自己还有她的想法的时候,对方就说:

“我的小姑娘,你可真有意思!”

这种答复的效果是使安乃德立刻闭上嘴。

人们已经把她看作家里的一个女孩子,教养不够,得让她慢慢把事情接上头。他们教她认识勃里索家的季节、月份和日子的进行和顺序,他们和外省的友好往来,他们和巴黎的友好来往,他们和亲戚间必要的往还,他们需要拜访的人,他们的宴会。对这种社交苦役无穷无尽的连环锁链,妇女们都叫苦连天,她们却为此感到非常骄傲,因为这种不停息的活动固然使她们烦躁,同时却也给她们一种幻觉,仿佛她们能有什么用处似的。这种机械生活,这些交游的虚伪性,这种经常的随俗浮沉,对安乃德说来是不堪忍受的。一切都好像预先安排好的:各项工作,各种乐趣——因为乐趣也有一些——但是预先安排好的!……不在节目之中的、出乎意料的痛苦万岁!……即使对于痛苦来说,要想越出这一安排好的节目也是没有多大希望的。安乃德发现自己好像一块石头似的被砌在墙里边了。用沙子和石灰,罗马式的混凝土,勃里索家的胶泥……

她对于这种生活的严格性,看法有些夸张。偶然的和出乎意料的事情,在那儿也有它们的活动余地,正如在任何人的生活中一样。两位勃里索女士在言语方面比实际上可怕,她们自以为能领导一切,但是,如果从她们的弱点着手,恭维她们,给她们擦点油,对她们焚一炉香,要牵着她们的鼻子走,也不是不可能的。一个狡黠的姑娘,会把这两位女士做恰如其分的估价,同时很可能这样想:

"你尽管说你的!我想干什么就干什么!"

可以想见,像安乃德那样固执的精力,决不会被窒息而死的。可是安乃德正在经历着妇女神经质的热情,她们由于过分注视念念不忘的对象,反而不能如实地看清这个对象。晚上,她独自一人的时候,她用白天听见的几个字眼,在自己思想中造成一些恶魔。她害怕将来必须经常进行的斗争,于是心里反复地说,抵抗他们一家人,来保卫她自己,她决不能办到。她觉得自己不够强大,她怀疑自己的精力。她害怕自己的性格,害怕这种摇摆不定、意想不到的摇摆,使她不安的精神继续被颠簸着,害怕这些连她自己也莫名其妙的突如其来的风向激变。当然,这些急剧变化的来源,是她旺盛的体质的复杂性,这种体质的新和谐,只能通过生活缓慢地实现。可是,在目前,这种剧变很可能使她在由于暴力、弱点、肉体以及思想的种种出乎意料的情况下,束手就缚,埋伏在道旁的石头下面,一刹那间急转直下的变化中的、命运阴险的偶然事件,可能使她束手就缚……

她心烦意乱的根子,在于她对她的爱情已经没有把握。已经不知道……她已经不爱了,可是她还是在爱。她的智慧和她的感情——她的智慧和她的官能——在互相打架。智慧是眼睛雪亮的,它不再受蒙蔽了。可是感情丝毫不是这样。而肉体呢,眼看它将要失去它所垂涎

的对象,发怒了,热情在轰鸣:

“我不愿意放弃!……”

安乃德感觉到肉体的反叛,她很惭愧。她天生暴烈的气质对此狠狠地反击,向她受了伤的自傲感发出号召。她说:

“我不再爱他了!……”

她含敌意的眼光,此刻在洛瑞身上寻找不再爱他的理由。

洛瑞什么也瞧不见。他用亲切的照顾、鲜花,以及殷勤的关怀来包围安乃德。但是他认为自己已操胜算。他一秒钟也没想到对方傲慢孤僻的灵魂,正从帷幕后面观察他,这灵魂焦急地想把自己贡献给别人,可是只能献给能够对她说出一句互相接头的暗语的人。洛瑞不说这句暗语,这是可想而知的。相反,他说一些不假思索的话,而这些话伤了安乃德的心,虽然她不露出来。过一阵,他忘记了自己刚才说了些什么。然而安乃德,虽然仿佛不曾听见,却能够复述他所说的,哪怕在十天或十年之后。她自己身上的创伤,总是记忆犹新的。这的确是无可奈何的事,因为她是豁达大度的人,她责备自己为什么那样不善于把事情看开些。不过,即使最好的妇女,至多能宽恕对方的无礼,却永远也忘不掉。

一天又一天,在爱情织成的细密罗网上,出现了几丝裂痕。人们对此一点也看不出来。罗网仍然挂得高高的,可是最轻微的风也在网上吹起令人不安的微颤。安乃德在洛瑞的家庭圈子里观察洛瑞,观察他的家族特征,他的某些谈吐的冷酷和枯燥,他对于贫贱小民的鄙薄,她心想:

“他褪色了。我在他身上所爱的东西,几年之后,将什么都剩不下。”

由于她还爱他,她想要避免辛酸的幻灭,避免可以预料在他们结合之后必然会发生的双方之间不体面的纠纷。

在复活节前两天,她下定决心——艰苦的一夜。她不得不控制许多欲望,把固执的不愿意消灭的希望踹在脚底下。在她的思想中,她曾经和洛瑞一起营筑了她的鸟巢。这许多幸福之梦,自己对自己轻声耳语过的美梦!放弃这些!承认自己搞错了!对自己说,自己生来就不配享受幸福!……

因为,在她丧气的时刻,她是这样想过的。换一个别的女子,在她的地位,不至于拒绝这份幸福。为什么她不能够接受呢?为什么她不能牺牲她的一部分天性呢?……不,她不能够这样办!生活是多么不如人意,人们不能缺少相互的爱,同时也不能缺少独立。两者同样神圣,两者同样对我们肺部的呼吸必不可少。怎样使两者调和呢?人们对你说:"牺牲点儿吧!如果你什么也不肯牺牲,那就是你爱得不深……"然而几乎总是那些最能够担负伟大爱情的人,同时也是最热衷于独立不羁的人。因为在他们身上一切都是强烈的。如果他们为了爱情而牺牲自豪感的原则,他们就觉得降低了身份,在爱情中,也因此降低了身份,使爱情也不光彩……不,这不像基督教的谦卑或尼采的骄傲等道德观企图给我们的信念那样简单。在我们身上,一种力量并不和一个弱点对抗,一种美德并不是和一种恶习对抗,互相冲突的是两种力量,两种美德,两种义务……按照真正的生活,唯一真正的道德,应当是一种和谐的道德。然而人类社会直到现在,所有的只是一种压迫和忍受的道德——用谎话调剂着的道德。安乃德不能够撒谎……

怎么办?……从左右为难的境地中出来,赶快出来,不计代价!既然她说服了自己,认为生活在这种结合之中,对她是不可能的,明天就决裂吧!……

决裂!……她不难预见这家人的惊愕,出丑丢人,……这都不算什么……但是洛瑞的伤心……立刻,在黑夜中,浮现出亲爱的人的面庞……这幻觉一出现,一股热情的回涨,重新把一切都冲走……安乃德一阵火烫,一阵冰凉,一动不动地躺在床上,仰卧着,瞪着眼,抑制着狂跳的心……

"洛瑞,"她恳求,"我的洛瑞,原谅我!……啊,如果我能让你避免这个痛苦!……我不能,我不能!……"

于是她沉浸在这样一股爱情与悔恨的浪潮中,她几乎要跑去匍匐在洛瑞的床前,要吻他的双手,要对他说:

"你要我干什么,我就干什么,……"

怎么?她仍旧爱他?……她愤怒起来了……

"不,不,我不爱他了!……"

她狂怒地对自己撒谎:

"我不爱他了!……"

白费!她依旧爱他。她比从前更爱他了。也许不是用她身上最崇高的东西来爱他——(但是,什么是崇高?什么是不崇高?)——可不!她用最崇高的东西,同时也用不大崇高的东西来爱他!用身体和灵魂!……如果只要不再重视对方,就可以不再爱对方,那有多么方便!……但是为了被爱的对象而痛苦,绝不意味着可以不爱他,反而使人更残酷地感到非爱他不可!……安乃德为她受伤的爱情而痛苦——由于缺少信任,缺少对她自己的信心。由于洛瑞缺少深刻的爱而痛苦,由于许许多多希望破灭的辛酸情绪而痛苦,这些希望她只在暗中酝酿而没有显露过。正因为她热烈地爱着洛瑞,所以她要洛瑞同意让她独立。她想成为洛瑞自由而且可靠的伴侣,而不只是一个在婚姻中降低身份而处于被动地位的妻子。——他毫不理会这些。她的热情受到欺侮,于是觉得痛苦和愤怒……

"不!不!我不爱他了!我不应当再……我不愿意再……"

可是她的力量用尽了。于是,连她愤恨的喊声都没有结束,她哭了起来……在夜里,在寂静中。在理性的冰块下边,咳,她被烧焦了……她不愿意说出口的是:所有属于她的一切,甚至她的独立,她将何等快乐地为他而牺牲,如果他仅仅做过一个慷慨的动作,一个姿态,一个简单的姿态,表示他愿意牺牲自己,而不是叫她牺牲!……她决不会让他那样做。她所要求的只不过是心里的一个冲动,一个真正爱情的证明,而不是别的……但是,虽然他也按他的方式爱她,这种证明,他却不能够给她。这样的事,不可能在他的思想里出现。他可能把安乃德的愿望判断为妇人女子的苛求,应当用微笑来对待这种苛求,然而这是没有多大意义的。她祈求的是什么呢?真见鬼,她为什么要哭?——因为她爱他?那又怎么样?……

“你爱我,对吗?你爱我?这是主要的……”

啊,这句话,她也没有把它忘掉!……

安乃德噙着泪花微笑了。可怜的洛瑞!他就是这样的人。不能埋怨他。但是谁都不能改变自己。他变不了,我也变不了。我们不能在一起生活……

她擦擦眼睛。

“得,必须有个了结……”

*　　*　　*

度过了失眠的一夜之后——(她只是在破晓时才迷迷糊糊地睡了一两个小时)——安乃德起床来,态度坚决。天一亮,她心里也跟着恢复了平静。她穿衣,梳头,井井有条地,冷静地,从她的思想里驱走了可能引起她疑虑的一切,全神贯注在梳洗方面,这一天,她梳洗得比平常更仔细,一丝不苟,一点不差。

九点光景,洛瑞高高兴兴地来拍她的房门。和每天早晨一样,他来找她去散步。

他们出发了,一只跳跳蹦蹦的狗跟随着他们。他们走上一条穿入树林浓荫的道路。正在返青的小树,满身照着阳光的斑点。树枝上洋溢着众鸟的啼唤和歌唱。每走一步,都引起惊飞、拍翼、树叶的窸窣声、树枝的震颤和穿过树林的拼命逃窜。小狗兴奋极了,汪汪地叫,用鼻子到处闻,东弯西绕地走。有一群山雀在叽叽喳喳地吵架。在一株橡树的绿叶穹隆下面,两只野鸽咕咕地叫。而在很远的地方,布谷鸟转来、转去,时远、时近,不倦地重复着它开玩笑般的老调。这是春心缭乱的大爆发……

洛瑞,非常快活,又闹又笑,一边逗他的狗,他自己也像一条快乐的大狗。安乃德,不声不响,落后几步,跟在后面。她想:

“就在这儿吧……不,那边,拐弯的地方……”

她瞧洛瑞。她静听树林,等到她把话说出来以后,一切将要起多大的变化!……弯已经拐过来了。她还没有开口……她说:

“洛瑞……”

她的声音不大坚定,几乎是轻微的,颤动着……洛瑞没有听见,他什么也没有注意。在她前面,他俯着身,在采摘紫罗兰,而且他不停地说话,说话……她又叫:

“洛瑞!”

这次她的声调是那样地丧气,以致他转过身来,惊呆了。他立刻就看出一张严肃得要命的面孔,气色苍白。他向她走来……他已经害怕了。她说:

“洛瑞,我们应当分手了。”

他的面容表现出惊异和恐惧。他吃力地说:

“你说的是什么?你说的是什么?”

她坚决地重复说,一边避免去看洛瑞:

“我们必须分手了,洛瑞,这是很痛苦的,可是不得不如此。我发现,这是不可能的,我不可能做你的妻子……”

她想接下去说,但他阻止了她:

“不,不,这不是真的!……住口!住口!你发疯了!……”

她说:

“我应该走了,洛瑞。”

他喊道:

“走,你!……我不愿意!……”

他抓住了她的双臂,将它们粗暴地抓得很紧。接着,他看到一张骄傲的面孔,很坚毅、很冷淡的面孔,他感觉到他是完蛋了,放开手,他

请求她原谅,他祈求,他哀恳:

“安乃德,我的小安乃德!别走,别走……不,那是不可能的……但是,发生了什么事?我干了什么事?”

在绷紧的面孔上,又出现了怜悯的表情,她说:

“我们坐下来吧,洛瑞……”

(他乖乖地坐在她身旁,在一个长满苔藓的斜坡上。他眼巴巴地望着她,眼光在恳求她的每一句话。)

“安静点,必须把一切解释清楚……我请求你,安静点……你该相信,我必须用尽全身之力,才能安静下来……如果我不竭力强制自己,我的话就讲不出来……”

“那么别说话!”他说,“这是发疯!……”

“必须说。”

他想掩住她的嘴,她挣脱。虽然她心里乱,她的决心看来是那样坚定,以致洛瑞也不得不受影响,他放弃了斗争,垂头丧气,目瞪口呆,听她说,不敢瞧她。

安乃德用听起来好像无动于衷的、冷淡的、沉重的声音说话,可是她的声音有时突然中断,有一两次,停顿着喘一口气,再接着说。她说的是下定决心要说的话,词句直截了当的、经过思索的、口气温和的,因此反而显得更无可挽回……她曾经很诚恳地试了一下,看他们两人将来能否在一起过日子。起初,她是这样希望,这样从心里愿意的。她发现,这一场美梦却是无法实现的。有太多的事物把他们两人隔开,有太多社会环境和思想上的区别。她把过错都放在自己的账上,她承认,她是肯定不能过夫妻生活。她对于生活,对于独立,有她的一些看法,和洛瑞的看法对不上。可能洛瑞有理。大部分男人,也许甚至有些女人,跟他想法一样。她错了,没疑问。但是,有理没理,她反正就是这样。给别人造成不幸,同时给自己造成不幸,这是无济于事的。她生来适合于过孤独的生活。她解除了洛瑞对她许诺的一切诺言,并且收回了她自己的自由。再说,他俩并没有缔结什么关系。在他们之间,一切都是光明正大的。他们也应当光明正大地分手,像两个朋友一样……

说着话,她眼睛盯着脚边的青草,她故意小心谨慎地不去看洛瑞一眼。可是,她说话的时候,听到洛瑞的呼吸急促,于是她要把话说到头就觉得十分困难。等她说完之后,她才冒险地去看洛瑞。这一下,她也惊呆了。洛瑞的面孔像一个濒临淹死的人的面孔一样:涨得通红,大声地吐气;他没有力量喊叫。他笨拙地摇动他痉挛的双手,寻找他那喘不过来的气。好容易找到了,他呻吟着说:

“不,不,不,不,我不能够,我不能够……”

他猛一下子呜呜咽咽地哭起来了。

在树林边缘的一片田地上,传来了一个农夫的语声和犁铧的响声。慌张激动的安乃德,抓住了洛瑞的一条胳膊,拉着他离开了道路,走进乱木丛中,远远地,到树林的中间。洛瑞,瘫软无力,任人牵引着,一边再三地说:

“我不能够,我不能够……叫我怎么办呢?……”

她很温柔地设法使洛瑞停止哭泣,但是他被他自己的绝望情绪淹没了:他爱情的痛苦,自尊心的痛苦,当众受辱,自以为可以到手的幸福破产,一切都混杂在一起了。这个被生活宠坏了的大孩子,从来没有遇到过不顺心的事,在这一场失败中他整个地垮了,这是一场巨灾,是他全部把握的崩溃,他丧失了对自己的信心,他站不住了,不知如何是好。安乃德,被洛瑞这样深重的悲哀所感动,说:

“我的朋友……我的朋友……别哭!你有,你将要有一个美好的生活……你不需要我……”

他还在呻吟:

“我不能够没有你。我什么都不相信了……我不相信我的生活了……”

他一下跪在地上:

“别走!别走!……你愿意我干什么我就干什么……你要怎样就

怎样……”

安乃德明知他所允诺的是他不能办到的事，但是她的心软了。她温和地回答：

“不，不，我的朋友，你的话说得很真诚，可是你办不到，或者你会因此而痛苦，而我也将因此而痛苦。生活对于我们将成为无止无休的冲突。”

眼看不能动摇她的决心，他跪在她脚边，孩子般地流泪痛哭起来。安乃德深深被爱情与怜悯所激动，她的精力渐渐地消融了。她想把态度放硬一点，可是她抵抗不住他的哭泣。她不再想她自己，她光想洛瑞了。她抚摸着靠在她腿上的这个亲爱的脑袋，她对他说些温柔的话。她扶起她那个垂头丧气的大男孩，用她的手帕给他擦眼泪，重新搀着他的胳膀，强迫他走路……他是那样地颓丧，只好任人摆布，一个劲儿光顾哭。他们走过的时候，树枝拂拭他们的面孔。他们走进树丛，也不看，也不知道是哪儿。安乃德觉得激动的热情与爱情从心里涌起，一边扶着洛瑞，一边说：

“不要哭了！……亲爱的……我的孩子……我的心都碎了……我受不了……别哭！……亲爱的小洛瑞，我爱你……我爱你……”

他一边哭，一边说：

“不信！……”

“真的，我爱你，我爱你，比你爱我还要强千倍……你愿意叫我干什么呢？……啊！我可以干……洛瑞，我的洛瑞……”

他们走着走着，走出了树林，走到了李维埃家别墅的围墙边，靠近那所老旧的房屋。安乃德认出来了……她看看洛瑞……于是，突然间，热情侵袭了她的全身和四肢。一股火热的风，一种官能的陶醉，好像一株开花的槐树的醉意……她向大门跑去，拉着洛瑞。他们走进空寂无人的房屋。护窗板都关闭着。正从日光下出来的他们，眼睛什么都瞧不清了。洛瑞碰撞着家具。不看也不想，他让那只拉着他的火烫的手引导着，通过楼下黑洞洞的许多房间。安乃德毫不犹豫，她的命运在牵引着她……在那间最靠里的,两姐妹住过的房间里,去年秋天还充满她俩身体上香味的房间里,向着那张姐妹一同睡过的大床,她和他走过去。于是,在一种充满怜悯和情欲的激情中——她失身了。

* * *

当他们从晴天霹雳似的陶醉中苏醒过来的时候,他们的眼睛已经习惯于黑暗了。房间好像明亮了。通过护窗板的隙缝,一条条日光在跳舞,使他们想到外面的晴朗天气。洛瑞吻遍安乃德完全赤裸的身体,他用狂热的言语说出他的感激……

但是,说完了感激的话,他突然沉默了,他的脸靠在安乃德的胸侧……安乃德,默不作声,一动不动,在沉思……外间,在墙上的蔷薇花枝间,蜜蜂在嗡嗡地飞……于是安乃德听到,好像飘向远处的歌声,洛瑞的爱情飞跑了……

已经,他没有以前那么爱她了。洛瑞也感觉到这一点,既惭愧,又烦恼,可是他不愿意承认这一点。归根到底,安乃德这样失身于他,他是颇不以为然的……男子可笑的苛求!他要女人,而等到她很诚恳地献身于他,他差不多把这一过分慷慨的行动看成不贞!……

安乃德俯身向着他,扶起他的脑袋来,对着他的眼睛瞧,许久许久,什么也没有说,忧郁地微笑着。他呢,感觉到她这一眼探索到他灵魂深处,想给她要一套假的把戏。他想表现出自己好像非常爱她似的,说:

“安乃德,现在你可走不了啦,我必须娶你。”

安乃德愁惨的微笑又出现了。她看穿了他骨子里怎么回事……

“不,我的朋友,”她说,“你也没有什么必须要做的。”

他提了提神,说:

“我要……”

但是她说:

“我一定要走。”

他问：

“为什么？”

在她回答之前，他已经更清楚她要走的理由。——他却认为不得不再来争论这些理由。她把手放在他嘴上。他吻这只手，用一种充满热情的愤怒……啊，他多么爱她！他自己脑袋里的一些思想使他感到惭愧。没有被她瞧出来吧？……那只正在抚摸他的嘴唇的温柔而且湿润的手，仿佛在说：

“我什么也没有瞧见……”

从遥远的一个村子里，当当的钟声，一阵阵传来……在很长的沉寂之后，安乃德叹了一口气……得啦，这一回，算完结了……她低声说：

“洛瑞，该回去了……”

他们的身体互相放开。他跪在床前，把额头贴在安乃德光赤的双脚上。他想对她表明：

“我是属于你的。”

但是他无法排除心中的另一层思想。

他先走出来，让安乃德在房内穿上衣服。在等待的工夫，他肘子靠在大门里边小院子的矮墙上，隐约地听着田野里的声音，回味着刚刚过去的时刻。那些纠缠不清的念头已经隐消了，他享受着骄傲和官能得到满足的幸福，他觉得自豪。他想：

“可怜的安乃德！”

他改变了想法：

“亲爱的安乃德！……”

她从房子里出来。仍然是那么安详，不过面色很苍白……谁能说明在洛瑞让她独自一人留在房中的片刻，发生了什么事情：热情的搏击，痛苦，放弃自己的一切？……洛瑞什么也没有瞧出来，他只注意他自己。他向安乃德走过去，想要重新开始他的抗议。她把一个指头放在他唇上:别作声!……在围绕花园的藩篱上,她折了一枝白山楂花,她将花枝折为两段,把一段给了洛瑞。于是,在和他离开她的别墅的时候,在门槛上,她将自己的嘴贴在洛瑞的唇上。

他们不言不语地往回走,穿过树林。安乃德事先请求洛瑞不要打破沉寂。他挽着她的胳膊,他的神气很温柔。她微笑着,眼睛半闭着。这一回是他引导她的步履。他已经不记得,在这儿,一小时以前,他曾经哭过……

在树林深处,传来一只追逐野兽的猎犬的狂吠……

* * *

第二天,她动身了。她的托词是收到了一封信,她年老的姑母突然病了。勃里索家的人并不完全相信。洛瑞还不如他家里人,他们已经有些日子,怀疑安乃德会从他们手里滑走。但是,装着不相信这突然告别的真正理由和不承认这种可能性,这对于他们来说更为体面些。直到最后一分钟,大家演着小别和不久就要重逢的喜剧。这种拘束使安乃德很难受,可是洛瑞曾经请求她,稍后从巴黎来信才宣布她的决定。安乃德也承认,要她亲口向勃里索家人讲,会使她非常窘。于是在告别的时刻,大家互相微笑,互相说些亲热的话,抱吻,这一切都是心不在焉的。

洛瑞依然赶着车,送安乃德到火车站。两个人都很忧伤。很诚实地,洛瑞再一次向安乃德求婚。他认为他不能不这样做,因为他是个绅士。他绅士得过分了。他现在自以为有权使对方感觉到他的威严——为了安乃德的利益。他认为,安乃德在失身的时候,降低了身份,两人的地位已经不完全相等,而他现在必须强求结婚。安乃德看得太清楚,如果他现在娶她,他认为自己比以前更多一千倍的理由,可以将她置于他的监护之下。当然,他的坚决要求是正确的,她谅解这一点。但是……她拒绝了。洛瑞对此暗暗感到愤怒。他简直不懂她是怎么回事……(他想他从来没有了解过她!)……于是他对她作了严厉的批判,他却一点也不透露出来。可是她猜得着,用悲愁中带点讽刺的情绪去猜测——而且还带一点柔情……(洛瑞总是洛瑞呀! ……)

快到车站的时候,她将一只戴手套的手放在洛瑞手上。他吃了一惊:

"安乃德!"

她说:

"我们互相原谅吧!"

他想说话,但是说不出来。他们的手互相握着不放。两人谁也不瞧谁,可是他们知道,双方都忍着快要流出来的眼泪……

他们是在车站上,必须自加检点。洛瑞把安乃德安置在她的车厢里,车厢里还有别人。两人不得不只说些极平常的友好的话,可是他们的眼光却互相贪婪地摄取被爱过的对方面容,为了留下一个印象。

机车汽笛响了。他们互相说:

"不久再见!"

而他们想的却是:

"永远见不着了。"

火车开了。在夜色苍茫中,洛瑞回家去。他的心里充满痛苦和愤怒,对安乃德的愤怒,对他自己的愤怒。他觉得心都碎了。他觉得——啊,可耻! ——他觉得轻松了……

于是,在空寂无人的道路上,让马停了蹄,洛瑞,由于对自己的鄙视,由于鄙视和爱情,辛酸地痛哭起来。

*　　　*　　　*

安乃德回到家里,回到布洛涅的住宅,闭门不出。给勃里索家的信寄发之后,她和外界的一切关系都中断了。她的朋友中,没有一个知道她已回来。她一封信也不拆开来瞧。整天整天,她连楼也不下。习惯于对安乃德不理解,并且不以此为意的老姑母,让她独自待着,不去过问。她的外部生活好像中止了。另一种生活——隐秘的生活——反而因此更为紧张。在这种生活的沉寂中,受了伤的激情形成一阵阵雷雨。必须独自一人的时候,她才能投身于这种激情的雷雨中,直到精疲力竭。从那种场面出来,她总是焦头烂额,热血耗尽,口中干燥,额头发烧,手脚冰冷。接踵而来的是充满沉重幻梦的麻木不仁的时期。成天,她光做梦,而且不设法引导自己的思路。她被一大堆混杂的激动情绪所侵袭……一种阴暗的忧郁,一种带辛酸的甜蜜,口中的灰尘味道,已成泡影的种种希望、往事和闪烁的光线一般使她的心蹦跳起来,一阵阵绝望丧气之感、骄傲和受伤的热情,以及一种面对废墟、不可救药、命运已定、无可奈何的情绪——这种情绪起先给人以极大的重压,接着阴沉忧郁,渐渐融化为一种麻木之感,它遥远的悲哀上,印着一种奇异的官能陶醉的痕迹……她不明白……

一天夜里,她在梦中看见自己在树上长满嫩芽的森林里,独自一人穿过茂密的草丛跑着,树枝钩住她的长袍,潮湿的灌木抓住她,她挣脱,可是撕破了自己的衣服。她羞愧地看见自己半裸的身体,她俯身用裙子碎片遮掩自己。于是她看见在地上,朝向她,一只椭圆的篮子,藏在一大堆阳光照射的树叶下面——并不是黄的和金黄的叶子,而是银白色的,像桦树的树干一样,白得像上等白布。她跪在篮子边,瞧着,内心十分激动。她看见布包开始动起来了。心疾跳着,她伸过手去——她醒了……她的激动情绪久久不得平息……她不明白……

到了一天——她明白了……她已经不是独自一人……在她身上,一个生命在成长,一个新的生命……

若干星期过去了,她一直在孵育着她的隐秘世界……

——“爱情,这就是你吗？爱情,当我以为快抓住你的时候,你逃跑了,现在你跑到我身上来了吗？现在我抓住了你,抓住了你,你怎么也挣不脱了,啊,我的小俘虏,我把你关在我身体里边。你报复吧！你吃掉我吧！小耗子,咬我的肚子吧！用我的血做你的养料吧！你就是我。你是我的美梦。既然我不能在这个世界里找到你,我用我自己的血肉制造你……而现在,爱情,你已经在我手掌中！我就是我所爱的那个人！……”

第二卷

夏季

努力、探索、找不到，但不屈服。[1]

——丁尼生

① 原文为英文。

第一部

百叶窗帘低垂着，室内光线半明半暗，安乃德穿一件梳妆用的素白披身，坐在床边，独自微笑。刚刚洗过的长发，散开在她肩头。在敞开着的窗外，八月份午后的金黄色炎阳，一动不动地摊在地上。熟睡在阳光下的布洛涅公园，你即使看不见，也会意识到它昏昏沉沉的感觉。安乃德在享受这种无上的幸福。她可以一连几小时躺在床上不动，什么也不想。她不需要想什么，她只要知道她不是一个人，而是两个人就行了。她甚至不想费劲和她身上那个"小小人儿"谈话。因为她有把握，那小家伙的感觉就是她自己的感觉，两人心照不宣。在她幸福的半醒半睡的身上，透过阵阵的温情电流，于是她又沉入昏睡的微笑中。

可是，她神志虽然昏昏欲睡，感官却奇妙地清醒，随着时光流逝，她感觉到空气与阳光最细微的震颤……园中的草莓散发出一股甜香……她用鼻孔和舌尖饱尝这种美味。她的耳朵欣然倾听一切细微的声音，微风轻拂的树叶，沙上行走的脚步，街上人语，教堂晚祷。还有从巨大的人群中传来的轰响，那是一九〇〇年的巴黎……那年夏天，巴黎正在开博览会。演武广场[①]上的烈日，晒着成千上万的人堆，像一串串葡萄，挤在酒槽中发酵……安乃德距离这沸腾喧扰的巨大场

① 巴黎中心的广场，一九〇〇年的"万国博览会"，就在那广场上举行。

面相当近，所以能感觉到它的存在；同时也相当远，可以置身局外。她享受着自己窝里的清幽与安宁，和热闹场面恰好成为对比。随他们去庸人自扰吧！反正真理在我身上。

* * *

她听觉非常灵敏，可是心不在焉。好像猫儿一样，周围的声音能够一一抓住，又懒洋洋地一一放过，不去理睬。她听到楼下门铃响，听出西尔薇连跑带走的脚步。安乃德宁愿独自待着。不过，她那样牢固地安顿在她的幸福天地中，不管谁来，倒也轻易打扰不了她。

西尔薇得到消息，仅仅是一个星期以前的事。自从春天以来，她一直没有她姐姐的消息。她自己也经历了一场情场风波，虽然她并没有十分激动，却也忙得想不起长时期没有消息的姐姐。等到她自己的问题了结之后，她又有了心情和时间惦念她姐姐，这才觉得放心不下。她到布洛涅来向姑姑打听消息，听说安乃德已经回家，而且回来很久了，她感到很惊讶。她打算责备那健忘的人，可是安乃德却给她准备着别的更使她惊讶的话题。她不动声色地将她和洛瑞的故事，从头至尾，向西尔薇讲了一遍。西尔薇耐着性子勉强听她讲完。安乃德，这个一本正经的安乃德，居然干出这样的蠢事，而且事后又拒绝结婚，这可真是世界奇闻！不行，西尔薇决不能宽恕这样的事！……这个小小的吕克莱斯①十分愤慨。她向安乃德大发雷霆，骂安乃德是糊涂虫，安乃德却兀然不动。但是很明显，无论怎么说，她反正不会改变主意的。西尔薇觉得她对这固执的家伙束手无策，她恨不得痛打安乃德一顿！……可是，有什么办法对这张亲爱的面孔怀恨呢？她安静地听你说话，带着一脸令人无可奈何的微笑！再加上这个怀孕的身子有一种隐秘的魅惑力……西尔薇咒骂这个身孕，把它当作一件倒霉的事。可

① 吕克莱斯，古罗马妇女，受了男性侮辱而自杀。

是她毕竟是女性,她不能不对此感到心里充满柔情……

她今天仍然准备来劝说安乃德,希望最后能克服对方愚蠢的抵抗,迫使她去请求结婚……要不……“要不我可要生气了!……”她像一阵风般冲进来。她身上散发着香粉气和一股要打架的杀气。为了摆出打架的架势,她一进门还没有说声“日安”,就责备成天把自己关在黑房间里的这种疯劲儿。可是,她一见安乃德幸福的眼神,看见她向自己伸张着两条胳膊,她立刻就跑过去抱吻安乃德,同时继续责备她:“疯子!疯子!十足透顶的疯子!……瞧,她穿着素白的长袍,披着长头发,把自己打扮成天使了……嘿,怎么不上她的当呢!……一本正经的家伙!……小贱人!……”

西尔薇摇撼安乃德的肩头。安乃德听她摆布,表情是又疲乏,又满意。西尔薇停止叨唠,双手捧着安乃德的额头,把她的头发撩开,说:“瞧,她气色多么鲜艳,多么红润,我从来没见过她有这么好的气色。还有这副得意扬扬的神气!可真值得你得意!你倒不害臊?”

“害什么臊!”安乃德反问,“我感到幸福,从来没有这样幸福。而且我很坚强,很舒服!有生以来第一次,我觉得我自己很圆满,再也不必追求什么了。我想要一个孩子的愿望快得到满足了,这个愿望在我生活中早已产生!自从我还是孩子的时候起……对呀,我那时还不到七岁……那时我已经梦想要个孩子了。”

“你倒会撒谎,”西尔薇说,“不到半年以前,你还跟我说过,你从来不认为自己是做母亲的材料。”

“你以为吗?我真说过这样的话吗?”安乃德说,她不知道怎样说才好,“对,我确实说过。可是我并没有说假话,无论现在,无论从前,都没有……怎么解释呢?我并没有瞎编。我记得清清楚楚。”

西尔薇说:“我知道这是怎么回事。当我迷上了什么的时候,我就立刻想起来,自从我呱呱坠地以来,我所要的就是这个。”

安乃德不满意地噘嘴,说:“不,你不理解。我现在感觉到的,是我真正的天性,这是从来就存在的,可是时机未到,我自己不敢承认有这种天性,我怕空欢喜一场。现在……啊,现在,我发现比我所希望的更加美妙……这就是我的整个生命。此外,我什么都不要了……"

西尔薇调皮地说:"当你要洛瑞或杜里欧的时候,你也别的什么全不要了……"

"啊!你什么都不懂!……哪能跟那个扯到一块儿去。当我恋爱的时候(你们的所谓'恋爱'),主动的不是我,我是被迫的……我被那股力量控制着,无法抵抗,我是多么痛苦!不知有多少次,我祷告上帝,希望能够解脱出来!……可是如今,恰好他,他,我的小小人儿,他来救我了,我正在人们所谓'恋爱'这种痛苦的束缚中挣扎的时候,他到了,他救了我……我的小救星!……"

西尔薇笑了起来。她一点也不理解她姐姐讲的一套道理,但是,不必讲什么道理就能理解对方的母性本能。在这个问题上,姐妹俩不会有分歧。她俩开始谈到那个小小的不相识者(谁知道是个男的,还是女的?),这是充满温情的闲谈。关于如何迎接这个不相识者,她俩谈到几千件既严肃而又无足轻重的细小事情,妇女对于这些事情总是说起来不知疲倦的。

她们这样谈了许久,西尔薇忽然想起她是来训斥安乃德的,而不是来跟安乃德演二重唱的。她说:"安乃德,别再发疯了,该谈正经的了。洛瑞有责任跟你结婚。你得要求他非这样办不行。"

安乃德做了个不耐烦的手势。"干什么又回到这个问题上来。我已经对你讲过,洛瑞主动提出要和我结婚,可是我拒绝了。"

"那么,既然做了傻瓜,就得好好认识和改正过来。"

"我丝毫没有改的意思。"

"你为什么不愿意?这个人,你是爱他的,我敢说你现在还爱她。出了什么事了吗?"

安乃德不愿意回答。西尔薇偏要问,而且向隐私之处去找两人不和的理由。安乃德做了一个猛烈的姿势,西尔薇惊愕地看着安乃德。安乃德嘴唇恶意地撇着,眉头紧皱,眼有怒色。

“你这是怎么回事?”

“没有什么。”安乃德说,愤然转过身去。

西尔薇触动了安乃德的一个伤痕,她本来不愿再去想它。有一个出自她天性深处的、她无法解释的矛盾。那就是,她虽然由于怀了孕满心高兴,却怀恨使她受孕的那个男子,不能原谅自己突如其来的官能反应,不能原谅使她失身的激动之情,也不能原谅钻了这一切空子的那个男人。这种本能反抗,是她远远地躲开洛瑞,和拒绝再和他见面的真正隐秘理由。(对于她自己和对于别人都是隐秘的。)在内心深处,她憎恨洛瑞。她憎恨他,因为她曾经爱过他。但是,由于她有光明磊落的智慧,她觉得自己那种本能是恶劣的,所以加以抑制。为什么西尔薇偏要强迫她重新意识到这一切呢?

西尔薇瞪眼瞧着安乃德,不再追问了。安乃德也平静了下来,她觉得不好意思,因为她的隐秘被人看见了,她自己也看见了。她竭力掩饰,用平静的口气说道:

“我不想结婚。我天生不适合这种绝对的关系。你可以对我说,千千万万妇女都安之若素了,何必把事情看得过分严肃呢?可是我就是这么个人,一切我都严肃对待。如果我要委身于一个人,我就什么都不保留,于是我会觉得喘不过气来,好像我脖子上拴着一块石头,就要沉入水底。太亲密的关系(大树上的藤)会吸尽我的精力,我自己剩下的精力就不多了。我竭力想使对方高兴,想使自己成为对方所要求于我的那种形象,这样,就会得不到好结果,因为过分地违反自己的天性,就会丧失自尊心。这样,人也就活不下去,要么你起来造反,那就会使别人痛苦。不,西尔薇,我是一个自私的人,我天生要过孤老的生活。”

(虽然她一点也没有说谎,她所说的却不过是用来掩盖真实情况的托词。)

“你真好玩,”西尔薇说,“一切女人之中,你是最离不开爱情的女人。”

“我憎恨爱情，”安乃德说，“可是现在，爱情碰不着我了。我躲在掩护所里。”

“好一个‘掩护所’，”西尔薇说，“这个‘掩护所’丝毫不能掩护你，倒是你要掩护它。你说你不愿意被捆住，你想过没有，你身上的小包袱将来对你多么碍手碍脚？”

“多么幸福！我怀抱中一直是空的，今后不会再空了！”

“你倒会说，可是你还不知道这是怎么回事。谁来抚养孩子？”

“我呀。”

“父亲呢？父亲对孩子也有他的权利。”

安乃德眉宇之间，显现出新的怒意……权利！对他的孩子有权利！……他的孩子！这个人的孩子，那盲目的一瞬间的孩子！他早就忘记那盲目的一瞬，却把我的一辈子都拴在上面！……决不！……我的孩子，这是我的！她说道：“我的儿子只属于我一个人。”

“他高兴属于谁就属于谁。”

“哦！我知道他会高兴属于我……”

“诱惑能手！……可是，万一有一天他责备你，说你剥夺了他的父亲！”

“我要把他的心填得满满的，使他没有一点余地去懊恼他没有父亲。”

“你是个自私的怪物。”

“我早就这样说。”

“你会受惩罚的。”

“那好，如果孩子将来不爱我，算我活该！什么都不能阻拦我爱他，也不能阻拦他就是我自己。”

“如果你真爱他，你首先应当为他的前途着想。多少妇女为了孩子的利益，强迫自己忍受不顺心的婚姻……”

“你叫我生气，”安乃德说，“你在我面前吹嘘那些为了爱孩子，宁愿把自己断送于骗人的婚姻，甚至是充满仇恨的婚姻的女人。你使我想起这样一个母亲,她对自己的女儿说,为了女儿,她忍着地狱般的夫妻生活。女儿回答说:‘难道你以为对孩子来说,地狱能成为幸福家庭吗?”

“孩子需要一个父亲。”

“成千上万的孩子都没有父亲,他们怎么办?有多少孩子没有见过父亲!多少孩子,幼年丧父,单靠母亲抚养成人!难道这种孩子不如别人吗?孩子需要在温爱中受到保护。为什么我的温爱就不够呢?”

“你过早地相信自己的力量了。你知道什么情况在等候着你吗?”

“我知道,我知道!一双孩子的手臂,搂抱着我的脖子。”

“你知道社会上的人们将使你付出什么样的代价?如果你是有夫之妇而和人通奸多次,也远不如你作为‘大姑娘养崽’所受的众人辱骂厉害。胆敢事先不盖上他们的所谓‘正式结婚’的印章,而承担当母亲的艰难困苦和责任,对于他们阶级中的妇女,这是不能饶恕的!……要是我,那也就罢了!像我们这样的女人,如何摆布自己的身体,没有多大关系。你们那些资产阶级的男子,甚至还可以从中捞点儿油水。所以就像在《路易丝》①中一样,他们准备庆祝平民女儿们的‘自由性爱’。一个资产阶级的姑娘,那是禁区,只有一定的人才能够进去打猎。你是他们的私产。他们完全可以面对公证人,用婚约把你买下来。可是你不能在光天化日之下主动地失身于人,而且还说:‘这是我的权利。’如果私产起来造主人的反,并且宣称:‘我是自由的,谁愿意要我,谁就来吧!’那么,伟大的上帝,我们还有什么路可走呢?”

西尔薇说话总是不严肃的,即使她在生气。

安乃德微笑着说:“风俗习惯是男子们制造的,这我知道。男子斥责那些敢于不正式结婚而有孩子,而且不打算一辈子为孩子的父亲效劳的妇女。对于许多妇女来说,这是一种奴役,因为她们不爱她们的

① 《路易丝》,一九〇〇年二月在巴黎初次上演的剧本,作者与作曲者为G.夏邦蒂埃(Charpeniter),写工人家庭出身的姑娘路易丝被诱惑而放荡、堕落的经过。

丈夫。许多妇女,如果她们勇敢,她们很可以和她们的孩子一起,自由地生活着。我要努力做这样的妇女。”

西尔薇用怜悯的口吻说:“可怜的天真女人!你一直生活在资产阶级双层窗户的保卫下,不知道生活的艰难。资产阶级用成见,同时也用特权将你禁闭起来。如果你有一天离开这个资产阶级,它是不会让你再回去的。那时,你就得见识见识什么是生活!”

“是呀,西尔薇,你说得对,说的是真话。过去,我是个享受特权的人;现在,该轮到我受一受你所受的痛苦了,这是件好事。”

“太晚了!必须从童年开始学习。到了你的年龄,不能学了……幸亏你有钱,你永远不至于遭受物质生活的困苦。可是另外一种困苦,精神上的困苦……你的社会集团会排斥你,舆论会责骂你。每天,你将因受一些小小的侮辱而感到痛苦……你的心是温柔而骄傲的,它将受伤而流血。”

“让它去流血吧。付出重价得来的幸福,只能使人更好地去享受它。我所要的只是健康与诚实。舆论吓不倒我。”

“如果你的孩子因此而感到痛苦,怎么办?”

“他们敢?……那好,我们一同来和那群卑鄙的家伙斗争!”

安乃德仰起身,坐在床上。她好像狮子抖动鬣毛一样,甩动她的长发。

西尔薇端详着安乃德,想保持自己严峻的面孔,可是办不到,反而笑了出来。她耸耸肩,叹一口气,说:“可怜的小疯子!……”

安乃德撒娇似的问西尔薇:“你可得帮助我们?”

西尔薇狂热地吻着安乃德。她举起拳头向墙壁威胁着,说:“谁敢碰你一下,当心他自己的脑袋!”

西尔薇走了。被刚才这场争论搞得精疲力竭的安乃德,重新沉浸在梦想之中。这一回,她算是战胜了她妹妹。可是在两人的谈话中,有一点使安乃德放心不下:西尔薇说什么……有一天,孩子可能会责怪母亲?

安乃德仰卧在床上,双手交叉放在腹部上,她在静听自己体内的声音。在她身上,那个小小的人儿开始动了。如经常一样,安乃德闭着嘴,和小人儿说话。她问他,她把他留下来,给她一个人,好不好?她一定要他告诉她,她是不是有理,他是不是满意。因为她不愿意做任何引起他责备的事。于是,那小小人儿自然回答,她做得对,他很满意。他说他要她属于他,只属于他一个人,而且为使她能够献身于他,她必须是自由的,而且独自一人和他在一起。她和他……

安乃德幸福地笑了。她的心是这么充实,所以用不着言语了。她陶醉于快乐之中,全身疲乏,脑袋昏昏沉沉……她睡着了。

*　　*　　*

安乃德的体态开始显眼了。西尔薇赶快强迫她姐姐离开巴黎。那时正是初秋天气,到外地去度暑假的朋友们不久就要陆续回巴黎。出乎西尔薇意料,安乃德一点也不抗拒。她并不怕舆论,可是在这个时刻,她不能容许任何跟西尔薇争吵的事由。但愿什么都不要来扰乱她和谐的境界!

她听从西尔薇带她到地中海滨一个疗养场所。可是安乃德在那里没有住下来,她在那里不能宁神静养。和大海为邻,引起她一种不舒服的感觉①。安乃德是乡土居民,她能够赞赏海洋,但是不能和海洋朝夕相对。她接受海洋气息强烈的魅惑,可是这种气息对她没有益处,它在安乃德身上引起太多的内心紊乱,而且引起安乃德不愿意知道的新混乱……还没有到时候!此刻不行!……我们不爱某些人,据说因为我们怕爱他们,(其实还不就是我们爱这些人?)安乃德对大海保持警惕,因为她对自己保持警惕,对那个有危险性的、她要躲避的安乃德保持警惕……

---

① 罗曼·罗兰生平不喜欢大海,他从来没有到海滨去度假期,每年总到瑞士山林清幽处修养几个月。

她重新北上,来到沙瓦亚[①]湖畔。在一个位于山脚边的小城中,她安顿下来,准备在那里过冬。安置停当,她才通知西尔薇。后者由于职业关系,不能离开巴黎,她只能隔一段很长的时间,来去匆匆地去探望一次安乃德,因此她很挂念独自一个住在那偏僻地方的安乃德。然而那时候的安乃德决不嫌自己太孤独,也不嫌那地方太荒僻。如果让她住隐士的茅棚,她可能住得更悠然自得。她内心生活越丰富,就越需要明净宁静的环境。她并不像西尔薇所设想的那样,置身在那种情况下,不得不依靠素不相识的人来照顾,因而心中难受。首先,她有满腔热情要发泄,所以她无论对谁都不当陌生人看待。而且由同情唤起同情,别人也都很快地不拿她当陌生人了。这个地方的人不大好奇,他们不急于知道安乃德的底细。大家遇见时互相打招呼,在门口,或者隔着篱笆,互相说几句客气话。大家互相善意对待。当然,如果有什么需要,不能过分依靠这些好心肠的人。但是平日能够这样相处,已经不简单。这样,日子过得更轻松些。这些不相识的老实人,对安乃德表示出漠不关心的和蔼态度,反而使她觉得比那些自以为对她有严重监护权的亲友们强制的关心照顾,对她更适合。

十一月中旬……安乃德靠近窗口坐着,一边做针线,一边眺望窗外草地上和披着假发般的树枝上的新雪。可是她的目光回到一份通知上……洛瑞·勃里索和巴黎政界的一个姑娘结婚了(安乃德认识那女的)。洛瑞总算抓紧了时间。他母亲和他姐姐对安乃德这一走,非常气恼,不等洛瑞的情场失意史传为话柄,赶快给他订了另一门亲事。而洛瑞,为了出口怨气,同意了别人给他选择的对象。安乃德既不感到意外,也没觉得有什么可抱怨的。她甚至竭力使自己替那个可怜的洛瑞高兴,但是这个消息使她不由自主地受到震动。在她的灵魂和肉体中,有这么多动人心弦的回忆!就在她的肉体内,还有被洛瑞唤醒的那个小生命……在阴影深处,往日的烦扰又开始骚动……不,不,安

① 沙瓦亚,法国东南部山区。

乃德不允许旧事重提！对过去的热情，她觉得很反感。对官能感受，更是使她厌倦。厌恶和反抗……再加上这种敌意，(这一回她可认识它了!)一种祖先传下来的回声，那就是女性对于使她怀孕的男性的仇恨……①

安乃德手里缝着衣服，不停地缝着。她想忘掉一切。每逢她神经紧张，望见远远的天边涌现了危险的云影，她常常求助于念经时用的摇钟，也就是她的手工劳动。她一边缝衣，一边把自己的各种思想排成规规矩矩的、整齐的行列。

这一天也如此，她把各种思想排成长列。在半小时默不作声埋头干活之后，心中烦扰消失，脸上微笑重新出现。低头干活的安乃德抬起头来，露出平静的眼神。于是她说："但愿如此！"

阳光在积雪上欢笑。安乃德把针线放在一边，穿起衣服，打算出门。她的双脚和脚踝都有点肿，可是必须勉强自己出去走一走。一到外边，她有一种愉快的感觉。因为她带着她的小旅伴在一同散步。现在，他表示自己已经存在。尤其是晚上，他到处摸索，在测量他的小窝的尺寸……他好像说："上帝，这么狭窄呀！难道永远这样下去吗？……"

稍后，他又睡着了。白天，在散步的时刻，他乖乖地待着。不过，可以说他用母亲的眼睛在张望。因为，对于这双眼睛来说，一切全是新鲜的。啊，多么鲜艳的色彩！大自然将这些彩色展陈在画布上。安乃德的面颊上也有好看的颜色。她的心跳得更快了，她的血液就在皮肤下面循环。她享受各种气息，各种味道。近旁没有人看见她时，她把路上的积雪抓一点放在嘴里……味道鲜美！……她回想做孩子的时代，趁保姆不注意，也干过这种事，她也吮吸冰冻潮湿的芦根。她觉得沿着喉道，有一种馋欲得到满足的冷战般的快感；好比落在舌头上的雪花，安乃德被官能的快感融化了……

① 在这个问题上，小说作者很可能受心理分析或某种生物学理论的影响。

安乃德走在积雪的乡间大路上，在冬季灰暗的天空笼罩下，独自一人，同时又是两个人；独自一人，同时又是一切，谛听她心中小小的春天百鸟齐鸣，步行一两个小时之后，转身向市镇走回来，让北风把面颊刮得通红，目光炯炯有神。路过糕点铺子，她不能抗拒可口的小点心对她的诱惑，有的是巧克力做的，有的是蜂蜜做的（她腹中的小家伙真够馋的）。然后，黄昏到来时，安乃德步入教堂，坐在神坛对面，神坛也和蜂蜜一样带幽暗的金黄色。她平时不进教堂，她不信教（自己以为不信），她却待在教堂里梦想着，祈祷着，直到教堂关门。黑夜来临，神坛上的灯轻轻地摇晃着，在黑暗中引来了最后几点亮光。安乃德四肢麻木，她怕受凉，她在毛呢斗篷底下觉得遍身寒冷，全仗她怀抱中的太阳取暖。她身上充满神圣的恬静。她梦想孩子应当在温柔、宁静和她那两条充满母爱的手臂环抱中生活。

*　　　*　　　*

第二年开年不久，孩子生下来了，是个男孩。西尔薇及时赶到，迎接孩子的诞生。痛楚使安乃德有时呻吟几声，但是没有一滴眼泪。尽管这样，她仍然很感兴趣，注意力很集中，有一点失望。她惊讶自己好像在旁观发生的事，而不是当事人。她一直期待着的强烈激动，始终没有出现。这个“苦工”一开始，她好像落入陷阱之中。没有任何逃避的方法，必须走到终点。于是，她忍受着，绷紧全身力量，为了赶快到达终点。她神志清醒，可是她的精力全部用于忍受阵痛。这时，她很少想到孩子。温柔和兴奋的情感，毫无产生的可能。事先曾经充满心中的那些情感，都隐没了。真是“苦工”，艰苦、紧缩，肉体和肌肉的苦工，完全是生理的，一点没有美与和善的成分……直到解脱的一刹那，当时她觉得一个小小的身体从自己身上滑溜了出去……终于！……

立刻，欢乐的火焰重新燃烧起来。安乃德牙齿咯咯地打战，筋疲力尽，差一点要沉入北冰洋底，她伸开冰凉的双手，为了抓住她活生生的果实,她亲爱的人。她紧紧地把他搂在她瘫软无力的肢体上。

现在,她一个人变成了两个。并不像以前那样,两个合成一个,而是自己身上的一部分,分离在空间,好像一个小小的卫星,围绕一个星球转,一个极微小的附加价值,可是它在心理氛围中的效果是非常大的。说来奇怪,这个从一个人身上分离出来而形成的一双之中,大的依靠小的,比小的依靠大的更多。这婴儿的啼哭,正是由于它是微弱的,对安乃德说来,这是一股力量。啊,当一个被我们所爱的人不能缺少我们,对我们来说,这是多大的财富!……安乃德两只发胀的奶头,让那小动物贪馋地吮吸着。她将那些使她胸脯鼓胀的乳汁和希望,大量地注入她儿子的身体中。

于是就开始了 Vita Nuova① 令人感动的第一轮,发现世界,这件事本身其实已经和世界一样古老,但是每一个俯身在摇篮上的母亲,总要把这件事重新进行一遍。不知疲劳的守夜人,心突突地跳着,在守候"树林中的睡美人"②醒来。孩子蓝宝石般的眼睛(深色的紫罗兰)是这样明亮,安乃德可以拿它们当镜子照见自己。这个不明确的、不着边际的目光,它看见什么呢?它像天空的一只大眼睛,人们不知道它是空虚的,还是深远的,但是它在蓝色光芒的圆圈中,掌握世界……在这明净的镜面,不知来自何处的成堆的痛苦、看不见的狂怒和不知名的激情,投下突如其来的阴影?这些都来自我的过去,还是来自你的未来?同一块勋章的正反两面。"你就是过去的我,我就是未来的你。你将成为什么样的人?我是什么样的人?……"安乃德在她的斯芬克司③的眼睛中寻求答案。她注视着这个一小时接一小时从深渊中上升的意识,从而不知不觉地在这 homunculus④ 身上重新体验人类产生的过程。

---

① 意大利文:新生。但丁在写《神曲》之前,曾经写过一部诗集,题名《新生》。

② 法国佩罗童话中的人物。

③ 斯芬克司,希腊神话中的狮身人头怪兽,一般用来象征迷惑难解的人物,此处指婴儿。

④ 拉丁文:弱小的人物。

小玛克将他的窗子一扇接一扇地向世界打开。较有明确意识的光亮开始在婴儿流水般的眼光表面闪过,有如一群飞鸟在寻觅栖息之处。几个星期以后,在活生生的小树上,开放了微笑之花。接着,栖息在灌木丛中的群鸟开始鸣唱……头几天悲剧式的噩梦,已经忘记!人地生疏的恐怖之感,一个从母体中粗暴地被拉出来,赤裸地、狼狈不堪地被抛掷到残酷的光亮之中的人的号叫,一切都已忘记!……这个小人儿放心了,他占有了生命。他发现生活很好。他用嘴、眼睛、脚、手和腰部,探索着生活,贪馋地扪摸着、品味着生活。他欢庆猎获了不少东西,惊异地吹奏着从他那小喉管里发出的声音。又是一个猎获物,他的声音!他自己倾听自己的歌唱。可是他母亲比他更津津有味地享受着他的歌声。安乃德被这个声音陶醉着。这溪流般细小的声音,使安乃德的心都融化了。甚至这个音乐发出尖利的叫声,震破她的耳膜,她也觉得美妙。“高声喊吧,亲爱的!对呀,肯定你的生命。”

他使劲肯定他的生命,他这种精力是不需要任何鼓励的。快乐、愤怒、任性,他用各种音调叫喊着。安乃德这个初出茅庐的妈妈,这个十分蹩脚的教育者,觉得孩子的一切都使她着迷。她没有力量抵制孩子暴君般的叫喊。夜里,她宁愿起床十次,也不愿意让孩子多哭一声。从早晨到晚上,她让那个贪馋的水蛭吮吸她的乳汁。孩子并不因此而更茁壮,而母亲反而因此身体更糟了。

等到春天西尔薇重新见到她姐姐时,发现姐姐瘦了,她很不放心。安乃德仍旧表示她很幸福,可是她幸福的表情有点儿发烧似的。为了一句充满感情的话,她会眼泪汪汪。她承认自己睡眠不足,她不会让别人服侍她,承认在照料孩子和注意孩子健康等实际困难面前,她束手无策。她在说这一切的时候,装作笑自己太怯懦。可是她早先那种满有把握的样子,已经丧失。她很诧异地发现,她并不像自己设想的那样健壮。由于她从来没有生过病,她不知道自己力量的极限;她自以为能够毫无节制地使用她的力量。她发现自己的限度很小,而且如果超过限度,决不会不受惩罚……生命,是多么脆弱的东西！要是在别的时候,这种发现不至于使她难受。可是现在,她的生命是双重的,在她自己脆弱的生命上,还依靠着另一个更脆弱的生命。上帝！万一她消失了,会出现什么事呢？在失眠的夜里,安乃德多次反复思量这件令人担心的事……她静听熟睡中的婴儿,只要他的呼吸稍有变动,一口气呼出来稍重一点,一声轻哼,或呼吸稍停一下,安乃德自己的心脏就立刻停止跳跃。不安的情绪一旦进入她心中,就住下不走了。安乃德丧失夜间的庄严和轻松的宁静,在那些时刻,没有动作的身体和没有思想的灵魂,都不睡觉,而在梦想,如同黑夜的池水上,一动不动地漂浮着花朵。天上乐园式的心神舒泰,这种天赐的恩惠,只有当你失掉它的时候,你心中才能感到它的可贵……从今以后,每时每刻都在提心吊胆的灵魂,即使在最稳妥的时刻,也隐藏着心神的颤动……

西尔薇没有弄错。通过安乃德嘲笑自己软弱时勇敢的微笑,西尔薇察觉了对方心中的慌乱,以及一种动物本能的需要:重新接近大群的同类。西尔薇决定,安乃德应当离开她隐居的地方,回到离巴黎几小时路程的近郊,安顿在一所乡间别墅里,在那里,西尔薇几乎天天可以看见安乃德,而她回来的消息也不至于传开。安乃德对于回去倒毫不刁难,但她主张干脆回到巴黎老家去。她不接受任何反对的意见。西尔薇责备她,说那样干不明智,说她的安静有被搅扰的危险,但是她不听。她固执,不让步。她不肯显出在舆论面前躲躲藏藏,她的自尊心不能忍受。在她怀孕期间那幸福的一年,她没有想到舆论。那时她和幸福单独在一起,没有容纳第三者的余地。几个月以来,她的幸福不算小,但是她愿意大家都知道她的幸福。如果她必须将幸福隐藏起来,这对她是一种痛苦。她愈想愈觉得自尊心受了伤。怎么！这个使她感到自豪的小宝贝,非得把他当一件见不得人的东西掩藏起来！她的样子好像在否认他！……

“否认你！我的宝贝！……(她热烈地亲她的孩子)我本来不该躲开,我本该从第一天起就强迫世人承认你。可别再躲躲藏藏！把你拿给别人看的时候,我要说:‘瞧,我的漂亮孩子!你们没有这样漂亮的孩子,说呀,你们这些当妈妈的?’”

* * *

她回到巴黎,在那里安顿下来。拉乌尔·李维埃的女儿很明白,要让别人接受她的处境,是不那么容易的!可是,她从她父亲那里继承了那种藐视世人的情绪,却没有学会父亲那一套:表面上屈从世人的成见,实际更便于躲开。她自以为能和世人顶着干,而且自以为有理。

她的头一次实验相当顺利。老姑母维多莉娜在安乃德不在家的日子里,一直是个看家的人。多年来,她的职守也就是看家。这是个六十多岁的身材矮小的老太太,气色很鲜亮,脸上没有皱纹,鬓角梳成一卷卷的,紧贴面颊两旁。她很安静、温和,不惹人,胆子非常小,她知道怎样把自己保存在不受干扰的地方。安乃德从童年时代起,就在家里看见这个小步轻跑的姑母。她使安乃德免除照料家务的烦恼。她管理家中清洁、舒适和伙食(因为她是贪吃的)等事务,扮演着大家熟悉的老女仆的角色。人们当着她毫不拘束,她不过是家中的一件家具而已。她的意见是不算数的,何况她也没有意见。她在她兄弟家中生活了三十年。维多莉娜姑母可以听见、看见离奇古怪的事物,但是她什么也没听见,什么也没看见。若是要让她看见她不想看的东西,你除非强迫她。拉乌尔才不理会这些!在和他亲近的人们面前,拉乌尔管她叫他后房内院的哑奴。他当面讥笑她,开她的玩笑,管她叫“大水罐子”,弄得她哭鼻子。稍过一会,他又甜言蜜语哄她高兴,大声地亲她的双颊。而且让她伺候他,娇养他,像一个老顽童似的。在她的记忆中,拉乌尔是一个心肠极好的人,而且也是德行极高的人——如果拉乌尔·李维埃这样一个从不厌倦人间生活的人,在阴间的生活也不是那么枯燥乏味,他在坟墓里听了这句话,一定会觉得好笑。

安乃德要在姑母眼中留下一个有关她的为人的良好印象,并非难事。她不但继承了房屋,而且同时继承了家中老猫对主人的崇拜。问题在于不要使维多莉娜姑母的那些幻想遭到破灭。安乃德在下决心之前,退缩了很长一段时间。她一直没有让姑母知道自己的爱情历险记。她远离巴黎时,所用的借口是健康上的需要和旅行的愿望等等。虽然这些理由都不像真的,姑母却好像信以为真了。她不好奇,而且怕听引起她不安的消息。可是,到末了,这种消息也不能不让她知道。孩子生下来以后,西尔薇自告奋勇地通知了姑母。这对那可怜的老人简直是晴天霹雳,她好不容易才弄明白是怎么回事。她做梦也没有想到这样的事情。她给安乃德写了几封惊惶失措的信,信写得那么含糊,安乃德读了之后几乎以为(年轻人是没有怜悯心的)维多莉娜老姑母自己生了孩子!安乃德竭力安慰她。西尔薇坚信老姑母一定要离开家了。可是维多莉娜姑母是不会轻易产生离家这个念头的。至于别的,她头脑中乱成一团糟。她确实没有出主意的能耐,倒是别人有必要替她出主意。她只会哭哭啼啼,可是,人总不能够仗着哭哭啼啼过日子。横竖得活下去,老姑母最后也只好在安乃德的不幸遭遇中,发现天意的惩罚。她侄女不在家,在远方,这件令人不快的事不在眼前,她正开始习惯,安乃德却来信说她要回来了。

回到家的时候,安乃德心情很激动。西尔薇去车站接她。维多莉娜姑母不知如何是好。当她听见大门打开的声音,她急急忙忙又登上本来已经下来了一半的楼梯。她匆忙回到自己房中,把房门关上。安乃德发现姑母在房中流泪。姑母一边亲安乃德,一边反复说:“可怜的孩子!……这可是怎么搞的?……怎么搞的?……”

安乃德表面上若无其事,其实也心慌意乱。她假装镇定,而且不客气地带笑说:“有的是时间可以详细谈!……现在,去吃晚餐吧!”

那老太太让人拉着走,她还在流眼泪。安乃德对她说:“得啦!得啦!我的好姑母……不要哭了。”

姑母在寻思她打算说的话。她有一大堆话要说,悲恸、埋怨、责问、惊呼……等等。可是,除了几声长叹之外,这一大堆话一句也说不出来。安乃德让姑母猝不及防地和孩子见了面。孩子正睡得香,像一个无忧无虑的有福之人,伸躺着他胖胖软软的小身体,仰着头。老姑母合着掌,看得出神了。于是,她惯于伺候人的老年的心,和家中的新主人又默默地订立了主仆关系的合同。打那时开始,老姑母又把自己套在这个小天神的车驾上,而且她自己也年轻了不少。

一阵子她不想了,过一阵子又想起来:这个孩子究竟是不可外扬的家丑。于是她心里又慌乱了。正在装作毫不介意地谈话的安乃德,暗暗地用眼角窥视姑母,只见她那善良的脸又沉下来了。"得啦,这又是怎么回事?"安乃德问,"总得给自己找个理由呀!"

姑母又一次开始她乱七八糟的悲叹和呻吟。

"可不吗,"安乃德说,一边轻轻拍着姑母的双手,"可是,说到末了,你到底要怎么样?你要我们失掉我们亲爱的小小子吗?"

(安乃德心里明白她为什么这样说,她故意用温柔的口气着重说:"我们的!")

迷信的老姑母,赶快惊慌失措地抗议:"安乃德,你可别这样说!这可不是闹着玩的……不,你怎么能这样说话?……"

"那么,你不要再摆出这副面孔来了!既然我们的孩子已经在这儿,既然他已经到我们家来了,我们还有什么办法呢?除了热爱他,并且为此而感到幸福,此外还有什么更好的办法?"

姑母很可以这样回答:"对,可是他为什么要来呢?"

她再也没有力量希望孩子不来。然而道德上应该这样要求,社会和宗教也一样。自尊心和平静的生活都这样要求,也许要求平静的生活比一切都重要。在她内心深处,深深的深处,她有一个不好意思明说的隐秘想法,那就是:"上帝!这个不幸的闺女还不如不要把经过的情况都告诉我!"

最后,维多莉娜姑母既然无法协调这么多互相矛盾的想法,她就索性什么都不想了。她听凭本能行事。她是老母鸡,她一辈子专门替别人抚养雏鸡。她接受了。

可是安乃德不能因此而过分地庆幸。有些合作给人带来的麻烦多于方便。通过姑母,外间的干扰不久就传到安乃德这儿。维多莉娜姑母是个多嘴的老太太,而且她把邻居们谈论安乃德回家的话,都听在耳朵里。她赶快跑回来,眼泪汪汪地把听来的话都告诉安乃德。安乃德亲热地责备老姑母,可是她自己也不免被那些长舌妇愚蠢的流言蜚语惹得生气。现在,每当老姑母从外边回来,安乃德就战战兢兢地心里嘀咕:"她又要来跟我讲什么啦?"

她不许姑母开口了。可是,姑母闭上嘴反而更糟糕,她想说不说,唉声叹气,愁眉苦脸。面对这种她想装作不知道的恶毒舆论,安乃德憋了一肚子闷气。

如果她明智的话,她至少应当避开和这种舆论发生摩擦的机会。可是她太生气勃勃,因此不够明智。人们只能在吃不明智的亏以后,才会变得明智起来。人的天性是这样生成的,比方安乃德,一方面,她以不屑理睬的神气,置社会上对她的评判于不顾;可是同时,她又焦急地想知道别人在背后如何议论她。每天早上,她战战兢兢地想,这一天可别给她传来叫人听了不愉快的言语。可是如果这一天没有这种言语传到她耳中,她就准备主动去找。其实这种言语自己会主动找上门来的。她从她的家族,从向来不怎么来往的表兄弟、表姐妹那里,收到表示为她而丢脸的信,和令人难以忍受的教训。这些人自封为安乃德品行的裁判者,他们自以为和安乃德相比,他们可以算维护家族体面的健将。这一点对于像安乃德这样的人来说,与其说令人恼怒,不如说滑稽可笑,因为安乃德早已从她父亲那儿听说了风流生活的秘史,她知道这些阿里斯达克[①]们的批判尺度值几文钱。可是安乃德没有笑,她急忙提起笔杆,发射了一封辛辣的回信,在各种谴责的理由之外,加上了怨愤,使反驳更不留情。

---

① 阿里斯达克,古希腊语法家,风俗批评家,卫道者。

这些严峻的监察者,总算还可以援用他们的亲属权利来进行干涉,虽然这种权利是滥用的,但也是习惯使然。可是那些陌生人有什么权利那样严格地对待她?她要怎样支配自己,就怎样支配,难道损害旁人了吗?她在街上遇到了一个社交场上和蔼的妇女,此人以前在沙龙中接待过安乃德。安乃德站住了,想跟对方互相讲几句应酬话。可是那人一边用好奇的眼光打量安乃德,一边让她独自说话,几乎没有开口,就用冷冷的礼貌态度,远远地走开了。另外一个女子,安乃德去信向她打听一件事,连回信都没有。为了继续打听,安乃德写信给她母亲生前的一个老朋友,一个她向来很尊敬的老太太,对方也一向对她表示温爱的感情。安乃德写信说要去拜访她。回信来了,口气十分为难,对方表示遗憾,不能接待她,因为要离开巴黎……这类小小的创伤一再发生,使安乃德神经过敏地不安。她怕碰别的钉子,可是奇怪,这种害怕反而促使她神经质地去找钉子碰。

安乃德和她的女友吕茜·戈蒂耶之间就发生过这样的事——这两个年轻女子是很久以前就相识。安乃德当年出入于社交场合,吕茜是她比较喜欢的一个朋友。两人并不十分亲密,可是双方都乐于相见。安乃德从她姑母那儿听说,吕茜的姐姐刚刚结婚。她没有接到吕茜的通知。她给吕茜写了一封表示祝贺的信,吕茜没有回信。安乃德明知道是怎么回事,所以不再坚持。可是,她到底还要坚持一下,一种古怪的需要促使她,一定要搞个明白,一定要自讨苦吃。

她到吕茜家中去了。在沙龙中,人声嘈杂。这天正是招待客人的日子,安乃德走进去的时候,才想起来。她想退缩,已经来不及了……沙龙中谈话正热闹。约莫有十二个人在沙龙里坐着,安乃德几乎全认识。她一出现,谈话声突然静止。只中止了几秒钟。安乃德很激动,但是她感觉到自己在进行一场斗争,就进去了,含着微笑,也不向两旁看一眼,径直走向吕茜。吕茜站起来,很窘。这是一个金黄头发、小个子的女子,眼睛细眯着,眼神柔和温顺,文雅的小脸上有点皱纹,下巴像小耗子,牙齿稍稍突出。她是很机敏的,对于各种人,各种意见,她都漠不关心,可是装出一种样子,好像对意见十分热情,对人富于感情。她很谨慎,不太爽直,软弱,乐于讨人喜欢;她所寻求的首先是跟谁都不闹意见,一切都照顾周到。安乃德的所作所为,对于吕茜个人来说,一点也没有使她不安。她好奇的尖鼻子时刻在窥探着,这类荒唐事使她感到好玩。她认为安乃德的冒险行动是荒谬的,但如果不是从社会的角度使她为难,至多也不过给她解解闷而已。当安乃德写信告诉吕茜,说她已经回来,吕茜心想:"多么讨厌! 叫我怎样回答她呢?"

她不愿意得罪安乃德,也不愿意冒被人瞧不起的风险。由于找不到合适的回信方式,她就一天天地拖着。她打算去瞧安乃德一趟,但是以后再说,(不着急!)而且不让大家知道。这样做,并不妨碍她讥笑安乃德,也不妨碍她和众人一样,摆出厌恶的样子……

可是,安乃德突如其来地出现,("真太不像话!")逼得吕茜不得不做出选择! 吕茜责怪安乃德对她耍这样的恶作剧,比责怪安乃德私生了一个孩子还要严重得多……("甚至生两个孩子也没有什么,如果她高兴,可是别让她来跟我捣乱……")

吕茜眼睛显出一丝愤怒的闪光,可是立刻就消失了。她抓住安乃德向她伸过来的手,用安乃德所熟悉的甜蜜的微笑,来回答安乃德的微笑(人们无法抗拒吕茜温柔的魅惑),这是一瞬间的事。吕茜眼观四方,耳听八面,立刻察觉周围人们在嘲笑,她的表情顿时变得冷冰冰了。她说了两句客套话之后,就矫揉造作地重新继续刚刚被打断的谈话。于是大家都重新谈起话来,好像是在根据一个秘密协定而行动。

安乃德一句话也插不进去,她自己觉得被摒斥了,可是决不甘心接受这种待遇。她知道吕茜性格的弱点。用骄傲的微笑武装起来的安乃德,坐在一群人中间,这些人好像连瞧都不瞧她一眼,忙于拉扯那些既无聊又不起劲的闲话。安乃德用从容不迫的目光,把在座的人扫视了一遍。别人的眼光碰到安乃德的眼光时,眨眨眼皮,回避开了。

只有一双眼睛来不及躲开,这双眼睛被安乃德的眼光勾住了,它们表现出生气和鄙视的神气。安乃德认出玛丽－路易丝·德·波特吕红红胖胖的大脸庞。她是一个有钱的公证人的女儿,和一个当官的结了婚。此人的亲戚关系中,许多都是安乃德家的老相识,这是一种社交场上客客气气,实际上怀着深刻反感的交往。玛丽－路易丝健壮的身体,是她的阶级,即大资产阶级的结实特点的具体化:她生活井井有条,为人正直,不好奇,缺乏慈善心肠,尤其缺乏风趣;她奉行一切合法的德行,坚实的宗教信仰,然而也只是口头的信仰,好像放在售货摊上的货品,完全没有思想内容,也没有怀疑;她重视一切私有财产,她的家庭、她的财富、她的祖国、她的宗教、她的道德、她的传统,以及和她相反的一切,总之,庞大浑厚的自我,把阳光都挡住了。舍此之外,毫无余地可以容纳第欧根尼[①]的木桶。最使波特吕之流头痛的,莫过于独立,不论什么样的独立:宗教的、道德的、智慧的、政治的或社会的,这是他们天性使然的反感!他们把一切独立的形式混淆起来,笼统地骂为"无政府主义"。他们在李维埃一家人身上,一直嗅到这种无政府主义的气味。于是玛丽－路易丝和她家的人都本能地对安乃德采取怀疑的态度。玛丽－路易丝不能饶恕安乃德在受教育以及闺女生活方面所享受的自由。在这种刻薄的评判中,并非没有一点嫉妒的成分。使这种评判不说出口来的唯一顾虑,就是李维埃的家产。财富令人起敬,它是社会秩序(最坚固)的支柱之一。可是条件在于不能动摇它的基础,即不能动摇合法的家庭。社会的支持者在这儿把守着,谁要是在这个问题上发生摩擦,没有好下场。安乃德损伤了这条基本原则。警犬被惊醒了,不过它还没有吠叫,它在社交场合是不会吠叫的。但是,眼神说明一切。安乃德在玛丽－路易丝的眼光中看出一种含怒的鄙视。安乃德的眼光从容不迫地投射到那个脸蛋肥胖的审判者的

---

① 第欧根尼,古希腊智者、哲人,穷得无家无室,经常住在一只木桶里,怡然自得。传说亚历山大王曾经到第欧根尼的木桶边去拜访他,他向国王挥手说:"你站远点,别挡住阳光!"

眼睛上,同时,安乃德向玛丽-路易丝随便地轻轻点头招呼了一下,逼得对方不得不回礼。玛丽-路易丝不能违抗安乃德的命令,气得她差点儿窒息。她用最冷酷无情的眼光盯着安乃德,作为报复。安乃德毫不在意,她已经把玛丽-路易丝撂在一边。这时,她环顾沙龙的目光,又回到吕茜身上。

安乃德一点不困难地加入别人已经开始的谈话中去,她用一句发表己见的话,打断吕茜正在叙述的故事,逼得吕茜不得不回嘴。大家没法不给她腾出地方来,只得无可奈何地、礼貌地、好奇地,甚至并不是毫无乐趣地听她讲话,因为她很风趣。可是大家不回答安乃德的话,心不在焉地说些别的事。谈话到了这时,已经难以继续,渐渐中止了。有时用微弱的火力再复燃一下,也是东拉西扯,没有一定的话题。在寂静中,安乃德只听到自己的声音,从容不迫地在侃侃而谈。她听自己的声音,好像是一个陌生女人的声音。作为真正的女性,她很细心、敏感、骄傲,小小的屈辱她都不放过。她从童年时代起,就习惯于领会和运用沙龙中不真诚的语言。她善于分辨在故意的漫不经心、模棱两可的微笑和不坦率的礼貌掩盖下那种伤人的意图。她很难受,可是仍旧笑着,继续说着。旁人心想:“这个小家伙,真够沉得住气!”

这时,一个女客起身告辞,吕茜把客人一直送到门口,借机避开安乃德。安乃德在一群决意不理睬她的人之间,觉得孤立无援。她不想再延长这场舌战,也站起来要走了。正当她穿过沙龙的时候,玛赛尔·法朗克向她走来。他来到沙龙中已经有一阵工夫了,可是安乃德没有瞧见他,因为她全部注意力都用在努力顶住自己心中的懊丧情绪。而他呢,一边用带嘲笑的怜悯目光瞧着她说话,一边赞赏她满不在乎的勇气。他心想:“谁勉强她来冒犯这些粗俗的家伙……这个小傻瓜!……真逗笑!……”

他决意向她伸出援助之手。他亲切和蔼地向她招呼,安乃德的眼睛由于感激而发亮了。在他们周围,大家默不作声,所有这些板着脸的人都在注视他们两人……他说:“大旅行家,您终于回来了!您充分地‘观赏了那一片蔚蓝的地中海’?”①

他想把她引导到一个无足重轻的话题上去,可是她,(什么魔鬼在作祟?骄傲、向人挑衅的本能,还是单纯的坦率?)却乐呵呵地回答说:“要说‘蔚蓝’吗?这几个月来,我所观赏的至多不过是我儿子的蓝眼睛。”

从满座宾客间刮起一阵讽刺的微风。有人暗地里互相交换会心的眼色,有些人在微笑。可是玛丽-路易丝·德·波特吕怒气冲冲地站起来,她肥胖的胸脯,被她充满愤怒的鄙视气得发胀,连她的紧身衣都快胀裂了,她把椅子一推,跟谁也没有招呼,径直走向门口,扬长而去。沙龙中的气温下降了好几度。安乃德和玛赛尔两人留在沙龙的一个角落里。他同情她,嘲笑地看着她,喃喃地说:“真冒失!”

“怎么冒失?”安乃德用清脆的声音问。

她向自己脚边看,好像在寻找什么。接着,她不慌不忙地站起来,冷冷地向大家招呼了一下,出去了。

谁要是在街上看见她用带节奏的步子走着,挺着脖子,神气冷淡,举止端庄,漠不关心,决不会想到她刚刚经受了一场风暴,一场受人奚落而使她受伤的心直跳的风暴。但是当她回到家中,能关上房门和她的孩子单独在一起时,她流着辛酸的眼泪紧紧抱着他,而且发出得意的笑声。

* * *

在巴黎,并不缺少安乃德可以很体面地被接待的知识界,尤其是建筑师李维埃的女儿应当相当熟悉的那个知识界,生活在世俗的市侩

① 此处显然引用了一句现成的诗句,出处不明。译者曾经写信请教罗曼·罗兰夫人,她也说一时查不出来。

主义之外的那些艺术家之间,有一部分人却保留着最正统的家庭观念,即使在没有任何成见的、自由结合的同居生活中,也还保留着资产阶级的道德。可是安乃德不大和艺术家们的妻子来往。安乃德的精神是十分井井有条的,她的姿态很稳重,一点也不浪漫。安乃德不大欣赏艺术家妻子们的姿态和言谈,同时却赞美她们有很大的优点:坚定、勇敢、善良厚道,刻苦耐劳。必须指出,在平常生活中,人与人之间的关系很少以互相尊重为基础,更多地以共同的本能和习惯为基础。何况拉乌尔·李维埃,很早就把他的那些好朋友扔在半路上不管了。等到他得意成名,名利双收之后,这个胃口健旺的人,立刻和 haud aurea mediocritas① 断绝往来。他非常聪慧,所以不可能不欣赏勤劳的人,而那些巴黎社交场上的、沙龙中的人物,他是不那么欣赏的。他在亲密的熟人面前常用尖刻的嘲笑评论社交场上的人们,他却置身于那种场合,因为在那里他可以获得大量粮草。他给自己安排一些秘密出路,从那儿他到成分很杂的社会阶层去寻得可以满足他寻欢作乐的激情和狂放独立的需要,因而过着双重甚至三重的生活。可是很少有人知道这种情况。他的女儿也只熟悉他生活中冠冕堂皇的一面,以及他忙忙碌碌的业务工作。

安乃德的社会活动范围,几乎局限于富有的、相当体面的大资产阶级。这个新的统治阶级,经过专心致志的努力,终于给它自己创造了一种隐隐约约的传统。这种传统加上权力规定的另一些属性,使它获得洞察事物的目光,然而这仅仅是加上灯罩的桌灯的光亮。这盏灯最怕将照在桌上的一块圆形光亮放大,也怕移动这块光亮,因为稍有变动,都可能发生动摇它的信念的风险。本能地喜爱光明的安乃德,曾经到处寻觅光明。在她所属的社会阶层中,人们把大学的课程说成装腔作势的东西。安乃德在那儿找到的光明是隔着一层薄纱的光明,课堂中和图书馆内的光明,从来不是直接的、反射的光明。安乃德在

① 拉丁文:不是黄金的中流。成语,“黄金的中流”出自贺拉斯的诗篇,意为:平庸的但是十分舒适的生活。

那里获得完全抽象的思想胆量。这种思想的大胆,在安乃德比较好的同学们身上,并不排除在实践中束手束脚,和面对现实时的手忙脚乱。在安乃德的眼睛和外界的光亮之间,还隔着一层帷幕:她的家产。尽管她讨厌这块帷幕,它还是将她和社会大集体分隔开来。安乃德甚至不清楚她被封锁到什么程度。财富的不利之处,就像具有特权的庭院,四周被高墙圈起来的庭院、草场。

这还不算。现在必须从这个围场中出来。很久以来,安乃德已经毫无惧色地考虑到这种可能性,她已经不要这个围场。谁要是认为这是不合逻辑的,谁就谴责安乃德吧!人,尤其是妇女,并不是铁板一块的,尤其到接近中年的时候,那时反抗与革新的本能和那些令人瘫痪的保守习惯混在一起,人们不能从自己的处境形成的成见中,以及从已经固定的需要中一下子解脱出来,即使是最自由的灵魂也办不到。人们有遗憾,有疑虑,人们什么也不愿意丧失,什么都想占有。诚挚的安乃德,也需要爱,需要自由,她不愿意说谎,然而也不愿意牺牲她的既得利益。她同意和她的社会环境分离,但是她不能忍受被人从那个环境中排挤出来,她不能同意降低身份。还没有在生活面前低过头的年轻的骄傲之感,使她不肯到另一个比较低微的社会环境中去找藏身之处,即使她更看重那种环境。如果那样,就无异于在众人面前承认自己战败了。宁愿孤立,决不降格。

这种顾虑虽然十分平庸,却也不是毫无道理。在一个阶级的各种老规矩,和敢于起来反抗这些规矩的某一个成员之间的斗争中,这一阶级的人们就结成一体来反对冒失者,将他撵出阶级的疆界之外,向他挑衅,使他流徙到远处,并且窥视他的弱点,以便证明他的被放逐是罪有应得。

善良的自然界中,只要有谁自己露出软弱的形迹,或者有一种牺牲品自己暴露目标,在它周围立刻布满蜘蛛网。在这过程中,丝毫没有曲折,没有任何阴险的手段!这就是善良的大自然。大自然永远在狩猎,而每一个生物,在规定给它的时间内,不是猎人,就是猎物。安乃德是猎物。

猎人陆续出现。在丝毫没有客套和排场的情况下,安乃德接受了友人玛赛尔·法朗克的访问。

她正独自在家。孩子出去散步了,每天规定的散步。姑母带着孩子出去了。安乃德稍许感觉倦怠,留在她的房间里。她不想见什么人,可是,当仆人把玛赛尔的名片递给她的时候,她很高兴,就让客人进来。她很感激玛赛尔。那天,在吕茜家里,玛赛尔支持了安乃德。当然玛赛尔并没有把自己牵连在内。她也没有要求玛赛尔这样做。

她把玛赛尔当老朋友看待,一点不讲客套,自己仍然躺在长椅子上,她身上还是早上起床后穿的便装。自从她做了母亲以来,她失去了以前西尔薇常常笑她的那种井井有条、一丝不苟的固执习惯。玛赛尔对此毫不在乎。他发现安乃德标致了,丰满的身体显得柔和,气色鲜艳,懒散之中带一点温柔。由于幸福而舒展的眼睛,闪着湿润的光辉。安乃德滔滔不绝地讲话,她很高兴重新看见这个明察秋毫的朋友,从前安乃德选择对象犹豫不决的时候,玛赛尔是她谈心的人。她喜欢玛赛尔的智慧,以及他机敏的思想,她觉得他可靠。法朗克仍然那样细心体贴人,那样友好。可是谈话一开始,他的口气就带一点新的极其亲密的味道,给安乃德印象深刻。

他们回忆两人最后一次见面。那正是安乃德去勃艮第,去勃里索家不愉快地小住之前。安乃德承认,当时玛赛尔对于后来发生的事有非常清楚的预见。她只是想说,她跟洛瑞结婚是不可能的。可是她脸红了,因为她发现玛赛尔不是这样理解,他反而觉得好玩。玛赛尔调皮地说:“你那时和我一样看得很清楚。”

于是他笑这件事后来发展的情况。他神气之间好像多少以同谋者自居。安乃德觉得不好意思,她用嘲讽的口吻掩饰内疚。玛赛尔加重地说:“你那时比我看得更清楚。我们这些男子,我们非常可笑地认为我们可以向妇女们贡献我们的宝贵贤智，当她们用巧诈的声调，妩媚的大眼睛，向我们焦急地询问，她们应该怎么办的时候，我们就上当了。她们十分清楚她们该怎么办。她们故意恭维我们的癖好，那就是我们喜欢说教。其实，她们才够格当我们的老师呢！当我预先断言，你不至于落入勃里索家的罗网，我没有想到你能那么威风凛凛地从网眼里钻出来。那可真是了不起的大胆举动。好得很啊……嘿，只要你肯干！我赞赏你敢作敢为……”

安乃德一边听，一边觉得很窘。多么奇怪！她自以为在要求按自己意志行事的权利，那一天，在吕茜家中，她准备冒天下之大不韪来肯定这种要求。可是现在，她听玛赛尔用这种口气夸奖她，反而觉得不舒服！她的羞耻感、自尊心受伤了，因此不好受。她说：“不要这样夸奖我，我没有你所设想的那样大胆。我事先并不愿意发生那样的事，我并没有预料……”

接着，她又产生了另一种顾虑，可是由于她太骄傲，她不屑说谎，于是又说：“我弄错了。并不是我没有想到，但我事先想到的是害怕发生这种事，而不是愿意它发生。我所不理解的正在这里：为什么我所害怕，我所不愿意的，偏偏就是我上前去迎接的事？”

“这是很自然的，”玛赛尔说，“人们所害怕的，正可以迷惑人们的神经。归根到底，谁也没有否认，人们所害怕的恰恰是人们所想望的事。但是，敢于做自己所害怕的事，却不是人人都能办到的。你，敢于这样做，你敢于做一件错事。人生应当做点错事。做错事，就是长见识。必须长见识……不过，可怜的朋友，我觉得，你在敢于这样做的时候，本该采取些预防措施，你的对手似乎罪过不小，他给你留下这么一个包袱。”

安乃德有点生气了。她说：“对我来说，这并不是一个包袱。”

玛赛尔想，安乃德慷慨大量，想包涵洛瑞，于是说：“你仍旧爱他？”

“谁？”安乃德问。

“好！”玛赛尔笑着说，“那么说，你不爱他了。”

“我爱我的孩子,”安乃德说,“别的都属于过去。而过去,人们已经说不清是不是真有那么回事。人们不再能理解它。这是可悲的。”

“这也有迷人的一面。”玛赛尔说。

“我不欣赏这个,”安乃德说,“我不是风雅士。可是我的儿子是‘现在’,这个‘现在’将和我的存在同样久长。”

“这个‘现在’在排挤我们。对于他来说,你有朝一日也将成为过去。”

“算我活该!”安乃德说,“让他的小脚丫踹我,仍然是件痛快的事。”

玛赛尔笑安乃德这个充满激情的人。安乃德说:“你不能理解我。你没有看见过我的玛克,我的小小的杰作。即使你看见他,你也不会欣赏。你只会品评绘画、雕塑以及那些没有用的玩意儿。你不会品评唯一的珍奇:一个小孩的身体。我要是给你描写一番,那也是毫无用处的。”

安乃德还是描写起来了。漫长地、充满热爱地描写。她笑自己所用的火热的、夸张的词句,可是她不由自主地说着。当她发现玛赛尔宽容的、嘲笑的眼光时,她不说了。

“我惹你讨厌……对不起!……你不理解我吧?”

那倒不。玛赛尔理解,玛赛尔什么全理解。人各有所好,他不跟别人争论这个问题……

“总而言之,”他说,“你是个越轨的母亲。你现在对于法律,对于合法的家庭,都是违抗的。而且你毫不后悔,还在向权威挑战。”

“什么权威?”安乃德问,“我向什么也不挑战。”

“那好,舆论、传统、拿破仑法典。”

“我才不管这些呢!”

“这就是最恶劣的挑战。这种挑战他们是决不宽恕的……不过,算了吧!什么都已经决裂,你已经不受宗族的管束,现在你打算干什么?”

“跟过去一样。”

玛赛尔表示怀疑。

“怎么啦？难道你认为我不能再跟以往一样生活了吗？”

“你没有什么必要这样做……而且……”

玛赛尔手中有一张王牌：重提那天安乃德在吕茜家中做客的情形，这正好说明如果安乃德想重新恢复她在社交场上的位置，那是不容易办到的。她心里明白，不需要别人来提醒她，而且她的骄傲情绪已经受了伤，决不想重复上次的经验了。可是她很诧异，为什么玛赛尔喋喋不休地要向她表白这些呢？在平日，玛赛尔比这谨慎知趣。她说：“况且，这一切都不算什么，因为现在我有了我的孩子！”

“可是，你总不能把你的生活压缩在孩子一个人身上。”

“我不认为这是压缩我的生活，这是扩大。我在孩子身上看见一个世界，一个日趋成长的世界。我自己也将和他一同成长。”

玛赛尔非常仔细地，同时也用分量相当重的嘲讽，极力向安乃德阐明，像她那样贪得无厌和苛求的天性，是不能够满足于孩子这个小天地的。安乃德皱着眉头听着，心里有点儿别扭。她不声不响地，在心里生气地抗议：“不对！不对！”

然而安乃德也并非一点都不心慌意乱，她回想起从前玛赛尔已经把她看穿过。可是为什么他那么起劲地想说服她呢？为什么他那样不辞辛苦地对她解释，她应当利用自己已经争取到手的自由，不要害怕生活在社会边缘？（他说：“生活在资产阶级的一套老规矩之外和之上。”）

在安乃德身上，经常有两三个安乃德结合在一起。按照习惯，一个安乃德在说话，另外两个安乃德在一边听着。这时候，两个安乃德同时在说话，一个是充满激情的、感伤的、凭印象行事，而且甘心为印象所欺骗的安乃德；另一个安乃德却在冷眼旁观，看穿别人内心隐秘的动力，觉得好玩。这个安乃德眼力很好，她在玛赛尔身上看出是怎么回事。现在角色颠倒过来了。以前是玛赛尔在细察安乃德的秘密思想活动。今天……今天(从什么时候开始?……对,恰恰从她“幻变”时开始),她获得了一种观察他人的灵魂及其秘密活动的洞察力。这种新鲜的情况(说实在,是断断续续的)使她惊讶,使她紧张的心情,得到消遣的机会。

安乃德躺在长椅子上,仰着脸,双臂枕在头后,嘴微张着,眼睛凝视天花板,可是,通过半开半闭的眼角,她看见玛赛尔在说话。她很可以先说出玛赛尔将要说的话,她很可以断定将要发生什么事。可是她让对方继续表现,用一种刻薄的好奇和好玩的心情看他表演,但她也责备自己这种态度……

(但是,必须看,必须了解,就像玛赛尔刚才所说,必须长见识……长见识……)

她在学习怎样认识一个朋友……

(可不是吗,我了解你!……一个从树上掉下来的安乃德,很值得拾起来。他在轻轻地摇动树身,为的是让她完全脱离树枝而落下来。他在利用安乃德心慌意乱而从中投机取巧,然而,他爱安乃德……正因为他爱她……不高明,这位兄弟,这位男士!……他用温柔的声调说话了。得,这一下他可情不自禁了!……现在,注意!……我敢打赌,他就要俯下身体来了……)

几秒钟以前,她看见玛赛尔金黄色的胡须向着她靠拢过来,而他温柔的嘴唇就要接合在她嘴上。她不愿意让他难堪……于是,恰好到紧要关头,她抬起身来,双手向前伸,轻轻推开玛赛尔的双肩,她说:“再见吧,我的朋友。”

玛赛尔看见安乃德一双洞察一切的眼睛正在探索他,而且在眼睛深处,有一星星狡黠的闪光。玛赛尔微笑了。他很失望,但这是一场坦率正直的斗争。他并不否认,对方已经不动声色地对他下了逐客令。然而他心中有数,安乃德对他并不等闲视之。谁能理解谁就理解吧!这个古怪的姑娘从玛赛尔手中滑走了。

* * *

玛赛尔从此没有再来,安乃德也没有采取任何措施去请他来。两人照旧朋友相处,但是双方心中互相抱怨。正因她对玛赛尔并不是漠不关心的,所以她在他身上察觉的一切,使她十分敏感。她并不为此而生气,事情是平平常常的,太平常了!……不,安乃德并不责怪玛赛尔。不过她永远不会忘却这件事!有时思想上原谅了别人,可是心里不批准这种原谅。在她的隐秘怀恨中,也许还夹杂着这样的痛苦,那就是由于玛赛尔的过分放肆,更甚于吕茜沙龙中令人难堪的冷遇,迫使她不得不承认自己的身份已经改变。她觉得自己已经不为一般公认的尊重所保护,只有那些表面上顺从公认的习惯的社会成员,社会才给他们这样的尊重。现在安乃德必须自己单独保卫自己。她已暴露在一切侵袭之前。

安乃德闭门谢客。她决不把新近得到的这些经验告诉西尔薇。西尔薇早就向她预言会发生这类情况,如果她把最近的经验告诉西尔薇,正好让西尔薇扬扬得意。她将秘密留给自己,深居简出,和孩子在一起。她下了决心,仅仅为了孩子而生活着。

那一天,在玛赛尔来访之后,傍晚小玛克散步回来,安乃德欣喜若狂地接待孩子。孩子看见她就咯咯笑,向她伸出乱动的双手双脚。她把孩子当猎获物似的抓住,假装饥饿的母狼,用亲吻来吞噬孩子,她装出吞吃孩子身上每一块肉的神气,她把小手小脚放进自己的嘴巴。在给孩子脱衣服的时候,她用嘴唇从头到脚给孩子搔痒……

“唔!我要吃掉你!……那个蠢货!”她大声说,拿孩子作为见证人,“那个蠢货居然有胆量对我说,我不能满足于你一个人,你们瞧,那个无礼的家伙!……我的国王,我的小小的上帝老爷,他一个人不能使我满足?……你说?你是我的上帝老爷!……那么我呢,我是什么人呢?上帝老爷的妈妈!……全世界都是我们的!我们将在一起干一切事!……看一切,有一切,试一切,尝一切,创造一切!……”

真的,他们俩创造一切!发现与创造,不就是一回事吗?在地道的法语中,发明就是找到的意思。人们找到他们所发明的;发现他们所创造的,他们所梦想的,他们在梦幻的鱼池中所钓到的鱼。对母子俩,这正是种种伟大发现的时候。孩子开始学语、探索性的游戏,孩子用四肢测量世界的尺寸。每天早晨,安乃德带着孩子去征服世界。她和孩子一样地感受乐趣,也许她的乐趣比孩子更大。她仿佛重新生活在自己的童年,但这是意识十分清醒的童年,所以也是充满快乐的童年。要说欢乐,孩子也够欢乐的,那个小家伙。他是个茁壮的孩子,遍身都胖胖的,像一只粉红色的乳猪,正好插在烤架上烤了吃。(西尔薇说:“我们为什么还不动手?”)在孩子胖嘟嘟、有弹性的身体中,有一股过剩的精力被抑制着,好比一个要求蹦跳的橡皮球。他和世界发生每一次新的接触,都使他快活得叫喊起来。每个孩子都具有极大的做梦的能力,这种能力扩大他所发现的一切,用咿咿呀呀的喊声延长他欢乐的颤动。安乃德一点不比她儿子差,几乎可以说两人在进行比赛,看谁最幸福,谁吵闹得最凶。西尔薇说安乃德简直疯了,可是如果她处在安乃德的地位,也会跟安乃德闹得一样欢。母子俩在吵闹一阵之后,就有几小时的绝对寂静,甜蜜的、精疲力竭的寂静。孩子活动了一阵以后,疲乏极了,呼呼大睡,失去了知觉。安乃德也累得倒下了,可是在长时间内,她坚持不让自己睡着,她将看孩子熟睡作为自己的一种享乐。她的母爱之火焰,抑制在她心头,好像用手遮着的蜡烛火光,为了不至于照醒那个小小的酣睡者;这个爱的火焰,无声地燃烧着的长长的火焰,飞升到天上。她祈祷着……摇篮边的圣母马利亚……她祈祷孩子……

这时仍然是灿烂美好的月份。可是和去年这个时候相比,已经没有那么纯净了,不那么澄澈了。现在的快乐更加兴奋、过火,有点夸张。

像安乃德那样健康强壮的天性,应当创造,不断地创造,用她全部生命、全身力气和思想创造。创造,或者酝酿未来的创造。这是一种必要性;幸福只能存在于这种必要性得到满足的时候。每一个创造的时期都有它有限的活动范围;它的上升力量随着抛物线前进,最后不得不坠落。安乃德已经超过了抛物线的顶点。可是在母亲身上,创造的腾跃力在分娩之后还延续了一个相当长的时期。哺乳延长了母亲给孩子的输血期。一些无形的关系维持着母子两个身体之间的交流。孩子灵魂的丰富创造,补偿了母亲灵魂的日渐贫乏。水势下降的川流,设法在泛滥的小溪中寻找营养。川流汹涌,为的是想和小溪合而为一。然而小溪超过了川流,川流落在后面。孩子已经开始离开母亲,安乃德勉强跟上去。

孩子还不会用他的语言组织一句完整的句子,可是他已经有他的秘密思想,他的抽屉由他自己掌握着钥匙。上帝知道他在抽屉里藏些什么!他对于人们的想法,断断续续的议论,杂七杂八的形象、感觉,和玩意儿似的几个字,字的声音使他觉得好玩,字的意义他还不明白。一种唱歌似的独白,既不连贯,也无头无尾。孩子完全意识到他在隐藏什么东西,也许还不知道他隐藏的正是你想知道的。你越想知道他在想什么,他越调皮捣乱,不让你知道他在想什么,有时他甚至故意使你找错地方。他用和小手一样灵便的小舌头,吞吞吐吐地说几个音节,他已经试着说谎,为的是把别人弄得莫名其妙。他在拿那些想入侵他的"私有地"的人开玩笑,他的乐趣在于对自己和别人证明他的重要性。这个小家伙刚刚出世就有这种根本性的本能:"我的",不是你的;就有"我有好烟,就不给你"①的本能。他的全部财产仅仅是片断的思想,但他筑起高墙,不让他母亲看见。而她呢,在缺乏远见的情况下,还觉得值得骄傲,因为孩子会说"不!",而且说得那样好,所有的母亲全是这样,认为孩子这么小就表现出他的个性来了。母亲骄傲地宣称:"他有一个钢铁般的意志!"

她以为这钢铁是她一手铸造的,但是,矛头指向谁?

---

① 法国儿歌。

首先指向她,因为在这个小"自我"眼中,她就是"非我",就是外世界。当然,是一个可以居住的、温暖的、柔软的、产生乳汁的外世界,可以让人利用,被人统治的外世界。但是它存在于自我之外。我不是这个世界。我占有它,而它绝不能占有我!……

不,她一点也没有占有他!她已经开始感觉到这一点:这个小人国的家伙,认为他只属于自己。他需要她,可是她也需要他,小孩子本能地知道这一点。很可能,这种本能再加上自我中心感,告诉他,她对他有更大的需要。所以他对她作威作福是公平合理的。而且,上帝,事实上的确这样,她更多地需要他……

——好吧,公平不公平且不管它,你就放手利用你的母亲吧,小魔王!话说回来,你枉费力气,你办不到,还有很长一段时间,你不能没有我。我抓住你。这儿来,让我把你泡在浴盆里。你抗议吧……小鲤鱼!……他好像生气了,他张着嘴,好像这个小人物的自尊心不能容许别人把他当作一个包裹似的折腾……瞧,我把你翻过来,再倒过去!……善良的上帝!这叫什么音乐呀!……我的儿子,你将来是个歌唱家。唱吧,唱一声 ut①!……好哇!唱歌的是你,可是让你跳舞的是我。……人们这样欺侮你弱小,不是很可恶吗?啊!卑鄙的家伙,这个母亲!……可怜的小不点儿!……好吧,等你长大了,向她报复……现在,你抗议吧!不管你多么自尊,瞧,我亲亲你的小屁股!……

孩子拼命挣扎。母亲咯咯地笑。但是她抓住他也是徒然的,她抓住的只是外壳。外壳里边的动物早溜进了它的地洞。他一天比一天更难抓住了。这是一场充满热爱的狩猎,充满激情的斗争。但是这反正是斗争,是狩猎,必须坚持,不能松劲。

照料一个孩子所必不可少的千百种按部就班的小措施,把她每天的时间占得满满的。这些事情都极简单、单调,但是它们不允许你分

① 七个音符中的第一个。

心。除了“他”,还是“他”,思想被他切成碎片,最迅速的思想也被打断十次。孩子侵占了一切,这一小团肉体充塞了你的视野。安乃德并不抱怨,她甚至没有时间感到遗憾。她生活在忙忙碌碌的、疲劳的充实感之中,这种感觉起先是一种幸福,后来逐渐地变为隐隐约约的疲乏。体力在消耗,灵魂在前进,她已经不是以前我们和她分手时的样子。她用梦游者的脚步,在大路上行走,当她清醒过来时,她不知道该往何处去。有一天,安乃德醒过来了,她意识到几个月以来累积如山的疲劳,于是一种说不清楚的暗影,掺杂到她内心的愉快之中。

除了体力耗尽之外,她不愿意找别的原因来解释这种暗影。为了证明她的幸福丝毫不减当初,她故意表现出那种其实并不必要的、大叫大喊的热情奔放。尤其是有别人在场的时候,似乎她害怕别人在她身上发现她自己所不愿意看见的东西。这种过分的欢乐,接着就引起她情绪的低落,当她独自一人的时候。是悲愁吗?不是。是一种说不清的不舒服之感,含糊的不安,是一种她想加以抑制的、部分地不满足情绪,并不是她在期待外界的东西(她现在还不需要外界的什么),可是她对自己的本性部分地闲置不用感觉痛苦。她精神上的某些力量许久以来被闲置着,生命的调剂因此受到干扰。安乃德缺乏可以交往的朋友,剩下孤身只影,感觉到心中开始滋长一种怀旧的苗头,她想加以抑制,于是她企图用书本来和她做伴侣。可是,书看不下去,老是打开在同一页上,脑筋已经不习惯于跟随一连串向前展开的字句。经常惦念孩子,这就使她的思想经常断断续续,因此使她的注意力涣散,她在半醒半睡、精神亢奋之中,受到震荡,好比一只用绳系住的小舟,在流水上跳舞,既不能前进,又不能静止。安乃德没有采取措施,她仍然闭门不出,面对着一本打开的书,做乱梦,打瞌睡,或滔滔不绝地、兴奋地、痴愚地和孩子讲话。西尔薇眼看安乃德无穷无尽的精力不能全部消耗在孩子身上,就对她说:“你应当多出去走走,锻炼身体,像从前那样走走路。”

安乃德,为了免得西尔薇老说,就答应出去,可是她仍旧不动窝。

她有一个理由,放在心里不告人,那就是她怕遇见过去那些熟人,怕别人冷冷地躲开,自讨没趣。这是她自己说给自己听的表面上的理由!要是在别的时候,这类渺小的侮辱她连理都不理。现在,她有一种神经质的倾向,她逃避和任何人接触。那么,为什么不离开巴黎,到乡间去生活,像西尔薇劝告的那样?她并没有拒绝,可是她没有付诸行动。这得下决心,而她却不愿意离开她的麻木状态。

安乃德让日子一天天地流逝,没有巨浪,像坦荡的大海,正在平静下来。两幕戏之间的片刻休息,呼吸的永恒节奏中出现表面上的停顿,气息暂告中止。快乐踮着脚,轻轻地溜走了。苦痛用无声的脚步,渐渐靠近。苦痛还没有出现。可是一个 nescio quid[①] 发出警告,“别动!……它就在门后边。”

*　　*　　*

它进来了。可是这完全不是人们所等待的苦痛。人们徒然预料幸福与苦痛,当它们来到时,它们的面目绝不像人们预料的那样。

一天夜里,安乃德遨游于海天之间,介于幸福与忧愁之间,绕着睡梦的海岬航行,不知道在海岬这边还是那边,正在这时,她察觉到发生了危险。还不清楚危险从何而来,什么样的危险,她鼓起全身力气,跑去抢救睡在近旁的孩子。她从来只睡着一半的意识,已经意识到孩子受威胁了。她强迫自己清醒过来,焦急地听着。她并没有弄错,即使她深深地睡着了,亲爱的孩子呼吸中有了轻微的变异,也会惊醒她。孩子的呼吸很急促,通过一种神秘的渗透作用,安乃德感觉自己的胸部受到压抑。她把灯点着,俯身于摇篮边上。孩子没有醒,他在睡梦中骚动。他脸不红,这一点,在母亲看来是可以使人放心的现象。她摸摸孩子的身体,发现皮肤干燥,手脚指尖冰冷。她把他盖得更暖和

① 拉丁文:不知道为什么。

些。孩子好像平静了。她注视孩子几分钟,然后把灯熄灭。她心里在设法说服自己,认为这不过是一场虚惊。可是,稍停一会,孩子的呼吸又急促起来。安乃德还想竭力自解自慰:"不,他的呼吸并没有加重,也没有加快,是我自己在不安……"

仿佛她的意志可以强加给孩子,她勉强自己躺在床上不动,但是已经没法再怀疑了。孩子的呼吸越来越急促,越压抑。孩子咳嗽了一阵,醒过来,啼哭了。安乃德从床上跳起来,把孩子抱在怀中。他身体火烫,脸色苍白,嘴唇发紫。安乃德慌了手脚。维多莉娜姑母被叫来以后,反而增加了安乃德的激动与不安。恰好这一天电话在修理,不能用。附近又没有药房。布洛涅的这所住宅是孤零零的。女用人不大愿意深更半夜到荒凉的街道上去跑,不得不等到早晨。病势在加重,真够叫人晕头转向的。安乃德差一点就晕头转向了,但由于不应该如此,她就没有转向;那姑母,不断呻吟着,转来转去,像一个关在玻璃罩中的苍蝇。安乃德严厉地对姑母说:"哼哼一点用也没有!帮助我!如果你什么也干不了,你睡觉去,让我在这儿。我一个人也要把他救活。"

吓呆了的姑母,勉强恢复镇静。用她老年人的经验来观察病人,她认为可以否定安乃德所担心的最可怕的可能性——白喉。安乃德还不大放心,也许姑母自己也不放心。谁都可能搞错。而且如果这不是白喉,此外还有那么多致命的疾病!由于不认识这些疾病,更使人觉得可怕……但是,不论安乃德的心是不是被恐惧所僵化了,她的动作是平静的,是恰好应当做的动作。没有医学知识,只是凭母性本能的支配,安乃德所做的正好是对孩子最有益的事。(第二天,医生对她说了这句话。)她不让孩子老躺着,常给他换地方,她和孩子的窒息做斗争。经验与科学不能教给她的东西,母爱都给了她启发,因为她完全感受得到孩子的痛苦,她比孩子更痛苦。她认为自己应当对这一切负责……

负责!在一场考验中的神经紧张,尤其面对一个亲爱的人病倒时,你所感受到的紧张,往往引起迷信的思想情况。在那时,你需要把无辜受罪者的痛苦,说成你自己的过错。安乃德不但责怪自己没有很好地照料孩子,责怪自己有不谨慎的地方,而且发现自己有罪恶的隐秘意图:对孩子感到厌倦(短暂的),有一种没有对人说过的遗憾情绪,觉得自己的生活全浪费在孩子身上了……这种遗憾,这种厌倦,她是不是确实感觉过、抑制过呢?那是无疑的,既然它们现在又出现了。可是,谁能说她没有凭空编造这种思想呢?那是由于人们有这种需要,那就是当人们在物质方面无能为力时,只好在思想方面活动,哪怕将绝望的力量全部作为指向自己的矛头!……

安乃德也将矛头指向巨大的敌人:指向不相识的上帝。当她看见孩子的小脸浮肿,当她将自己的气息吹给孩子,用准确的手势把孩子轻轻抱起的时候,她充满激情地请求孩子原谅,原谅她把他生在人世,把他从和平中强拉出来,抛掷在这个被痛苦、偶然和不知哪个盲目的主人恶劣地、任性地摆布着的生活中!她毛发耸立,像一头野兽准备钻进穴洞,她吼叫着,她嗅出那些嗜杀的大神已经走近,她准备和他们争夺她的孩子,她已露出牙齿来。正如所有的母亲一样,她儿子受威胁时,她就成了永恒的尼俄柏①,为了使想要杀害她儿子的敌人的箭朝她自己射来,她向杀人的凶手狂怒地挑战。

但是,在安乃德周围的人中间,谁也没有猜到这场无声的战斗。

天亮以后,医生来了,他夸奖她头脑清醒,赞许她已经采取了护理病人的一些措施,不像那些焦急的亲人,笨手笨脚,有时反而把事情搞糟。但是安乃德从医生的话中只记住一句,那就是巴黎正在蔓延感冒和麻疹的流行病,以及她的儿子可能感染了支气管炎。别人早劝她离开巴黎,她拒绝了,所以她对孩子犯了罪!她无情地斥责了自己。这个判决至少有限制她的责任范围的优点,因为它排除了别的内疚。

西尔薇一听到消息,立刻跑来,小病人更不缺少人伺候了。可是

① 尼俄柏,希腊神话中的王后,她的七个儿子都被仇人杀害。

安乃德不肯把她的位置让出来,她几乎一刻都不休息,连日连夜,不下战场……孩子小小身体上的汗水和他一阵阵的气促,焚烧着母亲的肉体,使她也汗湿淋淋。疾病将母子俩的身体揉成了一团。孩子仿佛知道这一点,因为每当一阵狂咳来临的恐惧使孩子腰身挺得僵直,他充满责备和求援的目光就投射到母亲的眼光上,好像说:“它又要使我受罪了! 瞧,它又来了! 救救我!”

于是母亲把孩子紧紧搂在怀里,连忙说:“对,我一定能救你! 别害怕! 它不能把你抢走。”狂咳终于又发作了,憋得孩子出不来气。但他不是孤独的,母亲在和他一起遍身紧张地使劲挣扎,要挣断捆缚他们的绳索。孩子感觉到母亲在斗争,这个伟大的保卫者是不会抛弃他的。她那温和的声调用很有把握的口气说话,她的手指紧紧抓着孩子,给孩子增添信心,好像在对孩子说:“我在这儿。”

孩子啼哭着,用小手臂在空中乱打。他知道,母亲会打它的。

她在打它,那个无以名之的可恶东西。疾病让步了,捆缚的绳索松开了。孩子小鸟般的身体,颤颤摇摇地,投靠在援救他的双手中。母子俩从水深火热中出来,多么舒畅地呼吸着! 从孩子嘴里吐出来的一股空气,淹没母亲的胸脯,使她的乳房充满凉爽的快感。

这种间歇的时间不长。斗争在继续,时松时紧,使人精疲力竭。孩子病情正在好转,不知道什么缘故,病忽然又严重了。他的两个忠心耿耿的守卫者不免更加焦急不安,她们各自责备自己有过精神不贯注的时刻,以致让孩子的痊愈过程发生波折。安乃德心想:“万一他活不了,我就自杀。”

多少个夜晚以来,她已经丧失了睡眠的习惯。孩子需要她帮助多久,她就能支持多久。可是,当孩子睡着的时候,她的精神比较安静了,本来可以借此放松一下,精神反而震颤得更厉害。精神在振荡,好像大风中的电线。不可能闭目休息:面对一个错乱的头脑,待着不动可能发生危险。安乃德重新开灯,想把自己的思想连贯起来,好避免头晕目眩。可是这样一来,反而使自己和自己辩论起那些迷信的、孩子气的和荒诞出奇的念头,至少她习惯于理性主义思考方式的头脑认为如此。她心想,她之所以大祸临头,是由于前一阵子她太完全彻底的幸福,她仿佛觉得,如果要她儿子病愈,她就得在另一方面受打击。这种关于严酷的报偿的信仰,晦暗、强烈的信仰,一直可以追溯到太古的人类。可是,原始的人民为了讨好凶暴的、做买卖的上帝,一手交钱一手交货,决不白给的上帝,把他们头生孩子献给这个上帝,以此为代价,换取他们其余财富的安全。而安乃德却宁愿将她的生命,和她的财富,全部用来换取她的初生子的安全!她说:"把我的一切都拿走,但是孩子必须活下去!"

她马上又想:"真愚蠢!没有谁听见我说话……"

毫无关系!遥远的祖先遗传下来的本能,仍然在四周用嗅觉寻找那个吝啬刻薄的上帝的存在。于是安乃德坚决地,咬牙切齿地讲价钱,她说:"我们签字吧!我付现款。孩子是属于我的,别的东西由你挑选!"

好像为了证明迷信有理,接着发生的事情,真的把安乃德所说的话句句都实现了。有一天早上,维多莉娜姑母到公证人那儿去支取一笔他早就该付清的款项,结果却愁眉苦脸地回来了。这天早晨,安乃德很幸福,她终于可以在她儿子的健康问题上放心了。医生刚刚走,这次他宣布孩子已经完全进入健康恢复阶段。安乃德高兴得不知如何是好,不过还是有点战战兢兢,不敢完全相信这个新的幸福。正在这时,房门打开了,她一眼就看见姑母的丧气面容,她的心怦怦直跳,想:"又有什么祸事临门了?"

这位老太太激动得连话都说不出来。最后她说:"办事处关门了。格勒吕师傅[①]失踪了。"

安乃德的全部财产都在他手里。安乃德先愣了一下,然后才明白怎么回事;接着(解释吧,如果你能理解!)她的面容豁然开朗。她轻松

① 替安乃德掌管全部家产的公证人。

了。她想:“不过是这么回事!……”

这就是以祸易福的祸事!敌人把他要的那一份拿走了……

稍后,她耸耸肩,觉得自己太蠢。虽然她讽刺自己,却继续跟“他”说话:“够了吗?你满意了吗?现在,我的账付清了。我什么也不欠你了。”

她微笑了……可怜的人类,拼命抓住他们的一小把幸福,可是幸福不停地、不停地从他们手中滑脱。他们试图和盲目的大自然订立公约,而这个自然是人按照他们自己的形象制造的……

“按照我的形象?……这个刻薄、贪婪、残暴的自然……它和我相像吗?……谁知道?谁能说:我不属于这一类?”……

*　　*　　*

安乃德破产了。她还不清楚她破产的损失有多大,但是,起头的一阵迷惘过去之后,当她冷静地考虑她的处境时,她才公正地承认,她的破产完全是咎由自取的。

她是能够管理家产的,她跟她父亲一样,头脑很好使,很结实,数字并不使她望而生畏。从农民和活跃能干的小资产阶级这一血统传下来的人们,除非真正出于自愿,否则不至于在实际问题上不知所措。可是,父亲在世的时候,关于物质生活的任何问题都不让安乃德操心。自从父亲死后,安乃德经历着长时期的混乱,在那期间,她成了感情生活内心活动的俘虏。由于她有财产,可以过闲暇的日子,不正常的生活状态就这样维持下去,于是她对于管理自己的家产感觉到不健康的厌烦。不可讳言,内心生活的理想主义把金钱当作一种寄生的手段而加以鄙视,可是这种人忘记了,除非他们放弃金钱,否则他们没有权利藐视它;至于那种生长在以金钱为基础的土地上的理想主义,如果自以为对金钱不感兴趣,那是最恶劣的寄生主义。

为了免除自己管理财产的麻烦,安乃德委托她的公证人,卓越的格勒吕师傅全权管理她的财产。此人是安乃德家的老朋友,是个受尊重的人,他职业上的品质,和他的诚实正直,是大家公认的。三十年来,这个格勒吕师傅在他的事务处经手了李维埃家的一切财务。那倒是真的,拉乌尔不会让人不征求他的同意而处理他的事务。不管他对他的经管人如何信任,他决不放过任何契约,如果他不先检查其中的每一个标点。但是,在采取了一切防备措施之后,他是信任别人的。要让他那样嗅觉灵敏的人信任别人,对方必然是个值得信任的人。格勒吕师傅就是这样的人。尽管他是个社交场上的人,但是(在一切防备措施采取之后)值得信任……

公证人在人家家庭中所起的非宗教的忏悔师①的作用,使格勒吕师傅成为李维埃家许多家庭秘密的知情人。关于拉乌尔的风流浪荡,和李维埃夫人的忧伤,格勒吕不知道的情况不多。对于李维埃夫人的自白,他用同情的耳朵听着;对拉乌尔的叙述,他用凑趣的耳朵听着。作为那位妇女的顾问,他欣赏她的美德;作为拉乌尔的同伴,他欣赏对方的毛病(也算是美德,高卢式的美德②)。人们说,格勒吕对拉乌尔别出心裁的寻欢作乐并不生气。格勒吕师傅是一个头发灰白的小个子,六十开外,外表瘦弱,气色红润,衣装十分整齐;调皮,有口才,很正直,善于做戏。他喜欢叙述,为了使别人注意听,他先低声开始讲,有气无力,好像快要断气似的。然后,当他已经争取到听众用怜悯的寂静听着他,就渐渐放开嘹亮的嗓门,使单簧管的声音都自愧不如,他不唱完他的歌,不吹到最后一个音符,决不放下簧管。老式的公证人,但是很软弱,为新的风尚所吸引;善良的 Pater - familias③,老资产者;他引以为荣的是他的顾客之中有女演员、花天酒地的人、妖冶的女子。他有一种癖好,就是爱说自己老了,甚至过分地装出老态,但是他怕透

---

① 忏悔师指基督教神甫,他们在教堂里特设的小房间中,倾听信徒们向他们坦白私生活中的种种丑行、罪行,以便祈求上帝宽恕。

② 高卢,古代法国民族的名称。“高卢作风”主要指乐观旷达,男女关系轻薄放肆。

③ 拉丁文:家长。

了人们把他的话信以为真。在旁人瞧不见的时候,他竭力显出自己比所有的年轻人更精明,他欺骗年轻人。

自从安乃德童年时代起,他就认识她。他很真诚地把安乃德的事务放在心上。他认为,安乃德在父母亡故以后把理财的事委托他,是理所当然的。一开始他按照职业上的规矩,什么事都小心谨慎地通知安乃德,他干什么都先征求安乃德的同意,安乃德嫌这样太麻烦。于是他从安乃德那里取得办理某件事的特殊委托证。关于这件事,安乃德只听(不十分听)他含糊地介绍一下。稍后,双方商定,由于安乃德常常不知去向地离开巴黎,由格勒吕师傅照顾安乃德的利益,不一定要和她商量。一切进行得很顺利:公证人代理一切,他替安乃德支取息金,随着安乃德的需要,把钱供给她。最后,为了名正言顺起见,他让安乃德签名,给他一张全权代理证明……光阴如流水……安乃德已经一年多没有见格勒吕师傅的面,他按期无误地于每一个季度开始时,付给安乃德一笔事先说定的款项。安乃德独自一人生活着,和巴黎的社交界没有往来,连报都不看,事情发生之后很久,她才知道。老格勒吕自以为很机灵,并不是给他自己搞钱,他不知不觉爱上了投机生意。为了使他的主顾们的资金很好地生息,他将资金全部投入风险很大的事业,结果资金都损失了。为了挽回损失,他反而把资金断送得干干净净。他没有通知安乃德,不但动用了她的全部现金和由他掌握的动产,而且利用全权代理的证明书文句上的灵活性,巧耍花招,把安乃德在布洛涅的住宅和勃艮第的别墅,都抵押出去。眼看一切都完蛋了,他只好逃之夭夭。他怕别人笑他上当受骗,因此逃跑。怕人讥笑比破产的耻辱也许更使他难受。

不凑巧到了极点,几个星期以来,安乃德整个忙于孩子的病,连收到的信件都没有时间拆开瞧。抵押债权人的来信,司法吏的警告,她都没有答复。那几天正是孩子的病复发,安乃德心慌意乱。她不了解为什么人们给她来信,而不给她的代理人去信。她连信的内容都不看,就把信都转寄给公证人,他当然也不看,这是不言而喻的!“他还在跑呢[1]……”等到后来她儿子病好了,她有了闲心情来考察她的处境时,司法程序已经进行到这种程度,由于安乃德没有满足债权人的要求,他们获得了出售两所在抵押中的房子的权利。从麻木中清醒过来的安乃德,必须对付这种迅雷不及掩耳的打击。她的毅力一下就恢复过来,同时恢复过来的还有她从父亲方面继承的处理实际问题的智慧,这可以弥补她缺乏经验。她强有力地、头脑清晰地进行斗争,连法官也赞赏她,同时却不能不说她理亏,因为她的产权不能改变这个事实,也就是从法律上讲,她的诉讼是站不住脚的。安乃德很快就明白了:她注定要败诉。可是她战斗的本能不容许她束手就缚,即使她冷静地不得不承认失败,哪怕是不公正的失败,何况现在关系到她孩子的财产。她寸步不让地保卫这宗财产,以泼辣狡黠的农村妇女的固执,仿佛她叉开双腿稳稳地站在自己的田地入口,拦住不速之客,不让他们进去,虽然明知道拦不住他们,设法拖延一阵也好。但是安乃德有什么办法呢?她没有能力偿还应付的债款,又不愿意向亲戚故旧求援,他们很可能用令人屈辱的方式拒绝她。这样,安乃德就不能阻止债权人出售她的住宅。她的全部足智多谋的精力和固执,只能争取到一段宽限的时间,过了这个很短的期限,她就毫无希望再不让别人来催她交出房产。

如果安乃德在这大祸打击之下显得垂头丧气,那是可以原谅的。西尔薇虽然并未直接牵连在内,却有时唉声叹气,有时怒气冲冲,一个劲儿嚷要打官司、打官司、打官司……安乃德正相反,可以说她经受了这个意外,倒找到了精神上的平衡。这场折磨给她更新了空气。两三年来,使她内心枯燥的那种软绵绵的感伤气氛,现在消散了。当安乃德明确了她的处境不可能改变,也只好逆来顺受。她不说无用的怨天尤人的话。她不像西尔薇,拿格勒吕师傅出气,西尔薇把不堪入耳的咒骂倾泻在格勒吕头上。那个老人是失足落水了,安乃德也一样。可

① 法国成语,意为:人已失踪,高飞远走。

是她有两条年轻力壮的胳膊,而且她识水性。甚至在这样想的时候,她未尝不觉得这里边也有使她高兴的成分。说起来好像很奇怪:破产固然使她烦恼,但是除此之外,实际上还有一种甘冒风险的好奇心,甚至有一种秘密的乐趣,因为她可以把她那些闲置不用的能力加以考验了。拉乌尔,她父亲,很可能理解她。他自己在事业十分顺利的日子里,心血来潮地想把他已经完成的事业全部摧毁,为了体验从头做起的快感。

安乃德准备离开布洛涅的住宅。这所房产已经匆匆忙忙地,以极微薄的代价卖掉。毫无疑问,全部售价只能勉强偿付债务和费用,如果有点剩余可以由她支配,也不够维持安乃德和家中老少的生活,所以她必须另想新的办法。在目前,问题在于节省开支,在别处安排一个非常俭朴的家。安乃德开始寻找一套房间。西尔薇替安乃德找到一套房间,就在她自己住的大楼的五层楼上(她自己住二楼)。房间都很窄小,窗子开向院子,可是干干净净,而且很清静。不能考虑把布洛涅老屋中所有的家具都搬过去,安乃德只想保留最必要的一些。可是维多莉娜姑母哭哭啼啼,请求安乃德把全部家具都保留下来。安乃德指责说,在当前的处境中,花钱去寄存木器,是不理智的,必须将木器选择一下。姑母为每一件木器求情,安乃德坚定不移地进行了选择。除了要跟她上新居去的木器之外,她给老姑母留下老人特别珍惜的几件家具,把其余的全部卖掉了。

西尔薇对于安乃德的无动于衷感到十分惊异。然而不要以为这个坚强的姑娘不觉得心里难受,她喜欢这所她不得不离开的房子……这么多的往事!这么多的幻梦!可是她把这一切都压抑住了。她很清楚,如果让这些感情都有位置,她就不可能不吃亏。因为它们为数甚多,它们可能侵占一切。而当前,安乃德必须振作全身的力量。

只有一次,她出乎意料地被回忆和梦幻所克服。那是一个午后,搬家前不久。姑母到教堂中去了,玛克在西尔薇家,安乃德独自一人在布洛涅家中,那里的一切都显出不久就要拔营的样子。安乃德跪在一条已经卷了一半的地毯上,折叠着一块从墙上摘下来的挂毯。她忙着干活,一双活跃的手忙来忙去,同时,脑筋在计算安置一个新的家要花多少钱。可是,毫无疑问,她在这时还有做梦的余地,因为她的目光,已经在片刻之间漂浮到远离当前景象的地方,在朦胧中,注视着双手正在卷的挂毯上的一个图案,她认识这个图案。那是淡淡的花纹,几乎已经看不清,是蝴蝶飞舞,还是落英缤纷?这没有多大关系。可是安乃德童年时代的眼光曾经在这图案上停留过,在这块布上,她不知耗费过多少眼力来观赏这块往日的花毯。而今这块花毯突如其来地,从黑夜中重新出现了……安乃德的双手停止了操作,她的脑筋刚才还在继续算账,可是把数字搞乱了,于是脑筋也停止活动了。安乃德随身倒卧在地板上,额头靠在已经卷好的地毯上,双手捂着脸,躺在地上,蜷曲着双膝,投身于梦幻的风浪,扬帆远去……她并不漫游于某一个明确的地区……这么一大堆记忆(生活过的,还是梦想过的?),如何分辨?……一分钟的静默是一场令人眩晕的交响乐!这个乐曲包含的内容比生活的本质更为丰富。在活动的思想中,我们的意识自以为占有了我们的内心世界,它只不过抓住浪涛的巅峰,当阳光将它映照成金黄色的时候。只有梦幻能够感觉到流动的深渊和它汹涌澎湃的节奏,那是若干世纪风中飘荡着的无数种子,我们的先辈以及我们后代的思想种子,这是希望与遗憾非同小可的合奏,多少颤抖的手伸向过去或未来……说不清的和谐,它织成一瞬间灵光闪耀的锦绣,而有时只需要略一触动,它就苏醒……一束褪了色的残花,正在安乃德身上引起这种现象……

长时间的沉默之后,她从梦境中挣脱,急忙站起来,用她变得笨拙、鲁莽和颤抖的手,看也不看地卷完那块已经卷了一半的挂毯。她甚至不等完全卷好,就将它掷进一只木箱,于是她从这间屋子里逃了出来……不,她可不愿意和那些思想一起待着!把它们赶开倒更好。将来,她会有时间去怀念过去,当她自己也成了过去时……将来,到了她生命的黄昏。目前,她还负担着沉重的未来,她必须背负未来这个包袱。她的梦在前面……“在我背后的一切,我不愿意知道;我不应该向后看……”

她走在街上,加快脚步,身体笔挺,眼光向前,直射远处……无穷的岁月和岁月……生活在成长……她儿子的生活,她自己的生活,新的生活……明天的安乃德。

* * *

搬到西尔薇住的那座楼的当天晚上,安乃德眼前仍然出现上面所说的幻象。西尔薇一待她的店铺关门下班,急忙上楼去看安乃德,去替她解解闷,因为西尔薇估计安乃德一定满腹懊丧。她发现安乃德在她狭窄的住所里走来走去,极其忙碌的这一天,安乃德一点也没有感觉疲乏,她正在设法把她的衣服和床单、手巾等装进过分窄小的壁橱里。由于装不下,她站在板凳上,瞧着已塞满的橱搁板,一边思索另一个办法,一边像男孩子般吹着口哨(吹一段瓦格纳的军乐,她无意中把这段乐曲改成滑稽的调子)。西尔薇端详着她,说:“安乃德,我佩服你。”(她心里并不完全这样想。)

“为什么?”安乃德问。

“如果我处于你的地位,不知道该多么生气!”

安乃德笑了起来,一边干活,一边向西尔薇示意,叫她别讲话。

“我想……我找到办法了……”她说。

她把脑袋和两条手臂都伸到壁橱中去,整理,弄乱,翻腾。

“我说行,就行!”她说,“我把你制服了!”(最后一句话是对壁橱说的。壁橱已经被她装得满满的,整整齐齐,俯首帖耳了。)

安乃德胜利地跨下板凳。

“西尔薇,还在生大气?”她问(一边托着西尔薇的下巴),“当我们还是小娃娃的时候,我们用骨牌盖房子玩,扇子倒了,你也生大气不?”

“我把骨牌都扔在地上。”西尔薇回答。

“我呀,我说:‘哗啦啦!我来再盖一所!’”

“你干脆说,你故意推桌子!”

“嗯!那我可不能肯定!”安乃德说。

西尔薇管她叫“无政府主义者”!

“咦!”安乃德说,“你自己倒不是无政府主义者?”

西尔薇不是无政府主义者。如果她高兴,她很乐意把秩序、权威一概不放在眼里。可是她需要有一种秩序,一种权威,哪怕仅仅为了别人!而且她自己也需要:如果没有一个权威,造反还有什么意思?至于秩序,她并不缺少秩序。她和既存秩序闹麻烦,只是因为那个秩序不是她的秩序。但是那个秩序是“既存”的,对于这点,她不加指责。一个秩序应当是“既存”的。自从她自己也成了“既存”的,一个已经存在的女老板,为她自己做生意,她就拥护稳定的秩序。安乃德很诧异地发现这样一个西尔薇,而且这个发现并不是唯一的发现。我们不能很好地认识一个人,除非看见他在日常的行动中,绷紧了全身的弹簧,把他的动作和姿态都很自然地表现出来。安乃德以前只看见在空闲时期的、松懈地游荡着的西尔薇。谁能够判断一只懒洋洋地躺在软垫子上的母猫?必须在它逮耗子时看见它,腰身弯得像一张弓,两眼射出绿色的闪光。

安乃德看见西尔薇在她自己的场地上,在她从巴黎丛林中切削下来的一小块土地上。这位年轻的女老板很认真地经营她的行业,她在管理企业的手段方面,不比任何人逊色。安乃德有充分的闲暇观察西尔薇,而且是仔细地观察,因为她刚刚搬家后的几个星期,天天在西尔薇家里进餐。她们事先商量好,在安乃德一切安顿妥帖以前,双方在一起生活。安乃德从她这方面,也设法帮点忙,参加裁缝店里的某些工作,所以她时刻看见西尔薇,有时看见她接待女顾客,有时和女工们在一起,有时单独和安乃德待着。她在西尔薇身上注意到以前没有见过的一些姿态,或者以前虽然见过,但最近两三年来更加突出。

这个温柔的西尔薇,在她妩媚的微笑底下,在安乃德深刻的观察下，再也掩藏不住她那有一点冷漠无情的天性，即使在她感情用事的时候，这种天性使她不至于迷失方向。西尔薇雇用几个女工，她非常高明地支配着她们。凭她精细的观察力，和她使人愉快的神气，她在女工之中选择并且拉拢了几个愿意向她献殷勤的人。例如女工中的第一把手奥兰波，她岁数比西尔薇大得多，也比她内行得多，干活是一把好手，可是缺乏点子，不会自己保卫自己。她是从外省来到巴黎的，人地生疏，被男人们、女人们、老板们、同伴们剥削、欺骗。她并不缺乏看清这种情况的智慧，可是缺乏抵抗的力量，她想找一个不会欺骗她的人，享用她的劳动所得，并且帮助她免除自己引导自己的麻烦。西尔薇毫不费劲地收服了这个女工。她必须留神的不过是，在争先恐后地向她献殷勤的人之间保持互相团结。她在女工之间挑起竞争，很巧妙地利用她们之间的对立来刺激她们的工作热情，而且像一个贤明的政府一样，把竞争对手之间的团结，建立在她们对共同劳动的关心上。女工们为能在这个小小的裁缝作坊工作感到自豪，而且人人都愿意引起年轻的女老板的注意，这就使女工们俯首帖耳让西尔薇巧妙地统治着。她常常使她们劳动到精疲力竭，但是她以身作则，她的女工们也就不抱怨了。西尔薇常常由于充满友爱的言语顶撞，或者开玩笑的讽刺而哈哈大笑，使全作坊精神振作起来，忘掉极度的疲劳，一直坚持到最后。女工们为有这样一个老板感到骄傲，都热爱她。至于她，虽然煽动着女工们对她的火热感情，她自己却无动于衷。每天晚上，女工们散工以后，西尔薇跟她姐姐谈论她们，用冷冷的满不在乎的口吻，使安乃德听了觉得不顺耳。另一方面，谁如果有需要，她是肯帮忙的。如果她发现她们有人不舒服了，或者有痛苦的事，她不会让她们孤立无援。但是，不论有病没病，如果不在她眼前，她也就想不起她们来。她没有时间去想念不在眼前的人，她没有时间去长时间地爱一个人。她永远忙忙碌碌，每一分钟都不空闲，梳妆打扮、处理家务、进餐、照料业务、替顾客试衣、聊天、搞恋爱、娱乐。一切都有明确的性质，甚至白天的活动和黑夜的睡眠之间的寂静时刻（绝不至于太长），在那时，她自己面对自己,独自待着。没有任何可以做梦的余地。当她观察自己的时候,她依然眼睛明亮、好奇,窥探着别人,同时把自己看成过路人。内心生活是极有限的,一切都外露为言语和行动。安乃德那种精神上坦率自白的需要,在西尔薇身上是毫无作用的。这种思想的坦白,在永远是光天化日的不夜天中,感到受拘束,一点阴影也没有。如果有阴影的话(每一个灵魂都有阴影),也被关在门里边。西尔薇对于门后有什么是不感兴趣的。问题在于准确地管理她的小天地:享受一切,享受她的劳动,寻欢作乐,但一切都按时进行,为了什么都不损失,因此也就没有激情,没有过度的兴奋,因为这种经常的行动和"过渡"不至于发生很大的激情与兴奋,甚至事先就把这种可能性取消了。西尔薇决不至于被她的情夫们迷惑得晕头转向,绝没有这种危险。

说真的,她真正心爱的,她真正衷心热爱的只有一个人——安乃德……这多么奇怪!为什么她偏偏爱她,爱那个和她一点也不,几乎一点也不相像的大姑娘?

啊!这"几乎一点也不",其实就是很多,就是(谁知道)最重要的东西——血缘关系……在同一血统的人们之间,血缘关系并不一定起作用。然而,一旦它起了作用,那是何等强大的秘密力量!这是在我们耳边轻轻说话的一个声音:"这个别人,也还是我自己。虽然是在另一个模型中塑造的,本质却一样。我认出了我自己,但是和我不是一回事,而且由一个陌生的灵魂占据着……"

于是你想在这篡夺者身上,重新夺回你自己……双重的吸引力。三重的吸引力:两人相像的吸引力;双方对立的吸引力;还有要征服对方的战争,而这并不是三种吸引力之中最小的一种。

安乃德与西尔薇之间有这么多的共同力量!骄傲、独立性、秩序、毅力、情欲生活!不过两人的精神一个是内向的,一个是外向的。一个灵魂的东西两半球。她俩几乎是用同样的元素做成的,可是各人由于以人格本质为根源的、隐晦而深刻的理由,都想抑制灵魂的半面,只愿意看见另外半面,漂浮在水面的,或淹没在水中的一半。姐妹俩在共同生活中互相接近,使双方对自己习惯的意识感到不安。两人之间的互相友爱涂上了一层含敌意的色彩。友爱越强烈,暗藏的敌意也越强烈,因为两人都觉得对方是不可压服的。安乃德更擅于认识自己别有用心的思想,因此更真诚,她能够判断和抑制自己隐秘的意图:她想把西尔薇整个吞没在自己对她的强烈热爱中,这个时期已经过去了。可是西尔薇一直保留着想控制她姐姐的秘密愿望;最近发生的事件给她提供了显示比安乃德优越的机会,这一点,她是不会不乐意的。姐妹俩在幼年时代苦乐不均,现在就是对这种不平等的报复!当她看到安乃德在她领导下在成衣作坊工作,上述的不足为外人道的情绪,以及她对安乃德真实的温爱,使她体味到某种满足之感。她很想雇用安乃德。她让安乃德担任接待女顾客的工作,或者用炭笔画镶边用的刺绣图案。她设法让安乃德相信自己可以担任重要职务,甚至日后和她合股经商。

安乃德体察到西尔薇的理由,决不准备低头顺从。她置西尔薇的邀请于不顾,或者,被西尔薇催急了,她回答说她不大适合于这门行业。说到这里,西尔薇讽刺地问安乃德,什么职业对她最合适?这对安乃德是十分敏感的问题。一个从来不需要干活谋生的人,现在落到非干活不可的地步,不知自己能够干什么活,甚至不知道自己即使曾经受过教育,到底能不能担任工作,这是很痛苦的事。然而安乃德必须干活,她不愿意依靠西尔薇生活下去。当然,西尔薇并没有露出这个意思,她乐于帮助姐姐。但是,如果她为安乃德花钱感到高兴,她可知道她花了多少钱。左手给人的钱,右手从来就心中有数。安乃德更不糊涂。她一想到西尔薇在记账的时候,把安乃德花的钱写在欠款项下(至少她心里这样写),觉得难受。……让钱见鬼去吧!在两个互相亲爱的姐妹之间,难道要把钱当一回事吗?钱在安乃德与西尔薇两人心中不算回事,但是在她们的生活中,钱还是算回事的。人不能光靠感情生活,人还得靠钱生活。

*　　*　　*

对于这个真理,安乃德从前认识得太不够。她不久就明白了。

她开始寻找工作,但是没有告诉西尔薇。她第一个念头就是去找她从前上学的女子中学校长。当时她是个功课很好的学生,又有钱,父亲又是个有势力的人物,所以她是校长亚伯拉罕夫人另眼相看的学生之一,校长对她很同情,这一点她是有把握的。这位人才出众的妇女,在法国算是最早兴办女学的创始者之一。她具有不多见的毅力和判断力,在这些优点之外,还有那许多男子可能羡慕的冷静的政治意识,作为她的毅力和判断力的补充或文饰(视情况而定)。为她自己,她是无所贪图的;为了她的学校,那可就不一样。她是自由思想者[①],甚至不隐瞒她对教会的反感,虽然她并不张扬她的反教会态度,而这也不妨碍她的学校吸收激进派的资产者家庭以及犹太家庭的女孩子为学生。但是,为了代替被摒弃的教条,人们创立了一种公民道德。这种道德虽然缺少基础,缺少把握,却并不因此而不狭窄,不武断。(它只会因此而更狭窄,更命令式,因为一种规条越抽象,也就越僵硬。)安乃德仗着她是场面上的人,和校长相当亲密,说话可以没有顾忌,她打趣那有名的官方道德以为笑乐。天性多疑的亚伯拉罕夫人,毫不刁难地以微笑对待这个没有礼貌的淘气女孩。她报之以微笑,是的,但那是在关着门说话的时候,门一打开,亚伯拉罕夫人立刻恢复她的校长名义和官架子,她坚硬如铁,坚信某些共和党的教育家根据理性的道德论起草的教会以外的教规。这就充分说明,如果她赤裸裸的良心对于因袭的道德论漠不关心,那么她冠冕堂皇的良心(实用的良心)却严厉斥责安乃德的品行。因为安乃德的冒险行动已经传遍社会,她已经知道了这件事。

但是她还不知道安乃德破产了。当她一听说安乃德来访,还不知

---

① 指不信教的人。

道对来访者如何表示自己的意见,先得了解来访者的动机,了解一下是否学校能够从中得点好处。于是她先对安乃德摆出一副和善的面孔,虽然多少有点保留。可是一听说安乃德是有所求而来的,她就想起安乃德的丑闻,她含笑的面容立刻僵化了。人们满可以从一个他不赞成的人那里接受金钱,却不能拿钱给那个人,那是不体面的。亚伯拉罕夫人毫无困难地找出没有讨论余地的理由,来拒绝安乃德不知分寸的谋事要求。中学校里没有任何空缺,不需要人。当安乃德请她介绍到别的学校去时,亚伯拉罕夫人连含糊的诺言都不屑说。亚伯拉罕夫人和正在走运的人打交道时,她是擅长外交辞令的,但是,如果她和正在倒霉的人打交道,那么外交辞令立刻就抛在一边了。这是外交手腕上的严重失策!因为今天倒霉的人,也许明天走运,所以一个精明的外交家总是给未来留下余地的。亚伯拉罕夫人却只顾眼前。在眼前,安乃德正淹在水里,这是令人遗憾的,然而亚伯拉罕夫人没有习惯搭救落水的人。她一点也不掩饰她的冷淡无情。安乃德并不放弃从容不迫的安详态度,和已经不得体的平起平坐的口吻,亚伯拉罕夫人为了提醒安乃德正确地认识两人之间的距离,宣称她在良心上不能给安乃德介绍工作。安乃德气得直冒火,怒火差一点要爆发了,可是愤怒的电光一闪而过,立刻熄灭了,同时轻蔑的情绪却占了上风。她忽然想干一件从前干过的顽童淘气的勾当,按捺不住讥笑的举动,她一边站起来,一边说:“总之,如果你们要开一门新道德课,想着我点儿!”

亚伯拉罕夫人很窘地瞧着安乃德,安乃德故意无礼,这是很明显的。亚伯拉罕夫人冷冷地回答:“我们有旧道德课,已经够了。”

“把道德放宽一点,倒也没有什么坏处!”

“你想在里边增加什么内容?”

“没有什么了不起的,”安乃德从容不迫地说,“增加一点坦率、人道。”

亚伯拉罕夫人生气了,她说:“还有爱情的权利,不是吗?”

“不,”安乃德回答,“生孩子的权利。”

当她告辞出来时,她耸耸肩头,自己也不赞成那样毫无必要地去得罪人……愚蠢!何必给自己增添一个敌人呢?可是,对方那种气恼的样子使她觉得可笑。一个女人是忍不住要以冲撞另一个女人作为乐趣的。算了吧,亚伯拉罕这个女人不会永远成为安乃德的敌人的,只要安乃德重新恢复她的社会地位就行了。这个地位早晚会恢复的!

安乃德去找了别的一些学校,但是哪儿都不缺人。拉丁系统各国的民主,只是为男子们准备的。它们有时也在它们的议事日程上,表示重视妇女,但它们对妇女不放心,它们一点也不急于向妇女提供武器。在这二十世纪初年,妇女仍然是被奴役的竞争对手,但是,全仗北欧妇女的坚决奋斗,不久这种奴役的地位就将改变。要使这些民主国家勉强容忍妇女有自己的职业,并且行使她们自己的各种权利,还得由全世界的舆论来施加压力。

有两三个岗位,本来可以接受安乃德,如果她自己不是那么多心。人们对于她不正常的处境本来可以装不知道,如果她同意提供一个似是而非的解释:守寡、离婚,随便她选择。可是她却荒谬到认为那样说就有伤自尊心,所以当人们问她的时候,她把经过情况如实说了一遍。在碰了两三次钉子以后,她不再到教育机关询问,也不去大学,虽然在大学方面,过去曾经有几个对她有好感的熟人,她可能在那方面找到比较开通的人士,愿意帮助她而不加责备,但是她怕招惹不愉快。在贫困的国土上,她还是个新来的居民,她的骄傲还没有足够的时间在手上磨成老茧。

她寻找当私人教师的机会。她不愿意到她熟识的资产阶级家庭中去找,她宁肯不让他们知道她在找活干。那时在巴黎有一种地下的职业介绍(剥削)所,安乃德到那里去想办法。可是她又不善于使人对她产生好感,她很傲慢,人们埋怨她太苛求。她挑剔工作,不肯有什么活就干什么。有许多不幸的妇女就是那样,她们资历极浅,只好别人让她们教什么课就教什么，从早上忙到晚上，只拿到一点不够吃饱的工钱。

最后，通过西尔薇的女顾客介绍，安乃德找到了几个外国妇女，她给几个美国女子教会话。她们对她很客气，有时顺便请她坐她们的汽车去兜风。但是她们给她的报酬少得可怜，她们连想都没有想到，应当多付一点钱。她们毫不犹豫地花一百法郎买一双皮靴，但是上一小时的法语课，她们只给一个法郎。（在那个年月，一个小时只拿半个法郎的女教员，都不是不可能找到！）……尽管安乃德没有权利挑三拣四，她却拒不接受这种丢脸的待遇。不过她找了许多地方，也没有发现比这好多少的机会。富裕的资产阶级为了他们孩子的教育，是舍得花钱的，只要学校是公立的，要花多少就花多少，让舆论界都看得见，可是他们却卑鄙地剥削家庭教师。在这儿，谁也看不见他们。而且他们的对方都是些极卑微的人，如果有一个人拒绝，就有十个人来恳求你接受他们！……

孤立无援、缺乏经验的安乃德，是在很不利的条件下进行自卫的；然而她有李维埃家实际生活的本能，还有她的自傲感，她决不接受令人屈辱的工资，别人不能不委曲求全地接受的工资。她不属于咩咩哀鸣的羊一般的族类，不属于一边呻吟，一边逆来顺受的族类。她不呻吟，也不顺受。真想不到，这种姿态倒使她有了办法。人类是卑怯的，安乃德用安详的、带一点高傲的方式，说一个“不”字，干脆打断了一切讨价还价的交涉，别人不敢像对待一般人那样对待她，于是她获得比一般的可怜条件稍好一点的待遇，但是也好不了多少。为了挣那一点日常生活必需的钱，她要付出多少辛劳。她的学生们分散在相隔很远的市区，而那时巴黎还没有公共汽车，也没有地下铁道。每天晚上她回家的时候，两只脚痛得很，鞋也磨损得很快。但她身体强壮，而且过着这种每天为了面包而劳累的生活，使她感觉到某种满足。自食其力，这对安乃德来说是新的经历！当她同她的剥削者进行一场小小的意志决斗而获得胜利时，她对于这一天工作的满意，实不下于赌赢了钱而高兴的赌徒,忘记了自己赢得的钱是多么微不足道。她学习更好地认识人。人并不都是美好的,但是一切都值得认识一下。她和那默默无闻的劳苦世界进行接触,而这种接触是不足够的、不深入的!因为,如果有钱使人孤立,贫穷也同样使人孤立。每个人都忙于自己的苦难,忙于自己的努力。每人都把别人看成竞争的对手,而不是看作难兄难弟,把别人所得的一分收获,看成是从自己的一分中切削下来的……

安乃德在和她竞争的那些妇女身上,看出上面所说的心情。她理解这一点,因为在她们之中,她是个有特权的人。如果她为了不让妹妹增加负担而自己出来工作,她妹妹却并不因此而不关心她,所以她不至于穷困到极点,她还没有尝过家无隔宿之粮的焦急心情。她享受着母爱的幸福,谁也不能妄想夺走她的孩子。怎么能将她自己的命运,和另一个妇女相比呢?那个妇女的身世安乃德是知道的:那是一个被撤职的小学女教师,因为她跟安乃德一样,居然敢不结婚而做了母亲!说实话,一开始,教育当局还是宽容她的,条件是她必须隐瞒母亲的身份。她被贬谪到穷乡僻壤的一个教学岗位上,不得不和她的亲骨肉分开。但是,有一次孩子病了,她情不自禁地跑去看孩子。她的秘密泄露了,于是那些有道德的乡下人拿这件事残酷地说笑着。教育行政当局当然就批准了民间的宣判,将这不服从法典的母子二人逐出门外。安乃德是在同这样的对手争夺一点点充饥的食物!安乃德故意不到那个女子所追求的工作岗位上去。可是人们宁愿要安乃德,原因在于她并不追求得那样迫切,因为她没有那么迫切的需要。挨饿的人总是被人家瞧不起的。这样一来,那些被安乃德接替了职务的不幸女子,拿安乃德当眼中钉,认为安乃德掏了她们的腰包,虽然明知道这样看待安乃德是不公正的。但是,自身受不公正待遇的人,以不公正对待别人,自己会感到轻松些。安乃德发现最凄惨的战争是劳动者的战争,并不是劳动者向大自然、向环境作战,也不是向有钱的人作战,向他们夺取面包,而是劳动者与劳动者之间的战争,为了互相争夺面包,争夺从富人餐桌上,或从吝啬的克雷絮斯[1]即国家的餐桌上掉下来的残渣碎屑。这是极大的苦难,妇女们之间对此特别敏感,尤其是今天的妇女[2]。因为她们显然没有能力把自己组织起来,她们还处于原始的战争状态中,一个对一个,她们不会将她们各人的艰难困苦结合起来,反而使困苦成倍地增加……

安乃德硬着头皮挺着腰向前走,心里痛苦万分。尽管如此,她眼睛中仍旧闪耀着欢乐的火焰。在这种吃力不讨好的劳动中,支持着她的是这种劳动的新鲜意味,以及她可以借以发挥遍身力量的劲头,而且一想到她的孩子,就使她成天精神焕发。

*　　*　　*

玛克白天在西尔薇的裁缝作坊里待着。维多莉娜姑母搬了家安顿好以后,不久就去世了。老家没有了,老旧的家具丢掉了,半个世纪以来平平静静的老旧习惯都丧失了,老姑母再也活不下去。由于安乃德傍晚才能回家,西尔薇把孩子留在她那儿。他是作坊中的一只小猫,被女顾客们和女工们宠爱着、照顾着。他在地板上爬来爬去,东张西望,有时坐在一张桌子底下,拾取纽襻子、碎布头,抽散线团,滚动线轴,糖果吃得饱饱的,小脸儿让人亲个够。这是个三四岁的小男孩,头发棕色带金黄,和他母亲一样。自从病愈以来,他的脸色还有点苍白。对于孩子来说,生活是一出演不完的戏。西尔薇很可能回想起自己的童年生活来,那时她坐在她母亲的柜台底下,听顾客们说话。可是大人们站在他们的高跷上,目光所及的范围和孩子们太不一样。他们不知道一个孩子的眼睛抓住的是什么。还有孩子粉红色的耳朵……在作坊里,这两只耳朵可够忙碌的!这儿人们的舌头非常活跃,嘻嘻哈哈,什么都敢说,不害臊。假装正经倒不是西尔薇和她那伙人的毛病。

---

① 克雷絮斯,古代小亚细亚的国王,人类史上最富的国王。
② 指二十世纪初的法国妇女。

痛快地笑,痛快地嚼舌,飞针走线也来得更迅速……她们可不把孩子放在心上,他能听懂什么?……他听不懂(这是毫无疑问的),但是他都听进去了,什么也没有漏掉。孩子什么都拾起来,什么都摸,什么都尝。注意,什么都别随地乱扔!孩子爬在一把椅子下面,他把上面掉下来的东西全放在嘴里,饼干碎渣、扣子、果核;他把听到的话也放在嘴里。不知道是什么。正因为这样!为了想知道!他咀嚼着听到的话,咿咿呀呀地唱着……

"小猪猡!……"

一个女徒工从孩子手里抢下一条他正在吮吸的缎带,或者,为了试试看,他正在把缎带塞进鼻孔里。但是人们不能抢走孩子已经咽下去的语言。在目前,他拿这些话没有什么用,没有什么可用之处,但是他并没有白捡。

他被人从家具底下,或从裙子底下拉出来。在那里,他在好奇地研究扭动着的脚和囚禁在皮靴中的蜷曲的脚趾。他被带回大人们的世界、正常的地位和一般习惯之中后,规规矩矩,一动不动地坐在小板凳上,夹在西尔薇的两条腿中间,或者坐在另一个穿裙子的人的两腿之间,因为西尔薇姨母很少有坐着不动的时候。他把面颊靠在温暖的衣裙上,脑袋仰着,鼻子朝天,他在仰望那些俯身向下的面孔,两只细眯的眼睛,灵活的、流动的、炯炯有神的眸子;那些咬着线的嘴,口涎都可以看到;还有被牙齿润湿的下嘴唇(看起来像上嘴唇);一说话就跟着颤动的布满红色细血管的鼻孔内侧;还有那些飞针走线的手指……突然,一只手伸到孩子下巴底下抓痒痒,手指上还戴着一个顶针,给他脖子上留下冰凉的感觉……在这儿,也跟刚才一样,孩子什么也不放过:这些温暖的和清凉的接触,那些细柔汗毛的温暖,那些被亮光映红,或者在暗影中呈琥珀色的活的肉体,还有妇女们特殊的气味……孩子无疑没有意识到这一切,但是他多方面的意识,具有许多小平面的、分散在孩子的生命圆周之内的意识,把留在画卷上的痕迹,随时记录下来……这些女子没有想到,她们的形象从头到脚都印在孩子的感光玻璃片上了。不过,他只看见她们的局部,另外有些部分还不齐全,正如在拼画游戏中一样,各种碎块是混在一起的。他奇特和短暂的偏爱就是从这儿产生的,这种偏爱都是强烈的,多变的,好像是任性的,它们的片面性更甚于变化无常。机灵透顶的人才说得明白,在这些妇女身上,每人都有点什么东西吸引孩子!作为真正的家养的猫,他所爱的倒不是整个的人,而是温柔的双手,是家庭和作坊加在一起的多种温柔。他是自私的,然而很天真。(这是理所当然的,这个小小的建筑物,必须先把他的自我聚集起来。)他自私得很真诚,他在和别人温存时也是那样。他喜欢和人温存,因为他想讨人喜爱,也因为这样做是他的乐趣,所以他只和他选中的几个女子温存。

从一开始,他最宠爱的是西尔薇。他家畜般的本能立刻就察觉西尔薇是家中的上帝,是支配食物、亲吻和这一天的颜色的主人公,所以应当巴结她。可是最好不过的还是让西尔薇奉承他。孩子也注意到这种特权是留给他的,他毫不怀疑他应当享受这种特权。所以他并不感到意外,而且很满意地接受作坊女王对他的恭维和令人舒服的赞扬。西尔薇溺爱他,无微不至地照顾他,他的一举一动,走步、说话、聪明、清秀、他的嘴、他的眼睛、鼻子,都成了西尔薇赞美和出神的对象。她把孩子交给女顾客们去摆弄,孩子是她的骄傲,好像是她把他生下来的。实际上,她管孩子叫:“小无赖!小笨鸟!”

偶然有时候,她替他擤鼻涕,给他擦洗,打他耳光。但是,这一切来自西尔薇之手,他不觉得受侮辱(虽然他大声抗议),甚至不觉得太不好受。被女王亲手打屁股,这可不是人人想办到就能办到的!如果另外一个人(作坊里的一个小女工)这样对待他,“上帝的上帝!”那他可不答应!……再说,西尔薇即使不是女王,对于他也有一种魅力。在他用多种材料拼凑成的女性形象中,西尔薇提供的材料最多。孩子喜欢紧紧地偎依着西尔薇的长袍,脑袋贴着她的肚子,听她说话的声音(他透过她的身体听到她的笑声);或者从西尔薇腰部后背往上爬,一直爬到上面;于是他两条手臂搂抱她的脖子,再用鼻子、嘴唇、眼睛,摩擦西尔薇柔软的面颊,靠近耳朵边,他擦到那些金黄色、香喷喷的发卷。眼睛对于大人的精神所起的作用,在孩子们的思想上是用触觉来代替的。触觉是一种符箓,它可以使人看见墙外的东西,而且把自以为看见的东西在内心织成美梦:对于生命的幻觉。孩子在织他的蛛网。他不知道这些金黄头发、这个面颊、这个嗓音、这个笑声、这个西尔薇,都是什么,也不知道"我"是什么,他只是想:"这些全是我的。"

*　　　*　　　*

安乃德晚上回来,她饥肠辘辘。一整天,她在没有水的沙漠和没有爱的世界中行走。一整天,她一边走,一边眼睛望着一到晚上她可以重新找到的源泉。她听见泉水潺潺地在唱歌,她在想象中提前把自己的嘴唇浸在流泉中。这个匆匆走路的秀丽女子,想起她孩子时,不觉面露微笑。很可能一个过路人会误认为她在对他微笑。正如一匹马闻到了燕麦的气味,她越走近西尔薇的家,越加快步子。等到她终于进了屋子,贪婪的热爱使她呵呵地笑着,虽然已经筋疲力尽,她还是连跑带跳登上楼梯。门一开,她冲进房间,扑向孩子;她把孩子抱在怀中,紧紧地搂着,发狂似的亲他,不管什么地方,眼睛上,鼻子上面、下面,她抓到什么就吻什么,她抑制不住的快乐大声表达出来。孩子正在玩耍,舒舒服服地坐在圆皮团①上,一本正经地用粉笔画线条,或者用各种颜色的线缠在一起。他不满意这样的入侵。这个粗鲁的高大女人,进门来也不招呼一声,就抓住他,折腾他,在他耳边大叫大喊,亲得他喘不过气来。……他不喜欢这些!人家要是先不问他是否允许就摆弄他,不行,这叫他生气!他决不接受。他板着脸,直挣扎,但是她却因此更发狂地摇撼他、亲他,又笑又喊!她身上一切都使他讨厌:这种冒失、吵闹、粗暴……他完全了解她在热爱他、赞美他,甚至亲他

---

① 沙发式的圆凳。

吻他。但是她必须多注意态度！她是什么出身？西尔薇和她的姑娘们比她文雅多了。她们跟他玩儿的时候，甚至她们又喊又笑的时候，并不是那样大吵大闹，也不是那种粗鲁地抱你吻你的样子！他很惊讶，西尔薇平日很会训斥她手下的人员，为什么不给这个没有教养的家伙上一堂修身课？为什么不禁止她采取这种狎昵的态度？可是，正相反，西尔薇和安乃德用一种平等的、亲热的调子说话，她跟别人说话时不是这样。她对玛克说："去吧，再乖点儿，去亲亲你妈妈！"

他的妈妈！那还用说，他早知道了。可是这算什么理由！对，她也是家中有权力的人。他现在离开奶头的温暖还不太远，所以他贪馋的嘴里还余留着奶汁的甜味；在他小鸟一般的身体上，还保留着保护过他的翅膀的金色影子。再说得近一些，在他生病的夜晚，每当看不见的敌人卡住他这小鸟的颈项，那个伟大的保护者的脑袋总是俯伏在他身上……毫无疑问，毫无疑问！可是他现在已经不需要这些。如果他在阁楼上保留着这些记忆，以及百十种别的记忆，现在他可用不上。往后也许有用，瞧着办吧……现在，每时每刻都给他带来新的食物，他忙于接受，全部接受。孩子是天生忘恩负义的。Mens momentanea①……你别以为孩子还记得昨天对他有好处的东西！对于孩子说来，好东西就是今天的好东西。——今天，安乃德的大错在于让那些在玛克看来比她更舒服、更有利的东西遮住了她自己。她为什么要到天晓得什么地方去奔走，为什么要在晚上这样不三不四地突然出现，而不是和西尔薇以及别的人一样，整天照看玛克，整天奉承他！这也算她活该。所以孩子至多只能勉强忍受安乃德的热情横溢，只能用几声不耐烦的、冷冷的"是、不、您好、晚上好……"来回答安乃德一阵暴雨式的热情的、疯狂的问题。接着，孩子一边躲开暴雨，一边自己擦着面颊，又回到他玩的地方，或回到西尔薇的膝盖边。

安乃德不能不看出玛克喜欢西尔薇，不喜欢她，西尔薇看得更清

① 拉丁文：瞬间的意识。

楚。姐妹俩都笑这件事。两人好像都毫不在乎,可是在内心,西尔薇受宠若惊,而安乃德则感到妒忌。不过她俩谁也不跟谁说实话。西尔薇一片好心,催促那个不讨喜的孩子去吻他妈妈。安乃德对于这种无可奈何的亲吻并不感觉到多大乐趣,可是西尔薇倒更加快乐了。西尔薇不承认自己偷窃邻人园中的果子,然后把偷来的果子再冠冕堂皇地送几个给邻人。可是,为了不给自己增加不愉快之感,她不明说这些,闭着嘴她反而更能品尝其中的美味。当着安乃德的面,西尔薇毫无恶意地觉得孩子和她亲热使她更高兴,并且表现出她能让孩子听她的话。安乃德装作开玩笑,满不在乎地说:“不在眼前,不在心上。”①

安乃德心里可不是在开玩笑,她心中缺乏讽刺的兴趣。安乃德仅仅在智慧上才懂得幽默。她爱起人来像一头笨牛,爱得很笨。在一群妇女当中做一个妇女,而且又要显不出来,这是很艰苦的事。如果你透露出你求爱如渴的心来,人家就会笑你。安乃德当着别人的面,装出厌倦于爱了②。她闲谈白天的情况,她所见到的人,所听到的事,以及她所说的话,或所干的事,总而言之,尽说些她毫不放在心上的话(啊!简直是……)。

可是一到夜晚,回到她的住所里,单独和儿子在一起,她这才淋漓尽致地发泄她的不安情绪!也有快乐,也有激情,像汹涌咆哮的山溪。不必再那么小心翼翼,不需要再躲避谁了。她多少有点欺侮他,她发狂似的温爱,把他搞得很疲乏。由于西尔薇不在跟前,孩子觉得没法仗势,这个小政治家就不敢露出厌烦的情绪,直到次日早晨,他不得不敷衍这个狂热的母亲。他耍他的手段,假装困倦得支持不住。其实,他也用不着假装,忙碌了一天,真的瞌睡很快就来了。可是,在瞌睡没有到来的时候,玛克像一只小羊羔似的让母亲抱在怀中,合着眼睛,疲乏得似乎一点气力都没有了。安乃德不得不中止她的叨唠,把孩子抱

① 法国俗谚,直译为:“离开眼睛远了,离开心也就远。”大意说:离别的时间久了,感情也就淡薄。

② 特指母子之爱。

上床。这个小滑稽剧演员在半睡半醒状态中,从楼梯上一档档地(更有可能骑在扶手栏杆上)一直滑到楼下,才真正睡着。他先偷偷地笑着,从半开半闭的睫毛间,看见轻信的妈妈正在不声不响地对他表示赞赏。孩子有他的优越感,他对母亲感到满意。有时甚至孩子一阵冲动,扑向跪在他床边的母亲,搂住她的脖子。这下子,安乃德一切痛苦都得到了报偿。可是这孩子很节约,上述动作他并不常做。于是安乃德只好在饥不得食的状态中去睡觉。哪能那么快就睡着呢?她先得在床上翻来翻去待很久,一边静听孩子的呼吸,一边折腾她的发烧一般的思想……他没有很好地吻她……她心想:“他不爱我……”

她心里一阵难受。可是她马上就改口:“我在编造些什么呀?……”

她立刻把这种思想抑制下去。带着这种思想,怎么能够生活下去呢?不,那不是真的……好孩子,她刚才还责怪他呢!她急忙在记忆中找出最好的东西来:孩子可人意的地方,他的亲热和温存。一想起这些形象,她恨不得立刻把孩子从床上抱起来,亲他,吻他……可是,轻声!别吵醒他!听他小小的呼吸多么甜蜜!……我的宝贝!……将来,一定多么美妙!……

因为安乃德为了补偿目前之不足(她目前的生活毫无疑问是太贫乏了),幻想将来母子俩的亲密关系,按照她的意愿。为了消耗她身上的精力,她需要一个偶像,一段时期以来,这种精力又在使她不安。

*　　*　　*

这已经不是孩子生病前那种忧郁不安,那种神经质的低气压,那种心情在孩子生病的日子里已经得到排遣。现在她过着英雄无用武之地的日子,她觉得自己一点兴趣、一点力量都没有:大海在回潮之前,风平浪静……

这是汪洋巨潮的回涨。它的信号是波涛的轰鸣和夜间的暴涨。

在一个时期内,母性生活使情欲的因素得到满足。劳动生活的体力疲乏,筑成一道堤坝挡住情欲因素。然而这些因素在暗中累积起来,冲击着岩石。随着生活的罗圈盘旋上升的灵魂,又回到和四五年前她经历过的情况相似的一种情况。在那时,她从格里松旅馆中灼热的夏天,过渡到和洛瑞·勃里索在一起的爱情之春。近似,可并不完全相同。人们从过去的上空盘旋着回来,但是不再降落到过去的老路上。安乃德的生命成熟了。她的慌乱已经没有少女时代的盲目纯真。她现在是少妇,她的欲望是尖锐而明确的。她明白这种欲望会把她引导到何处去。如果她不愿意知道,恰恰因为她是知道的。她的意志和她的肉体同样成熟了。一切都变得更加丰富,一切都具有一种激越的音调。

所以,她所熟悉(并且害怕)的魔鬼的重新出现,是一个山雨欲来风满楼的中午。沉重的寂静,寂静中充满将要到来的喧扰。它接替了无忧无虑的欢乐,接替了年轻时的早晨无忧无虑的悠闲。直到那时,阴影只是在安乃德面孔上掠过,没有停留。现在,已经阴云密布。每当她与别人共处而自己不检点时,或者没有孩子和她在一起使她分心时,她就不知不觉沉默寡言,双眉紧蹙。如果她自己发现这种情况,她就悄悄地走开。如果谁不放心而去看看她,也许发现她在卧室里整理东西:收拾床、把弹簧床垫翻个面儿、拂拭木器、擦玻璃窗,故意多做些不必要的活动,却没能使她烦乱的精神平静下来。常常一个动作做了一半,她停住不动了,站在椅子上,手里拿着一块抹布,或者俯身在窗沿上。于是她什么都忘掉了,不但忘掉过去,也忘掉当前,忘掉死者、生者,甚至忘掉她的孩子。她视而不见,听而不闻,思而不想。一簇火焰焚烧在光赤的空间,一片孤帆飘荡在海风中,她感觉到海风吹透了她的四肢,于是整个舟身和它所有的桅樯都震颤起来……稍后,从无限的空间再涌现出她周围事物的面目。安乃德俯身下瞰时所见的庭院里,扬起她熟悉的声音,她认出说话像唱歌一样的孩子声调。然而她的梦并没有被打断,它换了方向继续前进……这是一个夏天午后的鸟鸣声……啊,充满阳光的心,你还要贡献出多大分量的爱情呢!把世界拥抱在整个胸怀之中!战利品太沉重了……她的知觉消失了,她重又落入白热化的深渊,那儿没有歌声,没有孩子说话,也没有安乃德……只有太阳的强烈震颤……

安乃德苏醒过来了,她还靠在窗台上。

可是到夜里,自从玛克生下来以后就消失了的那些缠人的幻梦,又回到原处。它们三五成群,不断地接踵而至。安乃德从这个梦滚到那个梦中,一层层地下楼来。她早晨起床时已经精疲力竭,焦头烂额,十夜的折磨并为一夜。而且她不愿意回想她所梦见的一切……

安乃德身边的人都注意到她心事重重,眼神若有所思。他们不理解她这突然的变化,但是他们并不因此而不放心,他们把安乃德的变化归咎于外因,归咎于物质的困难。在安乃德看来,这种精神混乱的时期标志着深刻的更新阶段。她并不认为这都是理所当然的,因为负担着沉重的孕育工作,比孕育一个孩子更令人焦虑。这也是一种生育,是隐藏的灵魂的生育。生命像一粒种子,藏在生活的深处,在黑土层和人类胶泥的混合物中,在那里,多少世代都留下他们的残骸。一个伟大的人生,任务就在于把生命从泥土中分离。这样的生育需要整整一辈子。往往死亡就是接生婆。

有一天,一个不相识的生命将要裂开安乃德的身体而降生,这使安乃德暗暗地焦急不安。她过分地觉得可羞,她把自己关闭在寂寞的小天地中,然而心绪十分扰攘不宁,独自一人面对着存在于她体内的生命,她和这个生命之间的关系是充满敌意的。空气充满电流,有时风刮起来了,可是又平息在纹丝不动的静止之中。她知道面临的危险。她的意识想把妨碍她的事物抛弃在阴暗的角落里。"阴暗中",其实仍然是她自己,仍然在她身上。知道你身上到处都住满了不相识的人,这不是一件令人安心的事……

"这一切……我就是这一切……可是这一切要我干什么?……我自己又想干什么?"她自己答复自己:"你什么都不要了。你已经有了。”

她紧张的意志将她全部猛烈的热爱都倾注在孩子身上。这种母爱的激情回潮,并不是很幸福的。这种不正常的、过分的、病态的激情,只能把人引向失望(因为它进行一种不可能的试验,想把轨道扳到另一方向去,可是这并不是它们的方向,这种完全不同的本能,是不会受骗的)。这种激情反而使孩子疏远她,玛克抗拒他母亲霸占他。他已经不再掩饰对母亲的厌烦。他觉得她叫人“烦死了”,而且他用含怒的小段独白说给他母亲听,幸亏安乃德没有听见,可是西尔薇有一天出其不意地发现了这件事,她一边哈哈大笑,一边责备了孩子。玛克躲在房门角落里对墙壁在说话,同时做着不容置辩的手势:“这个女人,我真受够啦!……”

*　　*　　*

人们总是写一个人毕生经历的故事。人们以为通过经历的种种事实,就可以看见生命。这不过是生命的外表,生命是在内部的。人生经历对生命的影响,只发生在生命选择了它们的情况下,几乎可以说:产生了它们。在许多情况下,这是确实的真理。每个月总有几十件事在我们身边经过,它们对于我们无关紧要,因为我们不知道拿它们做什么用。可是,这些事件中的一件触动了我们,十之八九是我们主动上前迎接它,使它少走一半路。如果说这件事冲击我们,使我们身上的一条弹簧发动起来,那么这根弹簧是事先卷紧了的,它早就在等待外力来触动它。

将近一九〇四年年底,安乃德的精神紧张状态平静下来,而在她身上发生的改变,好像和她周围发生的种种变化是巧合的。

西尔薇准备结婚了。她二十六岁,已经痛快地尝够了自由的欢乐,她认定时间已经到来,该尝尝家室的欢乐了。她不急于选择对象,作为一个情夫,不需要耐久的材料,只要讨人喜欢就成。但是,作为一个好丈夫,就得是一块经得起磨炼的好料子。当然,西尔薇的意思是说这块料子也要讨喜才行,但是有各种各样的讨喜。要选择一个丈夫,问题不在于一见倾心。西尔薇征求理性的意见,甚至社会关系的理性。她的商店,“西尔薇,长袍和大衣”,在中产阶级的上等顾客之间,已经赢得名副其实的声誉:式样优美,有风格,而且价钱公道。她在商业经营中已经达到这样一个程度,靠她一个人的力量是不可能进一步发展了。为了达到更远大的目的,她必须和别的力量合伙。在她的女服装店的作坊上,增加一个男服加工作坊,这就将使她有可能扩大活动范围。

她跟谁也不说,自己在周围寻找一个最能适应其计划的人。她不慌不忙地做出了选择,对象确定之后,她决定成亲。爱情以后会产生的。爱情也将有它的位置,西尔薇不会嫁一个她无法喜欢的人。可是爱情是补充,做生意是首要的。

被选中的对象名叫赛尔夫(来沃保尔)。这个小小的女店主头一眼就确定了店铺的招牌,将来的新店招牌上写着:“赛尔夫和西尔薇”。虽然在妇女们看来,名称是有不小重要性的,西尔薇可不至于这么疯,光有了名字就心满意足;赛尔夫(来沃保尔)是一门靠得住的亲事。他已经不很年轻,三十五岁,你不说,别人也看得出来,长得就像民间俗话所说“一表人才”。其实这句话的真正意思是:相当丑,不过身体结实。他的头发金黄带赤色,面色红润。他是某大服装店的第一把裁衣手,手艺高强,挣钱不少,生活规矩,不吃喝玩乐。西尔薇是做过一番调查研究的。事情就这样决定了……在西尔薇头脑中决定了。她没有征求赛尔夫的意见。但是,被选中的对象同意与否,这是她操心最少的一件事。她负责去取得赛尔夫的同意。

要不是西尔薇主动,赛尔夫不会去找她。他喜欢他的舒适生活和他的各种习惯;老实人,一点雄心壮志也没有,而且相当自私,他决定过独身生活;他不想抛弃副手的地位,在一个赏识其价值的老板手下工作,挣钱多,可是不必负什么责任。西尔薇很快把赛尔夫的一套计划和他的平静生活统统打乱了。她在一次秋季展览会中遇到赛尔夫(不如说使赛尔夫遇到她)。跟他一样,她到展览会上研究他们尽力推广的时装式样。她被许多人包围着。一开始,她并不注意赛尔夫,她忙于向三四个对她十分倾倒的青年男子分送微笑,用调皮语调对答他们。赛尔夫先是含着嫉妒的意味欣赏了西尔薇的风韵和才智,稍后,他突然发现自己成了西尔薇垂青的对象,她只对他一个人说话,别人都不在她眼中。他对于这种骤然的转变十分感动,尤其因为他把这种突变的原因,理解为他个人的本领。这一下,他落网了。他的一切决定,全部付诸东流!

隔了一段时间,西尔薇请安乃德来和她做伴,晚餐后,在空无一人的作坊里,她对安乃德说,“我叫你来,因为我等一个人。”

安乃德很惊讶:“咦!你要我干什么?你不会一个人接待他吗?”

西尔薇严肃地说:“我觉得这样更合乎体统。”

“瞧,早不讲体统,到现在才这么热心讲体统了!”

“迟到总比不到强。”西尔薇装作一本正经地说。

“你别跟我瞎扯淡,跟别人去扯吧!”

西尔薇说:“正是这样。”

安乃德用指头威胁着西尔薇,说:“你是在跟别人过不去?说吧,这个人是谁?”

“他到了。”

赛尔夫(来沃保尔)在门外按铃。他发现西尔薇不是一个人,似乎很不高兴,但是表面上仍旧很和悦,因为他是有教养的人。单枪匹马对付这两个相当令人不放心,而且又是串通一气的年轻长舌妇,要显出自己的优点来是很不容易的,他觉得被对方两双眼睛窥视着。他先说了几句笨拙的献殷勤的话,由于礼貌关系,安乃德也接受了其中的一部分。接着,他大谈生意经,谈他的职业和他忙碌的生活。安乃德很和善地向他提一些问题,表示她很感兴趣。于是他更开怀畅谈了,他讲他事业上的一些困难,他的成功和失意;他抓住每一个机会夸耀他自己。他似乎很朴质、友好、自满,他把牌全摊在桌面上。西尔薇比较谨慎,她先得看看对方的牌,再出自己的牌。安乃德很快就被冷落在一旁,她一边听两人谈话,一边觉得最令人惊讶的不是她妹妹的精明能干,而是她居然选中了这么一个不出色的对象。西尔薇本来可以没有困难地攀一门更光彩的亲事,她却不愿意那样。她不信任太漂亮、太出色的男子,当然,她也不会要一个丑八怪或大傻瓜(这是不言而喻的)In medio……[①]她决定选一个明白事理的二等人物,而不是头号人才。她知道在婚姻中,每人都要付出代价,同时也要收回点什么,这是供求规律。她这方面的要求,在于婚后继续当家做主。那么对方的要求是什么呢?啊,可怜的小伙子!他的要求是要女方爱他,爱他这个人,爱他漂亮的眼睛……他可是并不想让别人上当,他知道自己既不是美男子,又不吸引人。然而他有一个弱点,他愿意对方为了爱情跟他结婚……可笑,对吗?他自己也为此而耸耸肩头,因为他并不傻,这个天真大汉,生活教训了他,他对妇女采取怀疑的态度,和四分之三的法国男子一样。可是感情的需要是如此强烈!这个愚蠢的需要!……"为什么我就不能被女人爱?我哪一点不如那些被女人爱着的男子!……"因此,他一会儿似乎很谦卑,过一会儿又似乎很自负。他经常在等待人们的赏赐。这可不机灵……而且他还让人看出他不机灵!西尔薇这个机灵鬼早就把他看透了。他略微鼓起的蓝色大眼在询问:"你爱我吗?"针对这个情况,西尔薇用温情脉脉的眼色作为回答。这种眼色既不说"是",也不说"不",因为悬而不决反而促进爱情。

只剩下姐妹俩的时候,安乃德对西尔薇说:"你别老逗他!"

"为什么不呢?"西尔薇一边照镜子,一边说,"赌注值得一争。"

"这么说,你真的有意?"

"完全是真的。"

---

① 拉丁成语,In medio stat virus:贵在适中。

“我不信会看见你结婚。”

“好呀,我打算再让你看见两三次……”

“我不喜欢拿这种事情开玩笑。”

“那么拿什么开玩笑呢?救世军的派头![1] 波茨夫人(她念成‘波特’),别皱起你那漂亮的眉毛!我并不想变换,我得先试试。我结婚是作为长久之计的,不过,万一不能持久,那也得忍受。”

“我倒不替你担心。”安乃德说。

“真的吗?我替那个人谢谢你!他把你征服了吗?”

“他可配不上你,西尔薇。不过我不愿意有一天你让这个老实人痛苦。”[2]

西尔薇笑了,对镜子露出她的牙齿来。她说:“痛苦!每个人都使对方痛苦,这不是什么问题!毫无疑问,他会痛苦的!……可怜的人!我真愿意处在他的地位……得啦,你不用替他操心!你以为我不知道他的价值,我的阿多尼斯[3]。他的价值并不惊人,但是有分量。我是识货的。我不会去跟他说这些,因为不能把男人们宠坏了,要不然,他们倒以为有权力支配我们。拿我来说,我是心中有数的。我不会愚蠢到自己损害自己,同时也损害他。如果说,我不能保证不让他恼怒——这倒是一个极好的办法,可以使他瘦一点儿——我也不至在不必要的情况下折磨他。不用说,条件是他不能有什么对不起我的地方。不然他会得到应得的报偿,这是理所当然的。而且我是用现钱付账的。我是个诚实商人。我只稍微欺骗一点顾客,够我生活就行。除非他们妄想欺骗我。那时,我也就不客气了,而且,够他们瞧的!”

“你瞧,”安乃德喊了起来,“你怎么也不能让她正正经经地说话!”

---

① “救世军”是基督教的宣道和搞慈善事业的组织,它的创始人是英国波茨将军。此处用“救世军”的例子讽刺虚假与伪善,或天真无知的一本正经。

② 指女人有外遇,对丈夫不忠。

③ 阿多尼斯,希腊神话中的美男子,此处意含讽刺。

“如果必须正正经经地谈正经事，”西尔薇说，“生活也就令人不能忍受了！”

来沃保尔不久又来了。而且西尔薇也不让他久等而垂头丧气。她很快就把敌人的阵地侦察了一遍，认清了隐藏在防御工事后面的敌方的军器、辎重以及给养等等，然后才心中有数地投降敌人。她毫无困难地引导对方按照她的计划办事。直到最后一天，来沃保尔还保留着这么一个幻觉：是他首先出主意，要开一家大规模的成衣店，招牌是“赛尔夫和西尔薇”。

婚礼定在一月中旬举行，正是店中的淡季。婚期前的几个星期，对于作坊是很快活的时期。兴高采烈的来沃保尔，请全帮人马的客，请她们听戏、看电影。她们全都那么爱笑乐！当她们中间有一个人要结婚时，就好像把喜事带到店里来办似的。没有结婚的人都对顾客轻声说：“别忘了，下回该轮到我办喜事了……”

大伙高兴，安乃德也跟着高兴。她并没有在这时更尖锐地感觉到自己虚度了青春，却自己问自己，她的满腹愁肠都到哪里去了。她的愁闷都已消失，好像脱衬衣一样，从腰部向下一滑就脱掉了。啊，年轻的身体！忧愁不会抓住你不放……倒不是西尔薇的婚姻使安乃德心里痛快。她太热爱妹妹。妹妹结了婚离开她更远了，她不能不感觉到有点怅然。而且这门亲事叫人看了不舒服，这样标致的姑娘嫁给一个有点儿俗气的男子……安乃德曾经替西尔薇做过一些别的美梦。可是我们做梦，对别人又有什么用处？别人有别人的幸福方式，和我们的幸福方式不同。他们有道理……

西尔薇心满意足了。来沃保尔对她的温爱，对她的钦佩，触动了她的虚荣心，渐渐地也触动了她的真心。正如她对她姐姐所说的那样，她欣赏她所挑选的那人的严肃性格。他将成为一个坚实的伙伴，并不碍手碍脚；虽然她没有过分利用对方这种优点的意图（但是谁敢说没有个万一呢？）——她有把握认为，她没有给自己招来一个对她的生活细节都不放过的管账先生。来沃保尔不追究西尔薇的过去，他信任她;她对他这一点是很领情的。生活的经验没有给来沃保尔留下很多幻想,更没有什么苛刻的要求;生活的经验促使他采取一种行动规则,给自己使用,同时容许别人使用,那就是正直人诚恳的利己主义,这种人是多疑的、富于感情的,不苛求、不要求他人办到自己所不能办的事。

总而言之,西尔薇发现她跟赛尔夫比跟安乃德要接近得多。她更热爱安乃德,但如果安乃德是个男子(她笑着对安乃德说),她决不会跟她结婚!不,不,不能和她结婚,否则不会有好结果。

赛尔夫给西尔薇充分的安全感。这种令人安心的印象,使西尔薇不用老想着他。她想的是婚礼,她穿什么服装,未来的家庭,以及在商业上如何大展宏图。总之,西尔薇完全满意。

* * *

婚礼在冬天一个阳光灿烂的日子举行。赛尔夫把大伙带到凡赛纳[①]树林去玩。欢笑的娱乐活动一队队地组织起来。安乃德高兴地和大伙混在一起。在别的时候,这类游戏喧闹和庸俗的一面,会引起她的反感,可是今天却不一样。安乃德和那些老实的小伙子以及勇敢的姑娘一块笑乐,他们每天辛辛苦苦干活,总算有这么一天可以尽情欢乐。安乃德参加他们的游戏,她兴致勃勃,使大家都高兴。在西尔薇心目中,安乃德一直是冷冷的、傲慢的,今天却看见她奔跑、玩乐,毫无保留。瞧,她在捉迷藏,眼睛上蒙着一块布条,兴奋得满脸通红,张着嘴,笑个不停,下巴高高翘着,好像想窥见一点光亮,双臂向前伸,两手像翅膀,大步向前走,跌跌撞撞,笑得更厉害了!……这个热情的女盲人健美有力的身体要抓住谁呢?谁来抓住这个身体呢?……在旁观者之中,不止一个人会这样想。可是安乃德好像只意识到她在游戏……昨天还沉重地压在她身上的那些心事,她是怎样排遣的呢?还

① 巴黎郊外。

有她的愁眉不展、紧张和若有所思的神情?……她倒是真有伸缩力!……西尔薇看见安乃德乐而忘忧,把这件好事归功于她自己,因此心里也高兴。然而安乃德很清楚,原因来自更远的地方。并非由于她在别人的婚礼中欢笑而感到轻松,而是由于她感觉轻松,所以才在别人举行婚礼时欢笑……

发生了什么事?——这是一件奇异的事,虽然它出现于某一天,但并非产生于朝夕之间。

几个星期之前,一个星期日的早晨,她身体半裸地坐在梳妆台前。每逢星期日,她用很长的时间梳洗,因为别的日子她不得不一早就出门。积累了一周的劳苦使她觉得疲乏。孩子刚刚起来就溜出房间,到他姨母那儿去了。他对这场喜事非常感兴趣。他像个有经验的大人般在这个问题上发表了一些意见,使西尔薇觉得好玩。来沃保尔哄着孩子玩,讨他欢心。他要奉承西尔薇,就必须奉承西尔薇的小狗。玛克受人奉承,尾巴翘得老高,他成天在楼下那套房间里混,在他母亲屋子里只是勉强待一忽儿。安乃德为此辛酸失望。可是这天早晨,疲乏更甚于忧伤,甚至其中夹杂着的一种秘密情绪也更为清楚了。但她仍然叹息了一声,按照习惯,她在体味这种和疲劳相混杂的享受。这就是知道星期日可以,谢谢上帝,躺着不动地享受……星期日!安乃德过去可没有想到星期日的价值……

"真乏,真乏!一动也不动,这多么好!……简直可以睡一千年……我没有好好地坐着,用不方便的姿势斜倚在桌上,可是一动也不动……有一种魅力控制着我。我怕打断这种魅力。不要动!这样就很舒服!……"

安乃德眺望窗外,对面是房顶,一缕炊烟从面包房的烟囱里冒出来,它在风中飘逸,一圈接一圈地,明亮而愉快,伸长、卷曲,在蔚蓝的天空中又跑又跳。安乃德的眼睛在笑,她的精神在空中的草原上跳舞,被疯狂的回旋牵引着。大地的重量全部滑到下边去了。在风中,在阳光下,精神感到袒露在外面。安乃德轻轻地歌唱……于是,她眼前突然出现昨天在街车中注视她的那个年轻人出神的眼睛。她不认识那人,毫无疑问,也永远不会再看见他。可是那个人的眼色,她突然回过头时出其不意地看到的那个眼色(因为那人以为自己没有被她发现),是那么天真地承认了她对他的吸引力,以致从那天以来,她心中一直保留着清新的欢乐……她假装不知道其中的原因……但是,当镜中反映出她微笑的面容,她用有朝一日要热爱她的那人的眼睛,看见了她自己。……忧虑,你们都到哪儿去了?她听到在远处,很远的地方,忧虑还在嗡嗡地叫,一阵一阵地……

"够啦!够啦!有什么用呢?……不能避免的情况,只好忍受!"

安乃德自己这样说,已经不是新鲜的事,她已经说过几十次,可是我们不能真的以为她能说到做到!不应当把好事都归功于理性。理性是很好的顾问,但是顾问不是付出代价的人。要说服心,必须用心中的道理。

这种道理现在并不缺少。现在,安乃德承认在她的母爱的种种苛求之中,存在着荒谬的成分。然而如果她承认这一点,那是由于另一些一向被压抑的意愿,已经在她身上苏醒过来。她不能,也不愿再否认它们。这种默认一朝成为事实,安乃德觉得自己被解脱了。她苏醒了的青春之声对她说:"什么也没有丧失。你还有享受幸福的权利。你的生活正在开始……"

世界苏醒了。一切都重新有了味道。即使在那些灰暗的日子里,也有短时间的光亮。安乃德没有确定任何关于未来的计划,她沉湎于重新争取到的未来幸福中,不问是什么样的幸福。……是的,是的,她还年轻,和新的一年一样年轻……在她前面还有整整一生……生命是永远不会够的!

*　　*　　*

又到了早春二月。巴黎的二月风光十分宜人。春天还只是出现在天空中，在人们心里，然而十分纯净，光洁明亮，像儿童早晨醒来时澄澈的欢乐。一年中的良辰美景重又开始，还没有飞鸟出现，可是人们已经听到它们振翅飞近。仿佛从一个高耸天外的塔顶眺望，人们看见了鸟群，翅膀连成一片乌云，成群结队的燕子，它们来了，它们在飞渡重洋！转眼它们已经到达，它们在我的心中吟唱……

正如一切身体健康的人，安乃德喜欢每一个季节。她适应每个季节，同时参与它们的秘密力量。万物更新的力量使她振奋。

她东奔西跑，走路使她感到幸福，工作也使她感觉幸福。带回家去的是满身舒畅的疲乏，和狼吞虎咽的胃口；她对一切都感兴趣，对于精神的产物，四年来抛在一边的书籍、音乐，重新发生了好奇心。有时，到了晚上，虽然已经累得直不起腰，她还出门去，奔往巴黎的另一端去听音乐演奏。西尔薇很羡慕她，因为西尔薇刚刚开始怀孕，感到很不舒适。

安乃德晚上出去跑的时候，不止一次，背后有人跟踪。她没有在意，她心不在焉，在做梦，自得其乐。突然间，她在自言自语的时候停止前进，因为她仿佛觉得脚后跟拖着一件什么东西。她醒过来了，好奇地注视那“东西”在对她低声说什么，于是她耸耸肩，或者噘噘嘴，继续快步向前走，一边说：“真是个老傻瓜！”

这个傻瓜却常常是个年轻人。于是安乃德想：“再过十二年左右，玛克也可能是这样。”

她生气地站住了。那个假玛克被她愤怒地瞧了一眼，也就不再坚持了。其实这愤怒的一眼是投向另一个玛克的。她的眼睛重新露出笑意。看见玛克，这个大小伙子，漂亮的小伙子在这儿，这个念头无论如何使她觉得好笑。做母亲的自尊心，也在这里边起作用。她发现了这一点，责备了自己……不，比这更好，她要责备玛克：“淘气鬼！”她骂道，“等我回家拧他的耳朵。”（她真的拧了玛克的耳朵。）

这些小小的奇遇使她开心……是的，头几次是这样，但老是这样继续下去……

"啊！见鬼！真烦死人！难道安静地散步都不容许了？只因你左顾右盼,没有目的,神态和悦；只因你一边走一边笑了一下,就必须被人怀疑你在想爱情！爱情我见识过,我见得多了！那些傻瓜以为你没有他们就活不下去！他们不想想,我们没有他们照样可以幸福,不折不扣的幸福,由于天气晴朗,人还年轻,生活也不缺少起码的必需品！……他们爱怎么想就怎么想！难道我在想他们吗？……想他们！……呸,这些家伙难道从来自己不照照镜子？"

她可是替他们照过镜子。由于她正在愉快的精神状态中(这就是说,在一种愉快的自由中),她不会将那些人理想化的。毫无疑问。她真纳闷,怎么一个女人会爱上男的！男人可真算不上一种美好的动物！一个女人必然是晕头转向了,才会觉得她被男人吸引……至于李维埃家的女儿,她是个地道的法兰西女性,她属于坚强的古典种类,她阅读拉伯雷和莫里哀,常说桃丽娜对达杜夫说的那句话[①]。

她瞧不起爱情……(啊！她是多么自欺欺人！……)她在向爱情挑衅,她把爱情藏在心中。它神气昏昏沉沉,笑里藏刀,它在伺机而动。这些小小的遭遇战在准备一场真正的袭击。敌人来了。朋友,也许……

但是怎么可能处处设防呢？任何别人,那还说得过去！可是"他",真开玩笑！

于里安·达维,岁数跟安乃德差不多,二十九、三十岁。中等身材,稍稍驼背,面孔略带愁容,本来可以算其貌不扬,幸亏有一双相当好看的眼睛,温和而严肃的黑眼睛,如果它们被驯服了,就显出谦卑和温柔的样子；额头瘦骨嶙峋,中央有一条皱纹；鼻子粗大,面颊骨宽阔,黑色的短须,一张热情的嘴被过于长的髭须覆盖着(在于里安身上,好像那些不大丑的东西都故意被掩盖起来)；肤色无光泽,老旧的象牙色,是一个看书多于晒太阳的人的肤色。他脸相既不缺乏敏慧,也不

① 可能是指莫里哀剧本《伪君子》第三幕第三场中的一句话,大意说:"我(桃丽娜)可不那么容易被男子诱惑。"

缺乏仁善,可是有点黯淡、呆板,生活和情欲还没糟蹋这张面孔。总的看来,于里安的神气有点固执与沮丧。

他比安乃德更天真,更是新手,虽然安乃德也还很天真,也还是个新手。因为,安乃德虽然有过一次短促的经验,很猛烈,但是不全面,在爱情世界中,她还所知无几。固然,她从父亲方面继承的直觉,以及西尔薇有时比得上纳瓦尔王后的谈话[①],使她几乎没有不知道的东西。不过功课记诵得不好,而且她的心没有付出代价来学习。字句与现实,两者并非用同样的材料做成的。有时会发生这样的情况,在生活中碰到刚刚在书本上读过的事物,但是不认识这是什么。安乃德很有学识,可是几乎什么都得从头学习。至于于里安,干脆全部要从头学起。

他一直生活在爱情之外。在法国,人们最怕谈起这种"天真汉"。他们引起这个有风趣的人民说一些廉价的玩笑话,法国人很风趣,但是不大变换他们的风趣方式。这类"天真汉"人数很多。或者出于宗教的顾虑;或者由于清教徒的道德精神;或者是固有的,有时是病态的羞怯;或者(这种情况最常见)由于精疲力竭的工作吞噬了青春的岁月,贫苦的生活,艰辛的劳动,对于庸俗的爱情的反感,对于未来的尊重,对于日后要来到(或者永远不会来到)的对女性的尊重。无论如何,总之是血不够热烈,北欧式的感情觉醒缓慢,它不预先考虑未来激情的力量,而把激情保留起来,积累起来……这种人为数极多。幸福的青年们从旁经过,毫不把他们放在眼里。天真汉只好双手空空!他们靠边站着。于里安的生活知识几乎全部是通过智慧得来的。

他出身于一个贫苦的、勤劳的资产阶级家庭,家里只有父母二人——父亲是一个地位卑微的教师,工作劳累而死。母亲一心为儿子,儿子也孝顺母亲。他们的思想根底是宗教,奉行教规的天主教徒,

① 玛格丽特·德·纳瓦尔(1492—1549),著有《七日谈》,故事集,内容涉及男女风流关系。

信仰宗教,但也有些自由思想。一辈子不停地工作着,被良心与习惯的严肃乐趣冷冰冰地照耀着。对政治毫不感兴趣,嫌恶公共场合的活动,喜欢隐蔽的、深居简出的家庭生活。总之,这是一个真正诚实的、谦虚的灵魂,深知谦卑而坚强的德行的价值。此外,在他的内心深处,开放着诗意之花。

于里安是经过选拔考试的正式中学教师,他教自然科学。他早先在大学里认识了安乃德,那时两人都不过二十来岁。从第一天开始,他就被安乃德吸引住了。但当时的安乃德是个有钱的小姐,被大伙奉承着,焕发着青春、幸福而自私的光辉,心不在焉地不大接近人,这就使于里安望而却步。他的同学们比他大胆,把他原来想在安乃德身边占的位置给夺走了。他羡慕他们,但是不敢同他们竞争。他觉得自己低人一头,长得又难看,笨拙,衣着不入时,不会说话,使人对他的智慧和他的真诚不能有一个正确的估价。正因他对于美很敏感,所以一想起自己品貌不扬,不觉凉了半截。安乃德的美貌使他不声不响地深受感动,因为在他眼中安乃德是美丽的。他不像追求安乃德的那些同学一样,有自由的思想,能够对安乃德的优点和缺点大刀阔斧地加以判断。安乃德的眉毛太粗,眼睛鼓起,鼻子太短。于里安不看这些细节。然而,在那几个青年之中,只有于里安能抓住安乃德活生生的形象的和谐之感,因为所有的外形都表达着一个内在的意义,可是大多数人只看外部标记的图形。于里安并不把安乃德的眼睛、额头、浓眉,同安乃德性格上的魄力以及精神的健壮分裂开来。他从远处看安乃德,看得比较简单、粗略。但他看得正确,这第一眼看得比他走近她,想更仔细地认识她看得更正确。他和那些精神上的远视眼一样,靠近了反而不好办。这种人有时候很有才能,但是他们走一步,跌撞一步。

于里安和安乃德有一天早上在圣·热纳维埃弗①图书馆二楼玻璃

① 这座历史悠久的图书馆位于巴黎拉丁区,古老的巴黎大学附近。

大厅中相遇。两人已有将近十年没有见面了,于里安明智地早把安乃德的形象置诸脑后。可是,这一天,这个形象又涌现在他眼前。他的目光离开了书本向上看。在桌子那一边,只隔开几步,他瞧见她正在看书。在她漂亮的棕色头发上,扣着一顶毛皮小帽,她的大衣披在肩上。将近复活节的天气还像冬季一样。阅览大厅已经停止生火,广场上冰凉的空气从窗口吹进来。于里安让大衣领子向上翻起,安乃德却让脖子赤露着,不觉得冷。安乃德一只胳膊肘支撑在桌上,面颊靠在手背上。正是于里安从前见过的她的习惯姿态。她额头前倾,金黄色的双眉紧锁,眼光在书页上移动,一边轻轻咬着铅笔上端。于里安重新感受到二十来岁时的心潮激荡,但他不会有站起来招呼她的勇气。

安乃德起劲地看书,她干什么都这样使劲,虽然这样,她的精神总是在追逐着不止一个思想。她到一本书中寻找某些思想,而且她真正关注这些思想,但是它们出现的时候一定有一连串和它们无甚关系的形象伴随。她把这些形象赶出门外,这种不知分寸的形象却常常来拍门。一个最智慧的妇女在阅读时决不会完全处于忘我状态,因为她内心浪潮汹涌。安乃德中止了阅读,为了将水闸打开一会儿。

正当她这样停顿下来,用稍微有点模糊的眼光向四周环顾的时候,她的视线和于里安的视线交叉在一起了,于里安正在凝视她。于里安的形象仿佛就是刚才在她内心游荡的许多形象之一。她立刻醒过来,就像早晨从枕头上醒来,她一下就跌入生活之中。她站起来,很高兴地,隔着桌面,向于里安伸过手去。

于里安激动得不知如何是好,走过来,笨拙地坐在安乃德身旁。两人交谈起来。于里安说话很少,这一出乎意料的幸福遭遇,简直使他摸不着头脑了。安乃德一个人谈得最多。她很快乐,一个幸福的过去时代,重又出现。在当时,于里安扮演的角色是十分黯淡的,他不过是生活链条上一个平淡无奇的环节。安乃德叙述的事实向前展开,于里安已经远远跟不上……但是他相信在安乃德含笑的眼神中,一直可以看见自己的影子。他在慌乱之中不知道回答了一些什么话。他在竭力掩盖(这个笨家伙!)他对安乃德的赞美。他重新发现她是这么美丽,而且比原先更美了,可是更平易近人,更富于人情——增加了新的东西……什么?关于她的事,他一无所知。他所知道的,还是安乃德丧父前六年的情况。他什么也没有听说,他生活在偏僻的角落里,巴黎的街谈巷议传不到他耳中……他问安乃德是否一直住在布洛涅。

“怎么!你不知道吗?我早就离开那儿……对,我被人家赶出来了……”

他不明白。她草草地解释了一下,神情轻松,说她由于自己的过错破产了,因为她不关心管理家业……“这样倒好!”她加上一句。

接着,她讲了一些别的事。关于她的生活,一字不提,并不是她故意隐瞒。而是因为这些事与别人不相干。如果于里安追问,提出一些问题,她就可能照实直说。但是他什么也没有问,也不敢问;他的头脑执迷于一个思想:她穷了,她和他一样穷……打这时起,希望的热风已经吹进了他的心。

为了掩盖他激动的心情,他用粗鲁的同学态度,俯身去看安乃德正在阅读的小册子:“你在看什么书?”

他翻开书来瞧,一本科学杂志。旁边还放着一大叠。

“是的,”安乃德说,“我想重新掌握一点情况。那可不容易,我已经有五年不在行了。我必须自食其力,教书为生,我没有时间。我利用复活节,无课可教。我失业了,我得设法弥补已经丧失的时间,你瞧,我正在大口大口地吞!(她指那些翻开在她周围的杂志)我什么都想吞下去。可是太多了,吞不下去。我什么都得重新学习。自从我不搞这一门,发生过许多新事情,他们提到的事,我都没有研究过……上帝,大家前进得多么快!……可是我一定要赶上他们!我发誓,我不愿意落在后面,像一个瘸子似的掉队,有多少好东西要看呀,我都想看看……”

于里安津津有味地听她谈话。在她所说的一切之中,他记住了一点:她得挣钱养活自己。很艰苦,可是她还在笑……他对她的赞赏又升了一级,达到过去从未达到过的高度。她将他引向这个高度。这种快乐他从未有过,是她给他带来的。

两人一同出来。于里安和这个漂亮的女子在一起,觉得自傲。他简直惊讶得不能相信,她居然还记得他,而且记得那样清楚。想当年,她好像几乎没有注意到有他这个人存在。而现在,她和他谈起一些跟他有关的已经遗忘了的小事情!她问起于里安的母亲。他十分感动,以致他的窘态也消失了。于是他开始叙述自己的事,然而他讲得不快,字眼好像都冻住了。安乃德听他讲,用和悦的嘲弄态度,她简直想给他提词。他刚刚开始讲下去,调子慢慢地稳定了。正在这时,安乃德向他伸过手来,要握手告别了。他赶紧问她以后还去不去图书馆,而且很高兴地听到她说:"明天去。"

于里安回到家中,心情万分激动。他觉得自己丢人,他决定明天要好好补救。今天,他只愿意陶醉于这个奇迹般的友谊中。在安乃德那方面,本来她只陷身于西尔薇的社会圈子,现在重新找到她大学时代的一个老同学,也很高兴。并不是说这位同学是个生气勃勃的人,(不,可真不是!)但他很严肃,和蔼可亲,是个老成的小伙子……然而他是多么冷冰冰!……

第二天,他给她的印象仍旧和昨天一样。于里安只有独自在家的时候,才能化冻。他和安乃德一见面,水马上又冻冰了,他自己也觉得很丧气。他准备好许多想说的话(他像备课一样准备谈话),当他一看见安乃德的眼睛,他准备好的话立刻化为乌有了。他想叙述心里的话,一遍又一遍地重温腹稿,最后只剩下平淡乏味的一点摘要……他听着自己叨唠,自己觉得讨厌。只有一进入科学的领域,他才站稳脚跟,因为谈的不是他个人的问题。在科学领域内,他的话精确、清晰,甚至生气勃勃。安乃德要求的也不过如此。安乃德渴望求知,向于里安一个接一个地提问题。于里安觉得很有意思,因为安乃德提的问题很聪明,想象很迅速。她常常猜测错误,可是(只要略一指点)能够回到对方所引导的正确论点上……他喜欢她全神贯注的面孔,她眼光深深地注视着他,为的是更快地接触到他的思想。忽然,她眼睛焕发光彩……她听明白了！在思想上找到知己的快乐！无形的太阳和它所照耀的广阔无边的远景！在他引导下,通过新的道路一起去发现新天地的快乐！在四壁图书的大厅里,在这深思静虑的教堂中,能够这样交谈,真是美妙无比的事！

在他说来是美妙无比,对旁边的人说来可是很不美妙！因为他说话声音很响,旁若无人。安乃德微笑着,叫他别说了,站起来要走。他跟着她走。可是,由于在他面前已经没有桌子,没有书,他在街上又变成安乃德昨天看见的那个呆若木鸡的人。她设法让他谈谈他自己。白费力！而且他还舍不得跟她分手。他要送她回去,送到她家门口。再加上由于笨拙,他显得态度僵硬,脾气乖张,甚至有时不知不觉地不大礼貌……他真叫人不堪忍受！安乃德有点儿恼了,心想:“到哪个鬼地方我才能够甩掉这个家伙?”

于里安发觉安乃德沉默不语的嘴角上,有一条嘲笑的皱纹。他突然停步,用十分遗憾的语调说:“啊,对不起！我使你厌烦了！……是,我知道,我知道！我就是这样讨人厌！……我不会说话。我没有说话的习惯。我孤独地生活着。我母亲很好,非常好,但是我不能跟她谈我的思想。许多思想可能引起她不安,她不会理解它们……我从来没有找到对我的思想感兴趣的人……我也不要求这样……你对我很好,宽宏大量地听我说话。我没有控制自己,一心想跟你诉说……不过这是不可能的。人们不能什么都讲,只能把话藏在心里……因为讲这些没有意义,而且不够男子气……活着,沉默着……我让你厌烦了,请你原谅。”

安乃德很感动。在于里安的话中含有一种真正的激动心情;这种谦虚和悲戚的骄傲相混合,给她极深刻的感受。她觉得于里安冷冷的外表之下,隐藏着许多失望情绪,和受挫伤的温情。安乃德在一种她不加抵抗的感情冲动之下,对于里安产生充满友爱的怜悯。她热情地说:“不,不,你用不着后悔什么！我谢谢你,你讲了这些,你做得对……(她用带一点讽刺的口气,改正她的话,可是这次是一点也不伤人的。)你试着想讲……对,这是不容易的,你不习惯……可是,你不习惯反而使我高兴!许多别的人都习惯于讲话!……让我来使你习惯吧,这个希望并不是不允许的……你愿意吗?既然你没有一个可以谈话的人!……"

于里安太激动了,他一时回答不上来,可是他的目光表达出一种还有点胆怯的感激。虽然该回家的时间已过了,安乃德又往回走,为的是跟于里安一起再步行几分钟。作为一个怀着母爱的善良同伴,她用淳朴友好的语调对于里安说话,好比一只清凉的手放在他那发烧疼痛的额头上。是的,这个大小伙子受伤了。面对他执拗的神气,人们必须很温和地对待他……现在,他又生气勃勃了。但是,总该回家了吧!……安乃德向于里安提议以后常常见面。两人都承认,他们在图书馆里的"工作",也很可以到卢森堡公园中去进行,或者……

"或者……为什么不到我家里去呢?"

于是安乃德邀请于里安在最近的一个星期天去看她。她没有等于里安答话,就匆匆走开了。

啊!现在她不在面前了,他倒可以说个痛快!……他把刚才的情景回想了一遍,细细地品味安乃德的好心肠。这个人,他在运用智慧时是很稳健的,在感情问题上却不能掌握分寸,他一边想他的感情可能得不到对方的响应,可是立刻又毫无过程地滑到另一个思想上去,也许……

* * *

安乃德一点没有猜到于里安思想上发生的一切。她的新伙伴那种其貌不扬的长相,可以保证她不至于动情,因此她很滑稽地设想,这个理由可能也同样会保证对方不动心。她器重于里安,她替他的处境抱不平。由于这个缘故,于里安更加使人觉得值得同情。意识到她可以给于里安一点好处,安乃德觉得很舒畅,于是她更认为于里安值得同情。可是她不会想到要提防于里安,更没有想到要提防她自己。

到了下一个星期日,当于里安去找安乃德时,她忘记了曾经邀请过他。她一见于里安就露出惊讶的喜悦,这倒不是假装的。但是,一个星期以来专心想望这次相见的于里安,看不见安乃德惊讶,只看见她高兴,因而他自己的高兴也大大地增加了。天气很坏,安乃德下午不打算出门,她也不等什么人来,所以只穿便装,房子也没有收拾。孩子到这里来过。人们徒然像安乃德那样爱好整齐,你要是有孩子,你就不得不放弃这个打算,正如孩子们会叫你放弃别的没有他们参加而制订的美好计划一样。于里安却把一切都和他自己联系起来。他在这个"美的凌乱"中看到的(虽然不是一种"艺术加工")却是安乃德对他的一种亲密表示。他的心怦怦地跳着来到安乃德家时,决定这一回要显出他的优点来。他装作泰然自若的样子,但是这对他很不合适。安乃德,眼看在这乱七八糟的情况下突然来了客,很生气,她不能原谅这个大模大样的不速之客。她马上摆出一副冷冰冰的面孔,这一下于里安神气十足的劲头垮台了。现在,两人待在一起,都那么僵硬,一个不敢开口,另一个用调皮的高傲的神气,在等待对方开口……

"傻大哥,你别以为今天我会来帮助你!……"

接着,安乃德觉得这种局面滑稽可笑,她用眼角窥见这位来征服她的人的可怜相,她哈哈大笑起来。霎时,她神态缓和了,她重新用熟人的口气说话。于里安莫名其妙,不知如何是好,可是也觉得轻松了,他也一样,重新用自然的语调说话,于是一场友好的对话终于开始了。

安乃德对他讲她自己劳碌的生活。他们两人互相坦白,他们对于教书这一行是不大适合的。于里安很愿意热情地研究他所教的那门科学,但是……

"……学生们不能专心听讲!他们在那里用阴沉的眼光注视你,困倦得直眨眼。勉强有两三个人,在他们的眼睛里你可以看见一点闪光,其余的是一块沉重而厌烦的大石头。你得付出血汗代价,才能(不是经常都能)推动它一下,过一忽儿,它又落入水坑。你去把它捞起来吧!简直是挖坑掘井的行业!……所以也不是这群倒霉孩子的错!他们和我们一样,都是民主怪癖的受害者。民主的怪癖认为所有的头脑都可以吸收同样分量的知识,而且在正常的年龄之先,在他们能够开始理解之前!此外,还有考试,这些农业竞赛会①,会上人们将我们用破碎词句和变形观念的混合物填肥的产品过磅。其中大多数人考试一过,就急忙把填在肚子里的东西呕吐出来,而且一辈子腻烦,不愿意再学了。"

安乃德笑着说:"我呀,我很喜欢孩子们,对,甚至对最讨厌的孩子我也不会漠不关心。我全想要他们,想把他们统统抱在怀里……但是,人必须知足!对吗?有一个也就够了……"

(她指了一下那间乱七八糟的房间。但是于里安不懂,只是愚蠢地微笑着。)

"……可惜得很!当我看见一个讨喜的孩子,我想把他偷来。而且我觉得他们都很讨喜,即使在最丑的孩子身上,也有新鲜的东西,无穷的希望。……可是我拿孩子干什么呢!人家拿孩子交给我干什么呢?我走马看花地看孩子。人家将孩子们交给我看管一小时,接着我就跑去看别的孩子了。而我的那些小女孩,她们也一样,她们从这个人手中跑到另一个人手中。一只手所做的,另一只手把它拆掉,什么都没有剩下。一些不成形的小灵魂,一些没有灵魂的形体,在跳波士顿舞或四步舞。人们在奔跑,大家都在奔跑。生活就是赛跑的场地,永不停歇。他们死去,他们已经死了,啊!这些不幸的人,他们从来不让自己有一天能安静地深思!他们也不会给我们这样一天,我们倒愿意有这么一天……"

于里安理解她!不需要向他解释独居静处的价值和喧哗烦扰的可怕。两人相互的理解增加了,当安乃德说,在洪水泛滥时,幸亏还有

① 在农业竞赛会上,主持者按畜产的重量,评定饲养者的成绩,给予奖励。此地用农业竞赛会嘲笑法国中、小学填鸭式教育及其考试制度。

几个孤岛可以存身,那就是诗人们的美妙作品,尤其是音乐。诗人对于里安没有什么吸引力,他不掌握他们的语言,他对于诗的语言有一种奇特的不信任感。许多喜欢思考的头脑都有此同感。他们常常有他们自己的诗,但是他们不能感觉字句的音乐的深沉震颤。另一种音乐,声音的语言,相反,他们是能够感受的。于里安喜欢音乐,不幸的是他缺少时间和条件去欣赏音乐。

"我也缺少时间和条件,"安乃德说,"可是我还是去听音乐了。"

于里安没有这么大的活力。在劳累了一天之后,他独自一人待在家中,闭门不出。而且他不会玩乐器。他看见屋里有一架钢琴,问:

"你弹琴吗?"

"啊! 那可不容易!"安乃德笑着说,"他不让我弹琴!"

于里安吃了一惊,隐约地有点儿不放心。他问谁能这样阻止安乃德弹琴。安乃德竖起耳朵听,听到两只小脚噼啪噼啪走上楼来。她跑去开门,说:"你瞧,小魔王来了!"

她拉着从姨母家回来的玛克进屋。

于里安始终莫名其妙。

"我的小子……玛克,快说:'您好!'"

于里安目瞪口呆。安乃德根本没有想到于里安会这么惊讶。她一边拉着直想挣脱的玛克,一边继续高兴地说:"你瞧,我总算没有虚度光阴吧?"

于里安顾不上回答,他的注意力正在忙于掩盖心中的慌乱。他装出一副相当愚蠢的笑容。玛克终于从母亲手中挣脱出来,他没有说您好。(他觉得这种礼节可笑,他能不说就不说了,让他母亲去说话,"说的尽是废话",他明知过一会儿,他母亲就忘掉这件事,忙着说别的了……"妇女们就会东拉西扯,没头没尾……")玛克离开于里安四步远,隐身在窗帘的褶裥中,一边扭着帘子的绳头玩,一边用严厉的目光注视那个陌生人。他很快就用孩子的方式(并不太错误)判明了形势。他做出无可挽回的决断:他不喜欢于里安。事情就这么断然解决了。

被孩子注视得更加发窘的于里安，想接着刚才的线索继续谈下去，同时想找出刚才自己的思路。可是这样一来，他只能做到将两者混淆在一起。他渐渐镇定下来，极轻微的镇定。安乃德的不慌不忙使他毫不怀疑她已经结了婚，这是不成问题的，但是丈夫在哪儿呢？还活着吗？还是死掉了呢？安乃德没有戴孝……不，他还是没有把握……他干什么去了呢，这个人？于里安不敢直接问安乃德。绕了许多弯子，他终于冒险地（他自以为十分机灵），好像无意中夹这么一句：“你独自一个人已经很久了吗？”

安乃德说：“首先，我并不是独自一个。”她一边指着孩子。

除此之外，于里安一无所知。但是，她既这样承认，不言而喻，她是独自一个（和孩子在一起），而且高高兴兴说这句话，这就意味着她居丧已经是以前、很久以前的事，她已经不再放在心上了。于里安有偏见的逻辑得出的结论是：“马尔勃鲁先生已经死了……”①

祝丈夫一路顺风！他已经不是一个令人不安的人物。于里安在丈夫坟上又添了一锹土，然后转向孩子。他对孩子扮鬼脸似的微笑了一下。在他看来，玛克变得很不讨厌了。

在玛克眼中，他可不是一个“不讨厌”的人。他更熟悉原子物体的构成，不知道一个孩子的精神是怎样构成的。玛克充分感觉到对方这种友好表情的不自然，其效果就是玛克转过背去，嘟囔着说：“我不许他讥笑我！”

于里安向玛克献殷勤，但是白费劲，安乃德瞧着好玩。她心想应当补救玛克接待于里安的这种不客气的态度。她问于里安怎样过孤独的生活。一开始，她似乎心不在焉地听着，可是她很快就改变态度。当于里安坐在一间半明半暗的房间里时，总是比较不慌不忙的。这一回，他天真地大讲自己的情况。他是淳朴的，他从不装腔作势，几乎从来不造作，虽然他想取悦于人。由于他诚恳的心情，他显出一种在巴

① 马尔勃鲁，十八世纪法国民歌中的人物，出外征战，始终没有回家，肯定死在战场上了。

黎像他这样岁数的人之中少有的纯真。

于里安每逢接触到他所珍视的话题,往往用委婉的态度来掩盖他克制着的激动心情。在这推心置腹的时刻,在安乃德充满温情的沉默的鼓舞之下,于里安真正的隐秘天性,好像轻轻地接触到了,一种精神之美反映在他兴奋的脸上。安乃德聚精会神地注视着于里安,这已经不是最初对待他的那种和颜悦色而漠不关心的感觉了。

从那时起,两人星期日照例见面。在他们放假的星期里,两人见面次数更多一些。于里安以借书给安乃德为托词。当然,送书去的时候还得当面加以解释,以便减少安乃德理解上的困难。他送给玛克相当费钱的礼物,选择得不好,那个小敌人一点都不感激,因为他认为于里安送来的那些玩具太幼稚,和他玛克的尊严太不相称。但是什么都不能动摇于里安的意志,他坚决不顾一切阻力。正如对世界采取防范态度的一切孤独的人,待他们选中了一个人而放弃了防范时,他们就不知道分辨好歹。他们不愿意分辨,他们已经束手就缚了。于里安的思想是巧于设法欺骗自己的。他每次和安乃德会晤归来,在他的回忆中,安乃德所说的一切和周围的一切,都是按照能使他满意的方式加以安排的。(他自己也不知不觉地由于间接的影响而美化了!)安乃德注意力不集中,她心不在焉地回答,甚至有时她觉得他招厌而沉默不语,这一切使他觉得她更美,更动人了。由于每一次他不免发现一些细微的新特色,不符合他心目中已经形成的安乃德肖像,于是他重新描绘她的肖像,不下十次地重新描绘。而且,几经修改的肖像虽然和最初的肖像几乎判若两人,他也决不怀疑自己的忠诚。不管被爱的对象变换多少次,他准备一次接一次地变换他的爱情理想。

安乃德感觉到了于里安对她的爱情。一开始,她觉得有趣;接着,受感动;有一点儿感激,非常感激,不管怎么说,(“世界上最不漂亮的小伙子,只能将他所有的贡献给你……谢谢你,善良的于里安!……”)接着,她觉得有点儿着慌。她诚恳地想,她不应当让于里安走上这个陡峭的山坡……然而这使那个小伙子感受这么大的快慰!

而她自己,她居然丝毫没有觉得不舒服……安乃德接触温爱是十分敏感的,碰到甜言蜜语,以及温柔的恭维,都很敏感。也许太敏感了,她承认这一点。她在于里安眼神中看到了爱情与仰慕,这无异于给她一种温柔的抚慰,她喜欢一再重新品味这种抚慰……是的,她也同意,这样下去不大好。然而,这是多么自然!她得做出小小的努力,才能够割爱。她努力了,可是她没有运气,她为了推开于里安而说的一切(真的都说了吗?)反而更加吸引于里安……真是命该如此!只好忍受命运的安排……她笑自己。于是于里安不安地想,是不是在笑他呢……

"伪善的人,伪善的人,难道你不觉得可耻吗?……"

她不觉得可耻。有人向你推心置腹,毫无保留,你能够拒绝这种乐趣吗?这给你的日常生活带来光辉。而这有什么错呢?有什么危险呢?只要你沉住气,能控制自己,而且你所要求的只是做有益的事,有益于对方的事!

她不知道,爱情是可以使你潜移默化的道路之一,就是这种温柔的虚荣心,使你自以为是一个不可缺少的人。在一个真正的妇女的心中,这种情感十分强烈,由此而满足她的双重需要:仁慈的需要,这是她承认的;自傲的需要,这是不足为外人道的。这种情感是如此强烈,它常常可以使一个女子——如果她有高尚的心灵,宁可放弃她比较爱的男人,但这个男人能够没有她而生活,而去爱一个她本来不大爱的男子,然而这个男子却可以由她来保护。再说,难道这不是母性的精髓吗?如果长大了的儿子,仍旧可以一辈子做妈妈卵翼下的小鸡雏!……一个像安乃德那样富于母性的妇女,很愿意认为在那个向她求爱的人身上,有一种实际不存在的魅力;它的本能支配她,使她只能看见对方身上的优点。于里安并不缺少优点。安乃德很高兴,她看到于里安的腼腆克服了,他一向被压抑的真正本性,向着阳光开放了,他感觉到大病初愈时的温和的幸福。安乃德心想,直到现在为止,谁也不认识于里安,连他母亲也不认识他。他总是提起母亲,安乃德开始妒忌了。可怜的于里安,他自己也不认识自己……谁想得到,在他粗糙的外表下,有一个温柔的、娇嫩的灵魂……(她夸张了!……)他需要信心,以前他缺乏信心,对别人的信心,对自己的信心。为了信任自己,他需要别人信任他。正好,安乃德来信任他!她相信于里安,为了于里安的利益,以致最后她也为了自己的利益而信任于里安了!……他眼看心花怒放了,像一棵花木在阳光下发育滋长。让自己成为别人的太阳,这多么好……“尽情开放吧,我的心!……”她是在说于里安的心,还是说自己的心?她已经分不清。因为,在她给别人办好事的过程中,自己也心花怒放了。一个丰富的天性,如果不拿自己来喂养饥肠辘辘的他人,自己也就要枯萎了……“贡献我自己……”

安乃德自己贡献得太多了,她是不可抗拒的。于里安的情欲已经不再遮遮掩掩,而安乃德承认(太晚了一点)自己也并不处于保险的地位。

当她发现爱情就要侵入自身,她做了一个软弱的自卫姿势,她竭力不把于里安的感情当作严肃的事情看待。然而她不信任自己,她只是使于里安更迫不及待了,他的调子变得热情而动人了……

于是安乃德害怕了,她央求于里安不要爱她,两人继续做好朋友……

“为什么?”他问,“为什么?”

她不愿意说……她对爱情有一种本能的恐惧;过去她吃过爱情的苦头,记忆犹新;一种预感在警告她,她还要吃爱情的苦头。她召唤爱情来到,然而又要把它赶跑。她愿意要爱情,可是又逃避爱情。于里安一再要求,她恳切地抗拒。可是在她内心深处,她在祝愿对方战胜她自己的抵抗……

这场搏斗本来还要拖延下去,可是发生了一件事,使搏斗提前结束了。

* * *

安乃德和她妹夫的关系是坦率的友谊。这个老实人,有点儿俗气,但是人还正直,心地也还善良。安乃德很瞧得起他,来沃保尔则对安乃德表现出有点儿过分客气的尊敬。自从他头几次会面以来,他就判断安乃德跟西尔薇以及他自己都不是一类人。他在安乃德面前感觉拘束,安乃德对他表示好意,他只有更加感激。他追求西尔薇的时期,安乃德是他的同盟者。他的未婚妻觉得自己很有权威,所以不可能不滥用她的权威,当她恶作剧地跟来沃保尔闹别扭的时候,安乃德不止一次帮过他的忙。后来,夫妇俩发生误会,或者西尔薇为了解闷,为了使她丈夫伤脑筋,过分地搞一些突然的任性举动,发怪脾气,瞎胡闹时,安乃德有分寸地居间调停。有时被西尔薇弄得莫名其妙的来沃保尔来找安乃德诉苦,安乃德自告奋勇地去把西尔薇开导一番。甚至来沃保尔对安乃德说过不止一件他没有跟西尔薇说过的事。西尔薇都知道,她拿这跟安乃德开玩笑,安乃德也用轻松的态度对待。三人之间,一切很自然,很坦率。来沃保尔从不抱怨他妻子的姐姐带着孩子在家庭里所占的地位,而且小孩子常常相当累赘。他反而觉得西尔薇帮助安乃德不够多,他佩服安乃德的坚强,而且他也宠爱孩子。安乃德从西尔薇那里知道来沃保尔对她的看法,她很感激。

西尔薇怀孕的时期,她身边的人,尤其是她丈夫,都处于一个不愉快的时期。由于常常闹意见,来沃保尔只好和他妻子分开。并不是西尔薇自以为能够不要来沃保尔。她对于自己的身孕不大保重,她不愿意自己的生活习惯有丝毫改变,结果她自己受罪。西尔薇怀孕的漫长月份和安乃德怀孕时的情况可不一样。在安乃德方面,那是一个没完没了的梦,遍身麻木的幸福,可惜结束得太快了。西尔薇可不是闷头做梦的人。她缺乏耐性,不愿意放弃任何义务,任何权利,任何乐趣,她劳累过度。她烦躁的精神损害她的健康,她的性格也从中得不到好处。人在烦躁不安的时候,往往愿意把别人也惹得烦躁不安。西尔薇自己在受苦,丈夫却不受什么苦,她认为这简直是卑鄙,于是她设法让丈夫也吃点苦。她用她那种爱挑逗、狡黠和变化莫测的脾气折磨丈夫,甚至(真想不到!)用妒忌的态度热爱他,但这并不妨碍她把他骂得狗血喷头！有些日子,来沃保尔简直不知道求告哪位神明才好。

安乃德在那里,正好接受来沃保尔的诉苦。他上楼去呻吟叹息,安乃德耐心地听着他,而且她还有办法逗他笑,笑他自己小小的不幸。这种交谈,多次重复之后,在两人之间建立起保守共同秘密的联盟。有时候,在西尔薇面前,两人交换一个调皮的眼色。两人都很诚实,他们一点也不加小心,愈来愈亲密。如果说,这种亲密是清白的,它却也不是完全不伤害别人的。安乃德没有意识到风险,她喜欢跟来沃保尔开友好的玩笑。来沃保尔束手就缚,他正求之不得呢。很久以来,他就愿意这样,因为从安乃德身上发出一股快乐的力量照耀四周。那时期,安乃德全神贯注于发现于里安对她的爱情,她很甜蜜地感到不安,世界上别的一切都坠入五里雾中。当她从于里安那儿回来,来沃保尔来跟她谈话,她听他说,甚至也回答他,但是她却在对于里安微笑。来沃保尔哪儿猜得着。

他可知道他想干什么。他作为一个老实人,也在抗拒自己的念头。但是老实人也是人。他不应当玩火。

五月的一个星期日,他们四个人,西尔薇,安乃德,来沃保尔和小玛克,一同去苏镇[①]郊游。步行了一小时之后,西尔薇有点儿疲乏了,坐在一个小山坡脚下,说道:“去吧,年轻人,爬山去吧,如果你们高兴,待会儿,你们上这儿来找我们。”

她和小孩子留在那儿,安乃德和来沃保尔轻松愉快地向前走了。安乃德生气勃勃,兴高采烈,像个小伙子……来沃保尔的好脾气,使她由于于里安的爱情和关于知识的谈话而感觉紧张的精神得到休息。一条小路弯弯曲曲地沿着斜坡前进,坡上覆盖着开花的灌木丛。路的另一边是私人庄园的长墙。向上爬的时候,人们可以通过篱笆的空隙,窥见种着果树的山坡,点缀着一簇簇雪白或绯红的花。天空的奇景:在澄碧泛绿的背景上,云彩在忙忙碌碌地飞跑。风在欢笑,恶作剧

① 巴黎近郊。

般逗弄你,好似一只幼小的狗。安乃德向前走,一边采花,一边唱歌。来沃保尔紧紧地跟在她后面。他看见她俯身向下,在绷紧的衣服里边,显出她健壮的上半身,她光赤的双手,让风吹得红红的袒露的脖子,以及在卷曲的细头发之间露出一双红贝壳般的耳朵,耳朵尖端红得像一滴血。坡路向右往上升,形成一条走廊,穿堂风劈脸吹来。安乃德没有回头,可是在招呼她的伴侣。他不回答。她继续俯身采花,谈话。她正在打趣不说话的来沃保尔,突然,她感觉到这个沉默的危险性。她放手扔掉那把花……她直起腰来,但是来不及转身,这时……她差点被撞倒……他紧紧地把她抱住了。她被粗暴地擒住了;她觉得在后脑勺上吹来一股呼哧呼哧的热气,一张很贪婪的嘴吻她的头颈,吻她的面颊。她立刻全身使劲,竭力顶住对方的压力。不知从何而来的一切搏斗力量,都积储在一起了,她用上身,用脊椎骨,狂怒地摇撼抱住她的那个人。她挣脱了紧抱,她和袭击者面对面站着。她的两只眼睛燃起愤怒的火焰。他,还不肯罢手。两人之间展开了一场两只互相仇视的野兽的激烈搏斗,激烈而短促。安乃德(反抗的本能给她加倍的力量)猛烈地推开那个人,使他跌撞了几步。他在她对面站住,加倍地觉得耻辱,喘着气,满脸涨红。两人面面相觑,眼中充满怒意。突然,安乃德一句话也不说地爬上斜坡,钻进篱笆的一个缺口,滑落到斜坡的那一边,逃跑了。来沃保尔醉意已消,呼喊安乃德。她站在二十步以外,不让来沃保尔靠近。他们重新走下小山坡,各自走在篱笆的一边,中间保持着距离,互不信任,各含敌意,都觉得可耻。来沃保尔用狼狈不堪的声调恳求安乃德过来,请她原谅。安乃德不听他那一套,不过她也稍稍听见一点。这个声音的狼狈劲儿触动了她,她心中尚有余恨,所以和来沃保尔保持着距离,但她放缓了脚步。

"安乃德!"他恳求,"安乃德!你别跑!……我不愿意追赶你……你瞧,我在这儿站住了,我不靠近你,我干的事像畜牲。我可耻,可耻……你辱骂我吧!可是你别逃跑!我决不再碰你。……哪怕手指尖儿也不再碰你一下……我让我自己觉得恶心……请原谅,我下跪!”

他笨拙地跪在石子路上,垂头丧气,样子十分可笑!

安乃德板着脸听着,一动不动,侧着身,不瞧来沃保尔。后来,她侧目斜睨,瞟了他一眼,看见了这个低声下气的人,深深地被这种屈辱所感动。她的热心肠容易被别人激动的感情所打动,就像她自己的感情一样,所以来沃保尔的羞耻使她自己脸红了。她向他移动了一步,说:“你起来!”

他站起来了。她本能地后退了几步。他说:“你还害怕。你永远不会饶恕我的。”

她板着脸说:“别提了,已经过去了。”

两人重新走下那条上山的路。安乃德不声不响,冷冰冰的。他却憋不住想说话。他既惭愧,又生气,想说几句为他自己辩解的话。但是他没有口才,这位活宝!他缺乏高尚的语言风格。他只会怒气冲冲地反复说:“我是个混蛋!”

安乃德还处于激动的情绪中,她抑制住自己的微笑。她混乱的精神不容易平静下来。她觉得这个场面叫人恶心,又滑稽可笑。她没有原谅来沃保尔,但是眼看身边的这个家伙自己责骂自己的狼狈样,几乎觉得他可怜了。他继续胡乱叨唠。她怀着余恨未平,并且带点同情与讽刺的心情,听他说话。他试图解释“这个肮脏的疯狂从你身上通过”……对,这种疯狂,她也经历过……但是用不着对他说这些。他的样子实在狼狈,以致她按捺不住地对他说:“我知道,有时候我们是会发疯的。事情已经发生了,也就算了。”

两人继续往前走,默不作声,心头沉重,很难受,很窘。快走到他们刚才和西尔薇分手的地方,安乃德做了一个姿势,好像要伸手给来沃保尔,但是她没有把手伸过去,她说:“我都忘了。”

他轻松了,但是还不大放心。他像一个犯了错误被人抓住的孩子一般,问道:“你什么也不说,是吗?”

对,她什么都不说,但是西尔薇锐利的眼光第一眼就瞧出问题来了。她一句话也没有问。他们说一些别的事。三个人为了掩饰各人心里的不踏实,故意使大嗓子说话。回来时,西尔薇一路上冷眼观察那两个人。

从这天起,安乃德和来沃保尔不能两人单独在一起了。那个嫉妒的人在监视着,安乃德自己也在多加检点。她不自禁地露出一种猜疑和提防的样子。感到委屈的来沃保尔,心里怀着不可告人的宿怨。

* * *

安乃德的眼睛睁开了。情况不允许她对别人和自己再这样没有戒心。不能允许她再和从前一样,一笑了之,毫不考虑她可能引起别人的欲望,虽然她并没有去追求这种欲望。在今天的社会里,在今天的风俗中,一个单身的、年轻的自由妇女的处境,不但使她容易受人追逐,而且使这种追逐合法化。谁也不理解,为什么安乃德用极大胆的方式解放了自己之后,目的仍然在于将自己禁闭在独身生活中,在这里,她的贞洁是毫无意义的。她用母爱来蒙骗自己。毫无疑问,母爱是一种巨大的火焰,可是另外一种火焰经常在身边燃烧。她害怕,她竭力想把它忘掉,而且她以为旁人谁也看不出来。可是并非如此!爱情之火不由自主地暴露出来。如果她自己不受害,别人可能成为受害者。来沃保尔的冒险,刚刚给她说明了这个道理。她觉得这个冒险丑恶不堪,她非常气愤。在没有爱情的人毫无幻觉的眼中,性的关系无非是滑稽可笑和令人作呕的兽行。在安乃德眼中,来沃保尔的冒险行动是既滑稽可笑,又令人作呕的。可是她自己并不是没有内疚,她点燃了对方的欲望之火。她回想她的不加考虑的卖弄风情,她的挑逗,她的狡计……谁促使她干这些?就是那个被压抑的力量,那个必须添柴加薪,要不就得扑灭的内心之火。扑灭吗?办不到,也不应当!这是生命的太阳,没有它,一切都将被阴影笼罩。但是,至少别让它把一切烧成灰烬,它本应该使之获得生气的一切,如同法厄同手中的战车一样①。让太阳之车在天空遵循正常轨道前进吧!……那么,结婚吗?很久以来,她已经抛弃了这个打算。由于觉得有种种危险在威胁她,使她重新考虑以温情、互相尊重和平静的同情为基础的婚姻,可能成为替她阻拦爱情魔鬼的垣墙和抵抗外来袭击的保障。她渐渐地说服自己(一切都有助于说服她:她的物质生活与精神生活的安全,家庭的吸引力,内心的劝诱),于是对于里安的恳求渐渐地减少了抵抗力。为了准备最后让步,她找出各种理由来爱于里安。但是,她并没有把理由全部找齐后才去爱他,她早已开始了精神上的建设工作,它给意中人创造一种高度夸张的幻象。在这方面,于里安走在她前面。不过由于她更富于热情,她的爱情很快就超过了于里安。

安乃德不再检点自己的言行,而是放任她坦率的天性了。她不像精明的妇女那样,用巧妙的伪装掩饰自己失去了抵抗力,虽然心已经属于别人,还想让别人相信她是自己的心的主人。安乃德已经把她的心送给人了。她把这个情况告诉了于里安。于是,准确地从这一时刻开始,于里安倒不放心了。

他不大了解妇女。妇女们使他受到迷惑,使他不知所措。与其说了解妇女,他更乐意判断妇女。他将一些妇女理想化,将另一些妇女看得一文不值。至于那些不能列入上述两类的妇女,他就不感兴趣了。那些很年轻的人(于里安由于缺乏经验,也还是个年轻人),在判断事物时总是匆匆忙忙下结论的。由于他们满脑袋都是他们自己和他们的欲望,他们在别人身上所寻求的,只是他们所要的东西。天真的人们和狡猾的人们一样,当他们恋爱时,他们总是为自己着想,决不为女人着想,无论在精神方面,或者在肉体方面,他们拒不承认女人是离开他们而独立存在的。爱情恰好是能在这一点上教育他们的一种考验。它也只能教育善于学习的那一小部分人,但在一般情况下,这种人和他们的对手总要吃亏之后才受到教育,因为等到他们最后明白

① 见希腊神话,太阳之子法厄同驾驭太阳车不得法,险些将全宇宙付之一炬。

过来,已经晚了。若干世纪以来,人们哀叹男女之间不可挽救的对立斗争,这种爱情的苦果,这场团圆好梦的破灭所引起的天真惊讶,是他们一开始的错误认识的特点。因为,什么叫“爱”?难道不是“爱另一个人”吗?于里安虽然没有洛瑞·勃里索的自私,但他由于无知,也同样不容易从只看见自己的限制中解脱出来,他对妇女世界的见解甚至更为狭窄。在那里,似乎有必要拉着他的手,小心谨慎地引导他。

安乃德的本性所缺少的就是谨慎,而爱情并不能教她更谨慎些,爱情需要她慷慨地信任对方。既然现在她对于爱和被爱都有了把握,她就什么也不隐瞒了。她所爱的对象没有任何理由离开她,那么为什么她还要涂脂抹粉呢?她有一颗健康的心,她就是这样一个人,她决不因显露真面目而脸红。让爱她的那个人看清她的真面目吧!她已经注意到对方的天真,缺乏理解,惊惶失措。对此,她感觉到一种温情和调皮的乐趣。她喜欢使自己成为对于里安揭露妇女心灵的第一个女人。

有一天,安乃德出其不意地到于里安家里去找他。来开门的是于里安的母亲,一个老太太,灰白的头发整齐地向后梳着,安详的额头,一双严厉的眼睛,闪耀着注意力集中的光芒。她用带着猜忌的礼貌端详了安乃德,然后让她进入一间小小的客厅。里边很清洁,可是冷冰冰的,家具上都有布套。黯淡的家庭照片和博物馆的图片,使这间房间显得十足加一的冷冰冰了。安乃德独自一人在客厅里等着。从邻室传来一阵窃窃私语,接着于里安匆匆走进客室。他很高兴,有点拘束,不知说什么好,往往答非所问。他们两人坐在不舒适的椅子上,椅背又直又硬,使人不能采取任何随便的姿势。在两人之间隔着一张客厅用的桌子。人们不能靠在桌上,而且膝盖常常碰到桌子的棱角。没有地毯的、冷冰冰的发亮的地板,和镜框里死板板的人面,好像植物标本一样,使言语都冻结在嘴唇上,人只能低声说话。这间客厅显然把安乃德的心都冻僵了。于里安是不是要她一直坐在这儿,直到访问结束?她问他是不是愿意让她瞧瞧他的书室,他不好意思拒绝,他甚至还希望能这样,但是他的神气是那么犹豫不决,以致她问道:“这给你添麻烦了吗?”

他连忙否认,一边说屋子太乱,请她原谅,一边让她到他的房间里去。要说凌乱,这房间里并没有他第一次访问安乃德时看见的那间屋子凌乱。可是于里安房中的凌乱是索然无趣的。这是一间书房兼卧室。许多书,一张常见的巴斯德①的肖像,椅子上堆着纸,桌子上放着一个烟斗,一张学生用的床。她注意到一个小小的耶稣受难的十字架,上边挂着一枝黄杨树的枝叶。安乃德坐在一张硬邦邦的安乐椅上,她想使主人的态度自在一些,就欣然跟他谈起他们在大学念书时的一些往事。她毫无顾忌地谈一些两人都知道的事情,然而他心不在焉。由于安乃德在他房间里毫无拘束地谈话,于里安觉得很窘,他好像在注意邻室发生什么事。安乃德受了对方的影响,也觉得窘起来,她竭力支撑,而且居然使对方不再顾虑“别人将做何感想?”,他终于也活跃起来,两人痛快地又说又笑。到安乃德告辞的时候,于里安陪她出去,一到走廊上,他又恢复窘态。他们走过于里安母亲的房间,门半开着。达维太太装作没有瞧见他们,因为她不愿意打扰他们,或者不愿意跟这个陌生女人招呼。这两个女人只不过互相看了一眼,可是她们已经成了仇敌。达维老太太看见这个大胆的姑娘来访,瞧她那样无拘无束,加上她嘹亮的嗓音,她的笑声,她的生活,生了一肚子气。她已经嗅出危险的气味来了。至于安乃德,她在访问的时候发现,她和于里安在一起,无形之中有他母亲夹在中间,所以也对这位母亲怀有敌意。当她走过转身不理她的老太太房门口时,安乃德话说得更响,笑得更高。她妒忌地想:“我要把他从你手中夺过来。”

过了一个星期,于里安来瞧安乃德,晚上,吃过晚餐之后。关于安乃德的问题,于里安同母亲已经发生过第一次争吵,于里安想表示他意志坚决。今晚,只有他和安乃德两人在家。小玛克让来沃保尔带去

① 巴斯德(1822—1895),著名的法国化学家兼生物学家,有菌苗接种疗法等重要发明。

看马戏了。将近十一点，于里安告辞。安乃德建议陪他走回去，为了一同享受呼吸夜间新鲜空气的乐趣。可是，到了于里安家门口，他又不放心安乃德独自一人走回去。她觉得于里安的担心很好玩。他也要求陪她走回家。她当然不拒绝：可以借此多留他一些时候！于是他俩重新走回来，而且挑最远的路走。这样，他们发现已经走到了塞纳河畔，不大清楚这是怎么搞的。那是一个六月的夜晚，他们坐在一张长凳子上。白杨在黝黑的河水上沙沙地响，水面摇曳着桥上红色、黄色灯光的反照。天空高远，星光微弱，大城市像拔火罐似的把星光吸尽了。夜在上空，灯光在下，两人默默无言。言语不能再表达他们的思想，然而，两人不需要互相注视，都能感觉到对方在想什么。于里安的欲望燃烧着安乃德的心，可是他的腼腆捆缚了他的手足，他兀坐不动，连抬眼看一下安乃德都不敢。她呢，并没有转过头来，在微笑着，一边凝视河水上的红色反光。她看出来了：他是下不了决心的！……于是，她俯身向着他，和他接了吻……

在回家的路上，于里安陶醉于爱与感激的心情中，可是在他思想中，却暗藏着他隐隐觉得不安的尖刺……他母亲的一句坏话："这路贫穷而大胆的姑娘，会想办法找男人结婚……"

刚才，于里安愤怒地拔掉这根尖刺，但是刺的尖端却留在皮肤下面。他觉得可耻，他在心里向安乃德请求原谅。他知道这种侮辱性的猜疑是不正确的。他像相信神明一般相信她，但是他慌乱了。他每拜访安乃德一次，增加一次慌乱。安乃德的自由：自由姿态，自由见解，她考虑任何问题时的自由看法，尤其是社会道德方面，她毫不在乎地缺乏成见，都使于里安惊愕不已。正和他穿的衣服很狭窄一样，他的思想方式也很狭窄，情绪总带点悲愁，倾向于严肃。她呢，正相反，宽大为怀，开朗爱笑。他不能设想，接触到自己的问题时，她会和他自己一样道貌岸然；但是一提到别人，她就使用另一种尺寸，这种尺寸，也就是带讽刺的宽容。宽容与讽刺使于里安不知所措。她察觉到这一点。于里安谈论问题时发表过分的和不公正的严格意见，她并不试图用她的看法来反对于里安的看法,她只是用微笑对待于里安天真的苛刻。这种苛刻并不使她讨厌,然而她的微笑比她的言语更使于里安不安。他有这么一个印象,那就是她知道的事比他多。这是真的。但是,多多少呢?并且,说得准确些,她到底知道些什么?她有什么经验?

于里安这个生命力纤细而贫乏的人,现在也轮到他跟他母亲一样(他母亲对安乃德恶意的看法影响了他),对于这个女人旺盛的健康和焕发的神采,隐隐约约地感到惊慌。他对安乃德怀着炽烈的欲望,可是他害怕。两人并肩散步时,他觉得自己瘦弱无力。安乃德无论在什么环境中都是极泰然自若的,这就更增加他的窘态。虽然安乃德是会喜欢这种窘态的,如果她看见了的话,然而于里安自己觉得这是一种屈辱。可是她没有注意到,她整个儿沉浸在她的内心之歌中。安乃德的错误在于她一点也没有想到,这支歌除了她自己之外,没有任何人可以听见。而且她也看不见于里安惶惑不安的眼光好像在问:

"她在微笑,她在笑谁,笑什么?"

她好像神游于千里之外!……

他并不是看不见(现在比任何时候看得更清楚)她精神上的巨大优点和她的坚强意志,然而同时,她对他来说是一个危险的哑谜。他的心被两种相对立的情绪所分裂:一方面是不可抗拒地被安乃德所吸引,同时又暗暗猜忌她。好像是一种原始本能的残余,它使今天的男人和女人想起两性之间根本性的对立,从而认为肉体结合是搏斗的一种形式。这种防御性的猜疑,在男方也许更强烈,就像在于里安这样的人身上,有这种敏锐的智慧,同时又缺乏经验。由于他不可能正确地看待妇女,他有时把女性看得太单纯,有时则认为她们满身都是陷阱。

安乃德之所以引起于里安这种思想上的摇摆,是由于她有时什么都谈,有时一言不发;有时暴露一切,有时把一切都遮盖起来;有时热情地倾吐衷肠,有时沉默得滴水不漏。有时,在两人一同散步的时候,有一半时间安乃德不说一句话。这种可怕的沉默！（哪一个男子没有吃过这种沉默的苦头?）在那时,在你身边行走的女伴的内心生活跑到你永远不会知道的地方去了！……不仅在平常情况下,这种沉默掩盖着深深的秘密！有些沉默并不太深,你如果进去,水不会淹到脚跟……但是不论深浅,沉默的水层是不透明的,眼睛永远看不透。于是男人善于折磨自己的素质,费尽力气给自己铸造一些愈想愈可怕的神秘。像于里安这类人,决不会想到这神秘是他自己制造的,不会想到如果女人不说话,常常是因为觉得男人多么不理解她。在某些日子里,安乃德带讽刺意味和稍有倦意的沉默,是在表示宽容她的情人误解她的感情,既然她知道对方所爱的是假安乃德,而且他不见得爱真安乃德……

"如果你愿意……随你便……就算这样吧。我不是事实上的我,我是你心目中的我……"

可是这顺受式的沉默只继续了一段时间。等到安乃德发现,如果直率地向他解释恐怕有危险(因为于里安没有条件理解),如果沉默不言,也许更讲策略些,于是她说话了。因为,如果为了使于里安免除无用的烦恼而沉默,那是可以的;但如果为了欺骗他而沉默,则是不可以的。如果明说有危险,正好证明有明说的必要！到了这时,你就不能避免这样做。风险越大,甘冒风险的自傲感也越强。这场爱情的考验使安乃德的心跳得厉害。如果考验成功,她会因此更爱于里安,但是,如果不成功呢？……不可能不成功。难道于里安一点也不爱她吗？……不管发生什么事吧！

她的行事是光明磊落的,可是有些男子偏偏喜欢他们的对手弄虚作假。西尔薇听说于里安的爱情和结婚的打算之后,把安乃德训了一顿,上帝啊,可别让她把全部真情都说出来！当然啰,他总得知道一些,哪怕是在成亲的时候,户口册上登记的材料也会使他明白。但是总有办法将真情说得妥帖一点。既然这个小伙子爱她,他会闭眼睛装看不见的。她可别去把他的眼睛扒开！那可真是太愚蠢了！以后他们有的是时间互相交底。西尔薇说的是老老实实的经验之谈。她是为了她姐姐的利益。(她也为她自己的利益,能够早一天让安乃德走远些,她西尔薇决不生气。)她想,人们没有必要将真情对谁都讲,尤其没有必要向未婚夫讲。你爱他,这已经很够了!至于安乃德的真情,毫无疑问是清白无辜的。可是男人们是虚弱的,他们不能忍受任何真实情况,得给他配好适当的剂量……

安乃德平静地听西尔薇说完,接着,她故意说别的事,因为她觉得没有必要回答西尔薇的话,她只能按照自己的意思行事。西尔薇的道德观和安乃德的道德观不一样。安乃德宁愿不把心中的话告诉西尔薇。西尔薇是西尔薇。她喜欢西尔薇……要不是西尔薇,而是另外一个人敢这样跟安乃德说话,安乃德将用什么样的眼色睥睨那个人!

"这个可怜的西尔薇!……她根据自己认识的男人来判断一切男人。我的于里安是另一种人,他喜欢我现在这个样子,他将来也会爱过去时期的我。我没有任何要瞒他的事,我也决没有做对不起他的事。如果我做过一件错事,那也只是对不起我自己……"

她决定对他说,也考虑到风险,但是信任于里安的宽厚心肠。她把话题转到她过去的生活上。由于两人同样地怕不好意思,一直避免接触这个题目。然而不止一次地,安乃德在于里安的眼睛中看出他焦急地想问,同时又怕问他想知道而又怕知道的事。

她温柔地将手放在于里安的手上,说道:"我的朋友,你一直对我保持着可贵的审慎态度!我谢谢你。我爱你……可是我终于应该对你讲你所不知道的我的情况,我的过去。你有必要认识我,我并不是没有该受指责的地方。"

于里安做了一个害怕的姿势,他好像抗议安乃德将要说的事,也许想阻止她开口。她微笑了,说:"不要害怕!我没有什么大不了的罪行,至少我这样以为。可是也许我对我自己太宽容了,因为公众有另一种看法。这得由你来评价,我信任你的宣判,我按照你的决定办。"

她开始自述。她显得比她自己预期的姿态更腼腆些,她说了事先准备好的话。虽然她以为这些话说起来很简单,却使她费了大劲。为了克服这种拘束,她仿佛比实际上更不受感情的激动,间或流露出一点讽刺的锋芒,也是指向她自己的,而且不符合她的叙述在内心所引起的震动。她借这些方法来自卫……于里安毫不理解,反而把安乃德这种姿态看成令人生气的轻佻,看成麻木不仁。

她先说自己没有结过婚。于里安早就担心这一点,说得确实些,他甚至早已在不言中相信是这么回事,但是他一直希望安乃德给他证明不是这么回事。现在安乃德已经跟他说明白,任何怀疑的余地都不存在。于是于里安垂头丧气了。于里安表面上是自由主义者,内心却笃信天主教,他没有超脱罪孽这个观点。他立刻想到他母亲:她决不会接受的！于是他预计到母子间的斗争。他深深地热爱安乃德。虽然安乃德的坦白使他伤心,虽然安乃德过去的弱点在他看来意味着真正的堕落。不管他所爱的人的"过失",他仍然爱她;为了得到她,他准备同他母亲的反对展开斗争。然而必须有人帮助他,安乃德必须当他的副手。于里安是软弱的,为了坚持搏斗,他必须集中全身力量,而幻想的力量并不是其中最小的一种。如果安乃德很灵巧,她就会在这一点上施展自己的力量。

她看到自己的言语在对方身上引起的愁苦,这是在她预料中的,她也因此而难过,但她不能使他免受这个罪。既然他们要在一起生活,每人都要分担对方所受的考验,甚至对方的错误。可是她没有料想到在于里安心中展开的冲突,如果她想到这一点,她也会毫不怀疑爱情的胜利。

"我可怜的于里安,"她说,"我让你太难受了！原谅我吧。我也不好受……你以为我比这强,你把我放得这么高,我在你的思想中放得太高了……我是女人,我是软弱的……如果说我自己弄错了,至少我从来不曾欺骗过别人。我是真心诚意的。我始终是这样的……"

"对,"他匆匆地说,"我想一定是,对吗?他把你欺骗了?"

"谁?"安乃德问道。

“那个混蛋……啊,对不起!……那个把你弄成那样的人……”

“不,不要责怪他!”她说,“有过错的是我。”

她给予“过错”这个词的只是一种温情的遗憾的意义,因为她引起他心中难受,然而他贪婪地抓住了这个词。他在慌张中,拿这个意见做补救,那就是安乃德是一个被诱惑的受害人,她在后悔……他极端地需要“后悔”这个概念,这是对于安乃德的一种补偿,她所受的损失的补偿,这是抹在她的伤口上的清凉药膏,即使不可能治愈创伤,也可以使创痛比较好受些。这个“后悔”给安乃德增添了一种道德上的优越性,而说句公正话,他不会拿这个优越性派多大用处。最后,正因他对于安乃德的“罪孽”是深信不疑的,所以他对于“后悔”的必不可少也深信不疑。前者与后者,都深深渗透着他基督徒的本性。最自由的基督徒也不会从这两个概念中解脱出来。

安乃德可是出身于另一种灵魂的种族。李维埃家的人可以是纯洁的,或不纯洁的,按照基督教道德观给予这个名词的定义。如果他们是纯洁的,那也并不是为了服从一个看不见的上帝,或服从过分看得见的那些上帝的代表和他们的法规,而是因为他们把纯洁作为一种道德的纯洁,作为一种美而喜欢它。如果他们不纯洁的话,他们认为这是他们和他们的良心之间的一个问题,和别人的良心无关。安乃德并不认为她有对任何人交代她的良心问题的必要。如果她向于里安坦白了这件事,那是她献给他的一件爱情礼物。而且她应该很诚实地向他叙述的,只是她的生活。至于她的内心生活,她丝毫不认为非对于里安讲不可,她可以出于自愿对他讲。现在她看出于里安很愿意她把事实美化一下,但是她很高傲,她不愿意利用一句谎言作为原谅自己的借口,而且她丝毫不觉得有什么请求别人原谅的必要。当她明白了于里安想让她说的是什么,她反而竭力说明,是她自己主动地失身于她的情人的。

于里安被弄得狼狈不堪。他不愿意听这一套,他说:“不,不,我不相信你的话。你太宽宏大量了!还为这个只配受鄙视的人辩护,你不要责怪你自己了!”

“可是我谁也不责怪。”她直截了当地说。

这句话触动了于里安的良心,可是他拒绝去理解它。

“你在竭力替他辩解。”

“我没有辩解的必要,没有犯罪的人。”

于里安挣扎着说:“安乃德,我请求你,别这样说话!”

“为什么?”

“你很明白,这样说是不好的。”

“可是,我真不知道。”

“什么?你一点也不后悔吗?”

“我后悔让你伤心。可是,我的朋友,那时候,我还不认识你。当时我爱干什么就干什么,除了对我自己负责之外,我对谁也没有责任。”

他想:“这难道不算什么?”

他不敢对她明说,但他坚持问下去:“可是你明明后悔了,你明明承认你弄错了?”他不愿意责怪她。可是他是多么希望她自己责怪她自己!

“也许。”她说。

“也许?”他非常失望地问。

“我不知道。”安乃德说。

她知道于里安想把她引向何处。……也许她真的弄错了,如果向爱情的冲动和诚恳的怜悯让步可以叫作“弄错”。也许,对……“但是,如果我在内心后悔一个诚恳的错误,我不需要向谁道歉。我的心单独和它的痛苦在一起,在寂静中单独和痛苦交谈。现在我的心就在和它的遗憾单独交谈,这些遗憾与任何人都不相干……它的遗憾?……让我们真诚到底吧!没有任何遗憾!……”

她思索了一下,加上说:“我认为没有。”

也许她有点夸张,为了跟于里安无意的伪善对抗。(可怜的于里安!……)可是,即使他在最爱她的时候,要她说“后悔”这个词她也办不到,而于里安却在等她说这个词……“我多么愿意说这个字!……但是我不能够。这不是真的……”后悔什么?她那样干,不但是按照她的权利,而且也是按照幸福的要求。因为,虽然她付出了那么高的代价,她可是终于到手了:孩子。她知道(她一个人知道),这孩子是一件礼物,远远不是像愚蠢的舆论所说的那样,是丢脸的,而是使她净化了,使她在一个长时期内解除了精神烦扰,给她带来了秩序与和平……不,她决不干这种下流的事:为了保证未来的爱情,而诽谤过去的爱情。她现在甚至对洛瑞怀着感激的心情,他不过曾经是实现她的命运的一个因素,他本人远远没有他在安乃德身上点燃的爱情之火焰那么高尚……

于里安妒忌地感觉到了这一切。“啊,这个人,你一直还在爱他!”

“不,我的朋友。”她说。

“可是你对他并不怀恨!”

“我为什么要恨他呢?”

“你还在想念他吗?”

“我想念你,于里安!”

“但是忘不了他!”

“我不会忘记曾经待我很好的人,哪怕此人现在不是那样了。不要为这件事责备我,现在你是我心目中最好的人!”

于里安总算是正直的,所以他重视安乃德的坦率,并且暗暗承认她的崇高。这在他看来是出乎意料的现象,这种不常见的尊严,启示他一个新的世界,新的妇女,可是他天性的另一部分却起来反抗了。他的男性本能使他觉得受了损伤。他出于天主教徒和资产阶级的成见,感到十分震惊。他对安乃德过去有,现在还继续有的看法,被一些降低身份的猜疑所毒化。他并没有对一个十分正直地向他倾吐秘密的女性增加信任,而是对一个过去的弱点被他知道了的妇女减少了信任,他怀疑她将来是否能够忠贞。他想到另一个活着的男人,曾经占有过她的男人,而他自己将要得到这个男人所生的孩子。他害怕受骗,他害怕被别人耻笑。他非常愤慨,他不能原谅。

安乃德一发觉在于里安思想中展开的危险搏斗,一看到她孕育的希望受到了威胁,她就不寒而栗了。她已经从头到脚陷进了她所引发的这场爱情之中。她全部爱的力量,全部的幸福企望,都寄托在于里安身上了。实际上,她错了一半。她只错了一半而已,于里安并不是配不上她,他的优点是真实的,也是值得爱的。两人虽然不那么相同,他们是可以共同生活的,如果双方互相努力理解对方。无疑会有一点痛苦,但是,拿这一点痛苦作为一种坚强的温爱的代价,难道不值得吗?安乃德很可以给他好处,她可能使他重新获得力量,她很可能成为使他信任生命的强大风力,很可能吹鼓他的船帆,推送他到没有她他就不敢去的地方。于里安委婉的温情,他对妇女的敬意,他道德的纯洁性,甚至那种安乃德并无同感的天真的宗教信仰,这一切对他都可以成为健康的因素,都可以在他热情的天性中,增加一种安全的基础,增加心灵上和家室中可靠的安宁……

啊!心灵的苦难,两人心中由于一种被激情所夸大的误会而损害了他们的命运。而且明明知道,自己责备自己,永远自责,但是在使他们分离的问题上决不让步。正因为他们十分相爱,所以不愿意在道德上互相让步,如果是对漠不相关的人做这种让步,他们早就满不在乎地同意了!

安乃德在于里安思想上所引起的不安,也使她自己的思想七上八下:于里安有理吗?……她并不固执己见,她尽力去理解别人的判断。她的性格还没有完全形成,她的道德本能很强,可是她的思想还没有固定下来,她给自己保留修改思想的权利。很年轻的时候,她看出周围人的道德是虚伪的;她没有找到任何可以依靠的东西,除了她的理性以外,而这个理性常常欺骗她。她一直在寻找,寻找别的思想,可以使她在其中呼吸的思想。当她遇到一个诚恳的良心,像于里安那样的,她就贪婪地探索这个良心,看这个声音能不能响应她的心的召唤。

这个叛逆的女性,她企望得到信仰!她在寻找,寻找她的精神祖国……她多么希望能够进入于里安的精神祖国……奉行它的法律,即使这种法律斥责她。但是,光有心愿是不够的。她不能那样做。于里安所要的,不,那是不人道的。

她温柔地对于里安说:“我明白你在评判我,正像大家评判我那样,我不责怪你。我佩服保守的力量和它们的法律的严格。在整体中,它们有它们的位置,而且我知道,它们在你们的种族中有极深的根底。你服从它们,这是很自然的。由于你的关系,我也尊敬它们……然而,我的朋友,我尽全部意志的力量,也不能够否定一个举动,即使大家都谴责这个举动,但它使我得到了孩子……亲爱的于里安,怎样否定曾经是我唯一的安慰,也许是上天给我这辈子最纯洁的快乐?……你不要设法诽谤它,而是应当和我分享这种幸福,如果你爱我!它没有任何使你丢脸的地方!……”

她在说这些话的时候,感觉到他是不会理解的,而且反而使他更恼火了,于是她非常伤心。那么怎样办呢?对他说谎吗?考虑这种令人耻辱的办法,这已经太过分了……但是,让这么可贵的爱情中的裂纹不断扩大吗?……这就好比她的心被撕裂了。她每次和于里安见面都提心吊胆:今天在他脸上会出现什么表情呢?

而他呢,由于那种完全有把握被人爱着的男子的卑鄙自私,过分地利用爱他的那个人的弱点。他明知使对方痛苦,却还是那么干。现在轮到他使用爱情的权力。现在,既然他有把握认为她一定要他,他倒不那么抓住她不放了。

这一切,她心中全都明白。她很懊悔,不应当把自己的弱点全部暴露给他,可是她还是继续这样干。她沉浸在一种迷信的情绪中,认为如果命中注定她做于里安的妻子,不管她说什么,她反正要成为于里安的妻子;如果命运不让他俩成为夫妇,那么不论她怎么说,于里安也是留不住的……

但是,暗暗地,她愿意相信,她把低头顺从作为交换条件,命运一定会照顾她的。于里安会感动的……

“我把自己放在你的双手中。为此,你就不那么爱我了吗?……”

*　　　*　　　*

在于里安的思想中,进行着一种奇特的工作。他爱她——不,同时他一直想占有她——而且谁知道呢?……(可是他自己就不愿意知道……)一句话,他一直想要她。不过现在他认为不但他母亲决不同意他娶安乃德,而且他自己也拿不定主意。为了许多理由:怨恨、受伤的虚荣心、道德的谴责、旁人的议论、妒忌的反感……尽管如此,他宁愿不强调这些理由……(好的,我们认识你们!但是你们还是不要露面好!……)他的思想在寻找一种权宜之计,可以同时满足他那些隐秘的理由以及他的欲望……在过去,安乃德在恋爱上肯定自己的自由妇女立场,这是他不赞成的,对。但是说到最后,既然她以前这样办,为什么现在不能和她所爱的他,重弹旧调呢?

他不能跟她说得这么露骨。他推托说结婚有这样那样的困难(这种“困难”被安乃德逐一驳倒,新的困难又一个接一个产生出来):不可克服的阻碍,母亲的反对,他和母亲一起生活的必要性,他的生活条件不宽裕,而安乃德习惯于阔绰的生活,交际场……(可怜的安乃德,两年来她为了挣一点薪金东奔西跑……)两人精神与气质的不同……(这个论点最后才涌现出来,让安乃德吓得丧失了勇气,她还以为对方所有的论点都被她驳倒了。)于里安用他固执的不怀好意的态度,竭力贬低他自己,为了证明他和安乃德多么不同。简直使人哭笑不得!他为了要溜走,寻找一切站不住脚的借口,看了让人觉得可怜。而她呢,忘掉自己的尊严,假装不理解,精疲力竭地找出话来回答对方,为了不让他走远而狂热地斗争着。

他不走远。他不拒绝拿别人的东西,他拒绝的是给别人东西。

当安乃德发现他构筑工事来围困她的目的何在,发现他对她要求什么,她与其说是激怒与反感,不如说是垂头丧气了。斗争,已经不必多此一举……这就是他想要的……他!……这个倒霉的家伙!……难道他自己不照照镜子?他难道不知道他在她眼中是什么样的人吗?如果她爱他,那是为了他精神的严肃性。演唐璜[①]的角色,演爱情追逐者、自由的情夫,这对他完全不适合,完全不!(因为,安乃德虽然满怀忧伤,在智力上却仍然保留带嘲讽意味的清晰,她没有忘记捕捉夹杂在人生悲剧中的喜剧成分。)

安乃德满怀温情、怜悯和厌恶,她心里说:"我的朋友,当你谴责我的时候,我更爱你。你关于爱情的见解,有一点狭隘,然而高超的见解给了你这种权利。现在你已经没有这种见解。你今天向我提出的这种降格以求的爱情,这种没有信任的爱情,我要它做什么用呢?如果互相缺乏信任,在你我之间就什么也不剩了……"

每一种爱情必有它精粹的本质,一种本质鲜花怒放,另一种本质就枯萎了。肉体之爱不需要互相尊重,互相尊重的爱情不能贬低为单纯的享乐。

"但是,"安乃德在她充满反感的心中喊道,"我宁愿给街上走过的随便哪个我看着顺眼的人去当情妇,也不愿意跟你,我心爱的你,去干那样的事!……"

因为给于里安当情妇,这是降格以求。不能全得,不如全弃!……

因此面对于里安提出的暗示,她很温柔但是很坚决地拒绝了,这使于里安很不高兴。可是两人仍然继续相爱,同时互相严厉地评判着,谁也不甘心抛弃幸福。两人在那儿,互相召唤,互相需要,甚至互相吸引。然而谁也不能将一句可以使他们结合的话说出口,一方由于内心的弱点,这种精神上的萎靡症,这是男子的本色,除了极少几个例外,(有什么人敢于明说!)但是男子不承认;另一方,由于带根本性的

---

① 唐璜,西班牙传说中诱惑妇女的能手。

骄傲,这是女性的本色,然而她们也不肯承认。因为建立在男子的胜利之上的社会道德规约,已经使两性变形到这种程度,以至双方都忘记了自己的真正性格。两者之中,最弱的一方并非通常人们所说的弱女子。妇女在实际生活中更强有力,如果她们处身于男子的罗网中,只是当了俘虏,她们却并没有认输……

于里安能够窥见安乃德的正确理由,他丝毫不怀疑它们的正直,但是他不能制服他内心的荏弱;他顺从舆论,但他更尊重安乃德。要是他一个人,他早就接受安乃德过去的事实,但是在众目睽睽之下他不能接受,而他还自以为在他自己的良心注视下,他才不接受的。他没有娶他所爱的女人为妻的勇气,他把自己的懦怯说成自己的尊严。他不能完全按照美好的幻想行事,而他还埋怨安乃德没有足够强烈的美好幻想。至少他应当跟安乃德断绝往来,可是他又不同意这样做,每当安乃德提出要和他分离,他总留住她,犹豫不决,自己痛苦,使对方也痛苦。他不愿意接受,也不愿意放弃。他玩弄着先给人希望,接着又使人心碎的残酷游戏。安乃德热烈爱他的时候,他躲躲闪闪,当安乃德沉住气的时候,他又显得多情了。安乃德发出柔情受了伤的痛苦呼喊,她受尽了折磨。西尔薇发觉了这种现象,终于逼安乃德吐露了真情。西尔薇见过于里安,她一眼就把他看穿了:“他是这种人,你不强迫他,他下不了决心,办法有的是。你强迫他同意吧! 日后他会感激你的。”

但是安乃德想,万一有一天于里安责备她,为什么要让他娶她为妻(即使他不明说),那时她心中会多么痛苦。当安乃德不能再视而不见这个人性格中不可救药的弱点,不能再毫无用处地希望这个精神不安的人做出不至于反悔的、能持久的决定,她就采取了快刀斩乱麻的措施。她写信给于里安,不要延长这种毫无结果的折磨,她很痛苦,他也很痛苦,而他们都必须为生活忙碌。她必须为养育她的孩子而干活,而他,也有他的任务。她已经有一个很长的时期使他不能专心供职,两人互相消耗着对方的力量,而他们并没有多余的力量! 既然两人不能使对方得到希望得到的益处,那么别再互相使对方受害了吧!两人再也不要见面了!她感谢他对她的好意……

于里安不回信。于是一切归于沉寂……

在内心,怨愤、遗憾、受伤的情欲,还在挣扎……

* * *

对于他们身边的人,他们两人间的爱情已经不是什么秘密。来沃保尔注意到这件事,他的怒气瞒不住西尔薇。他那次不大光彩的冒险举动给他留下的痛苦回忆,使他怀着不由自主的怨愤,几个月之后,这种怨愤不但没消减,而且正相反!他自己可以假装忘记了这种怨气的根由。已经警觉了的西尔薇,却被来沃保尔一副古怪的神气引起了深切的注意。她冷眼观察他,于是她毫不怀疑了:来沃保尔在吃醋。按照令人赞美的感情逻辑,西尔薇忌恨的是安乃德,她把安乃德看成了眼中钉。她这种过火的反应,在一定程度上可以用她正怀孕这一事实作为解释。但不幸的是,她这种怨愤一直延续到可以作为它的原因的怀孕状态结束之后。

十月里,西尔薇生下了一个小女孩,大家都很欢乐。安乃德对孩子表现了很大的热情,就像是她自己的孩子一样。西尔薇看见孩子抱在安乃德手中,就不乐意。她对安乃德的敌意一直是闷在心里的,到这时,她已经不再设法掩饰了。几个星期以来,安乃德听西尔薇跟她说了些带刺的话,她还以为这是妹妹身体暂时不舒适的缘故。到此刻,再也没有办法不相信西尔薇对她的反感。她不作声,避免任何使西尔薇生气的机会。她希望姐妹俩过去的温爱可以恢复。

西尔薇的身体复原了。姐妹间的关系表面上完全是老样子,一个不知情的人看不出任何变化来。可是安乃德发现西尔薇对她保持一种敌意的冷淡,这使她难受。她恨不得握住西尔薇的双手,问问她:“你怎么啦?你有什么事不满意我?亲爱的,对我说吧!”

但是西尔薇的眼色让安乃德凉了半截,她不敢问她。她有一种直觉,认为西尔薇如果开口,就会说出无法挽回的话来,不如不吭声。安乃德觉得西尔薇身上有一种故意待人不公正的意志,叫人毫无办法。

一天,西尔薇跟安乃德说,她有事要和她谈。安乃德心直跳:“她要找我说什么呢?”

西尔薇一句得罪安乃德的话都没有说,她心里的怨愤一字未提。她跟安乃德谈婚姻问题。

安乃德委婉地推开这个话题。可是西尔薇坚持要谈下去,她向安乃德提起一门亲事:来沃保尔的一个朋友,是一个掮客,同时也算是个马马虎虎的新闻记者,人品还漂亮,有场面上人物的一套风度,收入来源多样化(太多样化),他卖汽车、卖广告,在企业主和交际场中的买主们之间当中介人,接受两方面的佣金。西尔薇给她姐姐选这样一个人,说明她对安乃德的看法有了很大的改变。这种对安乃德故意认识错误,标志着西尔薇缺乏情谊,对这一点,安乃德是十分敏感的。安乃德做了一个手势,制止西尔薇继续介绍候选人的情况。西尔薇不高兴了,问安乃德这门亲事是不是够不上她的奢望。安乃德说,她就是要过独身生活,没有别的奢望。西尔薇反驳说,话说得倒容易,但是如果你想过独身生活,你得有这份能耐。

“难道我没有能耐吗?”

“你呀,我才瞧不起你哩!”

“你太不公平了。我能够自己谋生!”

“在别人帮助之下!”

说这句话的口气,比话本身表达了更多的伤害人的意图。安乃德脸涨红了,但是她不反驳。她不愿意两人吵得不可收拾。

在后来的几个星期中,西尔薇的坏脾气发泄出来了。一切借口都能被她利用:谈话时一点小不协调,穿衣服的一个细节,吃晚餐时安乃德迟到了一次,小玛克上下楼梯的响声。他们不再一同出门了。如果事先约好星期天一同出去散步,西尔薇不声不响和来沃保尔先走了,借口是安乃德不准时到达。或者到最后一刻,西尔薇突然取消约好的聚会。安乃德明知她在这儿成了别人的负担,她腼腆地说要到另外一个市区去找住处,可以和她教书的地方离近些。她希望别人会出来反对,会劝她别搬,但是别人装作没有听见。

她没出息,她赖着不走。她使劲抓住一个正在从她身上挣脱的温爱。她不光是不愿意离开西尔薇,她对小女孩奥苔特也恋恋不舍。她忍受了不止一次令人难堪的摩擦,装作没有注意。她去西尔薇家的次数减少了。

可是在西尔薇看来,安乃德去的次数还是太多。西尔薇肯定没有恢复正常,一种病态的妒忌在折磨她。有一次,安乃德天真地逗奥苔特玩,没有理睬西尔薇冷冷地叫她别玩了。西尔薇怒气冲冲站起来,把小孩子从安乃德怀抱里夺过来。她说:“你滚吧!”

在西尔薇的眼神中含有这样深的敌意,安乃德吃了一惊,说道:“到底我有什么事对不起你?你别这样瞧我!我受不了。你愿意我走?你愿意我永远不再回来?”

“你终于明白了。”西尔薇恶狠狠地说。

安乃德脸色苍白,高声喊道:“西尔薇!”

西尔薇怀着冷酷无情的狂怒,接着说:“你仗着我生活,这很好,这很好,但是够了,我的男人和我的女儿,都是属于我的。不许你伸手!”

安乃德气得发白的嘴唇在反复说:“西尔薇!……西尔薇!……”她的声音充满苦恼。

稍停了一下,突然,她怒火爆炸了,她大声喊道:“倒霉的东西,你再也甭想看见我!”

她向着大门跑去,出门走了。

西尔薇对于自己的粗暴态度也觉得不好意思,她故意装作说笑的样子:“今天晚上我们就可以再看见她。”

第 二 部

安乃德从西尔薇家里出来，立志永远不再回去。她哭了，羞愧和愤怒的情绪燃烧在她胸中。她和西尔薇这两个充满激情的天性，一旦中止互相热爱，就不能不闹到互相仇恨的地步。

安乃德再也不能跟西尔薇同住在一个屋檐下。如果她有条件，恨不得第二天就搬家。幸而她不得不顺从实际生活的必要：退租，找一套新的房间。在她怒火炽烈的时刻，她简直想把木器都寄存起来，人去住旅馆，但是这不是乱花钱的时候。她只积蓄了极有限的一点款子，她挣来的一点钱随手花掉了。平时，即使她不去求妹妹帮助，光是想到必要时可以找妹妹，就给她一种安全感，使她免得为未来而忧心忡忡。可现在，她得计算一下，要多少钱才够生活，她不得不惭愧地承认，仅仅靠她自己，目前的工作是不够开销的。她和西尔薇住得邻近，有时一起用餐，她的开支就减轻了。小孩的衣服是西尔薇赠送的。安乃德穿的连衫裙，西尔薇光向她要料子钱。且不提借用的东西，本来属于一个人的东西，都不妨供两个人使用，还有小小不言的赠品；每个星期天一同出去散步；以及那些使日常生活略添光彩的小小奢侈品。此外，她妹妹在街道上享有信用，使安乃德在付账时多一些回旋余地。而现在，不得不把所有的用项都用现款支付来计算。开头一个时期，困难是大的。迁居费、预付房租、安家设备，还有那个极大的问题：怎样照看孩子？这是个矛盾，因为她必须挣钱养活孩子,为了挣钱,就得出门去跑,谁来照管孩子?安乃德明白,如果这些困难早在玛克很小的时候就提到日程上来,她是束手无策的。那么别的妇女怎么办的呢?安乃德为那些不幸的妇女鸣不平,她自己感到耻辱。

让孩子去住校?他现在已经到了上学的岁数了,但是她坚决不把孩子关到那种动物园中去。她听人说过关于学校的情况(打那时以来,情况也许稍稍改善了一点),她本人也能从这种身体和精神都紧紧挤在一起的地方嗅到气味。这使她把将孩子掷到那儿去这件事,看成一种罪行。她愿意相信,她的孩子到那里去一定会痛苦……谁知道?也许他在那儿反而很舒服,因为可以不受母亲管束了。但是哪一个母亲能想象她会使自己的孩子受不了?……她甚至不同意让孩子在外边吃一餐包饭。她给自己找到的理由就是玛克的身体不够结实,他需要一种特殊的食物,她必须照顾他吃每一顿饭。不过有时她不得不跑到巴黎的另一端去教课,到进餐时要赶回家是非常劳累的。来来往往,总是在奔波中。教书的收入不够用,常常有一些根本没预计在内的迫切用项。孩子长得很快。安乃德觉得很遗憾,为什么孩子不能像扁豆一样,永远长得不及豆荚快呢?必须给孩子添置衣服。她自己也不能不注意自己的打扮,即使不是为了体面,她的职业也不容许她不注意穿着。所以她必须寻求新的收入。拿回家来做的抄写工作,替一位外国妇女校改写作或翻译(吃力不讨好的工作,给的钱很少);某些公益事业的秘书工作,每周一个或两个上午(报酬也很微薄);但是这一切加在一起也就够了。千方百计挣点钱!安乃德一身兼数职,她被那些饿肚子的女性竞争者所憎恨。现在,在追求面包的斗争中,她又同她们碰撞了。可是这一回,活该!不能再感情用事了!就得往前走。如果有人摔倒在地,谁也顾不得回转身把她扶起。安乃德有时确实在路上看见某一张痉挛的脸,用敌意的目光盯着她,这是被她排挤掉的某一个竞争者,要是在别的日子里,安乃德可能很愿意援助那个人。活该,我们没有时间。问题在于第一个到达。她现在知道哪里可以找到工作,而且可以走最近的路。她的那些毕业文凭,她的学位,都保证她有优越的条件。而她并不是不知道,她还有另一个优越性:她的个人身价,她的眼睛,她的声调,她的服装,驯服顾客的艺术。她和别的找工作的妇女比较之下,选择者很少犹豫不决的。被牺牲的妇女们决不原谅她。

安乃德的新生活在一个健全而严格的计划之下,安排得井井有条,没有空闲去想无用的事情。过了一天又一天,每一天都很充实,像一个核桃一样,充实而且坚硬。头几个星期的日子战战兢兢地过来了,在那些日子里,她不知道自己能不能活下去,能不能让孩子活下去。现在,她习惯了,有把握了。最后甚至感觉到一种战胜了困难的乐趣。毫无疑问,在极稀少的时刻,她不再由于必须行动而使精神紧张;晚上,她把脑袋放在枕头上,在入睡之前,有几分钟工夫,花钱的账目、预算的操心,纷纷涌到心头……万一她半路上摔倒呢?……万一生病?……我可不愿意!安静,该睡觉了……幸亏她很疲乏,不用等多久就入睡了。天一亮,就没有余地再去想那些使心灵烦躁、萎靡不振或支离破碎的事物。经济的困窘与工作的紧张,把一切事物都放在该放的位置上:必不可缺的东西,还有属于奢侈品的东西……

不可缺少的是每天的面包。属于奢侈品的,是那些感情上的问题……她想象得到吗?这些问题她现在都看成是次要的了……让那些有闲工夫的人去谈情说爱吧。她的时间不太多,也不太少,正好够用。一个思想管一个行动,没有一个多余的思想。正当年富力强的岁数,她自己觉得是一条底舱充实的船,正在破浪前进。

她那时三十三岁,任何事物都还没有损耗她的精力。她发现,她不但不需要保护人,而且在没有依靠的情况下反而更强有力了。艰苦的生活反而使她生气勃勃。第一件好事就是她解脱了念念不忘于里安的精神状态;解脱了对爱情的向往,这种向往有时朦胧,有时激烈,毒化了她过去的岁月。她发现她曾经被多情善感的梦幻、温和的柔情和伪善的欲念，搞得多么平庸乏味，只要一想起这种情况，她就觉得恶心。跟生活的粗暴无情打交道，碰钉子，受侮辱，自己也不得不狠下心来斗争，这是好事，使人生气勃勃的好事。她自身的整整一部分，也许是最好的一部分，肯定是最健康的部分，重新获得了生命。

她不再做梦了，她不再忧心忡忡了，甚至不再为孩子的健康担忧。孩子病了，该怎么处理就怎么处理。她事先不去顾虑这些，事后也不是没完没了地念叨。她有各种各样的思想准备，她充满信心，而这是最好的医疗方法。在这拼命干活的头几年中，她没有害过一天病，孩子也没有得过真正使人不放心的疾病。

她的文化生活也和她的感情生活一样被压缩了。她几乎没有一点读书的时间，她本该为此感到痛苦……可是没有！精神用它自己的办法弥补了这个缺陷。她的精神整理新的发现已经够忙的了。因为在这开头的几个月里，她发现了许多东西，她发现了一切。话说回来，有什么跟过去不同的东西呢？工作，她是熟悉的（她自以为熟悉），还有这个城市，这些人，都没有改变，今天和昨天一样。

然而朝夕之间，一切都变了。打她开始寻求面包那一天起，这才成了真正的新发现。爱情不算新发现，甚至生育孩子也不算新发现。两者都是在她身上本来就有的，它们只表达了她的生命很小的一部分。可是，等到她刚刚一脚跨进穷人的行列，她立刻发现了世界。

按照你从上往下看，或是从下向上看，世界是不一样的。安乃德此刻在街上走，在两排向前延伸的房屋中间，人们看见的只是沥青路、烂泥、横冲直撞的汽车和络绎不绝的人流。你如果有时间，可以仰望高高在上的天空（很少有光明灿烂的时候）。中间阶层不存在了：过去作为她生活目的的一切，社交场、谈话、戏院、书籍，作为游乐的奢侈品，和智慧方面的奢侈品，一切都消失了。她知道悠闲的事物是存在的，她也许仍然喜欢它们，可是她有别的事物要思索！……眼睛盯着自己的脚，向前看，躲开车辆，快快走……所有这些人，跑得多起劲啊！……从上往下看，人们只看见塞纳河在懒散地流淌，它好像很平静,人们瞧不清水流的湍急。跑呀,争夺面包的赛跑……

安乃德不止千百次地思考过她今天所处的地位,想到劳动与受苦的人民大众。但是,她以前所想的和今天身历其境所想的是完全不同的。

昨天,她相信关于人权的民主真理,她觉得不公正的原因在于群众被褫夺了人权。今天,不公正(如果还是公正与不公正的问题)在于特权者享有权利,而一般的权利是不存在的。一个人没有任何权利,什么都不属于他,他必须每天重新征服每一件东西。这是规律:"你必须汗流满面,才得糊口。"[①]权利是那些精疲力竭的战斗者狡猾的发明,借以批准他们过去的胜利所获的战利品。所谓"权利",不过是昨日的力量在积储它的收获。但是活的权利,唯一的权利,是劳动。每天的战斗之所得……这样,你眼前就突然出现了人生战场何等惊心动魄的景象!这种景象一点也吓不倒安乃德。这个勇敢的女子接受这场战斗,她认为这是必不可少的,而且是公正的,因为她年轻力壮,"竞技状态良好"。如果她战胜了,再好不过!如果她战败,活该!(她是不会战败的……)她没有否定怜悯,但是她否定了软弱。一切责任中的第一条:"不要成为懦夫!"

在这个劳动规律的新光明照耀之下,安乃德一切全明白了。一些老旧的信仰都受到考验。一种新的道德,在旧道德的废墟上,在英勇的新基础上,牢固地建立起来。坦率的道德,力的道德,而不是伪善与虚弱……她把思想中一直纠缠不清的若干问题,在这个新的角度下重新提出来,尤其是她内心深处最重要的问题:"我有没有权利有这个孩子?"她自己这样回答:"我有权利,如果我能够养活他,如果能把他抚养成人。如果我能,很好;如果不能,很不好。这就是唯一的道德,任何别的道德都是虚伪的……"

这个刚毅的决断,成倍地增加了她的力量和斗争的乐趣……

---

① 语出基督教《圣经》。

每天,当她在巴黎街道上步行着,从一个教课地点赶到另一个教课地点,她就这样思考着。步行激发思想。既然现在她每天的行动是井井有条地规定好了,做梦的权利又恢复了,然而是清醒的梦,明朗的、精确的,而不是雾气沉沉的梦。她的时间越有限,梦就越能利用很小的间隙,好比常春藤往上长,爬满墙头,安乃德的梦爬满在每天的时间上。她把一天的经验和她关于人类真正道德的、扩大了的概念相对证。劳动和贫穷使她睁大眼睛,看穿了现代生活的谎言,以前她身陷其中,没有注意到这一点。这个生活,这个生活的十分之九是骇人听闻的无聊,特别是妇女……吃饭、睡觉、繁殖后代……对,就算这一点是十分之一的有用之处,那么其余的十分之九呢?……所谓“文明”?人们所谓“思想”?人(Vulgus umbrarum)[①]真的是为了思想而生的吗?人们自信是这样,他让自己做出这样的姿态,他以为在坚持这一点,好像坚持固定不变的动作一样。但是人并不思想。他并不思想,无论是面对一张报纸,面对办公桌,或面对日常动作飞滚着的轮子。轮子跟他一同转,一同空转。安乃德教一些少女们念书,那些少女思想吗?从她们听、读和说的那些字句中,她们懂得了什么?她们的生活简单说来是什么呢?无非是孵育在麻木不仁的精神状态中,和一大堆装饰品底下的一些荒唐和黯淡的本能。欲望与享乐……思想也是她们的装饰品之一。欺骗谁?自己……这个文明有它的外衣、它的奢华、它的艺术、它的行动和声音(这个声音是它的假面具之一,为的是使它自己相信是向着一个目的奔跑!什么目的?它奔跑只是使自己昏头昏脑……),在这一切下面,有什么东西呢?空无一物。他们却以此为荣。他们以自己的破烂衣衫、他们的字句、他们的小铃铛,作为光荣的借口。身上闪耀着“必要性”光芒的人[②],是何其稀少!……但是千年老兽[③]对那些神明和圣贤的声音毫不理解:对于它来说,无非增加了一

① 拉丁文:庸庸碌碌的幽灵。

② 指那些为了人生必不可少的事物而忙碌的人。

③ 指人类。

个铃铛而已。它不越出欲望与烦闷的圈子……啊！人类社会，人，都是何等虚假的建筑！这个建筑只靠习惯而站立着。它将一下子坍塌……

一些悲剧式的思想，它们不能使火热的安乃德阴暗化。产生欢乐与悲戚的是内心的气流，而不是意念。在并无风云的天空之下，一个贫血的心灵抑郁而死。一个强壮的心灵暴露在疾风骤雨之下，却轻松愉快地将阴影裹在身上，如同用阳光裹身一样。这个心灵明白，光与影是交替出现的。有时，安乃德由于疲劳和没有光明的前途，回家时心情抑郁。她上床，睡觉。半夜里，一个滑稽的梦使她哈哈笑醒。或者她熬夜做活，低头在针线上，手指忙它们的一套，头脑里忙另外一套，突然间，她在半路上拾到一个滑稽的思想，一下子她又高兴起来。她必须注意，不能笑得太响，免得把孩子吵醒。她一边说："我是个白痴！"一边擦眼睛。但是她轻松了。这种孩子气的精神放松，这种突然的反作用，是来自家族的健康遗产。当心中阴云密布时，欢乐的北风吹来，并且驱散阴云。

不，她不需要娱乐和书籍！安乃德自身就是一本念不完的书，另外还有一本最激动人的书：她的儿子。

* * *

孩子快七岁了。他适应环境的改变，比别人所想象的更容易。不管讨厌不讨厌，反正是一场变动。孩子正在发育期间，像一条蜕壳的小蛇……忘恩负义的童年！西尔薇的全部宠爱举动，和所有甜言蜜语（她是那样肯定地认为她在玛克身上有很大的威力），这一切，玛克毫不在乎地抛在一边。四十八小时以后，他连想都不想了。

你以为可以使孩子喜欢或不喜欢的事物，决不是孩子真正喜欢或不喜欢的，玛克在他的新生活中，欣赏的首先是学校，他母亲终于把他送去上学了，一边送他去，一边替他难受。此外，玛克喜欢独自一人待着的时刻,那时谁也不能管他。

安乃德把家搬到平民区的蒙日街上,六层楼上的一套房间。楼梯很陡,住处很狭隘,窗外市声喧闹,可是从别人家的房顶上一眼望去,眼界极为开阔,这对于她是必要的。声音倒不干扰她,她是巴黎人,习惯于活动,她几乎有这样的需要,在喧扰中她反而能更好地做梦。也许由于到了成熟的年龄,她的本性也在起变化;体力上的充分发展,以及按部就班的工作,使她形成一种稳定性和神经的坚强,这都是她以往没有的,而且今后也不会永远不变。

寓所的布局是这样的:靠街的一边,是安乃德的卧室兼客厅(床可以折叠成大沙发),还有玛克的小房间,再加一间狭小的贮存室,挤在墙角上,突出在两条街中间。过道的那一边,即使正午也是阴暗的,一间是向院子开窗的餐室,一间是让炉灶和洗碗槽几乎占了全部空间的厨房。

在母亲的房间和孩子的房间之间,门老是开着,玛克还太小,还不知道抗议。他正处在捉摸不定的年龄,漂浮在无性别的童年时期,和作为小男子最初的朦胧觉醒之间。他已经不处于前一时期,但还没有进入后一阶段。有时,星期天的早上,他还从自己床上起来跑到母亲床上去;他还让母亲大白天给他洗澡,从头到脚。在另一些时候,他害羞,提心吊胆地怕人看见。同时,他也有好奇心。尤其是过分地躲躲藏藏,不愿意别人打扰他。他偷偷地把门关上,安乃德又去打开。他无论干什么,安乃德都听得见。这简直叫人烦死了!但是他也可以一动不动地待着,于是母亲在一小段时间内把他忘了。这样的时间不长!……

幸运的是安乃德不是老在家,她不得不出门。玛克上他的学,离家不远。早上,安乃德送玛克上学。有时她有时间(这种情况很少),午后也送他上学。可是她不能到学校去接他回家,因为正是她去教课的时间。玛克不得不独自回家。安乃德不放心,她设法和一家邻居商量好,让那家的女仆去接孩子时,顺便把玛克带回来。但是,这对玛克不合适,他提前跑掉了。他又骄傲又害怕,独自一人走回来,独自一人关在房间里。玛克度过一段逍遥自在的时刻,直到他母亲回来。玛克不喜欢跟同学们在一起,安乃德责备他这种独立性。但对这一点她并不太生气(她自己不承认这种不良的感情),她不信任同学们,她不愿意让别人把她儿子带坏……她的儿子!她能完全肯定儿子是属于她的吗?当然,她努力抑制自私的爱。这已经不是想把小人儿吞没到她的激情中去那种盲目的、贪婪的需要,正像在孩子还很小的时候一样。她现在把孩子看成一个人物,深信自己掌握这个人物的钥匙,她比孩子自己更明白他的那些规律和他的幸福。她想按自己隐藏着的上帝的形象来雕塑这个人物。正和大多数母亲一样,她觉得自己一个人没有能力创造她想创造的东西,她幻想着让她用血肉造成的人去替她创造。(这是武当①的永恒的,永远不能实现的梦!)

可是,你要塑造他,就必须先抓住他,不让他滑脱!……她千方百计要将他包藏起来。太过分了。每天,他从她手中挣脱得更多一点。她有这种令人失望的印象:她对他的认识一天不如一天。她却熟悉一件东西:他的身体,他身体方面的健康,他的各种疾病,最微小的症候,对此,她有一种永不会错的直觉。她扶着他,让他站在她面前,给他洗澡,抚摸他,爱护他……这个小小的两性人②珍贵娇嫩的身体……简直可以说是透明的……可是,这身体里面有什么呢?她用眼睛,用手要把他吞下去,他完全由她摆布……

"上帝,我多么爱你呀,小怪物!你呢,你也爱我吗?"

他很礼貌地回答:"是的,妈妈。"

但是他心里想的到底是什么呢?

七岁的玛克长得一点也不像家里人。安乃德白费力气加以探索,力求发现一点和她相像之处,设法自己编造……不,玛克不像她,无论是额头的形状,还是眼睛、嘴唇,全不像,他没有具有李维埃家特点的嘴唇,尤其是安乃德的鼓胀的嘴唇,仿佛她的意志,内心的热火,使面

① 北欧(斯堪的纳维亚)神话中的神。

② 希腊神话中雌雄两性合体的人,此处指天真无邪的儿童。

粉发酵了。充其量,他的眼珠的闪光有点儿像,但是也消失在一个陌生的世界中……什么世界?他父亲的世界吗?勃里索家的人?也不像!至少,现在还不像。安乃德忌恨地说道:"永远不!"

话虽如此,如果她在儿子面容上找到某一点洛瑞的痕迹,难道真的使她不乐意吗?难道她不会感觉到一种暗暗的快感吗?现在,她回忆起使她失身的那个人时,感到一种没有坦白过的宿怨与吸引力的混合。吸引力主要不是来自真的洛瑞,而更多地来自她所梦想的异性,因为归根到底,她是献身给了这个美梦。如果她在儿子的形象中重新看见这个美梦,她很可能感到一种奇怪的胜利,这种情绪意味着从洛瑞身上夺取了她所爱的外形,然后用她自己的灵魂使之充实。对,她可以同意玛克有洛瑞的面容,但愿他的精神像她自己。

但是孩子既不像她,也不像洛瑞。洛瑞的容貌缺少李维埃家人独特的格调,却有秀气的线条,单纯、端正,那是一本容易了解的书。但是这个孩子的脸,这个面容的意义,怎么说呢?叫人捉摸不定……

玛克有漂亮、清秀的面目,但不很匀称。额角比较窄,下巴带一点女气,眼睛狭长,鼻子……(这个细长瘦削的鼻子像谁呢?)……这张薄薄的大嘴,两片有点斜的缺乏血色的嘴唇,又像谁呢?即使他待着不动的时候,地面也是活动的;他的神情迟疑不决,多变……没有疑问,他在寻求他的形式;他还在摇摆中;但是他将决定走什么方向呢?也许他的方向就是什么方向都不要?

玛克自从大病一场之后,第一眼看去像是一个神经质的容易激动的孩子(也许实际上就是如此);但是如果你仔细观察,他安静的姿态、漠不关心的神气、不喜欢交谈的表情,使你不知道对他应该有什么看法。他不令人讨厌,脾气不阴沉,不说"不"……

"是的,妈妈……"

但是后来人们发现,他一点也不理会别人说的话,他没有听……他没有听吗?很难知道!……于是他瞧着他母亲,为了想知道要发生什么事情了。于是母亲瞧着儿子……这个小小的斯芬克司!尤其由于他自己不知道是斯芬克司,所以他就更是斯芬克司。他不认识他自己,更甚于安乃德不认识他。这是他最不操心的事!到了七岁,人们不再设法认识自己,同时也还没有要真正认识自己。相反,他却要设法认识她,他的女主人,同时又是女仆。为此,他有充分的时间,既然她一连几天地把她自己和儿子关在家中。娘儿俩互相观察,但是她没有这份力量!

安乃德弄错了,玛克并不像她所设想的那样,不像她认识的人中任何一个。在他的精神方面,玛克和他外祖父有惊人的相似之处。可是安乃德虽自以为认识他父亲,却认识得非常不够。他对她吸引力太大,以致她从来看不见真正的拉乌尔·李维埃。她对父亲仅仅有些猜疑,尤其在她读了那些了不起的信札之后。她不愿意多考虑这个问题,她宁愿保留(即使重新加以粉饰)一度动摇过的,她对父亲的虔敬和温情的记忆。再说,她认识的仅仅是晚年的拉乌尔的姿态。但是,如果老李维埃能够回来视察(他擅长这一手)那个小杂种的话,他很可能说:"我重新开始了。"

他不能重新开始,任何事物绝不能重新开始。他回来了,在细节上……

血统关系捉弄人!祖孙两人,在安乃德的头顶上边拉起手来了。坦率的安乃德,从外祖父那边传给外孙的最令人注目的性格之一,就是一种出色的伪装的本领!并非为了说谎的需要。拉乌尔·李维埃对于当时的人怀有足够的、可是没有恶意的藐视,而且他自己觉得有足够的能力,如果他高兴,可以不怕暴露自己的真相。(他常常喜欢这样做,人们传说他讲过一些非常毒辣,令人难以忍受的话……)但这并不是为了说谎的需要!这是无意的逗乐、幽默和滑稽,一种演戏的才能,用精神上的伪装来玩弄人的一种调皮捣乱的趣味。孩子从外祖父那里有所继承,无疑是天真的继承。他的灵魂还没有固定的形态,而且很驳杂,它根本没有小丑的味道,这个灵魂在出生的时候,就滑到一个充满调皮诡计的皮囊中去,并且利用自然给它准备好的器官。同样,如果这个灵魂进入一个长毛的或长羽毛的身体中,它就会试用它的尖喙、利爪或翅膀。当它穿上老李维埃的破烂衣裳的一块碎片,它就本能地找到外祖父的狡计。

当着大人们的面,玛克时刻提防着,而且他善于在大人们身上看出有关他自己的事,他的注意力天生是指向这方面的。于是,当他察觉大人们心目中的玛克是什么样时,他立刻把自己装成那样。除非他异想天开,故意顶撞大人,因为他们使他烦躁,或者为了闹着玩。

他的消遣方法之一,在于拆卸这些活的玩具的机构,找出他们隐藏在内的弹簧,他们的弱点,摸索他们,玩耍他们,牵着他们的鼻子走。这不是很困难,因为他们相当粗鲁,他们不存戒心。玛克要弄的对象,首先是他母亲。

她引起他的好奇心。在她身上有个哑谜。在西尔薇的成衣作坊里,他听到别人讲话影射过他母亲,那时他坐在女工们的脚边,人们根本不注意他。他听懂的没有多少,可是这样就愈显得神秘,他按照自己的想法去解释,猜测,编造……在这一动不动,眼睛发亮,时刻注意动静的正在猎食的小动物身上,精神一刻不停地在活动着。

现在,他常常一连几天和母亲关在家里,由于他不结实的身体,冬季的风寒,同时由于母亲没有餍足的温爱。她是他的主要财富,他好奇地窥视她,嘴里哼着歌儿,手里要弄着这个那个,不停地忙着别的玩意儿,因为孩子的精神就像他的两条腿一样,活泼灵敏,蹦蹦跳跳。他哪怕转身背朝着你,可他在用长在后脑上的眼睛看你,他的猫耳朵像定风针一样随着声音转。他像探照灯一样四面转的注意力,同时追逐三四只野兔,也不会迷失踪迹。他闹着玩,他知道明天还会这样……野兔乖乖地让他擒获。安乃德热情洋溢、情绪激动,什么都露在外表,从来不吝啬,毫不计较地消耗她自己。

一会儿,她把玛克当作婴儿似的对他说话,这使玛克生气,觉得她太可笑。一会儿,她又把他看成一个能谈思想的同伴,岁数太大了……这就使他厌烦,他觉得她令人不能忍受。一会儿,她放任地自言自语,当他的面来一段独白,仿佛他听不懂似的。他断定她奇特可笑。他严厉地、讽刺地观察她。他不理解,但是不理解并不排斥判断。

他采取了一种虚假的姿态,对他说来这是很方便的,因为这种姿态适用于多种情况,那就是一个有教养的孩子傲慢的和心不在焉的礼貌。他装作注意听人对他说话,因为他非听不可,可是他对你的话丝毫不感兴趣,他要忙他的事,不过你跟他说话时,他总等你把话说完。在另一些时刻,他玩儿似的伪装温柔多情,为了讨母亲欢心。他知道母亲一定因此而幸福得要爆炸了。这个善良的妇女用她整个心来对待。当她落入他的圈套时,他对她产生一点温情的藐视。当她的行动出乎他意料之外,他怒气冲冲,却更看重她了。

他不能长时间演同一个角色。孩子总是太灵活,而且东蹦西跳的。一分钟以前,他刚刚做出讨喜的样子,刚刚以热情流露使她高兴,马上又透露出漠不关心的态度。安乃德不知道怎么办才好。

有时发生这种情况,她忍受不住失望和恼怒,尤其是在比较个别的时刻,她隐约地怀疑玛克在固执地演他的戏。于是她粗暴地(我们为此请现代教育家们原谅)、神经质地打他耳光……确实,她的行动违背一切良好的原则和孩子的自尊心!在一个盎格鲁-撒克逊妇女看来,可怜的安乃德丢脸丢到无可挽救的地步。然而对于我们这些老法国人来说,我们丢脸的事何止这一点……“Qui bene amat……[①]”这句格言在多少保留着一点拉丁色彩的资产阶级家庭里,依旧是盛开的鲜花。我们大家都曾经“深深地被爱”过。而在内心深处,我们的判断是,正如安乃德的儿子一样,在四分之三的时间里,我们挨打是罪有应得的。但是,如果和玛克一样,我们并没有减少对打我们耳光那位女士的热爱,耳光确实也使她丧失了一点威望。如实招供吧,也许正是为此,我们,玛克和我们,故意挑衅,让她打我们耳光!……

事后,玛克就可以相当出色地表演他屈服于暴力的受害者的角色

① 拉丁成语,Qui bene amat,bene castigat:爱得深,罚得重。

了,而安乃德则由于滥用了武力而感觉内疚。她自己觉得做错了事,她必须重新设法博取玛克的好感。玛克在等着她过来……

弱者的胜利!这是妇女们运用得最娴熟的一件武器。可是在这儿,两人之中最为"妇女"的一个是孩子。这个年轻的肉体,还浸润着母亲的乳汁,一半以上可以说是女性。而这个肉体具有女孩子的狡猾善诈。安乃德被解除武装了。在这小狡童身边,安乃德是男性。这愚蠢的男性,他为自己使用了蛮力而惭愧,他要设法求得对方饶恕。对垒双方力量不均匀,小孩子可以耍弄母亲。

* * *

现在,玛克并不是一个狡黠的戏剧演员在开玩笑。他跟外祖父一样,有几个天性。只有很少几个人能够看见隐藏在老李维埃喜欢讽刺的假面具下的天性。某些玩弄女性的人,隐藏在玩世不恭的态度,以及享乐的爱好下面的内心冲突。拉乌尔当时也有他阴暗的深渊,他不外露就是了。在高卢式的哈哈大笑之下,这种深渊往往比人们所设想的更多些,这只有他自己心中有数。安乃德也有她阴暗的深渊,她从来不曾将秘密透露给她父亲。过去她不知道父亲的深渊,正如现在她不知道儿子的深渊一样。每个人都待在内心生活的垣墙之内不出来。一种奇特的羞怯。人们展示自己的恶癖与贪欲(拉乌尔夸耀过这一切),并不像展示灵魂的悲剧那样脸红。

玛克也有他的一份。一个孩子孤独地生活着,既无兄弟,又无同伴,有的是时间到这种生命的地窖中去漫游。李维埃家人的地下室是很深很广的,母亲和儿子本来很可能在那里碰头,但是他们互相瞧不见。他们不止一次地摩肩擦背而过,还以为两人相距很远。两人的眼睛都蒙着布,安乃德的眼睛被经常控制着她的情欲的恶魔蒙住了,孩子的眼睛被他这种年龄自然而然的自私心蒙住了。两人都在阴影之中。不过玛克还只是在地窖的入口,他不像安乃德那样寻找出口,到处碰壁。他蜷缩着身子蹲在头几级阶梯的某一级上,他在幻想未来。他还不能给自己解释生活,他在虚构生活。

他不需要走很远就会发现可怕的墙。在墙前面,受了惊的自我竭力抗拒。死亡,这堵墙矗立在四周。疾病沿着墙转,像一条环形的路。想找一条横穿的过道,那是白费力。墙非常厚,而且没有一个缺口,谁都不必对玛克说,有一道墙在那儿。他立刻在阴暗中用鼻子嗅出来了,像马一样,鬃毛都竖起来了。他对谁也没有说,谁也没有对他说,大家心照不宣。

安乃德,正如今天的年轻妇女一样,是个不高明的教育者。当她还是闺女的时期,她听许多人说起教育,她自己也喜欢煞有介事地谈教育。比起早先那些盲目地养育孩子的母亲,安乃德更重视养育孩子的方法。可是,等到她自己有了孩子之后,面对生活中出现的一千零一条出人意料的情况,她却束手无策了。她拿不定主意,讲一些不兑现的理论,或者稍稍试行几次就抛在一边。到末了,她一切听任自流,索性听凭本能办事。

宗教问题曾经是使她操心的问题之一,可是她没有替孩子找到一个切实可行的解决办法。她年轻时代的那些朋友,都属于富裕的,而且是共和派的资产阶级。她们多半是被母亲用宗教教养大的;同时,父亲却不用宗教教养她们;而她们甚至感觉不到这两种观念之间的冲突。(两者在社交界是互相协调的,正和许多其他冲突一样,因为在那里没有一种情感有第三个方面。)她自己曾经进过教堂,正和她曾经进过中学一样,她在教堂里参加过一次领圣体的仪式,就像通过中学毕业会考一样,一丝不苟地,无动于衷地。她在富人教区参加这些仪式,在她看来仿佛都是社交活动。她在脱离社交界的同时,也脱离了这种仪式。现代社会(教会是它的支柱之一)十分成功地使人类的伟大力量改变了性质,使它变成无聊乏味,以致安乃德认为她是不赞成宗教的,其实她身上具有比一百个虔诚的女信徒加在一起更多的信仰的财富;因为她把宗教和做祷告时手摇小鼓相混淆,和那种从异域传来的古之仪式相混淆,而这些对有钱人无非是灵魂的奢侈品;对穷人无非是眼睛和心欺骗性的安慰,用以稳定他们的苦难生活以及社会的基础。

自从安乃德不再实践教堂的常规以来,她从未感觉有这个需要。她自己没有发觉,每当她有良心奋激的冲动、热情的自言自语时,她是在给她自己做弥撒。

她并不想把她自己撇在一边的事物拿去给她儿子。如果西尔薇不提(奇谈!),这个问题本来是不会提出来的。西尔薇并不比巴黎城中的一只小麻雀有更多的宗教意识,可是她结婚一定要教堂帮忙,否则她不相信自己已经结了婚。她觉得安乃德不让她儿子到教堂里去受洗礼,是不成体统的。安乃德没有想到这些,可是她照办了,为的是让西尔薇当玛克的教母①。事后,安乃德就不再想它了,事情到此为止,直到于里安出场。虽说于里安有参加宗教活动的信仰,却不使安乃德也有这种信仰,但是安乃德因此而尊重这种信仰,同时使她的注意力回到她过去一向疏忽的问题上去,那就是应当替玛克干些什么?送他到教堂里去吗?让他去学习她自己不相信的宗教吗?她问于里安的意见,他说这简直太不像话,他坚决肯定有必要用神圣的真理教育孩子。

“可是,如果那种真理在我看来并不是真理呢?玛克问我的时候,我是不是应当对他说谎呢?”

“不是说谎,但是让他相信,如果那样对他有好处。”

“不,我骗他,对他不会有什么好处。而且如果他发现我在骗他,我对他还有什么威信呢?他岂不是有权责备我了吗?他将再也不相信我。而且,谁知道这种效颦的信仰将来会不会妨碍他的真正发展呢?”

说到这里,于里安脸色阴沉下来,安乃德赶快转换话题。但是,怎

---

① 基督教会规定,当婴儿在教堂受洗礼时,请一个男子或一个妇女抱着孩子站在洗礼水盆旁边,这个人就是孩子的教父或教母。

么办呢？她不准备像一些信仰耶稣教的朋友劝告她那样，等玛克到了十六岁时，给他讲一次课，介绍各种宗教，然后让他自由选择！……安乃德哈哈大笑起来。何等古怪的宗教概念，好像选择考试科目一样！……

到末了，安乃德什么事也没有干。她带玛克去散步，走进教堂，坐在一个角落上，和他一同赞赏教堂里像树林一样向上伸长的高高的石柱，从玻璃窗上透进来的如同树林底下一样的幽光，欣赏穹隆式的屋顶气概轩昂，以及远处传来的单调的赞美歌声。这一切令人沉浸在幻梦与冥想中……

玛克不讨厌这样待着，让母亲拉着手，静听着，和母亲轻轻地耳语。这是很柔美，很温暖，而且相当舒服的官能享受……但条件是时间不能太长！这种感伤的半睡眠状况使他厌烦。他需要活动，需要多想那些明确的东西。他的小脑瓜在寻思、观察、注意一群在祈祷的人和不祈祷的他的母亲。嘴里不讲，心里有看法。他不大提问题，比大多数孩子问得少得多，因为他有强烈的自尊心，生怕说一些天真可笑的话。

然而他还是问了："妈妈，什么是上帝？"

她回答："亲爱的，我不知道。"

"那么，你知道的是什么呢？"

她微笑，紧紧搂着他说："我知道我爱你。"

对，可是这太平淡无奇了。他心里明白。可是为了这个，还值得跑到教堂里来！……他不是很温情的，他对灵魂迷迷糊糊的境界，毫不感兴趣，只有"妇人女子"才喜欢这样。安乃德，只要她的孩子在她身边，同时物质生活上没有太多的忧虑，在不断催促着她的那些工作任务之间，能够获得一小时放松，就觉得很幸福了。而且她不需要到很远的地方去寻求上帝，上帝就在她心中。然而玛克很可能发现在他的心里只有他自己，只有玛克，别的一切都是无聊的蠢事。必须说明白。上帝到底是什么？为什么在神坛前面，有那个穿着少女式的裙子,披着绣金甲壳的人[①];为什么有手执棍棒,露着腿肚的教堂卫士?每一个小教堂都有这些涂抹着彩色的人像,扮着满脸笑容的鬼脸,好像特别爱跟人亲嘴的妇女,为什么有这种他一点也不喜欢的东西?……

“妈妈,我们走吧!”

“这些都不好看吗?”

“好看,相当好看,我们回去吧!”

……什么是上帝,他没有坚持问他母亲。当大人们承认他们不知道一件东西,那就是他们对这件东西不感兴趣……他独自一人继续进行简单的调查。他听到祷告声:“我们在天上的父”(指明这个所在,正引起现代儿童中最清醒的头脑的怀疑,在他们心目中,“天”正在成为一个新的运动领域)。他翻阅了《圣经》,如同翻阅别的陈旧历史一样,只不过引起他无聊的好奇心。若干问题被提出来了,从这儿,从那儿,他抓住了若干答案,漫不经心地。“上帝,是一个看不见的人,他创造了世界。”人家那么说!……这太远了,而且含糊。玛克和他母亲一样,对上帝不感兴趣。无非多一个或少一个国王而已!

但是使他感兴趣的是他自己的生命,是威胁这个生命的东西以及死亡之后的情况。在西尔薇那里,有人当他的面谈了一些愚蠢的话,相当早地唤醒了他的注意。那些年轻的女工喜欢讲那些意外灾祸,以引起不寒而栗的感觉为乐:突然的死亡、疾病、埋葬死人,越讲越起劲!……死亡使她们激奋。孩子的动物本能,听到“死”字就毛骨悚然。在这个问题上,他本来很想问他母亲。但是安乃德非常健康,从来不谈死亡,而且在她当时的情况下,她决不操心死亡问题。她有的是事情要忙!养活她的小子。当你从早到晚必须想世间的事,这个世外的问题仿佛就成为奢侈品。这个问题须等你所爱的人去到彼岸之后,才成为主要问题。她的儿子在这儿。况且,万一她儿子死了,那么

① 正在做弥撒的教士。

生与死对于她也就没有什么价值了。她太富于激情,因此一个非物质世界,一个没有她所爱的身体的世界,不能使她满足。

玛克见他母亲很健壮、勇敢、忙碌,不去操心那种令人担心的事,他就不好意思露出自己的软弱来。因此他必须自己想办法。那可是不简单,但是你可以相信,这小孩子可有办法对付思想复杂的问题!他把问题归结到适合于他的尺寸。“死亡吗? 那是别人消失掉。让他们去消失吧,那是他们的事! 可是我,我会消失吗?”

有一次,西尔薇当他面说:“哎,怎么啦! 我们早晚都要死的! ……”

玛克问:“我呢?”

西尔薇笑道:“你呀,你还有的是时间呢!”

玛克问:“多长时间?”

“一直到你老了的时候。”

但是他明明知道人们也埋葬孩子。再说,即使到老年,他还总是他。总有一天,玛克也要死的……他非常害怕。难道没有一个逃脱死亡的办法吗? 办法应当是有的,在某个地方,好比墙上的一只钉子,一个可以钩住的地方,一只可以抓住的手……我不愿意消失……

需要一只可以抓住的手,这件事可以引导玛克像许多人一样,到上帝跟前去,那是一只伸向我们的手,人类的愁苦,使这只手出现在黑夜中。然而,既然他母亲一点也不像要寻求这个支持,这就足以使玛克的思想离开这一点。即使批评安乃德的时候,孩子还是受了她的影响。不管前途如何,她反正处之泰然。这一点并不使玛克放心,但是迫使他挺起腰来,像她一样。即使他是一个神经质的小童,荏弱、胆小,这也不妨,他反正不失为安乃德的儿子。既然她,一个女人,她不害怕,我也不应当害怕。

只不过,小男孩毕竟跟大人不一样,说不想就可以不想。思想时来时去,你不能阻止它,尤其是夜间,睡不着的时候。是呀,在那种时候,就得想这件事而且不害怕。“人死的时候是什么样子的?”……

当然,他没法知道。人家不让他看见任何死人的场面,除了在博物馆里见过几幅画像。他笔直地躺在自己的小床上,摸索自己躯体的外壳……怎么看得见?……一句不谨慎的话使他看见靠近他的地方,一扇窗子开向他急于想知道的深渊。

夏季的某一天,他在窗口玩,他抓住苍蝇,把它们的翅膀撕掉,看它们爪子乱动,觉得好玩。他没有想到它们在受苦,他是在跟它们逗乐。它们是活的玩具,毁坏这种玩具是不值一文的。他母亲出其不意地发现他在干这种事,以她自己不会控制的猛烈劲头,她抓住孩子的双肩,摇撼他,大喊大叫,说他是一个令人恶心的小卑鄙……

“如果别人折断你的胳膊,你怎么样呢?你难道不知道这些小动物跟你一样痛苦?”

他假装呵呵地笑,但是他很感动。他没有往深处去想。这些小动物跟他一样!……他并没有动慈悲的念头,他丝毫没有这种意愿。但是现在他换了一副眼睛来看它们,不安的,敌意的,专注的眼光……在街上,一匹马摔倒了……一条被压伤的狗在吠叫。他在窥视……求知的需要太强烈,以致他的怜悯之心不能觉醒……

到了复活节,孩子经过一个既不很冷,又没有太阳,灰暗、潮湿的冬天,面色憔悴,几次感冒虽不严重,但也很伤人,把孩子面颊上的一点血色都吸干了。安乃德在比埃弗河畔一家农民家里租了一间房,为期半个月。房中只有一张大床,母子同睡。孩子不大喜欢这个安排,可是人家不征求他的意见。幸亏在白天他独自一人。安乃德回巴黎去干她的活,她把孩子托付给房东。他们并不怎么管他,玛克马上就溜到田野上去了。他张望、窥探,他努力在动物或别的东西方面,抓住一些与他有关的秘密。因为他把自然界的一切,都和他自己联系起来。他在树林里漫步,他听到远处有孩子们叫嚷的声音。他不寻找男孩子们,不和他们结伴,因为他不够强壮,却想要驾驭他们。但是,无论如何,他还是被他们吸引过去。他走近去,看见五六个男孩,围着一只受伤的猫。这畜牲的脊梁骨折断了,孩子们好玩地去拨弄它,折磨它,用他们的棍子尖端去刺它。玛克不假思索地冲向人群,挥拳乱打。

那群孩子愣了一下,接着把玛克痛打一顿,向他叫骂。玛克退却了,但是他停留在几步之外,躲在树后,堵住耳朵不听。他下不了决心走开,他又过来了。这群顽童对他喊叫,讽刺他:"喂!腿棒子[①]!你害怕了?来瞧瞧它怎样断气!"

玛克走近去,他不愿意显出胆小鬼的样子。再说,他也想见识见识。那只猫,眼睛血肉模糊,眼珠一半被挖出来了,侧身躺在地上,下半身僵硬,已经死了;胸部在喘气,脑袋还想抬起来,绝望地低声哼着。它不能立刻死去。孩子们笑弯了腰。玛克瞧着,惊呆了。突然,他拾起一块石头,开始猛烈地敲击猫脑袋。一声嘶哑的叫声,使他的心都碎了。他不断敲打,打得更重,好像发了狂。猫已经死了,他还在打……

孩子们瞧着玛克,样子都很窘。其中有一个想说一句开玩笑的话。玛克使劲抓在石块上的手指沾满血,他盯着孩子们,脸色灰白,眉头紧蹙,眼露凶光,嘴唇颤抖。孩子们走了,他听见他们远远地在笑、在唱。玛克咬着牙,回家去了。在家里,他什么也没有讲。但是夜里,在床上,他叫喊。安乃德把他抱在怀中,孩子柔软的身体在颤抖……

"你梦见了什么可怕的东西了?我的小天使,没有什么……"

玛克在想:"我将它打死了。我知道什么是死亡。"

骇人的求知的骄傲,已经看见了,摧毁了而感到骄傲!同时还有一个不能理解的情绪:憎恶与被吸引的情绪……杀害者与被杀者之间奇怪的联系:沾满鲜血的手指和被砸烂的头……这血,人的血,还是猫的血?……那畜牲已经不知痛苦了,他还保留着最后的苦恼与不安……

幸亏在他的年龄,精神不能长时期地固定在同一个思想上。上面所说的思想是危险的,如果把它固定下来。别的一些形象陆续过去,它们的流动使脑子清新。但是这个意念存留在深处,它的存在隐隐约

---

① 原文(法语)为 quille,俚语,意为"腿"。此处大概讽刺玛克撒腿逃跑过一次。

约地由黯淡的闪光显露出来,好像从溪水的淤泥底层,时时冒起沉重的气泡。在生命软软的外壳之下,隐藏着一个硬硬的内核:死亡,杀死的力量……人杀我,我也杀人……我不愿意被杀……看谁最强!……我搏斗……

骄傲,阴暗的骄傲,像一副骨架似的支撑着他的软弱……从何处来的钢铁,如果不是从他母亲那里?尽管他轻视母亲,由于她感情常常泛滥,由于他玩弄母亲泛滥的感情。他并非不知道。即使当时他比较喜欢宠爱他的西尔薇,他也理解安乃德的优越。也许他在模仿她。但是他必须抵抗这个太爱他的人对他的侵犯,这个人物妨碍他,威胁他的生命。面对她,他经常武装戒备,同她保持距离。她也是敌人。

* * *

西尔薇从地平线上消失了。头几个月的怨愤平息之后,想到她姐姐正挣扎在困难之中,她开始有点后悔。她等待着安乃德前来向她求援,她不会拒绝对她的援助,但也不会将援助送上门去。可是安乃德宁愿四肢忙断,也不肯去向西尔薇求援。姐妹俩都是犟脾气。两人曾经在街上遇见,可是互相回避了。不过有一次,安乃德遇见小奥苔特让一个女工领着,她不能抑制温情冲动,把小女孩抱在怀中,热烈地吻了她一个够。西尔薇,在她那方面,也有一天看见玛克放学回家,在街上走过(他好像没有看见她)。西尔薇叫住了他,说:“怎么啦,你不认识我了?”谁想到这小家伙摆出一副僵硬的神气,说:“您好,姨母。”

他独自在小脑瓜里考虑了问题,他决定拥护母亲的立场,不管这立场是不是正确……“My country, right or wrong……”[1]西尔薇憋了一肚子气,问道:“那么,都好吗?”

玛克冷冷地回答:“一切都很好。”

---

① 英文:不论它有理没理,反正是我的祖国。据查,美国海军将领 Decatur Staphen 在一次祝酒时说过这样的话,那时美英正在交战中(1812—1814)。

她瞧他走远了,神气装得极严肃,由于说话时用了很大的力气,脸都红了。他身上清洁整齐,衣服也很合适……毛孩子!……“一切都很好……”她恨不得打他一记耳光!……

安乃德居然不需要西尔薇帮助而自己对付过来,这一事实增加了西尔薇的气愤。可是她不放过任何可以听人谈起安乃德的机会,她也不放弃支配安乃德的打算。如果她在事实上办不到,至少在思想上可以办到!她不是不知道她姐姐过着非常严峻的生活。她不理解,为什么安乃德判决她自己过这样的生活。她对安乃德有足够的认识,因而她知道像安乃德这样的妇女,不适于这种精神上的拘束和生活上的毫无乐趣。怎么能这样地强制人的天性呢?谁强迫安乃德过寡妇式的生活?没有丈夫,她不缺少乐于替她减轻痛苦的朋友。如果安乃德同意这样干,西尔薇也许不再那么尊重她,但她会觉得和安乃德更靠近了。

并非只有西尔薇一个人不理解安乃德,安乃德自己也不能理解得略微多一点,有什么理由她要过修道院式的生活?为什么每当一种自然的欢乐,甚至还不是可能,而仅仅是一个念头提到她面前时,一种惊慌的恐怖使她急忙退缩,虽然这种欢乐没有任何一条宗教的或社会的法规能够禁止。(她不相信教堂的道德,而且她难道不是她自己的主人?)

“我害怕什么呢?”

“怕我自己……”

她的本能并没有欺骗她。对于像她那样的天性,充满激情、欲念和盲目的肉感,不可能有天真的陶醉和没有后果的游戏:一次小小的接触,可以把她交给不能再由她控制的力量。在她过去和爱情的短促遭遇中,她已经认识到精神的震撼。今天,是完全另外一种危险!她将不能抗拒。如果放纵地寻欢作乐,她将完全被狂澜卷走。她所需要的信念将一点也剩不下……什么信念?对自己的信念。骄傲?不。对于她本身具有的那神圣的、不可解释的东西的信念,而这东西,她愿意一尘不染地留传给她儿子。一个像她那样的妇女,除了婚姻的严格纪律之外,只能在绝对的道德约束和自愿放纵于热情的本能这两者之间加以选择。或者全要,或者全不要……全不要!

然而几个月以来,即使她有自豪的热情冲动,这种焦急不安的情绪,一阵阵地使她骨鲠在喉:"我在浪费生命……"

玛赛尔·法朗克又出现了。偶然的机缘使他遇见了安乃德。他已经不想她了,可是并没有忘掉她。他积累了不少爱情的经验。在他灵活的心中,这些经验没有留下多少痕迹,只是在那双调皮的眼睛周围,增加了几条隐约可见的皱纹,好像用指甲轻轻地抓了几下。但是他表现出一定程度的疲乏,以及对他在女性方面轻而易举的胜利,对于作为征服者的自己,有一种温情的蔑视。他一见安乃德,立刻重温了往日的感觉:气色鲜艳,神态凝重。这种感觉奇特地吸引着玛赛尔这个百无聊赖的怀疑派。他仔细端详她:她也一样,见了不少世面!她的眼睛深处,有沉没了的闪光,有船只在波上留下的痕迹,也有遇难的沉舟。但是她比以前更安详、更自信了。于是玛赛尔重又遗憾地想起这个健美的女伴,已经两次从他手中滑脱。还不算太晚!他们两人从未比目前更接近于互相了解。

他不用问她,已经不动声色地知道她的生活来源和日常工作。过不多久,他给她介绍了一项报酬相当优厚的工作:替一个收藏家的艺术品编目,整理卡片。玛赛尔是负责这项工作的。这是一个为了每星期和她聚会几小时再自然不过的借口。两人都能干活,又能聊天。过去的亲密关系很快就恢复了。

玛赛尔从来不打听安乃德的生活情况,却自顾谈他的事。这是了解对方思想情况的最好办法。他的爱情生活的有趣经验提供各种各样的话题,而且他以此为乐。他喜欢把安乃德当作乐于倾听他谈心的人,她也轻轻地责备他几句。他自己是第一个讽刺他自己的人,正如他讽刺一切一样。她一边笑,一边听他自由的自白,她对一切与自己无关的事是毫无成见的。他以前了解的她并不是这样的;他高兴看到她有这种快乐的智慧,对生活宽大为怀。在她身上已经一点也找不出道貌岸然的学究气,找不到被德行所拘束的少女的不宽容态度。两人交换他们讥笑性的谈话时,玛赛尔想,要是能使这个机敏的女友和自己结合,跟她一同去经历人生的冒险,那将是何等美妙!……用什么方式结合?她愿意怎样就怎样!情妇,妻子,随她便!他没有成见。对于安乃德非正规的母亲身份,他毫不介意;她在那以后可能有过外遇,他同样不在乎。他不会用苛刻的监视来折磨她,对于她的秘密生活,他没有好奇心。各人有各人的秘密和各自的自由!他要求她的只是两人在共同生活中有说有笑,通情达理,要她成为一个在利害关系上和乐趣上的好合伙人。(所谓乐趣,是指一切:智慧、爱情以及其他。)

他心里老这样嘀咕,终于对她直说了。有一天下午,在图书室里,他俩干完了工作,阳光穿过一个古老花园的树林,在棕黄色的精装书册上映着金光。安乃德吃了一惊!……怎么?他旧事重提了,这件事还没有结束吗?……她说:"啊!我的朋友,你是多么可爱可亲!但是,别再想这件事了。"

"怎么不呢?应该想啊,"他说,"为什么不应该呢?"

"对,真是的,为什么不呢?"安乃德心里想,"我很高兴看见他,和他谈话……但是,不,这是不可能的!这甚至是没有讨论余地的……"

法朗克坐在桌子的那一边,和她面对面,阳光映照着他金黄色的头发和胡须。他两只手臂伸在桌上,握住安乃德的手,说道:"你想五分钟!……就这样!……我什么都不说……我俩认识已经多少年了?十二年?……十五年?……我不需要解释。我要说的一切,你全知道。"

她不设法挣脱他的手。她微笑着,瞧着他。她用她清澈的眼睛盯着他,可是他盯不住她的眼睛,因为那双眼睛已经离开他而注视到远处去了。她在注视她自己。她想:"连讨论的余地都没有吗?……一切都可以讨论!为什么这事就不可以呢?他不是不讨我喜欢……他是个漂亮的小伙子,吸引人,相当善良,智慧,和悦……生活将是多么轻松?……可是我,我不能过他的生活,跟他在一起……他讨人喜欢,而且他喜欢一切。可是他什么都不尊重:既不尊重男子,也不尊重妇女,不尊重爱情,不尊重安乃德……(这是她自己在说话,她从外面看自己。)没有疑问,他不会舍不得表示委婉的关心,和社交家式的敬意。这些,他现在就在大量地供给我……而且也许他对我特别优待……可是,啊,这位善良的怀疑主义者,有什么事他是认真对待的呢?他对人的本性完全缺乏信心,而且以此为乐。他用并无恶意的、带同情的好奇,估量人性的弱点。我相信,到他不得不尊重人性的一天,他会感到失望……善良的小伙子!对,跟他在一起,生活必定非常轻松……这样的轻松,以致我将丧失任何生存的理由……"

接着,她没有什么话了,即使在心里想的话也没有了。但是思想仍在继续,而她的决心也固定下来了。

法朗克把她的手放开了。他感觉到他这盘棋又输了。他站起来,向窗口走去,背靠窗框站着,充满哲学家的意味,他点上一支烟。他站在安乃德背后。他看见她一动不动,两条手臂一直伸在桌上,好像他还在她面前。她金黄色的美丽后颈,她丰满的肩头……没有他的份了!为什么她这样保留自己?为了谁?又有了什么新的"勃里索事件"了吗?不,他知道安乃德的心不属于任何人……那么?……她反正不能是冰冻的心肠!她需要有人爱她,也需要爱人……

她首先需要相信……相信人们所做的、人们所要的、人们所寻求的或者所梦想的;相信人们就是这样,不顾令人恶心和令人失望的一切;相信自己,相信生活!……法朗克破坏尊重之心。安乃德宁肯忍受自己不被别人尊重,也不能忍受自己对于生活丧失了尊重之心,因为这是精力的源泉。如果没有行动的力量,安乃德就等于零。被动的幸福,在她看来就是死亡。人与人之间主要的区别就在于他们有一些是积极的,另一些是消极的。而在安乃德看来,所有的消极之中最致命的是精神消极,像法朗克的精神一样,泰然自若地建立在怀疑思想的舒适条件之上。这种怀疑思想已经不知道什么叫作怀疑,只是使自己懒洋洋地过着无动于衷的“空虚”日子……这是自杀!不,她不干……那么她将如何设想自己的前途呢?也许没有任何幸福与圆满的事,也许虚度此生。然而,虚度与否,反正是向着一个目标跃进……不可知的目标?幻想的目标?也许。没有关系!跃进并不是幻想的。即使我在半路上倒下了,也要倒在我的道路上!

她发觉自己长时间沉默,发觉法朗克已经不在眼前。她转身一看,看见法朗克在那儿。她微笑了,站起来说:“请原谅,我的朋友。就像我们现在这样继续下去吧!我们做朋友,多好!”

“换个样子,不更好吗?”

她摇摇头:“不!”

“得!”他说,“这下子,我在第三次考试中又落第了!”

她笑了,一边向他走来,一边调皮地说:“你愿意要你上次考试中我拒绝不给的东西吗?”

于是她双臂搂抱法朗克的头颈,和他亲了吻……一个温情的吻。然而,没有什么可以引起误会,这是一个朋友的亲吻……

法朗克没有误会。他说:“好吧,有希望再过二十来年,那时我会在下一场考试中被录取。”

“不,”安乃德笑着说,“有年龄的限制!你结婚吧,我的朋友!你只要选择就行,所有的妇女都在等你挑选呢。”

“但是你不等我。”

“我呀,我一辈子不结婚。”

“你瞧着吧,瞧着吧,为了使你受惩罚,你过了五十岁才结婚呢。”

“‘兄弟,人必须死!’①……从现在到那时!”

“从现在到那时,你过着尼姑的生活……”

---

① 基督教特拉伯苦修会(Trappe)教派的修道士,平时严禁说话,两个修道士相见时,互相说一句:“兄弟,我们必须死去!”代替一般的“日安”“您好”等等。

“你不知道其中的美妙滋味。”

*　　*　　*

安乃德在自吹自擂。其实并不是一切都美妙。她的修道院生活常常窘得她转动不灵。她是这一类女修道士,你给她一个修道院叫她去管理,给她一个上帝叫她去热爱,她都不嫌多。可现在,修道院缩小为六层楼上的住所,上帝缩小为她的儿子。这是微不足道的,同时又是广袤无边的。这一点不能满足她的要求,可是她有办法使之完美:用幻梦转换现实。这种货币她非常富裕。如果说她的日常生活显得十分清苦菲薄,她在想象的生活中却大捞一把。在那里,无声无臭,又无阻碍,永恒的“魅惑”在继续奔流。

但是,怎样跟在她后头,进入灵魂各个隐秘的角落?内心的美梦决不是用言语织成的。然而为了让他人了解自己,为了自己了解自己,却非用言语不可……这是一种浓厚的黏性的糨糊,它粘在手指尖上就干燥了……安乃德为了给自己解释清楚,也感觉到有时需要用低声的叙述将她的幻梦固定下来。但是这些叙述并非忠实的翻译——勉强可以算作转化——它们代替梦,但是不像梦。由于不能在精神腾跃时将它抓住,脑子只好给自己编造故事,使它不至于闲着没事干,同时使它对内心悲剧的巨大奇景不能正确认识……

一片广阔无垠的流体的平原,一个洪水泛滥的山谷,满坑满谷的水,滔滔滚滚地向前流,许多没有边岸的河流,火的河流,水的河流,云的河流,所有的元素都混合在一起;千万条川流汇成一股,如同发辫一样,但是一种唯一的力量使它们深色而带闪光的长发卷,卷成螺旋形。这就是不可计数的精神和它的幻梦的羊群;一个沉默无言的牧人将这一群幻想之羊赶到烟雾腾腾的“希望”的草原上放牧,这就是“欲望”,世界之王。

不可违抗的地心引力,将羊群驱向贪馋的斜坡上。这斜坡的危险性有时看不出来,有时却非常陡,会将羊群吸入深渊。

安乃德感觉到被魅惑的小河在奔腾,她用纺锤将那些环节形的水流编成一股,将它们卷在一起,又一一散开,她尽情地干着,和狡诈的力量搏斗着,这种力量将她卷走……但是,当理性的精神突然觉醒,要控制这种游戏,它找到的仅仅是安乃德。她从梦中惊醒,正在找另一个她可以再进去的梦。于是她明智地编造一个梦,用日常生活中经过考察的因素,用她的回忆、过去的人物,用已经经历过的或者将来可能经历的传奇故事……于是,安乃德假装相信一场大梦在继续。但她知道梦已消逝,她并不着急。正如《福音书》中的"配偶",在人们已经不再期待他的时候,他会回来的。

多少女性的灵魂,她们隐藏的天才跟安乃德的天才一样,表现在内心的河流中!能够洞察幽微的人,常常可以在那里找到阴暗的激情、出神的沉思、深渊的幻影。而在日常平静的来来去去之中,这是一个规规矩矩的资产阶级妇女,冷静的、通情达理的、镇定稳重的。甚至由于反作用,像安乃德一样,有时做得过分,面对她的学生或她的儿子(可是他不会让她摆布),摆出一副冷冷的、道学气的理智面孔……

她骗不了孩子!他瞧得很远。他会听弦外之音,而且他也知道什么是幻梦。每天,他有他自己的时间。在那时,他像一个国王,独自统治着寓所。安乃德总是那么不谨慎,她不假思索地留给孩子许多书籍。那是她自己以及玛克的外祖父所收藏的图书的劫后残余,那里边什么样的书都有。若干年来,她再也没有空闲到里边去涉猎,孩子却把这个任务承担了下来。每天,他放学回家,如果母亲不在家,他就去书林中打猎,他不求甚解地读那些书。他很早就学会了快速阅读,十分迅速,他在书页的斜坡上奔跑,追逐猎物。他的学校作业因而受到影响,他被列为劣等生。他心不在焉,功课记不住,作业潦草。如果这个小小的偷猎者把他在私自打猎时看见的东西背诵几段,老师必将大吃一惊。他在里面也把"古典作家"用网捕获,但那完全是别有风味!

他在陌生的情况下自由采摘的一切,他觉得都有美丽的“禁果”[1]的香甜。在这种读物中,还没有任何事物玷污他,甚至粗暴地使他开窍。在危险的转折点上,他的眼睛发出喜悦之光,一闪而过,并没有闻到陷阱中肉体的诱惑。然而他很幸福,无忧无虑,脸上接受热乎乎的生活气息。在这座书籍的森林中,他的鼻孔嗅到的是冒险行动,永恒的斗争,是爱情……

对于一个十岁的儿童来说,爱情,什么是爱情?这是人们所没有的幸福——人们将要有、将要取得的全部幸福……它的面目将是怎样的?……用他听说过、阅读过的支离破碎的印象,他设法重新勾勒这个面目。他什么也看不见,什么都看见;什么都要,什么都有,什么都爱。(见爱于人!对于他来说,这是爱的真谛……“我爱我自己。人必须爱我……可是谁呢?……”)他的回忆帮不了他的忙。记忆还都太新,他还不能很好地了解它们。在他的岁数,还没有(或很少!)过去,当前,这是千变万化的题目……

当前?孩子抬起头来,他瞧见了母亲。在圆桌边,煤油灯温暖的亮光下,母子二人坐在那里。晚餐后,玛克在学习(就算他是在学习)明天的功课,安乃德在缝补她的一条连衣裙。两人谁也没有想自己在干什么。他们好像靠机器在干活,机器是殷勤的仆人。幻梦在流逝,安乃德跟着川流前进。孩子在观察做着梦的母亲。……这是一个有趣的场面,比他的嘴唇背诵的课文有趣得多!……

这几年在他身边发生的种种事情,玛克好像什么也没有看见。他母亲在忙什么,他好像什么也不能解释,但是什么也逃不过他的眼睛。于里安的爱情,她对于里安的爱情,朦朦胧胧地,他全知道。一个他自己没有明确意识到的妒忌心,看见两人最后不欢而散,感到高兴。好比一个小小的吃人生番,围绕着捆绑着牺牲品的柱子在跳舞。他的母亲仍然是他的,他的财产!他真那么在乎吗?他这样重视她,只是因

① 典出《圣经》:夏娃由于蛇(恶魔化身)的诱劝,偷吃“智慧树”上的果实,触怒上帝,与亚当一同被逐出乐园。

为有一天另外一个男的要从他手中把她抢走。他细细瞧她:这双眼睛,这张嘴,这两只手。他留恋她容颜上的每一特点,就像孩子们把一个细节当作整个世界而迷失其中……(这并不总是错误的!……)眼皮底下有一点阴影,嘴唇略向上翘,这些都是神秘而广阔的风景,它们魅惑孩子的精神。这只蜜蜂!……他的眼光飞来飞去,沿着半开半合的嘴……朱红色的大门……眼光消失在门内,又从里边出来。由于一个劲儿地探索,他忘记他在看什么:一个女人……一种温柔的麻木之感……他从其中清醒过来,想起明天的功课,(呸!)想起一个被蔑视的同学,想起他在班上名次很低却一直没告诉母亲……而且,房间里阴暗的灯光,以闹哄哄的巴黎市声为背景的屋子里的寂静吸引着他——这是一种海上孤岛或一叶扁舟的感觉。他期待到达岸边,期待将被他发现的东西,将要装在运载他的财富与希望的船上的东西,期待他从生活的残骸中夺得的一切。他要把母亲也放在他的船上,她美丽的金发,她弯弯的蛾眉……这个小海盗!他现在突然爱起他母亲来了!他用一个情夫的热情爱她,可是这个情夫似乎保留着他神圣的天真无知!……夜里,他睡不着,他静听母亲的呼吸……整个这神秘的生活,扰乱他的心神,使他沉浸在内……

就这样,母子二人都在做梦。不过母亲是在汪洋大海之中,而且习惯于长途远旅。孩子呢,他刚刚动身,对于他,一切都是新的发现。既然一切都是新鲜的,所以他看得更加仔细,而且常常看到更远的地方。有时候,他令人惊奇的严肃。但这种时刻不长。他像动物一样,突然,尖锐的目光动摇了:什么人也看不见了!……可是,当他把富于青春活力的热爱与关心固定在他的母亲兼伴侣身上,并和她一起关在火热的沉默中的时候,他的整个生命沾染了这个灵魂的气息。他虽然不懂,但猜测到这个灵魂最细微的颤动。于是,有时灵机一动,他接触到内心的秘密。

不久以后,他把打开这些秘密的钥匙丢失了,他对此不再感兴趣,再瞧不见什么。他身上有两个人:内心的光明和外表的阴暗。孩子身体发育时,阴影同时扩大,它遮住了光明。他逐渐长高,逐渐背向太阳;他已经不完全是孩子,样子却显得更孩子气了;他长高了,他的目光反而更短浅了。目前,玛克正在享受他魔术般的洞察力,他自己却没有想到。他从来没有这样接近安乃德,以后很长一段岁月中,他也将不能这样靠近她。

接近这阶段的终点时,孩子接受母亲的吸引力,比他对她的猜忌要强有力得多。他不再抑制投入母亲怀中的冲动,把他的面孔、眼睛、嘴,紧贴在她的胸脯上。安乃德乐不可支地发现她的孩子这么爱她。她早已不敢这样希望。

几个月的时间过去了,甜蜜得像一对互相热爱的年轻夫妇。母子相结合的蜜月,肉体之爱可喜的纯洁性。所有的爱都有肉体的成分,但母子之爱是洁净无罪的肉体之爱。活生生的玫瑰花……

* * *

唯一的时刻,它正在过去——它已经过去了。这些无比亲密的年月,严格的纪律和生活艰苦的年月,它们都已经过去了。这些丰富的岁月……安乃德年富力强,身心健全,尚未受到任何损伤。孩子,正是他的小天地中百花怒放的时节……

然而这种灵魂的和谐,空气稍一颤动就可以使它动摇,门关好了没有呢?……

* * *

一个星期日上午,安乃德自己在家,玛克和一个同学到卢森堡公园去玩球了。安乃德什么也不干,在这休假的日子,她能够坐在沙发上不说话,不行动,便是享福。她的思想迂回曲折地向前流动,她顺流漂浮,有一点腰酸背弯。有人敲门,她犹豫着,不去开门。有人来干扰这样安静的时刻吗?……她坐着不动。门又敲了几下,而且还坚持按门铃。她只好遗憾地站起来。她打开门……西尔薇!已经几个月了,两人没有见过面!……在安乃德这方面,第一个动作表现了欢乐。于是,面对她友好的表情,西尔薇以同样的感情答复她。接着,两人都回忆起双方的怨愤和紧张的关系。两人都很窘,她们互相客气地寒暄几句,谈谈各人的健康。她们说"你",不说"您",无论是问,或是答,语言的形式是随便的,但是两人在心里还是矜持的。安乃德想:"她干什么来啦?"西尔薇当然知道她来干什么,但她似乎不急于说明来意。她一边说东道西,一边越显出心里有话没有出口,可是她在设法拖延。但是到最后,想说的话还是憋不住了。的确,到末了,她突然说:"安乃德,过去的事就算过去了吧!反正,双方都有错。"

骄傲的安乃德不承认她有错。她自以为——过分地以为自己有理,而且没忘记西尔薇对她的不公正,她说:"在我这边,没有什么错。"

西尔薇不喜欢半途而废,不喜欢别人不上前来迎接她。她用不耐烦的口气说道:"人要是有错,至少应当有承认错误的勇气。"

安乃德固执地说:"我承认你有错。"

西尔薇生气了,她把积累在胸中老旧的怨气全部发泄出来。安乃德傲慢地对答着。她俩差一点又要说出那些最难堪的事实。西尔薇是没有耐性的,她做了个站起来要走的姿势,可是又坐下了,一边说:"木头脑袋!怎样也没有办法让她自认理亏!"

"事实不是这样,承认什么?"对方毫不让步地说。

"至少为了礼貌,为了不让我独自一个有错!"

两人都笑了。

"鬼东西!"西尔薇说。

"我不接受……"安乃德说,"是你……"

"得,别再从头来一遍!……听我说,我是坦率的。有理没理,要是光为我一个人,我本不会到这儿来的。我也一样,我也没有忘记……"

刚说不要再来一遍,她可是重新半玩笑半严肃地,胡扯和怨气混合着,妒忌地提起安乃德想引诱来沃保尔。安乃德耸耸肩头。

“总之,”西尔薇下结论,“你完全可以相信,如果只有我一个人,我才不来找你呢!”

安乃德用好奇的目光询问对方。西尔薇说:“是奥苔特叫我来的。”

“奥苔特?”

“对。她问,为什么我们总也看不见安乃德阿姨?”

“怎么!她还记得我?”安乃德惊讶地说,“谁让她想起我来?”

“我不知道。她在我那儿瞧见你的照片了。还有,必须相信,你给了她深刻的印象,当她遇见你的时候,我不清楚是在哪儿,在街上,或是在家里!……阴谋家!瞧你装作一本正经、小心谨慎的样子,你倒会收买人心!”(她只是半开玩笑。)

安乃德回想起柔软的小身体,在偶然遇到的时候顺手将她抱起来,举到她怀中,想起那湿润的小嘴贴在她面颊上。

西尔薇接着说:“后来,我对她说我们吵架了。她问我为什么,我回答她说:‘闭嘴!’今天早晨,我到她小床上去亲她的时候,她对我说:‘妈妈,我要我们不跟安乃德阿姨吵架。’我说:‘别跟我烦!’但是她很难过。于是,我亲了她,我问她:‘你这么舍不得这个姨母呀?你要她有什么用呀?瞧你出的这个主意!……好吧,如果你一定要,我们就不吵架了吧!’她拍手说:‘她什么时候来?’‘她高兴什么时候来,就什么时候来。’‘不,我要你立刻去叫她来。’……所以我就来了。小东西!……她简直牵着我的鼻子走……这一下你该来了吧?我们等你去吃晚餐。”

安乃德不抬眼皮,没说是,也没说不。西尔薇生气了,她说:“我希望你不至于狠心到叫别人恳求你!”

“不。”安乃德说,抬起她亮晶晶的眼睛,噙着一滴眼泪。

于是姐妹俩热情地抱吻。由于爱与怒的纠缠,西尔薇咬了安乃德的耳朵。安乃德喊着说:“你呀,你呀,你现在咬起人来了?如果我咬人,那也罢了,反正别人管我叫神经病!可是你呀!你是疯狗咬人吗?”

“对,我就是这样,”西尔薇说,“你怎么叫我不恨你呢?你把我的什么都偷走,我的丈夫,我的女儿……”

安乃德哈哈大笑!

“喂,你的丈夫,你自己留着吧!我才不要他呢。”

“我也不在乎,”西尔薇说,“但他是我的,我不许别人碰他。”

“你给他挂上一块牌子:禁止染指!”

“我要给你挂这块牌子……丑丫头!你有什么能吸引他们的?他们都爱上你了。”

“没有的事。”

“可不吗?都爱上你了,奥荅特,来沃保尔,这个蠢货……还有别人……所有的人。而且我也一样!……我讨厌你,我想把你甩开,可是办不到。没有法子!你抓住人不放!……”

两人手拉着手,笑着,互相注视,这回是友好的注视。

“我的小老太婆!”

“你没想到,你说得多么恰当!”

这倒是真的,两人都见老,两人都注意到这一点。西尔薇偷偷地露出一颗假牙,她去镶了这颗假牙,没有让任何人看见。安乃德在两边鬓角上,各有一小绺白头发,但是她并不将白发掩盖起来。西尔薇管安乃德叫“拿腔作势”。

这一下姐妹俩又恢复了亲热关系,跟以前一样!……你说,要不是那个小女孩,两人这辈子甭再见面了!……

晚上,安乃德带着玛克来吃晚餐,奥荅特躲起来了,谁也找不到她。安乃德到处寻找,最后在一块大窗帘后边发现了她。安乃德蹲下去抱那小女孩,一边说些宠爱的词儿。小女孩扭着头,不愿意瞧安乃德;接着,热情爆炸了:她扑向安乃德的脖子。在餐桌上,她很幸福地坐在安乃德身边,可是一直没有说话,这一天发生的事情使她激动得出不来气了。直到正餐结束的时候,餐后小吃使奥苔特感兴趣。人们为重新恢复的友谊干杯。来沃保尔开玩笑地提议为玛克与奥苔特未来的婚姻干杯。玛克不高兴了,他雄心壮志的目标比这可高得多,奥苔特却当真了。餐后,两个孩子设法在一块儿玩,但是他们合不来。玛克态度傲慢,奥苔特大受委屈。正在谈天的父母们听到打耳光的声音和哭声,大家忙去把交战双方拉开,两人都赌气不理人了。奥苔特被这一天的激动情绪搞得神经质了,必须让她去睡觉,她板着脸不干。安乃德建议把奥苔特抱在怀里,孩子这才让安乃德抱走。安乃德替孩子脱衣服,把她放在床上,亲了亲她那肥胖的小腿。奥苔特激动得出了神。安乃德一直陪她到睡着——这倒不用多久。——她重新看见玛克的时候,玛克正坐在西尔薇的膝上。安乃德对她妹妹说:“你愿意咱们交换吗?”

西尔薇说:“算数!”

但是,在内心深处,两人谁也不肯交换孩子。话说回来,玛克可能更适合于西尔薇,奥苔特更适合于安乃德,但这不是“我的”!

孩子们却更能适应这种交换。他们听见大人的玩笑话,就当真要求交换。为了讨他们喜欢,人们就同意照办。两个母亲之间的“实物交换”在每星期六晚上进行。奥苔特在安乃德家、玛克在西尔薇家度过星期六晚上和星期日一天。星期天晚上,物归原主。在这期间,人们把两个孩子宠得不像话。于是,结果自然就是各自回家之后嘟嘟囔囔地不满意。孩子们身上最温柔的部分都保留给他们星期天的妈妈。

奥苔特让安乃德特别高兴的是她的温存,她那些小小的私房话,和她长篇的饶舌,安乃德求之不得的就是这些。玛克的气质像母亲一样,是富于激情的,可是他更善于抑制自己,他不喜欢讲自己的情况,尤其不愿意对最亲近的人讲,因为他们会滥用他提供的材料——对不相识的人讲,危险性要小一些,他们理解得不正确……奥苔特像西尔薇一样温柔,感情洋溢,可是她非常多情,她高声地说安乃德希望听的话。小刁丫头察觉了这种情况，就给安乃德加大剂量。她引起安乃德童年时代的回忆，至少安乃德是这样想象的。她喜爱奥苔特，部分是由于这种启发。安乃德一边听奥苔特说话，一边梦想自己的童年；她无意识地加以歪曲，因为她用今天思想的炽热火光，照射过去的回忆……

珍贵的星期日早上！小女孩睡在大床上（能够钻在姨母怀里过夜，这对奥苔特简直像过节，而姨母可是被小家伙蹬了几脚，连动都不敢动，不敢大声呼吸，怕吵醒她……）奥苔特注视着正在穿衣的安乃德，她像小麻雀般叽叽喳喳地说着话。奥苔特独自一个成了大床的主人，为了肯定她的独占权，她打横躺在床上。姨母一背过身去，小家伙就做各种疯狂动作。可是对着镜子梳头的安乃德，从镜子里看见而且笑那两条光赤的小腿翘得老高，蓬乱的黑发散乱在枕上。可是这并不妨碍奥苔特注意安乃德的每一个动作，并且对安乃德的梳妆发表滑稽可笑的意见。奥苔特在她的一大串废话中间，有时说出很严肃的、出人意料的、很辽远的想法，使安乃德竖起耳朵来注意听："你说什么来着？再说一遍。"

奥苔特不记得她刚才说了什么……于是她编造别的话，可是不如刚才说的有意思。或者，她突然被柔情的冲动所控制，叫道："安乃德阿姨！安乃德阿姨！……"

"哎，怎么回事呀？"

"我爱你……啊！上帝，我是多么爱你！"

安乃德笑那个小家伙喊得那么起劲。

"不可能吧！"

"啊，我爱你，爱得快发疯了！"

（她说这个虽然是真诚的，但同时也出于演剧的天性。）

"得！我宁愿要不发疯的。"

"安乃德阿姨！我要亲亲你。"

"等一会儿。"

“立刻,我要,快来！快来!”

“行。”

安乃德从容不迫地梳完头。

奥苔特在床上转过身去,生气了,把床单四处乱扔。她说:“啊!这个女人没良心。”

安乃德听了哈哈大笑起来,把拢子扔下,跑到床边,说:“小把戏,你这是从哪儿听来的?”

奥苔特狂热地亲安乃德。

“行啦,行啦……你弄得我出不来气了……得！这一下我头发全散了！……今天我衣服就甭想穿利落……小妖精,我不要你了!”

小家伙的声音变得非常焦急,差点儿要哭出来:“安乃德阿姨！爱我吧！……我要你爱我……我求求你,爱我!”

安乃德把她抱在怀中。

“啊!”奥苔特用激动的声音说,“我为你流血都愿意!”(这是她在裁缝车间里听人念连载小说时,听来的一句话。)

玛克,每当他面对这种感情泛滥的场面时,噘着嘴表示不屑一顾,两手插在裤兜里,耸着肩走开,显出一种高傲的神态。他蔑视这种饶舌,这种无话不讲的妇女们的感情用事。他对一个小同学这样说:“这些妇女真无聊……”

归根结底,他看见他母亲对奥苔特这样慷慨地表示她的温爱,有点儿生气。如果拿他做温爱的对象,他拒不接受;如果另一个人来钻空子,他可不乐意。

没有疑问,他也有他的姨母,在这方面他可以进行报复。事实上,他也就是那样干的,为了惩罚他母亲的忘恩负义。他跟西尔薇在一起时,比在安乃德面前显得可爱十倍。不过必须承认,虽然西尔薇宠爱他,他却很失望。西尔薇拿他当小娃娃对待,这一点他最吃不消。他不喜欢她每星期日带他上糕点铺子,以为这样可以讨他欢心。当然啰,他对糕点并不是无动于衷;但他不喜欢别人侮辱他,认为他对于糕点那样重视。再说,他十分明显地感觉到,姨母拿他当作一个无关紧要的人物,她在他面前一点也不拘束。玛克的好奇心可能由此得到满足,但是他的自尊心恰好相反。因为玛克能够辨别两者之间的细微区别。是的,玛克很可能愿意西尔薇把他作为最亲近的人对待,但是要像对待一个真正的男人一样,而不是对待一个毛孩子。最后……(不过这一点他是不大愿意承认的),由于他挨近西尔薇,仔细地看见她,他反而丧失了一些幻想。那个不介意的年轻妇人,一点也不提防在一个十岁的大孩子纯洁而又混乱的脑子里正在觉醒的东西,他所设想的女人的荒诞形象,以及最初的一些发现给他留下的创痕。西尔薇面对玛克,并不比面对身边的动物更检点她的言行……(说到最后,有什么可以证明,日常相处的动物没有因为人当着它们袒露自己而恼怒!)……他本能地抵御那个破损的偶像带给他的失望情绪,因此在他身上发展着某些早熟的想法,非常天真的玩世不恭的想法。关于这方面,最好不必多谈。他努力装作一个厌倦于生活的人(在他看来是这样,因为那时他心目中还没有别人),但是,他用一个贪婪与天真的孩子全部的盲目官能力量,不安地嗅着女性谜一般的魅力以及动物本性。对于女性,他感觉到一股令人反感的吸引力。

吸引力,排斥力,每一个真正的男子都有体会。上述两种情绪在玛克身上,此时此刻占主要地位的是排斥力。可是这个排斥力本身含有辛辣的佳味,这使玛克发现,所有别的情绪,所有和他岁数不相上下的人,全都平淡乏味。他瞧不起奥苔特,断定这个小姑娘配不上他的尊严身份。

不错,她是个很小的小女孩,可同时,又出奇地富于女性特点。尽管有那些出名的教育家的理论,把童年时代划分为若干隔开的小间,每一间代表一种智能,实际上,一切都已经存在于童年。从最早的幼年开始,将来怎样,现在都已经有苗头。这是当前与未来的双重生命(且不说无限广阔、不能渗透的、指挥着当前与未来两者的过去)。不过,要窥探这双重生命,必须随时注意观察。在黎明的微明中,它只是以极弱的光线出现。

在奥苔特身上,这种微光比在中等的儿童身上更为频繁,早熟的果子。从生理方面讲,奥苔特是非常健康的,她负荷一个超过她的尺寸的小小激情世界……从什么地方来的,这个世界?从安乃德和西尔薇的精神世界中来的吗?安乃德认出她自己就是这样,当她年龄和奥苔特一般大的时候。可是她搞错了,因为她当时远远没有奥苔特现在这样早熟。当她按照奥苔特的模样,把早已忘得一干二净的童年时期的激情重新组织起来,她是把她十四五岁时的情绪填早了日期。

奥苔特是一只大鸟笼,里面充满狂热的振翅飞翔的声音,眼睛瞧不见的小小爱神①飞过去,他们的飞翔使光线与阴影轻轻移动。她时而高兴,时而烦躁。有时,她无缘无故想抽泣;接着,她哈哈大笑;再接下去,她疲乏困倦,对一切漠不关心;再往后,不知为什么,由于一句话,一个姿态,解释得合乎她的心意,她又快乐起来,简直快乐得不得了!……她好像是一只饱餐了葡萄的画眉鸟,醉醺醺的,幸福到不堪消受的地步。她说话,不停地说话,不停地说话……接着,一眨眼!……她失踪了,不知道她怎么回事。人们发现她躲在贮存室的角落里,在品味她莫名其妙的幸福,她自己可能也很难理解是怎么回事。她的灵魂中的一群鸟儿飞来飞去,振翅疾飞,络绎不绝。

很难说孩子们激动的感情真诚到什么程度。由于这类感情是从远处来的,比孩子们自己远得多,他们是这种感情最早的惊诧的见证人,而且为了实验它们,他们就成了演员。这种无意识的双重身份,是他们为了保全自己而采取的本能的办法,借以忍受重担,否则他们脆弱的肩头可能被压垮。

奥苔特对这个人、那个人,有时甚至不对任何人,怀着使她振奋的激情,她自发地给这种激情以舞台上的表现,并不总是高声说话,常常是低声的独白,这样她就觉得轻松些,因为在模拟这种情绪时,可以减

① 希腊神话中的“爱神”,是一个赤身裸体的胖娃娃,背上长一对翅膀,手拿弓箭,箭射中了谁,谁就落入情网了。

轻它们对她的冲击。这类冲动经常是诉述给安乃德或玛克听的。——或者把两者混为一体——她常常说安乃德,其实是指玛克,因为玛克不把她放在眼里,不理她,她讨厌玛克。她感受到屈辱和妒忌的尖锐痛苦和报复的愿望……怎么办呢?给玛克什么样的伤害呢?最大的伤害!从什么地方打击他呢?……唉,她只有孩子的爪子!无可奈何!……既然她无能为力(在目前),她就装作漠不关心……但是,无能为力是苦恼的,装不关心也是很痛苦的。对于她那样一个又爱笑又爱哭的人,这样的抑制是违反天性的,奥苔特因此垂头丧气,陷入深深的消沉中,直到她孩子式的欢乐情绪不可抗拒地突然觉醒,活动的需要,重新将她投入游戏之中。

安乃德在冷眼旁观,她猜到(多少添油加醋)这种微型的绝望情绪,于是她用怜悯之心回想自己类似的情怀。她也一样,曾经浪费过多少爱和欲望,以及自寻苦恼的狂热,而这一切都是为了谁?为什么?有什么用?这和自然的有限目标是多么不成比例!她是力量的挥霍者!爱的力量被她浪费了!有些人拥有过多的这种力量,有些人则不足。安乃德把奥苔特和她自己都列入有过多爱的力量的女性之中,而把玛克列入没有足够的爱的力量的人之中。最幸福的是他,可怜的小家伙!……

他并不这么可怜!他的内心生活之丰富并不下于奥苔特,思想斗争也同样激烈(不过他不说),他的情绪也同样猛(不过它们的猛劲指向另一方面)。是的,他对妇女们所关心的事是漠然置之的,但是有另一些激情使他的精神七上八下。在思想方面,他更富裕,在觉醒较晚的官能方面,他远远不是深陷在其中的。这个小男子汉,当他感觉欲望的潮水涌上来时,他像一个真正的男子汉一样,将这种浪潮的力量转移到行动与权威方面去。他所梦想的是实现伟大的征服,所以征服一个女人的心在他看来真是微不足道的——而且在这童年时期,这方面他连想都没有去想!比他早几辈的小伙子们,梦想当大兵,当野蛮人,海盗,当拿破仑,航海冒险。玛克梦想的是飞机、汽车和无线电。在他周围,世界的思想在跳头晕目眩的圆圈舞;一种爱好行动的狂热使地球震颤;一切在奔腾、飞翔、风驰电掣、乘风破浪、回旋激荡。疯狂的发明,创造的魔术,在改造着物质成分。能力已经不可以限制,因而人的欲望也没有限制!空间与时间……(“过去吧,小豆蔻!”[①])变成纷飞的碎片,消失在高速度中。空间与时间已经无足轻重,至于人,更无足轻重。值得重视的只是:意志,无限的意志!玛克勉强知道一点关于现代科学的粗浅知识。他阅读他母亲订阅的一种科学杂志,可是看不懂;他虽然不懂,但是从科学奇迹一产生,他就沉浸于其中。安乃德没有注意这些,因为她是通过学校上课学到科学知识的,她没有把科学当作活的东西来呼吸。她看见的是粉笔画的图形和黑板上的数字,一些理性思考。玛克想象神奇的力量。正因为他没有被理性所拘束,所以他好像风吹得鼓鼓的阿耳戈斯[②]船帆一样,被一种含糊和灼热的抒情调子所卷走。玛克在设想异乎寻常的伟大事业:挖一条穿通地球的隧道;不用马达飞上天空;把火星和地球连接起来;按一下电钮把德国炸掉,或者炸掉另外一个国家(他并不偏爱哪一国!)在瓦尔特、安培、镭锭、燃烧器等等神秘的名词被他煞有介事地运用之下,他虚构着《天方夜谭》式的故事。他的思想怎么会从那样的高度,见鬼似的去俯就一个愚蠢的小女孩?

然而身体与思想是一对并不迈着同样的步伐前进的双生子。在两者成长过程中,总有一个(并不永远是同一个)在半道上停滞不前,而另一个则大步前进。玛克的身体还是童子的身体,他的精神却在高空乱飞。有一条线拴在他脚上,把他拉下来,在下界游玩也很舒服。于是降格以求,只好同意和别人游戏,有时甚至不惜屈尊俯就,和那个愚蠢的小女孩一同玩耍。这是一些快乐的间歇。

这种幕间休息是短促的。两个孩子之间不一致的地方太多,不仅

① 变戏法,要魔术时口头语,过门术语。

② 希腊神话中的英雄伊阿宋等,曾经乘阿耳戈斯号船去寻找“金羊毛”。

是年龄的差别,也不是因为她是个女孩,而是他们的气质太不相同。奥苔特长得不秀丽,像她父亲的成分比较多。眼睛像安乃德,圆圆的小脸蛋,胖胖的,鼻子扁扁的。她是个结实的孩子,身体健康。她的感情狂热并不扰乱身体的均衡,可是这种热情仿佛是她丰富的生命力的自然消耗。她没有感染过任何儿童小病。玛克正相反,他一岁时的那场病在他身上留下了痕迹,虽然后来他的良好体格占上风,使他常常吃败仗的体质与疾病的斗争却损害了他一部分童年时代。他一直是稍稍着凉就生病,经常闹小小的气管炎和发烧。他的自尊心因而感到痛苦,因为他所有本能都来自骄傲和力量。

将近一九一一年年底的时候,也就是姐妹俩重修旧好之后又过了一年,玛克又害了一场冬季的病,外加流行感冒,使人一时之间颇为担心。奥苔特来到他床头。本来是不许她来找玛克的,因为怕传染,可是她想方设法悄悄溜进玛克的房间,那天晚上,两个母亲正在旁边一间房里有事。奥苔特很同情病人;玛克有点发烧,他向她倾吐了心里话,这是他从来没有干过的事。他不放心地问:“她们两个说什么了,奥苔特?”

(他猜疑别人对他隐瞒他病情的严重性。)

“我不知道。她们什么都没有说。”

“医生说了些什么?”

“他说你的病没有什么。”

玛克放心了一点,可是他半信半疑:“真的吗?不,这不是真的。大家都瞒着我……我可知道我得的是什么病……”

“你是什么病?”

他不吭声。

“玛克,你是什么病?”

他把自己禁闭在傲慢与敌意的沉默中。奥苔特焦急了,她的不安也引起玛克不安。奥苔特的热情夸张采用民间杂剧的表演形式,她合掌说:“啊,玛克,我求求你,可别病得这么严重!我不愿意你死掉呀!”

他可是丝毫没有想死的意思,他喜欢别人怜惜他,但是并不要求怜惜到这种程度!听见奥苔特说到死,这正是他所害怕的,他吓得身上冰凉了。他不愿意露出害怕来。不管怎样,他还是露出来了:"你瞧,你本来就瞒着我!……你知道,我病得很厉害?"

"不,不,我不要,我不知道,我不要你病得很厉害……啊,玛克,你不要死呀!你要是死,我要跟你一块儿死!"

她哭着扑上去搂住玛克的脖子。玛克激动得不得了,他也哭了。他不知道为谁哭,为奥苔特,还是为他自己。

两位母亲听到声音,赶快跑来,责备了他们,把他们分开。两个孩子在一刹那间,感觉到互相心连着心……

可是第二天早上,玛克已经思考了一番,他不再提心吊胆了,甚至(为了消除他的恐惧,大家讥笑他胆小)因为自己显出窝囊样子而生气。他怪奥苔特不好,由于她愚蠢的担心,害他暴露了自己的弱点。另外……(他听见她在笑,看见她走过,浑身充满健壮的精力)……他讨厌她的健壮。她太健康了,他羡慕她。他觉得受了屈辱。

玛克病愈之后,长时期心中怨愤,因为自己在表妹面前暴露了真相。他尤其生气的是他那次真正害了怕,而奥苔特看见了玛克害怕的神气。她等到情绪平静之后,保留了一个关于玛克的可笑的记忆。她看见他放下了高高在上的架子,胆小害怕,小娃娃的模样,她反而因此更爱他了。可是玛克毫不原谅她。

* * *

玛克的病完全好了。奥苔特气色鲜艳地成长着。在一个夏天,她满面光彩地参加了第一次领圣体的宗教仪式(就在这个时期,教会和《若贡德》[1]一样,寻找天真的纯洁性,用它猜忌多心的大鼻子,嗅着时

① 文艺复兴时期的意大利画家达·芬奇的名画《蒙娜丽莎》,原型为若贡德,后人便常将该画称作《若贡德》。

代的气味,断定七岁以后就不天真纯洁了)。奥苔特以为她已经成为女人,竭力摆出女人的样子来,改变她被绳子牵着的小山羊的暴躁劲头,可是这个长角的小动物,一个蹦跳就从你手中溜跑了……西尔薇很愉快,她的生意很兴旺。至于安乃德,她在妹妹家里找到温情所需要的食粮,这种温情需要由于年龄和生活的磨炼而变得明智一点了,她仿佛也达到了平静的境界。一切都令人放心。

十月底天气温暖的一个下午……在三四点钟之间……这是光明灿烂的一天,没有遮拦的光线,和没有树叶的林子一样,好像是赤裸裸的。窗子都打开着,为的是让秋天的阳光,和蜂蜜一样甜而且带金黄色的光线,照射到房间里来。这是奥苔特刚刚过了八岁生日的第二天,安乃德在西尔薇家里。在窗子开向庭院的房间里,她们俩在一起察看和扪摸衣料,不断地说着话,神色严肃地在忙她们审看衣料的工作。奥苔特在楼道的另一侧,在楼道尽头朝街的一个房间里。刚才,这好奇的孩子,从半开着的门缝里探进头瞧,想知道里边在干什么。大人们用责备的口气,叫她赶快写完她那点作业,然后大家一道吃茶点。玛克在学校里,大家等他半小时之后放学回家。

时间流逝,像平静的河水,没有一丝裂痕,没有一道皱纹,从容不迫,好像永生永世都应该如此。人们感觉舒畅,但是谁也想不起享受这一时刻,因为这是很自然的!院子里,爬墙的常春藤上,快活的麻雀叽叽喳喳。秋天的最后几只苍蝇嗡嗡叫着,表示它们在最后几天暖阳下晒一晒发僵的翅膀,感到非常满意。

她们什么也没有听见……一点也没有。可是,两人都在同一瞬间停止说话,仿佛悬挂着她们的幸福的那根脆弱的线忽然断了……

门铃响了。

“玛克,已经回来了?不,不会那么早。”

门铃又响了,同时,又一次拍门的声音……“就有这么着急的人!……来啦!”

西尔薇去开门,安乃德跟在后面,两人相距几步。

站在门口的是楼下的门房。她喘着气,喊着,摇动着手臂。一起头,她们不明白怎么回事……

“太太不知道……出了祸事啦……小姐……”

“谁?”

“奥苔特小姐……这个可怜的小宝贝……”

“怎么?怎么?”

“她摔下去啦……”

“摔下去啦!”

“她在下面。”

西尔薇大叫一声。她一把推开门房太太,连跑带滚地下楼去。安乃德想跟她下楼,可是她的两条腿软得像棉花一样,她不得不等到她的心脏略微平静一点再走下去。她还没有走到楼下,俯身在楼梯栏杆上的时候,她听见从街上传来西尔薇犷悍的号叫声……

发生了什么事?很可能奥苔特不高兴写作业,东玩玩,西摸摸,东张张,西望望,最后跑到窗口去看玛克回来没有,她把身体俯到窗外去……可怜的小女孩,连弄明白那是怎么回事的时间都没有……

当安乃德摇摇晃晃地终于走到街上,她看见围着一大群瞧热闹的人,西尔薇像疯子一样,怀里抱着一个松散的小身体,脑袋和腿悬挂在两边,好像一只被屠宰了的羔羊。孩子的黑头发掩盖了她摔裂了的脑壳。人们只见她的鼻孔里有一点血,两只还睁开着的眼睛好像在提出疑问……死亡给了她答复。

安乃德本来可能扑倒在地上,喊叫她胸中憎恶与惊恐的感情,可是西尔薇野蛮的狂怒,已经表达了全天下的悲痛。西尔薇跪倒在地上,几乎扑在孩子身上,她把孩子抱起来,摇撼她,一边发出狂怒的叫喊声。她叫唤孩子的名字,再叫唤,她咒骂……骂谁?骂什么?骂天,骂地……她喷着绝望与仇恨的唾沫……

安乃德第一次看见西尔薇身上的狂暴激情,她不自觉地在天性深处具有这种激情,直到那时为止,生活使她避免了使用这种激情。安乃德由于自己和西尔薇的血缘关系,也能体会这种激情。

西尔薇极度的痛苦,不允许安乃德尽情发泄她自己的悲痛。作为西尔薇悲痛的反作用,安乃德必须使自己坚强、镇静。她确实是这样。她扶着西尔薇的双肩,那哭喊着的女人挣脱安乃德的手。可是安乃德俯身贴近西尔薇,把她扶起来。于是,西尔薇感受了这种不可抗拒的温情,不作声了。她抬起头来,看见周围站满一圈人,投射了凶狠的一眼,抱起孩子,一言不发,走回家去。

西尔薇刚刚跨进门槛,安乃德跟着回家,这时,她望见街头拐角处,玛克来了。尽管她为了可怜的小女孩而衷肠寸断,她的心仍然蹦跳起来:“多么幸运呵,幸亏不是他!”

她向玛克跑去,为了不让他瞧见。玛克听了头几个字,脸刷一下白了,紧紧地咬着牙关。她带着玛克远离现场,并且告诉他说奥苔特受了重伤。可是他本着儿童猜疑的直觉,知道奥苔特已经死了。他紧握着痉挛的拳头,努力推开死亡这个可怕的思想。虽然他心里慌乱,他仍然在留神自己,留神自己的姿态和街上的行人。他们注意到他母亲不戴帽子[①],和他一起在街上走。大家都在瞧她,这使他觉得很窘。这种不顺心的情况,倒有助于他的精神宁静下来。安乃德看见玛克比刚才坚强了,就在半路上叫他自己先回家去。她匆匆忙忙回到在深沉的悲哀中的西尔薇身边,后者瘫软无力地坐在房间的角落里,挨近小小的死者床边。跟她说话她听不见,也不懂,好像一只受伤的动物一般,粗声粗气呼吸着。西尔薇的女工们忙着料理死者。安乃德擦洗了小小的遗体,给她穿上洁白的内衣,把她平放在床上,好像在辽远的夜晚(其实是昨天),永恒的辽远的夜晚,那时她来听孩子向她低诉衷曲。这一切干完之后,她走到西尔薇身边,握住她的手。一只潮湿冰冷的

① 当时法国的习惯,稍有身份的妇女,出门必须戴帽。

手任人握着。安乃德紧紧地捏住那些好像已经没有生命的手指。她没有勇气在西尔薇耳边轻轻说一句安慰的话,这句话多半不可能穿透她的绝望之墙。只有两人身体的友爱接触,能慢慢地把她的怜悯渗入对方心里。安乃德抱住西尔薇,把额头靠在她的面颊上,她的泪水淌在她妹妹的脖子上,仿佛为了融化包住对方心脏的冰层。西尔薇不作声,不动弹,可是她的手指开始微弱地答复友爱的手的紧握。这时西尔薇的丈夫回家了,安乃德离开了她。

她回到玛克身边,将真情告诉他。其实他早已知道了。他仿佛并不激动,他害怕自己动感情,所以强作镇定。他本来不应当勉强说话,他一开口,声音就颤抖起来,他跑到自己房中躲着哭泣。安乃德由于母性的敏感,体会到童心第一次接触死亡时的惶惑不安,她避免跟玛克谈起这可怕的话题,而是抱着他坐在她的膝上,就像他还是小娃娃时那样。玛克顾不得抱怨被人当小娃娃看待,他偎依在母亲温暖的怀抱中,直到两人都平静下来,恐惧心得到了宽慰,觉得他们有两个人在一起进行自卫,她才让他上床睡觉,要求他做一个勇敢的小伙子,如果她要出门,要他独自在家度过夜里的一段时间,要他别害怕。他明白,而且答应不害怕。

在黑夜里,她重又走向那个悲惨的家,她想给小小的死者守夜。西尔薇已经脱离阴沉、麻木的境界,她没有回到一开始时狂怒的绝望中去,然而情景照样令人难受。她的头脑混乱了。安乃德看见西尔薇嘴唇边挂着微笑。听见安乃德进来,西尔薇就抬起头来,看看安乃德,朝她走过来,说:“她在睡觉。”

她抓住安乃德的手,把她拉到床前,说:“瞧,她多么秀气呀!”

西尔薇容光焕发,可是安乃德看见在西尔薇前额掠过一丝不安的阴影。而且过了一阵之后,西尔薇不安地反复问“她睡得很香,对吗?”的时候,安乃德看到对方狂热的眼光,在盼望安乃德回答:“对,她在睡。”

安乃德就这样回答了。

她俩到旁边的房间里去坐,来沃保尔和一个女工在那儿。为了分散西尔薇的注意,他们勉强谈天。但是西尔薇受了伤的思想滑来滑去,不停地从一个话题跳到另一个话题。她拿起一件针线活来,一会儿扔掉,一会儿又拿起,过一会儿再扔掉,为了侧耳倾听隔壁房中的人睡觉。她反复说:“她睡得多香呀! ……”一边说,一边环顾在座的人,为了说服他们……说服她自己。有一次,西尔薇回到小床边,俯身接近孩子,对孩子说了些亲热的话。安乃德看见这个情况,心都碎了。她想让西尔薇别说了,来沃保尔低声恳求安乃德,叫她别点破西尔薇的幻觉。

可是幻觉不攻自破。西尔薇回到她原来的位置上,重新拿起活计,她不再说话了。别人在她周围说话,可是她充耳不闻。说话的人都沉默了,阴暗沉寂飘荡在空中……突然,西尔薇大叫起来,没有语句,长叫一声,她扑倒在桌子上,脑袋撞击桌面。大家急忙把桌上的针和剪刀拿开。当语言回到她口中时,那是对上帝的咒骂。她是不信上帝的,但是总得有一个可以报复的对象! 她眼露斜视的凶光,用下流的辱骂打着那人的耳光……

她精疲力竭了。大家把她抬到床上去,她不动了。安乃德留在她身边,直到她沉沉入睡。

安乃德极度疲乏地回家去。街上已经露出破晓的微光……玛克没有睡着。她冻得哆哆嗦嗦地准备上床睡觉。但是正要上床的时候,(十二小时以来她所忍受的痛苦和克制的感情,实在太沉重了!)她穿着睡衣、光着脚跑到她儿子房间里去,充满激情地亲儿子的嘴、眼睛、耳朵、头颈、手臂、手。她说道:“我的孩子,亲爱的孩子……你可别离开我呀? ……”

玛克十分激动,又窘、又害怕。他和母亲一起哭泣,哭别人,更哭自己。对,也哭别人。现在,他体会到了他所丧失的东西。他哭奥苔特对他的感情,他从前不愿意接受这份感情。他回想起他害病那天晚上,奥苔特在他身边。他充满了深深的温情和悲戚。他想:“说来说去,活着的还是我呵!……”

*　　　*　　　*

一想到又要开始这样的一天,安乃德不寒而栗,她的力量再也应对不了。可是,接着发生的情况,没有昨天那种可怖的猛烈。人类的痛苦达到顶峰之后,必须回降,要么痛苦而死,要么习以为常。

西尔薇已经恢复正常。她面色惨白,在鼻孔和唇角上,留下了一条辛酸的皱痕;后来虽然渐渐淡了,但余痕却将永远留在脸上。可她很平静、活跃,和她的女工们一起,赶忙剪裁、缝制丧服。她发号施令,监督别人干活,自己也干。她的手是很有把握、很准确的,正如她的目光一样。她让安乃德试一试给她的连衣裙。安乃德怕提起关于安葬的事,可是西尔薇冷冷地谈安葬,她不让任何人操心细节,她自己什么都做了安排。一直到仪式结束,她保持着紧张的安详。只不过,她用冷冷的固执的愤怒,拒绝任何宗教仪式。她决不原谅!……在那以前,她是含含糊糊地不信宗教,无忧无虑的,但不是敌意的;而且,当她看到她女儿穿上领圣体的洁白服装那一天,表面上虽然只是笑笑而已,没有说什么,心里却很激动……正因如此!她上当了……那个卑鄙的家伙!……她永远不会原谅。

安乃德估计西尔薇忍受这样违反人性的抑制之后,回到家里要爆发一场狂病作为代价。可是,安乃德是不被允许留在她妹妹身边的,西尔薇无情地禁止她留在那里。安乃德的在场使西尔薇不能忍受……安乃德有她的儿子!……

第二天,西尔薇忐忑不安的丈夫来告诉安乃德,说西尔薇昨晚没有睡觉。她不哭泣,也不呻吟,而是默默无言地在折磨自己。她冷酷无情地重新抓起成衣店里的活计:这是一种机械性的义务,比生活本身更加不容违抗。人们只在某些事故上可以察觉西尔薇的失常,一些以前她从没有发生过的错误:一套连衣裙裁错了,她发现之后就一言不发地把它毁掉;有时她拿剪刀伤了自己的手指。人们要她晚上必须睡觉,但是她坐在床上发呆,不睡觉。别人跟她讲话,她也不回答。

每天早上,到裁缝车间上班以前,她先到公墓去走一趟。

这种情况持续了半个月。接着,她失踪了。下午过去一半的时候,她走了。女顾客们上门,等她半天。到晚餐的时候,她还没有回来。十点,十一点过了。丈夫怕她寻短见。到后半夜一点钟,她回来了。而这一夜,她睡觉了。人们无法知道她是怎么回事。可是第二天下午,她又不见了。再过一天,她还这样。现在,她跟人聊天了,好像神经缓和了,可是她不说她每天上什么地方去。女工们议论纷纷。忠厚的丈夫怜悯地耸耸肩,他对安乃德说:“如果她对我不忠贞,我不愿意责怪她,她太痛苦了……甚至,如果这样能够解除她精神上纠缠不清的痛苦,那也好,就让她这样吧!……”

安乃德终于在路上抓住了西尔薇。她委婉地告诉她,她这样跑出来,使大家多么不放心,多么猜疑和难受。西尔薇一开始不愿意站住,好像根本不把别人的想法放在心上,但是她被她丈夫的好心所感动,忽然觉得有倾吐衷曲的需要。她把安乃德带到她房间里,关上房门,紧挨安乃德坐下,两眼发亮,用小声神秘地透露,每天晚上她去参加秘密社友的集会,大家围坐在桌旁,她和她女儿谈话。安乃德听了之后毛发都竖起来了,但她不敢露出自己憎恶的情绪,听西尔薇用充满温情的声调,叙述她女儿的答话。不需要敦促她说下去,她大声重复说稚气的言语,她把全部心血灌注在上面,这样做使她感觉快乐。安乃德不能破灭她妹妹借以生活的幻觉。来沃保尔差一点要鼓励西尔薇去干,按照他粗俗的正常情理,这种迷信和一切别的宗教价值也都差不多。安乃德去请教了医生,医生说让她的痛苦自己消耗干净。

现在西尔薇可得意扬扬了。安乃德寻思,是不是她宁愿要神圣的失望,也不要这种玷污死者的、渺小可笑的快乐。在缝工车间里,西尔薇不再隐瞒她和阴间的关系。她的女工们要求她叙述她参加过的场面,她们在其中尝到通俗小说中使人听了打寒噤的好玩的刺激。当安乃德到场时,总听见女工们把她们自己的兴奋想法,和西尔薇最后一次跟奥苔特的对话混杂起来。有一个女徒工用一块她正在折叠的料子捂着脸,讥笑她们。以前那么擅长嘲讽的西尔薇,居然一点也没有发现别人的讥刺,还喋喋不休地专心讲她那一套荒诞的鬼话。

不仅如此,一天晚上,她没有通知安乃德,竟把玛克也带去了。她对玛克重新产生了非常兴奋的热爱。一见玛克,她就眉开眼笑。安乃德回家没有找到玛克,就猜到是怎么回事。但是,当玛克很晚回家,神情不舒畅,而且很烦躁的时候,她故意不让孩子叙述他所见的事。孩子在睡梦中叫喊,安乃德起来,用她温柔的手抚摸孩子的脑袋,使他平静下来。

第二天早上,她和西尔薇有一次严厉的谈话。事关她的儿子,她不能有什么顾忌了。这一次,她不再讳言她对那种危险的疯狂行动的恶心和憎恶,她激烈地警告她妹妹,不许她再把玛克牵连在内。在别的时候,西尔薇可能要用同样的口气来对答,这一回她却低下头,含着模棱两可的微笑,躲开安乃德愤怒的目光。她的本能觉得对于她发现的一切并没有多大把握,因此不敢拿出来顶撞她姐姐的激烈批评,她毫不申辩,也不做任何许诺,好像一只受了申斥的母猫,她怀着阴险的柔情,仍然任性地去干她那一套。

她却不再冒险把玛克带去。但是她把玛克当作知心人,把她在那边听到的话全告诉他。要阻止他们交谈是很困难的。关于他们交谈的内容,玛克和姨母一样,守口如瓶。西尔薇告诉玛克,奥苔特提起玛克。这是她和那个少年人之间联系的关键,这是奥苔特给她留下的遗产,她在两个孩子之间传递信息。玛克并不真信这一套。他受之于外祖父的批判精神,使他能够抗拒这些荒唐的东西,然而他的想象力却被激发了。他听着,很感兴趣,也很反感。他一面投身于这种不健康的游戏,一面对西尔薇做出严厉的判断,甚至把对西尔薇的谴责推广到全体妇女。然而这种坟墓的气氛,对于一个像他那样年龄的小男孩是不健康的。生与死可怕可憎的滑稽剧,早熟地纠缠着孩子的精神,他觉得周围全是腐烂的臭肉气味，有时憋得人出不来气。由于他的思想还不够强有力，不足以保卫他，他少年前期狂热的生命力，为了反抗，求助于最混乱的本能，它们如同野兽一样，在夜间游荡。可怕的野兽群！几乎可以这样说，由于胚胎的发展，心理机能在演化过程中经历一系列兽类的形式，它必须通过最粗暴的阶段，才能够依赖人类的意志和智慧，上升到最高超的境界。幸运的是，对这种野蛮根源的记忆是短促的：幽灵的过路。最好就是让它们很迅速地过去，我们站在一边让路，不干能够唤醒他们阴暗心理的任何事。然而这是危险的时刻，最温柔的照顾也不足以保卫孩子。因为这个小麦克白[①]是独自一人看见幽灵的；而在别人（最亲近的人）看来，邦戈[②]的位置是空的。他们可以分辨出孩子清新的音调和纯洁的面容，他们看不见在清澈的眼底奔驰着可怕的黑影。他自己，好奇的旁观者，他也只能勉强看得出这些黑影。他如何能够认识它们呢？这些占有的本能，强暴的、甚至犯罪的本能，如果它们来自他不在那里出生的世界！在那些日子里，轻轻地接触过他的种种邪恶思想，没有一个他不是用舌尖品味过的。宠爱玛克的两个妇女，谁也没有怀疑这个小小的恶魔，有时，她们还把他留在裙边……

渐渐地，西尔薇却也平静了下来。关于她参加秘密场面的叙述也丧失了神秘性。她用匆促的语调，毫不激动地讲，她并不坚持非讲不可。不久以后，她只是勉强谈谈。突然间，她停止谈话，再问她也不回答了……是不是她遇到了失望的事，而她不愿意承认？也许她厌倦了？她对谁也不讲。但是，在她继续和玛克保持着的长时间的晤谈中，旁门左道所占的地位愈来愈小，最后完全消失了。她好像已经恢复了平衡。在和她接近的人们看来，她经受了这次考验，只反映在年纪的变化上。经受了悲痛之后，她的表情不是更纤巧了，而是相反，她更加粗壮了，面容线条粗重了一些，肢体形态更丰满了；还是旧时的风

① 莎士比亚悲剧《麦克白》中的主人公。

② 莎士比亚悲剧《麦克白》中的幽灵。

韵,却更加容光焕发。强烈的再度生活的要求,是她所经受的濒临死亡的痛苦的报复。新的苦难和新的欢乐,树叶每天纷纷飘落,大路上的灰尘,渐渐覆盖了心中创伤的裂口。

* * *

骗人的外表……

在李维埃家里,生活恢复了,但是灾祸却在人们心灵上留下一道裂口。

一个孩子消逝了,在一般的生活秩序中,这是一件微不足道的事。我们周围都是死亡,死亡的出现不应当出乎意料;只是你瞪眼一看,你就看见死亡在工作着,于是你就习以为常了。你以为你能够习惯。你知道它有一天会到你家来工作,于是你预计到将要经受的痛苦。但是问题何止痛苦而已。请大家扪心自问!很少有人否认一次死亡在他们整个生活中造成的大变革!这是一次划世纪的变化……“Ante,Post Mortem”①一个人消失了,整个生活都受影响,整个活人的王国,昨天是光明的王国,今天却成了阴影的王国。啊,上帝!如果这块小小的石头从拱顶上落下,整个拱顶也就要崩塌!零是没有尺寸的。如果这小小的自我等于零,没有一个自我不是零。如果我所爱的等于零,我在爱,我也是零。因为我之所以为我,只是由我所爱的一切决定的……一切呼吸着的东西的非真实性,一下子就明显了。大家都意识到这一点,但是方式各有不同,各人有不同的官能——本能或智慧,面对面,视线直射,或躲躲闪闪,扭着头,眨着眼睛。

在家族之树上,奥苔特这小小枝条折断了,别的枝丫继续不断向上长。但是至少四分之三的枝杈在它们的发展中起了变化。

受影响最小的是父亲。下葬那天,他的悲伤使他很难受,他喉咙

① 拉丁文:死前,死后。

里和胸部两侧，呼噜呼噜地喘着气，活像一匹倒在地上的马。可是半个月以后，他已经重新忙于他的买卖，忙于满足他身体上的强烈需要，他干活、加倍地进餐、旅行、忘记旧事。

在两位妇人之中，安乃德倒像一个真正的母亲。她无以自慰。随着那小女孩的遗迹逐渐消失，安乃德的悲伤更加辛酸了。在她眼中，奥苔特是一个优秀出众的孩子；不是用她的血肉，而是用她的温情需要造就的孩子。那孩子与其说属于西尔薇，不如说属于她；与其说玛克是她的孩子，不如说奥苔特更是她的孩子。她埋怨自己爱奥苔特爱得不够，埋怨自己对那个小小的心灵老嫌不足的爱抚，总是斤斤计较。于是她深信她是永不忘记孩子的唯一的人，别人都不能持久。

西尔薇现在表现出一种奇特的欢乐，忙忙碌碌，慌慌乱乱。她说话走调，滔滔不绝，令人疲倦；说滑稽的俏皮话，说得毫无顾忌，使她的女工们组成的小团体哈哈大笑。玛克有时也在那里，他顺便听到，暗暗地、津津有味地欣赏着。他也一样，变得懒散松懈，不用功，好游荡，调皮捣蛋，经常找机会偷懒和说笑。这是他的身体机能面对内在的恐惧在进行自卫……在外表上，谁想得到这些？大家互相之间都是谁也看不透谁的，大家仿佛漠不关心，也想互相倾吐，可是不能……“在痛苦中，是不可能互通声气的……”

可是安乃德，由于对死者的热情使她对生存者不公正，她只看见生存者的自私，他们千方百计要重新生活，让记忆的石块沉入海底，她认为这种人都值得责怪。

可是有一天，那是个星期日，玛克跟来沃保尔去看一场体育比赛。安乃德来到西尔薇家，发现住所的门开着，她进去，听到一声沉重的、拖长的呻吟。西尔薇独自一人关着房门在里边说话和呻吟。安乃德踮起脚轻轻地走了出来，她把开向楼梯的门重新关上，按门铃。西尔薇出来开门。她眼睛红着，她说她感冒了，接着她就大声地用庸俗腔调谈起天来。她开始讲她那些大量储备的猥亵故事。安乃德心里一阵难受。难道西尔薇在演戏吗？她仅仅有一半在演戏，她是要欺骗自己,更甚于欺骗别人。一种根深蒂固的绝望情绪,没有一线光明,没有一条出路,导致她对生活采取小丑式的鄙视。如果她不愿意倒下,没有别的选择,只有忘却和这个玩世不恭的、无忧无虑的假面具。到最后,弄假成真,假面具代替了她的真面目。一切都是空的,什么都犯不上费力气。诚实、荣誉,全是废话!……什么也别当真。拿生活开个玩笑,享受生活。只有劳动是存在的,因为这是大家不能缺少的必需……

在这种破坏之下,还存在着许多别的东西。在西尔薇身上,本能比思想更为坚固。当她否定一切时,安乃德和安乃德的儿子仍旧深深地嵌在她的肉体中。他们只形成一个整体,这三个人!但是这个本能的爱,几乎是物质的爱,并不排斥不良的情绪。西尔薇对她自己并不温和,对安乃德也一样。面对她姐姐,她样子咄咄逼人,语带讽刺。安乃德道德上的严肃性,她充满怀旧心情和默默无言的悲戚,使西尔薇冒火,因为这一切对她是无言的谴责。

确实是谴责。安乃德没有使西尔薇免受谴责的慈悲心肠,可是她看见西尔薇在逃避痛苦,好比一个野兽在逃避猎犬,所以她同情西尔薇。她同情人类本性上的苦难,同时却鄙视它,因为它不惜损害自己最贵重的珍宝,以求得幸福;并且为了躲开痛苦的残酷追逐,随时准备背弃神圣的热爱之情。这一切使她深恶痛绝,因为在她自己内心,她也听见这种为了生活可以不择手段的卑鄙召唤,她要惩罚这种卑鄙。

因此她在发生不幸事件后的几个月中,强迫自己接受内心的严峻纪律,一种道德的、悲观的和高傲的严格戒律,这种纪律把她受伤的温情掩盖起来……

过完了阴沉的冬季,复活节又来到了。星期天早上,安乃德在巴黎街上漫步——天空恢复了光明灿烂,空气平静无风——安乃德的心灵还穿着丧服,她倾听教堂令人感伤的钟声,它们响亮的音节织成的罗网,将她捆缚在其中,将她从无忧无虑的世纪波涛中拉上来,放在沙滩上,在那里,躺着死去的上帝。她走进了一座教堂,于是,刚走了几步,滚滚泪水使她哽咽住了,很久以来被抑制着的眼泪,现在一涌而上。在祭坛的角落里,她跪着,低着头,让泪水流淌出来。她从未像此时此刻那样,深感时日之可悲。她静听大风琴的鸣奏,静听欢乐的颂歌……这种欢乐!……西尔薇的欢笑……而在她内心深处,灵魂在哭泣……啊!今天她可完全知道:可怜的死者[①]“没有复活”!而他的亲人们对他的热爱,若干世纪的爱,筋疲力尽地在否认他的死……这个惊心动魄的真理,它比起幻想的“复活”来,更伟大、更富于宗教意义多少倍!充满激情的谎言,令人心碎的感情的谎言,它不能同意最亲爱的人一去不返!……

她不能找到一个可以诉述思想的人。她把一切都闷在心里,和死去的小女孩在一起。她保卫这小女孩,不让她第二次死去,更可怕的死亡:遗忘。她狠狠地同她自己以及别人的遗忘做斗争。一切反对周围人们思想的表示,由于反作用的关系,都可以引起对方的反击。安乃德谴责性的姿态,引起那些自己觉得被谴责的人的强烈反击。双方的误会扩大了。

在母子之间,这种误会几乎是全面的。玛克越来越脱离安乃德。若干年来,母子之间的对立逐渐显著。可是直到最近,这种对立在孩子方面还是隐蔽的、深藏不露、小心谨慎的。在他和安乃德两人单独生活在一起的漫长岁月中,他刻意避免跟母亲吵嘴。双方力量不均等。首先,但求太平无事!他让母亲一个人说话。这样,她倒是向他暴露了自己一个一个的弱点;而他呢,什么也没有暴露。可是现在,玛克在他姨母身上找到同盟者,他不再把他的牌掩藏起来。从前他母亲多少次着急地看到,这个小小的软体动物,只要别人想碰它,就把自己的思想缩到它的甲壳中去。安乃德对他讲:“行啦!从你的洞里钻出来吧!让我瞧瞧你的嘴脸!难道你不会说话吗?”他会说话。安乃德

① 指耶稣基督。

可以满意了！现在他说话了……其实还不如不说呢！……好一个小小的争论者！啊！他再也不躲避矛盾。不论他母亲说什么,他都要固执地反驳,一句也不放过,而且用何等粗鲁无礼的态度！

这种现象是突然发生的。没有疑问,西尔薇要负一部分责任,她调皮地鼓动玛克采取反抗态度。但是真正的原因更为深刻,玛克态度的变化是和他本性的变化相呼应的,在接近发育危机的时候。孩子在变,几个月工夫,他变了另一种性格。他的态度是暴躁的、粗鲁的,中间穿插着他以前哑口无言的故态复萌。不过现在的沉默已经不是一个想讨人喜欢的孩子有礼貌并且带点儿虚假的沉默。现在,人们觉得他是有敌意的,遍身带刺的态度……他的粗鲁、野蛮无礼,他回答安乃德的温情表示时莫名其妙的辛辣,使安乃德的敏感心理碰得头破血流。对待社会,她是有相当的武装的;可是对待她亲爱的人,情况就不一样。因此她儿子的一句唐突的话,可以伤害她到眼泪汪汪的程度。她不让别人瞧见,但是玛克并不是不明白。他照样这么干,简直可以说,他故意找他母亲不爱听的话来说。

如果玛克这样对待漠不相关的人,他自己可能会脸红。可是她,毫无疑问,他对她决不是漠不相关！他是把母亲放在心上的。可是怎样关心呢？好比一颗活的果子,到时机成熟,从母亲肚子里挣脱出来。他是母亲的血肉造成的,为了使母体成为他的肉体,他撕裂了母体。

玛克身上有许多成分不属于母系家族的本性,可是古怪得很！和母亲发生冲突的倒不是那相异的成分,而是那些和母亲共同的成分。因为他渴慕独立的愿望还没有一个属于自己的人格,所以任何跟母亲相像的地方,在他看来就像一种要被兼并的危险。于是,为了捍卫自己,他故意要和母亲不同。不论她说什么,干什么,他总是站在对立面。因为她是多情的,他就来一个无动于衷;她是信任别人的,他不爱理人;她热情,他冷淡、尖刻。她所攻击的一切,与她的本性格格不入的一切,(啊,这方面他可是熟悉得很！)对于他都成了富于吸引力的东西,而且他还赶快去告诉他母亲。既然她以道德自夸,这小鬼自以为反道德是最漂亮的,尤其他还宣称:"道德嘛,也不过是人们构想出来的……"他这样对母亲说。轻信的安乃德,就把这件事当真了。她归咎于西尔薇令人遗憾的影响,她开玩笑,在孩子乖乖地受教育的小脑筋中制造混乱……哗啦,一把乱七八糟的种子,撒向整整齐齐的花坛!……或者在平整的小路上,故意用耙子乱耙几下!……她并不缺乏良好的理由,以为她这样干是为了孩子的利益……"可怜的小家伙,被人关在温室里,挤在一只木箱中!……让我们来给他换个盆子吧!……"西尔薇热爱她姐姐,同时她却感到一种强烈而残酷的乐趣,去盗窃玛克的心,这正是她姐姐培养的幼苗。

孩子细心注意与他有关的一切,这就使他抓住两姐妹之间展开的决斗。于是,自然而然地,他就利用这场决斗。由于机灵的狡诈,他把他的好感全部留给西尔薇,而且以引起母亲的妒忌作为十分舒服的事。安乃德不再掩盖她的妒忌。为了玛克的利益,她用了比西尔薇更多的理由,证明她的妒忌的正确性。西尔薇喜欢这个孩子,而且她并非不是通情达理的。她的轻量级的贤智,其价值不亚于分量更重的贤智,然而这种贤智不适合于一个十三岁的幼童。他从这种贤智中取得的好处是充满危险的,因为,如果西尔薇在玛克身上培养了对于生活的兴趣,她却没有教给他尊敬生活。如果尊敬之心过早地丧失干净,那就得当心一切都被砸得粉碎!西尔薇也不适合于培养玛克的趣味,除了在服装方面。她带他去看愚蠢的电影,逛音乐游艺场,他从那里带回令人惊愕的小调,以及和严肃的思想不大能并存的形象;他的学业也大受影响。安乃德生气了,她不许西尔薇带玛克出去玩。这反而成为使侄儿与姨母之间订立同盟的大好方法。玛克认为他是受迫害的人。他发现,在我们这个时代,充当被压迫的人民这门行业是可以得到报酬的。而安乃德在吃了亏之后也明白了,那就是充当压迫者这个角色,并不是很省事的。

现在,玛克抓住一切机会,让安乃德觉得他是受害者,而她自己则是一个滥用权力的人。那好,就算这样!她滥用权力,为的是让他走上正道！她不能再容忍他说话随便、嘲笑一切的那些不得体的习惯，以及他那种无礼貌的油腔滑调。为了使他就范，她用严厉的原则与之对抗。为了对付她，他手中有的是好牌！很久以来，他在窥伺机会。

有一天，玛克破坏了母亲的禁令，引用他姨母的话来做依据。失去了耐性的安乃德对他说，西尔薇有权爱怎么说就怎么说，爱怎么干就怎么干，别人用不着去批评她，但是，这对西尔薇行，对玛克就不行，他不用拿西尔薇做样板。“在她身上，并不是什么都可以模仿的……”

玛克听安乃德说了一大串，就漫不经心地说了一句：“对呀，可是她，她有一个丈夫。”

安乃德猛的一下子不知如何对答，她不愿意理解为……他说什么？不，这是不可能的！……紧接着，一朵红云冲上她的前额。她坐着，双手一动不动地放在活计上，她没有动弹。他也没有做任何动作。他对于自己刚刚说的话，以及将要发生的事，并不觉得太光彩。沉默在继续延长。一阵怒潮掀起安乃德暴烈的心，她让怒潮冲过去，怜悯、讽刺代替了愤怒。她露出鄙视的微笑，“你这个小倒霉鬼！”她心里想。最后她说，同时手指又拿起活计：“你一定认为，一个没有丈夫的妇女，为了抚养孩子而辛辛苦苦劳动着，是不值得尊敬的？”

玛克失去了镇定的态度，可是他没有回答，也没有道歉。他觉得受了屈辱。

那天夜里，安乃德没有睡着……怎么？她牺牲了自己，原来全落空了！社会上的人们责备她，那是人之常情。但是他，她把自己的一切全给了他！他怎么会知道的？谁把这个思想偷偷告诉了他？她不能怨恨他，但是她心碎了。

玛克平静无事地睡着了。他并不是没有内疚，然而睡意更浓于悔意。他美美地睡了一宵之后，本来可以把悔意也置诸脑后，可是他母亲忧虑的眼色使他重新想起来。他不高兴，因为母亲不像他那样健忘。他觉得遗憾,但他下不了决心把话说出口。由于他因此而烦恼,按照孩子的逻辑,他就怪母亲不好。

他们没有重提昨晚发生的一幕。可是从此以后,两人之间的关系跟先前不一样了。他们亲吻的时候有一种勉强的感觉,安乃德不再完全拿他当孩子……

他怎么会知道的?在中学聊天的时候,使他考虑到自己的姓是母亲的姓。过去在成衣车间里听到的话,当时他不懂,现在明白了。西尔薇当着她姐姐也说过一些不谨慎的话……这个母亲,对他说来是个哑谜,她使他发怒,但是她用激情的魅力迷惑他,他虽然不能辨别,但是用他小狗的嗅觉闻到这种魅力……在这一切之上,他建立了含糊和古怪的故事,可是不能把它们连贯起来。他的出身引起他的好奇心。怎么能知道呢?……他回答母亲的那句出口伤人的话,有一部分也是他给母亲留下的陷阱……在他内心,对于过去发生而他不知道的事,他怀着好奇与怨愤相混合的情绪。关于这个问题,他从来不敢向西尔薇打听,因为母亲的问题关系到他的自尊心。同时他猜疑母亲曾经干过错事,他自以为有权责怪母亲,因为她对他保守着严重的秘密。这个秘密像一个陌生人似的夹在他和母亲之间。

一个陌生人,真是这样。玛克没有想到,在有些时刻,他在母亲眼里是一个“陌生人”:他的父亲;更不堪的是,他像勃里索家的人!因为,在以后展开的母子之间的隐蔽搏斗中,他本能地在他的本性中找到一切与安乃德对立的东西作为武器。这样,不知不觉地,他有时挖掘并且利用从勃里索家库存中借来的箭对抗安乃德,比方那有名的委曲求全的微笑、自满自足的表情、开玩笑式的市侩态度,这一切都不能动摇此人含敌意的自信!一个影子,水面上的一道反光。安乃德认出了这一切,心想:“他们抢走了我的孩子!……”

一个陌生人,真的吗?不,他不是陌生人。武器、刀箭是借来的,对;但是掌握刀箭的手却是用安乃德的血肉做成的。而这只叛逆的手紧紧地抓住两个过分靠近、过分亲密的人中间的对立关系,而这关系不过是爱情与命运的千百种游戏之一。

* * *

他没有朋友。这个十三岁的小伙子,从早到晚和三十来个孩子一起,关在课室中,他和同学们是隔膜的。岁数比较小的时候,他喜欢聊天、玩游戏、奔跑、喊叫。最近一两年来,他有一阵阵闭口无言的脾气,以及如饥似渴的孤居独处的需要。这并不意味着他不需要同伴,他也许比以前更需要同伴。正因为这样!太过分了:他有太多的事物要求别人给他,或者他要给别人……而在这春天的荆棘丛中,到处是刺!一个处于高度警戒状态的自尊心。一件微不足道的事就可以挫伤他,他怕受挫伤,尤其怕露出这种情况来,因为这是一个弱点,必须注意,不给敌人以可乘之机(在每一个朋友身上,就有一个敌人)。

他所了解的,或不如说他所想象的关于他的出生户籍,以及他母亲的历史,使他处于荒唐可笑的忧心忡忡的窘态中。他受了看过的书的影响,深信自己是"私生子"。(在他那些浪漫主义的书籍中,对于这还有一个分量更重的名词。)他居然有办法将这件事作为自豪的理由。他在这古老的咒骂中①,几乎嗅到贵族的粗野气味。他形单影只,落落寡欢,多少有点穷途末路,他自以为是一个颇有意思的人物。他并不是不乐意把自己放在席勒和莎士比亚作品中那些恶魔式的私生子的行列里。这样可以给他一种权力:用大段诗句来藐视世界——in petto.②

可是当他回到"社交场上",也就是说回到中学的班级里,回到他的同学们中间,他胆怯了,提心吊胆地怀着他那像沉重的包袱一样的

① 对私生子的咒骂,比如"杂种"等。在十九世纪初期的浪漫主义文学中,往往把贵族私生子的怀才不遇、一生潦倒作为题材。

② 意大利文:在心中,私自,不宣布。

秘密,生怕别人猜出来。他奇特的举止,僵硬的神气,正在发育中的尖细嗓子,小姑娘般的脸蛋,小公鸡般的傲慢,一来就红脸,这些都引起同学们的注意和戏谑。他甚至成了一个小坏蛋下流无耻的勾搭对象,此人用半开玩笑半当真的要求纠缠他。他受到极大的震动,夜里,他气恼、恶心,好像生了病一样。他不想再上学了,但是他不能把不上学的理由向他母亲直说,他必须自己设法让别人尊敬他。他想:“我要杀死他!”

他沸腾的思想被滔天的巨浪掀了起来。

他已经到了生殖的力量开始觉醒的时刻。这些力量使他惶惑,使他恐惧。他母亲天真无知到出奇的程度,她从旁边经过,竟没有看见,也不知道。如果被她看见和知道这一切,他将羞愧而死。他独自一人,手忙脚乱,自己鄙视自己的心情,心慌意乱地独自对付下贱本能的可怕苛求……可是,这个孩子有什么办法呢?一个落入疯狂力量手中的可怜孩子!这万恶的自然在一个十三岁的儿童身上点燃了狂暴的火灾,大火没有东西可以充燃料,只好吞噬孩子的身体!如果他有良好的品质,要逃避这场大火,他只能用与此相反的过火行动,整个投入禁欲主义的精神亢奋中,那样做往往对身体有害。当今的年轻人比他们的兄长幸运多了,他们开始实践体育运动雄赳赳的锻炼。玛克恨不得也这样干,可是在这方面,他的体质又对他不利,他体力不行。啊,他多么羡慕强壮的人们!他多么嫉妒地喜爱他们健康的美!……简直爱到忌恨的程度!他永远不能跟他们一样!……

欲望,一切欲望,纯洁的、不纯洁的,混沌驳杂!……一切敌对的恶魔!……他将成为随风乱转的傀儡,(谁也不能给他任何帮助!)如果他没有道德的、诚实的基础,没有不自觉的伟大,以及某种神圣的因素,这个种族的优秀人物辛勤、勇敢和长期坚忍的果实,这种果实不能忍受卑污行为的耻辱,不能忍受堕落的打击,它对于卑鄙龌龊的事物有不安的嗅觉,而且从内心追逐这种事物,直到最隐蔽的思想角落。它有时也不免玷污染秽,但决不至于不批判污秽,不批判自己、斥责自己、惩罚自己……

骄傲！……值得赞颂的骄傲！Santus！[1] 在这类儿童的天性中，骄傲就是健康。它是在污泥中被肯定的神圣，灵魂得救的原则。如果没有骄傲，谁能在没有爱的孤寂中进行斗争呢？假如人们不相信必须捍卫至高无上的利益，为了它们，必须不惜牺牲生命去争取胜利，那么为什么要斗争呢？

玛克要胜利！战胜他理解和不理解的一切，战胜他茫然无知的，以及使他反感的一切，战胜人世之谜和人世的卑劣……啊，不论在这儿或那儿，他不断地打败仗！在他用功读书、集中精力的努力中，他把握不住自己，总觉得忙于应付。他总是缺乏力量。可是力量却在那儿，刚刚形成的力量，还不满足他的任务和意志的要求。他被种种愿望和好奇心所折磨，健康的和不健康的好奇心，从各方面牵扯着他；或者他沉浸在麻木的感觉中，什么也不能做，什么也固定不下来。他浪费时间，他太着急了。他已经该考虑自己的前途，选择自己的职业，因为他知道，他必须早做决定，可是他没有任何做决定的理由，他浮荡于一切之间，对什么都感兴趣，对什么都漠不关心；同样地受到吸引，也同样地感到厌恶。他要，可是又不要，甚至没有能力要或不要。机器还没有调整好，他向前冲，不过出了故障，只好停住，或者碰了壁，而发现他自己被压在底下。

于是他仔细看这个底，这个受痛苦、受折磨的孩子却比别人更善于发觉这个走向破坏的时代[2]的空虚和无聊。他对于深渊有敏锐的感觉……

这些情况，他母亲可是什么也没有瞧见。她只看见一个阴郁的、自负的、叛逆的、稚气的、病态地多疑的孩子，他好说大话，制造麻烦，有时喜欢说几句不干不净的话，可是另一些时候，一句放肆的话会使他震惊。使母亲最生气的是孩子的冷笑，她一点也没有猜想到这种笑

① 拉丁文：圣神（做弥撒时的祷词）。
② 那时已经是第一次世界大战前夕。

声中的辛酸意味,更不知道这种笑声是对不幸命运的挑战。他痛苦地感觉自己受到不公正的待遇:他(或自己以为)既无力量,又不俊秀;既无才华,又无价值。他把自己彻底看扁了,他在自己真实的失败之外,又加上一些想象的失败,一切外表上似乎可以使他感到屈辱的事物,他都把它们当作真的在使他受辱……比方两个年轻的女工从他身边走过,一边笑着,他就认为她们在笑他,他没有想到她们笑他是为了挑逗他,而且她们并不认为他那爱红脸的女孩子脸蛋太难看……他觉得在老师们的眼色中,可以看出他们对他的庸碌无能表示瞧不起的怜悯……他认为那些身强力壮的同学鄙视他的瘦弱,看穿了他的懦怯。由于他极为神经质,他有时候显得畏畏缩缩,而且由于他是诚恳的,他老实承认自己胆怯。他觉得丢脸。为了惩罚自己,他偷偷地强迫自己去干一些不谨慎的危险举动,这使他出一身冷汗,但是在他自己看来,这样做多少(少许)给自己挽回了一点面子。这个小小的尼高梅特①,他的冷笑往往是笑他自己,笑他的失败!但是他怨恨世界,世界将他造成现在这副模样——首先怨他母亲。

她不理解他那种含敌意的神气……他是多么自私!他光想他自己……

他光想自己?……如果他不想他自己,他将变成什么样的人?如果他不自卫,谁来保卫他?

母子俩单独地关在家中,面面相觑。热情横溢的时期已经过去。安乃德和一般做母亲的一样,开始悲叹:“他小的时候,比现在亲热多了!”

而他呢,他心想母亲喜欢孩子,就是为了寻开心,各人喜欢的只是各人自己。

不,人都愿意爱别人。但是人若在危难中,必先考虑自己,然后才想到别人。如果不先自救,如何能够救人呢?如果让别人搂住你的脖

① 高乃依悲剧中的人物。

子,你又如何能够自救呢?

*　　*　　*

安乃德被儿子冷落之后,跟他一样地铁了心肠。她心甘情愿过没有爱的生活,她的思想反而更为自由。在没有对象可以发泄她的温情的情况下,她必须使她智慧的饥饿和行动的需要得到满足。她白天劳累一天,晚上读书,夜间睡得很踏实。宿怨未消的玛克,羡慕并且鄙视这位精力充沛的妇女的健康,羡慕并且鄙视她那种似乎不知烦恼为何物的能力。

安乃德却由于缺少一个可以谈心的伴侣而痛苦着。她用工作填补生活的空虚,在忙碌中忘记一切。但是,为工作而工作,这件事本身就是一种空虚!……她觉得她有许多力量无处使用,到哪里去贡献这些力量呢?

贡献!……这种做出贡献的要求!……安乃德在她周围都可以发现贡献力量的需要,有时是很可怜的,有时是荒诞的!……她善于观察,每天从早到晚不停地观察人们的面孔和灵魂。为了暂时忘却自己的苦难,她投身于别人的苦难之中。也许好奇心比怜悯更占优势,在这一时期,面对痛苦、失败与堕落的现象,安乃德的心已经硬如铁石(至少她自以为如此)。

在那些和她一样,为了向社会夺取生存手段而和社会斗争着的妇女之中,多少人已经粉身碎骨,倒不是由于斗争的激烈,而是由于她们自己的软弱,由于她们放弃斗争!几乎人人都被一种温情剥削着,而且不这样她们就活不下去。几乎可以说这是她们唯一的生存理由,而且她们也为此而死……

有的妇女为了一个老迈的母亲,或者为了自私的父亲,宁愿牺牲自己。另一个妇女牺牲自己是为了一个庸俗的丈夫,或者为了一个对她不忠的男人。还有一个妇女(就是她自己!)自我牺牲是为了孩子,一个一点也不爱她的孩子,这个孩子将来一定会把她忘掉,也许明天就出卖她……嘿!那有什么关系!如果我被孩子出卖,也是一件乐事。被欺骗,被遗忘吧!……"如果我乐意挨揍……"啊,嘲笑,欺骗!……而有些妇女没有对象可以作为她们自我牺牲的目的,她们在羡慕你!她们嫁给一只狗、一只猫、一只鸟!……每个女人都有自己的偶像!如果无论如何要一个偶像,善良的上帝比别的还强些!至少他是纯良的。我也一样,我有我的偶像,我的上帝,我的不相识的上帝,我隐秘的真理,和这股激情,它催逼着我追求这个真理……也许这也是受骗上当!但是上当与否,只有我到达终点之后,才能知道。如果这是欺骗,至少它是高尚的,是值得为之牺牲的……

安乃德对于某些牺牲的毫无意义,非常气愤。不,大自然不愿意让最优秀的人为最不堪的人去牺牲!如果大自然愿意那样,为什么我非服从它不可呢?但是它不愿意这样,它愿意我们为最优秀、最伟大、最强的人而牺牲自己……

不顾一切的牺牲,不论为最恶劣者或为最优秀者而牺牲,也许更乐于为最恶劣者牺牲,因为那样的牺牲更彻底。为牺牲而牺牲,对,这和他们关于上帝的概念是相当一致的!……Credo quia absurdum[①]……有其主必有其仆!……这个上帝确实是到第七天就休息的那个上帝,他认为他所做的一切尽善尽美。假如人们信他的话,那么人类的小车,轮子刚刚一转就停止了。世界每一个进步都是违反上帝的意志实现的…… Fiat![②] 我们将推动小车前进。如果车子会压死我们,至少我要它向前进。

*　　　*　　　*

一件偶然遇到的悲剧性的事,使安乃德对于那些比较有价值的人,为比较无价值的人毫无理由地——她知道是为了什么?——牺牲

① 拉丁文:我相信,因为这是谬论。

② 拉丁文:但愿如此!

生命增加厌恶之感。

前些时候,安乃德曾经为了在纽夷地方某学校给一些外国妇女教课,和一个年轻女子发生过竞争,这个年轻妇女乡村式的、坚毅的面貌,吸引了安乃德。她想和那女子攀谈几句,可是对方不信任安乃德,一心一意想把安乃德挤掉。在那阵子,安乃德还不大习惯这路使她反感的斗争,没有很好地捍卫自己,甚至故意闪开,给竞争对手让路,为了想和对方交个朋友。可是对方一点也不表示感激。她什么也不在意,只顾挣钱。这是一只忙忙碌碌的蚂蚁,贪得无厌地在积蓄食物……安乃德丝毫不能引起此人的兴趣。

后来安乃德一直见不到她了。过了六年,偶然的机缘使她们两人碰在一起。双方都有不少变化,安乃德不再像过去那样采取慷慨大度,或不屑与人争的姿态……生活就是这个样子,我没有办法改变生活,我要活下去;你先让我过去……

冲突发生了。两人交锋的时间不长。第一个回合,对方就被knock out[①]……。她老得多么快呵!她憔悴得使安乃德吃惊。在安乃德记忆中,对方是一个黑头发的小妇人,面颊上血色很好,有两三粒黑痣,好似夹葡萄干的面包一样。这是一个结实的农村妇女,身材矮小,粗壮敦实,面部轮廓清秀,干净利索。要不是一副阴郁的神气,这副容颜并不缺少使人看了舒服的成分。她的额头显得固执,动作急促,老是匆匆忙忙的。现在,安乃德重新看见的是一张痉挛的瘦脸,眼神严峻,嘴角辛酸地瘪着,面颊深陷,年轻而憔悴,像一株枯焦的草。

两人争夺的职位是给一个工程师当秘书,他只要求每周去工作两个上午,为了拆阅业务信件,接见来访者。安乃德在接待室里遇见露特·季永,她们含敌意的眼光交锋了。露特·季永说:"你是为这个职位来的。这个位置已经说定给我了。"

安乃德说:"位置并没有说定给我,可是我是为这个位置而来的。"

---

① 英文:打垮了(拳击用语)。

“这没有用,因为位置一定是给我的。”

“有用没用,我反正来了。谁得到这个位置,就算是谁的。”

过了一阵,安乃德被叫到工程师的办公室里去,她被选中了。她是以善于办事、聪明和准确出名的。

出来的时候,安乃德撞在露特身上,冷冷地走开了。露特叫住安乃德,问道:“你到手了吗?”安乃德说:“我到手了。”

她看见露特的前额出奇地发红,她估计对方会说一句粗暴的话,露特却一言不发。安乃德继续走,露特跟在后面。两人走下楼梯,到了大街上,安乃德回过头去,扫了她那失败的对手一眼。露特垂头丧气的样子使安乃德很感动。虽然她决定要狠心,她还是回过头来,说:“我很遗憾。为了生活,没有法子。”

“啊,我知道,”对方说,“有些人有运气。我从来不走运。”

她的声调完全不同了,没有敌意的灰心丧气。安乃德做了一个手势,想去握对方的手,可是露特把手缩回去了。

“算了吧,你别难过!今天,这个人失败;明天,又是另外一个人失败。”

“我呀,我天天都失败。”

安乃德向露特提起她们第一次遇见时的情况,那次露特得到了职位。露特不答话,她神色沉郁地在安乃德身边走着。

“我能帮你忙吗?”安乃德问。露特前额又发红了,是自尊心受了伤,还是心情激动?她冷冷地说:“不!”

安乃德坚持说:“我很乐意帮助你。”接着,她以亲热的姿势,抓住了露特的胳膊。露特觉得出乎意料,她神经质地把安乃德的手紧紧夹在腋下,同时,她扭过头去,咬着嘴唇。接着,她摆脱了安乃德的手,气冲冲地走了。

安乃德一边让她走开,一边眼睛盯着她。她理解这个人。是呀,我们没有权将怜悯之心恩赐给别人,如果别人没有提出要求。

几天之后,安乃德走进一家牛奶店时,看见露特在那里买东西。

安乃德向她伸过手去。这一回,露特握住她的手,可是神气冰冷。不过她在尽力使自己的神色不这么阴沉。她说了几句家常话。于是,安乃德很满意对方这点起码的殷勤,就跟她说起话来。两位妇女先谈她们购买的东西的价钱。安乃德看见露特比她自己还多花钱买鲜鸡蛋和装瓶的牛奶,她很惊讶,但没有露出来。露特故意摆阔似的当着安乃德的面付了钱。走出店铺时,安乃德说:"生活可真贵!"接着,她几乎道歉般说她买了这么多鸡蛋,她说:"这是给我孩子的。"于是露特自负地说:"我呀,这是给我男人买的。"

关于露特的生活,安乃德一无所知。她问道:"你男人身体不好吗?""不。可是他身体很娇气。"

于是她骄傲地谈起为了她男人的身体健康,需要她如何如何照顾。安乃德已经知道露特敏感多心,就不向她提什么问题,等她自己讲。可是露特什么也不再讲了。两人要分手的时候,安乃德忽然想起来,她有一件工作可以让露特干:给一个外国女人修改她写的法文。这件事是别人向安乃德提出的定货,可是她没有时间干。露特马上就表示深深的感激。对于她来说,钱是起决定性作用的。安乃德向她要住址,万一有别的定货可以转让给她。露特犹豫不决,含糊其词。安乃德急了,说:"这是为了帮你忙,反正我住在……"

于是她说了自己的住址,露特也勉为其难地说了她的住址。安乃德很扫兴,决定以后再不管露特的事。

可是几个星期之后,露特来找安乃德了。她表示歉意,因为上次她太不和气。于是这一次她谈了一点她的生活情况(不多)。她出身于富裕的农民家庭,她跟她父亲闹翻了,因为她硬要上巴黎,当教师。父亲伤了她的自尊心,她发誓再也不接受她父亲的任何接济。她决定自己设法谋生,她累得精疲力竭。尽管她很坚毅,脑力工作对于她是很吃力的。她很费劲地看书,就像牛马耕地一样吃力,累得她两边太阳穴的血管都暴胀充血了,她不得不停下来。神经衰弱症的初期现象,迫使她放弃应当参加的考试。她急忙改走家庭教师这条路。她总算勉强自食其力了。这时她爱上了一个人,和他结了婚。这人无非给她增加了一份负担,关于这一点,露特什么也没有说,安乃德是从别处听说的。在她向她新交的朋友提出很有分寸的问题时,她已经很机敏地窥见了一部分真情。她发现露特的丈夫没有任何职业,他是个“知识分子”“艺术家”“作家”。她没法清楚地知道那人写些什么。写诗吗? ……关于诗歌,露特并不比一个外省的小资产阶级妇女更有欣赏力,然而诗歌使她肃然起敬。

她毫不急于将她的“艺术家”介绍给别人,她把他关在房间里。可是,打那时起,她来探望安乃德的次数增多——太多了。最后,她友好的表示多到使安乃德吃不消:送花、多方的关切,但是,很好的主意是极少的,这些都使安乃德烦躁。在这类感情热烈的妇女的行动中,不是全无,就是全有,适得其中的办法是不存在的。她从来没有交过一个女友,从来没有跟人谈心。一旦决定热爱安乃德,她就把安乃德占为己有。安乃德被这种感情纠缠得头昏脑涨,她才理解露特的丈夫一定也不会感觉露特太轻松。

末了,安乃德总算出其不意地观赏了那只珍禽异鸟:露特的丈夫。那是一个很乏味的男子,毫无意义,两只眼睛蒙蒙眬眬,给人的印象是苦艾酒①的秘密爱好者。此人非常无聊,对自己非常没有把握,是十足的庸才,他很担心安乃德对他有什么看法。他一点也不喜欢他的妻子,但是他觉得让他的妻子殷勤地伺候着倒是挺舒服的。说起他的健康,他的怀才不遇,以及文人相轻、同行嫉妒等等,他就装出一副百无聊赖、愁眉苦脸和满腹辛酸的丑态,安乃德用明澈的目光,将他一眼看透了。当着安乃德,他比较小心谨慎,发牢骚也有点节制,因为听他讲话的人含着默默无言的讽刺,在窥视着他。可是露特却张着嘴听得出神了,她不能判断高低虚实,反而骄傲得像阿塔邦一样②……“让她保

① 烈性酒。在法国,法律禁止酿造这种酒。

② “骄傲得像阿塔邦一样”,法国成语,典出十七世纪拉·卡普勒内德的小说《克莱奥帕特拉》(1647)。

留着幻想吧！她需要有一个人可以让她热烈地爱着，需要有一个男人让她爱护着。她具有充满激情的女仆的灵魂，她会像狗一样躺在主人的脚边……”——可是有时露特跟她的男人吵得很凶。有一次，安乃德在上楼梯的时候，听见“诗人”尖声尖气地喊叫，他在呻吟：露特打丈夫耳光。

安乃德不怀疑了：露特大部分的钱都让约瑟拿去游荡和喝苦艾酒花掉了。他还上跑马场去赌博。露特从不抱怨，她拼命节省，为的是积累一笔钱给约瑟出版诗集。可是他不着急把诗写出来。有一天，露特结账，发现四分之三的钱被约瑟偷去了：他偷了他自己的钱！

这一天，露特的骄傲一下子崩溃了，她向安乃德倾诉了她的苦难。如果只是她一个人的问题，她才不谈呢。但是，多少年来，为了他，她累得精疲力竭——她说：“为了他的荣誉！”——而他呢，却把她毁了！……

诉述了一件隐情，就会诉述第二件。结果，露特的全部痛苦都让安乃德知道了。她的健康已被摧残，露特一天比一天虚弱，她不像以前那样，有话能够闷在心里。死亡临近时，她的眼睛终于张开了。她认清了那个无用的废物，而且他还毫无感情。约瑟几乎从早到晚不在家，他悄悄地溜了，他觉得和一个害病的、悲愁忧郁的女人在一起，是多么不带劲。

最后的日子到来时，露特没有幻想了。然而她用诚恳的骄傲肯定地说，她毫不后悔，如果可以再从头开始，她还要那样干……

“这把我害死了，可是我是为这而生活过来的。”

她什么也不相信，她什么也不期待，无所期待于现世，也无所期待于彼岸……

在露特断气的床头，只有安乃德一个人守着她。脑充血夺走了她的生命……

眼看露特快要死的时候，约瑟躲到别处去了。露特死后不久，他用一张害怕的面孔出现了。他有一阵短促的感情激动，掉了几滴眼泪之后,他的第一句话是:“可是,老天爷!叫我今后怎么办呢?”

安乃德说:“你再找一个能养活你的女人……”

他怀恨地瞪了她一眼。

但是他让安乃德掏钱料理丧葬费用。

安乃德在露特的灵床边这样想:“你瞧!她曾充满骄傲和意志的力量,充满刻苦坚忍的献身精神……可是她为谁效劳呢?多么可惜的浪费!为了一条狗这样地贡献自己的一切!……可怜的露特是硬心肠的人……她心肠还不够硬。还必须更硬些……”

* * *

我的心愚弄我,我要反抗——我的该诅咒的心,它在那里仅仅是为了欺骗我!……我的头脑,我的感觉,它们愿意,而且明白。我的心却是个盲人,我必须引导它!……对于爱,对于自我牺牲,对于仁善心肠,要反抗……

在各人的生活中,正如在社会生活中一样,有各种感情方式,它们陆续出现,彼此各不相似,甚至它们的第一条规律就是彼此不相似。当一种方式占统治地位的时候,人人都绝对严肃地投身其中,对于已经过时的方式,只能加以藐视,同时深信当前的方式是,永远是最好的方式。安乃德那时正奉行硬心肠的感情方式……

但是,不管你穿什么衣服,人总还是那样的人,人不能没有别人而单独过日子。最自傲的人也需要有他的一份温爱,而且形势越逼他闭口无言,他不忠实的思想越要设法让他漏底。

安乃德自己觉得很有力量。力量在于她富有经验、富有智慧、坚定、实际、没有幻想。现在她有把握按照自己的意志生活,当然是自食其力。可是工作也是她的意志,她一点也不担心找不到工作。她不需要任何人援助,她也不在乎别人喜欢或者相反。

不久以来,她和一种新的竞争者发生纠纷:男子们。她现在给男孩子们补习,为了准备进中学或准备考试。她工作得很有成效,可是她愈有成就,竞争不过她的那些人对她的敌意愈增加。他们认为自己受到了掠夺,便顾不得对妇女保持礼貌了。比较留点分寸的并不是那些结了婚的男子,他们的老婆在挑拨他们,他们诽谤安乃德。关于安乃德用什么方法抢走最好的职位,他们什么谣没有造?安乃德,嘴边挂着坚定的和吸引人的微笑,径直走她的路,舆论怎么说,她不屑理睬。

然而归根到底,长年累月无情的辛劳,留下了无形的痕迹。她已经快四十了。生命在消逝,她却没有注意,于是内心隐隐地发生了反抗的情绪……整整一段生命虚度了,没有爱情,没有作为,没有奢侈品,没有强烈的乐趣……而她生来就那么适合享受她所缺少的一切!……

想这些有什么用?现在已经太晚了!

太晚了吗?……

第 三 部

苏朗琪有一张圆圆的朴实的小脸蛋，像哥特式雕塑的圣母。她神态像小老太婆，然而又很稚气，细眯着含笑的眼睛，小鼻子，小嘴，都很讨喜，下巴稍稍笨重了一点，皮肤很细，颜色红润。她喜欢谈严肃的思想，用严肃的，非常严肃的语气，跟她和善的笑脸形成滑稽的对照，虽然她很懂事地竭力不露出笑容来。她话说得很快，怕忘记她严肃思想的线索。事实上却真的是这样，她说了一半，中途停住了，头脑中出现了一块空白，她问大家："我刚才想说什么来着？"

她的听众很少给她提词，因为大家不大注意听她讲什么。可是他们不责怪她。苏朗琪不是那种高谈阔论的女人，逼得大家非洗耳恭听她的无聊演说不可。苏朗琪不骄傲，她随时准备向你友好地道歉，说她惹你厌烦了。但是她天生不能进行连贯的思考，虽然对思想有天真的向往和极大的善良意愿，却也没有什么成果，她的思想都停止在半路上。伟大的名著打开来读：柏拉图、居育、傅埃……隔多少星期，多少个月，老是翻开在那一页上，好像在打呵欠。她还有许多伟大而壮丽的计划：社会互助事业、新的教育体系，全是一些思想上的珍宝，可是她很快就把它们遗忘在角落里，扔在家具底下，直到下次碰巧又被她找出来。这是个资产阶级的善良小妇人，温柔、可爱、娟秀、讲理、有分寸，略带点儿学究气，不麻烦人，讨人喜欢，不摆架子，自以为有智慧方面的需要，其实她需要的无非是谈谈理想，以及许多别的东西，一切都等量齐观,谈得从容不迫、干净利索、整齐、诚实、纯洁、毫无价值。

苏朗琪比安乃德年轻三四岁。从前,她从安乃德那里感受到一种自相矛盾的吸引力,一种有危险的性格,对一种无危险性格的吸引力。在一般情况下,这种现象往往要隔一定的距离发生,这倒是真的。的确,在中学时,她不大接近安乃德,两人不同班。苏朗琪只不过碰巧见过安乃德,听到大班同学谈论安乃德的几句话,小小的苏朗琪对这位老大姐就发生了仰慕之情。安乃德并没有想到有这样的事。后来苏朗琪也把安乃德整个儿忘掉了。她结了婚,而且很幸福。她怎么能不幸福呢,除非她的男人是个恶魔——或者是个狂热的人。谢谢上帝,维克多·蒙东-雪华里埃既不是恶魔,也不狂热!他的职业是雕塑家,有没有灵感,这个他并不操心,因为他有息金收入和富裕的悠闲生活。他并不缺乏艺术鉴赏力,然而他没有感觉任何在艺术上表达他有名的同行历来从未表达过的东西的迫切需要。由于他毫无雄心壮志,所以他也没有一点卑鄙渺小的情操(也许任何情操都没有)。他感到百分之百的满足,当他发现他所要表达的东西,已经那样完美地被米开朗琪罗、罗丹、布台尔,或名气比较小的先生们所表达(至少他是这样自诩的):因为他是折中派,他到处汲取对自己有利的成分。在这种幸福的精神状况中,他确实也犯不上辛辛苦苦地自己去创作;如果创作,也无非在乐趣之上,再增加一点美味而已,也就是说,可以产生这种自命不凡的幻想,认为他自己是古今大艺术家的大家庭中的一员。对于艺术界的英雄们和他们的不幸,他认为他应当表示充满温情的敬意,同时,他很愿意自己也算作这种敬意的对象,他也参与了他们的不幸遭遇——远距离的参与。当他听他妻子规规矩矩地弹《悲痛奏鸣曲》的时候(因为贝多芬也属于艺术家大家庭),他欢乐的面容勉强装出严肃的悲愁,苏朗琪充分地满足了他对家庭生活的要求。平静的恩爱、廉价的仁善、温和、均匀的脾气,一种深居简出的理想主义,刮风下雨的时候决不出去冒险,一种喜欢赞美的倾向,使得他们的生活舒适得很。最后,一言以蔽之,就是安全二字,这是他们不足为外人道的真正理想……他们的财产条件和感情条件允许他们这样做,他们在物质生活方面是不用操心的,他们不必害怕把忧愁引进他们的家室。

然而他们却把安乃德引进了家中。如果他们早料想到这位 Frau Sorge① 身上带有不安的成分,他们早就该不自在了。可是他们不知道。他们像这类天真的人,手里拿着一枚炸弹玩,假如他们知道手中拿着的是什么,他们可能吓得神经错乱了。可是,由于他们一无所知,他们自己玩够了之后,就毫无恶意地把炸弹客客气气地放到一位朋友的花园里去——他们把安乃德放在维亚家的花园里。

* * *

当苏朗琪重新见到安乃德时,往昔的感情一下子苏醒过来,她又热爱起安乃德来了。她也像大伙一样,知道安乃德"不正规"的生活,但她是善良的——没有深度,却不假装正人君子——她并不把安乃德看成坏人。必须指出,她也没有很好地理解安乃德。由于她宽容的倾向——这是可爱的本性中最令人同情的一面,她认为安乃德毫无疑问是受害者,或者她有严肃的理由那样行动。无论如何,那是安乃德个人的事;她对舆论很生气。重见了安乃德之后,她打听了安乃德的境况,知道了安乃德的勇气和忘我精神,于是对安乃德产生了火热的钦佩之情。这是苏朗琪周期性的感情冲动:每逢她心中有一种感情达到高潮时,就毫无余地容纳第二种感情了。她丈夫是接受她的各种热情作为自己的食粮的。他在苏朗琪对安乃德的热情中,又找到了一个感情激动的机会。安乃德的高尚心肠,他妻子的以及他自己的高尚心肠,都使他感动。(还有什么比因别人的美德而感动,更能使自己欣赏自己的美德呢?)于是这对夫妻在安乃德问题上,互相哄抬自己的崇高意愿。他们不能让这个可怜的妇女,社会不公正的受害者,独自一人,

① 德文:忧愁夫人。

没有任何人对她表示同情！苏朗琪和她的丈夫决定去拜访安乃德，他们爬上安乃德住的六层楼。他们出其不意地到来，发现安乃德正在自己收拾房间，他们因此更觉得安乃德使人感动。她的冷淡态度使他们觉得是安乃德令人钦佩的自尊的表现。他们一定要邀请安乃德带着她的孩子去吃晚餐，在最近的一个晚上，同桌的都是自己人。安乃德接受邀请之后，他们才走。

安乃德对于这个重新建立的友谊没有多大兴趣，她觉得平淡乏味。长年累月的精神上的寂寞，使她养成了一种孤僻的嗅觉。过分地远离人群不是好事，你想再回到人群中去就会感到困难，你就会敏感地嗅到鲜花覆盖下的尸体的气味。在苏朗琪夫妇家安适的空气中，安乃德觉得很不自在，这一对夫妇的幸福，并不使安乃德羡慕。“蛮好，蛮好，蛮好[1]……”莫里哀的剧本中有一个人物这样说……不，多谢，我可不要这个！……安乃德处在这样一个时刻，她需要辛辣的生活气息……

那么好，让她心满意足吧！那个蛮好的苏朗琪将要向她提供这种辛辣的气息……

*　　　*　　　*

安乃德换上衣服，准备赴宴。她今晚将要在苏朗琪夫妇家里遇到苏朗琪一再跟她提起的朋友：维亚大夫，一个名声聒噪一时的时髦外科医生，和他风头十足的年轻夫人。“要是我不去呢？……”她本来很可以送一个字条去道歉，说她不能去。可是玛克老和他母亲头对头、脸对脸地在一起，觉得厌倦，只要能出去走走，任何借口都使他高兴。安乃德不愿剥夺玛克这个消遣的机会。而且，她觉得自己太荒唐……“怎么啦？什么东西使你心慌？”……好像这是一个不吉利的预感。愚

① 法文原文 bénin，意为“很好”（兼有“乏味”之意）。

蠢！在她身上和非理性的本能同居并存的那种理性精神，使她不屑地耸了耸肩。于是她结束梳妆，换好衣服，和她儿子手挽手地到苏朗琪家去了。

迷信的本能不用等很长的时间就施行报复了。其实，一个预感成为事实并不是什么奇迹，一个预感表示你害怕产生某种感觉。因此，如果一个预感出现了，它并不是巫师。用文字游戏来说，它倒是水源探测者[①]，当他走近一处泉源时，身上一个冷战警告他，滔滔的流水在侵蚀地壳。

当安乃德走到客厅门口时，她受到了这样的警告，可是她皱了皱眉头；等她跨进客厅之后，倒放心了。苏朗琪还没有给她介绍，她一眼就判断了菲力普·维亚：他的样子令人反感，于是她松了一口气。

菲力普长得一点也不体面，他个子矮小、粗壮，眼睛以上的额头鼓起来，颚骨突出，短短的须发向上翘起，眼睛是钢铁般的蓝色。他非常镇定，表现出一种有礼貌的、严肃的冷淡态度。他坐在安乃德身边，进行着两种谈话：苏朗琪用断断续续的方式带动全体在座者的谈话，以及他抽空和他的紧邻安乃德的谈话。在这两种谈话中，他的词句都是简短、准确而且干脆的。从来没有一点犹豫不决，无论在言辞上，或者在思想上。安乃德越听越对他产生敌意。她在一种冷冷的、保持距离的、漠不关心的面具之下，回答维亚的话。他好像并不重视安乃德所说的一切。无疑，他是按照苏朗琪对她的平淡无味的恭维话来判断她的。他几乎没有礼貌。这是不足为奇的。人们对他的粗鲁态度已经习以为常。但是安乃德很生气，勉强忍受着。她从侧面，一点一点地观察他，却不显出她在看他，她在对方身上没有发现任何可以招她喜欢的东西。可是总的印象却不等于细节的总和，当她毫不慌张地考察到最后，她又慌张起来。手的每一个动作，面部皮肤的牵动……她怕他，她想："千万别让他看见我！"……

---

① 法文"巫师"为 sorcier，法文"水源探测者"为 sourcier，两词类似，只差一个字母，所以说"文字游戏"。

苏朗琪谈起一个作家,据她说那人有流泪的本领。

“漂亮的本领!”菲力普说,“在日常生活中,眼泪已经不值几文钱了。可是在艺术中,我不知道有什么东西比一瓶瓶的眼泪更令人恶心。”

太太们都喊起来表示反对。维亚太太说,眼泪是人生乐趣之一。苏朗琪则说这是灵魂的装饰品。

“那么你呢,你不反对吗?”菲力普问安乃德,“你在你经常购货的商店里也采购眼泪吗?”

“我自己的眼泪已经足够了,”她说,“我不需要别人的眼泪。”

“你仗着你库存的眼泪生活?”

“你有办法使我抛开这笔存货吗?”

“心肠要狠!”

“我正在学习呢!”她回答。

他斜着眼睛匆匆瞥了她一眼。

菲力普对安乃德说:“你瞧,那边有一个傻家伙,你要让他学习学习。”

(他用眼角示意,指的是玛克。玛克富于表情的脸,正天真地显露出各种激动的情绪,因为漂亮的维亚夫人就坐在他旁边。)

安乃德说:“我担心他在这方面已经有太多的倾向。”

“正好!”

“对于那些挡他道的人,正好?”

“让他踹在人身上前进!”

“你说得倒轻松!”

“你只要躲开就是。”

“那是违反自然的。”

“倒不,爱得过分才是违反自然。”

“爱自己的孩子?”

“不论爱谁,尤其是爱自己的孩子。”

“他需要我。”

“你瞧瞧他！他想你吗？为了能在我妻子手心里吃一点面包残渣，他会不认你。”

安乃德的手指痉挛似的抓紧桌布……啊，她是多么憎恨这个人！……他看见她指头的动作……

“我生下他来不是为了抛弃他的。”

“你没有生他，”他说，“生他的是大自然。自然利用了你，然后把你扔在一边。”

“我不让人抛弃我。”

“那就得打仗了？”

“打吧！”

他对着她的脸看，说：“你会吃败仗的。”

“我知道，吃败仗是常事。那有什么关系。仗反正要打的。”

安乃德在冷冷的面具底下，眼睛露出挑衅的微笑。可是对方的蓝色眼光，一下子就穿透了安乃德的眼睛。她暴露了自己。

菲力普是个暴烈的人，暴力是他的天才的组成部分。他把暴力运用到他的私人诊疗所里，运用到他雷厉风行的诊断中，运用到外科手术室和他开刀时有把握的手上，正如运用在日常的行动与决断中一样。他习惯于一眼就看透病人的身体，他立刻把安乃德整个掌握在手中：安乃德的激情，她的骄傲和不安，她的气质和强有力的本性。而安乃德自己也觉得被人抓在手中了，于是她马上把头盔上的遮檐拉下来。她又气又恨，只让对方看见她冷冰冰的盔甲。她心头一紧，感觉到敌人现在就在面前。敌人？对，就是爱情……（啊，这个字眼多么平淡乏味，离残酷的力量相差多么远！）她发现菲力普对她突然发生了兴趣。作为对抗，她表现出讽刺意味的僵硬姿态，但这不能很好地遮掩她的怨恨，反而使她完全暴露了自己。她太纯真，太热情。她不善于伪装。即使她的敌意，也把她内心深处暴露无遗。只有菲力普一个人注意到这一切。他不再设法继续他和安乃德的对话，他已经有足够的了解。于是,他用满不在乎的神气,对在座的人们讲了一个故事,那类既辛酸又好玩,充满他的艰苦奋斗痕迹的故事,他用眼光估量他将要搞到手的女人。

在座的人没有一个注意观察这一切。苏朗琪夫妇遗憾地发现安乃德和维亚互相没有一点好感,这两人的性格确实也没有一点相同之处。再说,苏朗琪夫妇把安乃德和维亚夫妇同时邀请来,他们想到的也只是让安乃德和维亚夫人接近,“她们两人是天生的一对”。在这方面,他们很高兴地看到果然不出所料。

诺爱弥·维亚是一个出生在热带殖民地的白种女子,样子极可爱。她的骨架纤细,肌肤丰满,肤色金黄,活似一只红烧鸽子。她有麋鹿的眼睛,鼻梁细长,面颊瘦削,小小的嘴向上噘着,好像要啄食似的;两只年轻的乳房浑圆而匀整,几乎露在敞胸的衣服外面;手臂、腰身都很苗条,脚很瘦小,四肢娇嫩。她演的角色是“儿童式妇女”,有时突然兴奋得不得了,有时懒洋洋的,一点劲没有,时而冲动,时而大笑,时而流泪,说话咬字故意用舌尖。她仿佛是这样一种人物,娇弱,感情横溢,异常敏感,可是不大聪明。其实她恰恰与此相反。她是动脑筋的,同时倾向于肉感;心肠枯干,可是富于激情;她观察一切,计算一切,不知疲倦,也不会摧折;脆弱,对的,但是像一根柳条,她可以弯曲,但是——砰!——她又弹回来。她是用生石灰和沙子做成的,表面涂了一层易碎的珐琅。(这层脆薄的涂料费了她多少精力,只有她自己说得清。)至于智慧,她自用有余,可以出让。她把富裕的智慧存在银行里,但是她的智慧只用于一个她感兴趣的对象身上:她的丈夫。她嫉妒地占有着她的丈夫,不许他人染指。对于夫妻双方说来,这是热情的结合,理智和官能的结合,也就是色情加虚荣。诺爱弥的决定比菲力普的选择要早得多。这个人,以他的许多巴黎的有名同行作为榜样,用同样热烈的劲头,一面进行极其繁重的医疗工作,一面不停地参加社交活动,还能挤出时间来,正如人们所说,“做”无数的外遇。他在男女关系方面春风得意的声誉,在不小的程度上影响诺爱弥对他的狂热爱情,以及把他占为己有、永不失掉的坚决愿望。菲力普毫不在乎妇女有没有智慧,他要的妇女是身体健康、穿戴入时和愚蠢。他故意宣称:一个女人嘛,越蠢越好。然而诺爱弥并不蠢,不过这也没关系。一个女人要争取一个男人的时候,她照着镜子,使自己的智巧,和她的眼色一样,按男人所喜爱的样子去装扮。诺爱弥用她年轻的肉体,和她对菲力普的崇拜,来陶醉菲力普。她贪婪地把菲力普整个吞没了。

但是情妇这一行业不是清闲的职位。干这一行必须发挥一种天才,而且永远不得休息!菲力普经过长时期互相热爱的拘束之后,开始厌倦了。诺爱弥在抓住她的丈夫兼情夫心中的风云激变的迹象方面,是出奇敏捷的,她不能高枕无忧。在菲力普不注意的情况下,她的嫉妒心一直在高度警觉中,她善于把爪子一挥,将危险推开,同时她用色情享乐和她狡黠的精神作为诱饵,使那个快要从她手中溜掉的男人,重新落入陷阱。一起头,这不过是一种游戏,但经过的时间并不长。她需要监视她自己,更甚于监视菲力普;她必须经常注意,经常准备补救在防不胜防的几分钟之间所造成的意外损害,补救岁月如流水所造成的无法避免的损害。诺爱弥已经不是二八佳人,她的容颜不光润了,脸上的秀色也憔悴了,乳胸肥满了,纤细的颈部也受到威胁了。美容术赶快来挽救这个在危险中的杰作,甚至使她增添了几处媚色。但是精神多么紧张,经常紧张!稍有不慎,就可能在主人尖锐的眼光下露馅,而他就会永不忘记。决不要被他出其不意地抓住破绽。一天早晨,她上颚的一颗门牙忽然折断了,何等可怕的悲剧!诺爱弥有半天没有敢露面,偷偷去找她的牙医。这样,等她回来时,露出无可非议的微笑,使菲力普除了嫉妒她外出的猜疑之外,不可能有别的猜疑……(可是嫉妒的猜疑比让他发现缺一颗门牙,严重性小得多!……)她不得不万分小心谨慎。菲力普不是那种可以让人随便用低质商品搪塞的老板,他是行家。他每次用“X光眼睛”(诺爱弥开玩笑地这样称呼菲力普的眼睛,为了掩饰她内心的紧张)盯着诺爱弥,使她接受检验时,她总有点心惊肉跳。她心里嘀咕:“他瞧见了吗？……”他瞧见了，但是不露声色。诺爱弥的美容术似乎是她天性的组成部分，但愿修饰的效果讨他喜欢，一切都没问题。可是当心，当心有一天效果失灵！……她不能接连两夜高枕无忧。每天早上，她得重新去争取胜利，而且，不允许她显出忧心忡忡的样子。为了讨老板欢心，她必须装出欢乐、年轻、满面春风。有时候，这是够叫人精疲力竭的！在她觉得疲乏极了，旁边又没有人看见她的时候，她就倒在沙发椅的中心，眉头紧锁、痉挛式的微笑挂在嘴边，染红的嘴唇鲜血淋淋……可是过分的疲弱只能持续一两分钟，她必须重新上路。她是重新上路了，年轻、欢乐、满面春风……为什么不呢？她实际上也是如此。她有这一切，她决不放弃这一切……再说，她不能离开她的暴君，而暴君正利用她这个弱点控制她，她要对暴君施行报复却有的是办法……够了！她有她的秘密……我们以后再谈，如果她高兴的话……此刻她在笑，不但启齿轻笑，她很满意，对于自己，对于他，都很满意，她有把握，他在她的手掌中！——当然，恰恰在这时刻他从她的手中滑脱……她的全副本领都落空了！她千辛万苦都白费。总不免有这样的时刻，她的注意力松懈了。就连阿耳戈斯[①]也不能不睡觉。于是，笼中的动物，关在房间里的情夫的心，恢复了它的自由。

由于自然界常见的一种感觉上的错误(大自然这个善良的媒介者从中得到好处)，诺爱弥总算有这么一回，面对一个女人而不产生疑忌之心。这个女人就是安乃德。

诺爱弥生活在一种错误的自信中，她以为菲力普最讨厌女知识分子。安乃德是最不可能使诺爱弥不放心的一个女人。根据以前她的竞争对手们以及她自己的身体长相，诺爱弥设想了一个能够夺走她丈夫的女人的形象。她设想这个女人是小个子，跟她本人一样，头发大约是乌黑的，一定很美丽悦目、细巧、爱娇，善于发挥自己的优点。菲力普发表他的幽默言论，认为妇女既然是天生专供男子使用的，应当

① 阿耳戈斯，古希腊传说中的百眼巨人，有一百只眼睛，睡觉时，五十只眼睛还睁着。

在现代生活中成为一种高度精巧的室内摆饰,但是她必须容易掌握,占地不多,令人舒服地陈设在客厅及卧室之中。菲力普不欣赏高大的女人,在美丽与风韵两者之中,他偏好于风韵。至于精神上的优点,他说他需要这种优点时,可以到男子们身上去找。他所要求于女人的唯一精神,是"肉体的精神"。诺爱弥和这一切没有违反之处,她符合上面所说的女人形象。安乃德一点也不符合,她高大健壮,在静止状态中,什么都不能激动她(她自己不愿意被激动)时,她的美是一种粗重的、没有风韵的美;母牛——朱诺[①]在草地上打瞌睡。诺爱弥觉得安乃德令人放心,而且安乃德冷冰冰地对待菲力普,这就增加了安乃德吸引人之处。在安乃德这方面,她对于美丽悦目的女子是十分敏感的,她倾向于喜爱和自己不像的东西,因此她被诺爱弥所引诱。在她和诺爱弥谈天时,她表露出她也有一种迷人的微笑,如果她高兴的话。菲力普都看在眼里,他正在开始燃烧的爱情火焰,针对着有两副面具的安乃德,面具之一不是给他看的……(不是给他看的吗?……被人拒绝的爱情有知识丰富的调皮办法,它可以回到被撵走的地方去!……)安乃德禁止菲力普探索她的思想,故意把自己用最难看的外表掩盖起来,与此同时,她却毫不生气地让菲力普从墙的另一边窥视她最吸引人的面容……是的,菲力普完全看见了。从沙龙的另一角落上,菲力普一边给主人介绍他最近进行的一种实验,一边观察着正在为他工作的妻子。安乃德和诺爱弥互相倾吐大量的甜言蜜语。诺爱弥从来不缺少这种柔情,而安乃德则有一种复杂的心情,其中并非没有她对菲力普的考虑,促使她这样做。她的耳朵在听沙龙那一边果断、锐利的声调,而这个说话的人,也知道有人在那边听他讲话……

她恨他,恨他……他就是她自己天性中最深刻的、被压抑的东西,她愿意加以抑制的东西——坏人和强者,顽强专横的骄傲,凌驾于他人之上的需要,意志的强烈要求,智慧的强烈要求,还有色情的和粗暴

① 朱诺是拉丁神话中大神朱庇特之妻,母牛是朱诺的化身之一。

的肉体要求,没有爱情的激情,比爱情更为强烈的激情。她憎恨自己身上的这一群野兽,也憎恨菲力普身上的野兽。但是她投身于一场寡不敌众的搏斗:她独自一人和两个对立者作战,他和她自己。

*　　*　　*

菲力普·维亚出身于弗朗什——孔代[1]的低级资产阶级家庭。他父亲是一个小城市中的印刷商,为人活跃、好动、大胆。他具有在更大的舞台上取得成就所需要的精力和无所顾忌的气魄,然而他没有成功,因为要成功就得有一条大胆的界线必须达到,然而又不能超越,而他却总是超越这条界线。他是当地某报社的经理,这张报纸漂浮于政治的浑水之中:甘必大[2]派的共和党,各种色彩的反教会派,竞选活动的强大代理人。有一次,他在法律允许(不!习惯允许)的诽谤和讹诈活动中调门提得太高,被判罪受刑。那些曾经利用过他的人都不理睬他了,再加疾病缠身,眼看自己已经破产,他只好把机器全部变卖。现在,既然他已经不能再供人利用,也无法让人怕他,地方上所有恨他的人都张牙舞爪向他扑来。于是他像一条狼似的狂怒挣扎,反抗疾病,反抗穷困和险诈的人心。他的激愤使他的病情严重化。临终时,他直到喘最后一口气,还在发泄他对出卖他的前伙伴们不能平息的怨恨。他的儿子那时十岁,父亲临死时的咒骂,孩子一句不漏地记在心里。

他的母亲,是出生于汝拉高原的昂首挺胸的农村妇女,原来就习惯于和疾风劲吹下的贫瘠土地做斗争,这时她打短工为生,在运河畔当洗衣女工,干着最艰苦的重活。她身体结实得像贝尔许山区的母马,仗着她铁打的四肢和骨架起劲地干活。她拼死拼活挣几个钱,然而为人守信、正直,对自己很严峻,很吝啬。人们怕她,可是愿意找她干活。她嘴很厉害,但是闭口不说。人家知道她从死去的丈夫那里,

① 孔代,法国东部地区。
② 甘必大(1838—1882),法国资产阶级政客。

掌握了许多家庭秘密。她不利用这些秘密,可是心中有数。比较谨慎的办法是花钱雇用她,而不是不理她。她没有精神上和严格的行动上的顾虑;她具有阴暗的热情(这个种族的血管里,有西班牙血液的成分),一种精力无限的激情,和高卢式的看透一切的态度相结合,使她什么也不相信,而且她的行动好像天堂的洪福和地狱的重罚都跟在后头。她只喜欢她的儿子。粗犷的母爱方式!她跟别人不说的话,全告诉她儿子,把儿子当作同伙,她的全部野心都寄托在儿子身上。她牺牲自己,儿子也应当做出牺牲。为谁牺牲?为了替*她*报仇。(*她*的仇?对,她的。替儿子报仇,替母亲报仇,这是一回事。)她对儿子没有温情,丝毫不娇纵,尤其没有怜悯式的安慰!……“苦苦地熬着吧,日后你会尝到甜头的……”当孩子放学回来(上帝晓得她用了什么样的艰苦劳动和外交手腕,替孩子申请到本城中学,以及后来省城中学的助学金!)——当孩子在学校里挨资产阶级少爷们的打骂(他们父辈对穷人的恶感是藏而不露的,他们继承了父辈的恶感,可是缺乏父辈的谨慎)回来,她对他说:“你将来一定要比他们强!他们会来亲你的屁股的。”

她对儿子说:“要靠你自己!不要想依靠任何人!”

果然他不依靠任何人,而且不久以后,他就显出别人需要倚重他了。他母亲也成功地坚持着困苦的生活,直到儿子出色地结束学业,进巴黎医科大学继续上学。他正在准备考试的日子里,他母亲得了肺炎,病倒了。她不愿意在儿子考完之前干扰他。她死的时候儿子不在身边。她在儿子来信时不知节省纸张而剩下的空白纸上,用春天的葡萄藤般扭曲粗糙的笔迹留下遗言,还规规矩矩地加上了所有的标点符号,她写道:“我去了。我的孩子,你要坚决支持下去,决不松手!”

他丝毫没有松手。回故乡埋葬他母亲时,他发现了一笔小小的存款,是母亲一天一天积蓄下来的。这笔钱使他维持了一年的费用。以后,他只好靠自己想办法了。他用白天有时是夜间的一半时间,来争取另一半时间的生存所必需的费用,没有一件工作他能说讨厌不干。他在一家标本制作商店里做标本逼真的工作,给一个雕刻家当模特儿;星期日给郊外的咖啡店,或星期天晚上给大吃大喝的饭馆充当临时跑堂;甚至有时在冬天,在饿着肚子的早晨,他被清洁队雇用为扫雪工人。他毫不犹豫地向人厚着脸皮求告,请求救济;他忍受屈辱去借钱,这种借款他是没法归还的,这就使那些庸夫俗子们有权利毫不客气地对待他,为了一块五法郎的硬币……(恶棍!在他的目光下,他们不会再一次冒险的!但是,由于他们不能痛快地蔑视他,他们只好满足于小心谨慎的憎恨,他们在他背后辱骂他。)——在工作最艰苦紧张的几个月中,他甚至从一个沿街卖春的女子手中接受钱。他并不因此脸红,因为这不是为了满足他自己,而是为了成功(他自己拼命熬着)。至于需要,毫无疑问,他有的是需要!他恨不得什么都要,但是他抑制他的需要。以后再说!先必须战胜。而为了战胜,先必须活下去,用一切手段维持生活。胜利能净化一切。胜利是属于他的。他觉得自己是天才。

他引起了老师们和同学们的注意。人们把工作交给他去做,完成之后,那些已经有地位的人,假装修改一下之后,签上了他们自己的大名。他让他们剥削,为了从那些把着门不放新到者进去的人身上获得某些好处。他们并不急于让他进去,他们重视他。“重视”是一种钱币,用它可以省却一切别的钱币。人们欣赏他,好极了!这个价钱可不能养肥他。尽管他有汝拉山区的结实身体,由于积劳和营养不良,他快要垮了。正在这时,苏朗琪遇见了他。遇到他的地方是苏朗琪主持的无数慈善事业之一:一个儿童医院。她主持这种机构是出于真诚的,然而是断断续续的慷慨之心,无论在心肠方面,还是在钱包方面,她都是这样。苏朗琪在那里看见菲力普在几个已经绝望的小病人床前狂热地贡献自己的力量,这是一种只要有一线希望就力求胜利的狂热。他在病床前一连几宵不睡觉。从这类搏斗中出来的时候,他面色苍白,精疲力竭,可是两只眼睛燃烧着狂热的和天才的火焰。当他胜利的时候,他看起来好像很英俊,而且在被他救治的小病人身边,他显得异常慈祥。他爱这个小病人吗？这是可能的,但不一定……可是,在和病魔搏斗中,他获得了决定性的发言权！

苏朗琪,当她听说菲力普的处境之后,经历了一阵周期性的“可歌可泣”的感情激动的高潮,在那时,她心目中就只有这件事是唯一的重大问题。如果有人想加以利用,必须一分钟也不迟误。

菲力普是从来不耽误时间的。这个快要淹毙的人,抓住了一只向他伸来的手,他甚至把手臂也一起抓住了。他本来还想抓其他部分,如果他没有发现苏朗琪在她兴奋的时刻,并未萌发爱情关系的念头。她喜欢慷慨激昂,但这丝毫不干扰她平静的心情。菲力普从来没有见过一个女人对他感兴趣,却并不从中寻求她自己的好处。善良的苏朗琪在她自身找到兴趣,她希求于别人的只是不要搞乱她给自己塑造的别人的形象。归根到底,她并不一定要认识别人。在别人身上如果有可能使她不喜欢的东西,她把这些都撇开不看,借口这不是“他真正的本性”。被她作为真实本性而保留下来的,仅仅是那些和她自己相像的东西。这样,她终于给自己建立了一个充满像她那样不干坏事的老实人的宇宙。菲力普听凭苏朗琪摆布,对她有一点蔑视,也有一点敬意。他不喜欢蠢人,他所谓蠢人是指那些看不见世界真实情况的人,可是苏朗琪的仁善心肠使她干了一些她常常称道的好事,在菲力普看来,这是不同一般的现象。不管它们的价值是道德的或不道德的,主要的是它们有价值。苏朗琪的仁善并不是虚构的,她知道了菲力普穷得一无所有和他的勤奋之后,马上给他一笔按期支付的津贴,一直帮助他到毕业,她供给他能够安静用功的喘息机会。她还进一步帮助他,她利用她的广阔交游,使医科大学一位有影响的大师对菲力普产生兴趣,或者说(因为这位有见识的人并不是没有注意到这只饿肚子的狼崽子令人不安的价值),使菲力普的优点不至于受 intus et in cute[①] 的

① 拉丁文:深入的,隐藏的。

限制,而是显露在光天化日之下。最后,苏朗琪把菲力普介绍给美国的一个煤油大王,此人希望通过别人的作为,使他自己名垂千古。这一下给菲力普开辟了成名的捷径,他在大西洋彼岸通过他在法老王的宫殿式大医院中完成的大胆的功绩,树立了他的盛名。

虽然如此,在菲力普最艰苦的年月里,有时苏朗琪一连几个月把受她保护的那个人完全置诸脑后。于是,由于她的分心,她所允诺的津贴中断了。有钱人的全副好心也不能使他们理解,必须经常想到钱。钱是穷人的心事。苏朗琪把一些音乐演奏会的入场券送给菲力普。为了到戏院的包厢里去提醒这位妩媚的夫人,说津贴已经有几个月未付了,菲力普必须先把一杯耻辱的酒喝下去。他确实这样喝。有时候,这甚至是他一天之中入肚的唯一饮食。于是苏朗琪瞪着诧异的大眼睛:“什么?啊!亲爱的朋友!我怎么那么糊涂呀!……我一回家就……”

她答应了,可是又忘记一两天,最后总算把钱送去了,同时以最和气的方式表示歉意。由于等急了,同时由于受了屈辱而满腔怒火的菲力普,发誓下回宁愿饿死也不再向她去要钱。可是,死只适合于那些不需要再活下去的人!而他,他需要活下去……他还是要去索取津贴,需要去多少次就去多少次。……苏朗琪毫不见怪。虽然她常常遗忘,(“她有那么多的事要想到!”)可是只要提醒她一下,她总是高高兴兴地给钱的……

这个年轻、热烈和渴望世界上一切享受的男子,和那个年龄比他略大一点,文雅、娟秀、温和、善良到可以供人充饥的程度的女人的关系是何等古怪。一连几年,他们两人常常单独见面,可是在他们的友谊中,从来没有掺杂一点可以这样理解,也可以那样理解的成分!安静的苏朗琪,在衣服装束方面,在社交和实际生活的一些小问题上,像慈母一般给菲力普一些劝告。骄傲的菲力普接受苏朗琪的劝告,或向她请教,毫不以此为耻辱,甚至向她倾吐衷曲,向她讲自己的雄心壮志和失意的事情。他可以毫无顾虑地这样做,苏朗琪什么也听不进去,不良的事她听不进去，真实的事也听不进去。有什么关系！她听你讲，听完之后，她带着善良的笑容说道："你想吓唬我。可是我不信你这一套。"

因为她只相信不真实的东西。

菲力普对于一切平庸的事物是无情的，他在生活中只保留一个例外，那就是他对苏朗琪的看法，他决不对苏朗琪横加判断。

七八年前，他从美国载誉而归，他的声望比他本人先回到巴黎，美国式的声誉，喧嚣一时，然而是结实的，以无可辩驳的现实作为基础的。他的引路人给他的支持，在粗俗的美元后面，拖带着官方的保护，给他开辟一条通路，不顾由那些墨守成规、妒忌以及很久以来就等着要进来的人的正当权利垒起来的三层拦路墙，不管公正不公正，他从大家的肚子上踏过去。菲力普不能忍受那种升官得志者的无功受禄，可是，明知道不是无功受禄的功名利禄，他就不择手段去争取。他十分蔑视世人，因此，只要有此必要，他毫不迟疑地借世人可鄙的武器，刺穿世人的身体。他不轻视报纸上喧嚣刺耳的广告，就如从前乡村里搭台拔牙的江湖郎中大吹喇叭一样。凡是时装表演、戏院的彩排、美术展览的预展、官方组织的大舞会，少不了有他参加。他让新闻记者给他写耸人听闻的访问记。他自己也写——求人不如求己——通过一两个例子，他向他的反对者们显示，他耍笔杆和操外科手术刀一样熟练。警告爱管闲事的人们！……毫无模棱两可的余地！菲力普和人握手的样子意味着："结盟，还是交战？"他不让人能用任何局外中立的办法滑过去。

同时，他拼命地工作，毫不照顾自己，正如他不照顾别人，不怕担当风险。他获得有声有色的成果，这是无可否认的，这使他所领导的医院里的见习大夫们，成为他热情的支持者。他向医学科学院提胆大妄为的报告，引起那些已经安居高位，不喜欢被推翻的人怒气冲天的不信任。荷马史诗式的搏斗，其结果差不多总是由他做出决定性的结论，总是他做最后的结论。

他吓坏了那些胆小的人。当他看到科学的利益或人类的利益被牵涉在内的时候,他对于个人是一点也不考虑的!他很想在罪犯们身上做实验,消灭人间的妖孽,阉割不正常的人,在活人的肉体上做英勇的试验。他憎恶感伤的表情,他对病人从不表示怜悯,也不容许病人哀怜自己。病人们的呻吟悲叹,他不感兴趣,然而,只要是可以抢救,他一定抢救——大刀阔斧地抢救。为了治愈一个病人,不惜一刀切开活的肉体。他心狠,然而手很柔和。病人都怕他,然而都要他。他敲富人竹杠,跟穷人一文不要。

他生活很阔绰,因为已经养成奢华的习惯。然而这种生活,他可以在朝夕之间完全抛弃,而毫不惋惜。可是,既然有了这种奢侈生活,不如全部接受!他的妻子是他的奢侈生活的组成部分。他享受他的妻子,也享受奢侈的生活。他不要求两者所不能提供的东西。他不要诺爱弥分担他的思想,他不把这样的要求献给诺爱弥。诺爱弥不在乎这个,如果她得到其余的东西,她认为她保着最好的部分。他决定给诺爱弥的部分是男人应当给女人的唯一部分。一个能思想的女人,是一件碍手碍脚的家具。

那么,为什么他立刻被安乃德吸引住了呢?

由于和他自己相似的东西。

由于那个时期的安乃德身上有和他相似的东西,而且只有他一个人能够理解。当他们两人的视线白刃交锋的头一回合,在他们对话中铁碰铁地互相撞击的时候,他心想:“她用和我相同的眼光来看这些人,她和我属于同一族类。”

和她同一族类?他好像并没有根据事实来判断。

安乃德是从那个社会氛围中掉下来的,而菲力普则刚刚爬上那个氛围,用手腕的力量爬上去,于是他们二人在一个过渡阶层上相遇了。可是,这时两人是平起平坐的。两人都觉得是这个世界以外的人,是这个世界的敌对者;两人都好像属于另一个种族,这个种族以前是大地的主人，现在已经丧失所有权，分散在各处，几乎已经消失。归根到底，谁知道各个种族的神秘和它们的盛衰升沉，这个千年来的纠纷，通过它，人类好像在走向中庸之道的最后胜利？……可是也有卷土重来的情况。有时候，原先的大地之主又在一天之内掌握了他的财富。财富与否，反正菲力普要求有他的一份。这样，他就把安乃德划归己有。

* * *

安乃德回到家中，低着头，前额沉重，她什么话也不说，上床睡觉。她把脑袋里的一切都清除干净，但是睡不着。为了推开一个形象，她必须注意窥探；她一开始昏昏欲睡，这个形象又出现在门口。为了忘却这个形象，她试着去想那些每天忙碌的事，可是引不起她的兴趣。于是，为了反抗威胁着她的一个入侵势力，她向一个平常怕勾起太多往事而不敢重提的同盟者发出号召：于里安，以及围绕着这个更近于虚构而不真实的亲爱的名字，由遗恨与梦幻所集合起来的思想境界。它们重新出现了一会儿，就冷冰冰地落在地上。安乃德坚持不休，又用力拾起来。她抱在怀中的只是一把枯萎的花，阳光一晒，花就晒干了。安乃德想用她发烧的手去抚弄它们，使它们恢复鲜艳，反而将它们完全烧焦。她辗转不安，翻来覆去地挪动枕头。可是，为了第二天的工作，她必须好好睡觉。她服了一片药，这才进入忘怀的境界。但是，三四个小时之后，她醒过来了，发现忧虑还在那里。她觉得即使在她睡着的时候，忧虑仿佛仍然没有离开她。

第二天，以及接连几天，她心绪继续紊乱。她东跑西走，教书、谈天、笑，一如往常。安装得很好的机器自己在开动，可是灵魂却非常不安。

天气阴沉，安乃德在巴黎街上走，突然眼前一片光明……在街道的那边，菲力普·维亚走过去了……她回到家里，沉浸在喜悦之中。

当她决定了解一下，到底为什么她那样欣喜，她不觉心惊胆战了。

如同她在自己的肉体上发现了癌症一样……这么说,她又一次落入陷阱了!爱情?对这样的一个人产生爱情,这又将给她招惹多少无用的痛苦?一个她素不相识的人,可是知道他是个危险人物,没有仁慈心肠的人;一个不属于她而属于另一个女人的人;一个她不爱的人,既然她爱另外一个人!另外一个人?对,于里安,她一直爱着于里安。好,既然她爱于里安,她还能爱另一个男人吗?——她爱他……这是怎么回事……怎么她的心能够同时给两个人?给每一个人的都是整个的心,不能分开!因为每当安乃德把她的心给人的时候,总是整个儿给人的……她感觉到一种自己出卖自己的情绪。毫无疑问,把身体给别人,在她看来似乎并不比将心同时给两个人更可耻。难道她对自己不诚恳、不正直吗?——正是这样。她不知道她有不止一颗心,她有不止一种生命。在灵魂的树林中,并存着思想的林木,欲望的树丛,几十种不同的元素。平常人们看不清楚这一切,它们在睡眠,但是风一吹,它们的枝丫就互相撞击……在安乃德身上,激情互相撞击,在许久以前,已经显出它的繁复。她是重视义务的女人,同时充满热情的骄傲,是热情的母亲,热情的情妇——情妇?各种不同的情妇……大风中的树林,如波涛起伏,树木的手臂伸向天空的各个方面……可是安乃德感到耻辱,直至垂头丧气,因为一种不经她同意的力量支配着她。她想:“多年来的毅力和斗争有什么用呢,如果一瞬间足以破坏一切?这股力量究竟是从什么地方来的?”

她狂怒地排斥这股力量,把它当作不速之客。难道她不认识她自己的本性吗?这是最令人丧气的。怎样能摆脱自身的力量呢?

她并不是一个被动地屈服于她所蔑视的内心宿命的女人,她决定扼死这个使她痛苦的情感。要不是诺爱弥,她本可以成功地办到这一点,她辛苦的日常工作有助于她办到这一点。

她收到了一封信,是那个小小的人儿用大大的字体写的。她研究过怎样把信写得文雅大方,但是这也不能掩盖她冷冷的决心。几句话,请安乃德去吃晚餐。安乃德以工作忙为借口,推辞了。诺爱弥又来一封信,这回表达了她想和安乃德再见一面的热烈愿望,同时让安乃德选择哪一天晚上去。安乃德决不再去接触已经嗅到的危险,又一次辞谢了诺爱弥的邀请,借口是每天工作完毕之后她极度疲乏。她以为这件事就此结束了,可是那个小小的邦达罗斯①,在他厌烦和调皮的时刻,他就是爱神的千种化身之一,如果诺爱弥不把安乃德领进他的羊圈,他就不让诺爱弥得到安宁。于是,有一天傍晚,安乃德教课完毕,回到家里,正在准备晚餐(有闲阶级总选择这个时候来串门的),诺爱弥出现了。她叽叽喳喳说了一大套,向安乃德保证永世不渝的友谊。安乃德很窘,因为她不体面的样子让人看见了,但是她不由自主地被诺爱弥的温情所吸引,在她身上,她不知不觉地喜爱"那个人"的反照。尽管诺爱弥再三要求,她决不动摇,拒绝她的晚餐。但她至少也得答应去看望诺爱弥,于是她小心谨慎地打听清楚,什么时候诺爱弥一个人在家。诺爱弥注意到安乃德操心的就是要避开菲力普,她以为安乃德是因为腼腆以及对菲力普缺乏好感,她对安乃德的好感因此而有所增加。诺爱弥回家之后,不谨慎地饶舌,把她去安乃德家访问的事,也给菲力普讲了。而且,用极友善的女朋友之间惯用的迷人的阴险手段,诺爱弥强调一切她认为可以使菲力普瞧不起安乃德的细节:安乃德穷得一无所有,家里乱七八糟,刺鼻的墨水气味和厨房气味。一句话,安乃德围绕锅台转。菲力普已经听说了安乃德的勇敢经历,他尤其熟悉贫穷的气味。他所思考的和诺爱弥所估计的不是一回事,不过他把这些都藏在心里。

短短几天之后,安乃德从诺爱弥家里出来,在街上碰到了正要回家的菲力普,这并不是完全出于偶然的。安乃德觉得她并没有寻求这次相遇,所以不必抑制见到菲力普时心中那种说不出的快乐。他们交谈了几句。当他们站住说话的时候,一个年轻女子走过,菲力普向她招呼。安乃德也认出是谁,那是一个聪明的女演员,她正在扮演玛斯

① 邦达罗斯,希腊神话中的人物。

洛娃[1]。安乃德很喜欢她,她的好感表露在她的眼神中。菲力普问她:“你认得她吗?”

安乃德说:“我看她演过《复活》。”

“啊!”他说,同时嘴巴不屑地一撇。

安乃德很诧异,问道:“你不喜欢她的表演?”

“和她的表演没有关系。”

“那么是这个剧本? 你不喜欢这剧本?”

“不是。”菲力普说。

他看见安乃德好奇地想知道他的理由,加上一句说:“我们一同走几步吧,你愿意吗? 这有点儿不合规矩,但是那些规矩不是给我们这样的人准备的。”

他们一同走在街上,安乃德有点儿窘,可是非常得意。菲力普谈那些戏,用反感与幽默相混合的调子,就像托尔斯泰自己(应得的报应!)对待他所不喜欢的人一样。菲力普停住不说了,他觉得自己的严厉很好玩,又说:“我不公正……当我看一出戏的时候,我看的是看戏的人,我在他们的脑膜之下看这出戏,我看见的景象并不美妙。”

“在有些人身上确实是这样。”安乃德说。

“对,有那么几个人,他们有美化人间苦难的本领,这样,就免得他们去解救苦难。那些善良的理想主义者,用别人的不幸给自己安排甜蜜的时刻,别人的不幸对于他们不过是毫不费力的艺术感情或慈善感情的题目而已。对于那些以此赚钱的强盗们,他们安排了更舒适的时刻。他们用感伤的表情作为旗帜,掩盖那些爱国同盟、增殖人口同盟、发行纸币、证券、进行殖民战争,或别的慈善事业……眼泪汪汪的时代!……没有比眼泪更冷酷、更唯利是图……善良的老板的时代,(你读过彼埃尔·韩[2]的作品吗?)老板在他的工厂附近建筑教堂、小酒店、医院和妓馆……他们把自己的生活分为两个方面:一方面是关于

① 托尔斯泰的小说《复活》中的主要人物,妓女。

② 彼埃尔·韩(1876—1962),法国小说家,专写各种劳动的场面。

文明、进步、民主的演说;另一方面包括剥削和对于人类前途卑劣的破坏,毒害本民族,消灭亚洲和非洲的民族……干完这一切之后,他们去对玛斯洛娃掉几滴眼泪,然后一边听德彪西软绵绵的音乐,一边睡午觉……当心觉醒!残酷的仇恨在累积。巨大的灾祸来到了……正好!他们的肮脏医学只会设法培养疾病,最后总得诉诸外科手术。"

"病人能够逃过这一关吗?"

"我要消灭疾病,病人我不管!"

这是一句开玩笑的话,安乃德微笑了。菲力普斜睨了她一眼:"这不叫你害怕吗?"

"我没有害病。"安乃德说。

他站住,看看安乃德,说:"对,你没有病。跟你在一起,可以呼吸健康的气息……这使我能离开腐臭的身体和精神,换换空气!精神的腐臭更加恶劣……请原谅我激烈的词句!可是我刚刚开完会回来,我刚刚跟一帮官方维持疾病者,也就是所谓卫生部的伪君子们争吵了一场,我满肚子愤怒和恶心,按捺不下去。当我看见你的时候,你明亮的眼睛,爽朗的走路姿势,你身上一切都是高傲和健康的,我自私地吸了一口你的空气,现在感觉好多了。谢谢!"

"让你这么一说,我这下子被提升为医生了!"

"医生,那倒不是。医学,氧气。"

"你就这样对待人吗?"

"我把人分成这样几类:吸气、呼气,使一切更新的人,杀人的人,必须杀死的人。"

"你还要杀死谁呢?"

"还要!"他特别指出这两个字,"你觉得我忍受不了我的病人了吗?"

"不,不,这是不由自主地说出来的,"安乃德笑着说,"这是我的老习惯……但是,我可以问问你吗?你刚才遇见我的时候,你在生谁的气?"

“现在既然和你在一起,我很愿把这些全忘掉。简单地说,问题在于一片不卫生的住屋群。自从不洁净的国王,炖鸡亨利①以来,人们就在那儿培育癌症和结核病。效果是极高的:最近二十年来,发病率是百分之八十。我把这件事向卫生委员会提出,要求采取彻底的措施,征用和拆除房屋。他们好像同意了,并且要求我起草一份报告。报告写好了,我跑去一问,发现上面的话跟原先完全不同,‘亲爱的、卓越的同事,你的报告给人印象深刻,极好的材料,一定要研究,我们将要研究。死者已经死了,真的,死在他们的居室中,但是他们是否确实由于居室而死?……’有一个人拿出证件来给我瞧(谁知道这证件是怎样制造出来的),在被房东收买的住户同谋之下,证件证明死者在住进死亡等候室以前,已经拿到了公墓的入门券,或者证明肿瘤是由外伤引起的。另外一个人攻击老房子不如新房子卫生的说法,说老房子更宽敞,更通风,他举了一个例子:他家的房子就是这样……要改善卫生条件,而不是拆房,在任何问题上都不要过分,好好地洗刷一次,就行了,房东自愿采取消毒措施……再说,我们很穷,口袋空空,拿不出一文钱付征用费……啊!如果问题在于铸造一门新的大炮!但是,说来说去,癌症比大炮杀人更多……为了结束这场闹剧,最后有一个要官腔的人提出‘美观’问题。仿佛这几所‘绿猪年’建造的破房屋,要为了艺术与历史而加以保留!……我也喜欢艺术,我可以给你瞧我家里的绘画,相当美观,老的和新的全有,可是老年在我看来总不是美的标志(除非说的是美丽的某夫人)。不管美与不美,反正我不允许过去毒害现在。在所有的伪善之中,唯美派的伪善最使我反感,因为这种伪善把它的枯瘠当作高尚。所以在这方面,我说了一些相当僵硬的话。在讨论中间,有一位同行向我打了一个招呼,把我拉到一边,告诉我:‘你难道不知道吗?那个拿房客们的腐烂尸体当作食物的昆虫,那个蚂蚱,他是商业和食品委员会主席的亲密朋友;这位主席操纵选举与政

① 指法国国王亨利四世(1553—1610)。传说他曾讲过,如果每家灶上有一锅炖鸡,法国人民日子就好过了。

党之间的勾结,他是统治民主集会和宴会的幕后操纵者之一。这个看不见的人物的野蛮行动,砌成——用共济会的方式砌成——我们共和国摇摇晃晃的建筑。而这位平民之友不愿意我们让平民从他们的坟墓中搬出来……'你听,最美妙的说法!说这是出于慈善的动机……最后他们给我欣赏一份房客请愿书,写得有板有眼,他们抗议要他们换房子的说法!——我一个人对付他们大伙,你叫我怎么办?有人说,预言者在笑①。所以我也笑了,但是我说,我不是自私的人,我不能把这件开玩笑的事只让自己知道。我建议第二天在《晨报》上发表,让公众都知道。他们大声反对。不过我说到做到。我知道会有什么后果:四面八方会向我发动攻击。医学界以前领教过我的斥责的人们,也不会放弃报复的机会。他们有的是办法打中我。但是,正像你所说:搏斗!好战夫人!……哎,那天晚上,在苏朗琪家里……好像这些都使你觉得好玩?"

"是呀,真好,我喜欢这样,向非正义做斗争。我恨不得是个男子汉!"

"不需要做男子汉,你已经在斗争了。"

"我从来不抱怨我参加斗争,我抱怨的是闷气。我们的本分是在地窖里搏斗,而你们呢,是在山顶上,在光天化日之下斗争。"

"哎!瞧你的鼻孔在翕动!一匹闻到火药气味的战马!我已经领教过了。那天晚上我已经注意到。"

"那天晚上,你讽刺了我。"

"不,决没有。你太像我了,我怎么会讽刺你呢?"

"你逼得我不得安宁,牵着我鼻子走!"

"对,我立刻就看出来了……我没搞错。"

"尽管这样,一开始,你的态度相当傲慢。"

"鬼知道,如果我能预料到会遇见你,在苏朗琪家遇到你!"

---

① 成语,意为:两个预言者不能不相视而笑。指古罗马民间预言者,相当于我国古代卜课、算命的人。他们以胡言乱语欺骗人,所以不能不相视而笑。

“那么好,你说吧,你自己呢?为什么你在苏朗琪家里?”

“我嘛,那是另一回事。”

“那是为了喜爱多愁善感的性格?”

“现在轮到你讽刺了……可怜的苏朗琪……不,不要提她!我知道,人们会说她这样那样。可是苏朗琪是神圣不可侵犯的!”

她不向他询问什么,可是注视着他。

“下次我告诉你……对,我得她的好处很多……”

他们停步不走,就要分手了。安乃德含笑说:“你并不像看起来那么坏。”

“你呢,也许并不像看起来那么好!”

“正好平均一下。”

他盯着她眼睛,说:“你愿意吗?”

他不开玩笑了。一股热血冲上安乃德的面颊,她找不到一句话来回答他。菲力普的眼光盯住她,不放开她。他说了?他没有说?在他嘴唇上,她看出一句话:“我要你……”

他鞠了一躬,走了。

* * *

安乃德剩下独自一人,停留在火热的川流中。她一直向前走,十分钟以后,她又回到了刚刚出发的地点。她不知不觉地围绕卢森堡公园四周的铁栏杆,走了一大圈。她遍身火热地清醒过来,那三个火焰般的字,刻在黑色的衬底上。她使劲想擦掉这几个字……他说这句话没有?……她眼前又出现了他毫无表情的脸。她想怀疑他说过这句话,可是痕迹历历在目。她的抵抗力减弱了。突然间,她屈服了……那也好。这是早已决定了的……她早就知道……一小时以前,她还想反抗,可现在,她反而觉得轻松了。命运已经这样决定……

她回到家中,头脑清醒,冷静,果断。

她知道菲力普要什么就能够办到什么,而且菲力普想要的,她也想要。她是自由之身,没有什么可以拦阻她……她想起了诺爱弥吗?她对诺爱弥只有一个义务,讲实话。她决不说谎,她将收回她的财富……她的财富?另一个人的丈夫……可是盲目的情欲对她说:是诺爱弥偷走了她安乃德的丈夫。

她没有采取任何行动促使不可避免的事早日发生。她满有把握,菲力普一定会来的,她等着。

他来了。他选择了她独自在家的时间。当她去开门的时候,她觉得非常害怕,但是,也就只好这样了。她把门打开,除了脸色苍白之外,她一点也不露出激动的心情。他走到房间里。两人面对面站着,中间隔开几步,稍稍低着头。他用严肃的眼光瞧着她。沉默了片刻之后,他说:"李维埃,我爱你。"

李维埃这个名字,在他嘴里令人想起一条河流[1]。

安乃德,全身微颤,站着不动,回答说:"我不知道我是不是爱你,我不信我爱你,但是我知道我是属于你的。"在菲力普严肃的面容上,出现了一丝微笑。

"很好。你不说假话。"他说,"我也不说假话。"

他向她走近一步,她本能地向后退缩,正靠在房间的隔墙上,毫无抵抗地,两只手掌按在墙上,她两腿瘫软了。他站住了,他静静地看她。

"你别害怕!"他说。

于是在他严峻的目光中,透露出温情。她好像一个承认自己战败的人,平静地、略带一点鄙视地说:"你要我什么?你要的是我的身体?我不跟你计较。你要的无非是这个。"

他再向前走了一步,坐在她脚边的矮凳子上,他的面颊轻轻擦着她的连衣裙。他拿起安乃德的手,她把软弱无力的手让他拿着。他在

---

① 李维埃,rivière 的音译,意为:川流、小河。

这只手上深深地吸了一口气,他的嘴唇把她的手指一个一个地轻轻吻遍。然后,他低下头,把她的手按在他头上、眼睛上。他说:“这就是我所要的。”

安乃德的手指接触到菲力普头上粗硬的短发,他前额鼓起的部分,突突跳动的太阳穴。这个刚愎的人把自己置于安乃德保护之下了……她俯身向着他,他抬起脸来。这是他们第一次接吻。

他两条胳膊紧紧搂抱着安乃德,她跪在地上,紧挨着他,她不再抗拒,好像连一口气都没有了。暴烈的菲力普不想乘胜直下,他说:“我要一切。我要整个的你:情妇、女友、女伴,整个属于我的妻子。”

安乃德挣脱他的搂抱。诺爱弥的形象涌现了。刚才,安乃德把这个形象从自己的思想中抹去。但是,菲力普也这样干,这一事实几乎使安乃德感到受了损害。在妇女甚至互相敌对的妇女之间本能的、共济会式的联合的意义上,安乃德受了损害,因为一个妇女受了男子的冒犯——对妇女们共同的冒犯——所有的妇女就群起而攻之……

安乃德说:“你不能这样,另外有一个女人占有着你。”

他耸一耸肩:“她什么也没有。”

“你的名字和你的信念。”

“名字对你有什么关系?别的你都有了。”

“名字我不在乎,但是我必须要信念。我把我的信念给你,我也要求你把你的信念给我。”

“我准备把我的信念给你。”

但是,安乃德虽然向菲力普要求他的信念,当他要把信念给她时,她却大发脾气了:“不,不!你从那个和你共同生活已经多年的女人那里收回你的信念,而给我这个和你不过第三次见面的人?”

“我要认识你,用不着见三次面。”

“你并不认识我。”

“我认识你。在生活中,我学会了很快就认识人。生命很快就过去了,一个时机从不会出现两次,必须当机立断,不然就永远别要。李维埃,你从我面前经过,如果我不抓住你,我就失掉了你。我要把你抓住。”

“你也许搞错了。”

“也许。我知道,在要一件事物的时候,人们往往搞错。可是在不要某一事物时,人们永远是搞错的。如果我看见了你而不要你,这个错误,我是永远不会原谅自己的。”

“你知道我什么?”

“比你所想象的多得多。我知道你曾经很有钱,而现在你很穷;你青年时期充满了快乐与幸运,现在你破产了,被你的社会圈子所排斥;你没有屈服,你奋斗了。我知道你是怎样斗争的,因为我也进行过这种斗争,三十年来,每天都在进行这种肉搏战。有过多次我差一点就要完蛋了,而你却兀然不动。我呢,我是习惯了的,我自从摇篮时代起,已经遭遇到卑贱的穷困。你呢,你皮肤娇嫩,一向受人宠爱、奉承,你却一步也没有退让。你没有接受任何卑鄙的妥协,你没有用你妇女的办法,那就是诱惑男性,或者用从实利出发的婚姻这种诚实的手段,设法逃避你孤军奋战的生活。”

“你以为有许多人向我提过这种亲事吗?”

“那是由于即使是眼光最短浅的人,也知道你不是一个能用婚约买到手的女人。”

“对,不能变卖的。”

“我知道,你已经爱过一个人,并且有了孩子之后,你拒绝做那个人的妻子,我不需要知道你内心的理由。但是我知道你敢于面对一个卑鄙的社会,要求的不是享乐的权利,而是吃苦的权利,有一个儿子,并且在贫穷中由你独自一人抚养他的权利。要求这种权利还不算什么,而你是实施了这种权利,独自一人,已经坚持了十三年。根据我的经验,我知道这十三年的艰难困苦和每天的忧虑是多么沉重,可是我发现站在我面前的你,是完好无损的,腰板笔挺,傲然自得,一点没有受折磨的痕迹。你避免了两种失败者的姿态:一种是垂头丧气,一种是牢骚满腹……(我自己没有能避免辛酸的烙印)。我是为生活而搏斗的行家,我知道像你这样坚强的性格是多么宝贵。这个严肃的微笑,这两只清澈明亮的眼睛,两条眉毛安详的线条,这双光明磊落的手,这泰然自若的和谐——而在这里面,是燃烧着的火焰,是迎接搏斗的欢乐颤抖,即使打败仗……('有什么关系!反正我在斗争……')难道你以为像我这样的一个男子,会不赏识像你这样一个女人的价值吗?难道你以为他赏识了这个女子以后,会不准备付出一切代价去征服她吗?……李维埃,我要你,我需要你。你听我说,我不会设法骗你的。虽然我希望你得到益处,但是我不是为了你的利益而要你的,而是为了我自己的利益。我奉献给你的不是什么可图之利,而是给你增加新的考验……你还不清楚我的生活……挨着我坐,我的秀眉美人!……"

安乃德坐在地板上,抬头瞧着他。他抓住她的双手,一边说话,一边抓着她的手不放。

"我有名望,我有成就,我有钱,和有钱所能办到的一切,但是你不知道我是怎样获得这一切的,怎样保住它们的。我用暴力把它们抢到手,用暴力抓住它们不放。我强迫了我的命运,如果有命运的话。我不顾一切人和物,才达到目的。而且我从来不会(也不愿)替人包扎由于我而受伤的自尊心,以及被我走过时踩在脚下的利益,为了使别人能原谅我的飞黄腾达。我那些亲爱的同行预料至少我的成就会对我产生麻醉剂的作用,完全没有这么回事。他们白费力气来恭维我,他们发现我不是而且永远不可能成为他们的人。我不能忘掉在壁垒那一侧所看见的:成堆的尔虞我诈和不公正的现象。我曾经有时间细想过社会的谎话。知识分子阶层(不管他们自以为怎样了不起,不管别人怎样期待他们)向来是这个社会最好的看门狗。除了少数几个干练的人,他们在自己的艺术或思想的知己之间是被认为目空一切的,然而一走出他们自己的园地,就对占统治地位的愚蠢行为脱帽致敬。我明显的疯狂就在于不肯奉承愚蠢的统治者。目前,我甚至僭妄地攻击统治者某些神圣的骗局,因为这些都加重了人民的贫困,使成千上万的人没完没了地受罪。我将使赛湃[①]的三张嘴同时狂吠,三个伪善的方面:道德、祖国和宗教。以后我再跟你谈这些。我也一样,我将被打垮,我知道。尽管这样,我还是要战斗,为了战斗的甘和苦,而且也必须这样。……你明白,为什么那天晚上你说的那些话给我带来了你没有料想到的信息!你的话是属于我的,你的嘴也属于我。"

安乃德把嘴送给他。他用他那双粗大的手温柔地捧住安乃德的面颊和鬓角。

"李维埃,我需要你。我没有想到会找到你。现在你既然已经在我手中,我不放你了。"

"好好地抓住我吧,我怕我会滑脱。"

"我懂得怎样把你捆起来。我把我的艰苦生活,我的那些敌人,我的危险,统统贡献给你。"

"对。你认识我……但是所有这一切都不能属于我。这都属于你的诺爱弥。"

"她要这些干什么?关于这些,她一点都不想知道。她把真实和苦难这两件事都从生活中一笔勾销了。"

安乃德注视着菲力普。他在她的眼神中看出她想问而没有问的一个问题。

"你在想:'那么他为什么要娶诺爱弥为妻呢?'那个女人说谎,是的,这我知道,她遍身都是谎话,从头发根一直到手指尖。……是呀,但最奇特的是,正因为她说谎我才娶她。我几乎是为了这一点才爱她。……当说谎成了一项这样完美的艺术,它比得上美好的戏剧……(难道人们不知道戏剧说谎,几乎所有的艺术都说谎。少数几个独特的艺术家除外,他们把同行搞得手足失措,于是同行都说这种人不是艺术家,他们在糟蹋艺术这一行。)如果世界是一场大谎,至少我们有

① 赛湃,希腊神话中的怪犬刻耳柏洛斯,一身三头,它的职务是看守地狱的大门。

权要求把谎话说得有趣点儿。从整个看,为了使我满意,也为了和我交往的人们,我宁愿要那种说谎说得很美妙的人。他们骗不了我,我看得一清二楚。诺爱弥的风韵和她的感情,同样是造作的,但是她的作品很成功,她替我增光。每天晚上,当我割了一天腐臭的肉体之后,带着一双被污染的眼睛回家去,诺爱弥的那一套,使我觉得津津有味。她是一潭含笑的泉水。让她去说谎吧！这是毫无关系的。如果她说真话,她就没有什么可说的了。"

"你真狠心。她爱你。"

"毫无疑问,我也爱她。"

"你既然爱她,你要我干什么?"

"我按照她的方式爱她。"

"这就不少了。"

"对她来说也许不少,对我来说却不多。"

"可是,她给你的一切,我也能给你吗?"

"你,你不是在游戏。"

"我也愿意游戏。生活就是游戏。"

"对,不过你相信生活。有人严肃对待一场游戏,你就是这类人。"

"你也是这样。"

"因为我愿意这样。"

"谁告诉你,我不是自己愿意这样的?"

"那好！我们两个都愿意。"

"我不要一个建立在废墟上的幸福。我受过痛苦,我不愿意使别人痛苦。"

"在生活中,一切都是以痛苦作为代价的。在自然界,每一个幸福都是建立在废墟上的。到最后,一切都是废墟。至少,我们反正曾经建筑过!"

"我下不了决心去牺牲另外一个女人。可怜的小诺爱弥!"

“如果她将你踩在脚下,她可没有这么多的怜悯之心。”

“这个我信。但是她爱你。在我看来,毁灭一个爱情,这是罪行。”

“不管你愿意不愿意,反正现在木已成舟。你一出场,我和诺爱弥的爱情已经被毁灭。”

“你光想你自己。”

“在爱情上,谁都光想自己。”

“不,不,这不是真的!我想我自己,想你,想那个爱你的女人,想你所爱的一切。我愿意我的爱情是善良的,对大家都是欢乐的。”

“爱情是一场决斗。如果你左顾右盼,你就完蛋了。你要眼睛盯着你对面的敌手!”

“敌手?”

“我。”

“你,确实是你,这我不怕。可是她,诺爱弥,她不是我的敌手。她没有干过任何伤害我的事,我能够为了毁灭她而出现在她的生活中吗?”

“是不是对她不讲实话更好些?”

“欺骗她?……恐怕还不如把她毁灭……要不,我就毁灭我自己。放弃吧。”

“你不会放弃的。”

“你怎么知道?”

“像你这样一个女子,不会由于软弱而放弃。”

“为什么不是由于强有力而放弃呢?”

“我从来没有见过自己退让的力量。我爱你,你也爱我,我不许你放弃。”

“不要威逼我!”

“你爱我。”

“我爱你。”

“那么?……”

“那么……你说得对,我不能,我不能放弃。”

“那么?”

“那么,就这么办吧!……”

*　　*　　*

他们对“那个人”还什么都没有说。

安乃德本来发誓不在菲力普向诺爱弥说明之前,跟他发生关系,但情欲的力量赶在决心前面了。人们不能给情欲规定一个时间。情欲控制了安乃德,现在是安乃德抓住菲力普不放。她怕他刚愎的脾气。

菲力普毫无顾忌地瞒着诺爱弥。他不怎么尊敬诺爱弥,所以他不认为有必要对她说实话,但是如果必须说实话时,他就会毫无顾忌地说。他是个可怕的人,在一种情欲控制下,他可怕地缺乏仁善心肠,别的一切都不存在了。他以前对诺爱弥的爱情,是主人对一个价值很高的奴隶的感情。总之,在他心目中,诺爱弥无非是一个价值很高的奴隶,此外没有任何别的意义。如同许多女人一样,诺爱弥能适应这种情况。奴隶要是能控制主人,那么奴隶的权力是无比强大的。她就是一切,直到有一天,她变成一文不值。诺爱弥知道这一点,但她觉得对于自己的青春和魅力在许多年之内是满有把握的。在我们身后,任凭洪水泛滥吧!……再说,她在监视着。她发现菲力普有一些短暂的对她不忠的行为。她不太重视这些情况,因为她看得很清楚,那些事情是不能持久的。不过她自己锦上添花,搞一些外遇,作为对菲力普小小的报复,这是她不告诉他的。有一次,她气势汹汹地让她男人戴上了绿帽子,只有那么一次,因为菲力普对她不忠使她太不能忍受了。那一次她跟人乱搞,并没有觉得有多大乐趣,反而有点恶心,没有关系!反正账算清了,谁也不欠谁。事后,她对丈夫显得分外温存。当她吻他的时候,她感到那是一种享乐,因为她心里这样说:“亲爱的,我跟你说的是假话。这次给你一个教训！你是那个……[1]”

她很害怕菲力普万一知道，不过这种害怕反而增添她的兴趣。菲力普不知道任何确实的情况，没有任何事实，但是他在诺爱弥的眼睛里看出她在说谎。不管诺爱弥是不是已经对他不忠，反正她有这种念头。她看见菲力普眼睛里亮光一闪。他的两只手会把她捏碎。但是他什么都不知道，他永远什么都不会知道。她闭上眼睛，像一只懒洋洋的母鸽子。他粗暴地说：“瞧着我！”

她赶快抓紧时间装出天真的眼色来。他知道这是假的……对此他并不反击。

他不责怪她，虽然，如果让他抓住事实，他会打断她的腰骨。他并不期望她给他那种她所不能给的东西：坦率和忠贞。既然她能够讨他的欢心，只要能这样继续下去，一切都好办。但是，有一天如果她不能再讨他喜欢，他认为他有和她分裂的自由！

安乃德有更多的顾虑。她是女人，她更清楚诺爱弥心里想的是什么。诺爱弥可以是虚假的、无聊的，而且对菲力普不忠，但是她爱菲力普。不，并不是像他所说那样，诺爱弥并不是在游戏。她非常重视菲力普，把他看成她自己身上的一块肉。不仅由于肉欲火炽的铁刺，更是由于内心深处的倾向，好的或坏的。在爱情中，除了爱的力量之外，别的都不算数。这个强烈的磁铁，将一个人的灵魂与肉体深深地嵌入另一个人身上。她非常珍视菲力普，就像珍视她的生命之目的，珍视多年来她一直想望、想望、想望的事物。一个女人并不总是明白她为什么热爱一个男人，但是由于她热爱了，所以她不能再松手。她在那上面耗费了太多的力量与欲望，所以不能再转移到一个新的对象身上去。如果要把她从那个人身上拉开来，就得在两个人身体连接的地方切一刀。

猜疑之心开始苦恼着诺爱弥。一开始，这种苦恼几乎没有什么了

① 意为：你当了王八！

不起,小耗子啃东西,生活一点也没有起变化。菲力普跟往常一样粗鲁,总是匆匆忙忙的,不大爱说话。他听诺爱弥说话,但没有听进去;心里忙着想别的事,眼睛闪着火光。在这阵子,他被一件相当讨厌的事纠缠着:他自己惹起的一场毫不留情的笔战。诺爱弥知道这件事,但她不了解这些令人头痛的情况。每当菲力普处于这种状况中,任何别的事他都不想了,连诺爱弥也被抛在一边。那也不过等一等就是,让他停食几天,他会用更大的胃口回到她身边来的。话说回来,这一次他禁食的时间太长了!过去,有几次她用好玩的小动作挑逗他,引起他粗暴的推拒,他发火了,因为诺爱弥打乱了他的思绪。诺爱弥高声抗议他缺乏礼貌,心里却并不生气。她好比一个小孩在玩鞭炮,声音越响她越觉得好玩。……可是这一回(倒霉!)鞭炮没有点着……菲力普连瞧都没有瞧。诺爱弥的挑逗被菲力普漠不关心地泼了冷水……猜疑的小耗子过来一趟又一趟,最后待着不走了。耗子使劲啃着,啃着,啃到诺爱弥的肉体上去。——有一天,诺爱弥大叫起来……

一个早晨,两人在床上并肩躺着……菲力普睁着眼睛。诺爱弥刚刚睡醒,她装作继续睡觉,一边注意观察菲力普。她本能地感觉到在他脸上反映出另外一张面孔的影子(因为思想的外衣在我们不知不觉之中反映了占据这个思想的人物形象)。立刻,诺爱弥嫉妒的注意力突然觉醒了。她的睫毛下面的眼光,像螺丝钻一样地看穿身边的那个人,同时她呼吸均匀,一动不动,继续假睡。她严厉地考察这个如此贴近,又如此辽远的人。这个人是属于她的,但永远是个陌生人;他的大腿和她的大腿挨着,中间却有一个不可超越的世界把他们隔开。……不,她没有弄错,他除了他的一些思想之外,还在操心别的事……操心?她看见他在微笑……他在想另外一个女人!……为了把他从那个幽灵身上拉回来,或者为了考验她的威力,她好像在梦中呻吟了一声,同时把自己的身体围抱在对方身上。他冷冷地从正在探索他的那人怀中挣脱出来。看了一下,觉得她确实在睡觉,悄悄地起床,穿上衣服,出去了。诺爱弥没有动弹……但是,房门还没有完全关上,诺爱弥就坐起来,脸色都变了。她用两只小拳头捶打自己的胸部,一边抑制住一声焦急的愤怒的叫喊。

打那天起,她在搜索敌人,紧张地、遍身微颤地,她在窥探,在闻气味。她的指甲痒得难受,她恨不得立刻把她的情敌撕成碎片……啊,静悄悄地、轻轻地,抓破敌人的心脏!……但是她找不到这个心脏。它躲在哪儿?……她搜索了树林,在她所认识的熟人圈子里狂热地仔细探索着。她涂脂抹粉的年轻的微笑,掩盖着她尖利的牙齿。她观察每一次菲力普在女人面前时,脸上最轻微的表情;窥探着每一个女人的眼色、手和声调的抑扬顿挫。她在内心带着几条东闻西嗅的猎犬,然而猎犬追踪了错误的足迹。野兽逃脱了……

一种奇怪的错觉使她一开头就把安乃德排除在猜疑的范围之外,这种错误继续着。几个星期以来,她把安乃德忘掉了。安乃德自己也没有露面。她自己觉得有罪,面对诺爱弥,她决不会感到自豪,反而由于她隐蔽的胜利、偷来的胜利觉得可耻。她避免再去维亚家,如果诺爱弥表示想和她见面的愿望,她也不缺少不去的借口。可是诺爱弥丝毫没有表示想见到安乃德。她心中有太多的烦恼,没有时间想起安乃德来。

诺爱弥竭力想说服自己,认为菲力普的任性行为过一阵就会好的,但是白费力气。菲力普变心的迹象不但没有消失,而且变本加厉了:漫不经心的冷淡,完全不关心娇小妻子的言谈、容颜,甚至连她在不在家都不注意。更有甚者,有时诺爱弥想强迫菲力普不要忘记她在身边,结果只引起他的不耐烦和厌倦——没有很好地隐蔽起来——她不凑趣的接触,使他感到恶心,而且想躲避……诺爱弥不能再不承认病情的严重,她慌了手脚。可是,她必须经常注意不露出慌张来。要经常地,经常地高高兴兴,对于他和她自己都蛮放心,经常把钓饵抛到他那边去。他连瞧都不瞧!她精力耗干了。而这个不可捉摸的情敌,诺爱弥对她满怀狂怒的仇恨!……不能抓住这个敌人,诺爱弥气得简直要把自己的脑袋往墙上撞……所有的女人,她都窥探过了,真的,没有漏一个,除了安乃德。安乃德是诺爱弥最想不到的一个女人。

最后,自投罗网的正是安乃德自己。

她在街上走,这时,在她前面二十几步远的地方,诺爱弥走过来了。诺爱弥没有瞧见安乃德,她低着头,眼神迷茫,她漂亮的脸蛋由于忧愁而苍白没有血色,她老了许多。在这个时刻,她自己不加检点,也不观察四周任何事物。几天来,她像一个神经病人,用精疲力竭的狂怒,像推磨盘似的,围绕着她唯一的意念转圈子。安乃德深深地感到震动。她本来可以和诺爱弥交错而过,并不会被她发现;要不然,安乃德向后转,走回头路也可以。在她笨拙的匆忙行动中,安乃德离开人行道,穿过马路。这一行动切断了滚滚的人流,机械地吸引了诺爱弥的视线。她认出是安乃德。安乃德在设法躲避她。诺爱弥的视线跟随着安乃德,看见她在对面人行道上向这边偷偷地瞧了一眼,又转过头去了。一道耀眼的闪光照亮了诺爱弥的思想……是她!

她站住,喘不过气来了,她的指甲紧紧掐在手心,咬着牙,毛发倒竖,好似一只发怒的母猫,她眼睛里露出一道杀人的凶光。一个过路人瞧了她一眼,使她想起我们是在说谎的世界上生活。而刚才,她却暴露了真面目。她赶快回到说谎世界。可是走了十步之后,她残酷地笑了起来。她抓住安乃德了……

*　　　　*　　　　*

遇见诺爱弥之后,安乃德心绪十分紊乱。自从她和菲力普发生关系以来,她总觉得干了一件亏心事。并不是说她认为自己爱了一个爱她的人是犯了错误。他们的爱情是纯真的,是健康的、强烈的,这个爱情不需要道歉,也不需要装假。没有任何一条社会习惯法则有理由反对这种爱情,而且在她狂热的激情中,她甚至不承认她对诺爱弥有什么责任。她是菲力普真正的妻子,她不承认另一个妻子,那个人不会分担菲力普的工作和斗争,不会给他幸福。——但是这种自信的想法,并不排除另一个女人成为这种幸福的代价,也不排除她毁灭了另一个女人的幸福这个事实。安乃德竭力使自己相信,诺爱弥太轻浮,所以不至于太痛苦,她最后会脱离菲力普的。但是她现在知道事实正相反。她所能够办到的,无非是不去想诺爱弥。她占有菲力普的头几天,自私心使她能够这样办。

自从她遇见诺爱弥之后,这样办已经不可能。安乃德有一种不幸的本领,那就是超越自己。她能不顾自己的激情,而被别人的激情所吸引,尤其是被一眼可以看清的别人的痛苦所影响。

她回到家里,几乎和诺爱弥一样,无法排遣折磨着她的痛苦。她不能光是嘴里说一套,而不能用爱情的权利来武装自己。诺爱弥也在爱,可是诺爱弥在痛苦。难道受痛苦的爱情比使别人痛苦的爱情权利少一些!……什么权利也没有!两人之中必须有一个人受痛苦,不是她,就是我!……

让她痛苦!……安乃德的激情不让她有选择的余地……可是这样,未免叫人兴味索然……

至少不要让诺爱弥的痛苦严重化!延长这个痛苦是一种罪过,就像有人所干的那样,让伤口自己成熟,不去坚决切除和包扎。逃避率直的自白,让诺爱弥自己去发现她的不幸,这是卑怯的、残酷的。安乃德第一天就向菲力普提出:"我可不愿意躲躲藏藏。"

怎么搞的,一天又一天,她竟落到这种不体面的地步?……总是她心肠软弱……她对菲力普讲:"必须明说了。"

可是,菲力普要去说了,她又拦阻他。她怕他粗鲁的率直。他扔掉一个他不再喜爱的人,像扔掉一块挤干的柠檬皮一样。他的旧关系对他碍手碍脚,他就说:"去吧!完结算了!"

安乃德赶快说:"不,不!今天不行!"

她预见到他将要去给人造成的痛苦。上帝!去杀死一个人的心,这是多么令人难受呵!

菲力普有的是别的事情要思索。他的日子是充满斗争的,他跟向他叫嚣的舆论和报纸做激烈的斗争。在安乃德看来,这不是拿她个人的心事去麻烦他的时候。菲力普投身于一场危险的搏斗中。他创立了一个节制生育的同盟。他憎恶资产阶级当权派无耻的伪善,他们一点也不为改善卫生条件而操心,更不操心如何改变劳苦阶级的赤贫状况,他们感兴趣的只是繁殖,为的是工厂不缺少人手,打仗不缺少炮灰。资产阶级自己不愿意生太多的孩子,他们不肯降低自己的舒服条件,不肯使自己的生活复杂化!可是资产阶级一点也不关心没有控制的生育是否会使平民的贫穷、疾病和奴役无限期地延长。资产阶级把生育说成是民主和宗教的义务。菲力普并非没有预料到会激起众怒。可是,从来没有什么危险可以阻拦他,他往前直冲过去。激起的众怒超过他所料想的程度。

他被数不清的人所憎恨,首先是他的同行;一些权威人士的自尊心,以及他们的学说和他们的利益,都受到损害;一些被他取代的竞争对手;甚至他同伙的许多人也反对他,对于他们,他也是有话直说,从不通融的——因为他不是那种喜欢互相吹捧的人,他最小的缺点就是缺乏感恩心。他把应当属于他的东西拿走,而他还给别人的,只是他认为别人配接受的东西,他还给别人的东西是极有限的!只有苏朗琪是个例外;恩人的身份并不引起他的重视。他决不优待任何人!因此,他可以等待别人狠狠打击他,而没有什么人出来捍卫他。他阻碍那些以"理想"的名义牟利的人的阴谋诡计。每次只要有一个挂慈善事业招牌的高贵强盗行动组织起来,人们肯定可以看见菲力普出来阻拦。他有一种使一般人大不以为然的乐趣,就是喜欢让那些有德行的人士自己用鼻子去闻闻他们的下流行为。因此,他在可敬的社会阶层中,造成了这样的声誉(sotto voce)[①]:极恶劣的品质,破坏分子,无政府主义者。这类窃窃私语还没有传到公众的耳朵里——传到 Pasquino[②],也就是造谣诽谤的报纸的耳朵里。他们在等待时机。Ecco-

① 意大利文:低声细语。

② 意大利文:古罗马残破的雕像,讽刺诗人喜欢在那种雕像上贴他们的作品。

lo[1]! 绝妙的机会! ……这是一次爱国主义的狂怒爆发,所有的报纸都参加。公众愤慨的回声传到议会中,议员们发表了不朽的演讲,替穷人要求多生孩子的权利。有几个激奋的人建议颁布一条法律,惩罚直接或间接宣扬减少人口的人。轻薄的报纸发表夸张的言论,其中寻欢作乐的自私心走在人道的理由前面。它们提供论点,使菲力普的事业丧失信用。菲力普在社会公敌的行列中,发现有他的同党。他在一张大报上亲自答复人们的挑战,全力以赴,毫不留情。但是他也有丧失这个论坛的危险,因为抗议的信纷纷寄到报社。他发表演讲,在吵吵闹闹的群众集会上讲话。他的猛烈劲头不下于那些和他唱反调的人们。他们在窥伺他说错一句话,然后利用机会把他打倒。但是这个勇猛的搏斗者一直控制着自己的冲动,他决不至于收不住缰绳,超越他想讲的话的界限。由于群众狂奋、嘲笑和仇恨,菲力普倒成了大大有名的人物。在尘土飞扬的战斗中,他呼吸自如。

但是,在这场狂风暴雨中,诺爱弥占多大分量呢?

* * *

诺爱弥匆匆地回家。她回想菲力普和安乃德头几次见面的情况,她当时也在场。她回想自己的愚蠢,和他们两人的奸诈。她越想越冒火。她一进入自己家中的客厅,立刻就让狂怒暴发出来。那像是一股狂风,霎时,一切都搞得天翻地覆。谁要是看见诺爱弥一边哭,一边抽搐,很可能不认识她了。她的漂亮脸蛋扮着愤怒的鬼脸,咬、撕她的手帕,把她丈夫书桌上的一叠纸弄得乱七八糟。为了报复她的痛苦,她拿跑过来跟她温存的小狗出气,一只鹦鹉几乎被她勒死……可是她小心地把房门锁上了。毫无疑问,狂怒女神的角色必须关起门来扮演。这个角色并不美化表演者,她模样显得很严厉,老了,揉皱了,不过,旁

① 意大利文:请看,来了!

边没有别人。在镜子里看见自己又丑又凶恶,这并没使她不高兴,几乎使她感觉轻松,因为这也是一种报复。接着,她觉得自己怪可怜的,她的面孔怪可怜的。这种同情心转移了她的狂怒,她滚倒在地毯上,大声哭泣……这样不能搞得时间太久,菲力普快回来了,所以必须赶快,两口饭并一口吃,快快哭,使劲大哭……她继续呜呜地响,可是风暴的高潮已经过去。不记恨的小狗,跑过来舔她的耳朵。她亲了狗一下,一边呻吟着。然后坐在地毯上,抚摸着自己的一只脚。她不作声了,她在想。——突然,她打定了主意,站了起来,把盖在眼睛上的头发掠上去,捡起散乱在房间里的东西,整理好凌乱的纸张,仔细地修整了她的面容和衣服——于是她等候着。

菲力普回来看见的诺爱弥是平静而温柔的。她先试用最简单的武器。在她和菲力普谈话的过程中,她假装天真地插进几句关于她所憎恶的对手的坏话。她用温柔的声音说了几句关于安乃德的残酷的话。——不用说,她讲的是关于安乃德身体的话,精神是次要的。即使人家爱她是为了她的聪明,但是发生爱情关系的总是身体。诺爱弥最擅长在一个女人的美丽姿质中找出缺点来,使人发现她的丑,而且只看见过一次,再也不会忘记。这一次,诺爱弥打破了自己的最高纪录。在一个情人眼中,毒化她的情敌的形象。这是一件富于启发性的任务。——可是菲力普不动声色。

诺爱弥换了枪炮。有人说安乃德闲话,她替安乃德辩护,她赞美安乃德的品德——(夸奖是不起什么作用的!)——她设法使菲力普开口,使他暴露真面目,让他进入诺爱弥等着他的阵地。——但是,不管你说好,还是说坏,菲力普反正无动于衷。

于是诺爱弥施展出那套风骚挑逗的手段来。她试图刺激菲力普的妒忌心。她笑嘻嘻地威胁他,如果他对她不忠,她不但要给他看各种颜色,而且要给他看一种颜色中各种细微的差别。——菲力普连笑容都没有,他推托说要去办一件事,准备出门去。

于是,诺爱弥又一次大发雷霆。她大声喊叫,说她什么全知道,她知道菲力普是安乃德的情夫。她威胁菲力普、咒骂他,同时又恳求他,说她要自杀了。菲力普耸耸肩头,向她转过背去,一句话没有说,朝着大门就走。诺爱弥追上去,抓住他的双臂,强迫他转过身来。于是,脸对着脸,她用变调的声音,对他说:“菲力普!……你不爱我了……”他瞧着她的脸,对她说:“对,不爱你了!”

他出门走了。

如果说诺爱弥先是发疯了,那么她现在可以说变成鬼迷心窍。一连几个小时,她的脑筋由于暴怒而狂乱。她寻找一切办法,用来报仇泄愤:荒唐的和残暴的办法。杀死菲力普;杀死安乃德;自杀。让菲力普丢脸;诽谤安乃德,使她痛苦;用镪水泼安乃德……多么痛快!毁坏她的容貌,破坏她的名誉。从她的孩子身上打击她。写几封无头信寄去……她发狂地乱写几行,把信纸撕碎;再写,再撕碎……她简直想放一把火烧掉房子……

但是她没有放火,她逐渐平静下来,她的力量集中起来了。于是,作为一个多情女子,她真正的天才开始发挥作用。

她明白,要直接打击菲力普,她是毫无办法的……总有一天,他必须偿还欠账!但是在目前,菲力普是无法击中的。所以应当从安乃德那边着手。——她决定到安乃德家里去找她。

她不知道去找安乃德干什么,她准备什么都干得出来。她把她的手枪放在手提包中。她一边走路,一边在脑子里预演一场场的情景,接着又一场场地取消,因为她的本能使她仿佛听见安乃德如何回答。她逐步修改她的计划,甚至到了最后一刻,她还把计划全部改变了。在她上楼的时候,一股怒火冲上心头,她呼噜呼噜喘着气,几乎跑着上楼梯。她隔着布包,用痉挛的手紧握手枪。——但是,门一打开,她看见安乃德面对面站着。一眼看去,她立刻明白了……如果她做一个粗暴的手势,说一句粗暴的话,只会使发怒的安乃德更加固执地按照她的激情行事。

诺爱弥的怒气一下子就收敛了。她满面通红,好像由于上楼太快,喘不过气来。她一边笑,一边扑过去搂住安乃德的脖子。安乃德对于这个突然出现的来客感到意外,诺爱弥一连串的亲吻使她很窘,她采取了保留的态度。可是已经进来的诺爱弥毫不客气地闯到安乃德的卧室里去,很快她就看清了菲力普不在这里。她坐在一张沙发椅的扶手上,向安乃德说一些温柔的短短的句子。安乃德僵硬地站在她身边。即使说话时,诺爱弥还用一条手臂搂着安乃德的腰,另一只手玩弄着安乃德的围领。突然,她哭起来了……一开始,安乃德还以为对方在继续演戏……可是不!看样子是严肃的,真正的眼泪。

“诺爱弥!……你怎么啦?”

她不回答,把脸靠在安乃德的胸前,继续痛哭。安乃德俯身看那个悲伤得了不得的人,设法使她平静下来。最后,诺爱弥抬起头来,一边抽泣,一边呻吟着说:“你把他还给我!”

安乃德惊异地问:“谁?”

“你知道是谁!”

“可是……”

“你知道的,你知道的!而且我知道你爱他,我也知道他爱你……你为什么把他从我这儿抢走?”

诺爱弥重新哭起来。安乃德心头紧张地听诺爱弥用诉怨的口气回顾她对安乃德的信任和友爱。安乃德不能回答,因为她自己也在控诉自己。诺爱弥一点也不猛烈的痛苦责备,恰好击中安乃德的要害。可是,当诺爱弥辛酸地说,安乃德辜负了诺爱弥对她的友谊,欺骗了诺爱弥,安乃德设法为自己辩解,说爱情是不由她自主地发生的,而且使她无法抗拒。对于诺爱弥来说,安乃德这种自白没有什么意义,她设法使安乃德的话改变方向,假装帮助安乃德说明她自己没有错,好像她相信主要错误在菲力普方面,她在这方面说了许多不堪入耳的话。这是为了减轻她的怨愤,同时为了在安乃德跟前给菲力普抹黑,至少使安乃德觉得他是可疑的人。但是安乃德倒替菲力普辩护起来,她决不同意别人控诉菲力普,说是他挑逗了安乃德。他始终是坦率的,她自己倒是犯了不让他对诺爱弥去说明的错误。于是诺爱弥充满仇恨，更加起劲地控诉菲力普。安乃德跟她顶牛，争论十分激烈。人们几乎可以说，在这两个女人之中，真正的妻子倒是安乃德。于是，突然间，诺爱弥意识到了这一点，她完全忘记了谨慎小心，怒火又上来了，她大声叫喊："我不许你提到他！我不允许你！……他是我的。"

安乃德耸耸肩，说："他不是你的，也不是我的。他是他自己的。"

诺爱弥激动地又说一句："他是我的！"

于是她提出她应有的权利。

安乃德狠狠地说："在爱情上，无所谓权利。"

诺爱弥又一次提高嗓门："我占有他，我不放手。"

安乃德反驳："他占有了我，你什么也没有到手。"

两个女人满怀敌意地互相注视。安乃德，穿上了自私和狠心肠的铠甲。诺爱弥，恨不得打安乃德一记耳光。她恨透了安乃德，从头顶恨到脚跟，她差一点要辱骂安乃德的丑陋，用最残酷的字眼来鞭打她，用无可救药的字眼。这倒是痛快……可是诺爱弥一下就停住了：如果她只求骂个痛快，对自己可就会造成太大的损失！……

诺爱弥急忙弯腰去拾起丢落在地上的手提包时，她抽出了那支手枪。她拿枪指向……指向谁？……她还不知道……指向她自己！……开头，这是假姿态，可是安乃德赶快抓住诺爱弥的胳膊，她就弄假成真了。两个女人搏斗起来。诺爱弥跪倒在地上，安乃德扑在她身上。要控制这个绝望的小女子，不是件容易的事。现在，她真的想自杀了。虽然，如果枪口擦着安乃德的胸膛，她将以何等欢快的心情，开枪打死安乃德！……但是安乃德扭转了诺爱弥的手腕，枪响了，子弹嵌在墙上。诺爱弥根本不知道，她瞄准了她自己，还是瞄准了安乃德……

她把枪扔掉，不再斗争了。神经质的反作用开始，现在她不能控制自己，她瘫软在安乃德脚边，抽抽噎噎地哭着，她神经质地大哭了一场。直觉灵敏的安乃德，开始时疑心诺爱弥在演戏……在一定程度上——(但是谁也难说多大程度?)——安乃德对于诺爱弥用自杀来进行讹诈,暗暗生气。但是有什么办法怀疑这个垮掉了的可怜小东西的痛苦呢!安乃德想竭力保持自己的硬心肠,她转过脸去,但是办不到,她觉得自己的猜疑是可耻的。于是,满怀怜悯,她挨着诺爱弥跪在地上。她扶着诺爱弥的脑袋,设法劝慰她,婆婆妈妈地对她说:"孩子……行啦!别哭啦!……"

安乃德用她健壮的胳膊抱住诺爱弥,举起来。她感觉这个摇颤在抽噎中的年轻的身体,任人摆布,一点没有自卫能力。她想:"是我引起她这么大的痛苦,这可能吗?"

另外一个声音跟她说:"难道你自己的爱情不是以所有的痛苦作代价而赢得的吗?"

"我的那些痛苦,对。"

"你的,或者别人的痛苦。为什么别的女人就有特权呢?"

她瞧抱在怀中的诺爱弥,她在半昏迷状态中……这么一点儿分量!简直是只小鸟!她仿佛觉得诺爱弥是她的女儿,不知不觉地,她把诺爱弥紧紧抱在怀中。诺爱弥张开眼睛。安乃德想:"如果她处在我的地位,她会放过我吗?"

可是诺爱弥用有气无力的眼光瞧着她。安乃德把诺爱弥放在躺椅上,靠近躺椅站着,把手放在诺爱弥头上——(诺爱弥接触到安乃德的手感到恶心,但她不露声色。)——安乃德像问一个啼哭的小孩似的问诺爱弥:"你很爱他吗?"

"我就爱他一个人。"

"我也一样,我爱他。"

诺爱弥妒忌地跳起来。"对,"她辛酸地说,"可是我,我还年轻。你呢,你已经……(她停顿了一下)……你已经生活过,你没有他也行。"

安乃德心里辛酸地重复了一句没有说出口的话:"正因为我马上就要老了,所以这青春的最后一刻,这最后的一道光明,我很在乎,我决不放弃……啊,如果我跟你一样,青春年少,来日方长!……"

她愁惨地加上一句:"毫无疑问,我还要糟蹋一次我的青春财富。"

诺爱弥眼看安乃德的脸色阴沉下来,担心她刚刚占有的一点微弱优势又要告吹,急忙说:"我完全知道他爱你,知道你漂亮……(安乃德心想:"说谎的家伙!")知道你在很多他所喜欢的事物上都比我强,我甚至不能责怪你,因为无论如何,我是爱你的……("说谎的家伙!说谎的家伙!"安乃德在心里反复说。)……我们斗争双方不是势均力敌的。这是不公平的。不……我不过是一个哭哭啼啼的可怜女人,我一文不值,我知道……但是我爱他,我没有他不行。如果你把他从我手里抢走,你叫我怎样活下去呢?如果他打算抛弃我,那他干吗要爱我呢?我不能呀!他是我的整个生命,其他的一切对我都一钱不值……"

说到这里,她的口气不像说谎,于是安乃德又对诺爱弥产生了怜悯之心。诺爱弥捉出她在丈夫身上有这样那样的权利,关于这一点,安乃德无动于衷。她不相信一个人对于另一个人可以有什么权利,不相信人们签订的那种终生互相占有的契约。然而她对于残酷的"自然"的游戏,感到痛苦。当"自然"拆散一对一度相爱过的心时,总不是把两人心中的感情同时加以熄灭的,总是使双方中之一方先终止爱另一方,使钟情最深的一方成为牺牲品。她觉得自己为"自然"这个巨大的折磨者效劳,是可憎的。——"生活是属于强者的。"对,爱情毫不犹豫,为了达到目的,爱情把别的一切踩在脚下。弱者活该倒霉!……那么,为什么我不能这样说?我想说,可是话鲠在喉头,说不出口。我不能,这使我反感……难道我的爱情不够强烈吗?我老了,正如她所说,我是在弱者这一边的……不!不!不!骗人的玩意儿!……她有什么权利夹在我和我的幸福之间?我决不能把我的一份幸福让给她!……她的眼泪……对我有什么关系,这些眼泪?……我要踩在她身上往前走!……

可是,由于安乃德用厌恶的目光注视躺在椅子上的诺爱弥,正在透过泪水窥视着她的诺爱弥抓住她垂在椅背旁边的一只手和手臂,把它们贴在自己的面颊上,恳求道:"把他让给我吧!"

安乃德想抽回她的手臂,诺爱弥抓住不放。她从躺椅坐起来,双手沿着安乃德的胳膊往上伸,强迫安乃德俯下身来,看着她:"把他让给我!"

安乃德从紧紧抓住她的手指中挣脱出来,生气地说:"不! 不! 我不愿意。他需要我。"

诺爱弥辛酸地说:"他什么都不需要,除了他自己。他就爱他自己。现在他在你身上找到乐趣,正如以前在我身上找到乐趣一样。他也会像抛弃我一样将你抛弃的,他不留恋任何东西。"

诺爱弥严峻而深刻地判断菲力普。安乃德对她的智力感到惊奇。这个小小的家伙,人们很可以说她是轻佻的,无所用心的,她却从怨愤和痛苦的深度,观察了菲力普! 诺爱弥某些可怕的意见,完全符合安乃德用自己的经验在她思想中唤醒的一些担忧。她说:"可是你还是爱他!"

"我爱他。他不需要我,而我却需要他……啊! 难道我不是正因为需要他而在痛苦着? 因为我需要他而他却不需要我,而且瞧不起我而痛苦着? ……我鄙视他,鄙视他! 但是我没有他不行……为什么我认识了他? 那是我自己愿意的。我愿意要他,我占有了他……可是被占有的却是我自己……如果我能够,我能够从来就不认识他! ……啊,我可不愿意那样! 我缺乏力量。我陷得太深了,他把我连五脏六腑都抓在手中了。我恨他,我恨爱情。为什么,为什么人需要爱呢?"

她精疲力竭地沉默了,两只眼睛慌慌张张,东瞧瞧,西望望,动摇不定,在找一个可以逃出去的缺口。两人都低着脑袋,这两个套着盲目力量的枷锁而被奴役的女人。

诺爱弥又唱起她的老调来,用阴沉而迫切的口气说:"把他让给我!"

安乃德觉得有一种章鱼的意志,顽固的、黏性的,用它具有吸盘的长臂,黏在安乃德的四肢上。她又一次挣脱,喊道:“我不愿意!”

诺爱弥的眼睛中闪过一道愤怒之光。她的手指使劲抓紧。稍后,她用温柔和哀叹的声调说:“你爱他吧!让他也爱你!可是别把他抢走。我和你两人一同保留着他!”

安乃德做了一个嫌恶的姿势。

诺爱弥的怒火又升起来了:“你以为我就不觉得这样做很恶心吗?你对我反感!我憎恶你。但是我不愿意失去他……”

安乃德离开诺爱弥,说:“我不嫌恶你。你在痛苦,我也痛苦。但在爱情上,平分是卑鄙的,卑鄙的爱情。我宁愿成为受害者,我也宁愿成为刽子手,但我不愿意做一个卑鄙的人。为了挽救我所爱的,我不愿意出让一半。要么我全部给人,要么全部我都要,或者我什么全不要。”

诺爱弥咬着牙,在内心深处喊道:“什么都不给你!”

(即使在她建议平分时,她也打算全部收回。)

但是她一下从椅子上蹦起来,跑到安乃德身边,先是站着,后来滑倒在地上,跪着,搂抱安乃德的双腿。

“请原谅!……难道我知道吗?难道我知道我所要求的是什么?难道我知道自己要的是什么?……但是我很不幸,我忍受不下去了……我能干点什么呢?告诉我!帮助我吧!”

“我?我帮助你?”安乃德说。

“除了你,我还能向谁去求援……我很孤独,单独和这个人在一起。他即使在爱我的时候,对我也不感兴趣,我不能跟他谈心……在他之先,我的母亲只顾她自己,只顾她的乐趣……没有一个人给我出主意……我一个朋友也没有……当我看见你的时候,我心想你可以成为我的朋友,可是你是我最恶劣的敌人……你为什么要伤害我?”

安乃德十分激动地说:“可怜的孩子,这并不是我的过错!我并不愿意这样……”

诺爱弥抓住这句充满怜悯的话:“你的孩子,你说我是你的孩子……对！你就做我的母亲,做我的大姐姐吧！不要使我痛苦。替我出出主意！告诉我,我应当干什么！我不愿意失去他……告诉我,告诉我……我按照你的吩咐去做……”

她只说了一半谎话。她是那样惯于伪造她所感觉到的东西,以致她所假装的东西也会成为她的真正感觉。她的爱情、痛苦,她需要安乃德,希望能感动她,这一切,无论如何也都是真实的。直到她对安乃德表示信任,那是她打出来的最后一张牌！她以绝望的激情打出这张牌来。她一面向安乃德讲知心话,一面不停地注意安乃德脸上无法遮掩的惶惑。安乃德渐渐软弱了。诺爱弥倾吐衷曲解除了安乃德的武装,她没有力量回答了,但是她不会上当。她的对手有些语调非常甜蜜,反映出她话中有假。她让诺爱弥去唠叨,她要了解对方内心深处是怎么回事。她想:“我怎么办呢？牺牲我自己？这是愚弄！我可不干。我不喜欢她,这个女人。她在说谎,她恨我,可是她很痛苦……”于是她抚摸跪在她面前的敌人的脑袋。此人在继续呻吟,继续窥探,她追踪着安乃德动摇的意志,好比猎人追逐猎物,由于恐惧和尖锐的快乐而全身微颤,喘着气——流着血——此人到了适当的时刻,恨不得将按在她嘴上的安乃德的手咬一口,此人不知疲倦地又说一遍。

“把他让给我!”

安乃德皱着眉头,很想推开诺爱弥。她在诺爱弥的眼睛中看出此人的狡猾与痛苦,谎言与爱情,一个狂热的期待……安乃德微笑,充满疲乏、怜悯、恶心,对自己,对她们两人的恶心,对于一切的恶心——她转过头去,在刹那的软弱中,她说:“你留着他吧!”

她还没有说完这句话,立刻想收回,但是诺爱弥一蹦就站了起来,亲安乃德,同时发狂地抗议安乃德想收回诺言的表示……(她从来没有像这时对安乃德怀有那么刻骨的仇恨……她终于抓住了安乃德……她抓得住吗？……)安乃德已经在说:“不！不！……”

诺爱弥假装没有听见。她管安乃德叫她的亲爱的、她最好的朋友,她对安乃德表示永世难忘的感激和热爱。她一会儿笑,一会儿哭,但是她不在这种徒然的感情泛滥中浪费功夫。她问安乃德打算怎样疏远菲力普,安乃德火了:“我什么也没有说!”

“你说了,你说了,你已经答应我了!……”

“那是一句冲口而出的话……”

“一句话?你的诺言?”

“你出其不意地逼我说的……”

“不,就要你这句话,你不能收回。你说了‘你留着他吧!’你说了这句话!你不能够不承认……”

“别纠缠我!别纠缠我!”安乃德精疲力竭地说,“别再折磨我!我受不了,受不了……”

安乃德坐下来,累垮了,而站在她身边的诺爱弥,仍旧不停地向她进攻。两人扮演的角色颠倒过来了。安乃德拒绝放弃,她的爱情是根深蒂固的。诺爱弥不管这一套:安乃德满可以保留她的爱情,只要她不保留菲力普就行!她要求安乃德跟菲力普决裂,立刻决裂,不要等待。至于决裂的办法,诺爱弥可以出主意,她脑袋里有的是这类办法。她催逼安乃德,恭维她、恳求她、粗暴地对待她、亲她,用滔滔不绝的话把安乃德搞得晕头转向。她向安乃德的慷慨心肠发出号召,祈求她,要她发誓赌咒,强迫她,要她按诺爱弥口授的答话来回答……安乃德僵硬地、冰冷地,一言不发。她甚至连诺爱弥山洪暴发式的话,也不加制止。她紧闭着嘴唇,眼睛黯淡无光……最后,面对安乃德一动也不动的姿态,诺爱弥也住口了。她握起安乃德冰冷的、汗渍渍的手,说:“回答呀!回答呀!”

安乃德不看诺爱弥,喃喃地说:“别纠缠我!……”(她说得那么轻,诺爱弥不是听出来的,而是在安乃德嘴唇上看出来的。)诺爱弥说:“你愿意我走吗?”

安乃德点点头。

“我走啦。你可是答应了?”

安乃德厌倦地重复说:“别缠我,别缠我……我需要一个人待着……"

诺爱弥敏捷地对着镜子整理了她的头发,接着就向大门走去,她说:"再见……你答应了……"

安乃德最后一次做了一个抗议的姿势:"不!我什么也没有答应……"

诺爱弥觉得她的怒气又上来了……费了那么大的劲儿!但是,她的本能告诉她,不要太着急,不要把绳子绷得太紧……无论如何,她没有白费力气!

她走了。

她探察出敌人的弱点了,她要践踏敌人。

* * *

安乃德在诺爱弥告辞后,待在原处不动,过了一阵。这一幕很长的戏,把她搞得腰酸背疼。对于诺爱弥出其不意的袭击,她本来可以反击得更好一些,但是她那时已经处于双重的折磨侵蚀之下,那就是情欲的折磨和参加菲力普的斗争,参加他内心的风云激荡,不停地工作,继续不断的狂热,她那时正处于身心交瘁的状态,所有她的悔恨全部被抑制,她的心事都不能宣泄。安乃德的这种虚弱,恰好造成诺爱弥的力量。诺爱弥发现道路已经铺平,而且在她的对手身上,她发现了一个同盟者。

在安乃德操心的一切问题中,诺爱弥这个人本身是无足轻重的。安乃德作为妇女,不大喜欢诺爱弥。身为情敌,她就更不喜欢对方了。她认为诺爱弥虚伪、狡猾、没有善心。一开头,安乃德还欣赏过诺爱弥妩媚,可是,由于妒忌而不公正,安乃德现在连对方的妩媚姿态也一概否定了。安乃德觉得在诺爱弥身上好像一切都是伪造的,一切,除了她的痛苦是真的。这个人是诺爱弥,还是别的什么人,这在安乃德看来是没有什么关系的。她是一个在痛苦中的肉体,而我,安乃德,是使她痛苦的人……于是,一种奇特的恻隐之心,侵蚀着安乃德的灵魂。

这种精神状态是最近几年在安乃德身上发展的,面对受苦受难的人们,尤其是接触到两个人的死亡,奥苔特和露特的死亡,使安乃德这种精神状态有所发展。这种状况在她心中留下了一种阴暗的震动,一个弱点,安乃德管它叫病态的弱点。也许确实是这样,如果我们对人类的痛苦耿耿于怀,我们自己就无法活下去!每一个人的幸福是以另一个人的痛苦作为食粮的。生命侵蚀生命,正如某些虫卵下在一个活的捕获物身上。每人都在喝他人的血。——早先,安乃德也这样喝,她连想都不去想它。而在她自己的身体中,喝下的血变成温暖与快乐。当她年轻的时候,她一直不去想那些受害者。到了她想到这些的时候,她心想:“心肠要狠。”其实那时她已经开始软弱了。她现在觉得,她只能间或狠一下心肠。她老了,她给诺爱弥造成的损害,要是在十年前,她就这么干,而不会有一分钟的犹豫……“我的幸福是我的权利,谁敢碰它一下,谁就倒霉!……”那时,她不需要去寻找什么借口。——而现在,为了在生活中攫取她的一份幸福,她必须找到她的幸福本身之外的理由,她自己不够了。她曾经有足够的力量,在猎取面包的斗争中,毫无顾忌地排挤掉那些不如她幸运的女竞争者。这点面包是她儿子的面包。那时,支持着她的是那野兽的本能,为了卫护它的小崽子,母兽遍身的毛都可以倒竖起来,而且用别的野兽的肉来喂养它的小兽。然而另一种动物本能,对于自身的爱——为了自己的生存去夺取和保存食物——这种本能在逐渐削弱;这种爱只是断断续续地被肯定。母爱也篡夺了自我爱的地位,部分地破坏了自我爱。

可是,在最近的一场危机中,她的儿子对她毫无帮助。还差得很远哩!儿子无非给她增加了一份不安与内疚。安乃德不能对她自己说谎,她的爱情并不把儿子考虑在内。她觉得在儿子面前犯了过错,她小心谨慎地什么也不让儿子知道。她认识她的儿子。以前,她感觉到,妒忌的情绪曾经使孩子对母亲所爱的人露出爪牙来。她不责备他,她很高兴,因为儿子想让他一个人来爱她……然而今天,她在捍卫儿子的利益时,跟谁的利益发生冲突了呢?……跟她自己的利益。一种激情反对另一种激情,她不愿意牺牲两者中任何一方。由于这种激情是互相妒忌的、整体的、不容分辩的,她必须对一种激情隐瞒另一种激情的秘密。她办到了吗?玛克讨厌"那个人"。不过他什么也不知道——(这一点,她是有把握的。)——但是,即使玛克不知道,他的嗅觉难道不会提醒他吗?她觉得躲躲藏藏很可耻,她觉得玛克可能在猜疑,这使她更感到可耻……不,他什么也没有猜疑,他讨厌菲力普是由于别的原因……

至于菲力普,他并不关心玛克,他不给他这个面子。如果他和安乃德结婚,他可以额外接受两三个娃娃。不论在感情方面,或在经济方面,这都不算什么,用不着对他表示感谢。菲力普见到玛克时也没有什么不快之感,不过他认为玛克太蠢、懒惰、不机灵,他很可以严峻地管教管教玛克,但他没有任何理由关心玛克,而且他是毫不讳言的。他谈到这个孩子,和跟这个孩子谈话时,有一种特殊方式,那是一种粗鲁和诚朴的态度,使安乃德深感不快。菲力普习惯于粗野的生活态度,他丝毫不考虑对于一个敏感和骄傲的性格,以及它受到冒犯的羞怯心理,需要多加照顾。当着母亲的面,菲力普用赤裸裸的语句给孩子提出粗鲁的警告,以及医学的指导,使母子二人都脸红了。母亲比儿子更脸红。菲力普的理论是,对孩子什么都不要隐瞒。这也是安乃德的理论,也是玛克的理论,但是这里边有个方式问题!安乃德在肉体上感到痛苦。玛克受到了羞辱,积累起对菲力普的怨愤。在他和菲力普之间,永远只有互相不和,这两人的气质太不一样。安乃德可以预料到没完没了的冲突和分歧,对于她这个热情的母亲兼热情的情妇,这是一个可怕的思想。

她不能期待任何人的支持,去决定她自己的行动。她必须自己自私地做出决定。这么说,难道她自己没有重视她自己的权利吗?如果你不够重视权利,光有权利二字是无济于事的。她重视吗?……是的,有时候重视,像一只母狮,当她眼看幸福、青春和生活都快坠入深渊了……幸福?和菲力普那样的人结为夫妻,根本谈不上所谓幸福!……而是高于或低于幸福的问题。对于一个像安乃德这样的妇女来说,这显然无可比拟地比幸福要高,因为她要的是一种充实的、智慧的、大胆的生活,并不是完全休息的,在安全的条件下睡大觉的生活,而是大风、雷雨、行动和搏斗——和世界搏斗——跟他一起搏斗的生活,充满疲劳、困苦,但是两人共同担当的生活;值得活,最后也值得死的生活;筋疲力尽了,然而很幸福地离开严峻而丰富的日子,由于有过那样的日子而幸福……这是美好的生活!但是必须有力量……安乃德有这份力量,她有足够的力量可以挺直着脑袋,平稳地顶着沉重的东西,一直顶到终点。但是如何把这个重物顶在头上呢?她需要有人帮助,甚至需要别人强迫她。让菲力普把这包袱放在她头上,让他强迫她顶着包袱!让菲力普对她说:"顶着这个包袱!为了我!你对于我是必要的……"这句话很可以使她克服所有的内疚……必要的,她对于菲力普是必要的吗?头几天,当他想征服她的时候,他对她这样说过,现在,他不再这样说了。而安乃德恨不得老听菲力普这样说,老说这句话,为了使她坚信不移。现在,她看他满脑子都是他自己,他习惯于单枪匹马地工作、斗争,一个人解决困难,而且以此自豪。他如果接受他人帮助,就认为是屈辱。于是安乃德想:"我有什么用呢?"爱情的好处不但在于使我们信任一个人,而且在于信任我们自己。但愿爱情对于我们是仁慈的。这是菲力普很少有的一种情操。这位医治人的身体疾病的大医生,和他的大部分同行一样,毫不关心人的灵魂疾病。他极少去想躺在他身边的那个女人有什么忧心忡忡的疑问。他不应当让她有时间提出疑问。结束吧,娶了她!安乃德悄悄地对他说:"我们一起走吧!别让我能够取消前言!"

可是菲力普现在不那么着急了。他是充满激情的,是这样,但他有许多别的激情,对于他来说,更为重要的激情是他的观点、他的搏斗。正当安乃德很愿意菲力普只想她一个人的时候,他整个儿沉浸在笔战中。在他从当前的战火中脱身之前,他不打算挑起一场夫妇间的丑剧,而使一件闹得满城风雨的离婚案子来妨碍自己的手脚。他有决心遵守自己的诺言,但是以后再说!让安乃德再耐心等一等!他自己是很有耐心的!他拿她来享乐,延长这样一个处境对他很合适。他得意地让诺爱弥也不得不接受这种长期的等待,他十分得意!他不愿意看到这样的等待对于两个妇女来说是何等令人不能忍受……

安乃德想:当然!一个男子,一个值得我们爱的男子,决不会像爱他自己的思想观点、他的科学、他的艺术、他的政治那样来爱我们。天真的利己主义,自以为清高,因为它是在思想中体现出来的!思想的利己主义比情感的利己主义更凶残,它碎了多少人的心!……

安乃德并不惊讶,因为她认识人生,可是她在痛苦。如果问题仅仅在于痛苦,她倒也能接受,而且也许能尝到自我牺牲的秘密乐趣,这是妇女们熟悉的,她们很愿意把这看成爱情的代价。但是不能委屈到这种程度,那就是在屈辱的处境中牺牲她的自尊心和儿子的体面。菲力普没有意识到这一切,这事实使安乃德心里难过。当然,他是一点也不体贴人的。她知道他对于女人和爱情的看法是怎样的。他必然是这样想的,因为他所受的教育和严峻的人生经验是这样培养他成长的,而且安乃德也爱他那样的人。不过她怀着日后改造他的希望。然而,一天又一天,她发现她在他身上的势力愈来愈小了。更糟糕的是,她对她自己也有同样的情况。安乃德自己觉得被肉欲的恶魔制服了,她一天比一天更多地失去自我控制,一天比一天更俯首帖耳。爱情的决斗只有在决斗的双方势均力敌的时候,才能够保持决斗的高尚性质。一旦有一方处于劣势,优胜者就滥用其优势,而失败者就自卑自贱起来。安乃德已经到了临近失败和决定失败的紧急时刻,她自己知道,她的力量不能再支持很久。菲力普也知道,而且他的姿态说明他知道这一点。他徒然跟原先一样重视安乃德(也许更重视),他对她现在不如以前那样注意态度,他粗鲁地利用属于他的一切,他把她当作征服的领土对待。每天白天的时间他全部用于井井有条却又纷纷扰扰的工作,夜里的时间被诺爱弥占用(因为他还想照顾一下面子),他只是在短促而热烈的约会中,在搂抱中接触安乃德。一点也没有推心置腹的亲热。他玩世不恭地假装说,安乃德得到最优越的一份。

她想从这种卑贱的情况中挣脱出来,她的官能感觉是这种情况的同谋者,可是官能的要求变得愈来愈不可违抗了。有一次,她试图逃避官能的暴君式的压制,官能马上就反击了她,那股猛烈的劲儿将她冲翻在地上。一个有这样炽热的精力的女子,十年以来,她用严峻的纪律约束自己的热情,而在风雷激荡的夏季最炎热的时刻,她给她的激情打开铁笼,是有被激情烧毁的危险的。

安乃德如果要得救,只有迫使菲力普把她作为配偶(她愿意当正式配偶)尊敬她,把她当作合伙的人,“rei humanae atque divinae”①,当作平等的人对待。她要求菲力普,她焦急地恳求他不要找她,直到他们能够正大光明地相爱和结婚。菲力普拒绝了。他不愿意在爱情中受到干扰,正和他不愿意在政治上受干扰一样。他既不愿意放弃安乃德,也不愿意在不是他选定的时候结婚。他故意把安乃德自求解脱的努力,看成一种相当卑劣的手腕,目的在于使菲力普更加离不开她。然而他明明知道,安乃德毫无其他打算地献身给他了!安乃德好像被菲力普的无礼猜疑打了一记耳光,可是她重新投身于菲力普的怀中,心中充满绝望的激情和反感,然而他装作什么也看不见。他常来找安乃德,逼她满足他作为情夫的自私权利,没有想到他每一场肉体上的胜利,都在对方身上(即使她是同意的)留下一道创痕。安乃德发现自己堕落了,她已经不是自愿献身,而是为爱情而出卖肉体。如果她不赶快离开她那被占有的肉体正在向下滚的斜坡,她就完蛋了……

一天下午,她逃跑了。她到西尔薇家里去,请求西尔薇把玛克收留几天,她借口有事必须离开巴黎一趟。西尔薇没有多问半句话,她看了一眼,全明白了。这个妇女,常常好奇到不顾分寸的程度,而且从许多方面说,对她姐姐的思想那样缺乏理解,却有对于爱情和爱情悲

① 拉丁文:在人和神的事情上。

剧的本能嗅觉。过去,姐妹俩关系非常亲密的时候,西尔薇并没有向安乃德倾吐她爱情生活的秘密(她所谈的仅仅是一些好玩的情况),现在她也不期待安乃德向她倾吐秘密。她知道每一个女人都有权在某些时刻守口如瓶,也就是对于她关系重大的时刻,而且任何人都无法帮助她,必须独自逃跑,或者独自一人遭到毁灭。西尔薇向她姐姐提供她在近郊的一所小住屋,坐落在茹伊——昂——茹查附近。安乃德很感动,亲了她妹妹,接受了。

在靠近树林的乡村小屋中,安乃德足不出户,已有半个月之久。她对玛克也没有说她上哪里去了,她的隐身处只有西尔薇一个人知道。

她刚刚离开巴黎,这个入了魔的圈子,她就回顾而且判断最近几星期以来她迷途忘返的情况,她不觉吓了一跳。她,这个没有头脑的人,这个陶醉于她的奴役生活的可怜奴隶!爱情,残害灵魂的凶手!……搂抱松开了。今晚她畅快地呼吸,她重又看见牧场、树林、大地的宁静。两个月以来,一块不透明的红色帷幕,给她遮住了活生生的世界,即使最亲近的人——连她的儿子——也疏远了。……她到了乡间的住处之后,这块帷幕在夕阳反照之下被撕碎了,于是她听到钟声,鸟叫,和农民的语声,她轻松愉快地流下眼泪……然而,到半夜里(她疲乏得呼呼大睡),她突然醒来,一种焦急不安的情绪压抑着她。她感觉到在她的胸脯上,有一条蛇紧紧地缠住她。

她在犹豫不决中过日子:一边是令人屈辱的磨难,盲目的冲动;另一边是骤然的、尖锐的、绝对清醒的目光,洞穿那巨大的骗局。她有一种持续不断的不安全的感觉,即使她已经提高警觉,已经武装起来,稍有动静,她可能又摔倒。她推迟了回巴黎的日期。

这对她的处境并非是没有风险的。她突然失踪,使她失去教家馆的职位。她千辛万苦聚集起来的一小群补课的学生,让别人接管了。西尔薇把报纸信件转给她姐姐,但是除了孩子身体不错的消息之外,别的什么也不说。她避免出主意,让安乃德自己决定一切。

安乃德明知她该回去了,可是老拖延着不走……她留在乡下也无济于事,她的思想老是朝着菲力普那边转:他在干什么呢?他不找她吗?……菲力普那方面毫无消息。她害怕得到他的消息,可是她又在盼望着。她把他从思想上撵出去了,她自以为包袱已经扔掉,但是他始终没有离开她。突然间,他又涌现了。

一天傍晚,在沿着园子矮墙的林荫道上,安乃德在漫步,游手好闲地、心中若有所思地。她通过树枝的空隙,远远瞧见在白色的大道上,有一辆汽车迎面而来。她心想:"他来了!……"她急忙向后躲避。汽车沿着墙开过来,在小小的庄园的那一端。安乃德心头紧张,在听汽车的轰轰声,听见它放慢了速度。在三十步之外,道路分岔,变为两股,汽车犹豫不决。安乃德在树叶组成的帘子后面,冒险地张望,看见了那个决不定行止的人的背部:这人转过身来了,他在眺望地平线。她认出了这个人是谁。她大为惊怖,跑去投身在一排黄杨木篱笆后边,摔倒在地上。她用指尖抓挖着泥土,她低下头,一股热血冲上面颊,心想:"他要把我抓回巴黎去了!"她想说:"不!"可是她身上的血却高呼:"好!"她感觉到她的手指捏碎干土块,她的面部藏在晒着太阳的黄杨叶的辛酸气味中。她竭力制止耳朵中血脉的声音,为了倾听墙那边的脚步声。她听见汽车开走了。她跑到园子的角上,面对大路,高声喊:"菲力普!……"

汽车拐了弯,不见了。

第二天,安乃德动身回巴黎。她知道她要的是什么,要干的是什么事吗?西尔薇怜悯地瞧着她,说:"没有好点吗……"此外,她什么也没有问。安乃德心中感激,身体疲乏极了,坐在她妹妹房中的一个角落里,一言不发,在这温暖的环境中,想使自己的精神恢复平静。西尔薇走来走去,让安乃德在沉默中恢复镇定。最后,安乃德站起来,要回到她住处去。她临出门的时候,西尔薇双手捧着安乃德的额头,再一次仔细瞧她,摇了半天脑袋,说:"如果你没有别的办法,就低头顺从吧,别再挣扎了!过一阵子也就完了。什么都会过去的,坏事,好事,我们自己也同样要过去的……为了这一点不值得的事!”

但是在安乃德心目中,事情大大值得一争。问题不在于菲力普和她之间。回到菲力普那里去,承认她自己被他战胜了,她很可能在这里边获得辛辣的乐趣,但是她恐惧的是更深刻、更隐秘的、只有她自己做见证人的一场失败。在她自己身上存在着一个死敌,多少年来,她从来没有把它忘掉,虽然由于骄傲,或由于谨慎,她总不喜欢去想它。这个欲念和肉欲的深渊,是前一辈的生活——(她的父亲?)——挖掘成的……一切可以成为生命的力量与骄傲的东西,她的意志、她的健康的灵魂,充塞她肺部的那种自由和纯洁的气息,全被吸入深渊。Mors animae……[①]安乃德虽然按照她的理性是不相信灵魂的,但是她不愿意她的灵魂死亡。

像古代亚西利亚人浮雕上的奴隶,脖子上套着绳索,安乃德被带回巴黎,向着菲力普走来,但是她到巴黎不去找菲力普,她躲避他。

菲力普念念不忘安乃德,正和安乃德念念不忘菲力普一样。在安乃德离开家的日子里,他来敲她家的门。安乃德突然出走,使他生气,他决不允许她从他手中挣脱,他要知道她的地址。他得到了西尔薇的地址,就去找西尔薇。两人一见面,头一眼就宣布开战。西尔薇马上就明白了。以怨愤的猜忌武装起来的西尔薇,用她自己的眼睛,而不是用安乃德的眼睛来判断菲力普:作为敌人,这是一个危险的人物;作为情夫,更加危险,这个人会把他所爱的砸得粉碎。西尔薇认识这路人,不过她不和他们来往。菲力普气势汹汹地问安乃德住在哪里,西尔薇冷冷地回答说她什么也不知道,同时故意让他看出来,她是一切全知道的。菲力普竭力掩盖他的怒气,他试图用嬉皮笑脸的态度来打动她。西尔薇像木头人一样兀然不动。他憋着一肚子火,走了。

菲力普并没有拼命去搜索安乃德,他从来没有用汽车去搜集茹伊一带大路上的尘灰。他根本没有去找安乃德,他不考虑牺牲他的光阴

① 拉丁文:灵魂的死亡。

去干无济于事的追逐,他确信安乃德一定会回来的。但是,他需要她而她偏不来,她居然敢在这样一个时刻跟他捣乱,这一切,他是不会原谅的。于是,他的怨愤,加上一种转移他的怒火的强烈需要,把他推向他老婆身上。这是暂时的接近,而且作为临时替工的女人,是相当屈辱的。因为这是不得已而求其次,他仍在等待着安乃德。

可是,诺爱弥懂得不要骄傲,如果那样做对她有利。她不浪费时间。经验教训她,使她明白过去的错误。她承认,为了维系住一个男人的心,单从爱情上下功夫是不够的,还必须从他的骄傲和精神方面的癖好去奉承他。菲力普惊讶地看到诺爱弥表示她对于菲力普当前的战斗很感兴趣,她甚至不辞辛苦地去调查和了解这件事。菲力普猜疑诺爱弥这样做的动机不正,但是不管她对这件事的关注是真的还是假的,反正使菲力普高兴。他愉快地发现了诺爱弥的智慧。她不再把智慧隐藏起来。安乃德之所以能把诺爱弥排挤掉,是由于她的智慧,诺爱弥利用这套武器,而且使它们更为完善。她不跟安乃德一样,夹杂在战斗中,去判断这场论战的根本问题。这一点,她让她的主人和丈夫去管。她的角色限于向他建议最机敏的战术,为了取得胜利。菲力普赞赏她的智谋。

笔战的猛烈这时达到极度。诺爱弥克服了男子们的争吵使她感到的嫌恶与腻烦,明白她必须毅然决然投身于这场混战。她开始在沙龙中用轻松和放肆的态度,支持她丈夫所发表的大胆论点。她的风韵,她的幽默,她嘻嘻哈哈的热情,一种顽童的精神和热烈的严肃性,使人们稍稍感到不顺眼,但是大家觉得很好玩。她把一定数量的年轻女子争取到她那一边,她们能采取自由态度来对待社会成见,非常高兴。能干的诺爱弥不打算跟成见决裂,她一边对这些成见发表不恭敬的嘲笑,一边却在道德和正派人们的阵营中,保留宽大和体谅的余地。她一本正经地说教,认为穷人有不生孩子的权利,作为对等的要求,富人就有给国家和社会多生孩子的义务,说这种话必须不怕不好意思。她自己结婚七年了,可是还没有找到时间完成她所说的义务。但她是英勇的,她现在找到这种时间了。

*　　*　　*

菲力普不久就知道安乃德回来了。他设法到她家里去找她,趁她独自在家的时候。可是安乃德有所防备,菲力普吃了闭门羹。虽然他心中怨恨,并且在别处得到满足,但他对安乃德的情欲并未消减。安乃德的抗拒激怒了他,他可不是随便让人给钉子碰的人……

安乃德在街上看见了菲力普,离开她只有几步远。她脸刷白了,但她没有躲开他。两人面对面走近,他说:"你回家去。我跟你一起去。"

"不。"她说。

她跟他走进一块背靠教堂的、狭窄的小方场。一棵布满尘埃的树,正好把他们挡住,和街上川流不息的行人隔开。他们不得不小声说话。他严厉地说:"你怕我。"

"不,"她说,"我怕我自己。"

菲力普被热情和怨愤焚烧着,但是,当他严厉的眼光和安乃德并不躲开的眼光碰在一起,他在她的眼睛中发觉一种坚忍的痛苦,他的怒气消失了。于是他用比较柔和的声调问:"你为什么要逃跑?"

"因为你杀害我。"

"你不知道什么是恋爱吗?"

"我知道,正因为这样我才逃跑。我怕我会恨你的。"

"哎!恨我吧,请便!恨,这还是爱。"

"在我看来,并不是这样的,"她说,"我不能忍受这个。"

"你并不这样软弱,不至于不能负担整个爱情的善与恶。"

"菲力普,我并不是这样软弱。我要整个爱情,肉体与灵魂,我不愿要一半。"

"灵魂是鸡毛蒜皮。"他说。

"你把你的精力都用在什么目的上了?自从你有生以来,如果不是为了你的思想,你为什么要贡献你自己?"

"骗人的玩意儿!"

"思想使你活下去。我也一样,我有我的思想。不要让它死亡!"

"你到底要什么?"

"我要我们在决定把我们的生活结合在一起之前,不要再见面。"

"为什么?"

"因为我不愿意再这样躲躲藏藏,我不愿意再和别人平分,我不愿意,我不愿意……"

但是她没有说出最隐秘的理由:——("如果再顺从你,我很快就连不愿意这样干的毅力都没有了,我就要不由自主;我将成为让人糟蹋之后随便砸碎的玩具。")

他不能理解这种本能的反抗,这种对致命欲念的奴役的反抗,他在安乃德的态度中,只看见一个女人为了控制他而采取的猜忌和狡猾的行动。虽然他嘴里不说,表情却非常清楚。安乃德察觉了这一点之后,她做了一个坚决的动作,要走了。

焦急的心情,以及不愿让过敏的行人看出他的心情的努力,使菲力普身体微颤。他抓住安乃德一条胳膊,紧紧地抓着,一边用竭力抑制愤怒音调的低嗓子对安乃德说:"我呀,我不愿意,不愿意放弃,我要和你见面……闭嘴!不许回答!……这儿不是说话的地方……今天晚上我到你家里去。"

她说:"不!不!"

他又说:"我一定去。我不能没有你,你也不能没有我。"

她生气地说:"我能。"

"你说谎。"

他们在进行没有动作的搏斗,低声地,然而是激烈地,灵魂与灵魂的搏斗。他们的目光互相逼视。菲力普的目光屈服了,他恳求说:"安乃德!"

可是她面颊上保留着受了菲力普粗暴批驳的热辣辣的创痕,以及她自己确实也说了谎的羞耻之感。她坚挺了一下腰,从抓住她的那只手中挣脱出来,走了。

晚上,菲力普来了。和他分手后,安乃德一直生活在怕菲力普到来的恐怖中,也害怕自己也许没有力量不给他开门。因为她不愿意再和这个无情的情欲见面。她深信,胸前挂着这个火把,她是无法生活下去的。趁她还剩下一点毅力的时候,必须将这个火把抛掉。但是,她还有足够的毅力吗?她爱他。她爱把她烧成灰烬的焦灼之感。明天,她也许连羞耻与屈辱都会喜爱。她红着脸承认,直到今天早上,她对他的抗拒中,也存在着肉欲的底子……

她听出菲力普的脚步声走上楼来,她听见门铃响,可是她坐在椅子上不动。他又按了一次门铃,接着,他打门了。安乃德垂着双臂,上身后仰,心里一再说:"不,不……"

即使她愿意起来去开门,她也紧张得喘不过气来了……

这时,她什么也听不见了。难道他已经走了?……她还没有来得及答复这个问题,已经站了起来。她轻手轻脚,摇摇晃晃,走向门边。一块楼板响了一下,安乃德立刻站住。几秒钟过去了,没有动静。安乃德从门缝中窥视门外,看见菲力普站在门边,在那儿张望。他知道安乃德就在门那一边听着。……沉重的寂静。两人在互相窥探。菲力普紧贴在门上的嗓门说:"安乃德,你在那儿。开门吧!"安乃德靠在墙上,觉得她的心脏支持不住了。她没有回答。

"我知道你在那儿,别再躲躲藏藏!安乃德!开门!我有话要跟你讲!……"

他遮住嘴讲话,为了不让上下楼梯的人们听见,但是一股混杂的激情冲上他的心头:他快要摇撼大门了。

"我必须见到你……不管你愿不愿意,我一定要进来……"

沉寂。

"安乃德,今天上午我对不起你。请原谅!……我要你。你要我干什么?你说吧,我照办……"

沉寂。沉寂。

菲力普攥紧两只拳头,他恨不得掐死她。

他嘴对着门,责备道:“你是属于我的,你没有权利将自己收回去。”

他又说:

“你好好想一想!你要是不开门,从此完蛋。”

他说:“安乃德,我的安乃德。”

他发火了,他说:“卑怯!你害怕见到我。你只有躲在门内才有能耐。”

门后边有一个声音说:“你为什么要折磨我?”

菲力普为之一震,他不吭声了。

那声音,非常疲乏地,又说:“朋友,你把我撕成碎片了。”

菲力普很激动,但是他被伤害的骄傲之感,不愿意露出他的激动来。他说:“你有什么要求?”

她回答:“怜悯。”

这个声调使他感动,但他不能理解。他问:“你要怜悯有什么用?”

她说:“你别缠我了!”

他怒火又上来了,“你驱逐我吗?”他问。

“我恳求你让我休息……休息!让我一个人待着,休息几个星期!”

“这么说,你不爱我了?”

“我捍卫我的爱情。”

“跟谁斗争?跟什么斗争?”

“跟你。”

“疯狂!……你一定要给我开门。”

“不!”

“我要你开,我要你开。”

“我不是你的猎获物。”

她笔挺地、骄傲地、颤颤巍巍地站着,她的眼光隔着门板向他挑战。虽然他瞧不见她的眼睛,却被击中了。他对她喝道:“永别了!”

她听见他走了。她身上一阵寒战。他是不会原谅她的。

* * *

菲力普决不原谅。他再不来了。

安乃德心里不断地说:“本来就应该这样,就应该这样……”

但是她并不接受这个事实。她本来想跟菲力普再见一次面,温和地向他解释——(为什么她发那么大的脾气?)——她并不是要离开他,而是竭力保卫她的爱情,他们两人的爱情和共同的自尊心,这一切都被他在无意识中粗鲁地践踏了。她愿意两人都有机会深思和反省一下,能在夹泥沙而下的情欲激流中定一定神,在神志清醒和自由的状况中做出判断和决定。如果他选中了她,要他在她身上尊敬他的妻子和他自己……

但菲力普毫不原谅一个他所爱的女人敢于阻挠他的意志。如果处在另一个社会阶层,他也许就对她动蛮了,他的激情禁闭在他所属的阶级中,像关在笼里一样,他又不得不迁就他希望统治的这个世界,因此他碰了钉子的情欲转化为对它愤怒的否定:不能摧毁那个女人,就摧毁他对她的感情!这是——他知道——可以击中她的心的。他的本能告诉他,安乃德无论如何还是爱他的……

经过了三个月令人焦灼的沉寂、辛酸和不安的自言自语,希望和绝望,骄傲、卑下的心情和内疚,经过三个月无可救药和无济于事的期待,安乃德,有一天,听苏朗琪高兴地说维亚夫妇得到了如愿以偿的幸福:诺爱弥怀孕了。

* * *

安乃德本想在儿子身边找避风港,将她痛苦的脑袋藏在据说是最可靠的爱情的翅膀下,那就是儿子对母亲的爱。咳!这种爱情和别的爱情同样不可靠。安乃德不能期待玛克对她表示任何温情,甚至连兴趣都谈不上。这个小伙子从来没有像现在这样冷淡、毫无感情、漠不关心。痛苦不安的心情在煎熬他母亲,他根本没有注意。当然,她竭力对玛克遮掩自己的忧虑,但她掩盖得那样拙劣!他很可以从她由于失眠而深陷的眼睛,从她的灰白脸色,消瘦的手,从她整个被残酷的情欲侵蚀的身体上,看出她不安的心情,但他不体察。他甚至不看他的母亲,他只顾他自己。他心里想什么,也只让他自己知道。他母亲只有在进餐的时候看见他,在餐桌上他也一言不发。安乃德竭力设法跟他谈话,反而使他更固执地保持沉默。她总算勉强让他一早一晚说一声早安、晚安,因为他已经认定这些不过是装腔作势,他同意这样做(也不是每天),只不过但求相安无事而已。他匆匆忙忙地把他不耐烦的额头送向母亲的唇边。当他不出门上学,或者去办自己的事(让他说他去干什么,那是极不容易的),他就关在他的书房里,一间堆东西的小屋,像衣柜那么大,挤在餐室和他的卧室之间。如果到那儿去干扰他,那是不会有什么好结果的。在餐桌上,在家中,他活像一个陌生人。安乃德辛酸地想:"我要是死了,恐怕他连哭都不哭。"

于是她想起从前她所做的关于亲爱的小伙伴的美梦。小伙伴是她用自己的血肉塑造的,偎依在她身边,不说话,可是能猜得到她的心事,分担她的喜怒哀乐。现在,他是多么缺乏温情。为什么他这样狠心肠!有时候,简直可以说他在怨恨她。为什么怨恨她?因为她太爱他了?

"对,这是我的毛病,过分地爱!人们不应当爱得太过分,别人不需要这样的爱,反而碍他们的事……我的儿子不爱我!他迫不及待地想离开我……我的儿子,多么不像是我的儿子!他一点也没有感觉到我所感觉的!他一点也没感觉!……"

在那些日子里,小玛克心里被爱情与诗歌照亮着。他疯狂地热爱诺爱弥,那是这种荒唐而能吞没一切的童年之爱。他还不大清楚,需要女人干什么。是为了看看她、闻闻她、摸摸她、尝尝她的味道吗？肯定地，他并没有想到什么是占有，可是，被占有的却是他自己。当诺爱弥的小手向他伸过来，他把他的嘴唇和贪馋的小狗鼻尖揿在像纤弱的花朵一样的手腕上，闻着女性甜美的身体令人陶醉的气息。在玛克眼里，诺爱弥是活生生的花和果子，他馋得要命，真想用牙——非常轻地——咬她一下，他又怕得要命，怕自己的这种欲望控制不住。于是有一次(啊，可耻！)他真的控制不住了……会出现什么事呢？玛克满面通红，哆哆嗦嗦地等待着最倒霉的遭遇：当众受辱、遭到呵斥，甚至没有脸地被人撵出去。但是诺爱弥哈哈大笑，她管他叫："小狗！"她拍了他的耳朵一下；用他的鼻子轻轻擦他咬过的地方，一次、两次、三次，一边说："求饶吧！……坏蛋！"

从此以后，她索性跟这个年轻的小动物玩耍起来。她没有去想坏的方面，也没有想好的方面，她逗弄着小小的情迷取乐。这对于她是毫无关系的，她一点也不想这对于孩子是很严肃的事。但是他——(尽管外表上看不出来，他可是地地道道的安乃德的儿子！)——他可是把这件事看得像悲剧一样严重。

自从他第一次看见她以来，在他心目中，她就像"闲人免进"的乐园，这个女性的奇妙幻景出现在一个天真童子正在觉醒的眼睛之前。这个令人神往的形象，与其说是用真实的东西，也可以说是用虚幻的东西构成的；与其说是用他所看见的东西，也可以说是用他所看不见的、不知道的东西构成的，用他所怕同时又想望的东西，他所要而同时又不要的东西；用响应自然粗暴与狂热的号召、小青年身上的可怕引力构成的。诺爱弥的容颜状貌，也许他并没有确切地看清楚其中的任何一点，但是她的每一点姿色、每一个动作、她的衣裳的每一条褶纹、她头发的螺卷、她的声音和香味，以及她眼睛的亮光，一切都使充满想望的身心疯狂地引起欢乐与希望的汹涌浪涛，引起幸福的呼喊和哭泣的愿望。

就在这一天，当安乃德看见儿子态度严厉、充满敌意和冷淡，当笨拙的母亲坚持要知道他为什么这样,想从他口中逼出一句话,仅仅是一句温情的话来,反而引出他一句出口伤人的话——正是在这一天,这个小青年获得了迷人的美梦最扣人心弦的显现。一个星期以来,他生活在陶醉之中。他瞒着母亲,继续和诺爱弥见面,她拿他当小间谍使用,让他把敌人阵营中的活动天真地向她报告。有一天,他在沙龙中出其不意地发现诺爱弥一边谈话,一边用隐藏在手帕中的一面极小的镜子照自己的脸。她开玩笑地用她的口红涂抹了玛克苍白的嘴唇。他嘴里留下被他所爱的那个人的嘴唇的味道。打这以后,他把这个味道保留在舌尖上,常常吮吸,他全身都渗透了这个味道。这种枣红色,这张老是张开的嘴,上唇向上翘,太短也太活动,不能够和厚厚的像一粒樱桃似的下唇吻合——玛克到处都看见这张嘴。这天早上,他从母亲家里出来,粗暴地砰一声关上门,他决定逃学,出去溜达溜达,他到处看见枣红的嘴唇,它在七月晴空的云彩间,在流泉涟漪的水纹间,在过路的妇女们心不在焉的微笑中,到处开了花。它吞没了他的心神。

他信步走去,夏季的微风吹拂他的金黄头发。但是,虽然他是那么心不在焉,那样满脑子胡思乱想,却用他的山猫眼睛,认出在那边,在另一条人行道上,西尔薇姨母走过来了。他赶快跑进一条岔路上,他丝毫不打算遇见西尔薇,并不是怕西尔薇抓住他正在逃学,她顶多不过哈哈一笑而已。但是,如果你有一个秘密,跟她在一起,你就甭想太平无事了。——(和他母亲在一起,就不一样)——他的本能告诉他,这类秘密正是西尔薇姨母最善于看破的……

西尔薇没有瞧见他,他喘了口气,轻松了。他可以整个上午寻味他的爱情了,虽然爱情并不妨碍他站在橱窗前闲看一条领带、一支小手杖、一张画报,他游游逛逛的走路方式,却不知不觉地把他引导到目的地。——就好像巴黎的鸽群,它们每天早晨飞越一簇簇尘埃满面的房屋,到大公园中去寻找荫凉的老树。孩子也去找老树。他需要老树的浓荫和鸽群咕咕的叫声。

他径直跑下圣热纳维埃弗山,穿过几条平民聚居的古老的街,他发现已经到了安静的植物园的明朗空间,然后他才明白,他的目的地正在这儿。

在这个时刻,游人不多,稀稀拉拉几个散步者。巴黎远远地轰隆轰隆在响,好似黄蜂的嗡嗡声。一个美好的夏季早晨的蓝色颤动。孩子寻找隐藏在一丛树木后面的长椅,然后闭上眼睛,想他的财宝。他少年人发热的长手放在胸膛上,好像要遮掩他的心,不让好管闲事的眼睛看见。他隐藏的是什么珍贵的东西,他连想都不敢想?——诺爱弥的一句话,她是漫不经心地说的,而他却用这句话构成一个世界……他最近看见她的那一天,诺爱弥几乎没有注意这个孩子在场,她偶然向孩子微笑了一下,而她的注意力都集中在大事件上。——(菲力普重新被她夺过来,安乃德丢了脸,决定性的胜利!……“可是谁也不能预料!没有任何东西是决定性的。让我们满足于今天吧!”)——由于疲倦、烦躁与乐趣,诺爱弥叹了一口气。玛克问她为什么叹气。孩子惊恐和天真的目光使她分心,她故意迷惑他,说:“这是个秘密。”说完更长地叹了一声。

孩子问:“什么秘密?”

诺爱弥脑子里产生了一个促狭的念头,她说:“我不能告诉你,由你猜吧!”

他心情十分激动地说:“我不知道。你告诉我吧!”

她懒洋洋的眼睛眨眨眼皮,说:“不,不,不……”

玛克红着脸,结结巴巴地,他怕知道这个秘密。为了延长这个游戏,她用神秘的神气说:“你想知道?……”

玛克心情激动,快要喊出来:“不!”

“那好……今天不告诉你!……下次再跟你说。”

“什么时候?”

“不久以后。”

“不久是什么时候?”

“不久……下星期。你来晚餐的时候。”

一个星期过去了。玛克心想，今天晚上他该见到诺爱弥了。他专为等待这个时刻的到来而活着。这个时刻，他在思想上已经体验了二十次！他决不敢先想故事的结局，那是太紧张了。……可是，先把故事想一半，那有多么甜蜜。在公园里的一条长凳上，他软绵绵地简直支撑不住了。钟声打了中午十二点。在一排树木屏障后面，日光下的小径上，沙子在一个唱歌的小女孩脚下沙沙地响。更远一些，鸟笼里海外进口的鸟用奇异动人的语言，啾啾地叫着。在塞纳河上，很远很远，有一条驳船在呜呜地鸣笛。这时，在孩子面前，一对互相搂抱着的情人，悄悄地、缓慢地走过，他们没有瞧他。一个高个子、黑头发的姑娘，一个面色苍白的年轻工人，两人嘴对着嘴，眼睛在互相贪馋地注视。于是孩子屏息注视他们，直到他们拐了弯，瞧不见了。孩子幸福得哭了起来。他哭刚刚走过去的幸福，也哭将要到来的幸福，在他们身上的幸福，在周围一切之中的幸福，在这七月中午的幸福，在他拥抱一切的火热的心中的幸福。

他回家去，头上带着这一分钟出神遐想的圆光。这一分钟的神往远远超过了引起这种神往的女性形象：诺爱弥的影子融化在金黄色的浴池中。如果要再见到她，必须有这种意志。玛克有这种意志，可是诺爱弥从他手中挣脱了。他偷梁换柱，假装在这种幸福的面目中，认出了诺爱弥，这种幸福是那么强烈，以致当它把一切充满他心的时候，使他感到痛苦！无穷的希望、英勇的决心，以及这种力量和仁爱，使他大步大步跨上楼梯，像两只翅膀般的把他抬起来。然而一看见他母亲严厉的目光——（他回来午餐迟到了三刻钟）——他头上的圆光立刻消失，他又进入了沉默的阴云中。

安乃德并不想跟玛克说话。她有自己的痛苦包袱，而那是无法和别人分担的。她的儿子坐在餐桌旁，面对着她，显得自私而且和她隔着很远的距离。他狼吞虎咽，胃口极好，而且急于吃完了事，好重新回到他怪诞的幻想世界中去。安乃德心想：“我不过是供给他吃饭的人而已，此外和他毫无关系。”

她连抗议的勇气都没有,她是被遗弃的人。午餐快吃完的时候,玛克发现他自己一句话也没有说,他隐隐约约有一点内疚。但是他怕说一句之后,会引起母亲对他追问。他胡乱叠好餐巾,塞在放餐巾的小木环中,急急忙忙站起来,小心提防在半道上被母亲的目光一把抓住。他走了……他正要出房门,忽然有一个冲动……他问道——(他明知有这件事,因为诺爱弥对他讲过,但是他需要把已经知道的事再证实一下):"是今天晚上,我们去维亚家吃晚餐吗?"

安乃德还坐在那儿,一动不动,神情忧郁,她不瞧玛克,回答说:"没这回事。"

玛克止步在房门口,惊讶地问:"怎么!人家对我说过!……"

"谁跟你说的?"

孩子觉得为难,没有回答。他母亲不知道他常去诺爱弥那里。他连忙设法转移目标:"那么是哪一天呢?"他失望地问。

安乃德耸耸肩。现在已经没有去维亚家吃晚餐的问题了!诺爱弥是闹着玩说"下星期",正如她很可能随便说:"四〇年!"……

玛克放开手中抓着的门把,重新走过来,很焦急的样子。安乃德瞧了他一眼,发现他很失望,说:"我不知道。"

"怎么?你不知道?"

安乃德说:"维亚他们已经走了。"

玛克喊起来:"不会的!"

安乃德好像没有听见。玛克用一只焦急的手放在母亲伸在桌上的手臂上,恳求说:"这不是真的吧?"

安乃德从她发愣的状态中醒过来,站起来,动手收拾餐具。

"他们到哪儿去了?到哪儿去了?"玛克狼狈地喊。

"我不知道。"安乃德说。她拾起餐具,走了。

玛克目瞪口呆地站在那儿,面对着他崩溃了的美梦。他不理解这突如其来的动身,也不通知一声……不可能!他做了一个动作,想跟他母亲走,逼她解释明白……可是不!……他又站住……不,这不是真的！现在他明白了……安乃德发现了他对诺爱弥的爱情，她想拆散他们两人。她说谎！她说谎！诺爱弥没有走……他恨他母亲。

他轻轻溜出住所，连跑带滚地下了楼梯。他跑着去，心疾跳着，跑到维亚家中。他想知道个究竟，到底他们走了没有。——而实际上，他们的确没有走。男仆说，先生刚刚出门。太太疲乏了，她不见客。玛克还是让仆人去问，是不是可以给他一分钟的谈话时间。仆人回来说："太太很遗憾，但这是不可能的。"孩子狂热地坚持，说他必须见她，只要一会儿，他有十分重要的事要对她说……在这时，玛克用他正在发育中的嗓子，说了一大堆语无伦次、含含糊糊的话，加上拙劣的手势，红着脸，差一点要哭出来了。不动声色的男仆用好奇和嘲笑的目光瞧着他，使他头脑更混乱了。仆人把他推出大门，他愚蠢地抗拒着，高喊他不许别人碰他一下。仆人叫他滚蛋，如果他再不闭嘴，他要打电话通知门房，把他撵下楼……他一转身，大门砰地合上了。他觉得没有脸，满腔怒火地站在门外，不能下决心走开。他无意中向一扇门上靠了一下，觉得门没有上锁，被他推动了。他顺手把门推开，走了进去。他要不顾一切，直接到诺爱弥跟前去。门厅内空无一人。他知道诺爱弥的房间在那一边，就往楼道上溜过去。他听见诺爱弥的嗓子，在房间里讲话。她在对男仆说："呸！呸！他叫我烦透了！……你干得对，该给他颜色看，这个傻瓜！"

玛克回到楼梯口，他逃跑了。他哭着，气得咬牙切齿，他气糊涂了。在楼梯的一级上，他坐下来，气喘不过来了。他不愿意在街上让人看出他在哭，他擦干眼泪，装出一副平静的面目，掩饰着狂怒的痛苦。他不知不觉走上回家的道路。他绝望了……死，他宁愿死！他不可能再活下去。生活太丑陋，太卑鄙，她说谎，一切都说谎！……他不能再呼吸。在走过塞纳河时，他想投河，可是另有一个不幸的人比他抢先了一步。两边河滩上看热闹的人跟苍蝇似的黑鸦鸦一大片。有上千人，男女老少，俯身在栏杆上，贪婪地观看打捞一个淹死的人。什么情绪推动这么多人来观看？极少数是为了寻求变态情欲的刺激；相当少数,出于怜悯之心;绝大多数,被社会新闻所吸引,出于游手好闲的好奇心。相当一部分人,也许联想到自己,看一看别人怎样受罪,(“我以后也可能这样受罪。”)看一看人家怎样死(“我以后也许这样死。”)——玛克只看见卑鄙的好奇心,这种好奇心使他憎恶。自杀,对,可是别在外边!他跟安乃德一样,他有他的骄傲和洁身自好之心,他不愿意给这一群下流之徒当戏看,不愿意让他们用肮脏的手来摆弄,不愿意赤身裸体地让那些肮脏眼睛来玷污。——他咬着牙齿,赶快回家,愈快愈好,他决定回家自杀。

他曾经趁母亲不在家的时候,仔仔细细翻查家中各个房间,找到一把手枪。那是诺爱弥的手枪,安乃德在诺爱弥走后拾起来的。安乃德满不经心地把手枪放在一只抽屉里。玛克把那把枪据为己有,把它藏起来了。现在他决心下定了。对于孩子来说,如果是一个可以办到的行动,那么他想到要做就立刻去做。玛克要将自杀的行动立刻付诸实施。他悄悄回到家里,正和他出来时一样,没有声响。关在自己房中,玛克将子弹装上膛,正像他看见过一个同学所干的那样。那个同学比玛克大不了多少,他把那个危险的玩具装在衣袋里到处跑。在上一堂希腊文课的时候,他把书包挂在两腿中间,手伸在空书包里拨弄手枪,一边向注意听他的邻座同学们讲解。现在,玛克的武器已经装好,他准备开枪了……可是,自己站在哪儿呢?可别打不中自己。那边,站着,面对镜子……可是,接着就往哪儿倒下去呢?……这儿,更好些,坐着,两肘放在桌上,面对镜子……他把镜子摘下来,放在桌上,靠在一部词典上……这样,他自己看得很清楚。他拿起枪来,按在……按在哪儿?按在太阳穴上,据说这是最好的部位……这大概很痛吧?……他一点也没有想到他母亲。他的热情,他的痛苦,以及这一切准备工作,已经够他忙的……他的眼睛在镜子里,使他激动……可怜的玛克!……他觉得有话要说,在他消失之前,说一说这个世界使他吃的苦头,他是多么鄙视这个世界……需要报复,需要让别人追悔不迭,而且引起人们的赞叹……他找了一大张小学生用的作业纸,

歪歪斜斜地折叠起来——(他急急忙忙地干的)——然后,用他专心的孩子不大熟练的笔画,写道:

> 我不愿意再活下去了,因为她出卖了我。人人都是坏蛋。我什么也不爱,所以我宁愿死。所有的女人都说谎,她们都很卑怯,她们不懂得爱情。我鄙视她。我要求,当人家埋葬我的时候,把这张纸放在我身上,"我为诺爱弥而死"。

写到这个亲爱的名字时,他哭了。他拿手帕捂住嘴,不让出声。他擦了擦眼泪,把他写的几行字再念一遍。他严肃地想:"我不应当连累她。"

于是他把纸撕碎,重新写。他那几行绝望的词句,不由他自主地,像火箭般向前飞。写到这一句"她们不懂得爱情",他接着写:"可是我懂得了,所以我死。"

他在痛苦中,十分满意这句话,这句话几乎使他得到安慰。这就使他对于还要活下去的人们,产生了仁善的心肠,于是他慈悲为怀地写了最末的一句:"我原谅你们大家。"

他签了名。再过几秒钟,一切将告结束。他将得到解脱,他已经预见他这一死将产生的美妙效果!

但是,正当他聚精会神地用钢笔重描稚气的花体字签名处墨水不够浓的地方,在他身后,小书房的门突然打开了。他急忙用手臂将手枪和纸盖住。安乃德只看见放在词典上的一面镜子,她以为玛克正在顾影自怜,她没有说什么。她好像疲乏到了极点,精疲力竭地低声说,她忘了打牛奶,做晚餐需要的牛奶,玛克愿不愿意做一件好事,替她去跑一趟,免得她受上下五层楼的劳累。他呢,只有一个思想,别让她瞧见他用胳膊挡着的东西,他不愿意动窝,他粗鲁地回答说他没有时间,他正忙着呢。安乃德苦笑了一下,把门关上,走了。

他听见她缓慢地下楼——(她的样子疲乏极了)——心中觉得过

意不去。他心里保留着母亲疲乏的面部表情和声调……他迅速地把手枪掷进抽屉，把《向生命告别》塞在书堆中，连跑带跳走出家门，在楼梯上，他推撞了母亲，用不高兴的口气向她高声说，他去跑一趟。安乃德回到楼上，心里稍稍轻松一点。她想儿子并不是像表面上看起来那么坏，但是他的粗鲁和坏脾气使她难堪。上帝！他是多么不温和！……对于他，这样正好！可怜的孩子，这样他在生活中可以少受一点痛苦……

玛克回来之后，完全忘记了他要自杀。当他看见桌子上那份没有掩藏得很好的了不起的“遗嘱”，他已经丝毫不感兴趣，他急忙将它塞进一个硬纸盒的底里。他推开压得他出不来气的意念。他现在感觉到，对于他母亲，那将是何等残酷的卑怯行动。母亲的健康使他不放心，但是他笨拙地表示他的忧虑，他不知道该怎样问她，她也不知道该怎样回答。由于不恰当的自尊心，他不愿意露出他真正的激动心情，他的神气好像在不乐意地偿清一笔礼貌上的欠债。而她呢，她也同样骄傲，她不愿意引起他不安，把谈话转移到别的方面去。于是母子俩重新坠入闭口无言的窘境。玛克解除了不安的心情之后，认为他现在有权怨恨他母亲了，既然他为了她而放弃了自杀……他明知现在他丝毫没有自杀的意愿，但他需要报复他所受的一切痛苦。当你不能在别人身上报复时，就在母亲身上报复，反正她总在那儿，是你伸手可及的，而且她不跟你争辩。

就这样，他们各自禁闭在垣墙之内，各有各的苦衷。玛克，由于他开始觉得他的忧愁不好忍受，他对安乃德的忧愁越来越怀敌意。当他听见门铃通报西尔薇姨母来了——(他熟悉西尔薇按门铃的方式)——他觉得轻松。西尔薇是来带玛克去看一场伊莎陶拉的演出的，因为她突然对舞蹈大感兴趣。虽然他自以为有责任在他脸上和灵魂深处——(首先在脸上)——保留他所经受的苦难的痕迹，却不能掩饰他的欢乐，能出去散散心的欢乐。他跑去换衣服，故意让房门打开着，为了一点不漏地听姨母的快乐谈笑。她刚刚来到，已经在开始讲一个轻佻的故事。心中痛苦,脸上勉强微笑的安乃德,心里想:“难道她跟去年伏在孩子遗体上号叫的,是同一个女人吗?难道她已经忘记了吗?”

她不羡慕这种伸缩性。但在另一间房里,她的儿子用笑声在回答西尔薇的精彩谈话,证明玛克遗忘的本领也不亚于西尔薇。安乃德把这些看作缺乏好心肠,因而感到痛苦,却不知道她自己照样也有这种美妙而残酷的遗忘本领。当玛克容光焕发地出现在她面前,准备出发的时候,她不能控制她面部的表情,不能不使玛克注意到她在严厉地反对他的行动,这比一句责备的话更使玛克生气。为了报复,他故意夸张地表现他的兴高采烈,他大声说笑,而且显出他迫不及待地要动身,以致忘记对母亲说声晚安。一出门,他就想起来了。回去补礼吗?活该,让她去吧!他赌气了。他轻松愉快,因为他把那张在责备他的面孔,尤其是那种忧愁,在家感觉到的令人丧气的气氛,他在这一天中骚扰不宁的痕迹……统统抛在脑后了。这个广阔无边的一天!……简直是大千世界!……在几小时之内,好几种不同的生活,从欢乐的顶巅到绝望的深渊……在激动人心的各种感情重压之下,他本该被压得粉碎,但是在矫健的小青年身上,这点重量无异于小鸟压在枝头。小鸟飞去,树枝重新抬起头来,迎风而舞。这一天中的欢乐与痛苦,都飞走了!剩下的只是一场梦。为了享受新的痛苦与欢乐,他急忙拭去梦痕。

然而安乃德不能理解玛克思想上发生的一切。安乃德也跟玛克一样,是富于激情的人,她把一切都归结到自身,她听到玛克嘻嘻哈哈地下楼,她心中猛然一震,因为,你瞧,离开母亲,这对玛克来说是多么大的快乐!她想,玛克在憎恨她。因为她的激情总喜欢夸大事实,而且在各种意义上……她成了玛克的负担。对,这是明显的事实。他在盼望能够撇开他母亲。她死了之后,他将更幸福些。……更幸福!……她也一样。由于这个荒诞的念头,她心都碎了,那就是说,她的儿子,她的小家伙,可能在盼望她死……(荒诞?谁能知道?在内心深处,在一时的呓语中,哪个孩子没有盼望过母亲死亡?……)这个直觉所引起的恐惧震动了安乃德,正当她用一只虚弱无力的手抓住生命的时候,这是对她致命的一击。

一整天,她被卷土重来的激情狂怒地冲击着。而现在,决心既经下定,而且已经见诸实施;不可挽回的事实已经造成,她完成了意志的责任,不再有力量顶住内心之敌的袭击。而敌人已蜂拥而来,像海潮怒涨。

她自己是敌人的同谋。她给敌人打开门。当一切都已丧失,人们总该还有权享受自己的绝望吧!我的痛苦是我个人的事,让我全部占有我的痛苦吧!流血吧,我的心,流血吧!让我用匕首扎你一刀,强迫你重新看到丧失的一切!菲力普……他在这儿,面对着她……追忆是如此强烈,如同真的看见他一样,她跟他说话,用手接触他……他,她在他身上所爱的一切,相类似和相对立的一切组成的吸引力,对立面的结合,燃烧着爱与搏斗的双重火焰。搂抱与搏斗,本来是一回事。……而这个幻想的搂抱,却具有这样强烈的肉体力量,以致被爱情占有的女方,像被天鹅压在身上的勒达[①]一样,身体都压弯了。激情的洪流绝望地涌来。——于是,安乃德经历了任何妇女在生活中都遇到过的苦恼:为爱情而生的女人,她的一份爱情被拒绝了。——到了这个年龄的转折点上,如果她在一场爱情中失败,她就以为终生的爱情生活全部结束了。在这天夜间,安乃德独自留在房中,被她儿子所抛弃,自己的热情受了摧残,内心一无所有,奄奄一息,这种思想纠缠着她,一去不复返的爱情,没有爱情而虚度的一生,这种思想掐着她的脖子,不让她有一分钟安静。这种思想被驱走之后,仍然回来。安乃德徒劳地想干点活,来寄托她的精神。她拿起针线,又扔下;站起来,又坐下;她头靠在桌子上,双手互相扭曲着。念念不忘的一个意念使她心慌。她达到了这种痛苦的程度,那时,一个女人为解除自己的痛

① 希腊神话中少妇勒达为大神宙斯所爱。宙斯化为天鹅,占有了勒达,使她怀了孕。

苦,准备走入最不堪的迷途。安乃德这时感到快要丧失理性了,她在狂热的昏迷中,看见一股野蛮的冲动,那种想要走到街头去的丑恶欲望,想要玷污自己,毁灭她受折磨的身心,将自己的身体出卖给任何一个过路男子的狂怒。她意识到这种野兽般的思想,她憎恶得大叫起来,而这种憎恶之感,使她下流无耻的意念不愿意再放开她。于是,跟她儿子一样,她想自杀。她知道她已经不能控制意念的纠缠……

她站起来,向房门走去。可是,在到达房门之前,她必须经过打开着的窗子。当她走到窗前时,她决定投身到窗外去!……洁身自好的奇异本能想挽救她的灵魂,免受玷污!这个虚无缥缈的灵魂!她的理性并不迷信一般所谓道德,但是本能更为强有力,本能看得更正确……她全神贯注地注意两件东西,门和窗子,近处的东西她都看不见。在走向窗子的途中,她的腹部猛烈地撞在碗橱的尖角上,剧痛使她呼吸都停住了。她弯着腰,双手按着受伤处。由于腹部受伤,她感觉到一种辛辣的复仇的快感。她恨不得把她身上那个盲目和沉醉的主人,那个猛虎式的上帝,砸得粉碎……稍后,反作用开始了。她倒在碗橱与窗子之间的一张矮椅子上,一点力气也没有了。她双手冰冷,满脸都是汗水;她心脏乱跳,愈来愈弱。在这沉入深渊的时刻,她只有一个念头:“快些,快些!……”

她昏过去了。

*　　*　　*

当她重新睁开眼睛的时候——(什么时候?几秒钟?……万丈深渊……)——她的脑袋向后仰着,好似放在砍头的砧木上,脖子搁在窗台上,身体仍旧挤在墙角落。重新睁开眼睛的时候,她望见,在阴暗的房顶上空,在七月的夜晚,群星在闪烁。其中有一颗星,用它神圣的光芒,照彻她的身心……

一种前所未有的寂静,广阔得像大平原……可是在下边,汽车仍在街道上来来往往,碗橱中的玻璃杯微微颤动着……她听不见……高悬在天地之间……“无声地飞翔……”……她非常缓慢地苏醒过来……

她故意不立即醒过来。她怕重新面对她所抛开的一切:可憎可怕的疲乏、不安、爱情的陷阱,爱情、母爱,强烈的自私——自然的陷阱,它才不关心我的痛苦!它在等我醒来,要碾碎我的心……我从此再也别醒了吧!

她却醒过来了。——她发现敌人已经不在那儿。绝望,它已经不在……真的不在那儿?……不对,它还在那儿,但已经不在她身上。她从外表看到它。她听见它在响……啊,魔术!……可怕的音乐,开辟了未知的空间……安乃德瘫软无力,不能动弹,她听见有人在唱——仿佛在房间里,一只看不见的手把它们招来——那些抽泣声,萧邦的一支前奏曲中的 Fatum①。她的心充满了从未体味过的欢乐。在日常生活中仅仅由于否认痛苦而产生的、害怕痛苦的可怜的欢乐和本身包含痛苦的浩大的欢乐之间,除了名字之外,毫无相同之处……安乃德闭目静听。声音停止了。在等待中,一片寂静。于是,突然间,从被撕碎的灵魂中,飞起一声解脱的欢呼,粗野的呼喊,振翅疾飞……玻璃窗上的金刚钻,它的辙迹在夜空的穹窿,上划出一条条波纹……腰痛如折的安乃德,在坚硬的枕头上,在痛苦之夜的门口,产生了一个新的灵魂……

无声的呼喊盘旋着飞到远方,消失在思想深渊中。安乃德沉默无语,一动不动地待着。过了很长一段时间。最后,她站起来,脖子痛得像折断一样,四肢发酸,然而灵魂却得到了解脱。

一股不可抗拒的力量把她推向桌前,她不知道要去干什么。她的心充塞整个胸膛,她不能将心为她一人而保留着。她拿起一支钢笔。在没有分寸的激情旋风中,在颠簸的、碰撞的节奏中,庞然巨物似的,

① 音乐术语:命运主题。

她倾泻了痛苦的川流……

你来了,你的手拉着我——我吻你的手。
充满爱情,充满恐惧——我吻你的手。

爱情,你是来摧毁我的,我完全明白。
我双膝颤抖……来吧!摧毁吧!——我吻你的手。

你咬了果实,然后扔掉:来,咬我的心吧!
祝福吧,被你咬破的伤口!——我吻你的手。

你要整个的我;你一切到手之后,却什么也没有利用。
你留下的只是一片废墟。——我吻你的手。

你的手抚摸我,明天却将杀死我。
我等着,吻着这只手,等你的致命一击。

杀我吧!打击吧!当你使我痛苦的时候,你使我舒服。
你解救了我,破坏者——我吻你的手。

使我流血的每一下打击,砸断了我的锁链。
你扯下带着皮肉的锁链——我吻你的手。

你砸烂了我身体的囚笼,我的凶手,
我的生命从裂口中逃逸——我吻你的手。

我是受伤的大地,从那儿将长出
你所播种的痛苦的庄稼。——我吻你的手。

播种神圣的痛苦吧！但愿在我的胸怀里，

全世界痛苦的庄稼都能成熟。——我吻你的手，

我吻你的手……

狂风暴雨，大海的怒涛撞碎在岩石上，负荷着浪花和闪电之光的灵魂，粉碎成激情与眼泪的泡沫和微尘，被抛向苍穹……在野鸟群最后一声啼鸣中，灵魂一下子落到地面。于是，安乃德筋疲力尽，扑倒在她床上，睡着了。

* * *

次日清晨，夜间的痛苦只剩下在日光中融化的残雪……

Cosi la neve al sol si disigilla……①

此外还有经过斗争并且知道自己已经胜利的、尚有余痛的身体上的温暖之感。

她觉得满足，满足于她的痛苦。痛苦也和激情一样，如要从痛苦中解脱出来，必先使痛苦充分发泄，毫无保留，但是有这种胆量的人是不多见的。他们用餐桌上的残渣碎屑来喂养痛苦这只好斗的狗，不让它吃饱。能够战胜痛苦的，只是那些敢于拥抱痛苦怒潮的人，他们敢对痛苦说："我抱住你，我要叫你给我生育孩子。"

创造性灵魂这种强有力的拥抱，是跟男女结合同样粗鲁和多产的。

安乃德在桌上找到她所写的东西，她把稿纸撕成碎片。这些乱七八糟的言语，正如它们所表达的情绪一样，使她觉得不能忍受。她不愿意干扰现在她遍身舒畅的感觉。她有一种轻松的印象，好似解除了束缚，好似铁链的一环刚刚被她砸断……于是刹那间，她仿佛看见一

① 意大利文：如同在地上融化的雪……

连串的奴役,灵魂一步步解脱了它们的重压,通过一系列的生活经历,她自己的和别人的生活(那都是一样的)……于是她心里问道:“为什么,为什么这永恒的束缚,这永恒的束缚?欲望的血淋淋的行程,将把我推送到什么地方去?……”

这不过是一刹那的事。为什么要为未来的事操心呢?未来的事也都将成为过眼烟云,正如已经发生过的事一样。我们完全知道,不论发生什么意外的事,我们一定会到达彼岸。正如民间的谚语,那句祈祷与挑衅的英勇老话所说:“但愿上帝不要仅仅把我们有力量负荷的磨难放在我们肩上!”

安乃德已经负荷了她的磨难,一天之间的磨难。过一天算一天吧!……她轻松了,身心一齐轻松……

To strive, to seek not to find and not to yield①……

“很好,很好……我没有虚度这一天……下文如何,且等明天再说!”

她起床。她全身是光赤的。越过邻舍的房顶,早晨的太阳,八月的大太阳,晒满了她的身体和房间……她很高兴……对,不管怎么说!

她周围的一切和昨天一样:天与地,过去与未来。但是,在昨日令人丧气的一切,今天都闪耀着光辉。

玛克深夜才回家。现在,他既然没有和母亲在一起而自己出去找乐趣,他觉得对不起母亲,让她一个人在家,而且睡得那么晚。因为他知道,他不回家,安乃德是不会睡的。他准备瞧他母亲冷冰冰的面孔。虽然是他不对——恰恰因为这样——他上楼时,准备好一副挑衅的姿态。嘴唇上挂着傲慢的微笑,实际上心里并不踏实,他在门口擦脚的草垫下拾起钥匙,开门进屋。屋里毫无动静。他把大衣挂在衣帽间

① 英文:努力、探索、找不到,但不屈服。

里,他等着。一片寂静。他踮起脚,轻轻溜进自己的房间,悄悄地躺下,他很轻松。严肃的问题,明天再讲!他还没完全脱掉衣服,却被一个焦虑的心情所震动。这种纹丝不动的情况很不自然……跟他母亲一样,他的想象力很活跃,而且很快就使他坐立不安……出了什么事了?他远远没有想到在邻室中,这一夜的狂风暴雨。可是他觉得他母亲不可解,令人不放心;他从来不知道她心里在想什么……他警惕起来了,穿着睡衣、光着脚,他把耳朵贴在母亲的房门上细听。他放心了,她在里边。她睡着了,她呼吸很响,而且断断续续。他把门稍稍推开一点,怕他母亲病了,他走到床边。街上的灯光照见她仰卧在床上,样子极疲乏,头发散乱在面颊上。这个悲剧的面容,从前西尔薇和她一起住宿的时候,曾经引起她的诧异;她呼吸粗声粗气,很猛,而且受压抑,掀起胸脯,一下子又坠落,好像摔碎了。玛克猜想这个身体内部该有多么疲乏,多么痛苦。他不觉害怕起来,而且满怀怜悯。于是他俯身向着枕头,用颤抖的低声,轻轻喊:"妈妈……"

好像她在睡眠的遥远角落,听见了这声呼叫,她努力了一下,想从睡梦中挣脱出来,呻吟了一下。孩子非常害怕,走开了。安乃德重又进入一动不动的状况。玛克去睡觉。他的岁数本来是无忧无虑的,再加一天来的劳累,睡意战胜了他的不安。他一觉睡到大天明。

起床时,他重又想起在夜里看见的形象,和他当时的担心。他很惊讶,为什么没有看见母亲起来?按照习惯(他为此而生气),母亲一早进入他的房间,向他说日安,在他床上亲他一下。这天清早,她没有进来,但是他听到邻室中有他母亲来回走动的声音。他打开门,见母亲跪在地板上,拂拭木器家具,没有回过头来。玛克对她说了声早安。她抬起头来,用含笑的眼睛瞧着他,说:"早上好,孩子。"接着,她继续工作,不再管他。他等着她问起昨夜的晚会,他嫌恶这类问题。但是她却什么也不问他,这又使他生气。她现在回到她房中,整理一切,换好衣服,到了该去教课的时间了,她准备出门。他在镜子里瞧见她在打量自己,眼睛有黑圈,样子还很疲倦,可是在她眼睛里,焕发着一道光明,而且嘴边也有微笑。他觉得莫名其妙。他本来准备发现一副悲愁的面孔,甚至他心里已经准备好怎样替她鸣不平。这一下,他的计划全部打乱了。这个小青年的逻辑碰了钉子……

安乃德却有她的逻辑。"感情自有感情的道理……"比起一般的理性有更高的道理。旁人做何感想,安乃德才不理会呢。她现在明白了,没有必要让旁人理解你。如果他们爱你,那是闭着眼睛爱的,但是他们的眼睛可不是常常闭上的!……"让他们爱怎样就怎样!不论他们怎样,我爱他们。我不能一日不爱。再说,如果他们不爱我,我心里也有足够的爱,可以又爱我自己,又爱他们……"

她对镜微笑,对远远超过目光所能及的永恒的爱微笑,对着远远的火光,眼睛无非是这种火光的一个点滴。她把正在梳整发髻的手臂放下,转身向儿子,看见孩子心事重重的脸色,她回忆起昨晚的一切,托着孩子的下巴,一字一顿,高兴地念道:"你跳舞了,这让我高兴!好吧,现在请你唱歌!"①

眼看儿子惊愕的表情,她哈哈大笑,温爱地看了他一眼,在他脸上亲了一下,提起放在桌上的手提包,她走了,一边说:"再见,我的小蛐蛐儿!"

他听见她在外间吹口哨,吹一支无忧无虑的曲子。(他羡慕母亲这份才能,同时又瞧不起这个才能,因为母亲比他吹得高明得多……)

他大不以为然!这种有失体统的高兴,紧接着头天晚上的忧愁!……他抓不住她。正如他听别人说过的那样,他也责备妇女们永恒的任性,缺乏严肃……"la donna mobile……"②

他正要出门,他的眼光被废纸篓中的一张纸所吸引。在一片撕碎了的纸片上,他猛禽般尖锐而善于搜索的眼睛,无意中看到几个被撕碎了的字……他立刻警觉地站住……这几个字……母亲的笔迹……他把碎纸片拾起来。他狂热地念着……先是一片片地随手拾起来念……这些火焰般的字句!……虽然被撕成碎片,在它们前进的道路

① 十七世纪法国寓言诗人拉封丹的诗《知了与蚂蚁》最末一句。

② 意大利文:妇女善变。

上被打断,这些字句提示的扣人心弦的感情,却并不因此而减少魔力……接着,他把碎纸片拼凑起来,他搜遍纸篓,连最小的碎屑也找出来了,而且他耐心地把它们拼成整体。他双手微颤地捧着被他出其不意地发现的秘密。当一切都拼全了,他读完整首诗的时候,他大为震动。他不十分理解,但是这支孤独之歌粗犷的狂热,对他揭露了激情与痛苦向来不为人所知的源泉,这使他兴奋,使他震惊。难道这种狂风暴雨的呼喊,是从母亲胸中发出来的吗?……不,不,不会的!他不愿意这样想。他心想,这是她从一本书上抄下来的……但是从哪儿抄来的呢?……他不能问她……而且假如不是从书本上抄来的?……眼泪从他眼眶里涌上来,他觉得需要大声喊出他激动的情绪、他的爱,他想扑在母亲怀里,跪倒在她脚边,向她倾吐心里的话,同时看清她心中的一切……但是他不能这样做……

他整个上午都在家里反复念、誊清碎纸片上的文字,最后将它们装入一个信封,揣在怀中。到中午,他母亲回来吃午餐时,孩子一句话也没有对母亲讲。当她进屋时,他坐在桌旁,不站起来,也不回头看她。他想知道底细的愿望越是强烈,他那种以麻木的面具来掩盖心中惶惑不安的拘谨态度,就越显得僵硬。而且,这些悲剧的言辞可能不是安乃德的!面对他母亲安详的面容,他产生了这种怀疑……可是,话说回来,另一种怀疑,令人震惊的怀疑,也继续存在……万一是她?……这个女人,我的母亲?……在餐桌旁,面对着她,他不敢瞧她……可是当她转过背去,走进房间,去拿一盘菜,他严厉的目光便竭力观察她。这目光在问:"你是谁?"

他不能澄清他混乱的、被迷惑的、不安的印象。而安乃德却一点也没有注意,她整个儿充满着新的生活。

* * *

下午,他们出门去了,各走一方。玛克瞧着他母亲走远,他在相互矛盾的情绪之间犹豫不决:他钦佩母亲,可是又很生气……妇女真叫他无法捉摸!妇女,任何妇女。在某些时候,她们是那么亲近你!在另一些时刻,又那么疏远!这是一种生疏的族类……在她们那里,毫无和我们相似的东西。你不知她们那里发生了什么事,不知道为什么她笑了,也不知道为什么她哭了。他瞧不起妇女,鄙视妇女,憎恶妇女,但是他需要妇女,他如醉似痴地思慕妇女。他怨恨妇女使他那样寝食不忘。他恨不得咬她一口——他说的是一个过路的小女工的后脑勺——(就像他以前咬诺爱弥的手腕一样,他恨不得把她咬出血来!)突然记起这件事,他的心出其不意地蹦跳起来。他站住,脸色苍白,恶心地啐了一口唾沫。

他穿过卢森堡公园,那里有几个青年人在做游戏,他羡慕地旁观着。他身上最好的部分,他的秘密欲望中最好的部分,倾向于雄壮的行动,没有爱情,没有女人的行动,比方体育运动、英勇的游戏等。然而他身体虚弱:不公平的命运,他童年时代的疾病,使他和他的同辈人相比,显得矮人一头。再加上坐着不动的生活方式、书籍、梦想、经常和妇女们在一起——(那两姐妹)——使他中了爱情的毒。这毒素是从母亲、姨母、外祖父、所有李维埃家的血液中传给他的。他恨不得切开自己的脉管,让这血液流掉!啊,他是多么羡慕他们,那些肢体壮美的年轻人,他们缺乏思想,充满光明。

他自己身上具有的优点,他都瞧不上眼。他只向往自己被剥夺了的优点。和谐的体育生活与搏斗。在他不公正的心情中,他看不见他母亲正在他身边进行着另一场搏斗……

安乃德在街上走。夏季在城市上空散播了灿烂的光波。天空用蓝色的目光笼罩着高楼的屋顶。……如果能够远离城市,到乡间去,那该多好!……但是不必枉费心机,安乃德没有离开巴黎的条件。玛克无疑将跟他姨母到诺曼底海滩上去度过几星期,安乃德可不去。她的自尊心不愿意让她妹妹替她花钱,而且,她还保留着从前和父亲去那儿玩的时候,杂耍场上充满游手好闲之徒和无聊的男女调情给她的反感。她一个人留在巴黎,并不觉得受不了。她自己身上就有大海与苍天、夕阳照耀的山峦、乳白色的晨雾、惨白的月光笼罩的田野和深夜静穆的沉寂。在这八月的一个午后,在喧嚣的街道和行人的潮水中,安乃德呼吸着炽热的空气,用矫捷稳健的步子穿过巴黎,还是和从前一样轻捷而很有节奏的步子;——她看见路旁的一切,但是她也看到辽远的地方……在尘埃滚滚,震动在沉重的公共汽车轮子下的街道旁,她遐想自己漫步在树林的翠盖之下,在她曾经度过幸福童年的勃艮第乡间,她的鼻子深深呼吸着树皮和青苔的气味。在深秋的落叶上,她走着;在光赤的树枝间,吹来带雨的凉风,用它湿淋淋的翅膀,拂拭她的面颊;一只鸟儿的啼唱声,魔术般的荡漾在寂静中;带雨的风阵阵吹过……在这树林里,也走过了年轻的安乃德,和她哭泣着的情人,还有山楂树构成的篱笆,以及围绕着没有人住的屋子飞来飞去的蜜蜂……欢乐与悲辛……那样地辽远了!她向自己年轻时代的形象微笑,那时她还没有尝到生活的痛苦……"等着吧,可怜的安乃德!你还不过是在痛苦的开头呢……"

"你没有什么可遗憾的吗?"

"什么也没有。"

"你不遗憾你所做的一切,也不遗憾你没有做的一切?"

"什么都不。骗人的精神!你在窥伺我的悔恨?你白费力气!我承担一切,我已经有的一切,和我未曾有过的一切,我的一份全在这儿,贤智的与痴愚的。不论贤愚,一切都是真实的,有时弄错了,这是生活……但是爱,这是绝不至于完全弄错的。……虽然渐渐上了岁数,我仍然保留一颗没有皱纹的心……虽然它经受了痛苦,它很欢乐,因为它曾经爱过了……"

于是她感激的心情对一切被她爱过的人,报以会心的微笑。

在这微笑之中,除了许多温情之外,还含有不少法国式的嘲讽。安乃德好奇地看到,在她自己的或者别人的精神苦恼中,除了有感人的成分之外,也有可笑的一面……这种欲望与期待的可怜狂热!她在期待什么呢?……对于我说来,爱已告结束——你们来吧!轮到你们了!……

她看见别人:她那双手灼热的儿子,紧张地想抓住不可预料的未来;菲力普,不满足于社会给他狼吞虎咽的胃口提供的平庸食物;西尔薇,在麻木中等待着发生什么事情,以便填满她心中的极大空虚;这一大群市井细民,他们对生活打着厌倦的呵欠;还有这些焦急不安的青年,他们在彷徨,在期待……他们期待什么呢?他们向着什么伸出双手?

安乃德把自己置之度外以后,冷眼旁观肩负重担的众人,她看见这一群绵羊,这些街道上的群众,他们在奔跑,急急忙忙地奔跑,各人都不知道有别人,各人都好像被牧羊犬驱赶着——在混乱的外表下,有一种控制一切的节奏——各人都以为自己掌握方向,其实各人都被牵着走。……走向何方?看不见的牧人,要把他们引向何处?善良的牧人!不!远远超过仁慈……

安乃德教她的课,和平日一样,耐心地、全神贯注地、和蔼地听学生讲,清楚地解释给学生听,不让自己讲错。她一边讲话,一边沉浸在梦想之中。对于养成了习惯的人,两种生活同时并举是毫不困难的:一种是地面上和别人在一起的生活;一种是被内心的日光照着的梦幻深处的生活。他们不疏忽任何一种生活。他们一眼看清这两种生活,正如音乐师一眼认清乐谱一样。生活是一阕交响乐,生活的每一时刻,都是几重唱的结合。这种温暖的和谐发射的光芒,使安乃德脸上泛着浅红色。这一天,她的学生们诧异地看见她显得那样年轻。她们觉得在她身上有一种强烈的吸引力,这是少女们常在她们的姐姐辈身上,在“预示消息的女使者”[①]身上感觉到,而不敢向她们直说的一种吸引力。安乃德一点也不知道,这一天,她在跟她接近的人们心中,留下一道爱的波纹。

---

① 基督教传说,天使向圣处女报信,说她将孕育圣灵。《预示消息的女使者》是本书第五卷的总标题。

傍晚,在同样飘逸、毫不沉重、灵魂轻快的状态下,她回家来。……她可能无法解释这种状态。一个妇女强有力的谜,她被她的光辉、她没有明显理由、甚至反理智的欢乐所包围。在这样的时刻,她周围的一切,整个外在世界,无非是她自由创作的一个命题,在这些创作中,她梦幻的热情狂想在表演。

在街上,安乃德迎面遇到几处面有忧色、停步不走的人群。报贩一边飞奔,一边高喊最新的新闻,引起路人纷纷议论。她一点也不注意这些现象。在迎面驰过的一辆电车上,有一个人对她喊什么话,后来她才想起来,那是西尔薇的丈夫。安乃德没有听清楚,可是她向他扬手招呼,高高兴兴地……人们为什么都那样坐立不安!……又一次,她发生了一种短促的直觉:一股令人晕眩的气流,被吸入深渊;仿佛天宇裂开,从裂缝中漏出星体的物质,巨流似的泻向万丈深渊……什么深渊?……

安乃德上楼,回到住所。在门口,玛克眼睛发亮,在等着她。在玛克后面,是十分激动的西尔薇。两人着急地要告诉她一个消息……什么事?两人同时开口,谁都要抢先说……

"但是,你们在唱什么调子呀?"安乃德笑着问。

她听清了一个字:"战争……"

"战争?什么战争?"

但是她毫不惊讶……深渊……

"原来是你呀?很久以来,我已经感觉到你的呼吸,在吮吸着我们……"

两人在继续叫嚷。安乃德,为了使他们高兴,从她梦游者的状态中苏醒过来——(勉强醒来)……

"战争?好呀,让它来吧!战争、和平,一切都是生活,一切都是生活的竞赛……我将参加这场竞赛!……"

这个被魅惑的、欢欣的灵魂,她是出色的竞技者!

"我向上帝挑战!"

罗曼·罗兰

第十卷

政论 文论 自传 日记 书信

[法] 罗曼·罗兰 著
罗大冈 等译
张英伦 选编
艾珉 主编

人民文学出版社

目　次

政论・超乎混战之上

政论・先驱者

文　论

自　传

日　记

书　信

与中国和中国人

政　　论

超乎混战之上*

* 《超乎混战之上》是罗曼·罗兰一九一四年九月至一九一五年八月发表在《日内瓦日报》等外国报纸上的文章的结集，一九一五年十月由法国奥朗道尔夫出版社出版。这里选载其中的四篇文章。

给格哈特·霍普特曼的公开信

(1914年8月29日星期六[①])

格哈特·霍普特曼:我不像那些把德国看作一个野蛮民族的法国人。我知道你们这强大的民族在智力和精神方面的伟大。我知道古老的德意志思想家们赐予我的一切;甚至在目前,在这个时刻,我还想起我们的歌德——他是属于全人类的——所树立的典范和他所说的话;排斥一切民族敌忾,在崇高的境域内保持他灵魂的平静,“在那里,我们切身地感到其他民族的幸福与忧患”。我自己曾终生努力,想使我们两国的智力融洽起来;现在它们卷入了这场恶战(这会使欧洲的文明遭殃),可是战争的暴行绝不能使我的心灵沾上憎恨的污点。

因此,无论你们的德国会使我受到什么痛苦,无论我有什么理由可以斥责德国的政策和它所运用的手段,声称这一切都是罪恶,我可并不要你们的人民负责,因为他们只是受着政府的压迫,被它利用作盲目的工具而已。这也并非由于我像你们那样把战争看作一种宿命。法国人是不相信宿命的。宿命论是那些缺乏意志力的弱者的借口。战争是由于各国的软弱和愚蠢而发生的。一个人不能因此对这些国

---

① 一九一四年八月二十九日的《洛桑公报》刚转载了一则柏林(华尔夫通讯社)发出的电讯,宣称:“富于艺术品的罗凡恩古城今天已经消灭了。”——罗兰

罗凡恩,比利时北方古城。

霍普特曼(1862—1946),近代德国自然主义剧作家;以普通人生活作为悲剧题材,显示人是遗传和环境的产物,杰作有《织工》《沉钟》等。

家起反感；他只能怜悯它们。我并不为了我们的悲惨而责备你们；因为你们的悲惨也不会更少。假如法国毁灭了，德国也是要毁灭的。甚至当我看到你们的军队侵犯高贵的比利时的中立地位时，我也没有作声。这种臭名昭彰的、使每一个正直与有良心的人为之嗤鼻的背信弃义，是跟你们那些普鲁士王的政治传统一脉相传的；我并不感到惊愕。

那个崇高的国家只犯了一种罪——他们捍卫祖国的独立和正义的事业直到最后一息，就跟你们德国人自己在一八一三年所干的一样，而你们却用狂怒的态度对待他们；当我看到这种情况时……那实在受不了！全世界的人都起了反感。把这些残暴的行为留下来对付你们真正的敌人，对付我们法国人吧！可是对你们的牺牲者，对这些弱小、不幸、无辜的比利时人民横行霸道……那多可耻！

而且你们蹂躏了当代的比利时还不满意，还要打击过去的比利时，打击辉煌的史迹。你们轰炸马林尼斯①，你们焚毁鲁本斯②的作品，而现在罗凡恩也只成了一堆瓦砾——罗凡恩以及它的艺术和科学的宝藏，那神圣的城市！那么，霍普特曼，你们究竟算什么东西？既然你们拒绝野蛮人的称号，那现在还要我们用什么名字来称呼你们？你们是歌德的子孙还是阿提拉③的后裔？你们是在跟敌人打仗，还是跟人类的精神作战？要是你们喜欢，那就杀人吧，可是得尊重艺术珍品。它们是全人类继承的遗产。你们和我们其余的人一样是它的保管者；你们在摧毁它的时候，就表明你们自己不配接受我们伟大的遗产，不配在那支微小的欧洲军队、那保护文明的光荣的近卫军中占一个岗位。

霍普特曼，我并非为了响应世人的舆论而使自己向你挑战的。你一直是欧洲最杰出的战士之一，我就是为了我们这欧洲、为了千百年

---

① 比利时北方城市。

② 鲁本斯(1577—1640)，佛兰德斯大画家。气魄宏大，喜绘巨幅，所画雄狮猛虎等均显示强烈的生命力。

③ 五世纪中叶率匈奴人侵入欧洲，攻至高卢的蒙古酋长。

来最伟大的人物一直为之奋斗的文明,而且就为了你们日耳曼民族的光荣,我要摈弃你,霍普特曼,我要向你挑战,向你和德国的知识分子挑战(他们中间有许多人是我的朋友),要你们用全力抗议,反抗那正在压到你们头上来的罪恶。

假如你们不能这样干,那你们就会证实两种假定中的一种:要不是你们同意已经造成的罪行——如果这样,但愿人类的舆论摧毁你们——那就是你们根本无力向指挥你们的那些蛮子抗议。如果这样的话,那你们还可以凭什么名义像过去一般声称,你们是为了自由和人类的进步而在战斗呢?你们在向全世界证明:你们不但不能保卫世界的自由,连你们自己的自由都不能保卫,从而也证明:在摧残艺术杰作和杀害人类精神的恶毒暴政下,德国最优秀的人物是可怜而无力的。

霍普特曼:我在期待你的答复,一种能代表行动的答复。欧洲的舆论和我一样期待着。考虑一下吧;在这关头,沉默就是一种表示。

一九一四年九月二日星期三,载于《日内瓦日报》

附　录

我刚听到罗凡恩被破坏的消息时非常愤慨,就写了这封信给格哈特·霍普特曼,一方面也是被几天以前霍普特曼发表的一篇夸夸其谈的文章所激起的。他在那篇文章中反驳了人们说德国是一个野蛮国家的激烈的控诉,而反过来……揞击比利时。他在文章结尾时说:

> 我要向梅特林克先生保证:在德国没有一个人想模仿他那“文明园”的行动。我们宁愿继续做德国蛮子,可是对于我们说来,敌方的妇女和孩子是神圣不可侵犯的。我可以向他保证:我

们从来没有随便屠杀或牺牲比利时的妇孺。我们的证人就在我们的前线;社会党人跟资产阶级一起、农民跟学者一起、王子跟工人一起;大家都充分明白为了什么目标在作战——为了高贵而丰富的民族宝藏,为了帮助人类进步和向上的精神和物质的财富。

孙　梁译

保卫家园 *

这次臭名远扬的战争中有许多罪行都使我们厌恶,那为什么我们偏要抗议对事物所犯的罪(对作品的破坏),而不提及对人们所犯的罪(对生命的杀害)呢?

许多人为之惊讶,甚至因此而责备我们——仿佛我们不如他们那样怜悯千百万上了十字架的牺牲者的身心！然而在跌倒的军队之上,兵士们的仁爱以及他们所尽忠的祖国的幻象都飞散了——在这些正在消逝的生命之上,他们所担荷的千百年来艺术和思想的神圣方舟①也消逝了。担荷的人可以变换,但愿这方舟不要受难！保护它的任务落到了全世界优秀人们的肩头。既然共同的宝藏受到了威胁,但愿他们挺身出来,捍卫它！

我很欣慰地想到在拉丁民族的国家中,这项神圣的责任一直被认为十分重要。我们的法兰西受了这么多的创伤而在流血,可是它受到

---

* 兰斯大教堂被轰炸后所写。——罗兰

兰斯城内大教堂是欧洲著名的建筑物和古迹。

这篇文章的原名是拉丁文 Pro Aris,直译是“为了祭台”。在这句成语中,Aris 这词的少数是供奉保护家宅之神贝那蒂斯的祭台;这里是多数,则是广义,可作供奉保护社会之神的祭台。Pro Aris 意译即“保卫家园”,全句应为 Pro Aris et focis。

① 引《旧约 · 创世记》第六章至第八章,上帝命挪亚造方舟,率家人及禽畜等避洪水的典故。

的最残酷的痛苦是敌人对兰斯大教堂的打击,因为这是它的圣女庙[①],是“我们的法兰西圣女”。苦难深重的家庭以及两个月来熬着种种艰苦的兵士们,都写信给我,告诉我说:这对于他们是最沉重的精神负担(这种表白使我为他们和我的同胞们感到自豪)。这是由于我们把性灵看得比身体更重要。德国的知识分子却完全不同了;当我斥责他们那些到处蹂躏的军队所犯的亵渎神圣的罪行时,他们一致回答:“宁可毁灭每一件艺术杰作,绝不要牺牲一个德国兵!”

像兰斯大教堂这样的建筑物不仅具有一个生命;它代表了一个民族的人民——他们的历史就在这管风琴似的石屋中震颤着,犹如一阕交响乐。它纪念着他们过去的欢乐、荣誉和悲怆,他们的沉思、讽嘲与梦想。这是一棵种族之树,它的根扎到最深邃的泥土中,它的枝丫在崇高的欢跃中伸向苍穹。并且,它那超出各国纷争之上的壮丽景象,是人类对这风云莫测的世界一致发出的反应——对于人类的灵魂来说,这种精神的光明比阳光更可贵。

无论谁破坏了这个建筑物就谋杀了不止一个人;他谋杀了一个民族最纯洁的灵魂。他的罪是无法赎免的,但丁会用永劫不复、轮回不休的惨痛来惩罚这种罪孽。我们却摈弃这样一个残忍的天才所抱的复仇精神[②],我们并不要整个民族来为少数人的罪恶负责。我们瞧着这出在眼前自动展开的戏剧就够了,因为它的结局几乎一定会是德意志霸权的崩溃。

使我们感触最深的是:在德国的精神和智力的优秀人物中——在

---

① 公元前四四七至前四三八年中,于古希腊民主政治家伯里克利(约前495—前429)统治时期,在雅典卫城上建筑的神庙,祭祀护城神雅典娜。

② 但丁是佛罗伦萨人;当时教皇冯尼法齐奥八世欲控制该城,新兴的市民欲保持独立与自由,结成白党而反抗,衰落的封建势力结成黑党而拥护教皇;双方展开剧烈的党争。但丁为白党中坚,后被教皇通过法国国王之弟加尔及黑党鞫审但丁,判终生放逐。诗人后半生的颠沛流离即由于此;故于《神曲》中将象征贪欲的狼、代表野心与淫逸的狮和豹影射当时的佛罗伦萨人、法兰西王及罗马教主;并使他们变相为残杀、阿谀、贪污、伪善、卖国等罪人,打入地狱,于血沟、火雨、炎沙中受苦,永不超度。(见《地狱篇》第12、14至17章)

任何伟大的国家不会缺乏的千百个高贵与勇敢的心灵中,没有一个真正怀疑到他们政府的罪行——在佛兰德斯①以及战争刚爆发的两三个星期中在法国东部与北部所犯的种种暴行;而且我们可以肯定地说:他们也没有怀疑到他们的军队主动地蹂躏了比利时城市,把兰斯炸成废墟。如果他们正视一下现实,我知道他们中间有许多人会悲伤而羞惭地哭泣;在普鲁士帝国主义的一切缺点中,最恶劣的就是对它的人民隐瞒自己的罪恶。因为它剥夺了人民对这些罪行抗议的条件后,就使他们永远要为这些罪行负责了;这样它就亵渎了他们伟大的忠诚。然而,知识分子也有罪过。因为,即使我们承认各国勇敢的兵士都驯服地相信他们的报纸和领袖硬塞给他们的消息,听凭自己被人蒙蔽,我们却不能原谅那些知识分子;他们有责任在谣言和错误中追求真理,并认清:不公平的见证与狂热的幻觉究竟有多大价值。在投入这场狂怒的、用各国的毁灭和精神宝藏来孤注一掷的纠纷之前,他们首先应该(为了忠诚,也为了常识)从双方的立场来考虑问题。可是由于盲目的忠诚和不可饶恕的轻信,他们一股劲儿地撞到了他们的帝国主义政府所密布的网罗之中。他们以为自己首先应该闭上眼睛,替国家的光荣辩护,驳斥一切责备的言论。殊不知保卫这种光荣的最高尚的方法是唾弃这些过失,替自己的国家清除它们……

我一直在等待德国最自豪的心灵会刚毅地表示这种唾弃。那将使他们变得高贵而不会使他们屈辱。在华尔夫通讯社发出野蛮的声音——耀武扬威地宣布罗凡恩只成为一堆废墟后,我第二天就写了一封信给他们中间的一个人,可是德国的全体优秀人物都用敌视的心情看待这封信。他们不明白我给他们提供了一个机会,可以把德国从那些罪恶的枷锁中解脱出来,这些枷锁是德国帝国主义政府利用国家的名义而铸炼的。我对他们要求些什么?我对你们大家要求些什么,德国优秀的心灵?——我要求你们至少对所犯的越轨行为勇敢地表示遗憾,敢于提醒泼野的强权,让它想起甚至祖国都不能从罪恶中拯救

① 比利时西北部滨海地区的古称。

自己,因为在它的权利之上还有人类精神的权利。我只要求一个呼声——仅仅一个自由的呼声……可是没有一个人说话。我只听到了狐朋狗党的喧嚣和那批知识分子在猎人放他们去的路上追踪而狂吠的狺狺声;还有那傲慢的宣言,你们在其中甚至丝毫不努力替政府的罪恶辩护,却干脆一致宣称这些罪名是莫须有的。而且你们的神学家、你们的牧师、你们的宫廷布道者,还要进一步声称你们是富于正义的,并因此而感谢上帝……法利赛人①的黑帮啊,苍天将降下怎样的惩罚,来鞭挞你们亵渎神圣的骄横!……难道你们没觉察你们对自己的人民干下的恶事吗?像奥斯特瓦尔德②或张伯伦所患的那种威胁世界的自傲狂③、九十三个知识分子不愿意看清真理的罪恶决心,都会使德

① 《圣经》中所述故作虔诚的伪善的犹太人。(见《新约·约翰福音》第9章)

② 奥斯特瓦尔德(1853—1932),德国化学家。信奉一元论及反动的唯能论,否认物质的存在,主张强力高于一切。

③ 我写下这些时还没看到托马斯·曼的那篇可怕的文章(刊于《新观察》1914年11月号);他由于一阵突发的暴怒和被刺伤的骄傲感,在文章中蛮横地替德国承担它敌人所控诉的一切罪恶,作为获得光荣的资格。他竟敢写道:这次战争是德意志文化"对抗文明"的战争,并宣称德意志思想中除了黩武主义以外没有别的理想,从而在他的旗帜上大书特书,替压迫弱者的暴力辩护:

人在和平中堕落,
懒散的安逸是勇气的坟墓。
法律是弱者的友人,
它竟想使万般平等。
它要把世界退化到强弱不分,
只有战争使强力振奋……

斗牛场中一头疯狂而激怒的野牛也就是这样低下了头,向斗牛士的利剑冲去,使自己死于剑下的。——罗兰

译者按:托马斯·曼后来批判了自己好战的论调:"我自己也还没有意识到在《布登勃洛克一家》里所叙述的是资产阶级家庭的崩溃,没有意识到我在这部书里讲到的是十九世纪末期的瓦解与结束,一面还预言了新的、在文化和社会——历史方面更有意义得多的时代的到来。如果我意识到了这些,在十四个年头以后(指第一次世界大战时),当历史本身用它那粗暴而血腥的双手给过去画了一道界线,标志出了我们生活中的伟大转变的时候,我就绝不会还来为浪漫主义的中产阶级、为民族主义和德国的好战性辩护……"(见《我的时代》,载《译文》1956年9月号)

国比遭到十次败仗更惨重的损失。

你们多笨拙啊！我相信在所有你们的过失中，笨拙是最坏的一种。从战争一开始，你们所说的每一句话都比你们敌人的一切言论更致命地打击了你们自己。就是你们本身鲁莽地提供了证据和论点，使别人可以对你们做最严厉的控诉；正如你们的官方通讯社由于一种愚蠢的、想恫吓我们的幻想，自己首先着重地叙述了你们最恶毒的暴行。当你们敌方最无私的人为了公平，不得不把这些行动的责任限制在你们少数领袖和军队身上时，你们本人却愤怒地声称必须分担一份。兰斯大教堂被毁坏后，你们中间最优秀的人在心底里应该感到沮丧，可是到第二天，你们自己却在怯懦的骄傲中夸耀这罪行，并不想洗刷自己的罪名。[1] 悲惨的生灵啊，就是你们自己，你们这些精神的代表，一直不断地在颂扬强力，鄙视弱者仿佛你们不知道祸福无常的道理，也不知道将来总有一天这种强力会重新压到你们身上，就像在过去的年代一样；那时至少你们中间几个伟大的人物还能感到安慰，因为他们没有让独立的精神和正义的神圣权利向强力屈服！……唉，盲目的领导者你们在替后代准备多少责骂和悔恨的材料啊——你们在把自己的民族引到沟壑里去，而他们正在跟随着你们，就像勃鲁盖尔[2]画中踉跄而盲目的人们！

两个月来你们用多么可怜的辩论来反对我们！

（一）你们说：战争就是战争，那等于说：不能跟其他一切相提并论，而应该超过道德、理智与普通生活的一切制约，形成一种至高无上的政权，在它面前人们只能毫无异议地低头顺从。

（二）你们说：德国就是德国，那等于说：不能跟别的国家同日而

---

① 就像一个“野蛮主义的学究”（麦葛尔·德·欧拿莫诺这样正确地称呼他们）所写的：“如果人有创造的力量，他就该有破坏的权利”（弗里德·贡道夫作《战时的行动和言论》中语，载于十月十一日《法兰克福日报》）。参看年老的汉斯·托玛（近代德国画家——译者）在十月一日《莱比锡画报》上发表的文章。——罗兰

② 勃鲁盖尔（1525—1569），荷兰大画家，所画多以农村生活为题材，杰作有《农民婚礼》及《盲人》等；此处即指后者画中人物。

语。对别国适用的法律不能运用到它身上,它所僭有的侵犯正义的权利只属于它一个国家。这样,它就能毫无罪疚地撕毁书面保证,背叛誓约,侵害它曾经担保要卫护的中立国。可是它反而又扬言:它有权利在被它迫害的国家中寻求"慷慨大方的敌手";如果它们不能成为那种人,而胆敢用剩下的一切方法和武器保卫自己,那它就宣告这是一种罪行!……

人们从这些论调中实在能看出你们那些普鲁士大师们所传授的偏私的教训!德国伟大的智者,我并不怀疑你们的真诚,但你们已经不能认识真理。普鲁士帝国主义的尖顶钢盔已经压下来,蒙住你们的眼睛和良心了。

"*必须是不顾法律的*"……这可是第十一条戒律了①,这是你们给当今的世界带来的福音,你们这些康德②的子孙!……这种论调,我们已经在历史上听到过不止一次了;这是有名的为了公共安全而不择手段的教条,它孕育了英雄主义,但也产生了罪恶。每一个民族在危急时期都要利用它,然而最伟大的还是那些能保卫自己不朽的灵魂、不让这种教条污辱的人。十五年前,在那著名的案件中③,一个孤单而无辜的人对抗着一个政权的强力。十五年前,我们法国人侮辱并摧毁了公共安全的偶像,因为那时正如我们的贝吉④所说的:它威胁着"法国永久的安全"。

还保持着德意志民族良心的作家们,倾听一个被你们杀死的人所说的话,倾听一个具有法兰西民族良心的英雄所说的话吧。

查理·贝吉写道:"那时我们的敌人说什么为了国家的安全,为了

① 《圣经》:上帝曾在西奈山通过摩西宣示毋杀毋淫等"十诫"。

② 康德(1724—1804),德国唯心论哲学家。

③ 指一八九四年法国犹太籍军官德莱弗斯被诬泄露军机,撤职流放,耸动舆论,激起公愤,酿成主持正义的运动,终于一八九九年平反的冤狱。多列士称这事件是"资产阶级各派间互相争夺管制军队权的一段插曲"。(见《人民的儿子》,人民出版社,第80页)

④ 贝吉,近代法国诗人,爱国主义者,天主教徒;是罗兰的同学和知己;于第一次世界大战时阵亡。

人民和种族在现世的安全。然而我们通过了一种深刻的基督运动和一种革命的努力,跟传统的基督教团结一致,在急于为人民谋求永恒的救星时,正是把崇高的牺牲作为追求的目标。我们不希望使法兰西沦落到犯那不可饶赦的罪恶的地步。”

德国的思想家们,你们可没有使自己为这一点操心。你们英勇地流血,为了解脱那总有一死的生命,可是你们并不顾及永恒的生命。我承认:目前是可怕的时刻。你们的祖国跟我们的祖国一样正在为生存而奋斗,我了解并景仰那如醉若狂的牺牲精神,它推动着你们和我们的青年,把自己的身体作为抵抗灭亡的堡垒。“生存还是死亡。”①你们这样说吗?不,那是不够的。要成为伟大的德意志,成为伟大的法兰西,对得起祖国光荣的历史,即使在战争中仍然互相尊敬,这才是我所期望的。暂时你们得到了胜利,可是你们将付出代价;如果我们的法国也用这种代价获得胜利,那我会羞惭的。正当战争在比利时平原上和香槟②的白垩质山坡间进行时,精神的战场上也燃起了烽火,而且前者的胜利常常意味着后者的败北。你们对比利时、马林尼斯、罗凡恩和兰斯的征服,以及在佛兰德斯胜利时的钟声,都将在你们的历史上敲出比耶拿③的钟声更悲惨的丧钟;你们征服了比利时人,可也丧失了你们的光荣。你们明知这一点。你们因此而发怒,你们徒然想自欺,这有什么好处呢?最后你们终会看清真理的,你们已经竭尽所能迫使它沉默了——总有一天真理将发出呼声;它将通过你们中间的一个自己人而发出呼声,你们民族的良心就要在那人身上苏醒……啊,但愿他早日出现,让我们听到他的声音——那纯洁而高尚的呼声,他是你们的救星,他将使你们自由!曾经跟你们古老的德意志亲近过的人,曾经在它英勇而又卑琐的、曲折的历史过程中跟它握过手的人,曾

① 莎士比亚悲剧《哈姆莱特》中的名言。

② 法国东北部省名。

③ 一八〇六年十月十四日拿破仑大败普鲁士联军于耶拿;举国震惊,普鲁士王逃至俄国边境。

经呼吸过它千百年来考验和耻辱的气氛的人,他们都记得这一切而等待着;因为他们知道:即使德国从来没有证明它是如此坚强,能够不被胜利冲昏头脑,它却能在忧患的时期改革自己;它的最伟大的天才是那些被哀愁所孕育的儿子。

一九一四年九月

我写完上面这篇文章后就一直在注视那油然而生的焦虑的心情,它渐渐踅入了德国好百姓的良心中。起先是一点秘密的怀疑,虽然还隐藏在顽固的心情中,竭力想相信他们的政府为了反驳这篇文章而收集的拙劣的辩白——一些捏造的文件,证明比利时自动放弃了中立;还有虚伪的引证,控诉法国人把兰斯大教堂充作军事用途(这曾被法国政府、法国的总司令、红衣主教、大主教和兰斯市长否认过四次,可是枉然)。他们其实无法争辩,所以他们辩护的方式有时天真得令人可恼。

他们说:"怎么可能控诉我们,说我们想毁坏艺术纪念品呢?我们比其他一切民族都更尊敬艺术,我们从小就被灌输了这种敬重的观念;我们拥有最大量的艺术教科书和历代珍藏的艺术品,我们关于美学的讲演是极其丰富的。难道可以控诉世界上最富于人道、最仁爱、最淳朴的民族做出最野蛮的举动吗?"

他们从来没想到德国并不是由一个种族组成的;除了天生会服从和尊敬法律——尊敬一切法律的驯顺的群众外,还有一个指挥别人的种族,它自以为超越一切法律,能利用强力与必需(所谓"不顾……")的名义制定或取消法律。就是这种日耳曼强力与理想主义之恶劣结合引起了这些爨祸。那理想主义原来像一个女人:一个被征服的女人,跟许多可敬的德国太太一样崇拜她的丈夫和主人,甚至不肯想一想他可能犯一点错误。

然而,为了援救德国,总有一天它必须准许离婚的想法,或者那妻子应该有勇气在家庭中说出自己的主张。我已经知道有几个人在开始拥护精神的权利而反对暴力了。最近有许多德国人写信给我们,发出呼声,抗议战争,跟我们一起悲叹那些不正义的事情。我不想说出他们的名字,以免使他们受到猜疑。不久以前,我告诉那阻碍巴黎进步的"节场"①,说它并不是法兰西。今天我要对德国的节场说:"你不是真正的德意志。"还有另一个更公正、更有人道的德国,它的雄心不是要用暴力和狡诈去统治世界,而是用和平的方式去撷取其他民族的思想中一切伟大的因素,回过来再反映这和谐的交流。跟那个德国是无可争论的,我们不是它的敌人;但跟有些德国人,那我们是敌人,因为他们的行动几乎使全世界的人都以为真正的德国已经不存在了。

一九一四年十月

载于洛桑《沃州人杂志》一九一四年第十期

孙　梁译

① 见《约翰·克利斯朵夫》卷五;作者在其中尖锐地揭露并批判了巴黎腐朽的资产阶级社会和市侩文人。

超乎混战之上

啊，全世界英勇的青年们！他们多么悲歌慷慨啊，把热血洒向啼饥号寒的大地！在这晴朗夏日的阳光下，他们的牺牲换得了何等丰硕的果实啊！……你们都是各国的青年志士，共同的目的却使你们互相厮打，成了兄弟仇敌：斯拉夫人去援助你们的本族人，英国人为荣誉和权利而战斗，勇敢的比利时人民敢于抗击日耳曼庞然大物，捍卫西方的塞萨利的队伍，德国人为捍卫康德的思想和故乡，抵御潮涌般的哥萨克骑兵，而特别是你们，我的法兰西青年同胞们，多少年来，你们向我倾诉了你们的幻想，你们在奔赴疆场时向我崇高地告别，你们不愧是革命英雄的后代。各国青年们，你们正在奔向死亡①，而我多么热爱你们啊！你们是为了我们而讨伐多年熏陶我们的怀疑主义和享乐颓废，不让它们腐烂的臭气侵害我们的、也是你们的信仰啊，你们使这种信念随着你们在战场上取得胜利啊！有人说这是“报复”战争……确是如此，但绝非狭隘的沙文主义所理解的报复；这是信仰对一切感官和思想上的自私自利的报复，是对永恒思想的完美的献身……

下士让－里夏尔·布洛赫是年轻的法国最有权威的小说家之一，他给我的信说：“面对那宽广无垠的目标，我们个人和我们的作品算得了什么呢？反对封建主义的革命战争又揭幕了。共和国军队将确保

① 就在我们写下这几行话的时候，夏尔·具济去世了。——原注

民主在欧洲取得胜利,将完善国民公会的事业。这不只是家园中的殊死战争,这是自由的觉醒……”

另一位思想高雅、灵魂纯洁、如果能活着将是当代第一位艺术批评家的年轻人——路易·吉莱,给我写信说:“啊!我的朋友,多么令人钦佩的种族啊!如果你像我一样看到我们的军队,你会对这个人民油然起敬的。这是马赛曲的激情,是英雄的、庄严的、有点宗教信仰的激情。我看见了我们部队的三个团出发:第一个团,都是现役军人,二十来岁的年轻人,迈着坚定快速的步伐,不喧嚷,无表情,神情坚决,面色苍白,像是即将献身的小伙子。接着是后备队,二十五岁至三十岁的男子,更加雄赳赳,气昂昂,他们去支援第一团,他们将锐不可当。而我们,我们是老兵,四十来岁的人,在家是一家之主,我们是合唱队的低音部分。我们也出发了,我向你保证,我们信心十足,坚定果敢。我不想死,但我现在是视死如归;我活了有意义的半个月,我再也不敢指望命运会让我过这样的日子。我们将永垂史册。我们将在世界上开辟一个新纪元。我们将驱散盔甲德国和武装和平的物质主义噩梦。这一切将像一个幽灵在我们面前消失。我觉得全世界松了一口气。亲爱的朋友,请你让你的恩人[①]放心吧:法国并没有濒于灭亡。我们看到它复活了。过去,它始终一成不变:布维纳城决战,十字军,天主教堂,革命,总是那些世界的骑士,上帝的勇士。我已看腻了这些!二十年来,当还没有人愿意相信我们时,我们就这么说,我们有理由感到高兴……”

我的朋友们啊!但愿没有任何东西能扰乱你们的欢乐!不管命运如何,你们已经走上生活的顶峰,你们也把你们的祖国带了上去。你们将会胜利,我相信这一点。你们的忘我精神、大胆勇敢,你们对你们的神圣事业的坚定信念,对于保卫你们被入侵的土地就是捍卫了世界自由的确信不移,使我深信你们会胜利,你们是马恩－默兹的武装青年,你们的名字同伟大共和国的你们的长者并列,从此永垂丹青。

---

① 这里指斯蒂芬·茨威格,他在宣战之前几个星期就对我说过,法国的灾难也将是德国自由思想家的灾难。——原注

但是，即使你们不幸战败，法国也随你们而战败，这样的死也是一个种族可能梦想的最光荣的死。它给十字军的伟大人民的生活戴上了桂冠。它是最高的胜利……无论是胜是败，是生是死，愿你们幸福！正像你们当中有人对我说过，“在这生死攸关的时候，紧紧地拥抱我”：

“用纯洁的手和天真的心进行战斗，用生命伸张神圣的正义是美好的”①。

* * *

你们完成了你们的任务。而其他人，他们完成了吗？

我们敢于对这些年轻人的长者、他们道德的指导者、舆论的指挥者、他们的教会或非教会领袖、教会、思想家、社会主义辩护士说真话。

说什么啊！你们要拥有这些活生生的财富——英雄主义的宝库啊！你们把它花在什么地方了？这些不畏牺牲的青年，你们为他们崇高的献身提出了什么目标呢！是让这些年轻的英雄互相扼杀啊！欧洲战争，这渎圣的混战，展现出像海格立斯那样躺在焚尸的柴堆上用双手撕裂自己的一幅荒唐的欧洲的情景！

因此，西方最伟大的三国人民，文明的上士，正在自寻毁灭，而又呼喊哥萨克人、土耳其人、日本人、锡兰人、苏丹人、塞内加尔人、摩洛哥人、埃及人、锡克人和印度兵、极地的野蛮人和赤道的野蛮人、一切肤色的各种人②去救援！有人说四头统治时期的罗马帝国，为了互相吞噬，也曾向全世界的乌合之众求援！……我们的文明难道就那么坚固，致使你们不怕动摇它的支柱？你们难道没有看见，如果有一根柱子倒下来，整个大厦将塌下来压着你们？在你们之间，是否不可能做到，虽不说互敬互爱，至少互相容忍彼此的美德和缺点呢？难道你们

① 路易·吉莱语。——原注

② 当然，这些亚洲和非洲的名称不是指地理概念，而是指人种。土耳其现在不是，过去也从来不是属于欧洲；问题在于知道某些巴尔干国家在多大程度上属于欧洲。——原注

不应当专心致志本着和平的精神(你们甚至没有真诚地尝试过)解决你们之间的那些问题——违反自己的意愿而被兼并的人民的问题、在你们之间公平瓜分全世界的劳动成果与财富的问题?难道最强者就应该永远梦想欺凌他人,他人则永远团结起来打倒他?这种纵横捭阖不断变化的无谓的流血游戏,难道就没完没了,直到人类彻底衰竭?

我完全知道各国首脑是这些战争的罪魁祸首,但他们不敢承担战争的责任;每个人都阴险地力图把责任推给对方。追随他们的驯服的人民则听之任之,还说什么一种超人的力量引导着一切。人们又一次听到几个世纪以来的老调:“战争是不可避免,不以任何意志为转移的。”——这是那群把他们酷爱的东西当成上帝一样地顶礼膜拜的家伙的老调。人们发明了命运这个东西,目的是把他们有责任进行统治的世界上的混乱归之于它。根本不是必然啊!必然,我们所要做的才是必然。而往往我们所不太想做的也是必然。但愿此时此刻,我们每个人都认错吧!这些优秀知识分子,这些教堂,这些工人党都不要战争……好吧!……他们为了阻止战争又做了些什么呢?为了缓和战争他们正在做什么呢?他们在把火拨旺。每个人都在火上加油。

这段可怕历史的最惊人的特点、史无前例的事实是,每一个交战国内都一致赞成战争。这就像是杀人狂的传染病一样,十年前从东京传入,像一个浪潮,席卷各地。没有一个人抗得住这种流行病。只有自由思想不受此种病害的损伤。各国人民的混战似乎是魔鬼的嘲弄,不管它结局如何,欧洲都要毁损。这不仅是种族情绪盲目地促使千百万人像蚂蚁一样互相厮打,中立国家因此也感到危险并战栗:这是理智、信念、诗歌、科学、一切精神力量的编队,在每个国家里追随着军队。在每个国家的优秀分子中,人人都宣称并坚信人民的事业就是上帝的事业、人类自由和进步的事业。我也是这么宣称的……

在玄学家、诗人和历史学家之间进行着奇特的斗争。欧肯反对贝格松,豪普特曼反对梅特林克,罗兰反对豪普特曼,韦尔斯反对萧伯纳。基普林和达努齐奥,德默尔和德雷尼埃唱着战争赞美诗。巴莱士和梅特林克哼着仇恨的颂歌。在巴赫的赋格和管风琴奏出去的“德意志高于一切”的乐曲声中,八十二岁高龄的老哲学家旺德正声嘶力竭地号召莱比锡的大学生参加“神圣的战争”。所有的人互相指责对方是“野蛮人”。巴黎道德科学院由贝格松院长宣称,“对德国进行的斗争就是文明反对野蛮的斗争”。德国史学界通过卡尔·兰佩希特之口回敬说,“日耳曼主义和野蛮之间进行着战争,当前的战斗是德国几百年间进行的反对匈奴人和土耳其人的斗争合乎逻辑的继续。”继史学界之后,参加斗争的科学界由科学院院士、博物馆馆长佩里埃宣称,普鲁士人并不属于雅利安人种,他们是石器时代的阿洛菲人的直系后裔,“现代人的头盖骨的基部表明此种人欲望强烈,活像圣·夏佩勒出土的头盖骨化石,这种头盖骨就是俾斯麦王子的头盖骨。”

但是,两种精神力量就是基督教义和社会主义,而这场传染性的战争最能表明这两种力量的弱点。这些教会的或非教会的国际主义的敌对的传道士们,突然表现为最热情的民族主义者。赫尔费要求为奥斯特利茨的旗帜献出生命。纯理论的纯正理论家们,德国社会党人,在国会中支持战争拨款,对普鲁士内阁唯命是从,普鲁士内阁利用他们的报纸把谎言一直散布到兵营,它又把他们派去当特务,去鼓动意大利人开小差。曾有一时,他们为了他们事业的荣誉,认为他们中间已有两三个人因拒绝用武器杀害他们的弟兄而被枪杀。他们愤怒地抗议:大家挎着武器向前走。不,李卜克内西不是为社会主义事业而死的[①]。法-德联盟的主要支持者议员法兰克才是为了军国主义事业而倒在法国的枪弹下的。因为这些没有勇气为他们自己的信念献身的人,具有为别人的信念去死的勇气。

至于和平王子的代表们,传教士,牧师,主教,他们数以千计地加入这场混战,手中握着枪,嘴里却念圣经:“尔绝不要嗜杀”“尔等互相敬爱”。德国、奥地利或俄国军队的每份捷报都要感谢上帝元帅,就像

① 李卜克内西自那时起,光荣地洗刷了他的党的妥协的“荣誉”。我谨在此对他表示我的敬意。(罗曼·罗兰1935年1月)

威廉二世或阿图尔·迈尔所说的,感谢我们的上帝。因为每个人有他自己的上帝。每一个上帝,无论是老的,还是年轻的,都有他自己的教士保护他并粉碎其他人的上帝。

两万名法国传教士在军旗下前进着。耶稣会教士为德国军队服务。红衣主教发出好战的训谕。人们看到匈牙利的塞尔维亚主教率领他们的信徒去打他们的大塞尔维亚的兄弟们。报纸报道了意大利社会党人在比萨车站的荒唐场面而不感到惊讶:他们欢呼神学院学生参加他们的队伍,他们一齐高唱《马赛曲》——席卷一切的旋风多么强劲！所到之处,人们多么软弱——而我,像其他人一样……

让我们走吧,大家镇静些！不管这场传染病的性质如何和多么厉害,是精神流行病也罢,是宇宙的力量也罢！难道人们就没法抵御吗?要么人们和瘟疫做斗争,甚至为了防止地震的灾难而斗争。要么我们在它们面前俯首帖耳低下头,就像尊敬的路易吉·卢扎蒂在他著名的文章里写的那样:“在普遍的灾难中,祖国会胜利么?”[①]我们是否会和他一起说,为了懂得“这个伟大而又平凡的真理”,热爱祖国,“让杀害成千上万生灵的国际战争的魔鬼肆虐”倒是好事和有益的吗?因此,热爱祖国的感情只能在仇恨别的国家和杀害那些进行自卫的人们的行动中才能迸发出来吗?这个命题是荒谬绝伦的,我不知道什么是残暴的尼禄王的爱好,我对这种爱好极为反感,厌恶之极。不,热爱我的祖国并不要求我去憎恨和屠杀那些热爱他们祖国的虔诚和忠贞的人们。它倒是要求我尊重他们,要求我设法为了我们共同的利益而同他们团结。

你们基督教徒,你们说战争激发了牺牲的美德,这是为了对你们背叛你们的主的命令的聊以自慰之谈罢了。确实,战争可以使最平庸的心灵中产生种族的天才。战争能烧毁沐浴在烈火中的糟粕和脏物;它锻炼着人的气质;它能在明天使一个吝啬的农民、胆小的市民一跃

① 载于最近的《晚邮报》,由《日内瓦报》翻译。——原注

而成为瓦尔米的英雄。但是,除了把人民的忠诚用来毁灭其他人民而外,难道就没有更好的用途么?基督教徒们,难道人们只有要他人和他一起牺牲才能自我牺牲么?可怜的人们,我知道你们中间有许多人更乐意献出自己的血,而不愿让别人流血。但是,实际上,这是多么软弱啊!所以你们得承认,你们在枪林弹雨中没有颤抖,而在屈从于比耶稣的圣体柜更崇高的血腥偶像的舆论面前颤抖了,这偶像就是:“唯恐丧失种族的尊严!”今天的基督教徒,你们本来不能拒绝为帝国的罗马的神圣而牺牲。有人说,你们的罗马教皇庇护十世看到爆发这场战争痛苦而死。问题在于要死!这位梵蒂冈的朱庇特对于受到现代化主义幻想引诱的、手无寸钱的传教士大发雷霆,而他对这些王子,对这些犯罪的首领们,对这些由于狂妄的野心到处制造苦难和死亡的人,又做了些什么呢!愿上帝启示刚刚登上圣皮埃尔教堂宝座的新大祭司!让他用言行来洗刷教会在这方面的沉默吧!

至于你们,社会主义者,你们个个都自以为在捍卫自由反对暴政——法国人反对威廉二世,德国人反对沙皇,这是否在保卫一个专制制度反对另一个专制制度吧?你们把它们两个一齐打倒吧,你们团结起来吧!

在我们西方各国人民之间,没有任何理由开战。虽然有意保持仇恨的少数人不厌其烦进行有害的宣传,但是,法国、英国和德国的兄弟们,我们并非互相仇恨的,我了解我们,我们也了解你们。我们人民只要和平,只要自由。战斗的悲剧,不管谁可能置身于混战的中心,不管谁可能从瑞士高原俯瞰所有敌人的兵营,但战斗的悲剧就是各国人民最宝贵的财产、独立、荣誉和生命真正受到了威胁。但是谁把这些灾祸抛给他们的呢?谁逼得他们走投无路,只有消灭敌人、否则就自己死去呢?若不是他们的国家,又是谁啊,首先(我觉得)是三大罪犯,三只贪婪的鹰,三大帝国,奥地利政府的迂回政策,凶残的沙皇制度,暴虐的普鲁士!最凶恶的敌人不是在国外,而是在每个国家里;但没有任何国家有勇气打倒他。这是百头怪物,叫作帝国主义,这是傲慢和统治的欲望;它要吞噬一切,要降服或消灭一切,它绝不容忍在它之外的自由的伟大精神。对我们西方人来说,最危险的是这个普鲁士帝国主义,它对全欧洲的威胁迫使欧洲武装起来反对它,它是军事和封建阶层的代表,它不仅对世界其他地方是祸害,对德国本身也是祸害,它已巧妙地毒害了德国的思想。它是首先应当消灭的。但不仅是它一个。沙皇制度也该消灭。每个国家的人民或多或少有他们的帝国主义,不管它是什么形式,不管是军事的,金融的,封建的,共和的,社会的,它都是吮吸欧洲精华之血的章鱼。各国的自由人们,一旦战争结束,让我们重新用伏尔泰的格言来反对它吧![①]

* * *

一旦战争结束。因为现在还战祸为患。激流正在倾泻。单靠我们是不能使激流就范的。何况已犯下滔天的罪行,侵害权利罪,扼杀各国人民的自由、侵犯神圣的思想宝库罪。它们应当得到补偿。它们定会得到补偿。欧洲不能一笔勾销对高尚的比利时人民犯下的暴行,不能一笔勾销新的蒂利们把马利奈和卢万两城洗劫一空的浩劫……但是,天啊,但愿不要以怨报怨啊!既不要复仇也不要报复?这是些可怕的字眼。一个伟大的人民,是不报仇的,他们要恢复权利。但愿那些从事正义事业的人直到最终都表现出无愧于所从事的事业!我们有责任提醒他们这样做。因为我们不会暮气沉沉地参与这阵喧闹,等这股风自己减弱下来。不,这是不光彩的。我们是有事可做的。

我们首要的责任是在全世界创议建立一个高等道德法院,建立一个良心法庭,它可以对一切侵犯人权的行为进行监督和表示态度,不管这种侵犯是来自哪一方。由于交战各方组织的各种调查委员会总是受到怀疑,所以新、旧世界的中立国家应该提出倡议——例如最近,巴黎医学院的一位教授普雷南对此提出了主张[②],得到我的朋友保

① “让我们消灭无耻之徒!”——原注

② 一九一四年九月四日《时报》。《战争和权利》。——原注

尔·赛培尔《日内瓦报》[1]上的强烈支持:"它们提供具有世界性权威的和公民道德卓著的人,以调查委员的身份行事。这些委员可以随军而行,但与军队保持一定距离……这样一种组织将使海牙法庭更完善、更具体,并为了必要的正义事业而给海牙法庭准备无可辩驳的材料……"

中立国起的作用太不明显。它们倾向于认为,在反对疯狂的暴力方面,舆论事先就败阵了。所有国家的大部分自由思想都有这种泄气的看法。这是既缺乏勇气、又不明智的表现。目前舆论的威力是巨大的。任何一个政府,不管它多么专制,尽管它在乘胜前进,今天都无不在舆论面前发抖,无不讨好舆论。最好不过的证明,就是交战双方,包括部长、总理、君主——威廉二世自任记者——已在人类无形的法庭上努力为他们的罪行辩解和揭发敌方的罪行。这个法庭,唉,但愿人们看见它!你们大胆地组织一个吧。信心不足的人啊,你们不了解你们的道义力量啊!……当发生危险时,难道你们不能为了人类的荣誉而冒险吗?如果你在拯救人类方面丧失了活着的全部豪迈气概,那么生命会有什么价值啊!……

为生活而生活,生活就失去了意义……

但是,我们大家,各国的艺术家和作家,传教士和思想家,我们有另一个任务。即使在狂暴的战争中,对于优秀分子来说,损害他们的思想的完整性也是一种犯罪。看到他们为无谓的和可怕的种族政策的偏见服务,是可耻的,种族政策在科学上是荒谬的(没有一个国家的人种是纯而又纯的),像勒南给施特劳斯[2]的那封著名的信中所写的那样,这种政策"只能导致野兽式的斗争,导致灭绝种族的战争,类似啮齿动物或食肉动物进行的殊死斗争。这可能是这种由许多必要的分子组成的称之为人类的多产混合体的终结"。人类是一部伟大的集体灵魂组成的交响乐。以为只有毁掉一部分人类才能理解人类、热爱

① 一九一四年九月十六日和十七日。——原注

② 一八七一年九月十五日的信件,载于《知识和道德的改革》杂志。——原注

人类的人,就表明他是个野蛮人,表明他同建立另一种华沙式的秩序①的思想是合拍的。

我们这些欧洲的优秀分子,我们有两座城:一座是我们陆地上的祖国,另一座是上帝城。我们是前一座城的主人;是后一座城的建造者。让我们把忠诚的身心奉献给第一座城。但是在我们可爱的家庭、朋友、祖国中,没有任何一个能支配我们的思想。思想就是光明。我们的责任就在于使思想超越于风暴,避开试图使它昏暗的云层。我们的责任在于把城墙筑得更宽更高,控制各国的不公正和仇恨,让全世界的兄弟般的自由的人们在这里聚集。

我看到我周围友好的瑞士在战栗。它的心对各个种族都表现出同情;它不能在这些种族之间自由选择,甚至也不能表示同情,它对此感到惋惜。我懂得它的痛苦;但它是好心肠;我希望它由此而达到各个种族的和谐的极顶欢乐,它将为欧洲其余地区树立一个最崇高的榜样。在暴风雨中,它应当像正义与和平的小岛一样矗立着,在那里,像中世纪初期的大修道院一样,思想可以找到一个抵御疯狂暴力的庇护所,各国筋疲力尽的游泳者,所有那些厌烦仇恨的人,那些虽然看到和经受种种罪行、但仍坚持所有人像兄弟一样互爱的人,都可以在那里登岸。

我明白,这样的思想今天很少可能为人所听从。身陷战斗的狂热火焰之中的年轻的欧洲,将发出蔑视的微笑,露出它小狼的牙齿。一旦狂热的温度下降,欧洲将重新发现它已遭到屠杀,也许再也不会对它那食肉动物似的英雄主义感到自豪了。

此外,我说话不是为了说服欧洲。我说话是为了聊以宽慰我的良心……我知道我同时也将使各国不能或不敢说话的其他成千上万的人的良心感到宽慰。

一九一四年九月十五日《日内瓦报》

① 马拉维埃夫伯爵在镇压华沙后给他的政府写道:“秩序井然……”——原注

注　释

我的对手们已不遗余力地利用这篇文章来说我有蔑视亚洲和非洲种族的情绪。这个指控特别没有根据，因为我对亚洲的知识分子保持着珍贵的友谊，我与他们在这场战争中一直保持书信往来，这些朋友对我的真实思想很少误解，以致他们中有一位印度主要作家安南达·K.库马拉斯瓦米献给我一篇出色的文章，文章刊载在《新世纪》(1914年12月24日)上，题为《一项对印度人的世界政策》。但是：

1. 从战争职业种族中征募的亚洲部队，像库马拉斯瓦米所说，绝不代表亚洲思想；

2. 非洲和亚洲部队的英勇没有受到非议。大家不需要为了赞扬他们的忠诚不渝而在一年来进行大屠杀；

3. 至于野蛮性，我乐于承认，今后“白皮肤”对于“黑皮肤、红皮肤或黄皮肤”已无可指责了。

4. 我要谴责的不是这些有色皮肤，而是要谴责白皮肤。今天我和十四个月前一样，强烈地谴责目光短浅的政策，它把非洲和亚洲牵入欧洲的斗争。未来将证明我是对的。

赵蕊初 译

论偶像

四千多年来，一些获得自由的伟人的努力，是要使他们的兄弟们享有自由，使人类自由，是要教会人类无所畏惧，并正确无误地观察现实，不卑不亢地看待自己，了解自己的弱点和力量以便驾驭，觉察自己在宇宙中的地位；在人类的道路上，他们就像占星家的星星使他们思想的光辉或生命的光辉发出光芒，以便开导人类。

他们的努力失败了。四千多年来，人类仍然不断地受奴役，我不是说受一些主人的奴役（他们是肉体方面的主人，我在此不去说它；此外，这些枷锁迟早要被粉碎），而是受他们的思想幽灵的奴役。人类是受他们自身的奴役。人们费尽力气砍断束缚他们的绳索，他们又立即把它连接起来，好更牢地缚住自己。对于每个解放者，人类都以他的主人自居，对于每个可能解放人类的理想，人类又立即制造一个粗犷的偶像。人类的历史就是偶像和偶像连续统治的历史。有人说，随着人类的衰老，偶像的权利更广泛、更致命。

起初，是木、石、金属制成的神像。这些神像至少经不住斧劈和火烧。后来又制造了一些，那就什么也伤害不了它们，因为它们是铭刻在看不见的心灵上的，所有这些神像又向往物质王国。各国人民为了偶像的统治，洒下了他们最优秀的人的鲜血。宗教偶像、国家偶像、自由偶像，长裤汉军队用大炮使自由偶像统治了欧洲！……主子换了，奴隶仍然没变。我们这个世纪熟识了两种新型偶像：种族的偶像，它出自宏大的狂想,已成了戴眼镜的学者的实验室中的莫洛克神,一八七〇年德国曾用莫洛克神反对法国,德国的对手似乎又想再利用这个神来反对今日之德国,最近出现的偶像是日耳曼科学紧密地和工业、商业和克虏伯公司的艰苦劳动兄弟般地结合的真正产物:被传教士——德国的思想家们所包围的文化偶像。

* * *

崇拜所有这些偶像的共同特点,是使理想适应于人的邪恶本性。人培养对他有利的恶习;但他需要使这些恶习合法化,他不愿意毁了它们;他应该使它们理想化。因此,他在几个世纪内不断操劳的问题,就是要使他的理想和他的平庸相一致。他也总是成功的。群众毫无困难地接受;群众把他的美德与邪恶、他的英雄气概和歹毒心肠等量齐观。他们的情绪的力量和席卷他们迅速流逝的岁月的波涛,使他们忘记了他的缺乏逻辑性。

但是,优秀的知识分子是不能这么轻易就得到满足的。这倒不是因为他们不像人们说的那样不够热情。(这是个严重错误。生活越丰富,他们提供的用以助长激情的食粮就越多;历史充分证明,伟大的宗教信徒和伟大的革命者的激情往往达到可怕的顶点。)但是,脑力劳动者喜欢精细的作品,厌恶大众化的思想形式,这种思想往往缺乏推理的连贯性。他们必须重新织出一件更细密的衣衫。无论如何要把本能和思想织进无洞的衣衫。这样,他们便完成了奇异的杰作。请你把不管什么样的理想、不管多么坏的情感给一名知识分子,他总可以找到把它们一齐调整的办法。爱上帝、爱人们,竟被作为烧、杀、掠夺的理由。一七九三年的博爱是神圣的断头台的姐妹。我们现在已看到,传教士正在从圣经里寻找、并且找到了银行的合法性或战争的合法性。不到一个月以前,符腾堡的一名牧师确证,约翰施洗礼者、耶稣以及圣徒们都不同意军国主义[①]。一位灵巧的知识分子就是一名思想的魔术师……两手空空,两袖清风……了不起的是从一种思想引出相反的思想,从耶稣的高山宝训引出人与人之间的战争,或者像奥斯瓦尔德教授那样,从知识分子的国际主义幻想引出威廉二世的军事独裁。对于罗贝尔-乌丹派来说,这只不过是儿戏而已。

为了揭露他,让我们再看一看奥斯瓦尔德博士的讲话,他在几个月内活像头戴尖顶盔的救世主降临说中的洗礼派信徒。

第一个偶像,文化(德国制造)。米格尔·德乌纳穆写信给我说,此字用大写字母K写着,方方正正,有棱有角,像个铁蒺藜。在各地,从此字的肋部生出了小神们:文明国家,文化联盟,文明帝国。

> 我要,(这是奥斯瓦尔德博士的话)[②]
>
> 我现在要对你们解释德国的伟大秘密。我们,或者不如说日耳曼人种,发现了组织的因素。其他各国人民生活在个人主义制度下,而我们则生活在组织制度下。有组织的阶段是文明更上一层楼的阶段……

很明显,难道不是吗?像这种传教士,为了把耶稣的信仰带给各国异教人民,让一个中队或一个登陆特遣队跟在后面,这个中队或特遣队立即在崇拜偶像的国家中占据地盘,四周架上大炮——德国知识界不能无私地为自己看守财富:它硬要使这些财富有利于全世界……

“德国要把欧洲组织起来,因为欧洲迄今不曾组织起来……在我们这里,整个倾向是从个人身上吸取对社会主义最为有利的最高收益。我们认为这就是社会的最高形式。”

请你们欣赏这种谈及人类“文明”的方式吧,好像这是芦笋和朝鲜

---

① 科雷冯牧师赞扬并引用了十一月四日纳沙特尔的《宗教报》上施伦克牧师的一篇题为《战争和新约》的文章。——原注

② 向瑞典《每日新闻报》的一位编辑发表的声明。——原注

蓟似的！这就是所谓的幸福和利益,“最高收益”,这个蔬菜种植要服从于一名促成栽培法学者的朝鲜蓟式的自由,奥斯瓦尔德教授打算不要剥夺欧洲其他各国人民享有这一切的权利。由于欧洲各国人民很少受到开导,所以没有热情地赞同……

……战争将使他们在这种组织形式下分享我们更加高级的文明。

以上是这位化学家——哲学家,也是那时的政治家兼战略家,粗略地描绘的一幅德国的胜利和改组后的欧洲的蓝图:欧洲合众国在披盔戴甲的威廉二世的管辖下;英国被打垮,法国被解除武装,俄国被瓜分……(他的同行海克尔还对这令人捧腹的阐述做了补充,要瓜分比利时、英帝国和法国北部:这是佩雷特在受挫之前说的)。海克尔和奥斯瓦尔德都没有对我们说(这是令人遗憾的),为了建立他们“更高级的文明”他们的计划是否包括要毁掉伊普雷市场、卢万图书馆和兰斯大教堂。所有这些战果,经瓜分和掠夺之后,我们只记住了“文明”这个神奇的词,奥斯瓦尔德肯定体会不了这个词同莫里哀的一句话搭配得上,并产生不祥的诙谐含义:

“你们知道我是一个和平主义者……”

不管偶像崇拜的大祭司有多么激昂,他们在表示信念时仍有一定程度的外交式的保留,而其他教士例如文化人,对此也不再感到不安。教士的热忱可能过分坦率,不止一次妨碍了摩西和亚伦——海克尔和奥斯瓦尔德。我不知道他们对托马斯·曼在十月号的《新评论报》发表的一篇题为《战争中的思变》的文章有什么想法。但是我清楚法国知识分子对它的看法。德国不会提供他们更可怕的武器来攻击它。

托马斯·曼盛气凌人和狂暴的冲动,竭力为别人对德国最严厉的指控进行开脱。奥斯瓦尔德试图把文化事业与文明事业说成一回事,而托马斯·曼则宣称,“它们之间毫无共同之处:正在进行的战争是文化(即德国的文化)反对文明的战争”,他目中无人的夸口一直发展到狂言乱语,他把文明定义为理智、温和、思想,而把“德国文化”定义为不排除“血腥的野蛮”的世界精神组织。德国文化是“魔鬼附身的人的理想化”。它是“超越道德、理智和科学”的。

奥斯瓦尔德和海克尔之流把军国主义看成是德国文化用来夺取胜利的工具和一种武器,而托马斯·曼则断言德国文化和军国主义是同胞兄弟,两者的理想都是相同的,它们的原则也是相同的,它们的敌人是同一个,这个敌人就是和平,这个敌人就是思想:“是的,思想是平民的,是资产者的。”他终于敢用这样的诗句作为他自己和他的祖国的旗帜:“法律是弱者的朋友,它要压倒世界;但战争使武力出现……”

在暴力的罪恶的竞相强加中,托马斯·曼自己也不知所措了,奥斯瓦尔德宣称必要时用武力夺取德国文化的胜利。他应当是撕掉最后的遮羞布,干脆说“只要武力,其他的都一边去吧!”的人。大家看到马克西米利安·哈登无耻的文章摘要,他把他政府的疯狂暴力说成是可怜的谎言,为侵犯比利时的中立辩解,他竟敢写道:

> 这样哄闹有什么意义呢?武力为我们创造了权利……难道一个强者一直要屈从于疯狂的要求,屈从于一批弱者的裁决吗?……

在精神错乱中大耍傲慢态度和逞强,连德国的智慧也丢掉了,这症状多么严重啊!这个帝国斗志涣散,只有贴近脸看东西的人才看见它的组织是雄伟的,这症状多么严重啊!因为谁看不出一个钳制社会党报刊言论、却容忍也带侮辱性的辟谣的政府的软弱呢?尤其是,谁看不出这样的言论在几百年中都是在全世界面前对德意志的诽谤呢?……这些可怜的知识分子自以为他们卖弄尼采哲学和俾斯麦主义,他们就能逞英雄了,还要把它们强加于全世界!他们只能激起全世界的反抗。可他们却要人们相信他们哩!而人们又过分相信他们。

人们只求相信他们。因此,整个德国应对某些作家的胡言乱语负责了。德意志将没有比它自己的知识分子更加凶恶的敌人了。

*　*　*

我这不是偏见。我也不是为法国知识分子感到自豪。他们大肆滥用的种族、文化或拉丁文化的偶像,都是我不满意的。我不喜欢任何偶像,即使是人类偶像也罢。至少,作为我的偶像的那些偶像是危害较小的;它们不是侵略性的;何况甚至在我们知识分子能最高尚的人中也存在着不少的乡土观念,而我刚刚谈到的德国知识分子似乎已把乡土观念丢得精光。但应当说,无论哪一方面,都不是非常尊重知识分子的,他们不善于保卫知识抵御暴力和狂病的袭击。埃默森的一句名言适用于他们的失败:“在一个人身上,再没有比来自他自身的行动更难能可贵的东西了。”

他们的行动和他们的作品都是来自别人,来自外部,来自盲目的咄咄逼人的舆论。我不想责怪那些曾不得不保持缄默的人,不管他们是属于军队,还是交战国的检查制度迫使他们沉默。思想的领袖们以闻所未闻的软弱态度在集体的疯狂面前到处退让,这种软弱就极好地证明他们并不是有骨气的。

我的书中某些有点自相矛盾的段落,有时竟引起指责,有人说我是反知识分子的人:对于像我们这样献身于思想崇拜的人来说,这可能是荒谬绝伦的。但是,在我看来,智力至上的确往往是对思想的歪曲,是一种残缺不全、扭曲变形、僵化的思想,它不仅无力控制生活的舞台场面,而且甚至也无力了解生活。今天发生的一桩桩大事,使我觉得我比我本来所希望的更为正确。知识分子在阴影的王国、思想的王国里生活得太久了。这些思想并不是由于它们自身而存在着,而是由于经验或充满这些思想的希望而存在着:这是我的书的概要,或是一些假设,是给以前的或将来的一些适当的提法、必要的提法规定范围;人们的生活和行动离了这些东西是不行的。但是,糟糕的是,有人把这些东西当作压制人的现实;而在这样做时,谁都没有知识分子那么卖力,他们这样做是他们的职业,他们使用歪曲的惯技,始终试图拿一些真实的事情去套这些东西。此外,使思想盲目的集体情绪产生了,这种情绪是悄悄地侵入能最好地为它服务的思想的,它把它的血液输给思想,而思想就颂扬它。而在人的身上,只有他的思想幽灵继续存在着,他心中的妄想和思想的妄想在他身上交织着。由此,在当前的危机中,知识分子不仅比其他人更多地染上战争的传染病,而且他们大大助长了它的传播。我还要说(这是对他们的惩罚),他们也等不了多久就要身受其害:每天的行动和经验不断受到考验的普通人将随之改变,他们这样做是毫不后悔的,知识分子在他们的思想之网中受到束缚,他们的每个作品又是一条束缚他们的绳索。因此,当我们已经看到各国军队士兵身上仇恨的烟雾日益消除,他们从一个战壕到另一个战壕成为兄弟的时候,作家们却加紧提出一些疯狂的论据。我们可以毫不困难地预言,当这场疯狂的战争已在各国人民的回忆中消失的时候,战争的仇恨还全蒙在思想家们的心上……

谁来捣毁这些偶像呢?谁来让这些偶像的狂热宗派信徒睁开眼睛呢?谁来使他们懂得,他们思想上的任何上帝,即使是最好的,不论是宗教的还是非宗教的,都无权利用武力强令别人相信他,也没有权利蔑视这些人呢?就算你们的德国文化由于施用了日耳曼肥料而长出了更肥壮、更丰富的人道的植物,可是,谁给了你们当园丁的权利呢?你们就种植你们自己的花园吧,我们来种植我们自己的。有一朵神圣的花,为了它,我愿意牺牲你们家里种的植物的一切花果:这是自由的野紫罗兰。你们一点也不爱惜它,你们反倒践踏它。但它不会死去,它要比你们兵营和暖房里的杰作活得长久;它不怕严冬,除了今天的风暴外,它已经受过其他风暴;它从荆棘下、枯叶下生长出来……德意志的知识分子们、法兰西的知识分子们,耕作并播种你们的思想之田,但是你们要尊重其他人的思想。你们在组织世界之前,在组织你们的内心世界方面就有许多事情要做。如果可能,请你们尽量忘掉一会儿你们的思想，并看看你们自己吧！特别是请你们看看我们的德国文化和文明、日耳曼种族和拉丁文化的捍卫者、敌人们、朋友们，让我们互相对视吧……我的兄弟，难道你没有看到一颗和你一样的心，同样的痛苦，同样的希望，同样的利己主义以及不断重织其罗网的梦想的权利吗？老雨果就对他的一个敌人说过："难道你没看见，你就是我吗？"

真正的知识分子，真正的聪明人不把他自己和他的理想当作宇宙的中心，而是环顾四周，像在天空中看银河的波涛，千千万万的小火苗随着波涛游动，银河并没有想去吸收它们，也没有强令它们遵循它的路途，而是严格地容纳它们对一切需要和滋养它们的共同火源。思想的智慧如果没有心灵的智慧，它就一文不值。如果没有良知和思想，它也一文不值——良知向每个人民、每个个人表明他们在宇宙中的地位，而思想则是幻觉的理智的判断者，它躲在卡皮托利山丘的战车后面，提醒获胜的恺撒：他是个秃头的士兵。

一九一四年十二月四日《日内瓦报》

赵蕊初 译

政　　论
先驱者*

* 《先驱者》是罗曼·罗兰继文集《超乎混战之上》以后所发表的文章的结集，一九一九年底由法国人道出版社出版。这里选载其中四篇文章。

致各国被谋害的人民

过去两年半来发生的恐怖事件使西方世界受到了酷烈的精神打击。任何人都永远忘不了比利时、塞尔维亚和波兰的殉难，以及一切被侵略者蹂躏的东方与西方不幸的国土所受的苦难。这些不正义的罪行使我们感到厌恶，因为我们自己就是受难者，然而半个多世纪以来，欧洲的文明国家一直在干这些罪行，或纵容别人在干。

土耳其侵略军在一八九四到一八九六年的大屠杀中杀死了二十万阿尔明尼亚人，将来谁会知道苏丹当时付出了多少代价才使欧洲的新闻界和外交界对这件惨案保持沉默呢？谁肯替那些在殖民主义运动中被劫掠的人民诉苦呢？当瞒住真相的烟幕给揭露一角时，当我们对达马拉兰或者刚果的痛苦的屠场窥到一眼时，谁能面对这景象而不毛骨悚然？哪一个"文明人"能想到一九〇〇和一九〇一年时屠杀满洲和远征中国的罪行而毫不愧怍？那时德国皇帝对兵士们举出阿提拉作为他们的榜样，那时"文明世界"的八国联军争先恐后地想摧毁一个比西方更古老、更高贵的文明古国[1]。西方世界对东欧各个被迫害

[1] 参看维·贝拉特在《亚洲的反抗》中对满洲战役的简略叙述。同时参看《北京的最后几天》，比·洛逖（近代法国浪漫主义作家，名著有《冰岛渔夫》等。——译者）在书中描写了"净土之城"登州的破坏。

的民族,对犹太人、波兰人和芬兰人给了些什么帮助呢[①]? 对力求更生的土耳其和中国给了些什么援助? 六十年前,被鸦片毒害的中国希望摆脱这致命的罪恶。可是经过两次战争和一次屈辱的和约后,它不得不让英国输入这种毒品,据说东印度公司在一个世纪中借此赚到了四点四亿金镑的利润。甚至到了今天,当中国在十年之中已经英勇地努力治好这残酷的痼疾时,还必须有继续不断的舆论的压力,才能迫使欧洲具有最高度文明的国家放弃那由于荼毒另一个国家而获得的利润。这些事实不必使我们惊奇,因为大家知道这个西方国家还在毒害它自己的国民而收税哩。

"在黄金海岸[②],"亚诺尔德·波雷特先生写道,"一位传教士有一次告诉我,黑人们关于欧洲人的白皮肤是怎么说的;老天爷问欧洲人道:'你对您的兄弟干了些什么?'于是他就吓得发白了。"[③]

欧洲文明正在发出殡舍的尸臭。"Jam Foetet"[④]……欧洲已经把掘墓人给召来了。亚洲正在警惕地注视。

一九一六年六月十八日,那伟大的印度人拉宾德拉纳斯·泰戈尔在东京帝国大学发表了如下的演说:"从欧洲的土壤中崛起的政治文明正在像丰茂的野草一般蔓延到全世界,这种文明是建立在排外的基础上的。它老是虎视眈眈地要使异族人陷入困境或消灭他们。它跟野兽一样有吃人的倾向,它用其他民族的资源来喂养自己,还想吞灭

① 好几期《双周刊》上的文章斥责了这些文明的罪恶。我可以举出:

1.《关于刚果》:莫莱尔、米尔和夏莱作(《双周刊》第7卷,第6、12、16期)。

2.《关于在俄国和罗马尼亚的犹太人》:拉萨尔、埃勃雷恩和台拉亚沙作(第3卷,第8期;第7卷,第6期)。

3.《关于波兰》:白纳司作(第8卷,第10、12、14期)。

4.《关于阿尔明尼亚》:吉拉作(第3卷,第19期)。

5.《关于芬兰》:戴克作(第3卷,第21期)。——罗兰

② 非洲西北部的英国殖民地。根据一九五〇年宪法,组织了一个半自治的政府,根据一九五四年的"新宪法",政府的工作全由非洲人组成的内阁担任,但实权仍操在白种人手里。一九五七年三月宣布独立,改名加纳。

③ 见《战争的远因》:波莱作,一九一六年于洛桑出版。——罗兰

④ 拉丁文:"已在发出恶臭。"

他们的整个前途。它老是害怕别的民族得到卓越的成就,声称这是一种危险,并且企图扼杀自己领域之外的一切伟大的征象,把比较弱小的民族压下去,使它们永远处在弱小的地位……这种政治文明是非科学的,非人性的。它很强大,因为它把自己所有的力量集中在一个目标上,就像一个为了发财而情愿不要灵魂的百万富翁。它背信弃义,它毫不羞耻地漫天撒谎,它在自己的庙堂内供奉硕大无朋的贪婪的偶像,对自己那种铺张扬厉的膜拜仪式觉得非常得意,就把这一切称作爱国主义。然而我们可以放心地预言:这种情况是不能继续下去的……"①

"这种情况是不能继续下去的。"你们听见了没有,欧洲人?你们把耳朵塞住了?倾听内心的呼声吧!我们必须做一番自我检讨。我们不要像那些自以为毫无过失而把世界上一切罪恶都推在邻居身上的人。对于我们今天所遭受的厄运,每个人都得分担一部分责任。有些人是故意犯错误,另一些人是由于软弱,而弱者并不能说是最无辜的人。大多数人的麻木不仁、善意者的怯懦、漠不关心的统治者的自私与怀疑。新闻界的无知或冷嘲、投机商的贪得无厌、思想家们卑怯的奴颜婢膝——他们的使命应该是铲除那些破坏性的偏见,而他们却成了宣传这些偏见的使徒;还有知识分子的横暴的骄傲,他们把自己的思想看得比同胞们的生命还宝贵,他们为了证明自己正确而煽动千百万人去送死;还有那罗马气息太浓的、劝人通权达变的教会,其中渔夫出身的圣彼得已经变成外交界的居间人了;那些灵魂枯索或如刀锋一般尖利的牧师,他们为了使自己的羔羊们净化而把他们牺牲了,而那些愚昧的羔羊也盲目地顺从了……我们中间谁没有罪过?谁能不沾上被宰割的欧洲的鲜血?但愿每个人承认自己的错误,而且努力赎罪吧!——可是现在让我们担当起最迫切的任务。

---

① 引自一篇在日本发表的演说《论民族主义》;后来收入《论民族主义》一书中,伦敦麦克密伦书局一九一七版(第59—60页)。这篇演说在世界史上标志了一个转捩点。——罗兰

显著的事实是这样:欧洲并不自由。各国的呼声被压抑着。在世界史上,这些年代将被看作奴隶性盛行的年代。欧洲的一半国家以自由的名义在攻击另一半国家。而为了打得更好,双方都舍弃了自由。向各个国家的意志呼吁是无效的。因为作为个别的实体,各个国家已经不再存在了。只有一小撮政客和几十个新闻记者胆敢代表这个或那个国家发言。他们并没有发言的权利。他们除了自己不能代表任何人。他们甚至连自己也不能代表。早在一九〇五年,莫拉斯就斥责了那些声称领导舆论代表国家的、被统治阶级驯服的知识分子,他把他们称为"ancilla plutocratiae"①……国家!谁有权利自封为一个国家的代表?谁能了解一个交战国的灵魂?谁敢向那灵魂中探测一下?那是一个恶魔,由千百万混杂的生命所组成,那些彼此不同互相冲突的生命,向四面八方伸展的生命,然而基本上却像章鱼的触角一般联结着……这是混合了一切本能、一切理智和一切非理智的大熔炉……从深渊中吹起的一阵阵罡风;从汹涌的兽性深处喷出的无形而狂怒的暴力;一种致力于毁灭和自戕的疯狂冲动;乌合之众的粗粝脾胃;畸形的宗教;灵魂的神秘观念,迷恋着无限的扩张,追求着病态的舒慰,想从苦难中、从自己的苦难和别人的苦难中得到欢乐;僭妄而专横的理智,宣称它有权利把自己缺乏然而企望的团结强迫别人去实行;被过去的回忆所煽旺的想象力,闪烁着浪漫的灵光;学院派的正史——"爱国主义"的正史上虚幻的记载,永远准备随风转舵地宣扬勃莱纳斯的"Vae Victis"②或者"Gloria Victis"③的论调……在狂热的高潮上骚乱地滚腾着所有那些隐伏的恶魔,它们在正常与承平的时代是被社会所

① 拉丁文:"财主的丫头。"

② 拉丁文:"失败者倒霉。"

按:勃莱纳斯是公元前三九〇年占领罗马的高卢族领袖。传说高卢人在接受罗马人奉献的黄金赔款而加以称量时,罗马人抱怨秤盘不准。勃莱纳斯闻而大怒,抽出利剑,放到秤盘上以增加重量,一面喝道:"Vae Victis。"后来这句成语就成为胜利者想获得全部赔偿的口号。

③ 拉丁文:"光荣归于失败者。"

摈弃的……我们每个人都被章鱼的触角缠住了。每个人都发现自己具有同样紊乱的善与恶的冲动，错综复杂，难解难分。就像一团纠结的绞线。谁能解开呢？……从而产生了一种严酷的命运感，人们在这些危机时被它慑服了。然而这种感觉只是由于他们知道必须努力解放自己而又感到无能为力所产生的，这些努力确实带有多方面和持久的性质，但并未超出他们的能力范围。如果每个人都干了他能力所逮的事（不做更多的要求），那命运就不会显得严酷无情了。看来似乎命里注定，其实是大家一致退避的结果。谁只要听天由命，谁就得担负一份罪孽。

但是罪孽却有大有小。光荣归于应得光荣的人！今天的欧洲政治就像一罐令人恶心的焖汤，而钱就是其中一块鲜肉。社会给套上了枷锁，而攥住那锁链的是普路托斯[①]的手。它才是各国真正的主子、真正的统治者，就是它使各国变成了欺骗的商行、诈取的企业[②]。读者绝不要以为我们想把大家目前忍受困厄的全部责任都推到这个或那个社会团体、这个或那个人身上。我们不是那样的天真汉；我们不想叫任何人来替罪！如果这样解决，那是太容易了。我们甚至不会说："Is fecit cui prodest."[③]我们不会说如今那些发战争财的无耻之徒本来就唯恐天下不乱。他们所希望的只是发财，并且不择手段。战争与和平，和平或战争，他们都能适应，反正随机应变、顺水推舟就得了。让

① 希腊神话中的财神。

② 参阅弗·台拉西在过去十年中所写的一些精辟的文章。尤其值得提起其中一篇，即刊登在一九〇七年一月一日的《自由报》上、讨论一九〇六年外交政策（阿尔赫西拉斯大会）的那一篇。他提供了所谓"工业化外交"的惊人例子。作为台拉西文章的补充材料，请看《自由报》（1906年11月及12月）上署名李锡司的财政论文，和一九〇七年一月十九日《自由报》上拉·谢斯纳所写的关于这些论文的评介。从所有这些文章中，我们可以清楚地看到金融寡头对欧洲各国（无论是共和国或君主国）的政府掌握着怎样的权力——一种"集体的、起着神秘作用的、不受任何控制"的权力。——罗兰

按：阿尔赫西拉斯是西班牙南部城市；一九〇六年在此召开国际会议，讨论关于摩洛哥的纠纷。

③ 拉丁文："他唯利是图。"

我们举出千分之一的例子,来证明这些钱迷心窍的人除了钱对什么都不放在心上。最近一批德国大资本家在诺曼底[①]买下了许多矿穴,占有了法国五分之一的矿藏。从一九〇八到一九一三年,他们为了自己的利益帮助我们发展钢铁工业,因此在制造我国大炮的过程中也尽了一份力量,而现在那些大炮却在轰击德国防线。这种人就像古代神话中点肉成金的米达斯王[②]……不要以为他们胸有成竹,抱着远大的计划。他们是些目光如豆的人。他们唯一的目标是发横财,越多越好,越快越妙。在他们身上可以看到那种跟社会敌对的自私主义猖獗到了极点,这种自私自利的风气是我们当代的祸害。那些资本家只是一个被金钱奴役的时代中最典型的例子而已。那些知识分子、办报的、政客们,甚至内阁的部长们(僭妄的傀儡!),无论他们愿意与否,都变成了投机商手中的工具,使大众看不清财主们嘴脸的烟幕弹。[③] 同时各国民众的愚昧、他们乐天知命的驯服性、从原始的祖先身上传下来的神秘主义,都使他们无法抵御那欺骗和狂热的大邪风,只能被刮去互相残杀……

有一句恶毒和残酷的成语说:一切政府都是跟它们的国家相称的。如果这句话不错,那我们就得对人类绝望了,因为我们从哪儿可以找到一个使正派人愿意跟它握手的政府呢?事实非常清楚,劳动群众不能对统治他们的人运用应有的控制。相反的,他们老是得抵偿他们的统治者所犯的错误或罪恶,这已经够了。如果再要被统治的人来

① 法国西北部行省。

② 古代传说中小亚细亚的弗里吉亚国王。当酒神狄奥尼索斯的伙伴西伦纳司迷失路途,流浪到他国内时,米达斯竭诚款待;因此酒神之友就允许他说出一个欲望,必能得到满足。米达斯道:但愿我碰到的东西都变成黄金。可是当他发现他想吃的肉一到嘴里就变成金子时,他赶紧要求神明打消他的欲望。

③ 让我引几句莫拉斯文章中的话,当他不被他那固执的观念迷住时,是一个非常明晰的作者。“金钱的政权统治着智慧。给他镀金,给它装饰;可是把它闷住了,逼着它睡觉。金钱的政权能随意阻止智慧,不让它觉悟到一种政治真理;万一智慧喊出了这种真理时,金钱的政权就能挡住它,不让人们听见或了解。如果知道一个国家需要什么的人们都被迫着闭起嘴来,离群索居,或干脆撒谎,那这些需要怎么能实现呢?”(见《智慧的前途》)——这些话道出了当代的真相。——罗兰

负责,那未免太过分了。属于人民的人为了爱国的理想而死去,他们牺牲了自己。可是派他们去牺牲的人却为了自己的利益而活着。结果利益比理想的寿命更长。每一次长期的战争,甚至一开始充满着高度理想主义的战争,当它延长的时候,就会越来越变成一种生意经,变成像福楼拜①所写的"为了钱而打的仗"——让我再说一遍,我们并非说战争是为了金钱而发动的。然而战争一旦进行后,榨钱的过程就开始了;血流出去,钱流进来,谁都不忙着去阻止这交流,属于一切国家和一切等级的几千个有特权的人,几千个所谓豪门、暴发户、贵族地主、钢铁大王、组合投机家、军火商、没有头衔的不负责任的国王——给掩护得不露声色,被他们所喂养的一大群寄生虫围绕着——为了卑劣的赚钱的动机,能够利用人类最好和最坏的本能。他们利用人的野心、人的骄傲、人们的怨恨使自己得到好处。他们从同胞们血腥的幻想和勇气中、从他们渴望自我牺牲的狂热中、从鼓舞人们急于流血的英雄精神中、从发掘不尽的信仰的宝藏中都获得同样的利益……

不幸的人民啊!难道能设想比他们所遭受的更悲惨的命运吗?他们从来不被人征求意见,永远受到牺牲,被抛入战火,被逼着去犯他们从来不想犯的罪恶。任何偶然出现的冒险家和吹牛者都会骄横地宣称,他有权利把充满杀气的愚蠢的夸夸其谈或者他想获得的卑琐利益用人民的名义掩饰起来。群众永远受骗,永远殉难;他们抵偿别人的罪恶。双方在他们头上互相挑战,而他们对引起挑战的缘由毫不知晓,对造成挑战的利害关系也没有兴趣。在他们流血和俯伏的背后进行着各种思想与百万金钱的斗争,而无论思想或金钱,他们都是没有份的。他们并不憎恨。他们是牺牲者;只有命令别人去牺牲的人才会憎恨。人民被谎话、报纸、酒和妓女毒害了。劳动的群众,现在必须忘记劳动的教训。心地仁爱的群众,现在必须忘记博爱的教训。统治者处心积虑地使群众腐化,当他们活着的时候就使他们堕落,最后干脆

① 福楼拜(1821—1880),近代法国小说家,以细致的心理刻画和雕琢的文笔著称。名著有《圣安东尼的诱惑》《情感教育》等。

把他们宰了。亲爱的欧洲各国的人民,过去两年中你们在垂死的土地上濒于死亡;你们终于探索到灾祸的深渊了吧?可悲啊,大难还在后面呢。经过了这么剧烈的创痛后,我生怕那致命的一天终于会到来,那时虚伪的希望再也不能鼓舞群众,他们明白自己的牺牲是无用的,同时被残酷的经历磨折得筋疲力尽后,一有机会就会盲目地发泄仇恨。那时他们也会堕入不正义的行动中,而由于过度的不幸,他们甚至会丧失自我牺牲的严峻的圣光。于是,从枷锁的这一端到另一端,不分青红皂白,一切都会沉入同样的悲痛与错误的苦海中。钉上十字架的可怜的众生啊,你们在天父两边的十字架上挣扎!你们比他老人家更残酷地被人出卖了,你们将如一块顽石,在惨痛的孽海中沉沦,而不再超度。难道没有人把你们从两种敌人——奴役与憎恨中拯救出来吗?我们真想救你们,我们真想!可是你们也得这样希望。你们希望吗?多少世纪以来,你们的理智一直被禁锢在消极的驯顺中。你们还能获得自由吗?

今天谁还能阻止继续不断的战争?谁能再捕获那发狂的野兽,把它提回笼中去?也许,甚至那些放虎归山的驯兽者都束手无策了,他们知道不久就会轮到他们被猛兽吞掉。苦杯中已经斟满了血,必须喝完最后一滴了。人类的文明,痛饮吧!——可是当您已经喝畅了?当和平又越过千万尸首而回到人间时,当您从烂醉如泥的酣睡中醒来时,您还能恢复清醒的理智,再做自己的主人吗?您敢正视您自己的惨相吗?那时,您过去套上的欺骗的外衣已经剥干净了。能够活下去而且必须活下去的人们还会有勇气从腐朽制度的致命包围中挣脱出来吗?……各国人民,团结起来!一切种族的人民,无论罪多罪少,都在流血,都在受苦,同甘共苦的弟兄们,在饶恕和新生时也成为兄弟吧。忘掉你们的仇恨,它在把你们引向共同的毁灭。一齐起来哀悼吧,因为战争的损失影响着整个人类的大家庭。通过你们千百万兄弟们的痛苦和死亡,你们一定已经感到了你们亲密的团结。注意,必须让这种团结在战后打破人为的障碍,因为一些自私自利的无耻之徒会想把它造得比过去更巩固的。

如果你们不走这条路,如果战争的直接影响不能使所有的国家中都发生社会复兴,那么再见吧,欧洲,思想的骄子、人类的引导者。你已经迷路了,你行将就木了。坟墓对于你是最恰当的。把你的床铺在那里吧。让别人来领导这世界!

一九一六年,万灵节

一九一六年十一月和十二月,载于日内瓦《展望月刊》

孙 梁译

致自由与解放的俄国

俄国的兄弟们，你们刚刚完成你们伟大的革命，我们不仅要向你们表示祝贺；我们还感谢你们。你们获得了自由，但你们不是仅仅为你们自己而工作，也是为我们大家、为你们古老西方的兄弟们工作的。

经过几个世纪的发展，人类的进步实现了，但发展进程很快减弱，终日疲沓，放慢速度，遇上重重障碍，或是像头懒驴躺在路上了。为了弄醒它，必须每隔一段时间鼓鼓劲，使它有强烈的革命冲动，革命鞭笞着意志，使全身运足气，使它跳过障碍。我们一七八九年的革命是一次英雄力量觉醒的革命，那次觉醒使人类摆脱了墨守的常规，把它推向前进了。但是一旦功成业就，车子重新上路，人类很快又陷入步履蹒跚的常规。很久以前，欧洲的法国大革命结出了丰硕的果实！后来一个时候，曾经是开花结果的思想，曾经是促成新生活的力量，这时只不过是过去的偶像了，是拉我们后腿的力量和新的障碍了。在这场世界大战中，人们已看到了这点，因为在战争中，西方的雅各宾派往往表明他们是自由的最凶恶的敌人。

在新时代，有新的道路，新的希望！我们的俄国兄弟，你们的革命唤醒了我们这个陶醉于过去革命的豪迈回忆之中的欧洲。请你们向前走吧！我们将跟随你们。每个国家的人民都该轮到由他们来领导人类。你们新兴的力量在几个世纪内被压制得无所作为，请你们从我们放下斧子的地方捡起来吧，在人类误入的不公正与谎言的森林里，请你们为我们开辟阳光灿烂的林中空地和道路吧！

我们的革命是大资产阶级的业绩，而他们的后代现在已黯然失色。他们有极坏的缺点，也有极好的优点。目前的文明只继承了缺点：知识的狂热和贪婪。但愿你们的革命是一次健康、友爱、人道、避免我们曾犯过的过火行为的伟大人民的革命！

尤其是你们要保持团结！愿我们成为你们的前车之鉴！牢记法国国民公会像农神那样吞噬孩子们的教训吧！请你们比我们过去更加容忍。为了捍卫以你们为代表的神圣事业、反对疯狂而阴险的敌人，你们用尽一切力量都不为多，此时此刻，敌人也许正像猫一样对你虎视眈眈，正在森林里等着你跌跤。

最后，我们的俄国兄弟们，请你们记住，你们是为了你们、也是为了我们而战斗。一七九二年，我们的父老曾想给世界带来自由，但他们未尽厥功，不过他们干得十分出色。而且他们的意愿是崇高的。希望你们的意愿也是如此！请你们给欧洲带来和平与自由吧！

一九一七年五月一日日内瓦《明日》杂志

赵蕊初 译

拥护国际精神团结

——拥护世界文明统一①

葛哈特·格朗的心胸阔大的呼吁不能不引起响应。我充满着激奋的同情读了那篇文章。他表现了谦逊的美德,这在我们的时代中是如此罕有的。如今每个国家都在骄傲地夸耀自己担负着秩序或正义、组织或自由的优越使命,从而有权把他"神圣化"的民族性强迫别的国家接受(因为他们都自认为天之骄子);就在这时,我们却听到有一个国家通过了葛哈特·格朗的呼声,并不谈到权利,而谈到"负疚"。而且他那坦率与感激的语气也是多么崇高!

"在所有的国家中,也许我国应该担当最重大的职责,因为我国受别人的好处最多。我们从国际科学中获得的裨益是不可估计的……我们的负疚表现在各方面……当我们起草我们跟其他各国在科学上的差额清算表时,我们的贷项是很寒碜的。在这方面,我们不能不主要谈到我们消极的利益,而我们的谦虚禁止我们讲起自己积极的贡献。"

这种谦逊的态度是多么令人畅快!在举世若狂和虚荣的危机中,这是多么畅快!然而,易卜生的同胞们是有资格在他们的欧洲兄弟民族间昂起头来的;因为在戏剧和现代思想上,那位伟大的挪威隐士比

① 这一篇文章讨论"国际学院"的计划,那是由挪威克利斯狄纳大学的葛哈特·格朗教授在洛桑的《国际政治评论》上所建议的。我这篇响应的文章最初发表在同一杂志上,题目是"拥护世界文明统一"。——罗兰

任何作家都更深刻地打下了自己的烙印。年轻的法兰西仰望过他;本文的作者祈求过他的忠告。

所有的国家彼此都是债主。让我们把大家的负债和财产汇合在一起吧。

如果说今天有些人最应该有谦逊的精神,那就是知识分子。他们在这次战争中所扮演的角色是可怕之至、十恶不赦。他们不但毫不尽力去减轻互相的隔膜,阻止蔓延的憎恨,反而竭尽全力去散布憎恨,使它更狠毒,除了少数例外的人。在很大的程度上说来,这次战争就是他们的战争,千万个脑子被他们充满杀气的思想意识毒害了。他们是骄妄地自负,傲慢而无情,他们为了使自己的幻象得到胜利而牺牲了几百万青年的生命。历史是绝不会淡忘的。

葛哈特·格朗说:恐怕以后好多年都不可能实现交战国的知识分子们之间个人的合作。如果他是想到五十岁以上的人,在后方的学术团体、大学和编辑室中进行笔战和舌战的人,那我想这位挪威作家并没有说错。要这些知识分子们再携起手来是不大可能的。我真想说,没有一个人肯这样做;可是我知道人们对仇恨的记性会惊人地衰退,我知道这种可怜而有益的弱点,心智不会被它蒙蔽,可是缺少了它就不能继续发挥作用。但是在目前的场合下,人们却很难忘记仇恨。各国的知识分子已经破釜沉舟了。战争刚爆发时,还可能希望某些被起初盲目的狂热冲昏头脑的人们会在几个月以后坦白地承认错误。可是他们不愿意这样。交战双方没有一个人这样做过。甚至可以说:对欧洲文明的祸害愈明显,那些应该保卫文明的、担负着一部分责任的使徒非但不承认错误,反而竭力使自己更加执迷不悟。那么,当战争结束时,当战争引起的灾害变得无可怀疑时,我们怎么能希望这些知识分子会约束他们的骄妄,迫使自己说“我们错了”呢?——假如这样要求,都是太过分了。照我看来,恐怕年长的一代将不得不始终抱着病态的心理和顽固的陋习。这方面的希望很少。我们只能等到年长的一代死尽以后。

要想使各国人民恢复关系的人们必须把希望寄托在另一代身上——在军队中流血的那一代。但愿他们能保存生命！他们已经被战争的镰刀残暴地削弱了。万一战争再延长并扩大的话,他们甚至会完全消灭,因为任何事情都是可能的。人类正像赫剌克勒斯一般在十字路口彷徨。其中一条路会使欧洲趋向自戕,如果亚洲也加入这场赌博的话,它会使可恶的破坏的特征更加猛烈,这种破坏是由德国所推行而由别的交战国不可避免地追随的——可是目前我们还有权利希望:现在征召入伍的欧洲青年将会在战争的屠杀中存下足够的人数,可见完成战后赋予他们的使命:去调和各个敌对国家的思想。在双方的阵营中,我都认识一些精神独立的人,他们希望将来签订和约后就能实现这智力的交流。他们不打算从这种交流中排斥任何人,除非那些为了憎恨的勾当而强奸思想的恶棍,无论那是自己人还是敌人。当我想到这些青年时,我就坚决地确信(而在这一点上我跟葛哈特·格朗是有异议的):战后,一切国家的智力将比以前任何时候都有效得多地互相渗透。从前根本不认识的,或仅仅在鄙夷的讽刺画中看到彼此面貌的国家,已经在过去四年中,在泥泞的战壕里,在与死亡搏斗时体会到大家都是受苦的骨肉。大家都在熬着同样的考验,从而变成了兄弟。这种情感正在日益滋长。因为当我们企图预见战后在国际关系中行将发生的变动时,我们并没有充分理解到这次战争会多么有力地触发别的动荡,而这种种动荡很可能改变各国的本质。无论在俄国发生的事变会有什么直接的结果,至少新俄罗斯的范例不会不影响其他的民族。各国人民的灵魂中正在形成一种亲切的团结,好像他们被超越国界而在地下蔓延的巨大树根连接着。至于那些跟普通人民隔离的知识分子,虽然并不直接被这社会潮流冲向前去,可也凭着直觉与同情感受了这影响。尽管在这四年中,统治者想尽方法使敌对阵营的作家们断绝一切关系,我却知道双方都准备在和平实现后立刻创办国际性的期刊和其他出版物。我有最直接的材料,能够知道这些计划,它们是由青年作家们和前线的兵士们——浸透着欧洲精神的人们所发起的。在我自己这一代中,却很少人情愿全心全意帮助他们年轻的兄弟。在我们看来,我们这样干了就不但会替人类的事业服务,而且也会替祖国的前途尽力,比那些宣扬武装孤立政策的恶毒的谋士们要对祖国有利得多。每一个闭关自守的国家都给自己宣判了死刑。社会欧洲各国为了使年轻而奔腾的活力得到澄清的机会而必须围墙高筑,互相隔离,可是那些日子已经一去不复返了。请容许我引一些约翰·克利斯朵夫在他思想成熟后所说的话:

> 我既不景仰也不惧怕当代的民族主义。它会跟这时代一起消失的;它正在消失,它已经消失了。这仅仅是阶梯中的一级,攀登到顶上吧……战前,每个国家都感到迫切需要集中力量,补足它的差额。过去一百年来,所有的国家都被相互的交往和宇宙间一切智慧所做的巨大贡献改变了面貌,后者正在树立起新道德、新知识和新信念。每一个人必须审察自己的良知,确切地明白自己是什么样的人,具有些什么,这才能跟大家一起进入新的世纪。新世纪在降临了。人类快要踏上一段新生命的路程。社会快要在新的规律中活跃奋发。明天是礼拜日。我们都在平衡一个星期的差额,把屋子收拾整洁,以便大家集合起来,去瞻仰我们共同的上帝,跟主达成一项新的圣经。

即使我们不愿意,这次战争也会证明是一种铁砧,铸炼着欧洲灵魂的团结。

我希望这种智力的交流不会限于欧洲半岛,而会伸展到亚洲、两个美洲、分布在地球上的一切伟大文明的岛屿。西欧各国以为发现了彼此深刻的区别而沾沾自喜,这是荒谬的,因为就在这时它们之间的优点和缺点从未如此相像;这时它们的思想和文艺最显不出个性分明的特征;这时到处能感到一种单调的平均智力的现象;我们在四周能看出各种紊乱、迂腐和软骨虫似的个性。我敢说,即使他们大家合在一起,共同努力,也不能给我们精神革新的希望,而经过这次惊天地泣鬼神的大乱后,世界是应该有这样一番除旧布新的气象的。我们必须趋向俄罗斯,因为它已向东方世界大开门户,而只有在那里,我们才能被每个思想部门中吹拂的清风拭得面目一新。

让我们扩大人文主义的概念吧,它曾经是我们祖先珍爱的理想,虽然已经被缩小到希腊文和拉丁文教科书所代表的意义了。在每一个时代中,政府、大学、学院,一切智力上的保守力量都竭力想使这种狭义的人文主义成为一道堤防,抵挡着哲学、道德和美学中新思潮的冲击。这道堤防已经崩溃了。少数人独占的文化架子已经破碎了。今天我们必须接受最广义的人文主义,拥抱全世界所有的精神力量。我们需要的是:泛人文主义。

现在,当战争还在进行时,这个理想已经被散处各地的一些领导的知识分子阐扬着;正在为了研究世界文明而建立的一些中心机构①也在替这种理想开辟道路,我们希望国际学院会勇敢地采取它,作为自己的标志,同时我(随着葛哈特·格朗)希望挪威会发起建立这样一所学院。

我注意到葛哈特·格朗似乎跟弗雷德里希·史丹教授一样,把他的雄心限于建立一所科学研究的学术机构,因为在他看来,科学基本上是比艺术和文学更有国际性的。他写道:

> 在艺术和文学中,我们还可以在必要时讨论一个国家孤立或各个集团敌对的好处和坏处。在科学中,这种讨论是荒谬的。科学的王国是整个世界……科学所不可或缺的气氛跟国与国之间

① 譬如维也纳的文化研究学院。这个学院刚设立了一个世界文化研究协会;该会出版了一种期刊《寰宇》,“为全人类的学术文化而服务”的刊物。我正在校阅这篇文章的校样时收到了第一期,其中贯穿着对“泛人文主义”信仰的热烈表白。——罗兰

的冲突是毫不相干的。

我认为这种区别并不像表面上看来那样有充分的根据。在所有智力活动的领域中,没有比科学的领域更残酷地卷入这次混战中了。艺术和文学只不过常常做了刺激罪恶的帮凶,科学却为战争供给武器,而且竭尽全力使它们变得更毒辣,扩大了苦难和残暴的范围。我可以补充一句:甚至在和平的时代,我也老是被科学家们所表现的酷烈的沙文主义感情所震惊。每一个国家的科学家都喜欢指责他们的外国同行,说这些外国人偷窃了他们最优秀的发明,忘记了声明出处。一言以蔽之,科学也沾染了腐蚀艺术和文学的恶性狂热。

另一方面,如果说科学需要一切国家的合作,那今天的艺术和文学也应该放弃那种"光辉的孤立"的地位,这对它们是同样有利的。在十九世纪和一开始就充满灾害的二十世纪中,绘画和音乐在技巧上的进步使声音和色彩的美学得到了如此急剧而巨大的滋长,这一点暂且不谈,可是一个哲学家、一个思想家或一个作家的影响并不能改变整个时代的全部文学,或使智力在心理、道德、美学和社会研究中转到新的方向。谁愿意孤立,就让他孤立吧！然而智力的共和国正在一天天趋向于扩大自己的疆界。最伟大的智者懂得怎样把分散或潜伏在全人类性灵中的宝藏拥抱并融合在一个雄健的人格中。

所以,我们不要把国际主义的观念限于科学的园地中吧。让我们使这计划具有尽可能广泛的规模。我们要成立一个全世界性质的艺术、文学和科学的国际学院。

况且,我认为这种组织并不能继续保持孤立。如今,国际文化主义不能再成为少数特权分子的奢侈品了。除非老师和门徒都在一条文化的主流中联合起来,除非各种等级的文化都渗透着同样的精神,否则这个国际学院的实际价值将是很微小的。

因此我欢迎最近由苏黎世的大学生们所成立的国际学生联合会,

这是一个有效的开端和可喜的征象,请容许我从它的纲领中引一段:

> 大学青年们痛苦地感受了战争的重大考验,从而理解到一种学术研究的生活不但能享受特权,也应该负起特殊的社会职责,因此希望能找到补救的方法,铲除罪恶的根源……本会企图联合一切国家中跟大学生活有密切关系的人,使他们在一种共同信念中团结起来,促进智力的自由发展。它使他们集合起来,向生活中各方面日益加强的机械主义和武力主义的统治做不断的斗争……本会希望实现各个大学的理想,它们将继续成为高级文化的中心,单为真理服务,成为不受玷污的科学研究的圣殿,思想绝对独立,毫不理会自私的目标或阶级利益。

这种对科学研究自由和独立思考的要求、这种为了保卫如此重要而一直受到侵犯的权利而组织青年知识分子的运动,在我看来是非常急需的事情。如果你希望各国教师们的合作不应该再保持纯粹思维的性质,那教师们仅仅联合起来共同努力是不够的,更要紧的是:他们的思想应该自由传播,在全世界的青年知识分子心灵中结出果实。我们再也不要那些政府所树立的障碍物,它们离间了两个阶层、两代的人——教师和学生,而他们都在为了追求真理而工作。

我还抱着更远大的理想。我希望世界文化的种子从教育的最初阶段就散播在中小学的学生中。而首先,请容许我建议:在所有的欧洲国家中,一种国际语言应该成为必修课。这种国际语言(例如世界语)已经达到几乎尽善尽美的地步;文明世界中一切孩子们都能够不费很多劳动就掌握这种国际语言。它不但能在你的一生中具有无比的实用价值,而且能作为研究外国语言和祖国语文的津梁;因为它能比任何明确的教导都更好地使人们了解:欧洲语言具有共同的本质,欧洲思想是一致的。

我还要进一步坚持:在中小学的课业中都应该包括提纲挈领的世界思想史、世界文学史和世界艺术史。现在这类科目在一般学校的课程中只限于一个国家之内,而且在这样的范围内还要缩小到两三百年的断代史中,我以为这是非常错误的。尽管人们用尽方法想使教育现代化,然而它的精神基本上还是陈腐的。它使已经消灭的时代氛围在我们中间延续着。可是不要误会这个批评。我自己所受的一切教育都是古典式的。我经历过大学教育的每一个阶段。在我做学生的时候,我们还被教导着写拉丁文的词章呢。我是浸没在古典艺术和古典思想的观念中的。我绝不想扫除这些文化遗产,相反的,我希望这些宝藏,譬如我们的卢浮宫博物馆,能够成为全人类广大群众的精神财富。但是我必须指出:我们不应该被我们景仰的一切所束缚,而事实上我们是被古典思想束缚着。我们的教育使古希腊罗马的意识形态成了我们的所谓第二天性,而这在运用到现代问题上时是完全不恰当的。那些从幼年起就被灌输这种意识形态的人养成了积重难返的偏见,使他们很少能或简直不能摆脱;因此这些偏见已经成了现代社会的沉重负担。我想,今天在互相残杀的欧洲人所犯的一种精神错误,就是我们保持了古希腊罗马人英勇而浮夸的崇拜祖国偶像的习惯,而这对现代爱国主义的自然情操是并不适应的,正如荷马史诗中的神灵对我们今天真正需要的宗教情操也是不符合的。

人类成长了,可是并没有成熟。它还陷在启蒙时代的网罗中。它最大的缺陷是不愿追求新生的那种惰性。然而,人类必须追求新生和成长。千百年来,它自暴自弃地只用了少量的精神资源。它就像一个半身不遂的巨人。它让某些机能委顿了。这些羸弱的国家,一个伟大整体中的分子,可能用武力来统治我们的星球,难道我们对它们还没有厌烦吗?

Membra sumus Corporis Magni。①

① 拉丁文:"我们是伟大集体中的分子。"

让这些分子团结起来吧;让人类,这新生的亚当,兴起吧!

一九一八年三月十五日,于新村①

一九一八年三月和四月,载于洛桑《国际政治评论》

孙 梁译

① 此为意译,音译为维尔纳夫,瑞士日内瓦湖畔小城,罗兰晚年卜居于此。

精神独立宣言 *

精神劳动者们，五年来被交战各国的军队、检察机关和仇恨情绪互相隔离着、分散在世界各处的伙伴们，值此各国边界重新开放的时刻，我们向你们发出号召：让我们重新建立友好的团结，而且是比过去更巩固、更可靠的新的团结。

战争在我们的行动中制造了混乱。大部分知识者用他们的学识、他们的艺术、他们的理智为各国政府效劳了。我们不想指责任何人。我们知道个别灵魂的脆弱性，也知道巨大集体潮流的粗犷力量，后者瞬息之间可以横扫前者，因为它事先毫无抵抗的准备。但愿这是对我们有用的经验教训，为了未来。

先让我们承认，知识界几乎完全自暴自弃，甘愿为那些狂乱的力量效劳，以致引起种种灾祸。思想家、艺术家，她们在腐蚀欧洲肉体的灾难上，增添了无可衡量的恶毒仇恨，他们在他们的学识和想象的武库中，给仇恨寻找了旧的和新的理由，寻找史学的、科学的、逻辑的和诗意的理由；他们竭力破坏人与人之间的互相了解。这样，他们贬低了思想，尽管他们是思想的代表。他们拿思想去为某一派、某一祖国、某一阶级的激情和自私性充当工具。现在，所有交过手的民族，已经从这场野蛮的混战中脱身，不论战胜者或战败者，大家都焦头烂额，民

---

* 《精神独立宣言》全文见于罗曼·罗兰政论集《自由精神》，343—344 页，又见于《战时日记》，1768—1771 页。——译注

穷财尽,而且他们内心深处(虽然他们不便说明)对于自己的疯狂行动感到可耻,而思想,它被牵连在各国的混战之中,也同样地经过混战而降低了身份。

起来!让精神从这些妥协中、耻辱的联盟中以及变相的奴役中解放出来!精神不是任何人的仆役,而我们则是服务于精神的仆役。我们没有别的主人。我们之所以存在,是为了传播和捍卫精神的光明,为了使迷路的人们能集合在光明周围。在黑夜里,在各中种激情的旋风中,我们的职责在于坚持固定的方向,指出北斗星的方位。那些骄傲的激情、互相吞噬的激情,我们不做选择,一律摒弃。我们唯一尊重的是真理,自由的、无国界的、无限制的真理。毋庸说,对于人类,我们绝不是漠不关心!我们为人类而操劳,但是为了整个人类。我们不认识这国和那国的人民,我们只认识人民,唯一的、全世界的人民,在受苦、在斗争的人民,摔倒又站起来,永远在洒满鲜血的艰苦道路上前进的人民,包括所有的人民,人人都同样是我们的兄弟。为了使他们像我们一样地觉悟到必须有这种博爱的团结,让我们在他们的盲目斗争之上,高举同盟的木匣[①]——自由的精神,唯一的而又是无数的、永恒的精神。

罗曼·罗兰

载于一九一九年三月二十六日《人道报》

罗大冈 译

① 相传摩西用一只“不朽的木匣”,珍藏上帝赐给他的法典。——译注

文　论

四论莎士比亚 *

莎士比亚和我①

他第一次上门找我的时候，我还是个小孩。他是怎样进入纳韦尔省那间古老的图书室的？这套分期出版的作品是我的祖父买的，那是浪漫主义时代，他正在巴黎念大学。译文相当平淡，但没法把声音抑制，就像一群野雁，叫喊声越过灰褐色烟囱和瓦顶，飞向远天。一种自由而危险的生命的抖动，竟一时动摇了一个城镇人家的安宁。还有一卷版画，组成一条《莎士比亚女性》的画廊。有几幅肖像，她们的乐声似的美丽名字，以神秘而温柔的骚扰，进入到我那孩子家的心。我永远不会忘记那些神奇的音节：薇奥拉、佩迪塔、米兰达、伊摩琴②……藏书室在空置那一翼的二楼。除却有时在下边的马厩里，马匹在麦秆上沉闷的踏脚声，绳缆的拉扯声，一条重载的大船在屋脚下暗绿的运河慢慢驶过的吱嘎声，没有任何声响……

我手拿几本书，爬在一张陈旧的安乐椅上，周围绕着一圈椅子，想象中，外界与我之间就形成一道越不过的栏栅。在这个仙女围绕着的圆形的中心，我感觉受到庇护，就像在梦之塔的上边，不太明白为什

---

* 选译自《旅伴》。文内莎士比亚作品的人名及引文，沿用人民文学出版社《莎士比亚全集》(1994 年版)的中译，并据法文原文调整。

① 原题《莎士比亚》。

② 均为莎士比亚戏剧的女性人物。

么,又害怕又好奇听着树林沙沙作响。树林的色调跟扔在砖地上的破旧的勃艮第壁毯相协调,壁毯上有着孔雀蓝和青苔的绿色,我从脚下看到俄菲丽霞的池塘盛开花儿朵朵,还有,奇特的飞鸟比古堡还大……

中学年代这就来了,受的是传统教育。比起任何时候,更永远不谈莎士比亚。再没有了梦,北方的梦或南方的梦,管它什么梦!只有读着《名人列传》或普罗塔的故事,才有一句半句话引起共鸣。接近十四或十五岁,人家就轻易把我变成高乃依的出色的鹦鹉。我母亲的兄弟是一位海军军官,到东方国家航行两回之间,前来给我送上森林般的莎士比亚著作。作为一个诚实的中学生,有一段时间我拒绝去看。高乃依和莎士比亚就有一场仗要打。在这种年纪,这是一场决定一辈子的精神生活的仗。两条道路铺开了,笔直的胜利之路,砌的是石头路面,路旁起满大理石建筑,经过一道道凯旋门向上攀升,通向神庙,战车上的古罗马皇帝高谈阔论,侍从官在前面开路,军团随后,这是一条武装起来的雄辩术之路。另一条是“诗与真”“真之诗”的路,真正的诗路,它在田野上柔软折迭,懂得顺着地势的高低,配合着它的多变,以它的身体形状来塑造自己,沿着溪流走,而非跨越宏丽的高架输水桥,尽力跟大自然相配合,而不是要它服从自己的意愿,不是像高乃依之路的著名的铭文那样骄傲宣称:“支配事物,而非被事物支配”。①

上帝保佑我永远不放弃我的老友高乃依!像少数的法国青年,我曾经为他醉倒,因为我不认为会有很多人来争夺我这个荣誉:狼吞虎咽了他全部的悲剧,二十二部悲剧,十部喜剧,不曾放过半行诗句。这是一场意志的沐浴,一个吸入并喝掉灵魂的不洁之物的太阳。但必须说,在吸干弱点的同时,有时也吸干生命中最人性的源泉。而在那些源泉从来不丰富的人的身上,经常表现出一种心地的冷漠无情,理性的耀眼而愚蠢的光芒也无补于事:一条太阳底下的直路,在沙漠里能

① 引自高乃依《尼科梅德》序言《致读者》,文字略有变动。

通向什么结果？通向崇高，还是谬误？经常是通向谬误，是高乃依精神把这种悖谬引进我们的人民的公众生活中，这种狭隘，非人性，不留情的逻辑导致了反常，这种反常到了狂热者的手里，会成为一种凶器，更糟糕的是，还给这些徒有虚名的人的所谓责任和荣誉饰以光环。

学校和家族对我的鼓励，是要将生活纳入到雄辩推理术范围中，而莎士比亚作品则发出友爱的劝告，在没有经历过生活之前，不要做出判断，要去掉偏见，充满爱心和谦逊，任凭生活的水流带走。经过一番斗争，莎士比亚胜利了。我拿定主意，完全信赖他，像被捕正着的猎物，他完全拥有了我。

与莎士比亚的同时，音乐的气息淹没了我，就像淹没一片平原，贝多芬和柏辽兹，超过了瓦格纳，这使我付出了代价。在这些泛滥的河流底下，一两年之间，就像浸淹的土地在汲水，简直要死在那里。由于专宠于莎士比亚和音乐，我落得连续两次在高等师范学院入学试中名落孙山。我保留了这个时期的一本关于《哈姆莱特》的思考的笔记。一个痛苦的年代……以前，我曾经与施皮特勒[①]谈起青少年时代的回忆，我们一致认为，一辈子当中只有这个年代，是我们最不想再活一次的。一个虚假的理想主义向那个悲剧的时代抛出欺骗性的纱幕，而置身这个时期的人不把它当成一回事，显得更加悲哀。一个无秩序，无政府，充满幻觉的时代，在那里，看来一切都在坍塌，而没有任何重建；大家怀疑一切，却又带着一种既幼稚又复杂的强烈憎恶来憧憬一切；将被活力和梦想压着的精神，丢给了偶然或孕育着的命运。那时候，我们只从战栗，眼泪，充满激情和虚无的浪漫的梦，来理解莎士比亚的作品。

对年轻的哈姆莱特，我们是怎样的霍拉旭啊！我在德拉克洛瓦的绘画以及在柏辽兹的诗歌音乐中，重温了他激起我的感情。这只是第一个阶段。在法国，莎士比亚的爱好者几乎没有跨越这个阶段，因为

① 施皮特勒(1845—1924)，瑞士诗人和小说家，一九一九年诺贝尔文学奖得主。

过了二十岁,很少人再读莎士比亚了。

在高级师范学院期间,苏瓦雷斯①的热忱影响了我,对莎士比亚再次燃起狂热。这个共同的爱好,成为我们长久的友谊的最早联系之一。那时候的苏瓦雷斯,今天只回复了一部分样子,他经历过各种不同的成长阶段,丰富而复杂的个性的不同才干,在每个阶段中轮流占优势。那时候,他是一个完全的文艺复兴之士。他对文艺复兴的热忱心授魂与,他那又长又黑的头发,苍白的脸庞,灼热的眼睛,似乎已经成了画家卡巴乔或基尔兰达约②笔下的意大利青年。莎士比亚是他的神,一如是我的神。不止一次,在同学们的冷淡或嘲讽的目光底下,我们俩肩并肩为了威廉跟老师发生争执。那时候正好波雷尔③在奥德翁剧院成功演出了《仲夏夜之梦》,会飞翔的小神仙迫克的喜人的形象,小母猫般优雅的样子,至今还在我眼底里微笑。我们的老师,都是唯恐有失古典著作信仰的卫道士,对这个调皮的诗梦就不温情,其中一个还将其说成是小丑动静,有失法国第二大剧院的体面。我们不能将他宰掉,就把他的名字入了另册"鞑靼人",那是我们将废人废作品扔进去的地方。而我们的食欲还未让莎士比亚喂饱,还狼吞虎咽他的同代的人的食肉兽戏剧:《维多里亚 科隆波尼》和《帖木儿大帝》。当我们的偶像在我们的神坛上辉煌得火红火绿的时候,一道帘幕落在偶像与我们之间。俄罗斯人来了。托尔斯泰和陀思妥耶夫斯基的无数的游牧之帮,就像斯基泰人的入侵,在欧洲泛滥,将西方覆盖了,连同我们的思想和我们的神祇。有好几年时间,莎士比亚消失了。

我在罗马重新找到了他,那是进住到法尼兹宫罗马法国学校的头几个星期。老家伙埃尼斯托罗斯在国家剧院演出,面对零零落落几个观众,哮叫着扮演李尔王、奥赛罗、夏洛克和科利奥兰纳斯。古罗马广场的废墟使人想起恺撒血迹斑斑的裹尸布。我认得走过街道上的人

---

① 苏瓦雷斯(1868—1948),法国诗人和作家。

② 卡巴乔和基尔兰达约是意大利十五世纪文艺复兴时期画家。

③ 波雷尔是当时奥德翁剧院院长。

群；意大利之夜唤醒了朱丽叶。我在拉丁的土地上度过的两年时间，莎士比亚是我唯一会重读的北方诗人。在巴黎，俄罗斯作家于我是可贵的，在这里，我就感到厌倦。有好几回，我试着打开其中的一本书，还是不得不再掩起来，它们使我透不过气。但罗密欧、鲍西娅、苔丝狄蒙娜，伊阿古，好像属于这群俊美青年和漂亮猛兽的行列，展示在罗马教堂和托斯卡纳宫殿的墙壁上。莎士比亚于我甚至就是文艺复兴的声音，就是使女神伽拉忒亚从大理石的底座走下来的魔术师。我从博物馆静止人像的眼睛里痛饮他的热忱。艺术和南方天空的太阳，使莎士比亚在我的田野播下已久的种子发芽。在他的孵育下，我的第一批意大利悲剧诞生了：《奥西诺》《恩培多克勒》《巴格里奥尼一家》《卡里古拉》《曼托瓦围城》《尼俄伯》，都是些孩子家的作品，幼稚，单薄，天真的模仿，但渴望能够与他相像。我的好一部分生命在里面表达了，这种生命力量后来被生活窒息，直至今天，再没有找回来，连最熟悉我的人都懵然不知。（我的作家生涯起步艰难，最初跟“广场市集”①的接触很费劲，三十岁之前，没有上演什么，也没有出版什么。）

有十多年时间，莎士比亚不断介入到我的生活中。忆及他的时候总跟最明亮的日子连结在一起。直至眼下，我读罗密欧，不会不呼吸到在利古里亚人的橄榄园里的海洋芬芳气息，它在我的女朋友和我两人拿着的书上掠过。赫剌克勒斯抛弃了死前的安东尼，他的只闻其声不见其影的音乐队伍，使我回忆起罗马月色下奇妙的一夜。回巴黎后，我跟年轻的作家联合起来，致力于创建一种人民戏剧，这是从伊丽莎白一世时代的戏剧模式得到启发。但没有任何模仿的意图，在此以后，我们有自己的满腔热情，也意识到自己的实力，梦想创造一种历史剧，使我们人民过去的沉睡着的力量苏醒，就像作者为他的人民复苏了两个理查和四个亨利那样。任务于我们太沉重了，由于缺乏舞台经验，但也由于除了一个由热心的社会主义者组成的小核心以外，巴黎

① 指商业化的文化界。

的文化界表现得漠不关心,沾满怀疑主义,毫不专业,无精打采。经过德雷福斯事件的骚动后,法国的资产阶级显得精疲力竭,正等着睡个好觉再陷入欧洲国家大战的骚乱。我打算以法国大革命为题材写十二部剧作,现在写到第四个剧本(《七月十四》《丹东》《狼群》《理性的胜利》),因着一些私人的理由,加上在戏剧界得到的经验,我放弃了舞台,将自己关闭在内心生活中。

这是一个新时期(1900 年后),约翰·克利斯朵夫出生了,然后长大,受苦,战斗,和死去。这是当代生活之歌,焦虑不安又心怀希望的世界在分娩的痛苦中,预示着一场大灾难要落到正在盲目飞快奔驰的欧洲的头上,这一切使老朋友们沉默了十五年。只有贝多芬一人除外,他是克利斯朵夫的兄长。我敢说,贝多芬就是这个时代受压迫的道德精英的基督,主要在法国。但我永远不会不忠,也不忘恩负义。我在牛津写《安东尼特》那一年,我去朝拜了斯特拉特福[①]。而贝多芬像一把被风吹得扭曲的猛烈火炬,重新燃烧起来,就像科利奥兰纳斯的灵魂。他在一部分作品和人生中,不就是莎士比亚的一个人物么?

然而,我不再读这位年轻时代朋友的作品了,我打开他的书就发抖。当一切都在你周围坍塌[②],天晓得会否在他心里找到残垣败瓦?……

但是现在,我刚刚以三个月时间狂吞了他全部作品,也同时重读了他同行的作品,他们是伊丽莎白一世动物园里的贪腥嗜血兽,马洛,韦伯斯特,马辛杰,福特,弗莱切,本·琼森[③],一群老虎和狼犬。我也重新寻回我年轻时代依旧清新的梦想,诗意森林的和谐,芳香醉人的爱情的花园……但是,莎士比亚长大了。从前我没能感觉到的,现在发现了:成熟而丰富的思想和艺术,大量宝贵的经验,自我约制,心平气和,高度理性的微笑,支配着他的生活和梦想。可以用克莉奥佩特

① 斯特拉特福,莎士比亚故乡。

② 大战时期。——原注

③ 均为莎士比亚同时代的剧作家。

拉谈安东尼的话来说他：

> 多么平衡沉稳的性情！这才是一个男子。他并不忧愁……他并不快乐……在这两者之间，啊，神圣的混合！(《安东尼和克莉奥佩特拉》第一幕第五场)

这个人懂得采纳人类所有的情感，控制所有情绪，就像哈姆莱特的朋友，不会成为任何情感的奴隶①……

这个人精神自由，不执着于他的时代和我们的时代的迷信②，不受习俗，传统，常规的制约③……这个人不愿当囚徒，即使发过誓④……

这个人按照自己的痛快和自由来生活，就像米尼涅斯，“一个喜欢说说笑话的贵族，也喜欢喝杯不掺水的热酒”，轻快而调皮，“想到什么就要说出来，不让一点芥蒂留在心里”。(《科利奥兰纳斯》第二幕第一场)但当考验来到的时候，他知道怎样应对。还是像米尼涅斯那样，以一种平和的嘲讽，接受死与生。(第五幕第一场)⑤

这个人“不愿冰雪遮掩了五月的花天锦地，也不希望蔷薇花在圣

---

① 哈姆莱特对霍拉旭说：“给我一个不为感情所奴役的人，我愿意把他珍藏在我的心坎，我的灵魂的深处，正像我对你一样。”(第三幕第二场)——原注

② 参阅《亨利四世下篇》，华列克伯爵清晰的理性主义，他否认超自然现象，把预言未来重新引向观察。(第三幕第一场)——原注

③ “习惯怎样命令我们，我们就该怎样做，陈年累世的灰尘让它堆在那儿不加扫拭，高积如山的错误把公道正义完全障蔽。”(《科利奥兰纳斯》第二幕第三场)时间说：“我既有能力推翻一切世间的习俗，又何必俯就古往今来规则的束缚？……如今我再要提说全然新鲜的情由，让陈旧的故事闪烁着灿烂的光流。”(《冬天的故事》第四幕第一场)——原注

④ 勃鲁托斯说：“我们彼此赤诚相见……祭司们、懦夫们、奸诈的小人、老朽的陈尸腐肉和这一类自甘沉沦的不幸的人们才有发誓的需要；他们为了不正当的理由，恐怕不能见信于人，所以不得不用誓言来替他们圆谎，可是不要以为我们的宗旨或是我们的行动是需要盟誓的。”(《裘力斯·恺撒》第二幕第一场)——原注

⑤ 肯特被戴了足枷，不接受葛罗斯特的安慰：“好人上足枷，因此就走好运也说不定呢……晚安，命运，求你转过你的轮子来，再向我们微笑吧。”(《李尔王》第二幕第二场)——原注

诞节含娇弄媚”,“万物都各自有它生长的季节,太早太迟同样是过犹不及”①。他如实看待生活,如实接受生活,热爱它的原装原样。

卢　岚译

莎士比亚的怜悯精神

很少朋友,也很少书籍,能经得起我们所经历的日子的考验。你最喜爱的朋友和书籍背弃了你,你再认不出来。都是一些悠闲时光的伴侣。一些地面的开花植物,一阵风便拔起,一阵狂风便卷走。只有根深蒂固的灵魂才保留下来。有很多外表显得卑微,是你平日完全不留意的。一小部分才智高深,像平原当中竖起的塔楼,在如此多废墟之上显得更加高大。我重新找到莎士比亚,打从童年开始,就是庇护我一生梦想的老橡树。没有一根树枝断裂,没有一根枝丫枯萎。今天在世界上刮起的风暴,使这座高大的活竖琴猛烈翻起波浪。

它的乐声没有使人忘记眼下的忧虑。侧耳聆听,你便会惊奇听到,从这个微微作响的海洋里,逐渐升起我们时代的声音,这是一些思想,仿佛直接表达了使我们感到苦恼的重大事件的目前看法。关于战争与和平;关于十六世纪至二十世纪的政治手段;关于各个国家的野心和诡计的意图;关于暗藏的利益利用英雄主义和牺牲精神这种最高贵的天性;关于把仇恨的情绪和福音书上的话混为一谈的亵渎行为;关于教堂诸神参与对民众的屠杀;关于正式条约不过是“一纸空文”;关于交战各国和军队的特性;我只满足于将莎士比亚的一系列思想集中起来,如果不具名刊出,恐怕会触动我们自由时代的敏感审查官而受到指责,他们比起伊丽莎白一世女王时代更加敏感。真的是这样,

① 《爱的徒劳》第一幕第一场。——原注

不管世界天翻地覆，一切永远一个样；即使找到统治和杀人的新方法，灵魂也不会改变。

阅读莎士比亚有一个独一无二的好处，可以品尝到在目前时刻最需要和最稀罕的美德：同情天下一切，高度的人道精神。这种美德使一个人体会别人的心灵，就像体会自己的心灵。当然，信仰，伟大，颂扬生命及其所有激情，在我们的时代一点也不欠缺，这跟英国和意大利文艺复兴接近，虽然后者不尽相同，它更为优越。我们的时代无论善或恶，都找不到那些凌驾大众之上无人能及的人物①。今天，所谓伟大已经分散，与其说是个人的不如说是集体的。在人海中，一个浪涛刚起来盖过其他浪涛，立即又涌起一大群浪涛。但主要区别完全不在这里，而是史诗式的场面缺少了一个观众。没有一只眼睛看到风暴的全部。面对这些互击的波浪，这些断裂的小船，这些被开而复合的大海深渊吞噬的遇难者，没有一颗心灵去贴近那些焦虑，那些疯狂，那些互相对抗的激情。每个人自筑藩篱，跟亲人在一起。这就是为什么翻阅一本莎士比亚作品时，会感到宽慰和解脱。仿如在一个沉沉深夜中，在一个紧闭的房间里，风强行吹开了窗户，将大地的气息送进来。

一颗博爱的伟大灵魂！一肩挑尽世上所有的欢乐和痛苦。不但陶陶然享受青春、爱情和春日激情的炽热温馨：朱丽叶和米兰达、佩迪塔、伊摩琴……不但不属于那类在困难时刻就悄悄走掉，还宣扬老大臣拉佛的观点的朋友："过分的哀戚是摧残生命的仇敌"②，它忠实继续留在朋友身边，分担他们的重担，他们的过失，他们的不幸，他们的罪过。哭过了苔丝狄蒙娜之死，还有眼泪来哭她的凶手，这个人更加可悲。它感到跟最可怜的人更加接近，也不拒绝最坏的人，他们跟我们一样是人，跟我们一样有眼睛，跟我们一样有感觉，有情感，有激情，跟我们一样流血，跟我一样笑与哭，跟我们一样死去③。劳伦斯神父

① 随后数年，这些人物出现了。——原注
② 《终成眷属》第一幕第一场。——原注
③ 《威尼斯商人》第三幕第一场。——原注

说,“天生下的万物没有弃掷,都含着玄妙的造化生机。美德的误用会变成罪过”。①

莎士比亚的智慧和心灵,在探索灵魂的同一需要中联合起来。天生的正义感和天生的爱心组成一个整体。在《威尼斯商人》中,夏洛克和安东尼奥轮流陈述犹太人憎恨基督徒商人的理由②。每人都说得诚恳,但每人说出的理由不同,因为两个人从不同的角度来看同一件事。

莎士比亚的创作精神是这样进行的。不费力气就进入到各个人物的内部,借用人物的思想、外形和小天地,永远不从外边观看人物。一旦出于偏爱,把大量好感倾注到某些人物身上,这些来自他的最美好或最强烈梦想的孩子,这时他就像一个好爸爸:到了考验时刻,即使他最不喜爱的孩子也同样变得亲爱。野心勃勃的伍尔习是个伪君子,红衣主教,他一失宠,立即便表现出古代伟人的风范,马上承认自己欲望的丑恶。在荣誉的败瓦中,他“从来没有像现在这样真正幸福过”。他睁开了双眼,灾难把他“医治”好了。这个无情的自私鬼,安慰他的哭泣朋友,留下最神圣的话,作为他自豪一生的遗言:“珍爱那些恨你的人!”③暴君里昂提斯以罪恶暴烈的疯狂行为,亲手毁掉自己的幸福,当幸福崩塌时,他突然变得崇高神圣,甚至面对宝莲娜以最血淋淋的事实来鞭笞他④也一样。死亡使誓不两立的敌人在勃鲁托斯、凯歇斯、安东尼和科利奥兰纳斯的尸体前面鞠躬,使克莉奥佩特拉在最后时刻改变面目,《李尔王》甚至归还给卑鄙的爱德蒙一点高贵的风度。这是一件奇妙的事,看到诗人的伟大胸怀在苦难和死亡面前,怎样清除掉骄傲、积怨和自私的成见,把所有痛苦的人拥抱进他的无限同情心里。敌人,对手,有什么关系?都是痛苦中的兄弟。这种人道精神最感人的表现是罗密欧的举动,他来到已死的朱丽叶身边准备死去,

① 《罗密欧与朱丽叶》第二幕第三场。——原注
② 《威尼斯商人》第一幕第三场和第三幕第一场。——原注
③ 《亨利八世》第三幕第二场。——原注
④ 《冬天的故事》第三幕第二场。——原注

情敌巴里斯向他挑战，他不得已杀死了巴里斯，然后将他安置在朱丽叶的墓穴里，在他身边：

> 啊！把你的手给我，你我都是登录在恶运的黑册子上的人！

当哈姆莱特以残忍的说话来折磨他的罪恶的母亲，莎士比亚没法阻止他的主角的狂怒，于是借助被谋杀的国王的幽魂，以慈悲感人的声调，来救助这个不堪重荷的女人，这是哈姆莱特感觉不出来的怜悯：

> 可是瞧！你母亲那副惊愕的表情。啊，快去安慰安慰她的正在交战中的灵魂吧！最柔弱的人最容易受幻想的激动。去对她说话吧！[1]

这种共通的同情心，在个人和等级之间的鸿沟上搭起了一道桥。它将富人和穷人，主人和仆人之间的手拉近。尽管莎士比亚在政治上本该归入轻视平民的贵族阶层（没有任何对平民革命的讽刺比对卡德农民造反更辛辣了[2]，科利奥兰纳斯则是尼采"超人"的原型），对地位低微的人，他的心有一种不加思考的微妙的温情，他经常给予他们这种微妙的体贴。在卡比托利神殿里，那么多罗马大人物发表动听的演说，谁是唯一在被谋杀的恺撒的尸体上哭泣的人？一个不知名的奴隶，他是奥克泰维斯的仆人，带信给安东尼。他一看到被人刺死的恺撒，就哽咽得中断说话："噢，恺撒……"他走过一边去哭泣[3]。谁敢维护被里根和高纳里尔施刑的葛罗斯特伯爵？是高纳里尔的一个仆人，他拔剑威胁他的主人，而其他仆人则料理失去双目的老人，为他包扎

① 《哈姆莱特》第三幕第四场。——原注

② 《亨利四世》（下）第四幕。——原注

③ 《裘力斯·恺撒》第三幕第一场。——原注

血迹斑斑的脸庞[1]。哈姆莱特面临国王惊慌失措的仇恨,被爱戴他的人民保护起来,他是他们的偶像[2]。比起柔弱的亨利六世,人民更为明智,始终忠于正直的亨弗雷公爵,甚至在他被贬谪后,得知他被谋杀,便起来砸碎王宫的大门,迫使将杀手苏福尔克放逐[3]。老亚当自愿成为年轻主人奥兰多共患难的伙伴。后来轮到年轻主人将他驮在肩头上,给他找食物,拒绝先他之前进食[4]。总督安东尼在决战前夕,召来他的仆人,兄弟般跟他们说话,希望能够服侍他们一回,跟他们服侍得那样好,温暖的说话使仆人流下眼泪[5]。是否还必须提起泰门?他破产后,朋友们都背弃了他,除了命运使他们各散东西的仆人们,“以后我们无论在什么地方相会,为了泰门的缘故,让我们仍旧都是好朋友”?[6] 在《李尔王》里,这种神圣的怜悯精神达到最深沉的音调。一个老暴君,骄傲自私得发疯,在最初的灾难打击下,开始感受到别人的痛苦。在风暴咆哮荒无人烟的荒漠中,他同情发抖的弄人,逐渐发现了人世间的苦难:

> 衣不蔽体的可怜人,无论你们在哪里,都得忍受着这样无情的暴风雨的袭击,你们没有片瓦遮头,你们饥肠辘辘,衣衫褴褛,怎么抵挡得了这样的气候呢?啊!我一向太没有想到这种事情了。安享荣华的人们啊,睁开你们的眼睛来,到外面体味一下穷人所忍受的苦,分一些你们享用不了的福泽给他们,让上天知道你们不是全无心肝的人吧![7]

---

① 《李尔王》第三幕第七场。——原注
② 《哈姆莱特》第四幕第三场。——原注
③ 《亨利四世》(下)第三幕第二场。——原注
④ 《皆大欢喜》第二幕第三场及后续。——原注
⑤ 《安东尼和克莉奥佩特拉》第四幕第二场。——原注
⑥ 《雅典的泰门》第四幕第二场。——原注
⑦ 《李尔王》第三幕第四场。——原注

这种温婉的人情味，像波涛那样起伏，一路跟着莎士比亚的作品，将他同时代的戏剧作品比了下去。这是莎士比亚的标记，于他是一种需要，不能没有它。即使在一些它的含量极少的主题里，也必须给它一个位置。在那出披上铁甲的悲剧中，科利奥兰纳斯在傲慢与血泊中行走，在他的冷硬心里，长着一朵鲜花，温柔的维吉利娅，“静默的好人儿”①。鲍西娅是凯图的女儿，斯多葛主义者，莎士比亚把她变成一个有人情味的柔弱的鲍西娅，一个不安的女人。她在噬心的焦虑中，等待着密谋的结局②。莎士比亚不比蒙田更受斯多葛主义的蒙骗，这只是隐藏一颗真心的盔甲。多么感人的温情，当盔甲打碎，爱情喷发，著名的勃鲁托斯与凯歇斯和解的一幕，成了整个剧目的亮点③！内心被满溢的温柔胀起，你感到马上会流泪，但难为情的心理将它们留住，给激动情绪以最高的美。教人猜不透的安东尼奥，这个友谊的英雄人物只是从一段口述才看到，一个财主，在世人眼里幸福快乐，但是被一种神秘的忧愁折磨着，好像只为爱他的朋友而活着。在告别一幕中，他泄露了这颗充满爱意和痛苦的心灵的秘密，“眼睛噙着一泡泪，转过身去，把他的手伸到背后，无声地亲亲热热地紧握着巴萨尼奥的手。”④还有更动人心弦的悄然无声，当这种无声来自一个小孩，像小王子迈密勒斯，他是更悲惨的小董贝⑤，不再吃，不再睡，逐渐孱弱，慢慢死去，皆因母亲的羞辱。⑥

这种怜悯精神甚至伸展到人的范围之外，伸展到自然界。在《皆大欢喜》中，被流放的公爵聆听树木的声音，阅读溪涧的书本，探索石头的寓意。忧郁的杰奎斯为受伤垂死的鹿流泪⑦。

① 《科利奥兰纳斯》第二幕第一场。——原注
② 《裘力斯·恺撒》第二幕第四场。——原注
③ 《裘力斯·恺撒》第四幕第三场。——原注
④ 《威尼斯商人》第二幕第八场。——原注
⑤ 狄更斯《董贝父子》人物，因为缺乏父爱早夭。
⑥ 《冬天的故事》第二幕第三场和第三幕第二场。——原注
⑦ 《皆大欢喜》第二幕第一场。——原注

就这样,天才诗人将所有生灵的链环连接起来。其中任何一个的颤动都不会不蔓延到所有链环去,因为我们都是一个整体,在世界悲喜剧的每一页上,我们找到的都是自己。

而当我们从所有欢乐和痛苦中取得自己那一份,当我们帮助每一个人背负十字架,每个人也会帮助我们背负十字架。爱德伽在《李尔王》说:

> 做君王的如此下场,使我忘却了自己的忧伤。最大的不幸是独抱牢愁,任何欢娱都不上心头;倘有了同病相怜的侣伴,天大痛苦也会减去一半。①

甚至连怨恨也消失了。目睹不公道不会激起一报还一报的愿望。最后的一句话,是飘荡在这首交响乐最后和音上的歌声,缥缈的精灵爱丽尔给普洛斯彼罗的启示:②

> 宽恕在复仇之上。

卢　岚译

莎士比亚作品的真实性

每个时代的人都会同意这一点,对真实的热爱是空谈,而害怕才是真实的。这种害怕,人们表现在不愿意承认它,要是有人指出,他们会不高兴。真实这个字挂在所有人的嘴上,但谁去实践它的意义呢?好像这个角色要由思想家和作家来扮演,他们的目光被日常的观察和

---

① 《李尔王》第三幕第六场。——原注

② 《暴风雨》第五幕第一场。——原注

分析磨得敏锐。但是他们必须同时拥有勇气和智慧。要是说智慧并非人人都有,那么勇气则少之又少。首先你不会估计到,当你进入文字这门职业,作为一个满腔热情而自信的新手,相信唯一的困难是以准确的艺术手法来表达自己的所想,但逐渐发觉最困难的是愿意说出你的所想,而不是敢于去想。因为意识上会隐约感到不满于自己给真实划地为界,于是在迷糊中去寻找一种法宝,闭起双眼,只想一半,到此为止,不要越界!像小孩子玩游戏,最后相信如果多跳一步,跳过粉笔划在石板街上的线,就会掉进想象的深渊。这是人类心灵一个小小隔离圈,四周紧密围着社会惯例的荆棘篱笆和偏见的鸿沟。思想就在划定的草场上驯服啃草。只有几头胆子较大的畜牲敢于从栏栅上边偷偷望出去。至于跳出栏栅,危险!唯有像尼采或帕斯卡尔那样的疯子才会尝试!

然而,我们看一部作品的内容所包含真实的勇气是多或是少,可以判断作者在精神上甚至才智上是否真正高人一等。当你浏览世界文学来做这样的审视时,你会惊奇看到,这种勇气缩减到所剩无几。尤其戏剧,因为戏剧面向一般群众,他们集合在一起,将他们的情感,他们的习惯,他们的偏见镕铸成一个共同的庞然大物。为了让这个千头怪物听得见,为了让它的迟钝耳朵愿意接受声音,艺术家必须采纳一种像音乐所说的“平均律”,过于鲜明的强烈颜色消失在调和底下,变成整齐划一。如果嗅觉尚好,充其量是给真实脱下嘴套,给他的小心翼翼的勇气松开缰绳,走上当时的情感和隐藏的欲望划好的跑道。因为一个社会自我制定了共同的束缚,偶尔要放松一下,会隐约产生一种朝着特定的方向部分开解的愿望。正如一个浑身是病的人,不想追溯病源,而将注意力放在其中一个征候上,相信需要全力对付的就是这个。伦理作家和讽刺诗人乘机来阐释这点,这是篱笆上一个洞口,真实从那里穿出去,但这个真实是一条经过训练的狗,听从命令,不会走得比圈定的范围更远。当社会的调子由一个国王决定,贬低上层社会的傲慢对他有利,或者令他称心的时候,喜剧就像莫里哀所做的那样，去嘲讽贵族的恶习，发了财的有产者的可笑举动，以及文人的无赖。当权杖落到野心勃勃，爱争辩，精力充沛，腰圆膀阔的有产者手上，讽刺就在宗教场地进行，因为要排挤的对手就在那里。但所谓畅所欲言，在这一边争取到的东西，很少不会在另一边失去。似乎作家在这点上赎回他的勇气，其余方面就得以拍马式的让步作为代价。人不会乐意接受所有批评，太直率的看法会贬低世界，这个他居住的“核桃壳”。他私下埋怨妨碍他在梦枕上打盹的人。他很清楚这是幻想，顶多会接受别人提醒。但要一次过，顺便提一声，一个微笑，就不再坚持。为了让他接受，真相要蒙上面具，象征，或者怪论。为了使他接受，真相必须以谎言的面貌出现。

莎士比亚遇上了这些困难。无疑，他有幸生活在一个较少顾虑的时代，面对的观众见惯死伤场面，心肠变硬，艺术家不必迁就他们的感觉。哈姆莱特在生与死的悲剧性谜语沉思中，可以有多远走多远，观众不会捂鼻子。但当他批评社会，任务就跟当代作家一样困难，甚至更困难。因为他冒着一个反复无常暴虐的权力机关的危险，甚至好几个，一个重叠一个：皇权，贵族，教会，粗暴的流氓。在一首十四行诗[①]中，他对所有自由力量和真实艺术被束缚被钳制的生活，表示了憎恶。然而，他成功说尽了一切，即使不完全，至少相当多，我们可以在他的大无畏的灵魂深处阅读。这个灵魂热爱生活，甚至接纳所有形式的生活，他直截了当深入其中，不被任何生活所欺骗。

他的乔装可谓千变万化。首先，他的狡黠讽刺所喜爱的一种游戏，是责难当事人的说话，要是从另一个人嘴里说出来，他们就承受不了。因此，王族可以肆无忌惮诋毁达官贵人；国王可以说贵族的坏话；而任何对女人的讽刺，都不比才女罗瑟琳更尖刻。

但是最深刻的真实，莎士比亚把它们交给两个等级的发言人，他们分别处于精神世界的两极。最通常是交给身份十分低微的人，给奴

① 《十四行诗》第六十六首。——原注

隶,给弄人,给那些可以直言无忌的人,因为他们无足轻重。特殊情况下才给身份极为重要的人,给那些认为人类任何栏栅都太狭隘,都要破除的人,给超人,给英雄。

我先探讨后一类人,不但要算本质的英雄,也要放进机缘际遇的英雄,他们或者身陷绝境,或者死到临头,到了最后时刻,睁开眼睛看到他们从来不敢正视的事物。像亨利六世那样低能幼稚的国王,像克莉奥佩特拉那样的"皮肤黝黑起皱的吉卜赛女人"的埃及淫妇,死前突然改变了面目,自高处向下平静审视和评判人与事的假象,长久以来,他们心甘情愿被其欺骗。愤怒的麦克白,在扫荡他的生活的风暴中,借着一道闪电的光芒,看到所有人类愿望的悲剧性虚幻。《李尔王》的葛罗斯特伯爵逃亡外地,眼睛被挖掉,鲜血直流,不仅发现无动于衷的命运之神(像施皮特勒的阿南刻①)的残酷嘲讽,而且发现社会的不平等,一股近乎无产者造反的风,吹过他的说话。

在这些例子中,不幸的人或垂死的人毫无困难表现得真实:他已经在生活之外,俗例不再束缚他。但那些置身于社会秩序中活得好好的人,同样不害怕表现得真实,眼光、思想、言行完全真实,一个世纪能看到多少个这样的人?他们在任何时代都少见,未来更少见,这是我们要担心的事情:因为民主平整了世界,为了适合广大群众,去掉领袖,森林的树顶,眼下时代的景象可以为证②:讲实话的独立人士从来没有这样欠缺过;国家权力分散到公民群体中,非但无助于个人的精神自由,反而把舆论的专横否决权强加到他们头上,四千万个主人,而不是一个……

莎士比亚时代,大造反者没有今天那么罕见,那时候相当多,他想写某种典型的时候,便把这个人放到传说和历史的久远时期。只需在他的作品中数一下:一些骁勇的王族侍从,出于荣誉感,出于真诚的需要,也为了主人的利益,敢于大胆跟主人作对,向他说出最残酷的真

---

① 阿南刻是希腊神话中的命运女神。在瑞士作家施皮特勒笔下,以男性面貌出现。

② 写于战争时期。——原注

相。比如《李尔王》的肯特,《冬天的故事》中的宝丽娜。在他们之上,有几个王族的精华人物,从相当的高度俯视命运交给他们管治的人,因此目光没有被谄谀和偏见所遮掩:英明而深思的亨利五世,他的对手霍茨普,具有骑士风度,勇猛冲动,暴烈使他走向灭亡,但他的高度真诚比得上杀死他的人。在此之上,还有"笑的雄狮",约翰王的私生子,或者拿破仑式的艾西巴第斯,他要扫掉律师,不可靠的政客,腐朽的法制①。最后高高在上,一个无拘无束的神人,绝对的无拘束,独自一人对抗所有人,每一句话都像用铁手套,以真实来给所有人一记耳光:科利奥兰纳斯。关于这个超人,你可以说他代表了超真实性。对大多数人来说,这种超真实性有时实在难以承受。

然而,如果我们必须倚靠科利奥兰纳斯、福尔肯布里奇的私生子,甚至肯特和宝丽娜这类人,才能听到真实的说话,恐怕永远不知道真实的滋味。这些天星都是些彗星,即使不在夜空中消失,也要经过很长时间才回头。对于寻常的生命,只得借助权宜之计。如果事实不能以真面目见人,就戴上面具。弄人的用处就在这里,他在从前的社会里扮演着重要角色,就像在作为社会镜子的莎士比亚戏剧里那样。

忧郁的杰奎斯说:

> 我要做个自由人,要准许我有像风那样广大的自由,我高兴吹着谁便吹着谁:傻子们是有这种权利的……给我穿上一件彩衣,准许我说我心里的话;我一定痛痛快快地把这染病的世界的丑恶身体清洗个干净……(《皆大欢喜》第二幕第七场)

弄人有真有假,要准确划清界限往往有困难。人物的令人不安的吸引力,就存在于这种含混不清当中。只要把他看成不过是一个小丑,以粗鲁的俏皮话和丑陋的外形来娱乐观众,就有道理蔑视做得出

① 见《雅典的泰门》中艾西巴第斯的雾月十八日式的讲话。——原注

这样子消遣的社会，就像今天大家蔑视那样。然而，这是完全没有看到里面的情况，人们太容易满足于自身的优越感。这种习俗的价值，我甚至说伟大之处，在于这个丑陋的人，身份低微，所有人当中的最弱者，位于社会的最底层，却代表着自由精神，没有任何人，甚至国王，能幸免他的嘲弄。大家哈哈笑，佯装相信他胡说八道，信口开河。真的相信吗？大有可疑[①]。这是必不可少的编造，让少少自由空气透进被专制窒息了的宫廷。

在莎士比亚的作品中，你可以找到不同程度的装傻扮懵。从粗俗的到全无恶意的人物，如科利奥兰纳斯的奴隶，《冬天的故事》以及《终成眷属》的小丑，甚至下流的忒耳西忒斯（《特洛伊罗斯与克瑞西达》），他那辛辣的强烈愿望使他有时眼光敏锐。让我们登上一级，现在到了《李尔王》的弄人，他在考狄利娅被逐之后痛苦得日趋衰竭，当其他人抛弃老国王，他继续忠心耿耿。谁敢说他真是疯子？高纳里尔知道他不是[②]。再登上一级，不是道德方面，而是智力方面。现在是那些不知羞耻、邪恶、放荡的人，但他们见识过生活，不会受骗。《雅典的泰门》的艾帕曼特斯，大胖子福斯塔夫，大家对他的一切忽略不计，他的恶习，他自己的事实，因为大家感激他向周围散发出愉快的情绪，但他对社会视为砥柱的军队、司法和荣誉，说了很多坏话。更高一层，心地良善和出身高贵的人，被命运作弄得精神失常：泰门和李尔王。最后，高踞所有人之上的最聪明、最优秀的人物，他不是疯子，但愿意装成疯子，在这块蒙面布下，能够表达诗人的赤裸灵魂：哈姆莱特[③]。

我们且看看莎士比亚赋予这些人物的一些可怕真相。

他不断追捕的最主要邪恶是虚伪。每个民族都深受其害，尤其可

---

① 公爵说："他把他的傻气当作了藏身的烟幕，在它的荫蔽之下放出他的机智来。"（《皆大欢喜》第五幕第四场）——原注

② 高纳里尔对弄人说："你这七分奸刁三分傻的东西。"（《李尔王》第一幕第四场）——原注

③ 顺便指出，非常奇怪的是，哈姆莱特真疯或假疯，讨论了那么长时间，而莎士比亚剧本已明确指出哈姆莱特的意图，他要扮演这个角色。——原注

能因为越是顽强的民族,兽性会越强烈,社会就会被国家的意旨束缚得越紧。在当代文明中,几乎再没有一种邪恶敢于赤裸裸暴露出来,要借助这些虚伪的外衣,正如另一个人所说,这是向美德的一种致敬①。可能如此,不过这也是给美德设下最危险的陷阱。因为大众最后不再辨别美德的真伪,或者更喜欢伪美德,可以少花力气。更甚者,正人君子永远不受欢迎(如果没有被钉上十字架),因为碍人手脚,成了对伪真理和伪美德的舒服谎言的活生生的指责。最杰出的诗人将虚伪看作最主要的敌人。如果狩猎是国王的消遣,追击伪善者则是诗人偏爱的活动。只要提起莫里哀和易卜生的名字就够了。英国的大猎手多不胜数:本·琼森、斯威夫特、拜伦、狄更斯、萨克雷、萧伯纳。

莎士比亚孜孜不倦追捕这头大猎物。伪善者的嘴脸几乎出现在他所有的戏剧中,刻画的笔触多么有力鲜明!我赶快将他们描画一番。这一个是“诚实的伊阿古”,一个蛊惑人心的高手,文艺复兴时期的意大利人,精于恶行,玩弄受害者,从他们的惶惶不安中取乐。这一个是阴险的安哲鲁,《一报还一报》的人物,丑恶但不可轻视,他代表的危险由社会束缚导致,因为人性中尚有野性,隐藏的野蛮被过度约束。这一个是《辛白林》的女王,贝莉丝和阿格丽萍的混合体,为人妻子,甜言蜜语的后娘,博学的女人,研究医学,炮制毒药,野心勃勃,为她亲生的白痴王子而杀人。这一个是马伏里奥,带点喜剧调子,《第十二夜》的清教徒,多情种子,受人奚落。其余还有一班有识之士,泰蒙告诉他们真相:他们是本行(画家和诗人)最优秀的艺术人才,唯一的小小缺点:“明明知道他不是个好东西,偏偏跟他要好,给他吃喝,把他视为心腹。”(《雅典的泰门》第五幕第一场)现在这一部戏是使人赞赏不已的“一切皆真”(《亨利八世》1613 年重演时就用这个剧名),一出高雅宫廷的悲剧,激情把利爪掩盖在天鹅绒手套里:两个伪善的王亲互相冲突,国王和红衣主教伍尔习,一个是穿毛皮长袍的猫,一个是山猫王,

① 拉罗什富科(1613—1680),法国箴言作家。

互相盯着对方，脸带微笑平静得可怕。然而，所有人物当中最全面、最精彩，最富戏剧性的是理查三世，“约克野猪”“毒胀的蜘蛛”“驼背的蟾蜍”，达尔杜夫式的国王和人物，伪善的最离奇的创造物，最稀罕的品种，以凶残为戏。这个汉子头脑简单粗暴……

> 我太稚气了，傻得不合时宜。……（第一幕第三场）

这个汉子敢于在被他杀害的人的棺木前，向死者的寡妇、女儿或母亲求爱；这个汉子让那些憎恨他的女人爱上他，其中一个委身于他，另一个则将自己的骨肉，她的女儿献给他……

诗人对虚伪如此深恶痛绝，以致把它作为一个原因，解释年轻的哈利的下流无聊的古怪行为，这个未来的亨利五世是他偏爱的历史人物。当哈利的父亲病倒临终，哈利继续嬉笑，继续荒唐，尽管“我的心正在悲伤泣血”。波因斯是他的花天酒地伙伴，对他的冷淡寡情表示惊奇，他回答说：

> “可是当着你的面前，我只好收起一切悲哀的外貌。”
> “请问您的理由？”
> “要是我流着眼泪，你会觉得我是一个何等之人？”
> “我要说您是一个最高贵的伪君子。”
> “真的谁都要说我是个伪君子。”①

这是典型的高傲廉耻心，常见于北方国家，在那些阳刚气质的人中。与其不知不觉滑向一种他们厌恶的夸张感情，宁可以玩世不恭或者寡情薄义来装扮自己。

所有形式的虚伪，社会的，道德的，对别人的虚伪，对自己的虚伪，

① 《亨利四世》（下）第二幕第二场。——原注

莎士比亚都加以谴责。在他射出的利箭中,不止一次穿透靶子,发射的人是狂热的弓箭手,如泰门,李尔王和哈姆莱特。乐观主义者愣头傻脑,不愿正视现实,他们对此做出反应,一种激烈的愤世嫉俗,有时固执于一种如此强烈、如此杀伤性的看法,以致杀害生命,只留下腐朽的尸体。就像十六世纪末那些可怕的塑像,以"活人"的形象来塑成被虫蛀食的"死人卧像"。但这种极度悲观主义表达的世界观,只反映在被过度痛苦扭曲的灵魂里。莎士比亚无意将其普遍化,而是通过沉溺其中的不幸者,让人看到这种悲观主义有其道理。谁都没有权利对生活和对人加以裁判,如果他没有以老鹰的目光来听取和衡量过这些可怕痛苦的见证……"老鹰的目光"……

为使我们的眼睛习惯这道深沉的光线,我们沿着与思维相反的方向而行。思维逐级攀登社会金字塔,直至塔顶。我们从塔顶(国王,王族)跟着社会等级往下走,一直到人的本身,赤裸裸的人,剥掉了花花绿绿衣裳的人。要是说抨击这个或那个阶级的偏见有危险,这只是一时的危险,人类整体对此漠不关心。要触及要害,就要深入到生活的源头,就要仔细观察我们的主要本能,爱情,骄傲,激情,行动,这些辉煌的偶像,以及我们力量的熊熊烈火,它作为献祭,在偶像脚下燃烧着。

尽管莎士比亚生活在贵族阶层中,身为爵爷的朋友和宫廷诗人,尽管对平民阶层的政治要求不屑一顾,但他的作品回响着全世界的一切颤动,不时在作品中记录了遥远的革命轰鸣。一如哈姆莱特所说,大家感到"庄稼汉的脚趾头已经挨近朝廷贵人的脚后跟,可以磨破那上面的冻疮了"(第五幕第一场)。莎士比亚对爵位和头衔的价值不抱幻想。阿拉贡亲王大声说:

尊荣显贵,原来不是无德之人所可以忝窃的。唉!要是世间爵禄官职,都能够因功授赏,不藉钻营,那么多少脱帽侍立的人将会高官盛服,多少发号施令的人将会唯唯听命,多少卑劣鄙贱的渣滓可以从高贵的种子中间筛分出来，多少隐暗不彰的贤才异能，可以从世间的糠秕中间剔选出来，大放它们的光泽！（《威尼斯商人》第二幕第九场）

艾塞斯和苏汤普顿是自由而明智的爵爷，容忍和平民做朋友，甚至自己去找，这使得莎士比亚大胆怀疑出身和血统的价值。法国国王说：

要是把人们的血液倾注在一起，那颜色，那重量和热度都难以区别，偏偏在人间的关系上，会划分这样清楚的鸿沟，真是一件怪事。……穷巷陋室，有德之士居之，可以使蓬荜生辉。……善恶的区别，在于行为的本身，不在于地位的有无。……最好的荣誉应该来自我们自己的行动，而不是倚恃家门。（《终成眷属》第二幕第三场）

莎士比亚的挖苦经常指向宫廷贵族，他们的可笑言行，他们的恶习，而没有受到惩罚。莫里哀也是这样，都是在伟大国王的庇护下进行。但他比莫里哀走得更远，他反对一种已经露出危险性的新势力，在没落贵族的废墟上，主宰着眼下的世界，比任何血统势力集团更甚：金钱。

这金子，只这一点点儿，就可以使黑的变成白的，丑的变成美的，错的变成对的，卑贱变成尊贵，老人变成少年，懦夫变成勇士……该死的金子，你这人尽可夫的娼妇，你惯会在乱七八糟的列国之间挑起纷争，我倒要让你去施展一下你的神通。

同生同长、同居同宿的孪生兄弟，也让他们各人去接受不同的命运，让那贫贱的人被富贵的人所轻蔑吧。……博学的才人必须向多金的愚夫鞠躬致敬。（《雅典的泰门》第四幕第三场）

黄金,这个不公道与罪恶的种子是怎样获得的?通过罪恶。这就是第一次号召阶级斗争:

仆人们,你们庄严的主人都是借着法律的名义杀人越货的大盗。(《雅典的泰门》第四幕第一场)

泰门对几个贼说:

打开人家的店铺;你们所偷到的东西没有一件本来不是贼赃。(同上,第四幕第三场)

黄金收买司法,把司法变成一条看门狗,在富人跟前俯首帖耳,去咬路经的乞丐:

你没看见那法官怎样痛骂那个卑贱的偷儿吗?听我告诉你:让他们两人换了地位,谁还认得出哪个是法官,哪个是偷儿?你见过农夫的一条狗向一个乞丐乱吠吗?你还看见那家伙怎样给那条狗赶走吗?从这一件事情上面,你就可以看到威权的伟大的影子;一条得势的狗,也可以使人家唯命是从。……那放高利贷的家伙却把那骗子判了死刑。褴褛的衣衫遮不住小小的过失;披上锦袍裘服,便可以隐匿一切。罪恶镀了金,公道的坚强的枪刺戳在上面也会折断!把它用破烂的布条裹起来,一根侏儒的稻草就可以戳破它。(《李尔王》第四幕第六场)

挑壮丁的时候,小量金子就能免除最强壮的人服役,主持者是大腹便便的福斯塔夫,既无耻又胆小,还有小法官夏禄,“一柄小丑手里的木剑,像猴子一样贪淫”。(《亨利四世》(下)第三幕第二场)

但是贫贱者总是“适合扛长枪”,即使精疲力竭,肢体残缺,疾病缠身,肺痨咳嗽……

> 都是些炮灰!都是些炮灰!叫他们填填地坑,倒是再好没有的。咄,朋友,人都是要死的,人都是要死的!(《亨利四世》(上)第四幕第二场)

金钱,或取其最广义的名字,称为利益,既是民族的主宰,也是个人的主宰。你可以收买一个国家,也可以收买一个法官。是和平或战争,就看你出价而定。盲目而疯狂的大众不知实情,想要他们怎样就怎样。某一个民族“自称正义的骑士”,而且名副其实,

> 因为受到良心的驱策而披上盔甲的,义侠和仁勇的精神引导着他,使他以上帝的军人自命而踏上战场,却会勾搭上了那个惯会使人改变决心的狡猾的魔鬼,那个专事出卖信义的掮客,那个把国王、乞丐、老人、青年玩弄于股掌之间的毁盟的能手……那个笑脸迎人的绅士,使人心痒骨酥的“利益”。“利益”,这颠倒乾坤的势力;这世界本来是安放得好好的,循着平稳的轨道平稳前进,都是这“利益”使它脱离了不偏不颇的正道。(《约翰王》第二幕第二场)

宣布开战或恢复和平,就看利益的意向而定。再者,这差不多一样,这个比那个好不了多少。

奥菲狄乌斯的一个奴隶颇有见识地说:

> 和平使人们彼此仇恨。理由是有了和平,人们就不那么需要彼此照顾了。(《科利奥兰纳斯》第四幕第五场)

至于战争的残酷,只有那些不想看到和平残酷的人才感到震惊:

宗教的戒条、民事的法律,哪一条不是冷酷无情的,那么谁能责怪战争的残酷呢?(《雅典的泰门》第四幕第三场)

人们不会不感到惊讶,为了那些毫无价值的理由,千万人突然互相厮杀起来,挪威尉官天真地向哈姆莱特王子承认了这点。实际上,战争与和平是两个连续的不同阶段,来自同一疾病,无疑是生存的疾病:

战争孕育和平,和平酝酿战争,二者互开处方,二者彼此医生。(《雅典的泰门》第五幕第四场)

至少还有希望吧,改变社会状况能带来显著的进步!但在莎士比亚的作品中,你感觉不到这种希望。他不渴望以另外的主人来代替今天的主人。正如他其中一个人物说:

国王死了……真是坏消息!很少会来一个更好的国王。(《理查三世》第二幕第三场)

人民不会在他身上唤起任何希望。提起人民时,没有人比他更激烈蔑视。从他的历史剧或罗马剧撷取的句子,可以编成一本《反人民》的小册子:他对人民没有期望,“这多头的水蛇”(《科利奥兰纳斯》第三幕第一场),“群众就像漂浮在水上的菖蒲,随着潮流的方向而进退,在盲目的行动之中湮灭腐烂”(《安东尼和克莉奥佩特拉》第一幕第四场)。他愤慨反对普选的想法:

他们会把刚才出口的话当场否认,这样的人也可以让他们有发言的权利吗?……那些既没有能力统治,又不愿被人统治的人们!(《科利奥兰纳斯》第三幕第一场)

科利奥兰纳斯试图剥夺人民对国家的所有监督办法。他说这不单只为了国家利益，也为了人民利益，“赶快拔去群众的舌头吧；让他们不要去舐那将要毒害他们的蜜糖。……政府被恶势力所统治，一切善政都要无法推行……”不，莎士比亚不会存心号召一场人民革命。禽兽般的卡利班密谋反对主人，丑恶的凯德农民造反①，显示出他并不期待低层社会掀起革新运动。他的悲观主义没有卢梭和托尔斯泰那种神秘主义做安慰，他们两人都主张回归自然。

无疑，谁想看到赤裸的真实，就应该回归自然，看看自然状态里的人性，像李尔王所做的，撕掉衣服，重新成为自然人，可怜的汤姆也是这样：

> 撕破它，撕破它，这些身外之物！……你才保全着天赋的原形。（第三幕第四场）

但对莎士比亚而言，等着他的场景不会带给他安慰。爱情被哈姆莱特脱掉衣服，会变成怎样，世界所有的美会变成怎样？这是怎样的帕斯卡尔景象呀！李尔王的景象还要更可怕。他自己所说的“灌注过的想象”，竭力不肯留下半点幻想，以一件正经的长袍遮住动物人的可耻裸体。这种目光，这种说话，露骨得令人难以忍受，一直深挖到灵与肉最隐私的秘密（第四幕第六场）。一个人饱受自我羞耻和自我憎恶之后，还剩下些什么？所有一切不就被毁灭了么？

不。在这个阴暗真实走过的悲惨黑夜，一颗天星继续存在，发出一道微光：怜悯。永远是它。发疯的老国王“头上插满了恶臭的地烟草、牛蒡、毒芹、荨麻、杜鹃花和各种蔓生在田亩间的野草”，将人的谎

---

① 有几场戏是法国大革命离奇的预言式景象，像赛伊勋爵在凯德面前的那场：“你为什么发抖？”“是我的抽风病发作了，并不是害怕。”这令人想起在断头台前的巴伊。另一场，造反者把两个贵族头颅拿上场，让它们亲嘴。（《亨利六世》（中）第四幕第七场）——原注

言带到他的铁面无情的疯癫法庭上，强迫我们承认羞耻人人平等，之后，从他满口唾沫的嘴里出来的，出乎意料，不是宣判定罪，而是不合法律的宽恕：

没有一个人是犯罪的，我说，没有一个人！我全赦免了他们！（第四幕第六场）

卢　岚译

莎士比亚的解放者天才

莎士比亚的戏剧名著的面貌都是悲剧性的，所表达的思想显得可怕。然而，作品给人的整体印象是明亮的。太阳躲在哪里？

第一个答案，最容易出现在脑子里，这是一部庞大作品，涵括了一切，欢乐和痛苦，两者互相修正。它像大自然那样，每个人在里面汲取各自所需，人类的隐秘本能把人推向欢乐，最能记住的是欢乐的梦想。记忆这个心灵伙伴，让布幕落下来遮住悲哀的形象。但我们不会停留在这个理由上。因为在莎士比亚描画生活场景的广阔画布上，所有价值并不均等。喜剧尽管富有诗意，无法与悲剧名著等同。福斯塔夫尽管散发出欢乐（但被阴沉的收场改变了），然而，在整体作品中，不能拥有李尔王或者科利奥兰纳斯那样的地位。再者，问题引人之处，可能不是最快活的面孔或作品散发出最强的光芒，而是最阴沉的悲剧。

这就进入到问题的中心，超越了莎士比亚，触及艺术的本质：以艺术来解放精神。

艺术好比一座山。到达一定的高度，不管什么主题，所有名作都会愉悦灵魂。你甚至可以期待在这个区域里，在悲剧中品尝到至高的快意。格鲁克[1]的《俄耳甫斯》第三幕,《阿尔赛斯特》最后几幕,没有别的优越之处,只是在松弛精神的同时,使激情从高峰逐步回落到尘世的宁静,让观众准备好重新回到日常生活中。然而经过沉浸在前几幕痛苦的极度愉悦后,观众惯常的乐天精神就显得淡而无味。看完可怕的《俄狄浦斯王》,命运不断追逐哀号的主人公,到了这场无法逃脱的历程的终结,我长长呼了一口气,心里填满一个星星闪烁的夜晚。我青年时代一位年长的朋友玛尔维达·冯·梅森葆[2],在回忆录中谈到,她在流亡伦敦最忧郁的日子里,心灵厌倦了搏斗,濒临自杀边缘。有一天她去看《奥赛罗》,在一出如此不幸的戏剧中,她重新汲取到生的勇气。好处从何而来?

来自艺术是一种游戏。一种并非没有用处的游戏(有哪一种游戏完全无用?)一种最高度的精神游戏,这时候精神摆脱了生活的无情法律,变成一个生活的创造者,以现实为蓝本重塑世界,成为管治这个世界的法律的主人。精神从武士搏杀的西莫伊斯河平原,上升到宙斯的身边。宙斯注视着武士,感觉到他们的激情,但远离他们,心境平静,武士有毒的刺激不会留在他身上。倒是精神比宙斯更激动,因为它知道这只是暂时的藏身之处,它尽情享用这个在生命许多焦虑之间得到的喘息机会。刚才,它还属于那个充满恐惧、欲望和痛苦的世界;过一会儿,又要回到那个世界去。它知道那个世界结束便是自己的死期。只有眼前这瞬间,它不会受到伤害。它俯向角斗场,眼睛半闭,在梦想中注视着想象中的伙伴们在搏斗,在受难,当它私底下以他们的命运来反躬自问,心中一阵澎湃的激情;当它想起这不过做梦而已,便露出一丝宽慰的微笑。梦想越是悲剧,精神越是心神不安,密切注意自己的诗歌"替身"的表情,它的痛苦的颤抖,以及这位兄弟抵抗痛苦的力量。总的来说,这样的感情和罗马人挤在斗兽场的感情,出于同样的

---

① 格鲁克(1714—1787),德国作曲家。

② 玛尔维达·冯·梅森葆(1816—1903),德国人,理想主义者,瓦格纳、尼采、赫尔岑等人的挚友。晚年结识罗曼·罗兰。

不肯明言的需要。不过,对于本性看重赤裸现实的人,他们没有想象力,感觉结满老茧,像当年的罗马人那样,他们就需要真正流出的鲜血,真正的临终痛苦。悲剧艺术创造完整的故事,是以梦想为原质,而非活生生的肉,它编织自己的枪来剑往,自己的欢乐,自己的痛苦[①]。依然是血淋淋的游戏,但它知道这是游戏,这里一切都是梦。

梦做得越是浓郁,威力和良好效果就越大,梦的感觉同时更深,就像香精,只要几滴便把香气渗透一个美丽的胴体。这两个条件很少会完满地达到。戏剧的灵魂——出窍的灵魂——就是这样,一如雪莱的灵魂,蒸发为彩虹般的梦幻。易卜生的杰作就是这样,一如《小艾约夫》第二幕,就像一块石头,挂在一个溺水的会游泳的人脖子上,他的丧服的重量更实在,更沉重,超过我们令人窒息的丧服。在最高超的天才那里,一个索福克勒斯,一个莎士比亚,真实和梦幻两种力量的均衡极为完善保持着:他们身上的太阳的伟大秘密就在这里。

再者,在所有大师的手里,这种均衡不是以同样的因素组成。索福克勒斯的朴素和谐以及完美健康,不似莎士比亚戏剧的多调音乐的泛滥,以及放纵的魔鬼灵魂,比起一首格里哥利教皇单旋律圣歌和《伊索尔德之死》[②]的相似更不如。即使应用的数量改变了,比例依然显得同样匀称。如果动人的事实数量更庞大,便以一种更强烈的精神控制和更感动人心的梦幻来应对,从而将它调控均衡。

下面简单看一下天平两极的情况。

在几乎所有名著作品中,莎士比亚给我们描述的现实总是最极端的。这不单是一般悲剧的情况,悲剧本质上是心灵的危机。但所有危机都不一样,每种危机按照一定的情感方向,动用一个人心灵的全部力量。因此,每种危机的价值就相当于心灵的价值,载负它的翅膀能飞多高就多高。但就在这些心灵的选择上头,显露出莎士比亚的天才的内在热情。每一个心灵都是以老鹰的目光选择出来,就像在选举场

① 《暴风雨》第一幕第二场中的普洛斯彼罗。——原注

② 《伊索尔德之死》,瓦格纳歌剧《特里斯当和伊索尔德》的歌曲。

上，一种情感可能突然产生，一下子达到完满状态，用尽了全部激流般的活力。李尔王的头几句话，他的自私和高傲就像野兽般大声吼叫。麦克白野心勃勃的欲望一醒来，野蛮的想象力就冲出来，与罪行会合，内心风暴的袭击如此可怕，以致他的头发竖起，他的心“撞向肋骨”，面对周围的事物茫然失措，“只看着未来”。（第一幕第三场）

温柔的朱丽叶一旦坠入爱河，便全副身心去爱。再没有别的东西存在了。当人家告诉他罗密欧被放逐，提伯尔特死了：

> 为什么说过“提伯尔特死了”以后，不说你的父亲，或是你的母亲，或是父母两人都死了，而是“罗密欧放逐了”？这句话简直等于说，父亲、母亲、提伯尔特、罗密欧、朱丽叶，一起死了……“罗密欧放逐了”这一句话里面包含着无穷无际、无极无限的死亡……（第三幕第二场）

热恋中的特洛依罗斯等着克瑞西达来相会，在极度的欢乐底下，他害怕看见她的时候“会死去，昏昏沉沉地倒下去不再醒来”。（第三幕第二场）

就像这些孩子家的爱情，玛格莱特王后那类仇恨也显得无边无际①：

> 我渴待着洗雪旧恨……快了，快了，他那无人怜悯的惨局已面临终结。眼见地面即将崩裂，地狱喷火，恶鬼呼号，圣徒祈祷，为了风驰电掣地传他上路。亲爱的上帝，撕毁他的命契吧！我但求能在瞑目之前说一声，“恶狗死矣”。（《理查三世》第四幕第四场）

① 对约克的仇恨（《亨利六世》（下）第一幕第四场）和对理查三世的仇恨（《理查三世》第一幕第三场和第四幕第四场）。——原注

嫉妒者的群像,《辛白林》中的波塞摩斯,《冬天的故事》的里昂提斯,《无事生非》中的克劳狄奥和威尼斯的摩尔人,他们是一群叫饿的老虎,要将猎物嚼碎,要在爪里感觉到它们在抽搐:

> 先把他吊起来,然后叫他招供!(《奥赛罗》第四幕第一场)
> 我要用九年的时间慢慢地磨死她。(同前)

而里昂提斯想将他的孩子的脑瓜在石板街上捣碎。

这些狂暴的情绪有时联起手来,有时互相碰撞,形成妙极的交响乐,像那些卷起的风暴,像自然的力量。《理查三世》有一场埃斯库罗斯式的戏就是这样,三个女人大叫大喊,理查三世让人擂起鼓,吹响号,将她们的诅咒声掩盖。再有在《李尔王》,三个弄人和暴风雨的一场(第三幕第二、四场)。或者在《亨利六世》中,开场是一幕史诗式的葬礼,围绕西敏寺教堂亨利五世的祭坛,几个男爵争吵得昏天黑地,直到几个老式的信使来到,打断了他们的争吵。信使带来一连串新的败仗和阵亡消息,像敲响了丧钟。

几乎所有悲剧名著的情节展开,都像一道水闸,抵挡不住激情的冲击。激情的浪花四溅,上下翻腾①。现在,激流冲出来了,就要跟着它走。

心灵让急流带着走,与此同时,精神在上面游玩,像一抹投在水面上的阳光,又像一只海鸥贴着海涛飞翔,翅膀掠过浪花,停在上边歇脚,很快又远离,享受着游戏带来的欢乐,享受着知道自己身在自由。梦幻感渗透了莎士比亚的天才。在其他悲剧诗人身上,梦幻感没有这样深沉,这样必不可少。

他不时抓住行动中的悲剧人物,将他们变成一个梦游者,看到自己悬在深渊之上,像麦克白:

---

① 《麦克白》《李尔王》《罗密欧与朱丽叶》。——原注

人生只不过是一个行走的影子,一个在舞台上指手画脚的拙劣的伶人,登场片刻,就在无声无息中悄然退下。(《麦克白》第五幕第五场)

霍茨波在奔跑中失足坠进深渊,这时他衡量到空虚的大小:

思想是生命的奴隶,生命是时间的弄人;俯瞰全世界的时间,总会有它的停顿。(《亨利四世》(上)第五幕第四场)

哈姆莱特睁着双眼,不知自己是否在做梦。克莉奥佩特拉的双眼在离开人生前夕,从人生之梦醒来。这个爱情的梦,伟大事业的梦,她爱得这样深,现在要将它卸下。她从死亡的岸边,嘲讽地凝视着得胜者恺撒·奥古斯都,"他只不过是命运的奴隶,任性的大臣",她逃脱支配人类梦想的"变幻无常的月亮"的法力。她不再是一个女人……

现在我从头到脚,都像大理石一般坚定。(第五幕第二场)

《李尔王》终场的时候,垂死的爱德蒙说:

一切已成过去,我也一样。(第五幕第三场)

莎士比亚的人物疯狂地相信过人生,当人生如梦的感觉突然出现在他们面前,当他们感觉到拼命紧抱那棵树的树根在摇撼,他们就像被悲情的光线照花了眼睛,辛酸地看到存在的一切不过是一出阴森的闹剧。葛罗斯特说:

天神掌握着我们的命运,正像顽童捉到飞虫一样,为了戏弄的缘故而把我们杀害。(《李尔王》)

但诗人的灵魂飞翔在他们之上，微笑着，以深情而好奇的嘲讽来面对人间的好戏：

> 全世界是一个舞台，所有的男男女女不过是一些演员；他们都有下场的时候，也都有上场的时候。一个人的一生中扮演着好几个角色，他的表演可以分为七幕。（《皆大欢喜》第二幕第七场）

他怜悯他们的苦处，同时也深爱他们。一如明智而古怪的杰奎斯所做的那样，“我可以抽出愁绪来，就像黄鼠狼吮啜鸡蛋一样”。（《皆大欢喜》第二幕第五场）杰奎斯是莎士比亚的孪生兄弟，是他的另一个本人。他通过杰奎斯的口，道出愁绪的秘密，其实这是一种快乐，跟我们的拉封·丹欣赏的快乐是一双姐妹，自由思想的快乐，可能太自由了，处处为家，浪迹四海，就像群飞的候鸟，它们的祖国是天空：

> 我没有学者、音乐家、侍臣、军人、律师、女人、情人的忧愁。我的忧愁全然是我独有的，它是由各种成分组成的，是从许多事物中提炼出来的，是我旅行中所得到的各种观感，因为不断沉思，终于把我笼罩在一种十分古怪的悲哀之中。

罗瑟琳叫嚷着嘲笑他：

> 是一个旅行家吗？我想你多半是卖去了自己的田地去看别人的田地。看见的这么多，自己却一无所有；眼睛是看饱了，两手却是空空的。

杰奎斯分辩道：

我已经得到了我的经验。(第四幕第一场)

没有付出便没有收获。诗人付出了自己的人生,自己的幸福,来获得他的精神王国。一如普洛斯彼罗,他以每个日子的精华,每天记忆的精华,练就他的法力。

“你们山河林沼的小妖们①,虽然你们不过是些弱小的精灵,但我借着你们的帮助……”莎士比亚召唤出各种因素,复活了各个年代,“因着我的法力无边的命令,坟墓中的长眠者也被惊醒”(《暴风雨》第五幕)。他生活着成千上万生灵的生活。时间主宰生命,他主宰时间,将其变成一个演员②。跟它联起手来,他知道时间可以在精神上创造或消灭个人和民族,风俗和法律。如果他喜欢,可以将过去带到眼前来;而眼下的东西,可以将它看作已经远去和终结③。然而,在此之后,当他掂量掌握在手中的这些时代和这些民族,他感到全无一物,而他自己也不过是一场梦,就像其余事物那样。

> 我们的这些演员们,原是一群精灵;他们都已化成淡烟而消散了。如同这虚无缥缈的幻景一样,入云的楼阁、瑰伟的宫殿、庄严的庙堂,甚至地球自身,以及地球上所有的一切,都将同样消散,就像这一场幻景,连一点烟云的影子都不曾留下。构成我们的料子也就是那梦幻的料子;我们的短暂的一生,前后都环绕在酣睡之中。(《暴风雨》第四幕第一场)

这位好心的巫师在即将放弃法力的时候如是说。莎士比亚的艺术以生之痛苦和欢乐创造出来的作品,充满了魔力,就像这个暴风雨

---

① 请注意,普洛斯彼罗——莎士比亚在列举帮助过他的精灵时,只提到他在乡下生活所熟悉的原野精灵,也就是斯特拉福特的小精灵,绝不是像题材令人期待那样的海洋和风暴精灵。——原注

② 《冬天的故事》第四幕第一场引子。——原注

③ 歌德也一样。——原注

中的梦之岛:一片藏身之地,一首慰藉的歌,一道亮光。最敏感和最迟钝的心灵到这里来蜷伏,就像伏在母亲的胸口上:

> 不要怕[1]! 这岛上充满了各种声音和悦耳的乐曲,使人听了愉快,不会伤害人。有时成千的叮叮咚咚的乐器在我耳边鸣响。有时在我酣睡醒来的时候,听见了那种歌声,又使我沉沉睡去;那时在梦中便好像云端里开了门,无数珍宝要向我倾倒下来;当我醒来之后,我简直哭了起来,希望重新做一遍这样的梦……(第三幕第二场)

卢　岚译

① 这是野性的奴隶凯列班在说话。——原注

歌德："死和变！"*

企图将歌德封存在一幅肖像的范围内，那是徒劳的事。谁也永远做不到。研究他的最著名的作品，令人更加感到他的本性（他喜欢的一个词）"不可估量"，研究者无法对这条河流一览无余。人们永远也把握不住他。他自己也说过这一点：

"当人们以为我还在埃尔富特的时候，我已经在魏玛。"①

人们可以援引他来支持一个论点，也可以支持相反的论点。歌德充满活力的时代，令具有冬烘头脑的人惊慌失措，他们以为可以把他固定在他本人刚创立的观点上。他认为自己不依附于任何他下过结论的东西上面；他在几分钟之内下判断，又潇洒地自我否定，会采用各种各样不同的观点②。惊愕的善良人跟随他时，会气喘吁吁。他对这种变化不做出凭兴趣出发的人露出的微笑，或者说出梅菲斯特③般的

---

* 此文最早发表在一九三二年四月十五日《欧罗巴》杂志纪念歌德逝世一百周年的特刊上。

① 见一八〇六年致约翰娜·绍彭豪尔的信。——原注

② "每个党都把他列入自己人之中，但是歌德不依附于任何一派；他接触各个方面，化出千变万化的惊人形式。"（引文出处同上）"他把自己过去短期创作的诗歌比作蛇蜕下的皮……他说过，他的作品只是过去生活的残留物。"（1809 年 6 月 23 日致雷莫尔的信）——原注

③ 《浮士德》中的魔鬼。

讽刺话,虽然他有幽默感。他顺从自己本性的各种要求。他对雅各比说:

“由于我的本性有各种倾向,我不能只满足于一种思维方式……天地万物构成一个非常广阔的王国,以至为了囊括它,使需要所有人合在一起的所有器官。”(1813 年 1 月 6 日)

为了指出一条河的特点,我们该说些什么呢?它是或者同时是所有的河流,而且在谷底下流过。你给他确定一个目标吧!他绝不承认艺术和自然有目标。他对老策尔特说:

“自然和艺术太大了,因此没有目标;它们不需要目标,因为一切都连接住,而这种连接就是生活。”(1830 年 1 月 29 日)

那么,怎么去评价他呢?

我只有将自然拥抱在怀里才能做到。我可以说出我得益于他和自然之处,以及我在他和自然那里所汲取的东西。

* * *

首先是这种对两者一致的秘而不宣的认识。在第一次阅读时,还说不出这种认识,因为两者的一致一点也没有显示出来,就像隐藏起来一样。只是到后来,才能承认,歌德把他的房子建筑在这些基础之上;于是,你就会同时明白这座房子使我们产生的安全感和神秘魅力。

“自然在我身上说出一切,”他写道,“包括真实的和虚假的东西。一切都是它的错;一切都是它的功劳……它不会憎恶自己的作品……我相信它。”①

① 见遗作,写于一七八二年,出版于一八三三年。——原注

他不属于那些新唯心主义者(不管他们如何用旧瓶贴上超现实主义标签的新包装),他们让客观现实从属于主题。他以庄严而宁静的目光盯住叔本华,后者本想询问他。——"什么,"他大声说,"闪光不就在那里,像你看到的那样吗?不!可能是你不在那里,要是闪光没有照到你的话。"(1813 年)

有的天才自以为能够创造自然中根本不存在的形式,这种坚实的现实主义使他避免了这种带幻觉的骄傲。——"彻头彻尾的捏造(或者不如说空中楼阁式的创造)从来不是我的事:我总是把世界看得比我的才能更大。"(1809 年)

因此,他不按模特去描画,便一点没有危险。令人赞叹的是,他甚至不再需要盯住模特,才能看到它:他和模特合而为一。他描绘了自己的精神活动。面对自然,艺术不再是他的目标。他的目标是通过形式然后是通过规律的渠道,深入到自然的精神中。

"我从来不把自然看作一个诗歌的目标。我从描绘自然开始,然后我科学地研究它,以便正确地和不断地掌握自然事物。因此,我逐渐把自然熟记在心,直至掌握它最小的细节,当我作为诗人需要写上一笔时,它便按我的指挥来到笔下,我就不会轻易违反真实。"①

歌德一方面达到耐心、热烈但保持客观的地步,一方面又达到创造精神的相反一极,即印度艺术家主张的状态;维弗卡南达②的兄弟莫杭德拉·纳特·杜特对此做过描绘,即主体对客体的神秘吸收,达到客体变成主体的互换。同一的实现是完全的。不是歌德在"谈论自然"③,而是自然在他身上说话。

很清楚,我们在他重要时期创作的诗歌中,呼吸到大地的气息

① 见一八二七年一月十八日致艾克曼的信。——原注

② 见《论绘画》。参阅拙作《维弗卡南达》第二卷第六十九页关于艺术的瑜伽注①。——原注

③ "我从来不谈论它……是它道出一切。"(引文同上)

和自然的活力。有时,一句诗足以使地火喷发出来。这是在艺术中心孕育的基本动力的象征:当浮士德想获得海伦时,他发狂地寻找她,他在哪里找到她呢?——在"众母"那里。这是"生育的自然"的子宫。①

* * *

当梅菲斯特说出这个神秘的字"Mütter②"时,浮士德恐惧得发抖。当浮士德用魔钥匙去接触他获得的幻觉时,爆炸把他掷到地上。他失去知觉,他的理智动摇了。

这里,象征再真实不过。歌德在内心的深渊中接触到毁灭;他在手里一直拿着火的钥匙。谁能说他有多少次想去点燃火药库呢?人们知道这句令人不安的话——(他在饭桌上平静地谈话时突然脱口而出):

> "如果我想毫无约束地行动,那么,要彻底毁灭我和我周围所有的人,就看我了!"③

这种神圣的恐惧和这种仇恨,或者这种愤怒从何而来?愤怒使一股股血往上涌,反对一切用诡计或愚蠢手法可能把他不由自主地拖向他熟悉不过的深渊:——反对东方④——反对那些浪漫主义的乱嚷嚷

---

① 关于这一点,可以回忆斯宾诺莎对他的影响,——我要加上说,他对斯宾诺莎的影响!因为他接受过这种思想的束缚,这种思想结合到他身上,成为艺术;而通过这种艺术,它渗透到后来的整个世纪。——原注

② 德文:意为母亲。

③ 见一八三〇年三月二十一日同艾克曼的谈话。——原注

④ 德文是:"Eigentlich aber hass ich alles orientalisches."(1804年4月末。亨利·克雷布·鲁宾逊的《回忆录》)

我在《歌德和贝多芬》中指出过,这种仇恨是恐惧造成的:"我绝对不反对印度,但是我对它抱着恐惧:因为它把我的想象带往不讲形式,我比任何时候都要加以防止。"(1826年10月22日致W.冯·洪堡的信)——原注

的冒失青年[1]——或许也反对那毁灭性的革命。[2]

"Die Hauptsache ist,dass man lerne sich selbst zu beherrschen."

"首要的是学会自我约束。"(1830年3月21日致艾克曼的信)

掌握自己性格的力量……人们一开始就看到这些温泉水量丰沛,喷得很急;他的情感激烈,心高气傲,对人缺乏尊重,绝对独立,拒绝在任何人和任何事物面前卑躬屈膝,他的态度在受惊的朋友身上引起愤慨[3],这不是微不足道的。他自诩属于热情的人和冷漠的人都不欢迎之列[4]。他则向那些既不热情又不冷漠的人吐唾沫[5]……"始终走向极端!"……他像一个火山口,充满了熔岩。这些矛盾和激情不仅和世界的岩壁相撞,而且在他身上,气质的过强和过于复杂,成了一种折磨。[6]

他好不容易才学会自我约束,舍弃和压抑他的本性。他在三十九岁时,才做出这醒悟的分析:"把我们准确无误地引向毁灭的,是把我们抛弃给我们固有的东西——我们的特性……我年轻的时候,遇到的情况就是这样;我变得富有和独立以后,我比别人更能使自己有自由

① 提到蒂克、阿尼姆及其同伙时,他说:"我应该忍受他们所有的疯狂吗?变成我如今这个模样,我费了相当大的代价;我非得重新弄脏一身,才把这些疯子拉出他们踩得多欢的泥潭吗?"(1812年10月23日致冯·米勒的信)——原注

② 见一八二五年四月二十七日致艾克曼的信:"Ich hasse jeden gewatsamen Umsturz..."但稍后可以看到他的思想双刃的另一面。——原注

③ "当我听到他谈起巨人精灵甚至不在已经主宰的永恒真理面前弯腰屈膝时,恐惧攫住了我……可怜的蚯蚓啊!竟想同天主比肩!……"(F.莱奥波德·斯托贝尔格伯爵的话,1775年12月)——原注

④ "Ich habe das Unglück,unter die Leute zugehören,die von den Warmen und Kalten ausgespieen werden."(1776年9月29日致维兰德的信)

⑤ "Es ist ein odieuser Kerl,der einmal Zeug zu was Ausserordentlichen hat,und bleibt im Mittel,Uff! ... Immer das Aeusserste! ..."(1779年12月22日致伊夫兰德的信)——原注

⑥ "他身上有太多的混合物和杂质……歌德并不幸福,也许很难获得幸福。"(1779年9月27日约翰娜·施洛塞尔致雅各比的信)——原注

驰骋的地盘;谁也不如我清楚,这给我带来多大的损害;既然我不强迫自己,就像我所做的那样,事情便更加糟糕。”①

为了达到这个经验,使之适应自己的生活,他做出了约束自己的可怕努力!生来要成为铁锤的人,学会了成为铁砧;他承认,为了接受锤打,要比去打击拥有百倍的能量,②他因而获得安慰。他变成一整块,以便去抵挡。但人们是否怀疑铁砧③能忍受一切呢?

> “我能几个月忍受痛苦,保持沉默,像一条狗那样;但是我始终保持我的目标。当我终于能够实行的时候,我就无论如何全力投身进去。我已受到够多的诽谤!通常这是针对我最高尚的行为而来的。可是乱喊乱叫不损我分毫。”④

人们谈论他的幸福和威严的平静已经够多了!这些傻瓜!他们从来看不到这闷闷不乐的嘴的皱褶和感到厌恶的鼻子!这头忧郁的公牛……

> “人们总是把我看成一个幸运儿……实际上,我的生涯只不过是受苦和劳作。我可以说,活到七十五岁,我还没有四个星期的真正舒适。石头永远滚落下来,必须重新把它推上去。”⑤

---

① 见一七八八年十月十三日致赫德尔夫人的信。——原注

② “有的品德,”他说,“似乎就在于缺乏力量,而它们是最崇高的力量,仅仅转向内心……对所有人来说,成为铁锤比成为铁砧更值得期望,也更加光荣;可是,为了忍受无穷无尽、连续不断地锤打,不需要极大的毅力吗?”(1806 年 4 月,A. 里默尔)——原注

③ 他称为“他的性格的绝对性”:“In allen Geschäften und Lebensverwickelungen das Absolute meines Charakters...”(1823 年 3 月 31 日致里默尔的信)——原注

④ 同上。

⑤ 见一八二四年一月二十七日致艾克曼的信。——原注

这句话引用了希腊神话中的故事:西绪福斯将巨石推上山去,到了山顶,巨石又滚落下来,他必须重新把石头推上山去,如此循环不已。

"Ewige Marter ohne eigentlichen Genuss[①]…"

他什么时候抱怨过？他咬紧牙齿，他重新艰难地往上推。但多少次他面对着绝望！谁胜过他把绝望咬了又咬呢？他一定受够了绝望，才会发出这崇高的呼喊：

"不能忍受绝望的人，就不应当生活下去！"[②]

它宣称信仰一种壮烈的悲观主义：

"但凡安慰都是卑劣的，而绝望是责任。"[③]

他怎样摆脱困境呢？他怎么没有认输呢？他通过什么使自己坚强起来呢？——通过勇气和强硬。亚历山大·埃朗热在他思想深邃的集子《歌德的思想》[④]中，有理由以两个特殊的标题来论述它们：

强硬……这个经验和沙尔丹的正好相反："温柔，温柔……"

"您说，总之，自然企图按照温柔和敏感来锻造我们的心……总之，它永远也不会这样做的；感谢天主，不如说它使之变得强硬。"[⑤]

"世界不是由稀粥和果酱构成的……有的硬东西要去嚼；必须消化掉，否则就会窒息。"[⑥]

---

① 德文：意为确实不断受折磨。

② 这是个警句。——原注

③ 德文是："Jeder Trost ist niederträchtig. Und Verzweiflung nur ist Pflicht."（《浮士德》：《帕拉利波梅娜》第155页）——原注

④ 法兰西出版社，一九三一年。——原注

⑤ 见法兰克福博学的报告，一七七二年。——原注

⑥ 见《格泽尼》。

他严肃的、不安逸的一生并没有得到足够的揭示。人们了解甚差。大家过多看到的是那幢富有的资产者住宅的正面、前厅、陈设朱诺塑像的沙龙、接待室。人们不看卧室的平庸和硬床。在他逝世前那一年,八旬老人向艾克曼指着一张扶手椅,是他让人通过拍卖买来的:“我几乎没有用过,或者根本没有用过,因为各种各样的舒适都是和我的本性绝对相悖的。您在我的房间里看不到一张沙发;我总是坐在我的旧木椅上,只是在几星期以前,我才叫人加上了一种靠头的装置。合适和高雅的家具氛围,使我的思想愉悦,却令我陷入愉快的被动状态。这对那些从青年时代起便习惯这种氛围的人是例外,奢华的房间和家具的典雅,只对没有思想和不能有思想的人才是好的。”(1831 年 3 月 25 日)

在人为做作和复杂的欧洲生活中,他看到的是对我们的文明的谴责(1828 年 3 月 12 日)。他尽可能以严格的约束,有规律的、没有闲逛的、不享受荒谬的社会娱乐、不浪费一小时的生活去抗衡。“我从来不抽烟斗,从来不下棋,一句话,我从来不做可能浪费时间的事。”(1822 年)——原注

勇气……第一位的品德……没有勇气,一切便是乌有,“宁愿没有生出来”。[①] 有了勇气,就不需要别人和天神![②]

勇气,歌德从来不缺少。在他去世前三年,八十一岁的老人刚经历了巨大的痛苦,恢复过来以后,他说:

“我们有生以来,高昂着头颅。只要我们还能创作,我们不会让步。”(1830 年 2 月 14 日)

---

① “丢了钱是小损失。快点做好安排,再去挣好了!——失去荣誉是大损失。要夺回荣誉,别人就会改变想法。——失去勇气便失去一切!宁愿没有生出来。”(《格泽尼》)——原注

② “啊!神灵!伟大的神灵,在你们广阔的天宇,天上!但愿你们给我们大地坚定的精神和充足的勇气,就像我们给你们,善良的神灵,留下你们广阔的天宇,天上!”(《诗集》)——原注

年老的斗士在他的护胸甲之下显得很高傲，有多少拜访者而且是最亲密的朋友，误解了他！有人指责他冷漠无情。我们知道，只有非常敏感，而且一接触到侮辱就会颤抖的人，这副胸甲才显得如此坚硬。①

敌人是谁呢？他武装起来，在精神上打什么仗呢？他想保卫什么或者征服什么呢？

* * *

他在对往昔的清醒观察中明确地谈到过（《诗与真》）：

> “我呀，我整个儿像眼下那样……”

在无限世界的沙土上，就像在沙漠上，他想建立“他的存在的金字塔”。他从青年时代起，便隐约地渴望着，他不断地为此而努力，直至最后一天。对他来说，一切都是建筑的石头：幸运和不幸，快乐和痛苦，注定和偶然，健康和生病，他见过的一切，他拥有过和不曾拥有过的一切。但一切都按照他建筑的规律进行，除了他坚定和明确的精神所孕育的以外，什么都不游离他的计划：

> “我知道我力所能及和做不到的事，我只想做力所能及的事。”（1826 年 1 月 5 日致米勒的信）

毫无疑问，歌德所能做的事像海洋一样是广阔的和多变的。他的金字塔十分巨大；多面体的尖脊，面对地平线的四面八方。他是诗人和出版家、政治家、戏剧家、宫廷要人、科学家、行政管理长官、教育家；他恋爱，他创作，他行动；他是个普通人，他是智者。但他的激情，他的

① 参阅他对里默尔的坦露（1809 年 7 月 24 日），笔者已在拙著《歌德和贝多芬》（第 117 页）中引用过。——原注

创作,他的社会和科学活动,林林总总,诗歌是其核心,一切联结起来,什么都不偏离这个生活的建筑师制定的方向。建筑师是谁?是孤独的灵魂的专横意志?不,是自然——仍然是它!——这个人是自然的一部分,同样的质地,服从制约自然的规律,不过有意识。他写道:

> “人获得对自身存在的信念,他承认他身外的存在是他的同类,受到同样的法则制约。”
>
> “人只有在认识了世界之后才认识自己。”①

人及其规律与事物的法则和结构的类似和同源——先不说不可分离的同一性。

宇宙中的一个小宇宙;自然的核心是我们的心:

“Ist nicht der Kern der Natur

Menschen im Herzen?”

因此,在对个人做出的限制和准确形式下,人的巨大活力和制约自然的动力是一样的,引起我们痛苦的搏斗,属于同样的法则。歌德了解这些法则超过了任何人,其内心成为这些搏斗的战场。约莫在一八二八年同首相冯·米勒的一次交谈之中,他指出“极性和渐进是自然的两大动力……其一在于不断吸引和排斥,其二在于不断上升”。②

人们在潮汐中找到这两者。涨潮和退潮的轰鸣,互相追逐、互相撞击和一排排海浪的节奏,充满了他的作品和一生。在他的意识中,他遇到的事,他接触到的事,一切个人事件,都具有普遍意义。那些停留在出发点的人——停留在被抛弃的弗烈德里克身上——和那些为

---

① 德文是:“Der Mensch erlangt die Gewissheit seines eigenen Wesens dadurch, dass er das Wesen ausser ihm als seinesgleichen, als gesetzlich anerkennt.”

“Der Mensch kennt nur sich selbst, insofern er die Welt kennt, die er nur in sich und sich nur in ihr gewahr wird.”——原注

② 见埃瓦尔德·E.布克教授的著作《歌德的世界观的历史基础》,斯图加特,一九〇八年。——原注

了评论他,想把他封闭在短暂事实的狭窄范围内的人,看不到同心圆波浪的广阔,这些波浪在撞击一下的周围,扩展到情人的心里;这个情人在牧人温柔的女儿的帮助下逃走:《戈茨》的魏斯林根、克拉维戈、《斯泰拉》的费迪南德,尤其是《浮士德》……全世界,宇宙,因一天的爱情和错误产生的痛苦和悔恨而颤抖:因为两者都是必不可少的。几乎每部作品都提出一个斗争的问题、在两极之间的吸引和排斥的问题——这两极是个人和众人,深沉的灵魂和创造性的灵魂,爱情、行动和社会机体联系的心灵:塔索、浮士德、威廉·麦斯特、普罗米修斯和厄皮墨透斯①。几乎每部作品都有一个悲剧性的和谐意愿支撑着,它几乎总是不变化,撞得粉碎,停留在虽然美好却令人难受的暂时不协调上。

这是因为几乎每部作品——整个一生写成的作品《浮士德》除外——都是阶段性的,就像音乐术语所指的那样。创作者释放出相反的电流从这一不协调过渡到另一不协调,升向最高和最充分的和谐;这和谐总是离他而去,可是,在离去的同时,又在高处吸引他,始终升高……

> "Zieht uns hinan."②

这种持续不断的吸引力,用象征的语言来说,就是他称之为"近于白色的埃维格":

> "... Liebe, die gnädige,
> Hegende, tätige,
> Gnade, die liebende..."③

---

① 希腊神话中普罗米修斯的弟弟。
② 《浮士德》的最后一句诗:"不断向上飞升。"——原注
③ 见《浮士德》的《帕拉利波梅娜》。——原注

意即:爱情,不仅是女子的爱情,而且是朝向火焰的愿望。

吸引力没有完结之时,和谐的神圣之果永远不会摘去;就像浮士德临死时那样,人们享受到"预感"。

但这正是幸福与善之所在:并非和谐消失了,而是和谐即将产生——并非和睦结束了(根本没有和睦),而是不协调之路通向完美的、遥远的,也许难以接近的消失。

"神圣事物不是在已经实现的东西之中,而是在即将存在,在正改变的东西之中。"①

一直在变化、发展,一直在向前……"不是为了到达才去旅行,而是为了旅行才去旅行。"②不要为了路途的艰险而局促不安!艰险只不过是里程碑。重要的是整条路。这是"总体的方向"。这是"持续的进展"③,"自然的巨大动力"中的第二动力。

"Stirb und Werde!"④

在开始写这几页时,我说过,在歌德的作品和生平所代表的广大思想领域中,每个人吸取的是与他的个人本质相似的东西。我用了这一句:

"死和变!"

如果这不是唯一的中心,那么它也处在歌德心灵的中心。既然我的生命上百次重新点燃他的火焰,那就让我把火拨旺!我想显示这炭

① 见一八二九年二月十三日致艾克曼的信。——原注

② 见一七八八年致赫德尔夫人的信。——原注

③ "面对渐进的活动,问题不是要知道这个或那个是否值得赞扬或谴责,而是要了解总体方向和未来的结果。"(1830年4月19日致G.霍托的信)——原注

④ 德文,意为:死和变。

火中的歌德——虽然我知道他还有其他炭火。在这些炭火中，我否定的不止一个——（因为它们都是根据他唯一重要的道德法则而存在的，这就是真实①）——前面所说的炭火，是我的炭火。它抚育了我。

先让我们把这句话放回从中取出的珠宝匣里！

“别人告诉他人，除了贤人，
因为大众会急忙讽刺：
我要赞美那样的生灵，
它向往投入火中焚死。

在爱情之夜，清气凉爽，
它生出了你，你又生育，
只要静静的烛火放光，
你就发生奇妙的感触。

你要冲出黑暗的阴影，
再也不能受它的包围，
新的欲望在将你勾引，
去进行更高级的交配。

任怎样遥远，你不担心，
你飞过来，进入迷魂阵，
到最后，由于贪恋光明，
飞蛾啊，你就以此焚身。

如果你一天不能理解，

① “一切道德法则和规则汇合为一个：真实。”（1819 年 3 月 28 日致封·米勒的信）——原注

> 这就是:死而转生!
> 你只是个郁郁的寄居者,
> 在这黑暗的凡尘。”①

“在火中死去”——他没有做到!群众不是这样看待他的,这个魏玛的要人、官方经典的法律家,“出身高贵的人”②,在既存秩序的日晷上驾驶太阳的马车的阿波罗……但是,“die Menge gleich verhönet”,亦即群众不明白地嘲笑,群众视而不见;真正的歌德只投身于智者,“nur den Weisen”……让我们抽取出他的真正思想,面对纠缠我们的问题——其中首要的一个问题发出的震耳欲聋的轰鸣声,毁坏和摇撼我们的土地:我们的古老世界 Stirb und Werde(死和变)!——发展、革命……神灵倒下,国家,摇晃着人们的意识和社会的地震……

歌德了解这些。他像我们一样,看到了各种世界的崩溃。他经历过战火:瓦尔米,阿尔戈纳的泥潭,面对大革命的溃逃,入侵,拿破仑的风暴,耶拿的冲锋,王位扶起又倒下。他的生涯的抛物线覆盖的地域比我们的更加犬牙交错。他知道了永恒变形的法则③:

> “自然无止境地创造出新形态;现有的以前还没有过;过去的不再复返……”(1782 年的摘录)

他写这段话的时候,这只不过是一个熬夜的人深刻的推论,他从老远看到了未来的进程;但随后的五十年为他用来做实验。因此,当他接近最后阶段时,他很清楚,这个阶段对一个行将就木的人来说,只

① 见《西东合集·天福的向往》,一八一四年七月三十一日。——原注(译文采用钱春绮的译本)

② “一个出身高贵的人渴望秩序和法律。”(《私生女》)——原注

③ 我们记得,他是地质学上变质理论之父,植物学上,他关于植物变异的著名论文(1790 年)标志着一个科学上的日期。——原注

是暂息[1],变形在继续着:

> “我们将时间设想为持续不断的进步,人间事物每隔五十年就有不同的面貌:以致在一八〇〇年达到完美境地的习俗,在一八五〇年却可能是一件罪恶。”[2]

他只能从变动不定的角度去设想自然的物理次序,因此,他怎么会让道德和社会秩序固定不变呢!③

> “活生生的统一体的基本特性:分离,汇合,在一般中展开,在特殊中持续,变化,确定……如果整个自然是在不断地组合,那么,结论是:作为这种惊人状态的观察者,人类就应该像自然那样行动,轮流组合和分解。”

因此,人们绝不把自然和保存一个不断发展的社会联结起来!在一八二四年一月四日同艾克曼的谈话中他清楚地做了解释:

> “人们称我为既存秩序的朋友。这是一个模糊不清的头衔,我用不着。如果既存秩序很出色、合理、良好,我就什么也不用反对;但是正因在大量好现象的旁边,还包含许多坏的、不合理的和

---

① 他甚至不赞成这一点:“即使我自始至终毫不松懈,自然也有责任给予我另一种存在形式,只要眼下的形式不再能满足于我的精神。”他正是从这个论据出发,得出信仰不朽:“对我来说,相信我们的死后存在,来自活动的概念。”(1829 年 2 月 4 日致艾克曼的信)——原注

② 见一八二四年一月四日致艾克曼的信。——原注

③ “我们相信形态在现实中的不断变化。”还有,“刚刚形成的东西会马上改变;要对自然有一个生动而扎实的概念,我们就应当把它看成始终活动的变化”。尤其这些话出现在《形态学》的开头,就更令人注目,歌德最关心的是,用词谨慎:形态似乎包含对暂时现象的假定。他用这个词来对照:形成,它表达“带来一切机体形态的不断运动”。——原注

不完美的东西,作为既存秩序的朋友,往往胜过作为陈旧和坏的事物的朋友。”

他为人民要求获得重大改革的根本权利,“这种需要扎根于一个民族的内心深处”。

但是,他痛苦地指出:“人们不喜欢把我看作本来的面目,人们把目光从凡是能真正揭示我的东西上转开去。相反,席勒在我们之间远比我有贵族气,他心里的考虑远远超过他所说的话,却获得惊人的幸福:他被看作人民的特殊朋友。我为他感到高兴,想到在我之前还没有人有更多的幸运,我聊以自慰。”①

因此,他不是法国大革命的朋友;过了三十年,他承认他不对:“因为这些暴行离我太近;它们令我日日夜夜愤怒,而它有益的后果还不能表现出来。”尤其他责备德国人企图在本国进行人为的模仿。德国还不够成熟,进行不了(他用自己的话)“在法国非进行不可的事”。

他的观点是坚定的、明晰的:他属于坚定不移的科学家之列。“非进行不可的”革命是正确的。但他谴责以外力从本土之外和把过去发生的东西移植过来。②

这个观点在任何时候都是正确的,在一百年前尤其如此。那时,经济的厄运还不像缠住拉奥孔③的蛇那样,将各国人民的不同时代缠结在一起。千真万确的是一切民族,即使在欧洲,即使在西方,都不处

① 有谁记得他写下的美好的“情话”呢?这是给“所谓下等阶级的,而在天主面前,这个阶级却是最高的”!(“Liebe zu der Klasse von Menschen die man die niedere nennt, die aber gewiss fur Gott die höchste ist...”)——“所有这些品德,”他继续说,“都汇聚在一起:节制、一点儿就满足、正直、忠诚、安贫知命、不会损害他人、能忍受痛苦、持之以恒……”(1777年12月4日致施泰因夫人的信)

② “Und wiederum ist für eine Nation nur das gut, was aus ihrem eigenen Kern und ihrem allgemeinen Bedurfniss hervorgegangen, ohne Nachäffung einer andern; denn wass dem einen Volk auf einer gewissen Altersstufe eine wohltätige Nahrung sein kann, erweist sich vielleicht für ein anderes als ein Gift.”——原注

③ 拉奥孔:希腊传说中的特洛伊王子,因他反对木马计,天神派了两条巨蛇把他和他的两个儿子缠死。

在发展的同一时刻;因此,过早就将它们联合在同一理想的旗帜下,是非常困难的。灵活的斯拉夫精神比拉丁民族的雅各宾精神(或者法西斯精神)更加明白这一点:莫斯科的共产国际通过列宁的声音,斯大林又多次强调过列宁的教训,承认和支持不仅有必要容忍,而且有必要鼓励各国民族主义的形成,这些国家还没有达到低阶段[①]。各国都要通过这个阶段。已通过的民族,要上升得更高!但为了跟上它们,还在梯级下面的,应该踏上先锋已经超越的阶梯。

歌德的精神早就超越了登上最高一级的民族——在这个阶段,“人们不再分什么民族,人们把别的民族的欢乐与痛苦看成自己的”。在内心,谁也不会更激烈地发泄对爱国精神的厌恶,这种精神是真实性的敌人。他说:“爱国主义使历史变质。”[②]

但是他的身体,他的人本身,被嵌入人类发展的一个特定时刻和地方,这不是他选择的。既然这是他的历史命运,他就应该服从。他对本国人民有责任。一八一三年的年轻狂热分子责备他失职。这是错误的。谁也不如他那样严肃地考虑职责。他的目光超越了这些职责。一八一三年十一月他同吕登的重要谈话,全面阐述了局势。这些年轻人想把他拖进激烈的行动中,拖进解放战争中。而歌德拒绝了。他在长时间沉默后说道:

“不要以为我无动于衷!……我呀,我也把德国热烈地放在心中。我想起德国人民从个体方面来说非常可敬,而从总体来说却非常可悲,便时常感到刻骨钻心的痛苦。将德国人民和其他人民对比,在我们心中便引起难受的感情,我千方百计尽力克服这种感情;我在科学和艺术中找到了翅膀,能够把我们承载起:因为科学和艺术属于全世

① “可能显得奇怪的是,我们作为各民族文化在将来融合成单一的共同文化(在形式上和内容上)和单一的共同语言的拥护者,同时也是民族文化在无产阶级专政的现阶段获得繁荣的拥护者。但是,这里并没什么可奇怪的。应该让民族文化发展壮大,显示它们所有的潜在效能,为了让它们将来融合成一种文化和单一的共同语言。”(1930 年 6 月 27 日斯大林在苏共十六大上的讲话)——原注(按法文译出)

② 见一八一七年致里默尔的信。——原注

界,在它们面前,民族性的障碍便消失了。可是,它们获得的安慰只是可怜的安慰;这种安慰不能代替属于一个强盛的、令人害怕的和受到尊敬的伟大民族的自豪感。只有这种给人安慰的思想,才是对德国未来抱有信心;我和你们一样坚定地表示这种信心。是的,德国人民了不起——它有美好的未来。德国人的命运还没有完结……至于时间和机会,肉眼还不能预见,人类的力量还不能促使它们到来……对我们个人来说,这期间要做得足,每个人根据自己的才能、禀赋、状况,共同致力于德国人民的教育,使之强盛,从各个方面,上上下下传播——不让它落在别的民族后面,至少让它往前走——不让精神日渐衰亡,让它容光焕发,活泼愉快——不让它自暴自弃,不让它心脏衰弱,让它准备好,一旦光荣的日子来到,便能做出一切伟大的行动……"①

他继续说,至于现在,请看清情况!姑且认定最有利的假设,拿破仑军队彻底败北,结果会怎样呢?"你们谈到觉醒,德国人民的复兴。你们认为,这个国家的人民不会让人夺走它以血的宝贵代价获得的东西,也就是自由。这个国家的人民确实觉醒了吗?它知道它想要的东西吗?你们忘记了耶拿那个正直的粗人对邻人所说的名言吗:'法国人走了,房间打扫干净了,俄国人会来的!……'睡得太深沉了,最猛烈的摇晃也不能那么快让它醒过来。难道一切活动都是奋起(向上的运动 Erhehung)吗?……你们说:自由……你们说:解放——不是摆脱外国人的枷锁,而是摆脱外来的枷锁……够了!我们别谈这个!"

吕登过于激动,无法转达谈话的结尾,他眼噙泪水,说他这时深信,那些指责歌德对不幸和幸福,对共同体的耻辱和光荣无动于衷的人,那是错得可怕。"他对重大事件和当时尴尬的谈判表示沉默,仅仅是一种痛苦的忍让,在他所处的情况下,他对人和事物的正确了解只

① "Damit der Geist nicht verkümmere, sondern frisch und heiter bleibe, damit es nicht verzage, nicht kleinmüthig werde, sondern fähig bleibe zu jeglicher grossen That, wenn der Tag des Ruhmes anbricht."——原注

能让他决定这样做。”①

他的“痛苦的忍让”……他强有力的控制力把它遮盖住了，德国人民没有看到，在对民族来说最严峻的时刻，德国人民下了决心，也迫使他高昂着头颅，无可变更地排除忧愁和使人沮丧的思想②，保全精神的光彩和活力，一旦这个时刻来临，“不让它自暴自弃……让它准备好行动”。

歌德在社会方面的全部行动，目前可以根据不抱幻想的坚忍的现实主义原则来解释：

> 我知道自己能做什么，不能做什么，我只想做自己能做的事……”

但是，歌德的思想难道不是不断地摆脱眼前命运的铁圈吗？歌德不是，也从来不全部是一八一三年魏玛时期的歌德。有一个完全不同的歌德！他“不断渴望一个整体”，“本人就是一个整体”。③ 如果他的行动受到时间范围的限制，而他的思想却一点儿不受限制；他养成习惯把每一天重新放回日子的延续中，不是从永恒，而是从永恒变化的角度去观察和判断人类的整个发展过程。

当他为眼前做出社会政治行动（或立场）时，或者是为了另一个历史时刻，或者是为了另一个人物，绝不考虑截然不同的选择。据亨利·克拉布·鲁宾逊叙述，在公爵和大学生险些酿成暴动的争执中，这个斯芬克斯④冷静地回答：“双方各持己见，言之成理：大学生就像

① 一八一三年十一月。——原注

② 参阅拙作《歌德和贝多芬》第一八四至一八七页。在大炮轰鸣的时候，他逼着演员演下去。——原注

③ “对于日常中每一件荒唐的事，永远只应该以世界史的整体来对照。”（《格言集》）——原注

④ 斯芬克斯，希腊神话中女首狮身有翅的怪物，缪斯传授给她各种隐谜，它在底比斯城外山岩上向行人提出一个关于人的谜语，猜不中的人都被它杀死。

大学生;公爵就像统治者。”①——这个沙漠里的斯芬克斯,目光平静,注视着世世代代,总是准备抛弃魏玛时期的歌德的观点,赞成另一个也有价值的观点。因此,他对像法国大革命这样严肃的政治问题,表面上思想多变。他依次说:

“我憎恶一切革命,因为革命创造的东西和消灭的东西一样多。”②

还有:“我绝不喜欢怀疑的嗜癖,而喜欢直接攻击窃取的权力。窃取的权力可能在几个世纪里占据优势,但对默默无闻的愚蠢的人民并无损害;人民没有它,情况会更糟。但最后,当为了满足我们的某些需要,真正的权力变得必不可少时,想成为右派和想成为左派的人却倒下了,我对此并不感到害怕!……我只是聚精会神地观察,在旧篱笆倒下时,我能看得多远。”③

他从来不害怕相反的两极。他感到厌恶的是,既非说是,亦非说否,而是欲言又止和妥协。他说:“我能设想自己处于相反的体系中,但不能处于中间状态……”④

可以这样确定他对革命的立场:

“即使我不幸要处于反对派中,”他说,“我也宁可要起义和革命,而不想徘徊在永远谴责既存秩序的阴暗圈子里。我一生中从来不会无谓地反对群众或主导原则的强大潮流……”⑤

不,强烈的仇恨,成为自然力量的社会爆发,一点不令他

① “不断地渴望一个整体,如果你自己不能成为一个整体,那就依附于一个整体,好像有用的肢体一样!”(《思想录》)——原注

② 见一八二五年四月二十七日致艾克曼的信。——原注

③ 见一八二九年一月十日致舒尔茨的信。——原注

④ 见一八一九年六月十四日致米勒和迈耶尔的信。——原注

⑤ 见一八二三年二月致封·米勒的信。——原注

恐惧。

“我非常愉快地感到，有的事物我厌恶，因为对精神来说，没有什么比感到事物是本来的样子更难以忍受的了：这是毁掉一切真实的感情。”①

真——真实——这是基石。对此，歌德从来没有犹豫过。其他作家，如托尔斯泰和那些描写心灵的天才，理智的平衡力量不能使他们平衡的作家，要在爱与真之间摇摆。歌德不是这样。如果真实在燃烧，那就既好又坏！真实是火。②

“我更喜欢有害的真实，而不是有用的错误：真实治疗痛苦，或许是真实引起了痛苦。”③

“有害的真实是有用的，因为它只会损害一时，随后便导向别的真实，而它们总是有用的；可是，有用的错误却是有害的，因为它只会有用一时，却通向其他错误，它们总是更加有害。”④

他不厌其烦地重复这个思想，同样，人们在他那里找到对他的女王——真实的热烈、全部、绝对、忠实的敬意。我只举出两个不容置疑的样品：

“人们要求于天才的第一件和最后一件事，就是热爱真实。”⑤

“所有的法律和道德准则，都归结为一个：真。”⑥

① 见一八〇四年四月末致 H. C. 鲁宾逊的信。——原注

② “真实是火炬，不过是可怕的火炬；我们眨巴着眼睛，从前面走过，我们因害怕在里面焚烧而发抖。”（《格言集》）——原注

③ 见《诗集》。——原注

④ 见一七八七年六月八日致施泰因夫人的信。——原注

⑤ 见《格言集》。——原注

⑥ 德文是：“Alle Gesetze und Sittenregeln lassen sich auf eine zurück führen, auf die Wahrheit.”（1819 年 3 月 28 日致冯·米勒的信）——原注

歌德是一个从来不说谎的作家。这种几乎独一无二的精神完整性,把一种可怕的严肃——我说的是可怕的,甚至在他的优美和宁静中,就像灿烂的天空可能出现的那样——传达给他的全部作品。散布一种均匀的光,没有流星,没有海市蜃楼。一种不是虚假的耀眼,没有浮夸辞藻,没有文字游戏的诗。这强有力的身体有强烈的需要,了解肉体快乐的代价。他在饭桌上,面对一瓶布戈涅葡萄酒,同老朋友一起欢笑——或者在一个漂亮女人的床上嬉笑。但他的精神在他的创作中,在他所寻找的东西中却难得欢笑。他总是在努力时精神紧张,以便紧随着真,服务于真。

然而,真实总是向前发展的,但绝不是在死亡和过时中发展。他的思想和他的意愿总是由此导向旭日。魏玛时期的歌德宣告它到来,在原地等待着它。但是歌德-浮士德迎上前去;他让浮士德摆脱了黑暗状态。正是他说出了临死时的浮士德那句不朽的话:

"Nur der verdient sich Freiheit wie das Leben

Der täglich sie erobern muss."

("唯有那一位应得自由和生命,他每天都获得它们。")

这句话是我们的旗帜。它飘扬在一切革命之上和革命之中。因为一切革命都要确定一个目标,只到此为止。而垂死的浮士德还在行走,始终在行走。他的旗帜是不断革命的旗帜,永远向命运发起冲击,日复一日以强力夺取一部分真实。

前进,倒下,爬起来——行动,工作,斗争,效劳——然后,被毁灭——为了重新开始……

"死和变"——个人,民族,世界,宇宙万物的单子——蛹!

郑克鲁 译

自　　传

内心旅程

三道灵光

我一直同时过着两种生活：一种是由于遗传因素组合，使我在空间的某一地点和时间的某一时刻度过的人的生活；另一种是没有面孔、没有名字、不受地点限制、不受时间约束的“内心”的生活，这种生活才是整个一生的本质和灵感。这两种生活截然不同而又互相配合：一种是表面而短暂的；另一种则是持久而深远的。前者，因为它是天生的，在我的童年和青年时期，以至在我活跃的和感情的生活的绝大部分时间里，掩盖了后者。潜在意识只有通过突然爆发的形式，成功地挤破岁月的外壳，才能像喷水井那样爆发出来——但仅仅是那么几秒钟——然后又重新消失并被大地之唇吸走了。直到成年时期，生活的挫折一次又一次地打击并扩大了外壳的伤痕，内在灵魂的冲动才为隐秘的“内心”铺平了在平原的河床上来往的通道。

在达到目前这种与“宇宙的生命”直接相通、水乳交融的状态之前，我的生活同它是有所隔离的，虽然相距很近，能够听到它在我身边活动，如悬崖下潺潺的流水。相隔很久以后，突然间，在我最意料不到的时刻，迎面涌来的激浪使我感到惊讶并如醍醐灌顶般清醒。

我记录了在灵魂的这些喷射中的三次喷射，闪现的灵光中的三道灵光。它们使我的血管充满了那使宇宙的心脏搏动的火。它那燃烧的痕迹在我像小卵石一般受尽磨难的衰老躯体上依然清晰可辨，犹如它在遥远的往昔，在我青年时期娇嫩而炽热的皮肉上打下的烙印一般。

这三次神圣的瞬间（几乎是时隐时现的高空闪电），它们的魅力只有在我本人消逝时才会消逝，它们是：

费尔内[①]的平台；

斯宾诺莎火热的语言；

托尔斯泰在隧道之夜的启示。

我的童年是在亲切愉快而氛围和谐的家乡度过的，后来，我在《哥拉》[②]里玩味并歌颂了故乡的乐趣。直到如今，我还不知道有什么别的地方能如此满足我的多种需要。我说的是乡村，而不是那些居民，虽然我很喜欢好看的尼韦内人，他们爽直而乐观，面部轮廓线条分明，长着淡蓝色的眼睛，譬如我的父亲，他是标准的尼韦内人，还有那位创办了《尼韦内杂志》的可怜的科尔努，也很典型。但是，必须承认，外省的文化生活是太沉闷了，要是长期住在那里是不可能不感到厌倦的。[③]

我之所以毫不感到厌倦，是因为能同柏莱弗的三个朋友聚在一起，畅饮教士家酿制的美酒，领略视线内这完美和谐的景色：丘陵和河流，树林和草场，清晰地映在水中；淡红和金黄色的土地，就像在披肩般繁花盛开的灌木丛下袒露着的一个美丽的肚子。如今，我还在舌尖反复品味童年时那一段美好的回忆。那时我们在夏天都去靠近奥塞尔的蒙布隆我祖父的田庄，一路上听到蜜蜂在嗡鸣，含有脂汁的枞树在灿烂的阳光下发出管风琴似的乐声；或是在溪畔，听到溪水潺潺的拍打声和在牧场上啃草的花斑牛的舌头有节奏的咀嚼声融合在一起。我呢，我的舌尖也在品尝牧草的气息；它们的养分、滋味和气息渗入我

① 费尔内，蕾芒湖畔（法国一侧）幽静而美丽的别墅，伏尔泰一生的后二十年主要在这里度过。因而人们称伏尔泰为“费尔内的哲人”。

② 指小说《哥拉·布勒尼翁》。

③ 我讲的是我童年时期的情况。后来，那小城市已变得有生气了。——原注

的手心、我的耳朵和我的鼻孔里，而青草、树脂、蜜蜂、洋槐、温暖或湿润的泥土组成的乐队在飒飒作响。我的肉体已经永远被它们浸透了。直到我生命的最后时刻，我都会沐浴在星空的宁静之中，天空以黑暗的翅膀把我裹在阴影之中。那时就是在这样夏日的夜晚，我的小腿快步疾走（我还不到十二岁），挽着父亲的手，行进在克拉姆西到柏莱弗的路上（穿过树林和田野有十公里路程），夜晚，我们出其不意地来到祖母的住处。如果我想寻找一下，我会在记忆深处重新找到那天夜晚的协奏曲里最细微的颤音，一棵孤立田间的胡桃树在月色映射下出现的可怕的阴影，一只田鼠的吱吱尖叫声，闪闪发光的萤火虫……

可是直到今天，我才能欣赏所有这些音乐。而当时，我丝毫没有感觉到这种音乐。那时的我就像一块海绵，音乐虽然浸透了我的全身，而我却未曾觉察。犹如海绵在水上荡漾，我任自己在那大自然之底漂流。我几乎不知道大自然的存在。或许，我一生都可能处在贪婪的不知不觉和盲目的半醒半睡状态中——我相信这是大多数人的状况，这些人和牧场上的马匹一样，对他们的田园怀着深情，圈禁在规定的范围之内——如果不是一次冲击把我唤醒的话……

我十六岁的时候，第一次跨越了法国的国境，但是很近。一八八二年夏天，我同妈妈和妹妹来到多菲内[①]的阿勒瓦，是由于我的喉病而被送到那里的；初次同阿尔卑斯山区大自然的接触使我悄悄地受到震动和激励，虽然由于缺乏经验我还不能了解正在我心头聚集的困扰，而当时的情形正像暴风雨前聚集的乌云正在酝酿着闪电一般。到该回巴黎的时候，我母亲想让我高兴一下，她在这次旅游中同我们一样享受欢乐。在大自然的怀抱里，她简直成了我们三个人中最年轻的人了。她的心情最为激动，为了不错过夏夜的美景，她常常起床赤脚走到窗前，一待就是几个小时，呼吸清新的空气，凝望太空中缓缓移动的星星消失，直至晨曦来临，她肿胀惺忪的眼帘才垂下，遮住她永远明亮

① 多菲内，古省名，在法国东南部阿尔卑斯山脉地区，与意大利接壤，距离瑞士也不远。

的蓝眼睛……母亲使我们感到惊喜，九月初，她把我们带进了瑞士。但我们走得并不远。假期的日子限制了我们，尤其是我们的财力有限。父亲辛苦挣得的钱有限，而他却待在巴黎的火炉里无假可休呢。我们没有越过蕾芒湖一步；我们的旅行只到洛桑就结束了……我亲爱的朋友们，你们听了会发笑吧，今天，你们可以乘飞机或者坐上快车，在午饭和晚饭之间，既无不安，也不需挨饿就跨越了大片土地！可是在那时，我得到的面包屑就像迦南婚宴上的小鱼一样，足以喂养一大群人哩①！……

在罗尔和尼翁之间，我重新找到的可能不是蕾芒湖的湖滨，而是我曾外祖父博尼亚②的小白马的脚步；我受到的那次决定性的精神冲击不是在瑞士的土地，而是在法国的边界，在费尔内的平台上。为何选定了这个地方呢？伏尔泰对我说了些什么呢？《扎伊尔》③里的一些诗句不过只在我脑海中掠过而已，长期以来我都不大喜欢。直到三十年后，在大战期间，我才在我的“万神殿”中给尽情讥笑的守护神④安排了应有的位置。从他特意为来客敞开的房子里出来，在花园里走上几步，在那绿荫蔽天的小径上，就在这时，只一分钟时间……还要少些！是二十秒钟……电闪雷鸣……我看到了，我终于看到了！……

我看到了什么？那景色非常优美，但非超凡脱俗。这里的山岗格局并不独特。宽阔的地平线，广袤的天际，一片赏心悦目的土地，满眼是繁茂的花园和草地，逶迤而下，徐徐倾向蓝色湖泊的两岸。在天幕深处，在色彩斑斓的九月之晨湿润的空气中，宏伟的阿尔卑斯山峰峦如古希腊圣殿的脊檐，交迭蔓延开去，似潮水汹涌向前，但却在辽远的

① 据圣经故事，耶稣在迦南显灵，变水为酒，并将五张大麦饼和两条小鱼分给五千多人吃。

② 博尼亚是罗曼·罗兰的祖母的父亲。

③ 《扎伊尔》是伏尔泰于一七三二年写的一部悲剧。通过爱情故事，表达了反对宗教狂热，主张不同宗教信仰互相宽容的思想。

④ 指伏尔泰。

天际,犹如“田园交响曲”①中暴风雨逐步缓和以至消逝而去。没有一丝浪漫主义的痕迹。这是卢梭之前古典派的宏伟景色。丰满而宁静的和声,配着协和和弦,精心配器,没有多余的铜管,只有木管和弦乐器,一目了然,构思清晰,给人快感而又不失理智……那么,为何在这里我得到了启示,而不是在别处呢?我不知道。但那却是一层突然间被揭去的面纱。心灵仿佛是被亵渎的处女,在紧紧地拥抱中敞开了自己,感受到大自然男性般的陶醉热流在她体内涌动。于是第一次,她怀孕了……往日的种种抚爱和温存,尼韦内景色诗意的和感官的激情,夏日阳光下的蜂蜜和葡萄,缀满繁星的夜晚,爱与恐惧的抑郁,忽然间全都充满意义,一切全都明白了;就在这一刹那,我看到了那赤裸裸的大自然,我“认识”了大自然,我感悟到我过去就爱它,因为我那时就认识它。我知道,从我出生之日起,我就是属于它的,我知道我会分娩②的……

随后,面纱重新落下,于是我回到了巴黎。

如果我信奉符号象征的话,我会高兴地想到:为了扯掉蒙在我眼上的布条,掌握我命运的那双无形巨手,可能早已等待我来到法国边境,并且等待我的目光超越国界。我要狡黠地将这变奏曲的美妙主题,奉献给我亲爱的敌人(那些民族主义者),以便他们在对我的起诉书中增加新的罪状。

两年之后,第二道灵光降落了。那是在我十六岁到十八岁之间。

悲剧性的两年啊!在那些除了现实的才能之外就什么都看不见的人的眼中,一个年轻人除了家庭生活和学校生活以外,其他都是微不足道的。殊不知那些年月,我经历了一些挫折,感到极度绝望。在那些日子里,且不说别的,我居然触及到了空虚的深渊。

---

① 指贝多芬的F大调第六交响曲,作于一八〇八年。

② 这里“分娩”一词也可解释为“创作”,罗兰用这个词意义双关。

——“噢！可爱的青春！”施皮特勒[①]想到他自己的青春，辛辣地对我说。

我以后有机会再来谈这些……当我沉沦的时候，唯独在莎士比亚的风暴，掀起了黯淡海洋中的最底层，并通过旋涡，把我的破舟重又带回到水面，却又在夜间把它重新沉入海底。我以后要谈到，当时哈姆莱特是我多么亲密的伙伴，我为他写了多少评论，犹如常春藤似的紧紧抓住每一个字……

然而，我的心灵正经历着一场大的蜕变，强烈而令人心碎。从肉体到灵魂，我都在蜕变，从声音以至思想，都发生了变化。十六岁时，在费尔内的平台上，我的智力依然局限在抽象的概念中。那时，我在圣路易中学听埃弗兰和达尔吕讲哲学课，觉得迷迷糊糊。在那种没有面孔、没有颜色、没有气味、手摸不着、嘴咬不到的语言中，那些形而上学和数学上的机械词语对感官的亲热和刺激一概拒绝。对这些头脑创造出来的天才的工具，我私下真感到憋气并且怀有敌意……“Fuor Barbari！……”[②]但不到一年工夫，为进高等师范学校做准备，我在路易大帝中学再次进了哲学班，我竟成为班上的第一名。我杰出的老师夏庞蒂埃先生长得又高又胖，居然不时兴致勃勃地向学生们大声宣读我的那些论文。在这些论文里，我还曾作为思想的导演，恶作剧地让马勒布朗士[③]和他的狗进行对话……哲学之门打开了，我跨进了“无形”王国的门槛——无疑是作为神人同形同性论者；可是，有多少哲学家（我说的是那些伟大的）曾比我缺少坦率，而却更加自命不凡呢！

在路易大帝中学哲学A班上，哲学园地相当狭小，但我们专心致志地挖掘和翻土。这个园地局限在围有高高篱笆的笛卡尔[④]花园之内，它犹如一座智力的凡尔赛宫。在两三年的时间里，我被笛卡尔的

---

① 施皮特勒（1845—1924），瑞士德语作家，一九一九年获诺贝尔文学奖。

② 拉丁文：意为粗野无知之人的憎恶。

③ 马勒布朗士（1638—1715），法国形而上学者。

④ 笛卡尔（1596—1650），法国哲学家、数学家和物理学家。他在哲学上是二元论者。

精髓抚育着。我还到附近的围墙里(哲学B班),即比尔多[1]的葡萄园里,随手摘取些剩余的葡萄——苏格拉底以前的超自然主义的虚幻的东西。几粒种子从爱奥尼亚人和古西西里人这些智慧之鸟的嘴里落下来,后来在我写的论文《阿格利让特的恩培多克勒》中生根发芽。但是,思想上的自然发展把我引向另一些人,他们从笛卡尔庄严而又硕果累累的花园里,通过一个缺口,又开辟了灿烂的前景。这种思想上的道路领着我笔直地、本能地走向斯宾诺莎。

我至今仍珍存着在奥德翁剧院附近书摊上买到的已变得珍稀的版本,它在那些年里成了我的长生饮剂:《斯宾诺莎文集》,由埃米尔·赛塞翻译并附有评论性序言,夏庞蒂埃出版社,一八七二年增订新版,为十二开本三卷集,绿面精装。

虽然我的思想现在已从伯努瓦大师[2]严格的理性主义中解放出来,并且发现那种主义有许多谬误推理,但是他对我来说仍然是神圣的,犹如《圣经》之于信徒。我每次翻阅这三卷书时总不禁怀着虔敬之情。我永远忘不了在我经历精神风暴的青春时代,我在《伦理学》[3]深邃的安乐窝里找到了庇护所。

冬日,下午四点钟。白昼将尽。暗淡的天空一片灰色而阴冷。我坐在窗口倚墙安置的桌子前。外面,米什莱街上朔风呼啸,隔着一排栏栅,里面是制药学校阴森森的花园,偶尔出现的游人仿佛在草木的墓[4]前祈祷。可是我对户外的景象漠然无视。我与外界隔绝,我被禁

① 比尔多(1851—1894),法国哲学家,叔本华著作的法文译者。

② 指荷兰唯物主义哲学家斯宾诺莎(1638—1677)。斯宾诺莎肯定“实体”即自然界,是一切事物的统一,否定超自然的上帝存在。但又把“实体”也叫作“上帝”,从而给唯物主义披上泛神论的外衣。在认识论方面,斯宾诺莎是唯理论(或理性主义者)的主要代表之一。他认为感性知识不可靠,只有用理性认识和推理才能得到真正可靠的知识。

③ 宾诺莎的唯物主义名著,用拉丁文写成。原著全称《用几何学方法作论证的伦理学》。

④ 以后绿茵就扩大了。那时,花园刚刚开放,满园都是大小石块。——原注

锢在关闭的房间里,禁锢在我抵抗寒冷汗毛竖立的躯壳里,严寒侵入没有壁炉的房间,钻入我的外套里,使我瑟瑟的身体缩成一团。我用冻僵的手指拿着书本,陷入了沉思。我感到,在我周围,白日带着阴沉的光晕,在慢慢消逝,令人忧愁,那无情的大自然,那犹如虎钳钳住的石头城,以及压得我透不过气来的思想,都令人忧愁。万劫不复的囚徒被拴在监牢里,脚上拖着为生活而斗争的忧虑的铁球①,折磨人的、摆脱不开的考试的烦恼,贻害了当今多少青年;一次又一次的失败,尽管这种斗争令人乏味,我还得竭尽全力去应付,道义的责任使我不得不竭力取胜,不仅是为了生存,为了保全自己的性命,而且为了回报亲人们所做的无条件牺牲,他们把命运押在一张纸牌上,为了我的命运而孤注一掷。不幸而虚弱的孩子,负担着一种过分沉重的责任,而他自己并没有要求这样!这种责任感压得他透不过气来;可对于他来说,责任感也成了征服人生的一副铁甲,它压碎了他的肩膀,却迫使他坚忍不拔。要是没有它,他会沉溺在无休止的梦幻之中,那梦幻之音正在紧闭的蜂房似的心灵里嗡嗡作响呢。可是,在外套的掩护之下,他脆弱而神经质的精力正全神贯注,焦急地向外伸展,向着从狭窄的通风口射进来的一缕微光……

一缕微光穿透进来。我在黑暗的地窖里捕获了它。我把它固定在绿色封皮书本的如黑色线条小棍的字里行间。我的视力幻觉模模糊糊、经久不散,终于黑色小棍分开,产生了光华的“实体”。犹如熔解的金属,充满了我的眼窝,在我的生命内流淌,而且把它消化了;我的生命像一座熔铁炉,把它熔化,火花四溅……

只念一页就够了,四条“定理”的第一页,《伦理学》②这个燧石堆上碰击出来的几星耀眼的火花。

---

① 即铁球刑,犯人脚上拖一铁球,法国于一八五七年取消此刑。

② 《伦理学》第一部分(三)(四)(五)(六)和下面的说明。火花来自第一部分命题十五和十六以及第二部分的补则七的“附释”。——原注

(参照贺麟译本,一九八一年商务印书馆版。以下有关译文多参照贺译。有的地方罗兰引文与贺译不符,则根据罗兰所引用的法文译出。——译注)

我并没有抱任何幻想,也不希望别人抱任何幻想。我既不声称那种奇迹的效力是充满魔力的字句必然具有的,也不认为当时我就掌握了斯宾诺莎的真正思想。同样,在阅读第一部分中由埃米尔·赛塞所写的质朴、拘谨而又冗长的《序言》时,我并没有在这位唯灵论者令人吃惊的论点面前停顿下来,而是愉快地跳过那犹如挡火板的序言,直接读火一般的正文,我在斯宾诺莎的正文中发现的不是他,而是未知的自我。赛塞写序言的目的是要把我羁绊住。真是些天真的自我矛盾的评论家啊!可正是由于他们这样的人,我们反而认识并且热爱上那些创作禁书的天才们!在《伦理学》卷首的题词中,在那用闪闪发光的文字写成的“界说”中,我读到的并非是他说的话,而是我想说的,是我自己童年时用发音不清的口齿努力想表达的思想。谁都不会死读一本书。人们通过读书或者是为了发现自我,或者是为了控制自我。越是所谓最客观的书,越能使人产生错觉。最伟大的书本并不像电讯带上记录电文那样将其内容印入脑海,而是包含着有力冲击,以唤醒其他生命,从一个传到另一个,使这本书孕育着各种精华的火光蔓延成一片熊熊大火,从森林扑向森林。

在这里,我不想解释斯宾诺莎哲学对于解放思想的意义,而是说说我在其中捕捉到的一些东西,因为从我孩提时起,我那隐隐约约的热情就摸索着在寻求它们。

诚然,他绝不是几何程序推理的大师。斯宾诺莎之所以能征服我,并非由于他是个唯理论者(虽然他那辉煌的推理方法给我带来某些审美学上的乐趣),而是由于他是个唯实论者。

这种伟大人物的面貌竟然被一些职业哲学家冗长的舞文弄墨和咬文嚼字遮盖了起来,弄得看不见了,岂非咄咄怪事!他们怎么不能从第一眼起就领会那陶醉于实在中的眼光和声音呢?

> 从具体事物中,也就是说从实实在在的物体中撷取我们的一切观念,是绝对必要的。在前进中,随着因果的发展,从一个实体

> 到另一个实体,没有超越抽象或普遍的物体,既不是为了从这些概念中得出某些毫不现实的结论,也不是为了从某个现实来证实这些概念:因为,那样就会妨碍理解的真正进程。

主宰着《理解论》[①]中这些论点的是唯实论原则,紧接着他又补充了一个幻觉者坚定的保证:

> 必须指出的是,我所谓因果的发展和现实的存在,丝毫并不意味一系列特殊而变化着的事物,而只是一系列固定而永恒的事物。[②]

"固定而永恒的事物"是"实在的"。它们是最实在的。而每一个实在的事物是个别的。"固定而永恒的事物"是"特殊的"。没有一点抽象。唯有本质。唯有存在。一切都是存在:方式不可胜数,但有限;事物的各种属性的无限性却无限;存在的本质就是实体。"特殊而无限的存在,化为一切存在的存在,除此之外,别无他物。"

我简直高兴得有些晕头转向!……像是喝了火酒!……我的牢门被打开了。我终于得到了解答,我曾在痛苦和绝望之中模模糊糊地孕育过它,以历尽艰辛的感情呼唤过它,在伤痕和血泪中执着地追求它,期望它,终于得到了闪光的答案,从而解开了狮身人面像似的从童年时代就紧揪着我的心的人生之谜,解决了我辽阔的内心世界和使我蒙受屈辱、感到窒息的犹如囚室的个人躯壳之间的尖锐矛盾!……"能动的自然"和"被动的自然"[③]是一回事。"一切存在的东西都存在于神之内",[④]而我也一样,我也存在于神之中!我从冬夜冰冷的房间

① 赛塞译本,卷三,第三三八页。——原注

② 第二部分界说(六):《实在性和圆满性我理解为同一的》。——原注

③ 《伦理学》第一部分,命题二十九附释。译文照贺麟译本。

④ 《伦理学》第一部分,命题十五。

里，从实体的深渊里逃了出来，进入存在的灿烂阳光之中。

奇妙的境界啊！甚至超过了我极其狂妄放肆的幻想。不仅是我的肉体和我的精神，我的整个天地都沐浴在空间和思想无边无际的大海里，任何帆船都无法遍游每个角落。可是，在无穷无尽的海天苍翠之中，我听到另外一些大海，一些未知的大海在无休无止地微微作响。无数的事物的属性在微微发声作响，不可思议，永无休止。而所有这一切都包含于存在的海洋中。斯宾诺莎的直觉打开了闭锁的天空，提前两个世纪成为现代科学征服者的先驱。即使这种直觉知道并且对我们说，人类永远不能以人的形态登上那些新世界，但它毕竟把那些新世界确实存在这一令人陶醉的信息告诉了我们，那些新世界就在那里，离我们不远：这不仅是认识上的一个事实，而且是人与新世界共存的心灵的跳动。我的天地异常丰富多彩，在我瘦弱的胸膛的牢笼里，只有一瞬间窒息！我的心不会为它的广大无垠而感到痛苦。我展开翅膀，在那些空间翱翔，微微喘吁，独来独往。我不眨一眼地凝望着无所不在的面目——“全宇宙的面目”①——我感到被自由的必然那可靠的巨掌支托着，那是来自上帝。我不会跌落下来。因为我是它的。我的跌落将会是它——上帝的跌落……

> ……如果物质的一部分灭绝，物质的全部外延也就寂灭……②

我要跌落也只能向它跌落。我得到了安宁。一切都是安宁的。我为我的充实与和谐而感到欢欣……

> ……而且依某种永恒的必然性能自知其身，能知神，也能知各种事物，我永远不会停止存在；灵魂的真正的安宁，我永远地具

---

① 致舒勒第四十四函。——原注（原文为拉丁文。——译注）
② 致奥尔登堡第四函。——原注（原文为拉丁文。——译注）

有了。

《伦理学》的最后这几行,人们不应当以智慧的冷峻目光来读它们——我就没有这样做。人们应该用内心的激情和炽热的感觉来对待它们。我们应该分享我们欧洲的克里希纳①所说的那种"至福"的陶醉,它既是"一种爱情"②,也是一种感官的快感,是人类欢乐中最富于感性的享受:

> 永恒,那意味着,无限地扩展,或者,在渗透着外延的生命中,存在臻于最高的完美。③

品尝一下这不纯正的俗拉丁文刺激感官肉欲的风趣吧:"essendi fruitio④! ……以我的眼睛,以我的双手,以我的全部心灵,我体味了这句话。我已拥抱了存在。"

噢!查拉图斯特拉⑤的笑声!我没有等到尼采才来认识你。你的笑声在这里已能听到,而且是最美好最充实的和声啊!它们同《欢乐颂》⑥是何其相似啊!

> 欢乐是足以增进或助长身体的活动力量的情绪……快乐是善……愉快不会过度,笑是善的……我们感到的快乐愈大,则我们所达到的圆满性亦愈大……⑦

---

① 克里希纳,婆罗门教的主神之一。这里指斯宾诺莎。

② "神的爱或至福……"。——原注

③ 致L.梅耶第十二函。——原注

④ 即上段最后一句话:"存在臻于最高的完美。"

⑤ 查拉图斯特拉,公元前一千年左右波斯宗教家,古波斯拜火教(亦称琐罗亚斯德教,传入中国称祆教)的创始人。拜火教信仰善、光明同恶、黑暗之间的对立。火则是善和光明的代表。德国哲学家尼采著有《查拉图斯特拉如是说》,鼓吹超人哲学。

⑥ 贝多芬作《第九(合唱)交响曲》结束前的大合唱颂歌,原诗为席勒所作。

⑦ 《伦理学》第四部分命题四十一、命题四十二、命题十五之附释。——原注

……享受食物、芳香、色彩、美观的衣服、音乐、游戏、戏剧，以及对自己有益而无损于旁人的各种消遣娱乐吧……

……利用生活中的一切，尽情地享受吧……同别人共同生活，并且尽力同他们协调好，因为，凡足以引导人们共同生活的都是有益的……设法和别人一道分享欢乐[①]……在充分认识的基础上，和整个大自然融为一体[②]。

亿万生灵，让我们互相拥抱吧！

一片薄薄的阳光冲破云层透射进来，但不足以使田野光明普照。很快缝隙又复合了，被切开的云层重新弥合，原野又沦入半明半暗中。然而，思想赢得了巨大的胜利，它将永远不会被遗忘。它把探针放进关闭它的围墙里，发现这围墙并不厚实；它知道在围墙的外边，有阳光在等待；既然它已经在腐朽的木棍间凿开了一个小洞，它就得加倍努力，在这里或那里，探索薄弱之处，以便把障碍物摧毁。

但有些知道的事情并不等于就能够做到。由于力量仍然脆弱、模糊而分散，它还没有足够的时间，来掌握需要经过长期训练才能达到的集中意志的伟大艺术。岁月留下了光怪陆离的印象，一个尚未定型、可塑的性格对它们的抗力是十分微弱的，从而使生命的历程陷入迷津，这时只有依靠抓住的一线微光来引导它脱离困境。那一线微光不会破灭吗？

许多人在人生的旅途中就丧失了那一线光明。只有极少数的人有足够的耐心能够在任何情况下，不知疲倦地、没有损伤地把这一线微光如缫丝一般缠绕起来，一直缠绕在他们的手指之上。在青少年时代行将消逝的岁月里，心灵的欲望在思想和感受的天地里进行着难以满足的试探，它在求知欲和肉欲方面都很贪婪，既消耗着青春又出奇

① 《伦理学》第四部分命题四十。——原注

② 《智力的改良》。——原注

地充实了它。对一个希冀在混乱的日子里脱颖而出的人来说,最重要的事情就是把心灵的引线用于疏导那附着于生命中的一片盲目的混沌,使点滴的阳光进入这昏暗之中,并且把它们融合在一起,直至阳光映射在每个细胞上,犹如初升的曙光照射在草地的露珠上一样。这是终生要做的工作,任何人都不能在一次尝试中达到目的。

在高等师范学校学习的那些年月里,我在这方面进行了顽强的自我锻炼。哺育我的精神食粮同造就那位荷兰籍犹太人,那位古典的笛卡尔主义者①是迥然不同的。养育我的是尼韦内的肥沃土壤,是在莎士比亚的紫红色石南花和金雀花般的蜜汁,是托尔斯泰的丰富、饱满的优种麦粒和辛辣的松脂,还有瓦格纳的维京人②所饮的蜜酒,我得把斯宾诺莎的启示同这一切融合起来。我设想,这一任务同我们的远祖,未开化的高卢-日耳曼人在四世纪完成的任务并没有很大的不同,他们经过艰苦的努力,领会吸收了被译成罗马文字的基督教教义③。他们做到了,我也做到了这点。我不知道木匠的儿子④是否在基督教教义中还认识自己的面目。不过,我希望阿姆斯特丹的磨镜片工匠⑤在耻笑我的双重性时,不要过分责备我。

在我读高等师范时的一八八六至一八八八年间所写的日记里,人们可以找到我这种长期探索过程的每日记录:我把斯宾诺莎的思维模式重新揉捏成形,企求使之成为我自己的生活模式,直至胜利之日——一八八七年四月十一日(那决定命运的四月十一日,它在我一生中具有重大意义)——我终于得到了斯宾诺莎的上帝,并且根据我的见解和需要,适当地进行分解并重新组合。我在一篇简短的论文中,表达了以思维感受著称的斯宾诺莎主义,并以一个年轻人的傲慢

① 指斯宾诺莎。

② 维京人,原指八至十一世纪掠夺西欧海岸的北欧海盗,后转义为富有冒险精神的人。这里指瓦格纳音乐,特别是歌剧创作的精神和风格。

③ 指拉丁文《圣经》。

④ 指耶稣。

⑤ 指斯宾诺莎,他曾以磨镜片为生。

态度对未来的怀疑派表示挑战，论文题目是 *Credo quia verum*[①]。我把题词献给一位死去的朋友（可是当时我竟肯定他依然活着，这也是另一种挑战态度的表现）：乔治·密勒，那位名作家的哥哥。这部四十页左右的专题论文本身并无多大价值；它的价值只不过是作为见证而已；如果有人对此感兴趣，以后可以在我的文集中找到，我不会把它删掉的，因为它反映了我生命中早已倏忽而逝的一个阶段。我得以澄清内心的斗争而获得不寻常的安宁，这就足矣……

……长期以来第一次，我内心感到清新；我又恢复了平静……

这种新的精神上的平静，带着喜悦，于一八八七年春天初露端倪，我在《日记》里和给苏阿雷斯的信中表露了这种心情。我丝毫没有掩饰思想的脆弱，这种思想正是我的思想——用斯宾诺莎的话说，它对我的气质是那么"吻合"——以至在很长一段时期里，我感到不必去震动它。它为我提供了一个坚实的基础，至少是一个候车台，站在上面，我消除了疑虑，开始缔造我的生活——我真正的有创造性的生活——我的激情和我的作品。

人们有一天会看到，这一切都是那至高无上的"实体"的直接光辉，我已经证明在我身上和一切有生之物中，它是无所不在的。

时隔不久，在一八八七年的圣灵降临节，我第一次写信给托尔斯泰。同年九月，我从克拉姆西的老家再次写信给他，我是在到佛兰德[②]和荷兰做了一次旅行之后才回到家里度了几周的假期。他的回信于

① 拉丁文：《我相信，因为这是真理》。——译注
这篇文章刊登在《宇尔姆街的修道院》。（法文版编者注，一九五八年）

② 欧洲中世纪伯爵领地，现在包括比利时东佛兰德省和西佛兰德省以及法国北部部分地区。

一八八七年十月二十一日寄到巴黎米什莱街我的住所。我在不止一本书里谈到过,我对伟大老人的这种友善表示,怀着深深的感激之情,他给我忠告,并称我为他的"兄弟"。

可是,托尔斯泰对我的影响却不大被人重视。实际上,这种影响在美学上十分强烈,在道德观念上也相当强,但在理智方面却是毫不足道的。《战争与和平》虽然是卓越超群的艺术,但我从未看到任何一个法国人对它有过确切的评价,因为这部作品使狭隘的种族思想难堪。有鹰隼般敏锐眼力的一位天才在宇宙上空翱翔,那些有灵魂的人们(从他们中间涌出的千万条溪流,被永恒力量无法遏止的流势所牵引而奔向海洋)引起我内心深处的创作欲望,并且为我提供了第一个——也是无与伦比的——新史诗的典范。我从来没有模仿过他(我们的创作道路和我们的力量太不相同了);但他那部作品也许推动了我的《英雄传》《约翰·克利斯朵夫》和后来一些作品的创作。这些作品不论穿着小说、戏剧还是传记的外衣,都具有史诗的本质,而对这一点,我认为,没有一个评论家曾经注意到。

另一方面,托尔斯泰一生的全面范例对我的影响从未消失;从那时起,我始终没有忘记艺术对人类所负有的义务和责任;如果说我曾经不止一次地忽略了这一点,我承认,并且我在谴责自己。

至于他的哲学思想,是在我自己的思想形成时才接触到,那时我已形成了自己美好的"信念",它崭新,刚刚规划好,而且是按我自己的尺度构成的。应该补充一下,托尔斯泰的哲学思想在我看来总是那么平庸无奇,他从自我教育的杂货摊中拣来旧布大裁大剪,并用粗笨的手指小心翼翼地又把它们重新缝合在一起。我对他的这种贬损有些不公正,这是由于我对这位我最爱戴的同时代人的理智力和创作天才之间的不相称,感到失望而暗自埋怨。我记得,在我同托尔斯泰"度蜜月"的初期,当我生活在娜塔莎[1]的怀抱中,生活在我的情敌安德烈公

① 娜塔莎,《战争与和平》中女主人公之一。

爵[1]疑心重重的亲近之中,当时我就过激地将易卜生优越的理智力同托尔斯泰麻木而无力的哲学思想对比过。战后,有人请我为布尔加科夫所著的《托尔斯泰的伦理学》写一篇序言,在我重读了那篇“自称符合”伟大人物的哲学思想的摘要之后,产生了很大的反感,于是我愤怒地拒绝了,并且答复说,对于他的理智力上的蒙昧主义,我甚至要与之斗争呢。当人们接触到我和托尔斯泰精神上的关系时,这是必须了解的一点;诚然,我本人对造成舆论的误解也应承担责任。因为,我在他逝世后不久写的一本小册子中,出于对这位可亲可敬的天才的爱戴,我本能地回避了我们之间的一切区别,仅仅期望在他的墓前献上我满腔的敬意。

每个人身上都存在着两种人(我说“两种”,是简而言之):一种是本能的人,一种是理智的人;一种是下意识的人,一种是在争斗不休、动荡不止的土地上竭力创造自己个性的人。他们一直格格不入。如果土地十分富饶,而耕耘这块土地的臂膀和工具——意志力量——却很粗鲁而简陋,那么这种差异就更加明显了,就像托尔斯泰的情况那样。在托尔斯泰身上,意志的存在在各方面都同自然的存在截然不同;这种自觉或不自觉的对抗,从未停止过,他晚年的作品和谈话表现得尤其突出。[2] 这种对抗却经常使天才遭受到粗暴的压抑,而那种半瓶子醋学者持有的顽固的理性主义所表现出来的平庸反而得逞。关于那位辉煌的天才,以及他那伸入地里错综蔓延的根须,犹如狡猾的长蛇,蜿蜒伸向远方去吮吸生命的源泉,没有人比高尔基在那篇灵感洋溢、堪称楷模的随笔文章里,描写得更加生动了,他将坐在亚斯纳亚

---

① 安德烈公爵,《战争与和平》中男主人公之一。

② 把瓦朗丹·布尔加科夫在托尔斯泰面前写的并得到他同意的《托尔斯泰的伦理学》,和他在那几个月里写的《托尔斯泰晚年言行录》这本忠实地记录了托尔斯泰家庭琐事的书进行比较就足够了。前者描绘了一位比克伦威尔军队中受约束的清教徒更加狭隘、更加令人无法容忍的空论家。后者则刻画了一位让激动的心灵毫无拘束地倾诉的自由天才。——原注

大树下的欧丁[1]老人,简直刻画得栩栩如生。那才是我所爱的人,而不是把他那教理形象填塞到驯服顺从的托尔斯泰信徒头脑里去的冬烘学究式的乡绅。正是通过在生命的外壳下蠕动并且执着地深嵌在“本体”心脏里的那些隐伏着的根须,我们远在相识之前就已互通心声了。在我读到托尔斯泰的一字一句之前,我自己的根须已经和他的根须在大地的肌肤之中纠缠在一起了。

这就要引导我谈到第三次启示。

我已记不起确切的日期了。大概是我进高等师范学校之前不久吧,我曾乘火车在北方的铁路线上做了一次短途旅行。那是在一个下午,火车突然在一条隧道中间停住了。车厢里的灯光全熄灭了。过了几分钟,火车还一直停着。车头发出令人焦虑的呼救信号。同车的旅客都显得惊惶不安。人们脑海里全想的是眼前的事故,而我却在遐思冥想……忽然隧道好像洞开了,我看见了外面阳光普照下的田野,紫苜蓿波浪起伏,百灵鸟飞向云霄。我心里想着:“这一切是我的,我就在那里。这节在黑暗中的车厢对我会怎样呢? 几秒钟后,我有可能被压成齑粉。会吗? 我? 不! 我不会被抓住的。我比空气更变幻无常,如同千变万化的普洛透斯[2],我会从手指缝隙中溜走,能通过板壁和弯弯曲曲的铁路逃遁,能从被压得粉碎的皮肉和石拱顶下逃脱出来。我无所不在,到处有我,我便是万物……”

于是,虽然在一动不动的车厢昏暗的角落里缩成一团,我的心却在轻松地欢笑……

大约在一年以后,我第一次贪婪地阅读《战争与和平》,当我读到有关彼埃尔顿悟的段落时,不禁浑身打战:

在法国人从莫斯科撤退时,他成了俘虏,跟在他们的后面。一天

① 欧丁是北欧神话中掌管知识、文化、诗歌、艺术、战争等的神,这里是指托尔斯泰。亚斯纳亚是托翁的故乡。

② 普洛透斯,希腊神话中变幻无常的海神,又名海中老人,博古通今,能知未来。

黄昏,在卡卢加的大路上,他坐在一辆无人的、卸了马的车子旁边,“盘着双腿,垂下头,沉思着”,如此过了一个多钟头,没有人打搅他……

> 忽然,他放声大笑,一种孩子似的善良的畅笑,使他从头到脚都震动起来,以致他周围的人对这种突然迸发的快乐都转过身来看望。——“哈!哈!”他自言自语道,“他们抓住了我,他们把我关了起来……谁,是我吗?是我不朽的灵魂吗?……哈!哈!哈!……”他笑出了眼泪。一个士兵站起身并走过来,看看究竟是什么引起这位高个子发笑。彼埃尔停住了笑声,也站起身来,走了开去……一轮圆月高挂在天顶。周围的树林和田野显现出轮廓;在洒遍月光的田野和树林那边,再过去,日光消失在一个无边无际的天涯深处。彼埃尔凝望着夜空苍穹。“这一切都属于我,”他想,“这一切都在我的心中,这一切就是我……那就是他们所捉住的,他们关在木棚里的就是这些!”他微笑着,走到他的伙伴们旁边躺下来,睡觉了。①

从滞留在隧道里的那天起,我带着同样的微笑,在人生的旅程中,不止一次地在无边的黑夜里穿过许多艰难险阻的隧道,同我的伙伴们睡在一起。我能感觉到他们的汗水,感觉到他们的肉体在颤动;我的躯体由于各种复杂的情欲、欲望、憎恶、痛苦、愤怒和恐惧,也和他们一样在颤动。——然而,我是那“洒遍月光的田野和树林”,我是冲入云霄,向和平飞去的云雀……

维尔纳夫,一九二四年七月五日至二十日

---

① 彼埃尔是《战争与和平》中男主人公之一。他心地善良,沉溺于思索,体现了作者托尔斯泰本人的部分性格,罗兰引述的这段情节,见《战争与和平》第四卷第二部第十四节。

弓箭手

生命是一张弓;而弓之弦则是梦想。那么弓箭手在哪里呢?

我见过一些华美的弓,用柔韧而坚实的木料制成,没有任何节痕,弓背匀称凸起,犹似神像的眼眉,可是这些弓却没有得到运用。

我知道有些准备震颤的弦线,在寂静中颤动,仿佛从动荡的内脏中抽出的肠线。它们紧绷着,它们将要奏响……它们等待着什么,以射出银矢——音符——在大气的湖面上引起涟漪?……可是它们终于松弛了。永远没有人会听到它们响亮的声音了。

箭筒沉睡,箭枝纷散。
何时弓箭手才来捻弓?

他很早就把箭搭在我梦幻的弓弦之上。我几乎记不起我何时曾躲开过他。只有上帝才知道我是怎样地梦想啊!我的一生就是一场梦幻。我梦想我的爱恋、我的行动和我的理念。夜晚,在我无法入睡之时,白天,似梦非梦似醒非醒之时,我心灵的谢赫拉札德解开了她的纺锤;由于急着讲述故事,梦幻的线搅乱了。我的弓落到了女人手里①。而箭手,我的主人,却睡着了。但即使在睡梦中,他对我也毫不放松。我靠近他躺着,我,犹如那把弓,我感到他的手放在我光滑的木质弓背上,那只美丽的手,修长的手指,伸展开了;那些手指以柔软的肌肉抚摸着在黑夜里奏鸣的琴弦。我感情的波动同他身体的颤动融合在一起;我有些战栗,等待着那苏醒的时刻,那时,神圣的箭手将把我搂进他的怀抱里。

---

① 指受"心灵的谢赫拉札德"控制。

所有我们这些具有生命的存在，都在他的掌握之中：精灵和肉体，人，兽类，元素（水与火）和流动的空气，以及树木的汁液——一切有生之物……

生存，真乃微不足道！要生活，生物就必须运动。你在何处，primus movens[①]？我向你祈求，弓箭手！生命之弓在你的脚下焦急地等待着。俯下身来！拣起我吧！张开我这弓，搭上箭，发射吧！

我的箭已振翅飞去；箭手将手掌从肩头挪回，目光凝望着飞矢逐渐消失在远方。而此时，那射过的弓弦之震颤也逐渐平静下来。

神秘的放松！谁能对此做出解释呢？生命的全部意义在于此：创造性的冲击。

万物都在期待这种创造性的冲击而生存。我常常观察那些动物和植物（我们的低等生物兄弟）奇异的睡眠，那些禁锢在茎衣里的植物，那些在睡梦中反刍的动物，那些梦游的马，那些终生在睡梦之中的生物……我感到在它们身上有一种不自觉的智慧，其中不无一些闪烁的忧郁的微光，表明思想即将呈现出光彩。

“……究竟何时才能出现呢？……”

闪烁的微光隐没了。它们又入睡了，疲倦，听天由命……

“时候还没有到呢……”

还得等待……

我们曾经等待，我们这些人类。时候到了。

但是对某些人来说，他还站在门口。而对另外一些人来说，他已经进入门内。他用脚碰碰那些在门口的。

---

① 拉丁文：原动力。

“你醒来吧！往前走呀！”

我一跃而起。我们往前走！

我创造，因而我才生存。生命的首要行动就是创造性的行动。从娘胎出世之际，新生的男孩带出几滴精液种子。一切都是种子，不论是来自肉体或来自心灵。每一种健全的思想是一粒植物种子的包壳，会喷发出生命的花粉。造物主绝不是那种工作六天而在星期日休息的有工会会员证的劳工。星期日就是主日，伟大的造物主日。造物主不知道有什么别的日子。假如他停止创造，哪怕是只有一秒钟，他便会死去。“空虚”张大两颚，在窥伺着……播种巨人在传播种子，犹如散布流泻的阳光；每一粒种子流泻出去，犹如另一个太阳。流泻吧，未来的收获，不论是出自肉体或来自思想！思想或肉体，都是生命之液……“我的不朽的女儿，留克特拉和曼提尼亚①……”我孕育我的思想并产生行动，就是我生殖的果实……圣子永恒地化为肉身……即使是我的葡萄汁，也是收葡萄的人在大桶中用脚踩出来的……

因此我一直在进行创造。而我希冀重现的，是最先我无意中发现的，并非虚幻，轻轻闪动，我的阿拉丁之灯——我创造性的力量。

是睡眠之梦，使我们得以梦幻。这梦幻是第一流艺术家和我们的首席大师。它孕育了活动的种种外形、种种故事和种种形象。我得需要相当的时间，才能将它们区分开来。何处是“内里”？何处是“外表”？最真实的是什么？我具有的不比别人多一丝一毫。或许“内里”归属于我的更少。我怕那些会将我带入陌生处所的梦幻，那些地方是人们从不知道门背后究竟是什么的顶楼和洞穴，那里有夜间的蜘蛛（这些动物虽不伤人，但在外省的屋子里却是最为恐怖的象征），将我缠绕在令人讨厌的黏糊糊的丝网之中。在我眼睛睁开的时候，我感觉到比较自信，比较有所依靠，比较果敢。我知道我所处地方的方围，

---

① 留克特拉，古代中希腊城市；曼提尼亚，古代南希腊城市。两城均在战争中遭到严重破坏，后又重建。

由于我爬着测算过;方围尺寸是不会变的。那里的物件和人都是灰暗而笨重迟钝的,但却很驯服。他们都比我强壮;但我能使他们变得顺从听话。如果我碰到一些专制暴君的话,会很快驯服他们,牵着他们的鼻子走!即使他们滥用权力的话,他们也会保卫我的。相互之间签订了一个条约的……

但是在眼睛闭起来的时候,游戏规则就多了!突然,我会离开,而且我不知道是何缘故要离开,同时我也不知道前往何处。起先,我一切都看不见,我以为我还在室内;潜伏的讲故事者吸引着我,我感到还比较平静……刹那间,一切混乱,成为虚无,出现怪相……我预感到不安,事物均将错乱;窗户、台桌,不在它们原处;熟识的面孔也不再表现出安全感;我孤单一人,并且我感觉房子里充斥着不礼貌的身影;但我难以看到他们;可是我听到他们在楼下游荡;他们登上楼来,我想躲开他们,我被他们抓住了,我喊叫起来,我以为是喊叫了起来……有时候,我从一个梦中逃跳到另一个梦中……有时候,我发现我的蜂房整齐无误令人放心,我的铜制小床,墙纸剥落下一块,那是我用指甲戳破的,闪现的微光,犹如一位安详的老妇人微弱的声音,以及隔壁房间酣睡者的呼噜声……我依然在梦幻之河上荡漾,我对比眼睁眼闭两个世界两种时光,而我却被我所躲避的世界所吸引:那种焦虑心理反而可以使我怀有愿望。在白日某些孤独的时刻,它会着魔似的不时出现。我设想,尤利西斯,逃脱了海上卡律布狄斯的旋涡,以及妖艳美人鱼的歌声,经过长期漂泊终于回到家乡伊塔克岛,在他的养猪人之间,与他忠实的妻子珀涅罗珀在深夜倾听他们的思乡呼唤。我童年的梦游,这是我的《奥德赛》。回到港湾之后,我就开始对我自己叙述那些遭遇。脚掌站立在大地之上,没有任何危险感,在白日光线和清晰头脑的保证下,我试图在网中捕捉夜之阴影。当然,我是在弄虚作假!我捕捉使我满意的,而撇开蜘蛛不管。可是我毕竟在它的网络之中;而我却对此并不知晓。我以为在攫取,而我却被攫取。我同梦幻玩耍并以为主导了它;但是被粘住的手指却碰到了它的网丝。五十多年以来,我每日都在编织,那些网丝已包住了我半个身体,犹如作茧自缚的蚕……我的眼睛还没有被包住,让我们看看蚕茧的细微变化!

可笑而又可怜的小虫啊,在性的纺锤之下,如脆弱的花蕾,它的茧丝被最初梦幻的金色环结无意中不知不觉地弄乱了。被欲望引诱的老实人,他既不知道这种欲望来自何处,也不知晓引向何方!欲望,那头生儿……一切均由于它——纯洁的或污秽的(这种标签只在社会上通行,而对它本身却无所谓),但是犹如在往昔油画表现的婴孩头上金色光环里已经反映出世界的面目,我在那婴孩的目光里看到了欲望,我们的头生儿,所有我们今后将出现的欲望,以微型的方式出现了——我们不相识的神祇,高峰与源流,傲慢与温情,胜利的阳光,失败的淡淡的阴影,臂膀犹如嘴巴,结合的快乐享受,以及强有力的手腕粉碎这些结合而感到的陶醉。这一切具有一个名字:爱。爱,生命之轴心,根据轮子转向刻画的多边形的或此或彼的角顶,就指示出自私和仇恨,或者是冷漠或者是牺牲,是行动或者是涅槃,是纯粹宝石般的童贞,或者是美杜莎[①]嘴唇淫荡的伤痕及其密发的纠缠……对于那些从外部来观察的人来说,对于伟大的人物来说,一切犹如一场游戏赌博。或许,一切生命就是一场游戏。但这是一场悲剧性的游戏。这出戏从最初的赌注开始就已初露端倪。从事游戏赌博的小狼看上去是不伤人的。到处都是些狼。我从耶稣与犹大的游戏赌博中就看到了各各他[②]。

回过来谈我们这些人,我们这些小人物!我得十分明确地表明,我个人是反对弗洛伊德所谓梦幻中的儿童就具有性爱本能的学说的……我对弗洛伊德个人(对他本人我是认识的)是很尊重的,而且我

① 据希腊神话,美杜莎(或译:墨杜萨)为三个戈耳工之一。戈耳工为一种女怪物,她们的头发都是毒蛇,嘴里长有野猪的尖牙,身上还长有翅膀。美杜莎为三个戈耳工中最小的,也是最危险的。任何人只要看到她的脸,就会变成石头。美杜莎后来被英雄珀耳修斯杀死,并割下她的头献给智慧女神(也是女战神)雅典娜作为饰物。

② 各各他,即髑髅地,耶稣被钉死在十字架上的地方。

尊敬开拓者的大无畏精神，如同其伟大的腓尼基先人，最先冒险在黑暗的智慧大陆周围航行。他的眼睛见到什么，他就说了出来；那些犹如在沙漠中行走的心灵脱轨的人们，向他这位伟大的备受信赖的人，叙述了种种半真半假的故事，他就加以分类、挑选、整理。对于人类智慧的黑暗中世纪——将要来临——来说，他的潜意识学说(那是描述未知领域的学说)，大概会占有大普林尼[①]那样的地位。不过，我以平静的明确态度宣布：他所描绘的那一黑暗领域，不为我所有。我是属于另一类别的人。在记忆的海螺壳里，我这类人穿越许多世纪带来的，是另一种声音的回响，是另外魔怪的叫嚣，另外神祇的歌声[②]。

请不要打扰我，让我的思想沉浸在俄狄浦斯的神话故事和厄勒克特拉[③]的神话故事里吧！即使有做儿子的同我一样感受到心灵上的子女亲情，但是没有别的孩童比我更深地感受到年岁将我同年长者隔开的藩篱。需要考虑点什么吗？我没有超越这一藩篱的任何愿望，因为这一世界，犹如果实过于成熟而要烂了，对我没有一点诱惑力。孩子的嘴唇讨厌去亲吻胡子拉碴、满是皱纹的脸孔，并且在别人亲吻其面庞之后会去擦擦自己的脸孔。孩子的本能是十分爱好清洁的。新的生命往往隐蔽在古老的树木之中；而且就这样攀援而上并吸取营养；但是他们的春天之梦却并不寄托在古树之上。古树啊，你们误会啦！即使当嫩小的臂膀缠绕着你们的颈项，他们拥抱的也不是你们！我只要回忆起孩提之时，我神仙般的思绪就总是围绕着春之梦。双重的方

① 大普林尼，古罗马作家。有哲学、历史、修辞学等多种著作。今仅存一部百科全书式著作《自然史》三十七卷；包罗生物、天文、地理、医药、艺术等门类，为研究古罗马科学史的重要文献。公元七十九年维苏威火山爆发，他亲往救援并进行调查，中毒窒息而亡。

② 我记得这一页以及有关的几页，是在一九二四年写就，在我访问弗洛伊德并同他建立友好关系之后不久。十年之后，纳粹在意识形态方面对他及信奉他的思想的人，进行大规模取缔。——原注

③ 厄勒克特拉，据希腊神话，是迈锡尼王阿伽门农和克吕泰涅斯特拉的女儿。阿伽门农被妻子及其奸夫杀害后，厄勒克特拉待其幼弟长大后，与弟弟共谋杀死母亲及其奸夫，为父亲阿伽门农报仇。

式:指挥,受爱抚;攫取,被攫取(经常是攫取)。力量之两面,其双重辐射:行动的倾注和感情的倾注。(就严格意义而言:主动,被动。一股是急不可待的潮涌似的流泻;另一股是贪婪的,要求在其周围的源泉都涌入,被其吸进……)青春的源泉,青春的力量,在我的王国里,对于夏天的游戏和视线——如果不是以“功利”的徒劳无益的作用来衡量的话——是没有任何位置的……(至于秋天的游戏之类,最好是别提及!)我的愿望、能力和情谊的活动领域,在老年人面前就悄然止步了。而在一个孩童的目光里,人们很早就变老了!那些三十岁的人,在我看来,似乎在生存的床垫上占有的位置就太多了。如果他们还继续活下去,那就超过了他们该活的岁数了。我绝不是恶毒损人,我也绝不是非难他们!可是如果他们活得很长,我可一点也不羡慕他们。我只要能达到十八岁金苹果的年龄,就足矣!……十七岁……也够啦!……那不明显还是个孩子吗?可是,并不是孩提时代最吸引我;我感到孩提时代太脆弱了。而在我花园的封闭的小小世界里,四月是最迷人的,到了六月初就结束了。十九岁就标志第二个春天的花季了,光彩夺目,却不那么幼嫩了。至于二十岁之后,我想如果命运宽容地让我超过二十五岁的年限,我将要发挥我生命的全部才能:剩下就是无益的浪费!我会签署一个合同,只要能让我活到那个时候!这里,在我的罗盘地图上,标明了人们居住的世界的极限……

保留给我活动的领域,那赋予我未来的奥德赛,伴有许多神秘色彩的开放的内心之海,太有限了!它对我显得灰暗而难以穿过!在我的小舟之下,无底深渊。在我的脚下,没有止息,游动,波涛的颤动,甲板的鳞片在阳光下闪闪发光;周围,层层浓雾弥漫,犹如灰雨遮天,遮掩了礁石,也看不清两岸……一阵飓风突然袭来,划破了浓雾一角;被撕破的雾云马上又在隐约可见的光秃秃的大地上合拢起来……以目视这些飞翔的生命零散的碎片,用其鹰隼之嘴,心灵才能制造出寓言,独眼巨人美人鱼,以及两栖神仙……

从六七岁开始——大概还要早一些,不过我记不清了——我就试着以夜间和白日的梦幻之翼跌落下的羽毛,有意地同用眼皮眨来眨去而产生的幻觉游戏结合起来,眼前出现的不大宽的栅栏,孩子的心灵一下子跳跃了过去……嘿!如跳背游戏一下子跳了过去!……而在大约十一二岁时,我已具有将我生命的愿望和幻想的零碎片段,连接在一起的本领。

这事实上是将对立的事物融合起来。因为,我越早懂得观察,就越早有所希求。而且我越早就认识到,现实与我的希求是不相符合的。可是我既不能弃此,也不能舍彼。我期待我的活力的羽毛能体现在翼端,以及我的活力能为我的愿望提供驯化现实的温室,与此同时,我要从现实中攫取令人得意的形象,而且一个人,静悄悄地,我要从中制作出梦幻所宠爱的蜜汁。这样,一切将听从我的意愿:大自然令人可怕的面孔,那令我入迷的蓝天,犹如我的吠陀[①]祖先,离我那么远,那眨着如雨珠似睫毛和挂着如乌云似眉毛的眼睛,不加区别地在生命与死亡之光上倾洒寒冷、温暖、欢乐、疾病……而且人也听从我的意愿,这笨拙迟钝的动物,毛茸茸的,汗淋淋的,发出难闻的气息,并且打着呼噜,形状是被揉和的稠厚的面粉团做成的我的样子,可这个品种却令我感到很陌生,而且每天以其粗野的老好人的样子以及令人厌烦的接触,伤害我。可是在这植物园里,却是一股动物园的气味,在猴子大框笼和狗熊大凹坑之间,隐藏着一个围起来的处所,关着一些羚羊在饮泉水,还有迷人的小鸟在花木丛中歌唱,欲望之花园。这欲望之花园是用与周围的人同样的人性的面团做成的吗?是的,但掺和着粘鸟胶,那粘在啄咬的鸟嘴上的粘鸟胶……我是否成功地将我的嘴拔了出来?囚徒总是千方百计求得释放!欲望可以改变名称,改变目标,改变形式,但它的根源不会改变;它仍然是欲望,生命点滴迸发的冲力希求涌入到河流之中。性欲只不过是欲望发泄的渠道:第一渠道。但那不是唯一的渠道:心与思懂得彼此开放,对其他事物,对更多的其他事

① 吠陀,早期梵文写成的印度最古老的宗教文献和文学作品的总称。意指知识总称。

物,以至无限,一切爱与精灵之康庄大道。可它仍是第一渠道,创造能力的活生生的象征。昔日伟大民族的圣哲对此了解得十分清楚。而大地曾对天空发射过最初的一些巨石——请老天作证。

在我十二岁的时候,是绝对的厚颜无耻和绝对的单纯无知。一种无边无际的欲望,有任何界限,不是由于其无知,而是由于其不予理会。精神或肉体,都是一样;都是同一肉体。夏娃还丝毫没有同亚当分开。谁来分开他们呢?……据圣徒传记载,在圣母玛利亚逝世后,在洗涤她的身躯时,那神奇的肉体放射出一种如此温柔如此强烈的光彩而没有人能够察觉,甚至接触其肌体的人都不能看见……我的欲望的躯体就是以那样一种光辉包裹着,是我作为一个孩童的眼睛所看不见的,同时也是我的手抚摸不着的。几乎就像是我感觉到在我的面庞掠过一缕发丝,犹如一个波浪,在我的嘴上感觉到另一个嘴角呼出的气息,在我的心田犹如有一线目光所发射出的温暖的溪流。可是我轻轻颤动的手指,在炎热的夜晚,只发觉一个小男人,陌生的,为一个不知晓的动物所俘虏的小男人,竭力要去认识的小男人……

这确切地说是在什么时候呢?……啊,我想,是在十岁至十二岁之间,小姑娘的模样,隐隐约约而且蛮中看的。这时弓箭手出现了。我感觉到,不是在稚气的躯体的弓弦之上,而是在我的思想的弓弦之上,艺术大师的拇指试试我的弓弦。他对我说:"这弓弦是你的……拿住它!把它带进你的梦幻之舟中!"

我拿住了它。我很明白,它还不是属于我的。比如读塔索所著《耶路撒冷》[①],约翰诺特的插图本,那是我最早读到的一些书籍中的一本,对其内容还不甚了解,结结巴巴地唱诗里有趣的和爱情的歌曲,我只是将梅利斯或路青德抱在怀中,在阿尔米德花园的阴影处。可是我进一步还要干什么呢?我实际上要做什么呢?我可能是丹麦骑士

---

① 塔索(1544—1595),意大利诗人,代表作为叙事诗《耶路撒冷的得救》(即这里所写的《耶路撒冷》),以一〇九六年第一次十字军东征为题材,反映文艺复兴初期人文主义同传统宗教思想的冲突。

吗？啊！我绝不会允许过分聪明的同伴窃取我的海市蜃楼幻景。关于它，没有人同我争论过。我可以领着他在我的小艇上散步，在我整个一生，可是路青德变了。而我的海盗船经常换载一批批的少女。

在船上有时，不止一次地，也有一群男孩。我们大胆地把这些麻烦的货物装运上岸！

噢，好家伙，您在同大自然游戏时弄出了多少麻烦！一些人为之辩解，另外一些人则予以谴责！……摊个鸡蛋出那么大的声音！……您没有更急的事吧？……

我之所以有很大的权利来谈论此事，是由于我在思想上曾经观察过爱情的一千零一个面孔之间清楚的界限。事实上，我总是像你们那样行动，谴责那些超出于界限之外的事情。我的梦幻，不只是夜间的梦幻——我说，是眼睛张开时的梦幻，对着世界眼睛大大地睁开，微笑着，若有所思——那梦幻从来不是所谓"fas ac nefas"①的爱，如果不是残酷行为的话。它激起我的思绪。那些企图从别人痛苦中寻求欢乐的人，对于我来说，比令人憎恶的动物还不如。我唾弃那样的家伙。但是那带着淘气眼神——聪慧的眼神——的爱神厄洛斯的笑，对于我来说是最美的音乐，洋溢于无限空间的宁静之中。

厄洛斯没有任何歧视，不论白人，不论黑人，不论种族，不论民族，不论家庭关系和社会关系，不论年龄，不论性别，不论女孩，不论男孩。厄洛斯存在于一切他想存在的地方，在地上，在土地里面，在气流里，在水流中，在汗毛和羽毛上，在树木的表层，在由红色、玫瑰色或金色的生命精髓浸润过的栗色、棕色皮肤柔软的组织之中。厄洛斯在我的躯体中，他在我的思想之中，在一切我所看到和接触的事物之中，以至在一切我认识的事物之中；他存在于我的爱之中，我的友谊之中，我的憎恶之中；他在我的理智中，我的上帝中，我的偶像中。他无处不在，以至存在于那冲锋向前并欲将其生命的种子丰富生命的河流的心灵

① 拉丁文：神圣和罪恶。

之泉,如火般喷射所到之处:银河系——陌生的情人。

我的梦幻是他的王国。他的太阳在那里从来沉落。没有任何地方,我在思想上没有探索过,毫无害羞之心,正如毫无贪婪之心一样——以大地的一个无拘无束的儿子健康的好奇心去探索过,这大地的儿子是所有具有生息的人亲如兄弟的恋人,并且在其脉管的血液中可以听到一切欲望流动的飒飒声。我生存的本能运动,从我具有意识的最初一刻起,不是去观察别人,而是,立刻,悄悄地滑向他们。只要一眼瞥及于狗,于猫,于牧场上正在幻想的那些宁静的牛羊,我马上就会走进它们的窝穴之中。歌德很熟悉这种迷惑的威力,可是他却以一种厌恶和恐惧的战栗心情抵制这种迷惑。我却反之。我感觉在它们之中,犹如在自己家里一样。不论在哪儿,都是我的家。我一点也不以为,这种诱惑是幻觉所致,而且当我认为脱离了自己而投入别的事物的体内时,我不过是,仿佛坐在复杂的套间内的梦幻之中,在我的家中从一个房间到另一个房间而已。这是可能的。但反之,也是如此。我知道什么呢?而你又知道什么呢?为什么我的家不是同一切生者所共有的呢?谁告诉你,我没有(同许多别的人或动物一样)别人房间的钥匙呢?如果我不能证明这一点,那你也不能提出反证。确切无疑的是,我体验到幻想,直接明确,如同一只手放在另一只手上。那一眼(对人或对动物)顾盼,却将我吸引。正对着我卧床的,外面那株老胡桃树的姿态——我正在维尔纳夫房间里的床边写作——它那强壮有力的树枝,伸向天空,犹如呼喊一般,轻轻地在颤动,在我肌体内引起了反响;那一片闪光的空间,我喷射出来的,犹如布里亚柔斯①般大树伸展开的枝干和臂膀的一片烟光。人,动物和植物,还有你们,突击部队似的凸起挺拔的、律动的群山,时而攀登,时而降落,在我的青春期间,一直令我陶醉。你,起伏不平的原野和蜿蜒曲折的河流发出的音籁,犹如在小提琴变幻不定的音响之上的长笛音响似的图画,那是我

① 布里亚柔斯,希腊神话中百手巨人,有五十个头,一百只手。据说在他的帮助下,朱庇特(即宙斯)才能够顺利地统治奥林匹斯山。

尼韦内人的土地,所有土地的姐妹,所有活着的人的情人、母亲和女儿,因为一切都是同样的物质,一切从其中来,一切又回到其中去,同你相似,同你们大家都相似,如同你们大家一样,我爱而我又分开,我忍受痛苦而我又享受欢乐。万能的厄洛斯造就了我,如同朱庇特,使我的梦幻具有一切允许以及不允许的形式。(是谁给予的? 贪婪的乡下佬,你们在那一小片土地上布满了带刺的篱笆以及碎瓶底,使得你们的"十诫"①和你们的"法典"②墙脚下尽是些碎玻璃片。……我一点也不责备你们。乡下佬,看管好你们的田园吧! 我也会看管好我的田园,在我回到住所之后……)但是梦幻可以逃脱一切人间地籍;就像一个英国军人③谈到红海时所说的话,就远远超过了其"十条诫令"的界限。

因此,在我的一百个一千零一夜(却是白日间)故事里,谢赫拉札德,我的苏丹妃子,在我的青春期间,一直对我讲故事,而且在我的迷宫里纵横交错、扑朔迷离的小径上,她一天都没有停止过展开阿里亚娜的金色线圈④,爱所有的人,爱一切。而且,我作为一个年轻男子的,犹如年轻女子的,梦幻,一个花季男孩子的梦幻,是十分天真无邪的。而我的梦境不是——几乎全不是——来自出售尽是些关于日常生活缺乏魅力的庸俗形象的可怜的小店铺,而是来自出售正经书籍的大百货商店和幻想。如此,阿尔封斯·德·夏多布里昂子爵成为我的梦幻的供应者之一。(这算是对他恭维吗?)塔索也是一个。还可以选一些更差的人! ……我同克洛林德和乌图加米兹⑤在一起是多么愉快啊! 同这样的情侣在一起,除了爱情就没有别的事情。力量的游戏,至少

① 据《圣经·旧约》,上帝降临在西乃山上向摩西传授并命他颁布十条诫命。

② 一般指"拿破仑法典",即法国的民法。

③ 指基特纳勋爵,他是英国元帅,曾征服、统治殖民地埃及、苏丹、印度等,为英国殖民主义立功。一九一四年起任英国国防大臣,至一九一六年去世

④ 阿里亚娜,即阿里阿德涅,希腊神话中克里特公主,她用小线圈帮助英雄忒修斯逃出迷宫。

⑤ 克洛林德和乌图加米兹,是意大利诗人塔索的叙事诗《耶路撒冷的得救》中的人物。

不比温情的游戏差。(蒙住你们的脸吧,张大惊讶的眼睛看望世界的和平主义者,我的怀有十分善良心肠的朋友们!)而在我整个童年,都在打充满感情的仗。为了荣耀和爱情。同我的朋友,我的情人,女伴和男伴在一起,或者对立。同他们在一起,是好事。同他们对立,那就更好。因为战斗是出于强化的爱。不论是胜利者或者是战败者,对我来说都是获益的,因为我既是前者,又是后者。尤为甚者,人们可以从逝者身上得到很大的乐趣,因为刹那间康克莱德①可以变为克洛林德,而且这两人都会在阿尔米德的小树林中出现。一切都是游戏,生命的花朵。树木应该先开花,然后才结出果实。

可是当我的果园里自由开放着花朵时,园丁总不愿在这些或那些花朵,长得整齐的或长得过分的花朵之间选择,但在收获果实时,我进行了选择。

谁进行了选择?我,这个小男孩,温顺,缺乏生气的小蜡烛?我,(像所有我的人类弟兄们一样)受到上千次风潮冲击的这个小大人吗?(那种种风潮的波浪触及所有悬浮于世间这大水族馆的同类。)我,抑或是我的?我继承以往的世纪,抑或是我作为创始者的世纪?为延续族类的合理的本能,在战斗中生存了下来,并且希求生存下去?

我进行了选择。美丽的乌拉尼亚②在梦幻的九霄云外统治,超乎种种品行与道德之上。她是我思想的自由大鸟中的一只飞鸟,翱翔于万里无云的太空。可是在小“古达”③(在我们家乡,人们如此称谓)里,在我地上生活的果园里,我从未允许她们在此休息。大鸟啊,你们在劫掠我一年的收获。在我们白日的围墙里,是没有你们的事情的。回到你们的空间去吧!在人间的市集上,在每日太阳光芒的圆圈里,我总是怀有一种对“反自然”的无法遏止的反感,正如正直的人们所说

① 康克莱德是塔索叙事诗中又一人物。

② 据希腊神话,乌拉尼亚为缪斯之一,主管天文。缪斯为九位掌管文艺和科学的女神的通称。

③ 这是克拉姆西郊区的居民对他们家嵌在小山坡边上的小园子的称谓。——原注

的那样……“反自然”,我并不知晓,巴汝奇却说“的确!”……一切都存在于大自然中,有赞成的也有反对的。好心的人们以其名义行事,要我像博安加来[1]先生那样思想,他是以国家的名义说话的,同时要我像让维叶[2]神甫那样思想,他是以上帝的名义说话的……“死去的人们,站起来!……”人们尽可放心,死者他们是不会提出抗议的。每个人都会给大自然起个名字。那没有什么关系!……可是关于支持或者反对大自然,我的看法是非常法兰西的[3],为了不使我的爱情之歌封闭在“出汗的”女性体内,我过分热爱生命,“伟大的母亲”,以至无法避开,怀着怜悯,并十分厌恶,性欲倒错的但丁式可怕的旋涡,它以其猥亵的呻吟以及不知羞耻的傲慢,不断疲劳“轰炸”今日欧洲的听力……

朋友,在我崎岖曲折的道路上同行的朋友们,我知道,我是会有很大困难而不在途中同你们失散的。你们,特别是我的“伙伴”我的法兰西同胞,猛往前冲,在你们前进时,背着包,头脑里只装着不超过一个的观念。这似乎说,你们可能以为,思想与行动不遵循同一轨道。因为,对你们来说,行动,第一。思想呢,以后再解决吧!可是对我来说,我曾经说过,思想是蓝天,而行动则是我的花园。我耕耘我的花园,我也耕耘我的蓝天。而当我弯着腰,额头上流着汗水,用铁铲在分配给我的界限里翻地的时候,我同那飘荡的蓝天一起超出了我的耕地,我转过身来,依恋那夜空中围着肉眼难见的天轴的闪闪发光的车轮。请不要笑话我,我的朋友!行动缓慢的人,请不要说:“那太高了!”

---

① 博安加来(1860—1934),法国政治人物,长期当选众议员、参议员,多次任部长,三次任总理,一九一三至一九二〇年为法国总统。鼓吹和实行法兰西民族沙文主义。第一次世界大战时,坚持把这场非正义战争进行到底。战后力图分割德国,建立法国在欧洲大陆的霸权。

② 让维叶,殉教者,四世纪时意大利 Venevento 教区主教。

③ 我不是说高卢的:关于这些受拘束的祖先们,斯特拉邦讲述了一些令人不快的故事。——原注

斯特拉邦,古希腊地理学家,他的著作《地理学》中谈到当时所知道的一切地区和国家。

而就是从那高处,或迟或早将向你走来:雷雨,严寒,以及新的春天。乡下佬,得好好认清星座的灯塔!我行动于目前。我生存于可能之中——存在于未来……可能之中。它们一点都没有弄错,而一个(蓝天)照亮了另一个(我的田园)。我仍是我田园的主人。

喂!哎!伙伴们,你们还跟着我吗?……我使得你们晕头转向了,就像那些议员们眼睛蒙着布条,由人们领着在被围困的地方里面转悠。让我们重新走上我们的道路吧!这一回,我们照直走。这一回是由阿里亚娜为我们领路……

阿里亚娜,“不朽的恋人”……从我十二岁起,她就拥有了我。从此,她从未将我抛弃。她十分明白,她难以让忒修斯独自留在迷宫里。日日夜夜,她保护着我;她与我共同进餐,一起工作,同卧在我的床上。她以她的秀发遮着我的思想。阿里亚娜,永恒的情人和爱人,永不熄灭的火焰……

我并不是她唯一在夜晚给予温暖的人。任何人若能够,在亿万生者之上,掀开肉体——隐隐约约的灯盏,灵魂在其中静静地燃烧——的盖子,就会被夜间在守卫的想象中的爱人的目光所捕捉。那目光时而如一盏柔和的灯光在闪烁;时而如有电动力的探照灯喷射出的光柱。每个人都有虚幻的爱之光芒,他怀有但掩饰着。而这光芒,我们一点都不会向别人显示,除了对我们最爱的人。因为当我们向一些人交心时,或者他们向我们交心时,我们,他们和我们,只是彼此袒露了部分心怀。最忠诚的配偶都有不忠行为。他们将第三者隐藏在他们家的隐蔽之处。怎么办呢?你可以全部给予,你可以给予你的身体,你可以给予你的信仰,你的愿望,但你不能给予你的梦想。

阿里亚娜是女王。女王在非常温和的帝国常常保持缄默。虽然缄默,但同我在一起却截然不同。她歌唱。不知疲倦,她歌唱。而我在听她歌唱时也从不知疲倦。爱情啊,由于你的歌声,我的心花怒放。而且这春天的歌声再次使得我心花怒放,虽然我已白发苍苍……

天啊！生命多么像盛开的花朵啊！可是只有很少生者懂得看待这盛景！那些生命本身也并不自知。别人将花朵采摘去了。她们凋谢了。或者说，她们慢慢地就地消逝了……哦不，不要！我愿她们活下去并且结出果实来。愿她们沐浴在阳光下。愿那些果实不要像怀孕的妇女，处在母腹内昏昏沉沉的闷热之中。那些亿万生者，小心谨慎地收拢起他们的梦想，自我凝集起来，成为死者在抽丝的蚕茧。我们，我们绝不等待死亡以求解脱。我的果实，永远新鲜！酝酿它的梦想，不算一回事。从壳中脱颖而出的，灵魂之鸟，在我身上播下的生命之胚芽，向阳光致敬吧，你要生存下去！播下生命！高高飞起！让我们两个来吧，弓箭手！时刻已到。弓弦已经拉紧。我要发射啦！

我是小小的中学生，坐在尼韦内学校的一间散发着恶臭气味的教室里。这里可以闻到生铁火炉子里从红到白发出的气味，鞋底满是融化了雪水的木底皮面套鞋的气味，有哈喇味的衣服以及放屁散发出的种种气味。长凳上坐着十二个小牲畜般的学生，脸埋藏在古代史简编课本里，偷偷地你挠我我捏你，有打哈欠的，有擤鼻涕的，或者向宿舍女管理员伸舌头，写些不三不四的词句。而此时，我正在一本漂亮的规规矩矩的练习簿上（旁边放着一张五颜六色划分成八十六个省份的法国地图，并且还用一本拉丁文—法文词典掩护着），试着要发射我从事写作的最初之箭。这些箭羽发射得并不很远。如人所谓，我是用木头制作的箭羽——而且那木料还不是我自己的。我还不敢从我的柴堆中取出木料。我是从别人那里窃取来的。是些什么呀！游记和惊险故事呀，还掺杂些滑稽离奇的关于高卢的特塔代斯①早熟魅力的奇闻之类，冗长的文字，犹如挂着多串铃铛的银链，既有琅琅韵脚又有当当作响的辞藻，简直像是诗人兼律师，高贵如身着礼服的士绅，伟大的高乃依。而我呢，一个十四岁的孩子，简直以为自己创作了一部亚历

① 特塔代斯，古高卢土地上居民克尔特部落信奉的神。

山大体[①]的古典悲剧！完全是华而不实的文字！不过仅有的一些真诚的词句是关于一个钟情的女人的。而这位钟情的女人起名为西尔多娃。玫瑰花瓣采自我的夏多布里昂……这花瓣，不止一夜地，躺靠、敷贴在我的皮肤之上，在我的衬衫领子之下，紧靠着我倾向肩膀的面庞，我的如贪馋的小狗似的鼻孔在嗅闻。噢，美好名字的力量啊，会重新创造出另外的形象的！

年轻教师，很宽容，放任我去做。他装作一点都没有看见。有一回，他终于看见了。他从我手中拿去一页我涂鸦的纸。我羞得脸直发红，我以为他要惩罚我……（竟没有发生任何事！）……我以为他要笑话我……可是他读了，温和地微笑，而且没对我说一句话，却将我幼稚的习作交还给我。此后，他装着以为我全神贯注于古代史读本里，可是我抬起头来时，我们彼此交换了心照不宣的目光。我将永远忘不了这位老师。我会永远记着他的名字。他叫蒙甘，这位年轻的兄长；他还不到二十五岁；他喜爱美丽的诗句——即使不怎么美的诗，也行……不论是怎样的诗他都喜欢！他喜爱可以打开幻想之门的奇妙的语言，而且他使我也同样喜爱……幻想之门对他迅速地打开，却又关闭了；第二年他就死去了。我在此三个月前刚搬迁到了巴黎。而今我活得比他长。距今已五十年了，在他的墓前，我回报他那深情的微笑，并且对他说声“谢谢”。

如今，我们可以承认：他，年轻的逝者，而我是年老的生者，我们的散文和我们的诗（他也是诗人）一钱不值。当时我们是在艺术之渺茫的境界探索，是在各种现成词汇的百货商店里徜徉，犹如在那里选购成系列的、廉价的各种服装。词句事先选择删节好了，等着装配上思想内容：上衣、背心、厚呢料裤子，机器缝制，一个扣子都不缺；而在其内部，思想呢，用你的屁股来配合调整一下吧！……可怜的思想啊！它还不敢有一个屁股呢。它像那些笃信宗教的女教徒，还害怕把自己

① 亚历山大体，指十二音节诗。古典史诗悲剧常用亚历山大体。

赤裸裸地暴露出来呢……十四岁的孩子,还不会说清楚自己的思想。他腼腆地穿别人的衣服来打扮自己。

但在这期间,他是在思想啊！思想在折磨我们……亚当,在苹果树下咬苹果时,曾转过眼去,试图不瞧他赤裸的身躯。他却看到了他那变长了的裸体的影子……Ecce ego①！……呀！怎么的！遮羞布跌落了……你可以不承认,我的朋友！你也可以不承认鼻子长在面部中央。喏,这就是你的思想！它要求它的权利和利益。请同它协调一下关系吧！它有些贪婪,它饿了。

那是在我刚迁居巴黎,十五岁的光景,我从那拘束着我思想的虚构想象中挣脱开来;这时我才看清了那不加装饰的我的思想。它一点都不美丽。面容清癯,胸部狭窄,两肩成拱形,手臂和腿瘦骨嶙峋,勃艮第地区人特有的修长的四肢,纤弱而不匀称,我青少年时期的体型,还没有发育成熟,面色苍白,犹如作物在往阴处长。可是这两者,都有向往光明的愿望啊！噢,光明,美丽！……可是,两者离它们都太远了！真是令人伤心的事……你们在哪里？没有你们,我是无法生活下去的……我不能再说假话了。我却一点也看不见你们,不论是在我身外,或是在我身内。我却只看到丑陋,忧伤,还有我的软弱,一点希望的信心都没有。在这最初的春天,悲观主义压倒一切,妙龄时期,人们说,是“朱丽叶时期”！……从我最初离开外省的家起,在给兽类安下的大陷阱——城市——里,我如何能够,以直截了当的观察,看穿生存的恐怖之底层啊！的确,在度过一生,充分经历了各种考验后,我至今庶几要触及人生的虚无境界。而且,一直没有失去同它的联系,因为它是存在的,我的一生只不过是一直在攀登。请想象一下:一个孩子失去了他的梦想,夜间使他窒息,而他却在期望光明！我期望光明。如果我没有一线光明,那么我就需要去创造光明。

---

① 拉丁文:我在这里！

但是悲剧性的问题是我对自己不能说假话了(我曾经说过的)。我再不愿创造骗人的东西了。不要一点虚幻!要活生生的光明!真实的美丽……它们没有存在吗?它们存在着!可是我却看不见它们……我感觉得到它们,它们使我感到炽热。那看不见的火炉,温暖了我冻僵的手指,它在哪里?

从十六岁到二十二岁,我曾绝望地一直在寻求它。可一直找不到它。我如同哥伦布在大西洋上漂流。(这个克利斯朵夫,音乐家约翰·克利斯朵夫的兄长!)在那暗色的波涛洋面上,我只看到我行进的虚幻的波纹在消失,而占满了我小船的不满的船员们,对我喊叫:“什么都没有。回去吧!”

而仰望天穹,我的双目只瞧见那貌似冷漠的北极星,如无头的钉子,以及那倾斜状态的大熊星座——我谈到的这些神秘的闪光体,斯宾诺莎称之为实体,是“存在”的伟大发光体。而这些星螺体,固定住苍穹的护壁,却启示我想到那“有限”之外的东西。是的,大概在那上面,在那天际的空间,是永远和平安宁的境界。那里是极强的磁石!危险……它会“吸引”灵魂,犹如月亮吸引潮汐。可是在这下界,我却没有一个领路人。在这下界,我,尼韦内的高卢人罗曼·罗兰,并不是忒拜伊德①人。(每一事物有其时!无际的空间等待着我们。但是我们不必预测!无须急迫!等着吧!)而在这下界,我被置于此间以求生存并寻求生命之美。可我还没有发现它。

我的时代的诗歌,尤其是我的时代的音乐,所提供给我的东西,都是对生活的逃避……维叶和马拉美②,嘲弄,象征,生活在这里竟然消失了——泛起浪花的旋涡,以其犹如章鱼般的可以发声的触手,把你吸了进去,直至海洋的深处,那里特里斯坦深受创伤的情感曾被吞没

① 忒拜伊德,古埃及南部地区。古罗马帝国时,一些基督徒为逃避罗马皇帝德西乌斯的迫害,逃亡到忒拜伊德,过着封闭、孤僻的生活。

② 马拉美(1842—1898),法国诗人,象征派代表,主张诗歌不问政治,脱离社会斗争,作品充满神秘主义色彩。维叶(1838—1889),法国作家,主张表现他个人的绝对欲望,并接近象征主义,为马拉美的好友。

殆尽,而在其身体上,也将大声喊叫的金发女郎[1]的情感贪婪地吞没了。旋涡中的螺圈,陨落的启明星的圈——瓦格纳……世界变得模糊了,逃遁而去了。我也逃遁消失了……

而我并不愿逃遁。我愿这世界,不是阿喀琉斯的影子[2]在那里颤动的苍白的光亮,而是生者的阳光。可是我还没有发现那阳光!……直至我二十三岁,我内心的一切冲动破碎了,我的飞跃停顿了,我写作的构思,我创造的计划,犹如一只受束缚的鸟儿围着起点转,围着叛逆的英雄主义同样的主题转,时现时隐:跌落在潮流之中的克利斯朵夫们,遭受挫折的一些有才华的人物,多次的失败,生命的悲剧性史诗——进行没有希望的战斗直至最后一息,但却毫不屈服,即使明知最终仍然失败。带着这些精疲力竭的英雄们,带着这些不屈不挠的战败者游荡的影子,在我北欧人二十岁的晨曦中,少年艾尔特终于将忧郁的信息带给了他的先辈们,而十分幸运的是,那些先辈们,听到沉重的敲门声,终于用力打开了阳光之门。

阳光啊!原来是你,弓箭大师,阿波罗,他的手会奏响弓弦和竖琴啊!古老的神话,在古希腊天才的完美之明镜里,就是现实的确切的形象。我的生命向我启示象征之魔幻的真实,因而我相信幻想之游戏。那阳光,穿透我的思想外层的薄雾,鼓舞起我的活力,并且,在我的英雄们——割开的血管里显得苍白而淡泊——的影子里,倾泻入生之欢乐的金色的血液。那精神的阳光啊,它对我来说是南国天空的眼睛,罗马的光芒。

罗马,你的名字一直萦绕于我的心田,犹如你那已毁坏的引水渠的红色拱廊在罗马平原上随处可见。我创造的一切——我的著作和我的生命,铭刻着多少你的标记啊!我虽不属于你的血统,但我是你

① 指特里斯坦的爱人伊索尔德。德国作曲家瓦格纳曾根据中世纪传说故事创作了歌剧《特里斯坦与伊索尔德》。

② 在此处,“阿喀琉斯的影子”指一般的英雄主义主题。

的爱人。你取得我的童贞,没有任何的爱会使我忘却母狼之腹①。不论是多么陌生的人,一去过你那里的卡皮托利山丘②,所有的孩子,我设想都会因而受孕。

可是我却并不相信一方国土或一个民族的神秘的美德。我不是地中海人。我不同意那种虚妄的骗人的标签,对于我和我的人民来说,我的法兰西是卢瓦尔河上的法兰西。在我的梦幻中,从来没有浮动过海洋的形象;在我时隐时现的童年回忆中——如流动的小商贩,带着他的家族千年幻象的包裹——从未有任何时刻,我看到过蔚蓝的海涛和安菲特里特③的眼睛闪烁。(记忆中也从未铭刻有他们观看的任何角度以及他们的嘴唇读吠陀的诗句留下的曲线。)我是居住在陆地上的乡下人。我是泥土和河流之水的儿子。那才是我的血肉。你们别将我归并到你们的行列之中,你们这些没有见过什么风浪的大海里的渔人——海滩沙岸的人——是我羡慕的伟大的民族,但是隔着一段距离,你们不是属于我的!如果我愿意,通过游戏规则,将我的生存的纺纱杆倒卷,重新缠绕世世代代的,以及多少世纪以来摇落的生命之路的线圈,我发现的仍是大地,一望无垠的大地,多少部落缓缓走过留下足迹的大地,凹凸不平或粗糙不堪的大地,它的气息同荷锄人的气息混合在一起,而且它的层面是逝者赖以安息的所在。多少平原和多少山岗行进的运货马车,道路如长长的系带,河流如网络。我是"走路的人";而我也不知道我长途跋涉去拜谒的圣地在哪里,是不是在顿河或乌拉尔的远房亲戚那儿,或是在亚细亚高原更远些的神秘的地方;可是我很清楚,追溯到较近的阶段,从我家可以活动的屋顶和我的修长四肢来看,我们是来自北方。

而你们也是一样的,伦巴第④人,红棕色头发的威尼斯人,还有你

① 罗马城建立于公元前八世纪。据传说,其建立者罗慕路斯和他的孪生兄弟勒莫斯,婴儿时期是由罗马附近的一母狼哺乳的。因而,母狼成为罗马城市的标志。

② 古罗马主神朱庇特神殿所在地。

③ 安菲特里特,据希腊神话,为海上女神。

④ 伦巴第为意大利北部地区名,首府为米兰。

们,乔托[1]家乡的爱赌气的金栗色头发的人们,我对你们了解得清楚,你们这些长着英格兰面孔的人,你们是,在我之前,来自我来的地方:北欧原野。你们是通过积雪覆盖的阿尔卑斯山脉的缺口而来的。这就是为什么,你们完全具有同我一样的特征,颈部的突出部分长得像玄武岩和发青色的冰块。眼睛俯览展示在日光欢笑中的平原:意大利大地的灵感,那里生活很美好。而且你们也是从北欧来到阿蒂卡海滩的,浅黄头发的多利安人[2],那些长着金色长毛的海伦[3]的崇拜者,你们懂得将那缄默无言的美人显著地雕刻在帕台农神殿[4]的侧翼。为了能得到一个地区精华的授精,为了激发他的灵光得以闪现,那就不要总是成为他的共栖者;伟人不在于对其仆人而言!地中海的人可能并不是那些最了解地中海情结的人。他们同她——地中海——结合在一起。他们并没有对她施行强暴。

可让我别再谈别人啦!他们有他们的语言表达自己。我有我的语言,敲响我思想之钟。让我的思想敲响我要对情人敲响的钟声——我对罗马的颂歌!

罗马没有给我任何幻象,任何思想。罗马没有为我创造什么。罗马并没有改变我什么。但罗马给我以启示。罗马为我启示了我的幻象,我的思想,以及我内藏的条理性。罗马是驾驭力量的司令官。她不奉献她的奥秘,而或许她也没有任何奥秘。但是她让你发挥出你自己的神秘力量。知道奥秘的人,却忽视了它,但是要它自己暴露出来。

让我们来叙述一下雅尼库尔[5]的诱惑!

我来到她身边,是很勉强的。因为我原以为她已经死了,如同她

---

① 乔托(约1266—1337),意大利文艺复兴初期著名画家、雕塑家、建筑师。罗曼·罗兰这里以乔托指意大利佛罗伦萨人。

② 多利安人,为古希腊人的一支。阿蒂卡,雅典所在的希腊东南部半岛,古希腊以雅典为统治中心的地区。

③ 海伦,希腊神话中著名美人。

④ 帕台农神殿为古希腊雅典祭祀雅典娜女神的神殿。雅典娜为雅典城的保护神。

⑤ 雅尼库尔,罗马梯柏河右岸一个山丘的名称。这里泛指罗马。

的语言文字一样死去了,她积满尘埃的往昔的辉煌,从特布奈编辑出版的词典和古典著作读物中,曾经散发出来,在整整十年的时间里,使得我的嘴唇和鼻腔黏膜都干燥了。我看她,犹如看到一只啃噬过土地的巨虫那黑色的空壳——一只如干木头做的螳螂,肢体以十字架形状伸展,弓弩张开,但弦却断了。谢天谢地!吃人的妖魔已经死了。刽子手或牺牲者的尸体,大腹便便的恺撒们或瘦骨嶙峋的殉难者们,都在掺和在一起的同样的尘土里,死者的田野。在二十岁时,墓地对我没有任何诱惑力。我宁愿舍弃那腐烂了的绝妙情人,而要一只活的老鼠。我一向厌恶那些霸道的卖弄学问的人,他们通过学士院,美术学院,巴黎的大学,任意支配青年人,其气息似乎在陵墓这块土地上随处可以闻及。在宇尔姆街上的希腊-拉丁修道院[1],那"高师校友"大懒兽[2]的尊严的骨骼,对我来说,其僵化程度显得还稍逊色于头等迂夫子博学之士的西塞罗式讲演会。(我的人文主义的好大师们,请原谅我这一嘲讽!)在毕业离开之际,我渴望到外部世界的大道上去奔跑。而当时南欧的伊比利亚和拉丁地区正昏昏沉睡,我看到的,除了法兰西人之外,只有日耳曼人,斯拉夫人和盎格鲁-撒克逊人是具有活力的。首先是音乐,我曾企图开始我的探索,由于音乐掌握了他们语言的钥匙,比他们发音清晰的语言更优美。可是我得不到那样的机会;而我能得到的机会,并不是我要求的,却是我所不予重视的那个罗马。宇尔姆街上的学校每年有一个去罗马法耐斯宫考古学校进修的名额;预定的候选人不幸都在考试中失败,而超乎我的实际水平,特殊的运气使我成为优胜者。真是讽刺性的回报!在勤奋者钻研的尘土上,李柳

① 指罗曼·罗兰曾就读的巴黎高等师范学校,简称"高师"。

② 大懒兽骨骼,在我那时,被尊为我们一批人的祖先的骨骼(一批人,我指"高师"的人)。我们在十二月二日,围在祖先的周围,对它讲:我们对巴丹盖的诅咒。——原注

巴丹盖,人们给拿破仑三世的绰号。

丽的姐妹，狄克－董丹娜[1]，命运的分配者，居然，恶作剧地，提供给反对古希腊古拉丁枷锁的小小音乐家，罗马考古研究的棕榈枝！我当时真是有点厚脸皮去提出申请。我的导师乔治·贝荷，年迈的拿破仑时代近卫队老兵，考古学大师，对我的厚颜感到吃惊，他狠狠地批评了我。我乖乖地挨训，总还算是好事；接着我欣然接受……“两害权衡，取其轻……”我只能在两者之间选择：到外省中学去就一教席，（而教书让我实在受不了！）或者，去罗马。去罗马吧！……

内心深处，我排除了去访问拉丁土地上遗迹的苦恼，那里是镶嵌着巍峨树木的土地，那里是贺拉斯和西塞罗的故土，同时还想到佛罗伦萨小雕像——（我叫不出它的名字了！）——的那脚趾，精致、纤细修长如手指，我曾发誓要亲吻那脚趾……后来我确曾亲吻了！当美术馆的管理人员背转身去时，我迅速地将我的嘴唇放在那竖起的脚趾上，亲吻了那半月形、修剪得整齐的趾甲……做到了，不忠的心！……还不到六个月，我已经对娇小的爱撒娇的女子感到厌倦了，我抛弃了她以及前拉斐尔时期的姐妹，而去喜爱不太萎黄的情人了……可是不要总是跑得那么快！钢琴，钢琴，我的朋友！你还没有离去……

首先让我描绘一下在飞翔中北方之鹫的剪影吧！细瘦的胳膊，修长的腿，面容清癯，胸脯干瘪，从上至下既瘦又长，面颊上沿着下巴有棕色的细卷毛，上唇没有小胡子，令人联想到里昂高乃依[2]所画的“铅笔群”的形象，那上面前额描绘成绿色，眼睛绿色，汗毛棕色，年纪轻轻但精疲力竭的样子——（不要相信这个！他们是很能吃苦耐劳的）——属于孔代家族[3]的军队成员那类的，他们犹豫不决，小腿一会儿摆在这儿，一会儿又到那儿，一条大腿跷在哥拉的母牛上，而另一条

---

① 狄克－董丹娜，关于正义题材的阿里斯托芬式的闹剧，大概可以在某种程度上继承《李柳丽》——关于普遍性幻想的闹剧。但她尚处于含苞未放的阶段。——原注

② 里昂高乃依（约1500—1574），生于海牙，死于里昂的荷兰裔法国籍画家。在法国王亨利二世和查理九世宫廷当画师。

③ 孔代家族为法波旁家族的一支，波旁王朝的亲王。十六、十七世纪孔代家族成员多为法国将领，南征北战，在当时历史上起过作用。

大腿跷在巴比伦……唉！我也犹豫不决，可是我一点也不卖弄。一个人缺乏信心的时候，他才会表现得生硬，令人讨厌。

在我进入“不朽之城”的那天晚上，我显得无所谓的样子，表现出自充好汉的轻蔑的态度。但是应该观察研究一下内心深处隐藏的东西。设想一下，这年轻的鸟儿，羽毛丰满，筋骨结实，刚刚从好几年间精神上遭到创伤、倍受熬煎的笼子里逃脱出来，目前欢天喜地真想引吭高歌，多么想用在窗帘紧闭的房间里半明半暗的光线中形成的那苍白的眼眸，去看一看外部世界啊！他的歌声，他的伙伴，他那夜晚的烛光，他那草丛中萤火虫般的灯亮，那圣诞节时云雀藏在喉咙里的一丝情欲……而如今这俘虏已被释放十五天了！他振翅高飞，越过崇山峻岭，翱翔于蓝天，陶醉于飞舞之中，他看到地球掠过，地球轮子旋转，嗡嗡作响，大理石穹丘以及伦巴第的稻田如银色饰带，以及达·芬奇的微笑。变化莫测的阿平宁山脉，起伏不定，高傲而微妙，如有头角的山羊，尖峭矗立。嘿！我像它一样在跳跃……我经过，我看到，透过阿尔诺①河谷的薄雾，那卡斯特鲁丘②的直举之剑，雇佣兵首领的长枪以及穹窿顶上的装饰小塔在闪闪发光；我在空中盘旋，同“花之玛丽”地方的鸽子一起，围绕着布鲁奈勒希③那蜷缩的大教堂盘旋。十五天来，我陶醉于长空，美，自由之间，我感到飘飘然。可是，犹如那大教堂，我也蜷缩起来，以免跌倒。我用力支撑住身体。这时我进入罗马，我故作姿态，抿紧嘴唇，有意讲反话……“她没有出乎意料地吸引着我……”

关于绿地，在这座石头城市里是没有太多的绿地的，当时的风尚是将古迹周围和石缝中的青草耙得几乎一株也不剩。（后来，新时尚来了，理所当然地，又重新种上……）在法耐斯宫④校舍内，凭窗眺望，乌鸦展翅飞过屋顶，我瞥见在雅尼库尔山丘的平顶上，那黑色的羽毛

① 阿尔诺，意大利北部河流名，流经佛罗伦萨，然后向西，入地中海。

② 卡斯特鲁丘，十三世纪意大利雇佣兵首领。

③ 布鲁奈勒希（1377—1446），意大利文艺复兴时期佛罗伦萨雕塑家、建筑师，意大利十五世纪文艺复兴运动最重要的透视法理论家。

④ 法耐斯宫，法国驻意大利使馆所在，也是罗兰做研究工作的考古学校所在。

飞升到诗人塔索雕像的附近，而在旁边，有一座鼓鼓的大圆顶，像孩子玩的大气球，人们告诉我，那是圣彼得……哦，圣彼得大教堂，基督教徒的花冠！……哦，罗马人，你们原来是达达兰[①]的表兄弟啊！……我们熟悉你们，我善良的好吹牛的表兄弟们！我的"好老兄"……总爱讲话！……你请讲！我在听你说！

对愿意引导他去看看古迹场所（像古罗马的拱门以及竞技场等）的伙伴们，这小无赖，鼻子朝天，竟回答说："我哪儿也不去。让它们自然而然地出现吧！我等待着它们……"

它们出现了。我一点也没有去寻求它们，我在随意闲逛，这时，在一条肮脏而杂乱的街道的拐弯处，一眼瞧见那古竞技场巨大的骨架；我惊讶得目瞪口呆，我被建立在巴拉丁[②]峭壁上那衰败的庞然大物的大嘴吞食了进去，犹如约拿被鲸鱼吞食一般。几天之后，从波尔哥街来到圣彼得大教堂广场，我意外地，犹如反基督的扫罗，被神圣罗马帝国的大教堂的拳头所击倒。

我过去曾经看到过大师巨匠的建筑物作品。但那还算不了什么，由于大师们为我掀开了遮盖着另外面貌的面纱：爱……爱。罗马……

慢慢地，必然地，在一系列的相逢之后，在拉特朗[③]庄严的广场上，在十二月时明时暗的沉思中；在冷清的广阔无垠的郊区平原上，在沐浴着一丝阳光的天边，那里萨比纳[④]胸腹的土地上点缀着满地紫罗兰；或者是在小巷的阴暗拱门下，那小巷犹如镶嵌在蓝天的金色穹顶上；罗马心灵的音乐沁入了我的心脾之中。那勾引灵魂的城市设置下怎样巧妙的圈套网来征服人们的呢？为了攫住"入侵的北欧人"的不安，她有捕捉忧郁——很大的阴影——的罗网，以及在折射下发光的阳光的钓鱼钩。这是那些北方来的人在别的国家感受不到的。那不是"夏

① 达达兰，法国小说家都德所著长篇小说《塔拉斯孔城的达达兰》中的主人公。
② 巴拉丁，罗马七个山丘之一，古迹很多。
③ 拉特朗，为罗马五个主教大教堂之一。
④ 萨比纳，为罗马东北地区名。

日之王,法国南方”的粗糙原始的光芒,而是如笑出泪水的美丽眼眸温润润的光辉。奇迹吗?可能是……那泪水已不噙含在台伯河女儿的媚眼(如雌驴的眼睛)里,而是浸透在由于激情的汗水而湿润的土地里。那泪水噙含在我们的眼眸里,我们这些来自北方的朝圣者想在泪水里找到我们思乡的忧愁,而且最先会听到(相信会听到)慰藉的声音,希望之歌声。“欢乐吧,爱丽舍的女儿……”噢,罗马平原,马泰别墅,罗东多山上的嘉布遣会修士的花园,我曾躲藏在其深处,为了痛苦的精神上的满足而哭泣!……“幸福的泪水啊!”……

她们为朝圣者清洗带有血渍的脚,涤荡旅途的尘埃,也洗去往日的失望、厌倦和羞愧。她们让你收缩的心在安宁中舒展。她们的净水是洗礼用的净水,准备让你的灵魂净化以接受洗礼……在进入殿堂之前,你的灵魂要揭去那厚厚的面纱,抛弃污秽,并且排除蒙蔽着眼睛的偏见。

从而,我的视线打开了。一天,我从睡梦中醒来,一切都清新明朗,在我的思维中一切都很新鲜。世界是新鲜的,如同新酿就的葡萄酒。在那个夜晚,我发热的手颤抖地按着弓弦上的羽箭,我拉紧的弓已发现了目标。在我的手上,放着喀戎①的手,那半人半马形导师的手。他的拇指放在我的拇指上,以帮助我瞄准;羽翎箭划破长空的云彩。我的视线追随着它,直至我的命运的未来。

在雅尼库尔山麓,我被羽箭射穿。因为,那目标,是我!那目标并非外部宇宙(如果外部有一个宇宙);而是内心世界,是围绕着“自我宇宙海洋”的世界。在那里,我,首先,一眼瞧见了它,认识了它,全部一切……我斜靠在眺望台上,那里可以俯瞰科西尼花园,我的耳根充满泉水淙淙的音乐,并且沉湎于幻想之中。但,那一天,我的幻想很清

① 据希腊神话,喀戎为半人半马。他善良、公正,照料伤病者,并发明医药和外科方法,他教导过许多英雄。特别可贵的是,他以放弃自己永生作为条件,换取解救并造福人类的神普罗米修斯。

新。“伊娥[1]！胜利之歌！”……红日西沉。阿尔班山峦的微笑，在天际逐渐消逝。罗马平原上，索拉克特上的拱桥似乎在飘摇……那一时刻又回到我身边，我又看到，对我的精神来说，新生命开始的确切的起点。从此那块角落就一直浸透着我的思想，以至二十多年之后，我最亲密的朋友——我那具有显赫家姓的年轻兄弟，他使那家姓又一次戴上桂冠[2]——陪伴我到罗马，当他，平生第一次，经过雅尼库尔那角落时，却停顿了下来，并说道：“我看见了约翰·克利斯朵夫……”

他心灵上的触觉受到了那遥远往日的震动，往昔那时刻，已经涌现产生了克利斯朵夫这人物，虽然还不是作品。

直立着涌现出来了。首先是前额从土里冒了出来，然后是目光。克利斯朵夫的眼睛。身体的其余部分，在以后的岁月里，也逐渐、从容地出现。而我对他的想象，却是从那一天开始的。我在法耐斯宫的笔记本里记下了这件事。这是交响乐前奏曲的最初几声和弦，那交响曲随着我的生命成长而展开，虽然并非没有一些枝节的变化，对位法上的奇怪运用，节奏的突然变化以及意想不到的转调，但总的来说是根据雅尼库尔定下的主题而进行的。

这就仿佛是一架飞机，先在地面上回旋不前，之后才起飞；仿佛我在高空滑翔，脱离了这个世纪。我从远处看到我的时代，我的国土，我的偏见，以及我自己本身。前所未有第一次我自由了……而一秒钟之前，在这之前的二十四年的生命中，我是时代的奴隶，受着它节奏的束缚，被它的洪流卷着向前，呼吸着它的思想。即使当我斥责它的时候，我也吸它，我也呼它，靠着它生存。因而我要被它闷死了。我会死吗？……我复苏了！而且我超过了坟墓的顶盖，这“世纪末”……我从时代中逃脱了……

---

① 据希腊神话，伊娥原为天后赫拉的首席女祭司。主神宙斯爱上了她，赫拉当然从中阻挠。经过许多周折，伊娥到了埃及，在那里宙斯使她恢复人形，并同她生了厄帕福斯。

② 指阿尔封斯·德·夏多布里昂。——原注

朋友们,请再一次宽容一下这些过激的话语吧!我来对这些话做些评论。我知道任何人都没有权利自以为与众不同,脱离与他那时代的人群的联系,享有感悟启迪的特权(以什么资格?)。没有人比我一生更坚持讽刺那些“受到上苍启迪的人”——不论个人或民族,所有那些自以为是被无形的力量选中的“天之骄子们”。那种无形的力量存在于每个人身上。只要去倾听它们就行。但是在动乱的生活中是办不到的。需要有安宁的环境。我时时刻刻都在保卫我的安宁。我为了保卫它而反对我的敌人,这倒不算什么!我为保卫它还特别反对过我的朋友。雅尼库尔深邃的宁静,以及在自由而井井有条的空间的光明……那是幻觉吗?不多也不少,只是我的存在而已,因为那一瞬间使我以后的生命具有了形态。我并不声称我的生存是对的。但是我生存过来了。我在记述我的生命。我将它抛给逝去的风。谁愿意,就去拣吧!……

让我们直截了当地来谈谈!沉着冷静的人们,你们会发问:“归根到底,北方之鹫,在雅尼库尔栖息处,它究竟看到了什么?”它总是说:“我看到啦,我看到啦……”我一点也没有看见。请它点亮它的灯笼!

不爱拐弯抹角的人们,让我们展开来谈吧!

从那一瞬间起,我懂得了让我的理智摆脱我内心的束缚。从那一瞬间起,它们沿着两条平行的道路前进;而且即使它们会合,它们也各自保持独立。从那一瞬间起,我的视觉景位就是,而且总归是“超乎混战之上”。你们之中没有任何人,如我所感受那样,领会到这种混乱的意义。这种混乱绝不单单是表现在你们的堆尸处。它在我,在我的身上,在我的情感中肆虐。谁知道这种情感不常常是你们情感的孪生姐妹呢?可是我不认为这种情感有任何权利使理智的面貌模糊不清。我不认为理智有权利窒息情感的生命。雅尼库尔精灵——(他大概是安息在这块塑造的土地上的阿波罗,犹如一个由太阳之蜂所筑的蜂箱)——所启示的秘密,那就是竖琴之弦发出的和声。竖琴的每根琴弦演奏它那部分,而所有的琴弦就组成一部合奏曲……

在罗马三月那个夜晚深深刻印下的魔幻般的词——罗马曾深刻地留下我纷乱的思想的痕迹——是一个神圣的词:秩序。思想解放之后的极端自由,使得内心的混乱的无秩序状态都袒露了出来。

现在,生命的魔鬼们,你们可以吞噬我的肉体了。我将它舍弃了,而且将我的心也舍予你们的情感。可是关于理智,你们不要再予以伤害了。否则你们将会碰碎牙齿的。而理智呢,当你们的泉水突然起泡沫干涸的时候,它在期待,它在沉思,而当你们最初发泄的愤怒使你们气喘吁吁时,这时刻会……

"Quos ego[①]! ……"

它举起了三叉戟,你们得回到秩序中去,你们得按它的意旨行事……

运用措辞恰当的法文来说,(因为罗马作弄我,使我得以拉丁文体讲话!)就是:我使我的情感也得成为我的艺术的奴仆;我让我的情感迸发出最初的火焰,然后我把它们拴在我的犁上。因为你灼伤得流血,就让你的鲜血在我的桎梏之下,开凿出坚硬的犁沟!

我得到了机会立刻锻炼一下我作为赶牛把式的新的才能。热情的罗马激发起各种活力:属于精神思想的和属于感官方面的。就在三月这一个月里,她使得我沉湎于一种年轻人的情感之中,有些荒诞和发狂,一种善良的盲目性的情感,这种情感以其迷人的手指使得你的内心受到伤害,以致让你终生都保持着那创伤,虔敬地,犹如是一种抚爱……未曾料到,那爪哇女人般柔软的手,苍白晦暗的手,启发了一系列的情感:爱情,傲慢,嫉妒,以及占有的欲望,克己和争斗,生命或者灭亡。火,它长长而分岔的火舌,闪烁着阴影和火花……

---

① 拉丁文:表示要求对方停止,表示保留意见,表达愤怒与威胁。

我在这里经受烤灼,好多月,好多年了,如同圣·洛朗[1]。可是在火刑架转着烧烤我的肋部,先烤一面,然后翻过来再烤另一面,我痛苦得呻吟不止之时,理智却在闻着那烧烤的香味;我不能肯定,这背信弃义的家伙是否拨旺炭火,在火上加油。它一点都没有浪费时间。由于内心遭受无比痛苦而使情感精炼出来的全部汁液,它吸取了其精髓;并且作为其力量的主宰,它将其付之于人并且以之孕育了作品。这种力量在一个尼韦内小子身上感到太狭窄了;他得为这种力量寻找一个适合它们尺寸的身材:他最先找到的就是他最先看到的,由十五世纪意大利艺术家们展示在多彩的墙壁上的,或者是由维罗丘和波拉依俄洛[2]铸造的闪闪发光的深色青铜雕像上展现出来的,如中世纪雇佣兵首领们结实的肌肉,他们精细而瘦削的骨骼,他们凸起的胸廓,以及他们的臀部—— Orsino,Simonetto,Giampaolo,Astorre,Baglioni[3]。多么有劲啊,你们从我的兽笼里涌了出来,你们这些小狮子!……(有时候,说实话,那些哥特人,真是有些像大卷毛狗,总之是些腰圆背厚的家伙,他们高声喊叫:“大声吼叫,狮子们!……”)心里思量一下,该是多大的乐趣呀!“这是我创作的!这属于我的!这原来就是我!……”

可是已经不复存在了。在我发现的那一刹那间,他们已离开我,倏忽而逝,他们走开了,跨着大步,在人间的荒漠上……唉噢唉[4]!和我有什么关系吗?我曾为你们装备了爪子和牙齿,我的孩子们。你们现在不需要我了。我也不需要你们了。我分娩了。该轮到你们分娩了!我唱起赞美贝亚恩女人让娜[5]的歌……

---

① 圣·洛朗,基督教殉道者。据传,他原为修士,由于拒绝交出教会财产,而被活活烧死在火刑架上,死于二五八年。基督教圣·洛朗节为八月十日。

② 维罗丘、波拉依俄洛,均为意大利雕刻家、画家。

③ 这些都是我在罗马创作的最早几部意大利戏剧中的人物名字。——原注

④ Evohé 的译音,古代祭祀时,女祭司对海神的欢呼声。

⑤ 十六世纪纳瓦拉王后。纳瓦拉为九世纪成立于比利牛斯山麓、西班牙法国边境的古代王国。一五八九年归并于法兰西,现为法国比利牛斯—大西洋省一部分,让娜生了个男孩,后来成为法兰西国王亨利四世。

出现吧,纳瓦拉人!来吧,爱情、痛苦、欢乐以及烦恼!我准备好了。一切对我都是种子。我会知道你们的成熟。我要将你们变成树林、田野、草原、葡萄树和优良的小麦。建筑师罗马在空际铺展开你沉重的拱门,你以一系列引水渠穿过广延空间,你教我建造一座拱门,将我的梦幻与现实连接起来。石头建成的拱门,这时弓箭手,克利斯朵夫,张开了弓,单膝跪地,有力地支撑着,那也是在祈祷。而当他用那飞鸟般冷酷而又缩小了的眸子,慢慢地瞄准经过的兽群时,他选中的野兽,在远处,在弯曲的桥拱下面,在“希望之乡”阿尔班山峦——葛拉齐亚之口——浓雾弥漫的阳光中微笑呢。

维尔纳夫,一九二四年十一月十八日至一九二五年一月四日

金铿然 骆雪涓 译

全　景*

和平来到了，然而精神并没有因此而稍事休憩，最严峻的斗争即将开始。

当着战争还在继续的时候，我们少数法国人已经觉察到战争的无聊和罪恶，我们的首要任务是努力结束战争。战争结束了，然而和平只是带来漫无尽期的紧张局势，因为和平企图建立在这样一个动荡不安的世界之上，这个世界正被战胜国用暴力进行残酷的摧残、宰割、压榨。显而易见，世界要想生存，要么重新开战，要么革命，把社会大厦一股脑儿地掀翻。因为目前，非人道的商业资产阶级的社会制度，由恶性发展起来的帝国主义控制着，事实证明，指望它建立公正持久的和平是根本不行的。要不然，那些国务家——固然鲜廉寡耻，我们却不可否认其真诚的爱国心——为什么要拿着凡尔赛条约和特里阿农条约[①]，步步紧逼，毫不放松，弄得欧洲不再次进行绝望的格斗就无法活下去？再次格斗弄不好就把欧洲整个毁灭，不论是战胜国还是战败

---

* 此文为罗曼·罗兰的政论集《战斗十五年》的导言（1934）。——译注

① 凡尔赛条约的签订于一九一九年六月二十八日。在凡尔赛宫的明镜厅签订而得名，有法国、美国、意大利、英国、德国参加，从而结束了第一次世界大战。特里阿农条约在一九二〇年六月四日签订，条约中由战胜国决定了匈牙利的命运。——译注

国都不能幸免。正如玩世不恭的克莱蒙梭①之流那样，当他以“我死后管他洪水滔天”为信条，凭借忧虑之灵光，预感到劫数。而呼唤死亡以求超脱时，一个名叫普恩加莱②的人，尽管具有律师的铁石心肠，固执的性格，他难道为欧洲担忧么？那位态度暧昧的布里安③，头脑比较灵活，心地比较仁慈，他觉得互相视若寇仇的兄弟还是和解为好。可是他缺乏诚意，特别是缺乏毅力，不愿为和解做出必要的让步，代表法国勇敢地提议修改那些条约。他和上述两位实在是一丘之貉。这批人物以及那些议会领袖们，他们逃避责任，不去认真检查社会弊病，也不去研究解救的办法。他们心底里明白这个社会制度已然病入膏肓，可是谁也无力与之决裂，倘若我们不知道这些，那么如何解释这班人的躲躲闪闪、玩忽职守呢？

然而我们，我们却与这个社会制度决裂了。一九一九年初我们终于决定：必须进行社会革命。可是，这个势在必行的革命却引起了惨痛的牺牲，俄国的革命是在痛苦和流血中实现的。战争期间，为和平奋战的知识分子在混战中树起一项纲领，其中的头两条就是尊重人的生命和个人的良心自由。然而，当代的斯芬克斯为了挽救未来不惜践踏现实，目睹此景，知识分子的心灵受到强烈震动。抛弃曾赋予我生命的神祇“人道神”和“自由神”，单单为一个“革命神”服务，我办不到。哥拉·布勒尼翁④说过：“只是一个神明吗？说实话，我可不满足……”我那时想把这些伟大的、永恒的力量引进革命阵营，这些力量尽管沾满了血污，却是我们从各民族之间的战争中抢救出来的。我完

① 克莱蒙梭（1841—1929），法国前总理。一八七〇年进入政界，一九〇二年后曾被任命为参议院主席和内务部长，一九一七年应普恩加莱之召作为政府首脑，辅助其工作。在巴黎和会上支持日本，牺牲中国利益。曾宣称他的政策就是战争，并积极组织协约国的反苏武装干涉。——译注

② 普恩加莱（1860—1934），法国著名政治家。曾任公共教育部长，财政部长，参议院主席。——译注

③ 布里安（1862—1932），政治家。曾任《人道报》编辑，法国社会党总书记。第一次世界大战期间，积极宣传和平政策，是“国际合作”的积极推行者。——译注

④ 哥拉·布勒尼翁系罗曼·罗兰的小说《哥拉·布勒尼翁》的主人公。——译注

全没有错。我至今仍和昨天一样确信不疑,从阶级斗争中诞生的新的无产阶级社会,它是,而且应该是这些道德遗产的继承人,资产阶级社会堕落了,没有资格承继这笔遗产。关键的时刻到了,两个社会之间展开了你死我活的斗争。如果说我在《超乎混战之上》这篇文章中提醒各交战国 propter vitam vivendi perdere cousas(为了生存,放弃理论)永远得不到宽恕的话,那么 propter vivendi cousas perdere vitam(为了理论,放弃生存)岂非不近人情,甚至违反常理!首先必须生活,不惜一切代价地生活,然后才能谈得上生活的理论,谈得上永恒的价值!……

十月的战士们是对的,他们已经证实了这一点。至于我,我则认为,在战斗和重新建设的共同事业中,各负其责,知识分子的任务是保持精神独立,使精神超脱于混战;有了精神独立,犹如有了电视装置,坐在屋子里就可以指挥部队。我这样想错了吗?不,凡和我一样相信革命真理的人,就不会说我错,因为逻辑的结论是,能够解放思想的人必定有益于实现真理……

但是,在一班自称拥护精神独立的人当中,究竟有多少人真正持有精神独立的信念,尤其是怀有实现这种信念的真诚愿望呢?究竟有多少人确实在忠诚地、无私地为真理务,并且决心实现全部真理呢?对于这一点我心中有数。我在年轻的时候就知道(我借克利斯朵夫之口做了批判),知识分子,就其多数而言,在责任面前三心二意,根本不配承担他们的任务,他们对那些恩赐名誉金钱的舆论低三下四,使他们自吹的所谓独立性成了不过是逢场作戏而已。他们在朝秦暮楚、唯唯诺诺、东施效颦,如此等等,在战争中暴露无遗……但是沙里淘金,到底有少数知识分子经受住了考验。我们可以期望他们在战后形成坚强的核心,团结起一支大军,决心还击可能的进攻,保卫真理的权利。真理的权利和社会正义的权利绝不矛盾,因为所谓社会正义,就是付诸实践的真理。

我发出《精神独立宣言》,吹响了这支大军的集合号。宣言写于一九一九年三月十六日，在同年六月二十六日《人道报》上刊出，发表时签名的人数就很可观，年内又增加了几百人。但是它很快就暴露出来只是些无用的空谈。这是我第一次——但不是最轻微的一次——失望，而战后的头几个年头我就是在失望中度过的。

我十分清楚，精神独立同那种明知圣人死得冤屈便把自己的责任推得一干二净的庇拉特[1]式的独立完全是两码事。只有在超然于战争狂热之上，综观全局，拿出有分量的明晰的判断，使横遭否定和践踏的正义得以伸张的时候，精神独立方始名正言顺。我不是拉封丹笔下的文学家。当我听到溺水的呼救声，就扔下望远镜去抢救遇难者。然而当我发现(因为我看见了)这人是被人推下水的，为了搭救他，我就不得不和凶手搏斗。在那些年头里，我扔下了望远镜，奔向战场，终于未能弥合“超乎混战之上”的思想同参加混战的必要性之间明显的矛盾。

从一九一九年头几个月起，德军发生了一起起恐怖事件。在各战胜国资产阶级政府的庇护下，德国社会民主党同军人集团串通一气，伤天害理地杀害了李卜克内西和罗莎·卢森堡，镇压了斯巴达克同盟革命。我于是被卷入了激烈的战斗。一九一九年一月三十一日和二月四日，我写了几篇文章，刊载于二月十六日、十七日和十八日的《人道报》以及《未来世界》上。我以《柏林血雨腥风的一月》为题，谴责德国的大屠杀。没有任何党给我什么指令，是赤裸裸的野蛮暴行使我按捺不住，写出尖锐的话，抨击社会民主党扮演的无耻角色。后来我才在共产党的报纸上读到类似的文章，而且事态的发展证明我的话是完全正确的。我同对指出了法国政策的十恶不赦的昏愦。这种政策出于资产阶级的利己心理，竟把德国革命者送到反动派的屠刀之下，从而使因骄横气焰受到打击而渴望复仇的德国帝国主义得以东山再起，这是有目共睹的。最后，在一九一九年十月二十六日的《人道报》上，我对同盟国的、日耳曼国的和中立国的欧洲资产阶级沆瀣一气实行饥

① 庇拉特是古罗马行政长官。——译注

饿封锁、镇压俄国革命的阴谋发出了强烈抗议。

不过我尽管在战斗，却仍旧竭力保卫精神独立这个堡垒。保卫这个堡垒不是想把它当作某一阶层的象牙塔，相反却是想把它当作革命的瞭望塔。我对知识分子阶层和劳动人民相互之间的误解深感忧虑，这种误解很可能会造成二者的分离，结果是都受损失。战时就已出现一条鸿沟把他们隔开，战后的一次次的革命狂热又往沟里洒了血。而反动资产阶级和民族主义者没有比知识分子更凶狠的打手了。

我在一九一九年八月寄给 E. D. 莫雷尔的、为英国公众写的关于《精神独立宣言》的评论中这样说道："于是，人民群众对由他们养育，而且理应做他们天然向导的这批人普遍地失望了，而失望则迅速演变成憎恶。正因为如此，俄国有一段时间曾发生过对知识分子的残酷迫害，现在军事即便是停止了，却依然弥漫着怀疑的空气。德国、法国以及意大利的情况不那么严重，但也有同样的现象。"我在评论中强调指出了"思想界和劳动人民相互脱离"的危害。思想界有可能"沦为剥削阶级手中的镇压工具"（已成为事实），劳动人民则因失了理想指导，有可能做一番无组织的斗争，徒然造成破坏，使任何稳定的建设都无法进行。我希望大家都来消除这个致命的误解。重要的是把自由知识分子的行动和无产阶级的行动联合起来。在一九一九年八月出版的《外交月刊》上发表的这篇评论，粗略地——唯其过于概括，实际意义甚微，其价值仅仅在其良好的意向——给知识分子和无产阶级划分了各自不同的任务。在我看来，知识分子的任务是向着反动社会政治势力煽动起来的仇恨心理，向着形形色色的民族主义令人发昏的骗术，向着剥削阶级的全部偏见进行有步骤的、无情的斗争。无产阶级劳动者是道路的开拓者，而知识分子则应是道路的探索者。

一九一九年三月三十日致莫雷尔的另一封信阐明了我当时的立场。信写得略嫌含混不清，很不幸，这是缺乏实际工作经验的知识分子的通病。不过，信的思想内容却是明确的。我丝毫也不反对无产阶级革命所要求的彻底的国际主义："……我相信，为了人类的进步，必须对社会政治制度进行彻底的改革。它有益于劳动大众。”同时,我为“精神劳动者”请求任务,而探索真理必不可少的独立性则是知识分子完成其任务的前提。我满腔热忱地号召成立各国独立知识分子的国际联盟。我希望“这个联盟能在同为我们的敌人民族主义服务的文人集团倒行逆施的公开斗争中,提出精神国际的原则”。我提出这个联盟应该筹办国际大学、国际性刊物和大学生国际团体等,总之是筹办一个完整的世界性文化组织,这个组织在某种意义上应该成为未来社会的中枢。

此类对于欧洲主义和思想性国际组织的设想是如何了结的,已是众所周知。这些设想被反动党派窃取了去,于是有“文化协作会”“作家和艺术家委员会”“泛欧大会”,都在为资产阶级思想和买卖服务的政府(没有资产阶级思想,买卖就做不成,恰如招牌和商品的关系)的卵翼之下。根据一项默契,这类组织把所有独立文化人都排斥在外,因为这些人的直言不讳令人心惊肉跳。反动文化界的名流,以及有了名誉就不吭声的中立派学究们,纷纷投奔这些组织。这样,我们在战时为保留这些重要的意见受尽种种艰辛,到头来却眼见被下贱的对手们抢过去;这伙人过于明白其力量危及他们的安全,所以急匆匆地抓到手中。早在战时他们不就把人权、自由、文明这些口号抓在手里么?随着民主的高涨,思想的虚伪也不断升级了。

在开初就应该给予这种迂回包围以坚决的回击。战时,在日内瓦写作出版的《李柳丽》是我个人的行动,但是不解决问题。嘲讽失之纤弱,战斗需要重武器,我们缺的是重机枪,而且我承认我们很不善于守卫阵地。经过战争的煎熬,许多人染病去世,从停战到签定和约,好几位老友像熬干的油灯一样溘然长逝。朋友们成了黄泉之客,我自己也得了病,两年中九死一生。身体无恙的人,思想却麻痹了。兽性、劣行、愚蠢、最坏的是袖手旁观的丑恶,他们把这一切都看够了,对人类失去信心。他们本应有所作为的,然而却回避人世,回避行动。高洁的人讨厌虚伪,但是他们不正面相对,却因此超然起来。另有一种人,不那么清高,急不可耐地想和敌人的营垒勾搭,于是就照敌人的意思摆出中庸的面孔,并且用最糟糕的理由自我辩解,说什么同“好心的先生们”争高下没有好处。这理由连他们自己也不相信。倘使他们果真曾经坚定不移、全力以赴地捍卫自己的事业,这样的自我辩解或许不无道理(那样的话,他们也就会很快改变态度,不得不和他们的同伙断绝往来的)。然而事实上他们一直小心翼翼地缄默不语,同时却和“筵宴的主人”互相恭维。识趣的沉默实在是安身立命之本,然后就要翻脸不认人了。

至于没有卖身投靠的人,即反对反动势力的坚贞不渝的战士,那是寥寥无几,而严重的思想混乱又使他们的工作事倍功半。他们长久地举棋不定。他们的罗盘激烈地左右摇摆,找不到正确的方向。现在已很难想象,很难相信“光明社”初创时的游移和摇摆。“光明社”的主持人后来一贯坚忍不拔、鞠躬尽瘁,斗志昂扬地走在革命队伍的前列,但是在一九一九年头几个月的摸索中,“光明社”也迷离了。它摆脱了混乱主义,却又滑到胸襟狭窄的极端主义。其中优秀的人物,如巴比塞和马迪内(当时的《人道报》主编,坚信共产主义),对精神独立嗤之以鼻,主张以他们为榜样,唯革命之命是从。

我却想既不放弃革命,又不放弃精神独立。我同时为两个方面斗争,可谓呕心沥血。那时,大凡不属于任何党派的人均被视为最大逆不道的一派。在苏联革命生死攸关的艰难岁月中,革命者异乎寻常的偏激,他们盲目的僵硬态度同精神独立格格不入。由于精神独立的卫士们对抗革命者过分苛刻的要求,因而陷入难以缓和的不满情绪,最后竟然宣称退出联合行动。《格莱昂波》(1920)于是变成对泛滥全世界的暴力进行抵制的精神的传教士和殉道者,这是对任何种族的或阶级的爱国精神的坚决彻底的抵制,是对任何民族或社会专制的抵制(如剧本最初的标题所说,是“一人反对众人”),是为自由牺牲的自由的良心。巴比塞的《世界》月刊立即刊登伯尼叶的三篇文章(1920年12月,1921年1月),把剧本判处了死刑。不过,对开始发出讷讷怨言的法国反战者来说,这个剧本是福音书,是团结的核心。

不久以后,我思想的视野中升起甘地这颗遥远的星辰,我很快就成了它在西方的反光镜。

一九二〇年十二月的都尔大会造成法国社会主义运动的分裂三分之二的多数组成法国共产党。作为龙盖的朋友,我写信劝阻他同布兰及雷诺戴尔合作,告诫他以脱离社会交往为宜。大家都晓得,他把我的话当作耳边风,并且还拉我为《人民报》撰稿,我拒绝了——尽管当时《人民报》的大门对我紧闭着(它拒绝刊登我的稿件),因为我不赞成他的办报路线。我不愿意卷入把社会主义运动分裂为两派、并削弱彼此力量的无谓的争斗中去。那几年,我的主要工作,在国内是建立革命左翼联盟,同反动派进行斗争,在国外是建立各国自由文化人的国际联盟。

这两方面的工作都碰了钉子,障碍就是各党派互不相容。一九二一到一九二二年间,我不断地斗争,反对精神屈服于暴力。那时,暴力的狂热不但成了一件武器,简直成了一面旗帜。我对暴力的抗争,从独立的革命者反对布尔什维克的压迫或镇压的绝望呼吁中,从我信赖的、满腹怨苦地从苏俄回来的朋友们的记叙中,以及——还用说吗?——就是从高尔基的信中,得到支持。高尔基那时刚刚离开苏联,沉浸在极度的苦恼和痛苦的悲观心绪之中。我把精神独立的大旗举得比以往任何时候都高。谁要把这面旗帜当作超脱战斗的口实,我同过去一样是坚决不同意的,相反我希望它成为无产阶级的战旗。不过我希望无产阶级战士不要自己去把它撕碎扔在脚下!三年前我在致莫雷尔的信里希望知识分子返回革命阵营,可是另一方面,一九二二年间,在以同巴比塞的交锋为高潮的同共产党朋友们的论战中,我对革命阵营狭隘的关门主义忧心忡忡,关门主义把真心诚意想为革命服务的优秀知识分子拒之门外。

在这里,我想对由一九二一年十二月《光明报》上巴比塞的文章挑起的论战平心静气地重新做一次考查。一九二二年一月我在布鲁塞尔的《自由文艺》上发表公开信,向巴比塞应战,于是论战全线展开,双方的朋友和同伙都来参战,打得不亦乐乎,几年之内对我、对巴比塞都有过激之词。不过我认为我们俩谁也没有受到伤害。积十二余年之经验重温旧话,我甚至认为大家都受益不浅。我毫无顾忌地承认这一点。双方的理论好比硬币的两面,不论正面还是反面,都带有革命的印记。

不过那时双方的理论交上了手,各不相让。巴比塞在一九二一年十二月写的挑起论争的文章《另一半责任——关于罗兰主义》中指责那些所谓的精神独立战士对政治行动一向漠不关心,在这一点上他是对的;他提出在对现存社会制度进行摧毁性的攻击之后,还有另一半责任,就是参加或者帮助新秩序的积极的建设,在这一点上,他也是对的;我当时对某些人和政治派别经不住考验背叛堕落耿耿于怀,不愿对一九一四年认敌为友的社会党表示信任,巴比塞对此提出异议,在这一点上他大概也是对的,因为对那些受蒙蔽而又觉悟过来的人,大门应该敞开,欢迎他们的诚心实意的悔过。当然,对这些人还要警惕。但是他想要强迫别人从精神上承认一种莫名其妙的社会几何学基本规律的必然性,在这一点上他则错了。马列主义革命实际上不过是一次伟大的社会试验,我们可以说它是解救社会的唯一途径,但不能说它稳操胜券(人类的命运每时每刻变幻莫测,人类的前途捉摸不定,人类社会的悲剧就在于此,而伟大也在于此。),巴比塞认为为了目的手段是不足道的,这样他就错了,而革命党也这样认为,则革命也就错了。我曾提醒巴比塞莫忘了《格莱昂波》的一席话,今天把这段话重温一遍或许是有益的:“目的的正确不能保证手段的正确,在实际发展过程中,手段比目的还重要……因为手段对人的精神的影响,或是依照正义这个模式,或是依照暴力这个模式,假如按照暴力模式,那么任何形式的政府也永远无法阻止强者对弱者的压迫。因此,维护精神的价值对于我是最重要的了,在革命时期尤其是这样,因为革命时期好比人的青春期,人民的思想在这个时刻最容易变化。”

巴比塞不该用笨拙的、词不达意的语言,说什么暴力的干预只是细节,他可以回答我说:“在特定历史时期,暴力是一种痛苦的分离。在必要的行动中,手段不是思想的装饰品,不能任凭思想慢条斯理地进行选择。暴力手段是对着咽喉的利刃,假使你不愿丧命刀下,那么你就不得不凭有力的手腕抓住它,即使是违心的,也要翻转过来刺向凶手。”我在一九二二年四月致巴比塞第三封信中说,暴力关系到严峻的生死问题,每个活着的人都不得不正视它。但是还有比暴力更令我厌恶的,那就是像战争结束后一些狂人所做的那样去美化暴力,他们把战争中最坏的经验用到革命中来,殊不知革命的目的却是解救人民。不,暴力永远不会成为自我美化的懿德,它充其量不过是坚定地、不事宣扬地加以完成的痛苦的责任。一个明智的、懂得自己的责任和力量的国务家,绝不会按照在罗马把用机枪屠杀儿童当作游戏的凶残的墨索里尼的样子,谈笑风生地宣扬暴力。所谓刚强,绝不是以玩弄残酷的必要性为能事,而是在迫不得已的情况下,默然而严肃地接受这种必要性。

此外,暴力只针对肉体,而针对精神的暴力对我们来说是最难以容忍的。这里我可以把一九二二年一月致巴比塞的第一封公开信中的一段话抄录如下:

“人们无休止地为国家利益,为胜利而牺牲崇高的精神价值:人道、自由,以及最珍贵的东西——真理。这些精神价值应该时时得到保护,这样既对人类有利,也对革命有利。革命如果对此掉以轻心,那么迟早要遭到比物质失败更严重得多的失败:精神的崩溃。维护这些精神价值,我们自由知识分子责无旁贷,甚至不惜和革命对抗,因为这恰恰是维护革命。我在《格莱昂波》里就说过,眼看在战斗的狂乱中革命要把人类的共同财富摧毁的时候,抢救这些财富的人虽是‘一人反对众人’,实际上却是‘一人为了众人’。”

在一九二二年二月的回信中,我不无冲动地指出,在有人企图把我拒之门外的革命殿堂里,我当然占有一席之地:“你们有什么权利敕令,凡是思想和你们不一致的人都不能参加革命?革命不是一党的私产……我们这些人就是这样,既要革命,又要做革命中的自由人。"

至此,论战扩大了。罗曼·罗兰不再是为他一个人讲话,他把被轻蔑地称为罗兰主义者的人统统引到论战中来了。他为一切有思想的人争权利——不但是权利,而且是责任——保持不折不扣自由思考的权利……因为"一种思想如果一开始形成队伍就放弃本来的立场,那么它还有什么价值呢"?

一九二二年二月的信还对欧洲的现状(俄国除外)流露出深沉的悲观情绪,这种情绪在我这几个月的日记里表现得更为明显。我那时对世界将要进入的寡头帝国主义时代,对法国利己的"莫管他人瓦上霜"的思想将要引起的灾祸,怀有一种悲观的预感(果然不出所料)。可是我不过是因此觉得我们的行动不能只着眼于现在,还应该着眼于将来,我对未来充满信心,丝毫不因对现状的不抱幻想的看法而动摇。既然巴比塞非让我说出我们建议怎样行动不可,我便举了两条基本方式:

第一,不间断地、全力进行精神战斗。一方面为了像"英国民主督察同盟"勇敢的朋友们那样,对当政者的所作所为进行观察、监督和判断,另一方面为了如伏尔泰和百科全书派那样,用尖锐的批评和激烈的嘲讽对欺骗行径大张挞伐。

第二,开展不接受运动。(这一点是新的。我想,那是头一次在法国的公开论争中出现甘地的名字,那个时候我正在紧张地撰写《甘地传》)我那时候没有、以后也一直没有把"不接受"理解为不抵抗,恰恰相反,我把"不接受"理解为最高形式的抵抗,理解为不赞成、不支持罪行累累的政权。这种武器只有凭借道德力量,凭借良心的热忱才能发挥作用。我责备巴比塞和他的党小看这种武器的社会斗争价值[①]:"你们过分强调集体的力量(对这种力量的强烈的吸引力,我了解得并

① 但是他也完全可以谴责我过高估计了这种斗争价值,或者说过高估计了那些能为此而做出牺牲的人的力量,在欧洲这些人永远只是少数的几位。——原注

不比别人差),而不够重视个人的良心。”我把良心看作世界“杠杆”之一,我认为革命应该学会运用这个“杠杆”。我要求革命允许我加入它的行列,同战斗、共患难,不过必须保持自由同盟者和自由人的身份,我认为正确的就支持,认为错误的就反对。

另一方面,对我的读者,对我的作家同仁,对至少以思想先驱自居的人,我提出这样一个问题:

他们认为,思想家当前的任务,是无保留地投身革命,还是既为革命和人类服务,又保持完全的思想自由?假使革命不懂自由的必要,我们不惜同革命对着干,因为倘若革命不懂自由的必要,那它就不是除旧布新的源泉,而不过是反动的新花样而已。

知识分子纷纷做了回答。布鲁塞尔出版的《自由艺术》月刊一九二二年三月号发表了一批知识分子的声明,四月号又刊登了被比利时邮政检察机关扣压的几位德国作家的回信。

共计有主要是法国、比利时和德国的著名作家和艺术家回信二十六封(人名从略)。另外还有 N. 安吉尔、F. 冯·爱登、D. 戈尔德林、E. D. 莫雷尔、B. 吕塞尔,他们或因为正在旅途之中,或因为健康欠佳,只表示了对精神独立的同情。R. 吕勒也在其他地方做了同样的表示。(见 1922 年 4 月 9 日《人民日报》)

在这场论战中,绝大多数人无条件地支持精神独立,同时,应该首先指明的是,所有的作家都同情革命,连那些最关心自己的思想自由的人也不例外。在给这样一场论战做小结时,我强调如下几点:

精神独立最偏执的两位卫士是乔治·杜阿梅尔和斯蒂芬·茨威格。杜阿梅尔令人吃惊地坚信思想家都是非凡的人物,而对政治活动家则嗤之以鼻。他说:“革命是精神的事(伽利略、牛顿、贝多芬)……政治革命只能装潢门面、没有真正的效果。社会革命……千百年前就开始了,将来也永远不会停止。它每隔一段时间就要发生,不过是在某一个人的精神里,而不是在大街上……拉·博埃西、沃邦、卢梭、狄德罗都可称为革命家,而圣·朱斯特不过是个鼓动家而已。”

从这些话里绝对体会不到行动的必要性与迫切性，这是太虚幻境里的革命。而且这种革命何时发生自有定数，两次革命之间横着很长的时间，可以优哉游哉。茨威格真诚地信仰对于他比一部分人的自由或世界的自由更加重要的精神自由，但这种信仰却含有心灰意懒的失败主义情调，对于自己为之奋斗的原则能不能在客观世界中实现不抱任何希望。杜阿梅尔比较乐观，他提出作家"干预社会现象的可能性"。茨威格则认为在精神世界和客观世界之间没有任何联系。

…………

对方的营垒里面最起劲地主张应该无条件地支持革命，连"它的污秽"和"错误"也支持的人是马迪内。这个人总是把狂热感情的悲壮情调带到革命中来。爱德华·杜雅丹从一种不那么激烈的观点出发，从同杜阿梅尔差不多但是恰好相反的另一个太虚幻境出发，把专制主义的尚方宝剑交给革命。他偏爱知识阶层，因而他的天主教绝对主义（或谓革命绝对主义，对他是一回事）固然壮观，对作乱的异教贵族则"手下留情"。"人民必须有严格的集体纪律，某些个人则虽然要冒被处以火刑的风险也必须有独立地位。"

竭力维护个性和共性这两个原则的人有赖昂·巴查盖特，他把沃尔特·惠特曼的著作当作"福音书"，从中获取灵感，还有吕克·杜丹，他给自由知识分子划定的位置，绝对不是在革命队伍的"里面"，而是在革命队伍的"前面"，还有加西米·艾其米德，他尽管"把精神独立放在革命的需要范围以内"（保尔·高兰的这句话讲得很妙），却同时为精神保留了它背弃其使命、反过来反对革命的权利，还有保尔·高兰，他针对某党的政治行动纲领，提出了独立知识界的社会行动纲领——其中两项主要的内容获得很大反响——和成立精神国际常设机构的主张。

差不多所有的人，按照古斯塔夫·杜邦的说法，都主张"思想和道德的自由必须表现为客观的行动"。例如，安德烈·拉茨哥、雅克·梅尼尔、诺内·阿克洛就是这样做的。就连精神独立最热情的战士维尔达克也不把精神独立和实际行动分开,事实上他从未脱离行动,他总是冲锋在前。他一直在行动——然而是自由地行动!……

P. J. 茹伏大概是唯一提及“足以使某些灵魂感到满足的艺术使命”的人,在这一点上,他和茨威格很相近。不过他奔放的性格使他成为反动派顽强的敌人。

总的来讲,对知识分子的这次动员,即使在最关心自身独立的知识分子心中,也是一次对革命的敬礼。争论在心平气和的气氛中开始,双方都留意友好地对待思想对手(只有一次例外,伤害了巴比塞)。然而不幸的是终于导致在双方的报刊上唇枪舌剑,有些超出了界限。在论战中,巴比塞对常常出言不逊的对手表现出非凡的克制力,使我一直钦佩不已。然而马迪内则要急躁得多。他在一九二二年三月八日的《国际报》与三月五日的《人道报》上分别发表两篇文章(《革命和自由》与《知识分子和革命》),气势汹汹地参加论战。没有一个人比他更强烈地渴望革命和自由,比他更痛心地看到革命同自由发生冲突,但是他参战心切,结果说出一些过头话,违背了他的本意:“让谨小慎微靠边站吧!无数人为了我们受苦牺牲(在苏联),我们为了革命阵营的团结当然可以抛弃一切,就连荣誉也不顾惜。”

他伤害了、几乎是侮辱了论敌(茹伏、高兰、阿克洛和杜丹)。他把知识分子的理论贬得一钱不值:“尽是些鸡毛蒜皮。”他把他们的独立称为“大吹大擂的退却”。他不去团结其中许多人除去为革命服务外别无他求的正直可靠的力量,反而怒气冲冲地把他们一脚踢开:“知识分子把我们抛弃了,一向如此,到处如此,晚走倒不如早走,让他们滚蛋吧!”双方刚一交锋,我就担心这场由巴比塞挑起的、我自己在受到《光明报》的攻击后不得不勉强应战的论战会给革命带来不利的后果。马迪内却什么都不在乎,他似乎对与知识分子决裂又恼又喜。他的矛头所及,有几个人被激怒了。

我在《自由艺术》一九二二年四月号上发表的最后一篇文章,与其说是对巴比塞的回答,毋宁说是对马迪内的回答。文章题为:《革命和知识分子——致共产党朋友们的信》。我先向巴比塞表示了友好的感情，尽管我们的观点有分歧，这种感情在论战中反而加深了。接着我遗憾地指出，马迪内明明知道我们的理论是严肃的、诚恳的，却偏偏用尖厉的讽刺贬低这些理论。我向俄国革命巨人鞠躬致敬，他们正同反动力量的联盟进行众寡悬殊的斗争。我们当中有谁想到要责备他们没有分寸，责备他们有错误和粗暴？“我们所不赞成的是把此类错误放到一个制度里去，是拿分明是痛苦的事来炫耀，是到处替暴力政策提出挑衅性的辩解。”然后我又说到精神自由这个我们最敏感的问题，我认为，革命的错误莫大于讨伐人性中这个基本自觉和本质力量。“现在的问题是要想法使经济和社会革命的需要同精神自由的需要协调起来。两者都是合情合理的。”我批评某种流行的革命观念固执的狭隘性，它落入了经济的物质主义的窠臼之中。“精神是一种自然力，是一个自在世界，它有自己的规律……必须在合成力的自由运动中寻找未来的革命公式。”

可是，我诚然有理由责备做实际工作的人太狭隘，这些人却更有理由责备我那些模糊暧昧的公式在实际中毫无用处。几代人传下来的、惯于纸上谈兵、不习惯紧密联系实际的理想主义思想的弱点就在于此。倘使现实被一群放肆的阴谋家所操纵，把这些理想主义的口号接过去，天知道这些口号会派什么用场！后来，我觉察出精神这个词很含混、很危险，它太容易被那些依仗反动派、钻营私产私利、损害无产阶级革命的小资产阶级知识分子虚伪的利己主义所利用。精神确实是一种自然力，可是它必须同由革命为建设新世界而组织起来的、并享有活动自由的其他力量相配合，说到权利和责任，如果说我后来进一步懂得精神有责任同为生活开辟道路的革命（没有革命，生活就陷入绝境）采取共同的社会行动，那么我是否可以说，另一方面，胜利地度过了痛苦的内战的革命，由于斯大林坚强而灵活的手腕，也进一步理解了精神的权利？苏联文学家“共和国”的伟大仲裁，即那位并无官职、仅仅因为其天才和深孚众望而领导、鼓舞、批评、组织着苏联的精神力量的马克西姆·高尔基已经把整个对立的原则——“个人和大家”统一起来。在他的面前,苏联已出现一种更加宽广、更加普遍、更加具体的个人主义,它同集体相融合,从集体中得到充实,同时也充实了集体。我们什么时候,在哪个国家里能看到“个人”这个集体的伟大仆从,获得比这个国家、为人类做出巨大贡献的思想家和劳动者更加显耀的荣誉?

但是,在我所描述的那段时间里(1922),人们的思想却是非常狭窄的。战争结束后,我所担心的事情——知识分子同革命的大分裂——迫在眉睫。那时,在西方,要求革命内部有精神独立权利的不只是我们几个;抱怨有人想要我们放弃这个权利,对革命(或者毋宁说对那些醉心于独裁的革命家们)不信赖、希望看到革命能聪明地统筹兼顾,把各个“共和国”的自治和统一协调起来的人,也不止我们几个。高尔基就完全赞成我对巴比塞采取的立场。那时我和他都对自己的工作在祖国毫无用处而感慨万端,悲观主义的浪头侵袭着我们的心。当然后来我们都努力振奋起来。就在高尔基暂时离开俄国,不但对自己的思想,而且对整个俄国的思想进行反思,以便更好地把握俄国的前途并使自己融合到国家的命运中去的时候,我告别了糊涂而顽固的法国,我看到法国正不可挽回地走向反动和战争。一九二二年四月三日我毅然离开巴黎,旅居瑞士。

山谷的幽深,牧场和森林的静谧并没有使我昏昏欲睡。我因此倒可以敛神凝思,透过人类整个一个“时代”的动荡,为迷乱的灵魂寻找方向,包括我自己的灵魂,欧洲的灵魂以及世界的灵魂,因为一个人的存在,就是体现在他身上的全部生活。我与巴黎相对远了,却因此和世界的其他地方相对近了。从维尔纳夫的隐庐到山布龙国际干线只消几分钟就可以走到。欧洲的血液通过这条大动脉,源源不断地从伦敦——巴黎流到布兰底西,流到东方,又从东方流回来。这就使我不但可以和欧洲的其他地方保持联系,而且能和地中海彼岸的亚洲国家保持联系。我是视野扩展了,我的交往增多了,一方面伸展到印度和日本,另一方面伸展到西属拉丁美洲(另一个美洲我早就熟悉了)。那时我住在莱蒙湖畔一个月牙形半岛的顶端,周围环绕着芦苇丛,苇丛边上则是新近解冻的、欢腾的罗纳河带来的流沙,从维尔纳夫到布夫莱,活似一圈美丽的光轮。定居后的几年我同现代印度的代表人物,如泰戈尔、甘地、拉基巴特·拉基、贾瓦哈纳尔·尼赫鲁、阿苏里博士、J. C. 波斯爵士,以及远东,主要是日本的优秀青年建立了联系。同时,通过与一些理想主义行动家的友好交往,新墨西哥、阿根廷和秘鲁的风貌开始展现在我的头脑中。这些理想主义行动家有:当时的墨西哥公共教育部部长何塞·巴斯孔塞洛斯,阿根廷拉普拉塔大学法学和社会学院院长阿尔弗雷多·帕拉西奥斯,以及被秘鲁暴君莱古亚放逐的维克多·阿亚·德拉·托雷。以后我与这些人不但经常互通音讯,而且在墨西哥、南美、日本的报纸上发表了一些来往信件。

结果是,我毅然决然地抛弃了泛欧观。这个观点算是我在战争期间思想发展的一个阶段,此时已成为过去。偏偏在这个时候,我们队伍里的多数人却姗姗来迟,刚刚到达我已经脱离的思想阶段。年轻的古丹诺夫·加勒琪伯爵创办了《泛欧罗巴》杂志,他请我合作,我回答说:"不,泛欧罗巴的时代已经过去了!……欧洲超民族主义可以休矣!现在是致力于把全世界各民族组织起来的时候了。"(1925 年 9 月 14 日)

我看见——或许有杞人忧天之嫌——欧亚之间越来越不太平,必须制止巨大的冲突,用各国文化人的联盟反对散布于全球的野蛮的民族主义这个共同的敌人。新的责任使我坐立不安。(见 1925 年 1 月 14 日答美国记者赫曼·伯恩斯坦和 1925 年 5 月 20 日对关于《国际文化》调查的答复)

当然,在反对民族主义的斗争中,我并没有忘记打扫门前的垃圾。我谴责一九二三年七月对鲁尔区的占领,我很关心国内旨在法德修好和修正战胜国的不公正行为的运动。在这一点上,宽仁、人道和明智的政策是不矛盾的。不难推测,假如战后的头几年力量占优势的法国在这方面不采取主动的话，那么就会把德国逼到绝望疯狂的境地，就像现在希特勒上台后的情况一样。

我还参加了保卫遭到西班牙、德国以及其他国家反动派压迫、监禁、流放的知识分子的斗争。

我的几位同事幼稚地深信知识分子至上，他们不顾劳动群众的利益，给优秀知识分子的事业以优惠的待遇。但是，我一直注意不那样做。我同路易·鲁日埃发生争执，我对他端起的那副臭架子十分不满，他那样只能在知识分子和人民之间制造障碍，而这些障碍正是我拼命要拆除的。同他相反，我很想引导知识分子和人民摆脱彼此对立的孤立状态并互相合作。同样，针对自诩为文明保护者的欧洲（《泛欧罗巴》）的孤芳自赏，我主张世界各种族之间积极、长期的合作……（当然，脑子里幻出的这些良好意愿根本实现不了，今天看来是如此地矫揉造作！）

在这里引用几段和鲁日埃的通信，其中最清楚不过地反映了我当时的思想。

哲学家路易·鲁日埃，思想开放而泼辣，他又是文艺理论家，他那时想创办一个《法医与外国政治月刊》，开宣传拉丁文化之先声，一开始便要宣告拉丁文化是比其他文化高超的一类。另外，杂志要打出“优秀人物”的旗帜，因为在鲁日埃看来，“优秀人物”的问题比人民的问题来得重要。

他在给我的信中写道：“说到底，我不明白为什么社会问题会是一个道德问题，就是说总是以满足道德需要为其归宿。社会和生活一样，是一种超出善恶范畴的现象。在我看来，社会问题是一个文化问题，就是说可以有这样一种社会结构，它不一定是最道德的，然而有利于优秀人物的发展，即有利于科学、艺术和人道的发展，如果没有科学、艺术和人道，人们就不值得这样辛辛苦苦地生活了。”

鲁日埃劝我加入他的神圣军团去解救优秀人物和西方文化，“就像波埃斯和西马克感到必须冒着生命危险去抢救文化的神圣宝库一样。”

这样直率的宣言,固然不乏胆识,却“一本正经”地表现出优秀知识分子的不同凡俗,也说明他本人幼稚地相信,离开知识分子生活就没有意义。我断然回答说(1924.11.14):

“……不,我对您的计划的基本倾向不敢苟同。我感到这个计划的动力是一种我所不赞成的文化观。在你的思想深处,我看到了预感到罗马危在旦夕、于是满脑子想着阻碍其死亡的罗马人的影子。我虽名叫罗曼,却不是罗马人,我毫无理由把自己的事业同所谓拉丁文化的事业搅和在一块儿。即令在法国,拉丁文化也只与一个民族有关……法国是多民族的汇合,拉丁民族不过是这个复调乐曲的一个声部而已。如若法国把自己缩小成罗马人的国家,甚至缩小成地中海国家,那么它就同民族的和思想的其他美丽建筑一样,只能使我从美学角度关心它。而且,如果欧洲——且不谈法国——不致力于实现世界各民族的大团结,我对欧洲也就失了兴趣。欧洲没能尽到自己的责任,希望别的更加辽阔、更加生气勃勃的大陆会接替它的使命。我绝不承认希腊——拉丁事物都是出类拔萃的,希腊——拉丁人喜欢这样吹嘘自己。……我绝不承认什么优等民族,什么优等阶层……要我接受‘没有优秀人物的发展,亦即没有科学、艺术和人道的发展,人们这样辛辛苦苦地活着就没有意思’这个观点是不可能的。首先因为‘辛辛苦苦’对绝大多数人来说还是件好事(谢天谢地!),再者因为谈论‘优秀人物’的是首饰匠‘约斯先生’。但是恰恰因为我自认为属于‘优秀人物’之列,所以我拒绝承认‘优秀人物’高人一等。倘若以为没有我们这些人的心爱之物,生活就没有意思,那是十分荒谬的。对我来说或许的确没有意思,然而我们并不就是全人类。要知道,即使我们不存在了,人类也是照样要存在的。您叫我别忘了蛮族入侵时,波埃斯和西马克曾感到必须保卫文化宝库……可是我要提醒您,那时撒维安曾提出这样一个问题:‘为什么蛮族比我们强得多?’您别忘了许多罗马名门望族的后裔都归顺了蛮族,虽然德奥道斯法典规定私通蛮族的罗马人一律烧死,罗马人依旧纷纷投奔蛮族。"

"西方的'优秀人物'们,前事不忘,后事之师。要拯救文明,拯救优秀人物,必须使受你们轻视的群众感到同他们有利害关系才行。对优秀人物来说,最好的工作方法还是去为群众工作。……优秀人物的命运取决于群众的命运……"

"优秀人物和群众之间的鸿沟眼见得越挖越深。我一直在尽平生之力从中斡旋,因此难怪优秀人物都与我分道扬镳了。战后,法国的优秀人物越发把自己关在小天地里孤芳自赏。大祸就要临头……"

我当时想,在这封信中再一次发出警告的呼声、再一次宣布我的观点不是无益的。这封信比其他任何文章都更清楚地说明了那几年里我的思想状态。这种状态一直延续到后来,我经过对两个阵营的力量和生命价值做了长期估量之后,毅然决然地投向"蛮族"的那一天。我发现未来是属于他们的,革新的全部希望和人类的解放掌握在他们手里。

但是,在我描述的这段时期里(1922—1927),我还在犹疑彷徨,拼命地探索。我感觉到"欧洲风暴"就要到来,我惶恐不安地从空中嗅到风暴的气息。我寻求——与其说为自己,毋宁说为我热爱的人,为我们的西方,因为人到花甲也就不久于人世了看看什么样的藏身洞,什么样的垣墙可以抵挡风暴。

就在那个当口,我看见印度的大地上高耸起一座灵魂的"城堡",是羸弱而又坚强不屈的马哈德马建造起来的。我竭力在欧洲也造起这样一座城堡。它的良心的呼声的要求和《格莱昂波》的要求是一脉相承的,它证实"城堡"里的生活纯洁英勇(人们对书本里的道德经已经腻透了),这种生活的勇于牺牲的榜样成为全民族的表率。

那几年左右我的精神的是甘地的思想。一九二三年二月,我写的关于他的小册子刚刚脱稿,五月里便在伦敦结识了 C. F. 安德鲁斯,九月结识W. W.彼德森,他们是甘地在南非斗争时的战友。这两个人——其中彼德森可能在和我分手后不几天就惨死了——令我想起基督的十二位门徒,他们和使徒一样刚毅、一样纯朴。就在那段时间里,我还接待了马德来·丝拉德小姐的采访,她是一名英国海军上将的女儿,后来可能成了甘地的“玛尔特”和“玛丽”。她不认识甘地,想见到他,我给她指了路。由于同泰戈尔和J. C.波斯爵士的交往,由于卡地拉斯纳格和拉基巴特·拉基时常来访,也由于同印度的通信和阅读孟加拉的杂志,我对印度的思想理解得更透彻了。我发现其中有些内容对我并不陌生,这是一个重要的收获。我头脑中有些思想,我一直以为具有尼韦内一带古法国特有的最地道的法兰西情调,现在却从异国的思想中得到了共鸣(我后来在《拉马克里希纳传》的引言里叙述了这一发现),甘地终于在他出狱后养伤期间,于一九二四年三月二十二日给我写了第一封信,这封信成了友谊的开端。后来的几年我变成他的思想在西方的发言人,我为他的政文集《青年印度》(1924年7月)法文版写的引言尽量把他的思想同欧洲社会行动联系起来。

然而在战斗中,我一直没有忘记,没有忽视俄国的革命和它的新世界的巨型建设。我竟然荒唐地想把水火不相容的印度的思想和莫斯科的思想调和在一起,在《青年印度》的引言里,“我斗胆断言,主张非暴力的甘地同主张暴力的革命者之间的差距,要比英勇的不接受运动的战士同麻木不仁的永远逆来顺受的人之间的差距小得多,革命者不过是甘地坦率的竞争对手,而永远逆来顺受的人则是专制和反动的基础”。我向来不赞成把甘地思想同摧眉折腰、摇尾乞怜的没出息的和平主义混为一谈。我一直强调甘地的战斗性格,强调他经常使用的字眼:剑。这个字是他针对“钢剑”这个词提出来的,用以象征在人们为之奋斗并必信其胜利的真理的事业中,个人和集体的自我牺牲的英雄主义。大战爆发前两年,我在具有预言意义的《约翰·克利斯朵夫》的结尾中希望法、德两国联合,因为他们是“欧洲的两翼,一个折断了,另一个也就别想飞”。战后，我照样想把苏联战斗的共产主义和甘地组织领导的不接受运动比作革命的两个强劲的翅膀，希望他们能够互相配合，协调地飞翔。我的希望落了空，对此我并不感到意外，因为这样的想法会遇到双重的阻力。每一方都认为真理在自己手里，另一面的真理在这一方看来就是敌人。我固然有信仰，却信不过西方；我觉得我老家的这么一句俗话今天听起来仍然挺有味道：“不轻信的人不吃亏。”这话回味起来酸溜溜的，很刺激，好比一个没有熟透的好果子，最强有力的社会理论或宗教理论，在我眼里也不是教条，而是为人类指明道路的生动的假说，因此对于我，苏联的理论也好，印度甘地主义的理论也好，统统都是试验（甘地本人就是这样讲的），是两起最宏伟，最有效的试验，是唯一可以把人类从崩溃的灾祸中解救出来的试验。我想，为了拯救人类社会，两个试验加在一起也不算多。它们与其相互拆台，何不联合起来对付共同的敌人呢？即使我的这个想法没能实现，我也绝不因曾有过这样的想法而懊悔。

刚刚写完论甘地的书，我便怀着沉痛而崇敬的心情获悉列宁逝世的消息。我给《消息报》发了唁电和唁函，表达我的哀思。我曾三番五次（尤其是在收到俄国革命的祖母卡捷琳娜·布来什柯夫斯卡娅的呼吁书后）为受布尔什维克镇压的社会党革命者鸣冤叫屈；我曾不断地告诉我们的敌对的兄弟们，他们与我们对立，其后果不堪设想。另一方面，我参加了一九二五年“红色国际救援会”对白色恐怖在波兰、罗马尼亚和保加利亚犯下的罪行的抗议活动。“站在一切被压迫人民一边，反对一切压迫者！”……这就是我一九二五年九月向“红援会”书记提出的口号。

我在一九二五年十月二十日给莫斯科苏联国家艺术科学院的回信中力图说明，最重要的是从思想和行动上维护革命的独立性。信中说：“我所理解的真正革命精神是这样一种精神，它认为生活的形式不会是一成不变的；在一定的形式下，生活也不会停滞不前，它容不得任何社会谎言……它不停息地同人类社会不断从被摧毁的偏见的废墟上制造出新的偏见做斗争……它既反对资产阶级民主的旧偏见,又反对无产阶级革命的新偏见。对它来说没有什么金科玉律,因为在它看来,每一种社会政治形式统统不过是特定时期的现象……由这种真正的革命精神产生的艺术,其作用是排挞众议,捍卫自由。真理必须彻底……在真理的道路上,我们经常是无产阶级革命者的同路人,然而是自由的同路人,不是受人雇佣的同路人……我们为全人类工作,不为某一个阶级的统治工作,任何一个阶级的人去压迫别人或是受压迫,对我们来说都是无法忍受的……"

这番话,抽象地说是对的(抽象意义上的正确实在不费事!),然而不符合事实。第一,无产阶级革命的目的,不是为了达到一个阶级的统治,而是为了解放全人类。它目前的阶级斗争性质,是生存和斗争的需要,不过人们因此很容易忘记它的最终目的是消灭阶级和建立平等正义的大同社会。发生动乱时,一些狂热分子的错误,(那些在西方远远地观察动乱的革命者可能更甚之)在于一味地强调动乱的激烈,并企图使人们相信,无产阶级专政就是目的,然而实际上无产阶级专政只是一个无法避免的、严峻的发展阶段。

其次,在革命时谈论独立固然高雅,然而事实上谁能保证这种独立呢?革命不胜利就无独立可言。革命斗争必须胜利,而要胜利就必须有严格的纪律,能够设想一支军队的士兵都当自由射手吗?凡去当自由射手的,倒霉的是自己,他们可能会受到两边的射击,什么好处也没有,就是对精神独立也是如此。

唉,如果这批"自由文人",这批"个人主义者"果真不畏枪林弹雨、为独立而奋战,那倒好了!……我那几年的主要错误,我最痛心疾首的事,就是把他们估计得太高。其实他们大多数(可能包括一些名流)一遇风浪就吓弯了腰,蜷缩到现存社会制度的背后,答应规规矩矩,不乱说乱动,于是得到庇护,只要精神在狗窝里自由了,一切都可以出卖。他们的后台老板也是自由的,自由地掠夺奴役世界上其他的人。其他的人,即人民,各国人民,他们对这批文人是嗤之以鼻的。他们其实不应算作纯粹的文化人,他们很会蝇营狗苟,是一伙令人佩服的奴仆。

我在《欣悦的灵魂》[1]末尾几章中诉说了苦衷。年轻的玛克在个人主义的荒原中挣扎的经历就是我的亲身体验,但是我那时已有使我面容憔悴的六十年的阅历,这是我比玛克优越的地方。Gaudet patientaduris(为忍受的苦难而高兴)。

从一九二五年十月到一九二六年五月,我在写在《母与子》这一卷,玛克和安乃德当时还在十字街口徘徊。

卡尔·拉戴克后来对《欣悦的灵魂》的末卷大加赞誉。他说,在头几卷里,我"把女主人召进了死胡同,小说中辍的原因是作者不知道如何写下去"。这话并不全对。《欣悦的灵魂》的主导思想是抵制战争。抵制战争到现在仍然是我的社会思想的基础,也是我的苏联朋友们的社会思想的基础。反对战争是社会繁荣发展的首要条件。正是以反战这个口号为前提,十年来苏联合西方的仁人志士相互靠拢了,加上阿姆斯特丹运动的支持,终于使苏联在一九三四年进入国际联盟。因此,谈不上什么死胡同,完全谈不上。这是两次战斗之间的空隙。到书的结尾,安乃德和玛克已完全明白,这空隙不过是一次短暂的休整……Rube Nut(前进)……前面一定会有牺牲。玛克和安乃德知道他们的日子不会太平,从一九一八年十一月起"Mater dolorosa"(痛苦的母亲)就已经提前为儿子戴黑纱了。

不过,他们谁也弄不清刽子手的刀斧会在什么时候、从什么地方砍过来,弄不清谁是在他的身边的、他们应该武装起来与之斗争的敌人。(其实,西方多数正直的人现正处于《欣悦的灵魂》所表现的思想水平上。对于他们,敌人是整个资本主义社会,有如混沌弥漫的烟雾,到处飘荡,即使他们做好准备应付敌人的攻击,也弄不清攻击在什么

---

① 又译《母与子》,其中有一卷题名为《母与子》。——译注

方向,他们朝何处可以扭住敌人。)

用不着等到一九三三年五月十日,在一九二五到一九二六年间,意大利法西斯已叫敌人露出破绽。卡尔·拉戴克在上述那个报告中把一九三三年五月十日当作“人文主义作家”端正方向的关键日期,他说,因为在这一天,德国法西斯分子把“人文主义作家”的作品同无产阶级革命党的书籍,不问青红皂白地一块儿焚毁了。

但是我们在法国,八年前就深切得多地体会到意大利兄弟遭受到的凌辱和欺压。我们两国人民唇齿相依,一方遭难,另一方就心惊肉跳。就我个人来说,意大利在我的青年时代,在我的心灵生活和思想生活中,在我的交往关系中占有的地位太重要了,我同它的命运不能不有着千丝万缕的联系。一九二四年六月十日马岱奥迪遇刺,我好似失去一位亲人,接着又发生几起卑鄙的暗杀事件,使我万分悲愤。受害人中间有阿芒道拉(遇难时间是 1926 年 4 月 6 日),就在受害的前两天,他还题赠我《自由友谊》一书,祝贺我六十岁生日。事件发生后我给他儿子写了一封信(1926 年 5 月 22 日),倾诉我的哀伤,揭露凶手的无耻,不过这信很可能被法西斯检察机关扣压了。我当时同意大利流亡者以及意大利被害的青年们经常接触。墨索里尼挥舞战争大棒,于是他不但犯下了镇压意大利人民的法西斯罪行,而且犯下了用战争威胁欧洲的新罪行。他那时是赤膊上阵、不像现在希特勒这样遮遮掩掩,黑衫军头目的所作所为使我们不能再小心翼翼、糊里糊涂地超乎于混战之上了。战争和法西斯差不多是一回事,认识这个现象大有益处!谁反对战争,谁就必须反对战争贩子。

墨索里尼在的黎波里发出战争叫嚣以后,我就是按这个原则行动的。在一九二六年四月十九日致法国人权同盟的信中,以及在同年四月二十三日就丹累蒙大街诉讼案致亨利·多列士的信中,我痛斥意大利法西斯,诅咒它的头目,我认为他是未来战争的罪魁祸首:“他一定会淹死在欧洲的鲜血之中!”

一九二六年六、七月间,泰戈尔到维尔纳夫来看我,他刚刚结束在意大利的旅行。在意大利,墨索里尼钻了他单纯、轻信以及对欧洲的政治和意大利语一窍不通的空子。这只打呼噜的肥猫用花言巧语迷住了泰戈尔的心窍。肥猫听这位印度圣哲说"我不能容忍暴力,我讨厌暴力"时,竟然恬不知耻地回答"我也是"。我费了九牛二虎之力来擦亮泰戈尔的眼睛。我向他揭露了法西斯主义的真面目,使他同暴力的受害者发生联系。泰戈尔激动地写信给意大利的朋友和安德鲁斯,对利用他招摇撞骗的法西斯提出了公开的谴责。我把信的节录登在一九二六年八月十五日的《欧罗巴》月刊上,《人道报》和其他诸报先后转载。波伦亚惨案发生后,我趁热打铁,继续给泰戈尔写信讨论法西斯问题。在波伦亚惨案中,墨索里尼把莫须有的暗杀罪名强加给一名年方十五的少年,把他抛给刽子手们宰割,意大利大小城市均遭涂炭。我告诉他法国逮捕了一个气焰嚣张的间谍,这个家伙侮辱了加里巴迪的名字。

由于我想到泰戈尔可能因我把他拉入是非旋涡而闷闷不乐,便在信中这样写道:"我常常责备自己不应劝您不要相信您的意大利主人,从而打扰了您的休息。但是我考虑的不是您的休息,而是您的名誉。我不愿看到魔鬼糟蹋您的名字。假如我的多管闲事使您间或不得安宁的话,那么深望鉴谅,将来可以证明,我是您的忠实而警惕的守卫者。"

一九二七年一月十五日我致函《印度每日邮报》,后来,在致亚洲朋友的许多信里,一直到最近致诗人的侄子苏密安德拉特·泰戈尔的信里,我都对印度新闻界相信意大利法西斯欺骗宣传提出异议。

不久以后,巴比塞和我开始考虑组织国际反法西斯委员会(成立于1926年11月)。我们联合发出反法西斯呼吁书《致自由精神》(即《"法西斯和白色恐怖受害者救援会"1927年2月公报——声援某受害国人民》)一九二七年二月二十三日至巴黎比吕耶大厅召开了第一届反法西斯大会,爱因斯坦、巴比塞和罗曼·罗兰任名誉主席,人权同盟副主席保尔·朗日凡任执行主席。

必须提出,我虽然彻底加入了反法西斯斗争,但仍然坚持说教式地独立于党派之外。一九二七年二月十日我写信给巴比塞说:“正因为我是先进的无产阶级大军的一分子,我才向它的领袖们提出要求,这个大军必须有堪为楷模的思想纪律,必须虔诚地尊重自由。一定要珍惜自己的荣誉。”

“我是先进的无产阶级大军的一分子,”这话无可追悔,然而我不能因此而钳口结舌,闭目塞聪。我不放弃揭发这支大军的错误和谴责它的暴力行为的权利。我写信坚决反对共产党宣传滥用我们独立人士的名字。在此我不妨公开谈论此事,因为后来共产党的一些有头脑的领导人已经认识到这个错误,并且已加以改正。当时我稍有疏忽,就有人不打招呼便把我的姓名用到一些大都歪曲了我的思想的宣言、抗议或呼吁中。有人甚至莫名其妙地把一篇侮辱瑞士的文章推到我的名下,而我却是瑞士的客人。我因此差一点被递解出境(1927 年 3 月)。这些人头脑发热,鼠目寸光,不考虑长远。他们不问三七二十一就把我们推出去,大概以为这些独立知识分子一旦卷入事端之中便不能再犹疑,非横下一条心不可。他们太笨了,不明白这样做只能把知识分子赶跑,因为对一个独立知识分子来说,硬把他当作附庸是莫大的侮辱。他可不会忍气吞声,本来满心想同党靠拢,这样一来反而同党一刀两断了。许多优秀知识分子都被这种做法触怒了。别的党也这样做,然而一个受人尊敬和热爱的党,一个高举正义的旗帜为奠定新世界而奋斗的党,做出同敌人一样令人憎恶的事情来却是我们不能容忍的。一九二五到一九二七年间使我大为恼火的就是这件事。不过我并没有停止同共同敌人的斗争,包括帝国主义、工业资本主义以及刚刚露头的法西斯,它居心叵测地要把一项罪恶的军事法强加到法国头上,把法国人民不分老幼都控制起来(1927 年春季)。

如果不是苏联的政策开始变得比较通情达理了,如果没有它的深得西方信任的发言人之一阿那托利·卢那察尔斯基个人的干预,不正常的误会很可能还要继续下去。

事情是从我对《自由人》杂志关于“苏联的镇压”的调查所写的回信(1927年5月20日)引起的。这家杂志是法国无政府主义－共产主义者的重要刊物,当然照例疯狂煽动舆论,反对苏联共产党对少数无政府主义者的镇压,却根本不去考虑共产主义的失败就意味着一切革命党的失败,甚至意味着自由的最后失败。那期间情势十分危急,英国刚刚同苏联断绝关系,蛮不讲理地驱逐了苏联外交使团;迪特丁爵士的诡计得逞,反对莫斯科的帝国主义联盟军正酝酿之中。

我在一九二七年五月二十八日的回信中说:“不论我对苏联当局如何挟嫌衔怨,我都要向所有自由欧洲人呼喊:俄国在危难中,如果俄国失败了,那将不仅是世界无产阶级的沉沦,而且是社会自由和个人自由的沉沦。世界将要倒退好几个世纪,欧洲人民一夜之间就会卷入帝国主义富人政府的战争之中……停止同室操戈的争论吧！俄国革命代表了现代欧洲最伟大、最强有力、最有生气的社会力量……救救俄国革命,敌人已经打上门来。帝国战争就要开始。务必拯救欧洲的自由!”

莫斯科对这番话当然不会充耳不闻。苏联革命所遭到的新的考验成了它检验真假朋友的试金石。一九二七年九月二日卢那察尔斯基给我来信。战时我们在瑞士避难时就认识了,彼此以诚相待。这位人民教育委员固然对共产主义始终不渝,同时却又是人道主义者,自由主义者。谁都知道,他在内战的动乱岁月里,花了多大的气力保护艺术,保护艺术家。过去他一直认为同我的作品的影响、包括在苏联的影响做斗争在他是责无旁贷的。头一年他还在莫斯科的报刊上猛烈攻击我的《爱情与死亡的游戏》。然而这一回,他借我给《自由人》的回信的机会代表党向我伸出了手,邀请我给刚刚创办的党刊《革命与文化》撰稿。他保证刊登我的全部稿件,即使出现“文章的主要观点同我们的思想不一致”的情况。他说:“您给《绝对自由主义者》的回信使我立刻看出来,您的客观洞察力,远不是许多有时自称是我们的朋友的畏首畏尾的知识分子所能比拟的。这当然不是说您在信中说的一切我都同意,然而庄严的政治基调是正确的,思想境界是高尚的。”

这些赞誉之词倒是应该由我来向他说的。他那封信的基调渗透着宽宏大度的精神,这种精神表示了高度的理解,我早就在等待着、期望着苏联革命能有这种精神。我毫不迟疑地握住向我伸过来的手,宣布我同苏联同心协力:“世界上依附国际财团的新闻界每日每时无耻地煽动舆论与革命的俄国为敌,在这个时候,我认为同千方百计想奴役欧洲人民、扑灭伟大的革命火炬的虚伪的反动派做针锋相对斗争,是自由法国人的责任。”(1927 年 9 月 23 日)

我在信里再一次批评了苏联革命的理论狭隘性及其专制思想,我不掩饰我的不满。但是我同时重申,我相信苏联革命是历史的必然,重申关于苏联革命是人类社会的伟大先驱的原则。

这一次开诚相见的通信,连同作为事情起因的给《自由人》的回信,全部刊登在一九二七年十月十五日的《欧罗巴》月刊上。

从那时起,隔阂就消除了。十月初,当时苏联驻巴黎的大使拉柯夫斯基在迪特丁雇佣的报刊的一片狂吠声中,向我转交了莫斯科邀请我参加十一月七日苏维埃共和国十周年庆祝活动的信。我于是在十月十四日发表了《致俄国兄弟姊妹的信》作为回答。我告诉他们,“从俄国革命艰苦斗争的第一天起”我就一直在关注着它。现在,由国际财团支持培植的各国帝国主义者、法西斯主义者、愚昧主义者空前疯狂地制造反苏宣传和反苏舆论;各国政府屈服于他们的压力,变成金钱力量手中的傀儡,在这个危急的时刻,我代表我的朋友——西方的作家和思想家,并以我个人的名义,向你们重申兄弟般的情谊。十一月四日,在给一家苏联报纸《莫斯科晚报》驻巴黎的记者的信中我写道:“我把一九一七年十一月七日看作光荣的法国革命以来世界历史上最伟大的日子,它标志着人类取得了比法国革命摧毁旧制度还要重大的进步。”

在这封信中,我表达了我的愿望。由于斯大林坚定灵活的政策,这个愿望现在已经实现。我写道:“因为苏联革命是比法国革命更成熟的革命，所以它不必干预国际事务，而应扎扎实实地建设自己的住宅——劳动共和国。新的住宅建成的一天，欧洲和世界的其他地方腐朽的老宅第就会自行倒塌，因为光明可以驱散黑夜。”

从那时起，我一直是苏维埃共和国的同路人，一直战斗在它的身旁。

以后的年月里，从一九二八到一九三五年，我始终坚持我的立场，而且不断写文章申明我的立场。这些文章产生一定的影响，但是不大，敌人未予理睬，还是假惺惺地用看待《超乎混战之上》的作者的眼光看待我（其实这篇文章他们只看了标题），他们闭眼不看，当十五年前，问题由兄弟民族之间的丑恶战争转为各国人民的名义反对由剥削者和奴役者组成的可诅咒的社会的神圣战争时，我就已经置身于混战之中，而且站在斗争的前列了。

在这里评论一番我最近七年写的文章未免多余，我仅仅择其重要者列举如下，这些文章都没有什么艰深之词，读者不妨取来一读。

这些文章可分为殊途同归的四部分。第一，关于保卫苏联；第二，关于保卫世界和平；第三，关于反对欧洲或殖民地国家的资本军国帝国主义的斗争；第四，关于近年来越发激烈的反法西斯斗争。后两部分对前两部分来说是必不可少的配合。

主要文章有：

《致俄国流亡作家龚斯当丹·巴尔蒙和伊万·布宁的答辩信》（1928 年 1 月 20 日）。这两个人对我一九二七年十月《致俄国兄弟的信》提出责难。答辩信发表于一九二八年二月十五日的《欧罗巴》月刊。

揭发在骗人的、虚伪的和平下面掩藏着国际反动联盟的阴谋的文章，有：

一九二八年十月三十日给里昂《力量报》的信，题目是《评凯洛克协定与和平闹剧》；

一九二九年十月的文章《剽窃和平》,揭露胡根贝格和阿诺尔德·莱辛贝格之流策划反苏的法、比、波、德反动联盟(刊登在1929年10月15日《欧罗巴》月刊上);

一九三○年一月二十八日号《致罗讷省教师工会的呼吁书》提醒舆论不要上古丹赫夫·卡勒奇伯爵的泛欧主义的当(发表于里昂《力量报》);

一九三○年四月九日的《保卫苏联号召书》。《号召书》抨击"外国石油大王对法国政治无耻的干涉,揭露罗马、日内瓦、犹太等各派教会施展五花八门的宗教伎俩,厚颜无耻地同资本主义的卑鄙利益以及杀人嗜血的法西斯同流合污"(发表于1930年4月19日《世界》月刊)。

一九三一年一月一日回答卡斯东·里欧的长篇文章《欧洲,走出小圈子,否则就是灭亡》(发表于1931年2月《新世界》月刊)。这篇文章极力想说服知识分子放弃他们模棱两可的处世态度,使他们在苏联对西方资本主义和法西斯联盟,与欧洲对觉醒的亚洲、非洲这样两场即将展开的战斗中决定何去何从。我自己的态度是:"要光明正大!我不隐瞒自己的观点:如果苏联受到攻击,不论是谁发难,我都站在苏联一边。我不会充当打着骗人的文明旗号去进攻孙中山和甘地的亚洲的欧洲剥削者的小卒子。欧洲啊,假如你加入这场魔鬼的战争,我就要为了印度的、中国的、印度支那的兄弟,为了一切受剥削的民族的兄弟,同你斗争,同你的专制和贪婪斗争。"

一九三一年一月二十九日致弗克斯的信。我在信中谈到我破釜沉舟的决心,我宣布,我的许多法国同事会跟随我接近苏联,"把我看作向你们走来的新西方的信使吧"!

一九三一年五月十日和十月给高尔基的两封问候信。第二封后来做了高尔基的文集《他们和我们》法文版的序言。

一九三一年四月六日的文章《向过去告别》,发表在六月十五日出版的《欧罗巴》月刊上。文章居高临下地总结了我的思想演变的全过程,回顾了自一九一四年战争开始以来这一过程的每一次斗争,每一个发展阶段。这样就对《超乎混战之上》发表以后我所走过的道路做了估价。

在这段时间里,同苏联作家的自由讨论——讨论文章毫无删节地刊载在苏联报刊上(见1931年2月关于个人主义和人道主义致克拉德珂夫和塞尔万斯基的信)、由此引起的友好的笔战、从关于真假个人主义、关于群众改天换地的伟大意志以及关于这种意志使个人做出的英雄壮举等几方面对知识界苛刻的导师高尔基思想所做的分析和评论,所有这些消除了笼罩在我心头的最后的阴影,帮助我实现了多年来梦寐以求的个人与社会的和谐。

我竭力把我所理解的东西,向西方知识界朋友们,向和平主义者,向非暴力主义者,向人道主义者,向善良而对马列主义革命一知半解、因而被"唯物"教条主义吓坏了的理想主义者广为宣传为此我写了一连串的信:

1. 致瓦连丁·布尔加科夫,谈英雄的暴力和非暴力中的自我牺牲(1929年4月11日);

2. 致塞尔日·拉迪纳,谈共产主义的"物质主义"(1931年3月19日);

3. 致爱德蒙·布利瓦,谈革命和非暴力(1931年5月5日);

4. 致"争取和平自由国际妇联"与"和平战士同盟"的许多信,要求他们同革命团结。

就像六年前我的思想观点在致鲁日埃教授的信里得到最准确的概括一样,一九三〇年以后这个阶段的思想观点最清楚地反映在对欧仁·雷吉所做的国际调查的长篇回信之中。

欧仁·雷吉是一位罗马尼亚知识分子,真诚的和平主义者、国际主义者,我对他抱有十分尊敬的心情。然而他关于国际主义的观点,我认为是过时的,危险的,即是所谓的孤立于、或者说高踞于世界其他地方之上的欧洲国际的思想。我同他的错误进行了坚决的斗争。我十分明白,当前,欧洲主义是用泛欧主义、欧洲联盟等华丽的外衣装扮起来的新民族主义,这是一种更加可怕的民族主义,因为它集中了更加庞大的力量和更加贪得无厌的私欲,并把他们武装起来与世界其他地方为敌。凡是不扩展到全人类、不向全人类开门的什么联邦,我一概不接受。现在,要做名副其实的国际主义者,必须是大同主义者。

另一方面,欧仁·雷吉对于社会政治活动保持知识分子陈腐的矜持态度。这样远离政治活动,在他身上倒不是私欲在作乱,或者是个人的傲慢在起作用,只是因为这些资产阶级中的有志之士,由于社会地位给予他们劳动人民所没有的自尊和生活的特权,所以他们过分小心地和政治活动保持相当的距离。他们喜欢以此显得不同凡俗。他们不愿意溶化在劳动集体之中,相反却藐视政治、想脱离社会活动来开展纸上的战斗和"精神"的游戏。他们终于发展成为"精神僧侣",对集体的责任漠然相视,于连·班达便是他们杰出的"大祭司"。我曾在许多文章中以及在《欣悦的灵魂》的许多章节中说过,今后我还要不断地说,我讨厌对抽象精神的狂热追求,这种追求的结果是把精神从滋育它的土地上连根拔起;精神失去了斗争,失去了现实的责任,也就失去了充满生机的汁液,剩下的只是一具令人厌恶的躯壳。不论这种狂热的追求是自觉的还是不自觉的,它都同当今政治头目的 combinazioni(机谋)相呼应,头目们当然为之喝彩,"因为这伙理论家,这伙'不实行精神'的诡辩士们叫知识分子不要关心在战斗中决定人民命运的政治舞台"。我比任何人都更可以称得起是精神独立的战士,"精神独立可以使我们纵观全局"。然而我绝不同意只作壁上观。看得清,是为了做得好,总之"必须行动"。"知识分子国际联盟"——正如雷吉所称呼的,即"精神的奴仆们"没有权利高踞于社会政治运动之上。"他们是人类劳动联邦的一支队伍,是全体劳动者大军中的'特种部队'(比如'工兵')"——斯大林很早就用简洁的语言称他们为"灵魂的工程师"。他们不要以为他们的特种武器比起无产阶级战友的武器有什么特别高明之处,这种高明之处实际上是不存在的,没有无产阶级，知识分子就一钱不值。无产阶级和知识分子的行动目标是一致的，那就是建立"一个更加公正、更加自由、治理得更好的人类社会"。因此，当雷吉问我有什么话要对青年讲时，我回答说，"希望青年们永远不要把思想同行动割裂开来"。

今天，"精神"除了充任改天换地的行动的伟大兵士以外，别无其他更加重要的角色可以担当。

对于我来说，做行动的兵士并非自今日始。一九〇〇年，我的《人民戏剧集》以浮士德的这样一句话结尾："万事始于行。"我的全部著作都蕴含着行动，或者要求行动。约翰·克利斯朵夫是基督再世，他把孩提世界扛在肩头，普度众生。"欣悦的灵魂"安乃德正如他的姓一样是一条河[①]，"水是活的，生活在前进，向前呀！……就是死，我们也要朝着前方"！艺术是，如果可以这样说的话，艺术就是我的生命，在音乐之中，我喜爱的大师是贝多芬、亨德尔，他们的乐曲吹拂着行动的气息。我到印度做了"思想朝圣"之后，带回来的不是关于无限的沉思冥想，而是这样一些人物，他们能够从这种沉思冥想中提炼力量，并把提炼出来的力量投入聚积着、沸腾着行动的铁水的熔炉中。人民的带路人甘地和英雄维夫卡南达就是这样的人物。

但是，这种本能的行动，好似山火漫无目的地燃烧，时间太久了。这种本能符合约翰·克利斯朵夫通过我的眼睛在昂卡丁一幢房子的屋檐下看到的这样一句话："Vive ut vivas"（为活而活着），在一个垂头丧气的悲观时代里——我的青春就是被这样一个时代败坏了——也不坏，然而到底是不够的。这支圆号令人想起剧场里的合唱队，他们高唱"前进"，却原地不动，因为，能走到哪里去呢？即便是克利斯朵夫吧，他倒是在走，和他的堂弟，那个罗丹雕出的人物一样，迈着大步，然而他没有脑袋，只有一个身躯，里面有一颗结实的心在跳动。他迈开两条长腿，跨过江河，背着和他一样没有头脑的时代，去迎接"黎明的

---

① 《欣悦的灵魂》中女主角安乃德姓里维埃，法文是 Riviere，意为河流。——译注

降临”。然而黎明是什么？战争和革命。战争和革命还未发生。克利斯朵夫便感到头晕目眩，有两次几乎失去自持，但是他终于逃避，躲到“超乎混战之上”的高枝上栖息起来。不过倘若不是死神把他带走的话，这只雄健的鸟是不会在高枝上待下去的，他一定会毅然地飞起来，他的妹妹，“欣悦的灵魂”，终于在六十岁上，为了替儿子复仇，从容地投入了战斗。

我也投入了战斗，因为再也不能袖手旁观了。“在欧洲，革命已经把进攻的主动权让给了反动派，反动派已经夺取了前沿阵地。法西斯在全欧洲以道德秩序和社会秩序的保护人自居。大资产阶级当然对自己的力量缺乏信心，于是很聪明地把权力授予一些出身低微的 Duci（元首）和 Führer（领袖），这些人元气未丧，过去在野为狼，现在在朝成了看家狗。黑色瘟疫或棕色瘟疫，从一个国家蔓延到另一个国家。暴力不断升级，而且居然收到效果。时间不允许再犹豫了，或者同意，或者反对，书呆子气地讨论暴力或非暴力的时候已经过去，必须把一切力量，不论是暴力还是非暴力的都联合起来，同一切反动势力的集团做斗争。甘地领导的伟大的不承认运动也好，列宁的突击部队也好，在革命队伍中都应有他的地位。良心的反抗、工厂和交通部门的罢工、起义等等，都是安乃德精神已经承认的战斗所需要的武器，安乃德精神已经认识到战斗的必要。”（见《女预言家》最后一章）

我一直认为必须战斗，而且事实上也一直在战斗。我第一个和巴比塞一起，在一九三二年春天，发出建立体力劳动者和脑力劳动者的统一战线的号召：“联合起来！祖国（我们的国际祖国）在危难中！”（1932 年 5 月 1 日在《人道报》和《真理报》上同时发表）

一个月后，为了反对“狼烟四起，威胁各国人民的战争”，我们召开了一次大会，参加大会的有“各国人民、各党派和所有善良的人们的代表”。这次大会标志着社会主义者、共产主义者、工团主义者、无政府主义者、激进派、各种共和主义者、自由思想家和天主教徒、无党派人士、和平主义和抵抗运动组织、逃避兵役者、自由人士以及法国和其他各国所有决心尽一切努力制止战争的人,为了反对共同的敌人,团结起来了。谁主张战争,谁就是主张法西斯,主张反动,因为苏联那样的建设社会主义和共产主义的新生力量为了生活,为了胜利,需要的只有一样,就是和平。

我在一九三二年八月二十七日至二十九日阿姆斯特丹的“各党反战世界大会”上宣布的就是这样一个纲领,上文说过,《欣悦的灵魂》所体现的也是这样一个纲领。众所周知,这次大会尽管遭到第二国际和社会民族主义政党头目们的破坏,仍然获得巨大的反响。群众比他们的领袖看得远,在他们引导领袖们之前,他们已经走到了领袖们的前面,以迅雷不及掩耳之势实现了团结和统一战线。阿姆斯特丹大会——大会的胜利是和巴比塞的名字联系在一起的,因为巴比塞为大会费尽了心血——是世界反战和反法西斯健康力量大团结的第一个坚不可摧的堡垒。

风云变幻。法西斯在短短几个星期中,甚至可以说短短几天之中就攫取并控制了德国。我立刻拿起笔,同共产党的朋友们并肩向法西斯展开了激烈的斗争。一九三三年的大半时间就是在这场斗争中度过的。

我发表了一系列反法西斯的声明,这本集子收入了其中的几篇。一九三三年五月九日和十四日我同《科隆日报》展开论战(我的信后来在6月15日出版的《欧罗巴》月刊上载出,以后在许多国家的报纸上转载)。

《科隆日报》要唤起我对德国的旧有的感情,我在五月十四日用公开信的方式回答说,我热爱的德国,是伟大Wettbürger(世界公民)的德国,是同世界人民同甘共苦的德国,是致力于不同民族和不同思想的统一的人们的德国。而现在这个德国,是被那些佩戴铁十字勋章的家伙蹂躏、宰割、凌辱的德国,这班家伙的荒唐和罪过使德国蒙上了屈辱。我曾谴责一九一八年胜利后德国受到的不公正待遇,我主张修改仗恃强权强加于人的凡尔赛条约,我希望德国人民同其他各国人民享有平等的权利。但是你们竟然以为我这样做是因为我赞成德国去欺压别国,去践踏各民族的平等和神圣人权吗?希特勒的法西斯民族主义是真正德意志最凶恶的敌人。我相信真正德意志一定会反对它。

危险不止来自一个方面,在法国,原有的民族主义的仇恨火焰很快又燃烧起来。有人极力利用希特勒的暴行所激起的愤怒,暗度陈仓,在法兰西民主的幌子下,大搞军国主义和法西斯。我们不能束手待毙,于是在一九三三年五月十七日发出《致青年号召书》(目的是召开"反法西斯、反战青年大会")。我在号召书中不仅谴责希特勒主义,还谴责形形色色乔装打扮的法西斯主义。不管它是挂着民主和资本主义的招牌,还是挂着军事和封建主义的招牌。我的口号是:民族主义就是敌人。

我们的敌人不是人民,而是蒙蔽人民、欺骗人民、压迫人民的那帮"元首和领袖公司"我们与各国人民同劳动、共患难,我们同他们团结一致,组成同一个世界人民,也就是国际统一战线,同新的反动神圣同盟进行针锋相对的斗争。《号召书》登载在《世界与国际战线》月刊上。一九三三年六月,我被提名为国际反法西斯委员会名誉主席,委员会的第一次会议在巴黎布莱耶厅举行。

从那时起到现在,反法西斯斗争一直在继续。在莱比锡诉讼案取得胜利、季米特洛夫获释以后,我们又为释放陶戈勒、台尔曼以及其他德国政治犯而斗争。不过反法西斯斗争已不局限于反希特勒主义运动。对维也纳工人区的轰炸发生后第二天,我们斥责了"奥地利基督教的小梯也尔"道尔福斯(1934 年 3 月 21 日和 6 月 20 日),我们通过红色救援会,竭力想把高尚的葛兰西和他的战友从墨索里尼的牢狱中营救出来。一九三四年十一月,我们对阿斯杜利亚人民英勇的革命表示声援。就是在印度,我也没有放松对黑色和棕色瘟疫的斗争,因为它们的宣传在那里流毒甚广。另一方面,我们对西方"自由国度"的殖民帝国主义,不论是大英帝国,还是塔拉梯的法国这个所谓"自由的最后的林荫道”,也同样没有采取姑息宽容的态度(1933 年 2 月 15 日《密鲁特的罪人》及 1933 年 5 月《反对西贡的判决》)。二月六日,巴黎的法西斯主义遭到知识分子和工人的反对。我敲响了警钟(见 1934 年 2 月 10 日《消灭坏蛋!》),发表了《向青年发出号召》(1934 年 5 月),揭发了用“精神革命”的外衣掩盖私欲的法国浮华的知识界和商业法西斯的勾结(见 1934 年 6 月 10 日为苏联杂志《科技战线》撰写的致 A. 巴克的信)。我召唤脑力劳动者战友们参加特殊的战线,即无产阶级的队伍。

“我们彼此血肉相连。劳动人民的独立和强大,就是我们的独立和强大,他们是树身,而科学工作者、文学和艺术工作者,则形成树的枝叶。如果树身有病,枝叶便不免枯萎。知识界的特权,剥削者给他们的荣誉和利益,好比从树枝上折下来的花朵。花朵被插至瓶中,经过短时的光彩焕发之后就化为尘土,被人扔入粪堆之中。我们要生活,不要死亡,不要杀人的凶器,不要掠夺人类的强盗,不要金钱的力量——帝国主义,大公司专政和法西斯专政!无产者,让我们不分彼此地携起手,紧密地团结起来!人类在危殆中!”(见 1934 年 5 月 1 日写给“国际工人救济会”刊物的短文)

此书以昂扬的战斗姿态结束,不要以为这样的战斗姿态同一九一四年“超乎混战之上”是矛盾的。一九一四年的混战,是民族之间的混战,是不同的人民、民族、文明互相藐视所引起的混战,其结果是两败俱伤。这样的混战我当然要超乎其上,而且一辈子也要超乎其上(见 1933 年 12 月 16 日致安德烈·贝岱的信)。事实上我早就超越了民族概念的阶段!“真正能斗争,唯一必不可少的、富有成果的斗争只能是在世界范围内展开的斗争。那些为推翻资本主义和帝国主义的旧世界及其民族、社会、道德偏见的框架而斗争的人,我愿同他们一起奋战,一起希望,一起受苦,我们的目的是建立一个新世界。”我向无产阶级伸出手去,因为无产阶级革命是“前进中的伟大国际斗争大军的先锋队——这场斗争的胜利将是建立无国界、无阶级的大同社会”。

我不需要为了我的今天而拘泥于我的昨天,拘泥于我昨天的观点,拘泥于我在《约翰·克利斯朵夫》《哥拉·布勒尼翁》和《格莱昂波》中歌颂过的个人良心和自由精神的力量。这种力量,同欣悦的灵魂安乃德一道,早已经汇合到革命队伍中。并非主观武断的判定,亦非偶然的巧合,而是这力量自身发展的结果。

可是,这种发展,与其说是由于高度理性的指导,毋宁说是发自这力量的天性以及我自己的天性的强烈的本能。精神受到了由资产阶级文化的时代气氛所维系的思想迷惘的羁绊,而精神本身原又是这种文化塑造成的。每当我们准备行动时,无论是我还是我笔下的人物都知道该怎么办。我们本能地站在交战双方善的一面。约翰·克利斯朵夫、哥拉、格莱昂波、安乃德和她的儿子,他们都是为全人类而生活,为全人类而牺牲的,他们从来没有想到过把自己的事业和集体的事业分离开,即使"一人反对众人",发生了抵触,为了解救众人他们也毫不动摇。他们不能和人民分离,不是为了利用人民,而是为人民服务。他们或在精神上,以他们的工作成果同人民相结合,或以个人的牺牲同人民结合。他们自己就是人民,永远前进的劳动人民。他们个人的存在,实质上是属于集体的。但是他们,包括作者本人,就像奔马在路上突然撞见黑影便惊惶地嘶鸣一样,一有人触动他们神圣的个人主义,就暴跳起来。

有一些符箓式的字眼,我们为之赴汤蹈火也在所不辞,但我们没有认识到——只是在长期的、痛苦的,充满了幻想和错误的经历之后才认识到——我们合法而纯正的信仰所诚心实意礼拜的不过是几具腐烂的偶像。在偷梁换柱玩弄概念的把戏中,这些字眼被抽去了实际内容,塞进了与本来的概念完全相反的意义。在这场把戏中弄得支离破碎的文化就用这几具偶像哄骗我们。譬如,"精神自由""良心的权利和个人的权利"这些旗帜,我们曾怀着何等幼稚而狂热的心情去保护它们!——本书中就有此例。万万没有想到,我们所保护的,不过是利用这些字眼招摇过市的商贩的招牌。我们就像上了女人的当一样被这些字眼哄住了。那些其实最讨厌这些字眼、玩弄它们只是为了实际否定它们的人使我们,我们的理想和梦想,以及这些梦想的可笑的异想天开和令人羞惭的变态都同这些字眼联系在一起。各个时代的自由文人,如斯威夫特,伏尔泰式的人物,大大小小的作家,只要不依附当时的权贵,不为权贵的鬼蜮行径涂脂抹粉,便一定会揭穿某一个时代和某一阶级的欺骗本质,暴露其糟蹋人类最珍贵、最纯洁的理想,并利用这些理想欺世盗名的真面目。这项任务是不会完结的。用思想词汇和偶像词汇编造的谎言也民主化了,从自由新闻和议会中克里翁式的人物的巨大阴沟洞口源源不断地涌出。世界大战使谎言骇人听闻地扩大,既证明了撒谎者还有力量,也证明了他们的力量不会持久。不过,战争至少在许多被空洞的字句迷惑住的知识分子面前,暴露了危险的骗局,最漂亮的词句,如自由、权利之类都被套在这场骗局之中。应该用伏尔泰惩恶膺邪的利箭戳穿这些漂亮的词句,但是缺少伏尔泰式的人物,我们没有能够消灭坏蛋……

也许可以这样说,在街垒的另一方,在树起了解放和强大的共产主义运动的榜样的那一方面,缺乏必要的语言天才,因此不能针对资产阶级文明对这些伟大理想的歪曲,提出在建设中的新社会这些理想的真实内容和生气勃勃的现实意义。只有尼采——我指的是艺术家的尼采,不是虚无主义思想家的尼采——的灿烂光芒,才能既把新世界的逻辑性,又把它动人的面貌展现在知识界的面前。战斗的暴力往往使我们只顾对我们所摧毁的事物进行严酷的、声势浩大的批判,而忽视对于将要诞生的事物的引导和推动。将要诞生的事物就是新型的人,真正自由的人,真正的自我,就是"一人即众人"。

我们认为,马克思的天才的主要功绩,就在于他用透彻的分析无情地把资产阶级意识的本质暴露在光天化日之下。我们过去沉湎于幻想,马克思使我们醒悟过来,虽然可能引起我们的不满,但到底帮助我们获得解脱。谁也没有像马克思那样雄辩地指出民主法则和人权所宣扬的这些著名的"自由"尺度其实只是小私有者束缚自己的框框。

“……他们的自由是什么？第六款说：‘自由属于做不损害他人权利的人的权利。’或者根据一七九一年的声明：‘自由即做不损害他人事情的权利。’……每一个人不损害他人的活动范围由法律确定，就如两块田地的界限由地桩确定一样……人受到限制……人权不是把自由放在人与人的合作之上，而是放在人与人的分离之上，这是人们互相分离的权利，是限制个人即限制自我的权利……是利己主义的权利……这种个人的自由使每一个人不是在他人身上看到自由的实现，而是看到自由的限制。这些所谓的人权，没有一条谈的不是利己的人，不是只顾自己、自私自利、个人意志高于一切的人，似乎个人可以脱离集体而存在。”

这种自私心理使人对自身并非毫无了解，只是对其庸俗无聊缺乏自知。资产阶级知识分子大都具有这种自私心。有一位法国大作家，他是我的朋友，但我却痛苦地感到我们彼此在思想上相隔很远，最近他直言不讳地声称：“伟大的人物只为他自己而生活……他不装腔作势地表示为被奴役的人民而生活，他有足够的力量，足够高贵的身份来承认这一点。……他不为芸芸众生而生活，而为精神而生活……”(《论欧洲》)

这些清高的言辞，有如一件大氅，把他自己裹起来，遮掩住身上的褴褛衣衫，他自认为是自由的，自认为是主人、老爷，然而他的领地在哪儿呢？在一片荒漠之中。

“资产阶级社会的雇佣制表面上是最大的自由，因为它似乎表现了个人的彻底自主，个人把为所欲为当作自由，不受人性的束缚，不受个人生活中一切‘精神的’的因素，如性格、本领、宗教信仰等的束缚，但其实这不过是个人自主权和人性的彻底丧失。”(马克思《神圣家族》)

作家的切实任务(这些任务我们仅仅零星地、不完全地干了一点)就是结束我们的暧昧立场，像马克思那样，把实在的人从抽象的存在中解放出来，把他领到真实自由的天地里，如马克思指出的那样，共产主义同人道主义是可以天然地、符合逻辑地共处或者吻合的。安德烈·马尔罗在论艺术和苏联文化的精彩演讲中讲到了这个问题(1934年10月)。

但是,马尔罗似乎把人道主义当作资本主义新时代的产物,否认封建社会存在人道主义。封建社会,用他的话讲,是“人类拒绝文明”的时代,这样他就夸大了,或者说过分简化了历史发展的进程。封建社会把人道主义视为专有,马尔罗似乎是对这个粗暴的欲望实行报复,偏偏要把这个光荣夺走。如果真正的人道主义的含义是真实的、十全十美的、自觉的人性,是一人同众人的同一,那么它早已成为历史上伟大人物的向往,成为他们思想的精髓。贝多芬和席勒不是资本主义时代的人物,但是他们在《欢乐颂》和《第九交响乐》中已经歌颂了马尔罗今天所致敬的那刚刚出现的伟大的人类统一和深厚的博爱情谊。

作为预言家的伟大艺术家在黎明前歌颂太阳,这已是老话,在艺术家的召唤下太阳终于升起,这才是新意;在艺术的梦幻同社会的现实之间终于架起了桥梁,这才是新意。艺术的梦幻已不再是用天才们的预言编织的,而是用现实的材料制成的了。艺术的梦幻变成为现实。我们从现在起感到脚踏实地,而不再漂浮在水面上了。有人说,瓦格纳写《特里斯丹》,因为对在欧洲找不到知音感到绝望,便写给想象中的里约热内卢的听众……艺术的天才一定要产生,预言式的作品也一定要产生,关于未来人民的幻想,或者说预见也一定要产生,未来的人民在这幻想中会辨认出自己的歌。现在,人民就在我们面前,我们不再孤独,我们同人民一起工作。虽然把刚刚露出苗头的事物描绘得活灵活现是伟大艺术家的作用,他们和其他劳动者的队伍依然在同一个工地上劳动,就跟过去大教堂的建筑工一样,所有的人都按照相同的蓝图一起工作。

蒙住我们的双眼的黑布已经取下,从现在起谁还能怀疑,我们曾像瞎子似的东摸西撞,并长久为之奋斗的自由的力量,在实现完美的社会主义社会时最终能自然地发挥作用？我们过去在这个问题上一直缺乏正确的认识是因为对真正的社会主义社会认识不清（到目前为止甚至还有许多社会主义者也认识不清！）。真正的社会主义社会只是，或者只能是建立在个人自由的力量协作一致基础上的社会。马克思本人不是说过"个人的自由发展是社会自由发展的前提"吗？

最近，一九三四年七月二十三日，斯大林在同威尔斯的谈话中消除了他的小资产阶级忧虑，斯大林向他指出："在个人利益同集体利益之间不存在，也不应存在对立，二者应该结合起来……只有社会主义社会能够在最大范围上重视个人利益，因此，社会主义社会是个人利益最可靠的保证。"

斯大林谈的是利益，同样的道理也适用于思想，我用的就是这样的道理。我们的全部个人主义文化，在资产阶级的温床里，裹在襁褓中，面容憔悴，眼看就要咽气；在这个温床里，垂老的、颤颤巍巍的西方社会不允许任何有生气的思想植株生长。现在，个人主义文化被移植到无产阶级的沃土之中，重新获得了生命。树木受到千万人的细心照料，高大起来，枝叶繁茂。

几个月前（1934 年 9 月 20 日）在莫斯科举行了伊朗诗人费尔多西千年诞辰纪念活动。列宁的这句话是庆祝活动的题铭：无产阶级文化只有在正确地认识人类全部历史创造的文化基础上才能建立起来。

苏联政府的代表艾努基茨谈及几年前苏联举行的纪念歌德和贝多芬百年诞辰活动和准备纪念普希金百年诞辰和格鲁吉亚伟大诗人卢斯塔维里七百五十周年，然后他宣布："我们既是社会主义新社会的建设者，又是思想和人类文化积极成果的继承者，所以我们必须吸取思想及人类文化在其发展过程中所创造的一切优秀遗产。"

我们一生的幻想，精神的世界大同的幻想胜利了。在历史的墓地里，这些幻想如同用香熏过的木乃伊死气沉沉，现在新的生命颤动着通过全身，它们苏醒了。在一九三一年二月给费道尔·革拉特科夫和伊里亚·谢尔文斯基的信中，我回忆起莎士比亚《安东尼和克莉奥佩特拉》中的一个神秘场面:“在决定命运的决战的前夜,黑幕中,人们听到一阵神秘的乐曲,悠扬的笛声夹杂着歌声,从安东尼营地上空飘荡而过……这是无法看见的迪奥尼索的行列,是旧世界的守护神、‘人道’‘自由精神’,他们抛弃了旧世界的营垒,远离而去……”

守护神转到新的阶级一方来了。我们过去是,现在仍是这些守护神的忠实的随从,为他们赞助的阶级服务,就是为他们服务。正是靠着他们在我胸中点燃的火把,我在一条荆棘丛生的黑暗的道路上,遍体鳞伤,不时摔倒,又迷失了方向,又爬起来固执地继续我的道路,终于到达新的世界。在新的世界里,我胸中的火把将会燃成熊熊的大火,自由精神将成为自由人民和各社会主义共和国的共同财富,而社会主义共和国的统一将会给世界带来和平,在一片欢乐中为劳动人民启示无限发展的前景!

罗曼·罗兰记

一九三四年十一月一日

罗　芃译

日　　记

战前日记选

(1912—1913)

一九一二年十月二日

我写完了《约翰·克利斯朵夫》。多少年来我盼望和担心的一天,终于来到。朋友们对我说:“这将多么使人忧愁,你将多么想念他!”也许由于总是听人这样说,同时也由于我回想起几乎所有的伟大艺术家,当他们完成一件伟大的作品之后,总要经过感到空虚的一段时间,于是我对自己也产生了同样的顾虑。可是,结果与此完全相反。同克利斯朵夫分手时,我只感觉一身轻松(幸运的忘恩负义!),好不容易盼到了这一天!我又成了我自己和新的灵魂的主人。过去我的新灵魂不得不保持缄默,为的是使昨日的灵魂完成已经开始的工作。若干年来,克利斯朵夫使我看不见新的天地,明日的天地。毫无疑问,他是相当伟大的,尤其相当真实,使我同意为它牺牲一种没有把握的憧憬。神圣的义务在于先让他生活,让他的命运完成。现在命运都已完成。Requiescat①,他有权利可以休息了,我有权利苏醒过来。

自由了!多么大的乐趣!能够随心所欲吸取大地不断吐出来的清新气息!不再感觉到自己和一个伟大人物的道德与美学的人格拴在一起,而这个伟人是过去时代的人物!让我自己向未来的嫩苗开放!参加复活,让春天汹涌的液汁在自己的血管中奔流。同时不要丧

① 拉丁文:他休息。

失打了胜仗取得的利益,不要丧失各个世纪组成的阶梯,它可以使你们控制民间的狂欢舞蹈,更好地享受它,整个拥抱它。

在《约翰·克利斯朵夫》中(同时在《名人传》中,后者是前者必然的结果,或者是前者的试稿),我想要体现一个被压迫的时代中的优秀分子,他们不得不狂怒地反对唯物主义[①]和怀疑主义,反对死亡。如今,作品已经完成,这些优秀分子获得了胜利。

而我呢,我是从他们中间出来的,我觉得自己强有力,我两脚站在地上很坚实稳固。现在,我们重新上路,走到前面去。我抛弃智力与道德的栅栏,它们在《约翰·克利斯朵夫》时期给我做堡垒(或铠甲)。我愿意面对新的问题。一切都重新成为问题,一切都崩塌了,需要重建:艺术,社会与道德。一切有待重新仔细考察与改弦更张:最简单的关系,家庭的关系,男女间的关系,父亲和孩子间的关系,祖国与公民间的关系。我们要无畏地正视一切,一直看到底。我们不必再害怕堕入虚无的深渊。我们已经填平了虚无之穴。我们已经在深渊之上架起了英雄的拱桥,那就是对生活充满激情的信念。不论怎么样的生活,痛苦或欢乐的生活。即使出现一次关于所有我们老旧的信念,我们的成见,我们的陈旧道德和我们的社会的大动乱,我们也不会动摇,从今以后,在我们坚定的步伐下,土地是结实的。

我设想以现代家庭中沉寂无声的冲突作为我一部分艺术创作的主题。在这种冲突中,父亲不认他的儿子们,母亲不认她的女儿们,弟兄不认姐妹,丈夫不认妻子。我将把主要的地位给予妇女。目前,她们正在一种神秘与悲痛中脱胎换骨[②]。

为了永远保持我的平衡和内心的平静,我准备同时写一系列作

① 罗曼·罗兰在创作《约翰·克利斯朵夫》时期常说的"唯物主义"不是哲学理论上所说"唯心或唯物"的唯物主义,而是指唯利是图的实利主义,指物质享受和金钱的追求。

② 这已经是《欣悦的灵魂》这部长篇小说构思的萌芽。所以罗曼·罗兰曾说《欣悦的灵魂》是《约翰·克利斯朵夫》写完后立即开始构思的。

品,其中要用一种更美的形式保持《约翰·克利斯朵夫》最后一卷中所表达的谐和。这将是一种共同的见解(音乐意义上的见解),它的名字是:Ars Pacis[①](详见我的笔记)。

家庭冲突是否用戏剧形式表达,还是用小说形式,要不然就是双管齐下?现在我还不知道。为了我的乐趣,我也想写几篇自由剧本——诗意的或哲理的幻想,如同我在别处记录了草稿的剧本,题目叫作《波里希内尔》[②]或《在幻梦之乡》。

一九一二年十一月十二日,阿普敦·辛克莱[③]来访。他已经给我写过两次信。第一次在两年以前,同时寄来他的一部小说《爱的巡礼》(我记得我没有给他回信)。第二次来信是今年春天,要求我参加"世界革命同盟",让我在"同盟"中代表法国。(我从巴维诺给他回信,说我不准备参加任何党派。)这回他路过巴黎,逗留两星期,要求来访问我。他说我是他愿意会面的唯一法国人。但是他对我们会见的方式有点不安,因为他听法语有极大的困难。他来了,我立刻觉得他十分和蔼可亲。他年轻(三十五岁),身材比我略矮。他的面部形态很结实,可是有点病容,文弱,胡须刮得干干净净,眼神含笑,严肃,神气朴实、热诚、坚强。他用温和的声调说法语,慢吞吞地,一边说,一边寻找适合的字眼。可是我们两人完全可以互相理解。他对我表示相当信任,对我谈他家的伤心事,谈他去年的离婚(结婚十一年之后),说纽约的新闻界,他的敌人们,将他家中的隐私卑鄙地大事宣扬,他气得大病一场。为了散散心,他到欧洲来,这年冬天,他在意大利,佛罗伦萨,后来又去瑞士与荷兰。在巴黎停留几天后,他要去英国,从英国回纽约。他要在法庭上做证人,因为他的一个朋友被控诉用汽车轧死了人。他自称健康已经基本上恢复,可是他用"英勇"的办法对付疾病,这种办

① 拉丁文:和平的艺术。

② 意大利假面喜剧中的驼背小丑。

③ 阿普敦·辛克莱(1878—1968),美国小说家,他的小说《煤炭王》有中译本。

法使我替他担心。每逢他觉得不舒服,他用彻底禁食的办法来治疗,五天、八天或更长的日子,除了喝几口水以外,什么食物也不吃。他告诉我,他现在正处于这种“恩幸”的状态中(不如说饿瘦的状态中),他已经五天没有进食。不感觉有任何痛苦,精神完全自由。这样,他身上丢失数目可观的重量,可是到下个月,他会把失去的体重全部捞回,而且比原来更重。

在巴黎,除了两三个美国人之外,他什么人都不认识。这一次来巴黎,除我之外,他不想结识任何人。他说他读过许多法国作家的作品:左拉、法朗士、莫泊桑,等等。他愈读愈对这些作家的虚无主义或唯物主义精神感到沮丧。同时不断地希望,等待法国从这种精神萎靡中重新振作起来。在他看来,《约翰·克利斯朵夫》是人们期待着的复活信号。他对新近的法国文学认识很少。我给他写了几个新近法国作家的名字,以及他们的作品。特别是 J. H. 罗尼①的作品,想必会使他感兴趣。因为,显而易见,辛克莱要求于艺术的不仅是艺术本身,而是活的思想观点。他积极参加社会主义活动。他以为是他自己发现了社会主义,没有想到在他以前早就有社会主义(在这点上,他是地道的盎格鲁-撒克逊人)。当他要对朋友们宣讲社会主义时,他才发现别人已经知道社会主义。他不仅为这种事业写文章,还常常发表演说,参加群众大会,组织罢工,做议会中的候选人。他肯定说,社会主义在美国有极大的发展,再过两三年,将要发生改造美洲的重大事件。从很年轻的时期开始,他一直搞写作,靠写作生活。开始的时期,他的写作生活十分艰苦,很早他就引起报界的反对。他由于一部小说第一次成名。人们赞美他的那部小说,以为这部小说是一个贫困而死的青年诗人的作品。后来评论家们把他们的误会归咎于他。

二十年来我在巴黎度过冷清清的文学生活之后,报界开始发现

① 罗尼,兄弟二人,有时二人合作写小说,有时分别写。二人皆出生于比利时首都布鲁塞尔,兄(1856—1940),弟(1859—1948)。

我。新闻记者,编辑部秘书,纷纷登门求见,为利用我写一篇访问记,或向我索取一篇短论,按照对他们有利的方式将我切成小块。他们并不怀疑,我对他们并不怀有无穷无尽的感谢之情。不是访问记,就是在强迫之下写一篇短论。如果我拒绝,他们就砍我。如果我接受,不久在报上可以读到关于我的人和我的思想的不像样子的、掺假的描写,要不就是一篇粗鲁的广告,把我二十年来孤寂的劳作加以歪曲丑化。那些最有名的记者,比如《时代报》的洛瑞·欧勃里,缺乏智慧与良心使我感到惊愕,此人来访问我,丝毫不是为打听我的艺术见解,或者我作品的意义,而是想知道我下一卷小说的标题(下一卷?最后一卷还没有出版……),尤其是想知道,听说意大利王太后是我作品的热心阅读者,是否确有其事。至于《晨报》,派来了一个笨拙,昏庸,没有文化的秘书。他要我先写一篇短论,并且问我,在谈我的作品时,能不能谈及巴尔干联盟。此外,还有几位X先生为了他们的刊物,强迫我接受欧仁·荷兰的访问(我不能拒绝,否则荷兰会认为这是我对他们的侮辱)。这一接受,他们马上把我看成他们的债户,要求我写一篇评论。此外,一些年轻的刊物正在进行对罗曼·罗兰的调查,他们开始把我称为"文学派系的带头人",为的是引起文坛上对我的敌意。寂静!和平!自九月二十日我回到巴黎之后,我不能有一刻钟安静地干我自己愿意干的活。从早到晚,不断的来信,来访者,要求我阅读的手稿,需要大致看一下的书,为了回信感谢寄赠此书者……被要求写的,强迫写的,不得不写的评论……

土耳其崩溃了。巴尔干四国联合将重建东方帝国。沙皇斐迪南无疑立刻会给另一位沙皇[①]制造麻烦。欧洲的均衡起了变化。能干的外交家们不会有什么困难把三角联盟变成四角联盟。我替土耳其人抱不平。虽然他们在行政方面的野蛮混乱,我从欧洲立场惋惜他们。

① 沙皇斐迪南是保加利亚的君王。另一位沙皇似指俄国的沙皇。

从某些观点看,他们在欧洲代表一种比我们更人道的文明。再说,这个欧洲使我觉得可耻,欧洲人像一群饿狗,趁年轻的土耳其忙于自己的革命,集中力量求复兴时,向它扑去,正如一七九二年我们法国差一点被敌人灭亡[①]。

一九一二年十一月十二日。奥朗道夫[②]推出《约翰·克利斯朵夫》最后一卷。

附带说明,在这卷小说的第四部分,影射在东方[③]爆发战争,是去年六月在巴维诺写的,也就是说,在巴尔干战争发生前三个月写的。

一九一二年十一月十四日。翁布洛写信给我,说新版的《约翰·克利斯朵夫》已经出到第二十五版。

毕洛被任命为巴黎大学中接替我职务的人[④],这使我十分高兴。他的竞争者是勒鲁瓦[⑤]。此人比起毕洛更有艺术家气质。可是,很不幸,勒鲁瓦作为人,作为教授,都不可靠。如果他被选中,很可能音乐史这门课被他搞垮。在他代课的两年期间,使学生失望。在人们交给他的两篇论文中,他丢掉了一篇。另一篇论文被搁置了一年。毕洛学识渊博,认真负责,我是知道的。他上台之后,巴黎大学音乐史这门功课可以保证不至于中断。我很在乎这一点,因为我可以说是这门课程的创立者。而且对毕洛来说,这是很大的运气,如果没有这个职位,他

---

① 指一七八九年法国资产阶级革命开始,欧洲的封建统治者联合起来向革命的法国进攻。

② 《约翰·克利斯朵夫》单行本的最早出版商。

③ 指近东。

④ 罗曼·罗兰曾在巴黎大学主讲艺术史,音乐史。

⑤ 勒鲁瓦(约1943年病逝于瑞士,时年七十),著名的音乐评论家、诗人、汉学家。曾任巴黎歌剧院秘书长,巴黎大学汉学研究所教授,讲解《元曲》,年轻时毕业于高等师范学校。发表过长诗《法兰西颂》。作品有中国游记,出版过中国古诗、元曲翻译等。对中国文化及中国人民有很大的热情。

就要陷入丧失勇气和几乎无法生活的地步。他是很少几个法国的音乐理论家之一,我对于他们怀着亲切的友爱(对于劳瑞尔和普鲁尼埃尔也一样),因为他最热烈最深刻,最无私地爱音乐。在大学里,他得到来维-勃吕,杜克汉·德尼,夏玛和勒模尼埃等人的热烈支持。

《当代复兴》刊物的一个小评论家来访。此人是我对于法国新的一辈人所写的情况漫画化的显现。我没有约翰·克利斯朵夫的耐性,我好不容易控制自己,不严厉训斥这人。当我听到这个小蠢货用轻蔑的语气谈论所有的国家,特别是说到德国,他加上一句,他不认识这些国家,也不想认识它们。这种情况显然可以使他的判断混乱,他的判断是斩钉截铁的,简而言之就是:“法国是世界上第一个国家;法国的天职是统治一切别的国家。所有国家如果有好的地方,那是法国赐给它们的,除此之外,他们全是野蛮人,卑鄙龌龊,伪君子,杀人犯,如此等等。”说完这些,在法国内部,也这样对待一部分民众,犹太人,等等。这个白痴可以在法国找到兄弟;他爱到哪儿找就到哪儿找。他不是我的同胞。任何别的民族的任何思想宽大自由的人,才是我的同胞。

R.德·弗莱和凯哈维两人合作的剧本《绿制服》[1]在杂剧院上演,相当好玩,比这两位剧作家的另外一些剧本写得更精细,讽刺也更自由,这是我所没有期望于他们的。总而言之,他们的功劳在于大声说法兰西学院(尤其是那一群公爵),说出人人心中的话。在这过程中,他们严厉斥责评论界。和常见的情况一样,演员们比剧本高明得多,演员的创作超过了剧本作者。

十多年以来,我白费力气地想努力保持我和X的友谊[2]。在X方面,也努力想使我不和他分离。可是在我们双方关系深处存在着一句谎话。我们双方继续互相尊重,然而在彼此之间并无真正的互相同

---

① 法兰西学院院士是穿绿色制服的。

② 暗指罗曼·罗兰年轻时期的亲密友人安德烈·苏瓦雷斯(1868—1948)。

情。我不能忍受X的性格……他的狂妄自大的骄傲,和他对自己缺乏自然的坦率,他的经常不断使用的内心辞藻,使他说、写和思索在生活中扮演各种角色。我不得不假装实际上没有的情感,这对我来说是太痛苦了。我已经不止一次和他决裂。这就使他把我说成一个狠心、冷酷的人,如此等等。因为他自己明明不喜欢我,可是他却不能设想别人也会不喜欢他。(虽然他毫无行动使别人喜欢他。从来不说一句热情的话,我在干什么,他从来不感兴趣。)上个星期天,十一月二十四日,我和他分别了八个月,我设法去看他。我给他送去《约翰·克利斯朵夫》的最后一卷,以及一期《瑞士评论》,里面有我谈到他的一篇文章。我发现一个冷冰冰的不愿意和我接近,几乎怀着敌意的人。此人对事物,对人,对获得成功的人,对我,满怀忌恨。他接待我的方式使我这样难过,以致我一回到家中,立刻就给他写了下边这封信。

一九一二年十一月二十四日,星期天

亲爱的X:

今晚我和你短促会晤时,我感觉到我们两人之间距离是多么远,这使我难受。

这并不是由于我们所说的话。我们能看清对方的灵魂。抱怨是多余的,甚至也不必惊讶。我们两人的生活很不相同,一向是分离着的。我们互相不认识了。我们各奔前程。你很惊讶我很少去看你?这是由于我预料到见面时我会发现什么。从前,我太爱你了,所以今天我不能将就满足于半心半意。我们不如互相分离,同时忠于我们对过去的珍贵的回忆。我赞美你的艺术,你是知道的;我将永远卫护你的艺术。

用我全部老旧的友爱,我握你的手。

R. R.

他答复了我的信，按照他的习惯，用一套大字眼，全身用大字眼包藏起来，摆出一副英雄的姿态。

我又给他写一封信：

一九一二年十一月二十六日，星期二

你说你的友爱？星期天我去找你，还是满怀幻想，希望重新找到昔日的友人。我找到的是你的勉强的接待，保持着距离，冷冰冰的，几乎怀有敌意。我从你家出来，没有一次不是由于你对我的姿态而心里感到沉重的压迫。最近一个时期，我母亲病得很重，我一直在为她的健康担忧。你却没有一次问过我母亲的消息。难道你想我母亲和我会不注意你的态度？你只知道你自己想什么，可是你不知道你对待别人是什么态度。或者你不爱我，或者你不知道什么是友爱。我并不以此责怪你。你也不要责怪我。爱是不能勉强的。情况就是如此：令人不愉快。十年以来，我们寻求用幻想安慰自己。这不是好事，它使人痛苦。真理更豪爽，更健康。真理是这样的：在我这方面，“我爱我的X，往日的X，我少年时期头几年的亲爱同伴。今天，我尊重和赞赏X”。

R. R.

下面是第三封信，回答他的新的短信，叫我去看他：

一九一二年十一月二十八日，星期四

也许我上次过分粗暴了。我正想给你写信，恰好你的信到了。若干年来，我有时被一个粗暴的恶魔烦扰，在那些时刻，我简直要把所有的联系扯断，如果我使人痛苦了，我坦率地说，我很后悔。但是这样做丝毫不会改变问题的根底,如果你愿意见到我,这几天你就可以找到我,或者上午九点到十一点,或者下午五点以后(除去下星期天),条件是事先写个字条通知我。可是一小时辩论,或者你准备给我的“一大堆斥责”,作为我对你斥责的交换,也丝毫不能改变这个事实:那就是十年以来,我们两人之间已经没有任何亲密关系,在你的来信中没有,在我给你的信中也没有。你知道,不管我们见面能说些什么,我们之间的亲密关系不可能马上就会复活。那怎么办?如果缺乏亲密关系,别的一切还有什么意义?说过错在你这方面,或者说在我这方面,再不然就是双方都有错,这有什么意义?把人们心中暗暗想的,都大声说出来,这样做也许是残酷的。但是我不能用对自己说谎过日子。如果我已经有两三次想粗暴地断绝我们之间的关系,这是由于模棱两可的处境使我痛苦,我宁愿更恶劣的处境,不愿意用妥协方式解决友爱问题。问题不在于两人互相漠不关心(真正的漠不关心,就是大多数人用友谊这个名词虚饰下的漠不关心。我不愿意这样干)。我绝不会对你漠不关心。以前如此,今后也如此。你遇到快乐的事,我也会高兴;使你痛苦的事,我也会难受。但是谈话,写信,在目前的情况下,我们不能这样做(那天晚上我也明确地感觉到这点)。除非谈些毫无内容的话,谈谈文学。还不如闭口不谈。

R. R.

毫无疑问,两个月以来,我正在发生一场奇特的危机,关于要求更新的一种动物本能,在推动我摧毁一切阻碍我前进的过去的事物:陈旧的情操,虫蛀的思想。我责怪自己,但是无济于事。我感觉到这是一种必要性。必须生活,必须生活!必须抛弃死亡了的外壳,冒着使别人和自己受罪的风险。咳!一个月以来,我伤害了不止一个人的心,伤害了不止一个对我友好的心。当我第一次动身去罗马时,难道我不已经这样做了吗?[①] 难道我这样做不是有理的吗? 如果我们不善于自卫,我们就成了别人的猎物,而且别人不知道如何处置这种猎物,他们只知道把它摧毁,对他们自己毫无益处。

在若望-理查·布洛克家中午餐,在蒙玛特的诺凡街,几乎在蒙玛特丘陵顶上。从他的书房的窗口,可以眺望巴黎市区的广阔景观。舒适的住所。主人天性慷慨,对一切还没有把握,对于自己的所作所为,甚至对自己所爱的还都生疏。

萨缪艾尔·洛许勃拉甫来访。他是巴黎路易大帝中学教师(苏瓦雷斯[②]和贝吉曾经是他的学生),研究乔治·桑和阿格里巴·陀比涅[③]传记的专家。他刚刚在《文学周刊》发表了一篇关于《新的一天》[④]的极好的评论。他是洛特(乔治·桑)家庭的亲戚,他藏有关于乔治·桑和达古尔夫人[⑤]的许多文献材料。

十二月二十二日

斯蒂芬·茨威格的慷慨的评论,用公开信的形式发表在《柏林日报》上。这是一次友好的拥抱。

一个小刊物《影子与形式》发动了一次调查。下列各位作家做了答复:巴莱斯,J. H. 罗斯尼,玛格丽特,巴达衣。

---

① 可能指当时罗曼·罗兰的母亲不愿意他去罗马,他却不顾一切地去了。

② 苏瓦雷斯(1868—1948),罗曼·罗兰曾经是路易大帝中学学生,和苏瓦雷斯是同学。此人才气横溢,然而性格孤傲、乖僻,和罗曼·罗兰有一个时期决裂。

③ 阿格里巴·陀比涅(1552—1630),年轻时期跟随法国国王亨利四世转战南北,立了功勋,晚年写诗,代表作有《悲剧诗存》。

④ 《新的一天》是小说《约翰·克利斯朵夫》的最后一卷。

⑤ 达古尔夫人(1805—1876),法国女作家,发表过哲学与史学作品。

一九一三年二月十三日

夜间十二时半,被送电报的人叫醒,电文如下:

"我们战胜了他们! 和布赛在一起,自由的凯旋列在第一行……这可是一场真正的战役。请原谅我的匆忙。明天下午去看你,谢谢,阿尔贝·朵阿阳。"

问题是为《七月十四日》[①]最后一幕写的乐谱,在巴黎市的竞赛中得奖。可是正如朵阿阳所写,经过艰苦的搏斗。居斯达夫·夏邦季耶、维道、勃吕诺、阿尔贝·卡雷、玛赛尔·于佩,赞成朵阿阳。梅萨瑞、维达尔、卡隆等,赞成勃于赛。由于勃于赛的官方职位,而且后台老板强有力,人们既不敢把奖金授予朵阿阳(2.5 万至 3 万法郎作为演奏费),又不敢把奖金由他和勃于赛二人平分。结果有两个头奖分别给朵阿阳与勃于赛,一个二等奖给格洛夫莱。可是,(多么微妙!)人们准备向市政评议会申请拨款,为了上演剧本(《七月十四日》)和安排庆祝活动,人们甚至说要到露天剧场上去演出。这倒是真的,安底涅伯爵认为脚本是愚蠢的……

若望 – 理查·布洛克来访。我竭力阻止达尼埃尔阿来维和他组织一次祝贺《约翰·克利斯朵夫》脱稿的晚会:朗诵、音乐,等等。这类非宗教式的纪念会,使我联想起"民众大学"[②]的集会。《约翰·克利斯朵夫》将被嘲笑。

一九一三年二月二十七日

J. – R. 布洛克来访。他和我谈他的家庭,其中一部分成员是富于

① 罗曼·罗兰的剧本。

② 给工人提高文化的学校。

冒险精神的，毫不在乎地离开一个国家，毫无理由地到世界的另一端去定居，他对我说，他自己又一次在伦敦散步（那时他已经订婚），看见一艘德国轮船正要起锚前往澳大利亚，他好不容易控制了自己不登上这条船（他身边正好有购船票的钱），漂海而去，内心斗争使他满头大汗。虽然他有文学才华，他似乎不是干这一行的材料。

我们也谈到备战活动，自半年以来，我们的东部国境线上紧张的工作没停止过，充满军火的军火库，在孚斯日[①]地区积集了从西部调来的部队，指定了一些军官（J.－R. 布洛克也在其中），准备将来英国军队登陆后，充当译员，等等。

也谈到中华民国，（然而这是秘密）中国用大量黄金散布在俄国、英国和法国，为了在俄国引起农业方面的混乱（同时买通有关的列强，保持缄默），因为中国必须防止俄国与日本结盟侵略中国的计划。

一九一三年三月四日

去看望了斯蒂芬·茨威格，他来巴黎做一个月的逗留。他住在波若来旅馆，波若来街十五号，在王宫广场[②]内。他的房间门窗开向花园。虽然我以前已经见过他，可是我每次见他总觉得出乎意外地发现他本人和他写的文章如此不同。亲爱的 S. 给我的信中写道：（她读了茨威格《给罗曼·罗兰的信》[③]）“人们多么会感觉到，这是古老的德国在接待你！”在当前，“古老的德国”由一位三十二岁的年轻的犹太人体现着。他头发漆黑，留平头，小小的髭须，相当明显的犹太人典型，语调流畅，多少有点沉重，对我十分殷勤。（J.－R. 布洛克，有一天，发现他很傲慢。）他的思想很旷达，很开朗。法语说得很好。通晓一切西方语言。他有德国人的习气，思想最自由的德国人也有此包袱，他虽

① 法国东北部丘陵地区。
② 巴黎市区的地名。
③ 原文是德文。

然赞赏法国,谈话一开头把德国比法国优越的一切理由先陈述一遍。(问题是关于文学。他说在德国,任何一个有价值的艺术家能够立刻在最大的报纸,第一流的期刊上发表作品。德国的出版家和剧院非常关心艺术价值,而法国的剧院和出版社不关心艺术,他们或多或少都是唯利是图的。任何剧本,只要有某种艺术价值,肯定能在所有的德国剧院上演,至少演两三场等等。)幸而下面他发表了相反的意见。(法国知识分子令人惊讶的不谋私利。他们办刊物,写文章,毫无贪图。)他刚刚发现了苏瓦雷斯,他以为苏瓦雷斯在法国是个无名作家。他只阅读过苏瓦雷斯的两本评论文集(《关于人生》),大为欣赏。苏瓦雷斯是他这次巴黎之游要访问的唯一艺术家。他请我给他写个短笺作为介绍。我照办了。

一九一三年三月十七日

和斯蒂芬·茨威格,魏尔哈仑,R. M. 里尔克①,巴萨尔耶特②一起,在王宫广场附近的"时髦公牛"饭馆午餐。午餐和餐后的闲谈一直继续到下午四点钟,在茨威格的房间里。

R. M. 里尔克(一个很可爱的年轻诗人,原籍卡林底③,出生于布拉格,到处游历。有一个时期,他当过罗丹的秘书),他是小个子,气色红润,一开始时有点腼腆,可是很快就镇静了,不久就滔滔不绝地说话,态度相当和蔼可亲,孩子气,有诗意。他曾经两次见到托尔斯泰,一次在莫斯科,一次在雅斯那雅,将近一九○○年。他对我们讲经过的情况。他也对我们讲最近去西班牙旅行,他在隆达逗留两个月。(他和在座的客人们一样,对西班牙表示热情。)

① R. M. 里尔克(1875—1926),奥地利诗人。
② 巴萨尔耶特,《欧罗巴》杂志副主编。
③ 奥地利地名。

魏尔哈仑蓄着高卢[1]式的大髭须,厚厚的灰白头发,面色有点红,是一个非常老实的人。他谈得很多,对什么都很在行。可是我觉得他的智慧缺少个性,他的文化修养也缺少深度。他叙述他开始进入文坛时的情况,他去拜访邦维尔[2]。邦维尔对年轻的李施班[3]卖弄才华,像孔雀开屏一般。可是他对马拉梅却毫无表示。魏尔哈仑赞赏和敬仰马拉梅。他谈到勃兰兑斯,此人十分喜欢勒南[4]。可是魏尔哈仑不能忍受勒南。他在一八八六年,第一次向勒南提出尼采的名字。他谈起我们的共同朋友塞佩尔[5],提到他最近写的一部研究法国绘画的书。为了证明(这一点使我觉得十分奇特)法国绘画在岗丹·拉图尔[6]时,才开始摆脱意大利与弗拉芒的影响,到了印象派时期,法国绘画达到它的个性的充分自由。对于今天民族主义者和古典主义者的夸张,我们的意见完全一致。他对这个问题的姿态,也就是我的姿态:反对古典主义者,但是没有敌意。我们的姿态是静穆的,我们把反对我们的行动看作是必要的,这是波涛互相碰撞的自然动作。

茨威格把他新近购得的魏尔兰[7]的诗集《风流节庆》的手稿,得意扬扬拿出来给我们瞧(从字迹和纸张看,似乎是一八四〇年的遗物)。他叙述埃曼·巴尔[8]三四年前到巴黎来,只想会见一个作家(指我),向许多文人打听我的消息,没有一个人认识我,连我的姓名都不知道。他好像对今天我已经名满天下感到震惊,他希望我和陀思妥耶夫斯基一样,以个人名义创办一张报纸,这将成为欧洲思想的向导。除了我

---

① 古罗马人对今天法国所在的一大片地面的称呼。公元前五十八至公元前五十一年,罗马帝国征服这片土地,设置高卢省。

② 邦维尔(1823—1891),法国诗人。

③ 李施班(l849—1926),法国诗人。

④ 勒南(1823—1892),法国语言学家、史学家、作家。

⑤ 塞佩尔,待考。

⑥ 岗丹·拉图尔,按词典上作岗丹·德·拉图尔(1704—1788),著名的彩色粉笔画家,专门画肖像。

⑦ 魏尔兰(1844—1896),法国象征派著名诗人。

⑧ 埃曼·巴尔(1863—?),德国作家。

自己并不以为有这样的重要性之外，我回答说，他所要求的，我将在我的作品中，同样地或更好地办到。我着重地为我另一种设想辩护，那就是：由三个或四个人创立一种《文学通信》，如同格林①和狄德罗②。这种《文学通信》可能照耀全欧洲，同时将西方各大国最重要的思想集合成为光束。使我耿耿于怀的，我认为我最主要的义务，是在道德上，智慧上建立欧洲的统一。巴萨尔耶特和魏尔哈仑比茨威格和里尔克更能理解我。古怪的是，这两个德国人，都是倾向于让法国有优先权代表全欧洲。当我们接触到对于我们最困难的问题：用哪一种语言（或哪几种语言）的问题时，他们一致认为法语是被全欧洲知识界优秀人物所阅读和理解的语言。所以对一本全欧性的刊物，法语能够而且应当至少是主要的语言，如果不是唯一的语言。

我对于巴萨尔耶特什么也没有说。他非常谦虚，而且他在桌边的座位和我离开相当远（他坐在魏尔哈仑身边，和里尔克面对面）。但是，在一切在座的人之中，我觉得对于巴萨尔耶特，我最有好感。

在布莱叶尔大厅，我听了捷克音乐演奏会。斯麦达那、德沃夏克、苏克、诺白克的室内音乐，回旋曲。很悦耳。没有很大的独特性。

茨威格天真地对我讲德国的犹太人在智慧领域中占优越地位。他列举姓名：剧院领导（莱因哈德，奥多·勃拉汉），报馆领导（柏林日报，新自由报，法兰克福报），艺术家，作家（施尼茨勒，巴尔，马雷，等等）。那些不是犹太人的知识界人物，也常有犹太女人做配偶（霍普特曼，等等）。他说："在德国不可能排斥知识界的犹太人……德国人完全明白，他们需要犹太人……他们自己太笨拙。他们不可能成为有才干的新闻记者……"

（如果有人听他这样说，这个人将如何议论以"善良的老德国人面

① 格林（1723—1807），德国作家，文学评论家，狄德罗的友人。
② 狄德罗（1713—1784），法国启蒙运动思想家，作家。

目”出现的茨威格?)

不久以后,茨威格用了同样天真的自高自大,说法国两个最大的音乐家是犹太人:奥芬巴赫[1]与比才[2]。

他告诉我关于西格弗利特·瓦格纳的可悲的事实,由于他道德败坏而造成的丑闻。这在他身上是真正的疾病。他无论到何处去,都会被人认出来,他经常被人讹诈,他只好出钱买人的缄默,为的是什么也不让他母亲知道。

他刚刚去访问了苏瓦雷斯,后者给他极强烈的印象。

我住的市区是奇怪的区域。这些外国艺术家,拉缪,里尔克,等等,他们生活在巴黎已有十年,门对门,户对户,可是他们互不相识,他们几乎什么人也不认识。可是里尔克却说过,人们经常在一条街上的同一地点,遇到同是这几个人的面目;人们看见他们逐渐老了。他们生活得怎么样,是幸福,还是不幸,从他们面容可以看出,没有必要问他们本人。

茨威格来向我告别。在这最后一次会面时,我觉得他是十分令人同情的。他在巴黎逗留一个多月对他有好处。他用恶心的态度谈起维也纳,他在那里居住很不适意。气氛过于讽刺,过于喜欢批评,这是犹太精神。一点没有慷慨的热情。无数小集团互相嫉妒。唯一鹤立鸡群的,是那善良的巨人海曼·巴尔,谈起他来,茨威格充满热情和温爱。这个人没有沾染陀思妥耶夫斯基所揭发的巨大恶习“怕被人嗤笑”(茨威格很为这句话所触动,他来访我两三次,总提这句话)。巴尔很开朗,活跃,什么都使他感兴趣,他充满热情,他独自一人很快乐地投入混乱之中,他和很多人争辩,不关心他是否获胜,不关心别人如何评论他。在所有的德国作家之中,他是最人道,最慷慨的。他不倦

① 奥芬巴赫(1819—1880),法国作曲家,原籍德国,后入法国籍。

② 比才(1838—1875),法国作曲家。作有《捞珠人》(1863)、《嘉尔曼》(1875)。

地发现和卫护年轻作家(有时他看错了人,但这有什么关系?再说,难道不是他发现霍夫曼斯塔尔的吗?),他常常改变意见,由于他不能够冷静地从外表看事物。当他看见一个党派时,他就对它发生兴趣。发生了兴趣,他就激情冲动。激情冲动了,他就站在这个党派立场上。然后他发现自己弄错了,他到别处去从头开始。可是这个慷慨的人不能再在维也纳生活,他到萨尔斯堡去定居。他的妻子是德国最大的女歌唱家和悲剧演员。她在贝勒特和维也纳歌剧院演唱,我向茨威格打听一些别的诗人的消息。霍夫曼斯塔尔是一个悲剧的例子。在他开始出名的时候,他给人的印象是德国从来未曾有过的最伟大诗人之一。接着,他停步不前了。他只发表一些小作品,他坐立不安,他分散精力于一些次要的活动,平庸的作品,旅行,交际,他有了很大的荣誉;可是他的精力枯竭了,有时候他自己仿佛感到这一点,他痛心疾首了。豪普特曼:他一直是女人们的掌中物。他在最近一部作品中很软弱地表现自己。为了挣几个钱,他同意公开朗诵。他每年挥霍十万法郎。他在包多非诺有一座别墅,豪华得像王公的邸第,他在那里住三四个月,过着异常奢侈的生活。然而他至少保全了他艺术的真挚性,他的艺术仍然是纯洁、真实和扣人心弦的,即使他丧失了力量。

茨威格说,由于他帮了魏尔哈仑的忙,人们对他,茨威格,怀恨在心(茨威格把魏尔哈仑的作品译成德语,并且在德国出版)。当魏尔哈仑到维也纳来讲演时,没有一个主要的诗人去听他讲(魏尔哈仑在柏林受欢迎的情况与此大不相同)。法国报纸上对德国人表示敌意,这使他难受。我们谈到现代的财阀寡头政治。他认为德国给军官以优先地位,是对耀武扬威的富豪表示正确的对抗。

我们谈论了里尔克。茨威格仿佛认为里尔克正和霍夫曼斯塔尔相反。里尔克开始发表的是一些天真的作品。接着,他不停地提高自己,全仗自己的一种严厉而固执的纪律。他独自一人,专心写作,过着修道士的生活。他已经结婚,有一个孩子,可是从不去看住在德国的夫人和小孩。他读书不多。他艰苦地写作。他在艺术上愈进步,工作得愈艰苦。茨威格设想这是德国语言的关系。法语只要你熟练之后，愈写愈容易。而德语却完全不是这样，因为德语不是一种固定的和成形的语言，而且它将永远不能是固定和成形的。

我们谈了莎士比亚，我们两人同样地喜爱他。茨威格偏爱莎士比亚的《暴风雨》，在他看来，神话的创造是创造的顶峰。他觉得《哈姆莱特》可以认为是失败之作。

茨威格希望我写剧本。因为他认为剧本，伟大的剧本是我们这个时代所最缺少的。

重读和检阅《约翰·克利斯朵夫》的前四卷，准备再版，我不能再看下去了。太消耗我的时间。而且，我不能忍受了！重新过一次这种生活，不，我受不了。我溜之大吉……

一九一三年四月二十日
我离开巴黎，到沃韦[1]去

早上八点，从巴黎出发。

我那慈祥的老妈妈一定要到火车站去和我说再见。这件事她已经做过多少次了！

我溜到瑞士去，并非为了旅游之乐。我很乐意留在巴黎我的小寓所里，可是我再也没有在那里过平静生活的办法。自从十月份开学以来[2]，我的全部时间都被别人吞没了：信件、来访者，要求来访、要求合作。手稿要我看，书要我过目，我尽量抵抗也无济于事。总是有一大堆勉强你干的活。无法逃避。此外，只要我在巴黎，我总觉得有些不得不料理的事，实际上也是必要的（重新校阅我以前出版的书，准备再版，检阅和清理我以前写的材料、笔记、手稿，等等）。结果，我的新思

① 沃韦，瑞士地名，位于蕾芒湖畔，著名的旅游点与疗养区。

② 法国一般学校暑假甚长，从七月中开始直到十月底。

想,活思想,没有产生就被窒息了。为了使我的活思想能够从那些寄生的爬藤中,从废墟中解脱出来,我必须逃遁。在远方,我终于能独自一人,面对我自己,十几本永远不离身的书,大自然,我的神秘的内心生活,和一双白纸般的手。

不过这一次我怀着比过去更大的遗憾离开蒙巴尔拿斯大街的狭隘寓所。在那里,低垂的天花板和小山般的几堆书籍之间,憋得我喘不过气来。因为我刚刚被告知,这座住宅楼很可能要被卖掉,然后拆掉重建。房东是一个软弱而固执的怪人,他被几个犹太人拖进一桩买卖生意中,而被他们十分卑陋地欺骗。结果欠下了四十万法郎的债。法院差役已来通知房客,房租先不要交付。我不怀疑,三个月之内,这座住宅楼就要出卖,被人用廉价收购,也不怀疑在画家工作室外的小院子里,建筑一座大住宅楼,内有高价的寓所。于是我那有百年老树的院子,我那些静默的修道院,只有鸟类和教堂钟声在唱歌的修道院,都完结了。我那摇摇晃晃的古老小屋,是古老的巴尔拿斯山的残留到最后的孤岛。我的寓所还保留着过去时期的房租价钱(我住三个小房间,加上一间厨房,每年只付七百五十法郎房租。在今天,这个租价几乎令人不能相信。在同一区中,和我邻近的大楼,同样三间房,窗外没有那样美好的远景,租金需要两三千法郎一年)。我担心,这是使我永远离开巴黎的原因之一。

沃韦——莫塞花园旅馆。

在一路上,看见今年的农村景象显然落后于季节了。可是我喜欢春天的景色:草原的新绿夹着金黄色的骨朵,开花的树,白杨树嫩黄的新叶,带着金黄色苔藓小点,菩提树上鲜红的嫩芽。河中流水浑浊,汹涌,寒冷而且带着泥土。年轻的天空愁眉不展,在蔚蓝的眼睛中,飘过云影。

在彭达里耶周围,树林中积雪仍深。

莫塞旅馆(是穆拉克斯给我介绍的)位于比沃韦镇略高的坡地上,下边是葡萄园地,在奥特维尔与布洛内的大路畔。最近几天接连下雨;可是我到达的第一天早上,在初夏的阳光下,我觉得天气温暖潮湿。农民们在葡萄园里除草，给刚从泥土里钻出来如紧握的爪子一般蜷曲的葡萄嫩枝施肥。

我随身带来的书籍：

1. TH. GOMPERZ：《希腊思想家》，三卷，法语（阿尔岗出版）。
2. PAUL SEBILLOT：《法国民间文学》，卷三。
3. A. VAN GENNEP：《传说之形成》。
4. GEORG GERLAND：*DER MYTHUS VON DER SINTFLUT*（德语）。
5. FABRE D'OLIVET：《人类哲学史导论》。
6. 同上：《音乐，作为科学和作为艺术的解释》。
7. A. BERGET：《地球之生存与灭亡》。
8. J. PERRIN：《关于原子》。
9. HENRI POINCARRE：《最后的思想》。
10. 歌德：《书信选译》，（FANTA 法译）
11. STENDHAL：《雨果，莫扎特，梅达斯达斯的传记》。
12. GASTON ROUPNEL：*NONO*。

对我来说，艺术不是游戏。我不能够在我病弱的躯体中生活，我只倚仗灵魂生活着，我有必要创造别的人体。

一连二十天没有对任何人说过一句话。日子从来没有过得这样快，这样轻松。我在酝酿一部新的小说《国王饮酒》，或《小老好人还活着》[①]。我开始写这部小说。我沉浸在它的气氛中，沉浸在土地和禽兽的生活中。我观察树上的啄木鸟、喜鹊和鸟类的小小世界，我自

① 罗曼·罗兰于一九一三年四月至九月一口气写成这部小说，题为《哥拉·布勒尼翁》，已有中译本。原著一九一四年六月印刷完毕，由于大战爆发，未能出版。到一九一九年才正式出版。

已编了一个自然界的小小日历。到晚上,我兴高采烈地,吸饮希腊思想家们的幻梦。

葡萄抽芽,丁香开花。大雪又纷纷落在枞树林上,一直到戈欧村的各家旅馆下边。

一九一三年五月十七日

智力旺盛的一个时代。生命的源泉(我以前自己不知道的身上的源泉),滔滔滚滚地流出来。我一边写,一边幸福地笑。

可是我付出代价(一切都要付代价)。我睡不着觉了。

我和鸟类一样。每天早晨(只要天气不是太灰沉沉,只要我稍稍睡了一阵),无穷无尽的生命展开了;我的精神在说呓语,在歌唱无声之歌。可是日子过得太快。到了晚上,我郁郁不乐。尤其因为疲乏了;而面对着黑夜,又给我增加疲劳。

严重的整夜失眠的时期(五月中旬)。工作中断。

遍山是雪白的水仙花,从山顶到山腰(从布莱亚德到布洛内)一片馨香的大雪覆盖了草地。

法兰西学院中的阴谋活动,围绕着文学大奖展开了。幸亏我远离巴黎,和一些阴谋诡计不沾边。一派很有势力的人推举我为候选人。拉维斯①是这一派的领头人,他热烈地领导斗争,为我开道。下面是拉维斯对我妹妹讲的,法兰西学院大奖委员会讨论会的情况。主要问题在于弄清楚到底这一万法郎的奖金是给一个新露头角的作家,给他的一部作品,还是给一个已经成名的作家,给他所有的作品。他们讨论

① 拉维斯(1842—1922),法国著名史学家,罗曼·罗兰的老师。

的新作家是克莱蒙。他去年发表的一部小说《被允诺的爱情》,曾经有人赞赏(其中有法盖[1]),过去人们没有给他奖金,因为条件之一是"想象性的作品"必须"有高尚的灵感"。今年,他用一本新发表的小说《劳尔》来做大奖的候选人。而从文学的角度看,这本小说不如去年那本。因此,他似乎获奖的机会很渺茫。在委员会第一次开会时,在九位委员之中,六位是赞成我的;三位不赞成的:一位(巴赞[2])赞成克洛岱尔,两位(巴莱斯[3]和布尔热[4])赞成鲍尔多[5]。这两位对我表示猛烈顽强的反对。巴莱斯的态度更得体,尤其更机巧些。布尔热笨拙地发泄对我的憎恨,对他自己反而不利。他说我的作品不是小说,接着他甚至说,如果有人把 *Wilhelm Meister*[6] 提出来,他也拒绝给它奖金。第二次开会讨论时,巴莱斯没有出席。明天,五月二十九日,星期四,拉维斯要面对全法兰西学院院士宣读关于《约翰·克利斯朵夫》一般情况,特别关于最后一卷的报告。他希望争取到大多数人。在公然赞成我的院士之中,有克拉勒谛、鲁戎、拉弥、德欧松维尔与玛赛尔·普莱弗[7](无疑由于他是《巴黎评论》的副社长,所以和拉维斯站在一起)。因为在这个事件中,纯粹艺术问题只占极其次要的地位,政治和学院中的派别把意见传授给大家。罗谛似乎也赞成我,可是他不去投票。公然反对我的有巴赞、巴莱斯、布尔热和杜弥克[8]。毫无疑问,这笔奖金原来是规定给发表第一本作品的一位作家的;可是学院一直声明它愿意把奖金给哪一个它喜欢的作家就给哪一个作家。而且拉维斯准备强调这一事实,那就是,在学院眼中,我是一个新出现的作家,学院

---

① 法盖(1847—1916),法国文学评论家、文学史家。

② 巴赞(1853—1932),法国著名小说家。

③ 巴莱斯(1862—1923),法国作家。

④ 布尔热(1852—1935),法国小说家。

⑤ 鲍尔多(1870—1963),法国作家、小说家。

⑥ 歌德的小说《威廉·迈斯特》。

⑦ 普莱弗(1862—1941),小说《半处女》(1894)的作者。

⑧ 杜弥克(1860—1937),法国著名文学评论家,《法国文学史》作家,著名六月刊《两世界评论》主编,法兰西学院的秘书长(终身制)。

一直表示没有看见我到现在为止已经发表的作品。拉维斯也要宣传我的作品在世界各国产生极大的道德影响。他对我妹妹说:“这笔奖金将成为进入法兰西学院的一个步骤。”可是他不想一想,我是否愿意进入法兰西学院。我远远没有想进入法兰西学院[①]。我不能设想去拜访布尔热、普莱弗,或者去拜访李施班[②]和拉弗当[③]。我更不认为是他们的同行。这类学院的奖金关起门来讨论,不让广大公众、新闻界和候选人自己知道讨论的情况,这是令人恼火的。这样做是卑鄙龌龊的,这就扬起一阵嫉妒与诽谤的灰尘,我努力捂住我的耳朵。

一九一三年六月九日

经过五轮投票表决之后,法兰西学院授予我文学大奖。二十九张选票,有十五张赞成我。我的对手满以为能击败我,至少可以做到今年停发一次大奖。可是布尔热的笨拙反而损害了他自己的一派。到了最后时刻,他推出年轻的布西亚利作为候选人,此人发表了一本军国主义与民族主义的小说。他和巴莱斯固执地支持布西亚利,而不和支持克莱蒙的人结成一团反对我。按拉维斯对我妹妹所传达的(一个星期之后,我亲自听他讲,当他到艾维昂[④]来疗养时),选举的那天晚上,有几个赞成选我的人没有出席:罗谛,勒麦特(他从威尼斯写了一封信来,表示赞成我),杜赛纳主教(要不是他在为了接待新的梅迭西别墅[⑤]校长柏斯纳到来而在等候,他早就专程从罗马赶到巴黎来),弗莱希内,梅西埃尔(他带着病来参加会议,可是不能够一直留到最后)。

---

① 法兰西学院院士共四十人,终身制,死一个补选一个,希望做候选人的作家,必须进行大量社交活动,拜访当时社会上的权威作家,评论家,重要的报刊主编,以及重要的文学沙龙的主持者,一般都是妇女,她们的舆论影响极大。

② 李施班(1849—1926),法国诗人。

③ 拉弗当(1859—1940),法国小说家、剧作家。

④ 艾维昂,著名的矿泉疗养区,在法国东部边境,邻近蕾芒湖。

⑤ 梅迭西别墅在罗马的法国考古学院所在地。

投票选我的有：拉维斯，班加雷（趁妇女大会两个招待会的间隙，他赶来投票），布利欧（刚从东方回来），他为了来参加仪式，推迟了到南方去旅行的动身日期，鲁戎，拉弥，德欧松维尔（他在第四轮投票之后，阻止有人提出就此为止，不授予奖金），克拉勒谛，奥里维耶，普雷佛斯特，阿诺多，马松，李施班（从第二轮开始），弗朗希·沙尔姆（在最后一轮）。拉维斯补充说，如果把那些宣称要选我或曾经选过我的人也加在一起，总数可达十九人。例如昂利·德·雷尼埃[1]，肯定说他是赞成我的。有一部分人投了克莱蒙的票，因为他们认为奖金应当保留给一个年轻作家，可是他们明确表示同情我的作品，如：多耐。杜弥克尽管对他女婿季埃[2]说他赞成我，却投了反对我的票。拉维斯说从总体看来，并没有公然表示的敌意。然而，布尔热和巴莱斯是始终不让步的。在选举结果公布之后，恼火的巴莱斯对拉维斯说："我认为布尔热是胜利的组织者。"

拉维斯的报告，用委员会的名义，发表于六月十五日的《巴黎评论》[3]。

选举结果的第一个捷报，是星期四傍晚七时，拉维斯的一个电报通知我的。接着到来的是我的出版人以及我妹妹的电报。稍后一大堆来信。巴黎的报纸对这次选举结果表示很欢迎。就连攻击我最凶狠的对手苏岱，也和赞成者站在一边。

九月十六日，在洛姆暂停

我登上阿里丝·圣·莱纳，去看阿莱西亚的考古发掘，发掘的范围极其广阔，还只是刚刚开挖。覆盖几处高地的古代高卢罗马城想必是规模宏大的，为了包围这么大的空间，恺撒当有一支拿破仑式的

① 昂利·德·雷尼埃（1861—1936），法国象征派诗人。
② 季埃（1876—1943），法国艺术史家、评论家，罗曼·罗兰的学生。
③ 巴黎历史最久的政治月刊，也登载文艺评论。

大军。

在阿瓦隆,红帽旅馆。城市美丽如画,但是看过瑞士之后,这里使我失望,瑞士的劳尔兹山洞无论如何比这儿的古赞山洞更美,使我更为惊异的是法国资产者房屋的形态,惊异于它们雅致的简洁,它们合理与明朗的安排,它们平和而且均衡的精神。

欧屯。在阿瓦隆和欧屯之间的风景,干脆说,使我觉得无聊。到了欧屯之后,我才感兴趣。欧屯,多少有点像罗马,这是高卢的罗马,一望无际的帝国地平线。围绕它的山丘形成一个深色的圆式场地,茂密的树林给平原和田野缀上一条宽阔的流苏。罗马露天剧场的遗址令人想起溥维斯①的壁画。我绕城走了一圈,从山顶上主教的高冠似的教堂走起,再到雅努斯②的神庙,途中穿过两道罗马式的城门,在某些时刻,我沿着古老城墙脚走,看见那儿有黑毛的羊群在吃草,我仿佛觉得置身于罗马郊外,深色的山峦作为墙垣形成极壮丽的背景。从这个背景上,突出城市和它的教堂。在另一边,冒旺山脉深蓝色的峰峦,带着雷阵雨意,浓重的乱云和山峦相和谐。与此相同,阿鲁河浑浊而奔腾的水,也和它舔着的古老墙根相和谐。在这个没有生气的古城中,一切都是和谐的,例如教堂的经过修饰的十五世纪哥特式风格,和骑兵学校夸张的路易十四朝风格。为什么法国的旅馆无所不为地使旅客在那儿停留感到恶心?我明天就逃离这个旅馆(“新旅馆”)。这儿的墙壁是油腻的,地板满面尘土,床单帘巾等令人怀疑没有换洗过。当人们从国外回来,马上觉得法国有一股发霉的味道。

这种环境给年轻的拿破仑以极佳的思索材料(那时他正在欧屯中学上学)。

---

① 溥维斯(1824—1898),法国画家,他的代表作是巴黎先贤祠的壁画。

② 古代罗马神话中的“神”,有一个头,两张面孔。

在这些法国城市中，到处听到孩子们（顽童们，牧猪的小孩们）吹口哨，他们只吹军队号角的曲调。从外国到此，这种现象令人惊异。军队和教堂，两者是人们唯一的理想。

重新回到阿瓦隆，在那儿我发现一大堆给我的信。

我给我的女友写信：

"您问我，我那个'老好人'[1]怎样了？他在瞌睡，已经几个星期了。到巴黎之后，我要叫醒他。您有一个印象，好像我对肖恩布朗不感兴趣。是这样的。我跟您说，在我眼中，这个'老好人'不过是消遣而已，不过是几件巨大的工作之间的小插曲，而不是一件深深地牵挂在我心上的作品。我想对我的勃艮第种族还清一笔债，表示出我也是勃艮第种族的一分子；在我的心灵深处，藏着一个十足的勃艮第人，不论是托尔斯泰的学说，或者是日耳曼的感伤性格，都没有损伤过这个勃艮第人。当我把债还清以后，我回到更严肃、更主要的工作上去。写完了《约翰·克利斯朵夫》以后，我有必要喘一口气，然后再全身投入新的工作。而且我有充分理由期待，日后开始的工作将给我带来更多的操心，我必须很好地武装自己，才能投入战斗。我年龄愈大，工作经验愈深，我发现世人满足于何等可怜的真理。总的说，人们不敢看也不敢说。大多数作家只给你煎熬一杯不起作用的汤剂，而且还加上糖水，鲍尔多与巴赞之流的成功，来自他们面对生活的怯懦观点，和广大公众的怯懦观点相适应。更有甚者，那些最大的艺术家几乎不敢把话说彻底。有时候，他们把窗子打开一条缝，又急急忙忙地把它关上：因为强烈的光线使大多数人的眼睛睁不开，他们立刻就大喊'出乱子了！'我想甘冒'出乱子'的风险。我想把测量器更深入地插进人们灵魂的某些领域。今天我感觉到，《约翰·克利斯朵夫》不够深入。我自己不以此为满足。我将要付出代价。因为公众已经满足了（他们不

---

① 指哥拉·布勒尼翁。罗曼·罗兰正在写作的小说中的主人翁。

懂),他们不会跟我前进的。可是,怎么办呢?如果我继续写小说,我必须更向前进,否则干脆不用写。谁愿意跟我走,谁就来吧。您不知不觉地混入这场艺术的危机(现在尚未结束)。

我的朋友,您要求我快乐点。我自身有欢乐的成分,正如有别的成分一样。可是,要整天欢乐、欢乐,那是另一回事!艺术是生命全部力量的振奋。可是生命经常献给这些振奋的力量的用途和宽慰,只有艺术。艺术在艺术家身上点燃行动的需要和激情,而这些,是一贯受生活的抑制和压迫的。我一生所有的几次欢乐,都是自己创造的。我不是忘恩负义的人,然而这种经常一贯的努力,这种紧张,这场一辈子单枪匹马进行的战斗,没有一个忠实的战友,在我灵魂上刻下了悲剧的皱纹……”

从阿瓦隆坐车到卫兹垒。在卫兹垒,我母亲坐了汽车来迎接我。于是我们一同回到克拉姆西。我相当喜欢古赞河狭窄的河沟,从阿瓦隆到蓬道贝,小河在花岗岩的小山丘之间蜿蜒而过,我也喜欢比埃-佩都衣地方架在古尔河上的美丽的石桥。但使我最高兴的是圣·佩尔教堂。

现在(9月22日晚上,星期二),我回到故乡克拉姆西,我离开它已有三十多年之久,我想二十五年以来没有重见过它。这样坐着汽车回来,使我觉得多么奇怪。汽车走从卫兹垒下坡到道内西的大路(接近布莱弗这个小地方。不知道由于什么童年的记忆,这地方对我,一直是珍贵的)。接着汽车下坡,到幽纳山谷,穿过美丽的村子阿尔姆,巡视了成排的屋舍,从贝特莱姆郊区进入克拉姆西。小小的丘陵,小小的波澜渐渐消散,树林和耕种的田野,在幽纳河畔,成排的白杨,被灌木篱笆隔断的草地,水闸,潺潺的流水。现在,我在金球旅馆中写日记。我房间的两个窗户开向幽纳河岸,面对若望·路维桥,邻近小小的贝特莱姆教堂。在夕阳中,半红半黑的天空,我看见我那圣-马丁志教堂的优美钟塔的侧影。

收到我女友来信。

我给她的回信中写道:“在您的流浪(过分流浪)的生活中,努力给您自己保留每天几个半小时,为了大家,同时为了大家反对不论是朋友或是敌人。这几个半小时,您要固执地持之以恒,为了继续某种思想,或者读某一本书,或者和您自己继续讨论某个问题。用了这样的代价,您才能够保全您的人格,而且使之成长。不然的话,即使您有坚强的人格,它也会毫无连贯地碎成粉末。您知道,我愿意您成为一个比别的女人高尚的女人。我绝对愿意您这样。我宁愿您丧失对我的友谊,也不愿意看见您在无聊乏味和无用的经常不断的社交活动中,丧失您自己内心的火焰。如果看见我写了一些东西,由于它们表达真理而失去公众的好感,因此而感到不安,可是同时又不对我说:‘您应当这样写,我将永远和您在一起’,这样的女人是一个不怀好意的女人。您更愿意我伟大,还是更愿意我幸福?您偏爱哪一种?我看见您在犹豫不决。至于我,我毫不犹豫。我的小小的A……我很爱您。但是,如果我看见您正在为了一件伟大的事业而冒生命危险(并不是为一件将激起我反抗的浅薄无聊的事,也不是为了游戏),我将对您说:‘亲爱的,去冒生命危险吧!’如果我有孩子,我将对我最疼爱的孩子说同样的话。您也应该这样对我说……自从我童年时代以来,有多少次我请求上帝,不相识的上帝,请他使我成为伟大人物,否则不如让我死去!直到现在,我请求上帝:‘使我一天天伟大起来,不然就把我杀死!’替一切我所爱的人,我也这样请求上帝。”

和我母亲一起到墓园里。她每年有十五天,每天早晨到墓园里去默念两小时。

九月十八日

身体虽然还不大舒服,我一定要到布莱弗去巡礼,在故乡的这一地点,联系着我童年时代最亲密的记忆。我坐火车到阿诺亚。从那里我步行回来,经过布莱弗,幽纳河上的维里埃,以及贡西,一共大约十五公里,我走了三小时(幸亏天气好,这几天来的炎热太阳,被厚厚的一层将雨未雨的云层隐藏起来了)。布莱弗的景象没有阿诺亚那样广阔,可是幽纳河在那儿很美观!多么诱人的小河,河畔美好的树荫,懒洋洋的河湾,以及弯弯曲曲倒流的河水。在小小的村子里,什么也没有变动,可是一切都变老了。我认出两所我自家人的住屋。我祖母的住屋开着门,我进入院子,每个角落对我都是亲切的。我俯身在墙上,观望三层坡地:园子、草地和河滩。我和新住户的儿子谈话,这是一个二十到二十五岁之间的年轻农民。关于原先在这儿住的人,他不知道什么。对园子和住宅现在破破烂烂的情况,他感到不好意思,因为他多少知道一点,以前,这里是收拾得清洁整齐的。像哨兵似的在门口站岗的两棵茂盛栗树,被砍掉了……我只保留了儿童时期日常生活的记忆。在这个阳光照射的院子里,在凉爽的屋子里,有一位慈祥的老祖母不停地活动,在责备孩子,在笑。我尤其记得步行过的道路,在夏季美好的夜晚,有时父亲领着我,晚餐后去祖母家。这个极其平常的地点,例如勃勒伏亚山脚下的平原,在布莱弗与幽纳河上的维里埃之间,对于我是神圣的,因为在那里我第一次感觉到漫漫长夜和大自然怪异力量给我神秘的恐惧。

罗大冈 译

战时日记选

(1917—1919)

卷 首

……我从一九一四年五月末梢就在瑞士了(在维范[①]、采尔玛特[②]、斯必兹[③]、日内瓦等地)。七月初,我在日内瓦参加了庆祝该城宣布独立一百周年的开始几天节庆。从那里我到日梅尔[④]去;最近几个月来的旅伴达丽就在那里跟我分别,同时我的朋友阿尔封斯·德·夏多布里昂[⑤]却到那儿来看我了。我们在一起过了几天;我把刚完成的《哥拉·布勒尼翁》[⑥]念给他听。到七月二十五日,我们就上维范去,打算在那儿再两人一起过几天。可是第二天,政治事变就像晴天霹雳一般袭击着我们。奥地利对俄国宣战了。夏多布里昂随时可能接到

---

① 瑞士西南部城市,在日内瓦湖畔。

② 瑞士南部城市。

③ 瑞士东北部城市。

④ 瑞士西部关口。

⑤ 阿尔封斯·德·夏多布里昂(1877—1951),法国小说家。纳粹入侵法国时期沦为“合作分子”,战后匿居奥地利一间修道院至死。

⑥ 罗曼·罗兰继《约翰·克利斯朵夫》后所作的一部小说,以一个乐天而坦荡的雕刻匠为主人公;高尔基曾称为“也许,这是我们当代的一本最惊人的书”。(见《译文》1955 年 1 月号,第 3 页)

征召入伍的传令,所以就在七月二十六日到比利亚克去看看亲人们,把自己的事情料理一下。

……哀愁的、悲惨的、犹如悼亡的日子。猛烈的暴风雨搅得天昏地黑。从昨晚起,狂风紧吹,湖水汹涌,就如大海……他动身时,我们互相交换了"遗嘱"。他委托我教养他的几个孩子,并在精神上指导他们。我则请他和我的妹妹一起照顾我的那些稿子。他正要上车时感到了剧烈的心跳。我们拥抱了——接着他去了。(下午三时)

一九一四年。第一册

关于第一次世界大战

仿佛是为了镇压普鲁士军国主义而发动的战争尚未结束,却已经在崛起另一个更庞大的恶魔——不列颠帝国主义。劳合·乔治[①],这个现代的克伦威尔[②],甚至不肯费力伪装一下。最近他刚在伦敦的市参议会大礼堂内接受了伦敦荣誉市民的称号,他在那里发表演说,宣称要"改变方针,采取新的帝国政策",从而在广袤无边的、永远有太阳照耀的不列颠领土上建立一个"强大的帝国",用帝国主义的保护关税政策加强着,拥有人们在任何时候所能想象的、最大规模的经济垄断,并"巩固成一个集团",完整而威风凛凛。塞西尔·罗地司[③]和张伯伦[④]几乎只敢偷偷梦想的事情,劳合·乔治却在各国战争热火朝天时公然独自实行了,因为他明知世界上四分之三的国家已卷入这万恶的

① 劳合·乔治(1863—1945),第一次世界大战时英国首相(1916—1922)。

② 十七世纪英国资产阶级革命时国会军的领袖,代表中小资产阶级的利益,曾残暴地镇压爱尔兰起义。

③ 十九世纪下半叶英国侵占南非洲时的大本营——不列颠南非公司的主脑,是殖民主义的大刽子手。

④ 自一九〇六年至第一次世界大战前的英国首相,曾以宣扬保护关税政策作为竞选的纲领。

战争而遭到破坏——它们在他的手掌之中，它们不得不保持沉默。

可是关于美国怎么说呢？它是以维护被压迫民族的正义与自由的名义而参战的，然而它的第一个行动——却是使小国沦入饥饿，从而逼迫它们放弃中立！

（“纽约，4 月 29 日电。商业立法委员会向威尔逊总统和政府提出关于管制商人跟敌对国家贸易的方案，以及非常严厉的控制向瑞士出口货物的计划……”）

这个战争毒害了最善良的意图。我已经能预见到：这些美国的理想主义者将比那些“现实的政客”①堕落得更厉害。

一九一七年春天。第二十册

“泰孟尼堂的手段”②

美国在对外政策上运用着泰孟尼堂的手段。他们制造虚伪的和平主义与中立化的阴谋。他们对各中立国加以粗暴的压力。他们用自由（他们的、泰孟尼式的自由）的名义摧残一切自由。他们刚才不加任何说明地颁布了一项命令：在美国居住一年的中立国公民将被征召入伍；否则就得滚蛋，而且一共只给四十天期限。这对那些不得不动身到大西洋去的、对潜水艇攻击毫无防卫的妇孺们尤其不幸。就这

① 这里的“现实”指冷酷自私、没有远大和高尚的理想等性格。

② 美国民主党的一个中心机关，通过它而展开“党的机构”的活动。——原注

泰孟尼是美国民主党在纽约的组织，从一个古老的、以一个印第安酋长的名字来命名的慈善团体蜕化而成。该组织的领袖们在民主党执政时期经常滥用职权，引起公众的谴责。他们任命自己推选的人员担任各项要职，并向营造商、酒店主人等榨取贿赂，以各种特权为交换。一般说来，泰孟尼统治意味着大规模的贪污。例如，在一九一三年，泰孟尼任命的纽约州长塞尔采就因盗用公款而遭检举（见英国《彼尔氏百科全书》）。美国进步记者爱·斯诺于《红星照耀着中国》（旧译《西行漫记》）一书内将泰孟尼比作过去中国半封建半殖民地社会中的帮会（见原书第三章）。

样,我的朋友恩司特·白洛克刚到这儿来接自己的小家庭去,却将在一到纽约的时候(要是他在离开欧洲以前还没听到关于这条法律的消息),不得不立刻再坐上轮船,两次遭受致命的危险!(我还没谈到他将在日内瓦再遭到的极度困厄。)德国——连那个国家还从来不敢决定如此蛮横地侮辱人权和自由。因为就在这一点上,威尔逊甚至不能用那句俗话来推诿了:“必须是不顾法律的。”

还不止于此,美国正在发布命令:无论任何商品都不准输出到瑞士、瑞典、挪威、丹麦、荷兰等国去。这是使一切中立国陷入饥馑的有计划的措施。要么就为协约国的政客们打仗,要么就饿死。你们尽可以自由选择!

一九一七年夏天。第二十二册

“白宫的达尔杜弗们”①

谦虚而又真诚的美国政府从华盛顿通过《纽约先驱报》的巴黎版传达了一则电讯:“俄国的革命家们②完全信任美国,认为它是唯一抱着绝对无私的态度而参战的强国。”我以为这种无耻与伪善实在是无以复加了。他们用饥饿的威胁逼迫俄国不得已加入战争而分崩离析,并且摧毁了俄国革命还不够,这些白宫和华尔街的达尔杜弗们还要他们的牺牲者给他们英勇和大公无私的凭证!

一九一七年夏天。第二十二册

① 达尔杜弗是法国剧作家莫里哀(1622—1673)所作剧本《达尔杜弗》(一译《伪君子》)中人物,是典型的伪君子。

② 这里指的是临时政府。——原注

译者按:即俄国二月革命后由“‘资产阶级和资产阶级化的地主’代表组成的新的国家政权”。参见《联共(布)党史简明教程》第六章。

“美国在指挥一切”

革命的俄国让自己落入了战争的圈套。克伦斯基[1]扮演着跟英、法、意大利各国中狭隘民族主义的资产阶级社会党人同样的角色,正在把他的国家引到独裁的路上去。列宁在《真理报》上指出:俄国的发动攻势是英国大使和美国人罗特[2]努力的结果,而首先——是由于威尔逊的恫吓,他指定了发动攻势的确切日期:要是违反了——那俄国和美国之间的金融谈判就将中断。现在我有这样的印象:美国在指挥一切。他手里有黄金和面包。欧洲必须作战,不然就得饿死。不久这种契约也要向中立国提出了:要么就站到协约国一面,要么就把裤带勒紧些。否则,除非由于这些秘密和恐吓的压力,我真不能解释法国议会的行动;它在企图反抗之后,几乎一致投票拥护政府,赞成把战争进行到底,直到最后胜利。当然,法国被战争蹂躏得负债累累,假如英美不给它经济援助,它将在极度的贫困中毁灭。然而,它们是要拿法国所有的血作为代价才答应给它这种援助的。如果战争延续下去,就会具有两种苦役刑之间的斗争的性质,那时各国好像被捆在奴隶划的船上,不得不互相残杀——一面是黩武与贵族的帮会,另一面(更坏的)是金钱与外国强权政府的帮会。

一九一七年夏天。第二十二册

---

① 以“民主派”的代表资格参加临时政府的社会革命党人(见《联共(布)党史简明教程》第六章)。

编注:克伦斯基(1881—1970),一九一七年七月至十月(旧历)任俄国临时政府总理。

② 美国参议员,为了“援助”临时政府而到俄国来的代表团团长。——原注

关于法国的部长们

……就这样,这些渺小而冥顽不灵的暴君,被周围的人敌视着,舍弃了任何可能阻止战争或减少和限制战祸的行动。而所有这一切,他们都是独断独行的,不肯询问任何人的意见,或甚至把那些想明了情况的人监禁起来——你们可曾见过比这种更蔑视公民的自由与生命的苛政吗?而他们还希望我站在这种“共和主义者”一面,跟他们一起向君主制度斗争呢!他们全是一丘之貉!而这些“共和主义者”更会撒谎。

一九一八年春天。第二十四册

战争的杆菌

目前,在所有的国家中,美国最厉害地传染着战争的杆菌……

一九一八年夏天。第二十四册

法兰西的命运

……不能不忧虑:战后,祖国是否会由于它的英勇牺牲和感到幻灭而陷入精神颓丧的境地。目前绝对必需的职责——是要使它从徒然非难的包围中、从无效而悲切的故步自封中挣脱出来。必须在它内部再唤醒大胆追求和征服精神的热情。

西方将会有许多宣告崩溃的声音。但愿法国不要让自己被它们吓倒！但愿它望着东方！就从那一边将升起未来的太阳……

一九一八年夏天。第二十四册

那个时代的投降者

克列孟梭[①]的报纸以坦然的姿态预测巴黎将被轰炸，法国的东线阵地将被突破，甚至并不讳言即使德国再占领几个新据点，政府当局也不会惶然不安，只要法国能拖到十月——这是已经宣布的日期，到那时，会产生奇迹的美国人就要降临了——这意味着他们在毫不骚动地预先声明并自己设想：法国的北方被歼灭后，东部地区也会随着被歼灭，或许——在兰斯、阿拉斯、苏亚桑、沙托捷里、阿密昂[②]之后，巴黎也会陷落。然而，即使真正的法兰西都毁灭了，对这些高呼光荣和憎恨的人又有什么关系？——只要亡国后他们的大名还能存在！……

一九一八年夏天。第二十四册

① 克列孟梭(1841—1929)，第一次世界大战时法国资产阶级内阁总理；因凶狠，被称为“老虎总理”。

② 以上都是法国北方城市。

美国"民主政治"的特征①

……美国的一切似乎是为了亵渎一个日本人的优美感情而产生的:不可思议的过分嚣张、扰攘、粗鲁、自夸;任何思想的交流都是不可能的,因为跟你谈话的美国人甚至并不倾听你,他一心一意只转着自己的念头,或一味想着空洞的思想,他由于缺乏证据而强调、强调、再强调,直到最后,他始终相信自己打垮了对手。专横的阶级傲慢使黑人受不到人类法律的保护,这些不幸的人即使侥幸不受到奴役或私刑拷打的恐怖,也经常会遭到嘲弄的威胁。女人和男人一样,也充满着这种傲慢无礼。成濑说:"这种嘴上老是谈到共和与自由的所谓民主政治,其实比我们日本的共和与民主高明不了多少。"还有这种完全不能理解其他民族的情形,这种不可动摇地坚信自己什么都知道的情绪,而且自以为比别人知道得更多,以为自己可以不顾别国的愿望、福利和幸福而率领它们……

我想:命运能惊人地写下未来各国悲剧的剧本。它从扼杀欧洲各国政府的合唱队着手,把它们放在美国统治之下,那个国家到战后将在这合唱队中扮演主角……

一九一八年夏天。第二十五册

① 这段摘录是罗兰与一个日本人成濑谈话时所做的评论,后者从美国归去时顺路到日内瓦访问了作家。——原注

展望欧洲的前途

战事拖延得越长,我就越确信它会促成欧洲在物质与精神上的沦亡。从这一场列国相争的搏斗中,最后终会分裂成两个巨大的、互相对立的势力:亚洲与美洲。

不是这一边、就是那一边会把欧洲卷入自己的航线。然而,盲目破坏的过程继续下去时,各国内部同时也会进行社会生活以及国际生活的重新组织和重新建设的工作——这是一种强大的运动,它的最勇敢的倡导者就是苏联——我不是预言家,我没有权利对我们中间任何人预测哪一条洪流会把它(欧洲)冲走。可是人类的救星、对它未来大同的希望,是在苏联的一边……

一九一八年夏天。第二十五册

孙 梁译

莫斯科日记选*

(1935.6.22—1935.7.21)

六月二十三日　星期日

一片片的白桦林,一座座斜屋顶的茅草屋点缀其间。在靠近首都的近郊,一栋栋小“达恰”(郊外别墅)坐落在开阔的土地上。在列车就要驶入莫斯科车站时,我们见到一位赤身裸体、蓄着花白胡子的老者,他大概是位裸体主义者吧。

上午十一点(瑞士时间九点),我们抵达莫斯科车站。几位苏联作家的代表登上我们的车厢,向我们表示敬意,他们是:特列季亚科夫(《怒吼吧,中国!》的作者),这是一位个子很高、头已谢顶的小伙子,他用深情的目光盯着我;还有列昂诺夫、蒂纳莫夫等人,随他们一起来的还有玛莎的儿子。从我们迈出车厢第一步直到我们登上汽车,照相机便对着我们一个劲儿地猛拍(后来照相机就一直不停地拍照,直到我们离开莫斯科)。尽管我们想方设法不透露抵达莫斯科的时间,以避开人群,但车站出口处还是聚集了许多人,他们排列成行在迎候我们,并向我们欢呼。我们乘苏联对外文化协会的轿车几乎穿越整个城市,最终来到“政府大厦”,大厦位于莫斯科河的另一岸,几乎与克里姆

* 一九三五年六至七月间,罗曼·罗兰应高尔基之邀访问苏联,写了这部著名的莫斯科日记。

林宫相对；在大厦的第十层楼上，阿罗塞夫①的寓所正在迎候我们。三大间居室的通风很好，但屋顶下显得很热；这套居室的厨房和浴室都太小了，而且装饰得也不美观，相互有些妨碍；这间居室虽然已经足够大了，但对于一个身居高位的苏联官员一家人而言，倒显得不够宽敞。他待我们十分热情，但热情之中却带着几分放荡不羁的老学究的态势，忘记了为客人提供基本的舒适条件。相反，他却找来服务人员来困扰我们：有护士、厨师，全都是来自克里姆林宫，还有其他服务人员。与其说他们是来为我们服务，倒不如说是在妨碍我们：因为厨房小得容不下这么多人，他们便挤在走廊里。

下午，在他家里休息，《真理报》和《消息报》的记者前来做简短采访，打断了我的休息。接着又结识了玛莎的女友莉吉娅·巴甫洛夫娜，她是莫斯科小剧场的经理阿玛格洛贝里的夫人，她愿意为我在莫斯科逗留期间承担秘书工作。夜里，我们已经上床就寝，灯也熄灭了，但却发生了几件意想不到的恼人小事，迫使我们赶紧从阿罗塞夫家溜走；那时已经过了午夜，我们最终还是住进了"萨沃依"饭店，饭店一直为我们保留着一层的一间大套房：共有六个大房间，因为最初我妹妹也打算同我们一起来，玛莎大概也想让她儿子住在她身边。我们只留下三间最能遮挡阳光的房间。这里的舒适条件应有尽有。我们采取了各种谨慎的措施：母婴医院的护士照料我的起居饮食；食品都来自克里姆林宫；一位年轻的亚美尼亚女秘书把守着大门；莉吉娅·巴甫洛夫娜守在电话旁。莉吉娅是一个奇特的女人：她身材修长，一头淡黄的金发，人长得很丰满；她朴实、端庄；轻轻笑起来时会发出咯咯的笑声。她起初似乎显得毫无个性，但一旦工作起来，却显露出其难得的可贵之处：她积极主动，聪慧过人，尤其擅长把握往来书信的口吻，她以我的名义所起草的那些信函可谓是滴水不漏，给每一个人复函时所用的口吻也是恰到好处。况且，她还善于在电话中将那些讨厌鬼打

① 阿罗塞夫（1890—1938），作家，一九三三年任苏联驻布拉格使团首脑，一九三四年任苏联对外文化协会主任，罗兰赴苏访问的接待者，一九三七年被逮捕。

发掉,而又不伤他们的自尊心,她的手段令人佩服。所有这些工作,她都是不露声色、悄然完成的,似乎毫不费力。但当我们对她那非凡的能力感到惊叹、进而向她表示感谢时,她总是报以悄然一笑。

六月二十四日　星期一

克留契科夫给我们带来高尔基的一封信,信是写给玛莎的,信中的言辞热情洋溢。我们同意周末到高尔基的乡村寓所去住,克留契科夫带着我们的允诺回去了。从抵达这里迈出的第一步起,我们便发觉不同的阵营相互钩心斗角,围绕着我们而展开个人之争。阿罗塞夫只是在今天早晨才知道我们溜出他家,因此感到十分狼狈,他要竭尽全力把我们弄回去。下午四点左右,我们去参观克里姆林宫,博物馆馆长及阿罗塞夫陪同我们一起参观。

所有的报纸都登载了有关我抵达莫斯科的报道和文章。最热情洋溢的文章则出自布哈林和蒂纳莫夫之手。

六月二十五日　星期二

下午休息。

晚上,我们到大剧院去看舞剧。列宁格勒芭蕾舞剧团在此上演《巴赫契萨拉伊喷泉》,这是阿萨菲耶夫根据普希金的诗篇改编的新舞剧。这是本轮的最后一场演出。莫斯科的各界名流都来观看,况且人们把年轻的女舞星乌兰诺娃吹得神乎其神,人们相信她肯定会成为又一个安娜·巴甫洛娃。人们对我的接待简直是不可思议,他们将昔日沙皇的包厢留给我,值我来看舞剧之际,特意将外交使团人员从这个包厢安排到别处。无论是在剧院前广场,还是在剧场内,当我们进入包厢时,或是在第三幕之后幕间休息时,观众的欢呼声一阵高似一阵。特别是在剧场前广场上及出口处聚集了许多人,他们向我们鼓掌,欢呼着“我们的朋友罗曼·罗兰”。我随意握了握几只伸过来的手,要和每个人都握手的话,恐怕我得长出一千只手来。在包厢里,我伸起双臂,忽而向左,忽而向右,笨拙地向人们致意。幕间休息时,剧场和政界的几位要人前来向我致意:莫斯科艺术剧院著名的院长涅米诺维奇·丹契柯激动地反复说着:“您在这儿,罗曼·罗兰在莫斯科!”玛克西姆·李维诺夫表现出一种信任感,当年他到维尔纳夫来访时尚未有这种信任感;美国大使布里特也同样露出信任我的样子。不待我问,李维诺夫便说布里特“是个坏朋友”(或者说“他不是朋友”)。而布里特却甘愿为他留下把柄,过了一会儿,他对我说苏联的局势很不稳定,苏维埃政权顶多能维持三四年(即使这不是他的原话,他表述的肯定是这一层意思)。面对整个时局及战争威胁,李维诺夫表现得十分悲观。布里特自诩为《约翰·克利斯朵夫》的老朋友,他描述了这部小说对于他本人、对于他这一代美国人产生了哪些影响。在演出期间,阿罗塞夫向玛莎提出难以置信的建议。他打算在一位军官朋友的帮助下趁黑夜将我们送出城,把我们送到一座别墅里,那儿距莫斯科有几公里远。他想让我们相信这座别墅是斯大林提供的,我们绝对不能拒绝,要不然斯大林会生气的。后来,我们发现根本就不是这么回事:人民委员会关心我们,希望我们在苏联过得愉快,便将一座舒适、安谧的别墅交给我们使用,但自然只有当我们觉得住饭店或住高尔基家不舒适时,才会让我们住到别墅那儿去。人民委员会当然不会强迫我们去住,否则会给人留下笑柄。阿罗塞夫显然是在自作主张。他知道,我们一旦住进高尔基的寓所,定会摆脱他的监护;他想把我们劫到他那儿去,而且毫不迟疑,马上动手。我们毫不客气地拒绝了他的建议。我隐隐约约地瞥见这么多小集团、这么多阴谋诡计!

六月二十七日　星期四

普列特涅夫医生来访,有人叫他来为我诊视。他是治疗心脏病的著名专家。在诊视一番之后,他对我说:“我要是您的那位瑞士医生,我不会让您出门旅行。瑞士医生了解您,但他们并不了解我们这里的条件。”他说我的神经一直太紧张,未得到很好的休息。他要我不得再会见任何人,建议我尽快离开莫斯科。甚至就连高尔基的乡间寓所似乎也不适合我疗养。假如那里无法保证我完全离群索居,他要我搬到斯大林提供的别墅里去住。其实,普列特涅夫医生就是阿罗塞夫拽来的,他想利用医生来达到他自己的目的。当我和医生独自在一起,没有任何人在场时,他小心翼翼地透露出来。我见他在投石问路,而且能感觉到他是一位不露声色的敌对分子。后来有人告诉我,他曾被投入监狱,但高尔基对他十分敬重,况且也需要他,便设法将他保释出来。我无法验证这件事的真伪。普列特涅夫医生谨慎地拿当今时代与意大利文艺复兴相对比,其含义可真是意味深长。他真想生活在四十年后,而非今天,时代残酷呀。但他见我并未表露自己的情感,便马上补充道:“不管怎么说,选择已经做出了。要是在十年前,也许人们还会犹豫。但今天人们不再犹豫不决了。要起来反抗法西斯主义!”

晚上,吃过晚饭后,我早早地上床就寝,玛莎则到剧院去看戏。大约在九点半时,那位正直的女护士到我房间来,对我说:“我得向您告辞了。有人要我回去。”我不明白这是怎么回事,以为她家里出了事;她肯定有难言之隐。于是,我对她说:“那您至少得等我妻子回来以后再走,好不好?您要是就这么走了,她没同您吻别会感到很难过的。”“不,”她答道,“我真的不能再等了。汽车在楼下等着呢。我得马上走了。”说完,她便走了。此后,我们再也未见到过她。只是后来我才明白,这肯定是阿罗塞夫在报复她。我情愿相信阿罗塞夫并不能由着性子去处置她,只是把她支走,让她离开我们。她是共产党员,应当有办法保护自己。我们对列文医生谈起过这事,他要我们放心,并保证我们还能在高尔基那儿再见到她。但实际上,我们的确再也未见到过她。我把对这事的感受记在笔记本上:“让个人手中掌握过多的权利是不明智的。当一个人的权利受到另一人权利的制约时,钩心斗角、记仇怀恨则在所难免,甚至会引发你死我活的争斗。”

诚然,阿罗塞夫并不是一个恶人。但他却是个心胸狭隘、脾气暴躁的家伙,就像一头野猪。在莫斯科,每当谈到他时,几乎所有的人都用轻蔑的口吻说:“那是一个杜拉克(笨蛋之意)。”其实他并不笨。他贪图虚荣,养成好面子的恶习,不断膨胀的虚荣心一旦受到伤害,便会做出愚蠢之举,进而酿成危险的失误,这个陋习他已改不了了。他曾为此而丢掉了大使的官衔,恐怕不久的将来还会因此而丢掉苏联对外文化协会主席的乌纱帽。

六月二十八日　星期五

下午,我要去克里姆林宫拜会斯大林,整个上午我都在思索该和他谈哪些内容。

下午四点,阿罗塞夫来接我和玛莎;工作人员引导我们三个人穿过长长的走廊,经过几间秘书们工作的办公室,最后来到斯大林的办公室。这间大办公室位于克里姆林宫一翼的顶层,窗子朝向内院,院子里摆着当年从拿破仑手中缴获的战利品(那是拿破仑从俄国撤退时被俄国人缴获的)。

会谈从四点十分开始,一直持续到差十分六点。要不是因为担心过多地占用斯大林的时间,会谈可能还会延长一些时辰。我们会谈时,外面还下了一阵雷雨,雷声轰鸣,雨点拍打着窗户。

斯大林与他的画像有很大的差别:他的个子并不高,身体也并不强壮,远非人们所想象的那样。他的个子较矮,身材较瘦。他那头极有特色的粗硬头发已开始变得花白了,而且也显得稀疏了。大概也就是这一两年,他变得苍老了。但他的目光依然那么直率,那么炯炯有神;他那像谜一样的微笑总是(或可能是)那么真诚,那么令人难以捉摸,又带着一丝冷漠;他心地善良,但不留情面;虽会受人哄骗,但也十分诡诈。在任何情况下,他都能控制住自己。他说话时,嗓音不高,他的鼻音和喉音都很重(有人告诉我,那是格鲁吉亚口音),有时他会停顿很长时间,似乎在思索着什么。他更擅长于听别人说话,而不善于表达。我讲话时,他在一页纸上用红蓝铅笔潦草地写着,把我所说的要点都记下来(我没有向他索要这份手记,这是我最大的遗憾)。

我们坐在一张大桌子的一端,他坐在我们中间,我坐在他右侧,阿罗塞夫坐在他左侧,玛莎挨着我。阿罗塞夫借口给我们担当翻译,也挤进来参加会谈(因为斯大林像其他人民委员一样既不会说也听不懂法语),但他的翻译实在是糟糕,玛莎尽可能纠正他的翻译。

经过一番致意之后(我真的感到特别高兴),斯大林要我先讲。于是,我便说起来,我讲了二十分钟,他没有打断我的话。

根据我的笔记,我对他说:

"亲爱的斯大林同志,您在百忙之中能接见我,我谨向您表示感谢。也许您能想象得到,您的名字及您本人对我们西方人意味着什么,知道您在领导这么一个伟大的新世界,对我们而言,这是多么大的力量,多么可靠的保障;我们所有人都为这个新世界感到自豪,并对它寄予厚望。今天能与您握手我感到非常高兴。我想对您说,在这里大家对我的关怀让我无比感动,尤其是您邀我到您的别墅去疗养。"

对此,斯大林答道,(前文我已经记叙过了)那座别墅并不是他的,他个人没有别墅,邀请并非是他个人发出的,而是人民委员会发出的,也就是说莫洛托夫、伏洛希洛夫、卡加诺维奇和他本人决定将归国家所有的一座别墅让我们使用,这些别墅位于莫斯科郊外,供来往的客人们使用。

我接着说道:

"现在,我想以我的双重身份同您谈一谈。我既是苏联的老朋友和同路人，又是西方的见证人、观察家，还是年轻人及同情苏联的法国人的挚友。

您知道，在西方千千万万人的眼中苏联代表着什么。他们对苏联的认识非常模糊，但他们觉得那里体现着他们的希望、他们的理想，虽然这类理想是五花八门，有时甚至相互矛盾。在目前西方遭受严重的经济和道德危机之时，他们期待着苏联能给他们指明方向，提供纲领，解除他们的疑虑。

诚然，要满足他们的愿望是很难的。苏联本身有自己的任务，而且这个任务十分艰巨，它在国内建设和国防建设方面要投入巨大的人力、物力，它要全力以赴去搞建设：苏联所能提供的最佳纲领，就是它的业绩。它指明了道路，而且证明它在大步向前走。

然而，苏联并不能卸去当今世界局势压在它身上的责任，这是某种‘神圣’的责任，要去关心其他国家的大众，他们信赖你们。将贝多芬的名言‘人啊，你要自助啊！’挂在嘴上是远远不够的。应当去帮助他们，为他们指点迷津。

不过，要能有效地实施这项工作，应当考虑到每一个国家所特有的个性及思想观念，在这里我只谈论法国。不了解一个国家传统的思想观念，或对它漠然处之，便会造成严重的误解，而且确实引发过严重的误解。

不要期待法国公众会做出什么事，即使那些支持你们事业的同情者也是如此，这是一种辩证的思想，而思想辩证法在苏联已成为某种习惯。法国人习惯于抽象逻辑思维，他喜好争辩，认死理，善于推理而不精于实践，这就是法国人的个性。要克服这种个性，就必须了解它。这是一个民族，一种信念，他们惯于争辩。总要给他们讲明采取行动的道理。

我不妨冒昧地说几句，苏联目前的策略则并不刻意将其采取行动的道理讲给外国朋友们。然而，那些合情合理、令人信服的道理并不是没有，但它似乎对此并不感兴趣。我个人认为，这是严重的失误，因为这可能会导致，而且确实导致了不切实际的解释，或故意歪曲真相的说法，将成千上万支持苏联的同情者置于混乱之中。最近，我亲眼目睹了许多正直的法国人都陷于这种混乱之中，正因为如此，我才向您指出来。

您大概会说，作为苏联同路人的知识分子，向他们解释正是我们所能起的作用。我们不足以胜任这项工作，首先连我们自己都不熟悉苏联发生的情况，你们也不向我们提供必要的资料，好让我们向他们解释，让他们能理解这里所发生的事。

我觉得应当在西方设立一个办事处，以促进法苏在知识领域相互理解，这个办事处类似苏联对外文化协会，但更富政治色彩。否则，误解愈积愈重，而苏联的外派机构，如大使馆等，都不去设法消除这些误解。人们似乎以为，随着时间的推移，误解会自然消失的。实际上，它们是消失不掉的，反而愈聚愈浓。误解刚露苗头时就应采取行动，只要有误解产生，就要随时设法消除掉。我希望你们在对待法国公众舆论时采取有别于对待苏联公众舆论的对策。

谨举几个例子：

根据审判的判决，或依照修改后的刑罚法律，苏联政府采取这样或那样的决策，作为主权国家，这是政府所应有的权力。在某些情况下，涉案的问题或个人会引起广泛的注意，影响也会很大；外国的舆论会热衷于这样或那样的案件。最好能避免意见的冲突。那么人们为何不这样做呢？

你们有力地镇压那些参与密谋反对基洛夫的帮凶，此举百分之百正确。但你们在审判这些帮凶的同时，应当拿出对这些疑犯的指控来，要让欧洲、让世界的公众都了解这些指控！

你们判处作家维克多·塞尔什①三年徒刑,流放到奥伦堡。本来这是一个不大的案件,但两年来,这事在欧洲舆论界闹得沸沸扬扬,为什么任由它肆意扩大呢?这个案件的影响被夸大了,甚至有人为煽动之嫌,这样可能会带来更大的伤害,而且已经造成了伤害,为什么就没有人理解这一点呢?本来,在案件的初始阶段,就应把塞尔什的罪责、把围绕对他的处罚而编造的不实之词统统揭示给法国公众,但为何却没有这么做呢?为什么身上扎了刺不马上把它拔出来,而非要等到伤口感染呢?我拿塞尔什这个案例作为典型举出来,因为我本人并不认识塞尔什,我不过是他的几个朋友的朋友。我从客观的视角来谈这事。我认为,在一个曾经历过卡拉斯和德雷福斯事件的国家,让一个自称遭受了迫害的家伙成为请愿运动的中心,这总是十分危险的。

另外一个性质完全不同的事例:你们刚刚颁布一项对年满十二岁的少年犯进行处罚的法律。该法律的文本外界并不熟知,然而,即使外界了解这个文本,那也给舆论界授以可怕的把柄。死刑的威胁似乎就悬在这些少年犯的头上。这项法律的动机是要让那些所谓不负责任的人,尤其是那些想利用孩子们的人产生畏惧心理,对此我能理解。但公众并不理解。公众见威胁业已形成,他们的命运掌握在法官手里,法官在冲动时会滥用他的职权。这大概会成为抗议运动的导火索。要在抗议运动爆发之前,对其有所防备。

你们一定要重视西方人的思想情感!在西方,感情的舆论还是很重要的。即使它不能左右一个刚毅果断的政府,恐怕也会影

① 维克多·塞尔什(1890—1947),比利时人,无政府主义者;一九一九年赴俄国,投身布尔什维克运动。他是党内左派势力的人物,一九二八年被开除出党,一九三七年被捕并被流放到奥伦堡。法国掀起一场拯救他的运动,参加拯救运动的不乏著名的作家,其中包括纪德和杜亚美。法国左派知识分子也因此而产生纠纷,形成"塞尔什"事件。布洛克和罗兰也分别采取了行动,尽管他们对塞尔什本人并无好感。罗兰的干预虽不露声色,但还是十分有效的,塞尔什于一九三六年被驱逐出苏联。

响所有软弱无能、优柔寡断的政府,因为这样的政府毕竟是占多数。

最后,我要说说目前最大的误解,这种误解是由战争问题及共产党人对战争的态度而引发的。在法国,这个问题本来早就应当用心去研究。几年前,我曾提醒巴比塞和《人道报》的朋友们注意他们那无条件的反战运动之危险。(应当指出的是:在说这番话时,我从客观的视角出发,这是他们的观点而非我个人的观点,因为我在很长时间内都是非暴力的支持者。)站在他们的立场上,不引导公众去区分不同性质的战争,不去区分依不同战争而采取的对策,我觉得这是一个严重的错误。假如我理解得不错的话,苏联和苏联人的理想是需要和平,渴望和平。但他们的事业绝不能等同于绝对的和平主义。要将手段与真正的目标区别开来。一九三二年在阿姆斯特丹举行了国际反战大会,会后发起的运动在这方面做得并不好。现在,舆论界已迷失了方向,不仅和平分子,而且就连苏联的朋友、有着社会主义思想、同情共产党的人士在舆论上也感到茫然不知所措。苏联与法兰西共和国在政治上改善关系,军事上结成同盟,舆论对此极为不解。这给人的思想造成极大的混乱。许多重大的革命策略及辩证法的问题都应解释清楚。应当坦率、开诚布公地解释清楚,越坦率、越开诚布公越好。”

说到这儿,我停了下来,尽管我在笔记本上准备好要说的话尚未完全说完。我对斯大林说:

“我认为这就是我要对您说的要点。我讲了这么长时间,请您原谅。”

斯大林客气地说他很乐意听我说。接着,他开始讲起来。

他说:“现在,您能允许我来回答所有的要点吗?”

他讲话时,不时瞥一眼记在纸上的红蓝铅笔勾画的潦草笔记,但他是依照他的顺序,而并非按我提出问题的顺序来回答,按照他自己对这些问题的考虑及思路来回答。我在笔记中并未意识到这一点,我凭记忆将其记录下来。有关斯大林讲话的准确思路,人们可在官方会谈纪要中略见一斑。他看上去绝对俭朴,无可挑剔,显得正直、诚实。他绝不把自己的意见强加给他人。他会说:“也许我们搞错了。”他似乎总是乐于修正自己的论断,如果有必要的话,他会让经验去检验,让经验去修正,并为此大开方便之门。

他不会竭力去美化自己的行动。他谈起在基洛夫遇刺后,确实有几百人被仓促地处死了,此举并不合法,也有悖于道德观念,这或许是个政治错误,但“我们被情感(激情)冲昏了头”。这几百人并未直接参与刺杀基洛夫的行动,但他们却是恐怖分子,是德国、波兰、立陶宛(或拉脱维亚?)的特务。我们要杀一儆百,而“我们又不想让这些杀人恶魔去享受公开审判的礼遇,其中有些凶犯甚至傲慢地吹嘘自己如何敢动手杀人”,公开审判也许会成为他们的讲坛……

斯大林接着补充道:“我们并不乐于去审判,去处决。这是一种极为肮脏的手段。置身于政治之外,落得两手干净,这样最好,但如果我们要想解放全体受奴役的人,那么我们就没有权利置身于政治之外。当我们同意投身于政治之中,那么我们的言行都不是为自己,而是服务于国家:因为国家要我们不讲情面。”

他还说:“我们不但要和(苏联)外部的朋友打交道,他们责备我们太无情了,还要和(苏联)内部的朋友打交道,而后者往往责备我们太宽容了。我们会把死刑降到最低限度,即使像参与刺杀基洛夫的同谋,如季诺维也夫和加米涅夫等人,我们也不会将其处死,他们确实知道这起密谋,可却任其发展,甚至希望刺杀能成功,但他们并未积极参与暗杀行动。然而,苏联境内的朋友们对我们赦其不死感到极为愤慨。”

当谈到对少年犯进行惩治的法律时,他说:“啊!这事还真难以向西方人解释:您瞧!资本主义世界的敌人真是不遗余力。他们把特务派到各个阶层中,派到教会里,派到老百姓家中,去毒害妇女和儿童。这就是事实真相。我们最近发现,有些出身于旧家庭的年轻女人竟然混入能与党的领导者亲密接触的范围内,想毒死他们。”(斯大林并没有明确说明,但我也是最近才知道,这事就发生在他家,他雇用的一位女图书管理员要对他下毒手,而他却以为这人十分可靠,在她要动手时被抓获;她是由人民委员叶努基泽介绍的,而后者则放松了警惕。)“我们的敌人鼓动这些女人去犯罪。她们以为自己就是夏洛特·科尔黛①。发生在孩子们身上的事则更糟糕。他们到处组织黑帮团伙,十五六个小坏蛋,手持凶器,去暗杀‘青年突击手’,不论他们是男是女(有时甚至根本没有政治原因,就因为被袭击的目标是‘青年突击手’,是好学生)。他们是受某些成人的教唆才行凶的,而那些成人又是被我们的敌人收买的。他们杀人越货,强奸幼女,逼良为娼,干了许多坏事。直到最近,在调查一起少女被杀案件时,这一系列暴行才被揭露出来,实际上这类劣迹已有两三年了。过去我们过分致力于政治建设,忙于集体农庄的事务,对这一切竟全然不知,我们也确实没有时间……当我们得知此事时,我们对此深感震惊。怎么办?铲除这些流氓团伙起码得用两三年的时间。我们能办得到。但从现在起,就得创造出威慑力量,我们只好制定了这部制裁法,对年满十二岁的少年犯,尤其是对教唆犯严惩不贷,让他们感到死刑的威胁。但事实上,这部法律从未付诸实施过。我本人希望这部法律永远也得不到实施。当然,我们不能公开声明,这条法律将不会付诸实施:这样的话,这条法律就会失去其必要的威慑效果。况且我们已下达了密令,只严惩那些教唆孩子们犯罪的成年人。对这些人,我们绝不会手软……”

(回想起这些令人发指的罪行,况且又都是妇女和儿童躲在阴暗处干的勾当,我第一次看到了这个残酷的现实,我们在西方将这事实

① 夏洛特·科尔黛(1768—1793),法国人,暗杀马拉的刺客。

忘得一干二净,那就是:野蛮、凶暴的旧俄国还依然存在,布尔什维克的独裁者们要将它制服。)

谈及苏联整体政策时,斯大林否认苏联在给其他国家下达指令。他说:“我们清楚地意识到每个国家的国情与局势各不相同。我们没有能力来领导他们。要是领导他们,那将会犯下一系列致命的错误。我们这些俄罗斯布尔什维克人,过去曾是德国社会主义者的学生。假如在战争中及战后,我们盲目地跟着老师走,那将会出现什么局面呢?在每一个国家,该走什么样的路,应该由党自己来决定。”

关于战争及政治结盟的问题,他说:“有两项义务值得重视,一个是国家的义务,一个是党的义务。苏维埃国家目前正努力与法兰西共和国建立联盟关系。既然是联盟,那么就应坦诚相见,每一方都应武装起来,并随时准备援助对方。否则,建立联盟又有何用呢?欧洲出现的法西斯主义改变了社会斗争的局面。法西斯主义就是对自由的毁灭,是对进步运动的毁灭。它迫使共产党人与西方‘自由’的帝国资产阶级结成短暂的联盟,以抗击法西斯主义,目前在西方尚存着某些自由以及采取行动的能力……但假如法西斯主义不当政的话,我们会让他们统统见鬼去!……”

斯大林接着说:“法国共产党不应因此而放松对国内资本主义的斗争。如果由希特勒分子挑起的战争一旦爆发,那么共产党人将参军参战,向希特勒分子开火。但这并不妨碍他向自己的政府表达他的意愿。至于提倡破坏工厂及货栈,这绝对不行!共产党的理论绝不接受这种举动。共产党的十月革命没有毁坏任何一家工厂,它不过将工厂夺回到自己的手中。”

斯大林一边说,一边露出一丝冷笑:“托洛茨基先生不再坚持去回忆党章的某一条款,即共产党人执政的国家可以同任何一个资本主义国家结为同盟……他忘记了……况且,这个条款已经被取消了。因为不需再把这样一个条款写入某一章程之中。只要在实践中根据不同局面付诸实施就足够了。”

接着,他问我是否对他的答复感到满意,是否还有其他事情要问他。

我说:"我还有其他话题要同您讨论:这个话题说来更轻松,更让人高兴,比如像新人道主义,斯大林同志,您还是新人道主义的倡导者呢,您在不久前的一次措辞优美的讲话中说道'世间现存的所有资本中,最宝贵、最具决定性的资本就是人',即新人及由新人创造的新文化。为达到革命的目的,就要去赢得人的希望,要做到这一步,没有任何东西能比为他铺设无产阶级人道主义的大路更合适的了,这条大路正是人的精神力量的概括。在马克思列宁的遗产中,有关人的精神、丰富人的发现力与创造力那一部分或许是迄今为止①在西方最不为人所熟知的部分,然而这些论点对像我们这样具有高度文化修养的人正产生着极大的影响。"

斯大林答复说,他对我引述他那有关尊重人的讲话感到高兴。他用嘲讽的口吻问我:"您喜欢那篇讲话稿?……可我们的很多同志却不喜欢它。三百年来,他们一直在遭受棒打,对此他们已经习以为常了。他们说:'尊重人跟我们有什么关系?……这玩意可不适用于我们呀!'"

接着,我们又回到新人道主义和有关马克思、恩格斯思想的话题上,谈到马克思主义的真谛时,他说了一些漂亮的话语,语气热情洋溢,信心十足,那就是要让人摆脱非本愿的束缚,去争取更大的自由。让人的个性得到充分的发展,这就是目的,他建议我读一读《反杜林论》。

要不是顾忌过多地占用他的时间,会谈可能还会继续下去,我做了一个欲起身的动作。他站了起来,我向他表示感谢。他并不喜欢人们恭维他,或向他表示谢意。他用嘲笑的口吻说,感谢总会给他留下某种印象,似乎人们并不期待着他能接受别人的谢意。他希望能有其他机会同我见面:"在高尔基家好吗?""那太好了!"

有人叫来克里姆林宫的摄影师,为我们拍了四五张照片。

---

① 我要在这里指出:法文版的最新出版物已开始介绍马克思主义理论,介绍它与科学进步的关系。——原注

我们就此告辞。

会谈持续了一小时四十分。阿罗塞夫负责记录,并交给我们一个记录副本。

晚上回到“萨沃依”饭店时,我见到安东尼奥·格拉姆希[1]的两个儿子,一个九岁,一个十一岁,他们前来向我表示谢意,感谢我为他们的父亲所做的一切。(我曾写过一篇文章,引起世人的关注,成功地为这位共产党议员赢得了部分的自由,他被墨索里尼长期关押在狱中,身患重病,已奄奄一息。)孩子是由他们的姨妈带来的。而孩子的母亲自丈夫被捕后得了严重的精神病。

六月二十九日 星期六

晚上五点时,克留契科夫来接我们,带我们去高尔基家,到他那位于莫斯科玛莱雅·尼基斯卡亚街的寓所去。高尔基正站在门槛处迎候着我们。

如果斯大林与人们想象的截然不同的话,那么,高尔基则与人们想象的丝毫不差。他个子很高,比我还高;一张大脸,虽不漂亮,但却透出善良;鼻子很大,嘴上蓄着浓密的胡子,原本淡黄色的眉毛已露出斑斑灰白,灰白的头发剪得很短;一双大脚,穿着肥大的衣衫显得身体有些单薄;嗓音似低沉的男中音;淡蓝色的眼睛深处流露出浓浓的善意和丝丝忧郁。他与我拥抱,使劲握着我的手时,我才发现,他比我要高一头。

我们四个人在一起喝茶。克留契科夫不得不起身去接电话,电话装在居室里,他先后接了三四个电话。(高尔基住的这所大房子并不归他所有,是大富贾里亚布申斯基建造的,装饰得极为豪华,但却十分粗俗,高尔基讨厌这种风格。)

不论是高尔基还是克留契科夫,他们都不会讲法语,高尔基只会

---

① 安东尼奥·格拉姆希(1892—1937),意大利共产党创始人之一,因反对法西斯主义而被判处二十年监禁。罗兰在《人道报》上发表文章,为拯救他而高声呼吁。

讲几句意大利语,虽然他曾在意大利逗留过很长时间。玛莎为我们做翻译。高尔基因患支气管炎,不停地咳嗽,但这并不妨碍他吸烟,他一天要吸一盒香烟。他知道这对他的身体有害,而且保证不再抽烟了,那得等两年以后。

大家聊着各种各样的话题,既谈到昨天与斯大林讨论的问题,也论起野蛮的旧俄国的陋俗,这些陋俗至今依然存在。高尔基希望人们能将这些伤疤公开揭露出来。他谈起了叶努基泽,这人竟然失去警觉,上当受骗,将一名女刺客介绍到斯大林家里。许多现象都遭到高尔基的抨击:特别是在工人当中维持的那种虚荣心,为他们颁发英雄奖章,为模范人物挂大幅肖像,等等。“一个好的劳动者不过是在履行他的职责,怎么就成为英雄了呢?”在公开场合下,他曾不止一次地批评这种恶习。他似乎觉得许多老同志已经懈怠了。我对他说,在我的人生之路上,已把几乎所有的朋友都甩掉了。这时,他十分忧郁地说:“我又何尝不是如此呢。可又能怎么办呢?……”他把全部希望都寄托在孩子们的身上,寄托在值得仰慕的新的思想境界上。他想让我了解鲍尔舍夫少年犯公社,这是一个对少年犯进行改造的典范。他讲述了我所知道的事情,讲述了我在苏联代表着什么。在去年的国际作家代表大会上,他就已经注意到作家们对我的认可,对我所做的工作的敬重之意,甚至有些法国作家也流露出这种敬意,即使这些作家并不是我的朋友。他想让我在苏联、在克里米亚多住些日子,可他又不能把这地方吹得太神奇,于是他便竭力要拉我沿伏尔加河去旅游几天。他谈起俄罗斯农民的变化,过去他一直对农民极为苛刻。在他的内心深处有某种厌倦感。当然最近患上的支气管炎也让他饱受痛苦,把他弄得心力交瘁。

六月三十日　星期日

今天,青年工人们(来自工厂、公司及工会)要举办大型体育盛会。

天气晴朗,风和日丽,只有片片云朵。莫斯科那淡蓝色的天空真是美极了,朵朵白云从空中飘过。时而骄阳似火,时而清风扑面。十二点半时,阿罗塞夫驾车来接我们。穿过克里姆林宫,我们来到红场上,这时红场上已是人山人海,在这儿要举行有十二点七万人参加的大型游行活动,参加者不仅有男人,还有女人和孩子们。在列宁墓脚下的人行道边上,组织者为我们留了两个座位。要走到座位上去,就得从最前排的人群面前经过,他们向我鼓掌致意。(此后,在一部新闻纪录片中,我又看到了那场景。在这种场合下,我看上去倒不显得那么滑稽,那是因为只是过了一段时间之后,我才意识到他们是在向我鼓掌。这样,我的步履轻盈,泰然自若,任何事情也惊动不了我。在纪录片中,我似乎打着亲切的手势来回应善良人们的敬意,仿佛在对他们说:“好了,好了,你们真是太好了……”其实,当年在维也纳纪念贝多芬的盛典上,在最大的饭店里,我也同样受到热情的接待。波拿巴公主问我在这儿感觉如何,我不假思索,不经意地答道:“这家小饭店挺不错的……”)

我们就座后不久,斯大林和中央委员会的同志们就来了,他们登上列宁墓的检阅台。斯大林远远地瞥见了我,叫人请我上去。我们也登上列宁墓,但谢绝了第一排的贵宾席,我们坐在检阅台的左侧,靠近栏杆处。我认识了所有的首脑:上了年纪的加里宁主席,他蓄着灰白的山羊胡子,头戴一顶鸭舌帽;莫洛托夫、伏洛希洛夫、卡冈诺维奇等人面带微笑,看上去显得很年轻(比他们的实际年龄要年轻);季米特洛夫比我想象的要朴实、谦逊得多,他尚未从德国那场磨难中恢复过来,身心依然十分疲惫;著名的布琼尼将军与他的肖像相比,倒不像赫赫有名的战将,他对我表示出敬重之意,显得极有礼貌,似乎在证明他也是知书达理的;雅罗斯拉夫斯基是“无神论”的首领,他不禁让我想起法国保罗・贝尔时代那帮反教权分子;还有布哈林,洛佐夫斯基等人。后来,我还见到了卡申,他显得既激动,又诚恳;既刻板,又夸张。在我们这层检阅台的下面,是外交使节的专席,我看见了布里特、阿尔方;日本大使一脸严肃,不像别人那样面带笑容。(注:法国大使阿尔方在我逗留苏联期间一直对我持一种极不礼貌的态度。我对此并不感到惊奇:第一次世界大战之后,在我所走访的所有国家中,法国大使们都是抱着这种态度来对待我,他们担心受我的牵连,我始终是《超然于混战之上》的坏公民。他们装作不认识我的样子。可当他们明显装不成这样子时,正如在这里,在他们眼皮底下,我得到官方的正式接待时,他们会感到很恼火,因此也就更怨恨我了。他们真的不聪明……可他们要是聪明的话,还能当成大使吗?……)

我们在“萨沃依”饭店休息了一小时,然后动身去高尔基在郊外的别墅。我竭力在记忆中整理这一天的思绪,但几乎很难将其聚集起来,因为所有的印象仿佛都混杂在一起似的。前天我在克里姆林宫里会面时见到的是那个斯大林,而今天见到的又是在六个小时内任人尊其为罗马皇帝的这个斯大林,这两个形象我怎么也无法融合在一起。装饰着各种边饰的巨幅斯大林画像,人们一幅幅地将其扛在肩膀上,行进在游行队伍中。飞机在空中勾勒出斯大林名字的字首字母。各种各样的人物聚集在帝王般的检阅台前,唱起歌颂斯大林丰功伟绩的颂歌。所有参加游行的人都把目光投向他,举起手,弯着肘向他致意。而斯大林呢,他要是真的感到局促不安,感到难为情,就应当回避,但他却在显示自己。莎士比亚要是在世的话,会很乐意去描述这两个斯大林,这两个恺撒,其实他们是同一个人。

我还忘了另一个看不见的恺撒,那就是列宁的影子……他的遗体就安息在我们脚下,但现在却无法瞻仰他的遗容(也许我不会对此感到惋惜!)。目前,人们将他的遗体收殓起来,因为遗体正在腐烂……但在列宁墓内,啊,那是何等滑稽的场景呀!在地下室里竟然开设了一家餐厅(我们在那儿见到了艾登曼司令员,后来在高尔基的家里又碰到了他。)

快到六点半时,列文医生开车来接我们,把我们送到高尔基在郊外的别墅。与“萨沃依”饭店告别。饭店的雇员,不论职位高低,都不肯接受我们微薄的酬金。他们似乎显得很窘迫或表现出受辱的样子。有些为我们服务的人道出的话语让我十分感动。在莫斯科,感谢可不是一句空话。

别墅距莫斯科有五十公里远,要开一小时的车。前三刻钟走的路路面很好,公路一直通向斯摩棱斯克(这是当年拿破仑进犯莫斯科时走的路,他留下的记忆依然没有抹去!)。而后一刻钟走的路路面极差(我们在莫斯科逗留期间,这条路才修好),可这段路却是唯一风景优美的地段,它穿过一片茂密的白桦林。一座二层楼式的大别墅,拿破仑时代的建筑风格(可他们却说这是叶卡捷琳娜时代的风格),浅赭石色,立柱都是白色的。高尔基先于我们到达这里,亲切地在大门处迎候我们。他把我们安顿在一个有四个房间的套房里,前厅十分宽敞,阳台也很大,这间套房位于别墅右侧的二楼。别墅左侧的布局与右侧相同,它让给“一个安稳的老作家”来住,说这话时,他露出一丝善良而又疲惫的笑意。在别墅两翼的中间是一间宽大的长方形餐厅。(楼下有一间同样布局的大厅,做客厅及节日聚会用。)从我的房间窗口向外望,一望无际的草场尽收眼底(草场的后面就是莫斯科河,但我看不见),还有一条林带。安静极了。

晚餐安排在底层那间大厅里,里面摆着一个长长的餐桌,我们占用餐桌的一端:我坐在高尔基的对面,玛莎坐在我们俩中间,像一家之主似的,恰好高尔基的儿媳不在家。高尔基的右侧是克留契科夫,还有高尔基家的两位亲属。我的左侧是克留契科夫那年轻的妻子,高尔基的两个孙女,达丽娅和玛尔法;接下去是管家、胖乎乎而又善良的奥琳匹娅达,还有护士等人。每次用餐,大家坐的位置和顺序可以变化,唯有我们三个人的位置始终不变,总是坐在长桌的一端。除了玛莎,谁也不会讲法语。高尔基讲述着逸闻趣事,玛莎随时翻译给我听。他讲话很慢,嗓音也很轻,眼睛里不时透出一丝狡黠的目光,脸上很少露出笑意。家中的气氛极为纯朴、自由。不时有人离开饭桌,有人又回来坐下。“只要你们不觉得拘束,我们也就因此不感到拘束。”高尔基和孙女们逗着玩,称其中的一个为无政府主义者,爷孙俩嬉笑着相互吐吐舌头。高尔基说,有一次他和孩子钻到桌子底下,两人一起将那件他们不喜欢的餐具摔碎了。我对他说:“您这不是在教她乱来么?”他耸耸肩膀,似乎显得很无奈,承认是他的过错。他说:“我一直不会让孩子们尊重我。”我对他说:“您得到了比尊重更好的东西。”他开玩笑地说:“是的,得到了他们的爱,可那是靠巴掌打出来的呀。”

七月二日　星期二

与高尔基聊天,他总是讲些逸闻趣事,而且讲了许许多多趣事。我凭着记忆,能记下来的我都把它记下来,没有顺序,想到哪儿,便记到哪儿。

他对俄罗斯作家的评判十分尖刻。

托尔斯泰:高尔基强调指出,托尔斯泰本能上才华横溢,而智力上却是平庸无华,二者常常发生对抗。其实,托尔斯泰也知道自己的智力并无过人之处,可他就是不愿承认,而且顽固地要让智力明显胜于本能。高尔基举了几个实例。我只记住这么一条:一位著名的音乐家和托尔斯泰谈起贝多芬的才华,托尔斯泰就是不肯承认贝多芬的才华。音乐家也不和他争论,到旁边的房间里弹起了《热情奏鸣曲》,弹着弹着,他突然停了下来,转身出现在托尔斯泰面前,后者正躺在沙发上,泪流满面。可他又不肯承认落泪的理由。他嘴里不停地唠叨着:“是的,我真是一个杜拉克(笨蛋)!……”他嘴上宣称敬重生命,可他骨子里却是个不折不扣的猎手。要是看到猎物从他眼前跑过,他必然要做出射击的姿势,高尔基亲眼看到过。高尔基评论他的女儿亚历山德拉(现已成为苏维埃的敌人)时,说她看似凶恶,实际上是愚蠢,而另一个女儿塔吉娅娜看似愚蠢,实际上是凶恶。但在高尔基的眼里,罪魁祸首就是切尔特科夫,高尔基称他是个虚伪的小人、一个一钱不值的蠢货,他死命抓住托尔斯泰,来控制他,唯有依靠托尔斯泰他才能生存下去,要是没有托翁,他什么也不是。

柯罗连科:说来令人心酸,高尔基带着几分窘意为自己辩解:他忘掉了他欠柯罗连科的情分,只记住了让他深受伤害的举动。他向柯罗连科去借钱,这已经是他三番五次前去借钱了,柯罗连科把钱从背后递给他。(这可能不是在羞辱他,而是有另一层意思。但出于自尊,高尔基至今仍不能原谅他。)他说在柯罗连科身上,追求正义的意愿十分强烈,可他并没有时间去观察、去了解每个人的状况。一位作家能热情地关注公共事业,绝不放过任何不公正的举动,通过抗议来反对这种不公,他就是这样一位作家的典范,但他的言谈似乎在进行道德说教,并没有真正深入到每一事件活生生的特性之中。况且,他把一部作品的大部分都奉献给公共行动,似乎在尽这方面的义务,使得这部作品像未写完似的,但高尔基对其中优美的篇章大为赞赏。

高尔基极为钦佩托马斯·哈代。他把三部作品汇集在一起:《波瓦利夫人》《安娜·卡列宁娜》《德伯家的苔丝》,他还是最喜欢哈代的作品。

七月三日 星期三

上午,我们乘车去兜风,汽车围着“高耳奇”行驶了八十公里路,(我们现在所处的地方就叫这个名字,“高耳奇”在俄语里是“小山丘”的意思)。

几条有启发性的见解:

在环绕莫斯科的这一地区,分散建着许多别墅,可它们并未标在地图上(甚至连高尔基的这幢别墅也没标上),这些别墅或者是专为政府首脑建的,或者是留给首脑的客人的,或者是分配给有成就的作家的。用硬石铺就的宽敞的林荫道修建了好几条,人们会问这路到底通向何方呢?有人会告诉你:“从莫斯科通向别墅。”在这条路上,隔不远就站一个警察,再不然他们就躲在树林里担任警戒(谢尔盖在林中就曾遇到过警察)。有一座疗养院,整座建筑都是白色的,在林中勾勒出它那美丽的轮廓。我问这是为谁建的,人们答道:“是为政府的高官呗。”我接着问,那么石油大亨祖巴洛夫那戒备森严的广阔领地如今被派何用场,人们答道:“那儿现在已为高官建了别墅,成了他们的疗养地。”在路上,我们与鲍里斯·皮利尼亚克的车迎面相遇,他像其他作家一样在郊外有自己的别墅;许多作家像他一样还有了汽车。我们在路上还碰到了农夫和工人,他们向我们投来忧郁的目光。一位上了年纪的妇女竟然向我们挥起了拳头(也许我理解错了,但我随笔记下了第一感受和印象,这些印象将来会得到修正,如有必要的话)。

高尔基经常到意大利去,在那儿曾居住了很长时间。但他对意大利似乎并不十分了解,除了那不勒斯湾地区以外,而且他一直也没学会讲意大利语。他讲了许多有关索伦托和卡普里人的奇闻逸事。他对墨索里尼倒也未表现出强烈的反感,认为他不过是个喜欢吹牛的家伙。对他的一部分业绩也持认可的态度,尤其是对庞廷沼泽地进行整治的举措。苏联驻意大利的使节们似乎同“领袖”①保持着良好的关系。

当年在索伦托时,高尔基住在卡普里奥公爵的别墅里,这是一个怪人,他整日无所事事,就是喜欢穿戴,每个月都要定做好几套新服装,为了在衣橱里腾出放置新衣服的地方,他宁可将一推车家庭档案扔到大海里去。据说有一次,他举办了一场盛大的招待会,把当地所有贵族绅士都请来了,可他自己却迟迟不露面,让客人们等了好长时间,最终他穿着一身连体服出现在大家面前:他猛然跳起来,攀住大吊灯,将整个身子悬在吊灯上来回晃动了几次,接着便消失得无影无踪。他女儿对高尔基说,女人要是想得到男人的爱抚,那么在月经期就不应洗澡,因为这时她身上的气味会吸引男人。

在高尔基的要求下,我对他回忆起与邓南遮的交往,他喜欢这位

---

① 意大利法西斯头目墨索里尼的称号。

作家的所有作品，尤其欣赏他的《死神的胜利》(特别是对审判的过程)。他带着几分偏爱之情向我询问卡尔杜奇，对未曾与其谋面而深感遗憾(他谈起这位作家的《撒旦颂》)。

七月四日　星期四

上午，摄影师在花园里为我和高尔基摄制节目，要我们对着话筒讲几句话。高尔基断然拒绝，但他的口气却十分平静，他几乎从不发怒，极为善于保持平静。接着，尼娜·涅姆琴科和她的同事们，其中有塞西尔·拉宾诺维奇，前来要我为他们改编的广播剧《哥拉·布勒尼翁》读一篇原作者致词，以献给苏联听众；还要我讲一讲对苏联的印象(我让玛莎写了几句)。摄影师和录音师就像是苏联的蚊子。

和布哈林[①]一起用早餐，他年轻，欢快，总是面带笑意，常和高尔基打闹(但高尔基很快便求饶，抱怨布哈林出手太重)。他又向我炫耀起中亚的美景，我们第一次见面时，他就已经吹嘘过了，他对此真的很着迷。下午四点时，我和布哈林单独交谈，我们俩坐在花园里的一条长凳上，后来又来到那座俯瞰着莫斯科河的小亭子里。有一个问题一直萦绕在我心头，我向他提出来："我见到了你们国家的首脑，也见到了劳动大军。我想知道(苏联内部)敌人的势力究竟有多大。我的印象是你们始终处于战争状态。""不，"他说，"如果敌人的势力已十分强大，那时方可言称处于战争状态。事实上，他们的势力很弱，他们是隐藏得很深的小集团。但他们那不断激化的仇恨以及所采用的手段会使他们变得十分可怕。"他只是想到了"反对派"，想到了托洛茨基分子，(我同时还想到野蛮的旧俄国，想到了旧时代的残余势力)。布哈林谴责托洛茨基分子那错误的思想观念。我问他，在这场冲突中是否存在着个人的争吵，而个人的激情又反过来激化了这种争吵，这时，布

① 布哈林是唯一会讲法语的政要。拉狄克也会讲法语，但口音很重。——原注

哈林对我说,通过法国大革命的种种实例,我大概应该知道:实际上,个性的对抗总是掩盖着思想上的对抗,比如像丹东、吉伦特派、激进派等(我倒觉得是思想上的对抗掩盖着个性的对抗)。但对这位大知识分子而言,思想始终是行动的先驱和倡导者。他说,托洛茨基声称要是没有其他无产阶级革命的支援,苏维埃革命将无法生存下去。事实证明恰恰相反,苏维埃革命独自取得胜利之后,可以保护其他无产阶级革命者。我接着谈到法苏结成军事同盟后,在西方革命者的思想上造成很大的混乱。布哈林说,要善于发掘字里行间中的真正含义,共产国际丝毫没有放弃它的方针路线。在这战争一触即发之际,共产国际不可能给出明确的指令。而且目前它也不能公开下达某种指令。在国内战争时期,列宁曾制定出政策,要接近法英,以抗击德国,而且宣布,革命的无产阶级有权以敌制敌。"当时,"布哈林说,"我还不太理解,我显得太'幼稚'了,"(这个词他后来又重复了好几遍)。"那么现在,我明白了。"依照布哈林的设想,政治应当紧密地适应各种环境,适应各种事件,政治也在不断地发展,面对各种局面时应随时做出调整。所有的一切都是相对的,都处于不断变化的运动之中。这样,在革命的发展中,占主导地位的法则就是循序渐进求发展,一步一步地走。我们先有了十月革命,接着是国内战争,消灭富农阶级,再后来是建设计划。只是在这之后,才迎来了无产阶级人道主义,它在此前的历史阶段是没有立足之地的。布哈林又谈起了人的个性问题(尽管我对他说,我对此问题已不再担心了,我已经弄明白个人与集体相对立而产生的误解)。布哈林表示,我们不应抽象地谈论个性,而是要看具体实例,比如农民呀、工人呀。我们注意观察他们,发现几年来他们的个性得到惊人的发展(以事实为依据)。农民过去都没有什么前途,但由于他要使用机器,便不得不去接受技术培训,接着,他还要弄懂集体农庄内的各种关系,农庄与农庄间的关系,远近各个集体间的关系等。今天,工厂已变成富有生命力的大学……

与布哈林和高尔基在一起喝茶。布哈林辞别前,吻了高尔基的额头(刚才,两人闹着玩时,布哈林用胳膊勒住高尔基的脖子,让他高声喊叫)。摄影师为我们拍了合影照片。

我对布哈林对我表示出的好感感到吃惊,同时也深受感动。这是比理性的友谊更深的情感,是一种诚挚的爱意,自我们俩初次见面起,这种爱意便萌发而成。他在许多热情洋溢的文章中都表露出这种爱意。但在他的话语和眼神里,我对这种爱意体验得更深刻。总的来说,布哈林有一副热心肠,容易冲动,总露出朝气蓬勃的样子,丝毫不会受年龄的影响。他个子不高,总是面带笑容;头脑敏锐,是个难以置信的活跃人物,他领导着苏联最大的一家报社,而且亲自主管其中的事务;他的活力与智力对承担这项重任而言是游刃有余;谁能想到这么一个人物竟然是一位数学家兼哲学家呢?

晚上,四名党中央成员围坐在高尔基的饭桌前与我们共进晚餐,他们是斯大林、莫洛托夫、伏洛希洛夫、卡冈诺维奇。莫洛托夫个子很高,宽脸,天庭饱满,脸色苍白,露出病态和忧郁的神情。卡冈诺维奇个子更高,身材也更魁梧,但却露出一副冷冰冰的面孔,显得与众人截然不同,但他绝不会露出懒散的样子;他静静地观察着,显得格外紧张。伏洛希洛夫个子不高,脸色红扑扑的,眯缝着一双笑眼左顾右盼,露出一副爱搞笑的大小孩的样子,在他眼里,任何小事都是无忧无虑地寻开心的机会。斯大林的性格十分诙谐,也爱开玩笑,但他的俏皮话往往显得很生硬,有点乡下人的味道;他不是开这个人的玩笑,就是逗那个人的乐子,笑得很真诚。伏洛希洛夫接过斯大林的玩笑话,再照原样奉还,同时爆发出爽朗的笑声。高尔基的口气要平和得多,附应着他们的玩笑,不时也抛出个笑料。

餐桌上摆满了丰盛的食品:有各种冷盘、火腿、咸鱼、熏鱼、鱼冻;有用小虾加鲟鱼烹制的热菜;有奶油榛鸡等菜肴。他们喝得很多,高尔基更是当仁不让。他一杯接一杯地喝着伏特加,结果付出了代价:他猛地咳嗽起来,不得不起身离开饭桌,到远处去透透风。当他违背医嘱时,他周围所有的人,包括敬爱他、负责照料他的克留契科夫都没有出面劝阻他。(我应当补充说明,高尔基平时对饮食是很节制的,他吃得特别少,而且是太少了;但列文医生对此并不感到担心,因为高尔基的体质更适合于少食,而不适应于饱食。)斯大林的胃口不错,酒量也很大,但他知道何时该停下来。在喝了几满杯之后(依照俄罗斯的传统,要轮流为在座的人士举杯祝酒:先从我开始,然后是为斯大林,接着是为我夫人,再其后是为莫洛托夫、伏洛希洛夫、卡冈诺维奇、克留契科夫……这几巡酒还是很适度的,如大家所见到的那样),斯大林便就此打住,酒水、食物一概谢绝。可为我们服务的姑娘却劝他再用一些,他和她开玩笑来吓唬她,再不然,便朝她转过半个身子,为她祝酒,结果把姑娘窘得满脸通红,端着菜赶紧溜走了。他有滋有味地吸着他那木制小烟斗。他还带着几分深情之意同高尔基开着玩笑,但那玩笑有点粗鲁。他问道:“这儿到底谁是秘书,是克留契科夫,还是高尔基?”再不然就问:“这家里有没有级别呀?”而高尔基却耸耸肩膀,仿佛什么也不知道,问克留契科夫:“有级别吗?”

在晚饭前,他们四个人在一起讥讽阿罗塞夫,我们晚间从他家溜走也成了笑料。他们还要向我们问这问那,其实他们早就知道了。然而,我们并不想伤害我们的主人,于是便说那是因为他家太热了(屋顶下太热了)。斯大林狡黠地坚持道:“除了炎热,就没有其他原因?”玛莎感到有些窘迫,便答道:“阿罗塞夫对我们倒是很热情的。”斯大林对她说:“玛利娅·帕夫洛夫娜,您倒是一位出色的外交家呀。”高尔基在一旁提示:“是有臭虫吧?”玛莎赶紧点头认可。闻此言,伏洛希洛夫乐得拍起了大腿。其他五个人放声大笑起来。我们赶紧为主人开脱:“他也许并不知道。”“不,不!”斯大林说,“他知道得一清二楚。但他寻思着:‘也许他们察觉不了!’他自己的皮就很厚呀。”又是一阵大笑,比刚才笑得还起劲。“可是,”玛莎说,“大家是怎么知道这事的呢?当时只有我们夫妇俩,可我们对谁也没说;还有两位女士(护士和服务员),可她们发誓不会说出去。”高尔基提示道:“还有第五个人呀:那就是斯大林同志。”

斯大林讲述道:"从前,庄园主准备接待朋友来访时,先让一位体格健壮的漂亮姑娘在客人的床上就寝,把臭虫都喂饱了,这样臭虫就不会再骚扰客人了。"

莫洛托夫对我谈起艺术品出口的事情:我们卖掉这些艺术品是为了换取外汇。现在我们不需要外汇了,因此艺术品的出口也就停了下来。况且我们卖的并不是稀有的珍品。莫洛托夫平静地补充了这么一句傲慢的话语(卡冈诺维奇也用这句话):"这些艺术品到了英国人或美国人手里,从本质上讲,这对我们又能怎么样呢?既然这些国家早晚要实现苏维埃化,那么这些作品也将永远属于我们。"

在餐桌上,卡冈诺维奇(他坐在我旁边,我对面是高尔基和斯大林)因地铁建设的出色成就而受到同志们的赞扬,应我的要求,他向我解释道:在这项工程中妇女承担着与男子同样的工作。我特别指出,妇女们在六月三十日庆典上所表现出的快活、强壮的风貌,说明这并未损害她们的健康。卡冈诺维奇答道:起初,承建单位并不想要她们,但她们一再坚持要上工地,承建方便做出让步,但要她们每天只工作四小时,而男人每天则要工作六小时。

席间大家还谈论了发行几十亿公债的举措,其目的是为了建造类似"马克西姆·高尔基"号的大型飞机:这批公债很快就被公众认购一空,政府不得不停止认购。

大家还谈论了新宪法,在最近党的代表大会上决定制定一部新宪法,目前这部宪法正在起草之中。斯大林希望这部宪法能成为一座铭刻史册的丰碑。

晚餐结束时,四位首脑围在一起,展开一张张国内战争的地图,这些战役图是明茨亲自拿来交给他们的,他今晚也在餐桌前就座。他们热烈地讨论着当年作战时各地区的局势,他们每个人都在那场场战役中发挥着重要作用。

这几位首脑(如我前面所说)都不会讲法语,在这方面他们和高尔基不相上下,而且苏联境外的任何一种语言他们好像都不会讲。我和卡冈诺维奇谈起这个话题，他似乎对世界语并没有什么好感，他说，这种语言在苏联肯定不会得到发展，我对此深感遗憾；对我本人而言，整个晚餐我感到非常疲乏、厌烦，因为我得集中精力去听他们谈话。

斯大林在与高尔基谈话时，提到大众音乐数量太少的问题。在这方面我能做许多事情，而高尔基却对此十分悲观。他似乎以为无产者们尚不能创作出任何有意思的作品，因为他们只是热衷于模仿时尚艺术家。我许诺为苏联报刊撰写一篇有关大众音乐的文章。

七月七日　星期日

下午，我们的朋友加尔托赫一家从列宁格勒赶来看我们。我们在这儿已经等了他们一周了。但要想买到从列宁格勒到莫斯科的火车票，必须得提前预订。有时则要等上五六天。

善良的“尼娅”①显得特别高兴，她弟弟奥斯卡·加尔托赫博士也来了，这是我第一次见到他。他看上去比我要强壮得多，尽管两年来他的健康状况一直让他的姐妹们担心不已。他却突然变得强壮起来。精神面貌恐怕从中起了很大的作用，因为几个月来，他的地位已得到巩固。列宁格勒城中的恐怖气氛（自基洛夫被暗杀以来）已烟消云散，一个审核委员会正把那些被流放到边远地区的人召回到城里。但在几个月之内，人们一直生活在焦虑不安之中，虽然没有人被捕，但每时每刻都会接到即刻动身去边远地区的命令。到了那边，既没有生活来源，也没有安家置业的费用，连护照都没有。去年，我们在维里涅夫见到尼娅时，她的痛苦及恼怒之情便由此而来，她好似是遭遇猎手追捕的猎物。她说，她认识的人当中每天都有失踪的，再不然有的家庭连

① 艾尔莎·加尔托赫是罗兰在日内瓦最好的朋友，她在一所国际学校任幼儿班主任，会说好几国语言，罗兰亲切地称她“尼娅”（含奶妈之意），因为她曾是库达切夫伯爵的奶妈。她弟弟奥斯卡·加尔托赫是生物学医生，一九三〇年被捕，罗兰替他向彼什科娃求救。一九三七年，他再次被捕。

人都找不到了(但她可能夸张了)。我的出版商(《时代》出版社)勃洛克在二月份遭逮捕后,被流放到中亚地区一个很偏僻的地方,在那儿,他得教人画画。他被流放到那儿,就因他的出身显贵,他父亲是个旧军官,此外再也找不到其他借口。他真的很不幸。大家期望我能出面干预(我也确实这么做了)。但尼娅今天却显得平静多了,也更加自信了。自从我们上次见面后,她好像变得年轻了。

本来今天要会见一个由众多作家组成的代表团,他们想见我,并向我致意。由于我身体不适,便将这次会面推迟到七月九日。但作家们特意从列宁格勒赶过来,无论是再等几天,还是回去再折回来都十分困难。在他们与高尔基共进晚餐之后,我和他们会面了半个小时。在这些作家当中,我又见到了康斯坦丁·费定,几年前他曾来维里涅夫看望过我。其他人是马尔沙克,苏联最著名的儿童文学作家,还有他弟弟伊里因,后者写了许多科普读物,得到世人的好评。诗人普罗科菲耶夫看上去略显粗野;狄里亚诺夫面带伏尔泰式的微笑,是这个小团体中最杰出的作家,他写的小说带有浓郁的普希金和百科全书派的色彩。高尔基和他们一起聊起来。会谈的气氛很友好。除了费定能讲法语、马尔沙克兄弟会说一点点法语外,其他人都不讲法语,玛莎便给我们做翻译。马尔沙克向我描述了他们准备开办的儿童大学,以及对小诗人、小艺术家进行普通教育的方法。费定则谈了作家俱乐部的事情,这个俱乐部坐落在一个洛可可风格的建筑物里,里面还有一个木偶剧院,他们为这个剧院编写剧本。后来,大家又谈起了斯蒂芬·茨威格,他们对这位作家评价并不高,说到茨威格的名字时,高尔基表露出讥讽的笑意。他们觉得茨威格的所有作品都太业余化了,指责他在其《作家生涯》中利用前辈的创作成果,但却从来不提前辈的英名。但这些年轻人其实并不了解茨威格当时的思想状况,在战争初期,维尔哈伦的态度让他伤透了心。个人心灵的痛苦,个人思想意识对他而言仿佛不再存于人世似的。当他们告辞时,马尔沙克兄弟使劲握着我的手,说能与我会面,这对他们来说是一个重大事件。

而普罗科菲耶夫在与我道别之后，又为高尔基朗诵了他的诗篇。玛莎后来告诉我说，所有在场的人听后都激动不已。真是美极了。这个相貌粗野、来自北极地区的农民竟然会有那么耐人寻味的想象，那是从地下最深处发掘出的画面。这个天才的诗人颇有帕斯特纳克的遗风，但其田园般的气氛更浓烈。高尔基也很兴奋。普罗科菲耶夫对玛莎说，我的论文集《创建新世界》充满了战斗的气息，读来让他十分激动。他与妻子连续几夜一起拜读这本书，有些片段他都能背下来。他无法想象像我这种文化背景的人能同他们站在一起。玛莎则与费定谈起勃洛克被捕的遭遇，所有在场的人都露出悲伤的神态，因为他们都喜欢勃洛克，而且都在想方设法营救他。大家谈起"行政驱逐令"时心有余悸，而且非常气愤。自基洛夫遭暗杀后，这种驱逐行动便在列宁格勒蔓延开来。起初，从莫斯科调来一支国家政治保安部队，它在采取行动时还是很有节制的。后来又从明斯克调来另一支部队接替前一支部队，他们对这一地区和人员都不熟悉，因此十分粗暴，毫无节制。他们把可疑人员的旧名单统统拿出来，不分青红皂白把这些人马上驱赶到边远地区。勃洛克被流放到乌兹别克斯坦的一个荒无人烟的地方，他在那儿的一个小村庄里什么也做不成，怀一身绝技，但却派不上用场。他感到十分痛心，于是便恳请人家把他至少派到一个城里去，哪怕是像撒马尔罕那样的小城，在那里，他起码还是个有用之才。到目前为止，作家们为他奔走呼号的努力一直没有成功，审核委员会未能核准作家们为他所做的辩解。有人要他们再试试别的方法。整个晚上，大家在一起还谈论了商人子女的问题，以及其他遭社会遗弃阶层子女的问题，出身的阴影压得他们在社会上抬不起头来。费定和他的同事们像玛莎一样，对这种不公深感痛心，他们衷心希望这种不公能得到纠正。在苏联，一批共产党知识分子的精英们在关注着现制度的人道主义观，知道他们在这么做真是令人欣慰。

在谈到"行政驱逐令"时，尼娅说道："哪怕建几座集中营，搭一些木棚屋，把疑犯关在那地方，等待更彻底的审查，这样也行呀。但当局把他们往荒山野地里一轰，任凭风吹雨打，他们根本就没法生存下去。在亚洲地区的沙暴中，成百上千的孩子死掉了（也许有些夸张）。在这些大批被驱逐的人中，只有一小部分人在几个月后被披露出来，但结果已造成几千人死于非命。"（数字恐怕被夸大了，但即使将数目缩小，那么这种野蛮的措施也是绝对不可原谅的。）

俄罗斯的风俗：午夜时分，当作家们离开高尔基家之后，伊格纳吉耶夫（前两天腰还在痛）、克留契科夫及其他几位客人结伴去莫斯科河游泳，夜里下着雨，寒风习习，直到凌晨三点他们才回来。

七月十日　星期三

下午四点三十分，几个代表团同时来看高尔基，恐怕也是为我而来的，四十多个客人围着长餐桌享用茶点。有从年轻的女跳伞员中挑选出的最勇敢的战士；有一个地铁建筑工人代表团；一个共青团代表团；一个途经莫斯科的亚美尼亚少先队员代表团。有一位胖乎乎的小个子女跳伞员，行为举止倒更像个农民，虽然矮胖，但轮廓却还清晰。应高尔基的要求，她镇定自若地讲着从高空跳伞的感受，她们先在地面上接受训练，逐渐减少氧气的供给量，到达六千米的高度时，人的大脑就会受影响，你会想不起字词该怎么拼写。医生警告她们不要超过六千米，否则会有生命危险。但她们决定继续向高处攀升，一直往高处飞。她们从七千多米的高度往下跳。"就像撒豌豆一样。"她们十几个人一组，接二连三地跳下去。运载她们的飞机必要时可实施救助，机长对她们喊道："你们还活着吗？如果活着，就挥挥手臂！"我们问道："难道跳伞的时候还可以聊天？""跳伞的时候，"她答道，"我们总是不停地聊天。"有时在薄薄的云雾中，飞机看不见跳伞员们的白色降落伞，她们被云雾遮挡住了。有时她们会落入气流之中，气流会将她们横向卷到别处去，她们便无法朝目标落去。她们可能会落入危险的地域。这时,飞机便放下一名男跳伞员来帮助她们。(她补充道:“他们总是这么说。”)她给我们讲了一段趣闻,那口吻简直自豪极了,她说有一次,一位男跳伞员也跳下来,为了营救一位落入森林的女跳伞员,这位姑娘独自摆脱了困境,倒是她反过来把男跳伞员搭救了出来(她把这姑娘指给我们看,这是一位非常漂亮的姑娘,正用一双笑眼瞧着我,脸上露出羞涩的红晕)。但有时一阵强风会将跳伞员猛然刮倒在地,她会因此而受伤。她把其中的一位跳伞员指给我们,说她的双腿被摔断了,她不得不卧在病床上休养一年。但腿伤痊愈后,她又开始跳伞。“我们并不是职业伞兵,”她说道,“我在工厂里工作。我们所做的一切,就是为了保卫我们的国家,如果它一旦遭到进攻的话。”她还谈起这几千名伞兵就像活生生的弹药,从天空上神不知鬼不觉地落下来,这将对国防带来多么大的帮助。她同时还描述了在农村几百位老人见到她们时那种惊奇和恐怖的神情。在图拉附近,一位老农妇从远处对她喊道:“你是从魔鬼那儿来的吗?”“我就来自这个世界呀。”“你是不是长着和我们一样的肉身?我想摸摸看!”老农妇走过来:“不,我一个人可不敢。你会吃我的。”她们又来了五六个人,一起上前来摸,把她从头到脚摸了个遍:“是的,她和我们一样呀。”

高尔基听罢高兴极了,要她们把这些感想写下来。

接着,一个地铁建筑女工人开始讲话,她很年轻,长得又矮又瘦,然而她的举止、言谈、目光却透出一种大无畏的精神(她们每个人看你时都会直视着你!)。她用快乐及自豪的神情描述她们艰苦的工作,在地下深处碰到的水洼,所面临的种种险境,女工们所表现出的镇静,她们如何向工程的指挥者请战(因为最初工地上并不想要她们)。她蔑视那些美国和英国工程师,这些人不相信她们能完成任务,不相信她们会使用机器;她们不但学会了使用机器,而且还学会了制造机器。她说,在工作中领导常亲临现场,卡冈诺维奇也日夜和她们一起在巷道里摸爬,这是对她们的极大鼓舞,领导会突然出现在她们面前,给她们鼓励,向她们提建议。她讲话结束时,如同那位女跳伞员一样,必然要唱赞美国王的颂歌,要赞美“伟大的同志们”,赞美斯大林。在她所有的描述中,这一段我觉得最没意思,因为这里有股官方强制的味道……

然而,看着这些女孩子们讲述得兴致勃勃的样子,你很难在那些赞美之词中分辨出哪些是出自内心的肺腑之言,哪些是官方强制的话语。也许这已成为一种惯例,她们真诚地重复这些赞美之词,因为习惯就是这样,就得这么说。可我并没忽略男女之间的竞争关系,竞争激励着这些勇敢的小女子向男同胞们挑战!那位地铁的建筑女工斗胆指明女人在工地上的好处,她们用其良好的品行来教育男人,因为有她们在工地上,男人说话时就不敢那么放肆。我见几位共青团的领导听罢此言在冷笑,眼中露出生气的样子。

还有其他几位女子也谈了她们的感想。接着,共青团年轻的主席也做了简短的发言,无非是对苏联、对高尔基、对我做了一番颂扬。我应当说明一点,当他们说到自己的工作,说到自己的成绩时,他们总是表现得很谦虚,有时甚至好像是在贬低自己。

接下来,我和雅戈达谈了一次话,他是前格勃乌①的首脑,是位人见人怕的铁腕人物,现任内务部人民委员,这次谈话很重要,我们谈了维克多·塞尔什、加尔托赫博士及《时代》出版社社长勃洛克的案例。加尔托赫的事很快就了结了:他已完全被平反了(他涉嫌卷入细菌学家的案件,这些细菌学家毒死了许多匹马,但人们很快就排除了对他的怀疑,现在他又得到绝对的信任)。说到勃洛克,雅戈达似乎松了口,答应明天就叫人把他调到撒马尔罕去。至于维克多·塞尔什,这里的人对他的评价充满了鄙夷之意,大家视他为冒险家、流氓、不讲信誉的人、骗子。但依然有那么多人就他的境况向我们抗议,不论他到国外以后可能会或试图为苏联制造何种麻烦,我们都准备把他放了。他这种人根本就不值得我们敬重,我们不会感到不安的。我到底相信谁呢?是相信善良的雅克·梅尼尔及玛德兰·马科斯呢?还是相信

① 一九二二至一九三四年前苏联国家政治保卫局的简称。

这里的人？前者将塞尔什描绘成神圣的殉道者，而这里所有向我谈起他的人都在蔑视他。至于那位“可怕”的雅戈达，他的脸庞长得很秀气，显得雍容华贵，但却透出疲惫的样子，虽然他的灰白头发逐渐稀疏起来，但他依然很年轻（他让我想起莫洛亚，但他比莫洛亚更精明）。他那身深棕色的制服十分得体，他讲话时很轻柔，他的全身都透着温情柔意。他抱怨在苏联的司法制度里没有强调复仇的观念，抱怨对犯人的卫生条件关心得不够，这事他自己在亲自管。他附带着说起在莫斯科附近的一个集中营里关押着二十万名犯人，然而却没有一个犯人生病倒下。他似乎觉得列宁格勒的驱逐制度很自然，但他只是说，如果人们后来发现搞错了，那么会把被逐走的人调回来，被驱逐者其间所遭受的痛苦或更悲惨的境遇，他连提都未提。我问他，为何不在列宁格勒附近设一个集中营，让那些要被逐走的人住进去，以待进一步的审查呢？他申辩说，人们可无权关押要被逐走的人，他们是自由的（可随便走动），在那个指定的逗留地区，他们是自由的，被逐走真好像是一种恩赐似的，再不然，好像人们有意在维护他们的尊严。像维克多·塞尔什这类的被逐者，政府肯定要给他们提供工作和生活来源，雅戈达补充道。当对他们的处罚期满后（对塞尔什的处罚是三年），他们可以在全苏境内自由往来，但列宁格勒和莫斯科除外，他们可到这两座城市来观光，但不能定居。雅戈达答应交给我一份有关塞尔什自被捕后的工作和生活状况的正式报告。他不断地重复说：“他就是个冒险家。”高尔基还提起伊斯特拉蒂事件，以伊斯特拉蒂的名字发表的作品，其实就是塞尔什授意或亲自执笔写成的。雅戈达说他了解这个事件，但塞尔什并非为这事而判有罪的。其实，第一次被捕时，他便否认自己是托洛茨基党派分子，断言自己与托党没有任何关联。然而，当警方再次抓捕他时，人赃俱获，他正与托党分子密谋并参与他们的活动。

我不断琢磨着：“到底相信谁呢？”雅戈达似乎给人以好感。他重申的话我们不好再怀疑。但当他断言苏联已不再对信件进行检查时，甚至连白军的信件也予放行(他甚至温和地抱怨说现制度太自由了!),人们琢磨着,他那部门发生的事他是真的不知道,还是拿我们当傻瓜[1]? 好像我们真的什么也不知道似的,其实寄给我们的或寄给我们朋友的信总是被截住,或到我们手里时,信已被拆过了,但上面却盖着印章,书写的说明却是既肆无忌惮又粗俗不堪:“从邮箱取出时,信已破损,信封粘得极不牢固!”(我以为富歇[2]的警察大概还是比他们更细心,起码将信件放回原信封时不会搞错,然而我们竟然发现过这样的错误……)所有这一切我们都知道,当我们对雅戈达那双正直而又温柔的眼睛表示怀疑时,我们又在责备自己。

现在是否又在形成一个无产阶级贵族呢? 当局对在工作中表现突出的个人或家庭授予“高贵”的称号! 我就收到一封来信,信中署名“高贵的舒尔金一家”,他们住在“北高加索阿佐夫地区‘世界十月革命’集体农庄里”(大概是顿河的哥萨克)。

七月十一日　星期四

一整天都是在莫斯科度过的。上午十一点三十分乘车(五十公里的路程)。在高尔基城里的寓所吃早饭。

下午,我们参观了几家商店,这些商店并不出色,外表看起来有些惨兮兮的,尽管摆放的那些农民艺术品尚能引起顾客的兴趣。

接着,我试图与法国大使阿尔方取得联系,但都未联系上。先联系使馆,后又联系他的官邸,两个地方他都可能在,或干脆让人说他不在。或许我们俩都在路上,因为他知道我要来访。但这个蠢货在和我赌气也是有可能的。法国官员们对我在莫斯科所扮演的角色感到十

① 这种话被其他政要道破实情,阿罗塞夫总是十分轻率,而又特别容易情绪化,他曾告诉我们:“在苏联所有的信件都被拆开过。”——原注

② 富歇(1759—1820),法国警务大臣,警察组织的建立者。法国大革命时当选为国民公会议员。一八一五年被免职下野,从此退出政治舞台。

分吃惊,而他们却连边也沾不着……

最后,就是我今日来莫斯科的主要安排,去参观文化及娱乐公园。这是一片堪称为人民建造的布洛涅森林,这片森林是七年前种下的,沿莫斯科河岸种植了大片的树林,过去这片地是积水地带,与叶卡捷琳娜二世及其宠臣奥尔洛夫的花园相连。公园的面积特别大,有一座座姹紫嫣红的花园,有错落有致的树林和小山岗。人们为了照顾我,特意给我安排了一辆车在公园里参观,公园的负责人陪着我们,并亲自担任讲解员,这是一位年轻聪明的女性,只有二十九岁,她名叫格兰。下午的最初时刻天下起了雨,显得脏兮兮的。但四点钟时,天空放晴了,空中有一层薄薄的水雾,阳光透过水雾煞是好看。在公园里行走的这一路,人们纷纷挤过来向我们致意。当我走下车去参观儿童乐园时(这是公园里诸多儿童乐园中的一个,格兰特意挑选这个地方而不选成人娱乐场所,那是为了让我免遭对公众讲话之苦),我差点被想见我、抚摸我的人挤得喘不过气来。但所有的人都十分善良,一点也不唐突,他们试图在我周围围成一圈来保护我。他们高声喊着:"我们的朋友,我们最好的朋友罗曼·罗兰!"儿童乐园里有许多游戏和从事制作的场所,这种制作场所本身就是一种娱乐。这儿有喜爱飞机的孩子们,那儿有钟情汽车的小伙伴,还有喜欢其他各类机械制造的少年。这样,孩子们便能发现自己的秉性和才能,并亲自去体验。一个心理技术实验室为他们提供帮助,核实他们的数据,观察他们是否对自己的能力做出错误的评判。当我进到每一个制作间时,孩子们不论大小都向我鼓掌、欢呼致意,还向我献上鲜花,将他们描绘的图画、制作的飞机或机器模型送给我。一位小姑娘将少先队的红领巾系在我的脖子上,这样我也就成了荣誉队员。此外,还有舞蹈队,少儿乐队,少年合唱团;稍远的地方,人们围成一圈在看民间化装表演,据说这是一种类似"艺术喜剧"的传统节目。在几部乐器的伴奏下(一把吉他,一架手风琴),有人跳着踢踏舞,滑稽舞;一只大黑熊走到车窗前向我致意。

七月十二日　星期五

晚饭后(我独自一人用餐),雅戈达来到我的房间,就我针对维克多·塞尔什事件所提的问题做出答复。当天我还收到雅克·梅尼尔写给我的一封信,也是谈论这个问题。在长沙发上,雅戈达坐在我身边,将他在当天收到的一封电报拿给我看,电报是奥伦堡市政治保安局发过来的,概括性地描述了塞尔什自一九三三年夏抵达奥伦堡市后的状况。后来,当局为他在市计划委员会内安排了工作,但遭到他的拒绝,他好像说过不想为苏维埃政府工作。最近,当局似乎又给他安排了教书的职位,却依然被他给拒绝了。今年五、六月间,他从国外(他的法国朋友处)得到一笔捐款,总额超过一千两百金法郎,这笔捐款数额相当可观,于是他就更不想工作了,现在他手中仍然有七百多金法郎。雅戈达极力否认塞尔什的儿子在学校因出身问题而受人欺负。至于说他去年寄给我的那部法文小说的手稿,雅戈达让人在莫斯科的政府机关内查找,但一无所获,可能是被奥伦堡的警方扣了下来。雅戈达向奥伦堡政治保安局下达命令,一旦发现手稿扣在他们那里,要他们马上寄出去。他说,他本人甚至会请求塞尔什将小说手稿再寄给我。说到塞尔什本人,雅戈达允诺会和人民委员会协调解决此事,看是否有可能将其驱逐出境。当局清楚地意识到,他一旦获释,便会在巴黎形成反苏活动中心,因为他对苏联抱有敌意,而且从本质上讲,他这个人也很坏。但当局琢磨着,三个月以后,在巴黎人们就会厌烦他,再说他跟所有的人都合不来,目前不过是有人想利用他那点声誉罢了。托洛茨基在国外都没有什么影响,塞尔什又怎能做到这一步呢?当局过高地估计了他的智力与文学价值。

接着,雅戈达还谈到了他那改造罪犯的业绩,这时,他的眼里闪着炯炯的亮光。他那副面孔真是让人琢磨不透:他的表情极为温柔,话语、眼神透出丝丝柔情……这种内心的反差让人如何理解呢?他是残酷无情的政治保安局的头目,是俗界中的圣人;待人接物始终抱着满腔的热情……起初,他把一帮无赖安置在自己家里,让他们自行支配自己,对他们说:“你们自己管自己吧!”当他们向他索要舒适的条件时,他说:“这儿可没人给你们施舍。你们还是自己动手干吧!”唤醒他们内心深处的自尊,则为他们带来一切。这对当时所有刑法学家的理论是一种挑战,包括龙勃罗梭[①]、弗洛伊德等人的理论,如祖传意识,旧有习惯等,在很短的时间内,他们便对自己的公社感到自豪,小心翼翼地关心着公社的成长。在布尔什沃,他们目前有两三千人,他们正在筹备庆祝公社成立十周年的活动。参照这个模式,雅戈达在各地设立了其他公社,共接纳了三四万人。我询问其中不可救药者大概占多大比例,按雅戈达所说,这个比例很低,“那只是极个别人”。当有人旧习复发时,其他人都觉得很伤心。最近有一个女孩子,在布尔什沃经过改造之后,被释放出去,但时隔不久,她又因偷东西而被抓获。她过去的社友们觉得很丢面子,都来训斥她。雅戈达说,这种事之所以发生,那是因为大家对他们不信任,总是将其不法行为看作是个不光彩的历史,于是他们便失去了自尊心,重操旧业。雅戈达情绪激昂地说着,预言在两三年内流浪在街头的少年犯罪现象将在苏联销声匿迹。然而,这些少年犯正是犯罪行为的根基,雅戈达设想再过十到二十年,犯罪行为在苏联将被完全铲除掉。按他的说法,目前莫斯科已是世界大都市中犯罪率最低的城市(纽约是犯罪率最高的城市)。

这真是梦幻般的理想主义思想!一位政治首脑身上竟然生出这种思想实在令人吃惊,而他所从事的职业是残酷无情的,与卢梭式的情感乐观主义极不相容。这样,一个人如果本质是善良的,那么他总有一天会再次成为好人,只要他有当好人的意愿!仿佛他甩一下肩膀就能卸去压在他身上的重负,不论这种重负是先天承继而来,还是后天由习惯培育而生!……我担心,今后这几年之内,这位罪犯改造大师总有失算的时候。其实,今天这一天尚未结束,就已经让雅戈达尝

---

① 龙勃罗梭(1836—1909),意大利人,著名的犯罪学家、精神病学家,刑事人类学派的创始人。著有《天才与堕落》《天才》《女性犯人》及《政治犯和革命》等学术专著。

到了这种苦头。

但他所付出的努力仍然不失其价值及迷人之处。他对刑事犯如此关切,那么为何不以同样的态度去关心政治犯呢?我再次提到列宁格勒下达驱逐令一事,将那么多人驱逐到边远地区,给人造成极大的痛苦;我还提起将他们关在监狱或集中营的设想,这样,他们至少能有地方居住,能享受起码的卫生设施。雅戈达再次严肃地回答道:“我们无权对他们施行侮辱性的惩罚。”拘留所是用来关押刑事犯的,如我前面所提到在莫斯科附近关押着二十万犯人的大型拘留所就是用于此目的。当局把罪犯关押在一起,是让他们去参加大型工程建设(凿通莫斯科河至伏尔加河的运河工程),这是治安型理想主义的又一奇特效果,他关注的只是精神及社会的疾苦,而对人在日常生活中的痛苦却不闻不问!

雅戈达对我说:“十五年来,我从未有机会、也未获许能同一位外国作家交谈。您是与我交谈的第一位外国作家。以前,我所承担的职务也不允许我这样做。凡有外国作家参加的会议我都尽量回避。”

他再次向我表明,我的名字及我本人在苏联具有极大的象征意义。

七月十三日　星期六

全天休息。天空依旧阴沉沉的。暴风雨过后,天气更凉爽了。我讨厌这种没有阳光的夏日,尤其是当阳光对我极为有益时更是如此。

上午,我和玛莎的婆婆叶卡捷琳娜·瓦西里耶夫娜·库达舍娃单独谈了一次话,我们谈了很长时间。她是一位聪慧过人的女性,她讲话时字斟句酌,不但善于把握话语的分寸,而且说出话来意味深长,这对我颇有教益。她向我吐露的真心话对于我所观察及感受到的事物是某种补充。我们谈起有关苏联青年人的话题,他们身上有许多优良品质,但他们那冷酷甚至有些残暴的举止正是过早地经历了死亡与绝望而付出的代价。这些年轻人得知他们所熟识的这个或那个人死去了,可到了晚上他们照样去看电影。同时他们已养成不轻易吐露真情的习惯,这也是事出有因。开诚布公地表白自己没有什么好处,吐露真心就是在出卖自己。

年轻人彼此之间缺乏信任感。有些事与昨晚雅戈达所讲述的情形很难融合在一起。集中营关押的并不仅仅是刑事犯;那些持独特见解又不善于谨慎地保持缄默的人士则失踪了;官方将其思想意识强加给老百姓。我们还谈到了当前的种种政治运动。然而,现在所有的人都认可(难道与我谈话的这位女性也是出言谨慎吗?)革命的指导思想,他们意识到伟大的未来正在建设之中,叶卡捷琳娜·瓦西里耶夫娜·库达舍娃与我辞别时说的最后这句话可谓意味深长。

下午喝茶时,军事指挥官费林也在场,他正指挥着运河开凿工程:在涅瓦河至白令海峡的运河完工之后,他们又在开凿莫斯科河至伏尔加河的运河。他就像古埃及伟大的建造者那样,带领着成千上万的劳动者,以钢铁般的毅力劳作着,但他也关注着思想改造,而这种改造绝不是装装样子,这真让人吃惊不已。他和雅戈达一样,也是一个卢梭式的专横的理想主义者,可他的性格与雅戈达的完全不同。他是西伯利亚人,体格强壮,相当年轻,国内战争期间曾当过游击队员。他将自己内心的顾虑坦诚地告诉高尔基,征求他的意见,因为他所关注的一个歹徒旧习复发,可他为这人付出了多少心血呀!这人手里还有共产党党证,因四处行骗而被捕,费林将其安排在自己的机关里干点杂活。最近他负责收集伙伴们的捐款以建造一架飞机,募集到的这笔钱共一百多卢布,可竟然被他卷跑了,他本人也没了踪影。费林非常气愤。“他要偷了一大笔钱,”费林说,“我反而倒会宽恕他,但被他侵吞的却是伙伴们一分一分挣出的血汗钱。”旧习复发这可不是第一次了,但这次是最可耻的。费林始终无法理解一位有着辉煌过去的共产党员怎能堕落到这种地步。这次,他要狠狠地惩罚他。时隔不久,这位劳改犯请求放他出去,他要去看望生病的儿子。尽管费林对他颇有恨铁不成钢之怨,但还是放他出去了;他以为这家伙不会回来了。没想到他回来后,就找他报到,并且对他说:“指挥官同志,现在我想把过去隐瞒的一切都说出来。我根本就不是共产党员,我手里的党证是偷来的,我还编了一套假身份证明。您对我太好了,我得把这一切都告诉您。随您怎么处置我都行!”他本来应被判处死刑的。费林当然还让他干原来那份工作,仿佛什么事情也没发生过一样。但他知道这家伙旧习难改,还会犯错,他为此而感到焦虑不安,到底怎样才能控制住他呢?高尔基建议道:“就利用他对儿子的爱心吧。”我们后来还谈到两名女犯人,费林一直在关注着她们,说她们是“两位极善良的女人”;她们过去曾是政治恐怖分子(罪犯集中营内关押的并不仅仅是刑事犯,这便是明证!可雅戈达却死活不肯承认)。费林称其为“虚无主义者”,高尔基对此深感震惊。“我之所以叫她们‘虚无主义者’,”费林说,“那是因为她们根本就不在意自己的服饰,她们的穿着倒更像男人。”他自称十分信任她们。在基洛夫被暗杀之后,他在劳改犯大会上用威胁的口吻讲了一番措辞强硬的话,他说今后会留意那些历史有疑点的人物。在这番讲话之后,两位“虚无主义者”来到他面前,对他说:“我们明白您那番话的意思,那是在说我们。同志,请您把我们派到最危险的地方去,派到有去无回的地方。我们想洗清对我们的怀疑,向您表明我们的忠诚之心。”费林还谈到了坏天气,最近这几天连绵的阴雨并未阻断运河工程。工地上没有人生病。有一位劳改犯是工程师,发明了一种预防疾病的疫苗,现在已将这种药物推广开来,而且效果不错。

七月十五日　星期一

腰部依然感到十分疼痛。下午,用完茶点之后,看了几部纪录片以及《圣彼得堡之夜》,影片导演得很出色,摄像也很美,故事情节颇为荒诞,描述的传奇故事令人难以置信,当然是为了迎合这里人的口味。

晚餐时,拉狄克坐在我身边,他喋喋不休、一刻不停地说着,从某一话题跳到另一话题。然而,他那餐盘里的东西总是很快就被吃光了(但他嘴里的话却没有说完的时候)。他是党内很厉害的一张嘴。他什么都说,而且有些肆无忌惮。他是个危险人物。我听他宣称战争肯定会爆发,而且会是一场全面性的、令人生畏的战争。也许明天,也许明年战争就会降临在人们头上,当务之急是要赢得两三年的喘息时间"以便我们(苏联)能够掌握主动权",到那时,农民便能获得足够的财富,或无论如何也要让他们相信现制度乐于给他们带来财富,这样他们便会拼命保卫现制度。战争爆发时,最初几个月的损失将高达百分之八十。轰炸像柏林及东京这样的城市不免令人感到惋惜(他说这话时,也许是真诚的,但他似乎总是在开玩笑),最近他走访这两座城市时曾这样想过。诚然(在此他回答了我提给布哈林的问题,布哈林肯定将此转达给他),苏联绝大部分农民还不是布尔什维克,这是人所共知的,尽管富农阶级被消灭了,但富农阶级的思想并未被消灭。将他们团结在党的核心周围,他们将来一定会打得很不错。敌人暗杀了基洛夫,以此攻击我们的领导班子,此后,我们采取了一系列措施以确保这类事情不再发生。当局给国家保安局赋予新的使命,要他们实施检查、清洗、流放,天哪!在这种情况下,肯定会有失误及不公平现象,不过是某个阵营里少了或多了几个人而已!当涉及公共安全时,这些小节算不了什么。至于说法国共产党的义务,它应该支持法国政府反对希特勒德国,共同抗击德国,在获取胜利后再反过来向政府做斗争。假如托洛茨基继续在其报刊上叫嚣反对法苏军事联盟,那么我们就会把他亲手签署的文件公布出来,证明他在一九一八年参加了同涅塞尔将军的谈判,以建立反德军事同盟,何况,几年之后(1921年或1922年),他曾考虑与德国结盟来抗击来势凶猛的英国人。谈到这个话题时,拉狄克回想起他和布哈林曾反对签署《布列斯特-立托夫斯克和约》,他们俩一起到克里姆林宫去责备列宁。他们对他说:"签署这样一个和约您会问心有愧的,向人民解释不清您还会有愧。""为什么不能签呢?"列宁说道,"我肯定会签署这份文件,我会把一切讲给人民听。人民会理解的，因为人民可不是你们这样的傻瓜。”说完便将他俩轰出门外。

拉狄克说了许多有关托洛茨基及反托派的话。他给人留下的印象是仿佛过去从未与托洛茨基共过事。他太谨慎了。

他个子不高，宽脸膛，戴着一副舒伯特式的眼镜，脖间蓄着一圈络腮胡子（像犹太人那样，后来我在华沙犹太人聚集区见许多犹太人都蓄这种款式的胡子），他的头顶已谢光了，而周边的头发显得乱蓬蓬的，他不停地打着手势，甚至连吃饭时都比划着。高尔基听他说着，不时插上一句话，几乎只有拉狄克一个人在说话。

他是和妻子一起来的，他不止一次地提到他妻子如何有眼光，如何会评判人（她对季诺维也夫及加米涅夫的评价着实不太善良）。

同我们一起用餐的还有乌里茨基，他负责全苏农民的主要报刊（约有几百万读者）。他过去待玛莎很友善，高尔基和他一起帮助玛莎获得赴瑞士的签证，起初有关人员就是不肯给玛莎办签证。

谈到肖像时，大家说起了列宁，说他见满街都挂着他的肖像十分恼怒：“这让我感到恶心。我到处都能看见自己那丑陋的相貌。”这种恶心的感受斯大林绝对感觉不到。

七月十六日　星期二

晚饭间及饭后，我同坐在我旁边的叶卡捷琳娜·彼什科娃聊了很长时间。她和所有这一阶层的人意见相左（但她掩饰这一点）。她在红十字会担任领导职务，据她讲，她几乎什么事情也做不成，她对此感到极为痛苦。她对雅戈达抱着深深的敬意，对他的评价极为苛刻。我言简意赅地谈起维克多·塞尔什的遭遇，特别谈起手稿遗失一事。她的判断与我从雅戈达那儿所听到的截然不同。

可是，人们都在向我称赞雅戈达，说他在几年内衰老了许多，也累瘦了；说他常常焦虑不安，他为人善良，还有心脏病。

我不偏不倚地将这些截然相反的印象及评价记录下来。也许两边讲的都是实情。

高尔基为人非常善良,但常常忽略某些小节,他其实依然是个老流浪汉,在他家里我还注意到,过度使用仆人的陋习依然存在,而且无人关注此事。等所有的客人离开以后,仆人要到凌晨两点才能就寝,而且早晨七点就得起床了。

在一次聊天时,高尔基无意中提到格兰女士(文化及娱乐公园的那位女士)曾向他索要九千四百万,以用于她的工程。他说:“我可没有九千四百万,我只有四百万。”他是在开玩笑吗?我并不这么认为。但可以肯定地说他攒不下钱。

七月十七日　星期三

我们先去参观了“国际工人互助”电影制片厂,在这儿,他们为我拍摄了一组镜头,是为一部描写季米特洛夫的影片所用。但我拒绝在影片中扮演角色,哪怕只是装装样子。我坐在一张桌子前,同他人聊着天。借此机会,他们给我们演示了彩色影片的首次试拍的效果。影片的题材是一家陶瓷厂的工人在举行罢工,工厂主为骗取保险金而纵火烧毁了工厂,结果造成四十二名工人死亡(确有其事)。影片的画面就像一幅幅漂亮的水彩画,拍摄得非常成功,但格调有点像恩耐尔的陶瓷画。我并不认为电影由于有了色彩和声响就变得丰富多彩、好看起来。

在高尔基位于莫斯科城里的家中,我接待了费多尔·革拉特科夫及阿尼西莫夫。革拉特科夫个子不高,五十多岁,脸庞很大,相貌平平,头发乱蓬蓬的,看上去远远落后于新时代,对种种新尝试已无能为力了,很难再去吸收那些新探索的精髓并将其和谐地运用到艺术之中。他以其成名之作《水泥》而成为苏联长篇小说之路的拓荒者,但人们感觉到他已没有力气继续开拓了,他对此感到十分痛苦。言谈话语之中,他显得很谦逊,也很庄重。阿尼西莫夫正在撰写一部有关我作品的书籍,他向我提了许多问题。他很友善、开朗、直率,对任何事情都不怀疑。

我还参观了特列季亚科夫画廊中的古圣像馆，画廊的负责人是克利斯蒂（第一次世界大战时，我曾在圣雷热叶·维维叶的卢那察尔斯基家与他见过面），马泽雷尔曾用赞叹的口吻对我提起过这些古圣像。这里收藏着十二至十五世纪的古圣像，流派之多，风格之繁令人惊讶不已（有诺夫戈罗德、弗拉基米尔、特维尔等）。塞尔维亚和保加利亚对他们有很大的影响，作品中几乎看不到拜占庭式的刻板风格。其色彩、表现力及节奏感都十分鲜明（在那个时代是出乎意料的）。从十四世纪起，有些作品对色彩的要求极为考究，极为精细，仿佛就是现代主义的作品。馆藏当中的一件瑰宝是十五世纪初叶，著名画家鲁勃廖夫的一幅油画，题材是天使三位一体忌日，这是一件孤品，画面柔美和谐，完美无缺，堪与拉斐尔的作品相媲美。这是绘画史上的奇迹，那个时代与他同样令人称奇的画家还有凡艾克，及著名的三联画家昆丁·马西斯。

七月十八日　星期四

（玛莎白天大部分时间在莫斯科）

上午，我看了两部电影。一部是《土地》，这部影片从总体上看十分平庸，但画面拍得很美：乌克兰的风土人情、自然景观都拍得美极了，这是一部无声影片，映出乌克兰语字幕：另一部是纪录片《莫斯科河至伏尔加河之运河》，影片展现了工程的初始阶段，大型挖掘机就像史前的怪物，人们用粗大的水管冲开障碍物。影片结尾处还介绍了犯人的营地以及他们的生活状况。雅戈达和高尔基都出现在纪录片中。今天雅戈达也和我们一起看电影。不论是他还是高尔基都不喜欢《土地》这部影片。我听见坐在我身后的雅戈达说：“这部片子真是糟糕透了，而且还有点下流。”（片中有一个失恋女人的裸体镜头，我们在这儿看的影片都是未经删节的全版片。）

我们又谈起了维克多·塞尔什。早晨，我曾给雅戈达写了一封信,坚持要他设法找到手稿,并将手稿交给我。这次他告诉我,手稿已经找到了,现在莫斯科书报检察署处①;他说,这不是一部小说,而是一部有关战前无政府主义的理论性及文献性的著作。但扣下手稿的书报检察署又不归他管,我们谈话时,彼什科娃女士也在场,对雅戈达后一段话表示怀疑。雅戈达突然对我友好起来,颇出乎我的意料。他给我带来一束漂亮的红色和白色的百合花,是从他家的花园里采摘下来的(雅戈达也有乡间别墅,也在高尔基别墅所在的那个划定的禁区内)。

我和雅戈达及彼什科娃女士共进早餐,两个仇敌面对面地坐着,相互微笑着。

下午在花园里散散步,同继子谢尔盖聊了聊。

七月十九日　星期五

我在审阅斯大林派人交给我的会谈记录的副本。

人们为我们放映了两部电影:一部是高加索影片《裴珀》,展现出梯比利斯城一八七〇年时的状况,影片映出高加索地区优美的风景及秀丽的景观;另一部是纪录片《从莫斯料到卡拉库姆》,记录人们是如何穿越比撒哈拉还要大的沙漠的。

有关我继子与其妻子的住房问题同克留契科夫谈了谈(在莫斯科住房依然是难以解决的问题)。

从总体上来看,对于学生、教员及小职员而言,莫斯科的生活还是非常艰苦的。莉吉娅·帕甫洛夫娜对玛莎坦言,那天她请玛莎及几位

① 因此,雅戈达好像并不了解情况,因为几天前他告诉我,手稿并不在莫斯科。作为一名内政部长,一名格勃乌的前首脑,竟然不知道自己部门里发生的事情?阿罗塞夫曾告诉我,马泽列耶尔最近在苏联旅行时遭到歹徒的抢劫,歹徒将他及几名旅伴麻倒之后将他们的财物洗劫一空。我把这事告诉了雅戈达,但他却矢口否认,说从未听说过这事,这是在造谣!我返回瑞士后,同马泽列耶尔谈起这事。他证实,他和翻译及几个英国同伴在熟睡时(可能被氯仿药麻醉了),东西被洗劫一空。他身上带的钱、证件夹及素描画册都被偷走了。难道雅戈达真的不知道吗?——原注

朋友吃早餐,一餐简单的冷食竟然花了八十六卢布。一大块巧克力要卖二十五到三十卢布。当我们在高尔基家,或在苏联对外文化协会的招待会上看到各种食品浪费严重,我们感到很不自在。种种怨恨不积聚起来那才怪呢。

传言说肖斯塔科维奇[①]拒绝来见我,就因为我是“共产主义者”。大概这只是谣言而已。但许多知识分子和艺术家都有某种藏而不露的敌对情绪,对此我毫不怀疑,更不要说作家之间的嫉妒甚至相互倾轧了,这是常有的事。

七月二十日　星期六

我将一封道别信寄给斯大林,信文如下:

亲爱的斯大林同志:在我行将离开莫斯科之际,我谨向您表示最诚挚的敬意。我在苏联度过短暂的时日,我的身体状况不允许我逗留更长的时间,在此期间,我接触到伟大的人民,他们在共产党的领导下,坚持不懈地斗争,以冲破重重阻碍,去建设一个新世界。我对他们那健壮的活力、生活的乐趣、豪放的热情感到由衷的钦佩,尽管物质还不是很丰富,还有许许多多的困难,但他们逐渐克服了这些困难,这正体现出他们所从事的宏伟工程的价值。

这次来访印证了我来之前的预感,我将带着坚定的信念离开这里:世界真正的进步与苏联的命运紧密相连;苏联是全世界无产者的温暖之家;无产者应当是而且必将是人类的主人;保卫苏联,反对所有威胁苏联发展的敌人是所有国家义不容辞的责任。亲爱的同志,正如您所知道的那样,我一直在履行这一责任,只要我活着,我一定会继续履行这一责任。

---

① 肖斯塔科维奇(1906—1975),苏联作曲家。

我紧握您的手,通过您,我紧握着伟大人民的无数双手,我觉得与他们结下了兄弟般的情谊。

罗曼·罗兰

克留契科夫马上把这封信带走了,带到克里姆林宫,转交给斯大林。斯大林很快派人询问是否可将此信在报上发表,这封信得到克留契科夫和高尔基的热情称赞。

雅戈达悄悄地将维克多·塞尔什的手稿交给我,它是被文学审查机构扣下的。他要我在动身之前还给他。夜深人静时,我读着这部手稿。书中描写了一九〇九至一九一四年西方绝对自由主义者的生活,特别是描述了鲍诺事件。故事相当悲惨,该书并未去颂扬绝对自由主义者(况且他们绝不接受无政府主义者的称谓),而是在结尾处承认他们犯下了致命的错误:他们没有预感到革命会到来,没有为革命去献身。将这部书的手稿扣下来是没有道理的,我让人把我的看法转达给雅戈达。

上午,看了两部电影:一部是《马克西姆的青年时代》,描述革命者在一九〇〇年间的成长过程,故事很感人;另一部是《活佛》,描写了塔吉克斯坦的阿迦汗一世。

晚上,我又看了一遍《恰巴耶夫》,其朴实无华、准确的表现手法令我深感震惊,比前一次看这部影片时的感受还要强烈。

帕斯捷尔纳克在经受着神经衰弱症的折磨,这样他在路过柏林时便无法去探望他父母了,他已有十二年未见过父母亲了。他现在把自己关在离莫斯科不远的房子里,不想也不能见任何人。他申明非常想见我,但他说,假如他真的见了我,他只能是痛哭一场。

在我们离别的前夜,高尔基心情忧郁。他做了很多努力要让我们留在苏联,他梦想着让我在苏联定居下来。

七月二十一日　星期日

动身的日子。晴天。(早就该晴天了!)

雅戈达给我寄来几束鲜花。

我写给斯大林的道别信刊登在《真理报》上。

在高尔基的书房里与他谈了很长时间。他对我谈起托尔斯泰,在俄国他的影响并不像人们认为的那么大。这个影响是托翁的追随者制造出来的,他们与托翁的思想没有任何关联,甚至歪曲了托翁的思想,倘若他们没有背叛或否定托翁的思想,但这种事时常会发生。高尔基向我叙述了这些小团体的事,他本人也了解这些团体;有些团体的首领在利用完托翁之后,最终又反过来恶毒地诽谤他。托尔斯泰的宗教思想其实并非源于他本人,他取之于几个虔诚的农民,高尔基详细地描绘了这几个人。作为作家,托尔斯泰常常显得十分笨拙,有些表达方式和句子很粗俗,有时甚至会令人难堪(即使有人给他指出时,他也照样不去修改,以表现出他对外在形式那傲慢的蔑视之意,再不就是出于固执的性格)。但他观察、刻画人物及景物的才气是无人能比拟的,几乎是举世无双的。高尔基非常钦佩托尔斯泰,尤其钦佩普希金,但这并不妨碍他严厉地批评他的思想,甚至他性格上的某些弱点,他的思想超前于观察。高尔基以艺术家深切的赞叹之情回忆起《哈泽·穆拉特》中对风景(山中隘道)的描写。高尔基厌恶(鄙视)陀思妥耶夫斯基的虚伪,最近发现的他写给波别多诺斯采夫的信件将其虚伪展现在世人面前。但他还是承认陀氏不失为伟大的作家。在依然在世的作家中,他似乎对阿列克赛·托尔斯泰的天生的才气十分钦佩,而后者却在滥用自己的才气。

他似乎与他的读者从未有过密切的联系。也许他现已被保护性的栅栏与读者们隔开了,矗立这个栅栏的正是虔敬的秘书克留契科夫以及他本人那过分官方化的地位。

我问他,苏联政治家是否对文学感兴趣。他答道:是的。当前的危险是,太多的作家傍上了政治家,不择手段地利用政治家,让人感到恶心。在喜欢读书的领导人中,他特别提到雷科夫和斯大林,但斯大林读书时总想在书中找出讨论的主题,他可以连续讨论几个小时。他的记忆力十分惊人,读完一页后,他可把这一页全背下来,几乎一字不差。他要到高尔基家来时预先通知他,并问他:“我们可以请这位吗?可以请那位吗?”

几代作家都已过时了。革拉特科夫那一代作家已远远地被抛在后面,潘菲诺夫这一代也将会遭此厄运。这里与西方有所不同,在西方,艺术家都走在公众的前面。这里却恰恰相反:公众走在艺术家的前面,催促着艺术家。

下午四点钟左右,我们离开高尔基在郊外的别墅。高尔基十分激动,说他随后就到莫斯科,去车站送我们。我们尽量说服他不要去,因为这对他的身体没有好处。但他的意愿非常坚决,我们相互拥抱告别。在我们离开高耳奇之际,雅戈达又派人送来几束鲜花!但未将我索要的维克多·塞尔什的手稿送来。

我独自一人和彼什科娃女士同乘一辆车。她不无辛酸地说起高尔基就她在红十字会工作所采取的态度,她想以红十字会的名义为政治犯办点实事。可高尔基却说大概不会有什么实事可办吧,那是在干预国家政务呀。事实上,彼什科娃女士的手脚完全被束缚住了:她几乎什么事情也做不成。雅戈达[①]可以破例为某人做出减刑的决定,来满足彼什科娃女士的要求或满足我的要求;但彼什科娃女士无法容忍靠求情来争取破例,尤其是她在履行人的最基本的责任。她说,雅戈达表面看上去很温和,但他绝不允许自己出差错,即使和他商谈也得不到什么结果。彼什科娃女士已经注意到为刑事犯所做的善举与政治犯的命运有所不同:当局正在对刑事犯进行改造,而对政治犯却什么事情也不做[②]。

---

① 雅戈达和高尔基一样都是下诺夫哥罗德人。高尔基结识雅戈达时,他才十四岁。他们俩的关系十分密切也是很自然的。——原注

② 彼什科娃女士在红十字会里的主要助手是资深革命家薇拉·费格涅尔。——原注

我和继子谢尔盖亲密地交谈着，他向我披露了学生们（一部分学生）的痛苦和恼怒。他说，许多社会类的课程每周要上好几个小时，而总课程都已安排得很满了，但愚蠢的是授课人都是平庸之辈，答案都是预先设定好的。根本不可能在一起讨论。这些蠢货无疑是在培养反对派，但反对派又不敢相互交流。这事并不是才刚刚发生的，与共产主义毫不相关。所有的社会制度都会犯同样的错误。我在青年时代不也因大学里强迫性的教义而起来造反吗？（我在高等师范学院上学时，因憎恨官方的唯灵论而拒绝学习哲学，唯灵论是考试时强加在学生头上的试题！……风水轮流转，但总是同样的风水。）谢尔盖向我解释为何不愿做法国大学生和他本校学生之间的联络人，我和他母亲曾建议他能起一个桥梁的作用，这样，与法国学生交流时就不能想说什么便说什么。他对社会工作糟糕的组织状况极为恼怒：费了很多时间，却没有什么收效。各个学科也不是自由的，因为有些结论已用形而上学的手法做好了（在我们谈话时，后勤总管打开房门，没有任何借口便闯进房间里来，我只好把门又关上）。（参阅我前面描述的在高尔基家花园附近树林里的场景）

我将他的抱怨记录下来。他所说的是很严肃的。但还应考虑到这孩子的思想状况。他幼年是在祖母家长大的，祖母曾是一位公主，人很聪慧，视野开阔，但显然与革命格格不入；他周围的亲戚都是属于没落的贵族阶层。尽管他很聪明，能分辨出（虽有些遗憾，但这是事实）共产主义的总路线是正确的、是合乎情理的，但他身上有某种本能及偏见，使他不能与共产主义青年人融合在一起；他们那快乐的信念及希望也不能使他振作起来；有些人置身于伟大潮流之外，赌着气、不无遗憾地看着潮流从身边涌过，或不情愿地随着潮流奔走，他正在扮演这么一位徒劳无获的人物角色。我为他而感到遗憾，他本应发挥更完美、更出众的作用。如果我能经常见到他，我抱着很大的希望能说服他；因为我喜欢这孩子，我知道他也喜欢我。

晚饭后，高尔基来了。他显得极为亲热。他想把他收藏的一套中国象牙雕刻品和一只手柄雕花的手杖送给我,我没有接受他的礼物。像以往一样,在这离别的时刻,大家都很激动,反而要聊一些不痛不痒的话题。当我们就要离开高尔基的寓所时,我站在汽车前,始终看着高尔基的面容,他的脸色是多么苍白,他的眼神是多么悲伤,多么亲切。他绝对是个善良的人,可又是一位弱者:他在改变自己的秉性,他强忍住不去批评政界朋友们的错误。他的内心深处在经历着激烈的斗争,只不过无人知晓罢了。

高尔基家所有的人全都来为我们送行,有奥琳匹娅达、舒拉等人。

在火车站上,我见到两排列队整齐的仪仗队士兵。出于习惯,我又开始寻思:“可他们这是在等谁呢?”我迟疑了一会儿,才决意从他们面前通过,仪仗队后面是无数欢送的人群,他们手持鲜花,高声呼喊,向我致意。照相机镁光灯晃得人睁不开眼睛。有人把我们带到客厅式的车厢中,车厢很快就被认识①的和不认识的人挤满了,他们给我们带来各种礼物,有鲜花,还有鱼子酱。纺织厂的一位老女工送给玛莎一块漂亮的布料。透过车窗,我高声喊道:“再见!”成百个欢笑的嗓音重复着这个词。在人群当中,高尔基用眼睛紧紧地盯着我。人们为他闪开一条通道,一直通到车厢跟前。火车开动时,我的手依然紧握着他的手。

袁俊生 译

---

① 为我们送行的来访者中有布哈林,他先到高尔基家,后来又来到车站,登上车厢向我们道别。几天后他要到中亚去。他是一个极为冒失的人。人们能举出无数个有关他冒失举动的例子来:他曾在冰川上骑马飞奔;攀到陡峭的悬崖上去采摘稀有植物等。然而,据说他很怕死。我们亲热地道别。他对我那滚烫的双手感到不安,我要他多多保重。——原注

书　　信

与列夫·托尔斯泰的通信*

罗曼·罗兰致列夫·托尔斯泰

伯爵先生：

要是我只想表示热情赞赏大作，不会胆敢书此函。拜读你的小说后，觉得了解很深，不至于说些溢美的陈词滥调，这是你的伟大思想所鄙夷的。况且，这类话由我这般年纪的孩子来说，也近乎无礼。事实上，我受到一种求知的热切愿望所驱使，想知道如何生活，而唯有从你那里才能得到答案，因为唯有你提出过这些一直纠缠我的问题。我被死亡这个念头困扰，而在你的小说里，几乎每一页都碰到。我不会说你的伊凡·伊里奇①如何感动人心，甚至连试一下也不会，因为不想令你以为和一个俗气的恭维者打交道，他为写信而写信，力图谋得几行亲笔字。我保证真心诚意，谈论尊著在我心中激起的强烈哲学兴趣。

我深信，红尘生活，实用生活，并非真正生活，因为以死亡为终结。唯有消除死亡，生活方可美好。世人出于自私，抗拒成为唯一生活体的有机部分，而真正的生活，全在于抛弃这种抗拒。让我们到独一无

---

* 选译自《伯爵先生》。一八八七年，罗曼·罗兰二十一岁，第一次写信给托尔斯泰，得到长达三十页的回信。此后二十年间，他再写过六封信，并寄赠自己作品，但再没有接到答复。尽管如此，他对托尔斯泰终生感谢，对两人关系总结为“美学方面影响很大，道德次之，思想则一无所取”。

① 托尔斯泰《伊凡·伊里奇之死》的主要人物。

二的生活体中,去过唯一的生活。让我们把自己的存在融进普世存在中,消除生命的终结。

我觉得这就是先生的说法。而我的想法正是一样!我明白要做到放弃个性,必须尽可能减少一切个人意识,最后全部清除,所有这些东西表现我们的恶劣个人,我们的可憎自我。你提出放弃自我的五条道德准则,我觉得很正确,尽管我以为对法国人来说,还要增加几条。但这无关宏旨。道德的形式因民族不同而变化。我感兴趣的是学说的实质本身。你想要我们避免无谓的情感,为世人工作时不要出于对世人之爱(这将会加大自我膨胀,让各种人类情绪充斥自己的心灵),而是因为我们愿意不再多想;因为善举本身,以双手去做实际好事,以身体的劳动,能够把我们从自私的自我的害人意识中拉出来;因为善举带给我们独一无二的幸福:思想平静,心灵安稳。

先生,这种忘记自我,这种能够治愈伤痛的心灵平静,我一心去寻找,刻意要得到,我相信能得到。然而,为什么要通过双手劳动去得到呢?这里,我提出一个最挂在心里的问题:为什么要谴责艺术?为什么不反过来以艺术作为善法,实现抛弃自我!我刚怀着激情拜读新面世的大作《怎么办?》。书中把艺术问题推到以后再谈。你说谴责艺术,可是还没有提供判决的全部理由。请恕我不能再等待(因为我年轻),现在便请教这些理由。以前我以为你谴责艺术,由于从中看到一种自私的欲望,追求高雅的享受,过分表现自己的感性,使自我百倍增长。可是,我很清楚,大多数人,即使艺术家,都认为艺术的目的就在这里:一种贵族式的官能享受,一些器官养成罕有细腻感觉的人的官能享受。然而,先生,没有其他东西了吗?被某些人视之为一切的其他东西。当感觉达到极度复杂的时候,例如音乐,这时就会忘记个性,人的死亡就会融合到感觉中,最终不再为人所感觉。再没有自我,再没有记忆,再没有意识,只有一个各种细微感觉的海洋。这时人不复存在,被融进单一体,极乐的境界,可以说,听觉,视觉,或者全副精神,进入了催眠状态。我们岂非达到心灵平静了吗?死亡于我们何所能?我们消除了死亡,因为一进入这种生命,人便不复存在。

我知道你将如何责备我:忘记艺术不过是一枝恶之花,一切社会不公平的冠冕。其他人劳动,忍受贫苦,让我毋须惠及世人,只管自己过好日子。然而,通过双手劳动,在为其他人谋福利的同时,同样能够达到这种好日子,甚至更好。不过,为何要我干活,要我劳动,要我辛苦,为了别人和自己的幸福?总之,为何要延长这种生命?通过工作可以忘记,可是我依然存在,养活其他人,生儿育女。儿女也像我一样受苦,直到有一天,像我那样明白幸福便是忘记,不再思考。为什么不立即一了百了?你消除了死亡,但留下一条生命,其价值只在于死亡对它无计可施。为什么不把死亡和生命同时消除?而这正是艺术所给予的:行动死亡,思想死亡,死亡同时死亡。那么,为什么极乐境界不算最高境界,而空洞的劳动才算?

先生,请赐教我是否错了,理由何在?在拜读过你的小说中,没有一本谈及这个问题。我热爱艺术,因为艺术打碎了我可怜的渺小个性。置身艺术中,我不过是音响和色彩的极度和融,溶解了思想,消除了死亡。要是我愿意工作,愿意耕田,我仍然可以考虑。试想一下,有些古老民族,无法重拾遗忘多个世纪的习惯。难道你不相信,即使在你的学说范围里,对于那些由于情感复杂与文明过度而濒临死亡的民族,艺术可以发挥重大的作用吗?

先生,请恕这封冗长信函,素来知道先生友善,想必不会生气。尚望垂顾一个对你敬佩和笃爱的法国青年,替他消除疑问。

罗曼·罗兰

高等师范学校学生

一八八七年四月十六日于巴黎

地址:巴黎乌尔姆街四十五号

罗曼·罗兰致列夫·托尔斯泰信

先生：

本人曾冒昧致函到莫斯科，未知是否收到？至今没有消息，但愿此信运气较佳。

我无法如同我的同胞那样，对生活持一种微笑的冷漠态度。他们科学的追求，注重实际的工作，消耗了全部精力，我却觉得一无用处，至多推迟了思考的时刻。死亡来临之际，必然要思考那些无法回避的可怕问题。本人不甘于对事物的精神实质蒙昧无知，这不是生活。同时，我也很惊诧，如此多普通人生得快乐，死得快乐，因为他们听天由命，心无大爱。我相信最好回归到普通人中，加入他们的信仰，变成他们一样。我相信我们是世界大心灵的微不足道一小块，相信善便是为其他人牺牲自我。但是如何做法？很长时间里，我期待艺术来拯救，把我轻轻化作乌有，让快乐带领我登上祭坛。然而到头来，在艺术的极乐境界里，我总是寻回自己，这不过是一种智力的自私而已。感觉变得精细，人生随之提高，但这是劣质的人生。那么必须通过不用思想的工作来实现。但是先生，何种工作呢？是否体力劳动？何种体力劳动呢？最后，恳请先生坦率告知，自从寻获真理，是否一直觉得很快乐？对不用思想的人生是否有过一闪而过的后悔？思想可能容易压制，因为心甘情愿，而且这是劳动的唯一方式。恳请先生告知，本人亟需指导！我的周围没有精神导师。只有冷漠的人，多疑的人，浅薄的人，自私的人。你是否相信，要是我一心一意从事你提倡的工作，失望和怀疑就此了结？再没有忧虑，再没有对昔日人生的记忆和惋惜，终于能够一瞬间便抹掉童年以来的自我？尤其恳请回答，你的良言只适合俄国人民，或者也适合所有人民,适合我们法国人,适合所有痛苦和绝望的人。

你的一个卑微而虔诚的信徒
罗曼·罗兰
巴黎高等师范学校学生
一八八七年[九月]

地址:巴黎米雪列街十三号

列夫·托尔斯泰致罗曼·罗兰

亲爱的兄弟:

收到你的第一封来信,深受感动,读罢眼泪盈眶。我本来打算回信,唯缺少时间,除了感到以法文写信困难,还需要很长的信才能回答你的问题,其中大部分源于误解。

你提出的问题:为何非得把体力劳动当作真正幸福的一个主要条件?你觉得科学与艺术的智力活动和体力劳动不能并存,是否必须自愿放弃?

我曾在《怎么办?》一书中,尽自己所能做过回答。听说此书已经译成法文。我从未考虑把体力劳动当作原则,而是作为道德规矩的最简单和最自然的实践方式,也就是所有真诚的人首先可以实践的方式。

在我们的腐化堕落社会里,这个所谓文明人社会,体力劳动之所以必不可少,只是因为这个社会的主要缺陷,从过去到现在,一直可以不做这种劳动,不须同等交换,而享受贫苦、愚昧、可怜阶层的劳动,这群奴隶,跟旧世界的奴隶一样。

这个社会的人鼓吹基督教、哲学或者人道原则,他们是否真诚,第一个证明便是要尽力摆脱这种矛盾。

最简单的方法,随手可得的方法是体力劳动,从料理个人生活做起。一个要女仆人倒便壶的人,我永远不会相信他的基督教、哲学或者人道的信念是真诚的。

最简短的道德公式是尽量少用他人服务,尽量多服务他人;尽量少要求,尽量多给予。

这条公式带给我们的存在一种理性意义,及随之而来的幸福。同时解决了所有困难,包括你眼前遇到的困难:要给科学与艺术的智力活动保留什么位置。

根据这条原则,只有确信自己所作所为有益他人的时候,才感到快乐。如果受益的人感到满足,这是一种额外所得,一种不在期待中的美上添美,不会影响自己如何选择行动。我确信自己所做之事既非无用,也非坏事,而是对他人的好事,因此,这是我的幸福的主要因素。

正是这一切不知不觉中促使有道德和真诚的人,把体力劳动放在科学与艺术工作之上。我写作品,需要印刷工的劳动;我创作交响乐,需要乐工;我做实验,需要制造实验室仪器的人的劳动;我画油画,需要生产颜料和画布的工人。所有我做的工作可以对人有好处,但也可能(大部分如此)完全没有用途,甚至有害。就是这样,做这些不三不四的东西的时候,我还需要其他人劳动,而我面前和周围有数不尽的工作要做,所有工作都确实有益于他人,如果去做的话,不需要任何人:替一个疲劳的人扛重物;替一个生病的农夫耕田;替一个伤者包扎;更不要说我们周围千千万万要做的事情,不需要任何人的帮助,就能够立即使受益的人产生满足感:种一棵树,养一条犊子,清洗一口井,都是对他人确实有用途。一个真诚的人不可能不爱这些劳动,而去爱那些不三不四的工作,那些在我们这个世界被吹嘘为人类的最高尚和最可贵的使命。

一个先知的使命是高尚可贵的。不过,我们知道自命先知的神父是什么东西,仅仅因为他们具备有利条件,有机会冒充先知。

先知并不是由先知传授而来的，而是坚定相信自己是先知，应该做先知，不能够不做先知。这种信念很罕有，只能以一个人为使命所做的牺牲来检验。

对真正的科学与艺术也是一样。一个吕利[①]不顾一切风险，抛开厨房工作去拉小提琴，他做出牺牲，证明了他的使命。然而，一个音乐学院的学生，一个大学生，他们的唯一的任务是学习人家教授的东西，根本不能够证明这是他们的使命。他们不过在利用看来对他们有利的地位。

体力劳动是所有人的责任和幸福；智力劳动是一种特殊活动，只有对具有这种使命的人，才会成为他们的责任和幸福。学者或艺术家追随使命，牺牲自己的安宁和利益，才能知道和证明这是他们的使命。一个人不断尽自己的责任，以体力劳动来谋生，虽然这样，他又利用休息和睡眠时间，在智力方面思考和生产，他证明了自己的使命。如果不顾个人的道德责任，借口爱好科学与艺术，为自己安排一种寄生虫的生活，永远只会生产出伪科学和伪艺术。

真正的科学与艺术产品来自牺牲，而非来自物质的优越条件。

那么科学与艺术会变成什么样子？我多次听到这个问题，提问的人不关心科学与艺术，甚至不清楚何谓科学与艺术！这些人似乎最关心人类的善，按照他们的信仰，只有发展他们的所谓科学与艺术才能得到。

然而，为何有人那么傻气，质疑科学与艺术的用途？有手作工人，也有农业工人，从来没有人试图质疑他们的用处，工人从来没有想过要证明自己劳动的用处。他生产，他的产品有用，对其他人是一种善。所有人都享用，没有人怀疑这些用途。更没有人去证明。

艺术与科学工人的情况一样。为何有人要尽其所能去证明自己的用处？

---

① 吕利（1632—1687），意大利裔法国作曲家和小提琴手。十三岁被带到法国一个王族家当厨工，后来成为路易十四的宫廷音乐总管。

理由是科学与艺术的真正工人不把任何权利占为己有;他们献出劳动的产品,这些产品有用途,因此不需要权利,也不需要权利的证明。但是大部分自称学者和艺术家的人,十分清楚自己的产品抵不上他们消费的价值;正是出于这个原因,他们像所有时代的神父,煞费苦心去证明他们的工作对人类的善必不可少。

像所有其他人类活动的形式一样,真正的科学与艺术过去存在,将来也存在,既不可能,也不必要去质疑或证明。

科学与艺术在我们社会所起的伪功能,来自所谓文明人,由学者和艺术家带头,这是一个像神父那样的特权阶层。这个阶层具有所有阶层的一切缺点。它的缺点是把组成阶层的本原损坏和降格。把真宗教变成伪宗教,把真科学变成伪科学,艺术亦一样。它的缺点是压在群众之上,更有甚者,剥夺群众应得的他们声称要传播的东西。它的最大的缺点是鼓吹的原则和行动方式自相矛盾,他们却以此自我安慰。

除了那些坚持为科学而科学、为艺术而艺术的荒谬原则的人外,文明的信徒必须确认科学与艺术是人类的大善。这种善由什么组成?什么迹象能够分辨善与恶?科学与艺术的信徒绝对不会回答这些问题。他们甚至断言善与美无法下定义。"一般的善,"他们说,"善,美,无法下定义。"他们在撒谎。自古以来,人类在进步发展中一直为善和美下定义。但是这种定义不适合他们,因为揭露了他们的所谓科学与艺术毫无价值,甚至产生损害善与美的后果。善与美已经定义了多个世纪。婆罗门教徒,佛教贤人,中国、希伯来、埃及的圣贤,希腊斯多葛派曾经下过定义,福音的定义最明确:

所有团结人的都是善,都是美,所有离间人的都是恶,都是丑。

这句名言举世皆知,已经铭刻在我们的心里。

人类的善与美把人团结在一起。那么,要是科学与艺术的信徒确实以人类之善作为动机,他们不可能不知道人类的善;既然不会不知道,就应该只培植引导向这个目标的科学与艺术。这样就不会有司法学、军事学、政治经济学,也没有财政学,它们的唯一目标是为了个别国家的利益,而损害其他国家。要是善是科学与艺术的标准,那么对人类之善一无用处的实证科学研究,就不会获得现在那样的重要性;尤其不会有我们的艺术产品,这些东西至多只能用来替无所事事的人解闷。

人类智慧不在于对事物的知识中。由于可知的事物无穷无尽,认识尽可能多的事物不能成为智慧。人类智慧在于认识需要知道的事物的秩序,在于知道如何根据重要性来排列。

而在所有能够知道和应该知道的科学中,最重要的是生活科学,用来抑恶扬善;在所有艺术中,最主要是晓得以最小的力气来避恶行善。但目前情况,在所有自称服务于人类之善的科学与艺术中,重要性占第一位的科学和第一位的艺术不仅不存在,而且被排除在科学与艺术名单以外。

我们这个世界的所谓科学与艺术不过是一个庞大的骗局,一种大规模的迷信,我们摆脱了老套的宗教迷信后,一般很快便会掉进去。为了看清应该走的道路,必须从头开始。必须掀起风帽,风帽虽然保暖,却遮掩了眼睛。诱惑力很强烈。我们出生到世上,经过劳动,或者更多经过智力的灵巧工作,沿着梯级向上攀登,厕身于特权人士之中,像德国人所说那样,这些人是文化文明的神父;必须像婆罗门教或天主教神父那样,具有十分的真诚,热爱真与善,才会对带来这种特权地位的原则产生怀疑。而像你那样认真的人,提出生活的问题,这是无法避免的。为了看得清楚,首先必须摆脱身处其中的迷信,尽管这种迷信对自己有好处。这是必不可少的条件。如果一个人坚持某一种信仰,就算只在一点上,跟他讨论也是枉然的。

思考论证的场地如果不是完全没有阻碍,讨论将白费工夫,论证也徒劳无功,不会向真理靠近一步。他的定见阻止所有思考论证,歪曲一切。有宗教信仰,也有文明信仰。两者完全相似。一个天主教信徒想:“我能够论证,但不能超过《圣经》和传统的教诲,它们拥有全部永恒的真理。”一个文明信徒说:“我的论证停步在文明的已知科学与艺术前面。我们的科学是人类真正知识的全部。要是还没有拥有全部真理,将来会拥有。我们的艺术以它的古典传统是唯一的真正艺术。”天主教信徒说:“在人之外,像德国人所说,存在一个自身之物,就是教会。”我们这个世界的人说:“在人之外,存在一个自身之物,就是文明。”我们很容易看出宗教迷信论证的错误,因为我们不相信。但是一个宗教信仰者,甚至天主教信徒,完全相信只有一种真正的宗教,也就是他的宗教。他甚至觉得,他的宗教真理可以用论证来证明。我们这些文明信徒也一样:我们完全相信,只有一种真正的文明,我们的文明。我们几乎不可能看到自己的论证缺少逻辑,一味只想证明在所有时代,在所有民族,只有我们的时代和我们所住的名叫欧洲半岛的几百万人,拥有真正的文明,由真正的科学与真正的艺术构成。

要认识如此简单的生活真理,不需要任何实证的东西,例如哲学和深奥的科学;只需要一种否定的能力:不迷信。

必须变成一个小孩子,或者一个帕斯卡尔,必须这样想:我一无所知,一无所信,一无所求,只求认识我必须经历的生活的真相。

答案是现成的,已经存在多个世纪,简单而清楚。

我的内在感情跟我说:我需要善,需要幸福,为自己,只为自己。我的理智跟我说:所有人,所有生命希望同样东西。所有人像我那样追求个人幸福,他们将把我压碎,这是很明显的。我无法拥有自己渴望的幸福,但是追求幸福是我的生活。无法拥有幸福,无法走向幸福,这不是生活。

论证跟我说,在这个世界秩序中,所有人一心要得到自己的善,而我呢,一个抱有同样希望的人,不可能得到,因此我不能活下去。尽管论证如此清楚,我们仍然活着,仍然追求幸福。我们想:唯有其他人爱我更甚于爱自己,才能得到善,得到幸福。这是不可能的事情,尽管如此,我们所有人仍然活着。我们所有活动,所有对财富、荣誉、权力的追求,不过是企图使其他人爱我们更甚于爱自己。财富、荣誉、权力似乎给人这种状况的假象,我们近乎满足,有时忘记了这不过是假象,而非真相。所有人爱自己更甚于爱我们,幸福便不会成真。有些人,他们的人数一天比一天多,解决不了这个难题,感到生活是一种欺骗,一枪自我了结。

然而,解决问题的方法很简单,而且非此不可。只要在这个世界上,存在一种秩序,所有人爱其他人更甚于爱自己,我就能幸福。如果所有人都不是爱自己,而是爱其他人,这个世界所有人都会幸福。

我是一个人,理智给我所有人的幸福法则。我要遵守理智法则,爱其他人甚于爱自己。

只要这样推论,生活便会突然以其他面貌出现,和以前两样。以前人与人互相摧毁,现在人与人互爱互助;生活不再由摧毁支撑,代之以人与人的互惠关系,在我的心以一种爱的感情表现出来。自从我察看出世界前进的步伐,我明白只有互惠关系才能产生人类的进步。整个历史不是别的东西,只是所有人的团结互助的孕育过程。历史经验和个人经验证实了这个论证。除了论证,人在自己的内心感情中,可以找到这种论证正确性的最令人信服的证据。人能够认识的最大幸福,最自由和最美满的状况,是放弃自我的幸福,是爱的幸福。理智向人揭示可能通向幸福的唯一道路,而感情把人推上这条道路。

我尽力向你传递这些想法,如果还觉得不够清楚,请别苛责。希望有朝一日,你能够读到更清楚、更准确的论述。我不过想提供一个大略的个人看法。

列夫·托尔斯泰

一八八七年十月四日

罗曼·罗兰致列夫·托尔斯泰

敬爱的远方朋友:

你的榜样和嘉言经常予我生活的勇气。你肯定记不起十多年前,我差不多还是个孩子,处于痛苦的精神危机中,曾向你求助。承蒙赐予慈祥的答复。你必定经常帮助彷徨中的年轻心灵,给予他们教益。就我而言,在这个广大欧洲的大群学者、艺术家和思想家中,只试过一次(我遇到你那天),一位智者垂顾一个陌生孩子的痛苦,给予宽慰。我对此永志不忘,比起大多数每天见面的人,你不断和我更亲近。此后再没有写信,尽管渴望与你精神相通。因为我感到你不会拒绝对我的慈悲,我会更加责怪自己无谓占用你生命中一些时间。我决意通过新的努力,值得让你想起我,才回头来写信。

以前求教时,你似乎把艺术和善对立起来,我为之担心。艺术是我的生命,我的宗教。最纯粹无瑕的欢乐自此而来,从中汲取到至好的力量来对抗恶。艺术可能与对他人之爱和献身精神相反吗?我提出请教,你回答说,你不是跟艺术做斗争,而是跟今日的艺术家。你不禁止心中有音乐的人唱歌,但是不愿意有人以此作为职业或商品。

我的想法从无二致,如果有朝一日贩卖这些内心宝藏,我认为自己名誉扫地。我不能够放弃心爱的艺术,觉得这是心灵的神圣权利,去梦想美好的事物,以艺术的光明照耀生活的忧愁时刻。但我一天也没有试过以艺术谋生,要是别无生计,宁可死掉。因此,我选择了另一种职业,只是为了能够自由写作,写出我相信是善的东西。尽管斗争持续了十年(经过无须多赘),请不要奇怪我今天才闯过巴黎艰难的艺术路障,打出一条路来。《巴黎杂志》几经犹豫,不久将刊登随信附上的悲剧。他们觉得这出戏会使读者厌倦,我则倾向认为,周围的萎靡气氛使这部戏变得更枯燥无味。现奉上校样,期待你第一位阅览。

如果在这出《圣路易》戏剧中,渴望牺牲把心灵推向有点盲目的搏斗,请莫怪罪我。而是要想到,比起你的民族,我们法国人可能更需要行动来鼓励。今天,他们过于倾向远离行动,躲避到牢固的自私中去。我们的农民不像你的农民,缺少这种来自东方的福音的平静光明。他们生来不信神,而这个第三共和国的政治、艺术和自由思想不明事理,一味使他们深陷到只求享乐的状态。我们当务之急是用力把他们拉出来,千方百计向他们灌输正在消失的生命,灌输已遗忘的英雄主义和对理想的信念。他们再没有上帝,生命空虚。必须让上帝在他们身上复活,让他们重新感受到献身的热情,感受到为崇高事业牺牲的快感,这种欢乐过去让他们实现了很多伟大的事情。要行动,首先需要不再害怕死亡,反过来活着是为了死亡,让死亡成为生命的拱顶石,人格的至极完美,行动的终点。

学会死得其所,这便是我努力传授给他人的东西,同时也自己学习。我小时候一直那样害怕死亡!当我读到大作时,在书中找到自己深藏苦恼的何等回响!所以现在基本平静下来了。让其他人解脱这个使力量瘫痪的噩梦,是一件愉快的事情。生命变得如此喜悦,心灵不再害怕死亡,准备好行善!因此,我愿意尽力让生命在死亡中闪耀,尽力把这种益我良多的自由信念传送给他人。

倘若有些想法远离你的思想,请莫将我推开。我没有任何梦想,只想为人做点好事,把他们从毁灭的虚无中拉出来。如果我的方法有误,恳请为我保留一点爱,从前有一天你对小时候的我那种爱。我感到自己随时准备伸出手来,伸向所有保卫某一个理想,某一个上帝,某一种永生的人。大家团结起来,团结起来!邪恶如此强大!恶中之恶,就是这个一切皆空、奋发徒然的想法。这个虚无的致命思想侵蚀了多少生命,我周围的多少生命!

谨致敬意,并禀福安。

罗曼·罗兰

一八九七年一月二十四日,星期天

巴黎田野圣母院街七十六号

请恕这封长信。过去十载,常思修书,唯是不敢。

罗曼·罗兰致列夫·托尔斯泰

尊敬的朋友：

眼见你受到迫害，哀伤莫名！本该因为痛苦与愤怒大哭一场，唯是近年不断出现不公平事件，我眼已倦于流泪，我心已倦于气愤。当今世界一片致命的哀伤，所有神圣高贵的事物被亵渎，拿来做可耻用场。你被人以宗教的名义迫害。昨天我参加一个关于亚美尼亚大屠杀的集会，社会党人不让人谈论！他们借口这场争取正义的运动由资产阶级领导，以叫喊声和辱骂声遮盖所有发言。

信仰，自由，本是两种最大的善！现在却这般用来伤害人。你是前一种的受害者，后一种将要把我们吞噬。唯是必须继续为信仰和自由服务，既然这是善。我深知在这个世界上，没有东西能够动摇你的精神的悲世安详信念。

际此命定时刻，灵魂厌倦欲坠，一如基督在橄榄园，谨呈上再多一个年轻人向你表示的爱和恭敬，他属于那群痛苦的年轻的心灵。

余后再谈，还有更多的个人想法。不过，此信能否寄达？另一天的信未知已否收到？

下面的签名会不会让你动气？

恭敬的儿子罗曼·罗兰

一八九七年一月二十九日

巴黎田野圣母院街七十六号

罗曼·罗兰致列夫·托尔斯泰

既远且近的朋友：

八天以来，一直在惦念。你身染疾恙教人何等不安，当知道好转时又何等释怀。无疑你不会记得我。我从前曾致一函，得到很亲切的回信，深深影响了我的智力和精神生活。后来没有继续通信，因为怕无谓占用你一星半点的时间和工作。然而，我一直在精神上和你共同生活，按照你的理智来调节自己。但愿你长久和我们在一起！你的理智，你的真实，你的独立独行，你的强劲精神状态，比任何时候都更需要，现在整个欧洲似乎迷失了辨别力，不辨真伪，不辨公平不公平，好像被同一种非理性所传染。我相信欧洲不是小恙，而是大病。亲爱的朋友，为了人类的光荣，愿你长寿遐龄。事实上，倘若没有你那样的灵魂，世人就会时时对世界绝望。这个世界不仅没有进步，似乎正以文明之名向后倒退。

谨致深情敬意。你对法国可能无甚好感，因为所见太多，所见只是太多名流和伪知识分子。但请相信，这里有一些心灵在默默爱你，思考你的话，在你的话和自己良心支持下，正在尽力为人类理智的事业做斗争，这也是人类幸福的事业。

罗曼·罗兰

一九〇一年七月二十一日，星期天

巴黎蒙巴那斯大街一六二号

罗曼·罗兰致列夫·托尔斯泰

几本最新法译的大作(最近三年的文章和书信)已经拜读,十分赞赏有关杜霍波尔派之言。我同样觉得看到这是人类一个超乎寻常的运动,但要相当接近才能感觉到其力量。我很想以一己之力(历史,艺术或戏剧),吸引法国公众对这些基督教英雄的注意。法国在欧洲以轻浮和冷漠见称,这要归咎于一小撮名流和文人。他们独霸了注意力,声浪高于他人,拿腔拿调。尽管如此,我知道我国人民认真严肃的一面,甚至(可能尤其是)饱受坏话中伤的巴黎人。他们十分希望理解世界,改善世界。如果他们不断犯错误,那是被人欺骗。我急于让他们直接看到这些思想和心灵殉道者的形象和榜样,相信他们会被感动。可惜我不谙俄语。能否告知可能读到的法、德、英、意文关于杜霍波尔派的文章,尤其需要明确的事实,如有可能得到其中一位成员的传略更好。任何艺术作品都比不上英雄生平的价值。

大作继续给我们灌输力量和健康的精神,我们极为需要。欧洲既病且老,被虚伪败坏。大作具有最大、最罕见的优点:真实。以前曾在信中奉告,我如何常得教益,我的青少年时代如何得到救助。此恩此情,一直铭记于心。既然真实是至高戒律,请容敬告,我们(我和少数朋友)对以基督和基督教的权威来支持论证的方式,有时感到不自在。我们可以完全认同基督思想,全心全意当基督教徒,对基督之言及个人怀有深切的仰慕。但是我们视基督为常人,不相信能够以“某人说过(即使是伟人)”这个理由来支持真理。真理造就人的伟大,而不是人造就真理的伟大。虽然我们确信你看基督和基督教的眼光和我们一样,视之为一个人和一件人间事物。然而,所用的立论和论证方式,似乎通常把上帝之言作为思想的最终基底,牢不可破的根基,不是因为这是人类理智最完美的表达,而是因为来自上帝。混乱由此而生,因为似乎必须从两个视点察看事物:理智和信仰。而我们这般虔诚,这般相信所有人身上带着上帝的光芒,就不可能接受理智的观点,正因为理智看来就是上帝在我们身上的光芒。这不过是形式问题。我相信实际上大家看法并无二致。如若错误,尚祈见谅。我以为在我们这群朋友中间,有必要下点功夫去驱散某一个误会,澄清某一个问题。我们敬重你的思想,愿意跟你一起努力,让更多真理和善回到这个世界。

再次祈求原谅,并致恭敬问候。若能见面,互相交谈,当是何等美事!认识已经十五年,我热爱你,但生活一直不肯让我如愿。

罗曼·罗兰

巴黎高等师范学校教师

(十月开始住在巴黎蒙巴那斯大街一六二号)

一九〇一年八月二十三日,星期五

瑞士布伦南,莫沙赫,鲁特利布利克旅舍

罗曼·罗兰致列夫·托尔斯泰

刚拜读你本人认许的两卷回忆录,由布鲁科夫根据你的笔记整理,阅时思潮起伏。书中所见,你经历几许搏斗,才成为现在的你,我由此对你只有更多的爱。

你是否了解米开朗琪罗的生平,真正的生平?我说真正的生平,因为差不多没有人愿意或者敢于去细看。米开朗琪罗的同时代人,后世的大部分传记作者,只愿意在他身上看到一个凯旋的半神半人。可怜的半神半人!终其一生受尽惨痛情感的折磨,由于精神的懦弱,由于私隐的困窘。他伟大,他知道。然而这种伟大,虽然他曾经懂得去探索,并且胆敢探索到底,于他来说竟然毫无价值!

我根据米开朗琪罗本人的书信和诗歌,最近写成这个人强烈而痛苦的生平,现不揣冒昧请人奉寄小书两册。如蒙抽空一览,相信会在很多事情中,认出这是一位兄弟。

谨致诚挚问候。

罗曼·罗兰

一九〇六年八月二十七日,星期一

巴黎蒙巴那斯大街一六二号

刘志侠 译

与玛尔维达·梅森葆的通信

罗曼·罗兰致玛尔维达·梅森葆

亲爱的小姐：

我提笔写这封信时根本不知道你能否收到。我很可能会在写完复阅时把它毁了。你知道我以前这样做过。

你知道我为什么要写信给你吗？因为我厌倦。真可笑，是不是？但既然你这样和善，把自己称作我的朋友，那也许你一定知道我那可厌的脾气了。哦，大概你已经注意到了，即使看出得很少，很少。

有一天你对我说你不懂得什么叫厌倦。我可以告诉你。可我实在没有理由了解这种心情的；我过的是从早忙到晚的生活，我没有足够的时间做我想做的一切，而我却有空感到厌倦。我钻研历史、音乐、文学和小说；我为了千百件小小的牵挂耗费心思；我不得不说，而且还得听别人说数不清的滥调，而我还是厌倦。有几天特别厉害。那时觉得什么都讨厌，弹琴使我疲乏，我写成的一切使我心烦。其余的更不行了。除了极少数的朋友（要是他们深知我的心思，也许不会喜欢我了），我是完全孤独的，我在四周看到一群古怪而淡漠的人；我受不了。我深自韬晦，而且我对自己和别人同样厌恶；我的生活似乎毫无意义；我的性格显得诞妄可笑；我真想鞭挞自己。那我还有什么办法呢？只有厌倦，我就自觉地落入了这种情绪。

至少我不应该使你也厌倦的。可是我恳求你，嘲笑我吧。我活该;因为我虽然贬斥这种诉苦,却禁不住一定要说出来。

你的厌倦的朋友(这是一句重复的尾声)

R. 罗兰

一八九〇年三月末梢,罗马

还有一件可恼的事情:厌倦是愚蠢的。它有那么一股浪漫味儿(请看拜伦和柏辽兹)。而我恨那些浪漫派。

玛尔维达·梅森葆致罗曼·罗兰

我的亲爱的朋友:

我在开始为你担心了。你一直好像过得很好,幸福而满足;而忽然,你遇到了什么事情?你瞧,我比你更有信心,因为我写这封信时是准备把它交给你的,即使我能在今晚看到你;因为那时很难找到机会认真地谈一下。既然你没有上闵格蒂夫人那儿去,那我不得不认为你的心病还没有完全好。如今上那儿去的人乱极了,我知道你在那里玩儿时会感到多厌烦。霍恩华斯公爵今天在那儿,他也不愿意参加娱乐,过后对我说他也为了这原因感到厌烦。

可是对你来说并不这么简单。你给某种阴沉和骚乱的心情纠缠着;我不会相信你是我的朋友,除非你告诉我究竟是什么事情,除非你让我分担你的苦闷,想法排遣它,或者在这方面安慰你。要是一种友谊不能成为积极性的,那还有什么价值呢?赫尔岑①曾经对我说:"你有积极性友谊的天赋,这是唯一真正的友谊。"我听了非常高兴。那么

① 赫尔岑(1812—1870),俄国革命思想家及政论家,革命民主主义的先驱者,列宁称他是"在俄国革命的准备上起了伟大作用的作家"。赫尔岑的女儿奥尔嘉认梅森葆为养母,后来嫁给罗兰的老师蒙诺。

你该知道了,除非你对我说出心里的话,否则我是不会满意的;我确信我可以找到使你恢复身心调和的方法。你只肯给我那些柔和愉快的瞬间,却想保留那些苦恼,不让我分担吗?那是不公平的。我不喜欢你这样。请相信我,我在一生中没有跟很多初交的人保持跟你那样密切的友谊;可是一旦发生了那种友情,他们就仿佛变成我生命中的一部分,跟他们有关的一切跟我也有关,使我完全跟他们一样地欢喜或伤心。所以我得严正地要求你来信,要求一个好好的坦白的承认,我会很快找到药方的。我们只剩下这么几天了,让这些日子在我们心中留下明朗的回忆吧,这样的回忆才是永恒的。我原来想建议明天到亚尔彭诺去远足,可是天气好像还不准好。

一八九〇年五月二十五日,星期日午后五时

罗曼·罗兰致玛尔维达·梅森葆

亲爱的小姐:

我真热爱你,为了你对我说的那些话,也为了你没有说出的那些话。而我也这样,我有多少事情想跟你谈而没有谈啊!我只能说一些枯燥的话,其中很少有我自己的见解。

亲爱的朋友(我现在还不大敢这样称呼你),昨天以前我只能想象你和我自己一样深知我的心思,今天可确信了。然而你怎么能这样看到我心里呢?!这会显得那么奇怪(真是奇怪),我简直不敢相信。我以为自己把一切都瞒得好好的;我尽了所有的力量保守我的秘密!真的,我是那么不小心吗?!不,我不敢相信你知道了……好多事情,因为我不相信自己的直觉;我是这样一个传奇式的空想者,这样一个幻想家。

而且,亲爱的朋友,我对你就像对自己一样地信任,然而尽管我多么想谈话,我还是不能随意说——因为,真的,我是有一件秘密;可是我好像觉得不应该泄露,因为……因为这与另外一个人有关系;虽然她完全不知道这不愉快的秘密,可毕竟也是她的秘密(因为跟她有关系)[①]。

啊,我对你这样信任!可你为什么要我讲那毫无意义的恋爱呢?

亲爱的小姐,今天晚上我甚至不敢来了;跟这封信离得太近了。

衷心感谢你的、敬爱你的朋友

R.罗兰

一八九〇年五月二十六日,罗马,到家时

(以后的几封信都给焚毁了……)

玛尔维达·梅森葆致罗曼·罗兰

多么坏的天气!今天好像要放晴了,而早晨却雨意浓重。这使我非常痛苦,那些小鬼又在嘲笑我想到湖畔去的欲望了。

因此我得再一次写信给你。我不想写,可是假如我不写的话,误会将永无休止,而且最后甚至会损害对以前种种的回忆。我将很简单地对你说明一切,使你不至于不明白:为了这原因,我不得不稍微回溯一下,请你原谅。

经过了一段漫长的、洋溢着一个人的灵魂所能感受的生活后,我已经达到那幸福的境界,这时我只存下一些对奥尔嘉和她一家人的深切的真情,这种情愫在双方都是如此根深蒂固,甚至不容丝毫怀疑;同时我又达到了泛爱众人的仁慈的心境,可以容纳那些不怎么惹厌的平

① 指罗兰初恋的对象,在梅森葆家中邂逅的意大利女郎;《约翰·克利斯朵夫》中的人物葛拉齐亚以她为根据。

凡的人,你看到他们时没有什么不愉快,可是他们在你生命中也不会留下任何痕迹。此外,我还升华到平静的智力的境域,在那里不会感到心灵的悔恨与痛苦……起先我以为你也只是一个不怎么惹厌的平凡的熟人而已;事实上,两个月内我只在几次普通的场合看到过你。但接着我渐渐开始了解你,跟你接近了,而且正因为我跟你一样充满了传奇式的空想和幻想,有时我就想象你是由华斯伯送来安慰我的,并将怀着深情陪伴我至死,就像我过去对他期望的那样。同时凭着我愚蠢而亲切的热情(我只能这样说),我又想象我可以做些什么使你感到罗马很可亲,从而帮助你在这里找到健康与快乐。我甚至以为自己已经得到了一些成就,因为你母亲几乎为了这点责备我——我却因此感到一种淡淡的快慰。我把你时常过分的沉默看作内心的知足,这种心情可以在两人之间毫不表达而仍然彻底了解。同时,通过你给予我的十分宝贵的礼物——音乐,我感到一种超越一切的喜悦在我内心苏醒了,它来自灵魂深处,歌唱诵诗,开怀畅笑,一般俗物却把这种喜悦看作世俗的欢乐。我向你保证:那些时刻对于我是一种享受,我从心里感激你。可是上星期四晚上在我家里(我在星期三还没有觉到),我似乎看出你有些变化,到星期六在贾法洛埃家中时更显著了——于是当你在那儿提起那封信时(这绝对不是我提起的,因为我什么都不知道),我得到了证实,确信有什么事情在折磨你,我就想我有这权利问你一下。以后怎样你都知道了。可是你还不明白所有这些对我的影响。我对你的天性与情操之高贵和富于正义感具有充分信心,我绝不会完全丧失这种信心的。我相信你不会做(甚至不会想到)任何不义或不忠实的事情——可是回想起来,我实在丧失了跟你愉快相处的甘美的情趣,也丧失了以为你是满足而且几乎幸福的信念,而几星期来你却被一种秘密的苦恼纠缠着,你母亲曾经猜到过这点(这是你自己告诉我的)。我在急切地思量应该怎样使你健康,而你却在从事使你狂热的工作;我在音乐中享受崇高的灵魂的交融,而你的演奏却是为了免得自己被迫说出心里洋溢的感情——所有这一切我都失掉了。

你懂了吧,就是这些使我深深地伤心了。昨天在麦蒂别墅时,我落入一阵骤然而来的哀愁,既不猛烈,也不突兀,因此而更深沉,这种心情并不怨恨任何人,因为它明了一切;这些突发的哀愁来自万有的根源,组成了生命本身的一部分缺陷。那时我啜泣着,为了两个已经死去而不能复活的,一个是友人,还有一个是破灭了的可爱的幻觉。我没有权利知道一件你不能告诉我的秘密,我永远不会再提起这件事了,我不会再探询了,我深信这一切是高尚而正当的。我所失掉的是对我自己能帮助你的能力的信心,虽然我还确信你对我的友谊。可是,已经寂灭的幻觉是不能复生的,就在这个观点上,我们之间的关系是改变了。但我事先得到过警告,所以不会再有什么幻想:因此我们还会做朋友的。

一篇解释忽然会变得这样长,多可怕,但这是因为我想使你彻底明白真相,其中没有一点对你的抱怨。过失全在我身上,我必须承受责罚。记住这点,你心里想怎样就怎样吧,来或者不来,可是请确信:我对你的器重——不,我对你的爱——丝毫不比从前减少,只是没有幻觉罢了。

永远、永远的,你的朋友

M. M.

一八九〇年五月二十八日,罗马

罗曼·罗兰致玛尔维达·梅森葆

亲爱的朋友:

你刚才写给我的信使我更爱你了,你大概还不知道呢(我想你不可能知道)。如今在我这方面,我应该想法消除我们之间的误会,就像你刚才为我所做的那样,这是绝对必要的。只是,在我开始解释以前,你必须答应相信我告诉你的每一句话(我现在确信你会相信的)。在我们之间,除了真实,别的什么都不可能存在;社会习俗上流行的客套的谎话是为别人造出来的。

亲爱的朋友,你昨天在麦蒂别墅为我流泪;而我,我昨晚却为了你流泪,今天早晨也这样。不,你的幻觉,我们的幻觉,并没有消逝哩。

亲爱的小姐,我内心的历史是很容易写的。我一直是孤独而离群索居的——甚至跟自己人、跟我的家庭也隔离(只在最近两三年中我才敢在母亲面前说出我的思想)。从十九岁到二十岁,我发狂似的追求一个信仰、一个救主,把全部生命都消磨在上面。同时,我又迫切地需要温情,而我却没有一个朋友。这个青春时期使我受到极大的痛苦。进入高等师范学院以后,我完全变了。我在那里找到了一个朋友[①],一个可佩的人;从那时起他没有一刻不分担我的一切欣悦和烦恼。我在那里找到了我的上帝、我内心的宁静以及我天生的个人的力量。而且我开始征服自己;在那时以前我一向独自生活,所以从未彻底意识到自己的生命;跟别人交往后,我才理解到我一直生存着,而且我决定要生存下去。从那时起,我时时刻刻都在努力使我的自我充分发扬。我已经向自己保证要体现我所有的禀赋,我将这么做,只要我活着。

尽管我有这些很大的幸福,一个朋友、信仰和意志,我在高等师范时其实并不快乐;在那里,我真正的天性经常被一种不适宜的生活和永远使我不愉快的工作的逼迫所伤害。我只在独自沉思时,或者只有我们两人跟那些亲爱的艺术家在孤寂中休息时才感到幸福。我们在那里的最后一年中,甚至这种欣慰也完全给剥夺了,因为准备考试的工作使我们得不到一分钟神圣的自由。

而忽然,我离开了那奴役我心智的地方,来到罗马,浸沉在艺术、诗和自由的气氛中。我是那么深深地喜悦,我仿佛不再活着了,一切

① 苏瓦雷斯。——原注

都仿佛是梦。当我遇到你亲爱的性灵时，我的幸福达到了顶巅；因为你的心能了解我的心，而且爱它，跟它分享并使它分享理想生活的可爱的梦，在艺术之中，也在大自然之中——亲爱的朋友，我已经告诉过你，从那时起我才感到真正的幸福；而我唯一的悲哀是：梦毕竟是梦，可能很快就会消散——啊，我是这样真正地、这样坦然地幸福！请相信我，我从未做作过；当你在我眼睛里看到（因为我不会诉说），当你下次在我眼睛里看到我跟你在一起时常常感到的、亲切而深厚的满足时，请相信我的眼睛，它们并不撒谎——只是，亲爱的朋友，你必须记住我是一个北方人，而且我曾经受过苦。人不能这么一下子改变自己的天性。我这是初次在南国的诗意中舒适地酣睡，当我醒来时，我又恢复了天性，我又发觉了我自己的生命和彻底实现它的欲望；所以，我又感到了生活中悲惨的需求。可是我在灵魂深处还保持着平静，痛苦只在表面而已。每次我跟你在一起时，无论在我们的音乐中或在美丽的大自然中，我是完全幸福的。我不是对你说过这个国家能使人忘记一切的神奇的魅力吗？那么你必须相信，我跟你在一起时，只想到我们的灵魂通过神而交融的无比的欣喜，对于我说来，这是最大的快乐。

那么，你为什么要责备我呢？为了我没有告诉你那些琐屑的烦恼？可是我恐怕徒然扰乱你心灵中珍贵的宁静；而且我自己鄙视这些烦恼，那为什么要对你讲起呢？为了我没有告诉你那踅入我心中的秘密的爱情吗？可是，亲爱的朋友，那正因为我在为了这一点责备自己；而且我已经对你说过，假如你现在知道的秘密只是我个人的，只涉及我一个人，那我就不会犹豫了；可我好像觉得即使你爱的女人不知道你在爱她，也不会允许你讲起这爱情，甚至对你最亲密的朋友也不可以——可是真的，我还没有对你倾诉我的内心生活和我日常思想的进展呢。郁结在我心头的孤独的癖性还具有极大的权利。而且，我非常爱你，很怕听你的意见。最后（但我要说的是很坏的），我有些妒忌你的朋友，同时（我还有些担心），我生怕你对我的爱还不像我对你的爱那样深，尽管你对我温情备至。

亲爱的朋友,我只有你和我的苏瓦雷斯。除了母亲和妹妹,你们两人是我在这世界上唯一的朋友。所以,你对我的失掉信心使我感到多么痛苦！而就在同时,苏瓦雷斯被永远缠住他的痼疾搞惨了,他使我的感情受苦。除了这些,还有这身体的疲惫,四周气氛中的亢奋,等等。所有这一切同时迸发！啊,这些日子来我痛苦极了！我对你隐瞒了吗？没有,我绝不想对你瞒掉任何别的事情,因为你爱我,跟我爱你一样。我希望你现在会有一个真正的幻觉,能代替那破灭了的。请永远相信我说的任何一句话,并且永远要把你对我的印象告诉我。

啊,我不知道我是不是德·华斯伯先生送给你的继承者,但我确实知道我是以自己的名义在爱你。

你的真诚的忠实的朋友

R.罗兰

一八九〇年五月二十九日,罗马

玛尔维达·梅森葆致罗曼·罗兰

我的亲爱的朋友:

这里又是一封,但这次是最后的乐章了,充满着甘美而幸福的和声。你走后,我读了你的信,给了你一个亲密的"晚安",希望你能安静地睡去。现在我们之间一切都清楚了,什么都不能再分开我们,打扰我们了,甚至即将到来的离别也不可能,因为我将在心里把你带走,而我将留在你的心里。我要把你孤零零地撇在这儿了,这使我很难受,我的延迟行期多半也是为了你。但要是一个人必须顺从生活的迫切需求,而能在清澈明净、坚决明确的灵魂内找到庇护,那就能忍受一切,面对任何考验。

我希望你成为你上次信中所显示的:作为一个北方人而感觉和体

现你的个性,但以南方神奇的甘美把它塑成充满诗意的形象。浮士德不就是这样发展的吗?结果他成为一个行动的人,为了能行善,并把他的理想主义传布在四周一切人中间,犹如太阳为了赐福于自然而播射光芒。那就是你的前途,我这么预言着,而且欣慰地相信;因为这个世界需要理想的使徒。谁能说这不是一条光明之路,总有一天会团结全人类,使他们更靠近神明呢。

可是现在你得珍摄,而且要保持平静的理智;你会答应我的,是不是?因为这样你会使我大大地喜欢。我还有些小小的期望要跟你谈,是关于你对别人的影响的——再见了,亲爱的朋友,明天见,要是天气好的话。

你的朋友

一八九〇年五月三十日,星期五,罗马

如果天气坏,那我们当然不去了。我在翻阅那些奏鸣曲时,立刻找到了我说起的那一首。当你指出其中几首的时候,我一定在胡思乱想,也许这一首也在内。

(——)

罗曼·罗兰致玛尔维达·梅森葆

亲爱的朋友:

有时我整个身心都感到窒息;这不仅因为罗马热得厉害,而是罗马对于我有时太空虚了!——但只要我不病倒,我还能奋斗的。我读书,我弹贝多芬的《C 大调弥撒曲》,我又开始写作了;当我能写的时候,写作永远会安慰我的心灵——我跟你说过我要访问一下莎甫克李司,我去过了;而就像我所预料的,他发出镇静的光辉,你能感到他有一颗自由而宁静的灵魂;我的灵魂可还没有达到那种境界,这就是为什么他比别的大师跟我的心灵更觉疏远;可是我无限地敬仰他。(我对他的那些悲剧也有同样的感觉,这我已经对你说过不止一次了。)

(——)我衷心地感激你为我所做的一切。我告诉过你:当我离开巴黎时,我想象前途是一片无穷的孤寂,而我即将陷入其中;那时我并不怕,但觉得难受;因为我想我归来时一定会比离开时更愤世嫉俗。可是相反的,我归来时心地更纯洁更安静了。是什么赐给我的?是这里大自然的温和而强烈的魅力以及一个高贵的灵魂的仁爱,它给了我为善而工作的力量,使我的蔑视转向丑恶的事物。我还完全没说到一种互相友爱的深深的喜悦。我甚至为了你责备自己的事情而感谢你,这种痛苦比我过去由于缺乏爱而受到的痛苦不知道好多少倍呢。

(——)

再见了,亲爱的朋友;不要疏忽,好好地照顾自己。

我衷心地爱你。

R.罗兰

一八九〇年六月二十七日,星期五晚,罗马

玛尔维达·梅森葆致罗曼·罗兰

亲爱的朋友:

我接到你从巴龙尼亚来的信后又平静了,因为我已经在发挥想象力,幻想千百种不会有的但可能发生的事。我很高兴我们在冬天又有一件共同从事的工作了——处理实际事务的锻炼。我不大喜欢过于实际的人,可是我似乎觉得你有些太不实际了,因为我记得你在罗马时,人家要你付多少你就给多少,甚至不看一下你有没有拿到价值相等的东西。我愿意秘密地告诉你:我在这方面也不十分强,可是通过了“自我教育”，我已经获得一些相当满意的结果。这是可喜的，因为这样就可以更恰当地用钱。最近你写来的几封信都使我很快活，因为它们显示了一种非常好的心情，好几次我看得不禁笑出来，过去我还没有看到你轻快和嘲笑的一面呢。你的最后一次旅行一定是美妙的，而且一定非常完美，所以你被迫停留下来是好的，因为威尼斯特别应该单独欣赏。我多么想跟你一起在那儿游览啊！跟你一起在你初次玩赏的小艇上泛游大运河，那是我愿意在生命中享受的一份欢乐的时刻——你告诉我的关于皮埃罗·德拉·弗朗西斯卡的一切使我十分感兴趣。无论如何我一定要看一下他在亚莱祖的作品。我懂得你为什么看着沙罗门的服装或从天国之窗里眺望的永恒的天父时没有发笑。我却笑了，但也只是由于感到有趣；在那样一片天真的气氛中而能如此严肃是可敬的。可是你为什么要从真实的领域内摈弃温柔与风雅呢？它们不是存在于现实中吗？在优美的灵魂深处，你不是一定会发现它们，正如你一定会发现刚毅和活力吗？我希望你在巴龙尼亚时到过圣薛西李雅教堂（不是拉斐尔画的圣母），并且看到了法兰西亚和高士达的壁画，尤其是《圣薛西李雅的婚礼》；这种极端的温柔不也是确实存在的吗？（——）

无论如何我很高兴，因为你充分享受了在意大利度过的暑期，也因为你在皮埃罗和他的流派中看到了那种遒劲，甚至在表现真实时的精力充沛的锐利，这些在艺术中是与温柔同样存在的。再会，我爱你，温……不，真的，加上了那个字，就不会接受了，因为你这样不喜欢温柔。

问候你的母亲和妹妹。

一八九〇年七月十八日

安姆斯，斯达特·伦敦大饭店

罗曼·罗兰致玛尔维达·梅森葆

亲爱的朋友：

我回到巴黎了，我又找到了家的温暖，可是我没找到我的巴黎，我爱慕的巴黎。啊，这里的一切多平凡、多庸俗、多么利欲熏心！尤其是利欲熏心！所有我碰到的这些扰攘的人都似乎一心一意浸在他们那种蠢俗的生意经中。我散步，而我似乎老是走在同一条街上。我不时走到一个广场，在那儿看见一些讨厌到极点的纪念碑，突兀而平庸，是为了甘必大[①]或这个或那个的光荣而竖立的。我走进一家书店，总是看到一大堆杂乱的老老实实的笨书，正经得叫人厌倦——或是文雅的淫书，还有故意夸张的渲染肉欲的典范作品，前者披上了艺术性的伪装，后者据说对性生活有益——最后，还有那些颓废的小书，想逃避周围的粗鄙，但无力升向在上空照耀的明朗的理想，于是在苍天大地之间的迷雾中悲惨地骚动。我打开一份报纸，看到蜂拥在纸上的可耻的事情，简直恶心；都是些恶劣之至的丑闻、卑鄙的嫉妒。我变得固执了，于是为了安慰自己，我去追求塞纳河边秀美的景色和香榭丽舍大道上雄伟的气象：可是天一直在下雨，一阵热雾从塞纳河上冉升，凯旋门在浓雾中隐没了。昨晚在阳台上，我想再找寻我的星辰，啊，你说得对，它们多惨淡，而天空离我们多远啊！我的诗意洋溢的生活已经终止了，我再也不能用同样的风格继续我在罗马时的写作；在这里，我感到我充满了冷嘲和愤怒——而去年是那么美，我已经在怀疑它是否确实存在过。我的心十分忧郁，我的亲爱的朋友。可是另一方面，如果巴黎已经什么都不能给予我，山峰却为我保持了一切。我穿过圣高萨山[②]时心里充满着热烈的喜悦。这个经历显得分外重要，因为只要我

① 甘必大(1838—1882)，法国资产阶级议员，律师出身。

② 瑞士南部著名山峰，邻近意大利边境。

留在意大利一天，我就只能看到妩媚的景色；湖水柔和地魅人，我的灵魂在微笑。但是当火车冲入圣高萨山时，当我感到自己是在这些嵯峨的巨石，在这些永远耸峙在那里的魁伟的山岳中间时，当我知道自己正面对那内部凝集了大量全能的“行动”并加以控制的神力时——那时我真幸福，那时我感到我的心要比过去伟大十倍。我热爱的荒原和可爱的亚尔彭山使理想的宁静渗入我净化了的心中。可是从雄壮的峰峦中我汲取斗争所必需的坚强和激愤。

(——)

我想过几天去看蒙诺先生和夫人——我在那里也能见到你吗？

再见了，亲爱的朋友，我衷心地爱你。

R. 罗兰

一八九〇年七月十八日，星期五

米希莱路十三号，巴黎

罗曼·罗兰致玛尔维达·梅森葆

昨天我沿着香榭丽舍大道走去，从凯旋门到土伊勒里宫的平台，再从那儿经过那些码头，直到卢浮宫[①]，那时我跟巴黎有些和好了。除了巴黎，毕竟哪儿都没有卢浮宫的。我以为这是奉献给艺术的最华美的宫殿。至于它的收藏，那我不知道还有什么别的博物院有这样辉煌的包罗万象的规模。可是正由于这一点，它缺乏了意大利那些亲爱的小博物馆的美妙，它们每一所都包含着本土风物——在一种具有独特魅力的自然氛围中发展的艺术。尤其是那些温和的“花也似”的艺术家，如佩鲁吉诺和法兰西亚之流，他们在这个大艺术商店内杂然并陈

① 巴黎著名的故宫博物院。

的五光十色中宛如被流放在那儿受难的人。相反的,那些独创的天才,生前跟他们的国家与同代人隔绝,如今却在这里扬眉吐气。我无法告诉你伦勃朗[1]在卢浮宫中显得多光辉。他在别处,无论在海牙[2]或者阿姆斯特丹[3],都从未给我这样威临一切的强力的印象;这种幻想力、这种节奏、这种真正深沉的情感！在卢浮宫,没有一个别的画家跟我这样亲近;甚至芬奇(你得把这念作芬——奇)也及不上。而且我不得不告诉你一句心腹话(请不要讲出来)——在最近这次观赏中,芬奇使我觉得痛苦;嗳,他多拘谨,多不自然！那美妙的微笑这次看来仿佛是在扮鬼脸[4],过去可从来没有引起这种感觉。究竟是什么使我对我的芬奇改变了印象？现在我得说他是一个成天待在客厅里的人,说些违心的花言巧语。那种装腔作势的假笑！——亲爱的朋友,不要以为这还是由于我那反对风雅的"蛮脾气",使我忽视了芬奇的意义。不,最近几次我开了些玩笑,我有些自相矛盾(有时我常这样),我说了些关于"温柔"的坏话,然而我又请求你相信:我为了她可以舍弃世界上所有的强力;我不时喜欢嘲弄别人和我自己——那为什么我没有再找到我的芬奇呢？(除了《杰孔达》[5]一幅,但就连《杰孔达》也似乎不那么伟大了。)另一方面,我却对拉斐尔的某些画懂得透彻些了;最小的那一帧,《阿波罗和马霞司》是一种启示;那个俊美的脸容中含蓄着异常丰富的思想。那单色图(我在别处看到过它的拓本),使我更喜欢。我要彻底研究卢浮宫中的意大利画。我看到了你喜欢的《吉奥强》,确实可佩。我猜到了你中意它的原因,你可知道是什么？亲爱的朋友,你最喜欢它,因为你热爱意大利的阳光。在所有卢浮宫的意大利画

---

① 伦勃朗(1606—1669),荷兰大画家。风格深沉浑朴,其人像画多以光线集中面部,将背景及衣饰置于阴影内;这种光影参差的表现法是绘画史上出类拔萃的创造。丹麦大批评家勃兰兑斯曾说:"其专门的才干是对光的理解与处理。"(见《十九世纪文艺主流》第5册,英译本)

② 荷兰城市,宫殿、博物馆、画廊汇集之处。

③ 荷兰首都。

④ 指芬奇名画《蒙娜丽莎》。

⑤ 即《蒙娜丽莎》。

中,我想这一幅把那阳光的效果重现得最出神入化了;可以把它认为一方南国的蓝天。

我很想对你说这儿天气很好,让你早些来;可是这个谎撒得实在太大了。这里连日成天下雪,昨儿我冻僵了。今天太阳又在照耀,可是它老人家一定在从大病后复原,因为,这可怜虫,它是万分苍白!我让自己扮作兀鹰,大胆地瞪着它瞧。

我希望你还能在这静静的温和的天气中过几天,在德国大森林中沉思时,这种天气是最惬意的——可是万一你已经忘了,那我得提醒你:在凡尔赛附近也有些很秀美的丛林呢。

再见,亲爱的朋友,我一心一意爱你。

R. 罗兰

一八九○年七月二十一日,星期一

罗曼·罗兰致玛尔维达·梅森葆

(——)我没有一天不上卢浮宫去。不要以为我在过去一个星期中变成了"伦勃朗迷",我一直是的。如果我在游历荷兰时认识了你,你就不会怀疑我的话了。即使现在,当我想到他那幅《守夜》时,就不禁感到一阵微微的快乐的震颤。它给我一种瓦格纳式的印象。你不能想象那种光影交错的音乐性的力量——但奇怪的是我今天既成了"伦勃朗迷",又成了希腊迷。我给希腊艺术陶醉了,四周堆满了古书和复制品;我沉湎于柏拉图的著作中,又沉溺于"阿佛洛狄忒"①的冥

① 希腊女神,罗马人称维纳斯。据荷马:为宙斯与狄奥尼所生之女。据赫西奥德:为海沫中跃起的水仙。古希腊人膜拜的爱神有二:一为阿佛洛狄忒·欧兰尼娅(天女娘娘),一为阿佛洛狄忒·潘蒂莫丝(司婚姻及家庭生活的女神)。后演化为:前者代表崇高与纯洁的爱情(即罗兰在这里所指的),后者象征性爱。罗马人尤崇敬之,因传说中此女神是古罗马祖先埃尼司的母亲。

想或奥林匹亚神庙的柱饰中；我在卢浮宫又看到了“俄耳甫斯”[①]壁画，在凡尔赛公园中看到一张《厄勒克特拉与俄瑞斯忒斯》的平庸的拓片；我研究我们共同的友人，那些西西里的哲学家；我又在桌上放了一帧梵蒂冈宫中《赛李斯》[②]的照相，为了使我的眼睛在离开书本或我的作品时，可以立刻欣赏那平静的神情而休息一会儿——结果却使我立刻对自己正在写的作品感到羞惭，它显得多么渺小！于是我就想法使它更配得上那伟大的女神。

某些偏见使我好久不能欣赏这种奇妙的艺术，现在我并不觉得诧异了。所有这些卢浮宫或梵蒂冈之类的大博物院都是怎样的混杂物啊！庸才阻碍了生命还不够，它还一定要阻碍不朽！一般的论调认为这里有大量的艺术杰作；相反，我却觉得很有限。充塞在博物院里的绝大多数作品都跟艺术史有关，对真正的艺术的关系却很浅——这是不同的事情——尤其在雕刻方面，宫殿的画廊中净是些没有天才的才子。几乎所有的罗马艺术都使我打哈欠；我也并不能接受全部的希腊艺术；颓废派流行的时期很难迎合我的情趣；同时你知道我也不是“拉奥孔”[③]的朋友；我对“大时代”中许多有才华的人如马朗、史谷巴司和鲍罗克里地思等并不敬仰；我知道他们不怎么著名，可是我只能讲我知道的那些人。

我对贝多芬还没像对芬奇那样不喜欢（人们会把他猜想为《罗摩衍那》[④]中的神，而且我对芬奇的典范作品是热爱的）。可是当我研究

① 俄耳甫斯是希腊传说中的著名诗人，史诗之神卡利俄珀的儿子。其妻欧律狄刻为毒蛇所啮而亡；俄耳甫斯借奏竖琴的魔力，入地狱觅之，遇而又失。此传说流行于西洋各国民谣中，英国大诗人弥尔顿曾在《失乐园》中咏述。

② 拉丁女神，司造物，亦为土地菩萨，与希腊女神蒂米特同。古罗马诗人维吉尔曾于《田园篇》中咏述祭祀女神的节会。

③ 希腊远征军围攻特洛伊城时，巧匠厄珀俄斯制木马，内藏武士，诱特洛伊人纳之以护城；巫师拉奥孔谏，弗从，反以毒蛇纠缠父子三人而死；后为雕刻及图画题材。德国文艺批评家莱辛据之题名其巨著《论画与诗的界限》。

④ 印度史诗 *Rāmāyana*。述王子罗摩的史迹，传为诗人蚁蛭所作，分七篇，十六韵，共四点八万行。

巴赫的生平而发现他最亲近的友人和真诚的敬仰者并不完全欣赏贝多芬时,我并不感到惊奇。生活在本世纪初也就是音乐史上最辉煌的时期中的傅格尔是一个著名和博学的艺术家,他慨叹艺术精神的颓废,特别是音乐方面的;他关于贝多芬的见解是令人好笑的(可是你也许已经知道了)——对方的态度也同样富于启发性;贝多芬喜欢巴赫,但更爱韩德尔[①]——所以当我的好感从莫扎特转向巴赫,但有些踌躇,不想越过把他们的艺术和贝多芬的艺术分隔的深渊时,我这种本能的不公平也是相当有理由的。

亲爱的朋友,你太严格了;现在你根本不愿意我厌倦了,即使一点儿也不行。我要反抗这种不合理的苛求。让我有时厌倦一会儿吧!我恳求你。不然——不然,我不得不违拗你,而这会使我痛苦。我迷恋古代的雕像,可是没有用,我的灵魂没有变成希腊大理石,恐怕永远也不会了。不,亲爱的朋友,请容许我同时悲喜交集,热烈而又消沉吧。但我可以对你发誓:无论我欣喜或鄙视,我总是把同样的天真注入我所有的情感中。只是,亲爱的朋友,你得了解:当一个人没有说出他思索的一切时,他并不缺乏信任或坦白,只要他所说的话是真的。那仍然是情趣和古典艺术的准则。你还记得牺牲伊菲革涅亚时的阿伽门农王吗?[②] 雕刻家使他的大氅撩起一角,遮掩脸面,使他悲伤的表情不致流露;因为那可能是丑的,而且必然跟整个作品的严肃和庄重不相称。

可是我真想知道,你为什么以为所有我那些愚蠢的玩笑都是由于厌倦。我在开玩笑时,是不是像那些患着牙痛、不顾自己的脸多么歪曲难看而还想苦笑的可怜虫呢?假如真像那样,那我会吃惊的——可是我忘了从某一夜起,你已经对我不信任了;你害怕我的“骇人的举

① 韩德尔(1685—1759),英国作曲家,出生于德国,晚年久居英国,以祭神乐著名;罗兰曾作他的传记。

② 希腊神话:阿伽门农王远征特洛伊城,中途遇风暴,暂驻奥利斯,巫者曰:月神阿耳忒弥斯索公主伊菲革涅亚为牺牲,王无奈遵从;将斩时,月神怜而赦之,载往克里米亚。

动”。那你究竟还在期望些什么,亲爱的朋友?古希腊贤者训曰:“务毋震惊。”让我们不但从希腊接受艺术的标准,也接受处世之道吧。再见了,亲爱的朋友。要是我开了些玩笑,请不要生气。假如我不以为你在今天就要离开安姆斯,那我会早几天写信给你的。也许你收不到这封信了。但我对这种情形有一条规律:“疑惑时,决不后退。”这跟别人的规律恰巧相反,因此我很高兴。

我衷心地爱你。

R. 罗兰

一八九〇年七月二十六日,星期六晨,巴黎

罗曼·罗兰致玛尔维达·梅森葆

亲爱的朋友:

这几天来,兰巴赫给你画的像一直在我心目中闪现。我害怕让自己给那个人描绘;这种直窥灵魂深处的眼力简直使我惊惧。请不要以为我在灵魂里隐藏什么罪恶。不,可是——我犹豫着不愿对任何人倾诉衷情;你对这一点很清楚,有一次你还因此埋怨我呢——那已经是好久以前了!可是你再也没有理由怪我了!你已经知道多少关于我的事情!我相信,要是你有钥匙的话,你会让我锁上自己的心房(我的灵魂),为了挡住别人的好奇心。

我有没有对你说过我正在筹划中的一种艺术形式,一种音乐性的小说或诗篇[①]?一般小说(小说、剧本,无论哪一种)的素材基本上是由事实组成的。那就是说,或是一种“行动”(如在法国艺术中,从古典悲剧直到当代的小说),或是一系列具有逻辑性的行动,它们组成了

① 即《约翰·克利斯朵夫》。

一个人的生活或者互相交错的几个人的生活(譬如在托尔斯泰的宏大的小说中——我这是说他过去的笔法)。音乐性小说的素材却必须是情操,而且顶好具有最普遍、最富于人性的形式,足以表达所有的强度。这种音乐性小说不应该像目前流行的说法那样从心理方面分析这些情操的形态(那应该留给文艺批评与哲学)而应该赋予他们生命,这生命可以披上这种或那种表象,演化为这个或那个人物,但人物之所以出现只是为了代表这种情操,使它人格化,使它活跃,做它的主宰或牺牲品。所有这音乐性小说的各个部分必须源自同一个强有力的放之四海而皆准的情操。① 正如一阕交响乐是由几个表达一种情操的音符所组成,并在歌曲的其他部分中向各方面发展,昂扬腾达,或者泯灭——所以这种小说也必须是一种情操的自由苞放,因为这是它的灵魂和精髓。《摩西》雕像和贝多芬的某些慢板曲所包含的情操可以在艺术领域内表现为别种形式。唯一的问题是才能——小说家的任务无疑地应该追求那生活的经线,从而能最理想地发展富于诗意的情操的纬线。但首先,他的任务将是体验这种情操的一切力量;因此这将是一个诗人的任务。因为在现实世界中,情操很少能有足够的强力或时间完全自由发展——它无时不被日常生活所妨碍或阻挠。所以,对现实生活之浮泛的甚至深刻的观察都远远不够,一个人必须具有诗人的性灵才能为自己看清和体验那应该存在的(并且实在比表面的“现实”真实得多的一切)——这就是我对音乐性小说的观念。它的魅力和危险都在于它基本上是诗的——这样,一本言情小说就几乎变成对话体的抒情赋;一本描写憎恨的小说以激昂的颂歌姿态出现,抒情味渗透一切,笼罩一切。但正如南国轻柔的蓝天和神奇的光明,只有诗的氛围才能体现理想的生活——十全十美的生活。

你得知道,相应着这一切,我在能力范围内一直在把这些理论运用到创作上去,那是从——我不知道究竟多久以前,可不是昨天,绝对

① 这些理论与席勒的使人物概念化的艺术手法极相似。

早在我想到这些理论之前。但我不幸经常焦躁，激动，狂热（在灵魂里，不是在身体上）。尽管我那平静的赛李斯站在我眼前，直探心灵地注视着我，宁静还是从我心里溜走了——我老是被这种或那种情操折磨着（除非在冥想中出神时）。如果支配我的情操和我想表达的情操吻合，那就好极了，但如果并不一致，那就什么办法都没有，只能等待，同时体味一会儿；我常常体味的。

（——）祝你亲爱的爱德华①幸运。我从心坎里可怜他；我恨考试，可是我几乎一直考得很好。但考完后总不舒服，并且为了考得好而觉得惭愧，因为比我强的人都不及格。但是在这个世界你必须用事实来证明你有多少能耐；要是我们拿得出，就拿出来，要是没有——就让这世界撇开我们过下去。

我就会看到你的，亲爱的朋友；我一心一意爱你。

R. 罗兰

一八九〇年八月十日，星期日

玛尔维达·梅森葆致罗曼·罗兰

亲爱的朋友：

我老是恐怕你不会回到罗马了；这会使我深深地伤心。但从另一个角度看来，这对你也许是好的，因为这样你就可能不会再遭到一种痛苦的斗争；假如真是那样，我愿意把我的惋惜藏在心里。可是生活多不合理，多少最简单和最好的事情常常被莫须有的障碍所阻挠！譬如，你现在可以跟我们一起过两个星期；我们这儿有两间空屋，早晨你可以在那儿完全安静地进行工作；下午你可以跟我们一起或者独自散

① 贾柏吕·蒙诺的长子，即梅森葆的螟蛉子。

步,随你喜欢,晚上你可以为我们弹琴。昨天我跟奥尔嘉谈起这件事,她也非常欢迎。我对你这部作品十分感兴趣,我希望亲眼看见它完成,我完全了解你必须有彻底的安静和自由才能写完。你在这里可以获得这两个条件。也许你的前途就会这样决定了;我预感到会如此。无论如何这是值得一试的。但是,唉,这可办不到,而这是多么自然!(——)

我温柔地爱你。(我可以再对你这样说吗?)

M. 梅森葆

一八九〇年八月十七日,星期日晨

罗曼·罗兰致玛尔维达·梅森葆

亲爱的朋友:

我又到家了,我刚看到了你,跟你谈了话;我看到你的信在等待我,我必须答复,尽管我们常在交谈,我还是渴望我们的通信和谈话能永远继续下去;现在我甚至得预先警告你:到了罗马之后,即使我常看到你,我还是要经常写信给你的——尽管你说写信会浪费时间——可是当你对我的信看得厌倦时,你必须告诉我。至于我,我知道我还没说出心中的一半思想,所以我一定要写信给我所爱的人。

你和蒙诺夫人要我在凡尔赛过两个星期,你们这体贴而亲切的想法太好了。但这实在是绝不可能的:我不应该想到离开我家里的人,一天都不行,尤其是我母亲,因为她一定以为我去年到罗马而且在那儿得到了那么多快乐是非常自私的。(我几乎感到她这样想是对的。)所以,至少我在所有的假期中应该陪着她。

你说凡尔赛的工作条件比巴黎好,很对,可是我最大的敌人毕竟是我自己;假如事实上我只在感到身心自由时才能工作,那在别的时候,我的活动大多是被我性灵的骚乱所打扰,而很少被外界的喧嚣所妨碍——亲爱的朋友,你对我的工作比我自己还心急。你说:"也许你的前途就会这样决定了。"这实在是夸张。我的前途不必被决定,它已经注定了(这是就我个人而言)。请确信,在基本上,什么都不能改变它,丝毫都不能——当然除非病或死(可是我不必计较这些)。无论如何,我正在写作,我要写下去,而且我可以向你保证:从我进入高等师范(并且打消我对作曲的梦想)后,我从未想到干别的,其他一切都是借口(有时还很困难),因为就像我对你说过的,从我准备考试以来,我得完成一些使人心碎的工作。我一直企图在空闲时小心地测验我的才能,而首先是完成我的学业。我从来不心急,现在也不急,为什么要急呢?我只对艺术感兴趣,而不是想在艺术中图利;果子熟了,才能采摘——无论如何,我将写作。除了这一点,我很像苏瓦雷斯;我不相信我做的一切会使公众喜欢,我对他们的趣味鄙视入骨,况且,我心眼里没有他们;同时,只能使我发生兴趣的理想的大众恐怕并不存在,所以我不能把成功寄托在他们身上,我也根本不这么想。可是我在推论中达到了和苏瓦雷斯一样的论点后,却得出完全相反的结论:"可是无论如何我要写作。"我要这样做,因为这一直是我的需要,而且正在成为我的欢乐与安慰,因为我希望完全体现我的天赋,无论它多么渺小。

至于其他一切和我的物质环境会变得怎样,我什么都不知道;它们可能会改变,可是我希望我不会变——无论如何,要是我一旦成了教师,那很可能不会做长的;因为除了我个人的感觉,我的喉咙很快就会把那条前途阻塞的。

总之,我有很多理由希望再在罗马过一年,为了完成我愿望的一切;除了写的诗,我至少还需要一年的诗情,在诗意洋溢的大自然中过一种诗意洋溢的生活。至于说"从那唯一的角度看来,也许你不回来是好的",以及你所恐惧的"斗争",那不就是诗的极境吗?!你怕我会在斗争后变得软弱?假如不是,那你怕什么?我们必须怜悯那些不知道苦难的人,假如真有那种可怜虫的话!谁知道,也许很多。

我一心一意爱你。“温柔地”爱我吧。你不但“可以”对我说,而且我请求你这样想。

R. 罗兰

一八九〇年八月十七日,星期日晚

罗曼·罗兰致玛尔维达·梅森葆

亲爱的朋友:

我将在星期一来看你们,除非事实上不可能。可是燕妮小姐的爱慕实在可怕,令人发窘;以后她一看我,我就要脸红了;啊,可怕极了!(——)

昨天的远足没有使你累,我知道了很高兴。同时我又非常欣慰,因为你喜欢拉斐尔的小画;我觉得凯莱沙龙对它说来还不够大(真的,可是我想我已经对你说过了。没关系,因为这只是我的感觉)。昨天你跟我谈起伦勃朗的两张圣经画时说:“画很好,可是不能对它们看得太久。”我可不同意,我会永远看着它们,当然,那是当我的心灵觉得难受而充满了悲愁与怜悯的时刻——悲愁多可爱!当然,《基督和门徒们在埃谟斯》这幅画在一所罗马别墅里会失去意义;但是北方的诗意并不能超越那牺牲精神的崇高表情。啊,亲爱的亲爱的朋友,我多愿意放弃所有别的画家笔下的基督——芬奇所画的年轻而忧郁的异教神,皮埃罗·弗朗西斯卡的镇静的拜占庭判官,曼泰纳的豪放的怪人,米开朗琪罗的冷蔑的、判罪和惩罚的天神,等等,等等,一切的一切,我真愿意放弃这一切,为了换取伦勃朗所画的——在这儿的基督、“疗病”中的基督和别的一些画中的。说真的,当我闭上眼睛时,我又看到了卢浮宫中基督的那双大眼睛,悲哀而仁慈,它们如此深沉地渗入我的灵魂。啊,基督教可能消失,可是只要那幅画存在一天,基督精神就不会绝灭。你为了昨天的事感谢我,其实我差不多什么都没跟你说。

我觉得抱歉,可是我不能说;假如我放任自己,我就会说得太多;而我觉到了我四周的环境,我没有放任自己。我真不能想象一般人怎么会了解《塔索》①。我认为:他的艺术是为了过分细腻的人创作的——就像拉辛的悲剧,但有很大区别。照我看来:拉辛的悲剧是为了心灵的(情操的)贵族而创作的——歌德的作品则是为了智力的贵族。拉辛的感情太纤柔——就如歌德的感情太高华——除了高贵的性灵没有人能领悟。然而我还是相信拉辛比歌德更能接近大众;因为必须有一种独特的文化才会产生智力的贵族;而大自然却常常会孕育美好的心灵,不需要任何特殊训练,除非为了更精致的风雅——但是你知道,我没有在两人中间发现理想的艺术作品。我似乎感到为了纤柔、细腻或敏慧的人所创造的艺术是一种阴险的自私的产品。我相信艺术应该像自然,它应该满足一切阶层和一切人的需求和企望②。而且我充分了解:当一个理想的人类社会在神奇而美丽的自然环境中过一种真正艺术性的生活时,艺术必将消失。

再见了,亲爱的朋友,我衷心地爱你。

R.罗兰

一八九〇年八月二十三日,星期六晨

玛尔维达·梅森葆致罗曼·罗兰

亲爱的朋友:

一般地说来,艺术——闪耀着神光的真正的艺术只是为了最高尚的人所创造,而且只能被他们所了解,你不相信这点吗?最伟大的杰

① 塔索(1544—1595),文艺复兴时代意大利诗人,被暴君迫害发狂而死。这里指歌德描写诗人的剧本。

② 托尔斯泰在《什么是艺术?》第十九章中说过类似的话,见《托尔斯泰论文学》第四七〇页(俄文版)。

作一直只能被一些感情和智力的贵族所欣赏。拉斐尔、芬奇、伦勃朗都这样,拉辛和歌德也一样。只有高尚的心灵才能体会《向埃谟斯行进的基督》那幅画的崇高意义;庸俗之徒不能比侍候他的小厮更了解他的神圣性。幸而我们这种贵族并不像我们所想的那么少,群众中有许多心领神会的灵魂,只是我们没有觉察罢了。我在这方面有过动人而可喜的经历,足以证明这一点。譬如,我和你具有几乎相同的感情与理解力,但在一年前并不相识(现在认识了却是美妙的,是不是?)。你说得对,艺术应该像自然,满足一切人的企望。但是,亲爱的朋友,所有的人必须都有那种企望才可能如此;他们必须有纯洁和单纯的心灵,能够本能地体会美,或者他们必须在灵智方面充分发展,使感觉完善。而且事实上,是否每个人都能了解大自然,体会它的灵魂,揣测它的神秘呢?我想并不。这种了解只限于单纯的人或高度发展的人,后者从智慧中又找到了单纯,因此能参透万物。不,为了高尚的人而创造的艺术不是“阴险的自私”,毋宁说是一种为了理想的未来而铺路的工作,我对这种未来已经向往好久了;到那时,正如你所说的,理想的人类社会将在神奇而美丽的自然环境中生活,而这生活就是一种艺术品。一切艺术已经各自达到了最高的表现,它们一致在瓦格纳身上汇合,得到了最后的发扬;现在只差最后一步了,我们必须使生活本身成为艺术。

一八九〇年八月二十四日,星期日

(——)

罗曼·罗兰致玛尔维达·梅森葆

亲爱的朋友:

啊,不要这样常常跟我说艺术只是为了贵族!因为这样,我很快就会怀疑那贵族本身了。那是如此少见,如此容易引起争论的!况且,此刻我感到彻底的孤独——今天我真心烦——亲爱的朋友,我深深感激你对我的爱护;因为你跟我在精神上的友谊常常使我在抗拒唯心主义的诱惑时得到支持,我有被它吞没的危险呢。孤独和孤独的观念是十分有害的,尤其当一个人在内心只听到号召他的理想之声在辩论时。幸而,在我祖先遗传给我的血液中流着对生活和行动的本能的需要。我希望这血更浓,我的神经更强;因为它们常常是紧张的,那时失望便悄悄地踅入我的灵魂中了——啊,还有这可怕的天气,又霉湿又阴冷!还有,在我跟苏瓦雷斯的风暴般的友谊中卷过了一团新的"旋风"! 此外还有许多别的烦恼! 但主要的麻烦无疑的是因为我不能摆脱那循环的规律,它也许控制着所有的生命,它绝对控制了我的生命,使一段悲哀的时期紧接着一段欢乐的时期,一时沮丧,一时又兴奋。啊,正在注视我的神圣的赛李斯,我委实不能平静,恐怕我将永远这样了。

今天我和妹妹一起到国家图书馆的版画部去。我们看完了伦勃朗的画集。你知道那《疗病图》吗? 那里面的基督能和卢浮宫的相比;还有那群病人,他们的苦难被一种十分柔和的信念减轻了;还有那批伪善的法利赛人,争论着,诡辩着,嘲笑着——一切都以莎士比亚式的观察的真实性给描绘出来了。伦勃朗的一系列画像使人战栗,因为从这些死的画叶中熠耀着强烈无比的生命。我很幸运,置有他最美好的作品之一,《评议员托林》(你一定看到过了)。我把它挂在床边,每天站起来十次去看它;"托林"真是我的好朋友,我发誓他跟我认识的许多活人一样真实。

我又在读陀思妥耶夫斯基的《白痴》了。某些章节真是崇高! 有些部分几乎比《帕西法尔》①更使我感动,因为更单纯——不那么"贵族化"——不幸这温和的痴人、这俄罗斯"纯洁的傻子"在斗争中屈服了;可他还是纯洁的,而且使他接近的那些人也纯洁了。然而他那优美而稚气的心却碎了,而这世界还继续沿着不纯洁的道路前进——并且,陀思妥耶夫斯基的崇高又是隐藏在一片痴情中,这多可惜! 你看过几章后神经就脆弱了,你头昏眼花,你掩上书时觉得一阵眩晕——

① 瓦格纳所作歌剧。

但是,假如陀思妥耶夫斯基缺乏托尔斯泰的可佩的平衡,他却深刻得多,他的灵魂高尚得多!

我忘了问你借那些你提起的贝多芬的情书。假如你同意的话,我下次就来拿。我不敢跟你谈你的小说。可是我将对它感到十分亲切的兴趣。现在我才第一次真正懊悔没有把德文念得更精通。

再见了,亲爱的朋友,我一心一意爱你。

R.罗兰

一八九〇年八月二十六日,星期二向晚

(——)

玛尔维达·梅森葆致罗曼·罗兰

亲爱的朋友:

我真想在笼罩你灵魂的“黑夜”中输送一些柔光!可是,唉,即使在这方面,温情也得承认无力呢。每一种真正的悲伤必须被人全部体验过才能结出果实,无论是好是坏;伟大的命运跟平庸的命运之区别主要是看一个人有没有英勇的灵魂(因为我们的悲伤是相同的,来自相同的源泉,对每个人都具有相同的名称)。你的灵魂将是英勇的,我对这点毫不怀疑,你将不仅看到一颗陨落的流星,并将看到全宇宙的明星,它们熠耀着诗、神圣的爱和慈善的光芒,感召你产生不朽的作品。我早就应该在自己的生命中完成这任务,但是我没有能做到;我把我的任务传给你,你比我具有更完美的条件去实现这目标。当我死的时候,我将欣慰地知道还有一个血液纯净的理想主义者,他将对全世界宣称:除了目前这些注重物质利益的人所声称的道理之外,生命还有别的意义。

(——)亲爱的朋友,你为什么也这样沉默,使别人老是不能知道你真正的愿望呢?

(——)明天我将答复你信中关于艺术的那几段。我温柔地爱你。

M.梅森葆

一八九〇年九月五日,星期五晨

罗曼·罗兰致玛尔维达·梅森葆

亲爱的朋友:

上次我们同时发了信,而你还责备我"这样沉默"。我并不沉默,只是把自己"郁结"在内心罢了。我没什么要对你隐瞒的;我很想使我的心透明,让你看清,可是我很难告诉你在我内心流荡的一切。啊,言语!即使是莎士比亚的言语吧,也怎样会曲解它触及的任何感情!纯粹的情操用文字表达后就变成"文艺"了。况且,我也不知道是什么谦虚的动机迫使我把自己的心声隐藏在我说的话或写的文字中——可是我恳求你,绝不要以为你不小心;尽管对我说我隐瞒的感情吧,那对我是很大的安慰!询问我,告诉我。唯有沉默使我感到压抑。(——)今天我平静些了,可是过去这几天实在难受。我像你一样希望永远能凭着我天赋的生命力跳出激情的废墟。然而,要不要我告诉你,我几乎宁愿同情那些对命运屈服的人,却不怎么喜欢歌德之类的人,更不要说那些模仿歌德的小人物了。啊,那个歌德!我有时在苏瓦雷斯面前替他辩护;可是你很难使我爱他——最近几天来音乐使我烦躁,卢浮宫已经使我厌倦,我甚至不能试着写作。你知道什么是我的安慰、我唯一的欢乐吗?莎士比亚!不是莎士比亚,而是莎士比亚的天地——这次我又将征服了,我感到这一点;我将征服,可是得付出多少代价!我心里有一片空虚,这是艺术世界和你希望我发扬的理想主义所难以充实的(而这也跟许多别的事情一样,只是一场梦)。当我恢复力量的时候,我知道我将渴望艺术性的经历、旅行与活动。下一个月中,我指望威尼斯来使我平静些;但首先我指望着你的温情,我的朋友。可是你瞧,我今天简直用不能忍受的、关于我自己和我那些卑琐的小烦恼的唠叨来亵渎这温情,使你感到疲倦,而这些苦恼在普天下苦恼的大海中只是一滴水而已。请原谅我,我是个孩子——哦,请做苏瓦雷斯的朋友吧,我真爱你们两人!要是你们做了朋友,我会非常高兴的。

是的,他的心比我的心更有价值。我并不在毁谤自己的心,它还不错。可是在他的心中几乎有些崇高的瞬间。

我以整个心灵爱你,无论它价值多少。

R.罗兰

一八九〇年九月五日,星期五晚

说真的,以后我将竭力不再谈到这些了,或者尽可能少谈。

玛尔维达·梅森葆致罗曼·罗兰

亲爱的好朋友:

你已经感到你将征服,那我要对你再说一遍:是的,你将征服,你必须征服。(——)

我读着你在罗马的最后几天中和在旅途中所写的那些信时真喜欢;有时我在那些信中发现一种生气蓬勃的精神,几乎到了淘气的地步,这使我开心,而且发笑。(——)

所以我觉得有一种神圣的责任(同时心里也感到需要):应该尽我的一切力量在你激烈的斗争中支持你,我想看到你在这场斗争中成为征服者,一个高贵的征服者,除了对爱情的梦想之外还有别的抱负。爱的梦想是和这世界一样古老的。我们全都经历过;我们都得斗争,并且征服;请相信我,很少人能在实现他们的梦想时找到他们所希望找到的。有些人尽管经历了悲痛的深渊,却还能保持他们梦想中的理想之美，也许他们是最幸福的。然而，现在我知道我可以毫不拘束地对你说起你“藏”在心中的一切感情，因此我更满足了，我希望使我们联系起来的那种亲密关系会日益成为一种互相安慰与帮助的条件。(——)所以我希望我们能再在一起度过一个冬天；假如上天允许，我们将为自己创造一种美好的、十分高尚与甘美的生活，因为你如今仿佛是我自己亲爱的孩子了，我总得照顾你一些。我一直常常在梦想：假如有了一个称心的理想的儿子会怎样——好吧，现在我有了这样一个儿子了，我将要做一个忠实而慈爱的母亲。那么，鼓起勇气吧，亲爱的朋友，来看我，愈快愈好；这里一切又安静了，你绝不要过于反对言语。虽然你对歌德有反感，可是把他说得如此优美的话讲给一个亲切而会心的伴侣听，那还是可爱的：

能从世间退隐
——但不愤世嫉俗！
——并和知心的友人
安享幸福的命运，
那是有福的人们。
从未被人明晓、
亦未衡量或确知的事物，
通过错综纷繁的思路，
从混沌中逐渐清楚。

我甚至会使你喜欢歌德呢——今天可再见了。(——)我温柔地爱你。

玛尔维达

一八九〇年九月七日，星期日晨

不错，威尼斯会对你有好处的。

罗曼·罗兰致玛尔维达·梅森葆

亲爱的朋友:

明天(星期二)白天我们一定会来的;可是因为我不会有机会跟你谈话,所以还得写信。

明年我又将在罗马了,我对这抱着很大的期望。过去一年已经对我发生了那么大的影响!你无从想象在我沉静的性灵中所起的变化。我的性灵就像波涛汹涌的大海;而逐渐地,在罗马宁谧的气氛中,我驱散了阴郁,恢复了宁静,甚至不时激动我的狂热也像一股湍流,把沉淀在灵魂深处的渣滓冲向远方——同时我内心真正的生命,精神的生命则在艺术、大自然和至纯的热情的吹拂下苏醒了。我感到活力的源泉开始在我心中激荡;我因为感到了这点而快乐,又为了不能把它们显示给别人与自己而悲哀(因为一个人只能在创造的瞬间深刻地体会自己所创造的一切)——我将对你说起我的苦恼,我的另一种苦恼——我并不缺乏感受的能力;我相信在我心中有许多亟须发散的魔障。我想我也有理解力——能够鉴识各种事物和它们的缘由。然而我并不认识这些事物,这就是我所缺乏的;我不是用自己的眼睛或通过了自己的经验认识它们,而只是通过了别人。我的生活一直很贫乏——我的内心斗争不让我自由观察周围的一切,最近才好些;我对真实的生活猜测得多而认识得少。现在我需要认识真实的生活,为了在它之上创造一个更真实的生活。我的思想和我的情操就像一大群人造小孩儿①,急于生存,同时执拗地追求它们借以获得生命的形态。我想描述的各种理想的人格必须披上个别形态的外衣——而这是我最缺乏的,

① 原文是 Homunculus。按《浮士德》第二部:浮士德弟子瓦格纳于书斋中用中世纪炼金术制造"人造人"荷蒙库路斯,是一个在曲颈玻璃瓶内发光的胎儿,照着失了魂的浮士德,神游希腊。

因为我对个别形态的世界、表象的世界几乎完全无知。这种缺陷显得更严重,因为我不被纯粹的诗所吸引,而永远趋向生活——理想的生活,其中发展着真实的生活。我需要使我内心所有的情感具有客观性,赋予它们跟我绝缘的独立不羁的生命;但我对别的生命毫无所知,这就大大地妨碍了我。是的,我确信在我内部具有生活的本质,可是我不能掌握它的种种形态。

我在上面写了一篇小论文,我很抱歉;因为我正想批评席勒①在和歌德通信中所表现的"论文癖"。我最近在读他们的通信集,为了使自己得到些安慰。我读完这些信札后对两人都深深地尊重,可是很少感到真挚的情感。我所读的一切必须使我爱(或使我恨),可是我读这些信时没有得到满足。他们的艺术家气味太浓了。

我刚收到你的信;我一心一意爱你。请确信我永远不会辜负你和你的深情——是的,即使我屈服了也不会(要是我这次真的屈服了也一定不会)。

告诉苏瓦雷斯我在自己的生命中多么需要他。真的有没有一线希望让他到意大利来?

请爱我,有时请想起我,甚至常常想起我。

我温柔地爱你。

R.罗兰

一八九〇年九月八日,星期一晚

① 席勒(1759—1805),德国诗人与剧作家。于作品中热烈颂扬民主与自由;晚年专注历史与美学研究,任耶拿大学史学教授,为歌德挚友。然席勒刻画人物的定型化阻碍其创作的完美发展。马克思以丰富和生动的莎士比亚的现实主义对比而贬之。(参阅《瞿秋白文集》第2卷第1016页)

玛尔维达·梅森葆致罗曼·罗兰

亲爱的朋友：

(——)我完全了解你缺乏的是什么。尽管我过着活跃的生活,我还是缺乏这相同的东西。我想这一部分得归咎于唯心主义和一种太强烈的内心生活,一部分是外界环境的过失。可是我将用全部力量来帮助你充实这非常基本的需要,因为我在这方面有过一段悲惨的经历。是的,你一定要成为客观,为了达到这目的,你必须有一面镜子,那就是说,你必须有另外一个性灵,可以把自己的创作当作别人的作品来思考,从而能给它公正的评价。就是这一点使席勒与歌德的通信成为如此美好、如此富于启发性。这两个优秀的心灵成为彼此的明镜;他们互相通过了对方而评判自己,为了成就各种观念的完美的艺术性,这些观念是在性灵的亲热中所孕育的。看着年长的歌德倾听年轻的席勒的批评和议论而且遵从,这是动人而可爱的,我认为两人在通信中所表现的感情尤其值得钦佩——是的,以后你必须经常致力于外界和它各种形态的研究与观察。当歌德利用对外界事物的思考而逃避灵魂中的狂飙时,他正是遵循了这条道路;也正是这个方法使他达到了坐在你眼前的伟大女神所象征的宁静①,虽然这并未使他消除苦难或不再深刻地感受。但是他意识到在他前面的伟大任务——为德意志创造理想的文学,于是他为了这任务牺牲了自己的心和别人的心,不是粗暴地而是作为贡献的祭品;而且我确信,被他牺牲的别人中那些真正高贵的不会因此对他起反感,却能相当谅解。(——)

亲爱的朋友,把你的论文写下去吧,我恳求你;这绝不会使我疲倦,恰巧相反(——)。而且,请永远对我说到你自己,这是我最关心

① 指罗兰在上面信中屡次提及的赛李斯。

的，因为我无限地爱你。

M. M.

一八九〇年九月十日，星期三晨

罗曼·罗兰致玛尔维达·梅森葆

亲爱的朋友：

（——）你说得对，一个人必须使自己致力于外界以及它各种形态的研究。我对人类的观察被几个原因妨碍了：从童年起对于内心的专注、我的理想主义的奋斗、狭小的生活圈子；还有，要我告诉你吗，我在和大多数人接触时所感到的轻蔑，几乎是憎恶。

可是我热爱生活，但只在我内心感觉它。犹如在单元论的思想体系中，我愿意相信我的性灵以它自己的方式反映宇宙间其余的性灵。我在自己的内心发现并创造别人——我在心中听到人类汹涌澎湃的热情的回声，我的心感到这一阵阵动荡而震惊。可是显然，对于生活中活跃的一面以及各种事件的进展，总之对于行动的世界，我只是非常杂乱地知道一些而已。

这样，无疑地我将完全无力写一本现实主义的小说，即使我打算这样写的话。可是另外一件事吸引了我，这是普通的现实所不能提供的——我抱着最大的愿望要充实我内心的空虚；但是无论我干什么，很可能我将永远属于培根①所谓"蜘蛛"型的、用自己的心血来创作的艺术家——而不大会属于那些孜孜矻矻储藏外来资料的"蚂蚁"们——也不会像那些最完善的"蜜蜂"——他们从人间吮吸至美的一

① 培根（1561—1626），英国哲学家及政治家，伊丽莎白女皇时任御史；首先于论述中阐扬科学精神。马克思称他为近代唯物论的创始者，并说在他的哲学中，物质以诗的感性的光辉向全人类微笑。（见莫罗佐夫为俄译本《莎士比亚选集》所作序言内引）

切,从而酿成蜜汁。

歌德的名字在你信中一再出现。我很想答复你,却又生怕表达了我的全部思想后会使你痛苦。我已经看完了他们的通信集。当然,一个人在那气氛中熏陶后会摆脱每一种卑琐的性情和每一种畸形的才智——可是原来我希望发现更多的柔情、更奔放的感情。说真的,我从那些信中强烈地感到了两个智力,而不是两颗心灵——我不爱看席勒那样日以继夜地迷恋美学和精炼的技巧等问题。我不爱看歌德沉溺于哲学、科学和宫廷事务中——而且,我绝对不喜欢歌德的"思考"。他那种凝视就像十二月的太阳,它给你光,可又叫你冻僵;我在经历了歌德的彻骨冰冷后需要莎士比亚的热情来使自己温暖。况且,他那"渊博"的智慧并不包含人类性灵中几种最高尚的素质。这个伟大的异教徒对现代世界中多少事物都不能掌握啊!——为他的荣誉着想,我真希望他自己确实充分感觉过,并且受过苦了;但照我看来,他受的苦还不够,因为他从不放任自己,听凭苦难摆布。我绝不会信赖一个看透这世界的聪明人。你以为他一生下来就在准备一项伟大的任务,如果他因此有不可置疑的权利来牺牲自己的心作为贡献的祭品——他可没有这权利去牺牲别人的心①。在我看来,一个活生生的具有相当价值的性灵比最伟大的艺术品还可贵。我绝对情愿拿《塔索》和

---

① 罗兰责备歌德没有热情,没有充分感觉过或受过苦;这恐怕是罗兰年轻时的印象。其实歌德很富于热情,在思想和爱情上都经历过极大的痛苦,譬如:

歌　德:"《浮士德》永远印下了人类精神发展的一个特定时期,那时人类所受的一切磨难使他痛苦,他所不安的一切使他激动,他被他所憎恶的束缚着,被他的幻想兴奋着。"(见《海上述林》,瞿秋白译《歌德和我们》中引语)

歌　德:"我像鹈鹕一般用自己的心血喂养维特。这个形象包含了许多来自我内心深处的思想与感情……""这部书就如一团火箭。""我曾强烈地生活,恋爱,并受过苦了——事实如此。"(见埃格曼著《歌德语录》第33及34页,J. Oxenford 译本)

浮士德:当热情震撼我时,
我就寻觅适当的诗句,
表达深沉而猛烈的感情;

《埃格蒙特》①去换一个弗兰特丽②。我知道她自己同意被人家遗弃，因此我更要怪歌德了——你早已知道我现在对你所说的一切，你已经听过一百遍了；如果你不先提起这件事，我是不会这样写的。然而，我深深地惋惜我不能公正地评判歌德；他在生活和艺术中都过于是一个艺术家了。我情愿喜欢那些人——他们使生活和艺术各得其所。

然而我毕竟可以安慰自己的是：我永远不会像席勒在一七八九年致柯纳信中那样诋毁歌德。③我希望歌德的智力与席勒的心灵结合，那我就会爱他们两人了。亲爱的朋友，请警戒我永远停止诽谤吧，我不会再写给你这些可怕的话了。然而席勒和歌德常常给我这类例子——我不想看齐的例子；譬如，随便举几个吧，他们几乎爱好巴纳过于弥尔顿，又很不公平地批评圣柏纳或高乃依。

但在狂乱中无法找到，
就用强烈的感觉，
横扫广大的宇宙，
掌握最崇高的辞藻，
表达我内心的火焰。
……(《浮士德》第1部《大街篇》；Anna Swan wick 译本)

又如赢得千万人热泪、已成为世界文学中不朽诗篇的《纺车曲》(《浮士德》第1部)，这些都不是罗兰设想的歌德所能写出的。

至于“他可没有权利去牺牲别人的心”，则很正确。歌德自己的话即可佐证：

“弗兰特丽对我的永别信的答复使我心碎了。现在我才初次意识到她的悲痛，但又无法抚慰。我使一颗至美的心伤心到极点，而对于我说来，这是一段阴郁与忏悔的时期，又没有一次新的恢复精神的爱情(我已经习惯于这样了)，真是惨痛，不，简直受不了。”(见歌德自传《诗与真》英译本第3部第12卷)这简直是不自觉的自私了。

① 歌德据历史人物所作的剧本，塔索是文艺复兴时意大利诗人，被暴君迫害发狂而死；埃格蒙特是荷兰爱国英雄。

② 歌德早年的爱人，后遭诗人遗弃。

③ “我认为他是一个极端的个人主义者……那种慎重考虑过的行为是为了从个人主义中获得高度的享受。”(席勒致柯纳函，转引自勃兰兑斯作《歌德评传》第64页)但必须指出：这些是席勒初交歌德时主观印象，两人真正的友谊与相知是从一七九四年席勒邀请歌德同办期刊后开始的，此后席勒就认清了歌德的性格，予以赞美了。

我在纳罕:如果托尔斯泰与歌德生在同一个时代,他们彼此会怎样想?我的天哪,他们之间仿佛隔开几个世纪呢!而且,在歌德跟无论什么人之间永远是隔着几个世纪的。那当然是他的力量,但照我看来,也是他的弱点。歌德确实是一种理想的人。但究竟能确定他到底是一个人吗?——这次我不写下去了。其实我对歌德说了这么多坏话,只因为他一向是对我发生最强烈的魅力的人物之一(请问问苏瓦雷斯便知)——而我要反抗这种控制。

我一心一意爱你。

R.罗兰

一八九〇年九月十一日,星期四晨

玛尔维达·梅森葆致罗曼·罗兰

十分亲爱的朋友:

你在每一封信中都恐吓着不再写任何使我非常感兴趣的事情了,那就是说,不再抒写在你的灵智中活动的一切了。这样下去会使我们的通信贫乏,而且会破坏我们之间的亲密。相反的,我希望你把我看作承受你的各种情感和意见的忠实的蓄水池;倾诉情感的同时跟别人交换意见是有益的,谁都能自然而然感到这一点。我很高兴知道你的工作是“蜘蛛”型的,然而我在等待它变成“蜜蜂”式。“蚂蚁”们的工作也很有用,但对你这样富于创造力的天性并不适合。

我又要提起歌德了。你批评歌德与席勒的通信太冷。可是,亲爱的朋友,他们那时已经完全成长,他们再也不是青年了;他们的激情和热忱都贯注于他们的工作中，而且他们彼此深深了解[①]，所以只利用通信的方式来互助，从而在他们“蜜蜂”式的工作中尽可能达到最完善的境地。这不就表现了深切的友谊和温暖的关心吗？同时又能看到他们老是抱着温柔而急切的心情等候重新会晤的时刻，无论在耶拿[②]或魏玛[③]，他们相见时一定以无比的欣慰感受心灵与精神上的默契。此外，在歌德和汉布特一家人的通信中，我们又能体会到把所有这些人团结起来的深情。汉布特如此欣喜地讲起他跟歌德以及席勒一起度过的时光；他在席勒逝世后多么情感洋溢地写信给歌德，说到这友人的死亡必然会在歌德生命中留下绝对的空虚。从他们的通信中又能看出鼓舞他们大家的理想：他们感到自己担负着一种使命，要创造一种理想的文化，建立一个灵魂的国家，这也是我们所期望的；而在这些崇高抱负的境域内所遭受的沉痛失望比他们个人的烦恼更痛苦，虽然这些烦恼也非常大；一般人以为歌德对自己的妻子只有一些游移的情感，但甚至她的死也在已经年老的歌德心中留下深深的悲戚（他在写给亚历山大·方·汉布特的凄恻动人的寥寥数语中流露了这心情）。可是歌德不会让自己给悲伤压倒，因为他要完成一项伟大的任务；假如他没有在群众面前流露悲哀，那是由于伟大灵魂的谦逊，他们在最剧烈的痛苦时独自往橄榄山冈[④]上祈祷，甘愿吸饮苦杯。挚爱的人死后，他在彻底的孤寂中退隐数天，独自陪伴自己的心灵，那时谁能确知

① 歌德与席勒彼此的深知：

歌　德：“席勒的才能最善于创造理想性的人物。”“他所有的作品中贯串着自由的观念。”“……席勒的高尚而热烈的理想主义。”（以上见《歌德语录》第156页及158页）

席　勒：“歌德从感觉的世界中撷取太多了，我则从灵魂中吸收。他描述一个观念时采取太具体的形式。”（J. G. 罗伯逊教授为《歌德与席勒通信集》所作序言内所引）

② 德国中部城市，有著名大学，席勒于此结识歌德。

③ 德国中部城市，歌德中年后长期卜居于此，任公爵府枢密大臣多年，并与席勒经营剧院，蔚为文坛重镇，一如拜罗伊特之于瓦格纳。

④ 耶稣在遇难前几天，白日于耶路撒冷神殿内布道，晚间则至城外橄榄山上祈祷免灾。

在他灵魂中流荡的一切呢?① ——不错,他的遗弃弗兰特丽是唯一该受责备的事;但他那时很年轻,又有许多使人脆弱的环境。而且,假如弗兰特丽成了他的妻子,她是否会成为他在格蕾琴②的形象中所描绘的理想人物呢?谁说得定?他创造了格蕾琴,又在第二部结尾时描述了她比浮士德先入天国,然后来迎接他,这就给了她不朽的

① 从这一段和前面几节中所谓"建立一个灵魂的国家""歌德利用对外界事物的思考而逃避灵魂中的狂飙"等看来,梅森葆似乎以为歌德是一个唯心论的宗教信仰者。这是浮浅歪曲的看法。由于社会历史条件的限制,歌德思想中确实残留着唯心论的余波,甚至神秘主义的阴影(参看《浮士德》第1部《丛林与岩窟篇》)。但正如马克思在《关于歌德》中所说:歌德的性格是非常能动的;他的气派、他的精力、他的一切精神倾向都使他面向于实际生活(见《科学的艺术论》,楼适夷译本第58页)。他的作品中密布着:

坚实的唯物论与清醒的现实主义——

"这钥匙,
不是还在我掌中?
它引导我,
通过荒漠、通过波涛、通过孤独,
来到这坚固的海岸;
这里是真实的土地,
我站定了脚跟……"(《浮士德》英译本第2部《灯影朦胧的骑士厅》)
"所有我的诗都是有根据的,都取材于现实生活,并在其中扎下牢固的根。我无中生有的诗认为毫无价值。"(《歌德语录》第8页)

对行动和生命的礼赞——

"我赶紧在行动中体现我的思想……"(《浮士德》第2部《夜半篇》;浮士德盲目后)
"年轻朋友,一切理论皆灰色,
唯有黄金树——生命则常绿。"(《浮士德》第1部《书斋篇》;魔鬼梅菲斯特之语)

就是这些执着于现世及人间的积极思想和忠实于生活的现实主义创作方法使诗人能在一定程度内超越阶级偏见,通过光辉的艺术形象,创造出概括整个特定时期中社会生活的本质与面貌的史诗。至于他对宗教的疏远则从一句话就能看出:

"假如我没有教堂内清晰具体的浮雕,我真不能描写宗教了。"(《歌德语录》第60页)

② 歌德在《浮士德》中所创造的纯真少女之不朽典型。

补偿。

也许,假如他在方·斯达英夫人婚前早遇见她,她可以作为使他的天才自由发展的女人,但在她的性格中也没有足够克己的气质。附上一些我认为很俊美的诗句,是关于维特的绿蒂[1]年老时的一帧照片。我似乎觉得被歌德恋爱过的回忆一定会使任何生命理想化,我很懂得为什么单纯的弗兰特丽永远没有结婚。

我温柔地爱你。

M. 梅森葆

一八九〇年九月十二日,星期五晨

要是天气变得可怕,我们就不盼你来了。你能不能把晚餐延迟这么一次,晚半个钟点呢?那样你可以不必着急,在六点零五分时回去了。

罗曼·罗兰致玛尔维达·梅森葆

亲爱的朋友,我承认我在抨击歌德时夸张了一些,其中一部分动机是想使你为他辩护,这样我就可以得到新的理由去爱他。因为无论如何我还是爱他的,即使我表面上好像并不。而且他的艺术家品质比他艺术的魅力更一直吸引着我——同时又使我厌恶。是的,我真可以用凯特勒思[2]的话形容他:“Odi et amo。”“我爱他,又恨他。”轮流地、

① 歌德成名作《少年维特的烦恼》中女主人公。

② 凯特勒思(前87—约前45),古罗马诗人,擅各体诗,予奥维德及贺拉斯等后人影响很深。诗人热恋执政官赛勒之妻克洛蒂娅,遭弃,愤而作诗。罗兰此处所引即诗中名句。

连续地,有时也同时地。[①] 他表面上的冰冷从未使我变冷。我很高兴席勒讨厌他——在学会温柔地爱他之前。[②] 我了解这样一个人能激发两种相反的情感——我不敢在谈到歌德时运用“个人主义”这名词,这会显得完全不恰当。我十分确信他受过深重的苦难;假如我爱他,那是由于你说得那样好的“伟大灵魂的谦逊”。他写过些简洁的、没有被一般人觉察的短句,人们在其中能感到一些凝集了情感、爱与哀愁的宝藏——可是不管这一切,他使人痛苦,而且是存心地——用了他的理想的名义,用了他要完成的任务的名义。我责备他的智力甚于他的心灵。我敬仰他的牺牲自己——可不佩服他的牺牲别人。也许有时这是必需的,但从来不是美好的。

(——)

完全撇开历史的问题不谈,我现在正生活于文艺复兴时代中。怎样一个生命与热情的强有力的源泉啊!甚至莎士比亚都没有耗尽它的一切潜力。但为什么席勒——或者歌德——没有被这时代吸引呢?因为事实上,《埃格蒙特》和《玛丽亚·斯图亚特》[③]几乎都没有任何文艺复兴的特征——在我们法国人中间,维克多·雨果[④]和他那一派只

---

① 由于歌德所处的复杂的历史环境和社会条件以及阶级矛盾的存在,他的性格和作品中也充满了矛盾。他自己就说过:“在我胸中存在着两个灵魂,渴望着互相拆分。”(见《浮士德》第1部《城门之前》)他的作品中交织着乐观精神与深沉的绝望、刻意自制和激烈的骚乱、对统治者的阿谀和对劳动创造的预言。当然罗兰会对某些爱,对某些憎。譬如歌德跟封建势力的妥协和庸俗的“老成持重”,就绝不能为日后痛斥帝国主义屠杀的罗兰所同情。

② 席勒曾说:

“……他在我心中唤醒了一种古怪的又恨又爱的感情……这个人,这个歌德,永远挡住了我的路,他常常使我想起:命运对我太严酷了。他的天才如此轻而易举地使他超出命运的掌握!而我却不得不奋斗到最后一息。”(引自1789年席勒致柯纳信,勃兰兑斯作《歌德评传》第64页)

后来又赞道:

“歌德的《威廉·迈斯特的学习时代》是平静而深刻,明澈而可解如大自然,它活动着,存在着,一切都表示着心情的美妙的平衡。”(《歌德与席勒通信集》序言内所引)

③ 席勒采苏格兰女王史实而创作的剧本。

④ 维克多·雨果(1802—1885),法国诗人及小说家,颂扬自由的民主主义者及人道主义者。

被当时的服装、魔力、背景和形形色色的谋杀所魅惑——可是那个时代中确实有光辉的、必须重新活现的人的力量。

我一心一意爱你。

R. 罗兰

一八九〇年九月十三日,星期六晨

罗曼·罗兰致玛尔维达·梅森葆

亲爱的朋友:

我希望你不会因为我这样常常写信给你而生气。这些日子来我心里在发热(一种有益的病),一种对生命与活动的热忱;而因为它不能在行动或说话中发泄(我的天性不能这样做),就只能在思想或写作中达到这目的。此刻我的小舟又在驶上浪头了,你已经看见我在波浪下挣扎过好多次;我恐怕很快又要沉入旋涡,可是这并没有破坏我眼前的欢乐;洪水把我冲向前去,而我永远生活在目前。

我不但景仰意大利文艺复兴运动中丰富的题材,而且景仰它丰沛的生活。那奇妙的时代不仅是各种传奇式和戏剧性阴谋的宝藏,而且是激情的醉人的源泉。生活如大江,挟着辉煌的自由与丰满的气魄,奔流泛滥。健康而灿烂的生命,恣意活跃。我非常崇敬《塔索》,可是我得到的印象完全不像文艺复兴时代,毋宁说是十七世纪意大利的风尚;尽管它有魅人的气氛,全剧还是显得"笨重地豪华",仿佛一所模仿路易十四[1]时代式样的罗马别墅。其实这跟卡斯蒂利奥内[2]描述的理想社会是有些关系的。可是首先,我得坚持说欧比诺的宫廷在那个时

① 十七世纪法国君主,奢华好战,大兴民工建凡尔赛宫。

② 卡斯蒂利奥内(1478—1529),意大利外交家及作家。《侍臣论》为其名著,描述文艺复兴时代所谓理想的"君子风度"。

代中是相当例外的;这是净化的、纪律化的、冰冷的文艺复兴;我又认为朝臣的风貌显然被作者的情趣变样了;最后,我感到无论如何这只是那时代中世俗的一面。文艺复兴时代的男人和女子不仅是沙龙或别墅中的人物;他们并不把大部分生命消耗在细致和深刻的谈话中。我对他们生活中有关智力的一面才感兴趣——但也许还不及热情和行动的一面。为了使我的意思更明确,我想把《塔索》和莎士比亚的《罗密欧》或马基雅维利①的《卡屈勒秋·卡司特拉加尼》对比一下。

我已经结束了对贝多芬生平和遗文的研究。我给自己作了一本关于贝多芬的袖珍本(就像我曾为莫扎特所做的那样);我想使他的灵魂复活,为了更好地了解他,更爱他。我已经得到一些使我非常惊喜交集的成果。当我不公正的天性只愿钦佩贝多芬的最后几首作品而对别的都不欣赏时,我觉得我没有完全错,他在晚期的创作中使他狂热的强力为他的灵魂服务,这灵魂已经在他暮年平静的心境中成为镇定而纯洁了②。他自己不就在一八二四年九月时写过:“当我回顾我的作品时,我似乎感到自己只写了几个音符。”要我对你说我自己的感想吗?——他甚至还没开始写这些音符呢,是的,在《D大调庄严弥撒曲》中,在《合唱交响乐》以及最后几阕四重奏中,他只为他内心的、没有给予我们的真正的“作品”草拟了几个音符。我们所认识的他的天才跟他心灵中真正的天才相比时不过是牙牙学语的孩子而已,他感到那天才在心中活动,但来不及赋予它生命。这个世纪中最大的不幸或许是人们丧失了那《第十交响乐》,他几乎已经在思想中把它完成了。他说他在这首乐曲中企图“实现现代与古代世界的和谐,犹如歌德在《浮士德》第二部中尝试过的”。那些引录贝多芬这几句话的昏庸批评家并不了解它们,可是,亲爱的朋友,你和我能领会这简短的话中含

① 马基雅维利(1469—1527),文艺复兴时代意大利政客、作家及外交家。著有《君主论》,详述野心家如何借狡诈、残暴及阴谋而夺取政权的理论与实践,实为专制政治的帮凶、军国主义的先声。

② 罗兰在前面信中所说的钢琴奏鸣曲内慢板章即反映了这种纯净的风格。

蓄的一切崇高的诺言——你是否觉得,直到今天还无人继续贝多芬的工作？严格地说来,可以承认瓦格纳在贝多芬完成《第九交响乐》而离去时接替了他,但瓦格纳绝不是为了创作《第十交响乐》才这么做的,而是为了表现他个人的、属于他自己的艺术,而他是一个富于独创性的天才,不怎么像贝多芬①(他自己不是这样说过吗?)而更近于莎士比亚。贝多芬所梦想的艺术还没有创造出来——所以让我们自慰吧,亲爱的朋友,艺术还没有这样快地完成任务,因为还有如此伟大的作品需要创作——而以后必然还会有别的。啊,我能设想未来的天才还将写出怎样伟大的音乐啊！他们会来的,请确信吧,因为他们能来。存在的,存在了。可能存在的,将要存在。

今晚我和妹妹一起奏了《田园交响乐》,尽管目前有许多人贬损它,这乐曲对于我还是十分亲切的;我在弹奏时忽然悟到,为什么贝多芬在"溪边"一章中散布了模拟水声鸟音的效果。于是我恼怒了,因为那些批评家全都那么狠心,他们或多或少带着些俏皮味儿,申斥那些似乎幼稚的效果。相反,这是世界上最动人的事情;那时他已经耳聋好久了,好多年来,大自然对他说来只是看得见的景象而已,他已经听不见那些沁人肺腑的和声,他如此热爱的鸟鸣了,假如贝多芬想听到这些,那唯一的方法是为他自己歌唱,在他自己的作品中演奏大自然的音乐会——真的,当我再听到《田园交响乐》中夜莺的序曲时,我绝不会再笑了;因为我将记得他没有听见这些,同时我仿佛感到紧接着

① 瓦格纳有贝多芬的雄伟而较暴烈,不那么纯;有其深邃而格卑,近于粗厉(如《特里斯坦与伊瑟》);当他于乐曲中沉思时则几乎玄奥(如《帕西法尔》);而贝多芬即使在宗教性的《庄严弥撒曲复活篇》中也富于人间性。两人性格亦迥异;贝多芬是"彻头彻尾富有民主精神的人"(皮克总统语,《贝多芬新论》,第6页),而瓦格纳则沾染着"虚伪的理想主义"(《约翰·克利斯朵夫》,平明版第2册第41页)。先是瓦格纳知己、终于绝交的尼采曾对他下过精辟的评语,"精微之至而非充沛,颓废而非伟大""他是一种毒药……直至今天我尚未找到一部作品,具有《特里斯坦》那样危险的魔力,那种可怖而甘美的无涯性"。(尼采自传《瞧！这个人》第1章第7节,第2章第6节)这跟罗兰后来于"音乐在通史上的地位"中所说:"这位专横而危险的大师""这个先驱者宣告那黩武而神秘的德意志帝国的来临"等是不谋而合的。

这支歌、终结全曲时幽美的婉音是一声叹息。

怎样一段冗长的关于艺术的絮语啊！过些时我再说下去——明天是星期一，我将在故纸堆中消磨一天，早晨在国家图书馆的稿本室中，傍晚在档案处。假如我什么都考证不出，那我要在晚上惹怒每一个人来出气。当我费掉了好多时间，结果却发现什么都不在干，而且没什么可干时，我最生气了。

再见，亲爱的朋友，我无限地爱你。

R.罗兰

一八九〇年九月十四日，星期日晚

罗曼·罗兰致玛尔维达·梅森葆

亲爱的朋友：

那天我奏的慢板（作品106号）使你得到了快乐，那么我算成功了；可是我得奏完两页才真正参透它的精神。你说贝多芬听了会感到满意。是的，除非他一拳把我打到钢琴底下。这就是他的作风，这个亲爱的家伙。我终于从他的生活和信札中重新建立了他的性格与灵魂。现在我有我的贝多芬了，犹如我已经有了我的莫扎特。一个人对他所爱的历史人物，对那些仿佛作为一个完全的整体而发展的人物，都应该这样做一下，因为他们死后这种发展就绝对终止了。对于活着的人说来则每一分钟都带来一项新的事物；一个人必须经常突破他已经造成的藩篱而使它更扩大。

我正在用文艺复兴和莎士比亚来充实自己。昨晚我把《悉听尊便》[①]念给我妹妹听。今天则读了《理查三世》[②]。这个人的创造力简直超人！他具有鲁本斯那种豪放的丰满以及欢乐而灵敏的才华，同时

① 莎士比亚作喜剧。

② 莎士比亚作史剧。

又有贝多芬的一切深邃的激奋。他的每一个剧本中都有五六出戏和喜剧的素材。他独自一人描述了生活的悲喜剧,比所有其余的人都描述得更多,但是,要说明他没有说出而只愿思索的一切却须比他所写的长两三倍;而他对那些在阅读时能同时运用性灵与眼睛的人则以一个字、一个笔触、一种姿势来讽示。[①]（——）

我在过去五年中所过的生活实在是独特的;我很少遵循那句拉丁古谚:“Age quod agis”,“作汝所作者”。我老是做别的一切。虽然这么说,要是我没有这样好的父母,那很可能我不会让这矛盾延续这样久的,因为我不愿意使他们惊吓或忧虑。假如他们不担心我的前途,那我自己绝不会担心。亲爱的朋友,我爱吃糖果(尤其是巧克力,罗马式的,你知道),但有时我能吃生活中最苦的东西,还过得挺好。可是,不行!为了我的家庭,我永远不能让自己这么做。我真不幸,是吗?

嘲笑我的怪想吧,然而其中有真理。

我一心一意爱你。

R. 罗兰

一八九〇年九月十八日,星期四晚

罗曼·罗兰致玛尔维达·梅森葆

亲爱的朋友:

(——)请不要诽谤已经过去的暴风雨[②]。它激起了很多在我灵

① 歌德曾论莎士比亚(可与罗兰的论点互证):

“莎士比亚展示了人生中一切动机,并且都表现得这样自如,这样得心应手。”

“莎士比亚已经写尽了整个人性中所有的倾向、所有的高度与深度。”(《歌德语录》第31页)

“我看过第一页就终生成为他的信徒了。我读完整个剧本后一动不动地站着,犹如天生的盲人刹那间被某种神奇的力量恢复了视觉。”(卡尔·勃鲁尔作《浮士德》序言内所引)

② 指罗兰对葛拉齐亚的热恋,他在梅森葆家与之邂逅并爱上了她。

魂中酣睡的深沉的情感。我过去把自己练得太理智了。这阵风暴又教了我怎样在这个世界中生活。这是一件不幸的事,但结果是良好的。我原来已经感到有些厌世。现在却不同了。一个人为了这人间而受苦,同时又操纵着艺术,他就忽然会感到需要通过艺术而征服这人间。一个人在通过欢乐或哀愁——无论哪一种——而对生活发生兴趣以前是不会感到这种需要的。

就如我那天对你说过的,我正感到苦闷,因为我什么都没完成。这是我的处境和我对艺术的观念中最好的因素造成的自然而又恶劣的结果。我非在内心感到迫切需要和具有热烈信念时不愿写任何东西——而且还得在我感受的一刹那间立刻就写——因此我写的都是片段,而且不想把它们联系起来。我并不把艺术看作生意经,同时又没有什么(除了自己的欲望)在催我完成,所以我什么都没完成。此外,在艺术中,犹如在别的一切中,我最喜欢挑选精美的。当我还是一个孩子时,人们在下午给我吃点心,我老是剩下面包,光吃果酱。现在,当我被一个主题吸引时,我一开始就描写主要的情景并且沉醉在里面,而得到很多愉快,以致后来其他一切都显得贫乏了。我需要像孩子似的被人责骂。啊,我的性格多丑恶。可是我不爱被人责骂。

再会,亲爱的朋友,我一心一意爱你。

R.罗兰

一八九〇年十月十一日,周末黄昏

玛尔维达·梅森葆致罗曼·罗兰

(——)不幸你现在要以为我想责骂你了,可是我必须对你说:假如你已经动笔,而且在一会儿以前还觉得满意,结果却不能完成,那对你是不好的。你的艺术创作理论所根据的原则是唯一的,无论它是否生意经。然而艺术不应该就此停留。只有克服了你本身的厌恶,你的艺术才会胜利(因为这是根本的原因:当灵感所产生的神奇的才智已经消失时,你就会讨厌做任何努力),同时这胜利也由于一个整体的创造,它甚至能和谐地吸收次要的事物,并且被它们推进。我这么建议:把你的稿子交托给我(你应允过我可以在罗马读它的),我将在你离开后才读,这对于我是一种补足;你回到罗马后,我就还给你。我发誓绝不给任何人看。就这样,乖乖的,听话吧,你会使我很高兴的。以后我再告诉你要不要写下去。你会了解:完成一篇在灵感中开始而在痛苦中结束的作品将是怎样一种欣慰。记住贝多芬和米开朗琪罗所费去的劳动的时刻,同时最要紧的,别以为我想责备你。还有,别浪费钱,亲爱的朋友,想想陶密那和威尼斯这些地方吧。要是我不能再看到你,请替我向意大利致敬,并请相信:我的思念在追随你,我温柔地爱你。

M.

一八九〇年十月十三日,星期一清晨

罗曼·罗兰致玛尔维达·梅森葆

亲爱的朋友:

可是我没说我不要完成呀。我首先说,一般地说来,我不完成什么;其次,现在我不想写下去,因为我创作每一幕时都得一口气写,而要是我在今天动笔写一幕,那不是我的旅行会打扰它,就是它会打扰我的旅行;我将写出些不是一气呵成的东西,否则就不能欣赏在巴黎至罗马的旅途上等待我的艺术性观感了。事实不过如此——当然,一个人必须坚强,克服本身的厌恶和疲倦;但是,当心灵没有被诚挚的信念彻底渗透时,也必须这样做吗?我想不,一个人必须不管身体的软弱而坚强,而不是不管灵魂的软弱;否则很可以在一页纸上涂满习字了,这值得赞扬,可没有艺术性。

我很想乖乖地听话,可是请先听我说:我已经写成的是第二幕。这单独看来并不怎么吸引人。要是你不喜欢它——你就不会告诉我,而这样我给你看也没有什么意思,除了毫无补偿地使你失望——或者你会对我说:别写下去了;可是我要写下去。于是我将再陷入孤独,直到找着另一个可以生活的世界为止。

我又要去看苏瓦雷斯;过去六个月中,我把自己的内心生活对你显示得很多,对他却流露得很少。我要跟他在一起待两三天,天知道我们以后什么时候再会相见呢。我们分离时老是觉得可能永别了。我只有一份目前所写的稿子;我要给他看我达到了什么地步,期望些什么,我在经历些什么,已经经历过什么。他跟我分开一年了,在这期间,他和我的灵魂没有融合;用音乐的术语说来,我要把他再引入相同的"调子",至少得一年。我答应你不但可以读这一幕(我并不说你将要读,恐怕它会使你厌倦),而且可以读我所写的一切;而我从五月以来实在写了不少东西。

可是你知道,你绝对可以责备我,甚至严厉地教训我。你说的一切我都爱听。

(——)

R. 罗兰

一八九〇年十月十三日,星期一午后四时

玛尔维达·梅森葆致罗曼·罗兰

亲爱的朋友:

(——)保持这种对工作的热忱吧,即使你初期从事的工作是索然无味的;这样你就会更好更快地成功。不要让任何别的影响趸入你心中,要使自己完全致力于你真正个性的发扬,并且确信将来一定会有幸福,假如你是通过了那种充满信心但无虚荣的优越感而站在生活的岗位上,因为这种优越感的目标不是倒退,而是永远向前,向着顶巅。可是我为什么要对你说这一切呢?你自己一定很清楚。我想在你身上看到我一直在梦想的、可是在当代的青年中很少发现的人物,就是这种欲望以及发现时的喜悦促使我说了这些话。(——)

请向我喜爱的城市致敬,并在那里等候你的朋友,她亲密地爱你。

一八九〇年十月三十日,凡尔赛

罗曼·罗兰致玛尔维达·梅森葆

我的亲爱的朋友:

我在内心嘀咕了又嘀咕。各种观念和形式在脑子里萦绕,我不得不把它们紧闭着,为了专心工作。当我再能想起它们时,谁知道我还能否找到它们?可是我还抱着希望,因为从我的假期一开始,我的灵魂就几乎一直被内心生活中欢悦的暖流抚慰着,催促着,载向前去。可是我真想立刻委身于它!我对自己说了又说:"忍耐些,自由快来了。"快来了?还远着呢。甚至能不能确定这个"快来的"希望究竟会来吗?亲爱的朋友,你知道我的天性喜欢抓紧目前而生活,你能够了解:要我等待未来是多么痛苦的拘束。

但是我在好好控制自己,而且主要地在于我目前想干的事情:我在慎重地细阅教廷委任大使亚西奥卓列的信札,我想写一篇关于这题目的小论文;但在工作时,我不由自主地一只眼睛看着书,另一只却向我内心深处注视,盼望那姗姗来迟的"快来的"自由;这是不幸的,这使我半闭着眼睛。我向你保证,我在尽可能致力于学校的工作,但使我苦闷的是:无论如何这将是平庸的;我清楚地看到这一点,因此而发怒了。

啊,你要我喜欢歌德是绝对麻烦的。我在容许自己休息时,就每天读他的作品(正因为他不能使我轻松)。我觉得跟他多隔膜、多不同啊!使我最激动的一切,他都没有歌唱。况且,他自己绝不激动。他是一个精致的享乐主义者、一个计算欢乐的数学家;他从来不错过一滴乐趣,而且永远在提炼。此外,他只充满着自己;假如一个人不喜欢他,那还有什么可留恋的?最后,你会承认:纯粹的诗从未吸引过我;我读优美的诗时能感到喜悦或敬佩,可是我从未感到要跃入它的源泉,我似乎觉得在每个珍贵的性灵中以及大自然的发掘不尽的灵魂中都有如此丰富的诗意,实在没有理由再到书中去追求了。不,我需要的不是诗,而是生活;我的整个灵魂一向属于那些掀起人类汹涌澎湃的热情的人,属于莎士比亚,属于瓦格纳,尤其是莎士比亚,他的灵魂溶化在他所创造的宇宙中了——除非有人能证明我是错的,我将在歌德的作品中只看到一个灵魂、一个生命,是他自己的,而且过于是一个艺术家的生命,不够坦荡,太矫饰,使我不得不更爱莎士比亚笔下最渺小的可是自由的生命。他们至少不注视自己生活。他们就是生活。我在德国戏剧中找不到一个独立不羁的人物和一个不通过作者的才智而思想的灵魂。而要是我不喜欢那作者呢?——使我喜欢那作者吧,我恳求你。因为我绝不会同意《塔索》《埃格蒙特》《唐·卡洛斯》和《华伦斯坦》[1]等等是真实而富于戏剧性的。

你不生我的气吧?我这样坦白地对你说了我的一切感想。

(——)

我妹妹在没看到米希莱夫人的小猫前已经热情洋溢了;我自己却惋惜这儿没有一只像它那样眼睛美妙、咪呜咪呜的小猫儿陪我呢。我很高兴在热那亚看到了老陶里亚和跟着他的灰斑猫[2]。

再见,亲爱的朋友,好好照顾你自己;你最近好像不太健康。我一

① 前面两部是歌德的历史剧,后面两部是席勒的剧作。

② 这是指一幅画。——原注

心一意爱你,请向蒙诺先生和夫人致意。

罗曼·罗兰

一八九〇年十一月十六日,星期日晨

玛尔维达·梅森葆致罗曼·罗兰

亲爱的朋友:

我刚看完你的第一幕。啊,亲爱的好朋友,我必须告诉你:你是一个伟大的诗人。请给我这愉快的权利,让我第一个告诉你。我知道在目前这对你没有多大价值,你一定看得很淡;我了解一切,我跟你一起感觉,为了你而感觉。但是伟大的诗永远是在深沉的痛苦中产生的;这是一种神秘,也许是所有的神秘中最动人的;正如塔索所说:

> 人在剧烈的痛楚中沉默时,
> 神就感召文字,倾诉悲思。①

这一幕是完美的,什么都不应该更动;作为对以后情节的楔子,它具有最高度的艺术性。李昂纳度的讲道仿佛一颗混合了诗、哲学和情操的宝石。所有的人物都经过精心构思,而一个又高雅又不合理的社会之绮丽多彩的场景已经包含了这剧本的每一颗萌芽。请深信:它使我喜悦,甚至在我没有想到这是你的创作时就感动了我。假如我不认识作者,我的评价也是这样。由于上帝的赐福,我们等了这样长久后又得到一个诗人了,多幸运呀!

我悲哀地预感到你想离开罗马——但我可以忍受,假如这对你有益处,假如它对你内在的必须发扬的优秀天才有益。

---

① 见歌德所作诗剧《塔索》VV,3432—3433。

明天我会看到你了,是吗?

啊,我从心坎里爱你!

M.

一八九〇年十二月十六日,星期二午后三时

罗曼·罗兰致玛尔维达·梅森葆

亲爱的朋友:

我对昨天我们谈到的某些事情不太清楚,我想请你解释一下。

首先,在你对我以及我的前途的关心中好像有一种矛盾,我对这点不很了解—— 一方面,你相当喜欢我的作品,而且赞扬了我,也许赞得太过分了。可是另一方面,你又想象以后我会致力于艺术之外的事情。你承认明年我可能放弃所有这些艺术性的钻研,而从事一种具有硬性规律的日常工作。你几乎劝我这样做了。那么,你是不是认为我在那里比在我愿意选择的岗位上更适合?请你告诉我,你在这方面以及所有其他方面的想法,不要有任何顾忌,也不要让你对我的友谊影响你的意见。

还有一点。你说:“我不想催你。”然而你还是这么做了。我也想赶紧。可我不是在赶紧吗?我在过去三个月中没有浪费时间。此外,你对我还有什么要求呢?你期望些什么?另一个剧本?再写两个剧本?还是别的什么?假如我要完成一项确定的任务,建立一个信仰,达到一个唯一的目的,那也许必须赶紧。但我绝不会只想到创造艺术作品。而在目前,我甚至根本不会想到这点,我只会想到生活,以及在艺术的梦想中实现我希望经历的千万种生活,因为它们使我感兴趣,而我自己的生活使我厌倦。所以,你为什么认为我应该赶紧呢?假如有人对我说明年我就要死了(事实上我从童年起一直想到死亡,曾经为之感到十分痛苦,现在却完全坦然了),是的,即使我知道自己在几个月内就要消失,我也不会为了这原因加快一步来完成我的任务；我不想匆匆地表达我内心的一切，我不想在身后多留下一两部作品。这有什么用处？一个人所写的算不了什么，只有写作时的愉快或安慰才可贵。你知道我的艺术理想一直是靠近莫扎特而离贝多芬较远的。一株树不会处心积虑地想到它所结的果实；假如有一种树想结成灿烂的果子而耗尽心血，以致枯萎，那将是一个怪物了；它必须在愉快的和平中滋长，完全沉浸在它生命线中奔流的欢乐的脂液中；它不怎么关心所结的是什么果实，然而它将只结美好的果子，假如它的树种是美好的，假如它的根扎在沃土中。心急有什么用？当然，要是我认为艺术可以在世界上发挥真正的作用，那就不同了——可是我根本不这么想。此外，这个世界也会完的，就像我们自己。而当它完了的时候，那所有这些个和那些个还有什么用呢？——啊，我想起瓦格纳的信念了：艺术表达得最好的是人生惨绝的卑劣性，是那"缺陷"，我们内心的大缺陷，什么都填不满的无穷的空虚；而艺术家是一个神，他给神明显示了他应该做到而没有做成的。

昨晚所有这些思想在我脑子里冲撞，现在我刚醒来就把它们写给你。不要在这些话中发现去年那种不健康的"厌倦"的迹象。我现在渴望行动；无论我怎样想，无论将来怎样，我将永远行动——只要我活着。

我温柔地爱你。

罗曼·罗兰

一八九〇年十二月二十三日，星期二晨

玛尔维达·梅森葆致罗曼·罗兰

亲爱的朋友：

昨天你说了最后那番话就匆匆去了，我来不及说出我想说明的一切，现在我得说了，为了表示彻底坦白；因为我不愿再看到那种痛苦的沉默，它掩饰了被压制的情感，还有那种害怕宣布某些名字的心情，等等;总之,我不愿看到所有那些在过去使我受到十分痛苦的事情。

我在等待那必然到来的时刻,我有些怕,可是我还抱着平静的希望,希望秋天的胜利[①]会持久,天才的伟大热情的苞放将保卫你,使你不受抒情的狂热的蛊惑。我无从形容我在读你的作品和看到我的梦想实现时所感到的喜悦;这是一种十分纯粹的欢乐,我的灵魂给照亮了,我对你的温情加深了。这梦是短的,它已经完了;我不会再让自己成为一个幻象的牺牲者。假如你用那种我认为终于在我们之间建立起来的亲信,简单地告诉了我那天的偶遇[②],我会懂得它一定怎样影响了你,可是我会深信它不能再扰乱你与你的天才。可是你没有告诉我,甚至昨晚我给你方便时你也不说,这无可争辩地证明了昔日的魅力又得势了,它将在这整整一年中捕获你,而我对这一年曾怀着这样大的期望;得可能这一切将和过去一样在深深的痛苦和抑郁中结束,而且,至少对我说来,它将使你的才华好久不能盛开,而这是我在离开人生的大舞台以前如此渴望看到的。我已经相当了解你,我知道你会完全生存在这苏醒的激情中;在它的阴影下,你的工作不会再成功,不会再满足你;尽管你外表平静,你的内心将只为一件事所占据,此外什么都不能使你发生兴趣。这是每一颗心的历史。我则期待过一个天才的历史。现在可完了,结果是生命中又一次失望,而不是崇高的共鸣。但为什么要求比贝多芬更高的?昨晚我才领悟了他生命的戏剧。

你知道我对你的同情是永恒的,我将永远深深地感激你,为了你的演奏所给我的好处。但是我先要对你表达我的全部思想,使我们之间的一切都清楚明白。以后我跟你谈话时不会再在心里保留什么,我将提及我们一直避免说起的名字,仿佛这是很普通的事情。就这样,我将在明天怀着不变的情意等候你。

一八九〇年十二月二十三日,星期二晨

---

① 指罗兰那时克制了初恋的狂热。

② 指罗兰与“葛拉齐亚”的再遇。

罗曼·罗兰致玛尔维达·梅森葆

我的亲爱的朋友：

我母亲已经把稿子转交给蒙诺先生了。她似乎觉得，他对我的计划不像你从他信中看出的那样赞成。他还是很好，很和善，但我看得很清楚；我也会在那方面遇到阻力的。下面是母亲信中的几节：

> 蒙诺先生不肯同意你在目前放弃教书的想法，而且他认为你想专心致力于文艺是非常鲁莽的。我从他的话中能清楚地感到，他以为自己跟我一样在道义上有责任来阻止你走上一条这样困难的路。他告诉我：要是你不愿意当教师，他替你想不出别的主意；同时，潘洛先生会对你的逃避非常恼怒的。
>
> 他让我知道他们送你到罗马去是怎样大的恩惠，虽然他并不鼓励你接受。他问我："要是我认为这剧本好的话，他就想冒险演出吗？"等等。
>
> 所以不要太信赖你朋友的劝告，也许她过于热心、过于是一个理想主义者了。（亲爱的朋友，那是送给你的小花束）
>
> 千万不要自信心太强，不要把自己的价值认为了不起（这可怕极了！）——耐心地等着，我已经多少次这样请求你了！直至现在，生活还没有对你太严酷，你不知道——等等——等等——等等。

亲爱的朋友，请原谅我写得这样坏，我的手有些不耐烦了。

一八九一年一月二十五日左右

罗曼·罗兰致玛尔维达·梅森葆

但愿我勇敢吧！——不管身体上的一切软弱，我的精神将战胜！——二十五岁！我已经活过这些年月了！就在这一年中，整个人必须在我内心发扬。

——贝多芬(1796年1月1日)

一八九一年一月二十九日录①

罗曼·罗兰致玛尔维达·梅森葆

亲爱的朋友：

(——)

我在这儿看到了你的两封信。亲爱的朋友，谢谢你，我一心一意感谢你。我已经完全忘记奥西诺和普通的实际问题了。让我们一句话说清楚：别再想到它们了。你为什么要我写一篇论文呢？我干吗要写？我不会写的。至少这一点是确定的；如果可能，比我的不能成为教授更确定。对沙尔维亚地的研究一旦完成后，我一生永远不会再钻入档案处的文件中去了。我恨它。“使腓特烈复活多有趣！”这样说是很好的。但是，对于一个史学家说来，这意味着在尘封的故纸堆和过去的废物中勤勉而不断地工作几年。我可不能努力于这种献身的工作。我对弗雷特烈(或者曾经活过的任何人)并不喜爱到愿意为他消

① 罗曼·罗兰二十五岁诞辰。——原注

耗几年自己的生命。况且这是可笑的。这会使我达到什么成就呢?成为一个博士?多么美妙!博士,真是!又一个衔头,又一张羊皮纸文凭,在国家已经给我的证书外再加一张,而这会使我在生活中得到什么更多的权利呢?假如我想成为一个教师,那还有些帮助,因为这意味着高升。可是一个博士并不比一个研究生(即使是罗马考古学院的)更有权利在法国生活,除非他用知识的营养料去为那些年轻的傻子服务,这种营养料是他自己有幸或不幸地所吸收了的。不,事实上他们不信任我,并且要我在过去的基础上建立前途,可是我怕我的过去,因为它曾使我痛苦,而我不爱痛苦。我尤其怕每一样可能使我的过去为未来服务的事物,因为这会使习惯的枷锁(做奴隶的习惯)在我心灵上压得更重,而我的心灵是不会永远年轻而坚强,能够把它们挣断的。

去年夏天有人在你面前讥笑过维利耶·德·利尔-阿达姆。他写过一个剧本,其中的女主角是一个高贵的女人,嫁了一个配不上她的丈夫。她下了决心要打破这可恨的羁绊,可是渐渐地她让自己被日常义务的顾虑束缚了。终于有一天她宣布和丈夫离婚,出走——不久可又回来了;因为她不知道怎样做一个自由的人,她必须继续做一个奴隶。她活该。

我是不会做奴隶的!我一心一意爱你,我的亲爱的朋友。

罗曼·罗兰

一八九一年二月十三至十四日,星期五晚至星期六晨

陶密那

罗曼·罗兰致玛尔维达·梅森葆

亲爱的朋友:

你多坏,什么都瞒起我[①]! 假如你在痛苦和生病时不告诉我,那我现在怎么能对你放心呢? 你有时责备我不对你流露情绪上的折磨,可是对一个朋友隐瞒自己身体上的苦痛是好的吗? 我给了你一张电报,还没有得到回音,我很焦急。要是回音能鼓舞人,那我还会担心的;要是不,那我更要担心了。当大海横隔在我们中间时,我觉得离你多远呀(尤其当海上有风暴时)!

你老是对我宣传"创作"的幸福。我真不懂为什么。你要我把自己的全部生命贯注在创作中,可是有别的思想和别的痛苦在挣扎,要在我生命中取得应有的地位。亲爱的朋友,不要说创作是最大的幸福。在我说来,这是最大的需要。事实上,对于我说来,什么都是必需。我需要,我永远需要;我诅咒自己,为了我不能干自己想干的一切;而假如我能做我现在想做的一切,那我的欲望会更大;我会满足,却不会感到幸福。那只有当我不在思索的时候,当我内心没有一点自己的生命而只反映别人和外在的世界时——当我化为清澈的空气和纯净的阳光——在橄榄树交织的枝丫中和希腊古庙的断柱间流泻时,在可爱而亲切的天宇下照耀时,在和谐地轻轻细语的海波上闪亮时,那时我才感到幸福,真正的幸福。我能超脱自己的时候就感到幸福,因为我永远不能感到彻底的幸福。可是没关系,幸福是次要的问题,主要的是我必须生存。

昨天我是幸福的,因为我完全忘了自己。但首先,我在上次信中最后说到了哪儿? 我想是叙拉古吧。我有没有告诉你那古城给了我很深的印象? 可是这一点以后再谈吧。我一定告诉了你大自然对我

---

① 梅森葆在罗兰离开时患病,对他隐瞒了。——原注

多么坏，而我是这样爱它。我亲爱的安彼度克里思可不是这样忘恩负义的人。他用十分璀璨的阳光装饰了他的阿克腊加斯城，昨天的景象对于我将永远是一个可喜的梦。我在理想的境界中生活了几小时，在我四周，在我心中，一切都是希腊的，轻柔的蓝天、波光晶莹的海洋、远方翠绿旷野上疾驰的白马、庙宇和墙垣、手捧古瓶给我饮水的少女、淡青色橄榄树、灿烂的银杏树以及我对恩培多克勒的遐想。我对我那悲剧的背景猜中了一部分[①]，可是有一部分错了，这使我生气，因为我得再建立一个梦想的阿克腊加斯。而假如从阿克腊加斯望不到埃特纳火山，那我怎么办呢？然而，恩培多克勒和别的人必须看到它，它必须控制整个戏剧。事实上，埃特纳使我有些失望，我原先以为它气象万千，而它只有从陶密那望见时才如此。相反，古希腊遗迹却一直超过了我的期望。(——)

可是我们以后再谈这一切吧。此刻我在非常匆忙地写！明天我希望到赛格斯达去。我还不知道是否要到赛利纳司去。我快离开这儿了，我得承认：我这样急着想走是因为钱袋要空了，而我必须回来——无论如何，我的亲爱的朋友，下星期三我们将在一起度过我们幽静的夜叙了，而我有多少话要对你说呀！今晚你在想我吗？我可在想你，想得厉害。我很想此刻就在你那美妙的小客厅里。我觉得离它多远啊！

我看到了很多，而我是这样兴会淋漓地观赏一切，甚至有些晕眩了。此外，你简直不能想象我在西西里得到的形形色色的印象。请设想：从希腊古庙到蒙吕尔大教堂，从墨西拿的画幅到赛利纳司的壁饰，从喷射浓烟的埃特纳火山到巴黎式的城市。这样短的时间内走了那么多地方，实在太过分了——我一心一意拥抱你，我刚接到你的电报，“好多了”，但这还是不够的。至少你没骗我吧，是吗？

罗曼·罗兰

一八九一年二月十八至十九日，星期三晚至星期四晨

巴莱玛

① 罗兰在游西西里以前已开始写剧本《恩培多克勒》。——原注

玛尔维达·梅森葆致罗曼·罗兰

亲爱的朋友:

你怎么会以为我对你的态度不同了？我仿佛觉得我老是在把自己的心情确实地流露出来,而既然在我对你深深的情意中没有一丝改变的影子,那就不可能有这种改变的任何征象。也许我对你的不断关心使我有时沉思,甚至当着你面也这样。我常想到你,比世界上任何事情都想得多;我想为你做我认为最好的最理想的一切,可以给你充分的自由去发展自己。只有当我看到你怀疑自己,装作缺乏意志力(这实在是无稽的),那时我才悲哀;当你装作没有力量而又不肯接受取得这种力量的方法时,我才有些生气,因为你确实具有那种力量,只要慢慢地使它平衡,不致时而滥用它,时而缺乏它。每一个优秀的人都得在内心完成这种平衡的工作,而这是既不容易也不迅速的,请相信我的话。你却完全不同了,你不像我这样坦白,我在你脸上看到的阴影永远对我指出一种使我忧虑的事情,因为我不知道这是否是严重的。所以,绝不要怕你对我说了太多关于你自己的话:这使我深深地感兴趣,你可以对我讲到你自己,比任何别的事情说得更多,虽然我也喜欢跟你谈所有别的事情。我向你承认你的下一次旅行使我非常“烦闷”。你能跟我在一起的时间已经这样短,而现在又得减少四个星期了。我必须对自己公平,我得说我对你的爱护是无私的。那一次旅行对你是必需的,我为了你而感到欣慰,但现在我似乎觉得还是为了前途而开始写作比较好(既然你已经放弃对沙尔维亚地的研究),这样可以使可怕的感情得到平静而使你自己得到满足。可是,唉,你一定还要去旅行！这一次我将对你的离开感到十分辛酸。再见了,亲密的亲爱的朋友。

一八九一年三月十六日,星期一,罗马

玛尔维达·梅森葆致罗曼·罗兰

亲爱的朋友：

(——)你应该有自信,我了解你的苦闷,现在你在经历橄榄山上的时刻,那时灵魂会说:“假如可能,饶了我,别让我喝这苦杯吧。”但是你必须忍受,我永远不会对你说:你的道路不会比别人的更充满苦难和失望。假如你是另外一个人,我将对你说:“选择那条很多人走的大道吧。”但既然你是这样一个人,我就得说:“走那条需要开辟的小径吧,这是崎岖的、使人疲劳的,但只有它引向高峰。”

我很清楚人们的确在毁谤或说我是你的坏顾问:但情况永远是这样的:必须有某一个人忍受责备,而且人们绝不会理解一个人是服从他内心的灵犀的。对我说来都一样;让他们责骂我吧,我知道你现在没有也永远不会有比我更无私的朋友,这就给了我最可靠的保障,可以安心行动了。

我能到户外时就会立刻邀你到麦蒂别墅去工作,你会知道在那儿工作是否更好:我们将膜拜音乐之神,至少在几小时内忘记这世界是丑恶的。

我在明天晚上七时盼望你,我很高兴我又能看到你了。

M.

一八九一年五月七日

罗曼·罗兰致玛尔维达·梅森葆

亲爱的朋友：

我已经等不及再过两天写信给你了。啊,亲爱的亲爱的朋友,我多么想念你和你亲爱的情意、我们的长谈、我们静默的交谈,那时虽然我们不说话,但都能了解。我此刻还能想象自己坐在沙发角落里,靠近了你;我们是沉默的;一些话在我们内心唤醒了我们想驱散的思想;我在向空间凝视,可是感到你友爱的眼光在看透我的眼睛,并向它们深处探索,而当我转向你时,我在你眼睛中看到了那么多深情、那么多哀愁,甚至怜悯(是的,确实是怜悯,尽管你如何强调要原谅我的自豪;这种性情不要人家怜悯——但其实需要得很);是的,当我在悲哀中看出你怀着使自己悲哀的怜悯时,我就忘了自己的愁思,为了可怜你,几乎想安慰你——那些日子已经过去了。让我们希望别的日子会来代替它们。可是,唉,已经过去的毕竟是过去了。生活不会在任何地方停顿的。(——)

我一到就去看我的前任导师贝洛;据蒙诺先生说他对我很有好感,可是,他起先接待我的时候比对一只狗还不如。不错,也许我在开头时过于坦白了;但当我决定向前冲时,我就从来不会犹豫。我一说出"离校"两个字,他就跳起来了。(请注意,我没有假装我的离校是为了写一篇论文或从事研究工作,而是想致力于艺术,或如他所说的"文艺":"你好像要创作文艺吧。文艺,真是!")他抗议说这是不可能的,不会准许的,我的年龄还不够;他们只会让一个教授而不是一个未来的教授离校,我至少一定要在大学里教过几个月后才能申请辞职,等等。他说这一切时语气非常严厉。后来,谈话快完时,他变得温和些了,因为他看我回答得很坚决,很有信心;他一定懂得了我不是在开玩笑——也不是用一种逃避责任的无用的借口——而是另外一种更迫切更必需的责任在号召我。最后他说,在他的立场上,他愿意让我致力于艺术,而且他以为,我这样做也能和当教授一样为大学尽职;总之,他不愿成为我的敌人,甚至在必需时还可以帮助我一些。这就是目前的情况,亲爱的朋友。我的亲戚们的态度已经好转了,比我希望的还要好。我那些激烈的信和《奥西诺》给他们的印象那么深,他们甚至都同意我决定放弃教授的职业了;我对他们无限地感激。我父亲急于把我搞到新闻界去,几乎使我烦恼了,因为我觉得报馆和大学一样可怕。他们对《奥西诺》的判断使我好笑。他们的意见都不同。祖父批评了第一幕，喜欢第二幕，可是最爱第三幕（凯赛玲）！我妹妹以为第三幕最没有独创性，我想她喜欢的是第一幕。我父亲则发现有时我在模仿（他承认我不是故意的），我在模仿——谁？你猜上一千遍吧——维克多·雨果！这种赞扬（在他说来这是赞扬）使我吃惊，接着使我开怀大笑。而同时（这是奇怪的，我永远也想不到），你知道我父亲最喜欢什么？——第一幕中李昂纳度的演说和第二幕中树下的独白。你知道我母亲是喜欢第一幕和李昂纳度的。我已经对你说过我自己最爱奥西诺——只有奥西诺，没有别的。我差些儿忘了对你说，祖父问我：是否可以在凯赛玲和奥西诺的恋爱中加一位旁观者。我抗议说，原来已经很意大利化了。他答道，还不够法国味道呢。我很明白：在咱们这国家中，双方在一见钟情之前，大都先得彻底掌握这“事件”（我是说婚姻）的物质和经济上的有利条件。文艺复兴时代的人可不是这样精明的会计员，他们盘算得比较少，或许结果也比现代人更少欺骗自己；他们的行动就更符合他们自己的利益。

我还没有一分钟空闲来修改任何东西或写任何新作品。我希望在乡间能得到些闲暇。可是我多么需要你在我身边，在那艺术和理想主义的氛围中支持我，无论如何我必须留在那里！（——）

请问候大家，向米米[①]致敬。我想这是我能送给她的最不愉快的礼物。

我温柔地爱你。

R. 罗兰

一八九一年八月一日，星期六晚，巴黎

孙 梁译

① 一位强作年轻的贵族老太太。——原注

致马克西姆·高尔基的信 *

一九一七年一月二十七日

亲爱的高尔基：

喜接友好来信。我也一样，对你仰慕和热爱。我以亲切的拥抱回答你伸出的手。

我乐意为你谈到的丛书撰写(或改写)贝多芬生平。请告这本书的大致范围，何种开本和大约页数。还有，你喜欢这些传记使用什么形式？和儿童的漫谈，或者客观叙事？

至于稿酬，先说好我接受和其他撰稿人同样的条件。不过，我想你还有一段时间不需要稿件吧？因为我目前忙于其他工作。至于贞德生平，看来不难找到一位出色的作家：我的一位年轻的朋友阿尔封斯·夏多布里昂，数年前以一本富有诗意的小说赢得龚古尔文学奖，书名《戴卢尔迪内先生——一个乡绅的故事》。他是青年一代最有才华的作家之一，但目前在军队里。在法国，思想和心灵优秀的人几乎都在前线，在战壕里，最好等到和平才推出丛书。

下面请容我提出一个友好的小意见。来信提到挑选出来的伟人，使我有点替儿童的心灵担心。给他们推荐一些可怕的榜样，例如摩

---

* 选译自《罗曼·罗兰与高尔基通信集》。罗曼·罗兰从一九一七年开始和高尔基通信，一直至一九三六年高尔基去世结束。现存罗曼·罗兰的信件及电报等共一百二十八封，高尔基八十八封。

西。我明白你要把他们引向道德的力量,这个一切光明的中心。然而,这些光明指向过去,或指向未来,并非无足轻重。事实上,今时今日道德力量并不缺少,相反多不胜数。只不过被用来为过时的理想服务,一种压迫人、残害人的理想。我承认已经逐渐疏远了这些伟人,他们大部分令我失望。从美学观点来看,我赞赏他们,但与他们过多的排斥异己和信仰狂热格格不入。他们侍奉的神灵,很多成为今天的有害偶像。要是人类未能超越他们的理想,为后来的世代提出更广阔的远景,那么我担心人类错过了最高的使命。简而言之,我爱过去,赞赏过去,但希望未来超越过去,未来能做到,未来应该做到。

是否想过这套书要有一册苏格拉底的生平?可能改日我会试一下,但要晚一点。另外,请莫忘记古老的亚洲(印度和远东)几个人的名字。至于意大利,是否想到阿西西的方济各?可能你对他的信仰狂热的迷惑力心存戒备,怕影响俄国儿童的心灵?

我十分乐意把刚发表的新文章寄上,但担心无法寄达。这些文章比你以前读过的更少拘束,最近三年我的思想有所变化,经过那样的苦难,心灵更为成熟,更为充实。

但愿能够早日见面交谈!未来有大事要做。和平之后,要把所有国家的友爱精神联合起来。

罗曼·罗兰

一九一七年一月二十七日,星期六

瑞士谢尔,贝尔维古堡酒店

一九二一年十二月二十日

亲爱的高尔基:

收到来信,既开心又不开心。你的病痛没有出我意料,即使一句不提也能料到。最近几年屡次思念,想象你的身体一定剧痛得透不过气来。

对理想主义者的心灵来说,目睹一场革命及其发展向来是一场痛苦的考验。这是人类的一场痉挛:所有力量(更糟糕的是没有力量),有害的和作恶的力量冒出头来;何况危机持续多时,开头的高贵意愿破碎了,或者损耗了,或者腐化了,于是出现疲惫厌倦,昏昏沉沉发烧,污秽的本性,追求享乐,胆小懦弱,冷酷无情……

然而,最致命的事情,当战斗需要或牵连,便使得领袖们为了政治利益而牺牲最高尚的道德价值:人道,自由和最珍贵的真理。

我很担心俄国革命当前状态正是这样。据听到的消息,似乎非常肯定,对俄国革命大部分领导人来说(就像欧洲其他地方一样),一切都要服从"国家利益"……

亲爱的高尔基,千万不要完全这样。至少在几个人身上,在我们身上,这些道德价值永远值得保留。为了人类的利益,也为了革命本身的利益。因为一场革命忽视这些价值,注定早晚会造成比物质的失败更大的失败:道德崩溃。"不惜一切取得胜利"是置革命于死地的一种政策,因为"不惜一切取得胜利"已经夺走革命最好的武器:精神武器。如果失败了,不是仅仅打输一场仗,而是彻头彻尾的完结。孟德斯鸠有一句老话:"共和国建立在美德之上",其含义比表面深刻得多。的确是这样,共和国只能立足于真理和严格尊重人类良心基础上。要是单单依靠武力,依靠诡计,依靠谎言,其他政权会向这些人许诺更多利益。到时革命从什么源泉才能找到愿意牺牲的人?没有他们,革命无法继续存在。

我最近写信给巴比塞谈到这点,他在《光明报》一篇文章里要我和我的朋友放弃所有"道德主义","像尸体一般",盲目投向"神圣的"理论。

(我跟他说)只要我感到某一个政党不热衷真理,以及随真理而来对批评自由的尊重,只要我感到他们只求胜利,不惜代价,不择手段,把政党利益和绝对的正义与善混为一谈,总之,只要革命服务者的精神在政治上狭隘,鄙视自由良心的神圣要求,称之为"无政府主义",或者"温情主义",那么我便置身局外,对斗争结果不抱幻想。诚然,你和我属于同样的革命潮流,或者说得更适当一点,人类的革新浪潮,永恒更新的浪潮,我们两人都在努力打破阻碍人类前进的旧时代的致命锁链。然而,我不想要坚硬的新锁链来代替。我们和革命者一起,打倒旧时代的暴政！和未来的受压迫者一起,打倒未来的暴政！席勒的话永远是我的座右铭:打倒暴君!

对于未来,我的思想没有动摇。我清楚地看出目前是一个翻天覆地的时代的开端,一个人类成长漫长危机的开端,各国人民还会受到其他很多冲击！可能整个欧洲都受到损伤,受到破坏,失去霸权……但有何要紧？世界上还有其他光明。我对欧洲的忠诚并不比对法国多。时代进步会由这个或那个民族重新开始,继续下去。最近三十年使人惊奇的道德精神事件(我亲眼见到),是在欧洲、亚洲和美洲各国前卫人士之间编织起来的思想友好关系。当然,他们不过是人类大军的开路人,大军在后头,距离几个世纪,但跟随在后头,继续跟随。我对此确信无疑。像哥伦布俯身在阴暗的大西洋破浪前进的船首,我们知道新世界就在彼岸。肉眼看不到,但有何要紧？新世界就在彼岸。

在等候我们死后才到达的同伴,让我们挽救理性、爱和信仰的力量,结集起来,帮助他们在到达新大陆前,度过充满考验的世纪。这是我们任务的根本。挽救心灵,只要有一个人保持自由纯洁的心灵,就有希望:人类不会灭亡。

亲爱的高尔基,请原谅这封长信……我尽情享受交谈的乐趣,和一位我珍重的人心对心交流。

谨致亲切的新年祝愿,祝身体健康,工作顺利。(我有一点同样的病,上一个秋天同样复发过。)

兄弟般握手。

罗曼·罗兰

一九二一年十二月二十日

一九二三年一月一日

亲爱的朋友：

我要在今年第一天写信给你。这是两个孤独者的兄弟般握手。他们因此不再那么孤独！他们每个人(有意或无意)都是心灵的牧者，两个小民族，两群人，来自西方和东方，在我们身上汇合一起。

我和你一道感受到时代的苦难。然而，你和我都知道：人类的活力就是这样，像鬼魂上身，经常利用苦难来做出意料不到的进步。一如法国的新教徒，因为南特敕令废止而被驱逐，不得不在其他民族的地方生活，成为十八世纪下半叶流行的知识世界主义的最早重要使徒。又如俄国这几年大革命的移民潮，通过和西方公众在思想和艺术方面的接触，将对欧洲精神未来的发展有意想不到的作用。

你可能说，在某一个思想范畴能够产生的少许进步，要付出太多的痛苦代价。诚然，两者之间无法相比。然而，对一个正直的良心来说，并非痛苦的分量使得痛苦成为不可接受，而是痛苦存在的本身。即使世界上只有一个人受苦，并不会减少不公平，反而极为加大。每念及此，便无法忍受。我宁可很多人受苦，大家分担重负，这样会变得不那么沉重。要是像死亡那样，凡人皆死，那就几乎变成公道的事情，总之不会放在心上。

整个世界的悲剧都在一个单独受苦的人身上，一个孩子身上。把这个单独的人乘以一百，乘以一千，或者千千万万，永远只是一个人，他的叫喊引起千千万万的反响。

我又要提及事务工作了。首先，上次谈过的《世界文库》计划，衷心感谢你做出如此好意的答复。可惜我太心急了，现在出版商罗尼格先生教我担心，计划在一段时间内无法实现。与此相反，巴黎创办了一本国际精神的《欧洲》[1]杂志，没有任何政治色彩，地址在圣叙尔比

---

① 《欧洲》即《欧罗巴》。

斯广场七号的里厄戴尔出版社(前身科耐里出版社)。创办人是我的一群法国朋友,他们赞同我们的欧洲思想:杜阿梅尔,维尔德拉克,阿尔科斯,维尔特,巴萨尔耶特等等。我是撰稿人之一。大家都以你是我们的自己人为荣。你提过最近写了一些爱情故事。是否可以把其中一篇刊登在《欧洲》杂志最早某一期上?(或者选择提供另一篇大作。不过,这篇的题材看来很适合杂志)。杂志社仍未十分富有,每篇小说只能付酬一千法郎。考虑到他们的理想主义动机,这是可以原谅的。要是你同意发表小说,请以私人信件和《欧洲》杂志社社长商议,他是我的朋友阿尔科斯,地址圣叙尔比斯广场七号里厄戴尔出版社。阿尔科斯是三十五岁至四十岁那一代最好的作家之一,大战时期已经管理过沙布里埃出版社,在日内瓦发表了我写的《李柳丽》和《皮埃尔和吕丝》。有关小说的翻译事项,也请和阿尔科斯商量。

寄上我的一本新书,刚出版的小说,书名《安乃德与西尔薇》。这是我正在进行的一套新的小说系列的第一卷,总书名是《欣悦的灵魂》,核心是一位女性的心灵。故事发生在法国,十九世纪末期至今天。如你所见,《安乃德与西尔薇》不过是序幕,我的主题也是"关于爱情",我们的思想以后可能会不期而遇。第二卷差不多写完,打算年中交给《欧洲》杂志。

我也正在为这本杂志写一篇关于甘地的评论,刚读完他在马德拉斯《青年印度》发表的全部作品。

我希望你从萨罗的居留日子得到好处。像你那样的创作活动是对付疾病的最可靠防御。我本人不止一次体验过,创作是最好的医生,或者不如说,这是生命猛烈冲动的标识,击退毁灭的进攻。

衷心致意。

罗曼·罗兰

一九二三年一月一日,星期一

维尔纳夫(沃州)奥尔加别墅

一九二三年二月八日

亲爱的朋友：

蒙寄关于托尔斯泰的手稿，已立即以挂号信转寄德格拉蒙①先生，并通知《欧洲》负责人回信。

读到对《哥拉·布勒尼翁》的意见，甚为高兴！果真如此，写作的时候，我有一种由哥拉口授的感觉。我醉意飘飘，喝酒的却是他！我对哥拉的生活比对我自己更清楚。要是我的傻瓜同胞不是由于大战对我不满（现在更甚），哥拉在法国会很受欢迎。他们以后会发现的。不过说到底，我并不在乎！

我刚写完关于甘地的“论文”，篇幅相当长，可能题材不讨你的喜欢，因为我相信你不很信任印度的思想。《欧洲》杂志将发表这篇文章，然后用于我请人翻译的甘地著作法文版和德文版的导言。要是你读到甘地著作，我相信你还是会像我那样喜欢他。这是一位当今世界上最纯粹的天才，最诚恳的人，最单纯的人。他身上有圣方济各的东西。一颗灼热的爱心，一股怎样的行动力量！你了解他在一九一四年之前二十年间在南非的英勇战斗吗？还有他最后的胜利。这是一场非常少见的社会实验。欧洲人通常歪曲为“不抵抗运动”，刚好相反，这是一场最超人的反抗运动，等于最早期的基督教殉道者的反抗。他们对迫害者说：“我不听命，是你听命于人。你错了，犯了罪过。但是我怜悯你。折磨我吧！我以我的痛苦改变你的信仰。”不，你责备俄国民族消极有道理，但两者毫无相似之处。这是意志对肉体最不平凡的控制，肉体会仇恨，肉体会恐惧。

我将不时寄上一些短篇稿件给你的杂志。法国文学年轻一代有

① 德格拉蒙（1893—1953），法国作家。

一些引人注目的人。但很遗憾,照我看法,最有本事的人都在敌对阵营里。他们参与目前席卷世界的大浪潮:傲慢,自私,粗暴,浪潮的冲力把他们高高抬起。而我们其他人,非暴力主义者,我们在浪潮之外,只能依靠自己的力量。

真挚致意。

罗曼·罗兰

一九二三年二月八日,星期四

维尔纳夫(沃州)奥尔加别墅

在慕尼克舍恩街一二四号,现在住着一位罗马尼亚作家,同时又是出色的学者(古生物学家),一流的文学与哲学批评家,一个具有真正欧洲精神的人。或者应该邀请他替你的杂志撰稿。他名叫萨渥列维奇[①],也能阅读(我相信也能写)德文和法文。

一九二三年八月二十八日

亲爱的朋友:

正如你从席施什马诺夫[②]先生那里得悉,我已回到瑞士,并收到从萨尔斯堡寄来的大函。知道你在发创作热,至为高兴!我迫不及待等候拜读大作《一个强盗的故事》[③]。这种偶然想作恶一次的英雄,在俄国常见吗?在法国,我只在几个浅薄的知识分子身上偶尔见过,他们寻开心,扮演(缩小一点)意大利文艺复兴的大坏蛋。我一点也不怀

① 萨渥列维奇(1875—1951),罗马尼亚学者和文学批评家。

② 席施什马诺夫(1862—1928),保加利亚学者,作家。

③ 《一个强盗的故事》,高尔基没有这部作品。罗曼·罗兰从席施什马诺夫来信得知书名,可能传达或翻译出错。

疑,这种丑恶的欲望潜伏在很多人的下意识烂泥中。但是在西方,这种欲望大部分时间留在烂泥下面,除了革命和社会危机动乱时期,把水塘底都搅浑了。请告诉我,你不以为俄国人(除了身上的本能混乱外)有很强的思维能力吗?高于其他民族的一般水平,远远高于盎格鲁-撒克逊人,甚至高于德国人(普通人),德国人通过接受教育才变得有思维能力。早已有人觉察斯拉夫人和法国人是欧洲的心理好手,两者都有天生的自我察视才能。这可能成为一种癖好,极好的或有害的。因为注视深处太久,有晕头转向的危险。在法国,这种危险微乎其微,因为"深处"已经细心耕耘过,耙平,修剪,从上面掉下去,会掉到一张秀丽柔软的蔬菜床上。但是在你们那里,深渊从未触动过,里面还有一头可怕的野兽藏在石头下面。小心晕头转向!

承蒙对《安乃德与西尔薇》的意见。我不奇怪比起安乃德,你更了解西尔薇。西尔薇是巴黎市民的永恒女郎(她和其他工作与娱乐大都会市民的女郎应有相似之处),她是咪咪·宾逊①,维庸时代便已存在。但是,对安乃德这种类型的人要多加留意!这是一个历史现象,对未来举足轻重(不是说我笔下的人物,而是她代表的女性类型)。安乃德已经存在:我认识她,在法国,在英国,有很多例子。在绘画中也能认出来,因为看得出是她。这是西方的年轻新女性,最近二十五年到三十年间,眼见她们在法国不单只辛苦赢得生存的权利,而且觉悟到自己的身份。这是更困难的事情,这个古老保守的布尔乔亚国家,彻头彻尾歧视女性。男性几乎没有加以援手。在这方面,就像很多方面那样,英国是先行者,新型女性的杰出榜样比比皆是,她们独立独行,有知识,有职业,水晶般纯净。这个类型后来传入法国,结出更美好的果实:更全面、更从容。因为她们的感觉更丰富,思想更细腻,加上南部人的天性和谐(中南部地区,大西洋气流掺杂着地中海气流的温和南部,因为最南的西班牙、西西里等地的天性太过火)。另一方

① 咪咪·宾逊,缪塞一八四五年的同名短篇小说的主角,一个年轻的缝纫女工,贫穷而快乐,懂得享受人生,被视为当时的巴黎女郎典型。

面,安乃德代表一个过渡时期,一个会犯错误的时期,既痛苦,又收获丰富。第二卷《夏天》刚刚写完,会看得更清楚。在这卷中,生活际遇把她从阶级庇护中拉出来,迫使她以劳动来谋生和抚养孩子。至于压在“灵魂”上面的“欣悦”的意义,将在她的生命中渐次揭开。

茨威格就是你提及的精彩故事的作者。我给他转达了你的看法,他会很高兴。我相信他会写信给你,你有他在萨尔斯堡的地址,就是我居住过的地方。

亲爱的朋友,再见,衷心握手。

罗曼·罗兰

一九二三年八月二十八日,星期二

维尔纳夫(沃州)奥尔加别墅

我没有收到任何《座谈》杂志,除了第一期。若能请人寄来,我将很高兴,这里有俄国朋友,可以读给我听。

一九二三年十一月二十四日

亲爱的朋友:

你对自己作品的所有看法,我都理解。或许你的作品不符合自己的艺术理想,或许完成的作品低于在内心翻腾的腹稿。然而,几乎所有名著都是这个样子。关键问题不在于知道不属于作品的东西,而在于知道属于作品的东西。作品本身是否值得存在?是否已经把一个新的人物的连串生活充实了,让他有力量生存下去?一个独一无二的人物,一个“唯一的典型”。在艺术世界里,长寿人物并非数之不尽的!

大自然是我们的源泉和榜样,它大量散播生命,完美或者不完美,就像鲁宾斯坦[1]弹奏贝多芬作品。他对帕德雷夫斯基[2]说:“喂,你听到我弹错音符会不会昏倒?我啊,我一大把一大把撒出去!”然而,鲁宾斯坦展示了贝多芬的天才激情,而巴德列维奇的表演却是苍白的色粉画!诚然,贝多芬远不是完美!有些大作家正是被人责备经常写得不好,如果要列举,必须把莫里哀和巴尔扎克放在法国的第一列。

一首龙沙的十四行诗,一篇伏尔泰的短篇故事,一首莫扎特的五重奏,一些邓南遮片段,都是一顿精美的佳肴,一种没有疵瑕的美!我甚为喜欢。然而,我偏爱创作的激流:莎士比亚和贝多芬(至于法国,我提出拉伯雷的名字)。

少数天才高高在上,把生命和美两种力量融合在一起:索福克勒斯,但丁,歌德。

我没有把福楼拜置于他们中间。我总是惋惜他为了一个不属于自己的理想,牺牲了自己的真正本质。他生来没有修辞天赋,青年时代的作品可为明证。他要付出超乎常人的努力,锤炼代表作的金属,甚至从另一块不属于自己的土地去提取。他有一个悲剧性的深刻人格,在书信里暴露出来。他有抽象思维能力,在法国作家中差不多是例外。就比较而言,他的《圣安东尼的诱惑》是法国的《浮士德》。然而,他身上有一个病态的压抑恶魔,无情地自我压抑,强迫自己去写不属于自己的东西,或者嘲讽自己的东西。他这样做仍然成为大作家,要是完完全全写自己的东西,不知更伟大多少!

和福楼拜相比,还有一个无人能及的榜样,他控制自己和自己的艺术(或者可以说,完美的自我管理):歌德。他身上拥有所有健康和不健康的力量,善与恶的力量,他懂得不去毁灭身上的恶魔,而是拿来利用,甚至包括自己的疾病,所以能从自己的土地种出最美好、最丰富的收获。

最高的美,是把永恒的善(也就是永恒的幻想,没有一物是永恒

---

① 鲁宾斯坦(1887—1982),美籍波兰裔犹太人,著名钢琴演奏家。

② 帕德雷夫斯基(1860—1941),波兰钢琴家和作曲家。

的……)赋予瞬间即逝的事物。

“比青铜更持久”,人永无止境努力,浮游在深渊里,既然无法挽救自己的生命,便挽救思想、印象和梦想的生命,这些自己最美好的东西。形式的重要性由此而来。一句美丽的诗,一行美丽的文字,就像古罗马的碑文,不畏时间的磨损。但是要流传诸世纪,这还不够。一块花岗石也能流传。还要在这块材料里放入思想。还要让这支发射到空间的箭,携带一个活着的心灵的音信给未来的人类。还要自己是一个活人,一个真实的自我,一个完整的自我。

尽管放心吧,马克西姆·高尔基,你是一位优秀的弓箭手。你颤动的箭,带着苦难的俄罗斯的焦虑叫喊,向未来显示俄罗斯不可摧毁的生命力,显示一个十分古老世界的年轻视野,显示这种从黑暗和混乱中射出光明的智慧和艺术天才。我看出你比福楼拜更接近伦勃朗,因此更喜欢你。

诚挚致意。

罗曼·罗兰

一九二三年十一月二十四日,星期六

维尔纳夫

一九二四年一月八日

亲爱的朋友:

谨致迟来的诚挚新年祝愿。不过,我是在床上开始新的一年。并无大碍,只是失眠多时,已经几个星期,这是精神过于持续紧张的必然后果。大脑的活动丝毫没有受影响,情况刚好相反。但是人家强加给我一些注意事项。我有一位细心的妹妹,留意不让我过于违反医生嘱咐(不过,把身体留在床上,比留住思想容易)。

你的健康如何？希望上次告诉我的肺病复发没有持续下去。报纸有过报导,有几份预告你不久会返回俄罗斯。

你为我写的关于托尔斯泰的信,精彩透彻,十分感谢。在回忆托尔斯泰的文字中,从来没有人像你那样,给我这个不讲人情的天才这么强烈的印象,这个老奥丁①。我太理解这个道德教条主义者的专横使你不快的东西。他的专横违背人类的天性(由他本人开始),企图把生命纳入中国女人的缠足小鞋里(幸好从来没有成功过,包括他自己在内!)。两年前,我从法国布尔什维克马尔尚②那里收到布尔加科夫写的《托尔斯泰伦理学》的法译,该书经过托尔斯泰审阅和批准。他们请我写一篇导言。我一读之下,吓得往后退。我想:"这位天才如此得我敬爱,怎么可能达到这种偏执和荒谬的地步？达到这种蒙昧主义的疯狂？达到这种庸俗的功利主义？以至抛弃最高尚的思想和最无私的学问,只因为不能即时用于一般人最低级的物质要求!"这分明在自欺欺人,幸亏托尔斯泰的天才安然脱身出来！同一个布尔加科夫,托尔斯泰生前最后一年的秘书,注解及发表了他本人这一年写的日记。我们在里面看到这道自由的急流,不时猛烈奔涌出来,挡也挡不住,冲破所有道德规矩！有这么一段关于肖邦的交谈,一位钢琴家到来并弹奏了几页乐曲,老人家深受感动。周围的人瞎扯肖邦和乔治·桑的爱情,老人勃然大怒,大声喊道:"你们废话讲完了吗！一个艺术家生活中做什么事与我何关？(我凭记忆复述,译成法文的说法)作品高于一切。"这不是唯一的一段文字,托尔斯泰在私人生活里表露了内在的自我:"超越善与恶。"不过,我不知道他在真正本性上面,迭加了何种新教道德说教家的遗传本性。他在向自己撒谎。

至于你提及他对人缺乏善心,无论他本人如何,善心从他的作品源源流出,他有这种神奇的魔力,能够把自己变身为笔下描写的人。

① 奥丁,北欧神话的主神,形象阴沉严厉。

② 马尔尚(1888—1962),法国记者,作家。

而在我的一生中,我永远不会忘记他亲自对我表示的慈爱。那时我是一个小小的二十岁大学生,默默无闻(我想你读过他当时为我释疑的三十页长信)。自此之后,他确实没有再写过一个字给我,没有回复我新写的信,没有回复后来赠送的书,《圣路易》(我出版的第一本书),《贝多芬传》,还有《约翰·克利斯朵夫》头两卷《黎明》和《清晨》。他一定责怪我没有遵循他的道德规矩,执着于艺术,坚持自我……他是一个人,一个“过分的人”,直到非人的程度。我理解他,对他保留一种儿子感恩的虔诚记忆(这是浪子在等待父亲归来……)

亲爱的朋友,再见,或者不如说,有朝一日见面!维尔纳夫不在你的意大利旅途上吧?我相信墨索里尼公爵聪明过人,不会把他的王国门口大大打开。

随信附上几页回忆文章,《欧洲》杂志大概会在三月号发表。这是我在一八八六年和勒南的谈话。若要请人翻译,发表在你的《座谈》杂志,我会很高兴。

真挚问候。

罗曼·罗兰

一九二四年一月八日,星期二

维尔纳夫(沃州)奥尔加别墅

离开马伦巴时,请告旅行路程。

一九二四年十二月十二日

亲爱的朋友:

读到大作向法朗士致敬的美文。然而,亲爱的高尔基,你把法国变成一张老式的漂亮小图片!把法国的天性描绘成没有狂热崇拜,没有蛮横教条,没有思想专制,这是忘记了法国天性的一半(并非最不强烈,却是最叫人没有好感):法国有加尔文[①],阿格里帕·多比涅,宗教战争,废止南特赦令,路易十四和曼特农夫人,恐怖统治(双重恐怖,红色和白色)和对理智之神和最高主宰的崇拜,圣茹斯特,罗伯斯庇尔,反大革命,巴黎公社和凡尔赛军(一八七一年屠杀了二万人!如此等等)。这是不知道仇恨和狂热的强烈程度,很多在世的法国作家的精神被其侵蚀。亲爱的朋友,你从远处观望……

向法朗士致敬的大作有一件不合常理的事情,偏偏刊登在这本杂志上,其中一位主编苏博[②],不久前连同五个知名青年作家,写了一本抨击法朗士的小册子,横加谩骂,极端仇恨,法朗士一死便出版。小册子以《一具死尸》做书名,作者拉罗舍尔,苏博(我也承认他的文章在六人中最温和),阿拉贡,布勒东,艾吕雅和德尔泰。这不是一场鞭挞游戏,就像已经见过那样,发生在某一个在位太久的大人物死后。这一次,"死尸"真的被挖出来,撒上尿,游街示众。在六个作家中(没有一个庸才,至少有三个属于第一流),最无情是阿拉贡,文章题目《你打过死尸耳光吗?》。最尖刻(也最激烈)是拉罗舍尔,在他身上,可以感觉出他那一代人的精神痛苦,由于大战失去常态,感到绝望,把未来看成深渊,于是拿前辈来报复。在这场对法朗士的处决中,政治问题没有起过任何作用。六个行刑手之一的布勒东,把三个头颅抛进同一个袋子,"这三个阴森的家伙:洛蒂,巴雷斯和法朗士",三个人都在今年去世……他对法朗士只表示:"特别的蔑视。因为法朗士一走,人的一部分奴性也跟着走了。但愿这是一个节日,我们在这一天埋葬老奸巨猾,传统主义,爱国主义,机会主义,怀疑主义和冰冷无情!……"

另外,《光明》杂志用了整整一期猛烈攻击法朗士。不过,蔑视虽然辛辣,至少还保留一定程度的举止端正,因为这些共产党员作家(其

---

① 以下列举十六世纪至十九世纪法国历史的最血腥暴力事件。

② 此处提及的六位法国作家苏博、拉罗舍尔、阿拉贡、布勒东、艾吕雅和德尔泰,是当时的超现实主义主将或同路人。

中两三位很出色）具有政治激情。

对这一切，若非一个相熟的著名诗人迪雅尔丹①认为向死者扔石头的时机到来，我不会做任何反驳。他没有年纪轻作为借口（年逾六十），他是马拉美和象征主义派的老朋友和伙伴，大战时期创立和主编《理想主义手册》，一份高贵欧洲精神的杂志，我曾替他写稿。他在最新一期《理想主义手册》（一九二四年十二月号）发表了一篇文章《法朗士之死》，在里面称赞六位侮辱“死尸”的年轻人，“不仅因为他们的勇气，还因为他们的眼光”。

我立即扑向钢笔，写了一封信给迪雅尔丹，现附上抄本。在信中你会看到我不是法朗士的赞美者（尽管我很欣赏他的三卷《当代史话》），我从未爱过他。但是他有被尊重的权利，我想提醒的就是这一点。

不，偏激情绪在法国没有死亡，这种情绪点燃火刑柴堆，竖起断头台！一个强大的政府只能一直压制着。要鉴赏蒙田或法朗士的作品，恰好要永远不要忘记他们所处的环境，蒙田处于宗教仇恨中，法朗士是社会仇恨，他们都曾抵制过这种环境。

真挚握手。

罗曼·罗兰

一九二四年十二月十二日

维尔纳夫（沃州）奥尔加别墅

一个伟人不一定代表人民，也不一定跟人民做斗争。英国的伟人曾经严厉斥责虚伪。法国的伟人嘲笑知识分子的狂热。

请原谅这封仓促成书的信，诸多涂改！我写信就像谈心。像那些法国人（正面和反面）一样，激情和嘲讽燃烧着我，不能（也不愿）头脑

① 迪雅尔丹（1861—1949），法国作家。

冷静下来才写信。

一九二五年一月八日

亲爱的朋友：

十二月十六日的快信教我有点不安，因为以俄语写就，没有译文，而在维尔纳夫没有人能给我解读，唯有寄给日内瓦一位可靠的朋友翻译。本来担心来信等待立即回答，但看到你只想解释对法国的感情。

亲爱的朋友，你热爱法国做得对，永远也不会爱得过分。你以为我会责怪这种感情吗？我比任何人更爱法国，只不过我们爱的方式不同。我对我爱的女性，就像我认识的某些女性对自己那样，不能忍受为了不属于她们的东西而被爱，或者至少不能忍受只为了她们的美丽，而对不完美之处闭上眼睛。她们愿意人家也爱不完美之处，甚至爱她们的缺陷，这是她们人格整体的一部分。我便是这样爱她们，甚至爱她们令我讨厌的东西。

我提醒过，不要只看法国的笑脸，也要看到牙齿。我希望大家在思想自由旁边，看到偏激固执；在怀疑主义旁边，看到狂暴激情；在人类博爱天性旁边，看到专制统治的天性；在光明旁边，看到阴沉的黑影。

我们欧洲的国家没有一个是玫瑰红指甲的漂亮人儿，法国不比其他国家好。这些国家是一些巨兽，有些大一点，有些小一点，柔媚，漂亮，体形完美，但是在过去，所有国家饱噬人肉。历史就是一座古罗马斗兽场，一个殉难者的刑场。这不妨碍我对狮子的欣赏，但我不会称赞狮子心地善良。

至于确定这些大脑袋老爷之间的程度高低，老实说，就西方四个或五个重要民族来说，我无能为力。他们在上千年的历史过程中互相混合，成分差不多一样。法国不止一个，而是四五个：一个日耳曼（北部和东部)，一个英格兰(诺曼底)，一个高卢(中部)，一个拉丁(南部地中海)，一个伊比利亚(比利牛斯山区)，还未算布列塔尼的克尔特人。

你谈到悲观主义，似乎我们在法国不晓得！就像对克利斯朵夫那样，奥里维会跟你说："有没有对帕斯卡心中的深渊探着身子看过一眼？"

你举出莱奥帕尔迪[①]和叔本华作为意大利和德国的典型(如此瞬息即逝的典型！)，我需要提出相反的典型吗？这边有薄迦丘、文艺复兴小说家和阿里奥斯托，那边有莫扎特和《欢乐颂》的作曲者。

所有重要民族都连接着心灵的两极：乐观与悲观，天堂与地狱，两个深渊，两者之间就由他们填满。

衷心问好，并致真挚新年祝愿。

罗曼·罗兰

一九二五年一月八日，星期四

维尔纳夫(沃州)奥尔加别墅

一九三五年十二月四日

亲爱的朋友：

今天第一次下雪。不过，坏天气已经持续几个星期，刮过几场猛烈的风暴。希望你在克里米亚享受到阳光，健康得到好处。久未闻近况，望告一二。目前在克里米亚何方？高山或海洋？能否好好写作？有何作品问世？

我有各种外面的工作，天天都有新任务到来，想每天争回一个小

① 莱奥帕尔迪(1798—1837)，意大利作家。

时都很费劲。一生里差不多一直这样。只不过年轻的时候,能够每天同时做四五种不同的困难工作。现在,需要更加集中精神,但是环境不容许,扯来推去。

目前正在写作贝多芬大系其中一本新书①。我选取贝多芬四十五岁到五十岁的时期,对他来说,这是关键的年纪,不仅对个人事业,而且因为政治和社会形势,拿破仑战争及随后而来的经济萧条和道德沦落,引起奥地利大动荡(普遍破产,反动派,专制压迫,神圣同盟,国家警察,监狱)。比起同时代其他大艺术家,贝多芬更关心政治事务。我通过分析他的一些谈话记录本(如你所知,他失去听力,被迫写字交谈),加以描述。

他正处于创作高峰期,个人生活和社会生活都受到打击,有好几年时间几乎完全停止创作。同一时期,健康逐渐变坏。他活着,但感到正在死去。生命的波浪消失到地底下面。一个精神似乎完全干涸的时刻来到了。整整一年,只能写出一首一页长的小曲,一首暗淡无光的《听天由命》,就像一篇遗言。突然间,波浪重新涌现,生命回来了。几个月内,他构思和创作了生命最后十年几乎最有分量的作品。在探讨这种死亡和复活的时候,我发现一种浓厚的人情味,触及创作的潜意识问题。

我也想重新开始革命剧,至少死前要完成整个系列的中心剧本《罗伯斯庇尔》。很久以前便想做,但必须隐居几个月,以我们的处境和年纪,这是最难做到的事情。我们不属于任何人,更不属于自己。

读到十月十日最后来信,你为发表斯[大林]访谈记一事操心,但没有结果。到现在,我这里不比三个月前有进展,从来没有得到“老板”的一个字回答,直接或间接都没有。而且一般而言,我的信和妻子的信在苏联碰到几乎绝对的沉默(当然,几位朋友除外)。这种沉默并非针对我,巴黎的朋友同样抱怨。由于经常牵涉到政治,这种沉默瘫

① 新书指《贝多芬:伟大的创造性年代》第三卷《复活之歌》(另题《庄严弥撒和最后的奏鸣曲》)。

痪了我们的行动，没有武器来回击敌人对苏联的攻击。我曾经希望，在和“老板”谈话之后，根据他本人的说话，会有所改进，但事与愿违。

亲爱的朋友，再见，祝你身体健康！不要忘记我们！我们惦记你。

你的朋友

罗曼·罗兰

一九三五年十二月四日

维尔纳夫（沃州）奥尔加别墅

玛丽亚－巴夫洛夫娜[①]在我信上加上几句话，有关两个可怜的老太太。

一九三六年二月十一日

亲爱的朋友：

在所有生日问候中，你的问候如此热情，如此美好，最触动我们的心。谨致衷心谢意。

我收到这些函电，至今仍晕头转向。来自这大群的朋友，认识或不认识，他们的思念像天边各地飞来的小鸟，围绕着蕾芒湖边的小房子盘旋。我不觉得这是送给我的。我想，“到底送给谁呢？……”到今天，还不相信与我的晚年有关……

不，当然无关！这是送给新世界的年轻生命，我们已经把自己的生命与其等同起来。他们庆祝这个生命，便是庆祝另一个生命，也就是庆祝他们自己的生命。这是人类最伟大的梦想，我们所有人，千千万万人，都想做这个梦，实现这个梦。

① 玛丽亚－巴夫洛夫娜，罗曼·罗兰夫人的原名。

正如你能想象到的那样，我从苏联收到最多的“爱”（我可以用这个字，气息如此热烈，雪也为之融化！……）这么多普通人的信件，从未谋面，未来也永远不会见到，他们比亲人更亲！其中很多人天真地重复同一句话：“罗曼·罗兰，为什么你不生活在我们这里？”（几乎就要说，不只住到苏联，而且住到他们居住的地方）“你是我们自己人，属于我们……”

正好有一件事教我最惊奇，另一个国家也要我，对我说：“不，你是我们自己人！……”这个国家便是我的祖国，第一次以这种语气要得到我！一月三十一日，巴黎举行人民节日为我庆贺，规模这般大，这般热烈，组织者第一个感到惊奇。在我们这里，这是第一次（第二次，如果把巴比塞葬礼也算在内）巴黎人民表达和作家的真挚友情。等级栏栅打破了。这件事，真正的新事物！而我不过是一件大事的时机，这件大事已经酝酿了两年，自从法国知识分子终于决定加入群众行动中，组成联合阵线来反击共同的敌人。无论如何，这天晚上，我收获了（只是从远处收到回响）给这个巴黎人民播下的一切，我在三十年前把戏剧《七月十四日》献给他们。比起法国文学界的称赞，这给我更多欢乐。

现在，我希望还有可能写一些“折腾”我多时的作品。但是面对不停困扰我的请求和呼吁，实在不容易偷得一点心神安宁的时候。由于非常疲倦，我进入蒙特勒山上一所疗养院，休息十来天。可是只要一下山，回到奥尔加别墅，就会立即重新卷进书信和工作的波涛里。

希望克里米亚对你大有裨益，增强肺部和心脏。紧紧拥抱，并致亲切问候。如果你的可爱媳妇在身旁，一并问候。

你的朋友

罗曼·罗兰

一九三六年二月十一日，星期二

刘志侠 译

关于"思想独立性"致亨利·巴比塞的公开信

第一封公开信[①]

亲爱的巴比塞：

你的《关于罗兰主义》的大作已收悉。感谢你个人在文章中对我表示的关心，也感谢你在这场论战中格调如此高雅和有分寸。我希望我们往后也永远采取这种态度：因为无论怎样，我们将是始终共同反对政治、社会、道德、文化的反动势力的；反动势力越是猖獗，它就越使我们团结起来。

今天我不打算全面答复你。我的时间不多，而且一篇文章篇幅有限，所以不能尽复。我只是随便谈谈，阐述一下我的思想和信念。我之所以至今未复信，部分原因是你求我不要阻挠你的努力；而你知道，对于你的外国组织的某些头目加入《光明报》一事，我的干预已经奏效了。你对"罗兰主义"的彬彬有礼的攻击，使我决心明确表态了。也许你的攻击倒会产生迄今并不存在的"罗兰主义"的效果。我会对此感

---

① 载于一九二二年一月布鲁塞尔的《自由艺术》。

我们本来想作为该集的附录发表亨利·巴比塞的由罗曼·罗兰做了答复的文章。由于版面不够，我们未能如愿。因此，我们只能希望读者参阅《光明报》的汇编，以补充了解这次论战。《光明报》发表过亨利·巴比塞的三篇文章《关于罗兰主义》(1912 年 12 月 3 日，1922 年 2 月 1 日，1922 年 4 月 1 日)。——原编者注

到遗憾的,因为我对一切压抑个人创造力和对自由之癖好的事,无不深恶痛绝。——不管怎么说,我在此做简要的答复并非为了“罗兰主义分子”,而是仅仅为了罗曼·罗兰。

* * *

亲爱的巴比塞,你对我始终拒绝参加你的知识分子行动小组表示惊讶。实际上,从《光明报》一问世,我就觉得同创办人的思想有分歧。然而,我不愿意轻率地对它下结论,我不得不采取了保留和观望态度。

你把这种保留说成是“超脱”——躲进那臭名昭著的象牙塔里。请允许我对这种说法表示遗憾。

凡是认识我的人,凡读过我一本书的人都能说出这个笔调是出自一个“超脱者”之笔呢,还是恰恰相反,出自一个饱尝人间苦难,并为减轻或抚慰苦难而斗争的人之笔。不管别人对我的思想有什么看法,要否定我的信念是困难的。从我青年时代起,这种信念就支撑着我经受考验,使我免于沉沦。——我记得你的一位朋友称我为“后备的神秘主义者”。这种俏皮话是没有考虑到组成我的思想的各种因素的平衡,它本想使我难堪,但它倒是比谴责我美学上的“超脱”的说法更加接近事实。不过你的朋友认为这种宗教力量(此词的最广义的用法)在今天的人类中无用武之地,那他是错了。他没有想到——(大家也没想到你身上也如此)——现在人类灵魂中潜藏着广大的泉源和推动着人类的洪流,你的注意力过分局限于世界的外表,把生活看得过分合理化了。而据你说,《光明报》的倾向似乎是要把人类发展之谜归结为一个欧几里得几何学的问题。

请你原谅,当我在你的文章中读到“在《光明报》的总原则所规划和圈定的这个社会革命的几何学中不可能有计算错误……”时,我笑了。这是多么奇妙的人的抽象思维啊,它是迸发出下意识力量、原动力和宇宙的光辉的源泉啊!你比国王更加是个保皇派,你比你所标榜的这些今日之学者更加是合理论者,他们是远未断言基本规律可靠无误的……

亲爱的巴比塞，无论如何，我可不相信你的社会几何学的规律可靠无误，而且我一点也不赞成它：

一、因为在理论上（但在政治和社会问题上，理论是什么？为目的而不择手段），我觉得新马克思主义的共产主义学说（它目前具有绝对主义的形式）不大符合人类真正的进步。

（下面我还要谈到，这个问题太大，无法三言两语论述它）

二、因为实际上，在俄国实现的共产主义学说不仅被致命的、残酷的错误所玷污（欧美各国互相勾结的资产阶级政府的卑鄙行径对此负有不可推卸的责任），而且因为新政权的领袖们在贯彻这一学说时往往肆意抛弃最崇高的道德价值：人道、自由和真理——这是宝中之宝。对此，我想要说的就太多了。我们以后再谈。不幸，千真万确的是，对于俄国革命的大部分领导人来说，同欧洲其他地方一样，一切都得服从以国家利益为名的借口。

我不是反对以国家利益为名的理由，而去为另一种理由服务。我并不因为军国主义、警察恐怖或粗暴武力已不是富豪寡头政治的专政工具，而是共产主义的专政工具，便把它们奉若神明。

我一听你说暴力干预只不过是小事一桩、而且是一件暂时的小事，就感到难过。因为我想，一位资产阶级的国防与公安部长也会使用同样的说法的。在那两种情况下，此种说法都是彻底的假话，要使它有可能成为真话，人性就须是一块“白板”或是一块黑板，别人可以用粉笔在上面画了又擦掉。但活生生的机体是极其敏感的物质，它记录着最细微的影像；而暴力给它留下了不可磨灭的痕迹。实际上，你该承认：在当前的革命队伍里，我们在任何国家都可以发现为“争取权利和自由”而战斗的许多老战士——他们并不反悔。标签改变了。但不能说标签就不会再变了。但是精神状态却比以前更令人担心，因为旧的暴力习惯又加上了新的习惯，这必然预先安排一个加强暴力的未来。

正是本着这种精神，我在《格莱昂波》一书中写道（我比以往更这么想):为目的而不择手段,这话不对。对于真正的进步来说,手段比目的更重要……因为目的,(很少达到,而且始终不能完全达到)只改变人与人之间的表面关系。而手段则或是按正义的节奏或是按暴力的节奏铸造着人们的思想。如果根据暴力的节奏,那就任何形式的政府也绝不能阻止强者压迫弱者。

因此,我把捍卫道德价值视为根本,而且在一场革命中也许比平时更加如此。因为革命是蜕变期,在这时候,人民的思想更易改变。

因此,我坚信,你能为共产主义所效的犬马之劳,不是为它辩解,而是要做坦率的、真正的批评。党内只有一个人充分发挥他的独立判断能力:那就是列宁。但是这位强有力的统治者本身就受到他的理论和克里姆林宫的围墙——我是指他的权力——的限制。在他周围,我只看到一群照章行事的人。——共产党人,你们应当是自由的人!你们应当持续不断地改正你们的工作,亲自大胆地指出它的错误,克服它的流弊。

第二封公开信①

亲爱的巴比塞:

我很遗憾,你在回信②中有点超出了我所十分欣赏的、你在前一篇文章中所掌握的分寸。把与你意见不一致的对手打入资产阶级分子的行列③,都是便当的办法,但只是口头上而已。在此,我们不是要挑动无产阶级沙文主义(它不见得比民族沙文主义好多少!)。巴比塞,不管你是否是资产阶级分子,我们都是两个劳动者,我们之所以成为

① 载于一九二二年二月布鲁塞尔《自由艺术》。——原注

② 载于一九二二年二月一日《光明报》。——原注

③ 根据现时的战术,给贴上了无政府主义的标签。诚然,在无政府主义者中有资产阶级分子。但是,亲爱的巴比塞,资产阶级分子无处不在。甚至,我还认识一些人在共产党内的。——原注

我们现在这个样子,一切都归功于我们的劳动,我们是两个自由人,我们两人为我们的自由付出了高昂的代价,我们俩都在寻求真理。不过如此。仅此而已……

你有什么权利宣布和你想得不一样的人就不参加革命呢?革命并不是一个党的财产。革命是所有希望人类更幸福更美好的人之家。因此,它也是我的家。只是我无法在像"资产阶级分子"和共产党人竞相强加给我们的那种小集团的气氛中生活。因此,我要把窗户打开。不得已时,我甚至准备敲碎玻璃呼吸。因为我们就是一些有留在革命队伍中——作为自由人留在其中——的抱负(似乎有些过分)的人。

我不想像我在第一封信里写的那样只为我一个人说话。在那时以后已经开始的论战中,你的一些朋友像你一样,把我的事业和罗兰主义者的事业分开来。

"对于罗兰,容许有罗兰主义。对于罗兰主义者,便不容许。"我不承认我有这种特权。首先,假如考虑到过去经受的考验而给我这些特权,那就对其他人经受过的同样的考验太健忘了,其他人在战争期间也曾反对战争,为了国际事业而把他们的整个前途置之度外,甚至现在还承受其沉重的后果。但是,这不是特权,而是属于所有人的权利:要保持其自由完整无损的权利。

对于思想家来说,这个权利不仅仅是权利,也是一种义务。因为一种思想如果以一面聚集力量、一面认输开始,它还有多大价值呢?党的思想、宗教思想、等级思想——都是一切压迫的工具!……唉!我们已了解这种思想了。几个世纪前,知识界就致力于揭掉蒙眼布。每一块蒙眼布揭掉了,总是又有新的蒙上:古老的神学的和皇家的巴黎大学的蒙眼布,非教会的和共和的现代大学的蒙眼布,旧政府或革命的蒙眼布,黑的、白的、红的蒙眼布——反正是一块蒙眼布。因此,首要的任务就是不要任何蒙眼布。

* * *

巴比塞,你迫切需要行动,不惜一切代价行动,好拯救各国人民摆脱当前的苦难和可怕未来的更令人痛苦的苦难。我喜欢你的这种锐气,但愿不致挫伤这锐气!

但我却有另一个需要:需要如实地看见现实,而不是看见我希冀的那种现实。一项很合逻辑的美好计划在纸上是完美的。但我寻求的是为之制定这项计划的人们。巴比塞,除了你和一小撮人外,我还没有找到他们。你们将会同意,领袖们在法国的表演是不能令人欣慰的。在广大群众深处,我从大部分人麻木不仁的极重的自私心中间看到了剧烈动荡的暴力,它们是用来毁坏别的暴力或被别人摧毁,而不是用来进行建设的。我没有想入非非的天才,不会翻来覆去对自己说:“只消盼望,世界就变样了。”因为我知道世界恰恰不想变。世界——我们的西方——是一头受伤的猛兽,它正在舔伤口,它的鲜血仍不断地往外流。难道它可以用新的创伤来恢复它失去的力量吗?我非常担心它的血会流尽。正因为我知道一场伟大革命的了不起的力量,所以我不认为革命是对那些精疲力竭、几乎陷入混乱的国家的没有办法的解救办法。我认为,这是今天最高革命领导人犯的严重的心理错误。为了取得胜利,革命要积蓄大批力量,要保持一个种族有强健的体格和欢乐的希望。我不能指望剖腹的狼也能如此,欧洲各国就是这样的狼,它们鲜血淋淋,在荒芜的原野上艰难地行走着(也许有两三只已气息奄奄)。

你责备我悲观。但首先,正如古斯塔夫·迪潘说过的,有些东西眼巴巴地望着现实比悲观主义更糟糕:那就是乐观主义的假面具,它掩盖着痛苦不堪的面容和炽热的泪珠(革命的朋友,我不想点你的名①,当你一定要,硬挺着坚信不移时,我已从你的眼睛中看到了泪水……)

不是的,巴比塞,我不是悲观主义者!因为我并没有把我的希望寄托在当前或不久的将来这个狭隘的圈子里。我历来习惯于了解更广阔的天地;我知道巴黎不是一天就建成的,人类的团结不会在一个

① 我在这里指明:他是马塞尔·马蒂内。——原注

世纪内实现。然而我仍然相信它会实现。既然暂时的挫折没有使我动摇,我现在甚至对它更有信心。由于从来不知道有绝望之日,我持之以恒地为实现我们的主张而努力。

* * *

正是在这一点上,你对我提议的行动存有疑问。

巴比塞,我们共同的敌人就是目前人类社会存在的压迫性暴力。但是你用敌对的暴力来反对这种暴力。我认为(我已说过,我不再重复)这种办法只能导致互相毁灭。假如你以你的敌人之道还治其人之身,就像德国人和法国人在大战期间所干的那样,也许在战争结束时会缔结某种凡尔赛条约,取得某种书面上的胜利。但是,实际上,这将是大家同归于尽。就算是我错了吧!无论如何,我认为还是可以使用其他武器的。

第一种武器,我不强调它,因为它现在是或应该是知识分子所特有的(但是,你和我都是知识分子,在考虑到别人的义务之前,应当从完成自己的职业工作做起),这第一种武器就是进行大无畏的思想斗争,一切理智的力量团聚一起,既是为了像我们民主监督联盟的英勇朋友们那样看清、监督和判断政府的行动,也是为了像伏尔泰和大百科全书派的尖锐批评和尖刻讽刺那样嘲笑、痛斥、抨击流弊。伏尔泰和百科全书派为了毁灭王国,比一伙攻下巴士底狱的鲁莽汉干得更多。

但是,另一种武器更加有力,它适用于所有的人,最低贱的人和最高贵的人:它在其他各国人民中已证明其效能,奇怪的是法国从来没有人谈到它,这就是盎格鲁-撒克逊人中成千上万的凭良心拒服兵役者使用的武器,也是甘地目前用来摧毁英国在印度的统治的武器:这就是*不接受*,我不是说*不抵抗*,因为,你不要弄错了,这是最高级的抵抗。拒不同意和拒不支持罪恶的国家,这是当代一个人能完成的最英勇的行为,它要求一个人单枪匹马对付可以偷偷地、冷酷地把他绞死的庞大国家,它要求具有比视死如归更伟大、无与伦比的牺牲精神和毅力,这就是要同人群共呼吸同甘苦。但是,只有点燃人们——每一个人——心中觉悟的火焰、唤醒其几乎是神秘的神圣感,才可能有这种精神力量,这种神圣感存在于每个人的心中,它在历史的决定性时刻激发伟大的民族奋起,直冲霄汉。

然而,正是这一点——我有点恶毒地(我可以向你保证是友好的!)用一句曾使你暴跳如雷的话来说——是人们感到你身上不多的东西。这话曾使你暴跳如雷,而你自己却没有想一想你们某些人不尊重我们的虔诚的信仰,是否会使我——我自己和我的其他一些同伴——很敏感。由于你过分注重集体力量(我和其他人一样懂得集体力量具有巨大的吸引力),可能就不大重视严格地学学一个个人的觉悟——世界的支配力量。你们中间对此感受最强烈的要算那可怜的雷蒙·勒费弗尔,他是你的朋友,也是我的朋友,他想要创立革命英雄的神秘主义。但这也不是一日之功。人类任何深刻转变的两大因素是:首先(我们是会一致同意的)是要做出牺牲,牺牲是由一个人,由我们自己来完成的这一转变的英勇的榜样,其次是时间,它像泥瓦工师傅一样千辛万苦塑造了一代又一代。多少代人做出了牺牲,有些人名声显赫,而绝大多数的人默默无闻,基督教的新世界是必须建立在不可毁灭的罗马废墟之上的!你是否认为应当建立人类劳动者兄弟般的团结的革命无关紧要,以致你以为革命不用花多少时间就可以完成呢?……

亲爱的朋友们,请你们不要怨恨我论年龄是你们的长辈,不要怨恨我不如你们那样相信即将取得成就。不管怎样,你并不比我更相信有义务绝不浪费一朝一夕,以便加速……的到来。不,我向我的同伴们建议采取的态度并不是一种超然和放弃的态度。我要说,恰恰相反:"决不要睡觉了!决不要妥协了!决不要姑息非正义和谎言了!你们要从你们身上把一切原来崇奉的神一个一个地赶走,代之以新的神——(其中《人道报》也许是最应该赶走的了。壮起胆来!做出牺牲吧!你的力气不会白费,请你们相信这一点吧。你们是在为后人工作。你们不要抱怨没有达到目的。你们尽情享受你们参加了超过你们的生命而永垂丹青的事业。活着的人就该这样来品尝永垂不朽的事业。"

* * *

巴比塞,我听见你说过,你说:“在这段时间里,法国死亡了,欧洲受到了威胁。”那么,去保卫它们吧!(虽然我也听见无情的希腊复仇与正义女神说过:“欧洲在受罪,正义实现了……”)。但是,人应当与命运斗争到底……巴比塞,斗争吧!我们作为自由的人和你一起为争取实现我们认为是正义的事物而斗争,为反对我们认为是非正义的事物而斗争。我们尊重你的信念,我们钦佩你的勇气。但是请你不要强求我们相信你所相信的事物,不要强求我们去做你从事的一切!如果在同一事业范围内强求所有的人承担同样的义务,这可能不仅是一种无法容忍的要求,而且还是一个严重的政治错误。

归根结底,捍卫欧洲和未来的最好办法,仍然是做好本职工作。要是大家都去参加战斗,那么谷仓由谁来装满?如果学者和艺术家不继续进行研究,连一行字也舍不得用来叙述新的社会信条、他们对真或美的理想,甚至连提醒一下这些信条的存在也不提醒,那么,经过你们的革命之后的世界有什么价值呢?巴比塞,因为有某种东西是超越于某一天的人类及其信念、哀愁和短暂的胜利的:那就是永恒的人类。

我要向你们——我的作家同行们,特别是向自称是思想界先锋的你进一言:

你们是否认为艺术家、学者和思想家当前的责任是像一九一四年参加右派军队那样在一九二二年参加革命军队呢?或者你们难道不认为人类事业和为革命本身服务的最好办法就是保持你们的自由思想的完整性——只要革命不包括这种对自由的切身需要,哪怕这是反对革命的思想也罢!因为假如革命不包含这种需要,那就等于它不再是革新的源泉,它只不过是外貌变化多端的魔鬼——反动派的一个新化身而已。

罗曼·罗兰

赵蕊初 译

与中国和中国人

罗曼·罗兰与中国

约翰·克利斯朵夫向中国的弟兄们宣言[①]

我不认识欧洲和亚洲。我只知世间有两民族:—— 一个上升,一个下降。

一方面是忍耐,热烈,恒久,勇敢地趋向光明的人们,—— 一切光明:学问,美,人类的爱,公共的进化。

另一方面是压迫的势力:黑暗,愚蒙,懒惰,迷信和野蛮。

我是顺附第一派的。无论他们生长在什么地方,都是我的朋友,同盟,弟兄。我的家乡是自由的人类。伟大的民族是他的部属。众人的宝库乃是"太阳之神"。

罗曼·罗兰

一九二五年一月

敬隐渔 译

---

① 本文是罗曼·罗兰应敬隐渔之请作为他翻译的《约翰·克利斯朵夫》的序言而写,敬译一九二六年一月在《小说月报》第一次连载时置于译文之前。

罗曼·罗兰
一九三一年十月关于日本侵华战争的呼吁①

如果只满足于以感情的说教来呼吁和平,那是幼稚可笑的,甚至惹人怀疑。

在中国和日本这两个国家里,军阀和他们的集团,以及欧美帝国主义和资本主义联盟,一起剥削和搜刮那里的可怜人民。只要他们一天处于这些人的粗暴凶残的统治下,现在和未来的和平都是有名无实的,虚假的,不稳定的,无法实现的。

谁要和平,谁就要消灭战争的一贯因素。谁要国际和平,谁就要革命。我呼吁革命。我呼吁中国和日本这两个强大的民族,摆脱骑在他们背上的强盗。呼吁他们实现从本国内部的暴政解放出来,这些暴政像我们这里一样,使用掺假的民族主义烧酒迷惑他们,奴役他们。我呼吁他们踏在被打倒的刽子手的背上,互相伸出手来,实现中国和日本劳动人民果实丰富的大团结!

我呼吁在欧洲和美洲,我们也有一天这样做!

刘志侠 译

① 罗曼·罗兰在一九三一年九一八事件后,应汪德耀请求,为一个抗议集会写的讲词。十一月四日《人道报》以《罗曼·罗兰的呼吁》为标题发表。

罗曼·罗兰
一九三七年十二月联署支持中国抗日的呼吁书①

接约翰·杜威②电报，要我联名发表一份向全世界呼吁支援中国抗日的声明（十二月六日）。我当即回复（十二月六日）：

亲爱的约翰·杜威：

我收到了您的电报，我愿意联名发表你们的呼吁书。这是我们的义务，尽管位于日内瓦的国际联盟③未尽其责。

我只是遗憾，抵制货物必不可免地会打击日本的善良人民，那些劳动者和被剥削者，这些人是他们贪婪而又疯狂的国家首当其冲的受害者。我希望我们的呼吁书包含几句话，肯定我们像对世界所有被压迫和愚弄的劳动者一样，对他们怀着友好的感情，要清楚地表明人民与其政府的区别。

罗曼·罗兰

张英伦 译

---

① 一九三七年十二月，一批世界著名的学者发表联合呼吁书，谴责日本侵华，呼吁通过抵制日货等行动支持中国人民的抗日事业，罗曼·罗兰是签名者之一。罗兰在日记中记述了此事并全文抄录了他给呼吁书发起者杜威的信。

② 杜威（1859—1952），美国哲学家、教育家，实用主义理论的创立者。曾在中国多地讲学两年有余，产生较大影响。

③ 国际联盟，《凡尔赛条约》签订后组成的国际组织。该组织在日本侵华后采取不加区分的调和态度，表现得软弱和暧昧，纵容了日本的罪恶行径。

罗曼·罗兰与盛成*

盛成一九二〇年八月二十三日致罗曼·罗兰信

亲爱的同志：

刚才在《人道报》看到你的致小学教师大会的信，我欣赏你的看法，深有同感。

今天世界上的教育是一种专制和黩武的教育。我觉得很遗憾，无法将其改造为民主和不受政府管束(的教育)。法国教育尤其专横，一点也不是和平主义。

我一月份来到法国，入读过旺都姆中学，在那里受到的正是强横的纪律。我替法国同学惭愧，他们为同盟国是胜利者而骄傲。

你说需要创立一种百科全书教育小册子的丛书。我完全同意！不过我最喜欢自然史，其次是社会史，政治史不必要，或者只挑选一些错误或罪行来讲述。

我重视天生纪律，不要专制纪律。但是为此必须让小朋友习惯这

---

* 盛成(1899—1996)，江苏仪征人。一九一九年以勤工俭学学生身份到法国留学，在蒙彼利埃大学攻读蚕桑学。一九二八年出版法文写作的《我的母亲》，由瓦莱里作序。一九三〇年返国后，先后在政界和学界工作。一九六六年自台湾经美国重到法国，居留至一九七八年，回国后定居北京。著作有《海外工读十年纪实》《旧世新书》等，另有法译《老残游记》。盛成是第一位在法国写信给罗曼·罗兰的中国留学生。两人在一九二七年夏天见过一次面。

种时间表，诸如吃饭、喝水和睡眠。

摧毁分隔世人的偏见，实在太好了！我们要直接与其斗争。

孩子是人类与爱的蓓蕾，必须让他们与战无不胜精神的法则共同合作。

我稍后把你精彩的信译成中文，转达给中国无产者。

教育必然是人类之爱的粮食。

亲爱的同志，我以作为你的优秀合作者为荣。

盛成

一九二〇年八月二十三日

巴黎十二区

沙隆街二十四号

盛成

刘志侠 译，下同

罗曼·罗兰一九二六年九月一日致盛成信

盛成先生：

来信及邮件[①]到达时，我身羁在床，现在回信依然一样。我得了一种肠热病，屡医不愈，令人疲弱，因此目前无法撰写所需的文字。

病愈后，首先要赶快誊清一本小说的手稿，本来九月一日便要交给出版社的。然后才写对你的演讲词的感想。我已经浏览过。不消说，对很多东西有同感，另外一些，觉得没有根据或者错误。无论如

① 两篇演说稿，盛成准备以《和平中国》为书名出版。

何,我会称赞,也会批评——批评和称赞同样明确。我是欧洲人,对欧洲的缺点总是很严厉。我很仰慕亚洲人的高度精神价值,但是我认为,他们对自己种族的缺点也应该像我一样严厉。必须全面同时察看:长处和缺点。你的职责不是指出欧洲的缺点(这由我担当),而是你们的缺点,亚洲的缺点,中国的缺点。这样做对自己的民族更有好处。要是我像你攻击基督教那样,去攻击儒家和佛教,你有何想法?这样的攻击有何用处,有何价值?

你的真正题目是研究中国的圣贤与和平主义者:首先要确定他们在什么程度上表达了民族的精神;在什么程度上他们确实和人民一起做出英雄的反应,对抗一个完全违反他们理想的环境或时代。然后观察在随后的世纪里,中国在什么程度上实践了这些良心英雄的精神,或者只是他们的字面。还有,在中国的精神和社会生活里,今天还留下什么?

请考虑一下这几点,然后说一说你的坦率想法。

不要忘记,你写信给他的人不止是几本"英雄传"的作者,同时也是《节场》和《克莱朗博》的作者,他的人民从来没有原谅过他。他不讨好他爱的人。

致意。

罗曼·罗兰

一九二六年九月一日

维尔纳夫

罗曼·罗兰一九二六年十一月八日致盛成信

盛成先生:

我无法撰写你要求的序言。我忙于紧迫的任务。时时刻刻都有人要求我放下工作,为他们的作品写导言。我必须保护我的工作,这是我对大众本身的第一任务。我只对自己选择和发现的作品破例。何况如前所说,我对你的阐述并非完全同意。

有关这件事的答复已收到,很有意思。我十分理解某些偏见的原因,由于个人受到不公平行为和痛苦而造成。我对此表示同情。然而对你的作品(小册子)的不同意见继续存在,完全未变。人与人之间已经有相当多的不理解和敌对戒心:不要再添加,尤其在一本和平主义小册子里面!

我很留意读了关于庚款赔偿呼吁信。我准备签名支持中国留法各地勤工俭学学生会的要求。请代我寄两份呼吁信给《欧洲》杂志(巴黎,圣苏尔比斯广场七号,利埃德书局),一份给社长克雷米尔先生,另一份给我的朋友巴萨尔耶特,他专门负责外国作家,持共产党的观点。

请随时告诉我(由你本人)这些工作的进展情况。要知道在法国我们人数很多,谴责欧洲的对华政策(1),愿意和谋求解放和复兴的年轻中国真心友好。

谨复。

罗曼·罗兰

一九二六年十一月八日

维尔纳夫

(1)美国在你们那里更机灵(因为利益所在),但同样危险。Tinreo Danas et Dona ferentes(你可能不懂拉丁文吧? 维吉尔的这句话大意是说:“我害怕希腊人(美国人),即使来送礼。”)

罗曼·罗兰一九二六年十二月二十五日日记

和另一个中国青年的通信。他在塞特生物观测站:盛成。

他写了一篇关于中国和平主义大师的演讲词,请我写序。我向他提出几点善意的看法:

我问他:一,几个伟人,例如老子、孔子、孟子等,是否代表一个民族的整体精神,或者,他们的思想是否针对差别很大的事物状况做出的反应;二,他们的理论付诸实践时发生过什么事?

我也不赞成他在著作中插入对基督教的粗暴指摘。我说不要把地球上一部分地方的优越之处来反对另一部分地方,而要不偏不倚去观察两者的优点和缺点,努力联合善来反对恶。他回答说,他被“像鸦片那样毒害中国”的基督教所激怒!

> ……十二岁时,我被母亲送进南京一所美国基督教学校,学习英语,了解西方文化,这是当时唯一的目标。我赞成全盘西化。然而,我的造反精神和对自由的热爱,无法和令人烦厌的每日必修的诵读圣经调和。我对本国的传统已经抱有一种不寻常的仇恨,从此又多一种对欧洲传统的仇恨。十六岁时,我进入震旦大学,耶稣会在上海的学校,宗教势力再一次使我厌恶。我因为在学校宣传反宗教被惩罚……
>
> 在长辛店当铁路工时,我看见神父和牧师去见治安推事,替他们的信友案件辩护。
>
> 当我们到达法国,我们这群勤工俭学的中国学生,到这里来为了找寻真正的西方文化,却成为美国基督教和法国与比利时天主教宣传机构的目标,不断被针对。我们当中有些穷书生为了金钱入了教,另一些则声称基督教精神比中国圣贤思想远远高明。到头来,我很痛苦,十分恼怒。
>
> 这是奇怪的事情!一门理论,或者一个学派的反对者,常常受到后者的直接影响。我是彻底的基督教徒,手上有两本圣经,已经超过十年。
>
> 我经常重读孔子的经典著作。我攻击祖先崇拜,孔子却视为

中国文明的基础。我的父母视我为小捣蛋，一个不受欢迎的革命者。我的同胞不断指责我，把我看成一个"欧洲化的中国坏家伙"。因为我过去攻击，现在攻击，将来仍然攻击古老的传统，我把中国的现实赤裸裸向外国人显示，而他们宁可隐藏起来。

罗曼·罗兰一九二七年一月六日致盛成信

盛成君：

我要再一次不同意你的看法。

为了这样的理由拒绝由我的朋友迪谢妮[1]夫人转达的邀请，这是错误的。

你做的推论漫无边际，看不到最简单、最人性的东西：一批正直的人，为了他们的国家，他们的欧洲，他们的种族的不公正行为而感到痛苦，谋求以自己微薄的力量去补救，向这种局面的受害者伸手，力图去认识他们，更好支持他们的事业。你让真正的朋友气馁。

国际妇女争取和平和自由联盟组织这些年会，让各国青年围绕几位国际人物见面，六年来一直在做这件勇敢神圣的事业，在大战造成分裂的国家的男人（和女人）之间，连结起热诚的友谊。联盟成立于一九一五年大战方酣之时，不顾舆论的愤怒，也不顾各国当局的威胁。迪谢妮夫人本人在法国被人恐吓威胁，被人谩骂，我的妹妹玛德兰也一样，因为在爱国仇恨中，她们敢于公开支持和平事业和国际谅解。

在我们欧洲国家里，在法国，有人热心参加支持被压迫民族的事业，反对他们自己的国家：像莱昂·维尔特[2]，不久前谴责法国占领印

① 迪谢妮（1870—1954），法国和平主义和妇女运动分子。

② 莱昂·维尔特（1878—1955），法国作家。

度支那;费利西安·沙莱[①]认识亚洲和远东,从未停止过追究白种文明的弊端,尽管工作繁重,他很高兴接受主持计划中下次会议的辩论会。我认识很多西方人,热烈希望和东方人接近,为了更好认识他们,更好爱他们。

我必须很遗憾地说:像今天那样,我多少次看到东方的大孩子,印度人或中国人,疑心重重,傲慢自大,拒绝他们的无私真诚举动!

未来会发生什么事?如果你们亚洲人和非洲人,不支持保卫你们的人,这一批少数人,费了很大的力气对抗自己种族的人,那么,强暴者就会在全球得胜,欧洲和亚洲的分裂加大,直至最残酷的战争。谁人最受痛苦?你们。因为尽管人数众多,但夹在两个可怕的白种文明之间,一面是欧洲,一面是美洲,拥有的武力装备超过历史上任何最极权专制的国家。总之,远东古老文明最优秀的东西将在搏斗中消失。欧洲古老文明最优秀的东西也受到威胁。谁看不到他们要互相接近,互相帮助,才能双双得救?

罗曼·罗兰
一九二七年一月六日
维尔纳夫

罗曼·罗兰一九二七年一月[十三日][②]日记

和一个中国青年的通信

盛成在舍提生物研究所工作。人聪明,但时常糊涂,激情思想和理智思想乱作一团,宽容与固执的偏见互相冲突,坚持自己的短

① 费利西安·沙莱(1875—1967),法国作家,著名的反殖民主义者。

② 罗曼·罗兰部分日记没有日期,只能根据位置及其他文献推算,此时以方括号([日期])表示,下同。

处更甚于长处。和日本人相比,我和认识的中国人更谈得来。日本人是酸味和半甜半淡的混合物,感觉得出缺少古老的文化,缺少稳重与和谐。

我拒绝为他的一本和平主义小册子作序,他在里面侮辱基督教,故意不辨是非,无视我拒绝的真正理由,我用大字给他回信:

> 我拒绝为你的小册子写序言,因为其中表现了一种对基督教的狭隘无知,夹带着仇恨。因为我的意见没有使你改变初衷。
>
> 我不受任何宗教或世俗信仰的约束,但我要求尊重西方或东方的高度精神价值。我拒绝助长亚洲的排斥异己或不理解,这与欧洲的不理解和排斥异己同样有害。

罗曼·罗兰一九二七年一月十九日致盛成信

亲爱的朋友:

你高贵的母亲(我在寄来的照片①中看到深沉和锐利的思想),她一点也不必悲伤!她有一个善心的儿子,有时被年轻人的热情拖向偏颇,但实际上热爱公正和事实。

你看,成君,永远不要把一种神圣的事业及其不相称的代表混为一谈。最纯洁的思想总是被一些伪善者拿去利用。伪基督徒,伪佛教徒,自由理性和无私学问的伪信徒,他们来自同一种面粉,里面有虫。我们要扔掉这些坏面粉!向活着的麦子致敬!我们一起反对各个阵营的伪善者!我们一起支持各个阵营的神人!——对我来说,"神人"是人的最高形态,不朽的麦粒。神人在基督身上,在佛的身上,在甘地、贝多芬身上,在世界上九个或十个最光明纯粹的人身上。也在纯

① 盛成在一月十七日信中表示接受参加国际妇女争取和平和自由联盟年会的邀请,信中附有他母亲的一张肖像照片。

粹而诚实的卑微者身上,他们是一群火花。我把所有这些人集合在我的爱中。

至于国际妇女争取和平和自由联盟,我本人尊重这个组织,但交换意见时我的看法不受束缚。你不必牺牲自己!只有"心这样跟你说"(正如法国人的说法),只有跟你的夏天计划配合,你才去参加吧。

致意。

罗曼·罗兰

一九二七年一月十九日

维尔纳夫

罗曼·罗兰一九二七年四月七日致盛成信

盛成君:

我从维也纳归来,在那里参加了贝多芬的纪念会。看到来信,我能说什么呢?我对欧洲的野蛮行为没有任何幻想。我知道欧洲会灭亡。我从青少年时期开始便预感到悲剧的命运。不过,仍然要抢救理智的微弱光明,它在摇晃,受到威胁。我也希望你的城市不如最初的消息令人担心那样全部被毁①。尤其你的母亲能保平安!谨此表示我不安的同情。我反对"野蛮人",无论来自哪一个国家,都是我的敌人。

此复。

罗曼·罗兰

一九二七年四月七日

维尔纳夫

① 指一九二七年三月北伐军进入南京,发生排外和英美军舰炮轰的事件。

罗曼·罗兰一九二七年九月六日日记

[一九二七年]九月六日 星期二

尽管哮喘未愈,抱病在身,我去参加格朗国际会议①一天,因为预先宣布我会出席[……]

我在闭幕前一晚到达,与会者已经离开,只剩下五十来人,其中很多熟人:沙莱和家人,迪谢妮夫人,茹弗夫人,路易塞特·吉耶斯,罗朗-霍尔斯特夫人(她向各人道别,轮流拥抱),霍尔萨菲尔小姐,加布里埃尔·莫诺-赫尔岑,画家祖谢小姐,她把时间用在为所有参加者画肖像(画得很差),还有她的老朋友奥地利作家博格斯,她对中国青年盛成产生一种母性的迷恋(盛成是一个小滑头,永远笑容满脸,多嘴饶舌,自吹自擂,利用所有在场者的轻信好意。另一方面,他机灵聪明,对人友善,但太浅薄)[……]

罗曼·罗兰一九二八年八月十七日致盛成信

盛成君:

我不在维尔纳夫。很久以来,我避居到山上去,在僻静中工作。我致力的任务只容许我阅读相关的东西。你的书②已收到,当精神重新自由,松弛下来,我将高兴阅读。

我想你最好返回中国,而且刻不容缓。一位有才能的女记者泰里写的一本书引起轰动,她动身时抱着对新生中国事业的满腔同情,但带回来的笔记,据说阴沉而苦涩,彻底的失望:《黄热病——痉挛的中

① 国际妇女争取和平和自由联盟在瑞士举行的年会。

② 盛成著《我的母亲》。

国》,弗拉马里翁出版社。由于这是一位勇敢而诚实的女性,热心支持民族独立(以前写过一本关于革命中爱尔兰的杰出作品),她的见证给人更深的印象。要抵消她的见证,唯有到当地去,核实和纠正她的说法。革命中的国家变化极为快速,今天的中国不再是孙中山的中国,更何况孔夫子的中国。这一切已成过去,我们不需要以过去来创造今天!今天才重要。你要到当地重新接触今日的中国,留心倾听之后,成为中国的现在之声,用来和欧洲的声音互相比较!你在巴黎或者伯尔尼是听不到中国声音的。

致意。

罗曼·罗兰

一九二八年八月十七日

罗曼·罗兰一九二九年十二月八日日记①

〔我在所有人身上,都遇到同一种瞧不起盛成的看法,他是一个显而易见的江湖郎中。他们为自己的国家在西方被这个轻浮的小青年所代表而痛苦。〕

① 罗曼·罗兰在这一天会见了阎宗临和曾勉。本段为会面日记的附言。

罗曼·罗兰与敬隐渔*

敬隐渔一九二四年六月三日致罗曼·罗兰信

先生：

请恕我冒昧地给您写信。一个二十三岁的中国青年，通晓拉丁文和法文，初试文学生涯，读了您的《约翰·克利斯朵夫》，受到您心灵的猛烈气息的不可抗拒的驱动，希望忠实地追随您的足迹并向同胞们传达您裨益良多的思想，写这封信，请求您允许他将《约翰·克利斯朵夫》翻译成中文，同时请求您这位不可企及的艺术家和崇高的思想家不吝赐教。

这个克利斯朵夫，具有自由不羁和桀骜不驯的独立精神，对爱情忠实而又诚挚，像清教徒般的廉洁。这些优秀的品质，对摧毁了帝制和过于陈腐的孔道的我的同胞们，正可作为不可或缺的唯一的良药。这个克利斯朵夫将会成为我们所有人的榜样。此外，像我这样在受

---

* 敬隐渔(1901—1932)，二十世纪二三十年代中国新文学运动时期颇有成就的作家和翻译家。四川遂宁人。童年和少年时代在天主教修院学习七年，打下坚实的拉丁文、法文和西学功底。二十一岁到上海，先后在创造社和文学研究会的刊物发表多种多样的创作和译作，有天才之誉。首先将《约翰·克利斯朵夫》引入中国，将《阿Q正传》推向世界，做出过历史性贡献。他是最先拜访罗兰、和罗兰关系最密切的中国人，帮助罗兰了解中国，也在工作和生活上得到罗兰的支持和呵护。在其影响下，多位中国留学生先后访问罗兰，和罗兰建立起联系。

苦、在奋斗而又难以战胜厄运的年轻人,也无疑会从中获得莫大的安慰。

如能得到您的一封回信,一个前所未有的最仁爱作家的慈祥的表示,我将万分荣幸!

先生,

我谨向您致以最大的敬意。

您谦恭的仆人

让-巴蒂斯特 敬隐渔

一九二四年六月三日于上海

附言:

回信请寄:上海辣菲德路一一九五号

中法工业专门学校

范赉博士先生代收

张英伦 译,下同

罗曼·罗兰一九二四年七月十七日日记

我经常和日本的知识分子联系,我的作品在那里已经多次出版。中国的情况则不同,它对我来说是遥不可及的,虽然我很想了解它。毕鲁科夫[①]对我说过,托尔斯泰也常表示同样的遗憾。

所以,我很高兴接到一个二十三岁的中国青年作家的来信,他叫敬隐渔:

① 保尔·毕鲁科夫,俄国人,一八六〇年生,一九三一年卒,托尔斯泰的朋友和秘书,著有《列夫·托尔斯泰,生平和创作》,俄国革命后流亡瑞士。

（本书编者说明：此处略去罗曼·罗兰全文抄录的敬隐渔六月三日来信）

各个人种团结起来！——我立刻就给敬隐渔回信。

罗曼·罗兰一九二四年七月十七日致敬隐渔信

亲爱的敬隐渔：

你的信使我很快愉。多年以来，我和日本人、印度人及亚洲其他民族已有友谊的交际，已互相观察了我们的思想的通融。但是至今我和中国人的关系只是很肤浅的。我记得托尔斯泰在他生命的末时也表示这宗遗恨——可是中国人的精神常常引起我的注意；我惊佩它以往的自主和深奥的哲智；我坚信它留给将来的不可测的涵蕴——我相信，近三十年来，政治和实行的问题消磨了它最好的精力；因此欧洲的思想家在你们中间发生的影响远不及在亚洲其他民族。你们优秀的知识界在专务科学、社会学、工业，或者政治的社会的设施远过于艺术，或是纯粹的思想。——这是你们百世的变迁之时，此时要过去了；你们又将回到你们从前所极盛，将来——我信必能——复盛的思想。中国的脑筋是一所建筑得好的大厦。这里面早晚总有它的贤智而光明的住客。这样人是世界所必需的。

你要把《约翰·克利斯朵夫》译成中文，这是我很高兴的。我很情愿地允许你。这是一件綦重的工程，要费你很多时间，你总要决心完结才可以着手！——你若在工作之间有为难的地方，我愿意为助。你把难懂的段节另外抄在纸上，我将费神为你讲解——若是在生活上无论何事我能够为你进言，或是指导你，我很愿意为之。以你给我写的一封短信，我视你为一位小兄弟。

我不认识国际和种族的栏隔，人种的不同依我看来正是些近似的色彩，彼此相互成全面凑成画片的丰美。我们努力不使漏落一点，我们以此作为音乐的调和！向你们众人宣言的一位真正诗人的名字应是“和音之师”。

唯愿我的克利斯朵夫（昔曾有此一人）帮助你们在中国造成这个新人的模范，这样人在世界各地已始创形了！愿他给你们青年的朋友，犹如给你一样，替我献一次多情的如兄如弟的握手。

你的

罗曼·罗兰

我的书的中文译本出版以后，请你给我寄两册样本来。

两年以来，我住家在瑞士，住址在信首已写明了。这是欧洲一个好中心点。我在这里为我自由的工作，更觉得清爽。——信封内，我给你寄来自我窗中所眺风景的小照片一张。这是蕾芒湖，那边是撒弗阿[1]的亚尔伯山[2]；法国的边界差不多就在远处那两株柏树对面。

瑞士

一九二四年七月十七日

敬隐渔 译

敬隐渔一九二四年十二月十日致罗曼·罗兰信

我亲爱的大师：

挣钱维持生计很难，所以我迟至今日才回复您七月十七日的来

① 即法国的萨瓦省。

② 即阿尔卑斯山。

信。我无法表达您让我如何惊喜，以及我对仁爱的大师的感激，您的友谊让我这无才无德的卑微的中国年轻人感到慰藉和荣幸。

我不但把您的信精心保存了起来，而且拿去发表了。在我看来，它就像太阳释出的一道光芒，照亮一片看不见的星云。

我和我的朋友们很乐于成为崇高画家画作上的色调、和谐大师乐曲里的乐音。

的确，在不断增强的工业和欧洲政治的影响下，大部分中国人已经失去对艺术和纯粹思想的兴趣，他们的兴趣更多地转向了欧洲发明的奢侈品和杀人器具，一小撮资本家和军人可以用来发横财或者压迫不幸的穷人；很少有人关心有助于我们从古老迷信中醒悟，并纠正我们的判断的科学精神。

我热切地希望这段革命快些过去，自私的政治，投机的意识，人们称作现代文明的腐败奢华，全都随之而去。

我刚刚译完《黎明》和《清晨》。我已经把第一卷卖给一家叫商务印书馆的小书店。待第一卷出版，我即遵嘱向您献上两册。

我已经把您的第一封信放在第一卷的前面。如果您允许我再打扰您一下，我要请您在它刊出前写一篇前言，我将把它译成中文。

我还要请您把我不懂的斜体字和德文段落译成法文，并给我寄来《约翰·克利斯朵夫》的后面八卷，因为我在上海只能找到前两卷。

我也把您给我的那张照片保存了下来，并且让人刊印出来。风景优美动人，令我们联想到您的作品反映的美和崇高。

既然您肯赏光待我以友，我也来介绍一下我本人。我很早就失去双亲，故乡四川只剩下两个哥哥，工作为生。我现在上海生活，孤单一人，自由无牵挂，没忌惮也没依靠，就像一片菲薄的秋叶漂浮在人生可怕的海洋上。我从九岁起就被幽禁在四川的一座修院①里，在那里学习拉丁文和法文。十九岁我就成为法语教师。我二十一岁来到上海，

① 即法国天主教传教士办的四川彭县白鹿乡修院。

在中法工业专门学校继续我的学业。

最近，由于健康原因，我放弃了学业，迈入我喜爱的文学生涯。（不过在中国以文为生十分艰难。）我直到现在都还不怎么了解人情世故，虽然身居著名港城的中心，却过着近乎僧侣的生活。我生性少言寡语，有点阴郁孤僻，只有为数很少的朋友。我也写些小说，其中有些还颇受同胞们的欣赏；但是有些时候，我会陷入病态的倦怠，感到心灰意冷。我多么缺乏约翰·克利斯朵夫身上那令人欣赏的充沛的活力啊！

我在自己身上看到可怕的对照，一方面是勃勃的雄心，另一方面是缺乏毅力和动力；因此我不幸福。啊！我的生命之光，啊！我唯一的向导，请指明和照亮一个柔弱的孩子该走的道路，指引他踉跄的脚步。

请常给我写信，并请收下我最近的一张小照，我荣幸地把它献给您。

谨致深深的敬意。

（本书编者说明：此信无署名和日期，发信邮戳日期为一九二四年十二月十日，信封背面写着"回信请寄：上海中法工业专门学校教授范赉博士"）

张英伦 译，下同

罗曼·罗兰一九二五年一月二十日日记

J. – B. 敬隐渔，去年夏天从上海写信来请求我允许他翻译《约翰·克利斯朵夫》的那个中国青年，十二月十日回复了我去年七月的信。他法文写得很完美，那是一种不久前的稍显过时的法语，夹杂着远东人惯常的表示彬彬有礼所用的有点老套的比喻。他对我讲述了自己生活的若干细节。

……我很早就失去双亲,故乡四川只剩下两个哥哥,工作为生。我现在上海生活,孤单一人,自由无牵挂,没忌惮也没依靠,就像一片菲薄的秋叶漂浮在人生可怕的海洋上。我从九岁起就被幽禁在四川的一座修院里,在那里学习拉丁文和法文。十九岁我就成为法语教师。我二十一岁来到上海,在中法工业专门学校继续我的学业。

最近,由于健康原因,我放弃了学业,迈入我喜爱的文学生涯。(不过在中国以文为生十分艰难。)我直到现在都还不怎么了解人情世故,虽然身居著名港城的中心,却过着近乎僧侣的生活。我生性少言寡语,有点阴郁孤僻,只有为数很少的朋友。我也写些小说,其中有些还颇受同胞们的欣赏;但是有些时候,我会陷入病态的倦怠,感到心灰意冷。我多么缺乏约翰·克利斯朵夫身上那令人欣赏的充沛的活力啊!

我在自己身上看到可怕的对照,一方面是勃勃的雄心,另一方面是缺乏毅力和动力;因此我不幸福。啊!我的生命之光,啊!我唯一的向导,请指明和照亮一个柔弱的孩子该走的道路,指引他踉跄的脚步。

罗曼·罗兰一九二五年九月十日日记

年轻的中国人、《约翰·克利斯朵夫》的译者敬隐渔来访。他从上海直接抵法。他离开时日本和英国军警刚杀害了一些支持罢工运动的中国学生,那里一片混乱。他几天前才在马赛下船,在欧洲第一个访问的就是我。

他个子矮小,样子聪慧,不欢快,有点身体不适。越洋旅行期间他饱受其苦。他很早就失去双亲,童年没有欢乐。从八岁到十六岁,他在一座天主教修院接受教育,那修院在山上,十分偏僻;后来,他到上海在中法工业专门学校读书。

他是少有的通晓法文和拉丁文的中国人(特别是知识分子)之一,但他不会英文。他说在中国很难找到法文书籍;是一个法国伙伴借给他,他才偶然读到《约翰·克利斯朵夫》。我的作品中他只读过这一部和《超乎混战之上》。

中国天主教徒不多而且几乎都是从贫穷和没有文化的农民中吸收的。由于英美教会组织强大,耶稣教徒要多得多而且影响大得多。他所描绘的当前中国的图像令人绝望地阴暗,无一丝光明。这和当代日本的闪亮的光明线条、心的温暖是多么不同啊! 的确,敬隐渔观察到的是被战争弄得最混乱,被外国污染最严重的省份。战乱绵延,无休无止,没有从中走出的希望。北方各省相对平静一些。可是在共和国的其他地方,在政治和精神方面则是完全无政府状态。政治和物质的考虑压倒其他的一切。对外国人不再像从前那样仇恨了。人们害怕外国人,可又欣赏他们,而在上海,人们尽量利用之,人们陷于金钱的狂热。人民绝对地文盲。另外,工人很少,工厂很少:大量的是农民,或者小手艺人。交通不便。铁路很少。常用的运输方式仍然是人力车和轿子。大多数中国人从来没有见过汽车,也没有见过铁路;连牲口拉的车都少见。更多的是比牲口还要多和便宜的扛夫。

到处都不安全。路上兵匪为患。(同样一些人,时而是兵,时而是匪。) 五六年前,敬隐渔被土匪绑到乡下的一座庙里,关了一个星期。那些人拷打他,把他吊起来,把他的胳膊捆在背后,逼他缴一笔赎金,他缴不出。最后他实在痛得受不了,答应缴一千块大洋,其实他并没有钱。(中国一块大洋等于十二法郎。)多亏朋友们出面相救,他才得以脱身。

中国的思想和艺术,处于完全停滞的时期。民国成立以前,在很长的时间里,只不过是一种古籍的考证,甚至不再努力赋予过去的经典作品以新的生命,而只满足于评点和“净化”。自那以后,中国对现代的思想和形式跃跃欲试;不过它还处在咿呀学语的阶段。连语言也需再造:过去的语言,晦涩而又简略,无法表达现代生活的多姿多彩(?)(过去语言的异常含糊,也许是故意的,以致孔子的一些词句能有七十种不同的含义)。思想极度苦闷。孔子,不久前还是圣人(他的思想是支持帝王统治的理论),今天却是所有古老思想家中最被唾弃的。敬隐渔现在专注于佛教教义的思考。他写小说和诗歌。但在中国文学中,最好的,或者说不算最坏的,似乎是评论。看不到任何令人感到温暖和鼓舞的精神光亮。只有刚刚去世的孙中山,是人民的最高的良知。但他的光芒太局限于政治。

罗曼·罗兰一九二五年九月十一日日记

敬隐渔在维尔纳夫度过了十一日的白天。他二十五岁,但他看上去更年轻。他说他没有病,但他肉体上和精神上都感到异常的疲倦,严重时,令他不堪忍受。可怜的小家伙好像极度地孤独。

不幸的遭遇——双亲的离世——把这孩子交付给欧洲的教育家们,这些人都是些方济各会的会士,他们无疑都心肠慈善,可是他们头脑平庸,把他变成了一个失去根基的人,一个在自己的人民中形同外人的人。这些愚蠢的传教士不教他们的修生学习中文,而只教法文和拉丁文。他们虽不摈弃儒家文化,但是他们不让孩子们有任何机会去认识它。敬隐渔后来不得不背着他们,自修中文。新教的教育家们更明智些,他们给中国古典作品的学习留下一席之地。《圣经》的中文翻译很蹩脚,只能给人一个浮浅的印象,毫无吸引力。敬隐渔会说和写现代的中文,对已经死去的古文只是粗通;他已辨认不出挂在我楼道里的漂亮的中国书法。他写小说时,先写成法文,因为西文写得快(他写诗时,自然先用中文写)。

当前对儒教的反动，是因为直到帝制垮台前，它对中国思想施加的专横霸道，那时，没有任何其他学说被官方容忍；考试时，任何考生在作文中引用一句佛教或道教的话，就不予录取。现在，道家只保留了很少的生命力；它好像只通过吸引某些业余爱好者和爱发反论的头脑而浮浅地残存。佛教很受青睐，但大众对它的了解只是些迷信的形式，它歪曲了佛教的真谛；而在一部分知识精英看来，与其说它是一种宗教，毋宁说它是最高的智慧。保存了宗教火种的信仰佛教的大人物少而又少。（不过敬隐渔跟我说，有一个著名的僧人写过一些脍炙人口的小说；他说以后会对我详细介绍。）

柏格森①的哲学中国人是知道的；但是目前，欧亚的唯心主义并不被看好；最新一轮的较量是在它和唯科学主义派之间进行的，后者得益于更现代和更灵活的武器而取得了胜利。他们在讨论中使用活的中国语言，而唯心主义者使用死的语言，不便于表现精神的细微差别。因此，当泰戈尔来时，唯科学主义者就放出风声，说中国的唯心主义者们召唤他来支援了，使它遭到重创。甘地及其学说在中国毫无影响。相反，可以看到很多列宁的画像；共产主义者，虽然人数不多，在中国南方很活跃。

我陪敬隐渔在奥尔加别墅周围散了一会儿步，我远远地指给他看卢梭赞颂过的那些地方。卢梭的作品只有《社会契约论》被译成中文。现代的法国作家中翻译较多的是吉· 德·莫泊桑和阿纳托尔·法朗士。（敬隐渔翻译过后者的一篇作品。）但是一般来说，我们的文学作品都是通过英文转译的。德国文学也一样。

最令人难过的是，得知今日中国似乎不仅丧失了对思想的兴趣，也丧失了对语言——它过去的艺术语言的兴趣。（例如，在音乐方面，人们已经不会读古老的曲谱。剧院，糟透了，演的总是那几出老戏，原有的音乐遭到歪曲，几近消亡。不过在北京，对古代音乐的感情保留

① 柏格森（1859—1941），法国哲学家、生理学家、文学家和社会活动家，一九二七年诺贝尔文学奖获得者。

得尚好。)现代中国背负着一个腐烂中的死人般的伟大的过去,它深感屈辱,正设法摆脱它,却又无以取代。与之相比,印度显得多么光彩照人,在那里,光荣的过去始终栩栩如生,深入人心;而日本,它的美学和道德激情是那么震撼人心!这真是多少世纪积累下来的巨大灾难。整个人民都要重新开始。

敬隐渔即将定居在里昂,那里生活不像巴黎那样昂贵,而且有一个人数相当多的中国移民群体。他将在那里完善自己的法国文学的知识,争取通过博士论文,同时完成《约翰·克利斯朵夫》的翻译,商务印书馆给他的报酬相当优厚。(法文大本书中的)四卷他已经翻译了两卷,第一卷现在正在上海发表。

罗曼·罗兰一九二六年一月十二日致巴萨尔耶特[1]信

亲爱的朋友:

我手头有一个小故事(大中篇)的稿子[2],作者是当今中国最优秀的小说家之一,由我的《约翰·克利斯朵夫》的年轻的中国译者敬隐渔译成法文。故事是写一个不幸的乡下佬,近乎一个流浪汉,可怜兮兮,遭人看不起,也确实够可怜的;他却美滋滋,自鸣得意(既然人被扎进了生活的底层,总得找点得意的事儿)!他最后在大革命中糊里糊涂地被枪决了,而他唯一感到难过的是,人家要他在判决书下面画个圈儿(因为他不会签字),他画的不圆。这篇小说是现实主义的,初看似乎比较平淡,但是随后就会发现一种辛辣的幽默;读完,你就会吃惊地

---

① 巴萨尔耶特(1873—1925),罗曼·罗兰主导的著名文学月刊《欧洲》主编之一,美国诗人惠特曼的研究家和翻译家。

② 即敬隐渔翻译的鲁迅《阿Q正传》法文译稿。敬译经罗曼·罗兰润色,由罗曼·罗兰力荐,连载于一九二六年五、六月份出版的两期《欧洲》月刊,最早将鲁迅作品介绍到国外。

发现,你再也忘不掉这个可怜的怪家伙,你喜欢上他了。

您愿不愿读一下这篇不长的译稿?不然,我就另找门路。拜托您,把它发表在《欧洲》上吧!我还要提醒您,如果我的敬隐渔受到鼓舞,还可以提供给您一部当代中国中篇和短篇小说集的材料呢。我相信巴黎还没有一家杂志和出版社接触过中国当代文学。我还要指出,敬隐渔的法语造诣实在罕见,他的译文错误很少。

我深情地握您的手。我从阿尔科①那里得知,您为罗曼·罗兰这个可恶的老头儿费了不少心②。他为此感到羞愧。人活到六十岁就是这么招人嫌!而我的父亲,等着瞧吧,他再过几个月就九十岁了!有一天,谈到一个刚去世的跟我同龄的女子,他竟十分天真地说:"这个可怜的小女孩!"——我们在演《城堡卫戍官》③。

您忠实的朋友

罗曼·罗兰

一九二六年一月十二日

维尔纳夫奥尔加别墅

罗曼·罗兰一九二九年十一月二十二日致里昂中法大学校长信④

校长先生:

我仍然不断收到敬隐渔求救的信,这些信都写自中法大学,他还在这里吗,还会待多久?

---

① 阿尔科(1881—1959),《欧洲》月刊的主编之一。

② 指巴尔萨耶特为编辑纪念罗曼·罗兰六十寿辰的《欧洲》专号付出的努力。

③ 《城堡卫戍官》,雨果的剧作,主人公是一个百岁的承包长官。

④ 里昂中法大学寄宿生敬隐渔患了一种怪病,学校要将其遣送回国。罗曼·罗兰为了让他留法就医做了种种努力,这是他写给校长的据理力争的信件之一。

他给利弗医生写过信，要求去他那儿治疗，他不愿去弗雅德诊所了；据他说利弗医生已经答应收治他。你们该不该把他遣送回国，什么时候遣送？我不知该怎么想。

看来他平静了一点，表现出接受治疗的强烈意愿。请给他做更仔细地检查！

如能找到一种合适的治疗方法，哪怕机会微乎其微，也不应该放过。这不幸的人对新中国会是个真正的有用之才。

既然您向我提出要求，我不再给他回信。

谨致崇高的敬意。

罗曼·罗兰

一九二九年十一月二十二日

维尔纳夫奥尔加别墅

附言：敬隐渔的文学才能毋庸置疑。即使他在迷乱之时，他的作家才华也令我惊叹。他对法语风格的驾驭，在外国大学生中十分罕见。

罗曼·罗兰与梁宗岱*

梁宗岱一九二九年一月十五日致罗曼·罗兰信

敬爱的先生：

我在懂得法语之前，已经被《约翰·克利斯朵夫》的英译本深深感动。若非一种对这部作品的敬重阻止我，恐怕已冒失从英语翻译过来。

我在开始学习法语那年，得知我的同胞敬隐渔先生已经开始了这个重任。自此之后，除了《约翰·克利斯朵夫》第一、二卷外，中国还出现了《贝多芬传》的两种译本。至于我自己，不时练习法译中，以及中译法。我主要翻译过保罗·瓦莱里先生的《水仙辞》和《太司特先生》，还有一个中国古代诗人的诗篇，随信附上几篇样本。

和一九二九年升起的太阳一起，世界被另一个太阳照耀着：一个新的贝多芬①！同样的英雄人物，但是增加了怎样的宽度、广度和深度

---

* 梁宗岱（1903—1983），广东新会人。一九二四年广州岭南大学一年级肄业，自费前往法国留学。一九二六年结识瓦莱里，一九三〇年在巴黎出版法译《陶潜诗选》，由瓦莱里作序。一九三一年归国，一直在大学教书。主要著译有《诗与真》《一切的峰顶》《蒙田试笔》《莎士比亚十四行诗》等。梁宗岱在一九二九年写信给罗曼·罗兰，请求翻译《贝多芬：伟大的创造性年代》的第一、二卷，最后只译完《歌德与贝多芬》。他们两人曾两次见面。

① 罗曼·罗兰《从〈英雄〉到〈热情〉》。

呀！阅读的时候(我正在第二次阅读)，每个字都在跃动，深入到内心，一如瓦莱里先生文字的光芒和响亮。(因为在我心里，你和瓦莱里先生，是这个世纪思想的两大潮流，代表了精神的力量和飞跃。)随着阅读的深入，我无法抵抗把这本书译成母语的愿望的推动。这一回，我想我有能力担当得起这件工作。你允许我做这件事吧？

敬爱的先生，请接受我最崇高的致意和最热烈的钦羡。

梁宗岱

一九二九年一月十五日

巴黎第五区居约街十九号

附言：有些朋友看了从英语翻译过来的《米勒传》片段，想看原作而遍寻不获。请告有无重印的打算？

卢　岚译

罗曼·罗兰一九二九年一月[十九日]日记

一个巴黎中国青年梁宗岱，向我请求翻译新写的贝多芬，他寄来一位四至五世纪的中国古代诗人陶潜的一些译诗。这些诗的情感很接近我们法国的乡土哲人，接近我们伤感的伊壁鸠鲁主义者。我觉得他出色地精通法语。

刘志侠 译，下同

罗曼·罗兰一九二九年六月日记

一位住在巴黎的年轻中国人梁宗岱,有意翻译我新写的贝多芬①。他写信给我,法文很好,同时寄来一首自己写的美丽诗歌的翻译②。

罗曼·罗兰一九二九年十月[十六日]日记

托尔斯泰曾经抱怨,太少中国人来找他。我也有同样的遗憾。在所有文明地区里,中国有识之士于我始终最遥远。在我听到的声浪中,缺少他们的声音,至多听到一两个孤立的声音。但最近几个月,这些声音从四面八方升起。最近两星期,三位年轻的中国读书人预告前来访问。

其中一位梁宗岱,曾经从巴黎写信给我(他动手翻译我新写的贝多芬),他是一位诗人(《欧洲评论》发表了他的一首诗)。[……]

(本书编者说明:以下记载阎宗临、汪德耀、李家齐(李又然)和敬隐渔的通信情况。)

---

① 罗曼·罗兰的《歌德与贝多芬》。

② 梁宗岱《晚祷(二)》法译,发表在《欧洲评论》一九二九年八月号。

罗曼·罗兰一九二九年十月十七日日记

[一九二九年]十月十七日

梁宗岱来访。他从德欣州来,到巴黎去。二十四五岁,法语说得很出色,甚至完全没有口音。和欧洲人相比,中国人学习欧洲语言多么容易,尽管他们对我们的一些字母完全陌生,例如 r,但是梁宗岱做到像巴黎人那样以小舌发出颤音。

到今年十二月,他到法国五年。自己决定来的,可能自费,没有通过中法大学,也没有像他的国家到西方来的年轻人那样通过考试。

他的家境一定特殊而优越。他出生在广州附近一个城镇,十四五岁便因为在报纸杂志发表诗歌小有名气。他坚持置身任何文学或政治派系之外,不过他说,他赞成作为孙中山信徒的中国国民党的主张。

他在法国专攻哲学和文学批判,尤其诗歌。与瓦莱里来往相当密切。具有相当的影响能力(毫无疑问也相当有钱),有本事过几个月便创办一本中文季刊,在中国出版,已经得到国内和欧洲的重要中国作家同意合作。打算在最早几期中的一期发表我的《歌德与贝多芬》。

他表现得思想成熟,清醒地谈论中国目前陷入的知识界混乱情况。年轻人激烈摒弃中国过去的一切,如饥似渴扑向欧洲文学,东碰西撞。他们没有导师,而且到达手上的欧洲作品都经过翻译,质量很差,最通常是根据拙劣的日文译本,或者根据英文(对法文或德文作品)。过去十年,卢梭的《忏悔录》一纸风行,出过四五种坏透了的译本,连同歌德的《少年维特之烦恼》和《茶花女》,最使中国读者感动和狂热,成千上万册流传开来。读书的人极多,书的价钱便宜(相对的)。政局动荡从未中断过出版运作。三个主要中心在上海、广州和北京。剧场在演出。但总体水平不高,杂乱无章。

我问我的对谈者,中国对《少年维特之烦恼》入迷,是否因为要经过浪漫主义和感伤阶段,来完成年轻人的第一次发泄。但他回答说,中国完全没有需要经过这个阶段,因为这是存在已久的天生爱好。高雅人士的文学故意不屑于感伤悲情,但大众和市民的作品总是塞得满满。因此,可以这样想,这些思想的阶层太高兴找到欧洲名人来为他们的爱好作保证。当然,他们没有人知道歌德的真正人格代表什么,也不知道文学作品和欧洲价值观的等级分类怎么回事。这种等级分类现在很重要,梁宗岱有意在这方面努力。

他表现得对美国很反感,似乎更倾向于英国。美国化对年轻的中国造成很大伤害,中国只学会最物质化和最追求物质享受的一面。我记得泰戈尔访问中国时,也对这种现象反感。但是梁宗岱说,一个理想主义运动正在青年中出现。像其他地方一样,中国最好的东西并非显而易见,人们听到的不过是广场市集的嘈杂声。

梁宗岱向我打听现代印度的情况,以及神秘主义与行动能否调和。然后他说:"中国缺少的,就是神秘主义。中国需要一种神秘主义。"我说:"中国有一种潜在的神秘主义。这个历史悠久的伟大民族,曾经表现出如此的生命力,如此的耐心,如此的牺牲精神,这是拥有尚未为人知道的神秘力量的活生生证明。必须去探索,去发掘。伟大人物的职责在于察觉这种力量,并且交还给他的人民。"

〔很奇怪,梁宗岱最近才发现雨果。他视雨果为法国最伟大的诗人,同时也是全世界最伟大的诗人之一。他尤其喜爱《世纪传奇》和《山神》。〕

罗曼·罗兰一九三一年九月十九日日记

[一九三一年]九月十九日

梁宗岱来向我道别。他在欧洲已经七年,确定今年十一月离开,前往北京定居。他受聘为北京大学法国文学教授。自从上次来访,我觉得他在精神方面有了变化,和几乎所有我见过的中国青年那样,他们民族的苦难,以及漫长孕育的苦难,压在他们身上。梁宗岱不久前表现得像一位巴黎化的文人,他以接触到瓦莱里的非情感美学而骄傲。瓦莱里为他的一本从中文翻译的书作序。今天,他饱赏西方,到了饱和的程度;他惦念故土,惦念能够带给故土的帮助。

此外,他完全不是我认识的其他中国年轻人那样的革命者,因为他属于一个富商阶级。然而,他认为中国的未来在农民身上,他们保存了这个民族不可摧毁的活力,保存了优秀的传统品质。他打算全力投身民众教育。据说他在北京大学有很多朋友,那里是民族的知识和社会复兴的中心。

我听人说,辛亥革命在推翻清朝同时,也消灭了卖身效劳王朝的儒家思想。梁宗岱认为儒家思想深入民族人心,不会不持续下去。他坦白承认自己几年前仍然讥讽儒家思想,现在越来越觉得被其浸透。

他向我透露另一个重要的事实,十年以来,中国的躯体虽然被可怕的无政府状态所蹂躏(在欧洲人眼中是这样的),但是这个躯体如此辽阔,如此充满无法消灭的生命力,以至有些地区获得巨大的持续进步。

中国充满黄金和热心公益的富人(欧洲这种人极其例外)。这些有钱人中的一位是梁宗岱的父亲。他是农家后代,无师自通,从未进过公立学校,全凭自己的智慧自学成才,白手起家。一辈子每天都在想办法,去计划、去实现改善社会民生。造桥,筑路,起学校,建立慈善及公用机构，一天没有为乡亲做点好事便睡不着觉。

再说，那里的群体成员的关系比欧洲密切得多。他说家乡的大市镇在广州附近〔我要他说明确点，他说"火车一天路程"〕，全村就是一族人（六七千人），所有人都姓李［译按：Li，原文如此］。他离开七年，村子扩大了许多，建起大型的学校，配备最完善的卫生和新式教学设备。

梁宗岱不担心共产主义，似乎不知道在中国腹地积聚了相当规模的红军。但是，像他们的红色对手那样，他鄙视掌权的军人和政客一代，这些人失信于民，腐败堕落。他们脱离了国民党，一面自称国民党，一面背叛。他渴望培养出广泛的新一代农民有产者，重振中国传统，以孙中山的精神和榜样加以革新。

罗曼·罗兰与李又然 *

李家齐一九二九年七月一日致罗曼·罗兰信

敬爱的先生：

我是一个深陷苦恼的年轻人，出生在中国东南部，今年二十三岁（按中国习俗为二十四岁）。过去的六年是我的黄金岁月的年纪，可恨浪费在一个商业小职员的生涯里，过着奴隶般非人的机械生活。为此没有受到足够的学校教育，直到如今一事无成！尤其学业。

每念及此，心痛欲裂！唯有一事尚可聊以自慰，我从来没试过明知故犯。我一直在黑暗中摸索，企图找到一条光明的道路。

从今之后，我不断努力前进，永不停止，直到最后一息。希望最终能为世界做出一些贡献。

中国人只会顽固地留在家乡，从不愿意外出！我去年末来法国，孤注一掷，排除万难。目前在里昂学习法语，希望几年后能够获得足

---

* 李又然（1906—1984），原名李家齐，浙江慈溪人。一九二八年夏天自费赴法留学。先后在里昂、巴黎和布鲁塞尔学习法文，一九三二年归国，从事文化和教育工作。一九三八年抗日战争爆发后辗转投奔延安，一九五五年牵连进丁玲、陈企霞反党集团案，一九五七年被划为右派，一九七九年平反。著作有散文集《伟大的安慰者》《李又然散文集》等。他寄给罗曼·罗兰的书信，全部以原名李家齐署名。尽管两人从未见面，但他十分崇敬和感谢罗曼·罗兰，不遗余力向中国读者介绍他的著作及生平。

够的知识,成为你的小学生。

你是阴暗黑夜中唯一闪耀的星星！你的灿烂光芒永远照亮所有地方,直至无边无际！我微小而平凡,但甘当萤火虫。

每逢痛苦绝望,我便想到你,活力立即回来。你的伟大灵魂极度感动我！确实是我的安慰者和鼓励者！

我目前的心感到一种无尽的痛苦,有如一叶小舟在茫茫大海中漂流！不知道何去何从,这令我更加想念你,强烈希望能够到瑞士拜见你。

因此我衷心请求你给我亲笔回信,让我前来拜见。尽管我只会说一点点法文,又不懂其他欧洲语言,但是如果能够在你的身边默坐一会儿,将感到莫大幸福。

我以中文写这封信,然后由朋友译成法文,我再抄一遍。因为自己还没有能力自由运用法文来表达我的与众不同的思想,表达我的热烈感情。为了避免朋友翻译辛劳,暂此搁笔。

此颂身体健康,并致恭敬问候。

一个孤独痛苦的年轻人

李家齐

一九二九年七月一日

地址:

法国

里昂,圣茹斯特区

格兰德特雷路四十二号

刘志侠 译,下同

罗曼·罗兰一九二九年十月[十六日]日记

……第四位李家齐,一个二十三岁的年轻人,去年底到法国(以前曾做过商业雇员)。他七月份从里昂给我写了一封信,语带夸张而感人,令人微笑,但很亲切。

罗曼·罗兰与阎宗临 *

阎宗临一九二九年九月二十八日致罗曼·罗兰信

亲爱的先生：

我早就想给您写信，可是由于比我的工作进展不够快，我没有勇气实现这个愿望。

我尝试着把您的出色的书，这部《米开朗琪罗传》，翻译成了中文，现请求您的许可。我正在修改我的译文，因为我是在到法国的第二年里，在工厂里翻译的。

一九二四年，我还在中国的时候，我就在一份中国杂志里认识了您，但是很不幸，我当时既不能用英文也不能用法文看书。从欧洲回国的留学生只能给我们提供很少的欧洲作品的译本，他们只能给军阀或军火商们当翻译！您，亲爱的先生，是中国的真正朋友；您应该帮助我们，就像您在给我的同胞敬隐渔先生的心中所做的那样。

我是一个孩子，一个迷途的孩子。在我们国家，人们为了人民的

---

* 阎宗临（1904—1978），世界古代史学者。山西五台县人。一九二五年赴法，先后在里昂等地勤工俭学。一九二九年入瑞士弗里堡大学文学院学习。一九三三年回国执教。一九三五年再赴瑞士继续学业，一九三七年学成归国，长期从事教育事业。著有《欧洲文化史论》《中西交通史》等。在几度致函表达敬仰之后，一九二九年十二月八日阎宗临和另一中国留学生曾勉前往瑞士维尔纳夫城的奥尔加别墅访问了罗曼·罗兰。罗兰在当天日记中对这次会晤做了详细记载。

自由而闹革命,可是在我看来并不了解他们的生活。

我冒昧地请求您,亲爱的先生,给我一点光明,给我指明道路。中国人民正生活在一个悲惨的世纪。

如果您能给我一个约会,我将十分荣幸来倾听您的亲口教诲。

您原谅我的打扰并接受我深深的敬意。

您谦恭的

阎宗临

一九二九年九月二十八日

汝拉州弗里堡

佩迪小姐转交

张英伦 译,下同

阎宗临一九二九年十月十日致罗曼·罗兰信

我亲爱的大师:

衷心感谢您的回信。我很高兴认识您,亲爱的大师,这并非因为您伟大,而是因为,如果我敢说的话, 您是本世纪人类精神最有益的仆人之一。

我一九〇七年出生在一个贫苦的人家,我的老师们帮助我完成了出众的学业。一九二四年,我到北京谋生。我在一家报社工作,同时上文学课。

报社的社长是个无政府主义者。他对我很照顾。是他给我钱让我来法国。不幸在我出国以后,报纸被张作霖查禁了。

从一九二七年五月一日到一九二八年十一月二十一日,我在里昂和外地的几家工厂做过工。我很喜欢流浪的生活。

我到弗里堡来有两个目的。第一,我想了解基督教是什么?真的像其他反基督教的人和盲目传教的人所认为的那样,基督教是人类进步的一个障碍吗,或者是拯救世界的唯一的方法?我要通过自己的眼睛来寻找。在我们那里,亲爱的大师,佛教并非真正的佛教。孔教也同样被摧毁了。的确,我们要翻译的东西太多。我们必须把它们搬开。但一个中国人二十岁就老了!即使现在,中国也没有力量获得自由。为了实现我的第一个目的;第二,我想研究拉丁和法国的文学。这个学期,我要上哲学课,继续跟路易·克莱尔先生学习拉丁文和法文。

中国人不会生活。他们既不感到痛苦也不感到欢乐。正因为如此我要引入名人。我曾经尝试翻译您的书和安德烈·马尔罗的《席勒传》。尽管有很多错误。"没有马,就使驴。"

我请求您,亲爱的大师,向我介绍几部名人的传记。我在《先驱者》中读到两封高尔基先生的信。您向他提到传记的题目。阿西西的圣方济各①。我不是基督徒,但我很喜欢他。我请求您写这本书。它会很有益的,尤其是对中国。

我将很高兴来维尔纳夫见您,就像年轻的德富健次郎②拜访托尔斯泰那样。我相信您会给我以慈父般的关爱。请指导我, 教给我怎样生活,待我像儿子。我有意愿,但是我不知道怎样使用它。

请接受我深深的敬意。

阎宗临

一九二九年十月十日

弗里堡

写于思丹学生之家

佩迪小姐转交

① 阿西西的圣方济各(1181 或 1182—1226),意大利宗教活动家,方济各教派的创始人。

② 德富健次郎(1868—1927),日本作家,敬仰托尔斯泰,曾于一九〇七年在俄国造访托尔斯泰。

阎宗临一九二九年十二月一日致罗曼·罗兰信

我亲爱的大师：

请允许我向您道歉，没有回答您十月六日的来信，并请问您我是否可以在十二月八日，下星期日，和同胞曾勉[①]先生一起来看您，他早就希望能见到您。亲爱的大师，请告诉我几点钟来对您合适。

请接受我的敬意。

您谦恭的
阎宗临
一九二九年十二月一日
写于思丹学生之家
（弗里堡）

罗曼·罗兰一九二九年十二月八日日记

十二月八日。——两个二十四五岁的中国学生，到瑞士弗里堡大学来学习两三年。（一位叫沙利耶的神父为他们国家的大学生在那里建立了一所学生之家）他们一个叫阎宗临，一个叫曾勉。前者学习文学，后者学习社会科学。他们长得都不甚好看，可是极其可爱、单纯和庄重。他们两人都关心根本性的问题，想知道他们对生活、对自己、对

① 曾勉(1905—1951)，江西省崇仁县人。一九二〇年代末留学瑞士，一九三二年获弗里堡大学法学博士学位，一九三四年美国芝加哥天主教大学社会学博士学位。返国后曾任江西省政府法制专员，一九四〇年起从事教育及宗教工作，一九五一年在镇压反革命运动中被判死刑。

自己可怜的国家应有的道德责任,此来就是为了向我求教。像所有同龄的中国年轻人一样,他们都有过可怕的遭遇,这不但损害了他们的健康和生活的乐趣,而且让他们中的大部分人失去了对未来的信心。阎宗临到弗里堡来就是为了理解基督教对于人类的普遍价值,了解它能对新中国有什么助益。不过我看得出他的远东的理性并没有接受西方献给他的信仰和庞大的观念体系。他们两人都十分认真地听我解说,(严说法语比较困难,不过他们都听得懂法语),在我看来他们回中国后的根本使命是什么,在生活中要履行的首要义务是什么,一个字也不漏过。我强调指出两点,那就是:一要勇敢,二要真诚(对自己)。关于他们应该带给人民什么道德和政治教育:学校应该教授良知和每个公民都应进行的在民主气氛中对公众事物的自由批评。另外,学会深刻地认识人民的生活,认识构成本民族的主要类型的不同性质的人群。(然后,认识各种宗教和社会思想的深刻不同能够世代相传的原因)继而,尽力调和它们,使之合作而又彼此自然地尊重。尤其是要发挥他们失去勇气的种族的鼓舞者的作用,做民族复兴的酵素。成立一个"中国服务者协会",与亚洲和西方的精英保持密切的联系。构建一个道德的和社会的核心,在它的周围逐渐重建新的中国。以"意大利统一"[①]运动的英勇工作和马志尼[②]为榜样——我建议他们向本国人民介绍马志尼的生平。依靠已经是传奇人物的孙逸仙,他已经成为新中国的基石。(所有人都宣称拥护他,不管是革命派还是军事独裁者)我会尽力帮助他们和我认识的其他中国青年取得联系。不幸的是,他们都极其贫穷。这些年轻中国人的经济条件是那么艰苦,他们白天都在日复一日的令人精疲力竭的劳动中度过。他们得不到本国富人的任何援助。里昂中法大学几乎仅向家境富裕的学生开放。阎宗临不属于这类人。他原在北京读大学;三分之二的教师流亡,去了日本或者欧洲,他便来到法国,可是他不得不在工厂做工,只

① 指十九世纪至二十世纪初意大利半岛由多个分裂政权统一为意大利的社会运动。

② 马志尼(1805—1872),意大利革命家,民族解放运动领袖。

能利用晚间学习法语。(我已经说了,他是在北京读了几页我的作品才决心来学法语的)他给我带来了他用两年半时间译成中文的我的《米开朗琪罗传》。译文抄写得十分工整。这是他译的第三稿了。他现在想翻译我的《圣路易》①。不过我建议他还是译一些《约翰·克利斯朵夫》的选段,对他的同胞来说那将会是一份令人振奋的读物,一本"卑微但却英雄的生活"的随身带的书。这些年轻人的既单纯又庄重,很让我和我的妹妹感动。我们对他们的真诚关怀,他们很表感激。我喜欢这些年轻人,他们不是光说空话,他们触及残酷现实的根本,他们既不悲吟也不嘲骂,而是保持着镇定,并且准备好继续走他们的路而不气馁。

① 《圣路易》,罗曼·罗兰的一部剧作。

罗曼·罗兰与汪德耀*

汪德耀一九二九年十月二日致罗曼·罗兰信

敬爱的大师：

很久以来我便是约翰·克利斯朵夫的崇拜者和信徒。我完成了翻译“信仰悲剧”的一种《哀尔特》，今天冒昧写信给大师。

我刚刚十五岁的时候，距今已经十年了，我还是北京一个年轻的中学生，便有幸第一次接触到大师。这个时期，一个被称为“中国文艺复兴”的运动正在如火如荼进行，在中国古老僵化的土地上，四面八方涌现出新思想的巨大浪潮。这个时期出版了很多外国书籍的翻译，大量新杂志和期刊雨后春笋般出现！我们年轻人很自然带着难以描述的激情，热烈追随这个革新运动。我们不再终日面对中国经典冥思，不再终日回顾过去，而是把眼睛转向目前，构思对未来的美丽梦想。

正是在这些当时的翻译书籍中，有一本的著者是日本作家，书名《当代思想》[②]。在这本书中，作者首先谈论卢梭，现代思想之父，然后

---

* 汪德耀（1903—2000），江苏灌云人。一九二一年北京师范大学附属中学毕业，考取公费留学，成为里昂中法大学第一批学生。一九二五年获得里昂大学硕士学位（生物学），一九三一年巴黎大学博士学位（细胞学）。同年冬回国，在大学任教及科学研究。他在一九二九年开始与罗曼·罗兰通信，在罗曼·罗兰亲自协助下，一九三一年出版谢冰莹《女兵日记》的法译，书名《革命军的一个中国女青年》。根据罗曼·罗兰日记，他们曾经两次见面。

② 《当代思想》，书名直译，未找到原书核对。

其他人:托尔斯泰,易卜生,陀思妥耶夫斯基,左拉,福楼拜,波德莱尔,孔德,达尔文,倭铿,柏格森等等。全书最后一章以泰戈尔为题,在此章之前,作者用了一章专写大师,只谈约翰·克利斯朵夫,不时引用书中句子,这是我第一次认识大师笔下的人物。啊!他的英雄理想使我振奋!立刻认定他是生活道路上一个有力的导师,当时就想学法文来阅读全书。在此之前,打探有无中译本。没有!在中国甚至连英译本也找不到!只好去学法文,果然,我已经能够看到愿望成真,就在法国这里!

事实是两年后,一九二一年,我中学毕业,通过考试,以学生身份进入刚在里昂成立的中法大学。我来法国已经八年,实际上我不是文科学生,先在里昂读完自然科学学士学位,随后三年在索邦大学一间实验室继续生物研究。然而,科学课程剩下的少许时间,几乎全部用来阅读文学作品。啊!读到这本期待已久的约翰·克利斯朵夫法文本,这是何等的幸福!我也拜读了其他大作,尤其信仰悲剧和革命剧。读得越多,越希望能译成中文,以求我的青年同胞能够认识。

诚然,一九一九年之后,经常在中国文学杂志看到关于大师及大作的文章。两年前,鲁迅主编的《莽原》杂志为大师出版了一期专号,大师通过《阿Q正传》对鲁迅已经略有认识,对小说的译者敬隐渔更加熟悉,他是我的朋友。然而,直到如今,不管哪一部大作,都很少完整翻译过来,尤其根据法语原文的译本。我只知道从英译本转译的《贝多芬传》。《李柳丽》似乎也有翻译,但未曾读到。我非常高兴敬隐渔开始翻译约翰·克利斯朵夫。但很可惜,他欠缺时间和健康,未能继续下去,《黎明》的中译发表时甚至不完整。另一方面,我答应过和他合作,稍后进行这件大工程。缺少根据法语原文翻译这件事实,主要因为我们的文学家或者不太懂法语,或者一无所知。

我常常想亲自翻译信仰悲剧和革命剧,同时又希望其他专注文学的人去做,他们有更多时间。一年又一年过去了,还没有一本中译本出版!

因此,尽管余暇很少,但从去年十二月开始翻译《哀尔特》,同时也翻译《爱情与死亡的游戏》。只有晚上才能做,白天用在实验室。但很快便被迫停止,因为右手皮肤有一处多年旧患突然变坏,而且一场严重贫血病同时发作。于是,别了,实验室!别了,翻译!我先进医院接受手部手术,然后被迫全休,这时候,《哀尔特》的中译停留在第一幕,《爱情与死亡的游戏》第二幕仅仅开始。后来,又发现右肺有一块结核病变,于是被送到这间疗养院。

最近自觉体力慢慢恢复,于是试图重新开始中断了的翻译。上一个星期,尽管护士责备,我没有去做水疗,整个星期都在翻译《哀尔特》,前天已经完成。

真快乐!我高兴到忘记夜已深,翻译一完结,立即打开九月十四日《世界》杂志,翻译了大师的号召人民反战书!后来我睡得很好。明天,我重新开始翻译《爱情与死亡的游戏》,如果还能够逃过护士的警惕眼睛,预计两周内完成。

大师,我首先选择《哀尔特》,因为我想以这部作品激励年轻的同胞,他们的信念开始动摇。大师可能不知道,在国民党领导的一九二七年中国革命期间,很多青年男女自愿参加革命军,或者当普通兵,或者当护士,或者当宣传员。所有人都被共同信念所激励:打倒一切不平等,把不幸的国家和可怜的中国人民,从北洋军阀和外国帝国主义顾问主子的血腥手中解放出来。他们做出的牺牲有一种感人的东西和英雄气概。这个时期一个年轻女兵写的《日记》可为例证,一个十八岁的女子,冰莹小姐,我将把她的日记译成法文,并将呈请披览。

不幸得很,在号称"革命者"的内部突然出现反动派,此后把持了大局!正如所有政治上的反动派,紧接而来是镇压群众运动,往往残酷至极!很多人或者被屠杀,或者被监禁,或者逃亡,或者失掉勇气返回家庭。很多幸存者完全绝望,开始怀疑自己的理想。因此这部日记的出版者(一个跟我年纪差不多的年轻人,也参加过运动)这样评论:"作者在两年后的今天,追踪往事的心情就不同了。"她在日记中写道:

> 那时也有这般狂风,这般淫雨,但我们不知道是苦,只觉得明

天就是暖和的晴日，血红似的太阳，前面是光明的大道，美丽的花园。

但是今天，我们和她一起叹息，“我正在过着厌倦的生活，我正在想游戏人间，糟蹋一生”。这些青年人的焦虑和希望同样由冰莹的声音表达出来：

> 但，这是青年应当过的生活吗？应当有的思想吗？我们愈受挫折，愈要振作，愈要努力！愈要奋斗！朋友们哟！请你们时时给我以刺激，使我的精神兴奋，使我恢复从前的一切与你们一同走上光明之路，去创造爱美的人生，大同的世界！朋友们哟！你们千万不要忘了你们的朋友——正在求救的冰莹。

面对这种思想状态，我向他们介绍大师的《哀尔特》，我们的《哀尔特》。我想，或者哀尔特会给他们激发鼓励。但我也想到，敬爱的大师如果愿意的话，也能救助他们。我确信大师美好的声音会给他们巨大的安慰，从而重拾信念和理想。因此我冒昧书此长信，首先告诉这种状况，然后敬请大师向他们介绍哀尔特，写几句话安慰他们，鼓励他们。大师，我以在痛苦中等待救援的中国青年名义，在此先致谢忱。

敬爱的大师，诚挚敬意。

一个中国留学生

汪德耀

一九二九年十月二日

下比利牛斯山，康博莱班，博利厄疗养院

刘志侠 译，下同

罗曼·罗兰一九二九年七月[十六日]日记

[……]第三位是汪德耀,他在康博一家疗养院养病。这里抄录他的十月二日来信一部分:

(本书编者说明:此处略去罗曼·罗兰全文抄录的汪德耀十月二日来信)

罗曼·罗兰一九二九年七月[二十七日]日记

汪德耀迅速回信。告诉我另一个中国人,他的陈姓朋友,一位第戎市的文科学生,已经翻译了我的《甘地传》,并且打算翻译托尔斯泰。

他本人刚完成《平英日记》的翻译,即将寄来,接着开始翻译《爱情与死亡的游戏》《群狼》和《丹东》。

他的信写得很好,简单明了,我读的时候觉得奇怪,没有发现任何差异或者外国的色彩。无论思想或笔调,都与欧洲和法国完全相同,没有区别(最近和梁宗岱的交谈也有同样印象)。我还没见过另外一个民族,即使我们的西方邻居,很多来往最密切的人(我认识的外国人很多!),也找不到中国年轻人这种绝对的完全一致。

汪德耀对中国和欧洲的精神团结很珍贵,可惜身体似乎患有重病。刚接受了一次左脚手术,据说是早期骨结核。如果寿数不长,教人痛心。

罗曼·罗兰一九三〇年一月二十六日日记

[一九三〇年]一月二十六日

在康博和我通信的中国青年汪德耀,从莱森来。他在罗利耶医生那里治疗轻度骨结核,幸亏不严重。他脸色红润,充满生气,说话滔滔不绝。他属于里昂中法大学创立时第一批来法国的中国留学生,因此在我们国家已经八年多。法文说得很好。

他的同学和他本人不满意第一任校长古恒①。古恒熟悉二三十年前的中国,但从来没有认同今天的中国,他认为他管理的这班中国年轻人,个个都是危险的布尔什维克。现在的校长(实际校长,除了衔头)列宾医生则比较开明。

我们谈到中国革命女青年冰莹,汪德耀之前已把她写的《日记》译成法文交给我:这是一个热情激昂的女孩子,脑袋想到什么就写什么;她能做出种种暴烈行动,又能做出种种牺牲;她能纵情大笑,又能泪珠滚滚。这种自发的真性情造就了她的全部价值,我争取让她的书在法国出版。

中国目前的精神状态严重混乱。三年前的革命者,一部分投向敌人阵营,或者悲观泄气,返回平民的生活。一小部分在共产主义和法西斯主义之间猛烈摇摆。蒋介石失去所有威望,他被一群年轻的牟利者所包围,令人厌恶,这些人一心只想发财。

最进步的著作来自上海,印刷厂躲到外国租界庇护下。

没有精神权威,没有领袖,依靠对独一无二的孙中山的纪念过日子(很奇怪,这位代表中国魂的中国人,皈依了基督教,并且在这种信仰中遵循宗教仪式归天,而大潮流却是反对耶稣基督)。

---

① 古恒(1865—1935),汉学家。曾任使馆翻译及外交官,一九一三年任里昂大学汉学教授。中法大学创建时出任中法大学委员会秘书,负责管理大学运作。

在所有中国青年向我所做关于他们人民的倾诉中,给我最深刻的印象是这个民族(在具有牢固的美德同时)表现得缺乏热情和信仰。帝王的儒家学说被摧毁,把一切都破坏了。唯一可能存在于深处的宗教意识,是对祖先的崇拜,能够把这些没有联系的广大人群团结在一起。但是革命青年一代已经攻击过这种崇拜,视之为最坏的压迫者。

罗曼·罗兰一九三〇年二月九日日记

一九三〇年二月九日

汪德耀再来,和他的女朋友来看我们。最近三年,两人同在索邦大学生物实验室工作,她叫甘比埃小姐。

罗曼·罗兰一九三一年十月[十五日]日记

汪德耀在索邦大学比较解剖学实验室工作,他也迫切希望返回中国,尽管骨结核继续损蚀左脚,十一月论文答辩后便立即动身。确实,再没有一个中国人能够对祖国的灾难漠不关心,置身事外,日本军国主义者正在利用蹂躏中国的恶劣天灾(黄河水灾吞噬了千千万万性命),入侵满洲里。

汪德耀回去后不会和梁宗岱同一个阵营,他支持无产阶级革命。

他告诉我一些革命女青年冰莹的消息,他翻译过她的从军日记。她和中央军校一位同学结婚,生了一个小孩。但是丈夫是共产党活动分子,在天津被捕,判处六年徒刑。她藏匿起来过日子,使用假名,但继续进行秘密宣传,到处流浪,居无定所。一些时候以来,她跟其他很多中国年轻人那样,带着往日的勇气,重新参加斗争。但是令人担心有一天她会落到反动派的血腥手中。

罗曼·罗兰一九三一年十一月初日记

我在扮演萨宾女人[①]的角色。共产党与和平主义者正在疯狂争夺我的身体,互相间铺天盖地夸张谩骂。

汪德耀以电报向我要一篇讲词[②],我寄了给他,准备在十月底巴黎和平主义者为中日战争举行的一次集会上宣读。这篇讲词号召中国和日本人民起来革命,反对他们的统治者、帝国主义者和军阀。汪德耀过几天要进行论文答辩,大概害怕宣读讲词会受连累。但是他很不应该没有让另一个人宣读,尤其事后给我写了一封信,要让我相信他本人在集会上宣读了,并且受到欢呼。

我请《人道报》的弗雷维尔[③]去调查(由于报刊对我的讲话和集会一字不提),他发现讲词没有宣读。

《人道报》没有放过如此好的机会,给和平主义者一顿乱棒,对我大加颂扬。接着,和平主义者的蜂窝开始喧哗,何况他们的主要组织和平战士国际联盟选了我当名誉主席(不过,我对此不大开心!因为不喜欢他们空话连篇,但是不想使彼奥赫[④]不快,大战时他是我的勇敢保卫者)。

愤怒

这件事的文件在玛莎[⑤]整理的中日文献宗卷中。

得失

① 萨宾是古罗马一个部落,传说罗马人曾以诡计抢夺萨宾女人。

② 参阅本书《罗曼·罗兰一九三一年十月关于日本侵华战争的呼吁》。

③ 弗雷维尔(1895—1971),俄裔法国作家,《人道报》文学栏主笔。

④ 彼奥赫(1873—1953),作家,和平主义者,时任和平战士国际联盟主席。

⑤ 玛莎,罗曼·罗兰对他的未来夫人玛丽亚的昵称。

罗曼·罗兰与傅雷*

傅雷一九三四年三月三日致罗曼·罗兰信

敬爱的大师：

尊著三册“名人传”的翻译已经就绪，特函请授权在中国出版。此请诚然太晚，唯工作一日未完，一日未能肯定。

大师关于三位伟大天才的杰出作品，已经哺育了万千年轻人，据知几乎所有现代语言早有译本，中译远远落后。请容报告大师一段小插曲，以表明本人以何种激情和感恩之心做此翻译。

我在二十岁时陷入精神危机，出发到法国。很快便投身夏多布里昂、卢梭和拉马丁之类作品中，变得罗曼蒂克，复又神经衰弱，再不知如何生活。去过一次瑞士旅行，另一次到布吕赫附近的圣安德列修院短住，都没能治好这种狂热。一个偶然机会读到大作《贝多芬传》，读罢尽情大哭，而我奇迹般霍然而愈。力量重生，一道神圣光芒自上照临。此事于我之情感生活至为重大，之后又再拜读《米开朗琪罗传》和《托尔斯泰传》。

---

* 傅雷（1908—1966），原名傅怒安，生于上海南汇。一九二七年十二月自费赴法留学，进巴黎大学文学系和卢浮宫美术史学校听课。一九三一年秋回国，一九三四年秋起以文学翻译为生。一九六六年九月“文革”期间，与夫人朱梅馥一同自杀身亡。主要著作有《傅雷家书》，以及超过二百五十万字的翻译，其中以罗曼·罗兰《名人传》三卷和《约翰·克利斯朵夫》最著名。傅雷从一九三一年三月开始与罗曼·罗兰通信，持续三年，在第二次世界大战前夕中断。全部信件以原名傅怒安署名。

经此个人经验，遂生迻译三书为中文之心愿，以期带给苦恼中青年有益的帮助，他们在中国的人数不比他国少。然而，囿于一言难尽的理由，翻译计划在一九三三年十一月始启动，数天前方完成。

此外尚有另一观点推动此书之翻译。大师当知中国人的心理特殊，道德取向与世界其他民族全然不同。生存已有四五千年，从不靠宗教支持。孔子教导中庸克己，遵礼守礼，尤其顺应天道。老子揭露文明假象，教导务须戒备假仁义。由于孔子教导，中国人和平生活，勤劳而知足，满足于耕作的微少所得。由于老子教导，个别贤人智士脱俗遁世，无比潇洒超然。从来没有人把严厉专横的宗教和全能上帝强加给我们，况且，这是我们无法忍受的事情。

然而，这个黄金时代已经远去！西方文明之入侵推翻了一切。中华民族失去智慧的观念，再也不能像饱读孔子和老子的前贤那样，防范危险的狂热。也不能像欧洲伟大的基督教徒，投身狂热中，变得更强大，更完善，更纯洁。于是他们失却精神平衡，或者迷失在狂热中，变得浑浑噩噩，或者几乎麻木不仁，无所作为。

面对这种精神状态，本人相信贝多芬以他的庄严脸孔，不可动摇的意志，永不干涸的勇气，是最好的启示导师。米开朗琪罗的性格与天才相比过于软弱，能让我们理解这种我们史上少见的悲剧命运。

至于托尔斯泰，他鼓吹无抵抗主义，肯定值得我们深思。拜读大作《托尔斯泰传》前，本人有过一个幼稚的梦想，制止一场战争的至善方法是放弃税捐和法庭，建立大批工厂和生产团体，一举消除失业和军队。士兵去当工人，粮饷更多，人身安全，何乐而不为？将领失去手中工具（这些卖命谋生的雇佣兵！），若想打仗，他们可以互相肉搏，不再涂炭无辜生灵。岂非一种不以牙还牙的无抵抗主义吗？

至于托尔斯泰信中致辜鸿铭之言，以前从一个意大利将官处听过类似见解。一九三一年五月旅次罗马，有机会见到加维格里亚元帅①，

① 加维格里亚（1862—1945），意大利元帅，一九〇四年至一九一一年，先后担任驻东京及北京使馆武官。

他向本人披露以下想法：

目前的西方文明走在险道上，其命不长。中国何苦仿效？中国自有善法，可免这场人类劫难。我们刚经历一场这种痛苦的经验，还会经历其他更可怕的灾难！耕田种地，就是人类最好的一种职业！他回忆一九〇八年前后在远东旅行，观察到中华民族最勤劳，最朴素，最和平，身体耐力超过世界任何民族。适应所有气候，吃得少，花费得更少，但生产极多。无论在国内或国外，从不反抗他人之恶，但总是获得最后胜利！元帅举出菲律宾和荷属东印度岛屿的华人做例子，他们饱受恶法压迫，饱受欧洲工头虐待，又被本国政府遗忘，却顺从地工作，最后成功掌握了当地的命脉资源（这些国家的商业基础似乎在中国人手里）。元帅得出结论，中华民族不可能有组织，也不应该有组织，“无组织”更胜于“有组织”。发展工业，效法当代文明，毫无好处。应当身心都继续做中国人，唯此方可有朝一日，拯救中国于当前困局。皆因无抵抗是一种武器，比暴力更强大。

加维格里亚元帅是否托尔斯泰门徒，无从知晓。然而本人相信，他的信念首先基于大战时的亲身体验。我在他眼中，代表了新中国不肖的青年一代。他的责备令我思索良久，一如今天，当我完成托尔斯泰传的翻译，陷入出神的境地。

我的想法杂乱无章，而且法文殊不地道，尚望见谅。唯本人有一卑微愿望，通过此信得到大师对上述说话加以精辟批评。毋庸赘言，对我们中间一些人，大师是一颗巨星，现代的人道精神。我们视大师之言为先知预言，即如托尔斯泰于上辈人那样。

如蒙赐覆，并俞允发表回信在译本中作为序言，本人将欢喜若狂。期望有幸继续与大师通信。

敬爱的大师，先此致谢，并请接受一个远方弟子的敬意。

傅怒安

一九三四年三月三日

上海吕班路二〇一弄五十三号

附言:能否有幸获赠大师签名照片一帧?

刘志侠 译,下同

罗曼·罗兰一九三四年六月三十日日记

一封三月三日写于上海的法文长信,很迟才转到这里。写信人是中国青年傅怒安,他翻译了《贝多芬传》《米开朗琪罗传》和《托尔斯泰传》,请求授权在中国出版。他告诉我二十岁到巴黎,饱读“神经衰弱的浪漫主义”(夏多布里昂、卢梭和拉马丁),“不知如何生活”。偶然读到我的贝多芬,“读罢尽情大哭,而我奇迹般霍然而愈。力量重生,一道神圣光芒自上照临”。

他产生翻译三部传记的愿望,“以期带给苦恼中青年有益帮助”。他又说,中国人生存了四五千年,从无宗教支撑。现在失去精神平衡,由于孔子和老子教导的影响,轮流被推到过度的狂热或者几乎麻木不仁状态。他们需要一位像贝多芬那样的导师,启示他们意志和勇气。

他也谈到吸引他的托尔斯泰的无抵抗主义。他复述一九三一年和一位意大利元帅加维格里亚的谈话。大战的经历把这位元帅引导向托尔斯泰主义。加维格里亚劝告中国要向西方做出无抵抗主义的榜样,因为这和中国人的性格一致(他指出中国人在菲律宾和荷兰东印度逆来顺受,最终掌握了这些国家的命脉资源)。

他征询我的看法。

我给他复信[1](六月三十日,写于施皮茨):

① 罗曼·罗兰复信引文,沿用傅雷中译,并据原文轻微调整。

> 当今之世,英雄主义之光威复炽。唯此光威有时能酿巨灾;故最要莫如将“英雄”二字下一确切之界说,夫吾人所处之时代乃一切民众遭受磨炼与战斗之时代也;为骄傲为荣誉而成为伟大,未足也;必当为公众服务而成为伟大。最伟大之领袖必为一民族乃至全人类之忠仆。昔之孙逸仙、列宁,今之甘地,皆是也。至凡天才不表于行动而发为思想与艺术者,则贝多芬、托尔斯泰是已。吾人在艺术与行动上所应唤醒者,盖亦此崇高之社会意义与深刻之人道观念耳。

至于无抵抗主义问题,我请他首先留意,甘地的“非武力的拒绝”的强烈英雄行为的特点,无抵抗主义这个词不适合用来表示。其次,必须知道这种态度包含痛苦之牺牲,数代人民之牺牲。只有强毅不拔的信念,以及宗教性格的支持才有可能,换而言之,必须超乎一切良知的考虑①,超乎个人或普通②利害的考虑。无此信念,勿轻于尝试!我预见

> 若干时内,强暴将掩有天下。而行动人物中之最智者亦只能竭力指挥强暴而莫之能御矣。当斯时也,洁身自好之士唯有隐遁于深邃之思想境域中耳。
>
> 然亦唯有忍耐已耳,狂风暴雨之时代终有消逝之日。《平静的海》③将会归来……不论其是否使用武力,人类必向统一之途迈进。

---

① “必须超乎一切良知的考虑”,傅雷译文缺此句。

② “普通”,傅雷译文“普动”,疑为手写之误。

③ 《平静的海》,原为歌德一首小诗,贝多芬采用来和另一首《幸福的航行》谱写成一部合唱曲。傅雷译文缺此句。

罗曼·罗兰一九三四年六月三十日致傅雷信[①]

怒安先生:

三月三日赐书,收到甚迟。足下迻译拙著贝多芬、米开朗琪罗、托尔斯泰三传,并有意以汉译付刊,闻之不胜欣慰。

当今之世,英雄主义之光威复炽,英雄崇拜亦复与之俱盛。唯此光威有时能酿巨灾;故最要莫如将"英雄"二字下一确切之界说。

夫吾人所处之时代乃一切民众遭受磨炼与战斗之时代也;为骄傲为荣誉而成为伟大,未足也;必当为公众服务而成为伟大。最伟大之领袖必为一民族乃至全人类之忠仆。昔之孙逸仙、列宁,今之甘地,皆是也。至凡天才不表于行动而发为思想与艺术者,则贝多芬、托尔斯泰是已。吾人在艺术与行动上所应唤醒者,盖亦此崇高之社会意义与深刻之人道观念耳。

至"无抵抗主义"之问题,所涉太广太繁,非短简可尽。愚尝于论甘地之文字中有所论列,散见于拙著《甘地传》《青年印度》及《甘地自传》之法文版引言。

余将首先声明,余实不喜此"无抵抗"之名,以其暗示屈服之观念.不能表白英雄的与剧烈的行动性,如甘地运动所已实现者。唯一适合之名辞,当为"非武力的拒绝"。

其次,吾人必须晓喻大众,此种态度非有极痛苦之牺牲不为功;且为牺牲自己及其所亲的整个的牺牲,盖吾人对于国家或党派施行强暴时之残忍,绝不能做何幸想。吾人不能依恃彼等之怜悯,亦不能幸图彼等攻击一无抵抗之敌人时或有内疚。半世纪来,在革命与战乱之中,人类早已养成一副铁石心肠矣。即令"非武力的拒绝"或有战胜之

---

① 本信原件已佚。现据《托尔斯泰传》的傅雷译文《罗曼·罗兰致译者书(代序)——论无抵抗主义》,参照同时发表的原信复制件(缺第二页),以及罗曼·罗兰一九三四年六月三十日的日记,恢复全信。

日,亦尚须数代人民之牺牲以换取之,此牺牲乃胜利之必需代价也。

由是可见,若非赖有强毅不拔之信心与宗教的性格(*即超乎一切良知的考虑*,超乎一切个人的与普通的利害观念之性格),绝不能具有担受此等牺牲之能力。对于人类,务当怀有信念,无此信念,则于此等功业,宁勿轻于尝试!否则即不殒灭,亦将因恐惧而有中途背叛之日。度德量力,实为首要。

今请在政治运动之观点上言,则使此等计划得以成功者,果为何种情势乎?此情自必首推印度。彼国人民之濡染无抵抗主义也已数千年,今又得一甘地为其独一无二之领袖;此其组织天才,平衡实利与信心之精神明澈,及其对于国内大多数民众之权威有以致之。彼所收获者将为确切不易之经验,不独于印度为然,即于全世界亦皆如此。是经验不啻为一心灵之英雄及其民族在强暴时代所筑之最坚固之堤岸。万一堤岸崩溃,则恐若干时内,强暴将掩有天下。而行动人物中之最智者亦只能竭力指挥强暴而莫之能御矣。当斯时也,洁身自好之士唯有隐遁于深邃之思想境域中耳。

然亦唯有忍耐已耳,狂风暴雨之时代终有消逝之日。*《平静的海》将会归来*……不论其是否使用武力,人类必向统一之途迈进。

谨此致意。

罗曼·罗兰

一九三四年六月三十日

瑞士沃州维尔纳夫奥尔加别墅

附言:十年前,一位叫敬隐渔的中国朋友在中国发表了《约翰·克利斯朵夫》前几卷,后来到法国,得了重病,不得不返回中国。我再也没有他的消息。可知他后来的情况吗?

傅雷 译,斜体字为刘志侠补译

罗曼·罗兰一九三四年九月的日记

一个中国上海青年傅怒安的信。他翻译了“名人传”三本传记(八月二十日来信)。我曾在日记中做过记录。数月前收到他的第一封信,已经回复。他将复制这封信,置于《托尔斯泰传》中译本前面。

现在他要翻译我的关于音乐家的著作[①]。他说自己热衷音乐。他似乎受到中国现状的伤害,在交托给来欧洲的朋友的信函中[②],只敢点到即止。他在信中透露:

> 我要告诉大师,一如大函结束时所言,我是被(政府和时局的)暴力压碎的人,但没有力量,也没有勇气反抗,隐遁于深邃之思想境域中。我知道努力不会白费,然而把握不大。等候的时刻显得像奄奄待毙,精神信念经常被动摇。我们需要支持!……

寄来的照片看起来表情忧郁而聪明。一个高个子的年轻人,长脸孔,文人的清瘦。

我曾请他打听可怜的青年朋友和译者敬隐渔,他告诉我,很可能已疯,有人说已去世。

刘志侠 译,下同

① 《昔日音乐家》和《今日音乐家》。

② 傅雷把本信交托赴欧朋友,带到马赛始寄出。信封上的法国邮戳是一九三四年九月二十一日。

罗曼·罗兰一九三六年五月六日致傅雷信

怒安先生：

承寄来托尔斯泰和米开朗琪罗两书的译本各一册。望再寄两书的另一套来，本人需要这些书，用于外国版本藏书的复本收藏。

至于《约翰·克利斯朵夫》的中译，本人乐见其成，唯未能提供任何授权。你自己或者中国出版人，先要取得本人的法国出版人阿尔班·米歇尔先生的授权，他的地址在巴黎十四区惠更斯街二十二号。请直接去信联络。

另外，《约翰·克利斯朵夫》的全集没有可能年底前便妥善完成。此工作殊为艰巨，需要时间，需要很多心思。

谨此回复。

罗曼·罗兰

一九三六年五月六日

瑞士沃州维尔纳夫奥尔加别墅